Legislación de Urbanismo

Colección Códigos con Jurisprudencia

Legislación de Urbanismo

2ª Edición

Edición preparada por
José Félix MÉNDEZ CANSECO
Magistrado especialista de lo contencioso-administrativo

ARANZADI
EDITORIAL

2001

Editorial Aranzadi, SA
Camino de Galar, 15
31190 Cizur Menor (Navarra)

Imprime: Talleres de Editorial Aranzadi, SA
Carretera de Aoiz, kilómetro 3,5
31486 Elcano (Navarra)

Depósito Legal: NA 3201/2001

ISBN 84-8410-806-6

SUMARIO

Página

Abreviaturas 13

Prólogo 15

I. NORMAS BÁSICAS O DE COMPETENCIA EXCLUSIVA DEL ESTADO

§ **1** Ley 6/1998, de 13 abril. Régimen del Suelo y reglas de valoración 19

§ **1.1** Ley 38/1999, de 5 noviembre. Regula la Ordenación de la Edificación 69

§ **2** Real Decreto Legislativo 1/1992, de 26 junio. Aprueba el Texto Refundido de la Ley sobre el Régimen del Suelo y Ordenación Urbana 99

§ **2.1** Real Decreto 1093/1997, de 4 julio. Aprueba las normas complementarias al Reglamento para la ejecución de la Ley Hipotecaria sobre inscripción en el Registro de la Propiedad de actos de naturaleza urbanística 301

II. NORMAS DEL ESTADO DE APLICACIÓN SUPLETORIA

§ **3** Real Decreto 1346/1976, de 9 abril. Aprueba el Texto Refundido de la Ley sobre Régimen del Suelo y Ordenación Urbana 351

§ **3.1** Real Decreto 2159/1978, de 23 junio. Aprueba el Reglamento de Planeamiento para desarrollo y aplicación de la Ley sobre Régimen del Suelo y Ordenación Urbana 697

§ **3.2** Real Decreto 3288/1978, de 25 agosto. Aprueba el Reglamento de Gestión Urbanística para el desarrollo y aplicación de la Ley sobre Régimen del Suelo y Ordenación Urbana 785

§ **3.3** Real Decreto 2187/1978, de 23 junio. Aprueba el Reglamento de Disciplina Urbanística para desarrollo y aplicación de la Ley sobre Régimen del Suelo y Ordenación Urbana 875

§ **3.4** Real Decreto-ley 3/1980, de 14 marzo. Promoción de suelo y agilización de la gestión urbanística 909

§ **3.5** Real Decreto-ley 16/1981, de 16 octubre. Adaptación de los Planes Generales de Ordenación 915

§ **3.6** Decreto 635/1964, de 5 marzo. Aprueba el Reglamento de Edificación Forzosa y Registro Municipal de Solares 925

§ **3.7** Decreto 1006/1966, de 7 abril. Aprueba el Reglamento de Reparcelaciones del Suelo afectado por Planes de Ordenación Urbana 947

Página

III. NORMAS TERRITORIALES

Andalucía

§ **4** Ley 1/1994, de 11 enero. Ordenación del Territorio en Andalucía 955

§ **5** Ley 1/1997, de 18 junio. Adopta con carácter urgente y transitorio disposiciones en materia de suelo y ordenación urbana en Andalucía 973

Aragón

§ **6** Ley 5/1999, de 25 marzo. Normas Reguladoras de la Actividad Urbanística en Aragón 981

§ **7** Ley 11/1992, de 24 noviembre. Ordenación del Territorio en Aragón 1077

§ **8** Ley 7/1998, de 16 julio. Directrices Generales de Ordenación del Territorio en Aragón 1117

Asturias

§ **9** Ley 1/1987, de 30 marzo. Coordinación y Ordenación Territorial en el Principado de Asturias 1123

§ **10** Ley 3/1987, de 8 abril. Regula la Disciplina Urbanística en el Principado de Asturias 1139

§ **11** Ley 6/1990, de 20 diciembre. Edificación y Usos en el Medio Rural del Principado de Asturias 1163

§ **12** Ley 2/1991, de 11 marzo. Reserva de Suelo y Actuaciones Urbanísticas Prioritarias en el Principado de Asturias 1173

§ **12.1** Decreto 58/1994, de 14 julio. Aprueba el Reglamento de desarrollo y ejecución de la Ley 2/1991 de 11 marzo, de Reserva del Suelo y Actuaciones Urbanísticas Prioritarias en el Principado de Asturias 1181

Baleares

§ **13** Ley 10/1990, de 23 octubre. De Disciplina Urbanística de las Illes Balears 1191

§ **14** Decreto 90/1994, de 13 julio. Desarrolla el Texto Refundido de la Ley de Régimen del Suelo y Ordenación Urbana, aprobado por Real Decreto Legislativo 26 junio 1992, en materia de criterios de delimitación de áreas de reparto, cálculo y aplicación del aprovechamiento tipo en las Illes Balears 1229

§ **15** Ley 8/1988, de 1 junio. Edificios e Instalaciones Fuera de Ordenación de las Illes Balears 1237

§ **16** Ley 1/1994, de 23 marzo. Condiciones para la reconstrucción en suelo no urbanizable de edificios e instalaciones afectados por obras públicas o declaradas de utilidad pública y ejecutadas por el sistema de expropiación forzosa en las Illes Balears 1241

§ **17** Ley 6/1997, de 8 julio. Regula el Suelo Rústico en las Illes Balears 1243

§ **18** Ley 6/1993, de 28 septiembre. Adecua las redes de instalaciones a las condiciones histórico-ambientales de los núcleos de población en las Illes Balears 1271

§ **19** Ley 14/2000, de 21 diciembre. Ordenación territorial en las Illes Balears 1289

§ **20** Ley 6/1999, de 3 abril. Directrices de ordenación territorial y de medidas tributarias en las Illes Balears 1303

Página

§ **21** Ley 9/1999, de 6 octubre. Medidas cautelares y de emergencia relativas a la ordenación del territorio y el urbanismo en las Illes Balears 1357

§ **22** Ley 10/1989, de 2 noviembre. Sustitución de Planeamiento Urbanístico Municipal en las Illes Balears 1363

Canarias

§ **23** Decreto Legislativo 1/2000, de 8 mayo. Aprueba el Texto Refundido de las Leyes de Ordenación del Territorio y de Espacios Naturales Protegidos en las Islas Canarias 1365

Cantabria

§ **24** Ley 2/2001, de 25 junio. Ordenación Territorial y Régimen Urbanístico del Suelo en Cantabria 1541

Castilla y León

§ **25** Ley 5/1999, de 8 abril. Normas reguladoras de Urbanismo de Castilla y León ... 1677

§ **25.1** Decreto 223/1999, de 5 agosto. Aprueba la tabla de preceptos de los Reglamentos Urbanísticos que resultan aplicables en relación con la Ley 5/1999, de 8 abril, de normas reguladoras de Urbanismo de Castilla y León 1783

§ **26** Ley 10/1998, de 5 diciembre. Ordenación del Territorio en Castilla y León 1787

Castilla-La Mancha

§ **27** Ley 2/1998, de 4 junio. Regula la ordenación del territorio y la utilización del suelo para su aprovechamiento urbanístico en Castilla-La Mancha 1811

Cataluña

§ **28** Decreto Legislativo 1/1990, de 12 julio. Aprueba el Texto Refundido de legislación vigente en materia de urbanismo de Cataluña 1973

§ **28.1** Decreto 303/1997, de 25 noviembre. Aprueba el Reglamento sobre Medidas para Facilitar la Ejecución Urbanística de Cataluña 2117

§ **29** Ley 23/1983, de 21 noviembre. Política Territorial de Cataluña 2133

§ **30** Ley 1/1995, de 16 marzo. Aprueba el Plan Territorial General de Cataluña 2145

§ **31** Ley 6/1995, de 28 junio. Crea el Jurado de Expropiación de Cataluña 2153

Ceuta

§ **31.1** Real Decreto 2495/1996, de 5 diciembre. Traspasa funciones y servicios de la Administración del Estado en materia de ordenación del territorio y urbanismo a la Ciudad de Ceuta 2159

Extremadura

§ **32** Ley 13/1997, de 23 diciembre. Regula la Actividad Urbanística de Extremadura 2163

§ **32.1** Decreto 76/1998, de 2 junio. Desarrolla la Ley 13/1997, de 23 diciembre, Reguladora de la Actividad Urbanística de Extremadura 2169

§ **32.2** Decreto 115/1993, de 13 octubre. Adapta los Planes Generales a las normas del Texto Refundido de la Ley sobre Régimen del Suelo y Ordenación Urbana, aprobada por el Real Decreto 1/1992, de 26 junio, relati-

Página

vas a la delimitación de áreas de reparto, cálculo del aprovechamiento tipo y definición de aprovechamiento susceptible de apropiación en Extremadura 2173

§ 32.3 Decreto 112/1997, de 9 septiembre. Aprueba el Procedimiento de Aprobación de Figuras de Planeamiento Urbanístico General de Extremadura 2175

Galicia

§ 33 Ley 1/1997, de 24 marzo. Normas reguladoras del Suelo de Galicia 2177

§ 34 Ley 10/1995, de 23 noviembre. Regula la Ordenación del Territorio de Galicia . 2277

§ 35 Decreto 28/1999, de 21 enero. Aprueba el Reglamento de Disciplina Urbanística para el desarrollo y aplicación de la Ley 1/1997, de 24 marzo, reguladora del Suelo de Galicia 2297

§ 36 Ley 7/1995, de 29 junio. Regula la Delegación y Distribución de Competencias en Materia de Urbanismo de Galicia 2335

Madrid

§ 37 Ley 9/2001, de 17 julio. Suelo de la Comunidad de Madrid 2353

§ 38 Ley 9/1995, de 28 marzo. Medidas de Política Territorial, Suelo y Urbanismo de la Comunidad de Madrid 2529

Melilla

§ 39 Real Decreto 1413/1995, de 4 agosto. Traspaso de Funciones y Servicios de la Administración del Estado en materia de Urbanismo a la Ciudad de Melilla 2551

§ 40 Real Decreto 341/1996, de 23 febrero. Traspaso de Funciones y Servicios de la Administración del Estado en materia de Ordenación del Territorio a la Ciudad de Melilla 2555

Murcia

§ 41 Ley 1/2001, de 24 abril. Suelo de la Región de Murcia 2559

§ 42 Ley 4/1992, de 30 julio. Regula la Ordenación y Protección del Territorio de la Región de Murcia 2679

§ 43 Ley 4/1997, de 24 julio. Regula la Construcción y Explotación de Infraestructuras en la Región de Murcia (fragmento) 2693

Navarra

§ 44 Ley Foral 10/1994, de 4 julio. Ordenación del Territorio y Urbanismo de la Comunidad Foral de Navarra 2697

§ 45 Decreto Foral 85/1995, de 3 abril. Aprueba el Reglamento de Desarrollo de la Ley Foral 10/1994, de 4 julio, que regula la Ordenación del Territorio y Urbanismo 2847

§ 45.1 Decreto Foral 33/1995, de 13 febrero. Aprueba el Régimen Urbanístico Transitorio de los Municipios de más de cincuenta mil habitantes que no cuenten con Plan General de Ordenación Urbana Adaptado de la Comunidad Foral de Navarra 2893

§ 45.2 Decreto Foral 228/1993, de 19 julio. Establece los módulos de Reservas de Arbolado en el Suelo Urbano y Urbanizable de la Comunidad Foral de Navarra 2899

SUMARIO

Página

País Vasco

§ **46** Ley 5/1998, de 6 marzo. Medidas Urgentes en Materia de Suelo y Urbanismo del País Vasco ... 2903

§ **47** Ley 3/1997, de 25 abril. Determina la participación de la Comunidad Autónoma del País Vasco en las plusvalías generadas por la acción urbanística ... 2913

§ **48** Ley 4/1990, de 31 mayo. Ordenación del Territorio del País Vasco ... 2917

§ **48.1** Decreto 132/1994, de 15 marzo. Aplica en la Comunidad Autónoma del País Vasco el Real Decreto Legislativo 1/1992, de 26 junio, que aprueba el Texto Refundido de la Ley sobre Régimen del Suelo y Ordenación Urbana ... 2939

§ **49** Ley 9/1989, de 17 noviembre. Valoración del Suelo de la Comunidad del País Vasco ... 2945

§ **50** Ley 17/1994, de 30 junio. Medidas Urgentes en Materia de Vivienda y Tramitación de Instrumentos de Planeamiento y Gestión Urbanística del País Vasco ... 2955

§ **50.1** Decreto 142/1997, de 17 junio. Desarrolla la Ley 17/1994, de 30 junio, de Medidas Urgentes en Materia de Vivienda y Tramitación de Instrumentos de Planeamiento y Gestión Urbanística, del País Vasco ... 2963

§ **51** Ley 20/1998, de 29 junio. Regula los Patrimonios Públicos de Suelo del País Vasco ... 2967

La Rioja

§ **52** Ley 10/1998, de 2 julio. Ordenación del Territorio y Urbanismo de La Rioja ... 2979

Valencia

§ **53** Ley 6/1994, de 15 noviembre. Reguladora de la Actividad Urbanística de la Comunidad Valenciana ... 3077

§ **53.1** Decreto 201/1998, de 15 diciembre. Aprueba el Reglamento de Planeamiento de la Comunidad Valenciana ... 3185

§ **54** Ley 4/1992, de 5 junio. Regula el Suelo No Urbanizable en la Comunidad Autónoma de Valencia ... 3271

§ **55** Ley 6/1989, de 7 julio. Ordenación del Territorio de la Comunidad Valenciana . 3311

Índice Cronológico de Jurisprudencia ... 3341

Índice Cronológico de Legislación ... 3473

Índice Analítico ... 3521

ABREVIATURAS

A.	Auto
AC	Aranzadi Civil
Ac.	Acuerdo
ap.	apartado
art. (arts.)	artículo (artículos)
BO (BB OO)	Boletín Oficial (Boletines Oficiales)
BOA	Boletín Oficial de Aragón
BOC	Boletín Oficial de Cantabria
BOCAIB	Boletín Oficial de la Comunidad Autónoma de las Islas Baleares
BOCAN	Boletín Oficial de Canarias
BOCM	Boletín Oficial de la Comunidad de Madrid
BOCyL	Boletín Oficial de Castilla y León
BOE	Boletín Oficial del Estado
BOJA	Boletín Oficial de la Junta de Andalucía
BON	Boletín Oficial de Navarra
BOPA	Boletín Oficial del Principado de Asturias
BOPV	Boletín Oficial del País Vasco
BOR	Boletín Oficial de la Rioja
CC	Código Civil
CE	Constitución Española
CP	Código Penal
D.	Decreto
DF	Decreto Foral
disp. adic.	Disposición adicional
disp. final	Disposición final
disp. transit. ..	Disposición transitoria
disp. derog. ...	Disposición derogatoria
Dleg	Decreto Legislativo
Dley	Decreto-ley
DOCM	Diario Oficial de Castilla-La Mancha
DOE	Diario Oficial de Extremadura
DOG	Diario Oficial de Galicia
DOGC	Diario Oficial de la Generalitat de Catalunya
DOGV	Diario Oficial de la Generalitat Valenciana
F.	Fundamento
Instr.	Instrucción
ITPyAJD	Impuesto sobre Transmisiones Patrimoniales y Actos Jurídicos Documentados
LAN	Legislación de Andalucía Aranzadi
LARG	Legislación de Aragón Aranzadi
LBRL	Ley Reguladora de Bases de Régimen Local
LCAN	Legislación de Canarias Aranzadi
LCAT	Legislación de Cataluña Aranzadi
LCLM	Legislación de Castilla-La Mancha Aranzadi
LCM	Legislación de la Comunidad de Madrid Aranzadi

LCTB .... Legislación de Cantabria Aranzadi
LCV .... Legislación de la Comunidad Valenciana Aranzadi
LCyL .... Legislación de Castilla y León Aranzadi
LEF .... Ley de Expropiación Forzosa
LEXT .... Legislación de Extremadura Aranzadi
LF .... Ley Foral
LG .... Legislación de Galicia Aranzadi
LH .... Ley Hipotecaria
LHL .... Ley de Haciendas Locales
LJCA .... Ley de la Jurisdicción Contencioso-Administrativa
LIB .... Legislación de las Islas Baleares Aranzadi
LNA .... Legislación de Navarra Aranzadi
LO .... Ley Orgánica
LPAS .... Legislación del Principado de Asturias Aranzadi
LPE .... Ley de Patrimonio del Estado
LPH .... Ley de Propiedad Horizontal
LPV .... Legislación del País Vasco Aranzadi
LRJ-PAC ...... Ley del Régimen Jurídico de las Administraciones Públicas y del Procedimiento Administrativo Común
LS .... Ley del Suelo
núm. .... número
O. .... Orden
OF .... Orden Foral
RBEL .... Reglamento de Bienes de las Entidades Locales
RCL .... Repertorio Cronológico de Legislación Aranzadi
RD .... Real Decreto
RDGRN .... Resolución de la Dirección General de los Registros y del Notariado
RDLeg .... Real Decreto Legislativo
RDley .... Real Decreto-ley
RDU .... Reglamento de Disciplina Urbanística
rect. .... rectificación
RGR .... Reglamento General de Recaudación
RGU .... Reglamento de Gestión Urbanística
RH .... Reglamento Hipotecario
RITPyAJD .... Reglamento del Impuesto sobre Transmisiones Patrimoniales y Actos Jurídicos Documentados
RJ .... Repertorio de Jurisprudencia Aranzadi
RJCA .... Repertorio de Jurisprudencia Contencioso-Administrativa Aranzadi
RPU .... Reglamento de Planeamiento Urbanístico
RSCL .... Reglamento de Servicios de las Corporaciones Locales
RTC .... Repertorio Aranzadi del Tribunal Constitucional
S. .... Sentencia
SAP .... Sentencia de la Audiencia Provincial
STC .... Sentencia del Tribunal Constitucional
STS .... Sentencia del Tribunal Supremo
STSJ .... Sentencia del Tribunal Superior de Justicia
TC .... Tribunal Constitucional
TRLS/1976 ... Texto Refundido de la Ley sobre el Régimen del Suelo y Ordenación Urbana de 1976
TRLS/1992 ... Texto Refundido de la Ley sobre el Régimen del Suelo y Ordenación Urbana de 1992
v. .... Véase
✐ .... Nota
⇒ .... Concordancia

PRÓLOGO

La competencia sobre urbanismo que, de conformidad con los artículos 148 y 149 de la Constitución, corresponde a las Comunidades Autónomas, se concreta atendiendo a su coexistencia con las que al Estado corresponden según lo previsto en el art. 149.1ª de aquélla.

La normativa estatal en la actualidad es de diversa naturaleza: básica, de competencia exclusiva y supletoria. A las Comunidades Autónomas les corresponde la regulación del régimen jurídico urbanístico, esto es, de la propiedad del suelo, ajustándose a las bases del Estado.

La competencia estatal se ha ejercido, en lo relativo a la definición del contenido básico del derecho de propiedad del suelo, mediante la Ley 6/1998, de 13 de abril. Además de esta ley, sigue vigente en el ámbito estatal, con la naturaleza que en cada caso corresponda, el Texto Refundido de la Ley del Suelo aprobado por Real Decreto Legislativo 1/1992, de 26 de junio.

Debe tenerse en cuenta, además, como normativa estatal que incide, aunque sólo indirectamente, en el urbanismo, la Ley 38/1999, de 5 de noviembre, de Ordenación de la Edificación. Por otra parte, también ha de incluirse el Real Decreto 1093/1997, de 4 de julio, sobre Normas complementarias al Reglamento para la ejecución de la Ley Hipotecaria sobre inscripción en el Registro de la Propiedad de actos de naturaleza urbanística, el cual, según su Exposición de motivos, aunque sus preceptos se refieran a materias urbanísticas, *su contenido es exclusivamente registral, por lo que en cuanto normas hipotecarias –jurídico privadas– están llamadas a tener una pervivencia independiente de las vicisitudes de las normas sobre urbanismo.*

Si todas las Comunidades Autónomas hubieran ya ejercido su competencia normativa en materia de urbanismo, entonces quizás no hubiera sido preciso incluir en este Código el Texto Refundido de la Ley del Suelo de 1976, así como los Reglamentos de Planeamiento, Gestión y Disciplina Urbanística, además del de reparcelaciones, el de edificación forzosa y Registro municipal de solares y los Reales Decretos Leyes 3/1980 y 16/1981. Sin embargo, el panorama legislativo existente, en que hay Comunidades Autónomas que sólo en parte han dictado normas sobre urbanismo, hace necesario incluir las mencionadas disposiciones en la medida en que constituyan derecho supletorio. Se da la circunstancia que ciertas normas territoriales vigentes declaran expresamente derecho supletorio algunos de aquellos «viejos» textos.

En otros casos, varias Comunidades Autónomas han declarado y asumido como derecho propio gran parte o todo el contenido del Texto Refundido de la Ley del Suelo de 1992.

Así pues, normas formalmente derogadas por el Estado siguen siendo de aplicación como deredcho territorial en gran parte de España.

Se incluye en este Código también las normas territoriales fundamentales en el urbanismo.

Se ha procurado concordar adecuadamente la normativa estatal y territorial vigente con el antiguo Texto Refundido de la Ley del Suelo de 1976, pues en aplicación e interpretación de sus normas es donde se ha producido fundamentalmente la Jurisprudencia del Tribunal Supremo sobre urbanismo, la cual resulta de gran ayuda para comprender muchas instituciones jurídicas cuya esencia aún permanece y reaparece en las nuevas leyes.

José Félix Méndez Canseco
Madrid, 6 de febrero de 2000

I

NORMAS BÁSICAS O DE COMPETENCIA EXCLUSIVA DEL ESTADO

§ 1 LEY 6/1998, DE 13 ABRIL. RÉGIMEN DEL SUELO Y REGLAS DE VALORACIÓN

(BOE núm. 89, de 14 abril [RCL 1998, 959])

EXPOSICIÓN DE MOTIVOS

1. Las sucesivas reformas de nuestra legislación urbanística han ido incrementando la complejidad de este sector del ordenamiento jurídico al multiplicar, a veces innecesariamente, las intervenciones administrativas en las distintas fases de los procesos de desarrollo urbano, lo que, unido a la limitación de la oferta de suelo, ha contribuido decisivamente a demorar hasta extremos irrazonables la conclusión de las operaciones de urbanización y ulterior edificación, haciendo imprevisible su coste y dificultando una adecuada programación de las correspondientes actividades empresariales, con el consiguiente encarecimiento del producto final.

La última de dichas reformas, llevada a cabo por la Ley 8/1990, de 25 de julio y recogida en el Texto Refundido de la Ley sobre Régimen de Suelo y Ordenación Urbana, aprobado por Real Decreto Legislativo 1/1992, de 26 de junio, que ha sido objeto de la Sentencia del Tribunal Constitucional de 20 de marzo de 1997 («Boletín Oficial del Estado» de 25 de abril), llevó esta línea de tendencia a sus últimas consecuencias y su fracaso, que hoy es imposible ignorar, reclama una enérgica rectificación cuyo norte no puede ser otro que la búsqueda de una mayor flexibilidad que, de un lado, elimine los factores de rigidez que se han ido acumulando y, de otro, asegure a las Administraciones públicas responsables de la política urbanística una mayor capacidad de adaptación a una coyuntura económica cambiante, en la que los ciclos de expansión y recesión se suceden con extraordinaria rapidez.

El legislador estatal, que carece constitucionalmente de competencias en materia de urbanismo y de ordenación del territorio en sentido propio, no puede por sí solo afrontar la tarea indicada, a la que sólo puede aportar una solución parcial poniendo a contribución su indiscutible competencia para, como ha reconocido la citada sentencia del Tribunal Constitucional, regular las condiciones básicas que garanticen la igualdad en el ejercicio del derecho de propiedad del suelo en todo el territorio nacional, así como regular otras materias que inciden en el urbanismo como son la expropiación forzosa, las valoraciones, la responsabilidad de las Administraciones públicas o el procedimiento administrativo común.

Por ello, su obra reclama una continuación por parte de los legisladores de las diferentes Comunidades Autónomas, sin la cual la reforma que ahora se inicia quedaría incompleta.

2. Dentro de estos concretos límites, que comprenden inequívocamente la determinación de las distintas clases de suelo como presupuesto mismo de la definición de las condiciones básicas del derecho de propiedad urbana, la presente Ley pretende facilitar el aumento de la oferta de suelo, haciendo posible que todo el suelo que todavía no ha sido incorporado al proceso urbano, en el que no concurran razones para su preservación, pueda considerarse como susceptible de ser urbanizado. Y ello de acuerdo con el planeamiento y la legislación territorial o sectorial, en razón de sus valores ambientales, paisajísticos, históricos, arqueológicos, científicos o culturales, de su riqueza agrícola, forestal, ganadera o de otra índole, o de su justificada inadecuación para el desarrollo urbano. Hay que tener presente, asimismo, que la reforma del mercado del suelo en el sentido de una mayor liberalización que incremente su oferta forma parte de la necesaria reforma estructural de la economía española, para la que el legislador estatal tiene las competencias que le atribuye el artículo 149.1.13ª de la Constitución Española.

En ese amplio suelo urbanizable que, siguiendo este criterio, delimiten los planes, podrán, por lo tanto, promoverse actuaciones urbanísticas en los términos que precise la legislación urbanística en cada caso aplicable y siempre, naturalmente, de conformidad con las previsiones de la ordenación urbanística y de los planes y proyectos sectoriales, asegurándose por su promotor la ejecución, a su costa, de las infraestructuras de conexión con los sistemas generales que la naturaleza e intensidad de dichas actuaciones demande en cada caso e, incluso el reforzamiento y mejora de dichos sistemas generales cuando ello resulte necesario, exigencias mínimas éstas que por su carácter de tales contribuyen a delimitar las condiciones básicas del ejercicio del derecho de propiedad.

El régimen urbanístico del suelo prescinde así de imponer a los propietarios un sistema de actuaciones programadas por la Administración, sin datos ni garantías efectivas que aseguren su ejecución, que ésta sólo está en condiciones de ofrecer en relación a sus propias actuaciones. Ello no implica, en ningún caso, una renuncia a la función directiva y orientadora que es consustancial a la idea de plan. Muy al contrario, la Ley parte del efectivo ejercicio de esa función por el planeamiento general, que puede y debe fijar en todo caso la estructura general del territorio, esto es, la imagen de la ciudad que la comunidad que lo aprueba considera deseable, ya que ésa es una referencia de la que, en ningún caso, puede prescindirse.

Esta es la idea general de la que la Ley parte con el propósito de no introducir, desde la definición del estatuto jurídico básico de la propiedad del suelo, rigideces innecesarias que puedan impedir el despliegue por los legisladores autonómicos y por las Administraciones públicas competentes, de políticas urbanísticas más flexibles y con mayor capacidad de adaptación a las cambiantes circunstancias en el contexto de una economía cuya globalización la hace especialmente sensible a los cambios de coyuntura.

De este modo, la necesaria flexibilidad, que tanto se ha echado en falta en el pasado, se cohonesta con la imprescindible salvaguardia de los intereses públicos.

La flexibilidad que la Ley persigue con el fin de evitar la escasez de suelo no debe, sin embargo, conducir a un régimen de absoluta discrecionalidad de las autoridades urbanísticas a la hora de decidir acerca de la viabilidad de las iniciativas que se promuevan en el ámbito del suelo urbanizable. Por ello, la Ley ha previsto que el derecho a promover la transformación de dicho suelo instando de la Administración la aprobación del planeamiento de desarrollo, se podrá ejercer desde el momento en que el planeamiento general haya delimitado los correspondientes ámbitos o se hayan establecido las condiciones para su desarrollo, correspondiendo en otro caso a las Comunidades Autónomas la regulación de las citadas condiciones así como de los efectos derivados del derecho de consulta, tanto sobre los criterios y previsiones del planeamiento –territorial y sectorial– como de las obras adicionales que la actuación exija.

De este modo, se pretende asegurar un mínimo de consistencia al derecho del propietario del suelo clasificado por el planeamiento como urbanizable, que como tal mínimo, debe entenderse comprendido sin discusión dentro de las condiciones básicas del estatuto jurídico de la propiedad, sin perjudicar la libertad de la que han de gozar las Administraciones competentes para valorar, en cada caso, los intereses públicos en juego.

3. En lo que concierne a los criterios de valoración del suelo, la Ley ha optado por establecer un sistema que trata de reflejar con la mayor exactitud posible el valor real que el mercado asigna a cada tipo de suelo, renunciando así formalmente a toda clase de fórmulas artificiosas que, con mayor o menor fundamento aparente, contradicen esa realidad y constituyen una fuente interminable de conflictos, proyectando una sombra de injusticia que resta credibilidad a la Administración y contribuye a deslegitimar su actuación.

Se elimina así la actual dualidad de valores, inicial y urbanístico, a la que habían quedado ya reducidos los cuatro valores diferentes que estableció en su día la versión primera de la Ley del Suelo, de forma que, a partir de ahora, no habrá ya sino un solo valor, el valor que el bien tenga realmente en el mercado del suelo, único valor que puede reclamar para sí el calificativo de justo que exige inexcusablemente toda operación expropiatoria. A partir de este principio básico, la Ley se limita a establecer el método aplicable para la determinación de ese valor, en función, claro está, de la clase de suelo y, en consecuencia, del régimen jurídico aplicable al mismo y de sus características concretas.

Este método es, tanto en el suelo no urbanizable como en el urbanizable aún no incluido en un concreto ámbito para su desarrollo o para el que no se hayan establecido las condiciones de dicho desarrollo, el de comparación con los valores comprobados de otras fincas análogas, habida cuenta de su régimen urbanístico, situación, tamaño y naturaleza, así como de los usos y aprovechamientos permitidos por el planeamiento. Para los casos en que esa comparación no sea posible, en los citados suelos –sin desarrollo previsible a corto plazo– el método alternativo será el de capitalización de las rentas reales o potenciales del suelo de acuerdo con su estado y naturaleza, que es el método tradicional.

En el suelo urbano y en el urbanizable incluido en ámbitos delimitados por el propio planeamiento general o con posterioridad al mismo, para los que se hayan establecido las condiciones de desarrollo, el método de cálculo consistirá en la aplicación al aprovechamiento correspondiente del valor básico de repercusión recogido en las ponencias catastrales para el terreno de que se trate, valor que de conformidad con lo dispuesto en la Ley 39/1988, Reguladora de las Haciendas Locales, refleja los valores de mercado, puesto que las valoraciones catastrales se fijan a partir de un estudio previo de dichos valores. Finalmente y para el caso de que no existan o no sean aplicables los valores de las ponencias catastrales por haber perdido vigencia o haberse modificado el planeamiento, el valor básico de repercusión se calculará por el método residual, comúnmente utilizado en el ámbito inmobiliario, en sus distintas modalidades, tanto por el sector público como por el privado.

La aplicación de valores de repercusión, habida cuenta de su correspondencia, en general, con terrenos urbanizados y en condiciones de ser edificados, conlleva la necesidad de deducir la totalidad de los costes de urbanización que en cada caso estuvieran pendientes, así como los costes financieros, de gestión y cualesquiera otros que fueran imprescindibles para dotar al terreno de la condición de solar, tal como se viene haciendo habitual y pacíficamente en las tasaciones que se realizan a diario en el ámbito inmobiliario y en el financiero.

El estricto realismo al que la Ley ha querido ajustarse en este punto contribuirá, sin duda, a aumentar la seguridad del tráfico jurídico y a reducir la conflictividad, lo que redundará también en una agilización de la gestión urbanística y en una reducción en los costes innecesarios que su prolongación en el tiempo inevitablemente añade.

4. El Título IV de la Ley se ha limitado a incluir los preceptos imprescindibles para enmarcar el ejercicio en este sector, por las distintas Administraciones públicas, de la potestad expropiatoria, a la que serán aplicables sin más las normas generales vigentes que regulan ésta. Remite, asimismo, para la determinación del justiprecio, a los criterios generales establecidos en el Título III, acabando con la actual e injusta dualidad de criterios que trata de distinta manera al propietario expropiado y al que no lo es.

5. El Título V, por su parte, ajusta simplemente al régimen jurídico de la propiedad del suelo que establecen los Títulos I y II de la Ley la regulación precedente de las indemnizaciones por alteración del planeamiento y de las limitaciones o vinculaciones singular impuestas por éste que no sean susceptibles de distribución equitativa por los mecanismos de reparto de beneficios y cargas que establezca la legislación urbanística.

6. La Ley ha querido mantenerse absolutamente en el marco de las competencias del Estado claramente delimitadas por la Sentencia de 20 de marzo de 1997 del Tribunal Constitucional ya citada, por lo que ha renunciado a incidir lo más mínimo en los aspectos relativos al planeamiento, a la gestión urbanística y al control de aquél y de ésta.

7. Por último, las disposiciones transitorias de la Ley procuran evitar a ultranza las soluciones de continuidad, estableciendo reglas de aplicación directa en función de la situación de los procesos de desarrollo y ejecución del planeamiento y obviando la exigencia de la previa adaptación de los planes para la efectividad de la reforma, en razón de la negativa experiencia acumulada con motivo de las reformas precedentes.

TÍTULO I
DISPOSICIONES GENERALES

Artículo 1. Objeto de la Ley.

Es objeto de la presente Ley definir el contenido básico del derecho de propiedad del suelo de acuerdo con su función social, regulando las condiciones que aseguren la igualdad esencial de su ejercicio en todo el territorio nacional.

⇒ Según la disp. final única, este precepto tiene el carácter de legislación básica en virtud de lo previsto en el art. 149.1.13ª, 18ª y 23ª de la CE y, en su caso, de condiciones básicas del ejercicio de los derechos a tenor de lo dispuesto por el art. 149.1.1ª del propio Texto Constitucional.

El art. 149.1.1ª de la CE dispone:

«Art. 149.1. El Estado tiene competencia exclusiva sobre las siguientes materias:

1ª La regulación de las condiciones básicas que garanticen la igualdad de todos los españoles en el ejercicio de los derechos y en el cumplimiento de los deberes constitucionales [...]».

V. art. 114 de la Ley 5/1999, de 25 marzo, regula Actividad Urbanística, Pública y Privada en Aragón (§6).

V. art. 1 de la Ley 2/1991, de 11 marzo, de Reserva de Suelo y Actuaciones Urbanísticas Prioritarias en el Principado de Asturias (§12).

V. arts. 1, 6.1 c), 7.4, 10, 13, 48.4, 56 a 59, 62 y 174 del DLeg 1/2000, de 8 mayo, por el que se aprueba el Texto Refundido de las Leyes de Ordenación del Territorio de Canarias y de Espacios Naturales de Canarias (§23).

V. art. 1 de la Ley 2/2001, de 25 junio, de Ordenación Territorial y Régimen Urbanístico del Suelo de Cantabria (§24).

V. art. 49 de la Ley 2/1998, de 4 junio, de Ordenación del Territorio y Actividad Urbanística, en Castilla-La Mancha (§27).

V. art. 7 de la Ley 5/1999, de 8 abril, de Urbanismo, de Castilla y León (§25).

V. arts. 3 y 113 del DLeg 1/1990, de 12 julio, que aprueba el Texto Refundido de Legislación vigente en materia de urbanismo en Cataluña (§28).

V. Ley 13/1997, de 23 diciembre, Reguladora de la Actividad Urbanística en Extremadura (§32).

V. art. 62 de la Ley 1/1997, de 24 marzo, del Suelo, de Galicia (§33).

V. arts. 9 y 12 de la Ley 9/2001, de 17 julio, del Suelo de la Comunidad de Madrid (§37).

V. art. 56 de la Ley del Suelo 1/2001, de 24 abril, de la Región de Murcia (§41).

V. art. 1 de la LF 10/1994, de 4 julio, de Ordenación del Territorio y Urbanismo de Navarra (§44).

V. art. 1 de la Ley 10/1998, de 2 julio, de Ordenación del Territorio y Urbanismo, de La Rioja (§52).
V. art. 1 de la Ley 6/1994, de 15 noviembre, reguladora de la Actividad Urbanística en la Comunidad Autónoma de Valencia (§53).
V. O. 31 julio 2000, Melilla.
V. STC 61/1997, de 20 marzo (RTC 1997, 61).

Artículo 2. Facultades del derecho de propiedad.

1. Las facultades urbanísticas del derecho de propiedad se ejercerán siempre dentro de los límites y con el cumplimiento de los deberes establecidos en las leyes o, en virtud de ellas, por el planeamiento con arreglo a la clasificación urbanística de los predios.

2. La ordenación del uso de los terrenos y construcciones establecida en el planeamiento no conferirá derecho a los propietarios a exigir indemnización, salvo en los casos expresamente establecidos en las leyes.

⇒ Según la disp. final única, este precepto tiene el carácter de legislación básica en virtud de lo previsto en el art. 149.1.13ª, 18ª y 23ª de la CE y, en su caso, de condiciones básicas del ejercicio de los derechos a tenor de lo dispuesto por el art. 149.1.1ª del propio Texto Constitucional.
V. art. 33 de la CE.
V. arts. 41, 42 y 43 de la presente Ley.
V. art. 11 de la Ley 5/1999, de 25 marzo, regula Actividad Urbanística, Pública y Privada en Aragón (§6).
V. art. 1 de la Ley 2/1991, de 11 marzo, de Reserva de Suelo y Actuaciones Urbanísticas Prioritarias en el Principado de Asturias (§12).
V. arts. 4 y 57 del DLeg 1/2000, de 8 mayo, por el que se aprueba el Texto Refundido de las Leyes de Ordenación del Territorio de Canarias y de Espacios Naturales de Canarias (§23).
V. art. 1 de la Ley 2/2001, de 25 junio, de Ordenación Territorial y Régimen Urbanístico del Suelo de Cantabria (§24).
V. art. 7 de la Ley 5/1999, de 8 abril, de Urbanismo, de Castilla y León (§25).
V. arts. 49 a 53 de la Ley 2/1998, de 4 junio, de Ordenación del Territorio y Actividad Urbanística, en Castilla-La Mancha (§27).
V. arts. 113 y 129 del DLeg 1/1990, de 12 julio, que aprueba el Texto Refundido de Legislación vigente en materia de urbanismo en Cataluña (§28).
V. art. 62 de la Ley 1/1997, de 24 marzo, del Suelo, de Galicia (§33).
V. arts. 9, 11 y 12 de la Ley 9/2001, de 17 julio, del Suelo de la Comunidad de Madrid (§37).
V. art. 57 de la Ley del Suelo 1/2001, de 24 abril, de la Región de Murcia (§41).
V. Jurisprudencia en arts. 76, 87 y concordantes del TRLS/1976 (§3).

Artículo 3. Participación en las plusvalías.

La participación de la comunidad en las plusvalías generadas por la acción urbanística de los entes públicos, se producirá en los términos fijados por la presente Ley y las demás que sean de aplicación.

⇒ Según la disp. final única, este precepto tiene el carácter de legislación básica en virtud de lo previsto en el art. 149.1.13ª, 18ª y 23ª de la CE y, en su caso, de condiciones básicas del ejercicio de los derechos a tenor de lo dispuesto por el art. 149.1.1ª del propio Texto Constitucional.
V. art. 47 de la CE:
«Todos los españoles tienen derecho a disfrutar de una vivienda digna y adecuada. Los poderes públicos promoverán las condiciones necesarias y establecerán las normas pertinentes para hacer efectivo este derecho, regulando la utilización del suelo de acuerdo con el interés general para impedir la especulación.

La comunidad participará en las plusvalías que genere la acción urbanística de los entes públicos».

V. art. 101.1 de la Ley 5/1999, de 25 marzo, regula Actividad Urbanística, Pública y Privada en Aragón (§6).

V. arts. 4; 6.1 b); 71.1 a); 71.3 c); 72.2 c) del DLeg 1/2000, de 8 mayo, por el que se aprueba el Texto Refundido de las Leyes de Ordenación del Territorio de Canarias y de Espacios Naturales de Canarias (§23).

V. art. 3.1 de la Ley 2/2001, de 25 junio, de Ordenación Territorial y Régimen Urbanístico del Suelo de Cantabria (§24).

V. arts. 6, 39 y 51 de la Ley 2/1998, de 4 junio, de Ordenación del Territorio y Actividad Urbanística, en Castilla-La Mancha (§27).

V. art. 4 de la Ley 5/1999, de 8 abril, de Urbanismo, de Castilla y León (§25).

V. arts. 3.2 c) y 117.1 de la Ley 1/1997, de 24 marzo, del Suelo, de Galicia (§33).

V. art. 10.3 de la Ley 9/2001, de 17 julio, del Suelo de la Comunidad de Madrid (§37).

V. art. 60 de la Ley 1/2001, de 24 abril, del Suelo de la Región de Murcia (§41).

V. art. único de la Ley 3/1997, de 25 abril, del País Vasco (§47).

V. arts. 1 y 55.5 de la Ley 6/1994, de 15 noviembre, Reguladora de la Actividad Urbanística en la Comunidad Autónoma de Valencia (§53).

V. Jurisprudencia en arts. 3, 83 y 84 y concordantes del TRLS/1976 (§3).

Artículo 4. Acción urbanística e iniciativa privada.

1. Los propietarios deberán contribuir, en los términos establecidos en las leyes, a la acción urbanística de los entes públicos, a los que corresponderá, en todo caso, la dirección del proceso, sin perjuicio de respetar la iniciativa de aquéllos.

2. La gestión pública a través de su acción urbanizadora y de las políticas de suelo suscitará, en la medida más amplia posible, la participación privada.

3. En los supuestos de actuación pública, la Administración actuante promoverá, en el marco de la legislación urbanística, la participación de la iniciativa privada aunque ésta no ostente la propiedad del suelo.

⇒ Según la disp. final única, este precepto tiene el carácter de legislación básica en virtud de lo previsto en el art. 149.1.13ª, 18ª y 23ª de la CE y, en su caso, de condiciones básicas del ejercicio de los derechos a tenor de lo dispuesto por el art. 149.1.1ª del propio Texto Constitucional.

V. art. 104.3 TRLS/1992 (§2).

V. arts. 3, 6 y 51 de la Ley 5/1999, de 25 marzo, regula Actividad Urbanística, Pública y Privada en Aragón (§6).

V. art. 13 de la Ley 10/1990, de 23 octubre, de Disciplina Urbanística en Baleares (§13).

V. arts. 2.3 c), 84.5.4ª, 88.1, 89 d), 96.2 a), 100 y 143 b) del DLeg 1/2000, de 8 mayo, por el que se aprueba el Texto Refundido de las Leyes de Ordenación del Territorio de Canarias y de Espacios Naturales de Canarias (§23).

V. arts. 4 y 7 de la Ley 2/2001, de 25 junio, de Ordenación Territorial y Régimen Urbanístico del Suelo de Cantabria (§24).

V. arts. 8 y 96 de la Ley 2/1998, de 4 junio, de Ordenación del Territorio y Actividad Urbanística, en Castilla-La Mancha (§27).

V. art. 5 de la Ley 5/1999, de 8 abril, de Urbanismo, de Castilla y León (§25).

V. art. 4 del DLeg 1/1990, de 12 julio, que aprueba el Texto Refundido de Legislación vigente en materia de urbanismo en Cataluña (§28).

V. arts. 3.8, 125 y concordantes de la Ley 1/1997, de 24 marzo, del Suelo, de Galicia (§33).

V. art. 8 de la Ley 9/2001, de 17 julio, del Suelo de la Comunidad de Madrid (§37).

V. art. 4 de la LF 10/1994, de 4 julio, de Ordenación del Territorio y Urbanismo en Navarra (§44).

V. art. 3 de la Ley 10/1998, de 2 julio, de Ordenación del Territorio y Urbanismo, de La Rioja (§52).

V. art. 5 de la Ley 6/1994, de 15 noviembre, Reguladora de la Actividad Urbanística en la Comunidad Autónoma de Valencia (§53).

V. Jurisprudencia en arts. 4, 52, 53, 54 y 119 y concordantes del TRLS/1976 (§3).

Artículo 5. Reparto equitativo de beneficios y cargas.

Las leyes garantizarán en todo caso el reparto de los beneficios y cargas derivados del planeamiento, entre todos los propietarios afectados por cada actuación urbanística, en proporción a sus aportaciones.

⇒ V. art. 170.1 del TRLS/1992 (§2).

Según la disp. final única, este precepto tiene el carácter de legislación básica en virtud de lo previsto en el art. 149.1.13ª, 18ª y 23ª de la CE y, en su caso, de condiciones básicas del ejercicio de los derechos a tenor de lo dispuesto por el art. 149.1.1ª del propio Texto Constitucional.

V. art. 170.1 del TRLS/1992 (§2).

V. art. 94 de la Ley 5/1999, de 25 marzo, regula Actividad Urbanística, Pública y Privada en Aragón (§6).

V. arts. 4, 71.1 b), 71.3 d), 71.1 b), 72.2 d), 94 y 134 del DLeg 1/2000, de 8 mayo, por el que se aprueba el Texto Refundido de las Leyes de Ordenación del Territorio de Canarias y de Espacios Naturales de Canarias (§23).

V. arts. 3.2 y 117.1 de la Ley 2/2001, de 25 junio, de Ordenación Territorial y Régimen Urbanístico del Suelo de Cantabria (§24).

V. arts. 51, 68, 97 y 127 de la Ley 2/1998, de 4 junio, de Ordenación del Territorio y Actividad Urbanística, en Castilla-La Mancha (§27).

V. art. 39 de la Ley 5/1999, de 8 abril, de Urbanismo, de Castilla y León (§25).

V. arts. 3.2 b), 103.1, 129.1, 147.2, 167.2 b) y 182.2 del DLeg 1/1990, de 12 julio, que aprueba el Texto Refundido de Legislación vigente en materia de urbanismo en Cataluña (§28).

V. arts. 3.2 b), 62.2, 74 y 87.2 de la Ley 1/1997, de 24 marzo, del Suelo, de Galicia (§33).

V. art. 4.2 de la Ley 9/2001, de 17 julio, del Suelo de la Comunidad de Madrid (§37).

V. art. 59 de la Ley 1/2001, de 24 abril, del Suelo de la Región de Murcia (§41).

V. Jurisprudencia en arts. 83, 87, 117 y 131 y concordantes del TRLS/1976 (§3).

Artículo 6. Información y participación pública en el planeamiento y la gestión.

1. La legislación urbanística garantizará la participación pública en los procesos de planeamiento y gestión, así como el derecho a la información de las entidades representativas de los intereses afectados por cada actuación y de los particulares.

⇒ V. arts. 104.3, 113.2, 124.1, 124.3, 133 y 134.1 del TRLS/1992 (§2).

V. art. 7 de la Ley 5/1999, de 25 marzo, regula Actividad Urbanística, Pública y Privada en Aragón (§6).

V. arts. 4 y 8 del DLeg 1/2000, de 8 mayo, por el que se aprueba el Texto Refundido de las Leyes de Ordenación del Territorio de Canarias y de Espacios Naturales de Canarias (§23).

V. art. 8 de la Ley 2/2001, de 25 junio, de Ordenación Territorial y Régimen Urbanístico del Suelo de Cantabria (§24).

V. art. 6 de la Ley 5/1999, de 8 abril, de Urbanismo, de Castilla y León (§25).

V. art. 8 de la Ley 2/1998, de 4 junio, de Ordenación del Territorio y Actividad Urbanística, en Castilla-La Mancha (§27).

V. art. 4 del DLeg 1/1990, de 12 julio, que aprueba el Texto Refundido de Legislación vigente en materia de urbanismo en Cataluña (§28).

V. art. 4 de la Ley 1/1997, de 24 marzo, del Suelo, de Galicia (§33).

V. art. 3.1 de la Ley 9/2001, de 17 julio, del Suelo de la Comunidad de Madrid (§37).

V. art. 36 de la Ley 10/1998, de 2 julio, de Ordenación del Territorio y Urbanismo, de La Rioja (§52).

V. Jurisprudencia en arts. 4.2; 41 y 114.

2. Todo administrado tendrá derecho a que la Administración competente le informe por escrito del régimen y condiciones urbanísticas aplicables a una finca o ámbito determinado.

⇒ Según la disp. final única, este precepto tiene el carácter de legislación básica en virtud de lo previsto en el art. 149.1.13ª, 18ª y 23ª de la CE y, en su caso, de condiciones básicas del ejercicio de los derechos a tenor de lo dispuesto por el art. 149.1.1ª del propio Texto Constitucional.

V. art. 16.2 de la presente Ley y 104.3 del TRLS/1992 (§2).

V. art. 44.1 e) y 69.2 del DLeg 1/2000, de 8 mayo, por el que se aprueba el Texto Refundido de las Leyes de Ordenación del Territorio de Canarias y de Espacios Naturales de Canarias (§23).

V. art. 8 e) de la Ley 2/2001, de 25 junio, de Ordenación Territorial y Régimen Urbanístico del Suelo de Cantabria (§24).

V. art. 147 de la Ley 5/1999, de 8 abril, de Urbanismo, de Castilla y León (§25).

V. art. 8 de la Ley 2/1998, de 4 junio, de Ordenación del Territorio y Actividad Urbanística, en Castilla-La Mancha (§27).

V. art. 95 del DLeg 1/1990, de 12 julio, que aprueba el Texto Refundido de Legislación vigente en materia de urbanismo en Cataluña (§28).

V. art. 55 de la Ley 1/1997, de 24 marzo, del Suelo, de Galicia (§33).

V. arts. 64 y 65 de la Ley 9/2001, de 17 julio, del Suelo de la Comunidad de Madrid (§37).

V. arts. 9 y 153 de la Ley 1/2001, de 24 abril, del Suelo de la Región de Murcia (§41).

V. art. 21 de la LF 10/1994, de 4 julio, de Ordenación del Territorio y Urbanismo en Navarra (§44).

V. art. 4 de la Ley 10/1998, de 2 julio, de Ordenación del Territorio y Urbanismo, de La Rioja (§52).

V. arts. 59 y 84 de la Ley 6/1994, de 15 noviembre, Reguladora de la Actividad Urbanística en la Comunidad Autónoma de Valencia (§53).

V. Jurisprudencia en arts. 55.2 y 63 y concordantes del TRLS/1976 (§3).

TÍTULO II
RÉGIMEN URBANÍSTICO DE LA PROPIEDAD DEL SUELO

CAPÍTULO I
Clasificación del suelo

Artículo 7. Clases de suelo.

A los efectos de la presente Ley, el suelo se clasifica en urbano, urbanizable y no urbanizable o clases equivalentes reguladas por la legislación urbanística.

⇒ Según la disp. final única, este precepto tiene el carácter de legislación básica en virtud de lo previsto en el art. 149.1.13ª, 18ª y 23ª de la CE y, en su caso, de condiciones básicas del ejercicio de los derechos a tenor de lo dispuesto por el art. 149.1.1ª del propio Texto Constitucional.

V. art. 12 de la Ley 5/1999, de 25 marzo, regula Actividad Urbanística, Pública y Privada en Aragón (§6).

V. art. 49 del DLeg 1/2000, de 8 mayo, por el que se aprueba el Texto Refundido de las Leyes de Ordenación del Territorio de Canarias y de Espacios Naturales de Canarias (§23), así como disp. adic. 4ª de la presente Ley.

V. art. 92 de la Ley 2/2001, de 25 junio, de Ordenación Territorial y Régimen Urbanístico del Suelo de Cantabria (§24).

V. art. 44 de la Ley 2/1998, de 4 junio, de Ordenación del Territorio y Actividad Urbanística, en Castilla-La Mancha (§27).

V. art. 10 de la Ley 5/1999, de 8 abril, de Urbanismo, de Castilla y León (§25).

V. art. 114 del DLeg 1/1990, de 12 julio, que aprueba el Texto Refundido de Legislación vigente en materia de urbanismo en Cataluña (§28).

V. art. 63 de la Ley 1/1997, de 24 marzo, del Suelo, de Galicia (§33).

V. art. 13 de la Ley 9/2001, de 17 julio, del Suelo de la Comunidad de Madrid (§37).

V. arts. 61 a 66 de la Ley 1/2001, de 24 abril, del Suelo de la Región de Murcia (§41).

V. art. 6 de la LF 10/1994, de 4 julio, de Ordenación del Territorio y Urbanismo en Navarra (§44).

V. art. 6 de la Ley 10/1998, de 2 julio, de Ordenación del Territorio y Urbanismo, de La Rioja (§52).

V. art. 8 de la Ley 6/1994, de 15 noviembre, Reguladora de la Actividad Urbanística en la Comunidad Autónoma de Valencia (§53).

V. Jurisprudencia en arts. 77 y ss. y concordantes del TRLS/1976 (§3).

Artículo 8. Suelo urbano.

Tendrán la condición de suelo urbano, a los efectos de esta Ley:

a) El suelo ya transformado por contar, como mínimo, con acceso rodado, abastecimiento de agua, evacuación de aguas y suministro de energía eléctrica o por estar consolidados por la edificación en la forma y con las características que establezca la legislación urbanística.

b) Los terrenos que en ejecución del planeamiento hayan sido urbanizados de acuerdo con el mismo.

⇒ Según la disp. final única, este precepto tiene el carácter de legislación básica en virtud de lo previsto en el art. 149.1.13ª, 18ª y 23ª de la CE y, en su caso, de condiciones básicas del ejercicio de los derechos a tenor de lo dispuesto por el art. 149.1.1ª del propio Texto Constitucional.

V. arts. 13 y 14 de la Ley 5/1999, de 25 marzo, regula Actividad Urbanística, Pública y Privada en Aragón (§6).

V. arts. 50 y 51 del DLeg 1/2000, de 8 mayo, por el que se aprueba el Texto Refundido de las Leyes de Ordenación del Territorio de Canarias y de Espacios Naturales de Canarias (§23).

V. art. 50 de la Ley 9/1999, de 13 mayo, de Ordenación del Territorio, en Canarias (§23).

V. art. 95 de la Ley 2/2001, de 25 junio, de Ordenación Territorial y Régimen Urbanístico del Suelo de Cantabria (§24).

V. art. 45 de la Ley 2/1998, de 4 junio, de Ordenación del Territorio y Actividad Urbanística, en Castilla-La Mancha (§27).

V. arts. 11 y 12 de la Ley 5/1999, de 8 abril, de Urbanismo, de Castilla y León (§25).

V. art. 115 del DLeg 1/1990, de 12 julio, que aprueba el Texto Refundido de Legislación vigente en materia de urbanismo en Cataluña (§28).

V. arts. 64 y 65 de la Ley 1/1997, de 24 marzo, del Suelo, de Galicia (§33).

V. art. 13 de la Ley 9/2001, de 17 julio, del Suelo de la Comunidad de Madrid (§37).

V. arts. 61 a 66 de la Ley 1/2001, del Suelo de 24 abril, de la Región de Murcia (§41).

V. art. 7 de la LF 10/1994, de 4 julio, de Ordenación del Territorio y Urbanismo en Navarra (§44).

V. arts. 8, 9 y 10 de la Ley 10/1998, de 2 julio, de Ordenación del Territorio y Urbanismo, de La Rioja (§52).

Jurisprudencia

«La cuestión litigiosa se residencia exclusivamente en si la finca propiedad del recurrente sita en la Avda. de La Pineda... de la ciudad de Tarragona puede o no ser calificada como suelo urbano o, al contrario, ostenta libertad de criterio la administración para clasificarla como suelo urbanizable. Resume claramente la posición jurisprudencial al respecto la reciente Sentencia del Tribunal Supremo de 16 de diciembre de 1998 si bien referida al Texto Refundido de la Ley del Suelo de 1976, mas perfectamente extrapolable al supuesto de autos. Máxime si se tiene en cuenta que el Decreto Legislativo autonómico 1/1990 incorporó las normas del citado Texto Estatal en lo que aquí se discute. No obstante el desaparecido artículo 10 del Decreto Legislativo 1/1992 por mor de la Sentencia del Tribunal Constitucional de 20 de marzo de 1997 (RTC 1997, 61) se reproduce sustancialmente en el apartado a) del artículo 8 de la nueva Ley del Suelo y valoraciones 6/1998, de 13 de abril, dada la continuidad normativa en las exigencias que debe reunir un suelo para ser calificado como urbano». **(STSJ Cataluña 9 julio 1999 [RJCA 1999, 2158])**.

«La problemática de la cuestión suscitada no está tanto en determinar si la parcela cuenta con los servicios urbanísticos delimitados, sino en fiscalizar judicialmente si los mismos son los adecuados; y ello porque la propia Administración urbanística viene a reconocer que dichos terrenos disponen de servicios municipales (acceso rodado, abastecimiento y evacuación de aguas, y suministro de energía eléctrica) aunque sólo lo sea por su lindero situado al Este, informe emitido por el Secretario General del Ayuntamiento de Cuenca. En este sentido, la subcuestión jurídica a resolver vendría constituida por definir si tales servicios se han de reputar como idóneos para servir a la edificación que deben soportar los terrenos [Nótese que el art. 10 a) de la Ley del Suelo, fue declarada inconstitucional por la STC 61/1997 (RTC 1997, 61), por lo que habrá que estar como norma supletoria de la legislación autonómica al art. 78 a), del Texto Refundido de 1976, en que no aparecía aquella exigencia, como tampoco aparece en el actual art. 8 Ley 6/1998, de 13 de abril; lo que no debe impedir que no se exija para otorgar al terreno la condición de suelo urbano]». **(STSJ Castilla La Mancha 1999 [RJCA 1999, 4906])**.

⇒ V. Jurisprudencia en arts. 78 y 83 y concordantes TRLS/1976 (§3).

Artículo 9. Suelo no urbanizable.

Tendrán la condición de suelo no urbanizable, a los efectos de esta Ley, los terrenos en que concurran alguna de las circunstancias siguientes:

1ª Que deban incluirse en esta clase por estar sometidos a algún régimen especial de protección incompatible con su transformación de acuerdo con los planes de ordenación territorial o la legislación sectorial, en razón de sus valores paisajísticos, históricos, arqueológicos, científicos, ambientales o culturales, de riesgos naturales acreditados en el planeamiento sectorial, o en función de su sujeción a limitaciones o servidumbres para la protección del dominio público.

2ª Que el planeamiento general considere necesario preservar por los valores a que se ha hecho referencia en el punto anterior, por su valor agrícola, forestal, ganadero o por sus riquezas naturales.

Redacción dada por el RDley 4/2000, de 23 junio.

⇒ La STC 164/2001, de 11 julio (RTC 2001, 164), ha declarado que el artículo 9 de la Ley 6/1998, de 13 de abril, en cuanto contienen las expresiones «planeamiento general», «planeamiento de desarrollo», «planes de ordenación territorial», «legislación sectorial», «planeamiento sectorial», «sistemas generales» o «dotaciones públicas de carácter local» son conformes con la Constitución siempre que se interprete de conformidad con lo expresado en el F. 14, según el cual, *«el precepto impugnado, en su redacción de 1998, establece, en síntesis, dos criterios directos para la clasificación del suelo como no urbanizable: que el suelo sea incompatible con la transformación y que sea inadecuado para un desarrollo urbano. Estos dos criterios mínimos o elementales de clasificación sirven así como criterios mínimos de igualación de todos los propietarios de suelo. Tal fin igualador atrae en principio la regulación del artículo 9 LRSV a la esfera competencial del Estado "ex" artículo 149.1.1 CE. Mas queda aún por precisar si con esta regulación instrumental se incide de forma ilegítima en las competencias urbanísticas de las Comunidades Autónomas. A este respecto debemos adelantar que la suma de los dos criterios de clasificación contenidos en el artículo 9 LRSV (incompatibilidad e inadecuación para el desarrollo urbano) permite identificar un amplio margen de regulación para cada Comunidad Autónoma, y de ahí la conformidad constitucional del artículo 9 LRSV. Sentado lo anterior, procede el enjuiciamiento singular sobre cada uno de los dos criterios del artículo 9 LRSV.*

a) La incompatibilidad con la transformación (art. 9.1 LRSV) no la define la propia Ley, sino que provendrá de los "regímenes especiales de protección" establecidos por la legislación sectorial o el planeamiento territorial (del Estado o de Comunidad Autónoma, dependiendo de la materia competencial o sector en que se funde el "régimen especial de protección"). Además, tampoco establece el artículo 9.1 LRSV directamente el régimen de usos del suelo protegido, sino que se limita a asumir lo que resulte de la legislación sectorial y del planeamiento territorial; por lo mismo, serán aquella legislación (sectorial) o planeamiento (territorial) los actos jurídicos susceptibles de cotejo con las competencias urbanísticas de las Comunidades Autónomas. Por último, la efectiva clasificación del suelo como no urbanizable no deriva automática e inmediatamente de la fijación de un «régimen de especial protección» sino que depende, en todo caso, de que el órgano público competente para la clasificación del suelo efectivamente concluya que el régimen especial de protección previamente establecido exige la clasificación del suelo como no urbanizable. En coherencia con lo anterior, debemos negar todo carácter restrictivo al listado de valores y fines determinantes de «regímenes especiales de protección». Los distintos regímenes de protección traen causa de los distintos títulos competenciales del Estado y de las Comunidades Autónomas. Será entonces el titular de cada competencia a quien corresponderá identificar y valorar la importancia de un fin o valor para establecer un régimen especial de protección. En este sentido debe entenderse que la enumeración de valores y fines del artículo 9.1 LRSV sólo tiene carácter ejemplificativo.

b) El artículo 9.2 LRSV establece como criterio de clasificación del suelo (como no urbanizable) la inadecuación para un desarrollo urbano. El juicio de adecuación corresponde, en todo caso, al órgano competente para la clasificación. La deficiente adecuación puede traer causa de valores o fines que hagan necesaria la preservación del suelo (el propio art. 9.2 LRSV enuncia los valores agrícola, forestal, ganadero, así como la riqueza natural) o de otras circunstancias. Al planeamiento corresponde establecer, como expresamente dispone el último inciso del precepto cuestionado, los criterios sobre cuándo un terreno es adecuado, o no, para un desarrollo urbano, remitiendo de esta forma la clasificación del suelo al planificador urbanístico. Por ello, en forma alguna se puede considerar que el artículo 9.2 LRSV imponga un concreto modelo urbanístico y territorial. Por último, concluyamos que es la concurrencia de los dos criterios del artículo 9.2 LRSV, en la concreta redacción de 1998, lo que lleva a rechazar el reproche de inconstitucionalidad.

Además debemos declarar que las referencias del artículo 9 LRSV a los "planes de ordenación territorial", "legislación sectorial", "planeamiento general"y "planeamiento sectorial", si bien pudieran ser interpretadas como la imposición de concretos instrumentos urbanísticos a las Comunidades Autónomas, de lo que resultaría una vulneración del orden constitucional de competencias, también permiten una interpretación conforme con la Constitución. Es posible entender, en este sentido que el artículo 9.1 LRSV traslada al ámbito de la clasificación del suelo, y a los efectos de esta Ley, lo ya dispuesto en otros actos jurídicos que tienen por fin la protección de ciertos bienes naturales o culturales; se puede entender, entonces, que la referencias a la "legislación sectorial", "planes de ordenación territorial", y "planeamiento sectorial" tienen únicamente valor orientativo y ejemplificativo, pues lo único propiamente relevante es –como señala el propio art. 9.1 LRSV en su primera frase– que los terrenos estén sometidos a algún régimen especial de protección, venga ese régimen especial dispuesto en Leyes, planes, proyectos, catálogos o cualesquiera otros actos jurídicos. En segundo lugar, y de acuerdo con lo ya razonado en el F. 6, no puede considerarse que la mención del artículo 9.2 LRSV al "planeamiento general" vulnere las competencias urbanísticas de las Comunidades Autónomas. En efecto es posible interpretar que el "planeamiento general" es, en el artículo 9.2 LRSV, aquel instrumento de ordenación o planificación urbanística que –conforme a la legislación urbanística de cada Comunidad Autónoma– puede o debe clasificar el suelo de las ciudades y dotar de un contenido preciso a los derechos de propiedad urbana y permitir su efectivo disfrute. Así interpretada, la alusión al "planeamiento general" en el artículo 9.2 LRSV es conforme con el orden constitucional de competencias».

Según la disp. final única, este precepto tiene el carácter de legislación básica en virtud de lo previsto en el art. 149.1.13ª, 18ª y 23ª de la Constitución Española y, en su caso, de condiciones básicas del ejercicio de los derechos a tenor de lo dispuesto por el art. 149.1.1ª del propio Texto Constitucional.

V. disp. adic. 4ª de la presente Ley.

V. arts. 11 y 19 de la presente Ley.

V. Jurisprudencia en arts. 80, 81 y 86 y concordantes TRLS/1976 (§3).

V. art. 19 y ss. de la Ley 5/1999, de 25 marzo, regula Actividad Urbanística, Pública y Privada en Aragón (§6).

V. art. 1 de la Ley 6/1990, de 20 diciembre, de Edificación y Usos en el Medio Rural del Principado de Asturias (§11).

Téngase en cuenta la Ley 1/1994, de 23 marzo, sobre condiciones para la reconstrucción en suelo no urbanizable de edificios e instalaciones afectados por obras públicas o declaradas de utilidad pública y ejecutadas por el sistema de expropiación forzosa, de Baleares (§16).

Téngase en cuenta así mismo la Ley 9/1999, de 6 octubre, de Medidas Cautelares y de Emergencia relativas a la ordenación del territorio y el urbanismo en las Illes Balears (§21), así como la disp. adic. 4ª de la presente Ley.

V. arts. 54 y 55 del DLeg 1/2000, de 8 mayo, por el que se aprueba el Texto Refundido de las Leyes de Ordenación del Territorio de Canarias y de Espacios Naturales de Canarias (§23), así como la disp. adic. 4ª de la presente Ley.

V. arts. 108 y 109 de la Ley 2/2001, de 25 junio, de Ordenación Territorial y Régimen Urbanístico del Suelo de Cantabria (§24).

V. art. 47 de la Ley 2/1998, de 4 junio, de Ordenación del Territorio y Actividad Urbanística, en Castilla-La Mancha (§27).

V. arts. 15 y 16 de la Ley 5/1999, de 8 abril, de Urbanismo, de Castilla y León (§25).

V. art. 117 del DLeg 1/1990, de 12 julio, que aprueba el Texto Refundido de Legislación vigente en materia de urbanismo en Cataluña (§28).

V. art. 68 de la Ley 1/1997, de 24 marzo, del Suelo, de Galicia (§33).

V. art. 5 del D. 80/2000, de 23 marzo, que regula los planes y proyectos sectoriales de incidencia supramunicipal.

V. art. 16 de la Ley 9/2001, de 17 julio, del Suelo de la Comunidad de Madrid (§37).

V. art. 65 de la Ley 1/2001, de 24 abril, del Suelo de la Región de Murcia (§41).

V. art. 9 de la LF 10/1994, de 4 julio, de Ordenación del Territorio y Urbanismo en Navarra (§44).

V. arts. 12, 13 y 14 de la Ley 10/1998, de 2 julio, de Ordenación del Territorio y Urbanismo, de La Rioja (§52).

Téngase en cuenta, además:

D. 1022/1964, de 15 abril, Texto Articulado de la Ley de Patrimonio del Estado.

Ley 8/1975, de 12 marzo, de zonas e instalaciones de interés para la Defensa Nacional.

D. 20 julio 1974, que aprueba el Reglamento de Policía Sanitaria y Mortuoria, art. 50.

Ley 22/1988, de 28 julio, Protección, Utilización y Policía de Costas, arts. 23 y ss.

Ley 25/1988, de 29 julio, Carreteras y Caminos, arts. 20 y ss.

Ley 29/1985, de 2 agosto, Aguas, arts. 6 y concordantes.

Ley 21/1992, de 16 julio, de Industria, art. 9 y concordantes.

Ley 27/1992, de 24 noviembre, de Puertos del Estado y de la Marina Mercante, arts. 15 y 18.

Ley 13/1996, de 30 diciembre, en lo relativo a Aeropuertos de Interés General, art. 166.

Ley 3/1995, de 23 marzo, de Vías Pecuarias, arts. 16 y 17.
Ley 10/1998, de 21 abril, de Residuos, arts. 5 y 27.
Ley 34/1998, de 7 octubre, del Sector de Hidrocarburos, arts. 5 y concordantes.
Ley 54/1997, de 27 noviembre, de Regulación del Sector Eléctrico, arts. 5 y concordantes.
Ley 4/1989, de 27 marzo, Conservación de Espacios Naturales, arts. 4 y ss., así como leyes territoriales sobre espacios naturales:
– Andalucía: Ley 2/1989, de 18 julio, art. 16;
– Principado de Asturias: Ley 5/1991, de 5 abril, arts. 26 y ss.;
– Islas Baleares: Ley 1/1991, de 30 enero, arts. 7 y ss.; Ley 12/1988, de 17 noviembre, art. 7;
– Castilla y León: Ley 8/1991, de 10 mayo, art. 33;
– Cataluña: Ley 12/1985, de 13 junio, arts. 4 y ss.;
– Extremadura: Ley 8/1998, de 26 junio, art. 7;
– Comunidad de Madrid: Ley 1/1985, de 23 enero;
– Navarra: LF 9/1996, de 17 junio, art. 8;
– Comunidad Valenciana: Ley 11/1994, de 27 diciembre, art. 18.

Artículo 10. Suelo urbanizable.

El suelo que, a los efectos de esta Ley, no tenga la condición de urbano o de no urbanizable, tendrá la consideración de suelo urbanizable, y podrá ser objeto de transformación en los términos establecidos en la legislación urbanística y el planeamiento aplicable.

⇒ Según la disp. final única, este precepto tiene el carácter de legislación básica en virtud de lo previsto en el art. 149.1.13ª, 18ª y 23ª de la CE y, en su caso, de condiciones básicas del ejercicio de los derechos a tenor de lo dispuesto por el art. 149.1.1ª del propio Texto Constitucional.

V. disps. adics. 2ª y 4ª de la presente Ley.

V. arts. 26 y siguientes de la Ley 5/1999, de 25 marzo, regula Actividad Urbanística, Pública y Privada en Aragón (§6).

Téngase en cuenta la Ley 1/1994, de 23 marzo, sobre condiciones para la reconstrucción en suelo no urbanizable de edificios e instalaciones afectados por obras públicas o declaradas de utilidad pública y ejecutadas por el sistema de expropiación forzosa, de Baleares (§16), así como la disp. adic. 4ª de la presente Ley.

V. arts. 52 y 53 del DLeg 1/2000, de 8 mayo, por el que se aprueba el Texto Refundido de las Leyes de Ordenación del territorio de Canarias y de Espacios Naturales de Canarias (§23), así como las disp. adic. 4ª de la presente Ley.

V. art. 103 de la Ley 2/2001, de 25 junio, de Ordenación Territorial y Régimen Urbanístico del Suelo de Cantabria (§24).

V. art. 46 de la Ley 2/1998, de 4 junio, de Ordenación del Territorio y Actividad Urbanística, en Castilla-La Mancha (§27).

V. arts. 13 y 14 de la Ley 5/1999, de 8 abril, de Urbanismo, de Castilla y León (§25).

V. art. 116 del DLeg 1/1990, de 12 julio, que aprueba el Texto Refundido de Legislación vigente en materia de urbanismo en Cataluña (§28).

V. art. 67 de la Ley 1/1997, de 24 marzo, del Suelo, de Galicia (§33).

V. art. 13 de la Ley 9/2001, de 17 julio, del Suelo de la Comunidad de Madrid (§37).

V. arts. 61 a 66 de la Ley 1/2001, de 24 abril, del Suelo de la Región de Murcia (§41).

V. art. 8 de la LF 10/1994, de 4 julio, de Ordenación del Territorio y Urbanismo en Navarra (§44).

V. Jurisprudencia en los arts. 79, 84, 85 y 116 y concordantes TRLS/1976 (§3).

Artículo 11. Clasificación del suelo en municipios sin planeamiento.

En los municipios que carezcan de planeamiento general, el suelo que no tenga la condición de urbano de conformidad con los criterios establecidos en el artículo 8, tendrá la consideración de suelo no urbanizable, a los efectos de esta Ley.

⇒ La STC 164/2001, de 11 de julio (RTC 2001, 164), ha declarado que el art. 11 de la Ley 6/1998, de 13 de abril, en cuanto contienen las expresiones «planeamiento general», «planeamiento de desarrollo», «planes de ordenación territorial», «legislación sectorial», «planeamiento sectorial», «sistemas generales» o «dotaciones públicas de carácter local» son conformes con la Constitución siempre que se interprete de conformidad con lo expresado en el F. 16, según el cual, *«las reglas de la hermenéutica también permiten concluir que la referencia al «planeamiento general» ha de entenderse hecha de forma similar a como dijimos en el F. 8 respecto del término «planeamiento» a cualquier instrumento de ordenación urbanística que cumple la tarea de clasificación del suelo, llámese ese instrumento de clasificación «plan» (general o no), «proyecto de ordenación», o de cualquier otra forma. De este modo sería posible –conforme a la regulación urbanística de cada Comunidad Autónoma– la existencia de suelo susceptible de transformación o urbanización en virtud de instrumentos de ordenación urbanística distintos de los planes generales. Así interpretado, el artículo 11 LRSV es conforme con el orden constitucional de competencias»*.

Según la disp. final única, este precepto tiene el carácter de legislación básica en virtud de lo previsto en el art. 149.1.13ª, 18ª y 23ª de la CE y, en su caso, de condiciones básicas del ejercicio de los derechos a tenor de lo dispuesto por el art. 149.1.1ª del propio Texto Constitucional.

V. art. 29 de la presente Ley.

V. art. 218 y disp. adic. 1ª de la Ley 5/1999, de 25 marzo, regula Actividad Urbanística, Pública y Privada en Aragón (§6).

V. disp. transit. 6ª del DLeg 1/2000, de 8 mayo, por el que se aprueba el Texto Refundido de las Leyes de Ordenación del Territorio de Canarias y de Espacios Naturales de Canarias (§23) así como la disp. adic. 4ª de la presente Ley.

V. art. 94 de la Ley 2/2001, de 25 junio, de Ordenación Territorial y Régimen Urbanístico del Suelo de Cantabria (§24).

V. art. 48 de la Ley 2/1998, de 4 junio, de Ordenación del Territorio y Actividad Urbanística, en Castilla-La Mancha (§27).

V. art. 30 de la Ley 5/1999, de 8 abril, de Urbanismo, de Castilla y León (§25).

V. art. 118 del DLeg 1/1990, de 12 julio, que aprueba el Texto Refundido de Legislación vigente en materia de urbanismo en Cataluña (§28).

V. art. 61.1 de la Ley 1/2001, de 24 abril, del Suelo de la Región de Murcia (§41).

V. art. 7 de la Ley 10/1998, de 2 julio, de Ordenación del Territorio y Urbanismo, de La Rioja (§52).

V. Jurisprudencia en arts. 81 y concordantes del TRLS/1976 (§3).

CAPÍTULO II

Derechos y deberes de los propietarios

Artículo 12. Ejercicio de derechos y deberes.

Los derechos y deberes de los propietarios de suelo que se regulan en esta Ley se ejercerán de acuerdo con la normativa que sobre planeamiento, gestión y ejecución del planeamiento establezca la legislación urbanística en cada caso aplicable.

⇒ Según la disp. final única, este precepto tiene el carácter de legislación básica en virtud de lo previsto en el art. 149.1.13ª, 18ª y 23ª de la CE y, en su caso, de condiciones básicas del ejercicio de los derechos a tenor de lo dispuesto por el art. 149.1.1ª del propio Texto Constitucional.

V. arts. 16, 28 y 29 de la Ley 5/1999, de 25 marzo, regula Actividad Urbanística, Pública y Privada en Aragón (§6).

V. art. 2 de la Ley 6/1990, de 20 diciembre, de Edificación y Usos en el Medio Rural del Principado de Asturias (§11).

V. art. 57 del DLeg 1/2000, de 8 mayo, por el que se aprueba el Texto Refundido de las Leyes de Ordenación del Territorio de Canarias y de Espacios Naturales de Canarias (§23).
V. arts. 95 y ss. de la Ley 2/2001, de 25 junio, de Ordenación Territorial y Régimen Urbanístico del Suelo de Cantabria (§24).
V. arts. 49 a 53 de la Ley 2/1998, de 4 junio, de Ordenación del Territorio y Actividad Urbanística, en Castilla-La Mancha (§27).
V. arts. 7 a 9 de la Ley 5/1999, de 8 abril, de Urbanismo, de Castilla y León (§25).
V. art. 113 del DLeg 1/1990, de 12 julio, que aprueba el Texto Refundido de Legislación vigente en materia de urbanismo en Cataluña (§28).
V. art. 62 de la Ley 1/1997, de 24 marzo, del Suelo, de Galicia (§33).
V. Jurisprudencia en los arts. 76 y 57.1 y concordantes del TRLS/1976 (§3).

Artículo 13. Derechos de los propietarios de suelo urbano.

Los propietarios de suelo urbano tienen el derecho a completar la urbanización de los terrenos para que adquieran la condición de solares y a edificar éstos en las condiciones que en cada caso establezca la legislación urbanística y el planeamiento.

⇒ Según la disp. final única, este precepto tiene el carácter de legislación básica en virtud de lo previsto en el art. 149.1.13ª, 18ª y 23ª de la CE y, en su caso, de condiciones básicas del ejercicio de los derechos a tenor de lo dispuesto por el art. 149.1.1ª del propio Texto Constitucional.
V. art. 2.1 de la presente Ley.
Téngase en cuenta arts. 2 y concordantes de la Ley 38/1999, de 5 noviembre, de Ordenación de la Edificación (§1.1).
V. arts. 16 y ss. de la Ley 5/1999, de 25 marzo, regula Actividad Urbanística, Pública y Privada en Aragón (§6).
V. arts. 57 a 59; 72 y 73 del DLeg 1/2000, de 8 mayo, por el que se aprueba el Texto Refundido de las Leyes de Ordenación del Territorio de Canarias y de Espacios Naturales de Canarias (§23).
V. arts. 97, 98, 99 y 100 de la Ley 2/2001, de 25 junio, de Ordenación Territorial y Régimen Urbanístico del Suelo de Cantabria (§24).
V. art. 69 de la Ley 2/1998, de 4 junio, de Ordenación del Territorio y Actividad Urbanística, en Castilla-La Mancha (§27).
V. art. 17 de la Ley 5/1999, de 8 abril, de Urbanismo, de Castilla y León (§25).
V. art. 120 del DLeg 1/1990, de 12 julio, que aprueba el Texto Refundido de Legislación vigente en materia de urbanismo en Cataluña (§28).
V. arts. 70 y 71 de la Ley 1/1997, de 24 marzo, del Suelo, de Galicia (§33).
V. art. 13 de la Ley 9/2001, de 17 julio, del Suelo de la Comunidad de Madrid (§37).
V. arts. 61 a 66 de la Ley 1/2001, de 24 abril, del Suelo de la Región de Murcia (§41).
V. art. 11 de la LF 10/1994, de 4 julio, de Ordenación del Territorio y Urbanismo en Navarra (§44).
V. art. 11 de la Ley 10/1998, de 2 julio, de Ordenación del Territorio y Urbanismo, de La Rioja (§52).
V. art. 9 de la Ley 6/1994, de 15 noviembre, Reguladora de la Actividad Urbanística en la Comunidad Autónoma de Valencia (§53).

Jurisprudencia

«Nuestro ordenamiento jurídico condiciona el derecho del titular del suelo a edificar a que éste tenga la clasificación y calificación pertinentes y al cumplimiento de ciertos deberes urbanísticos (arts. 83 del Texto Refundido de 1976 –13 y 14 de la Ley 6/1998 en la actualidad– y 39 del Reglamento de Gestión Urbanística). El artículo 40 del citado Reglamento permite la edificación en suelo urbano aun cuando no se hayan cumplido todos los deberes urbanísticos y alcanzado la condición de solar, si se garantiza la realización de las obras de urbanización, exigiéndose en el apartado 1 b) de dicho precepto: "Que se preste fianza, en cualquiera de las formas admitidas por la legislación local, en cuantía suficiente para garantizar la ejecución de las obras de urbanización, en la parte que corresponde". El apartado 3 del mismo artículo señala, como sanción para el caso de que no se procediera a la urbanización el que: "El incumplimiento del deber de urbanización simultáneo a la edificación comportará la caducidad de la licencia, sin derecho a indemnización, impidiéndose el uso de lo edificado, sin perjuicio del derecho de los terceros adquirentes al resarcimiento de los daños y perjuicios que se les hubieren irrogado. Asimismo, comportará la pérdida de la fianza a que se refiere el apartado 1 b) de este artículo"». **(STSJ Valencia 9 abril 1999 [RJCA 1999, 2845])**.

⇒ V. Jurisprudencia en arts. 83.1, 83.3, 82 y 154 y concordantes del TRLS/1976 (§3).

Artículo 14. Deberes de los propietarios de suelo urbano.

1. Los propietarios de terrenos en suelo urbano consolidado por la urbanización deberán completar a su costa la urbanización necesaria para que los mismos alcancen –si aún no la tuvieran– la condición de solar, y edificarlos en plazo si se encontraran en ámbitos para los que así se haya establecido por el planeamiento y de conformidad con el mismo.

⇒ V. art. 8 de la presente Ley.

Jurisprudencia

«En cuanto a la clasificación del suelo como urbano ha de partir de su situación real en el momento de planificar, o de «modificar o revisar el planeamiento, asignando esta condición a aquellos suelos en que concurran las circunstancias indicadas en los antecitados artículos». De ahí surge, en la actualidad –art. 14.1 de la Ley 6/1998, de 13 de abril, sobre Régimen del Suelo y Valoraciones– el deber de los propietarios de los terrenos en suelo urbano consolidado por la urbanización, de completar a su costa la urbanización necesaria». **(STSJ Baleares 25 enero 1999 [RJCA 1999, 8])**.

⇒ V. Jurisprudencia en arts. 83, 82 y 154 y concordantes del TRLS/1976 (§3).

2. Los propietarios de terrenos de suelo urbano que carezcan de urbanización consolidada deberán asumir los siguientes deberes:

a) Ceder obligatoria y gratuitamente a la Administración todo el suelo necesario para los viales, espacios libres, zonas verdes y dotaciones públicas de carácter local al servicio del ámbito de desarrollo en el que sus terrenos resulten incluidos.

⇒ La STC 164/2001, de 11 julio (RTC 2001, 164), ha declarado que el artículo 14.2 a) y b) de la Ley 6/1998, de 13 abril, en cuanto contienen las expresiones «planeamiento general», «planeamiento de desarrollo», «planes de ordenación territorial», «legislación sectorial», «planeamiento sectorial», «sistemas generales» o «dotaciones públicas de carácter local» son conformes con la Constitución siempre que se interprete de conformidad con lo expresado en el F. 21, según el cual, *«la distinción entre "dotaciones públicas de carácter local" y "sistemas generales" no la establece la LRSV. Es, con independencia de su denominación, una distinción tradicional ya que junto a infraestructuras urbanísticas que sirven al conjunto de la ciudad también existen otras dotaciones públicas de menores dimensiones y que proyectan su utilidad sobre ámbitos espaciales más limitados. En lo que ahora importa, el artículo 14.2 a) y b) LRSV no impone un modelo determinado de suelo dotacional público (por barrios o sectores y para el conjunto de la ciudad). Su único contenido normativo consiste en imponer a los propietarios el deber de cesión de suelo para usos dotacionales públicos de acuerdo con la referida distinción. Pero, más allá, y en coherencia con lo que ya declaramos en la STC 61/1997 [F. 17 b)], el modelo de dotaciones urbanísticas públicas corresponde, por entero, a las Comunidades Autónomas. De esta manera la distinción misma entre dotaciones públicas locales y sistemas generales depende de lo que disponga la legislación urbanística de cada Comunidad Autónoma. En estos términos es claro que el artículo 14.2 a) y b) LRSV no invade las competencias urbanísticas de las Comunidades Autónomas. Por último, la alusión al «planeamiento general» en el artículo 14.2 b) LRSV no es inconstitucional si se interpreta conforme a lo ya razonado en el F. 6».*

V. art. 18.1 de la presente Ley.

V. Jurisprudencia en art. 83 y concordantes TRLS/1976 (§3).

b) Ceder obligatoria y gratuitamente el suelo necesario para la ejecución de los sistemas generales que el planeamiento general, en su caso, incluya en el ámbito correspondiente, a efectos de su gestión.

⇒ V. art. 18.2 de la presente Ley.

V. Jurisprudencia en arts. 134.2 y 135.2 y concordantes del TRLS/1976 (§3).

c) Ceder obligatoria y gratuitamente a la Administración actuante el suelo correspondiente al 10 por 100 del aprovechamiento del correspondiente ámbito; este porcentaje, que tiene carácter de máximo, podrá ser reducido por la legislación urbanística. Asimismo, esta legislación podrá reducir la participación de la Administración actuante en las cargas de urbanización que correspondan a dicho suelo.

⇒ V. art. 18.4 de la presente Ley.

V. Jurisprudencia al art. 84 y concordantes TRLS 76 (§3).

d) Proceder a la distribución equitativa de los beneficios y cargas derivados del planeamiento, con anterioridad al inicio de la ejecución material del mismo.

⇒ V. art. 5 de la presente Ley.

V. Jurisprudencia en art. 97.2 y concordantes del TRLS/1976 (§3).

e) Costear y, en su caso, ejecutar la urbanización.

⇒ V. art. 18.6 de la presente Ley.

V. Jurisprudencia en arts. 84, 122 y concordantes del TRLS/1976 (§3).

f) Edificar los solares en el plazo que, en su caso, establezca el planeamiento.

⇒ V. art. 18.7 de la presente Ley.

V. Jurisprudencia en arts. 154 y concordantes TRLS/1976 (§3).

Según la disp. final única, este precepto tiene el carácter de legislación básica en virtud de lo previsto en el art. 149.1.13ª, 18ª y 23ª de la CE y, en su caso, de condiciones básicas del ejercicio de los derechos a tenor de lo dispuesto por el art. 149.1.1ª del propio Texto Constitucional.

Téngase en cuenta la disp. adic. del D. 76/1998, de 2 junio (§32.1), que establece lo siguiente: «De conformidad con lo dispuesto en los artículos 14.2 y 18.4 de la Ley 6/1998, de 13 de abril, sobre Régimen del Suelo y Valoraciones, el aprovechamiento urbanístico susceptible de apropiación por el propietario de un terreno, establecido en el artículo 27 del Texto Refundido de la Ley sobre Régimen del Suelo y Ordenación Urbana, aprobado como precepto de ley autonómica por la Ley 13/1997, de 23 de diciembre, Reguladora de la Actividad Urbanística de la Comunidad Autónoma de Extremadura, no podrá ser nunca inferior al resultante de ceder obligatoria y gratuitamente a la Administración actuante el suelo libre de cargas de urbanización correspondiente al diez por ciento del aprovechamiento del correspondiente ámbito».

V. art. 18 de la presente ley.

V. arts. 16 y ss. de la Ley 5/1999, de 25 marzo, regula Actividad Urbanística, Pública y Privada en Aragón (§6).

V. art. 8 de la Ley 10/1990, de 23 octubre, de Disciplina Urbanística en Baleares (§13).

V. art. 72 del DLeg 1/2000, de 8 de mayo, por el que se aprueba el Texto Refundido de las Leyes de Ordenación del Territorio de Canarias y de Espacios Naturales de Canarias (§23).
V. arts. 97, 98, 99 y 100 de la Ley 2/2001, de 25 junio, de Ordenación Territorial y Régimen Urbanístico del Suelo de Cantabria (§24).
V. art. 69 de la Ley 2/1998, de 4 junio, de Ordenación del Territorio y Actividad Urbanística, en Castilla-La Mancha (§27).
V. art. 18 de la Ley 5/1999, de 8 abril, de Urbanismo, de Castilla y León (§25).
V. disp. adic. del D. 76/1998, de 2 junio, de desarrollo de la Ley 13/1997, de 23 de diciembre, Reguladora de la Actividad Urbanística en Extremadura (§32.1).
V. art. 120 del DLeg 1/1990, de 12 julio, que aprueba el Texto Refundido de Legislación vigente en materia de urbanismo en Cataluña (§28).
V. arts. 70 y 71 de la Ley 1/1997, de 24 marzo, del Suelo, de Galicia (§33).
V. arts. 68 a 70 de la Ley 9/2001, de 17 julio, del Suelo de la Comunidad de Madrid (§37).
V. arts. 67 a 73 de la Ley 1/2001, de 24 abril, del Suelo de la Región de Murcia (§41).
V. art. 11 de la Ley Foral 10/1994, de 4 julio, de Ordenación del Territorio y Urbanismo en Navarra (§44).
V. arts. 9 y 85 de la Ley 6/1994, de 15 noviembre, Reguladora de la Actividad Urbanística en la Comunidad Autónoma de Valencia (§53).

Jurisprudencia

«La obligación de costear la urbanización que el artículo 83.3.2º impone a los propietarios de suelo urbano viene referida a las partes de suelo urbano que todavía no cuentan con los servicios urbanísticos y que sólo son suelo urbano por encontrarse en áreas consolidadas [arts. 78 a) y 81.2 del TRLS de 9 de abril de 1976], pero no a los propietarios de suelo que cuenta con todos los servicios. La nueva Ley del Suelo de 13 de abril de 1998 así lo especifica claramente, al imponer la obligación de costear la urbanización sólo a los propietarios de suelo urbano no consolidado, según su artículo 14.2 e), exigiendo por el contrario a los propietarios de suelo urbano consolidado no costear la urbanización, sino «completar a su costa la urbanización necesaria para que los mismos alcancen, si aún no la tuviera, la condición de solar», según su artículo 14.1 (En el bien entendido de que ese «alcanzar la condición de solar» sólo se produce una vez, y que, a partir de entonces, el suelo es ya para siempre suelo urbano consolidado). En el presente caso las parcelas ya tienen la condición de solares y, por lo tanto, no puede ser impuesta a sus propietarios carga alguna estrictamente urbanística.

Es cierto que la Ley 6/1998, de 13 de abril, es muy posterior a los hechos del pleito, pero también lo es que sus preceptos expresan una verdad elemental del Derecho Urbanístico, que estaba ya sin duda implícita en el propio Texto Refundido de 1976». **(STS, Sala 3ª, de 30 marzo 2000 [RJ 2000, 4916]).**

«Aun cuando sin incidencia temporal en el presente, sí determinante con carácter definitivo, con posterioridad se aprueba la Ley 6/1998, 13 de abril, que establece el deber de los propietarios de «ceder obligatoria y gratuitamente a la Administración actuante el suelo correspondiente al 10 por 100 del aprovechamiento del correspondiente ámbito; este porcentaje, que tiene carácter de máximo, podrá ser reducido por la legislación urbanística. Asimismo, esta legislación podrá reducir la participación de la Administración actuante en las cargas de urbanización que correspondan a dicho suelo». Si bien, esta Ley, por razones temporales no podía afectar al acto de 9 de julio de 1997, objeto del presente, evidentemente, y dado que a la fecha de evacuar las conclusiones –4 de octubre de 1999– y 17 de diciembre de 1999 las partes no hacen mención a que se haya aprobado definitivamente el Proyecto de Compensación, tampoco consta que se haya extendido el objeto del presente recurso a una posterior actuación aprobatoria del Proyecto de Compensación, por lo que se colige sin esfuerzo que al tiempo de aprobarse ésta la Ley aplicable es la 6/1998 en la materia que nos ocupa, esto es que como a continuación se justificará el porcentaje máximo a ceder será el 10% del aprovechamiento correspondiente al ámbito, o lo que es lo mismo que el contenido básico y primario del derecho de propiedad urbana que corresponde a los propietarios es del 90% del aprovechamiento, lo que constituye no el máximo apropiable, sino al contrario el mínimo apropiable por el propietario del suelo; la Comunidad Autonómica en el ejercicio y desarrollo de sus competencias urbanística podrá establecer un porcentaje menor a "ceder", pero sin traspasar el límite que el legislador estatal, único competente en la materia, ha establecido como porcentaje básico que garantiza la igualdad de todos los españoles propietarios de suelo». **(STSJ Sevilla 29 junio 2000 [RJCA 2000, 1686])**.

⇒ V. Jurisprudencia en arts. 154 y concordantes del TRLS/1976 (§3).

Artículo 15. Derechos de los propietarios de suelo urbanizable.

1. Los propietarios de suelo clasificado como urbanizable tendrán derecho a usar, disfrutar y disponer de los terrenos de su propiedad conforme a la naturaleza rústica de los mismos. Además, tendrán derecho a promover su transformación instando de la Administración la aprobación del correspondiente planeamiento de desarrollo, de conformidad con lo que establezca la legislación urbanística.

2. La transformación del suelo urbanizable podrá ser también promovida por las Administraciones Públicas sean o no competentes para la aprobación del correspondiente planeamiento de desarrollo.

✐ Redacción dada por el RDley 4/2000, de 23 junio, que añadió el ap. 2 pasando el texto anterior a ser el ap. 1.

⇒ La STC 164/2001, de 11 julio (RTC 2001, 164), ha declarado que el artículo 15 de la Ley 6/1998, de 13 de abril, en cuanto contienen las expresiones «planeamiento general», «planeamiento de desarrollo», «planes de ordenación territorial», «legislación sectorial», «planeamiento sectorial», «sistemas generales» ó «dotaciones públicas de carácter local» son conformes con la Constitución siempre que se interprete de conformidad con lo expresado en el F. 25, según el cual, *«el tenor literal del artículo 15 LRSV permite interpretar que el Estado ha impuesto la existencia de concretos tipos de planes ("planeamiento de desarrollo") en todas las Comunidades Autónomas; en tal caso, y conforme a lo ya razonado en el F. 6, se habrían vulnerado las competencias urbanísticas de las Comunidades Autónomas y la tacha de inconstitucionalidad del artículo 15 LRSV estaría plenamente fundada. Ello no obstante, el mismo artículo 15 LRSV permite otra interpretación conforme con la Constitución. En efecto, también se puede interpretar que el "planeamiento de desarrollo" es, en el artículo 15 LRSV, cualquier instrumento de ordenación urbanística que, al precisar los usos del suelo y cohonestarlos con la estructura general de la ciudad, configuran y hacen posible el disfrute de la propiedad urbana. Cuál sea el instrumento de ordenación urbanística en cada caso necesario vendrá establecido por la legislación urbanística, a la que expresamente se refiere el propio artículo 15 LRSV. Así interpretado, el artículo 15 LRSV es conforme con el orden constitucional de competencias».*

Según la disp. final única, este precepto tiene el carácter de legislación básica en virtud de lo previsto en el art. 149.1.13ª, 18ª y 23ª de la Constitución Española y, en su caso, de condiciones básicas del ejercicio de los derechos a tenor de lo dispuesto por el art. 149.1.1ª del propio Texto Constitucional.

V. arts. 4, 16, 17 y 20 de la presente Ley.

V. arts. 28 y ss. de la Ley 5/1999, de 25 marzo, regula Actividad Urbanística, Pública y Privada en Aragón (§6).

Téngase en cuenta la Ley 1/1994, de 23 marzo, sobre condiciones para la reconstrucción en suelo no urbanizable de edificios e instalaciones afectados por obras públicas o declaradas de utilidad pública y ejecutadas por el sistema de expropiación forzosa, de Baleares (§16).

V. arts. 67 y 68 de la Ley 10/1990, de 23 octubre, de Disciplina Urbanística en Baleares (§13).

V. arts. 68 a 71 del DLeg 1/2000, de 8 mayo, por el que se aprueba el Texto Refundido

de las Leyes de Ordenación del Territorio de Canarias y de Espacios Naturales de Canarias (§23).
V. arts. 105 y 106 de la Ley 2/2001, de 25 junio, de Ordenación Territorial y Régimen Urbanístico del Suelo de Cantabria (§24).
V. art. 19 de la Ley 5/1999, de 8 abril, de Urbanismo, de Castilla y León (§25).
V. art. 121 del DLeg 1/1990, de 12 julio, que aprueba el Texto Refundido de Legislación vigente en materia de urbanismo en Cataluña (§28).
V. arts. 72 a 74 de la Ley 1/1997, de 24 marzo, del Suelo, de Galicia (§33).
V. art. 78 de la Ley 9/2001, de 17 julio, del Suelo de la Comunidad de Madrid (§37).
V. arts. 78 a 81 de la Ley 1/2001, de 24 abril, del Suelo de la Región de Murcia (§41).
V. art. 9 de la Ley 6/1994, de 15 noviembre, Reguladora de la Actividad Urbanística en la Comunidad Autónoma de Valencia (§53).
V. Jurisprudencia en arts. 84, 85 y 86 y concordantes del TRLS/1976 (§3), en lo relativo al suelo urbanizable. Arts. 52, 53 y 54 de dicho TRLS/1976 (§3) en cuanto al segundo inciso.

Artículo 16. Reglas básicas para el ejercicio del derecho.

1. El derecho a promover la transformación del suelo urbanizable, mediante la presentación ante el Ayuntamiento del correspondiente planeamiento de desarrollo para su tramitación y aprobación, se podrá ejercer desde el momento en que el planeamiento general delimite sus ámbitos o se hayan establecido las condiciones para su desarrollo o se proceda a su delimitación o a la definición de las condiciones para su desarrollo en virtud de un proyecto de delimitación o de planeamiento formulado por la iniciativa privada.

✐ Redacción dada por el RDley 4/2000, de 23 junio. La STC 164/2001, de 11 julio (RTC 2001, 164), ha declarado que el artículo 16.1 de la Ley 6/1998, de 13 abril, es inconstitucional y por tanto nulo.

⇒ Arts. 4 y 15 de la presente Ley.
V. Jurisprudencia en arts. 52, 53, 54 y concordantes del TRLS/1976 (§3) en lo relativo a iniciativa y colaboración particular; arts. 84, 85 y 86 del TRLS/1976 (§3) en lo relativo al suelo urbanizable.

2. En otro caso, las Comunidades Autónomas, a través de la legislación urbanística, regularán la tramitación, determinaciones y contenido de la documentación necesaria para proceder a esa transformación. Asimismo, esta legislación regulará los efectos derivados del derecho de consulta a las Administraciones competentes sobre los criterios y previsiones de la ordenación urbanística, de los planes y proyectos sectoriales, y de las obras que habrán de realizar a su costa para asegurar la conexión con los sistemas generales exteriores a la actuación de conformidad con lo dispuesto en el punto 3 del artículo 18 de esta Ley. Dicha legislación fijará, igualmente, los plazos de contestación a la referida consulta.

⇒ Según la disp. final única, este precepto tiene el carácter de legislación básica en virtud de lo previsto en el art. 149.1.13ª, 18ª y 23ª de la CE y, en su caso, de condiciones básicas del ejercicio de los derechos a tenor de lo dispuesto por el art. 149.1.1ª del propio Texto Constitucional.

3. En todo caso, los instrumentos de planeamiento urbanístico de desarrollo que sean elaborados por las Administraciones Públicas a las que no competa su aprobación, o por los particulares, quedarán aprobados definitivamente por el transcurso del plazo de seis meses, o del que, en su caso, se establezca como máximo por la legislación autonómica para su aprobación

definitiva, contados desde su presentación, siempre que se hubiera efectuado el trámite de información pública, que podrá efectuarse por iniciativa de quien promueva el planeamiento.

✐ Redacción dada por el RDley 4/2000, de 23 de junio, que añadió el ap. 3.

⇒ V. art. 6.2 de la presente Ley y art. 104.3 del TRLS/1992 (§2).
V. arts. 28 y ss. de la Ley 5/1999, de 25 marzo, regula Actividad Urbanística, Pública y Privada en Aragón (§6).
Téngase en cuenta la Ley 1/1994, de 23 marzo, sobre condiciones para la reconstrucción en suelo no urbanizable de edificios e instalaciones afectados por obras públicas o declaradas de utilidad pública y ejecutadas por el sistema de expropiación forzosa, de Baleares (§16).
V. art. 19 de la Ley 5/1999, de 8 abril, de Urbanismo, de Castilla y León (§25).
V. arts. 68 a 70 y 71.2 b) 1) del DLeg 1/2000, de 8 mayo, por el que se aprueba el Texto Refundido de las Leyes de Ordenación del Territorio de Canarias y de Espacios Naturales de Canarias (§23).
V. arts. 105 y 106 de la Ley 2/2001, de 25 junio, de Ordenación Territorial y Régimen Urbanístico del Suelo de Cantabria (§24).
V. art. 121 del DLeg 1/1990, de 12 julio, que aprueba el Texto Refundido de Legislación vigente en materia de urbanismo en Cataluña (§28).
V. art. 72 de la Ley 1/1997, de 24 marzo, del Suelo, de Galicia (§33).
V. arts. 78 a 81 de la Ley 9/2001, de 17 julio, del Suelo de la Comunidad de Madrid (§37).
V. arts. 78 a 86 de la Ley 1/2001, de 24 abril, del Suelo de la Región de Murcia (§41).
V. Jurisprudencia en arts. 55.2 y 63 y concordantes TRLS/1976 (§3).

Artículo 17. Usos y obras provisionales.

En el suelo comprendido en sectores o ámbitos ya delimitados con vistas a su desarrollo inmediato, en tanto no se haya aprobado el correspondiente planeamiento de desarrollo, sólo podrán autorizarse excepcionalmente usos y obras de carácter provisional que no estén expresamente prohibidos por la legislación urbanística o sectorial ni por el planeamiento general, que habrán de cesar, y en todo caso, ser demolidas sin indemnización alguna, cuando lo acordare la Administración urbanística. La autorización, bajo las indicadas condiciones aceptadas por el propietario, se hará constar en el Registro de la Propiedad de conformidad con lo establecido en la legislación hipotecaria.

En el resto del suelo urbanizable podrán autorizarse, antes de su inclusión en sectores o ámbitos para su desarrollo, los usos previstos en el artículo 20 de la presente Ley.

⇒ La STC 164/2001, de 11 julio (RTC 2001, 164), ha declarado que el artículo 17.1 de la Ley 6/1998, de 13 abril, en cuanto contienen las expresiones «planeamiento general», «planeamiento de desarrollo», «planes de ordenación territorial», «legislación sectorial», «planeamiento sectorial», «sistemas generales» o «dotaciones públicas de carácter local» son conformes con la Constitución siempre que se interprete de conformidad con lo expresado en el F. 29, según el cual, *«de acuerdo con lo ya razonado en los FF. 6 y 27, también es posible interpretar que, en el concreto contexto del artículo 17 LRSV, el «planeamiento general» se refiere a cualquier instrumento de ordenación urbanística que –sea cual fuere su denominación, ámbito espacial y regulación detallada– cohonesta los derechos a la transformación del suelo urbanizable con la estructura propia de cada ciudad; y que "planeamiento de desarrollo" se refiere a cualquier instrumento de ordenación urbanística que contiene las determinaciones necesarias para la transformación urbanística del suelo».*
Según la disp. final única, este precepto tiene el carácter de legislación básica en virtud de lo previsto en el art. 149.1.13ª, 18ª y 23ª de la CE y, en su caso, de condicio-

nes básicas del ejercicio de los derechos a tenor de lo dispuesto por el art. 149.1.1ª del propio Texto Constitucional.
V. art. 136.2 y disp. adic. 4ª del TRLS/1992 (§2), en lo relativo a arrendamientos, superficie y derechos de realojamiento y retorno.
V. art. 309.3 del TRLS/1992 (§2) en lo relativo a constancia registral mediante nota marginal.
V. art. 76 del RD 1093/1997, de 4 julio (§2.1).
V. arts. 16 y 30 de la Ley 5/1999, de 25 marzo, regula Actividad Urbanística, Pública y Privada en Aragón (§6).
V. art. 61 del DLeg 1/2000, de 8 de mayo, por el que se aprueba el Texto Refundido de las Leyes de Ordenación del Territorio de Canarias y de Espacios Naturales de Canarias (§23).
V. art. 107 de la Ley 2/2001, de 25 junio, de Ordenación Territorial y Régimen Urbanístico del Suelo de Cantabria (§24).
V. art. 172 de la Ley 2/1998, de 4 junio, de Ordenación del Territorio y Actividad Urbanística, en Castilla-La Mancha (§27).
V. art. 19 de la Ley 5/1999, de 8 abril, de Urbanismo, de Castilla y León (§25).
V. art. 91 del DLeg 1/1990, de 12 julio, que aprueba el Texto Refundido de Legislación vigente en materia de urbanismo en Cataluña (§28).
V. art. 57 de la Ley 1/1997, de 24 marzo, del Suelo, de Galicia (§33).
V. art. 83 de la Ley 9/2001, de 17 julio, del Suelo de la Comunidad de Madrid (§37).
V. arts. 83 y 93 de la Ley 1/2001, de 24 abril, del Suelo de la Región de Murcia (§41).
V. art. 133 de la LF 10/1994, de 4 julio, de Ordenación del Territorio y Urbanismo en Navarra (§44).
V. art. 58.5 de la Ley 6/1994, de 15 noviembre, Reguladora de la Actividad Urbanística en la Comunidad Autónoma de Valencia (§53).

Jurisprudencia

«El principal presupuesto para que quepa el otorgamiento de licencias de obras provisionales es que exista previsión urbanística de alteración de la realidad y que el uso pretendido sea contrario al planeamiento aprobado pero no desarrollado. Actualmente, la Ley 6/1998, en su artículo 17 recoge esta idea con absoluta claridad cuando permite los usos y obras provisionales sólo en el suelo comprendido en sectores o ámbitos ya delimitados para su desarrollo inmediato, en tanto no se haya aprobado el correspondiente planeamiento de desarrollo». **(STSJ Murcia 22 marzo 2000 [RJCA 2000, 614])**.

⇒ V. Jurisprudencia en arts. 58.2 y 137 y concordantes del TRLS/1976 (§3) en lo relativo a usos y obras provisionales; arts. 84 y 85 del TRLS/1976 (§3) en lo relativo a las limitaciones de uso en suelo urbanizable; y arts. 94 a 96 también del TRLS/1976 (§3) en cuanto a parcelaciones en suelo urbanizable.

Artículo 18. Deberes de los propietarios de suelo urbanizable.

La transformación del suelo clasificado como urbanizable comportará para los propietarios del mismo los siguientes deberes:

1. Ceder obligatoria y gratuitamente a la Administración todo el suelo necesario para los viales, espacios libres, zonas verdes y dotaciones públicas de carácter local al servicio del ámbito de desarrollo en el que sus terrenos resulten incluidos.

⇒ La STC 164/2001, de 11 julio (RTC 2001, 164), ha declarado que el artículo 18.1, 2 y 3 de la Ley 6/1998, de 13 de abril, en cuanto contienen las expresiones «planeamiento general», «planeamiento de desarrollo», «planes de ordenación territorial», «legislación sectorial», «planeamiento sectorial», «sistemas generales» o «dotaciones públicas de carácter local» son conformes con la Constitución siempre que se interprete de conformidad con lo expresado en el F. 30, según el cual, *«las expresiones "planeamiento general" y "planeamiento de desarrollo" son conformes con el orden constitucio-*

nal de competencias siempre que se interpreten en el sentido expresado en el F. 6. Y respecto de la distinción entre "sistemas generales" y "dotaciones públicas locales" debemos remitirnos a lo ya dicho en el F. 21. Por lo demás, los reproches a los distintos deberes contenidos en los párrafos 1, 2, 5 y 7 del artículo 18 LRSV ya han sido contestados en los FF. 21 a 23, donde se enjuiciaba la constitucionalidad de simétricos deberes para los propietarios de suelo urbano no consolidado "ex" artículo 14.2 LRSV».

V. art. 14.2 a) de la presente Ley.

Jurisprudencia

«La objeción que señala la recurrente en orden a que el **equipamiento social previsto en el Plan Parcial tenga carácter público y sea, por ello, objeto de cesión no puede llevar a la anulación pretendida de los actos impugnados, toda vez que, según el art. 48 del Reglamento de Planeamiento, es precisamente el Plan Parcial el que ha de determinar «el destino público o privado», entre otros, de los terrenos previstos para dotaciones.** De esa manera la indicación del Plan Parcial de que esa dotación sea pública comporta que sea objeto de cesión, al serlo las «dotaciones públicas» [art. 20.1 a) de la Ley del Suelo de 1992, entonces vigente y que ahora se contiene en el art. 18.1 de la Ley estatal 6/1998]». **(STSJ Valladolid 31 mayo 2000 [RJCA 2000, 1677]).**

⇒ V. Jurisprudencia en arts. 83 y concordantes TRLS/1976 (§3).

2. Ceder obligatoria y gratuitamente el suelo necesario para la ejecución de los sistemas generales que el planeamiento general, en su caso, incluya o adscriba al ámbito correspondiente.

⇒ V. art. 14.2 b) de la presente Ley.

V. Jurisprudencia en arts. 134.2, 135.2 y concordantes del TRLS/1976 (§3).

3. Costear y, en su caso, ejecutar las infraestructuras de conexión con los sistemas generales exteriores a la actuación y, en su caso, las obras necesarias para la ampliación o refuerzo de dichos sistemas requeridos por la dimensión y densidad de la misma y las intensidades de uso que ésta genere, de conformidad con los requisitos y condiciones que establezca el planeamiento general.

⇒ V. Jurisprudencia en arts. 123, 146 y concordantes TRLS/1976 (§3).

4. Ceder obligatoria y gratuitamente a la Administración actuante el suelo correspondiente al 10 por 100 del aprovechamiento del sector o ámbito correspondiente; este porcentaje, que tiene carácter de máximo, podrá ser reducido por la legislación urbanística. Asimismo, esta legislación podrá reducir la participación de la Administración actuante en las cargas de urbanización que correspondan a dicho suelo.

⇒ V. art. 14.2 c) de la presente Ley.

V. disp. adic. del D. 76/1998, de 2 junio, de desarrollo de la Ley 13/1997, de 23 diciembre, Reguladora de la Actividad Urbanística en Extremadura (§32.1).

V. Jurisprudencia a los arts. 84 y concordantes TRLS/1976 (§3).

5. Proceder a la distribución equitativa de los beneficios y cargas derivados del planeamiento, con anterioridad al inicio de la ejecución material del mismo.

⇒ V. art. 5 de la presente Ley.

V. Jurisprudencia en arts. 97.2 y concordantes del TRLS/1976 (§3).

6. Costear o ejecutar la urbanización del sector o ámbito correspondiente.

⇒ V. art. 14.2 e) de la presente Ley.
V. Jurisprudencia en arts. 84, 122 y concordantes del TRLS/1976 (§3).

7. Edificar los solares en el plazo que, en su caso, establezca el planeamiento.

⇒ V. art. 14.2 f) de la presente Ley.
Según la disp. final única, este precepto tiene el carácter de legislación básica en virtud de lo previsto en el art. 149.1.13ª, 18ª y 23ª de la Constitución Española y, en su caso, de condiciones básicas del ejercicio de los derechos a tenor de lo dispuesto por el art. 149.1.1ª del propio Texto Constitucional.
V. disp. adic. 2ª de la presente Ley.
V. art. 137.5 y disp. adic. 4ª del TRLS/1992 (§2).
V. art. 14 de la presente ley.
V. art. 29 de la Ley 5/1999, de 25 marzo, regula Actividad Urbanística, Pública y Privada en Aragón (§6).
V. arts. 68 a 71 del DLeg 1/2000, de 8 de mayo, por el que se aprueba el Texto Refundido de las Leyes de Ordenación del Territorio de Canarias y de Espacios Naturales de Canarias (§23).
V. arts. 105 y 106 de la Ley 2/2001, de 25 junio, de Ordenación Territorial y Régimen Urbanístico del Suelo de Cantabria (§24).
V. arts. 67 y 68 de la Ley 2/1998, de 4 junio, de Ordenación del Territorio y Actividad Urbanística, en Castilla-La Mancha (§27).
V. art. 20 de la Ley 5/1999, de 8 abril, de Urbanismo, de Castilla y León (§25).
V. art. 121 del DLeg 1/1990, de 12 julio, que aprueba el Texto Refundido de Legislación vigente en materia de urbanismo en Cataluña (§28).
V. arts. 72 a 74 de la Ley 1/1997, de 24 marzo, del Suelo, de Galicia (§33).
V. arts. 79 y 80 de la Ley 9/2001, de 17 julio, del Suelo de la Comunidad de Madrid (§37).
V. arts. 79 a 81 de la Ley 1/2001, de 24 abril, del Suelo de la Región de Murcia (§41).
V. arts. 45 y siguientes de la LF 10/1994, de 4 julio, de Ordenación del Territorio y Urbanismo en Navarra (§44).
V. arts. 22 y 23 de la Ley 10/1998, de 2 julio, de Ordenación del Territorio y Urbanismo, de La Rioja (§52).
V. Jurisprudencia en art. 154 y concordantes TRLS/1976 (§3).

Artículo 19. Deberes legales de uso, conservación y rehabilitación.

1. Los propietarios de toda clase de terrenos y construcciones deberán destinarlos a usos que no resulten incompatibles con el planeamiento urbanístico y mantenerlos en condiciones de seguridad, salubridad y ornato público. Quedarán sujetos igualmente al cumplimiento de las normas sobre protección del medio ambiente y de los patrimonios arquitectónicos y arqueológicos y sobre rehabilitación urbana.

⇒ V. art. 2 de la presente Ley, en lo relativo a los límites del derecho de propiedad, y art. 43 de la presente Ley, en cuanto a indemnización por limitaciones singulares.
V. arts. 245.1 y 246.2 del TRLS/1992 (§2).

Jurisprudencia

«El deber de los propietarios de mantener los edificios en condiciones de seguridad, salubridad y ornato público, que establecía el art. 21.1 del Texto Refundido de la Ley sobre el Régimen del Suelo y Ordenación Urbana, aprobado por Real Decreto Legislativo 1/1992, de 26 de junio, entonces vigente, y que ahora se contiene en el art. 19 de la Ley estatal 6/1998, sobre Régimen del Suelo y Valoraciones, encuentra su límite temporal cuando resulta procedente su demolición por encontrarse la edificación de que se trata en estado de ruina (STS de 18 de abril de 1994 [RJ 1994, 2814], entre otras muchas), siendo procedente esta declaración cuando el edificio en cuestión se encuentre en alguno de los supuestos previstos legalmente para ello». **(STSJ Valladolid 14 diciembre 1999 [RJCA 1999, 4903]).**

⇒ V. Jurisprudencia a los arts. 181, 182 y concordantes del TRLS/1976 (§3).

2. El coste de las obras necesarias en virtud de lo dispuesto en el número anterior se sufragará por los propietarios o por la Administración, en los términos que establezca la legislación aplicable.

⇒ V. art. 246.2 TRLS/1992 (§2) y art. 43 de la presente Ley, en cuanto a indemnización por limitaciones singulares.

Téngase en cuenta también:

Ley 16/1985, de 25 Junio. Patrimonio Histórico Nacional, art. 20 y ss., legislación autonómica sobre ordenación del territorio. Y legislación territorial sobre patrimonio histórico:

- Aragón: Ley 3/1999, de 10 marzo; Ley 12/1997, de 3 diciembre;
- Islas Baleares: Ley 12/1998, de 21 diciembre;
- Cantabria: Ley 11/1998, de 13 octubre;
- Comunidad de Madrid: Ley 10/1998, de 9 julio;
- País Vasco: Ley 7/1990, de 3 julio;
- Comunidad Valenciana: Ley 4/1998, de 11 junio; Ley 1/1986, de 9 mayo;
- Galicia: Ley 3/1996, de 10 mayo; Ley 8/1995, de 30 octubre;
- Cataluña: Ley 9/1993, de 30 septiembre;
- Andalucía: Ley 1/1991, de 3 julio;
- Castilla-La Mancha: Ley 4/1990, de 30 mayo.

Según la disp. final única, este precepto tiene el carácter de legislación básica en virtud de lo previsto en el art. 149.1.13ª, 18ª y 23ª de la Constitución Española y, en su caso, de condiciones básicas del ejercicio de los derechos a tenor de lo dispuesto por el art. 149.1.1ª del propio Texto Constitucional.

V. art. 3 de la Ley 38/1999. Ordenación de la edificación (§1.1).

V. arts. 181 y 182 del TRLS/1976 (§3).

V. arts. 10 y 11 del RDU (§3.3).

V. arts. 184 a 190 de la Ley 5/1999, de 25 marzo, regula Actividad Urbanística, Pública y Privada en Aragón (§6).

V. arts. 10, 11 y 12 de la Ley 10/1990, de 23 octubre, de Disciplina Urbanística en Baleares (§13).

V. arts. 59 e) y 153 del DLeg 1/2000, de 8 mayo, por el que se aprueba el Texto Refundido de las Leyes de Ordenación del Territorio de Canarias y de Espacios Naturales de Canarias (§23).

V. art. 200 de la Ley 2/2001, de 25 junio, de Ordenación Territorial y Régimen Urbanístico del Suelo de Cantabria (§24).

V. arts 137 y 176 de la Ley 2/1998, de 4 junio, de Ordenación del Territorio y Actividad Urbanística, en Castilla-La Mancha (§27).

V. arts. 8 y 9 de la Ley 5/1999, de 8 abril, de Urbanismo, de Castilla y León (§25).

V. arts. 251 y 252 del DLeg 1/1990, de 12 julio, que aprueba el Texto Refundido de Legislación vigente en materia de urbanismo en Cataluña (§28).

V. art. 170 de la Ley 1/1997, de 24 marzo, del Suelo, de Galicia (§33).

V. art. 24 del D. 28/1999, de 21 enero, que aprueba el Reglamento de Disciplina Urbanística para el desarrollo y aplicación de la Ley del Suelo de Galicia (§35).

V. art. 92 de la Ley 9/2001, de 17 julio, del Suelo de la Comunidad de Madrid (§37).

V. arts. 224 y 225 de la LF 10/1994, de 4 julio, de Ordenación del Territorio y Urbanismo en Navarra (§44).

V. arts. 92 y 225 de la Ley 1/2001, de 24 abril, del Suelo de la Región de Murcia (§41).

V. arts. 184 y 185 de la Ley 10/1998, de 2 julio, de Ordenación del Territorio y Urbanismo, de La Rioja (§52).

V. arts. 88 y 92 de la Ley 6/1994, de 15 noviembre, Reguladora de la Actividad Urbanística en la Comunidad Autónoma de Valencia (§53).
V. Jurisprudencia en art. 87 y concordantes TRLS/1976 (§3).

Artículo 20. Derechos de los propietarios de suelo no urbanizable.

1. Los propietarios del suelo clasificado como no urbanizable tendrán derecho a usar, disfrutar y disponer de su propiedad de conformidad con la naturaleza de los terrenos, debiendo destinarla a fines agrícolas, forestales, ganaderos, cinegéticos u otros vinculados a la utilización racional de los recursos naturales, y dentro de los límites que, en su caso, establezcan las leyes o el planeamiento.

⇒ V. arts. 2, 9 y 15 de la presente Ley.
V. Jurisprudencia en arts. 85, 86 y concordantes del TRLS/1976 (§3), en cuanto a los límites de usos en suelo no urbanizable.

Excepcionalmente, a través del procedimiento previsto en la legislación urbanística, podrán autorizarse actuaciones específicas de interés público, previa justificación de que no concurren las circunstancias previstas en el apartado 1 del artículo 9 de la presente Ley.

⇒ V. arts. 242.1 y 242.6, 243.1, 243.3 y 244 del TRLS/1992 (§2).
V. Jurisprudencia en arts. 85 y concordantes TRLS/1976 (§3).

2. En el suelo no urbanizable quedan prohibidas las parcelaciones urbanísticas, sin que, en ningún caso, puedan efectuarse divisiones, segregaciones o fraccionamientos de cualquier tipo en contra de lo dispuesto en la legislación agraria, forestal o de similar naturaleza.

⇒ V. arts. 255.2 y disp. transit. 5ª.1 del TRLS/1992 (§2).
V. arts. 94 a 96 del TRLS/1976 (§3), en cuanto a prohibición de parcelaciones urbanísticas.
V. Ley 19/1995, de 4 julio. Modernización de las Explotaciones Agrarias.
Según la disp. final única, este precepto tiene el carácter de legislación básica en virtud de lo previsto en el art. 149.1.13ª, 18ª y 23ª de la CE y, en su caso, de condiciones básicas del ejercicio de los derechos a tenor de lo dispuesto por el art. 149.1.1ª del propio Texto Constitucional.
V. arts. 21 y concordantes de la Ley 5/1999, de 25 marzo, regula Actividad Urbanística, Pública y Privada en Aragón (§6).
V. arts. 1, 2 y concordantes de la Ley 6/1990, de 20 diciembre, de Edificación y Usos en el Medio Rural del Principado de Asturias (§11).
V. art. 19 de la Ley 10/1990, de 23 octubre, de Disciplina Urbanística en Baleares (§13).
Téngase en cuenta la Ley 1/1994, de 23 marzo, sobre condiciones para la reconstrucción en suelo no urbanizable de edificios e instalaciones afectados por obras públicas o declaradas de utilidad pública y ejecutadas por el sistema de expropiación forzosa, de Baleares (§16).
Téngase en cuenta la Ley 6/1997, de 8 julio, Regulación del Suelo Rústico, en Baleares (§17).
Téngase en cuenta así mismo la Ley 9/1999, de 6 octubre, de Medidas Cautelares y de Emergencia relativas a la Ordenación del Territorio y el Urbanismo en las Illes Balears (§21).
V. arts. 62 a 67; 82; 83; 181 y 207 del DLeg 1/2000, de 8 mayo, por el que se aprueba el Texto Refundido de las Leyes de Ordenación del Territorio de Canarias y de Espacios Naturales de Canarias (§23).
V. arts. 110, 111, 112, 113 y 114 de la Ley 2/2001, de 25 junio, de Ordenación Territorial y Régimen Urbanístico del Suelo de Cantabria (§24).

V. Ley 9/1994, de 29 septiembre, sobre Usos del Suelo en el Medio Rural, de Cantabria (§24).

V. arts. 54 a 56 de la Ley 2/1998, de 4 junio, de Ordenación del Territorio y Actividad Urbanística, en Castilla-La Mancha (§27).

V. arts. 23 a 29 de la Ley 5/1999, de 8 abril, de Urbanismo, de Castilla y León (§25).

V. art. 121 del DLeg 1/1990, de 12 julio, que aprueba el Texto Refundido de Legislación vigente en materia de Urbanismo en Cataluña (§28).

V. arts. 77 a 79 de la Ley 1/1997, de 24 marzo, del Suelo, de Galicia (§33).

V. art. 5 del D. 80/2000, de 23 de marzo, que regula los planes y proyectos sectoriales de incidencia supramunicipal en Galicia.

V. art. 74 de la Ley 9/2001, de 17 julio, del Suelo de la Comunidad de Madrid (§37).

V. art. 74 de la Ley 1/2001, de 24 abril, del Suelo de la Región de Murcia (§41).

V. arts. 22 y ss. de la LF 10/1994, de 4 julio, de Ordenación del Territorio y Urbanismo en Navarra (§44).

V. arts. 15 y ss. de la Ley 10/1998, de 2 julio, de Ordenación del Territorio y Urbanismo, de La Rioja (§52).

V. Ley 4/1992, de 5 junio, reguladora del Suelo no Urbanizable en la Comunidad Autónoma de Valencia (§54).

Artículo 21. Transmisión de fincas y deberes urbanísticos.

1. La transmisión de fincas no modificará la situación del titular de las mismas respecto de los deberes establecidos por la legislación urbanística aplicable o exigibles por los actos de ejecución derivados de la misma. El nuevo titular quedará subrogado en el lugar y puesto del anterior propietario en sus derechos y deberes urbanísticos, así como en los compromisos que éste hubiera acordado con la Administración urbanística competente y hayan sido objeto de inscripción registral, siempre que tales compromisos se refieran a un posible efecto de mutación jurídico-real.

2. En las enajenaciones de terrenos, deberá hacerse constar en el correspondiente título:

a) Si se tratare de terrenos no susceptibles de edificación o con edificaciones fuera de ordenación de conformidad con el planeamiento aplicable, su expresa situación a estos efectos.

b) Si se tratare de terrenos en proceso de urbanización, los compromisos aún pendientes que el propietario hubiere asumido en orden a la misma.

c) En el supuesto de terrenos de urbanizaciones de iniciativa particular, la fecha de aprobación del planeamiento correspondiente y las cláusulas que se refieran a la disposición de las parcelas y compromisos con los adquirentes.

3. La infracción de cualquiera de las anteriores disposiciones, sin perjuicio de lo dispuesto en el apartado 1 de este artículo, facultará al adquirente para rescindir el contrato en el plazo de un año a contar desde la fecha de su otorgamiento y para exigir indemnización por los daños y perjuicios que se le hubieren irrogado.

⇒ Según la disp. final única, este precepto tiene el carácter de legislación competencia exclusiva del Estado o plena en virtud de lo previsto en el art. 149.1.4ª, 8ª, 18ª y 23ª de la CE.

V. arts. 258.2, 258.3 y 259.3 del TRLS/1992 (§2).

V. RD 1093/1997, de 4 julio (§2.1).

V. arts. 98 y 174 del DLeg 1/2000, de 8 de mayo, por el que se aprueba el Texto

Refundido de las Leyes de Ordenación del Territorio de Canarias y de Espacios Naturales de Canarias (§23).

V. arts. 58, 86.4 y 156.2 de la Ley 2/2001, de 25 junio, de Ordenación Territorial y Régimen Urbanístico del Suelo de Cantabria (§24).

V. art. 80 de la Ley 1/1997, de 24 marzo, del Suelo, de Galicia (§33).

V. arts. 130 del DLeg 1/1990, de 12 julio, que aprueba el Texto Refundido de Legislación vigente en materia de urbanismo en Cataluña (§28).

V. art. 10 de la Ley 9/2001, de 17 julio, del Suelo de la Comunidad de Madrid (§37).

V. art. 127 de la Ley 10/1998, de 2 julio, de Ordenación del Territorio y Urbanismo, de La Rioja (§52).

Jurisprudencia

«Citado artículo 21 relativo a la transmisión de fincas y deberes urbanísticos establece que la transmisión de fincas no modificará la situación del titular de las mismas respecto de los deberes establecidos por la legislación urbanística aplicable o exigibles por los actos de ejecución derivados de la misma. El nuevo titular quedará subrogado en el lugar y puesto del anterior propietario en sus derechos y deberes urbanísticos, así como en los compromisos que éste hubiera acordado con la Administración urbanística competente y hayan sido objeto de inscripción registral, siempre que tales compromisos se refieran a un posible efecto de mutación jurídico-real». **(STSJ Burgos 21 julio 2000 [RJCA 2000, 1460])**.

«*La cuestión* preliminar que ha de examinarse para dilucidar el problema que ahora se plantea *es la relativa a determinar si el art. 22 de la Ley del Suelo de 1992 debe ser interpretado en el sentido de que en todo caso la existencia de una carga a favor del Ayuntamiento en la actuación urbanística ha de prevalecer por encima del principio de la fe pública registral aun en los supuestos en los que dicha carga no haya sido inscrita en el registro de la propiedad.* La cuestión presenta una indudable complejidad porque implica la entrada en colisión de los legítimos derechos de las Administraciones Públicas con competencias urbanísticas con principios registrales inmobiliarios de primer orden, tal como el que protege al tercer hipotecario que adquiere a título oneroso y de buena fe, conforme al art. 37, regla 4ª de la Ley Hipotecaria, apartados a) y b) y art. 40 párrafo último de la misma Ley. Es lo cierto que el problema no tiene una solución pacífica, pues en buena medida dependerá de que se enfoque desde el punto de vista del Derecho administrativo o desde el ángulo del Derecho civil y registral inmobiliario. Buena prueba de lo que se dice y de que el repetido art. 88 del Texto Refundido de la Ley del Suelo no está claro de que prevaleciera cuando estaba vigente sobre el principio de la fe pública registral y de la protección al tercer adquirente de buena fe es que la vigente Ley 6/1998, de 13 de abril, sobre Régimen del Suelo y Valoraciones, en su art. 21.1, claramente establece que en los supuestos de transmisión y para que se produzca la subrogación en la carga real, se hace imprescindible que dicha carga haya sido objeto de inscripción registral. Con esta medida se ha venido a poner punto final a la polémica existente sobre la materia que ahora nos ocupa y ello lleva a este Tribunal a la necesidad de analizar si realmente nos encontramos ante un supuesto de adquisición de buena fe y a título gratuito, en orden a los arts. 37.4º y 40 de la Ley Hipotecaria, y que el Ayuntamiento apelante ha venido a negar la concurrencia de estos dos requisitos». **(SAP Badajoz 20 enero 2000 [AC 2000, 84])**.

⇒ V. Jurisprudencia en arts. 88 y concordantes TRLS/1976 (§3), en lo relativo a la subrogación del adquirente; y art. 62 TRLS/1976 (§3), en lo relativo al contenido del título de enajenación.

Artículo 22. Declaración de obra nueva.

Los Notarios y Registradores de la Propiedad exigirán para autorizar o inscribir, respectivamente, escrituras de declaración de obra nueva terminada, que se acredite el otorgamiento de la preceptiva licencia y la expedición por técnico competente de la certificación de finalización de la obra conforme al proyecto objeto de la misma.

Para autorizar e inscribir escritura de obra nueva en construcción, a la licencia de edificación se acompañará certificación expedida por técnico competente de que la descripción de la obra nueva se ajusta al proyecto para el que se obtuvo la licencia. En este caso, el propietario deberá hacer constar la terminación mediante acta notarial que incorporará la certificación de finalización de la obra antes mencionada.

Tanto la licencia como las mencionadas certificaciones deberán testimoniarse en las correspondientes escrituras.

⇒ Según la disp. final única, este precepto tiene el carácter de legislación competencia exclusiva del Estado o plena en virtud de lo previsto en el art. 149.1.4ª, 8ª, 18ª y 23ª de la CE.

V. arts. 45 y ss. del RD 1093/1997, de 4 julio (§2.1).

Téngase en cuenta arts. 20 y concordantes de la Ley 38/1999, de 5 noviembre, de Ordenación de la Edificación (§1.1).

V. art. 101 de la Ley 5/1999, de 8 abril, de Urbanismo, de Castilla y León (§25).

Jurisprudencia

«Debemos traer a colación, en este sentido, el artículo 22 de la nueva Ley 6/1998, de 13 abril, sobre régimen del suelo y valoraciones, que reproduce prácticamente en los mismos términos el artículo 37.2 del Texto Refundido de 1992. La Ley 6/1998, dictada para adecuar la legislación del Estado a la doctrina establecida por el Tribunal Constitucional en la Sentencia 61/1997, especifica que el citado artículo 22 corresponde a competencias exclusivas del Estado en virtud del artículo 149.1.8 de la Constitución (disposición final única), siendo significativo que en dicho precepto tampoco exista referencia alguna a la exigencia del visado colegial, que la parte recurrente considera omitida». **(STS 14 octubre 1998 [RJ 1998, 7991]).**

TÍTULO III
VALORACIONES

Artículo 23. Aplicación general de las reglas de valoración.

A los efectos de expropiación, las valoraciones de suelo se efectuarán con arreglo a los criterios establecidos en la presente Ley, cualquiera que sea la finalidad que la motive y la legislación, urbanística o de otro carácter, que la legitime.

⇒ V. arts. 33, 34 y 35 de la presente Ley.

V. Jurisprudencia en arts. 64 y concordantes TRLS/1976 (§3).

En defecto de acuerdo entre los propietarios afectados, dichos criterios se aplicarán igualmente en los procedimientos de distribución de beneficios y cargas de conformidad con lo que establezca la legislación urbanística.

⇒ Según la disp. final única, este precepto tiene el carácter de legislación competencia exclusiva del Estado o plena en virtud de lo previsto en el art. 149.1.4ª, 8ª, 18ª y 23ª de la CE.

Jurisprudencia en arts. 99, 102.2, 124, 127.1 y concordantes del TRLS/1976 (§3).

Artículo 24. Momento al que han de referirse las valoraciones.

Las valoraciones se entenderán referidas a:

a) Cuando se aplique la expropiación forzosa, al momento de iniciación del expediente de justiprecio individualizado o de exposición al público del proyecto de expropiación cuando se siga el procedimiento de tasación conjunta.

⇒ V. art. 36 de la presente Ley.
V. art. 36 de la LEF.
V. Jurisprudencia en arts. 138 y concordantes TRLS/1976 (§3).

b) En otros supuestos de actuación, al momento de iniciación del correspondiente procedimiento.

c) En la determinación de indemnizaciones por cambio de planeamiento, en los supuestos previstos en el Título V de la presente Ley, al momento de la publicación de la aprobación definitiva del nuevo planeamiento.

⇒ Según la disp. final única, este precepto tiene el carácter de legislación competencia exclusiva del Estado o plena en virtud de lo previsto en el art. 149.1.4ª, 8ª, 18ª y 23ª de la CE.
V. Jurisprudencia en arts. 56 y concordantes TRLS/1976 (§3), en lo relativo a aprobación definitiva de instrumentos de planeamiento; y art. 87 TRLS/1976 (§3), en lo relativo a indemnizaciones por cambio de planeamiento

Artículo 25. Criterio general de valoración.

El suelo se valorará según su clase y situación, en la forma establecida en los artículos siguientes.

⇒ Según la disp. final única, este precepto tiene el carácter de legislación competencia exclusiva del Estado o plena en virtud de lo previsto en el art. 149.1.4ª, 8ª, 18ª y 23ª de la CE.
V. disps. transit. 1ª y 5ª de la presente Ley.
V. arts. 107 y 109 de la Ley 5/1999, de 25 marzo, regula Actividad Urbanística, Pública y Privada en Aragón (§6).
V. art. 127.1 del DLeg 1/2000, de 8 de mayo, por el que se aprueba el Texto Refundido de las Leyes de Ordenación del Territorio de Canarias y de Espacios Naturales de Canarias (§23).
V. art. 147 de la Ley 2/1998, de 4 junio, de Ordenación del territorio y Actividad Urbanística, en Castilla-La Mancha (§27).
V. art. 139 de la Ley 5/1999, de 8 abril, de Urbanismo, de Castilla y León (§25).
V. arts. 92 y 98 del DLeg 1/1990, de 12 julio, que aprueba el Texto Refundido de Legislación vigente en materia de urbanismo en Cataluña (§28).
V. art. 144 de la Ley 1/1997, de 24 marzo, del Suelo, de Galicia (§33).
V. art. 240 de la Ley 9/2001, de 17 julio, del Suelo de la Comunidad de Madrid (§37).
V. arts. 149 y ss., 226.6 y disp. adic. 10ª.7 de la LF 10/1994, de 4 julio, de Ordenación del Territorio y Urbanismo en Navarra (§44).

Artículo 26. Valor del suelo no urbanizable.

1. El valor de este suelo se determinará por el método de comparación a partir de valores de fincas análogas. A estos efectos, la identidad de razón que justifique la analogía deberá tener en cuenta el régimen urbanístico, la situación, tamaño y naturaleza de las citadas fincas en relación con la que

se valora, así como, en su caso, los usos y aprovechamientos de que sean susceptibles.

2. Cuando por la inexistencia de valores comparables no sea posible la aplicación del método indicado en el punto anterior, el valor del suelo no urbanizable se determinará mediante la capitalización de las rentas reales o potenciales del suelo, y conforme a su estado en el momento de la valoración.

⇒ Según la disp. final única, este precepto tiene el carácter de legislación competencia exclusiva del Estado o plena en virtud de lo previsto en el art. 149.1.4ª, 8ª, 18ª y 23ª de la CE.

Jurisprudencia

«Aplicación al presente caso de lo dispuesto en el art. 26 de la Ley 6/1998, de 13 de abril, a tenor de lo dispuesto en la disposición transitoria quinta de la referida norma. El citado artículo establece que el valor del suelo no urbanizable se determinará a partir de valores de fincas análogas, analogía que debe partir de criterios tales como el régimen urbanístico, la situación, el tamaño y la naturaleza de tales fincas. Por su parte el art. 36 de la LEF establece que «Las tasaciones se efectuarán con arreglo al valor que tengan los bienes o derechos expropiables al tiempo de iniciarse el expediente de justiprecio, sin tenerse en cuenta las plusvalías que sean consecuencia directa del plano o proyecto de obras que dan lugar a la expropiación y las previsibles para el futuro». **(STSJ Cantabria 16 junio 2000 [RJCA 2000, 773])**.

⇒ V. art. 68 de la Ley 38/1988, de 28 diciembre. Haciendas Locales.

Artículo 27. Valor del suelo urbanizable.

1. El valor del suelo urbanizable, en la situación a la que se refiere el apartado 2 del artículo 16, se determinará en la forma definida en el artículo anterior.

⇒ V. art. 10 de la presente Ley.

2. Cuando el suelo urbanizable estuviese en la situación descrita en el apartado 1 del artículo 16, el valor del mismo se obtendrá por aplicación, al aprovechamiento que le corresponda, del valor básico de repercusión en polígono, que será el deducido de las ponencias de valores catastrales.

En los supuestos de inexistencia o pérdida de vigencia de los valores de las ponencias catastrales, se aplicarán los valores de repercusión obtenidos por el método residual.

⇒ Según la disp. final única, este precepto tiene el carácter de legislación competencia exclusiva del Estado o plena en virtud de lo previsto en el art. 149.1.4ª, 8ª, 18ª y 23ª de la CE.

V. art. 28 y disp. adic. 2ª de la presente ley.

V. arts. 66, 67, 70 y 71 de la Ley 39/1988, de 28 diciembre. Haciendas Locales.

V. O. 5 julio 2000, que determina los módulos de valoración, a efectos de lo establecido en el apartado tercero del art. 71 de la Ley 39/1988, de 28 diciembre, reguladora de las Haciendas Locales, según redacción dada por Ley 50/1998, de 30 diciembre, de Medidas Fiscales, Administrativas y del orden Social.

V. O. 24 enero 1995.

V. RD 1020/1993, de 25 junio, sobre normas técnicas de valoración.

Artículo 28. Valor del suelo urbano.

1. El valor del suelo urbano sin urbanización consolidada, se determinará, salvo lo dispuesto en el apartado 2 de este artículo, por aplicación al aprovechamiento resultante del correspondiente ámbito de gestión en que

esté incluido, del valor básico de repercusión más específico recogido en las ponencias de valores catastrales para el terreno concreto a valorar.

2. En los ámbitos de gestión que tengan por objeto la reforma, renovación o mejora urbana, el aprovechamiento de referencia de cada parcela a los solos efectos de su valoración, será el resultante del planeamiento o el resultante de la edificación existente, si fuera superior.

3. En el suelo urbano consolidado por la urbanización, el valor del suelo se determinará por aplicación al aprovechamiento establecido por el planeamiento para cada terreno concreto, del valor básico de repercusión en parcela recogido en las ponencias de valores catastrales o, en su caso, del de repercusión en calle o tramo de calle corregido en la forma establecida en la normativa técnica de valoración catastral.

4. En los supuestos de inexistencia o pérdida de vigencia de los valores de las ponencias catastrales, se aplicarán los valores de repercusión obtenidos por el método residual.

⇒ Según la disp. final única, este precepto tiene el carácter de legislación competencia exclusiva del Estado o plena en virtud de lo previsto en el art. 149.1.4ª, 8ª, 18ª y 23ª de la CE.

V. art. 8 de la presente Ley.

V. art. 67 de la Ley 39/1988, de 28 diciembre, de Haciendas Locales.

V. RD 1020/1993, de 25 junio.

V. O. 24 enero 1995.

Jurisprudencia

«Dado el momento en que la valoración se produce, dichos preceptos son los contenidos en el Texto Refundido de la Ley del Suelo y Ordenación Urbana, aprobado por Real Decreto Legislativo 1/1992, de 26 de junio, y, en la medida en que gran parte de sus preceptos ha sido declarada inconstitucional, en el Texto Refundido de la Ley del Suelo de 1976. Sin embargo, la aplicación de la fórmula catastral para hallar el valor urbanístico por el método residual tiene también trascendencia desde el punto de vista de la aplicación de la Ley 6/1998, de 13 de abril, sobre régimen del suelo y valoraciones, hoy vigente». **(STS 20 septiembre 2000 [RJ 2000, 7793])**.

«Siendo aquellas valoraciones de origen catastral las aplicables no por su relación con las cuotas efectivamente pagadas por el tributo correspondiente, sino por responder a unos criterios objetivos en relación con los estudios previos sobre su valor de mercado. Así lo expresa la exposición de motivos de la Ley 6/1998, de 13 de abril, sobre Régimen del Suelo y Valoraciones, al señalar que "en el suelo urbano y en el urbanizable incluido en ámbitos delimitados por el propio planeamiento general o con posterioridad al mismo, para los que se hayan establecido las condiciones de desarrollo, el método de cálculo consistirá en la aplicación al aprovechamiento correspondiente del valor básico de repercusión recogido en las ponencias catastrales para el terreno de que se trate, valor que de conformidad con lo dispuesto en la Ley 39/1988, Reguladora de las Haciendas Locales, refleja los valores de mercado, puesto que las valoraciones catastrales se fijan a partir de un estudio previo de dichos valores"». **(STSJ Cataluña 4 junio 1999 [RJCA 1999, 3746])**.

«La metodología utilizada para valoraciones se ajusta a los criterios establecidos en la Ley 6/1998, de 13 de abril, sobre régimen de suelo y valoraciones y metodología definida en la Orden Ministerial de 30-11-1994, considerando que el terreno es suelo urbano, y dada la pérdida de vigencia de los valores de las ponencias catastrales, en aplicación del artículo 28.4 de la citada Ley, realiza la valoración, por analogía con terrenos similares, aplicando los valores de repercusión obtenidos por el método residual, según la citada Orden». **(STSJ Murcia 15 mayo 2000 [RJCA 2000, 639])**.

Artículo 29. Valor del suelo en los supuestos de carencia de plan o sin atribución de aprovechamiento.

En los supuestos de carencia de planeamiento o cuando, en suelo urbano o urbanizable, no se atribuya aprovechamiento lucrativo alguno al terreno no incluido en un determinado ámbito de gestión, el aprovechamiento a tener en cuenta a los solos efectos de su valoración, será el resultante de la media ponderada de los aprovechamientos, referidos al uso predominante, del polígono fiscal en que, a efectos catastrales esté incluido el mismo.

⇒ Según la disp. final única, este precepto tiene el carácter de legislación competencia exclusiva del Estado o plena en virtud de lo previsto en el art. 149.1.4ª, 8ª, 18ª y 23ª de la CE.

Artículo 30. Deducción de gastos de urbanización pendiente.

Del valor total determinado por aplicación al aprovechamiento correspondiente de valores de repercusión, se deducirán, cuando proceda, los costes de urbanización precisa y no ejecutada, y los de su financiación, gestión y, en su caso, promoción, así como los de las indemnizaciones procedentes, según las normas o determinaciones de este carácter contenidas en el planeamiento o en el proyecto de obras correspondiente o, en su defecto, los costes necesarios para que el terreno correspondiente alcance la condición de solar. En el supuesto de suelos urbanos sujetos a operaciones de reforma interior, renovación o mejora urbana, se deducirán asimismo los costes adicionales que estas operaciones puedan conllevar.

⇒ Según la disp. final única, este precepto tiene el carácter de legislación competencia exclusiva del Estado o plena en virtud de lo previsto en el art. 149.1.4ª, 8ª, 18ª y 23ª de la CE.

Artículo 31. Valoración de obras, edificaciones, instalaciones, plantaciones y arrendamientos.

1. Las plantaciones, sembrados, obras e instalaciones que existan en el suelo, salvo que por su carácter de mejoras permanentes hayan sido tenidas en cuenta en la determinación del valor del terreno se valorarán, con independencia del mismo, con arreglo a los criterios de la Ley de Expropiación Forzosa y su importe será satisfecho a sus titulares.

2. El valor de las edificaciones, que asimismo se calculará con independencia del suelo, se determinará de acuerdo con la normativa catastral en función de su coste de reposición, corregido en atención a la antigüedad y estado de conservación de las mismas.

3. Las indemnizaciones a favor de los arrendatarios rústicos y urbanos se fijarán de acuerdo con lo previsto en la Ley de Expropiación Forzosa.

⇒ Según la disp. final única, este precepto tiene el carácter de legislación competencia exclusiva del Estado o plena en virtud de lo previsto en el art. 149.1.4ª, 8ª, 18ª y 23ª de la CE.

V. art. 43 de la LEF, en lo relativo a valoración del vuelo, y art. 44 y 45 en lo relativo a arrendamientos.

V. disp. adic. 8ª de la Ley 29/1994, de Arrendamientos Urbanos, en relación con disp. adic. 4ª TRLS/1992 (§2), en lo relativo a realojamiento y retorno.
V. RD 1020/1993, de 25 junio.

Artículo 32. Valoración de las concesiones administrativas y de los derechos reales sobre inmuebles.

1. La valoración de las concesiones administrativas y los derechos reales sobre inmuebles, a los efectos de su constitución, modificación o extinción, se efectuará con arreglo a las disposiciones sobre expropiación que específicamente determinen el justiprecio de los mismos; y subsidiariamente, según las normas del Derecho Administrativo, Civil o Fiscal que resulten de aplicación.

⇒ V. art. 41 de la LEF, en cuanto a la valoración de las concesiones; y art. 42, en lo relativo a la valoración de los derechos reales sobre bienes inmuebles.

2. Al expropiar una finca gravada con cargas, la Administración que la efectuare podrá elegir entre justipreciar cada uno de los derechos que concurren con el dominio, para distribuirlo entre los titulares de cada uno de ellos, o bien valorar el inmueble en su conjunto y consignar su importe en poder del Juzgado, para que éste fije y distribuya, por el trámite de los incidentes, la proporción que corresponda a los respectivos interesados.

⇒ V. art. 224 del TRLS/1992 (§2).
Según la disp. final única, este precepto tiene el carácter de legislación competencia exclusiva del Estado o plena en virtud de lo previsto en el art. 149.1.4ª, 8ª, 18ª y 23ª de la CE.

TÍTULO IV
EXPROPIACIONES

Artículo 33. Legitimación de expropiaciones.

La aprobación de Planes de ordenación urbana y de delimitaciones de ámbitos de gestión a desarrollar por expropiación implicará la declaración de utilidad pública de las obras y la necesidad de ocupación de los terrenos y edificios correspondientes, a los fines de expropiación o imposición de servidumbres.

⇒ Según la disp. final única, este precepto tiene el carácter de legislación competencia exclusiva del Estado o plena en virtud de lo previsto en el art. 149.1.4ª, 8ª, 18ª y 23ª de la Constitución Española.
V. arts. 132, 183, 210.1, 210.2 y 214 TRLS/1992 (§2).
V. art. 64 del TRLS/1976 (§3).
V. art. 226 del RDU (§3.2)
V. art. 24 de la Ley 1/1994, de 11 enero, de Ordenación del territorio. Andalucía (§4).
V. arts. 69, 81 y 88 de la Ley 5/1999, de 25 marzo, regula Actividad Urbanística, Pública y Privada en Aragón (§6).
V. arts. 35 y 41 de la Ley 11/1992, de 24 noviembre, de Ordenación del Territorio, de Aragón (§7).
V. art. 4 de la Ley 2/1991, de 11 marzo, de Reserva de Suelo y Actuaciones Urbanísticas Prioritarias en el Principado de Asturias (§12).
V. art. 25 de la Ley 6/1993, de 28 septiembre, de Baleares (§18).
V. art. 16 de la Ley 8/1987, de 1 abril, de Ordenación del Territorio. Baleares (§19).
V. arts. 13, 39 y disp. transit. 11ª de la Ley 6/1999, de 3 abril, de Baleares (§20).

V. art. 44, 75, 159 y 246 del DLeg 1/2000, de 8 mayo, por el que se aprueba el Texto Refundido de las Leyes de Ordenación del Territorio de Canarias y de Espacios Naturales de Canarias (§23).

V. art. 87 de la Ley 2/2001, de 25 junio, de Ordenación Territorial y Régimen Urbanístico del Suelo de Cantabria (§24).

V. art. 2 de la Ley 7/1990, de 30 marzo. Ordenación Territorial. Cantabria (§23).

V. arts. 42 y 78 de la Ley 2/1998, de 4 junio, de Ordenación del Territorio y Actividad Urbanística, en Castilla-La Mancha (§27).

V. arts. 63, 109 y 128 de la Ley 5/1999, de 8 abril, de Urbanismo, de Castilla y León (§25).

V. arts. 16 y 22 de la Ley 10/1998, de 5 diciembre, de Ordenación del territorio, de Castilla y León (§26).

V. arts. 98 y 221 del DLeg 1/1990, de 12 julio, que aprueba el Texto Refundido de Legislación vigente en materia de urbanismo en Cataluña (§28).

V. art. 54 de la Ley 1/1997, de 24 marzo, del Suelo, de Galicia (§33).

V. arts. 28 y 39 de la Ley 9/1995, de 28 marzo. Medidas de política territorial, suelo y urbanismo. Madrid (§38).

V. art. 64.1 e), 138 y 175.2.1, de la Ley 9/2001, de 17 julio, del Suelo de la Comunidad de Madrid (§37).

V. art. 152 de la Ley 1/2001, de 24 abril, del Suelo de la Región de Murcia (§41).

V. arts. 65, 130 y 277 de la LF 10/1994, de 4 julio, de Ordenación del Territorio y Urbanismo en Navarra (§44).

V. Ley 20/1998, de 29 junio, que regula los patrimonios públicos de suelo del País Vasco (§51).

V. arts. 46, 49, 50, 96 y 167 de la Ley 10/1998, de 2 julio, de Ordenación del Territorio y Urbanismo, de La Rioja (§52).

V. arts. 58 y 98 de la Ley 6/1994, de 15 noviembre, Reguladora de la Actividad Urbanística en la Comunidad Autónoma de Valencia (§53).

V. Jurisprudencia en arts. 64 y concordantes TRLS/1976 (§3).

Artículo 34. Funciones de la expropiación.

La expropiación por razón de urbanismo podrá aplicarse de acuerdo con las finalidades previstas en la legislación urbanística y, asimismo, por incumplimiento de la función social de la propiedad, con los requisitos previstos en la Ley de Expropiación Forzosa.

⇒ Según la disp. final única, este precepto tiene el carácter de legislación básica en virtud de lo previsto en el artículo 149.1.13ª, 18ª y 23ª de la Constitución Española y, en su caso, de condiciones básicas del ejercicio de los derechos a tenor de lo dispuesto por el art. 149.1.1ª del propio Texto Constitucional.

V. art. 183 del TRLS/1992 (§2).

V. arts. 71 a 75 de la LEF.

V. Reglamento de Edificación Forzosa y Registro Municipal de Solares (§3.6).

V. art. 113 de la Ley 5/1999, de 25 marzo, regula Actividad Urbanística, Pública y Privada en Aragón (§6).

V. art. 128.4; 148 y 159 del DLeg 1/2000, de 8 mayo, por el que se aprueba el Texto Refundido de las Leyes de Ordenación del Territorio de Canarias y de Espacios Naturales de Canarias (§23).

V. arts. 130 y 131 de la Ley 2/2001, de 25 junio, de Ordenación Territorial y Régimen Urbanístico del Suelo de Cantabria (§24).

V. arts. 21, 91 y 120 de la Ley 5/1999, de 8 abril, de Urbanismo, de Castilla y León, incluida en §25.

V. art. 148 de la Ley 2/1998, de 4 junio, de ordenación del territorio y actividad urbanística, en Castilla La Mancha, incluida en §27.

V. art. 151 de la Ley 1/1997, de 24 marzo, del suelo, de Galicia, incluida en §33.

V. arts. 122.4 y 170.2 de la Ley 9/2001, de 17 julio, del Suelo de la Comunidad de Madrid (§37).

V. arts. 183 y 209 de la LF 10/1994, de 4 julio, de ordenación del territorio y urbanismo en Navarra, incluida en §44.

V. art. 7 de la Ley 5/1998, de 6 marzo, de medidas urgentes en materia de suelo y urbanismo, del País Vasco (§46).

V. arts. 143, 158, 162 y 188 de la Ley 10/1998, de 2 julio, de ordenación del territorio y urbanismo, de La Rioja, incluida en §52.

V. art. 1.1 C) de la Ley 6/1994, de 15 noviembre, reguladora de la actividad urbanística en la Comunidad Autónoma de Valencia, incluida en §53.

V. art. 99 de la Ley 9/1995, de 28 marzo, de Medidas de Política Territorial, Suelo y Urbanismo, de Madrid (§38).

V. Jurisprudencia en arts. 66, 130, 134 y 154 a 164 y concordantes del TRLS/1976 (§3).

Artículo 35. Ejercicio de la potestad expropiatoria.

El ejercicio de la potestad expropiatoria se ajustará a lo dispuesto en la presente Ley y en la legislación urbanística. En todo lo no previsto en ellas, será de aplicación la legislación general de expropiación forzosa.

⇒ Téngase en cuenta también lo establecido sobre expropiaciones en las vigentes normas (Caps. I y III del Tít. V) del TRLS/1992 (§2).

Según la disp. final única, este art. 35 tiene el carácter de legislación competencia exclusiva del Estado o plena en virtud de lo previsto en el art. 149.1.4ª, 8ª, 18ª y 23ª de la CE.

Artículo 36. Procedimiento de determinación del justiprecio.

El justiprecio de los bienes y derechos expropiados se determinará conforme a lo establecido en el Título III de la presente Ley, mediante expediente individualizado o por el procedimiento de tasación conjunta.

⇒ Según la disp. final única, este precepto tiene el carácter de legislación competencia exclusiva del Estado o plena en virtud de lo previsto en el art. 149.1.4ª, 8ª, 18ª y 23ª de la CE.

V. art. 201 del RGU (§3.2).

V. art. 129 del DLeg 1/2000, de 8 mayo, por el que se aprueba el Texto Refundido de las Leyes de Ordenación del Territorio de Canarias y de Espacios Naturales de Canarias (§23).

V. arts. 130.4 y 165 de la Ley 2/2001, de 25 junio, de Ordenación Territorial y Régimen Urbanístico del Suelo de Cantabria (§24).

V. art. 144 de la Ley 1/1997, de 24 marzo, del Suelo, de Galicia (§33).

V. arts. 89.4 y concordantes de la Ley 5/1999, de 8 de abril, de Urbanismo, de Castilla y León (§25).

V. arts. 149 a 150 de la Ley 2/1998, de 4 junio, de ordenación del territorio y actividad urbanística, en Castilla-La Mancha (§27).

V. arts. 189, 190, 204 y 205 del DLeg 1/1990, de 12 julio, que aprueba el Texto Refundido de Legislación vigente en materia de urbanismo en Cataluña (§28).

V. art. 36 del D. 303/1997, de 25 noviembre, que aprobó el Reglamento sobre medidas para facilitar la ejecución urbanística, de Cataluña (§28.1).

V. arts. 144 a 147 de la Ley 1/1997, de 24 marzo, del suelo, de Galicia (§33).

V. art. 123 de la Ley 9/2001, de 17 julio, del Suelo de la Comunidad de Madrid (§37).

V. disp. adic. 5ª.1 de la LF 10/1994, de 4 julio, de ordenación del territorio y urbanismo en Navarra, incluida en §44.

V. art. 149 de la Ley 10/1998, de 2 julio, de ordenación del territorio y urbanismo, de La Rioja, incluida en §52.

Artículo 37. Pago del justiprecio mediante adjudicación de terrenos.

En todas las expropiaciones, la Administración actuante podrá satisfacer el justiprecio, por acuerdo con el expropiado, mediante la adjudicación de terrenos de valor equivalente.

⇒ Según la disp. final única, este precepto tiene el carácter de legislación competencia exclusiva del Estado o plena en virtud de lo previsto en el art. 149.1.4ª, 8ª, 18ª y 23ª de la CE.

V. art. 222.1 a 3 del TRLS/1992 (§2).

V. arts. 207 y 208 del RGU (§3.2).

V. art. 5 de la Ley 2/1991, de 11 marzo, de Reserva de Suelo y Actuaciones Urbanísticas Prioritarias en el Principado de Asturias (§12).

V. arts. 127 y 162.2 del DLeg 1/2000, de 8 mayo, por el que se aprueba el Texto Refundido de las Leyes de Ordenación del Territorio de Canarias y de Espacios Naturales de Canarias (§23).

V. arts. 165 y 167 de la Ley 2/2001, de 25 junio, de Ordenación Territorial y Régimen Urbanístico del Suelo de Cantabria (§24).

V. art. 147 de la Ley 2/1998, de 4 junio, de Ordenación del Territorio y Actividad Urbanística, en Castilla-La Mancha (§27).

V. art. 163 del DLeg 1/1990, de 12 julio, que aprueba el Texto Refundido de Legislación vigente en materia de urbanismo en Cataluña (§28).

V. art. 121 de la Ley 9/2001, de 17 julio, del Suelo de la Comunidad de Madrid (§37).

V. art. 69.3 de la Ley 6/1994, de 15 noviembre, Reguladora de la Actividad Urbanística en la Comunidad Autónoma de Valencia (§53).

V. arts. 140 y concordantes del TRLS/1976 (§3).

Artículo 38. *Aprobación y efectos del procedimiento de tasación conjunta.*

El pago o depósito del importe de la valoración establecida por el órgano competente al aprobar el proyecto de expropiación habilitará para proceder a la ocupación de la finca y producirá los efectos previstos en los números 6, 7 y 8 del artículo 52 de la Ley de Expropiación Forzosa, sin perjuicio de la valoración, en su caso, por el Jurado Provincial de Expropiación y de que puedan seguir tramitándose los recursos procedentes respecto a la fijación del justiprecio. Asimismo, habilitará para proceder a la ocupación de las fincas la aprobación del documento de adjudicación de las futuras parcelas en que se hubiera concretado el pago en especie, de conformidad con lo establecido en el artículo anterior.

✐ La STC 164/2001, de 11 julio (RTC 2001, 164), ha declarado que el artículo 38 de la Ley 6/1998, de 13 abril, es inconstitucional y por tanto nulo.

⇒ Según la disp. final única, este precepto tiene el carácter de legislación competencia exclusiva del Estado o plena en virtud de lo previsto en el art. 149.1.4ª, 8ª, 18ª y 23ª de la CE.

V. arts. 222 y 224 del TRLS/1992 (§2).

V. arts. 207 y 208 del RGU (§3.2).

Artículo 39. Ocupación e inscripción en el Registro.

1. Una vez efectuado el pago o consignación se levantará el acta de ocupación correspondiente a cada finca afectada por el expediente expropiatorio. La superficie objeto de la actuación se inscribirá como una o varias fincas registrales. El hecho de que alguna de estas fincas no estuviese inmatriculada no será obstáculo para que pueda practicarse directamente aquella inscripción. En las fincas afectadas, a continuación de la nota a que se refiere la legislación hipotecaria sobre asientos derivados de procedimientos de ex-

propiación forzosa, se extenderá otra en la que se identificará la porción expropiada si la actuación no afectase a la totalidad de la finca.

2. Será título inscribible el acta o actas de ocupación acompañadas de las actas de pago o los justificantes de consignación del justiprecio de todas las fincas ocupadas. Dicho título, además de la descripción conforme a la legislación hipotecaria, incorporará la oportuna referencia catastral e identificará la nueva finca mediante un adecuado sistema gráfico de coordenadas.

3. Si al procederse a la inscripción surgiesen dudas fundadas sobre si dentro de la superficie ocupada existiese alguna finca registral no tenida en cuenta en el expediente expropiatorio, sin perjuicio de practicarse la inscripción, se pondrá tal circunstancia en conocimiento del organismo expropiante.

⇒ Según la disp. final única, este precepto tiene el carácter de legislación competencia exclusiva del Estado o plena en virtud de lo previsto en el art. 149.1.4ª, 8ª, 18ª y 23ª de la CE.
V. arts. 211.3 y 224.1 a 5 del TRLS/1992 (§2).
V. art. 209 del RGU (§3.2).
V. arts. 22 y ss. del RD 1093/1997, de 4 julio (§2.1).

Artículo 40. Supuestos de reversión.

1. Los terrenos de cualquier clase que se expropien por razones urbanísticas deberán ser destinados al fin específico que se estableciese en el Plan correspondiente.

⇒ V. Jurisprudencia en arts. 67 y concordantes del TRLS/1976 (§3).

2. Si en virtud de modificación o revisión del planeamiento se alterara el uso que motivó la expropiación procederá la reversión salvo que concurriera alguna de las siguientes circunstancias:

a) Que el nuevo uso asignado estuviera adecuadamente justificado y fuera igualmente dotacional público.

b) Que el uso dotacional que motivó la expropiación hubiese sido efectivamente implantado y mantenido durante ocho años.

3. Procederá la reversión de los terrenos expropiados para la formación o ampliación del Patrimonio Municipal de Suelo si, como consecuencia de una modificación del planeamiento que no se efectúe en el marco de la revisión de éste, se alteraran los usos, intensidades o aprovechamientos y ello supusiera un incremento de valor de los mismos.

⇒ Téngase en cuenta que los arts. 54 y 55 de la LEF han sido modificados por la disp. adic. 5ª de la Ley 38/1999, de 5 noviembre, de Ordenación de la Edificación (§1.1).
V. arts. 204, 276.1, 276.2 y 280.1 del TRLS/1992 (§2).
V. Jurisprudencia en arts. 89 a 93 y concordantes del TRLS/1976 (§3).

4. Igualmente, procederá la reversión en los supuestos de terrenos incluidos en un ámbito delimitado para su desarrollo por el sistema de expropiación, cuando hubieren transcurrido diez años desde la expropiación sin que la urbanización se hubiera concluido.

5. El mismo plazo y condición se aplicará en las expropiaciones de

terrenos motivadas por el incumplimiento de deberes urbanísticos vinculados al proceso de urbanización.

⇒ Según la disp. final única, este precepto tiene el carácter de legislación competencia exclusiva del Estado o plena en virtud de lo previsto en el art. 149.1.4ª, 8ª, 18ª y 23ª de la CE.

TÍTULO V
SUPUESTOS INDEMNIZATORIOS

Artículo 41. Indemnización por alteración de planeamiento.

1. La modificación o revisión del planeamiento sólo podrá dar lugar a indemnización por reducción de aprovechamiento si se produce antes de transcurrir los plazos previstos para su ejecución en el ámbito en el que a dichos efectos se encuentre incluido el terreno, o transcurridos aquéllos, si la ejecución no se hubiere llevado a efecto por causas imputables a la Administración.

⇒ V. art. 44.1 de la presente Ley.

Jurisprudencia

«En la aplicación del artículo 87 de la Ley sobre Régimen del Suelo y Ordenación Urbana de 1976, hoy sustituido por el artículo 41 de la Ley 6/1998, de 13 de abril, sobre Régimen del Suelo y Valoraciones –que concede una indemnización por cambio de ordenación del suelo antes de transcurrir los plazos de ejecución del planeamiento o por limitaciones o vinculaciones singulares que no puedan ser objeto de distribución equitativa en dicha ejecución–, esta Sala ha venido insistiendo en la necesidad, para que pueda entenderse procedente el derecho a ser indemnizado por el cambio de planeamiento, de que existan derechos consolidados (Sentencia del Tribunal Supremo de 4 de marzo de 1992 [RJ 1992, 3221], recurso núm. 4729/1990), lo cual ocurre: a) cuando existe un plazo de ejecución del planeamiento modificado no precluido o se ha producido el transcurso de éste sin ejecución del planeamiento, por causas imputables a la Administración (Sentencias de 1 de febrero de 1982 [RJ 1982, 773] y 16 de diciembre de 1985 [RJ 1986, 654]); b) cuando el plan parcial se encuentra en la fase final de realización y la modificación afecta a una parte de los propietarios que han cumplido los requisitos o cargas de la anterior ordenación, sin haber obtenido beneficio equivalente y resultar, por ello, discriminados con el resto de los propietarios del sector (Sentencias de 29 de septiembre de 1980 [RJ 1980, 3463], 30 de junio de 1980 [RJ 1980, 3380], 24 de noviembre de 1981 [RJ 1981, 5299], 1 de febrero de 1982 [RJ 1982, 773], 6 de julio de 1982 [RJ 1982, 5347], 20 de septiembre de 1982 [RJ 1982, 8148], 28 de marzo de 1983 [RJ 1983, 1629], 25 de abril de 1983 [RJ 1983, 2274], 14 de junio de 1983 [RJ 1983, 3506], 10 de abril de 1985 [RJ 1985, 2197], 12 de mayo de 1987 [RJ 1987, 5255], 24 de abril de 1992 [RJ 1992, 3995] y 26 de enero de 1993 [RJ 1993, 451], recurso núm. 4017/1990); y c) cuando el cambio de calificación del suelo respecto de una finca individualizada comporta que sólo sea factible, por la imposibilidad de integrarla en un polígono, en razón al desarrollo urbanístico derivado de la aplicación del plan precedente, realizar el pago de la indemnización pertinente en el momento de ejecución del nuevo planeamiento (Sentencia de 20 de mayo de 1986 [RJ 1986, 3262]). Esta conexión entre el perjuicio causado por una disposición de carácter general –en este caso con valor de ley– inherente a la privación singular de un derecho o interés económico consolidado o incorporado al patrimonio del afectado y el mecanismo indemnizatorio a que da lugar la aplicación del principio de responsabilidad patrimonial de los poderes públicos aparece proclamado sin ambages en la Sentencia del Tribunal Constitucional de 13 febrero 1997, número 28/1997 (RTC 1997, 28)». **(STS 9 febrero 1999 [RJ 1999, 1878]).**

⇒ V. Jurisprudencia en arts. 87 y concordantes del TRLS/1976 (§3).

2. Las situaciones de fuera de ordenación surgidas por los cambios del planeamiento no serán indemnizables, a excepción de lo previsto en el apartado anterior.

⇒ Según la disp. final única, este precepto tiene el carácter de legislación básica en virtud de lo previsto en el art. 149.1.13ª, 18ª y 23ª de la CE y, en su caso, de condiciones básicas del ejercicio de los derechos a tenor de lo dispuesto por el art. 149.1.1ª del propio Texto Constitucional.
V. art. 137 del TRLS/1992 (§2).
V. Jurisprudencia en arts. 60 y concordantes del TRLS/1976 (§3).

Artículo 42. Indemnización por alteración del planeamiento, con licencia en vigor.

1. Si en el momento de entrada en vigor de la modificación o revisión del planeamiento se hubiera obtenido la licencia de construcción, pero aún no se hubiera iniciado la edificación, se declarará extinguida, con audiencia del interesado, la eficacia de la licencia en cuanto sea disconforme con la nueva ordenación, debiendo fijarse la indemnización, en el mismo expediente, por la reducción del aprovechamiento resultante de las nuevas condiciones urbanísticas, así como por los perjuicios que justificadamente se acrediten de conformidad con la Legislación General de Expropiación Forzosa.

⇒ V. art. 44 de la presente Ley.
V. art. 7 de la Ley 5/1999, de 8 abril, de Urbanismo, de Castilla y León (§25).

2. Si la edificación ya se hubiera iniciado, la Administración podrá modificar o revocar la licencia, fijándose la indemnización de acuerdo con lo establecido en el número anterior.

⇒ Según la disp. final única, este precepto tiene el carácter de legislación básica en virtud de lo previsto en el art. 149.1.13ª, 18ª y 23ª de la CE y, en su caso, de condiciones básicas del ejercicio de los derechos a tenor de lo dispuesto por el art. 149.1.1ª del propio Texto Constitucional.
V. art. 16 del RSCL.
V. Jurisprudencia en arts. 178 y concordantes, en el apartado correspondiente a «anulación y revocación», 186 y 187, del TRLS/1976 (§3).

Artículo 43. Indemnización por limitaciones singulares.

Las ordenaciones que impusieran vinculaciones o limitaciones singulares en orden a la conservación de edificios, en lo que excedan de los deberes legalmente establecidos, o que lleven consigo una restricción del aprovechamiento urbanístico del suelo que no pueda ser objeto de distribución equitativa entre los interesados, conferirán derecho a indemnización.

⇒ Según la disp. final única, este precepto tiene el carácter de legislación básica en virtud de lo previsto en el art. 149.1.13ª, 18ª y 23ª de la CE y, en su caso, de condiciones básicas del ejercicio de los derechos a tenor de lo dispuesto por el art. 149.1.1ª del propio Texto Constitucional.
V. art. 19 de la presente Ley.
V. arts. 3.2 y 8 j) de la Ley 2/2001, de 25 junio, de Ordenación Territorial y Régimen Urbanístico del Suelo de Cantabria (§24).
V. art. 7 de la Ley 5/1999, de 8 abril, de Urbanismo, de Castilla y León (§25).

V. art. 53 de la Ley 2/1998, de 4 junio, de Ordenación del Territorio y Actividad Urbanística, en Castilla-La Mancha (§27).

V. arts. 113 y 129 del DLeg 1/1990, de 12 julio, que aprueba el Texto Refundido de Legislación vigente en materia de urbanismo en Cataluña (§28).

V. art. 129 del DLeg 1/1990, de 12 julio, que aprueba el Texto Refundido de Legislación vigente en materia de urbanismo en Cataluña (§28).

V. art. 62 de la Ley 1/1997, de 24 marzo, del Suelo, de Galicia (§33).

V. art. 10.1 de la Ley 9/2001, de 17 julio del Suelo de la Comunidad de Madrid (§37).

V. art. 27 de la LF 10/1994, de 4 julio, de Ordenación del Territorio y Urbanismo en Navarra (§44).

V. Jurisprudencia en arts. 87 y concordantes del TRLS/1976 (§3).

Artículo 44. Otros supuestos indemnizatorios.

1. Serán en todo caso indemnizables los gastos producidos por el cumplimiento de los deberes inherentes al proceso urbanizador, dentro de los plazos establecidos al efecto, que resulten inservibles como consecuencia de un cambio de planeamiento o por acordarse la expropiación.

⇒ Según la disp. final única, este precepto tiene el carácter de legislación básica en virtud de lo previsto en el art. 149.1.13ª, 18ª y 23ª de la CE y, en su caso, de condiciones básicas del ejercicio de los derechos a tenor de lo dispuesto por el art. 149.1.1ª del propio Texto Constitucional.

2. Cuando se produzca la anulación de una licencia, demora injustificada en su otorgamiento o su denegación improcedente, los perjudicados podrán reclamar de la Administración el resarcimiento de los daños y perjuicios causados, en los casos y con la concurrencia de los requisitos establecidos en las normas que regulan con carácter general dicha responsabilidad. En ningún caso habrá lugar a indemnización si existe dolo, culpa o negligencia graves imputables al perjudicado.

⇒ Según la disp. final única, este ap. 2 tiene el carácter de legislación competencia exclusiva del Estado o plena en virtud de lo previsto en el art. 149.1.4ª, 8ª, 18ª y 23ª de la CE.

V. art. 106.2 de la CE; arts. 139 a 143 de la Ley 30/1992, de 26 noviembre, y 54 de la Ley Reguladora de las Bases del RSCL.

V. art. 16 del RSCL.

V. Jurisprudencia en arts. 178 y concordantes, en el apartado correspondiente a «anulación y revocación», 186 y 187 TRLS/1976 (§3).

DISPOSICIONES ADICIONALES

Primera.

Los instrumentos de planificación territorial y urbanística, cualquiera que sea su clase y denominación, que incidan sobre terrenos, edificaciones e instalaciones, incluidas sus zonas de protección, afectos a la Defensa Nacional deberán ser sometidos, respecto de esa incidencia, a informe vinculante de la Administración General del Estado con carácter previo a su aprobación.

⇒ Según la disp. final única, este precepto tiene el carácter de legislación competencia exclusiva del Estado o plena en virtud de lo previsto en el art. 149.1.4ª, 8ª, 18ª y 23ª de la CE.

Jurisprudencia

«Dentro de un marco obligado de colaboración, y de respeto mutuo a las competencias de las demás Administraciones Públicas, la argumentación que formula el Abogado del Estado sobre la existencia de una supremacía de la competencia del Estado, entre las competencias administrativas que concurren en el caso, es, sin duda, atendible como doctrina general, como muestra la reciente regulación de la disposición adicional 1ª de la Ley 6/1998, de 13 de abril, sobre Régimen del Suelo y Valoraciones y lo expresado por esta Sala (Sentencias de 15 de junio de 1993 [RJ 1993, 4426] y de 5 de mayo de 1989 [RJ 1989, 3613]) o por el Tribunal Constitucional (Sentencia 77/1984, de 3 de julio [RTC 1984, 77]) en supuestos análogos. El desarrollo del motivo no nos resulta, sin embargo, suficiente para poder dar lugar a la pretensión casacional que se formula, en el supuesto concreto que enjuiciamos. **SÉPTIMO.**–El recurso de casación no desvirtúa que la Zona de Reclutamiento y Movilización número 32 y Servicio de Intendencia se encuentra rodeada por calles y que la manzana del Matadero –que en su ampliación es la que, en su caso, podría afectar en dos metros a la zona de seguridad– se encuentra separada de la instalación militar por una calle de 10 metros de anchura que, en los informes técnicos se considera suficiente, invocando lo expresado sobre zonas urbanizadas en el artículo 8 de la Ley 8/1975. Esta razón es la que explica que la sentencia recurrida haya traído la solución de la concurrencia competencial a la fase de ejecución del planeamiento, declarando que, en caso de llevarse a cabo cualquier obra, trabajo, instalación o actividad de clase alguna en la expresada zona de seguridad –y por ello también en los 2 metros restantes a que se extiende formalmente la franja de seguridad, conforme a la Orden Ministerial expresada– serán estrictamente necesarias las autorizaciones que exigen los artículos 9 y, en su caso, 6 "in fine" de la Ley 8/1975». **(STS 25 marzo 1999 [RJ 1999, 2804]).**

Segunda.

A los solos efectos de lo dispuesto en el artículo 62 de la Ley Reguladora de las Haciendas Locales, de acuerdo con la redacción otorgada por el artículo 21 de la Ley 13/1996, de 30 de diciembre de Medidas Fiscales, Administrativas y del Orden Social, tendrán la consideración de urbanizables los terrenos que así clasifique el planeamiento y estén incluidos en sectores, así como el resto del suelo clasificado como urbanizable a partir del momento de aprobación del instrumento urbanístico que lo desarrolle.

⇒ Según la disp. final única, este precepto tiene el carácter de legislación básica en virtud de lo previsto en el art. 149.1.13ª, 18ª y 23ª de la CE y, en su caso, de condiciones básicas del ejercicio de los derechos a tenor de lo dispuesto por el art. 149.1.1ª del propio Texto Constitucional.

V. art. 9 de la presente Ley.

El art. 62 citado dispone:

«A efectos de este impuesto tendrán la consideración de bienes inmuebles de naturaleza urbana:

a) El suelo urbano, el declarado apto para urbanizar por las normas subsidiarias, el urbanizable o asimilado por la legislación autonómica por contar con las facultades urbanísticas inherentes al suelo urbanizable en la legislación estatal.

Asimismo, tendrán la consideración de bienes inmuebles de naturaleza urbana los terrenos que dispongan de vías pavimentadas o encintado de aceras y cuenten, además, con alcantarillado, suministro de agua, suministro de energía eléctrica y alumbrado público y los ocupados por construcciones de naturaleza urbana.

Tendrán la misma consideración los terrenos que se fraccionen en contra de lo dispuesto en la legislación agraria siempre que tal fraccionamiento desvirtúe su uso agrario, y sin que ello represente alteración alguna de la naturaleza rústica de los mismos a otros efectos que no sean los del presente impuesto».

b) Las construcciones de naturaleza urbana, entendiendo por tales:

1. Los edificios sean cualesquiera los elementos de que estén construidos, los luga-

res en que se hallen emplazados, la clase de suelo en que hayan sido levantados y el uso a que se destinen, aun cuando por la forma de su construcción sean perfectamente transportables, y aun cuando el terreno sobre el que se hallen situados no pertenezca al dueño de la construcción, y las instalaciones comerciales e industriales asimilables a los mismos, tales como diques, tanques y cargaderos.

2. Las obras de urbanización y de mejora, como las explanaciones y las que se realicen para el uso de los espacios descubiertos, considerándose como tales los recintos destinados a mercados, los depósitos al aire libre, las piezas, saltos de agua y embalses incluido el lecho de los mismos, los campos o instalaciones para la práctica del deporte, los muelles, los estacionamientos y los espacios anejos a las construcciones.

3. Las demás construcciones no calificadas expresamente como de naturaleza rústica en el artículo siguiente».

V. O. 5 julio 2000, que determina los módulos de valoración, a efectos de lo establecido en el apartado tercero del art. 71 de la Ley 39/1988, de 28 diciembre, reguladora de las Haciendas Locales, según redacción dada por Ley 50/1998, de 30 diciembre, de Medidas Fiscales, Administrativas y del Orden Social.

V. arts. 59 y concordantes del TRLS/1976 (§3).

Tercera.

Las Ciudades de Ceuta y Melilla ejercerán las potestades normativas reglamentarias que tienen atribuidas por las Leyes Orgánicas 1/1995 y 2/1995, de 13 de marzo, dentro del marco de la presente Ley y de las que el Estado promulgue a tal efecto.

En todo caso, la aprobación definitiva del Plan General de Ordenación Urbana de estas Ciudades, y de sus modificaciones o revisiones, competerá al Ministerio de Fomento.

La aprobación definitiva de los Planes Parciales, y de sus modificaciones o revisiones, corresponderá a los órganos competentes de las Ciudades de Ceuta y Melilla, previo informe preceptivo y vinculante del Ministerio de Fomento, el cual deberá emitirse en el plazo de tres meses.

✐ Modificada por el art. 68 de la Ley 55/1999, de 29 diciembre.

⇒ Según la disp. final única, este precepto tiene el carácter de legislación básica en virtud de lo previsto en el art. 149.1.13ª, 18ª y 23ª de la CE y, en su caso, de condiciones básicas del ejercicio de los derechos a tenor de lo dispuesto por el art. 149.1.1ª del propio Texto Constitucional.

Téngase en cuenta el RD 2495/1996, de 5 diciembre, sobre Traspaso de Funciones y Servicios de la Administración del Estado en materia de ordenación del territorio y urbanismo a la Ciudad de Ceuta (§31.1).

Téngase en cuenta el RD 1413/1995, de 4 agosto, Traspaso de Funciones y Servicios de la Administración del Estado en materia de urbanismo a la Ciudad de Melilla (§39).

V. O. 31 julio 2000, sobre Directrices básicas para la aplicación de la Ley 6/1998, de 13 abril, y modificación del Plan General de Ordenación Urbana de Melilla para adaptación de normas.

Téngase en cuenta el RD 341/1996, de 23 febrero, sobre Traspaso de Funciones y Servicios de la Administración del Estado en materia de urbanismo a la Ciudad de Melilla (§40).

V. RD 690/2000, de 12 mayo, sobre Estructura Orgánica del Ministerio de Fomento.

Cuarta.

En los territorios insulares la legislación urbanística podrá establecer criterios complementarios para clasificar los suelos no urbanizables y urbanizables, teniendo en cuenta que la delimitación del contenido del derecho de propiedad del suelo se condiciona por la peculiaridad del hecho insular, su limitada capacidad de desarrollo territorial y la necesidad de compatibilizar una suficiente oferta de suelo urbanizable con la protección y preservación de los elementos esenciales del territorio.

⇒ Según la disp. final única, este precepto tiene el carácter de legislación básica en virtud de lo previsto en el art. 149.1.13ª, 18ª y 23ª de la CE y, en su caso, de condiciones básicas del ejercicio de los derechos a tenor de lo dispuesto por el art. 149.1.1ª del propio Texto Constitucional.

V. arts. 9 y 10 de la presente Ley.

V. DLeg 1/2000, de 8 mayo, por el que se aprueba el Texto Refundido de las Leyes de Ordenación del Territorio de Canarias y de Espacios Naturales de Canarias (§23), así como Leyes territoriales 6/1997, de 8 julio, de Suelo Rústico en Baleares (§17), en lo no modificado por Ley territorial 6/1999, de 3 abril (§20).

Quinta.

Esta Ley se aplicará sin perjuicio de los específicos regímenes forales vigentes en materia de hacienda, régimen tributario, régimen económico-financiero municipal y régimen de los bienes municipales.

⇒ Según la disp. final única, este precepto tiene el carácter de legislación básica en virtud de lo previsto en el art. 149.1.13ª, 18ª y 23ª de la CE y, en su caso, de condiciones básicas del ejercicio de los derechos a tenor de lo dispuesto por el art. 149.1.1ª del propio Texto Constitucional.

DISPOSICIONES TRANSITORIAS

Primera. Régimen urbanístico.

El régimen urbanístico del suelo establecido en esta Ley, sin perjuicio de las especialidades sobre gestión y uso del suelo de la legislación urbanística, será de aplicación desde la entrada en vigor de la misma a los planes y normas vigentes en dicho momento, teniendo en cuenta las siguientes reglas:

a) Al suelo urbano y al suelo no urbanizable, se les aplicará respectivamente el régimen establecido en esta Ley para el suelo urbano y para el no urbanizable.

b) Al suelo urbanizable programado, al suelo apto para urbanizar y al suelo urbanizable no programado se les aplicará el régimen de derechos y deberes establecido en esta Ley para el suelo urbanizable. El desarrollo del suelo urbanizable no programado podrá promoverse directamente, sin necesidad de concurso, mediante los instrumentos de planeamiento previstos en la legislación urbanística.

⇒ Según la disp. final única, este precepto tiene el carácter de legislación básica en virtud de lo previsto en el art. 149.1.13ª, 18ª y 23ª de la CE y, en su caso, de condiciones básicas del ejercicio de los derechos a tenor de lo dispuesto por el art. 149.1.1ª del propio Texto Constitucional.

V. arts. 13, 14, 18, 19, 20 y 25 de la presente Ley.

Segunda. Planeamiento general vigente.

El planeamiento general vigente a la entrada en vigor de la presente Ley deberá adaptar su clasificación de suelo a lo dispuesto en ella cuando se proceda a su revisión.

⇒ Según la disp. final única, este precepto tiene el carácter de legislación básica en virtud de lo previsto en el art. 149.1.13ª, 18ª y 23ª de la CE y, en su caso, de condiciones básicas del ejercicio de los derechos a tenor de lo dispuesto por el art. 149.1.1ª del propio Texto Constitucional.

Tercera. Planeamiento general en tramitación.

1. El planeamiento general en tramitación a la entrada en vigor de esta Ley podrá seguirse tramitando sin adaptar sus clasificaciones de suelo a la misma.

2. Se entenderá que se encuentra en la situación prevista en el apartado anterior al planeamiento general, o su revisión, en cuya tramitación haya recaído acuerdo de aprobación inicial.

⇒ Según la disp. final única, este precepto tiene el carácter de legislación básica en virtud de lo previsto en el art. 149.1.13ª, 18ª y 23ª de la CE y, en su caso, de condiciones básicas del ejercicio de los derechos a tenor de lo dispuesto por el art. 149.1.1ª del propio Texto Constitucional.

Cuarta. Planeamiento en ejecución.

En los procedimientos de distribución de beneficios y cargas que no hubieran alcanzado la aprobación definitiva a la fecha de entrada en vigor de esta Ley, será de aplicación, en cuanto a la cesión de suelo en que se deba materializar el porcentaje de aprovechamiento que corresponde a la Administración actuante, el régimen urbanístico establecido en la misma, según la clase de suelo.

⇒ Según la disp. final única, este precepto tiene el carácter de legislación básica en virtud de lo previsto en el art. 149.1.13ª, 18ª y 23ª de la CE y, en su caso, de condiciones básicas del ejercicio de los derechos a tenor de lo dispuesto por el art. 149.1.1ª del propio Texto Constitucional.

Quinta. Valoraciones.

En los expedientes expropiatorios, serán aplicables las disposiciones sobre valoración contenidas en esta Ley siempre que no se haya alcanzado la fijación definitiva del justiprecio en vía administrativa.

⇒ Según la disp. final única, este precepto tiene el carácter de legislación competencia exclusiva del Estado o plena en virtud de lo previsto en el artículo 149.1.4ª, 8ª, 18ª y 23ª de la CE.
V. art. 25 de la presente Ley.

Jurisprudencia

«La disposición transitoria 5ª, ya de la Ley 6/1998, de 13 de abril, contempla la aplicación de las disposiciones de valoración contenidas en la misma a los expedientes expropiatorios "siempre que no se haya alcanzado la fijación definitiva del justiprecio en vía administrativa", lo que evidentemente no es el caso que nos ocupa». **(ATS 22 enero 1999 [RJ 1999, 1653])**.

«Si bien la disposición [transitoria primera, apartado tercero, del Texto Refundido de la Ley sobre Régimen del Suelo y Ordenación Urbana, aprobado por Real Decreto Legislativo 1/1992, de 26 de junio], citada como infringida en este motivo de casación, ha sido declarada nula de pleno derecho, al incurrir en «ultra vires» por no existir precedente en los Textos Legales refundidos, por Sentencia dictada por esta Sala

(Sección Quinta) con fecha 25 de junio de 1997 (RJ 1997, 5382) en el recurso contencioso-administrativo núm. 7319/1992 [F. 4º], no obstante la cuestión que con tal motivo de casación se plantea debe ser examinada, al suscitarse en él la eficacia de los criterios de valoración establecidos por la Ley 8/1990, de 25 de julio, sobre Reforma del Régimen Urbanístico y Valoraciones del Suelo. En la indicada disposición transitoria, anulada jurisdiccionalmente, se establecía con claridad que los criterios de valoración, contenidos en la Ley 8/1990, de 25 de julio, serían aplicables a las expropiaciones que a la entrada en vigor de esta Ley (veinte días de su publicación en el «Boletín Oficial del Estado», que tuvo lugar el 27 de julio de 1990) no se hubiese aprobado la relación de propietarios y descripción de los bienes y derechos afectados. Al haberse declarado nula jurisdiccionalmente tal disposición transitoria, y no contenerse en la propia Ley 8/1990, de 25 de julio, otra disposición transitoria sobre los criterios de valoración aplicables a las expropiaciones forzosas iniciadas antes de su entrada en vigor pero en las que el expediente de justiprecio se hubiese incoado después de su vigencia, es imprescindible que nos pronunciemos acerca de si los contenidos en la citada Ley 8/1990, de 25 de julio, son aplicables a los expedientes expropiatorios iniciados antes de su vigencia pero en los que el expediente de justiprecio se hubiera incoado después de entrar en vigor esta Ley. SEGUNDO.–En primer lugar, debemos aclarar cuál es el momento en que se inicia el expediente expropiatorio, ya que al articular este primer motivo de casación se incurre en una evidente confusión al respecto. A tal fin, el precepto contenido en el artículo 21.1 de la Ley de Expropiación Forzosa es definitivo, al establecer que el acuerdo de necesidad de ocupación inicia el expediente expropiatorio, y tal acuerdo, conforme al artículo 20 de la misma Ley, es aquel en que se aprueba la relación de bienes y derechos afectados y se designan nominalmente los interesados, por lo que, en definitiva, con la aprobación de dicha relación se inicia el expediente expropiatorio. Ahora bien, el ordenamiento jurídico contempla determinados supuestos en los que la declaración de necesidad de ocupación se ha de entender implícita; así la aprobación del proyecto de obras y servicios que comprende la descripción material y detallada de los bienes y derechos que se consideren de necesaria ocupación (artículo 17.2 de la Ley de Expropiación Forzosa), el acuerdo declarando urgente la ocupación de los bienes afectados por la expropiación (artículo 52.1ª de la Ley de Expropiación Forzosa) y la aprobación de Planes de ordenación urbana y de polígonos de expropiación (artículo 64.1 del Texto Refundido de la Ley del Suelo, aprobado por Real Decreto 1346/1976, de 9 de abril). No se inicia, por tanto, el expediente expropiatorio, como asegura la Administración recurrente, con el levantamiento de las actas previas a la ocupación en las expropiaciones declaradas urgentes, como la que examinamos, sino con la aprobación del proyecto en el que se contuviese la descripción material y detallada de los bienes o derechos que se consideren de necesaria ocupación o con el acuerdo por el que se declara urgente la expropiación de los bienes que han de ser expropiados, según el proyecto y replanteo aprobados. La sentencia recurrida declara, y las partes lo admiten, que, en este caso, tales actos son anteriores a la entrada en vigor de la Ley 8/1990, de 25 de julio, sobre Reforma del Régimen Urbanístico y Valoraciones del Suelo, si bien las actas previas a la ocupación se levantaron y el expediente de justiprecio se incoó, no obstante lo dispuesto por el artículo 52 de la Ley de Expropiación Forzosa, con posterioridad a la entrada en vigor de la Ley 8/1990, de 25 de julio, por lo que la cuestión se centra en determinar si los criterios de valoración del suelo deben ser los establecidos en esta Ley, dado que cuando se inicia el expediente de justiprecio ya estaba en vigor, o los fijados en la Ley de Expropiación Forzosa, al haberse incoado el expediente expropiatorio con anteriori dad a la publicación de la citada Ley 8/1990, de 25 de julio, y no tratarse de una expropiación urbanística. TERCERO.–Si acudimos a las disposiciones transitorias de la Ley 8/1990, de 25 de julio, hay en la primera, número tercero, una regla para determinar el aprovechamiento aplicable según la fase procedimental que se hubiese alcanzado, atendidos los diferentes sistemas de actuación, y así en el de expropiación se señala como momento decisivo la aprobación de la relación de propietarios y descripción de bienes, o sea el de la iniciación del expedienteexpropiatorio, de manera que si éste no se hubiese iniciado sería aplicable el nuevo régimen pero si ya se hubiera incoado el expediente expropiatorio con el acuerdo de necesidad de ocupación resultaría aplicable el anterior. Esta norma transitoria debe, ciertamente, considerarse inconstitucional y nula según Sentencia del Tribunal Constitucional 61/1997, de 20 de marzo (RTC 1997, 61), al haber ésta declarado inconstitucional y nula la Disposición Transitoria Primera, apartado cuarto, del Texto Refundido de la Ley sobre Régimen del Suelo y Ordenación Urbana, aprobado por Real Decreto Legislativo 1/1992, de 26 de junio, que reproduce la anterior, pero su contenido nos permite conocer el alcance retroactivo que el legislador otorgaba a la Ley 8/1990, sobre Valoraciones del Suelo, en relación con las actuaciones expropiatorias, señalando al efecto, como momento para la aplicabilidad de uno u otro sistema, la aprobación de la relación de propietarios y descripción de bienes, es decir el momento de iniciación del expediente expropiatorio y no el de incoación de la pieza separada de justiprecio. CUARTO.–No se puede negar que el artículo 36.1 de la Ley de Expropiación Forzosa establece que las tasaciones se efectuarán con arreglo al valor que tengan los bienes o derechos expropiables al tiempo de iniciarse el expediente de justiprecio, pero, como expresamos en nuestra Sentencia de 6 de febrero de 1999 (RJ 1999, 1700) (recurso de casación 4869/1994 [F. 2º]) es necesario distinguir entre los criterios aplicables para valorar los bienes y derechos expropiados y el momento al que debe referirse la valoración de éstos, de manera que este precepto fija el tiempo de la tasación, que no es otro que el de la iniciación del expediente de justiprecio, pero no determina cuáles sean los criterios legales de valoración, que han de ser, como declaramos en la citada sentencia, los que regiesen al tiempo de incoarse el expediente expropiatorio, los cuales vendrán impuestos por la legislación aplicable al cálculo del justiprecio según la expropiación de que se trate. QUINTO.–El conflicto, pues, se reduce, como ya apuntábamos, a determinar cuál sea la legislación aplicable en la valoración de los bienes expropiados cuando el expediente expropiatorio se inició antes de la entrada en vigor de la Ley 8/1990, de 25 de julio, que establece un nuevo sistema de valoración diferente al contenido en la Ley de Expropiación Forzosa, mientras que el expediente de justiprecio se inicia y tramita, sin embargo, después de la entrada en vigor de aquélla, al no haberse respetado por la Administración expropiante lo dispuesto en los artículos 25 y 52.2ª, 3ª, 6ª y 7ª de la Ley de Expropiación Forzosa. La aludida disposición transitoria primera, apartado tercero, de la Ley 8/1990, de 25 de julio, aunque sea inconstitucional por otras razones, sin embargo hace patente la voluntad del legislador de no dar a sus preceptos eficacia en los expedientes expropiatorios incoados con anterioridad a su propia vigencia. Si tenemos en cuenta que los criterios de valoración, a efectos de fijar el justiprecio, no pueden quedar al arbitrio de la Administración expropiante, y así sería si se aplicase la legalidad vigente al tiempo de iniciarse la pieza de justiprecio, la cual, como en este caso, podría demorarse respecto del momento legalmente previsto (artículos 25 y 52.6ª y 7ª de la Ley de Expropiación Forzosa y 28 de su Reglamento), el trámite procedimental más cierto y seguro para aplicar uno u otro ordenamiento valorativo es el de la incoación del expediente expropiatorio. Tampoco se puede olvidar que el expediente de justiprecio no es sino una pieza del complejo expediente expropiatorio (artículos 26.1 de la Ley de Expropiación Forzosa y 29.1 de su Reglamento), y, en consecuencia, el principio de irretroactividad de las leyes, recogido por el artículo 2.3 del Código Civil, salvo que éstas dispusiesen lo contrario, conlleva la aplicación de la legalidad vigente en el momento de acordarse la necesidad de ocupación, en que los bienes y derechos quedan sujetos al fin de la expropiación y nace simultáneamente el derecho del expropiado al justo precio (artículos 25 de la Ley de Expropiación Forzosa y 28 de su Reglamento). SEXTO.–Como en este caso, según hemos expresado anteriormente, no se había publicado ni entrado en vigor la Ley 8/1990, de 25 de julio, cuando se inicia el expediente expropiatorio, los criterios de valoración para fijar el justiprecio que nos ocupa, teniendo en cuenta que la expropiación no es urbanística, deben ser los establecidos por la Ley de Expropiación Forzosa, y concretamente el contemplado en el artículo 43 de ésta, a fin de hallar el valor real (comprensivo también de expectativas urbanísticas) del suelo expropiado, por lo que es desestimable, al igual que el primero, el segundo motivo de casación aducido, en el que incorrectamente se sostiene que el suelo expropiado debía haber sido valorado por el Jurado Provincial de Expropiación Forzosa y por la Sala de instancia, que confirmó el acuerdo de aquél, conforme a lo dispuesto por la Ley 8/1990, de 23 de julio, sobre Reforma del Régimen Urbanístico y Valoraciones del Suelo, la cual, según lo expuesto, no era aplicable por haberse adoptado el acuerdo de necesidad de ocupación con anterioridad a su entrada en vigor». **(STS de 10 mayo 1999 [RJ 1999, 7276])**.

«La invocación sobre aplicación de las normas de valoraciones de la Ley 6/1998, de 13 de abril, sobre Régimen del Suelo y Valoraciones, carece de fundamento jurídico, ya que a tenor de la disposición transitoria quinta de dicha Ley, las disposiciones sobre valoraciones contenidas en dicha Ley serán aplicables a los expedientes expropiatorios siempre que no se hayan alcanzado la fijación definitiva del Justiprecio en vía administrativa, fijación que corresponde a la fecha del acuerdo del Jurado de Expropiación Forzosa (que es la resolución definitiva, que no firme, al respecto) que en este caso se produjo el 1 de febrero de 1996, obviamente antes de la entrada en vigor de la citada Ley». **(STSJ Granada 16 mayo 2000 [RJCA 2000, 1177])**.

DISPOSICIÓN DEROGATORIA

Única.

1. Queda derogado el Real Decreto Legislativo 1/1992, de 26 de junio, por el que se aprobó el Texto Refundido de la Ley sobre Régimen del Suelo y Ordenación Urbana, con excepción de los siguientes preceptos:

Artículos 104.3; 113.2; 124.1 y 124.3; 133; 134.1; 136.2; 137.5; 138 b); 159.4; 168; 169; 170.1; 183; 204; 210; 211.3; 213; 214; 222; 224; 242.1 y 242.6; 243.1 y 243.2; 244.2, 244.3 y 244.4; 245.1; 246.2; 255.2; 258.2 y 258.3; 259.3; 274; 276; 280.1; 287.2 y 287.3; 288.2 y 288.3; 289; 299; 300; 301; 302; 303; 304; 305; 306; 307; 308; 309; 310; disposición adicional cuarta.1ª y 3ª; disposición adicional sexta, y disposición transitoria quinta.1.

2. Quedan asimismo derogados los artículos 1, 2, 3, disposición transitoria y disposición final primera de la Ley 7/1997, de 14 de abril, de Medidas Liberalizadoras en Materia de Suelo y de Colegios Profesionales.

3. Quedan igualmente derogados cuantos preceptos legales se opongan o sean incompatibles con lo previsto en la presente Ley.

⇒ Según la disp. final única, este precepto tiene el carácter de legislación competencia exclusiva del Estado o plena en virtud de lo previsto en el art. 149.1.4ª, 8ª, 18ª y 23ª de la CE.

DISPOSICIÓN FINAL

Única.

Tienen el carácter de legislación básica en virtud de lo previsto en el artículo 149.1.13ª, 18ª y 23ª de la Constitución Española y, en su caso, de condiciones básicas del ejercicio de los derechos a tenor de lo dispuesto por el artículo 149.1.1ª del propio Texto Constitucional, los siguientes preceptos: 1; 2; 3; 4; 5; 6; 7; 8; 9; 10; 11; 12; 13; 14; 15; 16; 17; 18; 19; 20; 34; 41; 42; 43; 44.1; disposiciones adicionales segunda, tercera, cuarta y quinta; y disposiciones transitorias primera, segunda, tercera y cuarta, correspon-

diendo los restantes a la competencia exclusiva del Estado en virtud del artículo 149.1.4ª, 8ª y 18ª del citado texto.

✐ La STC 164/2001, de 11 julio (RTC 2001, 164), ha declarado que la disp. final única de la Ley 6/1998, de 13 abril, en sus referencias al art. 38 LRSV y al art. 16.1 LRSV es inconstitucional.

⇒ Según la disp. final única, este precepto tiene el carácter de legislación a la competencia exclusiva del Estado o plena en virtud de lo previsto en el art. 149.1.4ª, 8ª, 18ª y 23ª de la CE.

§ 1.1 LEY 38/1999, DE 5 NOVIEMBRE. REGULA ORDENACIÓN DE LA EDIFICACIÓN

(BOE núm. 266, de 6 noviembre [RCL 1999, 2799])

EXPOSICIÓN DE MOTIVOS

El sector de la edificación es uno de los principales sectores económicos con evidentes repercusiones en el conjunto de la sociedad y en los valores culturales que entraña el patrimonio arquitectónico y, sin embargo, carece de una regulación acorde con esta importancia.

Así, la tradicional regulación del suelo contrasta con la falta de una configuración legal de la construcción de los edificios, básicamente establecida a través del Código Civil y de una variedad de normas cuyo conjunto adolece de serias lagunas en la ordenación del complejo proceso de la edificación, tanto respecto a la identificación, obligaciones y responsabilidades de los agentes que intervienen en el mismo, como en lo que se refiere a las garantías para proteger al usuario.

Por otra parte, la sociedad demanda cada vez más la calidad de los edificios y ello incide tanto en la seguridad estructural y la protección contra incendios como en otros aspectos vinculados al bienestar de las personas, como la protección contra el ruido, el aislamiento térmico o la accesibilidad para personas con movilidad reducida. En todo caso, el proceso de la edificación, por su directa incidencia en la configuración de los espacios implica siempre un compromiso de funcionalidad, economía, armonía y equilibrio medioambiental de evidente relevancia desde el punto de vista del interés general; así se contempla en la Directiva 85/384/CEE de la Unión Europea, cuando declara que «la creación arquitectónica, la calidad de las construcciones, su inserción armoniosa en el entorno, el respeto de los paisajes naturales y urbanos, así como del patrimonio colectivo y privado, revisten un interés público».

Respondiendo a este orden de principios, la necesidad, por una parte, dc dar continuidad a la Ley 6/1998, de 13 de abril, sobre Régimen del Suelo y Valoraciones, ordenando la construcción de los edificios, y de superar, por otra, la discrepancia existente entre la legislación vigente y la realidad por la insuficiente regulación actual del proceso de la edificación, así como de establecer el marco general en el que pueda fomentarse la calidad de los edificios y, por último, el compromiso de fijar las garantías suficientes a los usuarios frente a los posibles daños, como una aportación más a la Ley 26/1984, de

19 de julio, General para la Defensa de los Consumidores y Usuarios, son los motivos que justifican sobradamente esta Ley de Ordenación de la Edificación, cuyo contenido primordial es el siguiente:

1. El objetivo prioritario es regular el proceso de la edificación actualizando y completando la configuración legal de los agentes que intervienen en el mismo, fijando sus obligaciones para así establecer las responsabilidades y cubrir las garantías a los usuarios, en base a una definición de los requisitos básicos que deben satisfacer los edificios.

2. Para ello, se define técnicamente el concepto jurídico de la edificación y los principios esenciales que han de presidir esta actividad y se delimita el ámbito de la Ley, precisando aquellas obras, tanto de nueva construcción como en edificios existentes, a las que debe aplicarse.

Ante la creciente demanda de calidad por parte de la sociedad, la Ley establece los requisitos básicos que deben satisfacer los edificios de tal forma que la garantía para proteger a los usuarios se asiente no sólo en los requisitos técnicos de lo construido sino también en el establecimiento de un seguro de daños o de caución.

Estos requisitos abarcan tanto los aspectos de funcionalidad y de seguridad de los edificios como aquellos referentes a la habitabilidad.

Se establece el concepto de proyecto, obligatorio para el desarrollo de las obras incluidas en el ámbito de la Ley, precisando la necesaria coordinación entre los proyectos parciales que puedan incluirse, así como la documentación a entregar a los usuarios para el correcto uso y mantenimiento de los edificios.

Se regula, asimismo, el acto de recepción de obra, dada la importancia que tiene en relación con el inicio de los plazos de responsabilidad y de prescripción establecidos en la Ley.

3. Para los distintos agentes que participan a lo largo del proceso de la edificación se enumeran las obligaciones que corresponden a cada uno de ellos, de las que se derivan sus responsabilidades, configurándose el promotor como una persona física o jurídica que asume la iniciativa de todo el proceso y a la que se obliga a garantizar los daños materiales que el edificio pueda sufrir. Dentro de las actividades del constructor se hace mención especial a la figura del jefe de obra, así como a la obligación de formalizar las subcontrataciones que en su caso se establezcan.

Además la Ley delimita el ámbito de actuaciones que corresponden a los profesionales, el proyectista, el director de obra y el director de la ejecución de la obra, estableciendo claramente el ámbito específico de su intervención, en función de su titulación habilitante.

4. La responsabilidad civil de los diferentes agentes por daños materiales en el edificio se exigirá de forma personal e individualizada, tanto por actos propios, como por actos de otros agentes por los que, con arreglo a esta Ley, se deba responder.

La responsabilidad se exigirá solidariamente cuando no pueda ser atribuida en forma individualizada al responsable del daño o cuando exista concurrencia de culpa, sin que pueda precisarse la influencia de cada agente interviniente en el daño producido.

A la figura del promotor se equiparan también las de gestor de cooperativas o de comunidades de propietarios, u otras análogas que aparecen cada vez con mayor frecuencia en la gestión económica de la edificación.

5. En cuanto a los plazos de responsabilidad se establecen en períodos de uno, tres y diez años, en función de los diversos daños que puedan aparecer en los edificios. El constructor, durante el primer año, ha de responder por los daños materiales derivados de una deficiente ejecución; todos los agentes que intervienen en el proceso de la edificación, durante tres años, responderán por los daños materiales en el edificio causados por vicios o defectos que afecten a la habitabilidad y durante diez años, por los que resulten de vicios o defectos que afecten a la seguridad estructural del edificio.

Las acciones para exigir responsabilidades prescriben en el plazo de dos años, al igual que las de repetición contra los agentes presuntamente responsables.

6. Por lo que se refiere a las garantías la Ley establece, para los edificios de vivienda, la suscripción obligatoria por el constructor, durante el plazo de un año, de un seguro de daños materiales o de caución, o bien la retención por el promotor de un 5 por 100 del coste de la obra para hacer frente a los daños materiales ocasionados por una deficiente ejecución.

Se establece igualmente para los edificios de vivienda la suscripción obligatoria por el promotor de un seguro que cubra los daños materiales que ocasionen en el edificio el incumplimiento de las condiciones de habitabilidad o que afecten a la seguridad estructural en el plazo de tres y diez años, respectivamente.

Se fijan las normas sobre las garantías de suscripción obligatoria, así como los importes mínimos de garantía para los tres supuestos de uno, tres y diez años, respectivamente.

No se admiten franquicias para cubrir los daños en el supuesto de un año, y no podrán exceder del 1 por 100 del capital asegurado para los otros dos supuestos.

Además, con el fin de evitar el fraude a los adquirentes se exigen determinados requisitos que acrediten la constitución del correspondiente seguro para la inscripción de escrituras públicas y la liquidación de las sociedades promotoras.

7. La Ley se completa con siete disposiciones adicionales. En la primera se establece que la percepción de las cantidades anticipadas reguladas para las viviendas se amplíe a promociones de viviendas en régimen de comunidades de propietarios o sociedades cooperativas.

En la segunda disposición adicional se prevé que la exigencia de la obligatoriedad de las garantías a las que se hace referencia en el artículo 19 de la Ley, se hará de forma escalonada en el tiempo para permitir que el sector vaya acomodándose a lo dispuesto en esta norma. Así la garantía de diez años contra los daños materiales causados por vicios o defectos que afecten a los elementos estructurales, también llamado seguro decenal, será exigible a partir de la entrada en vigor de esta Ley para los edificios cuyo destino principal sea el de vivienda. Posteriormente, y por Real Decreto, teniendo en cuenta las circunstancias del sector de la edificación y del sector asegurador, podrá establecerse la obligatoriedad de las demás garantías, es decir, del seguro de tres años que cubre los daños causados en los elementos constructivos o en las instalaciones que afecten a la habitabilidad o seguro trienal, y del seguro de un año que cubre los daños materiales por vicios o defectos de ejecución que afecten a elementos de terminación o acabado de las obras.

En la tercera se exceptúa a los miembros de los Cuerpos de Ingenieros de los Ejércitos de lo dispuesto en esta Ley en lo que se refiere a la delimitación de sus actuaciones en el ámbito de la Defensa.

En la cuarta se concreta la titulación académica y profesional de los Coordinadores de Seguridad y Salud, en las obras de edificación.

8. Mediante una disposición transitoria se establece la aplicación de lo previsto en la Ley a las obras para cuyos proyectos se solicite licencia de edificación a partir de la entrada en vigor de la misma. Por último, en la primera de las cuatro disposiciones finales se invocan los preceptos a cuyo amparo se ejerce la competencia del Estado en las materias reguladas por la Ley; en la segunda se autoriza al Gobierno para que en el plazo de dos años apruebe un Código Técnico de la Edificación que desarrolle los requisitos básicos que deben cumplir los edificios relacionados en el artículo 3; en la tercera se insta al Gobierno para que adapte al Reglamento de la Ley de Expropiación Forzosa las modificaciones introducidas en la disposición adicional quinta, y en la cuarta determina la entrada en vigor de la Ley.

La Ley, en definitiva, trata, dentro del marco de competencias del Estado, de fomentar la calidad incidiendo en los requisitos básicos y en las obligaciones de los distintos agentes que se encargan de desarrollar las actividades del proceso de la edificación, para poder fijar las responsabilidades y las garantías que protejan al usuario y para dar cumplimiento al derecho constitucional a una vivienda digna y adecuada.

La regulación del proceso de la edificación no quedaría, sin embargo, actualizada y completa si la Ley no se refiriera a aquellos supuestos en que dicho proceso constructivo ha exigido la previa expropiación de bienes o derechos por vincularse a una finalidad u objetivo de utilidad pública o interés social. En este sentido, la Ley actualiza la regulación de un aspecto de la legislación de expropiación forzosa sin duda necesitada toda ella de una revisión para adaptarse a la dinámica de nuestro tiempo, que presenta una significación cualificada y cuya puesta al día no debe demorarse, como es el ejercicio del derecho de reversión, derecho calificado por el Tribunal Constitucional como de configuración legal.

CAPÍTULO I
Disposiciones generales

Artículo 1. Objeto.

1. Esta Ley tiene por objeto regular en sus aspectos esenciales el proceso de la edificación, estableciendo las obligaciones y responsabilidades de los agentes que intervienen en dicho proceso, así como las garantías necesarias para el adecuado desarrollo del mismo, con el fin de asegurar la calidad mediante el cumplimiento de los requisitos básicos de los edificios y la adecuada protección de los intereses de los usuarios.

2. Las obligaciones y responsabilidades relativas a la prevención de riesgos laborales en las obras de edificación se regirán por su legislación específica.

3. Cuando las Administraciones públicas y los organismos y entidades sujetos a la legislación de contratos de las Administraciones públicas actúen como agentes del proceso de la edificación se regirán por lo dispuesto en la legislación de contratos de las Administraciones públicas y en lo no contemplado en la misma por las disposiciones de esta Ley, a excepción de lo dispuesto sobre garantías de suscripción obligatoria.

Artículo 2. Ámbito de aplicación.

1. Esta Ley es de aplicación al proceso de la edificación, entendiendo por tal la acción y el resultado de construir un edificio de carácter permanente, público o privado, cuyo uso principal esté comprendido en los siguientes grupos:

a) Administrativo, sanitario, religioso, residencial en todas sus formas, docente y cultural.

b) Aeronáutico; agropecuario; de la energía; de la hidráulica; minero; de telecomunicaciones (referido a la ingeniería de las telecomunicaciones); del transporte terrestre, marítimo, fluvial y aéreo; forestal; industrial; naval; de la ingeniería de saneamiento e higiene, y accesorio a las obras de ingeniería y su explotación.

c) Todas las demás edificaciones cuyos usos no estén expresamente relacionados en los grupos anteriores.

2. Tendrán la consideración de edificación a los efectos de lo dispuesto en esta Ley, y requerirán un proyecto según lo establecido en el artículo 4, las siguientes obras:

a) Obras de edificación de nueva construcción, excepto aquellas construcciones de escasa entidad constructiva y sencillez técnica que no tengan, de forma eventual o permanente, carácter residencial ni público y se desarrollen en una sola planta.

b) Obras de ampliación, modificación, reforma o rehabilitación que alteren la configuración arquitectónica de los edificios, entendiendo por tales las que tengan carácter de intervención total o las parciales que produzcan una variación esencial de la composición general exterior, la volumetría, o el conjunto del sistema estructural, o tengan por objeto cambiar los usos característicos del edificio.

c) Obras que tengan el carácter de intervención total en edificaciones catalogadas o que dispongan de algún tipo de protección de carácter ambiental o histórico-artístico, regulada a través de norma legal o documento urbanístico y aquellas otras de carácter parcial que afecten a los elementos o partes objeto de protección.

3. Se consideran comprendidas en la edificación sus instalaciones fijas y el equipamiento propio, así como los elementos de urbanización que permanezcan adscritos al edificio.

Jurisprudencia

«Todas estas razones desvirtúan la supuesta nulidad del proyecto por ausencia de capacidad técnica del interviniente, máxime teniendo en cuenta la posterior redacción que la Ley de Ordenación de Edificación, inaplicable por razones temporales a la cuestión examinada, y aprobada el 5 de noviembre de 1999 (Ley 38/1999 de 5 de noviembre, BOE de 6 de noviembre) recoge la posibilidad de que los edificios destinados a usos indicados en el grupo B del artículo 2.1, sean desarrollados conforme a las disposiciones legales vigentes para cada profesión, de acuerdo con sus respectivas especialidades y competencias específicas, sin olvidar que en dicho grupo se comprenden, entre otras determinaciones, las referidas al transporte terrestre». **(STS 28 marzo 2000 [RJ 2000, 2201])**.

«Ha intentado la ley clarificar lo que debe entenderse por edificación en su artículo 2.2, debiendo destacarse el apartado a) respecto a que no se reputaran tales aquellas obras de edificación de escasa entidad constructiva y sencillez técnica que no tenga, de forma eventual o permanente, carácter residencial ni público y se desarrollen en una sola planta». **(STSJ Cataluña 3 diciembre 1999 [RJCA 1999, 4237])**.

CAPÍTULO II

Exigencias técnicas y administrativas de la edificación

Artículo 3. Requisitos básicos de la edificación.

1. Con el fin de garantizar la seguridad de las personas, el bienestar de la sociedad y la protección del medio ambiente, los edificios deberán proyectarse, construirse, mantenerse y conservarse de tal forma que se satisfagan los requisitos básicos siguientes:

a) Relativos a la funcionalidad:

a.1) Utilización, de tal forma que la disposición y las dimensiones de los espacios y la dotación de las instalaciones faciliten la adecuada realización de las funciones previstas en el edificio.

a.2) Accesibilidad, de tal forma que se permita a las personas con movilidad y comunicación reducidas el acceso y la circulación por el edificio en los términos previstos en su normativa específica.

a.3) Acceso a los servicios de telecomunicación, audiovisuales y de información de acuerdo con lo establecido en su normativa específica.

b) Relativos a la seguridad:

b.1) Seguridad estructural, de tal forma que no se produzcan en el edificio, o partes del mismo, daños que tengan su origen o afecten a la cimentación, los soportes, las vigas, los forjados, los muros de carga u otros elementos estructurales, y que comprometan directamente la resistencia mecánica y la estabilidad del edificio.

b.2) Seguridad en caso de incendio, de tal forma que los ocupantes puedan desalojar el edificio en condiciones seguras, se pueda limitar la extensión del incendio dentro del propio edificio y de los colindantes y se permita la actuación de los equipos de extinción y rescate.

b.3) Seguridad de utilización, de tal forma que el uso normal del edificio no suponga riesgo de accidente para las personas.

c) Relativos a la habitabilidad:

c.1) Higiene, salud y protección del medioambiente, de tal forma que se alcancen condiciones aceptables de salubridad y estanqueidad en el ambiente interior del edificio y que éste no deteriore el medio ambiente en su entorno inmediato, garantizando una adecuada gestión de toda clase de residuos.

c.2) Protección contra el ruido, de tal forma que el ruido percibido no ponga en peligro la salud de las personas y les permita realizar satisfactoriamente sus actividades.

c.3) Ahorro de energía y aislamiento térmico, de tal forma que se consiga un uso racional de la energía necesaria para la adecuada utilización del edificio.

c.4) Otros aspectos funcionales de los elementos constructivos o de las instalaciones que permitan un uso satisfactorio del edificio.

2. El Código Técnico de la Edificación es el marco normativo que establece las exigencias básicas de calidad de los edificios y de sus instalaciones, de tal forma que permite el cumplimiento de los anteriores requisitos básicos.

Las normas básicas de la edificación y las demás reglamentaciones técnicas de obligado cumplimiento constituyen, a partir de la entrada en vigor de esta Ley, la reglamentación técnica hasta que se apruebe el Código Técnico de la Edificación conforme a lo previsto en la disposición final segunda de esta Ley.

El Código podrá completarse con las exigencias de otras normativas dictadas por las Administraciones competentes y se actualizará periódicamente conforme a la evolución de la técnica y la demanda de la sociedad.

⇒ V. RD 1627/1997, de 24 octubre. Establece las disposiciones mínimas de seguridad y salud en las obras.
V. art. 19 de la ley 6/1998, de 13 abril (§1).
V. arts. 181 y 182 del TRLS/1976 (§3).
V. arts. 10 y 11 del RDU (§3.3).
V. arts. 184 a 190 de la Ley 5/1999, de 25 marzo, regula Actividad Urbanística, Pública y Privada en Aragón (§6).
V. arts. 10, 11 y 12 de la Ley 10/1990, de 23 octubre, de Disciplina Urbanística en Baleares (§13).
V. arts. 59 e) y 153 del DLeg 1/2000, de 8 mayo, por el que se aprueba el Texto Refundido de las Leyes de Ordenación del Territorio de Canarias y de Espacios Naturales de Canarias (§23).

V. art. 200 de la Ley 2/2001, de 25 junio, de Ordenación Territorial y Régimen Urbanístico del Suelo de Cantabria (§24).

V. arts. 137 y 176 de la Ley 2/1998, de 4 junio, de Ordenación del Territorio y Actividad Urbanística, en Castilla-La Mancha (§27).

V. arts. 8 y 9 de la Ley 5/1999, de 8 abril, de Urbanismo, de Castilla y León (§25).

V. arts. 251 y 252 del DLeg 1/1990, de 12 julio, que aprueba el Texto Refundido de Legislación vigente en materia de urbanismo en Cataluña (§28).

V. art. 170 de la Ley 1/1997, de 24 marzo, del Suelo, de Galicia (§33).

V. art. 24 del D. 28/1999, de 21 enero, que aprueba el Reglamento de Disciplina Urbanística para el desarrollo y aplicación de la Ley del Suelo de Galicia (§35).

V. arts. 12.5, 17.4 y 168, 169 y 170 de la Ley del Suelo de la Comunidad de Madrid (§37).

V. art. 92 de la Ley 1/2001, de 24 abril, del Suelo de la Región de Murcia (§41).

V. arts. 224 y 225 de la LF 10/1994, de 4 julio, de Ordenación del Territorio y Urbanismo en Navarra (§44).

V. arts. 184 y 185 de la Ley 10/1998, de 2 julio, de Ordenación del Territorio y Urbanismo, de La Rioja (§52).

V. arts. 88 y 92 de la Ley 6/1994, de 15 noviembre, Reguladora de la Actividad Urbanística en la Comunidad Autónoma de Valencia (§53).

Artículo 4. Proyecto.

1. El proyecto es el conjunto de documentos mediante los cuales se definen y determinan las exigencias técnicas de las obras contempladas en el artículo 2. El proyecto habrá de justificar técnicamente las soluciones propuestas de acuerdo con las especificaciones requeridas por la normativa técnica aplicable.

2. Cuando el proyecto se desarrolle o complete mediante proyectos parciales u otros documentos técnicos sobre tecnologías específicas o instalaciones del edificio, se mantendrá entre todos ellos la necesaria coordinación sin que se produzca una duplicidad en la documentación ni en los honorarios a percibir por los autores de los distintos trabajos indicados.

⇒ V. RD 2512/1977, de 17 junio, sobre Tarifas de Honorarios.

V. RD 279/1999, de 22 febrero, que aprueba el Reglamento regulador de las infraestructuras comunes de telecomunicaciones para el acceso a los servicios de telecomunicación en el interior de los edificios y de la actividad de instalación de equipos y sistemas de telecomunicaciones. Desarrollado por O. del Ministerio de Fomento de 26 octubre 1999 y Res. de la Secretaría General de Telecomunicaciones de 12 enero 2000.

Jurisprudencia

«Aunque las partes recurrentes discrepen de la naturaleza otorgada por la Sentencia de instancia al acuerdo impugnado en este proceso, cuestionando que se trate de una auténtica licencia de obras, toda vez que no se autorizaba su inicio sino que el mismo se condicionaba a la presentación del correspondiente proyecto de ejecución, esta circunstancia no puede desvirtuar los efectos de la autorización concedida, que se otorgó precisamente a unas obras a ejecutar conforme a un determinado proyecto básico. Tal como establece el epígrafe 1.4.3 del Decreto de 17 de junio de 1977, el proyecto básico constituye "la fase de trabajo en la que se definen de modo preciso las características generales de la obra mediante la adopción y justificación de soluciones concretas. Su contenido es suficiente parta solicitar, una vez obtenido el preceptivo visado colegial, la licencia municipal u otras autorizaciones administrativas, pero insuficiente para llevar a cabo la construcción". La presentación del proyecto básico es suficiente para la petición de una licencia de obras y como tal ha de considerarse la licencia concedida por el Ayuntamiento de Santander. Aunque éste haya exigido la posterior presentación de proyecto de ejecución, extendiendo a éste el control sobre la obra a realizar, ello no permite revisar en contra del administrado las circunstancias urbanísticas que debieron ser tenidas en cuenta en el otorgamiento de la licencia de obras». **(STS de 21 junio 1999 [RJ 1999, 5279])**.

⇒ V. Jurisprudencia en arts. 178 y concordantes del TRLS/1976 (§3).

Artículo 5. Licencias y autorizaciones administrativas.

La construcción de edificios, la realización de las obras que en ellos se ejecuten y su ocupación precisará las preceptivas licencias y demás autorizaciones administrativas procedentes, de conformidad con la normativa aplicable.

⇒ V. Jurisprudencia en arts. 178 y concordantes del TRLS/1976 (§3).

Artículo 6. Recepción de la obra.

1. La recepción de la obra es el acto por el cual el constructor, una vez concluida ésta, hace entrega de la misma al promotor y es aceptada por éste. Podrá realizarse con o sin reservas y deberá abarcar la totalidad de la obra o fases completas y terminadas de la misma, cuando así se acuerde por las partes.

2. La recepción deberá consignarse en un acta firmada, al menos, por el promotor y el constructor, y en la misma se hará constar:

a) Las partes que intervienen.

b) La fecha del certificado final de la totalidad de la obra o de la fase completa y terminada de la misma.

c) El coste final de la ejecución material de la obra.

d) La declaración de la recepción de la obra con o sin reservas, especificando, en su caso, éstas de manera objetiva, y el plazo en que deberán quedar subsanados los defectos observados. Una vez subsanados los mismos, se hará constar en un acta aparte, suscrita por los firmantes de la recepción.

e) Las garantías que, en su caso, se exijan al constructor para asegurar sus responsabilidades.

Asimismo, se adjuntará el certificado final de obra suscrito por el director de obra y el director de la ejecución de la obra.

3. El promotor podrá rechazar la recepción de la obra por considerar que la misma no está terminada o que no se adecua a las condiciones contractuales. En todo caso, el rechazo deberá ser motivado por escrito en el acta, en la que se fijará el nuevo plazo para efectuar la recepción.

4. Salvo pacto expreso en contrario, la recepción de la obra tendrá lugar dentro de los treinta días siguientes a la fecha de su terminación, acreditada en el certificado final de obra, plazo que se contará a partir de la notificación efectuada por escrito al promotor. La recepción se entenderá tácitamente producida si transcurridos treinta días desde la fecha indicada el promotor no hubiera puesto de manifiesto reservas o rechazo motivado por escrito.

5. El cómputo de los plazos de responsabilidad y garantía establecidos en esta Ley se iniciará a partir de la fecha en que se suscriba el acta de

recepción, o cuando se entienda ésta tácitamente producida según lo previsto en el apartado anterior.

⇒ V. arts. 19.2 b) 20 y disp. adic. 1ª de la presente ley.

V. art. 23 de la Ley 6/1998, de 13 de abril (§1).

Artículo 7. Documentación de la obra ejecutada.

Una vez finalizada la obra, el proyecto, con la incorporación, en su caso, de las modificaciones debidamente aprobadas, será facilitado al promotor por el director de obra para la formalización de los correspondientes trámites administrativos.

A dicha documentación se adjuntará, al menos, el acta de recepción, la relación identificativa de los agentes que han intervenido durante el proceso de edificación, así como la relativa a las instrucciones de uso y mantenimiento del edificio y sus instalaciones, de conformidad con la normativa que le sea de aplicación.

Toda la documentación a que hacen referencia los apartados anteriores, que constituirá el Libro del Edificio, será entregada a los usuarios finales del edificio.

⇒ V. Ley 24/1991, de 29 noviembre, sobre la Vivienda, de Cataluña ; así como el D. 206/1992, de 1 septiembre, que regula el Libro del Edificio.

V. Ley 2/1999, de 17 marzo, de Medidas para la Calidad de la Edificación en Madrid, así como el D. 349/1999, de 30 de diciembre, que regula el Libro del Edificio; Desarrollado por O. 17 mayo 2000.

V. DF 322/2000, de 2 octubre, que regula el Libro del Edificio en Navarra; así como OF 1217/2000, de 30 octubre, del Consejero de Medio Ambiente, Ordenación del Territorio y Vivienda, por la que se aprueban los modelos de documentos que deben incluirse en el Libro del Edificio.

V. Instr. 1/1999, de 30 julio, de la Dirección General de Arquitectura y Vivienda de la Generalitat Valenciana, sobre criterios para la aplicación de las normas de control de calidad de la edificación y su documentación mediante el Libro de Control, dictada en aplicación de la O. 30 septiembre 1991 y D. 107/1991, de 10 junio.

CAPÍTULO III
Agentes de la edificación

Artículo 8. Concepto.

Son agentes de la edificación todas las personas, físicas o jurídicas, que intervienen en el proceso de la edificación. Sus obligaciones vendrán determinadas por lo dispuesto en esta Ley y demás disposiciones que sean de aplicación y por el contrato que origina su intervención.

Artículo 9. El promotor.

1. Será considerado promotor cualquier persona, física o jurídica, pública o privada, que, individual o colectivamente, decide, impulsa, programa y financia, con recursos propios o ajenos, las obras de edificación para sí o para su posterior enajenación, entrega o cesión a terceros bajo cualquier título.

2. Son obligaciones del promotor:

a) Ostentar sobre el solar la titularidad de un derecho que le faculte para construir en él.

b) Facilitar la documentación e información previa necesaria para la redacción del proyecto, así como autorizar al director de obra las posteriores modificaciones del mismo.

c) Gestionar y obtener las preceptivas licencias y autorizaciones administrativas, así como suscribir el acta de recepción de la obra.

d) Suscribir los seguros previstos en el artículo 19.

e) Entregar al adquirente, en su caso, la documentación de obra ejecutada, o cualquier otro documento exigible por las Administraciones competentes.

⇒ V. art. 3 de la Ley 24/1991, de 29 noviembre, sobre la Vivienda, de Cataluña.

V. art. 15 de la Ley 2/1999, de 17 marzo, de Medidas para la Calidad de la Edificación en Madrid.

V. arts. 1484 y 1485 del CC.

Artículo 10. El proyectista.

1. El proyectista es el agente que, por encargo del promotor y con sujeción a la normativa técnica y urbanística correspondiente, redacta el proyecto.

Podrán redactar proyectos parciales del proyecto, o partes que lo complementen, otros técnicos, de forma coordinada con el autor de éste.

Cuando el proyecto se desarrolle o complete mediante proyectos parciales u otros documentos técnicos según lo previsto en el apartado 2 del artículo 4 de esta Ley, cada proyectista asumirá la titularidad de su proyecto.

2. Son obligaciones del proyectista:

a) Estar en posesión de la titulación académica y profesional habilitante de arquitecto, arquitecto técnico, ingeniero o ingeniero técnico según corresponda, y cumplir las condiciones exigibles para el ejercicio de la profesión. En caso de personas jurídicas, designar al técnico redactor del proyecto que tenga la titulación profesional habilitante.

Cuando el proyecto a realizar tenga por objeto la construcción de edificios para los usos indicados en el grupo a) del apartado 1 del artículo 2, la titulación académica y profesional habilitante será la de arquitecto.

Cuando el proyecto a realizar tenga por objeto la construcción de edificios para los usos indicados en el grupo b) del apartado 1 del artículo 2, la titulación académica y profesional habilitante, con carácter general, será la de ingeniero, ingeniero técnico o arquitecto y vendrá determinada por las disposiciones legales vigentes para cada profesión, de acuerdo con sus respectivas especialidades y competencias específicas.

Cuando el proyecto a realizar tenga por objeto la construcción de edificios comprendidos en el grupo c) del apartado 1 del artículo 2, la titulación académica y profesional habilitante será la de arquitecto, arquitecto técnico, ingeniero o ingeniero técnico y vendrá determinada por las disposiciones legales vigentes para cada profesión, de acuerdo con sus especialidades y competencias específicas.

Idénticos criterios se seguirán respecto de los proyectos de obras a las que se refieren los apartados 2 b) y 2 c) del artículo 2 de esta Ley.

En todo caso y para todos los grupos, en los aspectos concretos correspondientes a sus especialidades y competencias específicas, y en particular respecto de los elementos complementarios a que se refiere el apartado 3 del artículo 2, podrán asimismo intervenir otros técnicos titulados del ámbito de la arquitectura o de la ingeniería, suscribiendo los trabajos por ellos realizados y coordinados por el proyectista. Dichas intervenciones especializadas serán preceptivas si así lo establece la disposición legal reguladora del sector de actividad de que se trate.

b) Redactar el proyecto con sujeción a la normativa vigente y a lo que se haya establecido en el contrato y entregarlo, con los visados que en su caso fueran preceptivos.

c) Acordar, en su caso, con el promotor la contratación de colaboraciones parciales.

Jurisprudencia

«Hemos de pronunciarnos sin embargo en cuanto a otros dos extremos, a saber, si las obras tenían realmente contenido arquitectónico y si en tal caso corresponde la competencia para suscribir el proyecto a un arquitecto superior. Para ello, como destaca el Tribunal "a quo", no ofrece un criterio claro la dicción de los preceptos de la Ley de Atribuciones 12/1986, de 1 de abril, como tampoco lo hace la posterior y en la actualidad vigente Ley de Ordenación de la Edificación 38/1999, de 5 de noviembre, la cual al regular los casos como el ahora estudiado se refiere indistintamente (artículo 10.2) a la suscripción del proyecto por arquitectos o ingenieros superiores o técnicos. En consecuencia hemos de recurrir a la reiterada doctrina de esta Sala sobre la materia, correctamente estudiada y aplicada por el Tribunal Superior de Justicia. Por ello debe darse una respuesta afirmativa a las dos cuestiones abiertas inmediatamente antes. Efectivamente las obras a realizar tenían contenido arquitectónico, pues no se trataba sólo de la pavimentación y encintado de aceras, sino de una urbanización completa de todo el entorno de la plaza incluyendo la construcción de elementos de seguridad como es el caso de un muro destinado a la contención de tierras. Teniendo por tanto esas obras el citado contenido arquitectónico, la competencia profesional para firmar el proyecto ha de entenderse corresponde a un técnico superior». **(STS 18 diciembre 1999 [RJ 1999, 9467])**.

«Ni las normas genéricas invocadas por la parte recurrente ni, menos aún, la no invocada que se contiene en el artículo 1 del Decreto de 23 de noviembre de 1956, reconocen la idoneidad de titulación de los ingenieros de caminos, canales y puertos para redactar el proyecto de un edificio de las características que se acaban de indicar. Los arquitectos tienen legalmente reconocida, en cambio, desde el artículo 5 del Real Decreto de 22 de julio de 1864 (NDL 1754) hasta el artículo 10.2 de la Ley 38/1999, de 5 de noviembre, todavía no vigente, una competencia universal para el proyecto de toda clase de edificaciones, por lo que el motivo primero no puede prosperar». **(STS 29 diciembre 1999 [RJ 1999, 9779])**.

⇒ V. Jurisprudencia en arts. 178 y concordantes del TRLS/1976 (§3), en lo relativo a atribuciones profesionales.

Artículo 11. El constructor.

1. El constructor es el agente que asume, contractualmente ante el pro-

motor, el compromiso de ejecutar con medios humanos y materiales, propios o ajenos, las obras o parte de las mismas con sujeción al proyecto y al contrato.

2. Son obligaciones del constructor:

a) Ejecutar la obra con sujeción al proyecto, a la legislación aplicable y a las instrucciones del director de obra y del director de la ejecución de la obra, a fin de alcanzar la calidad exigida en el proyecto.

b) Tener la titulación o capacitación profesional que habilita para el cumplimiento de las condiciones exigibles para actuar como constructor.

c) Designar al jefe de obra que asumirá la representación técnica del constructor en la obra y que por su titulación o experiencia deberá tener la capacitación adecuada de acuerdo con las características y la complejidad de la obra.

d) Asignar a la obra los medios humanos y materiales que su importancia requiera.

e) Formalizar las subcontrataciones de determinadas partes o instalaciones de la obra dentro de los límites establecidos en el contrato.

f) Firmar el acta de replanteo o de comienzo y el acta de recepción de la obra.

g) Facilitar al director de obra los datos necesarios para la elaboración de la documentación de la obra ejecutada.

h) Suscribir las garantías previstas en el artículo 19.

⇒ V. art. 4 de la Ley 24/1991, de 29 noviembre, sobre la Vivienda, de Cataluña.

Artículo 12. El director de obra.

1. El director de obra es el agente que, formando parte de la dirección facultativa, dirige el desarrollo de la obra en los aspectos técnicos, estéticos, urbanísticos y medioambientales, de conformidad con el proyecto que la define, la licencia de edificación y demás autorizaciones preceptivas y las condiciones del contrato, con el objeto de asegurar su adecuación al fin propuesto.

2. Podrán dirigir las obras de los proyectos parciales otros técnicos, bajo la coordinación del director de obra.

3. Son obligaciones del director de obra:

a) Estar en posesión de la titulación académica y profesional habilitante de arquitecto, arquitecto técnico, ingeniero o ingeniero técnico, según corresponda y cumplir las condiciones exigibles para el ejercicio de la profesión. En caso de personas jurídicas, designar al técnico director de obra que tenga la titulación profesional habilitante.

En el caso de la construcción de edificios para los usos indicados en el grupo a) del apartado 1 del artículo 2, la titulación académica y profesional habilitante será la de arquitecto.

Cuando las obras a realizar tengan por objeto la construcción de las edificaciones indicadas en el grupo b) del apartado 1 del artículo 2, la titulación habilitante, con carácter general, será la de ingeniero, ingeniero técnico o arquitecto y vendrá determinada por las disposiciones legales vigentes para cada profesión, de acuerdo con sus especialidades y competencias específicas.

Cuando las obras a realizar tengan por objeto la construcción de las edificaciones indicadas en el grupo c) del apartado 1 del artículo 2, la titulación habilitante será la de arquitecto, arquitecto técnico, ingeniero o ingeniero técnico y vendrá determinada por las disposiciones legales vigentes para cada profesión, de acuerdo con sus especialidades y competencias específicas.

Idénticos criterios se seguirán respecto de las obras a las que se refieren los apartados 2 b) y 2 c) del artículo 2 de esta Ley.

b) Verificar el replanteo y la adecuación de la cimentación y de la estructura proyectadas a las características geotécnicas del terreno.

c) Resolver las contingencias que se produzcan en la obra y consignar en el Libro de Ordenes y Asistencias las instrucciones precisas para la correcta interpretación del proyecto.

d) Elaborar, a requerimiento del promotor o con su conformidad, eventuales modificaciones del proyecto, que vengan exigidas por la marcha de la obra siempre que las mismas se adapten a las disposiciones normativas contempladas y observadas en la redacción del proyecto.

e) Suscribir el acta de replanteo o de comienzo de obra y el certificado final de obra, así como conformar las certificaciones parciales y la liquidación final de las unidades de obra ejecutadas, con los visados que en su caso fueran preceptivos.

f) Elaborar y suscribir la documentación de la obra ejecutada para entregarla al promotor, con los visados que en su caso fueran preceptivos.

g) Las relacionadas en el artículo 13, en aquellos casos en los que el director de la obra y el director de la ejecución de la obra sea el mismo profesional, si fuera ésta la opción elegida, de conformidad con lo previsto en el apartado 2 a) del artículo 13.

⇒ V. Jurisprudencia en arts. 178 y concordantes del TRLS/1976 (§3), en lo relativo a atribuciones profesionales.

Artículo 13. El director de la ejecución de la obra.

1. El director de la ejecución de la obra es el agente que, formando parte de la dirección facultativa, asume la función técnica de dirigir la ejecución material de la obra y de controlar cualitativa y cuantitativamente la construcción y la calidad de lo edificado.

2. Son obligaciones del director de la ejecución de la obra:

a) Estar en posesión de la titulación académica y profesional habilitante y cumplir las condiciones exigibles para el ejercicio de la profesión. En caso de personas jurídicas, designar al técnico director de la ejecución de la obra que tenga la titulación profesional habilitante.

Cuando las obras a realizar tengan por objeto la construcción de edificios para los usos indicados en el grupo a) del apartado 1 del artículo 2, la titulación académica y profesional habilitante será la de arquitecto técnico. Será ésta, asimismo, la titulación habilitante para las obras del grupo b) que fueran dirigidas por arquitectos.

En los demás casos la dirección de la ejecución de la obra puede ser desempeñada, indistintamente, por profesionales con la titulación de arquitecto, arquitecto técnico, ingeniero o ingeniero técnico.

b) Verificar la recepción en obra de los productos de construcción, ordenando la realización de ensayos y pruebas precisas.

c) Dirigir la ejecución material de la obra comprobando los replanteos, los materiales, la correcta ejecución y disposición de los elementos constructivos y de las instalaciones, de acuerdo con el proyecto y con las instrucciones del director de obra.

d) Consignar en el Libro de Ordenes y Asistencias las instrucciones precisas.

e) Suscribir el acta de replanteo o de comienzo de obra y el certificado final de obra, así como elaborar y suscribir las certificaciones parciales y la liquidación final de las unidades de obra ejecutadas.

f) Colaborar con los restantes agentes en la elaboración de la documentación de la obra ejecutada, aportando los resultados del control realizado.

Jurisprudencia

«Actualmente la Ley 38/1999 de 5 de noviembre contempla específicamente en su art. 13 como agente de la edificación al "director de la ejecución de la obra", que es el agente que, formando parte de la dirección facultativa, asume la función técnica de dirigir la ejecución material de la obra y de controlar cualitativa y cuantitativamente la construcción y calidad de lo edificado, "de acuerdo con el proyecto y con las instrucciones del director de obra", según el art. 13.2 c). Aunque formando parte de la dirección facultativa o técnica de la obra, su ámbito de responsabilidad aparece definido, y, la exigencia de individualización de las responsabilidades en el ámbito del derecho sancionador exige, existiendo técnicos superiores que asumen la elaboración del proyecto y la dirección de la obra, el análisis individualizado de la participación de cada agente en la infracción. Como hemos indicado, en el caso concreto, la imputación viene referida a hechos atinentes al proyecto que se modifica posibilitando usos no inicialmente previstos, lo que excedería del ámbito de decisión propio del director de la ejecución de la obra, del arquitecto técnico, cuando existen técnicos superiores que asumen la dirección técnica superior de la obra». **(STSJ País Vasco 7 abril 2000 [RJCA 2000, 1733]).**

⇒ V. Jurisprudencia en arts. 178 y concordantes del TRLS/1976(§3), en lo relativo a atribuciones profesionales.

Artículo 14. Las entidades y los laboratorios de control de calidad de la edificación.

1. Son entidades de control de calidad de la edificación aquéllas capacitadas para prestar asistencia técnica en la verificación de la calidad del proyecto, de los materiales y de la ejecución de la obra y sus instalaciones de acuerdo con el proyecto y la normativa aplicable.

2. Son laboratorios de ensayos para el control de calidad de la edifica-

ción los capacitados para prestar asistencia técnica, mediante la realización de ensayos o pruebas de servicio de los materiales, sistemas o instalaciones de una obra de edificación.

3. Son obligaciones de las entidades y de los laboratorios de control de calidad:

a) Prestar asistencia técnica y entregar los resultados de su actividad al agente autor del encargo y, en todo caso, al director de la ejecución de las obras.

b) Justificar la capacidad suficiente de medios materiales y humanos necesarios para realizar adecuadamente los trabajos contratados, en su caso, a través de la correspondiente acreditación oficial otorgada por las Comunidades Autónomas con competencia en la materia.

Artículo 15. Los suministradores de productos.

1. Se consideran suministradores de productos los fabricantes, almacenistas, importadores o vendedores de productos de construcción.

2. Se entiende por producto de construcción aquel que se fabrica para su incorporación permanente en una obra incluyendo materiales, elementos semielaborados, componentes y obras o parte de las mismas, tanto terminadas como en proceso de ejecución.

3. Son obligaciones del suministrador:

a) Realizar las entregas de los productos de acuerdo con las especificaciones del pedido, respondiendo de su origen, identidad y calidad, así como del cumplimiento de las exigencias que, en su caso, establezca la normativa técnica aplicable.

b) Facilitar, cuando proceda, las instrucciones de uso y mantenimiento de los productos suministrados, así como las garantías de calidad correspondientes, para su inclusión en la documentación de la obra ejecutada.

Artículo 16. Los propietarios y los usuarios.

1. Son obligaciones de los propietarios conservar en buen estado la edificación mediante un adecuado uso y mantenimiento, así como recibir, conservar y transmitir la documentación de la obra ejecutada y los seguros y garantías con que ésta cuente.

2. Son obligaciones de los usuarios sean o no propietarios, la utilización adecuada de los edificios o de parte de los mismos de conformidad con las instrucciones de uso y mantenimiento, contenidas en la documentación de la obra ejecutada.

⇒ V. art. 19 de la Ley 6/1998, de 13 abril (§1).

V. arts. 359, 360 y 389 del CC.

CAPÍTULO IV
Responsabilidades y garantías

Artículo 17. Responsabilidad civil de los agentes que intervienen en el proceso de la edificación.

1. Sin perjuicio de sus responsabilidades contractuales, las personas físicas o jurídicas que intervienen en el proceso de la edificación responderán frente a los propietarios y los terceros adquirentes de los edificios o parte de los mismos, en el caso de que sean objeto de división, de los siguientes daños materiales ocasionados en el edificio dentro de los plazos indicados, contados desde la fecha de recepción de la obra, sin reservas o desde la subsanación de éstas:

a) Durante diez años, de los daños materiales causados en el edificio por vicios o defectos que afecten a la cimentación, los soportes, las vigas, los forjados, los muros de carga u otros elementos estructurales, y que comprometan directamente la resistencia mecánica y la estabilidad del edificio.

b) Durante tres años, de los daños materiales causados en el edificio por vicios o defectos de los elementos constructivos o de las instalaciones que ocasionen el incumplimiento de los requisitos de habitabilidad del apartado 1, letra c), del artículo 3.

El constructor también responderá de los daños materiales por vicios o defectos de ejecución que afecten a elementos de terminación o acabado de las obras dentro del plazo de un año.

2. La responsabilidad civil será exigible en forma personal e individualizada, tanto por actos u omisiones propios, como por actos u omisiones de personas por las que, con arreglo a esta Ley, se deba responder.

3. No obstante, cuando no pudiera individualizarse la causa de los daños materiales o quedase debidamente probada la concurrencia de culpas sin que pudiera precisarse el grado de intervención de cada agente en el daño producido, la responsabilidad se exigirá solidariamente. En todo caso, el promotor responderá solidariamente con los demás agentes intervinientes ante los posibles adquirentes de los daños materiales en el edificio ocasionados por vicios o defectos de construcción.

4. Sin perjuicio de las medidas de intervención administrativas que en cada caso procedan, la responsabilidad del promotor que se establece en esta Ley se extenderá a las personas físicas o jurídicas que, a tenor del contrato o de su intervención decisoria en la promoción, actúen como tales promotores bajo la forma de promotor o gestor de cooperativas o de comunidades de propietarios u otras figuras análogas.

5. Cuando el proyecto haya sido contratado conjuntamente con más de un proyectista, los mismos responderán solidariamente.

Los proyectistas que contraten los cálculos, estudios, dictámenes o informes de otros profesionales, serán directamente responsables de los daños que puedan derivarse de su insuficiencia, incorrección o inexactitud, sin perjuicio de la repetición que pudieran ejercer contra sus autores.

6. El constructor responderá directamente de los daños materiales causados en el edificio por vicios o defectos derivados de la impericia, falta de capacidad profesional o técnica, negligencia o incumplimiento de las obligaciones atribuidas al jefe de obra y demás personas físicas o jurídicas que de él dependan.

Cuando el constructor subcontrate con otras personas físicas o jurídicas la ejecución de determinadas partes o instalaciones de la obra, será directamente responsable de los daños materiales por vicios o defectos de su ejecución, sin perjuicio de la repetición a que hubiere lugar.

Asimismo, el constructor responderá directamente de los daños materiales causados en el edificio por las deficiencias de los productos de construcción adquiridos o aceptados por él, sin perjuicio de la repetición a que hubiere lugar.

7. El director de obra y el director de la ejecución de la obra que suscriban el certificado final de obra serán responsables de la veracidad y exactitud de dicho documento.

Quien acepte la dirección de una obra cuyo proyecto no haya elaborado él mismo, asumirá las responsabilidades derivadas de las omisiones, deficiencias o imperfecciones del proyecto, sin perjuicio de la repetición que pudiere corresponderle frente al proyectista.

Cuando la dirección de obra se contrate de manera conjunta a más de un técnico, los mismos responderán solidariamente sin perjuicio de la distribución que entre ellos corresponda.

8. Las responsabilidades por daños no serán exigibles a los agentes que intervengan en el proceso de la edificación, si se prueba que aquéllos fueron ocasionados por caso fortuito, fuerza mayor, acto de tercero o por el propio perjudicado por el daño.

9. Las responsabilidades a que se refiere este artículo se entienden sin perjuicio de las que alcanzan al vendedor de los edificios o partes edificadas frente al comprador conforme al contrato de compraventa suscrito entre ellos, a los artículos 1484 y siguientes del Código Civil y demás legislación aplicable a la compraventa.

⇒ V. arts. 6 a 16, y disp. final 2ª de la presente ley.
V. art. 1591 del CC.

Jurisprudencia

«El concepto de ruina (que no es un supuesto de saneamiento por vicios ocultos) no es el restrictivo que significa destrucción de la obra, sino uno mucho más amplio, el de ruina funcional que alcanza o bien a toda la construcción o bien a parte o elementos de la misma, excediendo de imperfecciones corrientes». **(STS 30 enero 1997 [RJ 1997, 845]).**

«Constante doctrina jurisprudencial de esta Sala, que equipara la figura del promotor a la del contratista a los efectos de incluirlo en la responsabilidad decenal del artículo 1591 del Código Civil, y ello porque, principalmente, el que se beneficia pecuniariamente de la obra realizada es el mencionado promotor, cuya figura lleva ínsita la responsabilidad por lo menos "in eligendo" si no es "in vigilando" con respecto a los contratistas y distintos técnicos que intervienen en una obra (SS. 8 octubre 1990 [RJ 1990, 7585] y 8 junio 1992 [RJ 1992, 5168], entre otras)». **(STS de 30 diciembre 1998 [RJ 1998, 10145])**.

«El promotor desde luego está legitimado, no sólo pasivamente, sino también de una manera activa en cuanto al ejercicio de la acción decenal derivada de una declaración de ruina». **(STS 21 junio 1999 [RJ 1999, 4390])**.

«La responsabilidad solidaria ha de aplicarse cuando se da, como en este caso, convergencia de actividades plurales que confluyen en la formación de vicios constructivos constitutivos de ruina, atribuyendo a los diversos responsables condición de coautores, pues todos, desde diversas posiciones, han contribuido en mayor o menor grado, que no se puede precisar, a los defectos funcionales y ruina del edificio (Sentencias de 27-9 y 17-10-1995 [RJ 1995, 6452 y 7541], 21-3, 15-10-1996 [RJ 1996, 2233 y 7111], 22-3, 29-5, 5-7, 3-9, 22-11-1997 [RJ 1997, 2191, 4117, 5507, 6381 y 8097], 4-3, 8-6 y 28-12-1998 [RJ 1998, 1039, 4125 y 10160])». **(STS 18 diciembre 1999 [RJ 1999, 8233])**.

«Dentro de la clasificación de las responsabilidades dimanantes de los contratos relativos a la construcción, según la Sentencia del TS de 29 de noviembre de 1985 (RJ 1985, 5916), podemos clasificar las mismas en tres tipos o clases de ellas que se derivan de las relaciones jurídicas que surgen como consecuencia de la edificación de inmuebles: Una, de tipo extracontractual dimanante de toda clase de culpa o negligencia, con soporte legal en los arts. 1902, 1903, 1907 y 1909 del Código Civil; una segunda, de carácter contractual, también denominada genérica, que es aquella que dimana del incumplimiento de las cláusulas de los contratos y que tiene su amparo legal en las normas generales reguladoras de las obligaciones y que se fundamenta en los arts. 1091, 1098, 1101, 1124 y concordantes, y en la que también se incardina el segundo párrafo del art. 1591; y por último, una tercera responsabilidad específica o decenal contemplada en el primer párrafo del art. 1591 del Código Civil. El Tribunal Supremo entiende que las responsabilidades del art. 1591 son independientes y se desenvuelven al margen de todo vínculo contractual, aunque sin estorbar los de este origen, que pueden coexistir (SSTS 14-11-1984 [RJ 1984, 5552] y 1-6-1985 [RJ 1985, 3620]), entendiendo asimismo que no existe incompatibilidad entre las acciones generales del art. 1101 en relación con los arts. 1103, 1104 y 1124, con las nacidas de vicios en el consentimiento conforme a los arts. 1262 y ss. y 1300 y ss., con las acciones llamadas edilicias de los arts. 1484 a 1486 y 1490 y, finalmente, con las otorgadas por el art. 1591 CC (SSTS 3 febrero y 30 diciembre 1986 [RJ 1986, 409])». **(SAP Tarragona de 3 enero 2000 [AC 2000, 710])**.

Artículo 18. Plazos de prescripción de las acciones.

1. Las acciones para exigir la responsabilidad prevista en el artículo anterior por daños materiales dimanantes de los vicios o defectos, prescribirán en el plazo de dos años a contar desde que se produzcan dichos daños, sin perjuicio de las acciones que puedan subsistir para exigir responsabilidades por incumplimiento contractual.

2. La acción de repetición que pudiese corresponder a cualquiera de los agentes que intervienen en el proceso de edificación contra los demás, o a los aseguradores contra ellos, prescribirá en el plazo de dos años desde la firmeza de la resolución judicial que condene al responsable a indemnizar los daños, o a partir de la fecha en la que se hubiera procedido a la indemnización de forma extrajudicial.

⇒ V. art. 1591 del CC.

Jurisprudencia

«El comprador del inmueble en construcción posee contra el promotor la acción de responsabilidad "ex" art. 1101 por incumplimiento o cumplimiento defectuoso de su obligación de entrega. También la reiteradísima jurisprudencia de esta Sala le ha reconocido, supliendo la falta de norma aplicable a estas situaciones, de venta de pisos en construcción o en proyecto, la legitimación pasiva para ser demandado "ex" art. 1591, siendo así que no ha intervenido técnicamente en el proceso de construcción, que es el presupuesto básico sobre el que se estructura el precepto últimamente citado. La justificación de su legitimación no puede hallarse sino en sus propias obligaciones como vendedor en cuanto obligado a cumplir exactamente la prestación de entrega de lo que para él le construyen los profesionales que ha contratado, por tanto sin ningún vicio. Si éste es de naturaleza ruinógena, su responsabilidad como vendedor se alarga; en lugar de prescribir a los quince años, si aquel vicio aparece dentro de los diez desde la entrega, el "dies a quo" del primer plazo comenzará cuando se descubra (Sentencia de 14 de febrero de 1991 [RJ 1991, 1267] y las que cita). En este sentido, y dada la doctrina jurisprudencial antedicha, la aplicación del art. 1591 al comprador redunda en su beneficio en comparación con el régimen general de responsabilidad por incumplimiento o defectuoso cumplimiento del vendedor». **(STS 27 enero 1999 [RJ 1999, 7])**.

Artículo 19. Garantías por daños materiales ocasionados por vicios y defectos de la construcción.

1. El régimen de garantías exigibles para las obras de edificación comprendidas en el artículo 2 de esta Ley se hará efectivo de acuerdo con la obligatoriedad que se establezca en aplicación de la disposición adicional segunda, teniendo como referente a las siguientes garantías:

a) Seguro de daños materiales o seguro de caución, para garantizar, durante un año, el resarcimiento de los daños materiales por vicios o defectos de ejecución que afecten a elementos de terminación o acabado de las obras, que podrá ser sustituido por la retención por el promotor de un 5 por 100 del importe de la ejecución material de la obra.

b) Seguro de daños materiales o seguro de caución, para garantizar, durante tres años, el resarcimiento de los daños causados por vicios o defectos de los elementos constructivos o de las instalaciones que ocasionen el incumplimiento de los requisitos de habitabilidad del apartado 1, letra c), del artículo 3.

c) Seguro de daños materiales o seguro de caución, para garantizar, durante diez años, el resarcimiento de los daños materiales causados en el edificio por vicios o defectos que tengan su origen o afecten a la cimentación, los soportes, las vigas, los forjados, los muros de carga u otros elementos estructurales, y que comprometan directamente la resistencia mecánica y estabilidad del edificio.

2. Los seguros de daños materiales reunirán las condiciones siguientes:

a) Tendrá la consideración de tomador del seguro el constructor en el supuesto a) del apartado 1 y el promotor, en los supuestos b) y c) del mismo apartado, y de asegurados el propio promotor y los sucesivos adquirentes del edificio o de parte del mismo. El promotor podrá pactar expresamente con el constructor que éste sea tomador del seguro por cuenta de aquél.

b) La prima deberá estar pagada en el momento de la recepción de la obra. No obstante, en caso de que se hubiera pactado el fraccionamiento en períodos siguientes a la fecha de recepción, la falta de pago de las siguientes fracciones de prima no dará derecho al asegurador a resolver el contrato, ni éste quedará extinguido, ni la cobertura del asegurador suspendida, ni éste liberado de su obligación, caso de que el asegurado deba hacer efectiva la garantía.

c) No será de aplicación la normativa reguladora de la cobertura de riesgos extraordinarios sobre las personas y los bienes contenida en el artículo 4 de la Ley 21/1990, de 19 de diciembre.

3. Los seguros de caución reunirán las siguientes condiciones:

a) Las señaladas en los apartados 2 a) y 2 b) de este artículo. En relación con el apartado 2 a), los asegurados serán siempre los sucesivos adquirentes del edificio o de parte del mismo.

b) El asegurador asume el compromiso de indemnizar al asegurado al primer requerimiento.

c) El asegurador no podrá oponer al asegurado las excepciones que puedan corresponderle contra el tomador del seguro.

4. Una vez tomen efecto las coberturas del seguro, no podrá rescindirse ni resolverse el contrato de mutuo acuerdo antes del transcurso del plazo de duración previsto en el apartado 1 de este artículo.

5. El importe mínimo del capital asegurado será el siguiente:

a) El 5 por 100 del coste final de la ejecución material de la obra, incluidos los honorarios profesionales, para las garantías del apartado 1 a) de este artículo.

b) El 30 por 100 del coste final de la ejecución material de la obra, incluidos los honorarios profesionales, para las garantías del apartado 1 b) de este artículo.

c) El 100 por 100 del coste final de la ejecución material de la obra, incluidos los honorarios profesionales, para las garantías del apartado 1 c) de este artículo.

6. El asegurador podrá optar por el pago de la indemnización en metálico que corresponda a la valoración de los daños o por la reparación de los mismos.

7. El incumplimiento de las anteriores normas sobre garantías de suscripción obligatoria implicará, en todo caso, la obligación de responder personalmente al obligado a suscribir las garantías.

8. Para las garantías a que se refiere el apartado 1 a) de este artículo no serán admisibles cláusulas por las cuales se introduzcan franquicias o limitación alguna en la responsabilidad del asegurador frente al asegurado.

En el caso de que en el contrato de seguro a que se refieren los apartados 1 b) y 1 c) de este artículo se establezca una franquicia, ésta no podrá exceder del 1 por 100 del capital asegurado de cada unidad registral.

9. Salvo pacto en contrario, las garantías a que se refiere esta Ley no cubrirán:

a) Los daños corporales u otros perjuicios económicos distintos de los daños materiales que garantiza la Ley.

b) Los daños ocasionados a inmuebles contiguos o adyacentes al edificio.

c) Los daños causados a bienes muebles situados en el edificio.

d) Los daños ocasionados por modificaciones u obras realizadas en el edificio después de la recepción, salvo las de subsanación de los defectos observados en la misma.

e) Los daños ocasionados por mal uso o falta de mantenimiento adecuado del edificio.

f) Los gastos necesarios para el mantenimiento del edificio del que ya se ha hecho la recepción.

g) Los daños que tengan su origen en un incendio o explosión, salvo por vicios o defectos de las instalaciones propias del edificio.

h) Los daños que fueran ocasionados por caso fortuito, fuerza mayor, acto de tercero o por el propio perjudicado por el daño.

i) Los siniestros que tengan su origen en partes de la obra sobre las que haya reservas recogidas en el acta de recepción, mientras que tales reservas no hayan sido subsanadas y las subsanaciones queden reflejadas en una nueva acta suscrita por los firmantes del acta de recepción.

⇒ V. Instr. 11 septiembre 2000, de la DGRN, según la cual «La acreditación ante Notarios y Registradores de la Propiedad al autorizar e inscribir, respectivamente, las escrituras de declaración de obras nuevas terminadas y actas de finalización de obras, de la constitución y la vigencia de las garantías a que se refieren los arts. 19 y 20.1 de la Ley 38/1999, de 5 noviembre, de Ordenación de la Edificación, se realizará mediante la presentación de la propia póliza del contrato, completada con el documento que acredite su entrada en vigor; mediante un certificado expedido por la entidad aseguradora acreditativo de la constitución y vigencia del contrato, o mediante el suplemento de entrada en vigor del seguro, en el que se particularicen las condiciones del contrato. En todo caso deberán expresarse al menos las siguientes circunstancias:

a) Relativas a la identificación y descripción suficiente de la edificación:

1. Su localización o emplazamiento, de forma expresa o por remisión al acta de recepción o al acta de finalización de obras.

2. Referencia catastral del solar o edificio en su conjunto, o manifestación expresa de que carece de ella.

3. Datos registrales si la finca estuviera inscrita.

4. Plano de situación del solar o edificio en su conjunto.

b) Relativas al seguro:

1. Calificación y modalidad de seguro, esto es, si se trata de un seguro de daños o de caución, con expresa mención de su carácter de seguro obligatorio de la Ley 38/1999, de 5 de noviembre, de Ordenación de la Edificación, y que se rige por lo dispuesto en la citada Ley y en lo no previsto en ella, en la Ley 50/1980, de 8 de octubre, de Contrato de Seguro.

2. Garantías cubiertas, que deben ser al menos las señaladas en el artículo 19 de la Ley 38/1999, sin exclusión, con expresión de la fecha en que han entrado en vigor.

3. Capital asegurado, como mínimo igual al coste final de ejecución.

4. Plazo de vigencia, que será al menos el de diez años a contar desde la fecha de recepción de la obra, con expresión de esta fecha.

5. El importe y forma de pago de la prima, expresando en su caso, el fraccionamiento estipulado y que se ha pagado la primera prima, o al menos, una fracción de la misma.

6. La franquicia convenida, con un máximo del 1 por 100 del capital asegurado por unidad registral.

7. Identificación del tomador del seguro, que será el promotor o el constructor de la edificación.

8. Expresión de que el asegurado es el promotor o constructor y los sucesivos adquirentes, con identificación de los primeros.

c) Relativas a la entidad aseguradora:

1. Identificación de la compañía o entidad aseguradora.

2. Autorización para operar en España.

3. Nombre y apellidos de quien firma la póliza, certificado o suplemento y concepto en el que interviene. La firma estará legitimada, pudiendo hacerse la legitimación en la escritura de obra nueva o acta de finalización de obras, incorporándose el documento a la matriz.

V. Res. de 20 marzo 2000, según la cual las obras nuevas realizadas a partir de la entrada en vigor de la Ley 38/1999, de 8 noviembre, se ajustan a los siguientes criterios:

1º Los Notarios y Registradores de la propiedad tan sólo exigirán la acreditación de la constitución de las garantías a que se refiere el art. 19 de la Ley 38/1999, de 5 de noviembre, de Ordenación de la Edificación, al autorizar o inscribir, respectivamente, las escrituras de declaración de obra nueva terminada y las actas de finalización de obras.

2º En la autorización en inscripción de escrituras de obra nueva «en construcción» no se exigirá la prestación de las citadas garantías.

Se hará constar al pie del título el carácter obligatorio de la constatación registral de la finalización de la obra, momento en el cual procederá la exigencia de estas garantías.

3º En la autorización o inscripción de compraventas, hipotecas y demás negocios jurídicos sobre inmuebles en construcción, los Notarios y los Registradores de la propiedad advertirán expresamente y harán constar al pie del título, respectivamente, la circunstancia de no constar registralmente la finalización de la obra ni la prestación de las garantías legalmente exigidas a los efectos de los arts. 19 y 20.1 y disposición adicional segunda de la Ley 38/1999, de 3 de noviembre».

V. arts. 6.2 b), 19, 20.1 y disps. adics. 1ª y 2ª de la presente ley.

V. arts. 22 y 23 de la Ley 6/1998, de 13 abril (§1).

Artículo 20. Requisitos para la escrituración e inscripción.

1. No se autorizarán ni se inscribirán en el Registro de la Propiedad escrituras públicas de declaración de obra nueva de edificaciones a las que sea de aplicación esta Ley, sin que se acredite y testimonie la constitución de las garantías a que se refiere el artículo 19.

2. Cuando no hayan transcurrido los plazos de prescripción de las acciones a que se refiere el artículo 18, no se cerrará en el Registro Mercantil la hoja abierta al promotor individual ni se inscribirá la liquidación de las sociedades promotoras sin que se acredite previamente al Registrador la constitución de las garantías establecidas por esta Ley, en relación con todas y cada una de las edificaciones que hubieran promovido.

⇒ V. arts. 45 y ss. del RD 1093/1997, de 4 julio (§2.1).

V. art. 22 de la Ley 6/1998, de 13 abril (§1).

V. arts. 6.2 b), 19 y disps. adics. 1ª y 2ª de la presente ley.

V. arts. 22 y 23 de la Ley 6/1998, de 13 de abril (§1).

V. Instr. 11 septiembre 2000, de la DGRN transcrita en el artículo anterior.

DISPOSICIONES ADICIONALES

Primera. Percepción de cantidades a cuenta del precio durante la construcción.

La percepción de cantidades anticipadas en la edificación por los promotores o gestores se cubrirá mediante un seguro que indemnice el incumplimiento del contrato en forma análoga a lo dispuesto en la Ley 57/1968, de 27 de julio, sobre Percepción de Cantidades Anticipadas en la Construcción y Venta de Viviendas. Dicha Ley, y sus disposiciones complementarias, se aplicarán en el caso de viviendas con las siguientes modificaciones:

a) La expresada normativa será de aplicación a la promoción de toda clase de viviendas, incluso a las que se realicen en régimen de comunidad de propietarios o sociedad cooperativa.

b) La garantía que se establece en la citada Ley 57/1968 se extenderá a las cantidades entregadas en efectivo o mediante cualquier efecto cambiario, cuyo pago se domiciliará en la cuenta especial prevista en la referida Ley.

c) La devolución garantizada comprenderá las cantidades entregadas más los intereses legales del dinero, vigentes hasta el momento en que se haga efectiva la devolución.

d) Las multas por incumplimiento a que se refiere el párrafo primero del artículo 6 de la citada Ley, se impondrán por las Comunidades Autónomas, en cuantía, por cada infracción, de hasta el 25 por 100 de las cantidades cuya devolución deba ser asegurada o por lo dispuesto en la normativa propia de las Comunidades Autónomas.

Segunda. Obligatoriedad de las garantías por daños materiales ocasionados por vicios y defectos en la construcción.

Uno. La garantía contra los daños materiales a que se refiere el apartado 1 c) del artículo 19 de esta Ley será exigible, a partir de su entrada en vigor, para edificios cuyo destino principal sea el de vivienda.

Dos. Mediante Real Decreto podrá establecerse la obligatoriedad de suscribir las garantías previstas en los apartados 1 a) y 1 b) del citado artículo 19, para edificios cuyo destino principal sea el de vivienda. Asimismo, mediante Real Decreto podrá establecerse la obligatoriedad de suscribir cualquiera de las garantías previstas en el artículo 19, para edificios destinados a cualquier uso distinto del de vivienda.

Tercera. Intervenciones en el proceso de la edificación de los Cuerpos de Ingenieros de los Ejércitos en el ámbito de la Defensa.

Los miembros de los Cuerpos de Ingenieros de los Ejércitos, cuando intervengan en la realización de edificaciones o instalaciones afectas a la Defensa, se regirán en lo que se refiere a su capacidad profesional por la Ley 17/1999, de 18 de mayo, de Régimen del Personal de las Fuerzas Armadas, y disposiciones reglamentarias de desarrollo.

Cuarta. Coordinador de seguridad y salud.

Las titulaciones académicas y profesionales habilitantes para desempeñar la función de coordinador de seguridad y salud en obras de edificación, durante la elaboración del proyecto y la ejecución de la obra, serán las de arquitecto, arquitecto técnico, ingeniero o ingeniero técnico, de acuerdo con sus competencias y especialidades.

Quinta. Regulación del derecho de reversión.

Los artículos 54 y 55 de la Ley de Expropiación Forzosa, de 16 de diciembre de 1954, quedan redactados de la manera siguiente:

«Artículo 54.

1. En el caso de no ejecutarse la obra o no establecerse el servicio que motivó la expropiación, así como si hubiera alguna parte sobrante de los bienes expropiados, o desapareciese la afectación, el primitivo dueño o sus causahabientes podrán recobrar la totalidad o la parte sobrante de lo expropiado, mediante el abono a quien fuera su titular de la indemnización que se determina en el artículo siguiente.

2. No habrá derecho de reversión, sin embargo, en los casos siguientes:

a) Cuando simultáneamente a la desafectación del fin que justificó la expropiación se acuerde justificadamente una nueva afectación a otro fin que haya sido declarado de utilidad pública o interés social. En este supuesto la Administración dará publicidad a la sustitución, pudiendo el primitivo dueño o sus causahabientes alegar cuanto estimen oportuno en defensa de su derecho a la reversión, si consideran que no concurren los requisitos exigidos por la ley, así como solicitar la actualización del justiprecio si no se hubiera ejecutado la obra o establecido el servicio inicialmente previsto.

b) Cuando la afectación al fin que justificó la expropiación o a otro declarado de utilidad pública o interés social se prolongue durante diez años desde la terminación de la obra o el establecimiento del servicio.

3. Cuando de acuerdo con lo establecido en los apartados anteriores de este artículo proceda la reversión, el plazo para que el dueño primitivo o sus causahabientes puedan solicitarla será el de tres meses, a contar desde la fecha en que la Administración hubiera notificado el exceso de expropiación, la desafectación del bien o derecho expropiado o su propósito de no ejecutar la obra o de no implantar el servicio.

En defecto de esta notificación, el derecho de reversión podrá ejercitarse por el expropiado y sus causahabientes en los casos y con las condiciones siguientes:

a) Cuando se hubiera producido un exceso de expropiación o la desafectación del bien o derecho expropiado y no hubieran transcurrido veinte años desde la toma de posesión de aquéllos.

b) Cuando hubieran transcurrido cinco años desde la toma de posesión del bien o derecho expropiado sin iniciarse la ejecución de la obra o la implantación del servicio.

c) Cuando la ejecución de la obra o las actuaciones para el establecimiento del servicio estuvieran suspendidas más de dos años por causas imputables a la Administración o al beneficiario de la expropiación sin que se produjera por parte de éstos ningún acto expreso para su reanudación.

4. La competencia para resolver sobre la reversión corresponderá a la Administración en cuya titularidad se halle el bien o derecho en el momento en que se solicite aquélla o a la que se encuentre vinculado el beneficiario de la expropiación, en su caso, titular de los mismos.

5. En las inscripciones en el Registro de la Propiedad del dominio y demás derechos reales sobre bienes inmuebles adquiridos por expropiación forzosa se hará constar el derecho preferente de los reversionistas frente a terceros posibles adquirentes para recuperar el bien o derecho expropiados de acuerdo con lo dispuesto en este artículo y en el siguiente, sin cuya constancia registral el derecho de reversión no será oponible a los terceros adquirentes que hayan inscrito los títulos de sus respectivos derechos conforme a lo previsto en la Ley Hipotecaria.

Artículo 55.

1. Es presupuesto del ejercicio del derecho de reversión la restitución de la indemnización expropiatoria percibida por el expropiado, actualizada conforme a la evolución del índice de precios al consumo en el período comprendido entre la fecha de iniciación del expediente de justiprecio y la de ejercicio del derecho de reversión. La determinación de este importe se efectuará por la Administración en el mismo acuerdo que reconozca el derecho de reversión.

2. Por excepción, si el bien o derecho expropiado hubiera experimentado cambios en su calificación jurídica que condicionaran su valor o hubieran incorporado mejoras aprovechables por el titular de aquel derecho o sufrido menoscabo de valor, se procederá a una nueva valoración del mismo, referida a la fecha de ejercicio del derecho, fijada con arreglo a las normas contenidas en el Capítulo III del Título II de esta Ley.

3. La toma de posesión del bien o derecho revertido no podrá tener lugar sin el previo pago o consignación del importe resultante conforme a los apartados anteriores. Dicho pago o consignación deberá tener lugar en el plazo máximo de tres meses desde su determinación en vía administrativa, bajo pena de caducidad del derecho de reversión y sin perjuicio de la interposición de recurso contencioso-administrativo. En este último caso, las diferencias que pudieran resultar de la sentencia que se dicte deberán, asimismo, satisfacerse o reembolsarse, según proceda, incrementadas con los intereses devengados al tipo de interés legal desde la fecha del primer pago en el plazo de tres meses desde la notificación de la sentencia bajo pena de caducidad del derecho de reversión en el primer supuesto».

⇒ V. arts. 6.2 b), 19, disp. adic. 1ª y disp. derog. 2ª de la presente ley.

V. arts. 22, 23 y 40 de la Ley 6/1998, de 13 abril (§1).

Sexta. Infraestructuras comunes en los edificios para el acceso a los servicios de telecomunicación.

El artículo 2, apartado a), del Real Decreto-ley 1/1998, de 27 de febrero, sobre infraestructuras comunes en los edificios para el acceso a los servicios de telecomunicación, quedará redactado de la siguiente manera:

«a) A todos los edificios y conjuntos inmobiliarios en los que exista continuidad en la edificación, de uso residencial o no y sean o no de nueva construcción, que estén acogidos, o deban acogerse, al régimen de propiedad horizontal regulado por la Ley 49/1960, de 21 de julio, de Propiedad Horizontal, modificada por la Ley 8/1999, de 6 de abril».

Séptima. Solicitud de la demanda de notificación a otros agentes.

Quien resulte demandado por ejercitarse contra él acciones de responsabilidad basadas en las obligaciones resultantes de su intervención en el proceso de la edificación previstas en la presente Ley, podrá solicitar, dentro del plazo que la Ley de Enjuiciamiento Civil concede para contestar a la demanda, que ésta se notifique a otro u otros agentes que también hayan tenido intervención en el referido proceso.

La notificación se hará conforme a lo establecido para el emplazamiento de los demandados e incluirá la advertencia expresa a aquellos otros agentes llamados al proceso de que, en el supuesto de que no comparecieren, la sentencia que se dicte será oponible y ejecutable frente a ellos.

DISPOSICIONES TRANSITORIAS

Primera.

Lo dispuesto en esta Ley, salvo en materia de expropiación forzosa en que se estará a lo establecido en la disposición transitoria segunda, será de aplicación a las obras de nueva construcción y a obras en los edificios existentes, para cuyos proyectos se solicite la correspondiente licencia de edificación, a partir de su entrada en vigor.

Segunda.

Lo establecido en la disposición adicional quinta no será de aplicación a aquellos bienes y derechos sobre los que, a la entrada en vigor de la ley, se hubiera presentado la solicitud de reversión.

DISPOSICIONES DEROGATORIAS

Primera.

Quedan derogadas todas las disposiciones de igual o inferior rango que se opongan a lo dispuesto en esta Ley.

Segunda.

Los artículos 64 a 70 del Reglamento de la Ley de Expropiación Forzosa, aprobado por Decreto de 26 de abril de 1957, seguirán vigentes en cuanto no se opongan o resulten compatibles con lo establecido en la disposición adicional quinta.

DISPOSICIONES FINALES

Primera. Fundamento constitucional.

Esta Ley se dicta al amparo de la competencia que corresponde al Estado de conformidad con los artículos de la Constitución siguientes:

a) El artículo 149.1.6ª, 8ª y 30ª en relación con las materias civiles y mercantiles de los Capítulos I y II y con las obligaciones de los agentes de la edificación y atribuciones derivadas del ejercicio de las profesiones establecidas en el Capítulo III, sin perjuicio de los derechos civiles, forales o especiales existentes en determinadas Comunidades Autónomas.

b) El artículo 149.1.16ª, 21ª, 23ª y 25ª para el artículo 3.

c) El artículo 149.1.6ª, 8ª y 11ª para el Capítulo IV.

d) El artículo 149.1.18ª para la disposición adicional quinta.

Lo dispuesto en esta Ley será de aplicación sin perjuicio de las competencias legislativas y de ejecución que tengan asumidas las Comunidades Autónomas en este ámbito.

Segunda. Autorización al Gobierno para la aprobación de un Código Técnico de la Edificación.

Se autoriza al Gobierno para que, mediante Real Decreto y en el plazo de dos años a contar desde la entrada en vigor de esta Ley, apruebe un Código Técnico de la Edificación que establezca las exigencias que deben cumplir los edificios en relación con los requisitos básicos establecidos en el artículo 3, apartados 1 b) y 1 c).

Hasta su aprobación, para satisfacer estos requisitos básicos se aplicarán las normas básicas de la edificación-NBE que regulan las exigencias técnicas de los edificios y que se enumeran a continuación:

NBE CT-79 Condiciones térmicas en los edificios.

NBE CA-88 Condiciones acústicas en los edificios.

NBE AE-88 Acciones en la edificación.

NBE FL-90 Muros resistentes de fábrica de ladrillo.

NBE QB-90 Cubiertas con materiales bituminosos.

NBE EA-95 Estructuras de acero en edificación.

NBE CPI-96 Condiciones de protección contra incendios en los edificios.

Asimismo, se aplicará el resto de la reglamentación técnica de obligado cumplimiento que regule alguno de los requisitos básicos establecidos en el artículo 3.

Tercera. Adaptación del Reglamento de la Ley de Expropiación Forzosa.

El Gobierno, en un plazo de seis meses, adaptará la Sección 4ª del Capítulo IV del Título II del Reglamento de la Ley de Expropiación Forzosa a lo dispuesto en esta Ley.

Cuarta. Entrada en vigor.

Esta Ley entrará en vigor a los seis meses de su publicación en el «Boletín Oficial del Estado», salvo sus disposiciones adicional quinta, transitoria segunda, derogatoria primera por lo que se refiere a la legislación en materia de expropiación forzosa, derogatoria segunda, y final tercera que entrarán en vigor el día siguiente al de dicha publicación.

§ 2 REAL DECRETO LEGISLATIVO 1/1992, DE 26 JUNIO. APRUEBA EL TEXTO REFUNDIDO DE LA LEY SOBRE RÉGIMEN DEL SUELO Y ORDENACIÓN URBANA

(BOE núm. 156, de 30 junio; rect. BOE núm. 177, de 24 julio y BOE núm. 38, de 13 febrero 1993 [RCL 1992, 1468 y RCL 1993, 485])

La disposición final segunda de la Ley 8/1990, de 25 de julio, sobre Reforma del Régimen Urbanístico y Valoraciones del Suelo, autorizó al Gobierno para que en el plazo de un año desde su publicación aprobara un Texto Refundido de las disposiciones estatales vigentes sobre suelo y ordenación urbana, comprendiendo también la regularización, aclaración y armonización de dichas disposiciones.

Las dificultades objetivas que la tarea refundidora ha presentado se derivan de las profundas diferencias existentes entre la vigente Ley sobre Régimen del Suelo y Ordenación Urbana, de 9 de abril de 1976, y la citada Ley 8/1990, además de la amplitud de la delegación legislativa encomendada, así como de los diversos Reales Decretos-leyes que sobre la materia se han dictado entre las fechas de referencia.

Estas dificultades se acrecientan por las innovaciones que en materia urbanística ha introducido la Constitución, al atribuir a las Comunidades Autónomas competencias sobre ordenación del territorio, urbanismo y vivienda (art. 148.1.3), e imponer una regulación del suelo acorde con el interés general que impida su especulación (art. 47), a cuyo efecto se prevé que la Comunidad participará en las plusvalías que genere la acción urbanística de los poderes públicos.

Estas dificultades justifican que el plazo de un año concedido para hacer la refundición se haya mostrado insuficiente.

Por tal motivo, la disposición final quinta de la Ley 31/1991, de 30 de diciembre, por la que se aprueban los Presupuestos Generales del Estado para 1992, rehabilitó aquella autorización para aprobar el Texto Refundido, con el mismo contenido, durante los primeros seis meses de 1992.

De acuerdo con las disposiciones anteriormente indicadas se produce este Texto Refundido de la Ley sobre el Régimen del Suelo y Ordenación Urbana.

En su virtud, a propuesta del Ministro de Obras Públicas y Transportes, de acuerdo con el Consejo de Estado y previa deliberación del Consejo de Ministros en su reunión del día 26 de junio de 1992,

Dispongo:

Artículo único.

Se aprueba el Texto Refundido de la Ley sobre el Régimen del Suelo y Ordenación Urbana, que se inserta a continuación.

DISPOSICIÓN FINAL

Única.

Este Real Decreto Legislativo entrará en vigor el día siguiente al de su publicación en el «Boletín Oficial del Estado».

ANEXO

ÍNDICE SISTEMÁTICO

		Página
TÍTULO Preliminar. Objeto y finalidades de la Ley		110
Artículo	1. Objeto de la Ley	110
Artículo	2. Aspectos de la actividad urbanística	111
Artículo	3. Finalidades y atribuciones de la acción urbanística	111
Artículo	4. Dirección de la actividad urbanística e iniciativa privada	113
TÍTULO I. Régimen urbanístico de la propiedad del suelo		114
CAPÍTULO I.	Disposiciones generales	114
Artículo	5. Función social de la propiedad	114
Artículo	6. No indemnizabilidad por la ordenación	114
Artículo	7. Participación en las plusvalías y reparto equitativo	114
Artículo	8. Utilización del suelo conforme a la ordenación territorial y urbanística	114
Artículo	9. Clasificación del suelo	115
Artículo	10. Suelo urbano en municipios con planeamientos	115
Artículo	11. Suelo urbanizable	116
Artículo	12. Suelo no urbanizable	117
Artículo	13. Clasificación del suelo en municipios sin planeamiento	117
Artículo	14. Solar	118
CAPÍTULO II.	Régimen del suelo no urbanizable y urbanizable no programado	118
Sección 1ª	Régimen del suelo no urbanizable	118
Artículo	15. Destino	118
Artículo	16. Prohibiciones y autorizaciones	118
Artículo	17. Áreas de especial protección	120
Sección 2ª	Régimen del suelo urbanizable no programado	120
Artículo	18. Suelo urbanizable no programado	120

Página

CAPÍTULO III. Régimen del suelo urbano y urbanizable ... 120
Sección 1ª Derechos y deberes básicos de los propietarios ... 120
Artículo 19. Incorporación al proceso urbanizador y edificatorio ... 120
Artículo 20. Deberes legales para la adquisición gradual de facultades ... 121
Artículo 21. Deberes legales de uso, conservación y rehabilitación .. 121
Artículo 22. Enajenación de fincas y deberes urbanísticos ... 122
Sección 2ª Facultades urbanísticas ... 122
Artículo 23. Facultades urbanísticas de la propiedad ... 122
Sección 3ª Derecho a urbanizar ... 123
Artículo 24. Adquisición del derecho a urbanizar ... 123
Artículo 25. Extinción del derecho a urbanizar ... 123
Sección 4ª Derecho al aprovechamiento urbanístico ... 124
Artículo 26. Adquisición del derecho al aprovechamiento urbanístico ... 124
Artículo 27. Aprovechamiento urbanístico susceptible de apropiación ... 124
Artículo 28. Derecho al aprovechamiento en actuaciones sistemáticas ... 126
Artículo 29. Concreción del aprovechamiento urbanístico ... 127
Artículo 30. Reducción del derecho al aprovechamiento urbanístico en actuaciones sistemáticas ... 128
Artículo 31. Reducción del aprovechamiento urbanístico en actuaciones asistemáticas ... 128
Artículo 32. Aprovechamiento atribuible en expropiaciones no motivadas por incumplimiento de deberes urbanísticos ... 129
Sección 5ª Derecho a edificar ... 130
Artículo 33. Adquisición del derecho a edificar ... 130
Artículo 34. No adquisición del derecho a edificar ... 130
Artículo 35. Plazos para la edificación ... 130
Artículo 36. Efectos de la extinción del derecho a edificar ... 131
Sección 6ª Derecho a la edificación ... 132
Artículo 37. Adquisición del derecho a la edificación ... 132
Artículo 38. Edificación sin licencia e incompatible con el planeamiento ... 132
Artículo 39. Edificación sin licencia compatible con el planeamiento ... 133
Artículo 40. Licencia ilegal y expropiación o venta forzosa ... 133
Artículo 41. Edificación con exceso de aprovechamiento ... 134
Sección 7ª Inactividad de la Administración ... 134
Artículo 42. Consecuencias de la inactividad de la Administración ante el incumplimiento ... 134
Sección 8ª Publicidad ... 135
Artículo 43. Consulta urbanística ... 135
Artículo 44. Cédula urbanística ... 136
Artículo 45. Información urbanística y enajenación de terrenos ... 136
TÍTULO II. Valoraciones ... 137
CAPÍTULO I. Disposiciones generales ... 137
Artículo 46. Aplicación general de las reglas de valoración ... 137

Página

Artículo 47. Momento al que han de referirse las valoraciones 137
CAPÍTULO II. Valoración de terrenos 138
Artículo 48. Criterios de valoración de los terrenos según la clase de suelo 138
Artículo 49. Valor inicial 138
Artículo 50. Valor urbanístico 138
Artículo 51. Derecho a urbanizar 139
Artículo 52. Derecho a urbanizar extinguido 139
Artículo 53. Derecho al aprovechamiento urbanístico 139
Artículo 54. Deducción de gastos de urbanización pendiente 140
Artículo 55. Derecho a edificar 140
Artículo 56. Derecho a la edificación 140
Artículo 57. Reglas específicas de valoración 141
CAPÍTULO III. Valoración de terrenos a obtener por expropiación 141
Artículo 58. Regla general 141
Artículo 59. Suelo urbano 141
Artículo 60. Suelo urbanizable programado 142
Artículo 61. Terrenos destinados al Patrimonio municipal del suelo y otros fines de interés social 142
CAPÍTULO IV. Valoración del suelo urbano sin aprovechamiento tipo 143
Artículo 62. Suelo urbano sin aprovechamiento tipo 143
CAPÍTULO V. Valoración de obras y otros bienes y derechos 143
Artículo 63. Valoración de obras, edificaciones, instalaciones, plantaciones y arrendamientos 143
Artículo 64. Valoración de los derechos reales sobre inmuebles 144

TÍTULO III. Planeamiento urbanístico del territorio 144
CAPÍTULO I. Clases de planes de ordenación 144
Sección 1ª Disposiciones generales 144
Artículo 65. Instrumentos de ordenación 144
Sección 2ª Plan Nacional de Ordenación 145
Artículo 66. Objeto del Plan Nacional 145
Artículo 67. Vinculación 145
Sección 3ª Planes directores territoriales de coordinación 146
Artículo 68. Objeto y contenido 146
Artículo 69. Vinculación 146
Sección 4ª Planeamiento general 147
Artículo 70. Plan General de Ordenación Urbana 147
Artículo 71. Objeto del Plan General 147
Artículo 72. Determinaciones del Plan General 148
Artículo 73. Normas complementarias y subsidiarias 151
Artículo 74. Determinaciones de las normas complementarias 151
Artículo 75. Clases de normas subsidiarias 152
Artículo 76. Normas subsidiarias con ámbito provincial 152
Artículo 77. Normas subsidiarias de ámbito municipal 153
Artículo 78. Normas subsidiarias municipales. Determinaciones 153
Artículo 79. Documentos de las normas complementarias 154
Artículo 80. Documentos de las normas subsidiarias 155

Página

Sección 5ª Delimitación de suelo urbano 155
Artículo 81. Proyecto de delimitación de suelo urbano 155
156 Sección 6ª Planeamiento de desarrollo ....
Artículo 82. Programas de actuación urbanística 156
Artículo 83. Planes parciales: Objeto y determinaciones 157
Artículo 84. Planes especiales. Clases 159
Artículo 85. Planes especiales de reforma interior 160
Artículo 86. Planes especiales de protección del paisaje 161
Artículo 87. Protección de vías de comunicación 162
Artículo 88. Protección de otros espacios 162
Artículo 89. Mejora del medio urbano o rural 163
Artículo 90. Planes de saneamiento 163
Sección 7ª Otros instrumentos 164
Artículo 91. Estudios de detalle 164
Artículo 92. Proyectos de urbanización 164
Artículo 93. Catálogos 165
CAPÍTULO II. Áreas de reparto y aprovechamiento tipo 165
Artículo 94. Delimitación de áreas de reparto 165
Artículo 95. Aprovechamiento tipo 168
Artículo 96. Cálculo del aprovechamiento tipo en suelo urbano 168
Artículo 97. Cálculo del aprovechamiento tipo en suelo urbanizable 169
Artículo 98. Otras determinaciones 169
Artículo 99. Aplicación del aprovechamiento tipo y de las transferencias de aprovechamiento 170
Artículo 100. Inaplicación del aprovechamiento tipo 171
CAPÍTULO III. Elaboración y aprobación de los Planes 171
Sección 1ª Actos preparatorios 171
Artículo 101. Apoyo a la redacción de Planes 171
Artículo 102. Suspensión del otorgamiento de licencias 172
Artículo 103. Avances de planeamiento 173
Sección 2ª Iniciativa y colaboración en el planeamiento 173
Artículo 104. Planes de iniciativa particular 173
Artículo 105. Documentos 174
Artículo 106. Tramitación 174
Sección 3ª Competencia y procedimiento 175
Artículo 107. Formulación del Plan Nacional 175
Artículo 108. Formulación de los Planes Directores Territoriales de Coordinación 175
Artículo 109. Formulación del planeamiento general 176
Artículo 110. Plan de conjunto 176
Artículo 111. Formulación de Planes Parciales, Especiales y Programas de Actuación Urbanística 177
Artículo 112. Tramitación del Plan Nacional 177
Artículo 113. Tramitación de los Planes Directores Territoriales de Coordinación 178
Artículo 114. Tramitación de los instrumentos de planeamiento general y de la Delimitación de Suelo Urbano 178
Artículo 115. Tramitación de Planes Especiales y Programas de Actuación Urbanística 179

Página

Artículo 116. Tramitación de Planes Parciales y Especiales que desarrollen planeamiento general 180
Artículo 117. Tramitación de Estudios de Detalle y Proyectos de Urbanización 181
Artículo 118. Competencia para la aprobación definitiva 182
Artículo 119. Plazos para aprobación definitiva de instrumentos del planeamiento de desarrollo 182
Artículo 120. Inaplicación del silencio positivo 183
Artículo 121. Subrogación de la Comunidad Autónoma 183
Artículo 122. Regla especial de tramitación 184
Artículo 123. Tramitación de Catálogos 185
Artículo 124. Publicación 186
Sección 4ª Vigencia y revisión de los Planes 186
Artículo 125. Vigencia de los Planes 186
Artículo 126. Revisión del planeamiento 186
Artículo 127. Revisión del programa de actuación 187
Artículo 128. Modificación de Planes 188
Artículo 129. Modificación cualificada 188
Artículo 130. Suspensión de planeamiento 189
CAPÍTULO IV. Efectos de la aprobación de los Planes 189
Artículo 131. Ejecutividad del planeamiento 189
Artículo 132. Declaración de utilidad pública 190
Artículo 133. Publicidad de los Planes 190
Artículo 134. Obligatoriedad de los Planes 190
Artículo 135. Deber de información 191
Artículo 136. Usos y obras provisionales 191
Artículo 137. Edificios fuera de ordenación 192
CAPÍTULO V. De las normas de aplicación directa 193
Artículo 138. Adaptación al ambiente 193
Artículo 139. Alturas 193
TÍTULO IV. Ejecución del planeamiento 194
CAPÍTULO I. Disposiciones generales 194
Artículo 140. Ejecución del planeamiento: Equidistribución y deberes legales 194
Artículo 141. Competencias 194
Artículo 142. Presupuestos de la ejecución 194
Artículo 143. Excepciones a la actuación mediante unidades de ejecución 195
Artículo 144. Unidades de ejecución 195
Artículo 145. Requisitos para la delimitación de unidades de ejecución 196
Artículo 146. Procedimiento para la delimitación de unidades de ejecución 196
Artículo 147. Sociedades mercantiles para la ejecución 197
CAPÍTULO II. Actuación mediante unidades de ejecución 198
Sección 1ª Disposiciones generales 198
Artículo 148. Sistemas de actuación 198
Artículo 149. Elección del sistema de actuación 198
Artículo 150. Falta de ejecución imputable a la Administración 199

Página

Artículo 151. Unidades de ejecución con exceso de aprovechamiento real ... 199
Artículo 152. Unidades de ejecución con aprovechamiento real inferior al susceptible de apropiación ... 200
Artículo 153. Compensación de determinadas actuaciones ... 201
Artículo 154. Distribución justa de beneficios y cargas ... 201
Artículo 155. Gastos de urbanización ... 202
Artículo 156. Cargas adicionales en el Programa de Actuación Urbanística ... 203
Sección 2ª Sistema de compensación ... 203
Artículo 157. El sistema de compensación ... 203
Artículo 158. Junta de Compensación ... 204
Artículo 159. Junta de Compensación y transmisión de terrenos ... 205
Artículo 160. Responsabilidad de la Junta y obligaciones de sus miembros ... 207
Artículo 161. Procedimiento abreviado ... 207
Sección 3ª Sistema de cooperación ... 208
Artículo 162. El sistema de cooperación y reparcelación ... 208
Artículo 163. Gastos de urbanización ... 208
Artículo 164. Reparcelación ... 209
Artículo 165. Procedimiento para la reparcelación ... 210
Artículo 166. Reglas para la reparcelación ... 211
Artículo 167. Efectos del acuerdo aprobatorio de la reparcelación ... 212
Artículo 168. Extinción o transformación de derechos y cargas ... 213
Artículo 169. Inscripción del acuerdo y cargas incompatibles ... 214
Artículo 170. Adjudicaciones de terrenos y supletoriedad de las normas de expropiación forzosa ... 214
Sección 4ª Sistema de expropiación ... 215
Artículo 171. La expropiación como sistema de actuación ... 215
Artículo 172. Formas de gestión ... 215
Artículo 173. Justiprecio ... 216
Artículo 174. Liberación de expropiaciones ... 216
Artículo 175. Requisitos de la liberación ... 216
Artículo 176. Incumplimiento del propietario de bienes liberados ... 217
Sección 5ª Ejecución de los programas de actuación urbanística ... 217
Artículo 177. Concursos para la formulación y la ejecución de Programas de Actuación Urbanística ... 217
Artículo 178. Adjudicación ... 218
Artículo 179. Redacción del Programa de Actuación Urbanística ... 219
Artículo 180. Formulación y ejecución directa de los Programas de Actuación Urbanística ... 219
Artículo 181. Formulación directa y concurso para la ejecución ... 220
Artículo 182. Ejecución de los Programas de Actuaciones Urbanísticas ... 220
Artículo 183. Utilidad pública y necesidad de ocupación ... 221
Artículo 184. Incumplimiento de las obligaciones por el adjudicatario ... 221
CAPÍTULO III. Actuaciones asistemáticas en suelo urbano ... 222
Sección 1ª Transferencias de aprovechamientos ... 222
Artículo 185. Ajuste de aprovechamientos ... 222

Página

Artículo 186. Plazo para la solicitud de licencia 222
Artículo 187. Modalidades 223
Artículo 188. Parcela con aprovechamiento lucrativo nulo o inferior al patrimonializable 223
Artículo 189. Proyecto con aprovechamiento superior al patrimonializable 224
Artículo 190. Proyecto que no agota el aprovechamiento real 224
Artículo 191. Ajuste en caso de condiciones mínimas de altura o volumen 225
Artículo 192. Imposición coactiva de la transferencia 226
Artículo 193. Transferencias y localización de las parcelas 226
Sección 2ª Intervención mediadora de la Administración en las transferencias de aprovechamiento 227
Artículo 194. Adquisición de aprovechamientos por la Administración 227
Artículo 195. Transmisión de aprovechamientos 227
Artículo 196. Ofrecimientos de adquisición o transmisión 227
Sección 3ª Registro de transferencias de aprovechamientos 228
Artículo 197. Registro de Transferencias y Actos Inscribibles 228
Artículo 198. Registro de Transferencias y Registro de la Propiedad . 228
CAPÍTULO IV. Obtención de terrenos dotacionales 229
Artículo 199. Suelo urbano con aprovechamiento tipo 229
Artículo 200. Suelo urbano sin aprovechamiento tipo 230
Artículo 201. Suelo urbanizable programado 230
Artículo 202. Expropiación 230
Artículo 203. Ocupación directa 231
Artículo 204. Indemnización por ocupación temporal 233
Artículo 205. Cesión obligatoria y gratuita de dotaciones en unidad de ejecución 233

TÍTULO V. Expropiaciones y régimen de venta forzosa 234
CAPÍTULO I. Disposiciones generales 234
Artículo 206. Supuestos expropiatorios 234
Artículo 207. Expropiaciones por incumplimiento de la función social de la propiedad 235
Artículo 208. Ejecución de la edificación en los casos de expropiación por incumplimiento del deber de edificar 235
Artículo 209. Superficies expropiables 236
Artículo 210. Bienes de dominio público y expropiación 236
Artículo 211. Constitución de servidumbres 236
Artículo 212. Prohibición de construcciones en terrenos a expropiar . 237
Artículo 213. Modalidades de gestión de la expropiación 238
Artículo 214. Beneficiarios de la expropiación 238
Artículo 215. Aplicación supletoria de la legislación general de expropiación forzosa 238
CAPÍTULO II. Justiprecio 239
Artículo 216. Determinación 239
Artículo 217. Pago del justiprecio por adjudicación de terrenos 239
CAPÍTULO III. Procedimiento 239
Artículo 218. Aplicabilidad del procedimiento de tasación conjunta .. 239

Página

Artículo 219. Tramitación del procedimiento de tasación conjunta .. 239
Artículo 220. Aprobación y efectos del procedimiento de tasación conjunta 240
Artículo 221. Procedimiento de expropiación individual 241
Artículo 222. Pago del justiprecio 241
Artículo 223. Ocupación e inscripción en el Registro 242
Artículo 224. Adquisición libre de cargas 243
CAPÍTULO IV. Reversión de los terrenos expropiados 244
Artículo 225. Supuestos de reversión 244
Artículo 226. Reversión en la expropiación por incumplimiento 244
CAPÍTULO V. Régimen de la venta forzosa 245
Sección 1ª Disposiciones generales 245
Artículo 227. Venta forzosa por incumplimiento de deberes urbanísticos 245
Artículo 228. Edificaciones ruinosas e inadecuadas 246
Artículo 229. Inscripción registral de edificaciones ruinosas e inadecuadas 246
Artículo 230. Municipios a los que se aplica el Registro 247
Artículo 231. Carácter público del Registro de Solares y Terrenos sin Urbanizar 247
Sección 2ª Del procedimiento de venta forzosa 248
Artículo 232. Inscripción registral de la resolución de incumplimiento 248
Artículo 233. Adjudicación por concurso 248
Artículo 234. Concurso desierto 249
Artículo 235. Inscripción registral 249
Artículo 236. Incumplimiento de los plazos por el adjudicatario 249
TÍTULO VI. Supuestos indemnizatorios 250
Artículo 237. Indemnización por alteración de planeamiento 250
Artículo 238. Indemnización por alteración del planeamiento, con derecho a edificar 251
Artículo 239. Indemnización por vinculaciones singulares 251
Artículo 240. Licencias e indemnización 251
Artículo 241. Cláusula residual de indemnización 252
TÍTULO VII. Intervención administrativa en la edificación y uso del suelo y disciplina urbanística 252
CAPÍTULO I. Intervención en la edificación y uso del suelo 252
Sección 1ª Licencias 252
Artículo 242. Actos sujetos a licencia 252
Artículo 243. Competencia 254
Artículo 244. Actos promovidos por Administraciones Públicas 254
Sección 2ª Deber de conservación, órdenes de ejecución de obras y ruina 255
Artículo 245. Deber de conservación 255
Artículo 246. Órdenes de ejecución por motivos turísticos o culturales 256
Artículo 247. Declaración de ruina 257
Sección 3ª Protección de la legalidad urbanística 257
Artículo 248. Obras de edificación sin licencia o sin ajuste a sus determinaciones en curso de ejecución 257

Página

Artículo 249. Obras terminadas sin licencia o sin ajustarse a sus determinaciones 258
Artículo 250. Otros actos sin licencia o sin ajustarse a sus determinaciones 259
Artículo 251. Sujeción a otros regímenes 260
Artículo 252. Subrogación de las Comunidades Autónomas 260
Artículo 253. Suspensión de licencias y paralización de obras 260
Artículo 254. Revisión de licencias u órdenes de ejecución 261
Artículo 255. Medios de restauración del orden urbanístico en zonas verdes, suelo no urbanizable protegido o espacios libres 261
Artículo 256. Obras de edificación en suelo no urbanizable o urbanizable no programado sin Programa de Actuación Urbanística 262
Sección 4ª Parcelaciones 262
Artículo 257. Parcelaciones 262
Artículo 258. Indivisibilidad de parcelas 263
Artículo 259. Régimen de las parcelaciones 264
Sección 5ª Inspección urbanística 264
Artículo 260. Competencia sobre inspección urbanística 264
CAPÍTULO II. Infracciones urbanísticas 265
Sección 1ª Definición, tipificación de infracciones y prescripciones 265
Artículo 261. Definición de infracciones urbanísticas 265
Artículo 262. Tipificación de las infracciones urbanísticas 265
Artículo 263. Prescripción 266
Sección 2ª Personas responsables 266
Artículo 264. Personas responsables 266
Artículo 265. Responsabilidad de personas jurídicas 267
Artículo 266. Resarcimiento de daños y perjuicios 267
Artículo 267. Carácter independiente de las multas 268
Artículo 268. Infracciones conexas 268
Sección 3ª Reglas para determinar la cuantía de las sanciones 268
Artículo 269. Obras legalizables y no legalizables 268
Artículo 270. Criterios agravantes y atenuantes 269
Artículo 271. Graduación de las sanciones 269
Artículo 272. Prohibición de beneficio económico 269
Sección 4ª Competencia y procedimiento 270
Artículo 273. Procedimiento sancionador 270
Artículo 274. Infracciones constitutivas de delito o falta 270
Artículo 275. Órganos competentes 271

TÍTULO VIII. Instrumentos de intervención en el mercado del suelo 271
CAPÍTULO I. Patrimonio Municipal del Suelo 271
Sección 1ª Constitución, bienes integrantes y destino 271
Artículo 276. Constitución. Patrimonio separado 271
Artículo 277. Bienes integrantes 272
Artículo 278. Reservas de terrenos. Expropiación 273
Artículo 279. Regla especial de incorporación al proceso urbanizador de terrenos reservados 273
Artículo 280. Destino 274

Página

Artículo 281. Consignación de cantidades en los presupuestos para urbanismo ... 274
Sección 2ª Cesiones ... 275
Artículo 282. Gestión directa o cesión ... 275
Artículo 283. Información y tutela autonómica ... 275
Artículo 284. Cesiones onerosas. Concurso ... 276
Artículo 285. Cesiones entre Administraciones ... 276
Artículo 286. Cesiones a título gratuito ... 276
CAPÍTULO II. Derecho de superficie ... 277
Artículo 287. Derecho de superficie ... 277
Artículo 288. Procedimiento ... 277
Artículo 289. Extinción ... 278
Artículo 290. Beneficios ... 279
CAPÍTULO III. Derechos de tanteo y retracto ... 279
Sección 1ª Delimitación de áreas ... 279
Artículo 291. Delimitación de áreas ... 279
Artículo 292. Procedimiento de delimitación ... 280
Sección 2ª Procedimiento y efectos ... 281
Artículo 293. Notificación de transmisión ... 281
Artículo 294. Ejercicio del retracto ... 281
Artículo 295. Caducidad de notificación ... 281
Artículo 296. No inscripción registral ... 282
Sección 3ª Transmisiones de viviendas sujetas a protección pública ... 282
Artículo 297. Delimitación de áreas ... 282
Artículo 298. Adjudicación de viviendas ... 283
TÍTULO IX. Régimen jurídico ... 283
CAPÍTULO I. Peticiones, actos y acuerdos ... 283
Artículo 299. Peticiones ... 283
Artículo 300. Administra ción demandada en subrogación ... 283
Artículo 301. Ejecución forzosa y vía de apremio ... 284
Artículo 302. Revisión de oficio ... 284
CAPÍTULO II. Acciones y recursos ... 284
Artículo 303. Competencias de la jurisdicción contenciosa ... 284
Artículo 304. Acción pública ... 285
Artículo 305. Acción ante Tribunales ordinarios ... 285
Artículo 306. Recurso contencioso-administrativo ... 285
CAPÍTULO III. Registro de la propiedad ... 286
Artículo 307. Actos inscribibles ... 286
Artículo 308. Certificación administrativa ... 287
Artículo 309. Clases de asientos ... 287
Artículo 310. Reparcelación y compensación ... 287
DISPOSICIONES ADICIONALES ... 289
Primera. Especialidades de aplicación de la Ley ... 289
Segunda. Cálculo del aprovechamiento medio ... 289
Tercera. Reglas especiales para Entidades y Sociedades Públicas ... 290
Cuarta. Realojamiento y retorno ... 290
Quinta. Financiación de actuaciones ... 291

Página

Sexta. Financiación del Patrimonio Municipal del Suelo 291
Séptima. Comisión Central del Territorio y Urbanismo 292
Octava. Regímenes Forales 293
DISPOSICIONES TRANSITORIAS 294
Primera. Régimen urbanístico y valoraciones 294
Segunda. Plazos de equivalencia para el cumplimiento de deberes 295
Tercera. Plazos supletorios para el cumplimiento de deberes 295
Cuarta. Aprovechamiento tipo y licencias 296
Quinta. Edificaciones existentes 296
Sexta. Adaptación del planeamiento general 297
Séptima. Obligatoriedad del Plan General 298
Octava. Suelo Urbano en Planes sin adaptar 298
DISPOSICIÓN DEROGATORIA 299
Única. 299
DISPOSICIÓN FINAL 299
Única. 299

TÍTULO PRELIMINAR
OBJETO Y FINALIDADES DE LA LEY

Artículo 1. Objeto de la Ley.

La presente Ley tiene por objeto establecer el régimen urbanístico de la propiedad del suelo y regular la actividad administrativa en materia de urbanismo con el carácter pleno, básico o supletorio que, para cada artículo, se determina expresamente.

✐ Artículo derogado por la Ley 6/1998, de 13 abril (§1).

⇒ Según resulta de la STC 61/1997, de 20 marzo y la disp. final única de esta Ley, en relación con lo establecido en la disp. derog. única de la Ley del Suelo 6/1998, de 13 abril, (§1) tienen el carácter de legislación básica en virtud de lo previsto en el art. 149.1.1ª, 8ª, 13ª, 18ª y 23ª de la Constitución, los siguientes preceptos:...104.3; 113.2; 124.1 y 124.3; 133; 134.1; 138 b); 183; 210; 213; 242.1 y 242.6; 243.1 y 243.2; 245.1; 246.2; 274; 276; 277; 280.1; disp. adic. 4ª.1 y 4ª.3; y la disp. transit. 5ª. Y son de aplicación plena en virtud del art. 149.1.8ª y 18ª de la Constitución los preceptos: 136.2; 159.4; 168; 169; 170.1; 204.1 y 204.2; 211.3; 214; 222; 224.1 a 5; 244.2; 244.3 y 244.4; 255.2; 258.2 y 258.3; 259.3; 287.2 y 287.3; 288.2 y 288.3; 289.1 a 5; 299; 300; 301.1 y 301.3; 302; 303; 304; 305; 306; 307; 308; 309; 310, y la disp. adic. 6ª.

Téngase en cuenta el D. 132/1994, de 15 marzo, sobre aplicación en la Comunidad Autónoma del País Vasco del RDLeg 1/1992, de 26 junio, por el que se aprueba el Texto Refundido de la Ley sobre Régimen del Suelo y Ordenación Urbana (§48.1).

Artículo 2. Aspectos de la actividad urbanística.

La actividad urbanística se referirá a los siguientes aspectos:

a) Planeamiento urbanístico.

b) Ejecución del planeamiento.

c) Intervención del ejercicio de las facultades dominicales relativas al uso del suelo y edificación.

d) Intervención en la regulación del mercado del suelo.

✐ Artículo derogado por la Ley 6/1998, de 13 abril (§1).

⇒ Téngase en cuenta el art. único de la Ley 1/1997, de 18 junio, de Andalucía, que aprueba con carácter urgente y transitorio disposiciones en materia de régimen de suelo y ordenación urbana (§5).

Téngase en cuenta el art. único de la Ley 13/1997, de 23 diciembre, de Extremadura, que aprueba las normas reguladoras de la actividad urbanística (§32).

Téngase en cuenta el D. 132/1994, de 15 marzo, sobre aplicación en la Comunidad Autónoma del País Vasco del RDLeg 1/1992, de 26 junio, por el que se aprueba el Texto Refundido de la Ley sobre Régimen del Suelo y Ordenación Urbana (§48.1).

Téngase en cuenta lo establecido en la disp. final 1ª de la Ley 6/1994, de 15 noviembre, Reguladora de la Actividad Urbanística en la Comunidad Autónoma de Valencia (§53).

Artículo 3. Finalidades y atribuciones de la acción urbanística.

1. La acción urbanística sobre el régimen del suelo atenderá, entre otras, a las siguientes finalidades:

a) Procurar que el suelo se utilice en congruencia con la utilidad pública y la función social de la propiedad, garantizando el cumplimiento de las obligaciones y cargas derivadas de la misma.

b) Impedir la desigual atribución de los beneficios y cargas del planeamiento entre los propietarios afectados e imponer la justa distribución de los mismos.

c) Asegurar la participación de la comunidad en las plusvalías que genere la acción urbanística de los entes públicos.

⇒ STS 25 junio 1997 (RJ 1997, 5382).

2. La competencia urbanística concerniente al planeamiento comprenderá las siguientes facultades:

a) Formular los Planes e instrumentos de ordenación territorial y urbanística previstos en la legislación.

b) Emplazar los centros de producción y residencia del modo conveniente para la mejor distribución de la población.

c) Dividir el territorio municipal en áreas de suelo urbano, urbanizable, o en su caso apto para urbanizar, y no urbanizable, o clases equivalentes establecidas por la legislación autonómica.

d) Establecer zonas distintas de utilización según la densidad de la población que haya de habitarlas, porcentaje de terreno que pueda ser ocupado por construcciones, volumen, forma, número de plantas, clase y destino de los edificios, con sujeción a ordenaciones generales uniformes para cada especie de los mismos en toda la zona.

e) Formular el trazado de las vías públicas y medios de comunicación.

f) Establecer espacios libres para parques y jardines públicos en proporción adecuada a las necesidades colectivas.

g) Señalar el emplazamiento y características de los centros y servicios de interés público y social, centros docentes, aeropuertos y lugares análogos.

h) Calificar terrenos para construcción de viviendas sujetas a algún régimen de protección pública.

i) Determinar la configuración y dimensiones de las parcelas edificables.

j) Limitar el uso del suelo y subsuelo y de las edificaciones.

k) Orientar la composición arquitectónica de las edificaciones y regular, en los casos que fuera necesario, sus características estéticas.

3. La competencia urbanística en lo que atañe a la ejecución del planeamiento confiere las siguientes facultades:

a) Encauzar, dirigir, realizar, conceder y fiscalizar la ejecución de las obras de urbanización.

b) Expropiar los terrenos y construcciones necesarios para efectuar las obras y cuantos convengan a la economía de la urbanización proyectada.

4. La competencia urbanística en orden a la intervención en el ejercicio de las facultades dominicales, relativas al uso del suelo y edificación, comprenderá las siguientes facultades:

a) Intervenir la parcelación.

b) Intervenir la construcción y uso de las fincas.

c) Prohibir los usos que no se ajusten a la ordenación urbanística.

d) Facilitar a los propietarios el cumplimiento de las obligaciones impuestas por esta Ley.

5. La competencia urbanística en lo que se refiere a la intervención en la regulación del mercado del suelo confiere las siguientes facultades:

a) Regular el mercado de terrenos como garantía de la subordinación de los mismos a los fines previstos en el planeamiento.

b) Ceder terrenos edificables y derechos de superficie sobre los mismos.

c) Constituir y gestionar patrimonios públicos de suelo.

d) Ejercitar los derechos de tanteo y retracto en los términos establecidos en la legislación aplicable.

6. Las mencionadas facultades tendrán carácter enunciativo y no limitativo, y la competencia urbanística comprenderá cuantas otras fueren con-

gruentes con la misma, para ser ejercidas con arreglo a la presente Ley y las demás que resulten aplicables.

✐ Artículo derogado por la Ley 6/1998, de 13 abril (§1).

⇒ Téngase en cuenta el artículo único de la Ley 1/1997, de 18 junio, de Andalucía, que aprueba con carácter urgente y transitorio disposiciones en materia de régimen de suelo y ordenación urbana (§5).

Téngase en cuenta el art. único de la Ley 13/1997, de 23 diciembre, de Extremadura, que aprueba las normas reguladoras de la actividad urbanística (§32).

Téngase en cuenta el D. 132/1994, de 15 marzo, sobre aplicación en la Comunidad Autónoma del País Vasco del RDLeg 1/1992, de 26 junio, por el que se aprueba el Texto Refundido de la Ley sobre Régimen del Suelo y Ordenación Urbana (§48.1).

V. Jurisprudencia en arts. 3 y concordantes del TRLS/1976 (§3).

Artículo 4. Dirección de la actividad urbanística e iniciativa privada.

1. La dirección y control de la gestión urbanística corresponde, en todo caso, a la Administración urbanística competente.

2. Dicha gestión podrá ser asumida directamente por ésta, o encomendarse a la iniciativa privada o a entidades mixtas.

3. Cuando el mejor cumplimiento de los fines y objetivos del planeamiento urbanístico así lo aconseje, se suscitará la iniciativa privada en la medida más amplia posible, a través de los sistemas de actuación, o, en su caso, mediante concesión.

4. En la formulación, tramitación y gestión del planeamiento urbanístico, las Administraciones urbanísticas competentes deberán asegurar la participación de los interesados y, en particular, los derechos de iniciativa e información por parte de las entidades representativas de los intereses que resulten afectados y de los particulares.

✐ Artículo derogado por la Ley 6/1998, de 13 abril (§1).

⇒ Téngase en cuenta el art. único de la Ley 1/1997, de 18 junio, de Andalucía, que aprueba con carácter urgente y transitorio disposiciones en materia de régimen de suelo y ordenación urbana (§5).

Téngase en cuenta el artículo único de la Ley 13/1997, de 23 diciembre, de Extremadura, que aprueba las normas reguladoras de la actividad urbanística (§32).

Téngase en cuenta el D. 132/1994, de 15 marzo, sobre aplicación en la Comunidad Autónoma del País Vasco del RDLeg 1/1992, de 26 junio, por el que se aprueba el Texto Refundido de la Ley sobre Régimen del Suelo y Ordenación Urbana (§48.1).

Téngase en cuenta lo establecido en la disp. final 1ª de la Ley 6/1994, de 15 noviembre, Reguladora de la Actividad Urbanística en la Comunidad Autónoma de Valencia (§53).

V. STS 25 junio 1997 (RJ 1997, 5382).

V. Jurisprudencia en arts. 4 y concordantes del TRLS/1976 (§3).

TÍTULO I
RÉGIMEN URBANÍSTICO DE LA PROPIEDAD DEL SUELO

CAPÍTULO I
Disposiciones generales

Artículo 5. Función social de la propiedad.

La función social de la propiedad delimita el contenido de las facultades urbanísticas susceptibles de adquisición y condiciona su ejercicio.

✐ Artículo derogado por la Ley 6/1998, de 13 abril (§1).

⇒ Téngase en cuenta el D. 132/1994, de 15 marzo, sobre aplicación en la Comunidad Autónoma del País Vasco del RDLeg 1/1992, de 26 junio, por el que se aprueba el Texto Refundido de la Ley sobre Régimen del Suelo y Ordenación Urbana (§48.1).

Artículo 6. No indemnizabilidad por la ordenación.

La ordenación del uso de los terrenos y construcciones no confiere derechos indemnizatorios, salvo en los supuestos que la Ley define.

✐ Artículo derogado por la Ley 6/1998, de 13 abril (§1).

⇒ Téngase en cuenta el D. 132/1994, de 15 marzo, sobre aplicación en la Comunidad Autónoma del País Vasco del RDLeg 1/1992, de 26 junio, por el que se aprueba el Texto Refundido de la Ley sobre Régimen del Suelo y Ordenación Urbana (§48.1).

Artículo 7. Participación en las plusvalías y reparto equitativo.

La participación de la comunidad en las plusvalías generadas por la acción urbanística de los entes públicos y el reparto entre los afectados por la misma de los beneficios y cargas derivadas del planeamiento urbanístico, se producirán en los términos fijados por las Leyes.

✐ Artículo derogado por la Ley 6/1998, de 13 abril (§1).

⇒ Téngase en cuenta el D. 132/1994, de 15 marzo, sobre aplicación en la Comunidad Autónoma del País Vasco del RDLeg 1/1992, de 26 junio, por el que se aprueba el Texto Refundido de la Ley sobre Régimen del Suelo y Ordenación Urbana (§48.1).

Artículo 8. Utilización del suelo conforme a la ordenación territorial y urbanística.

La utilización del suelo y, en especial, su urbanización y edificación, deberá producirse en la forma y con las limitaciones que establezcan la legislación de ordenación territorial y urbanística y, por remisión de ella, el planeamiento, de conformidad con la clasificación y calificación urbanística de los predios.

✐ Artículo derogado por la Ley 6/1998, de 13 abril (§1).

⇒ Téngase en cuenta el D. 132/1994, de 15 marzo, sobre aplicación en la Comunidad Autónoma del País Vasco del RDLeg 1/1992, de 26 junio, por el que se aprueba el Texto Refundido de la Ley sobre Régimen del Suelo y Ordenación Urbana (§48.1).

Artículo 9. Clasificación del suelo.

1. El planeamiento clasificará el territorio en todas o algunas de las siguientes clases: Suelo urbano, urbanizable, o en su caso apto para urbanizar y no urbanizable, o clases equivalentes a los efectos de la Ley, reguladas por la legislación autonómica.

2. Los terrenos destinados a sistemas generales podrán no ser objeto de clasificación específica de suelo, sin perjuicio de que los de nueva creación previstos en el planeamiento se adscriban a las diferentes clases de suelo a los efectos de su valoración y obtención.

Artículo derogado por la Ley 6/1998, de 13 abril (§1).

⇒ Téngase en cuenta el art. único de la Ley 1/1997, de 18 junio, de Andalucía, que aprueba con carácter urgente y transitorio disposiciones en materia de régimen de suelo y ordenación urbana (§5).

Téngase en cuenta el art. único de la Ley 13/1997, de 23 diciembre, de Extremadura, que aprueba las normas reguladoras de la actividad urbanística (§32).

Téngase en cuenta el D. 132/1994, de 15 marzo, sobre aplicación en la Comunidad Autónoma del País Vasco del RDLeg 1/1992, de 26 junio, por el que se aprueba el Texto Refundido de la Ley sobre Régimen del Suelo y Ordenación Urbana (§48.1).

Téngase en cuenta lo establecido en la disp. final 1ª de la Ley 6/1994, de 15 noviembre, Reguladora de la Actividad Urbanística en la Comunidad Autónoma de Valencia (§53).

V. art. 7 de la Ley 6/1998, de 13 abril (§1)

V. Jurisprudencia en arts. 77 a 86 y concordantes del TRLS/1976 (§3).

Jurisprudencia

«El nuevo Texto Refundido de la Ley sobre Régimen del Suelo y Ordenación Urbana, aprobado por Real Decreto Legislativo 1/1992, de 26 junio, permite, en su artículo 9 número 2, que los terrenos destinados a sistemas generales no sean objeto de clasificación específica de suelo, es decir que no se adscriban a ninguna de las clases legalmente establecidas: urbano, urbanizable, apto para urbanizar y no urbanizable, sin perjuicio de que los de nueva creación previstos en el planeamiento, se adscriban a las diferentes clases de suelo a los efectos de su valoración y obtención.

En el caso que nos ocupa, aun cuando la legislación vigente al tiempo de iniciarse el expediente de justiprecio no contuviese un precepto tan claro y terminante como el transcrito del nuevo Texto Refundido acerca de la clasificación del suelo destinado a sistemas generales, sin embargo no imponía tampoco la necesidad de incluir el suelo reservado para tales sistemas en alguna de las clases que se establecían en el artículo 77 del anterior Texto Refundido de 1976 ni obligaba a adscribirlo a alguna de las clases previstas a los efectos de su valoración y obtención, por lo que hemos de estimar que, al ser los sistemas generales de comunicación y sus zonas de protección una de las determinaciones de cualquier Plan General Municipal de Ordenación [artículo 12.1 b) del citado Texto Refundido de 1976] y concretamente deben de incluirse entre las previsiones para el suelo urbano y el urbanizable al que sirven el trazado y características de la red viaria y el desarrollo de los sistemas de la estructura general de ordenación urbanística del territorio [artículo 12.2.1 e) y 2.2 a)], debe llegarse a la conclusión de que, los terrenos expropiados cuyo justiprecio se dirime en este juicio, no pueden considerarse como suelo no urbanizable». **(STS 10 diciembre 1996 [RJ 1996, 8850]).**

Artículo 10. Suelo urbano en municipios con planeamientos.

Constituirán el suelo urbano:

a) Los terrenos a los que el planeamiento general incluya en esa clase por contar con acceso rodado, abastecimiento de agua, evacuación de aguas y suministro de energía eléctrica, debiendo tener estos servicios características adecuadas para servir a la edificación que sobre ellos exista o se haya de construir. También se considerarán urbanos los terrenos que tengan su ordenación consolidada por ocupar la edificación al menos dos terceras partes de los espacios aptos para la misma según la ordenación que el planeamiento general establezca.

b) Los que en ejecución del planeamiento lleguen a disponer efectivamente de los mismos elementos de urbanización a que se refiere el párrafo anterior.

✐ Artículo derogado por la Ley 6/1998, de 13 abril (§1).

⇒ Téngase en cuenta el art. único de la Ley 1/1997, de 18 junio, de Andalucía, que aprueba con carácter urgente y transitorio disposiciones en materia de régimen de suelo y ordenación urbana (§5).

Téngase en cuenta el artículo único de la Ley 13/1997, de 23 de diciembre, de Extremadura, que aprueba las normas reguladoras de la actividad urbanística (§32).

Téngase en cuenta el D. 132/1994, de 15 marzo, sobre aplicación en la Comunidad Autónoma del País Vasco del RDLeg 1/1992, de 26 junio, por el que se aprueba el Texto Refundido de la Ley sobre Régimen del Suelo y Ordenación Urbana (§48.1).

Téngase en cuenta lo establecido en la disp. final 1ª de la Ley 6/1994, de 15 noviembre, Reguladora de la Actividad Urbanística en la Comunidad Autónoma de Valencia (§53).

V. Jurisprudencia en arts. 78, 82, 83 y concordantes del TRLS/1976 (§3).

Artículo 11. Suelo urbanizable.

1. Constituirán el suelo urbanizable los terrenos a los que el Plan General Municipal declare adecuados, en principio, para ser urbanizados.

2. Dentro del suelo urbanizable el Plan establecerá todas o alguna de las siguientes categorías:

a) Suelo programado, constituido por aquel cuyo planeamiento parcial deba ser aprobado en el plazo previsto en el programa del propio plan.

b) Suelo no programado, integrado por el que sólo pueda ser objeto de urbanización mediante la aprobación de programas de actuación urbanística.

3. El suelo clasificado como apto para urbanizar por normas subsidiarias de planeamiento se equipara al suelo urbanizable programado excepto a los efectos de la necesidad de programación y del régimen de utilización del suelo.

4. En todo caso, a efectos de la valoración del suelo, supuestos expropiatorios y obtención de terrenos dotacionales, el suelo apto para urbanizar se equipara al suelo urbanizable programado.

✐ Artículo derogado por la Ley 6/1998, de 13 abril (§1).

Téngase en cuenta el artículo único de la Ley 1/1997 de 18 junio, de Andalucía, que aprueba con carácter urgente y transitorio disposiciones en materia de régimen de suelo y ordenación urbana (§5).

Téngase en cuenta el art. único de la Ley 13/1997, de 23 diciembre, de Extremadura, que aprueba las normas reguladoras de la actividad urbanística (§32).

Téngase en cuenta el D. 132/1994, de 15 marzo, sobre aplicación en la Comunidad

Autónoma del País Vasco del RDLeg 1/1992, de 26 junio, por el que se aprueba el Texto Refundido de la Ley sobre Régimen del Suelo y Ordenación Urbana (§48.1).

Téngase en cuenta lo establecido en la disp. final 1ª de la Ley 6/1994, de 15 noviembre, Reguladora de la Actividad Urbanística en la Comunidad Autónoma de Valencia (§53).

V. Jurisprudencia en arts. 79, 84 y 85 y concordantes del TRLS/1976 (§3).

Artículo 12. Suelo no urbanizable.

Constituirán el suelo no urbanizable los terrenos que el planeamiento general no incluya en ninguna de las clases de suelo anteriores y, en particular, los espacios que dicho planeamiento determine para otorgarles una especial protección, en razón de su excepcional valor agrícola, forestal o ganadero, de las posibilidades de explotación de sus recursos naturales, de sus valores paisajísticos, históricos o culturales, o para la defensa de la fauna, la flora o el equilibrio ecológico.

✐ Artículo derogado por la Ley 6/1998, de 13 abril (§1).

⇒ Téngase en cuenta el art. único de la Ley 1/1997, de 18 junio, de Andalucía, que aprueba con carácter urgente y transitorio disposiciones en materia de régimen de suelo y ordenación urbana (§5).

Téngase en cuenta el artículo único de la Ley 13/1997, de 23 diciembre, de Extremadura, que aprueba las normas reguladoras de la actividad urbanística (§32).

Téngase en cuenta el D. 132/1994, de 15 marzo, sobre aplicación en la Comunidad Autónoma del País Vasco del RDLeg 1/1992, de 26 junio, por el que se aprueba el Texto Refundido de la Ley sobre Régimen del Suelo y Ordenación Urbana (§48.1).

Téngase en cuenta lo establecido en la disp. final 1ª de la Ley 6/1994, de 15 noviembre, Reguladora de la Actividad Urbanística en la Comunidad Autónoma de Valencia (§53).

V. Jurisprudencia en arts. 80, 86 y concordantes del TRLS/1976 (§3).

Artículo 13. Clasificación del suelo en municipios sin planeamiento.

1. En los municipios que carecieren de planeamiento general el territorio se clasificará en suelo urbano y suelo no urbanizable.

2. Constituirán el suelo urbano los terrenos que por contar con acceso rodado, abastecimiento de agua, evacuación de aguas y suministro de energía eléctrica o por estar comprendidos en áreas consolidadas por la edificación al menos en la mitad de la superficie no ocupada por los viales o espacios libres existentes, se incluyan en el Proyecto de Delimitación del Suelo Urbano.

3. Constituirán el suelo no urbanizable los restantes espacios del término municipal.

✐ Artículo derogado por la Ley 6/1998, de 13 abril (§1).

⇒ Téngase en cuenta el art. único de la Ley 1/1997, de 18 junio, de Andalucía, que aprueba con carácter urgente y transitorio disposiciones en materia de régimen de suelo y ordenación urbana (§5).

Téngase en cuenta el artículo único de la Ley 13/1997, de 23 diciembre, de Extremadura, que aprueba las normas reguladoras de la actividad urbanística (§32).

Téngase en cuenta el D. 132/1994, de 15 marzo, sobre aplicación en la Comunidad

Autónoma del País Vasco del RDLeg 1/1992, de 26 junio, por el que se aprueba el Texto Refundido de la Ley sobre Régimen del Suelo y Ordenación Urbana (§48.1).

Téngase en cuenta lo establecido en la disp. final 1ª de la Ley 6/1994, de 15 noviembre, Reguladora de la Actividad Urbanística en la Comunidad Autónoma de Valencia (§53).

V. Jurisprudencia en arts. 81 y concordantes del TRLS/1976 (§3).

Artículo 14. Solar.

A los efectos de esta Ley tendrán la consideración de solares las superficies de suelo urbano aptas para la edificación que reúnan los siguientes requisitos:

1. Que estén urbanizadas con arreglo a las normas mínimas establecidas en cada caso por el planeamiento, y si éste no existiere o no las concretare, se precisará que además de contar con los servicios señalados en los arts. 10 y 13.2 la vía a que la parcela dé frente tenga pavimentada la calzada y encintado de aceras.

2. Que tengan señaladas alineaciones y rasantes si existiera dicho planeamiento.

✐ Artículo derogado por la Ley 6/1998, de 13 abril (§1).

⇒ Téngase en cuenta el artículo único de la Ley 1/1997, de 18 junio, de Andalucía, que aprueba con carácter urgente y transitorio disposiciones en materia de régimen de suelo y ordenación urbana (§5).

Téngase en cuenta el artículo único de la Ley 13/1997, de 23 diciembre, de Extremadura, que aprueba las normas reguladoras de la actividad urbanística (§32).

Téngase en cuenta el D. 132/1994, de 15 marzo, sobre aplicación en la Comunidad Autónoma del País Vasco del RDLeg 1/1992, de 26 junio, por el que se aprueba el Texto Refundido de la Ley sobre Régimen del Suelo y Ordenación Urbana (§48.1).

Téngase en cuenta lo establecido en la disp. final 1ª de la Ley 6/1994, de 15 noviembre, Reguladora de la Actividad Urbanística en la Comunidad Autónoma de Valencia (§53).

V. Jurisprudencia en arts. 82 y concordantes del TRLS/1976 (§3).

CAPÍTULO II

Régimen del suelo no urbanizable y urbanizable no programado

Sección 1ª Régimen del suelo no urbanizable

Artículo 15. Destino.

Los terrenos clasificados como suelo no urbanizable, o denominación equivalente atribuida por la legislación autonómica, no podrán ser destinados a fines distintos del agrícola, forestal, ganadero, cinegético y, en general, de los vinculados a la utilización racional de los recursos naturales, conforme a lo establecido en la legislación urbanística y sectorial que los regule, sin perjuicio de lo dispuesto en el artículo siguiente.

✐ Artículo derogado por la Ley 6/1998, de 13 abril (§1).

⇒ Téngase en cuenta el D. 132/1994, de 15 marzo, sobre aplicación en la Comunidad Autónoma del País Vasco del RDLeg 1/1992, de 26 junio, por el que se aprueba el Texto Refundido de la Ley sobre Régimen del Suelo y Ordenación Urbana (§48.1).

Artículo 16. Prohibiciones y autorizaciones.

1. En las transferencias de propiedad, divisiones y segregaciones de terrenos en esta clase de suelo no podrán efectuarse fraccionamientos en contra de lo dispuesto en la legislación agraria, o en otra aplicable, para la consecución de sus correspondientes fines.

2. En el suelo no urbanizable quedarán prohibidas las parcelaciones urbanísticas y habrá de garantizarse su preservación del proceso de desarrollo urbano, sin perjuicio de lo que la legislación aplicable establezca sobre régimen de los asentamientos o núcleos rurales en esta clase de suelo.

3. Además de las limitaciones que resulten aplicables en virtud de otras normas se observarán las siguientes reglas:

1ª No se podrán realizar otras construcciones que las destinadas a explotaciones agrícolas que guarden relación con la naturaleza, extensión y utilización de la finca y se ajusten en su caso a los planes o normas de los órganos competentes en materia de agricultura, así como las construcciones e instalaciones vinculadas a la ejecución, entretenimiento y servicio de las obras públicas. Las citadas construcciones e instalaciones podrán ser autorizadas por los Ayuntamientos.

2ª Podrán autorizarse por el órgano autonómico competente edificaciones e instalaciones de utilidad pública o interés social que hayan de emplazarse en el medio rural, así como edificios aislados destinados a vivienda familiar, en lugares en los que no exista posibilidad de formación de un núcleo de población, de acuerdo con el siguiente procedimiento:

a) Petición ante el Ayuntamiento, con justificación en su caso de la utilidad pública o interés social.

b) Informe del Ayuntamiento que, junto con la documentación presentada, se elevará por éste al órgano autonómico competente.

c) Información pública durante quince días, al menos.

d) Resolución definitiva del órgano autonómico.

La autorización señalada se entiende sin perjuicio de la necesidad de obtener licencia municipal.

4. Para autorizar e inscribir en el Registro de la Propiedad escrituras de declaración de obra nueva se estará a lo dispuesto en el artículo 37.2.

✐ Artículo derogado por la Ley 6/1998, de 13 de abril (§1).

⇒ Téngase en cuenta el art. único de la Ley 1/1997, de 18 junio, de Andalucía, que aprueba con carácter urgente y transitorio disposiciones en materia de régimen de suelo y ordenación urbana (§5).

Téngase en cuenta el art. único de la Ley 13/1997, de 23 diciembre, de Extremadura, que aprueba las normas reguladoras de la actividad urbanística (§32).

Téngase en cuenta el D. 132/1994, de 15 marzo, sobre aplicación en la Comunidad Autónoma del País Vasco del RDLeg 1/1992, de 26 junio, por el que se aprueba el Texto Refundido de la Ley sobre Régimen del Suelo y Ordenación Urbana (§48.1).

Téngase en cuenta lo establecido en la disp. final 1ª de la Ley 6/1994, de 15 noviembre, Reguladora de la Actividad Urbanística en la Comunidad Autónoma de Valencia (§53).

V. arts. 45 y concordantes del RD 1093/1997, de 4 julio (§2.1).

V. Jurisprudencia en arts. 85 y 86 y concordantes del TRLS/1976 (§3).

Artículo 17. Áreas de especial protección.

El planeamiento territorial y urbanístico podrá delimitar áreas de especial protección en las que estará prohibida cualquier utilización que implique transformación de su destino o naturaleza, lesione el valor específico que se quiera proteger o infrinja el concreto régimen limitativo establecido por aquél.

✐ Artículo derogado por la Ley 6/1998, de 13 abril (§1).

⇒ Téngase en cuenta el D. 132/1994, de 15 marzo, sobre aplicación en la Comunidad Autónoma del País Vasco del RDLeg 1/1992, de 26 junio, por el que se aprueba el Texto Refundido de la Ley sobre Régimen del Suelo y Ordenación Urbana (§48.1).
V. Jurisprudencia en arts. 18, 19, 20, 21, 25 y 86.2 y concordantes del TRLS/1976 (§3).

Sección 2ª Régimen del suelo urbanizable no programado

Artículo 18. Suelo urbanizable no programado.

1. *En tanto no se aprueben programas de actuación urbanística, o el instrumento equivalente determinado por la legislación aplicable, los terrenos clasificados como suelo urbanizable no programado estarán sujetos a las limitaciones establecidas para el suelo no urbanizable. Además, deberán respetarse las incompatibilidades de usos señaladas en el planeamiento, no dificultando las actuaciones que se permitan sobre el mismo la consecución de los objetivos de dicho planeamiento.*

2. *Aprobado un programa de actuación urbanística se estará a las limitaciones, obligaciones y cargas establecidas en él, en su acuerdo aprobatorio, y en las bases del correspondiente concurso para su ejecución, que no podrán ser inferiores a las fijadas para el suelo urbanizable programado.*

✐ Artículo derogado por la Ley 6/1998, de 13 abril (§1).

⇒ Téngase en cuenta el art. único de la Ley 1/1997, de 18 junio, de Andalucía, que aprueba con carácter urgente y transitorio disposiciones en materia de régimen de suelo y ordenación urbana (§5).
Téngase en cuenta el art. único de la Ley 13/1997, de 23 diciembre, de Extremadura, que aprueba las normas reguladoras de la actividad urbanística (§32).
Téngase en cuenta el D. 132/1994, de 15 marzo, sobre aplicación en la Comunidad Autónoma del País Vasco del RDLeg 1/1992, de 26 junio, por el que se aprueba el Texto Refundido de la Ley sobre Régimen del Suelo y Ordenación Urbana (§48.1).
Téngase en cuenta lo establecido en la disp. final 1ª de la Ley 6/1994, de 15 noviembre, Reguladora de la Actividad Urbanística en la Comunidad Autónoma de Valencia (§53).
V. Jurisprudencia en arts. 85 y concordantes del TRLS/1976 (§3).

CAPÍTULO III

Régimen del suelo urbano y urbanizable

Sección 1ª Derechos y deberes básicos de los propietarios

Artículo 19. Incorporación al proceso urbanizador y edificatorio.

La aprobación del planeamiento preciso según la clase de suelo de que se trate, determina el deber de los propietarios afectados de incorporarse al proceso urbanizador y al edificatorio, en las condiciones y plazos previstos en el planeamiento o legislación urbanística aplicables, conforme a lo establecido en esta Ley.

✐ Artículo derogado por la Ley 6/1998, de 13 abril (§1).

⇒ Téngase en cuenta el D. 132/1994, de 15 marzo, sobre aplicación en la Comunidad Autónoma del País Vasco del RDLeg 1/1992, de 26 junio, por el que se aprueba el Texto Refundido de la Ley sobre Régimen del Suelo y Ordenación Urbana (§48.1).

Artículo 20. Deberes legales para la adquisición gradual de facultades.

1. La ejecución del planeamiento garantizará la distribución equitativa de los beneficios y cargas entre los afectados e implicará el cumplimiento de los siguientes deberes legales:

a) Ceder los terrenos destinados a dotaciones públicas.

b) Ceder los terrenos en que se localice el aprovechamiento correspondiente a los Ayuntamientos, por exceder del susceptible de apropiación privada o, en su caso, adquirir dicho aprovechamiento por su valor urbanístico en la forma que establezca la legislación urbanística aplicable.

⇒ V. STS 25 junio 1997 (RJ 1997, 5382).

V. Jurisprudencia en arts. 3.4, 3.5, 83.3, 84.3 y concordantes del TRLS/1976 (§3).

c) Costear y, en su caso, ejecutar la urbanización en los plazos previstos.

d) Solicitar la licencia de edificación, previo el cumplimiento de los deberes urbanísticos correspondientes, en los plazos establecidos.

e) Edificar los solares en el plazo fijado en la preceptiva licencia.

2. El cumplimiento de estos deberes determina la gradual adquisición de las facultades urbanísticas que se definen y regulan en la Sección siguiente.

✐ Artículo derogado por la Ley 6/1998, de 13 abril (§1).

⇒ Téngase en cuenta el artículo único de la Ley 1/1997, de 18 junio, de Andalucía, que aprueba con carácter urgente y transitorio disposiciones en materia de régimen de suelo y ordenación urbana (§5).

Téngase en cuenta el artículo único de la Ley 13/1997, de 23 diciembre, de Extremadura, que aprueba las normas reguladoras de la actividad urbanística (§32).

Téngase en cuenta el D. 132/1994, de 15 marzo, sobre aplicación en la Comunidad Autónoma del País Vasco del RDLeg 1/1992, de 26 junio, por el que se aprueba el Texto Refundido de la Ley sobre Régimen del Suelo y Ordenación Urbana (§48.1).

Artículo 21. Deberes legales de uso, conservación y rehabilitación.

1. Los propietarios de toda clase de terrenos y construcciones deberán destinarlos efectivamente al uso en cada caso establecido por el planeamiento urbanístico y mantenerlos en condiciones de seguridad, salubridad y ornato público. Quedarán sujetos igualmente al cumplimiento de las normas sobre protección del medio ambiente y de los patrimonios arquitectónicos y arqueológicos, y sobre rehabilitación urbana.

2. El coste de las obras necesarias en virtud de lo dispuesto en el nú-

mero anterior se sufragará por los propietarios o la Administración, en los términos que establezca la legislación aplicable.

✐ Artículo derogado por la Ley 6/1998, de 13 abril (§1).

⇒ Téngase en cuenta el D. 132/1994, de 15 marzo, sobre aplicación en la Comunidad Autónoma del País Vasco del RDLeg 1/1992, de 26 junio, por el que se aprueba el Texto Refundido de la Ley sobre Régimen del Suelo y Ordenación Urbana (§48.1).

Artículo 22. Enajenación de fincas y deberes urbanísticos.

La enajenación de fincas no modificará la situación de su titular en orden a las limitaciones y deberes instituidos por la legislación urbanística aplicable o impuestos, en virtud de la misma, por los actos de ejecución de sus preceptos. El adquirente quedará subrogado en el lugar y puesto del anterior propietario en los derechos y deberes vinculados al proceso de urbanización y edificación, así como en los compromisos que, como consecuencia de dicho proceso, hubiere contraído con la Administración urbanística competente.

✐ Artículo derogado por la Ley 6/1998, de 13 abril (§1).

⇒ Téngase en cuenta el D. 132/1994, de 15 marzo, sobre aplicación en la Comunidad Autónoma del País Vasco del RDLeg 1/1992, de 26 junio, por el que se aprueba el Texto Refundido de la Ley sobre Régimen del Suelo y Ordenación Urbana (§48.1).

Sección 2ª Facultades urbanísticas

Artículo 23. Facultades urbanísticas de la propiedad.

1. El contenido urbanístico de la propiedad inmobiliaria se integra mediante la adquisición sucesiva de los siguientes derechos:

a) A urbanizar, entendiéndose por tal la facultad de dotar a un terreno de los servicios e infraestructuras fijados en el planeamiento o, en su defecto, en la legislación urbanística, para que adquiera la condición de solar.

b) Al aprovechamiento urbanístico, consistente en la atribución efectiva al propietario afectado por una actuación urbanística de los usos e intensidades susceptibles de apropiación privada, o su equivalente económico, en los términos fijados por esta Ley.

c) A edificar, consistente en la facultad de materializar el aprovechamiento urbanístico correspondiente.

d) A la edificación, consistente en la facultad de incorporar al patrimonio la edificación ejecutada y concluida con sujeción a la licencia urbanística otorgada, siempre que ésta fuera conforme con la ordenación urbanística aplicable.

2. En ningún caso se entenderán adquiridas por silencio administrativo facultades urbanísticas en contra de lo dispuesto en esta Ley o en la legislación o planeamiento urbanísticos aplicables.

✐ Artículo derogado por la Ley 6/1998, de 13 abril (§1).

⇒ Téngase en cuenta el D. 132/1994, de 15 marzo, sobre aplicación en la Comunidad Autónoma del País Vasco del RDLeg 1/1992, de 26 junio, por el que se aprueba el Texto Refundido de la Ley sobre Régimen del Suelo y Ordenación Urbana (§48.1).

Sección 3ª Derecho a urbanizar

Artículo 24. Adquisición del derecho a urbanizar.

1. La adquisición del derecho a urbanizar requiere la aprobación del planeamiento preciso en cada clase de suelo.

2. El instrumento de planeamiento a que se refiere el apartado anterior será:

a) En suelo urbano: Plan General o normas subsidiarias y, en su caso, Plan Especial de Reforma Interior.

b) En suelo urbanizable programado: Plan General y Plan Parcial.

c) En suelo urbanizable no programado: Plan General, Programa de Actuación Urbanística y Plan Parcial.

d) En suelo apto para urbanizar: Normas subsidiarias y Plan Parcial.

3. El expresado derecho sólo se adquiere con la aprobación definitiva del instrumento de ordenación más específico.

4. El ejercicio del derecho a urbanizar requiere la aprobación, cuando así lo establezca la legislación o el planeamiento urbanísticos, de estudio de detalle, proyecto de urbanización u otro instrumento previsto y regulado en aquélla.

✐ Artículo derogado por la Ley 6/1998, de 13 abril (§1).

⇒ Téngase en cuenta el art. único de la Ley 1/1997, de 18 junio, de Andalucía, que aprueba con carácter urgente y transitorio disposiciones en materia de régimen de suelo y ordenación urbana (§5).

Téngase en cuenta el art. único de la Ley 13/1997, de 23 diciembre, de Extremadura, que aprueba las normas reguladoras de la actividad urbanística (§32).

Téngase en cuenta lo establecido en la disp. final 1ª de la Ley 6/1994, de 15 noviembre, Reguladora de la Actividad Urbanística en la Comunidad Autónoma de Valencia (§53).

Téngase en cuenta el D. 132/1994, de 15 marzo, sobre aplicación en la Comunidad Autónoma del País Vasco del RDLeg 1/1992, de 26 junio, por el que se aprueba el Texto Refundido de la Ley sobre Régimen del Suelo y Ordenación Urbana (§48.1).

V. art. 142 del presente Texto Refundido.

V. Jurisprudencia en arts. 11 a 17, 84, 85, 96 y 116 y concordantes del TRLS/1976 (§3).

Artículo 25. Extinción del derecho a urbanizar.

1. El derecho a urbanizar los terrenos incluidos en una unidad de ejecución por un sistema de gestión privada se extinguirá si la urbanización efectiva de los mismos y el cumplimiento de los deberes de cesión y equidistribución no se realizare en los plazos establecidos al efecto, sin perjuicio de lo que, en defecto de legislación urbanística aplicable, prevé el artículo 149.4.

2. La resolución que declare dicho incumplimiento deberá dictarse previa audiencia del interesado.

✐ Artículo derogado por la Ley 6/1998, de 13 de abril (§1).

⇒ Téngase en cuenta el D. 132/1994, de 15 marzo, sobre aplicación en la Comunidad Autónoma del País Vasco del RDLeg 1/1992, de 26 junio, por el que se aprueba el Texto Refundido de la Ley sobre Régimen del Suelo y Ordenación Urbana (§48.1).

Sección 4ª Derecho al aprovechamiento urbanístico

Artículo 26. Adquisición del derecho al aprovechamiento urbanístico.

El derecho al aprovechamiento urbanístico se adquiere por el cumplimiento de los deberes de cesión, equidistribución y urbanización en los plazos fijados por el planeamiento o la legislación urbanística aplicable, debiendo acreditar los propietarios el cumplimiento de los expresados deberes.

✐ Artículo derogado por la Ley 6/1998, de 13 abril (§1).

⇒ Téngase en cuenta el D. 132/1994, de 15 marzo, sobre aplicación en la Comunidad Autónoma del País Vasco del RDLeg 1/1992, de 26 junio, por el que se aprueba el Texto Refundido de la Ley sobre Régimen del Suelo y Ordenación Urbana (§48.1).
V. arts. 33 y concordantes del RD 1093/1997, de 4 julio (§2.1).

Artículo 27. Aprovechamiento urbanístico susceptible de apropiación.

1. El aprovechamiento urbanístico susceptible de apropiación por el titular de un terreno será el resultado de referir a su superficie el 85 por 100 del aprovechamiento tipo del área de reparto en que se encuentre, calculado en la forma señalada por los artículos 96 y 97.

2. El aprovechamiento urbanístico apropiable por el conjunto de propietarios incluidos en una unidad de ejecución será el resultado de referir a su superficie el 85 por 100 del aprovechamiento tipo del área de reparto en que se encuentre.

3. Los desajustes entre los aprovechamientos a que se refiere el número anterior y los resultantes de la aplicación directa de las determinaciones del planeamiento se resolverán en la forma establecida en los artículos 151 y 152 de esta Ley.

4. En el suelo urbano donde no se apliquen las disposiciones sobre áreas de reparto y aprovechamiento tipo el aprovechamiento susceptible de apropiación será como mínimo el 85 por 100 del aprovechamiento medio resultante en la unidad de ejecución respectiva o, en caso de no estar incluido el terreno en ninguna de estas unidades, del permitido por el planeamiento.

✐ Artículo derogado por la Ley 6/1998, de 13 abril (§1).

⇒ Téngase en cuenta el art. único de la Ley 1/1997, de 18 junio, de Andalucía, que aprueba con carácter urgente y transitorio disposiciones en materia de régimen de suelo y ordenación urbana (§5).

Téngase en cuenta el art. único de la Ley 13/1997, de 23 diciembre, de Extremadura, que aprueba las normas reguladoras de la actividad urbanística (§32), y en concreto, respecto de este artículo, la disp. adic. del D. 76/1998, de 2 junio (§32.1), que establece lo siguiente: «De conformidad con lo dispuesto en los arts. 14.2 y 18.4 de la Ley 6/1998, de 13 de abril, sobre Régimen del Suelo y Valoraciones, el aprovechamiento urbanístico susceptible de apropiación por el propietario de un terreno, establecido en el art. 27 del Texto Refundido de la Ley sobre Régimen del Suelo y Ordenación Urbana, aprobado como precepto de ley autonómica por la Ley 13/1997, de 23 de diciembre, Reguladora de la Actividad Urbanística de la Comunidad Autónoma de Extremadura, no podrá ser nunca inferior al resultante de ceder obligatoria y gratuitamente a la Administración actuante el suelo libre de cargas de urbanización correspondiente al diez por ciento del aprovechamiento del correspondiente ámbito».

Téngase en cuenta el D. 132/1994, de 15 marzo, sobre aplicación en la Comunidad

Autónoma del País Vasco del RDLeg 1/1992, de 26 junio, por el que se aprueba el Texto Refundido de la Ley sobre Régimen del Suelo y Ordenación Urbana (§48.1).
V. arts. 62, 94 a 100 y 185 a 199 del presente Texto Refundido.
V. art. 5 del D. 90/1994, de 13 julio, que desarrolla Texto Refundido de Ley de Régimen del Suelo y Ordenación Urbana, aprobado por RDLeg 26 junio 1992, en materia de criterios de delimitación de áreas de reparto, cálculo y aplicación del aprovechamiento tipo en Baleares (§14).
V. Jurisprudencia en arts. 83.3, 84.2 y 3 y concordantes del TRLS/1976 (§3).

Jurisprudencia

«La Sala de instancia anuló el artículo 41 a) y b) de las Normas Urbanísticas del Plan, reguladoras de las transferencias de aprovechamiento urbanístico en suelo urbano, por entender aplicable la doctrina de esta Sala, plasmada, entre otras, en las Sentencias de 21 de diciembre de 1987 (RJ 1987, 9678), 30 de junio de 1989 (RJ 1989, 4924), 17 de julio de 1990 (RJ 1990, 6571), 19 de febrero de 1991 (RJ 1991, 961) y 16 de junio y 8 de julio de 1992 (RJ 1992, 5081). En estas sentencias se trataba de un mecanismo por el cual para abonar el importe de las indemnizaciones debidas a los propietarios de terrenos clasificados como urbanos y de cesión obligatoria al municipio (conforme a criterios que desbordaban los establecidos en el artículo 83.3.1 TRLS), se establecía una especie de reparcelación en todo el suelo urbano y se imponía a todos los solicitantes de licencias de edificación la obligación de satisfacer una cantidad de dinero a imputar en una hipotética cuenta provisional de liquidación reparcelatoria, destinada a nutrir al Ayuntamiento de fondos para la adquisición de aquellos terrenos destinados a viales o terrenos de equipamiento. En tales casos esta Sala anuló los planes en que se preveía ese método por entender que el mismo contradecía principios esenciales, como son el de justa distribución de beneficios y cargas, consustancial a todo proceso urbanizador, al imponerse cesiones no exigidas en el artículo 83.3.1 TRLS, el de simultaneidad en el reparto de cargas y beneficios, que es inherente a la reparcelación, y el de la proscripción de cualquier discriminación entre propietarios, al producirse una grave diferencia de trato entre los propietarios de solares que contribuyen económicamente a la adquisición de terrenos destinados a dotaciones y los de terrenos edificados, que pueden beneficiarse ya de las dotaciones costeadas por los primeros pero no contribuyen ni pagan hasta la fecha, indeterminada e incierta, de su demolición y posterior edificación, sin que nada pudiera garantizar que para entonces subsistiera el plan. Sin embargo, desde sus Sentencias de 22 de junio de 1981 (RJ 1981, 2728) y 4 de mayo de 1982 (RJ 1982, 3114), esta Sala ha reconocido la posibilidad de las transferencias de aprovechamiento urbanístico en suelo urbano, sobre la base de la fijación en él de un aprovechamiento tipo y de la actuación según el procedimiento de la reparcelación económica en unidades de actuación discontinuas, y las normas del Plan General que examinamos, en contra de lo sostenido por la sentencia de instancia, responden más al modelo enjuiciado en estas últimas sentencias que al de aquéllas.

A diferencia del Plan General de Mieres, objeto de la Sentencia de 21 de diciembre de 1987 (RJ 1987, 9678), en el que ahora examinamos no se cuestiona que las cesiones impuestas en suelo urbano se ajusten a los términos del artículo 83.3.1 TRLS, y a diferencia de ella y de las demás citadas por la Sala de instancia, así como de otras muchas más dictadas por este Tribunal en recursos interpuestos contra el Plan General de Madrid (9 y 3 de marzo de 1998 [RJ 1998, 1895 y 1886], entre las más recientes), no se trata de una reparcelación económica de carácter obligatorio, sino de una posibilidad libremente convenida entre los interesados, conforme a lo establecido en el artículo 124.1 Texto Refundido de la Ley del Suelo.

Básicamente el sistema parte del establecimiento de un aprovechamiento denominado normal para el suelo urbano, que concreta en él el contenido del derecho de propiedad, conforme al artículo 76 TRLS, y el de un aprovechamiento máximo, que no pertenece al propietario del suelo en que se sitúa sino que corresponde a los titulares de otros terrenos en suelo urbano destinados a uso dotacional, que sólo puede utilizar el propietario del suelo edificable previo acuerdo con los propietarios de estos últimos terrenos, o con el Ayuntamiento si el aprovechamiento derivado de aquéllos ha pasado a él, previa indemnización o compra a los propietarios.

El artículo 41 a) de las Normas Urbanísticas del Plan prevé la posibilidad de que el propietario utilice ese aprovechamiento superior al normal si cede terrenos en suelo urbano destinados a equipamientos de los que resulte ese aprovechamiento acumulable, y el 41 b) se refiere al supuesto de que ese propietario compre al Ayuntamiento una cantidad equivalente al valor del terreno necesario para situar ese aprovechamiento de exceso, pero esta última posibilidad no altera la naturaleza del mecanismo, significando únicamente la actuación intermediaria de la Administración, a fin de facilitar la gestión del plan en suelo urbano. La cantidad satisfecha a la Administración no es una compra abstracta de aprovechamiento, sino del aprovechamiento derivado de un terreno que aquélla ha adquirido previamente, pero cuya identificación y aprovechamiento resultante ha de determinarse necesariamente, conforme al procedimiento que para la delimitación de unidades de actuación establece el artículo 38 del Reglamento de Gestión Urbanística, procediéndose a la reparcelación, pudiéndose tramitar conjuntamente la reparcelación y la delimitación. Como el artículo 78.3 de dicho Reglamento prevé la posibilidad de que en suelo urbano y en los casos de reparcelación voluntaria, la unidad reparcelable sea discontinua, e incluso referirse a parcelas aisladas, siempre que quede asegurado el cumplimiento del plan y no se irrogue perjuicio a tercero, y éstos son los parámetros a los que se ajustan las citadas normas del Plan General que nos ocupa, hemos de estimar el motivo de casación opuesto por el Ayuntamiento de La Coruña, por infracción de este precepto reglamentario así como del artículo 124 Texto Refundido de la Ley del Suelo.

Unicamente cabe advertir que el establecimiento de aquel aprovechamiento normal es una determinación impugnable como cualquier otra del planeamiento, en particular y por lo que ahora importa, si el mismo se estableciera arbitrariamente o con un contenido tan exiguo que impusiera la compra de los aprovechamientos superiores como único medio de obtener el lógico beneficio de los solares existentes, estableciendo una inaceptable desigualdad con las fincas ya construidas y desvirtuando el mecanismo descrito, que se basa en la libre voluntad de los que intervienen en la reparcelación, pero nada de esto ha sido probado en el presente proceso». **(STS 13 marzo 1999 [RJ 1999, 2340]).**

Artículo 28. Derecho al aprovechamiento en actuaciones sistemáticas.

1. El derecho al aprovechamiento urbanístico se adquiere, en el caso de ejecución de una unidad por un sistema de gestión privada, en la forma señalada en el artículo 26.

2. En defecto de previsión de plazos por el planeamiento urbanístico aplicable el plazo será de cuatro años a contar desde la aprobación de dicho planeamiento, en suelo urbano, y desde la delimitación de la correspondiente unidad de ejecución, en suelo urbanizable.

3. Acreditado por los propietarios el cumplimiento de los deberes a que se refiere el artículo 26 la Administración actuante expedirá la certificación correspondiente a instancia de aquéllos. Por el transcurso de tres meses sin resolución expresa, se entenderá otorgada esta certificación.

4. A los solos efectos de lo establecido en el número anterior, en el caso de que la Administración no resolviere sobre la recepción de las obras de urbanización en el plazo previsto en el planeamiento u ordenanza municipal, o, en su defecto, en el de tres meses, bastará el ofrecimiento formal de cesión de las mismas.

5. Cuando la ejecución de la unidad deba producirse por el sistema de cooperación u otro equivalente los propietarios adquirirán el derecho al aprovechamiento urbanístico correspondiente, por el cumplimiento de los deberes y cargas inherentes al sistema.

✐ Artículo derogado por la Ley 6/1998, de 13 abril (§1).

⇒ Téngase en cuenta el art. único de la Ley 1/1997, de 18 junio, de Andalucía, que aprueba con carácter urgente y transitorio disposiciones en materia de régimen de suelo y ordenación urbana (§5).

Téngase en cuenta el artículo único de la Ley 13/1997, de 23 diciembre, de Extremadura, que aprueba las normas reguladoras de la actividad urbanística (§32).

Téngase en cuenta el D. 132/1994, de 15 marzo, sobre aplicación en la Comunidad Autónoma del País Vasco del RDLeg 1/1992, de 26 junio, por el que se aprueba el Texto Refundido de la Ley sobre Régimen del Suelo y Ordenación Urbana (§48.1).

Téngase en cuenta lo establecido en la disp. final 1ª de la Ley 6/1994, de 15 noviembre, Reguladora de la Actividad Urbanística en la Comunidad Autónoma de Valencia (§53).

V. arts. 27 y 43 del presente Texto Refundido.

Artículo 29. Concreción del aprovechamiento urbanístico.

1. El derecho al aprovechamiento urbanístico se concretará:

a) Cuando se trate de terrenos incluidos en una unidad de ejecución, bajo alguna de las siguientes modalidades a establecer en los correspondientes procesos redistributivos de beneficios y cargas:

1º Adjudicación de parcelas aptas para edificación, con las compensaciones económicas que por diferencias de adjudicación procedan.

2º Compensación económica sustitutiva.

b) En suelo urbano, cuando no se actúe mediante unidades de ejecución:

1º Sobre la propia parcela, si no está afecta a uso público, resolviéndose los desajustes entre los aprovechamientos reales permitidos por el planeamiento y los susceptibles de adquisición por su titular en la forma prevista en la legislación urbanística aplicable.

2º Sobre otras parcelas lucrativas incluidas en la misma área de reparto, en caso de estar afecta a uso público la del titular del aprovechamiento, en la forma prevista en la legislación urbanística aplicable.

2. En los supuestos contemplados en el apartado b) del número anterior, en defecto de dicha legislación, los desajustes se resolverán en la forma prevista en los artículos 151.2, 187 a 191 y 194 a 196.

✐ Artículo derogado por la Ley 6/1998, de 13 abril (§1).

⇒ Téngase en cuenta el art. único de la Ley 1/1997, de 18 junio, de Andalucía, que aprueba con carácter urgente y transitorio disposiciones en materia de régimen de suelo y ordenación urbana (§5).

Téngase en cuenta el art. único de la Ley 13/1997, de 23 diciembre, de Extremadura, que aprueba las normas reguladoras de la actividad urbanística (§32).

Téngase en cuenta el D. 132/1994, de 15 marzo, sobre aplicación en la Comunidad Autónoma del País Vasco del RDLeg 1/1992, de 26 junio, por el que se aprueba el Texto Refundido de la Ley sobre Régimen del Suelo y Ordenación Urbana (§48.1).

Téngase en cuenta lo establecido en la disp. final 1ª de la Ley 6/1994, de 15 noviem-

bre, Reguladora de la Actividad Urbanística en la Comunidad Autónoma de Valencia (§53).

V. arts. 27, 28 y 185 a 199 del presente Texto Refundido.

Artículo 30. Reducción del derecho al aprovechamiento urbanístico en actuaciones sistemáticas.

1. El derecho al aprovechamiento urbanístico se reducirá en un 50 por 100 si no se solicita la licencia de edificación en el plazo fijado en el planeamiento o legislación urbanística aplicable. Tratándose de suelo urbanizable no programado, si el programa se formulase como consecuencia de concurso, regirán los plazos establecidos en las bases del mismo.

2. En defecto de previsión expresa en el planeamiento urbanístico el plazo será de un año desde su adquisición.

3. La resolución administrativa municipal o autonómica declarando el incumplimiento a que se refiere el número 1 deberá dictarse previa audiencia del interesado. El Ayuntamiento decidirá sobre la expropiación o sujeción al régimen de venta forzosa de los correspondientes terrenos, cuyo valor se determinará, en todo caso, con arreglo a la señalada reducción del aprovechamiento urbanístico.

4. La venta forzosa a que se refiere el apartado anterior se instrumentará mediante el procedimiento regulado por la legislación urbanística aplicable o, en su defecto, a través del Registro de Solares y Terrenos sin Urbanizar, conforme a lo previsto en los artículos 227 y siguientes.

5. Lo establecido en los apartados anteriores será de aplicación a los solares sin edificar y lo será también a los terrenos en que existan edificaciones ruinosas en los supuestos y con los requisitos y plazos que para su equiparación establecen la legislación y el planeamiento urbanístico.

✐ Artículo derogado por la Ley 6/1998, de 13 abril (§1).

⇒ Téngase en cuenta el art. único de la Ley 1/1997, de 18 junio, de Andalucía, que aprueba con carácter urgente y transitorio disposiciones en materia de régimen de suelo y ordenación urbana (§5).

Téngase en cuenta el art. único de la Ley 13/1997, de 23 diciembre, de Extremadura, que aprueba las normas reguladoras de la actividad urbanística (§32).

Téngase en cuenta el D. 132/1994, de 15 marzo, sobre aplicación en la Comunidad Autónoma del País Vasco del RDLeg 1/1992, de 26 junio, por el que se aprueba el Texto Refundido de la Ley sobre Régimen del Suelo y Ordenación Urbana (§48.1).

Téngase en cuenta lo establecido en la disp. final 1ª de la Ley 6/1994, de 15 noviembre, Reguladora de la Actividad Urbanística en la Comunidad Autónoma de Valencia (§53).

Artículo 31. Reducción del aprovechamiento urbanístico en actuaciones asistemáticas.

1. En suelo urbano, cuando se trate de terrenos no incluidos en una unidad de ejecución, el derecho al aprovechamiento urbanístico se entenderá adquirido por la aprobación del planeamiento preciso en cada caso.

2. Este aprovechamiento se reducirá en un 50 por 100 si no se solicita licencia municipal de edificación en el plazo fijado en el planeamiento o legislación urbanística aplicable, previa conversión de la parcela en solar o garantizándose la ejecución simultánea de urbanización y edificación. En estos supuestos será de aplicación lo establecido en el número 3 del artículo anterior.

3. En defecto de previsión expresa conforme a lo establecido en el número anterior, el plazo será de dos años computados desde la fecha de aprobación definitiva del planeamiento preciso en cada caso.

✐ Artículo derogado por la Ley 6/1998, de 13 abril (§1).

⇒ Téngase en cuenta el art. único de la Ley 1/1997, de 18 junio, de Andalucía, que aprueba con carácter urgente y transitorio disposiciones en materia de régimen de suelo y ordenación urbana (§5).

Téngase en cuenta el art. único de la Ley 13/1997, de 23 diciembre, de Extremadura, que aprueba las normas reguladoras de la actividad urbanística (§32).

Téngase en cuenta el D. 132/1994, de 15 marzo, sobre aplicación en la Comunidad Autónoma del País Vasco del RDLeg 1/1992, de 26 junio, por el que se aprueba el Texto Refundido de la Ley sobre Régimen del Suelo y Ordenación Urbana (§48.1).

Téngase en cuenta lo establecido en la disp. final 1ª de la Ley 6/1994, de 15 noviembre, Reguladora de la Actividad Urbanística en la Comunidad Autónoma de Valencia (§53).

Artículo 32. Aprovechamiento atribuible en expropiaciones no motivadas por incumplimiento de deberes urbanísticos.

1. No obstante lo dispuesto en el artículo 27, el aprovechamiento atribuible a los terrenos destinados a sistemas generales adscritos, o en el suelo urbano, no incluidos en áreas de reparto, que se obtengan por expropiación, será el resultado de referir a su superficie el 75 por 100 del aprovechamiento tipo, calculado en la forma regulada por el artículo 59.

2. El aprovechamiento atribuible al suelo urbano incluido en una unidad de ejecución a desarrollar por el sistema de expropiación o afecto a dotación pública de carácter local, no incluido en ninguna de ellas, que se obtenga igualmente por expropiación, será el resultado de referir a su superficie el 75 por 100 del aprovechamiento tipo del área de reparto respectiva.

3. El aprovechamiento atribuible al suelo urbanizable programado destinado a sistemas generales que se obtengan por expropiación y al incluido en una unidad de ejecución a desarrollar por el sistema de expropiación será el resultado de referir a su superficie el 50 por 100 del aprovechamiento tipo del área de reparto respectiva.

✐ Artículo derogado por la Ley 6/1998, de 13 abril (§1).

⇒ Téngase en cuenta el art. único de la Ley 1/1997, de 18 junio, de Andalucía, que aprueba con carácter urgente y transitorio disposiciones en materia de régimen de suelo y ordenación urbana (§5).

Téngase en cuenta el art. único de la Ley 13/1997, de 23 diciembre, de Extremadura, que aprueba las normas reguladoras de la actividad urbanística (§32).

Téngase en cuenta el D. 132/1994, de 15 marzo, sobre aplicación en la Comunidad Autónoma del País Vasco del RDLeg 1/1992, de 26 junio, por el que se aprueba el Texto Refundido de la Ley sobre Régimen del Suelo y Ordenación Urbana (§48.1).

Sección 5ª Derecho a edificar

Artículo 33. Adquisición del derecho a edificar.

1. El otorgamiento de la licencia determinará la adquisición del derecho a edificar, siempre que el proyecto presentado fuera conforme con la ordenación urbanística aplicable.

2. Cuando la licencia autorice la urbanización y edificación simultáneas, la adquisición definitiva de los derechos al aprovechamiento urbanístico y a edificar, quedará subordinada al cumplimiento del deber de urbanizar.

✐ Artículo derogado por la Ley 6/1998, de 13 abril (§1).

⇒ Téngase en cuenta el art. único de la Ley 1/1997, de 18 junio, de Andalucía, que aprueba con carácter urgente y transitorio disposiciones en materia de régimen de suelo y ordenación urbana (§5).

Téngase en cuenta el art. único de la Ley 13/1997, de 23 diciembre, de Extremadura, que aprueba las normas reguladoras de la actividad urbanística (§32).

Téngase en cuenta el D. 132/1994, de 15 marzo, sobre aplicación en la Comunidad Autónoma del País Vasco del RDLeg 1/1992, de 26 junio, por el que se aprueba el Texto Refundido de la Ley sobre Régimen del Suelo y Ordenación Urbana (§48.1).

V. Jurisprudencia en arts. 83.1 y concordantes del TRLS/1976 (§3).

Artículo 34. No adquisición del derecho a edificar.

La falta de adquisición del derecho a edificar por causa imputable al titular del terreno determinará su expropiación o venta forzosa, con aplicación de la reducción del aprovechamiento señalada en los artículos 30.1 y 31.2, respectivamente.

✐ Artículo derogado por la Ley 6/1998, de 13 abril (§1).

⇒ Téngase en cuenta el art. único de la Ley 1/1997, de 18 junio, de Andalucía, que aprueba con carácter urgente y transitorio disposiciones en materia de régimen de suelo y ordenación urbana (§5).

Téngase en cuenta el art. único de la Ley 13/1997, de 23 diciembre, de Extremadura, que aprueba las normas reguladoras de la actividad urbanística (§32).

Téngase en cuenta el D. 132/1994, de 15 marzo, sobre aplicación en la Comunidad Autónoma del País Vasco del RDLeg 1/1992, de 26 junio, por el que se aprueba el Texto Refundido de la Ley sobre Régimen del Suelo y Ordenación Urbana (§48.1).

V. arts. 154 a 164 del TRLS/1976 (§3).

Artículo 35. Plazos para la edificación.

1. El acto de otorgamiento de la licencia fijará los plazos de iniciación, interrupción máxima y finalización de las obras, de conformidad, en su caso, con la normativa aplicable.

2. El derecho a edificar se extingue por incumplimiento de los plazos fijados, mediante su declaración formal, en expediente tramitado con audiencia del interesado.

✐ Artículo derogado por la Ley 6/1998, de 13 abril (§1).

⇒ Téngase en cuenta el art. único de la Ley 1/1997 de 18 junio, de Andalucía, que aprueba con carácter urgente y transitorio disposiciones en materia de régimen de suelo y ordenación urbana (§5).

Téngase en cuenta el art. único de la Ley 13/1997, de 23 diciembre, de Extremadura, que aprueba las normas reguladoras de la actividad urbanística (§32).

Téngase en cuenta el D. 132/1994, de 15 marzo, sobre aplicación en la Comunidad Autónoma del País Vasco del RDLeg 1/1992, de 26 junio, por el que se aprueba el Texto Refundido de la Ley sobre Régimen del Suelo y Ordenación Urbana (§48.1).

V. art. 36 del presente Texto Refundido.

V. Jurisprudencia y concordancias en art. 85 del TRLS/1976.

Jurisprudencia

«La licencia es desde luego un acto declarativo de derechos pero no puede convertirse en una reserva para la aplicación futura de un viejo Plan: el transcurso del tiempo, en relación con el principio general de la buena fe, ha de operar deslindando lo que son las consecuencias por un lado del carácter declarativo de derechos de la licencia y por otro de la pretensión de obtener una reserva «pro futuro» de la aplicabilidad de un plan antiguo. Piénsese que en el supuesto litigioso se trata de una licencia otorgada en 1973 y que el expediente de caducidad se inicia el 9 de diciembre de 1986 cuando ya existe un nuevo planeamiento.

En consecuencia, ha de entenderse que pertenece a la esencia de la licencia, como institución al servicio de la eficacia del planeamiento –art. 178.2 del Texto Refundido de la Ley del Suelo de 9 de abril de 1976–, la posibilidad de su caducidad.

TERCERO. Y ello aunque no exista normativa que prevea la viabilidad de la caducidad: el ordenamiento jurídico es algo más –mucho más– que un conjunto de disposiciones escritas dado que se integra también y sobre todo por los principios y la normatividad inmanente en la naturaleza de las instituciones –Exposición de Motivos de la Ley Jurisdiccional– y la caducidad es, como se ha visto, una exigencia de la normatividad propia de la licencia. No necesita así expresa previsión legal.

La jurisprudencia que da complemento al ordenamiento jurídico –art. 1.6 del Título Preliminar del Código Civil–, admite plenamente esta figura: Sentencias de 18 de julio y 3 de octubre 1986 (RJ 1986, 5518 y 6411), de 22 de marzo y 9 de julio de 1988 (RJ 1988, 2244 y 5954), 30 de mayo de 1990 (RJ 1990, 4292), etcétera.

La conclusión expuesta y derivada de la naturaleza de la licencia, en su funcionalidad servicial del planeamiento, aparece hoy corroborada en la Ley 8/1990, de 25 de julio, sobre Reforma del Régimen Urbanístico y Valoraciones del Suelo cuyo artículo 23 señala que el acto de otorgamiento de la licencia fijará los plazos de iniciación, interrupción máxima y finalización de las obras, de conformidad, «en su caso», con la normativa aplicable. Con la expresión «en su caso» está admitiendo la posibilidad de la caducidad en otro caso, es decir, en el supuesto de inexistencia de normativa al respecto.

Pero incluso antes de la Ley 8/1990, esta solución estaba clara, en cuanto exigencia institucional propia de la finalidad de la licencia.

No resultaba pues necesario invocar el artículo 22 del nuevo Plan de Marbella para justificar la caducidad. Ni necesario ni posible pues la jurisprudencia advierte, aplicando el artículo 70.2 de la Ley 7/1985, de 2 de abril, Reguladora de las Bases del Régimen Local, que para la entrada en vigor del planeamiento, incluso el de carácter general, es precisa la publicación íntegra de su normativa –Sentencias de 10 de abril y 9 de julio de 1990 (RJ 1990, 3593 y 6021)–. **(STS 26 diciembre 1990 [RJ 1990, 10255]).**

⇒ V. Jurisprudencia en arts. 178 y concordantes del TRLS/1976 (§3), en lo relativo a la caducidad de las licencias.

Artículo 36. Efectos de la extinción del derecho a edificar.

1. Extinguido el derecho a edificar, el interesado no podrá iniciar o reanudar actividad alguna al amparo de la licencia caducada, salvo, previa autorización u orden de la Administración, las obras estrictamente necesarias para garantizar la seguridad de las personas y bienes, y el valor de la edificación ya realizada.

2. La Administración expropiará los correspondientes terrenos con las obras ya ejecutadas o acordará su venta forzosa, valorándose aquéllos conforme al 50 por 100 del aprovechamiento urbanístico para el que se obtuvo la licencia y éstas por su coste de ejecución.

✐ Artículo derogado por la Ley 6/1998, de 13 abril (§1).

⇒ Téngase en cuenta el art. único de la Ley 1/1997, de 18 junio, de Andalucía, que aprueba con carácter urgente y transitorio disposiciones en materia de régimen de suelo y ordenación urbana (§5).

Téngase en cuenta el art. único de la Ley 13/1997, de 23 diciembre, de Extremadura, que aprueba las normas reguladoras de la actividad urbanística (§32).

Téngase en cuenta el D. 132/1994, de 15 marzo, sobre aplicación en la Comunidad Autónoma del País Vasco del RDLeg 1/1992, de 26 junio, por el que se aprueba el Texto Refundido de la Ley sobre Régimen del Suelo y Ordenación Urbana (§48.1).

V. art. 35 del presente Texto Refundido.

Sección 6ª Derecho a la edificación

Artículo 37. Adquisición del derecho a la edificación.

1. El derecho a la edificación se adquiere por la conclusión de las obras al amparo de licencia no caducada y conforme con la ordenación urbanística.

2. Los Notarios y Registradores de la Propiedad exigirán para autorizar o inscribir, respectivamente, escrituras de declaración de obra nueva terminada, que se acredite el otorgamiento de la preceptiva licencia de edificación y la expedición por técnico competente de la certificación de finalización de la obra conforme al proyecto aprobado. Para autorizar e inscribir escrituras de declaración de obra nueva en construcción, a la licencia de edificación se acompañará certificación expedida por técnico competente, acreditativa de que la descripción de la obra nueva se ajusta al proyecto para el que se obtuvo la licencia. En este caso, el propietario deberá hacer constar la terminación mediante acta notarial que incorporará la certificación de finalización de la obra antes mencionada. Tanto la licencia como las expresadas certificaciones deberán testimoniarse en las correspondientes escrituras.

✐ Artículo derogado por la Ley 6/1998, de 13 abril (§1).

⇒ Téngase en cuenta el D. 132/1994, de 15 marzo, sobre aplicación en la Comunidad Autónoma del País Vasco del RDLeg 1/1992, de 26 junio, por el que se aprueba el Texto Refundido de la Ley sobre Régimen del Suelo y Ordenación Urbana (§48.1).

V. arts. 45 y concordantes del RD 1093/1997, de 4 julio (§2.1).

Téngase en cuenta arts. 20 y concordantes de la Ley 38/1999, de 5 noviembre, de Ordenación de la Edificación (§1.1).

Artículo 38. Edificación sin licencia e incompatible con el planeamiento.

1. La edificación realizada sin licencia o sin ajustarse a sus condiciones e incompatible con el planeamiento vigente será demolida sin indemnización, previa la instrucción del preceptivo expediente conforme a lo establecido en la legislación urbanística aplicable.

2. Si aún no hubieran transcurrido los plazos resultantes de los artícu-

los 30 y 31 el interesado podrá solicitar licencia para proyecto conforme con dicho planeamiento o ajustar las obras a la ya concedida.

3. Cuando, por haber transcurrido el plazo de adquisición del derecho a edificar o por no haberse adquirido el derecho al aprovechamiento urbanístico al tiempo de concluir la edificación, proceda la expropiación del terreno o su venta forzosa, se valorará con arreglo al grado de adquisición de facultades urbanísticas en aquel momento, con el límite máximo del 50 por 100 del aprovechamiento urbanístico patrimonializable.

✐ Artículo derogado por la Ley 6/1998, de 13 abril (§1).

⇒ Téngase en cuenta el art. único de la Ley 1/1997, de 18 junio, de Andalucía, que aprueba con carácter urgente y transitorio disposiciones en materia de régimen de suelo y ordenación urbana (§5).
Téngase en cuenta el art. único de la Ley 13/1997, de 23 diciembre, de Extremadura, que aprueba las normas reguladoras de la actividad urbanística (§32).
Téngase en cuenta el D. 132/1994, de 15 marzo, sobre aplicación en la Comunidad Autónoma del País Vasco del RDLeg 1/1992, de 26 junio, por el que se aprueba el Texto Refundido de la Ley sobre Régimen del Suelo y Ordenación Urbana (§48.1).
V. art. 249 del presente Texto Refundido.
V. Jurisprudencia en arts. 185 y concordantes del TRLS/1976.

Artículo 39. Edificación sin licencia compatible con el planeamiento.

La edificación realizada sin licencia o sin ajustarse a sus condiciones pero compatible con el planeamiento puede ser objeto de legalización mediante solicitud de la correspondiente licencia en el plazo que establezca la legislación urbanística aplicable, o, en su defecto, en el de dos meses a contar desde el oportuno requerimiento, si ya se hubiese adquirido el derecho al aprovechamiento urbanístico. Si faltase sólo para la adquisición del mencionado derecho la realización de la urbanización, la legalización exigirá también el cumplimiento de dicho deber.

✐ Artículo derogado por la Ley 6/1998, de 13 abril (§1).

⇒ Téngase en cuenta el art. único de la Ley 1/1997, de 18 junio, de Andalucía, que aprueba con carácter urgente y transitorio disposiciones en materia de régimen de suelo y ordenación urbana (§5).
Téngase en cuenta el art. único de la Ley 13/1997, de 23 diciembre, de Extremadura, que aprueba las normas reguladoras de la actividad urbanística (§32).
Téngase en cuenta el D. 132/1994, de 15 marzo, sobre aplicación en la Comunidad Autónoma del País Vasco del RDLeg 1/1992, de 26 junio, por el que se aprueba el Texto Refundido de la Ley sobre Régimen del Suelo y Ordenación Urbana (§48.1).
V. art. 249 del presente Texto Refundido.
V. Jurisprudencia en arts. 185 y concordantes del TRLS/1976.

Artículo 40. Licencia ilegal y expropiación o venta forzosa.

1. La edificación realizada al amparo de licencia posteriormente declarada ilegal por contravenir la ordenación urbanística aplicable no queda incorporada al patrimonio del propietario del terreno.

La resolución administrativa o judicial que contenga dicha declaración se notificará al Registro de la Propiedad para su debida constancia.

2. El valor del terreno, a todos los efectos, será el correspondiente al grado de adquisición de facultades urbanísticas cuando se solicitó licencia.

3. En el supuesto de que el propietario no hubiera adquirido el derecho al aprovechamiento urbanístico cuando solicitó la licencia anulada, procederá la expropiación del terreno o su venta forzosa. En el caso de que hubiera adquirido dicho derecho, deberá solicitar nueva licencia.

4. El plazo para solicitar la citada licencia será de un año a contar desde el requerimiento que a tal efecto se formule al interesado.

✐ Artículo derogado por la Ley 6/1998, de 13 abril (§1).

⇒ Téngase en cuenta el art. único de la Ley 1/1997 de 18 junio, de Andalucía, que aprueba con carácter urgente y transitorio disposiciones en materia de régimen de suelo y ordenación urbana (§5).
Téngase en cuenta el art. único de la Ley 13/1997, de 23 diciembre, de Extremadura, que aprueba las normas reguladoras de la actividad urbanística (§32).
Téngase en cuenta el D. 132/1994, de 15 marzo, sobre aplicación en la Comunidad Autónoma del País Vasco del RDLeg 1/1992, de 26 junio, por el que se aprueba el Texto Refundido de la Ley sobre Régimen del Suelo y Ordenación Urbana (§48.1).
Téngase en cuenta lo establecido en la disp. final 1ª de la Ley 6/1994, de 15 noviembre, Reguladora de la Actividad Urbanística en la Comunidad Autónoma de Valencia (§53).
V. arts. 75 y concordantes del RD 1093/1997, de 4 julio (§2.1).

Artículo 41. Edificación con exceso de aprovechamiento.

1. Si la edificación materializada y amparada en licencia fuera conforme con la ordenación urbanística, pero excediera de la correspondiente al aprovechamiento urbanístico a que tiene derecho su titular y no hubiera transcurrido desde su terminación el plazo que establezca la legislación aplicable o, en su defecto, el de cuatro años, el titular o sus causahabientes deberán abonar a la Administración el valor urbanístico de dicho exceso.

2. Sólo quedarán excluidos de la obligación establecida en el número anterior los terceros adquirentes de buena fe amparados por la protección registral, sin perjuicio de que, en estos casos, la Administración pueda reclamar el pago al propietario inicial de la edificación u otras personas que le hayan sucedido.

✐ Artículo derogado por la Ley 6/1998, de 13 abril (§1).

⇒ Téngase en cuenta el D. 132/1994, de 15 marzo, sobre aplicación en la Comunidad Autónoma del País Vasco del RDLeg 1/1992, de 26 junio, por el que se aprueba el Texto Refundido de la Ley sobre Régimen del Suelo y Ordenación Urbana (§48.1).

Sección 7ª Inactividad de la Administración

Artículo 42. Consecuencias de la inactividad de la Administración ante el incumplimiento.

1. En los casos de incumplimiento de deberes urbanísticos, si los Ayuntamientos respectivos no ejercitaran las potestades de expropiación o sujeción al régimen de venta forzosa de los correspondientes terrenos en el plazo de un año desde que se produjo dicho incumplimiento, las Comunidades Autónomas, previa comunicación al Ayuntamiento respectivo, podrán subrogarse en el ejercicio de la potestad expropiatoria, debiendo destinar los terrenos expropiados a los fines previstos en el artículo 280.1.

2. El plazo para adoptar las medidas previstas en el número anterior será de cuatro años, a contar desde la fecha en que se produjo el incumplimiento de los deberes urbanísticos.

3. En tanto no se notifique a los propietarios afectados la iniciación del expediente declarativo del incumplimiento de deberes urbanísticos, podrán aquéllos iniciar o proseguir el proceso de urbanización y edificación y adquirir las facultades urbanísticas correspondientes al cumplimiento de los respectivos deberes, con la particularidad de que el aprovechamiento susceptible de apropiación se reducirá en un 50 por 100, cuando no se hubiera adquirido ese derecho en el momento de la notificación del incumplimiento.

4. Dicha reducción podrá hacerse efectiva exigiendo el abono del valor del aprovechamiento correspondiente en el procedimiento de otorgamiento de la licencia, o en la forma y en el plazo establecido en el artículo anterior.

5. Transcurridos cuatro meses desde la notificación de la incoación del expediente declarativo del incumplimiento sin que hubiere recaído resolución expresa, quedará sin efecto dicha notificación.

✐ Artículo derogado por la Ley 6/1998, de 13 abril (§1).

⇒ Téngase en cuenta el art. único de la Ley 1/1997, de 18 junio, de Andalucía, que aprueba con carácter urgente y transitorio disposiciones en materia de régimen de suelo y ordenación urbana (§5).

Téngase en cuenta el art. único de la Ley 13/1997, de 23 diciembre, de Extremadura, que aprueba las normas reguladoras de la actividad urbanística (§32).

Téngase en cuenta el D. 132/1994, de 15 marzo, sobre aplicación en la Comunidad Autónoma del País Vasco del RDLeg 1/1992, de 26 junio, por el que se aprueba el Texto Refundido de la Ley sobre Régimen del Suelo y Ordenación Urbana (§48.1).

Téngase en cuenta lo establecido en la disp. final 1ª de la Ley 6/1994, de 15 noviembre, reguladora de la actividad urbanística en la Comunidad Autónoma de Valencia (§53).

Sección 8ª Publicidad

Artículo 43. Consulta urbanística.

1. Todo administrado tendrá derecho a que el Ayuntamiento le informe por escrito, del régimen urbanístico aplicable a una finca, unidad de ejecución o sector.

2. Dicha información deberá facilitarse en el plazo de un mes y expresará, en su caso, el aprovechamiento tipo aplicable al área de reparto en que se encuentre y el grado de adquisición de facultades urbanísticas al tiempo de facilitarse la información.

3. Los Ayuntamientos remitirán al Registro de la Propiedad que corresponda copia de las certificaciones acreditativas del cumplimiento de deberes urbanísticos a que se refiere el artículo 28, a fin de que se tome nota marginal en las inscripciones de las fincas respectivas.

✐ Artículo derogado por la Ley 6/1998, de 13 abril (§1).

⇒ Téngase en cuenta el art. único de la Ley 1/1997, de 18 junio, de Andalucía, que aprueba con carácter urgente y transitorio disposiciones en materia de régimen de suelo y ordenación urbana (§5).

Téngase en cuenta el art. único de la Ley 13/1997, de 23 diciembre, de Extremadura, que aprueba las normas reguladoras de la actividad urbanística (§32).

V. arts. 307 y 309 del presente Texto Refundido, en lo relativo a actos inscribibles en el Registro de la Propiedad.

Téngase en cuenta el D. 132/1994, de 15 marzo, sobre aplicación en la Comunidad Autónoma del País Vasco del RDLeg 1/1992, de 26 junio, por el que se aprueba el Texto Refundido de la Ley sobre Régimen del Suelo y Ordenación Urbana (§48.1).

Téngase en cuenta lo establecido en la disp. final 1ª de la Ley 6/1994, de 15 noviembre, Reguladora de la Actividad Urbanística en la Comunidad Autónoma de Valencia (§53).

V. art. 44 del presente Texto Refundido.

V. Jurisprudencia en arts. 55.2, 63 y concordantes del TRLS/1976 (§3).

Artículo 44. Cédula urbanística.

1. Los Ayuntamientos podrán crear en la correspondiente ordenanza un documento acreditativo de los extremos señalados en el artículo anterior y demás circunstancias urbanísticas que concurran en las fincas comprendidas en el término municipal.

2. Este documento se denominará Cédula urbanística de terreno o de edificio, según el carácter de la finca a que se refiera, y los Ayuntamientos podrán exigirlo para la parcelación, edificación y cualquier utilización de los predios.

✐ Artículo derogado por la Ley 6/1998, de 13 abril (§1).

⇒ Téngase en cuenta el art. único de la Ley 1/1997, de 18 junio, de Andalucía, que aprueba con carácter urgente y transitorio disposiciones en materia de régimen de suelo y ordenación urbana (§5).

Téngase en cuenta el art. único de la Ley 13/1997, de 23 diciembre, de Extremadura, que aprueba las normas reguladoras de la actividad urbanística (§32).

Téngase en cuenta el D. 132/1994, de 15 marzo, sobre aplicación en la Comunidad Autónoma del País Vasco del RDLeg 1/1992, de 26 junio, por el que se aprueba el Texto Refundido de la Ley sobre Régimen del Suelo y Ordenación Urbana (§48.1).

V. Jurisprudencia en arts. 55.2, 63 y concordantes del TRLS/1976 (§3).

Artículo 45. Información urbanística y enajenación de terrenos.

1. El que enajenare terrenos no susceptibles de edificación según el planeamiento, o edificios e industrias fuera de ordenación, deberá hacer constar expresamente estas situaciones en el correspondiente título de enajenación.

2. En las enajenaciones de terrenos de urbanizaciones de iniciativa particular, deberá hacerse constar la fecha de aprobación del planeamiento correspondiente y las cláusulas que se refieran a la disposición de las parcelas y compromisos con los adquirentes.

3. En los actos de enajenación de terrenos en proceso de urbanización, deberán consignarse los compromisos que el propietario hubiere asumido en orden a la misma y cuyo cumplimiento esté pendiente.

4. La infracción de cualquiera de las anteriores disposiciones facultará al adquirente para rescindir el contrato, en el plazo de un año a contar desde la fecha de su otorgamiento, y exigir la indemnización de los daños y perjuicios que se le hubieren irrogado.

5. La publicidad relativa a urbanizaciones de iniciativa particular deberá expresar la fecha de aprobación del correspondiente planeamiento y no podrá contener indicación alguna en pugna con sus cláusulas.

✐ Artículo derogado por la Ley 6/1998, de 13 abril (§1).

⇒ Téngase en cuenta el art. único de la Ley 1/1997, de 18 junio, de Andalucía, que aprueba con carácter urgente y transitorio disposiciones en materia de régimen de suelo y ordenación urbana (§5).

Téngase en cuenta el art. único de la Ley 13/1997, de 23 diciembre, de Extremadura, que aprueba las normas reguladoras de la actividad urbanística (§32).

Téngase en cuenta el D. 132/1994, de 15 marzo, sobre aplicación en la Comunidad Autónoma del País Vasco del RDLeg 1/1992, de 26 junio, por el que se aprueba el Texto Refundido de la Ley sobre Régimen del Suelo y Ordenación Urbana (§48.1).

V. Jurisprudencia en arts. 53, 55 y 62 y concordantes del TRLS/1976 (§3).

TÍTULO II
VALORACIONES

CAPÍTULO I
Disposiciones generales

Artículo 46. Aplicación general de las reglas de valoración.

1. Las valoraciones del suelo se efectuarán con arreglo a los criterios establecidos en la presente Ley.

2. Estos criterios regirán cualquiera que sea la finalidad que motive la expropiación y la legislación urbanística o de otro carácter, que la legitime.

✐ Artículo derogado por la Ley 6/1998, de 13 abril (§1).

⇒ Téngase en cuenta el D. 132/1994, de 15 marzo, sobre aplicación en la Comunidad Autónoma del País Vasco del RDLeg 1/1992, de 26 junio, por el que se aprueba el Texto Refundido de la Ley sobre Régimen del Suelo y Ordenación Urbana (§48.1).

Artículo 47. Momento al que han de referirse las valoraciones.

Las valoraciones se entenderán referidas:

a) Cuando se aplique la expropiación forzosa, al momento de iniciación del expediente de justiprecio individualizado o de exposición al público del proyecto de expropiación cuando se siga el procedimiento de tasación conjunta.

b) Cuando la valoración sea necesaria a los efectos de determinar la indemnización por cambio de planeamiento en los supuestos previstos en el Título Sexto de esta Ley, al momento de la publicación de la aprobación definitiva del nuevo planeamiento.

✐ Artículo derogado por la Ley 6/1998, de 13 abril (§1).

⇒ Téngase en cuenta el D. 132/1994, de 15 marzo, sobre aplicación en la Comunidad Autónoma del País Vasco del RDLeg 1/1992, de 26 junio, por el que se aprueba el Texto Refundido de la Ley sobre Régimen del Suelo y Ordenación Urbana (§48.1).

Téngase en cuenta que interpuesto por la Asociación Nacional de Promotores y Constructores de Edificios recurso contencioso-administrativo contra el RDLeg 1/1992, de 26 junio, por el que se aprobó el Texto Refundido de la Ley del Suelo y Ordenación Urbana, el TS, en S. 25 junio 1997 (RJ 1997, 5382), declara extinguido el proceso, por falta de objeto, de los particulares correspondientes a la inconstitucionalidad ya declarada de determinados preceptos de la citada norma y lo estima parcialmente, anulando los arts. 47, 160.3, 219, 237.3 y 238.2 y la disp. transit. 1ª.3 de dicho Texto Refundido.

CAPÍTULO II
Valoración de terrenos

Artículo 48. Criterios de valoración de los terrenos según la clase de suelo.

1. El suelo no urbanizable y el urbanizable no programado que no cuente con Programa de Actuación Urbanística se tasarán con arreglo al valor inicial.

2. El suelo urbanizable programado que no cuente con el planeamiento de desarrollo preciso, según la legislación urbanística aplicable, se tasará agregando al valor inicial del terreno el 25 por 100 del coste estimado de su futura urbanización con arreglo a las normas del plan correspondiente o, en su defecto, del coste de la conversión del terreno en solar.

3. El suelo urbano cuya ordenación detallada no se contuviera en el planeamiento general vigente al tiempo de practicarse la valoración, se tasará con arreglo al planeamiento anterior, salvo que el valor así obtenido exceda del correspondiente al 50 por 100 del aprovechamiento urbanístico susceptible de apropiación por su titular conforme al nuevo planeamiento, en cuyo supuesto se aplicará el valor del citado porcentaje.

4. La valoración de los terrenos urbanos y urbanizables respecto de los que se hubiera completado su ordenación urbanística se hará de conformidad con su valor urbanístico.

✐ Artículo derogado por la Ley 6/1998, de 13 abril (§1).

⇒ Téngase en cuenta el D. 132/1994, de 15 marzo, sobre aplicación en la Comunidad Autónoma del País Vasco del RDLeg 1/1992, de 26 junio, por el que se aprueba el Texto Refundido de la Ley sobre Régimen del Suelo y Ordenación Urbana (§48.1).

Artículo 49. Valor inicial.

El valor inicial se determinará aplicando los criterios contenidos en las disposiciones que regulan las valoraciones catastrales del suelo de naturaleza rústica, sin consideración alguna a su posible utilización urbanística, salvo lo establecido en el número 2 del artículo anterior.

✐ Artículo derogado por la Ley 6/1998, de 13 abril (§1).

⇒ Téngase en cuenta el D. 132/1994, de 15 marzo, sobre aplicación en la Comunidad Autónoma del País Vasco del RDLeg 1/1992, de 26 junio, por el que se aprueba el Texto Refundido de la Ley sobre Régimen del Suelo y Ordenación Urbana (§48.1).
V. arts. 68 y concordantes de la Ley de Haciendas Locales vigente y RD 1020/1993, de 25 junio, incluido en el art. 27 de la Ley 6/1998, de 13 abril (§1).

Artículo 50. Valor Urbanístico.

1. El valor urbanístico se determinará en función del conjunto de derechos o facultades de este carácter que, en el momento de practicarse la valoración, se hubieran adquirido.

2. *En todo caso prevalecerá sobre el valor urbanístico el inicial, calculado según lo establecido en el artículo anterior, si éste fuera superior.*

✐ Artículo derogado por la Ley 6/1998, de 13 abril (§1).

⇒ Téngase en cuenta el D. 132/1994, de 15 marzo, sobre aplicación en la Comunidad Autónoma del País Vasco del RDLeg 1/1992, de 26 junio, por el que se aprueba el Texto Refundido de la Ley sobre Régimen del Suelo y Ordenación Urbana (§48.1).

Artículo 51. Derecho a urbanizar.

1. *En suelo urbanizable programado, el derecho a urbanizar agrega al valor inicial del terreno el 50 por 100 del coste estimado de su urbanización.*

2. *El valor del suelo urbano una vez adquirido el derecho a urbanizar, será el correspondiente al 50 por 100 del aprovechamiento urbanístico susceptible de apropiación.*

3. *Los terrenos cuyo propietario tenga adquirido el derecho a urbanizar se tasarán añadiendo al valor urbanístico correspondiente a esta fase el importe de los gastos ya efectuados tendentes a la ejecución del planeamiento, siempre que queden debidamente justificados.*

✐ Artículo derogado por la Ley 6/1998, de 13 abril (§1).

⇒ Téngase en cuenta el D. 132/1994, de 15 marzo, sobre aplicación en la Comunidad Autónoma del País Vasco del RDLeg 1/1992, de 26 junio, por el que se aprueba el Texto Refundido de la Ley sobre Régimen del Suelo y Ordenación Urbana (§48.1).

Artículo 52. Derecho a urbanizar extinguido.

Extinguido el derecho a urbanizar por incumplimiento de deberes urbanísticos, la valoración de los terrenos afectados será la siguiente:

a) Suelo urbanizable programado: valor inicial.

b) Suelo urbano: el 50 por 100 al aprovechamiento urbanístico susceptible de apropiación o el resultante del planeamiento anterior, si éste fuera inferior a aquél.

✐ Artículo derogado por la Ley 6/1998, de 13 abril (§1).

⇒ Téngase en cuenta el D. 132/1994, de 15 marzo, sobre aplicación en la Comunidad Autónoma del País Vasco del RDLeg 1/1992, de 26 junio, por el que se aprueba el Texto Refundido de la Ley sobre Régimen del Suelo y Ordenación Urbana (§48.1).

Artículo 53. Derecho al aprovechamiento urbanístico.

1. *Una vez adquirido el derecho al aprovechamiento urbanístico, el valor urbanístico de un terreno se determinará por aplicación a dicho aprovechamiento del valor básico de repercusión en el polígono, corregido en función de su situación concreta dentro del mismo.*

2. *A tal efecto, la Administración tributaria fijará para cada polígono fiscal el expresado valor básico correspondiente al uso y tipología edificatoria característicos, resultantes de la ordenación urbanística, cualquiera que sea la intensidad de dicho uso. Dicho valor básico de repercusión será el recogido en las ponencias de valores catastrales.*

3. *La ponderación de la situación y características de cada parcela*

dentro del respectivo polígono se determinará en la forma que defina la normativa sobre fijación de valores catastrales.

4. En los supuestos de inexistencia o pérdida de vigencia de los valores señalados en los números anteriores, o de inaplicabilidad de los mismos por modificación de las condiciones urbanísticas tenidas en cuenta al tiempo de su fijación, se aplicarán los valores de repercusión del suelo obtenidos por el método residual, conforme a lo dispuesto en la normativa técnica de valoración catastral.

✐ Artículo derogado por la Ley 6/1998, de 13 abril (§1).

⇒ Téngase en cuenta el D. 132/1994, de 15 marzo, sobre aplicación en la Comunidad Autónoma del País Vasco del RDLeg 1/1992, de 26 junio, por el que se aprueba el Texto Refundido de la Ley sobre Régimen del Suelo y Ordenación Urbana (§48.1).

V. RD 1020/1993, de 25 junio, incluido en el art. 27 de la LS 6/1998, de 13 abril (§1).

Artículo 54. Deducción de gastos de urbanización pendiente.

En el supuesto regulado en el artículo 27.2 y, en general, en la valoración de aprovechamientos urbanísticos se deducirá el coste de la urbanización precisa y no ejecutada, según las normas de este carácter contenidas en el planeamiento o, en su defecto, los costes necesarios para que el terreno correspondiente alcance la condición de solar.

✐ Artículo derogado por la Ley 6/1998, de 13 abril (§1).

⇒ Téngase en cuenta el D. 132/1994, de 15 marzo, sobre aplicación en la Comunidad Autónoma del País Vasco del RDLeg 1/1992, de 26 junio, por el que se aprueba el Texto Refundido de la Ley sobre Régimen del Suelo y Ordenación Urbana (§48.1).

Artículo 55. Derecho a edificar.

Los terrenos cuyo propietario tenga adquirido el derecho a edificar se tasarán añadiendo al valor urbanístico del aprovechamiento autorizado por la licencia, el 25 por 100 del coste de ejecución del proyecto para el que se obtuvo la misma y la totalidad de los gastos que, justificadamente, estén motivados por la edificación proyectada o iniciada.

✐ Artículo derogado por la Ley 6/1998, de 13 abril (§1).

⇒ Téngase en cuenta el D. 132/1994, de 15 marzo, sobre aplicación en la Comunidad Autónoma del País Vasco del RDLeg 1/1992, de 26 junio, por el que se aprueba el Texto Refundido de la Ley sobre Régimen del Suelo y Ordenación Urbana (§48.1).

Artículo 56. Derecho a la edificación.

1. La valoración de los terrenos, cuyo titular haya adquirido el derecho a la edificación, diferenciará el valor del suelo y el de la edificación.

2. El valor del suelo en el momento de concluirse la edificación será el correspondiente al aprovechamiento urbanístico que efectivamente se hubiera materializado sobre el mismo, sin adición o deducción alguna.

3. El valor de la edificación se determinará en función de su coste de reposición, corregido en atención a la antigüedad, estado de conservación y conformidad o no con la ordenación en vigor.

✐ Artículo derogado por la Ley 6/1998, de 13 abril (§1).

⇒ Téngase en cuenta el D. 132/1994, de 15 marzo, sobre aplicación en la Comunidad Autónoma del País Vasco del RDLeg 1/1992, de 26 junio, por el que se aprueba el Texto Refundido de la Ley sobre Régimen del Suelo y Ordenación Urbana (§48.1).
V. RD 1020/1993, de 25 junio, incluido en el art. 27 de la LS 6/1998, de 13 abril (§1).

Artículo 57. Reglas específicas de valoración.

Las reglas de valoración contenidas en este Capítulo, se entenderán sin perjuicio de la aplicación de las específicas contenidas en los artículos 30.1 y 3, 31.2, 34, 36.2, 38.3 y 40.2 de esta Ley.

✐ Artículo derogado por la Ley 6/1998, de 13 abril (§1).

⇒ Téngase en cuenta el D. 132/1994, de 15 marzo, sobre aplicación en la Comunidad Autónoma del País Vasco del RDLeg 1/1992, de 26 junio, por el que se aprueba el Texto Refundido de la Ley sobre Régimen del Suelo y Ordenación Urbana (§48.1).

CAPÍTULO III
Valoración de terrenos a obtener por expropiación

Artículo 58. Regla General.

La valoración de los terrenos destinados a sistemas generales, o a dotaciones locales en suelo urbano, que se obtengan por expropiación y de los terrenos incluidos en unidades de ejecución respecto de las que se hubiere fijado el sistema de expropiación, se determinará de conformidad con las reglas establecidas en este Capítulo.

✐ Artículo derogado por la Ley 6/1998, de 13 abril (§1).

⇒ Téngase en cuenta el D. 132/1994, de 15 marzo, sobre aplicación en la Comunidad Autónoma del País Vasco del RDLeg 1/1992, de 26 junio, por el que se aprueba el Texto Refundido de la Ley sobre Régimen del Suelo y Ordenación Urbana (§48.1).

Artículo 59. Suelo urbano.

1. La valoración de los terrenos destinados a sistemas generales adscritos, o en suelo urbano, o de los terrenos clasificados como suelo urbano en el resto de los supuestos previstos en el artículo anterior, será el resultado de referir a su superficie el 75 por 100 del aprovechamiento tipo del área de reparto donde estén adscritos, o situados, respectivamente.

2. En el supuesto de terrenos destinados a sistemas generales no incluidos en áreas de reparto, el aprovechamiento atribuible será el resultado de referir a la superficie de aquéllos el 75 por 100 del aprovechamiento tipo definido por el Plan General, en la forma que determine la legislación urbanística aplicable, con base en las determinaciones reales del propio Plan.

3. En defecto de dicha legislación se aplicarán las siguientes reglas:

a) Si sólo se hubiera delimitado un área de reparto, el mencionado porcentaje se aplicará sobre el aprovechamiento tipo de dicha área.

b) Si se hubieran delimitado varias áreas, el expresado porcentaje se aplicará sobre el promedio de los aprovechamientos tipo de las áreas con el uso y tipología residencial predominante en todo el suelo urbano, debidamente ponderados en función de su superficie respectiva, referido siempre a dicho uso residencial.

✐ Artículo derogado por la Ley 6/1998, de 13 abril (§1).

⇒ Téngase en cuenta el art. único de la Ley 1/1997, de 18 junio, de Andalucía, que aprueba con carácter urgente y transitorio disposiciones en materia de régimen de suelo y ordenación urbana (§5).

Téngase en cuenta el art. único de la Ley 13/1997, de 23 diciembre, de Extremadura, que aprueba las normas reguladoras de la actividad urbanística (§32).

Téngase en cuenta el D. 132/1994, de 15 marzo, sobre aplicación en la Comunidad Autónoma del País Vasco del RDLeg 1/1992, de 26 junio, por el que se aprueba el Texto Refundido de la Ley sobre Régimen del Suelo y Ordenación Urbana (§48.1).

Téngase en cuenta lo establecido en la disp. final 1ª de la Ley 6/1994, de 15 noviembre, Reguladora de la Actividad Urbanística en la Comunidad Autónoma de Valencia (§53).

Téngase en cuenta, no obstante, lo dispuesto en los arts. 23 a 32 de la Ley 6/1998, de 13 abril (§1).

Artículo 60. Suelo urbanizable programado.

La valoración, a efectos expropiatorios, de los terrenos destinados a sistemas generales adscritos, o en suelo urbanizable programado y de los incluidos en unidades de ejecución que hubieran de desarrollarse por el sistema de expropiación, en dicha clase de suelo, será el resultado de referir a su superficie el 50 por 100 del aprovechamiento tipo del área respectiva.

✐ Artículo derogado por la Ley 6/1998, de 13 abril (§1).

⇒ Téngase en cuenta el art. único de la Ley 1/1997 de 18 junio, de Andalucía, que aprueba con carácter urgente y transitorio disposiciones en materia de régimen de suelo y ordenación urbana (§5).

Téngase en cuenta el art. único de la Ley 13/1997, de 23 diciembre, de Extremadura, que aprueba las normas reguladoras de la actividad urbanística (§32).

Téngase en cuenta el D. 132/1994, de 15 marzo, sobre aplicación en la Comunidad Autónoma del País Vasco del RDLeg 1/1992, de 26 junio, por el que se aprueba el Texto Refundido de la Ley sobre Régimen del Suelo y Ordenación Urbana (§48.1).

Téngase en cuenta, no obstante, lo dispuesto en los arts. 23 a 32 de la Ley 6/1998, de 13 abril (§1).

Artículo 61. Terrenos destinados al Patrimonio municipal del suelo y otros fines de interés social.

Los terrenos que sean objeto de expropiación para la constitución y ampliación del Patrimonio Municipal del suelo y otros patrimonios públicos de suelo, o para la construcción de viviendas de protección pública u otros usos de interés social, se valorarán por aplicación del 75 o del 50 por 100 del aprovechamiento tipo del área de reparto correspondiente, según se trate de suelo urbano o urbanizable programado, respectivamente.

✐ Artículo derogado por la Ley 6/1998, de 13 abril (§1).

⇒ Téngase en cuenta el art. único de la Ley 1/1997, de 18 junio, de Andalucía, que aprueba con carácter urgente y transitorio disposiciones en materia de régimen de suelo y ordenación urbana (§5).

Téngase en cuenta el art. único de la Ley 13/1997, de 23 diciembre, de Extremadura, que aprueba las normas reguladoras de la actividad urbanística (§32).

Téngase en cuenta el D. 132/1994, de 15 marzo, sobre aplicación en la Comunidad

Autónoma del País Vasco del RDLeg 1/1992, de 26 junio, por el que se aprueba el Texto Refundido de la Ley sobre Régimen del Suelo y Ordenación Urbana (§48.1).

Téngase en cuenta, no obstante, lo dispuesto en los arts. 23 a 32 de la Ley 6/1998, de 13 abril (§1).

CAPÍTULO IV

Valoración del suelo urbano sin aprovechamiento tipo

Artículo 62. Suelo urbano sin aprovechamiento tipo.

1. En los municipios donde no hayan de regir las disposiciones de esta Ley sobre delimitación de áreas de reparto y cálculo del aprovechamiento tipo para suelo urbano, el aprovechamiento urbanístico que servirá de base para su valoración se determinará conforme a lo dispuesto en el artículo 27.4.

En defecto del planeamiento o cuando éste no atribuya aprovechamiento lucrativo alguno al terreno no incluido en unidad de ejecución, el aprovechamiento a tener en cuenta, a los solos efectos de su valoración, será de un metro cuadrado construible por cada metro de suelo, referido al uso predominante en el polígono fiscal en el que resulte incluido.

2. A los referidos aprovechamientos se aplicarán los porcentajes previstos en los artículos 30, 31, 32, 36, 38, 59.1 y 61 de esta Ley, según los distintos supuestos.

✐ Artículo derogado por la Ley 6/1998, de 13 abril (§1).

⇒ Téngase en cuenta el art. único de la Ley 1/1997, de 18 junio, de Andalucía, que aprueba con carácter urgente y transitorio disposiciones en materia de régimen de suelo y ordenación urbana (§5).

Téngase en cuenta el art. único de la Ley 13/1997, de 23 diciembre, de Extremadura, que aprueba las normas reguladoras de la actividad urbanística (§32).

Téngase en cuenta el D. 132/1994, de 15 marzo, sobre aplicación en la Comunidad Autónoma del País Vasco del RDLeg 1/1992, de 26 junio, por el que se aprueba el Texto Refundido de la Ley sobre Régimen del Suelo y Ordenación Urbana (§48.1).

Téngase en cuenta, no obstante, lo dispuesto en los arts. 23 a 32 de la Ley 6/1998, de 13 abril (§1).

CAPÍTULO V

Valoración de obras y otros bienes y derechos

Artículo 63. Valoración de obras, edificaciones, instalaciones, plantaciones y arrendamientos.

1. Las plantaciones, obras, edificaciones e instalaciones que existan en el suelo se valorarán con independencia del mismo con arreglo a los criterios de la Ley de Expropiación Forzosa y lo establecido en el artículo 56.3 de esta Ley, e incrementarán con su cuantía el valor total del inmueble, salvo que, por su carácter de mejoras permanentes, hayan sido tenidas en cuenta en la determinación del valor del terreno.

2. Las indemnizaciones a favor de los arrendatarios rústicos y urbanos se fijarán de acuerdo con lo previsto en la Ley de Expropiación Forzosa.

✐ Artículo derogado por la Ley 6/1998, de 13 abril (§1).

⇒ Téngase en cuenta el D. 132/1994, de 15 marzo, sobre aplicación en la Comunidad Autónoma del País Vasco del RDLeg 1/1992, de 26 junio, por el que se aprueba el Texto Refundido de la Ley sobre Régimen del Suelo y Ordenación Urbana (§48.1).
Téngase en cuenta, no obstante, lo dispuesto en los arts. 23 a 32 de la LS 6/1998, de 13 abril (§1).
V. RD 1020/1993, de 25 junio.

Artículo 64. Valoración de los derechos reales sobre inmuebles.

1. La valoración de los derechos reales sobre inmuebles, a los efectos de su constitución, modificación o extinción, se efectuará con arreglo a las disposiciones sobre expropiación que específicamente determinen el justiprecio de los mismos; subsidiariamente, según las normas del Derecho Administrativo o Civil que regule la institución y, en su defecto, por las establecidas para el Impuesto de Transmisiones Patrimoniales y Actos Jurídicos Documentados.

2. Al expropiar una finca gravada con cargas, la Corporación u organismo que la efectuare podrá elegir entre justipreciar cada uno de los derechos que concurren con el dominio, para distribuirlo entre los titulares de cada uno de ellos, o bien valorar el inmueble en su conjunto y consignar su importe en poder del Juzgado, para que éste fije y distribuya, por el trámite de los incidentes, la proporción que corresponda a los respectivos interesados.

✐ Artículo derogado por la Ley 6/1998, de 13 abril (§1).

⇒ Téngase en cuenta el D. 132/1994, de 15 marzo, sobre aplicación en la Comunidad Autónoma del País Vasco del RDLeg 1/1992, de 26 junio, por el que se aprueba el Texto Refundido de la Ley sobre Régimen del Suelo y Ordenación Urbana (§48.1).
Téngase en cuenta, no obstante, lo dispuesto en los arts. 23 a 32 de la LS 6/1998, de 13 abril (§1).
V. art. 135 del RGU (§3.2).

TÍTULO III
PLANEAMIENTO URBANÍSTICO DEL TERRITORIO

CAPÍTULO I
Clases de Planes de Ordenación

Sección 1ª Disposiciones generales

Artículo 65. Instrumentos de ordenación.

1. El territorio nacional podrá ordenarse para el ejercicio de competencias estatales en los términos del artículo 66.

2. Los Planes Directores Territoriales de Coordinación o instrumentos de ordenación del territorio establecidos por la legislación autonómica que afecten a la totalidad o parte del territorio de una Comunidad Autónoma tendrán por objeto la ordenación del territorio respectivo.

3. La ordenación urbanística de los municipios se realizará a través de Planes Generales Municipales y normas complementarias y subsidiarias de planeamiento.

4. Los Planes Generales Municipales se desarrollarán, según los casos, en Planes Parciales, Planes Especiales, Programas de Actuación Urbanística y estudios de detalle.

5. Para el desarrollo de las normas subsidiarias de planeamiento municipal se utilizarán los instrumentos de planeamiento derivado que sean procedentes, de acuerdo con las clases de suelo que aquéllas incorporen.

6. De conformidad con lo dispuesto en el artículo 84.3, podrán formularse directamente planes especiales.

✐ Artículo derogado por la Ley 6/1998, de 13 abril (§1).

⇒ Téngase en cuenta el art. único de la Ley 1/1997, de 18 junio, de Andalucía, que aprueba con carácter urgente y transitorio disposiciones en materia de régimen de suelo y ordenación urbana (§5).

Téngase en cuenta el art. único de la Ley 13/1997, de 23 diciembre, de Extremadura, que aprueba las normas reguladoras de la actividad urbanística (§32).

Téngase en cuenta el D. 132/1994, de 15 marzo, sobre aplicación en la Comunidad Autónoma del País Vasco del RDLeg 1/1992, de 26 junio, por el que se aprueba el Texto Refundido de la Ley sobre Régimen del Suelo y Ordenación Urbana (§48.1).

Téngase en cuenta lo establecido en la disp. final 1ª de la Ley 6/1994, de 15 noviembre, Reguladora de la Actividad Urbanística en la Comunidad Autónoma de Valencia (§53).

Sección 2ª Plan Nacional de Ordenación

Artículo 66. Objeto del Plan Nacional.

El Plan Nacional de Ordenación establecerá las grandes directrices territoriales, fijará los fines y objetivos y determinará las prioridades de la acción pública a escala del territorio nacional, de forma que permita la adopción coordinada de las decisiones estratégicas referentes a la compatibilidad del espacio económico con la calidad de vida y el bienestar social, así como la integración del espacio nacional en el europeo, en el marco de las competencias que constitucionalmente corresponden al Estado.

✐ Artículo derogado por la Ley 6/1998, de 13 abril (§1).

Artículo 67. Vinculación.

Las Administraciones Públicas desarrollarán sus actividades con incidencia territorial de forma coordinada en el marco de las directrices del Plan Nacional de Ordenación.

✐ Artículo derogado por la Ley 6/1998, de 13 abril (§1).

Sección 3ª Planes Directores Territoriales de Coordinación

Artículo 68. Objeto y contenido.

1. Los Planes Directores Territoriales de Coordinación establecerán las exigencias del desarrollo regional, las directrices para la ordenación del territorio, el marco físico dentro del que han de desarrollarse las previsiones del propio Plan y el modelo territorial en que ha de integrarse el planeamiento a que afecte.

2. Estos planes contendrán las siguientes determinaciones:

a) El esquema para la distribución geográfica de los usos y actividades a que debe destinarse prioritariamente el suelo afectado.

b) El señalamiento de las áreas en que se hayan de establecer limitaciones por exigencias de la defensa nacional, teniendo en cuenta la legislación específica en la materia, o por otras razones de interés público.

c) Las medidas de protección a adoptar en orden a la conservación del suelo, de los demás recursos naturales y a la defensa, mejora, desarrollo o renovación del medio ambiente natural y del Patrimonio Histórico.

d) El señalamiento y localización de las infraestructuras básicas relativas a las comunicaciones terrestres, marítimas y aéreas, al abastecimiento de agua, saneamiento, suministro de energía y otras análogas.

3. Los Planes Directores Territoriales de Coordinación comprenderán los estudios que justifiquen la elección del modelo territorial, los planes, normas y programas que requiera su realización y las bases técnicas y económicas para el desarrollo y ejecución del propio Plan.

✐ Artículo derogado por la Ley 6/1998, de 13 abril (§1).

⇒ Téngase en cuenta el D. 132/1994, de 15 marzo, sobre aplicación en la Comunidad Autónoma del País Vasco del RDLeg 1/1992, de 26 junio, por el que se aprueba el Texto Refundido de la Ley sobre Régimen del Suelo y Ordenación Urbana (§48.1).
Téngase en cuenta lo establecido en la disp. final 1ª de la Ley 6/1994, de 15 noviembre, Reguladora de la Actividad Urbanística en la Comunidad Autónoma de Valencia (§53).

Artículo 69. Vinculación.

1. Las Administraciones Públicas desarrollarán sus actividades con incidencia territorial de forma coordinada, en el marco de las determinaciones de los Planes Directores Territoriales de Coordinación. Las determinaciones de los Planes Directores Territoriales de Coordinación vincularán a los particulares.

2. Las Entidades locales cuyo territorio esté afectado, total o parcialmente, por un Plan Director Territorial de Coordinación, sin perjuicio de la inmediata entrada en vigor de éste, deberán adaptar a sus determinaciones, el planeamiento general, en el plazo de un año.

✐ Artículo derogado por la Ley 6/1998, de 13 abril (§1).

⇒ Téngase en cuenta el D. 132/1994, de 15 marzo, sobre aplicación en la Comunidad Autónoma del País Vasco del RDLeg 1/1992, de 26 junio, por el que se aprueba el Texto Refundido de la Ley sobre Régimen del Suelo y Ordenación Urbana (§48.1).

Téngase en cuenta lo establecido en la disp. final 1ª de la Ley 6/1994, de 15 noviembre, Reguladora de la Actividad Urbanística en la Comunidad Autónoma de Valencia (§53).

Sección 4ª Planeamiento General

Artículo 70. Plan General de Ordenación Urbana.

1. Los Planes Generales Municipales de Ordenación, como instrumento de ordenación integral, abarcarán uno o varios términos municipales completos y clasificarán el suelo para el establecimiento del régimen jurídico correspondiente; definirán los elementos fundamentales de la estructura general adoptada para la ordenación urbanística del territorio y establecerán el programa para su desarrollo y ejecución, así como el plazo mínimo de su vigencia.

2. Cuando existan Planes Territoriales, los Planes Generales Municipales deberán redactarse teniendo en cuenta las determinaciones y directrices establecidas en aquéllos.

✐ Artículo derogado por la Ley 6/1998, de 13 abril (§1).

⇒ Téngase en cuenta el art. único de la Ley 1/1997, de 18 junio, de Andalucía, que aprueba con carácter urgente y transitorio disposiciones en materia de régimen de suelo y ordenación urbana (§5).

Téngase en cuenta el art. único de la Ley 13/1997, de 23 diciembre, de Extremadura, que aprueba las normas reguladoras de la actividad urbanística (§32).

Téngase en cuenta el D. 132/1994, de 15 marzo, sobre aplicación en la Comunidad Autónoma del País Vasco del RDLeg 1/1992, de 26 junio, por el que se aprueba el Texto Refundido de la Ley sobre Régimen del Suelo y Ordenación Urbana (§48.1).

Téngase en cuenta lo establecido en la disp. final 1ª de la Ley 6/1994, de 15 noviembre, Reguladora de la Actividad Urbanística en la Comunidad Autónoma de Valencia (§53).

V. Jurisprudencia en arts. 10 y concordantes del TRLS/1976 (§3).

Artículo 71. Objeto del Plan General.

1. Los Planes Generales Municipales tienen por objeto específico, en el suelo urbano, completar su ordenación mediante la regulación detallada del uso de los terrenos y de la edificación; señalar la renovación o reforma interior que resultare procedente; definir aquellas partes de la estructura general del plan correspondiente a esta clase de terrenos y proponer los programas y medidas concretas de actuación para su ejecución.

2. Los Planes Generales Municipales tienen por objeto específico, en el suelo no urbanizable, definir los elementos fundamentales de la estructura general de la ordenación urbanística del territorio; establecer, según sus categorías, una regulación genérica de los diferentes usos globales y niveles de intensidad y fijar los programas de desarrollo a corto y medio plazo, referidos a un conjunto de actuaciones públicas y privadas.

Asimismo, regularán la forma y condiciones con que podrán incorporarse al desarrollo urbano actuaciones no programadas mediante los correspondientes Programas de Actuación Urbanística para la realización de Unidades urbanísticas integradas.

3. Los Planes Generales Municipales tienen por objeto específico, en el suelo no urbanizable, preservar dicho suelo del proceso de desarrollo urbano y establecer, en su caso, medidas de protección del territorio y del paisaje.

✐ Artículo derogado por la Ley 6/1998, de 13 abril (§1).

⇒ Téngase en cuenta el art. único de la Ley 1/1997, de 18 junio, de Andalucía, que aprueba con carácter urgente y transitorio disposiciones en materia de régimen de suelo y ordenación urbana (§5).

Téngase en cuenta el art. único de la Ley 13/1997, de 23 diciembre, de Extremadura, que aprueba las normas reguladoras de la actividad urbanística (§32).

Téngase en cuenta el D. 132/1994, de 15 marzo, sobre aplicación en la Comunidad Autónoma del País Vasco del RDLeg 1/1992, de 26 junio, por el que se aprueba el Texto Refundido de la Ley sobre Régimen del Suelo y Ordenación Urbana (§48.1).

Téngase en cuenta lo establecido en la disp. final 1ª de la Ley 6/1994, de 15 noviembre, Reguladora de la Actividad Urbanística en la Comunidad Autónoma de Valencia (§53).

V. Jurisprudencia en arts. 11 y concordantes del TRLS/1976 (§3).

Artículo 72. Determinaciones del Plan General.

1. Los Planes Generales Municipales de Ordenación o instrumentos de planeamiento análogos que puedan prever las Comunidades Autónomas contendrán las determinaciones pertinentes para asegurar la aplicación de las normas contenidas en esta Ley en lo que se refiere a valoraciones y al régimen urbanístico de la propiedad del suelo.

2. Con base en este objetivo, contendrán las siguientes determinaciones:

a) Clasificación y calificación urbanística del suelo.

b) Delimitación de áreas de reparto de cargas y beneficios y fijación de los aprovechamientos tipo en suelo urbanizable programado y, en su caso, en suelo urbano, de conformidad con lo establecido en el capítulo siguiente y en la disposición adicional primera.

c) Usos, intensidades y tipologías edificatorias resultantes de las operaciones de reforma interior a desarrollar mediante planeamiento especial, salvo que el ámbito de este planeamiento constituya un área de reparto independiente.

d) Estructura general y orgánica del territorio integrada por elementos determinantes del desarrollo urbano y, en particular, los sistemas generales de comunicación y sus zonas de protección, de espacios libres destinados a parques y zonas verdes públicos, en proporción no inferior a cinco metros cuadrados por habitante, y de equipamiento comunitario.

e) Carácter público o privado de las dotaciones.

f) Medidas para la protección del medio ambiente, conservación de la naturaleza y defensa del paisaje, elementos naturales y conjuntos urbanos e históricos, de conformidad, en su caso, con la legislación específica que sea de aplicación en cada supuesto.

g) Señalamiento de las circunstancias con arreglo a las cuales sea procedente, en su momento, la revisión del Plan, en función de la población total y su índice de crecimiento, recursos, usos e intensidad de ocupación y demás elementos que justificaron la clasificación del suelo inicialmente adoptada.

h) Plazos para la aprobación del planeamiento parcial.

3. Además de las anteriores, los Planes Generales deberán contener las siguientes determinaciones:

A. En suelo urbano:

a) Delimitación de su perímetro.

b) Asignación de usos y tipologías pormenorizadas y niveles de intensidad correspondientes a las diferentes zonas. Para las áreas remitidas a planeamiento especial, en los supuestos de inaplicación del aprovechamiento tipo, bastará con el señalamiento de los usos y niveles de intensidad.

c) Delimitación de los espacios libres y zonas verdes destinados a parques y jardines públicos, zonas deportivas, de recreo y de expansión, públicas y privadas.

d) Emplazamientos reservados para templos, centros docentes, asistenciales y sanitarios, y demás servicios de interés social, señalando su carácter público o privado.

e) Trazado y características de la red viaria pública y previsión de aparcamientos públicos y privados, con señalamiento de alineaciones y rasantes para el suelo urbano no sujeto a Plan Especial.

f) Reglamentación detallada del uso pormenorizado, volumen y condiciones higiénico-sanitarias de los terrenos y construcciones, así como de las características estéticas de la ordenación, de la edificación y de su entorno.

g) Características y trazado de las galerías y redes de abastecimiento de agua, alcantarillado, energía eléctrica y de aquellos otros servicios que, en su caso, prevea el Plan.

h) Evaluación económica de la implantación de los servicios y de la ejecución de las obras de urbanización.

Las dotaciones de los apartados c) y d) se establecerán en función de las características socio-económicas de la población y de acuerdo, en todo caso, con la legislación específica sobre la materia.

B. En suelo urbanizable programado:

a) Desarrollo de los sistemas de la estructura general de ordenación urbanística del territorio con la precisión suficiente para permitir la redacción de Planes Parciales.

b) Asignación de intensidades y usos globales a las diferentes zonas que se establezcan.

c) Trazado de las redes fundamentales de abastecimiento de agua, alcantarillado, energía eléctrica, servicio telefónico y demás servicios que, en su caso, prevea el Plan.

d) *División del territorio en sectores para el desarrollo en Planes Parciales.*

C. *En el suelo urbanizable no programado:*

a) *Señalamiento de usos incompatibles con los previstos en las distintas clases de suelo y con la estructura general.*

b) *Establecimiento de las características técnicas y de las magnitudes mínimas que han de reunir las actuaciones en esta categoría de suelo, en función de los distintos usos, y las dotaciones, servicios y equipamientos que les correspondan.*

D. *En el suelo no urbanizable, el Plan General establecerá las medidas y condiciones que sean precisas para la conservación y protección de todos y cada uno de los elementos naturales, bien sea suelo, flora, fauna o paisaje, a fin de evitar su degradación, y de las edificaciones y parajes que por sus características especiales lo aconsejen, con el ámbito de aplicación que en cada caso sea necesario.*

4. *Las determinaciones a que se hace referencia en este artículo se desarrollarán en los siguientes documentos, cuyo contenido y normas se fijarán reglamentariamente:*

a) *Memoria y estudios complementarios.*

b) *Planos de información.*

c) *Planos de ordenación urbanística del territorio.*

d) *Normas urbanísticas.*

e) *Programa de actuación.*

f) *Estudio económico y financiero.*

5. *Los Planes Generales deberán incluir un Programa de Actuación que establecerá:*

a) *Los objetivos, directrices y estrategia de su desarrollo a largo plazo para todo el territorio comprendido en su ámbito.*

b) *Las previsiones específicas concernientes a la realización de los sistemas generales.*

c) *Las etapas cuatrienales en que han de aprobarse los Planes Parciales en el suelo urbanizable programado.*

d) *En suelo urbano que no deba ser objeto de desarrollo de planeamiento de reforma interior, los plazos en que ha de darse cumplimiento a los deberes de cesión, equidistribución y urbanización y de solicitar licencia cuando se actúe sistemáticamente, así como los plazos para convertir la parcela en solar y solicitar licencia de edificación cuando se actúe asistemáticamente.*

e) *Para las áreas del suelo urbano remitidas a planeamiento de reforma interior, el plazo para su aprobación.*

✐ Artículo derogado por la Ley 6/1998, de 13 abril (§1).

⇒ Téngase en cuenta el art. único de la Ley 1/1997, de 18 junio, de Andalucía, que aprueba con carácter urgente y transitorio disposiciones en materia de régimen de suelo y ordenación urbana (§5).

Téngase en cuenta el art. único de la Ley 13/1997, de 23 diciembre, de Extremadura, que aprueba las normas reguladoras de la actividad urbanística (§32).

Téngase en cuenta el D. 132/1994, de 15 marzo, sobre aplicación en la Comunidad Autónoma del País Vasco del RDLeg 1/1992, de 26 junio, por el que se aprueba el Texto Refundido de la Ley sobre Régimen del Suelo y Ordenación Urbana (§48.1).

Téngase en cuenta lo establecido en la disp. final 1ª de la Ley 6/1994, de 15 noviembre, Reguladora de la Actividad Urbanística en la Comunidad Autónoma de Valencia (§53).

V. arts. 1 y 6 del D. 90/1994, de 13 julio, que desarrolla Texto Refundido de Ley de Régimen del Suelo y Ordenación Urbana, aprobado por RDLeg 1/1992, de 26 junio, en materia de criterios de delimitación de áreas de reparto, cálculo y aplicación del aprovechamiento tipo en Baleares (§14).

V. Jurisprudencia en arts. 12 y concordantes del TRLS/1976 (§3).

Artículo 73. Normas Complementarias y Subsidiarias.

Se podrán redactar Normas Complementarias y Subsidiarias del Planeamiento, que tendrán el rango jerárquico del Plan que complementen o sustituyan.

✐ Artículo derogado por la Ley 6/1998, de 13 abril (§1).

⇒ Téngase en cuenta el art. único de la Ley 1/1997, de 18 junio, de Andalucía, que aprueba con carácter urgente y transitorio disposiciones en materia de régimen de suelo y ordenación urbana (§5).

Téngase en cuenta el art. único de la Ley 13/1997, de 23 diciembre, de Extremadura, que aprueba las normas reguladoras de la actividad urbanística (§32).

Téngase en cuenta el D. 132/1994, de 15 marzo, sobre aplicación en la Comunidad Autónoma del País Vasco del RDLeg 1/1992, de 26 junio, por el que se aprueba el Texto Refundido de la Ley sobre Régimen del Suelo y Ordenación Urbana (§48.1).

Téngase en cuenta lo establecido en la disp. final 1ª de la Ley 6/1994, de 15 noviembre, Reguladora de la Actividad Urbanística en la Comunidad Autónoma de Valencia (§53).

V. Jurisprudencia en arts. 70, 71 y concordantes del TRLS/1976 (§3).

Artículo 74. Determinaciones de las Normas Complementarias.

1. Las Normas Complementarias de los Planes Generales tendrán por objeto regular aspectos no previstos o insuficientemente desarrollados por aquéllos.

2. Estas normas contendrán las siguientes determinaciones:

a) Fines y objetivos de su promulgación, expresando su carácter complementario de los Planes Generales, así como su conveniencia y oportunidad.

b) Determinación del ámbito en que sean de aplicación estas normas.

c) Relaciones e incidencias con el Plan General.

d) Disposiciones que complementen las determinaciones referentes a la edificación y a las obras de urbanización, o que suplan eventuales deficiencias de la ordenación.

e) Previsiones para edificios o servicios públicos y otros fines de interés general o comunitario en suelo insuficientemente dotado.

3. Las Normas Complementarias no podrán en ningún caso modificar la calificación del suelo ni alterar las determinaciones del Plan General que complementen.

✐ Artículo derogado por la Ley 6/1998, de 13 abril (§1).

⇒ Téngase en cuenta el art. único de la Ley 1/1997, de 18 junio, de Andalucía, que aprueba con carácter urgente y transitorio disposiciones en materia de régimen de suelo y ordenación urbana (§5).

Téngase en cuenta el art. único de la Ley 13/1997, de 23 diciembre, de Extremadura, que aprueba las normas reguladoras de la actividad urbanística (§32).

Téngase en cuenta el D. 132/1994, de 15 marzo, sobre aplicación en la Comunidad Autónoma del País Vasco del RDLeg 1/1992, de 26 junio, por el que se aprueba el Texto Refundido de la Ley sobre Régimen del Suelo y Ordenación Urbana (§48.1).

Téngase en cuenta lo establecido en la disp. final 1ª de la Ley 6/1994, de 15 noviembre, Reguladora de la Actividad Urbanística en la Comunidad Autónoma de Valencia (§53).

V. Jurisprudencia en arts. 71 y concordantes del TRLS/1976 (§3).

Artículo 75. Clases de Normas Subsidiarias.

Las Normas Subsidiarias del Planeamiento se redactarán con alguna de las finalidades siguientes:

a) Establecer para la totalidad de una provincia o parte de ella la normativa de carácter general sobre protección y aprovechamiento del suelo, urbanización y edificación aplicables a los municipios que carezcan de Plan General o de Normas Subsidiarias de carácter municipal.

b) Definir para los municipios que carezcan de Plan General la ordenación urbanística concreta de su territorio.

✐ Artículo derogado por la Ley 6/1998, de 13 abril (§1).

⇒ Téngase en cuenta el art. único de la Ley 1/1997, de 18 junio, de Andalucía, que aprueba con carácter urgente y transitorio disposiciones en materia de régimen de suelo y ordenación urbana (§5).

Téngase en cuenta el art. único de la Ley 13/1997, de 23 diciembre, de Extremadura, que aprueba las normas reguladoras de la actividad urbanística (§32).

Téngase en cuenta el D. 132/1994, de 15 marzo, sobre aplicación en la Comunidad Autónoma del País Vasco del RDLeg 1/1992, de 26 junio, por el que se aprueba el Texto Refundido de la Ley sobre Régimen del Suelo y Ordenación Urbana (§48.1).

Téngase en cuenta lo establecido en la disp. final 1ª de la Ley 6/1994, de 15 noviembre, Reguladora de la Actividad Urbanística en la Comunidad Autónoma de Valencia (§53).

Artículo 76. Normas Subsidiarias con ámbito provincial.

Las Normas Subsidiarias de Planeamiento Municipal con ámbito provincial contendrán las siguientes determinaciones:

a) Fines y objetivos de su promulgación.

b) Indicación de los términos municipales que constituyan su ámbito de aplicación.

c) Definición a efectos de lo dispuesto en los artículos 13 y 15 del concepto de núcleo de población.

d) Señalamiento de las zonas en que pueden urbanizarse con arreglo a las prescripciones contenidas en las propias normas.

e) Normas urbanísticas de carácter general.

✐ Artículo derogado por la Ley 6/1998, de 13 abril (§1).

⇒ Téngase en cuenta el art. único de la Ley 1/1997, de 18 junio, de Andalucía, que aprueba con carácter urgente y transitorio disposiciones en materia de régimen de suelo y ordenación urbana (§5).

Téngase en cuenta el art. único de la Ley 13/1997, de 23 diciembre, de Extremadura, que aprueba las normas reguladoras de la actividad urbanística (§32).

Téngase en cuenta el D. 132/1994, de 15 marzo, sobre aplicación en la Comunidad Autónoma del País Vasco del RDLeg 1/1992, de 26 junio, por el que se aprueba el Texto Refundido de la Ley sobre Régimen del Suelo y Ordenación Urbana (§48.1).

Téngase en cuenta lo establecido en la disp. final 1ª de la Ley 6/1994, de 15 noviembre, Reguladora de la Actividad Urbanística en la Comunidad Autónoma de Valencia (§53).

Artículo 77. Normas Subsidiarias de ámbito municipal.

Las Normas Subsidiarias de planeamiento municipal clasificarán el suelo en todas o algunas de las siguientes clases:

a) Suelo urbano, delimitando su perímetro y estableciendo su ordenación pormenorizada o remitiendo ésta a un Plan Especial de Reforma Interior.

b) Suelo apto para urbanizar, delimitando su ámbito territorial y fijando sus usos globales y niveles de intensidad.

c) Suelo no urbanizable, fijando, en su caso, normas de protección.

✐ Artículo derogado por la Ley 6/1998, de 13 abril (§1).

⇒ Téngase en cuenta el art. único de la Ley 1/1997, de 18 junio, de Andalucía, que aprueba con carácter urgente y transitorio disposiciones en materia de régimen de suelo y ordenación urbana (§5).

Téngase en cuenta el art. único de la Ley 13/1997, de 23 diciembre, de Extremadura, que aprueba las normas reguladoras de la actividad urbanística (§32).

Téngase en cuenta el D. 132/1994, de 15 marzo, sobre aplicación en la Comunidad Autónoma del País Vasco del RDLeg 1/1992, de 26 junio, por el que se aprueba el Texto Refundido de la Ley sobre Régimen del Suelo y Ordenación Urbana (§48.1).

Téngase en cuenta lo establecido en la disp. final 1ª de la Ley 6/1994, de 15 noviembre, Reguladora de la Actividad Urbanística en la Comunidad Autónoma de Valencia (§53).

Artículo 78. Normas Subsidiarias municipales. Determinaciones.

1. Las Normas Subsidiarias de ámbito municipal contendrán las siguientes determinaciones:

a) Fines y objetivos de su promulgación.

b) Infraestructuras básicas y sistemas generales de comunicaciones, espacios libres, áreas verdes y equipamiento comunitario.

c) Delimitación, en su caso, de los terrenos comprendidos en el suelo urbano, en las áreas uptas para la urbanización y en el suelo no urbanizable.

d) Definición del concepto de núcleo de población.

e) Asignación de usos y niveles de intensidad aplicables a las diferentes zonas en suelo urbano o que habrán de resultar de las operaciones de reforma interior previstas.

f) Asignación de intensidades y usos globales a las diferentes zonas en el suelo apto para urbanizar, delimitando los sectores o fijando los criterios para su determinación por los Planes Parciales.

g) Normas urbanísticas.

h) Trazado y características de la red viaria del suelo urbano, con determinación de alineaciones y rasantes en el suelo urbano no sujeto a Plan Especial.

i) Señalamiento y delimitación de las zonas objeto de protección especial en el suelo no urbanizable.

j) Orden de prioridades con fijación de los plazos para su ejecución.

2. En el suelo apto para urbanizar deberán delimitarse una o varias áreas de reparto con fijación de sus correspondientes aprovechamientos tipo.

3. Para la delimitación de las áreas aptas para la urbanización se deberá prever la proyección, dimensiones y características del desarrollo previsible.

✐ Artículo derogado por la Ley 6/1998, de 13 abril (§1).

⇒ Téngase en cuenta el art. único de la Ley 1/1997, de 18 junio, de Andalucía, que aprueba con carácter urgente y transitorio disposiciones en materia de régimen de suelo y ordenación urbana (§5).

Téngase en cuenta el art. único de la Ley 13/1997, de 23 de diciembre, de Extremadura, que aprueba las normas reguladoras de la actividad urbanística (§32).

Téngase en cuenta el D. 132/1994, de 15 marzo, sobre aplicación en la Comunidad Autónoma del País Vasco del RDLeg 1/1992, de 26 junio, por el que se aprueba el Texto Refundido de la Ley sobre Régimen del Suelo y Ordenación Urbana (§48.1).

Téngase en cuenta lo establecido en la disp. final 1ª de la Ley 6/1994, de 15 noviembre, Reguladora de la Actividad Urbanística en la Comunidad Autónoma de Valencia (§53).

Artículo 79. Documentos de las Normas Complementarias.

Las Normas Complementarias se expresarán en los siguiente documentos:

a) Memoria justificativa de sus fines y objetivos.

b) Planos de información y de ordenación, si fueren requeridos por el contenido de las normas, con el grado de precisión y escala adecuados al Plan General que complementen.

c) Reglamentación o definición, según los casos, de los extremos que constituyan el objeto de las normas.

d) Los demás documentos que requieran sus específicos objetivos.

✐ Artículo derogado por la Ley 6/1998, de 13 abril (§1).

⇒ Téngase en cuenta el art. único de la Ley 1/1997, de 18 junio, de Andalucía, que aprueba con carácter urgente y transitorio disposiciones en materia de régimen de suelo y ordenación urbana (§5).

Téngase en cuenta el art. único de la Ley 13/1997, de 23 diciembre, de Extremadura, que aprueba las normas reguladoras de la actividad urbanística (§32).

Téngase en cuenta el D. 132/1994, de 15 marzo, sobre aplicación en la Comunidad Autónoma del País Vasco del RDLeg 1/1992, de 26 junio, por el que se aprueba el Texto Refundido de la Ley sobre Régimen del Suelo y Ordenación Urbana (§48.1).

Téngase en cuenta lo establecido en la disp. final 1ª de la Ley 6/1994, de 15 noviembre, Reguladora de la Actividad Urbanística en la Comunidad Autónoma de Valencia (§53).

Artículo 80. Documentos de las Normas Subsidiarias.

1. Las Normas Subsidiarias de Planeamiento Municipal con ámbito provincial podrán contener los siguientes documentos, según los casos:

a) Memoria justificativa de sus fines y objetivos, así como de su conveniencia y oportunidad, expresiva del resultado del trámite de participación pública en el proceso de elaboración de las normas.

b) Planos de información que expresen los territorios y núcleos urbanos que constituyen su ámbito de aplicación a escala adecuada.

c) Normas de edificación para el suelo urbano.

d) Normas de protección para el suelo no urbanizable.

e) Cualquier otro documento que se estime procedente para el cumplimiento de las determinaciones de las propias normas.

2. Las Normas Subsidiarias de ámbito municipal contendrán los siguientes documentos:

a) Memoria justificativa de sus fines y objetivos, así como de su conveniencia y oportunidad, y de todas y cada una de sus determinaciones, con expresión del resultado del trámite de participación pública en el proceso de elaboración de las normas.

b) Planos de información de la totalidad de su ámbito territorial a escala adecuada.

c) Planos de ordenación que expresen, según los distintos supuestos, las determinaciones a que se refiere el artículo 78.

d) Normas urbanísticas de la ordenación que establezcan y, en su caso, regulación de las condiciones y plazos de urbanización y edificación en suelo urbano.

✐ Artículo derogado por la Ley 6/1998, de 13 abril (§1).

⇒ Téngase en cuenta el art. único de la Ley 1/1997, de 18 junio, de Andalucía, que aprueba con carácter urgente y transitorio disposiciones en materia de régimen de suelo y ordenación urbana (§5).

Téngase en cuenta el art. único de la Ley 13/1997, de 23 diciembre, de Extremadura, que aprueba las normas reguladoras de la actividad urbanística (§32).

Téngase en cuenta el D. 132/1994, de 15 marzo, sobre aplicación en la Comunidad Autónoma del País Vasco del RDLeg 1/1992, de 26 junio, por el que se aprueba el Texto Refundido de la Ley sobre Régimen del Suelo y Ordenación Urbana (§48.1).

Téngase en cuenta lo establecido en la disp. final 1ª de la Ley 6/1994, de 15 noviembre, Reguladora de la Actividad Urbanística en la Comunidad Autónoma de Valencia (§53).

Sección 5ª Delimitación de suelo urbano

Artículo 81. Proyecto de delimitación de suelo urbano.

1. Los municipios que carezcan de instrumento de planeamiento general formularán un Proyecto de Delimitación del suelo urbano, que deberá contener el señalamiento del perímetro de los terrenos comprendidos en el mismo, conforme a lo dispuesto por el artículo 13.2, quedando clasificado el resto como suelo no urbanizable.

2. El proyecto de delimitación podrá contener, además, las siguientes determinaciones:

a) Alineaciones del sistema viario existente, completando con las que sean procedentes las insuficiencias de dicho sistema.

b) Reglamentación de las condiciones de la edificación, mediante las ordenanzas correspondientes, con sujeción a lo dispuesto por el artículo 139.

✐ Artículo derogado por la Ley 6/1998, de 13 abril (§1).

⇒ Téngase en cuenta el art. único de la Ley 1/1997, de 18 junio, de Andalucía, que aprueba con carácter urgente y transitorio disposiciones en materia de régimen de suelo y ordenación urbana (§5).

Téngase en cuenta el art. único de la Ley 13/1997, de 23 diciembre, de Extremadura, que aprueba las normas reguladoras de la actividad urbanística (§32).

Téngase en cuenta el D. 132/1994, de 15 marzo, sobre aplicación en la Comunidad Autónoma del País Vasco del RDLeg 1/1992, de 26 junio, por el que se aprueba el Texto Refundido de la Ley sobre Régimen del Suelo y Ordenación Urbana (§48.1).

Téngase en cuenta lo establecido en la disp. final 1ª de la Ley 6/1994, de 15 noviembre, Reguladora de la Actividad Urbanística en la Comunidad Autónoma de Valencia (§53).

V. Jurisprudencia en arts. 81.2 y concordantes del TRLS/1976 (§3).

Sección 6ª Planeamiento de desarrollo

Artículo 82. Programas de actuación urbanística.

1. La ordenación y urbanización de terrenos clasificados como suelo urbanizable no programado se efectuará de conformidad con el Plan General Municipal respectivo, mediante Programas de Actuación Urbanística para la realización de unidades urbanísticas integradas.

2. Los Programas de Actuación Urbanística contendrán las siguientes determinaciones:

a) Desarrollo de los sistemas de la estructura general de la ordenación urbanística del territorio.

b) Señalamiento de usos y niveles de intensidad, con expresión del aprovechamiento tipo en todo su ámbito, de conformidad con lo dispuesto en el capítulo siguiente.

c) Trazado de las redes fundamentales de abastecimiento de agua, alcantarillado, teléfonos, energía eléctrica, comunicaciones y demás servicios que se prevean.

d) División del territorio para el desarrollo en etapas.

Estas determinaciones se complementarán para cada etapa con los correspondientes Planes Parciales y los Proyectos de Urbanización. En las promociones privadas se incluirán además los programas de edificación.

3. Los Programas de Actuación Urbanística constarán de los siguientes documentos:

a) Memoria que refleja la información urbanística utilizada.

b) Planos de información urbanística correspondientes a los terrenos objeto de actuación.

c) Planos de ordenación.

d) Normas urbanísticas para el desarrollo en Planes parciales.

e) Plan de Etapas.

f) Estudio económico-financiero.

✐ Artículo derogado por la Ley 6/1998, de 13 abril (§1).

⇒ Téngase en cuenta el art. único de la Ley 1/1997, de 18 junio, de Andalucía, que aprueba con carácter urgente y transitorio disposiciones en materia de régimen de suelo y ordenación urbana (§5).

Téngase en cuenta el art. único de la Ley 13/1997, de 23 diciembre, de Extremadura, que aprueba las normas reguladoras de la actividad urbanística (§32).

Téngase en cuenta el D. 132/1994, de 15 marzo, sobre aplicación en la Comunidad Autónoma del País Vasco del RDLeg 1/1992, de 26 junio, por el que se aprueba el Texto Refundido de la Ley sobre Régimen del Suelo y Ordenación Urbana (§48.1).

Téngase en cuenta lo establecido en la disp. final 1ª de la Ley 6/1994, de 15 noviembre, Reguladora de la Actividad Urbanística en la Comunidad Autónoma de Valencia (§53).

V. art. 7 del D. 90/1994, de 13 julio, que desarrolla Texto Refundido de Ley de Régimen del Suelo y Ordenación Urbana, aprobado por RDLeg 1/1992, de 26 junio, en materia de criterios de delimitación de áreas de reparto, cálculo y aplicación del aprovechamiento tipo en Baleares (§14).

Artículo 83. Planes Parciales: Objeto y determinaciones.

1. Los Planes Parciales de Ordenación tienen por objeto en el suelo clasificado como urbanizable programado o en el apto para urbanizar, desarrollar, mediante la ordenación detallada de una parte de su ámbito territorial, el Plan General o las Normas Subsidiarias del Planeamiento, respectivamente, y en el suelo clasificado como urbanizable no programado, los Programas de Actuación Urbanística.

No podrán redactarse Planes Parciales sin que, previa o simultáneamente, pero en expediente separado, se haya aprobado definitivamente, el Plan General o Normas Subsidiarias del Planeamiento; y, en ningún caso, podrán modificar las determinaciones de uno y de otras.

2. Los Planes Parciales de Ordenación contendrán las siguientes determinaciones:

a) Asignación y ponderación relativa de los usos pormenorizados y tipologías edificatorias de acuerdo con el Capítulo II de este título.

b) Delimitación de las zonas en que se divide el territorio ordenado por razón de los usos, y tipologías edificatorias y, en su caso, la división en unidades de ejecución.

c) Señalamiento de reservas de terrenos para parques y jardines, zonas deportivas y de recreo y expansión en proporción adecuada a las necesidades colectivas. La superficie destinada a dichas reservas, será como mínimo de

18 metros cuadrados por vivienda o por cada 100 metros cuadrados de edificación residencial si no se hubiera fijado expresamente el número de viviendas que se pudieran construir. Esta reserva no podrá ser inferior al 10 por 100 de la total superficie ordenada, cualquiera que sea el uso a que se destinen los terrenos y la edificación, y habrá de establecerse con independencia de las superficies destinadas en el Plan General a espacios libres o zonas verdes para parques. Las superficies mínimas señaladas en este apartado deberán ser de dominio y uso público.

d) Fijación de reservas de terrenos para centros culturales y docentes en la proporción mínima de 10 metros cuadrados por vivienda o por cada 100 metros cuadrados de edificación residencial si no se hubiera determinado expresamente el número de viviendas que se pudieran construir, agrupados según los módulos necesarios para formar unidades escolares completas.

e) Emplazamientos reservados para templos, centros asistenciales y sanitarios y demás servicios de interés público y social.

f) Trazado y características de la red de comunicaciones propias del sector y de su enlace con el sistema general de comunicaciones previsto en el Plan General de Ordenación, con señalamiento de alineaciones, rasantes y zonas de protección de toda la red viaria, y previsión de aparcamientos en la proporción mínima de una plaza por cada 100 metros cuadrados de edificación.

g) Características y trazado de las galerías y redes de abastecimiento de agua, alcantarillado, energía eléctrica y de aquellos otros servicios que, en su caso, prevea el plan.

h) Evaluación económica de la implantación de los servicios y de la ejecución de las obras de urbanización.

i) Plan de Etapas para el desarrollo de las determinaciones del Plan, en el que se incluya la fijación de los plazos para dar cumplimiento a los deberes de cesión, equidistribución y urbanización de las unidades de ejecución que comprenda el sector, y de solicitar licencia de edificación una vez adquirido el derecho al aprovechamiento urbanístico.

3. Respecto de las dotaciones señaladas en las letras c), d) y e) del número anterior, el Plan Parcial expresará su carácter público o privado con observancia, en su caso, de los mínimos públicos requeridos.

4. Los niveles correspondientes a las reservas de suelo establecidas en la letra e) del número segundo de este artículo, las relaciones entre éstas y las correspondientes a las letras c) y d) del mismo número y la graduación de ambas, en las distintas unidades de población, podrán fijarse reglamentariamente.

La densidad resultante en el sector no podrá ser superior a 75 viviendas por hectárea, en función de los tipos de población, usos pormenorizados y demás características que se determinen reglamentariamente. En casos excepcionales, el órgano competente de la respectiva Comunidad Autónoma podrá autorizar densidades de hasta 100 viviendas por hectárea, cuando las circunstancias urbanísticas de la localidad lo aconsejen.

5. Los Planes Parciales comprenderán los planos de información, incluido el catastral, y los estudios justificativos de sus determinaciones, así como los planos de proyecto, determinación de los servicios y ordenanzas reguladoras necesarias para su ejecución y, en su caso, los que se fijen reglamentariamente.

✐ Artículo derogado por la Ley 6/1998, de 13 abril (§1).

⇒ Téngase en cuenta el art. único de la Ley 1/1997, de 18 junio, de Andalucía, que aprueba con carácter urgente y transitorio disposiciones en materia de régimen de suelo y ordenación urbana (§5).

Téngase en cuenta el art. único de la Ley 13/1997, de 23 diciembre, de Extremadura, que aprueba las normas reguladoras de la actividad urbanística (§32).

Téngase en cuenta el D. 132/1994, de 15 marzo, sobre aplicación en la Comunidad Autónoma del País Vasco del RDLeg 1/1992, de 26 junio, por el que se aprueba el Texto Refundido de la Ley sobre Régimen del Suelo y Ordenación Urbana (§48.1).

Téngase en cuenta lo establecido en la disp. final 1ª de la Ley 6/1994, de 15 noviembre, Reguladora de la Actividad Urbanística en la Comunidad Autónoma de Valencia (§53).

V. Jurisprudencia en arts. 13, 96, 116 y concordantes del TRLS/1976 (§3).

Artículo 84. Planes Especiales. Clases.

1. En desarrollo de las previsiones contenidas en los Planes Territoriales y sin necesidad de previa aprobación de Plan General de Ordenación, podrán formularse y aprobarse Planes Especiales con las siguientes finalidades:

a) Desarrollo de las infraestructuras básicas relativas a las comunicaciones terrestres, marítimas y aéreas, al abastecimiento de aguas, saneamiento, suministro de energía y otras análogas.

b) Ordenación de recintos y conjuntos histórico-artísticos, y protección del paisaje, de las vías de comunicación, del suelo y subsuelo, del medio urbano, rural y natural, para su conservación y mejora en determinados lugares.

c) Cualesquiera otras finalidades análogas.

2. En desarrollo de las previsiones contenidas en los Planes Generales Municipales de Ordenación y en las normas complementarias y subsidiarias del planeamiento, podrán asimismo formularse Planes Especiales, sin necesidad de previa aprobación del Plan Parcial, con las siguientes finalidades:

a) Desarrollo del sistema general de comunicación y sus zonas de protección, del sistema de espacios libres destinados a parques públicos y zonas verdes y del sistema de equipamiento comunitario para centros y servicios públicos y sociales a nivel del Plan General.

b) Ordenación y protección de recintos y conjuntos arquitectónicos, históricos y artísticos.

c) Reforma interior en suelo urbano.

d) Protección de los elementos a que se alude en el párrafo b) del apartado anterior.

e) Saneamiento de las poblaciones.

f) Mejora de los medios urbano, rural y natural.

g) Cualesquiera otras finalidades análogas.

3. En ausencia del Plan Territorial, de Plan General, o cuando éstos no contuviesen las previsiones detalladas oportunas, y en áreas que constituyan una unidad que así lo recomiende, podrán redactarse Planes Especiales con las siguientes finalidades:

a) Establecimiento y coordinación de las infraestructuras básicas relativas al sistema de comunicaciones, al equipamiento comunitario y centros públicos de notorio interés general, al abastecimiento de agua y saneamiento y a las instalaciones y redes necesarias para suministro de energía, siempre que estas determinaciones no exijan la previa definición de un modelo territorial.

b) Protección, catalogación, conservación y mejora de los espacios naturales, del paisaje y del medio físico rural, del medio urbano y de sus vías de comunicación.

4. Los Planes Especiales contendrán las determinaciones necesarias para el desarrollo del Plan Territorial o del Plan de Ordenación correspondiente; y, en su defecto, las propias de su naturaleza y finalidad debidamente justificadas y desarrolladas en los estudios, planes y normas correspondientes.

5. En ningún caso los Planes Especiales podrán sustituir a los Planes Territoriales a los Planes Generales Municipales ni a las normas complementarias y subsidiarias del planeamiento, en su función de instrumentos de ordenación integral del territorio, por lo que no podrán clasificar suelo, sin perjuicio de las limitaciones de uso que puedan establecerse.

✐ Artículo derogado por la Ley 6/1998, de 13 abril (§1).

⇒ Téngase en cuenta el art. único de la Ley 1/1997, de 18 junio, de Andalucía, que aprueba con carácter urgente y transitorio disposiciones en materia de régimen de suelo y ordenación urbana (§5).

V. disp. adic. 2ª de la Ley 1/1994, de 11 enero, de Andalucía, de ordenación del territorio (§4).

Téngase en cuenta el art. único de la Ley 13/1997, de 23 diciembre, de Extremadura, que aprueba las normas reguladoras de la actividad urbanística (§32).

Téngase en cuenta el D. 132/1994, de 15 marzo, sobre aplicación en la Comunidad Autónoma del País Vasco del RDLeg 1/1992, de 26 junio, por el que se aprueba el Texto Refundido de la Ley sobre Régimen del Suelo y Ordenación Urbana (§48.1).

Téngase en cuenta lo establecido en la disp. final 1ª de la Ley 6/1994, de 15 noviembre, Reguladora de la Actividad Urbanística en la Comunidad Autónoma de Valencia (§53).

V. Jurisprudencia en arts. 17 a 25 y concordantes del TRLS/1976 (§3).

Artículo 85. Planes Especiales de reforma interior.

1. Los Planes Especiales de reforma interior en suelo urbano podrán tener por objeto las siguientes finalidades:

a) Llevar a cabo actuaciones aisladas que, conservando la estructura fundamental de la ordenación anterior, se encaminen a la descongestión del suelo urbano, creación de dotaciones urbanísticas y equipamiento comunitario, saneamiento de barrios insalubres, resolución de problemas de circulación o de estética y mejora del medio ambiente o de los servicios públicos y otros fines análogos.

b) Con los fines señalados en el párrafo anterior, realizar asimismo operaciones integradas de reforma interior.

2. Los Planes Especiales de reforma interior contendrán las determinaciones y documentos adecuados a los objetivos perseguidos por los mismos, y como mínimo los previstos para los Planes Parciales, salvo que alguno de ellos fuera innecesario por no guardar relación con la reforma. En todo caso, los Planes Especiales de reforma interior a que se refiere la letra b) del número 1 de este artículo contendrán la delimitación de las unidades de ejecución, fijación de los plazos de ejecución y la elección del sistema de actuación para su desarrollo.

✐ Artículo derogado por la Ley 6/1998, de 13 abril (§1).

⇒ Téngase en cuenta el art. único de la Ley 1/1997, de 18 junio, de Andalucía, que aprueba con carácter urgente y transitorio disposiciones en materia de régimen de suelo y ordenación urbana (§5).

Téngase en cuenta el art. único de la Ley 13/1997, de 23 diciembre, de Extremadura, que aprueba las normas reguladoras de la actividad urbanística (§32).

Téngase en cuenta el D. 132/1994, de 15 marzo, sobre aplicación en la Comunidad Autónoma del País Vasco del RDLeg 1/1992, de 26 junio, por el que se aprueba el Texto Refundido de la Ley sobre Régimen del Suelo y Ordenación Urbana (§48.1).

Téngase en cuenta lo establecido en la disp. final 1ª de la Ley 6/1994, de 15 noviembre, Reguladora de la Actividad Urbanística en la Comunidad Autónoma de Valencia (§53).

V. Jurisprudencia en arts. 23 y concordantes del TRLS/1976 (§3).

Artículo 86. Planes Especiales de protección del paisaje.

La protección del paisaje, para conservar determinados lugares o perspectivas del territorio nacional en cuanto constituye objeto de planeamiento especial, se referirá entre otros, a estos aspectos:

a) Areas naturales de interés paisajístico.

b) Predios rústicos de pintoresca situación, amenidad, singularidad topográfica o recuerdo histórico.

c) Edificios aislados que se distinguen por su emplazamiento o belleza arquitectónica y parque y jardines destacados por la hermosura, disposición artística, trascendencia histórica o importancia de las especies botánicas que en ellos existan.

d) Perímetros edificados que formen un conjunto de valores tradicionales o estéticos.

✐ Artículo derogado por la Ley 6/1998, de 13 abril (§1).

⇒ Téngase en cuenta el art. único de la Ley 1/1997, de 18 junio, de Andalucía, que aprueba con carácter urgente y transitorio disposiciones en materia de régimen de suelo y ordenación urbana (§5).

Téngase en cuenta el art. único de la Ley 13/1997, de 23 diciembre, de Extremadura, que aprueba las normas reguladoras de la actividad urbanística (§32).

Téngase en cuenta el D. 132/1994, de 15 marzo, sobre aplicación en la Comunidad Autónoma del País Vasco del RDLeg 1/1992, de 26 junio, por el que se aprueba el Texto Refundido de la Ley sobre Régimen del Suelo y Ordenación Urbana (§48.1).

Téngase en cuenta lo establecido en la disp. final 1ª de la Ley 6/1994, de 15 noviembre, Reguladora de la Actividad Urbanística en la Comunidad Autónoma de Valencia (§53).

Artículo 87. Protección de vías de comunicación.

La protección en el orden urbanístico de las vías de comunicación, en cuanto se refiere a la restricción del destino y del uso de los terrenos marginales, permitirá:

a) Dividir los terrenos en zonas de utilización, edificación, vegetación y panorámicas.

b) Prohibir o limitar, de acuerdo con la legislación vigente, el acceso directo a las fincas desde la carretera.

c) Señalar distancias mínimas para la desembocadura de otras vías.

d) Disponer el retranqueo de las edificaciones como previsión de futuras ampliaciones y el establecimiento de calzadas de servicio.

e) Ordenar los estacionamientos y los lugares de aprovisionamiento y descanso.

f) Mantener y mejorar la estética de las vías y zonas adyacentes.

✐ Artículo derogado por la Ley 6/1998, de 13 abril (§1).

⇒ Téngase en cuenta el art. único de la Ley 1/1997, de 18 junio, de Andalucía, que aprueba con carácter urgente y transitorio disposiciones en materia de régimen de suelo y ordenación urbana (§5).

Téngase en cuenta el art. único de la Ley 13/1997, de 23 diciembre, de Extremadura, que aprueba las normas reguladoras de la actividad urbanística (§32).

Téngase en cuenta el D. 132/1994, de 15 marzo, sobre aplicación en la Comunidad Autónoma del País Vasco del RDLeg 1/1992, de 26 junio, por el que se aprueba el Texto Refundido de la Ley sobre Régimen del Suelo y Ordenación Urbana (§48.1).

Téngase en cuenta lo establecido en la disp. final 1ª de la Ley 6/1994, de 15 noviembre, Reguladora de la Actividad Urbanística en la Comunidad Autónoma de Valencia (§53).

V. Jurisprudencia en arts. 20 y concordantes del TRLS/1976 (§3).

Artículo 88. Protección de otros espacios.

El planeamiento urbanístico especial podrá afectar, con fines de protección, a huertas, cultivos y espacios forestales, mediante restricciones de uso apropiadas para impedir su desaparición o alteración.

✐ Artículo derogado por la Ley 6/1998, de 13 abril (§1).

⇒ Téngase en cuenta el art. único de la Ley 1/1997, de 18 junio, de Andalucía, que aprueba con carácter urgente y transitorio disposiciones en materia de régimen de suelo y ordenación urbana (§5).

Téngase en cuenta el art. único de la Ley 13/1997, de 23 diciembre, de Extremadura, que aprueba las normas reguladoras de la actividad urbanística (§32).

Téngase en cuenta el D. 132/1994, de 15 marzo, sobre aplicación en la Comunidad Autónoma del País Vasco del RDLeg 1/1992, de 26 junio, por el que se aprueba el Texto Refundido de la Ley sobre Régimen del Suelo y Ordenación Urbana (§48.1).

Téngase en cuenta lo establecido en la disp. final 1ª de la Ley 6/1994, de 15 noviembre, Reguladora de la Actividad Urbanística en la Comunidad Autónoma de Valencia (§53).

V. Jurisprudencia en arts. 21 y concordantes del TRLS/1976 (§3).

Artículo 89. Mejora del medio urbano o rural.

La mejora del medio urbano o rural y de los suburbios de las ciudades podrá ser objeto de Planes Especiales encaminados a estas finalidades:

a) Modificar el aspecto exterior de las edificaciones, su carácter arquitectónico y su estado de conservación.

b) Alterar determinados elementos vegetales, jardines o arbolado.

c) Prohibir construcciones y usos perjudiciales.

d) Someter a normas urbanísticas el acoplamiento de las edificaciones.

✐ Artículo derogado por la Ley 6/1998, de 13 abril (§1).

⇒ Téngase en cuenta el art. único de la Ley 1/1997, de 18 junio, de Andalucía, que aprueba con carácter urgente y transitorio disposiciones en materia de régimen de suelo y ordenación urbana (§5).

Téngase en cuenta el art. único de la Ley 13/1997, de 23 diciembre, de Extremadura, que aprueba las normas reguladoras de la actividad urbanística (§32).

Téngase en cuenta el D. 132/1994, de 15 marzo, sobre aplicación en la Comunidad Autónoma del País Vasco del RDLeg 1/1992, de 26 junio, por el que se aprueba el Texto Refundido de la Ley sobre Régimen del Suelo y Ordenación Urbana (§48.1).

Téngase en cuenta lo establecido en la disp. final 1ª de la Ley 6/1994, de 15 noviembre, Reguladora de la Actividad Urbanística en la Comunidad Autónoma de Valencia (§53).

V. Jurisprudencia en arts. 22 y concordantes del TRLS/1976 (§3).

Artículo 90. Planes de Saneamiento.

Se conceptuarán como Planes y proyectos de saneamiento los que se refieren a obras en el suelo y subsuelo para mejorar las condiciones de salubridad, higiene y seguridad. Estos Planes y proyectos comprenderán las obras de abastecimiento de aguas potables, depuración y aprovechamiento de las residuales, instalación de alcantarillado, drenajes, fuentes, abrevaderos, lavaderos, recogida y tratamiento de basuras.

✐ Artículo derogado por la Ley 6/1998, de 13 abril (§1).

⇒ Téngase en cuenta el art. único de la Ley 1/1997, de 18 junio, de Andalucía, que aprueba con carácter urgente y transitorio disposiciones en materia de régimen de suelo y ordenación urbana (§5).

Téngase en cuenta el art. único de la Ley 13/1997, de 23 diciembre, de Extremadura, que aprueba las normas reguladoras de la actividad urbanística (§32).

Téngase en cuenta el D. 132/1994, de 15 marzo, sobre aplicación en la Comunidad Autónoma del País Vasco del RDLeg 1/1992, de 26 junio, por el que se aprueba el Texto Refundido de la Ley sobre Régimen del Suelo y Ordenación Urbana (§48.1).

Téngase en cuenta lo establecido en la disp. final 1ª de la Ley 6/1994, de 15 noviembre, Reguladora de la Actividad Urbanística en la Comunidad Autónoma de Valencia (§53).

V. Jurisprudencia en arts. 23 y concordantes del TRLS/1976 (§3).

Sección 7ª Otros instrumentos

Artículo 91. Estudios de Detalle.

1. Los Estudios de Detalle podrán formularse cuando fuere preciso completar o, en su caso, adaptar determinaciones establecidas en los Planes Generales para el suelo urbano y en los Planes Parciales.

2. Su contenido tendrá por finalidad prever o reajustar, según los casos:

a) El señalamiento de alineaciones y rasantes; y/o

b) La ordenación de los volúmenes de acuerdo con las especificaciones del planeamiento.

3. Los Estudios de Detalle mantendrán las determinaciones del planeamiento, sin alterar el aprovechamiento que corresponde a los terrenos comprendidos en el estudio.

En ningún caso podrán ocasionar perjuicio ni alterar las condiciones de la ordenación de los predios colindantes.

4. Los estudios de detalle comprenderán los documentos justificativos de los extremos señalados en el número 2.

✐ Artículo derogado por la Ley 6/1998, de 13 abril (§1).

⇒ Téngase en cuenta el art. único de la Ley 1/1997, de 18 junio, de Andalucía, que aprueba con carácter urgente y transitorio disposiciones en materia de régimen de suelo y ordenación urbana (§5).

Téngase en cuenta el art. único de la Ley 13/1997, de 23 diciembre, de Extremadura, que aprueba las normas reguladoras de la actividad urbanística (§32).

Téngase en cuenta el D. 132/1994, de 15 marzo, sobre aplicación en la Comunidad Autónoma del País Vasco del RDLeg 1/1992, de 26 junio, por el que se aprueba el Texto Refundido de la Ley sobre Régimen del Suelo y Ordenación Urbana (§48.1).

Téngase en cuenta lo establecido en la disp. final 1ª de la Ley 6/1994, de 15 noviembre, Reguladora de la Actividad Urbanística en la Comunidad Autónoma de Valencia (§53).

V. Jurisprudencia en arts. 14 y concordantes del TRLS/1976 (§3).

Artículo 92. Proyectos de Urbanización.

1. Los Proyectos de Urbanización son proyectos de obras que tienen por finalidad llevar a la práctica el planeamiento general en el suelo urbano y los Planes Parciales. No podrán contener determinaciones sobre ordenación ni régimen del suelo y de la edificación, y deberán detallar y programar las obras que comprendan con la precisión necesaria para que puedan ser ejecutadas por técnico distinto del autor del proyecto.

2. Los Proyectos de Urbanización no podrán modificar las previsiones del planeamiento que desarrollan, sin perjuicio de que puedan efectuar las adaptaciones exigidas por la ejecución material de las obras.

3. Los Proyectos de Urbanización comprenderán una memoria descriptiva de las características de las obras, plano de situación en relación con el conjunto urbano y planos de proyecto y de detalle, mediciones, cuadros de precios, presupuesto y pliego de condiciones de las obras y servicios.

✐ Artículo derogado por la Ley 6/1998, de 13 abril (§1).

⇒ Téngase en cuenta el art. único de la Ley 1/1997, de 18 junio, de Andalucía, que aprueba con carácter urgente y transitorio disposiciones en materia de régimen de suelo y ordenación urbana (§5).

Téngase en cuenta el art. único de la Ley 13/1997, de 23 diciembre, de Extremadura, que aprueba las normas reguladoras de la actividad urbanística (§32).

Téngase en cuenta el D. 132/1994, de 15 marzo, sobre aplicación en la Comunidad Autónoma del País Vasco del RDLeg 1/1992, de 26 junio, por el que se aprueba el Texto Refundido de la Ley sobre Régimen del Suelo y Ordenación Urbana (§48.1).

Téngase en cuenta lo establecido en la disp. final 1ª de la Ley 6/1994, de 15 noviembre, Reguladora de la Actividad Urbanística en la Comunidad Autónoma de Valencia (§53).

V. Jurisprudencia en arts. 15 y concordantes del TRLS/1976 (§3).

Artículo 93. Catálogos.

La protección a que el planeamiento se refiere cuando se trate de conservar o mejorar monumentos, jardines, parques naturales o paisajes, requerirá la inclusión de los mismos en catálogos, cuya aprobación se efectuará simultáneamente con la de aquél. No obstante, los bienes inmuebles declarados de interés cultural, se regirán por su legislación.

✐ Artículo derogado por la Ley 6/1998, de 13 abril (§1).

⇒ Téngase en cuenta el D. 132/1994, de 15 marzo, sobre aplicación en la Comunidad Autónoma del País Vasco del RDLeg 1/1992, de 26 junio, por el que se aprueba el Texto Refundido de la Ley sobre Régimen del Suelo y Ordenación Urbana (§48.1).

Téngase en cuenta lo establecido en la disp. final 1ª de la Ley 6/1994, de 15 noviembre, Reguladora de la Actividad Urbanística en la Comunidad Autónoma de Valencia (§53).

V. Jurisprudencia en arts. 25 y concordantes del TRLS/1976 (§3).

CAPÍTULO II

Áreas de reparto y aprovechamientos tipo

Artículo 94. Delimitación de áreas de reparto.

1. Los instrumentos de planeamiento general delimitarán para la totalidad del suelo urbano una o varias áreas de reparto de cargas y beneficios, con inclusión o no de los sistemas generales adscritos o en esta clase de suelo, según disponga la legislación urbanística aplicable.

2. Todos los terrenos clasificados como suelo urbanizable y los afectos a sistemas generales adscritos o en esta clase de suelo para su obtención, deberán quedar incluidos en áreas de reparto, cuya delimitación se hará conforme a lo que establezca la legislación urbanística aplicable.

3. Para delimitar las áreas de reparto se aplicarán las siguientes reglas:

a) En suelo urbano quedarán excluidos de las áreas de reparto los terrenos destinados a sistemas generales adscritos o incluidos en él.

Cuando las circunstancias lo aconsejen podrá considerarse la totalidad de este suelo como una sola área de reparto.

b) En suelo urbanizable programado, los sectores cuyo planeamiento parcial deba aprobarse en un mismo cuatrienio y los sistemas generales adscritos o incluidos en aquéllos para su gestión, integrarán una sola área de reparto.

c) En suelo urbanizable no programado, los ámbitos de cada Programa de Actuación Urbanística con los sistemas generales adscritos o incluidos en el sector o sectores que se delimiten, integrarán una sola área de reparto.

d) En suelo apto para urbanizar, en la forma que establezcan las normas subsidiarias de planeamiento.

✐ Artículo derogado por la Ley 6/1998, de 13 abril (§1).

⇒ Téngase en cuenta el art. único de la Ley 1/1997, de 18 junio, de Andalucía, que aprueba con carácter urgente y transitorio disposiciones en materia de régimen de suelo y ordenación urbana (§5).

Téngase en cuenta el art. único de la Ley 13/1997, de 23 diciembre, de Extremadura, que aprueba las normas reguladoras de la actividad urbanística (§32).

Téngase en cuenta el D. 132/1994, de 15 marzo, sobre aplicación en la Comunidad Autónoma del País Vasco del RDLeg 1/1992, de 26 junio, por el que se aprueba el Texto Refundido de la Ley sobre Régimen del Suelo y Ordenación Urbana (§48.1).

Téngase en cuenta lo establecido en la disp. final 1ª de la Ley 6/1994, de 15 noviembre, Reguladora de la Actividad Urbanística en la Comunidad Autónoma de Valencia (§53).

V. arts. 26 a 32, 96 y 185 a 199 del presente Texto Refundido.

V. art. 3 del D. 90/1994, de 13 julio, que desarrolla Texto Refundido de Ley de Régimen del Suelo y Ordenación Urbana, aprobado por RDLeg 1/1992, de 26 junio, en materia de criterios de delimitación de áreas de reparto, cálculo y aplicación del aprovechamiento tipo en Baleares (§14).

V. Jurisprudencia en arts. 81.2 y concordantes del TRLS/1976 (§3).

Jurisprudencia

«La Sala de instancia anuló el artículo 41 a) y b) de las Normas Urbanísticas del Plan, reguladoras de las transferencias de aprovechamiento urbanístico en suelo urbano, por entender aplicable la doctrina de esta Sala, plasmada, entre otras, en las Sentencias de 21 de diciembre de 1987 (RJ 1987, 9678), 30 de junio de 1989 (RJ 1989, 4924), 17 de julio de 1990 (RJ 1990, 6571), 19 de febrero de 1991 (RJ 1991, 961), 16 de junio y 8 de julio de 1992 (RJ 1992, 5081). En estas sentencias se trataba de un mecanismo por el cual para abonar el importe de las indemnizaciones debidas a los propietarios de terrenos clasificados como urbanos y de cesión obligatoria al municipio (conforme a criterios que desbordaban los establecidos en el artículo 83.3.1 TRLS), se establecía una especie de reparcelación en todo el suelo urbano y se imponía a todos los solicitantes de licencias de edificación la obligación de satisfacer una cantidad de dinero a imputar en una hipotética cuenta provisional de liquidación reparcelatoria, destinada a nutrir al Ayuntamiento de fondos para la adquisición de aquellos terrenos destinados a viales o terrenos de equipamiento. En tales casos esta Sala anuló los planes en que se preveía ese método por entender que el mismo contradecía principios esenciales, como son el de justa distribución de beneficios y cargas, consustancial a todo proceso urbanizador, al imponerse cesiones no exigidas en el artículo 83.3.1 TRLS, el de simultaneidad en el reparto de cargas y beneficios, que es inherente a la reparcelación, y el de la proscripción de cualquier discriminación entre propietarios, al producirse una grave diferencia de trato entre los propietarios de solares que contribuyen económicamente a la adquisición de terrenos destinados a dotaciones y los de terrenos edificados, que pueden beneficiarse ya de las dotaciones costeadas por los primeros pero no contribuyen ni pagan hasta la fecha, indeterminada e incierta, de su demolición y posterior edificación, sin que nada pudiera garantizar que para entonces subsistiera el plan. Sin embargo, desde sus Sentencias de 22 de junio de

1981 (RJ 1981, 728) y 4 de mayo de 1982 (RJ 1982, 3114), esta Sala ha reconocido la posibilidad de las transferencias de aprovechamiento urbanístico en suelo urbano, sobre la base de la fijación en él de un aprovechamiento tipo y de la actuación según el procedimiento de la reparcelación económica en unidades de actuación discontinuas, y las normas del Plan General que examinamos, en contra de lo sostenido por la sentencia de instancia, responden más al modelo enjuiciado en estas últimas sentencias que al de aquéllas.

A diferencia del Plan General de Mieres, objeto de la Sentencia de 21 de diciembre de 1987 (RJ 1987, 9678), en el que ahora examinamos no se cuestiona que las cesiones impuestas en suelo urbano se ajusten a los términos del artículo 83.3.1 TRLS, y a diferencia de ella y de las demás citadas por la Sala de instancia, así como de otras muchas más dictadas por este Tribunal en recursos interpuestos contra el Plan General de Madrid (9 y 3 de marzo de 1998 [RJ 1998, 1895 y 1886], entre las más recientes), no se trata de una reparcelación económica de carácter obligatorio, sino de una posibilidad libremente convenida entre los interesados, conforme a lo establecido en el artículo 124.1 Texto Refundido de la Ley del Suelo.

Básicamente el sistema parte del establecimiento de un aprovechamiento denominado normal para el suelo urbano, que concreta en él el contenido del derecho de propiedad, conforme al artículo 76 TRLS, y el de un aprovechamiento máximo, que no pertenece al propietario del suelo en que se sitúa sino que corresponde a los titulares de otros terrenos en suelo urbano destinados a uso dotacional, que sólo puede utilizar el propietario del suelo edificable previo acuerdo con los propietarios de estos últimos terrenos, o con el Ayuntamiento si el aprovechamiento derivado de aquéllos ha pasado a él, previa indemnización o compra a los propietarios.

El artículo 41 a) de las Normas Urbanísticas del Plan prevé la posibilidad de que el propietario utilice ese aprovechamiento superior al normal si cede terrenos en suelo urbano destinados a equipamientos de los que resulte ese aprovechamiento acumulable, y el 41 b) se refiere al supuesto de que ese propietario compre al Ayuntamiento una cantidad equivalente al valor del terreno necesario para situar ese aprovechamiento de exceso, pero esta última posibilidad no altera la naturaleza del mecanismo, significando únicamente la actuación intermediaria de la Administración, a fin de facilitar la gestión del plan en suelo urbano. La cantidad satisfecha a la Administración no es una compra abstracta de aprovechamiento, sino del aprovechamiento derivado de un terreno que aquélla ha adquirido previamente, pero cuya identificación y aprovechamiento resultante ha de determinarse necesariamente, conforme al procedimiento que para la delimitación de unidades de actuación establece el artículo 38 del Reglamento de Gestión Urbanística, procediéndose a la reparcelación, pudiéndose tramitar conjuntamente la reparcelación y la delimitación. Como el artículo 78.3 de dicho Reglamento prevé la posibilidad de que en suelo urbano y en los casos de reparcelación voluntaria, la unidad reparcelable sea discontinua, e incluso referirse a parcelas aisladas, siempre que quede asegurado el cumplimiento del plan y no se irrogue perjuicio a tercero, y éstos son los parámetros a los que se ajustan las citadas normas del Plan General que nos ocupa, hemos de estimar el motivo de casación opuesto por el Ayuntamiento de La Coruña, por infracción de este precepto reglamentario así como del artículo 124 Texto Refundido de la Ley del Suelo.

Únicamente cabe advertir que el establecimiento de aquel aprovechamiento normal es una determinación impugnable como cualquier otra del planeamiento, en particular y por lo que ahora importa, si el mismo se estableciera arbitrariamente o con un contenido tan exiguo que impusiera la compra de los aprovechamientos superiores como único medio de obtener el lógico beneficio de los solares existentes, estableciendo una inaceptable desigualdad con las fincas ya construidas y desvirtuando el mecanismo descrito, que se basa en la libre voluntad de los que intervienen en la reparcelación, pero nada de esto ha sido probado en el presente proceso». **(STS 13 marzo 1999 [RJ 1999, 340]).**

Artículo 95. Aprovechamiento tipo.

Para cada área de reparto el Plan General o Programa de Actuación Urbanística o instrumentos equivalentes, según los casos, definirán el aprovechamiento tipo respectivo, cuyo cálculo se realizará en la forma que se señala en los artículos siguientes.

✐ Artículo derogado por la Ley 6/1998, de 13 abril (§1).

⇒ Téngase en cuenta el art. único de la Ley 1/1997, de 18 junio, de Andalucía, que aprueba con carácter urgente y transitorio disposiciones en materia de régimen de suelo y ordenación urbana (§5).

Téngase en cuenta el art. único de la Ley 13/1997, de 23 diciembre, de Extremadura, que aprueba las normas reguladoras de la actividad urbanística (§32).

Téngase en cuenta el D. 132/1994, de 15 marzo, sobre aplicación en la Comunidad Autónoma del País Vasco del RDLeg 1/1992, de 26 junio, por el que se aprueba el Texto Refundido de la Ley sobre Régimen del Suelo y Ordenación Urbana (§48.1).

V. art. 5 del D. 90/1994, de 13 julio, que desarrolla Texto Refundido de Ley de Régimen del Suelo y Ordenación Urbana, aprobado por RDLeg 1/1992, de 26 junio, en materia de criterios de delimitación de áreas de reparto, cálculo y aplicación del aprovechamiento tipo en Baleares (§14).

V. arts. 26 a 32, 94 y 185 a 199 del presente Texto Refundido.

Artículo 96. Cálculo del aprovechamiento tipo en suelo urbano.

1. En suelo urbano, el aprovechamiento tipo de cada área de reparto se obtendrá dividiendo el aprovechamiento lucrativo total, incluido el dotacional privado, correspondiente a la misma, expresado siempre en metros cuadrados construibles del uso y tipología edificatoria característicos, por su superficie total excluidos los terrenos afectos a dotaciones públicas, de carácter general o local, ya existentes.

El resultado reflejará siempre, unitariamente, la superficie construible de uso y tipología característicos por cada metro cuadrado de suelo del área respectiva.

2. La legislación urbanística podrá establecer un sistema de cálculo del aprovechamiento lucrativo total por referencia a índice de edificabilidad, aplicación de condiciones edificatorias zonales o cualquier otro procedimiento, debiendo siempre basarse en las determinaciones reales del planeamiento e incluirá el aprovechamiento correspondiente al uso dotacional privado.

3. Para que el aprovechamiento tipo pueda expresarse por referencia al uso y tipología edificatoria característicos, el planeamiento fijará justificadamente los coeficientes de ponderación relativa entre dicho uso y tipología, al que siempre se le asignará el valor de la unidad, y los restantes, a los que corresponderán valores superiores o inferiores, en función de las circunstancias concretas del municipio y área de reparto.

✐ Artículo derogado por la Ley 6/1998, de 13 abril (§1).

⇒ Téngase en cuenta el art. único de la Ley 1/1997, de 18 junio, de Andalucía, que aprueba con carácter urgente y transitorio disposiciones en materia de régimen de suelo y ordenación urbana (§5).

Téngase en cuenta el art. único de la Ley 13/1997, de 23 diciembre, de Extremadura, que aprueba las normas reguladoras de la actividad urbanística (§32).

Téngase en cuenta el D. 132/1994, de 15 marzo, sobre aplicación en la Comunidad Autónoma del País Vasco del RDLeg 1/1992, de 26 junio, por el que se aprueba el Texto Refundido de la Ley sobre Régimen del Suelo y Ordenación Urbana (§48.1).

Téngase en cuenta lo establecido en la disp. final 1ª de la Ley 6/1994, de 15 noviembre, Reguladora de la Actividad Urbanística en la Comunidad Autónoma de Valencia (§53).

V. arts. 26 a 32, 94 y 185 a 199 del presente Texto Refundido.

V. Jurisprudencia y concordancias en arts. 83.3, 84.2 y 84.3 del TRLS/1976 (§3).

Artículo 97. Cálculo del aprovechamiento tipo en suelo urbanizable.

1. El Plan General en el suelo urbanizable programado o el Programa de Actuación Urbanística en el no programado fijarán el aprovechamiento tipo de cada área de reparto dividiendo el aprovechamiento lucrativo total de las zonas incluidas en ella, expresado en metros cuadrados construibles del uso característico, por la superficie total del área.

2. La ponderación relativa de los usos de las diferentes zonas, en relación siempre con el característico, se producirá en la forma señalada en el número 3 del artículo anterior.

3. Los Planes Parciales, respetando la ponderación fijada por el Plan General para las zonas que incluyan, establecerán la ponderación relativa de los usos pormenorizados y tipologías edificatorias resultantes de la subzonificación que contengan, con referencia igualmente al uso y tipología edificatoria característicos.

4. Si la legislación de las Comunidades Autónomas estableciera instrumentos de planeamiento que sustituyan en su territorio a los Planes Generales, normas subsidiarias o a los Programas de Actuación Urbanística, a ellos corresponderá la fijación del aprovechamiento tipo para cada área de reparto y las ponderaciones relativas de los usos pormenorizados y tipologías edificatorias, de acuerdo con las reglas anteriores.

✐ Artículo derogado por la Ley 6/1998, de 13 abril (§1).

⇒ Téngase en cuenta el art. único de la Ley 1/1997, de 18 junio, de Andalucía, que aprueba con carácter urgente y transitorio disposiciones en materia de régimen de suelo y ordenación urbana (§5).

Téngase en cuenta el art. único de la Ley 13/1997, de 23 diciembre, de Extremadura, que aprueba las normas reguladoras de la actividad urbanística (§32).

Téngase en cuenta el D. 132/1994, de 15 marzo, sobre aplicación en la Comunidad Autónoma del País Vasco del RDLeg 1/1992, de 26 junio, por el que se aprueba el Texto Refundido de la Ley sobre Régimen del Suelo y Ordenación Urbana (§48.1).

V. arts. 26 a 32, 94 y 185 a 199 del presente Texto Refundido.

Artículo 98. Otras determinaciones.

1. Se considerará uso característico de cada área de reparto el predominante según la ordenación urbanística aplicable.

2. Los terrenos destinados por el planeamiento urbanístico a edificaciones o instalaciones de uso o servicio público tendrán carácter dotacional, por lo que no serán tenidos en cuenta a efectos del cálculo de los aprovechamientos lucrativos.

3. Si el planeamiento general calificara terrenos con destino a la cons-

trucción de viviendas de protección oficial u otro régimen de protección pública, considerará esta calificación como un uso específico, asignándosele el coeficiente de ponderación que, justificadamente y en coordinación con los criterios de valoración catastral, exprese su valor en relación con el característico del área en que quede incluido.

Artículo derogado por la Ley 6/1998, de 13 abril (§1).

⇒ Téngase en cuenta el art. único de la Ley 1/1997, de 18 junio, de Andalucía, que aprueba con carácter urgente y transitorio disposiciones en materia de régimen de suelo y ordenación urbana (§5).

Téngase en cuenta el art. único de la Ley 13/1997, de 23 diciembre, de Extremadura, que aprueba las normas reguladoras de la actividad urbanística (§32).

Téngase en cuenta el D. 132/1994, de 15 marzo, sobre aplicación en la Comunidad Autónoma del País Vasco del RDLeg 1/1992, de 26 junio, por el que se aprueba el Texto Refundido de la Ley sobre Régimen del Suelo y Ordenación Urbana (§48.1).

V. arts. 26 a 32 del presente Texto Refundido.

Jurisprudencia

«En cuanto a la validez de las aludidas determinaciones del Plan que implican una afectación de suelo urbanizable privado a la construcción de viviendas de protección oficial (principalmente los arts. 10.2.1 y 10.2.2 de sus Normas Urbanísticas), en detrimento de otras no incluidas en esta calificación, debe significarse que también este problema ha sido resuelto por este Tribunal Supremo, en el mismo sentido que propugna el demandante y ha quedado reconocido en la sentencia apelada, es decir, que tales determinaciones limitativas del derecho de dominio privado contenidas en un instrumento de planeamiento, aunque sea el básico Plan General, carecen de apoyo legal, puesto que si bien el art. 33.2 de la Constitución establece que la función social de la propiedad delimitará su contenido de acuerdo con las leyes, es lo cierto que el art. 76 del **Texto Refundido de la Ley del Suelo aprobado por Real Decreto 1346/1976 de 9 abril**, contiene una habilitación legal, en favor de los Planes, que solamente se refiere a los contenidos urbanísticos del derecho de propiedad y no se extiende a otras limitaciones distintas, como son las del régimen especial de la viviendas de protección oficial, que afectan a la construcción y financiación, enajenación y uso arrendaticio del inmueble construido al amparo de dicho régimen, que tiende a favorecer la promoción de aquel tipo de viviendas y en el que nuestro Ordenamiento discurre por el cauce de las actividades de fomento y no por el de la técnica urbanística; por tanto, no hay posibilidad normativa de que un Plan General, de rango meramente reglamentario, contenga determinaciones o calificaciones que supongan dicha afectación o vinculación de inmuebles privados para la construcción de viviendas de protección oficial (en definitiva, serias limitaciones al derecho de propiedad), según han declarado las Sentencias de este Alto Tribunal de 11-1-1985, 1-6-1987 (RJ 1987, 5906), 17 abril y 22 mayo 1991, estas últimas dictadas en procesos en que precisamente se impugnaban los mismos actos recurridos en el presente y, en el punto que ahora se examina, por análogos motivos de impugnación». **(STS 8 julio 1992 [RJ 1992, 5749]).**

Artículo 99. Aplicación del aprovechamiento tipo y de las transferencias de aprovechamiento.

1. La aplicación efectiva del aprovechamiento tipo correspondiente para determinar el aprovechamiento susceptible de apropiación, según esta Ley, y de las transferencias de aprovechamientos vinculadas a éste, tendrá lugar, en los terrenos ya edificados no incluidos en unidades de ejecución, cuando se proceda a sustituir la edificación existente.

2. Los supuestos de rehabilitación no exigida por el planeamiento urba-

nístico o disposiciones especiales, que puedan considerarse en atención a sus características y alcance equivalentes a la sustitución de la edificación, se sujetarán al régimen de ésta. En todo caso, se considerará sustitución de la edificación la ejecución de obras que por su naturaleza hubieran permitido la declaración de ruina del inmueble.

3. En los supuestos de rehabilitación forzosa y respecto de edificaciones que tengan un aprovechamiento distinto al correspondiente al área de reparto en que se encuentren, se tendrá en cuenta esta circunstancia a efectos de ayudas específicas y beneficios fiscales.

✐ Artículo derogado por la Ley 6/1998, de 13 abril (§1).

⇒ Téngase en cuenta el art. único de la Ley 1/1997, de 18 junio, de Andalucía, que aprueba con carácter urgente y transitorio disposiciones en materia de régimen de suelo y ordenación urbana (§5).

Téngase en cuenta el art. único de la Ley 13/1997, de 23 diciembre, de Extremadura, que aprueba las normas reguladoras de la actividad urbanística (§32).

Téngase en cuenta el D. 132/1994, de 15 marzo, sobre aplicación en la Comunidad Autónoma del País Vasco del RDLeg 1/1992, de 26 junio, por el que se aprueba el Texto Refundido de la Ley sobre Régimen del Suelo y Ordenación Urbana (§48.1).

Téngase en cuenta lo establecido en la disp. final 1ª de la Ley 6/1994, de 15 noviembre, Reguladora de la Actividad Urbanística en la Comunidad Autónoma de Valencia (§53).

V. arts. 26 a 32, 94 y 185 a 199 del presente Texto Refundido.

Artículo 100. Inaplicación de aprovechamiento tipo.

Lo dispuesto en los artículos anteriores se entenderá sin perjuicio de lo establecido en la disposición adicional primera.

✐ Artículo derogado por la Ley 6/1998, de 13 abril (§1).

⇒ Téngase en cuenta el D. 132/1994, de 15 marzo, sobre aplicación en la Comunidad Autónoma del País Vasco del RDLeg 1/1992, de 26 junio, por el que se aprueba el Texto Refundido de la Ley sobre Régimen del Suelo y Ordenación Urbana (§48.1).

CAPÍTULO III

Elaboración y aprobación de los Planes

Sección 1ª Actos preparatorios

Artículo 101. Apoyo a la redacción de Planes.

Los Organismos públicos, los concesionarios de servicios públicos y los particulares prestarán su concurso a la redacción de Planes de Ordenación y, al efecto, facilitarán a los Organismos encargados de su redacción los documentos e informaciones necesarias.

✐ Artículo derogado por la Ley 6/1998, de 13 abril (§1).

⇒ Téngase en cuenta el art. único de la Ley 1/1997, de 18 junio, de Andalucía, que aprueba con carácter urgente y transitorio disposiciones en materia de régimen de suelo y ordenación urbana (§5).

Téngase en cuenta el art. único de la Ley 13/1997, de 23 diciembre, de Extremadura, que aprueba las normas reguladoras de la actividad urbanística (§32).

Téngase en cuenta el D. 132/1994, de 15 marzo, sobre aplicación en la Comunidad

Autónoma del País Vasco del RDLeg 1/1992, de 26 junio, por el que se aprueba el Texto Refundido de la Ley sobre Régimen del Suelo y Ordenación Urbana (§48.1).

V. Jurisprudencia en arts. 26 y concordantes del TRLS/1976 (§3).

Artículo 102. Suspensión del otorgamiento de licencias.

1. Los órganos competentes para la aprobación inicial y provisional de los Planes Generales Municipales, Normas Subsidiarias del planeamiento municipal, Planes Parciales, Especiales o Estudios de Detalle, podrán acordar la suspensión del otorgamiento de licencias de parcelación de terrenos, edificación y demolición para áreas o usos determinados, con el fin de estudiar su formación o reforma.

Dicho acuerdo habrá de publicarse en los «Boletines Oficiales» de la provincia o provincias afectadas y, en su defecto, en el de la Comunidad Autónoma y en uno de los diarios de mayor difusión de cada una de ellas.

2. El acuerdo de aprobación inicial de los instrumentos de ordenación enumerados en el apartado anterior determinará, por sí solo, la suspensión del otorgamiento de licencias en aquellas áreas del territorio objeto del planeamiento cuyas nuevas determinaciones supongan modificación del régimen urbanístico vigente, debiéndose señalar expresamente las áreas afectadas por la suspensión.

3. La suspensión a que se refiere el número 1, se extinguirá, en todo caso, en el plazo de un año. Si se hubiera producido dentro de ese plazo el acuerdo de aprobación inicial, la suspensión se mantendrá para las áreas cuyas nuevas determinaciones de planeamiento supongan modificación de la ordenación urbanística y sus efectos se extinguirán definitivamente transcurridos dos años desde el acuerdo de suspensión adoptado para estudiar el planeamiento o su reforma. Si la aprobación inicial se produce una vez transcurrido el plazo del año, la suspensión derivada de esta aprobación inicial tendrá también la duración máxima de un año.

Si con anterioridad al acuerdo de aprobación inicial no se hubiese suspendido el otorgamiento de licencias conforme a lo dispuesto en el número 1 de este artículo, la suspensión determinada por dicha aprobación inicial tendrá una duración máxima de dos años.

En cualquier caso, la suspensión se extingue con la aprobación definitiva del planeamiento.

4. Extinguidos los efectos de la suspensión en cualquiera de los supuestos previstos, no podrán acordarse nuevas suspensiones en el plazo de cinco años, por idéntica finalidad.

5. Los peticionarios de licencias solicitadas con anterioridad a la publicación de la suspensión tendrán derecho a ser indemnizados del coste oficial de los proyectos y a la devolución, en su caso, de las tasas municipales.

✐ Artículo derogado por la Ley 6/1998, de 13 abril (§1).

⇒ Téngase en cuenta el art. único de la Ley 1/1997, de 18 junio, de Andalucía, que aprueba con carácter urgente y transitorio disposiciones en materia de régimen de suelo y ordenación urbana (§5).

Téngase en cuenta el art. único de la Ley 13/1997, de 23 diciembre, de Extremadura, que aprueba las normas reguladoras de la actividad urbanística (§32).

Téngase en cuenta el D. 132/1994, de 15 marzo, sobre aplicación en la Comunidad Autónoma del País Vasco del RDLeg 1/1992, de 26 junio, por el que se aprueba el Texto Refundido de la Ley sobre Régimen del Suelo y Ordenación Urbana (§48.1).

V. Jurisprudencia en arts. 27 y concordantes del TRLS/1976 (§3).

Artículo 103. Avances de planeamiento.

1. Las Entidades y Organismos interesados podrán formular avances de planeamiento y anteproyectos parciales que sirvan de orientación para su redacción sobre bases aceptadas en principio.

2. Los avances y anteproyectos se podrán remitir al Ayuntamiento y al órgano competente de la Comunidad Autónoma, sin el trámite de información pública.

3. La aprobación sólo tendrá efectos administrativos internos preparatorios de la redacción del planeamiento y proyectos definitivos.

✐ Artículo derogado por la Ley 6/1998, de 13 abril (§1).

⇒ Téngase en cuenta el art. único de la Ley 1/1997, de 18 junio, de Andalucía, que aprueba con carácter urgente y transitorio disposiciones en materia de régimen de suelo y ordenación urbana (§5).

Téngase en cuenta el art. único de la Ley 13/1997, de 23 diciembre, de Extremadura, que aprueba las normas reguladoras de la actividad urbanística (§32).

Téngase en cuenta el D. 132/1994, de 15 marzo, sobre aplicación en la Comunidad Autónoma del País Vasco del RDLeg 1/1992, de 26 junio, por el que se aprueba el Texto Refundido de la Ley sobre Régimen del Suelo y Ordenación Urbana (§48.1).

V. Jurisprudencia en arts. 28 y concordantes del TRLS/1976 (§3).

Sección 2ª Iniciativa y colaboración en el planeamiento

Artículo 104. Planes de iniciativa particular.

1. Las Entidades públicas y los particulares podrán redactar y elevar a la Administración competente para su tramitación los instrumentos de desarrollo del planeamiento general que, en cada caso, establezca la legislación urbanística aplicable.

2. Los propietarios afectados deberán presentar dichos instrumentos cuando así lo establezca la legislación urbanística aplicable, con sujeción a los plazos previstos en el planeamiento, en el previsto en el Programa de Actuación Urbanística o, al fijado por el Órgano autonómico competente, de conformidad, en su caso, con lo dispuesto en aquélla.

3. Si hubieren obtenido la previa autorización del Ayuntamiento, les serán facilitados por los Organismos públicos cuantos elementos informativos precisaren para llevar a cabo la redacción y podrán efectuar en fincas particulares las ocupaciones necesarias para la redacción del Plan con arreglo a la Ley de Expropiación Forzosa.

✐ Artículo derogado, salvo el ap. 3, por la Ley 6/1998, de 13 abril (§1). V. disp. derog. única.

⇒ Según resulta de la STC 61/1997, de 20 marzo (RTC 1997, 61) y la disp. final única de esta Ley, en relación con lo establecido en la disp. derog. única de la Ley del Suelo

6/1998, de 13 abril, este precepto tiene el carácter de legislación básica en virtud de lo previsto en el art. 149.1.1ª, 8ª, 13ª, 18ª y 23ª de la Constitución.

V. arts. 4 y 16 de la Ley 6/1998, de 13 abril (§1).

Téngase en cuenta el art. único de la Ley 1/1997, de 18 junio, de Andalucía, que aprueba con carácter urgente y transitorio disposiciones en materia de régimen de suelo y ordenación urbana (§5).

Téngase en cuenta el art. único de la Ley 13/1997, de 23 diciembre, de Extremadura, que aprueba las normas reguladoras de la actividad urbanística (§32).

Téngase en cuenta el D. 132/1994, de 15 marzo, sobre aplicación en la Comunidad Autónoma del País Vasco del RDLeg 1/1992, de 26 junio, por el que se aprueba el Texto Refundido de la Ley sobre Régimen del Suelo y Ordenación Urbana (§48.1).

Téngase en cuenta lo establecido en la disp. final 1ª de la Ley 6/1994, de 15 noviembre, Reguladora de la Actividad Urbanística en la Comunidad Autónoma de Valencia (§53).

V. Jurisprudencia en arts. 52, 53, 54 y concordantes del TRLS/1976 (§3) en lo relativo a iniciativa y colaboración particular; arts. 84, 85, 86 y concordantes del TRLS/1976 (§3) en lo relativo al suelo urbanizable.

Artículo 105. Documentos.

1. Los Planes y proyectos redactados por particulares deberán contener los documentos que para cada clase indica el Capítulo I de este Título.

2. Cuando se refieran a urbanizaciones de iniciativa particular, se habrán de consignar además los siguientes datos:

a) Memoria justificativa de la necesidad o conveniencia de la urbanización.

b) Nombre, apellidos y dirección de los propietarios afectados.

c) Modo de ejecución de las obras de urbanización y previsión sobre la futura conservación de las mismas.

d) Compromisos que se hubieren de contraer entre el urbanizador y el Ayuntamiento, y entre aquél y los futuros propietarios de solares.

e) Garantías del exacto cumplimiento de dichos compromisos.

f) Medios económicos de toda índole con que cuente el promotor o promotores para llevar a cabo la actuación.

✐ Artículo derogado por la Ley 6/1998, de 13 abril (§1).

⇒ Téngase en cuenta el art. único de la Ley 1/1997, de 18 junio, de Andalucía, que aprueba con carácter urgente y transitorio disposiciones en materia de régimen de suelo y ordenación urbana (§5).

Téngase en cuenta el art. único de la Ley 13/1997, de 23 diciembre, de Extremadura, que aprueba las normas reguladoras de la actividad urbanística (§32).

Téngase en cuenta el D. 132/1994, de 15 marzo, sobre aplicación en la Comunidad Autónoma del País Vasco del RDLeg 1/1992, de 26 junio, por el que se aprueba el Texto Refundido de la Ley sobre Régimen del Suelo y Ordenación Urbana (§48.1).

Téngase en cuenta lo establecido en la disp. final 1ª de la Ley 6/1994, de 15 noviembre, Reguladora de la Actividad Urbanística en la Comunidad Autónoma de Valencia (§53).

Artículo 106. Tramitación.

1. Los Planes y proyectos a que se refiere el artículo anterior se elevarán al Ayuntamiento y serán tramitados conforme a lo previsto en las seccio-

nes 3ª y 4ª con citación personal para la información pública de los propietarios de los terrenos comprendidos en aquéllos.

2. Si afectaren a varios municipios, se presentarán en la Diputación Provincial o, en su defecto, en el Órgano autonómico competente y seguirán el procedimiento a que se refiere el número anterior.

3. El acto de aprobación podrá imponer las condiciones, modalidades y plazos que fueren convenientes.

✐ Artículo derogado por la Ley 6/1998, de 13 abril (§1).

⇒ Téngase en cuenta el art. único de la Ley 1/1997, de 18 junio, de Andalucía, que aprueba con carácter urgente y transitorio disposiciones en materia de régimen de suelo y ordenación urbana (§5).

Téngase en cuenta el art. único de la Ley 13/1997, de 23 diciembre, de Extremadura, que aprueba las normas reguladoras de la actividad urbanística (§32).

Téngase en cuenta el D. 132/1994, de 15 marzo, sobre aplicación en la Comunidad Autónoma del País Vasco del RDLeg 1/1992, de 26 junio, por el que se aprueba el Texto Refundido de la Ley sobre Régimen del Suelo y Ordenación Urbana (§48.1).

Téngase en cuenta lo establecido en la disp. final 1ª de la Ley 6/1994, de 15 noviembre, Reguladora de la Actividad Urbanística en la Comunidad Autónoma de Valencia (§53).

V. Jurisprudencia en arts. 54 y concordantes del TRLS/1976 (§3).

Sección 3ª Competencia y procedimiento

Artículo 107. Formulación del Plan Nacional.

1. Corresponde al Ministerio de Obras Públicas y Transportes proponer al Consejo de Ministros el Real Decreto de formación del Plan Nacional de Ordenación.

2. El Consejo de Ministros determinará en el Real Decreto aprobatorio de la elaboración del Plan Nacional de Ordenación:

a) El Organismo u Organismos públicos que han de intervenir en la redacción del Plan y ejercerá las facultades de dirección y control periódico de los trabajos de elaboración; las que reserva el propio Consejo o se atribuyen al Ministerio de Obras Públicas y Transportes y los plazos para la elaboración del Plan.

b) La participación de las Comunidades Autónomas y Corporaciones locales correspondientes en la elaboración de los trabajos.

c) Las bases o normas para la colaboración, en su caso, de otras Entidades públicas o privadas.

✐ Artículo derogado por la Ley 6/1998, de 13 abril (§1).

⇒ Téngase en cuenta el D. 132/1994, de 15 marzo, sobre aplicación en la Comunidad Autónoma del País Vasco del RDLeg 1/1992, de 26 junio, por el que se aprueba el Texto Refundido de la Ley sobre Régimen del Suelo y Ordenación Urbana (§48.1).

Artículo 108. Formulación de los Planes Directores Territoriales de Coordinación.

Los Planes Directores Territoriales de Coordinación serán formulados, tramitados y aprobados según las normas autonómicas que sean de aplicación.

✐ Artículo derogado por la Ley 6/1998, de 13 abril (§1).

⇒ Téngase en cuenta el D. 132/1994, de 15 marzo, sobre aplicación en la Comunidad Autónoma del País Vasco del RDLeg 1/1992, de 26 junio, por el que se aprueba el Texto Refundido de la Ley sobre Régimen del Suelo y Ordenación Urbana (§48.1).

Téngase en cuenta lo establecido en la disp. final 1ª de la Ley 6/1994, de 15 noviembre, Reguladora de la Actividad Urbanística en la Comunidad Autónoma de Valencia (§53).

Artículo 109. Formulación del planeamiento general.

1. Los Planes Generales municipales y Normas Subsidiarias de ámbito municipal, o los instrumentos de planeamiento establecidos por la legislación autonómica que los sustituyan, serán formulados por los Ayuntamientos.

2. Los Ayuntamientos podrán solicitar su formulación al órgano competente de la Comunidad Autónoma o a la Diputación.

3. Las Normas Subsidiarias municipales de ámbito provincial serán formuladas por la Diputación Provincial o por el órgano competente de la Comunidad Autónoma.

4. En todo caso, la redacción podrá encargarse a los técnicos de la Corporación o a los que se designaren, directamente o por concurso, entre facultativos competentes.

5. En el caso de que el Ayuntamiento no formulara ningún instrumento de planeamiento general en el plazo señalado por el órgano autonómico competente, podrá éste disponer la formulación del que se estime adecuado, acordando lo procedente en cuanto a la redacción. Los gastos de formulación serán sufragados por las respectivas Entidades locales, salvo circunstancias especiales y justificadas en expediente instruido al efecto.

✐ Artículo derogado por la Ley 6/1998, de 13 abril (§1).

⇒ Téngase en cuenta el art. único de la Ley 1/1997, de 18 junio, de Andalucía, que aprueba con carácter urgente y transitorio disposiciones en materia de régimen de suelo y ordenación urbana (§5).

Téngase en cuenta el art. único de la Ley 13/1997, de 23 diciembre, de Extremadura, que aprueba las normas reguladoras de la actividad urbanística (§32).

Téngase en cuenta el D. 132/1994, de 15 marzo, sobre aplicación en la Comunidad Autónoma del País Vasco del RDLeg 1/1992, de 26 junio, por el que se aprueba el Texto Refundido de la Ley sobre Régimen del Suelo y Ordenación Urbana (§48.1).

Téngase en cuenta lo establecido en la disp. final 1ª de la Ley 6/1994, de 15 noviembre, Reguladora de la Actividad Urbanística en la Comunidad Autónoma de Valencia (§53).

Artículo 110. Plan de conjunto.

1. Si las necesidades urbanísticas de un municipio aconsejaren la extensión de su zona de influencia a otro u otros, en defecto de acuerdo entre las Entidades afectadas, el órgano competente de la Comunidad Autónoma a instancia del municipio o de oficio podrá disponer la formulación de un Plan de conjunto.

2. *Igual medida será aplicable cuando conviniere ordenar urbanísticamente alguna comarca.*

3. *En ambos supuestos, el órgano competente de la Comunidad Autónoma determinará la extensión territorial de los Planes, el Ayuntamiento u Organismo que hubiere de redactarlos y la proporción en que los municipios afectados deben contribuir a los gastos.*

4. *Los Ayuntamientos comprendidos en el Plan asumirán las obligaciones que de éste se derivaren.*

✐ Artículo derogado por la Ley 6/1998, de 13 abril (§1).

⇒ Téngase en cuenta el art. único de la Ley 1/1997, de 18 junio, de Andalucía, que aprueba con carácter urgente y transitorio disposiciones en materia de régimen de suelo y ordenación urbana (§5).

Téngase en cuenta el art. único de la Ley 13/1997, de 23 diciembre, de Extremadura, que aprueba las normas reguladoras de la actividad urbanística (§32).

Téngase en cuenta el D. 132/1994, de 15 marzo, sobre aplicación en la Comunidad Autónoma del País Vasco del RDLeg 1/1992, de 26 junio, por el que se aprueba el Texto Refundido de la Ley sobre Régimen del Suelo y Ordenación Urbana (§48.1).

Téngase en cuenta lo establecido en la disp. final 1ª de la Ley 6/1994, de 15 noviembre, Reguladora de la Actividad Urbanística en la Comunidad Autónoma de Valencia (§53).

Artículo 111. Formulación de Planes Parciales, Especiales y Programas de Actuación Urbanística.

1. *Los Planes Parciales, Especiales y Programas de Actuación Urbanística podrán ser formulados por las Entidades locales y órganos competentes en el orden urbanístico.*

2. *Los Programas de Actuación Urbanística podrán también formarse por los adjudicatarios correspondientes conforme a lo dispuesto en los artículos 177 a 184.*

✐ Artículo derogado por la Ley 6/1998, de 13 abril (§1).

⇒ Téngase en cuenta el art. único de la Ley 1/1997, de 18 junio, de Andalucía, que aprueba con carácter urgente y transitorio disposiciones en materia de régimen de suelo y ordenación urbana (§5).

Téngase en cuenta el art. único de la Ley 13/1997, de 23 diciembre, de Extremadura, que aprueba las normas reguladoras de la actividad urbanística (§32).

Téngase en cuenta el D. 132/1994, de 15 marzo, sobre aplicación en la Comunidad Autónoma del País Vasco del RDLeg 1/1992, de 26 junio, por el que se aprueba el Texto Refundido de la Ley sobre Régimen del Suelo y Ordenación Urbana (§48.1).

Téngase en cuenta lo establecido en la disp. final 1ª de la Ley 6/1994, de 15 noviembre, Reguladora de la Actividad Urbanística en la Comunidad Autónoma de Valencia (§53).

V. Jurisprudencia en arts. 34 y concordantes del TRLS/1976 (§3).

Artículo 112. Tramitación del Plan Nacional.

Redactado el Plan conforme a las prescripciones contenidas en el Real Decreto correspondiente se elevará, a través del Ministerio de Obras Públicas y Transportes previo informe de la Comisión Central del Territorio y

Urbanismo, al Consejo de Ministros, el cual, si procediera, lo remitirá a las Cortes para su aprobación.

✐ Artículo derogado por la Ley 6/1998, de 13 abril (§1).

⇒ Téngase en cuenta el D. 132/1994, de 15 marzo, sobre aplicación en la Comunidad Autónoma del País Vasco del RDLeg 1/1992, de 26 junio, por el que se aprueba el Texto Refundido de la Ley sobre Régimen del Suelo y Ordenación Urbana (§48.1).

Artículo 113. Tramitación de los Planes Directores Territoriales de Coordinación.

1. *La tramitación de los Planes Directores Territoriales de Coordinación se sujetará a las reglas que se establezcan en las normas autonómicas aplicables y, en su defecto, por las que se establezcan en el acuerdo que ordene su formulación.*

2. *En todo caso, deberá asegurarse el trámite de información pública y de audiencia a la Administración del Estado en aquellos aspectos que sean de su competencia, y a las Entidades locales afectadas.*

✐ Artículo derogado, salvo ap. 2, por la Ley 6/1998, de 13 abril (§1).

⇒ Según resulta de la STC 61/1997, de 20 marzo (RTC 1997, 61) y la disp. final única de esta Ley, en relación con lo establecido en la disp. derog. única de la Ley del Suelo 6/1998, de 13 abril (§1), este precepto tiene el carácter de legislación básica en virtud de lo previsto en el artículo 149.1.1ª, 8ª, 13ª, 18ª y 23ª de la Constitución.

Téngase en cuenta el D. 132/1994, de 15 marzo, sobre aplicación en la Comunidad Autónoma del País Vasco del RDLeg 1/1992, de 26 junio, por el que se aprueba el Texto Refundido de la Ley sobre Régimen del Suelo y Ordenación Urbana (§48.1).

Téngase en cuenta lo establecido en la disp. final 1ª de la Ley 6/1994, de 15 noviembre, Reguladora de la Actividad Urbanística en la Comunidad Autónoma de Valencia (§53).

Artículo 114. Tramitación de los instrumentos de planeamiento general y de la Delimitación de Suelo Urbano.

1. *Aprobado inicialmente el Plan General de Ordenación Urbana, Normas Subsidiarias municipales o Proyecto de Delimitación de Suelo Urbano por la Entidad u Organismo que lo hubiera formulado, éste lo someterá a información pública, como mínimo durante un mes, mediante anuncio en el «Boletín Oficial» de la Comunidad Autónoma, en el de la provincia, en su caso, y publicación en uno de los diarios de mayor circulación en esta última. Transcurrido el plazo, si se tratare de planes o normas no formulados por el Ayuntamiento respectivo, se abrirá otro período de igual duración para dar audiencia a las Entidades locales a cuyo territorio afectaren.*

✐ El ap. 1 de este artículo fue modificado por el art. 3 de la Ley 7/1997, de 14 abril, antes de su total derogación en 1998, en los siguientes términos: «El período de información pública al que se hace referencia en los arts. 114.1 y 116 a) no superará los dos meses».

2. *La Entidad u Organismo que hubiere aprobado inicialmente los instrumentos citados, en vista del resultado de la información pública, lo aprobará provisionalmente con las modificaciones que procedieren. Si dichas modificaciones significaran un cambio sustancial del plan inicialmente aprobado, se abrirá un nuevo período de información pública antes de otorgar la aprobación provisional. Si se trata de planes generales de capitales de*

provincia o de municipios de más de 50.000 habitantes, una vez aprobado provisionalmente se interesará de la Diputación Provincial, si existiere, y, en su caso, del órgano autonómico competente, informes, que se entenderán favorables si no se emitiesen en el plazo de un mes. Cumplidos estos trámites someterá el plan, con el expediente completo, al órgano competente que deba otorgar la aprobación definitiva, a fin de que lo examine en todos sus aspectos y resuelva sobre dicha aprobación.

3. La aprobación definitiva de los planes generales, normas subsidiarias y proyectos de delimitación del suelo urbano se entenderá producida por el transcurso de seis meses desde la entrada del expediente completo en el Registro del órgano competente para otorgarla, sin que se hubiera comunicado la resolución.

4. Si el órgano a quien corresponde la aprobación definitiva no la otorgare, señalará las deficiencias y subsiguientes modificaciones que procediere introducir para que, subsanadas por la Entidad u Organismo que hubiere efectuado la aprobación provisional, se eleve de nuevo a dicha aprobación definitiva, salvo que hubiere sido relevado de hacerlo por la escasa importancia de las rectificaciones.

5. Cuando los planes generales de ordenación o normas subsidiarias municipales en tramitación se extiendan a más de un término municipal, la aprobación inicial y provisional compete a la Diputación Provincial correspondiente o, en su defecto, al órgano autonómico competente.

✐ Artículo derogado por la Ley 6/1998, de 13 abril (§1).

⇒ Téngase en cuenta el art. único de la Ley 1/1997, de 18 junio, de Andalucía, que aprueba con carácter urgente y transitorio disposiciones en materia de régimen de suelo y ordenación urbana (§5).

Téngase en cuenta el art. único de la Ley 13/1997, de 23 diciembre, de Extremadura, que aprueba las normas reguladoras de la actividad urbanística (§32).

Téngase en cuenta el D. 132/1994, de 15 marzo, sobre aplicación en la Comunidad Autónoma del País Vasco del RDLeg 1/1992, de 26 junio, por el que se aprueba el Texto Refundido de la Ley sobre Régimen del Suelo y Ordenación Urbana (§48.1).

Téngase en cuenta lo establecido en la disp. final 1ª de la Ley 6/1994, de 15 noviembre, Reguladora de la Actividad Urbanística en la Comunidad Autónoma de Valencia (§53).

V. Jurisprudencia en arts. 41 y concordantes del TRLS/1976 (§3).

Artículo 115. Tramitación de Planes Especiales y Programas de Actuación Urbanística.

1. Los Programas de Actuación Urbanística y los Planes Especiales que no desarrollen determinaciones del planeamiento general se tramitarán de conformidad con lo establecido en el artículo anterior.

2. Cuando estos planes especiales se formulen a iniciativa de Entidades locales antes de su aprobación definitiva, serán sometidos a informe de los organismos que resultaren afectados.

✐ Artículo derogado por la Ley 6/1998, de 13 abril (§1).

⇒ Téngase en cuenta el art. único de la Ley 1/1997, de 18 junio, de Andalucía, que

aprueba con carácter urgente y transitorio disposiciones en materia de régimen de suelo y ordenación urbana (§5).

Téngase en cuenta el art. único de la Ley 13/1997, de 23 diciembre, de Extremadura, que aprueba las normas reguladoras de la actividad urbanística (§32).

Téngase en cuenta el D. 132/1994, de 15 marzo, sobre aplicación en la Comunidad Autónoma del País Vasco del RDLeg 1/1992, de 26 junio, por el que se aprueba el Texto Refundido de la Ley sobre Régimen del Suelo y Ordenación Urbana (§48.1).

Téngase en cuenta lo establecido en la disp. final 1ª de la Ley 6/1994, de 15 noviembre, Reguladora de la Actividad Urbanística en la Comunidad Autónoma de Valencia (§53).

Artículo 116. Tramitación de Planes Parciales y Especiales que desarrollen planeamiento general.

La tramitación de los Planes Parciales y Especiales que desarrollen determinaciones de planeamiento general se sujetará a las siguientes reglas:

a) La aprobación inicial se otorgará por el Ayuntamiento que lo hubiera formulado, sometiéndolo a continuación a información pública, como mínimo durante un mes, mediante anuncio en el «Boletín Oficial» de la Comunidad Autónoma y publicación en uno de los diarios de mayor circulación de la provincia.

El plazo para acordar sobre la aprobación inicial, o denegar, en los supuestos de planes de iniciativa particular, será de dos meses desde la presentación de la documentación completa en el Registro Municipal.

✐ El ap. a) de este artículo fue modificado por el art. 3 de la Ley 7/1997, de 14 abril, antes de su total derogación en 1998, en los siguientes términos: «En el segundo párr. del art. 116 a), la expresión: «[...] en los supuestos de planes de iniciativa particular, será de tres meses desde [...]»; se sustituye por: "[...] en los supuestos de planes de iniciativa particular, será de dos meses desde [...]"».

b) A la vista de la información pública, el Ayuntamiento lo aprobará provisionalmente con las modificaciones que procedieren. Si dichas modificaciones significaran un cambio sustancial del plan inicialmente aprobado, se abrirá un nuevo período de información pública antes de otorgar la aprobación provisional.

El plazo para acordar sobre la aprobación provisional de los planes de iniciativa pública y privada no podrá exceder de seis meses desde la aprobación inicial.

✐ El ap. b) de este artículo fue modificado por el art. 3 de la Ley 7/1997, de 14 abril, antes de su total derogación en 1998, en los siguientes términos: «En el segundo párr. del art. 116 b), la expresión: «[...] no podrá exceder de un año desde [...]»; se sustituye por: «[...] no podrá exceder de seis meses desde [...]"».

c) Una vez otorgada la aprobación provisional, si el plan hubiera de aprobarse definitivamente por la Comunidad Autónoma, el Ayuntamiento elevará el expediente en el plazo reglamentariamente establecido al órgano autonómico competente para su resolución.

Si el Plan hubiera de aprobarse definitivamente por el Ayuntamiento, se someterá a informe no vinculante del órgano competente de la Comunidad

Autónoma, que se entenderá favorable si no se emite en el plazo de un mes desde la recepción del expediente completo por el citado órgano.

✐ Artículo derogado por la Ley 6/1998, de 13 abril (§1).

⇒ Téngase en cuenta el art. único de la Ley 1/1997, de 18 junio, de Andalucía, que aprueba con carácter urgente y transitorio disposiciones en materia de régimen de suelo y ordenación urbana (§5).

Téngase en cuenta el art. único de la Ley 13/1997, de 23 diciembre, de Extremadura, que aprueba las normas reguladoras de la actividad urbanística (§32).

Téngase en cuenta el D. 132/1994, de 15 marzo, sobre aplicación en la Comunidad Autónoma del País Vasco del RDLeg 1/1992, de 26 junio, por el que se aprueba el Texto Refundido de la Ley sobre Régimen del Suelo y Ordenación Urbana (§48.1).

Téngase en cuenta lo establecido en la disp. final 1ª de la Ley 6/1994, de 15 noviembre, reguladora de la Actividad Urbanística en la Comunidad Autónoma de Valencia (§53).

Artículo 117. Tramitación de Estudios de Detalle y Proyectos de Urbanización.

1. Los Proyectos de Urbanización se redactarán con la antelación necesaria para que las obras a que se refieren puedan realizarse de acuerdo con los plazos fijados en el planeamiento aplicable.

2. Los Estudios de Detalle y los Proyectos de Urbanización de iniciativa particular serán aprobados inicialmente por los Ayuntamientos competentes en el plazo de tres meses.

⇒ El ap. 2 de este artículo fue modificado por el art. 3.4 de la Ley 7/1997, de 14 abril, antes de su total derogación en 1998, en los siguientes términos: «En el art. 117.2, la expresión: "[...] los Ayuntamientos competentes en el plazo de tres meses [...]»; se sustituye por: «[...] los Ayuntamientos competentes en el plazo de dos meses [...]"».

3. Una vez aprobados inicialmente, se someterán a información pública durante quince días, para que puedan ser examinados y presentadas las alegaciones procedentes, mediante anuncio en el «Boletín Oficial» de la Comunidad Autónoma y publicación en uno de los diarios de mayor circulación de la provincia.

4. A la vista del resultado de la información pública, el Ayuntamiento los aprobará definitivamente, con las modificaciones que resulten pertinentes.

✐ Artículo derogado por la Ley 6/1998, de 13 abril (§1).

⇒ Téngase en cuenta el art. único y disp. adic. única de la Ley 1/1997, de 18 junio, de Andalucía, que aprueba con carácter urgente y transitorio disposiciones en materia de régimen de suelo y ordenación urbana (§5).

Téngase en cuenta el art. único de la Ley 13/1997, de 23 diciembre, de Extremadura, que aprueba las normas reguladoras de la actividad urbanística (§32).

Téngase en cuenta el D. 132/1994, de 15 marzo, sobre aplicación en la Comunidad Autónoma del País Vasco del RDLeg 1/1992, de 26 junio, por el que se aprueba el Texto Refundido de la Ley sobre Régimen del Suelo y Ordenación Urbana (§48.1).

Téngase en cuenta lo establecido en la disp. final 1ª de la Ley 6/1994, de 15 noviembre, Reguladora de la Actividad Urbanística en la Comunidad Autónoma de Valencia (§53).

V. Jurisprudencia en arts. 40.2, 41, 54 y concordantes del TRLS/1976 (§3).

Artículo 118. Competencia para la aprobación definitiva.

1. La competencia para aprobar el Plan Nacional de Ordenación corresponde a las Cortes Generales.

2. Los Planes Directores Territoriales de Coordinación se aprobarán por el órgano que señale la legislación respectiva y, en su defecto, por el Consejo de Gobierno de la Comunidad.

3. La competencia para aprobar definitivamente los demás planes y proyectos corresponde a los Órganos que determine la legislación autonómica y, en su defecto, a los siguientes:

a) Los planes generales de ordenación urbana, programas de actuación urbanística, normas complementarias y subsidiarias del planeamiento y proyectos de delimitación del suelo urbano, al órgano correspondiente de la Comunidad Autónoma.

b) Los planes parciales de capitales de provincia y ciudades de más de 50.000 habitantes, a los Ayuntamientos respectivos; en los demás casos, o cuando afecten a varios municipios, al órgano autonómico competente.

c) Los planes especiales que desarrollen y se ajusten a las determinaciones del plan general y se refieran a capitales de provincia o ciudades de más de 50.000 habitantes, a los Ayuntamientos respectivos; en los demás casos, así como cuando afecten a varios municipios, o no desarrollen planeamiento general, al órgano competente de la Comunidad Autónoma.

d) Los estudios de detalle y los proyectos de urbanización, al Ayuntamiento respectivo.

4. La competencia municipal a la que se refieren las letras b) y d) del número anterior se entenderá sin perjuicio de la subrogación del órgano autonómico competente en los términos que establece el artículo 121.

✐ Artículo derogado por la Ley 6/1998, de 13 abril (§1).

⇒ Téngase en cuenta el art. único de la Ley 1/1997, de 18 junio, de Andalucía, que aprueba con carácter urgente y transitorio disposiciones en materia de régimen de suelo y ordenación urbana (§5).

Téngase en cuenta el art. único de la Ley 13/1997, de 23 diciembre, de Extremadura, que aprueba las normas reguladoras de la actividad urbanística (§32).

Téngase en cuenta el D. 132/1994, de 15 marzo, sobre aplicación en la Comunidad Autónoma del País Vasco del RDLeg 1/1992, de 26 junio, por el que se aprueba el Texto Refundido de la Ley sobre Régimen del Suelo y Ordenación Urbana (§48.1).

Téngase en cuenta lo establecido en la disp. final 1ª de la Ley 6/1994, de 15 noviembre, Reguladora de la Actividad Urbanística en la Comunidad Autónoma de Valencia (§53).

Artículo 119. Plazos para aprobación definitiva de instrumentos del planeamiento de desarrollo.

1. El plazo de aprobación definitiva de Planes Parciales y Especiales que desarrollen el planeamiento general será de tres meses desde la entrada del expediente completo en el Registro del órgano competente para su otorgamiento, transcurrido el cual se entenderá producida por silencio.

2. Si se trata de planes parciales y especiales cuya aprobación defini-

tiva corresponde al Ayuntamiento, el plazo de tres meses se contará desde el acuerdo de aprobación provisional.

3. El plazo de aprobación definitiva de los proyectos de urbanización y estudios de detalle será de dos meses desde su aprobación inicial. Transcurrido este plazo sin comunicar la pertinente resolución, se entenderá otorgada la aprobación definitiva por silencio administrativo, siempre que dentro de este plazo se haya concluido el trámite de información pública.

✐ Artículo derogado por la Ley 6/1998, de 13 abril (§1).

El ap. 3 de este artículo fue modificado, antes de su total derogación en 1998, por el art. 3.5 de la Ley 7/1997, de 14 abril, en los siguientes términos: «En el art. 119.3, la expresión: «[...] de detalle, será de tres meses desde [...]»; se sustituye por: «[...] de detalle, será de dos meses desde [...]"».

⇒ Téngase en cuenta el art. único de la Ley 1/1997, de 18 junio, de Andalucía, que aprueba con carácter urgente y transitorio disposiciones en materia de régimen de suelo y ordenación urbana (§5).

Téngase en cuenta el art. único de la Ley 13/1997, de 23 diciembre, de Extremadura, que aprueba las normas reguladoras de la actividad urbanística (§32).

Téngase en cuenta el D. 132/1994, de 15 marzo, sobre aplicación en la Comunidad Autónoma del País Vasco del RDLeg 1/1992, de 26 junio, por el que se aprueba el Texto Refundido de la Ley sobre Régimen del Suelo y Ordenación Urbana (§48.1).

Téngase en cuenta lo establecido en la disp. final 1ª de la Ley 6/1994, de 15 noviembre, Reguladora de la Actividad Urbanística en la Comunidad Autónoma de Valencia (§53).

Artículo 120. Inaplicación del silencio positivo.

*1. No habrá lugar a la aplicación del silencio administrativo si el plan no contuviere los documentos y determinaciones establecidas por los preceptos que sea*n directamente aplicables para el tipo del plan de que se trate.

2. Tampoco se aplicará el silencio administrativo positivo si el plan contuviere determinaciones contrarias a la Ley o a planes de superior jerarquía, o cuando la aprobación del plan esté sometida a requisitos especiales, legal o reglamentariamente establecidos.

✐ Artículo derogado por la Ley 6/1998, de 13 abril (§1).

⇒ Téngase en cuenta el art. único de la Ley 1/1997, de 18 junio, de Andalucía, que aprueba con carácter urgente y transitorio disposiciones en materia de régimen de suelo y ordenación urbana (§5).

Téngase en cuenta el D. 132/1994, de 15 marzo, sobre aplicación en la Comunidad Autónoma del País Vasco del RDLeg 1/1992, de 26 junio, por el que se aprueba el Texto Refundido de la Ley sobre Régimen del Suelo y Ordenación Urbana (§48.1).

V. Jurisprudencia en arts. 40 y concordantes del TRLS/1976 (§3).

V. arts. 5, 6 y 7 del RDley 16/1981, de 16 octubre (§3.5).

Artículo 121. Subrogación de la Comunidad Autónoma.

En los supuestos de incumplimiento de los plazos previstos en las letras a) y b) del artículo 116 en la tramitación de planes parciales y planes especiales que desarrollen determinaciones de planeamiento general, y en el apartado 2 del artículo 117 para los proyectos de urbanización y estudios de detalle, el órgano competente de la Comunidad Autónoma actuará por subrogación previa petición de los interesados, aplicándose las siguientes reglas:

1ª El plazo de aprobación inicial será de tres meses contado desde la presentación de la solicitud ante el órgano competente de la Comunidad Autónoma.

2ª Los planes parciales y planes especiales no estarán sujetos a aprobación provisional, sino que se entenderán aprobados definitivamente si no se comunicase resolución expresa en el plazo de un año contado desde la aprobación inicial, cuando ésta haya sido otorgada expresamente en virtud de subrogación por el órgano competente de la Comunidad Autónoma, o de seis meses desde la presentación de la solicitud correspondiente, en el Registro, cuando el plan hubiese sido aprobado inicialmente por la Administración municipal, siempre que, en uno y otro caso, se hubiera cumplimentado el trámite de información pública.

3ª Los proyectos de urbanización y estudio de detalle se entenderán aprobados definitivamente si transcurriesen tres meses desde su aprobación inicial expresa en virtud de subrogación por el órgano autonómico competente, sin que se haya comunicado resolución expresa sobre la aprobación definitiva, o desde la presentación en el Registro de la solicitud de subrogación cuando el proyecto hubiese sido aprobado inicialmente por la Administración titular, supuesto, en todo caso, el cumplimiento del trámite de información pública.

✐ Artículo derogado por la Ley 6/1998, de 13 abril (§1).

⇒ Téngase en cuenta el art. único de la Ley 1/1997, de 18 junio, de Andalucía, que aprueba con carácter urgente y transitorio disposiciones en materia de régimen de suelo y ordenación urbana (§5).

Téngase en cuenta el art. único de la Ley 13/1997, de 23 diciembre, de Extremadura, que aprueba las normas reguladoras de la actividad urbanística (§32).

Téngase en cuenta el D. 132/1994, de 15 marzo, sobre aplicación en la Comunidad Autónoma del País Vasco del RDLeg 1/1992, de 26 junio, por el que se aprueba el Texto Refundido de la Ley sobre Régimen del Suelo y Ordenación Urbana (§48.1).

Téngase en cuenta lo establecido en la disp. final 1ª de la Ley 6/1994, de 15 noviembre, Reguladora de la Actividad Urbanística en la Comunidad Autónoma de Valencia (§53).

V. Jurisprudencia en arts. 40 y concordantes del TRLS/1976 (§3).

Artículo 122. Regla especial de tramitación.

1. Si el expediente de Plan Parcial o Especial que desarrolle el planeamiento general se iniciase a instancia de Administraciones urbanísticas o Empresas con capital exclusivo o mayoritariamente público, cuyo fin principal sea la urbanización, la creación de suelo o la construcción de viviendas de protección oficial, y se declarase de reconocida urgencia por el órgano que indiquen las normas autonómicas y, si nada establecieran, por el órgano ejecutivo superior de naturaleza colegiada de la Comunidad Autónoma, deberá resolverse sobre su aprobación inicial en el plazo de un mes contado a partir de su presentación. El período de información pública será de quince días y la resolución sobre la aprobación provisional se producirá en el plazo máximo de cuatro meses desde la presentación. Transcurrido cualquiera de estos plazos, operará la subrogación prevista en el artículo anterior, contándose los plazos ante el órgano autonómico competente desde la solicitud de subrogación y entendiéndose sustituida la aprobación provisional por la definitiva, con reducción del plazo de cuatro meses a dos meses, si la Administración titular hubiese otorgado la aprobación inicial.

2. Si la competencia para la aprobación definitiva corresponde al órgano autonómico competente y no ha operado la subrogación, la aprobación definitiva y, en consecuencia, el silencio positivo, se producirán en el plazo de dos meses desde la recepción del expediente completo.

3. En el supuesto en que la competencia para la aprobación definitiva corresponda al Ayuntamiento, el plazo de informe por el órgano autonómico competente será de quince días y el plazo para la aprobación definitiva expresamente o por silencio, será de dos meses a contar desde el acuerdo de aprobación provisional.

4. La aprobación definitiva, incluso por silencio, se subordina al cumplimiento del trámite de información pública.

✐ Artículo derogado por la Ley 6/1998, de 13 abril (§1).

⇒ Téngase en cuenta el art. único de la Ley 1/1997, de 18 junio, de Andalucía, que aprueba con carácter urgente y transitorio disposiciones en materia de régimen de suelo y ordenación urbana (§5).

Téngase en cuenta el art. único de la Ley 13/1997, de 23 diciembre, de Extremadura, que aprueba las normas reguladoras de la actividad urbanística (§32).

Téngase en cuenta el D. 132/1994, de 15 marzo, sobre aplicación en la Comunidad Autónoma del País Vasco del RDLeg 1/1992, de 26 junio, por el que se aprueba el Texto Refundido de la Ley sobre Régimen del Suelo y Ordenación Urbana (§48.1).

Téngase en cuenta lo establecido en la disp. final 1ª de la Ley 6/1994, de 15 noviembre, Reguladora de la Actividad Urbanística en la Comunidad Autónoma de Valencia (§53).

Artículo 123. Tramitación de catálogos.

Los catálogos, cuando no se contuvieran en Planes Generales, Planes Especiales o normas complementarias o subsidiarias de planeamiento, se tramitarán, aprobarán y publicarán de conformidad con las reglas establecidas para los planes parciales.

✐ Artículo derogado por la Ley 6/1998, de 13 abril (§1).

⇒ Téngase en cuenta el art. único y la disp. adic. única de la Ley 1/1997, de 18 junio, de Andalucía, que aprueba con carácter urgente y transitorio disposiciones en materia de régimen de suelo y ordenación urbana (§5).

Téngase en cuenta el art. único de la Ley 13/1997, de 23 diciembre, de Extremadura, que aprueba las normas reguladoras de la actividad urbanística (§32).

Téngase en cuenta el D. 132/1994, de 15 marzo, sobre aplicación en la Comunidad Autónoma del País Vasco del RDLeg 1/1992, de 26 junio, por el que se aprueba el Texto Refundido de la Ley sobre Régimen del Suelo y Ordenación Urbana (§48.1).

Téngase en cuenta lo establecido en la disp. final 1ª de la Ley 6/1994, de 15 noviembre, Reguladora de la Actividad Urbanística en la Comunidad Autónoma de Valencia (§53).

Artículo 124. Publicación.

1. Los acuerdos de aprobación definitiva de todos los instrumentos de planeamiento se publicarán en el «Boletín Oficial» correspondiente.

2. *El órgano competente para otorgar las aprobaciones inicial y provisional, en su caso, podrá ordenar la publicación en el «Diario Oficial» correspondiente del instrumento de planeamiento aprobado por silencio administrativo positivo.*

3. Respecto a las normas urbanísticas y ordenanzas en ellos contenidas se estará a lo dispuesto en la legislación aplicable.

✐ Artículo derogado, salvo aps. 1 y 3, por la Ley 6/1998, de 13 abril (§1).

⇒ Según resulta de la STC 61/1997, de 20 marzo (RTC 1997, 61) y la disp. final única de esta Ley, en relación con lo establecido en la disp. derog. única de la Ley del Suelo 6/1998, de 13 abril (§1), este precepto tiene el carácter de legislación básica en virtud de lo previsto en el art. 149.1.1ª, 8ª, 13ª, 18ª y 23ª de la Constitución.

V. art. 70.2 de la LBRL, según redacción dada por la Ley 39/1994, de 30 diciembre.

Téngase en cuenta el art. único y disp. adic. única de la Ley 1/1997, de 18 junio, de Andalucía, que aprueba con carácter urgente y transitorio disposiciones en materia de régimen de suelo y ordenación urbana (§5).

Téngase en cuenta el art. único de la Ley 13/1997, de 23 diciembre, de Extremadura, que aprueba las normas reguladoras de la actividad urbanística (§32).

Téngase en cuenta el D. 132/1994, de 15 marzo, sobre aplicación en la Comunidad Autónoma del País Vasco del RDLeg 1/1992, de 26 junio, por el que se aprueba el Texto Refundido de la Ley sobre Régimen del Suelo y Ordenación Urbana (§48.1).

Sección 4ª Vigencia y revisión de los planes

Artículo 125. Vigencia de los planes.

Los planes de ordenación tendrán vigencia indefinida.

✐ Artículo derogado por la Ley 6/1998, de 13 abril (§1).

⇒ Téngase en cuenta el art. único de la Ley 1/1997, de 18 junio, de Andalucía, que aprueba con carácter urgente y transitorio disposiciones en materia de régimen de suelo y ordenación urbana (§5).

Téngase en cuenta el art. único de la Ley 13/1997, de 23 diciembre, de Extremadura, que aprueba las normas reguladoras de la actividad urbanística (§32).

Téngase en cuenta el D. 132/1994, de 15 marzo, sobre aplicación en la Comunidad Autónoma del País Vasco del RDLeg 1/1992, de 26 junio, por el que se aprueba el Texto Refundido de la Ley sobre Régimen del Suelo y Ordenación Urbana (§48.1).

Téngase en cuenta lo establecido en la disp. final 1ª de la Ley 6/1994, de 15 noviembre, Reguladora de la Actividad Urbanística en la Comunidad Autónoma de Valencia (§53).

V. Jurisprudencia en arts. 45 y concordantes del TRLS/1976 (§3).

Artículo 126. Revisión del planeamiento.

1. La actualización del Plan Nacional de Ordenación podrá llevarse a cabo por el Gobierno, en la forma que disponga su ley aprobatoria y sólo podrá quedar en suspenso en los términos que señale la propia ley.

2. La revisión o modificación de los Planes Directores Territoriales de Coordinación se llevará a cabo por el procedimiento establecido para su elaboración y en los plazos y por las causas establecidos en los mismos.

3. La alteración del contenido de los instrumentos de planeamiento ur-

banístico podrá llevarse a cabo mediante la revisión de los mismos o la modificación de alguno o algunos de los elementos que los constituyan.

4. Se entiende por revisión del planeamiento general la adopción de nuevos criterios respecto de la estructura general y orgánica del territorio o de la clasificación del suelo, motivada por la elección de un modelo territorial distinto o por la aparición de circunstancias sobrevenidas, de carácter demográfico o económico, que incidan sustancialmente sobre la ordenación, o por el agotamiento de su capacidad. La revisión podrá determinar la sustitución del instrumento de planeamiento existente.

5. En los demás supuestos, la alteración de las determinaciones del Plan se considerará como modificación del mismo, aun cuando dicha alteración lleve consigo cambios aislados en la clasificación o calificación del suelo, o impongan la procedencia de revisar la programación del Plan general.

6. Cuando las circunstancias lo exigieren, el órgano competente de la Comunidad Autónoma podrá ordenar motivadamente la revisión de los Planes Generales y Normas Subsidiarias, previa audiencia de las Entidades locales afectadas, acordando lo procedente en cuanto a la redacción.

✐ Artículo derogado por la Ley 6/1998, de 13 abril (§1).

⇒ Téngase en cuenta el art. único de la Ley 1/1997, de 18 junio, de Andalucía, que aprueba con carácter urgente y transitorio disposiciones en materia de régimen de suelo y ordenación urbana (§5).

Téngase en cuenta el art. único de la Ley 13/1997, de 23 diciembre, de Extremadura, que aprueba las normas reguladoras de la actividad urbanística (§32).

Téngase en cuenta el D. 132/1994, de 15 marzo, sobre aplicación en la Comunidad Autónoma del País Vasco del RDLeg 1/1992, de 26 junio, por el que se aprueba el Texto Refundido de la Ley sobre Régimen del Suelo y Ordenación Urbana (§48.1).

Téngase en cuenta lo establecido en la disp. final 1ª de la Ley 6/1994, de 15 noviembre, Reguladora de la Actividad Urbanística en la Comunidad Autónoma de Valencia (§53).

V. Jurisprudencia en arts. 47, 48, 49, 50, 51 y concordantes del TRLS/1976 (§3).

Artículo 127. Revisión del Programa de Actuación.

1. Corresponde a los Ayuntamientos la revisión y aprobación, en su caso, del Programa de Actuación contenido en el Plan General. La revisión habrá de tener lugar cada cuatro años.

Salvo lo dispuesto en el número siguiente, la revisión del Programa de Actuación se aprobará por el Ayuntamiento interesado, previa información pública por plazo de un mes, que se anunciará en el «Boletín Oficial» de la Comunidad Autónoma.

2. Si como consecuencia de esta revisión se modificase el suelo clasificado como urbanizable programado, la revisión del Programa se completará con las determinaciones y documentos exigidos para el citado suelo y se sujetará a las disposiciones enunciadas para la modificación de los Planes, conforme a lo dispuesto en el artículo siguiente.

3. No será precisa la observancia del procedimiento de modificación de Plan en el supuesto del artículo 278.

✐ Artículo derogado por la Ley 6/1998, de 13 abril (§1).

⇒ Téngase en cuenta el art. único de la Ley 1/1997, de 18 junio, de Andalucía, que aprueba con carácter urgente y transitorio disposiciones en materia de régimen de suelo y ordenación urbana (§5).

Téngase en cuenta el art. único de la Ley 13/1997, de 23 diciembre, de Extremadura, que aprueba las normas reguladoras de la actividad urbanística (§32).

Téngase en cuenta el D. 132/1994, de 15 marzo, sobre aplicación en la Comunidad Autónoma del País Vasco del RDLeg 1/1992, de 26 junio, por el que se aprueba el Texto Refundido de la Ley sobre Régimen del Suelo y Ordenación Urbana (§48.1).

Téngase en cuenta lo establecido en la disp. final 1ª de la Ley 6/1994, de 15 noviembre, Reguladora de la Actividad Urbanística en la Comunidad Autónoma de Valencia (§53).

V. Jurisprudencia en arts. 49 y 50 y concordantes del TRLS/1976 (§3).

Artículo 128. Modificación de Planes.

1. Las modificaciones de cualquiera de los elementos de los Planes, Proyectos, Programas, Normas y Ordenanzas se sujetarán a las mismas disposiciones enunciadas para su tramitación y aprobación.

2. Sin embargo, cuando la modificación tendiera a incrementar el volumen edificable de una zona, se requerirá para aprobarla la previsión de los mayores espacios libres que requiera el aumento de la densidad de población.

✐ Artículo derogado por la Ley 6/1998, de 13 abril (§1).

⇒ Téngase en cuenta el art. único de la Ley 1/1997, de 18 junio, de Andalucía, que aprueba con carácter urgente y transitorio disposiciones en materia de régimen de suelo y ordenación urbana (§5).

Téngase en cuenta el art. único de la Ley 13/1997, de 23 diciembre, de Extremadura, que aprueba las normas reguladoras de la actividad urbanística (§32).

Téngase en cuenta el D. 132/1994, de 15 marzo, sobre aplicación en la Comunidad Autónoma del País Vasco del RDLeg 1/1992, de 26 junio, por el que se aprueba el Texto Refundido de la Ley sobre Régimen del Suelo y Ordenación Urbana (§48.1).

Téngase en cuenta lo establecido en la disp. final 1ª de la Ley 6/1994, de 15 noviembre, Reguladora de la Actividad Urbanística en la Comunidad Autónoma de Valencia (§53).

V. Jurisprudencia en arts. 49 y concordantes del TRLS/1976 (§3).

Artículo 129. Modificación cualificada.

Si la modificación de los Planes, Normas Complementarias y Subsidiarias y Programas de Actuación tuviere por objeto una diferente zonificación o uso urbanístico de las zonas verdes o espacios libres previstos en el Plan, deberá ser aprobada por el órgano ejecutivo superior de naturaleza colegiada de la Comunidad Autónoma correspondiente, previo informe favorable del Consejero competente por razón de la materia, y del Consejo de Estado u órgano autonómico que corresponda.

✐ Artículo derogado por la Ley 6/1998, de 13 abril (§1).

⇒ Téngase en cuenta el art. único de la Ley 1/1997, de 18 junio, de Andalucía, que aprueba con carácter urgente y transitorio disposiciones en materia de régimen de suelo y ordenación urbana (§5).

Téngase en cuenta el art. único de la Ley 13/1997, de 23 diciembre, de Extremadura, que aprueba las normas reguladoras de la actividad urbanística (§32).

Téngase en cuenta el D. 132/1994, de 15 marzo, sobre aplicación en la Comunidad Autónoma del País Vasco del RDLeg 1/1992, de 26 junio, por el que se aprueba el Texto Refundido de la Ley sobre Régimen del Suelo y Ordenación Urbana (§48.1).

Téngase en cuenta lo establecido en la disp. final 1ª de la Ley 6/1994, de 15 noviembre, Reguladora de la Actividad Urbanística en la Comunidad Autónoma de Valencia (§53).

V. Jurisprudencia en arts. 50 y concordantes del TRLS/1976 (§3).

Artículo 130. Suspensión de planeamiento.

El órgano competente de acuerdo con la legislación autonómica y, en defecto de ésta, el ejecutivo superior de naturaleza colegiada de la Comunidad Autónoma, previa audiencia de las Entidades locales interesadas, podrá suspender para su revisión, en todo o en parte del ámbito a que se refieran, la vigencia de los Planes territoriales de su competencia y de los municipales, en la forma, plazos y efectos señalados en el artículo 102 para su revisión. En tanto no se apruebe el Plan municipal revisado, se dictarán Normas Subsidiarias del planeamiento en el plazo máximo de seis meses a partir del acuerdo de suspensión.

✐ Artículo derogado por la Ley 6/1998, de 13 abril (§1).

⇒ Téngase en cuenta el art. único de la Ley 1/1997, de 18 junio, de Andalucía, que aprueba con carácter urgente y transitorio disposiciones en materia de régimen de suelo y ordenación urbana (§5).

Téngase en cuenta el art. único de la Ley 13/1997, de 23 diciembre, de Extremadura, que aprueba las normas reguladoras de la actividad urbanística (§32).

Téngase en cuenta el D. 132/1994, de 15 marzo, sobre aplicación en la Comunidad Autónoma del País Vasco del RDLeg 1/1992, de 26 junio, por el que se aprueba el Texto Refundido de la Ley sobre Régimen del Suelo y Ordenación Urbana (§48.1).

Téngase en cuenta lo establecido en la disp. final 1ª de la Ley 6/1994, de 15 noviembre, Reguladora de la Actividad Urbanística en la Comunidad Autónoma de Valencia (§53).

V. Jurisprudencia en arts. 51 y concordantes del TRLS/1976 (§3).

CAPÍTULO IV
Efectos de la aprobación de los planes

Artículo 131. Ejecutividad del planeamiento.

Los Planes, Normas Complementarias y Subsidiarias, Programas de Actuación Urbanística, Estudios de Detalle, Proyectos y Catálogos serán inmediatamente ejecutivos una vez publicada su aprobación definitiva, sin perjuicio de lo dispuesto en el artículo 124.

✐ Artículo derogado por la Ley 6/1998, de 13 abril (§1).

⇒ Téngase en cuenta el art. único y la disp. adic. única de la Ley 1/1997, de 18 junio, de Andalucía, que aprueba con carácter urgente y transitorio disposiciones en materia de régimen de suelo y ordenación urbana (§5).

Téngase en cuenta el art. único de la Ley 13/1997, de 23 diciembre, de Extremadura, que aprueba las normas reguladoras de la actividad urbanística (§32).

V. art. 70.2 de la LBRL, según redacción dada por la Ley 39/1994, de 30 diciembre.

Téngase en cuenta el D. 132/1994, de 15 marzo, sobre aplicación en la Comunidad Autónoma del País Vasco del RDLeg 1/1992, de 26 junio, por el que se aprueba el Texto Refundido de la Ley sobre Régimen del Suelo y Ordenación Urbana (§48.1).

Téngase en cuenta lo establecido en la disp. final 1ª de la Ley 6/1994, de 15 noviem-

bre, Reguladora de la Actividad Urbanística en la Comunidad Autónoma de Valencia (§53).

V. Jurisprudencia en arts. 56 y concordantes TRLS/1976 (§3).

Artículo 132. Declaración de utilidad pública.

La aprobación de Planes de Ordenación Urbana y de delimitaciones de unidades de ejecución a desarrollar por el sistema de expropiación implicará la declaración de utilidad pública de las obras y la necesidad de ocupación de los terrenos y edificios correspondientes, a los fines de expropiación o imposición de servidumbres.

✐ Artículo derogado por la Ley 6/1998, de 13 abril (§1).

Artículo 133. Publicidad de los Planes.

Los Planes, Normas Complementarias y Subsidiarias, Programas de Actuación Urbanística, Estudios de Detalle y Proyectos, con sus normas, ordenanzas y catálogos serán públicos, y cualquier persona podrá, en todo momento, consultarlos e informarse de los mismos en el Ayuntamiento del término a que se refieran.

✐ Este artículo no fue derogado por la Ley 6/1998, de 13 abril (§1).

⇒ Según resulta de la STC 61/1997 (RTC 1997, 61), de 20 marzo y la disp. final única de esta Ley, en relación con lo establecido en la disp. derog. única de la Ley del Suelo 6/1998, de 13 abril (§1), este precepto tiene el carácter de legislación básica en virtud de lo previsto en el art. 149.1.1ª, 8ª, 13ª, 18ª y 23ª de la Constitución.

V. art. 124.1 y 124.3 del presente Texto Refundido.

V. art. 70.2 de la LBRL, según redacción dada por la Ley 39/1994, de 30 diciembre.

Téngase en cuenta el D. 132/1994, de 15 marzo, sobre aplicación en la Comunidad Autónoma del País Vasco del RDLeg 1/1992, de 26 junio, por el que se aprueba el Texto Refundido de la Ley sobre Régimen del Suelo y Ordenación Urbana (§48.1).

Artículo 134. Obligatoriedad de los Planes.

1. Los particulares, al igual que la Administración, quedarán obligados al cumplimiento de las disposiciones sobre ordenación urbana contenidas en la legislación urbanística aplicable y en los Planes, Programas de Actuación Urbanística, estudios de detalle, proyectos, normas y ordenanzas aprobadas con arreglo a la misma.

2. *Serán nulas de pleno derecho las reservas de dispensación que se contuvieren en los Planes u Ordenanzas, así como las que, con independencia de ellos, se concedieren.*

✐ Artículo derogado, salvo ap. 1, por la Ley 6/1998, de 13 abril (§1). V. disp. derog. única de dicha Ley.

⇒ Según resulta de la STC 61/1997, de 20 marzo (RTC 1997, 61) y la disp. final única de esta Ley, en relación con lo establecido en la disp. derog. única de la Ley del Suelo 6/1998, de 13 abril, este precepto tiene el carácter de legislación básica en virtud de lo previsto en el art. 149.1.1ª, 8ª, 13ª, 18ª y 23ª de la Constitución.

Téngase en cuenta el art. único de la Ley 1/1997, de 18 junio, de Andalucía, que aprueba con carácter urgente y transitorio disposiciones en materia de régimen de suelo y ordenación urbana (§5).

Téngase en cuenta *el art. único de la* Ley 13/1997, de 23 diciembre, de Extremadura, que aprueba las normas reguladoras de la actividad urbanística (§32).

Téngase en cuenta el D. 132/1994, de 15 marzo, sobre aplicación en la Comunidad

Autónoma del País Vasco del RDLeg 1/1992, de 26 junio, por el que se aprueba el Texto Refundido de la Ley sobre Régimen del Suelo y Ordenación Urbana (§48.1).
V. Jurisprudencia en arts. 57 y concordantes del TRLS/1976 (§3).

Artículo 135. Deber de información.

1. Los Ayuntamientos remitirán un ejemplar de cada uno de los Planes Generales de Ordenación Urbana al Ministerio de Obras Públicas y Transportes una vez publicada su aprobación definitiva.

2. Se notificará a la Administración del Estado la iniciación del procedimiento de modificación y revisión del planeamiento en el plazo de un mes desde la adopción del correspondiente acuerdo por el Ayuntamiento.

✐ Artículo derogado por la Ley 6/1998, de 13 abril (§1).

⇒ Téngase en cuenta el D. 132/1994, de 15 marzo, sobre aplicación en la Comunidad Autónoma del País Vasco del RDLeg 1/1992, de 26 junio, por el que se aprueba el Texto Refundido de la Ley sobre Régimen del Suelo y Ordenación Urbana (§48.1).

Artículo 136. Usos y obras provisionales.

1. No obstante la obligatoriedad de observancia de los Planes, si no hubieren de dificultar su ejecución, podrán autorizarse sobre los terrenos, usos y obras justificadas de carácter provisional, que habrán de demolerse cuando lo acordare el Ayuntamiento, sin derecho a indemnización. La autorización aceptada por el propietario deberá inscribirse bajo las indicadas condiciones, en el Registro de la Propiedad.

✐ El ap. 1 de este artículo fue derogado por la Ley 6/1998, de 13 abril (§1).

⇒ Téngase en cuenta el art. único de la Ley 1/1997, de 18 junio, de Andalucía, que aprueba con carácter urgente y transitorio disposiciones en materia de régimen de suelo y ordenación urbana (§5).
Téngase en cuenta el art. único de la Ley 13/1997, de 23 diciembre, de Extremadura, que aprueba las normas reguladoras de la actividad urbanística (§32).
Téngase en cuenta el D. 132/1994, de 15 marzo, sobre aplicación en la Comunidad Autónoma del País Vasco del RDLeg 1/1992, de 26 junio, por el que se aprueba el Texto Refundido de la Ley sobre Régimen del Suelo y Ordenación Urbana (§48.1).
Téngase en cuenta lo establecido en la disp. final 1ª de la Ley 6/1994, de 15 noviembre, Reguladora de la Actividad Urbanística en la Comunidad Autónoma de Valencia (§53).

2. El arrendamiento y el derecho de superficie de los terrenos a que se refiere el párrafo anterior, o de las construcciones provisionales que se levanten en ellos, estarán excluidos del régimen especial de arrendamientos rústicos y urbanos, y, en todo caso, finalizarán automáticamente con la orden del Ayuntamiento acordando la demolición o desalojo para ejecutar los proyectos de urbanización. En estos supuestos no resultará aplicable lo establecido en la disposición adicional cuarta.

✐ El ap. 2 no fue derogado por la Ley 6/1998, de 13 abril (§1).

⇒ Según resulta de la STC 61/1997, de 20 marzo (RTC 1997, 61) y la disp. final única de esta Ley, en relación con lo establecido en la disp. derog. única de la Ley del Suelo 6/1998, de 13 abril (§1), este precepto es de aplicación plena en virtud del art. 149.1.8ª y 18ª de la CE.
V. art. 17 de la Ley 6/1998, de 13 abril (§1).
Téngase en cuenta el D. 132/1994, de 15 marzo, sobre aplicación en la Comunidad

Autónoma del País Vasco del RDLeg 1/1992, de 26 junio, por el que se aprueba el Texto Refundido de la Ley sobre Régimen del Suelo y Ordenación Urbana (§48.1).

V. art. 76 RD 1093/1997, de 4 julio, Reglamento sobre Inscripción en el Registro de la Propiedad de Actos de Naturaleza Urbanística (§2.1).

V. Jurisprudencia en arts. 58.2, 137 y concordantes del TRLS/1976 (§3) en lo relativo a usos y obras provisionales; arts. 84, 85 y concordantes del TRLS/1976 (§3) en lo relativo a las limitaciones de uso en suelo urbanizable y arts. 94, 95 y 96 también y concordantes del TRLS/1976 (§3) en cuanto a parcelaciones en suelo urbanizable.

Artículo 137. Edificios fuera de ordenación.

1. Los edificios e instalaciones erigidos con anterioridad a la aprobación definitiva del planeamiento urbanístico que resultaren disconformes con el mismo serán calificados como fuera de ordenación.

2. Salvo que en el propio planeamiento se dispusiera otro régimen no podrán realizarse en ellos obras de consolidación, aumento de volumen, modernización o incremento de su valor de expropiación, pero sí las pequeñas reparaciones que exigieren la higiene, ornato y conservación del inmueble.

3. Sin embargo, en casos excepcionales podrán autorizarse obras parciales y circunstanciales de consolidación cuando no estuviere prevista la expropiación o demolición de la finca en el plazo de quince años, a contar desde la fecha en que se pretendiese realizarlas.

4. Cuando la disconformidad con el planeamiento no impida la edificación en el mismo solar que ocupa el edificio, el propietario podrá demolerlo y reconstruirlo con sujeción a dicho planeamiento.

✐ Aps. 1 a 4 derogados por la Ley 6/1998, de 13 abril (§1).

⇒ Téngase en cuenta el artículo único de la Ley 1/1997, de 18 junio, de Andalucía, que aprueba con carácter urgente y transitorio disposiciones en materia de régimen de suelo y ordenación urbana (§5).

Téngase en cuenta el artículo único de la Ley 13/1997, de 23 diciembre, de Extremadura, que aprueba las normas reguladoras de la actividad urbanística (§32).

Téngase en cuenta lo establecido en la disp. final 1ª de la Ley 6/1994, de 15 noviembre, Reguladora de la Actividad Urbanística en la Comunidad Autónoma de Valencia (§53).

5. En los supuestos del número anterior, los arrendatarios tendrán el derecho de retorno en los términos previstos en la disposición adicional cuarta de esta Ley.

✐ El ap. 5 no fue derogado por la Ley 6/1998, de 13 abril (§1). V. disp. derog. única.

⇒ Según resulta de la STC 61/1997, de 20 marzo (RTC 1997, 61) y la disp. final única de esta Ley, en relación con lo establecido en la disp. derog. única de la Ley del Suelo 6/1998, de 13 abril, este precepto tiene el carácter de legislación básica en virtud de lo previsto en el art. 149.1.1ª, 8ª, 13ª, 18ª y 23ª de la Constitución.

V. Jurisprudencia y concordancias en art. 60 TRLS/1976 (§3).

Téngase en cuenta el D. 132/1994, de 15 marzo, sobre aplicación en la Comunidad Autónoma del País Vasco del RDLeg 1/1992, de 26 junio, por el que se aprueba el Texto Refundido de la Ley sobre Régimen del Suelo y Ordenación Urbana (§48.1).

CAPÍTULO V

De las normas de aplicación directa

Artículo 138. Adaptación al ambiente.

Las construcciones habrán de adaptarse, en lo básico, al ambiente en que estuvieran situadas, y a tal efecto:

a) Las construcciones en lugares inmediatos o que formen parte de un grupo de edificios de carácter artístico, histórico, arqueológico, típico o tradicional habrán de armonizar con el mismo, o cuando, sin existir conjunto de edificios, hubiera alguno de gran importancia o calidad de los caracteres indicados.

✐ La letra a) fue derogada por la Ley 6/1998, de 13 abril (§1).

⇒ Téngase en cuenta el art. único de la Ley 1/1997, de 18 junio, de Andalucía, que aprueba con carácter urgente y transitorio disposiciones en materia de régimen de suelo y ordenación urbana (§5).

Téngase en cuenta el art. único de la Ley 13/1997, de 23 diciembre, de Extremadura, que aprueba las normas reguladoras de la actividad urbanística (§32).

b) En los lugares de paisaje abierto y natural, sea rural o marítimo, o en las perspectivas que ofrezcan los conjuntos urbanos de características histórico-artísticas, típicos o tradicionales, y en las inmediaciones de las carreteras y caminos de trayecto pintoresco, no se permitirá que la situación, masa, altura de los edificios, muros y cierres, o la instalación de otros elementos, limite el campo visual para contemplar las bellezas naturales, rompa la armonía del paisaje o desfigure la perspectiva propia del mismo.

✐ La letra b) no fue derogada por la Ley 6/1998, de 13 abril (§1).

⇒ Según resulta de la STC 61/1997, de 20 marzo (RTC 1997, 61) y la disp. final única de esta Ley, en relación con lo establecido en la disp. derog. única de la Ley del Suelo 6/1998, de 13 abril (§1), este precepto tiene el carácter de legislación básica en virtud de lo previsto en el art. 149.1.1ª, 8ª, 13ª, 18ª y 23ª de la CE.

V. art. 19 de la Ley 6/1998, de 13 abril (§1).

Téngase en cuenta el D. 132/1994, de 15 marzo, sobre aplicación en la Comunidad Autónoma del País Vasco del RDLeg 1/1992, de 26 junio, por el que se aprueba el Texto Refundido de la Ley sobre Régimen del Suelo y Ordenación Urbana (§48.1).

Téngase en cuenta lo establecido en la disp. final 1ª de la Ley 6/1994, de 15 noviembre, Reguladora de la Actividad Urbanística en la Comunidad Autónoma de Valencia (§53).

V. Jurisprudencia en arts. 73 y concordantes del TRLS/1976 (§3).

Artículo 139. Alturas.

Mientras no exista Plan o Norma urbanística que lo autorice no podrá edificarse con una altura superior a tres plantas medidas en cada punto del terreno, sin perjuicio de las demás limitaciones que sean aplicables.

Cuando se trate de solares enclavados en núcleos o manzanas edificados en más de dos terceras partes, los Ayuntamientos podrán autorizar alturas que alcancen la media de los edificios ya construidos.

✐ Artículo derogado por la Ley 6/1998, de 13 abril (§1).

⇒ Téngase en cuenta el art. único de la Ley 1/1997, de 18 junio, de Andalucía, que

aprueba con carácter urgente y transitorio disposiciones en materia de régimen de suelo y ordenación urbana (§5).

Téngase en cuenta el art. único de la Ley 13/1997, de 23 diciembre, de Extremadura, que aprueba las normas reguladoras de la actividad urbanística (§32).

Téngase en cuenta el D. 132/1994, de 15 marzo, sobre aplicación en la Comunidad Autónoma del País Vasco del RDLeg 1/1992, de 26 junio, por el que se aprueba el Texto Refundido de la Ley sobre Régimen del Suelo y Ordenación Urbana (§48.1).

Téngase en cuenta lo establecido en la disp. final 1ª de la Ley 6/1994, de 15 noviembre, Reguladora de la Actividad Urbanística en la Comunidad Autónoma de Valencia (§53).

V. Jurisprudencia en arts. 74 y concordantes del TRLS/1976 (§3).

TÍTULO IV
EJECUCIÓN DEL PLANEAMIENTO

CAPÍTULO I
Disposiciones generales

Artículo 140. Ejecución del planeamiento: Equidistribución y deberes legales.

La ejecución del planeamiento se desarrollará por los procedimientos establecidos en la legislación urbanística aplicable, que garantizarán la distribución equitativa de los beneficios y cargas entre los afectados, así como el cumplimiento de los deberes de cesión de los terrenos destinados a dotaciones públicas y la de aquellos en los que se localice el aprovechamiento correspondiente a la Administración, al igual que el costeamiento y, en su caso, la ejecución de la urbanización.

✐ Artículo derogado por la Ley 6/1998, de 13 abril (§1).

Artículo 141. Competencias.

La ejecución de los planes de ordenación corresponde al Estado, a las Comunidades Autónomas y a las Entidades locales en sus respectivas esferas de actuación, sin perjuicio de la atribución de competencias a órganos específicos y de la participación de los particulares en dicha ejecución en los términos establecidos por la legislación aplicable.

✐ Artículo derogado por la Ley 6/1998, de 13 abril (§1).

⇒ Téngase en cuenta el art. único de la Ley 1/1997, de 18 junio, de Andalucía, que aprueba con carácter urgente y transitorio disposiciones en materia de régimen de suelo y ordenación urbana (§5).

Téngase en cuenta el art. único de la Ley 13/1997, de 23 diciembre, de Extremadura, que aprueba las normas reguladoras de la actividad urbanística (§32).

Téngase en cuenta el D. 132/1994, de 15 marzo, sobre aplicación en la Comunidad Autónoma del País Vasco del RDLeg 1/1992, de 26 junio, por el que se aprueba el Texto Refundido de la Ley sobre Régimen del Suelo y Ordenación Urbana (§48.1).

V. Jurisprudencia en arts. 114 y concordantes del TRLS/1976 (§3).

Artículo 142. Presupuestos de la ejecución.

1. La ejecución del planeamiento requiere la aprobación del instrumento más detallado exigible según la clase de suelo de que se trate.

2. En suelo urbano será suficiente la aprobación del planeamiento ge-

neral, si éste contuviera su ordenación detallada. En su defecto se precisará la aprobación del correspondiente Plan Especial de Reforma Interior o Estudio de Detalle.

*3. En suelo urbanizable programado se requerirá la previa aprobación del Plan Parcial del sector correspondiente, sin perjuicio de lo establecido en el artículo 136.*1

4. En el suelo urbanizable no programado sólo podrá actuarse mediante la aprobación de Programas de Actuación Urbanística y de los correspondientes Planes Parciales para su ejecución.

5. La ejecución de los sistemas generales se llevará a cabo, bien directamente, bien mediante la aprobación de Planes Especiales.

✐ Artículo derogado por la Ley 6/1998, de 13 abril (§1).

⇒ Téngase en cuenta el art. único de la Ley 1/1997, de 18 junio, de Andalucía, que aprueba con carácter urgente y transitorio disposiciones en materia de régimen de suelo y ordenación urbana (§5).

Téngase en cuenta el art. único de la Ley 13/1997, de 23 diciembre, de Extremadura, que aprueba las normas reguladoras de la actividad urbanística (§32).

Téngase en cuenta el D. 132/1994, de 15 marzo, sobre aplicación en la Comunidad Autónoma del País Vasco del RDLeg 1/1992, de 26 junio, por el que se aprueba el Texto Refundido de la Ley sobre Régimen del Suelo y Ordenación Urbana (§48.1).

Téngase en cuenta lo establecido en la disp. final 1ª de la Ley 6/1994, de 15 noviembre, Reguladora de la Actividad Urbanística en la Comunidad Autónoma de Valencia (§53).

V. art. 24 del presente Texto Refundido.

V. Jurisprudencia en arts. 116 y concordantes del TRLS/1976 (§3).

Artículo 143. Excepciones a la actuación mediante unidades de ejecución.

La ejecución del planeamiento urbanístico se realizará mediante las unidades de ejecución que se delimiten dentro de cada área de reparto, salvo en los supuestos de actuaciones asistemáticas en suelo urbano y cuando se trate de ejecutar directamente los sistemas generales o alguno de sus elementos.

✐ Artículo derogado por la Ley 6/1998, de 13 abril (§1).

⇒ Téngase en cuenta el art. único de la Ley 1/1997, de 18 junio, de Andalucía, que aprueba con carácter urgente y transitorio disposiciones en materia de régimen de suelo y ordenación urbana (§5).

Téngase en cuenta el art. único de la Ley 13/1997, de 23 diciembre, de Extremadura, que aprueba las normas reguladoras de la actividad urbanística (§32).

Téngase en cuenta el D. 132/1994, de 15 marzo, sobre aplicación en la Comunidad Autónoma del País Vasco del RDLeg 1/1992, de 26 junio, por el que se aprueba el Texto Refundido de la Ley sobre Régimen del Suelo y Ordenación Urbana (§48.1).

V. arts. 94 a 100 del presente Texto Refundido.

V. Jurisprudencia en arts. 117 y 118 y concordantes del TRLS/1976 (§3).

Artículo 144. Unidades de ejecución.

1. Las unidades de ejecución se delimitarán de forma que permitan el cumplimiento conjunto de los deberes de cesión, equidistribución y urbanización de la totalidad de su superficie conforme a lo que establezca la legislación urbanística aplicable.

2. *En suelo urbano, las unidades de ejecución pueden ser discontinuas. Cuando ni siquiera de esta forma puedan delimitarse en determinadas áreas unidades de ejecución que permitan el cumplimiento conjunto de los deberes urbanísticos básicos a que se refiere el número anterior, podrán excluirse de dicha delimitación, previa su justificación, terrenos con aprovechamiento lucrativo o destinados a dotaciones públicas de carácter local cuyos titulares quedarán sujetos a las obligaciones establecidas en el Capítulo III de este título.*

3. *En suelo urbanizable programado todos los terrenos, salvo los sistemas generales, en su caso, quedarán incluidos en unidades de ejecución.*

✐ Artículo derogado por la Ley 6/1998, de 13 abril (§1).

⇒ Téngase en cuenta el art. único de la Ley 1/1997, de 18 junio, de Andalucía, que aprueba con carácter urgente y transitorio disposiciones en materia de régimen de suelo y ordenación urbana (§5).

Téngase en cuenta el art. único de la Ley 13/1997, de 23 diciembre, de Extremadura, que aprueba las normas reguladoras de la actividad urbanística (§32).

Téngase en cuenta el D. 132/1994, de 15 marzo, sobre aplicación en la Comunidad Autónoma del País Vasco del RDLeg 1/1992, de 26 junio, por el que se aprueba el Texto Refundido de la Ley sobre Régimen del Suelo y Ordenación Urbana (§48.1).

Téngase en cuenta lo establecido en la disp. final 1ª de la Ley 6/1994, de 15 noviembre, Reguladora de la Actividad Urbanística en la Comunidad Autónoma de Valencia (§53).

V. Jurisprudencia en arts. 117 y 118 y concordantes del TRLS/1976 (§3).

Artículo 145. Requisitos para la delimitación de unidades de ejecución.

No podrán delimitarse unidades de ejecución en las que la diferencia entre el aprovechamiento lucrativo total de cada unidad y el resultante de la aplicación del aprovechamiento tipo, cuando exista, sobre su superficie, sea superior al 15 por 100 de este último, salvo que, en suelo urbano el planeamiento justifique la imposibilidad de respetar esta diferencia máxima.

✐ Artículo derogado por la Ley 6/1998, de 13 abril (§1).

⇒ Téngase en cuenta el art. único de la Ley 1/1997, de 18 junio, de Andalucía, que aprueba con carácter urgente y transitorio disposiciones en materia de régimen de suelo y ordenación urbana (§5).

Téngase en cuenta el art. único de la Ley 13/1997, de 23 diciembre, de Extremadura, que aprueba las normas reguladoras de la actividad urbanística (§32).

Téngase en cuenta el D. 132/1994, de 15 marzo, sobre aplicación en la Comunidad Autónoma del País Vasco del RDLeg 1/1992, de 26 junio, por el que se aprueba el Texto Refundido de la Ley sobre Régimen del Suelo y Ordenación Urbana (§48.1).

Téngase en cuenta lo establecido en la disp. final 1ª de la Ley 6/1994, de 15 noviembre, Reguladora de la Actividad Urbanística en la Comunidad Autónoma de Valencia (§53).

V. Jurisprudencia en arts. 117 y 118 y concordantes del TRLS/1976 (§3).

Artículo 146. Procedimiento para la delimitación de unidades de ejecución.

1. *En suelo urbano las unidades de ejecución podrán contenerse en el planeamiento general o delimitarse mediante el procedimiento regulado en el número siguiente.*

2. *En suelo urbanizable programado, la delimitación de unidades de ejecución, si no se contuviere en los Planes, así como la modificación de las*

ya delimitadas cuando proceda, se acordará, de oficio o a petición de los particulares interesados, por el Ayuntamiento, previos los trámites de aprobación inicial e información pública durante quince días.

En la tramitación de los proyectos de delimitación de unidades de ejecución se observarán las reglas sobre plazos, subrogación y aprobación por silencio previstas en los artículos 116 a 118 y 121.

✐ Artículo derogado por la Ley 6/1998, de 13 abril (§1).

⇒ Téngase en cuenta el art. único de la Ley 1/1997, de 18 junio, de Andalucía, que aprueba con carácter urgente y transitorio disposiciones en materia de régimen de suelo y ordenación urbana (§5).

Téngase en cuenta el art. único de la Ley 13/1997, de 23 diciembre, de Extremadura, que aprueba las normas reguladoras de la actividad urbanística (§32).

Téngase en cuenta el D. 132/1994, de 15 marzo, sobre aplicación en la Comunidad Autónoma del País Vasco del RDLeg 1/1992, de 26 junio, por el que se aprueba el Texto Refundido de la Ley sobre Régimen del Suelo y Ordenación Urbana (§48.1).

Téngase en cuenta lo establecido en la disp. final 1ª de la Ley 6/1994, de 15 noviembre, Reguladora de la Actividad Urbanística en la Comunidad Autónoma de Valencia (§53).

Artículo 147. Sociedades mercantiles para la ejecución.

1. Las Entidades locales y demás Administraciones Públicas podrán constituir Sociedades mercantiles cuyo capital social pertenezca íntegra o parcialmente a las mismas, con arreglo a la legislación aplicable, para la ejecución de los Planes de Ordenación.

2. La Administración podrá ofrecer la suscripción de una parte del capital de la Sociedad a constituir a todos los propietarios afectados sin licitación. La distribución de dicha parte del capital entre los propietarios que aceptasen participar en la Sociedad se hará en proporción a la superficie de sus terrenos.

✐ Artículo derogado por la Ley 6/1998, de 13 abril (§1).

⇒ Téngase en cuenta el art. único de la Ley 1/1997, de 18 junio, de Andalucía, que aprueba con carácter urgente y transitorio disposiciones en materia de régimen de suelo y ordenación urbana (§5).

Téngase en cuenta el art. único de la Ley 13/1997, de 23 diciembre, de Extremadura, que aprueba las normas reguladoras de la actividad urbanística (§32).

Téngase en cuenta el D. 132/1994, de 15 marzo, sobre aplicación en la Comunidad Autónoma del País Vasco del RDLeg 1/1992, de 26 junio, por el que se aprueba el Texto Refundido de la Ley sobre Régimen del Suelo y Ordenación Urbana (§48.1).

Téngase en cuenta lo establecido en la disp. final 1ª de la Ley 6/1994, de 15 noviembre, Reguladora de la Actividad Urbanística en la Comunidad Autónoma de Valencia (§53).

V. Jurisprudencia en arts. 115 y concordantes del TRLS/1976 (§3).

CAPÍTULO II
Actuación mediante unidades de ejecución

Sección 1ª Disposiciones generales

Artículo 148. Sistemas de actuación.

1. Las unidades de ejecución se desarrollarán por el sistema de actuación que la Administración elija en cada caso.

2. Los sistemas de actuación son los siguientes:

a) Compensación.

b) Cooperación.

c) Expropiación.

✐ Artículo derogado por la Ley 6/1998, de 13 abril (§1).

⇒ Téngase en cuenta el art. único de la Ley 1/1997, de 18 junio, de Andalucía, que aprueba con carácter urgente y transitorio disposiciones en materia de régimen de suelo y ordenación urbana (§5).

Téngase en cuenta el art. único de la Ley 13/1997, de 23 diciembre, de Extremadura, que aprueba las normas reguladoras de la actividad urbanística (§32).

Téngase en cuenta el D. 132/1994, de 15 marzo, sobre aplicación en la Comunidad Autónoma del País Vasco del RDLeg 1/1992, de 26 junio, por el que se aprueba el Texto Refundido de la Ley sobre Régimen del Suelo y Ordenación Urbana (§48.1).

Téngase en cuenta lo establecido en la disp. final 1ª de la Ley 6/1994, de 15 noviembre, Reguladora de la Actividad Urbanística en la Comunidad Autónoma de Valencia (§53).

V. Jurisprudencia en arts. 119 y concordantes del TRLS/1976 (§3).

Artículo 149. Elección del sistema de actuación.

1. La elección del sistema de actuación se llevará a cabo con la delimitación de la unidad de ejecución. La modificación justificada del sistema elegido se tramitará de acuerdo con lo dispuesto en el artículo 146.2.

2. Cuando el sistema de compensación venga establecido en el planeamiento para una determinada unidad de ejecución, su efectiva aplicación requerirá que, en el plazo reglamentariamente establecido, los propietarios que representen al menos el 60 por 100 de la superficie de aquélla, presenten el proyecto de Estatutos y de bases de actuación, debiendo la Administración sustituir el sistema, en otro caso. Cuando el mencionado sistema no venga establecido en el planeamiento, será requisito para la adopción del mismo que igual porcentaje de propietarios lo soliciten en el trámite de información pública del procedimiento para delimitar la unidad de ejecución. Dicha solicitud, no obstante, no vinculará a la Administración que resolverá, en todo caso, según se establece en el número primero del artículo anterior.

3. Cuando se hubiese fijado un sistema de gestión privada y transcurran los plazos establecidos en el planeamiento o, en su defecto, en el artículo 28.2, para el cumplimiento de los deberes de cesión, equidistribución y urbanización, computados desde la delimitación de la correspondiente unidad de ejecución, sin que dicho cumplimiento se hubiera producido, se estará a lo dispuesto en la legislación urbanística aplicable. Esta deberá garantizar, en todo caso, a los propietarios no responsables del incumplimiento de los derechos vinculados a la ejecución del planeamiento o la valoración urbanística establecida en esta Ley para los supuestos de expropiación como sistema de actuación.

4. En defecto de dicha legislación se observarán las siguientes reglas:

1ª La Administración actuante procederá a sustituir el sistema por otro de gestión pública.

2ª Los propietarios que antes de la finalización de los plazos establecidos ofrezcan constituir depósito o prestar aval por un importe equivalente al 25 por 100 de los gastos de urbanización y gestión aún pendientes y formalicen efectivamente las garantías en el plazo y cuantía que la Administración les notifique, conservarán el derecho a adquirir el aprovechamiento urbanístico correspondiente. Los restantes propietarios serán expropiados por el valor inicial de sus terrenos, salvo que se trate de suelo urbano, en cuyo caso se estará a lo dispuesto en el artículo 52.

3ª Si el sistema sustitutorio elegido fuera el de expropiación, el valor urbanístico a efectos de determinación del justiprecio de las parcelas cuyos propietarios conservaran el derecho a adquirir el aprovechamiento urbanístico será el correspondiente al 75 o al 50 por 100 de este último, según la clasificación urbanística del suelo.

✐ Artículo derogado por la Ley 6/1998, de 13 abril (§1).

⇒ Téngase en cuenta el art. único de la Ley 1/1997, de 18 junio, de Andalucía, que aprueba con carácter urgente y transitorio disposiciones en materia de régimen de suelo y ordenación urbana (§5).

Téngase en cuenta el art. único de la Ley 13/1997, de 23 diciembre, de Extremadura, que aprueba las normas reguladoras de la actividad urbanística (§32).

Téngase en cuenta el D. 132/1994, de 15 marzo, sobre aplicación en la Comunidad Autónoma del País Vasco del RDLeg 1/1992, de 26 junio, por el que se aprueba el Texto Refundido de la Ley sobre Régimen del Suelo y Ordenación Urbana (§48.1).

Téngase en cuenta lo establecido en la disp. final 1ª de la Ley 6/1994, de 15 noviembre, Reguladora de la Actividad Urbanística en la Comunidad Autónoma de Valencia (§53).

V. Jurisprudencia en arts. 119 y concordantes del TRLS/1976 (§3).

Artículo 150. Falta de ejecución imputable a la Administración.

Si la falta de ejecución del Plan fuera imputable a la Administración actuante, los propietarios afectados conservarán sus derechos a iniciar o proseguir el proceso urbanizador y edificador.

✐ Artículo derogado por la Ley 6/1998, de 13 abril (§1).

⇒ Téngase en cuenta el art. único de la Ley 1/1997, de 18 junio, de Andalucía, que aprueba con carácter urgente y transitorio disposiciones en materia de régimen de suelo y ordenación urbana (5).

Téngase en cuenta el D. 132/1994, de 15 marzo, sobre aplicación en la Comunidad Autónoma del País Vasco del RDLeg 1/1992, de 26 junio, por el que se aprueba el Texto Refundido de la Ley sobre Régimen del Suelo y Ordenación Urbana (§48.1).

Artículo 151. Unidades de ejecución con exceso de aprovechamiento real.

1. Cuando los aprovechamientos permitidos por el planeamiento en una unidad de ejecución excedan de los susceptibles de apropiación por el conjunto de propietarios incluidos en la misma, los excesos corresponderán a la Administración actuante.

2. Dichos excesos podrán destinarse a compensar a propietarios de terrenos no incluidos en unidades de ejecución afectos a dotaciones locales o sistemas generales. También podrán destinarse dichos excesos a compensar a propietarios con aprovechamiento real inferior al susceptible de apropiación del área de reparto en que se encuentren.

3. La Administración o los propietarios señalados en el número anterior participarán en los costes de urbanización de la unidad de ejecución respectiva en proporción a los aprovechamientos que les correspondan.

4. No obstante lo dispuesto en el número 2, cuando exista conformidad de todos los propietarios de la unidad de ejecución, la Administración actuante podrá transmitirles el exceso de aprovechamiento real por el precio resultante de su valor urbanístico cuando el uso de los terrenos en la unidad de ejecución no sea adecuado a los fines del Patrimonio Municipal del Suelo. En este caso, también será posible transmitir dicho exceso por permuta con terrenos situados fuera de la unidad de ejecución con uso adecuado a los mencionados fines.

✐ Artículo derogado por la Ley 6/1998, de 13 abril (§1).

⇒ Téngase en cuenta el art. único de la Ley 1/1997, de 18 junio, de Andalucía, que aprueba con carácter urgente y transitorio disposiciones en materia de régimen de suelo y ordenación urbana (§5).

Téngase en cuenta el art. único de la Ley 13/1997, de 23 diciembre, de Extremadura, que aprueba las normas reguladoras de la actividad urbanística (§32).

Téngase en cuenta el D. 132/1994, de 15 marzo, sobre aplicación en la Comunidad Autónoma del País Vasco del RDLeg 1/1992, de 26 junio, por el que se aprueba el Texto Refundido de la Ley sobre Régimen del Suelo y Ordenación Urbana (§48.1).

Téngase en cuenta lo establecido en la disp. final 1ª de la Ley 6/1994, de 15 noviembre, Reguladora de la Actividad Urbanística en la Comunidad Autónoma de Valencia (§53).

V. art. 152 del presente Texto Refundido.

Jurisprudencia

«Corresponde al Plan General –y en su caso al Programa de Actuación Urbanística– la determinación del aprovechamiento medio de todo el suelo urbanizable programado y el de cada uno de los sectores en que éste se divida –arts. 12.2.2 b) y 16.2 b) del Texto Refundido de la Ley del Suelo–.

Con ello, en lo que ahora importa, se impone una comparación de cifras que da lugar a que en los sectores con un aprovechamiento medio superior al general se imponga el deber de cesión gratuita de la superficie del suelo edificable en que se sitúe el mencionado exceso de aprovechamiento –art. 46.3 b) del Reglamento de Gestión–. Este suelo se aplica, ante todo, a la compensación en especie de los propietarios de los terrenos que hayan quedado afectados a la ejecución de los sistemas generales –arts. 84.2 del Texto Refundido, 46.3 b) y 51.1 del Reglamento de Gestión–, salvo que el planeamiento haya previsto para estos fines la expropiación forzosa –art. 134.2 del Texto Refundido-». **(STS 25 mayo 1987 [RJ 1987, 5847]).**

Artículo 152. Unidades de ejecución con aprovechamiento real inferior al susceptible de apropiación.

1. Cuando los aprovechamientos permitidos por el planeamiento fueran inferiores a los susceptibles de apropiación por el conjunto de propietarios, se disminuirá la carga de urbanizar en cuantía igual al valor del aprovechamiento no materializable, con aplicación en todo caso del artículo 54 sufragando la Administración actuante la diferencia resultante.

2. Si mediante esta reducción no pudiera compensarse íntegramente el valor de los aprovechamientos no materializables, la diferencia se hará efectiva en otras unidades de ejecución que se encuentren en situación inversa e incluidas en la misma área de reparto o mediante el abono en metálico de su valor urbanístico, a elección de la Administración actuante.

✐ Artículo derogado por la Ley 6/1998, de 13 abril (§1).

⇒ Téngase en cuenta el art. único de la Ley 1/1997, de 18 junio, de Andalucía, que aprueba con carácter urgente y transitorio disposiciones en materia de régimen de suelo y ordenación urbana (§5).

Téngase en cuenta el art. único de la Ley 13/1997, de 23 diciembre, de Extremadura, que aprueba las normas reguladoras de la actividad urbanística (§32).

Téngase en cuenta el D. 132/1994, de 15 marzo, sobre aplicación en la Comunidad Autónoma del País Vasco del RDLeg 1/1992, de 26 junio, por el que se aprueba el Texto Refundido de la Ley sobre Régimen del Suelo y Ordenación Urbana (§48.1).

Téngase en cuenta lo establecido en la disp. final 1ª de la Ley 6/1994, de 15 noviembre, Reguladora de la Actividad Urbanística en la Comunidad Autónoma de Valencia (§53).

V art. 151 del presente Texto Refundido.

Artículo 153. Compensación en determinadas actuaciones.

En los Municipios en los que no se aplique el aprovechamiento tipo en suelo urbano, cuando la actuación en determinadas unidades de ejecución delimitadas en esta clase de suelo no sea presumiblemente rentable, por resultar excesivas las cargas en relación con el escaso aprovechamiento previsto para las zonas edificables, el Ayuntamiento, en el marco de lo previsto en la legislación autonómica, podrá autorizar, sin modificar las determinaciones del Plan, una reducción de la contribución de los propietarios a las mismas o una compensación a cargo de la Administración, procurando equiparar los costes de la actuación a los de otras análogas que hayan resultado viables.

✐ Artículo derogado por la Ley 6/1998, de 13 abril (§1).

⇒ Téngase en cuenta el art. único de la Ley 1/1997, de 18 junio, de Andalucía, que aprueba con carácter urgente y transitorio disposiciones en materia de régimen de suelo y ordenación urbana (§5).

Téngase en cuenta el art. único de la Ley 13/1997, de 23 diciembre, de Extremadura, que aprueba las normas reguladoras de la actividad urbanística (§32).

Téngase en cuenta el D. 132/1994, de 15 marzo, sobre aplicación en la Comunidad Autónoma del País Vasco del RDLeg 1/1992, de 26 junio, por el que se aprueba el Texto Refundido de la Ley sobre Régimen del Suelo y Ordenación Urbana (§48.1).

Téngase en cuenta lo establecido en la disp. final 1ª de la Ley 6/1994, de 15 noviembre, Reguladora de la Actividad Urbanística en la Comunidad Autónoma de Valencia (§53).

Artículo 154. Distribución justa de beneficios y cargas.

1. Los deberes y cargas inherentes a la ejecución serán objeto de distri-

bución justa entre los propietarios afectados, juntamente con los beneficios derivados del planeamiento, en la forma que la legislación urbanística establezca.

2. Cuando en la unidad de ejecución existan bienes de dominio y uso público no obtenidos por cesión gratuita, el aprovechamiento urbanístico correspondiente a su superficie pertenecerá a la Administración titular de aquéllos.

En el supuesto de obtención por cesión gratuita, cuando las superficies de los bienes de dominio y uso público, anteriormente existentes, fueren iguales o inferiores a las que resulten como consecuencia de la ejecución del Plan, se entenderán sustituidas unas por otras. Si tales superficies fueran superiores, la Administración percibirá el exceso, en la proporción que corresponda, en terrenos edificables.

✐ Artículo derogado por la Ley 6/1998, de 13 abril (§1).

⇒ Téngase en cuenta el art. único de la Ley 1/1997, de 18 junio, de Andalucía, que aprueba con carácter urgente y transitorio disposiciones en materia de régimen de suelo y ordenación urbana (§5).

Téngase en cuenta el art. único de la Ley 13/1997, de 23 diciembre, de Extremadura, que aprueba las normas reguladoras de la actividad urbanística (§32).

Téngase en cuenta el D. 132/1994, de 15 marzo, sobre aplicación en la Comunidad Autónoma del País Vasco del RDLeg 1/1992, de 26 junio, por el que se aprueba el Texto Refundido de la Ley sobre Régimen del Suelo y Ordenación Urbana (§48.1).

V. art. 7 del presente Texto Refundido.

V. Jurisprudencia y concordancias en art. 117.2 b) del TRLS/1976 (§3).

Artículo 155. Gastos de urbanización.

1. En los gastos de urbanización que deban ser sufragados por los propietarios afectados se comprenden los siguientes conceptos:

a) El coste de las obras de vialidad, saneamiento, suministro de agua y energía eléctrica, alumbrado público, arbolado y jardinería, que estén previstas en los planes y proyectos y sean de interés para la unidad de ejecución, sin perjuicio del derecho a reintegrarse de los gastos de instalación de las redes de suministro de agua y energía eléctrica con cargo a las empresas que prestaren los servicios, salvo la parte que deban contribuir los usuarios según la reglamentación de aquéllos, sin perjuicio de lo señalado en el artículo 30 de la Ley Reguladora de las Haciendas Locales.

b) Las indemnizaciones procedentes por el derribo de construcciones, destrucción de plantaciones, obras e instalaciones que exijan la ejecución de los planes.

c) El coste de los planes parciales y de los proyectos de urbanización y gastos originados por la compensación y reparcelación.

2. El pago de estos gastos podrá realizarse, previo acuerdo con los propietarios interesados, cediendo éstos, gratuitamente y libres de carga, terrenos edificables en la proporción que se estime suficiente para compensarlos.

✐ Artículo derogado por la Ley 6/1998, de 13 abril (§1).

⇒ Téngase en cuenta el art. único de la Ley 1/1997, de 18 junio, de Andalucía, que aprueba con carácter urgente y transitorio disposiciones en materia de régimen de suelo y ordenación urbana (§5).
Téngase en cuenta el art. único de la Ley 13/1997, de 23 diciembre, de Extremadura, que aprueba las normas reguladoras de la actividad urbanística (§32).
Téngase en cuenta el D. 132/1994, de 15 marzo, sobre aplicación en la Comunidad Autónoma del País Vasco del RDLeg 1/1992, de 26 junio, por el que se aprueba el Texto Refundido de la Ley sobre Régimen del Suelo y Ordenación Urbana (§48.1).
Téngase en cuenta lo establecido en la disp. final 1ª de la Ley 6/1994, de 15 noviembre, Reguladora de la Actividad Urbanística en la Comunidad Autónoma de Valencia (§53).
V. Jurisprudencia en arts. 122 y concordantes del TRLS/1976 (§3).

Artículo 156. Cargas adicionales en el Programa de Actuación Urbanística.

Además de las limitaciones, obligaciones y cargas a que se refiere el artículo 18.2, los adjudicatarios de la ejecución de un Programa de Actuación Urbanística, habrán de costear las obras exteriores de infraestructura sobre las que se apoye la actuación, debiendo garantizarse un adecuado enlace con las redes viarias y servicios integrantes de la estructura del municipio en que se desarrolle el Programa.

✐ Artículo derogado por la Ley 6/1998, de 13 abril (§1).

⇒ Téngase en cuenta el art. único de la Ley 1/1997, de 18 junio, de Andalucía, que aprueba con carácter urgente y transitorio disposiciones en materia de régimen de suelo y ordenación urbana (§5).
Téngase en cuenta el art. único de la Ley 13/1997, de 23 diciembre, de Extremadura, que aprueba las normas reguladoras de la actividad urbanística (§32).
Téngase en cuenta el D. 132/1994, de 15 marzo, sobre aplicación en la Comunidad Autónoma del País Vasco del RDLeg 1/1992, de 26 junio, por el que se aprueba el Texto Refundido de la Ley sobre Régimen del Suelo y Ordenación Urbana (§48.1).
Téngase en cuenta lo establecido en la disp. final 1ª de la Ley 6/1994, de 15 noviembre, Reguladora de la Actividad Urbanística en la Comunidad Autónoma de Valencia (§53).
V. Jurisprudencia en arts. 123 y concordantes del TRLS/1976 (§3).

Sección 2ª Sistema de compensación

Artículo 157. El sistema de compensación.

1. En el sistema de compensación, los propietarios aportan los terrenos de cesión obligatoria, realizan a su costa la urbanización en los términos y condiciones que se determinen en el Plan o Programa de Actuación Urbanística y se constituyen en Junta de Compensación, salvo que todos los terrenos pertenezcan a un solo titular.

2. Los Estatutos y las Bases de actuación de la Junta de Compensación serán aprobados por la Administración actuante. A tal efecto, los propietarios que representen al menos el 60 por 100 de la superficie total de la unidad de ejecución presentarán a la Administración actuante los correspondientes proyectos de Estatutos y Bases. El plazo para acordar sobre la apropiación inicial será de dos meses desde la presentación de la documentación completa. Transcurrido este plazo sin que recaiga el acuerdo pertinente, la Comunidad Autónoma actuará por subrogación cuando así se solicite por los interesados, siendo el plazo de aprobación inicial el mismo que el señalado para la Administración titular, desde la presentación de la solicitud ante el órgano autonómico.

✐ El párr. 1º de este apartado fue modificado, antes de su total derogación en 1998, por el art. 3.6 de la Ley 7/1997, de 14 abril en los siguientes términos: «Se modifica, en el artículo 157.2, párr. 1º, la frase «El plazo para acordar sobre la aprobación inicial será de tres meses desde la presentación de la documentación completa», por la frase «El plazo para acordar sobre la aprobación inicial será de dos meses desde la presentación de la documentación completa"».

Con anterioridad a la aprobación definitiva, se dará audiencia a los demás propietarios, por plazo de quince días hábiles. Los Estatutos y Bases se entenderán aprobados si transcurrieran dos meses desde su aprobación inicial, sin que, por la Administración actuante, o por la Comunidad Autónoma, se hubiera comunicado resolución expresa, supuesto en todo caso, el cumplimiento del trámite de información pública.

✐ Este párr. 2º, fue modificado, antes de su total derogación en 1998, por el art. 3.7 de la Ley 7/1997, de 14 abril, en los siguientes términos: «"Los Estatutos y Bases se entenderán aprobados si transcurrieran tres meses desde su aprobación inicial [...]», que tendrá el siguiente tenor: «Los Estatutos y Bases se entenderán aprobados si transcurrieran dos meses desde su aprobación inicial [...]».»

3. Con sujeción a lo establecido en las Bases de actuación se formulará por la Junta el correspondiente Proyecto de Compensación. Para la definición de derechos aportados, valoración de fincas resultantes, reglas de adjudicación, aprobación, efectos del acuerdo aprobatorio e inscripción del mencionado proyecto se estará a lo dispuesto para la reparcelación. No obstante lo anterior, por acuerdo unánime de todos los afectados pueden adoptarse criterios diferentes siempre que no sean contrarios a la Ley o al planeamiento aplicable, ni lesivos para el interés público o de terceros.

✐ Artículo derogado por la Ley 6/1998, de 13 abril (§1).

⇒ Téngase en cuenta el art. único de la Ley 1/1997, de 18 junio, de Andalucía, que aprueba con carácter urgente y transitorio disposiciones en materia de régimen de suelo y ordenación urbana (§5).

Téngase en cuenta el art. único de la Ley 13/1997, de 23 diciembre, de Extremadura, que aprueba las normas reguladoras de la actividad urbanística (§32).

Téngase en cuenta el D. 132/1994, de 15 marzo, sobre aplicación en la Comunidad Autónoma del País Vasco del RDLeg 1/1992, de 26 junio, por el que se aprueba el Texto Refundido de la Ley sobre Régimen del Suelo y Ordenación Urbana (§48.1).

Téngase en cuenta lo establecido en la disp. final 1ª de la Ley 6/1994, de 15 noviembre, Reguladora de la Actividad Urbanística en la Comunidad Autónoma de Valencia (§53).

V. Jurisprudencia en arts. 126 a 129 y concordantes del TRLS/1976 (§3).

Artículo 158. Junta de Compensación.

1. Los propietarios de la unidad de ejecución que no hubieren solicitado el sistema podrán incorporarse con igualdad de derechos y obligaciones a la Junta de Compensación, si no lo hubieran hecho en un momento anterior, dentro del plazo de un mes, desde la aprobación definitiva, a partir de la notificación del acuerdo de aprobación de los Estatutos y Bases de actua-

ción de la Junta. Si no lo hicieran, sus fincas serán expropiadas en favor de la Junta de Compensación, que tendrá la condición jurídica de beneficiaria.

2. Podrán también incorporarse a la Junta las empresas urbanizadoras que hayan de participar con los propietarios en la gestión de la unidad de ejecución.

3. La Junta de Compensación tendrá naturaleza administrativa, personalidad jurídica propia y plena capacidad para el cumplimiento de sus fines.

4. Un representante de la Administración actuante formará parte del órgano rector de la Junta, en todo caso.

5. Los acuerdos de la Junta de Compensación serán recurribles en alzada ante la Administración actuante.

✐ Artículo derogado por la Ley 6/1998, de 13 abril (§1).

⇒ Téngase en cuenta el art. único de la Ley 1/1997, de 18 junio, de Andalucía, que aprueba con carácter urgente y transitorio disposiciones en materia de régimen de suelo y ordenación urbana (§5).

Téngase en cuenta el art. único de la Ley 13/1997, de 23 diciembre, de Extremadura, que aprueba las normas reguladoras de la actividad urbanística (§32).

Téngase en cuenta el D. 132/1994, de 15 marzo, sobre aplicación en la Comunidad Autónoma del País Vasco del RDLeg 1/1992, de 26 junio, por el que se aprueba el Texto Refundido de la Ley sobre Régimen del Suelo y Ordenación Urbana (§48.1).

Téngase en cuenta lo establecido en la disp. final 1ª de la Ley 6/1994, de 15 noviembre, Reguladora de la Actividad Urbanística en la Comunidad Autónoma de Valencia (§53).

V. Jurisprudencia en arts. 126, 127, 128, 129 y concordantes del TRLS/1976 (§3).

Artículo 159. Junta de Compensación y transmisión de terrenos.

1. La incorporación de los propietarios a la Junta de Compensación no presupone, salvo que los Estatutos dispusieran otra cosa, la transmisión a la misma de los inmuebles afectados a los resultantes de la gestión común. En todo caso, los terrenos quedarán directamente afectos al cumplimiento de las obligaciones inherentes al sistema con anotación en el Registro de la Propiedad en la forma que se establece en el artículo 310.

2. Las Juntas de Compensación actuarán como fiduciarias con pleno poder dispositivo sobre las fincas pertenecientes a los propietarios miembros de aquéllas, sin más limitaciones que las establecidas en los Estatutos.

3. La transmisión a la Administración correspondiente, en pleno dominio y libre de cargas, de todos los terrenos de cesión obligatoria tendrá lugar por ministerio de la ley con la aprobación definitiva del proyecto de compensación.

✐ Los aps. 1 a 3 fueron derogados por la Ley 6/1998, de 13 abril (§1).

⇒ Téngase en cuenta el art. único de la Ley 1/1997, de 18 junio, de Andalucía, que aprueba con carácter urgente y transitorio disposiciones en materia de régimen de suelo y ordenación urbana (§5).

Téngase en cuenta el art. único de la Ley 13/1997, de 23 diciembre, de Extremadura, que aprueba las normas reguladoras de la actividad urbanística (§32).

Téngase en cuenta lo establecido en la disp. final 1ª de la Ley 6/1994, de 15 noviembre, Reguladora de la Actividad Urbanística en la Comunidad Autónoma de Valencia (§53).

4. Las transmisiones de terrenos que se realicen como consecuencia de la constitución de la Junta de Compensación por aportación de los propietarios de la unidad de ejecución, en el caso de que así lo dispusieran los Estatutos, o en virtud de expropiación forzosa, y las adjudicaciones de solares que se efectúen a favor de los propietarios miembros de dichas Juntas y en proporción a los terrenos incorporados por aquéllos, estarán exentas, con carácter permanente, si cumplen todos los requisitos urbanísticos, del Impuesto sobre Transmisiones Patrimoniales y Actos Jurídicos Documentados, y no tendrán la consideración de transmisiones de dominio a los efectos de la exacción del Impuesto sobre el Incremento del Valor de los Terrenos de Naturaleza Urbana. Cuando el valor de los solares adjudicados a un propietario exceda del que proporcionalmente corresponda a los terrenos aportados por el mismo, se girarán las liquidaciones procedentes en cuanto al exceso.

✐ El ap. 4 no fue derogado por la Ley 6/1998, de 13 abril (§1).

⇒ Según resulta de la STC 61/1997, de 20 marzo (RTC 1997, 61) y la disp. final única de esta Ley, en relación con lo establecido en la disp. derog. única de la Ley del Suelo 6/1998, de 13 abril (§1), este precepto es de aplicación plena en virtud del art. 149.1.8ª y 18ª de la Constitución.

V. arts. 6 y concordantes del RD 1093/1997, de 4 julio (§2.1).

V. art. 171 RGU (§3.2).

El art. 88.1 B).7 del Reglamento del Impuesto sobre Transmisiones Patrimoniales y Actos Jurídicos Documentados, aprobado por RD 828/1995, de 29 mayo, establece que están exentas las transmisiones de terrenos que se realicen como consecuencia de la aportación a las Juntas de Compensación por los propietarios de la unidad de ejecución y las adjudicaciones de solares que se efectúen a los propietarios citados, por las propias Juntas, en proporción a los terrenos incorporados.

Los mismos actos y contratos a que dé lugar la reparcelación en las condiciones señaladas en el párrafo anterior.

Esta exención estará condicionada al cumplimiento de todos los requisitos urbanísticos.

Téngase en cuenta el D. 132/1994, de 15 marzo, sobre aplicación en la Comunidad Autónoma del País Vasco del RDLeg 1/1992, de 26 junio, por el que se aprueba el Texto Refundido de la Ley sobre Régimen del Suelo y Ordenación Urbana (§48.1).

V. Jurisprudencia en arts. 126, 127, 128, 129 y concordantes del TRLS/1976 (§3).

Jurisprudencia

«el principio constitucional de salvaguarda jurisdiccional de los derechos e intereses legítimos (cfr. artículo 24 de la Constitución Española), y los principios registrales de legitimación y tracto sucesivo (cfr. artículos 20 y 38 de la Ley Hipotecaria), suponen que, en el procedimiento correspondiente, los titulares de las fincas sobre las que se pretenden practicar las anotaciones hayan sido parte con carácter personal y directo, pues, al no ser titulares pasivos de la deuda reclamada (adviértase que la Junta de Compensación, que aparece como deudora, tiene personalidad jurídica propia –cfr. artículo 158.3 de la Ley del Suelo–), no tendrían legitimación ni trámite adecuado para hacer valer sus respectivos derechos. Por lo demás, tampoco cabe invocar el poder dispositivo que como fiduciaria corresponde a la Junta de Compensación sobre las fincas de los propietarios integrados en ella (cfr. artículo 159.2 de la Ley del Suelo), pues, dicho poder, encaminado al cumplimiento de los fines propios de la actuación urbanística, cesan en el momento mismo en que por la aprobación definitiva del proyecto de compensación se produce el efecto subrogatorio prevenido en la letra b) del artículo 167 de la Ley del Suelo». **(RDGRN 11 noviembre 1997 [RJ 1998, 8493]).**

Artículo 160. Responsabilidad de la Junta y obligaciones de sus miembros.

1. La Junta de Compensación será directamente responsable, frente a la Administración competente, de la urbanización completa de la unidad de ejecución y, en su caso, de la edificación de los solares resultantes, cuando así se hubiere establecido.

2. El incumplimiento por los miembros de la Junta de las obligaciones y cargas impuestas por la presente Ley habilitará a la Administración actuante para expropiar sus respectivos derechos en favor de la Junta de Compensación, que tendrá la condición jurídica de beneficiaria.

✐ Téngase en cuenta el art. único de la Ley 1/1997, de 18 junio, de Andalucía, que aprueba con carácter urgente y transitorio disposiciones en materia de régimen de suelo y ordenación urbana (§5).

⇒ Téngase en cuenta el art. único de la Ley 13/1997, de 23 diciembre, de Extremadura, que aprueba las normas reguladoras de la actividad urbanística (§32).

Téngase en cuenta el D. 132/1994, de 15 marzo, sobre aplicación en la Comunidad Autónoma del País Vasco del RDLeg 1/1992, de 26 junio, por el que se aprueba el Texto Refundido de la Ley sobre Régimen del Suelo y Ordenación Urbana (§48.1).

V. Jurisprudencia en arts. 130 y concordantes del TRLS/1976 (§3).

3. En el supuesto del número anterior, el valor correspondiente a los terrenos será el inicial, salvo que se trate de suelo urbano, en cuyo caso se estará a lo dispuesto en el artículo 52.

⇒ Téngase en cuenta que interpuesto por la Asociación Nacional de Promotores y Constructores de Edificios recurso contencioso-administrativo contra el RDLeg 1/1992, de 26 junio, por el que se aprobó el Texto Refundido de la Ley del Suelo y Ordenación Urbana, el TS, en Sentencia de 25 junio 1997 (RJ 1997, 5382), declara extinguido el proceso, por falta de objeto, de los particulares correspondientes a la inconstitucionalidad ya declarada de determinados preceptos de la citada norma y lo estima parcialmente, anulando los arts. 47, 160.3, 219, 237.3 y 238.2 y la disp. transit. 1ª.3 de dicho Texto Refundido.

4. Las cantidades adeudadas a la Junta de Compensación por sus miembros podrán ser exigidas por vía de apremio, previa petición de la Junta a la Administración actuante.

✐ Artículo derogado por la Ley 6/1998, de 13 abril (§1).

⇒ Téngase en cuenta el D. 132/1994, de 15 marzo, sobre aplicación en la Comunidad Autónoma del País Vasco del RDLeg 1/1992, de 26 junio, por el que se aprueba el Texto Refundido de la Ley sobre Régimen del Suelo y Ordenación Urbana (§48.1).

Téngase en cuenta lo establecido en la disp. final 1ª de la Ley 6/1994, de 15 noviembre, Reguladora de la Actividad Urbanística en la Comunidad Autónoma de Valencia (§53).

Artículo 161. Procedimiento abreviado.

1. Los propietarios incluidos en una unidad de ejecución, por acuerdo unánime, podrán presentar conjuntamente a tramitación los proyectos de Estatutos, Bases de Actuación y de Compensación, y, en su caso, Proyecto de Urbanización.

2. Una vez aprobados definitivamente los mencionados proyectos por la Administración actuante, en el plazo de un mes desde la notificación de dicho acuerdo, deberá procederse a la constitución de la Junta.

✐ Artículo derogado por la Ley 6/1998, de 13 abril (§1).

⇒ Téngase en cuenta el art. único de la Ley 1/1997, de 18 junio, de Andalucía, que aprueba con carácter urgente y transitorio disposiciones en materia de régimen de suelo y ordenación urbana (§5).
Téngase en cuenta el art. único de la Ley 13/1997, de 23 diciembre, de Extremadura, que aprueba las normas reguladoras de la actividad urbanística (§32).
Téngase en cuenta el D. 132/1994, de 15 marzo, sobre aplicación en la Comunidad Autónoma del País Vasco del RDLeg 1/1992, de 26 junio, por el que se aprueba el Texto Refundido de la Ley sobre Régimen del Suelo y Ordenación Urbana (§48.1).
Téngase en cuenta lo establecido en la disp. final 1ª de la Ley 6/1994, de 15 noviembre, Reguladora de la Actividad Urbanística en la Comunidad Autónoma de Valencia (§53).

Sección 3ª Sistema de cooperación

Artículo 162. El sistema de cooperación y reparcelación.

1. En el sistema de cooperación, los propietarios aportan el suelo de cesión obligatoria y la Administración ejecuta las obras de urbanización con cargo a los mismos.

2. La aplicación del sistema de cooperación exige la reparcelación de los terrenos comprendidos en la unidad de ejecución, salvo que ésta sea innecesaria por resultar suficientemente equitativa la distribución de los beneficios y cargas.

3. Podrán constituirse asociaciones administrativas de propietarios, bien a iniciativa de éstos o del propio Ayuntamiento, con la finalidad de colaborar en la ejecución de las obras de urbanización.

✐ Artículo derogado por la Ley 6/1998, de 13 abril (§1).

⇒ Téngase en cuenta el art. único de la Ley 1/1997, de 18 junio, de Andalucía, que aprueba con carácter urgente y transitorio disposiciones en materia de régimen de suelo y ordenación urbana (§5).
Téngase en cuenta el art. único de la Ley 13/1997, de 23 diciembre, de Extremadura, que aprueba las normas reguladoras de la actividad urbanística (§32).
Téngase en cuenta el D. 132/1994, de 15 marzo, sobre aplicación en la Comunidad Autónoma del País Vasco del RDLeg 1/1992, de 26 junio, por el que se aprueba el Texto Refundido de la Ley sobre Régimen del Suelo y Ordenación Urbana (§48.1).
Téngase en cuenta lo establecido en la disp. final 1ª de la Ley 6/1994, de 15 noviembre, Reguladora de la Actividad Urbanística en la Comunidad Autónoma de Valencia (§53).
V. Jurisprudencia en arts. 131, 132, 133 y concordantes del TRLS/1976 (§3).

Artículo 163. Gastos de urbanización.

1. Los gastos de la urbanización se distribuirán entre los propietarios en proporción a la superficie de sus respectivos terrenos. No obstante lo anterior, la distribución de los costes de urbanización previstos en el artículo 155.1, se hará en proporción al valor de las fincas que les sean adjudicadas en la reparcelación o, en caso de innecesariedad de ésta, en proporción al aprovechamiento de sus respectivas fincas.

2. La Administración actuante podrá exigir a los propietarios afectados el pago de cantidades a cuenta de los gastos de urbanización. Estas cantidades no podrán exceder del importe de las inversiones previstas para los próximos seis meses.

3. La Administración actuante podrá asimismo, cuando las circunstancias lo aconsejen, convenir con los propietarios afectados un aplazamiento en el pago de los gastos de urbanización.

✐ Artículo derogado por la Ley 6/1998, de 13 abril (§1).

⇒ Téngase en cuenta el art. único de la Ley 1/1997, de 18 junio, de Andalucía, que aprueba con carácter urgente y transitorio disposiciones en materia de régimen de suelo y ordenación urbana (§5).

Téngase en cuenta el art. único de la Ley 13/1997, de 23 diciembre, de Extremadura, que aprueba las normas reguladoras de la actividad urbanística (§32).

Téngase en cuenta el D. 132/1994, de 15 marzo, sobre aplicación en la Comunidad Autónoma del País Vasco del RDLeg 1/1992, de 26 junio, por el que se aprueba el Texto Refundido de la Ley sobre Régimen del Suelo y Ordenación Urbana (§48.1).

Téngase en cuenta lo establecido en la disp. final 1ª de la Ley 6/1994, de 15 noviembre, Reguladora de la Actividad Urbanística en la Comunidad Autónoma de Valencia (§53).

V. Jurisprudencia en arts. 119 y concordantes del TRLS/1976 (§3).

Artículo 164. Reparcelación.

1. Se entenderá por reparcelación la agrupación de fincas comprendidas en la unidad de ejecución para su nueva división ajustada al planeamiento, con adjudicación de las parcelas resultantes a los interesados en proporción a sus respectivos derechos.

2. La reparcelación tiene por objeto distribuir justamente los beneficios y cargas de la ordenación urbanística, regularizar la configuración de las fincas, situar su aprovechamiento en zonas aptas para la edificación con arreglo al planeamiento y localizar sobre parcelas determinadas y en esas mismas zonas el aprovechamiento que, en su caso, corresponda a la Administración actuante.

3. No podrán concederse licencias de edificación hasta que sea firme en vía administrativa el acuerdo aprobatorio de la reparcelación de la unidad de ejecución.

✐ Artículo derogado por la Ley 6/1998, de 13 abril (§1).

⇒ Téngase en cuenta el art. único de la Ley 1/1997, de 18 junio, de Andalucía, que aprueba con carácter urgente y transitorio disposiciones en materia de régimen de suelo y ordenación urbana (§5).

Téngase en cuenta el art. único de la Ley 13/1997, de 23 diciembre, de Extremadura, que aprueba las normas reguladoras de la actividad urbanística (§32).

Téngase en cuenta el D. 132/1994, de 15 marzo, sobre aplicación en la Comunidad Autónoma del País Vasco del RDLeg 1/1992, de 26 junio, por el que se aprueba el Texto Refundido de la Ley sobre Régimen del Suelo y Ordenación Urbana (§48.1).

Téngase en cuenta lo establecido en la disp. final 1ª de la Ley 6/1994, de 15 noviembre, Reguladora de la Actividad Urbanística en la Comunidad Autónoma de Valencia (§53).

V. Jurisprudencia en arts. 97 y concordantes del TRLS/1976 (§3).

Artículo 165. Procedimiento para la reparcelación.

1. El expediente de reparcelación se entenderá iniciado al aprobarse la delimitación de la unidad de ejecución, excepto en los casos siguientes:

a) Que se hubiera elegido el sistema de expropiación o compensación para la unidad de ejecución.

b) Que la reparcelación se haya tramitado y aprobado conjuntamente con la propia delimitación.

2. La iniciación del expediente de reparcelación llevará consigo, sin necesidad de declaración expresa, la suspensión del otorgamiento de licencias de parcelación y edificación en el ámbito de la unidad de ejecución.

3. Los peticionarios de licencias solicitadas con anterioridad a la fecha de iniciación del expediente de reparcelación tendrán derecho a ser resarcidos en la forma que señala el artículo 102.5.

4. El proyecto de reparcelación se formulará:

a) Por los dos tercios de los propietarios interesados que representen, como mínimo, el 80 por 100 de la superficie reparcelable dentro de los tres meses siguientes a la aprobación de la delimitación de una unidad de ejecución. Para el cómputo de dichas mayorías se tendrán en cuenta las superficies de suelo exterior a la unidad de ejecución, cuyos propietarios deban hacer efectivo su derecho en ésta.

b) Por el Ayuntamiento, de oficio o a instancia de alguno de los propietarios afectados, cuando éstos no hubieran hecho uso de su derecho o no hubieran subsanado, dentro del plazo que se les marcare, los defectos que se hubieran apreciado en el proyecto que formularen.

Los proyectos redactados de oficio procurarán atenerse a los criterios expresamente manifestados por los interesados en los tres meses siguientes a la aprobación de la delimitación de la unidad de ejecución.

5. Los proyectos se aprobarán inicialmente por el Ayuntamiento en el plazo de dos meses desde la presentación de la documentación completa. Transcurrido este plazo sin que recaiga el acuerdo pertinente, la Comunidad Autónoma actuará por subrogación cuando así se solicite por los interesados, siendo el plazo de aprobación inicial el mismo que el señalado para la Administración titular, a contar desde la presentación de la solicitud ante el Órgano autonómico.

✐ El ap. 5 de este artículo fue modificado, antes de su total derogación, por el art. 3.8 de la Ley 7/1997, de 14 abril, en los siguientes términos: «Se sustituye en el art. 165.5 la frase «por el Ayuntamiento en el plazo de tres meses», por la frase «por el Ayuntamiento en el plazo de dos meses"».

6. Con anterioridad a la aprobación definitiva, se someterá el proyecto a información pública durante un mes, con citación personal a los interesados. El proyecto se entenderá aprobado si transcurrieran tres meses desde que hubiera finalizado el trámite de información pública ante el Ayuntamiento o la Comunidad Autónoma, sin que se hubiera comunicado resolución expresa sobre tal aprobación.

7. En el caso de que un proyecto presentado por algún interesado, sin que concurran las condiciones establecidas en este artículo, merezca la conformidad del Ayuntamiento o la Administración actuante, previo informe de los servicios correspondientes, podrá ser acordada su aprobación inicial y subsiguiente tramitación.

✐ Artículo derogado por la Ley 6/1998, de 13 abril (§1).

⇛ Téngase en cuenta el art. único de la Ley 1/1997, de 18 junio, de Andalucía, que aprueba con carácter urgente y transitorio disposiciones en materia de régimen de suelo y ordenación urbana (§5).

Téngase en cuenta el art. único de la Ley 13/1997, de 23 diciembre, de Extremadura, que aprueba las normas reguladoras de la actividad urbanística (§32).

Téngase en cuenta el D. 132/1994, de 15 marzo, sobre aplicación en la Comunidad Autónoma del País Vasco del RDLeg 1/1992, de 26 junio, por el que se aprueba el Texto Refundido de la Ley sobre Régimen del Suelo y Ordenación Urbana (§48.1).

Téngase en cuenta lo establecido en la disp. final 1ª de la Ley 6/1994, de 15 noviembre, Reguladora de la Actividad Urbanística en la Comunidad Autónoma de Valencia (§53).

V. Jurisprudencia en arts. 98 y concordantes del TRLS/1976 (§3).

Artículo 166. Reglas para la reparcelación.

1. En todo caso, el proyecto de reparcelación tendrá en cuenta los siguientes criterios:

a) El derecho de los propietarios será proporcional a la superficie de las parcelas respectivas en el momento de la aprobación de la delimitación de la unidad de ejecución. No obstante, los propietarios, por unanimidad, podrán adoptar un criterio distinto.

b) Para la determinación del valor de las parcelas resultantes, se considerará el básico de repercusión con las correcciones que, de conformidad con lo dispuesto por el artículo 53, estuvieran vigentes, siempre que su fijación se hubiera hecho con base en el plan en ejecución.

En otro caso, las mencionadas parcelas se valorarán de acuerdo con el aprovechamiento real, con aplicación, en su caso, de los coeficientes de ponderación asignados a los diversos usos y tipologías edificatorias, así como criterios correctores por localización y características de los terrenos en orden a su edificación si representaran un dato diferencial relevante.

c) Las plantaciones, obras, edificaciones, instalaciones y mejoras que no puedan conservarse se valorarán con independencia del suelo, y su importe se satisfará al propietario interesado, con cargo al proyecto en concepto de gastos de urbanización.

d) Las obras de urbanización no contrarias al planeamiento vigente al tiempo de su realización que resulten útiles para la ejecución del nuevo plan serán consideradas igualmente como obras de urbanización con cargo al proyecto, satisfaciéndose su importe al titular del terreno sobre el que se hubieran efectuado.

e) En los supuestos contemplados en el apartado d), si los gastos resultaren inútiles, según el planeamiento en ejecución, en los términos estableci-

dos en el artículo 241, darán lugar a indemnización por parte de la Administración.

f) Toda la superficie susceptible de aprovechamiento privado de la unidad de ejecución que no afecta a uso dotacional público deberá ser objeto de adjudicación entre los propietarios afectados, en proporción a sus respectivos derechos en la reparcelación.

Las compensaciones económicas sustitutivas o complementarias por diferencias de adjudicación que, en su caso, procedan se fijarán atendiendo al precio medio en venta de las parcelas resultantes, sin incluir los costes de urbanización.

g) Se procurará, siempre que sea posible, que las fincas adjudicadas estén situadas en lugar próximo al de la antiguas propiedades de los mismos titulares.

2. En ningún caso podrán adjudicarse como fincas independientes superficies inferiores a la parcela mínima edificable o que no reúnan la configuración y características adecuadas para su edificación conforme al planeamiento.

3. No serán objeto de nueva adjudicación, conservándose las propiedades primitivas, sin perjuicio de la regularización de linderos, cuando fuere necesaria y de las compensaciones económicas que procedan:

a) Los terrenos edificados con arreglo al planeamiento.

b) Los terrenos con edificación no ajustada al planeamiento, cuando la diferencia, en más o en menos, entre el aprovechamiento que le corresponda conforme al plan y el que correspondería al propietario en proporción a su derecho en la reparcelación, sea inferior al 15 por 100 de este último, siempre que no estuvieren destinados a usos incompatibles con la ordenación urbanística.

✐ Artículo derogado por la Ley 6/1998, de 13 abril (§1).

⇒ Téngase en cuenta el art. único de la Ley 1/1997, de 18 junio, de Andalucía, que aprueba con carácter urgente y transitorio disposiciones en materia de régimen de suelo y ordenación urbana (§5).

Téngase en cuenta el art. único de la Ley 13/1997, de 23 diciembre, de Extremadura, que aprueba las normas reguladoras de la actividad urbanística (§32).

Téngase en cuenta el D. 132/1994, de 15 marzo, sobre aplicación en la Comunidad Autónoma del País Vasco del RDLeg 1/1992, de 26 junio, por el que se aprueba el Texto Refundido de la Ley sobre Régimen del Suelo y Ordenación Urbana (§48.1).

Téngase en cuenta lo establecido en la disp. final 1ª de la Ley 6/1994, de 15 noviembre, Reguladora de la Actividad Urbanística en la Comunidad Autónoma de Valencia (§53).

V. Jurisprudencia en arts. 99 y concordantes del TRLS/1976 (§3).

Artículo 167. Efectos del acuerdo aprobatorio de la reparcelación.

El acuerdo aprobatorio del proyecto de reparcelación producirá los siguientes efectos:

a) Transmisión, a la Administración correspondiente, en pleno dominio y libre de cargas, de todos los terrenos de cesión obligatoria para su incorpo-

ración al patrimonio del suelo o su afectación a los usos previstos en el planeamiento.

b) Subrogación, con plena eficacia real, de las antiguas por las nuevas parcelas, siempre que quede establecida su correspondencia.

c) Afectación real de las parcelas adjudicadas al cumplimiento de las cargas y pago de los gastos inherentes al sistema de actuación correspondiente.

✐ Artículo derogado por la Ley 6/1998, de 13 abril (§1).

⇒ Téngase en cuenta el art. único de la Ley 1/1997, de 18 junio, de Andalucía, que aprueba con carácter urgente y transitorio disposiciones en materia de régimen de suelo y ordenación urbana (§5).

Téngase en cuenta el art. único de la Ley 13/1997, de 23 diciembre, de Extremadura, que aprueba las normas reguladoras de la actividad urbanística (§32).

Téngase en cuenta el D. 132/1994, de 15 marzo, sobre aplicación en la Comunidad Autónoma del País Vasco del RDLeg 1/1992, de 26 junio, por el que se aprueba el Texto Refundido de la Ley sobre Régimen del Suelo y Ordenación Urbana (§48.1).

V. Jurisprudencia en arts. 100 y concordantes del TRLS/1976 (§3).

Artículo 168. Extinción o transformación de derechos y cargas.

1. Cuando no tenga lugar la subrogación real, el acuerdo aprobatorio de la reparcelación producirá la extinción de los derechos reales y cargas constituidos sobre la finca aportada, corriendo a cargo del propietario que aportó la indemnización correspondiente, cuyo importe se fijará en el mencionado acuerdo.

2. En los supuestos de subrogación real, si existiesen derechos reales o cargas que se estimen incompatibles con el planeamiento, el acuerdo aprobatorio de la reparcelación declarará su extinción y fijará la indemnización correspondiente a cargo del propietario respectivo.

3. Existiendo subrogación real y compatibilidad con el planeamiento urbanístico, si la situación y características de la nueva finca fuesen incompatibles con la subsistencia de los derechos reales o cargas que habrían debido recaer sobre ellas, las personas a que estos derechos o cargas favorecieran podrán obtener su transformación en un derecho de crédito con garantía hipotecaria sobre la nueva finca, en la cuantía en que la carga fuera valorada. El Registrador de la Propiedad que aprecie tal incompatibilidad lo hará constar así en el asiento respectivo. En defecto de acuerdo entre las partes interesadas, *cualquiera de ellas* podrá acudir al Juzgado competente del orden civil para obtener una resolución declarativa de la compatibilidad o incompatibilidad y, en este último caso, para fijar la valoración de la carga y la constitución de la mencionada garantía hipotecaria.

4. No obstante lo dispuesto en los números 1 y 2, las indemnizaciones por la extinción de servidumbres prediales o derechos de arrendamiento incompatibles con el planeamiento o su ejecución se considerarán gastos de

urbanización, correspondiendo a los propietarios en proporción a la superficie de sus respectivos terrenos.

✐ Este artículo no fue derogado por la Ley 6/1998, de 13 abril (§1).

⇒ Según resulta de la STC 61/1997, de 20 marzo (RTC 1997, 61) y la disp. final única de esta Ley, en relación con lo establecido en la disp. derog. única de la Ley del Suelo 6/1998, de 13 abril (§1), este precepto es de aplicación plena en virtud del art. 149.1ª y 18ª de la CE.

V. arts. 99, 123.3 y 125 del RGU (§3.2).

V. arts. 12 y concordantes del RD 1093/1997, de 4 julio (§2.1).

Artículo 169. Inscripción del acuerdo y cargas incompatibles.

Una vez firme en vía administrativa el acuerdo de aprobación definitiva de la reparcelación, se procederá a su inscripción en el Registro de la Propiedad en la forma que se establece en el artículo 310.

✐ Este artículo no fue derogado por la Ley 6/1998, de 13 abril (§1).

⇒ Según resulta de la STC 61/1997, de 20 marzo (RTC 1997, 61) y la disp. final única de esta Ley, en relación con lo establecido en la disp. derog. única de la Ley del Suelo 6/1998, de 13 abril (§1), este precepto es de aplicación plena en virtud del art. 149.1.8ª y 18ª de la CE.

V. art. 111 del RGU (§3.2).

V. arts. 6 y concordantes del RD 1093/1997, de 4 julio (§2.1).

Téngase en cuenta el D. 132/1994, de 15 marzo, sobre aplicación en la Comunidad Autónoma del País Vasco del RDLeg 1/1992, de 26 junio, por el que se aprueba el Texto Refundido de la Ley sobre Régimen del Suelo y Ordenación Urbana (§48.1).

Artículo 170. Adjudicaciones de terrenos y supletoriedad de las normas de expropiación forzosa.

1. Las adjudicaciones de terrenos a que dé lugar la reparcelación cuando se efectúen en favor de los propietarios comprendidos en la correspondiente unidad de ejecución, y en proporción de sus respectivos derechos, estarán exentas, con carácter permanente, si cumplen todos los requisitos urbanísticos, del Impuesto sobre Transmisiones Patrimoniales y Actos Jurídicos Documentados, y no tendrán la consideración de transmisiones de dominio a los efectos de la exacción del Impuesto sobre el Incremento del Valor de los Terrenos de Naturaleza Urbana. Cuando el valor de los solares adjudicados a un propietario exceda del que proporcionalmente corresponda a los terrenos aportados por el mismo, se girarán las liquidaciones procedentes en cuanto al exceso.

✐ El ap. 1 no fue derogado por la Ley 6/1998, de 13 abril (§1).

⇒ Según resulta de la STC 61/1997, de 20 marzo (RTC 1997, 61) y la disp. final única de esta Ley, en relación con lo establecido en la disp. derog. única de la Ley del Suelo 6/1998, de 13 abril (§1), este precepto es de aplicación plena en virtud del art. 149.1.8ª y 18ª de la CE.

V. art. 88.1 B).7 del RITPyAJD, aprobado por RD 828/1995, de 29 mayo, transcrito en nota al art. 159.4.

V. Jurisprudencia a los arts. 102.1 y concordantes del TRLS/1976 (§3).

2. Se aplicarán supletoriamente a la reparcelación las normas de la expropiación forzosa.

✐ Ap. 2 derogado por la Ley 6/1998, de 13 abril (§1).

⇒ Téngase en cuenta el art. único de la Ley 1/1997, de 18 junio, de Andalucía, que aprueba con carácter urgente y transitorio disposiciones en materia de régimen de suelo y ordenación urbana (§5).

Téngase en cuenta el art. único de la Ley 13/1997, de 23 diciembre, de Extremadura, que aprueba las normas reguladoras de la actividad urbanística (§32).

Téngase en cuenta el D. 132/1994, de 15 marzo, sobre aplicación en la Comunidad Autónoma del País Vasco del RDLeg 1/1992, de 26 junio, por el que se aprueba el Texto Refundido de la Ley sobre Régimen del Suelo y Ordenación Urbana (§48.1).

V. Jurisprudencia en arts. 102.2 y concordantes del TRLS/1976 (§3).

Sección 4ª Sistema de expropiación

Artículo 171. La expropiación como sistema de actuación.

1. La expropiación se aplicará, como sistema de actuación, por unidades de ejecución completas y comprenderá todos los bienes y derechos incluidos en las mismas.

2. Cuando la ejecución del planeamiento se realice por el sistema de expropiación, la delimitación de las unidades de ejecución deberá ir acompañada de una relación de propietarios y de una descripción de los bienes o derechos afectados, redactadas con arreglo a lo dispuesto en la Ley de Expropiación Forzosa.

✐ Artículo derogado por la Ley 6/1998, de 13 abril (§1).

⇒ Téngase en cuenta el art. único de la Ley 1/1997, de 18 junio, de Andalucía, que aprueba con carácter urgente y transitorio disposiciones en materia de régimen de suelo y ordenación urbana (§5).

Téngase en cuenta el art. único de la Ley 13/1997, de 23 diciembre, de Extremadura, que aprueba las normas reguladoras de la actividad urbanística (§32).

Téngase en cuenta el D. 132/1994, de 15 marzo, sobre aplicación en la Comunidad Autónoma del País Vasco del RDLeg 1/1992, de 26 junio, por el que se aprueba el Texto Refundido de la Ley sobre Régimen del Suelo y Ordenación Urbana (§48.1).

Téngase en cuenta lo establecido en la disp. final 1ª de la Ley 6/1994, de 15 noviembre, Reguladora de la Actividad Urbanística en la Comunidad Autónoma de Valencia (§53).

V. Jurisprudencia en arts. 134 y concordantes del TRLS/1976 (§3).

Artículo 172. Formas de gestión.

Cuando se fije la expropiación como sistema de actuación para una unidad de ejecución, podrán utilizarse las formas de gestión que permita la legislación de régimen local y resulten más adecuadas a los fines de urbanización y edificación previstos en el planeamiento.

✐ Artículo derogado por la Ley 6/1998, de 13 abril (§1).

⇒ Téngase en cuenta el art. único de la Ley 1/1997, de 18 junio, de Andalucía, que aprueba con carácter urgente y transitorio disposiciones en materia de régimen de suelo y ordenación urbana (§5).

Téngase en cuenta el art. único de la Ley 13/1997, de 23 diciembre, de Extremadura, que aprueba las normas reguladoras de la actividad urbanística (§32).

Téngase en cuenta el D. 132/1994, de 15 marzo, sobre aplicación en la Comunidad

Autónoma del País Vasco del RDLeg 1/1992, de 26 junio, por el que se aprueba el Texto Refundido de la Ley sobre Régimen del Suelo y Ordenación Urbana (§48.1).

Téngase en cuenta lo establecido en la disp. final 1ª de la Ley 6/1994, de 15 noviembre, Reguladora de la Actividad Urbanística en la Comunidad Autónoma de Valencia (§53).

Artículo 173. Justiprecio.

El justiprecio expropiatorio de los terrenos incluidos en una unidad de ejecución a desarrollar por el sistema de expropiación se determinará en función del valor urbanístico, conforme a lo establecido en los artículos 59 y 60, sin deducción o adición alguna.

✐ Artículo derogado por la Ley 6/1998, de 13 abril (§1).

⇒ Téngase en cuenta el D. 132/1994, de 15 marzo, sobre aplicación en la Comunidad Autónoma del País Vasco del RDLeg 1/1992, de 26 junio, por el que se aprueba el Texto Refundido de la Ley sobre Régimen del Suelo y Ordenación Urbana (§48.1).

Artículo 174. Liberación de expropiaciones.

1. En la aplicación del sistema de expropiación, los órganos expropiantes podrán, excepcionalmente, liberar de la misma, mediante la imposición de las oportunas condiciones, a determinados bienes de propiedad privada o patrimoniales.

2. En ningún caso podrá acordarse la liberación si la expropiación viene motivada por el incumplimiento de deberes urbanísticos.

✐ Artículo derogado por la Ley 6/1998, de 13 abril (§1).

⇒ Téngase en cuenta el art. único de la Ley 1/1997, de 18 junio, de Andalucía, que aprueba con carácter urgente y transitorio disposiciones en materia de régimen de suelo y ordenación urbana (§5).

Téngase en cuenta el art. único de la Ley 13/1997, de 23 diciembre, de Extremadura, que aprueba las normas reguladoras de la actividad urbanística (§32).

Téngase en cuenta el D. 132/1994, de 15 marzo, sobre aplicación en la Comunidad Autónoma del País Vasco del RDLeg 1/1992, de 26 junio, por el que se aprueba el Texto Refundido de la Ley sobre Régimen del Suelo y Ordenación Urbana (§48.1).

Téngase en cuenta lo establecido en la disp. final 1ª de la Ley 6/1994, de 15 noviembre, Reguladora de la Actividad Urbanística en la Comunidad Autónoma de Valencia (§53).

Artículo 175. Requisitos de la liberación.

1. Si el órgano expropiante estimase justificada la petición de liberación, señalará al propietario de los bienes afectados por la liberación las condiciones, términos y proporción en que el mismo habrá de vincularse a la gestión urbanística. Se fijarán, asimismo, las garantías para el supuesto de incumplimiento. En todo caso, el beneficiario quedará sujeto al cumplimiento de los deberes básicos establecidos en esta Ley.

2. Aceptadas por el propietario las condiciones fijadas, el órgano expropiante, previa apertura de un período de información pública de quince días, dictará la correspondiente resolución, que se publicará en el «Boletín Oficial» correspondiente. Si esta resolución se dictara con posterioridad al pago y ocupación de los bienes objeto de liberación, deberá acordarse la previa reversión de tales bienes a favor de su titular.

3. Si el expropiante no fuera el Ayuntamiento, la liberación requerirá, en todo caso, conformidad de éste.

✐ Artículo derogado por la Ley 6/1998, de 13 abril (§1).

⇒ Téngase en cuenta el art. único de la Ley 1/1997, de 18 junio, de Andalucía, que aprueba con carácter urgente y transitorio disposiciones en materia de régimen de suelo y ordenación urbana (§5).

Téngase en cuenta el art. único de la Ley 13/1997, de 23 diciembre, de Extremadura, que aprueba las normas reguladoras de la actividad urbanística (§32).

Téngase en cuenta el D. 132/1994, de 15 marzo, sobre aplicación en la Comunidad Autónoma del País Vasco del RDLeg 1/1992, de 26 junio, por el que se aprueba el Texto Refundido de la Ley sobre Régimen del Suelo y Ordenación Urbana (§48.1).

Téngase en cuenta lo establecido en la disp. final 1ª de la Ley 6/1994, de 15 noviembre, Reguladora de la Actividad Urbanística en la Comunidad Autónoma de Valencia (§53).

Téngase en cuenta que los arts. 54 y 55 de la LEF han sido modificados por la disp. adic. 5ª de la Ley 38/1999, de 5 noviembre, de Ordenación de la Edificación.

Artículo 176. Incumplimiento del propietario de bienes liberados.

El incumplimiento de los deberes urbanísticos básicos establecidos en la resolución liberatoria por parte de los propietarios de los bienes liberados determinará la expropiación por incumplimiento de la función social de la propiedad o, en su caso, el ejercicio de la vía de apremio.

✐ Artículo derogado por la Ley 6/1998, de 13 abril (§1).

⇒ Téngase en cuenta el artículo único de la Ley 1/1997, de 18 junio, de Andalucía, que aprueba con carácter urgente y transitorio disposiciones en materia de régimen de suelo y ordenación urbana (§5).

Téngase en cuenta el artículo único de la Ley 13/1997, de 23 diciembre, de Extremadura, que aprueba las normas reguladoras de la actividad urbanística (§32).

Téngase en cuenta el D. 132/1994, de 15 marzo, sobre aplicación en la Comunidad Autónoma del País Vasco del RDLeg 1/1992, de 26 junio, por el que se aprueba el Texto Refundido de la Ley sobre Régimen del Suelo y Ordenación Urbana (§48.1).

Sección 5ª Ejecución de los programas de actuación urbanística

Artículo 177. Concursos para la formulación y la ejecución de programas de actuación urbanística.

1. Las Entidades locales, de oficio o a instancia de parte, podrán convocar concursos para la formulación y ejecución de programas de actuación urbanística, de conformidad con las determinaciones y los criterios que, a este efecto, señale el Plan General.

2. Las bases del concurso señalarán las zonas aptas para la localización de las actuaciones, la magnitud de las superficies urbanizables, las exigencias mínimas del planeamiento en relación con las determinaciones y criterios que a estos efectos establezca el Plan General, con señalamiento de los usos generales a que se destine la actuación, las determinaciones sobre programación previstas en la presente Ley, las garantías y sanciones en caso de incumplimiento y las demás circunstancias que configuren la referida actuación.

3. En las bases se concretarán, asimismo, las demás obligaciones que deben asumir los adjudicatarios respecto a la ejecución del programa, que comprenderán, cuando menos, las siguientes:

a) Cesión gratuita a la Entidad local de los terrenos destinados a dotaciones públicas.

b) Construcción de la red viaria completa de la zona de actuación y de las redes de abastecimiento de agua y energía eléctrica, saneamiento, alumbrado público y demás servicios que, en su caso, se prevean.

c) Construcción de las necesarias conexiones en el exterior de la zona de actuación, con las redes señaladas en el apartado anterior.

d) Previsión y ejecución de dotaciones adecuadas a las dimensiones y finalidad de la actuación que, cuando se trate de uso residencial, consistirán, como mínimo, en la creación de espacios verdes públicos y en la construcción de centros docentes, sociales y comerciales.

e) La cesión de los terrenos en los que se localice el aprovechamiento correspondiente a la Administración, que podrá ser superior al establecido con carácter general en la presente Ley.

f) Los precios máximos de venta o alquiler de las edificaciones, cuando en las propias bases así se exija.

✐ Artículo derogado por la Ley 6/1998, de 13 abril (§1).

⇒ Téngase en cuenta el art. único de la Ley 1/1997, de 18 junio, de Andalucía, que aprueba con carácter urgente y transitorio disposiciones en materia de régimen de suelo y ordenación urbana (§5).

Téngase en cuenta el art. único de la Ley 13/1997, de 23 diciembre, de Extremadura, que aprueba las normas reguladoras de la actividad urbanística (§32).

Téngase en cuenta el D. 132/1994, de 15 marzo, sobre aplicación en la Comunidad Autónoma del País Vasco del RDLeg 1/1992, de 26 junio, por el que se aprueba el Texto Refundido de la Ley sobre Régimen del Suelo y Ordenación Urbana (§48.1).

Téngase en cuenta lo establecido en la disp. final 1ª de la Ley 6/1994, de 15 noviembre, Reguladora de la Actividad Urbanística en la Comunidad Autónoma de Valencia (§53).

V. Jurisprudencia en arts. 146 a 150 y concordantes del TRLS/1976 (§3).

Artículo 178. Adjudicación.

1. Las bases serán redactadas y aprobadas por la Entidad que convoque el concurso.

2. Los concursantes, al formular sus ofertas, deberán presentar avances de planeamiento.

3. La adjudicación del concurso se otorgará por la misma Entidad que lo convocó.

4. En el acto de adjudicación del concurso se determinará el sistema de actuación aplicable y se aprobará el avance de planeamiento presentado por el concursante seleccionado, a los efectos del artículo 103, con las modificaciones que, en su caso, procedieran.

5. En todo caso, la presentación del avance de planeamiento no limi-

tará las facultades de la Administración respecto a la aprobación del Programa de Actuación Urbanística y planes parciales que lo desarrollen.

✐ Artículo derogado por la Ley 6/1998, de 13 abril (§1).

⇒ Téngase en cuenta el art. único de la Ley 1/1997, 18 junio, de Andalucía, que aprueba con carácter urgente y transitorio disposiciones en materia de régimen de suelo y ordenación urbana (§5).

Téngase en cuenta el art. único de la Ley 13/1997, de 23 diciembre, de Extremadura, que aprueba las normas reguladoras de la actividad urbanística (§32).

Téngase en cuenta el D. 132/1994, de 15 marzo, sobre aplicación en la Comunidad Autónoma del País Vasco del RDLeg 1/1992, de 26 junio, por el que se aprueba el Texto Refundido de la Ley sobre Régimen del Suelo y Ordenación Urbana (§48.1).

Téngase en cuenta lo establecido en la disp. final 1ª de la Ley 6/1994, de 15 noviembre, reguladora de la actividad urbanística en la Comunidad autónoma de Valencia (§53).

V. Jurisprudencia en arts. 146 a 150 y concordantes del TRLS/1976 (§3).

Artículo 179. Redacción del Programa de Actuación Urbanística.

Adjudicado el concurso, se procederá por el concursante seleccionado a redactar el correspondiente programa de actuación de acuerdo con el avance de planeamiento aprobado y con sujeción a las determinaciones previstas en el artículo 82.

✐ Artículo derogado por la Ley 6/1998, de 13 abril (§1).

⇒ Téngase en cuenta el art. único de la Ley 1/1997, de 18 junio, de Andalucía, que aprueba con carácter urgente y transitorio disposiciones en materia de régimen de suelo y ordenación urbana (§5).

Téngase en cuenta el art. único de la Ley 13/1997, de 23 diciembre, de Extremadura, que aprueba las normas reguladoras de la actividad urbanística (§32).

Téngase en cuenta el D. 132/1994, de 15 marzo, sobre aplicación en la Comunidad Autónoma del País Vasco del RDLeg 1/1992, de 26 junio, por el que se aprueba el Texto Refundido de la Ley sobre Régimen del Suelo y Ordenación Urbana (§48.1).

Téngase en cuenta lo establecido en la disp. final 1ª de la Ley 6/1994, de 15 noviembre, Reguladora de la Actividad Urbanística en la Comunidad Autónoma de Valencia (§53).

V. Jurisprudencia en arts. 146 a 150 y concordantes del TRLS/1976 (§3).

Artículo 180. Formulación y ejecución directa de los programas de actuación urbanística.

*1. De acuerdo con las previsiones del Plan General, y sin detrimento de los programas en él establecidos, las Entidades locales podrán formular y ejecutar directamente programas de actuación urbanística sin que sea necesario, en est*e supuesto, la convocatoria del concurso.

⇒ Téngase en cuenta el art. único de la Ley 13/1997, de 23 diciembre, de Extremadura, que aprueba las normas reguladoras de la actividad urbanística (§32).

V. Jurisprudencia y concordancias en arts. 146 a 150 del TRLS/1976 (§3).

2. Asimismo, podrán formularse y ejecutarse programas de actuación urbanística sin previa convocatoria de concurso cuando se trate de la urbanización de terrenos destinados a instalaciones de actividades relevantes o de especial importancia económica y social, y así lo acuerde el órgano que determine la legislación autonómica o, en su defecto, el órgano ejecutivo superior de naturaleza colegiada de la Comunidad Autónoma correspon-

diente, previo informe de las Entidades locales interesadas y dictamen del Consejo de Estado u Órgano autonómico equivalente. En el acuerdo se determinarán las obligaciones que debe cumplir el adjudicatorio en relación con lo que se establece en el artículo 177.3.

✐ Artículo derogado por la Ley 6/1998, de 13 abril (§1).

⇒ Téngase en cuenta el art. único de la Ley 1/1997, de 18 junio, de Andalucía, que aprueba con carácter urgente y transitorio disposiciones en materia de régimen de suelo y ordenación urbana (§5).

Téngase en cuenta el D. 132/1994, de 15 marzo, sobre aplicación en la Comunidad Autónoma del País Vasco del RDLeg 1/1992, de 26 junio, por el que se aprueba el Texto Refundido de la Ley sobre Régimen del Suelo y Ordenación Urbana (§48.1).

Téngase en cuenta lo establecido en la disp. final 1ª de la Ley 6/1994, de 15 noviembre, Reguladora de la Actividad Urbanística en la Comunidad Autónoma de Valencia (§53).

V. Jurisprudencia en arts. 146 a 150 y concordantes del TRLS/1976 (§3).

Artículo 181. Formulación directa y concurso para la ejecución.

De haberse formulado directamente programas de actuación urbanística por las Entidades locales, éstas podrán convocar concursos para la ejecución y desarrollo de los mismos, con sujeción a las leyes y disposiciones que regulan sus respectivas competencias. Las bases del correspondiente concurso se ajustarán a lo dispuesto en el artículo 177.3.

✐ Artículo derogado por la Ley 6/1998, de 13 abril (§1).

⇒ Téngase en cuenta el art. único de la Ley 1/1997, de 18 junio, de Andalucía, que aprueba con carácter urgente y transitorio disposiciones en materia de régimen de suelo y ordenación urbana (§5).

Téngase en cuenta el art. único de la Ley 13/1997, de 23 diciembre, de Extremadura, que aprueba las normas reguladoras de la actividad urbanística (§32).

Téngase en cuenta el D. 132/1994, de 15 marzo, sobre aplicación en la Comunidad Autónoma del País Vasco del RDLeg 1/1992, de 26 junio, por el que se aprueba el Texto Refundido de la Ley sobre Régimen del Suelo y Ordenación Urbana (§48.1).

Téngase en cuenta lo establecido en la disp. final 1ª de la Ley 6/1994, de 15 noviembre, Reguladora de la Actividad Urbanística en la Comunidad Autónoma de Valencia (§53).

V. Jurisprudencia en arts. 146 a 150 y concordantes del TRLS/1976 (§3).

Artículo 182. Ejecución de los programas de actuaciones urbanística.

Los programas de actuación urbanística se ejecutarán por el sistema de compensación si el adjudicatario ostentara la titularidad de los terrenos por cooperación o por el de expropiación, correspondiendo al adjudicatario la condición jurídica de beneficiario. La determinación del sistema se efectuará por la Administración en la forma prevista por esta Ley.

✐ Artículo derogado por la Ley 6/1998, de 13 abril (§1).

⇒ Téngase en cuenta el art. único de la Ley 1/1997, de 18 junio, de Andalucía, que aprueba con carácter urgente y transitorio disposiciones en materia de régimen de suelo y ordenación urbana (§5).

Téngase en cuenta el art. único de la Ley 13/1997, de 23 diciembre, de Extremadura, que aprueba las normas reguladoras de la actividad urbanística (§32).

Téngase en cuenta el D. 132/1994, de 15 marzo, sobre aplicación en la Comunidad Autónoma del País Vasco del RDLeg 1/1992, de 26 junio, por el que se aprueba el Texto Refundido de la Ley sobre Régimen del Suelo y Ordenación Urbana (§48.1).

Téngase en cuenta lo establecido en la disp. final 1ª de la Ley 6/1994, de 15 noviembre, Reguladora de la Actividad Urbanística en la Comunidad Autónoma de Valencia (§53).

V. Jurisprudencia en arts. 151 y concordantes del TRLS/1976 (§3).

Artículo 183. Utilidad pública y necesidad de ocupación.

En todo caso, la aprobación del programa de actuación urbanística implicará la declaración de utilidad pública y la necesidad de la ocupación, a efectos de expropiación forzosa, de los terrenos necesarios para el enlace de la zona de actuación con los correspondientes elementos de los sistemas generales.

⇒ Este artículo no fue derogado por la Ley 6/1998, de 13 abril (§1).

Según resulta de la STC 61/1997, de 20 marzo (RTC 1997, 61) y la disp. final única de esta Ley, en relación con lo establecido en la disp. derog. única de la Ley del Suelo 6/1998, de 13 abril (§1), este precepto tiene el carácter de legislación básica en virtud de lo previsto en el artículo 149.1.1ª, 8ª, 13ª, 18ª y 23ª de la Constitución.

V. art. 226 del RGU (§3.2).

Téngase en cuenta el D. 132/1994, de 15 marzo, sobre aplicación en la Comunidad Autónoma del País Vasco del RDLeg 1/1992, de 26 junio, por el que se aprueba el Texto Refundido de la Ley sobre Régimen del Suelo y Ordenación Urbana (§48.1).

Artículo 184. Incumplimiento de las obligaciones por el adjudicatario.

1. El incumplimiento de las obligaciones contraídas por el adjudicatario facultará a la Administración para la resolución del Convenio y para declarar la caducidad del programa de actuación urbanística respecto de la parte pendiente de ejecución, sin perjuicio de las medidas que procedan, establecidas en las bases del concurso.

⇒ V. Jurisprudencia y concordancias en art. 153 del TRLS/1976 (§3).

2. El adjudicatario queda sujeto a las medidas de expropiación o venta forzosa por incumplimiento de deberes previstos en esta Ley.

✐ Artículo derogado por la Ley 6/1998, de 13 abril (§1).

⇒ Téngase en cuenta el art. único de la Ley 1/1997, de 18 junio, de Andalucía, que aprueba con carácter urgente y transitorio disposiciones en materia de régimen de suelo y ordenación urbana (§5).

Téngase en cuenta el art. único de la Ley 13/1997, de 23 diciembre, de Extremadura, que aprueba las normas reguladoras de la actividad urbanística (§32).

Téngase en cuenta el D. 132/1994, de 15 marzo, sobre aplicación en la Comunidad Autónoma del País Vasco del RDLeg 1/1992, de 26 junio, por el que se aprueba el Texto Refundido de la Ley sobre Régimen del Suelo y Ordenación Urbana (§48.1).

Téngase en cuenta lo establecido en la disp. final 1ª de la Ley 6/1994, de 15 noviembre, Reguladora de la Actividad Urbanística en la Comunidad Autónoma de Valencia (§53).

V. art. 226 del RDU (§3.3).

V. Jurisprudencia en arts. 153 y concordantes del TRLS/1976 (§3).

CAPÍTULO III
Actuaciones asistemáticas en suelo urbano

Sección 1ª Transferencias de aprovechamientos

Artículo 185. Ajuste de aprovechamientos.

En suelo urbano, cuando no se actúe a través de unidades de ejecución, el ajuste entre los aprovechamientos susceptibles de apropiación y los reales permitidos por el planeamiento se producirá en la forma regulada en este capítulo.

✐ Artículo derogado por la Ley 6/1998, de 13 abril (§1).

⇒ Téngase en cuenta el art. único de la Ley 1/1997, de 18 junio, de Andalucía, que aprueba con carácter urgente y transitorio disposiciones en materia de régimen de suelo y ordenación urbana (§5).

Téngase en cuenta el art. único de la Ley 13/1997, de 23 diciembre, de Extremadura, que aprueba las normas reguladoras de la actividad urbanística (§32).

Téngase en cuenta el D. 132/1994, de 15 marzo, sobre aplicación en la Comunidad Autónoma del País Vasco del RDLeg 1/1992, de 26 junio, por el que se aprueba el Texto Refundido de la Ley sobre Régimen del Suelo y Ordenación Urbana (§48.1).

Téngase en cuenta lo establecido en la disp. final 1ª de la Ley 6/1994, de 15 noviembre, Reguladora de la Actividad Urbanística en la Comunidad Autónoma de Valencia (§53).

V. art. 9 del D. 90/1994, de 13 julio, que desarrolla texto refundido de Ley de Régimen del Suelo y Ordenación Urbana, aprobado por RDLeg 1/1992, de 26 junio, en materia de criterios de delimitación de áreas de reparto, cálculo y aplicación del aprovechamiento tipo en Baleares (§14).

V. arts. 33 y concordantes del RD 1093/1997, de 4 julio (§2.1).

V. arts. 26 a 32 del presente Texto Refundido.

Artículo 186. Plazo para la solicitud de licencia.

La solicitud de licencia de edificación deberá presentarse en el plazo de dos años, a partir de la adquisición del derecho al aprovechamiento urbanístico, salvo que el planeamiento estableciera otro. En el momento de la solicitud, la parcela correspondiente deberá tener la condición de solar o garantizarse su simultánea urbanización, procediendo, en otro caso, su expropiación o venta forzosa.

✐ Artículo derogado por la Ley 6/1998, de 13 abril (§1).

⇒ Téngase en cuenta el art. único de la Ley 1/1997, de 18 junio, de Andalucía, que aprueba con carácter urgente y transitorio disposiciones en materia de régimen de suelo y ordenación urbana (§5).

Téngase en cuenta el art. único de la Ley 13/1997, de 23 diciembre, de Extremadura, que aprueba las normas reguladoras de la actividad urbanística (§32).

Téngase en cuenta el D. 132/1994, de 15 marzo, sobre aplicación en la Comunidad Autónoma del País Vasco del RDLeg 1/1992, de 26 junio, por el que se aprueba el Texto Refundido de la Ley sobre Régimen del Suelo y Ordenación Urbana (§48.1).

Téngase en cuenta lo establecido en la disp. final 1ª de la Ley 6/1994, de 15 noviembre, Reguladora de la Actividad Urbanística en la Comunidad Autónoma de Valencia (§53).

V. arts. 26 a 32 del presente Texto Refundido.

V. Jurisprudencia en arts. 154 y concordantes del TRLS/1976 (§3).

Artículo 187. Modalidades.

Si el aprovechamiento permitido sobre la parcela excediera del susceptible de apropiación por su titular, sólo podrá materializarse dicho exceso a través de alguno de los procedimientos siguientes:

a) El titular podrá adquirir, por medio de acuerdo de cesión, los aprovechamientos precisos de otro propietario cuyo aprovechamiento susceptible de apropiación sea superior al real asignado a su parcela no incluida en unidad de ejecución. También podrá adquirir dichos aprovechamientos de propietario cuyo terreno esté afecto a un uso dotacional público local y no incluido en una unidad de ejecución.

Asimismo, ambos propietarios podrán alcanzar un acuerdo de distribución de aprovechamientos en la parcela con exceso de aprovechamiento real.

b) El titular podrá comprar directamente a la Administración los aprovechamientos precisos.

c) El titular podrá ceder a la Administración otros terrenos de su propiedad afectos a sistemas generales o dotacionales locales no incluidos en unidades de ejecución.

✐ Artículo derogado por la Ley 6/1998, de 13 abril (§1).

⇒ Téngase en cuenta el art. único de la Ley 1/1997, de 18 junio, de Andalucía, que aprueba con carácter urgente y transitorio disposiciones en materia de régimen de suelo y ordenación urbana (§5).

Téngase en cuenta el art. único de la Ley 13/1997, de 23 diciembre, de Extremadura, que aprueba las normas reguladoras de la actividad urbanística (§32).

Téngase en cuenta el D. 132/1994, de 15 marzo, sobre aplicación en la Comunidad Autónoma del País Vasco del RDLeg 1/1992, de 26 junio, por el que se aprueba el Texto Refundido de la Ley sobre Régimen del Suelo y Ordenación Urbana (§48.1).

Téngase en cuenta lo establecido en la disp. final 1ª de la Ley 6/1994, de 15 noviembre, Reguladora de la Actividad Urbanística en la Comunidad Autónoma de Valencia (§53).

V. arts. 26 a 32 y 94 a 100 del presente Texto Refundido.

Artículo 188. Parcela con aprovechamiento lucrativo nulo o inferior al patrimonializable.

1. Si el aprovechamiento lucrativo real de la parcela fuera nulo por estar afectado a uso dotacional público, el aprovechamiento susceptible de apropiación correspondiente podrá ser objeto de acuerdo de cesión o distribución con propietario que se encuentre en situación inversa o de venta directa a la Administración actuante.

2. Si el aprovechamiento lucrativo real de la parcela fuera inferior al aprovechamiento susceptible de apropiación correspondiente, la diferencia entre ambos podrá ser objeto de los acuerdos de cesión, distribución o venta a que se refiere el número anterior. En defecto de estos acuerdos, el aprovechamiento susceptible de apropiación no materializable deberá ser expropiado por la Administración antes de la siguiente revisión del programa de actuación del Plan General, siempre que en dicho momento, en ejecución de este plan, se hubiera ya edificado la parcela correspondiente u obtenida la preceptiva licencia de edificación.

3. Si revisado el programa de actuación, no se hubiese llevado a efecto la expropiación, será aplicable lo dispuesto en el artículo 202.2 de esta Ley.

✐ Artículo derogado por la Ley 6/1998, de 13 abril (§1).

⇒ Téngase en cuenta el art. único de la Ley 1/1997, de 18 junio, de Andalucía, que aprueba con carácter urgente y transitorio disposiciones en materia de régimen de suelo y ordenación urbana (§5).
Téngase en cuenta el art. único de la Ley 13/1997, de 23 diciembre, de Extremadura, que aprueba las normas reguladoras de la actividad urbanística (§32).
Téngase en cuenta el D. 132/1994, de 15 marzo, sobre aplicación en la Comunidad Autónoma del País Vasco del RDLeg 1/1992, de 26 junio, por el que se aprueba el Texto Refundido de la Ley sobre Régimen del Suelo y Ordenación Urbana (§48.1).
Téngase en cuenta lo establecido en la disp. final 1ª de la Ley 6/1994, de 15 noviembre, Reguladora de la Actividad Urbanística en la Comunidad Autónoma de Valencia (§53).
V. arts. 26 a 32 y 94 a 100 del presente Texto Refundido.

Artículo 189. Proyecto con aprovechamiento superior al patrimonializable.

1. Si el proyecto presentado para la obtención de licencia de edificación fuera conforme con la ordenación urbanística pero el solicitante no dispusiera de los aprovechamientos urbanísticos precisos para agotar el aprovechamiento previsto en aquél, la Administración, con suspensión del plazo para resolver sobre su otorgamiento, notificará esta circunstancia al interesado, concediéndole un plazo de seis meses para que acredite haber alcanzado, mediante acuerdo de cesión, distribución o compra directa, los aprovechamientos necesarios.

2. Transcurrido dicho plazo sin que se acredite esta circunstancia, el solicitante deberá presentar nuevo proyecto ajustado al aprovechamiento a que tuviera derecho, en un nuevo plazo de seis meses.

3. Lo dispuesto en los números anteriores no regirá en los supuestos contemplados en el artículo 191.

✐ Artículo derogado por la Ley 6/1998, de 13 abril (§1).

⇒ Téngase en cuenta el art. único de la Ley 1/1997, de 18 junio, de Andalucía, que aprueba con carácter urgente y transitorio disposiciones en materia de régimen de suelo y ordenación urbana (§5).
Téngase en cuenta el art. único de la Ley 13/1997, de 23 diciembre, de Extremadura, que aprueba las normas reguladoras de la actividad urbanística (§32).
Téngase en cuenta el D. 132/1994, de 15 marzo, sobre aplicación en la Comunidad Autónoma del País Vasco del RDLeg 1/1992, de 26 junio, por el que se aprueba el Texto Refundido de la Ley sobre Régimen del Suelo y Ordenación Urbana (§48.1).
Téngase en cuenta lo establecido en la disp. final 1ª de la Ley 6/1994, de 15 noviembre, reguladora de la actividad urbanística en la Comunidad autónoma de Valencia (§53).
V. arts. 26 a 32 y 94 a 100 del presente Texto Refundido.

Artículo 190. Proyecto que no agota el aprovechamiento real.

1. Cuando, solicitada licencia de edificación, se compruebe que el proyecto es ajustado al aprovechamiento susceptible de apropiación pero no agota el aprovechamiento urbanístico real de la parcela, la Administración comunicará esta circunstancia al interesado, concediéndole un plazo de seis meses para que, previos los acuerdos de cesión, distribución o compra di-

recta de aprovechamientos, pueda presentar proyecto que agote dicho aprovechamiento.

2. Por renuncia expresa a la presentación del proyecto o transcurrido dicho plazo sin que ello se produzca, procederá el otorgamiento de la licencia conforme al proyecto inicialmente presentado.

3. Lo dispuesto en los números anteriores no regirá en los supuestos contemplados en el artículo siguiente.

✐ Artículo derogado por la Ley 6/1998, de 13 abril (§1).

⇒ Téngase en cuenta el art. único de la Ley 1/1997, de 18 junio, de Andalucía, que aprueba con carácter urgente y transitorio disposiciones en materia de régimen de suelo y ordenación urbana (§5).

Téngase en cuenta el art. único de la Ley 13/1997, de 23 diciembre, de Extremadura, que aprueba las normas reguladoras de la actividad urbanística (§32).

Téngase en cuenta el D. 132/1994, de 15 marzo, sobre aplicación en la Comunidad Autónoma del País Vasco del RDLeg 1/1992, de 26 junio, por el que se aprueba el Texto Refundido de la Ley sobre Régimen del Suelo y Ordenación Urbana (§48.1).

Téngase en cuenta lo establecido en la disp. final 1ª de la Ley 6/1994, de 15 noviembre, Reguladora de la Actividad Urbanística en la Comunidad Autónoma de Valencia (§53).

V. arts. 26 a 32 y 94 a 100 del presente Texto Refundido.

Artículo 191. Ajuste en caso de condiciones mínimas de altura o volumen.

1. Cuando el planeamiento establezca, para una determinada zona, unas condiciones urbanísticas de volumen o alturas con el carácter de mínimas y el proyecto presentado para la obtención de licencia no las alcanzara o, alcanzándolas, excediera del aprovechamiento atribuible a la parcela del solicitante, sumados, en su caso, los adquiridos conforme al artículo 187, la Administración exigirá, en el primer caso, la presentación de nuevo proyecto ajustado a aquéllas, señalando los aprovechamientos urbanísticos que el solicitante ha de adquirir, y sólo esto último en el segundo.

2. Lo dispuesto en el número anterior se aplicará igualmente en aquellas zonas en las que el Ayuntamiento, tras constatar un notorio desajuste entre los aprovechamientos reales y los materializados por los solicitantes de licencias, así lo acuerde. Para la adopción de este acuerdo, deberá observarse el procedimiento de delimitación de unidades de ejecución.

✐ Artículo derogado por la Ley 6/1998, de 13 abril (§1).

⇒ Téngase en cuenta el art. único de la Ley 1/1997, de 18 junio, de Andalucía, que aprueba con carácter urgente y transitorio disposiciones en materia de régimen de suelo y ordenación urbana (§5).

Téngase en cuenta el art. único de la Ley 13/1997, de 23 diciembre, de Extremadura, que aprueba las normas reguladoras de la actividad urbanística (§32).

Téngase en cuenta el D. 132/1994, de 15 marzo, sobre aplicación en la Comunidad Autónoma del País Vasco del RDLeg 1/1992, de 26 junio, por el que se aprueba el Texto Refundido de la Ley sobre Régimen del Suelo y Ordenación Urbana (§48.1).

Téngase en cuenta lo establecido en la disp. final 1ª de la Ley 6/1994, de 15 noviembre, Reguladora de la Actividad Urbanística en la Comunidad Autónoma de Valencia (§53).

V. arts. 26 a 32 y 94 a 100 del presente Texto Refundido.

Artículo 192. Imposición coactiva de la transferencia.

1. Si en los seis meses siguientes al requerimiento que a tal fin se practique no se acredita la adquisición de los aprovechamientos precisos ni se ingresa o afianza el importe fijado y, en su caso, se presenta el nuevo proyecto para obtención de la licencia, la Administración resolverá, en otro plazo de igual duración, sobre la imposición coactiva de la transferencia de aprovechamiento o la expropiación de la parcela por el valor urbanístico correspondiente al aprovechamiento susceptible de apropiación por su titular.

2. Procederá el afianzamiento cuando surja discrepancia sobre la cuantía de los aprovechamientos a adquirir o su valoración.

✐ Artículo derogado por la Ley 6/1998, de 13 abril (§1).

⇒ Téngase en cuenta el art. único de la Ley 1/1997, de 18 junio, de Andalucía, que aprueba con carácter urgente y transitorio disposiciones en materia de régimen de suelo y ordenación urbana (§5).

Téngase en cuenta el art. único de la Ley 13/1997, de 23 diciembre, de Extremadura, que aprueba las normas reguladoras de la actividad urbanística (§32).

Téngase en cuenta el D. 132/1994, de 15 marzo, sobre aplicación en la Comunidad Autónoma del País Vasco del RDLeg 1/1992, de 26 junio, por el que se aprueba el Texto Refundido de la Ley sobre Régimen del Suelo y Ordenación Urbana (§48.1).

Téngase en cuenta lo establecido en la disp. final 1ª de la Ley 6/1994, de 15 noviembre, Reguladora de la Actividad Urbanística en la Comunidad Autónoma de Valencia (§53).

V. arts. 38 y concordantes del RD 1093/1997, de 4 julio (§2.1).

V. arts. 26 a 32 y 94 a 100 del presente Texto Refundido.

Artículo 193. Transferencias y localización de las parcelas.

1. En las transferencias de aprovechamientos en que intervenga la Administración deberá tenerse en cuenta el valor urbanístico correspondiente a la localización de la parcela de que se trate.

2. Cuando la transferencia tenga lugar entre distintas parcelas, deberá tenerse en cuenta el valor urbanístico, según su localización, de las parcelas de procedencia y de destino para establecer una adecuada correspondencia.

✐ Artículo derogado por la Ley 6/1998, de 13 abril (§1).

⇒ Téngase en cuenta el art. único de la Ley 1/1997, de 18 junio, de Andalucía, que aprueba con carácter urgente y transitorio disposiciones en materia de régimen de suelo y ordenación urbana (§5).

Téngase en cuenta el art. único de la Ley 13/1997, de 23 diciembre, de Extremadura, que aprueba las normas reguladoras de la actividad urbanística (§32).

Téngase en cuenta el D. 132/1994, de 15 marzo, sobre aplicación en la Comunidad Autónoma del País Vasco del RDLeg 1/1992, de 26 junio, por el que se aprueba el Texto Refundido de la Ley sobre Régimen del Suelo y Ordenación Urbana (§48.1).

Téngase en cuenta lo establecido en la disp. final 1ª de la Ley 6/1994, de 15 noviembre, Reguladora de la Actividad Urbanística en la Comunidad Autónoma de Valencia (§53).

V. arts. 26 a 32 y 94 a 100 del presente Texto Refundido.

Sección 2ª Intervención mediadora de la Administración en las transferencias de aprovechamiento

Artículo 194. Adquisición de aprovechamientos por la Administración.

1. Al objeto de facilitar la ejecución del planeamiento, la Administración actuante podrá adquirir los aprovechamientos susceptibles de apropiación derivados de la titularidad de una parcela no susceptibles de materialización sobre la misma, por su valor urbanístico.

2. El pago podrá hacerse en metálico o, siempre que hubiere acuerdo con el interesado, en terrenos o mediante la atribución de aprovechamientos de parcelas determinadas.

✐ Artículo derogado por la Ley 6/1998, de 13 abril (§1).

⇒ Téngase en cuenta el art. único de la Ley 1/1997, de 18 junio, de Andalucía, que aprueba con carácter urgente y transitorio disposiciones en materia de régimen de suelo y ordenación urbana (§5).
Téngase en cuenta el art. único de la Ley 13/1997, de 23 diciembre, de Extremadura, que aprueba las normas reguladoras de la actividad urbanística (§32).
Téngase en cuenta el D. 132/1994, de 15 marzo, sobre aplicación en la Comunidad Autónoma del País Vasco del RDLeg 1/1992, de 26 junio, por el que se aprueba el Texto Refundido de la Ley sobre Régimen del Suelo y Ordenación Urbana (§48.1).
Téngase en cuenta lo establecido en la disp. final 1ª de la Ley 6/1994, de 15 noviembre, Reguladora de la Actividad Urbanística en la Comunidad Autónoma de Valencia (§53).
V. arts. 26 a 32 y 94 a 100 del presente Texto Refundido.

Artículo 195. Transmisión de aprovechamientos.

Con la finalidad expresada en el artículo anterior, la Administración, a instancia de los propietarios de parcelas cuyo aprovechamiento real exceda del susceptible de adquisición, deberá transmitir los aprovechamientos precisos para su completa materialización al precio resultante de la aplicación del valor urbanístico regulado en el artículo 53.

✐ Artículo derogado por la Ley 6/1998, de 13 abril (§1).

⇒ Téngase en cuenta el art. único de la Ley 1/1997, de 18 junio, de Andalucía, que aprueba con carácter urgente y transitorio disposiciones en materia de régimen de suelo y ordenación urbana (§5).
Téngase en cuenta el art. único de la Ley 13/1997, de 23 diciembre, de Extremadura, que aprueba las normas reguladoras de la actividad urbanística (§32).
Téngase en cuenta el D. 132/1994, de 15 marzo, sobre aplicación en la Comunidad Autónoma del País Vasco del RDLeg 1/1992, de 26 junio, por el que se aprueba el Texto Refundido de la Ley sobre Régimen del Suelo y Ordenación Urbana (§48.1).
Téngase en cuenta lo establecido en la disp. final 1ª de la Ley 6/1994, de 15 noviembre, Reguladora de la Actividad Urbanística en la Comunidad Autónoma de Valencia (§53).
V. arts. 26 a 32 y 94 a 100 del presente Texto Refundido.

Artículo 196. Ofrecimientos de adquisición o transmisión.

1. La Administración actuante, de conformidad con lo dispuesto en los artículos anteriores, podrá formular los ofrecimientos de adquisición o transmisión de aprovechamientos urbanísticos con la antelación suficiente para permitir que la edificación se produzca simultáneamente al reajuste entre aprovechamientos reales y susceptibles de apropiación.

2. Las transferencias de aprovechamientos podrán imponerse con carácter coactivo en los supuestos contemplados en el artículo 192.

✐ Artículo derogado por la Ley 6/1998, de 13 abril (§1).

⇒ Téngase en cuenta el art. único de la Ley 1/1997, de 18 junio, de Andalucía, que aprueba con carácter urgente y transitorio disposiciones en materia de régimen de suelo y ordenación urbana (§5).

Téngase en cuenta el art. único de la Ley 13/1997, de 23 diciembre, de Extremadura, que aprueba las normas reguladoras de la actividad urbanística (§32).

Téngase en cuenta el D. 132/1994, de 15 marzo, sobre aplicación en la Comunidad Autónoma del País Vasco del RDLeg 1/1992, de 26 junio, por el que se aprueba el Texto Refundido de la Ley sobre Régimen del Suelo y Ordenación Urbana (§48.1).

Téngase en cuenta lo establecido en la disp. final 1ª de la Ley 6/1994, de 15 noviembre, Reguladora de la Actividad Urbanística en la Comunidad Autónoma de Valencia (§53).

V. arts. 26 a 32 y 94 a 100 del presente Texto Refundido.

Sección 3ª Registro de transferencias de aprovechamientos

Artículo 197. Registro de Transferencias y actos inscribibles.

Los Ayuntamientos crearán un Registro de Transferencias de Aprovechamientos en el que se inscribirán, al menos, los siguientes actos:

a) Los acuerdos de cesión o distribución de aprovechamientos urbanísticos celebrados entre particulares, que deberán constar en documento público.

b) Los acuerdos de compra, venta o cesión por cualquier título de aprovechamientos urbanísticos celebrados entre la Administración actuante y los particulares.

c) Las transferencias coactivas de aprovechamientos urbanísticos.

✐ Artículo derogado por la Ley 6/1998, de 13 abril (§1).

⇒ Téngase en cuenta el art. único de la Ley 1/1997, de 18 junio, de Andalucía, que aprueba con carácter urgente y transitorio disposiciones en materia de régimen de suelo y ordenación urbana (§5).

Téngase en cuenta el art. único de la Ley 13/1997, de 23 diciembre, de Extremadura, que aprueba las normas reguladoras de la actividad urbanística (§32).

Téngase en cuenta el D. 132/1994, de 15 marzo, sobre aplicación en la Comunidad Autónoma del País Vasco del RDLeg 1/1992, de 26 junio, por el que se aprueba el Texto Refundido de la Ley sobre Régimen del Suelo y Ordenación Urbana (§48.1).

Téngase en cuenta lo establecido en la disp. final 1ª de la Ley 6/1994, de 15 noviembre, Reguladora de la Actividad Urbanística en la Comunidad Autónoma de Valencia (§53).

V. arts. 26 a 32 y 94 a 100 del presente Texto Refundido.

Artículo 198. Registro de Transferencias y Registro de la Propiedad.

1. No podrá inscribirse en el Registro de la Propiedad acto o acuerdo alguno de transferencia de aprovechamientos urbanísticos sin que se acredite, mediante la oportuna certificación expedida al efecto, su previa inscripción en el Registro de Transferencias de Aprovechamientos.

2. En todo caso, para la inscripción en el Registro de Transferencias de Aprovechamientos será preciso acreditar la titularidad registral de la parcela o parcelas a que la transferencia se refiera, exigiéndose, en caso de existencia de cargas, la conformidad de los titulares de éstas.

✐ Artículo derogado por la Ley 6/1998, de 13 abril (§1).

⇒ Téngase en cuenta el art. único de la Ley 1/1997, de 18 junio, de Andalucía, que aprueba con carácter urgente y transitorio disposiciones en materia de régimen de suelo y ordenación urbana (§5).

Téngase en cuenta el art. único de la Ley 13/1997, de 23 diciembre, de Extremadura, que aprueba las normas reguladoras de la actividad urbanística (§32).

Téngase en cuenta el D. 132/1994, de 15 marzo, sobre aplicación en la Comunidad Autónoma del País Vasco del RDLeg 1/1992, de 26 junio, por el que se aprueba el Texto Refundido de la Ley sobre Régimen del Suelo y Ordenación Urbana (§48.1).

Téngase en cuenta lo establecido en la disp. final 1ª de la Ley 6/1994, de 15 noviembre, Reguladora de la Actividad Urbanística en la Comunidad Autónoma de Valencia (§53).

V. arts. 33 y concordantes del RD 1093/1997, de 4 julio (§2.1).

V. arts. 26 a 32 y 94 a 100 del presente Texto Refundido.

CAPÍTULO IV

Obtención de terrenos dotacionales

Artículo 199. Suelo urbano con aprovechamiento tipo.

1. Los terrenos destinados a sistemas generales adscritos, o en suelo urbano se obtendrán:

a) Cuando estén incluidos en áreas de reparto, mediante los procedimientos previstos en la legislación urbanística vinculados a la delimitación de integración en unidades de ejecución y, en su defecto, por expropiación u ocupación directa.

b) Cuando estén excluidos de dichas áreas, mediante expropiación u ocupación directa.

2. Los terrenos destinados a dotaciones públicas de carácter local no incluidos en unidades de ejecución se obtendrán:

a) Mediante transferencia, en virtud del correspondiente acuerdo de cesión, venta o distribución, de los aprovechamientos urbanísticos susceptibles de adquisición por su titular conforme a lo dispuesto en el artículo 27. La inscripción del mencionado acuerdo en el Registro de la Propiedad, precedida de la que se practique en el de Transferencias de Aprovechamientos, producirá la adscripción automática del terreno destinado a dotación a la Administración competente para la implantación del uso de que se trate.

b) En efecto del anterior procedimiento, o del que, en virtud de lo dispuesto en el artículo 29.1 b), establezca la legislación urbanística aplicable, mediante expropiación u ocupación directa.

✐ Artículo derogado por la Ley 6/1998, de 13 abril (§1).

⇒ Téngase en cuenta el D. 132/1994, de 15 marzo, sobre aplicación en la Comunidad Autónoma del País Vasco del RDLeg 1/1992, de 26 junio, por el que se aprueba el Texto Refundido de la Ley sobre Régimen del Suelo y Ordenación Urbana (§48.1).

Téngase en cuenta lo establecido en la disp. final 1ª de la Ley 6/1994, de 15 noviembre, Reguladora de la Actividad Urbanística en la Comunidad Autónoma de Valencia (§53).
V. Jurisprudencia en arts. 134 y concordantes del TRLS/1976 (§3).

Artículo 200. Suelo urbano sin aprovechamiento tipo.

En los municipios donde no deban regir las disposiciones sobre delimitación de áreas de reparto y cálculo del aprovechamiento tipo en suelo urbano, los sistemas generales adscritos, o en suelo urbano y las dotaciones locales incluidas en éste y excluidas de las unidades de ejecución, se obtendrán por expropiación o por cesión gratuita a cuenta de unidades de ejecución con exceso de aprovechamiento en suelo urbanizable.

✐ Artículo derogado por la Ley 6/1998, de 13 abril (§1).

⇒ Téngase en cuenta el art. único de la Ley 1/1997, de 18 junio, de Andalucía, que aprueba con carácter urgente y transitorio disposiciones en materia de régimen de suelo y ordenación urbana (§5).
Téngase en cuenta el art. único de la Ley 13/1997, de 23 diciembre, de Extremadura, que aprueba las normas reguladoras de la actividad urbanística (§32).
Téngase en cuenta el D. 132/1994, de 15 marzo, sobre aplicación en la Comunidad Autónoma del País Vasco del RDLeg 1/1992, de 26 junio, por el que se aprueba el Texto Refundido de la Ley sobre Régimen del Suelo y Ordenación Urbana (§48.1).
Téngase en cuenta lo establecido en la disp. final 1ª de la Ley 6/1994, de 15 noviembre, Reguladora de la Actividad Urbanística en la Comunidad Autónoma de Valencia (§53).
V. arts. 26 a 32 y 94 a 100 del presente Texto Refundido.
V. Jurisprudencia en arts. 134.2 y concordantes del TRLS/1976 (§3).

Artículo 201. Suelo urbanizable programado.

La obtención de los terrenos destinados a sistemas generales adscritos, o en suelo urbanizable programado se producirá por ocupación directa o mediante expropiación.

✐ Artículo derogado por la Ley 6/1998, de 13 abril (§1).

⇒ Téngase en cuenta el art. único de la Ley 1/1997, de 18 junio, de Andalucía, que aprueba con carácter urgente y transitorio disposiciones en materia de régimen de suelo y ordenación urbana (§5).
Téngase en cuenta el art. único de la Ley 13/1997, de 23 diciembre, de Extremadura, que aprueba las normas reguladoras de la actividad urbanística (§32).
Téngase en cuenta el D. 132/1994, de 15 marzo, sobre aplicación en la Comunidad Autónoma del País Vasco del RDLeg 1/1992, de 26 junio, por el que se aprueba el Texto Refundido de la Ley sobre Régimen del Suelo y Ordenación Urbana (§48.1).
Téngase en cuenta lo establecido en la disp. final 1ª de la Ley 6/1994, de 15 noviembre, Reguladora de la Actividad Urbanística en la Comunidad Autónoma de Valencia (§53).
V. Jurisprudencia en arts. 134.2 y concordantes del TRLS/1976 (§3).

Artículo 202. Expropiación.

1. La expropiación u ocupación directa de los sistemas generales adscritos, o en suelo urbano y de las dotaciones de carácter local excluidas de unidad de ejecución en suelo urbano deberá tener lugar antes de la siguiente revisión del programa de actuación del Plan General.

2. Transcurrido el plazo a que se refiere el número anterior sin que se hubiera llevado a efecto la expropiación u ocupación directa el titular de los bienes o sus causahabientes advertirán a la Administración competente de su propósito de iniciar el expediente de justiprecio, que podrá llevarse a cabo por ministerio de la ley, si transcurriesen otros dos años desde el momento de efectuar la advertencia.

A tal efecto, el propietario podrá presentar la correspondiente hoja de aprecio, y si transcurrieren tres meses sin que la Administración la acepte, podrá aquél dirigirse al Jurado Provincial de Expropiación u Órgano equivalente, que fijará el justiprecio conforme a los criterios de esta Ley y de acuerdo con el procedimiento establecido en los artículos 31 y siguientes de la Ley de Expropiación Forzosa.

3. A los efectos de lo establecido en el párrafo anterior, la valoración se entenderá referida al momento de la iniciación del expediente de justiprecio por ministerio de la ley y los intereses de demora se devengarán desde la presentación por el propietario de la correspondiente tasación.

4. El aprovechamiento urbanístico que se tendrá en cuenta para la determinación del justiprecio en suelo urbano será el señalado en el artículo 32.1, o el 75 por 100 del correspondiente al área de reparto en que se encuentre incluido el terreno dotacional. En suelo urbanizable el terreno se valorará por aplicación a su superficie del 50 por 100 del aprovechamiento tipo del área de reparto en que se encuentre.

5. En el supuesto de expropiación de sistemas generales adscritos, o en suelo urbanizable la Administración se integrará, con el carácter de subrogada, en las unidades de ejecución a las que se hubiera adscrito o se adscribiere la superficie correspondiente a efectos de gestión.

✐ Artículo derogado por la Ley 6/1998, de 13 abril (§1).

⇒ Téngase en cuenta el art. único de la Ley 1/1997, de 18 junio, de Andalucía, que aprueba con carácter urgente y transitorio disposiciones en materia de régimen de suelo y ordenación urbana (§5).

Téngase en cuenta el art. único de la Ley 13/1997, de 23 diciembre, de Extremadura, que aprueba las normas reguladoras de la actividad urbanística (§32).

Téngase en cuenta el D. 132/1994, de 15 marzo, sobre aplicación en la Comunidad Autónoma del País Vasco del RDLeg 1/1992, de 26 junio, por el que se aprueba el Texto Refundido de la Ley sobre Régimen del Suelo y Ordenación Urbana (§48.1).

Téngase en cuenta lo establecido en la disp. final 1ª de la Ley 6/1994, de 15 noviembre, Reguladora de la Actividad Urbanística en la Comunidad Autónoma de Valencia (§53).

V. arts. 26 a 32, 94 y 185 a 199 del presente Texto Refundido.

V. Jurisprudencia en arts. 134.2 y concordantes del TRLS/1976 (§3).

Artículo 203. Ocupación directa.

1. Se entiende por ocupación directa la obtención de terrenos afectos por el planeamiento o dotaciones públicas mediante el reconocimiento a su titular del derecho a integrarse en una unidad de ejecución con exceso de aprovechamiento real.

2. La ocupación directa requerirá la previa determinación por la Administración actuante de los aprovechamientos urbanísticos susceptibles de adquisición por el titular del terreno a ocupar y de la unidad de ejecución en la que, por exceder su aprovechamiento real del apropiable por el conjunto de propietarios inicialmente incluidos en la misma, hayan de hacerse efectivos tales aprovechamientos, según dispone el artículo 151.2.

3. La aplicación de esta modalidad de obtención de terrenos dotacionales deberá ajustarse al procedimiento que se determine en la legislación urbanística, con respeto, en todo caso, de las siguientes reglas:

1ª Se publicará la relación de los terrenos y propietarios afectados, aprovechamientos urbanísticos correspondientes a cada uno de éstos y unidad o unidades de ejecución donde habrán de hacer efectivos sus derechos y se notificará a los propietarios afectados la ocupación prevista y las demás circunstancias concurrentes.

2ª La ocupación sólo podrá llevarse a cabo transcurrido el plazo de un mes desde la notificación y en tal momento se levantará acta en el que se hará constar, al menos:

a) Lugar y fecha de otorgamiento y determinación de la Administración actuante.

b) Identificación de los titulares de los terrenos ocupados y situación registral de éstos.

c) Superficie ocupada y aprovechamientos urbanísticos que les correspondan.

d) Unidad de ejecución donde se harán efectivos estos aprovechamientos.

3ª Se entenderán las actuaciones con el Ministerio Fiscal en el caso de propietarios desconocidos, no comparecientes, incapacitados sin persona que les represente o cuando se trate de propiedad litigiosa.

4. El órgano actuante expedirá a favor de cada uno de los propietarios de terrenos ocupados certificación de los extremos señalados en la regla 2ª anterior.

5. Una copia de dicha certificación, acompañada del correspondiente plano, se remitirá al Registro de la Propiedad para inscribir la superficie ocupada a favor de la Administración en los términos que reglamentariamente se establezcan.

6. Simultáneamente a la inscripción a que se refiere el número anterior, se abrirá folio registral independiente al aprovechamiento urbanístico correspondiente a la finca ocupada según la certificación, y a dicho folio se trasladarán las inscripciones de dominio y demás derechos reales vigentes sobre la finca con anterioridad a la ocupación.

✐ Artículo derogado por la Ley 6/1998, de 13 abril (§1).

⇒ Téngase en cuenta el D. 132/1994, de 15 marzo, sobre aplicación en la Comunidad Autónoma del País Vasco del RDLeg 1/1992, de 26 junio, por el que se aprueba el Texto Refundido de la Ley sobre Régimen del Suelo y Ordenación Urbana (§48.1).

V. art. 42 del RD 1093/1997, de 4 julio (§2.1).

Artículo 204. Indemnización por ocupación temporal.

1. Los propietarios afectados por estas ocupaciones tendrán derecho a ser indemnizados en los términos establecidos en el artículo 112 de la Ley de Expropiación Forzosa, por el período de tiempo que medie desde la ocupación de sus terrenos hasta la aprobación definitiva del instrumento de redistribución correspondiente.

2. Transcurridos cuatro años desde la ocupación sin que se hubiera producido la aprobación definitiva del mencionado instrumento, los interesados podrán efectuar la advertencia a que se refiere el artículo 202.2, quedando facultados para iniciar el expediente de justiprecio, una vez transcurridos seis meses desde dicha advertencia.

✐ Este artículo no fue derogado por la Ley 6/1998, de 13 abril (§1).

⇒ Según resulta de la STC 61/1997, de 20 marzo (RTC 1997, 61) y la disp. final única de esta Ley, en relación con lo establecido en la disp. derog. única de la Ley del Suelo 6/1998, de 13 abril (§1), este precepto es de aplicación plena en virtud del art. 149.1.8ª y 18ª de la CE.
El art. 202.2 que se cita fue declarado inconstitucional por la STC 61/1997, de 20 marzo (RTC 1997, 61).
V. Jurisprudencia en art. 69 TRLS/1976 (§3).

Artículo 205. Cesión obligatoria y gratuita de dotaciones en unidad de ejecución.

1. Los terrenos afectos a dotaciones públicas de carácter local incluidos en unidad de ejecución, son de cesión obligatoria y gratuita.

2. La cesión se producirá, por ministerio de la ley, con la aprobación definitiva de los instrumentos redistributivos de cargas y beneficios.

3. Los terrenos afectos a dotaciones, no obtenidos por expropiación, quedarán adscritos por ministerio de la ley a la Administración competente para la implantación del uso de que se trate.

La ocupación directa y las transferencias de aprovechamientos urbanísticos no serán aplicables para la obtención de terrenos dotacionales en el suelo urbano de aquellos Municipios en los que, en esta clase de suelo, no hayan de regir las disposiciones sobre delimitación de áreas de reparto y cálculo de aprovechamiento tipo.

✐ Artículo derogado por la Ley 6/1998, de 13 abril (§1).

⇒ Téngase en cuenta el art. único de la Ley 1/1997, de 18 junio, de Andalucía, que aprueba con carácter urgente y transitorio disposiciones en materia de régimen de suelo y ordenación urbana (§5).
Téngase en cuenta el art. único de la Ley 13/1997, de 23 diciembre, de Extremadura, que aprueba las normas reguladoras de la actividad urbanística (§32).
Téngase en cuenta el D. 132/1994, de 15 marzo, sobre aplicación en la Comunidad Autónoma del País Vasco del RDLeg 1/1992, de 26 junio, por el que se aprueba el Texto Refundido de la Ley sobre Régimen del Suelo y Ordenación Urbana (§48.1).
V. arts. 26 a 32, 94 y 185 a 199 del presente Texto Refundido.
V. arts. 29 y concordantes del RD 1093/1997, de 4 julio (§2.1).
V. Jurisprudencia en arts. 83.3 y 84.3 y concordantes del TRLS/1976 (§3).

TÍTULO V

EXPROPIACIONES Y RÉGIMEN DE VENTA FORZOSA

CAPÍTULO I

Disposiciones Generales

Artículo 206. Supuestos expropiatorios.

1. La expropiación se aplicará:

a) Cuando se haya establecido este sistema para la unidad de ejecución correspondiente.

b) Para la ejecución de los sistemas generales adscritos, o en suelo urbano, así como de las dotaciones locales incluidas en éste y excluidas de unidades de ejecución cuando no se obtengan mediante las transferencias de aprovechamientos.

c) Para la obtención anticipada del suelo destinado a sistemas generales adscritos, o en suelo urbanizable.

d) Para la constitución o aplicación del Patrimonio Municipal del Suelo u otros patrimonios públicos de suelo.

e) Para la obtención de terrenos destinados en el planeamiento a la construcción de viviendas de protección oficial u otro régimen de protección pública, así como a otros usos declarados expresamente de interés social.

f) Por incumplimiento de la función social de la propiedad.

g) En los demás supuestos legalmente previstos.

2. La expropiación para los fines previstos en los apartados d) y e) del número anterior, en suelo urbanizable programado será posible antes de la aprobación del planeamiento parcial y, en los supuestos de este último apartado, sólo si el destino fuera la construcción de viviendas, requerirá su inclusión en el correspondiente programa de actuación pública.

✐ Artículo derogado por la Ley 6/1998, de 13 abril (§1).

⇒ Téngase en cuenta el art. único de la Ley 1/1997, de 18 junio, de Andalucía, que aprueba con carácter urgente y transitorio disposiciones en materia de régimen de suelo y ordenación urbana (§5).

Téngase en cuenta el art. único de la Ley 13/1997, de 23 diciembre, de Extremadura, que aprueba las normas reguladoras de la actividad urbanística (§32).

Téngase en cuenta el D. 132/1994, de 15 marzo, sobre aplicación en la Comunidad Autónoma del País Vasco del RDLeg 1/1992, de 26 junio, por el que se aprueba el Texto Refundido de la Ley sobre Régimen del Suelo y Ordenación Urbana (§48.1).

V. arts. 22 y concordantes del RD 1093/1997, de 4 julio (§2.1).

V. arts. 194 y ss. del RGU (§3.2).

V. Jurisprudencia en art. 134.2 y arts. 89, 90, 91, 92, 93 y concordantes del TRLS/1976 (§3).

Artículo 207. Expropiaciones por incumplimiento de la función social de la propiedad.

La expropiación por incumplimiento de la función social de la propiedad se aplicará:

a) Por inobservancia de los plazos establecidos para la urbanización de los terrenos y su edificación o, en general, de los deberes básicos establecidos en esta Ley, cuando no se opte por la aplicación del régimen de venta forzosa.

b) En los supuestos de parcelación ilegal en suelo urbanizable no programado o no urbanizable, en cuyo caso se deducirá del justiprecio el importe de la multa que se imponga.

✐ Artículo derogado por la Ley 6/1998, de 13 abril (§1).

⇒ Téngase en cuenta el art. único de la Ley 1/1997, de 18 junio, de Andalucía, que aprueba con carácter urgente y transitorio disposiciones en materia de régimen de suelo y ordenación urbana (§5).

Téngase en cuenta el art. único de la Ley 13/1997, de 23 diciembre, de Extremadura, que aprueba las normas reguladoras de la actividad urbanística (§32).

Téngase en cuenta el D. 132/1994, de 15 marzo, sobre aplicación en la Comunidad Autónoma del País Vasco del RDLeg 1/1992, de 26 junio, por el que se aprueba el Texto Refundido de la Ley sobre Régimen del Suelo y Ordenación Urbana (§48.1).

V. arts. 25 y 149.4 del presente Texto Refundido, en lo relativo al ap. a); y arts. 16 y 18 respecto del ap. b).

Artículo 208. Ejecución de la edificación en los casos de expropiación por incumplimiento del deber de edificar.

1. En el plazo de seis meses desde la expropiación de parcelas por incumplimiento del deber de edificar, la Administración actuante deberá resolver sobre el modo de llevar a cabo la edificación. Esta deberá iniciarse en el plazo de un año desde la fecha de la citada resolución.

2. A tal efecto, se adoptarán preferentemente modalidades de gestión directa o consorciales y, siempre que el planeamiento urbanístico les hubiera atribuido un uso residencial, deberán destinarse los correspondientes terrenos a la construcción de viviendas al amparo de algún régimen de protección pública.

3. El incumplimiento de los plazos establecidos en el número 1 determinará la sujeción del terreno al régimen de venta forzosa debiendo incluirse en el Registro de Solares y Terrenos sin Urbanizar, con expresión del justiprecio expropiatorio abonado.

✐ Artículo derogado por la Ley 6/1998, de 13 abril (§1).

⇒ Téngase en cuenta el art. único de la Ley 1/1997, de 18 junio, de Andalucía, que aprueba con carácter urgente y transitorio disposiciones en materia de régimen de suelo y ordenación urbana (§5).

Téngase en cuenta el art. único de la Ley 13/1997, de 23 diciembre, de Extremadura, que aprueba las normas reguladoras de la actividad urbanística (§32).

Téngase en cuenta el D. 132/1994, de 15 marzo, sobre aplicación en la Comunidad Autónoma del País Vasco del RDLeg 1/1992, de 26 junio, por el que se aprueba el Texto Refundido de la Ley sobre Régimen del Suelo y Ordenación Urbana (§48.1).

Téngase en cuenta lo establecido en la disp. final 1ª de la Ley 6/1994, de 15 noviembre, Reguladora de la Actividad Urbanística en la Comunidad Autónoma de Valencia (§53).

V. D. 635/1964, de 5 marzo, Reglamento de Edificación Forzosa y Registro Municipal de Solares (§3.6).

V. Jurisprudencia en arts. 67, 154 a 164 y concordantes del TRLS/1976 (§3).

Artículo 209. Superficies expropiables.

1. Se considerarán superficies expropiables las zonas laterales de influencia e incluso los sectores completos señalados en el Plan.

2. Si para la regularización o formación de manzanas o espacios libres conviniere suprimir algún patio, calle o plaza o porción de éstas, se expropiarán las fincas con fachada o luces directas sobre aquéllas, a solicitud de los propietarios.

✐ Artículo derogado por la Ley 6/1998, de 13 abril (§1).

⇒ Téngase en cuenta el art. único de la Ley 1/1997, de 18 junio, de Andalucía, que aprueba con carácter urgente y transitorio disposiciones en materia de régimen de suelo y ordenación urbana (§5).

Téngase en cuenta el art. único de la Ley 13/1997, de 23 diciembre, de Extremadura, que aprueba las normas reguladoras de la actividad urbanística (§32).

Téngase en cuenta el D. 132/1994, de 15 marzo, sobre aplicación en la Comunidad Autónoma del País Vasco del RDLeg 1/1992, de 26 junio, por el que se aprueba el Texto Refundido de la Ley sobre Régimen del Suelo y Ordenación Urbana (§48.1).

Téngase en cuenta lo establecido en la disp. final 1ª de la Ley 6/1994, de 15 noviembre, Reguladora de la Actividad Urbanística en la Comunidad Autónoma de Valencia (§53).

V. Jurisprudencia en arts. 65 y concordantes del TRLS/1976 (§3).

Artículo 210. Bienes de dominio público y expropiación.

1. Cuando en la superficie objeto de expropiación existan bienes de dominio público y el destino de los mismos según el planeamiento sea distinto del que motivó su afectación o adscripción al uso general o a los servicios públicos, se seguirá, en su caso, el procedimiento previsto en la legislación reguladora del bien correspondiente para la mutación demanial o desafectación, según proceda.

2. Las vías rurales que se encuentren comprendidas en la superficie objeto de expropiación se entenderán de propiedad municipal, salvo prueba en contrario. En cuanto a las vías urbanas que desaparezcan se entenderán transmitidas de pleno derecho al Organismo expropiante y subrogadas por las nuevas que resulten del planeamiento.

✐ Este artículo no fue derogado por la Ley 6/1998, de 13 abril (§1).

⇒ Según resulta de la STC 61/1997, de 20 marzo (RTC 1997, 61) y la disp. final única de esta Ley, en relación con lo establecido en la disp. derog. única de la Ley del Suelo 6/1998, de 13 abril (§1), este precepto tiene el carácter de legislación básica en virtud de lo previsto en el art. 149.1.1ª, 8ª, 13ª, 18ª y 23ª de la CE.

V. art. 196.2 RGU (§3.2).

V. arts. 113 y ss. de la LPE.

V. art. 8 del RBEL.

Téngase en cuenta el D. 132/1994, de 15 marzo, sobre aplicación en la Comunidad Autónoma del País Vasco del RDLeg 1/1992, de 26 junio, por el que se aprueba el Texto Refundido de la Ley sobre Régimen del Suelo y Ordenación Urbana (§48.1).

Artículo 211. Constitución de servidumbres.

1. Cuando para la ejecución de un Plan no fuere menester la expropia-

ción del dominio y bastare la constitución de alguna servidumbre sobre el mismo, prevista por el Derecho privado o administrativo, podrá imponerse, si no se obtuviere convenio con el propietario, con arreglo al procedimiento de la Ley de Expropiación Forzosa, mediante los requisitos que a continuación se expresan:

a) Autorización de la Comisión Provincial de Urbanismo u órgano autonómico competente.

b) No exceder la indemnización que procediere abonar de la mitad del importe de la que correspondería satisfacer por la expropiación absoluta.

2. Cuando hubieren de modificarse o suprimirse servidumbres privadas por estar en contradicción con las disposiciones del Plan, podrán expropiarse con arreglo al procedimiento de la citada Ley.

✐ Aps. 1 y 2 derogados por la Ley 6/1998, de 13 abril (§1).

⇒ Téngase en cuenta el art. único de la Ley 1/1997, de 18 junio, de Andalucía, que aprueba con carácter urgente y transitorio disposiciones en materia de régimen de suelo y ordenación urbana (§5).
Téngase en cuenta el art. único de la Ley 13/1997, de 23 diciembre, de Extremadura, que aprueba las normas reguladoras de la actividad urbanística (§32).

3. Los actos administrativos de constitución, modificación o extinción forzosa de servidumbres serán inscribibles en el Registro de la Propiedad, en la forma prevista para las actas de expropiación.

✐ El ap. 3 no fue derogado por la Ley 6/1998, de 13 abril (§1). V. disp. derog. única.

⇒ Según resulta de la STC 61/1997, de 20 marzo (RTC 1997, 61) y la disp. final única de esta Ley, en relación con lo establecido en la disp. derog. única de la Ley del Suelo 6/1998, de 13 abril (§1), este precepto es de aplicación plena en virtud del art. 149.1.8ª y 18ª de la Constitución.
V. O. 9 marzo 1964, actas de expropiaciones urbanísticas.
V. arts. 1 y 2 RD 1093/1997, de 4 julio (§2.1).
Téngase en cuenta el D. 132/1994, de 15 marzo, sobre aplicación en la Comunidad Autónoma del País Vasco del RDLeg 1/1992, de 26 junio, por el que se aprueba el Texto Refundido de la Ley sobre Régimen del Suelo y Ordenación Urbana (§48.1).
Téngase en cuenta lo establecido en la disp. final 1ª de la Ley 6/1994, de 15 noviembre, Reguladora de la Actividad Urbanística en la Comunidad Autónoma de Valencia (§53).
V. Jurisprudencia en arts. 68 y concordantes del TRLS/1976 (§3).

Artículo 212. Prohibición de construcciones en terrenos a expropiar.

Sobre la superficie objeto de expropiación no se podrá realizar construcción alguna ni modificar las existentes, salvo en casos concretos y excepcionales, previa autorización expresa del Organismo expropiante, que, de no ser el Ayuntamiento, lo comunicará a éste a efectos de la concesión de la oportuna licencia.

✐ Artículo derogado por la Ley 6/1998, de 13 abril (§1).

⇒ Téngase en cuenta el art. único de la Ley 1/1997, de 18 junio, de Andalucía, que aprueba con carácter urgente y transitorio disposiciones en materia de régimen de suelo y ordenación urbana (§5).
Téngase en cuenta el art. único de la Ley 13/1997, de 23 diciembre, de Extremadura, que aprueba las normas reguladoras de la actividad urbanística (§32).
Téngase en cuenta el D. 132/1994, de 15 marzo, sobre aplicación en la Comunidad

Autónoma del País Vasco del RDLeg 1/1992, de 26 junio, por el que se aprueba el Texto Refundido de la Ley sobre Régimen del Suelo y Ordenación Urbana (§48.1).

Téngase en cuenta lo establecido en la disp. final 1ª de la Ley 6/1994, de 15 noviembre, Reguladora de la Actividad Urbanística en la Comunidad Autónoma de Valencia (§53).

V. Jurisprudencia en arts. 137 y concordantes del TRLS/1976 (§3).

V. art. 200 RGU (§3.2).

Artículo 213. Modalidades de gestión de la expropiación.

1. Las Entidades locales podrán promover, para la gestión de las expropiaciones, las modalidades asociativas con otras Administraciones Públicas o particulares, de conformidad con la legislación de régimen local y urbanística.

2. Para el mejor cumplimiento de la finalidad expresada en el número anterior, podrán igualmente encomendar el ejercicio de la potestad expropiatoria a otras Administraciones Públicas.

3. Lo dispuesto en los números anteriores se entenderá sin perjuicio de las facultades reconocidas expresamente por Ley a determinados entes públicos en materia expropiatoria.

✐ Este artículo no fue derogado por la Ley 6/1998, de 13 abril (§1).

⇒ V. arts. 22 y concordantes del RD 1093/1997, de 4 julio (§2.1).

Según resulta de la STC 61/1997, de 20 marzo (RTC 1997, 61) y la disp. final única de esta Ley, en relación con lo establecido en la disp. derog. única de la Ley del Suelo 6/1998, de 13 abril (§1), este precepto tiene el carácter de legislación básica en virtud de lo previsto en el art. 149.1.1ª, 8ª, 13ª, 18ª y 23ª de la CE.

Artículo 214. Beneficiario de la expropiación.

Tendrán la consideración de beneficiarios de la expropiación las personas naturales o jurídicas subrogadas en las facultades del Estado, de las Comunidades Autónomas o de las Entidades locales para la ejecución de Planes u obras determinadas.

✐ Este artículo no fue derogado por la Ley 6/1998, de 13 abril (§1).

⇒ Según resulta de la STC 61/1997, de 20 marzo (RTC 1997, 61) y la disp. final única de esta Ley, en relación con lo establecido en la disp. derog. única de la Ley del Suelo 6/1998, de 13 abril (§1), este precepto es de aplicación plena en virtud del art. 149.1.8ª y 18ª de la CE.

V. Jurisprudencia y concordancias en art. 130.3 del TRLS/1976 (§3).

Téngase en cuenta el D. 132/1994, de 15 marzo, sobre aplicación en la Comunidad Autónoma del País Vasco del RDLeg 1/1992, de 26 junio, por el que se aprueba el Texto Refundido de la Ley sobre Régimen del Suelo y Ordenación Urbana (§48.1).

Artículo 215. Aplicación supletoria de la legislación general de expropiación forzosa.

En todo lo no previsto expresamente en esta Ley, se aplicará la legislación general de expropiación forzosa.

✐ Artículo derogado por la Ley 6/1998, de 13 abril (§1).

CAPÍTULO II

Justiprecio

Artículo 216. Determinación.

El justiprecio de los bienes y derechos expropiados se determinará conforme a lo establecido en el Título II de esta Ley.

✐ Artículo derogado por la Ley 6/1998, de 13 abril (§1).

⇒ Téngase en cuenta el D. 132/1994, de 15 marzo, sobre aplicación en la Comunidad Autónoma del País Vasco del RDLeg 1/1992, de 26 junio, por el que se aprueba el Texto Refundido de la Ley sobre Régimen del Suelo y Ordenación Urbana (§48.1).

Artículo 217. Pago del justiprecio por adjudicación de terrenos.

En las expropiaciones no motivadas por el incumplimiento de deberes urbanísticos, la Administración actuante podrá satisfacer el justiprecio mediante la adjudicación de terrenos equivalentes situados en la misma área de reparto que los expropiados. Por convenio con el afectado podrán adjudicarse también terrenos situados fuera de dicha área.

✐ Artículo derogado por la Ley 6/1998, de 13 abril (§1).

CAPÍTULO III

Procedimiento

Artículo 218. Aplicabilidad del procedimiento de tasación conjunta.

En todas las expropiaciones derivadas de la aplicación de la legislación urbanística, la Administración actuante podrá aplicar el procedimiento de tasación conjunta regulado en los siguientes artículos, o seguir la expropiación individualmente, conforme al procedimiento de la Ley de Expropiación Forzosa.

✐ Artículo derogado por la Ley 6/1998, de 13 abril (§1).

⇒ Téngase en cuenta el D. 132/1994, de 15 marzo, sobre aplicación en la Comunidad Autónoma del País Vasco del RDLeg 1/1992, de 26 junio, por el que se aprueba el Texto Refundido de la Ley sobre Régimen del Suelo y Ordenación Urbana (§48.1).
V. art. 201 del RGU (§3.2).
V. Jurisprudencia en arts. 138 y concordantes del TRLS/1976 (§3).

Artículo 219. Tramitación del procedimiento de tasación conjunta.

1. El expediente de expropiación, en los supuestos del procedimiento de tasación conjunta, contendrá los siguientes documentos:

a) Determinación del ámbito territorial, con los documentos que lo identifiquen en cuanto a situación, superficie y linderos.

b) Fijación de precios con la clasificación razonada del suelo, según su calificación urbanística.

c) Hojas de justiprecio individualizado de cada finca, en las que se contendrán no sólo el valor del suelo, sino también el correspondiente a las edificaciones, obras, instalaciones y plantaciones.

d) Hojas de justiprecio que correspondan a otras indemnizaciones.

2. *El proyecto de expropiación con los documentos señalados será expuesto al público por término de un mes, para que quienes puedan resultar interesados formulen las observaciones y reclamaciones que estimen convenientes, en particular en lo que concierne a titularidad o valoración de sus respectivos derechos.*

3. *La información pública se efectuará mediante la inserción de anuncios en el «Boletín Oficial» correspondiente, en el de la respectiva provincia y en un periódico de los de mayor circulación de la provincia.*

4. *Asimismo, las tasaciones se notificarán individualmente a los que aparezcan como titulares de bienes o derechos en el expediente, mediante traslado literal de la correspondiente hoja de aprecio y de la propuesta de fijación de los criterios de valoración, para que puedan formular alegaciones en el plazo de un mes, contando a partir de la fecha de notificación.*

5. *Cuando el órgano expropiante no sea el Ayuntamiento, se oirá a éste por igual término de un mes. El período de audiencia a la Administración municipal podrá coincidir en todo o en parte con el de los interesados.*

6. *Informadas las alegaciones, se someterá el expediente a la aprobación del órgano competente.*

7. *La resolución aprobatoria del expediente se notificará a los interesados titulares de bienes y derechos que figuran en el mismo, confiriéndoles un término de veinte días durante el cual podrán manifestar por escrito ante el órgano competente su disconformidad con la valoración establecida en el expediente aprobado.*

8. *El órgano competente dará traslado del expediente y la hoja de aprecio impugnada al Jurado de Expropiación Forzosa que tenga competencia en el ámbito territorial a que la expropiación se refiera, a efectos de fijar el justiprecio, que, en todo caso, se hará de acuerdo con los criterios de valoración establecidos en la presente Ley.*

9. *Si los interesados no formularen oposición a la valoración en el citado plazo de veinte días, se entenderá aceptada la que se fijó en el acto aprobatorio del expediente, entendiéndose determinado el justiprecio definitivamente y de conformidad.*

✐ Artículo derogado por la Ley 6/1998, de 13 abril (§1).

⇒ Téngase en cuenta que interpuesto por la Asociación Nacional de Promotores y Constructores de Edificios recurso contencioso-administrativo contra el RDLeg 1/1992, de 26 junio, por el que se aprobó el Texto Refundido de la Ley del Suelo y Ordenación Urbana, el TS, en Sentencia de 25 junio 1997 (RJ 1997, 5382), declara extinguido el proceso, por falta de objeto, de los particulares correspondientes a la inconstitucionalidad ya declarada de determinados preceptos de la citada norma y lo estima parcialmente, anulando los arts. 47, 160.3, 219, 237.3 y 238.2 y la disp. transit. 1ª.3 de dicho Texto Refundido.

V. art. 202 RGU (§3.2).

Artículo 220. Aprobación y efectos del procedimiento de tasación conjunta.

1. *La resolución del órgano autonómico competente implicará la declaración de urgencia de la ocupación de los bienes y derechos afectados.*

2. *El pago o depósito del importe de la valoración establecida producirá los efectos previstos en los números 6, 7 y 8 del artículo 52 de la Ley de Expropiación Forzosa, sin perjuicio de que puedan seguir tramitándose los recursos procedentes respecto a la fijación del justiprecio.*

✐ Artículo derogado por la Ley 6/1998, de 13 abril (§1).

⇒ Téngase en cuenta el art. único de la Ley 1/1997, de 18 junio, de Andalucía, que aprueba con carácter urgente y transitorio disposiciones en materia de régimen de suelo y ordenación urbana (§5).

Téngase en cuenta el art. único de la Ley 13/1997, de 23 diciembre, de Extremadura, que aprueba las normas reguladoras de la actividad urbanística (§32).

Téngase en cuenta el D. 132/1994, de 15 marzo, sobre aplicación en la Comunidad Autónoma del País Vasco del RDLeg 1/1992, de 26 junio, por el que se aprueba el Texto Refundido de la Ley sobre Régimen del Suelo y Ordenación Urbana (§48.1).

Artículo 221. Procedimiento de expropiación individual.

En caso de no seguirse el procedimiento de tasación conjunta, la relación de propietarios y la descripción de bienes y derechos afectados habrán de ser aprobadas por la Administración actuante, previa la apertura de un período de información pública por plazo de quince días, salvo que, de conformidad con lo dispuesto en el artículo 171.2, dicha relación y descripción se contuvieren en la delimitación de la unidad de ejecución.

✐ Artículo derogado por la Ley 6/1998, de 13 abril (§1).

⇒ Téngase en cuenta el art. único de la Ley 1/1997, de 18 junio, de Andalucía, que aprueba con carácter urgente y transitorio disposiciones en materia de régimen de suelo y ordenación urbana (§5).

Téngase en cuenta el art. único de la Ley 13/1997, de 23 diciembre, de Extremadura, que aprueba las normas reguladoras de la actividad urbanística (§32).

Téngase en cuenta el D. 132/1994, de 15 marzo, sobre aplicación en la Comunidad Autónoma del País Vasco del RDLeg 1/1992, de 26 junio, por el que se aprueba el Texto Refundido de la Ley sobre Régimen del Suelo y Ordenación Urbana (§48.1).

Artículo 222. Pago del justiprecio.

1. Las actuaciones del expediente expropiatorio se seguirán con quienes figuren como interesados en el proyecto de delimitación, redactado conforme a la Ley de Expropiación Forzosa o acrediten, en legal forma, ser los verdaderos titulares de los bienes o derechos en contra de lo que diga el proyecto. En el procedimiento de tasación conjunta, los errores no denunciados y justificados en la fase de información pública no darán lugar a nulidad o reposición de actuaciones, conservando no obstante, los interesados su derecho a ser indemnizados en la forma que corresponda.

⇒ Según resulta de la STC 61/1997, de 20 marzo (RTC 1997, 61) y la disp. final única de esta Ley, en relación con lo establecido en la disp. derog. única de la Ley del Suelo 6/1998, de 13 abril (§1), este precepto es de aplicación plena en virtud del art. 149.1.8ª y 18ª de la CE.

V. art. 204 RGU (§3.2).

V. art. 3.2 de la LEF.

2. Llegado el momento del pago del justiprecio sólo se procederá a hacerlo efectivo, consignándose en caso contrario, a aquellos interesados que aporten certificación registral a su favor, en la que conste haberse extendido la nota del artículo 32 del Reglamento Hipotecario o, en su defecto, los títulos

justificativos de su derecho, completados con certificaciones negativas del Registro de la Propiedad referidas a la misma finca descrita en los títulos. Si existiesen cargas deberán comparecer los titulares de las mismas.

⇒ Según resulta de la STC 61/1997, de 20 marzo (RTC 1997, 61) y la disp. final única de esta Ley, en relación con lo establecido en la disp. derog. única de la Ley del Suelo 6/1998, de 13 abril (§1), este precepto es de aplicación plena en virtud del art. 149.1.8ª y 18ª de la CE.

V. art. 205.1 del RGU (§3.2).

3. Cuando existan pronunciamientos registrales contrarios a la realidad podrá pagarse el justiprecio a quienes los hayan rectificado o desvirtuado mediante cualquiera de los medios señalados en la legislación hipotecaria o con acta de notoriedad tramitada conforme al artículo 209 del Reglamento Notarial.

✐ Este artículo no fue derogado por la Ley 6/1998, de 13 abril (§1).

⇒ Según resulta de la STC 61/1997, de 20 marzo (RTC 1997, 61) y la disp. final única de esta Ley, en relación con lo establecido en la disp. derog. única de la Ley del Suelo 6/1998, de 13 abril (§1), este precepto es de aplicación plena en virtud del art. 149.1.8ª y 18ª de la CE.

V. arts. 22 y concordantes del RD 1093/1997, de 4 julio (§2.1).

V. art. 205.2 RGU (§3.2).

Téngase en cuenta el D. 132/1994, de 15 marzo, sobre aplicación en la Comunidad Autónoma del País Vasco del RDLeg 1/1992, de 26 junio, por el que se aprueba el Texto Refundido de la Ley sobre Régimen del Suelo y Ordenación Urbana (§48.1).

Artículo 223. Ocupación e inscripción en el Registro.

1. Una vez efectuado el pago o consignación se podrán levantar una o más actas de ocupación e inscribir, como una o varias fincas registrales, la totalidad o parte de la superficie objeto de su actuación, sin que sea necesaria la previa inscripción de todas y cada una de las fincas expropiadas. El hecho de que alguna de estas fincas no estuviese inmatriculada no será obstáculo para que pueda practicarse directamente aquella inscripción. Al margen de la inscripción de las fincas agrupadas, y con efectos de transferencia, se extenderá la oportuna nota.

2. Será título inscribible el acta o actas de ocupación acompañadas de las actas de pago o los justificantes de consignación del justiprecio de todas las fincas ocupadas, que habrán de ser descritas conforme a la legislación hipotecaria. Dicho título, así como los que sean necesarios para practicar las inscripciones deberán ir acompañados, en su caso, de los respectivos planos, una de cuyas copias se archivará en el Registro.

3. Si al procederse a la inscripción surgiesen dudas fundadas sobre si dentro de la superficie ocupada existiese alguna finca registral no tenida en cuenta en el expediente expropiatorio, sin perjuicio de practicarse la inscripción, se pondrá tal circunstancia a los efectos del artículo siguiente, en conocimiento del Organismo expropiante.

✐ Artículo derogado por la Ley 6/1998, de 13 abril (§1).

⇒ V. art. 209.1 del RGU (§3.2).

V. arts. 24 y concordantes del RD 1093/1997 (§2.1).

Artículo 224. Adquisición libre de cargas.

1. Finalizado el expediente expropiatorio, y una vez levantada el acta o actas de ocupación con los requisitos previstos en la legislación general de expropiación forzosa, se entenderá que la Administración ha adquirido, libre de cargas, la finca o fincas comprendidas en el expediente.

⇒ Según resulta de la STC 61/1997, de 20 marzo (RTC 1997, 61) y la disp. final única de esta Ley, en relación con lo establecido en la disp. derog. única de la Ley del Suelo 6/1998, de 13 abril (§1), este precepto es de aplicación plena en virtud del art. 149.1.8ª y 18ª de la CE.

V. art. 39 de la Ley 6/1998, de 13 abril (§1).

V. art. 210.1 del RGU (§3.2).

2. La Administración será mantenida en la posesión de las fincas, una vez inscrito su derecho, sin que quepa ejercitar ninguna acción real o interdictal contra la misma.

⇒ Según resulta de la STC 61/1997, de 20 marzo (RTC 1997, 61) y la disp. final única de esta Ley, en relación con lo establecido en la disp. derog. única de la Ley del Suelo 6/1998, de 13 abril (§1), este precepto es de aplicación plena en virtud del art. 149.1.8ª y 18ª de la CE.

V. art. 210.2 RGU (§3.2).

3. Si con posterioridad a la finalización del expediente, una vez levantada el acta de ocupación e inscritas las fincas o derechos en favor de la Administración, aparecieren terceros interesados no tenidos en cuenta en el expediente, éstos conservarán y podrán ejercitar cuantas acciones personales pudieren corresponderles para percibir el justiprecio o las indemnizaciones expropiatorias y discutir su cuantía.

⇒ Según resulta de la STC 61/1997, de 20 marzo (RTC 1997, 61) y la disp. final única de esta Ley, en relación con lo establecido en la disp. derog. única de la Ley del Suelo 6/1998, de 13 abril (§1), este precepto es de aplicación plena en virtud del art. 149.1.8ª y 18ª de la CE.

V. art. 210.3 RGU (§3.2).

4. En el supuesto de que una vez finalizado totalmente el expediente aparecieren fincas o derechos anteriormente inscritos no tenidos en cuenta, la Administración expropiante, de oficio o a instancia de parte interesada o del propio Registrado, solicitará de éste que practique la cancelación correspondiente. Los titulares de tales fincas o derechos deberán ser compensados por la Administración expropiante, que formulará un expediente complementario con las correspondientes hojas de aprecio, tramitándose según el procedimiento que se haya seguido para el resto de las fincas, sin perjuicio de que tales titulares puedan ejercitar cualquier otro tipo de acción que pudiera corresponderles.

⇒ Según resulta de la STC 61/1997, de 20 marzo (RTC 1997, 61) y la disp. final única de esta Ley, en relación con lo establecido en la disp. derog. única de la Ley del Suelo 6/1998, de 13 abril (§1), este precepto es de aplicación plena en virtud del art. 149.1.8ª y 18ª de la CE.

V. art. 210.4 RGU (§3.2).

5. Si el justiprecio se hubiere pagado a quien apareciere en el expediente como titular registral la acción de los terceros no podrá dirigirse contra la

Administración expropiante si éstos no comparecieron durante la tramitación, en tiempo hábil.

✐ Este artículo no fue derogado por la Ley 6/1998, de 13 abril (§1). V. disp. derog. única.

⇒ Según resulta de la STC 61/1997, de 20 marzo (RTC 1997, 61) y la disp. final única de esta Ley, en relación con lo establecido en la disp. derog. única de la Ley del Suelo 6/1998, de 13 abril (§1), este precepto es de aplicación plena en virtud del art. 149.1.8ª y 18ª de la CE.

V. arts. 22 y concordantes del RD 1093/1997, de 4 julio (§2.1).

V. art. 210.5 RGU (§3.2).

Téngase en cuenta el D. 132/1994, de 15 marzo, sobre aplicación en la Comunidad Autónoma del País Vasco del RDLeg 1/1992, de 26 junio, por el que se aprueba el Texto Refundido de la Ley sobre Régimen del Suelo y Ordenación Urbana (§48.1).

CAPÍTULO IV
Reversión de los terrenos expropiados

Artículo 225. Supuestos de reversión.

1. Los terrenos de cualquier clase que se expropien por razones urbanísticas deberán ser destinados al fin específico que se estableciese en el Plan correspondiente.

2. Si en virtud de modificación o revisión del planeamiento se alterara el uso que motivó la expropiación procederá la reversión salvo que concurriera alguna de las siguientes circunstancias:

a) Que el nuevo uso asignado fuera igualmente dotacional público. A estos efectos se equiparará al uso dotacional público la calificación para construcción de viviendas sujetas a algún régimen de protección pública, con mantenimiento por la Administración de la titularidad del suelo afectado.

b) Que el uso dotacional que motivó la expropiación hubiese sido efectivamente implantado y mantenido durante ocho años.

3. Igualmente, procederá la reversión en los supuestos de terrenos incluidos en una unidad de ejecución para su desarrollo por el sistema de expropiación, cuando hubieren transcurrido diez años desde la expropiación sin que la urbanización se hubiera concluido.

✐ Artículo derogado por la Ley 6/1998, de 13 abril (§1).

⇒ Téngase en cuenta el D. 132/1994, de 15 marzo, sobre aplicación en la Comunidad Autónoma del País Vasco del RDLeg 1/1992, de 26 junio, por el que se aprueba el Texto Refundido de la Ley sobre Régimen del Suelo y Ordenación Urbana (§48.1).

Téngase en cuenta que los arts. 54 y 55 de la LEF han sido modificados por la disp. adic. 5ª de la Ley 38/1999, de 5 noviembre, de Ordenación de la Edificación.

Artículo 226. Reversión en la expropiación por incumplimiento.

1. En las expropiaciones motivadas por el incumplimiento de los deberes urbanísticos vinculados al proceso de urbanización y edificación, procederá la reversión siempre que hubieran transcurrido cinco años desde la expropiación sin que la edificación se hubiera concluido o diez sin que lo hubiera sido la urbanización, según que el terreno expropiado tuviera o no la condición de solar en aquel momento. En el régimen de venta forzosa, los indicados plazos se contarán a partir de la finalización de los establecidos en la convocatoria del correspondiente concurso, conforme a lo dispuesto en el artículo 233.1 b).

2. En los supuestos contemplados en el número anterior, el ejercicio del derecho de reversión no conferirá al expropiado más facultades urbanísticas que las tenidas en cuenta en la determinación del justiprecio.

✐ Artículo derogado por la Ley 6/1998, de 13 abril (§1).

⇒ Téngase en cuenta el D. 132/1994, de 15 marzo, sobre aplicación en la Comunidad Autónoma del País Vasco del RDLeg 1/1992, de 26 junio, por el que se aprueba el Texto Refundido de la Ley sobre Régimen del Suelo y Ordenación Urbana (§48.1).

Téngase en cuenta que los arts. 54 y 55 de la LEF han sido modificados por la disp. adic. 5ª de la Ley 38/1999, de 5 noviembre, de Ordenación de la Edificación.

CAPÍTULO V
Régimen de la venta forzosa

Sección 1ª Disposiciones generales

Artículo 227. Venta forzosa por incumplimiento de deberes urbanísticos.

1. En los supuestos de incumplimiento de deberes urbanísticos contemplados en la presente Ley, cuando la Administración actuante no opte por la expropiación, acordará la aplicación del régimen de venta forzosa del terreno. La venta forzosa, en los supuestos en que proceda de conformidad con lo dispuesto en esta Ley, se realizará a través del procedimiento que se determine en la legislación urbanística aplicable, indemnizándose al propietario por el valor correspondiente al grado de adquisición de facultades urbanísticas.

2. En defecto de regulación específica en la legislación citada, la venta forzosa se llevará a cabo mediante su inclusión en el Registro de Solares y Terrenos sin Urbanizar, en la forma prevista en los artículos siguientes. El acuerdo de inclusión en este Registro contendrá la valoración del terreno conforme al grado de adquisición de facultades urbanísticas por su titular, y determinará la imposibilidad para éste de iniciar o proseguir el proceso urbanizador, edificatorio, o el de urbanización y edificación simultáneas, según los casos.

✐ Artículo derogado por la Ley 6/1998, de 13 abril (§1).

⇒ Téngase en cuenta el art. único de la Ley 1/1997, de 18 junio, de Andalucía, que aprueba con carácter urgente y transitorio disposiciones en materia de régimen de suelo y ordenación urbana (§5).

Téngase en cuenta el art. único de la Ley 13/1997, de 23 diciembre, de Extremadura, que aprueba las normas reguladoras de la actividad urbanística (§32).

Téngase en cuenta el D. 132/1994, de 15 marzo, sobre aplicación en la Comunidad Autónoma del País Vasco del RDLeg 1/1992, de 26 junio, por el que se aprueba el Texto Refundido de la Ley sobre Régimen del Suelo y Ordenación Urbana (§48.1).

Téngase en cuenta lo establecido en la disp. final 1ª de la Ley 6/1994, de 15 noviembre, Reguladora de la Actividad Urbanística en la Comunidad autónoma de Valencia (§53).

V. arts. 87 y concordantes del RD 1093/1997, de 4 julio (§2.1).

V. Jurisprudencia en arts. 154 a 164 y concordantes del TRLS/1976 (§3).

Artículo 228. Edificaciones ruinosas e inadecuadas.

1. Las edificaciones declaradas en ruina se inscribirán en el Registro regulado en este Capítulo, debiendo ser sustituidas o rehabilitadas conforme a las previsiones del planeamiento, en el plazo establecido por éste o, en su defecto, en el de dos años desde que sea firme la resolución declarativa de la ruina.

Agotados dichos plazos sin que el particular solicite licencia para la actuación correspondiente, la Administración declarará mediante resolución expresa la aplicación del régimen de venta forzosa con fijación del valor correspondiente al inmueble.

2. El apartado anterior se aplicará a las edificaciones inadecuadas, entendiendo por tales aquellas que estén destinadas en más de un 50 por 100 de la superficie construida a un uso urbanístico contrario al establecido en el planeamiento.

Para la inclusión en la sección independiente del Registro de estos terrenos será preceptiva la resolución expresa de la inadecuación de las edificaciones, con audiencia del interesado.

3. El terreno con edificación declarada en ruina se valorará, una vez incurso en situación de venta forzosa, por el 50 por 100 del aprovechamiento susceptible de adquisición, según el aprovechamiento tipo vigente al tiempo de la tasación.

En el supuesto de terreno con edificación declarada inadecuada, se aplicarán los criterios de valoración contenidos en el artículo 56.

4. La transmisión de las fincas a que se refiere este artículo, mientras no se sometan a la situación de venta forzosa, no alterará el régimen establecido en el mismo.

✐ Artículo derogado por la Ley 6/1998, de 13 abril (§1).

⇒ Téngase en cuenta el art. único de la Ley 1/1997, de 18 junio, de Andalucía, que aprueba con carácter urgente y transitorio disposiciones en materia de régimen de suelo y ordenación urbana (§5).

Téngase en cuenta el art. único de la Ley 13/1997, de 23 diciembre, de Extremadura, que aprueba las normas reguladoras de la actividad urbanística (§32).

Téngase en cuenta el D. 132/1994, de 15 marzo, sobre aplicación en la Comunidad Autónoma del País Vasco del RDLeg 1/1992, de 26 junio, por el que se aprueba el Texto Refundido de la Ley sobre Régimen del Suelo y Ordenación Urbana (§48.1).

Téngase en cuenta lo establecido en la disp. final 1ª de la Ley 6/1994, de 15 noviembre, Reguladora de la Actividad Urbanística en la Comunidad Autónoma de Valencia (§53).

V. art. 247 del presente Texto Refundido.

V. Jurisprudencia en arts. 154 a 164 y concordantes del TRLS/1976 (§3).

Artículo 229. Inscripción registral de edificaciones ruinosas e inadecuadas.

La declaración de edificación ruinosa o inadecuada y el consiguiente acuerdo de inclusión en el Registro en la Sección de edificaciones ruinosas e inadecuadas, se harán constar en el Registro de la Propiedad en la forma que se determine reglamentariamente, en virtud de certificación que transcri-

birá literalmente el acuerdo, expedida de oficio o a instancia de cualquier interesado, por el Secretario del Ayuntamiento.

Asimismo, se harán constar en dichos Registros los acuerdos declarativos de la situación de venta forzosa.

✐ Artículo derogado por la Ley 6/1998, de 13 abril (§1).

⇒ Téngase en cuenta el art. único de la Ley 1/1997, de 18 junio, de Andalucía, que aprueba con carácter urgente y transitorio disposiciones en materia de régimen de suelo y ordenación urbana (§5).

Téngase en cuenta el art. único de la Ley 13/1997, de 23 diciembre, de Extremadura, que aprueba las normas reguladoras de la actividad urbanística (§32).

Téngase en cuenta el D. 132/1994, de 15 marzo, sobre aplicación en la Comunidad Autónoma del País Vasco del RDLeg 1/1992, de 26 junio, por el que se aprueba el Texto Refundido de la Ley sobre Régimen del Suelo y Ordenación Urbana (§48.1).

Téngase en cuenta lo establecido en la disp. final 1ª de la Ley 6/1994, de 15 noviembre, Reguladora de la Actividad Urbanística en la Comunidad Autónoma de Valencia (§53).

V. art. 247 del presente Texto Refundido.

V. Jurisprudencia en arts. 154 a 164 y concordantes del TRLS/1976 (§3).

Artículo 230. Municipios a los que se aplica el Registro.

1. En los municipios en los que hayan de regir las disposiciones sobre delimitación de áreas de reparto y fijación de aprovechamiento tipo en suelo urbano deberá crearse el Registro de Solares y Terrenos sin Urbanizar o adaptarse el Registro de Solares existente para incluir terrenos sin urbanizar.

2. En los restantes municipios la creación o adaptación del expresado Registro será potestativa, salvo que la legislación urbanística disponga lo contrario.

3. El Registro constará de dos Secciones: En la primera se incluirán los solares y terrenos sin urbanizar a que se refiere el artículo 227; en la segunda, las edificaciones ruinosas e inadecuadas a que se refiere el artículo 228.

✐ Artículo derogado por la Ley 6/1998, de 13 abril (§1).

⇒ Téngase en cuenta el art. único de la Ley 1/1997, de 18 junio, de Andalucía, que aprueba con carácter urgente y transitorio disposiciones en materia de régimen de suelo y ordenación urbana (§5).

Téngase en cuenta el art. único de la Ley 13/1997, de 23 diciembre, de Extremadura, que aprueba las normas reguladoras de la actividad urbanística (§32).

Téngase en cuenta el D. 132/1994, de 15 marzo, sobre aplicación en la Comunidad Autónoma del País Vasco del RDLeg 1/1992, de 26 junio, por el que se aprueba el Texto Refundido de la Ley sobre Régimen del Suelo y Ordenación Urbana (§48.1).

Téngase en cuenta lo establecido en la disp. final 1ª de la Ley 6/1994, de 15 noviembre, Reguladora de la Actividad Urbanística en la Comunidad Autónoma de Valencia (§53).

Artículo 231. Carácter público del Registro de Solares y Terrenos sin Urbanizar.

El Registro será público. Cualquier persona tendrá derecho a que se le manifiesten los libros y a obtener certificación de su contenido.

✐ Artículo derogado por la Ley 6/1998, de 13 abril (§1).

⇒ Téngase en cuenta el art. único de la Ley 1/1997, de 18 junio, de Andalucía, que

aprueba con carácter urgente y transitorio disposiciones en materia de régimen de suelo y ordenación urbana (§5).

Téngase en cuenta el art. único de la Ley 13/1997, de 23 diciembre, de Extremadura, que aprueba las normas reguladoras de la actividad urbanística (§32).

Téngase en cuenta el D. 132/1994, de 15 marzo, sobre aplicación en la Comunidad Autónoma del País Vasco del RDLeg 1/1992, de 26 junio, por el que se aprueba el Texto Refundido de la Ley sobre Régimen del Suelo y Ordenación Urbana (§48.1).

Téngase en cuenta lo establecido en la disp. final 1ª de la Ley 6/1994, de 15 noviembre, Reguladora de la Actividad Urbanística en la Comunidad Autónoma de Valencia (§53).

Sección 2ª Del procedimiento de venta forzosa

Artículo 232. Inscripción registral de la resolución de incumplimiento.

1. Dictada la resolución de incumplimiento de deberes urbanísticos con aplicación del régimen de venta forzosa, el órgano administrativo competente remitirá al Registro de la Propiedad certificación de aquélla, para su constancia por nota al margen de la última inscripción de dominio de la finca.

2. La situación de venta forzosa se consignará en las certificaciones que de la finca se expidan.

✐ Artículo derogado por la Ley 6/1998, de 13 abril (§1).

⇒ Téngase en cuenta el D. 132/1994, de 15 marzo, sobre aplicación en la Comunidad Autónoma del País Vasco del RDLeg 1/1992, de 26 junio, por el que se aprueba el Texto Refundido de la Ley sobre Régimen del Suelo y Ordenación Urbana (§48.1).

Artículo 233. Adjudicación por concurso.

1. Los inmuebles incluidos en el Registro de Solares y Terrenos sin Urbanizar y sometidos a venta forzosa serán adjudicados en virtud de concurso, cuya convocatoria o pliego de condiciones incluirá, al menos, las siguientes determinaciones:

a) Precio del terreno a satisfacer por el adjudicatario, que en ningún caso podrá ser inferior al valor urbanístico del aprovechamiento real correspondiente a aquél.

b) Plazo máximo para la realización de las obras de urbanización y edificación, o sólo de estas últimas si el terreno ya mereciera la calificación de solar.

c) Precios máximos de venta o arrendamiento de las edificaciones resultantes de la actuación.

2. La diferencia entre la valoración del terreno atribuida al tiempo de su inclusión en el Registro y el precio de adjudicación corresponderá a la Administración actuante, que deberá destinarla a inversión en materia de urbanismo y vivienda.

3. Transcurrido más de un año desde la inclusión del inmueble en el Registro de Solares y Terrenos sin Urbanizar o, en su caso, desde la finalización del plazo señalado en el artículo 228.1, sin que se hubiera convocado el concurso para la adjudicación del terreno, quedará sin efecto el procedimiento de venta forzosa incoado, estándose a lo dispuesto en el artículo 42.3. En este supuesto, la Administración no podrá acordar la expropiación o sujeción al régimen de venta forzosa de dichos terrenos en el plazo de dos años.

4. El adjudicatario del concurso tendrá la consideración de beneficiario de la expropiación.

✐ Artículo derogado por la Ley 6/1998, de 13 abril (§1).

⇒ Téngase en cuenta el art. único de la Ley 1/1997, de 18 junio, de Andalucía, que aprueba con carácter urgente y transitorio disposiciones en materia de régimen de suelo y ordenación urbana (§5).

Téngase en cuenta el art. único de la Ley 13/1997, de 23 diciembre, de Extremadura, que aprueba las normas reguladoras de la actividad urbanística (§32).

Téngase en cuenta el D. 132/1994, de 15 marzo, sobre aplicación en la Comunidad Autónoma del País Vasco del RDLeg 1/1992, de 26 junio, por el que se aprueba el Texto Refundido de la Ley sobre Régimen del Suelo y Ordenación Urbana (§48.1).

Téngase en cuenta lo establecido en la disp. final 1ª de la Ley 6/1994, de 15 noviembre, Reguladora de la Actividad Urbanística en la Comunidad Autónoma de Valencia (§53).

V. Jurisprudencia en arts. 154 a 164 y concordantes del TRLS/1976 (§3).

Artículo 234. Concurso desierto.

Si el concurso quedare desierto, el Ayuntamiento, en el plazo de seis meses, podrá adquirir el inmueble con destino al Patrimonio municipal del suelo, con aplicación de lo dispuesto en el artículo 208. Asimismo la Administración actuante podrá convocar nuevo concurso, en cuyo caso el precio fijado en el pliego de condiciones del primer concurso se añadirán los gastos producidos.

✐ Artículo derogado por la Ley 6/1998, de 13 abril (§1).

⇒ Téngase en cuenta el art. único de la Ley 1/1997, de 18 junio, de Andalucía, que aprueba con carácter urgente y transitorio disposiciones en materia de régimen de suelo y ordenación urbana (§5).

Téngase en cuenta el art. único de la Ley 13/1997, de 23 diciembre, de Extremadura, que aprueba las normas reguladoras de la actividad urbanística (§32).

Téngase en cuenta el D. 132/1994, de 15 marzo, sobre aplicación en la Comunidad Autónoma del País Vasco del RDLeg 1/1992, de 26 junio, por el que se aprueba el Texto Refundido de la Ley sobre Régimen del Suelo y Ordenación Urbana (§48.1).

Téngase en cuenta lo establecido en la disp. final 1ª de la Ley 6/1994, de 15 noviembre, Reguladora de la Actividad Urbanística en la Comunidad Autónoma de Valencia (§53).

V. Jurisprudencia en arts. 154 a 164 y concordantes del TRLS/1976 (§3).

Artículo 235. Inscripción registral.

1. El Secretario del Ayuntamiento expedirá certificación administrativa de la adjudicación, que será documento inscribible en el Registro de la Propiedad.

2. En la inscripción se harán constar las condiciones y plazos de edificación a que quede obligado el adquirente, que serán también consignados, en su caso, en el Registro de Solares y Terrenos sin Urbanizar.

✐ Artículo derogado por la Ley 6/1998, de 13 abril (§1).

Artículo 236. Incumplimiento de los plazos por el adjudicatario.

El incumplimiento por el adjudicatario del concurso de los plazos señala-

dos para la urbanización o edificación producirá los efectos establecidos en el Capítulo Tercero del Título Primero, con la particularidad de que el aprovechamiento de referencia será el real del terreno adjudicado.

✐ Artículo derogado por la Ley 6/1998, de 13 abril (§1).

⇒ Téngase en cuenta el art. único de la Ley 1/1997, de 18 junio, de Andalucía, que aprueba con carácter urgente y transitorio disposiciones en materia de régimen de suelo y ordenación urbana (§5).

Téngase en cuenta el art. único de la Ley 13/1997, de 23 diciembre, de Extremadura, que aprueba las normas reguladoras de la actividad urbanística (§32).

Téngase en cuenta el D. 132/1994, de 15 marzo, sobre aplicación en la Comunidad Autónoma del País Vasco del RDLeg 1/1992, de 26 junio, por el que se aprueba el Texto Refundido de la Ley sobre Régimen del Suelo y Ordenación Urbana (§48.1).

Téngase en cuenta lo establecido en la disp. final 1ª de la Ley 6/1994, de 15 noviembre, Reguladora de la Actividad Urbanística en la Comunidad Autónoma de Valencia (§53).

V. Jurisprudencia en arts. 154 a 164 y concordantes del TRLS/1976 (§3).

TÍTULO VI
SUPUESTOS INDEMNIZATORIOS

Artículo 237. Indemnización por alteración de planeamiento.

1. La modificación o revisión de los Planes sólo conferirá derechos indemnizatorios si los aprovechamientos susceptibles de apropiación derivados del nuevo planeamiento fueran inferiores a los resultantes del anterior, siempre que éstos hubieran sido ya patrimonializados y no pudieran materializarse.

2. Las situaciones de fuera de ordenación surgidas por los cambios del planeamiento no serán indemnizables.

3. No procederá la indemnización por la reducción de aprovechamiento si ya hubiera transcurrido el plazo para solicitar licencia de edificación sin que ésta se hubiera solicitado, aun cuando no se hubiera notificado al propietario la incoación del respectivo expediente de incumplimiento. No obstante, si la reducción impidiera la edificación del 50 por 100 del aprovechamiento ya adquirido, la diferencia será indemnizable.

✐ Artículo derogado por la Ley 6/1998, de 13 abril (§1).

⇒ Téngase en cuenta el D. 132/1994, de 15 marzo, sobre aplicación en la Comunidad Autónoma del País Vasco del RDLeg 1/1992, de 26 junio, por el que se aprueba el Texto Refundido de la Ley sobre Régimen del Suelo y Ordenación Urbana (§48.1).

Téngase en cuenta que interpuesto por la Asociación Nacional de Promotores y Constructores de Edificios recurso contencioso-administrativo contra el RDLeg 1/1992, de 26 junio, por el que se aprobó el Texto Refundido de la Ley del Suelo y Ordenación Urbana, el TS, en S. 25 junio 1997 (RJ 1997, 5382), declara extinguido el proceso, por falta de objeto, de los particulares correspondientes a la inconstitucionalidad ya declarada de determinados preceptos de la citada norma y lo estima parcialmente, anulando los arts. 47, 160.3, 219, 237.3 y 238.2 y la disp. transit. 1ª.3 de dicho Texto Refundido.

V. Jurisprudencia en el art. 87 del TRLS/1976 (§3).

Artículo 238. Indemnización por alteración del planeamiento, con derecho a edificar.

1. Si en el momento de adquirir vigencia la modificación o revisión del planeamiento se hubiera patrimonializado ya el derecho a edificar, pero aún no se hubiera iniciado la edificación, se entenderá extinguida la eficacia de la licencia en cuanto sea disconforme con la nueva ordenación, debiendo indemnizarse la reducción de aprovechamiento lucrativo resultante de las nuevas condiciones urbanísticas, así como los conceptos señalados en el artículo 55 de esta Ley.

2. Si la edificación ya se hubiera iniciado, la Administración podrá modificar o revocar la licencia, fijándose la indemnización de acuerdo con lo establecido en el número anterior.

✐ Artículo derogado por la Ley 6/1998, de 13 abril (§1).

⇒ Téngase en cuenta el D. 132/1994, de 15 marzo, sobre aplicación en la Comunidad Autónoma del País Vasco del RDLeg 1/1992, de 26 junio, por el que se aprueba el Texto Refundido de la Ley sobre Régimen del Suelo y Ordenación Urbana (§48.1).

Téngase en cuenta que interpuesto por la Asociación Nacional de Promotores y Constructores de Edificios recurso contencioso-administrativo contra el RDLeg 1/1992, de 26 junio, por el que se aprobó el Texto Refundido de la Ley del Suelo y Ordenación Urbana, el TS, en S. 25 junio 1997 (RJ 1997, 5382), declara extinguido el proceso, por falta de objeto, de los particulares correspondientes a la inconstitucionalidad ya declarada de determinados preceptos de la citada norma y lo estima parcialmente, anulando los arts. 47, 160.3, 219, 237.3 y 238.2 y la disp. transit. 1ª.3 de dicho Texto Refundido.

V. Jurisprudencia en art. 87 del TRLS/1976 (§3).

Artículo 239. Indemnización por vinculaciones singulares.

1. Las ordenaciones que impusieran vinculaciones singulares en orden a la conservación de edificios, conferirán derechos indemnizatorios en cuanto excedan de los deberes legales y en la parte no compensada por los beneficios que resulten de aplicación.

2. Las ordenaciones que impusieran vinculaciones o limitaciones singulares que lleven consigo una restricción del aprovechamiento urbanístico del suelo que no pueda ser objeto de distribución equitativa entre los interesados conferirán derecho a indemnización.

✐ Artículo derogado por la Ley 6/1998, de 13 abril (§1).

⇒ V. Jurisprudencia en art. 87 del TRLS/1976 (§3).

Artículo 240. Licencias e indemnización.

En los supuestos de anulación de licencia, demora injustificada en su otorgamiento o denegación improcedente, los perjudicados podrán reclamar de la Administración actuante el resarcimiento de los daños y perjuicios causados, en los casos y con la concurrencia de los requisitos establecidos en las normas que regulan con carácter general dicha responsabilidad. En ningún caso habrá lugar a indemnización si existe dolo, culpa o negligencia graves imputables al perjudicado.

✐ Artículo derogado por la Ley 6/1998, de 13 abril (§1).

⇒ Téngase en cuenta el D. 132/1994, de 15 marzo, sobre aplicación en la Comunidad Autónoma del País Vasco del RDLeg 1/1992, de 26 junio, por el que se aprueba el Texto Refundido de la Ley sobre Régimen del Suelo y Ordenación Urbana (§48.1).
V. Jurisprudencia en art. 178, en lo relativo a «anulación y revocación de licencias» y art. 232, ambos del TRLS/1976 (§3).

Artículo 241. Cláusula residual de indemnización.

Serán en todo caso indemnizables los gastos producidos por el cumplimiento de los deberes básicos inherentes al proceso urbanizador y edificatorio, dentro de los plazos establecidos al efecto, que como consecuencia de un cambio en el planeamiento o por acordarse la expropiación devengan inútiles.

✐ Artículo derogado por la Ley 6/1998, de 13 abril (§1).

⇒ V. Jurisprudencia en art. 87 del TRLS/1976 (§3).

TÍTULO VII
INTERVENCIÓN ADMINISTRATIVA EN LA EDIFICACIÓN Y USO DEL SUELO, Y DISCIPLINA URBANÍSTICA

CAPÍTULO I
Intervención en la edificación y uso del suelo

Sección 1ª Licencias

Artículo 242. Actos sujetos a licencia.

1. Todo acto de edificación requerirá la preceptiva licencia municipal.

⇒ Según resulta de la STC 61/1997, de 20 marzo (RTC 1997, 61) y la disp. final única de esta Ley, en relación con lo establecido en la disp. derog. única de la Ley del Suelo 6/1998, de 13 abril (§1), este precepto tiene el carácter de legislación básica en virtud de lo previsto en el art. 149.1.1ª, 8ª, 13ª, 18ª y 23ª de la Constitución.
V. arts. 56 y concordantes del RD 1093/1997, de 4 julio (§2.1).
V. art. 1 del RDU (§3.3).
V. Jurisprudencia en arts. 178.3 y concordantes del TRLS/1976 (§3).

2. *Estarán sujetos igualmente a previa licencia los actos de uso del suelo y el subsuelo, tales como las parcelaciones urbanas, los movimientos de tierra, las obras de nueva planta, modificación de estructura o aspecto exterior de las edificaciones existentes, la primera utilización de los edificios y la modificación del uso de los mismos, la demolición de construcciones, la colocación de carteles de propaganda visibles desde la vía pública y los demás actos que señalaren los Planes. Cuando los actos de edificación y uso del suelo se realizaren por particulares en terrenos de dominio público, se exigirá también licencia, sin perjuicio de las autorizaciones o concesiones que sea pertinente otorgar por parte del ente titular del dominio público.*

Jurisprudencia

«Cualquiera que sea la solución que al respecto se adopte, lo que es indudable es que el Registrador, en su calificación, ha de tomar en consideración el contenido de dicho asiento [artículo 18 de la Ley Hipotecaria]y de él resulta una fundada advertencia de que la segregación cuestionada puede constituir uno más de los actos jurídicos integrantes de un proceso de parcelación urbanística ilegal (vid. artículo 257 Ley de Suelo); ello, en conexión con la prohibición de parcelaciones urbanísticas en suelo no urbanizable (artículo 16.2 Ley de Suelo), con la sujeción a licencia de toda parcelación urbana (artículo 242.2 Ley de Suelo), y con la exclusión del Registro de todo acto o negocio jurídico que no reúna los requisitos prescritos por el ordenamiento jurídico para su validez y eficacia (artículos 1, 18, 38 y 40 de la Ley Hipotecaria), justifican sobradamente, en el caso debatido, la paralización de la inscripción pretendida en tanto se acredite la conformidad del negocio jurídico cuestionando a la legalidad urbanística, esto es, en tanto se acredite que dicha segregación cuenta con la preceptiva licencia municipal o que, según la administración urbanística competente, no es necesaria dicha licencia (cfr. artículo 259.3 Ley de Suelo)». **(RDGRN 13 mayo 1994 [RJ 1994, 4396]).**

3. Las licencias se otorgarán de acuerdo con las previsiones de la legislación y planeamiento urbanísticos.

4. En las actuaciones asistemáticas, la licencia habrá de verificar también si el aprovechamiento proyectado se ajusta al susceptible de apropiación, debiendo procederse, en caso contrario, conforme a lo previsto en los artículos 187 a 190 de esta Ley.

5. El procedimiento de otorgamiento de las licencias se ajustará a lo prevenido en la legislación del Régimen Local que resulte aplicable.

6. En ningún caso se entenderán adquiridas por silencio administrativo licencias en contra de la legislación o del planeamiento urbanístico.

⇒ Según resulta de la STC 61/1997, de 20 marzo (RTC 1997, 61) y la disp. final única de esta Ley, en relación con lo establecido en la disp. derog. única de la Ley del Suelo 6/1998, de 13 abril (§1), este precepto tiene el carácter de legislación básica en virtud de lo previsto en el artículo 149.1.1ª, 8ª, 13ª, 18ª y 23ª de la Constitución.

V. Jurisprudencia en arts. 178.3 y concordantes del TRLS/1976 (§3).

7. Los Colegios profesionales que tuviesen encomendado el visado de los proyectos técnicos, si observaren incumplimiento de la legislación urbanística pondrán en conocimiento de la administración competente dicha presunción, denegando el visado.

✐ Este artículo ha sido derogado, salvo los aps. 1 y 6, por Ley 6/1998, de 13 abril (§1).

⇒ Téngase en cuenta el art. único de la Ley 1/1997, de 18 junio, de Andalucía, que aprueba con carácter urgente y transitorio disposiciones en materia de régimen de suelo y ordenación urbana (§5).

Téngase en cuenta el art. único de la Ley 13/1997, de 23 diciembre, de Extremadura, que aprueba las normas reguladoras de la actividad urbanística (§32).

Téngase en cuenta el D. 132/1994, de 15 marzo, sobre aplicación en la Comunidad Autónoma del País Vasco del RDLeg 1/1992, de 26 junio, por el que se aprueba el Texto Refundido de la Ley sobre Régimen del Suelo y Ordenación Urbana (§48.1).

Téngase en cuenta lo establecido en la disp. final 1ª de la Ley 6/1994, de 15 noviembre, Reguladora de la Actividad Urbanística en la Comunidad Autónoma de Valencia (§53).

Téngase en cuenta arts. 4 y concordantes de la Ley 38/1999, de 5 noviembre, de Ordenación de la Edificación (§1.1).

Artículo 243. Competencia.

1. La competencia para otorgar las licencias corresponderá a las Entidades locales, de acuerdo con su legislación aplicable.

2. Toda denegación de licencia deberá ser motivada.

✐ Los aps. 1 y 2 no fueron derogados por la Ley 6/1998, de 13 abril (§1).

⇒ Según resulta de la STC 61/1997, de 20 marzo (RTC 1997, 61) y la disp. final única de esta Ley, en relación con lo establecido en la disp. derog. única de la Ley del Suelo 6/1998, de 13 abril, este precepto tiene el carácter de legislación básica en virtud de lo previsto en el art. 149.1.1ª, 8ª, 13ª, 18ª y 23ª de la Constitución.

V. Jurisprudencia en arts. 178 y 179 y concordantes del TRLS/1976 (§3).

3. Sin perjuicio del carácter reglado de las licencias urbanísticas, las Entidades locales podrán denegar, en ejercicio de su potestad de defensa y recuperación de los bienes públicos, el otorgamiento de tales licencias si los terrenos o bienes afectados por la obra, instalación o actuación pertenecen al dominio público.

✐ Apartado derogado por la Ley 6/1998, de 13 abril (§1).

⇒ Téngase en cuenta el art. único de la Ley 1/1997, de 18 junio, de Andalucía, que aprueba con carácter urgente y transitorio disposiciones en materia de régimen de suelo y ordenación urbana (§5).

Téngase en cuenta el art. único de la Ley 13/1997, de 23 diciembre, de Extremadura, que aprueba las normas reguladoras de la actividad urbanística (§32).

Téngase en cuenta el D. 132/1994, de 15 marzo, sobre aplicación en la Comunidad Autónoma del País Vasco del RDLeg 1/1992, de 26 junio, por el que se aprueba el Texto Refundido de la Ley sobre Régimen del Suelo y Ordenación Urbana (§48.1).

Téngase en cuenta lo establecido en la disp. final 1ª de la Ley 6/1994, de 15 noviembre, Reguladora de la Actividad Urbanística en la Comunidad Autónoma de Valencia (§53).

Artículo 244. Actos promovidos por Administraciones públicas.

1. Los actos relacionados en el artículo 242 que se promuevan por órganos de las Administraciones públicas o Entidades de derecho público que administren bienes de aquéllas, estarán igualmente sujetos a licencia municipal, si así se requiere por la legislación aplicable.

✐ El ap. 1 fue derogado por la Ley 6/1998, de 13 abril (§1).

2. Cuando razones de urgencia o excepcional interés público lo exijan, el Ministro competente por razón de la materia podrá acordar la remisión al Ayuntamiento correspondiente del proyecto de que se trate, para que en el plazo de un mes notifique la conformidad o disconformidad del mismo con el planeamiento urbanístico en vigor.

En caso de disconformidad, el expediente se remitirá por el Departamento interesado al Ministro de Obras Públicas y Transportes, quien lo elevará al Consejo de Ministros, previo informe sucesivo del órgano competente de la Comunidad Autónoma, que se deberá emitir en el plazo de un mes, y de la Comisión Central del Territorio y Urbanismo. El Consejo de Ministros decidirá si procede ejecutar el proyecto, y en este caso, ordenará la iniciación del procedimiento de modificación o revisión del planeamiento, conforme a la tramitación establecida en la legislación urbanística.

3. El Ayuntamiento podrá en todo caso acordar la suspensión de las obras a que se refiere el número 1 de este artículo cuando se pretendiesen llevar a cabo en ausencia o en contradicción con la notificación, de conformidad con el planeamiento y antes de la decisión de ejecutar la obra adoptada por el Consejo de Ministros, comunicando dicha suspensión al órgano redactor del proyecto y al Ministro de Obras Públicas y Transportes, a los efectos prevenidos en el mismo.

4. Se exceptúan de esta facultad las obras que afecten directamente a la defensa nacional, para cuya suspensión deberá mediar acuerdo del Consejo de Ministros, previa propuesta del Ministro de Obras Públicas y Transportes, a solicitud del Ayuntamiento competente e informe del Ministerio de Defensa.

✐ Los aps. 2 a 4 no fueron derogados por la Ley 6/1998, de 13 abril (§1).

⇒ Según resulta de la STC 61/1997, de 20 marzo (RTC 1997, 61) y la disp. final única de esta Ley, en relación con lo establecido en la disp. derog. única de la Ley del Suelo 6/1998, de 13 abril (§1), este precepto es de aplicación plena en virtud del art. 149.1.8ª y 18ª de la Constitución.

V. Jurisprudencia y concordancias en arts. 178 y 180 del TRLS/1976 (§3).

5. El régimen establecido en los números 2 y 3 de este artículo será de aplicación a las Comunidades Autónomas, con intervención de los órganos correspondientes de las mismas.

✐ Ap. 5 derogado por la Ley 6/1998, de 13 abril (§1).

⇒ Téngase en cuenta el art. único de la Ley 1/1997, de 18 junio, de Andalucía, que aprueba con carácter urgente y transitorio disposiciones en materia de régimen de suelo y ordenación urbana (§5).

Téngase en cuenta el art. único de la Ley 13/1997, de 23 diciembre, de Extremadura, que aprueba las normas reguladoras de la actividad urbanística (§32).

Téngase en cuenta el D. 132/1994, de 15 marzo, sobre aplicación en la Comunidad Autónoma del País Vasco del RDLeg 1/1992, de 26 junio, por el que se aprueba el Texto Refundido de la Ley sobre Régimen del Suelo y Ordenación Urbana (§48.1).

Téngase en cuenta lo establecido en la disp. final 1ª de la Ley 6/1994, de 15 noviembre, Reguladora de la Actividad Urbanística en la Comunidad Autónoma de Valencia (§53).

Téngase en cuenta la STC 56/1986, de 13 mayo (RTC 1986, 56) declaró constitucional el art. 180.2 del TRLS/1976 (§3), de similar contenido que el art. 244 del TRLS/1992.

Sección 2ª Deber de conservación, órdenes de ejecución de obras y ruina

Artículo 245. Deber de conservación.

1. Los propietarios de terrenos, urbanizaciones de iniciativa particular y edificaciones deberán mantenerlos en las condiciones y con sujeción a las *normas señaladas en el artículo 21.1.*

✐ Este apartado no fue derogado por la Ley 6/1998, de 13 abril (§1).

⇒ Según resulta de la STC 61/1997, de 20 marzo (RTC 1997, 61) y la disp. final única de esta Ley, en relación con lo establecido en la disp. derog. única de la Ley del Suelo 6/1998, de 13 abril (§1), este precepto tiene el carácter de legislación básica en virtud de lo previsto en el art. 149.1.1ª, 8ª, 13ª, 18ª y 23ª de la Constitución.

V. arts. 10 y 11 del RDU (§3.3).

V. Jurisprudencia y concordancias art. 181 del TRLS/1976 (§3).

2. *Los Ayuntamientos y, en su caso, los demás organismos competentes, ordenarán, de oficio o a instancia de cualquier interesado, la ejecución de las obras necesarias para conservar aquellas condiciones, con indicación del plazo de realización.*

✐ Ap. 2 derogado por la Ley 6/1998, de 13 abril (§1).

⇒ Téngase en cuenta el art. único de la Ley 1/1997, de 18 junio, de Andalucía, que aprueba con carácter urgente y transitorio disposiciones en materia de régimen de suelo y ordenación urbana (§5).

Téngase en cuenta el art. único de la Ley 13/1997, de 23 diciembre, de Extremadura, que aprueba las normas reguladoras de la actividad urbanística (§32).

Téngase en cuenta el D. 132/1994, de 15 marzo, sobre aplicación en la Comunidad Autónoma del País Vasco del RDLeg 1/1992, de 26 junio, por el que se aprueba el Texto Refundido de la Ley sobre Régimen del Suelo y Ordenación Urbana (§48.1).

Téngase en cuenta lo establecido en la disp. final 1ª de la Ley 6/1994, de 15 noviembre, Reguladora de la Actividad Urbanística en la Comunidad Autónoma de Valencia (§53).

V. Jurisprudencia en arts. 181 y concordantes del TRLS/1976.

Artículo 246. Órdenes de ejecución por motivos turísticos o culturales.

1. Los Ayuntamientos y los organismos competentes podrán también ordenar, por motivos de interés turístico o estético, la ejecución de obras de conservación y de reforma en fachadas o espacios visibles desde la vía pública, sin que estén previamente incluidas en plan alguno de ordenación.

✐ Ap. 1 derogado por la Ley 6/1998, de 13 abril (§1).

2. Las obras se ejecutarán a costa de los propietarios si se contuvieren en el límite del deber de conservación que les corresponde, y con cargo a fondos de la Entidad que lo ordene cuando lo rebasare para obtener mejoras de interés general.

⇒ Según resulta de la STC 61/1997, de 20 marzo (RTC 1997, 61) y la disp. final única de esta Ley, en relación con lo establecido en la disp. derog. única de la Ley del Suelo 6/1998, de 13 abril (§1), este precepto tiene el carácter de legislación básica en virtud de lo previsto en el art. 149.1.1ª, 8ª, 13ª, 18ª y 23ª de la CE.

V. Jurisprudencia y concordancias en art. 182.2 TRLS/1976 (§3).

3. Los propietarios de bienes incluidos en los catálogos a que se refiere el artículo 93 de esta Ley podrán recabar, para conservarlos, la cooperación de las Administraciones competentes, que habrán de prestarla en condiciones adecuadas cuando tales obras excedieran de los límites del deber de conservación.

✐ Ap. 3 derogado por la Ley 6/1998, de 13 abril (§1).

⇒ Téngase en cuenta el art. único de la Ley 1/1997, de 18 junio, de Andalucía, que aprueba con carácter urgente y transitorio disposiciones en materia de régimen de suelo y ordenación urbana (§5).

Téngase en cuenta el art. único de la Ley 13/1997, de 23 diciembre, de Extremadura, que aprueba las normas reguladoras de la actividad urbanística (§32).

Téngase en cuenta el D. 132/1994, de 15 marzo, sobre aplicación en la Comunidad Autónoma del País Vasco del RDLeg 1/1992, de 26 junio, por el que se aprueba el Texto Refundido de la Ley sobre Régimen del Suelo y Ordenación Urbana (§48.1).

V. Jurisprudencia en art. 182.3 TRLS/1976 (§3).

Artículo 247. Declaración de ruina.

1. Cuando alguna construcción o parte de ella estuviere en estado ruinoso, el Ayuntamiento, de oficio o a instancia de cualquier interesado, declarará esta situación, y acordará la total o parcial demolición, previa audiencia del propietario y de los moradores, salvo inminente peligro que lo impidiera.

La declaración de ruina producirá la inclusión automática del inmueble en el Registro de Solares y Terrenos sin Urbanizar, de acuerdo con lo establecido en el artículo 228 de esta Ley.

2. Se declarará el estado ruinoso en los siguientes supuestos:

a) Cuando el coste de las obras necesarias sea superior al 50 por 100 del valor actual del edificio o plantas afectadas, excluido el valor del terreno.

b) Cuando el edificio presente un agotamiento generalizado de sus elementos estructurales o fundamentales.

c) Cuando se requiera la realización de obras que no pudieran ser autorizadas por encontrarse el edificio en situación de fuera de ordenación.

3. Si el propietario no cumpliere lo acordado por el Ayuntamiento, lo ejecutará éste a costa del obligado.

4. Si existiere urgencia y peligro en la demora, el Ayuntamiento o el Alcalde, bajo su responsabilidad, por motivos de seguridad, dispondrá lo necesario respecto a la habitabilidad del inmueble y desalojo de sus ocupantes.

✐ Artículo derogado por la Ley 6/1998, de 13 abril (§1).

⇒ Téngase en cuenta el art. único de la Ley 1/1997, de 18 junio, de Andalucía, que aprueba con carácter urgente y transitorio disposiciones en materia de régimen de suelo y ordenación urbana (§5).

Téngase en cuenta el art. único de la Ley 13/1997, de 23 diciembre, de Extremadura, que aprueba las normas reguladoras de la actividad urbanística (§32).

Téngase en cuenta el D. 132/1994, de 15 marzo, sobre aplicación en la Comunidad Autónoma del País Vasco del RDLeg 1/1992, de 26 junio, por el que se aprueba el Texto Refundido de la Ley sobre Régimen del Suelo y Ordenación Urbana (§48.1).

Téngase en cuenta lo establecido en la disp. final 1ª de la Ley 6/1994, de 15 noviembre, Reguladora de la Actividad Urbanística en la Comunidad Autónoma de Valencia (§53).

V. Jurisprudencia en art. 183 TRLS/1976 (§3).

Sección 3ª Protección de la legalidad urbanística

Artículo 248. Obras de edificación sin licencia o sin ajustarse a sus determinaciones en curso de ejecución.

1. Cuando se estuvieran ejecutando obras sin licencia, el órgano municipal competente dispondrá la suspensión inmediata de dichos actos y, previa la tramitación del oportuno expediente, adoptará alguno de los acuerdos siguientes:

a) Si las obras fueran incompatibles con la ordenación vigente, se decretará su demolición a costa del interesado en todo caso, procediéndose a la expropiación o sujeción al régimen de venta forzosa del terreno, si el propietario no hubiera adquirido el derecho al aprovechamiento urbanístico o hubiera transcurrido el plazo para solicitar licencia, de acuerdo con lo establecido en los artículos 30 y 31.

b) Si las obras fueran compatibles con la ordenación vigente y el interesado hubiera adquirido el derecho al aprovechamiento urbanístico, se le requerirá para que en el plazo que establezca la legislación aplicable o, en su defecto, en el de dos meses, solicite la preceptiva licencia. De no tener adquirido dicho derecho o no solicitarse licencia, se acordará la expropiación o sujeción al régimen de venta forzosa del terreno correspondiente, con las obras existentes al tiempo de la suspensión.

2. Cuando las obras de edificación se realizasen contraviniendo las condiciones señaladas en la licencia u orden de ejecución, el órgano municipal competente dispondrá su suspensión inmediata y, previa la tramitación del oportuno expediente, el ajuste de las obras a la licencia u orden citadas, en el plazo que se señale, que no podrá exceder del fijado en dichos actos para finalizar las obras. La falta de ajuste en el mencionado plazo determinará la expropiación o sujeción al régimen de venta forzosa del terreno correspondiente y de las obras realizadas, de conformidad con la licencia u orden que puedan mantenerse, deduciéndose del justiprecio los costes de demolición que sean precisos.

✐ Artículo derogado por la Ley 6/1998, de 13 abril (§1).

⇒ Téngase en cuenta el art. único de la Ley 1/1997, de 18 junio, de Andalucía, que aprueba con carácter urgente y transitorio disposiciones en materia de régimen de suelo y ordenación urbana (§5).
Téngase en cuenta el art. único de la Ley 13/1997, de 23 diciembre, de Extremadura, que aprueba las normas reguladoras de la actividad urbanística (§32).
Téngase en cuenta el D. 132/1994, de 15 marzo, sobre aplicación en la Comunidad Autónoma del País Vasco del RDLeg 1/1992, de 26 junio, por el que se aprueba el Texto Refundido de la Ley sobre Régimen del Suelo y Ordenación Urbana (§48.1).
V. arts. 56 y concordantes del RD 1093/1997, de 4 julio (§2.1).
V. arts. 29 y ss. del RDU (§3.3).
V. Jurisprudencia en art. 184 TRLS/1976 (§3).

Artículo 249. Obras terminadas sin licencia o sin ajustarse a sus determinaciones.

1. Si hubiere concluido una edificación sin licencia, el Ayuntamiento, dentro del plazo de cuatro años a contar desde la total terminación de las obras, adoptará, previa la tramitación del oportuno expediente, alguno de los acuerdos siguientes:

a) Si la edificación fuera conforme con el planeamiento, se requerirá al interesado para que en el plazo que establezca la legislación aplicable o, en su defecto, en el de dos meses solicite la oportuna licencia. Esta deberá otorgarse si se hubiera ya adquirido el derecho al aprovechamiento urbanístico. En otro caso, la licencia quedará condicionada a que, en el plazo que se fije, se cumpla o garantice el deber de urbanizar y se abone, en su caso, el aprovechamiento materializado en exceso sobre el susceptible de apropiación, por su valor urbanístico.

Procederá la expropiación o venta forzosa del terreno con la edificación, en los casos en que no se solicite la licencia o se incumplan las referidas condiciones.

b) Si la edificación fuera disconforme con el planeamiento, se dispondrá su demolición.

Procederá la expropiación o sujeción al régimen de venta forzosa del terreno cuando al tiempo de su terminación no se hubiera adquirido el derecho al aprovechamiento urbanístico o hubiera transcurrido el plazo para solicitar licencia. En otro caso, habrá de solicitarse en el plazo que se señale.

2. Si se hubiere concluido una edificación contraviniendo las condiciones señaladas en la licencia u orden de ejecución, el Ayuntamiento, dentro del plazo de cuatro años, previa la tramitación del oportuno expediente, requerirá al interesado para que ajuste la edificación a la licencia u orden de ejecución o en caso de ser conforme con la legislación urbanística aplicable, solicite la oportuna licencia en el plazo que establezca la legislación aplicable o, en su defecto, en el de dos meses. Desatendido el requerimiento, se dispondrá la expropiación o sujeción al régimen de venta forzosa del terreno correspondiente y las obras realizadas, de conformidad con la licencia u orden de ejecución que puedan mantenerse, deduciéndose del justiprecio los costes de las demoliciones precisas.

✐ Artículo derogado por la Ley 6/1998, de 13 abril (§1).

⇒ Téngase en cuenta el art. único de la Ley 1/1997, de 18 junio, de Andalucía, que aprueba con carácter urgente y transitorio disposiciones en materia de régimen de suelo y ordenación urbana (§5).

Téngase en cuenta el art. único de la Ley 13/1997, de 23 diciembre, de Extremadura, que aprueba las normas reguladoras de la actividad urbanística (§32).

Téngase en cuenta el D. 132/1994, de 15 marzo, sobre aplicación en la Comunidad Autónoma del País Vasco del RDLeg 1/1992, de 26 junio, por el que se aprueba el Texto Refundido de la Ley sobre Régimen del Suelo y Ordenación Urbana (§48.1).

V. art. 38.1 del presente Texto Refundido.

V. arts. 56 y concordantes del RD 1093/1997, de 4 julio (§2.1).

V. art. 31 del RDU (§3.3).

V. Jurisprudencia en art. 185 TRLS/1976 (§3).

Artículo 250. Otros actos sin licencia o sin ajustarse a sus determinaciones.

Cuando algún acto distinto de los regulados en el artículo anterior y precisado de licencia se realizase sin ésta o en contra de sus determinaciones, el órgano municipal competente dispondrá la cesación inmediata de dicho acto, debiendo el interesado solicitar licencia o ajustar la actividad a la ya concedida, en el plazo que establezca la legislación aplicable o, en su defecto, en el de dos meses.

En defecto de solicitud de licencia o cuando ésta no pueda concederse por disconformidad con la ordenación vigente, se procederá a impedir definitivamente dicha actividad y, en su caso, a ordenar la reposición de los bienes afectados al estado anterior al incumplimiento de aquélla.

✐ Artículo derogado por la Ley 6/1998, de 13 abril (§1).

⇒ Téngase en cuenta el art. único de la Ley 1/1997, de 18 junio, de Andalucía, que

aprueba con carácter urgente y transitorio disposiciones en materia de régimen de suelo y ordenación urbana (§5).

Téngase en cuenta el art. único de la Ley 13/1997, de 23 diciembre, de Extremadura, que aprueba las normas reguladoras de la actividad urbanística (§32).

Téngase en cuenta el D. 132/1994, de 15 marzo, sobre aplicación en la Comunidad Autónoma del País Vasco del RDLeg 1/1992, de 26 junio, por el que se aprueba el Texto Refundido de la Ley sobre Régimen del Suelo y Ordenación Urbana (§48.1).

V. arts. 56 y concordantes del RD 1093/1997, de 4 julio (§2.1).

V. Jurisprudencia en art. 184 TRLS/1976 (§3).

Artículo 251. Sujeción a otros regímenes.

Lo dispuesto en los tres artículos anteriores se entenderá sin perjuicio de la imposición de las sanciones que procedan y de las facultades que correspondan a las autoridades competentes, en virtud del régimen específico de autorización o concesión a que estén sometidos determinados actos de edificación.

✐ Artículo derogado por la Ley 6/1998, de 13 abril (§1).

⇒ Téngase en cuenta el art. único de la Ley 1/1997, de 18 junio, de Andalucía, que aprueba con carácter urgente y transitorio disposiciones en materia de régimen de suelo y ordenación urbana (§5).

Téngase en cuenta el art. único de la Ley 13/1997, de 23 diciembre, de Extremadura, que aprueba las normas reguladoras de la actividad urbanística (§32).

Téngase en cuenta el D. 132/1994, de 15 marzo, sobre aplicación en la Comunidad Autónoma del País Vasco del RDLeg 1/1992, de 26 junio, por el que se aprueba el Texto Refundido de la Ley sobre Régimen del Suelo y Ordenación Urbana (§48.1).

V. Jurisprudencia en art. 185.3 TRLS/1976 (§3).

Artículo 252. Subrogación de las Comunidades Autónomas.

En las actuaciones sin licencia u orden de ejecución, las medidas reguladas en esta sección serán acordadas por el órgano autonómico competente, si requerido el Ayuntamiento a estos efectos, no las adoptara en el plazo de un mes, a contar desde la recepción del requerimiento.

✐ Artículo derogado por la Ley 6/1998, de 13 abril (§1).

⇒ Téngase en cuenta el art. único de la Ley 1/1997, de 18 junio, de Andalucía, que aprueba con carácter urgente y transitorio disposiciones en materia de régimen de suelo y ordenación urbana (§5).

Téngase en cuenta el art. único de la Ley 13/1997, de 23 diciembre, de Extremadura, que aprueba las normas reguladoras de la actividad urbanística (§32).

Téngase en cuenta el D. 132/1994, de 15 marzo, sobre aplicación en la Comunidad Autónoma del País Vasco del RDLeg 1/1992, de 26 junio, por el que se aprueba el Texto Refundido de la Ley sobre Régimen del Suelo y Ordenación Urbana (§48.1).

V. art. 65 de la LBRL.

V. Jurisprudencia en art. 184.1 TRLS/1976 (§3).

Artículo 253. Suspensión de licencias y paralización de obras.

1. El Alcalde dispondrá la suspensión de los efectos de una licencia u orden de ejecución y consiguientemente la paralización inmediata de las obras iniciadas a su amparo, cuando el contenido de dichos actos administrativos constituya manifiestamente una infracción urbanística grave.

2. El Alcalde procederá, en el plazo de tres días, a dar traslado directo de dicho acuerdo a la Sala de lo Contencioso-Administrativo competente, a los efectos previstos en el artículo 118 de la Ley Reguladora de la Jurisdicción Contencioso-Administrativa.

⇒ Téngase en cuenta el artículo único de la Ley 13/1997, de 23 diciembre, de Extremadura, que aprueba las normas reguladoras de la actividad urbanística (§32).

3. Si la Sentencia anulara la licencia se estará a lo dispuesto en el artículo 40 de esta Ley.

4. Lo dispuesto en los números anteriores se entiende sin perjuicio de las sanciones procedentes.

✐ Artículo derogado por la Ley 6/1998, de 13 abril (§1).

⇒ Téngase en cuenta el art. único de la Ley 1/1997, de 18 junio, de Andalucía, que aprueba con carácter urgente y transitorio disposiciones en materia de régimen de suelo y ordenación urbana (§5).

Téngase en cuenta el D. 132/1994, de 15 marzo, sobre aplicación en la Comunidad Autónoma del País Vasco del RDLeg 1/1992, de 26 junio, por el que se aprueba el Texto Refundido de la Ley sobre Régimen del Suelo y Ordenación Urbana (§48.1).

V. Jurisprudencia en art. 186 TRLS/1976 (§3).

Artículo 254. Revisión de licencias u órdenes de ejecución.

1. Las licencias u órdenes de ejecución cuyo contenido constituya manifiestamente alguna de las infracciones urbanísticas graves definidas en esta Ley deberán ser revisadas dentro de los cuatro años desde la fecha de su expedición por la Corporación municipal que las otorgó a través de alguno de los procedimientos del artículo 110 de la Ley de Procedimiento Administrativo.

2. Anulada la licencia en el procedimiento previsto en el número anterior, se estará a lo dispuesto en el artículo 40 de esta Ley.

3. Lo dispuesto en los números anteriores se entiende sin perjuicio de las sanciones procedentes.

✐ Artículo derogado por la Ley 6/1998, de 13 abril (§1).

⇒ Téngase en cuenta el art. único de la Ley 1/1997, de 18 junio, de Andalucía, que aprueba con carácter urgente y transitorio disposiciones en materia de régimen de suelo y ordenación urbana (§5).

Téngase en cuenta el art. único de la Ley 13/1997, de 23 diciembre, de Extremadura, que aprueba las normas reguladoras de la actividad urbanística (§32).

Téngase en cuenta el D. 132/1994, de 15 marzo, sobre aplicación en la Comunidad Autónoma del País Vasco del RDLeg 1/1992, de 26 junio, por el que se aprueba el Texto Refundido de la Ley sobre Régimen del Suelo y Ordenación Urbana (§48.1).

V. Jurisprudencia en art. 187 TRLS/1976 (§3).

Artículo 255. Medios de restauración del orden urbanístico en zonas verdes, suelo no urbanizable protegido o espacios libres.

1. Los actos de edificación o uso del suelo relacionados en el artículo 242 que se realicen sin licencia u orden de ejecución sobre terrenos calificados en el planeamiento como zonas verdes, suelo no urbanizable protegido o espacios libres quedarán sujetos al régimen jurídico establecido en el artículo 248 mientras estuvieren en curso de ejecución, y al régimen previsto en el artículo 249 cuando se hubieren consumado sin que tenga aplicación la limitación de plazo que establece dicho artículo.

✐ Ap. 1 derogado por la Ley 6/1998, de 13 abril (§1).

⇒ Téngase en cuenta el art. único de la Ley 1/1997, de 18 junio, de Andalucía, que aprueba con carácter urgente y transitorio disposiciones en materia de régimen de suelo y ordenación urbana (§5).

Téngase en cuenta el art. único de la Ley 13/1997, de 23 diciembre, de Extremadura, que aprueba las normas reguladoras de la actividad urbanística (§32).

2. Las licencias u órdenes que se otorgaren con infracción de la zonificación o uso urbanístico de las zonas verdes o espacios libres previstos en los planes serán nulas de pleno derecho. Mientras las obras estuvieren en curso de ejecución se procederá a la suspensión de los efectos de la licencia y la adopción de las demás medidas previstas en el artículo 253. Si las obras estuvieren terminadas, se procederá a su anulación de oficio por los trámites previstos en el artículo 109 de la Ley de Procedimiento Administrativo.

✐ El ap. 2 no fue derogado por la Ley 6/1998, de 13 abril (§1).

⇒ Según resulta de la STC 61/1997, de 20 marzo (RTC 1997, 61) y la disp. final única de esta Ley, en relación con lo establecido en la disp. derog. única de la Ley del Suelo 6/1998, de 13 abril (§1), este precepto es de aplicación plena en virtud del art. 149.1.8ª y 18ª de la Constitución.

V. arts. 56 y concordantes del RD 1093/1997, de 4 julio (§2.1).

V. art. 302 del presente Texto Refundido.

V. Jurisprudencia y concordancias en arts. 184, 185, 186, 188 y 224 TRLS/1976 (§3).

Téngase en cuenta el D. 132/1994, de 15 marzo, sobre aplicación en la Comunidad Autónoma del País Vasco del RDLeg 1/1992, de 26 junio, por el que se aprueba el Texto Refundido de la Ley sobre Régimen del Suelo y Ordenación Urbana (§48.1).

Artículo 256. Obras de edificación en suelo no urbanizable o urbanizable no programado sin Programa de Actuación Urbanística.

En todos los supuestos regulados en esta Sección, si la obra de edificación se estuviera realizando o se hubiera realizado ya en suelo no urbanizable o urbanizable no programado sin Programa de Actuación Urbanística aprobado, la aplicación de la expropiación o sujeción al régimen de venta forzosa tendrá carácter facultativo.

✐ Artículo derogado por la Ley 6/1998, de 13 abril (§1).

⇒ Téngase en cuenta el art. único de la Ley 1/1997, de 18 junio, de Andalucía, que aprueba con carácter urgente y transitorio disposiciones en materia de régimen de suelo y ordenación urbana (§5).

Téngase en cuenta el art. único de la Ley 13/1997, de 23 diciembre, de Extremadura, que aprueba las normas reguladoras de la actividad urbanística (§32).

Téngase en cuenta el D. 132/1994, de 15 marzo, sobre aplicación en la Comunidad Autónoma del País Vasco del RDLeg 1/1992, de 26 junio, por el que se aprueba el Texto Refundido de la Ley sobre Régimen del Suelo y Ordenación Urbana (§48.1).

Sección 4ª Parcelaciones

Artículo 257. Parcelaciones.

1. Se considerará parcelación urbanística la división simultánea o sucesiva de terrenos en dos o más lotes cuando pueda dar lugar a la constitución de un núcleo de población.

2. *Se considerará ilegal, a efectos urbanísticos, toda parcelación que sea contraria a lo establecido en el planeamiento urbanístico que le sea de aplicación o que infrinja lo dispuesto en la legislación urbanística.*

✐ Artículo derogado por la Ley 6/1998, de 13 abril (§1).

⇒ Téngase en cuenta el art. único de la Ley 1/1997, de 18 junio, de Andalucía, que aprueba con carácter urgente y transitorio disposiciones en materia de régimen de suelo y ordenación urbana (§5).

Téngase en cuenta el art. único de la Ley 13/1997, de 23 diciembre, de Extremadura, que aprueba las normas reguladoras de la actividad urbanística (§32).

Téngase en cuenta el D. 132/1994, de 15 marzo, sobre aplicación en la Comunidad Autónoma del País Vasco del RDLeg 1/1992, de 26 junio, por el que se aprueba el Texto Refundido de la Ley sobre Régimen del Suelo y Ordenación Urbana (§48.1).

V. arts. 78 y concordantes del RD 1093/1997, de 4 julio (§2.1).

V. Jurisprudencia en art. 94 TRLS/1976 (§3).

Artículo 258. Indivisibilidad de parcelas.

1. Serán indivisibles:

a) Las parcelas determinadas como mínimas en el correspondiente planeamiento, a fin de constituir fincas independientes.

b) Las parcelas cuyas dimensiones sean iguales o menores a las determinadas como mínimas en el planeamiento, salvo si los lotes resultantes se adquirieran simultáneamente por los propietarios de terrenos colindantes, con el fin de agruparlos y formar una nueva finca.

c) Las parcelas cuyas dimensiones sean menores que el doble de la superficie determinada como mínima en el planeamiento, salvo que el exceso sobre dicho mínimo pueda segregarse con el fin indicado en el apartado anterior; y

d) Las parcelas edificables con arreglo a una determinada relación entre superficie de suelo y superficie construible, cuando se edificara la correspondiente a toda la superficie de suelo, o, en el supuesto de que se edificare la correspondiente a sólo una parte de ella, la restante, si fuera inferior a la parcela mínima, con las salvedades indicadas en el apartado anterior.

✐ Ap. 1 derogado por la Ley 6/1998, de 13 abril (§1).

⇒ Téngase en cuenta el art. único de la Ley 1/1997, de 18 junio, de Andalucía, que aprueba con carácter urgente y transitorio disposiciones en materia de régimen de suelo y ordenación urbana (§5).

Téngase en cuenta el art. único de la Ley 13/1997, de 23 diciembre, de Extremadura, que aprueba las normas reguladoras de la actividad urbanística (§32).

2. Los Notarios y Registradores de la Propiedad harán constar en la descripción de las fincas su cualidad de indivisibles, en su caso.

3. Al otorgarse licencia de edificación sobre una parcela comprendida en el apartado d) del número 1, se comunicará al Registro de la Propiedad para su constancia en la inscripción de la finca.

✐ Los aps. 2 y 3 no fueron derogados por la Ley 6/1998, de 13 abril (§1).

⇒ Según resulta de la STC 61/1997, de 20 marzo (RTC 1997, 61) y la disp. final única de esta Ley, en relación con lo establecido en la disp. derog. única de la Ley del Suelo 6/1998, de 13 abril, este precepto es de aplicación plena en virtud del art. 149.1.8ª y 18ª de la CE.

V. arts. 78 y concordantes del RD 1093/1997, de 4 julio (§2.1).

Téngase en cuenta el D. 132/1994, de 15 marzo, sobre aplicación en la Comunidad Autónoma del País Vasco del RDLeg 1/1992, de 26 junio, por el que se aprueba el Texto Refundido de la Ley sobre Régimen del Suelo y Ordenación Urbana (§48.1).

V. Jurisprudencia en arts. 94 a 102 TRLS/1976 (§3).

Artículo 259. Régimen de las parcelaciones.

1. No se podrá efectuar ninguna parcelación urbanística sin que previamente haya sido aprobado el planeamiento urbanístico exigible según la clase de suelo de que se trate.

2. Toda parcelación urbanística quedará sujeta a licencia o a la aprobación del proyecto de compensación o reparcelación que la contenga.

✐ Los aps. 1 y 2 fueron derogados por la Ley 6/1998, de 13 abril (§1).

3. Los Notarios y Registradores de la Propiedad exigirán para autorizar e inscribir, respectivamente, escrituras de división de terrenos, que se acredite el otorgamiento de la licencia o la declaración municipal de su innecesariedad, que los primeros deberán testimoniar en el documento.

✐ El ap. 3 no fue derogado por la Ley 6/1998, de 13 abril (§1).

⇒ Según resulta de la STC 61/1997, de 20 marzo (RTC 1997, 61) y la disp. final única de esta Ley, en relación con lo establecido en la disp. derog. única de la Ley del Suelo 6/1998, de 13 abril (§1), este precepto es de aplicación plena en virtud del art. 149.1.8ª y 18ª de la CE.

V. arts. 78 y concordantes del RD 1093/1997, de 4 julio (§2.1).

V. Jurisprudencia en arts. 94 a 102 TRLS/1976 (§3).

4. En ningún caso se considerarán solares ni se permitirá edificar en ellos los lotes resultantes de una parcelación efectuada con infracción de las disposiciones de esta Sección.

✐ Ap. 4 derogado por la Ley 6/1998, de 13 abril (§1).

⇒ Téngase en cuenta el art. único de la Ley 1/1997, de 18 junio, de Andalucía, que aprueba con carácter urgente y transitorio disposiciones en materia de régimen de suelo y ordenación urbana (§5).

Téngase en cuenta el art. único de la Ley 13/1997, de 23 diciembre, de Extremadura, que aprueba las normas reguladoras de la actividad urbanística (§32).

Téngase en cuenta el D. 132/1994, de 15 marzo, sobre aplicación en la Comunidad Autónoma del País Vasco del RDLeg 1/1992, de 26 junio, por el que se aprueba el Texto Refundido de la Ley sobre Régimen del Suelo y Ordenación Urbana (§48.1).

Sección 5ª Inspección urbanística

Artículo 260. Competencia sobre inspección urbanística.

1. La inspección urbanística se ejercerá por los órganos de la Adminis-

tración autonómica y local, dentro de sus respectivas competencias, y de acuerdo con la legislación vigente.

2. El Alcalde ejercerá la inspección de las parcelaciones urbanas, obras e instalaciones del término municipal para comprobar el cumplimiento de las condiciones exigibles.

✐ Artículo derogado por la Ley 6/1998, de 13 abril (§1).

⇒ Téngase en cuenta el art. único de la Ley 1/1997, de 18 junio, de Andalucía, que aprueba con carácter urgente y transitorio disposiciones en materia de régimen de suelo y ordenación urbana (§5).

Téngase en cuenta el art. único de la Ley 13/1997, de 23 diciembre, de Extremadura, que aprueba las normas reguladoras de la actividad urbanística (§32).

Téngase en cuenta el D. 132/1994, de 15 marzo, sobre aplicación en la Comunidad Autónoma del País Vasco del RDLeg 1/1992, de 26 junio, por el que se aprueba el Texto Refundido de la Ley sobre Régimen del Suelo y Ordenación Urbana (§48.1).

CAPÍTULO II
Infracciones urbanísticas

Sección 1ª Definición, tipificación de infracciones y prescripciones

Artículo 261. Definición de infracciones urbanísticas.

1. Son infracciones urbanísticas las acciones u omisiones que vulneren las prescripciones contenidas en la legislación y el planeamiento urbanísticos, tipificadas y sancionadas en aquélla.

2. Toda infracción urbanística llevará consigo la imposición de sanciones a los responsables, así como la obligación de resarcimiento de daños e indemnización de los perjuicios a cargo de los mismos, todo ello con independencia de las medidas previstas en los artículos 248 a 256 de la presente Ley.

3. En ningún caso podrá la Administración dejar de adoptar las medidas tendentes a restaurar el orden urbanístico vulnerado, o reponer los bienes afectados al estado anterior a la producción de la situación ilegal.

✐ Artículo derogado por la Ley 6/1998, de 13 abril (§1).

⇒ Téngase en cuenta el art. único de la Ley 1/1997, de 18 junio, de Andalucía, que aprueba con carácter urgente y transitorio disposiciones en materia de régimen de suelo y ordenación urbana (§5).

Téngase en cuenta el art. único de la Ley 13/1997, de 23 diciembre, de Extremadura, que aprueba las normas reguladoras de la actividad urbanística (§32).

Téngase en cuenta el D. 132/1994, de 15 marzo, sobre aplicación en la Comunidad Autónoma del País Vasco del RDLeg 1/1992, de 26 junio, por el que se aprueba el Texto Refundido de la Ley sobre Régimen del Suelo y Ordenación Urbana (§48.1).

V. Jurisprudencia en art. 225 TRLS/1976 (§3).

Artículo 262. Tipificación de las infracciones urbanísticas.

1. Las infracciones urbanísticas se clasificarán en graves y leves.

2. Son infracciones graves las acciones u omisiones que constituyan incumplimiento de las normas relativas a parcelaciones, uso del suelo, altura, volumen y situación de las edificaciones y ocupación permitida de la superficie de las parcelas, salvo que se demuestre la escasa entidad del daño producido a los intereses generales, o del riesgo creado.

3. Constituirán, en todo caso, infracciones graves, la parcelación urbanística en suelo no urbanizable y la realización de obras de urbanización sin la previa aprobación del Plan y Proyecto de Urbanización exigibles.

4. Se consideran infracciones leves cualquier infracción urbanística que no tenga el carácter de grave.

✐ Artículo derogado por la Ley 6/1998, de 13 abril (§1).

⇒ Téngase en cuenta el art. único de la Ley 1/1997, de 18 junio, de Andalucía, que aprueba con carácter urgente y transitorio disposiciones en materia de régimen de suelo y ordenación urbana (§5).

Téngase en cuenta el art. único de la Ley 13/1997, de 23 diciembre, de Extremadura, que aprueba las normas reguladoras de la actividad urbanística (§32).

Téngase en cuenta el D. 132/1994, de 15 marzo, sobre aplicación en la Comunidad Autónoma del País Vasco del RDLeg 1/1992, de 26 junio, por el que se aprueba el Texto Refundido de la Ley sobre Régimen del Suelo y Ordenación Urbana (§48.1).

V. Jurisprudencia en art. 226 TRLS/1976 (§3).

Artículo 263. Prescripción.

1. El plazo de prescripción para las infracciones graves será de cuatro años, y para las leves de un año, a contar desde su comisión, y comenzará a computarse desde el día en que se hubiera cometido la infracción o, en su caso, desde aquel en que hubiera debido incoarse el procedimiento.

2. Se entenderá que debe incoarse el procedimiento sancionador cuando aparezcan signos externos que permitan conocer los hechos constitutivos de la infracción.

3. En las infracciones derivadas de una actividad continuada, la fecha inicial del cómputo será la de finalización de la actividad o la del último acto con el que la infracción se consuma.

✐ Artículo derogado por la Ley 6/1998, de 13 abril (§1).

⇒ Téngase en cuenta el art. único de la Ley 1/1997, de 18 junio, de Andalucía, que aprueba con carácter urgente y transitorio disposiciones en materia de régimen de suelo y ordenación urbana (§5).

Téngase en cuenta el art. único de la Ley 13/1997, de 23 diciembre, de Extremadura, que aprueba las normas reguladoras de la actividad urbanística (§32).

Téngase en cuenta el D. 132/1994, de 15 marzo, sobre aplicación en la Comunidad Autónoma del País Vasco del RDLeg 1/1992, de 26 junio, por el que se aprueba el Texto Refundido de la Ley sobre Régimen del Suelo y Ordenación Urbana (§48.1).

V. Jurisprudencia en art. 230 TRLS/1976 (§3).

Sección 2ª Personas responsables

Artículo 264. Personas responsables.

1. En las obras que se ejecutasen sin licencia o con inobservancia de sus cláusulas serán sancionadas por infracciones urbanísticas el promotor, el empresario de las obras y el técnico director de las mismas.

2. En las obras amparadas en una licencia cuyo contenido sea manifiestamente constitutivo de una infracción urbanística grave serán igualmente sancionados con multa: El facultativo que hubiere informado favorablemente el proyecto y los miembros de la Corporación que hubiesen votado a favor del otorgamiento de la licencia sin los informes previos exigibles, o cuando éstos fueran desfavorables en razón de aquella infracción.

✐ Artículo derogado por la Ley 6/1998, de 13 abril (§1).

⇒ Téngase en cuenta el art. único de la Ley 1/1997, de 18 junio, de Andalucía, que aprueba con carácter urgente y transitorio disposiciones en materia de régimen de suelo y ordenación urbana (§5).

Téngase en cuenta el art. único de la Ley 13/1997, de 23 diciembre, de Extremadura, que aprueba las normas reguladoras de la actividad urbanística (§32).

Téngase en cuenta el D. 132/1994, de 15 marzo, sobre aplicación en la Comunidad Autónoma del País Vasco del RDLeg 1/1992, de 26 junio, por el que se aprueba el Texto Refundido de la Ley sobre Régimen del Suelo y Ordenación Urbana (§48.1).

Téngase en cuenta arts. 8 y concordantes de la Ley 38/1999, de 5 noviembre, de Ordenación de la Edificación (§1.1).

V. Jurisprudencia en art. 228 TRLS/1976 (§3).

Artículo 265. Responsabilidad de personas jurídicas.

Las personas jurídicas serán sancionadas por las infracciones cometidas por sus órganos o agentes y asumirán el coste de las medidas de reparación del orden urbanístico vulnerado, sin perjuicio de las indemnizaciones por daños y perjuicios a terceros a que haya lugar.

✐ Artículo derogado por la Ley 6/1998, de 13 abril (§1).

⇒ Téngase en cuenta el art. único de la Ley 1/1997, de 18 junio, de Andalucía, que aprueba con carácter urgente y transitorio disposiciones en materia de régimen de suelo y ordenación urbana (§5).

Téngase en cuenta el art. único de la Ley 13/1997, de 23 diciembre, de Extremadura, que aprueba las normas reguladoras de la actividad urbanística (§32).

Téngase en cuenta el D. 132/1994, de 15 marzo, sobre aplicación en la Comunidad Autónoma del País Vasco del RDLeg 1/1992, de 26 junio, por el que se aprueba el Texto Refundido de la Ley sobre Régimen del Suelo y Ordenación Urbana (§48.1).

V. Jurisprudencia en art. 228 TRLS/1976 (§3).

Artículo 266. Resarcimiento de daños y perjuicios.

Los que como consecuencia de una infracción urbanística sufrieren daño o perjuicio podrán exigir de cualquiera de los infractores, con carácter solidario, el resarcimiento e indemnización.

✐ Artículo derogado por la Ley 6/1998, de 13 abril (§1).

⇒ Téngase en cuenta el art. único de la Ley 1/1997, de 18 junio, de Andalucía, que aprueba con carácter urgente y transitorio disposiciones en materia de régimen de suelo y ordenación urbana (§5).

Téngase en cuenta el art. único de la Ley 13/1997, de 23 diciembre, de Extremadura, que aprueba las normas reguladoras de la actividad urbanística (§32).

Téngase en cuenta el D. 132/1994, de 15 marzo, sobre aplicación en la Comunidad Autónoma del País Vasco del RDLeg 1/1992, de 26 junio, por el que se aprueba el Texto Refundido de la Ley sobre Régimen del Suelo y Ordenación Urbana (§48.1).

V. Jurisprudencia en art. 229 TRLS/1976 (§3).

Artículo 267. Carácter independiente de las multas.

Las multas que se impongan a los distintos sujetos por una misma infracción tendrán entre sí carácter independiente.

✐ Artículo derogado por la Ley 6/1998, de 13 abril (§1).

⇒ Téngase en cuenta el art. único de la Ley 1/1997, de 18 junio, de Andalucía, que aprueba con carácter urgente y transitorio disposiciones en materia de régimen de suelo y ordenación urbana (§5).
Téngase en cuenta el art. único de la Ley 13/1997, de 23 diciembre, de Extremadura, que aprueba las normas reguladoras de la actividad urbanística (§32).
Téngase en cuenta el D. 132/1994, de 15 marzo, sobre aplicación en la Comunidad Autónoma del País Vasco del RDLeg 1/1992, de 26 junio, por el que se aprueba el Texto Refundido de la Ley sobre Régimen del Suelo y Ordenación Urbana (§48.1).
V. Jurisprudencia en art. 228.4 TRLS/1976 (§3).

Artículo 268. Infracciones conexas.

1. En los supuestos en que se instruyera expediente sancionador por dos o más infracciones tipificadas entre las que exista conexión de causa a efecto, se impondrá una sola sanción, y será la correspondiente a las actuaciones que supongan el resultado final perseguido, en su cuantía máxima.

2. En los demás casos, a los responsables de dos o más infracciones urbanísticas se les impondrán las multas correspondientes a cada una de las diversas infracciones cometidas.

✐ Artículo derogado por la Ley 6/1998, de 13 abril (§1).

⇒ Téngase en cuenta el art. único de la Ley 1/1997, de 18 junio, de Andalucía, que aprueba con carácter urgente y transitorio disposiciones en materia de régimen de suelo y ordenación urbana (§5).
Téngase en cuenta el art. único de la Ley 13/1997, de 23 diciembre, de Extremadura, que aprueba las normas reguladoras de la actividad urbanística (§32).
Téngase en cuenta el D. 132/1994, de 15 marzo, sobre aplicación en la Comunidad Autónoma del País Vasco del RDLeg 1/1992, de 26 junio, por el que se aprueba el Texto Refundido de la Ley sobre Régimen del Suelo y Ordenación Urbana (§48.1).

Sección 3ª Reglas para determinar la cuantía de las sanciones

Artículo 269. Obras legalizables y no legalizables.

1. La ejecución de obras o instalaciones realizadas sin licencia u orden de ejecución cuando sean legalizables por ser conformes al planeamiento o legislación urbanística, serán sancionadas con multa de hasta el 5 por 100 del valor de la obra, instalación o actuación realizada.

2. Cuando no sean legalizables, la multa podrá alcanzar hasta el 30 por 100 del valor de la obra, edificio, terrenos o exceso de edificación, según los casos que se determinarán reglamentariamente.

✐ Artículo derogado por la Ley 6/1998, de 13 abril (§1).

⇒ Téngase en cuenta el art. único de la Ley 1/1997, de 18 junio, de Andalucía, que aprueba con carácter urgente y transitorio disposiciones en materia de régimen de suelo y ordenación urbana (§5).
Téngase en cuenta el art. único de la Ley 13/1997, de 23 diciembre, de Extremadura, que aprueba las normas reguladoras de la actividad urbanística (§32).
Téngase en cuenta el D. 132/1994, de 15 marzo, sobre aplicación en la Comunidad

Autónoma del País Vasco del RDLeg 1/1992, de 26 junio, por el que se aprueba el Texto Refundido de la Ley sobre Régimen del Suelo y Ordenación Urbana (§48.1).
V. Jurisprudencia en art. 228 TRLS/1976 (§3).

Artículo 270. Criterios agravantes y atenuantes.

Para graduar las multas se atenderá primordialmente a la gravedad de la materia, a la entidad económica de los hechos constitutivos de la infracción, a su reiteración por parte de la persona responsable y al grado de culpabilidad de cada uno de los infractores.

✐ Artículo derogado por la Ley 6/1998, de 13 abril (§1).

⇒ Téngase en cuenta el art. único de la Ley 1/1997, de 18 junio, de Andalucía, que aprueba con carácter urgente y transitorio disposiciones en materia de régimen de suelo y ordenación urbana (§5).
Téngase en cuenta el art. único de la Ley 13/1997, de 23 diciembre, de Extremadura, que aprueba las normas reguladoras de la actividad urbanística (§32).
Téngase en cuenta el D. 132/1994, de 15 marzo, sobre aplicación en la Comunidad Autónoma del País Vasco del RDLeg 1/1992, de 26 junio, por el que se aprueba el Texto Refundido de la Ley sobre Régimen del Suelo y Ordenación Urbana (§48.1).
V. Jurisprudencia en art. 228.5 TRLS/1976 (§3).

Artículo 271. Graduación de las sanciones.

1. Cuando en el hecho concurra alguna circunstancia agravante, la sanción se impondrá siempre en su cuantía máxima.

2. Si concurriese alguna circunstancia atenuante, la sanción se impondrá en su cuantía mínima.

✐ Artículo derogado por la Ley 6/1998, de 13 abril (§1).

⇒ Téngase en cuenta el art. único de la Ley 1/1997, de 18 junio, de Andalucía, que aprueba con carácter urgente y transitorio disposiciones en materia de régimen de suelo y ordenación urbana (§5).
Téngase en cuenta el art. único de la Ley 13/1997, de 23 diciembre, de Extremadura, que aprueba las normas reguladoras de la actividad urbanística (§32).
Téngase en cuenta el D. 132/1994, de 15 marzo, sobre aplicación en la Comunidad Autónoma del País Vasco del RDLeg 1/1992, de 26 junio, por el que se aprueba el Texto Refundido de la Ley sobre Régimen del Suelo y Ordenación Urbana (§48.1).
V. Jurisprudencia en art. 228.5 y 228.6 TRLS/1976 (§3).

Artículo 272. Prohibición de beneficio económico.

1. En ningún caso la infracción urbanística puede suponer un beneficio económico para el infractor. Cuando la suma de la sanción impuesta y del coste de las actuaciones de reposición de los bienes y situaciones a su primitivo estado arrojase una cifra inferior a dicho beneficio, se incrementará la cuantía de la multa hasta alcanzar el montante del mismo.

2. En los casos en que la restauración del orden urbanístico infringido no exigiere actuación material ninguna ni existan terceros perjudicados, la sanción que se imponga al infractor no podrá ser inferior al beneficio obtenido con la actividad ilegal.

✐ Artículo derogado por la Ley 6/1998, de 13 abril (§1).

⇒ Téngase en cuenta el art. único de la Ley 1/1997, de 18 junio, de Andalucía, que aprueba con carácter urgente y transitorio disposiciones en materia de régimen de suelo y ordenación urbana (§5).

Téngase en cuenta el art. único de la Ley 13/1997, de 23 diciembre, de Extremadura, que aprueba las normas reguladoras de la actividad urbanística (§32).

Téngase en cuenta el D. 132/1994, de 15 marzo, sobre aplicación en la Comunidad Autónoma del País Vasco del RDLeg 1/1992, de 26 junio, por el que se aprueba el Texto Refundido de la Ley sobre Régimen del Suelo y Ordenación Urbana (§48.1).

V. Jurisprudencia en art. 231 TRLS/1976 (§3).

Sección 4ª Competencia y procedimiento

Artículo 273. Procedimiento sancionador.

1. Serán competentes para acordar la iniciación del expediente sancionador los Ayuntamientos, los órganos autonómicos correspondientes y demás Entidades u órganos urbanísticos que tengan atribuidas facultades de inspección y fiscalización del planeamiento.

2. En la tramitación del procedimiento sancionador, se aplicarán las reglas establecidas en la legislación reguladora del procedimiento administrativo.

3. Cuando la propuesta de resolución incluya una multa en cuantía superior a la que sea de la competencia de los órganos correspondientes a la Administración que tramitó el expediente de sanción, dicha propuesta se elevará a la autoridad que sea competente por razón de la cuantía.

✐ Artículo derogado por la Ley 6/1998, de 13 abril (§1).

⇒ Téngase en cuenta el art. único de la Ley 1/1997, de 18 junio, de Andalucía, que aprueba con carácter urgente y transitorio disposiciones en materia de régimen de suelo y ordenación urbana (§5).

Téngase en cuenta el art. único de la Ley 13/1997, de 23 diciembre, de Extremadura, que aprueba las normas reguladoras de la actividad urbanística (§32).

Téngase en cuenta el D. 132/1994, de 15 marzo, sobre aplicación en la Comunidad Autónoma del País Vasco del RDLeg 1/1992, de 26 junio, por el que se aprueba el Texto Refundido de la Ley sobre Régimen del Suelo y Ordenación Urbana (§48.1).

V. Jurisprudencia en art. 226.3 TRLS/1976 (§3).

Artículo 274. Infracciones constitutivas de delito o falta.

Cuando con ocasión de los expedientes administrativos que se instruyan por infracción urbanística aparezcan indicios del carácter de delito o falta del propio hecho que motivó su incoación, el órgano competente para imponer la sanción lo pondrá en conocimiento del Ministerio Fiscal, a los efectos de exigencia de las responsabilidades de orden penal en que hayan podido incurrir los infractores, absteniéndose aquél de proseguir el procedimiento sancionador mientras la autoridad judicial no se haya pronunciado. La sanción penal excluirá la imposición de sanción administrativa sin perjuicio de la adopción de medidas de reposición a la situación anterior a la comisión de la infracción.

✐ Este artículo no fue derogado por la Ley 6/1998, de 13 abril (§1).

⇒ Según resulta de la STC 61/1997, de 20 marzo (RTC 1997, 61) y la disp. final única de esta Ley, en relación con lo establecido en la disp. derog. única de la Ley del Suelo 6/1998, de 13 abril, este precepto tiene el carácter de legislación básica en virtud de lo previsto en el art. 149.1.1ª, 8ª, 13ª, 18ª y 23ª de la CE.

V. arts. 319 y 320 del CP.

Téngase en cuenta el D. 132/1994, de 15 marzo, sobre aplicación en la Comunidad

Autónoma del País Vasco del RDLeg 1/1992, de 26 junio, por el que se aprueba el Texto Refundido de la Ley sobre Régimen del Suelo y Ordenación Urbana (§48.1).
V. Jurisprudencia en arts. 225 y concordantes del TRLS/1976 (§3).

Artículo 275. Órganos competentes.

1. Las autoridades competentes para imponer las multas y las cuantías máximas de éstas serán las siguientes:

a) Los Alcaldes, en los municipios que no excedan de 25.000 habitantes, hasta 10.000.000 de pesetas; en los municipios que no excedan de 100.000 habitantes, hasta 100.000.000 de pesetas; en los que no excedan de 500.000 habitantes, hasta 400.000.000 de pesetas, y en los de más de 500.000 habitantes, hasta 800.000.000 de pesetas.

b) El órgano autonómico competente, hasta 1.200.000.000 de pesetas.

c) El órgano colegiado ejecutivo de la Comunidad Autónoma, hasta 2.000.000.000 de pesetas.

2. El importe de todas las multas corresponderá a los respectivos Ayuntamientos, salvo en los casos en que el órgano autonómico hubiera iniciado y tramitado el expediente sancionador ante la inactividad municipal, siempre que hubiera precedido requerimiento al respecto.

✐ Artículo derogado por la Ley 6/1998, de 13 abril (§1).

⇒ Téngase en cuenta el art. único de la Ley 1/1997, de 18 junio, de Andalucía, que aprueba con carácter urgente y transitorio disposiciones en materia de régimen de suelo y ordenación urbana (§5).
Téngase en cuenta el art. único de la Ley 13/1997, de 23 diciembre, de Extremadura, que aprueba las normas reguladoras de la actividad urbanística (§32).
Téngase en cuenta el D. 132/1994, de 15 marzo, sobre aplicación en la Comunidad Autónoma del País Vasco del RDLeg 1/1992, de 26 junio, por el que se aprueba el Texto Refundido de la Ley sobre Régimen del Suelo y Ordenación Urbana (§48.1).
V. Jurisprudencia en art. 228.6 TRLS/1976 (§3).

TÍTULO VIII

INSTRUMENTOS DE INTERVENCIÓN EN EL MERCADO DEL SUELO

CAPÍTULO I

Patrimonio Municipal del Suelo

Sección 1ª Constitución, bienes integrantes y destino

Artículo 276. Constitución. Patrimonio separado.

1. Los Ayuntamientos que dispongan de planeamiento general deberán constituir su respectivo Patrimonio Municipal del Suelo, con la finalidad de regular el mercado de terrenos, obtener reservas de suelo para actuaciones de iniciativa pública y facilitar la ejecución del planeamiento.

2. Los bienes del Patrimonio Municipal del Suelo constituyen un patrimonio separado de los restantes bienes municipales y los ingresos obtenidos mediante enajenación de terrenos o sustitución del aprovechamiento corres-

pondiente a la administración por su equivalente metálico, se destinarán a la conservación y ampliación del mismo.

✐ Este artículo no fue derogado por la Ley 6/1998, de 13 abril (§1).

⇒ Según resulta de la STC 61/1997, de 20 marzo (RTC 1997, 61) y la disp. final única de esta Ley, en relación con lo establecido en la disp. derog. única de la Ley del Suelo 6/1998, de 13 abril (§1), este precepto tiene el carácter de legislación básica en virtud de lo previsto en el art. 149.1.1ª, 8ª, 13ª, 18ª y 23ª de la CE.

Téngase en cuenta el D. 132/1994, de 15 marzo, sobre aplicación en la Comunidad Autónoma del País Vasco del RDLeg 1/1992, de 26 junio, por el que se aprueba el Texto Refundido de la Ley sobre Régimen del Suelo y Ordenación Urbana (§48.1).

V. Jurisprudencia en arts. 89 a 93 del TRLS/1976 (§3), en cuanto al Patrimonio Municipal del Suelo; y 165 a 174 del TRLS/1976 (§3), en lo relativo a cesión de terrenos.

Jurisprudencia

«El Patrimonio Municipal del Suelo fue regulado en la Ley del Suelo de 1956 como un conjunto de bienes de que las Corporaciones se puede servir «para regular el precio en el mercado de solares» (Exposición de Motivos), con la finalidad de «prevenir, encauzar y desarrollar técnica y económicamente la expansión de las poblaciones». Este conjunto de bienes tiene una característica especial, a saber, que su finalidad específica se realiza mediante la circulación propia del tráfico jurídico pero sin disminución o merma del propio Patrimonio, toda vez que el producto de las enajenaciones de los bienes de éste habrá de destinarse a la conservación y ampliación del propio Patrimonio (artículo 93 del TRLS). Por ello se ha podido decir que «las dotaciones económicas que se pongan a disposición del Patrimonio Municipal del Suelo constituyen un fondo rotatorio de realimentación continua, por aplicaciones sucesivas al mismo fin, de dicho Patrimonio, lo que constituye una técnica visible de potenciación financiera». En definitiva, se ha venido así aceptando pacíficamente que el Patrimonio Municipal del Suelo constituye un «patrimonio separado» (lo que hoy está ya expresamente dicho en el artículo 276.2 del nuevo Texto Refundido de la Ley del Suelo de 26 junio 1992). La Ley ha querido y quiere que el Patrimonio Municipal del Suelo funcione como un patrimonio separado, es decir, como un conjunto de bienes afectos al cumplimiento de un fin determinado, fin que aquí no es cualquiera de los que las Corporaciones han de perseguir según la legislación de régimen local (artículos 25 y 26 de la Ley de Bases de Régimen Local de 2 abril 1985), sino el específico y concreto de «prevenir, encauzar y desarrollar técnica y económicamente la expansión de las poblaciones» (artículo 89.2 del Texto Refundido de 9 abril 1976), y ha querido y quiere expresamente, con una claridad elogiable, que el producto de las enajenaciones de terrenos del Patrimonio se destinen no a cualquier fin, por loable y razonable que sea, sino al específico de la conservación y ampliación del propio Patrimonio Municipal del Suelo (artículo 93, ya citado).

NOVENO. Esta es la caracterización que el legislador ha dado a los Patrimonios Municipales del Suelo, y se comprenderá que, ante tamaña claridad, sólo una expresa previsión legislativa en contrario puede hacer que los mismos, abandonando su origen, su caracterización y su finalidad, pasen a convertirse en fuente de financiación de otras y muy distintas necesidades presupuestarias municipales». **(STS 2 noviembre 1995 [RJ 1995, 8060]).**

Artículo 277. Bienes integrantes.

1. Integrarán el Patrimonio Municipal del Suelo los bienes patrimoniales que resultaren clasificados por el planeamiento urbanístico como suelo urbano o urbanizable programado y, en todo caso, los obtenidos como consecuencia de cesiones, ya sea en terrenos o en metálico, expropiaciones urbanísticas de cualquier clase y ejercicio del derecho de tanteo y retracto.

2. Igualmente se incorporarán al Patrimonio Municipal del Suelo los terrenos clasificados como suelo urbanizable no programado o no urbanizable que se adquieran con dicha finalidad.

✐ Artículo derogado por la Ley 6/1998, de 13 abril (§1).

⇒ Téngase en cuenta el art. único de la Ley 1/1997, de 18 junio, de Andalucía, que aprueba con carácter urgente y transitorio disposiciones en materia de régimen de suelo y ordenación urbana (§5).

Téngase en cuenta el art. único de la Ley 13/1997, de 23 diciembre, de Extremadura, que aprueba las normas reguladoras de la actividad urbanística (§32).

Téngase en cuenta el D. 132/1994, de 15 marzo, sobre aplicación en la Comunidad Autónoma del País Vasco del RDLeg 1/1992, de 26 junio, por el que se aprueba el Texto Refundido de la Ley sobre Régimen del Suelo y Ordenación Urbana (§48.1).

V. Jurisprudencia en arts. 89 a 93 TRLS/1976 (§3).

Artículo 278. Reservas de terrenos. Expropiación.

1. Los Planes Generales o las revisiones de sus programas de actuación podrán establecer, sobre suelo clasificado como urbanizable no programado o no urbanizable no sujeto a especial protección, reservas de terrenos de posible adquisición para constitución o ampliación del Patrimonio Municipal del Suelo.

2. En defecto o insuficiencia de dichas determinaciones del Plan o del programa, los Ayuntamientos podrán delimitar superficies sobre los expresados suelos con idéntica finalidad, por el procedimiento de delimitación de unidades de ejecución.

3. En los municipios que se rijan por instrumentos de planeamiento distintos al Plan General, las mencionadas reservas sobre suelo no urbanizable podrán establecerse en el propio instrumento o en la forma prevista en el número anterior.

4. La delimitación de un terreno como reserva para los expresados fines implicará la declaración de utilidad pública y la necesidad de ocupación a efectos expropiatorios.

✐ Artículo derogado por la Ley 6/1998, de 13 abril (§1).

⇒ Téngase en cuenta el art. único de la Ley 1/1997, de 18 junio, de Andalucía, que aprueba con carácter urgente y transitorio disposiciones en materia de régimen de suelo y ordenación urbana (§5).

Téngase en cuenta el art. único de la Ley 13/1997, de 23 diciembre, de Extremadura, que aprueba las normas reguladoras de la actividad urbanística (§32).

Téngase en cuenta el D. 132/1994, de 15 marzo, sobre aplicación en la Comunidad Autónoma del País Vasco del RDLeg 1/1992, de 26 junio, por el que se aprueba el Texto Refundido de la Ley sobre Régimen del Suelo y Ordenación Urbana (§48.1).

Téngase en cuenta lo establecido en la disp. final 1ª de la Ley 6/1994, de 15 noviembre, Reguladora de la Actividad Urbanística en la Comunidad Autónoma de Valencia (§53).

Artículo 279. Regla especial de incorporación al proceso urbanizador de terrenos reservados.

1. En la siguiente revisión del Programa de actuación del Plan General se podrán clasificar como suelo urbanizable no programado los terrenos no urbanizables señalados en el artículo anterior, que por expropiación hubiesen pasado al Patrimonio Municipal del Suelo.

2. *La documentación de dicha revisión contendrá las determinaciones que el Plan General ha de fijar para el suelo urbanizable no programado sin que haya de observarse el procedimiento de modificación de Planes.*

✐ Artículo derogado por la Ley 6/1998, de 13 abril (§1).

⇒ Téngase en cuenta el art. único de la Ley 1/1997, de 18 junio, de Andalucía, que aprueba con carácter urgente y transitorio disposiciones en materia de régimen de suelo y ordenación urbana (§5).

Téngase en cuenta el art. único de la Ley 13/1997, de 23 diciembre, de Extremadura, que aprueba las normas reguladoras de la actividad urbanística (§32).

Téngase en cuenta el D. 132/1994, de 15 marzo, sobre aplicación en la Comunidad Autónoma del País Vasco del RDLeg 1/1992, de 26 junio, por el que se aprueba el Texto Refundido de la Ley sobre Régimen del Suelo y Ordenación Urbana (§48.1).

Artículo 280. Destino.

1. Los bienes del Patrimonio Municipal del Suelo, una vez incorporados al proceso de urbanización y edificación, deberán ser destinados a la construcción de viviendas sujetas a algún régimen de protección pública o a otros usos de interés social, de acuerdo con el planeamiento urbanístico.

✐ El ap. 1 no fue derogado por la Ley 6/1998, de 13 abril (§1).

⇒ Según resulta de la STC 61/1997, de 20 marzo (RTC 1997, 61) y la disp. final única de esta Ley, en relación con lo establecido en la disp. derog. única de la Ley del Suelo 6/1998, de 13 abril (§1), este precepto tiene el carácter de legislación básica en virtud de lo previsto en el art. 149.1.1ª, 8ª, 13ª, 18ª y 23ª de la Constitución.

V. Jurisprudencia y concordancias en art. 171.1 del TRLS/1976 (§3).

2. *Mientras no esté aprobada la ordenación detallada de los terrenos integrantes del Patrimonio, así como cuando ésta atribuya una calificación urbanística incompatible con los fines señalados en el número anterior, la enajenación de aquéllas podrá llevarse a cabo mediante concurso o subasta. En ambos casos, el precio a satisfacer por el adjudicatario no podrá ser inferior al valor urbanístico del aprovechamiento real que tuviera ya atribuido el correspondiente terreno.*

✐ Ap. 2 derogado por la Ley 6/1998, de 13 abril (§1).

⇒ Téngase en cuenta el art.único de la Ley 1/1997, de 18 junio, de Andalucía, que aprueba con carácter urgente y transitorio disposiciones en materia de régimen de suelo y ordenación urbana (§5).

Téngase en cuenta el art. único de la Ley 13/1997, de 23 diciembre, de Extremadura, que aprueba las normas reguladoras de la actividad urbanística (§32).

Téngase en cuenta el D. 132/1994, de 15 marzo, sobre aplicación en la Comunidad Autónoma del País Vasco del RDLeg 1/1992, de 26 junio, por el que se aprueba el Texto Refundido de la Ley sobre Régimen del Suelo y Ordenación Urbana (§48.1).

Artículo 281. Consignación de cantidades en los presupuestos para urbanismo.

1. Los Ayuntamientos capitales de provincia o de más de 50.000 habitantes consignarán en sus presupuestos ordinarios una cantidad equivalente al 5 por 100 de su importe con destino al Patrimonio Municipal del Suelo.

2. *También destinarán el 5 por 100 al menos del mismo presupuesto a*

la ejecución de urbanizaciones, dotaciones públicas y operaciones de reforma interior previstas en el planeamiento urbanístico.

✐ Artículo derogado por la Ley 6/1998, de 13 abril (§1).

⇒ Téngase en cuenta el art. único de la Ley 1/1997, de 18 junio, de Andalucía, que aprueba con carácter urgente y transitorio disposiciones en materia de régimen de suelo y ordenación urbana (§5).

Téngase en cuenta el art. único de la Ley 13/1997, de 23 diciembre, de Extremadura, que aprueba las normas reguladoras de la actividad urbanística (§32).

Téngase en cuenta el D. 132/1994, de 15 marzo, sobre aplicación en la Comunidad Autónoma del País Vasco del RDLeg 1/1992, de 26 junio, por el que se aprueba el Texto Refundido de la Ley sobre Régimen del Suelo y Ordenación Urbana (§48.1).

Téngase en cuenta lo establecido en la disp. final 1ª de la Ley 6/1994, de 15 noviembre, Reguladora de la Actividad Urbanística en la Comunidad Autónoma de Valencia (§53).

Sección 2ª Cesiones

Artículo 282. Gestión directa o cesión.

1. *La urbanización y edificación de los terrenos del Patrimonio, una vez que el grado de desarrollo del Planeamiento lo permita, podrá llevarse a cabo por la Administración, utilizando la modalidad de gestión más adecuada en cada caso.*

2. *Los terrenos integrantes del Patrimonio también podrán ser cedidos para el cumplimiento de los fines previstos en los artículos 276.1 ó 280.1.*

✐ Artículo derogado por la Ley 6/1998, de 13 abril (§1).

⇒ Téngase en cuenta el art. único de la Ley 1/1997, de 18 junio, de Andalucía, que aprueba con carácter urgente y transitorio disposiciones en materia de régimen de suelo y ordenación urbana (§5).

Téngase en cuenta el art. único de la Ley 13/1997, de 23 diciembre, de Extremadura, que aprueba las normas reguladoras de la actividad urbanística (§32).

Téngase en cuenta el D. 132/1994, de 15 marzo, sobre aplicación en la Comunidad Autónoma del País Vasco del RDLeg 1/1992, de 26 junio, por el que se aprueba el Texto Refundido de la Ley sobre Régimen del Suelo y Ordenación Urbana (§48.1).

Artículo 283. Información y tutela autonómica.

1. *Toda cesión de terrenos habrá de comunicarse al órgano competente de la Comunidad Autónoma.*

2. *Será exigible autorización cuando el valor de lo enajenado excediera del 25 por 100 de los recursos ordinarios del Presupuesto anual de la Entidad Local.*

✐ Artículo derogado por la Ley 6/1998, de 13 abril (§1).

⇒ Téngase en cuenta el art. único de la Ley 1/1997, de 18 junio, de Andalucía, que aprueba con carácter urgente y transitorio disposiciones en materia de régimen de suelo y ordenación urbana (§5).

Téngase en cuenta el art. único de la Ley 13/1997, de 23 diciembre, de Extremadura, que aprueba las normas reguladoras de la actividad urbanística (§32).

Téngase en cuenta el D. 132/1994, de 15 marzo, sobre aplicación en la Comunidad Autónoma del País Vasco del RDLeg 1/1992, de 26 junio, por el que se aprueba el Texto Refundido de la Ley sobre Régimen del Suelo y Ordenación Urbana (§48.1).

Artículo 284. Cesiones onerosas. Concurso.

1. Los terrenos pertenecientes al Patrimonio Municipal del Suelo con calificación adecuada a los fines establecidos en el artículo 280.1 sólo podrán ser enajenados en virtud de concurso. Su precio no podrá ser inferior al valor urbanístico del aprovechamiento real que les corresponda. El pliego de condiciones fijará plazos máximos para la realización de las obras de urbanización y edificación, o sólo de estas últimas si el terreno mereciera la calificación de solar, así como precios máximos de venta o arrendamiento de las edificaciones resultantes de la actuación.

2. Si el concurso quedare desierto, el Ayuntamiento podrá enajenar directamente dentro del plazo máximo de un año, con arreglo al pliego de condiciones.

3. La cesión a entidades de carácter benéfico y social, que promuevan viviendas de protección pública, no requerirá concurso.

✐ Artículo derogado por la Ley 6/1998, de 13 abril (§1).

⇒ Téngase en cuenta el art. único de la Ley 1/1997, de 18 junio, de Andalucía, que aprueba con carácter urgente y transitorio disposiciones en materia de régimen de suelo y ordenación urbana (§5).

Téngase en cuenta el art. único de la Ley 13/1997, de 23 diciembre, de Extremadura, que aprueba las normas reguladoras de la actividad urbanística (§32).

Téngase en cuenta el D. 132/1994, de 15 marzo, sobre aplicación en la Comunidad Autónoma del País Vasco del RDLeg 1/1992, de 26 junio, por el que se aprueba el Texto Refundido de la Ley sobre Régimen del Suelo y Ordenación Urbana (§48.1).

Artículo 285. Cesiones entre Administraciones.

Las Administraciones públicas urbanísticas y entidades instrumentales de éstas podrán transmitirse directamente y a título gratuito terrenos con fines de promoción pública de viviendas, construcción de equipamiento comunitario u otras instalaciones de uso público o interés social.

✐ Artículo derogado por la Ley 6/1998, de 13 abril (§1).

⇒ Téngase en cuenta el art. único de la Ley 1/1997, de 18 junio, de Andalucía, que aprueba con carácter urgente y transitorio disposiciones en materia de régimen de suelo y ordenación urbana (§5).

Téngase en cuenta el art. único de la Ley 13/1997, de 23 diciembre, de Extremadura, que aprueba las normas reguladoras de la actividad urbanística (§32).

Téngase en cuenta el D. 132/1994, de 15 marzo, sobre aplicación en la Comunidad Autónoma del País Vasco del RDLeg 1/1992, de 26 junio, por el que se aprueba el Texto Refundido de la Ley sobre Régimen del Suelo y Ordenación Urbana (§48.1).

Artículo 286. Cesiones a título gratuito.

1. En casos justificados podrán los Ayuntamientos ceder terrenos gratuitamente o por precio inferior al de su valor urbanístico para ser destinados a viviendas de protección pública, mediante concurso cuyo pliego de condiciones establecerá las condiciones previstas en el artículo 284.

2. Cuando la permanencia de los usos a que se destinen los terrenos lo requiera podrán también los Ayuntamientos ceder directamente, por precio inferior al de su valor urbanístico o con carácter gratuito, el dominio de terrenos en favor de Entidades o Instituciones Privadas de interés público sin ánimo de lucro para destinarlos a usos de interés social que redunden en beneficio manifiesto de los respectivos municipios.

✐ Artículo derogado por la Ley 6/1998, de 13 abril (§1).

⇒ Téngase en cuenta el art. único de la Ley 1/1997, de 18 junio, de Andalucía, que aprueba con carácter urgente y transitorio disposiciones en materia de régimen de suelo y ordenación urbana (§5).

Téngase en cuenta el art. único de la Ley 13/1997, de 23 diciembre, de Extremadura, que aprueba las normas reguladoras de la actividad urbanística (§32).

Téngase en cuenta el D. 132/1994, de 15 marzo, sobre aplicación en la Comunidad Autónoma del País Vasco del RDLeg 1/1992, de 26 junio, por el que se aprueba el Texto Refundido de la Ley sobre Régimen del Suelo y Ordenación Urbana (§48.1).

CAPÍTULO II
Derecho de superficie

Artículo 287. Derecho de superficie.

1. Las Entidades locales y las demás personas públicas podrán constituir el derecho de superficie en terrenos de su propiedad o integrantes del patrimonio municipal del suelo con destino a la construcción de viviendas sujetas a algún régimen de protección pública o a otros usos de interés social, cuyo derecho corresponderá al superficiario.

✐ Ap. 1 derogado por la Ley 6/1998, de 13 abril (§1).

⇒ Téngase en cuenta el art. único de la Ley 1/1997, de 18 junio, de Andalucía, que aprueba con carácter urgente y transitorio disposiciones en materia de régimen de suelo y ordenación urbana (§5).

Téngase en cuenta el art. único de la Ley 13/1997, de 23 diciembre, de Extremadura, que aprueba las normas reguladoras de la actividad urbanística (§32).

2. El mismo derecho asiste a los particulares, sin la limitación de destino prevista en el apartado anterior.

3. El derecho de superficie será transmisible y susceptible de gravamen con las limitaciones que se hubieren fijado al constituirlo y se regirá por las disposiciones contenidas en este Capítulo, por el título constitutivo del derecho y, subsidiariamente, por las normas del Derecho privado.

✐ Los aps. 2 y 3 no fueron derogados por la Ley 6/1998, de 13 abril (§1).

⇒ Según resulta de la STC 61/1997, de 20 marzo (RTC 1997, 61) y la disp. final única de esta Ley, en relación con lo establecido en la disp. derog. única de la Ley del Suelo 6/1998, de 13 abril, este precepto es de aplicación plena en virtud del art. 149.1.8ª y 18ª de la Constitución.

Téngase en cuenta el D. 132/1994, de 15 marzo, sobre aplicación en la Comunidad Autónoma del País Vasco del RDLeg 1/1992, de 26 junio, por el que se aprueba el Texto Refundido de la Ley sobre Régimen del Suelo y Ordenación Urbana (§48.1).

V. arts. 1611.3 y 1655 del CC.

V. Jurisprudencia en arts. 171.2 y concordantes del TRLS/1976 (§3).

Artículo 288. Procedimiento.

1. El procedimiento de constitución del derecho de superficie y el ca-

rácter oneroso o gratuito del mismo se regirán por lo dispuesto en el capítulo anterior para los diversos supuestos.

✐ Ap. 1 derogado por la Ley 6/1998, de 13 abril (§1).

⇒ Téngase en cuenta el art. único de la Ley 1/1997, de 18 junio, de Andalucía, que aprueba con carácter urgente y transitorio disposiciones en materia de régimen de suelo y ordenación urbana (§5).

Téngase en cuenta el art. único de la Ley 13/1997, de 23 diciembre, de Extremadura, que aprueba las normas reguladoras de la actividad urbanística (§32).

2. La constitución del derecho de superficie deberá ser en todo caso formalizada en escritura pública y, como requisito constitutivo de su eficacia, inscribirse en el Registro de la Propiedad.

3. Cuando se constituyere a título oneroso, la contraprestación del superficiario podrá consistir en el pago de una suma alzada por la concesión o de un canon periódico, o en la adjudicación de viviendas o locales o derechos de arrendamiento de unas u otros, o en varias de estas modalidades a la vez, sin perjuicio de la reversión total de lo edificado al finalizar el plazo que se hubiera pactado al constituir el derecho de superficie.

✐ Los aps. 2 y 3 no fueron derogados por la Ley 6/1998, de 13 abril (§1).

⇒ Según resulta de la STC 61/1997, de 20 marzo (RTC 1997, 61) y la disp. final única de esta Ley, en relación con lo establecido en la disp. derog. única de la Ley del Suelo 6/1998, de 13 abril (§1), este precepto es de aplicación plena en virtud del art. 149.1.8ª y 18ª de la CE.

Téngase en cuenta el D. 132/1994, de 15 marzo, sobre aplicación en la Comunidad Autónoma del País Vasco del RDLeg 1/1992, de 26 junio, por el que se aprueba el Texto Refundido de la Ley sobre régimen del suelo y ordenación urbana (§48.1).

V. art. 107.5 de la LH y 16 del RH.

V. Jurisprudencia en arts. 172. 2, 172.3 y concordantes del TRLS/1976 (§3).

Artículo 289. Extinción.

1. El derecho de superficie se extinguirá si no se edifica en el plazo previsto, de conformidad con el artículo 35.1 de esta Ley.

2. El plazo del derecho de superficie no podrá exceder de setenta y cinco años en el concedido por los Ayuntamientos y demás personas públicas, ni de noventa y nueve en el convenido entre particulares.

3. Cuando se extinga el derecho de superficie por haber transcurrido el plazo, el dueño del suelo hará suya la propiedad de lo edificado, sin que deba satisfacer indemnización alguna cualquiera que sea el título en virtud del cual se hubiere constituido aquel derecho.

4. La extinción del derecho de superficie por decurso del término provocará la de toda clase de derechos reales o personales impuestos por el superficiario.

5. Si por cualquier otra causa se reunieran en la misma persona los derechos de propiedad del suelo y los del superficiario, las cargas que recayeren sobre uno y otro derecho continuarán gravándolos separadamente.

✐ Este artículo *no fue* derogado por la Ley 6/1998, de 13 abril (§1).

⇒ Según resulta de la STC 61/1997, de 20 marzo (RTC 1997, 61) y la disp. final única de esta Ley, en relación con lo establecido en la disp. derog. única de la Ley del Suelo

6/1998, de 13 abril (§1), este precepto es de aplicación plena en virtud del art. 149.1.8ª y 18ª de la Constitución.

Téngase en cuenta el D. 132/1994, de 15 marzo, sobre aplicación en la Comunidad Autónoma del País Vasco del RDLeg 1/1992, de 26 junio, por el que se aprueba el Texto Refundido de la Ley sobre Régimen del Suelo y Ordenación Urbana (§48.1).

V. Jurisprudencia en arts. 173 y concordantes del TRLS/1976 (§3).

Artículo 290. Beneficios.

La concesión del derecho de superficie por los Ayuntamientos y demás personas públicas y su constitución por los particulares gozará de los beneficios derivados de la legislación de viviendas de protección pública, siempre que se cumplan los requisitos en ella establecidos.

✐ Artículo derogado por la Ley 6/1998, de 13 abril (§1).

⇒ Téngase en cuenta el art. único de la Ley 1/1997, de 18 junio, de Andalucía, que aprueba con carácter urgente y transitorio disposiciones en materia de régimen de suelo y ordenación urbana (§5).

Téngase en cuenta el art. único de la Ley 13/1997, de 23 diciembre, de Extremadura, que aprueba las normas reguladoras de la actividad urbanística (§32).

Téngase en cuenta el D. 132/1994, de 15 marzo, sobre aplicación en la Comunidad Autónoma del País Vasco del RDLeg 1/1992, de 26 junio, por el que se aprueba el Texto Refundido de la Ley sobre Régimen del Suelo y Ordenación Urbana (§48.1).

CAPÍTULO III
Derechos de tanteo y retracto

Sección 1ª Delimitacion de áreas

Artículo 291. Delimitación de áreas.

1. A efectos de garantizar el cumplimiento de la programación del planeamiento, incrementar el patrimonio municipal del suelo, intervenir en el mercado inmobiliario y, en general, facilitar el cumplimiento de los objetivos de aquél, los Ayuntamientos podrán delimitar áreas en las que las transmisiones onerosas de terrenos quedarán sujetas al ejercicio de los derechos de tanteo y retracto por el Ayuntamiento respectivo.

2. Al delimitarse estas áreas deberá establecerse si las transmisiones sujetas al ejercicio de tales derechos son sólo las de terrenos sin edificar, tengan o no la condición de solares, o se incluyen también las de los terrenos con edificación que no agote el aprovechamiento permitido por el Plan, con edificación en construcción, ruinosa o disconforme con la ordenación aplicable.

3. Podrá igualmente disponerse en el acuerdo de delimitación de áreas la sujeción al ejercicio de los expresados derechos de las transmisiones de viviendas en construcción o construidas, siempre que el transmitente hubiera adquirido del promotor y, en el segundo caso, la transmisión se proyecte antes de transcurrido un año desde la terminación del edificio.

4. Si el ámbito delimitado hubiere sido previamente declarado, en todo o en parte, como área de rehabilitación integrada, podrá también establecerse en el correspondiente acuerdo que el ejercicio de los derechos de tanteo y retracto abarcará incluso las fincas edificadas conforme a la ordena-

ción aplicable, tanto en el supuesto de que la transmisión se proyecte o verifique en conjunto como fraccionadamente, en régimen o no de propiedad horizontal.

5. El plazo máximo de sujeción de las transmisiones al ejercicio de los derechos de tanteo y retracto será de diez años, salvo que, al delimitarse el área, se hubiera fijado otro menor.

✐ Artículo derogado por la Ley 6/1998, de 13 abril (§1).

⇒ Téngase en cuenta el art. único de la Ley 1/1997, de 18 junio, de Andalucía, que aprueba con carácter urgente y transitorio disposiciones en materia de régimen de suelo y ordenación urbana (§5).

Téngase en cuenta el art. único de la Ley 13/1997, de 23 diciembre, de Extremadura, que aprueba las normas reguladoras de la actividad urbanística (§32).

Téngase en cuenta el D. 132/1994, de 15 marzo, sobre aplicación en la Comunidad Autónoma del País Vasco del RDLeg 1/1992, de 26 junio, por el que se aprueba el Texto Refundido de la Ley sobre Régimen del Suelo y Ordenación Urbana (§48.1).

Téngase en cuenta lo establecido en la disp. final 1ª de la Ley 6/1994, de 15 noviembre, Reguladora de la Actividad Urbanística en la Comunidad Autónoma de Valencia (§53).

V. arts. 83 y concordantes del RD 1093/1997, de 4 julio (§2.1).

Artículo 292. Procedimiento de delimitación.

1. La delimitación de dichas áreas podrá efectuarse en el propio planeamiento general, en la revisión de su programa de actuación o mediante el procedimiento de delimitación de unidades de ejecución del planeamiento.

2. En cualquier caso, entre la documentación específicamente relativa a la delimitación deberá figurar una Memoria justificativa de la necesidad de someter las transmisiones a los derechos de tanteo y retracto, los objetivos a conseguir, la justificación del ámbito delimitado en relación con el conjunto del ámbito territorial no afectado y una relación de los bienes afectados y de sus propietarios, siendo preceptiva la notificación a éstos previa a la apertura del trámite de información pública.

3. A los efectos previstos en el artículo 296 de esta Ley, los Ayuntamientos remitirán a los Registros de la Propiedad correspondientes copia certificada de los planos que reflejen la delimitación y relación detallada de las calles o sectores comprendidos en aquellas áreas y de los propietarios y bienes concretos afectados, mediante traslado de copia del acuerdo de delimitación.

✐ Artículo derogado por la Ley 6/1998, de 13 abril (§1).

⇒ Téngase en cuenta el art. único de la Ley 1/1997, de 18 junio, de Andalucía, que aprueba con carácter urgente y transitorio disposiciones en materia de régimen de suelo y ordenación urbana (§5).

Téngase en cuenta el art. único de la Ley 13/1997, de 23 diciembre, de Extremadura, que aprueba las normas reguladoras de la actividad urbanística (§32).

Téngase en cuenta el D. 132/1994, de 15 marzo, sobre aplicación en la Comunidad Autónoma del País Vasco del RDLeg 1/1992, de 26 junio, por el que se aprueba el Texto Refundido de la Ley sobre Régimen del Suelo y Ordenación Urbana (§48.1).

Téngase en cuenta lo establecido en la disp. final 1ª de la Ley 6/1994, de 15 noviembre, Reguladora de la Actividad Urbanística en la Comunidad Autónoma de Valencia (§53).

Sección 2ª Procedimiento y efectos

Artículo 293. Notificación de transmisión.

Los propietarios de bienes afectados por estas delimitaciones deberán notificar al Ayuntamiento la decisión de enajenarlos, con expresión del precio y forma de pago proyectados y restantes condiciones esenciales de la transmisión, a efectos de posible ejercicio del derecho de tanteo, durante un plazo de sesenta días naturales a contar desde el siguiente al del que se haya producido la notificación.

✐ Artículo derogado por la Ley 6/1998, de 13 abril (§1).

⇒ Téngase en cuenta el art. único de la Ley 1/1997, de 18 junio, de Andalucía, que aprueba con carácter urgente y transitorio disposiciones en materia de régimen de suelo y ordenación urbana (§5).

Téngase en cuenta el art. único de la Ley 13/1997, de 23 diciembre, de Extremadura, que aprueba las normas reguladoras de la actividad urbanística (§32).

Téngase en cuenta el D. 132/1994, de 15 marzo, sobre aplicación en la Comunidad Autónoma del País Vasco del RDLeg 1/1992, de 26 junio, por el que se aprueba el Texto Refundido de la Ley sobre Régimen del Suelo y Ordenación Urbana (§48.1).

Artículo 294. Ejercicio del retracto.

1. El Ayuntamiento podrá ejercitar el derecho de retracto cuando no se le hubiere hecho la notificación prevenida en el artículo precedente, se omitiere en ella cualesquiera de los requisitos exigidos o resultare inferior el precio efectivo de la transmisión o menos onerosas las restantes condiciones de ésta.

2. Este derecho habrá de ejercitarse en el plazo de sesenta días naturales, contados, desde el siguiente al de la notificación de la transmisión efectuada, que el adquirente deberá hacer en todo caso al Ayuntamiento, mediante entrega de copia de la escritura o documento en que fuere formalizada.

3. El derecho de retracto al que se refiere este capítulo es preferente a cualquier otro.

✐ Artículo derogado por la Ley 6/1998, de 13 abril (§1).

⇒ Téngase en cuenta el art. único de la Ley 1/1997, de 18 junio, de Andalucía, que aprueba con carácter urgente y transitorio disposiciones en materia de régimen de suelo y ordenación urbana (§5).

Téngase en cuenta el art. único de la Ley 13/1997, de 23 diciembre, de Extremadura, que aprueba las normas reguladoras de la actividad urbanística (§32).

Téngase en cuenta el D. 132/1994, de 15 marzo, sobre aplicación en la Comunidad Autónoma del País Vasco del RDLeg 1/1992, de 26 junio, por el que se aprueba el Texto Refundido de la Ley sobre Régimen del Suelo y Ordenación Urbana (§48.1).

Artículo 295. Caducidad de notificación.

1. Los efectos de la notificación para el ejercicio del derecho de tanteo caducarán a los cuatro meses siguientes a la misma sin que se efectúe la transmisión.

2. *La transmisión realizada transcurrido este plazo se entenderá efectuada sin dicha notificación, a efectos del ejercicio del derecho de retracto.*

✐ Artículo derogado por la Ley 6/1998, de 13 abril (§1).

⇒ Téngase en cuenta el art. único de la Ley 1/1997, de 18 junio, de Andalucía, que aprueba con carácter urgente y transitorio disposiciones en materia de régimen de suelo y ordenación urbana (§5).

Téngase en cuenta el art. único de la Ley 13/1997, de 23 diciembre, de Extremadura, que aprueba las normas reguladoras de la actividad urbanística (§32).

Téngase en cuenta el D. 132/1994, de 15 marzo, sobre aplicación en la Comunidad Autónoma del País Vasco del RDLeg 1/1992, de 26 junio, por el que se aprueba el Texto Refundido de la Ley sobre Régimen del Suelo y Ordenación Urbana (§48.1).

Artículo 296. No inscripción registral.

No podrán inscribirse en el Registro de la Propiedad las transmisiones efectuadas sobre los inmuebles incluidos en las expresadas delimitaciones, si no aparece acreditada la realización de las notificaciones contempladas en los artículos precedentes.

✐ Artículo derogado por la Ley 6/1998, de 13 abril (§1).

⇒ Téngase en cuenta el D. 132/1994, de 15 marzo, sobre aplicación en la Comunidad Autónoma del País Vasco del RDLeg 1/1992, de 26 junio, por el que se aprueba el Texto Refundido de la Ley sobre Régimen del Suelo y Ordenación Urbana (§48.1).

Sección 3ª Transmisiones de viviendas sujetas a protección pública

Artículo 297. Delimitación de áreas.

1. *Al objeto de garantizar el cumplimiento efectivo de las limitaciones sobre precios máximos de venta de las viviendas sujetas a cualquier régimen de protección pública que imponga dicha limitación, los Ayuntamientos podrán delimitar áreas en las que tanto las primeras como las ulteriores transmisiones onerosas de aquéllas queden sujetas a las notificaciones prevenidas en los artículos 293 y 294.2 a efectos del posible ejercicio de los derechos de tanteo y retracto en los plazos establecidos en los mismos.*

2. *La falta de acreditación del cumplimiento de estos requisitos de notificación impedirá la inscripción en el Registro de la Propiedad de la transmisión efectuada.*

3. *La tramitación de la delimitación de estas áreas se ajustará a lo establecido en el artículo 292.1 y 2 de esta Ley, siendo aplicable también, a los efectos previstos en el número anterior, lo dispuesto en el apartado 3 del citado artículo.*

✐ Artículo derogado por la Ley 6/1998, de 13 abril (§1).

⇒ Téngase en cuenta el art. único de la Ley 1/1997, de 18 junio, de Andalucía, que aprueba con carácter urgente y transitorio disposiciones en materia de régimen de suelo y ordenación urbana (§5).

Téngase en cuenta el art. único de la Ley 13/1997, de 23 diciembre, de Extremadura, que aprueba las normas reguladoras de la actividad urbanística (§32).

Téngase en cuenta el D. 132/1994, de 15 marzo, sobre aplicación en la Comunidad Autónoma del País Vasco del RDLeg 1/1992, de 26 junio, por el que se aprueba el Texto Refundido de la Ley sobre Régimen del Suelo y Ordenación Urbana (§48.1).

Téngase en cuenta lo establecido en la disp. final 1ª de la Ley 6/1994, de 15 noviem-

bre, Reguladora de la Actividad Urbanística en la Comunidad Autónoma de Valencia (§53).

Artículo 298. Adjudicación de viviendas.

Las viviendas adquiridas en el ejercicio del tanteo y retracto por los Ayuntamientos serán adjudicadas mediante concurso entre quienes, no poseyendo otra vivienda, reúnan los demás requisitos establecidos por el régimen de protección pública.

✐ Artículo derogado por la Ley 6/1998, de 13 abril (§1).

⇒ Téngase en cuenta el art. único de la Ley 1/1997, de 18 junio, de Andalucía, que aprueba con carácter urgente y transitorio disposiciones en materia de régimen de suelo y ordenación urbana (§5).

Téngase en cuenta el art. único de la Ley 13/1997, de 23 diciembre, de Extremadura, que aprueba las normas reguladoras de la actividad urbanística (§32).

Téngase en cuenta el D. 132/1994, de 15 marzo, sobre aplicación en la Comunidad Autónoma del País Vasco del RDLeg 1/1992, de 26 junio, por el que se aprueba el Texto Refundido de la Ley sobre Régimen del Suelo y Ordenación Urbana (§48.1).

TÍTULO IX
RÉGIMEN JURÍDICO
CAPÍTULO I
Peticiones, actos y acuerdos

Artículo 299. Peticiones.

Las Entidades locales y Organismos urbanísticos habrán de resolver las peticiones fundadas que se les dirijan *con arreglo a esta Ley.*

✐ Este artículo no fue derogado por la Ley 6/1998, de 13 abril (§1). La STC 61/1997, de 20 marzo (RTC 1997, 61), que declaró nulo el último inciso.

⇒ Según resulta de la STC 61/1997, de 20 marzo (RTC 1997, 61) y la disp. final única de esta Ley, en relación con lo establecido en la disp. derog. única de la Ley del Suelo 6/1998, de 13 abril (§1), este precepto es de aplicación plena en virtud del art. 149.1.8ª y 18ª de la Constitución.

V. art. 42 de la Ley 30/1992, de 26 noviembre, sobre la obligación de resolver.

V. art. 44.2 Ley 6/1998, de 13 abril (§1), sobre responsabilidad patrimonial de la Administración.

Téngase en cuenta el art. único de la Ley 1/1997, de 18 junio, de Andalucía, que aprueba con carácter urgente y transitorio disposiciones en materia de régimen de suelo y ordenación urbana (§5).

Téngase en cuenta el art. único de la Ley 13/1997, de 23 diciembre, de Extremadura, que aprueba las normas reguladoras de la actividad urbanística (§32).

Téngase en cuenta el D. 132/1994, de 15 marzo, sobre aplicación en la Comunidad Autónoma del País Vasco del RDLeg 1/1992, de 26 junio, por el que se aprueba el Texto Refundido de la Ley sobre Régimen del Suelo y Ordenación Urbana (§48.1).

Artículo 300. Administración demandada en subrogación.

Las decisiones que adoptaren los órganos autonómicos mediante subrogación se considerarán como actos del Ayuntamiento titular, a los solos efectos de los recursos admisibles.

✐ Este artículo no fue derogado por la Ley 6/1998, de 13 abril (§1).

⇒ Según resulta de la STC 61/1997 (RTC 1997, 61), de 20 marzo y la disp. final única de esta Ley, en relación con lo establecido en la disp. derog. única de la Ley del Suelo 6/1998, de 13 abril (§1), este precepto es de aplicación plena en virtud del art. 149.1.8ª y 18ª de la CE.

V. Jurisprudencia en arts. 179, 220 y concordantes del TRLS/1976 (§3).

Artículo 301. Ejecución forzosa y vía de apremio.

1. Los Ayuntamientos podrán utilizar la ejecución forzosa y la vía de apremio para exigir el cumplimiento de sus deberes a los propietarios, individuales o asociados, y a las empresas urbanizadoras.

2. Los procedimientos de ejecución y apremio se dirigirán ante todo contra los bienes de las personas que no hubieren cumplido sus obligaciones, y sólo en caso de insolvencia, frente a la Asociación administrativa de propietarios.

3. También podrán ejercer las mismas facultades, a solicitud de la Asociación, contra los propietarios que incumplieren los compromisos contraídos con ella.

✐ Este artículo no fue derogado por la Ley 6/1998, de 13 abril (§1).

⇒ Según resulta de la STC 61/1997, de 20 marzo (RTC 1997, 61) y la disp. final única de esta Ley, en relación con lo establecido en la disp. derog. única de la Ley del Suelo 6/1998, de 13 abril (§1), este precepto es de aplicación plena en virtud del artículo 149.1.8ª y 18ª de la CE.

Artículo 302. Revisión de oficio.

Las Entidades locales podrá revisar de oficio sus actos y acuerdos en materia de urbanismo con arreglo a lo dispuesto en los artículos 109 y siguientes de la Ley de Procedimiento Administrativo.

✐ Este artículo no fue derogado por la Ley 6/1998, de 13 abril (§1).

⇒ Según resulta de la STC 61/1997, de 20 marzo (RTC 1997, 61) y la disp. final única de esta Ley, en relación con lo establecido en la disp. derog. única de la Ley del Suelo 6/1998, de 13 abril (§1), este precepto es de aplicación plena en virtud del art. 149.1.8ª y 18ª de la CE.

V. arts. 102 a 106 de la Ley 30/1992, de 26 noviembre.

V. Jurisprudencia en arts. 224.2 y concordantes del TRLS/1976 (§3).

CAPÍTULO II

Acciones y recursos

Artículo 303. Competencias de la jurisdicción contenciosa.

Tendrán carácter jurídico administrativo todas las cuestiones que se suscitaren con ocasión o como consecuencia de los actos y convenios regulados en la legislación urbanística aplicable entre los órganos competentes de las Administraciones Públicas y los propietarios, individuales o asociados o empresas urbanizadoras, incluso las relativas a cesiones de terrenos para urbanizar o edificar.

✐ Este artículo no fue derogado por la Ley 6/1998, de 13 abril (§1).

⇒ Según resulta de la STC 61/1997, de 20 marzo (RTC 1997, 61) y la disp. final única *de esta Ley, en relación* con lo establecido en la disp. derog. única de la Ley del Suelo 6/1998, de 13 abril (§1), este precepto es de aplicación plena en virtud del art. 149.1.8ª y 18ª de la CE.

Artículo 304. Acción pública.

1. Será pública la acción para exigir ante los Órganos administrativos y los Tribunales Contencioso-Administrativos la observancia de la legislación urbanística y de los Planes, Programas, Proyectos, Normas y Ordenanzas.

2. Si dicha acción está motivada por la ejecución de obras que se consideren ilegales, podrá ejercitarse durante la ejecución de las mismas y hasta el transcurso de los plazos establecidos para la adopción de las medidas de protección de la legalidad urbanística.

✐ Este artículo no fue derogado por la Ley 6/1998, de 13 abril (§1).

⇒ Según resulta de la STC 61/1997, de 20 marzo (RTC 1997, 61) y la disp. final única de esta Ley, en relación con lo establecido en la disp. derog. única de la Ley del Suelo 6/1998, de 13 abril (§1), este precepto es de aplicación plena en virtud del art. 149.1.8ª y 18ª de la CE.

V. Jurisprudencia en arts. 235 y concordantes del TRLS/1976 (§3).

Artículo 305. Acción ante Tribunales ordinarios.

Los propietarios y titulares de derechos reales, además de lo previsto en el artículo anterior y en el artículo 266, podrán exigir ante los Tribunales ordinarios la demolición de las obras e instalaciones que vulneren lo dispuesto respecto a la distancia entre construcciones, pozos, cisternas, o fosas, comunidad de elementos constructivos u otros urbanos, así como las disposiciones relativas a usos incómodos, insalubres o peligrosos que estuvieren directamente encaminadas a tutelar el uso de las demás fincas.

✐ Este artículo no fue derogado por la Ley 6/1998, de 13 abril (§1).

⇒ Según resulta de la STC 61/1997, de 20 marzo (RTC 1997, 61) y la disp. final única de esta Ley, en relación con lo establecido en la disp. derog. única de la Ley del Suelo 6/1998, de 13 abril (§1), este precepto es de aplicación plena en virtud del art. 149.1.8ª y 18ª de la CE.

V. Jurisprudencia en arts. 229 y 236 y concordantes del TRLS/1976 (§3).

Artículo 306. Recurso contencioso-administrativo.

1. Los actos de las Entidades Locales, cualquiera que sea su objeto, que pongan fin a la vía administrativa serán recurribles directamente ante la Jurisdicción Contencioso-Administrativa.

2. Los actos de aprobación definitiva de Planes de Ordenación y Proyectos de Urbanización, sin perjuicio de los recursos administrativos que puedan proceder, serán impugnados ante la jurisdicción contencioso-administrativa en los términos prevenidos en el artículo 29 de la Ley Reguladora de dicha Jurisdicción.

✐ Este artículo no fue derogado por la Ley 6/1998, de 13 abril (§1).

⇒ Según resulta de la STC 61/1997, de 20 marzo (RTC 1997, 61) y la disp. final única de esta Ley, en relación con lo establecido en la disp. derog. única de la Ley del Suelo 6/1998, de 13 abril (§1), este precepto es de aplicación plena en virtud del art. 149.1.8ª y 18ª de la CE.

CAPÍTULO III
Registro de la Propiedad

Artículo 307. Actos inscribibles.

Serán inscribibles en el Registro de la Propiedad:

1. Los actos firmes de aprobación de los expedientes de ejecución del planeamiento en cuanto supongan la modificación de las fincas registrales afectadas por el Plan, la atribución del dominio o de otros derechos reales sobre las mismas o el establecimiento de garantías reales de la obligación de ejecución o de conservación de la urbanización.

2. Las cesiones de terrenos con carácter obligatorio en los casos previstos por las leyes o como consecuencia de transferencias de aprovechamiento urbanístico.

3. La incoación de expediente sobre disciplina urbanística o de aquellos que tengan por objeto el apremio administrativo para garantizar el cumplimiento de sanciones impuestas.

4. Las condiciones especiales de concesión de licencias, en los términos previstos por las leyes.

5. Los actos de transferencia y gravamen del aprovechamiento urbanístico.

6. La interposición de recurso contencioso-administrativo que pretenda la anulación de instrumentos de planeamiento, de ejecución del mismo o de licencias.

7. Las sentencias firmes en que se declare la anulación a que se refiere el número anterior, cuando se concreten a fincas determinadas y haya participado su titular en el procedimiento.

8. Cualquier otro acto administrativo que, en desarrollo del planeamiento o de sus instrumentos de ejecución modifique, desde luego o en el futuro, el dominio o cualquier otro derecho real sobre fincas determinadas o la descripción de éstas.

✐ Este artículo no fue derogado por la Ley 6/1998, de 13 abril (§1).

⇒ Según resulta de la STC 61/1997, de 20 marzo (RTC 1997, 61) y la disp. final única de esta Ley, en relación con lo establecido en la disp. derog. única de la Ley del Suelo 6/1998, de 13 abril (§1), este precepto es de aplicación plena en virtud del art. 149.1.8ª y 18ª de la CE.
V. RD 1093/1997, de 4 julio (§2.1).

Jurisprudencia

«Las alegaciones de los apelantes en lo que respectan a la procedencia de su petición de inscripción en el Registro de la Propiedad de la interposición de su recurso contencioso-administrativo contra el referido acto, que la Sala de instancia también les denegó, necesariamente han de ser atendidas con la consecuente estimación de su recurso de apelación en este punto para revocar en cuanto a él el auto recurrido y decretar tal inscripción. Conduce a ello ineludiblemente lo dispuesto en el núm. 6 del *apartado primero de la* disposición adicional décima de la Ley 8/1990, de 25 julio, sobre Reforma del Régimen Urbanístico y Valoraciones del Suelo, vigente ya en el momento de la interposición de dicho recurso y hoy art. 307.6 del Texto Refundido de la Ley sobre el Régimen del Suelo y Ordenación Urbana aprobado por el Real Decreto Legislativo 1/1992, de 26 junio, sin que a lo mismo se oponga válidamente el que, como dice la resolución recurrida, la inscripción o anotación pedida no esté prevista en la legislación hipotecaria, puesto que esa disposición adicional reforma la Ley Hipotecaria con el rango suficiente, y si bien ni entonces ni ahora se han llevado a cabo las modificaciones del Reglamento Hipotecario para el desarrollo de tal disposición adicional dispuestas para en el plazo de seis meses en el núm. 6 de su apartado cuarto, la omisión de ello no puede erigirse en obstáculo para que lo dispuesto por Ley quede sin eficacia, pudiendo suplirse con la extensión analógica de lo dispuesto en dicho Reglamento para las anotaciones preventivas de demanda». **(ATS 15 abril 1993 [RJ 1993, 2608]).**

Artículo 308. Certificación administrativa.

Salvo en los casos que la legislación establezca otra cosa, los actos a que se refiere el artículo anterior podrán inscribirse en el Registro de la Propiedad mediante certificación administrativa expedida por órgano urbanístico actuante, en la que se harán constar en la forma exigida por la legislación hipotecaria las circunstancias relativas a las personas, los derechos y las fincas a que afecte el acuerdo.

✐ Artículo no derogado por la Ley 6/1998, de 13 abril (§1).

⇒ Según resulta de la STC 61/1997, de 20 marzo (RTC 1997, 61) y la disp. final única de esta Ley, en relación con lo establecido en la disp. derog. única de la Ley del Suelo 6/1998, de 13 abril (§1), este precepto es de aplicación plena en virtud del art. 149.1.8ª y 18ª de la CE.
V. RD 1093/1997, de 4 julio (§2.1).

Artículo 309. Clases de asientos.

1. Se harán constar mediante inscripción los actos y acuerdos a que se refieren los números 1, 2, 7 y 8 del artículo 307, así como el supuesto al que se refiere el artículo 203.5.

2. Se harán constar mediante anotación preventiva los actos de los números 3 y 6 del artículo 307. Tales anotaciones caducarán a los cuatro años y podrán ser prorrogadas a instancia del órgano urbanístico actuante o resolución del órgano jurisdiccional, respectivamente.

3. Se harán constar mediante nota marginal los demás actos y acuerdos a que se refiere el artículo 307. Salvo que otra cosa se establezca expresamente, las notas marginales tendrán vigencia indefinida, pero no producirán otro efecto que dar a conocer la situación urbanística en el momento a que se refiere el título que las originara.

✐ Este artículo no fue derogado por la Ley 6/1998, de 13 abril (§1).

⇒ Según resulta de la STC 61/1997, de 20 marzo (RTC 1997, 61) y la disp. final única de esta Ley, en relación con lo establecido en la disp. derog. única de la Ley del Suelo 6/1998, de 13 abril (§1), este precepto es de aplicación plena en virtud del art. 149.1.8ª y 18ª de la CE.
V. RD 1093/1997, de 4 julio (§2.1).

Artículo 310. Reparcelación y compensación.

1. La iniciación del expediente de reparcelación o la afección de los terrenos comprendidos en una unidad de ejecución al cumplimiento de las obligaciones inherentes al sistema de compensación, se harán constar en el

Registro por nota al margen de la última inscripción de dominio de las fincas correspondientes.

2. La nota marginal tendrá una duración de tres años y podrá ser prorrogada por otros tres años a instancia del órgano o Junta que hubiera solicitado su práctica.

3. La inscripción de los títulos de reparcelación o compensación podrá llevarse a cabo, bien mediante la cancelación directa de las inscripciones y demás asientos vigentes de las fincas originarias, con referencia al folio registral de las fincas resultantes del proyecto, bien mediante agrupación previa de la totalidad de la superficie comprendida en la unidad de ejecución y su división en todas y cada una de las fincas resultantes de las operaciones de reparcelación o compensación.

4. Tomada la nota a la que se refiere el número 1, se producirán los siguientes efectos:

a) Si el título adjudicare la finca resultante al titular registral de la finca originaria, la inscripción se practicará a favor de éste.

b) Si el título atribuyere la finca resultante al titular registral de la finca originaria según el contenido de la certificación que motivó la práctica de la nota, la inscripción se practicará a favor de dicho titular y se cancelarán simultáneamente las inscripciones de dominio o de derechos reales sobre la finca originaria que se hubieren practicado con posterioridad a la fecha de la nota.

c) En el caso a que se refiere la letra anterior, se hará constar al margen de la inscripción o inscripciones de las fincas de resultado, la existencia de los asientos posteriores que han sido objeto de cancelación, el título que los motivó y su respectiva fecha.

d) Para la práctica de la inscripción de la finca o fincas de resultado a favor de los adquirentes de la finca originaria bastará la presentación del título que motivó la práctica de asientos cancelados posteriores a la nota, con la rectificación que corresponda y en la que se hagan constar las circunstancias y descripción de la finca o fincas resultantes del proyecto, así como el consentimiento para tal rectificación del titular registral y de los titulares de los derechos cancelados conforme al apartado b). Mientras no se lleve a cabo la expresada rectificación, no podrá practicarse ningún asiento sobre las fincas objeto de la nota marginal a que se refiere la letra c).

5. El título en cuya virtud se inscribe el proyecto de reparcelación o compensación será suficiente para la modificación de entidades hipotecarias, rectificación de descripciones registrales, inmatriculación de fincas o de excesos de cabida, reanudación del tracto sucesivo, y para la cancelación de derechos reales incompatibles, en la forma que reglamentariamente se determine.

✐ Este artículo no fue derogado por la Ley 6/1998, de 13 abril (§1).

⇒ Según resulta de la STC 61/1997, de 20 marzo (RTC 1997, 61) y la disp. final única de esta Ley, en relación con lo establecido en la disp. derog. única de la Ley del Suelo

6/1998, de 13 abril (§1), este precepto es de aplicación plena en virtud del art. 149.1.8ª y 18ª de la CE.

V. arts. 6, 73 y concordantes del RD 1093/1997, de 4 julio (§2.1).

DISPOSICIONES ADICIONALES

Primera. *Especialidades de aplicación de la Ley.*

1. Las normas contenidas en la presente Ley relativas a delimitación de áreas de reparto, cálculo del aprovechamiento tipo y definición del aprovechamiento susceptible de apropiación de conformidad con lo dispuesto en el artículo 27.1 y 2, serán de aplicación, en los municipios superiores a 50.000 habitantes, en las capitales de provincia y en los municipios comprendidos en los entornos metropolitanos delimitados por la Comunidad Autónoma correspondiente.

2. Será igualmente de aplicación lo establecido en el número anterior en los municipios comprendidos entre 25.000 y 50.000 habitantes, salvo que las Comunidades Autónomas, cuando las circunstancias lo aconsejen, excluyan a municipios, que no sean capitales de provincia de tal aplicación.

3. En los municipios de población inferior a 25.000 habitantes no serán obligatorias, en suelo urbano, las normas contenidas en el número 1, salvo que las Comunidades Autónomas, por sí o a instancia de los respectivos Ayuntamientos, dispongan lo contrario.

La expropiación o sujeción al régimen de venta forzosa por incumplimiento de los plazos para urbanizar o edificar no serán aplicables en estos municipios, salvo que el Ayuntamiento, para la totalidad o parte del término municipal acuerde su aplicación con carácter general.

✐ Derogada por la Ley 6/1998, de 13 abril (§1).

⇒ Téngase en cuenta el art. único de la Ley 1/1997, de 18 junio, de Andalucía, que aprueba con carácter urgente y transitorio disposiciones en materia de régimen de suelo y ordenación urbana (§5).

Téngase en cuenta el art. único de la Ley 13/1997, de 23 diciembre, de Extremadura, que aprueba las normas reguladoras de la actividad urbanística (§32).

Téngase en cuenta el D. 132/1994, de 15 marzo, sobre aplicación en la Comunidad Autónoma del País Vasco del RDLeg 1/1992, de 26 junio, por el que se aprueba el Texto Refundido de la Ley sobre Régimen del Suelo y Ordenación Urbana (§48.1).

V. arts. 87 y concordantes del RD 1093/1997, de 4 julio (§2.1).

Segunda. *Cálculo del aprovechamiento medio.*

A los efectos de lo establecido en la disposición transitoria primera y para el suelo urbano en que no son aplicables la definición de áreas de reparto ni el aprovechamiento tipo, el aprovechamiento medio de una unidad de ejecución se calculará dividiendo la edificabilidad total, incluida la dotacional privada correspondiente a la misma, previamente homogeneizadas con los coeficientes de ponderación relativa que se definan, por la superficie total de la unidad de ejecución, excluidos los terrenos afectos a dotaciones públicas, de carácter general o local, ya existentes.

✐ Derogada por la Ley 6/1998, de 13 abril (§1).

⇒ Téngase en cuenta el art. único de la Ley 1/1997, de 18 junio, de Andalucía, que aprueba con carácter urgente y transitorio disposiciones en materia de régimen de suelo y ordenación urbana (§5).

Téngase en cuenta el art. único de la Ley 13/1997, de 23 diciembre, de Extremadura, que aprueba las normas reguladoras de la actividad urbanística (§32).

Téngase en cuenta el D. 132/1994, de 15 marzo, sobre aplicación en la Comunidad Autónoma del País Vasco del RDLeg 1/1992, de 26 junio, por el que se aprueba el Texto Refundido de la Ley sobre Régimen del Suelo y Ordenación Urbana (§48.1).

Téngase en cuenta lo establecido en la disp. final 1ª de la Ley 6/1994, de 15 noviembre, Reguladora de la Actividad Urbanística en la Comunidad Autónoma de Valencia (§53).

Tercera. *Reglas especiales para Entidades y Sociedades Públicas.*

En la aplicación de esta Ley a las Entidades Públicas y Sociedades con capital público mayoritario, cuyo fin primordial sea la promoción y urbanización de suelo o la construcción de viviendas, se tendrá en cuenta lo siguiente:

1. Si la actuación fuera urbanizadora, los plazos para edificar regirán a partir de la transmisión de los terrenos urbanizados.

2. Si la actuación fuera edificatoria, deberán observarse los plazos establecidos en los correspondientes planes o programas de viviendas aprobados por la Administración competente.

3. Cuando los terrenos necesarios para llevar a cabo las anteriores actuaciones se hubiesen obtenido por expropiación forzosa, los afectados podrán ejercitar el derecho de reversión en las condiciones y plazos establecidos en la legislación expropiatoria general.

✐ Derogada por la Ley 6/1998, de 13 abril.

⇒ Téngase en cuenta el art. único de la Ley 1/1997, de 18 junio, de Andalucía, que aprueba con carácter urgente y transitorio disposiciones en materia de régimen de suelo y ordenación urbana (§5).

Téngase en cuenta el art. único de la Ley 13/1997, de 23 diciembre, de Extremadura, que aprueba las normas reguladoras de la actividad urbanística (§32).

Téngase en cuenta el D. 132/1994, de 15 marzo, sobre aplicación en la Comunidad Autónoma del País Vasco del RDLeg 1/1992, de 26 junio, por el que se aprueba el Texto Refundido de la Ley sobre Régimen del Suelo y Ordenación Urbana (§48.1).

Téngase en cuenta que los arts. 54 y 55 de la LEF han sido modificados por la disp. adic. 5ª de la Ley 38/1999, de 5 noviembre, de Ordenación de la Edificación.

Cuarta. Realojamiento y retorno.

En la ejecución de actuaciones urbanísticas que requieran el desalojo de los ocupantes legales de inmuebles que constituyan su residencia habitual, se deberá garantizar el derecho de aquéllos al realojamiento, con sujeción a las siguientes reglas:

1ª Cuando se actúe por expropiación, la Administración expropiante o, en su caso, el beneficiario de la expropiación deberán poner a disposición de los ocupantes legales afectados viviendas en las condiciones de venta o alquiler vigentes para las sujetas a régimen de protección pública y superficie adecuada a sus necesidades, dentro de los límites establecidos por la legislación protectora.

2ª Cuando se actúe por otro sistema en unidades de ejecución, no tendrán derecho de realojo los ocupantes legales de viviendas que, en correspondencia con su aportación de terrenos, hayan de resultar adjudicatarios de aprovechamientos de carácter residencial superiores a noventa metros cuadrados o los que pudiera establecer, como superficie máxima, la legislación protectora de viviendas.

En los demás casos, la obligación de hacer efectivo el derecho de realojo corresponderá a la Administración actuante, en las condiciones señaladas en la regla 1ª, computándose como gastos de la actuación urbanística los de traslado y otros accesorios que recayesen sobre los ocupantes legales.

✐ El ap. 2 fue derogado por la Ley 6/1998, de 13 abril (§1).

⇒ Téngase en cuenta el art. único de la Ley 1/1997, de 18 junio, de Andalucía, que aprueba con carácter urgente y transitorio disposiciones en materia de régimen de suelo y ordenación urbana (§5).

Téngase en cuenta el art. único de la Ley 13/1997, de 23 diciembre, de Extremadura, que aprueba las normas reguladoras de la actividad urbanística (§32).

Téngase en cuenta el D. 132/1994, de 15 marzo, sobre aplicación en la Comunidad Autónoma del País Vasco del RDLeg 1/1992, de 26 junio, por el que se aprueba el Texto Refundido de la Ley sobre régimen del suelo y ordenación urbana (§48.1).

3ª En las actuaciones aisladas no expropiatorias, los arrendatarios de las viviendas demolidas tendrán el derecho de retorno regulado en la legislación arrendaticia, ejercitable frente al dueño de la nueva edificación, cualquiera que sea éste. En estos casos, el propietario deberá garantizar el alojamiento provisional de los inquilinos hasta que sea posible el retorno.

✐ Las reglas 1ª y 3ª no fueron derogadas por la Ley 6/1998, de 13 abril (§1).

⇒ Según resulta de la STC 61/1997, de 20 marzo (RTC 1997, 61) y la disp. final única de esta Ley, en relación con lo establecido en la disp. derog. única de la Ley del Suelo 6/1998, de 13 abril (§1), este precepto tiene el carácter de legislación básica en virtud de lo previsto en el art. 149.1.1ª, 8ª, 13ª, 18ª y 23ª de la Constitución.

V. art. 137.5 del presente Texto Refundido.

Quinta. *Financiación de actuaciones.*

Se autoriza al Instituto de Crédito Oficial para que, a través del «Banco de Crédito Local de España, Sociedad Anónima», y durante los tres primeros años de vigencia de la Ley 8/1990, de 25 de julio, concierte con las Corporaciones Locales operaciones de crédito con la finalidad exclusiva de financiar las actuaciones previstas en esta Ley.

✐ Derogada por la Ley 6/1998, de 13 abril (§1).

⇒ Téngase en cuenta el D. 132/1994, de 15 marzo, sobre aplicación en la Comunidad Autónoma del País Vasco del RDLeg 1/1992, de 26 junio, por el que se aprueba el Texto Refundido de la Ley sobre Régimen del Suelo y Ordenación Urbana (§48.1).

Sexta. Financiación del Patrimonio Municipal del Suelo.

La carga financiera derivada de las operaciones de crédito que las Corporaciones Locales hayan concertado o concierten durante los ejercicios 1992 y 1993 con la finalidad exclusiva de financiar las actuaciones de adquisición de terrenos y bienes para constitución del Patrimonio Municipal del Suelo, destinado a viviendas sometidas a algún régimen de protección pública y demás actuaciones previstas en esta Ley, no se computará a efectos del límite del 25 por 100 a que se refiere el artículo 54 de la Ley 39/1988, de 28 de diciembre, Reguladora de las Haciendas Locales. No obstante, si la carga financiera global derivada de la suma de las operaciones vigentes concertadas por la entidad local y de la proyectada excediese del 30 por 100 de los recursos de la misma, tal y como éstos son definidos en el citado artículo, sería necesaria la correspondiente autorización.

✐ Esta disposición no fue derogada por la Ley 6/1998, de 13 abril (§1).

⇒ Según resulta de la STC 61/1997, de 20 marzo (RTC 1997, 61) y la disp. final única de esta Ley, en relación con lo establecido en la disp. derog. única de la Ley del Suelo 6/1998, de 13 abril (§1), este precepto es de aplicación plena en virtud del art. 149.1.8ª y 18ª de la CE.

Séptima. *Comisión Central del Territorio y Urbanismo.*

1. La Comisión Central del Territorio y Urbanismo, encuadrada en el Ministerio de Obras Públicas y Transportes, es el órgano superior de carácter consultivo de la Administración del Estado en materias de ordenación del territorio y urbanismo.

2. La Comisión Central del Territorio y Urbanismo estará presidida por el Secretario general de Planificación y Concertación Territorial.

3. La Comisión actuará en Pleno, Sección y Ponencias.

4. El Pleno de la Comisión Central del Territorio y Urbanismo estará integrado, además de por el Presidente, por:

a) Un Vicepresidente, que será el Director general del Instituto del Territorio y Urbanismo.

b) Un Secretario, que lo será un funcionario del Ministerio de Obras Públicas y Transportes con categoría de Subdirector general, designado por el Presidente y que tendrá voz, pero no voto.

c) Un representante, con categoría de Director general, de cada uno de los Ministerios existentes, designado por el respectivo titular del Departamento.

d) El Consejero competente por razón de la materia o persona en quien delegue, de cada una de las Comunidades Autónomas.

e) Diez representantes de la Federación Española de Municipios y Provincias.

f) Los Delegados del Gobierno en las Comunidades Autónomas.

g) Hasta un máximo de cinco Vocales, designados por el Ministro de Obras Públicas y Transportes entre personas de acreditada competencia en la ordenación del territorio y urbanismo.

5. El Presidente podrá convocar a las reuniones, con voz pero sin voto, a las personas que estime conveniente para el mejor asesoramiento de la Comisión.

6. Formarán parte de la Sección, que estará presidida por el Vicepresidente de la Comisión Central, aquellos miembros de ésta designados por su Presidente, y en todo caso:

a) Cuando se someta a su informe el planeamiento de Municipios no integrados en el ámbito territorial de una Comunidad Autónoma: Los representantes, con rango de Director general de los Departamentos Ministeriales con intereses afectados por dicho planeamiento, el Delegado del Gobierno, el Delegado especial o territorial del Departamento, el Alcalde del municipio de que se trate, que tendrá voz, pero no voto, y dos Vocales, especialistas en técnica jurídica y urbanística, respectivamente, de libre designación por el Presidente de la Sección.

b) Cuando se sometan a su informe obras urgentes o de excepcional interés público del Estado, el representante del Ministerio competente por razón de la materia y promotor de las obras, el representante de la Comunidad Autónoma, un representante del Ayuntamiento o Ayuntamientos afectados por dichas obras y dos Vocales, de libre designación por el Presidente de la Sección.

7. El Pleno de la Comisión Central del Territorio y Urbanismo informará preceptivamente con carácter previo a la aprobación del Plan Nacional de Ordenación. La Sección, con el visto bueno del Presidente de la Comisión, informará los Planes Generales de Municipios no incluidos en el ámbito territorial de alguna Comunidad Autónoma, las obras urgentes o de excepcional interés a tramitar por la vía del artículo 244 de esta Ley. Asimismo, tanto el Pleno como la Sección informarán preceptivamente cuando así venga exigido por cualquier disposición legal o reglamentaria.

8. La Dirección General del Instituto del Territorio y Urbanismo actuará como órgano encargado de la preparación de los asuntos de la Comisión Central del Territorio y Urbanismo y de la gestión y ejecución de los acuerdos del Ministerio de Obras Públicas y Transportes al respecto.

✐ Derogada por la Ley 6/1998, de 13 abril (§1).

⇒ Téngase en cuenta el D. 132/1994, de 15 marzo, sobre aplicación en la Comunidad Autónoma del País Vasco del RDLeg 1/1992, de 26 junio, por el que se aprueba el Texto Refundido de la Ley sobre Régimen del Suelo y Ordenación Urbana (§48.1).

Octava. Regímenes Forales.

Esta Ley se aplicará en Navarra y en el País Vasco sin perjuicio de lo que para su régimen tributario, establecen las normas y los Convenios vigentes en la materia.

✐ Derogada por la Ley 6/1998, de 13 abril (§1).

⇒ Téngase en cuenta el D. 132/1994, de 15 marzo, sobre aplicación en la Comunidad Autónoma del País Vasco del RDLeg 1/1992, de 26 junio, por el que se aprueba el Texto Refundido de la Ley sobre Régimen del Suelo y Ordenación Urbana (§48.1).

DISPOSICIONES TRANSITORIAS

Primera. Régimen urbanístico y valoraciones.

1. A partir de la entrada en vigor de la Ley 8/1990, de 25 de julio, sobre Reforma del Régimen Urbanístico y Valoraciones del Suelo, el valor urbanístico de todo terreno será el correspondiente al grado de adquisición de facultades urbanísticas que en la misma se definen y regulan.

2. Hasta tanto, de conformidad con lo dispuesto en las disposiciones transitorias sexta y octava, se fijen los aprovechamientos tipo, y cuando no sea aplicable dicha técnica en suelo urbano, los aprovechamientos urbanísticos susceptibles de apropiación mediante el cumplimiento de los deberes establecidos en esta Ley serán:

a) En suelo urbanizable programado, el 85 por 100 del aprovechamiento medio del sector, previa deducción, en su caso, del exceso de aprovechamiento del sector respecto del medio del cuatrienio correspondiente, o del ámbito del Programa de Actuación Urbanística.

*b) En suelo apto para urbanizar el 85 por 100 del aprovechamiento que resulte de lo establecido en e*l correspondiente Plan Parcial.

c) En suelo urbano, al que se aplique el número 1 de la disposición adicional primera, el 85 por 100 del aprovechamiento medio resultante en la unidad de ejecución respectiva o, en caso de no estar el terreno incluido en ninguna de estas unidades, del permitido por el planeamiento.

d) En suelo urbano de los restantes municipios, el establecido en el artículo 27.4.

3. En los supuestos expropiatorios en los que, por no estar aprobada al tiempo de la entrada en vigor de la Ley 8/1990, la relación de propietarios y descripción de los bienes y derechos afectados, la determinación del justiprecio deba realizarse de conformidad con los criterios contenidos en dicha Ley, los aprovechamientos sobre los que deberán aplicarse serán los señalados en el número anterior.

✐ Téngase en cuenta que interpuesto por la Asociación Nacional de Promotores y Constructores de Edificios recurso contencioso-administrativo contra el RDLeg 1/1992, de 26 junio, por el que se aprobó el Texto Refundido de la Ley del Suelo y Ordenación Urbana, el TS, en S. 25 junio 1997 (RJ 1997, 5382), declara extinguido el proceso, por falta de objeto, de los particulares correspondientes a la inconstitucionalidad ya declarada de determinados preceptos de la citada norma y lo estima parcialmente, anulando los arts. 47, 160.3, 219, 237.3 y 238.2 y la disp. transit. 1ª.3 de dicho Texto Refundido.

4. Para determinar el aprovechamiento susceptible de adquisición o computar el justiprecio expropiatorio, se tendrán en cuenta, en todo caso, los aprovechamientos señalados en el número 2 de esta disposición, cuando, en el momento de la fijación de los aprovechamientos tipo, la ejecución del planeamiento en el polígono o unidad de actuación correspondiente hubiese alcanzado, según los casos, la siguiente fase procedimental:

a) En el sistema de compensación, la aprobación de la constitución de la Junta de Compensación.

b) En el sistema de cooperación, la aprobación definitiva del proyecto de reparcelación o la declaración de su innecesariedad.

c) En el sistema de expropiación, la aprobación de la relación de propietarios y descripción de los bienes y derechos afectados.

✐ Derogada por la Ley 6/1998, de 13 abril (§1).

⇒ Téngase en cuenta el art. único de la Ley 13/1997, de 23 diciembre, de Extremadura, que aprueba las normas reguladoras de la actividad urbanística (§32).
Téngase en cuenta el D. 132/1994, de 15 marzo, sobre aplicación en la Comunidad Autónoma del País Vasco del RDLeg 1/1992, de 26 junio, por el que se aprueba el Texto Refundido de la Ley sobre Régimen del Suelo y Ordenación Urbana (§48.1).

Segunda. Plazos de equivalencia para el cumplimiento de deberes.

Los plazos que deberán tenerse en cuenta para verificar el cumplimiento de los deberes urbanísticos y, consiguientemente, la adquisición de las diferentes facultades de este carácter, serán los resultantes de la aplicación de las siguientes reglas:

1ª Los plazos establecidos en los planes de etapas de los Programas de Actuación Urbanística y Planes Parciales, se entenderán como plazos para el cumplimiento de los deberes de cesión, equidistribución y urbanización, condicionantes de la adquisición del derecho al aprovechamiento urbanístico definido en el artículo 23.1 b) de esta Ley.

2ª Los plazos para completar la urbanización en suelo urbano establecidos en el planeamiento vigente se entenderán como plazos de cumplimiento de los deberes expresados en la regla anterior, si estuviera delimitada una unidad de ejecución, o del deber de convertir las parcelas en solares y solicitar la correspondiente licencia de edificación, en otro caso.

Cuando se trate de unidades pendientes de delimitación, dichos plazos se contarán desde la aprobación de la misma.

3ª Los plazos para emprender la edificación fijados en el planeamiento vigente se entenderán como plazos para solicitar licencia de edificación.

✐ Derogada por la Ley 6/1998, de 13 abril (§1).

⇒ Téngase en cuenta el art. único de la Ley 1/1997, de 18 junio, de Andalucía, que aprueba con carácter urgente y transitorio disposiciones en materia de régimen de suelo y ordenación urbana (§5).
Téngase en cuenta el art. único de la Ley 13/1997, de 23 diciembre, de Extremadura, que aprueba las normas reguladoras de la actividad urbanística (§32).
Téngase en cuenta el D. 132/1994, de 15 marzo, sobre aplicación en la Comunidad Autónoma del País Vasco del RDLeg 1/1992, de 26 junio, por el que se aprueba el Texto Refundido de la Ley sobre Régimen del Suelo y Ordenación Urbana (§48.1).

Tercera. Plazos supletorios para el cumplimiento de deberes.

1. Cuando el planeamiento vigente no fije plazos que permitan la aplicación de las reglas anteriores o cuando aquéllos hubieran ya concluido a la entrada en vigor de la presente Ley, regirán las siguientes reglas:

1ª El plazo para el cumplimiento de los deberes de cesión, equidistribución y urbanización en suelos urbanizables o aptos para urbanizar que a la entrada en vigor de la Ley 8/1990, de 25 de julio, sobre Reforma del Régimen

Urbanístico y Valoraciones del Suelo, cuenten con Plan Parcial aprobado, será de tres años a contar de dicha fecha.

2ª El plazo para el cumplimiento de los expresados deberes en polígonos o unidades de actuación delimitados en suelo urbano será de dos años desde la vigencia de dicha Ley.

3ª El plazo para la conversión de las parcelas en solares y solicitud de la correspondiente licencia de edificación en suelo urbano será de dos años a partir de la vigencia de la citada Ley, salvo que en los primeros seis meses se hubiera solicitado la delimitación de una unidad de ejecución, en cuyo caso el plazo se computará desde su aprobación.

4ª El plazo para solicitar la licencia de edificación en aquellos terrenos que a la entrada en vigor de la Ley 8/1990, de 25 de julio, merezcan la condición de solar, será de un año a contar desde ese momento.

2. En los supuestos de la disposición transitoria segunda, si a los plazos resultantes de la misma restara, a partir de la entrada en vigor de la referida Ley, una duración inferior a la establecida en el número precedente, se aplicarán los plazos señalados en éste.

✐ Derogada por la Ley 6/1998, de 13 abril (§1).

⇒ Téngase en cuenta el art. único de la Ley 1/1997, de 18 junio, de Andalucía, que aprueba con carácter urgente y transitorio disposiciones en materia de régimen de suelo y ordenación urbana (§5).

Téngase en cuenta el art. único de la Ley 13/1997, de 23 diciembre, de Extremadura, que aprueba las normas reguladoras de la actividad urbanística (§32).

Téngase en cuenta el D. 132/1994, de 15 marzo, sobre aplicación en la Comunidad Autónoma del País Vasco del RDLeg 1/1992, de 26 junio, por el que se aprueba el Texto Refundido de la Ley sobre Régimen del Suelo y Ordenación Urbana (§48.1).

Cuarta. Aprovechamiento tipo y licencias.

La fijación de los aprovechamientos tipo no afectará a la plena efectividad de las licencias ya concedidas en dicho momento.

✐ Derogada por la Ley 6/1998, de 13 abril (§1).

⇒ Téngase en cuenta el artículo único de la Ley 1/1997, de 18 junio, de Andalucía, que aprueba con carácter urgente y transitorio disposiciones en materia de régimen de suelo y ordenación urbana (§5).

Téngase en cuenta el artículo único de la Ley 13/1997, de 23 diciembre, de Extremadura, que aprueba las normas reguladoras de la actividad urbanística (§32).

Téngase en cuenta el D. 132/1994, de 15 marzo, sobre aplicación en la Comunidad Autónoma del País Vasco del RDLeg 1/1992, de 26 junio, por el que se aprueba el Texto Refundido de la Ley sobre Régimen del Suelo y Ordenación Urbana (§48.1).

Quinta. Edificaciones existentes.

1. Las edificaciones existentes a la entrada en vigor de la Ley 8/1990, de 25 de julio, situadas en suelos urbanos o urbanizables, realizadas de conformidad con la ordenación urbanística aplicable o respecto de las que ya no proceda dictar medidas de restablecimiento de la legalidad urbanística que

impliquen su demolición, se entenderán incorporadas al patrimonio de su titular.

✐ El ap. 1 no fue derogado por la Ley 6/1998, de 13 abril (§1).

⇒ Según resulta de la STC 61/1997, de 20 marzo (RTC 1997, 61) y la disp. final única de esta Ley, en relación con lo establecido en la disp. derog. única de la Ley del Suelo 6/1998, de 13 abril, este precepto tiene el carácter de legislación básica en virtud de lo previsto en el artículo 149.1.1ª, 8ª, 13ª, 18ª y 23ª de la CE.

Jurisprudencia

«El único problema que se plantea en el presente recurso radica en dilucidar si, durante la vigencia del Texto Refundido de la Ley del Suelo de 1992, respecto de las edificaciones anteriores a la entrada en vigor de la Ley 8/1990, es preciso, para inscribir una declaración de obra nueva, la licencia municipal, o basta con acreditar que la edificación se realizó antes de dicha ley y que ya no procede actuar para el restablecimiento de la legalidad urbanística [...]SEGUNDO. Como dice la Resolución de 4 febrero 1992, tratándose de obras realizadas durante la vigencia de la legislación anterior a 1990, resulta aplicable la disposición transitoria novena –después quinta–, por la que tales edificaciones pueden inscribirse, sin necesidad de acreditar su conformidad con el Ordenamiento Urbanístico, si se demuestra la realización de las mismas antes de la vigencia de la legislación expresada y que ha transcurrido el plazo de prescripción de las acciones para el restablecimiento de la legalidad urbanística sin que conste en el Registro la iniciación de expediente de infracción urbanística». **(RDGRN 1 diciembre 1998 [RJ 1998, 10480]).**

⇒ V. Jurisprudencia en arts. 198 y concordantes del TRLS/1976 (§3).

2. En los supuestos contemplados en el número anterior, el valor del suelo se determinará en función del aprovechamiento efectivamente materializado, siempre que lo hubiera sido de conformidad con la ordenación urbanística vigente al tiempo de la construcción, reducido en la proporción que resulte del tiempo de vida útil de la edificación ya transcurrida. En todo caso, como valor mínimo del suelo se entenderá el resultante de la aplicación del 85 por 100 del aprovechamiento tipo vigente al tiempo de la valoración.

✐ Ap. 2 derogado por la Ley 6/1998, de 13 abril (§1).

⇒ Téngase en cuenta el art. único de la Ley 1/1997, de 18 junio, de Andalucía, que aprueba con carácter urgente y transitorio disposiciones en materia de régimen de suelo y ordenación urbana (§5).

Téngase en cuenta el art. único de la Ley 13/1997, de 23 diciembre, de Extremadura, que aprueba las normas reguladoras de la actividad urbanística (§32).

Téngase en cuenta el D. 132/1994, de 15 marzo, sobre aplicación en la Comunidad Autónoma del País Vasco del RDLeg 1/1992, de 26 junio, por el que se aprueba el Texto Refundido de la Ley sobre Régimen del Suelo y Ordenación Urbana (§48.1).

Sexta. Adaptación del planeamiento general.

1. En la primera revisión del programa de actuación de Planes Generales, se fijarán los aprovechamientos tipo de las diferentes áreas de reparto en suelo urbano y urbanizable programado, o sólo en esta última clase de suelo, si se tratara de municipios en los que, de conformidad con la disposición adicional primera, no hubiera de regir el aprovechamiento tipo en suelo urbano; y se incorporarán las determinaciones sobre programación contenida en la citada revisión. A tal efecto, el programa de actuación podrá revisarse anticipadamente.

2. *Si la fijación de los aprovechamientos tipo se realizara sin alteración de los usos e intensidades resultantes del planeamiento general vigente, no será necesaria la observancia del procedimiento de modificación del Plan General,* bastando el procedimiento de revisión del programa.

3. *En la superficie a computar para el cálculo del aprovechamiento tipo a que se refiere el artículo 96.1 podrán incluirse también los terrenos afectos a dotaciones y equipamientos que, en ejecución de instrumentos de planeamiento general adaptados a la Ley sobre Régimen del Suelo y Ordenación Urbana, se hubieran obtenido mediante expropiación forzosa.*

4. *En la primera revisión de las Normas Subsidiarias municipales habrá de fijarse el aprovechamiento tipo en el suelo apto para urbanizar.*

5. *La legislación urbanística señalará el plazo en que deba aprobarse la revisión del planeamiento general, sin perjuicio de lo establecido en la disposición transitoria séptima.*

✐ Derogada por la Ley 6/1998, de 13 abril (§1).

⇒ Téngase en cuenta el art. único de la Ley 1/1997, de 18 junio, de Andalucía, que aprueba con carácter urgente y transitorio disposiciones en materia de régimen de suelo y ordenación urbana (§5).

Téngase en cuenta el art. único de la Ley 13/1997, de 23 diciembre, de Extremadura, que aprueba las normas reguladoras de la actividad urbanística (§32).

Téngase en cuenta el D. 132/1994, de 15 marzo, sobre aplicación en la Comunidad Autónoma del País Vasco del RDLeg 1/1992, de 26 junio, por el que se aprueba el Texto Refundido de la Ley sobre Régimen del Suelo y Ordenación Urbana (§48.1).

Téngase en cuenta lo establecido en la disp. final 1ª de la Ley 6/1994, de 15 noviembre, Reguladora de la Actividad Urbanística en la Comunidad Autónoma de Valencia (§53).

Séptima. Obligatoriedad del Plan General.

Todos los municipios en los que, de conformidad con lo establecido en la disposición adicional primera de esta Ley, hubieran de regir las normas sobre áreas de reparto y cálculo del aprovechamiento tipo en suelo urbano, deberán disponer de Plan General adaptado a la presente Ley en el plazo máximo de tres años a contar desde la entrada en vigor de la Ley 8/1990, de 25 de julio.

✐ Derogada por la Ley 6/1998, de 13 abril (§1).

⇒ Téngase en cuenta el art. único de la Ley 1/1997, de 18 junio, de Andalucía, que aprueba con carácter urgente y transitorio disposiciones en materia de régimen de suelo y ordenación urbana (§5).

Téngase en cuenta el art. único de la Ley 13/1997, de 23 diciembre, de Extremadura, que aprueba las normas reguladoras de la actividad urbanística (§32).

Téngase en cuenta el D. 132/1994, de 15 marzo, sobre aplicación en la Comunidad Autónoma del País Vasco del RDLeg 1/1992, de 26 junio, por el que se aprueba el Texto Refundido de la Ley sobre Régimen del Suelo y Ordenación Urbana (§48.1).

Téngase en cuenta lo establecido en la disp. final 1ª de la Ley 6/1994, de 15 noviembre, Reguladora de la Actividad Urbanística en la Comunidad Autónoma de Valencia (§53).

Octava. Suelo urbano en Planes sin adaptar.

A partir de la entrada en vigor de la Ley 8/1990, de 25 de julio, sobre Reforma del Régimen Urbanístico y Valoraciones del Suelo, la clasificación de un terreno como urbano en un municipio con planeamiento general no adaptado a la Ley 19/1975, de 2 de mayo, de reforma de la Ley sobre Régimen del Suelo y Ordenación Urbana, requerirá la aprobación de la delimitación del suelo urbano, que se someterá a las siguientes reglas:

1ª Los terrenos deberán contar con los requisitos previstos en el artículo 10 a) de esta Ley.

2ª La aprobación definitiva corresponderá al órgano autonómico competente, quien podrá fijar un plazo para la aprobación inicial y tramitación de la correspondiente delimitación.

✐ Derogada por la Ley 6/1998, de 13 abril (§1).

⇒ Téngase en cuenta el art. único de la Ley 1/1997, de 18 junio, de Andalucía, que aprueba con carácter urgente y transitorio disposiciones en materia de régimen de suelo y ordenación urbana (§5).

Téngase en cuenta el art. único de la Ley 13/1997, de 23 diciembre, de Extremadura, que aprueba las normas reguladoras de la actividad urbanística (§32).

Téngase en cuenta el D. 132/1994, de 15 marzo, sobre aplicación en la Comunidad Autónoma del País Vasco del RDLeg 1/1992, de 26 junio, por el que se aprueba el Texto Refundido de la Ley sobre Régimen del Suelo y Ordenación Urbana (§48.1).

DISPOSICIÓN DEROGATORIA

Única.

1. Quedan derogadas las siguientes normas de rango legal: El Real Decreto 1346/1976, de 9 de abril, por el que se aprueba el Texto Refundido de la Ley sobre Régimen del Suelo y Ordenación Urbana; el Real Decreto-ley 3/1980, de 14 de marzo, sobre creación de suelo y agilización de la gestión urbanística; el Real Decreto-ley 16/1981, de 16 de octubre, de adaptación de Planes Generales de Ordenación Urbana, y la Ley 8/1990, de 25 de julio, sobre Reforma del Régimen Urbanístico y Valoraciones del Suelo.

2. Asimismo, quedan derogadas las demás disposiciones de carácter general que se opongan a lo establecido en esta Ley.

3. En especial quedan derogados los preceptos sobre valoración de suelo contenidos en la legislación expropiatoria.

✐ Derogada por la Ley 6/1998, de 13 abril (§1).

⇒ Téngase en cuenta el D. 132/1994, de 15 marzo, sobre aplicación en la Comunidad Autónoma del País Vasco del RDLeg 1/1992, de 26 junio, por el que se aprueba el Texto Refundido de la Ley sobre Régimen del Suelo y Ordenación Urbana (§48.1).

DISPOSICIÓN FINAL

Única.

1. Tienen el carácter de legislación básica en virtud de lo previsto en el artículo 149.1.1ª, 8ª, 13ª, 18ª y 23ª de la Constitución, los siguientes preceptos: 3.1; 3.2 c); 4.1 y 4; 5; 6; 7; 8; 9.1; 11.4; 15; 16.1, 2 y 4; 17; 19; 20; 21; 22; 23; 24.1, 3 y 4; 25; 26; 27.1, 2 y 4; 28.1 y 5; 29.1; 30.1 y 3; 31.1 y 2; 32; 33.1; 34; 35; 36; 37; 38; 39; 40.1, 2 y 3; 41; 42.1, 2 y 3; 43.1; 45.1, 2, 3 y 4; 59.1 y 2; 62; 65.1; 67; 72.1; 78.2; 94.1 y 2; 95; 96.1 y 3; 97;

98; 99.1 y 2; 100; 104.1 y 3; 109.1; 113.2; 124; 132; 133; 134.1; 135; 137.5; 138 b); 140; 141; 143; 144.1; 149.3; 150; 151.1 y 3; 154; 166.1 a), c) y e); 167; 176; 183; 184.2; 203; 205; 210; 213; 227.1; 228.3 y 4; 237; 238; 239; 241; 242.1 y 6; 243.1 y 2; 245.1; 246.2; 248; 249; 253.3; 254.2; 274; 276; 277; 278.1; 280.1; 282.2; 284.3; 285; 286; las disposiciones adicionales primera, tercera, cuarta, séptima y octava; y las disposiciones transitorias primera, cuarta, quinta, sexta 1 y 4, y octava.

2. Son de aplicación plena en virtud del artículo 149.1.8ª y 18ª de la Constitución los preceptos: 43.3; 46; 47; 48; 49; 50; 51; 52; 53; 54; 55; 56; 57; 58; 60; 61; 63; 64; 66; 107; 112; 118.1; 126.1; 136.2; 159.4; 160.3; 168; 169; 170.1; 173; 174.2; 199.1 b) y 2 b); 202.1, 2, 3 y 4; 204; 206; 207; 211.3; 214; 215; 216; 217; 218; 219; 220; 221; 222; 223; 224; 225; 226; 232; 235; 240; 244.2, 3 y 4; 254.1; 255.2; 258.2 y 3; 259.3; 278.4; 287.2 y 3; 288.2 y 3; 289; 296; 299; 300; 301; 302; 303; 304; 305; 306; 307; 308; 309; 310, y las disposiciones adicionales quinta y sexta.

3. Los restantes preceptos serán de aplicación supletoria en defecto de regulación específica por las Comunidades Autónomas en ejercicio de sus competencias.

4. En el plazo de tres meses desde la publicación de esta Ley el Gobierno establecerá por Real Decreto la tabla de vigencia de los Reglamentos de Planeamiento, Gestión Urbanística, Disciplina Urbanística, Edificación Forzosa y Reparcelaciones.

✐ Derogada por la Ley 6/1998, de 13 abril (§1).

⇒ Téngase en cuenta el D. 132/1994, de 15 marzo, sobre aplicación en la Comunidad Autónoma del País Vasco del RDLeg 1/1992, de 26 junio, por el que se aprueba el Texto Refundido de la Ley sobre Régimen del Suelo y Ordenación Urbana (§48.1).

§ 2.1 REAL DECRETO 1093/1997, DE 4 JULIO. APRUEBA LAS NORMAS COMPLEMENTARIAS AL REGLAMENTO PARA LA EJECUCIÓN DE LA LEY HIPOTECARIA SOBRE INSCRIPCIÓN EN EL REGISTRO DE LA PROPIEDAD DE ACTOS DE NATURALEZA URBANÍSTICA

(BOE núm. 175, de 23 julio [RCL 1997, 1861])

Desde la Ley del Suelo y de Ordenación Urbana de 12 de mayo de 1956 ha sido una aspiración permanente realizar una adecuada coordinación entre el Registro de la Propiedad y la acción administrativa urbanística que, no obstante, hasta la fecha, nunca había sido abordada de una forma global a pesar de los reiterados llamamientos legislativos sobre este punto. A través de la disposición adicional décima de la Ley 8/1990, de 25 de julio (arts. 307 a 310 del Texto Refundido de 26 de junio de 1992), se ha regulado el tema mediante unas breves pero imprescindibles normas susceptibles de un desarrollo reglamentario posterior más detallado, como en el propio texto legal se reconoce. Así, aunque los preceptos que integran este Real Decreto se refieren a materias urbanísticas, su contenido es exclusivamente registral, por lo que en cuanto normas hipotecarias –jurídico-privadas– están llamadas a tener una pervivencia independiente de las vicisitudes de las normas sobre urbanismo. En tal sentido, se ha procurado en el presente Real Decreto evitar las referencias concretas a la legislación urbanística, toda vez que la competencia para su elaboración está atribuida con carácter exclusivo a las Comunidades Autónomas, salvo en las materias expresamente reservadas al Estado.

La acción urbanística y el Registro de la Propiedad se desenvuelven en esferas distintas, pues, la primera no es materia propiamente registral y las mutaciones jurídico-reales, cuando se reflejan en el Registro de la Propiedad, se plasman con arreglo a sus normas propias e independientemente de las urbanísticas. No obstante, si la acción urbanística en sí misma provoca una alteración en las titularidades inmobiliarias surge un punto de contacto de necesaria coordinación. A la vez, es conveniente que los poderes públicos se sirvan de una institución que, aunque se desenvuelve en el campo privado, puede ser una eficaz colaboradora a la actuación urbanística. Desde esta doble vertiente se ha realizado el desarrollo reglamentario de los preceptos legales, puesto que, por un lado, se ha dado entrada a una gran información urbanística que en otro tiempo quedaba fuera de los libros registrales, pero sin desvirtuar el contenido y los efectos que son consustanciales al Registro de la Propiedad y, por otro, se ha desarrollado el mandato legal buscando soluciones que sin debilitar la acción pública sean, no obstante, respetuosas y coherentes con la normativa registral.

El mandato legal ordena realizar las modificaciones del Reglamento Hipotecario necesarias para el desarrollo de la disposición adicional décima de la Ley 8/1990, de 25 de julio, y, lógicamente, del Real Decreto-ley 7/1996, de 7 de junio, sobre Medidas Urgentes de Carácter Fiscal y de Fomento y Liberalización de la Actividad Económica. El camino que se ha escogido ha sido el de elaborar un único texto que quede incorporado como normas complementarias al Reglamento Hipotecario; esta solución se ha estimado preferible a realizar una intercalación de los preceptos dentro del Reglamento que en la mayoría de las ocasiones tendrían una difícil colocación sistemática, a la vez que, con ello, se rompería la necesaria visión de conjunto que la materia ha de ofrecer. Con tales planteamientos de fondo y forma se ofrece un conjunto normativo que está anclado no sólo en la disposición adicional que le sirve de apoyo sino también en el resto de las normas urbanísticas y en los preceptos generales de la legislación hipotecaria y que en sí mismo contiene mecanismos suficientes para afrontar los problemas que puedan presentarse de cara al Registro de la Propiedad, ofreciendo soluciones que, en cuanto registrales, han de ser uniformes en todo el Estado, en una materia, la registral, también necesariamente uniforme, por afectar a los derechos y garantías fundamentales de los ciudadanos y ser de orden público. La regulación reglamentaria se ha distribuido en doce capítulos, que se acompañan por una disposición derogatoria y dos finales insertos en el Real Decreto.

El Capítulo I, relativo a las disposiciones generales no contiene un especial desarrollo, puesto que la enumeración de la materia inscribible está ya suficientemente pormenorizada en la norma legal. Unicamente se puntualiza en relación al documento administrativo, en cuanto título formal inscribible, que ha de expedirse por duplicado (con ello se recoge lo que para la mayoría de los casos está ya establecido –cfr., por ejemplo, el art. 307 del RH–) y, en relación al acuerdo que contenga, que éste ha de agotar la vía administrativa, salvo que para actos determinados se establezca otra cosa.

La inscripción de los proyectos de equidistribución se regula en el Capítulo II. Se contemplan especialmente los requisitos y los efectos de la nota marginal de iniciación del expediente de reparcelación o de afección de los terrenos comprendidos en una unidad de ejecución al cumplimiento de las obligaciones inherentes al sistema de compensación. Respecto de la práctica de la citada nota marginal merece destacarse que se haga una especial previsión de la posibilidad de practicarse sobre fincas situadas fuera de la unidad, pero adscritas al proyecto, y sobre aprovechamientos urbanísticos inscritos en folio independiente; igualmente se detalla la rogación necesaria para la práctica de la nota marginal, su duración y la actuación que ha de observar el Registrador de la Propiedad.

En cuanto al título para practicar la inscripción de las operaciones reparcelatorias se ha cuidado con detalle, puesto que constituye un documento de gran complejidad técnica, con distinción nítida del supuesto en el que el título reparcelatorio se produce por consentimiento unánime de los titulares vertido en escritura pública, cuyo contenido se somete a aprobación administrativa, de aquel en el que la mutación real tiene su origen en la voluntad pública.

Sin embargo, en este Capítulo lo más importante es la regulación de los efectos del proceso de ejecución, bien sean los de la nota marginal de iniciación del proyecto de equidistribución, bien sean los que se derivan de la aprobación definitiva del citado proyecto. Por lo que se refiere a los primeros, el Reglamento no hace sino recoger el mandato legal, si bien destaca con mayor rigor, si cabe, la cancelación de aquellos asientos que siendo posteriores a la fecha de la nota marginal corresponden a titulares que no se han personado en el expediente de equidistribución, escogiéndose así una de las posibles soluciones frente a otras que podrían haberse adoptado manteniendo aquellas cargas o gravámenes que trajeren causa de quien resultare ser el adjudicatario de la finca de reemplazo; el mayor rigor en la cancelación (la cual tiene carácter formal, por lo que no ha de presumirse extinguido el derecho que consta en el asiento cancelado) se ve contrarrestado con el establecimiento de un mecanismo reglamentario que posibilita la inscripción de la finca de resultado o los derechos constituidos sobre la de origen a favor de los titulares del asiento cancelado, incluso cuando no fuere posible obtener la conformidad del nuevo titular registral.

Por lo que se refiere a los efectos que se derivan de la aprobación definitiva del proyecto de equidistribución, la norma legal concede una amplia habilitación que el Reglamento ha utilizado con mesura. Así, el título puede tener virtualidad inmatriculadora y puede rectificar las descripciones fundiarias, pero cuando el proyecto se hubiere llevado a cabo por acuerdo unánime de los interesados, o a instancia de propietario único, dado que en estos casos la publicidad del expediente es limitada, se exige expresamente el sometimiento del proyecto al trámite ordinario de información pública previsto en la legislación urbanística. En cuanto a la reanudación del tracto interrumpido y la cancelación de asientos contradictorios se han establecido soluciones inspiradas en el artículo 202 de la Ley Hipotecaria; igualmente soluciones alejadas de extremismos son las que se contemplan para los supuestos de doble inmatriculación y de titularidades desconocidas o controvertidas o cuyo titular se encuentre en ignorado paradero.

Por otro lado, el régimen establecido para la distribución de cargas y gravámenes de una finca de origen varias de reemplazo y la necesidad de que el órgano actuante determine la cuota de la única finca de resultado que sustituya, por subrogación real, a varias de origen, así como la exigencia de que en la cancelación de asientos que se refieran a derechos contradictorios con el planeamiento sea necesario que así se haya declarado y, en su caso, asegurado el cobro de la indemnización que correspondiere, constituyen novedades no previstas en la legislación vigente que se consideran básicas para simplificar y facilitar la inscripción. Por último, en materia de afección al cumplimiento de obligaciones urbanísticas se ha procurado una redacción adecuada a los principios registrales de especialidad y de prioridad.

En el Capítulo III se regula la inscripción de expropiaciones urbanísticas, cuya presencia está justificada en cuanto que la Administración actuante puede aplicar el procedimiento de tasación conjunta y sus especiales normas registrales a cualquier tipo de expropiación urbanística. Para que tenga lugar la aplicación de las normas generales de expropiación es suficiente el artículo 32 del Reglamento Hipotecario, pero, cuando la expropiación recae sobre las fincas incluidas total o parcialmente en una unidad de ejecución la Administración podrá optar por la inscripción conjunta de la totalidad o parte de las fincas expropiadas, en cuyo caso se hace necesario una especial previsión de las posibles patologías que puedan presentarse. Así se ha hecho, recogiendo algunas soluciones contenidas en el texto refundido de la Ley del Suelo de 9 de abril de 1976, hoy vigente en gran parte, dando una especial intervención al Ministerio Fiscal en defensa de los intereses de titulares desconocidos o no comparecientes y estableciendo la posibilidad de que mediante acta de notoriedad puedan solucionarse problemas de pronunciamientos registrales contrarios a la realidad, sin que sea necesario aprobación judicial. La regulación del tema se completa recabando la colaboración del Registrador de la Propiedad para los casos en los que existan fincas inscritas que no han sido incluidas en el expediente de expropiación.

El Capítulo IV regula la inscripción de las cesiones de terrenos con carácter obligatorio que resulten de los Planes de Ordenación. En el supuesto en el que dichas cesiones tengan lugar dentro de un proyecto de equidistribución o entre particulares concretos y la Administración no se plantean especiales dificultades, salvo en el supuesto de innecesariedad de la reparcelación en los casos de propietario único o de acuerdo sobre la localización del aprovechamiento que era necesario resolver. Sin embargo, el problema surge cuando no es posible contar con la titulación ordinaria o cuando por haberse producido con anterioridad la apropiación de todas las facultades urbanísticas a favor de los particulares deban entenderse transmitidas las superficies de cesión obligatoria previstas en el planeamiento. Para este caso se ha establecido un mecanismo que permite a la Administración la inscripción de las superficies de cesión obligatoria, si bien con la adopción de una serie de garantías y cautelas que evitan el que se acuda a este procedimiento cuando con él pudiere producirse a un particular un especial perjuicio, si la cesión obligatoria y el coste que ello supone debieren ser objeto de equidistribución.

Especialmente novedoso es el Capítulo V relativo a la inscripción del aprovechamiento urbanístico, puesto que ha tenido que establecerse una regulación que siendo respetuosa con la institución registral se adapte a un concepto, el de aprovechamiento urbanístico, que forma parte del contenido de la propiedad urbana, pero, no obstante, es susceptible de tráfico jurídico (aunque con finalidad preestablecida) o incluso es considerado como finca registral en determinados supuestos. Así, la adquisición del derecho al aprovechamiento urbanístico apropiable puede hacerse constar por nota marginal en la finca de la que forma parte, la transmisión o distribución entre distintas fincas se hace constar en un asiento de inscripción y su tratamiento como finca registral independizada lleva a la apertura de folio también independiente.

La transmisión de unidades de aprovechamiento recibe un tratamiento distinto según se haga coactiva (en cuyo caso ha de estarse a las normas de la expropiación forzosa) o voluntariamente; en este segundo supuesto la regulación introducida ha tenido en cuenta la necesidad de conectar las fincas que se ponen en relación a fin de dar salida a los problemas que pueden plantearse ante la existencia de posibles y complejas situaciones jurídicas sobre cada una de ellas. En la solución ofrecida puede verse un claro eco de la que ya existe en la legislación hipotecaria cuando regula la anotación preventiva de créditos refaccionarios, distinguiéndose cuotas de valor sobre las que se mantendrá la situación jurídica que existiere sobre la finca originaria; pero la regulación no sería completa si no se hubiere dotado a la inscripción registral de una eficacia superior a la de una inscripción normal, lo que tiene su justificación en el hecho de que nos encontramos ante una situación jurídica no susceptible de contacto posesorio; igualmente se prevé la regulación específica de la coordinación del negocio civil de transferencia con la autorización administrativa o la inscripción en registros administrativos, en cuanto tal requisito se exija por la Administración urbanística.

La razón de ser de esta regulación, una vez publicada la Sentencia del Tribunal Constitucional de 20 de marzo de 1997, consiste en que la legislación sobre actuaciones asistemáticas declarada nula por falta de título competencial del Estado, puede ser objeto de nueva regulación por las Comunidades Autónomas, como ha ocurrido en Cantabria a través de su Ley 1/1997, de 25 de abril, de Medidas Urgentes en Materia de Régimen del Suelo y Ordenación Urbana.

Los supuestos de apertura de folio independiente se establecen en aquellos casos en los que no pueden inscribirse las unidades de aprovechamiento en el folio correspondiente a la finca de que proceden. En su regulación se ha tenido en cuenta la necesidad de mantener siempre el carácter real del folio y el que éste ha de desaparecer forzosamente pues su situación es transitoria, de puente entre otras fincas.

El Capítulo VI se refiere a las inscripciones de obra nueva cuya regulación legal se encuentra en el artículo 37.2 del Texto Refundido de 26 de junio de 1992. La regulación establecida pretende responder a la finalidad perseguida con el precepto legal: evitar que nazcan a la vida jurídica unidades inmobiliarias susceptibles de tráfico jurídico que no existen ni podrán existir en el mundo real. No se ha querido (ni hubiera sido oportuno) alterar los mecanismos a través de los cuales la obra nueva puede acceder al Registro de la Propiedad, pero sí ha sido necesario determinar los requisitos descriptivos que han de contener las escrituras de dicha clase, puesto que la normativa vigente no los señala. La finalidad perseguida lleva a que tanto en la escritura pública relativa a la obra en construcción como en la que ya está construida sea necesario que un técnico (expresión que queda en el Reglamento precisada en su alcance) dictamine que lo declarado por la persona legitimada para ello coincide con lo proyectado o con lo proyectado y construido, aunque sólo en aquello que es el contenido propio de las escrituras de obra nueva.

Por lo demás, para evitar una regulación incompleta se han previsto otros extremos, como la posibilidad de licencias obtenidas por acto administrativo presunto, la constancia de la terminación de la obra en construcción, las consecuencias que pudieran producirse en el supuesto de que dicha terminación no se reflejara en el Registro de la Propiedad, la inscripción de construcciones respecto de las cuales no cabe adoptar medidas de disciplina urbanística, la necesidad de conectar las declaraciones de obra nueva con, en su caso, las constituciones de regímenes de propiedad horizontal y la colaboración de los Registradores de la Propiedad con las autoridades urbanísticas.

Los Capítulos VII y VIII regulan las anotaciones preventivas decretadas en procedimiento administrativo y en procedimiento contencioso-administrativo, ya lo sean estas últimas a instancia de la Administración como de los particulares. Una de las finalidades perseguidas en la nueva normativa ha sido la de lograr que el Registrador de la Propiedad pudiera ser un eficaz cooperante en materia de disciplina urbanística –sin que como se expresó anteriormente– se desvirtuara su función. Es por ello que aunque la incoación de expedientes sancionadores o de incumplimiento de obligaciones de esta naturaleza puedan acceder al Registro mediante anotación preventiva, ello será sólo posible en cuanto la infracción o el incumplimiento tengan directa repercusión sobre las fincas, por lo que no podrán acceder aquellos expedientes que sólo persiguen la imposición de una sanción económica, para lo que se prevé que pueda solicitarse una anotación preventiva de embargo. La regulación de estas anotaciones preventivas se ha hecho especificando el título para practicarlas, su duración, prórroga, cancelación y eficacia.

Pero también existe la previsión legal de que pueda acceder al Registro, a instancia de los particulares, la interposición de recurso contencioso-administrativo que pretenda la anulación de instrumentos de planeamiento, de instrumentos de ejecución del mismo o de licencias. La anotación preventiva en estos casos ha de estar rodeada de las necesarias cautelas a fin de evitar que la actuación pública se resintiere injustificadamente; por ello se establece en el Capítulo VIII el que los Tribunales deban exigir caución adecuada. Por lo demás, en cuanto a la práctica de asientos derivados de la anotación preventiva se ha tenido en cuenta la posible confluencia de distintos órdenes jurisdiccionales.

El Capítulo IX se refiere a las notas marginales. No se trata de regular cualesquiera manifestaciones de este asiento en la materia urbanística, puesto que a lo largo del texto existe ya una profusa referencia a las mismas. El Capítulo desarrolla el artículo 307.4 del Texto Refundido de 1992 que posibilita el acceso al Registro de las condiciones especiales de concesión de licencias, condiciones que sólo podrán reflejarse cuando las mismas hayan de cumplirse directamente sobre la finca sobre la que la licencia se concede. Igualmente se regula la nota marginal de la declaración de ilegalidad de la licencia de edificación, de concesión de licencias para obras y usos provisionales y la nota marginal acreditativa de la adquisición del aprovechamiento urbanístico.

La regulación de la inscripción de los actos de parcelación se hace en el Capítulo X. Al respecto, se ha tenido en cuenta la existencia de distintas normas urbanísticas materiales en diferentes Comunidades Autónomas, por lo que los artículos son estrictamente tabulares dejando a aquellas normas las cuestiones de fondo; ello significa que la aplicación de las soluciones hipotecarias –únicas y uniformes– dependerán, en gran medida, de la previa aplicación de las diversas regulaciones sustantivas autonómicas, sobre todo en lo que se refiere a sus propios criterios en materia de parcelación. Por otra parte, se pretende, en todo caso, una regulación equilibrada, que tenga en cuenta, simultáneamente, la necesaria labor de policía administrativa en la represión del ilícito, de cualquier tipo que éste sea, y la seguridad del tráfico inmobiliario, que se refleja básicamente en la exactitud del Registro.

Como consecuencia del criterio del dictamen del Consejo de Estado, en materia de parcelación el Reglamento hace referencia exclusivamente a la actuación de los Registradores de la Propiedad, sin que el articulado entre en la regulación de la actuación notarial.

En el Capítulo XI se regula la inscripción de las transmisiones sujetas a tanteo y retracto urbanístico. El mecanismo legal se ha completado mediante la exigencia de que los particulares declaren en la escritura pública si el terreno o vivienda transmitido se halla o no incluido en área de tanteo y retracto, cuando en un término municipal se hubieren delimitado dichas áreas. También se establece el modo en que el Registrador ha de cooperar con los mismos para la mayor efectividad de las previsiones que se han regulado. Sobre este punto debe señalarse que la normativa reglamentaria se desarrolla por idénticas razones que las antes citadas en el comentario al Capítulo V del Reglamento.

El último Capítulo se dedica al régimen de venta forzosa, recogiendo unitariamente los distintos supuestos que, de conformidad con la Ley, pueden desembocar en la misma; para ello se regula la nota marginal acreditativa de la inclusión de la finca en el Registro Administrativo de Solares y Terrenos sin Urbanizar, la nota marginal que ponga de manifiesto la aplicación del régimen de venta forzosa, las reglas que han de regular la inscripción de la venta así realizada y la situación en que quedarán los asientos posteriores al momento en que registralmente quedó constatada la aplicación del régimen de transmisión coactiva.

El presente texto ha tenido en cuenta, además de las disposiciones vigentes, la Sentencia del Tribunal Constitucional de 20 de marzo de 1997, que admite la constitucionalidad de los preceptos que las Leyes enjuiciadas, es decir, la Ley 8/1990, de 25 de julio, y el Texto Refundido de la Ley del Suelo aprobado por Real Decreto Legislativo de 26 de junio de 1992, destinan al Registro de la Propiedad, por ser competencia exclusiva del Estado, en base al artículo 149.1.8ª de la Constitución Española. Asimismo, ha tenido en cuenta las sugerencias que resultan del preceptivo informe del Consejo de

Estado, especialmente en lo que se refiere al carácter registral de la norma reglamentaria y a otras cuestiones de estilo.

En definitiva, la norma que se aprueba tiene una finalidad de clarificación jurídica en una materia compleja, cuya aplicación supondrá la agilización de los procesos urbanísticos de transformación del suelo y, por ende, una medida básica para facilitar la disposición de terrenos edificables y evitar la especulación. De forma decidida, se afronta dar curso a la plena eficacia del fundamento y dictado del Real Decreto-ley 5/1996, de 7 de junio, de Medidas Liberalizadoras en Materia de Suelo y de Colegios Profesionales, origen de la Ley 7/1997, de 17 de abril, facilitando la creación de suelo urbano con el instrumento técnico adecuado para la protección jurídica del derecho de propiedad mediante la publicidad registral (calificación, prioridad, legitimación, fe pública, imponibilidad), garantía del acceso al crédito, personal y territorial, enmarcado en los preceptos constitucionales que reflejan su función social e imponen el derecho de los ciudadanos a una vivienda digna.

En su virtud, a propuesta de la Ministra de Justicia, de acuerdo con el Consejo de Estado y previa deliberación del Consejo de Ministros en su reunión del día 4 de julio de 1997, dispongo:

Artículo único. Aprobación de las normas complementarias al Reglamento.

Se aprueban las normas complementarias al Reglamento para la ejecución de la Ley Hipotecaria sobre inscripción en el Registro de la Propiedad de actos de naturaleza urbanística adjuntas.

DISPOSICIÓN DEROGATORIA

Única. Derogación normativa.

Quedan derogadas todas las disposiciones contenidas en el Reglamento de Gestión Urbanística de 25 de agosto de 1978, en cuanto se refieran al acceso al Registro de la Propiedad de actos de naturaleza urbanística. Asimismo quedan derogadas todas las disposiciones del Reglamento de Parcelaciones y Reparcelaciones del Suelo afectado por Planes de Ordenación Urbana, de 7 de abril de 1966 y del Reglamento de Edificación Forzosa y Registro Municipal de Solares, declarados en vigor por el Real Decreto 304/1993, de 23 de febrero, en cuanto contengan referencias al Registro de la Propiedad.

DISPOSICIONES FINALES

Primera. Carácter de la disposición.

El contenido del presente Real Decreto tendrá la consideración de Normas Complementarias del Reglamento para la aplicación de la Ley Hipotecaria.

Segunda. Entrada en vigor.

El presente Real Decreto entrará en vigor al día siguiente de su publicación en el «Boletín Oficial del Estado».

CAPÍTULO I
Disposiciones generales

Artículo 1. Actos inscribibles.

Serán inscribibles en el Registro de la Propiedad, además de los actos expresamente regulados en este Real Decreto, los siguientes:

1. Los actos firmes de aprobación de los expedientes de ejecución del planeamiento, en cuanto supongan la modificación de las fincas registrales afectadas por el Plan, la atribución del dominio o de otros derechos reales sobre las mismas o el establecimiento de afecciones o garantías reales que aseguren la obligación de ejecutar o de conservar la urbanización.

2. Las cesiones de terrenos con carácter obligatorio en los casos previstos por las Leyes o como consecuencia de transferencias de aprovechamiento urbanístico.

3. Los actos de transferencia y gravamen del aprovechamiento urbanístico, incluso como cuando den lugar a un derecho separado del suelo, mediante la apertura de folio independiente.

4. Las condiciones especiales de concesión de licencias en los términos previstos por las Leyes.

5. La incoación de expedientes que tengan por objeto la declaración del incumplimiento del deber de urbanizar o edificar o que se instruyan en materia de disciplina urbanística sobre fincas determinadas, así como la iniciación del procedimiento que tenga por objeto el apremio administrativo para garantizar el cumplimiento de las sanciones impuestas.

6. La interposición de recurso contencioso-administrativo que pretenda la anulación de los planes de ordenación, de sus instrumentos de ejecución o de las licencias, así como de la demanda formulada en dicho recurso.

7. Las sentencias firmes en que se declare la anulación a que se refiere el apartado anterior, cuando se refieran a fincas determinadas y haya participado su titular en el procedimiento.

8. Cualquier otro acto administrativo que en desarrollo del planeamiento o de sus instrumentos de ejecución modifique, desde luego o en el futuro, el dominio o cualquier otro derecho real sobre fincas determinadas o la descripción de éstas.

⇒ V. art. 307 del TRLS/1992 (§2).
V. art. 21 de la Ley 6/1998, de 13 abril (§1).
V. art. 7 del RH.

Artículo 2. Título inscribible.

El título para la inscripción de los actos a que se refiere el artículo 1 se sujetará a las siguientes reglas:

1. Los que tengan su origen en negocios o contratos entre particulares deberán formalizarse en escritura pública y los que tengan su origen en actuaciones jurisdiccionales se inscribirán en virtud de mandamiento del Juez o

Tribunal correspondiente, en el que se transcriba la providencia o el auto recaído o se ordene la inscripción de la sentencia de que se trate.

2. Salvo los casos en que la legislación establezca otra cosa, los actos administrativos se inscribirán mediante certificación de la misma naturaleza que cumpla los siguientes requisitos:

a) Que se expida, en ejemplar duplicado, por el Secretario de la entidad u órgano actuante y con inserción literal del acuerdo adoptado.

b) Que exprese que el acto ha puesto fin a la vía administrativa, salvo lo dispuesto en este Reglamento para acuerdos determinados.

c) Que se hagan constar en ella, en la forma exigida por la Legislación Hipotecaria, las circunstancias relativas a las personas, los derechos y las fincas a los que afecte el acuerdo.

3. En el supuesto contemplado en el apartado 2, el Registrador, una vez practicado el asiento que corresponda, archivará uno de los ejemplares de la certificación y devolverá el otro con nota de las operaciones realizadas. En el caso de que deniegue o suspenda total o parcialmente la inscripción deberá hacer constar el medio que, a su juicio, fuese procedente para subsanar el defecto que motivó la suspensión, o bien la forma más adecuada, en su caso, de obtener la inscripción en el supuesto de que el defecto, por su carácter insubsanable, hubiera motivado la denegación del título.

⇒ V. art. 308 del TRLS/1992 (§2).
V. art. 33 del RH.

Artículo 3. Planos de situación.

Los documentos públicos a que se refiere el artículo 2, cualquiera que sea su clase y la naturaleza del acto o negocio inscribible, se presentarán ante el Registrador para la calificación y práctica de los asientos respectivos, acompañados del plano de la finca o fincas a que afecten, de acuerdo con lo dispuesto en las reglas siguientes:

1. El plano se archivará en los términos previstos en el inciso segundo del apartado 4 del artículo 51 del Reglamento Hipotecario. Podrá acompañarse también al plano citado copia del mismo en soporte magnético u óptico.

2. El Registrador remitirá copia del mismo a la Oficina Catastral competente, para que, en los términos establecidos en la legislación aplicable, dicha Oficina remita, en su caso, al mismo los datos identificadores de la finca o fincas objeto del acto de que se trate.

3. Cuando el acto inscribible se origine en un procedimiento tramitado ante la Administración urbanística, el plano que ha de acompañar al título será el que sirva de base al acuerdo administrativo procedente o a la licencia cuya concesión constituya requisito para la inscripción. En los demás supuestos, deberá acompañarse plano a escala adecuada de la finca o fincas objeto del título inscribible.

⇒ V. arts. 298.5 y 398 b) del RH.
V. art. 51.4 del RH.

V. arts. 50 a 57 de la Ley 13/1996, de 30 diciembre.
V. O. 23 junio 1999.

CAPÍTULO II

Inscripción de los proyectos de equidistribución

Artículo 4. Fincas y derechos sujetos.

Quedarán sujetos al procedimiento de equidistribución que resulte aplicable las fincas, partes de fincas o derechos de aprovechamiento urbanístico, comprendidos dentro de los límites de la unidad de ejecución, y las fincas, partes de fincas o derechos de aprovechamiento urbanístico adscritos, cuyos titulares tengan derecho a participar en el aprovechamiento reconocido a dicha unidad, aunque tales fincas o aprovechamientos constituyan o se refieran a terrenos situados fuera de los límites de la misma.

⇒ V. arts. 5, 14 y 18 de la Ley 6/1998, de 13 abril (§1).

Artículo 5. Nota marginal de iniciación del procedimiento.

1. A requerimiento de la Administración o de la entidad urbanística actuante, así como de cualquiera otra persona o entidad que resulte autorizada por la legislación autonómica aplicable, el Registrador practicará la nota al margen de cada finca afectada expresando la iniciación del procedimiento y expedirá, haciéndolo constar en la nota, certificación de dominio y cargas. En la solicitud constarán las fincas, porciones o derechos de aprovechamiento, afectados a la unidad de ejecución. Cuando se trate de unidades sujetas al sistema de compensación, para la práctica de la nota marginal citada bastará que haya sido otorgada la escritura pública de constitución de la entidad.

2. La nota marginal tendrá una duración de tres años y podrá ser prorrogada por otros tres a instancia de la Administración actuante o de la entidad urbanística colaboradora.

3. Cuando con posterioridad a la nota se practique cualquier asiento en el folio registral, se hará constar en la nota de despacho del título correspondiente el contenido de la misma.

4. La nota practicada producirá, en todo caso, los efectos previstos en los artículos 14 y siguientes.

⇒ V. arts. 309.3, 310.1 y 310.2 del TRLS/1992 (§2).

Artículo 6. Título inscribible.

Será título idóneo para la inscripción de la reorganización de la propiedad la certificación de la Administración actuante acreditativa de la aprobación definitiva del proyecto. Dicha certificación podrá protocolizarse mediante el acta a la que se refiere el artículo 211 del Reglamento Notarial, a requerimiento de la Administración actuante o de la entidad urbanística colaboradora a cuya instancia se hubiere tramitado el proyecto. También será título inscribible la escritura pública otorgada por todos los titulares de las fincas y aprovechamientos incluidos en la unidad, a la que se acompañe certificación de la aprobación administrativa de las operaciones realizadas.

⇒ V. arts. 307.1 y 309.1 del TRLS/1992 (§2).

Artículo 7. Circunstancias que ha de contener el título.

El título inscribible, sin perjuicio de los requisitos exigidos por la legislación urbanística aplicable, deberá contener las circunstancias exigidas por la legislación hipotecaria y especialmente:

1. Referencia a la unidad de ejecución y a la aprobación definitiva del Plan que se ejecuta y, en su caso, al expediente de delimitación de la propia unidad, con especificación de la fecha de aprobación del proyecto de equidistribución y de su publicación en el Diario Oficial que corresponda.

2. Descripción de cada una de las fincas, partes de fincas y unidades de aprovechamiento incluidas en la unidad de ejecución o adscritas a ésta, con especificación de su titularidad y de las cargas y gravámenes inscritos sobre las mismas y, en su caso, de sus datos registrales.

3. Especificación respecto de cada finca de origen de las modificaciones que se produzcan en su descripción o en su titularidad, cuando los datos resultantes del Registro no coincidieren con los del proyecto.

4. Determinación de la correspondencia entre las superficies o aprovechamientos aportados al proyecto y las fincas de resultado adjudicadas, conforme al mismo, a los titulares de las primeras.

5. En el caso de que en el proyecto se lleve a cabo la agrupación instrumental de la totalidad de las fincas de origen que forman parte de la unidad de ejecución, se describirá la finca agrupada, que deberá comprender solamente los terrenos físicamente incluidos en la unidad de que se trate.

6. Especificación de las cargas y derechos inscritos sobre las fincas de origen que han de ser objeto de traslado o de cancelación conforme a lo señalado en el artículo 11.

7. Descripción de las construcciones que se mantienen y especificación de las fincas de resultado en que se ubican. Se expresarán, en su caso, las construcciones existentes, aunque no hubieran sido objeto de previa inscripción registral.

8. Descripción de las fincas de resultado formadas en virtud del proyecto de equidistribución, conforme a lo dispuesto en la Legislación Hipotecaria, bien por sustitución de las fincas originarias, bien por segregación de la agrupada instrumentalmente a estos efectos.

9. Determinación de la cuota que se atribuya a cada una de las fincas de resultado en la cuenta de liquidación del proyecto de equidistribución, de acuerdo con lo establecido en el artículo 20.1.

10. Adjudicación de las fincas de resultado a los titulares a quienes correspondan por título de subrogación o de cesión obligatoria.

11. Relación de los propietarios de fincas y de aprovechamientos, así como de los titulares de las cargas y gravámenes afectados por la equidistri-

bución, con especificación de sus circunstancias personales, de acuerdo con lo dispuesto en la Legislación Hipotecaria, y con expresa indicación de haber sido notificados en el expediente.

12. Plano de las fincas de resultado. Cuando se hubieren incluido en la unidad de ejecución fincas situadas fuera de ella o que hubieren sido objeto de ocupación directa, con apertura de folio independiente a su aprovechamiento, se aportará plano aparte de las mismas. Al título inscribible se acompañará ejemplar por duplicado de los planos para su archivo en el Registro de la Propiedad.

⇒ V. art. 51 del RH.

Artículo 8. Inmatriculación, rectificación de descripción y formación de fincas de origen.

La aprobación definitiva del proyecto de equidistribución será título suficiente para:

1. La inmatriculación de fincas que carecieren de inscripción y la rectificación de su extensión superficial o de sus linderos o de cualquier otra circunstancia descriptiva, sin necesidad de otro requisito. Cuando el proyecto se hubiere llevado a cabo por acuerdo unánime de los interesados o a instancia de propietario único, para que produzca los efectos previstos en este párrafo deberá someterse al trámite ordinario de información pública previsto en la legislación urbanística para los proyectos de equidistribución.

2. La realización de las operaciones de modificación de entidades hipotecarias que sean precisas para la formación de las fincas que han de ser incluidas en la unidad de ejecución.

⇒ V. art. 310 del TRLS/1992 (§2).
V. arts. 298 a 302 del RH.

Artículo 9. Reanudación del tracto sucesivo interrumpido sobre las fincas de origen.

Cuando alguna de las fincas incluidas en la unidad de ejecución constare inscrita a favor de persona distinta de quien justificare en el expediente mejor derecho de propiedad sobre aquélla, la reanudación del tracto sucesivo interrumpido podrá realizarse conforme a las siguientes reglas:

1. Cuando los títulos públicos intermedios tan sólo estuviesen pendientes de inscripción, se procederá previamente a la práctica de ésta. Si fuese preciso, para la obtención de copias de tales títulos tendrá interés legítimo para solicitar su expedición el órgano actuante, la Junta de Compensación o la entidad competente para la ejecución de la unidad.

2. Si la inscripción contradictoria con la titularidad alegada en el expediente tuviera más de treinta años de antigüedad, se citará al titular registral en el domicilio que constare del asiento y si tal circunstancia no resultare del Registro, por edictos. Si dicho titular no compareciere, ni tampoco formulare oposición el Ministerio Fiscal, la inscripción de la finca de origen se practicará a favor de quien hubiere justificado su derecho por cualquier título. De

la misma forma se practicará la inscripción en caso de que el titular hubiere comparecido en el expediente y no se opusiera al contenido del proyecto.

3. Si la inscripción contradictoria tuviera treinta o menos de treinta años de antigüedad, la reanudación del tracto interrumpido dentro del expediente sólo podrá tener lugar cuando conste que el titular registral se ha dado por enterado personalmente y no ha formulado oposición.

4. La realización de los trámites a que se refieren los apartados anteriores deberá llevarse a efecto por la Administración actuante y su resultado se incorporará al acuerdo de aprobación definitiva del proyecto, que deberá contener la referencia a los documentos en que se apoya la reanudación del tracto, a las notificaciones realizadas, a su destinatario y a las comparecencias que, en su caso, hayan tenido lugar por parte de los interesados.

5. Si no se cumplen los requisitos de los apartados anteriores, la Administración actuante adjudicará las fincas de resultado al titular registral de las de origen, haciendo constar en el título inscribible que el expediente se ha entendido con persona distinta. El Registrador de la Propiedad hará la inscripción sin indicación alguna de la posible contradicción.

6. El procedimiento regulado en los apartados 2 a 5 podrá ser tramitado por Notario competente para actuar en el Distrito donde se sitúe la finca, a instancia del titular de la finca incluida en la unidad de ejecución. Si se diera este supuesto, el Notario requerido dará cuenta del hecho al órgano actuante y el resultado del expediente se formalizará en acta de notoriedad, cuya primera copia se remitirá, asimismo, al órgano actuante, antes de la aprobación definitiva del proyecto de equidistribución.

⇒ V. art. 310 del TRLS/1992 (§2).
V. arts. 298 a 313 del RH.

Artículo 10. Doble inmatriculación. Titularidad desconocida o controvertida sobre la finca de origen. Titular en ignorado paradero.

Cuando la finca incluida en el proyecto de equidistribución hubiere sido objeto de doble inmatriculación, resultare ser de titular desconocido o registralmente constare que su titularidad es controvertida, se aplicarán las siguientes reglas:

1. Si la finca constare doblemente inmatriculada, por haberse practicado la nota correspondiente con anterioridad a la iniciación del procedimiento de equidistribución, o dicha doble inmatriculación resultare probada como consecuencia de las operaciones del propio proyecto, deberán considerarse interesados en el proceso los titulares registrales de la finca doblemente inmatriculada, según cada inscripción, lo que supondrá el mantenimiento de dicha situación en la adjudicación de las fincas de resultado y en su inscripción registral, la cual se practicará a favor de quien acredite mejor derecho en el juicio declarativo ordinario que corresponda por su cuantía en el orden jurisdiccional civil. Todo ello, sin perjuicio del convenio entre los titulares afectados formalizado en escritura pública. En la inscripción de las fincas de

resultado se harán constar las circunstancias correspondientes a las fincas de origen que hubieren sido objeto de doble inmatriculación.

2. Cuando la finca de origen fuere de titular desconocido, la finca de resultado se inscribirá a favor de la Administración actuante, con carácter fiduciario y para su entrega a quien acredite mejor derecho sobre la misma. Si el titular de la finca de origen estuviere en ignorado paradero, la defensa de sus intereses, durante la tramitación del proceso, corresponderá al Ministerio Fiscal, salvo que el ausente tuviese designado representante con facultades suficientes.

3. Se considerará que existe titularidad controvertida cuando constare anotación preventiva de demanda de propiedad. En este caso la inscripción de la finca de resultado se practicará a favor del titular registral de la finca de origen, pero trasladando, igualmente, la anotación preventiva que sobre la misma conste practicada.

⇒ V. arts. 298 a 313 del RH.
V. art. 21 de la LPE.

Artículo 11. Régimen de las titularidades limitadas y de los derechos y gravámenes inscritos sobre las fincas de origen.

Cuando sobre las fincas de origen aportadas al proyecto de equidistribución constasen inscritos derechos, cargas o titularidades no dominicales, sin perjuicio de lo establecido en la legislación urbanística aplicable sobre notificación del expediente a sus respectivos titulares, se aplicarán las siguientes reglas:

1. Las titularidades condicionales, derechos y cargas inscritos sobre las fincas de origen, que el proyecto declare incompatibles con la ordenación urbanística, siempre que en dicho proyecto se solicitase expresamente, con especificación de la indemnización que, en su caso, haya de satisfacerse a su titular y siempre que conste que se ha pagado o consignado su importe, serán objeto de cancelación.

2. Cuando dichas titularidades, derechos y cargas no fuesen declaradas expresamente incompatibles con las determinaciones del planeamiento, se considerarán compatibles y el Registrador las trasladará de oficio, por subrogación real, a las fincas de resultado que se adjudiquen a los titulares de las primeras, con cumplimiento de lo dispuesto en las reglas siguientes.

3. Si al titular de una finca de origen se le adjudica una única finca de resultado, bastará para el traslado que el proyecto mencione su existencia sobre la finca de origen.

4. *Cuando al titular* de una sola finca de origen le correspondiera por subrogación real la adjudicación de varias fincas de resultado, se aplicará lo dispuesto en el apartado 3 que antecede, sin que sea necesario que el proyecto distribuya entre estas últimas la carga o derecho trasladado.

5. Cuando al mismo titular de dos o más fincas de origen le correspondiera la adjudicación de una única finca de resultado, el proyecto deberá determinar respecto de ésta la cuota porcentual que corresponda a cada una

de las de origen. Determinada dicha cuota, el Registrador trasladará los derechos o cargas preexistentes sobre cada una de las fincas de origen sobre la cuota porcentual que corresponda a aquélla en la finca de resultado.

6. Cuando al mismo titular de varias fincas de origen la correspondiera la adjudicación de distintas fincas de resultado, se tendrán en cuenta las reglas contenidas en los apartados 3, 4 y 5, en cuanto fuesen aplicables al caso.

7. Cuando el proyecto mencionase la existencia de cargas o derechos no dominicales inscritos con fecha posterior a la de la nota marginal de iniciación de expediente y de los que el órgano actuante tenga conocimiento durante su elaboración y tramitación, se aplicará a su traslado lo dispuesto en los apartados 3 y 4, sin que sea necesaria la fijación de la cuota a que se refiere el apartado 5.

8. Cuando mediare acuerdo unánime de todos los titulares activos y pasivos de los derechos preexistentes sobre las fincas de origen en orden a su subsistencia, distribución, concreción en determinadas fincas de resultado o especificación de su rango, el Registrador inscribirá el traslado conforme a lo pactado. Dicho acuerdo podrá formalizarse mediante comparecencia de todos los titulares interesados en el expediente o en virtud de escritura notarial complementaria.

⇒ V. art. 168.2 y 169 del TRLS/1992 (§2).

Artículo 12. Imposibilidad de subsistencia de cargas compatibles con las determinaciones del planeamiento.

Cuando se trate de derechos o cargas compatibles con la ordenación o con su ejecución, pero cuya subsistencia no fuere posible dada la situación o características o usos de la finca de resultado, se aplicarán las siguientes reglas:

1. Tanto en el caso de que la situación a que se refiere este artículo resultase del proyecto inscrito, como en el supuesto de que fuere apreciada directamente por el Registrador, éste procederá al traslado de la carga o derecho de que se trate conforme a lo dispuesto en las reglas contenidas en el artículo anterior. El Registrador de la Propiedad que aprecie tal incompatibilidad lo hará constar así en el asiento respectivo.

2. El Registrador hará constar el traslado y la situación de imposibilidad de subsistencia que afecta al derecho o carga trasladado en la nota de despacho de la certificación del proyecto, haciendo constar en dicha nota si la situación que afecta al derecho o carga de que se trate ha sido apreciada por la Administración actuante o en la calificación registral del título. En este último caso hará constar, asimismo, las razones que estime oportunas para entender el derecho o carga de imposible subsistencia sobre la finca de resultado.

3. *En todo* caso, los titulares activos y pasivos del derecho o carga de que se trate podrán convenir en escritura pública su cancelación o conversión en un derecho de crédito garantizado, en su caso, con hipoteca.

4. Si alguno de dichos titulares no estuviese conforme con la calificación registral sobre la imposibilidad de subsistencia del derecho o carga o no conviniera con la otra parte sobre su valoración o la de la hipoteca que ha de garantizar el crédito correspondiente, podrán acudir al Juzgado competente en el orden jurisdiccional civil, para obtener una resolución declarativa de la compatibilidad o incompatibilidad, y, en este último caso, para fijar la valoración de la carga y la constitución de la mencionada garantía hipotecaria.

5. En caso de que se planteara la situación litigiosa a que se refiere el número anterior, podrá pedirse la anotación preventiva en el Registro de la Propiedad de la demanda correspondiente.

⇒ V. arts. 168.3 y 169 del TRLS/1992 (§2).

Artículo 13. Inscripción de las fincas de resultado.

La inscripción de las fincas de resultado se practicará a favor del titular registral, salvo los supuestos de reanudación del tracto o lo previsto en los artículos siguientes. Si las fincas de origen constasen inscritas a favor de varios titulares en proindivisión o de personas casadas y el proyecto no especificase la forma de la adjudicación, las fincas de resultado se inscribirán en la proporción en que constasen inscritas las de origen o con sujeción, en su caso, al régimen matrimonial que a éstas fuese aplicable.

⇒ V. art. 310 del TRLS/1992 (§2).

Artículo 14. Práctica de los asientos posteriores a la nota marginal de iniciación del proyecto.

Practicada la nota a que se refiere el artículo 5, se aplicarán las siguientes reglas:

1. Si el proyecto adjudicare las fincas de resultado a los titulares de las fincas de origen, según los asientos vigentes en el momento de la presentación del título de equidistribución en el Registro, la inscripción se practicará a favor de éstos, aunque fueren distintos de los que constaban como titulares en el momento de la expedición de la certificación y de la práctica de la nota.

2. Si el proyecto adjudicara las fincas de resultado a los que eran titulares de las fincas de origen en el momento de la expedición de la certificación y de la práctica de la nota marginal a que se refiere el artículo 5, la inscripción se llevará a cabo a favor de dichos titulares y se cancelarán las inscripciones de dominio de fecha posterior a la de la nota, cualquiera que sea la fecha del título en cuya virtud se hubieren practicado.

3. Cuando fueran varias las inscripciones de dominio de la finca de origen posteriores a la que resulta de la certificación y el título de equidistribución adjudicare la finca de resultado al titular de cualesquiera de ellas, la inscripción se practicará a favor de éste y se cancelarán sólo las inscripciones de dominio posteriores a la del adjudicatario.

4. Las cancelaciones a que se refieren este artículo y el siguiente se practicarán por nota marginal.

⇒ V. art. 310.1 y 310.4 b) del TRLS/1992 (§2).

Artículo 15. Cancelación de derechos y cargas inscritos con posterioridad a la fecha de la nota.

Cuando la finca de origen estuviere sujeta a derechos o cargas no mencionados en el proyecto de equidistribución e inscritos con posterioridad a la fecha de la nota, los asientos correspondientes se cancelarán, en todo caso, cualquiera que sea la fecha del título en cuya virtud se hubieren constituido.

Artículo 16. Nota marginal de referencia a la cancelación formal.

Cuando se practique la cancelación formal de asientos, conforme a lo dispuesto en los artículos anteriores, se hará constar, por nota al margen de la inscripción de la finca de resultado, la existencia de lo asientos que han sido objeto de dicha cancelación, el título que los hubiere motivado y su respectiva fecha.

⇒ V. art. 310.4 c) y d) del TRLS/1992 (§2).

Artículo 17. Título para la rectificación de la inscripción de la finca de resultado en caso de cancelación formal.

Practicada la cancelación formal y tomada la nota a que se refiere el artículo anterior, se aplicarán las siguientes reglas:

1. Para la inscripción del dominio de la finca de resultado o de los derechos constituidos sobre la de origen, a favor de los causahabientes del titular de esta última, será necesaria la presentación del título que motivó la práctica del asiento cancelado, acompañada de la rectificación que corresponda, formalizada en escritura pública, en la que se hagan constar las circunstancias y descripción de las fincas resultantes del proyecto y la conformidad para la práctica de los nuevos asientos del titular registral de la finca adjudicada y de los titulares de los derechos cancelados.

2. Cuando no pudiere obtenerse la conformidad del titular de la finca de resultado, ni de todos los titulares de derechos cancelados, a efectos de la rectificación procedente, ésta podrá practicarse en virtud de acuerdo firme de la Administración actuante en el que se cumplan los siguientes requisitos:

a) Que se adopte, a solicitud de todos o alguno de los titulares de derechos cancelados, formalmente conforme a lo dispuesto en los artículos 14 y 15.

b) Que se notifique el proyecto de rectificación al titular registral, adjudicatario de la finca de resultado y a los de derechos y cargas formalmente cancelados y que no hubieran instado el acuerdo. La notificación se hará en el domicilio que constare del Registro y, en otro caso, por edictos.

3. No será necesaria la conformidad de los titulares registrales y bastará instancia ante el Registrador del titular del derecho cancelado cuando la correspondencia entre la finca de origen y la finca de resultado se deduzca *directamente* de los asientos del Registro.

4. En tanto no se lleve a cabo la rectificación a que se refiere el presente artículo respecto de todos y cada uno de los derechos que hubieren sido

objeto de cancelación formal no podrá practicarse asiento alguno sobre la finca de resultado adjudicada al titular primitivo de la finca de origen.

⇒ V. art. 310.4 c) y d) del TRLS/1992 (§2).

Artículo 18. Reglas para la inscripción del proyecto de equidistribución.

La inscripción del proyecto de equidistribución se practicará conforme a las siguientes reglas:

1. La inmatriculación de fincas, la rectificación de datos descriptivos, la reanudación del tracto interrumpido y la cancelación de derechos incompatibles se inscribirán en las fincas de origen con carácter previo a la inscripción de las operaciones de equidistribución.

2. Si se hubieran agrupado en el proyecto las fincas de origen, la inscripción de la agrupación se practicará a favor de la comunidad de los interesados en el procedimiento y en la nota de referencia se hará constar su carácter instrumental.

3. Si no se agruparan las fincas de origen, en la cancelación de sus asientos se harán constar los datos de las fincas de resultado que el proyecto adjudique, por subrogación real, a su titular y, en su caso, la finca de resultado a que ha sido trasladada cada carga o derecho compatible con la ordenación. Las fincas de resultado se inscribirán en folio y bajo número independiente, con traslado de las cargas que le corresponden.

Artículo 19. De la afección de las fincas de resultado al cumplimiento de la obligación de urbanizar.

Quedarán afectos al cumplimiento de la obligación de urbanizar, y de los demás deberes dimanantes del proyecto y de la legislación urbanística, todos los titulares del dominio u otros derechos reales sobre las fincas de resultado del expediente de equidistribución, incluso aquellos cuyos derechos constasen inscritos en el Registro con anterioridad a la aprobación del Proyecto, con excepción del Estado en cuanto a los créditos a que se refiere el artículo 73 de la Ley General Tributaria y a los demás de este carácter, vencidos y no satisfechos, que constasen anotados en el Registro de la Propiedad con anterioridad a la práctica de la afección. Dicha afección se inscribirá en el Registro de acuerdo con las siguientes reglas:

1. En la inscripción de cada finca de resultado sujeta a la afección se hará constar lo siguiente:

a) Que la finca queda afecta al pago del saldo de la liquidación definitiva de la cuenta del proyecto.

b) El importe que le corresponda en el saldo de la cuenta provisional de la reparcelación y la cuota que se le atribuya en el pago de la liquidación definitiva por los gastos de urbanización y los demás del proyecto, sin perjuicio de las compensaciones procedentes, por razón de las indemnizaciones que pudieren tener lugar.

2. En caso de incumplimiento de la obligación de pago resultante de la liquidación de la cuenta, si la Administración optase por su cobro por vía de

apremio, el procedimiento correspondiente se dirigirá contra el titular o titulares del dominio y se notificará a los demás que lo sean de otros derechos inscritos o anotados sujetos a la afección. Todo ello sin perjuicio de que en caso de pago por cualesquiera de estos últimos de la obligación urbanística, el que la satisfaga se subrogue en el crédito con facultades para repetir contra el propietario que incumpla, como resulta de la legislación civil, lo cual se hará constar por nota marginal.

3. No será necesaria la constancia registral de la afección cuando del proyecto de equidistribución resulte que la obra de urbanización ha sido realizada y pagada o que la obligación de urbanizar se ha asegurado mediante otro tipo de garantías admitidas por la legislación urbanística aplicable.

4. En el proyecto podrá establecerse, con los requisitos que, en cada caso, exija el órgano actuante, que la afección no surta efectos respecto de acreedores hipotecarios posteriores cuando la hipoteca tuviera por finalidad asegurar créditos concedidos para financiar la realización de obras de urbanización o de edificación, siempre que, en este último caso, la obra de urbanización esté garantizada en su totalidad.

Artículo 20. Caducidad y cancelación de la afección.

La caducidad y cancelación de la afección a que se refiere el artículo anterior se sujetará a las siguientes reglas:

1. La afección caducará a los siete años de su fecha. No obstante, si durante su vigencia se hubiera elevado a definitiva la cuenta provisional de liquidación del proyecto de reparcelación o compensación, dicha caducidad tendrá lugar por el transcurso de dos años, a contar de la fecha de la constatación en el Registro de la Propiedad del saldo definitivo, sin que, en ningún caso, pueda el plazo exceder de siete años desde la fecha originaria de la afección.

2. La afección podrá cancelarse antes de su fecha de caducidad:

a) En caso de reparcelación, a instancia de cualesquiera de los titulares del dominio u otros derechos sujetos a la misma, acompañando a la solicitud certificación del órgano actuante expresiva de haber sido satisfecha la cuenta de la liquidación definitiva referente a la finca de que se trate.

b) En caso de compensación, cuando a la instancia del titular se acompañe certificación del órgano actuante expresiva de haber sido recibida la obra de urbanización, y, además, cuando se hubiese constituido Junta de Compensación, certificación de la misma acreditativa del pago de la obligación a favor de la entidad urbanística.

c) La regla contenida en el párrafo b) que antecede se aplicará en todos los casos en los que la legislación urbanística atribuya la obligación de realizar materialmente la urbanización a los administrados.

Artículo 21. De la expropiación del titular no adherido a la Junta de Compensación.

En el caso de que determinados propietarios no se adhieran al sistema de compensación, si el expediente de expropiación que ha de seguirse fuese declarado de urgencia conforme a lo establecido en cada caso por la legislación urbanística aplicable, podrán aplicarse a dicho expediente las normas contenidas en el Capítulo III del presente Real Decreto sobre inscripción registral de la expropiación por tasación conjunta. En este caso, tomada la anotación preventiva a que se refiere la legislación expropiatoria, el proyecto de compensación se tramitará y concluirá en forma ordinaria y, una vez aprobado definitivamente dicho proyecto, la finca o fincas de resultado que correspondan por subrogación real a la ocupada se inscribirán a favor de la Junta de Compensación, en concepto de beneficiario de la expropiación, sin perjuicio de las acciones que la legislación urbanística atribuya al propietario en orden a la determinación del justiprecio.

⇒ V. art. 34 de la Ley 6/1998, de 13 abril (§1).

CAPÍTULO III
Expropiaciones urbanísticas

Artículo 22. Iniciación del expediente.

1. Cuando la Administración tenga conocimiento de que la expropiación afecta a fincas inscritas, solicitará certificación por la que se acredite el dominio y cargas de las mismas. Dicha certificación también podrá ser solicitada por el titular registral, justificando que se encuentra iniciado el oportuno expediente, bien por referencia a su publicidad en periódicos oficiales, bien acompañando los documentos administrativos necesarios.

2. La expedición de dicha certificación se hará constar por nota marginal, expresando su fecha y el procedimiento de que se trate, pudiendo indicarse también en la misma, simultánea o posteriormente, que se ha optado por la aplicación del procedimiento de tasación conjunta. Dicha nota marginal se cancelará por caducidad, transcurridos tres años desde su fecha, si en el Registro no consta algún nuevo asiento relacionado con el mismo expediente.

3. Cuando la Administración no utilice el procedimiento de tasación conjunta, el reflejo registral de las operaciones posteriores se regirá, por lo establecido con carácter general en la legislación hipotecaria y de expropiación forzosa. En otro caso, se estará a lo dispuesto en los artículos siguientes.

⇒ V. art. 36 de la Ley 6/1998, de 13 abril (§1).
V. art. 32 del RH.

Artículo 23. Práctica de la inscripción.

En el supuesto de expropiación por el procedimiento de tasación conjunta los asientos podrán practicarse en cualesquiera de las siguientes formas:

1. Mediante la inscripción individualizada de cada finca registral.

2. Mediante la inscripción como una o varias fincas de la totalidad o parte de las superficies incluidas en la unidad expropiada.

En ambos casos la inscripción se practicará a favor de la Administración actuante o del beneficiario de la expropiación, siempre que se acredite que ha sido pagado, o, en su caso, consignado, el importe del valor asignado a la finca.

⇒ V. art. 38 de la Ley 6/1998, de 13 abril (§1).
V. art. 222.2 del TRLS/1992 (§2).

Artículo 24. Título inscribible.

El título inscribible de la expropiación forzosa se ajustará a las siguientes reglas:

1. Cuando la Administración optare por la inscripción individualizada de las fincas registrales o de alguna de las incluidas en la unidad expropiada, el título inscribible estará constituido por el acta de ocupación y pago, conforme a lo dispuesto por la legislación general de expropiación forzosa.

2. Cuando la Administración optare por la inscripción conjunta de la totalidad o parte de las superficies expropiadas, en la que se comprendan varias fincas registrales, el título inscribible será la certificación de la resolución administrativa en la que deberá constar:

a) Descripción de la finca o fincas resultantes, conforme a lo dispuesto en la legislación hipotecaria.

b) Referencia a las fincas expropiadas que formen la resultante o resultantes y a sus titulares respectivos.

c) Plano de la finca o fincas resultantes.

d) Fecha de la aprobación definitiva del proyecto de expropiación.

e) La realización de las publicaciones que legalmente sean procedentes.

f) Indicación de que han tenido lugar las notificaciones personales de los titulares de dominio y cargas que constaren en la certificación.

⇒ V. art. 39 de la Ley 6/1998, de 13 abril (§1).
V. arts. 307.1 y 309.1 del TRLS/1992 (§2).
V. art. 32 del RH.

Artículo 25. Documentos complementarios de la certificación administrativa.

A la certificación administrativa a que se refiere el apartado 2 del artículo anterior, y respecto de cada una de las fincas de origen, se acompañará, según proceda:

1. El acta de ocupación.

2. El acta de pago del justiprecio a favor del titular registral del dominio, y del pago o consignación, según proceda, de la parte necesaria del mismo correspondiente a otros derechos inscritos, cuando se hubiere aportado al expediente la certificación de dominio y cargas a la que se refiere el artículo 22.

3. El acta de pago del justiprecio a favor de la persona con la que se *hubiere entendido el expediente*, si éste aportare certificación acreditativa de que la finca, tal y como se describe en el expediente, no está inscrita a favor de persona alguna y hubiere justificado debidamente su derecho.

4. El documento que acredite la consignación del justiprecio a favor de la persona con la que se haya entendido el expediente, cuando no se hubiese aportado al mismo la certificación a que se refiere el artículo 22.

5. El documento que acredite la consignación de la parte necesaria del justiprecio a favor de quien corresponda, cuando de la certificación registral resultare la existencia de anotación de demanda sobre el derecho expropiado o cargas o gravámenes anteriores a la nota marginal, cuyos titulares hubieren sido debidamente citados en el expediente sin haber comparecido en el mismo.

6. El acta de depósito del justiprecio, en la que se haga constar la comparecencia del Ministerio Fiscal si se tratare de titulares desconocidos o no comparecientes, o el titular del derecho fuere menor o incapacitado, que no estuviera debidamente representado, así como en los demás casos en que, conforme a la legislación, fuere preceptiva la intervención del Ministerio Público.

7. El acta de depósito del justiprecio en todos los demás casos que proceda, de acuerdo con lo establecido en la legislación de expropiación forzosa.

Artículo 26. Reglas para la inscripción de las fincas de resultado y respecto de las operaciones que han de practicarse sobre las fincas de origen.

Respecto de la finca o fincas resultantes y de las de origen a que se refiere el expediente de expropiación forzosa, el Registrador procederá de acuerdo con las siguientes reglas:

1. La finca o fincas resultantes se inscribirán libres de cargas, a favor de la Administración actuante o, en su caso, del beneficiario de la expropiación.

2. Si a la certificación se acompañaren las actas de ocupación y pago de las fincas de origen correspondientes, el Registrador practicará, al margen de su última inscripción de dominio, nota de agrupación, con efectos de transferencia. Se seguirá el mismo criterio cuando se acompañe acta de depósito y se dieren las circunstancias señaladas en el artículo anterior.

3. Cuando el importe pagado o depositado hubiere sido el fijado por la Administración actuante en la aprobación definitiva del proyecto, y no resultare en el expediente que el precio ha sido fijado definitivamente en vía administrativa, el Registrador hará constar en la inscripción de la finca de resultado que aquélla se practica sin perjuicio de los derechos del titular de la finca de origen de que se trate para revisar, en el procedimiento administrativo o jurisdiccional que corresponda, la cuantía definitiva del precio pagado o depositado.

4. El dominio y las cargas, gravámenes, derechos reales y limitaciones de toda clase, inscritos sobre las fincas de origen con posterioridad a la fecha de la nota marginal a que se refiere el artículo 22, se cancelarán al practicarse la inscripción de las fincas resultantes del proyecto, aunque los interesados no hubieran sido parte en el procedimiento. Para que puedan cancelarse los asientos de fecha anterior a dicha nota, deberá constar que los interesados

han sido citados en forma legal y que concurrieron, por sí o debidamente representados, al pago, o, en otro caso, que se consignó el precio o la parte necesaria del mismo, según los casos.

⇒ V. art. 224.1 y 2 del TRLS/1992 (§2).
V. art. 39 de la Ley 6/1998, de 13 abril (§1).
V. art. 32 del RH.

Artículo 27. Supuesto de datos registrales contradictorios en el expediente.

Cuando se hubiere depositado el justiprecio por resultar del expediente pronunciamientos registrales contrarios a la realidad alegada por los particulares, para cancelar los asientos correspondientes será necesario que se presente acta tramitada con arreglo a lo previsto en el artículo 209 del Reglamento Notarial por la que resulte justificado el derecho de la persona que alega ser el titular. A dicha acta se acompañará la del pago o documento justificativo de la consignación del precio a favor de la misma persona.

⇒ V. art. 224.3 del TRLS/1992 (§2).

Artículo 28. Supuesto de fincas o derechos no incluidos en el expediente.

Si en el momento de la inscripción de la finca o fincas resultantes, o, posteriormente, el Registrador tuviere duda fundada de que alguna finca o derecho inscrito no ha sido incluida en el expediente, remitirá certificación literal de sus asientos al órgano expropiante y tomará nota de su remisión al margen de la última inscripción de dominio; dicha nota se cancelará por caducidad transcurrido un año desde su fecha. Para cancelar la inscripción será necesario solicitud de la Administración expropiante, acompañada de documento justificativo de que los titulares de las fincas o derechos han sido debidamente compensados, previa tramitación del adecuado expediente complementario.

⇒ V. art. 224.4 del TRLS/1992 (§2).

CAPÍTULO IV
Inscripción de cesiones obligatorias

Artículo 29. Cesiones susceptibles de inscripción.

Los terrenos que en cumplimiento de las Leyes hayan de ser objeto de cesión obligatoria, se inscribirán a favor de la Administración actuante y para su afectación al destino previsto en los planes de ordenación. Los terrenos objeto de cesión deberán estar libres de cargas, salvo que la legislación urbanística aplicable establezca otra cosa.

⇒ V. arts. 14 y 18 de la Ley 6/1998, de 13 abril (§1).
V. arts. 307.2 y 309.1 del TRLS/1992 (§2).

Artículo 30. Título para la inscripción de las cesiones obligatorias.

La inscripción de las cesiones obligatorias se efectuará por los siguientes títulos:

1. Cuando la ejecución de las cesiones se lleve a cabo como una de las operaciones de equidistribución, la inscripción se efectuará por los mismos

títulos que este Reglamento prevé para esas operaciones. En los supuestos de innecesariedad de reparcelación por pertenecer a propietario único o a varios «pro indiviso» la totalidad de las fincas que integran la unidad, o por renuncia de los propietarios al expediente reparcelatorio, con aceptación por la Administración de la localización del aprovechamiento, para la inscripción de los terrenos de cesión obligatoria se tramitará expediente en el que, al menos, se determinen las parcelas susceptibles de aprovechamiento y se describan las superficies que han de cederse obligatoriamente.

2. Las superficies de cesión obligatoria delimitadas por instrumentos de planeamiento dirigidos a regularizar o a legalizar terrenos en los que la edificación permitida por el plan esté totalmente consolidada podrán inscribirse a favor del órgano actuante, sin que medie el consentimiento del titular registral, en virtud de la certificación a que se refiere el artículo siguiente.

3. En los demás casos se requerirá que conste el acuerdo de los titulares registrales con la Administración actuante, formalizado en acta administrativa de la que expedirá la certificación correspondiente, en los términos previstos en el artículo 2 de este Reglamento, o en escritura pública.

4. En las resoluciones, actas o escrituras mencionadas, podrán llevarse a cabo las segregaciones o modificaciones hipotecarias que procedan, para la determinación registral de la finca que es objeto de cesión.

⇒ V. art. 7.10 del presente Real Decreto.

Artículo 31. Inscripción de terrenos de cesión obligatoria en virtud de certificación del órgano actuante.

En el caso previsto en el apartado 2 del artículo anterior, en la certificación expedida por el órgano actuante deberá constar:

1. La resolución en la que se acordó la ocupación de las fincas que han de ser objeto de cesión a favor de la Administración actuante, con especificación de su destino a cesión, conforme a las previsiones del plan.

2. Que el expediente previo a la resolución ha sido notificado a los titulares registrales de las fincas objeto de cesión y que se les ha concedido un plazo no inferior a treinta días para solicitar la tramitación del proyecto de equidistribución, si fuera oportuno.

3. Si hubo o no dicha solicitud y, en caso afirmativo, los términos en que se dictó la resolución motivada en la que se exprese que no resulta procedente la equidistribución solicitada por haberse consolidado totalmente la edificación permitida o legalizada por el planeamiento en cuya virtud se exige la cesión.

4. Que la resolución administrativa en la que se acordó la ocupación unilateral no es susceptible de recurso alguno, administrativo o jurisdiccional, salvo el posible recurso de revisión.

Artículo 32. Otras cesiones de suelo.

Las cesiones de terrenos que no tengan legalmente el carácter de obligatorias o que no resulten de convenios urbanísticos tipificados en la legislación sobre el suelo, se ajustarán a los requisitos formales exigidos para las donaciones de bienes inmuebles.

CAPÍTULO V
Inscripción del aprovechamiento urbanístico

Artículo 33. Reglas generales sobre la transferencia del aprovechamiento urbanístico.

En aquellos casos en los que la legislación urbanística aplicable admita o prevea la realización de transferencias del aprovechamiento urbanístico, ya se trate de transmisión entre fincas pertenecientes a distintos titulares o de distribución del mismo entre las que pertenezcan a un solo titular, su inscripción en el Registro de la Propiedad se practicará de acuerdo con las siguientes reglas:

1. Para su inscripción por el Registrador de la Propiedad será necesario que la transmisión o distribución se formalice en escritura pública otorgada por el titular o titulares de las fincas sobre las que se distribuya el aprovechamiento, o que resulten afectadas por la transmisión, así como por los titulares de los derechos inscritos o anotados sobre las mismas y que resulten afectados por la transferencia de aprovechamiento en los términos que establece este artículo.

2. La transmisión o distribución será objeto de inscripción en el folio de la finca a la que el aprovechamiento acrece o entre las que se distribuya, y se hará constar por nota al margen de la última inscripción de dominio de la finca de que proceda.

⇒ V. arts. 307.5 y 309.1 del TRLS/1992 (§2).

Artículo 34. Circunstancias del título y de los asientos.

En los asientos que se practiquen se harán constar, además de las circunstancias generales aplicables, las siguientes:

1. Número de unidades de aprovechamiento que corresponde a cada una de las fincas afectadas antes de la transmisión o distribución, especificadas en función de los parámetros sobre edificabilidad y usos que establezca la legislación urbanística aplicable.

2. Cuantía del aprovechamiento transmitido o distribuido, proporción que se le atribuya en relación al de la finca de destino y cuantía del aprovechamiento a que queda reducida la finca de origen.

3. Determinación de los derechos inscritos de las fincas de origen y de destino que no queden afectados por la transmisión o distribución de aprovechamiento.

4. *Determinación* de los derechos inscritos que se trasladan en todo o en parte de la finca de procedencia del aprovechamiento transmitido o distribuido a la finca de destino.

Artículo 35. Convenio sobre transferencias de aprovechamiento.

A efectos de su inscripción en el Registro de la Propiedad, en la transferencia de aprovechamiento deberán consentir los titulares dominicales y de cualquier otro derecho o carga inscrito sobre la finca de origen y la de destino. Cuando la carga o gravamen cuyo traslado se pretende en virtud del convenio haya sido anotada en el Registro de la Propiedad en virtud de mandamiento judicial o resolución administrativa, la escritura de transmisión o distribución deberá ser aprobada por resolución firme de la autoridad que ordenó la anotación o inscripción del derecho real trasladado. Todo ello sin perjuicio de lo dispuesto en el artículo 38 de este Reglamento.

Artículo 36. Trasmisión o distribución de aprovechamientos entre fincas inscritas en diferentes Registros.

Cuando las fincas de origen y de destino del aprovechamiento transmitido o distribuido consten inscritas en distritos hipotecarios diferentes, se aplicarán las siguientes reglas:

1. El Registrador competente para practicar la inscripción en la finca de destino del aprovechamiento no llevará ésta a efecto hasta que le conste que se ha practicado la nota en el folio correspondiente a la finca de la que el aprovechamiento procede.

2. El Registrador competente para practicar la nota al margen del folio de la finca de origen del aprovechamiento, una vez extendida, devolverá el título acompañando certificación literal de las inscripciones vigentes sobre la finca, así como de la nota practicada. El Registrador a quien corresponda extender la inscripción de la transferencia en la finca de destino, una vez practicada ésta, lo comunicará al Registrador en cuyo distrito esté situada la finca de origen mediante remisión de certificación de los asientos practicados.

3. El Registrador que hubiere practicado la nota marginal de la finca de origen hará constar a continuación que ha tenido lugar la inscripción de la transferencia.

4. En caso de que se produjere recurso gubernativo contra la nota de calificación negativa del Registrador competente para practicar la inscripción en la finca de destino, éste deberá comunicar tal circunstancia y, en su caso, la prórroga del asiento de presentación, al Registrador en cuyo distrito se sitúe la finca de origen. El Registrador notificado hará constar la existencia del recurso al margen de la finca de origen, hasta que le sea notificada por el Registrador, a cuyo distrito corresponda la finca de destino, la resolución negativa del recurso, en cuyo caso cancelará la nota, o la práctica de la inscripción correspondiente, en cuyo supuesto procederá conforme a lo que señala el apartado 3 que antecede.

Artículo 37. Autorización urbanística de las transferencias de aprovechamientos urbanísticos.

Cuando la legislación urbanística aplicable exija la previa autorización de las transferencias de aprovechamiento urbanístico, la concesión de licencia específica o la toma de razón previa en Registros administrativos destinados a hacer constar su realización, la concesión o inscripción respectiva constituirá requisito del acceso al Registro de la Propiedad de la transmisión o distribución.

Artículo 38. Transferencias coactivas de aprovechamiento.

A efectos de su inscripción en el Registro de la Propiedad, las transferencias coactivas de aprovechamiento impuestas por la Administración a los particulares en los casos previstos por la ley se sujetarán a lo dispuesto para las expropiaciones a favor de beneficiario, considerándose como tal, en su caso, al titular de la finca de destino del aprovechamiento, a cuyo favor se practicará la inscripción.

Artículo 39. Supuestos de inscripción en folio independiente.

El aprovechamiento urbanístico se inscribirá como finca especial disgregada del suelo y mediante apertura de folio independiente, en los siguientes casos:

1. Cuando la Administración solicite que el aprovechamiento que le corresponda se inscriba bajo esta modalidad, como disgregado de la finca o fincas de que procede.

2. Cuando tenga lugar la ocupación directa de fincas mediante el reconocimiento de unidades de aprovechamiento en los casos previstos por las leyes.

3. En los casos de expropiación forzosa de fincas determinadas en los que el justiprecio consista en la atribución posterior de fincas futuras pendientes de formación.

4. En los sistemas de gestión privada en que la ejecución de la urbanización corresponde a los particulares, cuando una cuota de valor de las mismas se haga constar en unidades convencionales de aprovechamiento y se adjudiquen éstas a empresas urbanizadoras o se transmitan por cualquier título a tercero, antes de la aprobación definitiva del proyecto de equidistribución correspondiente.

Artículo 40. Aprovechamientos correspondientes a la Administración.

La inscripción en folio independiente de aprovechamientos pertenecientes a la Administración se sujetará a las siguientes reglas:

1. Se tomará nota al margen de la última inscripción de dominio de la finca de que procede el aprovechamiento y se abrirá folio independiente con atribución de número de finca propio al aprovechamiento. Podrá inscribirse en un solo folio el aprovechamiento correspondiente a diferentes fincas de origen, siempre que éstas pertenezcan al mismo Ayuntamiento o Sección. Asimismo, los aprovechamientos procedentes de fincas del mismo Ayuntamiento o Sección podrán inscribirse en el folio ya abierto, mediante agregación solicitada expresamente por la Administración.

2. En el folio abierto al aprovechamiento deberán constar, en todo caso,

los datos registrales de la finca de que procede el aprovechamiento y, en el caso de que proceda de varias, las unidades correspondientes a cada finca de origen.

3. La inscripción del aprovechamiento en los términos previstos por el presente artículo deberá realizarse libre de toda carga o gravamen.

Artículo 41. Transferencia de aprovechamientos por la Administración.

Sin perjuicio del cumplimiento de las reglas de disposición de sus bienes, en las transferencias que realice la Administración respecto de aprovechamientos inscritos a su favor en folio independiente se observarán las siguientes reglas:

1. Será título suficiente para la inscripción en el Registro de la Propiedad la certificación administrativa del acuerdo de transferencia o la escritura pública notarial, acompañados, en cada caso, de la certificación del asiento practicado en el Registro Municipal de Transferencias de Aprovechamiento, en el que consten las circunstancias a que se refiere el artículo 2 de este Reglamento.

2. La inscripción se practicará en el folio correspondiente a la finca cuyo aprovechamiento acrece y dará lugar a la cancelación del folio independiente abierto al mismo, conforme a lo dispuesto en el artículo anterior. En el asiento de cancelación se harán constar los datos registrales correspondientes a la finca de destino. Cuando la transmisión tuviere por objeto solamente una parte del aprovechamiento inscrito en un solo folio, se tomará en el mismo nota marginal en la que constarán las unidades de aprovechamiento transmitidas, las unidades que subsisten inscritas a favor de la Administración y los datos registrales correspondientes a la finca de destino de las unidades transmitidas.

Artículo 42. Inscripción de las fincas y de su aprovechamiento en caso de ocupación directa.

El aprovechamiento urbanístico correspondiente a fincas que sean objeto de ocupación directa por la Administración actuante, por estar destinadas por el planeamiento a sistemas generales o a usos dotacionales de carácter local, se inscribirá por el Registrador de la Propiedad conforme a las siguientes reglas:

1. Será título inscribible la correspondiente certificación en la que consten las siguientes circunstancias:

a) Lugar y fecha en que se levanta la ocupación.

b) Determinación de la Administración actuante y transcripción del acuerdo de ocupación.

c) Datos de identificación de los titulares de derechos sobre las fincas ocupadas.

d) Circunstancias de las notificaciones realizadas a dichos titulares y especificación de que ha transcurrido el plazo establecido por la ley para formular alegaciones.

e) Descripción de las fincas o partes de fincas objeto de ocupación junto con plano de las mismas, sus datos registrales, la superficie ocupada, las unidades de aprovechamiento que le correspondan y la unidad de ejecución donde han de hacerse efectivos estos aprovechamientos.

2. Si la superficie ocupada correspondiera a parte de una finca registral, en la certificación deberá practicarse la segregación correspondiente con especificación de la descripción de la finca matriz.

3. La finca objeto de ocupación directa se inscribirá a favor de la Administración actuante, para su afectación al uso para el que fue ocupada y se hará constar que el aprovechamiento urbanístico correspondiente se halla pendiente de consolidación definitiva por la adjudicación de la finca de reemplazo. Al margen de la inscripción practicada se harán constar los datos registrales del folio abierto al aprovechamiento.

4. El aprovechamiento dimanante de la finca o fincas ocupadas dará lugar a la apertura de un folio independiente para el que corresponda a cada una de ellas, al que se trasladarán todos los asientos vigentes de la finca ocupada. La certificación expresará los correspondientes derechos que, por razón de su naturaleza, no pueden extenderse sobre el aprovechamiento.

5. El traslado de cargas no tendrá lugar cuando a la certificación se acompañe escritura pública a la que concurra el titular del dominio y el de las cargas previamente inscritas por la que se distribuya el aprovechamiento correspondiente a la finca ocupada entre todos ellos a título de dominio. En este caso se abrirá un folio por el aprovechamiento adjudicado a cada uno de los titulares en virtud de la distribución pactada.

6. Los títulos de constitución, transmisión o gravamen del dominio o de los derechos reales que tengan por objeto los aprovechamientos inscritos a folio independiente, así como los relativos a la finca ocupada cuyo acceso al Registro tenga lugar con posterioridad a la ocupación, se inscribirán en el folio abierto al aprovechamiento hasta que tenga lugar lo dispuesto en el párrafo siguiente.

7. Cuando se inscriban a favor del titular o titulares del aprovechamiento la finca o fincas de resultado en la unidad de ejecución designada para que aquél se haga efectivo, se cancelará el folio o folios abiertos al aprovechamiento.

⇒ El sistema de ocupación directa se reguló por el art. 203 del TRLS/1992 (§2), derogado por la disp. derog. única de la Ley 6/1998, de 13 abril (§1).

Artículo 43. Transmisión parcial del aprovechamiento urbanístico correspondiente a determinadas unidades de ejecución.

Cuando se adjudique a empresas urbanizadoras, o a un titular distinto de los aportantes de terrenos o de aprovechamientos, parte del aprovechamiento que sea objeto de equidistribución en virtud de un proyecto de ejecución privada en que la obligación de urbanizar corresponda a los propietarios de las fincas que formen parte de la unidad, se aplicarán las reglas siguientes:

1. Para su inscripción en el Registro de la Propiedad, la transmisión del aprovechamiento deberá formalizarse en escritura pública.

2. Las unidades de aprovechamiento transmitidas se inscribirán, en folio independiente a favor de su adquirente, y se hará constar dicha transmisión mediante nota al margen de la finca de que el aprovechamiento procede.

3. El aprovechamiento inscrito podrá ser objeto de transmisión o gravamen y su inscripción independiente se cancelará en el momento en que tenga lugar la adjudicación a favor de su titular de la finca de reemplazo correspondiente en la unidad de ejecución.

Artículo 44. Expropiación a cambio de finca futura.

Cuando, conforme a lo establecido en la legislación urbanística, en el expediente expropiatorio se determine que el justiprecio está constituido por una finca futura que la Administración expropiante entregará al expropiado, se aplicarán las siguientes reglas:

1. El aprovechamiento urbanístico correspondiente a la finca futura podrá inscribirse en el Registro de la Propiedad mediante la apertura de folio independiente.

2. La descripción del aprovechamiento podrá realizarse mediante la determinación de las unidades que comprende o mediante la descripción de la finca futura, con especificación de su superficie, usos previstos, edificabilidad, ocupación en planta u otras circunstancias urbanísticas que permitan su identificación.

3. La apertura del folio independiente se practicará en virtud del acta de ocupación de la finca expropiada.

4. El folio abierto al aprovechamiento se cancelará simultáneamente a la inscripción a favor del expropiado de la finca que constituye el justiprecio en especie.

5. Al aprovechamiento inscrito de acuerdo con lo dispuesto en este artículo le serán aplicables las reglas contenidas en los apartados 2 a 6 del artículo 42 de este Reglamento.

CAPÍTULO VI

Inscripción de las obras nuevas

Artículo 45. Inscripción de obras nuevas.

Los edificios o mejoras de los mismos que por accesión se incorporan a la finca, cuando se ejecuten conforme a la ordenación urbanística aplicable, serán inscribibles en el Registro de la Propiedad en virtud de los títulos previstos por la legislación hipotecaria. A tal efecto, deberá constar en los mismos, al menos, el número de plantas, la superficie de parcela ocupada, el total de los metros cuadrados edificados, y, si en el proyecto aprobado se especifica, el número de viviendas, apartamentos, estudios, despachos, oficinas o cualquier otro elemento que sea susceptible de aprovechamiento independiente.

⇒ V. art. 22 de la Ley 6/1998, de 13 abril (§1).
Téngase en cuenta arts. 20 y concordantes de la Ley 38/1999, de 5 noviembre, de Ordenación de la Edificación (§1.1).
V. O. 10 febrero 1999.

Artículo 46. Requisitos para la inscripción del título.

Para inscribir los títulos comprendidos en el artículo anterior será necesario el cumplimiento de los siguientes requisitos:

1. Que se acredite la obtención de la licencia que corresponda, salvo que legalmente no fuere exigible.

2. Si el edificio estuviere en construcción, que se acredite por el técnico a que se refiere el artículo 50 que la descripción de la obra nueva, en cuanto a los extremos comprendidos en el artículo anterior, se ajusta al proyecto para el que, en su caso, se obtuvo la licencia.

3. Si el edificio se declarara concluido, el certificado deberá acreditar, además de lo previsto en los números anteriores, que la obra ha finalizado y que se ajusta, en cuanto a dichos extremos, al proyecto correspondiente.

⇒ V. art. 22 de la Ley 6/1998, de 13 abril (§1).
Téngase en cuenta arts. 20 y concordantes de la Ley 38/1999, de 5 noviembre, de Ordenación de la Edificación (§1.1).

Artículo 47. Título y nota marginal de finalización de la obra declarada en construcción.

Cuando la obra se hubiere declarado e inscrito en construcción, se aplicarán las siguientes reglas:

1. Su finalización deberá hacerse constar por nota al margen de la inscripción. Dicha nota se practicará en virtud de acta notarial en la que cualquiera de los legitimados, conforme a lo dispuesto en este artículo, acrediten dicha finalización mediante incorporación de la certificación referida en el apartado 3 del artículo anterior.

2. Será inscribible el acta a que se refiere el párrafo anterior cuando hubiese sido requerido su otorgamiento por el titular registral o por las siguientes personas:

a) Aquella que hubiere declarado la obra nueva en construcción, aun cuando hubiese trasmitido el dominio en todo o en parte.

b) Si la finca perteneciese a varios titulares en «pro indiviso», los que reúnan la mayoría necesaria para realizar actos de administración.

c) El presidente de la junta de propietarios, si el edificio se hubiese *constituido en régimen* de propiedad horizontal.

d) Cualquiera de los cónyuges, si el inmueble estuviese atribuido a su sociedad conyugal.

Artículo 48. Incorporación o testimonio notarial de documentos complementarios.

Para la inscripción registral de los títulos por los que se declare la obra nueva, o su terminación, será necesario que la incorporación de documentos complementarios se sujete a las siguientes reglas:

1. En las escrituras de declaración de obra nueva habrá de testimoniarse literalmente la licencia concedida.

2. En caso de que la concesión de la licencia tenga lugar por acto presunto, se incorporarán a la escritura, en original o por testimonio:

a) La certificación administrativa del acto presunto.

b) En caso de que no se hubiere expedido esta última, el escrito de solicitud de la licencia y, en su caso, el de denuncia de la mora, el escrito de solicitud de la certificación del acto presunto, todos ellos sellados por la Administración actuante, y la manifestación expresa del declarante de que, en los plazos legalmente establecidos para la concesión de la licencia solicitada y para la expedición de la certificación del acto presunto, no se le ha comunicado por la Administración la correspondiente resolución denegatoria de la licencia solicitada ni tampoco se le ha expedido la certificación del acto presunto.

⇒ V. art. 54 del presente Reglamento.

Artículo 49. Certificado del técnico.

La justificación por técnico competente de los extremos a que se refieren los artículos anteriores podrá hacerse:

1. Por comparecencia del técnico en el mismo acto del otorgamiento de la escritura o autorización del acta que, en cada caso, proceda.

2. Por incorporación a la matriz de la escritura o del acta de previa certificación del técnico, con firma legitimada notarialmente, que contenga la descripción de la obra nueva, coincidente con la del propio título en cuanto a los extremos que deben acreditarse.

3. Por la presentación de la certificación del técnico, con el carácter de documento complementario del título inscribible. En este caso, la firma del certificado debe ser objeto de legitimación notarial, y en su contenido se deberá hacer expresa referencia a la descripción de la obra en construcción o finalizada objeto de la escritura o del acta, así como el nombre del Notario autorizante, fecha del documento y número del protocolo.

Artículo 50. Técnico competente.

A los efectos de lo dispuesto en este Capítulo, se tendrá por técnico competente:

1. El que por sí solo o en unión de otros técnicos hubiere firmado el proyecto para el que se concedió la licencia de edificación.

2. El que por sí solo o en unión de otros tuviere encomendada la dirección de la obra.

3. Cualquier otro técnico, que mediante certificación de su colegio profesional respectivo, acredite que tiene facultades suficientes.

4. El técnico municipal del Ayuntamiento competente que tenga encomendada dicha función.

⇒ Téngase en cuenta arts. 10 y concordantes de la Ley 38/1999, de 5 noviembre, de Ordenación de la Edificación (§1.1).

Artículo 51. Inscripción de títulos que tengan por objeto la obra declarada en construcción.

Cuando en el asiento no constare la terminación de la obra nueva, los títulos que tengan por objeto el edificio o alguno de sus pisos o locales, se inscribirán con la descripción resultante de aquél, haciendo constar el Registrador en la nota de despacho que la obra está pendiente de que se practique la nota registral de su finalización, único medio de dar publicidad «erga omnes» del cumplimiento de lo prevenido en la licencia correspondiente.

Artículo 52. Reglas aplicables a otras construcciones.

Podrán inscribirse por el Registrador de la Propiedad las declaraciones de obra nueva correspondientes a edificaciones terminadas en las que concurran los siguientes requisitos:

a) Que se pruebe por certificación del Catastro o del Ayuntamiento, por certificación técnica o por acta notarial, la terminación de la obra en fecha determinada y su descripción coincidente con el título.

b) Que dicha fecha sea anterior al plazo previsto por la legislación aplicable para la prescripción de la infracción en que hubiera podido incurrir el edificante.

c) Que no conste del Registro la práctica de anotación preventiva por incoación de expediente de disciplina urbanística sobre la finca que haya sido objeto de edificación.

⇒ V. art. 54 del presente Reglamento.
V. disp. transit. 5ª.1 del TRLS/1992 (§2).

Artículo 53. Requisitos de los títulos de constitución de propiedad horizontal.

Para inscribir los títulos de división horizontal o de modificación del régimen ya inscrito, se aplicarán las siguientes reglas:

a) No podrán constituirse como elementos susceptibles de aprovechamiento independiente más de los que se hayan hecho constar en la declaración de obra nueva, a menos que se acredite, mediante nueva licencia concedida de acuerdo con las previsiones del planeamiento urbanístico vigente, que se permite mayor número. No será de aplicación lo dispuesto en este número a las superficies destinadas a locales comerciales o a garajes, salvo que del texto de la licencia resulte que el número de locales comerciales o de plazas de garaje constituye condición esencial de su concesión.

b) Cuando el objeto de la transmisión sea una participación indivisa de finca destinada a garajes, que suponga el uso y disfrute exclusivo de una zona determinada, deberá incluirse en el título la descripción pormenorizada de la misma, con fijación de su número de orden, linderos, dimensiones perimetrales y superficie útil, así como la descripción correspondiente a los elementos comunes.

⇒ El art. 5 de la LPH de 21 julio 1960, no afectado por la Ley 8/1999, de 6 abril, dispone: «Artículo 5.

El título constitutivo de la propiedad por pisos o locales describirá, además del inmueble en su conjunto, cada uno de aquellos al que se asignará número correlativo. La descripción del inmueble habrá de expresar las circunstancias exigidas en la legislación hipotecaria, y los servicios e instalaciones con que cuente el mismo. La de cada piso o local expresará su extensión, linderos, planta en la que se hallare y los anejos, tales como garaje, buhardilla o sótano.

En el mismo título se fijará la cuota de participación que corresponde a cada piso o local, determinada por el propietario único del edificio al iniciar su venta por pisos, por acuerdo de todos los propietarios existentes, por laudo o por resolución judicial. Para su fijación se tomará como base la superficie útil de cada piso o local en relación con el total del inmueble, su emplazamiento interior o exterior, su situación y el uso que se presuma racionalmente que va efectuarse de los servicios o elementos comunes.

El título podrá contener, además, reglas de constitución y ejercicio del derecho y disposiciones no prohibidas por la Ley en orden al uso o destino del edificio, sus diferentes pisos o locales, instalaciones y servicios, gastos, administración y gobierno, seguros, conservación y reparaciones, formando un estatuto privativo que no perjudicará a terceros si no ha sido inscrito en el Registro de la Propiedad.

En cualquier modificación del título, y a salvo lo que se dispone sobre validez de acuerdos, se observarán los mismos requisitos que para la constitución».

V. art. 54 del RH.

Artículo 54. Notificaciones que ha de realizar el Registrador de la Propiedad.

Los Registradores de la Propiedad darán cuenta al Ayuntamiento respectivo de las inscripciones realizadas en los supuestos comprendidos en los artículos 48.2 y 52, párrafo a), inciso segundo, y harán constar en la inscripción y en la nota de despacho la práctica de dicha notificación.

Artículo 55. Calificación registral.

Los Registradores calificarán, bajo su responsabilidad, el cumplimiento de lo establecido en este Reglamento para la inscripción de declaraciones de obra nueva, de tal forma que los documentos que no reúnan los requisitos exigidos no serán inscribibles, sin perjuicio de lo dispuesto, sobre publicidad registral de la irregularidad urbanística, en la legislación aplicable en cada caso.

CAPÍTULO VII

Anotaciones preventivas dictadas en procedimiento administrativo de disciplina urbanística

Artículo 56. Anotación preventiva de incoación de expedientes de disciplina urbanística.

La Administración legalmente competente, con el fin de asegurar el resultado de los expedientes de disciplina urbanística y la reposición de los bienes afectados al estado que tuvieren con anterioridad a la infracción, podrá acordar que se tome anotación preventiva de la incoación de dichos expedientes. La anotación sólo podrá practicarse sobre la finca en que se presuma cometida la infracción o incumplida la obligación de que se trate en cada caso.

⇒ V. arts. 255.2, 307.3 y 309.2 del TRLS/1992 (§2).
V. art. 107 de la LRJ-PAC.
V. art. 25 de la LJCA.

Artículo 57. Título para practicar la anotación.

El título para practicar la anotación será la certificación expedida por el Secretario de la Administración competente en la que se hagan constar, además de las circunstancias previstas en el artículo 2.2, las siguientes:

1. Fecha del acuerdo y órgano que lo hubiere adoptado.
2. Que el acuerdo ha sido notificado al titular registral.
3. El objeto del expediente, su fecha de iniciación y la solicitud expresa de que se tome la anotación.

Artículo 58. Actuación del Registrador de la Propiedad. Certificación y nota de expedición.

Practicada la anotación, el Registrador devolverá uno de los ejemplares con nota de haberse extendido el asiento al que acompañará certificación de dominio y cargas de la finca anotada, en la que se haga constar el domicilio de sus respectivos titulares, si éste constare del Registro. De la expedición de la certificación se tomará nota al margen de la última inscripción de dominio.

Artículo 59. Notificación de la anotación.

La Administración actuante notificará la adopción del acuerdo por el que fue ordenada la práctica de la anotación a todos los titulares del dominio y cargas, según la certificación expedida.

⇒ V. arts. 58 y 59 de la LRJ-PAC.

Artículo 60. Duración y prórroga de la anotación.

La anotación practicada tendrá un plazo de duración de cuatro años y podrá prorrogarse por un año más a instancia de la Administración que la hubiere solicitado.

⇒ V. art. 43.4 de la LRJ-PAC.

Artículo 61. Prórroga de la anotación en caso de recurso contencioso-administrativo.

No obstante lo establecido en el artículo anterior, cuando se interpusiese recurso contencioso-administrativo contra el acuerdo que motivó la anotación preventiva, la Administración podrá solicitar al Tribunal que conozca del proceso que la anotación preventiva quede prorrogada hasta que haya recaído resolución administrativa firme en el procedimiento.

Artículo 62. Cancelación de la anotación preventiva antes de la terminación del expediente.

La anotación preventiva practicada por incoación del procedimiento sancionador podrá cancelarse antes de la terminación del expediente, cuando aquélla caduque, por solicitud de la Administración que la ordenó, cuando se disponga por resolución judicial, o cuando concluya el procedimiento sin resolución expresa sobre el fondo.

El título para practicar la cancelación será, según los casos:

1. La certificación administrativa del acuerdo en el que se ordene la cancelación o se declare sobreseído el expediente, o solicitud del titular registral de cualquier derecho sobre la finca anotada a la que se acompañe dicha certificación.

2. El mandamiento judicial dictado en ejecución de la sentencia o del auto en que se hubiese decretado la cancelación.

La cancelación se practicará sin perjuicio de la indemnización que, en su caso, pudiera corresponder al titular de la finca en el supuesto en que se declare injustificado el acuerdo que ordenó la práctica en la anotación cancelada.

⇒ V. art. 43.4 de la LRJ-PAC.

Artículo 63. Efectos registrales de la terminación del expediente.

Cuando adquiera firmeza la resolución de la Administración a cuyo favor se hubiere tomado la anotación, por la que se declare la existencia de la infracción o el incumplimiento de las obligaciones correspondientes, se practicarán, según los casos, los siguientes asientos:

1. Si la resolución impusiere el deber de ceder fincas determinadas o partes concretas de las mismas, se practicará asiento de inscripción, siempre que la certificación correspondiente cumpliese con los requisitos establecidos en el artículo 2 de este Reglamento y el acuerdo no fuese susceptible de recurso jurisdiccional.

2. Si el acuerdo firme de la Administración actuante impusiera una sanción económica que diese lugar a procedimiento de apremio, se tomará, si se ordena, la anotación preventiva de embargo a que se refiere el artículo 66.

3. En los demás casos la terminación del expediente se hará constar por nota marginal, que producirá los efectos generales a que se refiere el artículo 73.

4. La certificación del acuerdo por el que se declare la terminación del expediente provocará, en todo caso, la cancelación de la anotación preventiva.

⇒ V. arts. 97 y 111 de la LRJ-PAC.
V. art. 91 y ss. del RGR.

Artículo 64. Efectos registrales de la terminación del expediente en vía jurisdiccional.

Cuando el expediente administrativo hubiese sido recurrido en vía jurisdiccional, la sentencia, auto o resolución que ponga fin al procedimiento dará lugar a la práctica de los asientos que la misma ordene, en los términos y con los efectos previstos en el artículo 71 para las resoluciones judiciales que pongan fin al recurso contencioso-administrativo.

⇒ V. arts. 71, 72 y 73 de la LJCA.

Artículo 65. Cancelación de los asientos practicados como consecuencia de la terminación del expediente.

La cancelación de los asientos practicados como consecuencia de la terminación del expediente, a que se refieren los artículos anteriores, podrá llevarse a efecto según los casos:

1. Cuando se trate de inscripciones éstas sólo podrán ser canceladas conforme a lo dispuesto en la Ley Hipotecaria.

2. Cuando se trate de las notas marginales a que se refiere el artículo 63.3, su cancelación podrá obtenerse por acuerdo de la Administración, o en virtud de resolución judicial por la que se declaren la inexistencia de la infracción, la improcedencia de las órdenes de restauración del orden jurídico o de que ha tenido lugar el incumplimiento de los deberes correspondientes. También podrá practicarse por solicitud del titular registral a la que se acompañe la certificación del acuerdo de la Administración en el que resuelva la cancelación de la nota, o la documentación que acredite, conforme a lo dispuesto en la Ley, la obtención de dicho acuerdo por silencio positivo o, en su caso, la sentencia correspondiente.

Artículo 66. Anotación de embargo en caso de sanción económica.

En los expedientes que puedan dar lugar a la imposición de una sanción económica, la Administración actuante podrá solicitar la práctica de anotación preventiva de embargo, conforme a lo establecido en la legislación para el apremio a favor de la Hacienda Pública. En el caso de que se practicare la anotación a favor de una entidad urbanística colaboradora, será requisito previo que se acredite la constitución de la misma. Los efectos de la anotación preventiva de embargo se producirán desde su propia fecha, aunque previamente se hubiere practicado anotación preventiva de incoación de expediente de disciplina urbanística.

⇒ V. art. 63 del presente Reglamento.

CAPÍTULO VIII

Anotaciones preventivas ordenadas en proceso contencioso-administrativo

Artículo 67. Anotación preventiva por interposición de recurso contencioso-administrativo.

El que promoviere recurso contencioso-administrativo contra los actos de la Administración pública que tengan por objeto la aprobación definitiva de los planes de ordenación, de sus instrumentos de ejecución o de licencias, podrá solicitar, con el escrito de interposición o después, si existiere justificación suficiente, que se tome anotación preventiva sobre fincas concretas y determinadas que resulten afectadas por el acto impugnado, ofreciendo indemnización por los perjuicios que pudieran seguirse en caso de ser desestimado el recurso, de tal forma que la falta de la caución que, en su caso, exija el Tribunal para evitar daños al titular de la finca o derecho anotado, impedirá la práctica de la anotación.

⇒ V. arts. 307.6 y 309.2 del TRLS/1992 (§2).

Artículo 68. Tramitación de la solicitud de la anotación.

La solicitud de la anotación, acompañada de certificación registral de dominio y cargas, se sustanciará por los trámites establecidos en la Ley de la Jurisdicción Contencioso-Administrativa. Será requisito para la práctica del asiento el haber oído, en todo caso, al titular registral de la finca y a los que según la certificación sean titulares de derechos y cargas que consten en ésta, así como la prestación de la caución a que se refiere el artículo anterior.

⇒ V. art. 129 de la LJCA.

Artículo 69. Título para la anotación.

La anotación se practicará en virtud de mandamiento judicial en el que se consigne literalmente la resolución dictada y que se ha prestado, en su caso, la caución correspondiente.

⇒ V. art. 165 y ss. del RH.

Artículo 70. Anotación preventiva de la demanda.

La demanda interpuesta en el procedimiento será también anotable en los términos previstos en los artículos anteriores.

⇒ V. art. 139 y ss. del RH.

Artículo 71. Efectos de la sentencia que ponga fin al procedimiento jurisdiccional.

La sentencia firme que ponga fin al procedimiento contencioso-administrativo en el que se hubiera ordenado la anotación preventiva producirá los siguientes efectos:

1. Será título bastante para practicar los asientos dispuestos en ella.

2. Cuando de la sentencia resulte la creación, modificación o extinción del dominio o de algún derecho real inscribible, se practicarán los asientos pertinentes en la forma establecida por el artículo 198 del Reglamento Hipotecario. Dicho artículo será de aplicación también respecto de la cancelación de asientos contradictorios practicados en virtud de títulos de fecha anterior a la anotación preventiva, cuando la titularidad de los derechos proceda de actos sujetos al control de los Juzgados y Tribunales contencioso-administrativos, en cuyo caso, a efectos de la cancelación de los asientos originados por los títulos a que se refiere este artículo, se resolverá en este orden jurisdiccional lo que proceda en trámite de ejecución de sentencia, previa citación de los titulares de los derechos afectos por la posible cancelación.

3. Cuando de la sentencia no resulte la creación, modificación o extin-

ción del dominio o de algún derecho real, o la modificación de la descripción de las fincas sobre las que se hubiese practicado, la propia sentencia será título bastante para la cancelación de la anotación.

⇒ V. arts. 67 a 73 de la LJCA.
V. art. 42 de la LH.
V. art. 206 del RH.

Artículo 72. Prórroga y cancelación de la anotación.

La duración, prórroga y las demás cuestiones no especialmente previstas en los artículos anteriores, se regirán por lo establecido en la legislación hipotecaria para la anotación preventiva de demanda.

⇒ V. arts. 173, 206 y concordantes del RH.

CAPÍTULO IX
Notas marginales

Artículo 73. Duración y efectos de las notas marginales.

Salvo que expresamente se establezca otra cosa, las notas marginales reguladas en el presente Reglamento tendrán vigencia indefinida.

Tales notas no surtirán otro efecto que el de dar a conocer, a quien consulte el contenido del Registro de la Propiedad, la situación urbanística de la finca en el momento a que se refiera el título que las origine, salvo los casos en que la legislación aplicable prevea un efecto distinto.

⇒ V. arts. 307 y 309.3 del TRLS/1992 (§2).

Artículo 74. Nota marginal de condiciones impuestas sobre determinadas fincas.

Cuando con ocasión de la concesión de licencias o de autorización de otras resoluciones administrativas, se impongan condiciones que han de cumplirse en la finca a la que afectan, con arreglo a las Leyes o a los Planes, tales condiciones podrán hacerse constar por el Registrador de la Propiedad mediante nota marginal.

1. La nota marginal se tomará en virtud de instancia del titular de la finca a la que se acompañe certificación administrativa en la que conste literalmente el acuerdo adoptado.

2. En la misma se transcribirá literalmente el acuerdo que da lugar a su práctica y se especificará que no produce otro efecto que el previsto en el artículo anterior.

3. La nota marginal podrá cancelarse:

a) En virtud de certificación administrativa de la que conste que se han cumplido las condiciones impuestas o de solicitud del titular a la que se acompañe aquélla o la documentación acreditativa del acuerdo obtenido por acto presunto, conforme a lo dispuesto en la Ley.

b) Cuando la licencia sometida a condición impusiere cualquier tipo de deberes al titular de la finca y no señalare plazo de cumplimiento de los mismos, ni tampoco fuere la condición de naturaleza definitiva, la nota se cancelará por caducidad transcurridos cuatro años desde su fecha. En caso de que en la licencia se hubiere señalado plazo, la caducidad de la nota se producirá transcurridos dos años a contar desde la fecha de cumplimiento de aquél.

⇒ V. arts. 14, 17 y 18 de la Ley 6/1998, de 13 abril (§1).

Artículo 75. Nota marginal de la declaración de ilegalidad de la licencia de edificación.

Cuando la licencia de edificación, a cuyo amparo haya sido realizada una obra nueva, sea posteriormente declarada ilegal, por contravenir la ordenación urbanística aplicable, se hará constar por nota marginal. La nota se tomará en virtud de certificación de la resolución administrativa firme, o, en su caso, de la sentencia, en las que se declare la ilegalidad de la licencia y que el titular registral ha sido citado en el procedimiento.

⇒ V. arts. 307.7 y 309.3 del TRLS/1992 (§2).

Artículo 76. Nota marginal acreditativa de la concesión de licencias para obras y usos provisionales.

La concesión de las licencias para usos y obras de carácter provisional y para los edificios fuera de ordenación, se harán constar en el Registro de la Propiedad mediante nota al margen de la última inscripción de dominio de la finca correspondiente. La nota se tomará a solicitud del titular registral, o con su audiencia a requerimiento de la Administración actuante, a la que se acompañe certificación literal del acuerdo de concesión de la licencia y en ella se expresará, a la vista de la certificación administrativa, el deber de demolición de las edificaciones cuando lo acordare el Ayuntamiento, sin derecho a indemnización en su caso, y con las demás consecuencias previstas en la legislación urbanística.

⇒ V. art. 17 de la Ley 6/1998, de 13 abril (§1).

Artículo 77. Nota marginal acreditativa de la adquisición del aprovechamiento urbanístico.

La adquisición del derecho al aprovechamiento urbanístico susceptible de apropiación en cada finca determinada, como consecuencia del cumplimiento por su titular de los requisitos establecidos por la legislación urbanística aplicable, se podrá hacer constar en el Registro de la Propiedad, por nota al margen de su última inscripción de dominio, a la que se aplicarán las siguientes reglas:

1. El asiento se practicará por traslado del acuerdo de la Administración actuante, mediante certificación del mismo, o por solicitud del interesado a la que se acompañará la expresada certificación, con descripción de la finca de que se trate. Cuando el acuerdo de la Administración actuante se obtuviere por acto presunto, a la solicitud de la nota marginal se acompañará la documentación que acredite la adquisición conforme a lo dispuesto en la Ley.

2. A los efectos del contenido del dominio inscrito sobre la finca, los

terceros adquirentes del mismo quedarán subrogados en los derechos y deberes urbanísticos resultantes del aprovechamiento que ha sido objeto de la nota marginal según el plan que en cada caso sea aplicable.

3. En caso de declaración administrativa de incumplimiento de deberes urbanísticos por el titular de una finca sujeta a derecho de hipoteca, el acreedor hipotecario podrá ejercitar las facultades que por menoscabo de la garantía le atribuya la legislación vigente. Además, el Juez, conforme a lo dispuesto en la Ley Hipotecaria, a instancia del titular del crédito, podrá conceder a éste la administración y posesión interina de la finca, con la posibilidad de subrogarse en el cumplimiento de los deberes urbanísticos, si así se hubiere pactado en el título de constitución del gravamen.

⇒ V. art. 21 de la Ley 6/1998, de 13 abril (§1).

CAPÍTULO X
Inscripción de actos de parcelación

Artículo 78. Actuación de los Registradores de la Propiedad.

Los Registradores de la Propiedad exigirán para inscribir la división o segregación de terrenos, que se acredite el otorgamiento de la licencia que estuviese prevista por la legislación urbanística aplicable, o la declaración municipal de su innecesariedad, que deberá testimoniarse literalmente en el documento.

⇒ V. art. 259.3, 307 y 309.1 del TRLS/1992 (§2).

Artículo 79. Divisiones y segregaciones.

En caso de división o segregación de fincas realizadas en suelo no urbanizable, cuando de la operación que corresponda resulten parcelas inferiores a la unidad mínima de cultivo o, en todo caso, aun siendo superiores, cuando por las circunstancias de descripción, dimensiones, localización o número de fincas resultantes de la división o de las sucesivas segregaciones, surgiere duda fundada sobre el peligro de creación de un núcleo de población, en los términos señalados por la legislación o la ordenación urbanística aplicable, los Registradores de la Propiedad actuarán con arreglo a lo establecido en este artículo.

1. Los Registradores de la Propiedad, cuando, a pesar de haberse autorizado la escritura pública, tuviesen la duda fundada a que se refiere el número anterior y no se aportase la licencia correspondiente, remitirán copia del título o títulos presentados al Ayuntamiento que corresponda, acompañando escrito con solicitud de que se adopte el acuerdo que, en cada caso, sea pertinente y con advertencia expresa de que en caso de no contestación se procederá con arreglo a lo establecido en este artículo. La remisión de la documentación referida se hará constar al margen del asiento de presentación, el cual quedará prorrogado hasta un límite de ciento ochenta días a contar de la fecha de la remisión.

2. Si el Ayuntamiento comunicare al Registrador de la Propiedad que del título autorizado no se deriva la existencia de parcelación urbanística

ilegal, el Registrador practicará la inscripción de las operaciones solicitadas. Todo ello sin perjuicio de lo dispuesto en el artículo 80.

3. Si el Ayuntamiento remitiere al Registrador certificación del acuerdo del órgano competente, adoptado previa audiencia de los interesados, en el que afirme la existencia de peligro de formación de núcleo urbano o de posible parcelación ilegal, se denegará la inscripción de las operaciones solicitadas y el Registrador de la Propiedad reflejará el acuerdo municipal mediante nota al margen de la finca o resto de la finca matriz. Dicha nota producirá los efectos previstos en el artículo 73.

4. Transcurridos cuatro meses desde la fecha de la nota puesta al margen del asiento de presentación, prevista en el apartado 1 de este artículo, si no se presentare el documento acreditativo de incoación del expediente a que se refiere el apartado siguiente con efectos de prohibición de disponer, el Registrador de la Propiedad practicará la inscripción de las operaciones solicitadas.

5. Si el Ayuntamiento o, en su caso, el órgano urbanístico competente, incoase expediente de infracción urbanística por parcelación ilegal, en el acuerdo correspondiente podrá solicitarse del Registrador de la Propiedad que la anotación preventiva procedente surta efectos de prohibición absoluta de disponer, en los términos previstos por el artículo 26.2° de la Ley Hipotecaria.

⇒ V. art. 20.2 de la Ley 6/1998, de 13 abril (§1).

V. art. 24 de la Ley 19/1995, de 4 julio.

Sobre unidades mínimas de cultivo, téngase en cuenta:

– Res. de 4 noviembre 1996, de la Dirección General Desarrollo Rural y Actuaciones Estructurales de Andalucía, que determina provisionalmente las unidades mínimas de cultivo a que se refiere el art. 23 de la Ley 19/1995, de 4 julio.

– Disp. adic. 2ª de la Ley 5/1999, de 25 marzo, de Aragón.

– D. 84/1992, de 30 diciembre, sobre unidad Mínima de Cultivo agrícola y forestal en el Principado de Asturias.

– Art. 25 de la Ley 6/1997, de 8 julio (§16) redactado por el art. 4 de la Ley 9/1999, de 6 octubre, de Medidas Cautelares y de Emergencia Relativas a la Ordenación del Territorio y el Urbanismo, de Baleares (§21).

– Arts. 79 a 84 de la Ley de Cantabria 4/2000, de 13 noviembre, de Modernización y Desarrollo Agrario.

– Art. 24 de la Ley 5/1999, de 8 abril, de Urbanismo de Castilla y León (§25).

– Art. 63 Ley 2/1998, de 4 junio. Ordenacion del Territorio y la Actividad Urbanística, de Castilla-La Mancha (§27).

– Art. 140 del DLeg 1/1990, de 12 julio, que aprueba el Texto Refundido de legislación vigente en materia de urbanismo en Cataluña (§28).

– D. 46/1997, de 22 abril, sobre unidades mínimas de cultivo en Extremadura.

– D. 330/1999, de 9 diciembre, que establece unidades mínimas de cultivo en Galicia.

– Art. 52 de la Ley 9/1995, de 28 marzo, de Medidas de Política Territorial, Suelo y *Urbanismo. Madrid* (§38).

– D. 40/1997, de 6 junio, que establece la unidad mínima de cultivo.

– DF 205/1996, de 6 mayo, que establece las unidades mínimas de cultivo para el Territorio de la Comunidad Foral. Navarra.

– Art. 18 de la Ley 10/1998, de 2 julio, de Ordenación del Territorio y Urbanismo. La Rioja (§52).

– Disp. adic 3ª de la Ley 4/1992, de 5 junio, Reguladora del Suelo No Urbanizable, de Valencia (§54).

Artículo 80. Fincas de dimensión inferior a la parcela mínima de cultivo.

Cuando se trate de actos de división o segregación de fincas inferiores a la unidad mínima de cultivo, los Registradores de la Propiedad remitirán copia de los documentos presentados a la Administración agraria competente, en los términos previstos en el apartado 5 del artículo anterior. Si dicha Administración adoptase el acuerdo pertinente sobre nulidad del acto o sobre apreciación de las excepciones de acuerdo con lo dispuesto en los artículos 23 y 24 de la Ley 19/1995, de 4 de julio, remitirá al Registrador certificación del contenido de la resolución recaída. En el caso que transcurran cuatro meses desde la remisión o de que la Administración agraria apreciase la existencia de alguna excepción, el Registrador practicará los asientos solicitados. En el supuesto de que la resolución citada declarase la nulidad de la división o segregación, el Registrador denegará la inscripción. Si dicha resolución fuese objeto de recurso contencioso-administrativo, el titular de la finca de que se trate podrá solicitar la anotación preventiva de su interposición sobre la finca objeto de fraccionamiento.

⇒ V. art. 20.2 de la Ley 6/1998, de 13 abril (§1).
V. arts. 24 y 25 de la Ley 19/1995, de 4 julio.

Artículo 81. Parcela urbanística indivisible.

En el caso de que la parcela resulte indivisible como consecuencia de lo dispuesto en la legislación urbanística se aplicarán las siguientes reglas:

1. Para poder reflejar en el Registro de la Propiedad la cualidad de indivisible de una parcela, el Ayuntamiento correspondiente comunicará al Registrador las dimensiones de la parcela mínima, de acuerdo con las previsiones del planeamiento urbanístico vigente, con referencia a las fincas concretas sobre las que se pretenda la actuación.

2. Cuando con la edificación permitida o existente se hubiese agotado la totalidad del aprovechamiento materializable sobre la finca, el Ayuntamiento lo comunicará al Registro de la Propiedad al otorgarse licencia de edificación. Cuando la edificación consumiere sólo parte del aprovechamiento, la comunicación especificará la porción de terreno susceptible de segregación.

3. La cualidad de indivisible de la parcela se hará constar mediante nota al margen de la última inscripción de dominio vigente, cuando el Registrador de la Propiedad reciba la comunicación del número anterior y cuando se creen nuevas fincas por consecuencia de operaciones de modificaciones hipotecarias.

⇒ V. arts. 258.2, 258.3 y 259.3 del TRLS/1992 (§2).

Artículo 82. División de parcelas edificadas.

Cuando sobre las parcelas resultantes del expediente de equidistribución se construyan, conforme al planeamiento, diferentes edificios, éstos podrán constituir fincas registrales independientes sin necesidad de licencia de parcelación. Si la parcela fuere indivisible, sólo podrán crearse fincas registrales independientes si los distintos edificios se asientan sobre suelo común y se les somete a un mismo régimen de propiedad horizontal o conjunto inmobiliario.

CAPÍTULO XI

Inscripción de transmisiones sujetas a tanteo y retracto urbanístico

Artículo 83. Comunicación al Registrador de la Propiedad de la delimitación de áreas de tanteo y retracto.

Cuando en el planeamiento general municipal, o en expediente tramitado especialmente a tal efecto, se hubieren delimitado áreas comprensivas de terrenos o de viviendas que hayan de quedar sujetas a derecho de tanteo o de retracto conforme a lo dispuesto en la legislación urbanística, el Ayuntamiento remitirá a los Registradores de la Propiedad, a cuyo distrito hipotecario corresponda total o parcialmente dicha área, copia certificada del Acuerdo de delimitación de la misma y de los planos que reflejen dicha delimitación, así como relación detallada de las calles o sectores comprendidos en aquellas áreas y de los propietarios y bienes concretos afectados, en cuanto tales datos obren en poder del Ayuntamiento y el Registrador lo hará constar por nota al margen de la última inscripción de dominio de las fincas.

⇒ V. art. 99 del RH.

Artículo 84. Requisitos de las transmisiones sujetas a tanteo y retracto urbanístico.

Cuando en un término municipal o sección del Distrito Hipotecario se hubieren delimitado áreas de tanteo y retracto, en los términos previstos por la legislación urbanística, los títulos de transmisión onerosa de terrenos o de viviendas deberán contener las siguientes circunstancias:

1. Declaración expresa de las partes, bajo la responsabilidad del orden que proceda, de que el terreno o vivienda transmitido, según los casos, se halla o no incluido en área de tanteo y retracto.

2. Si la declaración fuere positiva, que se han llevado a efecto las notificaciones a que se refiere el artículo siguiente.

Artículo 85. Circunstancias de las notificaciones.

A efectos de la inscripción por el Registrador de la Propiedad de los títulos de transmisión sujetos a tanteo y retracto, el régimen de las notificaciones a favor de la Administración se ajustará a las siguientes normas:

1. Antes de la enajenación, los propietarios afectados deberán notificar al Ayuntamiento dicha decisión, haciendo constar las características de las fincas, los datos registrales en su caso, su descripción, precio y forma de pago proyectados, las circunstancias del futuro adquirente y las restantes condiciones esenciales de la transmisión.

2. Con posterioridad a la transmisión realizada, el adquirente deberá comunicar la misma al Ayuntamiento mediante entrega de la copia de la escritura o documento en que fuere formalizada.

3. Para que puedan inscribirse por el Registrador de la Propiedad los

documentos de adquisición de los bienes a los que se refiere este Capítulo deberá justificarse que han tenido lugar, en sus respectivos casos, las notificaciones previstas en los apartados 1 y 2 de este artículo, con los requisitos exigidos. La falta de justificación constituirá defecto subsanable con suspensión de la inscripción, pudiéndose tomar anotación preventiva con vigencia de ciento ochenta días naturales, que se convertirá en inscripción si en dicho plazo de vigencia se acreditara la práctica de las notificaciones en forma legal.

Artículo 86. Efectos de la declaración de sujeción o no sujeción de la finca a tanteo y retracto urbanístico.

A los títulos traslativos a que se refiere este Capítulo les serán aplicables las siguientes reglas:

1. Si en el título se declarare expresamente que la vivienda o terreno no está incluida en área de tanteo y retracto, el Registrador practicará la inscripción, sin perjuicio de lo establecido en el apartado 4 que subsigue.

2. Si la declaración fuere positiva y no se hubiere llevado a efecto la notificación pertinente, el Registrador suspenderá la inscripción, si bien podrá tomar anotación preventiva por defecto subsanable, que se convertirá en inscripción si durante su plazo de vigencia se acreditare la práctica de la notificación.

3. Si en el título no se hiciere declaración expresa sobre la inclusión o no inclusión de la vivienda o terreno en área de retracto, no será inscribible aquél por el Registrador de la Propiedad.

4. Si la declaración fuere negativa, pero de los detalles de descripción de la finca, de su localización respecto de viales determinados o de otros datos que pudieren resultar del contenido de la documentación remitida conforme a lo dispuesto en el artículo 83, resultaren indicios de que el inmueble pudiera estar comprendido en área de retracto, el Registrador, sin perjuicio de practicar la inscripción, comunicará al Ayuntamiento competente el hecho de su otorgamiento y las demás circunstancias señaladas en el artículo anterior.

5. Practicada la notificación a que se refiere el apartado anterior, el Registrador tomará nota de su fecha al margen del asiento de presentación y prorrogará la vigencia de éste, en su caso, hasta quince días. Transcurridos quince días sin que el Ayuntamiento manifieste expresamente que la finca o fincas transmitidas se encuentran situadas en área de tanteo y retracto, practicará la inscripción solicitada. En el supuesto de que la respuesta fuere positiva, el Registrador procederá en la forma señalada en el apartado 2 de este artículo.

CAPÍTULO XII
Régimen de venta forzosa

Artículo 87. Nota marginal acreditativa de la inclusión de la finca en el Registro Administrativo.

De la inclusión de una finca en el Registro Administrativo de Solares y Terrenos sin urbanizar se tomará nota al margen de su última inscripción de dominio por el Registrador de la Propiedad, conforme a las siguientes reglas:

1. El título inscribible será el certificado en el que se contenga la transcripción literal del acuerdo de la inclusión de la finca en el Registro Administrativo de Solares y Terrenos sin Urbanizar, por el que la Administración competente solicite expresamente la práctica de la nota y en el que se haga constar que ha sido notificado el titular registral.

2. Cuando el procedimiento de inclusión hubiere sido incoado a instancia de persona distinta de la Administración, la nota se practicará en virtud de solicitud de ésta, acompañada del certificado a que se refiere el apartado anterior.

3. En la nota harán constar los datos de inscripción en el Registro Administrativo y la causa de la inclusión en el mismo de la finca sometida a venta forzosa.

4. La nota se cancelará en virtud de certificación de la que resulte la cancelación del asiento practicado en el Registro Administrativo o por caducidad, transcurridos tres años desde su fecha, si no se hubiere practicado asiento alguno sobre la finca relativo a la prórroga de la nota o a algún acto correspondiente al procedimiento de venta forzosa.

Artículo 88. Nota marginal acreditativa de la declaración en venta forzosa.

La resolución administrativa firme por la que se declare el incumplimiento de los deberes urbanísticos que motivaron la inclusión de la finca en el Registro administrativo, con aplicación del régimen de venta forzosa, se hará constar por nota en el Registro de la Propiedad, al margen de la última inscripción de dominio de la finca. Dicha nota se practicará en virtud de certificación literal del acuerdo, que deberá ser remitida al Registro de la Propiedad por la Administración actuante. El Registrador, simultáneamente a la práctica de la nota, expedirá certificación de dominio y cargas de la finca. Asimismo, cuando la resolución administrativa que hubiere provocado la inclusión de la finca en el Registro Administrativo, acordase la venta forzosa, el Registrador, simultáneamente a la práctica de la nota, expedirá la certificación a que se refiere este artículo.

Artículo 89. Inscripción de la adjudicación en régimen de venta forzosa.

La inscripción de la adjudicación en procedimiento de venta forzosa se sujetará a las siguientes reglas:

1. El título inscribible será la certificación administrativa del acuerdo de resolución del concurso a favor del adjudicatario, acompañada del acta de ocupación, y en la que se hará constar:

a) El *pago del precio satis*fecho por el adjudicatario del concurso a los titulares del dominio de la finca o de otros derechos inscritos con anterioridad a la fecha de la nota a que se refiere el artículo anterior, o la consignación del mismo en el caso de que, debidamente citados, no hubieren comparecido en el expediente. También se hará constar el pago de las cantidades a que tenga derecho la Administración actuante, según la legislación urbanística aplicable.

b) La especificación literal de las condiciones del concurso.

2. La inscripción de la finca se practicará, libre de cargas, a favor del adjudicatario del concurso, que tendrá el carácter de beneficiario.

Artículo 90. Cancelación de cargas.

En el momento en que se practique la inscripción de venta forzosa se cancelarán de oficio todas las inscripciones de dominio y cargas inscritas con fecha posterior a la de la nota y la certificación a que se refiere el artículo 88.

Artículo 91. Adquisición por la Administración.

Si la Administración actuante declarare desierto el concurso y se adjudicare la finca con destino al Patrimonio Municipal del Suelo, la inscripción se practicará a su favor, en los términos previstos en los artículos anteriores, haciéndose constar en la misma que la finca queda sujeta a lo dispuesto en la legislación urbanística sobre los efectos del incumplimiento de la obligación de edificar.

II

NORMAS DEL ESTADO DE APLICACIÓN SUPLETORIA

II

NORMAS DEL ESTADO DE APLICACION SUPLETORIA

§ 3 REAL DECRETO 1346/1976, DE 9 ABRIL. APRUEBA EL TEXTO REFUNDIDO DE LA LEY SOBRE RÉGIMEN DEL SUELO Y ORDENACIÓN URBANA

(BB OO del Estado núms. 144 y 145, de 16 y 17 junio [RCL 1976, 1192])

En uso de la autorización concedida por el artículo 10.4 de la Ley de Régimen Jurídico de la Administración del Estado, de 26 de julio de 1957 y de la disposición final segunda de la Ley de Régimen del Suelo y Ordenación Urbana, de 2 de mayo de 1975, a propuesta del Ministro de la Vivienda, de conformidad con el dictamen del Consejo de Estado en Pleno, y previa deliberación del Consejo de Ministros en su reunión del día 9 de abril de 1976, dispongo:

TÍTULO PRELIMINAR
FINALIDADES Y CAMPO DE APLICACIÓN DE LA LEY

Artículo 1.

Es objeto de la presente Ley la ordenación urbanística en todo el territorio nacional.

⇒ V. art. 1 de la Ley 6/1998, de 13 abril (§1).
V. arts. 2 a 13, 76 y 87 del presente Texto Refundido.
V. arts. 45, 46 y 47 de la CE.

Jurisprudencia

El urbanismo es una función pública y se refiere a todo el territorio, no sólo a la ciudad.

«En esta misma línea de preocupación por la degradación del patrimonio natural ha de recordarse que el urbanismo moderno ha roto las fronteras de la ciudad para referirse a «todo el territorio nacional» –artículo 1 del Texto Refundido de la Ley del Suelo– y ello precisamente, entre otras razones, con la finalidad de obtener una más adecuada defensa de la naturaleza. Son numerosas las previsiones del ya citado Texto Refundido para el logro de dicha finalidad tanto al regular los Planes de ordenación integral o global del territorio –artículo 8.2 c) para los Planes Directores Territoriales de Coordinación, artículos 11.3, 12.1 d) y 12.2.4 para los Planes Generales Municipales, etc.– como al concretar el sentido de los Planes especiales –artículos 17 y siguientes–». **(STS 2 febrero 1987 [RJ 1987, 2043])**.

«El urbanismo es una función pública, la ciudad –más ampliamente, el territorio, en el sentido que aquí importa, art. 1 del Texto Refundido– es de todos y por tanto las decisiones relativas a sus características corresponden a los ciudadanos en general a través de los trámites que abren una vía a su participación y de las decisiones adoptadas por sus elegidos representantes. La decisión que es el Plan se adopta pues en atención al interés público con independencia de cuáles sean las aspiraciones o expectativas de los propietarios de terrenos, aunque aquéllas hayan de ser contempladas después: si en un primer momento el «dibujo» del plan representa una desigualdad después del ordenamiento urbanístico arbitrará técnicas para su compensación». **(STS 7 noviembre 1988 [RJ 1988, 8783]).**

Artículo 2.

La actividad urbanística se referirá a los siguientes aspectos:

a) Planeamiento urbanístico.

b) Régimen urbanístico del suelo.

c) Ejecución de las urbanizaciones.

d) Fomento e intervención del ejercicio de las facultades dominicales relativas al uso del suelo y edificación.

⇒ V. arts. 3, 4 y 5 del presente Texto Refundido.

Artículo 3.

1. La competencia urbanística concerniente al planeamiento comprenderá las siguientes facultades:

a) Redactar un Plan Nacional de Ordenación.

b) Formar Planes Directores Territoriales de Coordinación, Planes Generales Municipales, Normas Complementarias y Subsidiarias del Planeamiento.

c) Emplazar los centros de producción y de residencia del modo conveniente para la mejor distribución de la población española en el territorio nacional.

d) Dividir el territorio municipal en áreas de suelo urbano, urbanizable y no urbanizable.

e) Establecer zonas distintas de utilización según la densidad de la población que haya de habitarlas, porcentaje de terreno que pueda ser ocupado por construcciones, volumen, forma, número de plantas, clase y destino de los edificios, con sujeción a ordenaciones generales uniformes para cada especie de los mismos en toda la zona.

f) Formular el trazado de las vías públicas y medios de comunicación.

g) Establecer espacios libres para parques y jardines públicos en proporción adecuada a las necesidades colectivas, en los términos establecidos en la presente Ley.

h) Señalar el emplazamiento y características de los centros y servicios de interés público y social, centros docentes, aeropuertos y lugares análogos.

i) Determinar la configuración y dimensiones de las parcelas edificables.

j) Limitar el uso del suelo y de las edificaciones.

k) Orientar la composición arquitectónica de las edificaciones y regular, en los casos que fuera necesario, sus características estéticas.

2. La competencia urbanística en orden al régimen del suelo comprenderá las siguientes funciones:

a) Procurar que el suelo se utilice en congruencia con la utilidad pública y la función social de la propiedad.

b) Impedir la desigual atribución de los beneficios y cargas del planeamiento entre los propietarios afectados e imponer la justa distribución de los mismos.

c) Regular el mercado de terrenos como garantía de la subordinación natural de los mismos a los fines de la edificación y de la vivienda.

d) Afectar el aumento de valor del suelo originado por el planeamiento al pago de los gastos de urbanización.

e) Asegurar el uso racional del suelo en cuanto al mantenimiento de una densidad adecuada al bienestar de la población.

f) Adquirir terrenos y construcciones para constituir patrimonios de suelo.

3. La competencia urbanística en lo que atañe a la ejecución de la urbanización confiere las siguientes facultades:

a) Encauzar, dirigir, realizar, conceder y fiscalizar la ejecución de las obras de urbanización.

b) Expropiar los terrenos y construcciones necesarios para efectuar las obras y cuantos convengan a la economía de la urbanización proyectada.

4. La competencia urbanística en orden al fomento e intervención en el ejercicio, de las facultades dominicales relativas al uso del suelo y edificación comprenderá las siguientes facultades:

a) Ceder terrenos edificables y derechos de superficie sobre los mismos.

b) Intervenir la parcelación.

c) Exigir a los propietarios que edifiquen en plazos determinados.

d) Imponer la enajenación cuando no se edificaren en el tiempo o forma previstos.

e) Prohibir los usos que no se ajustaren a los Planes.

f) Intervenir en la construcción y uso de las fincas.

g) Promover la posibilidad de que se faciliten a los propietarios los medios precisos para cumplir las obligaciones impuestas por esta Ley.

5. Las mencionadas facultades tendrán carácter enunciativo y no limitativo, y la competencia urbanística comprenderá cuantas otras fueren congruentes con la misma, para ser ejercidas con arreglo a la presente Ley.

⇒ V. art. 47 de la CE.
V. arts. 12.1 b), 12.2.1 c) y 13.1 b) del presente Texto Refundido.

Jurisprudencia

Participación o recuperación de las plusvalías.

«El principio de interpretación conforme a la Constitución de todo el ordenamiento jurídico –art. 5 de la nueva LOPJ– obliga ante todo a acudir a su art. 47 que, en cuanto principio rector de la política social y económica, ha de informar la legislación, la práctica judicial y la actuación de los poderes públicos –art. 53.3 de la Constitución–. Señala dicho art. 47 que la comunidad "participará» en las plusvalías que genere la acción urbanística de los entes públicos. Con ello se justifica plenamente una "participación» de la Administración en aquellas plusvalías pero no se resuelve el problema litigioso que plantea el tema de los límites de tal participación: determinar en qué medida ha de producirse ésta es materia a desarrollar por el legislador ordinario que ciertamente tanto se ha preocupado de establecer un rescate de las plusvalías –art. 3.2 d) del Texto Refundidocomo de asegurar una cierta rentabilidad para los propietarios –art. 121 del mismo Texto–». **(STS 18 mayo 1987 [RJ 1987, 5532]).**

El acto por el que se efectúa la aprobación definitiva, es aquel en el que se plasma la potestad discrecional o «ius variandi» de la Administración urbanística al planificar.

(Sentencia apelada) «Que, finalmente recordaremos que como tiene declarado la Sentencia de la Sala Cuarta del Tribunal Supremo, de 13 de diciembre de 1982 (RJ 1982, 7956), frente a la potestad de la Administración para elaborar y aprobar un Plan General de Ordenación –en aquel caso el de Barcelona– la parte recurrente no ha acreditado: «[...] 1º Que se haya vulnerado el principio de racionalidad contenido no solamente en el art. 3 núm. 2 de la precitada Ley –la del Suelo–, sino de los restantes apartados del mismo precepto, en virtud del cual se impone a la Administración que la redacción de los Planes de Urbanismo se regule el aprovechamiento del suelo en congruencia de la utilidad pública y función social de la propiedad y de la atribución de los beneficios y cargas igualitariamente entre los propietarios [...] 2º Que se hayan alterado los principios de estabilidad y seguridad jurídica al plantear sobre otros condicionamientos la nueva ordenación del suelo [...] 3º Que la Administración haya obrado arbitrariamente al aprobar las determinaciones del Plan General en el que, al condicionar el uso del suelo y su aprovechamiento, forzosamente se tiene que acudir a unos criterios técnicos que no son impugnables, en tanto no se demuestre que se hayan fundado en apreciaciones erróneas o articulado en base a un interés que no sea el público inherente a la formación de un Planeamiento"». **(STS 7 diciembre 1989 [RJ 1989, 9115]).**

«Potestad innovadora o «ius variandi» que corresponde al planificador urbanístico a tenor de lo dispuesto en los arts. 47, 48 y 49, en relación con el 3, de la Ley del Suelo, y sus concordantes, facultad que es inherente a la función planificadora, de rango reglamentario en cuanto la misma es dinámica y debe adaptarse a las exigencias cambiantes de la realidad, de la manera más adecuada al interés general (Sentencias de este Alto Tribunal de 24-11-1981 [RJ 1981, 5299], 24-2-1984 [RJ 1984, 2620], 6-2 y 3-4-1990 [RJ 1990, 943 y 3579], etc.)». **(STS 23 octubre 1991 [RJ 1991, 8193]).**

«Esta Sala ha declarado en sus SS. 13-7-1992 (RJ 1992, 6329) y 16-10-1991 (RJ 1991, 8176), dictadas en supuestos análogos al presente y en las que se sigue una reiterada doctrina mantenida, entre otras, en SS. 29 marzo y 13 noviembre 1963 (RJ 1963, 1828 y 4795), 29-11-1979, 11-6-1980 (RJ 1980, 3427), 26-9-1988 (RJ 1988, 7260) y 14-7-1989 (RJ 1989, 5806), que el ordenamiento contenido en la Ley del Suelo y en el Reglamento de Disciplina Urbanística no se detiene en lo propiamente urbanístico sino que se extiende a la total disciplina del suelo sobre el que cualquier actividad se verifique, tal como se desprende de las competencias señaladas en los párrs. 2 a) y 4 f) del art. 3 de la Ley, desarrollada en sus Títulos I y IV, en el último de los cuales se encuentra el art. 178». **(STS 22 septiembre 1992 [RJ 1992, 7066]).**

«En muchos casos hemos dicho (SS. 23-1-1989 [RJ 1989, 427], 24-10-1990 [RJ 1990, 8328], 26 octubre y 30 noviembre 1992 [RJ 1992, 8366 y 9002], por no citar sino las más recientes) en relación con la materia que ahora nos ocupa, que la potestad discrecional –"ius variandi"– de la Administración, ha de discurrir dentro del cauce marcado por los arts. 103 de la Constitución en relación con los 3 y 12 del Texto Refundido de la Ley del Suelo de 1976; es decir en contemplación de los intereses generales, teniendo en cuenta la función social de la propiedad, la estabilidad y seguridad jurídicas, sin concesiones al error o a la desviación de poder; circunstancias que han de ser controladas por el Orden Jurisdiccional, que también se ha manifestado en el sentido de que, si bien el Plan General debe contener una justificación o motivación clara de los cambios de clasificación, según se infiere del art. 12.2.1 c y h, no tiene por qué contener una motivación o explicación concreta y minuciosa de los cambios de calificación que haya dispuesto referidos a una específica finca de un administrado». **(STS 18 julio 1993 [RJ 1993, 5578]).**

«Es harto conocida la doctrina jurisprudencial –Sentencias de 24 julio 1989 (RJ 1989, 6105), 20 noviembre 1991 (RJ 1991, 9156), 19 octubre 1993 (RJ 1993, 7367), etc.– que de los diferentes actos que integran la compleja operación urbanística de la formación de los instrumentos de planeamiento, sólo cabe atribuir la condición de acto definitivo a aquel por el que se efectúa la aprobación definitiva, en el que se plasma la potestad discrecional o «ius variandi» de la Administración urbanística al planificar, aunque siempre sujeta a los principios contenidos en el artículo 103 de la Constitución; de tal suerte que el éxito alegatorio argumental frente al ejercicio de aquella potestad tiene que basarse en una clara actividad probatoria que deje bien acreditado que la Administración, ha incurrido en error, o al margen de aquella discrecionalidad, o con alejamiento de los intereses generales a que debe servir o sin tener en cuenta la función social de la propiedad, o la estabilidad y la seguridad jurídica o con desviación de poder o con falta de motivación en la toma de sus decisiones; directrices todas éstas condensadas en el artículo 3 en relación con el 12 del Texto Refundido de 1976 (Sentencias de 30 octubre 1991 [RJ 1991, 9178], 30 noviembre 1992 [RJ 1992, 9002], 16 y 23 febrero 1993 [RJ 1993, 536 y 543], 22 febrero, 6 abril y 19 julio 1994 [RJ 1994, 1461, 2764 y 6382])». **(STS 28 febrero 1995 [RJ 1995, 1083]).**

Artículo 4.

1. La gestión urbanística podrá encomendarse a Órganos de carácter público, a la iniciativa privada y a Entidades mixtas.

2. La gestión pública suscitará, en la medida más amplia posible, la iniciativa privada la sustituirá, cuando ésta no alcanzare a cumplir los objetivos necesarios, con las compensaciones que esta Ley establece. En la formulación, tramitación y gestión del planeamiento urbanístico, los Órganos competentes deberán asegurar la mayor participación de los interesados y en particular los derechos de iniciativa e información por parte de las Corporaciones, Asociaciones y particulares.

⇒ V. art. 4 de la Ley 6/1998, de 13 abril (§1).
V. arts. 115 y ss. del RPU (§3.1).
V. arts. 126 y 131 del presente Texto Refundido.

Jurisprudencia

Participación de los interesados en la elaboración y gestión del planeamiento.

«En desarrollo del artículo 4.2 de la Ley del Suelo (que manda asegurar la mayor participación posible de los interesados en la formulación, tramitación y gestión del planeamiento urbanístico), el artículo 125 del Reglamento de Planeamiento establece un completo procedimiento mediante el cual se asegura el cumplimiento de dicha disposición, garantizando y facilitando la participación ciudadana en el Plan General. Se prescribe que en el momento en que los trabajos de formulación del mismo hayan adquirido un desarrollo suficiente para permitir formular criterios, opiniones, y aportar soluciones y propuestas, la Corporación encargada de la formulación deberá exponer estos trabajos al público durante el plazo mínimo de 30 días para que todos puedan hacer sugerencias y en su caso proponer otras alternativas; y transcurrido dicho plazo, los servicios técnicos de la Administración habrán de estudiar las sugerencias o las alternativas que se hubiesen presentado y propondrán la confirmación o la rectificación de sus criterios iniciales, sobre lo cual la Corporación acordará después lo pertinente para terminar la elaboración del Plan antes de su aprobación inicial; siendo estos trámites para la elaboración del Plan, igualmente aplicables a la modificación de cualquiera de los elementos del mismo, a tenor de los artículos 49.1 de la Ley del Suelo y 161.1 del Reglamento de Planeamiento; y en cada caso se ha de examinar la trascendencia que hubiese tenido la omisión de esos trámites, para decretar o no la nulidad del expediente por tal motivo como ya declaramos en nuestra Sentencia de 29 de abril de 1986 (RJ 1986, 2980)». **(STS 22 febrero 1988 [RJ 1988, 1379]).**

Principio de subsidiariedad en la gestión urbanística.

(Sentencia apelada) «CDO.: Destaca la Ley el principio de subsidiariedad de la gestión pública urbanística, a tenor de lo dispuesto en el art. 4, párr. 2, al proclamar que la gestión pública suscitará, en la medida más amplia posible, la iniciativa privada y la sustituirá cuando ésta no alcance a cumplir los objetivos necesarios, de tal modo que conjugando este artículo con el aludido 119 de la misma Ley, claramente se percibe que la facultad discrecional de la Administración en elegir un sistema u otro de actuación urbanística, ha quedado muy mermado, hasta el punto de que esta actividad de la Administración es reglada en gran parte, como entiende la doctrina». **(STS 26 diciembre 1983 [RJ 1983, 6416]).**

Artículo 5.

1. Sin perjuicio de la competencia que la presente Ley atribuye al Consejo de Ministros, la actividad urbanística se desarrollará bajo la dirección del Ministerio de la Vivienda.

2. Funcionarán en dicho Departamento ministerial la Comisión Central de Urbanismo, la Dirección General de Urbanismo, las Comisiones provinciales de Urbanismo y los demás Organismos y Entidades que integran la Administración urbanística del Estado.

3. Los citados Órganos especiales coordinarán sus respectivas atribuciones con las correspondientes a los distintos Ministerios.

4. Los Órganos urbanísticos fomentarán la acción de las Corporaciones Locales, cooperarán al ejercicio de la competencia que les confiere la Ley de Régimen Local y se subrogarán en ella cuando no la ejercieren adecuadamente, o su cometido exceda de sus posibilidades.

⇒ V. STC 61/1997, de 20 marzo (RTC 1997, 61).
V. arts. 149.1.13ª, 18ª, 21ª, 22ª, 23ª, 24ª y 28ª, y 148.1.3ª de la CE.

TÍTULO I
PLANEAMIENTO URBANÍSTICO DEL TERRITORIO

CAPÍTULO I
Clases de planes de ordenación

Artículo 6.

1. El planeamiento urbanístico del territorio nacional se desarrollará a través de un Plan Nacional de Ordenación y de Planes Directores Territoriales de Coordinación, Planes Generales Municipales y Normas Complementarias y Subsidiarias del Planeamiento.

2. Los Planes Directores Territoriales de Coordinación podrán tener ámbito supraprovincial, provincial o comarcal.

3. Los Planes Generales Municipales se desarrollarán según los casos, en Planes Parciales, Planes Especiales, Programas de Actuación Urbanística y Estudios de Detalle.

⇒ V. arts. 32 y 39 del presente Texto Refundido.
V. arts. 1 a 7 del RPU (§3.1).

Jurisprudencia

Ámbito de los Planes directores territoriales de coordinación y correlación con los planes provinciales.

«Existe una significativa correlación entre los denominados "Planes Provinciales» del art. 8 de la Ley de Régimen del Suelo y Ordenación Urbana, de 12-5-1956, y los actuales «Planes Directores Territoriales de Coordinación» (arts. 8 y 9 del Texto Refundido de la Ley sobre Régimen del Suelo y Ordenación Urbana de 9-4-1976), máxime cuando estos últimos pueden tener ámbito provincial (art. 6.2 de la Ley del Suelo de 9-4-1976 [...] y según establece el art. 11.3 de la Ley 197/1963, de 28 diciembre, estos Planes de Ordenación Urbana de los «Centros de Interés Turístico Nacional» han de tener en cuenta la existencia de otros urbanísticos ya aprobados, de tal modo que esta vulneración por el Plan de Ordenación Urbana del Centro de Interés Turístico Nacional Cala Mondrago, de 12-11-1982, de las determinaciones del previo Plan Provincial de Baleares, de 1973, acarrea la nulidad del primero, a tenor no sólo del citado art. 11.3 de la Ley 197/1963, de 28 diciembre, sino también del principio de jerarquía normativa (no se debe olvidar que los Planes de Ordenación Urbanística tienen naturaleza de disposiciones de carácter general) que se encuentra establecido, amén de otros preceptos más generales, en el art. 9 de la Ley del Suelo de 9-4-1976 y en el art. 2 del Reglamento de Planeamiento de 23-6-1978». **(STS 16 enero 1992 [RJ 1992, 559]).**

Artículo 7.

El Plan Nacional de Ordenación determinará las grandes directrices de ordenación del territorio, en coordinación con la planificación económica y social para el mayor bienestar de la población.

⇒ V. STC 61/1997, de 20 marzo (RTC 1997, 61).

Artículo 8.

1. Los Planes Directores Territoriales de Coordinación establecerán, de conformidad con los principios del Plan Nacional de Ordenación y de la Planificación Económica y Social y las exigencias del desarrollo regional, las directrices para la ordenación del territorio, el marco físico en que han de desarrollarse las previsiones del Plan y el modelo territorial en que han de coordinarse los Planes y Normas a que afecte.

2. Los Planes contendrán las siguientes determinaciones:

a) El esquema para la distribución geográfica de los usos y actividades a que debe destinarse prioritariamente el suelo afectado.

b) El señalamiento de las áreas en que se hayan de establecer limitaciones por exigencias de la defensa nacional, teniendo en cuenta la legislación específica en la materia, o por otras razones de interés público.

c) Las medidas de protección a adoptar en orden a la conservación del suelo, de los demás recursos naturales y a la defensa, mejora, desarrollo o renovación del medio ambiente natural y del patrimonio histórico-artístico.

d) El señalamiento y localización de las infraestructuras básicas relativas a las comunicaciones terrestres, marítimas y aéreas, al abastecimiento de agua, saneamiento, suministro de energía y otras análogas.

3. Los Planes Directores Territoriales de Coordinación comprenderán los estudios que justifiquen la elección del modelo territorial, los planos, normas y programas que requiera su realización y las bases técnicas y económicas para el desarrollo y ejecución del propio Plan.

⇒ V. art. 148.1.3ª de la CE.
V. arts. 6, 30, 35, 39 y 57 del presente Texto Refundido.
V. art. 11 del RPU (§3.1).

Jurisprudencia

Función de los Planes directores territoriales de coordinación.

(Sentencia apelada) «CDO.: [...] Los Planes Directores Territoriales de Coordinación, que han venido a sustituir a los Planes Provinciales de la derogada Ley del Suelo de 12 mayo 1956, tiene como fin principal establecer «las directrices para la ordenación del territorio» y «el modelo territorial en que han de coordinarse los Planes y normas a que afecten» (art. 8.1), entre los cuales destacan, a los efectos del recurso, «las medidas de protección a adoptar en orden a la conservación del suelo, de los demás recursos naturales y a la defensa, mejora, desarrollo o revocación del medio ambiente natural» [art. 8.2 c)]; directrices y medidas que, aunque vinculantes para la Administración y los particulares, han de ser detalladas y completadas por la Administración municipal, que tiene como misión especifica en el suelo no urbanizable, a que se refiere el recurso, «establecer, en su caso, medidas de protección del territorio y del paisaje» (art. 11.3), las cuales, ya sean de ordenación general como los Planes Generales Municipales (art. 31.1), ya sean concretadas a un caso específico como las revocaciones de licencias que prevé el art. 16 del Reglamento de Servicios de las Corporaciones Locales, son de exclusiva competencia y por consiguiente apreciación municipal, de acuerdo con las directrices establecidas en el Plan Nacional de Ordenación y en los Planes Territoriales». **(STS 2 marzo 1982 [RJ 1982, 1653]).**

Artículo 9.

1. Las determinaciones de los Planes Directores Territoriales de Coordinación vincularán a la Administración y a los particulares. Las acciones previstas en los mismos se llevarán a cabo por cada uno de los Departamentos ministeriales afectados en las materias de sus respectivas competencias con arreglo a las prescripciones establecidas en el Decreto de su aprobación.

2. Las Corporaciones Locales cuyo territorio esté afectado, total o parcialmente, por un Plan Director Territorial de Coordinación, sin perjuicio de la inmediata entrada en vigor de éste, deberán promover en el plazo máximo de un año la correspondiente acomodación a sus determinaciones, mediante la oportuna revisión de sus respectivos Planes Generales Municipales de Ordenación. En igual sentido se procederá a la acomodación de las Normas Complementarias o Subsidiarias del Planeamiento.

⇒ V. art. 148.1.3ª de la CE.
V. arts. 6, 30, 35, 39 y 57 del presente Texto Refundido.
V. art. 13 del RPU (§3.1).
V. STC 36/1994, de 10 febrero [RTC 1994, 36].

Artículo 10.

1. Los Planes Generales Municipales de Ordenación, como instrumento de ordenación integral del territorio, abarcarán uno o varios términos municipales completos y clasificarán el suelo para el establecimiento del régimen jurídico correspondiente; definirán los elementos fundamentales de la estructura general adoptada para la ordenación urbanística del territorio y establecerán el programa para su desarrollo y ejecución así como el plazo mínimo de su vigencia.

2. Cuando existan Planes Directores Territoriales de Coordinación los Planes Generales Municipales deberán redactarse teniendo en cuenta las determinaciones y directrices establecidas en aquéllos de forma coordinada con las previsiones de la planificación económica y social.

⇒ V. arts. 3, 78, 79, 80 y 84 del presente Texto Refundido.
V. arts. 19 y ss. del RPU (§3.1).

Jurisprudencia

«Los Planes Generales de Ordenación Urbana pueden abarcar varios términos municipales –art. 10.1 del Texto Refundido de la Ley del Suelo– integrando así planes de «conjunto» o planes «comarcales» –art. 32.1 y 2 del citado Texto Refundido–, cuando lo aconsejen las «necesidades urbanísticas»: es este un concepto jurídico indeterminado del que derivan unas consecuencias jurídicas que pueden afectar, si falta el acuerdo de los municipios, a su autonomía –arts. 137 y 140 de la Constitución–. Sobre esta base no cabe una aplicación extensiva de dicho concepto». **(STS 9 mayo 1989 [RJ 1989, 4114]).**

«Los Planes Generales Municipales son la pieza básica en que se asienta el régimen de planificación y ordenación del suelo establecido en la Ley de 2-5-1975, aplicable al caso de autos, y el Texto Refundido de 9-4-1976, pues así lo concibe el art. 9 de la primera y 10 del segundo al calificar dichos Planes de instrumento de ordenación integral del territorio, y esa importancia básica exige que los Planes Especiales deben integrarse en sus directrices fundamentales, si no se requiere que la ordenación global establecida en el Plan General se distorsione y destruya por el efecto de Planes Especiales que de manera parcial y fragmentaría contradigan esencialmente la estructura fundamental y determinaciones básicas generales contenidas en aquél». **(STS 17 junio 1992 [RJ 1992, 5160]).**

Artículo 11.

1. Los Planes Generales Municipales tienen por objeto específico, en el suelo urbano, completar su ordenación mediante la regulación detallada del uso de los terrenos y de la edificación; señalar la renovación o reforma interior que resultare procedente; definir aquellas partes de la estructura general del plan correspondiente a esta clase de terrenos y proponer los programas y medidas concretas de actuación para su ejecución.

2. Los Planes Generales Municipales tienen por objeto específico, en el suelo urbanizable, definir los elementos fundamentales de la estructura general de la ordenación urbanística del territorio; establecer según sus categorías, una regulación genérica de los diferentes usos globales y niveles de intensidad y fijar los programas de desarrollo a corto y medio plazo, referidos a un conjunto de actuaciones públicas y privadas.

Asimismo regularán la forma y condiciones con que podrán incorporarse al desarrollo urbano actuaciones no programadas mediante los correspondientes Programas de Actuación Urbanística para la realización de unidades urbanísticas integradas.

3. Los Planes Generales Municipales tienen por objeto específico, en el suelo no urbanizable, preservar dicho suelo del proceso de desarrollo urbano y establecer, en su caso, medidas de protección del territorio y del paisaje.

⇒ V. art. 10 del presente Texto Refundido.

Jurisprudencia

El Plan General sigue conservando su función primordial de ser instrumento de ordenación integral del territorio, pero desempeña a la vez otras funciones específicas de diferente contenido y finalidad según las diferentes clases de suelo.

«Además de lo que ya se ha indicado respecto de la disposición transitoria tercera de la Ley del Suelo, es preciso dejar constancia de la interpretación armónica de los arts. 11.1 –corresponde al Plan General en el suelo urbano «señalar la renovación o reforma interior que resultare procedente"– y 17.1 –en desarrollo de los Planes Generales deberán redactarse «si fuese necesario» Planes Especiales para reforma interior–, ambos del Texto Refundido. Estos preceptos no significan que el Plan General precise siempre del Plan Especial para llevar a cabo una reforma interior. El Plan Especial sólo surge si es necesario: nada impide que el propio Plan General tenga virtualidad bastante para ordenar una operación de reforma interior, sin Plan Especial, dada su detallada ordenación en el ámbito del suelo urbano». **(STS 21 diciembre 1987 [RJ 1987, 9687]).**

«El Plan General respecto del suelo urbano –arts. 11.1 y 12.2.1 del Texto Refundido de la Ley del Suelo– cumple una función específica que consiste en el establecimiento de una ordenación detallada que, en principio, no necesita complemento ordenador [...] Sin embargo [...], resulta viable que el Plan General –y por tanto su Modificación– se remita al Estudio de Detalle para completar o adaptar sus determinaciones. En tesis general no resultará precisamente modelo una planificación que abuse de las remisiones al Estudio de Detalle a menos que sean imprescindibles. Pero legalmente no puede considerarse viciado el Plan –o su Modificación– que contenga expresa previsión de Estudios de Detalle salvo que les encomiende funciones que excedan de las que les están atribuidas por la ley». **(STS 20 marzo 1990 [RJ 1990, 2246]).**

«En el suelo urbanizable los Planes Generales tienen por objeto específico definir los elementos fundamentales de la estructura general de la ordenación urbanística del territorio, estableciendo una regulación genérica de los diferentes usos globales, según dice el art. 11.2 del Texto Refundido de 1976; y son los Planes Parciales los que en el suelo urbanizable programado han de desarrollar el Plan General fijando concretamente los emplazamientos reservados para centros asistenciales y sanitarios y demás de interés público y social –arts. 13.2 d) de la Ley y 32 y 45 del Reglamento de Planeamiento». **(STS 23 septiembre 1992 [RJ 1992, 6980]).**

Artículo 12.

1. Los Planes Generales Municipales de Ordenación contendrán las siguientes determinaciones de carácter general:

a) Clasificación del suelo con expresión de las superficies asignadas a cada uno de los tipos y categorías de suelo adoptados.

b) Estructura general y orgánica del territorio integrada por los elementos determinantes del desarrollo urbano y, en particular, los sistemas generales de comunicación y sus zonas de protección, los espacios libres destinados a parques públicos y zonas verdes en proporción no inferior a cinco metros cuadrados por habitante y el equipamiento comunitario y para centros públicos.

c) Programación en dos etapas de cuatro años del desarrollo del Plan en orden a coordinar las actuaciones e inversiones públicas y privadas, y de acuerdo con los planes y programas de los distintos Departamentos ministeriales.

d) Medidas para la protección del medio ambiente, conservación de la naturaleza y defensa del paisaje, elementos naturales y conjuntos urbanos e histórico-artísticos, de conformidad, en su caso, con la legislación específica que sea de aplicación en cada supuesto.

e) Señalamiento de las circunstancias con arreglo a las cuales sea procedente, en su momento, la revisión del Plan, en función de la población total y su índice de crecimiento, recursos, usos e intensidad de ocupación y demás elementos que justificaron la clasificación del suelo inicialmente adoptada.

2. Además de las determinaciones de carácter general, los planes generales deberán contener las siguientes:

2.1. En suelo urbano:

a) Delimitación de su perímetro con señalamiento, en su caso, del ámbito de las operaciones de reforma interior que se estimen necesarias.

b) Asignación de usos pormenorizados correspondientes a las diferentes zonas.

c) Delimitación de los espacios libres y zonas verdes destinados a parques y jardines públicos y zonas deportivas de recreo y expansión.

d) Emplazamientos reservados para templos, centros docentes, públicos o privados, asistenciales y sanitarios, y demás servicios de interés público y social.

e) Trazado y características de la red viaria y previsión de aparcamientos con señalamiento de alineaciones y rasantes para la totalidad o parte de este suelo.

f) Reglamentación detallada del uso pormenorizado, volumen y condiciones higiénico-sanitarias de los terrenos y construcciones, así como de las características estéticas de la ordenación, de la edificación y de su entorno.

g) Características y trazado de las galerías y redes de abastecimiento de agua, alcantarillado, energía eléctrica y de aquellos otros servicios que, en su caso, prevea el Plan.

h) Evaluación económica de la implantación de los servicios y de la ejecución de las obras de urbanización.

En estas determinaciones se expresará las que conserven, modifiquen y perfeccionen la ordenación existente. Las dotaciones de los apartados c) y d) se establecerán en función de las características socio-económicas de la población y de acuerdo, en todo caso, con la legislación específica sobre la materia.

2.2. En suelo urbanizable programado:

a) Desarrollo de los sistemas de la estructura general de ordenación urbanística del territorio, con la precisión suficiente para permitir la redacción de Planes Parciales.

b) Fijación del aprovechamiento medio de la superficie total y, en su caso, por sectores en función de las intensidades y usos globales señalados a los terrenos no destinados a viales, parques y jardines públicos y demás servicios y dotaciones de interés general, homogeneizados según sus valores relativos.

c) Trazado de las redes fundamentales de abastecimiento de agua, alcantarillado, energía eléctrica, servicio telefónico y demás servicios que, en su caso, prevea el Plan.

d) División del territorio en sectores para el desarrollo en Planes Parciales.

El contenido del Plan General incorporará a esta categoría de suelo las determinaciones de Plan General contenidas, en su caso, en los Planes Parciales que respete.

2.3. En el suelo urbanizable no programado:

a) Señalamiento de usos incompatibles con los previstos en las distintas clases de suelo y con la estructura general.

b) Establecimiento de las características técnicas y de las magnitudes mínimas que han de reunir las actuaciones en esta categoría de suelo, en función de los distintos usos, y las dotaciones, servicios y equipamientos que les correspondan.

2.4. En el suelo no urbanizable el Plan General establecerá las medidas y condiciones que sean precisas para la conservación y protección de todos y cada uno de sus elementos naturales, bien sea suelo, flora, fauna o paisaje, a fin de evitar su degradación, y de las edificaciones y parajes que por sus características especiales lo aconsejen, con el ámbito de aplicación que en cada caso sea necesario.

3. Las determinaciones a que se hace referencia en este artículo se desarrollarán en los siguientes documentos, cuyo contenido y normas se fijarán reglamentariamente:

a) Memoria y estudios complementarios.

b) Planos de información y de ordenación urbanística del territorio.

c) Normas urbanísticas.

d) Programa de actuación.

e) Estudio económico y financiero.

⇒ V. art. 3 del presente Texto Refundido.
V. arts. 19 y ss. del RPU (§3.1).

Jurisprudencia

Función de los Planes Generales en suelo urbano.

«"Clasificado" éste como urbano, en cumplimiento precisamente del imperativo legal ya destacado antes, a continuación resultaba necesaria su «calificación» dado que los Planes Generales cumplen en dicho suelo la función propia de los Planes parciales –art. 12.2.1 b) del Texto Refundido de la Ley del Suelo–». **(STS 21 septiembre 1987 [RJ 1987, 7162]).**

(Sentencia apelada) «El hecho de que en los artículos 19 a 27 de las Normas no se concrete el uso específico a que se destine el suelo asignado para equipamientos y dotaciones, en modo alguno infringe el artículo 12.2.1 d) de la Ley del Suelo que se limita a exigir como determinaciones propias del suelo urbano, los emplazamientos que se reserven para tales equipamientos, pero no a pormenorizarlos como aduce la recurrente, pues será en los instrumentos urbanísticos que desarrollen el Plan General, donde se señalarán los concretos usos, en función de las necesidades sociales». **(STS 21 diciembre 1988 [RJ 1988, 10217]).**

(Sentencia apelada) «No hemos de olvidar –art. 12.1 b) y 2.1 b) y c) de la Ley del Suelo– que los Planes Generales tienen como misión característica determinar los espacios libres destinados a zonas verdes. El «ius variandi» de tales Planes reconocido en los arts. 12.1 e) y 47 de la Ley del Suelo, supone que no se pueden cerrar las demandas del futuro –S. 18-3-1987 (RJ 1987, 3782)– tan esenciales en esta materia, dependiente de los avances demográficos y tan sensible a las cada vez mayores exigencias en cuestiones de comunicaciones, espacios libres, zonas verdes, equipamientos comunitarios, etc., motivos éstos que obligaron al legislador a compatibilizar la vigencia indefinida de los planes aludida en el art. 45 de la Ley del Suelo con las posibilidades de sucesivas revisiones de los mismos». **(STS 23 julio 1991 [RJ 1991, 6287]).**

«La Norma 42.2 del PGOU establece que las superficies de suelo destinadas a equipamientos generales se dedicarán a los siguientes usos: deportivos, universitarios, recreativos, sanitarios, asistenciales, de educación y cultura, administración pública, abastecimientos, zonas de congresos y exposiciones, cementerios, servicios para la seguridad pública, religiosos, de información y de interés turístico, que no sean de uso residencial. Dicha norma cumple la exigencia de asignación de usos, instrumentales a la finalidad general de equipamiento público del suelo a que se refiere (artículo 12.2.1 del Texto Refundido de la Ley del Suelo de 1976 y 29 del Reglamento de Planeamiento), sin que sea necesario su desarrollo mediante la formación del Plan Especial que exige la sentencia apelada. El PGOU no se limita a destinar suelo a equipamientos públicos sino que, a través de la referida Norma 42.2, determina cuáles son los usos a que pueden destinarse dichos equipamientos. La asignación concreta a un suelo de un uso específico –dentro de los determinados en la Norma del PGOU– no precisa, a juicio de esta Sala, de la formación y aprobación de un Plan Especial». **(STS 20 febrero 1998 [RJ 1998, 1231]).**

«Esta Sala, en efecto, tiene declarado, en casos sometidos a la vigencia de la Ley sobre Régimen del Suelo y Ordenación Urbana de 1976, que el suelo: a) incluido por el planeamiento en los sistemas generales; b) fuera de los ámbitos delimitados en los planos normativos como suelo urbano, urbanizable y no urbanizable; y c) destinado a completar la infraestructura básica del municipio, debe ser clasificado, a efectos de su valoración urbanística, como urbanizable, pues el trazado y características de la red viaria y el desarrollo de los sistemas de la estructura general de ordenación urbanística del territorio [artículos 12.2.1 e) y 2.2 a) de la Ley del Suelo (1976)] se incluyen específicamente entre las previsiones para el suelo urbano y el urbanizable, sin perjuicio de la previsión más general acerca de la determinación en los planes generales municipales de ordenación de los sistemas generales de comunicación y sus zonas de protección (artículo 12.1 de la Ley), lo que no excluye, lógicamente, que puedan proyectarse también sobre suelo no urbanizable, e incluso hemos declarado que la consideración como urbanizable del suelo clasificado como no urbanizable destinado a sistemas generales –en los casos en que concurran circunstancias de indebida singularización respecto del suelo urbanizable–, responde a la interpretación más adecuada a la finalidad de que la expropiación de las dotaciones que están al servicio de la generalidad de los ciudadanos se verifique realmente, de acuerdo con el sentido que a esta institución reconoce la jurisprudencia, con cargo a un presupuesto al que contribuyan todos, sin perjuicio de las posibilidades que permite el artículo 46.3 del Reglamento de Gestión, en el suelo urbanizable a través del aprovechamiento medio (Sentencias de 29 enero 1994 [RJ 1994, 263] [recurso número 892/1991], 9 mayo 1994 [RJ 1994, 4120] [recurso número 2905/1991], 3 diciembre 1994 [RJ 1994, 10473] [recurso número 8195/1992], 30 abril 1996 [RJ 1996, 3645] [recurso número 4181/1993], 4 diciembre 1996 [RJ 1996, 8762] [recurso de apelación número 8198/1991], 6 febrero 1997 [RJ 1997, 891] [recurso de apelación número 13657/1991], 11 julio 1996 [RJ 1996, 5530] [recurso de apelación número 9178/1991] y 11 julio 1996 [recurso de apelación número 9745/1991])». **(STS 24 noviembre 1998 [RJ 1998, 9309]).**

Documentación del Plan. La memoria.

«Es bien conocida la importancia de la Memoria como documento integrante del Plan o lo que es lo mismo de las Normas Subsidiarias –arts. 12.3 a) y 71.5 del Texto Refundido de la Ley del Suelo y 95.1 del Reglamento de Planeamiento–: la Memoria es ante todo la motivación del plan, es decir, la exteriorización de las razones que justifican el modelo territorial elegido y, por consecuencia, las determinaciones del planeamiento. Y esta Memoria no es un documento accidental que pueda existir o no sino una exigencia insoslayable de la Ley, como deriva de los ya mencionados preceptos. Las normas en nuestro sistema jurídico pueden tener o no un preámbulo o exposición de motivos. Sin embargo el Plan, que tiene una clara naturaleza normativa –SS. 7-2-1987 (RJ 1987, 2750), 17-10-1988 (RJ 1988, 7760), 9-5-1989 (RJ 1989, 4114), 6-11-1990 (RJ 1990, 8803), 22-5-1991 (RJ 1991, 4286), etc.– exige como elemento integrante esencial la Memoria: la profunda discrecionalidad del planeamiento, producto normativo emanado de la Administración y que pese a ello está habilitado para regular el contenido del derecho de propiedad –art. 33.2 de la Constitución, 17-6-1989 (RJ 1989, 4732), 28-11-1990 (RJ 1990, 9307), 12 febrero, 12 marzo y 22 mayo 1991, etc.– explica la necesidad esencial de la Memoria como elemento fundamental para evitar la arbitrariedad. De su contenido ha de fluir la motivación de las determinaciones del planeamiento –SS. 9 julio y 20 diciembre 1991 (RJ 1991, 5737 y RJ 1992, 314)–. Y si esto es así, será también claro que las modificaciones que a lo largo de la tramitación del planeamiento vaya sufriendo su texto habrán de ser así mismo motivadas pues estas nuevas determinaciones no estarán justificadas en la Memoria –SS. 25 abril y 9 julio 1991–». **(STS 13 febrero 1992 [RJ 1992, 2828]).**

Estudio económico financiero.

(Sentencia apelada) «Que las dos últimas infracciones normativas alegadas por los actores bajo el epígrafe que venimos analizando, aunque tienen distinta precisión en la Ley del Suelo –artículo 12, apartados 2.1 h) y 3 e)– y en el Reglamento de Planeamiento –artículos 29.1 j) y 42– la problemática jurídica que plantean es prácticamente la misma y en realidad la redacción del último precepto citado, en sus apartados 1 y 2, comprende la exigencia del otro; esto sentado, hay que decir que desde la vigencia de la Ley de 12 de mayo de 1956 tanto la doctrina científica como la jurisprudencia han considerando al estudio económico-financiero como el más importante de los documentos del Plan desde el punto de vista de las garantías de los afectados y nuestro Tribunal Supremo destacó, además, como características que debía reunir, la ponderación entre el criterio del planeamiento que se sustente y las reales posibilidades económicas y financieras del territorio y población –Sentencias de 17 de diciembre de 1966 (RJ 1967, 1427) y 1 de febrero de 1971 (RJ 1971, 463)– y, por eso, se consideró incumplido el requisito cuando en el estudio económico-financiero del Plan no se reflejan cifras reales y ponderadas –Sentencia de 7 de junio de 1973 (RJ 1973, 2749)–; pero es que al publicarse el Reglamento de Planeamiento el legislador ha precisado en su artículo 42 el alcance de este requisito, cuyo incumplimiento en este caso se evidencia con la lectura de las tres páginas que comprende, en las que falta una evaluación económica de la ejecución de las obras de urbanización correspondientes a la estructura general y orgánica y a la implantación de servicios en el suelo urbanizable programado y en el suelo urbano y, como dice el perito que ha informado en estos autos, el estudio financiero no existe ni siquiera a nivel de planeamiento, limitándose la justificación contable de recursos a considerar los presupuestos municipales ordinarios previstos desde el año 1970 al 1989. (Considerandos del Tribunal Supremo). SÉPTIMO. [...] Dicho estudio está integrado por dos conceptos: el coste económico que comporta la instalación de los servicios previstos en el Plan y la ejecución de las obras necesarias de urbanización correspondientes a la estructura general y orgánica del territorio incluidos ambos en los planes cuatrienales correspondientes, y las actuaciones programadas para el uso urbano, con especificación del carácter público o privado de las inversiones a realizar, artículo 12.1 h) de la Ley citada y 42 de su Reglamento de Planeamiento; y las previsiones financieras referidas a las inversiones públicas y la posibilidad de hacerles frente, así como la realidad socio-económica de la población en orden a la parte que corresponda a la inversión privada y a su participación a través de las obligaciones tributarias imponibles en la financiación de las inversiones públicas; todo ello no obstante condicionado a una previsión racional, específica y concreta para las fases de ejecución del plan inmediatas a su aprobación, y a un estudio sobre las expectativas de futuro de la comunidad de hacer frente al coste de ejecución del plan». **(STS 25 abril 1986 [RJ 1986, 2967]).**

Función del Plan General en suelo urbanizable.

«Corresponde al Plan General –y en su caso al Programa de Actuación Urbanística– la determinación del aprovechamiento medio de todo el suelo urbanizable programado y el de cada uno de los sectores en que éste se divida –arts. 12.2.2 b) y 16.2 b) del Texto Refundido de la Ley del Suelo–. Con ello, en lo que ahora importa, se impone una comparación de cifras que da lugar a que en los sectores con un aprovechamiento medio superior al general se imponga el deber de cesión gratuita de la superficie del suelo edificable en que se sitúe el mencionado exceso de aprovechamiento –art. 46.3 b) del Reglamento de Gestión–. Este suelo se aplica, ante todo, a la compensación en especie de los propietarios de los terrenos que hayan quedado afectados a la ejecución de los sistemas generales –arts. 84.2 del Texto Refundido, 46.3 b) y 51.1 del Reglamento de Gestión–, salvo que el planeamiento haya previsto para estos fines la expropiación forzosa –art. 134.2 del Texto Refundido–». **(STS 25 mayo 1987 [RJ 1987, 5847]).**

«El planificador puede ciertamente, si la correcta ordenación del suelo urbanizable programado se lo demanda, atribuir el mismo aprovechamiento a todos los sectores en que se divida el mismo; pero esto únicamente puede lograrlo si ello resulta así después de aplicar las imperativas reglas que establece el art. 31 del Reglamento de Planeamiento en sus 7 apartados para fijar el aprovechamiento medio del SUP al que aluden este precepto y los indicados arts. 12.2.2 b) de la Ley del Suelo y 30 b) del Reglamento de Planeamiento, y después de suministrar la justificación razonada que exige el 38.6º del propio Reglamento; pero como que la Memoria del Plan aprobado (tenida en cuenta por el Arquitecto Forense para emitir su dictamen ya que es él quien la acompaña de Anexo núm. 10 de su dictamen) no aplica en absoluto las expresadas reglas y preceptos para fijar el aprovechamiento medio de los sectores del SUP, ni lo obtiene como resultado de su aplicación; es clara la improcedencia de dicho aprovechamiento medio del SUP del Plan». **(STS 6 junio 1989 [RJ 1989, 4497]).**

El programa de actuación del Plan General de Ordenación y el Programa de Actuación Urbanística.

«El programa de actuación del Plan General de Ordenación y el Programa de Actuación Urbanística, no obstante coincidir parcialmente en sus denominaciones, aparecen perfectamente distinguidos en el Texto Refundido de la Ley sobre Régimen del Suelo y Ordenación Urbana y en el Reglamento de Planeamiento, respectivamente en los párrafos 1 c) y 3 d) del artículo 12 de aquélla y en los artículos 19.1 c), 26 y 41 de éste, y en el artículo 16 de la primera y en los artículos 71 y 72 del segundo, siendo el primero documento del Plan en el que se recogen las previsiones para la efectiva realización en el tiempo de sus determinaciones, diferenciando los objetivos, directrices y estrategias del desarrollo del Plan a largo plazo para todo el territorio, la programación específica de la realización de los sistemas generales, la programación en dos etapas cuatrienales de la ejecución de las determinaciones relativas al suelo urbanizable programado y los plazos en que deban materializarse las actuaciones de urbanización o reforma interior en suelo urbano, mientras que el segundo es instrumento de planeamiento urbanístico distinto del Plan General, aunque desarrolle el mismo, al objeto de lograr la ordenación y urbanización de los terrenos clasificados como suelo urbanizable no programado, es decir, la transformación del suelo así previsto en urbanizable programado y llevar a cabo su urbanización con los subsiguientes y complementarios Planes Parciales y Proyectos de Urbanización, razón por la que sus determinaciones son coincidentes con las señaladas dentro de un Plan General para el suelo urbanizable programado». **(STS 7 febrero 1990 [RJ 1990, 958]).**

Prevalencia de las normas escritas sobre los planos de ordenación.

«No es por no tener eficacia ordenadora el plano de ordenación por lo que la Sala de instancia ha anulado esta determinación del Plan General de Ordenación Urbana de Reus, sino porque la ausencia de cualquier referencia a la modificación de la red viaria en ese punto y a la necesidad de expropiar los terrenos afectados, en la parte literaria del Plan, implicaba una voluntad del planificador de mantener la situación existente, contradicha en la elaboración del plano correspondiente al indicado cruce». **(STS 28 enero 1999 [RJ 1999, 358]).**

Artículo 13.

1. Los Planes Parciales de Ordenación tienen por objeto en el suelo clasificado como urbanizable programado, desarrollar, mediante la ordenación detallada de una parte de su ámbito territorial, el Plan General y, en su caso, las Normas Complementarias y Subsidiarias del Planeamiento; y en el suelo clasificado como urbanizable no programado, el desarrollo de los Programas de Actuación Urbanística.

No podrán redactarse Planes Parciales sin Plan General previo o Normas Complementarias y Subsidiarias del Planeamiento; y, en ningún caso, podrán modificar las determinaciones de uno y otras.

2. Sin perjuicio de lo dispuesto en el artículo 75, los Planes Parciales de Ordenación contendrán estas determinaciones:

a) Asignación de usos pormenorizados y delimitación de las zonas en que se divide el territorio planeado por razón de aquéllos y, en su caso, la división en polígonos o unidades de actuación.

b) Señalamiento de reservas de terrenos para parques y jardines públicos, zonas deportivas públicas y de recreo y expansión, en proporción adecuada a las necesidades colectivas. La superficie destinada a dichas reservas será como mínimo de 18 metros cuadrados por vivienda o por cada cien metros cuadrados de edificación residencial si no se hubiera fijado expresamente el número de viviendas que se pudieran construir. Esta reserva no podrá ser inferior al 10 por 100 de la total superficie ordenada, cualquiera que sea el uso a que se destinen los terrenos y la edificación, y habrá de establecerse con independencia de las superficies destinadas en el Plan General a espacios libres o zonas verdes para parques urbanos públicos.

c) Fijación de reservas de terrenos para centros culturales y docentes públicos y privados en la proporción mínima de 10 metros cuadrados por vivienda o por cada cien metros cuadrados de edificación residencial si no se hubiere determinado expresamente el número de viviendas que se pudieran construir, agrupados según los módulos necesarios para formar unidades escolares completas.

d) Emplazamientos reservados para templos, centros asistenciales y sanitarios y demás servicios de interés público y social.

e) Trazado y características de la red de comunicaciones propias del sector y de su enlace con el sistema general de comunicaciones previsto en el Plan General de Ordenación, con señalamiento de alineaciones, rasantes y zonas de protección de toda la red viaria, y previsión de aparcamientos en la proporción mínima de una plaza por cada cien metros cuadrados de edificación.

f) Características y trazado de las galerías y redes de abastecimiento de agua, alcantarillado, energía eléctrica y de aquellos otros servicios que, en su caso, prevea el Plan.

g) Evaluación económica de la implantación de los servicios y de la ejecución de las obras de urbanización.

h) Plan de etapas para la ejecución de las obras de urbanización y en su caso de la edificación.

3. Los Planes Parciales comprenderán los planos de información, incluido el catastral, y los estudios justificativos de sus determinaciones, así como los planos de proyecto, determinación de los servicios y ordenanzas reguladoras necesarias para su ejecución, y, en su caso, los que se fijen reglamentariamente.

Los niveles correspondientes a las reservas de suelo establecidas en el apartado d); las relaciones entre éstas y las correspondientes a los apartados b) y c), y la graduación de ambas, en las distintas unidades de población, se fijarán reglamentariamente.

⇒ V. arts. 3, 11, 12, 75, 84, 85, 96, 116, 117 y 118 del presente Texto Refundido.
V. arts. 43 y 44 del RPU (§3.1).

Jurisprudencia

Aplicación a los Planes del principio de jerarquía normativa.

«La naturaleza normativa de los planes determina la aplicabilidad a los mismos del principio de la jerarquía normativa previsto en el art. 9.3 de la Constitución. Así, en cuanto que unos son desarrollo y concreción de otros, está claro que el inferior no puede vulnerar lo que del superior deriva para el ámbito territorial de aquél, concretamente y en cuanto a la relación Plan General-Plan Parcial, así lo establecen expresamente el art. 13.1 del Texto Refundido de la Ley del Suelo y el art. 44.2 del Reglamento de Planeamiento». **(STS 6 julio 1987 [RJ 1987, 6679]).**

«En definitiva el Plan parcial alteraba la clasificación del suelo y las calificaciones del Plan Comarcal produciendo en general un aumento de los volúmenes y densidades de viviendas [...] Es clara por tanto la procedencia de la declaración de la nulidad de pleno de derecho del Plan Parcial litigioso». **(STS 17 octubre 1988 [RJ 1988, 7760]).**

Función de los Planes Parciales en suelo urbanizable programado.

«En el suelo urbanizable los Planes Generales tienen por objeto específico definir los elementos fundamentales de la estructura general de la ordenación urbanística del territorio, estableciendo una regulación genérica de los diferentes usos globales, según dice el art. 11.2 del Texto Refundido de 1976; y son los Planes Parciales los que en el suelo urbanizable programado han de desarrollar el Plan General fijando concretamente los emplazamientos reservados para centros asistenciales y sanitarios y demás de interés público y social –arts. 13.2 d) de la Ley y 32 y 45 del Reglamento de Planeamiento». **(STS 23 septiembre 1992 [RJ 1992, 6980]).**

Artículo 14.

1. Los Estudios de Detalle podrán formularse cuando fuere preciso para completar o, en su caso, adaptar determinaciones establecidas en los Planes Generales para el suelo urbano y en los Planes Parciales.

2. Su contenido tendrá por finalidad prever o reajustar, según los casos:

a) El señalamiento de alineaciones y rasantes; y/o

b) La ordenación de los volúmenes de acuerdo con las especificaciones del Plan.

3. Los Estudios de Detalle mantendrán las determinaciones fundamentales del Plan, sin alterar el aprovechamiento que corresponde a los terrenos comprendidos en el Estudio.

En ningún caso podrán ocasionar perjuicio ni alterar las condiciones de la ordenación de los predios colindantes.

4. También podrán formularse Estudios de Detalle cuando fueren precisos para completar el señalamiento de alineaciones y rasantes, respecto a las Normas Complementarias y Subsidiarias del Planeamiento.

5. Los Estudios de Detalle comprenderán los documentos justificativos de los extremos señalados en el número dos.

⇒ V. arts. 65 y 66 del RPU (§3.1).

Jurisprudencia

El Estudio de detalle como complemento del Plan General y subordinados a éste.

«Los Estudios de Detalle son una figura complementaria del planeamiento de cuya naturaleza participan. No obstante el carácter normativo que tienen su virtualidad aparece limitada en cuanto que no pueden válidamente cumplir otras funciones que las previstas en los arts. 14 del Texto Refundido y 65 del Reglamento de Planeamiento. Queda fuera de su ámbito lícito la posibilidad de establecer las determinaciones propias del Plan y desde luego no pueden alterar el uso exclusivo o predominante señalado por aquél –art. 65.4 del Reglamento–. Sin embargo y partiendo de la base de los usos establecidos por el Plan resulta viable que el Estudio de Detalle al «adaptar» las determinaciones establecidas por los Planes Generales para el suelo urbano y por los Planes Parciales concrete la localización de los usos previstos en aquéllos». **(STS 17 junio 1989 [RJ 1989, 4730).**

«Ciertamente el Plan General respecto del suelo urbano –arts. 11.1 y 12.2.1 del Texto Refundido de la Ley del Suelo– cumple una función específica que consiste en el establecimiento de una ordenación detallada que, en principio, no necesita complemento ordenador. Sin embargo la propia Ley –art. 14– ha previsto un instrumento apto para completar o adaptar las determinaciones establecidas en los Planes Generales para el suelo urbano que es el Estudio de Detalle. En principio hay que pensar que el

Estudio de Detalle obedece a una necesidad conocida o surgida con posterioridad a la aprobación del Plan General pero por su propia naturaleza ordenadora –art. 6.3 del Texto Refundido–, sin duda «humilde», resulta viable que el Plan General –y por tanto su Modificación– se remita al Estudio de Detalle para completar o adaptar sus determinaciones. En tesis general no resultará precisamente modelo una planificación que abuse de las remisiones al Estudio de Detalle a menos que sean imprescindibles. Pero legalmente no puede considerarse viciado el Plan –o su Modificación– que contenga expresa previsión de Estudios de Detalle salvo que les encomiende funciones que excedan de las que les están atribuidas por la ley». **(STS 20 marzo 1990 [RJ 1990, 2246]).**

«Los Estudios de Detalle, por expresa disposición del art. 14.3 de la Ley sobre Régimen del Suelo y Ordenación Urbana, han de mantener las determinaciones del planeamiento superior y respetarlo en lo fundamental, y además, conforme indican dichos arts. 14 y el 65 del Reglamento de Planeamiento, en su función eventual, complementaria y derivada, únicamente pueden afectar a alineaciones y rasantes, completándolas o reajustándolas y adaptándolas, y a los volúmenes, asignándoselos en concreto a las parcelas o reordenando los efectiva y concretamente asignados ya, sin que resulte lícito mediante ellos completar o adaptar determinaciones distintas, reservado para otros instrumentos de diferente rango y más amplia tramitación, a salvo la posibilidad de establecer vías interiores necesarias para proporcionar acceso a los edificios cuya ordenación concreta se establezca en los mismos». **(STS 26 febrero 1992 [RJ 1992, 3015]).**

Artículo 15.

1. Los Proyectos de Urbanización son proyectos de obras que tienen por finalidad llevar a la práctica los Planes Generales Municipales en el suelo urbano, los Planes Parciales y, en su caso, las Normas Complementarias y Subsidiarias del Planeamiento. No podrán contener determinaciones sobre ordenación ni régimen del suelo y de la edificación, y deberán detallar y programar las obras que comprendan con la precisión necesaria para que puedan ser ejecutadas por técnico distinto del autor del proyecto.

2. Los Proyectos de Urbanización no podrán modificar las previsiones del Plan que desarrollan, sin perjuicio de que puedan efectuar las adaptaciones exigidas por la ejecución material de las obras.

3. Los Proyectos de Urbanización comprenderán una Memoria descriptiva de las características de las obras, plano de situación en relación con el conjunto urbano y planos de proyecto y de detalle, mediciones, cuadros de precios, presupuesto y pliego de condiciones de las obras y servicios.

⇒ V. arts. 67 a 70 del RPU (§3.1).

Jurisprudencia

Los proyectos de urbanización lo son de obras para llevar a la práctica los Planes Generales Municipales, los Planes Parciales, los Planes Especiales de reforma interior y las Normas Complementarias y Subsidiarias de Planeamiento, en sus respectivos casos, en lo que se refiere a obras de urbanización tales como, pavimentación, aparcamiento, aceras, red peatonal, redes de distribución de agua potable de riego, de alcantarillado, de energía eléctrica, de alumbrado público, etc. (art. 15 TRLS en relación con los 67 y 70 del Reglamento de Planeamiento Urbanístico).

«El art. 15 del Texto Refundido concibe el proyecto de urbanización como un instrumento de ejecución del Plan Parcial, en lo que ahora importa, y las determinaciones de éste –arts. 45, 49, 52 y 53 del Reglamento de Planeamiento– deben poder bastar, en términos generales, para elaborar el proyecto de urbanización –art. 70 del Reglamento de Planeamiento–. OCTAVO. En el último término, importa recordar la diferencia existente entre los proyectos de urbanización y los proyectos de obras ordinarias, claramente puesta de relieve por el art. 67 del Reglamento de Planeamiento. Ambos desde luego son proyectos de obras, pero se distinguen por su contenido y régimen jurídico. Así, los proyectos de urbanización se caracterizan por su globalidad, en cuanto sirven «para el desarrollo de todas las determinaciones que el Plan prevea en cuanto a obras de urbanización». Desde luego, están sometidos al régimen jurídico urbanístico. Por el contrario, los proyectos de obras ordinarias no tienen por objeto desarrollar íntegramente el conjunto de determinaciones de un Plan de ordenación y están sometidos a la normativa del ente interesado –en este caso la Ley de Régimen Local–». **(STS 6 julio 1987 [RJ 1987, 6679]).**

«Esta Sala, al aplicar los arts. 15 del Texto Refundido y 67 del Reglamento de Planeamiento, ha puesto de relieve reiteradamente que el proyecto de urbanización es un mero proyecto de obras cuya funcionalidad se produce en el campo de la ejecución: su contenido ha de ser únicamente el necesario para hacer posible la realización material de las obras adecuadas para la ejecución del plan –Sentencias de 12 de junio de 1987 (RJ 1987, 6120), 10 de octubre de 1988 (RJ 1988, 7465), 24 de febrero de 1989 (RJ 1989, 1295), 2 de octubre de 1990 (RJ 1990, 7832), etc.–.

Y así las cosas, la ilegalidad del Plan parcial ya anulado ha de arrastrar la invalidez del proyecto de urbanización que venía a abrir su ejecución». **(STS 18 marzo 1991 [RJ 1991, 2002]).**

Artículo 16.

1. La ordenación y urbanización de terrenos clasificados como suelo urbanizable no programado se efectuará, de conformidad con el Plan General Municipal respectivo mediante Programa de Actuación Urbanística para la realización de unidades urbanísticas integradas.

2. Los Programas de Actuación Urbanística contendrán las siguientes determinaciones:

a) Desarrollo de los sistemas de la estructura general de la ordenación urbanística del territorio.

b) Señalamiento de usos y niveles de intensidad con expresión del aprovechamiento medio en todo su ámbito.

c) Trazado de las redes fundamentales de abastecimiento de agua, alcantarillado, teléfonos, energía eléctrica, comunicaciones y demás servicios que se prevean.

d) División del territorio para el desarrollo en etapas.

Estas determinaciones se completarán para cada etapa con los correspondientes Planes Parciales y los Proyectos de Urbanización. En las promociones privadas se incluirán además los programas de edificación.

3. Los Programas de Actuación Urbanística comprenderán los estudios y planos de información justificativos de sus determinaciones, incluidos el análisis de su relación con las previsiones del Plan General Municipal y los documentos y planos de ordenación y de proyecto necesarios para su *ejecución*.

⇒ V. arts. 146 a 153 del presente Texto Refundido.
V. arts. 71 a 75 del RPU (§3.1).

Jurisprudencia

Corresponde al Plan General y, en su caso, a los Programas de Actuación Urbanística, la determinación del aprovechamiento medio de todo el suelo urbanizable programado y el de cada uno de los sectores en que éste se divida.

«El programa de actuación del Plan General de Ordenación y el Programa de Actuación Urbanística, no obstante coincidir parcialmente en sus denominaciones, aparecen perfectamente distinguidos en el Texto Refundido de la Ley sobre Régimen del Suelo y Ordenación Urbana y en el Reglamento de Planeamiento, respectivamente en los párrafos 1 c) y 3 d) del artículo 12 de aquélla y en los artículos 19.1 c), 26 y 41 de éste, y en el artículo 16 de la primera y en los artículos 71 y 72 del segundo, siendo el primero documento del Plan en el que se recogen las previsiones para la efectiva realización en el tiempo de sus determinaciones, diferenciando los objetivos, directrices y estrategia del desarrollo del Plan a largo plazo para todo el territorio, la programación específica de la realización de los sistemas generales, la programación en dos etapas cuatrienales de la ejecución de las determinaciones relativas al suelo urbanizable programado y los plazos en que deban materializarse las actuaciones de urbanización o reforma interior en suelo urbano, mientras que el segundo es instrumento de planeamiento urbanístico distinto del Plan General, aunque desarrolle el mismo, al objeto de lograr la ordenación y urbanización de los terrenos clasificados como suelo urbanizable no programado, es decir, la transformación del suelo así previsto en urbanizable programado y llevar a cabo su urbanización con los subsiguientes y complementarios Planes Parciales y Proyectos de Urbanización, razón por la que sus determinaciones son coincidentes con las señaladas dentro de un Plan General para el suelo urbanizable programado». **(STS 7 febrero 1990 [RJ 1990, 958]).**

Artículo 17.

1. En desarrollo de las previsiones contenidas en los Planes Generales Municipales, en los Planes Directores Territoriales de Coordinación o en las Normas Complementarias y Subsidiarias del Planeamiento deberán redactarse, si fuere necesario, Planes Especiales para la ordenación de recintos y conjuntos artísticos, protección del paisaje y de las vías de comunicación, conservación del medio rural en determinados lugares, reforma interior, saneamiento de poblaciones y cualesquiera otras finalidades análogas, sin que en ningún caso puedan sustituir a los Planes Generales Municipales como instrumentos de ordenación integral del territorio.

2. También podrán redactarse Planes Especiales para la ejecución directa de obras correspondientes a la infraestructura del territorio o a los elementos determinantes del desarrollo urbano previstos en el número 2, párrafo d), del artículo 8, y en el número 1, párrafo b), del artículo 12.

3. Los Planes Especiales contendrán las determinaciones necesarias para el desarrollo del Plan Director Territorial de Coordinación o del Plan de Ordenación correspondiente; y, en su defecto, las propias de su naturaleza y finalidad, debidamente justificadas y desarrolladas en los estudios, planos y normas correspondientes.

⇒ V. arts. 18 a 25 del presente Texto Refundido.
V. arts. 76 y ss. del RPU (§3.1).

Jurisprudencia

El Plan Especial sólo surge si es necesaria una ordenación de parte del suelo. Pero nada impide que el propio Plan General tenga virtualidad bastante para ordenar una operación de reforma interior, sin Plan Especial, dada su detallada ordenación en el ámbito del suelo urbano. Por otra parte, la jurisprudencia admite la posibilidad de que un Plan Especial modifique la ordenación establecida en el Plan General con el límite de que no puede sustituir a éste como instrumento de ordenación integral del territorio.

«Aunque la redacción del artículo 17.3 de dicho Texto permite claramente una interpretación que hace posibles los Planes especiales sin previo plan de ordenación integral, la expresa dicción del apartado primero del mismo precepto ha determinado dudas acerca de tal posibilidad y por consecuencia, dudas también acerca de la legalidad del artículo 76.3 del Reglamento de Planeamiento que terminantemente contempla los Planes especiales «en ausencia» de plan territorial. Ciertamente los Planes especiales han suscitado tradicionalmente cierta inquietud, pero con las precauciones establecidas tanto en el Texto Refundido –no podrán sustituir a los Planes Generales Municipales como instrumentos de ordenación integral, artículo 17.1– como en el Reglamento de Planeamiento –artículo 76.6–, ha de admitirse la posibilidad de Planes especiales autónomos. Serían de invocar al respecto, además del artículo 17.3 del Texto Refundido, su artículo 35.2 b) y el artículo 6.5 del Real Decreto-ley 16/1981, de 16 de octubre, en el terreno de una interpretación sistemática y además, en lo que a estos autos respecta, la observación de la realidad social –artículo 3.1 del Código Civil– que frecuentemente demanda con urgencia la protección de espacios naturales; todo ello dentro de la línea constitucional ya mencionada y que debe inspirar la práctica judicial y la actualización de los poderes públicos. No es preciso insistir sobre este punto dado que en el sentido indicado se ha pronunciado ya esta Sala con anterioridad –Sentencia de 17 de diciembre de 1985 (RJ 1986, 660)–. SEXTO: La razón de ser de los Planes especiales que, como el litigioso, tienen por objeto la protección de un espacio natural implica, por sí misma, la necesidad de establecer reglas específicas que normalmente han de representar una restricción o limitación más intensa del uso del terreno que la que deriva de las normas generales. Si éstas fueran suficientes para llevar a cabo tal protección el Plan especial resultaría innecesario. Los artículos 2 d), 3.1 j) y 3.4 e) del Texto Refundido definen el contenido, en lo que ahora importa, de la función urbanística que, con la remisión del artículo 76 del mismo Texto, determina la plena virtualidad de los Planes especiales para establecer limitaciones diferentes o más duras que las que derivan de la legislación general. Aquellas limitaciones obedecen a una finalidad específica –protección de un espacio natural– que puede resultar distinta de la perseguida por las normas generales, al afectar a aspectos diferentes del interés público y en tal sentido resulta posible que el control de la observancia de las restricciones determinadas por el Plan especial se encomiende a organismos que no son los competentes con las normas generales». **(STS 2 febrero 1987 [RJ 1987, 2043]).**

«Planes Especiales en nuestro ordenamiento jurídico se caracterizan por su funcionalidad que es la de una ordenación no global del suelo en cuanto que afecta únicamente a aspectos o elementos aislados del mismo. Justamente por ello ni pueden sustituir a los Planes Generales Municipales como instrumentos de ordenación integral del territorio –art. 17.1 del Texto Refundido de la Ley del Suelo– ni tampoco pueden modificar la estructura fundamental de aquéllos –art. 22.3 del Texto Refundido–. Pero precisamente por su especialidad les es dada a los Planes Especiales la posibilidad de modificar la ordenación general en los puntos concretos en que sea necesario para cumplir su finalidad. La jurisprudencia viene concibiendo los Generales como Planes abiertos y evolutivos lo que matiza el principio de la jerarquía en este punto pues es claro que no puede equipararse la posición que respecto de los Planes Generales ocupan los Planes Parciales, por un lado, y los Planes Especiales, por otro. En definitiva pues los Planes Especiales han de respetar el límite infranqueable que es la estructura fundamental y orgánica del territorio, que nunca pueden alterar, pero en cambio están habilitados para introducir en la ordenación general aquellas modificaciones específicas que sean necesarias para el cumplimiento de su función. TERCERO. Los Planes Especiales de Protección del patrimonio histórico y artístico ordenan los aspectos de una realidad existente para evitar su destrucción y más concretamente la ordenación puede perfectamente hacer objeto de sus previsiones «las calles» –arts. 18.1 b) del Texto Refundido y 78.1 b) del Reglamento de Planeamiento–. Y dado que las calles quedan definidas por varios elementos uno de los cuales, y fundamental, es el de las alineaciones, hay que entender que éstas pueden ser objeto de la ordenación propia de un Plan Especial de Protección. En el supuesto litigioso [...], se trata de conservar un trazado real y actual producto del tiempo aunque para ello sea necesario modificar alineaciones meramente pretendidas o proyectadas, existentes en previsiones anteriores y cuya alteración no puede en modo alguno calificarse de modificación de la estructura general y orgánica.

Desde otro punto de vista es perfectamente viable que un Plan Especial como el litigioso de Conservación del Casco Antiguo mantenga viejas alineaciones, aun sin ser funcionales, pues el interés público atendido es precisamente el de la conservación» **(STS 8 abril 1989 [RJ 1989, 3452]).**

«La jurisprudencia admite claramente la posibilidad de que un Plan Especial modifique la ordenación establecida en el Plan General con el límite de que no puede sustituir a éste como instrumento de ordenación integral del territorio –art. 17.1 del Texto Refundido de la Ley del Suelo– ni tampoco puede modificar la estructura fundamental que traza el Plan General –art. 23.2 del Texto Refundido: Sentencias de 19 de enero y 27 de febrero de 1987 (RJ 1987, 1775 y 3378), 8 de abril de 1989 (RJ 1989, 3452), etc.–. Aún más concretamente ha de recordarse que, en lo que ahora importa, el principio de interpretación conforme a la Constitución de todo el ordenamiento jurídico –art. 5.1 de la Ley Orgánica del Poder Judicial– exige que los Planes Especiales como el litigioso hayan de velar por la conservación del patrimonio histórico, cultural y artístico –art. 46 de la Constitución– lo que implica la búsqueda de la armonía de las nuevas obras con su entorno –Sentencia de 19 de enero de 1987–. Y este criterio que se integra dentro de los principios rectores de la política social y económica que traza la Constitución ha de inspirar, como expresamente advierte su art. 53.3 no sólo práctica judicial sino también la actuación de los poderes públicos y por tanto la de la Administración al elaborar y aplicar el planeamiento. Es clara por tanto la posibilidad de que el Plan Especial litigioso modificara legalmente el Plan General en materia de alturas, plantas o volúmenes para la realización de su objetivo protector del patrimonio arquitectónico». **(STS 6 junio 1990 [RJ 1990, 4814]).**

«Los Planes Generales Municipales son la pieza básica en que se asienta el régimen de planificación y ordenación del suelo establecido en la Ley de 2-5-1975, aplicable al caso de autos, y el Texto Refundido de 9-4-1976, pues así lo concibe el art. 9 de la primera y 10 del segundo al calificar dichos Planes de instrumento de ordenación integral del territorio, y esa importancia básica exige que los Planes Especiales deben integrarse en sus directrices fundamentales, si no se requiere que la ordenación global establecida en el Plan General se distorsione y destruya por el efecto de Planes Especiales que de manera parcial y fragmentaría contradigan esencialmente la estructura fundamental y determinaciones básicas generales contenidas en aquél, siendo por ello de importancia trascendental en el campo urbanístico señalar claramente el ámbito dentro del cual los Planes Especiales deben coordinarse con el General en evitación de que éste pierda su función de pieza fundamental de la ordenación urbana y, respecto a ello, debe aquí recordarse la doctrina declarada en la S. 21-3-1984 (RJ 1984, 1393), según la cual los Planes Especiales no son un simple y automático desarrollo de todas y cada una de las previsiones del Plan General, sino que debe reconocérseles la autonomía y campo de actuación propio que es imprescindible para que puedan cumplir los fines específicos que los justifican, siempre y cuando respeten las citadas estructura orgánica de ordenación del territorio y determinaciones general de orden fundamental configuradas en el Plan General y sentado éste fácil es concluir, a tenor de lo dispuesto en los arts. 12.1 a) y b) del Texto citado y 25 y 26 del Reglamento de Planeamiento Urbanístico –que se invoca aquí como criterio válido de interpretación– que los Planes Especiales contemplados en el art. 17 del mismo Texto y 76 del dicho Reglamento inciden en ilegalidad y son por ello inaplicables si introduce modificación esencial en la clasificación del suelo y sistema de comunicaciones establecidos en el Plan General Municipal pues la primera es determinación general básica y el segundo elemento perteneciente a la estructura fundamental y orgánica de la ordenación, según considera el citado art. 12 y tal como actualmente dispone el 76.6 del Reglamento antedicho y, si esto es aplicable a los Planes Especiales del art. 17 también citado, el mismo régimen debe regular los Planes Especiales de Ordenación Urbana de Centros de Interés Turístico, porque la legislación específica que los rige, constituida por la Ley 197/1963, de 28 diciembre y Reglamento de 23-12-1964, no sólo no justifica concebirlos como cuerpos extraños a la ordenación global del territorio, capaces de prevalecer y destruir las directrices esenciales establecidas en el Plan General, sino que su imperativo sometimiento a éstas se infiere de la referencia que dicha legalización específica hace a otros planes urbanísticos para que se tengan en cuenta y viene claramente contemplada en el núm. 4 de la disposición transitoria quinta del repetido Texto Refundido». **(STS 17 junio 1992 [RJ 1992, 5160]).**

Artículo 18.

1. La conservación y valoración del Patrimonio histórico y artístico de la Nación y bellezas naturales, en cuanto objeto de planeamiento especial, abarcará, entre otros, estos aspectos:

a) Elementos naturales y urbanos cuyo conjunto contribuye a caracterizar el panorama.

b) Plazas, calles y edificios de interés.

c) Jardines de carácter histórico, artístico o botánico.

d) Realce de construcciones significativas.

e) Composición y detalle de los edificios situados en emplazamientos que deban ser objeto de medidas especiales de protección.

f) Uso y destino de edificaciones antiguas y modernas.

2. A los efectos expresados podrán dictarse normas especiales para la conservación, restauración y mejora de los edificios y elementos naturales y urbanísticos, previo informe, cuando tales normas tengan carácter nacional, de la Dirección General del Patrimonio Artístico y Cultural.

⇒ V. art. 19 de la Ley 6/1998, de 13 abril (§1).
V. arts. 73 y 182 del presente Texto Refundido.
V. art. 78 del RPU (§3.1).
V. Ley 16/1985, de 25 junio.

Jurisprudencia

«Hemos dicho en múltiples ocasiones (Sentencias de 23 enero 1989 [RJ 1989, 427], 24 octubre 1990, 26 octubre y 30 noviembre 1992 [RJ 1992, 8366], 18 julio 1993 [RJ 1993, 5578], etc.) que la Ley del Suelo de 1976 dedica los artículos 18 a 25, 73 y 182, no sólo a la conservación y valoración del patrimonio histórico y artístico de la Nación y bellezas naturales, sino también a la conservación y protección de determinados edificios, o lugares o perspectivas del territorio nacional, monumentos, jardines, parques naturales o paisajes; decisiones que requieren su inclusión en Registros Públicos o Catalogados cuya naturaleza y finalidad desarrollan los artículos 86 y 87 del Reglamento de Planeamiento; y tales medidas se estructurarán y desarrollarán a través de los Planes Especiales pertinentes según los artículos 78 y siguientes del citado Reglamento. La potestad discrecional de la Administración –"ius variandi"– ha de discurrir dentro del cauce marcado por el artículo 103 de la Constitución en relación con los 3 y 12 del Texto Refundido de la Ley del Suelo de 1976. En el caso concreto que *nos ocupa el examen* y valoración de todas las pruebas aportadas por las partes, nos llega a la conclusión de que la Administración urbanística no ha incurrido en error, falta de racionalidad, olvido de los intereses generales o desviación de poder al catalogar el Asilo en la forma en que lo ha llevado a cabo; sin que por otra parte este Tribunal pueda arrogarse funciones planificadoras que no le conciernen». **(STS 21 octubre 1997 [RJ 1997, 7625]).**

Artículo 19.

La protección del paisaje, para conservar determinados lugares o perspectivas del territorio nacional en cuanto constituye objeto de planeamiento especial, se referirá, entre otros, a estos aspectos:

a) Bellezas naturales en su complejo panorámico o en perspectivas que convinieren al fomento del turismo.

b) Predios rústicos de pintoresca situación, amenidad, singularidad topográfica o recuerdo histórico.

c) Edificios aislados que se distinguen por su emplazamiento o belleza arquitectónica y parques y jardines destacados por la hermosura, disposición artística, trascendencia histórica o importancia de las especies botánicas que en ellos existan.

d) Perímetros edificados que formen un conjunto de valores tradicionales o estéticos.

⇒ V. art. 9 de la Ley 6/1998, de 13 abril (§1).
V. arts. 73 y 182 del presente Texto Refundido.
V. art. 79 del RPU (§3.1).

Jurisprudencia

«Del juego combinado de los artículos 17.1, 19 y 21 del TRLS y 76 del RP se deduce: a) Que los Planes Especiales, en unas ocasiones, desarrollan determinadas previsiones contenidas en los Planes Directores Territoriales de Coordinación. b) En otras ocasiones lo desarrollado es el Plan General o Normas Complementarias o Subsidiarias de Planeamiento. c) Finalmente, en ausencia de Plan Director Territorial y de Plan General de Ordenación y Normas Subsidiarias y Complementarias, o, cuando existiendo éstos, pero no conteniendo las funciones detalladas oportunas, sus finalidades pueden ser [...] establecer y coordinar las infraestructuras básicas relativas al equipamiento comunitario [...] cuando estas determinaciones no exijan un modelo territorial, [...] así como la protección, conservación y mejora de los espacios naturales, del paisaje y del medio físico. d) En ningún caso, los Planes Especiales pueden sustituir a los instrumentos de planeamiento que constituyen en sí mismos una ordenación integral del territorio». **(STS 30 junio 1998 [RJ 1998, 5736]).**

Artículo 20.

La protección en orden urbanístico de las vías de comunicación, en cuanto se refiera a la restricción del destino y del uso de los terrenos marginales, permitirá:

a) Dividir los terrenos en zonas de utilización, edificación, o vegetación y panorámica.

b) Prohibir o limitar, de acuerdo con la legislación vigente, el acceso directo a las fincas desde la carretera.

c) Señalar distancias mínimas para la desembocadura de otras vías.

d) Disponer el retranqueo de las edificaciones como previsión de futuras ampliaciones y el establecimiento de calzadas de servicio.

e) Ordenar los estacionamientos y los lugares de aprovisionamiento y descanso.

f) Mantener y mejorar la estética de las vías y zonas adyacentes.

⇒ V. art. 72 del presente Texto Refundido.
V. art. 80 del RPU (§3.1).
V. Ley 25/1988, de 29 julio, de Carreteras.

Jurisprudencia

«Aunque es posible la existencia de Planes Especiales sin previo Plan de Ordenación Integral –artículos 17.3 de la Ley y 76.3 del Reglamento de Planeamiento–, ello no debe hacer olvidar que la funcionalidad propia de los Planes Especiales elaborados para la protección del orden urbanístico de las vías de comunicación, implica, como consecuencia ineludible, que aquéllos se caractericen precisamente por la nota de accesoriedad (artículos 20 de la Ley y 80 del Reglamento) y dependencia de los Planes Generales que desarrollan. Es decir, aunque el Plan Especial no es homologable al Plan Parcial respecto del Plan General, ya que la dependencia del último es mayor que la del primero, en cuanto el Parcial es simple desarrollo y concreción del General mientras que al Especial le está permitido un mayor margen de apreciación de determinados objetivos singulares que no se concede al otro, tal autonomía, en modo alguno, permite una separación o confrontación con los fines perseguidos en el Plan General –Sentencias de 25 de septiembre de 1987 (RJ 1987, 8249) y 23 de abril de 1990 (RJ 1990, 3622)–. Habrá pues que examinar caso por caso, hasta qué punto esta elasticidad de maniobra de los Planes Especiales no significa ruptura o alejamiento inaceptables del Plan General». **(STS 5 febrero 1991 [RJ 1991, 766]).**

Artículo 21.

El planeamiento urbanístico especial podrá afectar, con fines de protección, a huertas, cultivos y espacios forestales, mediante restricciones de uso apropiadas para impedir su desaparición o alteración.

⇒ V. art. 81 del RPU (§3.1).

Jurisprudencia

«Todavía en un terreno general, será de indicar: A) El Plan impugnado alcanza a coordinar las competencias de los distintos entes implicados en las actuaciones a desarrollar, coordinación ésta que en último término ha de entenderse cubierta por el art. 9 del Decreto-ley 5/1974 –así, Sentencias de 31 de enero, 6 de febrero y 16 de abril de 1984 (RJ 1984, 2569), etc.–. Más concretamente, la calificación de parque forestal no invade las competencias establecidas en la Ley 15/1975, de 2 de mayo, de Espacios Naturales Protegidos, pues resulta claro, por una parte, que el urbanismo –concepto con un ámbito de aplicación mucho más amplio que el tradicional, art. 1 del Texto Refundido de la Ley del Suelo– alcanza específicamente a los espacios forestales –arts. 21 del Texto Refundido y 81 del Reglamento de Planeamiento– con su propia perspectiva, y, por otra, que ambos ordenamientos –el de Espacios y el Urbanístico– han tenido una preocupación especial, al menos formalmente –Sentencia de 11 de julio de 1987 (RJ 1987, 6877)– por la coordinación de sus prescripciones –así, arts. 13 b) y 16 de la Ley de Espacios y 38.2º h) del Reglamento de Planeamiento–». **(STS 21 diciembre 1987 [RJ 1987, 9687]).**

Artículo 22.

La mejora del medio urbano o rural y de los suburbios de las ciudades podrá ser objeto de Planes Especiales encaminados a estas finalidades:

a) Modificar el aspecto exterior de las edificaciones, su carácter arquitectónico y su estado de conservación.

b) Alterar determinados elementos vegetales, jardines o arbolado.

c) Prohibir construcciones y usos perjudiciales.

d) Someter a normas urbanísticas el acoplamiento de las edificaciones.

⇒ V. arts. 181 y 182 del presente Texto Refundido.
V. art. 82 del RPU (§3.1).

Artículo 23.

1. Los Planes Especiales de reforma interior tienen por objeto la realización en suelo urbano, por las Entidades Locales competentes, de operaciones encaminadas a la descongestión, creación de dotaciones urbanísticas y equipamientos comunitarios, saneamiento de barrios insalubres, resolución de problemas de circulación o de estética y mejora del medio ambiente o de los servicios públicos u otros fines análogos.

2. Los Planes Especiales de reforma interior contendrán las determinaciones y documentos adecuados a los objetivos perseguidos por los mismos, y como mínimo los que prevé el artículo 13, salvo que alguno de ellos fuere innecesario por no guardar relación con la reforma.

3. Cuando se trate de operaciones de reforma interior no prevista en el Plan General, el Plan Especial no modificará la estructura fundamental de aquél, a cuyo efecto se acompañará además un estudio que justifique su necesidad y conveniencia, su coherencia con el Plan General y la incidencia sobre el mismo.

⇒ V. art. 85 del RPU (§3.1).

Jurisprudencia

«En ningún caso es válido que, bajo el nombre inadecuado de Plan Especial que, como tal, ha sido tramitado, se encubra una modificación del Plan General de Ordenación –Sentencia de 21 de septiembre de 1982 (RJ 1982, 5472)–, ya que, aunque se permita que, con ocasión de la formación del Plan Especial, en actuación simultánea se lleve a cabo una modificación de aquél, ello es a condición de que los trámites seguidos sean los idóneos para producir este último efecto, así como que los órganos decisorios, sean también los competentes para llegar al mismo resultado, es decir, que la modificación de ese Ordenamiento General se practique a través "del mismo rígido cauce impuesto para ser creado y nunca aprovechando su desarrollo o ejecución» –Sentencias de 7 de abril de 1967 (RJ 1967, 1939), 26 de febrero de 1980 (RJ 1980, 2010), 9 de octubre de 1981 (RJ 1981, 4123) y 21 de septiembre de 1982–». **(STS 3 diciembre 1986 [RJ 1986, 987]).**

«En desarrollo de los Planes Generales, los Planes Especiales pueden redactarse *para la ordenación de recintos* y conjuntos artísticos, protección del paisaje y de las vías de comunicación, conservación del medio rural en determinados lugares, reforma interior, saneamiento de poblaciones y cualesquiera otras finalidades análogas, sin que en ningún caso puedan sustituir a los Planes Generales Municipales como instrumentos de ordenación integral del territorio (artículo 17 TRLS). Finalmente, el párrafo 3º del artículo 23 proclama: "Cuando se trate de operaciones de reforma interior no previstas en el Plan General, el Plan Especial no modificará la estructura fundamental de aquél, a cuyo efecto se acompañará, además, de un estudio que justifique su necesidad o conveniencia, su coherencia con el Plan General y la incidencia sobre el mismo". Desde este plano legal, es patente que ni las "modificaciones" a que se refiere el artículo 23.3º citado, ni los "desarrollos" contemplados en el artículo 17.3 de otro, ni "eliminar un régimen restrictivo para poder aplicar un régimen general", que sostiene el apelante, ofrecen cobertura legal a un Plan Especial elaborado con la estricta y única finalidad de modificar un equipamiento dotacional por un uso de "Bar-Restaurante". Por último, la cláusula analógica, contenida en el último inciso del artículo 23.1 TRLS, ha de ser entendida como posibilidad abierta y complementaria de las finalidades de "descongestión", "creación de dotaciones", "creación de equipamientos", "saneamientos", "resolución de problemas circulatorios o estéticos", "mejora del medio ambiente o los servicios públicos" que el citado precepto explícita, pero no consiente una interpretación por la que se habilita la obtención de cualquier finalidad no consignada en el Texto Legal examinado. Situados en esta perspectiva es evidente que la concreta previsión contemplada en este recurso para el Plan Especial impugnado, cambio de un uso educativo por otro de "Bar-Restaurante", no puede tener cobertura en el instrumento de planeamiento utilizado (Plan Especial), cualquiera que sea la interpretación que se otorgue al artículo 7.6 PGOU de Tarragona». **(STS 16 noviembre 1998 [RJ 1998, 9331]).**

Artículo 24.

1. Se conceptuarán como Planes y proyectos de saneamiento los que se refieran a obras en el suelo y subsuelo para mejorar las condiciones de salubridad, higiene y seguridad.

2. Estos Planes y proyectos comprenderán las obras de abastecimiento de aguas potables, depuración y aprovechamiento de las residuales, instalación de alcantarillado, drenajes, fuentes, abrevaderos, lavaderos, recogida y tratamiento de basuras.

3. También se considerarán como Planes y proyectos de saneamiento urbano los de abastecimiento de aguas de edificios y establecimientos de servicio público pertenecientes al Estado, Municipio y Provincia, ya cuenten con instalación propia o se surtan de otras conducciones.

⇒ V. art. 84.3 del RPU (§3.1).

Jurisprudencia

«Pues bien, lo que aquí hay que decir en primer lugar es que –conforme al artículo 17 de la Ley del Suelo– lo único que no puede hacer un plan especial, el único límite legal que se le impone, es el de no poder sustituir a los planes generales municipales como instrumentos de ordenación integral del territorio. Esto hace que, en ocasiones, los aspectos susceptibles de consideración y ordenación por un plan especial son tan amplios que resulta difícil diferenciarlo de los planes de ordenación integral del territorio. Dicho de otro modo: hay planes especiales –y los de reforma interior y los de saneamiento de poblaciones son paradigmas bien elocuentes de ello– en que la diferencia entre la ordenación integral hecha por el plan general y la que hacen aquéllos radica únicamente en la especificidad del objeto que tienen: una determinada y concreta operación urbanística al servicio de una concreta finalidad: protección, reforma interior, saneamiento». **(STS 29 noviembre 1988 [RJ 1988, 9279]).**

Artículo 25.

La protección a que los Planes Especiales se refieren, cuando se trata de conservar o mejorar monumentos, jardines, parques naturales o paisajes, requerirá la inclusión de los mismos en catálogos aprobados por el Ministro de la Vivienda o la Comisión Provincial de Urbanismo, de oficio o a propuesta de otros órganos o particulares.

⇒ V. arts. 86 y 87 del RPU (§3.1).

Jurisprudencia

Los Catálogos, con independencia de que se denominen o no así, tienen carácter complementario, de los planes a que se refieran, no sólo de los especiales de protección, sino también de los generales o de las normas complementarias o subsidiarias de planeamiento.

«Los Catálogos Urbanísticos tienen carácter complementario, de los planes a que se refieran, no sólo de los especiales de protección –según previene el artículo 25 del Texto Refundido de la Ley del Suelo– sino también de los generales o de las normas complementarias o subsidiarias de planeamiento, ya que a tenor del artículo 86.2 del Reglamento de Planeamiento se pueden incluir en ellos relaciones de bienes concretos que, situados en cualquier sitio del suelo, deban ser objeto de conservación o mejora, aunque el ámbito o alcance de las medidas de protección de los bienes catalogados serán los que determinen las normas del Plan General, Especial o Normas Complementarias y Subsidiarias que complementan, dada la naturaleza eminentemente instrumental de los Catálogos. Pues bien, en el presente caso el Ayuntamiento de Albal, en el que rigen unas Normas Subsidiarias de Planeamiento, procedió a tramitar un Catálogo en el que se contiene una relación de bienes que han de ser objeto de una especial protección, al objeto de ser declarados monumentos locales de interés histórico-artístico, y en el que se incluye como «régimen urbanístico aplicable» a dicha clase de monumentos unas Normas entre las que merece destacarse la contemplada con el número 3 en la que se dispone que «en caso de transmisión (de los monumentos incluidos en el Catálogo) se adquirirán por el Ayuntamiento o Patrimonio Nacional, sirviendo esta Normativa como declaración expresa de su interés o utilidad pública», contenidos que notoriamente exceden del estrecho cauce que corresponde a dicho instrumento auxiliar, pues de una parte además de la confusión que genera la pretendida declaración de monumentos locales de interés histórico-artístico, expresión que desborda la finalidad de mera conservación o mejora de los bienes incluidos en el Catálogo, para incidir en la asignada en la legislación especial contenida en la Ley de Patrimonio Artístico Nacional de 13 de mayo de 1933 y más concretamente en el Decreto de 22 de julio de 1958 sobre creación de monumentos provinciales y locales, máxime si se tiene en cuenta que no consta que en las Normas Subsidiarias que rigen en el indicado Municipio existan determinaciones precisas sobre la protección que se dispensa a los bienes incluidos en el Catálogo y de otra, la inclusión en éste de unas Normas a las que deben sujetarse los Monumentos relacionados en el mismo así como su entorno, con declaración expresa de utilidad pública de los edificios catalogados y limitación de las facultades dominicales de los propietarios de dichos edificios –rebasando incluso las restricciones establecidas en la legislación especial, tanto en la citada Ley de 13 de mayo de 1933 como en la de Patrimonio Histórico de 22 de diciembre de 1955, actualmente vigente– no puede tener nunca cabida en un instrumento de carácter no normativo que, como hemos visto, corresponde a los Catálogos, configurados en el artículo 86.2 del Reglamento de Planeamiento como documentos complementarios de los planes». **(STS 25 mayo 1988 [RJ 1988, 3961]).**

«Pero tal precepto [apartado d), del párrafo 1º, del artículo 12, de la Ley de Régimen del Suelo] que autoriza la inclusión en el Plan General de medidas para la protección de determinados aspectos de la realidad física planeada, no autoriza la creación de una figura nueva y extraña como el mencionado catálogo provisional de vigencia transitoria, no previsto ni autorizado por norma alguna, máxime otorgando al mismo unas consecuencias limitativas del dominio, cual es la prohibición provisional, pero indefinida, de otorgamiento de licencias; tal disposición es contraria, sin duda, al ordenamiento vigente». **(STS 8 noviembre 1988 [RJ 1988, 8794]).**

«La Ley del Suelo, Texto Refundido de 1976 dedica los arts. 18 a 25, 73 y 182, no sólo a la conservación y valoración del patrimonio histórico y artístico de la Nación y bellezas naturales, sino también a la conservación y protección de determinados lugares o perspectivas del territorio nacional, monumentos, jardines, parques naturales o paisajes; decisiones o medidas a adoptar que requieren su inclusión en Registros Públicos o Catalogados, aprobados por el Ministerio de la Vivienda o la Comisión Provincial de Urbanismo, cuya naturaleza y finalidad desarrollan los arts. 86 y 87 del Reglamento de Planeamiento; en su caso tales medidas se estructurarán y desarrollarán a través de los Planes Especiales pertinentes según los arts. 78 y siguientes del citado Reglamento». **(STS 18 julio 1993 [RJ 1993, 5578]).**

«En lo que respecta a la inclusión de «La Conillera» en el inventario de bienes protegibles, independientemente de que se haya hecho en un inventario y no en un catálogo, lo que es indiferente si se atiende a la sustancialidad y no a la mera denominación terminológica, según sentamos en nuestra S. 22-12-1992 (RJ 1992, 9770) en supuesto análogo, su legalidad la condiciona lo establecido en los arts. 12.1 d), 18 y 25 de dicho Texto Refundido y 19.1 d), 25.1 d), 27.2, 78 y 86 del citado Reglamento, sin que pueda sostenerse que tales preceptos se refieren a los Planes Generales y no a las Normas Subsidiarias, puesto que la protección de edificios en estas Normas está admitida como posible en el art. 86.2 del Reglamento de Planeamiento». **(STS 25 octubre 1993 [RJ 1993, 7894]).**

«El artículo 86 del Reglamento de Planeamiento Urbanístico, en desarrollo de lo dispuesto en el artículo 25 del Texto Refundido de la Ley del Suelo de 9 abril 1976, considera a los Catálogos de monumentos –edificios– objeto de especial protección en razón de sus singulares valores y características como determinaciones complementarias de los Planes Especiales, si bien también reconoce que los Planes Generales o Normas Subsidiarias pueden incluir en Catálogos relaciones de bienes concretos que deban ser objeto de conservación o mejora, si bien en ambos supuestos la aprobación de tales Catálogos complementarios de las determinaciones de Planes Especiales, o en su caso, de los Planes Generales o Normas Subsidiarias se efectuará simultáneamente con la de éstos. No obstante lo cual, el artículo 149 del citado Reglamento previene que cuando tales Catálogos no se contuvieran en Planes Generales, Especiales o Normas Complementarias y Subsidiarias, se tramitarán de conformidad con las reglas establecidas al efecto para los Planes Parciales, que conforme al artículo 138 del mismo Cuerpo Legal se ajustará su tramitación a las reglas de los artículos 127 a 130 y 132 a 134 del Reglamento. CUARTO. La finalidad de todo Catálogo de edificios de protección especial tiene por objeto, como cualquier actividad administrativa, la satisfacción del interés público local en la conservación de los instrumentos culturales típicos de una determinada época que por sus peculiares notables características arquitectónicas u ornamentales integran y recuerdan el ambiente y modo de vida de un tiempo pasado digno de mantener vivo en la conciencia social de una comunidad determinada. Naturalmente, que la Administración ostenta una potestad discrecional en la elección de los criterios determinantes de la inclusión de concretos edificios en el Catálogo, y los Tribunales en su ejercicio del control jurisdiccional de tal discreccionalidad no deben interferir en la actuación urbanística de la Administración cuando no haya sido acreditado que ésta sea irracional, caprichosa, desproporcionada o arbitraria o dirigida por motivos ajenos al interés público». **(STS 4 diciembre 1995 [RJ 1996, 682]).**

«La Ley del Suelo de 1976 dedica los artículos 18 a 25, 73 y 182, no sólo a la conservación y valoración del patrimonio histórico y artístico de la Nación y bellezas naturales, sino también a la conservación y protección de determinados edificios, o lugares o perspectivas del territorio nacional, monumentos, jardines, parques naturales o paisajes; decisiones que requieren su inclusión en Registros Públicos o Catalogados *cuya* naturaleza y finalidad desarrollan los artículos 86 y 87 del Reglamento de Planeamiento; y tales medidas se estructurarán y desarrollarán a través de los Planes Especiales pertinentes según los artículos 78 y siguientes del citado Reglamento». **(STS 21 octubre 1997 [RJ 1997, 7625]).**

CAPÍTULO II
Formación y aprobación de los planes

Sección 1ª Actos preparatorios

Artículo 26.

Los Organismos públicos, los concesionarios de servicios públicos y los particulares prestarán su concurso a la redacción de Planes de Ordenación y, al efecto, facilitarán a las Corporaciones Locales, Comisiones Provinciales y Dirección General de Urbanismo los documentos e informaciones necesarios.

⇒ V. art. 52 del presente Texto Refundido.
V. art. 116 del RPU (§3.1).

Artículo 27.

1. Los Órganos competentes para la aprobación inicial y provisional de los Planes Generales Municipales, Parciales, Especiales o Estudios de Detalle podrán acordar, por el plazo máximo de un año, la suspensión del otorgamiento de licencias de parcelación de terrenos y edificación en sectores comprendidos en una zona determinada con el fin de estudiar el Plan o su reforma. Dicho acuerdo habrá de publicarse en los Boletines Oficiales de la provincia o provincias afectadas y en uno de los diarios de mayor difusión de cada una de ellas.

2. El expresado plazo será ampliable como máximo a otro año cuando, dentro de aquél, se hubiere completado el período de información pública previsto en el artículo 41. No será posible acordar nuevas suspensiones en la misma zona por idéntica finalidad hasta que transcurrieren cinco años, contados a partir del término de la suspensión.

El acuerdo de ampliación del plazo se publicará en la forma prevista en el apartado anterior.

3. La aprobación inicial de un Plan o Programa o de su reforma determinará por sí sola la suspensión del otorgamiento de licencias para aquellas zonas del territorio objeto del planeamiento cuyas nuevas determinaciones supongan modificación del régimen urbanístico vigente. Los efectos de esta suspensión se extinguirán con la aprobación definitiva y, en todo caso, por el transcurso del plazo de dos años desde la aprobación inicial.

Con la publicación del acuerdo por el que se somete a información pública el Plan aprobado inicialmente se expresarán necesariamente las zonas del territorio objeto de planeamiento afectadas por la suspensión del otorgamiento de licencias.

4. Los peticionarios de licencias solicitadas con anterioridad a la publicación de la suspensión tendrán derecho a ser indemnizados del coste oficial de los proyectos y a la devolución, en su caso, de las tasas municipales.

⇒ V. art. 178 del presente Texto Refundido.
V. arts. 120 y 121 del RPU (§3.1).

Jurisprudencia

La suspensión del otorgamiento de licencia «es una medida cautelar encaminada a asegurar la efectividad de un planeamiento futuro; trata de impedir que se produzcan aprovechamientos del suelo que, pese a ser conformes con la ordenación en vigor vayan a dificultar la realización efectiva de un Plan nuevo, siendo su publicación un requisito esencial.

«Esta Sala tiene establecido, entre otras, en su Sentencia de 7 de diciembre de 1982 (RJ 1982, 7949) con cita de las anteriores de 19 de enero de 1980 y 18 de marzo de 1981 (RJ 1981, 1309), interpretando el número 3 del artículo 27 de la Ley del Suelo, que en el acuerdo de suspensión de licencias se ha de especificar necesariamente cuál es el ámbito Territorial al que la suspensión afecte, requisito considerado como esencial por la Jurisprudencia de este Tribunal, porque estos terrenos han de quedar perfectamente definidos a base de establecer un perímetro determinado, siendo los comprendidos en él los únicos que se verán afectados por tal medida cautelar; de modo que el acuerdo ha de carecer de validez sin esa previa determinación perimetral –Sentencia de 6 de junio de 1975 (RJ 1975, 3329)–». **(STS 29 abril 1986 [RJ 1986, 2980]).**

«La finalidad de la suspensión implica que sus efectos hayan de ser la no tramitación ni resolución de ninguna solicitud de licencia –con excepciones que ahora no importan– en tanto subsista la medida, quedando pues afectadas no sólo las peticiones formuladas después de la publicación de la suspensión sino también las anteriores. Así el art. 121.1 del Reglamento de Planeamiento dispone expresamente la interrupción del procedimiento para las solicitudes de licencia presentadas con anterioridad a la fecha de la adopción de la medida. Esta extensión de los efectos de la suspensión es la que demanda el interés público. Pero la entraña misma del Derecho Administrativo es la de una armonización de las exigencias de aquel interés y de la garantía del administrado. Importa pues precisar en qué medida esta garantía ha de matizar la expresa solución del art. 121.1 del citado Reglamento. CUARTO. El ordenamiento jurídico constituye una unidad y por ello los preceptos que le dan expresión no pueden ser interpretados aisladamente: han de ponerse en relación con las demás normas que con ellos conviven "éste es el «contexto» al que se refiere el art. 3.1 del Título Preliminar del Código Civil–. En esta línea, el art. 121.1 del Reglamento de Planeamiento ha de interpretarse teniendo en cuenta el art. 9 del Reglamento de Servicios y más concretamente la regulación que contiene del silencio positivo en materia de licencias. Y así las cosas, resulta: A) Que la naturaleza de la licencia como acto declarativo de derechos implica que la regla general del art. 121.1 del señalado Reglamento ha de encontrar excepción en aquellos casos en los que el juego del silencio positivo haya dado lugar a la obtención de la licencia, pues no puede atribuirse a la suspensión virtualidad bastante para revocar actos declarativos de derechos. B) Por otra parte, la Administración tiene el deber de resolver sobre las peticiones que se le dirigen –art. 219 del Texto Refundido, en lo que al ámbito urbanístico se refiere–. Y puede ocurrir que el administrado confiando en que la Administración cumplirá dicho deber se haya abstenido de acudir a la Comisión Provincial de Urbanismo –u órgano equivalente– denunciando la mora. No sería razonable hacer de peor condición a este administrado confiado que al más avisado que formuló aquella denuncia. En consecuencia habrá que excluir también del ámbito de los efectos previstos en el art. 121.1 del Reglamento de Planeamiento los supuestos en los que en el momento de la publicación de la suspensión haya transcurrido ya el lapso de tiempo necesario para que se produzca el silencio positivo, aunque no se haya formulado la denuncia de la mora.

Concretamente y tratándose de obras mayores –art. 9.1.5º y 7º del Reglamento de Servicios– tal plazo es de tres meses. La conclusión será, pues, que la suspensión del otorgamiento de licencias surte sus efectos interruptivos sobre todas las peticiones formuladas con anterioridad, salvo que aquéllas hayan sido presentadas al menos tres meses antes de la publicación de la suspensión». **(STS 15 abril 1988 [RJ 1988, 3079]).**

«Para asegurar la virtualidad de la ordenación futura la Administración ha sido habilitada para acordar la suspensión del otorgamiento de licencias –art. 27 del Texto Refundido–; no se trata de anticipar la vigencia de una ordenación futura sino de impedir a virtud de un «contrarius actus» la aplicación de la actual, lo que justifica que por su trascendencia normativa el acuerdo de suspensión sea susceptible de impugnación indirecta –Sentencia de 7 de noviembre de 1988 (RJ 1988, 8637)–. Más concretamente y en lo que ahora importa será de destacar que si bien el acuerdo de suspensión del otorgamiento de licencias extiende sus efectos interruptivos a las solicitudes presentadas con anterioridad –art. 121.1 del Reglamento de Planeamiento–, tal eficacia queda restringida a las instancias formuladas dentro de los tres meses que precedieron a la publicación del acuerdo de suspensión sin afectar por tanto a las solicitudes de mayor antigüedad –Sentencia de 15 de abril de 1988 (RJ 1988, 3079)–». **(STS 2 febrero 1989 [RJ 1989, 800]).**

«El art. 27.2 del Texto Refundido permite, sí, la ampliación por otro año de la suspensión del otorgamiento de licencias previstas en su apartado anterior, pero prohíbe nuevas suspensiones en la misma zona «por idéntica finalidad» hasta que transcurrieren cinco años contados a partir del término de la suspensión.

A este respecto el art. 122 del Reglamento de Planeamiento advierte que no se entenderá como idéntica finalidad la redacción de un Plan, Normas, Programas o Estudios de Detalle, o su revisión o modificación con distinta naturaleza que la que motivó la primera suspensión. Este precepto de rango reglamentario implica una cierta extensión de lo que es la pura dicción legal –"idéntica finalidad", también utilizada por el art. 8 del Real Decreto-ley 16/1981, de 16 de octubre–.

Pero en todo caso no cabe apreciar que en el supuesto litigioso las sucesivas suspensiones obedezcan a la finalidad idéntica: mientras que la primera, derivada de la aprobación inicial del Plan General de Ordenación Urbana y Territorial de la Comarca de Barcelona obedecía, a un designio urbanístico global, la última y aquí impugnada tenía un objetivo muy concreto como era el de proceder al estudio del Plan Especial de Reforma Interior correspondiente a la manzana litigiosa. No puede así estimarse ilegal la suspensión recurrida en la que por otra parte no se observa una finalidad distinta a la determinada por el ordenamiento jurídico». **(STS 19 diciembre 1989 [RJ 1989, 9212]).**

«Tal suspensión (del otorgamiento de licencias) es una medida cautelar que tiene por finalidad asegurar la efectividad de un planeamiento futuro, es decir, de una ordenación urbanística que todavía no está en vigor, impidiendo que cuando ésta no ha llegado a aprobarse definitivamente puedan producirse aprovechamientos del suelo que, aun conformes con la ordenación en vigor, vayan a dificultar la realización efectiva del nuevo Plan. El Plan nace para ser ejecutado –sin ejecución es un "dibujo muerto"– y precisamente para hacer viable esa ejecución nuestro ordenamiento jurídico crea la figura de la suspensión del otorgamiento de las licencias. Su necesidad y racionalidad, claras, como deriva de lo ya expuesto, quedan corroboradas comprobando su existencia en el Derecho comparado. Y esta suspensión del otorgamiento de las licencias opera, como ha señalado esta Sala –así Sentencia de 7 de noviembre de 1988 (RJ 1988, 8634), eligiendo un obstáculo– temporal y especialmente limitado a la aplicación de la ordenación vigente, de suerte que ya no será posible, en principio la obtención de licencias en el suelo afectado pues habrán de interrumpirse los procedimientos de otorgamiento de aquéllas –art. 121.1 del Reglamento de Planeamiento–. Significa esto que tal acuerdo de suspensión afecta a las solicitudes formuladas con anterioridad y más concretamente a las presentadas dentro de los tres meses que precedieron a la publicación del acuerdo de suspensión –Sentencias de 15 de abril de 1988 (RJ 1988, 3079), 2 de febrero y 19 de diciembre de 1989 (RJ 1989, 800 y 9212)–.

Dado que la licencia litigiosa fue solicitada dentro de ese lapso temporal no resultaba posible su obtención ni expresa ni presuntamente, pues producida la publicación, la omisión de la notificación del art. 121.1 del Reglamento de Planeamiento no podía provocar la ineficacia de aquélla». **(STS 16 mayo 1990 [RJ 1990, 4077]).**

«Conviene precisar, en relación con la publicación del acuerdo de suspensión con indicación de las zonas afectadas por dicha medida, que es un requisito esencial exigido tanto legal –artículo 27.3 del Texto Refundido de la Ley del Suelo– como jurisprudencialmente –Sentencias de 19 enero 1980, 18 marzo 1981 (RJ 1981, 1309), 7 diciembre 1982 (RJ 1982, 7949), 28 marzo 1985 (RJ 1985, 1675), 29 abril 1986 (RJ 1986, 2980), 6 febrero, 7 marzo y 10 noviembre 1987 (RJ 1987, 2747 y 8792) y 6 marzo 1991 (RJ 1991, 1976)–». **(STS 10 octubre 1994 [RJ 1994, 7809]).**

«Al interpretar el artículo 120.1 del Reglamento de Planeamiento al que se viene aludiendo no puede dejarse de tener en cuenta la finalidad, antes indicada, de la suspensión de licencias de impedir que se consumen actos de edificación y uso del suelo que pugnen con las previsiones del nuevo planeamiento. Siendo esto así, toda licencia que no se ajuste a las determinaciones del nuevo planeamiento no podrá ser concedida con base en lo dispuesto en el segundo párrafo del mencionado artículo 120.1 pues si fuera otorgada se frustrarían las finalidades a alcanzar con las nuevas determinaciones urbanísticas, cuya futura eficacia trata de salvaguardar la suspensión de licencias. Los términos del artículo al que se viene aludiendo no permiten, si se tiene en cuenta la finalidad de la suspensión de licencias, hacer una distinción en las determinaciones del nuevo planeamiento para entender únicamente incluidas en los efectos de la suspensión de licencias aquellas determinaciones de mayor entidad a las que se refiere la parte apelante. De los términos en que se halla redactado el repetido artículo 120.1, que alude, sin hacer distinción alguna a las "nuevas determinaciones» y a las «determinaciones» del nuevo planeamiento, se desprende que no podrá concederse una licencia, con base en dicho precepto, que no se ajuste a una norma del nuevo planeamiento. La redacción en los términos expresados del repetido artículo se corresponde con la finalidad que se trata de alcanzar con la suspensión de licencias». **(STS 7 diciembre 1994 [RJ 1994, 9446]).**

«Conforme a lo dispuesto en la disposición transitoria sexta de la Ley 16/1985, de 25 junio del Patrimonio Histórico Español, los efectos de los expedientes incoados con anterioridad a su entrada en vigor se regirán por la normativa en virtud de la cual han sido iniciados, lo que conduce a la aplicación de la Ley de 13 mayo 1933 cuyo artículo 17 en relación con el 23 preceptúa que una vez incoado el expediente para la declaración histórico-artística no podrá derribarse o realizar obra alguna en el edificio correspondiente sin la aprobación para ello de la pertinente autorización administrativa. El transcurso del plazo de seis meses del artículo 61.1 de la Ley de Procedimiento Administrativo, entonces vigente de 17 julio 1958, sin que se haya producido resolución no determina la extinción de los efectos de la incoación del expediente, pues dicho plazo no es de caducidad –Sentencias del Tribunal Supremo de 17 octubre 1991 (RJ 1991, 6930) y 22 enero 1992 (RJ 1992, 758)– y los efectos de la medida cautelar dispuesta en los artículos 17 y 23 de la Ley de 13 mayo 1933 se producen a lo largo de todo el tiempo que dura la tramitación del expediente sin que sea de aplicación el plazo de dos años propio de la suspensión del otorgamiento de licencias –artículos 27 de la Ley del Suelo de 1976 y 8 del Real Decreto-ley 16/1981, de 16 octubre–, en razón de la diferencia sustancial que separa ambas figuras, ya que ésta impide la obtención de licencia en dicho plazo mientras que la medida cautelar de los artículos 17 y 23 de la Ley de 1933 –Sentencia de 22 enero 1992– no provoca tal imposibilidad y da lugar meramente a la necesidad de obtener la autorización de la Administración competente en el ámbito del Patrimonio Histórico, lo que pone de relieve que la obtención de tal autorización para realizar obras en el ámbito de los Conjuntos Histórico-Artísticos es presupuesto necesario para la obtención de la licencia municipal correspondiente, tal como expresamente viene declarado hoy en el artículo 23.1 de la Ley 16/1985, de 25 junio del Patrimonio Histórico Español y esto es también la solución que inspiraba la Ley de 13 mayo 1933. Cabe, pues, añadir, como consecuencia de lo expuesto, que el artículo 178.3 del Texto Refundido de la Ley del Suelo de 1976, impide la obtención de la licencia por silencio administrativo positivo en tanto no se haya producido la autorización administrativa prescrita por la normativa del Patrimonio Histórico». **(STS 10 julio 1995 [RJ 1995, 5852]).**

«Se está confundiendo, queriendo o sin querer, la aprobación de la iniciación del expediente de reparcelación, con la aprobación final de la reparcelación. El artículo 98.2 del TRLS establece: «La iniciación del expediente de reparcelación llevará consigo, sin necesidad de declaración expresa, la suspensión de licencias de parcelación y edificación [...]». Previamente el párrafo primero prescribe que el expediente de reparcelación se entenderá iniciado al delimitarse la unidad de actuación [...] La alegación formulada en apelación, en el sentido de que la suspensión de licencias es inoperante al no haber sido publicada en el Diario Oficial, es equivocada, pues olvida que la suspensión de licencias en la Unidad de Actuación, incursa en un expediente de reparcelación, opera de modo automático «sin necesidad de declaración expresa», por lo que mal puede ser exigida la publicación del acuerdo de «suspensión de licencias», cuando ni siquiera es necesario tal acuerdo expreso». **(STS 5 diciembre 1995 [RJ 1995, 8994]).**

«La suspensión de licencias será un mecanismo propio de dichos sistemas cuando sin ella es imposible la consecución de la finalidad de distribución de los beneficios y cargas que del planeamiento se derivan, o, también, cuando sin la suspensión sea estructuralmente imposible que pueda existir el sistema de actuación contemplado. En el sistema de ejecución por cooperación la cuestión está resuelta en el artículo 186.4 del Reglamento de Gestión Urbanística de 25 agosto 1978 que expresamente contempla la prohibición de concesión de licencias de edificación hasta que sea firme el acuerdo aprobatorio de la reparcelación. El problema radica en decidir si tal suspensión es también aplicable en el sistema de compensación hasta que se «constituya la Junta de Compensación», o, más estrictamente, hasta que se «apruebe el proyecto de compensación» que la Junta está llamada a elaborar. La sentencia de instancia ha razonado la imposibilidad del otorgamiento de licencias con anterioridad a la constitución de la Junta. Sus argumentos últimos se aceptan, pues considera que es imposible la distribución de beneficios y cargas sin suspensión de licencias, pero teniendo en cuenta que el momento último de la suspensión debe posponerse hasta la elaboración del Proyecto de Compensación. Pero, además, es estructuralmente imposible admitir el otorgamiento de licencias antes de que sea aprobado el Proyecto de compensación pues es patente que las determinaciones que conforme al artículo 172 del Reglamento de Gestión éste tiene que contener se convierten en previsiones simbólicas si las licencias están ya concedidas». **(STS 6 febrero 1996 [RJ 1996, 898]).**

«Por consiguiente, vigente la suspensión de licencias era improcedente, la concesión de la ahora impugnada, ya se considera como nueva licencia para construir en lugar de treinta y cuatro viviendas cuarenta y cuatro, ya se considera como lo que realmente es –y en este caso con más razón para venir sujeta a aquella anulación– y reconoce la codemandada: ampliación de esa licencia autorizando la construcción solicitada en 1 de octubre de 1987 de áticos para utilizar el espacio libre debajo de la cubierta proyectada en la promoción de treinta y cuatro viviendas y aparcamientos, y ello con independencia de que así no se altere ni la geometría ni la altura del edificio –a cuyo cumplimiento recondiciona la ampliación–, pues lo trascendente es la anulación de aquélla respecto de la que ésta es ampliación, sobre todo cuando además consta, de un lado, que las Normas Complementarias y Subsidiarias de ámbito provincial que sirvieron de base para la concesión de la licencia originaria no contemplan la realización de esos áticos por encima de la altura máxima reguladora de tres plantas». **(STS 2 junio 1997 [RJ 1997, 5010]).**

«La sentencia de instancia deduce que en el Ayuntamiento de San Roque estaba suspendido el otorgamiento de licencias de edificación del simple dato de que la licencia cuya concesión da lugar al presente proceso fue aprobada el 9 de junio de 1987 y que la aprobación provisional del PGOU de San Roque tuvo lugar el 21 de marzo de 1986. Tiene razón el Ayuntamiento de San Roque al afirmar que la suspensión de licencias no opera con ese automatismo y con la generalidad que presupone el Tribunal «a quo», sino que requiere, conforme a lo dispuesto en el artículo 120.2 de dicho Reglamento, una determinación precisa de las áreas del territorio objeto del planeamiento afectadas por la suspensión de licencias, por preverse en el instrumento de planeamiento en tramitación nuevas determinaciones que supongan modificación del régimen urbanístico vigente». **(STS 21 julio 1997 [RJ 1997, 6043]).**

«El artículo 8.1 del Real Decreto-ley 16/1981, de 16 octubre, establece la posibilidad de acordar por los órganos municipales competentes, la suspensión del otorgamiento de licencias de parcelación, edificación o demolición en áreas determinadas con el fin de estudiar la formación o reforma de alguno de los instrumentos de planeamiento urbanístico especificados en ese precepto, precisando el apartado 2º del mismo que el acuerdo de aprobación inicial de esos instrumentos determina automáticamente la suspensión del otorgamiento de licencias. El propio precepto en su apartado 3º, determina que la suspensión de licencias acordada con motivo del estudio de la formación o reforma de los citados Planes se extingue en todo caso en el plazo de un año, concretando el apartado 4º que extinguidos los efectos de la suspensión no podrán acordarse nuevas suspensiones en el plazo de cinco años por idéntica finalidad. Solamente –apartado 3º– si la aprobación inicial se realiza durante el plazo máximo del año acordado para el fin de estudio del proyecto o reforma del planeamiento, o extinguido ya éste, los efectos de la suspensión se extinguen definidamente tras el transcurso de dos años, computados los plazos previstos en los apartados 1º y 2º del referido precepto». **(STS 7 abril 1998 [RJ 1998, 2795]).**

Requisitos para que proceda la indemnización.

«Dados los términos en que se plantea esta apelación, el único problema a examinar es el de la procedencia en el supuesto de estos autos de la indemnización que corresponde a los peticionarios de licencias solicitadas con anterioridad a la suspensión de su otorgamiento –arts. 98.2 y 27.4 del Texto Refundido de la Ley del Suelo, 121 del Reglamento de Planeamiento y 104 del Reglamento de Gestión Urbanística– [...] SEGUNDO. Tal indemnización exige como requisito que el no otorgamiento de la licencia sea debido precisamente a la suspensión pues si el proyecto presentado fuera contrario al ordenamiento urbanístico en vigor no habría lugar a la reparación indicada –art. 121.3 del Reglamento de Planeamiento–. En el supuesto litigioso el proyecto se ajustaba a la ordenación establecida por el Plan Parcial Oeste para su zona 3 a –folios 7 y 8 del expediente– y la insuficiencia de servicios advertida en los informes técnicos era subsanable en los términos establecidos en el art. 83.1 del Texto Refundido –en esta línea son de citar los dictámenes de los folios 11 y 12–. Así las cosas, ha de entenderse que el no otorgamiento de la licencia tuvo su causa justificante precisa y concretamente en la suspensión derivada de la iniciación del expediente de reparcelación, lo que implica la procedencia de la indemnización discutida dada la remisión que hace el art. 104 del Reglamento de Gestión al 121 del Reglamento de Planeamiento o análoga remisión del art. 98.2 del Texto Refundido al art. 27.4 del mismo. TERCERO. Ahora bien el derecho a la indemnización ha de quedar en suspenso en tanto no cristalice la situación urbanística que determine la incompatibilidad del proyecto con aquélla –art. 121.4 del Reglamento de Planeamiento en relación con el art. 104.3 del Reglamento de Gestión Urbanística–». **(STS 17 febrero 1989 [RJ 1989, 1179]).**

«Aunque la regla general es que la solicitud ha de resolverse atendiendo al planeamiento vigente en la fecha de la resolución, esta regla ha de modularse cuando la Administración haya incurrido en un retraso injustificado en decidir, que haya dado lugar a que en este momento se haya producido un acuerdo de suspensión del otorgamiento de licencias, conforme al artículo 27 de la Ley del Suelo. Como declara la Sentencia de esta Sala de 30 mayo 1997, la suspensión del otorgamiento de licencia «es una medida cautelar encaminada a asegurar la efectividad de un planeamiento futuro; trata de impedir que se produzcan aprovechamientos del suelo que, pese a ser conformes con la ordenación en vigor vayan a dificultar la realización efectiva de un Plan nuevo, evitando así que éste nazca como un mero dibujo muerto». De acuerdo con tal finalidad, los efectos de la suspensión han de ser la no tramitación ni resolución de ninguna solicitud de licencia mientras subsista la medida cautelar, quedando afectadas por ello no sólo las peticiones formuladas después de la publicación de la suspensión sino también las anteriores. El artículo 121.1 del Reglamento de Planeamiento, aprobado por Real Decreto 2159/1978, de 23 junio, dispone expresamente la interrupción del procedimiento para las solicitudes de licencias formuladas con anterioridad a la fecha de la adopción de la medida. Considera la doctrina jurisprudencial que se examina que la garantía del interesado obliga, no obstante, a modular las consecuencias de esta solución, interpretando sistemáticamente el ordenamiento jurídico y poniendo en relación el artículo 121.1 del Reglamento de Planeamiento con el artículo 9 del Reglamento de Servicios de las Corporaciones Locales y, en concreto, con la regulación que éste contiene sobre el silencio positivo en materia de licencias. De acuerdo con ello se hace necesario excluir de los efectos del artículo 121.1 del Reglamento de Planeamiento los casos en que en el momento de publicación de la suspensión haya transcurrido ya el lapso de tiempo necesario para que se haya podido producir el silencio administrativo positivo, dado que la suspensión en cuestión no tiene virtualidad suficiente para revocar actos declarativos de Derecho. También han de excluirse de la suspensión, aunque no se haya formulado denuncia demora por el interesado, los casos en que la Administración se haya retrasado indebidamente en su obligación de resolver en forma expresa (artículo 219 LS) sobre solicitudes que no sean contrarias a la ley o al planeamiento (artículo 178.3 LS). Tratándose de obras mayores (artículo 9.1º, 5º y 7º del Reglamento de Servicios) el plazo de retraso necesario para apreciar tal efecto es de tres meses. La conclusión a que llega dicha doctrina es, así, que la suspensión del otorgamiento de licencias surte sus efectos interruptivos sobre las peticiones formuladas con anterioridad, salvo sobre las que hayan podido dar lugar a la obtención de licencia por silencio administrativo positivo y aquellas que hayan sido presentadas al menos tres meses antes de la publicación de la suspensión». **(STS 26 octubre 1998 [RJ 1998, 8118]).**

«El artículo 27.4 supedita la obligación de indemnizar a la presentación de proyectos «con anterioridad a la publicación de la suspensión» y no al conocimiento de la intención de suspender que es lo que parece afirmar el ente apelante». **(STS 29 diciembre 1998 [RJ 1998, 10123]).**

Artículo 28.

1. Las Entidades y Organismos interesados podrán formular avances de Plan y anteproyectos parciales que sirvan de orientación a la redacción de los Planes sobre bases aceptadas en principio.

2. Los avances y anteproyectos se podrán remitir al Ayuntamiento, a la Comisión Provincial de Urbanismo o al Ministerio de la Vivienda sin información pública.

3. La aprobación sólo tendrá efectos administrativos internos preparatorios de la redacción de los Planes y proyectos definitivos.

⇒ V. art. 147.5 del presente Texto Refundido.
V. art. 115 del RPU (§3.1).

Jurisprudencia

«En efecto, la aprobación de un avance de planeamiento, según el art. 28.3 del Texto Refundido de la Ley del Suelo (que dice que sólo tendrá efectos administrativos internos preparatorios de la redacción de los planes y proyectos definitivos) precepto al que se remite el artículo 13 de la Ley del Parlamento de Cataluña 3/1984, de 9 enero, no cabe duda que es un acto de puro trámite que sólo sirve para ilustrar la voluntad administrativa del órgano urbanístico, y que puede plasmarse más tarde (o no plasmarse) en instrumentos de planeamiento que, llegados a su trámite definitivo, podrán, ahora sí, ser impugnados por los interesados. Así lo tiene reconocido la jurisprudencia de esta Sala, de la que es una muestra la Sentencia de 19 febrero 1992 (RJ 1992, 2908) a cuyo tenor «la finalidad de los avances es puramente interna y preparatoria del planeamiento, y a diferencia de los planes no tiene carácter normativo, pudiendo el Ayuntamiento recoger el contenido del avance, en todo o en parte, o bien modificarlo». Se trata, por lo tanto, de un proyecto de plan, que, como tal proyecto o ensayo, sólo tiene el valor de un estudio, y que, por lo mismo que no afecta a los derechos e intereses de los particulares, no puede ser impugnado. Sólo puede serlo, si es que sus conclusiones se plasman en el Plan, impugnando la aprobación definitiva de éste pero en tal caso, como puede comprenderse, ya no se impugna el avance, sino el Plan». **(STS 27 marzo 1996 [RJ 1996, 2220]).**

Sección 2ª Competencia

Artículo 29.

El Plan Nacional de Ordenación será redactado por los organismos públicos y privados y Entidades Locales que se determinen por decreto, a propuesta de la Presidencia del Gobierno e iniciativa del Ministerio de la Vivienda. En todo caso será preceptiva en su redacción la participación de la Organización Sindical.

⇒ V. arts. 104 y ss. del RPU (§3.1).

Artículo 30.

1. Los Planes Directores Territoriales de Coordinación serán formulados por los Organismos o Entidades que, a propuesta del Ministro de la Vivienda y previo informe de la Comisión Central de Urbanismo, determine el Consejo de Ministros, el cual señalará, además, los Organismos o Entidades que hayan de intervenir en su elaboración, su ámbito territorial y el plazo en que han de quedar redactados. La propuesta del Ministerio de la Vivienda se efectuará por propia iniciativa o de otro Departamento ministerial, o a instancia de una Entidad Local o de una Entidad Urbanística especial competente.

2. Las Diputaciones Provinciales y Cabildos Insulares podrán redactar, por propia iniciativa o a petición de los Ayuntamientos respectivos, Planes Directores Territoriales de Coordinación cuando el ámbito territorial de los mismos afecte a la totalidad o parte del respectivo territorio provincial o insular.

3. En cualquier caso, en la elaboración de los Planes Directores Territoriales de Coordinación habrán de intervenir el Ministerio de la Vivienda y la autoridad u Organismo competente en la planificación del desarrollo, las Corporaciones y Entidades Locales o Entidades Urbanísticas especiales competentes afectadas que lo soliciten y la Organización Sindical.

⇒ V. arts. 8 y 9 del presente Texto Refundido.

Artículo 31.

1. Los Planes Municipales serán formulados por los Ayuntamientos. No obstante, podrán éstos encomendar su formulación a la Comisión Provincial de Urbanismo o a la Diputación.

2. En todo caso, la redacción podrá encargarse a los técnicos de la Corporación o Comisión o a los que se designaren, libremente o por concurso, *entre facultativos competentes* con título oficial español.

⇒ V. arts. 10, 11 y 12 del presente Texto Refundido.
V. art. 123 del RPU (§3.1).

Jurisprudencia

«La de planeamiento es una potestad cuya titularidad aparece compartida por el Municipio de la Comunidad Autónoma –Sentencias de 20 de marzo, 30 de abril, 9 de julio, 2 de octubre y 24 de diciembre de 1990 (RJ 1990, 2244, 3624, 6021 y 7833), 12 de febrero de 1991 (RJ 1991, 948), etc.–, lo que implica la posibilidad de un control autonómico del contenido del plan, ello también con unos límites –Sentencias de 13 de julio y 22 de diciembre de 1990 (RJ 1990, 6034 y 10183) y 30 de enero de 1991 (RJ 1991, 614), etc.–». **(STS 12 marzo 1991 [RJ 1991, 1984]).**

Artículo 32.

1. Si las necesidades urbanísticas del municipio aconsejaren la extensión de su zona de influencia a otro u otros, en defecto de acuerdo entre las Corporaciones afectadas, el Ministro de la Vivienda, cuando se tratare de municipios pertenecientes a distintas provincias y la Comisión Provincial de Urbanismo, si perteneciere a la misma, a instancia del municipio o de oficio podrán disponer la formación de un Plan de conjunto.

2. Igual medida será aplicable cuando conviniere ordenar urbanísticamente alguna comarca.

3. En ambos supuestos, el Ministro o la Comisión determinarán la extensión territorial de los Planes, el Ayuntamiento u Organismo que hubiere de redactarlos y la proporción en que los municipios afectados deben contribuir a los gastos.

4. Los Ayuntamientos comprendidos en el Plan asumirán las obligaciones que de éste se derivaren.

⇒ V. art. 124 del RPU (§3.1).

Artículo 33.

1. En el caso de que los Planes Municipales no se formaren dentro de los plazos que señalan los artículos 36 y 37, el Ministro de la Vivienda podrá disponer que se redacten por la Dirección General de Urbanismo, por la Comisión Provincial de Urbanismo o por la Diputación Provincial. Asimismo, la Comisión Provincial de Urbanismo podrá acordar que se redacten por la propia Comisión o por la Diputación Provincial.

2. Los gastos de redacción de los Planes Municipales serán sufragados por las respectivas Entidades Locales, salvo circunstancias especiales y justificadas en expediente instruido al efecto.

⇒ V. art. 123 RPU (§3.1).

Artículo 34.

1. Los Planes Especiales podrán ser formados por las Entidades Locales, Entidades Urbanísticas especiales y Órganos competentes en el orden urbanístico según esta Ley.

La formación de los Planes Especiales a que se refiere el artículo 17.2 podrá realizarse por quienes tengan a su cargo la ejecución directa de las obras correspondientes a la infraestructura del territorio o a los elementos determinantes del desarrollo urbano.

2. Los Programas de Actuación Urbanística se formarán por las Entidades Locales y, en su caso, por las urbanísticas competentes o por los adjudicatarios correspondientes, conforme a lo dispuesto en el Capítulo VI del Título III de la presente Ley.

⇒ V. arts. 16 a 25 del presente Texto Refundido.
V. arts. 143 a 148 del RPU (§3.1).

Jurisprudencia

«No debe ser objeto de un entendimiento restrictivo el art. 17.3 del Texto Refundido de la Ley del Suelo en cuanto habilita la posibilidad de los Planes Especiales sin previo Plan Director Territorial o Plan General, con la subsiguiente legalidad del art. 76.3 a) del Reglamento de Planeamiento, ni tampoco cabe tal interpretación restrictiva respecto de la competencia para la formación de los Planes Especiales que el art. 34.1 del Texto Refundido –arts. 145.2 y 147.1 y 2 del Reglamento de Planeamiento– atribuye a los órganos que tengan a su cargo la ejecución directa de las obras correspondientes a la infraestructura del territorio: sería, sin duda, deseable que todos los problemas urbanísticos hubieran sido objeto de una reflexión y por tanto de una planificación genérica previa como señalaba esta Sala en la S. 12-2-1991 (RJ 1991, 948), pero el desarrollo de la vida social presenta en ocasiones dificultades con necesidad de una solución urgente. En este sentido puede recordarse la S. 18-9-1990 (RJ 1990, 7094) referida precisamente a la construcción de un centro penitenciario por la vía del art. 180.2 del Texto Refundido de la Ley del Suelo». **(STS 22 abril 1992 [RJ 1992, 3837]).**

Artículo 35.

1. La competencia para aprobar definitivamente los Planes y proyectos corresponderá:

a) A las Cortes, el Plan Nacional de Ordenación.

b) Al Consejo de Ministros, los Planes Directores Territoriales de Coordinación.

c) Al Ministro de la Vivienda, los Planes, Programas de Actuación Urbanística y Normas Complementarias y Subsidiarias del Planeamiento que se refieran a capitales de provincia o poblaciones de más de cincuenta mil habitantes y, en todo caso, los que afecten a varios municipios.

d) A las Comisiones Provinciales de Urbanismo, los Planes, Programas de Actuación Urbanística y Normas Complementarias y Subsidiarias del Planeamiento, en los restantes casos y siempre la de los Proyectos de Urbanización.

e) A las Corporaciones Municipales competentes los Estudios de Detalle, dando cuenta a la Comisión Provincial de Urbanismo.

2. Cuando la iniciativa de los planes especiales se deba a Entidades Locales o Urbanísticas Especiales, su aprobación definitiva, corresponderá:

a) Si desarrollan un Plan General de Ordenación, a los Órganos competentes para aprobar los Planes Parciales.

b) En los demás casos al Ministro de la Vivienda.

Sección 3ª Plazos

Artículo 36.

1. Los Planes Generales Municipales de Ordenación de capitales de provincia o poblaciones de más de cincuenta mil habitantes deberán ser formulados en el plazo que señale el Ministro de la Vivienda.

2. Los Planes Generales de Ordenación de los demás municipios se redactarán en los plazos que fijen el Ministro de la Vivienda o las Comisiones Provinciales de Urbanismo.

⇒ V. art. 123 del RPU (§3.1).

Artículo 37.

Los Planes Parciales se formarán en los plazos previstos en el Plan General, en el Programa de Actuación Urbanística, en su caso, o en los plazos que determinaren el Ministro de la Vivienda o la Comisión Provincial de Urbanismo.

⇒ V. art. 136 del RPU (§3.1).

Artículo 38.

Los Proyectos de Urbanización se redactarán con la antelación necesaria para que las obras a que se refieren puedan realizarse de acuerdo con los plazos previstos en el correspondiente programa de actuación.

Sección 4ª Procedimiento

Artículo 39.

1. El Ministro de la Vivienda someterá los Planes Directores Territoriales de Coordinación al trámite de información pública e informe de las Corporaciones Locales a cuyo territorio afectare, previsto en el artículo 41 de esta Ley, así como a informe de los Departamentos Ministeriales que no hayan intervenido en su elaboración y a los que pueda interesar por razón de su competencia. Estos últimos se entenderán favorables si no se emiten en el plazo de dos meses.

2. La aprobación de los Planes Directores Territoriales de Coordinación corresponde al Consejo de Ministros a propuesta del Ministro de la Vivienda, previo informe de la Comisión Central de Urbanismo.

Artículo 40.

1. Los Planes Generales Municipales de Ordenación se tramitarán de acuerdo con el procedimiento establecido en el artículo 41 de esta Ley, con las especialidades siguientes:

a) La aprobación inicial y provisional compete al Ayuntamiento cuando se refieran a un único municipio y a la Diputación Provincial correspondiente cuando se entiendan a más de un término municipal.

b) La aprobación definitiva de los Planes de capitales de provincia y de poblaciones de más de cincuenta mil habitantes compete al Ministro de la Vivienda, previo informe de la Comisión Central de Urbanismo y de la Diputación y de la Comisión Provincial de Urbanismo correspondientes, informes que se entenderán favorables si no se emiten en el plazo de un mes.

2. Los Estudios de Detalle se tramitarán de acuerdo con el procedimiento establecido en el artículo 41, si bien con la modificación respecto a lo dispuesto en sus números 2 y 3 de que la Corporación Municipal competente, en vista del resultado de la información pública, lo aprobará definitivamente con las modificaciones que procedieren y dará cuenta de la misma a la Comisión Provincial de Urbanismo.

⇒ V. arts. 125 a 135 del RPU (§3.1).

Jurisprudencia

«Tratándose de la aprobación de planes de urbanismo, existe una reiterada jurisprudencia de esta Sala que, aun reconociendo que la formación de los planes generales municipales constituye una competencia compartida entre los Ayuntamientos y las Comunidades Autónomas, toda vez que en la ordenación urbanística general de un municipio se encuentran implicados no sólo intereses municipales sino otros de carácter supramunicipal, ha modulado el control que las Comunidades Autónomas pueden ejercer en el momento de la aprobación definitiva de los planes generales aprobados provisionalmente por las Corporaciones locales, en función de los intereses en presencia, reconociendo a aquéllas unas plenas potestades de control de los elementos reglados del plan, aceptando un mayor o menor margen de apreciación en favor de los Ayuntamientos en el caso que aquellos elementos incluyeran la utilización de conceptos jurídicos indeterminados, según se tratare de determinaciones en que predominasen los intereses municipales sobre los supramunicipales, pero limitando el control de oportunidad sobre las decisiones municipales de naturaleza discrecional a aquellos supuestos en que en la relación entre el interés local y supralocal se considere que este último era predominante (Sentencias de esta Sala de 14 marzo 1988 [RJ 1988, 2164], 20 marzo, 9 y 13 julio 1990 [RJ 1990, 2244, 6021 y 6034], 12 febrero 1991 [RJ 1991, 948] y 23 junio 1994 [RJ 1994, 5263], entre otras muchas). Esto supuesto, la función del citado artículo 1.4 del Real Decreto-ley 16/1981, de 16 octubre, no es la de sancionar el incumplimiento de la obligación impuesta a las Corporaciones locales por la disposición transitoria 1ª de la Ley del Suelo con un desapoderamiento absoluto en favor de las Comunidades Autónomas respecto a la competencia para la elaboración y aprobación del planeamiento general municipal, de tal modo que a dichas Comunidades incumbiera la valoración de todos los intereses implicados en el plan y la decisión de adoptar respecto a ellos, pues una interpretación en tal sentido chocaría frontalmente con el principio de autonomía municipal, cuando cabe otra que, respetando ese principio, garantice el principio también de rango constitucional, de seguridad jurídica, implícito en la necesidad de adoptar los instrumentos de planeamiento urbanístico existentes con anterioridad a la Ley del Suelo de 9 abril 1976, a las disposiciones contenidas en ella, y es que las facultades atribuidas a la Comunidad Autónoma no se extienden sino a una simple adaptación de las determinaciones de los antiguos planes a los que, el menos, en cuanto a la clasificación del suelo, aprovechamiento medio e incorporación del programa pertinente resultaren de la nueva ley, respetando en todo caso el modelo de ordenación territorial diseñado en el plan objeto de adaptación, para cuya alteración se precisaría de su revisión tras el procedimiento ordinario, en el cual no cabe subrogación de las Comunidades Autónomas en las competencias municipales». **(STS 25 junio 1997 [RJ 1997, 5379]).**

Artículo 41.

1. Aprobado inicialmente el Plan Parcial, Programa de Actuación Urbanística o Proyecto de Urbanización por la Corporación u Organismo que lo hubiese redactado, éste lo someterá a información pública durante un mes, y transcurrido el plazo, si se tratare de Planes, Programas o Proyectos no redactados por el Ayuntamiento respectivo, se abrirá otro período de igual duración para dar audiencia a las Corporaciones Locales a cuyo territorio afectaren.

2. La Corporación u Organismo que hubiere aprobado inicialmente el Plan, Programa o Proyecto en vista del resultado de la información pública lo aprobará provisionalmente con las modificaciones que procedieren y lo someterá a la Autoridad u Órgano competente que deba otorgar la aprobación definitiva, a fin de que lo examine en todos sus aspectos y decida en el plazo de seis meses desde el ingreso del expediente en el Registro transcurrido el cual sin comunicar la resolución se entenderá aprobado por silencio administrativo.

3. Si la Autoridad u Órgano a quien corresponde la aprobación definitiva no la otorgare, señalará las deficiencias de orden técnico y subsiguientes modificaciones que procediere introducir para que, subsanadas por la Corporación u Organismo que hubiere efectuado la aprobación provisional, se eleve de nuevo a dicha aprobación definitiva, salvo que hubiere sido relevada de hacerlo por la escasa importancia de las rectificaciones.

⇒ V. arts. 40 y 43 del presente Texto Refundido.

Jurisprudencia

«La existencia de un acuerdo previo no puede alterar las reglas del procedimiento de elaboración de los planes generales de ordenación urbana para imponer notificaciones personales: no es de aplicación en esta materia el art. 91 de la Ley de Procedimiento Administrativo vigente a la sazón, que proyectaba sus efectos en el ámbito del procedimiento administrativo para dictar actos pero no en el campo de la elaboración de disposiciones generales –los planes tienen naturaleza normativa, Sentencias de 7 febrero 1987 (RJ 1987, 2750), 22 enero 1988 (RJ 1988, 330), 9 mayo 1989 (RJ 1989, 4114), 16 octubre 1990 (RJ 1990, 8129), 19 febrero 1991 (RJ 1991, 965), 16 septiembre 1992, 30 marzo 1993 (RJ 1993, 2525), etc.–, campo éste en general regido por los arts. 129 y siguientes de la Ley de Procedimiento citada y más concretamente para los planes generales de ordenación urbana, en lo que ahora importa, por los arts. 41 del Texto Refundido de la Ley del Suelo y 132 del Reglamento de Planeamiento, de los que deriva que puede resultar necesaria una reiteración de la información pública, sí, pero sólo cuando en el curso del procedimiento se introduzcan modificaciones sustanciales, tal como reiteradamente viene declarando esta Sala –Sentencias de 22 diciembre 1986 (RJ 1987, 1558), 18 septiembre 1987 (RJ 1987, 7727), 28 octubre 1988 (RJ 1988, 8303), 30 enero 1989 (RJ 1989, 579), 22 diciembre 1990 (RJ 1990, 10183), etc.–: *A)* El planeamiento es una decisión capital que condiciona el futuro desarrollo de la vida de los ciudadanos al trazar el entorno determinante de un cierto nivel de calidad de vida. En otro sentido, integra una intensa regulación de la propiedad privada, dibujada, así, con rango reglamentario en virtud de la habilitación establecida en el art. 76 del Texto Refundido de la Ley del Suelo en relación con la expresa dicción del art. 33.2 de la Constitución. De aquí deriva ya la trascendental importancia del procedimiento de elaboración de los planes, precisamente para asegurar su «legalidad, acierto y oportunidad» –art. 129 de la Ley de Procedimiento Administrativo–. Entre sus trámites destacan aquellos que tienden a lograr la participación ciudadana, ya prevista en el art. 4.2 del Texto Refundido y ampliada por el Reglamento de Planeamiento. Si esto era así antes de la Constitución, hoy resulta seriamente reforzada tal participación ciudadana por virtud de lo establecido en los arts. 9.2 y 105 a) de la Norma Fundamental: la intervención de los ciudadanos contribuye a dotar la legitimidad democrática a los planes. El principio de interpretación conforme a la Constitución de todo el ordenamiento jurídico –art. 5.1 de la Ley Orgánica del Poder Judicial– ha de intensificar la importancia de los trámites que viabilizan aquella participación. B) En otro sentido es de destacar el carácter ampliamente discrecional del planeamiento –independientemente de que existan aspectos rigurosamente reglados–. Es cierto que el «genio expansivo del Estado de Derecho» ha ido alumbrando técnicas que permiten un control jurisdiccional de los contenidos discrecionales del planeamiento, pero aún así resulta claro que hay un núcleo último de oportunidad, allí donde son posibles varias soluciones igualmente justas, en el que no cabe sustituir la decisión administrativa por una decisión judicial. Así las cosas, existen alegaciones de rigurosa y pura oportunidad que hechas ante la Administración en un trámite de información pública pueden dar lugar a que aquélla modifique su criterio, en tanto que alegadas en la vía jurisdiccional pueden resultar inoperantes. El que acaba de esbozarse es el clima dentro del que han de perfilarse las notas características de las «modificaciones sustanciales» del planeamiento: se trata de un concepto jurídico indeterminado a definir en cada caso atendiendo a su contenido –entidad de las modificaciones– y a su funcionalidad –provocar una nueva información pública–. En esta línea será de indicar que una modificación es sustancial cuando por alterar fundamentalmente el modelo territorial sometido a una anterior información pública puede entenderse que falta ésta lo que obliga a reiterarla: es preciso que la modificación, por la superficie afectada o por su intensa relevancia dentro de la estructura general y orgánica de la ordenación del territorio, venga a alterar seriamente al modelo territorial elegido». **(STS 23 junio 1994 [RJ 1994, 5339]).**

Artículo 42.

Las Normas y ordenanzas sobre uso del suelo y edificación, y los catálogos a que se refiere el artículo 25, se formarán con arreglo al procedimiento que para los Planes y proyectos señala el artículo precedente.

⇒ V. art. 149 del RPU (§3.1).

Artículo 43.

1. Los Planes Especiales se tramitarán de acuerdo con el procedimiento establecido en el artículo 41 de esta Ley.

2. Cuando se formulen a iniciativa de Entidades Locales o Urbanísticas Especiales, antes de su aprobación definitiva serán sometidos a informe de los Departamentos Ministeriales y demás Organismos que resultaron afectados.

3. Cuando se tratare de Planes Especiales definidos en el Capítulo I de este Título, cuya finalidad fuere mejorar las condiciones urbanísticas y especialmente las estéticas de los pueblos de una comarca o ruta turística y que no correspondieren en el planeamiento modificación de alineaciones ni supusieren destrucción de edificios, la tramitación se reducirá a la aprobación previa por el Ministro de la Vivienda o por la Comisión Provincial de Urbanismo, información pública durante quince días en la capital de la provincia, *comunicación* a los Ayuntamientos afectados y aprobación definitiva de los citados Órganos.

⇒ V. arts. 143 a 148 del RPU (§3.1).

Artículo 44.

Los acuerdos del Consejo de Ministros, Ministro de la Vivienda o Comisión Provincial de Urbanismo, aprobatorios de Planes, Programas de Actuación, Normas Complementarias y Subsidiarias, Estudios, proyectos o normas, ordenanzas o catálogos, se publicarán en el «Boletín Oficial del Estado» o en el de la respectiva provincia.

⇒ V. art. 56 del presente Texto Refundido.
V. art. 70.2 de la LBRL.

Jurisprudencia

«El sistema que para la entrada en vigor de los planes urbanísticos venía trazando nuestro ordenamiento jurídico ofrecía una doble peculiaridad pues por una parte implicaba una publicidad de contenido limitado al recoger sólo el texto del acuerdo de aprobación definitiva –arts. 44 del Texto Refundido y 134 del Reglamento de Planeamiento– y por otra producía efectos con carácter inmediato –art. 56 del Texto Refundido–. Estas dos notas aparecen en principio corregidas ya por el art. 70.2 de la Ley Reguladora de las Bases del Régimen Local 7/1985, de 2 abril, que exige que las normas de los Planes urbanísticos se publiquen recogiendo completamente su texto y que introduce una «vacatio legis» de quince días hábiles. Se ha dicho que esta corrección del sistema anterior se ha producido en principio pues es cuestión debatida de la del ámbito de aplicación del citado art. 70.2 que ha suscitado la duda de si se refiere únicamente a los planes cuya aprobación definitiva corresponde al Municipio o si por el contrario ha de extenderse también a planes de mayor entidad.TERCERO. En este sentido será de indicar que esta Sala –SS. 10 abril, 9 julio y 12 diciembre 1990 (RJ 1990, 3593, 6021 y 9952), por un lado y, por otro, SS. 11 julio y 22 octubre 1991 (RJ 1991, 6352 y 8375), éstas dictadas precisamente a virtud del antiguo recurso de revisión por contradicción de sentencias–, para la interpretación del art. 70.2 de la Ley 7/1985, viene razonando así: A) En el terreno de la pura literalidad, el precepto va dirigido a las ordenanzas «incluidas las normas de los planes urbanísticos». Y no se hace distinción alguna. Cabe pensar que pese a las sedes materiales se ha querido introducir una norma de sentido rigurosamente urbanístico. Es más, la Ley de Bases era perfectamente consciente de la novedad que establecía y de su gran trascendencia y por ello para evitar atenuaciones y restricciones regula la consecuencia jurídica de forma negativa: "[...] las normas de los planes urbanísticos [...] no entran en vigor hasta que se haya publicado completamente su texto y haya transcurrido el plazo [...]». Y ello sin distinción alguna. B) Desde el punto de vista de la lógica jurídica y en muy directa relación con la finalidad de la normativa que se examina no resulta en modo alguno explicable que los planes de menor trascendencia –art. 5.1 del Real Decreto–-ley 16/1981, de 16 octubre– estén sometidos a las rigurosas exigencias del art. 70.2 de la Ley 7/1985 y en cambio un Plan General de Ordenación Urbana, de mucha mayor relevancia, pueda entrar en vigor sin publicidad alguna para las normas definitivamente aprobadas. C) El hecho de que el art. 70.2 de la Ley 7/1985 vaya referido a las Ordenanzas locales no implica una exclusión de las normas de los planes urbanísticos: los planes del escalón municipal no pierden su carácter subjetiva y objetivamente municipal por el dato de haber sido definitivamente aprobados por la Administración autonómica. En efecto: a) La diversidad de intereses presentes en el campo del urbanismo hacen de la de planeamiento una potestad de titularidad compartida por los Municipios y las Comunidades Autónomas –SS. 20 marzo y 22 diciembre 1990 (RJ 1990, 2244 y 10183), 30 enero y 25 abril 1991 (RJ 1991, 614 y 3430) y 13 febrero y 23 junio 1992 (RJ 1992, 5312)–. Su actuación se lleva a cabo a través de un procedimiento bifásico en el que a la aprobación provisional del Municipio, en lo que ahora importa, sigue en el tiempo la definitiva de la Administración Autonómica. Partiendo de la base de que «en la relación entre el interés local y el interés supralocal es claramente predominante este último» –STC 170/1989, de 19 octubre (RTC 1989, 170)– queda perfectamente justificado que, en el aspecto temporal, la decisión autonómica se produzca con posterioridad a la municipal y que, en el aspecto sustantivo, aquélla haya de contemplar el plan no sólo en sus aspectos reglados sino también en los discrecionales que por su conexión con intereses supralocales hayan de ser valorados para asegurar una coherencia presidida por la prevalencia de tales intereses superiores. Pero aun siendo esto así, lo que ahora se destaca es la existencia de unos intereses locales en el planeamiento que justifican la participación municipal en la competencia. Precisamente en la S. 20-3-1990 (RJ 1990, 2244) esta Sala destacaba el carácter municipal de aquella competencia para justificar una doble legitimación autonómica municipal independientemente de lo que pudiera derivar de los arts. 237.2 del Texto Refundido de la Ley del Suelo y 29.2 de la Ley Jurisdiccional: aunque el Acuerdo autonómico contenga modificaciones no podrá olvidarse la legitimación pasiva del municipio. La de planeamiento es una competencia compartida y por ello resulta bien claro el carácter subjetivamente municipal del plan que no queda eliminado por la aprobación definitiva autonómica. b) En otra línea el planeamiento del escalón municipal, en razón del ámbito territorial de su vigencia, tiene claramente ese sentido local: traza el marco físico en el que va a desenvolverse la convivencia de la población del Municipio. Recuérdese a este respecto la denominación completa de los Planes Generales: «Planes Generales Municipales» –art. 6 del Texto Refundido de 1976–. En definitiva, esta naturaleza municipal del planeamiento justifica plenamente la aplicación de una normativa prevista para las Ordenanzas locales. D) En último término será de recordar el principio de interpretación conforme a la Constitución de todo el ordenamiento jurídico –art. 5.1 de la Ley Orgánica del Poder Judicial–. La Constitución es un contexto dominante para todas las demás normas lo que exige que las dudas surgidas en la interpretación de éstas hayan de ser resueltas en el sentido que mejor contribuya a hacer realidad el modelo de convivencia que aquélla dibuja. Lo que aquí se está discutiendo es si han de publicarse o no determinadas normas –normas son pues la calificación de urbanísticas– no puede borrar aquella naturaleza; hay en este sentido una copiosa jurisprudencia –SS. 7 febrero y 21 diciembre 1987 (RJ 1987, 2750 y 9687), 22 enero y 17 octubre 1988 (RJ 1988, 330 y 7848), 8-4-1989 (RJ 1989, 3452), 16 octubre y 16 noviembre 1990 (RJ 1990, 8129), 19 febrero y 22 mayo 1991 (RJ 1991, 965 y 4286) y 4 y 11 junio 1992 (RJ 1992, 5147 y 5079)–. Pues bien, proclamado por la Constitución el principio de la publicidad de las normas –art. 9.3–, es claro que toda duda ha de despejarse con la solución que permita hacer más eficaz dicha publicidad y en esta línea el examen comparativo de los sistemas de la Ley del Suelo y del art. 70.2 de la Ley 7/1985 conduce claramente a la conclusión que ya derivaba de los razonamientos anteriores. En definitiva la amplia dicción literal del art. 70.2 de la Ley Reguladora de las Bases del Régimen Local, referida a los planes urbanísticos sin distinción, el carácter municipal del planeamiento que ahora importa la lógica que excluye que en los planes de mayor relevancia la publicidad sea menor y en último término el principio de interpretación conforme a la Constitución que en su art. 9.3 consagra el principio de publicidad de las normas, conducen a la conclusión de que el art. 70.2 de la Ley 7/1985 no puede referirse sólo a los planes cuya aprobación definitiva es de la competencia municipal». **(STS 22 septiembre 1992 [RJ 1992, 6974]).**

Sección 5ª Vigencia y revisión de los planes

Artículo 45.

Los Planes de Ordenación y los Proyectos de Urbanización tendrán vigencia indefinida.

⇒ V. art. 56 del presente Texto Refundido.
V. art. 154 del RPU (§3.1).

Artículo 46.

La actualización del Plan Nacional de Ordenación y su concordancia con los sucesivos Planes de desarrollo económico y social podrá llevarse a cabo por el Gobierno en la forma que dispongan las respectivas leyes que los aprueben.

⇒ V. art. 155 del RPU (§3.1).

Artículo 47.

1. Los Planes Generales Municipales de Ordenación se revisarán en el plazo que en los mismos se señale y, en todo caso, cuando se presenten las circunstancias que se establecen en el epígrafe e) del número 1 del artículo 12.

2. Sin perjuicio de lo dispuesto en el artículo 9, número 2, cuando las circunstancias lo exigieren, el Ministro de la Vivienda, previo informe de la Comisión Central de Urbanismo, podrá ordenar la revisión de los Planes Generales de Ordenación, previa audiencia de las Entidades Locales afectadas o acordarla a instancia de las mismas o de las Entidades Urbanísticas especiales o de los Departamentos Ministeriales interesados.

⇒ V. arts. 156 y 157 del RPU (§3.1).

Artículo 48.

1. Los Ayuntamientos revisarán cada cuatro años el programa de actuación contenido en el Plan General.

2. Si como consecuencia de esta revisión se modificase el suelo clasificado como urbanizable programado, la revisión del programa se completará con las determinaciones y documentos exigidos para el citado suelo y se sujetará a las disposiciones enunciadas para la formación de los Planes, conforme a lo dispuesto en el artículo siguiente.

⇒ V. art. 49 del presente Texto Refundido.
V. art. 158 del RPU (§3.1).

Artículo 49.

1. Las modificaciones de cualquiera de los elementos de los Planes, proyectos, programas, normas y ordenanzas se sujetarán a las mismas disposiciones enunciadas para su formación.

2. Sin embargo, cuando la modificación tendiera a incrementar el volumen edificable de una zona, se requerirá para aprobarla la previsión de los mayores espacios libres que requiera el aumento de la densidad de población y el voto favorable de dos tercios de los miembros de la Corporación y de la Comisión que hubieren de acordar la aprobación inicial, provisional y definitiva.

3. El mismo quórum se precisará cuando la modificación suscitara oposición del 25 por 100 de los propietarios del sector afectado o de los de las fincas emplazadas frente al mismo.

✐ Aps. 2 y 3 derogados por el RD 3183/1981, de 29 diciembre.

⇒ V. arts. 40 a 44 del presente Texto Refundido.
V. art. 154 del RPU (§3.1).

Artículo 50.

Si la modificación de los Planes, Normas Complementarias y Subsidiarias y Programas de Actuación tuviere por objeto una diferente zonificación o uso urbanístico de las zonas verdes o espacios libres previstos en el Plan, deberá ser aprobada por el Consejo de Ministros, previos los informes favorables del Consejo de Estado y del Ministro de la Vivienda, y acuerdos de la Corporación Local interesada adoptados con el quórum del artículo 303 de la Ley de Régimen Local.

✐ Artículo derogado por el RD 3183/1981, de 29 diciembre.

⇒ V. art. 162 del RPU (§3.1).

Artículo 51.

1. El Consejo de Ministros por decreto, a propuesta del Ministro de la Vivienda, o, en su caso, a propuesta de éste y del titular o titulares de otros Departamentos interesados, y previo informe de la Comisión Central de Urbanismo y audiencia de las Entidades Locales interesadas, podrá suspender la vigencia de los Planes a que se refiere esta Ley, en la forma, plazos y efectos señalados en el artículo 27, en todo o en parte de su ámbito, para acordar su revisión. En tanto no se apruebe el Plan revisado, se dictarán Normas Complementarias y Subsidiarias del Planeamiento en el plazo máximo de seis meses a partir del acuerdo de suspensión.

2. El Plan Nacional de Ordenación solamente podrá quedar en suspenso en la forma en que se disponga en su propia Ley o en las aprobatorias de los Planes de Desarrollo.

⇒ V. art. 163 del RPU (§3.1).

Jurisprudencia artículos 44 a 51

Estos preceptos reconocen el «ius variandi» que en este ámbito corresponde a la Administración. La potestad administrativa de planeamiento se extiende a la reforma de éste: la naturaleza normativa de los planes y la necesidad de adaptarlos a las exigencias cambiantes del interés público, por otro, justifican plenamente. Si se trata de una revisión del planeamiento anterior y no una modificación del mismo, no le son de aplicación los requisitos de los artículos 49 y 50 de la Ley del Suelo, sino los de los artículos 40, 41, 47 y 48 de la misma en relación con los artículos 123 a 135 y 154 a 158 del RPU, en §3.1.

«Ninguna duda existe respecto de que la potestad administrativa de planeamiento se extiende a la reforma de éste: la naturaleza reglamentaria de los planes, en un sentido, y la necesidad de adaptarlos a las exigencias cambiantes de la realidad, en otro, justifican plenamente el «ius variandi» que en este ámbito se reconoce a la Administración –arts. 45 y siguientes del Texto Refundido de la Ley del Suelo– [...]TERCERO. Claro está que el «ius variandi», en cuanto manifestación de la potestad de planeamiento, se caracteriza por una profunda discrecionalidad, dentro de los importantes límites reglados que la enmarcan. Tal discrecionalidad no excluye en modo alguno la posibilidad de un control jurisdiccional –art. 106.1 de la Constitución– de su actuación que habrá de ajustarse siempre a la realidad de los hechos determinantes guardando con éstos la necesaria coherencia pues en otro caso entraría en juego el principio de la interdicción de la arbitrariedad de los poderes públicos –art. 9.3 de la Constitución–». **(STS 28 febrero 1989 [RJ 1989, 1368]).**

«El plan, elemento fundamental de nuestro ordenamiento urbanístico, dibuja el modelo territorial que se entiende, dentro de lo hacedero, más adecuado para el desarrollo de la personalidad y la convivencia. Corresponde a la Administración, con una intensa participación ciudadana para asegurar su legitimación democrática, el trazado de dicho modelo atendiendo a las exigencias del interés público [...] Y es claro que el «ius variandi» que en este ámbito se reconoce a la Administración (artículos 45 y siguientes del Texto Refundido de la Ley del Suelo). Esto plantea el problema de la situación de los propietarios ante la modificación del planeamiento. Y es que los Planes, ante todo, establecen una determinada ordenación en atención a lo que el interés público reclama, pero a la vez y como consecuencia esa ordenación delimita el contenido del derecho de propiedad –artículos 76 y 87.1 del Texto Refundido–. En efecto la clasificación y la calificación del suelo implican la atribución de una determinada calidad que opera como presupuesto desencadenante de la aplicación del estatuto jurídico correspondiente. Este carácter estatutario de la propiedad inmobiliaria significa que su contenido será en cada momento el que derive de la ordenación urbanística y siendo lícita la variación de ésta, la jurisprudencia (Sentencias de 12 mayo 1987 [RJ 1987, 5255], 7 noviembre 1988 [RJ 1988, 8783], 17 junio 1989 [RJ 1989, 4732], 4 mayo 1990 [RJ 1990, 3799], 11 febrero 1991 [RJ 1991, 784], 20 enero y 18 marzo 1992 [RJ 1992, 715 y 3376], etc.) viene declarando que frente a la actuación del «ius variandi», los derechos de los propietarios no son un obstáculo impediente, aunque puedan originar indemnizaciones en los términos recogidos en el artículo 87 del Texto Refundido de la Ley del Suelo de 9 abril 1976 (hoy, artículos 237 y siguientes del Texto Refundido de 26 junio 1992). TERCERO. Ciertamente, el ejercicio del «ius variandi», tanto por vía de modificación como de revisión, aunque teñido de una profunda discreccionalidad, no puede producirse arbitrariamente pues está siempre sometido a las exigencias de racionalidad que derivan del principio de interdicción de la arbitrariedad de los poderes públicos (artículo 9.3 de la Constitución). Existe en este sentido una frondosa jurisprudencia: Sentencias de 14 abril y 12 mayo 1992 (RJ 1992, 3422 y 4146), 15 marzo y 21 septiembre 1993 (RJ 1993, 2523 y 6623), etcétera». **(STS 28 enero 1994 [RJ 1994, 501]).**

(Sentencia apelada) «con la Modificación del Planeamiento, a diferencia de la Revisión o del Planeamiento «ex novo», no se trata de un examen general del mismo, a fin de verificar si es o no necesaria su modificación, sino de la concreta modificación de alguno de sus elementos esenciales y de forma suficientemente justificada y motivada». **(STS 23 enero 1996 [RJ 1996, 214]).**

«Si bien las Normas Subsidiarias tendrán vigencia indefinida, según el artículo 160 del Reglamento de Planeamiento, ello no quiere decir que no puedan ser modificadas como establecen los artículos 49 y 50 de la Ley del Suelo de 1976». **(STS 31 marzo 1998 [RJ 1998, 2481]).**

La revisión del planeamiento supone la adopción de un nuevo modelo territorial. Diferencias entre modificación y revisión.

«Los problemas de carácter más general que plantean estos autos han sido reiteradamente resueltos por esta Sala –Sentencias de 28 de marzo, 14 de junio y 17 de octubre de 1983 (RJ 1983, 1630, 3506 y 5234), 31 de enero, 6 y 24 de febrero y 27 de abril de 1984 (RJ 1984, 494, 1031, 2620 y 2181), 25 de enero, 5 y 25 de marzo y 26 de abril de 1985 (RJ 1985, 881, 1485, 2850 y 2245), etc.– que ha venido poniendo de relieve que el Plan General Metropolitano de Barcelona, aquí impugnado, no es meramente una modificación del anterior sino una revisión con adopción de un nuevo modelo territorial, y ello en razón de unas circunstancias demográficas y económicas sobrevenidas que exigían una nueva ordenación, siendo correcta la tramitación seguida y competentes los órganos que dictaron los actos de aprobación que integran el itinerario procedimental previsto en materia de planeamiento –Decreto-Ley 5/1974, de 24 de agosto y disposiciones concordantes–. Es claro que aquella competencia se extiende al establecimiento de las determinaciones que el interés público exige en razón de la extensa área ordenada». **(STS 21 diciembre 1987 [RJ 1987, 9687]).**

«Según con toda claridad se desprende de los artículos 45 y 154.1, respectivamente, de las referidas Ley y Reglamento, los Planes de Ordenación tienen vigencia indefinida, sin perjuicio de que puedan ser objeto de revisión y modificación, lo que significa que una vez aprobados y publicada su aprobación mantengan indefinidamente su vigencia sin sujeción a plazo alguno entre tanto no sean revisados o modificados o, en su caso, sustituidos o anulados, careciendo de consecuencias jurídicas precisas el incumplimiento o cumplimiento tardío del deber de desarrollo de los mismos, razón por la que el que nos ocupa no pudo quedar sin efecto por la circunstancia de no haberse llevado a la práctica, y en segundo término, lo dispuesto en el Real Decreto 1374/1977, de 2 de junio, en forma alguna supuso cosa distinta que la de servir de acicate a las Corporaciones Locales para ejecutar, entre otros instrumentos de planeamiento, los Planes Parciales, señalándose plazos precisos, mas sin que de modo alguno supusiese, lo que por falta de rango no le habría sido posible válidamente, una derogación de la vigencia indefinida de los Planes dispuesta por el aludido artículo 45 de la Ley sobre Régimen del Suelo y Ordenación Urbana, para cuando no se cumpliesen los plazos que establecía». **(STS 24 julio 1990 [RJ 1990, 6674]).**

«Cierto es que la jurisprudencia de esta Sala afirma, en el sentido defendido por la Generalidad de Cataluña, que las reglas de competencia y procedimiento establecidas en el artículo 50 del Texto Refundido de la Ley del Suelo de 1976 y en el artículo 162 del Reglamento de Planeamiento Urbanístico sólo son exigibles en el caso de modificación de un Plan en sentido estricto, pero no en los de revisión de un Plan General o adaptación del mismo (entre otras muchas, Sentencias de 27 abril 1983 [RJ 1983, 2279], 25 enero 1985 [RJ 1985, 881], 22 enero 1991 [RJ 1991, 577] y 8 febrero 1993 [RJ 1993, 588])». **(STS 19 septiembre 1997 [RJ 1997, 6598]).**

«La «Modificación Puntual» a que se refiere el litigio fue impulsada por el Ayuntamiento de Escalante sin que existieran motivos de orden general que justificaran una variación del planeamiento, sino, únicamente para convalidar una actuación urbanística claramente irregular, cuya vulneración flagrante y manifiesta del ordenamiento jurídico había sido apreciada por la propia Corporación Municipal, que suspendió los efectos de la licencia de 14 de agosto de 1989, siendo corroborada luego, en procedimiento especial del artículo 118 LJCA, por el Tribunal Superior de Justicia de Cantabria en una Sentencia firme de 24 julio 1990, de la que hace mérito [...] Y es necesario confirmar la nulidad de la modificación que examina, poniéndose de relieve la infracción de las exigencias del artículo 49.2 TRLS de 1976 y la omisión del dictamen preceptivo del Consejo de Estado, que era necesario en el caso, al alterar la Modificación Puntual el régimen de las zonas verdes y espacios libres previsto en las Normas Subsidiarias de 1987, en la forma que se indica». **(STS 27 noviembre 1998 [RJ 1998, 9609]).**

«Es indiscutible que mediante la Revisión de un Plan de Urbanismo pueda hacerse lo mismo que con un Plan de Urbanismo. Por esta razón la revisión de los Planes se sujeta a los mismos trámites que los de su elaboración, según el artículo 157.3 del Reglamento de Planeamiento Urbanístico. En consecuencia, son propias de la Revisión de los Planes las mismas determinaciones que son propias en los Planes, según el artículo 12 del Texto Refundido de la Ley del Suelo, de 9 de abril de 1976, entre ellas, lógicamente, la clasificación y calificación del suelo, ya sea para confirmar, variar o suprimir los aprovechamientos establecidos anteriormente [...] Y una cosa es que el Plan deba contener el señalamiento de las circunstancias conforme a las cuales sea procedente la revisión, y otra muy distinta que sólo en tales casos proceda la revisión; la planificación del urbanismo no puede llegar a esos extremos. Bien claramente establece el artículo 156 d) del Reglamento de Planeamiento Urbanístico que los Planes se revisarán «cuando otras circunstancias así lo exigieran». Pues bien; sólo con observar que el Plan que se revisa es del año 1962 se comprende que el puro transcurso del tiempo imponía la revisión de determinaciones adoptadas nada menos que veinticinco años atrás». **(STS 10 febrero 1999 [RJ 1999, 677]).**

Sección 6ª Iniciativa y colaboración particular

Artículo 52.

1. Las personas privadas podrán formar Planes Municipales, Especiales y Proyectos de Urbanización.

2. Si hubieren obtenido la previa autorización del Ayuntamiento, les serán facilitados por los Organismos públicos cuantos elementos informativos precisaren para llevar a cabo la redacción y podrán efectuar en fincas particulares las ocupaciones necesarias para la redacción del Plan con arreglo a la Ley de Expropiación Forzosa.

⇒ V. art. 4 de la Ley 6/1998, de 13 abril (§1).
V. art. 4 del presente Texto Refundido.

Artículo 53.

1. Los Planes y Proyectos redactados por particulares deberán contener los documentos que para cada clase indica el Capítulo Primero.

2. Cuando se refieran a urbanizaciones de iniciativa particular, se habrán de consignar además los siguientes datos:

a) Memoria justificativa de la necesidad o conveniencia de la urbanización.

b) Nombre, apellidos y dirección de los propietarios afectados.

c) Modo de ejecución de las obras de urbanización y previsión sobre la futura conservación de las mismas.

d) Compromisos que se hubieren de contraer entre el urbanizador y el Ayuntamiento, y entre aquél y los futuros propietarios de solares.

e) Garantías del exacto cumplimiento de dichos compromisos; y

f) Medios económicos de toda índole.

Artículo 54.

1. Los Planes y proyectos se elevarán al Ayuntamiento y serán tramitados conforme a lo previsto en la Sección 4ª, con citación personal para la información pública de los propietarios de los terrenos comprendidos en aquéllos.

2. Si afectaren a varios municipios, se presentarán en la Diputación Provincial y seguirán el procedimiento a que se refiere el número anterior.

3. El acto de aprobación podrá imponer las condiciones, modalidades, y plazos que fueren convenientes.

⇒ V. art. 41 del presente Texto Refundido.

Jurisprudencia artículos 52 a 54

El principio de la participación ciudadana –art. 9.2 de la Constitución y 4.2 del Texto Refundido de la Ley del Suelo–, da lugar a que se reconozca a los administrados la posibilidad de una iniciativa en la redacción de planes. Cuando los planes tienen por objeto urbanizaciones de iniciativa particular, dado que primariamente obedecen a intereses privados, el ordenamiento jurídico incorpora a las exigencias generales otras de carácter específico tendentes a la protección del interés público.

«Es cierto que los artículos 31.1 de la Ley del Suelo y 123.1 del Reglamento de Planeamiento disponen que los Planes Generales Municipales de Ordenación Urbana (y por tanto sus modificaciones de acuerdo con los artículos 49.1 de la propia Ley del Suelo y 161.1 del Reglamento de Planeamiento) serán formulados por los Ayuntamientos respectivos; pero estos preceptos no pueden contemplarse aisladamente sino en relación con los de la Sección 6ª del Capítulo Segundo del Título I de la misma Ley del Suelo que lleva por título «Iniciativa y Colaboración particular» e incluye los artículos 52 al 54. El artículo 52.1 establece con toda claridad que las personas privadas podrán formar Planes Municipales, precepto que ha sido invocado por esta Sala en su Sentencia de 8 de julio de 1977 aplicando el artículo 40 de la Ley del Suelo de 1956 (no modificado por la de Reforma y que es el ya citado artículo 52.1 del actual Texto Refundido) en el sentido de que no ofrece duda de que los particulares pueden formar Planes Municipales a cualquier nivel puesto que ninguna limitación formula al respecto este precepto y contrariamente, el mismo enumera todos los posibles (Municipales, Comarcales, Especiales y Proyectos de Urbanización) y tanto más cuanto que no se trata de atribuir facultades de sustitución respecto de competencias públicas, sino solamente de permitir que los particulares puedan redactar y preparar los Planes para que ulteriormente la Administración los asuma, modifique o rechace; y aún más recientemente, la Sentencia de esta Sala de 24 de enero de 1984 también ha proclamado, aplicando dicho artículo 52.1 de la Ley del Suelo, que «[...] las personas privadas podrán formar Planes Municipales, Especiales y Proyectos de Urbanización», por lo que en la dicción literal del precepto, con la excepción de los Planes Nacionales y Directores Territoriales, que no son Municipales, se comprenden como de iniciativa particular todos los de elaboración municipal, es decir, tanto los Parciales y Especiales, como los Generales de Ordenación». **(STS 29 abril 1986 [RJ 1986, 2980]).**

«Cuando los planes parciales tienen por objeto urbanizaciones de iniciativa particular, dado que primariamente obedecen a intereses privados, el ordenamiento jurídico incorpora a las exigencias generales otras de carácter específico tendentes a la protección del interés público y que se contemplan en los ya mencionados preceptos. Sin duda la fundamental es la de la justificación de la necesidad o conveniencia de la urbanización –art. 53.2 a) del Texto Refundido–, pues de ella depende la viabilidad misma del Plan. Pero junto a este requisito existen otros, de entre los cuales, los que ahora importan pueden clasificarse en dos grupos: A) Modo y plazos de ejecución de la urbanización, con previsión de la futura conservación y compromisos entre el urbanizador y el Ayuntamiento y entre aquél y los futuros propietarios. B) Garantías del exacto cumplimiento de dichos compromisos. Hay que entender, pues, que ambos grupos de requisitos son diferentes, ya que mientras que el primero se integra por obligaciones principales, el segundo lo constituye una obligación accesoria que responde a la finalidad de garantizar el cumplimiento de aquéllas». **(STS 30 enero 1987 [RJ 1987, 2039]).**

«El planeamiento es sin duda una potestad irrenunciable de la Administración pero aún así el principio de la participación ciudadana –art. 9.2 de la Constitución y 4.2 del Texto Refundido de la Ley del Suelo–, da lugar a que se reconozca a los administrados la posibilidad de una iniciativa en la redacción de planes –art. 52.1 del Texto Refundido–. Ciertamente esta iniciativa no elimina las potestades de la Administración en cuanto al contenido de la resolución que ponga fin al procedimiento, pero sí obliga a aquélla a la tramitación de dicho procedimiento para, en último término, llegar a la decisión adecuada, en la que a diferencia de lo que ocurre en la licencia urbanística de naturaleza rigurosamente reglada –art. 178.2 del Texto Refundido–, ha de entrar en juego la consideración de los aspectos discrecionales del plan. Sobre esta base ha de indicarse que en el supuesto litigioso, en el momento de la presentación ante la Administración del plan parcial litigioso –22-10-1982– se había publicado ya el «avance» de la revisión del Plan General de Ordenación Urbana sometido a información pública el 12 de marzo de 1982. Y así las cosas la acumulación del expediente litigioso al seguido para la Revisión del Plan General de Ordenación Urbana de Madrid –folio 75 del expediente 16588/82– resulta ajustada a Derecho en virtud de lo dispuesto en el artículo 73 de la Ley de Procedimiento Administrativo, aplicable supletoriamente en el ámbito urbanístico: la inclusión de la ordenación del terreno litigioso en el campo de la ya en tramitación Revisión del Plan General evidencia no sólo una íntima conexión de los asuntos sino una identidad de materia en el aspecto que aquí interesa. El «avance» –exposición al público de los trabajos– del artículo 125 del Reglamento de Planeamiento por sí solo carecía desde luego de virtualidad normativa para justificar una resolución denegatoria pero integraba causa bastante para fundar una acumulación. Y una vez acordada ésta, no era necesario seguir la tramitación propia de los planes parciales cuando en el procedimiento más amplio de la Revisión del Plan General habría de contemplarse precisamente la ordenación del terreno al que se refieren estos autos. No hubo pues una denegación del trámite sino un seguimiento de un procedimiento de mayor ámbito y dentro del cual se contenía la ordenación del suelo ahora discutida. TERCERO. La amplia dicción del artículo 52.1 del Texto Refundido habilita plenamente a los administrados para instar la modificación del Plan General. Pero en el supuesto litigioso la ordenación pretendida con el plan parcial había sido ya contemplada, para rectificarla, por la Revisión del Plan General en cuya tramitación por cierto se examinaron las alegaciones de la en su día parte actora –hecho tercero de la demanda–. Se trata pues en realidad de una impugnación de tal Revisión y aunque resulte viable una impugnación indirecta, no hay base para una anulación parcial de aquélla: la Revisión de un Plan General no puede encontrar límite –cuestión distinta es la de las indemnizaciones– en los planes parciales aprobados definitivamente con anterioridad ni por tanto tampoco, con mayor razón, en los que se hallen en tramitación». **(STS 17 junio 1989 [RJ 1989, 4732]).**

«De todo ello se infiere que tanto el Ayuntamiento que aprobó inicialmente el Plan Parcial cuestionado, como el Promotor, en las relaciones habidas con el recurrente sobre la finca cuestionada habían aceptado de modo tácito la condición de propietario de éste. El mismo comportamiento debieron seguir en la tramitación del Plan. Consecuentemente, debieron citar al recurrente en aplicación del artículo 53.2 b) del TRLS. La sentencia recurrida, al haberlo estimado así, ha de ser confirmada, con la consiguiente desestimación del recurso de apelación». **(STS 28 enero 1997 [RJ 1997, 300]).**

«Procede, por tanto, el examen, prioritario, de si el Plan impugnado es de iniciativa particular [...] En nuestra opinión no existe duda razonable para entender que nos encontramos ante un plan de iniciativa particular. En primer término, la proposición para la elaboración del Plan no proviene de la Administración competente, sino de la Junta de Compensación [...]. En segundo lugar, el hecho de que en la Junta de Compensación tenga gran relevancia el Instituto Catalán del Suelo no priva al plan controvertido de su naturaleza de iniciativa particular, pues el artículo octavo del Reglamento de Gestión prevé que los particulares individualmente o agrupados en Entidades Urbanísticas Colaboradoras, asumirán las facultades y deberes que les confiere la Ley del Suelo. Es decir, el hecho de que intervenga una entidad urbanística colaboradora, como es el caso, no priva al Plan el ser de iniciativa particular. Así, además, fue reconocido por la Corporación Metropolitana de Barcelona, y el hecho de que eximiera de la obligación de garantizar el cumplimiento de los compromisos asumidos carece de relevancia alguna en el plano de las garantías procedimentales que es el que ahora analizamos. Finalmente, y por si cupiera alguna duda sobre la naturaleza de iniciativa particular del Plan, el artículo 104.1 del Real Decreto Legislativo 1/1992, de 26 junio, contempla la posibilidad de que entidades públicas promuevan e inicien Planes de iniciativa particular, lo que demostraría que la mera participación del Instituto Catalán del Suelo en la Junta de Compensación no modifica la naturaleza de aquél». **(STS 9 febrero 1998 [RJ 1998, 866]).**

CAPÍTULO III
Efectos de la aprobación de los Planes

Sección 1ª Publicidad, ejecutoriedad y obligatoriedad

Artículo 55.

1. Los Planes, Normas Complementarias y Subsidiarias, Programas de Actuación Urbanística, Estudios de Detalle y proyectos, con sus normas, ordenanzas y catálogos, serán públicos y cualquier persona podrá en todo momento consultarlos e informarse de los mismos en el Ayuntamiento del término a que se refieran.

2. Todo administrador tendrá derecho a que el Ayuntamiento le informe por escrito, en el plazo de un mes a contar de la solicitud, del régimen urbanístico aplicable a una finca o sector.

3. La publicidad relativa a urbanizaciones de iniciativa particular deberá expresar la fecha de aprobación del correspondiente Plan y no podrá contener indicación alguna en pugna con sus cláusulas.

⇒ V. art. 70.2 de la LBRL.
V. art. 63 del presente Texto Refundido.
V. arts. 164, 165 y 166 del RPU (§3.1).

Jurisprudencia

El Texto Refundido establece en su artículo 55 un sistema de publicidad urbanística que permite a todo ciudadano obtener conocimiento del régimen urbanístico a que esté sometido el suelo.

«El tema de la naturaleza jurídica de las consultas ofrece indudables dificultades. Como señalaba esta Sala en la Sentencia de 2 de noviembre de 1987 (RJ 1987, 8766), la legislación motorizada característica de nuestro tiempo origina con frecuencia dudas respecto de los elementos normativos a un determinado supuesto de hecho, lo que da lugar a la formulación de consultas. La contestación a éstas, en cuanto declaración de juicio emitida por la Administración Pública a la que se ligan importantes efectos jurídico-administrativos, viene siendo considerada por la doctrina, con alguna excepción, como un acto administrativo. En tal sentido su régimen jurídico puede construirse en los siguientes términos: A) La regulación fragmentaria de la materia en nuestro ordenamiento jurídico, a través de alusiones aisladas –así, art. 55.2 del Texto Refundido de la Ley del Suelo y art. 107 de la Ley General Tributariapermite por inducción sentar una primera conclusión: por razones de seguridad jurídica y en beneficio del administrado, cabe entender que existe, en términos generales y salvo excepciones, una atribución implícita de potestad a los órganos competentes para decidir, por cuya virtud quedan habilitados para contestar las consultas formuladas por sujetos con adecuada legitimación. B) Tales contestaciones por su alcance meramente informativo, no vinculante y en definitiva preparatorio de una actividad ulterior, no son impugnables por regla general –Sentencias de 9 de noviembre de 1974 (RJ 1974, 4486), 11 de febrero y 31 de octubre de 1980 (RJ 1980, 990 y 4004), 12 de febrero de 1986 (RJ 1986, 2158), etc.–. Esta irrecurribilidad, expresamente declarada por el art. 107.4 de la Ley General Tributaria, no es obstáculo para su consideración como acto administrativo; el procedimiento de consulta tiene por objeto preparar o facilitar otro, de suerte que *puede ser* calificado como un procedimiento preparatorio o de facilitación –Sentencia de 8 de mayo de 1986 (RJ 1986, 4393)–. C) En último término son de destacar los muy importantes efectos jurídico-administrativos que las contestaciones a las consultas producen para el administrado que adecue su conducta a los términos recogidos en aquéllas: a) Quedará exento de responsabilidad si ajusta su actuación al contenido de la información facilitada; b) Podrá reclamar indemnización de la Administración, si confiando en la contestación ha desarrollado una actuación que en último lugar venga a resultar frustrada sufriendo con ello un perjuicio que claramente derivará de un funcionamiento anormal de la Administración: el ejemplo clásico es el del administrado que redacta su proyecto de obras atendiendo al sentido de la información facilitada por la Administración y después ve denegada su petición de licencia. CUARTO. Sobre la base de lo expuesto será de indicar, en lo que a estos autos atañe, que la Administración tiene el deber de resolver expresamente sobre las peticiones que le dirigen los administrados –arts. 38.2 de la Ley Jurisdiccional, 94.3 de la Ley de Procedimiento Administrativo y 219 del Texto Refundido de la Ley del Suelo–. Más concretamente y a tenor de lo dispuesto en el art. 55.2 del citado Texto Refundido los administrados tienen «derecho» –ésta es la expresa dicción del precepto– a que el Ayuntamiento les informe por escrito, en el plazo de un mes a contar de la solicitud, del Régimen jurídico aplicable a una finca o sector, «derecho» éste perfectamente justificado dados los importantes efectos que, como se ha indicado, se ligan a los informes de la Administración. Por tanto aunque el «informe» emitido como consecuencia de la formulación de la consulta no sea recurrible, si lo es la no expedición del mismo, pues con tal inactividad se vulneran las normas ya mencionadas y se lesionan el derecho subjetivo del administrado que recoge el art. 55.2 del ya invocado Texto Refundido». **(ATS 25 noviembre 1988 [RJ 1988, 9209]).**

«El derecho de las personas interesadas, a obtener la adecuada información sobre el contenido de la actividad administrativa de los Entes públicos, en general, está expresamente regulado en el artículo 105 b) de nuestra Constitución al reconocer el acceso de los ciudadanos a los archivos y registros administrativos, si bien la Ley fundamental del Estado remite en cuanto al contenido, procedimiento, extensión y límites de tal derecho de información –y correlativo deber de prestarla– a lo establecido en la normativa legal pertinente, aplicable al supuesto o acto, solicitado para información. Tal derecho de información genéricamente referido a cualquier actuación administrativa, tiene especial relevancia en el campo del derecho urbanístico, donde el control de la observancia de la legalidad establecida así como la de los Planes y demás instrumentos de ordenación urbana, puede ser instada por cualquier ciudadano a través de lo dispuesto en el artículo 235 de la Ley del Suelo de 9 abril 1976, aplicable al supuesto aquí enjuiciado. Pero, de acuerdo con el Texto Constitucional, el ámbito, contenido y límites de este derecho y correlativa obligación de la Administración, respecto de la ordenación urbana, está expresado en el artículo 55.2 del citado Texto Refundido de la Ley del Suelo al reconocer a todo administrado, el derecho a que el Ayuntamiento le informe por escrito, en el plazo de un mes, del régimen urbanístico aplicable a una finca o sector. Es decir, el ámbito informativo dentro del cual, la administración está obligada a informar, se extiende al «régimen urbanístico» aplicable a un determinado espacio urbano, cuyo contenido, como ya indicó esta Sala en Sentencia de 3 mayo 1990 (RJ 1990, 3788), se concreta en el artículo 165 del Reglamento de Planeamiento, en cuyo apartado cuarto se precisa que la información municipal señalará el tipo y categoría de suelo que corresponde a la finca, polígono o sector de que se trate y los usos o intensidades que tengan atribuidos por el planeamiento. Los límites, pues, de ese derecho de información quedan perfilados por todos los extremos atinentes al régimen urbanístico aplicable según el Plan o Normas urbanísticas, concretados en el uso y aprovechamiento atribuido al espacio de suelo solicitado como *objeto de información*, en función de la normativa urbanística, existente en los archivos y registros municipales, y sólo a estos concretos aspectos se refieren los antecitados preceptos. La situación de hecho, y circunstancias fácticas, existentes, en el suelo objeto de ordenación, no forman parte del régimen urbanístico establecido por la Administración competente, y por ello no queda ésta obligada a tal información, sobre esos extremos –cualquiera que sea la finalidad pretendida con ella por el solicitante– al no estar incluidos en los citados textos normativos reguladores del derecho-deber de información urbanística». **(STS 10 junio 1996 [RJ 1996, 5147]).**

«Las informaciones urbanísticas, según se deduce del artículo 55.2 del Texto Refundido de la Ley sobre Régimen del Suelo y Ordenación Urbana de 9 abril 1976, y más concretamente del artículo 165 del Reglamento de Planeamiento, tienen naturaleza real y no personal, expidiéndose en razón de una finca y de un planeamiento y no en atención a quien las solicita o independizándose de ésta una vez facilitadas para vincularse al que, en un momento determinado quiera ampararse en ellas, cual ocurrió con la actora, que la tuvo en cuenta al solicitar la licencia que le fue denegada, según consta en el expediente correspondiente». **(STS 18 octubre 1996 [RJ 1996, 7588]).**

Artículo 56.

Los Planes, Normas Complementarias y Subsidiarias, Programas de Actuación Urbanística, Estudios de Detalle, proyectos, normas, ordenanzas y catálogos serán inmediatamente ejecutivos, una vez publicada su aprobación definitiva, y si se otorgase a reserva de la subsanación de deficiencias, mientras no se efectuare, carecerán de ejecutoriedad en cuanto al sector a que se refieran.

⇒ V. art. 132.1 del RPU (§3.1).
V. art. 70.2 de la LRBRL.

Jurisprudencia

La aprobación del planeamiento afecta a la validez y la publicación a la eficacia del mismo.

«Hemos sentado, en múltiples ocasiones, la doctrina de esa Sentencia de 9 julio 1990 que estima de plena aplicación, a toda clase de planes, de los artículos 70.2 y 65 de la Ley de Bases de Régimen Local de 1985, según los cuales no basta con la publicación desnuda del acuerdo de aprobación definitiva, sino que hay que incluir las ordenanzas y normas urbanísticas que integran el Plan a publicar; y, además, esperar al plazo de quince días del artículo 65.2 para estimar que tal acuerdo de aprobación ha ganado firmeza. Pues bien, está plenamente acreditado en el propio expediente y confirmado en el período procesal probatorio, no sólo que en la publicación de las Normas Subsidiarias no se incluyeron las ordenanzas y normas urbanísticas que las integran, sino que, cuando se denegó la licencia solicitada, el día 15 de marzo de 1990, tal planeamiento no se encontraba vigente; no tenía vigor ejecutivo porque no había transcurrido el plazo de quince días de «vacatio legis» establecido en el artículo 65 al que se remite el 70.2 de la Ley de Bases de Régimen Local». **(STS 27 febrero 1996 [RJ 1996, 1649]).**

Artículo 57.

1. Los particulares, al igual que la Administración, quedarán obligados al cumplimiento de las disposiciones sobre ordenación urbana contenidas en la presente Ley y en los Planes, Programas de Actuación Urbanística, Estudios de Detalle, proyectos, normas y ordenanzas aprobadas con arreglo a la misma.

2. La aprobación de los Planes no limitará las facultades que correspondan a los distintos Departamentos Ministeriales para el ejercicio, de acuerdo con las previsiones del Plan, de sus competencias, según la legislación aplicable por razón de la materia.

Los Planes Sectoriales que estén en desacuerdo con un Plan Director Territorial de Coordinación deberán adaptarse a las directrices contenidas en este último en el plazo señalado en el número 2 del artículo 9.

3. Serán nulas de pleno derecho las reservas de dispensación que se contuvieren en los Planes u ordenanzas, así como las que con independencia de ellos se consideren.

⇒ V. arts. 56, 58 y 180 del presente Texto Refundido.

Jurisprudencia

La nulidad de las reservas de dispensación establecida en el núm. 3º del art. 57 del texto refundido de la Ley del Suelo de 9 abril 1976, tiene su fundamento en el principio de inderogabilidad singular de las normas.

«Que la nulidad de las reservas de dispensación establecida en el núm. 3º del art. 57 del vigente Texto Refundido de la Ley del Suelo de 9 abril 1976, tiene su precedente en el principio de inderogabilidad singular de los Reglamentos, recogido en nuestro Ordenamiento jurídico en el art. 30 de la Ley de Régimen Jurídico de la Administración del Estado y en la esfera local en el párr. 2º del art. 11 del Reglamento de Servicios de las Corporaciones Locales, constituyendo, además, la nulidad de dichas reservas de dispensación, una manifestación del principio de igualdad consagrado en el art. 14 de la vigente Constitución Española, en cuanto dichas reservas permiten una arbitraria y desigual aplicación de la normativa urbanística, y son contrarias al principio de uniformidad de la construcción que debe derivarse de la correcta aplicación de la indicada normativa, suponiendo, también, una contravención del principio constantemente proclamado por la doctrina jurisprudencial, de que las facultades de los Ayuntamientos, en la regulación del ejercicio del derecho de edificación son regladas y no discrecionales, deviniendo obligada, por ello, la inaplicabilidad de las mencionadas reservas de dispensación, por cuanto éstas, en esencia, hay que entenderlas como una vulneración de la obligación general –para los particulares y para la Administración– del cumplimiento de las normas de ordenación urbana, representando, por último, un claro y evidente ataque a los principios de igualdad y seguridad jurídica que deben informar la aplicación de tales normas». **(STS 2 junio 1981 [RJ 1981, 2919).**

(Sentencia apelada) «El principio de obligatoriedad de los Planes Urbanísticos acogido en el artículo 57 de la Ley del Suelo, que impone el cumplimiento de los mismos, por igual, a la Administración y a los particulares y sanciona con la nulidad de pleno derecho los actos que otorguen «reservas de dispensación» dirigidas a dispensar, en el caso concreto, el cumplimiento de la norma general obligatoria». **(STS 22 enero 1998 [RJ 1998, 581]).**

Artículo 58.

1. La obligatoriedad de observancia de los Planes comportará las siguientes limitaciones:

1ª El uso de los predios no podrá apartarse del destino previsto, ni cabrá efectuar en ellos explotaciones de yacimientos, fijación de carteles de propaganda, movimientos de tierra, cortas de arbolado o cualquier otro uso análogo en pugna con su calificación urbanística, su legislación especial o de modo distinto al regulado en el Plan.

2ª Las nuevas construcciones se ajustarán a la ordenación aprobada.

3ª Cuando el descubrimiento de usos no previstos al aprobar los Planes fuese de tal importancia que alterase sustancialmente el destino del suelo, se procederá a la revisión de aquéllos, de oficio o a instancia de parte, para ajustarlos a la nueva situación.

2. No obstante, si no hubieren de dificultar la ejecución de los Planes, podrán autorizarse sobre los terrenos, previo informe favorable de la Comi-

sión Provincial de Urbanismo, usos u obras justificadas de carácter provisional, que habrán de demolerse cuando lo acordare el Ayuntamiento, sin derecho a indemnización, y la autorización aceptada por el propietario deberá inscribirse, bajo las indicadas condiciones, en el Registro de la Propiedad.

3. El arrendamiento y el derecho de superficie de los terrenos a que se refiere el párrafo anterior, o de las construcciones provisionales que se levanten en ellos, estarán excluidos del régimen especial de arrendamientos rústicos y urbanos y, en todo caso, finalizarán automáticamente con la orden del Ayuntamiento acordando la demolición o desalojo para ejecutar los proyectos de urbanización.

⇒ V. arts. 2 y 17 de la Ley 6/1998, de 13 abril (§1).
V. arts. 87, 184 y 185 del presente Texto Refundido.

Jurisprudencia

«La obligatoriedad de los Planes (artículo 57.1 de la Ley del Suelo de 1976) determina que el uso de los predios no podrá apartarse del destino previsto en aquéllos, debiendo por tanto otorgarse o denegarse las licencias de forma reglada, según que la actuación que se pretenda llevar a cabo resulte o no, ajustada a la ordenación urbanística. Las licencias a precario o provisionales respecto de usos no acomodados a lo previsto en el Plan contempladas a modo de excepción en los artículos 58.2 de la Ley del Suelo de 1976 y 136.1 del Texto Refundido de 26 junio 1992, tal como reiteradamente tiene declarado este Tribunal (Sentencias de 29 marzo 1994 [RJ 1994, 2409], 18 abril 1990 [RJ 1990, 3601], 21 y 26 julio 1994 [RJ 1994, 5619 y 5623] y 16 octubre 1989 [RJ 1989, 7368] entre muchas otras), dentro de su carácter reglado propio de toda licencia, están estrechamente ligadas, al principio de proporcionalidad que debe existir entre los medios utilizados y la finalidad perseguida, constituyendo una manifestación del mencionado principio en un sentido eminentemente temporal. Si a la vista del ritmo de ejecución del planeamiento no va a verse dificultada dicha ejecución, no sería proporcionado impedirlos, siempre sin derecho a indemnización cuando ya no sea posible su continuación. Son, en definitiva, estas licencias un último esfuerzo de nuestro ordenamiento para evitar restricciones no justificadas al ejercicio de los derechos y se fundan en la necesidad de no impedir obras o usos que resulten inocuos para el interés público, y no dificulten, pongan en peligro o dilaten la normal ejecución del planeamiento». **(STS 6 noviembre 1996 [RJ 1996, 8008]).**

«El artículo 58.2 del TRLS exige el informe favorable reseñado, informe que tiene que tener naturaleza urbanística y que no podía ser favorable en virtud de lo dispuesto en los artículos 83, 84 y 85 del TRLS. No era posible la autorización por la vía del artículo 83 por no ser el suelo urbano, tipo de suelo que es el que dicho precepto regula. Tampoco resultaba posible la autorización por la vía del artículo 84 al impedir este precepto toda urbanización en tanto no se apruebe el Plan Parcial, como es el caso. Finalmente, la vía del artículo 85, sin la previa aprobación del Programa de Actuación Urbanística, parece estar claramente excluida al no concurrir los requisitos para la edificación que dicho precepto recoge». **(STS 19 diciembre 1997 [RJ 1997, 288]).**

Licencias provisionales.

«Ciertamente el Tribunal Supremo, en multitud de ocasiones, se ha pronunciado sobre la naturaleza y tratamiento de las licencias provisionales a que se refiere el artículo 58.2 de la Ley del Suelo Texto Refundido de 1976, doctrina que ha recogido en su escrito de alegaciones el apelante. Ahora bien, hemos de centrarnos en el caso *concreto* que nos ocupa. Circunstancias a destacar en el mismo son, por una parte, que el terreno en el que pretende montarse la casita de madera está clasificado como urbanizable no programado; que, como recoge acertadamente la sentencia de instancia, está regulado por el artículo 85 del Texto Refundido; por otra parte, que no hay duda alguna que, como dice el apelante, estamos en presencia de una edificación aislada; de una vivienda unifamiliar aislada. Pues bien, la intervención de la Comisión Provincial de Urbanismo es requisito esencial y previo a la licencia municipal tanto en forma de informe favorable según el artículo 58.2, como en forma de autorización a tenor del artículo 85 en relación con el 43.3 del referido Texto Refundido; porque lo que el legislador quiere prevenir y evitar en todo caso es que no se dificulte la ejecución de los Planes y que no exista posibilidad de formación de un núcleo de población en esa clase de suelo». **(STS 15 noviembre 1996 [RJ 1996, 8022]).**

Artículo 59.

La clasificación del suelo, y las limitaciones de toda clase en el uso y aprovechamiento resultantes, impuestas por los Planes, programas, normas, ordenanzas y catálogos, para la protección del paisaje urbano y rural se tendrán en cuenta para valorar dicho suelo a efectos de toda clase de tributos.

⇒ V. arts. 23 y ss. de la Ley 6/1998, de 13 abril (§1).

Artículo 60.

1. Los edificios e instalaciones elegidos con anterioridad a la aprobación del Plan General o Parcial que resultaren disconformes con el mismo serán calificados como fuera de ordenación.

2. No podrán realizarse en ellos obras de consolidación, aumento de volumen, modernización o incremento de su valor de expropiación, pero sí las pequeñas reparaciones que exigieren la higiene, ornato y conservación del inmueble.

3. Sin embargo, en casos excepcionales podrán autorizarse obras parciales y circunstanciales de consolidación cuando no estuviere prevista la expropiación o demolición de la finca en el plazo de quince años, a contar de la fecha en que se pretendiese realizarlas.

4. Cuando la disconformidad con el plan no impida la edificación en el mismo solar que ocupa el edificio, el propietario podrá demolerlo sometiéndose al Plan de ordenación, y se entenderá comprendido el caso dentro del número 2 del artículo 78, Sección 3ª del Capítulo VIII de la Ley de Arrendamientos Urbanos, o normas que lo sustituyan, sin que sea exigible el compromiso de edificar una tercera parte más de las viviendas cuando lo prohíba el citado Plan.

Artículo 61.

1. Cuando, aprobado un Plan, resultaren industrias emplazadas en zona no adecuada las edificaciones y sus instalaciones quedarán sujetas a las limitaciones del artículo anterior, con las tolerancias que de modo general se prevean en las normas urbanísticas o en las ordenanzas de edificación.

2. Las limitaciones se comunicarán a la Delegación provincial de Industria, para los efectos consiguientes.

Jurisprudencia artículos 60 y 61

La finalidad de estos preceptos es que el edificio fuera de ordenación no prolongue su existencia más allá de lo que cabe esperar de él por el estado de sus elementos componentes, antes en pensar en la posibilidad de acometer en el mismo determinadas obras. Todo ello debe armonizarse con el principio de que la desordenación de un edificio no implica «ipso facto» su inmediata desaparición.

«Concurre también la situación legal de ruina urbanística establecida en el apartado c) de la misma disposición legal, pues aun asumiendo la inexistencia en el edificio de graves daños estructurales, sí que hay que efectuar en él obras (como las de subsanación de daños en los forjados, de flechado de las correas de cubierta, reconstrucción de la galería volada hundida con sustitución de las viguetas podridas, nivelación y solado de algunas zonas, etc.) que aunque no básicas o esenciales, son de reconstrucción o consolidación; y como tales están prohibidas por el artículo 60.2 de la Ley del Suelo; y esta circunstancia, unida a la situación de fuera de ordenación en la que se halla el edificio, hacen incidir también sobre el mismo la situación de la ruina urbanística señalada en dicho apartado c) del número 2 del artículo 183 según la reiterada doctrina de esta Sala de la que son exponente sus Sentencias de 17 de diciembre de 1974 (RJ 1974, 5163), 28 de noviembre de 1975 (RJ 1975, 4406), 17 de marzo de 1980 (RJ 1980, 2199), 10 de julio de 1984 (RJ 1985, 415), 10 de junio, 17 de octubre y 31 de diciembre de 1985 (RJ 1985, 567, 6288 y 995) y 6 de noviembre de 1986 (RJ 1986, 7812), entre otras». **(STS 21 diciembre 1987 [RJ 1987, 9682]).**

«Aunque la declaración de un edificio o construcción como fuera de ordenación implica su desconsideración urbanística y el que él quede sometido a las limitaciones o prohibiciones que resultan del ya mencionado párrafo segundo del art. 60 de la Ley de Régimen del Suelo, con el fin de no prolongar su vida por más tiempo del que resulte adecuado en atención a las circunstancias concurrentes en el edificio o construcción, ello no significa, como tiene declarado con reiteración este Tribunal, ni su inmediata desaparición, ni su condena como bien económico-social, permitiendo la ley su uso y aprovechamiento y su conservación para la finalidad con que fue construido, a cuyo efecto y bajo la denominación de obras de higiene, ornato y conservación, permite realizar las que para ello sean necesarias, incluidas las de consolidación del edificio, cuando su expropiación o derribo no se halle prevista para el plazo legalmente establecido». **(STS 18 septiembre 1989 [RJ 1989, 6582]).**

«No es obstáculo para otorgar una licencia de apertura el hecho de que el edificio o el local en el que la actividad haya de establecerse esté fuera de ordenación y sujeto por tanto a las limitaciones que impone el artículo 60 de la Ley de Suelo; pues una cosa es que el edificio esté fuera de ordenación y sujeto como tal a las limitaciones del aludido artículo, y otra muy diferente que el inmueble no pueda utilizarse –Sentencias de 22 de junio de 1972 (RJ 1972, 3609), 17 de diciembre de 1974 (RJ 1974, 4992), 13 de junio de 1980 (RJ 1980, 3189), 24 de enero de 1986 (RJ 1986, 1122), dos de 5 de junio de 1987 (RJ 1987, 5926 y 5927), 12 de diciembre de 1988 (RJ 1988, 9775) y 7 de marzo de 1989 (RJ 1989, 1775), entre otras–; siendo por consiguiente permisible autorizar usos en un edificio fuera de ordenación, si esos usos son admisibles». **(STS 3 mayo 1990 [RJ 1990, 10024]).**

«Como es bien sabido y tiene declarado el Tribunal Supremo desde sus Sentencias de 22 junio 1972 (RJ 1972, 3609) y 17 diciembre 1974 (RJ 1974, 4992), hasta las más recientes de 7 febrero 1986 (RJ 1986, 1420) y 15 abril 1987 (RJ 1987, 4452), el régimen jurídico de «fuera de ordenación» es una manifestación de la aplicación del nuevo planeamiento a edificios e instalaciones preexistentes y disconformes con el mismo, y obedece a la finalidad de que los edificios que han merecido esa calificación no prolonguen en existencia más allá de lo que cabe esperar de los mismos por el estado de vida de sus elementos componentes, por ello esa situación no supone su inmediata desaparición, ni su condena como bien económico-social, en cuanto que aquéllos seguirán existiendo y prestando el servicio para el que fueron exigidos hasta que llegue el momento de su desaparición, bien por su consunción como tales, bien por llevarse a efecto las previsiones del Plan Urbanístico, y en consonancia con esa finalidad la pervivencia de los edificios e instalaciones sometidas a ese régimen está sujeta a importantes limitaciones en orden a las obras que pueden realizarse en los mismos, no siendo admisible cualquier tipo de obras, sino únicamente las pequeñas reparaciones que exigiese la higiene, ornato y conservación estando prohibidas las obras de consolidación, aumento de volúmenes, modernización y aquellas que incrementen su valor de expropiación, así lo dispone el párrafo dos del repetidamente citado artículo sesenta del Texto Refundido de la Ley del Suelo, salvo en los casos excepcionales en que están permitidas obras parciales y circunstanciales de consolidación, a que se refiere el párrafo tres de dicho artículo, y como en el presente caso, las obras legalizadas por la resolución confirmada por la presunta que se combate, no pueden ser conceptuadas de pequeñas reparaciones, pues no son de escasa cuantía, pero sobre todo no son reparaciones, ya que no tenían por objeto arreglar desperfectos para dejar los tres cobertizos existentes en el inmueble en buen estado, sino que supusieron una sustancial modificación de aquéllos, puesto que como consecuencia de esos trabajos se cubrió la porción de la finca destinada a patio y se elevó la techumbre, como paladinamente se reconoce por el Arquitecto señor V. en su informe, operaciones que indudablemente suponen un aumento de volumen (Sentencias del Tribunal Supremo de 16 diciembre 1986 [RJ 1987, 1143] y 10 junio 1987 [RJ 1987, 6113]), hay que concluir que las obras legalizadas por la Resolución de la Alcaldía de Muros de Nalón de 7 abril 1989 exceden en mucho de las autorizaciones por el antes mencionado párrafo del artículo 60, y aun de las obras de consolidación que permite el párrafo tres, ya que consistieron prácticamente en la construcción de unas nuevas instalaciones, ciertamente de escasa solidez pero que variaron de forma clara las características de las que existían con anterioridad, razones por las que debe entenderse que el precitado acuerdo y el acto presunto que lo confirmó no son ajustados a Derecho, procediendo, en consecuencia, la estimación de la demanda». **(STS 3 junio 1996 [RJ 1996, 5135]).**

«El artículo 2.4.4 de las normas urbanísticas del Plan General de Ordenación Urbana, bajo la rúbrica «Edificaciones o instalaciones existentes destinadas a usos industriales que quedan fuera de ordenación», establece en su párrafo segundo que "en aplicación del artículo 61 de la Ley del Suelo, en todas las industrias existentes, salvo aquellas cuyas actividades sean incompatibles con la zona o medio en que se ubican podrán ser autorizadas con carácter general, obras de reforma dentro de los límites establecidos en esta normativa para cada clase de suelo», y dispone en su párrafo tercero que «las industrias en suelo no urbanizable que en la correspondiente ficha del inventario anejo aparezcan como incompatibles con el medio, deberán realizar las obras o instalaciones necesarias, o la reconversión del uso, para hacer la incompatibilidad»; determinaciones de las que esta Sala extrae una interpretación distinta a la efectuada por la de instancia, siendo ella, por una parte, dada la salvedad que se hace en el párrafo segundo, la de que en las industrias existentes cuyas actividades sean incompatibles con la zona o medio en que se ubican, no pueden autorizarse obras de reforma, las que se permiten a las demás, y por otra parte, la de que a esas industrias, en virtud de lo preceptuado en el párrafo tercero, se les impone realizar las obras o instalaciones necesarias, o la reconversión del uso, para hacer desaparecer la incompatibilidad, y determinaciones que así interpretadas, contrariamente a lo estimado por la Sala de Madrid, suponen, no sólo un régimen más rígido que el establecido en los artículos 60 y 61 del precitado Texto Refundido de la Ley sobre Régimen del Suelo y Ordenación Urbana sino un régimen que contraría las prescripciones de estos artículos, al impedir obras de reforma, que pueden equipararse a las de consolidación y que en ciertos supuestos se permiten en edificios e industrias fuera de ordenación, en aquellas cuyas actividades sean incompatibles con la zona o medio en que se ubican, y lo que es más importante, al imponer a estas industrias obligaciones positivas de hacer, cuales lo son realizar obras o instalaciones necesarias, o reconvertir el uso, para hacer desaparecer la incompatibilidad, obligaciones no dispuestas en dichos artículos y que en modo alguno pueden comprenderse en las previstas en el artículo 181 del mismo Texto Refundido, que sí podrían imponerse, al no ser de las precisas para mantener las condiciones de seguridad, salubridad y ornato públicos de las edificaciones». **(STS 4 junio 1996 [RJ 1996, 5138]).**

«El artículo 60 de la Ley del Suelo (Texto Refundido de 9 abril 1976) establece que en los edificios calificados como fuera de ordenación no podrán realizarse obras de consolidación, aumento de volumen, modernización o incremento de su valor de expropiación, con excepción de las pequeñas reparaciones que exigieron la higiene, ornato y conservación del inmueble. Este principio general de no autorización de obras en edificios fuera de ordenación se establece mediante una norma que, en cuanto restrictiva de facultades típicas del derecho de dominio, debe recibir una interpretación estricta. La Jurisprudencia de este Tribunal ha declarado en reiteradas ocasiones que la razón de ser del precepto establecido en el artículo 60 LS radica en la consagración del «desideratum» de que el edificio fuera de ordenación no prolongue su existencia más allá de lo que cabe esperar de él por el estado de sus elementos componentes antes de pensar en la posibilidad de acometer en el mismo determinadas obras. Todo ello debe armonizarse con el principio de que la desordenación de un edificio no implica «ipso facto» ni su inmediata desaparición ni su condena como bien económico-social, en cuanto el mismo seguirá existiendo y prestando el servicio para el que fue erigido hasta que llegue el momento de su desaparición, bien por consunción, bien por llevarse a efecto las previsiones urbanísticas. La aprobación del planeamiento determinante de la calificación de fuera de ordenación, y su ejecución real, están separados en el tiempo, lo que obliga a aplicar a esa situación provisional las medidas que hagan compatibles la continuación del uso y funcionamiento de dichos edificios e industrias con el designio legal de que en ellos no se realicen modificaciones que puedan agravar el coste de la ejecución u obstaculización de cualquier otra forma de realización de las previsiones urbanísticas en un grado superior al que se deriva de la situación de hecho existente. Carece, en efecto, de justificación destruir o disminuir por anticipado la prosperidad económica y utilidad social que representa la continuidad del uso y funcionamiento de la industria de bar en el edificio de que ahora se trata, existente al parecer con anterioridad –como muestra la Sentencia de la Audiencia Territorial de Madrid de 6 mayo 1988, a la que antes se hizo referencia– y por ello los artículos 60 y 61 de la Ley del Suelo determinan un tratamiento jurídico dirigido a conseguir la armonización de los intereses en presencia, debiendo evitarse el quebranto que una interpretación rígida de las limitaciones legales supondría para el normal desarrollo de las actividades mercantiles e industriales e incluso un peligroso fracaso de las mismas. En definitiva, el hecho de que un inmueble haya quedado fuera de ordenación no debe impedir un aprovechamiento óptimo del mismo, en utilización de las facultades que dimanan del derecho real que atribuye su uso y disfrute, siempre que con dicho aprovechamiento no se sobrepasen los límites que establece el artículo 60 de la LS respecto de las citadas obras de consolidación, aumento de volumen, modernización o incremento del valor de expropiación (en tal sentido, entre otras, las Sentencias de 2 octubre y 22 mayo 1991 [RJ 1991, 7788 y 4288] y 27 septiembre 1985 [RJ 1986, 348], en supuestos similares al que se examina)». **(STS 30 enero 1998 [RJ 1998, 589]).**

«Las obras en litigio son subsumibles en los apartados 2 y 3 del artículo 60, en relación con el artículo 61 TRLS. En efecto, aunque pueda admitirse que las obras suponen una cierta consolidación de la industria existente, es claro que las circunstancias de peligrosidad comprobadas, unidas a la falta de previsión de expropiación o demolición en el plazo de quince años, justifican un proyecto que se orienta a disminuir los riesgos de incendio existentes». **(STS 11 diciembre 1998 [RJ 1998, 10100]).**

«El artículo 60 TRLS no permite la realización en el edificio de autos (que está fuera de ordenación) de las obras que la primera licencia autorizó. El precepto sólo permite en estos edificios las pequeñas reparaciones que exigieran la higiene, ornato y conservación del inmueble. Pues bien, ya el proyecto originario revelaba su falta de viabilidad, pues preveía la demolición de los pisos actuales para construir otros a base de forjados a diferentes alturas, el aumento en uno del número de plantas, la demolición de la escalera de acceso a la planta baja, la demolición de la tabiquería de esa planta, etc., obras todas ellas que, como puede comprenderse, ni tienen nada que ver con las permitidas en el núm. 2 del artículo 60 citado, ni con las autorizadas en el núm. 3, que se refiere a las obras de consolidación, pero no a las de modificación tan sustanciales como las descritas. El Ayuntamiento apelante parece dar mucha relevancia al hecho de que la licencia impusiera la condición de que no se modificara la estructura del edificio. Sin embargo, aparte de que esa condición era contradictoria con la remisión a un proyecto que anunciaba aquellas obras, ha de observarse que el artículo 60 tan citado no prohíbe sólo que se modifique la estructura, sino cualquier tipo de obras que excedan de las pequeñas reparaciones, o excepcionalmente, de las obras parciales de consolidación. Así que aquella condición (contradictoria en sí misma con el proyecto) no convertía en legales a las obras que la licencia autorizó». **(STS 23 diciembre 1998 [RJ 1998, 9732]).**

Artículo 62.

1. El que enajenare terrenos no susceptibles de edificación según el Plan, o edificios e industrias fuera de ordenación deberá hacer constar expresamente estas calificaciones en el correspondiente título de enajenación.

2. En las enajenaciones de terrenos de urbanizaciones de iniciativa particular, deberá hacerse constar la fecha del acto de aprobación de la misma y las cláusulas que se refieran a la disposición de las parcelas y compromisos con los adquirentes.

3. En los actos de enajenación de terrenos en proceso de urbanización, deberán consignarse los compromisos que el propietario hubiere asumido en orden a la misma, y cuyo cumplimiento esté pendiente.

4. La infracción de cualquiera de estas disposiciones facultará al adquirente para resolver el contrato, en el plazo de un año a contar de la fecha de su otorgamiento, y exigir la indemnización de los daños y perjuicios que se le hubieren irrogado.

⇒ V. RD 1093/1997, de 4 julio (§2.1)
V. art. 88 del presente Texto Refundido.

Jurisprudencia

El art. 62 en relación con el 88 del TRLS 76 tiene por finalidad proteger el tráfico jurídico, obligando al transmitente a hacer constar «expresamente» en el título de enajenación, las limitaciones y demás circunstancias urbanísticas referidas en dicho artículo.

«El artículo 62 de la Ley conforma, sobre todo, una garantía para los adquirentes de terrenos, puesto que en casos de incumplimiento por parte del vendedor, el comprador queda facultado para resolver el contrato en plazo de un año. Y el artículo 88 supone también una garantía para el Ayuntamiento puesto que el adquirente quedará subrogado en el lugar y puesto del anterior propietario en los compromisos que hubiere contraído con las corporaciones públicas respecto a la urbanización; compromisos que, sin duda, debe proporcionar al nuevo adquirente el vendedor, en este caso el promotor primer y único propietario de los terrenos. Es decir para que este engranaje funcione correctamente es indispensable, según se desprende de la interpretación de tales preceptos en relación con el 126 y 130 de la ley, 46 del Reglamento de Planeamiento y 178 y 181, 183 y 156 del Reglamento de Gestión un fluido y completo cauce de información entre corporaciones, promotores y sucesivos adquirentes, sin que sea suficiente, como en el caso concreto que nos ocupa, la remisión al artículo 167 del Reglamento de Planeamiento sobre publicidad de Planes y ventas de parcelas. De no entenderlo así la remisión que hacen los artículos 156 y 181 del Reglamento de Gestión al procedimiento de expropiación según la Ley y el Reglamento de Expropiación, tropezaría con el inconveniente de la no identificación del adquirente exigidos en el artículo 7 de este Reglamento». **(STS 9 octubre 1990 [RJ 1990, 8121]).**

«El cambio de propietario debe resultar intrascendente y el adquirente ha de quedar subrogado en la posición jurídica del transmitente –artículo 88 del Texto Refundido de la Ley del Suelo–, sin que para ello pueda ser obstáculo la protección derivada del Registro de la Propiedad –artículos 13 y 34 de la Ley Hipotecaria–. QUINTO. La fe pública registral, en definitiva, protege al tercer adquirente de las limitaciones voluntarias, no así de las instituidas por ley o, como ocurre en el presente caso, de las impuestas, en virtud de la misma, por los actos de ejecución de sus preceptos que, en cuanto afectan al interés general, gozan de una publicidad que trasciende a la del Registro de la Propiedad, de suerte que en los supuestos de enajenación de fincas el adquirente queda subrogado en el lugar y puesto del transmitente no sólo en cuanto a aquellas limitaciones impuestas por la ley o derivadas de la misma, sino también en cuanto a los compromisos y obligaciones asumidos por éste con la Administración pública, sin perjuicio, claro está, de las facultades resolutorias e indemnizatorias que a aquél reconoce el artículo 62 del Texto Refundido de la Ley del Suelo». **(STS 21 junio 1994 [RJ 1994, 4995]).**

Requisitos para el ejercicio de la acción de resolución prevista en el apartado 4 del art. 62.

«Respecto a la denuncia concreta de haber sido infringido el artículo 62.4 del Real Decreto 1346/1976, de 9 abril, por el que se aprueba el Texto Refundido de la Ley sobre Régimen del Suelo y Ordenación Urbana, es de expresar, en primer lugar, el absoluto rechazo a la cita de la Sentencia de fecha 27 noviembre 1984 (no, de septiembre, como se dice), dictada por la extinta Audiencia Territorial de Madrid, por no constituir Jurisprudencia, aparte, de que el supuesto de hecho que contempla difiere del caso de autos, pues se está refiriendo a una acción de nulidad por infracciones urbanísticas, y en la ahora ejercitada, como se especifica en la fundamentación de la demanda, es la genérica de resolución contractual amparada en el artículo 1124 del Código Civil; y decir, en segundo término, que, precisamente, esa diferencia de matiz sustancial viene a determinar la inaplicación del plazo del año prevenido en la mencionada disposición de la Ley del Suelo, ya que el ejercicio de la acción resolutoria de que se trata, estaría sometido al plazo prescriptivo de quince años señalado en el artículo 1964 del Código Civil para las acciones personales, como acertadamente se razona en la sentencia recurrida. Las precedentes consideraciones permiten concluir que el Tribunal «a quo» no vulneró el tan repetido precepto de la Ley del Suelo, ni, consecuentemente, los artículos 4.3 y 1961 del Código Civil». **(STS 4 noviembre 1994 [RJ 1994, 8369]).**

«El motivo cuarto, al amparo del artículo 1692.5º LECiv, acusa infracción por no aplicación del apartado 4 del artículo 62 de la Ley del Suelo, Texto Refundido 9 abril 1976. Se fundamenta en que la sentencia recurrida afirma que las circunstancias urbanísticas del terreno objeto de compraventa eran distintas a las que se hacían constar en el contrato, lo que constituye una infracción del artículo 62 de la Ley del Suelo citada, que faculta al adquirente para resolver el contrato y exigir indemnización de los daños y perjuicios que se hubiesen irrogado en el plazo de un año desde la fecha del otorgamiento [...] En la reconvención solicitó el recurrente en su día que se declarase resuelto el contrato de compraventa, aludiendo en los fundamentos jurídicos a los artículos 1483 y 62 de la Ley del Suelo, texto de 1976. Si a ello se conecta el inconcreto motivo de casación, ha de desestimarse porque tales preceptos legitiman únicamente al adquirente para resolver y solicitar indemnización, no al vendedor (que es él)». **(STS 12 diciembre 1994 [RJ 1994, 9415]).**

Artículo 63.

1. Los Ayuntamientos podrán crear en la correspondiente ordenanza un documento acreditativo de las circunstancias urbanísticas que concurran en las fincas comprendidas en el término municipal.

2. Este documento se denominará Cédula urbanística de terreno o de edificio, según el carácter de la finca a que se refiera, y los Ayuntamientos podrán exigirlo para la parcelación, edificación y cualquier utilización de los predios.

3. Será obligatoria la creación de dicha Cédula para las fincas comprendidas en polígonos en los que se aplique cualquiera de los sistemas de actuación señalados en esta Ley.

⇒ V. art. 55 del presente Texto Refundido.
V. art. 168 del RPU (§3.1).

Jurisprudencia

La Cédula urbanística no es sino un certificado administrativo que expresa las circunstancias urbanísticas de la finca.

(Sentencia apelada) «Sabido es que la cédula urbanística regulada en los artículos 63 de la Ley del Suelo y 168 del Reglamento de Planeamiento es un acto de trámite que, únicamente facilita la información que se solicita sobre el régimen jurídico urbanístico que afecta a un terreno o edificio y cuando la misma se comunica al administrado de tal acto no puede deducirse derecho alguno y menos aún como se pretendió, al parecer por el funcionario que la extendió abrir o rehabilitar un plazo para recurrir frente a los instrumentos de planeamiento que afecten a los bienes sobre los que se extienda el documento urbanístico de que se trata». **(STS 29 mayo 1990 [RJ 1990, 4281]).**

«La conformidad de una licencia con el ordenamiento jurídico expresado, es el único presupuesto que produce el efecto de su reglada y obligatoria concesión, sin que de los datos consignados en cualquier otro documento como la cédula urbanística regulada en el artículo 63 de la citada Ley del Suelo y en el 168 del Reglamento de Planeamiento Urbanístico pueda predicarse tal conclusión si tales datos son contrarios al ordenamiento urbanístico vigente. Y así, la Sentencia de este Tribunal de 3 marzo 1987 (RJ 1987, 3457) reconoce con pleno acierto que la expresión de datos facilitados por una oficina técnica y todo error en ellos puede ser corregido en cualquier momento, sin que de ello puedan derivarse otras posibles consecuencias que las indemnizatorias derivadas del error». **(STS 19 enero 1998 [RJ 1998, 852]).**

Sección 2ª Legitimación de expropiaciones

Artículo 64.

1. La aprobación de Planes de ordenación urbana y de polígonos de expropiación implicará la declaración de utilidad pública de las obras y la necesidad de ocupación de los terrenos y edificios correspondientes a los fines de expropiación o imposición de servidumbres.

2. Los beneficios de la expropiación podrán extenderse a las personas naturales o jurídicas subrogadas en las facultades del Estado o de las Corporaciones Locales para la ejecución de Planes u obras determinadas.

3. El procedimiento para determinar el valor de los terrenos será el señalado en la Ley de Expropiación Forzosa, salvo lo dispuesto en el artículo 138 de esta Ley. Los criterios de valoración serán en todo caso los establecidos en la presente Ley.

⇒ V. art. 33.3 de la CE.
V. arts. 33 y ss. de la Ley 6/1998, de 13 abril (§1).
V. arts. 103 a 113 y 134 a 145 del presente Texto Refundido.
V. arts. 210.1, 210.2, 211.3, 213.1, 213.2, 213.3. y 214 del TRLS/1992 (§2).
V. arts. 131 a 151 del RGU (§3.2).

Artículo 65.

1. En los Planes o proyectos se estimarán comprendidos, para los efectos expropiatorios, además de las superficies que hubieren de ser materialmente ocupadas por las obras previstas, todas las que fueren necesarias para asegurar el pleno valor y rendimiento de aquéllas.

2. Se considerarán superficies expropiables las zonas laterales de influencia e incluso los sectores completos señalados en el Plan.

3. Serán expropiables los terrenos y edificios destinados en el Plan al establecimiento de servicios públicos o a la construcción de templos, mercados, centros culturales, docentes, asistenciales y sanitarios, zonas deportivas y otros análogos con fines no lucrativos.

4. Si para la regularización o formación de manzanas o espacios libres conviniere suprimir algún patio, calle o plaza o porción de éstas, se expropiarán las fincas con fachada o luces directas sobre aquéllas, a solicitud de los propietarios.

⇒ V. art. 33.3 de la CE.
V. arts. 33 y ss. de la Ley 6/1998, de 13 abril (§1).
V. arts. 134 a 145 del presente Texto Refundido.

Artículo 66.

En el caso de que los propietarios de inmuebles no realizaren las obras de adaptación requeridas por Planes, normas o proyectos de carácter histórico o artístico, podrá expropiarse total o parcialmente el edificio o sólo su fachada.

⇒ V. arts. 73 y 182 del presente Texto Refundido.
V. arts. 10 y concordantes del RDU (§3.3).
V. arts. 76 a 81 de la LEF.

Artículo 67.

Los terrenos de cualquier clase que se expropien por razones urbanísticas deberán ser destinados al fin específico que se estableciese en el Plan correspondiente.

Si se pretendiese modificar su afectación o agotase su vigencia el Plan sin haberse cumplido el destino a que se afectaron, procederá la reversión de los terrenos con arreglo a lo dispuesto en la Ley de Expropiación Forzosa.

⇒ V. disp. adic. 5ª de la Ley 38/1999, de 5 noviembre, de Ordenación de la Edificación (§1.1).
V. art. 40 de la Ley 6/1998, de 13 abril (§1).
V. arts. 54 y 55 de la LEF.

Artículo 68.

1. Cuando para la ejecución de un Plan no fuere menester la expropiación del dominio y bastare la constitución de alguna servidumbre sobre el mismo, prevista por el Derecho privado o administrativo, podrá imponerse, si no se obtuviere convenio con el propietario, con arreglo al procedimiento

de la Ley de Expropiación Forzosa, mediante los requisitos que a continuación se expresan:

a) Autorización de la Comisión Provincial de Urbanismo.

b) No exceder la indemnización que procediere abonar de la mitad del importe de la que correspondería satisfacer por la expropiación absoluta.

2. Cuando hubieren de modificarse o suprimirse servidumbres privadas por estar en contradicción con las disposiciones del Plan, podrán expropiarse con arreglo al procedimiento de la citada Ley.

3. Los actos administrativos de constitución, modificación o extinción forzosa de servidumbre serán inscribibles en el Registro de la Propiedad, en la forma prevista para las actas de expropiación.

⇒ V. art. 211.3 del TRLS/1992 (§2).

Artículo 69.

1. Cuando transcurran cinco años, desde la entrada en vigor del Plan o Programa de Actuación Urbanística sin que se llevase a efecto la expropiación de los terrenos, que, con arreglo a su calificación urbanística, no sean edificables por sus propietarios, ni hayan de ser objeto de cesión obligatoria por no resultar posible la justa distribución de los beneficios y cargas en el polígono o unidad de actuación, el titular de los bienes o sus causahabientes advertirán a la Administración competente de su propósito de iniciar el expediente de justiprecio, que podrá llevarse a cabo por ministerio de la ley, si transcurrieren otros dos años desde el momento de efectuar la advertencia.

A tal efecto, el propietario podrá presentar la correspondiente hoja de aprecio, y si transcurrieren tres meses sin que la Administración la acepte, podrá aquél dirigirse al Jurado Provincial de Expropiación, que fijará el justiprecio conforme a los criterios de esta Ley y de acuerdo con el procedimiento establecido en los artículos 31 y siguientes de la Ley de Expropiación Forzosa.

2. A los efectos de lo establecido en el párrafo anterior, la valoración se entenderá referida al momento de la iniciación del expediente de justiprecio por ministerio de la ley y los intereses de demora se devengarán desde la presentación por el propietario de la correspondiente tasación.

Jurisprudencia artículos 64 a 69

«Con el criterio antiformalista y sistemático con el que deben interpretarse las disposiciones administrativas, no puede caber duda racional alguna que lo que el legislador ha querido decir en este artículo (69) es que los particulares no pueden quedar *inermes en el* caso de que la Administración no cumpla la normativa urbana contenida en la Ley del Suelo y en los Planes, Programas de Actuación Urbanística, Estudios de Detalle, proyectos, normas y ordenanzas aprobadas con arreglo a la misma, cumplimiento al que viene obligada por mor del artículo 57, y por ello se les faculta para que adviertan, avisen, aperciban, o en definitiva hagan saber de cualquier modo fehaciente a la Administración su voluntad de que a través del preceptivo expediente de justiprecio se lleve a efecto la expropiación de las fincas de su propiedad que se encuentren en alguno de los casos que contempla el artículo 69». **(STS 8 mayo 1985 [RJ 1985, 4113]).**

«Conviene advertir que esta posibilidad, cuando existe Plan General, no parece que se dé cuando un municipio cuenta con Normas Subsidiarias del Planeamiento, como ocurría a la sazón en Almería, pues en este caso el art. 93.1 f) del Reglamento de Planeamiento, a diferencia de lo que previene el art. 11.1 de la Ley del Suelo respecto de los Planes Generales, sólo exige que entre las determinaciones de las Normas Subsidiarias se contenga "un esquema indicativo» de la infraestructura para la totalidad del territorio, referido a los sistemas generales de comunicaciones, espacios libres y áreas verdes y equipamiento comunitario. Por ello el art. 94.1 del mencionado Reglamento dispone, en lo que aquí interesa, que el desarrollo de las determinaciones previstas en las Normas Subsidiarias para el suelo urbano se realizará a través de Planes Especiales. QUINTO.–De lo expuesto se infiere que, ante la falta de la previa aprobación de un Plan Especial legítimamente de la actuación expropiatoria del Ayuntamiento de Almería, los acuerdos recurridos carecen de cobertura legal –art. 125 de la Ley de Expropiación Forzosa–, ya que, como se ha visto, no puede anudarse directamente a la aprobación de unas Normas Subsidiarias la genérica declaración de utilidad pública prevista en el art. 64.1 de la Ley del Suelo cuando se trata, como en este caso, de la ejecución de un elemento del sistema general de comunicaciones, aunque se actúe en suelo urbano y se trate de una ejecución parcial –el problema no es cuantitativo, por eso no puede hablarse de actuación aislada, sino de existencia o no de un instrumento de planeamiento apto para legitimar la actuación–». **(STS 30 diciembre 1988 [RJ 1988, 9723]).**

«Cuestión que se introduce sobre la base de lo dispuesto en el art. 64 del Texto Refundido de la Ley sobre Régimen del Suelo y Ordenación Urbana, conforme al cual la aprobación de los Planes de Ordenación Urbana implica la declaración de utilidad pública a los fines de expropiación forzosa, el tratar de negar este efecto automático a tal determinación por no haberse justificado la utilidad pública de ella, no supone sino una traslación al problema de la discrecionalidad técnica del planificador urbano, discrecionalidad no enteramente enjuiciable jurisdiccionalmente, ámbito en el que únicamente cabe examinar la existencia de un desacomodamiento a lo legal o reglamentariamente dispuesto, una desviación de poder o una arbitrariedad o irracionalidad de la solución propuesta por el Plan, ya que en lo demás goza aquél de una total libertad para elegir la forma en que el territorio ha de quedar ordenado, razón por la que se impone para desechar ésta la presencia de una argumentación o prueba que demuestre la concurrencia de los supuestos de excepción y que al no haberse producido en este caso hace rechazable la alegación deducida al respecto». **(STS 13 diciembre 1991 [RJ 1992, 356]).**

«Si bien es cierto, como se expresa en la sentencia recurrida, que no es aplicable al supuesto enjuiciado el precepto contenido en el artículo 75.1 a) de la Ley 8/1990, de 25 julio, sobre Reforma de Régimen Urbanístico y Valoraciones del Suelo, porque esta norma entró en vigor con posterioridad a la solicitud de reversión del terreno que nos ocupa, sin embargo el contenido de dicho precepto [incorporado después al artículo 225.2 a) del Texto Refundido, aprobado por Real Decreto Legislativo 1/1992, de 26 junio], según el cual no procede en las expropiaciones urbanísticas la reversión cuando el nuevo uso asignado fuera igualmente dotacional público, no es sino la consagración normativa de la doctrina jurisprudencial interpretativa del artículo 67 del entonces vigente Texto Refundido de la Ley sobre Régimen del Suelo y Ordenación Urbana, aprobado por Real Decreto 1346/1976, al estimarse cumplida la finalidad esencial de la expropiación si se mantiene el uso dotacional público del bien expropiado por razones de urbanismo (Sentencias de esta misma Sala y Sección del Tribunal Supremo de 3 junio 1991 [RJ 1991, 4980], 3 febrero 1992 [RJ 1992, 800] y 14 febrero 1992 [RJ 1992, 812]), y, en consecuencia, el destino, según el nuevo planeamiento, al «uso deportivo y libre público» del suelo expropiado no constituye la invocada desafectación del mismo, que conforme al anterior planeamiento se expropió para plaza pública, ya que se mantiene el uso público de aquél, sin que tal variación haga quebrar la «causa expropiandi», con independencia de que en el subsuelo se construya y explote por concesión un estacionamiento para automóviles, pues tal adscripción, como declaramos en nuestra Sentencia de 23 diciembre 1991 (RJ 1991,

9223) (recurso de apelación 724/1987, fundamento jurídico tercero), no implica una desafectación del fin legitimador de la expropiación llevada a cabo (en el caso enjuiciado con esta última sentencia) para el ensanche y mejora de una plaza pública, razones por las que no cabe estimar infringidos por la Sala de instancia los preceptos reguladores de la reversión, invocados como motivo de este recurso de casación, ni tampoco el comentado artículo 67 del Texto Refundido de la Ley sobre Régimen del Suelo y Ordenación Urbana, aprobado por Real Decreto 1346/1976, que, aunque no citado por la representación procesal de los recurrentes, constituía junto con los demás referidos en el escrito de interposición del recurso de casación el sistema legal vigente para la reversión en las expropiaciones urbanísticas al tiempo de ejercitarse tal derecho por los recurrentes». **(STS 5 abril 1994 [RJ 1994, 2763]).**

«Para resolver la cuestión planteada debemos partir de que el artículo 9 de la Ley de Expropiación Forzosa establece que "para proceder a la expropiación forzosa será indispensable la previa declaración de utilidad pública o interés social del fin a que haya de afectarse el objeto expropiado». Conforme a este precepto la declaración de utilidad pública o interés social no es un simple requisito para que pueda iniciarse el procedimiento expropiatorio, sino que es el presupuesto necesario ("indispensable» es el término usado por la ley) que legitima dicho procedimiento. La declaración de utilidad pública o interés social forma parte de la esencia misma del instituto expropiatorio, de tal modo que su falta determina la inexistencia de «causa expropiandi» y la consecuente carencia de potestad en la Administración para realizar actos válidos con eficacia expropiatoria. Faltando la declaración de utilidad pública o interés social del fin a que haya de afectarse el objeto expropiado, los actos que con una pretendida finalidad expropiatoria verifique la Administración no tienen validez jurídica alguna, por lo que deben calificarse como nulos de pleno derecho. CUARTO. El artículo 64.1 del Texto Refundido de la Ley del Suelo de 9 abril 1976 (aplicable por razón de la fecha de los actos enjuiciados) dispone que la aprobación de los planes de ordenación urbana implicará la declaración de utilidad pública de las obras y la necesidad de ocupación de los terrenos y edificios correspondientes a los fines de expropiación. En el presente supuesto, el acuerdo del Ayuntamiento de Olot por el que se aprobó el Proyecto del Colector Morrot-Sur ha sido anulado por no figurar previsto en el Plan General ni en el Plan Parcial asimismo anulado, según resulta de la Sentencia de esta Sala Tercera de 8 marzo 1991. Al faltar el instrumento de planeamiento y el proyecto de obras que legitimaba y hacía posible la expropiación, puesto que llevaba implícita la declaración de utilidad pública de tales obras, falta el presupuesto indispensable para la expropiación, y ello impone como consecuencia ineludible, según lo anteriormente razonado, la declaración de nulidad de pleno derecho de los actos del procedimiento expropiatorio, que no pueden sustentarse en una declaración de utilidad pública del fin a que hayan de afectarse los bienes expropiados. En este sentido la Jurisprudencia ha declarado que, anulado judicialmente el plan que legitimaba la expropiación, ésta queda automáticamente invalidada por inexistencia sobrevenida de su causa (cfr. Sentencias de 14 marzo y 29 diciembre 1986 [RJ 1986, 1242 y 7629])». **(STS 10 diciembre 1996 [RJ 1996, 9629]).**

«La necesidad de ocupación va implícita en la aprobación de los planes urbanísticos (artículos 15 de la Ley de Expropiación Forzosa y 64.1 de la Ley del Suelo), pero como pone de manifiesto la Jurisprudencia en Sentencias reiteradas como las citadas por la actora de 27 enero 1971 (RJ 1971, 126), 16 junio 1977 (RJ 1977, 2930), 14 y 21 febrero 1979 (RJ 1979, 482 y 531), 8 octubre 1980, 17 julio 1987 (RJ 1987, 5438), *siendo particularmente* aplicable la Sentencia de 27 diciembre 1983 (RJ 1983, 6915), es preciso que el proyecto se ajuste a aquéllos. –En consecuencia, no existe necesidad de utilidad pública o interés social, en la expropiación a efectuar en ejecución de un Proyecto de Urbanización que se aparta del Plan Urbanístico que pretende ejecutar [...] CUARTO. Para la procedencia de la potestad expropiatoria –artículo 9 de la Ley 16 diciembre 1954 de Expropiación Forzosa– es indispensable la previa declaración de utilidad pública o interés social del fin a que haya de afectarse el objeto expropiado, y declarada tal utilidad –artículo 15 de la misma Ley– la Administración resolverá sobre la necesidad de ocupación de los concretos bienes expropiados. De acuerdo con lo dispuesto en el artículo 64 de la Ley del Suelo, la aprobación de Planes de Ordenación Urbana implica la declaración de utilidad pública de las obras y la necesidad de ocupación de los terrenos y edificios correspondientes a los fines de la expropiación». **(STS 24 febrero 1997 [RJ 1997, 1287]).**

«Las actuaciones previstas en los Planes Urbanísticos no necesitan, a efectos de la legitimidad de las expropiaciones necesarias, ninguna declaración expresa y específica de utilidad pública o interés social, ya que, a tenor del artículo 64.1 del Texto Refundido, «la aprobación de los planes de ordenación urbana [...] implicará la declaración de utilidad pública de las obras y la necesidad de ocupación de los terrenos y edificios correspondientes a los fines de expropiación o imposición de servidumbres». De suerte que la mera aprobación de los Planes surte los efectos que en la Ley de Expropiación Forzosa cumple la declaración específica de utilidad pública o interés social (artículo 9 de la LEF)». **(STS 28 mayo 1997 [RJ 1997, 3949]).**

CAPÍTULO IV
Normas de Ordenación Complementarias y Subsidiarias del Planeamiento

Artículo 70.

1. El Ministerio de la Vivienda podrá dictar Normas Complementarias y Subsidiarias del Planeamiento.

2. Las Entidades Locales, las Comisiones Provinciales de Urbanismo y demás Organismos competentes para formular Planes Generales Municipales podrán redactar o proponer Normas de igual carácter para todo o parte del territorio sobre el que ejerzan su competencia, cuando las particulares características de éste lo justifiquen.

3. En uno y otro caso, se tramitarán con arreglo al procedimiento establecido por el artículo 41, salvo que por razones de urgencia apreciadas por el Consejo de Ministros y previo informe favorable de la Comisión Central de Urbanismo, y oídas las Entidades Locales afectadas, el Ministro de la Vivienda acuerde su entrada en vigor sin necesidad de esa tramitación.

4. Dichas Normas se desarrollarán, en todo caso, dentro de los límites señalados por esta Ley para los Planes de ordenación y contendrán, en su caso, los supuestos en cuya virtud sea procedente su revisión o sustitución por un Plan.

⇒ V. arts. 55, 56 y 57 del presente Texto Refundido.
V. arts. 88 y ss. del RPU (§3.1).

Artículo 71.

1. En los municipios o parte de ellos donde no existiera Plan de ordenación regirán las Normas promulgadas con arreglo al artículo anterior.

2. Las propias Normas se aplicarán para regular aspectos no previstos en el Plan de ordenación.

3. Las Normas Complementarias y Subsidiarias del Planeamiento contendrán las siguientes determinaciones:

a) Fines y objetivos de su promulgación.

b) Delimitación de los territorios y núcleos urbanos que constituyan el ámbito de su aplicación.

c) Relaciones e incidencias con el planeamiento que complementen, en su caso.

d) Normas urbanísticas mínimas de la ordenación que establezcan.

e) Previsiones mínimas para edificios y servicios públicos y para fines de interés general o comunitario.

4. Para la urbanización y edificación al amparo de Normas Complementarias y Subsidiarias, éstas deberán prever, además de las determinaciones señaladas en el apartado anterior los siguientes extremos:

a) Proyección, dimensiones y características del desarrollo previsible.

b) Esquema indicativo de infraestructuras y servicios urbanos.

c) Señalamiento de las zonas en que puede urbanizarse con arreglo a las prescripciones contenidas en las propias Normas.

El desarrollo de estas determinaciones se llevará a cabo a través de los correspondientes Planes Parciales.

5. Las Normas se compondrán de los documentos necesarios para justificar las determinaciones y extremos que comprendan y la función para la que se dicten y deberán redactarse con el grado de precisión adecuado a la clase de Plan al que su plano complementen y de conformidad con los correspondientes preceptos de esta Ley.

⇒ V. arts. 55, 56 y 57 del presente Texto Refundido.
V. arts. 88 y ss. del RPU (§3.1).

Jurisprudencia artículos 70 y 71

Función de las Normas subsidiarias y complementarias.

«Ciertamente la carencia de un Plan General de Ordenación no impedía la aprobación del Programa de Actuación Urbanística, puesto que su falta era suplida por las Normas Subsidiarias que, en este caso, regían en el municipio desde 1977 y cuya eficacia era la propia del Plan al que sustituían –artículo 71.1 del Texto Refundido de la Ley del Suelo–; sin que quepa objetar que la sola mención del Plan General Municipal en el artículo 16.1 de la misma Ley, como antecedente de la transformación de terrenos clasificados como suelo urbanizable no programado, excluya su conversión en el programado cuando, en vez del Plan, que es el supuesto normal u ordinario, existen dichas Normas que ocupan el lugar de aquél». **(STS 30 mayo 1986 [RJ 1986, 4476])**.

«A lo expuesto en el fundamento anterior interesa añadir que la doctrina científica ha puesto de relieve que las Normas Subsidiarias son Planes reducidos por lo que participan de la naturaleza de los Planes urbanísticos. La Jurisprudencia ha puesto *igualmente de relieve*, tras la Ley del Suelo de 1975, la naturaleza normativa de las Normas Complementarias y Subsidiarias del Planeamiento. Expresamente determina el art. 6 de la Ley del Suelo de 1976 que el planeamiento urbanístico se desarrollará, entre otros instrumentos, a través de las Normas Complementarias y Subsidiarias de Planeamiento. Por su parte, el art. 5 del Reglamento de Planeamiento expresa que «las Normas Subsidiarias de Planeamiento Municipal a que hace referencia el art. 3.1 b) (entre las que se encuentran las impugnadas en el presente proceso) se desarrollarán mediante Planes Parciales, Estudios de Detalle y Planes Especiales, según las distintas clases de suelo que en las mismas se establezcan y la finalidad que persigan». SEXTO. De lo que se ha señalado en los dos precedentes fundamentos preciso es concluir que para la resolución del problema que se examina, esto es, el de determinar la legalidad de la remisión a un Plan Parcial en cuanto a la cuantificación y ubicación de los equipamientos colectivos de que se trata, problema que hay que decidir tras una interpretación de los arts. 71 de la Ley del Suelo de 1976 y concordantes del Reglamento de Planeamiento, preciso será tener en cuenta la naturaleza de Planes reducidos de las Normas Subsidiarias y los preceptos que regulan los Planes que desarrollan aquéllas; en este caso concreto, los que regulan los Planes Parciales. Tampoco puede olvidarse lo ya expuesto sobre el ámbito reducido de las Normas impugnadas. Igualmente conviene tener en cuenta que según resulta del art. 49.1 del Reglamento de Planeamiento las reservas de terrenos de dominio y uso público que el Plan Parcial debe establecer para jardines, zonas deportivas, de recreo y expansión, y que constituyen el sistema de espacios libres en este grado de planeamiento, tendrá carácter complementario del sistema de espacios del Plan General con el que habrá de coordinarse. SÉPTIMO. En el supuesto enjuiciado, como ya se ha indicado, el problema a decidir se refiere a la cuantificación y ubicación de unas reservas de terrenos para equipamiento colectivo en el ámbito de un Plan Parcial. El art. 71.3 de la Ley del Suelo de 1976 señala en su ap. e) que las Normas Subsidiarias contendrán, entre otras determinaciones, «las previsiones mínimas para edificios y servicios públicos y para fines de interés general o comunitario»; y el apartado 4 del expresado artículo indica que, además de las expresadas determinaciones, para la urbanización y edificación al amparo de las Normas, éstas contendrán otros extremos que dicho apartado señala, terminando dicho apartado diciendo que «el desarrollo de estas determinaciones se llevará a cabo a través de los correspondientes Planes Parciales». No determina dicho art. 71, ni los que lo desarrollan en el Reglamento de Planeamiento, cuál sea el contenido concreto de las determinaciones de los expresados Planes Parciales. El art. 93.1 f) del indicado Reglamento de Planeamiento alude a que las Normas Subsidiarias contendrán, entre otras determinaciones, el esquema indicativo de la infraestructura, equipamiento y servicios urbanos para la totalidad del territorio, y el art. 94.2 determina igualmente que las determinaciones establecidas en las áreas aptas para la urbanización se desarrollarán a través de los correspondientes Planes Parciales». **(STS 5 abril 1993 [RJ 1993, 2602]).**

Artículo 72.

No podrán levantarse construcciones en lugares próximos a las carreteras sino de acuerdo con lo que, además de lo que en esta Ley se dispone, establezca la legislación específicamente aplicable.

⇒ V. arts. 98, 99 y 100 del RPU (§3.1).

Jurisprudencia

Se trata, en los arts. 72, 73 y 74 de normas de aplicación directa o disposiciones legales materiales de ordenación. Exista o no planeamiento aprobado prevalecen sobre las determinaciones de éste.

«El artículo 72 de la Ley del Suelo dispone que no podrán levantarse construcciones en lugares próximos a las carreteras, sino de acuerdo con lo que establezca la legislación específicamente aplicable, previniendo el artículo 33 de la Ley de Carreteras, de 19 de diciembre de 1974, que son de dominio público los terrenos ocupados por la vía y una franja de tres metros de anchura a cada lado, así como que en estos terrenos no se podrán realizar obras sin autorización del Organismo Administrativo correspondiente, añadiendo el artículo 77 del Reglamento, de acuerdo con el artículo 37 de la Ley, la prohibición de obras, salvo algunas excepciones, dentro de la llamada línea de edificación, que queda situada a 25 ó 18 metros, según los casos, de la arista exterior de la calzada, pero si se tiene en cuenta, dejando aparte otras consideraciones, que el almacén de que se trata queda situado a 40 metros de la carretera-travesía (informe pericial), no se comprende cómo se puede alegar la infracción de tales preceptos». **(STS 11 febrero 1985 [RJ 1985, 1022]).**

«El Municipio litigioso no cuenta con Plan de Ordenación Urbana ni Proyecto de Delimitación del Suelo Urbano. Ello no impide la construcción, pues del sistema que dibuja la Ley del Suelo resulta para situaciones como la mencionada una regulación que, en lo que ahora importa, se integra por sus arts. 81, en cuanto a la clasificación del suelo –no existe aquí suelo urbanizable– y 72, 73 y 74, como determinaciones legales sustantivas de ordenación». **(STS 31 diciembre 1988 [RJ 1988, 10293]).**

«Basta el artículo 119 del Reglamento de Carreteras de 1977, aplicable al caso, para demostrar la vigencia de las limitaciones del Título III de la Ley de Carreteras de 1974, conforme a lo determinado en los artículos 72 de la LS y 98.1 del Reglamento de Planeamiento». **(STS 28 noviembre 1997 [RJ 1997, 9436]).**

Artículo 73.

Las construcciones habrán de adaptarse, en lo básico, al ambiente en que estuvieran situadas, y a tal efecto:

a) Las construcciones en lugares inmediatos o que formen parte de un grupo de edificios de carácter artístico, histórico, arqueológico, típico o tradicional habrán de armonizar con el mismo, o cuando, sin existir conjunto de edificios, hubiera alguno de gran importancia o calidad de los caracteres indicados.

b) En los lugares de paisaje abierto y natural, sea rural o marítimo, o en las perspectivas que ofrezcan los conjuntos urbanos de características histórico-artísticas, típicos o tradicionales y en las inmediaciones de las carreteras y caminos de trayecto pintoresco, no se permitirá que la situación, masa, altura de los edificios, muros y cierres, o la instalación de otros elementos, limite el campo visual para contemplar las bellezas naturales, romper la armonía del paisaje o desfigurar la perspectiva propia del mismo.

⇒ V. arts. 98, 99 y 100 del RPU (§3.1).

Jurisprudencia

Se trata, en los arts. 72, 73 y 74 de normas de aplicación directa o disposiciones legales materiales de ordenación. Exista o no planeamiento aprobado prevalecen sobre las determinaciones de éste.

«Si el Plan autoriza a construir aquí un ático, es clara la ineficacia del mencionado acuerdo para disponer lo contrario, pues no puede un simple Acuerdo Municipal derogar ni modificar el Plan General en las ocho grandes áreas que el indicado acuerdo delimita en el centro urbano de La Coruña por la vía del artículo 73 de la Ley del Suelo, pues esto requeriría la tramitación de un expediente de modificación del Plan o una revisión general del mismo, ya que no se puede modificar un Plan pretendiendo aplicar generalizadamente en grandes áreas, en contra de sus dictados, normas de aplicación directa, como ya declaramos para casos análogos en nuestras Sentencias de 10 de junio de 1970 (RJ 1970, 3101), 3 de mayo de 1971 (RJ 1971, 2341), 27 de febrero de 1976 (RJ 1976, 1481) y 9 de mayo de 1986 (RJ 1986, 3061)». **(STS 7 marzo 1988 [RJ 1988, 1786]).**

«Los artículos 73 de la Ley del Suelo y 98 del Reglamento de Planeamiento son de aplicación directa ya que la ley lo que trata de evitar es que se levanten construcciones que no armonicen con las características de un conjunto de edificios, o de singular, merecedores de un relieve y de una situación destacada [...], sin que sea necesario esa pertenencia al casco antiguo, porque la ley no distingue; ni es necesaria una declaración previa de conjunto histórico-artístico –SS. 6 de julio y 30 de junio de 1982

(RJ 1982, 5344 y 5246)–; y aunque el edificio o conjunto de edificios en que concurran los valores que la norma trata de proteger –artículo 73 del Texto Refundido de la Ley del Suelo y artículo 98.2 del Reglamento de Planeamientono se encuentren incluidos en los correspondientes Catálogos, pues de no ser así carecería de sentido que los mentados preceptos precisen con todo detalle los caracteres que deben reunir aquéllos para que las construcciones en lugares inmediatos a los mismos deban adaptarse, en lo básico al ambiente en que estuviesen situados haciendo referencias a edificios de carácter artístico, histórico, arqueológico, típico o tradicional –SS. 20 de abril y 11 de febrero de 1985 (RJ 1985, 2214 y 1015)–; la Sentencia de 21 de junio de 1985 (RJ 1985, 3593) matiza sin perjuicio de que esta norma sea de aplicación directa existan o no Planes o Normas Complementarias y Subsidiarias, según determina el artículo 98 del Reglamento de Planeamiento, ello no significa que pueda utilizarse como ariete destructor de las determinaciones concretas y precisas de los Plantes Urbanísticos sino como complemento de los mismos añadiéndose a sus previsiones». **(STS 31 marzo 1989 [RJ 1989, 2444]).**

«Hemos de recordar la constante doctrina jurisprudencial en relación con el artículo 73 del Texto Refundido de 1976 –Sentencias de 31 diciembre 1988 (RJ 1988, 10293), 28 marzo, 24 octubre y 8 noviembre 1990 (RJ 1990, 2263, 8329 y 8820), 22 mayo, 2 julio y 2 octubre 1991 (RJ 1991, 4287, 5722 y 7789), 14 julio 1992 (RJ 1992, 6158), 16 junio 1993 (RJ 1993, 4884) y 17 octubre 1995 (RJ 1995, 7704)– y con el artículo 98 del Reglamento de Planeamiento, según la cual estos preceptos se aplican en todo caso, existan o no Planes de Ordenación o Normas Subsidiarias o Complementaria de Planeamiento; son normas, ambos preceptos, de inexcusable observancia, tanto en defecto de planeamiento como en el supuesto de existencia de éste y contradicción con el mismo; su aplicación es directa, es decir, no precisa de desarrollo por otra disposición o acto; de tal modo que cualquier disposición o acto administrativo (plan, general o su ejecución, licencia, permiso, etc.) que estuviesen en manifiesta contradicción con tales preceptos, aunque aquella disposición o acto se ajustasen al planeamiento vigente y no infringiesen la concreta norma urbana aplicable, serían anulables si estuvieran en contradicción con esos artículos, que protegen la armonía apreciable o que emana, de un grupo de edificaciones de carácter histórico, arqueológico, artístico o meramente típico o tradicional; o también respecto de edificios aislados que reúnan esas características. También protege el artículo 73, las perspectivas, los campos visuales y en concreto la armonía de los paisajes, de los daños, privaciones o interferencias que puedan producir otros edificios por su situación, masa o altura. Ambos preceptos encierran conceptos jurídicos indeterminados, pero de indudable naturaleza reglada, aunque en su apreciación se introduzca con frecuencia un tanto de discreccionalidad o subjetivismo, en razón del halo de dificultad que caracteriza el espacio de incertidumbre que media entre las zonas de certeza positiva y negativa (como ha dicho la Sentencia de 31 diciembre 1988 [RJ 1988, 10293]). El precepto, cuyo espíritu parece recogido después por el artículo 45 de nuestra Constitución, fija el ámbito espacial en que puede producirse la desarmonía con tales lugares, paisajes o edificios a proteger: son los lugares inmediatos en que se erijan las construcciones no adaptadas en lo básico al ambiente en que estuviesen situadas. Tal protección se mantiene en el Texto Refundido de 26 de junio de 1992, de la Ley del Suelo de 25 julio 1990. Sentado lo anterior sólo queda remachar que la aplicabilidad estricta de tales preceptos exige una prueba clara y contundente de los elementos fácticos que en cada caso puedan integrarse en los supuestos de idéntica naturaleza que esos artículos contienen». **(STS 12 abril 1996 [RJ 1996, 3259]).**

Conceptos jurídicos indeterminados.

«El verdadero problema que plantean estos autos es el determinar si las edificaciones proyectadas se encuentran o no afectadas por las reglas que prohíben la edificación que implique limitación del campo visual para contemplar las bellezas naturales, ruptura de la armonía del paisaje o desfiguración de la perspectiva propia del mismo –arts. 73 b) del Texto Refundido de la Ley del Suelo y 6 de las Normas Subsidiarias burgalesas, folio 114 de los autos–. Las expresiones legales que acaban de recogerse cobijan conceptos jurídicos indeterminados de indudable naturaleza reglada, lo que excluye toda discrecionalidad –incompatible con la naturaleza de la licencia urbanística–, aunque desde luego en su aplicación ha de reconocerse a la Administración un cierto margen de apreciación en razón del halo de dificultad que caracteriza el espacio de incertidumbre que media entre las zonas de certeza positiva y negativa. Más concretamente será de advertir que la edificación que se pretende llevar a cabo habría de radicar en un monte plantado de coníferas que forma «una especie de parque natural privado» y ofrece «una bonita perspectiva que se empieza a ver cercada de edificaciones» con el riesgo de que se pierda un «paisaje natural tan armonioso» –folios 95 vto. y 96, informe del Aparejador perito procesal–. Así las cosas, ha de entenderse, por una parte, que la edificación para la que se pretende la licencia ofrece un cierto "riesgo" para la armonía del paisaje, sin que, por otra, existan datos suficientes para poder afirmar que efectivamente vaya a "romper" aquella armonía; para decidir esta cuestión sería preciso un estudio completo de las características del monte, su belleza y su perspectiva en relación con el aspecto, altura y configuración de la edificación pretendida. Son éstos los datos que ahora faltan planteándose la duda de si lo procedente ha de ser una anulación de actuaciones o si por el contrario podría resolverse el recurso mediante pruebas acordadas para mejor proveer. Y a este respecto será de indicar: A) La parte actora insistió en su demanda en la indefensión provocada por la falta de motivación y desde luego es lo cierto que ni en dicho escrito hizo alegación alguna relativa al tema del paisaje ni con posterioridad propuso prueba sobre él. Ha de apreciarse así una indefensión del demandante. B) El problema planteado ahora excede del ámbito puramente formal al que pertenece la motivación como mera exteriorización de los fundamentos del acto administrativo para entrar en el terreno material de la voluntad de la Administración. No es que el acto denegatorio no aluda al tema del paisaje, es que en el expediente no existen datos al respecto que hubieran podido determinar la recta formación de la voluntad administrativa. Y es más, es que ésta ni siquiera decidió nada en consideración a la belleza de la zona. En definitiva, tratándose, por una parte, de una cuestión de importancia para la vida local –así deriva del informe pericial– y, por otra, de un concepto jurídico de gran determinación, resultará adecuada no la práctica de pruebas para mejor proveer sino una anulación de actuaciones a fin de que con un estudio detallado del monte y de las edificaciones pretendidas y con audiencia del interesado la Corporación adopte la decisión adecuada a Derecho». **(STS 31 diciembre 1988 [RJ 1988, 10293]).**

«La sentencia de primera instancia razona con acierto que el artículo 73 de la Ley del Suelo no se refiere únicamente, en su apartado b), a edificios y construcciones sino también a la instalación de otros elementos, sean permanentes o no, que limiten el campo visual para contemplar las bellezas naturales, rompan la armonía del paisaje o desfiguren la perspectiva propia del mismo. Entre dichos elementos, contrarios a la protección del patrimonio artístico y el paisaje a que sirve la norma, se subsume sin duda una caseta prefabricada de plástico endurecido, de tipo nórdico y de dimensiones considerables». **(STS 13 octubre 1997 [RJ 1997, 7330]).**

Artículo 74.

Mientras no exista Plan o Norma urbanística que lo autorice no podrá edificarse con una altura superior a tres plantas medidas en cada punto del terreno, sin perjuicio de las demás limitaciones que sean aplicables.

Cuando se trate de solares enclavados en núcleos o manzanas edificados en más de sus dos terceras partes, los Ayuntamientos podrán autorizar alturas que alcancen la media de los edificios ya construidos.

En suelo no urbanizable se estará a lo dispuesto en el número 1 del artículo 86.

⇒ V. arts. 98, 99 y 100 del RPU (§3.1).

Jurisprudencia

Se trata, en los arts. 72, 73 y 74 de normas de aplicación directa o disposiciones legales materiales de ordenación. Exista o no planeamiento aprobado prevalecen sobre las determinaciones de éste.

«En nuestra Sentencia de 5 de diciembre de 1987 (RJ 1987, 9363) en la que dijimos que es indudablemente posible edificar en suelo urbano aun cuando las Normas Urbanísticas no especifiquen los volúmenes de edificación sobre el terreno, con tal de que se respeten las determinaciones que establezcan dichas Normas [...] TERCERO. [...] La Ley del Suelo ni siquiera exige que haya Plan ni Norma alguna para que los solares puedan edificarse –artículos 83.2 de dicha ley y 39.1 del Reglamento de Gestión Urbanística–, ya que cuando no hay Plan ni Norma alguna que diga lo que puede construirse, el artículo 74 de la Ley del Suelo y el 99 del Reglamento de Planeamiento suplen la laguna [...], y es posible edificar en suelo urbano aun cuando las Normas no especifiquen el modo o la forma de distribuir los volúmenes de edificación sobre el terreno, con tal de que se respeten las determinaciones que establezcan las propias Normas, y que puede en tal supuesto distribuirse la edificación en el terreno del modo que se estime más conveniente». **(STS 13 mayo 1988 [RJ 1988, 3744]).**

«Nuestro ordenamiento jurídico urbanístico hace del Plan su elemento fundamental a virtud de la remisión del art. 76 del Texto Refundido de la Ley del Suelo. Pero el Plan puede faltar y justamente por ello dicho Texto Refundido contiene varias normas que aspiran a establecer una ordenación subsidiaria siquiera sea elemental. Una de estas normas es precisamente la del art. 74 del Texto Refundido que traza los límites cuantitativos del «ius aedificandi». Y lo que ahora se subraya es que como deriva de la propia dicción literal de dicho precepto, éste sólo se aplica a falta de Plan o norma urbanística que regule la altura de los edificios. Dado que en el supuesto litigioso existen Normas Subsidiarias del Planeamiento de ámbito provincial y que éstas señalan la altura máxima de los edificios –punto 4.1.2.2– es claro que no es de aplicación el art. 74 del Texto Refundido ni tampoco, por consecuencia, el art. 99 del Reglamento de Planeamiento». **(STS 9 febrero 1990 [RJ 1990, 962]).**

«No puede reputarse vulneración alguna de lo dispuesto en el art. 74 del Texto Refundido de la Ley sobre Régimen del Suelo y Ordenación Urbana, tal como el recurrente entiende, toda vez que este precepto sólo rige en defecto de norma urbanística autorizando cosa distinta». **(STS 15 abril 1992 [RJ 1992, 4050]).**

Artículo 75.

En los Planes Parciales se deberá fijar una densidad que no podrá ser superior a 75 viviendas por hectárea, en función de los tipos de población, usos pormenorizados y demás características que se determinen reglamentariamente.

En casos excepcionales, el Consejo de Ministros, previo dictamen de la Comisión Central de Urbanismo, podrá autorizar densidades de hasta 100 viviendas por hectárea, cuando las circunstancias urbanísticas de la localidad lo exijan.

⇒ V. art. 13 del presente Texto Refundido.
V. arts. 47 y 100 del RPU (§3.1).

Jurisprudencia

Estándares urbanísticos.

«El límite de setenta y cinco viviendas por hectárea establecido en el primero de dichos artículos, aparte de no constituir una determinación legal sustantiva de ordenación, sino un estándar urbanístico impuesto como límite legal a la potestad de planeamiento, de suerte que no es directamente aplicable, constituyendo un mandato que tiene como destinatarios a los órganos encargados de elaborar y aprobar los planes de urbanismo». **(STS 10 julio 1991 [RJ 1991, 5748]).**

«Sin acreditamiento alguno de que las construcciones autorizadas por las licencias impugnadas infrinjan la normativa contenida en el art. 73 del Texto Refundido de la Ley sobre Régimen del Suelo y Ordenación Urbana, el que las mismas vulneren lo establecido en el art. 75 del mismo Texto Refundido acerca de la densidad de viviendas, en modo alguno resulta justificado, toda vez que el límite de setenta y cinco viviendas por hectárea establecido en dicho artículo, objeto de desarrollo en los arts. 47 y 100 del Reglamento de Planeamiento, aparte de no constituir una determinación legal sustantiva de ordenación, sino un estándar urbanístico impuesto como límite legal a la potestad de planeamiento, de suerte que no es directamente aplicable, constituyendo un mandato que tiene como destinatarios a los órganos encargados de elaborar y aprobar los planes de urbanismo». **(STS 15 abril 1992 [RJ 1992, 4050]).**

TÍTULO II
RÉGIMEN URBANÍSTICO DEL SUELO

CAPÍTULO I
Clasificación del suelo

Artículo 76.

Las facultades del derecho de propiedad se ejercerán dentro de los límites y con el cumplimiento de los deberes establecidos en esta Ley, o, en virtud de la misma, por los Planes de Ordenación, con arreglo a la clasificación urbanística de los predios.

⇒ V. art. 2 y ss. de la Ley 6/1998, de 13 abril (§1).
V. arts. 83 y ss. del presente Texto Refundido.
V. art. 39 y ss. del RGU (§3.2).

Jurisprudencia

El ordenamiento jurídico mantiene la titularidad privada del suelo pero con una determinación pública del contenido del derecho de propiedad, de suerte que las facultades que lo integran las atribuye la ordenación urbanística.

«Ninguna duda existe respecto de que la potestad administrativa de planeamiento se extiende a la reforma de éste: la naturaleza reglamentaria de los planes, en un sentido, y la necesidad de adaptarlos a las exigencias cambiantes de la realidad, en otro, justifican plenamente el «ius variandi» que en este ámbito se reconoce a la Administración –art. 45 y siguientes del Texto Refundido–. Esto plantea el problema de la situación de los propietarios ante la modificación del planeamiento. Y es que los Planes, ante todo, establecen una determinada ordenación en atención a lo que el interés público reclama, pero a la vez y como consecuencia esa ordenación delimita el contenido del derecho de propiedad –arts. 76 y 87.1 del Texto Refundido–. En efecto la clasificación y la calificación del suelo implican la atribución de una determinada calidad *que opera como presupuesto* desencadenante de la aplicación del estatuto jurídico correspondiente. Este carácter estatutario de la propiedad inmobiliaria significa que su contenido será en cada momento el que derive de la ordenación urbanística, siendo pues lícita la modificación de ésta, modificación que, por otra parte, no debe dar lugar a indemnización en principio dado que como ya se ha dicho las facultades propias del dominio, en cuanto creación del ordenamiento, serán las concretadas en la ordenación urbanística vigente en cada momento». **(STS 17 junio 1989 [RJ 1989, 4732]).**

«El artículo 33 de la Constitución reconoce el derecho a la propiedad privada (párrafo 1); y si bien es la función social de este derecho de propiedad lo que ha de delimitar su contenido (párrafo 2), ello ha de ser de acuerdo con las leyes (mismo párrafo 2); sin que nadie pueda ser privado de su propiedad en forma distinta a la dispuesta por las leyes (apartado 3); y siendo así que la Ley del Suelo es la que determina los límites del derecho de propiedad y las facultades y los deberes inherentes a ella (su art. 76), y que los Planes de Ordenación son normas reglamentarias y deben atenerse a la ley bajo sanción de nulidad de pleno derecho según los artículos 47.2 de la Ley de Procedimiento Administrativo y 28 de la de Régimen Jurídico; es claro que las disposiciones del Plan General de Ordenación de Madrid, traducidas en los actos de aplicación que aquí se combaten, contrarias a la vigente Ley del Suelo, según dejamos anteriormente sentado, deben considerarse contrarias al ordenamiento jurídico, siéndolo por ende y por ello también los actos de aplicación que se apoyan en aquellas disposiciones –artículo 39, apartados 2 y 4 de la Ley Reguladora de esta Jurisdicción–; máxime teniendo en cuenta que según el artículo 53.1 de la Constitución, sólo por ley, que en todo caso deberá respetar el contenido esencial del derecho de propiedad, se podrá regular su ejercicio». **(STS 20 junio 1989 [RJ 1989, 4869]).**

«Así las cosas y subrayando que la decisión a dictar ahora ha de basarse en la normativa contenida en el Texto Refundido de la Ley del Suelo de 9 de abril de 1976, sin atender por tanto, "ratione temporis», a la Ley 8/1990, de 25 de julio, ha de señalarse que la reserva de ley en materia de propiedad ha sido flexibilizada por el art. 33.2 de la Constitución que indica que la regulación de esta figura jurídica ha de llevarse a cabo «de acuerdo con las leyes»: no sólo, pues, la ley sino también los productos normativos de la Administración y más concretamente los Planes, pueden contribuir a determinar el contenido del derecho de propiedad y más específicamente las facultades urbanísticas que lo integran. Resulta así clara la constitucionalidad de que el planeamiento venga a trazar el contendido último del derecho de propiedad en virtud de la remisión del art. 76 del citado Texto Refundido de 1976 –hoy art. 2 de la Ley 8/1990–. En este sentido pueden citarse diferentes declaraciones Jurisprudenciales –Sentencias de 2 de febrero de 1987 (RJ 1987, 2043), 17 de junio de 1989 (RJ 1989, 4732), 28 de noviembre de 1990 (RJ 1990, 9307), etc. del Tribunal Supremo y Sentencia 37/1987, de 26 de marzo (RTC 1987, 37) del Tribunal Constitucional–. Ahora bien, la flexibilización de tal reserva legal ha de operar en la medida en que resulte necesaria: la ley ha de establecer los criterios básicos que le son viables a una norma de carácter general y abstracto y será después el planeamiento el que con referencia a espacios territoriales concretos especifique las consecuencias que derivan de aquellos criterios generales». **(STS 12 febrero 1991 [RJ 1991, 948]).**

«Ante todo y subrayando que la decisión a citar en estos autos ha de basarse en la normativa contenida en el Texto Refundido de la Ley del Suelo de 9 de abril de 1976, sin atender por tanto, «ratione temporis», a la Ley 8/1990, de 25 de julio, ha de señalarse que la reserva de ley en materia de propiedad ha sido flexibilizada por el art. 33.2 de la Constitución que indica que la regulación de esta figura jurídica ha de llevarse a cabo "de acuerdo con las leyes»: no sólo, pues, la ley sino también los productos normativos de la Administración y más concretamente los Planes, pueden contribuir a determinar el contenido del derecho de propiedad y más específicamente las facultades urbanísticas que lo integran. Resulta así clara la constitucionalidad de que el planeamiento venga a trazar el contenido último del derecho de propiedad en virtud de la remisión del art. 76 del citado Texto Refundido de 1976 –hoy art. 2 de la Ley 8/1990–. En este sentido pueden citarse diferentes declaraciones Jurisprudenciales –Sentencias de 2 de febrero de 1987 (RJ 1987, 2043), 17 de junio de 1989 (RJ 1989, 4732), 28 de noviembre de 1990 (RJ 1990, 9307), 12 de febrero de 1991 (RJ 1991, 948), etc. del Tribunal Supremo y Sentencia 37/1987, de 26 de marzo del Tribunal Constitucional (RTC 1987, 37)–. Ahora bien, la flexibilización de tal reserva legal ha de operar en la medida en que resulte necesaria: la ley ha de establecer los criterios básicos que le son viables a una norma de carácter general y abstracto y será después *el planeamiento* el que con referencia a espacios territoriales concretos especifique las consecuencias que derivan de aquellos criterios generales. Y más concretamente, corresponde a la ley fijar los términos en que ha de concretarse la participación de la comunidad en las plusvalías generadas por la acción urbanística de los entes públicos y el reparto entre los afectados por la misma de las cargas y beneficios derivados del planeamiento. Así lo reconoce la nueva Ley 8/1990, de 25 de julio, al precisar que tal participación y reparto «se producirán en los términos fijados por las leyes"». **(STS 22 mayo 1991 [RJ 1991, 4286]).**

«Los Planes, ante todo, establecen una determinada ordenación en atención a lo que el interés público reclama, pero a la vez y como consecuencia esa ordenación delimita el contenido del derecho de propiedad –arts. 76 y 87.1 del Texto Refundido–. En efecto la clasificación y la calificación del suelo implican la atribución de una determinada calidad que opera como presupuesto desencadenante de la aplicación del estatuto jurídico correspondiente. Este carácter estatutario de la propiedad inmobiliaria significa que su contenido será en cada momento el que derive de la ordenación urbanística, siendo pues lícita la modificación de ésta, modificación que, por otra parte, no debe dar lugar a indemnización en principio dado que como ya se ha dicho las facultades propias del dominio, en cuanto creación del ordenamiento, serán las concretadas en la ordenación urbanística vigente en cada momento. Sin embargo y frente a lo expuesto aparece la regla excepcional del art. 87.2 del Texto Refundido que prevé la indemnización, en lo que ahora importa para los supuestos de modificación o revisión anticipada de los planes parciales. Pero será de destacar ante todo el carácter excepcional de dicho precepto reiteradamente puesto de relieve por la Jurisprudencia: tal excepcionalidad deriva del ya indicado carácter estatutario del régimen de la propiedad inmobiliaria y resulta explicitada, en su contexto próximo, por la relación existente entre los aps. 1 y 2 del citado art. 87 –SS. 12-5-1987 (RJ 1987, 5255), 17-6-1989 (RJ 1989, 4732), etc.–». **(STS 24 marzo 1992 [RJ 1992, 3385]).**

«El Planeamiento urbanístico establece la ordenación de un determinado territorio en función a lo que el interés público reclama, delimitando a su vez –arts. 76 y 87.1 TRLS– el contenido normal del derecho de propiedad, al que corresponde aplicar el estatuto que resulte de esa ordenación y en razón a la clasificación y calificación de los terrenos. Comprendiendo ese contenido normal la justa distribución de los beneficios y cargas, mediante los sistemas de actuación, e, incluso, los de expropiación (art. 134.2 LS) o el derecho a la indemnización prevista en el art. 87 del mismo Texto Refundido. Asimismo la doctrina jurisprudencial y con la misma constancia declara –Sentencias por citar algunas, 24 julio, 18 septiembre, 16 y 21 diciembre 1987 (RJ 1987, 7671, 7720, 9658 y 9687), y 13 febrero y 17 junio 1989 (RJ 1989, 1115 y 4732)–, que el control jurisdiccional que constitucionalmente consagra el art. 106.1 de la Constitución, se extiende también a los aspectos discrecionales de las potestades administrativas, a través del control de los hechos determinantes y a la luz de los principios generales del Derecho, y que allí donde la Administración opte en razón de oportunidad para una de las soluciones justas, no cabe sustituir la valoración y decisión administrativa por la judicial». **(STS 6 marzo 1993 [RJ 1993, 1591]).**

«En el mismo sentido, y en relación ya en concreto con supuestos de órdenes de demolición para la restauración del orden urbanístico perturbado, se pronuncian las Sentencias de esta Sala de 2 y 8 noviembre 1990 (RJ 1990, 8816). En esta última se declara que «nuestro ordenamiento jurídico mantiene la titularidad privada del suelo pero con una determinación pública del contenido del derecho de propiedad, de suerte que las facultades que lo integran las atribuye la ordenación urbanística en los términos que ésta establece –artículos 76 del Texto Refundido de la Ley del Suelo y 2 de la Ley 8/1990, de 25 julio, sobre Reforma del Régimen Urbanístico y Valoración del Suelo–», por ello, y en cuanto a dichas facultades, «el cambio de propietario debe resultar intrascendente y el adquirente ha de quedar subrogado en la posición jurídica del transmitente –artículo 88 del Texto Refundido de la Ley del Suelo–, sin que para ello pueda ser obstáculo la protección derivada del Registro de la Propiedad –artículos 13 y 34 de la Ley Hipotecaria–"». **(STS 21 junio 1994 [RJ 1994, 4995]).**

«No cabe hablar de la alegada en el subapartado siguiente violación del artículo 33 de la Constitución, donde se reconoce, si, el derecho a la propiedad privada, pero limita su contenido a la función social del mismo, de acuerdo con las leyes, y precisamente, dispone, el artículo 76 de la Ley del Suelo de 1976, que las facultades del derecho de propiedad se encuentran limitadas por el cumplimiento de los deberes de esta Ley o de los Planes de Ordenación». **(STS 25 enero 1999 [RJ 1999, 178]).**

Artículo 77.

El territorio de los municipios en que existiere Plan General Municipal de Ordenación se clasificará en todos o algunos de los siguientes tipos: suelo urbano, urbanizable y no urbanizable.

⇒ V. art. 7 de la Ley 6/1998, de 13 abril (§1).

Jurisprudencia

«La primera Ley del Suelo lo clasificaba ya en 1956 en dos tipos comunes a todos los municipios españoles, tuvieren o no Plan de Ordenación, añadiendo un tercero intermedio para aquéllos y así se hablaba de suelo urbano (de reserva urbana) y «rústico» (arts. 62 y 66). Este trípode fue sustituido por otro simétrico veinte años después [Texto Refundido, Real Decreto 1356/1976, de 9 abril aun cuando con distinta terminología: suelo urbano (urbanizable, programado o no) y «no urbanizable» (arts. 77 y 81). A su vez, el Real Decreto-ley 16/1981, de 16 octubre, establece la equivalencia (en líneas generales) de esos tres círculos concéntricos, con ciertos matices respecto de los primeros, pero con plenitud para el último de ambas clasificaciones (arts. 2, 3 y 4). En una y otra, la definición de ese último miembro se formula por vía negativa: construirán suelo rústico o no urbanizable «los demás» (arts. 65/66; 80/81, respectivamente), con un talante residual y un régimen jurídico «ad hoc» diseñado en la propia ley. Esta regulación especial se configuraba en 1956, como un conjunto de limitaciones urbanísticas del derecho de propiedad, con un acentuado énfasis en la facultad de edificar (art. 69). Esa misma concepción perdurará en 1976 y para el aspecto que aquí nos interesa el art. 85, donde se incluye el régimen jurídico del suelo no urbanizable (por remisión del siguiente, como recuerda el Real Decreto-ley 16/1981, art. 4), veda cualquier construcción salvo las destinadas a explotaciones agrícolas relacionadas con la naturaleza y destino de la finca, así como las vinculadas a la ejecución, entretenimiento y servicio de las obras públicas». **(STS 7 marzo 1990 [RJ 1990, 7501]).**

«La existencia de Plan de Ordenación General, determina que el suelo se clasifique en urbano, urbanizable y no urbanizable (art. 77)». **(STS 22 marzo 1995 [RJ 1995, 2090]).**

Artículo 78.

Constituirán el suelo urbano:

a) Los terrenos a los que el plan incluya en esa clase por contar con acceso rodado, abastecimiento de agua, evacuación de aguas y suministro de energía eléctrica, o por estar comprendidos en áreas consolidadas por la edificación al menos en dos terceras partes de su superficie, en la forma que aquél determine.

b) Los que en ejecución del Plan lleguen a disponer de los mismos elementos de urbanización a que se refiere el párrafo anterior.

⇒ V. arts. 8, 13 y 14 de la Ley 6/1998, de 13 abril (§1).
V. arts. 81, 82 y 83 del presente Texto Refundido.

Jurisprudencia

La discrecionalidad característica del planeamiento se manifiesta claramente a la hora de configurar el suelo urbanizable y el no urbanizable, pero tal discrecionalidad opera dentro de un conjunto de límites de entre los cuales es de destacar ahora el que deriva del carácter reglado del suelo urbano. La definición con rango legal del suelo urbano constituye un límite a la potestad de planeamiento pues la ley determina que la clasificación de un terreno como tal suelo urbano depende del hecho físico de la urbanización o consolidación de la edificación, de suerte que la Administración queda vinculada por una realidad que ha de reflejar en sus determinaciones clasificatorias. Así lo viene declarando reiteradamente la Jurisprudencia, que subraya que la clasificación de un suelo como urbano constituye un imperativo legal que no queda al arbitrio del planificador que ha de definirlo en función de la realidad de los hechos.

«No es aceptable la sustentación de las Administraciones apelantes al entender correcta la clasificación como urbanos de los aludidos terrenos en base al apartado b) del art. 78 de la propia Ley del Suelo; pues como dijo la Ponencia de la Comisión de Viviendas en la sesión núm. 18 celebrada el 4 de febrero de 1975 para la discusión de tal precepto, el mismo exige «la puesta en marcha del mismo Plan conforme a su desenvolvimiento» (pg. 55 del Boletín de las Cortes núm. 439); y cuando en la ejecución del Plan los terrenos lleguen a disponer de los servicios de urbanización básica que indica el art. 78 a), entonces pasarán a tener la categoría de Suelo Urbano, pero el Plan no puede atribuirles esta categoría antes de ejecutarse; ya que el art. 78 b) de la Ley del Suelo debe ser interpretado dentro del contexto general de la propia ley, y conforme al mismo, los terrenos clasificados por el Plan como urbanizables y que en su ejecución lleguen a disponer de los servicios de urbanización básica que dice el art. 78 a) de la Ley y 21 del Reglamento, pasarán a constituir suelo urbano; pero no tienen esta condición antes de que la ejecución del Plan los dote de estos servicios y les haga obtener la expresada condición». **(STS 17 enero 1989 [RJ 1989, 390]).**

«El art. 78 a) del Texto Refundido utiliza dos criterios –urbanización o consolidación de la edificación– que al articularse en un sistema alternativo determinan la consecuencia de que basta con que resulte aplicable uno solo de ellos para imponer la clasificación urbanística establecida en dicho precepto». **(STS 24 marzo 1992 [RJ 1992, 3385]).**

«Tanto el artículo 78 como el 81.2, establecen la alternativa de referirse a contar con acceso rodado, abastecimiento y evacuación de aguas con suministro de energía eléctrica o bien a contar con consolidación edificatoria del área en la entidad indicada. Es decir, la condición de solar se adquiere cumpliéndose cualquiera de las dos alternativas contempladas, y así se ha pronunciado ya este Tribunal en Sentencia de 3 julio 1984, donde se reconoce que en la disyuntiva especificada en los artículos 78 y 81.2 de la Ley del Suelo da lo mismo para considerar el terreno como solar que concurra una u otra circunstancia». **(STS 27 noviembre 1998 [RJ 1998, 9610]).**

Necesidad de prueba de la existencia de los servicios.

«En el supuesto litigioso la prueba pericial practicada en la primera instancia acredita que el terreno discutido cuenta con los servicios exigidos por el art. 78 a). Se discute ahora el acceso rodado. En este sentido y partiendo de la base de la distinción de los conceptos de suelo urbano y solar, será de señalar que la perfección de tal acceso podrá exigirse para que el terreno tenga la condición solar –art. 82.1º del Texto Refundido– pero en cambio serán admisibles deficiencias cuando de clasificar un suelo como urbano se trata: así deriva claramente de una interpretación sistemática que ponga en relación los arts. 78 a) y 83.3.2º del Texto Refundido ya que de este último resulta la viabilidad de obras de urbanización en suelo urbano. En el caso de estos autos la finca cuya clasificación se discute afronta a calle abierta con definición de alineaciones y rasantes y aunque el firme sea de tierra compactada este dato no tiene *trascendencia bastante para excluir* la clasificación pretendida por el en su día recurrente, a la vista de lo que acaba de indicarse. CUARTO. Una vez probada la "existencia» de los servicios del art. 78 a) del Texto Refundido no basta negar su «suficiencia» para descartar la mencionada clasificación. La general de la carga de la prueba elaborada por inducción sobre la base del art. 1214 del Código Civil puede resumirse indicando que cada parte ha de probar el supuesto de hecho de la norma cuyas consecuencias jurídicas invoca a su favor. Pero esta doctrina ha de ser matizada, en aplicación del principio de la buena fe en su vertiente procesal, con el criterio de la facilidad: existen datos cuya prueba resulta fácil para una parte y difícil para la otra.

Las características exactas de los servicios previstos en el art. 78 a) del Texto Refundido son de prueba más fácil para la Administración que para el administrado. Y así en el supuesto litigioso probada la "existencia" de dichos servicios, con apariencia de seriedad, la Administración no ha acreditado su «insuficiencia» –en esta línea, Sentencia de 29 de mayo de 1987 (RJ 1987, 5896)–». **(STS 5 febrero 1990 [RJ 1990, 942]).**

«El informe pericial afirma que los terrenos discutidos cuentan con acceso rodado, abastecimiento de agua, evacuación de aguas y suministro de energía eléctrica –folio 100 de los autos, extremo 4º–. Y para la valoración de este dictamen, de acuerdo con las reglas de la sana crítica, tal como impone el art. 632 de la Ley de Enjuiciamiento Civil, ha de señalarse: a) que el perito se designó por insaculación; b) que en el acto de la emisión del informe al que asistieron los letrados de ambas partes, no se solicitó aclaración alguna. Ha de concluirse pues que el terreno litigioso cuenta con los servicios propios del suelo urbano –art. 78 a) del Texto Refundido–. CUARTO. Y así las cosas, no habiéndose acreditado la insuficiencia de los servicios existentes –Sentencias de 29 de mayo de 1987 (RJ 1987, 5896), 5 y 19 de febrero de 1990, etc.–, será de añadir que no cabe entender satisfecha la pretensión del actor por una modificación del Plan que clasificó el terreno como suelo urbanizable, dado que el actor había solicitado con carácter principal su clasificación como urbano». **(STS 24 diciembre 1990 [RJ 1990, 10189]).**

«En el problema que se resuelve el actor no ha practicado prueba, ni siquiera la ha solicitado, tendente a acreditar la existencia, en la parcela de su propiedad a que estas actuaciones se refieren, de los servicios que otorgan a un terreno la condición de urbano. Descartada la condición urbana de los terrenos por la vía que contempla el artículo 78 a) TRLS hay que analizar si esa naturaleza se deduce del artículo 78 b). A estos efectos, la certificación obrante al folio 91 de los autos afirma: «Los terrenos afectados por el Estudio de Detalle presentado, ubicados al Oeste y una franja al Sur de la zona denominada El Bercial, están calificados según el Plano de Zonificación, aprobado en sesión de fecha 7 de mayo de 1968, Acd. 329/1968, como de 2º ensanche-5 alturas. Asimismo el Plan General de Getafe, actualmente en tramitación, los califica de rústico afectados por un vial y el resto como de suelo urbanizable no programado. Por otra parte, según las Ordenanzas Municipales de Edificación aprobadas en fecha anteriormente reseñada, es previo y preceptivo la tramitación y aprobación definitiva de un Plan Parcial de la zona de referencia, significándose que la forma más correcta de redactar dicho Plan Parcial es reflejar en el consiguiente Plano de Zonificación la zona ya construida como zona aprobada y el resto con el volumen que resulte de aplicar a la zona El Bercial la edificabilidad de 3 m/m, que según certificado aportado por ese Ayuntamiento es la que tiene toda la zona; asimismo no se podrá rebasar las 5 alturas que se marcan en las respectivas ordenanzas y se contará con todas las dotaciones y equipamientos que señala la vigente Ley del Suelo». De su contenido se infiere que con anterioridad a 1975 para que los terrenos hubieren adquirido la condición de urbanos era necesario que se hubiese redactado un Plan Parcial cuya existencia, sin embargo, no consta. Del mismo modo, el Plan revisado, además de no otorgar dicha calificación de «suelo urbano» a los terrenos del actor, supeditaba su edificabilidad a la previa aprobación de un Estudio de Detalle. Ese instrumento de Planeamiento, como consta en los autos, nunca fue aprobado definitivamente por el órgano competente para ello. En consecuencia, tampoco el instrumento de planeamiento previsto en el apartado b) del artículo 78 concurre sobre los terrenos del recurrente». **(STS 9 febrero 1999 [RJ 1999, 676]).**

Carga de la prueba.

«Las características exactas de los servicios previstos en el art. 78 a) del Texto Refundido de la Ley del Suelo son de prueba más fácil para la Administración que para el administrado. Y así en el supuesto litigioso probada la «existencia» de dichos servicios la Administración no ha acreditado su «insuficiencia» –en esta línea, Sentencias de 29 de mayo y 23 de junio de 1987 (RJ 1987, 5896), 5 de febrero de 1990, etc.–, siendo de añadir que del art. 83.3.3º del Texto Refundido deriva la viabilidad de obras de urbanización en suelo urbano, dentro de las cuales son perfectamente subsumibles las conexiones con las redes generales». **(STS 19 febrero 1990 [RJ 1990, 1322]).**

Acceso rodado.

«La colindancia de la parcela a una carretera asfaltada ha de considerarse acceso rodado para aquélla, como ha entendido reiteradamente nuestra Jurisprudencia (por ejemplo Sentencia de 27 de enero de 1986); no exigiendo el artículo 78 a) de la Ley del Suelo que el acceso rodado sea necesariamente por una vía municipal, ya que el precepto solamente exige al terreno acceso rodado independientemente de quién sea el Órgano titular de la vía (Ayuntamiento, Provincia, Estado, Comunidad Autónoma, etc.). DÉCIMO. Para la clasificación del suelo urbano, el art. 78 a) de la Ley del Suelo no exige «alcantarillado» sino «evacuación de aguas»; distinción clara que ya fue tenida en cuenta en la discusión parlamentaria que dio lugar a la redacción del indicado precepto (que era el 63 en la Ley de Reforma). Así se ve en la pág. 55 del núm. 439 del Diario de Sesiones de la Comisión de Vivienda correspondiente a la Sesión núm. 18 celebrada el 4 de febrero de 1975 que contiene el siguiente texto de la Ponencia: "En cambio, para la definición de suelo urbano basta con el acceso rodado que, como han señalado algunos Sres. Procuradores, es lo normal en muchos de nuestros Municipios. Por esta misma razón es por lo que se exige el servicio de evacuación de aguas y no la red de alcantarillado y menos la red de saneamiento completa que es, por desgracia, una de las infraestructuras de que más carecen nuestros Municipios»; diferenciación entre "evacuación de aguas» y «alcantarillado», que esta Sala también ha considerado en Sentencias de 8 de junio de 1982 (RJ 1982, 8147), 12 de abril de 1985 (RJ 1985, 3524), 27 de enero de 1986 (RJ 1986, 1125), 13 de junio de 1988 (RJ 1988, 5331) y 10 de junio de 1989 (RJ 1989, 4644), entre otras, admitiendo la Jurisprudencia de este Tribunal –como dice la penúltima de las citadas– una interpretación flexible del concepto según las circunstancias concurrentes en cada caso, que en el presente, hemos visto son la de haberse admitido y aceptado con carácter de generalidad para buena parte del Municipio, antes de las Normas Subsidiarias y en el mismo contenido de éstas, la evacuación de aguas en la forma expuesta que si no se aceptase ahora también para el recurrente, tendría lugar una evidente discriminación en perjuicio del mismo y se vulneraría el principio de igualdad del artículo 14 de la Constitución y del 2 del Reglamento de Servicios de las Corporaciones Locales; sin perjuicio de que el Ayuntamiento mejore esta forma de evacuación de las aguas residuales de toda la zona Este del Municipio estableciendo en ella la red completa de alcantarillado ya prevista y aprobada en el plano 1-7 de Ordenación de las Normas Subsidiarias en el que, por cierto, la red general de este servicio pasa también exactamente por delante de la parcela del apelante». **(STS 30 junio 1989 [RJ 1989, 4928]).**

Características adecuadas de los servicios.

«Los "terrenos" cuentan en principio con los elementos de urbanización característicos del suelo urbano, aunque la "parcela" no tenga todavía las conexiones precisas, lo que no es exigible en una recta interpretación del artículo 2.l a) del Real Decreto-ley 16/1981. CUARTO.–Resta por examinar si dichos servicios tienen las características adecuadas para servir a la edificación que sobre ellos existe o se haya de construir. En este punto es preciso recordar que la doctrina general de la carga de la prueba resulta matizada en aquellos supuestos en los que para una de las partes resulte de gran facilidad la prueba de alguno de los datos discutidos. Es claro que para el Ayuntamiento resultaba una sencilla tarea acreditar las características técnicas de los servicios existentes y la *relación de suficiencia* o insuficiencia con la edificación. Y es este un dato que no se ha probado: la inexistencia de los servicios respecto de la «parcela», que puede explicarse por una mera falta de la conexión, no acredita la insuficiencia de tales servicios, cuya existencia respecto de los «terrenos» deriva bien directamente, bien por presunción, de la diligencia de reconocimiento judicial». **(STS 30 diciembre 1986 [RJ 1986, 8124]).**

Abastecimiento y evacuación de aguas.

«Esos sucedáneos de servicios (es decir, fosas asépticas y pozos negros, por un lado, y baterías, gas, generadores, y placas solares, por otro) no son en absoluto los exigidos en el artículo 78 a) del TRLS y en el 21 del Reglamento de Planeamiento para que pueda decirse que un suelo tiene la consideración de urbano. Por lo que a la energía eléctrica se refiere, parece claro que la expresión «suministro» se refiere a lo que en la vida diaria se entiende por tal, es decir, no el autoabastecimiento mediante procedimientos particulares, sino al proporcionado por un servicio público. En cuanto a la evacuación de aguas (y a pesar de lo que en su día pudiera interpretar el legislador por tal, con criterios que pueden verse alterados por el principio de interpretación sociológica reconocido en el artículo 3.1 del Código Civil, que prescribe que las leyes deben interpretarse también con arreglo a la «realidad social del tiempo en que han de ser aplicadas"), en cuanto a la evacuación de aguas residuales, repetimos, no hay duda de que, en los albores del siglo XXI, los mecanismos de pozos negros y fosas asépticas son absolutamente inadecuados para tal evacuación (aparte de ello, en el supuesto de la Sentencia del Tribunal Supremo de 30 junio 1989 [RJ 1989, 4928], citada por la parte actora, existía un aspecto de discriminación que no se da en el presente caso). Por lo demás, las de este Tribunal de 26 y 29 mayo 1998 [RJ 1998, 4266 y 4262] llegan a la misma conclusión que ahora mantenemos. Como quiera que sea, bastaría la ausencia de suministro de energía eléctrica para que el suelo no pueda clasificarse como urbano. Por lo que se refiere a la otra característica que puede exigir la clasificación de un suelo como urbano (es decir, estar comprendido en áreas consolidadas por la edificación al menos en dos terceras partes) no concurre en el caso de autos, porque el área a considerar es la que señala el Plan [tal como expresamente prescribe el artículo 78 a) del TRLS, al decir «en la forma que aquél determine"], y en el presente caso no hay áreas fijadas en el Plan». **(STS 29 octubre 1998 [RJ 1998, 8121]).**

«La parcela cuenta con el servicio de abastecimiento de agua y evacuación de lo mismos, denunciados como deficientes por la parte apelante, establecido para el término municipal, teniendo establecido de modo reiterado la Jurisprudencia de esta Sala, que la exigencia legal se remite al servicio de agua, sin expresar condicionamiento sobre su cantidad y lo mismo respecto a la evacuación de ese elemento, que simplemente han de reunir la aptitud necesaria para cumplir tales finalidades al servicio de la edificación y sus usos. No puede admitirse que el servicio municipal de abastecimiento y evacuación de aguas establecido para la normal prestación de esos servicios a todo el municipio, aunque sea deficiente e insuficiente, a los efectos de una perfecta prestación de ese servicio, pueda ser considerado como no existente a los efectos de concesión de una licencia de obra». **(STS 27 noviembre 1998 [RJ 1998, 9610]).**

Necesidad de que el terreno se encuentre en la denominada «malla urbana» para que sea jurídicamente posible su clasificación como suelo urbano.

«Para que un suelo sea considerado como urbano no basta con que simplemente esté dotado de acceso rodado, abastecimiento de aguas, evacuación de aguas residuales y suministros de energía eléctrica con las características adecuadas para servir a la edificación que sobre él exista o se construya sino también que el suelo esté insertado en la malla urbana, es decir, que exista una urbanización básica constituida por unas líneas perimetrales al servicio de una red de suministro de agua y energía eléctrica y de saneamiento que pueda servir al terreno, y que éste, por su situación no esté completamente aislado del entramado urbanístico ya existente. La prueba pericial practicada en autos es concluyente en el sentido de afirmar: el abastecimiento de agua se obtiene por un bombeo a partir de un pozo de profundidad de 3 metros aproximadamente; la evacuación de aguas residuales se hace a una antigua fosa séptica existente en las traseras de las edificaciones de esta zona; el suministro de energía eléctrica se realiza desde un transformador muy próximo al edificio; la finca objeto del presente informe dispone de acceso rodado constituido por una explanada que se utiliza básicamente para aparcamiento pero que proporciona acceso hasta el edificio existente. Es evidente que en estas circunstancias, los servicios que existen en el terreno sobre el que se ha realizado la edificación no son los servicios que permiten calificar dicho suelo como urbano en los términos en que la Jurisprudencia lo viene exigiendo». **(STS 26 mayo 1998 [RJ 1998, 4265]).**

«La concurrencia de las circunstancias necesarias para la clasificación de un terreno como suelo urbano no puede atribuirse sino a una parte de la finca de la recurrente, y no a aquella en la que se encuentra la casa-cueva sobre la que ha ejecutado las obras, que, en consecuencia, no puede objetarse al planificador el no haber considerado edificable dicha finca y que es acertado el criterio del Ayuntamiento de Granada contrario a la legalización de las obras realizadas». **(STS 6 julio 1998 [RJ 1998, 5869).**

«Se infiere de todo ello que la sentencia de instancia ha hecho una valoración de todos los extremos que en el recurso de casación se dicen vulnerados: «suficiencia de los servicios»; "inserción de los terrenos en la malla urbana»; y, «situación de los terrenos en la zona de influencia de los servicios urbanísticos existentes"». **(STS 25 enero 1999 [RJ 1999, 96]).**

«A) Según la Jurisprudencia del Tribunal Supremo (vgr. Sentencias de 21 de julio de 1997 [RJ 1997, 6045], 6 de marzo de 1997 (RJ 1997, 1664], 18 de diciembre de 1997 [RJ 1997, 8855] y 13 de mayo de 1998 [RJ 1998, 3844], entre otras), no es ni siquiera bastante para que un terreno sea clasificado como urbano que tenga los servicios requeridos legalmente, pues en todo caso es necesario que el terreno se encuentre en la malla urbana, o, lo que es lo mismo, que un terreno que se encuentra aislado de toda urbanización no merece la clasificación de urbano por más que ocasionalmente tenga los servicios urbanísticos a pie de parcela, es decir, los tenga porque pasen por allí casualmente y no porque la acción urbanizadora haya llegado a su entorno (Sentencias de este Tribunal Supremo de 14 de marzo de 1993 [RJ 1993, 2607], 23 de noviembre de 1993 [RJ 1993, 8520], 16 de diciembre de 1993 [RJ 1993, 9642], 3 de mayo de 1995 (RJ 1995, 1952], 3 de octubre de 1995 [RJ 1995, 7213], 2 de octubre de 1995 [RJ 1995, 7205] y 7 de marzo de 1995 [RJ 1995, 1952], etc.). Y esto es lo que aquí ocurre. Aunque el terreno tuviera los servicios urbanísticos ello no es suficiente para merecer la clasificación, porque conforme a lo dicho, no se encuentra en la malla urbana, tal como se observa en las fotografías que obran a los folios 38 y 39 de los autos de instancia. B) Pero ni siquiera es cierto que tenga «la mayoría de los servicios exigidos en la ley», ya que no tiene abastecimiento de agua, sino sólo pozo propio. Y respecto de la fosa séptica este Tribunal Supremo ha declarado (vgr. Sentencia de 13 de mayo de 1998) que no constituye un servicio de evacuación de aguas residuales. C) Y no sólo eso. Ocurre que las áreas a que se refiere el artículo 78 a) TRLS o «los espacios aptos» mencionados en el artículo 21 b) del Reglamento de Planeamiento no son los que quiera diseñar el interesado, ni los que idee un Perito, ni los que se invente la Sala de Justicia, sino que han de ser los diseñados en el Plan, y así lo especifica el primero de los preceptos citados cuando dice que ello ha de ser «en la forma que el Plan determine», y el segundo al hablar de «espacios aptos para la misma según la ordenación que el Plan General para ellos proponga». Así lo ha interpretado también este Tribunal Supremo (vgr. Sentencia de 6 de marzo de 1997), al decir que «no es conforme al artículo 78 a) del Texto Refundido ni al artículo 21 b) del Reglamento de Planeamiento que, a fin de lograr la clasificación de suelo urbano, se dibuje un área a la pura conveniencia de la parte, tomando sólo para el cómputo las parcelas edificadas más la de los actores (no edificada), para así concluir que la edificación supera las dos terceras partes del área (si fueran así las cosas, para clasificar una parcela como urbana en pleno suelo no urbanizable bastaría con que lindara con dos fincas edificadas; en tal caso, dibujando un área que comprendiera sólo las tres fincas, resultaría que todas ellas merecerían aquella clasificación). Obrando de esta manera se estaría aceptando el urbanismo a la carta, pues la clasificación del *suelo dependería* de que los interesados dibujaran de una u otra forma el área que les conviniera (es por ello que el dictamen pericial practicado en primera instancia carece de toda fuerza de convicción, pues toma un área o espacio que no tiene justificación alguna)». Sigue diciendo la Sentencia de 6 de marzo de 1997 que se comprende, por ello, que el artículo 21 b) del Reglamento de Planeamiento diga que la consolidación de la edificación debe referirse a los «espacios aptos para la misma según la ordenación que el Plan General para ellos proponga». Es decir, el dibujo y señalamiento concreto de esos «espacios aptos para la edificación» corresponde al Plan, el cual no puede verse sustituido por la opinión de los interesados. Esta función del Plan tiene el límite de no poder dibujar áreas que no estén consolidadas por la edificación en sus dos terceras partes, porque su finalidad no es crear una urbanización, sino consolidarla en los entramados que el Plan señale, y así está dicho en la Exposición de Motivos de la Ley de Reforma del Régimen del Suelo y Ordenación Urbana de 2 de mayo de 1975, cuando afirma que la clasificación del suelo urbano que acoge tiene el efecto fundamental de que «por las propias características físicas del suelo (básicamente urbanizado) y su inserción en la malla urbana [...] se agiliza el proceso de terminación de la urbanización». **(STS 4 febrero 1999 [RJ 1999, 672]).**

Es factible la clasificación como urbanos de unos terrenos, aunque la urbanización se hubiera producido ilícitamente.

«En el supuesto litigioso los terrenos fueron urbanizados en ejecución de un Plan Parcial posteriormente declarado nulo por el Tribunal Supremo –Sentencia de 4 de noviembre de 1972 (RJ 1972, 4692)–. Pero esto no significa sin más la desaparición de los servicios urbanísticos previstos en el art. 78 a) del Texto Refundido que, naturalmente, subsisten en la realidad con la eficacia que acaba de ponerse de relieve, dado que: A) En primer término, y en general, aunque la urbanización se produzca de forma ilícita, ello no autoriza su desconocimiento, sino que exige un adecuado examen de la situación de hecho para provocar su eliminación o reconducción –Sentencia de 19 de julio de 1985–. B) En segundo lugar, y más concretamente, como con acierto pone de relieve la sentencia apelada, la declaración de nulidad de un Plan, habida cuenta de su naturaleza normativa, ha de ajustarse en sus efectos a lo dispuesto en el art. 120.1 de la Ley de Procedimiento Administrativo que dispone la subsistencia de los actos firmes dictados en aplicación de la norma declarada nula. Las razones de seguridad jurídica que inspiran dicho precepto son plenamente aplicables al supuesto litigioso. Ha de entenderse pues ajustada a Derecho la determinación administrativa dirigida a clasificar como suelo urbano un terreno cuyas características resultaban claramente subsumibles en el supuesto descrito por el art. 78 a) del Texto Refundido». **(STS 21 septiembre 1987 [RJ 1987, 7162]).**

«Hemos de recordar que esta Sala viene reiterando –Sentencias de 14 abril, 4 octubre y 23 noviembre 1993 (RJ 1993, 2607, 7341 y 8520), 28 noviembre 1994 (RJ 1994, 8648) y 26 mayo 1997 (RJ 1997, 5920)– que la clasificación de suelo urbano debe necesariamente partir de su situación real en el momento de planificar, asignando esta condición a aquellos terrenos en que concurran de hecho las circunstancias indicadas en los artículos 78 de la Ley del Suelo de 1976 y 21 del Reglamento de Planeamiento, mas esta clasificación exige, no simplemente el que los terrenos estén dotados de acceso rodado, abastecimiento de agua y su evacuación y suministro de energía eléctrica, sino también y sobre ello es ilustrativo el citado artículo 21 del Reglamento de Planeamiento y la Exposición de Motivos de la Ley 19/1975 de 2 mayo, refundida en el texto de la Ley del Suelo de 1976, que tales dotaciones las proporcionen los correspondientes servicios y que el suelo esté insertado en la malla urbana, es decir, que exista una urbanización básica constituida por unas vías perimetrales y unas redes de suministro de agua y energía eléctrica de que puedan servirse los terrenos comprendidos en el área o zona objeto de clasificación». **(STS 23 noviembre 1998 [RJ 1998, 9603]).**

Artículo 79.

1. Constituirán el suelo urbanizable los terrenos a los que el Plan General Municipal declare aptos, en principio, para ser urbanizados.

2. Dentro del suelo urbanizable, el Plan establecerá todas o alguna de las siguientes categorías:

a) Suelo programado, constituido por aquel que deba ser urbanizado según el programa del propio Plan.

b) Suelo no programado, integrado por el que pueda ser objeto de urbanización mediante la aprobación de Programas de Actuación Urbanística.

⇒ V. arts. 10 y 15 en relación con la disp. transit. 1ª de la Ley 6/1998, de 13 abril (§1). V. arts. 84 y 85 del presente Texto Refundido.

Jurisprudencia

Discrecionalidad en cuanto a la clasificación del suelo como urbanizable.

«Ciertamente la carencia de un Plan General de Ordenación no impedía la aprobación del Programa de Actuación Urbanística, puesto que su falta era suplida por las Normas Subsidiarias que, en este caso, regían en el municipio desde 1977 y cuya eficacia era la propia del Plan al que sustituían –artículo 71.1 del Texto Refundido de la Ley del Suelo–; sin que quepa objetar que la sola mención del Plan General Municipal en el artículo 16.1 de la misma Ley, como antecedente de la transformación de terrenos clasificados como suelo urbanizable no programado, excluya su conversión en el programado cuando, en vez del Plan, que es el supuesto normal u ordinario, existen dichas Normas que ocupan el lugar de aquél». **(STS 30 mayo 1986 [RJ 1986, 4476]).**

«La inclusión en el Plan Parcial «El Concentari» de una superficie de suelo clasificado como urbanizable no programado en el Plan General de Ordenación de Benisa impedía totalmente su aprobación definitiva conforme con toda claridad se desprende de los artículos 13 de la Ley sobre Régimen del Suelo y Ordenación Urbana y 44 del Reglamento de Planeamiento Urbanístico, al no haber sido previamente transformado en suelo urbanizable programado por medio de la aprobación del correspondiente Programa de Actuación Urbanística». **(STS 26 junio 1989 [RJ 1989, 4893]).**

«Bien fácil hubiera sido para la Administración demandada acreditar una condición del suelo distinta de la de urbanizable no programado que es la afirmada por el recurrente. Pero es que además tal condición es, en principio la presumible habida cuenta del texto del acuerdo de aprobación definitiva que advierte que el proyecto de edificación y acondicionamiento de la finca se habrá de tramitar con arreglo a lo dispuesto en el art. 44 del Reglamento de Gestión Urbanística. Y con tal clasificación, en principio aceptada, es claro que la ordenación del suelo hubiera debido desarrollarse a través de un Programa de Actuación y de un Plan parcial –arts. 13.1 y 85.1 del Texto Refundido de la Ley del Suelo–». **(STS 6 noviembre 1990 [RJ 1990, 8803]).**

«La posibilidad de revisión judicial de la discrecionalidad administrativa en el planeamiento urbanístico, de la que son muestra, entre otras muchas, las Sentencias de 22 septiembre y 15 diciembre 1986 (RJ 1986, 6078 y 1139), 19 mayo y 21 diciembre 1987 (RJ 1987, 6877 y 9687), 18 julio 1988 (RJ 1988, 5914), 23 enero y 17 junio 1989 (RJ 1989, 427 y 4732), 27 marzo y 2 abril 1991 (RJ 1991, 2226 y 3278), 20 enero, 17 marzo, 14 abril, 12 mayo y 8 junio 1992 (RJ 1992, 715, 2226, 4146 y 5148), etcétera [...] SÉPTIMO. Queda ahora por decidir, aplicando esta doctrina, si existe base para pensar en una irracionalidad de la clasificación impugnada [...] Es muy posible que la decisión municipal de hacer urbanizable el Sector 15 sea, en efecto, irrazonable, si con ello se destruye la masa arbórea allí existente. Pero a esta conclusión no se puede llegar sólo a la vista de unos informes que parten exclusivamente de la conveniencia del mantenimiento de la zona arbolada con olvido del otro aspecto del problema, de otro interés público (por si fuera poco, de un interés público de municipio distinto), que *es el de urbanizar el Sector* 15. Ninguna prueba pericial se ha hecho en el pleito sobre las consecuencias que para los designios básicos de las Normas impugnadas habría de tener la anulación de esa determinación, y, en estas circunstancias, no puede afirmarse sin más que no se ha justificado la aptitud del Sector 15 para ser urbanizado: era la parte actora quien debió plantear en el proceso el problema en toda su amplitud, a la vista de las finalidades generales y específicas de las Normas, y no sólo desde la insuficiente y escueta voluntad de conservar la masa arbórea. Por todo ello, y a falta de dicha prueba, debemos concluir que no se ha acreditado suficientemente que exista un interés público en conservar la masa arbórea de que se trata ni que la clasificación como suelo urbanizable de ese Sector 15 sea irrazonable o injustificada, debiendo en tal caso prevalecer la voluntad planificadora del Ayuntamiento de Mojácar». **(STS 27 mayo 1998 [RJ 1998, 4374]).**

Artículo 80.

Constituirán el suelo no urbanizable:

a) Los que el Plan no incluya en alguno de los tipos de suelo a que se refieren los artículos anteriores.

b) Los espacios que el Plan determine para otorgarles una especial protección, a los efectos de esta Ley, en razón de su excepcional valor agrícola, forestal o ganadero, de las posibilidades de explotación de sus recursos naturales, de sus valores paisajísticos, históricos o culturales o para la defensa de la fauna, la flora o el equilibrio ecológico.

⇒ V. arts. 9 y 20 de la Ley 6/1998, de 13 abril (§1).
V. art. 86 del presente Texto Refundido.
V. art. 24 del RPU (§3.1).

Jurisprudencia

La norma hace referencia a los dos tipos de suelo no urbanizable: el común, de carácter residual, y el de especial protección. La clasificación en el primer caso es claramente discrecional.

«El acuerdo impugnado clasificó los terrenos como Suelo no Urbanizable de Protección de Bordes Urbanos, y la sentencia de instancia anuló esta determinación por un doble orden de argumentaciones; por un lado, por haber quedado acreditado en autos, según la prueba practicada, que dichos terrenos contaban con todos los servicios urbanísticos requeridos para su clasificación como suelo urbano y, por otro, por estimar que el artículo 80 b) de la Ley del Suelo de 9 abril 1976 no autoriza una clasificación de suelo no urbanizable de especial protección con la única finalidad de impedir la edificación en los límites exteriores del casco urbano». **(STS 21 septiembre 1998 [RJ 1998, 6942]).**

(Sentencia apelada) «Si bien es cierto que el artículo 45 de la Constitución ordena a los poderes públicos «velar por la utilización racional de todos los recursos naturales con el fin de proteger y mejorar la calidad de vida y restaurar el medio ambiente, apoyándose para ello en la indispensable solidaridad colectiva», ello no autoriza a la Administración a que a través de unas genéricas afirmaciones (valor ecológico, masas arbóreas, entorno virgen en la actualidad), cambie de criterio, sin justificar precepto legal infringido, y se eche por tierra un riguroso procedimiento anterior, instruido a lo largo de casi cuatro años, en el que se ponderaron con el rigor necesario y las garantías oportunas todas las circunstancias concurrentes y adoptaron las cautelas tendentes a preservar los valores del entorno». **(STS 14 octubre 1998 [RJ 1998, 7990]).**

«El artículo 80 b) de la citada Ley del Suelo, establece para determinados tipos de suelo no urbanizable la calificación añadida de especial protección en razón de la concurrencia en el mismo de cualquiera de los siguientes elementos: excepcional valor agrícola, forestal o ganadero, o de las posibilidades de explotación de sus recursos naturales, de sus valores paisajísticos, históricos o culturales o para la defensa de la fauna, la flora o el equilibrio ecológico. La concurrencia de cualquiera de dichos aspectos o características, en un espacio territorial, puede determinar la correcta adjetivación cualificada de especial protección, independientemente de la denominación formal que se atribuya a la causa de la especial protección, porque como bien es sabido, la naturaleza de las instituciones o figuras jurídicas, en general, viene impuesta por su real contenido y no por su simple denominación u otros aspectos formales (STS de 29-9-1998 [RJ 1998, 7982]). El segundo de los motivos alegados es el de la infracción del artículo 77 en relación con el 80 b) TRLS. El artículo 77 establece: «El territorio de los municipios en que existiere Plan General Municipal de Ordenación se clasificará en todos o alguno de los siguientes tipos: suelo urbano, urbanizable y no urbanizable». Por su parte, el artículo 80 b) prescribe: «Constituirán el suelo no urbanizable: [...] b) Los espacios que el Plan determine para otorgarles una especial protección, a los efectos de esta Ley, en razón de su excepcional valor agrícola, forestal o ganadero, de las posibilidades de explotación de sus recursos naturales, de sus valores paisajísticos, históricos o culturales o para la defensa de la fauna, la flora o el equilibrio ecológico». Para que el precepto alegado fuese infringido sería necesario que la Sala hubiese declarado como de especial protección un suelo que careciere de valor agrícola, forestal o ganadero, no contuviere recursos naturales, ni valor paisajístico, histórico-cultural, o susceptible de defensa de la fauna, flora o el equilibrio ecológico; o, alternativamente, que no hubiera declarado de especial protección un suelo que tuviere estos caracteres». **(STS 29 diciembre 1998 [RJ 1998, 10122]).**

Artículo 81.

1. En los municipios que carecieren de Plan General Municipal de Ordenación, el territorio se clasificará en suelo urbano y suelo no urbanizable.

2. Constituirán el suelo urbano los terrenos que por contar con acceso rodado, abastecimiento de agua, evacuación de aguas y suministro de energía eléctrica o por estar comprendidos en áreas consolidadas por la edificación al menos en la mitad de su superficie se incluyan en un Proyecto de delimitación, que, tramitado por el Ayuntamiento con arreglo al artículo 41, será aprobado por la Comisión Provincial de Urbanismo, previo informe de la Diputación Provincial.

3. Constituirán el suelo no urbanizable los demás espacios del término municipal.

⇒ V. art. 11 de la Ley 6/1998, de 13 abril (§1).
V. art. 78 del presente Texto Refundido.
V. arts. 101, 102 y 103 del RPU (§3.1).

Jurisprudencia

Suelo urbano es, según el precepto, el que cuente con acceso rodado, abastecimiento de agua, evacuación de aguas y suministro de energía eléctrica; también lo es el que, por estar comprendido en áreas consolidadas por la edificación al menos en la mitad de su superficie, se incluya en un proyecto de delimitación que tramitado por el Ayuntamiento con arreglo al artículo 41, será aprobado por el Organismo competente. Los demás espacios del término municipal constituirán el suelo no urbanizable. El suelo urbano, además de las limitaciones que le imponga el planeamiento –aquí inexistente– estará sujeto a la de no poder ser edificado hasta que la respectiva parcela merezca la calificación de solar, salvo que se asegure la ejecución simultánea de la urbanización y de la edificación mediante las garantías que reglamentariamente se determinen.

«Tanto el artículo 78 como el 81.2, establecen la alternativa de referirse a contar con acceso rodado, abastecimiento y evacuación de aguas con suministro de energía eléctrica o bien a contar con consolidación edificatoria del área en la entidad indicada. Es decir, la *condición de solar* se adquiere cumpliéndose cualquiera de las dos alternativas contempladas, y así se ha pronunciado ya este Tribunal en Sentencia de 3 julio 1984, donde se reconoce que en la disyuntiva especificada en los artículos 78 y 81.2 de la Ley del Suelo da lo mismo para considerar el terreno como solar que concurra una u otra circunstancia». **(STS 27 noviembre 1998 [RJ 1998, 9610]).**

Proyectos de delimitación de suelo urbano.

«El Municipio litigioso no cuenta con Plan de Ordenación Urbana ni Proyecto de Delimitación del Suelo Urbano. Ello no impide la construcción, pues del sistema que dibuja la Ley del Suelo resulta para situaciones como la mencionada una regulación que, en lo que ahora importa, se integra por sus arts. 81, en cuanto a la clasificación del suelo –no existe aquí suelo urbanizable– y 72, 73 y 74, como determinaciones legales sustantivas de ordenación. CUARTO. La definición con rango legal del suelo urbano determina que la clasificación de un terreno como tal haya de depender del hecho físico de la urbanización o consolidación de la edificación, de suerte que la Administración queda vinculada por la «realidad» de las cosas. Así lo viene declarando reiteradamente la Jurisprudencia –Sentencias de 30 de diciembre de 1986 (RJ 1986, 8124), 29 de mayo y 21 de septiembre de 1987 (RJ 1987, 5896 y 7162), 8 de marzo de 1988 (RJ 1988, 1817), etc.– que aludiendo incluso a la «fuerza normativa de lo fáctico» subraya que la clasificación de un suelo como urbano es un imperativo legal». **(STS 31 diciembre 1988 [RJ 1988, 10293]).**

(Sentencia apelada) «Es también, cierto, que en otras resoluciones del propio Tribunal Supremo, se declara que el Proyecto de Delimitación del Suelo tiene por objeto, en los Municipios carentes de Planeamiento, la pura constatación fáctica del suelo que sea físicamente urbano, según los artículos 81.2 de la Ley del Suelo y 101 del Reglamento de Planeamiento, sin que, en consecuencia, participan de la naturaleza de los Planes o de las Normas complementarias o Subsidiarias de Planeamiento, al limitarse a reflejar en un plano la realidad física urbanística (Sentencias 12 enero 1991), doctrina reiterada en la 14 junio 1990 (RJ 1990, 4828), con cita de las del mismo Alto Tribunal de 23 marzo 1982 (RJ 1982, 2328), 12 junio 1984 (RJ 1984, 3462) y 30 julio y 15 diciembre 1986 (RJ 1986, 7051 y RJ 1987, 1052), y que viene contradicha por otras Sentencias como las de 6 febrero 1990 (RJ 1990, 952), en las que se afirma que se trata de un instrumento urbanístico y en la de 24 julio 1990 (RJ 1990, 6674) que sienta doctrina, en el sentido de que puede modificar el Plan Parcial, tan sólo, en lo que se refiere a la clasificación del Suelo, y reglamentar las condiciones de edificación, con base en lo dispuesto en el artículo 81.2 de la Ley del Suelo y 102 del Reglamento de Planeamiento. CUARTO. En vista de esta doctrina Jurisprudencial contradictoria, resulta prudente acogerse a la que configura el Proyecto de Delimitación como un instrumento urbanístico, aunque sólo sea por respeto al tenor literal del precitado artículo 3 del Reglamento de Planeamiento». **(STS 11 diciembre 1997 [RJ 1997, 9463]).**

Artículo 82.

A los efectos de esta Ley, tendrán la consideración de solares las superficies de suelo urbano aptas para la edificación que reúnan los siguientes requisitos:

1º Que estén urbanizadas con arreglo a las normas mínimas establecidas en cada caso por el Plan, y si éste no existiere o no las concretare, se precisará que además de contar con los servicios señalados en los artículos 78 u 81 punto 2, la vía a que la parcela dé frente tenga pavimentada la calzada y encintado de aceras.

2º Que tengan señaladas alineaciones y rasantes si existiera Plan de ordenación.

⇒ V. arts. 14 y concordantes de la Ley 6/1998, de 13 abril (§1).
V. arts. 78 y 81 del presente Texto Refundido.
V. art. 39 del RGU (§3.2).

Jurisprudencia

Este requisito de las alineaciones y rasantes es consecuente con el concepto de Suelo Urbano.

SEGUNDO.–[...] La falta de alineaciones y rasantes en este caso de Plan General antiguo no adaptado a la vigente Ley del Suelo, no sería tampoco obstáculo para conceder la licencia, dado que este requisito de las alineaciones y rasantes es una innovación de la Ley de Reforma de 2 de mayo de 1975 consecuente al nuevo concepto del Suelo Urbano que ella aportó –ahora es suelo urbano solamente el que está urbanizado o edificado según los arts. 78.a del Texto Refundido y 21 a) y b) del Reglamento de Planeamiento–; concepto nuevo del suelo urbano, por razón del cual el art. 82.2º de Ley del Suelo le exige actualmente al mismo alineaciones y rasantes para ser solar, determinaciones que debe ya establecerlas el mismo Plan General o, en su defecto, un Estudio de Detalle complementario –artículos 12.2.2.e) y 14.1 y 2 de la Ley del Suelo y 29.1.f) y 65.1.a) del Reglamento del Planeamiento–; pero estas determinaciones no se le pueden exigir a un suelo urbano de Plan General antiguo –de la Ley del Suelo de 1956–, para el que, como muchas veces habíamos declarado, bastaban las alineaciones de hecho que hubiese sobre el terreno –Sentencias de esta Sala de 18 de enero y 18 de julio de 1973 (RJ 1973, 350), 14 de marzo de 1974 (RJ 1974, 1366), 16 de febrero de 1980 (RJ 1980, 1707), 20 de marzo de 1984 (RJ 1984, 2521) y 14 de mayo de 1985 (RJ 1985, 3557)–. **(STS 13 mayo 1988 [RJ 1988, 3744]).**

«La zona en la que se pretendía construir había sido dotada de los normales servicios urbanísticos, habiéndose creado así una situación jurídica y de hecho que no podía desconocerse en ulteriores actuaciones [...], al reunir la misma las condiciones de solar (igual que el actual) con arreglo al artículo 82 de dicha Ley, era susceptible de ser edificado acomodándose a las normas del Plan General, sin necesidad de que existiese Plan Parcial [...] CUARTO. [...], pues los terrenos urbanos cuando son solares, tienen derecho a edificarse a menos de que pese sobre ellos alguna carga que los califique como viales, zonas verdes, deportivas, de equipamiento etc., que no pesa sobre el solar de autos, por lo que tiene derecho a ser edificado lo mismo que sus colindantes de la propia manzana; y ello no sólo ni tanto en aplicación del principio de igualdad, sino también del prevalente al mismo que es el de legalidad». **(STS 11 julio 1988 [RJ 1988, 5886]).**

Artículo 83.

1. El suelo urbano, además de las limitaciones específicas que le imponga el planeamiento, estará sujeto a la de no poder ser edificado hasta que la respectiva parcela mereciere la calificación de solar, salvo que se asegure la ejecución simultánea de la urbanización y de la edificación mediante las garantías que reglamentariamente se determinen.

2. Sin embargo, podrán autorizarse construcciones destinadas a fines industriales, en las zonas permitidas, cuando la seguridad, salubridad y no contaminación quedaren suficientemente atendidas y el propietario asumiera las obligaciones establecidas en el párrafo 1º del apartado siguiente mediante inscripción en el Registro de la Propiedad.

3. Los propietarios del suelo urbano deberán:

1º Ceder gratuitamente a los Ayuntamientos respectivos los terrenos destinados a viales, parques, jardines públicos y centros de Educación General Básica al servicio del polígono o unidad de actuación correspondiente.

2º Costear la urbanización.

3º Edificar los solares cuando el Plan así lo estableciera dentro del plazo que éste señale, o, en su defecto, en los plazos fijados en el Capítulo Primero del Título IV de la presente Ley.

4º El reparto equitativo de las cargas que se deriven de la aplicación de este artículo se efectuará a través de las reparcelaciones que procedan, conforme a lo establecido en los artículos 97 punto 2 y 117 punto 3.

⇒ V. art. 14 y concordantes de la Ley 6/1998, de 13 abril (§1).
V. arts. 78 y 81.2 del presente Texto Refundido.

Jurisprudencia

Cesiones para sistemas locales.

«El art. 83 del citado Texto Refundido establece el régimen jurídico del suelo urbano y en el que a diferencia de lo que ocurre en el suelo urbanizable programado –art. 84.3 b)– no resulta viable la cesión del diez por ciento del aprovechamiento medio». **(STS 7 febrero 1987 [RJ 1987, 2750]).**

«Según lo que disponen los artículos 83.3.1º de la Ley del Suelo y 46.2 del Reglamento de Gestión Urbanística, y reiterada doctrina que, en su aplicación, ha venido sentando esta Sala en la que hemos venido diciendo que los terrenos urbanos destinados a viales son, efectivamente, de cesión gratuita y obligatoria por sus propietarios, siempre que se trate de viales locales que hayan de estar al servicio del respectivo Polígono o Unidad de actuación y siempre además que se ejecute el Plan por Polígonos completos o por unidades de actuación también completas (artículos 117.1 y 3 de la Ley del Suelo y 36.1 del Reglamento de Gestión Urbanística) en cuyo interior sea posible realizar la distribución equitativa entre todos los propietarios de los beneficios y de las cargas de la ordenación utilizando técnicas de reparcelación o de compensación [artículos 83.4, 97.2 y 117.2 b) de la Ley del Suelo, 36.2 y 3 del Reglamento de Gestión Urbanística, etc.]; no siendo en cambio exigible la cesión gratuita de los terrenos del suelo urbano destinados a viales si no se actúa sistemáticamente por polígonos completos o por unidades de actuación también completas, sino ejecutando actuaciones lineales o aisladas características del suelo urbano (artículos 117.1 de la Ley del Suelo y 36.1 del Reglamento de Gestión), supuesto en el cual es ineludible emplear la expropiación de los terrenos afectados [artículos 134.2, 135.2, 144 y 145 de la Ley del Suelo y 194 a) y 197.2 del Reglamento de Gestión Urbanística]. Así lo tienen declarado, entre otras, las Sentencias de esta Sala de 5 de mayo y 21 de diciembre de 1987 (RJ 1987, 5227 y 9678), ya que como dicen las de 10 de febrero de 1987 (RJ 1987, 581) (Sala 5ª) y de la nuestra de 23 de enero de 1987 (RJ 1987, 1813), 22 de junio 1981 (RJ 1981, 2729) y 11 de julio de 1984 (RJ 1984, 4090), entre otras, para poder exigir la cesión obligatoria y gratuita de los terrenos viales del suelo urbano es presupuesto imprescindible que previamente se haya delimitado un polígono o una unidad de actuación con los requisitos que exigen los artículos 117.2 y 3 de la Ley del Suelo y 36.3 del Reglamento de Gestión Urbanística y en el interior del cual se pueda hacer real la distribución justa de los beneficios y de las cargas de la ordenación entre todos los propietarios afectados tal como establece la legislación vigente indicada (arts. 83.4, 97.2 y 117.3 de la Ley del Suelo y 36.3 del Reglamento de Gestión Urbanística)». **(STS 6 junio 1988 [RJ 1988, 4374]).**

«La solución del Texto Refundido de 1976 en materia de cesiones consiste en distinguir aquellas dotaciones que están al servicio de la generalidad de los ciudadanos, en las que los terrenos han de ser obtenidos por expropiación –art. 134.2 del Texto Refundido–, es decir, con cargo a un presupuesto al que contribuyen todos –en suelo urbanizable caben otras posibilidades en relación con el aprovechamiento medio que no opera en suelo urbano, art. 46.3 B) del Reglamento de Gestión– y aquellas otras que están al servicio del polígono o unidad de actuación en las que los terrenos han de ser cedidos por los propietarios, en cuanto especialmente beneficiados, mediante la técnica de la reparcelación o compensación. Y la Jurisprudencia, destacando la relevancia de la mencionada contraposición, viene declarando, en lo que ahora importa, que las cesiones en suelo urbano son taxativamente las que enumera el art. 83.3.1º del Texto Refundido –así Sentencias de 12 de junio y 28 de noviembre de 1990 (RJ 1990, 4817)– y que los cauces para la adquisición de los terrenos destinados a sistemas generales son los antes mencionados –Sentencias de 25 de mayo, 11 de julio y 28 de diciembre de 1987 (RJ 1987, 5847, 6874 y 9845), 22 de enero de 1988 (RJ 1988, 330), etc.–». **(STS 12 febrero 1991 [RJ 1991, 948]).**

(Sentencia apelada) «Como declara la Sentencia del Tribunal Supremo de 22 de enero de 1988 (RJ 1988, 330), la adquisición del suelo afectado a los sistemas generales ha de verificarse, bien a través de la técnica tradicional de la expropiación forzosa (arts. 134.2 del Texto Refundido de la Ley del Suelo, 55 y 194 del Reglamento de Gestión, etc.), bien sustituyéndola por la adjudicación de terrenos en sectores que tengan exceso sobre el aprovechamiento medio general que el Plan establezca para todo el suelo urbanizable programado (arts. 84.2 del Texto Refundido, 46.3 b y 50.2 del Reglamento de Gestión), puesto que la adquisición de terrenos destinados a sistemas generales se lleva a cabo con cargo a los propietarios cuando el sector tiene un exceso de aprovechamiento medio, ya que las cesiones del art. 84.3 a) del Texto Refundido se refieren a los sistemas parciales o sectoriales –establecidos en el Plan Parcial–, pero no a los sistemas generales –determinados en el Plan General–, puesto que éstos operan en beneficio de la comunidad municipal en general y no sólo al servicio de un sector determinado. Por ello, teniendo en cuenta que las cesiones impuestas con carácter de obligatorias y gratuitas para sistemas generales contravienen la citada normativa, precisamente por recaer sobre determinado o determinados propietarios, aun beneficiando a todo el municipio, que no tienen por qué soportar tal carga sin ningún tipo de compensación, en cualquiera de las formas admitidas por el ordenamiento jurídico urbanístico –arts. 46.3 b y 50.2 del Reglamento de Gestión Urbanística o 134 del Texto Refundido y 55 de dicho Reglamento–, constando que el aprovechamiento medio del Sector VI «El Deleite» es inferior al general previsto para todo el suelo urbanizable programado y que, de conformidad con el artículo 84.2 b) del Texto Refundido de la Ley del Suelo, deberían haberse disminuido proporcionalmente las cargas que implique la gestión urbanística, es por lo que se impone la estimación de la demanda y declaración de improcedencia de las cesiones impuestas para sistemas generales sin indemnización y de las cargas urbanísticas impuestas a la propiedad sobre tales terrenos; debiendo, por otra parte, de conformidad con el art. 87.3 del tan citado Texto Refundido, compensarse la diferencia en menos del aprovechamiento del Sector VI «El Deleite» que, en su caso, se determinará en ejecución de sentencia». **(STS 5 junio 1991 [RJ 1991, 4866]).**

«El artículo 83.1 de la Ley del Suelo de 9 abril 1976 y el 39.1 del Reglamento de Gestión Urbanística imponen de modo general respecto del suelo urbano, la limitación de no poder ser edificado hasta su calificación o consideración de solar –artículo 82– o hasta que se asegure la ejecución simultánea de la urbanización y edificación, precisando el propio artículo 83.3.2º que los propietarios de suelo urbano están obligados a costear la urbanización entre cuyos gastos se integran, según el artículo 59.1 b) del Reglamento de Gestión, los de las obras de saneamiento, que comprenden colectores generales y parciales, acometidas, sumideros y atarjeas para aguas pluviales y estaciones depuradoras. Los artículos 40 y 41 de este Reglamento contemplan como garantía de la realización de las obras de urbanización la prestación de fianza suficiente para su ejecución, que ha de ser en todo caso simultánea a la edificación, ya que el no cumplimiento de esa simultaneidad –artículo 40.3– conlleva la caducidad de la licencia y la pérdida de la fianza, impidiéndose el uso de lo edificado y ello –artículo 41.3– tanto si el terreno está incluido en un polígono o unidad de actuación como si no lo está». **(STS 23 junio 1997 [RJ 1997, 5365]).**

Para el suelo urbano existe la limitación de no poder ser edificado hasta su calificación o consideración de solar.

«La Ley del Suelo ni siquiera exige que haya Plan ni Norma alguna para que los solares puedan edificarse –artículos 83.2 de dicha Ley y 39.1 del Reglamento de Gestión Urbanística–, ya que cuando no hay Plan ni Norma alguna que diga lo que puede construirse, el artículo 74 de la Ley del Suelo y el 99 del Reglamento de Planeamiento suplen la laguna [...], y es posible edificar en suelo urbano aun cuando las Normas no especifiquen el modo o la forma de distribuir los volúmenes de edificación sobre el terreno, con tal de que se respeten las determinaciones que establezcan las propias

Normas, y que puede en tal supuesto distribuirse la edificación en el terreno del modo que se estime más conveniente». **(STS 13 mayo 1988 [RJ 1988, 3744]).**

«La Ley del Suelo –artículos 83, 178 y concordantes– y el Reglamento de Gestión Urbanística –artículos 39, 40 y 41establecen como requisito esencial para la obtención del derecho a edificar en suelo urbano, que el terreno asignado para ello tenga la condición de solar o se realice por el promotor de la obra la correspondiente urbanización, siempre simultánea a la edificación, y debidamente garantizada tal obligación urbanizadora a través, usualmente, de la prestación del pertinente aval. Nuestro ordenamiento urbanístico exige, pues, como requisito imprescindible para poder edificar en suelo urbano, la previa condición de solar en la parcela o terreno sobre el que se sitúa la edificación o la adquisición de dicha condición a través de la urbanización adecuada pero en todo caso ejecutada simultáneamente a la edificación. Naturalmente, que tal simultaneidad, en circunstancias concretas adecuadamente motivadas, puede y debe ser susceptible de una flexible modulación pero siempre dentro de unos parámetros temporales próximos al estricto concepto literal de la simultaneidad. De aquí, que si se concede una licencia de obra, y posteriormente la autorización de primera ocupación, es porque el terreno que sustenta el edificio, era ya «ab initio» un solar o se ha realizado o al menos, está realizándose con finalización próxima, la tarea urbanizadora, y en caso contrario, desde luego, no puede otorgarse la licencia ni la autorización de ocupación». **(STS 23 junio 1997 [RJ 1997, 5365]).**

Carga de la prueba de los servicios.

«Las características exactas de los servicios previstos en el art. 78 a) del Texto Refundido de la Ley del Suelo son de prueba más fácil para la Administración que para el administrado. Y así en el supuesto litigioso probada la «existencia» de dichos servicios la Administración no ha acreditado su «insuficiencia» –en esta línea, Sentencias de 29 de mayo y 23 de junio de 1987 (RJ 1987, 5896), 5 de febrero de 1990, etc.–, siendo de añadir que del art. 83.3.3º del Texto Refundido deriva la viabilidad de obras de urbanización en suelo urbano, dentro de las cuales son perfectamente subsumibles las conexiones con las redes generales». **(STS 19 febrero 1990 [RJ 1990, 1322]).**

Obligación de edificar en plazo.

«Los artículos 83.3, en cuanto al suelo urbano, y el 84.3, en cuanto al urbanizable programado, imponen a los propietarios, además de las obligaciones de costear y ceder gratuitamente determinadas cesiones, la carga de la edificación en el plazo establecido en el artículo 154 de la Ley de 1976, Texto Refundido, esto es el de dos años para las parcelas que tengan la consideración de solar, o el de tres años a contar desde la recepción provisional de las obras de urbanización en los demás casos. En resumen, solamente cuando se han cumplido tales deberes puede decirse que se han ganado los contenidos artificiales que se añaden al derecho inicial o que éste se ha patrimonializado por haber llegado el plan a su fase final de realización (Sentencias de 5 enero 1990 [RJ 1990, 2136], 25 febrero, 30 julio y 24 noviembre 1992 [RJ 1992, 2973, 6216 y 9067], 26 enero, 6 y 14 abril, 25 mayo, 21 junio y 28 septiembre 1993 (RJ 1993, 451, 7058, 3199, 3506, 4405 y 6631] y 7 diciembre 1994 [RJ 1994, 9823]». **(STS 10 abril 1995 [RJ 1995, 3021]).**

Reparto equitativo de beneficios y cargas derivados del planeamiento. Téngase en cuenta lo dispuesto en el art. 5 de la Ley 6/1998, de 13 de abril, en §1.

«El planeamiento aspira no sólo a una transformación material de la ciudad por cuya virtud un «dibujo» se convierte en realidad, sino también a que ello tenga lugar con un reparto equitativo de las cargas y beneficios que de su ordenación derivan, lo que es una exigencia del Texto Refundido de la Ley del Suelo –art. 83.4– y sobre todo una imposición constitucional –art. 14–». **(STS 5 febrero 1992 [RJ 1992, 2298]).**

Encintado de aceras.

«La licencia solicitada [...], no pudo ganarse en el presente caso por el automatismo del silencio administrativo positivo que establece tal precepto, porque para ello habría sido necesario según el art. 83.1 de la Ley del Suelo, que el terreno de autos contase con todos los servicios de urbanización que convierten el suelo urbano en solar a tenor del art. 82.1º de la propia Ley; y aquí está demostrado y reconocido que faltaba el encintado de aceras. Esta carencia impedía la obtención automática de la licencia por aplicación del instituto del silencio y por ello debemos desestimar la petición principal del suplico de la demanda que pide lo contrario». **(STS 1 octubre 1986 [RJ 1986, 7070]).**

Reparcelación económica discontinua.

«La Sala de instancia anuló el artículo 41 a) y b) de las Normas Urbanísticas del Plan, reguladoras de las transferencias de aprovechamiento urbanístico en suelo urbano, por entender aplicable la doctrina de esta Sala, plasmada, entre otras, en las Sentencias de 21 de diciembre de 1987 (RJ 1987, 9678), 30 de junio de 1989 (RJ 1989, 4924), 17 de julio de 1990 (RJ 1990, 6571), 19 de febrero de 1991 (RJ 1991, 961), 16 de junio y 8 de julio de 1992 (RJ 1992, 5081). En estas sentencias se trataba de un mecanismo por el cual para abonar el importe de las indemnizaciones debidas a los propietarios de terrenos clasificados como urbanos y de cesión obligatoria al municipio (conforme a criterios que desbordaban los establecidos en el artículo 83.3.1 TRLS), se establecía una especie de reparcelación en todo el suelo urbano y se imponía a todos los solicitantes de licencias de edificación la obligación de satisfacer una cantidad de dinero a imputar en una hipotética cuenta provisional de liquidación reparcelatoria, destinada a nutrir al Ayuntamiento de fondos para la adquisición de aquellos terrenos destinados a viales o terrenos de equipamiento. En tales casos esta Sala anuló los planes en que se preveía ese método por entender que el mismo contradecía principios esenciales, como son el de justa distribución de beneficios y cargas, consustancial a todo proceso urbanizador, al imponerse cesiones no exigidas en el artículo 83.3.1 TRLS, el de simultaneidad en el reparto de cargas y beneficios, que es inherente a la reparcelación, y el de la proscripción de cualquier discriminación entre propietarios, al producirse una grave diferencia de trato entre los propietarios de solares que contribuyen económicamente a la adquisición de terrenos destinados a dotaciones y los de terrenos edificados, que pueden beneficiarse ya de las dotaciones costeadas por los primeros pero no contribuyen ni pagan hasta la fecha, indeterminada e incierta, de su demolición y posterior edificación, sin que nada pudiera garantizar que para entonces subsistiera el plan. Sin embargo, desde sus Sentencias de 22 de junio de 1981 (RJ 1981, 2728) y 4 de mayo de 1982 (RJ 1982, 3114), esta Sala ha reconocido la posibilidad de las transferencias de aprovechamiento urbanístico en suelo urbano, sobre la base de la fijación en él de un aprovechamiento tipo y de la actuación según el procedimiento de la reparcelación económica en unidades de actuación discontinuas, y las normas del Plan General que examinamos, en contra de lo sostenido por la sentencia de instancia, responden más al modelo enjuiciado en estas últimas sentencias que al de aquéllas. A diferencia del Plan General de Mieres, objeto de la Sentencia de 21 de diciembre de 1987 (RJ 1987, 9678), en el que ahora examinamos no se cuestiona que las cesiones impuestas en suelo urbano se ajusten a los términos del artículo 83.3.1 TRLS, y a diferencia de ella y de las demás citadas por la Sala de instancia, así como de otras muchas más dictadas por este Tribunal en recursos interpuestos contra el Plan General de Madrid (9 y 3 de marzo de 1998 [RJ 1998, 1895 y 1886), entre las más recientes), no se trata de una reparcelación económica de carácter obligatorio, sino de una posibilidad libremente convenida entre los interesados, conforme a lo establecido en el artículo 124.1 Texto Refundido de la Ley del Suelo. Básicamente el sistema parte del establecimiento de un aprovechamiento denominado normal para el suelo urbano, que concreta en él el contenido del derecho de propiedad, conforme al artículo 76 TRLS, y el de un aprovechamiento máximo, que no pertenece al propietario del suelo en que se sitúa sino que corresponde a los titulares de otros terrenos en suelo urbano destinados a uso dotacional, que sólo puede utilizar el propietario del suelo edificable previo acuerdo con los propietarios de estos últimos terrenos, o con el Ayuntamiento si el aprovechamiento derivado de aquéllos ha pasado a él, previa indemnización o compra a los propietarios. El artículo 41 a) de las Normas Urbanísticas del Plan prevé la posibilidad de que el propietario utilice ese aprovechamiento superior al normal si cede terrenos en suelo urbano destinados a equipamientos de los que resulte ese aprovechamiento acumulable, y el 41 b) se refiere al supuesto de que ese propietario compre al Ayuntamiento una cantidad equivalente al valor del terreno necesario para situar ese aprovechamiento de exceso, pero esta última posibilidad no altera la naturaleza del mecanismo, significando únicamente la actuación intermediaria de la Administración, a fin de facilitar la gestión del plan en suelo urbano. La cantidad satisfecha a la Administración no es una compra abstracta de aprovechamiento, sino del aprovechamiento derivado de un terreno que aquélla ha adquirido previamente, pero cuya identificación y aprovechamiento resultante ha de determinarse necesariamente, conforme al procedimiento que para la delimitación de unidades de actuación establece el artículo 38 del Reglamento de Gestión Urbanística, procediéndose a la reparcelación, pudiéndose tramitar conjuntamente la reparcelación y la delimitación. Como el artículo 78.3 de dicho Reglamento prevé la posibilidad de que en suelo urbano y en los casos de reparcelación voluntaria, la unidad reparcelable sea discontinua, e incluso referirse a parcelas aisladas, siempre que quede asegurado el cumplimiento del plan y no se irrogue perjuicio a tercero, y éstos son los parámetros a los que se ajustan las citadas normas del Plan General que nos ocupa, hemos de estimar el motivo de casación opuesto por el Ayuntamiento de La Coruña, por infracción de este precepto reglamentario así como del artículo 124 Texto Refundido de la Ley del Suelo. Unicamente cabe advertir que el establecimiento de aquel aprovechamiento normal es una determinación impugnable como cualquier otra del planeamiento, en particular y por lo que ahora importa, si el mismo se estableciera arbitrariamente o con un contenido tan exiguo que impusiera la compra de los aprovechamientos superiores como único medio de obtener el lógico beneficio de los solares existentes, estableciendo una inaceptable desigualdad con las fincas ya construidas y desvirtuando el mecanismo descrito, que se basa en la libre voluntad de los que intervienen en la reparcelación, pero nada de esto ha sido probado en el presente proceso». **(STS 13 marzo 1999 [RJ 1999, 2340]).**

Artículo 84.

1. El suelo urbanizable programado estará sujeto a la limitación de no poder ser urbanizado hasta que se apruebe el correspondiente Plan Parcial. Entre tanto, no se podrán realizar en él obras o instalaciones salvo las que se hayan de ejecutar mediante la redacción de los Planes Especiales a que se refiere el artículo 17 punto 2 y las de carácter provisional previstas en el artículo 58 punto 2, ni podrán destinarse los terrenos a usos y aprovechamientos distintos de los que señale el Plan General.

2. A los efectos de la gestión urbanística, se determinará:

a) El aprovechamiento medio de la totalidad del suelo urbanizable programado y el de cada sector en que se divida el mismo.

b) El aprovechamiento de cada finca, refiriendo a su superficie el aprovechamiento medio del sector en que se encuentre enclavada, sin que tenga relevancia al respecto su calificación concreta en el Plan.

Cuando el aprovechamiento medio de un sector exceda al de la totalidad del suelo urbanizable programado, el exceso será de cesión obligatoria y gratuita, a los fines de compensación previstos en el número 4 de este artículo. El sobrante, si lo hubiere, se incorporará al Patrimonio Municipal del Suelo.

Si el aprovechamiento medio de un sector fuese inferior al de la totalidad del suelo urbanizable programado, se disminuirán proporcionalmente las cargas que implique la gestión urbanística, sufragando el resto el Ayuntamiento u órgano urbanístico actuante.

3. Los propietarios de suelo urbanizable programado deberán:

a) Ceder obligatoria y gratuitamente a favor del Ayuntamiento o, en su caso, órgano urbanístico actuante, los terrenos que se destinen con carácter permanente a viales, parques y jardines públicos, zonas deportivas públicas y de recreo y expansión, centros culturales y docentes y demás servicios públicos necesarios.

b) Ceder obligatoria y gratuitamente el 10 por 100 restante del aprovechamiento medio del sector en que se encuentre la finca.

c) Costear la urbanización.

d) Edificar los solares, cuando el Plan así lo establezca y en el plazo que el mismo señale o, en su defecto, en los plazos fijados en el Capítulo Primero del Título IV de la presente Ley.

Los terrenos que, en virtud de este artículo, se incorporen al Patrimonio Municipal del Suelo se destinarán preferentemente a los fines previstos en los artículos 165 y 166 de esta Ley.

4. Cuando el aprovechamiento real de una finca, según la calificación establecida por el Plan General, no alcance el 90 por 100 del aprovechamiento que le corresponda, deberá compensarse, por adjudicación de terrenos edificables en áreas de situación y condiciones similares. Si este defecto fuere inferior a un 15 por 100 del correspondiente a la finca, la adjudicación podrá sustituirse, a criterio de la Administración competente, por una indemnización en metálico.

⇒ V. arts. 15 y concordantes de la Ley 6/1998, de 13 abril (§1).
V. arts. 42 y 46 a 57 del RGU (§3.2).
V. art. 79 del presente Texto Refundido.

Jurisprudencia

Sistemas generales y locales. Adquisición. Cesiones obligatorias.

(Sentencia apelada) «Como declara la Sentencia del Tribunal Supremo de 22 de enero de 1988 (RJ 1988, 330), la adquisición del suelo afectado a los sistemas generales ha de verificarse, bien a través de la técnica tradicional de la expropiación forzosa (arts. 134.2 del Texto Refundido de la Ley del Suelo, 55 y 194 del Reglamento de Gestión, etc.), bien sustituyéndola por la adjudicación de terrenos en sectores que tengan exceso sobre el aprovechamiento medio general que el Plan establezca para todo el suelo urbanizable programado (arts. 84.2 del Texto Refundido, 46.3 b y 50.2 del Reglamento de Gestión), puesto que la adquisición de terrenos destinados a sistemas generales se lleva a cabo con cargo a los propietarios cuando el sector tiene un exceso de aprovechamiento medio, ya que las cesiones del art. 84.3 a) del Texto Refundido se refieren a los sistemas parciales o sectoriales –establecidos en el Plan Parcial–, pero no a los sistemas generales –determinados en el Plan General–, puesto que éstos operan en beneficio de la comunidad municipal en general y no sólo al servicio de un sector determinado. Por ello, teniendo en cuenta que las cesiones impuestas con carácter de obligatorias y gratuitas para sistemas generales contravienen la citada normativa, precisamente por recaer sobre determinado o determinados propietarios, aun beneficiando a todo el municipio, que no tienen por qué soportar tal carga sin ningún tipo de compensación, en cualquiera de las formas admitidas por el ordenamiento jurídico urbanístico –arts. 46.3 b y 50.2 del Reglamento de Gestión Urbanística o 134 del Texto Refundido y 55 de dicho Reglamento–, constando que el aprovechamiento medio del Sector VI «El Deleite» es inferior al general previsto para todo el suelo urbanizable programado y que, de conformidad con el artículo 84.2 b) del Texto Refundido de la Ley del Suelo, deberían haberse disminuido proporcionalmente las cargas que implique la gestión urbanística, es por lo que se impone la estimación de la demanda y declaración de improcedencia de las cesiones impuestas para sistemas generales sin indemnización y de las cargas urbanísticas impuestas a la propiedad sobre tales terrenos; debiendo, por otra parte, de conformidad con el art. 87.3 del tan citado Texto Refundido, compensarse la diferencia en menos del aprovechamiento del Sector VI «El Deleite» que, en su caso, se determinará en ejecución de sentencia». **(STS 5 junio 1991 [RJ 1991, 4866]).**

«La cesión del diez por ciento del aprovechamiento medio es una obligación «ex lege» que sin duda alguna se desprende, bien de la disp. transit. 2ª del Texto Refundido de la Ley sobre Régimen del Suelo y Ordenación Urbana de 9-4-1976 y del art. 8 del Real Decreto 1374/1977, de 2 junio, bien de los arts. 84.3 b) de dicho texto y 46.3 c) y 57.1 del Reglamento de Gestión Urbanística, y una obligación «propter rem», tal como se deduce de los arts. 62 y 88 del mismo Texto Refundido, respecto del suelo urbanizable de los Planes Generales y del urbanizable o apto para la urbanización de las Normas Subsidiarias, que puede perfectamente localizarse por medio de un proyecto de parcelación conforme al art. 57.2 del citado Reglamento». **(STS 5 mayo 1993 [RJ 1993, 3474]).**

Transferencias de aprovechamiento urbanístico.

«La Sala de instancia anuló el artículo 41 a) y b) de las Normas Urbanísticas del Plan, reguladoras de las transferencias de aprovechamiento urbanístico en suelo urbano, por entender aplicable la doctrina de esta Sala, plasmada, entre otras, en las Sentencias de 21 de diciembre de 1987 (RJ 1987, 9678), 30 de junio de 1989 (RJ 1989, 4924), 17 de julio de 1990 (RJ 1990, 6571), 19 de febrero de 1991 (RJ 1991, 961), 16 de junio y 8 de julio de 1992 (RJ 1992, 5081). En estas sentencias se trataba de un mecanismo por el cual para abonar el importe de las indemnizaciones debidas a los propietarios de terrenos clasificados como urbanos y de cesión obligatoria al municipio (conforme a criterios que desbordaban los establecidos en el artículo 83.3.1 TRLS), se establecía una especie de reparcelación en todo el suelo urbano y se imponía a todos los solicitantes de licencias de edificación la obligación de satisfacer una cantidad de dinero a imputar en una hipotética cuenta provisional de liquidación reparcelatoria, destinada a nutrir al Ayuntamiento de fondos para la adquisición de aquellos terrenos destinados a viales o terrenos de equipamiento. En tales casos esta Sala anuló los planes en que se preveía ese método por entender que el mismo contradecía principios esenciales, como son el de justa distribución de beneficios y cargas, consustancial a todo proceso urbanizador, al imponerse cesiones no exigidas en el artículo 83.3.1 TRLS, el de simultaneidad en el reparto de cargas y beneficios, que es inherente a la reparcelación, y el de la proscripción de cualquier discriminación entre propietarios, al producirse una grave diferencia de trato entre los propietarios de solares que contribuyen económicamente a la adquisición de terrenos destinados a dotaciones y los de terrenos edificados, que pueden beneficiarse ya de las dotaciones costeadas por los primeros pero no contribuyen ni pagan hasta la fecha, indeterminada e incierta, de su demolición y posterior edificación, sin que nada pudiera garantizar que para entonces subsistiera el plan. Sin embargo, desde sus Sentencias de 22 de junio de 1981 (RJ 1981, 2728) y 4 de mayo de 1982 (RJ 1982, 3114), esta Sala ha reconocido la posibilidad de las transferencias de aprovechamiento urbanístico en suelo urbano, sobre la base de la fijación en él de un aprovechamiento tipo y de la actuación según el procedimiento de la reparcelación económica en unidades de actuación discontinuas, y las normas del Plan General que examinamos, en contra de lo sostenido por la sentencia de instancia, responden más al modelo enjuiciado en estas últimas sentencias que al de aquéllas. A diferencia del Plan General de Mieres, objeto de la Sentencia de 21 de diciembre de 1987 (RJ 1987, 9678), en el que ahora examinamos no se cuestiona que las cesiones impuestas en suelo urbano se ajusten a los términos del artículo 83.3.1 TRLS, y a diferencia de ella y de las demás citadas por la Sala de instancia, así como de otras muchas más dictadas por este Tribunal en recursos interpuestos contra el Plan General de Madrid (9 y 3 de marzo de 1998 [RJ 1998, 1895 y 1886), entre las más recientes), no se trata de una reparcelación económica de carácter obligatorio, sino de una posibilidad libremente convenida entre los interesados, conforme a lo establecido en el artículo 124.1 Texto Refundido de la Ley del Suelo. Básicamente el sistema parte del establecimiento de un aprovechamiento denominado normal para el suelo urbano, que concreta en él el contenido del derecho de propiedad, conforme al artículo 76 TRLS, y el de un aprovechamiento máximo, que no pertenece al propietario del suelo en que se sitúa sino que corresponde a los titulares de otros terrenos en suelo urbano destinados a uso dotacional, que sólo puede utilizar el propietario del suelo edificable previo acuerdo con los propietarios de estos últimos terrenos, o con el Ayuntamiento si el aprovechamiento derivado de aquéllos ha pasado a él, previa indemnización o compra a los propietarios. El artículo 41 a) de las Normas Urbanísticas del Plan prevé la posibilidad de que el propietario utilice ese aprovechamiento superior al normal si cede terrenos en suelo urbano destinados a equipamientos de los que resulte ese aprovechamiento acumulable, y el 41 b) se refiere al supuesto de que ese propietario compre al Ayuntamiento una cantidad equivalente al valor del terreno necesario para situar ese aprovechamiento de exceso, pero esta última posibilidad no altera la naturaleza del mecanismo, significando únicamente la actuación intermediaria de la Administración, a fin de facilitar la gestión del plan en suelo urbano. La cantidad satisfecha a la Administración no es una compra abstracta de aprovechamiento, sino del aprovechamiento derivado de un terreno que aquélla ha adquirido previamente, pero cuya identificación y aprovechamiento resultante ha de determinarse necesariamente, conforme al procedimiento que para la delimitación de unidades de actuación establece el artículo 38 del Reglamento de Gestión Urbanística, procediéndose a la reparcelación, pudiéndose tramitar conjuntamente la reparcelación y la delimitación. Como el artículo 78.3 de dicho Reglamento prevé la posibilidad de que en suelo urbano y en los casos de reparcelación voluntaria, la unidad reparcelable sea discontinua, e incluso referirse a parcelas aisladas, siempre que quede asegurado el cumplimiento del plan y no se irrogue perjuicio a tercero, y éstos son los parámetros a los que se ajustan las citadas normas del Plan General que nos ocupa, hemos de estimar el motivo de casación opuesto por el Ayuntamiento de La Coruña, por infracción de este precepto reglamentario así como del artículo 124 Texto Refundido de la Ley del Suelo. Unicamente cabe advertir que el establecimiento de aquel aprovechamiento normal es una determinación impugnable como cualquier otra del planeamiento, en particular y por lo que ahora importa, si el mismo se estableciera arbitrariamente o con un contenido tan exiguo que impusiera la compra de los aprovechamientos superiores como único medio de obtener el lógico beneficio de los solares existentes, estableciendo una inaceptable desigualdad con las fincas ya construidas y desvirtuando el mecanismo descrito, que se basa en la libre voluntad de los que intervienen en la reparcelación, pero nada de esto ha sido probado en el presente proceso». **(STS 13 marzo 1999 [RJ 1999, 2340]).**

Artículo 85.

1. En tanto no se aprueben Programas de Actuación Urbanística, los terrenos clasificados como suelo urbanizable no programado estarán sujetos a las siguientes limitaciones, además de las que resulten aplicables en virtud de otras leyes:

1ª Deberán respetarse las incompatibilidades de usos señaladas en el Plan General.

2ª No se podrán realizar otras construcciones que las destinadas a explotaciones agrícolas que guarden relación con la naturaleza y destino de la finca y se ajusten en su caso a los planes o normas del Ministerio de Agricultura, así como las construcciones e instalaciones vinculadas a la ejecución, entretenimiento y servicio de las obras públicas. Sin embargo, podrán autorizarse, siguiendo el procedimiento previsto en el artículo 43 punto 3, edificaciones e instalaciones de utilidad pública o interés social que hayan de emplazarse en el medio rural, así como edificios aislados destinados a vivienda familiar en lugares en los que no exista posibilidad de formación de un núcleo de población.

3ª Los tipos de las construcciones habrán de ser adecuados a su condición aislada, conforme a las normas que el Plan establezca, quedando prohibidas las edificaciones características de las zonas urbanas.

4ª En las transferencias de propiedad, divisiones y segregaciones de terrenos rústicos no podrán efectuarse fraccionamientos en contra de lo dispuesto en la legislación agraria.

2. Aprobado un Programa de Actuación Urbanística, se estará a lo dispuesto en los números 2, 3 y 4 del artículo anterior sin perjuicio de las obligaciones, limitaciones y cargas adicionales que se señalen en el Programa y en el acuerdo de aprobación.

⇒ V. art. 15 y concordantes de la Ley 6/1998, de 13 abril (§1).
V. arts. 56 y 63 del RGU (§3.2).
V. arts. 84 y 86 del presente Texto Refundido.

Jurisprudencia

El contenido normal del derecho de propiedad inmobiliaria es el que la naturaleza atribuye al suelo, incluyendo por tanto no sólo el uso agrícola sino también el ganadero, forestal o cinegético.

«Aunque la legislación urbanística estatal utiliza una expresión de contenido negativo –suelo no urbanizable– para denominar el tradicionalmente llamado suelo rústico –alguna normativa autonómica, con acierto, conserva esta terminología–, es claro que este suelo tiene una función positiva que hoy aparece recogida en el art. 5 de la Ley 8/1990, de 25 de julio, sobre Reforma del Régimen Urbanístico y Valoraciones del Suelo y que consiste en su utilización para fines agrícolas, forestales, ganaderos, cinegéticos o más ampliamente en la utilización racional de los recursos naturales. Y esta utilización puede exigir en ocasiones la realización de construcciones e incluso viviendas. Cuando es así, cuando la propia dinámica de la utilización racional del suelo rústico demanda una construcción, la legislación urbanística ha de permitirla, limitándose a cuidar de que con ella no se desnaturalice dicho suelo, es decir, cuidando de la preservación de éste del proceso de desarrollo urbano. Estas construcciones no son una concesión graciable de la legislación urbanística sino el reconocimiento de las justas exigencias del contenido positivo del derecho de propiedad sobre el suelo no urbanizable. TERCERO. Ya más concretamente, la Jurisprudencia sentada respecto del art. 85.1.2ª del Texto Refundido de la Ley del Suelo de 9 de abril de 1976 –así, Sentencia de 12 de diciembre de 1990 (RJ 1990, 9950)puede sintetizarse en los siguientes términos: A) La expresa dicción del precepto mencionado, referida sólo a las explotaciones agrícolas, ha de ser entendida en sentido amplio, dado que el contenido normal o inicial del derecho de propiedad es el que la naturaleza atribuya al suelo, lo que implica que resultan subsumibles en el precepto que se examina no sólo el uso agrícola sino también el ganadero, forestal o cinegético. Ninguna duda podía existir en el sistema trazado por el Texto Refundido de 1976 y desde luego así ha venido a ratificarlo el ya citado art. 5 de la Ley 8/1990. B) Las viviendas no siempre están sometidas al régimen jurídico del inciso final del art. 85.1.2ª del Texto Refundido dado que pueden resultar subsumibles en el sistema propio de las explotaciones agrícolas entendidas en el amplio sentido ya señalado, siempre que exista una relación funcional de la vivienda con la explotación, es decir, cuando aquélla resulta exigida por las características de ésta de suerte que integre un instrumento para su desarrollo. CUARTO. Dejando a un lado las peculiaridades competenciales y procedimentales del art. 15 de la citada Ley madrileña, la doctrina jurisprudencial recogida es aplicable aquí en cuanto al contenido de los requisitos materiales señalados. En el supuesto que ahora se contempla, la finca litigiosa presenta un cultivo de viña de 2,5 hectáreas y el resto está dedicado al aprovechamiento forestal de pinar –informe del Ingeniero Técnico de la Consejería de Agricultura y Ganadería de la Comunidad de Madrid–. Y así las cosas, las características de la explotación descrita, razonablemente, no exigen una vivienda como instrumento adecuado para su desarrollo de donde deriva la improcedencia del otorgamiento de la licencia en cuestión. En último término, innecesario será advertir que la solución expuesta encuentra su fundamento en la situación de hecho ya reflejada en el citado informe pericial que es la que hubo de tener en cuenta la Administración al dictar la resolución que ahora se revisa y que, por tanto, de concretarse realmente los propósitos del aquí apelante respecto de la puesta en marcha de una explotación de mayores proporciones, pudiera resultar adecuada una solución diferente en caso de nueva instancia». **(STS 15 febrero 1991 [RJ 1991, 956]).**

Viviendas. Relación funcional con la explotación.

«Ha de tenerse en cuenta la relación funcional de las viviendas con la explotación desarrollada: lo fundamental es la tierra y la explotación de sus recursos naturales y si la vivienda resulta exigida por las características de la explotación, integrando así un instrumento para su desarrollo, ha de quedar incluida dentro del régimen jurídico propio de las explotaciones. Una reflexión final impone subrayar que las consideraciones que quedan hechas se refieren precisamente al suelo no urbanizable, es decir, a un suelo excluido de la urbanización. De aquí deriva que ha de ser aplicable en todo caso la exigencia legal de la inexistencia de la posibilidad de formación de un núcleo de población: estaba ya claro en el sentido general del artículo 85.1.2ª del Texto Refundido de 1976 y así lo corrobora hoy el art. 6 de la ya citada Ley de Reforma 8/1990 que refiriéndose al suelo clasificado como no urbanizable o denominación equivalente atribuida por la legislación autonómica, subraya que en todo caso habrá de garantizarse la preservación del mismo del proceso de desarrollo urbano (STS de 12-12-1990 [RJ 1990, 9950]). Lo que sí resulta aquí decisivo es tener en cuenta la calificación urbanística de la finca en el Plan General de Ordenación de Colmenar Viejo. En su art. 88 la incluye en la Zona 14ª (cultivo de secano) de las Normas del Plan General de Ordenación Urbana del Área Metropolitana de Madrid; y esta Zona 14ª comprende «los terrenos de labor dedicados al cultivo de productos agrícolas en régimen de secano»; y, obviamente, vulnerarían esta calificación y zonificación, la autorización y la realización de obras y de instalaciones que implicasen la total transformación del régimen agronómico de secano de la finca y lo cambiasen por el de regadío, por las trascendentales repercusiones que este cambio de régimen agronómico sería susceptible de producir en el urbanístico (cambio de la dimensión de la parcela mínima que de 25.000 m. pasaría a ser de 2.500 m., con la subsiguiente alteración sustancial del estatuto jurídico-urbanístico de la finca rústica según el artículo 85.1.4º de la Ley del Suelo); lo cual, evidentemente, no puede producirse sin un previo Plan –o sin una modificación del existente en 1980– que saque la finca de la Zona 14ª en la que está incluida y la coloque en la 13ª (Zonas de Regadío), art. 87, que permita, sin limitación, hacer dicha transformación». **(STS 7 marzo 1989 [RJ 1989, 1738]).**

«El Plan puede perfectamente contener normas para la protección del suelo no urbanizable –art. 86.2 del Texto Refundido– [...] La instancia que dio origen al expediente ha de ser entendida en el sentido de que se solicitaba licencia para la construcción de una vivienda «anexa a explotación agrícola». CUARTO. Ya se ha dicho que el ordenamiento jurídico urbanístico no se olvida del suelo no urbanizable y por ello con independencia de la protección específica que pueda derivar del planeamiento –art. 86.2 del Texto Refundido– la propia ley se preocupa de regular las construcciones excepcionalmente posibles en dicho suelo diferenciando el procedimiento a seguir en unos y otros casos –art. 85.1.2ª–: A) Cuando se trata de construcciones destinadas a explotaciones agrícolas o vinculadas a obras públicas el procedimiento es el ordinario –art. 178.3 del Texto Refundido– lo que implica un pleno respeto a la competencia municipal –art. 179.1 del mismo Texto Refundido–. B) Sin embargo cuando las construcciones viables –edificaciones o instalaciones de utilidad pública o interés social y viviendas familiares en los lugares en que no exista posibilidad de formación de un núcleo de población– no son subsumibles en el apartado anterior, que es la regla general dentro de la excepcionalidad de la construcción en suelo no urbanizable, el procedimiento ha de ser el previsto en el art. 43.3 del Texto Refundido, lo que da lugar a una intervención hoy autonómica que, en cuanto merma de la autonomía municipal –art. 140 de la Constitución–, ha de ser objeto de interpretación restrictiva». **(STS 30 diciembre 1989 [RJ 1989, 9235]).**

«La facultad de autorizar la construcción de viviendas unifamiliares en suelo no urbanizable está taxativamente condicionada en los artículos 85 y 86 de la Ley del Suelo a que se trate de lugares en los que no exista posibilidad de formación de núcleo de población y de la prueba practicada en autos, correctamente apreciada por el Tribunal de instancia, resulta que en el lugar donde la Diputación Regional de Cantabria dio autorización para edificar existe un tal grado de concentración de viviendas, que el riesgo de consolidación de un núcleo de población en contradicción con la clasificación urbanística atribuida al suelo donde se asientan es evidente, por lo que los acuerdos impugnados en este proceso infringieron los citados preceptos de la Ley del Suelo». **(STS 7 abril 1998 [RJ 1998, 3087]).**

Concepto de utilidad pública e interés social.

«Se alega, ya en cuanto al fondo, que ha quedado justificada la utilidad pública o interés social del establecimiento del mercadillo de venta ambulante, pero tal afirmación no resulta de una simple posibilidad de creación de puestos de trabajo que, se dice, puede llevar consigo la instalación del mercadillo ni se desprende en forma objetiva de los informes del Ayuntamiento y de la Comunidad Autónoma de que se hace eco la Sala sentenciadora que, en su mayoría, resultan contrarios a la estimación de utilidad pública o interés social que se pretende. Debe recordarse que, a tenor de lo establecido en el artículo 44.2 d) del Reglamento de Gestión la petición del interesado debió justificar la utilidad pública o interés social de las instalaciones, lo que no se hizo». **(STS 17 octubre 1998 [RJ 1998, 7993]).**

«Conforme dispone el artículo 85.1.2ª de la Ley del Suelo de 9 abril 1976 en relación con el artículo 44 del Reglamento de Gestión Urbanística, no se pueden realizar en suelo no urbanizable edificaciones o instalaciones de utilidad pública o interés social, sin la previa autorización del órgano urbanístico competente para ello, tras adecuada justificación de tales extremos, constituyendo además tal autorización requisito necesario e ineludible para la posterior obtención de la correspondiente licencia municipal, si a ello hubiese lugar [...]. QUINTO. [...] El concepto de utilidad pública o interés social ha de ir íntimamente ligado a la satisfacción de necesidades generalizadas en la masa de población a que va fundamentalmente dirigida, y la simple instalación del campamento de caravanas pretendido, presenta connotaciones notoriamente perjudiciales a los intereses del vecindario de Munguía al pretenderse tal instalación aguas arriba del núcleo de población que además tiene un acusado déficit en el suministro de agua potable, tal como indicó el Ayuntamiento de Munguía en su Acuerdo de 28 mayo 1988, a lo que cabe agregar que el campamento proyectado, no se sitúa ni en la montaña ni en la inmediata proximidad del mar, que es lo normal en este tipo de instalaciones, en relación con el entorno en que se ubica la aquí proyectada, estando comunicada a escasos minutos de la ciudad de Bilbao, lo que viene a poner de relieve que lo proyectado más que un campamento de caravanas, llega a convertirse en un núcleo urbano de carácter estable, en pugna con lo dispuesto en la legislación sobre campings en el País Vasco, no menos que en lo previsto en la ya citada normativa de la Ley del Suelo». **(STS 20 octubre 1998 [RJ 1998, 8440]).**

Construcciones e instalaciones vinculadas a la ejecución, entretenimiento y servicio de las obras públicas. Gasolineras.

«Como ya tiene repetidamente declarado esta Sala, el artículo 85 en relación con el artículo 86 de la Ley del Suelo de 9 abril 1976, respecto de las posibles licencias de obra otorgables en suelo no urbanizable –o urbanizable no programado–, distingue por un lado las construcciones destinadas a explotaciones agrícolas que guardan relación con la naturaleza y destino de la finca, así como las construcciones e instalaciones vinculadas a la ejecución, entretenimiento y servicio de las obras públicas, supuestos ambos en los que ha de seguirse el procedimiento normal y ordinario del artículo 9 del Reglamento de Servicios de las Corporaciones Locales; y por otro, las construcciones e instalaciones de utilidad pública social que hayan de emplazarse en el medio rural, así como edificios aislados destinados a vivienda familiar en lugares en los que no exista posibilidad de formación de núcleo de población, supuestos en los que el procedimiento a seguir es el especial previsto en los artículos 43.3 de la Ley del Suelo y 44.2 del Reglamento de Gestión Urbanística, y por ende, con intervención y previa aprobación del órgano competente de la Comunidad Autónoma a quien se hubiese transferido la competencia de la actividad regulada en esos preceptos, el que otorgará o denegará la autorización previa, referida en los mismos. Y naturalmente, como criterio general, de conformidad con lo dispuesto en los artículos 179 y 178 de la Ley del Suelo y 6 del Reglamento de Disciplina Urbanística, la competencia exclusiva para el otorgamiento de las licencias de construcciones o instalaciones expresadas en primer lugar pertenece al Ayuntamiento del correspondiente término municipal. QUINTO. [...] Es claro que una estación de servicio de carburantes y complementos no tiene razón de ser ni prácticamente es concebible su instalación y funcionamiento si no es en servicio de los usuarios de la carretera. El propio artículo 68.2 b) del Reglamento de Carreteras de 8 febrero 1977 considera elementos funcionales de las carreteras, las áreas para el servicio de los usuarios de la carretera, como lo son las estaciones de servicio y la Jurisprudencia de esta Sala, en Sentencias de 30 noviembre 1987, 17 abril 1989, 17 mayo 1993 (RJ 1993, 3488) y 11 octubre 1994 (RJ 1994, 7810), entre muchas otras, ha reconocido de modo categórico que tales estaciones de servicio sirven funcionalmente a la carretera. A mayor abundamiento, la Ley de Carreteras de 29 julio 1988, en su artículo 39.2, establece que en las zonas de servidumbre y afección de las carreteras, las autorizaciones correspondientes a las instalaciones en ellos ubicadas corresponde a los Ayuntamientos, a través del procedimiento ordinario previsto en el artículo 9 del Reglamento de Servicios de las Corporaciones Locales, naturalmente en plena adecuación a la legislación sectorial como la antecitada y a la normativa del planeamiento». **(STS 20 abril 1998 [RJ 1998, 3096]).**

«Es reiterada la Jurisprudencia de esta Sala –así, Sentencias de 20 de abril de 1998 (RJ 1998, 3096) y de 5 de junio de 1997 (RJ 1997, 5018), que remiten, a su vez, a otras anteriores– que entiende que las estaciones de servicio se comprenden dentro del supuesto de construcciones e instalaciones vinculadas a la ejecución, entretenimiento y servicio de las obras públicas a que alude el artículo 85.1.2ª TRLS, llegándose a afirmar que «una estación de servicio de carburantes y complementos no tiene razón de ser ni prácticamente es concebible su instalación y funcionamiento si no es en servicio de los usuarios de la carretera» (Sentencia de 20 de abril de 1998)». **(STS 22 enero 1999 [RJ 1999, 353]).**

Viviendas aisladas.

«El terreno en el que pretende montarse la casita de madera está clasificado como urbanizable no programado; que está regulado por el artículo 85 del Texto Refundido; por otra parte, que no hay duda alguna que, como dice el apelante, estamos en presencia de una edificación aislada; de una vivienda unifamiliar aislada. Pues bien, la intervención de la Comisión Provincial de Urbanismo es requisito esencial y previo a la licencia municipal tanto en forma de informe favorable según el artículo 58.2, como en forma de autorización a tenor del artículo 85 en relación con el 43.3 del referido Texto Refundido; porque lo que el legislador quiere prevenir y evitar en todo caso es que no se dificulte la ejecución de los Planes y que no exista posibilidad de formación de un núcleo de población en esa clase de suelo». **(STS 15 noviembre 1996 [RJ 1996, 8022]).**

Artículo 86.

1. Los terrenos que se clasifiquen como suelo no urbanizable en el Plan General por aplicación del artículo 81 estarán sujetos a las limitaciones que se establecen en el artículo anterior.

2. Los espacios que por sus características según el Plan General deban ser objeto de una especial protección a los efectos de esta Ley, no podrán ser dedicados a utilizaciones que impliquen transformación de su destino o naturaleza o lesionen el valor específico que se quiera proteger.

⇒ V. art. 20 de la Ley 6/1998, de 13 abril (§1).
V. arts. 80 y 81 del presente Texto Refundido.
V. arts. 44 y 45 del RGU (§3.2).

Jurisprudencia

Necesidad de emplazamiento en el medio rural de las edificaciones e instalaciones de utilidad pública e interés social.

«La regulación del suelo no urbanizable en nuestro ordenamiento urbanístico admite –arts. 86.1 y 85.1.2º del Texto Refundido de la Ley del Suelo y 44.2 del Reglamento de Gestión Urbanística– la posibilidad de las edificaciones e instalaciones de utilidad pública o interés social, con justificación, en lo que ahora importa, de la «necesidad de su emplazamiento en el medio rural». Esta necesidad integra un concepto jurídico indeterminado para cuya concreción ha de tenerse en cuenta que, desde un punto de vista estrictamente urbanístico, el suelo no urbanizable, en su mayoría, es una categoría residual derivada de su no clasificación como urbano o urbanizable –innecesario es advertir que con otras perspectivas el suelo rústico tiene un claro contenido positivo–. Así las cosas, aquella necesidad de emplazamiento en el medio rural puede producirse, de un modo directo y positivo, cuando la naturaleza de la actividad a desarrollar queda conectada con los fines propios del suelo rústico –el ejemplo clásico es la escuela de capacitación agraria–, pero también, por una vía indirecta, negativa o por consecuencia, cuando las características de la actividad de utilidad pública o interés social sean rechazadas por el suelo urbano. En el caso concreto de un centro penitenciario, su establecimiento en zona separada del núcleo de población –folio 410 del expediente, páginas 32 y siguientes de la Memoria del Plan litigioso– integra una decisión plenamente viable por quedar incluida, si no en la zona de certeza positiva del concepto jurídico indeterminado, sí, por lo menos, en la de penumbra –es el halo de dificultad– que permite un margen de apreciación en la Administración. La autorización para la construcción de edificaciones e instalaciones de utilidad pública o interés social en el suelo no urbanizable regulada en el art. 44.2 del Reglamento de Gestión Urbanística es una competencia hoy autonómica –art. 44.2.2º y 4º– pero su tramitación exige una participación municipal que ha de tener en cuenta a los distintos Municipios afectados por la instalación». **(STS 22 abril 1992 [RJ 1992, 3837]).**

«El suelo no urbanizable, por su propia naturaleza, se caracteriza por su destino y finalidad esencialmente agrícola, ganadera o forestal, no pudiéndose realizar construcciones o edificaciones –artículos 85 y 86 de la Ley del Suelo de 9 abril 1976– salvo las destinadas a explotaciones que guarden relación con el destino natural de la finca que en realidad suponen un complemento consustancial a la explotación agrícola, ganadera o forestal de la finca y que pueden considerarse insertas en la propia explotación de la finca. Excepciones a la regla general de inedificabilidad en este suelo, son únicamente las contenidas en el artículo 85 de la Ley del Suelo –construcciones vinculadas a obras públicas, o de utilidad pública o interés social o edificios aislados destinados a vivienda familiar no existiendo posibilidad de formación del núcleo de población–.

Naturalmente que cuando estamos en presencia de suelo no urbanizable de especial protección, ello conlleva un especial cuidado en la apreciación de las circunstancias concurrentes que puedan dar lugar a la materialización de las excepciones edificatorias acabadas de expresar». **(STS 20 octubre 1997 [RJ 1997, 7623]).**

Suelo no urbanizable común y de especial protección.

«La doctrina jurisprudencial es constante y uniforme en relación con la interpretación y aplicación del artículo 86.2 del Texto Refundido de la Ley del Suelo de 1976, que no debe confundirse con la referencia al artículo 86.1 en relación con el 85. El suelo no urbanizable de especial protección del artículo 86.2 tiene unos usos propios y típicos de tal suelo, que son aquellos que constituyen la base productiva de su aprovechamiento; es decir el agrícola, el pecuario y el forestal; lo que determina una más específica y enérgica protección; de ahí que el precepto prohíba una dedicación o utilización de tales suelos que implique transformación de su naturaleza, aunque sea mínima, o lesione el valor específico que se quiera proteger, puesto que ello vulneraría el aprovechamiento de la sociedad en general; como ha recogido la sentencia de instancia al citar el artículo 45 de nuestra Constitución, en cuanto al disfrute general de un medio ambiente adecuado para el desarrollo de la persona, la utilización racional de todos los recursos naturales con el fin de proteger y mejorar la calidad de vida y defender y restaurar el medio ambiente, apoyándose en la indispensable solidaridad colectiva. La cuestión aquí suscitada no consiste en si el campo de golf ha respetado más o menos ese especial suelo, sino en que la autorización de su instalación nunca debió concederse porque vulnera abiertamente ese precepto 86.2 de la Ley del Suelo y el artículo 45 de la Constitución». **(STS 27 octubre 1997 [RJ 1997, 7634]).**

«Cabe aclarar el equívoco que supone mencionar los artículos 85 y 86 de la Ley del Suelo en relación con el 43.3 sin precisar que nos encontramos en presencia de suelos no urbanizables, pero de especial protección, a los que se refiere el párrafo 2 del artículo 86; y no en presencia de suelo no urbanizable común del artículo 86.1, que es el que está sujeto a las limitaciones que se establecen en el artículo 85. Es decir ante una autorización negativa por parte de la Comisión Provincial de Urbanismo, u Organismo equivalente, confirmada en su caso en vía judicial, no cabe que el Ayuntamiento la desvirtúe con una licencia positiva. Pero si la autorización es positiva el Ayuntamiento conserva íntegra su potestad de control de la legalidad urbanística para otorgar o no una licencia». **(STS 27 octubre 1997 [RJ 1997, 7633]).**

Autorizaciones necesarias.

«Es necesaria la obtención de licencia municipal de movimiento de tierras en actividades extractivas de canteras o minas, según lo previsto en los artículos 21.2 b) del Reglamento de Servicios de las Corporaciones Locales y 178 de la Ley del Suelo de 9 abril 1976, toda vez que ellas implican obras de excavación, desmonte y formación de escombreras modificando, en suma el aspecto y relieve del suelo, estando su control atribuido a los Ayuntamientos a través de sus facultades de intervención urbanística. Precisamente el artículo 86 en relación con el 85.2 de la citada Ley del Suelo, establece para las obras, instalaciones o actividades de utilidad pública o interés social a desarrollar en suelo no urbanizable –como en el supuesto de autos– la posibilidad de obtener licencia municipal, siguiendo el procedimiento de los artículos 43.3 de la propia Ley del Suelo y 44 del Reglamento de Gestión Urbanística. TERCERO. La realización sobre suelo no urbanizable de instalaciones de utilidad pública o interés social, según los artículos 85, 86, 178 y 179 de la Ley del Suelo, 44 y 45 del Reglamento de Gestión Urbanística, está sujeta a la obtención de dos tipos de autorización, pues en primer lugar se requiere la autorización del órgano competente de la correspondiente Comunidad Autónoma, conforme al procedimiento del artículo 43.3 de la Ley del Suelo, desarrollado por el artículo 44 del Reglamento de Gestión Urbanística y en segundo lugar, la licencia de obras o actividad del Ayuntamiento correspondiente, con arreglo al procedimiento ordenado en el Reglamento de Servicios de las Corporaciones Locales o en su caso, en el Reglamento de Actividades Molestas, Insalubres, Nocivas y Peligrosas. La autorización del órgano supralocal ha de ser, pues, previa a la licencia municipal, y necesaria para poder ser ésta otorgada, y siendo los únicos extremos fiscalizables por la Administración competente para otorgar aquella autorización, los relativos a la justificación de la utilidad pública o interés social, a la necesidad de su emplazamiento en medio rural, y a la no formación del núcleo de población». **(STS 17 noviembre 1998 [RJ 1998, 9332]).**

Artículo 87.

1. La ordenación del uso de los terrenos y construcciones enunciada en los artículos precedentes no conferirá derecho a los propietarios a exigir indemnización, por implicar meras limitaciones y deberes que definen el contenido normal de la propiedad según su calificación urbanística. Los afectados tendrán, no obstante, derecho a la distribución equitativa de los beneficios y cargas del planeamiento en los términos previstos en la presente Ley.

2. La modificación o revisión de la ordenación de los terrenos y construcciones establecidas por los Planes Parciales, por los Planes Especiales y por los Programas de Actuación Urbanística sólo podrá dar lugar a indemnización si se produce antes de transcurrir los plazos previstos para la ejecución de los respectivos Planes o Programas, o transcurridos aquéllos si la ejecución no se hubiere llevado a efecto por causas imputables a la Administración.

3. Las ordenaciones que impusieran vinculaciones o limitaciones singulares que lleven consigo una restricción del aprovechamiento urbanístico del suelo que no pueda ser objeto de distribución equitativa entre los interesados conferirán derecho a indemnización.

⇒ V. art. 106.2 de la CE.
V. arts. 2, 41, 42, 43 y 44 de la Ley 6/1998, de 13 abril (§1).
V. art. 76 del presente Texto Refundido.

Jurisprudencia

La Jurisprudencia ha puesto de relieve que el primer párrafo del artículo sienta un principio general de no indemnización por la ordenación del uso de los terrenos, por implicar ello meras limitaciones y deberes que definen y configuran el contenido normal del derecho de propiedad según su clasificación urbanística, que en el suelo urbano y en el urbanizable se incorporan al derecho de propiedad contenidos urbanísticos artificiales que no están en la naturaleza y que son producto de la ordenación urbanística, y que este derecho derivado del destino urbanístico del suelo, previsto en el Plan, sólo se patrimonializa cuando el propietario, cumpliendo los deberes que le imponen los arts. 83.3 y 84.3, con sus concordantes, del Texto Refundido.

«El Planeamiento urbanístico establece la ordenación de un determinado territorio en función a lo que el interés público reclama, delimitando a su vez –arts. 76 y 87.1 TRLS– el contenido normal del derecho de propiedad, al que corresponde aplicar el estatuto que resulte de esa ordenación y en razón a la clasificación y calificación de los terrenos. Comprendiendo ese contenido normal la justa distribución de los beneficios y cargas, mediante los sistemas de actuación, e, incluso, los de expropiación (art. 134.2 LS) o el derecho a la indemnización prevista en el art. 87 del mismo Texto Refundido. Asimismo la doctrina jurisprudencial y con la misma constancia declara –Sentencias por citar algunas, 24 julio, 18 septiembre, 16 y 21 diciembre 1987 (RJ 1987, 7671, *7720*, *9658* y *9687*), y 13 febrero y 17 junio 1989 (RJ 1989, 1115 y 4732)–, que el control jurisdiccional que constitucionalmente consagra el art. 106.1 de la Constitución, se extiende también a los aspectos discrecionales de las potestades administrativas, a través del control de los hechos determinantes y a la luz de los principios generales del Derecho, y que allí donde la Administración opte en razón de oportunidad para una de la soluciones justas, no cabe sustituir la valoración y decisión administrativa por la judicial». **(STS 6 marzo 1993 [RJ 1993, 1591]).**

«La Jurisprudencia de este Tribunal Supremo (Sentencia de 11 febrero 1985 [RJ 1985, 1019]) viene afirmando a tal efecto y con carácter general «la necesidad de una valoración pormenorizada de las circunstancias concurrentes en cada caso para apreciar la existencia o no de lesión o daño indemnizable, dado que la restricción en el uso o en la intensidad del aprovechamiento no tiene por qué generar, sin más, una menor valoración en el mercado (conservación de formas y fachadas, etc., manteniendo el mismo volumen, etc. [...]) unido a que el importe de una eventual indemnización dependerá de varios factores [...] ya que en el caso de una cierta flexibilidad en los usos, manteniendo el volumen, eliminaría, en gran parte, la posibilidad de la indemnización», así como que la misma sentencia establece que «la norma citada del artículo 87 –se refiere al apartado 3 del precepto– debe ser armonizada (en aras de una interpretación sistemática y finalista) con lo dispuesto en los artículos 181 y 182 de la Ley del Suelo, dado que las cargas que impongan la conservación de los edificios no dan lugar a indemnización, siempre que se mantengan dentro de los límites de la normalidad, siendo, no obstante, indemnizables las que excedan de tal límite, esto es, las que no sean encuadrables como de 'conservación' (art. 182.2º y 3º de la Ley) del edificio» [...], y sólo hasta el momento en que el Plan Especial y Catálogo citados se produzcan, no es posible conocer, con plenitud y exactitud, el montante económico que debe alcanzar la indemnización que se postulaba». **(STS 6 julio 1995 [RJ 1995, 5527]).**

Indemnización por modificación anticipada del planeamiento.

«La equitativa distribución de los beneficios y cargas del planeamiento forma parte del contenido normal del derecho de propiedad, pudiendo en ocasiones operar la expropiación forzosa –art. 134.2 del Texto Refundido– e incluso producirse el derecho a la indemnización prevista en el art. 87.2 de dicho Texto». **(STS 21 diciembre 1987 [RJ 1987, 9687]).**

«El carácter estatutario de la propiedad inmobiliaria significa que su contenido será en cada momento el que derive de la ordenación urbanística, siendo pues lícita la modificación de ésta, modificación que, por otra parte, no debe dar lugar a indemnización en principio dado que como ya se ha dicho las facultades propias del dominio, en cuanto creación del ordenamiento, serán las concretadas en la ordenación urbanística vigente en cada momento. Sin embargo y frente a lo expuesto aparece la regla excepcional del artículo 87.2 del Texto Refundido que prevé la indemnización, en lo que ahora importa para los supuestos de modificación o revisión anticipada de los planes parciales. Pero será de destacar ante todo el carácter excepcional de dicho precepto reiteradamente puesto de relieve por la Jurisprudencia: tal excepcionalidad deriva del ya indicado carácter estatutario del régimen de la propiedad inmobiliaria y resulta explicitada, en su contexto próximo, por la relación existente entre los apartados 1 y 2 del citado artículo 87. QUINTO. Y dentro de la excepcionalidad que acaba de destacarse será de indicar que el artículo 87.2 contempla la modificación anticipada de un Plan Parcial. Pero en el supuesto litigioso ni existía un plan de este tipo ni se acredita la nota de la anticipación de la revisión de la ordenación anterior. Lo expuesto, sin necesidad de recordar que el derecho a los aprovechamientos urbanísticos sólo se «adquiere» cuando se cumplen los deberes de urbanización, excluye la indemnización reclamada con la invocación de aquel precepto. SEXTO. Sin embargo, en la medida en que se pretende la indemnización de inversiones y gastos realizados han de entenderse probados los necesarios para la elaboración del Plan Parcial litigioso, presentado a la Administración precisamente atendiendo las indicaciones de ésta –folio 93 del expediente 4035/75, en relación con el folio 9 del expediente 16588/82–. Y así las cosas, este dato junto a la frustración final del indicado Plan Parcial originada por la Revisión del Plan General, integra un funcionamiento normal de la Administración que genera una lesión que no tiene por qué ser soportada por el administrado –así viene a reconocerlo el Ayuntamiento también apelante– y que por tanto ha de ser indemnizada en aplicación de las normas que regulan la responsabilidad patrimonial de la Administración Local –arts. 106.1 de la Constitución, 121 de la Ley de Expropiación Forzosa y hoy arts. 5 C a) y 54 de la Ley Reguladora de las Bases del Régimen Local 7/1985, de 2 de abril–. SÉPTIMO. Se ha invocado también en estos autos el artículo 87.3 del Texto Refundido que establece la indemnizabilidad de las vinculaciones o limitaciones singulares que lleven consigo una restricción del aprovechamiento urbanístico que no pueda ser objeto de una distribución equitativa entre los interesados. Es éste un supuesto de responsabilidad patrimonial de la Administración –Sentencia de 20 de marzo de 1989 (RJ 1989, 2240)–, derivado de la actuación de la potestad de planeamiento –es decir, de un funcionamiento normal de los «servicios públicos"– que se justifica por la existencia de una lesión del derecho a la distribución equitativa de las cargas y beneficios del planeamiento que por prescripción legal se integra dentro del contenido normal de la propiedad –arts. 83.4 y 87.1 del Texto Refundido de la Ley del Suelo–. Ciertamente el planeamiento da lugar a importantes desigualdades pero las corrige mediante los mecanismos de distribución de los beneficios y cargas. Cuando estos mecanismos se muestran incapaces para restablecer la igualdad, ha de entrar en juego el remedio excepcional y subsidiario de la indemnización, es decir, de la responsabilidad patrimonial de la Administración. Ello implica que la lesión indemnizable –sólo cuando ésta existe puede entrar en juego la figura de la responsabilidad de la Administración– se configura por dos elementos: a) una restricción singular del aprovechamiento urbanístico del suelo y b) la imposibilidad de su distribución equitativa. En el supuesto litigioso faltan los datos necesarios para poder perfilar la concurrencia de tales requisitos, de los cuales, el segundo generalmente sólo resulta de constatación viable en la fase de ejecución del planeamiento». **(STS 17 junio 1989 [RJ 1989, 4732]).**

«En cuanto a las indemnizaciones solicitadas, también hemos dicho en múltiples ocasiones que la norma contenida en el apartado 2 del artículo 87 de la Ley del Suelo de 1976 tiene carácter excepcional y debe ser objeto de interpretación estricta, habida cuenta de que la regla general es que la facultad de modificación de la ordenación de los terrenos y construcciones que asiste a la Administración no da derecho en principio a indemnización patrimonial; que sólo procederá cuando se acredite la existencia de una concreta lesión patrimonial en los bienes y derechos de quien la reclame y se justifique que ha dado efectivo cumplimiento de los deberes y actuaciones que impone a los propietarios el ordenamiento urbanístico; de tal suerte que la ausencia de programación temporal de la edificación en el planeamiento modificado, por ejemplo por no establecimiento de plazo para la ejecución de Plan Parcial, no significa que el titular del terreno ya urbanizado no esté obligado al cumplimiento del deber de edificar en un tiempo determinado, por cuanto los artículos 83.3, en cuanto al suelo urbano, y el 84.3, en cuanto al urbanizable programado, imponen a los propietarios, además de las obligaciones de costear y ceder gratuitamente determinadas cesiones, la carga de la edificación en el plazo establecido en el artículo 154 de la Ley de 1976, Texto Refundido, esto es el de dos años para las parcelas que tengan la consideración de solar, o el de tres años a contar desde la recepción provisional de las obras de urbanización en los demás casos. En resumen, solamente cuando se han cumplido tales deberes puede decirse que se han ganado los contenidos artificiales que se añaden al derecho inicial o que éste se ha patrimonializado por haber llegado el plan a su fase final de realización (Sentencias de 5 enero 1990 [RJ 1990, 2136], 25 febrero, 30 julio y 24 noviembre 1992 [RJ 1992, 2973, 6216 y 9067], 26 enero, 6 y 14 abril, 25 mayo, 21 junio y 28 septiembre 1993 [RJ 1993, 451, 7058, 3199, 3506, 4405 y 6631] y 7 diciembre 1994 [RJ 1994, 9823]). En el caso que nos ocupa, según lo probado en los autos, la aplicación de esta doctrina excluye la posibilidad de indemnización al amparo del artículo 87.2. Tampoco es aplicable en este caso el artículo 87.3, puesto que el nuevo planeamiento no ha impuesto limitación o vinculación singular que lleve consigo restricción del aprovechamiento urbanístico del suelo que no pueda en su momento ser objeto de distribución equitativa entre los interesados (Sentencia del Tribunal Supremo de 26 febrero 1992 [RJ 1992, 3016])». **(STS 10 abril 1995 [RJ 1995, 3021]).**

Vinculaciones o limitaciones singulares.

«Se solicita, en fin, una indemnización con invocación del art. 87.3 del Texto Refundido de la Ley del Suelo. Ciertamente, el planeamiento se traza en principio pensando en la ciudad y sus habitantes y no en los propietarios de los terrenos. Justamente por ello el art. 87.1 de dicho Texto Refundido incluye dentro del contenido normal de la propiedad y como elemento integrante del mismo el derecho a la distribución equitativa de los beneficios y cargas del planeamiento. El art. 87.3 contempla el supuesto de vinculaciones o limitaciones singulares para las que no resulta posible aquella distribución equitativa a través de los mecanismos generales establecidos por la Ley del Suelo: el fracaso o imposibilidad de actuación de dichos mecanismos da lugar, subsidiariamente pues, a su sustitución por una indemnización compensatoria. Ello implica que, en los términos en que se ha planteado este proceso, la reclamación de indemnización de daños y perjuicios resulta prematura: todavía no hay constancia de que no sea posible la distribución equitativa de los beneficios y cargas del planteamiento. No resulta pues necesario examinar el tema de si el supuesto litigioso puede o no subsumirse en el invocado art. 87.3 del Texto Refundido». **(STS 27 febrero 1987 [RJ 1987, 3378]).**

«Nos encontramos en un caso paradigmático de aplicación del art. 87.3 de la Ley del Suelo Texto Refundido de 1976, ya que como hemos visto el Plan impone la conservación del edificio y al propio tiempo se encuentra en un área de mantenimiento de la edificación con regulación zonal 3 en la que se excluye el reparto de cargas, por lo que al no haber la más mínima posibilidad de distribución equitativa no hay más compensación para su propietario que la adecuada indemnización; sin que a ello se pueda oponer con éxito que las vicisitudes de tal edificio ponen de relieve que con anterioridad había sido catalogado unas veces como de protección integral y otras de protección ambiental. Resta definir qué Administración debe pechar con la obligación indemnizatoria. Ciertamente el acto recurrido dimana de la Comunidad Autónoma de Madrid a través de la Consejería de Ordenación del Territorio, Medio Ambiente y Vivienda, al resolver recurso de reposición contra Acuerdo del Consejo de 7-3-1985 aprobatorio de la Revisión del Plan General de Ordenación Urbana del Término Municipal de Madrid. Pero como se razona con acierto en la sentencia apelada ello no es suficiente para estimar que sobre aquélla recaiga la carga de la indemnización. Por el contrario tanto en las fases de aprobación inicial como provisional y definitiva, coronadas por los respectivos acuerdos aprobatorios del Plan General de Madrid –en grado de revisión–, de 1985, pese a la Resolución 23-6-1982, que resolviendo recurso de alzada contra el Plan Especial de 1980 de Protección y Conservación de Edificios otorgaba protección ambiental al edificio en cuestión en lugar de la anterior que era integral, pese a ello, decimos, aquellos acuerdos aprobatorios han venido otorgándole protección de fachada protegida. Pero es que además de la normativa citada, de la Memoria y de los propios informes de la Oficina municipal se desprende la clara finalidad de mantener este edificio como residuo arquitectónico representativo de la tipología del antiguo Paseo de la Castellana, que además no está en disonancia con el entorno unifamiliar colindante en la calle Jorge Manrique. De ahí el cambio definitivo al asignársele en las resoluciones recurridas la protección ambiental, que no es sustancial, y que significa una cierta suavización de la anterior protección, pero que al incardinársele en la normativa de la Ordenanza 3, por cuya aplicación se mantiene su conservación pero sin posibilidad de compensación de cargas, porque la Ordenanza no lo permite, supone, como hemos dicho, una clara vinculación cuyas consecuencias económicas deben ser a cargo del Ayuntamiento de Madrid, autor del Plan; y cuya fijación definitiva deberá tener lugar en período de ejecución de sentencia». **(STS 26 febrero 1992 [RJ 1992, 3016]).**

«Tampoco ha lugar a indemnización alguna con base en el artículo 87.3. Como hemos dicho en diversas ocasiones (Sentencias de 11 febrero, 12 marzo y 27 marzo 1991 [RJ 1991, 784 y RJ 1985, 2226], 26 febrero 1992 [RJ 1992, 3016], 26 marzo 1992 [RJ 1992, 3356], etc.) al clasificar y calificar el suelo el Plan no atiende a los intereses de los propietarios que verán sometidos sus terrenos a muy diferente suerte urbanística pero esta desigualdad ha de ser una desigualdad justificada en el momento del planeamiento y compensada en el momento de la ejecución del mismo; de ahí que la indemnización prevista en el artículo 87.3 del Texto Refundido de 1976 se configura por dos elementos, una restricción singular del aprovechamiento urbanístico del suelo y la imposibilidad de su distribución equitativa; que suceden en dos momentos diferentes y el último sólo puede concurrir normalmente cuando en la fase de ejecución del planeamiento se acredite la imposibilidad de la equidistribución de las cargas y beneficios [...] Y en cuanto al segundo elemento tampoco se puede olvidar que el artículo 87.3 hay que ponerlo en relación con los 83.4, 97.2 y 117.3 de la Ley y 36 y 72 del Reglamento de Gestión que no están haciendo referencia específica al suelo no urbanizable de especial protección que es el que nos ocupa. Finalmente en lo que se refiere a la expropiación como forma de indemnización también su momento oportuno será el de la ejecución del Plan, concretamente cuando la Administración decida convertir aquellos terrenos en parques públicos». **(STS 15 noviembre 1995 [RJ 1995, 8333]).**

Artículo 88.

La enajenación de fincas no modificará la situación de su titular en orden a las limitaciones y deberes instituidos por esta Ley o impuestos, en virtud de la misma, por los actos de ejecución de sus preceptos y el adquirente quedará subrogado en el lugar y puesto del anterior propietario en los compromisos que hubiere contraído con las Corporaciones públicas respecto a la urbanización y edificación.

⇒ V. arts. 62 y 155 del presente Texto Refundido.

Jurisprudencia

Los principios de fe pública y legitimación a que responden los artículos 34 y 38 de la Ley Hipotecaria han de entenderse en todo caso, sin perjuicio de lo establecido en el artículo 88, y los posibles perjuicios que los adquirentes de buena fe puedan experimentar a consecuencia de esta «obligatio propter rem» plasmada en dicho precepto, pueden ser resarcidos mediante el ejercicio de las pertinentes acciones.

«Esta Sala tiene declarado –Sentencia de 27 de febrero de 1981 (RJ 1981, 1253)– que la subrogación prevista en el artículo 88 de la Ley del Suelo no es aplicable de manera automática a todas las condiciones impuestas en el acto singular de concesión de licencia de obras, pues la eficacia formal que ésta adquiere al ser firme a consentida por su peticionario no puede prevalecer sobre la circunstancia legal de que dicho artículo refiere el efecto vinculante de las limitaciones y deberes impuestos sobre la propiedad urbana a los que vengan instituidos por la ley o impuestos «por los actos de ejecución de sus preceptos». La subrogación del adquirente exige, pues, «que la condición impuesta en la licencia tenga cobertura legal en el ordenamiento urbanístico [...] OCTAVO. Si, por lo que se ha expresado en los fundamentos precedentes, la condición que se ha analizado no tiene apoyo en la normativa urbanística, no puede entenderse ajustada a Derecho la afirmación, que sirve de base para denegar la licencia de vallado cuestionada, de que se está ante una vía pública, ni tampoco puede sostenerse la aplicación en el caso enjuiciado de lo dispuesto en el artículo 88 de la Ley del Suelo"». **(STS 12 junio 1990 [RJ 1990, 4819]).**

«El artículo 62 de la Ley conforma, sobre todo, una garantía para los adquirentes de terrenos, puesto que en casos de incumplimiento por parte del vendedor, el comprador queda facultado para resolver el contrato en plazo de un año. Y el artículo 88 supone también una garantía para el Ayuntamiento puesto que el adquirente quedará subrogado en el lugar y puesto del anterior propietario en los compromisos que hubiere contraído con las corporaciones públicas respecto a la urbanización; compromisos que, sin duda, debe proporcionar al nuevo adquirente el vendedor, en este caso el promotor primer y único propietario de los terrenos. Es decir para que este engranaje funcione correctamente es indispensable, según se desprende de la interpretación de tales preceptos en relación con el 126 y 130 de la Ley, 46 del Reglamento de Planeamiento y 178, 181, 183 y 156 del Reglamento de Gestión un fluido y completo cauce de información entre corporaciones, promotores y sucesivos adquirentes, sin que sea suficiente, como en el caso concreto que nos ocupa, la remisión al artículo 167 del Reglamento de Planeamiento sobre publicidad de planes y ventas de parcelas. De no entenderlo así la remisión que hacen los artículos 156 y 181 del Reglamento de Gestión al procedimiento de expropiación según la Ley y el Reglamento de Expropiación, tropezaría con el inconveniente de la no identificación del adquirente exigidos en el artículo 7 de este Reglamento». **(STS 9 octubre 1990 [RJ 1990, 8121]).**

«Pero con una determinación pública del contenido del derecho de propiedad, de suerte que las facultades que lo integran las atribuye la ordenación urbanística en los términos que ésta establece –arts. 76 del Texto Refundido de la Ley del Suelo y 2 de la Ley 8/1990, de 25 de julio, sobre Reforma del Régimen Urbanístico y Valoraciones del Suelo–. Así las cosas y en cuanto a dichas facultades, el cambio de propietario debe resultar intrascendente y el adquirente ha de quedar subrogado en la posición jurídica del transmitente –art. 88 del Texto Refundido de la Ley del Suelo–, sin que para ello pueda ser obstáculo la protección derivada del Registro de la Propiedad –arts. 13 y 34–. Planteando la cuestión en el terreno de la vulneración de la ordenación urbanística será necesario distinguir dos tipos de consecuencias: A) La restauración del orden jurídico perturbado con demolición, en lo que ahora importa, de lo indebidamente construido. En este terreno opera plenamente la subrogación declarada en el art. 88 del Texto Refundido. B) La imposición de sanciones a los responsables. En este ámbito la virtualidad de los principios propios del Derecho Penal en el campo de las sanciones administrativas –Sentencias de 26 de mayo de 1987 (RJ 1987, 5850), 22 de julio de 1988 (RJ 1988, 6328), 20 de diciembre de 1989 (RJ 1989, 9222), 12 de marzo, 3 de abril, 20 de junio, 3 de julio, 25 de septiembre y 31 de octubre de 1990 (RJ 1990, 1959, 3578 y 5218) etc.–, y más concretamente el principio de la personalidad de la pena dan lugar a que la responsabilidad haya de ser una consecuencia de la participación en los hechos constitutivos de la infracción. Ha de entenderse por tanto que en el terreno sancionador no cabe la subrogación». **(STS 8 noviembre 1990 [RJ 1990, 8816]).**

«No queda, por último, sino hacer una breve referencia a la situación del recurrente señor U. A. que pretende eludir su responsabilidad en base a que cuando, en 13 de julio de 1970, se constituyó la Asociación de propietarios, todavía no había adquirido los terrenos ubicados en el citado «Polígono 13». El hecho de que el citado apelante no suscribiera el referido documento notarial, como aduce el Ayuntamiento apelado, no le libera ni le exime de su obligación de contribuir a sufragar la urbanización del Polígono, pues se trata de una obligación legal –artículo 114 de la Ley del Suelo de 1956–, al margen de la forma de gestión utilizada para la ejecución del Plan, que se mantiene aunque la finca sea transmitida, quedando subrogado el adquirente, según dispone el artículo 71 de la referida Ley –equivalente al artículo 88 del Texto Refundido de 9 abril 1976 y artículo 22 del vigente Texto Refundido de 26 junio 1992– en el lugar y puesto del anterior propietario en los compromisos que hubiere contraído con las Corporaciones Públicas respecto a la urbanización y edificación». **(STS 15 febrero 1994 [RJ 1994, 1446]).**

«Con la transmisión del inmueble la propietaria adquirente asumió la obligación legal, en aquel momento impuesta por los artículos 181.1 del Texto Refundido de la Ley sobre Régimen del Suelo y Ordenación Urbana, aprobado por Real Decreto 1346/ *1976, de 9 abril, y 10.1 del* Reglamento de Disciplina Urbanística, aprobado por Real Decreto 2187/1978 [reiterada hoy por el artículo 21.1 del vigente Texto Refundido de la Ley sobre Régimen del Suelo y Ordenación Urbana, aprobado por Real Decreto Legislativo 1/1992, de 26 junio, de mantener la casa adquirida en condiciones de seguridad, salubridad y ornato públicos, de manera que si el Ayuntamiento demandado estaba facultado para imponerle el cumplimiento de estas obligaciones urbanísticas, según establecían concordadamente los artículos 181.2 del mencionado Texto Refundido de 1976 y 10.2 y 3 del indicado Reglamento de Disciplina Urbanística, no se puede negar a la propietaria, obligada a cumplir dichas obligaciones de conservación, la titularidad del derecho para exigir del Ayuntamiento la reparación de los daños que, en su opinión, se habían producido en la casa por ella adquirida como consecuencia de la propia actuación municipal en el incorrecto ejercicio de sus competencias en materia de disciplina urbanística, de manera que, al haberle transmitido los anteriores propietarios con la titularidad dominical del inmueble las obligaciones urbanísticas establecidas por los indicados preceptos, la nueva propietaria se subrogó también en los derechos que aquéllos tuviesen frente al Ayuntamiento para exigirle la adecuada reparación, que ya habían reclamado en vía administrativa. Cabe afirmar que, al transmitirse con el inmueble los deberes urbanísticos, se transmiten simultáneamente los correlativos derechos y facultades de igual naturaleza, entre ellos el de reclamar de la Administración, competente para imponer el cumplimiento de aquellos deberes, el resarcimiento por los daños causados como consecuencia del ejercicio de sus potestades urbanísticas, según el principio de «subrogación real» y de «inalterabilidad» del "status» de la propiedad, que establecía el artículo 88 del Texto Refundido de la Ley sobre Régimen del Suelo y Ordenación Urbana, aprobado por el Real Decreto 1346/1976, y que en la actualidad recoge, de forma rotunda e indubitada, el artículo 22 del vigente Texto Refundido, aprobado por el Real Decreto Legislativo 1/1992, de 26 junio, la cual fue objeto de una vacilante Jurisprudencia del Tribunal Supremo (Sentencias, entre otras, de 5 diciembre 1979 [RJ 1979, 4713], 16 diciembre 1980 [RJ 1980, 5022], 30 septiembre 1981 [RJ 1981, 3960], 17 y 24 noviembre y 17 diciembre 1981 [RJ 1981, 3961 y 5299], 26 febrero 1982 [RJ 1982, 1640], 15 marzo 1982 [RJ 1982, 1702], 19 enero 1983, 14 abril y 27 y 28 junio 1983 [RJ 1983, 3663 y 3669], 2 y 24 abril 1984 [RJ 1984, 2553 y 2006], 16 octubre 1984 [RJ 1984, 4924], 31 enero 1985 [RJ 1985, 937], 13 febrero 1985 [RJ 1985, 1028] y 1, 12 y 13 abril 1985 [RJ 1985, 1786, 2205 y 2864]). La solución dada por los citados preceptos legales constituye una garantía para la Administración al ostentar sus potestades urbanísticas frente al propietario de la finca y también para éste al facultarle para exigir de la Administración la responsabilidad en que hubiera podido incurrir en el uso de aquéllas, lo que, en definitiva, redunda en un más eficaz cumplimiento tanto por la Administración Pública como por los particulares de sus facultades y obligaciones urbanísticas». **(STS 14 mayo 1994 [RJ 1994, 4190]).**

«Esta Sala tiene declarado (así en Sentencias de 7 octubre 1980 [RJ 1980, 5116], 27 febrero 1981 [RJ 1981, 1253] y 10 mayo 1990 [RJ 1990, 4060]) que el efecto subrogatorio que establece el artículo 88 de la Ley del Suelo «no requiere la previa inscripción en el Registro de la Propiedad Inmobiliaria, porque el artículo 34 de la Ley Hipotecaria, salvo los casos en que así lo disponga una norma legal y expresa, no alcanzan a las limitaciones y deberes instituidos en las Leyes Reguladoras de la Ordenación Urbana y Régimen del Suelo o impuestas en actos de ejecución de sus preceptos, y tal doctrina debe mantenerse a pesar de las críticas que se han formulado contra el mencionado artículo 88 en el sentido de estimarlo atentatorio a los principios de publicidad y seguridad del tráfico jurídico inmobiliario, porque, frente a ellas, debe tenerse presente que, además de no consentir otra interpretación los claros términos de dicho precepto, el mismo Texto Refundido establece en su artículo 55 un sistema de publicidad urbanística que permite a todo ciudadano obtener conocimiento del régimen urbanístico a que esté sometido el edificio, o parte de él, que pretenda adquirir, y en tal sentido el recurrente no puede trasladar al orden jurídico administrativo la frustración que de sus proyectos adquisitivos se produzca a consecuencia de su negligencia informativa o de la falta de advertencia del vendedor, contra el cual siempre podrá ejercitar las acciones civiles que le correspondan». CUARTO. En el mismo sentido, y en relación ya en concreto con supuestos de órdenes de demolición para la restauración del orden urbanístico perturbado, se pronuncian las Sentencias de esta Sala de 2 y 8 noviembre 1990 (RJ 1990, 8816). En esta última se declara que «nuestro ordenamiento jurídico mantiene la titularidad privada del suelo pero con una determinación pública del contenido del derecho de propiedad, de suerte que las facultades que lo integran las atribuye la ordenación urbanística en los términos que ésta establece –artículos 76 del Texto Refundido de la Ley del Suelo y 2 de la Ley 8/1990, de 25 julio, sobre Reforma del Régimen Urbanístico y Valoración del Suelo–», por ello, y en cuanto a dichas facultades, «el cambio de propietario debe resultar intrascendente y el adquirente ha de quedar subrogado en la posición jurídica del transmitente –artículo 88 del Texto Refundido de la Ley del Suelo–, sin que para ello pueda ser obstáculo la protección derivada del Registro de la Propiedad –artículos 13 y 34 de la Ley Hipotecaria–». QUINTO. La fe pública registral, en definitiva, protege al tercer adquirente de las limitaciones voluntarias, no así de las instituidas por ley o, como ocurre en el presente caso, de las impuestas, en virtud de la misma, por los actos de ejecución de sus preceptos que, en cuanto afectan al interés general, gozan de una publicidad que trasciende a la del Registro de la Propiedad, de suerte que en los supuestos de enajenación de fincas el adquirente queda subrogado en el lugar y puesto del transmitente no sólo en cuanto a aquellas limitaciones impuestas por la ley o derivadas de la misma, sino también en cuanto a los compromisos y obligaciones asumidos por éste con la Administración pública, sin perjuicio, claro está, de las facultades resolutorias e indemnizatorias que a aquél reconoce el artículo 62 del Texto Refundido de la Ley del Suelo». **(STS 21 junio 1994 [RJ 1994, 4995]).**

«La Comunidad de Propietarios apelante, como adquirente de las fincas urbanas integrantes del edificio, no obstante el consiguiente reflejo registral, ha quedado subrogada en el puesto de la anterior entidad propietaria respecto a los compromisos contraídos por ésta con el Ayuntamiento con motivo de la tan repetida licencia, conforme al citado principio de subrogación real». **(STS 29 enero 1996 [RJ 1996, 222]).**

«En todo caso el artículo 88 de la Ley del Suelo Texto Refundido de 1976 –que cita la sentencia de instancia– establece que la enajenación de fincas no modificará la situación de su titular en orden a las limitaciones y deberes instituidos por esta Ley o impuestos en virtud de la misma por los actos de ejecución de sus preceptos, y el adquirente quedará subrogado en el lugar y puesto del anterior propietario en los compromisos que hubiere contraído con las Corporaciones públicas respecto a la urbanización y edificación, según el principio de subrogación real (Sentencia de 8 noviembre 1994 [RJ 1994, 8499], etc.). Por otra parte el artículo 155 de dicha Ley establece que los plazos señalados para la edificación no se alteran aunque durante los mismos se efectuaran varias transmisiones de dominio; finalmente el artículo 62 señala la obligación del enajenante de consignar los compromisos que como propietario hubiere adquirido en sus terrenos en proceso de urbanización; omisión que faculta al adquirente para la resolución del contrato y exigencia de daños y perjuicios». **(STS 16 julio 1996 [RJ 1996, 6191]).**

CAPÍTULO II

Patrimonio municipal del suelo

Artículo 89.

1. Los Ayuntamientos de capitales de provincia, los de población superior a cincuenta mil habitantes, los que voluntariamente lo acuerden y los demás que señalare el Ministro de la Vivienda, constituirán su respectivo Patrimonio municipal del suelo.

2. Dicho Patrimonio tendrá por finalidad prevenir, encauzar y desarrollar técnica y económicamente la expansión de las poblaciones, y se adscribirá a la gestión urbanística para la inmediata preparación y enajenación de solares edificables y reserva de terrenos de futura utilización.

⇒ V. arts. 165 y ss. del presente Texto Refundido.

Artículo 90.

1. La adquisición de terrenos para constituir el Patrimonio se verificará conforme al programa de actuación del Plan General Municipal de Ordenación Urbana, si estuviera aprobado.

2. La adquisición de terrenos para formar reservas de suelo podrá efectuarse mediante expropiación, previa aprobación por la Comisión Provincial de Urbanismo de un proyecto integrado por Memoria justificativa y plano delimitador de la superficie correspondiente.

3. Cuando resultaren incluidos en el Plan bienes de propios, quedarán afectos al Patrimonio municipal del suelo.

4. El volumen patrimonial se atemperará a las necesidades del Plan General y a los medios económicos de cada Ayuntamiento.

⇒ V. arts. 165 y ss. del presente Texto Refundido.

Artículo 91.

1. Los Ayuntamientos que tuvieren reconocido un perímetro de influencia para el planeamiento urbanístico podrán extender su patrimonio de suelo a los términos municipales que comprenda.

2. *Para aplicar la expropiación forzosa a territorio ajeno al propio término municipal se precisará autorización del Ministerio de la Gobernación, previo informe del de la Vivienda.*

✐ La STC 159/2001, de 5 julio (RTC 2001, 159), declara inconstitucional y derogado por la CE el art. 91.2 del RD 1346/1976, de 9 abril, por el cual se aprobó el Texto Refundido de la Ley sobre Régimen de Suelo y Ordenación Urbana.

⇒ V. arts. 165 y ss. del presente Texto Refundido.

Artículo 92.

Las enajenaciones de terrenos del Patrimonio estarán supeditadas a la conveniencia de edificarlos o al cumplimiento del Plan General, dentro de los plazos que, en uno u otro caso, se señalaren.

⇒ V. arts. 165 y ss. del presente Texto Refundido.

Artículo 93.

Los ingresos obtenidos por la gestión urbanística mediante enajenación de terrenos del Patrimonio se destinarán a la conservación y ampliación del mismo.

⇒ V. arts. 165 y ss. del presente Texto Refundido.

Jurisprudencia artículos 89 a 93

«Que el problema de fondo referente a la impugnación de la aprobación definitiva de la delimitación de los polígonos 1, 2, 3, y 4 del Sector del Centro Direccional de San Cugat del Vallés para la formación del Patrimonio Metropolitano, tiene como finalidad prevenir, encauzar y desarrollar, técnica y económicamente la expansión de las poblaciones, según dice el art. 25 del D. de 28 noviembre 1974, criterio repetido del art. 89 de la vigente Ley del Suelo, por lo que resulta evidente la competencia de la Corporación Metropolitana de Barcelona para realizar la delimitación impugnada por entender necesaria la formación de un Plan Parcial, cuando con arreglo al art. 90 de la vigente Ley de Régimen del Suelo y Ordenación Urbana de 9 abril 1976 basta la memoria justificativa y el Plano delimitador para formar las reservas de suelo, requisitos éstos que se han observado en las resoluciones recurridas». **(STS 7 diciembre 1983 [RJ 1983, 6265]).**

«Conforme a la normativa entonces vigente, constituida por los arts. 109 del Texto Articulado parcial de la Ley 41/1975, de 19 noviembre, de Bases del Estatuto del Régimen Local, aprobado por Real Decreto 3046/1977, de 6 octubre, 4 del Texto Articulado de la Ley de Bases de Contratos del Estado aprobado por Decreto 923/1965, de 8 abril, y 5, 6, 7 y 8 del Reglamento General de Contratación del Estado aprobado por Decreto 3410/1975, de 25 noviembre, y que no ha experimentado variación tras las promulgaciones de la Ley 7/1985, de 2 abril, Reguladora de las Bases del Régimen Local, y del Texto Refundido de las disposiciones legales vigentes en materia de Régimen Local que aprobó el Real Decreto Legislativo 781/1986, de 18 abril, de acuerdo con las disposiciones transitoria primera y final primera de aquélla y el art. 112 de éste, al contrato celebrado en 1977 entre el Ayuntamiento de Madrid, representado por su Gerencia Municipal de Urbanismo, y don Tomás B. B. necesariamente ha de atribuírsele naturaleza administrativa [...] Lo cual, puesto en relación con los arts. 89, 90, 92, 165 y 168 del Texto Refundido de la Ley sobre Régimen del Suelo y Ordenación Urbana de 9-4-1976, relativos al patrimonio municipal del suelo y al fomento de la edificación, forzosamente hace atribuible tal naturaleza contractual, por cuanto el desarrollo del contrato, evidentemente, hacía precisa una especial tutela del interés público por sus singulares características intrínsecas, y además, conforme al art. 19 d) del Reglamento de Gestión Urbanística, entraba dentro del giro específico de la Gerencia Municipal de Urbanismo del Ayuntamiento de Madrid. Razón por la que pudo perfectamente ésta proceder a la resolución del contrato por incumplimiento de la condición edificatoria en uso de la prerrogativa que le otorgaban las disposiciones transitoria primera y final primera de la Ley Reguladora de las Bases del Régimen Local, y los arts. 114.1 del Texto Refundido de las disposiciones legales vigentes en materia de Régimen Local, 4 y 18 de la Ley de Contratos del Estado y 7, 50 y 51 del Reglamento General de Contratación del Estado». **(STS 21 diciembre 1993 [RJ 1993, 9839]).**

«El Patrimonio Municipal del Suelo fue regulado en la Ley del Suelo de 1956 como un conjunto de bienes de que las Corporaciones se puede servir «para regular el precio en el mercado de solares» (Exposición de Motivos), con la finalidad de "prevenir, encauzar y desarrollar técnica y económicamente la expansión de las poblaciones». Este conjunto de bienes tiene una característica especial, a saber, que su finalidad específica se realiza mediante la circulación propia del tráfico jurídico pero sin disminución o merma del propio Patrimonio, toda vez que el producto de las enajenaciones de los bienes de éste habrá de destinarse a la conservación y ampliación del propio Patrimonio (artículo 93 del TRLS). Por ello se ha podido decir que «las dotaciones económicas que se pongan a disposición del Patrimonio Municipal del Suelo constituyen un fondo rotatorio de realimentación continua, por aplicaciones sucesivas al mismo fin, de dicho Patrimonio, lo que constituye una técnica visible de potenciación financiera». En definitiva, se ha venido así aceptando pacíficamente que el Patrimonio Municipal del Suelo constituye un «patrimonio separado» (lo que hoy está ya expresamente dicho en el artículo 276.2 del nuevo Texto Refundido de la Ley del Suelo de 26 junio 1992 [RJ 1992, 1468]). La Ley ha querido y quiere que el Patrimonio Municipal del Suelo funcione como un patrimonio separado, es decir, como un conjunto de bienes afectos al cumplimiento de un fin determinado, fin que aquí no es cualquiera de los que las Corporaciones han de perseguir según la legislación de régimen local (artículos 25 y 26 de la Ley de Bases de Régimen Local de 2 abril 1985), sino el específico y concreto de «prevenir, encauzar y desarrollar técnica y económicamente la expansión de las poblaciones» (artículo 89.2 del Texto Refundido de 9 abril 1976), y ha querido y quiere expresamente, con una claridad elogiable, que el producto de las enajenaciones de terrenos del Patrimonio se destinen no a cualquier fin, por loable y razonable que sea, sino al específico de la conservación y ampliación del propio Patrimonio Municipal del Suelo (artículo 93, ya citado). NOVENO. Esta es la caracterización que el legislador ha dado a los Patrimonios Municipales del Suelo, y se comprenderá que, ante tamaña claridad, sólo una expresa previsión legislativa en contrario puede hacer que los mismos, abandonando su origen, su caracterización y su finalidad, pasen a convertirse en fuente de financiación de otras y muy distintas necesidades presupuestarias municipales». **(STS 2 noviembre 1995 [RJ 1995, 8060]).**

CAPÍTULO III
Parcelaciones y reparcelaciones

Artículo 94.

1. Se considerará parcelación urbanística la división simultánea o sucesiva de terrenos en dos o más lotes cuando pueda dar lugar a la constitución de un núcleo de población, en la forma en que éste se defina reglamentariamente.

2. Se considerará ilegal, a efectos urbanísticos, toda parcelación que sea contraria a lo establecido en el Plan, Programa o Norma Urbanística que le sea de aplicación o que infrinja lo dispuesto en el artículo 96 de esta Ley.

Artículo 95.

1. Serán indivisibles:

a) Las parcelas determinadas como mínimas en el correspondiente Plan o Norma, a fin de constituir fincas independientes.

b) Las parcelas cuyas dimensiones sean iguales o menores a las determinadas como mínimas en el Plan, salvo si los lotes resultantes se adquieran simultáneamente por los propietarios de terrenos colindantes, con el fin de agruparlos y formar una nueva finca.

c) Las parcelas cuyas dimensiones sean menores que el doble de la superficie determinada como mínima en el Plan, salvo que el exceso sobre dicho mínimo pueda segregarse con el fin indicado en el apartado anterior; y

d) Las parcelas edificables en una proporción de volumen en relación con su área cuando se constituyere el correspondiente a toda la superficie, o, en el supuesto de que se edificare en proporción menor, la porción de exceso, con las salvedades indicadas en el apartado anterior.

2. Los Notarios y Registradores harán constar en la descripción de las fincas la cualidad de «indivisible» de las que se encontraren en cualquiera de los casos expresados.

3. Al otorgarse licencia de edificación sobre una parcela comprendida en el apartado d) del párrafo 1, se comunicará al Registro de la Propiedad para su constancia en la inscripción de la finca.

Artículo 96.

1. No se podrá efectuar ninguna parcelación urbanística sin que previamente haya sido aprobado un Plan General cuando afecte a suelo urbano, o sin la previa aprobación del Plan Parcial del sector correspondiente para el

suelo urbanizable. En suelo no urbanizable no se podrán realizar parcelaciones urbanísticas.

2. Toda parcelación urbanística quedará sujeta a licencia y toda reparcelación a la aprobación del proyecto correspondiente.

3. Los Notarios y Registradores de la Propiedad exigirán para autorizar e inscribir, respectivamente, escrituras de división de terrenos, que se acredite el otorgamiento de la licencia, que los primeros deberán testimoniar en el documento.

4. En ningún caso se considerarán solares ni se permitirá edificar en ellos los lotes resultantes de una parcelación o reparcelación efectuadas con infracción de las disposiciones de este artículo o el que antecede.

⇒ V. arts. 71 y ss. del RGU (§3.2).
V. arts. 178, 225, 226 y 227 del presente Texto Refundido.

Jurisprudencia artículos 94 a 96

La parcelación urbanística de conformidad con el artículo 178.1 del Texto Refundido de la Ley del Suelo es un acto de edificación y uso del suelo sometido a la necesidad de obtención de previa licencia, en cuanto supone la división simultánea o sucesiva de terrenos en dos o más lotes cuando puedan dar lugar a la constitución de un núcleo de población. Parcelaciones ilegales.

«SEGUNDO. La parcelación urbanística, o división de una finca en dos o más parcelas independientes destinadas a la edificación y puedan dar lugar a la formación de un núcleo de población, según definición que se infiere del artículo 94 de la Ley sobre Régimen del Suelo y Ordenación Urbana tanto se realice de forma simultánea o sucesiva modalidades distintas contempladas en dicho artículo, no se produce con la simple división física del terreno, sino que se completa con la división jurídica del derecho de propiedad sobre el suelo, de suerte que éste pase a ser material y jurídicamente fincas independientes, sigan o no perteneciendo a un mismo propietario, constituyendo una actuación continuada a la que cabe considerar compleja, conforme tiene aclarado la extinguida Sala Cuarta de este Tribunal en su Sentencia de 7 de febrero de 1985 (RJ 1985, 2594), seguida luego por la de 29 de septiembre de 1987 (RJ 1987, 8276), con más acentuado carácter cuando es sucesiva y no simultánea y los lotes producto de la división pasan a enajenarse a terceros, aunque de él no quede desprovista en el caso segundo, que produce el importante efecto de que de acuerdo con lo previsto en el párrafo segundo del artículo 92 del Reglamento de Disciplina Urbanística, en el que no se hace sino reiterar lo que doctrinal y jurisprudencialmente así se ha concebido respecto de toda actividad permanente o continuada, el cómputo del día inicial del plazo de prescripción deba necesariamente referirse a los actos finales o de terminación de la operación con los que ésta se consuma, actos finales que las antedichas sentencias hacen coincidir con los de otorgamiento de las escrituras públicas de venta de las parcelas resultantes de la parcelación». **(STS 13 marzo 1990 [RJ 1990, 1963]).**

«De acuerdo con lo dispuesto en el artículo 94 del Texto Refundido de la Ley del Suelo de 1976 se considera parcelación urbanística la división simultánea o sucesiva de terrenos en dos o más lotes cuando puedan dar lugar a la constitución de un núcleo de población, prohibiendo el artículo 96 del propio Texto Legal indicado toda parcelación en suelo no urbanizable. La división y enajenación de terrenos, simultánea o sucesiva, en lotes que puedan dar lugar a la constitución de un núcleo de población en suelo no urbanizable, puesto ello de relieve por las concretas circunstancias de cada caso, constituye pues la figura típica de una infracción urbanística constitutiva de parcelación ilegal, siendo irrelevante por sí mismo a tales efectos, como ha hecho notar esta Sala, el hacerse constar en las trasmisiones operadas que la finca en cuestión estaba destinada al cultivo agrícola –Sentencia de 1 junio 1988 (RJ 1988, 4517)– o la apariencia que a la operación se haya dado de parcelación agrícola, para el establecimiento de huertos familiares –Sentencia de 6 junio 1988– sin que la responsabilidad de tal tipo de parcelación desaparezca en el promotor por la circunstancia de que en las escrituras de venta de las parcelas resultantes se hiciera constar que el comprador era conocedor de la calificación urbanística de la finca y de su condición de inedificable, pues aquella responsabilidad se origina del hecho de la parcelación que pueda dar lugar a la formación de un núcleo de población, posibilidad que no queda eliminada con la concurrencia de aquellas advertencias, tal como establece también la Sentencia de esta Sala de 4 abril 1988 (RJ 1988, 2586)». **(STS 3 octubre 1995 [RJ 1995, 7876]).**

«El concepto de parcelación urbanística viene establecido en el artículo 94 del Texto Refundido de la Ley del Suelo de 9 abril 1976 como la división de terrenos en dos o más lotes que pueda dar lugar a la constitución de un núcleo de población, considerándose ilegal toda parcelación urbanística –artículo 96 de la LS– en suelo urbano sin previa aprobación del Plan General, o del Plan Parcial del sector correspondiente en suelo urbanizable, y no pudiéndose realizar tales parcelaciones en suelo no urbanizable.

En la solicitada licencia aquí enjuiciada, la edificación objeto de la misma está emplazada en suelo no urbanizable y de la prueba practicada en el expediente y en los autos de instancia, ha quedado fehacientemente acreditado que constituye, de facto una parcelación urbanística ilegal al poder dar lugar a la constitución de un núcleo de población, independientemente o no de que éste se haya o no materializado y además realizada en suelo no urbanizable donde conforme al artículo 96, en todo caso están expresamente prohibidas, no siendo susceptible en dicho suelo –artículo 86 en relación con el 85.1.2ª) de la LSsino edificios aislados o edificaciones o instalaciones de utilidad pública, y en todo caso en lugares en que no exista posibilidad de formación de un núcleo de población». **(STS 23 noviembre 1995 [RJ 1995, 8072]).**

«Tal como previenen el artículo 12.2.1 b) de la Ley del Suelo de 1976, entonces vigente, y 29.1 c) del Reglamento de Planeamiento, en suelo urbano, los Planes Generales son los que han de contener la asignación de usos pormenorizados correspondientes a las diferentes zonas, precisando el artículo 95 de la propia Ley del Suelo en relación con el 94 que serán indivisibles las parcelas determinadas como mínimas en el correspondiente Plan o Norma, considerándose ilegal a efectos urbanísticos toda parcelación que sea contraria a lo establecido en el Plan, Programa o Norma urbanística que le sea de aplicación. Como vemos, solamente el Plan, puede legitimar la división del terreno en parcelas urbanísticas y establecer los módulos o parámetros en base a los que ha de efectuarse tal división, pero los Planes, Normas Complementarias, Programas de Actuación Urbanística, Normas, Ordenanzas y Catálogos serán inmediatamente ejecutivos –artículo 56 de la Ley del Suelo– una vez publicada su aprobación definitiva, quedando obligada la Administración y los particulares, al cumplimiento de las disposiciones sobre ordenación urbana contenidas –artículo 57 de la Ley del Suelo– en los Planes. El artículo 133.4 del Reglamento de Planeamiento Urbanístico preceptúa que todas las modificaciones que se introduzcan en el Plan y que resulten aprobadas definitivamente deberán reflejarse en los planos o documentos correspondientes, extendiéndose diligencia de invalidación en aquellos que sean objeto de modificación». **(STS 12 diciembre 1995 [RJ 1995, 9347]).**

Cerramientos y vallados.

«El simple cerramiento o vallado metálico de un terreno rústico, tanto en su contorno como en su fraccionamiento interior, porque ello, autorizado por el Código Civil, no supone construcción alguna que, como limitación a las facultades contenidas en dicho Cuerpo Legal, se establezcan entre lo prohibido por la normativa urbanística, ni, aunque lo supusiera o, al amparo de la licencia de cerramiento, se pretendiera encubiertamente construir algo, no por ello se vulnerarían, sin más, las prohibiciones de aquellos preceptos, porque de su literalidad resulta que en los terrenos de dicho modo calificados, se permiten, además de otras construcciones y siquiera por excepción, «las destinadas a explotaciones agrícolas que guarden relación con la naturaleza y destino de la finca y se ajusten, en su caso, a los planes o normas de Ministerio de Agricultura"». **(STS 29 febrero 1988 [RJ 1988, 1506]).**

«La parcelación urbanística, o división de una finca en dos o más parcelas independientes destinadas a la edificación y que pueda dar lugar a la formación de un núcleo de población, según definición que se infiere del artículo 94 de la Ley sobre Régimen del Suelo y Ordenación Urbana, tanto se realice de forma simultánea como sucesiva, modalidades distintas contempladas en dicho artículo, no se produce con la simple división física del terreno, sino que se completa con la división jurídica del derecho de propiedad sobre el suelo, de suerte que éste pase a ser material y jurídicamente fincas independientes, sigan o no perteneciendo a un mismo propietario, constituyendo una actuación continuada a la que cabe considerar compleja, con más acentuado carácter cuando es sucesiva y no simultánea y los lotes producto de la división pasan a enajenarse a terceros, aunque de él no quede desprovista en el caso segundo, que produce el importante efecto de que de acuerdo con lo previsto en el párrafo segundo del artículo 92 del Reglamento de Disciplina Urbanística, el que no hace sino reiterar lo que doctrinal y jurisprudencialmente así se ha concebido respecto de toda actividad permanente o continuada, el cómputo del día inicial del plazo de prescripción deba necesariamente referirse a los actos finales o de terminación de la operación con los que ésta se consuma, actos finales que coinciden con los de otorgamiento de las escrituras públicas de venta de las parcelas resultantes de la parcelación». **(STS 24 diciembre 1990 [RJ 1990, 10190]).**

Núcleo de población. Concepto jurídico indeterminado de cuya concreción depende que se esté en presencia o no de parcelación ilegal.

«Siendo indiscutido e indiscutible que el terreno de autos ostenta la calificación de suelo no urbanizable en el cual están prohibidas las parcelaciones urbanísticas por el artículo 96.1 de la Ley del Suelo, el problema litigioso se reduce a determinar si la división pretendida por la recurrente constituye o no parcelación incluible en el artículo 94 de la misma Ley y tal problema es resuelto en sentido afirmativo en cuanto que las características objetivas del proyecto de división, unidas a los términos en que se solicita la licencia y especialmente a lo que en la misma se omite, ponen de manifiesto, según razona con todo detalle y rigor lógico dicha sentencia, que la referida división entraña la transformación de una finca rústica en un asentamiento de tipo residencial y netamente urbano que puede dar lugar a la consolidación de un núcleo de población y tal hecho evidente no resulta desvirtuado por las alegaciones de la apelante, pues siendo cierto que no toda división de terrenos constituye parcelación urbanística, también lo es que los datos probatorios aportados al proceso, valorados según las reglas de la sana crítica en conjunción con el hecho mismo de la petición de licencia y la absoluta ausencia de elemento alguno que mínimamente permita atribuir a la división un alcance meramente registral y una exclusiva finalidad agraria, prueban en modo irrebatible que no se trata de lo que la parte denomina «división civil», sino de una parcelación con propósito urbanizador, no por encubierto, menos patente y de lo cual es sin duda consciente la apelante, según se infiere del simple hecho, ya aludido, de haber solicitado una licencia que sería innecesaria si realmente se tratara de división agraria ajena a todo objetivo urbanístico». **(STS 21 noviembre 1985 [RJ 1985, 5569]).**

«Si las parcelaciones urbanísticas a que se refieren los artículos 94 y 96 del Texto Refundido de la Ley sobre Régimen del Suelo y Ordenación Urbana de 9 abril 1976 son por definición del primero las divisiones simultáneas o sucesivas de terreno en lo menos dos lotes cuando puedan dar lugar a la formación de un núcleo de población, y que por este concepto jurídico indeterminado ha de tenerse a la edificación o edificaciones aisladas que sean o puedan llegar a ser elementos esenciales a las que por agregación de otras vengan a constituir una entidad de población de cierta importancia, lográndose bajo la apariencia de una inocente división de fincas la ejecución de una verdadera urbanización, no cabe duda que con la operación descrita en el primer fundamento de esta sentencia se ha llegado a la transformación de una finca de considerable extensión en un asentamiento de tipo residencial y netamente urbano, al darse lugar con la desaparición de aquélla y su partición material en cuatro lotes de dimensiones iguales entre sí y de las habituales entre los destinados a la construcción de edificaciones unifamiliares aisladas a los terrenos precisos para sobre ellos levantar tales edificaciones, finalidad con la que ya se constituiría un núcleo urbano al ser cuatro, por lo menos, las construcciones posibles, o se podría dar ocasión a que por atracción fuese sobre ello paulatinamente construyéndose una mayor». **(STS 31 enero 1995 [RJ 1995, 61]).**

Artículo 97.

1. Se entenderá por reparcelación la agrupación de fincas comprendidas en el polígono o unidad de actuación para su nueva división ajustada al Plan, con adjudicación de las parcelas resultantes a los interesados, en proporción a sus respectivos derechos.

2. La reparcelación tiene por objeto distribuir justamente los beneficios y cargas de la ordenación urbanística, regularizar la configuración de las fincas y situar su aprovechamiento en zonas aptas para la edificación con arreglo al Plan.

⇒ V. art. 71 del RGU (§3.2).

Artículo 98.

1. El expediente de reparcelación se entenderá iniciado al aprobarse la delimitación del polígono o unidad de actuación, excepto en los casos siguientes:

a) Que la reparcelación se haya tramitado y aprobado conjuntamente con dicha aprobación.

b) Que se haya aprobado expresamente la actuación por el sistema de expropiación o sea innecesaria en virtud del acuerdo aprobatorio en el sistema de compensación.

2. La iniciación del expediente de reparcelación llevará consigo, sin necesidad de declaración expresa, la suspensión del otorgamiento de licencias de parcelación y edificación en el ámbito del polígono o unidad de actuación hasta que sea firme en vía administrativa el acuerdo aprobatorio de la reparcelación.

Los peticionarios de licencias solicitadas con anterioridad a la fecha de iniciación del expediente de reparcelación tendrán derecho a ser resarcidos en la forma que señale el número 4 del artículo 27.

La Entidad Local podrá dejar sin efecto, previa la indemnización de daños y perjuicios que corresponda, las licencias concedidas con anterioridad a la fecha de iniciación del expediente que sean incompatibles con la ejecución del planeamiento.

3. El proyecto de reparcelación se formulará:

a) Por los dos tercios de los propietarios interesados que representen como mínimo el 80 por 100 de la superficie reparcelable, dentro de los tres meses siguientes a la aprobación de la delimitación de un polígono o unidad de actuación.

b) Por la Entidad Local o urbanística actuante, de oficio o a instancia de alguno de los propietarios afectados, cuando éstos no hubieran hecho uso de su derecho o no hubieran subsanado dentro del plazo que se les marcare los defectos que se hubieran apreciado en el proyecto que formularen.

Los proyectos redactados de oficio procurarán atenerse a los criterios expresamente manifestados por los interesados en los tres meses siguientes a la aprobación de la delimitación del polígono o unidad de actuación.

Los proyectos se someterán a información pública durante un mes, con citación personal de los interesados, y serán aprobados por el Ayuntamiento o, en su caso, por el órgano urbanístico que se subrogue en las competencias municipales.

⇒ V. arts. 101 a 105 RGU (§3.2).

Artículo 99.

1. En todo caso el proyecto de reparcelación tendrá en cuenta los siguientes criterios:

a) El derecho de los propietarios será proporcional a la superficie de las parcelas respectivas en el momento de la aprobación de limitación del polígono.

b) Los solares resultantes se valorarán con criterios objetivos y generales para todo el polígono con arreglo a su uso y volumen edificable y en función de su situación, características, grado de urbanización y destino de las edificaciones.

c) Se procurará, siempre que sea posible, que las fincas adjudicadas estén situadas en lugar próximo al de las antiguas propiedades de los mismos titulares.

d) Cuando la escasa cuantía de los derechos de algunos propietarios no permita que se les adjudiquen fincas independientes a todos ellos, los solares resultantes se adjudicarán en «pro indiviso» a tales propietarios. No obstante, si la cuantía de esos derechos no alcanzase el 15 por 100 de la parcela mínima edificable, la adjudicación podrá sustituirse por una indemnización en metálico.

e) En todo caso, las diferencias de adjudicación serán objeto de compensación económica entre los interesados, valorándose al precio medio de los solares resultantes.

f) Las plantaciones, obras, edificaciones, instalaciones y mejoras que no puedan conservarse se valorarán con independencia del suelo y su importe se satisfará al propietario interesado, con cargo al proyecto en concepto de gastos de urbanización.

2. En ningún caso podrán adjudicarse como fincas independientes superficies inferiores a la parcela mínima edificable o que no reúnan la configuración y características adecuadas para su edificación conforme al planeamiento.

3. No serán objeto de nueva adjudicación, conservándose las propieda-

des primitivas, sin perjuicio de la regularización de linderos cuando fuere necesaria y de las compensaciones económicas que procedan:

a) Los terrenos edificados con arreglo al planeamiento.

b) Las fincas no edificadas con arreglo al planeamiento, cuando la diferencia en más o en menos, entre el aprovechamiento que les corresponda conforme al Plan y el que correspondería al propietario en proporción a su derecho en la reparcelación, sea inferior al 15 por 100 de este último.

4. En el suelo urbano, los derechos de los propietarios en la reparcelación se regularán por el valor de sus respectivas parcelas en la fecha de aprobación del Plan que motivare la reparcelación con arreglo a lo dispuesto en el artículo 108.

⇒ V. arts. 85 y 86 del RGU (§3.2).

Artículo 100.

1. El acuerdo aprobatorio del proyecto de reparcelación producirá los siguientes efectos:

a) Cesión de derecho al municipio en que se actúe en pleno dominio y libre de cargas de todos los terrenos de cesión obligatoria para su incorporación al Patrimonio del suelo o su afectación conforme a los usos previstos en el Plan.

b) Subrogación, con plena eficacia real, de las antiguas por las nuevas parcelas.

c) Afectación real de las parcelas adjudicadas al cumplimiento de las cargas y pagos de los gastos inherentes al sistema de actuación correspondiente.

2. El acuerdo aprobatorio de reparcelación será impugnable en vía administrativa. En vía contencioso-administrativa, solamente podrá impugnarse dicho acuerdo por vicios de nulidad absoluta del procedimiento de su adopción o para determinar la indemnización que, en su caso, proceda.

⇒ V. arts. 122 y ss. del RGU (§3.2).

Artículo 101.

1. El Organismo que hubiere aprobado el proyecto de reparcelación expedirá documento con las solemnidades y requisitos dispuestos para las actas de sus acuerdos, en el que se relacionen las propiedades antiguas y sus dueños, según los títulos aportados o, en defecto de éstos, por descripción de las fincas e indicación de sus propietarios, si resultaren conocidos, y descripción de las nuevas parcelas con adjudicación de cada una al respectivo titular. Este documento administrativo se protocolizará notarialmente, sin perjuicio de que también pueda otorgarse escritura pública, en los casos y forma que se señalen reglamentariamente.

2. La situación física y jurídica de las fincas o derechos afectados por la reparcelación y la de los resultantes de ellas se reflejará en el Registro de

la Propiedad, de acuerdo con lo dispuesto en la legislación hipotecaria en la forma que reglamentariamente se determine.

3. Si alguna carga resultare incompatible con la nueva situación o característica de la finca, el Registrador se limitará a hacerlo constar en el correspondiente asiento, y las partes interesadas podrán acudir al Juzgado competente para solicitar la declaración de compatibilidad e incompatibilidad de las cargas o gravámenes sobre las fincas nuevas y, en este último supuesto, su transformación en un derecho de crédito con garantía hipotecaria sobre la finca nueva en la cuantía en que la carga fuera justipreciada.

⇒ V. RD 1093/1997, de 4 julio (§2.1).

Artículo 102.

1. Las adjudicaciones de terrenos a que dé lugar la reparcelación, cuando se efectúen en favor de los propietarios comprendidos en el correspondiente polígono o unidad de actuación y en proporción de sus respectivos derechos, estarán exentas, con carácter permanente, del Impuesto General sobre Transmisiones Patrimoniales y Actos Jurídicos Documentados, y no tendrán la consideración de transmisiones de dominio a los efectos de la exacción del arbitrio sobre el incremento del valor de los terrenos. Cuando el valor de los solares adjudicados a un propietario exceda del que proporcionalmente corresponda a los terrenos aportados por el mismo, se girarán las liquidaciones procedentes en cuanto al exceso.

2. Se aplicarán supletoriamente a la reparcelación las normas de la expropiación forzosa.

⇒ V. art. 5 de la Ley 6/1998, de 13 abril (§1).
V. arts. 71 y ss. del RGU (§3.2).
V. art. 125.2 del presente Texto Refundido.

Jurisprudencia artículos 97 a 102

Inconstitucionalidad de los artículos 100.2 del Texto Refundido de la Ley sobre Régimen del Suelo y Ordenación Urbana de 9 abril 1976 y 112 del Reglamento de Gestión Urbanística de 23 agosto 1978.

«La Jurisprudencia de esta Sala ha sido constante y reiterada en proclamar la tesis contraria –por todas, la Sentencia de 6 marzo 1991 (RJ 1991, 1978) y las que la misma cita–, sentando la inconstitucionalidad de tales preceptos por su contradicción y colisión con el artículo 24 de la Constitución, en cuanto preconiza la tutela judicial efectiva, en uso de facultades propias, no limitadas por las del Tribunal Constitucional, dada la preconstitucionalidad de dichos artículos. Además, debe tenerse en cuenta, que «de lege data», en el artículo 167 del vigente Texto Refundido, aprobado por Real Decreto Legislativo 1/1992, de 26 junio, que vino a sustituir al 100 del anterior antes citado, no se recoge la limitación dicha, y que el artículo 112 del Reglamento de Gestión Urbanística ha sido expresamente derogado por el Real Decreto 304/1993, de 26 febrero, haciendo uso el Gobierno de lo dispuesto en la disposición final única, apartado 4, del Texto Refundido de 26 junio 1992, viniendo así a confirmar la postura jurisprudencial en función de las facultades delegadas por la disposición final segunda de la Ley 8/1990, de 25 julio, sobre Reforma del Régimen Urbanístico y Valoraciones del Suelo, extensivas a la regularización, aclaración y armonización de las disposiciones estatales vigentes sobre suelo y ordenación urbana». **(STS 25 abril 1994 [RJ 1994, 3004]).**

Reparcelación.

«Si bien la cesión de este 10% sí deben hacerla esta clase de Planes Parciales de la disposición transitoria 2ª.1 de la Ley del Suelo, aclarada por el artículo 8 del Real Decreto 1374/1977, de 2 de junio, también hay que precisar que la exigencia de esta aportación es enteramente ajena a la naturaleza y función de los Proyectos de Urbanización, a los que no se les puede exigir que contemplen cesiones sino sólo obras. El lugar adecuado para concretar y localizar esta cesión es el Proyecto de Reparcelación que debe preceder al de Urbanización, siendo el de Reparcelación el lugar donde dicha cesión y todas las demás cesiones obligatorias de suelo al Municipio deben concretarse tal como expresan los artículos 100.1 a) de la Ley del Suelo y 124.1 del Reglamento de Gestión, que dicen que estas cesiones se producen de derecho en favor del Municipio con la firmeza administrativa del acuerdo de reparcelación. Por lo tanto no es el Proyecto de Urbanización, sino el de reparcelación, el lugar idóneo para exigir y concretar estas cesiones, y en consecuencia en este punto tampoco estuvieron acertados ni el Acuerdo ni la sentencia que lo confirmó». **(STS 8 julio 1988 [RJ 1988, 5878]).**

«La reparcelación es una técnica por cuya virtud las parcelas primitivas, configuradas con anterioridad y al margen del planeamiento, son sustituidas por otras que se adaptan a las exigencias de éste y que además han de lograr la justa distribución de las cargas y beneficios del planeamiento. Tal sustitución es sin duda una operación difícil. En ella la adjudicación de fincas independientes debe ser la regla general; cuando no es posible se llegará a la adjudicación «pro indiviso» y sólo en último término se acudirá a la indemnización en metálico –arts. 99.1 d) del Texto Refundido y 94.4 del Reglamento de Gestión–. La apelante pretende la adjudicación exclusiva de su parcela con compensación económica al otro adjudicatario. Pero respecto de este último es ésa una solución final y en último término ni siquiera se ha probado la concurrencia del supuesto de hecho del art. 94.3 del Reglamento de Gestión». **(STS 11 mayo 1990 [RJ 1990, 4065]).**

«El artículo 127 del Reglamento de Gestión establece en su párrafo segundo: «las rectificaciones que se estimen procedentes, se tendrán en cuenta en la liquidación definitiva, pero no suspenderán la exigibilidad de los saldos provisionales aprobados con el proyecto [...]». A su vez el artículo 128 prescribe en sus apartados primero y cuarto: «1. La liquidación definitiva de la reparcelación tendrá lugar cuando se concluya la urbanización de la unidad reparcelable y, en todo caso, antes de que transcurran cinco años desde el acuerdo aprobatorio de la reparcelación. 4. Si con posterioridad a la liquidación definitiva, se produjeran nuevas resoluciones administrativas o judiciales, con efectos sobre los intereses económicos de los afectados, la ejecución de las mismas habrá de producirse en un expediente nuevo y distinto». Del conjunto de dichos preceptos se infiere que en el plazo de cinco años desde el acuerdo aprobatorio de la reparcelación el Ayuntamiento debe elaborar la liquidación definitiva. La sentencia de instancia acepta que el plazo de cinco años puede incumplirse sin que ello afecte a la validez de las cuotas reclamadas, pero las modificaciones que eventualmente resulten procedentes no se pueden incorporar, como se ha hecho, a una liquidación que tenga también naturaleza provisional. La conclusión obtenida por la sentencia ha de ser respaldada pues así se deduce de los artículos 127, 128 ya transcritos, y 129 del citado Reglamento de Gestión que vedan la posibilidad de sucesivas liquidaciones provisionales, que es lo que se ha hecho en la resolución impugnada». **(STS 6 abril 1998 [RJ 1998, 3084]).**

Requisitos de la reparcelación.

«Pese a su nombre (parcelación), lo que se aprobó en 3 de julio de 1987 no era una parcelación (pues no era, o no era sólo, una división de terrenos en dos o más lotes, según el artículo 94.1 del Texto Refundido de la Ley del Suelo), sino un auténtico trasvase de volúmenes edificables, es decir, la operación que consiste en tomar el volumen edificable correspondiente a unas fincas y utilizarlo en otras (tal como se dice en el informe de fecha 22 de mayo de 1987 del señor Arquitecto del Servicio de

Planeamiento de la Gerencia Municipal), lo cual es una de las finalidades típicas de la reparcelación según el artículo 97.2 del Texto Refundido de la Ley del Suelo, cuando habla de «situar el aprovechamiento de las fincas en zonas aptas para la edificación»; y, siendo así las cosas, la ilegalidad de la llamada parcelación deriva de una razón de forma (a saber, falta de los requisitos que para la tramitación de las reparcelaciones se consignan en los artículos 98 a 102 del Texto Refundido de la Ley del Suelo, singularmente no haber sido formulado por propietarios que representaran como mínimo el 80% de la superficie reparcelable ni haberse oído personalmente a los interesados), y de otra razón de fondo (cual es la de que la sedicente parcelación permitía un volumen de 12.693 m allí donde el Plan General sólo permitía un volumen de 3.954 m). Y la ilegalidad de ese acto administrativo se transmitía sin duda a los posteriores (las licencias) que tenían en él su base y en el cual se justificaban». **(STS 29 noviembre 1995 [RJ 1995, 8559]).**

Reparcelación económica discontinua.

«En definitiva, de lo expuesto se desprende que estamos en presencia del llamado Instituto de la Reparcelación Económica Discontinua, impuesta obligatoriamente por la Administración, al socaire de lo dispuesto en el artículo 83.3 de la Ley del Suelo de 1976, tal como indica el precepto 9.9 anticipado. Pero esta figura de la reparcelación económica discontinua en suelo urbano, ha sido abordada en múltiples sentencias por esta Sala en las que se ha llegado a la conclusión que tal mecanismo reparcelatorio no se ajusta a las determinaciones sobre planeamiento y gestión urbanística, diseñado en la Ley del Suelo citada, por lo que en virtud del principio de unidad de doctrina, como expresión del derecho a la igualdad en la aplicación judicial de la ley, plasmado en el artículo 14 de nuestra Constitución, ha de llegarse a la misma conclusión en el enjuiciamiento de la problemática aquí planteada. QUINTO. Bastará pues una mera síntesis de la doctrina de esta Sala contenida, entre otras, en las Sentencias de 21 diciembre 1987 (RJ 1987, 9678), 13, 20 y 30 junio 1989 (RJ 1989, 5538, 4869 y 4924) y 14 febrero, 23 mayo, 12 junio y 9 octubre 1990 (RJ 1990, 1314, 4275, 4817 y 7852), 3 septiembre 1992 (RJ 1992, 7460) y específicamente la de 18 octubre 1990 (RJ 1990, 8146) confirmatoria de la Sentencia dictada por la Audiencia Territorial de Sevilla de 26 octubre 1988, que había decretado la nulidad de las Normas del Planeamiento de Sevilla, entonces vigente, que establecían la obligación del propietario de un solar que pretendiera edificar en el mismo, de contribuir con un 23,07 por 100 del suelo edificable o su equivalente económico, que en esencia y bajo cobertura jurídica diferente, es lo que ha determinado la normativa aquí impugnada». **(STS 10 noviembre 1998 [RJ 1998, 9329]).**

«Se están percibiendo cantidades a cuenta de una pretendida reparcelación económica sin haberse ni siquiera delimitado, tramitado ni aprobado el Polígono o la Unidad de Actuación correspondiente, sin la delimitación de la cual no hay unidad reparcelable –arts. 97.1, 98.1, 99.1 a) y 102 de la Ley del Suelo y sus correlativos 71.1 y 4, 77.1 y 2, 79, 85.1, 89.1 y siguientes del Reglamento de Gestión Urbanística–; y es claro que sin unidad reparcelable previamente delimitada, tramitida y aprobada, no puede haber reparcelación alguna (ni material ni económica), ni se puede cobrar cantidad alguna cuenta de una reparcelación inexistente y respecto a la que incluso se desconocen datos tan fundamentales como las fincas que incluirá y cuándo se realizará; por lo que obviamente debe declararse nula una resolución como la impugnada, que en las indicadas condiciones exige el pago a cuenta de una reparcelación inexistente, ya que falta el indispensable instrumento que legitime este cobro. OCTAVO. La circunstancia de que en ese pretendido futuro Polígono o Unidad de Actuación discontinuo de suelo urbano hayan de intervenir también las fincas ahora edificadas cuando se derriben y hayan de reconstruirse, patentiza también una evidente desigualdad en la participación de los distintos inmuebles, y por ende de sus propietarios en el reparto de los beneficios y de las cargas; pues en tanto que los propietarios de los solares vacíos o ruinosos que ahora edifican, contribuyen ya pagando, los edificados que pueden beneficiarse de las dotaciones costeadas por los primeros, no contribuyen ni pagan hasta la fecha indeterminada e incierta –y que puede tardar centenares de años– de su demolición y posterior reconstrucción; lo que por añadidura, quebranta el principio de la simultaneidad en el reparto de los beneficios y de las cargas que es consustancial a la ejecución sistemática por Polígonos o por Unidades de Actuación, y que es también consecuencia inherente a la reparcelación. Ello hace ver, por otro lado, la artificiosidad del sistema arbitrado que bajo la apariencia de una pretendida reparcelación económica, viene en la realidad a constituir un impuesto que grava la nueva edificación del suelo urbano pero para el que no hay cobertura legal para su imposición. Aparte de que bien se comprende la falta de solidez de las disposiciones relativas a un Polígono cuya aplicación en los solares vacíos o con edificaciones ruinosas es prácticamente inmediata (en el momento de su edificación), y que se demora en cambio en muchos años en los solares ya edificados; siendo así que nada puede garantizar la subsistencia del Plan cuando los últimos hubieran de reedificarse; lo cual una vez más patentiza la desigualdad de este discriminatorio reparto de beneficios y cargas que convertiría también en inaceptable por esta causa, la reparcelación así proyectada. NOVENO. Conforme a los arts. 125.2 de la Ley del Suelo y 74 del Reglamento de Gestión Urbanística, la reparcelación económica es subsidiaria y únicamente procedente cuando no es posible llevar a la práctica la reparcelación material de los terrenos por estar ya edificado conforme al Plan más del 50% de la superficie edificable del Polígono o Unidad de Actuación de que se trate; y en el presente caso, o se incluyen en el pretendido Polígono o Unidad de Actuación sólo solares no edificados (supuesto en el cual no es procedente ni posible la reparcelación económica según aquellos preceptos), o se incluyen también en dicho pretendido Polígono o Unidad de Actuación terrenos edificados; mas en este último supuesto no aparece, ni consta, al no estar delimitada la Unidad de Actuación, si cumple el requisito de estar edificado conforme al Plan más del 50% de su ámbito; ante lo cual no resulta tampoco posible planear ni plantear una subsidiaria reparcelación económica, ni podían en consecuencia cobrarse cantidades a cuenta de ella. DÉCIMO. Esta Sala en Sentencias de 22 de julio de 1981 (RJ 1981, 2728) y 4 de mayo de 1982 (RJ 1982, 3114), y en parte también en la ya citada de 21 de diciembre de 1987, contempló la posibilidad de fijar un aprovechamiento tipo en el suelo urbano y de establecer transferencias de ese aprovechamiento de modo similar a lo que se hace con el aprovechamiento del suelo urbanizable programado. Y en estas sentencias se trató también la posibilidad de que estas transferencias de aprovechamiento pudieran realizarse mediante la delimitación de Polígonos discontinuos según previene el artículo 78.3 del Reglamento de Gestión Urbanística que desarrolla el 124.1 de la Ley del Suelo. Pero esta Jurisprudencia precisó también, de conformidad con lo que se señala en los indicados preceptos, que las transferencias de aprovechamiento mediante Polígonos discontinuos en suelo urbano han de hacerse por medio de reparcelaciones voluntarias; y ello indudablemente porque prácticamente en la casi totalidad de los supuestos, en los polígonos discontinuos las dotaciones públicas no quedan al servicio del Polígono o de la Unidad de Actuación que las asume, y en tal evento los suelos de esas dotaciones no son de cesión gratuita y obligatoria según los artículos 83.3.1º de la Ley del Suelo y 46.2 del Reglamento de Gestión si no fueran cesiones voluntarias hechas en reparcelaciones voluntarias. Y según los artículos 98.3 a) de la Ley del Suelo y 106.1 y 115.1 del Reglamento de Gestión Urbanística, reparcelación voluntaria es la que proponen los 2/3 de los propietarios del Polígono o de la Unidad de Actuación, que representan como mínimo el 80% de la Unidad reparcelable, es decir, del Polígono o de la Unidad de Actuación; y es de ver que en el presente caso no hay ninguna reparcelación voluntaria, ya que no hay propuesta de ella presentada por las 2/3 partes de los propietarios que representen al menos el 80% de la unidad reparcelable, dado que, como ya hemos visto, ni siquiera hay unidad reparcelable, y no se sabe por tanto quiénes son los propietarios de ella; ante lo cual es manifiesto que, en las condiciones expuestas, no es viable la planteada reparcelación económica en Polígonos discontinuos que constituye la base o fundamento de la liquidación provisional que se debate que debe por *consiguiente* anularse por éstos y confirmarse el fallo de la sentencia apelada». **(STS 20 junio 1989 [RJ 1989, 4869]).**

CAPÍTULO IV
Valoraciones

⇒ V. arts. 23 a 32 de la Ley 6/1998, de 13 abril (§1).

Artículo 103.

Las valoraciones de terrenos se efectuarán con arreglo a los criterios establecidos en la presente Ley.

⇒ V. arts. 23 a 32 de la Ley 6/1998, de 13 abril (§1).

Jurisprudencia

«La calificación de expropiación urbanística que ha de reconocerse a la de terrenos cuestionados en el proceso, expresábamos en las calendadas sentencias, determina la aplicación, en orden a la determinación del justo precio, de la normativa contenida en el Capítulo IV del Título II de la Ley del Suelo de 1976, complementada con lo preceptuado en el Título IV del Reglamento de Gestión Urbanística de 25 de agosto de 1978, y más concretamente de los arts. 105 del texto legal y 147 del reglamentario, con la particularidad de que la valoración ha de ser independiente de la calificación de vial prevista en el Plan General, ya que lo que ha de valorarse es el bien en la situación en que se encontraba, y que ha de estarse a lo permitido en el planeamiento o, en su caso, al aprovechamiento medio fijado a los polígonos o unidades de actuación, aunque si en aquél no se fijase aprovechamiento alguno, por razón de la calificación del terreno expropiado como zona de parques y jardines o destinado a vial, al de los terrenos colindantes –Sentencia de 10 de diciembre de 1987 (RJ 1987, 9443)–». **(STS 26 febrero 1991 [RJ 1991, 1090]).**

«Debe indicarse de inmediato que no puede prevalecer la tasación que el Jurado de Expropiación realiza de los terrenos expropiados, pues tratándose de una expropiación por razón de urbanismo, resulta de todo punto inadmisible acudir para la evaluación de terrenos a los criterios estimativos que el art. 43 de la Ley de Expropiación Forzosa permite, pues ya la Ley 52/1962, de 21 julio y el Decreto 343/1963, de 21 febrero, vino expresamente a prohibir la utilización del precitado art. 43, en las valoraciones del suelo o terrenos para planes de vivienda y urbanismo y lo ha ratificado, el Texto Refundido de la Ley del Suelo de 1976 (art. 103), toda vez que tratándose de una expropiación urbanística, la valoración de los bienes ha de efectuarse atendiendo a lo dispuesto en el Título II, Capítulo IV del Texto Refundido de la Ley del Suelo, que ha de ser complementado con lo que preceptúa el Título IV del Reglamento de Gestión Urbanística aprobado por Real Decreto 3288/1978, de 25 agosto, y de modo concreto al valor urbanístico si están los terrenos expropiados calificados en el Plan como suelo urbano, como en el presente caso, así acontece. Se trata pues, por imperativo legal, de acudir a los métodos objetivos que la propia Ley y Reglamento señalan, estando proscrita la utilización de cualesquiera otros medios valorativos, que no sean los taxativamente enunciados por la normativa urbanística, de ahí que no pueda prosperar la tesis que respecto a la valoración propugnan los apelantes, pues el Jurado, se desentiende de tales criterios legales, para acudir al valor estimativo que permite el art. 43 de la Ley de Expropiación Forzosa». **(STS 30 marzo 1993 [RJ 1993, 1976]).**

«Es claro que dada la diferente finalidad de la expropiación común u ordinaria y de la urbanística, hay que aplicar diferentes criterios estimativos de valor en una y en otra, y así, en la común, en definitiva el criterio rector se halla contenido, en última instancia, en el artículo 43 de la Ley Expropiatoria, cuya finalidad es obtener el valor real, mientras que en la expropiación urbanística –Sentencias de 25 octubre 1971 (RJ 1971, 4395) y 7 diciembre 1977 (RJ 1977, 4679)– el principio de la equitativa distribución de los beneficios y cargas del planeamiento, la compensación a través del aprovechamiento medio y el mecanismo corrector de la reparcelación, permiten que el expropiado pueda obtener como contrapartida de las Plusvalías que pierde, la obtención de otras atribuciones propias de la ordenación urbana, técnicas inexistentes para determinar el valor que le corresponda a una finca afectada por una expropiación forzosa ordinaria». **(STS 8 marzo 1994 [RJ 1994, 1669]).**

Artículo 104.

1. El valor inicial de un predio o unidad de cultivo, a efectos de esta Ley, se determinará:

a) Por el rendimiento bruto que le correspondiera en la explotación rústica efectiva o de que fuere naturalmente susceptible.

b) Por su valor medio en venta a efectos de su explotación agrícola.

En ningún caso se podrán tomar en consideración valores o rendimientos que tengan relación directa o indirecta con la posible utilización urbana de los terrenos.

2. En el rendimiento rústico se estimarán comprendidos el agrícola, el forestal, el ganadero, el cinegético y cualquier otro semejante.

3. Entre los rendimientos de los que un fundo fuere naturalmente susceptible, podrán estimarse los resultados de transformaciones que puedan operarse con los medios normales, tanto mecánicos como técnicos o de capital, existentes para el desarrollo de la explotación agraria y conducentes al máximo aprovechamiento de la fertilidad de la tierra, pero no los hipotéticamente resultantes de una supuesta aplicación de medios extraordinarios.

4. En las unidades de cultivo directamente explotadas por los propietarios se establecerá además el premio de afección que deba serles atribuido en el supuesto de expropiación forzosa.

5. Cuando el valor inicial a que se llegue por aplicación de los criterios anteriores sea inferior al que constara en valoraciones catastrales, índices municipales u otras estimaciones públicas aprobadas, prevalecerá la más alta de las que concurran sobre el terreno.

⇒ V. arts. 23 a 32 de la Ley 6/1998, de 13 abril (§1).

Jurisprudencia

«El Abogado del Estado se adhiere a este criterio, entendiendo que el Impuesto sobre el Incremento de Valor de los Terrenos es un tributo extraño a la determinación del justiprecio en las expropiaciones urbanísticas. No puede admitirse este motivo de impugnación. El valor inicial, cuando es superior al valor urbanístico, prevalece sobre éste. Así lo establecen el párr. 2 del art. 108 de la Ley del Suelo y el art. 114 del Reglamento de Gestión Urbanística. Ahora bien, según el art. 104.5 de la Ley citada, «cuando el valor inicial a que se llegue por aplicación de los criterios anteriores, sea inferior al que constara en valoraciones catastrales, índices municipales u otras estimaciones públicas aprobadas, prevalecerá la más alta de las que concurran sobre el terreno». Este precepto tiene su desarrollo en el art. 143 del Reglamento de Gestión Urbanística, cuya letra c) del ap. 2 considera que será de aplicación, como una de las estimaciones públicas a que la Ley se refiere, «los índices municipales a efectos del Impuesto sobre Incremento de Valor de los Terrenos». En resumen, como hemos señalado, el valor inicial, si es superior, prevalece sobre el urbanístico, y cuando el valor inicial determinado por el rendimiento bruto o por el valor medio en venta [art. 104.1 a) y b) de la Ley del Suelo] sea inferior al que resulte del índice municipal aprobado a efectos del Impuesto sobre el Incremento de Valor de los Terrenos, debe aplicarse este último [arts. 104.5 de la Ley y 143.2 c) del Reglamento de Gestión]. La invocación que hace el Ayuntamiento de Valencia de los criterios de valoración contenidos en la Ley 8/1990, de 25 julio, no puede aceptarse, ya que sus preceptos no son de aplicación al supuesto que se considera, ni pueden calificarse como interpretación auténtica de la Ley del Suelo de 9-4-1976, ya que, en la materia que nos ocupa, sus normas representan una innovación respecto al sistema anterior. En estos mismos términos se expresa la Sentencia de esta Sala de 17-6-1992 (RJ 1992, 4699), lo que conduce a desestimar el motivo del recurso que hemos analizado». **(STS 9 febrero 1993 [RJ 1993, 703).**

«La expropiación que examinamos ha de ser calificada como urbanística y como tal, la valoración del suelo expropiado ha de hacerse conforme a lo dispuesto en los artículos 64.3, 134.2 y 144 del Texto Refundido, aprobado por Real Decreto 1346/ 1976 y siguiendo los criterios fijados por ese Texto Refundido, se tasarán con arreglo al valor urbanístico los terrenos clasificados como suelo urbano o urbanizable en todas sus categorías. En el caso examinado se trata de suelo urbanizable programado, teniendo como límite el valor inicial que prevalece sobre el urbanístico cuando éste fuese inferior, de conformidad con el artículo 108 del Texto Refundido de la Ley sobre Régimen del Suelo de 1976, por lo que resulta inaplicable la previsión contenida en la certificación emitida en 1987 obrante en las actuaciones en que figura, tanto para la parcela 9ª, como 38, una aplicación del índice de valoraciones por el Incremento del Valor de los Terrenos de 705 ptas./m, cantidad inferior a la fijada por el Acuerdo Provincial de Expropiación que fija el valor del suelo expropiado en 1.500 ptas./m, deducidas 2.000 ptas. por gastos de urbanización. SEGUNDO. En consecuencia, no cabe aplicar subsidiariamente el mínimo garantizado fijado en el índice de valoración de plusvalía en la medida en que resulta inferior al fijado por el Jurado de Expropiación, pues, de lo contrario, la sentencia incurriría en «reformatio in peius» y es rechazable la aplicación del párrafo segundo del artículo 108 del Texto Refundido de la Ley sobre el Régimen del Suelo (1976), reiterada en el artículo 144 del Reglamento de Gestión Urbanística, pues las tasaciones tienen como límite el valor inicial, señalando como mínimo garantizado, en función de los artículos 104.5 del Texto Refundido y 143.2 del Reglamento de Gestión Urbanística, apartado c), los índices municipales a efectos del Impuesto sobre Incremento del Valor de los Terrenos, criterio declarado por la doctrina de esta Sala, entre otras, en Sentencias de la Sección Sexta de 3 abril y 23 mayo 1992 (RJ 1992, 2627 y 3718), 3 y 13 abril, 3 mayo y 3 julio 1993 (RJ 1993, 2713, 2715 y 3697) y 12 marzo y 9 mayo 1994 (RJ 1994, 1798 y 4120). El valor inicial al que alude el párrafo segundo del artículo 108 del Texto Refundido de la Ley del Suelo de 1976, y las valoraciones catastrales, índices municipales u otras estimaciones públicas, contempladas por el artículo 104.5 del mismo, a los que se refieren también los artículos 143 y 144 del mentado Reglamento de Gestión Urbanística, constituyen meramente, como el propio Texto Legal establece y se ha interpretado por la doctrina de esta Sala (Sentencias, entre otras, de 3 y 23 mayo 1992, 3 y 13 abril y 3 mayo 1993, 3 julio 1993 [RJ 1993, 5494], 12 marzo y 9 mayo 1994, 25 junio 1994 (RJ 1994, 6489], 7 junio 1997 [RJ 1997, 6268] –recurso de apelación 6301/1992, fundamento jurídico tercero– y 17 julio 1997), un mínimo garantizado, que prevalece sobre el valor urbanístico cuando éste es inferior pero no un valor sustitutorio o excluyente del anterior, el cual ha de ser hallado en cualquier caso mediante el empleo del método y reglas fijados por la ley según su interpretación jurisprudencial, de manera que, aunque el suelo urbano o urbanizable expropiado carezca de aprovechamiento conforme al planeamiento urbanístico que se ejecuta, no ha de acudirse para valorarlo a los expresados índices municipales a efectos del incremento del valor de los terrenos o a cualquier otro de los señalados como mínimos por los mencionados preceptos, sino que habrá de valorarse conforme al aprovechamiento del entorno o, incluso, conforme al aprovechamiento medio establecido en el Plan (Sentencias de 17 marzo 1993 [RJ 1993, 1803], 5 febrero 1994 [RJ 1993, 747], 24 octubre 1994 (RJ 1994, 8811], 15 julio 1995, 18 noviembre 1995 [RJ 1995, 8757], 2 enero 1996 [RJ 1996, 356], 17 febrero 1997, 12 abril 1997 [RJ 1997, 3230] y 17 julio 1997 –fundamento jurídico séptimo–). TERCERO. Como ha declarado esta misma Sala y Sección en Sentencias de 29 enero 1994 (RJ 1994, 263) (recurso de apelación 892/1991, fundamento jurídico primero) y 9 mayo 1994 (RJ 1994, 4120) (recurso de apelación 2905/1991, fundamento jurídico segundo), así como en la Sentencia de 25 junio 1994 (RJ 1994, 6489) (recurso de apelación 986/1992) al ser la expropiación urbanística, se deriva de tal apreciación la aplicación de los criterios valorativos de los artículos 64.3, 134 y 144 del Texto Refundido de la Ley del Suelo (Real Decreto Legislativo 1346/1976, de 9 abril) en coherencia con los artículos 105 a 108 del Texto Refundido y 144 a 151 del Reglamento de Gestión Urbanística, aprobado por Real Decreto 3288/1978, de 25 agosto, lo que supone la exclusión de los artículos 37 a 43 de la Ley de Expropiación Forzosa y prioritariamente, el valor fijado a efectos de la Contribución Territorial Urbana, siempre que concurran los requisitos señalados en el artículo 145 del Reglamento de Gestión Urbanística, en conexión con el artículo 105.1 del Texto Refundido de la Ley del Suelo de 1976.

En nuestras Sentencias de 11 abril 1993, 26 junio 1993 (RJ 1993, 5134), 29 junio 1993 (RJ 1993, 4419), 3 julio 1993 (RJ 1993, 5494), 25 octubre 1993 (RJ 1993, 7505), 9 mayo 1994 (RJ 1994, 4120) y 24 junio 1995 (recurso de apelación 5834/1991) hemos declarado que «tanto el artículo 105.1 del Texto Refundido, aprobado por Real Decreto 1346/1976, de 9 abril, como el artículo 145 del Reglamento de Gestión Urbanística, aprobado por Real Decreto 3288/1978, de 25 agosto, fijan, como primer y prioritario criterio para determinar el valor urbanístico, el del aprovechamiento correspondiente a los terrenos según su situación, conforme al rendimiento que a dicho aprovechamiento se atribuya a efectos fiscales al iniciarse el expediente de valoración, que no es otro, según el último de los preceptos citados, que el determinado a los efectos de la contribución territorial urbana siempre que concurran los requisitos previstos en el propio precepto"». **(STS 8 noviembre 1997 [RJ 1997, 8302]).**

Artículo 105.

1. El valor urbanístico se determinará en función del aprovechamiento que corresponda a los terrenos según su situación, conforme al rendimiento que a dicho aprovechamiento se atribuya a efectos fiscales al iniciarse el expediente de valoración.

2. El aprovechamiento que, en todo caso, servirá de base para la determinación del valor urbanístico, una vez deducidos los terrenos de cesión obligatorios que afecten a aquél, será el siguiente:

En el suelo urbanizable no programado, el que resulte de su uso e intensidad de ocupación, determinado en el Plan General.

En el programado, el aprovechamiento medio del sector.

En el urbano, el permitido por el Plan o, en su caso, el aprovechamiento medio fijado a los polígonos o unidades de actuación sujetos a reparcelación, y en defecto de Plan, tres metros cúbicos por metro cuadrado, referidos a cualquier uso.

3. El valor urbanístico que se determine en función de estos criterios podrá aumentarse o disminuirse en un 15 por 100 como máximo en consideración del grado de urbanización y de las particularidades específicas de los terrenos de que se trate.

Dicha corrección se aplicará con independencia de las que, por conceptos análogos, procedieren con arreglo a la legislación tributaria.

⇒ V. arts. 23 a 32 de la Ley 6/1998, de 13 abril (§1).

V. arts. 144 a 151 del RGU (§3.2).

Jurisprudencia

«Aunque es cierto que la doctrina legal impone justipreciar el suelo en las expropiaciones urbanísticas según su valor urbanístico, sin embargo no es exacto que para determinar dicho valor, conforme a lo dispuesto concordadamente por los artículos 105.2 del mencionado Texto Refundido aprobado por Real Decreto 1346/1976, y 146 del citado Reglamento de Gestión Urbanística, no quepa utilizar en el método del denominado valor residual precios de mercado cuando estén suficientemente acreditados, como sucede en este caso, sino que, antes bien, son éstos, y no los módulos establecidos para la venta de Viviendas de Protección Oficial, los que han de emplearse para hallar el valor urbanístico del suelo urbano que, como en la expropiación que nos ocupa, se encuentra en un área totalmente consolidada por la edificación, de manera que, a diferencia de los terrenos clasificados como suelo urbanizable, en los que resulta más difícil o imposible acudir a otros valores objetivos que no sean los establecidos para las Viviendas de Protección Oficial, cuando se trata de expropiaciones en suelo urbano de terrenos edificados, es conforme a los indicados preceptos acudir, con el empleo del método residual, a los precios reales de mercado siempre que éstos hayan sido debidamente contrastados y obtenidos de fuentes ciertas y seguras, para con tales datos o elementos de cálculo determinar el valor urbanístico, lo que no sólo no vulnera la mencionada doctrina legal, relativa a la procedencia de la valoración urbanística cuando de expropiaciones de tal naturaleza se trata, sino que la aplica correctamente al caso concreto». **(STS 18 junio 1994 [RJ 1994, 5905]).**

«Tratándose de una expropiación urbanística la que enjuiciamos, la valoración de los terrenos ha de efectuarse atendiendo a lo dispuesto en el Título II, Capítulo IV del Texto Refundido de la Ley del Suelo de 1976, que ha de ser complementado con lo que preceptúa el Título IV del Reglamento de Gestión Urbanística aprobado por Real Decreto 3288/1978, de 25 agosto y de modo concreto al valor urbanístico de los terrenos si éstos están clasificados en el Plan como suelo urbano, como así acontece en el presente caso, y por el valor fiscal de los mismos, según la Contribución Territorial Urbana, que es el primero de los criterios valorativos a que debe acudirse para tasar el suelo urbano según el artículo 105.1 del Texto Refundido citado y el artículo 145 del Reglamento de Gestión, y, si ello no fuese posible, la valoración ha de atenerse a lo dispuesto en el párrafo segundo del citado artículo 105 y en el artículo 146 del Reglamento, previniéndose en el artículo 108 del Texto Refundido aludido, que el suelo urbano habrá de tasarse con arreglo a su valor urbanístico, teniendo como límite el valor inicial, que prevalecerá sobre dicho valor urbanístico, cuando éste fuese inferior al que figure en estimaciones públicas aprobadas, fijándose de acuerdo con las más altas de las que concurran sobre el terreno, según el artículo 143 del Reglamento de Gestión, entre cuyas estimaciones han de incluirse los Índices Municipales de Valoración del Suelo, que son, por consiguiente, medios adecuados para definir dicha valoración y el mínimo garantizado por la Ley del Suelo cuando éstos sean los mayores de los que concurran». **(STS 12 abril 1995 [RJ 1995, 2980]).**

«El nuevo Texto Refundido de la Ley sobre Régimen del Suelo y Ordenación Urbana, aprobado por Real Decreto Legislativo 1/1992, de 26 junio, prevé que los terrenos destinados a los sistemas generales de nueva creación previstos en el planeamiento se adscriban a las diferentes clases de suelo (urbano, urbanizable, apto para urbanizar y no urbanizable) a los efectos de su valoración y obtención. En el caso que nos ocupa no existía en la legislación vigente al tiempo de aprobarse el planeamiento un precepto acerca de la clasificación del suelo destinado a los sistemas generales, por lo que la clasificación del terreno destinado puede adolecer de cierta ambigüedad o tener un valor meramente formal. Ello sucede no sólo, como hemos visto, en los casos en que el terreno destinado a sistemas generales no resulta incluido en alguna de las categorías establecidas en la ley, sino también cuando, aun estando clasificado como no urbanizable, del conjunto de las determinaciones del Plan, en relación con la clasificación de los terrenos del entorno y las características propias de los sistemas generales previstos y del terreno considerado, se deduce que la clasificación adecuada es la de terreno urbanizable. La clasificación como no urbanizable del suelo dedicado a sistemas generales en los Planes Generales Municipales no puede hacerse de manera que suponga la singularización y el aislamiento del suelo afectado, pues el trazado y características de la red viaria y el desarrollo de los sistemas de la estructura general de ordenación urbanística del territorio [artículos 12.2.1 e) y 2.2 a) de la Ley del Suelo, 1976] se incluyen específicamente entre las previsiones para el suelo urbano y el urbanizable, sin perjuicio de la previsión más general acerca de la determinación en los Planes Generales Municipales de Ordenación de los sistemas generales de comunicación y sus zonas de protección (art. 12.1 de la Ley), lo que no excluye, lógicamente, que puedan proyectarse también sobre suelo no urbanizable. La consideración como urbanizable del suelo clasificado como no urbanizable destinado a sistemas generales, en los casos en que concurran aquellas circunstancias de indebida singularización, responde a la interpretación más adecuada a la finalidad de que la expropiación de las dotaciones que están al servicio de la generalidad de los ciudadanos se verifique realmente, de acuerdo con el sentido que a esta institución reconoce la Jurisprudencia, con cargo a un presupuesto al que contribuyan todos, sin perjuicio de las posibilidades que permite el artículo 46.3 del Reglamento de Gestión en el suelo urbanizable a través del aprovechamiento medio. DUODECIMO. La anterior doctrina, aplicada al caso examinado, teniendo en cuenta la valoración probatoria efectuada por la sentencia de instancia, conduce a la conclusión de que la valoración del terreno debió hacerse partiendo de su naturaleza de urbanizable. En efecto, admitido que el suelo expropiado constituye un suelo rústico tangente a suelo industrial con servicios urbanísticos en una franja con fachada a la carretera de Andalucía de 800 metros de longitud y 7.988,85 m de superficie (dentro de los 35.270 m que conforman su total extensión), consistentes en pavimentos encintados, alumbrado y energía eléctrica, agua y desagües, lo que permite a sus propietarios la construcción de industrias al servicio de la carretera tales como gasolineras, talleres de reparación de automóviles, etc., su inclusión, de acuerdo con las determinaciones del Plan, en el proyecto denominado «Tramo Sur del By-Pass», revela, en unión de aquellas circunstancias, que su clasificación como terreno no urbanizable responde a un criterio puramente formal y no se corresponde con la previsión integrada del planeamiento, que exige su consideración como terreno urbanizable a efectos de la valoración consiguiente a la expropiación para la ejecución de la infraestructura viaria prevista. En consecuencia, debe considerarse indebidamente aplicado el art. 104 de la Ley del Suelo (1976), que regula la determinación del valor inicial de un predio o unidad de cultivo, por corresponder a los terrenos clasificados como suelo no urbanizable, según el art. 107 de la propia Ley, mientras que debieron aplicarse los arts. 105 y concordantes del propio Texto Legal, que regula el valor urbanístico, por el que deben tasarse los terrenos clasificados como suelo urbanizable según el art. 108». **(STS 30 abril 1996 [RJ 1996, 3645]).**

«La expropiación aquí enjuiciada tiene naturaleza urbanística. En su virtud está sujeta, en cuanto a la aplicación de los criterios valorativos, a la normativa de la Ley del Suelo de 9 abril 1976 (artículos 103 y siguientes), completada por la del Reglamento de Gestión Urbanística de 25 agosto 1978 (artículos 131 y siguientes). TERCERO. Según disponen los artículos 108 de la Ley del Suelo y 144 del Reglamento de Gestión Urbanística, se tasarán con arreglo al valor urbanístico los terrenos clasificados como suelo urbano o urbanizable en todas sus categorías, teniendo las tasaciones como límite el valor inicial, que prevalecerá sobre el urbanístico cuando éste fuese inferior. A su vez, sobre el valor inicial ha de prevalecer la más alta de las estimaciones fiscales que incidan sobre el terreno, conforme a lo establecido en el artículo 104.5 de la Ley del Suelo, concretando el artículo 143.2 del Reglamento de Gestión Urbanística cuáles de las estimaciones públicas pueden ser utilizadas al efecto y señalando entre ellas, en su apartado c), los índices municipales a efectos del Impuesto sobre Incremento de Valor de los Terrenos. En cuanto al valor urbanístico será, en primer lugar, el fijado a los efectos de la Contribución Territorial Urbana –artículo 145 del Reglamento de Gestión– si concurren los requisitos especificados en dicho precepto y, en su defecto, el determinado en función del aprovechamiento que corresponda a los terrenos, que, en suelo urbanizable programado es el aprovechamiento medio del sector, después de haber deducido, en su caso, el exceso respecto del aprovechamiento medio de todo el suelo urbanizable programado [artículos 105 de la Ley del Suelo y 146 b) del Reglamento de Gestión]. En todo caso, la tasación ha de ir referida, conforme al artículo 36 de la Ley de Expropiación Forzosa, al año 1985, ya que el Ayuntamiento de Pamplona acordó la aprobación inicial de la relación de los bienes y derechos afectados por las obras de urbanización de la Avenida de Aróstegui el 14 de marzo de 1985, llevando a cabo la aprobación definitiva el 10 de octubre del mismo año». **(STS 13 marzo 1997 [RJ 1997, 1898]).**

Artículo 106.

1. Las plantaciones, obras, edificaciones e instalaciones que existan en el suelo se justipreciarán con independencia del mismo e incrementarán con su cuantía el valor total del inmueble, salvo que, por su carácter de mejoras permanentes, hayan sido tenidas en cuenta en la determinación del valor inicial o del urbanístico con arreglo al artículo anterior.

2. Las indemnizaciones a favor de los arrendatarios rústicos y urbanos se fijarán de acuerdo con lo previsto en la Ley de Expropiación Forzosa.

⇒ V. arts. 23 a 32 de la Ley 6/1998, de 13 abril (§1).
V. art. 137 del RGU (§3.2).

Jurisprudencia

«No constando en las actuaciones valores fiscales a efectos del Impuesto sobre Bienes Inmuebles, antes Contribución Territorial Urbana, ha de acudirse al valor derivado del aprovechamiento urbanístico que corresponda a los terrenos, tal y como hace el perito designado en trámite de diligencia para mejor proveer, quien parte de la clasificación del suelo efectuada por el Plan, y aplica las previsiones contenidas en el artículo 105 de la Ley del Suelo para la valoración de los terrenos, y las del artículo 106 de la misma y 137 del Reglamento de Gestión en relación con los artículos 37 y 38 de la Ley de Expropiación Forzosa en cuanto a las edificaciones, de modo que tras obtener el aprovechamiento unitario por metro cuadrado, que fija en 0,7507 m/m, sobre la base de dividir el aprovechamiento total del Polígono por el número de metros cuadrados del mismo, utiliza el método de repercusión partiendo de los valores m de las viviendas de protección oficial, aplicando al suelo un valor de repercusión del 20% del precio de aquél, conforme a las previsiones del artículo 2 D párrafo segundo del Real Decreto 3148/1978, de donde obtiene un valor del suelo de 329.918 ptas., al que debe sumarse el valor de la edificación, que fija en 1.071.074 ptas. tras partir del valor de reposición a la fecha en que se inicia el expediente de justiprecio, aplicándole un coeficiente de depreciación por deterioro físico, edad y depreciación funcional del inmueble, lo que da un justo precio de 1.041.092 ptas., que incrementado en el 5% de afección, supone justo precio final de 1.471.147 ptas., al que deberán sumarse los correspondientes intereses legales derivados del artículo 52 de la Ley de Expropiación Forzosa, que se computarán desde el 27 de septiembre de 1980 al 4% hasta el 3 de julio de 1984, fecha de entrada en vigor de la Ley 24/1984, y desde el 4 de julio de 1984 hasta el completo pago al básico del Banco de España; intereses que se incrementarán en dos puntos desde la fecha de esta sentencia en cuanto a la cantidad en que se incrementó el justiprecio fijado en vía administrativa, por imperativo del artículo 921 de la Ley de Enjuiciamiento Civil». **(STS 26 noviembre 1996 [RJ 1996, 8169]).**

Artículo 107.

Se tasarán con arreglo al valor inicial los terrenos clasificados como suelo no urbanizable.

⇒ V. arts. 23 a 32 de la Ley 6/1998, de 13 abril (§1).
V. arts. 139 a 143 del RGU (§3.2).

Artículo 108.

Se tasarán con arreglo al valor urbanístico los terrenos clasificados como suelo urbano o urbanizable en todas sus categorías.

Las tasaciones tendrán como límite el valor inicial, que prevalecerá sobre el urbanístico cuando fuese éste inferior.

⇒ V. arts. 23 a 32 de la Ley 6/1998, de 13 abril (§1).
V. arts. 144 a 151 del RGU (§3.2).

Artículo 109.

Cuando correspondiere aplicar a la tasación de terrenos el valor inicial o urbanístico, no se tendrá en cuenta el precio consignado en los títulos de adquisición o de constitución de gravámenes, posteriores a la promulgación de esta Ley.

⇒ V. arts. 23 a 32 de la Ley 6/1998, de 13 abril (§1).
V. art. 133 del RGU (§3.2).

Artículo 110.

Siempre que el valor asignado a una parcela en la que el dueño hubiere costeado algunas obras de urbanización, no contrapuestas a Planes vigentes en el momento de ejecutarlas, fuere inferior a la suma del valor inicial y de la parte proporcional del valor actual de las obras, se completará hasta cubrir el importe de ambos sumandos.

⇒ V. arts. 23 a 32 de la Ley 6/1998, de 13 abril (§1).
V. art. 134 del RGU (§3.2).

Artículo 111.

1. La valoración de los derechos reales sobre inmuebles, a los efectos de su constitución, modificación o extinción, se efectuará con arreglo a las disposiciones sobre expropiación que específicamente determinen el justiprecio de los mismos; subsidiariamente, según las normas del Derecho Administrativo o Civil que regule la institución y, en su defecto, por las establecidas para los Impuestos de Sucesiones, Transmisiones Patrimoniales y Actos Jurídicos Documentados.

⇒ El Texto Refundido de la Ley del referido Impuesto se aprobó por D. 6 abril 1967.

2. Al expropiar una finca gravada con cargas, la Corporación u Organismo que la efectuare podrá elegir entre justipreciar cada uno de los derechos que concurren con el de dominio para distribuirlo entre los titulares de cada uno de ellos, o bien valorar el inmueble en su conjunto y consignar su importe en poder del juzgador, para que éste fije y distribuya, por el trámite de los incidentes, la proporción que corresponda a los respectivos interesados.

⇒ V. arts. 23 a 32 de la Ley 6/1998, de 13 abril (§1).
V. art. 135 del RGU (§3.2).

Artículo 112.

1. Las valoraciones tendrán vigencia durante diez años.

2. Cuando circunstancias reales y ajenas a especulaciones originaren notorias variaciones en el mercado de terrenos o en la situación económica general, se revisarán los justiprecios, de oficio o a petición de cualquier propietario afectado.

3. Servirá de base para la revisión, sin perjuicio de otros factores, el índice general ponderado de precios al por mayor publicado por el Instituto Nacional de Estadística.

⇒ V. arts. 23 a 32 de la Ley 6/1998, de 13 abril (§1).
V. art. 138 del RGU (§3.2).

Artículo 113.

El pago del justiprecio en las expropiaciones podrá verificarse en efectivo o, de acuerdo con el expropiado, por permuta con otras parcelas del beneficio de la expropiación.

⇒ V. arts. 37 y concordantes de la Ley 6/1998, de 13 abril (§1).

TÍTULO III
EJECUCIÓN DE LOS PLANES DE ORDENACIÓN

CAPÍTULO I
Disposiciones generales

Artículo 114.

1. La ejecución de los Planes de Ordenación corresponde al Estado, a las Entidades Locales y a las Entidades Urbanísticas especiales en sus respectivas esferas de actuación, sin perjuicio de la participación de los particulares en dicha ejecución en los términos establecidos en el presente Título.

2. La ejecución de los Planes mediante el sistema de expropiación, puede ser objeto de concesión administrativa, que se otorgará mediante concurso, en cuyas bases se fijarán los derechos y obligaciones del concesionario.

⇒ V. arts. 1 a 8 del RGU (§3.2).

Artículo 115.

El Estado y las Entidades Locales podrán constituir Sociedades Anónimas o Empresas de economía mixta, con arreglo a la legislación aplicable en cada caso para la ejecución de los Planes de Ordenación.

⇒ V. RD 1169/1978, de 2 mayo, sobre Creación de Sociedades Urbanísticas por el Estado, los Organismos Autónomos y las Corporaciones Locales, de acuerdo con el art. 115 de la Ley del Suelo.
V. arts. 7 y concordantes del RGU (§3.2).

Jurisprudencia artículos 114 y 115

Cualquiera que sea la entidad encargada de la ejecución de los Planes de Ordenación, está obligada, en virtud de lo dispuesto en el art. 114, a respetar la participación de los particulares en dicha ejecución, no siendo en definitiva, dicha obligación sino una manifestación, esta vez en el ámbito de la gestión, de la colaboración de aquélla en la actividad urbanística a que se refiere el art. 4 de dicho Texto. El urbanismo es función pública, y la colaboración de los particulares, ya sea por vía concesional, ya por la vía asociativa (Junta de Compensación) ya por la vía del llamado Urbanismo concertado (Convenios Urbanísticos) sólo puede estimarse y considerarse en el plano instrumental de la gestión como un complemento de actuación; y, en consecuencia, no puede derogar, ni en beneficio de la Administración ni en favor de los particulares, las reglamentaciones de carácter imperativo, ni pueden comprometer tampoco el ejercicio de las potestades regladas de las que la Administración dispone. Es decir, el Convenio Urbanístico es una aplicación de la doctrina del principio de subsidiariedad en la actuación urbanística.

«"Planeamiento» y «ejecución» resultan ser así conceptos íntimamente ligados entre sí: si aquél necesita, para lograr su eficacia, de la ejecución, ésta a su vez precisa de la cobertura del planeamiento para su validez. Hay que concluir, en definitiva, que el planeamiento –más concretamente el planeamiento de detalle– es un «prius» lógico respecto de la actividad de ejecución de aquél. La relación de ambos conceptos responde, pues, al esquema procedimental recogido en el art. 100 de la Ley de Procedimiento Administrativo o más exactamente al principio del que es manifestación esta norma. En este sentido se expresan no sólo el Texto Refundido de la Ley del Suelo –art. 116– sino también el Reglamento de Gestión –arts. 31, 32 y 33que en la misma línea alude a la «función legitimadora del planeamiento» –rúbrica de la Sección Primera, Capítulo II, Título Primero–». **(STS 16 febrero 1987 [RJ 1987, 3192]).**

«El Decreto de 18 de agosto de 1972, por el que se aprobaron las bases que habían de regir en los concursos públicos que se convocaran en la provincia de Madrid en aplicación del artículo 22 de la Ley del Plan de Desarrollo Económico y Social para el trienio 1972-1975, en virtud del mandato contenido en la Ley de 10 de mayo de 1972, se inserta en lo que se dio en llamar el urbanismo concertado o urbanismo paccionado, que, inspirado en modelo francés, propicia la incorporación de los particulares, de personas privadas, a las tareas del establecimiento, instalación o construcción urbanos, al margen del urbanismo reglamentario como función pública; y que ya en esa época, y tras algunos ensayos legislativos en España en la década de los sesenta, no era novedoso». **(STS 19 junio 1989 [RJ 1989, 4743]).**

«La Junta de Compensación integra un supuesto de autoadministración. Son los propios interesados los que desarrollan la función pública de la ejecución del planeamiento en virtud de una delegación que hace de la Junta un agente descentralizado de la Administración de suerte que aquélla tiene naturaleza administrativa, aunque no toda la actuación de la Junta de Compensación esté sometida al Derecho Administrativo. En la medida en que aquélla gestiona intereses propios de sus medios, sin ejercicio directo de funciones públicas, está sujeta al Derecho privado. De ello deriva pues que al contratar –ejecución de obras, préstamos, ventas de terrenos, etc.– no ha de someterse a las formalidades propias del Derecho Administrativo, pues todo ello tiene un carácter instrumental respecto de la finalidad última de la ejecución del planeamiento sin implicar el ejercicio directo de funciones públicas. Y esto es así aun cuando entre los propietarios de los terrenos que forman parte de la Junta figuren entes públicos: si «las Entidades públicas titulares de bienes incluidos en el polígono o unidad de actuación» quedan integradas en la Junta –art. 163.2 del Reglamento de Gestión–, resulta evidente que han de resultar afectadas por el sistema específico de disposición *de bienes que se desarroll*a mediante el proyecto de compensación, que articula la distribución de las cargas y beneficios del planeamiento, sobre la base de la titularidad fiduciaria de la Junta». **(STS 30 octubre 1989 [RJ 1989, 7478]).**

«El de la participación ciudadana es uno de los principios fundamentales de nuestro ordenamiento jurídico –arts. 9.2 y 105 a) de la Constitución– y desde luego tiene una evidente manifestación en el campo del urbanismo: integra éste en nuestro ordenamiento una función pública pero ha de desarrollarse promoviendo intensamente aquella participación –art. 4.2 del Texto Refundido de la Ley del Suelo–. Tal participación se produce no sólo en la fase de formación del planeamiento sino también en la de su ejecución y aun después de finalizada ésta mediante las Entidades de Conservación. Estas tienen como finalidad, en armonía con el momento en que surgen –bien «ex novo», bien por transformación de otra Entidad colaboradora preexistente, art. 25.2 del Reglamento de Gestión Urbanística–, la «conservación y mantenimiento de las obras de urbanización, dotaciones e instalaciones de los servicios públicos» –art. 69.1 del citado Reglamento de Gestión–, sentido éste en el que también se produce el art. 28.1 de la Instrucción del Conseller de Política Territorial y Obres Publiques de 6-8-1982: las Entidades de Conservación implican la previa realización de la urbanización y su objeto es precisamente la conservación y mantenimiento de una urbanización ya realizada. No resultaba, así, viable como con acierto señala la sentencia recurrida, constituir una Entidad de Conservación que tenía por objeto, entre otros, «urbanizar» –art. IV.2 de sus Estatutos–, con alteración del régimen jurídico propio de la urbanización». **(STS 14 abril 1992 [RJ 1992, 3429]).**

«La moderna concepción del urbanismo como función pública (aparece) disociada del derecho subjetivo de los propietarios. Como se ha resaltado por la doctrina, los derechos al desarrollo de un aprovechamiento urbano se han separado de la titularidad dominical del suelo y se han sustantivado como contenido de una competencia pública, lo que explica que pueda sostenerse que el urbanismo se ha convertido en una función pública, que es lo ocurrido en nuestro país a partir de la Ley del Suelo de 1956. CUARTO. No obstante, ni en los mejores momentos de exaltación de la nueva doctrina urbanística, la idea directriz publicística podía permitirse el atrevimiento de arramblar con la base misma en que el urbanismo descansa: el derecho privado de los particulares o entidades sobre los terrenos objeto de la correspondiente ordenación, ya que, a lo más a que se podía llegar, es a convertir sus derechos de propiedad común, en propiedad especial o estatutaria, como ha sido calificada por la doctrina y la Jurisprudencia. Consecuencia de ambas concepciones es la de someterlas al principio de coherencia del reparto equitativo de beneficios y cargas; el responsabilizar a la Administración cuando su «ius innovandi» choca con los derechos adquiridos de los administrados (art. 87 de la Ley del Suelo); y dando preferencia a los sistemas de actuación de compensación y cooperación, reservando el de expropiación a los casos extremos (art. 119 de la misma Ley). QUINTO. Aparte de lo dicho, los particulares no pierden protagonismo del todo en la actuación urbanística administrativa, pudiendo ser encargados los mismos de la gestión urbanística, como uno de los modos previstos en el art. 4.1 de la repetida Ley del Suelo. Refiriéndonos, por último, al tema que en concreto nos ocupa en esta litis, el Ordenamiento urbanístico ha previsto la constitución de Asociaciones administrativas de propietarios para colaborar en la ejecución de las obras de urbanización y en Entidades de conservación de dichas obras: arts. 24, 25, 67 y siguientes del Reglamento de Gestión Urbanística. A cuyo tipo corresponde la entidad apelante. SEXTO. Se trata, pues, de una Entidad que, aunque compuesta por particulares, viene establecida para colaborar en un fin específicamente urbanístico, como es el de la gestión de conservación de una obra sometida a dicha disciplina. Regulada por la normativa urbanística, que llega a condicionar su personalidad jurídica a la inscripción del acuerdo aprobatorio administrativo en el «Registro de Entidades Urbanísticas Colaboradoras», radicado en las Comisiones Provinciales de Urbanismo (arts. 24 a 30 y 67 a 70 del Reglamento de Gestión Urbanística). SÉPTIMO. La personalidad jurídica de estas Entidades, por tanto, nace, más que por la simple voluntad de las individualidades que las integran, por la voluntad preponderante del ordenamiento jurídico –voluntad normativa–, o voluntad legal: art. 35.1 del Código Civil. Por ello, como Entidades de Derecho público, y dentro de él, del Derecho Administrativo, los conflictos que puedan surgir en su actuación, y que no se refieran a intereses puramente privados, acampan dentro del campo del administrativo, a resolver por el

Órgano competente, que, en este caso, por razón de la materia y del lugar, corresponde a la Gerencia Municipal de Urbanismo, autora del acuerdo residenciado en el proceso». **(STS 15 abril 1992 [RJ 1992, 4045]).**

«La ejecución de los Planes de Ordenación corresponde, según el sistema de actuación elegido, al Estado, a las Entidades Locales y a las Entidades Urbanísticas especiales en sus respectivas esferas de actuación –artículo 114 del Texto Refundido de la Ley del Suelo–. En este último caso, la ejecución se realiza a través de las Juntas de Compensación, que no son sino Entidades Urbanísticas colaboradoras constituidas con dicha finalidad por los propietarios afectados por el polígono o unidad de actuación objeto de ejecución. Si, pues, la finalidad de la Junta de Compensación es la ejecución de la urbanización, nada puede sorprender que se le atribuya –artículos 127.3 de la Ley del Suelo y 26 del Reglamento de Gestión– personalidad jurídica propia, plena capacidad para el cumplimiento de sus fines y sobre todo –en lo que ahora importa– naturaleza administrativa. Ciertamente, ello no quiere decir que toda su actuación esté sometida al Derecho Administrativo, como tampoco lo está toda la actividad de las Administraciones Públicas, y que, en consecuencia, es factible que parte de aquella actuación pueda resultar ajena a nuestro específico ordenamiento, pero también lo es que cuando dichas Entidades realizan funciones públicas no resulta posible desconocer su naturaleza administrativa. Se impone, pues, examinar en cada caso la gestión de los intereses en juego». **(STS 24 mayo 1994 [RJ 1994, 3907]).**

«Para enfocar debidamente la cuestión sometida a la consideración de esta Sala, ha de partirse, ante todo, de cuál sea el ámbito de actuación que cabe otorgar legalmente a las sociedades urbanísticas como la que aquí es demandada, así como de la relación de las disposiciones pertinentes con la normativa –constitucional incluso– que regula el tema de la libre competencia económica. El artículo 25.2 d) de la Ley de Bases de 2 abril 1985 hace figurar entre los temas de neta competencia municipal no solamente la gestión y disciplina urbanística, sino también la promoción y gestión de la vivienda, como servicio público que puede contribuir a satisfacer las aspiraciones generales de la comunidad vecinal, y el artículo 86.1 de la misma norma reconoce la facultad que corresponde a los Entes Locales para ejercer la iniciativa pública en materia de actividades privadas, previa la formación del correspondiente expediente, de acuerdo con el artículo 128 de la Constitución. La traslación concreta de tales principios al campo del urbanismo viene determinado, entre otros preceptos, por lo dispuesto en el artículo 115 del Real Decreto Legislativo 9 abril 1976, temporalmente vigente en relación al caso debatido, que autorizaba la constitución de sociedades anónimas, o empresas de economía mixta, por parte de las Entidades Locales para la ejecución de los Planes de Ordenación, en desarrollo de lo cual se dictó el RD 2 mayo 1978 cuyo artículo 3 especificaba entre los fines propios del objeto social de las entidades urbanísticas los comprendidos en el apartado 1 b) de dicho RD concretamente referido a la actividad urbanizadora, que tanto podrá alcanzar la promoción de la preparación del suelo y renovación o remodelación urbana, como la realización de obras de infraestructura y dotación de servicios, cuidando siempre de puntualizar (artículo 3.5) que en ningún caso podrán dichas entidades ejecutar las obras directamente, sino adjudicarlas en régimen de libre concurrencia. A todo ello hay que añadir que el artículo 3.3 del RDLeg 9 abril 1976 inserta dentro de las competencias urbanísticas la ejecución y fiscalización de las obras de urbanización, y el artículo 3.4 f) considera incluida dentro de las competencias de fomento de la edificación y uso del suelo la intervención en la construcción y uso de las fincas, completando el panorama lo dispuesto en el artículo 6 del RDley 14 marzo 1980, dictado precisamente con la finalidad de agilizar la gestión urbanística». **(STS 17 junio 1998 [RJ 1998, 4770]).**

Concesión administrativa para la ejecución del planeamiento.

«El Tribunal «a quo» considera como razón definitiva para anular el acuerdo de adjudicación del concurso para la concesión administrativa del beneficio de la expropiación en la ejecución del Plan Parcial del Sector en cuestión que, si bien el sistema de expropiación para la ejecución del planeamiento urbanístico, previsto por el artículo 119.1 c) del Texto Refundido de la Ley del Suelo de 1976, entonces vigente, puede ser objeto de concesión administrativa, en sus bases han de fijarse los derechos y obligaciones del concesionario (artículos 64.2 y 114.2 del indicado Texto Refundido y 211 del Reglamento de Gestión Urbanística) y, singularmente, las obras e instalaciones que el mismo debe ejecutar [artículo 21.2.2 b) del mencionado Reglamento], cosa que no se pudo cumplir al no estar aprobado el Plan Parcial cuya ejecución se concedió. Por ello las bases del concurso no contenían las determinaciones mínimas que exige el apartado 2 del citado artículo 212 del Reglamento de Gestión, especialmente las relativas a las obras e instalaciones que debe ejecutar el concesionario [letra b)], y así el Pliego de Condiciones Técnicas se limitaba a señalar, como obligaciones del concesionario de la ejecución «la urbanización de las vías y espacios verdes públicos proyectados –debería decir aún no proyectados– y, por tanto, la ejecución de las obras de explanación, encintado de aceras y pavimentación de calzadas, alcantarillado, suministro de agua, gas, energía eléctrica, telefonía, alumbrado público [...] en los términos previstos en el Proyecto de Urbanización que deberá redactarse en cumplimiento de la realización material de las determinaciones del Plan Parcial» (Base 1.2 intitulada «La ejecución de la urbanización comporta», subbase 1.2.3). Las razones que esgrime el ayuntamiento recurrente para interesar que se revoque la sentencia recurrida, fundadas en la distinción entre la posición del concesionario de la ejecución y beneficiario de la expropiación, en la posibilidad de realización de actuaciones de ejecución que no obstaculicen el desarrollo del Plan General aun cuando no se haya aprobado el Plan Parcial y en la argumentación de que el pliego de condiciones se halla suficientemente detallado, son rechazables, porque, como la Sala de primera instancia pone acertadamente de manifiesto, el acuerdo municipal que anula no se limitó a adjudicar el beneficio de la expropiación forzosa, sino que, al mismo tiempo, concede al beneficiario la ejecución de un Plan Parcial aún no aprobado, por lo que en las bases del concurso no se pudieron definir con precisión los derechos y deberes del concesionario, de manera que en la sentencia recurrida se considera que el contrato de concesión administrativa, por falta de contenido, es de imposible cumplimiento. CUARTO. Las indicadas razones, expuestas por la Sala de primera instancia en su sentencia para anular el acuerdo del Pleno del Ayuntamiento que adjudicó el concurso para la concesión administrativa del beneficio de la expropiación a fin de ejecutar un Plan Parcial aún no aprobado, pretenden desvirtuarse también por el representante procesal del ayuntamiento aduciendo que en la modificación del Plan General de Ordenación Urbana se contienen los elementos básicos que permiten delimitar la ecuación económica de la relación jurídica derivada del beneficio de la expropiación. Esta argumentación no resulta tampoco eficaz a los fines pretendidos. Los planes generales, en relación con el suelo urbanizable programado, se limitan a definir los elementos fundamentales de la estructura general de la ordenación urbanística, al fijar el aprovechamiento medio y dividir el territorio en sectores para su desarrollo en planes parciales (artículos 12.2.2 del Texto Refundido antes citado y 30 a 33 del Reglamento de Gestión Urbanística) y los artículos 84.1 y 116.1 del referido Texto Refundido de la Ley del Suelo y 31.2 del indicado Reglamento de Gestión Urbanística impiden que dicho suelo sea urbanizado hasta que se apruebe el correspondiente Plan Parcial. En consecuencia, mientras no se apruebe el Plan Parcial no se podrán conocer las obras e instalaciones que en el correspondiente sector se deben ejecutar, lo que impide la fijación en las bases del concurso de los derechos y obligaciones del concesionario de la ejecución. Por lo tanto, si, como en este caso ha sucedido, se concede la ejecución del Plan Parcial de un Sector sin haberse previamente aprobado dicho Plan y, por tanto, sin ultimarse el diseño urbanístico del Sector, resulta imposible que el concesionario asuma determinadas obligaciones para la ejecución del mismo, y, en consecuencia, el contrato de concesión administrativa es, como declaró la Sala de instancia, de imposible cumplimiento por falta de contenido, lo que conlleva a la desestimación del recurso de casación interpuesto fundado en la infracción de normas del ordenamiento jurídico». **(STS 18 noviembre 1997 [RJ 1997, 7955]).**

Programas de actuación urbanística como urbanismo concertado.

«Los Programas de Actuación Urbanística, a pesar de su defectuosa denominación, constituyen auténticos Planes Urbanísticos, con un nivel de ordenación análogo al de los Planes Generales, a los que vienen a completar en el suelo urbanizable no programado. Su contenido equivale a las determinaciones propias del Plan General para el suelo urbanizable programado. Importa ahora destacar dos de sus características: A) Están subordinados a los Planes Generales, debiendo por tanto respetar sus determinaciones y criterios –arts. 16.1 y 146.1 del Texto Refundido de la Ley del Suelo–. B) Se han concebido en nuestro sistema como una manifestación del urbanismo concertado, pues aspiran –Exposición de Motivos de la Ley 19/1975, de 2 de mayo incorporar la iniciativa privada al proceso de desarrollo urbano por unidades de cierta entidad: el procedimiento ordinario no ya de ejecución sino de formulación del Programa es por ello el del concurso público –arts. 146.1 y 148 del Texto Refundido–. Es de advertir que, en último término, se admite también en nuestro Derecho la formulación del Programa de Actuación Urbanística por los propios Entes públicos –art. 149.1 del Texto Refundido–». **(STS 28 diciembre 1987 [RJ 1987, 9845]).**

Entidades urbanísticas colaboradoras.

«Es cierto que las Entidades urbanísticas colaboradoras no gozan de personalidad jurídica sino a partir del momento de su inscripción en el correspondiente Registro –art. 26.2 del Reglamento de Gestión Urbanística– y por tanto ha de ser a partir de ese momento cuando han de entrar en juego las consecuencias jurídicas que derivan de su carácter administrativo, es decir, más concretamente, la posibilidad de llegar a la vía de apremio en los términos previstos en el art. 70 del citado Reglamento de Gestión. El problema surge respecto de los gastos hechos con anterioridad a la inscripción de las Entidades de Conservación, fase temporal ésta que sí aparece cubierta en los supuestos en que dichas Entidades nacen como consecuencia de la transformación de las Juntas de Compensación y de las Asociaciones Administrativas de Propietarios. Pero en el supuesto litigioso la cuestión es más compleja pues en esa fase previa los gastos fueron realizados por una Asociación de Propietarios de carácter civil –folio 44 del expediente–. Sin embargo es de señalar: A) Que tal Asociación desarrolló funciones materialmente administrativas en interés de la comunidad en tanto no se procedía a cubrir la integridad de los trámites necesarios para constituir la Entidad de Conservación, de suerte que desde el punto de vista subjetivo resultan aplicables los principios que han inspirado la construcción de la figura del «funcionario de hecho» que ya tuvo antecedentes en el Derecho Romano. B) Que una vez constituida la Entidad de Conservación, tomó el Acuerdo –11 de agosto de 1984, folios 49 y 50 del expediente– de asumir los activos y pasivos, derechos y obligaciones de la Asociación de Propietarios, decidiendo solicitar del Ayuntamiento la exacción por la vía de apremio de las cuotas impagadas, de suerte que tal acuerdo, tomado por una entidad de carácter administrativo –art. 26.1 del Reglamento de Gestión Urbanística– y referido precisamente a gastos de una funcionalidad jurídico-urbanística, habría de ser ejecutable por la vía de apremio específicamente prevista en el art. 70.1 del tan citado Reglamento de Gestión. TERCERO. A lo expuesto habría que añadir, ya en otro sentido que es un claro principio informante de todo nuestro ordenamiento jurídico –art. 1.4 del Título Preliminar del Código Civil– el de que ha de tratar de evitarse todo enriquecimiento injusto, lo que unido a los acertados razonamientos de la sentencia impugnada determina la procedencia de la desestimación del recurso de apelación. No se aprecia base para formular una expresa imposición de costas –art. 131.1 de la Ley Jurisdiccional–». **(STS 19 septiembre 1988 [RJ 1988, 6720]).**

«La cuestión esencial es la de si las Asociaciones recurrentes –hoy apelantes– son resultado del puro ejercicio del derecho fundamental consagrado en el art. 22 de la Constitución Española, teniendo en cuenta que las entidades personadas en los recursos iniciales y la apelación traen causa de una Asociación de Propietarios que consintió la transformación de la misma en Entidades Urbanísticas Colaboradoras cuyos estatutos fueron aprobados por el Ayuntamiento de San Javier (Murcia). TERCERO. No cabe duda sobre el carácter administrativo de las Entidades Colaboradoras, y en particular no cabe duda tampoco de la sujeción de tales entidades a la llamada Ley del Suelo (Texto Refundido aprobado por el Real Decreto 1346/1976) y al Reglamento de Gestión Urbanística (RD 3288/1978, adaptándose al mismo en cuanto a la disolución de dichas colaboradoras a sus propios estatutos y al art. 30 del Real Decreto antes citado, 3288/1978) en cuanto asumieron expresamente el carácter administrativo de dichos Colaboradores». **(STS 25 mayo 1993 [RJ 1993, 3987]).**

«La naturaleza y normativa de las Entidades de Conservación se infiere del artículo 24 del Reglamento de Gestión Urbanística que menciona entre las Entidades Urbanísticas de Colaboradoras, en su apartado 2 c), a las Entidades de Conservación. Todas las Entidades Urbanísticas Colaboradoras, y, por tanto, las Entidades Urbanísticas de Conservación, constituyen un medio de participación en la gestión urbanística de los interesados en el proceso urbanístico. La regulación de las Entidades Colaboradoras será, según el citado artículo 24.3, la que resulte de sus Estatutos, lo establecido en los artículos 24 al 30 del Reglamento de Gestión y, normas de los artículos 67 al 70 del mismo Texto Legal que resulten igualmente aplicables. Resulta patente, por lo más arriba expuesto, la improcedencia de considerar aplicables a las Entidades de Conservación los requisitos legales establecidos para las Juntas de Compensación (constitución y funcionamiento), y el «quorum» exigido por el artículo 158 del Reglamento de Gestión para las Juntas de Compensación que es el argumento sobre el que se sustenta, tanto en la instancia como en el recurso de apelación, la pretensión del demandante, improcedencia que se deduce del orden normativo aplicable que para estas entidades prescribe el artículo 24.3 del Reglamento de Gestión y que, como se ha dicho, son: Estatutos, artículos 24 al 30 del Reglamento de Gestión, que resultan aplicables, y, artículos 67 al 70 del mismo Texto Legal que se encuentren en idénticas circunstancias. Del tenor literal del precepto citado se deduce que los Capítulos II y III del Título V del Reglamento de Gestión sólo son aplicables a las Juntas de Compensación y asociaciones administrativas de propietarios, y no a las Entidades de Conservación como pretende el recurrente, las cuales, y por lo que el mismo precepto ordena, se regulan conforme a la normativa reseñada. Los principios que rigen su estructura y funcionamiento, al tratarse de agrupaciones de propietarios, más precisamente, «asociaciones 'propter rem'», tendentes a asegurar el mantenimiento y la conservación de la urbanización, son los de «publicidad» del procedimiento y toma de acuerdos y «sistema democrático» en la adopción de decisiones. Además, y de la finalidad esencial de las Entidades de Conservación (mantenimiento de las obras de urbanización), se colige que los propietarios que se encuentren incluidos en el ámbito territorial de la Entidad de Conservación contemplada no pueden sustraerse a la pertenencia a dichas entidades, puesto que, en razón de la finalidad perseguida, ésta viene predeterminada por la propiedad de terrenos en el ámbito territorial de la urbanización». **(STS 26 octubre 1998 [RJ 1998, 7688]).**

Artículo 116.

1. Las actuaciones en suelo urbanizable programado requieren la previa aprobación del Plan Parcial del sector correspondiente.

2. En el suelo urbanizable no programado sólo podrá actuarse mediante la aprobación de Programas de Actuación Urbanística y de los correspondientes Planes Parciales para su ejecución.

3. Se exceptúa de lo dispuesto en este artículo la ejecución de los sistemas generales de la ordenación urbanística del territorio previstos en los Planes Directores Territoriales de Coordinación, o en los Planes Generales, o la de alguno de los elementos de dichos sistemas.

⇒ V. art. 16 de la Ley 6/1998, de 13 abril (§1).
V. arts. 31, 32, 33 y 34 del RGU (§3.2).

Jurisprudencia

Planes que legitiman la ejecución de los sistemas generales.

«Es de recordar que una de las innovaciones de la Reforma de la Ley del Suelo de 1975 fue precisamente la detallada contemplación de los sistemas generales de la ordenación urbanística del Territorio a través de una regulación del tipo de planeamiento que legitima su ejecución –Plan Especial y en su caso inclusión en un Plan Parcial, art. 33.1 del Reglamento de Planeamiento–, de un ingenioso sistema de adquisición de los terrenos afectados –no sólo la expropiación forzosa sino también la adjudicación de terrenos en sectores que tengan un exceso de aprovechamiento medio, arts. 134 del Texto Refundido y 84 del mismo Texto, y 46.3 b) del Reglamento de Gestión– y, en último término mediante la regulación de los costes de la urbanización –arts. 122 del Texto Refundido y 63.3 del Reglamento de Planeamiento–». **(STS 11 julio 1987 [RJ 1987, 6874]).**

«En el artículo 31 del Reglamento de Gestión Urbanística se concretan las actuaciones en suelo urbano, urbanizable programado, urbanizable no programado y las correspondientes a los sistemas generales integrantes de la estructura general y orgánica del territorio para, al contrario que en las primeras, en que puede ser suficiente el Plan General, exigir para la ejecución en las demás un instrumento de planificación complementario, que en las últimas ha de ser un Plan Especial, cuando se opere directamente, o un Plan Parcial, cuando se las haya incluido en un sector, conforme a las opciones del artículo 33 del Reglamento de Planeamiento. QUINTO. Procede por tanto la revocación de la sentencia apelada, que no reputó a dicho Plan Especial como necesario para la ejecución del sistema por expropiación, así como la estimación de los cuatro recursos acumulados, por no ajustarse a Derecho los acuerdos impugnados al haber iniciado el procedimiento expropiatorio sin la previa aprobación de tal Plan». **(STS 13 diciembre 1988 [RJ 1988, 9780]).**

«El art. 31 del Reglamento de Gestión Urbanística en el que con toda precisión se distinguen las actuaciones en suelo urbano, urbanizable programado, urbanizable no programado y las correspondientes a los sistemas generales en los que al contrario que en las primeras en que puede ser suficiente el Plan General se exige para la ejecución de las demás un instrumento de planificación complementario que en las actuaciones correspondientes a los sistemas generales ha de ser un Plan Especial cuando se opere directamente o un Plan Parcial cuando se las haya incluido en un sector, conforme a las opciones que concede el art. 33 del Reglamento de Planeamiento». **(STS 26 julio 1990 [RJ 1990, 5906]).**

«La "función legitimadora del planeamiento" (en el sentido de que toda ejecución urbanística desprovista del título de planeamiento que la fundamente es disconforme a Derecho) está reconocida en el art. 116 del Texto Refundido de la Ley del Suelo de 9 de abril de 1976, en los arts. 31, 32 y 33 del Reglamento de Gestión Urbanística, y en numerosa jurisprudencia de este Tribunal Supremo, de la que son muestra las sentencias citadas.

En la medida en que el Plan General y el Proyecto de reparcelación de que se deriva la actuación urbanística que motivó la liquidación impugnada fueron anulados por sentencias, respectivamente, de 13 de septiembre de 1988 (confirmada por el Tribunal Supremo en 31 de julio de 1991 [RJ 1991, 6519]) y de 25 de noviembre de 1992, resulta claro que aquella liquidación quedó desprovista de apoyo jurídico porque no puede haber urbanización sin Plan ni Proyecto de reparcelación que la legitime». **(STS 22 julio 2000 [RJ 2000, 6986]).**

Artículo 117.

1. La ejecución de los Planes y de los Programas de Actuación Urbanística se realizará por polígonos completos, salvo cuando se trate de ejecutar directamente los sistemas generales o alguno de sus elementos o de realizar actuaciones aisladas en suelo urbano.

2. Los polígonos se delimitarán teniendo en cuenta los siguientes requisitos:

a) Que por sus dimensiones y características de la ordenación sean susceptibles de asumir las cesiones de suelo derivadas de las exigencias del Plan y de los Programas de Actuación Urbanística.

b) Que hagan posible la distribución equitativa de los beneficios y cargas de la urbanización.

c) Que tengan entidad suficiente para justificar técnica y económicamente la autonomía de la actuación.

3. En el suelo urbano, cuando no sea posible la determinación de un polígono con los requisitos establecidos en el número anterior, ni se trate de actuaciones aisladas, las operaciones urbanísticas podrán llevarse a cabo mediante la delimitación de unidades de actuación que permitan, al menos, la distribución justa entre los propietarios de los beneficios y cargas derivados del planeamiento.

4. No podrán delimitarse polígonos ni unidades de actuación inmediatos a terrenos de cesión obligatoria y gratuita sin incluir en los referidos polígonos y unidades la parte correspondiente de los indicados terrenos.

⇒ V. arts. 36, 37 y 38 del RGU (§3.2).

Artículo 118.

1. La delimitación de polígonos y unidades de actuación, si no se contuviere en los Planes, así como la modificación de los ya delimitados cuando proceda, se acordará, de oficio o a petición de los particulares interesados, por la Entidad Local o Urbanística especial actuante, previos los trámites de aprobación inicial e información pública durante quince días.

2. No obstante, ninguna reclamación o recurso que se fundamente en errores u omisiones no denunciados en la fase de información pública podrá dar lugar a la retroacción de actuaciones.

⇒ V. arts. 36, 37 y 38 del RGU (§3.2).
V. art. 134 del presente Texto Refundido.
V. art. 6 del RDley 16/1981, de 16 octubre (§3.5).

Jurisprudencia artículos 117 y 118

La delimitación del ámbito territorial en que se desarrolla la actividad de ejecución, puede establecerse directamente por los propios planes; pero si no se contuviera en éstos, o se quisiera modificar la previamente establecida, se hace necesario desarrollar el procedimiento previsto en el art. 118 de la Ley, que puede iniciarse de oficio o a instancia de parte. El art. 117.2 fija los criterios materiales a los que debe atenerse la operación, estableciendo tres requisitos básicos de los que depende la validez de la delimitación: primero, que por sus dimensiones y características de la ordenación sean susceptibles de asumir las cesiones de suelo derivadas de las exigencias del Plan y de los Programas de Actuación Urbanística; segundo, que hagan posible la equidistribución de los beneficios y cargas en la urbanización. Por ello la prohibición de delimitar polígonos o unidades de actuación contiguos a terrenos de cesión obligatoria y gratuita, sin incluir en los mismos la parte correspondiente de dichos terrenos –art. 117.4 de la Ley–, y por ello la prohibición de delimitar polígonos dentro de un mismo sector cuyas diferencias de aprovechamiento entre sí, con relación al aprovechamiento del sector, sea superior al 15% –art. 36.2 del Reglamento de Gestión–; y tercero, que tengan entidad suficiente para justificar técnica y económicamente la autonomía de la actuación. Esta regla general, sin embargo, para el suelo urbano admite una excepción: se autorizan unidades de actuación que permitan la distribución justa de las cargas derivadas del planeamiento (art. 117.3 del Texto Legal).

«Sentado que esta Zona Verde no se establece para el servicio local del polígono sino para el General de todo el suelo urbano del pueblo, es patente la improcedencia de delimitar un polígono de actuación para obtener por cesión gratuita este terreno; pues los artículos 117.1 de la Ley del Suelo y 36.1 del Reglamento de Gestión Urbanística excluyen de la actuación poligonal la ejecución de los sistemas generales o de cualquiera de sus elementos; y los artículos 134.2 y 135.2 de la propia Ley del Suelo y el 197 del Reglamento de Gestión Urbanística determinan que para obtener el suelo necesario para realizar los sistemas generales o cualquiera de sus elementos ha de emplearse la expropiación forzosa, y no es legalmente posible delimitar polígonos (ni unidades de actuación) para obtener suelo gratuito destinado a servir a todo el Municipio, ya que esto sería tanto como exigir a unos pocos propietarios que aportasen suelo gratuito para el servicio de toda la población infringiendo elementales principios de justicia y vulnerando el de igualdad proclamado por el artículo 14 de la Constitución, sin obtener la necesaria compensación garantizada por el artículo 33.3 de la Constitución. La cesión gratuita y obligatoria de suelo urbano destinado a dotaciones públicas es exigible conforme a los artículos 83.3.1º de la Ley del Suelo y 46.1 y 2 del Reglamento de Gestión Urbanística cuando las dotaciones públicas se establecen para el servicio del propio polígono o unidad de actuación, mas no cuando tales dotaciones se crean para el servicio general de todo el Municipio, supuesto en el que es la expropiación lo procedente y no la delimitación de un polígono o de una unidad de actuación. QUINTO: [...] Pues siendo la mencionada Zona Verde no un sistema local al servicio del polígono sino un sistema general para la utilidad de toda la población (y absolutamente necesario en ella vista la patente carencia de zonas verdes en las Normas Subsidiarias del Municipio), la gestión global de la misma debe hacerse por expropiación ya que no es lícito desmembrarla para su gestión incluyendo parte de ella dentro de un polígono para obtener su cesión gratuita y conseguir el resto por expropiación; pues siendo sistema general toda la Zona Verde, toda ella ha de gestionarse por expropiación dado que no sería válido imponer la gestión como sistema local de una parte de un sistema general; razón por la cual serían también nulos los acuerdos impugnados aun dando por cierto el expresado supuesto. SEXTO: [...] No ha de ser ahora superfluo aclarar que siendo requisito esencial para la validez de la delimitación de un polígono de actuación que el mismo una vez delimitado haga posible la distribución equitativa de los beneficios y de las cargas de la urbanización [artículos 117.2 b) de la Ley del Suelo y 36.3 del Reglamento de Gestión Urbanística], la delimitación ha de demostrar que se cumple esta condición y si esta demostración se ha de hacer siempre que se efectúa una delimitación poligonal conforme a estos preceptos, tal demostración es aún más imprescindible cuando la delimitación se realiza sobre terrenos de un solo propietario porque en tal supuesto no es naturalmente posible ni la reparcelación (art. 73 a del Reglamento de Gestión) ni la compensación con otros propietarios ya que no los hay (arts. 173 y 174.2 del mismo Reglamento de Gestión); y como que los arts. 83.3 y 117.3 de la Ley del Suelo y 36.3 del Reglamento de Gestión Urbanística imponen ineludiblemente el reparto equitativo de las cargas y la distribución justa de los beneficios, para que no haya la expoliación que prohíbe la Constitución (art. 33.3), en estos casos de delimitación de polígonos de propietario único se ha de acreditar de manera acabada que las cargas que ha de soportar este propietario tienen la compensación adecuada con los beneficios que le concede la Ordenación; y como que aquí esta demostración también falta, se impone también por esto la invalidación de la delimitación practicada [...] OCTAVO: [...]Y en todo caso, cualesquiera que fuesen los resultados de la gestión global de las Normas Subsidiarias, jamás podrían imponerse cesiones gratuitas de suelo para establecer sistemas generales ni delimitar polígonos de actuación con infracción de los requisitos que los han de presidir». **(STS 13 abril 1987 [RJ 1987, 4437]).**

«La delimitación de los polígonos o unidades de actuación –art. 117 del Texto Refundido– integra una actuación reglada y no discrecional, en cuanto que los criterios inspiradores son justamente conceptos jurídicos indeterminados. Pues bien, en lo que a estos autos respecta, no resulta acreditado que la unidad de actuación dibujada no permita aquella distribución de cargas y beneficio. Y sobre esta base, una reparcelación impedirá que la carga del jardín urbano litigioso sea soportada exclusivamente por los propietarios de los terrenos vinculados a dicho destino». **(STS 16 noviembre 1987 [RJ 1987, 9220]).**

«Para la ejecución del Plan en suelo urbano se han de delimitar polígonos sujetos a los requisitos que determina el artículo 117.2 de la Ley del Suelo, tal como definen el artículo 117.2 de dicha Ley del Suelo y el 36.3 del Reglamento de Gestión Urbanística con las únicas excepciones de que se trate de ejecutar directamente sistemas generales o de realizar actuaciones aisladas en suelo urbano (arts. 117.1, 134.2 y 135.2 de la Ley del Suelo y arts. 55, 197.2, 194.2 y 224.3 del Reglamento de Gestión Urbanística y 84.2 del Reglamento de Planeamiento). b) La unidad de Actuación es subsidiaria en el suelo urbano y como tal sólo es legalmente posible cuando el Plan demuestre la imposibilidad de determinar un polígono con los requisitos del artículo 117.2 de la Ley del Suelo. c) Los conceptos de Polígono y de Unidad de Actuación no están vinculados a ámbitos de ejecución y de reparcelación continuos o discontinuos respectivamente, como aquí se sostiene. d) El ámbito reparcelable es el Polígono o la Unidad de Actuación (artículos 97 de la Ley del Suelo y 71.1 del Reglamento de Gestión Urbanística) y este ámbito puede ser discontinuo en suelo urbano en los casos de reparcelación voluntaria (artículo 78.3 del Reglamento de Gestión) sin que ni legal ni reglamentariamente se contemplen supuestos distintos que podrían invalidar la técnica reparcelatoria obligatoria en la forma establecida por la legislación vigente. Y e) Cuando el citado artículo 78.3 del Reglamento se refiere a la reparcelación voluntaria, está aludiendo a los casos previstos en la Sección 1ª del Capítulo Quinto del Título III del Reglamento de Gestión Urbanística, y no a otros supuestos». **(STS 21 diciembre 1987 [RJ 1987, 9678]).**

«Para poder exigir la cesión obligatoria y gratuita de los terrenos viales del suelo urbano es presupuesto imprescindible que previamente se haya delimitado un polígono o una Unidad de actuación con los requisitos que exigen los artículos 117.2 y 3 de la Ley del Suelo y 36.3 del Reglamento de Gestión Urbanística y en el interior del cual se pueda hacer real la distribución justa de los beneficios y de las cargas de la ordenación entre todos los propietarios afectados tal como establece la legislación vigente indicada (arts. 83.4, 97.2 y 117.3 de la Ley del Suelo y 36.3 del Reglamento de Gestión Urbanística)». **(STS 6 junio 1988 [RJ 1988, 4374]).**

«A la vista de lo dispuesto en los artículos 83.1.1º y 4 del Texto Refundido de la Ley sobre Régimen del Suelo y Ordenación Urbana y 117.3 de igual texto, a la unidad de actuación número 8, en que se encuentra la fábrica de la sociedad recurrente ocupando la totalidad de su superficie, no puede en modo alguno reputársela legalmente delimitada, puesto que estando afectada la misma en la mayor parte de su extensión a espacio libre público y dotaciones (auditorio), es decir, a elementos urbanísticos no destinados específicamente al servicio del resto, previsto como edificable, tal extensión no podía imponerse como de cesión obligatoria respecto de este resto, razón por la que para que se produjese, al menos, la distribución justa entre los propietarios de los beneficios y cargas derivadas del planeamiento, cual es exigible para la válida delimitación de las unidades de actuación, debió comprender una mayor extensión superficial y no sólo a la correspondiente a los terrenos de F. y T.I., y de no ser ello posible por extenderse a toda la población de Sabadell o a la mayor parte de ella la utilización y disfrute del espacio libre público y de la dotación (auditorio), prescindir del sistema de actuación elegido (cooperación) y tratar la cuestión como ejecución directa de un sistema general o elemento de él o como actuación aislada en suelo urbano, acudiendo a la expropiación forzosa». **(STS 27 diciembre 1990 [RJ 1990, 10271]).**

«Tal como preceptúa el artículo 117 de la Ley del Suelo, la ejecución de los Planes, en suelo urbano, ha de realizarse por polígonos, completos o en su defecto a través de unidades de actuación que, al menos, permitan la distribución justa de los beneficios y cargas del planeamiento entre los propietarios, siendo también susceptible la realización de actuaciones aisladas en los supuestos de no ser factible la delimitación de polígonos o unidades de actuación. Los sistemas generales o alguno de sus elementos, también como las actuaciones aisladas pueden ejecutarse directamente, en cuyo caso podrá aplicarse –artículo 134.2 de la Ley del Suelo– la expropiación forzosa. Tal como precisa la Sentencia de este Alto Tribunal de 13 abril 1987 (RJ 1987, 4437), los artículos 134.2 y 135.2 de la Ley del Suelo y el 197 del Reglamento de Gestión Urbanística determinan que para obtener el suelo necesario para realizar los sistemas generales o cualquiera de sus elementos ha de emplearse la expropiación forzosa, y no es legalmente posible delimitar polígonos, ni unidades de actuación, para obtener el suelo gratuito destinado a servir a todo el Municipio, ya que esto sería tanto como exigir a unos pocos propietarios que aportasen suelo gratuito para el servicio de toda la población infringiendo elementales principios de justicia y vulnerando el de igualdad proclamado por el artículo 14 de la Constitución, sin obtener la necesaria compensación garantizada por el artículo 33.3 de la Constitución. La cesión gratuita y obligatoria de suelo urbano destinado a dotaciones públicas es exigible conforme a los artículos 83.3.1º de la Ley del Suelo y 46.1 y 2 del Reglamento de Gestión Urbanística cuando las dotaciones públicas se establecen para el servicio del propio polígono o unidad de actuación, mas no cuando tales dotaciones se crean para el servicio general de todo el Municipio, supuesto en el que es la expropiación lo procedente y no la delimitación de un polígono o unidad de actuación. SEXTO. Es de capital trascendencia, a la luz de lo acabado de exponer, la exacta determinación de la naturaleza del vial y acera o "strand» que da frente a la calle mayor de Sant Celoni, objeto de cesión gratuita en el acto cuestionado tras precisar que no estamos en presencia de una actuación urbanística integrada en un polígono o unidad de actuación sino en una actuación aislada en suelo urbano». **(STS 15 julio 1996 [RJ 1996, 7381]).**

«En el caso de la unidad de actuación número 4 (UA 4), que se refiere en el Plan a la denominada Plaza de la Juventud, que se extiende irregularmente entre la calle Tejares y la del lago Titicaca y está ocupado por un uso comercial, jardín y pequeñas construcciones. La delimitación de esta última es incorrecta y vulnera en forma patente lo establecido en el artículo 117.2 del Texto Refundido de la Ley del Suelo y el artículo 36 del Reglamento de Gestión Urbanística, al no hacer posible distribución equitativa alguna de los beneficios y cargas de la urbanización, lo que debe llevar a la estimación parcial del recurso. El único propietario del terreno se ve obligado, en efecto, a soportar la cesión obligatoria y gratuita de los suelos destinados a viales y espacio libre público o plaza y a soportar la actuación (folio 112 del Volumen II del Plan Especial), lo que vulnera el principio de equidad en la distribución de beneficios y cargas». **(STS 17 febrero 1997 [RJ 1997, 1145]).**

«La delimitación de una Unidad de Actuación o su modificación, para su ejecución, y las determinaciones que efectúa al efecto el Plan, carecen de los elementos necesarios que permitan calificar a tal Delimitación como una verdadera norma o disposición administrativa de carácter general, sino más bien, siendo concretos y determinados sus destinatarios y su vigencia no indefinida sino referida a un concreto período de ejecución, la calificación adecuada debe ser la de acto administrativo singular». **(STS 4 julio 2000 [RJ 2000, 7005]).**

«Los artículos 117.3 y 83.3.2 y los demás citados por el recurrente, permiten actuar sistemáticamente en suelo urbano por Unidades de Actuación y a cargo de los propietarios, pero no autorizan a exigir a éstos, que ya cedieron suelo y costearon la urbanización, mejoras y reformas sucesivas y reiteradas, a modo de urbanización inacabable, es decir, mediante la imposición de actuaciones de mejora de servicios que no responden a nuevas concepciones globales urbanísticas, sino a cambios y mejoras puntuales de los servicios urbanísticos, como los de energía eléctrica, suministro de agua, evacuación residual etc. Esto no significa que el Ayuntamiento no pueda emprender tales obras ni que los propietarios no hayan de costearlas en la medida que legalmente corresponda verbigracia, contribuciones especiales pero ello no puede hacerse como obligación impuesta por el ordenamiento urbanístico». **(STS 13 octubre 2000 [RJ 2000, 7916]).**

Concepto de polígonos y de unidades de actuación.

«El Texto Refundido de la Ley del Suelo es un Decreto legislativo que participa de la naturaleza de las leyes según los artículos 82.2 y 85 de la Constitución en tanto en cuanto se ajusta a la delegación recibida; pero es de ver que este requisito no se cumplió en la redacción del mencionado artículo 118.1 del indicado Texto Refundido que en lugar de recoger el Texto original del artículo 105 primer párrafo de la Ley de Reforma de la del Suelo de 2 de mayo de 1975, que determina claramente que el procedimiento es «el regulado por el artículo 32, con reducción de los plazos a la mitad», y no atribuye en ningún caso, pues, la competencia para la aprobación definitiva a la Administración municipal, en patente desajuste, el artículo 118.1 del Texto Refundido se la confirió, no pudiendo atribuirse eficacia a ello; cuestión que se corrobora bien analizando las páginas 18 y siguientes del Diario de sesiones de la Comisión de Vivienda de las Cortes correspondientes a la Sesión de 18 de febrero de 1975 en la que la redacción del mencionado artículo 105 de la aludida Ley de Reforma de 2 de mayo de 1975, se debatió y aprobó». **(STS 4 febrero 1987 [RJ 1987, 2060]).**

«La Unidad de Actuación –polígono devaluado la ha denominado la doctrina– es una posibilidad excepcional prevista para el suelo urbano –arts. 117.3 del Texto Refundido de la Ley del Suelo y 36.3 del Reglamento de Gestión Urbanística– en razón de la dificultad que en dicho suelo presenta el trazado de verdaderos polígonos. En cuanto excepción que es, la utilización de la figura de la Unidad de Actuación ha de ser debidamente motivada, lo que no ocurre en el supuesto litigioso. Pero tal defecto –independientemente de que se trata de una impugnación indirecta– no pasa de ser una irregularidad no invalidante dado que se cuenta con los datos necesarios para poder decidir sobre el fondo del asunto. QUINTO. El requisito fundamental de la Unidad de Actuación es el de que permita la distribución justa entre los propietarios de los beneficios y cargas derivados del planeamiento, como expresamente señalan los antes citados preceptos. Ello implica que dentro de la Unidad han de incluirse todos los propietarios directamente afectados por la actuación que se trata de desarrollar. Por otra parte, las cesiones gratuitas a realizar en suelo urbano son las que, previstas en el art. 83.3.1º del Texto Refundido, estén «al servicio del polígono o unidad de actuación correspondiente». Tal servicio no tiene por qué ser exclusivo y basta que sea fundamental: no resulta fácil pensar que una plaza pueda estar al «servicio exclusivo» de los edificios que a ella afrontan, aunque sí resulta claro que son éstos los «fundamentalmente servidos», independientemente del servicio que aquélla presta a un área más amplia e incluso a la generalidad de la población. SEXTO. La Unidad de Actuación litigiosa –art. 149 de la normativa del Plantenía como objetivo fundamental la realización de una plaza pero en su delimitación se incluían únicamente los terrenos del recurrente –una parte de la plaza– dejando fuera sin embargo otros que o bien habrían de ser también suelo de la plaza –y que han sido adquiridos directamente por el Ayuntamiento– o bien habrían de ser profundamente beneficiados por dicha plaza como expresamente reconoce el Ayuntamiento que ha impuesto contribuciones especiales –por cierto, características de la actuación aislada, arts. 134.2 y 145 del Texto Refundido–, dato éste que se subraya beneficio el mencionado que operaba sobre todos que lindaban con la plaza y de una manera destacadísima sobre aquellos propietarios de terrenos o edificios que como consecuencia de la cesión impuesta al recurrente y de la compra de terrenos por el Ayuntamiento van ahora a afrontar con ella directamente y «ex novo» una vez eliminados los obstáculos que representaban los terrenos cedidos o comprados. Así las cosas, ocurre: A) Que los costes de urbanización de la plaza que hubieran debido ser satisfechos por los propietarios –arts. 120.1 b), 126.1. 131.1 etc. del Texto Refundido– se cubren con unas contribuciones especiales en las que el Ayuntamiento soporta el 80,29 por 100 de los costes –contestación a la demanda, fundamento de derecho VII, folio 43 vuelto–. B) Que los terrenos a ceder por el recurrente están al servicio no sólo de la Unidad de Actuación –que comprende sólo una parte de la plaza– sino también, y con el mismo grado de fundamentalidad, de terrenos o edificios sitos fuera de aquélla. En definitiva, se trata de una Unidad de Actuación que deja fuera de su ámbito una parte de los propietarios que forman parte de la «comunidad» directamente afectada por la actuación. Y es que no se trata tanto de si el recurrente ha recibido o no compensación suficiente por la cesión gratuita de su terreno mediante un aumento de la edificabilidad normal en la zona del tejido histórico –no es necesario examinar ahora la legalidad de esta solución, art. 149 de la normativa del Plan–, sino de que se han producido defectos recuérdese que la acción es pública en materia de urbanismo, art. 235.1 del Texto Refundido que han traído como consecuencia –supuesta la viabilidad de una Unidad de Actuación– que el Ayuntamiento haya sufragado costes de urbanización que debieron estar a cargo de los propietarios –art. 120.1 del Texto Refundido– y que se haya impuesto una cesión de terrenos para una plaza que estaba tan al servicio fundamental de la Unidad de Actuación como de los demás terrenos que afrontando a la plaza han quedado excluidos de la Unidad –art. 83.3.1º del tan invocado Texto Refundido–. Finalmente y en cuanto a la viabilidad de la unidad de Actuación litigiosa, tal como fue delimitada en el Plan, cabría aludir a en qué medida se va a ejecutar realmente aquélla por el sistema de cooperación, cuya incompatibilidad con las contribuciones especiales ya se ha subrayado por esta Sala –Sentencia de 6 de junio de 1988 (RJ 1988, 4369)–». **(STS 17 octubre 1988 [RJ 1988, 7848]).**

«Aunque la unidad de actuación sea un polígono «devaluado» ha de cumplir el requisito de hacer posible aquella distribución –arts. 117.3 del Texto Refundido y 36.3 del Reglamento de Gestión– y sobre esta base ha de destacarse que los terrenos a ceder obligatoria y gratuitamente han de quedar al servicio del polígono o unidad de actuación –art. 83.3.1º del Texto Refundido y Sentencia de 20 de junio de 1989 (RJ 1983, 4869)–. No ocurre esto en el supuesto litigioso. Las unidades de actuación que la sentencia de instancia ha anulado, por su escasa extensión –folios 181 a 202 del volumen 19– permiten pensar fundadamente que las cesiones previstas van a operar también en beneficio de otros propietarios cuyos terrenos quedan fuera de la Unidad de Actuación. Así lo indicaba ya el informe emitido por la Dirección Provincial de Política Territorial e Infraestructura de Cádiz – folios 111 y siguientes de la carpeta núm. 4 más concretamente los 120 y 121–, siendo de añadir que las afirmaciones que se hacen en el volumen 26 de contestación a las alegaciones respecto de la viabilidad de las unidades de actuación por su carácter genérico carecen de fuerza convincente bastante para desvirtuar las ideas expuestas. No se olvide que es la Administración la que soporta la carga de probar la legalidad de su actuación: la presunción de legalidad de sus actos –art. 45.1 de la Ley de Procedimiento Administrativo– desplaza sobre el administrado la carga de accionar para impedir que el acto devenga firme y consentido, pero una vez que aquél formula su recurso la carga de la prueba se reparte de acuerdo con las reglas generales. Y cada parte ha de probar el supuesto de hecho de la norma cuyas consecuencias jurídicas invoca: es la Administración que traza una Unidad de Actuación la que ha de demostrar que ésta cumple los requisitos legales. La consecuencia expuesta se intensifica si se recuerda el principio de la buena fe que en su vertiente procesal matiza las reglas generales de la carga de la prueba con el criterio de la facilidad y que atiende a la determinación de a cuál de las partes le ha de resultar más sencilla tal prueba: es claro que la Administración, con su pleno conocimiento del Plan que ha redactado y con los equipos de técnicos de que dispone no debería tener dificultades para el pleno acreditamiento del dato que ahora se examina. En último término será de advertir que la anulación de las unidades de actuación que ahora se confirma siempre permitirá a la Administración delimitar otras o realizar actuaciones aisladas mediante la expropiación forzosa incluso con contribuciones especiales –art. 145 del Texto Refundido–». **(STS 23 octubre 1989 [RJ 1989, 7470]).**

CAPÍTULO II
De los sistemas de actuación

Artículo 119.

1. La ejecución de los polígonos o unidades de actuación se realizará mediante cualquiera de los siguientes sistemas de actuación:

a) Compensación.

b) Cooperación.

c) Expropiación.

2. La Administración actuante elegirá el sistema de actuación aplicable según las necesidades, medios económico-financieros con que cuente, colaboración de la iniciativa privada y demás circunstancias que concurran, dando preferencia a los sistemas de compensación y cooperación, salvo cuando razones de urgencia o necesidad exijan la expropiación.

3. Cuando el Plan de ordenación o Programa de Actuación Urbanística no precisaren el sistema su determinación se llevará a cabo con la delimitación del polígono o unidad de actuación. Si los propietarios que representen el 60 por 100 de la superficie total del polígono o unidad de actuación solicitasen, en el trámite de información pública del procedimiento para su delimitación, la aplicación del sistema de compensación, la Administración lo acordará previa audiencia de los demás propietarios del polígono o unidad de actuación.

4. En todo caso procederá la aplicación del sistema de expropiación cuando la Junta de compensación, o en su caso, el propietario único de todos los terrenos del polígono o unidad de actuación incumplan las obligaciones inherentes al sistema de compensación.

⇒ V. arts. 152 a 156 del RGU (§3.2).
V. art. 130 del presente Texto Refundido.

Jurisprudencia

Elección del sistema. Actividad reglada.

«Tanto la doctrina jurisprudencial, como la de los autores, viene sentando que el artículo 119.2 no establece una actividad discrecional de la Administración, sino más bien una actividad reglada, o cuasi reglada, con la que puede elegir el sistema de expropiación no sólo cuando haya razones de urgencia o necesidad –ni siquiera de conveniencia–, debidamente justificadas, sino que ello también tendrá lugar, únicamente, en la fase de planeamiento; ya que en la fase de delimitación del polígono o unidad de actuación, el párrafo 3 da absoluta prioridad a la iniciativa privada cuando los propietarios del 60 por 100 de la superficie de aquéllos soliciten el sistema de compensación; aquí han desaparecido, ya, incluso las razones de urgencia, y el sistema de expropiación sólo procederá cuando la Junta de Compensación, o el propietario único, incumplan las obligaciones inherentes al sistema de compensación. Finalmente, aun en el supuesto hipotético de que estuviésemos en presencia de una facultad discrecional, su tamiz jurisdiccional es inevitable a través del control de los hechos determinantes y a la luz de los principios generales del derecho, de suerte que, cuando se aprecie una incongruencia o discordancia de la solución elegida con la realidad que integra su presupuesto, la decisión administrativa resultará viciada, por infringir el ordenamiento jurídico, y, más concretamente, el principio de interdicción de la arbitrariedad de los poderes públicos –artículo 9.3 de la Constitución– (Sentencias de 17 marzo y 15 abril 1992 [RJ 1992, 3283 y 4051], y las en ellas dictadas). Consecuencia de todo ello es la desestimación de este segundo motivo». **(STS 28 noviembre 1994 [RJ 1994, 8649]).**

«El acto que ordena iniciar un expediente de expropiación como forma de ejecución de un Plan de urbanismo es, en efecto, un acto de trámite menos en un extremo, a saber, en el que dispone precisamente que se aplique el sistema de expropiación, y en ese aspecto el acto administrativo es perfectamente impugnable». **(STS 18 septiembre 1996 [RJ 1996, 6592]).**

Características generales de los diversos sistemas de actuación.

(Sentencia apelada) «Debe precisarse que, en general, para ejecutar el planeamiento, una vez delimitado un polígono o unidad de actuación es cuando deberá establecerse quién urbaniza y costea la urbanización y cómo ha de procederse al reparto de cargas y beneficios derivados de la ordenación urbanística. Si se financia el planeamiento con cargo al dinero público y se ejecuta por la Administración las obras correspondientes, se está ante el sistema de expropiación. Si la Administración, manteniendo inalteradas las propiedades privadas, realiza las operaciones de ejecución de la urbanización coactivamente con cargo a los propietarios, se está en el sistema de cooperación (art. 131 de la Ley del Suelo). Y si son los propietarios quienes reparten entre ellos los beneficios y cargas derivados del planeamiento, urbanizando a su costa (art. 126.1 de la Ley del Suelo), se estará ante el sistema de compensación. El sistema de actuación que en cada caso se elija por la Administración actuante, depende esencialmente de la capacidad financiera pública y de gestión tanto pública como privada, teniendo en cuenta que generalmente en suelo urbano muy consolidado se tiende a utilizar el de cooperación. Y corresponde al Plan o, como en este caso, a las Normas Complementarias o Subsidiarias de planeamiento (art. 137 de las normas correspondientes a Sevilla la Nueva de mayo 1987) la elección del sistema, atendiendo a criterios técnicos. Pues bien, en el presente recurso no se demuestra que la elección del sistema de cooperación para la unidad de actuación 11 será contraria a Derecho. Tampoco considera la Sala que puedan ser inconstitucionales los sistemas de actuación que no sean el de expropiación, pues el mecanismo legal español vigente para ejecutar la urbanización y repartir los beneficios y cargas derivados del planeamiento remite a los tres sistemas de actuación antes mencionados, ello de conformidad con los arts. 47 y 33, en relación con el art. 53.3 de la Constitución. Por ello no se considera procedente plantear cuestión de inconstitucionalidad al respecto según lo pretendido, pues en todo caso el art. 195 del RGU, prevé, además, la expropiación forzosa con carácter subsidiario». **(STS 4 octubre 1993 [RJ 1993, 7345]).**

Preferencia a los sistemas de compensación y cooperación, salvo cuando razones de urgencia o necesidad exijan la expropiación.

«También debe rechazarse la alegación de la demandante de que debería de haberse acudido al sistema de expropiación; y ello en base a que conforme al art. 119 de la Ley del Suelo, la ejecución de los polígonos o unidades de actuación se realizará mediante cualquiera de los siguientes sistemas de actuación: a) Compensación, b) Cooperación y c) Expropiación, que la Administración actuante elegirá el sistema de actuación aplicable dando preferencia a los sistemas de compensación y cooperación, salvo cuando razones de urgencia o necesidad exijan la expropiación, disponiendo en el apartado 4, que en todo caso procederá la aplicación del sistema de expropiación cuando la Junta de Compensación, o en su caso el propietario único de todos los terrenos del polígono o unidad de actuación, incumplan las obligaciones inherentes al sistema de compensación; y lo que pretende al demandante es que el Ayuntamiento invirtiera el orden de preferencia; y sin que por otra parte haya quedado acreditado que ésta fuere necesaria, por no poder garantizarse por los otros sistemas la justa distribución de beneficios y cargas derivados del Planeamiento.»

[...]

(De la sentencia del Tribunal Supremo) «Del mismo modo, las alusiones de la apelante a la procedencia del sistema de expropiación hubiera debido ir apoyada, lo que no ha ocurrido, en la prueba tendente a acreditar que las cesiones exigidas no lo eran en beneficio de la unidad de actuación a cuyo cargo se imponían». **(STS 29 abril 1998 [RJ 1998, 3368]).**

Expropiación. Procedencia cuando la Junta de Compensación incumple las obligaciones inherentes al sistema de compensación, pero dada la preferencia del sistema de compensación, no todo incumplimiento determina el cambio del sistema.

«El problema litigioso se plantea en el terreno de la ejecución del planeamiento urbanístico y más concretamente tiene por objeto la determinación de los supuestos en los que el sistema de expropiación ha de sustituir al de compensación –arts. 119.4 del Texto Refundido de la Ley del Suelo y 156 del Reglamento de Gestión– por incumplimiento de las obligaciones de la Junta de Compensación o del propietario único. La pregunta que se formula es la de si cualquier incumplimiento tiene virtualidad bastante para provocar aquella sustitución. Y la respuesta a formular ha de tomar en consideración los siguientes criterios: A) Será de advertir ante todo que nuestra normativa urbanística aspira –art. 4 de dicho Texto Refundido– a asegurar la participación de los interesados en la gestión del planeamiento y justamente por ello da carácter preferente al sistema de compensación –art. 119.2 del indicado Texto y 152.2 del Reglamento de Gestión– de suerte que el de expropiación asume un carácter excepcional. Esta preferencia inicial del sistema de compensación –a la hora de elegir sistema de actuación– debe influir sobre el desarrollo posterior de la ejecución del planeamiento, determinando que no todo incumplimiento de las obligaciones de la Junta de Compensación o del propietario único haya de dar lugar a la aplicación del sistema de expropiación. Así lo evidencian, por otra parte, algunas de las soluciones expresas de nuestro Derecho positivo que ha previsto para ciertos incumplimientos consecuencias distintas de la sustitución del sistema –art. 175.3 del Reglamento de Gestión–. B) Más concretamente será de subrayar: a) Que el art. 183.1 del Reglamento de Gestión establece la sustitución del sistema de compensación cuando se hayan producido infracciones «graves», precepto éste que aun sin contemplar directamente el problema que se examina arroja alguna luz al respecto. b) Que el art. 156 del propio Reglamento prescribe que en el expediente a instruir para aplicar el sistema de expropiación como sustituto del de compensación se habrán de señalar las «causas» del incumplimiento. De aquí deriva que a la hora de decidir la sustitución de sistemas habrá que valorar la entidad y las causas del incumplimiento de que en cada caso se trate. C) Por otra parte ha de recordarse que todos los sistemas de ejecución del planeamiento aspiran a la realización efectiva de sus determinaciones que de otra suerte no pasarían de ser un dibujo muerto. Por tanto la sustitución del de compensación por el de expropiación tiene más que el carácter de una sanción el sentido final de asegurar la ejecución al ritmo previsto cuando ya se ha comprobado que los interesados no la llevan a cabo. D) Todavía podría invocarse, ya con carácter más general, el principio de la proporcionalidad que constituye una manifestación más de la trascendental esencialidad del fin en toda actuación de una potestad administrativa. La idea del fin, reiteradamente recogida en nuestro ordenamiento jurídico –art. 106.1 de la Constitución, art. 83.3 de la Ley Jurisdiccional, art. 40.2 de la Ley de Procedimiento Administrativo, etc.–, exige, en lo que ahora importa, que los medios utilizados por la Administración sean proporcionados y no excesivos en atención al objetivo perseguido –art. 6 del Reglamento de Servicios y hoy art. 84.2 de la Ley de Bases del Régimen Local de 2 de abril de 1985–; resulta claro que un incumplimiento mínimo no podría justificar la rigurosa solución que es la aplicación del excepcional sistema de expropiación en lugar del de compensación. Y es de destacar que aunque en tal sustitución se vea un matiz sancionatorio, operará también inexcusablemente el señalado principio de proporcionalidad. Segundo: En definitiva, contemplado el problema que se examina con los criterios que se han indicado puede sentarse la conclusión de que será adecuada la sustitución del sistema de compensación por el de expropiación cuando la entidad de las obligaciones incumplidas por la Junta de Compensación o por el propietario único y sus causas justifiquen el apartamiento de los interesados de la actividad de ejecución por resultar necesario el sistema de expropiación para asegurar que aquélla se va a desarrollar correctamente y al ritmo adecuado». **(STS 7 marzo 1987 [RJ 1987, 3511]).**

«El artículo 119.4 del Texto Refundido de la Ley del Suelo determina que procederá la aplicación del sistema de expropiación cuando la Junta de Compensación incumpla las obligaciones inherentes al sistema de compensación. Y el artículo 156 del Reglamento de Gestión Urbanística expresa que «La aplicación del sistema de expropiación como sustitutivo del de compensación, por incumplimiento de las obligaciones de la Junta de Compensación o del propietario único, se determinará por la Administración, previo expediente en el que se señalen las causas del incumplimiento y se dé audiencia a la Junta o al propietario único». SÉPTIMO. Esta Sala, en Sentencia de 7 de marzo de 1987, y en relación con el problema de la sustitución del sistema de compensación por el de expropiación a causa de incumplimiento de la Junta de Compensación, tiene declarado, tras de señalar que en la normativa urbanística tiene carácter preferente el sistema de compensación, que «esta preferencia inicial del sistema de compensación –a la hora de elegir sistema de actuación– debe influir sobre el desarrollo posterior de la ejecución del planeamiento, determinando que no todo incumplimiento de las obligaciones de la Junta de Compensación o del propietario único haya de dar lugar a la aplicación del sistema de expropiación. Así lo evidencian, por otra parte, algunas de las soluciones expresas de nuestro Derecho Positivo». Después de indicar los preceptos que recogen dicha solución, se dice también en la sentencia a la que aludimos que «la sustitución del de compensación por el de expropiación tiene más que el carácter de una sanción el sentido final de asegurar la ejecución al tiempo previsto cuando ya se ha comprobado que los interesados no la llevan a cabo». Se declaró también por esta Sala en la mencionada sentencia que «será adecuada la sustitución del sistema de compensación por el de expropiación cuando la entidad de las obligaciones incumplidas por la Junta de Compensación o por el propietario único justifiquen el apartamiento de los interesados de la actividad de ejecución por resultar necesario el sistema de expropiación para asegurar que aquélla se va a desarrollar correctamente y al ritmo adecuado». [...] NOVENO. Si en el sistema de compensación la fundamental obligación de la Junta de Compensación es la de llevar a cabo la urbanización del polígono o unidad de actuación, y si en el caso presente se actuó en principio por el sistema de expropiación y éste fue sustituido por el de compensación a instancia de los propietarios afectados, solamente, como expresa la doctrina de la sentencia antes indicada, un incumplimiento de obligaciones por parte de dichos propietarios que sea revelador de que no se va a realizar la tarea urbanizadora, puede estimarse suficiente para llegar a la solución de reanudar el sistema expropiatorio. Esto sentado, y aunque se estimara que no obstante lo dispuesto en la Orden Ministerial antes indicada se hallaba vigente el plazo para la presentación del Proyecto de Urbanización de la totalidad del Polígono, el hecho de que los propietarios afectados por la actuación urbanística presentaran, con objeto de llevar adelante la urbanización del Polígono, proyectos referidos a la primera etapa de aquélla, impide entender, como ya quedó adelantado, que en el caso presente se ha dado un incumplimiento de las obligaciones de los mencionados propietarios del que pueda derivarse la consecuencia del cambio de sistema de actuación. La presentación de los mencionados Proyectos de Urbanización correspondientes a la primera etapa es expresiva de la voluntad de aquéllos de llevar a cabo la obra urbanizadora. No tiene, por tanto, el incumplimiento que se imputa a la Junta de Compensación entidad bastante para hacer la declaración de incumplimiento que se interesa con la consecuencia del cambio de sistema de actuación». **(STS 29 mayo 1991 [RJ 1991, 4306]).**

Artículo 120.

1. Los propietarios de terrenos afectados por una actuación urbanística están sujetos al cumplimiento de las siguientes cargas:

a) Efectuar las cesiones de terrenos que se establecen en la presente Ley.

b) Sufragar los costes de la urbanización.

2. La Administración vendrá obligada a afectar el suelo procedente de las cesiones al destino previsto en los Planes, y eventualmente al Patrimonio municipal del suelo, y a realizar la urbanización en los plazos previstos. La variación en el destino de los terrenos de cesión obligatoria no podrá implicar en ningún caso disminución de la cuantía de las cesiones correspondientes al aprovechamiento medio de cada caso.

⇒ V. arts. 12 y ss. de la Ley 6/1998, de 13 abril (§1).

V. arts. 83 y 84 del presente Texto Refundido.
V. art. 39 del RGU (§3.2).

Jurisprudencia

Los costes de urbanización deben ser a cargo de los propietarios

«Así las cosas, ocurre: A) Que los costes de urbanización de la plaza que hubieran debido ser satisfechos por los propietarios –arts. 120.1 b), 126.1. 131.1 etc. del Texto Refundido– se cubren con unas contribuciones especiales en las que el Ayuntamiento soporta el 80,29 por 100 de los costes. B) Que los terrenos a ceder por el recurrente están al servicio no sólo de la Unidad de Actuación –que comprende sólo una parte de la plaza– sino también, y con el mismo grado de fundamentalidad, de terrenos o edificios sitos fuera de aquélla.

En definitiva, se trata de una Unidad de Actuación que deja fuera de su ámbito una parte de los propietarios que forman parte de la «comunidad» directamente afectada por la actuación. Y es que no se trata tanto de si el recurrente ha recibido o no compensación suficiente por la cesión gratuita de su terreno mediante un aumento de la edificabilidad normal en la zona del tejido histórico –no es necesario examinar ahora la legalidad de esta solución, art. 149 de la normativa del Plan–, sino de que se han producido defectos recuérdese que la acción es pública en materia de urbanismo, art. 235.1 del Texto Refundido que han traído como consecuencia –supuesta la viabilidad de una Unidad de Actuación– que el Ayuntamiento haya sufragado costes de urbanización que debieron estar a cargo de los propietarios –art. 120.1 del Texto Refundido– y que se haya impuesto una cesión de terrenos para una plaza que estaba tan al servicio fundamental de la Unidad de Actuación como de los demás terrenos que afrontando a la plaza han quedado excluidos de la Unidad –art. 83.3.1º del tan invocado Texto Refundido–. Finalmente y en cuanto a la viabilidad de la Unidad de Actuación litigiosa, tal como fue delimitada en el Plan, cabría aludir a en qué medida se va a ejecutar realmente aquélla por el sistema de cooperación, cuya incompatibilidad con las contribuciones especiales ya se ha subrayado por esta Sala –Sentencia de 6 de junio de 1988 (RJ 1988, 4369)–». **(STS 17 octubre 1988 [RJ 1988, 7848).**

Procedencia de la participación de la Administración en los costes de la urbanización.

«Se plantea en estos autos el muy debatido problema de si la Administración, en cuanto destinataria de la cesión del diez por ciento del aprovechamiento medio –art. 84.3 b) del Texto Refundido de la Ley del Suelo– y por tanto del terreno correspondiente, ha de contribuir o no en el sistema de compensación a sufragar los costes de la urbanización. Ni el Texto Refundido ni el Reglamento de Gestión dan respuesta expresa a la cuestión indicada que ha sido resuelta con soluciones contrapuestas en la doctrina y también en la jurisprudencia –así Sentencias de 13 de octubre de 1983 (RJ 1983, 5835) y 30 de junio de 1986 (RJ 1986, 4905), en sentido negativo y Sentencias de 5 de febrero y 28 de mayo de 1985 (RJ 1985, 990 y 2929), en sentido afirmativo–. La dificultad del problema ha dado lugar a que por la doctrina se haya señalado la conveniencia de un pronunciamiento expreso del legislador –existe ya para la Comunidad Autónoma madrileña, Ley de 10 de febrero de 1984, no aplicable al supuesto litigioso–. Pero los Tribunales para actuar la potestad jurisdiccional que les atribuye el art. 117 de la Constitución tienen el deber inexcusable de resolver en todo caso, para lo que han de dar al ordenamiento el complemento que consiste en la subsanación de los defectos de expresión de las normas cuando éstas no hayan acertado a reflejar el sentido del ordenamiento jurídico –art. 1.6 y 7 del Título Preliminar del Código Civil–. Segundo: El principio de interpretación conforme a la Constitución de todo el ordenamiento jurídico –art. 5 de la nueva Ley Orgánica del Poder Judicial– obliga ante todo a acudir a su art. 47 que, en cuanto principio rector de la política social y económica, ha de informar la legislación, la práctica judicial y la actuación de los poderes públicos –art. 53.3 de la Constitución–. Señala dicho art. 47 que la comunidad "participará» en las plusvalías que genere la acción urbanística de los entes públicos. Con ello se justifica plenamente una "participación» de la Administración en aquellas plusvalías pero no se resuelve el problema litigioso que plantea el tema de los límites de tal participación: determinar en qué medida ha de producirse ésta es materia a desarrollar por el legislador ordinario que ciertamente tanto se ha preocupado de establecer un rescate de las plusvalías –art. 3.2 d) del Texto Refundidocomo de asegurar una cierta rentabilidad para los propietarios –art. 121 del mismo Texto–. Tercero: Puesto que costear la urbanización es un deber de los propietarios del suelo urbanizable programado –art. 84.3 c) del Texto Refundido– la doctrina se ha planteado la cuestión de determinar en qué momento se produce la cesión del diez por ciento del aprovechamiento medio y así en direcciones contrapuestas se mantiene: A) Que desde el momento mismo de la aprobación del Plan los propietarios sólo son titulares del 90 por 100 del aprovechamiento medio y no por tanto del diez por ciento restante –Exposición de Motivos de la Ley, apartado V, párrafo 5º– que corresponde a la Administración, lo que origina para ésta el deber de participar proporcionalmente en los costes de la urbanización. B) Que, por el contrario, sólo después, ya en la fase de ejecución –aprobación definitiva del proyecto de compensación–, adquiere el Municipio la titularidad dominical del diez por ciento del aprovechamiento medio –art. 179 del Reglamento de Gestión–. Cuarto: Sin desconocer la base normativa de la última tesis, ha de recordarse la espiritualización o, por mejor decir, desmaterialización del derecho de propiedad, pues el suelo que pertenece a una persona es sólo un dato para determinar el contenido de su derecho, que se fija refiriendo a la superficie de su terreno el aprovechamiento medio del sector –art. 84.2 b) del Texto Refundido–: la titularidad de un terreno da derecho a recibir un volumen de edificabilidad en proporción a la superficie de aquél, que puede ser localizado en otro lugar distinto. Ello significa que la propiedad del suelo tiene trascendencia en cuanto representa una superficie pero no en cuanto se sitúa en un lugar determinado. Parece pues más acertado atender al momento de la aprobación del Plan, en el que ya el contenido del derecho de los propietarios iniciales es del 90 por ciento del aprovechamiento medio, aunque la «localización» del aprovechamiento de la Administración sólo se producirá en la fase de ejecución –lo que tiene escasa importancia dada la desestimación del derecho de propiedad–. Quinto: Con ello ya se apunta que la Sala estima que debe mantenerse la línea a que responden las Sentencias de 5 de febrero y 28 de mayo de 1985 en las que se mantuvo la tesis de la procedencia de la participación de la Administración en los costes de la urbanización. Dando por reproducidos sus argumentos, será de subrayar: A) El art. 186.2 del Reglamento de Gestión, para el sistema de cooperación, impone la contribución municipal a los gastos de la urbanización. Tal precepto, ante el silencio legal y dado que no rompe la lógica interna del sistema, no puede tacharse de ilegal. Y así las cosas, la misma solución, «a fortiori», ha de aplicarse al sistema de compensación: si en el sistema de cooperación, la Administración, que asume la gestión de la urbanización, contribuye a los costes de ésta, con mayor razón habrá de hacerlo en el sistema de compensación en el que los propietarios descargan a la Administración de aquella gestión. B) No pueden equiparse el deber de cesión de viales, parques, jardines, etc., en los que se manifiesta más claramente la idea de la recuperación de las plusvalías, y la cesión del diez por ciento del aprovechamiento medio, que la Administración recibe como propietario de Derecho privado, lo que explica la aproximación de su condición a la de los propietarios iniciales. Ha de concluirse pues que, dentro de la dificultad del tema, la solución más coherente con el sistema es la de que la Administración participe en los costes de la urbanización en la proporción correspondiente al aprovechamiento medio que se le atribuye». **(STS 18 mayo 1987 [RJ 1987, 5532).**

«La cuestión debatida –participación o no del Ayuntamiento, como beneficiario del 10% del aprovechamiento medio, en los costes de urbanización, cuando se trate de actuación realizada por el sistema de compensación– se inclina, atendiendo a la función complementaria antes mencionada, en favor de la tesis positiva sostenida por la Sentencia de esta Sala de 28 enero 1988 (RJ 1988, 487), dictada en recurso extraordinario de revisión, en base a los fundamentos en ella establecidos –a los que ahora nos remitimos– y que, en resumen, fueron recogidos en la sentencia aquí recurrida; criterio, por otra parte, que –como no puede ser de otra forma– ha sido seguido por esta Sala y Sección en Sentencia, entre otras, de 23 mayo 1991 (RJ 1991, 4292). El principio de unidad de doctrina impone seguir el referido criterio, sin que exista razón alguna para proceder a una reconsideración del tema, máxime si se tiene en cuenta que el criterio de participación en los costes de urbanización establecido en las citadas sentencias no hace sino seguir el fijado en el artículo 186.2 del Reglamento de Gestión para el sistema de compensación». **(STS 20 diciembre 1995 [RJ 1995, 9107]).**

Artículo 121.

Cuando la actuación en determinados polígonos o unidades de actuación no sea presumiblemente rentable, por resultar excesivas las cargas en relación con el escaso aprovechamiento previsto para las zonas edificables, el Consejo de Ministros, a propuesta del Ministro de la Vivienda y previo dictamen del Consejo de Estado, con audiencia, o en su caso, a instancia de los Ayuntamientos interesados, podrá autorizar, sin modificar las determinaciones del Plan, una reducción de la contribución de los propietarios a las mismas o una compensación económica a cargo de la Administración, procurando equiparar los costes de la actuación a las de otras análogas que hayan resultado viables.

⇒ V. art. 84.2 del presente Texto Refundido.
V. art. 64 del RGU (§3.2).

Jurisprudencia

«Este precepto (el art.121 del Texto Refundido) contempla el supuesto de hecho consistente en que en determinados polígonos o unidades de actuación el resultado de la actuación «no sea presumiblemente rentable». Es este un concepto jurídico indeterminado que en cuanto tal excluye la discrecionalidad pues sólo admite una única solución justa, sin perjuicio del margen de apreciación de la Administración. Para la concreción del concepto la propia ley ofrece, en primer término, una vía directa que puede ser completada, ya en segundo lugar, con otra vía indirecta: A) La vía directa es la de una comparación de las cargas con el aprovechamiento previsto para las zonas edificables: si de ello deriva que las cargas son "excesivas» a la vista del «escaso» aprovechamiento resultante, podrá concluirse que la actuación no resulta rentable. B) Pero junto a esta vía existe otra de carácter complementario que, aunque prevista en el propio artículo 121 del Texto Refundido con otra función puede arrojar alguna luz sobre el problema: puede autorizarse «sin modificar las determinaciones del Plan, una reducción de la contribución de los propietarios» a las cargas "o una compensación económica a cargo de la Administración, procurando equiparar los costes de la actuación a los de otras análogas que hayan resultado viables». Así las cosas, para perfilar el concepto de «lo rentable» podrá acudirse a la comparación con otros polígonos o unidades de actuación que hayan resultado viables, con objeto de concretar si se produce la igualdad.

En el caso que ahora se examina falta la base probatoria, especialmente pericial, que pudiera conducir al éxito de las alegaciones del demandante». **(STS 24 junio 1994 [RJ 1994, 7199]).**

Artículo 122.

1. *En los costes de urbanización* que deban ser sufragados por los propietarios afectados se comprenden los siguientes conceptos:

a) Las obras de vialidad, saneamiento, suministro de agua y energía eléctrica, alumbrado público, arbolado y jardinería, que estén previstas en los Planes y proyectos y sean de interés para el sector o área de actuación, sin perjuicio del derecho a reintegrarse de los gastos de instalación de las redes de suministro de agua y energía eléctrica con cargo a las empresas que prestaren los servicios, salvo la parte que deban contribuir los usuarios según la reglamentación de aquéllos.

b) Las indemnizaciones procedentes por el derribo de construcciones, destrucción de plantaciones, obras e instalaciones que exija la ejecución de los Planes.

c) El coste de los Planes Parciales y de los Proyectos de Urbanización y Reparcelación.

2. El pago de estos costes podrá realizarse, previo acuerdo con los propietarios, cediendo éstos, gratuitamente y libres de cargas, terrenos edificables en la proporción que se estime suficiente para compensarlos.

⇒ V. arts. 14 y 18 de la Ley 6/1998, de 13 abril (§1).
V. arts. 58 a 70 del RGU (§3.2).

Jurisprudencia

Incompatibilidad de la imposición de contribuciones especiales con los mecanismos previstos en la Ley del Suelo para la ejecución del planeamiento urbanístico

«La imposición de contribuciones especiales no es un sistema alternativo de ejecución del planeamiento ni de obtención anticipada de los recursos necesarios para ello sino, justamente, un mecanismo incompatible con los previstos en la Ley del Suelo puesto que se refiere a obras que son ya de competencia municipal y parte de que como consecuencia de su realización resulte tanto un beneficio general como otro especial de los particulares beneficiados por las obras por lo que nunca por medio de contribuciones especiales puede financiarse el importe íntegro de la obra. El total importe de los costes de urbanización corre a cargo de los propietarios de los terrenos que se integren en el sistema de actuación, con la excepción prevista en el artículo 64 del Reglamento de Gestión Urbanística y conforme a su artículo 65 el incumplimiento de dicha obligación dará lugar a la exacción de las cuotas correspondientes por la vía de apremio. La Administración puede requerir el cumplimiento de la obligación de urbanizar y actuar en sustitución de los propietarios obligados, previo requerimiento conforme previene el artículo 106 de la Ley de Procedimiento Administrativo y si es aquélla la que está actuando por el sistema de cooperación puede requerir el pago anticipado de las cantidades a cuenta de los gastos de urbanización en la proporción que permite el artículo 189 de dicho Reglamento». **(STS 9 julio 1994 [RJ 1994, 5964]).**

Los costes de los sistemas locales o sectoriales deben ser sufragados por los propietarios. Diferencias entre cesión de terrenos para sistemas locales y costeamiento de las obras de urbanización para tales sistemas.

«Que la cesión de terrenos y el costeamiento de las obras de urbanización son obligaciones distintas, sometidas a un régimen de cumplimiento independiente, pues mientras la primera se satisface a través de la correspondiente acta de entrega y recepción, que produce la transmisión al Ayuntamiento de la titularidad dominical de los terrenos cedidos, la segunda no recae sobre éstos, sino sobre las obras de urbanización, cuyo traslado al Ayuntamiento requiere que los propietarios ofrezcan la cesión de las obras urbanizadas en debidas condiciones y que la autoridad municipal, previa comprobación de las mismas, las acepte mediante un acto expreso de recepción definitiva, el cual produce la consecuencia de que se traspase a la entidad local la obligación de su mantenimiento y conservación que hasta entonces pesaba sobre los propietarios, según dispone el art. 14 de las Ordenanzas Municipales sobre Uso del Suelo de Edificación y expresa ahora el art. 67 del citado Reglamento. CDO.: Que dicha doctrina es de aplicación al caso concreto aquí contemplado, dado que la Junta demandante acredita la cesión de terrenos, pero no aporta prueba alguna que las obras de urbanización de los viales hayan sido ofrecidas al Ayuntamiento, ni por tanto que se haya producido su recepción definitiva, ni que ésta haya sido negada ilegalmente, y si bien es cierto que dicha recepción constituye un acto reglado que la Administración no puede evitar si se le ofrecen las obras en las condiciones debidas, también lo es que la sentencia apelada invierte la carga de la prueba al entender que si el Ayuntamiento no acredita que las obras de urbanización citadas no cumplen los requisitos precisos viene obligado a soportar los gastos de conservación y mantenimiento de las mismas, cuando precisamente lo correcto es mantener el criterio contrario de que esa prueba debe ser aportada por el propietario para justificar que ha ofrecido al Ayuntamiento las obras de urbanización en las condiciones debidas y éste niega su aceptación de manera arbitraria pues resulta claro que el Ayuntamiento no puede pronunciarse sobre dicha cesión, si el interesado lo le da ocasión a ello. CDO.: Que en virtud de todo ello y sin perjuicio del derecho de la demandante a promover la aceptación municipal de las obras de urbanización que pueda haber realizado en relación con los viales referidos, debe concluirse que no se ha producido su cesión al Ayuntamiento y en consecuencia los gastos de limpieza de los mismos deben ser atendidos, según razones legales expuestas, por la mencionada Junta mientras no se consume dicha cesión». **(STS 11 octubre 1982 [RJ 1982, 6355]).**

«Conforme al artículo 122.1 a) de dicha Ley, los costes de urbanización que deben ser sufragados por los propietarios son los que por ser de interés para el sector o área de actuación de que se trate están previstos en los planes y proyectos redactados para la urbanización del mismo, no los de implantación de los sistemas generales, que responden a la necesidad de proporcionar los elementos fundamentales de la estructura general y orgánica de la ordenación del territorio (art. 26 del Reglamento de Planeamiento Urbanístico), que producen un beneficio general a la colectividad, difícilmente concretable en sujetos particulares, y que, en consecuencia, han de ser asumidos por la Administración que se haga cargo de su ejecución». **(STS 6 mayo 1998 [RJ 1998, 3837]).**

Costes de la red de electrificación.

«El citado precepto, desarrollo del artículo 122 de la Ley del Suelo, establece claramente el curso normal del proceder municipal, del que no puede apartarse el Ayuntamiento, que no es otro que el de distribuir el importe de las obras de urbanización entre todos los propietarios de los polígonos en proporción a la superficie de sus respectivos terrenos, percibir de éstos sus cuotas y expedir, por último, la certificación de los costes de instalación de la red de abastecimiento de energía eléctrica, con el fin de que puedan reintegrarse de la empresa concesionaria que preste el servicio de la parte que, según la reglamentación de tal servicio, no tenga que correr a cargo de los usuarios, pues no otro sentido y alcance puede tener la utilización por el precepto de la forma reflexiva del verbo reintegrar, indicativa de que los citados gastos de instalación deben ser satisfechos por los propietarios afectados, sin perjuicio de la posterior recuperación de la parte correspondiente a la empresa concesionaria. Procedimiento de actuación que no se altera pese a la hábil distinción que el recurrente pretende efectuar entre las plusvalías que genera el planeamiento y las que otorga la obra urbanizadora con el fin de dar entrada a través de este mayor círculo de beneficiarios a la empresa concesionaria del servicio de energía eléctrica, pues en nuestro ordenamiento urbanístico las plusvalías generadas por el proceso de urbanización se atribuyen a la Comunidad y a los propietarios del terreno afectado por la actuación urbanística como pone claramente de manifiesto el artículo 120 de la Ley del Suelo al imponer a éstos un *doble tipo de cargas*, la de efectuar las cesiones de terrenos establecidos en dicho texto y la de sufragar los costes de urbanización, que no son sino concreciones del principio general del Derecho Urbanístico, recogido en el artículo 3.2 d), de afectar el aumento de valor del suelo originado por el planeamiento al pago de los gastos de urbanización, sin perjuicio, como hemos visto, del derecho reconocido en los artículos 122 de la Ley y 59.2 del Reglamento de Gestión a reintegrarse de los gastos de instalación de las redes de suministro de agua y energía eléctrica en la parte que deban contribuir las empresas que prestaren estos servicios según su reglamentación». **(STS de 16 diciembre 1987 [RJ 1987, 9658]).**

«La sentencia recurrida se plantea como único problema de fondo el de la improcedencia urbanística de cargar a la Compañía suministradora el importe de los gastos de instalación de la red de electrificación a tono con lo que disponen los artículos 122.1 a) de la Ley del Suelo y 59.2 del Reglamento de Gestión Urbanística, y su tesis y conclusión serían desde luego aceptables si no existiera una cuestión previa a resolver alegada bien claramente por el Ayuntamiento en su contestación (hecho 6º y fundamento legal 5º, a folios 63 y 64 vtos. de los autos) y rebatida por la Hidroeléctrica en su Conclusión 2ª (folios 87 vto. y 88) y reiterada ahora la alegación ante esta Sala por el Ayuntamiento (la 3ª de la apelación) rebatida también por la Compañía Hidroeléctrica en la 3ª de las suyas, y es clara la conformidad de la Sociedad demandante en asumir el pago de la cantidad objeto de los acuerdos impugnados expresada en su referida carta de 7 de mayo de 1986 a que hemos aludido en los puntos 8º y 9º del anterior fundamento. SEGUNDO. Conformidad clara y aceptación expresa de la cuota y de su pago que priva de acción a la Compañía demandante para su posterior impugnación, ya que en tales condiciones, le falta acción y derecho para impugnar aquello que tiene expresamente aceptado, porque se lo impide el conocido principio de que nadie puede ir contra sus propios actos ni impugnar aquello que antes aceptó, según tiene proclamado esta Sala en su constante jurisprudencia fundada en las reglas de la lealtad y de la seguridad jurídica». **(STS 19 octubre 1988 [RJ 1988, 8020]).**

«La carga impuesta a los propietarios de terrenos afectados por una actuación urbanística, de sufragar los costes de la urbanización [artículo 120.1 b) LS], es la contrapartida, junto a la de efectuar las cesiones de terrenos que prescribe dicha ley, para que aquéllos puedan obtener los aprovechamientos inherentes a la condición de urbanas de las parcelas resultantes, por lo que esos costes de urbanización han de constreñirse, como claramente establece el artículo 122.1 a) LS, a los que sean de interés para el sector o área de actuación, de tal modo que habiendo quedado perfectamente acreditado que las conducciones para el suministro de gas y electricidad que discurrían bajo los terrenos sujetos a la actuación de la Junta de Compensación apelada estaban destinadas al suministro general de vecindario y no al del polígono en fase de urbanización, es claro que los costes de su establecimiento o traslado no pueden imputarse a la citada Junta de Compensación bajo el concepto de obras de suministro de servicios al polígono, incluidas en el artículo 122.1 a) LS. Otra cosa diferente es que, como pretenden las partes apelantes tales costes deban ser soportados por la Junta, al amparo de lo dispuesto en el artículo 122.1 b) LS que incluye bajo el concepto de costes de urbanización «las indemnizaciones procedentes por [...] destrucción de obras o instalaciones que exija la ejecución de los planes». A diferencia del 122.1 a) LS este párrafo b) no exige explícitamente que la destrucción de instalaciones sea de interés para el sector o área de actuación, pero este interés resulta del hecho de que se trata de instalaciones incompatibles con el plan que se ejecuta (art. 60 RG), sin cuya destrucción no podrían llevarse a cabo sus previsiones. Sin embargo, este precepto no puede dar soporte a las pretensiones de las partes apelantes porque se refiere a la pura y simple destrucción de instalaciones existentes que determinan un crédito en favor de sus titulares que ha de computarse en el proyecto de la reparcelación [art. 82.1 d) RG], mientras que en este caso se trata de instalaciones para el suministro de gas y electricidad cuyo emplazamiento ha debido ser trasladado en cumplimiento de las determinaciones del plan que se estaba ejecutando, por lo que ningún perjuicio se ha causado a las empresas suministradoras, o, si como consecuencia de las obras de traslado se hubiera producido alguno, su reparación no es materia de este proceso. Como tampoco lo es, según pone de relieve la sentencia de instancia, la relativa a la eventual repetición por el Ayuntamiento de Madrid frente a las citadas empresas, por el importe de los gastos ocasionados por dicho traslado, que es algo que escapa al ámbito acotado por la pretensión ejercitada por la Junta de Compensación recurrente en la instancia». **(STS 17 noviembre 1997 [RJ 1997, 8170]).**

Costes de redacción de los planes. Inclusión y pagos a cuenta.

«Que, si es incuestionable la inclusión entre los gastos de urbanización de los costes de la redacción de los planes con arreglo al artículo 122.1 c) del Texto Refundido de la Ley del Suelo, el principio formulado en el artículo 132.1, conforme al cual su reparto ha de ser proporcional al valor de las fincas adjudicadas en la reparcelación, no debe constituir obstáculo para que, antes de que ésta se realice, la Administración, a la que corresponde ejecutar las obras con cargo a los propietarios –art. 131.1–, pueda exigir el pago de cantidades a cuenta, con la limitación de que no excedan de las inversiones previstas para los próximos seis meses –art. 132.2–, precepto que ampara fundamentalmente los actos impugnados por cuanto a los gastos litigiosos no les afecta esta restricción por haber sido realizados e incluso en parte satisfechos; no siendo por tanto factible objetar con éxito que con la derrama efectuada se infrinja el principio expresado, porque el mismo rige la distribución definitiva de los gastos, pero no la provisional, en la que el pago se anticipa para su posterior liquidación conforme a la repetida regla, circunstancia por la que asimismo se juzga aceptable el objetivo y sencillo criterio seguido para el interino reparto practicado». **(STS 18 junio 1985 [RJ 1985, 4143]).**

Conservación de la urbanización a cargo de los propietarios.

«El artículo 67 del Reglamento de Gestión prevé la obligación, a cargo de la Administración, de la conservación de las obras de urbanización, y el mantenimiento de las dotaciones e instalaciones de los servicios públicos, una vez efectuada la cesión de aquéllos; es decir, la cesión constituye el hecho que señala el momento a partir del cual las obras son de cargo de la Administración. Ahora bien, y como expresamente prevé el artículo 68, esa obligación de conservación no surge para la Administración, cuando son los propietarios los obligados a la conservación. Corolario irremediable de lo anterior es el de que si la obligación de conservación recae sobre los propietarios del polígono o unidad de actuación la cesión a que se refiere el artículo 67 no puede tener lugar pues ello imposibilitaría el ejercicio de las actividades que la conservación comporta (todo ello sin perjuicio de las facultades de policía y de todo orden que sobre el dominio público corresponde a la Administración)». **(STS 10 noviembre 1998 [RJ 1998, 9330]).**

Duración de la entidad de conservación.

«De lo descrito se deduce que el problema litigioso se reduce a decidir si la Entidad Urbanística de Conservación recurrente debe tener una duración temporal limitada, máximo de cinco años, como sostiene la entidad actora, o, por el contrario, y como mantiene el Ayuntamiento de Calonge, tal duración no tiene límite temporal. Para la resolución de la cuestión controvertida es necesario establecer unos criterios básicos que sirvan de punto de partida para la solución que finalmente se adopte. Estos son: a) Que el principio general en materia de conservación de la urbanización viene proclamado en el artículo 67 del Reglamento de Gestión. En dicho precepto se establece: «La conservación de las obras de urbanización y el mantenimiento de las dotaciones e instalaciones de los servicios públicos serán de cargo de la Administración actuante, una vez que se haya efectuado la cesión de aquéllas». De donde se deduce que la obligación de conservación a cargo de los propietarios tiene un límite temporal que se fija en el momento de la «cesión a la Administración de las obras de urbanización». b) Excepcionalmente, y en los supuestos comprendidos en el artículo 25.3 del Reglamento de Gestión, en concordancia con el artículo 68 del mismo Texto Legal es posible que no cese dicha obligación para los propietarios cuando se den los supuestos legales que dichos preceptos contemplan «[...] cuando así se imponga por el Plan de ordenación o por las bases de un programa de actuación urbanística o resulte expresamente de disposiciones legales"». **(STS de 24 junio 1997 [RJ 1997, 5373]).**

Coste de las obras de saneamiento.

«Expresamente indica la Ley del Suelo de 1976, en su art. 122, en relación con los costes de urbanización que deben ser sufragados por los propietarios, que entre los mismos figuran los de las obras de vialidad, saneamiento, suministro de agua y energía eléctrica, alumbrado público, arbolado y jardinería, «que estén previstas en los Planes y proyectos y sean de interés para el sector o área de actuación». Y en el art. 59 del Reglamento de Gestión, que se refiere asimismo a las obras de urbanización a sufragar por los propietarios, al mencionar las obras de saneamiento expresamente alude a los colectores generales y parciales. Si, como se ha señalado, los propietarios deben realizar todas las obras de urbanización previstas en los Planes y proyectos, preciso era que la parte recurrente hubiese acreditado en el proceso que las obras de urbanización cuya realización se le interesaba no estaban previstas en los instrumentos urbanísticos correspondientes. La actividad probatoria acabada de indicar no se ha llevado a cabo, lo que obliga, como ya se ha adelantado, a confirmar lo resuelto por la Sala de instancia en cuanto al extremo que ahora se analiza, si se tiene en cuenta, además, y con relación a la alegación de que el cambio de planeamiento, antes referido, ha supuesto un agravamiento de la obligación de urbanización de que se trata, que tampoco ha quedado justificado en los autos que dicho cambio implique mayores costes de urbanización». **(STS 29 septiembre 1992 [RJ 1992, 6993]).**

Artículo 123.

Los propietarios de suelo urbanizable no programado, que sea objeto de un Programa de Actuación Urbanística, habrán de subvenir a la ejecución o suplemento de las obras exteriores de infraestructura sobre las que se apoye la actuación urbanística sin perjuicio del cumplimiento de las cargas a que se refiere el número 2 del artículo 85.

⇒ V. art. 18 de la Ley 6/1998, de 13 abril (§1).
V. art. 85 del presente Texto Refundido.
V. art. 63 del RGU (§3.2).

Jurisprudencia

«Conforme al artículo 63 del Reglamento de Gestión Urbanística, «los propietarios de suelo urbanizable no programado, que sea objeto de un Programa de actuación urbanística, además de abonar [...], deberán costear la ejecución total o el suplemento necesario de las obras exteriores de infraestructura sobre las que se apoye la actuación urbanística, tales como redes [...] instalación o ampliación de canalizaciones de servicios de abastecimientos de agua, alcantarillado y saneamiento [...]». A su vez el artículo 66 del indicado Reglamento de Gestión Urbanística expresa que «los propietarios de suelo situado en zonas aptas para urbanizar según [...] deberán abonar los costes de urbanización señalados [...], y los de ejecución y suplemento de las obras exteriores sobre las que se apoye cada actuación individualizada, [...]». También interesa señalar que conforme al art. 70.3 del Reglamento de Planeamiento, «los Proyectos de Urbanización deberán resolver el enlace de los servicios urbanísticos con los generales de la ciudad y acreditar que tienen capacidad suficiente para atenderlos». SÉPTIMO. Si, como antes se indicó, los terrenos a los que nos referimos era preciso que fueran dotados de los servicios urbanísticos necesarios a fin de que en los mismos tuviera lugar el proceso edificatorio y si, como resulta de los artículos que han quedado referidos en el precedente fundamento, en los suelos en los que es preciso realizar una tarea urbanizadora los propietarios de los mismos han de hacer frente a los gastos necesarios para ampliar las canalizaciones exteriores que sea preciso llevar a cabo, obligado es entender que en el supuesto que se enjuicia el recurrente, promotor de la urbanización de que se trata, debe costear la ampliación de la red de alcantarillado a la que se refiere este proceso». **(STS de 29 enero 1991 [RJ 1991, 607]).**

Artículo 124.

1. Las obligaciones y cargas de los propietarios del suelo a que se refiere este Capítulo serán objeto de distribución justa entre los mismos, juntamente con los beneficios derivados del planeamiento, en la forma que libremente convengan mediante compensación o reparcelación.

2. El incumplimiento de las obligaciones y cargas impuestas por la pre-

sente Ley habilitará a la Administración competente para expropiar los terrenos afectados.

⇒ V. arts. 2 y 5 de la Ley 6/1998, de 13 abril (§1).
V. arts. 3.2 b) y 83.4 del presente Texto Refundido.
V. art. 65 del RGU (§3.2).

Jurisprudencia

Equidistribución de los beneficios y cargas derivados del planeamiento y definición del contenido normal del derecho de propiedad.

«Son principios informadores del ordenamiento urbanístico español: a) El del reconocimiento del derecho de propiedad, aunque deba ejercitarse atendiendo a la función social que ha de cumplir y ha de delimitar su contenido, que aparece consagrado en el 33 de la Constitución y en el artículo 76 del Texto Refundido de la Ley del Suelo; y b) El del reparto equitativo de los beneficios y cargas del planeamiento, uno de los principales del moderno Derecho urbanístico, exaltado al rango de principio fundamental en nuestra Constitución en su artículo 14, y al que se refieren la exposición de motivos de la reforma de la Ley del Suelo de 2 de mayo de 1975, el artículo 3.2 b) del Texto Refundido antes citado al proclamar como una de las funciones de la competencia urbanística en orden al régimen del suelo «el impedir la desigual atribución de los beneficios y cargas del planeamiento entre los propietarios afectados e imponer la justa distribución de las mismas», los artículos 83.3.4 y 87 del mismo texto al otorgar a estos propietarios el derecho a exigir esa distribución equitativa, y el artículo 124, al declarar, de cara a la ejecución del planeamiento, que las obligaciones y cargas "serán objeto de distribución justa entre los propietarios, juntamente con los beneficios derivados de aquél». Principios ambos que aparecen reconocidos por la doctrina de este Alto Tribunal en reiteradas sentencias, entre las que hay que destacar la de 22 de junio de 1981 (RJ 1981, 2728) al afirmar que es notorio que los Planes de Urbanismo en razón del cumplimiento de sus fines provocan una desigual atribución de cargas y beneficios entre los propietarios afectados por la ordenación y que por prescripción legal de la Administración urbanística ha de arbitrar fórmulas que remedien la desigualdad, ya que una interpretación finalista de los artículos 69.1, 83.3, y 87.3 de la Ley permite sostener que la posibilidad de la justa distribución de beneficios y cargas es presupuesto de la «cesión obligatoria y gratuita»; y la de 11 de julio de 1984 (RJ 1984, 4090), que ratificando lo que había dicho la de 19 de octubre de 1982 (RJ 1982, 6404), declara también que «basta con remitirnos a lo proclamado en el artículo 87 de la Ley del Suelo, para constatar la presencia de las dos ideas maestras de nuestro ordenamiento urbanístico: una que viene a configurar el derecho de propiedad como un derecho estatutario, considerando las limitaciones impuestas como definidoras del contenido normal del dominio, y por ello, no legitimadora de pretensiones indemnizatorias; y otra, en compensación a la primera, atributiva a los afectados por la ordenación de un derecho a la distribución equitativa de los beneficios y cargas del planeamiento en los términos previstos en dicha Ley (art. 87.1), instrumentando las indemnizaciones en los supuestos de restricciones o privaciones del aprovechamiento sólo cuando [...]» no pueda ser objeto de distribución equitativa entre los interesados «[...] idea ésta tan básica que encuentra eco a lo largo de todo su articulado: artículos 3.2 b. 83.4, 86.1, 97.2 y 117.3"». **(STS 10 febrero 1987 [RJ 1987, 581]).**

«El *artículo* 14 de nuestra Constitución proclama el principio de igualdad ante la ley y su aplicación de todos los españoles, sin discriminación de tipo o condición de índole personal o social, mientras que el artículo 3.2 b) de la Ley del Suelo de 9 abril 1976 prescribe como propio de la competencia urbanística en orden al régimen del suelo, la función de impedir la desigual atribución de los beneficios y cargas del planeamiento entre los propietarios afectados e imponer la justa distribución de los mismos. Constituye principio fundamental de toda la ordenación urbanística del suelo, el de la atribución, en importante proporción, a la sociedad, a través de los correspondientes órganos y entidades representativos de los intereses públicos, de las plusvalías alcanzadas por el suelo de propiedad privada, como consecuencia de la urbanización y consiguiente edificación del mismo. Es claro, que tal como indica, de modo genérico el artículo 3.2 b) citado de la Ley del Suelo, las cargas impuestas a los propietarios de suelo derivadas de la urbanización, tanto las atribuciones a la Administración de las plusvalías así ocasionadas en concepto de cesiones de suelo destinados a equipamientos generales y servicios de interés público, han de ser soportados por los propietarios igualitariamente en proporción a sus respectivos derechos, así como los beneficios derivados de la ordenación urbanística. Y precisamente, tal igualitaria distribución de derechos y cargas se instrumenta normalmente –artículo 117 de la Ley del Suelo– a través de la previa delimitación de polígonos o unidades de actuación de entidad suficiente para permitir al menos, esa igualitaria distribución, entre los propietarios del suelo comprendido en esas unidades. Pero naturalmente, cuando se trata de suelo urbano consolidado prácticamente en su totalidad por la edificación y consiguiente urbanización preexistente, y sin existencia alguna anterior de delimitación de polígonos o unidades de actuación ni ninguna otra división territorial de índole similar o análoga, es evidente que cuando en dicho entorno urbano resta, prácticamente un solo propietario, de materializar su proyecto edificatorio, no es posible físicamente tal distribución, debiendo pues lograrse tal finalidad analógicamente a través del deber individual de costear la parte de urbanización que corresponde exclusivamente a su espacio territorial –artículo 83.3.2º de la Ley del Suelo– y a la cesión de suelo determinado en el artículo 83.3.1º de dicha ley, y como quiera que tal carga no puede ser distribuida entre ningún otro propietario, ha de ser adecuadamente retribuida o mediante el instituto de la expropiación –artículo 134.2 de la Ley del Suelo– al ser actuación aislada en suelo urbano, o a través de cualquier otro sistema compensatorio que reequilibre la carga impuesta, siendo usuales técnicas compensatorias utilizadas por la Administración bien la cesión de suelo edificable en diferente ubicación o bien la atribución de superior aprovechamiento urbanístico en el resto de la parcela, si ello fuere factible conforme al planeamiento». **(STS 29 octubre 1996 [RJ 1996, 9514]).**

Artículo 125.

1. La cesión del 10 por 100 a que se refiere el número 3 del artículo 84 en los casos de actuaciones urbanísticas de carácter sectorial o que por su naturaleza requieran una reducida extensión de terrenos o situarse en parajes aislados, podrá ser sustituida por una indemnización económica, determinada con arreglo al procedimiento establecido en el artículo 105.

2. Procederá también la indemnización sustitutoria entre los afectados cuando por las circunstancias de edificación en una actuación urbanística, no fuere posible llevar a cabo la reparcelación material de los terrenos de toda o parte de la misma, superior a un 50 por 100 de la superficie afectada.

⇒ V. arts. 14.2 c) y 18.4 de la Ley 6/1998, de 13 abril (§1).
V. arts. 74 y 116 del RGU (§3.2).

Jurisprudencia

Reparcelación económica discontinua.

(De la sentencia apelada) «SEGUNDO. Este Tribunal ha conocido de varios recursos que ofrecen puntos idénticos al que ahora se debate, habiéndose mantenido reiteradamente la tesis de que el Tribunal Supremo en SS. 30-1-1984 (RJ 1984, 224), 14-3-1984 (RJ 1984, 1332), 11-9-1986 (RJ 1986, 5962) y 22-1-1988 (RJ 1988, 330) consideró contrarias a Derecho cesiones obligatorias y gratuitas no previstas en la Ley, estimándose no ajustadas a derecho las determinaciones del Plan General (7.2.4 de sus normas urbanísticas y fundamento jurídico del acto recurrido como antes se expuso) que imponen prestaciones. La Ley del Suelo concreta el principio general de igualdad –art. 14 de la Constitución– mediante la imposición del justo reparto de beneficios y cargas derivados del planeamiento y cualquier técnica que se utilice por los poderes públicos debe respetar aquél. Como quiera que en suelo urbano consolidado por la edificación se hace muy difícil la acción urbanística, dada la regulación puede utilizarse el instituto de la reparcelación simplemente económica (Sección II, Capítulo V, RGU) precisamente porque el art. 83.4 de la Ley del Suelo configura «las reparcelaciones que procedan» como medio para realizar el reparto equitativo de las cargas impuestas por el art. 83.3 a los propietarios de suelo urbano. Siendo imposible en suelo urbano consolidado por la edificación la reparcelación material (art. 97.1 LS), no lo es ni tampoco ilegal el acudir al sistema de indemnización sustitutoria (TS lo admite en SS. 22-6-1981 y 4-5-1982), trasladando en lo posible al suelo urbano la técnica del aprovechamiento medio y se haga factible el reparto más equitativo. En Sentencia de esta Sala de 9-3-1989 se estimó que el art. 7.2.4 del PGOUM en cuanto posibilita la futura delimitación de unidades de actuación discontinua –excepto el caso del 78.3 del RGU– no sólo infringe dicho precepto, sino que además, hace prácticamente inviable la finalidad esencial de la reparcelación si se tiene en cuenta que sólo se exige la cuota a los propietarios de suelo vacante cuando éstos solicitan licencia para edificar, dejando en suspenso para un futuro lejano e incierto tal cumplimiento de dicha imposición para los propietarios de suelo edificado, lo que equivale a que sólo alguno de ellos que obtenga plusvalías haga partícipe de ella a la comunidad. Dichos preceptos del Plan General confieren carácter provisional al saldo que se exige como pago a cuenta del que resulte definitivo y es una consecuencia obligada por la lógica interna de la reparcelación económica –arts. 7.2.7 y 7.2.8–, pero dicho pago no reúne los requisitos legalmente exigidos para ser una de las indemnizaciones sustitutorias del art. 116 del RGU, por infringirse el principio de reparto equitativo de las cargas derivadas del planeamiento». **(STS 1 abril 1992 [RJ 1992, 3395]).**

Procedencia de la indemnización sustitutoria.

«En cuanto a la primera de las cuestiones planteadas, es decir la procedencia o no de la indemnización sustitutoria, art. 125.2 de la Ley del Suelo establece que «Procederá también la indemnización sustitutoria entre los afectados cuando, por las circunstancias de edificación en una actuación urbanística, no fuera posible llevar a cabo la reparcelación material de los terrenos de toda o parte de la misma, superior a un 50 por 100 de la superficie afectada», y el art. 74 del Reglamento de Gestión Urbanística que «conforme al art. 125.2 de la Ley del Suelo, cuando más del 50 por 100 de la superficie edificable de un polígono o unidad de actuación se halla edificado conforme al Plan, la reparcelación se limitará a la redistribución material de los terrenos restantes y a establecer las indemnizaciones sustitutorias que proceden entre los afectados». Pues bien, de la prueba pericial obrante en autos resulta que el porcentaje de suelo consolidado por la edificación respecto a la total del sector es de un 83,08 por 100, el cual ha sido hallado a través de fotoplano del sector de fecha marzo 1987, por lo que resultando más de un 50 por 100 de superficie edificada es procedente la indemnización sustitutoria y en consecuencia cabe desestimar el recurso por el motivo alegado». **(STS 29 marzo 1993 [RJ 1993, 1784]).**

«El art. 120.1 del Texto Refundido de la Ley del Suelo impone a los propietarios de terrenos afectados por una actuación urbanística el cumplimiento de las cargas consistentes en efectuar determinadas cesiones de terrenos y sufragar los costes de la urbanización, obligaciones que, para los propietarios de suelo urbano se reiteran en el art. 83, cuyo ap. 4 remite precisamente al instituto reparcelatorio para, conforme a lo establecido en los arts. 97.2 y 117.3, distribuir el reparto equitativo de las referidas cargas. Por su parte el art. 125.2 del citado Texto Refundido impone la indemnización sustitutoria entre los afectados cuando por las circunstancias de edificación en una actuación urbanística, superior a un 50 por 100 de la superficie afectada, no fuera factible llevar a cabo la reparcelación material de los terrenos. En el presente caso, ya hemos dicho, de una parte, que el grado de consolidación de la edificación era superior al indicado porcentaje, y de otra, que la cesión obligatoria de terrenos ya se había producido, quedando tan sólo por sufragar los costes de la urbanización, lo que determinaba la necesidad de proceder a su justa distribución, para lo que se siguió el procedimiento ahora cuestionado». **(STS 28 septiembre 1993 [RJ 1993, 6626]).**

CAPÍTULO III
Sistema de compensación

Artículo 126.

1. En el sistema de compensación los propietarios aportan los terrenos de cesión obligatoria, realizan a su costa la urbanización en los términos y condiciones que se determinen en el Plan o Programa de Actuación Urbanística o en el acuerdo aprobatorio del sistema y se constituyen en Junta de Compensación, salvo que todos los terrenos pertenezcan a un solo titular.

2. Las Bases de actuación y los Estatutos de la Junta de Compensación serán aprobados por la Administración actuante. A tal efecto, los propietarios que representen al menos el 60 por 100 de la superficie total del polígono o unidad de actuación presentarán a la Administración actuante los correspondientes proyectos de Bases y Estatutos. Con anterioridad a la resolución que se adopte, se dará audiencia a los demás propietarios.

Artículo 127.

1. Los propietarios del polígono o unidad de actuación que no hubieren solicitado el sistema podrán incorporarse con igualdad de derechos y obligaciones a la Junta de Compensación, si no lo hubieran hecho en un momento anterior, dentro del plazo de un mes a partir de la notificación del acuerdo de aprobación de los Estatutos de la Junta. Si no lo hicieran, sus fincas serán expropiadas en favor de la Junta de Compensación, que tendrá la condición jurídica de beneficiaria.

2. Podrán también incorporarse a la Junta las Empresas urbanizadoras que hayan de participar con los propietarios en la gestión del polígono o unidad de actuación.

3. La Junta de Compensación tendrá naturaleza administrativa, personalidad jurídica propia y plena capacidad para el cumplimiento de sus fines.

4. Un representante de la Administración actuante formará parte del órgano rector de la Junta en todo caso.

5. Los acuerdos de la Junta de Compensación serán recurribles en alzada ante la Administración actuante.

Artículo 128.

La trasmisión al municipio correspondiente, en pleno dominio y libre de cargas, de todos los terrenos de cesión obligatoria y de las obras o instalaciones que deban ejecutar a su costa los propietarios tendrá lugar por ministerio de la ley en las condiciones que reglamentariamente se determinen.

Artículo 129.

1. La incorporación de los propietarios a la Junta de Compensación no presupone, salvo que los Estatutos dispusieran otra cosa, la transmisión a la

misma de los inmuebles afectados a los resultados de la gestión común. En todo caso, los terrenos quedarán directamente afectos al cumplimiento de las obligaciones inherentes al sistema con anotación en el Registro de la Propiedad en la forma que se señale reglamentariamente.

2. Las Juntas de Compensación actuarán como fiduciarias con pleno poder dispositivo sobre las fincas pertenecientes a los propietarios miembros de aquélla, sin más limitaciones que las establecidas en los Estatutos.

3. Las transmisiones de terrenos que se realicen como consecuencia de la constitución de la Junta de Compensación por aportación de los propietarios del polígono o unidad de actuación, en el caso de que así lo dispusieran los Estatutos, o en virtud de expropiación forzosa, y las adjudicaciones de solares que se efectúen a favor de los propietarios miembros de dichas Juntas y en proporción a los terrenos incorporados por aquéllos, estarán exentas, con carácter permanente, del Impuesto General sobre Transmisiones Patrimoniales y del de Actos Jurídicos Documentados, y no tendrán la consideración de transmisiones de dominio a los efectos de la exacción del arbitrio sobre el incremento del valor de los terrenos. Cuando el valor de los solares adjudicados a un propietario exceda del que proporcionalmente corresponda a los terrenos aportados por el mismo, se girarán las liquidaciones precedentes en cuanto al exceso.

⇒ V. art. 19 del RD 1093/1997, de 4 julio (§2.1).
V. art. 159.4 del TRLS/1992 (§2)
V. arts. 157 y ss. del RGU (§3.2).

Jurisprudencia artículos 126 a 129

Sistema de compensación: objeto y fin.

Voluntariedad del sistema de compensación.

«Las Juntas de Compensación no son similares a las sociedades civiles reguladas en los artículos 1665 y siguientes del Código Civil, pues aunque ellas tienen grandes concomitancias con tales sociedades, al referirse en algunos aspectos a derechos jusprivatísticos de sus componentes, ellas cumplen primordialmente funciones administrativas de orden urbanístico y es este carácter el que las define de forma más acusada, en cuanto tienen como fin último la realización de fines urbanísticos que, sólo se pueden reputar cumplidos, cuando la Corporación Municipal a la que se hallan vinculados da por concluida la urbanización para cuya realización se constituyeron y recibe las obras ejecutadas, no pudiendo, entre tanto, abandonar sus socios o componentes el ámbito de la misma, continuando hasta entonces sujetos a sus acuerdos y decisiones». **(STS 29 diciembre 1987 [RJ 1987, 9854]).**

«La ejecución del planeamiento es claramente en nuestro ordenamiento jurídico una función pública –art. 114.1 del Texto Refundido de la Ley del Suelo– en la que los propietarios del suelo a urbanizar pueden asumir mayor, menor o incluso nulo *protagonismo según el sistema* de ejecución que se aplique –compensación, cooperación o expropiación–. Es en el de compensación donde aparece con mayor intensidad la participación de los propietarios dado que son ellos mismos –art. 126.1 del Texto Refundido– los que asumen la carga, no ya de costear la urbanización, sino de llevarla a cabo por sí mismos. Y ello mediante la constitución de una Junta de Compensación que da lugar a un supuesto de autoadministración: son los propios interesados los que desarrollan la función pública de la ejecución del planeamiento en virtud de una delegación que hace de la Junta un agente descentralizado de la Administración de suerte que aquélla tiene naturaleza administrativa –art. 127.3 del Texto Refundido–

en tanto en cuanto actúe funciones públicas. Lo que ahora importa destacar es la voluntariedad del sistema de compensación, voluntariedad ésta que se predica respecto de los propietarios en un doble sentido: a) sólo se aplicará el sistema si lo acepta una mayoría cualificada de propietarios –art. 119.3 del Texto Refundido– y b) ningún propietario puede ser obligado a incorporarse a la Junta contra su voluntad, de suerte que dentro de este sistema si algún titular de fincas del polígono no acepta su participación en ella se ha de acudir a la figura de la expropiación forzosa –art. 127.1 del Texto Refundido–. La Junta de compensación por consecuencia se caracteriza por la integración en ella de toda la propiedad del polígono: todos los propietarios son miembros de la Junta bien porque se han incorporado a la misma bien porque la Junta ha adquirido, como beneficiaria de una expropiación los terrenos de quienes no quisieron participar en ella –art. 168 del Reglamento de Gestión Urbanística–. TERCERO. De lo expuesto derivan importantes consecuencias jurídicas: A) Dado que la no incorporación de los propietarios a la Junta da lugar a la expropiación forzosa de sus fincas, tan radical efecto exige que previamente se haya ofrecido a aquéllos, «individualizadamente» la oportunidad de incorporación: a tal efecto nuestro ordenamiento ofrece hasta cuatro oportunidades distintas –arts. 158.1, 159.2, 162.1, 162.5 y 163.5 del Reglamento de Gestión–. Pero los trámites de que acaba de hacerse mención corresponden a la fase de constitución de la Junta de Compensación. Y en el supuesto litigioso lo que se impugna es el Proyecto de Compensación que es una actuación ulterior de la Junta ya constituida. No cabe pues examinar ahora la legalidad de dicha constitución, ello sin perjuicio naturalmente de una posible nulidad de pleno derecho de aquélla que ahora no puede examinarse pues ni siquiera se conoce la tramitación seguida –el expediente administrativo que la Sala examina se inicia con la remisión al Ayuntamiento del proyecto de compensación que había sido objeto de la aprobación interna de la Junta–. B) El proyecto de compensación tiene un contenido complejo que en lo que ahora importa puede ser agrupado en dos categorías distintas: a) la primera abarca todos aquellos aspectos que por afectar al interés público están plenamente sometidos al sistema de la acción pública del art. 235.1 del Texto Refundido de la Ley del Suelo y b) la segunda comprende otros puntos que son del simple interés de los propietarios incorporados a la Junta: ésta es la condición, en principio, de los temas relativos a la sustitución de las fincas aportadas por las resultantes de la compensación. En el supuesto litigioso la última observación formulada podría conducir a negar la legitimación de los recurrentes que no se han incorporado a la Junta, pero como se les adjudican fincas, han de entenderse plenamente legitimados en todos los aspectos que suscita este proceso. Con todo lo expuesto se ha producido una situación extraña en la que –dejando a un lado otros aspectos no menos llamativos– puede advertirse que la Junta de Compensación aparece disponiendo de fincas –subrogación de las resultantes en el lugar de las que «no» fueron aportadas ni expropiadas– que no están comprendidas dentro de sus posibilidades de disposición y creando una situación terminantemente confusa en torno a la nueva titularidad de los terrenos, todo ello en pugna con las reglas que rigen la actuación urbanística por el sistema de compensación. QUINTO. Lo señalado implica una infracción de las reglas formales y materiales antes señaladas por lo que resulta procedente la anulación del proyecto de compensación impugnado, sin que tal pronunciamiento pueda extenderse a la constitución de la Junta de Compensación pues ni ésta ha sido impugnada en estos autos ni –y esto es más trascendente– el expediente remitido se extiende a la tramitación propia de la aprobación de los Estatutos y Bases». **(STS 11 marzo 1989 [RJ 1989, 1968]).**

«La alternativa que establece el artículo 126 del TRLS, en el sentido de que los propietarios hagan frente a los costes de urbanización en la forma señalada por el Plan o Programa de Actuación Urbanística o como determine la Junta de Compensación, hace igualmente legítimo cualquier pacto, con un contenido distinto del legal, siempre que sea voluntaria y libremente acordado por los miembros de la Junta de Compensación». **(STS 11 julio 2000 [RJ 2000, 6966]).**

Descripción del funcionamiento del sistema.

«Según las disposiciones citadas, el sistema de compensación se incardina como uno de los métodos o instrumentos legales para la actuación urbanística, a fin de ejecutar los polígonos y unidades de actuación; en él los propietarios del suelo afectado se obligan junto a la aportación de sus respectivas parcelas y terrenos de cesión obligatoria a la Administración actuante, a la ejecución de las obras de urbanización en los términos fijados en el plan de actuación urbanística que se constituyen por el procedimiento legalmente establecido, en Junta de Compensación que como órgano de naturaleza administrativa, sujeto a la tutela de la Administración, con personalidad jurídica propia, previa inscripción en el Registro correspondiente de Entidades Urbanísticas colaboradoras, con plena capacidad de obrar y de carácter corporativo, integrada además por un representante de esa Administración, por los propietarios del suelo exterior pero ocupado para la ejecución y por las empresas urbanísticas que participan con los dueños de la tierra en la gestión urbanística, aprueba por el correspondiente procedimiento, al que luego nos vamos a referir, las bases de su actuación, sus Estatutos y el Proyecto de Compensación, que contendrá necesariamente: a) la descripción de las propiedades antiguas, con las precisas correcciones, según los planos, y expresión de sus cargas, gravámenes, condiciones y sustituciones y derechos que las afecten y la de las fincas exteriores al polígono ocupadas a propietarios que participan en el proyecto de compensación; b) la descripción de las fincas resultantes, incluyendo el 10% del aprovechamiento medio del sector y de cesión obligatoria a la Administración, titulares de las fincas adjudicadas y concepto de la adjudicación; c) localización de los terrenos de obligatoria cesión y reservas según el Plan; d) la superficie de parcelas que la Junta de Compensación se reserva para su directa enajenación y sufragio de los gastos de urbanización; y e) las compensaciones en metálico por diferencias en la adjudicación, debiendo someterse, previa audiencia de los afectados por un mes, a la aprobación de la Junta de Compensación por la mayoría que deberán representar al menos las dos terceras partes de la propiedad y después será definitivamente aprobado por la Administración actuante con notificación a los interesados, otorgará su escritura pública con las menciones más arriba señaladas en cuanto a su contenido y la inscribirá en el Registro de la Propiedad que corresponda, incluyendo las operaciones jurídicas complementarias previamente aprobadas igualmente la Junta de Compensación responderá de los costes de la urbanización incluyendo entre otros gastos, el importe de planes parciales y proyectos de urbanización y reparcelación». **(STS 12 marzo 1991 [RJ 1991, 1986]).**

«Aunque con técnicas diferentes, ambos sistemas de actuación, compensación y cooperación, persiguen los mismos objetivos: Una equitativa distribución de los beneficios y cargas de la ejecución del planeamiento entre los afectados, el cumplimiento por los mismos de los deberes de cesión de terrenos y la realización de la urbanización. En concreto, para el primero de ellos la esencia del procedimiento viene definida en el artículo 157.1 de la Ley del Suelo –coincidente en lo sustancial con el 126 de la anterior– cuando nos dice que en él «los propietarios aportan los terrenos de cesión obligatoria, realizan a su costa la urbanización y se constituyen en Junta de Compensación, salvo que todos los terrenos pertenezcan a un solo titular». Esta última excepción es lógica por cuanto si la Junta de Compensación es el ente instrumental a través del cual el legislador ha articulado el mecanismo de distribución de los beneficios y cargas, resulta innecesaria en el caso de un solo propietario, al ser éste el único llamado como tal a percibir todos los beneficios y soportar todas las cargas de la ejecución [...] Y es que la localización de los terrenos de cesión obligatoria se lleva a cabo a través de instrumentos distintos según la clase de suelo de que se trate. En el urbano, donde la ordenación detallada corresponde la propio Plan General, es éste el llamado a delimitar espacios y señalar emplazamientos para dotaciones [cfr. artículo 12.1.1 c) y d), de la Ley del Suelo de 1976 –bajo cuya vigencia se probaron los planes que se examinan–]; en el urbanizable programado, por el contrario, aquel Plan tan sólo contendrá las determinaciones genéricas que el citado precepto prevé correspondiendo al Plan parcial, en su desarrollo, el fijar en unos casos concretos los emplazamientos dotacionales, pero limitándose en otros a cuantificar las reservas de terrenos sujetos a cesión [artículo 13.2 b), c) y d), de la misma Ley], con lo que resulta que la concreta localización de estos últimos es competencia del instrumento en que plasma la ejecución del plan: El proyecto de reparcelación o compensación. En concreto, y entre las determinaciones que ha de contener este último, señala el artículo 172 del Reglamento de Gestión Urbanística: La descripción de las fincas resultantes, incluyendo, en su caso, las que corresponden a la Administración adjudicataria del porcentaje legal de aprovechamiento medio [apartado b)] y la localización de los terrenos de cesión obligatoria y de las reservas que establezca el plan [apartado c)]. Tal parece que el legislador ha buscado una simultaneidad entre la atribución de la titularidad de los terrenos de cesión obligatoria a la Administración con la concreción de cuáles sean aquellos en que los interesados pueden materializar el aprovechamiento urbanístico que les corresponde apropiarse. Así se desprende del artículo 128 de la Ley anterior cuando establecía que la transmisión de tales terrenos, en caso de ejecución por el sistema de compensación, habría de tener lugar, en pleno dominio y libre de cargas, por ministerio de la ley, en las condiciones que reglamentariamente se determinasen, condiciones que el artículo 179.1 del Reglamento de Gestión Urbanística redujo a la aprobación del proyecto de compensación y que hoy ratifican, de forma clara tanto el artículo 157.3 de la nueva Ley, en relación con el 167 a), al señalar entre los efectos de tal acuerdo: «la transmisión a la Administración correspondiente, en pleno dominio y libre de cargas, de todos los terrenos de cesión obligatoria para su incorporación al patrimonio del suelo o su afectación a los usos previstos en el planeamiento», como el artículo 205.3 al regular la obtención de los terrenos dotacionales incluidos en una unidad de actuación que tiene lugar, según dice, con la «aprobación definitiva de los instrumentos redistributivos de cargas y beneficios». Resulta de todo ello que la concreta determinación de los terrenos objeto de cesión obligatoria no depende de una decisión unilateral de la Administración, sino que es fruto de la propuesta que supone el proyecto de compensación a formular por los interesados, sea a través de la Junta de Compensación, o excepcionalmente, por el propietario único (artículo 174.2 del Reglamento de Gestión Urbanística), y que aquélla podrá aceptar o rechazar aprobando o denegando su aprobación a tal proyecto, dando lugar en el primer caso al título traslativo del dominio de los terrenos sujetos a cesión. La documentación de ese acuerdo hará surgir un título formal que permitirá la inscripción registral de la transferencia de los terrenos así transmitidos, pero es evidente que sin el título material traslativo no cabe ni plantearse cuál haya de ser el título formal. CUARTO. Es cierto que el legislador ha previsto la ocupación directa como uno de los medios de adquisición de terrenos sujetos a cesión obligatoria. En concreto, el artículo 203 de la Ley vigente, en el que pretende ampararse la inscripción ahora denegada, regula el procedimiento para proceder a ella pero sin determinar en qué casos puede aplicarse. A éstos se refieren los artículos 199.1 y 2 y 201 en los que se contemplan situaciones distintas a la que aquí se plantea. Así, en el segundo de ellos y para el suelo urbanizable programado, lo limita al caso de que sea necesario obtener los terrenos destinados a los sistemas generales adscritos y, en todo caso, condicionando su aplicación, según el propio artículo 203, al reconocimiento en favor del titular afectado del derecho a integrarse en una unidad de ejecución con exceso de aprovechamiento real en el que pueda materializar el correspondiente a los terrenos que se le ocupen, previa determinación por la Administración de una y otro, circunstancias que habrán de consignarse tanto en el acta de ocupación como en la certificación que el organismo actuante ha de expedir y que es título para la inscripción registral en su favor del derecho al aprovechamiento urbanístico reconocido, con carácter simultáneo a la inscripción de los terrenos ocupados en favor de la Administración. En definitiva, que ante la necesidad de ocupar los terrenos destinados a sistemas generales el legislador ha permitido que no se aplace aquélla hasta el momento en que se localice en una parcela idónea el aprovechamiento urbanístico que corresponda al propietario afectado, sino que puede adelantarse, aunque con la garantía que supone el previo reconocimiento y titulación por la Administración tanto de la cuantía como de la unidad de actuación en que habrá de hacerse efectivo, y siempre con un horizonte temporal limitado (artículo 204.2 de la Ley del Suelo) y el derecho, entre tanto, a una compensación indemnizatoria (artículo 204.1 de la Ley del *Suelo). Fuera de este caso*, la transmisión de los terrenos sujetos a cesión obligatoria para dotaciones públicas incluidos en una unidad de actuación está sujeta a la regla general ya vista y que resulta del artículo 205.2 de la Ley, según quedó dicho, tiene lugar con la aprobación definitiva de los instrumentos redistributivos de cargas y beneficios. QUINTO. Cabría no obstante una excepción o mejor modalización de aquella exigencia y que en este caso, a la vista de las alegaciones del recurrente, podría darse. Sería aquélla en que el plan parcial, desbordando lo que es su propio cometido y adentrándose en el terreno de los instrumentos de ejecución, hubiera no sólo cuantificado sino también concretado la ubicación de todos y cada uno de los terrenos sujetos a cesión. Esta posibilidad es más verosímil en el caso de los planes de iniciativa particular promovidos por el propietario único, en que el limitado alcance que como veíamos tiene el proyecto de compensación puede llevar a aquél, como promotor del plan y obligado a formular el proyecto de compensación, no sólo a la elaboración y presentación de ambos a aprobación simultáneamente, sino a su unificación instrumental. En tal caso, el proyecto de compensación, como aquella única finalidad que tiene, la de ubicar los terrenos sujetos a cesión [artículo 172 c), del Reglamento de Gestión Urbanística], carecería de sentido desde el momento en que tal objetivo estaría ya avanzado por el propio plan aprobado. De ser así, el mismo acuerdo de aprobación del plan parcial determinaría no sólo los efectos que la Ley ha previsto para el mismo, sino también los que son propios de la aprobación del proyecto de compensación con la consiguiente transmisión por ministerio de la ley de los terrenos sujetos a cesión en favor de la Administración. Existiría así el título material de transmisión y tan sólo surgiría un inconveniente en orden a la formalización de esa transmisión, la necesidad de habilitar un título inscribible.

Estaríamos entonces ante la misma situación que contemplara en su momento la Resolución de 12 enero 1988, siendo admisible ante ella el que la inactividad del titular registral sea suplida por la propia Administración en orden a procurarse el título inscribible por vía de ejecución subsidiaria, conforme al artículo 98 de la Ley 30/1992, de 26 noviembre, de Régimen Jurídico de las Administraciones Públicas y del Procedimiento Administrativo Común. Pero en este caso tal situación no consta que se haya dado y aunque de los argumentos del recurrente sobre la situación de hecho hoy día existente –finalización de las obras de urbanización edificación de los terrenos aptos para ello según el propio plan– pudiera deducirse que se ha producido, no resulta con precisión ni fehaciencia y, además, deriva de un documento que no estuvo a disposición del Registrador a la hora de llevar a cabo su calificación recurrida, lo que obliga a confirmarla». **(RDGRN 3 octubre 1996 [RJ 1996, 7345]).**

Determinación y cambio del sistema de compensación.

«La puesta en marcha del sistema –ya sea impuesto por el Plan o sea determinado en el momento de la delimitación del Polígono o unidad de actuación– exige el que exista una mayoría cualificada de propietarios. Ahora bien, la referida mayoría cualificada puede ser conseguida en el momento inicial de formularse la solicitud del sistema (artículo 119.3 de la Ley del Suelo), o en los tres meses siguientes a la aprobación definitiva del Plan cuando éste prevea por sí mismo su aplicación –cabe, incluso un requerimiento de la Administración y el otorgamiento de un nuevo plazo de tres meses, transcurrido el cual sin conseguirse la mayoría, puede sustituirse por otro sistema diferente (artículo 158 del Reglamento de Gestión)– o bien, en un momento posterior, abriendo a estos efectos un trámite de adhesiones a la solicitud minoritaria eventualmente formulada (artículo 160 del precitado Reglamento). En resumen, sólo obtenida la mayoría exigida la Administración actuante puede aprobar, inicialmente, primero los proyectos de Estatutos y de Bases, para abrir después un período de información pública por plazo de quince días –en el que pueden comparecer tanto los propietarios como los no propietarios– y proceder, finalmente, a la aprobación definitiva de los referidos proyectos (artículos 161 y 162 del Reglamento de Gestión). Tras la aprobación definitiva la Administración requerirá a los propietarios para que otorguen la escritura de constitución de la Junta de Compensación, con incorporación tanto en las Entidades Públicas que sean propietarias de bienes –demaniales o patrimonialessituados dentro del Polígono, como de Empresas Urbanizadoras que reciban una determinada cuota del volumen edificable a cambio de la realización material de las obras. Todo ello, junto con la inscripción en el Registro de Entidades Urbanísticas Colaboradoras, producirá, como consecuencia, el inicio de las operaciones urbanísticas». **(STS 10 mayo 1988 [RJ 1988, 4448]).**

«Se refiere el art. 155 del Reglamento de Gestión Urbanística al cambio del sistema de actuación y en su párrafo segundo establece que «si el sistema estuviera establecido en el plan o programa de actuación urbanística habrá de analizarse la repercusión del cambio de sistema en el estudio económico-financiero». La parte apelante entiende que en el caso presente no se ha cumplido lo establecido en el referido párrafo segundo. La alegación que acaba de indicarse no puede ser acogida si se tiene en cuenta que si bien no aparece cumplido formalmente el requisito al que ahora nos referimos, la finalidad del precepto mencionado de que no se proceda al cambio de sistema sin que se analicen las repercusiones económicas que puedan derivarse del mismo, sí aparece cumplida en el supuesto enjuiciado ya que en uno de los informes municipales emitidos en el expediente administrativo expresamente se indica como conveniente a los intereses municipales el cambio al sistema de cooperación dada la carga financiera que supondría la elección del sistema de expropiación». **(STS 26 diciembre 1991 [RJ 1991, 361]).**

Estatutos y bases.

Intervención de los propietarios.

«El art. 158.1 (del RGU) citado no puede interpretarse en el sentido de que los Estatutos y Bases hayan de ser redactados o tengan necesariamente que intervenir en su redacción la totalidad de los propietarios, sino que basta que la presentación se realice por quienes representen por lo menos el 60% y por ello la iniciativa del Ayuntamiento de convocar a los propietarios con el fin de estimular el acuerdo sobre los proyectos y la formación de la Junta de Compensación no puede en ningún caso estimarse como constitutiva de nulidad ni siquiera de infracción procedimental puesto que se trata de un trámite previo dado que el procedimiento de constitución de la Junta de Compensación, comienza formalmente con el acuerdo del Ayuntamiento de aprobación inicial de los Proyectos de Estatutos y Bases de Actuación que han de publicarse en el Boletín Oficial de la Provincia y notificarlo previamente a todos los propietarios afectados por el sistema de compensación, quienes disponen de quince días para formular las alegaciones que en su derecho convengan –art. 159.2 del Reglamento de Gestión– trámite que no consta hayan utilizado los apelantes». **(STS 19 marzo 1986 [RJ 1986, 4578]).**

«El artículo 161.3 del Reglamento de Gestión Urbanística impone la obligación de publicar en el Boletín Oficial de la Provincia no sólo el acuerdo de aprobación inicial de los estatutos y bases de actuación de la Junta de Compensación de cuya constitución se trate sino el texto íntegro de aquéllos, y el Ayuntamiento apelante ha incumplido dicha prescripción puesto que únicamente ha sido objeto de publicación el acuerdo en que se producía dicha aprobación, pero no el texto de los estatutos y bases de actuación de la Junta de Compensación. TERCERO. El trámite de audiencia de los propietarios afectados en el procedimiento de constitución de la Junta de Compensación, que establece el artículo 126.2 de la Ley del Suelo de 9 abril 1976 ha sido desarrollado por los artículos 161 y 162 de su Reglamento de Gestión en términos que no dejan duda alguna respecto a su extensión general y no sólo a aquellos propietarios, configurando así una auténtica fase de información pública, más que de audiencia de interesados, y exigiendo que la publicación del acuerdo de aprobación provisional de las bases de actuación y de los estatutos de la Junta vaya acompañada del texto íntegro de estos documentos. Como en todas las infracciones formales, la omisión de esa publicación ha de valorarse en atención a la finalidad perseguida por el acto y por la eventual indefensión causada al recurrente, que han de apreciarse en atención a las circunstancias que en cada caso concurran, y así como en la Sentencia de esta Sala de 5 febrero 1990 (RJ 1990, 972) la falta de notificación a alguno de los propietarios del acuerdo de aprobación provisional a que se refiere el artículo 161.3 del Reglamento de Gestión Urbanística no fue considerado como motivo de anulación del acuerdo de aprobación definitiva habida cuenta que las alegaciones formuladas después contra aquél fueron desestimadas y la retroacción del expediente a la fase de información pública no conduciría sino a una inútil dilación en todo el proceder ejecutivo del planeamiento [...] Tampoco que la notificación personal del acuerdo supla aquella infracción al haber tenido oportunidad el interesado de examinar en las dependencias municipales los proyectos de estatutos y bases de actuación, porque esa posibilidad no es una carga que se imponga al administrado. Claramente establece el artículo 161.3 del Reglamento de Gestión Urbanística que en esa notificación se hará mención del Boletín Oficial en que se inserte el acuerdo que se notifica, por lo que no puede surtir efecto si esa notificación individual no va acompañada de una correcta publicación en el Boletín Oficial de la provincia de aquellos documentos». **(STS 16 junio 1998 [RJ 1998, 4555]).**

La Junta de compensación como titular fiduciaria o bien, excepcionalmente, dominical.

«El artículo 129 LS contempla, como regla general, la existencia de una titularidad de disposición en favor de las Juntas de Compensación sobre las fincas pertenecientes a los propietarios miembros de aquéllas. También cabe, sin embargo, que los Estatutos puedan disponer una titularidad dominical mediante la transmisión a la Junta de Compensación de los inmuebles pertenecientes a los asociados. En el presente caso el artículo 6.2 de los Estatutos impugnados no ofrece duda al disponer que "la incorporación de los propietarios a la Entidad presupone la transmisión a la misma del dominio de los inmuebles afectados a los resultados de la gestión común». Es claro que los Estatutos han optado, fortaleciendo la posición de la Junta, por la excepción a la regla general que contempla el artículo 129.1 de la Ley del Suelo, como confirma –por ejemplo– el artículo 16, letra i), que otorga la facultad de edificar los solares resultantes, citado en el escrito de demanda en primera instancia. Se trata de una excepción consentida en forma expresa por el artículo 129.1 LS, a tenor de lo que dispongan los Estatutos sin que sea necesaria, ni exigida en modo alguno por la Ley ni por el Reglamento de Gestión Urbanística de 25 agosto 1978, que éstos deban establecer la regla de unanimidad que postula la parte apelante. La contradicción que se pretende ver, respecto de este régimen, en el artículo 6.4 de los Estatutos se explica por cuanto tanto el dominio atribuido a la Junta como, en su caso, la titularidad de disposición deben ser considerados "en todo caso" –tal y como precisa el inciso final del artículo 129.1 LS– afectados al cumplimiento de las obligaciones inherentes al sistema urbanístico de compensación, lo que –en un sentido distinto a la construcción dogmática del «negocio fiduciario» o incluso a la existencia de fiducia o confianza en sentido propio– permite hablar de la titularidad fiduciaria a que se refiere la parte apelante o, en sentido más exacto, de una titularidad vinculada, en el sentido de que se orienta necesariamente a los fines de la compensación, conservando los transmitentes facultades de seguimiento de la finalidad urbanística a que se dirige [...] CUARTO. Tampoco se aprecia ilegalidad en los criterios de valoración contenidos en las bases de actuación que, tras su examen por esta Sala, resultan ser suficientes y ajustarse adecuadamente al marco que impone el artículo 167 del Reglamento de Gestión Urbanística [...] QUINTO. [...] El apartado impugnado se ha introducido en los estatutos para dar cumplimiento a la exigencia del artículo 167 d) del Reglamento de Gestión Urbanística, ya que establece criterios para el cómputo de las aportaciones de las empresas urbanizadoras que –es una mera posibilidad– se pueden incorporar a la Junta de Compensación, como consiente el artículo 165 del citado Reglamento de Gestión». **(STS 18 abril 1997 [RJ 1997, 2784]).**

Carácter normativo de los estatutos. Control de la legalidad de los estatutos y bases por la Administración.

(Sentencia apelada) «Teniendo en cuenta que los Estatutos tienen estricto carácter normativo, en cuanto limitados a establecer simples reglas fundamentales de régimen interno de la Junta de Compensación a la que se refieren, alegada la nulidad del pleno derecho, en concreto, en lo que se refiere a los artículos 11 y 14 del Proyecto de Estatutos aprobados por el Acuerdo del Ayuntamiento demandado de 27 octubre 1988, en base a que el primero de ellos, al obligar a los miembros de la Junta a permitir la ocupación material de los terrenos necesarios para la ejecución de las obras, constituye un precepto en blanco sin garantías para los propietarios e ilimitación de las obras a realizar, y a que en el segundo no se establecen mayorías cualificadas en el supuesto de aprobación del balance final formulado por los liquidadores, es preciso hacer constar que, de acuerdo con lo dispuesto en el artículo 129 de la Ley del Suelo, en relación con el 169 del Reglamento de Gestión Urbanística, la incorporación de los propietarios a la Junta de Compensación presupone que, los terrenos de que son titulares, quedan directamente afectados al cumplimiento de las obligaciones inherentes al sistema, actuando las referidas Juntas como fiduciarios con pleno poder dispositivo sobre ellos, sin más limitaciones que los que establezcan los Estatutos, en los cuales, y a tenor de lo dispuesto en el artículo 166 del Reglamento de Gestión, no es necesario contengan Proyecto de Urbanización por la concreción de las obras que han de ser ejecutadas, que se siguen por lo dispuesto en los artículos 175 a 180 del citado Reglamento; y como por otra parte, conforme al apartado b) del mencionado Reglamento de los Estatutos, como norma interna por la que ha de regirse la Junta de Compensación, contendrán los requisitos y forma de adopción de acuerdos, "quorum» mínimo y forma de computarse los votos, sin que en dicho precepto se exijan mayorías cualificadas para determinados supuestos, es evidente que, al establecerse en los artículos impugnados de los Estatutos, una obligación legalmente establecida para el ejercicio de facultades refrendadas en la normativa en vigor, así como el procedimiento para la adopción de acuerdos dentro también de los límites normativos, no puede prosperar la nulidad absoluta de pleno derecho preconizada por el demandante, lo que conlleva a la desestimación del motivo de impugnación en aquélla fundado». **(STS 13 septiembre 1996 [RJ 1996, 6536]).**

«Parece obvio que la intervención que en la aprobación de las Bases y Estatutos de las entidades urbanísticas se concede a la Administración está dirigida, entre otros extremos, a controlar la legalidad de dichos acuerdos tanto en los aspectos formales como materiales que integran el contenido de Bases y Estatutos, a tenor de los artículos 166 y siguientes del Reglamento de Gestión Urbanística. Es evidente que la intervención que el artículo 162.3 del Reglamento de Gestión confiere a la Administración actuante, para la aprobación definitiva de los Estatutos y Bases de Actuación, comporta un control de la legalidad de su contenido en todos los extremos. Que ello es así se deduce no sólo del precepto citado que prevé la aprobación pura y simple de Bases y Estatutos (cuando éstos se ajusten a la ley) o, alternativamente, «adoptará las modificaciones que, en su caso, procedieran». Modificaciones que no pueden ser otras que las que se deriven de la falta de legalidad de los acuerdos inicialmente adoptados. Desde otra perspectiva, la de la lógica de la intervención administrativa legalmente consagrada, parece que el control de la legalidad de la constitución, actuación y funcionamiento de las Entidades Urbanísticas es una de las causas que justifican la intervención administrativa establecida. Ello sin merma de las facultades que a la Junta y sus miembros corresponden en los aspectos de regulación discrecional». **(STS 20 enero 1997 [RJ 1997, 177]).**

Entidades Urbanísticas Colaboradoras.

«La naturaleza y normativa de las Entidades de Conservación se infiere del artículo 24 del Reglamento de Gestión Urbanística que menciona entre las Entidades Urbanísticas de Colaboradoras, en su apartado 2 c), a las Entidades de Conservación. Todas las Entidades Urbanísticas Colaboradoras, y, por tanto, las Entidades Urbanísticas de Conservación, constituyen un medio de participación en la gestión urbanística de los interesados en el proceso urbanístico. La regulación de las Entidades Colaboradoras será, según el citado artículo 24.3, la que resulte de sus Estatutos, lo establecido en los artículos 24 al 30 del Reglamento de Gestión y, normas de los artículos 67 al 70 del mismo Texto Legal que resulten igualmente aplicables. Resulta patente, por lo más arriba expuesto, la improcedencia de considerar aplicables a las Entidades de Conservación los requisitos legales establecidos para las Juntas de Compensación (constitución y funcionamiento), y el «quorum» exigido por el artículo 158 del Reglamento de Gestión para las Juntas de Compensación que es el argumento sobre el que se sustenta, tanto en la instancia como en el recurso de apelación, la pretensión del demandante, improcedencia que se deduce del orden normativo aplicable que para estas entidades prescribe el artículo 24.3 del Reglamento de Gestión y que, como se ha dicho, son: Estatutos, artículos 24 al 30 del Reglamento de Gestión, que resultan aplicables, y, artículos 67 al 70 del mismo Texto Legal que se encuentren en idénticas circunstancias. Del tenor literal del precepto citado se deduce que los Capítulos II y III del Título V del Reglamento de Gestión sólo son aplicables a las Juntas de Compensación y asociaciones administrativas de propietarios, y no a las Entidades de Conservación como pretende el recurrente, las cuales, y por lo que el mismo precepto ordena, se regulan conforme a la normativa reseñada. Los principios que rigen su estructura y funcionamiento, al tratarse de agrupaciones de propietarios, más precisamente, «asociaciones 'propter rem'», tendentes a asegurar el mantenimiento y la conservación de la urbanización, son los de «publicidad» del procedimiento y toma de acuerdos y «sistema democrático» en la adopción de decisiones. Además, y de la finalidad esencial de las Entidades de Conservación (mantenimiento de las obras de urbanización), se colige que los propietarios que se encuentren incluidos en el ámbito territorial de la Entidad de Conservación contemplada no pueden sustraerse a la pertenencia a dichas entidades, puesto que, en razón de la finalidad perseguida, ésta viene predeterminada por la propiedad de terrenos en el ámbito territorial de la urbanización». **(STS 26 octubre 1998, [RJ 1998, 7688]).**

Junta de Compensación.

«Sólo el planteamiento de esta cuestión de competencia entre órganos de un mismo ente viene a representar el reconocimiento implícito de la naturaleza administrativa de dicho ente, lo que, tras de ciertas vacilaciones y discrepancias iniciales, ha venido a constituir un lugar común en la doctrina y en la jurisprudencia, y sobre lo que ya no hay lugar a dudas, dada la toma de partido adoptada por la vigente Ley del Suelo (art. 127.3) al atribuir a estas Juntas de Compensación naturaleza administrativa, personalidad jurídica propia y plena capacidad para el cumplimiento de sus fines. SÉPTIMO. Partiendo de esta base, la dilucidación del tema competencial ha sido resuelto con acierto, como las demás cuestiones debatidas, por el Tribunal inferior, al razonar que la exigencia de intervención de la Asamblea General, establecida en el art. 17 e) de los Estatutos, se refiere al establecimiento de las aportaciones en metálico para llevar a cabo la urbanización a través del procedimiento compensatorio; lo que es algo distinto a la prestación que es exigida a los actores, como derivación del incumplimiento de las condiciones en que sus terrenos debieron ser aportados a la Junta, por lo que esto entra dentro del común denominador de los actos de gestión, ya que, aunque la Junta estuviera privada de la personalidad que le reconoce y otorga el citado art. 127.3 de la Ley del Suelo, quedando reducida a una simple comunidad de propietarios, aún así, no haría falta la concurrencia de unanimidad y una simple mayoría bastaría para verse legitimada en la reclamación de lo que es debido a la comunidad, e incluso en un solo comunero podría alcanzar la misma legitimación, ejercitando una gestión o una acción que ha de redundar en beneficio de todos». **(STS 21 octubre 1987 [RJ 1987, 8683]).**

Propietarios afectados.

En el sistema de compensación, la condición de miembro de la Junta tiene carácter «ad rem» dependiendo no de la sola voluntad del propietario del suelo, sino de la titularidad dominical del suelo.

«Está plenamente acreditado en el expediente y en los autos, que nos encontramos en presencia de un Proyecto de Compensación en que los terrenos de su ámbito son propiedad de un solo titular, que es, precisamente, el que formula el Proyecto y lo eleva a la Administración actuante para su aprobación si procediera, en armonía con los arts. 173 y 174 del Reglamento de Gestión. Cuando la Ley del Suelo, Texto Refundido de 1976, y el Reglamento de Gestión Urbanística que la desarrolla hablan de Junta de Compensación, están haciendo expresa referencia a una pluralidad de propietarios; así el art. 126 de la Ley dice que "se constituyen en Junta de Compensación, salvo que todos los terrenos pertenezcan a un solo titular». Las partes apelantes no han acreditado ser propietarios de terrenos en el polígono o unidad de actuación o ámbito que abarca el Proyecto en cuestión, y por tanto no son interesados ni afectados a quienes haya que convocar o citar para formar parte de una Junta de Compensación a la que no tiene derecho a pertenecer; así lo corrobora el art. 157.2 y 3 del Reglamento de Gestión». **(STS 4 mayo 1993 [RJ 1993, 3472]).**

«El trámite de audiencia de los propietarios afectados en el procedimiento de constitución de la Junta de Compensación, que establece el artículo 126.2 de la Ley del Suelo de 9 abril 1976 ha sido desarrollado por los artículos 161 y 162 de su Reglamento de Gestión en términos que no dejan duda alguna respecto a su extensión general y no sólo a aquellos propietarios, configurando así una auténtica fase de información pública, más que de audiencia de interesados, y exigiendo que la publicación del acuerdo de aprobación provisional de las bases de actuación y de los estatutos de la Junta vaya acompañada del texto íntegro de estos documentos. Como en todas las infracciones formales, la omisión de esa publicación ha de valorarse en atención a la finalidad perseguida por el acto y por la eventual indefensión causada al recurrente, que han de apreciarse en atención a las circunstancias que en cada caso concurran, y (así como) en la Sentencia de esta Sala de 5 febrero 1990 (RJ 1990, 972) la falta de notificación a alguno de los propietarios del acuerdo de aprobación provisional a que se refiere el artículo 161.3 del Reglamento de Gestión Urbanística no fue considerado como motivo de anulación del acuerdo de aprobación definitiva habida cuenta que las alegaciones formuladas después contra aquél fueron desestimadas y la retroacción del expediente a la fase de información pública no conduciría sino a una inútil dilación en todo el proceder ejecutivo del planeamiento». **(STS 16 junio 1998 [RJ 19098, 4555]).**

Proyecto de compensación.

«Dentro de la voluntariedad que, en lo que aquí interesa, implica el sistema de compensación son los propietarios los que al redactar las bases de actuación fijan los criterios de valoración de las edificaciones –art. 167.1 c) del Reglamento de Gestión Urbanística– que después han de ser aplicados concretamente en un proyecto de compensación cuya aprobación tiene un cauce procedimental propio». **(STS 30 julio 1988 [RJ 1988, 6553]).**

Cuestiones Tributarias.

⇒ Téngase en cuenta el art. 20 de la Ley 37/1992 y art. 45.7 del RDLeg 1/1993 del ITPyAJD.

«Conforme al artículo 128 del expresado Texto Refundido de la Ley del Suelo de 1976, artículo referido al sistema de compensación, «La transmisión al municipio correspondiente, en pleno dominio y libre de cargas, de todos los terrenos de cesión obligatoria y de las obras o instalaciones que deban ejecutar a su costa los propietarios tendrá lugar por ministerio de la ley en las condiciones que reglamentariamente se determinan». Y conforme al artículo 83.3.1 de dicho Texto Refundido, los propietarios del suelo urbano deben ceder gratuitamente a los Ayuntamientos respectivos los terrenos destinados a viales, parques, jardines públicos y Centros de Educación General Básica al servicio del polígono o unidad de actuación correspondiente. Por su parte, el artículo 124 del Reglamento de Gestión Urbanística aprobado por Real Decreto 3288/1978, de 25 agosto, dice lo siguiente: «1. La firmeza en vía administrativa del acuerdo de reparcelación determinará la cesión de derecho al Municipio en que se actúe, en pleno dominio y libre de cargas, de todos los terrenos que sean de cesión obligatoria según el plan para su incorporación al Patrimonio municipal del suelo o su afectación a los usos previstos en el mismo. 2. Los terrenos que el plan destine al dominio público municipal quedarán afectados al mismo sin más trámites». Dado el contenido de los preceptos urbanísticos que se han indicado, no pueden ser interpretados los artículos de los antes referidos Estatutos de la Entidad de Conservación de que se trata de forma que se opongan a lo que se ordena en la normativa urbanística mencionada. OCTAVO. Si, como resulta de lo que se ha expuesto, desde que se aprobó la reparcelación de referencia la titularidad de los viales en cuestión corresponde al Ayuntamiento de Alcobendas, esta Corporación, desde la fecha de la referida aprobación, ostenta la potestad de exigir la oportuna tasa de carruajes, y al negar esta potestad la sentencia recurrida, además de perjudicar gravemente los intereses de la referida Corporación, es errónea por infringir la normativa urbanística a la que antes se aludió. Procede, pues, dictar un fallo declarando como doctrina legal que conforme al artículo 30.1 del Reglamento de Reparcelaciones de 7 abril 1966, la transmisión al Municipio correspondiente, en pleno dominio y libre de cargas, de todos los terrenos de cesión obligatoria se produce por ministerio de la ley desde el momento de la aprobación definitiva de la reparcelación, por lo que en el supuesto enjuiciado por la sentencia recurrida el Ayuntamiento de Alcobendas ostentaba la potestad de exigir la tasa de carruajes de referencia». **(STS 24 abril 1996 [RJ 1996, 3671]).**

Artículo 130.

1. La Junta de Compensación será directamente responsable, frente a la Administración competente, de la urbanización completa del polígono o unidad de actuación y, en su caso, de la edificación de los solares resultantes, cuando así se hubiere establecido.

2. Las cantidades adeudadas a la Junta de Compensación por sus miembros serán exigibles por vía de apremio, mediante petición de la Junta a la Administración actuante.

3. El incumplimiento por los miembros de la Junta de las obligaciones y cargas impuestas por la presente Ley habilitará a la Administración actuante para expropiar sus respectivos derechos en favor de la Junta de Compensación, que tendrá la condición jurídica de beneficiaria.

⇒ V. arts. 181, 182 y 183 del RGU (§3.2).

Jurisprudencia

En el sistema de compensación, la condición de miembro de la Junta tiene carácter «ad rem» dependiendo no de la sola voluntad del propietario del suelo, sino de la titularidad dominical del suelo y cada cotitular de ella responde solidariamente frente a la Junta de Compensación.

«SEXTO. Por tanto, si los cotitulares de una finca o derecho responden solidariamente frente a la Junta de cuantas obligaciones dimanen de su condición, en verdad que ninguno de dichos cotitulares le puede oponer a la Junta, ni al Ayuntamiento, ni a la Jurisdicción, cuestiones civiles internas de la Comunidad, pues tanto si la misma es romana o germánica, como si subsiste o no la Comunidad misma, lo indudable es que cada cotitular de ella responde solidariamente frente a la Junta de Compensación, por lo que en el caso de Comunidad de bienes, no podría hablarse frente a la Junta ni de Comunidad romana ni germánica, sino que se trataría en tal caso y frente a ella, de una Comunidad solidaria. OCTAVO. La única cuestión que el Ayuntamiento debió plantearse ante la petición de la Junta de Compensación de que procediera por la vía de apremio contra el aludido moroso don Fernando Ismael M. con arreglo a los expresados artículos 130.2 de la Ley del Suelo 181.2 del Reglamento de Gestión Urbanística, era la de si se trataba efectivamente de cantidades adeudadas a la Junta de *Compensación, pues la legitimación* del citado don Fernando Ismael M. para ser sujeto pasivo de la reclamación de la Junta y de la subsiguiente vía de apremio por razón del impago estaba, conforme a lo dicho, fuera de toda duda, y no pueden los Ayuntamientos poner trabas o dificultades a las legítimas actuaciones de las Juntas de Compensación, que son Entidades Urbanísticas colaboradoras suyas para la ejecución de los planes; ejecución cuya responsabilidad incumbe por antonomasia a la propia Administración a tenor de los artículos 114.1 de la Ley del Suelo y 1, 4.1, 8.1 y 24 del Reglamento de Gestión Urbanística; pues si son los mismos Ayuntamientos, responsables de la ejecución urbanística, quienes ponen trabas a las Juntas de Compensación para que puedan llevar a cabo su misión colaboradora en la ejecución de los Planes, obstruyendo o poniendo obstáculos al ejercicio de los derechos de las Juntas, denegándoles la vía de apremio frente a los miembros morosos, mal podrá exigir después a la Junta sus responsabilidades en orden a la ejecución del Plan y a la realización de las obras de urbanización conforme a los artículos 130.1 de la Ley del Suelo y 182 del Reglamento de Gestión, pues esta falta de colaboración de la Corporación hacia su Entidad Colaboradora, únicamente puede conducir y desembocar en la práctica a la inejecución del Plan y, en definitiva, a daños no sólo para los demás miembros de la Junta unidos en acción solidaria para la ejecución del Plan (artículos 126 y siguientes de la Ley del Suelo, 157 y siguientes del Reglamento de Gestión Urbanística y 1 y 4 de los Estatutos) sino también y muy primordialmente para el interés público que demanda que el Plan se realice en sus términos y plazos. NOVENO. La cuestión que debió pues plantearse el Ayuntamiento, sin transferir su enjuiciamiento primario a la Jurisdicción, era la de que se cumpliera el requisito que exigen los ya mencionados artículos 130.2 de la Ley del Suelo y 181.2 del Reglamento de Gestión Urbanística para que debiera facilitar y conceder la vía de apremio, a saber, que se tratase de cantidades efectivamente adeudadas a la Junta de Compensación por sus miembros. DECIMOTERCERO. Invocando el artículo 181.4 del Reglamento de Gestión Urbanística, la sentencia recurrida afirma que según tal artículo los intereses por las cantidades morosas se producen automáticamente, lo cual no es así, puesto que el mencionado precepto reglamentario no es un precepto que imponga o establezca la obligación de pagar intereses o recargos, sino que se limita a señalar que el pago de los que procedan, y de las cantidades adeudadas, realizado antes del levantamiento del acta de ocupación, producirá la cancelación del expediente de expropiación; mas dicho artículo no establece la obligación de pagar intereses y recargos por las cantidades morosas, como incorrectamente entiende la sentencia recurrida, y la obligación de pagar en su caso intereses y recargos por dichas cantidades se rige por las normas generales (artículos 1100, 1108, siguientes y concordantes del Código Civil)». **(STS 26 abril 1988 [RJ 1988, 3233]).**

(Sentencia apelada) «TERCERO. [...] Los arts. 181 a 183 del Reglamento de Gestión Urbanística, referentes al sistema de compensación elegido en la gestión urbanística, establecen como medidas a adoptar en caso de incumplimiento, aparte de sanciones pecuniarias pertinentes, las del cambio de sistema al de cooperación en su caso de expropiación». **(STS 27 marzo 1991 [RJ 1991, 2227]).**

CAPÍTULO IV

Sistema de cooperación

Artículo 131.

1. En el sistema de cooperación, los propietarios aportan el suelo de cesión obligatoria y la Administración ejecuta las obras de urbanización con cargo a los mismos.

2. La aplicación del sistema de cooperación exige la reparcelación de los terrenos comprendidos en el polígono o unidad de actuación, salvo que ésta sea innecesaria por resultar suficientemente equitativa la distribución de los beneficios y cargas.

3. Podrán constituirse asociaciones administrativas de propietarios, bien a iniciativa de éstos o por acuerdo del Ayuntamiento, con la finalidad de colaborar en la ejecución de las obras de urbanización.

Artículo 132.

1. Las cargas de la urbanización se distribuirán entre los propietarios en proporción al valor de las fincas que les sean adjudicadas en la reparcelación.

2. La Administración actuante podrá exigir a los propietarios afectados el pago de cantidades a cuenta de los gastos de urbanización. Estas cantidades no podrán exceder del importe de las inversiones previstas para los próximos seis meses.

3. La Administración actuante podrá asimismo, cuando las circunstancias lo aconsejen, convenir con los propietarios afectados un aplazamiento en el pago de los gastos de urbanización.

Artículo 133.

En el sistema de cooperación no podrán concederse licencias de edificación hasta que sea firme en vía administrativa el acuerdo aprobatorio de la reparcelación del polígono o unidad de actuación, cuando aquélla sea procedente.

⇒ V. art. 98.2 del presente Texto Refundido.
V. art. 168, 169 y 170 del TRLS/1992 (§2)
V. arts. 186 a 193 del RGU (§3.2).

Jurisprudencia artículos 131 a 133

Sistema de cooperación. Objeto y fin.

Elección del sistema.

«TERCERO. Debe precisarse que, en general, para ejecutar el planeamiento, una vez delimitado un polígono o unidad de actuación es cuando deberá establecerse quién urbaniza y costea la urbanización y cómo ha de procederse al reparto de cargas y beneficios derivados de la ordenación urbanística. Si se financia el planeamiento con cargo al dinero público y se ejecuta por la Administración las obras correspondientes, se está ante el sistema de expropiación. Si la Administración, manteniendo inalteradas las propiedades privadas, realiza las operaciones de ejecución de la urbanización coactivamente con cargo a los propietarios, se está en el sistema de cooperación [art. 131 de la LS]. Y si son los propietarios quienes reparten entre ellos los beneficios y cargas derivados del planeamiento, urbanizando a su costa (art. 126.1 de la LS), se estará ante el sistema de compensación. El sistema de actuación que en cada caso se elija por la Administración actuante, depende esencialmente de la capacidad financiera pública y de gestión tanto pública como privada, teniendo en cuenta que generalmente en suelo urbano muy consolidado se tiende a utilizar el de cooperación. Y corresponde al Plan o, como en este caso, a las Normas Complementarias o Subsidiarias de planeamiento (art. 137 de las normas correspondientes a Sevilla la Nueva de mayo 1987) la elección del sistema, atendiendo a criterios técnicos. Pues bien, en el presente recurso no se demuestra que la elección del sistema de cooperación para la unidad de actuación 11 será contraria a Derecho. Tampoco considera la Sala que puedan ser inconstitucionales los sistemas de actuación que no sean el de expropiación, pues el mecanismo legal español vigente para ejecutar la urbanización y repartir los beneficios y cargas derivados del planeamiento remite a los tres sistemas de actuación antes mencionados, ello de conformidad con los arts. 47 y 33, en relación con el art. 53.3 de la Constitución. Por ello no se considera procedente plantear cuestión de inconstitucionalidad al respecto según lo pretendido, pues en todo caso el art. 195 del RGU, prevé, además, la expropiación forzosa con carácter subsidiario». **(STS 4 octubre 1993 [RJ 1993, 7345]).**

«TERCERO. [...] Carecen de relevancia los esfuerzos argumentativos de los apelantes tendentes a demostrar las diferencias existentes entre los dos sistemas de ejecución contrapuestos (compensación y cooperación). Es evidente la existencia de las diferencias, pues ambos sistemas responden a una finalidad idéntica (justa distribución de los beneficios y cargas del planeamiento), pero aplicando medios diferentes. La cuestión radica, pues, no en si hay diferencias entre ellos –que las hay–, sino en si la medida aquí contemplada –suspensión de licencias hasta que se produce determinado hecho– es común a ambos sistemas, pese a las diferencias que entre ellos se dan. Planteadas las cosas en estos términos la suspensión de licencias será un mecanismo propio de dichos sistemas cuando sin ella es imposible la consecución de la finalidad de distribución de los beneficios y cargas que del planeamiento se derivan, o, también, cuando sin la suspensión sea estructuralmente imposible que pueda existir el sistema de actuación contemplado. En el sistema de ejecución por cooperación la cuestión está resuelta en el artículo 186.4 del Reglamento de Gestión Urbanística de 25 agosto 1978 que expresamente contempla la prohibición de concesión de licencias de edificación hasta que sea firme el acuerdo aprobatorio de la reparcelación». **(STS 6 febrero 1996 [RJ 1996, 898]).**

Sistema de Cooperación. Necesidad de proyecto de reparcelación.

«SEGUNDO. (de los) artículos 131.1 y 132.1 se deduce que no habiéndose adoptado acuerdo por el Ayuntamiento demandado declarando innecesaria la reparcelación, no resulta conforme a los preceptos meritados el imponer la cesión obligatoria de un terreno para el trazado o modificación de una vía pública y su urbanización sin proceder a la reparcelación previa del polígono o parte del suelo urbanizable». **(STS 11 febrero 1986 [RJ 1986, 1432]).**

«PRIMERO. [...] La aplicación del sistema de cooperación exige, como necesaria garantía para los propietarios afectados la previa reparcelación de los terrenos comprendidos en el polígono o unidad de actuación, salvo que se adopte, de una manera expresa, acuerdo por la Administración en el que declare innecesaria la reparcelación por resultar suficientemente equitativa la distribución de los beneficios y cargas (artículos 131.2 del Texto Refundido de la Ley del Suelo de 9 de abril de 1976 y 183.3 del Reglamento de Gestión Urbanística de 25 de agosto de 1978)». **(STS 8 julio 1986 [RJ 1986 6873]).**

«SEGUNDO. [...] Así las cosas, los perjuicios que en estos autos se invocan se conectan con la afirmación de que la reparcelación es un «acto no recurrible». Sin embargo esto no es así: el acuerdo aprobatorio de la reparcelación es recurrible tanto en la vía administrativa como en la jurisdiccional, incluso, en esta última, sin los límites establecidos en los arts. 100.2 del Texto Refundido y 112 del Reglamento de Gestión –Sentencia de 18 de julio de 1986 (RJ 1986, 5118)–». **(STS 30 octubre 1987 [RJ 1987, 9202]).**

«QUINTO. [...] y es claro que sin unidad reparcelable previamente delimitada, tramitida y aprobada, no puede haber reparcelación alguna (ni material ni económica), ni se puede cobrar cantidad alguna cuenta de una reparcelación inexistente y respecto a la que incluso se desconocen datos tan fundamentales como las fincas que incluirá y cuándo se realizará». **(STS 20 junio 1989 [RJ 1989, 4869]).**

(Sentencia apelada) «TERCERO. Es claro que conforme determina el art. 120 de la Ley del Suelo, los propietarios de terrenos afectados por una actuación urbanística están sujetos al cumplimiento de la carga de sufragar los costes de la urbanización, en los contenidos reflejados en el art. 122 de dicha Ley que esencialmente son los que han sido tenidos en cuenta en la resolución recurrida, y que en el sistema de actuación urbanística aquí aplicado tal como se expresa en el folio núm. 1 del expediente –arts. 131.1 Ley del Suelo y 186.1 del Reglamento de Gestión– la Administración ejecuta las obras de urbanización con cargo a aquellos cuyo coste –art. 132.1 LSse distribuirá en proporción al valor de las fincas que les sean adjudicadas en la reparcelación cuando ésta sea necesaria, pudiendo incluso la Administración exigir a los propietarios afectados –art. 132.2 LS– el pago de cantidades a cuenta de los gastos de urbanización, pero no obstante ello, no es menos cierto que la aplicación del sistema de cooperación exige –art. 132.2 LS– la reparcelación de los terrenos y cuando ésta sea innecesaria y tal como al parecer ha sucedido en el supuesto contemplado, ha de producirse al acuerdo correspondiente de la Administración que declare innecesaria la reparcelación –art. 188.3 del Reglamento de Gestión Urbanística–, debiendo participar la Administración, titular del 10% del aprovechamiento medio, en los costes de la urbanización en dicha proporción –art. 186.2 del Reglamento citado– y en todo caso, la exigencia del pago anticipado a los propietarios de cantidades a cuenta de los gastos de urbanización –art. 132.2 LS– no podrán exceder del importe de las inversiones previstas para los próximos seis meses». **(STS 13 marzo 1990 [RJ 1990, 1960]).**

«SEGUNDO. [...] La reparcelación es una técnica por cuya virtud las parcelas primitivas, configuradas con anterioridad y al margen del planeamiento, son sustituidas por otras que se adaptan a las exigencias de éste y que además han de lograr la justa distribución de las cargas y beneficios del planeamiento.

Tal sustitución es sin duda una operación difícil. En ella la adjudicación de fincas independientes debe ser la regla general; cuando no es posible se llegará a la adjudicación «pro indiviso» y sólo en último término se acudirá a la indemnización en metálico –arts. 99.1 d) del Texto Refundido y 94.4 del Reglamento de Gestión–». **(STS 11 mayo 1990 [RJ 1990, 4065]).**

«SEGUNDO. El procedimiento de normalización de fincas se halla regulado en la Sección Tercera del Capítulo V del Reglamento de Gestión Urbanística de 25 agosto 1978, como uno de los procedimientos abreviados regulados en dicho Capítulo del Título II donde se reglamenta el instituto de la parcelación en desarrollo de lo regulado en el Capítulo III del Título II de la Ley del Suelo de 9 abril 1976.

Conforme a lo dispuesto en el artículo 117 de dicho Reglamento tal procedimiento de normalización de fincas, requiere para su posible aplicación un requisito previo negativo, como lo de que no sea necesaria la redistribución de los beneficios y cargas de la ordenación entre los propietarios afectados, y otro positivo, consistente en la precisión de regularizar la configuración física de las fincas para adaptarla a las exigencias del planeamiento, pudiendo acordarse tal normalización en cualquier momento, ya sea de oficio o a instancia de parte interesada, teniendo por ámbito territorial –artículo 118.1– o bien manzanas completas o parte de ellas y su objeto o contenido material se reducirá o limitará –artículo 118.2–, única y exclusivamente, a definir los nuevos linderos de las fincas afectadas, para de ese modo hacer posible la materialización del aprovechamiento urbanístico conforme a los usos determinados por el planeamiento. Desde luego, tal modificación de linderos no puede afectar al valor de las fincas normalizadas en proporción superior al 15 por 100, ni a las edificaciones existentes.

Es obvio, pues, que no estamos en presencia de una reparcelación, ya que no se trata de una agrupación de fincas en una unidad de actuación o polígono, para su nueva división, sino simplemente de una variación de linderos de las fincas existentes en una manzana o parte de ella, para así hacer posible el adecuado aprovechamiento de los mismos conforme a lo dispuesto en el correspondiente Plan.

Precisamente, la principal función de la reparcelación –artículo 97.2 de la Ley del Suelo de 1976– radica en ser el instrumento idóneo para posibilitar y lograr la justa distribución de los beneficios y cargas de la ordenación urbanística, mientras que tal finalidad determina la imposibilidad de poderse aplicar el proceso de normalización de fincas». **(STS 24 noviembre 1997 [RJ 1997, 9432]).**

Sistema de Cooperación. Cuotas.

Incompatibilidad de las cuotas en el sistema con contribuciones especiales.

«TERCERO. El sistema de ejecución por cooperación no conlleva la aplicación de contribuciones especiales sino de cuotas de urbanización a cargo de los propietarios afectados –artículos 131.1 de la Ley del Suelo y 186.2 del Reglamento de Gestión Urbanística–; las contribuciones especiales eran propias del derogado sistema de ejecución de los Planes por el antiguo régimen de cesión de terrenos viales –artículo

130.1 de la Ley del Suelo de 12 de mayo de 1956–; y en la actual únicamente están previstas en caso de ejecución de los sistemas generales (o de alguno de sus elementos) o de realización de actuaciones aisladas en suelo urbano cuando resultan propietarios especialmente beneficiados por la actuación de que se trate (artículos 145 en relación con el 144 y 134.2 de la Ley del Suelo). CUARTO. En consecuencia, si el sistema de actuación aquí aplicable es el de cooperación, en el que no son admisibles contribuciones especiales, es patente el desacierto de la sentencia recurrida al exigir al Ayuntamiento que participe con el 10% en el pago de unas contribuciones que legalmente no pueden existir». **(STS 6 junio 1988 [RJ 1988, 4369]).**

«[...] Finalmente y en cuanto a la viabilidad de la unidad de actuación litigiosa, tal como fue delimitada en el Plan, cabría aludir a en qué medida se va a ejecutar realmente aquélla por el sistema de cooperación, cuya incompatibilidad con las contribuciones especiales ya se ha subrayado por esta Sala –Sentencia de 6 de junio de 1988 (RJ 1988, 4369)–». **(STS 17 octubre 1988 [RJ 1988, 7848]).**

«SEGUNDO: [...] En el sistema de cooperación es el Ayuntamiento el que ejecuta las obras de urbanización pero con cargo a los propietarios –art. 131.1 del Texto Refundido de la Ley del Suelo y 186.2 del Reglamento de Gestión Urbanística–, de suerte que lo procedente son cuotas de urbanización y no contribuciones especiales lo que implica la inaplicabilidad al supuesto litigioso de la normativa propia de aquella figura tributaria». **(STS 24 abril 1989 [RJ 1989, 3225]).**

Participación de la Administración en los costes de urbanización.

«SEGUNDO. [...] al encontrarnos ante unas obras de urbanización –apertura de calles y plazas, «pavimentación de calzadas y aceras, redes de agua, alcantarillado y alumbrado público– a realizar todo ello en la Unidad de Actuación 5-C-1, delimitada en el Plan General de Ordenación Urbana de Jerez de la Frontera en los terrenos llamados «El Cuco», ejecución de la aludida unidad de actuación que se realizaba por el sistema de cooperación, en tal supuesto el artículo 131 de la Ley del Suelo de 1976 establece que las obras de urbanización se realizan con cargo a los propietarios de los terrenos afectados por dicha unidad de actuación. En relación con igual supuesto el artículo 186.2 del Reglamento de Gestión Urbanística de 25 agosto 1978 establece de forma terminante que «los costes de urbanización serán a cargo de los propietarios afectados», lo que, obviamente, limita tales costes, únicamente, a los propietarios de los terrenos comprendidos en la unidad de actuación de que se trate, siendo ambos preceptos continuación y desarrollo de lo previsto en el artículo 120 de la precitada Ley del Suelo [...], lo que se reitera igualmente en el artículo 58 del referido Reglamento de Gestión Urbanística, fijándose en el siguiente artículo 59 los conceptos comprendidos en el importe de las obras de urbanización que corren a cargo de los propietarios de un polígono o unidad de actuación [...]; es decir, la totalidad de las obras de urbanización a realizar en la Unidad de Actuación 5-C-1 se encuentran comprendidas entre las que, según el precepto anteriormente aludido, corren a cargo de los propietarios de los terrenos afectados por la mencionada actuación urbanística, de lo que se infiere, por consiguiente, que la ampliación de quienes deben por imperativo legal sufragar los costes de urbanización de una concreta actuación urbanística, a propietarios de terrenos no incluidos en dicha actuación, debe ser considerada como contraria a Derecho, aunque la aportación de estos últimos se haga al amparo de un reparto de dicho coste a través de la práctica de unas contribuciones especiales que, en el supuesto ahora enjuiciado, no deben ser giradas a quienes no se encuentran entre los propietarios de terrenos afectados por la Unidad de Actuación 5-C-1 del Plan General de Ordenación Urbana de Jerez de la Frontera. TERCERO. [...] (y) en los supuestos en que la ejecución de las unidades de actuación se realice por el sistema de cooperación, la Administración, titular del 10 por 100 del aprovechamiento medio de los terrenos afectados por aquélla, participará en los costes de urbanización en dicha proporción, tal como dispone el artículo 186.2 del Reglamento de Gestión Urbanística, sin que, por lo tanto, sea válida tampoco que la aportación o participación del Ayuntamiento de Jerez en la financiación de los costes de urbanización de la Unidad de Actuación 5-C-1 se fijara por aquél en el 19.29 por 100, de cuyo importe el 90 por 100 sería sufragado mediante contribuciones especiales por los propietarios de terrenos no incluidos en la aludida unidad de actuación, con lo que, en realidad, el Ayuntamiento no participaba en los mencionados costes de urbanización sino con un escaso 2 por 100, lo que supone una vulneración también de los dispuesto en el citado artículo 186.2, abonando el resto de la financiación municipal los propietarios de unos terrenos que, por lo que al recurrente en la instancia se refiere, tenían ya perfectamente urbanizados aquéllos». **(STS 12 julio 1997 [RJ 1997, 8474]).**

CAPÍTULO V
Sistema de expropiación

Artículo 134.

1. El sistema de expropiación se aplicará por polígonos o unidades de actuación completas y comprenderá todos los bienes y derechos incluidos en los mismos.

2. Sin perjuicio de lo dispuesto en el número anterior, la expropiación forzosa podrá aplicarse para la ejecución de los sistemas generales de la ordenación urbanística del territorio o la de alguno de sus elementos, o para realizar actuaciones aisladas en suelo urbano.

⇒ V. arts. 33 y concordantes de la Ley 6/1998, de 13 abril (§1).
V. arts. 65 y 144 del presente Texto Refundido.
V. art. 194 a 197 del RGU (§3.2).

Jurisprudencia

Equidistribución de los beneficios y cargas derivados del planeamiento como fundamento del sistema.

«CUARTO. [...] La equitativa distribución de los beneficios y cargas del planeamiento forma parte del contenido normal del derecho de propiedad, pudiendo en ocasiones operar la expropiación forzosa –art. 134.2 del Texto Refundido– e incluso producirse el derecho a la indemnización prevista en el art. 87.2 de dicho Texto». **(STS 21 diciembre 1987 [RJ 1987, 9687]).**

Expropiación para obtención de terrenos destinados a sistemas generales.

«UNDECIMO. La solución del Texto Refundido de 1976 en materia de cesiones consiste en distinguir aquellas dotaciones que están al servicio de la generalidad de los ciudadanos, en las que los terrenos han de ser obtenidos por expropiación –art. 134.2 del Texto Refundido–, es decir, con cargo a un presupuesto al que contribuyen todos –en suelo urbanizable caben otras posibilidades en relación con el aprovechamiento medio que no opera en suelo urbano, art. 46.3 B) del Reglamento de Gestióny aquellas otras que están al servicio del polígono o unidad de actuación en las que los terrenos han de ser cedidos por los propietarios, en cuanto especialmente beneficiados, mediante la técnica de la reparcelación o compensación.

Y la jurisprudencia, destacando la relevancia de la mencionada contraposición, viene declarando, en lo que ahora importa, que las cesiones en suelo urbano son taxativamente las que enumera el art. 83.3.1º del Texto Refundido –así Sentencias de 12 de junio y 28 de noviembre de 1990 (RJ 1990, 4817)– y que los cauces para la adquisición de los terrenos destinados a sistemas generales son los antes mencionados –Sentencias de 25 de mayo, 11 de julio y 28 de diciembre de 1987 (RJ 1987, 5847, 6874 y 9845), 22 de enero de 1988 (RJ 1988, 330), etc.–». **(STS 12 febrero 1991 [RJ 1991, 948]).**

«CUARTO. [...] Deviniendo necesario, ante la imposibilidad de una reparcelación en especie, la indemnización en metálico efectuada en forma sustitutiva, como así está prevista esta posibilidad en el art. 87.3 de la Ley del Suelo, o acudir a la fórmula expropiatoria, que fue por la que optó el Ayuntamiento demandado y que está perfectamente legitimada al amparo de lo dispuesto en los arts. 134.2 de la Ley del Suelo y 194 y 195 del Reglamento de Gestión Urbanística, puesto que no se trata de urbanizar un polígono sino de la ejecución de uno de los elementos o aspectos del sistema general referido a zonas verdes al servicio de los intereses generales de la población, cuya forma y procedimiento vienen determinados en el art. 197 del Reglamento últimamente mencionado, procedimiento que se ha cumplido por la Corporación Municipal demandada, por lo que no puede prosperar la nulidad alegada al amparo de lo previsto en el ap. c) del núm. 1 del art. 47 de la Ley de Procedimiento Administrativo, pues como reitera la Jurisprudencia del Tribunal Supremo, legitimada la expropiación forzosa con la aprobación de los Planes de Ordenación Urbana –S. 17-7-1985 (RJ 1985, 5106)–, la misma puede desarrollarse, bien como sistema de actuación, como previene el art. 119.1 de la Ley del Suelo, bien para la ejecución de sistemas generales, a tenor del 134 de la citada Ley». **(STS 29 mayo 1993 [RJ 1993, 4896]).**

«CUARTO. [...] La expropiación puede ser el único modo adecuado para la ejecución de un sistema general cual es la ampliación del campus de una Universidad Pública, ya que los otros dos (compensación y cooperación) no garantizarían un reparto equitativo de los beneficios y cargas derivados del planeamiento, y por ello el artículo 134.2 del mentado Texto Refundido de la Ley sobre Régimen del Suelo y Ordenación Urbana de 1976 establece que la expropiación forzosa puede aplicarse para la ejecución de los sistemas generales de la ordenación urbanística del territorio o la de alguno de sus elementos, mientras que el artículo 65.3 del mismo Texto Legal dispone que serán expropiables los terrenos y edificios destinados en el Plan al establecimiento de servicios públicos o a la construcción de templos, mercados, centros culturales, docentes, asistenciales y sanitarios, zonas deportivas y otras análogas con fines no lucrativos». **(STS 26 abril 1997 [RJ 1997, 4306]).**

Legitimación de expropiaciones.

«SEXTO. No se ha infringido en el presente caso el artículo 119.2 del Texto Refundido de la Ley del Suelo de 9 abril 1992, el cual se refiere a «la ejecución de los polígonos o unidades de actuación». En el presente caso, no se trata de esa ejecución sino de la «realización de una actuación aislada en suelo urbano» (artículo 134.2), a saber, la dotación de un equipamiento comunitario (casa de la cultura y zona verde), que entra en las determinaciones del Plan General [artículo 12.2.1 d) y artículo 25.1 b) del Reglamento de Planeamiento]. SÉPTIMO. Las actuaciones previstas en los Planes Urbanísticos no necesitan, a efectos de la legitimidad de las expropiaciones necesarias, ninguna declaración expresa y específica de utilidad pública o interés social, ya que, a tenor del artículo 64.1 del Texto Refundido, "la aprobación de los planes de ordenación urbana [...] implicará la declaración de utilidad pública de las obras y la necesidad de ocupación de los terrenos y edificios correspondientes a los fines de expropiación o imposición de servidumbres». De suerte que la mera aprobación de los Planes surte los efectos que en la Ley de Expropiación Forzosa cumple la declaración específica de utilidad pública o interés social (artículo 9 de la LEF)». **(STS 28 mayo 1997 [RJ 1997, 3949]).**

Expropiación en caso de bienes de dominio público en el área delimitada.

«CUARTO: [...] Conforme al artículo 134 del TRLS, el sistema de ejecución por expropiación habrá de comprender todos los bienes y derechos incluidos en el mismo. (El propio Texto Refundido prevé en el artículo 136 la posibilidad de que en el área delimitada existan bienes de dominio público, en cuyo supuesto es necesario que haya modificación entre la afectación actual de los bienes y la prevista en el planeamiento.)». **(STS 30 julio 1996 [RJ 1996, 6635]).**

Artículo 135.

1. Cuando la ejecución de los Planes se realice por el sistema de expropiación, la delimitación de los polígonos o unidades de actuación deberá ir

acompañada de una relación de propietarios y de una descripción de los bienes o derechos afectados, redactadas con arreglo a lo dispuesto en la Ley de Expropiación Forzosa.

2. Si no se actúa por polígonos o unidades de actuación completos la aplicación de la expropiación forzosa para la ejecución de los sistemas generales o de alguno de sus elementos o para realizar actuaciones aisladas en suelo urbano, exigirá la formulación de la relación de propietarios y descripción de bienes y derechos a que se refiere el número anterior, que habrá de ser aprobada por el Organismo expropiante, previa la apertura de un período de información pública por plazo de quince días.

⇒ V. arts. 197, 199 y concordantes del RGU (§3.2).

Jurisprudencia

«SEGUNDO: [...] Al tratarse de una expropiación que tiene su causa en la ejecución de un proyecto de urbanización municipal, los artículos 135.2 de la Ley del Suelo, entonces vigente, y 197 del Reglamento de Gestión Urbanística, exigen que la realización de actuaciones aisladas en suelo urbano deberá ir acompañada de una relación de propietarios y de una descripción de los bienes afectados, así como la apertura de un período de información pública por plazo de quince días. El propio artículo 17 de la Ley de Expropiación Forzosa, a los efectos de la necesidad de ocupación, exige al beneficiario de la expropiación, es decir, aquí, al Ayuntamiento expropiante, la obligación de formular una relación concreta e individualizada de los bienes expropiables, y por último el artículo 56 del Reglamento de Expropiación Forzosa preceptúa que el acuerdo de declaración de urgente ocupación contendrá referencia expresa a los bienes a que la ocupación afecta así como al resultado de la información pública para oír a los afectados por la expropiación. Según el artículo 52 de la Ley de Expropiación Forzosa, con la aprobación del proyecto de urbanización se entiende cumplido el trámite de necesidad de ocupación –reducción del plazo temporal–, pero como ya hemos visto en todo caso –artículo 17 de la Ley de Expropiación Forzosa en relación con el 15– el acuerdo de necesidad de ocupación exige previamente la relación individualizada de los bienes y derechos objeto de la expropiación. Toda esta normativa revela con meridiana claridad que la relación de bienes y de propietarios y la información pública de la misma, constituye un requisito básico y esencial para la válida existencia jurídica del acuerdo de urgente ocupación en el expediente expropiatorio, cuya ausencia produce la más absoluta indefensión a los titulares de los bienes expropiados, para la defensa de sus derechos y legítimos intereses, específicamente en cuanto a la procedencia de la urgencia en la ocupación de aquéllos». **(STS 1 febrero 1994 [RJ 1994, 739]).**

«SEGUNDO: [...] Los errores en la relación de propietarios o en la descripción de los bienes y derechos afectados por la expropiación no producen la nulidad de las actuaciones ni la retroacción de las mismas (artículo 199.5 del Reglamento de Gestión Urbanística) porque existe un cauce o procedimiento establecido en los aludidos preceptos para su subsanación». **(STS 15 marzo 1997 [RJ 1997, 3091]).**

Artículo 136.

1. Cuando en la superficie delimitada existan bienes de dominio público y el destino de los mismos según el planeamiento sea distinto del que motivó su afectación o adscripción al uso general o a los servicios públicos, se seguirá el procedimiento previsto en la Ley de Patrimonio del Estado o, en su caso, en la legislación de Régimen Local.

2. Las vías rurales que se encuentren comprendidas en la superficie

delimitada se entenderán de propiedad municipal, salvo prueba en contrario. En cuanto a las vías urbanas que desaparezcan se entenderán transmitidas de pleno derecho al Organismo expropiante y subrogadas por las nuevas que resulten del planeamiento.

⇒ V. art. 210.1 y 2 del TRLS/1992 (§2).
V. art. 196 del RGU (§3.2).
V. arts. 214 a 220 del RPE y 8 del RBEL.

Artículo 137.

Sobre la superficie comprendida en el área delimitada a efectos expropiatorios no se podrá realizar construcción alguna ni modificar las existentes, salvo en casos concretos y excepcionales, previa autorización expresa del Organismo expropiante, que, de no ser el Ayuntamiento, lo comunicará a éste a efectos de la concesión de la oportuna licencia.

⇒ V. art. 200 del RGU (§3.2).

Jurisprudencia

(Sentencia apelada) «SÉPTIMO. Que existiendo el proyecto de expropiación, y siendo la finca núm. 3, de la que se trata, susceptible de expropiación, es claro que son de aplicar los preceptos contenidos en los arts. 137 de la Ley del Suelo y 200 del Reglamento de Gestión Urbanística, según los cuales «en superficie comprendida en el área delimitada a efectos expropiatorios, no se podrá realizar construcción alguna ni modificar las existentes, salvo los casos concretos y excepcionales que, de no ser el Ayuntamiento, lo comunicará a este efecto de la concesión de la oportuna licencia», por lo que es claro que la licencia no puede ser otorgada, estando en este sentido ajustado a Derecho el acto administrativo impugnado». **(STS 30 marzo 1993 [RJ 1993, 1607]).**

Artículo 138.

El expropiante podrá optar entre seguir la expropiación individualmente para cada finca o aplicar el procedimiento de tasación conjunta con arreglo a lo que se dispone a continuación:

1º El proyecto de expropiación será expuesto al público por término de un mes, para que los interesados, a quienes deberán ser notificadas las correspondientes hojas de aprecio, puedan formular observaciones y reclamaciones concernientes a la titularidad o valoración de sus respectivos derechos.

2º Informadas éstas por la Administración actuante, se elevará el expediente a la Comisión Provincial de Urbanismo para su resolución.

3º La resolución será notificada individualmente a los titulares de bienes y derechos afectados. Si los interesados dentro de los veinte días siguientes, manifiestan por escrito su disconformidad con la valoración establecida por la Comisión Provincial de Urbanismo, con alegación en su caso de cuanto estimen pertinente a su derecho, la Comisión Provincial de Urbanismo dará traslado del expediente al Jurado Provincial de Expropiación Forzosa para la fijación del justiprecio conforme a los criterios de valoración establecidos en la presente Ley.

En otro caso, el silencio del interesado se considerará como aceptación de la valoración fijada por la Comisión Provincial de Urbanismo, entendiéndose determinado definitivamente el justiprecio.

4º La resolución de la Comisión Provincial de Urbanismo implicará la declaración de urgencia de la ocupación de los bienes o derechos afectados, y el pago o depósito del importe de la valoración establecida por la misma producirá los efectos previstos en los números 6, 7 y 8 del artículo 52 de la Ley de Expropiación Forzosa.

⇒ V. art. 38 de la Ley 6/1998, de 13 abril (§1).
V. arts. 201, 202, 203, 204 y concordantes del RGU (§3.2).

Jurisprudencia

«SEGUNDO. Conforme a lo dispuesto en el art. 138 de la Ley del Suelo y 202 del Reglamento de Gestión Urbanística, en el procedimiento de tasación conjunta, si la hoja de aprecio individualizada, de la administración es impugnada por el expropiado, como aquí ha acontecido, la valoración a efectuar por el Jurado Provincial de Expropiación Forzosa se hará de acuerdo con los criterios de valoración establecidos en la Ley del Suelo, contenidos en los artículos 103 a 113 de dicha Ley y 131 a 151 del Reglamento de Gestión». **(STS 6 julio 1991 [RJ 1991, 5761]).**

«Del Título V del Texto Refundido se solicita la anulación de los artículos 219 y 228, a la que esta Sala reputa procedente acceder: a la del primero, porque en él, en lugar de recoger el artículo 138 del Texto Refundido de 9 abril 1976, que es el que se refiere al procedimiento de tasación conjunta, marcando sus líneas fundamentales, lo que hace el Real Decreto Legislativo 1/1992 es, excediéndose de la facultad de regularizar, aclarar y armonizar, que podía haber utilizado, ni más ni menos que reproducir casi literalmente el artículo 202 del Reglamento de Gestión Urbanística, elevándolo de rango por tanto». **(STS 25 junio 1997 [RJ 1997, 5382]).**

Artículo 139.

1. Sin perjuicio de lo que se dispone en el apartado siguiente, las actuaciones del expediente expropiatorio se seguirán con quienes figuren como interesados en el proyecto de delimitación, redactado conforme a la Ley de Expropiación Forzosa, o acrediten, en legal forma, ser los verdaderos titulares de los bienes o derechos en contra de lo que diga el proyecto. En el procedimiento de tasación conjunta, los errores no denunciados y justificados en el plazo señalado en el número primero del artículo anterior no darán lugar a nulidad o reposición de actuaciones, conservando, no obstante, los interesados su derecho a ser indemnizados en la forma que corresponda.

2. Llegado el momento del pago del justiprecio, sólo se procederá a hacerlo efectivo, consignándose en caso contrario, a aquellos interesados que aporten certificación registral a su favor, en la que conste haberse extendido *la nota del artículo* 32 del Reglamento Hipotecario o, en su defecto, los títulos justificativos de su derecho, completados con certificaciones negativas del Registro de la Propiedad referidas a la misma finca descrita en los títulos. Si existiesen cargas deberán comparecer también los titulares de las mismas.

3. Cuando existan pronunciamientos registrales contrarios a la realidad podrá pagarse el justiprecio a quienes los hayan rectificado o desvirtuado mediante cualquiera de los medios señalados en la legislación hipotecaria o

con acta de notoriedad tramitada conforme al artículo 209 del Reglamento Notarial.

⇒ V. arts. 33 y ss. de la Ley 6/1998, de 13 abril (§1).
V. arts. 204 a 206 del RGU (§3.2).
Téngase en cuenta el art. 222 y el art. 224 del TRLS/1992 (§2)
Téngase en cuenta el RD 1093/1997, de 4 julio (§2.1).

Artículo 140.

1. Una vez efectuado el pago o consignación se podrán levantar una o más actas de ocupación e inscribir, como una o varias fincas registrales, la totalidad o parte de la superficie objeto de su actuación, sin que sea necesaria la previa inscripción de todas y cada una de las fincas expropiadas. El hecho de que alguna de estas fincas no estuviese inmatriculada no será obstáculo para que pueda practicarse directamente aquella inscripción. Al margen de la inscripción de las fincas agrupadas, y con efectos de transferencia, se extenderá la oportuna nota.

2. Será título inscribible el acta o actas de ocupación acompañadas de las actas de pago o los justificantes de consignación del justiprecio de todas las fincas ocupadas, que habrán de ser descritas conforme a la legislación hipotecaria. Dicho título, así como los que sean necesarios para practicar las inscripciones a que se refiere el artículo siguiente, deberán ir acompañados, en su caso, de los respectivos planos, una de cuyas copias se archivará en el Registro.

3. Si al procederse a la inscripción surgiesen dudas fundadas sobre si dentro de la superficie ocupada existiese alguna finca registral no tenida en cuenta en el expediente expropiatorio, sin perjuicio de practicarse la inscripción, se pondrá tal circunstancia a los efectos del artículo siguiente, en conocimiento del Organismo expropiante.

⇒ V. art. 209 del RGU (§3.2).
Téngase en cuenta los arts. 222 y 224 del TRLS/1992 (§2).
Téngase en cuenta el RD 1093/1997, de 4 julio (§2.1).

Artículo 141.

1. Tramitado el procedimiento expropiatorio en la forma establecida en los artículos anteriores y levantada el acta o actas de ocupación, se entenderá adquirida libre de cargas la totalidad de las fincas comprendidas en la misma por la Administración expropiante, la cual será mantenida en su adquisición una vez que haya inscrito su derecho, sin que quepa ejercitar ninguna acción real o interdictal contra la misma, aun cuando posteriormente aparezcan terceros interesados no tenidos en cuenta en el expediente, quienes, sin embargo, conservarán y podrán ejercitar cuantas acciones personales pudieran corresponderles para percibir el justiprecio o las indemnizaciones expropiatorias y discutir su cuantía.

2. Si con posterioridad a la inscripción del acta conjunta de ocupación aparecieran fincas o derechos anteriormente inscritos que no se tuvieron en cuenta en el expediente expropiatorio, la Administración expropiante, de ofi-

cio o a instancia de parte interesada o del propio Registrador, solicitará de éste que practique la cancelación correspondiente, sin perjuicio de lo dispuesto en el número anterior.

⇒ V. art. 210 del RGU (§3.2).
Téngase en cuenta los arts. 222 y 224 del TRLS/1992 (§2)
Téngase en cuenta el RD 1093/1997, de 4 julio (§2.1).

Artículo 142.

1. En el caso de actuaciones urbanísticas de promoción pública en nuevos polígonos para la creación de suelo urbanizado, el pago del justiprecio de los bienes y derechos expropiados se podrá efectuar por la Administración actuante, de acuerdo con los expropiados, con parcelas resultantes de la propia urbanización.

2. La valoración de los bienes y derechos expropiados y de las parcelas resultantes se hará con arreglo a los criterios establecidos en esta Ley, teniendo en cuenta los costes de la urbanización correspondiente al Plan según lo dispuesto en el artículo 122 y conforme al procedimiento establecido en la Ley de Expropiación Forzosa. Todo ello en la forma y condiciones que reglamentariamente se determine.

⇒ V. art. 37 de la Ley 6/1998, de 13 abril (§1).
V. art. 207.2 del RGU (§3.2).

Artículo 143.

En todo lo no previsto expresamente en esta Ley se aplicará la legislación general de expropiación forzosa.

⇒ Téngase en cuenta el art. 35 de la Ley 6/1998, de 13 abril (§1).
V. art. 196 del RGU (§3.2).

Artículo 144.

En los supuestos de expropiación previstos en el apartado 2 del artículo 134 se aplicará siempre el procedimiento de la Ley de Expropiación Forzosa sin perjuicio de que la tasación de los terrenos se realice con arreglo a los criterios de valoración de la presente Ley.

⇒ Téngase en cuenta el art. 35 de la Ley 6/1998, de 13 abril (§1).
V. art. 196 del RGU (§3.2).

Artículo 145.

El coste de las expropiaciones a que se refiere el artículo anterior podrá ser repercutido sobre los propietarios que resulten especialmente beneficiados por la actuación urbanística, mediante la imposición de contribuciones especiales.

⇒ V. art. 198 del RGU (§3.2).

CAPÍTULO VI
Ejecución de los Programas de Actuación Urbanística

Artículo 146.

1. Las Entidades Locales y, en su caso, las Urbanísticas especiales competentes, de oficio o a instancia de parte, podrán convocar concursos para la formulación y ejecución de Programas de Actuación Urbanística, de conformidad con las determinaciones y los criterios que, a este efecto, señale el Plan General.

2. Las bases del concurso señalarán las zonas aptas para la localización de las actuaciones, la magnitud de las superficies urbanizables, las exigencias mínimas de planeamiento en relación con las determinaciones y criterios que a estos efectos establezca el Plan General, con señalamiento de los usos generales a que se destine la actuación, la obligación de los promotores de construir un porcentaje de edificación en plazos determinados, las garantías y sanciones en caso de incumplimiento y las demás circunstancias que configuren la referida actuación.

3. En las bases se concretarán asimismo las demás obligaciones que deben asumir los adjudicatarios, que comprenderán, cuando menos, las siguientes:

a) Cesión gratuita a la Entidad Local o, en su caso, a la Urbanística especial competente, de los terrenos destinados a viales, parques y jardines públicos y demás servicios y dotaciones de interés general que, en ningún caso, podrán ser inferiores a las establecidas en la presente Ley.

b) Construcción de la red viaria completa de la zona de actuación y de las redes de abastecimiento de agua y energía eléctrica, saneamiento, alumbrado público y demás servicios que, en su caso, se prevean.

c) Construcción de las necesarias conexiones en el exterior de la zona de actuación, con las redes señaladas en el apartado anterior.

d) Previsión y ejecución del equipamiento adecuado a las dimensiones y finalidad de la actuación que, cuando se trate de uso residencial, consistirá como mínimo en la creación de espacios verdes públicos y en la construcción de centros docentes, sociales y comerciales.

4. La cesión del 10 por 100 del aprovechamiento medio podrá sustituirse por las mayores obligaciones que, a tal efecto, establecieran las bases.

5. Las bases podrán establecer también los precios máximos de venta o alquiler de las edificaciones.

⇒ V. arts. 16 y 123 del presente Texto Refundido.
V. arts. 213 y ss. del RGU (§3.2).

Artículo 147.

1. Las bases serán redactadas por la Entidad que convoque el concurso y serán aprobadas por el órgano competente para la aprobación del Programa de actuación.

2. Los concursantes, al formular sus ofertas, deberán presentar avances de planeamiento.

3. La adjudicación del concurso se otorgará por la misma Entidad que lo convocó.

4. En el acto de adjudicación del concurso se determinará el sistema de actuación aplicable y se aprobará el avance de planeamiento presentado por el concursante seleccionado, a los efectos del artículo 28, con las modificaciones que, en su caso, procedieran.

5. En todo caso la presentación del avance de planeamiento no limitará las facultades de la Administración respecto a la aprobación del Programa de Actuación Urbanística y Planes Parciales que lo desarrollen.

⇒ V. arts. 213 y ss. del RGU (§3.2).

Artículo 148.

Adjudicado el concurso, se procederá por el concursante seleccionado a formular el correspondiente Programa de actuación de acuerdo con el avance de planeamiento aprobado, si no se hubiera hecho anteriormente, con sujeción a las determinaciones previstas en el artículo 16 de esta Ley y a la tramitación establecida para los Planes Parciales.

⇒ V. arts. 213 y ss. del RGU (§3.2).

Artículo 149.

1. De acuerdo con las previsiones del Plan General y sin detrimento de los programas en él establecidos, las Entidades Locales y, en su caso, las Urbanísticas especiales competentes podrán formular y ejecutar directamente Programas de Actuación Urbanística sin que sea necesario en este supuesto la convocatoria de concurso.

2. Asimismo, podrán formularse y ejecutarse Programas de Actuación Urbanística sin previa convocatoria de concurso, cuando se trate de la urbanización de terrenos destinados a instalaciones de actividades productivas relevantes o de especial importancia y para la formación de polígonos industriales, y así lo acuerde el Consejo de Ministros mediante decreto, a propuesta del Ministerio de la Vivienda y del competente por razón de la materia, previo informe de las Corporaciones Locales interesadas y de la Comisión Central de Urbanismo, y dictamen del Consejo de Estado. En el decreto se determinarán las obligaciones que debe cumplir el adjudicatario en relación con lo que se establece en el apartado 3 del artículo 146.

⇒ V. arts. 213 y ss. del RGU (§3.2).

Artículo 150.

De haberse formulado directamente Programas de Actuación Urbanística por las Entidades Locales y, en su caso, por las Urbanísticas especiales, éstas podrán convocar concursos para la ejecución y desarrollo de los mismos, con sujeción a las leyes y disposiciones que regulan sus respectivas competencias.

⇒ V. arts. 213 y ss. del RGU (§3.2).

Artículo 151.

Los Programas de Actuación Urbanística se ejecutarán por los sistemas de compensación, cooperación o expropiación. La determinación del sistema se efectuará por la Administración en la forma prevista por esta Ley.

Artículo 152.

En todo caso, la aprobación del Programa de Actuación Urbanística implicará la declaración de utilidad pública y la necesidad de la ocupación a efectos de expropiación forzosa de los terrenos necesarios para el enlace de la zona de actuación con los correspondientes elementos de los sistemas generales existentes en el exterior.

⇒ V. arts. 213 y ss. del RGU (§3.2).

Artículo 153.

El incumplimiento de las obligaciones contraídas por el adjudicatario dará lugar, en su caso, a la resolución del convenio y a la caducidad del Programa de Actuación Urbanística, respecto de la parte pendiente de ejecución, sin perjuicio de las sanciones que procedan.

Jurisprudencia artículos 146 a 153

Ejecución de los programas de actuación urbanística.

«SEGUNDO. Los Programas de Actuación Urbanística, a pesar de su defectuosa denominación, constituyen auténticos Planes Urbanísticos, con un nivel de ordenación análogo al de los Planes Generales, a los que vienen a completar en el suelo urbanizable no programado. Su contenido equivale a las determinaciones propias del Plan General para el suelo urbanizable programado. Importa ahora destacar dos de sus características: A) Están subordinados a los Planes Generales, debiendo por tanto respetar sus determinaciones y criterios –arts. 16.1 y 146.1 del Texto Refundido de la Ley del Suelo–. B) Se han concebido en nuestro sistema como una manifestación del urbanismo concertado, pues aspiran –Exposición de Motivos de la Ley 19/1975, de 2 de mayoa incorporar la iniciativa privada al proceso de desarrollo urbano por unidades de cierta entidad: el procedimiento ordinario no ya de ejecución sino de formulación del Programa es por ello el del concurso público –arts. 146.1 y 148 del Texto Refundido–. Es de advertir que, en último término, se admite también en nuestro Derecho la formulación del Programa de Actuación Urbanística por los propios Entes públicos –art. 149.1 del Texto Refundido–. CUARTO. [...] El contenido de las bases del concurso previsto en el art. 146.3 del Texto Refundido tiene carácter mínimo –las bases comprenderán «cuando menos» las siguientes obligaciones [...], advierte dicho precepto– y por otra su aceptación, acudiendo al concurso, es rigurosamente voluntaria. La iniciativa privada valorará la rentabilidad de la operación».

(Sentencia apelada) «TERCERO. [...] Según el art. 146 de la Ley en relación con el 219 del Reglamento de Gestión Urbanística el PAU contendrá las denominadas determinaciones que en lo que ahora nos interesa serán la magnitud de las superficies urbanizables, según el art. 12.2.3 b) de la Ley la mínima y según el art. 34 c).2º del Reglamento de Planeamiento la máxima, así como los usos generales a que se destina la actuación, estableciendo, si fuera procedente, un esquema de zonificación o la distribución cuantitativa de aquéllos. CUARTO. Conjugando lo que se ha establecido y relacionando el PGOU con el PAU que se impugna, aun cuando aparezca una evidente discrepancia en la distribución de los usos, ese hecho no supone una incorrección del PAU en su relación con desarrollo del PGOU, porque es a él a quien le corresponde precisar de un modo más concreto los usos y la cuantía del suelo preciso para los mismos, conocidas las nuevas necesidades, criterio flexible que debe presidir la actuación urbanizadora cuando se trata de un suelo que tiene esa condición de urbanizable no programado y sobre el que se actúa a través de ese nuevo instrumento de planeamiento que pretende desarrollar en el tiempo y en el espacio preciso las líneas generales establecidas por el PGOU». **(STS 28 diciembre 1987 [RJ 1987, 9845]).**

Iniciativa privada.

«PRIMERO. Los artículos 213 y siguientes del Reglamento de Gestión Urbanística, en desarrollo del artículo 16 de la Ley del Suelo tratan de la ejecución de los programas de actuación urbanística y consideran como actuaciones preparatorias su formulación, que puede ser llevada a cabo de oficio, por las Entidades Locales o a instancia de parte. En este último caso el artículo 217 ha diseñado un procedimiento de tramitación en el que podemos distinguir tres fases: la primera empieza con la presentación de la solicitud de formulación del programa por las personas interesadas ante la entidad local o urbanística competente, en cuya solicitud por escrito se ha de justificar la necesidad o conveniencia de la urbanización del suelo no programado, el tipo y carácter de la unidad urbanística y sus posibles localizaciones. La admisión a trámite o no de la solicitud es una potestad de la Administración que viene limitada o determinada por razones de conveniencia; la segunda fase, una vez admitida la solicitud, está dedicada a la información pública y a la presentación de alegaciones por los motivos que señala el párrafo 4 del artículo 217; finalmente la tercera fase es de decisión en el sentido de rechazar o aceptar la solicitud; y en este último caso acordar lo procedente en cuanto a formulación y ejecución del programa de actuación urbanística. TERCERO. En la sentencia de instancia se estima el recurso entablado contra la denegación presunta por silencio administrativo de la solicitud de formulación del programa de actuación urbanística, porque se considera que, por la simple actuación municipal de requerir a las solicitantes a que completasen su solicitud, se había admitido a trámite tal solicitud a tenor del artículo 217.2 del Reglamento de Gestión, y por ello el Ayuntamiento venía obligado a continuar los trámites previstos en tal artículo en sus párrafos 2, 3, 4 y 5. No podemos, sin embargo, coincidir con tal apreciación. Una cosa es la admisión a trámite de la solicitud y otra la admisión de la solicitud. La primera decisión es facultativa de la Administración por razones de conveniencia y lógicamente debe ser expresa al tratarse de un acto en que se concede algo, o se accede a algo, en aquel momento a la tramitación pura y simplemente. Antes de tomar decisión en un sentido u otro, el Ayuntamiento requirió por tres veces a las solicitantes a que presentasen determinados documentos, indudablemente para comprobar la conveniencia o no de la admisión a trámite, admisión que en modo alguno se ha producido; la voluntad tácita del Ayuntamiento de Sagunto y la expresa en el presente proceso es clara en el sentido de que tal admisión a trámite nunca se ha producido. Los Tribunales no pueden arrogarse esta facultad que el artículo 217 del Reglamento de Gestión atribuye a la Administración urbanística cuando las solicitantes no han aportado los elementos documentales suficientes para que el Ayuntamiento pueda estimar la conveniencia o no de admitir a trámite la petición inicial de formulación del programa de actuación urbanística pretendido». **(STS 3 octubre 1990 [RJ 1990, 7835]).**

«TERCERO. [...] El artículo 4 de la Ley del Suelo determina que la gestión urbanística «podrá» encomendarse a la iniciativa privada, con lo que el citado texto parece *poner de relieve el carácter* discrecional u optativo de tal decisión estando además categóricamente establecido en el artículo 114 de ese Cuerpo Legal que la ejecución de los Planes de Ordenación corresponde a las Entidades Locales en su esfera de actuación sin perjuicio de la participación de los particulares, ratificándose pues el carácter principal o predominante de los Entes públicos competentes en la ejecución del Planeamiento Urbanístico, disponiendo, a tales efectos, el artículo 215 del Reglamento de Gestión Urbanística que las entidades locales, de oficio o a instancia de parte podrán acordar que se incorpore al proceso de urbanización la totalidad o parte del suelo urbanizable no programado mediante la formulación del pertinente o pertinentes Programas de Actuación Urbanística». **(STS 8 noviembre 1995 [RJ 1995, 8548).**

TÍTULO IV
EJERCICIO DE LAS FACULTADES RELATIVAS AL USO Y EDIFICACIÓN DEL SUELO

CAPÍTULO I
Fomento de la edificación

Sección 1ª Plazos de edificación y enajenación forzosa de propiedades

Artículo 154.

1. El propietario de solares, según el artículo 82, deberá emprender la edificación dentro del plazo fijado en el Plan o Programa de Actuación Urbanística.

2. Si no estuviera determinado, el plazo será el siguiente:

a) De dos años, contados desde que la parcela, que merezca la calificación de solar, esté comprendida en áreas consolidadas por la edificación al menos en dos terceras partes de su superficie, si el propietario de la parcela hubiere cedido los terrenos y costeado la urbanización; y

b) De tres años, a contar de la recepción provisional de las obras de urbanización a que se refiere el número 1 del artículo 82 en los demás casos.

3. A los efectos de la presente Sección, tendrán también la consideración de solares las fincas en las que existieron construcciones paralizadas, ruinosas, derruidas o inadecuadas al lugar en que radiquen, cuyos propietarios deberán emprender la edificación dentro del plazo señalado en el párrafo 2 del artículo 156.

Artículo 155.

1. Los plazos señalados para la edificación no se alterarán aunque durante los mismos se efectuaren varias transmisiones de dominio.

2. Dichos plazos serán prorrogables por un año, si lo acordare el Ayuntamiento mediante justa causa; por dos años, en virtud de resolución motivada de la Comisión Provincial de Urbanismo, y por más tiempo, mediante acuerdo del Ministro de la Vivienda fundado en el exceso de solares edificables.

3. Las Corporaciones públicas y las Empresas industriales que poseyeren o adquirieren solares para ampliaciones o futuras necesidades justificadas, podrán retenerlos sin edificar los plazos superiores a los previstos en el artículo 154, previo acuerdo del Ayuntamiento, oída la Delegación de Industria de la provincia y aprobado por el Ministro de la Vivienda.

Artículo 156.

1. Transcurrido el plazo correspondiente y el de prórroga, en su caso, sin que el propietario hubiere emprendido y seguido a ritmo normal la edificación de un solar, ajustada al Plan, la parcela quedará inmediatamente en venta forzosa y será individualizada e inscrita por el Ayuntamiento, de oficio o a instancia de cualquier persona, en el Registro Municipal de Solares.

2. Las fincas a que se refiere el párrafo 3 del artículo 154 deberán ser, previo expediente tramitado de oficio o a instancia de parte, incluidas en el Registro de Solares, pero no pasarán a la situación de venta forzosa hasta que haya transcurrido el plazo de dos años, a contar desde aquella inclusión, sin que durante este plazo se hubieren iniciado o continuado por el propietario las obras de edificación, o luego no las desarrollara con ritmo normal.

Artículo 157.

1. La inclusión de un solar o finca en el Registro implicará la iniciación del expediente de valoración, cuyo resultado final se hará constar en el mismo Registro.

2. El justiprecio de los solares, edificados o no, se fundará en su valor urbanístico, según la presente Ley.

3. En el justiprecio se tendrán en cuenta, en su caso, las indemnizaciones que hayan de abonarse a los titulares de derecho de arrendamiento u otros análogos al extinguirse los mismos.

Artículo 158.

1. Cualquier persona podrá adquirir, transcurridos los plazos de retención por el propietario, señalados en el artículo 154 y párrafo 2 del 156, un solar o finca incluida en el Registro y solicitar del Ayuntamiento que lo expropie y se lo adjudique íntegramente con arreglo a la valoración aludida en el artículo anterior, siempre que el peticionario asuma los compromisos de edificar según el Plan e ingresar en la Depositaría de Fondos Municipales con quince días de antelación al pago del justiprecio la cantidad necesaria para abonarlo.

2. El Ayuntamiento podrá expropiar de oficio los solares y fincas en situación de venta forzosa para edificarlos.

3. El Ayuntamiento o la Comisión Provincial de Urbanismo podrán formular y aplicar el régimen de polígonos de expropiación a todos o parte de los solares y fincas incluidos en el Registro.

4. El adquirente de los terrenos o fincas expropiados podrá elegir entre la continuación o la extinción de los derechos reales que no fueren incompatibles con la finalidad de la expropiación; y si no formulare manifestación alguna, se entenderá que opta por la expropiación absoluta.

⇒ V. art. 34 de la Ley 6/1998, de 13 abril (§1).

V. D. 635/1964, de 5 marzo, Reglamento de Edificación Forzosa y Registro Municipal de Solares (§3.6).

Artículo 159.

1. El Ayuntamiento, al transcurrir dos años sin que se hubiere ejercitado alguna de las facultades reguladas por el artículo anterior, sacará a subasta el inmueble, bajo el tipo de licitación que resultara del justiprecio efectuado según el artículo 157 y con la cláusula de que el adquirente habrá de edificar según el Plan.

2. La subasta se desarrollará con arreglo a los preceptos que regulan la contratación de las Corporaciones Locales, pero, a solicitud del propietario, antes de la celebración de la misma, podrá acordarse se admitan pujas a la llana.

3. Si resultara precio superior al tipo de licitación, la diferencia quedará a beneficio del propietario expropiado.

4. Si la subasta fuere declarada desierta, se convocará de nuevo, en el plazo de seis meses, con rebaja del precio tipo en un 25 por 100.

5. Si la segunda subasta quedare también desierta, el Ayuntamiento, en el plazo de los seis meses siguientes, podrá adquirir el inmueble por el precio mínimo licitatorio y con destino a la edificación conforme al Plan.

6. En el caso de que el Ayuntamiento no ejercitará la facultad a que se refiere el párrafo anterior, el estado de venta forzosa del inmueble quedará en suspenso por un año, durante el cual el propietario podrá emprender y continuar la edificación a ritmo normal.

7. Caducado el plazo sin que el propietario lo hubiere efectuado, el inmueble volverá a estar en situación permanente de venta forzosa, con arreglo al tipo de valoración resultante de la última subasta.

⇒ V. el Reglamento de Edificación Forzosa y Registro Municipal de Solares (§3.6).

Artículo 160.

1. El propietario de inmuebles en situación de venta forzosa podrá, en tanto subsista, excluirlos de dicha situación, enajenándolos directamente, mediante el otorgamiento de escritura pública en la que el adquirente se someta expresamente a la obligación de edificar según el Plan y dentro de los plazos señalados en el artículo 162, salvo que con anterioridad se hubieren solicitado la adquisición directa o la expropiación prevista en el artículo 158.

2. El propietario de inmuebles en situación de subasta prevista en el artículo anterior podrá excluirlos de aquélla antes del acuerdo de su convocatoria, conforme a estos requisitos:

a) Ofrecimiento al público de venta del inmueble, mediante, anuncio inserto una vez al año en el «Boletín Oficial» de la provincia y en los dos diarios de mayor circulación en la población, en el cual se detalle el emplazamiento, superficie, precios según la valoración en el Registro y número de inscripción en el mismo, con indicación de que la oferta se formule a los efectos del presente artículo.

b) Colocación en el inmueble de un cartel legible desde la vía pública con la expresión «Solar en venta» y número del Registro municipal.

c) Otorgamiento de escritura de mandato a favor del Concejal o funcionario municipal que designe el Alcalde para que pueda enajenar la finca a cualquier persona que contraiga el compromiso de edificar según el Plan y abone al contado el precio en que se hubiere valorado el inmueble, cuyo precio se concretará en el documento; y

d) Entrega al Ayuntamiento de una copia auténtica de la escritura y de los títulos de propiedad, mediante resguardo de recepción.

3. La oferta tendrá vigencia mientras no se notificare formalmente la revocación del mandato y se publicaren los anuncios a que se refiere el apartado a) del párrafo anterior.

4. En vigor la oferta, cualquier persona podrá aceptarla, para lo cual habrá de comunicarlo a la Alcaldía con expresión de haber constituido en poder del Notario que designe, o en las Arcas municipales, en concepto de arras, un depósito equivalente al 5 por 100 del precio y a cuenta de éste.

5. El Concejal o funcionario apoderado otorgará escritura pública de venta ante el Notario designado por el comprador, en el plazo de los quince días hábiles siguientes a la fecha en que reciba la notificación de la aceptación, y el precio lo ingresará en la Depositaría de Fondos Municipales a disposición del propietario enajenante.

Artículo 161.

1. La enajenación de una finca incluida en el Registro, efectuada con arreglo a los artículos 158, 159 ó 160, producirá la definitiva extinción de los arrendamientos y demás derechos personales constituidos por cualquier título en relación con la misma, sin que repercutan de ningún modo sobre la nueva construcción ni hayan de reservarse en ella locales o habitaciones a los antiguos ocupantes.

2. Si fuere el propietario quien se propusiere acometer o terminar la edificación, producirá el mismo efecto el otorgamiento de la licencia, aunque la solicitare transcurrido el plazo dispuesto por los artículos 154 y 155, pero antes de existir solicitud de adquisición por un tercero.

3. Si procediere por razón de la naturaleza de la obligación, los aludidos derechos serán indemnizados a cargo del propietario por su valor real, de acuerdo con el procedimiento establecido en la Ley de Expropiación Forzosa, lo previsto en su artículo 43. En cualquier caso, el pago o depósito de la indemnización será previo al desalojo.

Artículo 162.

1. Los adquirentes de los solares y construcciones a que se refiere este Capítulo quedarán obligados a iniciar o reanudar las obras de edificación en el plazo de un año, a partir de la fecha de toma de posesión de la finca, e imprimirles el desarrollo adecuado para su normal terminación.

2. La misma obligación recaerá sobre el propietario que hubiere ejercitado la facultad del apartado 2 del artículo anterior.

3. En circunstancias excepcionales y justificadas, los Ayuntamientos podrán prorrogar por otro año como máximo el cumplimiento de la mencionada obligación.

Artículo 163.

1. Si el adquirente no cumpliere sus obligaciones en orden a la edificación, el Ayuntamiento lo declarará así, de oficio o a instancia de cualquier interesado.

2. Dentro de los dos meses siguientes a esta declaración el propietario expropiado podrá ejercitar el derecho de reversión si se comprometiere a iniciar o seguir la construcción en el plazo de seis meses desde que tomare posesión.

3. Como pago de la reversión se abonará el 75 por 100 del precio satisfecho por la adquisición, incrementado con el valor de las construcciones aprovechables.

4. Si el antiguo propietario no ejercitare en tiempo y forma el derecho a reversión, el Ayuntamiento podrá expropiar en iguales condiciones.

5. Si el propietario o la Corporación ejercitantes de ese derecho no comenzaran las obras en el plazo de los seis meses ni las siguieran al ritmo adecuado, el inmueble pasará de nuevo a la situación de venta forzosa.

Artículo 164.

Los Ayuntamientos, previa autorización del Ministro de la Vivienda, o éste, con audiencia de aquéllos, podrán dejar sin efecto el régimen general de la edificación forzosa en todo el término municipal o en alguna parte del mismo en los casos siguientes:

1º Cuando en el ámbito territorial afectado por la suspensión el Plan General determine la necesidad o conveniencia de realizar operaciones de reforma interior o se apruebe inicialmente un Plan especial de esa naturaleza.

2º Cuando concurran densidades de edificación u otras circunstancias de carácter urbanístico, económico o social que así lo aconsejen, en tanto subsistan tales circunstancias.

⇒ V. art. 33 de la CE.
V. arts. 1.2, 14.2 f), 18.7 y 40.5 de la Ley 6/1998, de 13 abril (§1).
V. el Reglamento de Edificación Forzosa y Registro Municipal de Solares (§3.6).

Jurisprudencia artículos 154 a 164

Fomento de la edificación.

Fines.

Origen histórico legislativo y objeto de la institución.

«SEGUNDO. [...] La finalidad de la inscripción de las fincas en el Registro Municipal de Solares es la promoción de la adecuación de las construcciones a las exigencias del ordenamiento urbanístico, con proyección de futuro, y sobre esta base la comparación de la realidad física actual del inmueble litigioso con la ordenación urbanística, conduce a la conclusión de que efectivamente concurren las causas de inclusión apreciadas por la sentencia apelada, siendo de destacar que el entorno del edificio, por razón de las alturas que se alcanzan, está ya en transformación, por lo que la inclusión litigiosa cumple la función de incorporar la finca discutida al dinamismo urbanístico ya manifestado en la zona». **(STS 29 diciembre 1987 [RJ 1987, 9856]).**

(Sentencia apelada) «TERCERO. Como es bien sabido la institución de la edificación forzosa de los «solares yermos», bajo sanción de expropiación es conocida desde el antiguo Derecho histórico, y llega hasta la Ley del Suelo de 1956 y a la vigente cuyo texto refundido se aprueba por Real Decreto 1346/1976, de 9 de abril, que declara, a su vez, la vigencia del Reglamento de Edificación Forzosa y Registro Municipal de Solares, aprobado por Decreto 635/1964, de 5 de marzo, tratándose con ella de impedir la retención indefinida de solares a base de forzar, bajo la intimación expropiatoria, a edificar, al propietario que no esté dispuesto a hacerlo por sí o vender su solar a un promotor de construcciones con lo que se ocasionará una movilización de solares que, al aumentar la oferta, reducirá su precio en el mercado, como expresan los preámbulos de dichas disposiciones, a cuyos propósitos provee el artículo 154 de la Ley del Suelo cuando dispone que el propietario de solares deberá emprender la edificación dentro del plazo fijado, lo que más bien constituyen una carga que un deber en cuanto que supone simplemente la necesidad de adoptar un determinado comportamiento para obtener un beneficio o para evitar un perjuicio, y porque su incumplimiento no da lugar a ejecuciones forzosas ni a sanciones personales sino a la consecuencia desfavorable de la expropiación forzosa, lo que se halla de acuerdo con la «función social» que a la propiedad impone el artículo 33.2 de la Constitución Española, y tanto si se denomina «venta forzosa», como sucede en la Ley –artículos 156, 158.2 y 160.1– como si se le atribuye el carácter de «enajenación forzosa», como acaece en el Reglamento de referencia (Capítulos VII y VIII), lo cierto es que implica una expropiación con beneficiario privado y que supone eliminar al propietario que ha desatendido la carga de edificar para sustituirlo por otro que se muestre dispuesto a ello siendo de destacar que tal carga edificatoria abstracta se concreta a través del Registro Municipal de Solares que también individualiza las consecuencias de su eventual incumplimiento, dando lugar la inclusión de la finca en el Registro al comienzo del cómputo del plazo de dos años para edificar, según los artículos 154.3 y 156.2 de la Ley del Suelo y 4 del Reglamento de Edificación Forzosa, por lo que la inclusión es aquí constitutiva de la carga de edificar, así como a la iniciación del expediente de valoración, a tenor del artículo 157 de aquella Ley». **(STS 15 mayo 1990 [RJ 1990, 4074]).**

(Sentencia apelada) «CUARTO. La obligación de edificar en los plazos legales, descansa sobre principios que han sido de manera nítida y abundamente perfilada por la doctrina del Tribunal Supremo, lo que hace innecesario incidir sobre los mismos, baste sólo señalar que a través de la misma, entre otras, se busca lograr dos finalidades que ya nuestro texto fundamental considera capitales, que no son otras que el sometimiento de la propiedad privada a la función social encomendada al derecho de la propiedad y evitar la especulación. Con el objeto de no hacer de aquella institución una simple figura retórica y sin virtualidad práctica alguna, es necesario que conste de manera cumplida la firme voluntad de edificar una vez transcurridos los plazos establecidos». **(STS 1 febrero 1994 [RJ 1994, 999]).**

Carácter no definitivo de la inclusión de una finca en el Registro de Solares.

«CDO.: Que frente a la argumentación jurídica del actor debe oponerse la doctrina general referente al carácter no definitivo (impediente del precedente administrativo, de la cosa juzgada material etc.) de las resoluciones administrativas o jurídicas dictadas en procedimientos o procesos cautelares etc.; y de los que son expresión típica los referentes a ruina de edificios, inclusión en el Registro de Solares etc., en los que las declaraciones que se adopten lo son en función de unas determinadas circunstancias físicas o de hecho y que la simple –además de natural– variación o cambio desactualiza la decisión anterior como no adecuada a la nueva situación fáctica que puede ser de nuevo enjuiciada, en toda su amplitud, en procedimiento abierto y contradictorio». **(STS 22 mayo 1984 [RJ 1984, 3124]).**

Supuesto de ruina.

«CDO.: Que, si bien es cierto que la expresa declaración de ruina de un edificio conlleva su inclusión en el Registro de Solares, según dispone taxativamente el art. 25 del Reglamento de Disciplina Urbanística de 23 junio 1978, no es menos cierto que, aunque dicha declaración formal no haya llegado a producirse, por el mero hecho de que se compruebe el estado ruinoso de una construcción, a tenor de lo dispuesto en el art. 154.3 del Texto Refundido de la Ley del Suelo y preceptos concordantes de su Reglamento, resulta obligada la inclusión de la finca en el Registro de Solares, pues no debe olvidarse que declaración de ruina e inclusión en el Registro de Solares de edificación forzosa son dos instituciones distintas e independientes, que responden a necesidades diversas, aunque en un momento dado puedan confluir sus respectivas finalidades, ya que en un caso se trata de proveer, por encima de todo, a la seguridad de las personas, y en el otro de procurar un mejor aprovechamiento de los espacios urbanos en beneficio público y general». **(STS 4 abril 1984 [RJ 1984, 2555]).**

Compatibilidad con órdenes de ejecución de obras en ciertos casos.

«SEGUNDO. La cuestión expuesta ha sido resuelta en diversas sentencias de este Tribunal –entre otras, en las de 14 de febrero de 1975 (RJ 1975, 1393), 16 de julio de 1984 (RJ 1984, 4234) y 29 de diciembre de 1986 (RJ 1987, 1569)– en el sentido de que estando un inmueble incluido en el Registro Municipal de Solares no puede imponerse la realización de «obras de conservación», ya que tal inscripción comporta la carga de edificación forzosa de acuerdo con la Ordenación Urbanística, situación incompatible con la simultánea imposición de obras que tiendan a prolongar la permanencia de un edificio destinado a ser demolido, doctrina plenamente aplicable al presente caso, en el que el edificio en cuestión no sólo está incluido en el referido Registro por Acuerdo del Consejo de la Gerencia Municipal de Urbanismo desde el 27 de febrero de 1979 –decisión confirmada por Sentencia de esta Sala de 22 de abril de 1983 (RJ 1983, 2837)– sino que al propietario del mismo le fue otorgado por el Ayuntamiento de Madrid en 3 de febrero de 1981 licencia de nueva planta para el solar que resultara de la demolición del edificio, lo que de conformidad con el artículo 161 de la Ley del Suelo produce la definitiva extinción de los arrendamientos y demás derechos personales constituidos por cualquier título en relación con la finca, por lo que hay que considerar acertada la conclusión deducida por la sentencia apelada de anular los acuerdos recurridos en cuanto imponen al propietario del inmueble la obligación de realizar obras tendentes a su conservación, sin perjuicio de que se adopten las medidas extraordinarias que se precisen a fin de salvaguardar la seguridad de personas y cosas, de acuerdo con el principio de proporcionalidad propugnado en los artículos 4 y 6 del Reglamento de Servicios de las Corporaciones Locales». **(STS 22 diciembre 1987 [RJ 1997, 9694]).**

«Decidida por la Sala de Burgos mediante sentencia que ganó firmeza la inclusión de la finca litigiosa en el Registro Municipal de Solares tal inscripción ha de surtir efectos desde la fecha en que debió ser ordenada por la Administración, es decir, con anterioridad a la orden de obras cuya legalidad aquí se discute. Y como la no inscripción de la finca litigiosa en el Registro de Solares se integraba dentro de la causa o presupuesto de hecho de aquella orden de obras habrá que examinar los efectos que derivan de la desaparición de dicho elemento causal. CUARTO. [...] Incluso en las situaciones de ruina o de inscripción en el Registro de Solares resulta viable la imposición de reparaciones de «reconocida urgencia y de carácter provisional y excepcional» con la finalidad de atender a la seguridad e incluso salubridad del edificio en tanto esté habitado o en pie –Sentencias de 29 de diciembre de 1986 (RJ 1987, 1569), 5 de enero y 4 de octubre de 1988 (RJ 1988, 184 y 7431), 27 de enero y 28 de noviembre de 1989 (RJ 1989, 498 y 8366), etc.–. Lo que no resulta en modo alguno hacedero por razones de estricta incompatibilidad lógica es la imposición de unas reparaciones que aspiran a la consolidación y prolongación de la vida de un edificio en estado ruinoso o inscrito en el Registro de Solares. Y esto es justamente lo que hacen los actos impugnados al exigir obras necesarias para dejar la casa en «óptimas condiciones de salubridad y conservación"». **(STS 20 marzo 1990 [RJ 1990, 2243]).**

Naturaleza tributaria de los actos de inscripción y modificación del Registro Municipal de Solares.

«TERCERO. [...] Dada la naturaleza esencialmente tributaria de los actos de inscripción y modificación del Registro Municipal de Solares, habría que haber demostrado no sólo que los terrenos eran propiedad del actor, sino que tenían la condición exigida por el artículo 333 del Texto Refundido de las Disposiciones Vigentes en Materia de Régimen Local, desarrollado en los preceptos de los artículos 334, 335, 336 y 337, y que no se encuentran comprendidos en las excepciones relacionadas en el artículo 338 del mismo Texto Legal. La naturaleza tributaria de estas cuestiones es indiscutible como lo demuestra el hecho de que la propia ley se refiera al «Impuesto Municipal de Solares» al iniciar la regulación de estas materias, y el artículo 338 comienza afirmando que «no estarán sujetos a este impuesto [...]» relacionando después una serie de terrenos no sujetos (lo que constituye una técnica legislativa impositiva típica, describiendo el hecho imponible primero, y posteriormente fijando los supuestos de no sujeción) [...] No cambian los razonamientos por el hecho de que lo que aquí se discute sea la inclusión, o alguna de sus incidencias, de la finca en el Registro Municipal de Solares, dada la naturaleza tributaria de ese Registro». **(STS 13 octubre 1998 [RJ 1998, 7158]).**

Causas.

Necesidad de tener en cuenta, a propósito de edificaciones inadecuadas, la situación urbanística proyectada de futuro.

(Sentencia apelada) «CDO.: Que se alega por los arrendatarios coadyuvantes de la Administración la condición de la edificación objeto de inclusión, de inmueble excluido a tenor de lo dispuesto en el art. 7 del Reglamento de Edificación Forzosa, que la establece para las fincas que aun siendo susceptibles de mayor aprovechamiento del suelo o vuelo, sean gravados con servidumbre u otro derecho que limite su utilización, siendo necesario para que la exclusión pueda decretarse que se cumplan los requisitos de los párrs. 2º y 3º del citado artículo, es decir, que la constitución de dichos derechos sea aprobada por el órgano urbanístico competente y en el expediente que se tramite se acredite la nueva situación de la finca, y que la servidumbre o el derecho limitativo del dominio sea inscrito en el Registro de la Propiedad sobre el predio sirviente». **(STS 17 marzo 1982 [RJ 1982, 2135]).**

«SEGUNDO. Es cierto que no sólo en las sentencias que el apelante cita sino también en otras se alude a la necesidad de tener en cuenta, a propósito de edificaciones inadecuadas, «la situación urbanística proyectada de futuro», pero con ello no quiere decirse otra cosa que, a efectos de ponderación de altura de los edificios y de su comparación con los ubicados en su misma zona, no es dable prescindir de lo que para la configuración urbanística futura del sector esté proyectado y previsto por el Ordenamiento actual, que no es lo mismo que tener que estar a lo que se proyecte, también por supuesto para el futuro, por una norma que se esté simplemente elaborando».

«TERCERO [...] Basta la concurrencia de una sola de ellas (causas de desmerecimiento) (Sentencias de 24 de octubre de 1979 (RJ 1979, 3953], 5 de marzo de 1980 [RJ 1980, 2066], 6 de febrero de 1982 [RJ 1982, 883], 9 de mayo de 1983 [RJ 1983, *2901] y 20 de diciembre de* 1984 [RJ 1984, 6703])». **(STS 21 octubre 1986 [RJ 1986, 6571]).**

(Sentencia apelada) «TERCERO. Es bien sabido que, según constante jurisprudencia del Tribunal Supremo, basta que en la finca concurra cualquiera de las circunstancias, señaladas en el artículo 5 del Decreto 5 marzo 1964, para que sea procedente la inclusión en el Registro de Solares de Edificación Forzosa y, en el caso de autos, la Administración demandada entendió que concurrían los supuestos contemplados en los apartados a) y c) de dicho artículo, por lo que para destruir la presunción de validez de los actos administrativos, reconocida en el artículo 45.1 de la Ley de Procedimiento Administrativo y constante jurisprudencia del Tribunal Supremo, sería necesaria la prueba en contra correspondiente y, en el caso de autos, en cuanto al apartado a) del artículo precitado, ninguna prueba se ha practicado tendente a desvirtuar las afirmaciones contenidas en los actos recurridos e informes que le precedieron, por lo que ha de partirse de su validez y eficacia, sin necesidad ya de examinar la posible concurrencia del supuesto del apartado c), también afirmada por la Administración y no contradicha de adverso, en forma eficaz. CUARTO. Por último, la alegación de que el solar es de imposible edificación va en contra de las únicas pruebas practicadas [...]». **(STS 19 septiembre 1996 [RJ 1996, 6698]).**

«SEGUNDO. [...] La interpretación correcta del precepto, dada su clara redacción, no es otra que la de que como causas de tal desmerecimiento se estiman, no conjunta sino alternativamente, el mal estado de conservación y el incumplimiento de los requisitos de volumen, uso, alineaciones y servicios higiénicos, bastando con que concurra una causa, sea cual sea, para que la construcción desmerezca de las demás del sector por su estado, condición o clase, locución alternativa que comunica su alternatividad a su especificación, en la que, además, se emplean las palabras «se estimarán causas» y no las "se estimará causa», que respectivamente, conducen a la alternancia y a la conjunción». **(STS 7 octubre 1996 [RJ 1996, 7395]).**

Concepto de inadecuación.

«[...] Si la finalidad que la inclusión en el mencionado Registro aspira a conseguir, consiste en promover y facilitar la edificación de aquellos solares o edificaciones inadecuadas, ruinosas o paralizadas a que se refiere el art. 5 del Reglamento de 5 marzo 1964, es evidente, que no puede prosperar aquella inclusión, cuando se trata de fincas que al no alcanzar el solar donde aquéllas se ubican, la extensión mínima señalada al efecto en el plan u ordenanza aplicable, no puede autorizarse con posterioridad la edificación sobre el solar resultante después del derribo de lo actualmente construido, toda vez que, en tal hipótesis, entra en juego la prohibición de inclusión establecida en el ap. c), núm. 1, del art. 6 del Reglamento citado, que es de prevalente aplicación, ante cuya prohibición es inoperante que el inmueble de que se trate se encuentre en alguno de los supuestos mencionados del art. 5». **(STS 23 mayo 1980 [RJ 1980, 3110]).**

(Sentencia apelada) «TERCERO: Que el art. 6 c) del Reglamento de Edificación Forzosa «estima como inmuebles aceptados de edificación forzosa» a «las fincas que, aun teniendo la consideración legal de solares, no puedan edificarse por existir planes, ordenanzas o resoluciones que limiten o prohíban su construcción»; dicho precepto, es de interpretación estricta –STS 5 marzo 1980 (RJ 1980, 2066)–, por lo que no basta una imposibilidad de construir de tipo económico o de regularidad arquitectónica, para entender ínsita una finca en la excepción del referido art. 6 del Reglamento de 1964, sino que es necesario apoyarla en la preexistencia de unas normas que la hagan emerger bien directamente extrayéndola de su propio ámbito, bien indirectamente a través de una resolución fundamentada en ellas –STS 29 enero 1969 (RJ 1969, 393)–; ahora bien, dicha inedificabilidad del solar puede ser total por la existencia en el plan, ordenanza o resolución de una norma que la prohíba, en cuyo caso no existe duda alguna sobre la excepción de su edificación forzosa, o solamente parcial porque dichas normas lo que hagan es limitar la construcción, bien sea en el tiempo –suspensión temporal de otorgamiento de licencias, STS 13 marzo 1971 (RJ 1971, 2177)–, o en el espacio –parte edificable del solar y parte inedificable STS 29 enero 1969– en cuyo caso la excepción de la edificación forzosa se limita a un período de tiempo concreto o a parte del solar». **(STS 30 enero 1984 [RJ 1984, 226]).**

«SEGUNDO CONSIDERANDO. Que el apartado a) del número 5 del artículo 5 del Reglamento de Edificación Forzosa y Registro Municipal de Solares, en vigor conforme a la Tabla de Vigencias del Texto Articulado de la Ley sobre Régimen del Suelo y Ordenación Urbana en tanto no se oponga al mismo, según el cual se considerarán inadecuadas aquellas edificaciones cuyo volumen sea inferior al cincuenta por ciento del mínimo autorizado por las Ordenanzas de Edificación en relación con la superficie aprovechable, impone realizar una operación comparativa entre el volumen edificado actual y el mínimo autorizado como edificable, sin que pueda computarse como éste, por tanto, el correspondiente a elementos meramente tolerados, conforme a las ordenanzas vigentes en el momento, y teniendo siempre en cuenta la superficie aprovechable; y que a su vez, el apartado c) de los mismos número y artículo de dicho Reglamento, conforme al cual se reputarán edificaciones inadecuadas las que, además de estar en manifiesta desproporción con la altura legalmente autorizada y corriente en la zona, desmerezcan por su estado, condición o clase de las demás del sector, según doctrina del Tribunal Supremo recogida, entre otras, en las Sentencias de 19 de abril de 1978 (RJ 1978, 1597), 24 de octubre y 7 de diciembre de 1979 (RJ 1979, 4208) y 3 de enero, 10 de marzo y 10 de abril de 1980 (RJ 1980, 154, 2140 y 2483), exige por su propia naturaleza la conjunción de dos requisitos, uno, el de manifiesta desproporción, e inconveniencia o disconformidad extensible, sencillamente acusada y palmariamente apreciable, del edificio con la altura que, permitida por las ordenanzas, sea ya corriente en la zona, es decir, la que deba ser corriente en la misma en la actualidad, y otro, que dicho edificio desmerezca de los otros del sector, principalmente, por su mal estado de conservación y por incumplimiento de los requisitos de volumen, uso, alineaciones y servicios higiénicos, tal como sin excusa por concurrencia de estas circunstancias en otros enumera estimativamente el citado precepto reglamentario». **(STS 29 diciembre 1987 [RJ 1987, 9856]).**

«QUINTO. La calificación de inadecuación atribuida a la finca de autos por la sentencia apelada (supuestos a y c del art. 5 del Reglamento de 5 de marzo de 1964 en relación con el art. 154 de la Ley) es conforme con la doctrina de la Sala en cuanto sostiene la necesidad de evitar la subsistencia de edificios que impidan o coarten, de algún modo, el crecimiento urbanístico de las poblaciones y a la vez impulsar –dentro de lo razonable– la edificación de nuevas construcciones adecuadas a la configuración nueva y progresiva de las ciudades, pues realmente el Registro no es sino instrumento de la política urbanística (Título IV de la Ley) y que la jurisprudencia ha perfilado al declarar que existe inadecuación –SS. 22-1-1966 (RJ 1966, 3735), 29-12-1976 (RJ 1976, 6044), 20-12-1982 (RJ 1982, 8047) etc.– en el caso de existir desproporción entre su altura y las de las colindantes, aparte de que la comparación, en todo caso, no ha de limitarse al cotejo con los restantes inmuebles, tal como existan en la realidad presente, sino que ha de conjugarse con la situación urbanística proyectada de futuro –SS. de 12 de noviembre de 1973 (RJ 1973, 4669), 8 de mayo de 1981 (RJ 1981, 2034), 20 de diciembre de 1982 (RJ 1982, 8047) etc.– siempre con apoyo en planes u ordenanzas vigentes, pues tal supone, desde otra perspectiva, la exclusión a efectos excusatorios de la existencia, en el mismo sector, de otras fincas inadecuadas [párrafo último, ap. c) núm. 5 del art. 5 del Reglamento] y sin que como resulta la sentencia apelada existan en este caso dudas sobre la concurrencia de los requisitos de falta de volumen (sólo dispone de un 33%, al tener 1.774 m frente a los 5.320 m previstos en el plan Martiánez, vigente y aplicable), inadecuación por razón del uso al estar destinada la finca en su totalidad a uso industrial no conforme a ordenanza –el uso previsto es de vivienda de zona residencial, edificación cerrada (ordenanza 1 b), ocupación 100% altura máxima 20 m o 6 plantas, no aparece mínima–, desproporción en la altura, etc.». **(STS 12 febrero 1988 [RJ 1988, 1135]).**

«TERCERO. El artículo 154.3 de la Ley del Suelo de 9 abril 1976, somete al régimen general de edificación forzosa a las fincas en que existieran construcciones inadecuadas al lugar en que radiquen, a las que atribuye la cualidad de solares del artículo 82 de la propia Ley del Suelo estableciendo el artículo 5.5 a) del Reglamento de Edificación Forzosa y Registro Municipal de Solares, que en el concepto de edificación inadecuada se incluyen aquellas cuyo volumen sea inferior al 50 por 100 del mínimo autorizado por las Ordenanzas de Edificación en relación con la superficie aprovechable. Prácticamente, la totalidad de los informes técnicos aportados a los autos y al expediente, coinciden en el hecho fundamentalmente de que el volumen edificado en el solar de autos es inferior al cincuenta por ciento del mínimo edificable conforme a las Normas de Edificación del entonces vigente Plan General de Ordenación de Oviedo. Mas al no considerarse como superficie aprovechable, la correspondiente a los patios interiores que sean necesarios para iluminación y ventilación del edificio, el problema planteado en esta litis radica única y exclusivamente en la estimación de la necesidad o no de tales patios interiores y en su caso, en la volumetría de los mismos, para poder deducirla del volumen total edificable, a los efectos aquí contemplados sobre la suficiencia o no de la relación porcentual del 50 por 100 entre lo edificado y lo edificable». **(STS 10 abril 1996 [RJ 1996, 4573]).**

«TERCERO. La Gerencia Municipal de Urbanismo ha incluido la finca de la calle Alcalá 291 en el Registro Municipal de Solares aplicando lo establecido en el artículo 5.1 c) del Reglamento de Edificación Forzosa y Registro Municipal de Solares aprobado por Decreto 635/1964, de 5 marzo, que exige –en forma conjunta– manifiesta desproporción de altura y que las edificaciones desmerezcan de las restantes del sector. QUINTO. No es válido objetar que aunque se den las circunstancias del artículo 5.5 a) del Reglamento de 1964, no concurren las del artículo 5.5 c), que fue el invocado por la Administración demandada». **(STS 6 junio 1997 [RJ 1997, 5021]).**

Carga de edificar. Plazos.

«TERCERO. [...] Consolidada jurisprudencia del Tribunal Supremo en el sentido de que no se produce automáticamente el incumplimiento por el mero transcurso de los plazos, cuando existe una voluntad persistente por parte de los obligados de cumplir con la obligación. CUARTO. [...] De existir voluntad de edificar hubiera sido suficiente con solicitar la pertinente licencia, sin perjuicio de que se hubiera acordado la suspensión de su otorgamiento si el inmueble estaba afectado por el referido Plan, lo cual sí hubiera constituido un auténtico impedimento para acometer la edificación, al menos durante el plazo máximo legal de dos años establecido en el artículo 27 de la Ley del Suelo. De estos hechos, así como de los demás alegados por el apelante, todos ellos posteriores al plazo indicado para cumplir la carga edificatoria, no se deduce una actitud diligente por su parte para conseguir la ejecución del acto sino al contrario una actitud de negligente abandono ya que dentro de los cinco años siguientes a la notificación del acuerdo recurrido no realizó ninguna actividad tendente a la obtención de la licencia de edificación». **(STS 22 diciembre 1987 [RJ 1987, 9693]).**

(Sentencia apelada) [...] «Dando lugar la inclusión de la finca en el Registro al comienzo del cómputo del plazo de dos años para edificar, según los artículos 154.3 y 156.2 de la Ley del Suelo y 4 del Reglamento de Edificación Forzosa, por lo que la inclusión es aquí constitutiva de la carga de edificar, así como a la iniciación del expediente de valoración, a tenor del artículo 157 de aquella Ley, de lo que ya en relación concreta con el supuesto de autos, ha de deducirse que la inclusión de la finca en el Registro Municipal de Solares e Inmuebles de Edificación Forzosa [...], hubo de determinar, sin duda, el «dies a quo» a partir del cual se computaría el mencionado plazo a efectos de que, una vez cumplido, pase a poder declararse el incumplimiento de la carga si no se ha iniciado la construcción o, aun iniciada, no se ha desarrollado «al ritmo normal previsto», a tenor del artículo 25 del Reglamento mencionado y del artículo 156.2 de la mencionada Ley, declaración que constituye título expropiatorio para desapoderar coactivamente al propietario incumplidor y, como se dijo, a sustituirlo por otro dispuesto al cumplimiento, como prueba el hecho de que en el asiento del inmueble en el Registro se acredita la concurrencia de todos los requisitos legales de la expropiación, quedando sólo pendiente la consumación de dicha expropiación, según los artículos 158 y 159 de la Ley de referencia. CUARTO. Con relación a dicho plazo el Tribunal Supremo en Sentencias como las de 16 de abril y 16 de diciembre de 1960, 6 de abril de 1962 (RJ 1962, 1648), 21 de febrero y 10 de octubre de 1966 (RJ 1966, 766 y 4160), 28 de febrero de 1975 (RJ 1975, 1022), 22 de diciembre de 1987 (RJ 1987, 9694) y 10 de octubre de 1988 (RJ 1988, 7462), ha declarado que tal plazo no constituye, ni puede constituir, por su naturaleza, un término inexorable, sino que está relacionado siempre con las posibilidades de exigirlo, y que en el momento de decidir sobre el incumplimiento de la obligación de edificar dentro de aquel plazo han de tenerse en cuenta las circunstancias objetivas que concurran en cada caso, así como que el derecho de retención de la finca concedido al propietario sólo puede entenderse caducado ante la inacción de su titular que sea suficiente a establecer una presunción de abandono por su parte de su obligación a edificar, sin que, no obstante, dicho plazo pueda alterarse por actos u omisiones voluntarias del propietario porque «no se produce automáticamente el incumplimiento por el mero transcurso de los plazos, cuando existe una voluntad persistente por parte de los obligados de cumplir con la obligación», mas, si bien se observa resulta que tal declaración de incumplimiento de la carga de edificar, precisamente porque ha de partir de tales consideraciones y ha de descender a la realidad de los hechos y sus circunstancias, al no ser "automática», requiere, según el artículo 25.2 del Reglamento mencionado, una tramitación similar, en lo pertinente, a la establecida en los artículos 15 a 17 del mismo, lo que implica, obviamente, la incoación de un expediente en el que aquélla se notificará al propietario de la finca, ocupantes y titulares de derechos reales, en su caso, y se publicará en los periódicos a que alude el artículo 15 b) del Reglamento, con el fin de que los interesados puedan alegar lo que estimen conveniente y aportar o proponer pruebas, y en cuyo expediente, tras el informe de los Servicios Jurídicos y de los Técnicos, en su caso, o del Letrado y Arquitecto, se emitirá una propuesta que se someterá al Ayuntamiento, recayendo entonces el acuerdo pertinente, que será notificado y contra el que cabrá constatar en el Registro de la Propiedad, según los artículos 26 y 27 del Reglamento, donde tendrá carácter de carga real que advierte de la eventual expropiación de la finca. QUINTO [...] Se ha omitido el trámite correspondiente, que ha de ser inexcusablemente previo a cualquiera de tales resoluciones y de ello se deduce la procedencia de anular los actos recurridos por no ser conformes a Derecho, debiendo ser sustituidos por otro de incoación del expediente a que se hizo referencia en el fundamento de derecho anterior para llegar a declarar, en forma motivada y en su caso, el incumplimiento de la obligación de edificar». **(STS 15 mayo 1990 [RJ 1990, 4074]).**

Competencia.

«SEGUNDO: [...] Esta Sala en sus Sentencias de 25 octubre 1989 (RJ 1989, 7493) y 14 diciembre 1995 (RJ 1995, 9105) [...], ha mantenido la incompetencia del Alcalde para acordar la inclusión de un inmueble en el Registro Municipal de Solares, en base a que si bien el art. 18.1 del Reglamento de Edificación Forzosa y Registro Municipal de Solares de 5 de marzo de 1964 se refiere genéricamente a «acuerdo municipal», de modo vago e impreciso, tal inconcreción viene precisada y clarificada en el apartado e) del art. 15.1 al expresarse allí que el Alcalde, en su momento, «someterá la propuesta de resolución al Ayuntamiento en la sesión más próxima», locución de la que se desprende inequívocamente que el Alcalde únicamente tiene potestades de propuesta, pero no decisorias. Y esto no puede entenderse contradicho o negado por la Ley 7/1985, de 2 abril, ni por los preceptos correlativos del Reglamento de Organización, Funcionamiento y Régimen Jurídico de las Entidades Locales de 28 noviembre 1986, puesto que si bien es cierto que el art. 22.2 c) de la Ley 7/1985 no se refiere a competencias en materia de inclusión en el Registro Municipal de Solares, su art. 22.2 m) atribuye al Ayuntamiento, en cláusula residual, las demás que expresamente le confieran las leyes, expresión que no debe referirse únicamente a leyes formales sino a disposiciones normativas de otro rango, como un reglamento, y además, el art. 21.1 m) del mismo Cuerpo Legal, también comprensivo de cláusula residual, exige que la competencia del Alcalde, en general, le venga atribuida por las leyes o que por la legislación del Estado o de las Comunidades Autónomas esté asignada al Municipio y no concretada en otros órganos municipales, situación que no concurre en este supuesto ahora examinado, dados los términos en que se produce la legislación sectorial correspondiente, acabada de expresar». **(STS 10 febrero 1997 [RJ 1997, 811]).**

Expediente de valoración.

«SEGUNDO. Al tratarse de una expropiación de solar derivada de previa declaración de ruina e inclusión de la finca en el Registro de Solares, el justiprecio de los mismos ha de fundarse en su valor urbanístico tal como preceptúa el artículo 157.2 de la Ley del Suelo, es decir, ha de acudirse a los criterios valorativos contenidos en el art. 105 de la propia Ley del Suelo y concordantes reglamentarios, que fijan el valor urbanístico del suelo urbano en función del aprovechamiento que corresponde a los terrenos según su situación, conforme al aprovechamiento permitido por el Plan y ordenanzas municipales». **(STS 2 enero 1990 [RJ 1990, 50]).**

(Sentencia apelada) «PRIMERO. [...] La Ley de Régimen del Suelo y Ordenación Urbana exige que como consecuencia de la resolución administrativa de inclusión en el Registro de Solares de una finca o inmueble, se tramite simultáneamente el expediente de valoración de la misma y de los derechos posiblemente existentes de arrendatarios, pero tal precisión legislativa es como se ha dicho anteriormente, puramente cautelar o previsora y que sólo desplegará eficacia si se produce uno de los supuestos reales y legales siguientes: a) enajenación de la finca incluida en el Registro público a un tercero que asume en virtud de la adquisición la obligación o carga legal de edificar y b) obtención por el propietario de licencia municipal para construir, fin último de la inscripción registral mencionada. Pues bien, sólo si se produce uno de estos supuestos, se extinguen las relaciones jurídico arrendaticias sobre el inmueble, extinción jurídica que legitima la indemnización procedente, en base a las valoraciones previamente determinadas por la Administración Municipal o por el Jurado Provincial de Expropiación Forzosa». **(ATS 14 enero 1990 [RJ 1990, 51]).**

Fincas.

Concepto de finca a los efectos de inscripción en el Registro Municipal de Solares.

«CDO.: lo que el mencionado precepto (art. 6.1 b) exceptúa es la «inclusión en el Registro (de) esas y otras pertenencias de una edificación principal, pero precisamente cuando se tratare de incluirlas aisladamente, no cuando, como en este caso (coincidente con el de autos), lo sean juntamente con aquella de la que forman parte"». **(STS 28 noviembre 1979 [RJ 1979, 4088]).**

«CDO.: [...] Esta Sala viene declarando con reiteración, que el concepto de «finca», cuando de su inscripción en el Registro Municipal de Solares se trata, no tiene por qué ser igual al que se da en el terreno jurídico hipotecario, pues tanto puede haber inmuebles registralmente independientes, pero con elementos arquitectónicamente estructurales comunes, que determinen la necesaria unidad física, para su inscripción conjunta, por tratarse de una auténtica unidad urbanística, como edificaciones que figuren inscritas como una sola finca urbana, y que, sin embargo, al encontrarse aquéllas netamente diferenciadas físicamente, es necesario atender a las circunstancias urbanísticas de cada una de ellas, de forma independiente, para la inscripción en el Registro de Solares de, solamente, aquella o aquellas que merezcan la calificación de inadecuada, de lo que se infiere, en definitiva, que a los efectos que venimos contemplando únicamente hay que atender a la "realidad urbanística» derivada de la resultancia físico-jurídica de los inmuebles de que se trate [...] Siguiendo un criterio jurisprudencial expresado en gran número de sentencias –16 diciembre 1965 (RJ 1965, 5784), 5 febrero 1970 (RJ 1970, 443), 27 noviembre 1972 (RJ 1972, 5102), 23 mayo 1975 (RJ 1975, 2809), etc.–, conforme al cual, debe impedirse que al amparo de la invocación de una unidad predial de edificaciones entre sí o de edificaciones con solares contiguos, como ocurre en el presente caso, se pretenda hacer desaparecer la individualidad física de construcciones que urbanísticamente tiene existencia propia e independiente, y con ello se intente obtener para éstas una calificación de inadecuación por deficiencias de volumen o altura, que consideradas en su unidad no podría corresponderles, aunque sí en su consideración global, mediante el sistema de obtener la media aritmética de volumetría entre la edificación y la superficie agregada a aquella no edificada, por estimarlo todo una finca única [...] Y siguiendo el criterio jurisprudencial anteriormente expuesto, esa unidad registral, dada la evidente independencia física del terreno y construcción a que nos venimos refiriendo, no impediría tampoco el tratamiento diferenciado de ambos inmuebles a los efectos de determinar su adecuación o inadecuación urbanística». **(STS 20 junio 1980 [RJ 1980, 3228]).**

«SEGUNDO. [...] Excepcionalmente y en casos justificados, la agrupación sí es que es procedente a los efectos de la inclusión dicha, pues de no ser ello de ese modo quedarían en no pocas ocasiones pequeñas edificaciones que, pese a su inadecuación urbanística, no podían nunca ser objeto de la legalidad imperante, tendente a obtener el fomento de la edificación, constituida por los artículos 154 y siguientes de la Ley de Régimen del Suelo y por el Reglamento de Edificación Forzosa y del Registro Municipal de Solares, aprobado por Decreto de 5 de marzo de 1964. TERCERO. [...] Del examen de la documentación indicada no se infiere que la finca para la que se ha pretendido y obtenido la inscripción en el Registro Municipal de Solares se halla constituida por tres fincas distintas, agrupadas a tal fin, sino por la sola finca señalada, la que, aun conteniendo dos partes diferenciadas, la urbana y el terreno colindante, siempre ha constituido un fondo único en todos los aspectos y ello con anterioridad la promulgación de la Ley de Régimen del Suelo y Ordenación Urbana e incluso a la legislación precedente en materia de solares, que data de 15 de mayo de 1945». **(STS 19 marzo 1986 [RJ 1986, 1840]).**

Indemnizaciones.

Arrendamientos.

(Sentencia apelada) «CDO.: [...] Como claramente se infiere de la normativa reguladora de la materia (especialmente, arts. 157 y 161 de la vigente Ley del Suelo), si bien la inclusión de una finca en el Registro de Solares implica la iniciación del correspondiente expediente de valoración y en el justiprecio han de tenerse en cuenta, en su caso, las indemnizaciones que hayan de abonarse a los titulares de derecho de arrendamiento y otros análogos al extinguirse los mismos, los derechos arrendaticios a valorar no pueden ser los ya extinguidos con anterioridad y por causas distintas, sino los que a la sazón subsisten y han de extinguirse como consecuencia de la inclusión de la finca en el Registro de Solares, o, más concretamente, como precisa el art. 161 citado, a causa de la enajenación de la finca incluida en el Registro, efectuada con arreglo a los arts. 158, 159 y 160 de la misma Ley o, en su caso, del otorgamiento a favor del propietario de la correspondiente licencia de edificación.

(Considerandos del Tribunal Supremo) «CDO.: Que como declara la Sentencia de este Tribunal de 7 junio 1977 (RJ 1977, 3352), después de recordar que el expediente de declaración de ruina de una edificación es compatible con el de inclusión del inmueble en el Registro municipal de Solares, guardando relación con él tan sólo en lo referente a la pertinencia de la indemnización a satisfacer a los arrendatarios, «la cuestión indemnizatoria depende de la extinción del contrato arrendaticio por venta del inmueble registrado o por otorgamiento de licencia de obras para su derribo y reedificación, quedando siempre a salvo la extinción anterior del citado contrato por la pérdida de la cosa arrendada, que es lo que implica la declaración de ruina», doctrina acorde con lo dispuesto en la LAU en cuanto a que la pérdida o destrucción de la vivienda o local de negocio será causa común de resolución de todos los contratos a que se refiere dicha Ley, independientemente de que la declaración de ruina de una finca acordada por resolución que no dé lugar a recurso y en expediente contradictorio tramitado ante la Autoridad municipal, sea causa por la que pueda resolverse el contrato de arrendamiento urbano, lo sea de vivienda o de local de negocio, a instancia del arrendador». **(STS 30 enero 1984 [RJ 1984, 225]).**

(Sentencia apelada) «SEGUNDO. [...] Es sólo con la empresa como tal, por ser arrendataria, con la que debe entenderse el expediente administrativo, puesto que la ocupación que los empleados hacen de algunas dependencias es una ocupación que hace la empresa misma como arrendataria, y, por lo tanto, esos empleados no son ocupantes en el sentido en que esta palabra es utilizada en el artículo 15 del Reglamento de Edificación Forzosa».

(Sentencia apelada) «SEXTO. No sólo con la nueva Ley del Suelo de 2 de mayo de 1975, sino con la anterior, no se puede ni se podía ordenar el desalojo de una finca incluida en el Registro de Solares sin previa fijación y entrega de la indemnización correspondiente, pues así se deduce hoy del artículo 161 del Texto Refundido de la Ley del Suelo, y se deducía, con anterioridad a la reforma, de una interpretación conjunta de los artículos 41 del Reglamento de Edificación Forzosa y 52 y 53 del Reglamento de Expropiación Forzosa, como minuciosamente concluye la Sentencia del Tribunal Supremo de 25 de mayo de 1976 (RJ 1976, 3017). Y al haberse ordenado el desalojo sin ese requisito previo, se hace necesaria la estimación del recurso, sin perjuicio de que la Administración pueda ordenarlo en el futuro, cumplido tal requisito previo». **(STS 11 febrero 1985 [RJ 1985, 1013]).**

«Como declara la Sentencia de esta Sala de 16 de febrero de 1982, al estar vinculado el efecto extintivo de los derechos de arrendamiento al otorgamiento de la licencia a favor del propietario o a la enajenación del inmueble, la indemnización de esos derechos ha de referirse a estos momentos, pues carece de sentido interpretar que la determinación del valor real y su pago hayan de fijarse con referencia a momentos anteriores durante los que los arrendamientos y demás derechos se mantuvieron subsistentes». **(STS 29 noviembre 1986 [RJ 1986, 8095]).**

«SEGUNDO. [...] Es cierto que el Tribunal Supremo aplicando el artículo 149 de la Ley de 1956 sostuvo que esta cuestión era ajena al procedimiento de inclusión de las fincas en el Registro de Solares y que debía resolverse, si surgía controversia entre los interesados, como cuestión civil, en el proceso pertinente ante la jurisdicción ordinaria –Sentencias de 5 de diciembre de 1964 (RJ 1964, 5560), 2 de abril de 1966 (RJ 1966, 2658), 1 de abril de 1970 (RJ 1970, 2005), 6 de marzo de 1972 (RJ 1972, 1067), 12 de mayo de 1973 (RJ 1973, 2569), etc.–. En algunas ocasiones distinguió según que la extinción de la relación arrendaticia hubiera tenido lugar por efecto del otorgamiento de la licencia al propietario o como consecuencia de la enajenación del inmueble, negando en el primer caso, pero no en el segundo, que el tema de la indemnización al arrendatario tuviera carácter administrativo a determinar por los trámites del procedimiento expropiatorio –en este sentido, las Sentencias de 27 de enero, 6 de marzo y 5 de abril de 1968 (RJ 1968, 689, 1330 y 3731) y las de 31 de diciembre de 1971 (RJ 1972, 703) y 19 de marzo de 1973 (RJ 1973, 2182)–. A esta postura jurisprudencial ha puesto fin el art. 161.3 del Texto Refundido de 1976; el carácter netamente administrativo de dicha cuestión su planeamiento en el ámbito expropiatorio ya no ofrece duda al disponerse en aquél que «si procediere por razón de la naturaleza de la obligación los aludidos derechos –se refiere a los arrendamientos y demás derechos personales constituidos por cualquier título en relación con la finca incluida en el registro– serán indemnizados a cargo del propietario por su valor real de acuerdo con el procedimiento establecido en la Ley de Expropiación Forzosa [...]», procedimiento que obviamente comporta la intervención decisoria del Jurado –Sentencias de 9 de abril de 1976 (RJ 1976, 2336), 2 de junio de 1980 (RJ 1980, 3034), 18 de marzo de 1982 (RJ 1982, 1114), 3 de diciembre de 1982 (RJ 1982, 7513) y 26 de septiembre de 1984 (RJ 1984, 4517), entre otras–. Puede, por tanto, concluirse que carece de base la tesis que pretende negar al Jurado Provincial de Expropiación Forzosa de Valencia competencia para fijar la indemnización debida a la hoy apelante puesto que el acto de inclusión en el Registro Municipal de Solares del Ayuntamiento de Valencia de la finca sita en el número 2 de la calle de Gandía tuvo lugar por Resolución de 11 de agosto de 1978. **(STS 10 febrero 1987 [RJ 1987, 585]).**

«1º) En lo relativo al procedimiento por el que debe discurrir la indemnización debida a arrendatarios por la extinción de sus derechos en los casos de inclusión de las fincas en el Registro Municipal de Solares, si bien en sentencias de este Tribunal, aplicando la Ley del Suelo de 1956 –artículo 149se sostuvo que si surgía controversia entre los interesados la cuestión debía decidirse por la vía de un proceso civil ordinario en términos generales y con algunas apreciaciones, a partir de la vigencia del artículo 161.3º del Texto Refundido de la Ley del Suelo de 1976 ya no existe duda del carácter administrativo de la cuestión por la expresa remisión que se hace al procedimiento establecido en la Ley de Expropiación Forzosa, y así se ha declarado, entre otras, en Sentencias de 3 de diciembre de 1982 (RJ 1982, 7513) y 26 de septiembre de 1984 (RJ 1984, 4517), por lo que en el caso de autos resulta inconcusa la facultad del Jurado de Expropiación de Valencia para fijar la indemnización debida al arrendatario dado que por Resolución de 11 de agosto de 1978 del Ayuntamiento de dicha Ciudad se incluyó la finca en el Registro Municipal de Solares». **(STS 17 febrero 1987 [RJ 1987, 590]).**

«SEGUNDO. Siendo así que según el artículo 149.2 de la Ley del Suelo de 12 de mayo de 1956, coincidente con el 161.2 de la vigente, lo que produce la definitiva extinción de los contratos de arrendamiento en los inmuebles incluidos en el Registro Municipal de Solares e Inmuebles de Edificación Forzosa, es la concesión al propietario de la finca de la licencia de edificación, y es esa extinción del derecho locaticio lo que genera a favor del arrendatario el derecho a ser indemnizado tanto con arreglo al artículo 149.3 de la Ley anterior como al 161.3 de la vigente, es claro que habiéndose otorgado en el presente caso la licencia de nueva edificación sobre el inmueble inscrito en aquel Registro el 7 de enero de 1975, fue en esa fecha cuando se consolidó a favor del arrendatario codemandado su derecho a ser indemnizado, como vino a reconocer el mismo demandante en su escrito de catorce de marzo de 1975 que obra en los folios 1 y 2 de la 2ª pieza del expediente. TERCERO. La circunstancia de que antes de su desalojo por el procedimiento administrativo de desahucio ya instado por el propietario y en el que había recaído providencia del Alcalde de 6 de mayo del mismo año 1975 requiriéndole de desalojo en el plazo de 5 meses, el referido arrendatario hubiese de desalojar el inmueble por haber sobrevenido en el mismo una situación de ruina inminente que hacía peligrar la estabilidad de la finca, no enerva el derecho de dicho arrendatario a la indemnización ya consolidada a favor del mismo desde el 7 de enero de 1975». **(STS 10 mayo 1988 [RJ 1988, 3736]).**

«TERCERO. [...] En los casos de declaración de ruina con arreglo al artículo 183 de la Ley del Suelo no puede desentenderse el Ayuntamiento que la declara y lleva a efecto mediante la orden de demolición, de preservar la garantía a que tiene derecho todo titular de arrendamiento de que se fije la evaluación de sus derechos cuyo disfrute y ejercicio precisamente se extinguen con la demolición, con vistas a la posterior indemnización. No sólo los preceptos citados de la Ley del Suelo, Texto Refundido de 1976, sino ya antes los artículos 5.4.10.1 J, 15, 18 y 20 del Reglamento de Edificación Forzosa y Registro Municipal de Solares aprobado por Decreto 635/1964, de 5 marzo, configuraban rigurosamente esta obligación municipal, que en este concreto caso ha sido desatendida por el Ayuntamiento de Badajoz». **(STS 28 junio 1994 [RJ 1994, 5001]).**

Inmuebles especiales.

Bienes de dominio público.

«[...] La expresión de tal ap. a) es análoga a la que se emplea para distinguir los bienes de dominio público de los de propiedad privada y que se contiene en el art. 339 del CC, y hay que entender [...] Que para que pueda apreciarse incurso un inmueble en el supuesto del citado ap. a), no basta que el inmueble pertenezca a un Ente público (siquiera esta circunstancia sea indispensable) sino que además, el destino de tal inmueble a un destino público hay que entenderlo con carácter permanente e indefinido». **(STS 31 enero 1979 [RJ 1979, 241]).**

«CDO: Que el privilegio que entraña el precepto y los términos en que se formula, análogos a los utilizados para definir los bienes de dominio público en los arts. 339 del CC, 113 de la Ley del Patrimonio del Estado y 184 y 185 de la Ley de Régimen Local, ha determinado que la jurisprudencia, al fijar el alcance de la excepción estatuida en el ap. a del art. 6 del Reglamento de 5 marzo 1964, conforme a la cual no se hallan sujetos a las normas sobre edificación y enajenación forzosas las construcciones destinadas al uso o servicio público, estableciera con un criterio restrictivo que la aplicación de tal disposición requiere no sólo que el inmueble pertenezca a una entidad pública, sino además que esté destinado de modo permanente e indefinido al cumplimiento de un fin de esta naturaleza –SS. de 31 enero 1979 (RJ 1979, 241), 29 abril 1977 (RJ 1977, 2669), 17 febrero 1976 (RJ 1976, 898) y las en ellas citadas–, y, por consiguiente, cuando tal dedicación no existe, como en el supuesto de que el ente público disfrute la finca como arrendatario, aunque su goce permita prestar un servicio de aquel carácter, el precepto excepcional examinado no puede amparar este aprovechamiento impidiendo la inclusión del edificio en el Registro de Solares». **(STS 25 marzo 1981 [RJ 1981, 1358]).**

«CDO.: Que la tesis de la sentencia apelada se aparta –sin fundamento bastante– de la doctrina contenida en las SS. de este Tribunal de 6 julio 1973 (RJ 1973, 3317), y 29 abril 1977 (RJ 1977, 2669), 31 enero 1979 (RJ 1979, 241) (y en lo esencial implícita en las de 22 diciembre 1975 [RJ 1976, 326] y 3 diciembre 1977 [RJ 1977, 4792) entre otras] que ha declarado: a) para que se dé la excepción aplicada se requiere que todo el inmueble –y no sólo una parte– esté afecto al servicio público». **(STS 10 noviembre 1982 [RJ 1982, 7251]).**

Monumentos.

(Sentencia apelada) «CDO: Que en cuanto a la otra cuestión necesitada de resolución que quedó planteada en el primer considerando de esta resolución ha de decirse que la pertenencia del edificio que nos ocupa al casco antiguo de Valladolid y el hecho de que éste haya sido declarado Monumento Histórico-Artístico por Decreto 2079/1978, de 15 de julio, no afecta al procedimiento de su inclusión en el Registro Municipal de Solares, ni para exigir la presencia en éste de la Comisión del Patrimonio Histórico-Artístico, que no es titular de ningún derecho subjetivo «stricto sensu» para tener la consideración de "interesado" del art. 23-b) de la Ley de Procedimiento Administrativo, ni para influir en dicha inclusión, ya que, como se desprende de las disposiciones vigentes relativas a esta materia y de la certificación expedida por el Sr. Secretario de dicha Comisión obrante en autos, la competencia de este órgano de la Administración Central se refiere única y exclusivamente al derribo, reedificación o nueva construcción, de tal forma que es posible no sólo declarar la inclusión en el Registro Municipal de Solares de un edificio Monumento Histórico-Artístico sino también su estado ruinoso, sin perjuicio de las posteriores intervenciones preceptivas de la Administración Central, habiendo apuntado la doctrina científica diversas soluciones de armonización de ambas competencias». **(STS 14 julio 1984 [RJ 1984, 4100]).**

Requisitos de la venta forzosa.

«SEGUNDO. El apartado 2 del art. 156 del Texto Refundido de la vigente Ley del Suelo establece que las fincas a que se refiere el párrafo 3 del art. 154 de la misma Ley incluidas en el Registro de Solares no pasarán a la situación de venta forzosa hasta que haya transcurrido el plazo de dos años a contar desde aquella inclusión si durante tal plazo el propietario no ha iniciado o continuado las obras de edificación; y en relación con ese plazo de dos años, esta Sala tiene declarado que no constituye (ni puede constituir) por su naturaleza, un término inexorable, sino que está relacionado siempre con las posibilidades de exigirlo, y que en el momento de decidir sobre el incumplimiento de la obligación de edificar dentro de aquel plazo han de tenerse en cuenta las circunstancias objetivas que concurran en cada caso, y el derecho de retención de la finca concedido a su propietario sólo puede entenderse caducado ante una inacción de su titular que sea suficiente a establecer una presunción de abandono por su parte de su obligación de edificarla –Sentencias de 16 de abril y 16 de diciembre de 1960, 6 de abril de 1962 (RJ 1962, 1648), 21 de febrero y 10 de octubre de 1966 (RJ 1966, 766 y 4160) y 28 de febrero de 1975 (RJ 1975, 1022)–; sin que no obstante, dicho plazo legal de edificación pueda alterarse por actos u omisiones voluntarias del propietario. CUARTO. [...] Es claro que la falta de edificación no puede atribuirse a inacción o inactividad de la propietaria que realizó cuantos actos estaban a su alcance, sino que ha de achacarse a la obstrucción del propio arrendatario actor y a la inacción del Ayuntamiento; no siendo por lo tanto posible declarar incumplida la obligación de edificar de la propietaria, ni presumir que ha habido abandono por su parte de su aludida obligación de edificar. QUINTO. El plazo de los dos años que establece el artículo 156.2 de la Ley del Suelo para la edificación, ha de contarse desde la inclusión del inmueble en el Registro Municipal si el propietario tiene a su disposición real el inmueble y puede por tanto iniciar o continuar las obras; y desde que lo tenga a su disposición efectiva en caso contrario; pues nadie está obligado a hacer lo imposible ("ad imposibilia nemo tenetur"); y evidentemente no puede exigirse al propietario que edifique si no se pone el inmueble a su disposición ni se le facilitan los trámites administrativos necesarios tales como el desalojo de los ocupantes (art. 161.2 y 3 de la LS)». **(STS 10 octubre 1988 [RJ 1988, 7462]).**

(Sentencia apelada) «Dando lugar la inclusión de la finca en el Registro al comienzo del cómputo del plazo de dos años para edificar, según los artículos 154.3 y 156.2 de la Ley del Suelo y 4 del Reglamento de Edificación Forzosa, por lo que la inclusión es aquí constitutiva de la carga de edificar, así como a la iniciación del expediente de valoración, a tenor del artículo 157 de aquella Ley, de lo que ya en relación concreta con el supuesto de autos, ha de deducirse que la inclusión de la finca en el Registro Municipal de Solares e Inmuebles de Edificación Forzosa [...], hubo de determinar, sin duda, el «dies a quo» a partir del cual se computaría el mencionado plazo a efectos de que, una vez cumplido, pase a poder declararse el incumplimiento de la carga si no se ha iniciado la construcción o, aun iniciada, no se ha desarrollado «al ritmo normal previsto», a tenor del artículo 25 del Reglamento mencionado y del artículo 156.2 de la mencionada Ley, declaración que constituye título expropiatorio para desapoderar coactivamente al propietario incumplidor y, como se dijo, a sustituirlo por otro dispuesto al cumplimiento, como prueba el hecho de que en el asiento del inmueble en el Registro se acredita la concurrencia de todos los requisitos legales de la expropiación, quedando sólo pendiente la consumación de dicha expropiación, según los artículos 158 y 159 de la Ley de referencia. CUARTO. Con relación a dicho plazo el Tribunal Supremo en Sentencias como las de 16 de abril y 16 de diciembre de 1960, 6 de abril de 1962 (RJ 1962, 1648), 21 de febrero y 10 de octubre de 1966 (RJ 1966, 766 y 4160), 28 de febrero de 1975 (RJ 1975, 1022), 22 de diciembre de 1987 (RJ 1987, 9694) y 10 de octubre de 1988 (RJ 1988, 7462), ha declarado que tal plazo no constituye, ni puede constituir, por su naturaleza, un término inexorable, sino que está relacionado siempre con las posibilidades de exigirlo, y que en el momento de decidir sobre el incumplimiento de la obligación de edificar dentro de aquel plazo han de tenerse en cuenta las circunstancias objetivas que concurran en cada caso, así como que el derecho de retención de la finca concedido al propietario sólo puede entenderse caducado ante la inacción de su titular que sea suficiente a establecer una presunción de abandono por su parte de su obligación a edificar, sin que, no obstante, dicho plazo pueda alterarse por actos u omisiones voluntarias del propietario porque «no se produce automáticamente el incumplimiento por el mero transcurso de los plazos, cuando existe una voluntad persistente por parte de los obligados de cumplir con la obligación», mas, si bien se observa resulta que tal declaración de incumplimiento de la carga de edificar, precisamente porque ha de partir de tales consideraciones y ha de descender a la realidad de los hechos y sus circunstancias, al no ser "automática», requiere, según el artículo 25.2 del Reglamento mencionado, una tramitación similar, en lo pertinente, a la establecida en los artículos 15 a 17 del mismo, lo que implica, obviamente, la incoación de un expediente en el que aquélla se notificará al propietario de la finca, ocupantes y titulares de derechos reales, en su caso, y se publicará en los periódicos a que alude el artículo 15 b) del Reglamento, con el fin de que los interesados puedan alegar lo que estimen conveniente y aportar o proponer pruebas, y en cuyo expediente, tras el informe de los Servicios Jurídicos y de los Técnicos, en su caso, o del Letrado y Arquitecto, se emitirá una propuesta que se someterá al Ayuntamiento, recayendo entonces el acuerdo pertinente, que será notificado y contra el que cabrá constatar en el Registro de la Propiedad, según los artículos 26 y 27 del Reglamento, donde tendrá carácter de carga real que advierte de la eventual expropiación de la finca. QUINTO [...] Se ha omitido el trámite correspondiente, que ha de ser inexcusablemente previo a cualquiera de tales resoluciones y de ello se deduce la procedencia de anular los actos recurridos por no ser conformes a Derecho, debiendo ser sustituidos por otro de incoación del expediente a que se hizo referencia en el fundamento de derecho anterior para llegar a declarar, en forma motivada y en su caso, el incumplimiento de la obligación de edificar». **(STS 15 mayo 1990 [RJ 1990, 4074]).**

«TERCERO. [...] El art. 156.2 de la Ley del Suelo señala que transcurrido el plazo de dos años a contar desde la inclusión sin que durante ese plazo se hubiesen iniciado o continuado por el propietario las obras de edificación, o luego que no las desarrollara con ritmo normal, las fincas a que se refiere el art. 154.3, como en este caso, pasarán a la situación de venta forzosa». **(STS 26 noviembre 1991 [RJ 1991, 9164]).**

Sección 2ª Cesión de terrenos

Artículo 165.

Los Ayuntamientos podrán ceder terrenos del Patrimonio municipal del suelo para ser edificados o destinados, en general, a los fines previstos en el Plan de ordenación.

Artículo 166.

1. Toda cesión de terrenos a título gratuito o por precio inferior al de coste precisará que sean destinados para atender necesidades de viviendas de carácter social y se someterá a la autorización del Ministro de la Gobernación, previo informe del Ministro de la Vivienda en las condiciones y con las formalidades establecidas reglamentariamente.

2. Las cesiones a título oneroso de terrenos del Patrimonio municipal del suelo estarán exceptuadas de la autorización ministerial.

Artículo 167.

Cuando la permanencia de los usos a que se destinen los terrenos lo requiera, las Entidades Locales, previo informe del Ministerio de la Vivienda y autorización del de la Gobernación, podrán ceder directamente, por precio inferior al de coste o con carácter gratuito, el dominio de terrenos en favor de Entidades o Instituciones públicas para destinarlos a fines que redunden en beneficio manifiesto de los respectivos municipios.

Artículo 168.

1. La enajenación de terrenos pertenecientes a las Entidades Locales requerirá subasta pública, cuyo tipo de licitación será el valor urbanístico o, si excediere de éste, el que resulte de sumar al importe de adquisición la parte proporcional de las obras y servicios establecidos, gastos complementarios de gestión o preparación, alojamiento para familias o Empresas radicadas e indemnizaciones satisfechas.

2. Si la subasta quedare desierta, la Corporación podrá enajenar directamente dentro del plazo máximo de un año, con arreglo al precio tipo de licitación y estableciendo la obligación de comenzar la edificación en el plazo de seis meses y terminarla en otro adecuado a la importancia de la misma.

Artículo 169.

1. No obstante, la enajenación de terrenos del Patrimonio municipal del suelo podrá efectuarse directamente para los siguientes fines:

a) Edificios públicos destinados a Organismos oficiales;

b) Edificios de servicio público, de propiedad pública o particular, que requieran un emplazamiento determinado sin propósito especulativo, como centros parroquiales, culturales, sanitarios o instalaciones deportivas; y

c) Construcción de viviendas por Organismos oficiales.

2. La enajenación se realizará por el precio que correspondiera en caso de subasta.

3. El Ministro de la Vivienda podrá aprobar pliegos de condiciones tipo, a los que habrán de ajustarse las cesiones directas y en los que se determinarán las obligaciones mínimas de los adquirentes y las garantías de todo orden.

Artículo 170.

1. Con los mismos requisitos señalados en el artículo anterior y los demás que se previenen en el presente, también podrán enajenarse directamente terrenos para edificar viviendas a los peticionarios siguientes:

a) Entidades de carácter benéfico y social que sean promotoras de viviendas de protección oficial; y

b) Personas económicamente débiles, para su acceso a la pequeña propiedad, en operaciones de conjunto aprobadas por el Ministro de la Vivienda, a iniciativa propia de las Corporaciones Locales o del Instituto Nacional de la Vivienda.

2. En el supuesto del apartado b) que antecede, los Planes y pliegos de condiciones, con fijación del precio, se expondrán al público en la Casa Consistorial durante dos meses.

3. Dentro de ese plazo, las personas a quienes interesare adquirir parcelas dirigirán sus solicitudes al Ayuntamiento, con los documentos justificativos de su situación familiar y económica.

Sección 3ª Cesión de derechos de superficie

Artículo 171.

1. El Estado, las Entidades Locales y Urbanísticas especiales y las demás personas públicas, dentro del ámbito de su competencia, así como los particulares, podrán constituir el derecho de superficie en terrenos de su propiedad con destino a la construcción de viviendas, servicios complementarios, instalaciones industriales y comerciales u otras edificaciones determinadas en los Planes de ordenación, cuyo derecho corresponderá al superficiario.

2. El derecho de superficie será transmisible y susceptible de gravamen, con las limitaciones que se hubieren fijado al constituirlo y se regirá por las disposiciones contenidas en esta Sección, por el título constitutivo del derecho y, subsidiariamente, por las normas del Derecho privado.

Artículo 172.

1. La concesión del derecho de superficie por el Estado y demás personas públicas se efectuará por subasta o por adjudicación directa o como consecuencia de haberse procedido a una expropiación parcial del dominio del suelo, por así permitirlo la ejecución del Plan. La adjudicación directa podrá hacerse gratuitamente o por precio inferior al coste, siempre que los terrenos sean destinados a los fines previstos en los artículos 166 y 169. Requerirá además autorización del Ministro de la Vivienda o del de la Gobernación,

según que dicha adjudicación se verifique por órganos urbanísticos de la Administración del Estado o por las Entidades Locales.

2. La constitución del derecho de superficie deberá ser en todo caso formalizada en escritura pública y, como requisito constitutivo de su eficacia, inscribirse en el Registro de la Propiedad.

3. Cuando se constituyere a título oneroso, la contraprestación del superficiario podrá consistir en el pago de una suma alzada por la concesión o de un canon periódico, o la adjudicación en viviendas o en locales o en derechos de arrendamiento de unas u otros o en varias de estas modalidades a la vez, sin perjuicio de la reversión total de lo edificado al finalizar el plazo que se hubiera pactado al constituir el derecho de superficie.

Artículo 173.

1. El derecho de superficie se extinguirá si no se edifica en el plazo previsto en el Plan o en el convenido, si fuera menor, o por el transcurso del plazo que se hubiera pactado al constituirlo, que no podrá exceder de setenta y cinco años en el concedido por el Estado y demás personas públicas, ni de noventa y nueve en el convenido entre los particulares.

2. Cuando se extinga el derecho de superficie por haber transcurrido el plazo, el dueño del suelo hará suya la propiedad de lo edificado, sin que deba satisfacer indemnización alguna cualquiera que sea el título en virtud del cual se hubiese constituido aquel derecho.

3. La extinción del derecho de superficie por decurso del término provocará la de toda clase de derechos reales o personales impuestos por el superficiario.

4. Si por cualquier otra causa se reunieran en la misma persona los derechos de propiedad del suelo y los del superficiario, las cargas que recayeren sobre uno y otro derecho continuarán gravándolos separadamente.

Artículo 174.

La concesión del derecho de superficie por el Estado y demás personas públicas y su constitución por los particulares gozará de las ventajas que se establezcan reglamentariamente en la concesión de calificaciones, préstamos y ayudas previstas en la legislación protectora de viviendas.

⇒ V. arts. 89 a 93 del presente Texto Refundido.

V. arts. 25 y siguientes de la Ley 6/1998, de 13 abril (§1), en lo relativo a valoraciones.

V. arts. 109 a 119 del RBCL, en lo relativo a la enajenación de bienes.

V. arts. 276.1 y 2 y 280.1 del TRLS/1992, en lo relativo a constitución y destino del patrimonio municipal del suelo.

V. arts. 287.2 y 3, 288.2 y 3, y 289. 1 a 5 del TRLS/1992 (§2), en lo relativo al derecho de superficie.

V. RDley 3/1980, de 14 de marzo, sobre promoción de suelo y agilización de la gestión urbanística (§3.4).

Jurisprudencia artículos 165 a 174

El Patrimonio municipal del suelo como patrimonio separado, adscrito a la finalidad de prevenir, encauzar y desarrollar técnica y económicamente la expansión de las poblaciones.

«El Patrimonio Municipal del Suelo fue regulado en la Ley del Suelo de 1956 como un conjunto de bienes de que las Corporaciones se puede servir «para regular el precio en el mercado de solares» (Exposición de Motivos), con la finalidad de "prevenir, encauzar y desarrollar técnica y económicamente la expansión de las poblaciones». Este conjunto de bienes tiene una característica especial, a saber, que su finalidad específica se realiza mediante la circulación propia del tráfico jurídico pero sin disminución o merma del propio Patrimonio, toda vez que el producto de las enajenaciones de los bienes de éste habrá de destinarse a la conservación y ampliación del propio Patrimonio (artículo 93 del TRLS). Por ello se ha podido decir que «las dotaciones económicas que se pongan a disposición del Patrimonio Municipal del Suelo constituyen un fondo rotatorio de realimentación continua, por aplicaciones sucesivas al mismo fin, de dicho Patrimonio, lo que constituye una técnica visible de potenciación financiera». En definitiva, se ha venido así aceptando pacíficamente que el Patrimonio Municipal del Suelo constituye un «patrimonio separado» (lo que hoy está ya expresamente dicho en el artículo 276.2 del nuevo Texto Refundido de la Ley del Suelo de 26 junio 1992 [RJ 1992, 1468]). La Ley ha querido y quiere que el Patrimonio Municipal del Suelo funcione como un patrimonio separado, es decir, como un conjunto de bienes afectos al cumplimiento de un fin determinado, fin que aquí no es cualquiera de los que las Corporaciones han de perseguir según la legislación de régimen local (artículos 25 y 26 de la Ley de Bases de Régimen Local de 2 abril 1985), sino el específico y concreto de «prevenir, encauzar y desarrollar técnica y económicamente la expansión de las poblaciones» (artículo 89.2 del Texto Refundido de 9 abril 1976), y ha querido y quiere expresamente, con una claridad elogiable, que el producto de las enajenaciones de terrenos del Patrimonio se destinen no a cualquier fin, por loable y razonable que sea, sino al específico de la conservación y ampliación del propio Patrimonio Municipal del Suelo (artículo 93, ya citado). Esta es la caracterización que el legislador ha dado a los Patrimonios Municipales del Suelo, y se comprenderá que, ante tamaña claridad, sólo una expresa previsión legislativa en contrario puede hacer que los mismos, abandonando su origen, su caracterización y su finalidad, pasen a convertirse en fuente de financiación de otras y muy distintas necesidades presupuestarias municipales». **(STS 2 noviembre 1995 [RJ 1995, 8060]).**

Posibilidad de cesión de terrenos municipales con carácter gratuito para fines de interés social.

«TERCERO. [...] En todo caso, al tratarse, como después veremos, de un supuesto del art. 166 del Texto Refundido de la Ley del Suelo, entraría en juego la acción pública prevista en el art. 235 de la misma Ley [...] QUINTO. [...] En todo caso, importa resaltar que la limitación general de la cesión de terrenos a una sociedad mercantil que pudiera derivarse de los arts. 79.2 del Texto Refundido en materia de Régimen Local de 18-4-1986 y 109.2 del Reglamento de Bienes de 13 junio del mismo año, debe armonizarse con el supuesto excepcional del art. 166 del Texto Refundido de la Ley del Suelo que permite, como medida excepcional de fomento a la edificación, la cesión de terrenos a título gratuito para atender necesidades de carácter social, sin limitación alguna en orden a la naturaleza o finalidad de los beneficiarios y que por su carácter especial debe primar sobre la norma general, cuando concurra su concreto supuesto de hecho. Por otra parte, el hecho de que las viviendas en cuestión no estuvieran sujetas al Régimen legal especial de viviendas de protección oficial en nada afecta al carácter social de las mismas, si, como hemos dicho, su construcción obedece a su posterior ofrecimiento a personas de bajos niveles de renta. En cualquier caso, no está de más recordar que en el supuesto de que los bienes no fueren destinados para los fines para los que fueron cedidos, entraría en juego la cláusula de reversión a que se refiere el art. 111 del citado Texto Refundido del Régimen Local, supuesto que ni ha sido planteado, ni podía ser objeto de discusión en este proceso, al girar el mismo en torno al inicial acuerdo de aprobación de una cesión de terrenos». **(STS 29 septiembre 1992 [RJ 1992, 6988]).**

Derecho de superficie.

(Sentencia apelada) «QUINTO. Que la superficie constituye un derecho real sobre el suelo y al mismo tiempo una propiedad superficiaria y separada, es decir, comprende dos relaciones jurídicas distintas, una entre el superficiario y el dueño del suelo ajeno y otra entre el superficiario y la construcción la primera relación integra lo que puede llamarse el derecho de superficie en sentido estricto, que se polariza en una verdadera concesión «ad aedificandum» o sea el derecho de poder levantar en suelo ajeno una construcción propia, renunciando el dueño del suelo, por esa concesión a la Ley de accesión y facultando a un tercero, mediando o no contraprestación de un canon, para construir; pero esa concesión de la que nace el derecho a edificar, no ha creado, sin embargo, la propiedad superficiaria, pues la construcción no existe todavía y como dice la doctrina, en el día en el que la construcción se realice no desaparecerá, ya que el derecho «ad aedificandum» que ha hecho posible la propiedad separada sigue perdurando, como lo demuestra el hecho de que en el caso de destrucción de lo edificado, el superficiario o concesionario continuará teniendo el derecho a construir nuevamente, en tanto en cuando no transcurra el plazo; por tanto el derecho de superficie «ad aedificandum» da ocasión para que pueda existir la propiedad superficiaria y aunque hasta hace poco el derecho de superficie ha estado huérfano de normativa legal, ya que sólo existía el art. 1655 del Código Civil que dispone «que los foros y cualesquiera otros de naturaleza análoga que se establezcan después de la promulgación del Código Civil [...]», habiendo considerado la Jurisprudencia que entre los de «naturaleza análoga» se encuentra la superficie –STS 3-6-1941– y que la misma es muy similar al censo enfitéutico –STS 4-7-1928– teniendo este criterio su asiento en el art. 1611 párr. 3º del Código Civil que expresamente afirma la analogía entre el foro y la superficie, más modernamente el derecho de superficie aparece expresamente reconocido tanto en la antigua como en la moderna Ley del Suelo de 9-4-1976 –art. 17.1.2– como en el art. 16 de la Ley Hipotecaria que lo configura como un derecho real y por tanto inscribible. SEXTO. Que en consecuencia y dado que lo transmitido al causante del actor fue un derecho de superficie sobre bienes propios desafectados al uso público por el Ayuntamiento demandado de acuerdo con la Ley del Suelo de 1956, tal derecho de superficie, como institución de derecho privado, sólo puede extinguirse con arreglo a las normas del derecho privado, es decir, ante la jurisdicción civil que es la única competente, mas nunca del modo en que se ha realizado en los actos recurridos que confunden la concesión administrativa con el derecho de superficie, sin que pueda objetarse, tal como hace el demandado que la cesión del derecho de superficie fue un acto en fraude de ley y por tanto nulo de pleno derecho, al prescindir del trámite de subasta para su adjudicación, ya que tanto la antigua Ley del Suelo de 12-5-1956 –aplicable en la época en que se efectuó la cesión– en su art. 156, como en el núm. 1 del art. 172 de la vigente Ley del Suelo, exigían el trámite de subasta pública, y aunque los arts. 155 y 156 de la antigua Ley permitían la adjudicación directa, ello sólo podría realizarse cuando la cesión era sin propósito de lucro, supuesto distinto al de autos, por lo que precisa examinarse la pretendida nulidad. SÉPTIMO. Que si bien es cierto que los preceptos mencionados de la antigua y de la moderna Ley del Suelo exigían para el supuesto de autos la subasta pública, pues ésta constituye el procedimiento ordinario de enajenación de bienes de entidades locales, y así lo establece expresamente el art. 112 del Reglamento de Bienes de las Entidades Locales aprobado por Decreto de 13-6-1986, no menos cierto es que la infracción de tales preceptos por el propio Ayuntamiento demandado no implica en todo caso una nulidad de pleno derecho de referido acto administrativo y de los posteriores de los que trae causa». **(STS 4 febrero 1993 [RJ 1993, 782]).**

Sección 4ª Arbitrio no fiscal sobre edificación deficiente

Artículo 175.

1. Para fomentar la edificación con arreglo a los Planes de ordenación,

los Ayuntamientos podrán imponer un arbitrio no fiscal sobre los solares situados en sectores urbanizados cuando la construcción ocupe dos terceras partes de la superficie edificable en cada polígono, las construcciones a que se refiere el artículo 156 y los edificios de altura insuficiente respecto a la permitida y que sea normal en el sector.

2. Cuando la insuficiencia de altura derivare de la aprobación o modificación de los Planes u Ordenanzas con posterioridad a la fecha de construcción del inmueble, el arbitrio no fiscal sólo podrá imponerse una vez transcurridos diez años desde la vigencia de la nueva altura permitida, cuyo plazo podrá prorrogar el Ayuntamiento o la Comisión de Urbanismo a instancia de los propietarios.

Artículo 176.

El Ayuntamiento acordará la imposición del arbitrio, aprobará simultáneamente la ordenanza y tarifa que lo regule y elevará el expediente a la Comisión Provincial de Urbanismo para su aprobación definitiva, si procede.

Artículo 177.

El arbitrio se bonificará en un 50 por 100 a los propietarios de solares que cumplimentaren lo previsto por el artículo 160.

CAPÍTULO II
Intervención en la edificación y uso del suelo

Sección 1ª Licencias

Artículo 178.

1. Estarán sujetos a previa licencia, a los efectos de esta Ley, los actos de edificación y uso del suelo, tales como las parcelaciones urbanas, los movimientos de tierra, las obras de nueva planta, modificación de estructura o aspecto exterior de las edificaciones existentes, la primera utilización de los edificios y la modificación del uso de los mismos, la demolición de construcciones, la colocación de carteles de propaganda visibles desde la vía pública y los demás actos que señalaren los Planes. Cuando los actos de edificación y uso del suelo se realizaren por particulares en terrenos de dominio público, se exigirá también licencia, sin perjuicio de las autorizaciones o concesiones que sea pertinente otorgar por parte del ente titular del dominio público.

2. Las licencias se otorgarán de acuerdo con las previsiones de esta Ley, de los Planes de ordenación urbana y Programas de Actuación Urbanística y en su caso, de las Normas Complementarias y Subsidiarias del Planeamiento.

3. El procedimiento de otorgamiento de las licencias se ajustará a lo prevenido en la Legislación de Régimen Local. En ningún caso se entenderán adquiridas por silencio administrativo facultades en contra de las prescripcio-

nes de esta Ley, de los Planes, Proyectos, Programas y, en su caso, de las Normas Complementarias y Subsidiarias del Planeamiento.

⇒ V. arts. 242.1, 243.1 y 2, y 244.2, 3 y 4 del TRLS/1992 (§2).
V. arts. 1 a 5 del RDU (§3.3).
V. jurisprudencia en el art. 180.

Artículo 179.

1. La competencia para otorgar las licencias corresponderá al Ayuntamiento, salvo en los casos previstos por la presente Ley.

2. Toda denegación de licencia deberá ser motivada.

⇒ V. arts. 242.1, 243.1 y 2, y 244.2, 3 y 4 del TRLS/1992 (§2).
V. arts. 3.2 y 6 del RDU (§3).
V. jurisprudencia en el art. 180.

Artículo 180.

1. Los actos relacionados en el artículo 178 que se promuevan por Órganos del Estado o Entidades de derecho público que administren bienes estatales estarán igualmente sujetos a licencia municipal.

2. Cuando razones de urgencia o excepcional interés público lo exijan, el Ministro competente por razón de la materia podrá acordar la remisión al Ayuntamiento correspondiente del proyecto de que se trate, para que en el plazo de un mes notifique la conformidad o disconformidad del mismo con el planeamiento urbanístico en vigor.

En caso de disconformidad, el expediente se remitirá por el Departamento interesado al Ministro de la Vivienda, quien lo elevará al Consejo de Ministros, previo informe de la Comisión Central de Urbanismo. El Consejo de Ministros decidirá si procede ejecutar el proyecto, y en este caso ordenará la iniciación del procedimiento de modificación o revisión del planeamiento, conforme a la tramitación establecida en esta Ley.

3. El Ayuntamiento podrá, en todo caso, acordar la suspensión de las obras a que se refiere el número 1 de este artículo cuando se pretendiese llevar a cabo en ausencia o en contradicción con la notificación de conformidad con el planeamiento que se establece en el número anterior, comunicando dicha suspensión al Órgano redactor del proyecto y al Ministro de la Vivienda, a los efectos prevenidos en el mismo.

Se exceptúan de esta facultad las obras que afecten directamente a la defensa nacional, para cuya suspensión deberá mediar acuerdo del Consejo de Ministros previa propuesta del Ministro de la Vivienda a solicitud del Ayuntamiento competente e informe del Ministerio militar afectado o Alto Estado Mayor, caso de afectar a más de un Ministerio militar.

⇒ V. arts. 242.1, 243.1, 243.2, 244.2, 244.3 y 244.4 del TRLS/1992 (§2).
V. arts. 1 a 9 del RDU (§3).

Jurisprudencia artículos 178 a 180

Licencias urbanísticas. Naturaleza jurídica.

Naturaleza reglada de las licencias. Control de la legalidad urbanística vigente.

«Licencia la examinada de naturaleza rigurosamente reglada, constituye un acto debido en cuanto que necesariamente debe otorgarse o denegarse según que la actuación pretendida se adapte o no a la ordenación aplicable –art. 178.2 del Texto Refundido–». **(STS 13 noviembre 1989 [RJ 1989, 8186]).**

Naturaleza reglada. Posibilidad de declarar la procedencia del otorgamiento los Tribunales.

«Licencia la examinada de naturaleza rigurosamente reglada, constituye un acto debido en cuanto que necesariamente «debe» otorgarse o denegarse según que la actuación pretendida se adapte o no a la ordenación aplicable –art. 178.2 del Texto Refundido [...] Así las cosas, resulta clara la viabilidad de que esta Jurisdicción se pronuncie ahora respecto de la procedencia del otorgamiento de la licencia litigiosa y ello precisamente en un sentido afirmativo: por un lado, el Ayuntamiento ha consentido la sentencia apelada que entiende injustificadas o subsanadas las deficiencias recogidas en el acto denegatorio que anula y, por otro, está acreditada la conformidad del proyecto a la ordenación urbanística aplicable». **(STS 3 diciembre 1993 [RJ 1993, 9538]).**

Acto genuinamente municipal.

«PRIMERO: [...] Esta Sala, en Sentencia de 24 septiembre 1996 (RJ 1996, 7246) y con doctrina reiterada en la de 16 abril de este mismo año en curso (RJ 1998, 2642), para resolver un problema similar al que en este recurso se plantea, ha resaltado la naturaleza de «acto genuinamente municipal» que conviene a la concesión u otorgamiento de una licencia de obras y que resulta de cuantos preceptos la han regulado y regulan en la legislación urbanística –arts. 242.1 y 243.1 de la Ley sobre Régimen del Suelo y Ordenación Urbana, Texto Refundido aprobado por Real Decreto Legislativo 1/1992, de 26 junio; 4.1 del Reglamento de Disciplina Urbanística de 23 junio 1978; y art. 179.1 del Texto Refundido de la citada Ley, aprobado por Real Decreto 1346/1976, de 9 abril–, en coherencia con su significación de último y más específico acto de control del uso del suelo y en coherencia, también, con el régimen general de concesión de licencias en el ámbito local –art. 21 de la Ley 7/1985, de 2 abril, Reguladora de las Bases del Régimen Local, art. 24 del Texto Refundido precitado de 18 abril 1986 y art. 41.9 del Reglamento de Organización, Funcionamiento y Régimen Jurídico de las Corporaciones Locales de 28 noviembre 1986–, naturaleza, la expresada, de «acto municipal por excelencia» que no se pierde por la específica regulación del silencio positivo contenida en el art. 9 del Reglamento de Servicios de las Corporaciones Locales, también antes invocado, de 17 junio 1955». **(STS 9 junio 1998 [RJ 1998, 4500]).**

Carácter objetivo y transmisibilidad de las licencias urbanísticas.

(Sentencia apelada) «TERCERO. [...] El artículo 13.1 del Reglamento de Servicios de las Corporaciones Locales posibilita la transmisibilidad de las licencias de obras, estableciendo la obligación de que el antiguo y nuevo constructor comuniquen por escrito a la Corporación dicho acontecimiento, debido a que la trasmisión de la licencia constituye como ha expuesto la doctrina la realización de un negocio jurídico pública del transmitente en cuanto titular originario de la autorización administrativa pero sin que tal operación traslativa tenga relevancia a efectos de alterar las condiciones de la propia autorización, permaneciendo idéntica su eficacia y viabilidad jurídica del acto proyectado tanto antes como después de la transmisión y en consecuencia del incumplimiento del deber administrativo impuesto por el artículo 13.1 del RSCL, de comunicar la transferencia al Ayuntamiento, circunstancia no realizada en el supuesto de autos, no repercute sobre la validez y existencia de la licencia y sí en cambio, únicamente en el régimen de responsabilidades derivado de la titularidad de la licencia quedando también el transmitente sujeto junto con el adquirente a dichas responsabilidades [...](Tribunal Supremo) SEGUNDO. Ya la sentencia combatida rechazó adecuadamente dichas motivaciones y, al reconsiderarlas ahora como motivos de apelación, se recuerda que las licencias de urbanismo, por no concedidas en atención a las circunstancias personales de quien la solicita, son totalmente transmisibles, sin más requisito que el de comunicar al Ayuntamiento la transmisión sin necesidad de recabar la autorización del mismo, si bien el no hacerlo no produce otra consecuencia que la de que subsista en el transmitente, de modo conjunto con el devenido nuevo titular, las responsabilidades que le fueran inicialmente exigibles (artículo 13 del Reglamento de Servicios de las Corporaciones Locales), transmisión que, desde luego, se produce en las mismas condiciones –cumplidas o no– en que fuera concedida la licencia, con subrogación por parte del cesionario en la obligación de cumplirlas». **(STS 29 septiembre 1986 [RJ 1986, 6095]).**

Acto reiterable.

«SEGUNDO. [...] Es reiterada la doctrina de esta Sala sobre la posibilidad de reproducir las peticiones de licencias, al no producir los actos denegatorios de las mismas efectos definitorios de una situación jurídica concreta respecto de tal cuestión, siendo factible únicamente, como señala la sentencia de instancia, que la Corporación Municipal reitere las negativas a la concesión solicitada, si entiende existen motivos suficientes para ello; en consecuencia ningún efecto tiene respecto de la inadmisibilidad alegada». **(STS 4 mayo 1987 [RJ 1987, 5219]).**

(Sentencia apelada) «SEGUNDO [...] El acto de parte que es la solicitud de licencia haya sido caracterizado por la doctrina jurisprudencial como un acto esencialmente reiterable –Sentencias del Tribunal Supremo 28-4-1981 (RJ 1981, 1862), 7-3-1983 (RJ 1983, 1375), 24-4-1984 (RJ 1984, 2006), 3-6-1985 (RJ 1985, 3200), entre las recientes–». **(STS 6 octubre 1990 [RJ 1990, 9095]).**

Acto de intervención meramente declarativo de derechos.

«SEGUNDO. [...] Siendo la licencia de edificación un acto de intervención de la Administración sobre la actividad de los particulares, es un acto de intervención meramente declarativo. Esta naturaleza de acto de intervención «declarativo» delimita la aplicación que en la concesión de licencia urbanística tiene el artículo sexto del Reglamento de Servicios de las Corporaciones Locales, cuyos principios de igualdad, congruencia, y respeto de la libertad tienen plena virtualidad en el ámbito de las intervenciones «constitutivas"». **(STS 5 febrero 1996 [RJ 1996, 1646]).**

Acto declarativo de derechos. Posibilidad de revocación.

«Que una reiterada jurisprudencia viene declarando que la licencia urbanística es un acto declarativo de derechos –SS. 17-3 y 19-12-1989 (RJ 1989, 5524 y 9212), 31-7 y 13-11-1990 (RJ 1990, 6831 y 8823), 28-5-1991 (RJ 1991, 4303), etc.–, advirtiendo el Tribunal Supremo con anterioridad a la Ley 8/1990, de 25 julio, sobre Reforma del Régimen Urbanístico y Valoraciones del Suelo, que una vez otorgada la licencia, ésta no se veía afectada por la variación del planeamiento y siendo de concretar ahora: a) Que la revocación prevista en el art. 16 del Reglamento de Servicios ha de entenderse vigente –SS. 17-3-1989, 12-6 y 31-7-1990 (RJ 1990, 6831), etc.– en razón de su especialidad y compatibilidad tanto con la normativa urbanística como con la Ley de Procedimiento Administrativo –arts. 5 C) a) de la Ley 7/1985, de 2 de abril, Reguladora de las Bases del Régimen Local–. b) Que hoy, el art. 87 de la Ley 8/1990, para el supuesto de que todavía no se hayan iniciado las obras autorizadas por la licencia prescribe una extinción de la eficacia de dicha licencia en cuanto sea disconforme con la nueva ordenación, desde luego con una indemnización cualificada». **(STS 20 diciembre 1991 [RJ 1992, 314]).**

Salvo el derecho de propiedad.

«QUINTO. En consecuencia, no corresponde al Ayuntamiento controlar, a través de las licencias la titularidad dominical de los terrenos, ni éstas son instrumento adecuado para verificar situaciones jurídico-privadas, cuya definición, por otra parte, no había de corresponder a la Administración, sino a los Tribunales del orden jurisdiccional civil. Todo ello se traduce en la operatividad de la cláusula de «salvo el derecho de propiedad y sin perjuicio de tercero» del artículo 12 del Reglamento de Servicios de las Corporaciones Locales de 1956». **(STS 28 enero 1995 [RJ 1995, 124]).**

Acto reglado de intervención. Salvo derecho de propiedad. Pero procedencia de la denegación de las licencias en los supuestos en que conste la titularidad pública del terreno, lo que constituye una manifestación de la potestad municipal de recuperación de oficio de los bienes.

No corresponde a la Administración controlar a través de la licencia de la titularidad dominical del terreno sobre el que se pretende construir. No es la licencia urbanística instrumento adecuado para verificar situaciones jurídico-privadas, cuya definición, por otra parte, no habría de corresponder a la Administración sino a los Tribunales civiles. Todo ello se traduce en la operatividad de la claúsula de «salvo el derecho de propiedad y sin perjuicio del de tercero» que aparece recogida en el art. 12.1 del Reglamento de Servicios de las Corporaciones Locales de 1955.

Pero la doctrina expuesta encuentra excepción o matización en los supuestos de dominio público, pues la peculiar naturaleza del fin a que éste está afectado reclama una protección especial para sus pertenencias que ha recibido expresión en diversas reglas de nuestro Derecho –así, arts. 178.1 inciso final del Texto Refundido y 2.2 del Reglamento de Disciplina Urbanística–. Y más concretamente, en lo que ahora importa, dicha excepción ha dado lugar al reconocimiento jurisprudencial de la procedencia de la denegación de las licencias en los supuestos en que conste la titularidad pública del terreno, lo que constituye una manifestación de la potestad municipal de recuperación de oficio de los bienes que ha sido tradicionalmente consagrada por nuestro ordenamiento y que hoy aparece atribuida a los Municipios en los arts. 82 a) de la Ley de Bases del Régimen Local 7/1985, de 2 de abril y 44.1 c) y concordantes del Reglamento de Bienes de las Entidades Locales aprobado por Real Decreto 1372/1986, de 13 de junio. **(STS 25 mayo 1991 [RJ 1991, 4295]).**

«PRIMERO. [...] 1º) que el otorgamiento de una licencia se entiende siempre salvo el derecho de propiedad y sin perjuicio de tercero; 2º) que la doctrina jurisprudencial viene reiteradamente declarando que el control de legalidad que se ejerce a través de la licencia no es de la legalidad en general sino exclusivamente de la urbanística; 3º) que asimismo la jurisprudencia declara que las cuestiones de propiedad son ajenas al tema de las licencias urbanísticas pues no es el Ayuntamiento órgano competente para enjuiciar ni dirimir problemas de propiedad; y 4º) que también es doctrina jurisprudencial que la prueba en principio de la propiedad del solicitante de la licencia tan sólo es necesaria cuando el órgano municipal competente para otorgarla opone un propio dominio que de oficio está obligado a defender». **(STS 21 diciembre 1993 [RJ 1993, 9655]).**

Salvo derecho de propiedad, excepto bienes públicos.

«TERCERO. [...] (La licencia urbanística) debe concederse o denegarse necesariamente según que lo proyectado se ajuste o no a la normativa urbanística de aplicación, sin que con ocasión de ello quepa valorar, y mucho menos considerar, derechos de naturaleza civil, a salvo los pertenecientes al órgano concedente si una defensa administrativa de los mismos fuese posible –excepción actualmente reconocida por el artículo 243 del Texto Refundido vigente, de 26 junio 1992 recogiendo la jurisprudencia al particular–». **(STS 29 marzo 1994 [RJ 1994, 1824]).**

Salvo el derecho de propiedad. Si el Ayuntamiento al denegar una licencia de obras lo hace no en el ejercicio de su potestad urbanística sino para la defensa y rescate de su patrimonio, incurre en desviación de poder evidente, pues una licencia de obras ha de resolverse contrastando simplemente si la obra se ajusta a la norma urbanística y no tiene ninguna relevancia la titularidad del terreno edificable.

«SEGUNDO. [...] Los motivos en los que han de basarse los Ayuntamientos para denegar esta clase de licencias han de descansar en razones urbanísticas, al margen por completo de cualquier fin de defensa de intereses privados o públicos, por muy respetables que sean esos intereses ya que nunca puede ser obstáculo para la otorgación de una licencia de obras el que la misma se pueda oponer a intereses patrimoniales ni aun en el caso de que el posible titular de los mismos fuese el llamado a concederla, ya que de hacerlo así los Ayuntamientos emplearían como medio de defensa de su patrimonio una facultad que solamente les está atribuida para la gestión de los intereses urbanísticos, tanto más cuanto que dichas Corporaciones tienen ya conferida la potestad de recuperar por sí la tenencia de sus bienes en todo tiempo si, se trata de bienes de dominio público y dentro del plazo de un año si son patrimoniales –artículos 55 del Reglamento de Bienes de las Entidades Locales de 27 de Mayo de 1955 y 70 del actualmente en vigor de 13 de junio de 1986–; por lo que si el Ayuntamiento al denegar una licencia de obras lo hace no en el ejercicio de su potestad urbanística sino para la defensa y rescate de su patrimonio, incurre en desviación de poder evidente, pues una licencia de obras ha de resolverse contrastando simplemente si la obra se ajusta a la norma urbanística y no tiene ninguna relevancia la titularidad del terreno edificable por ser esta cuestión ajena a la competencia administrativa que en general no puede negar la licencia de construcción fundándose en la falta de titularidad del terreno por parte del que la pide salvo en el supuesto excepcional de que de un modo manifiesto, notorio e inequívoco conste que es pública la propiedad del terreno sobre la que el particular pretende edificar; siendo exponente elocuente de toda esta doctrina las Sentencias de esta Sala de 10 de marzo y 16 de diciembre de 1986 (RJ 1986, 2310 y RJ 1987, 1145), 9 y 21 de octubre y 23 de diciembre de 1985 (RJ 1985, 5643, 5649 y RJ 1986, 990), 26 de junio de 1984 (RJ 1984, 3653), 4 de octubre de 1983 (RJ 1983, 5827), 6 de julio de 1982 (RJ 1982, 5344), 13 de junio y 3 de julio de 1980 (RJ 1980, 3188), 6 de marzo de 1978 (RJ 1978, 920), 5 de febrero de 1975 (RJ 1975, 935), 2 de marzo y 28 de abril de 1972 (RJ 1972, 1178 y 2920) y 26 de enero de 1970 (RJ 1970, 229), entre otras». **(STS 27 abril 1987 [RJ 1987, 4761]).**

Licencia es acto en blanco. Proyecto como elemento interpretativo.

«TERCERO: La teoría general de la interpretación del acto administrativo parte de la base de que lo que ha de buscarse es la voluntad real de la Administración para lo que en primer término han de ser tenidas en cuenta las palabras utilizadas que han de ser entendidas según el uso corriente del lenguaje, es decir, en el sentido que les atribuye la generalidad de las gentes en el modo normal de comunicarse.

Junto a los datos intrínsecos que proporciona el acto mismo, han de tratarse en consideración otros extrínsecos como son los informes que orientan la formación de la voluntad administrativa, las peticiones o actos de los administrados y también cuando de interpretar licencias urbanísticas se trata, los proyectos presentados, dado que tales licencias suelen ser en buena medida «actos en blanco», es decir, actos cuyo contenido se integra por remisión a un proyecto». **(STS 27 marzo 1987 [RJ 1987, 3951]).**

«SEGUNDO. [...] Se exige que cuando la licencia se refiere a «obras o instalaciones» la solicitud vaya acompañada del proyecto técnico –art. 9.1.1º del Reglamento de Servicios–: en cuanto «proyecto» reflejará los datos que definen las obras en los aspectos mencionados y en cuanto «técnico» vendrá autorizado por el profesional adecuado que presta así la garantía de su formación. Precisamente por ello la licencia resulta ser un «acto en blanco» cuyo contenido se integra por remisión al proyecto presentado con la instancia». **(STS 9 mayo 1990 [RJ 1990, 4050]).**

«SEGUNDO. La licencia urbanística implica un control previo de la actuación que pretende llevar a acabo el administrado lo que exige que la Administración conozca con exactitud el contenido y las características de aquella actuación. Este conocimiento –solo con él podrá la Administración decidir correctamente– se extiende en lo que ahora importa a dos aspectos fundamentales: a) características urbanísticas de la actuación –art. 178.2 del ya citado Texto Refundido– y b) condiciones de seguridad de la misma [art. 21.2 c) del Reglamento de Servicios de las Corporaciones Locales].

Para lograr ese conocimiento con la debida garantía se exige que cuando la licencia se refiere a «obras o instalaciones» la solicitud vaya acompañada de proyecto técnico –art. 9.1.1º del Reglamento de Servicios–: en cuanto proyecto reflejará los datos que definen las obras en los aspectos mencionados y en cuanto "técnico" vendrá autorizado por el profesional adecuado que presta así la garantía de su formación.

Precisamente por ello la licencia urbanística resulta ser un «acto en blanco» (SS. 18-2-1987 [RJ 1987, 3290], 9-5-1990 [RJ 1990, 4050], etc.) cuyo contenido se integra por remisión al proyecto presentado con la instancia o por lo menos a la descripción de las obras contenidas en aquélla». **(STS 21 enero 1992 [RJ 1992, 718]).**

Información urbanística. No determina otorgamiento de licencia.

«PRIMERO. [...] El que hubiese obrado correctamente solicitando y obteniendo antes de presentar su petición de licencia una información urbanística y pedido aquélla de conformidad con ésta, en nada empece a que la licencia se le denegase si su objeto no se acomodaba al verdadero ordenamiento urbanístico». **(STS 22 noviembre 1989 [RJ 1989, 8350]).**

«CUARTO. [...] La conformidad de una licencia con el ordenamiento jurídico expresado, es el único presupuesto que produce el efecto de su reglada y obligatoria concesión, sin que de los datos consignados en cualquier otro documento como la cédula urbanística regulada en el artículo 63 de la citada Ley del Suelo y en el 168 del Reglamento de Planeamiento Urbanístico pueda predicarse tal conclusión si tales datos son contrarios al ordenamiento urbanístico vigente.

Y así, la Sentencia de este Tribunal de 3 marzo 1987 (RJ 1987, 3457) reconoce con pleno acierto que la expresión de datos facilitados por una oficina técnica y todo error en ellos puede ser corregido en cualquier momento, sin que de ello puedan derivarse otras posibles consecuencias que las indemnizatorias derivadas del error». **(STS 19 enero 1998 [RJ 1998, 852]).**

Principio de igualdad. Relevancia especial en casos de lagunas o ambigüedad de las normas urbanísticas.

«TERCERO. Ciertamente la equiparación en la igualdad sólo opera dentro de la legalidad, pero cuando ésta presenta lagunas, oscuridades o imprecisiones que suscitan dudas, las actuaciones anteriores de la Administración han de alcanzar fuerza vinculante por virtud de las consecuencias del principio de igualdad. Así lo viene poniendo de relieve la jurisprudencia de esta Sala precisamente, en lo que ahora importa, en el campo de la licencia urbanística –Sentencias de 31 de diciembre de 1988 (RJ 1988, 10280), 24 de febrero y 8 de julio de 1989 (RJ 1989, 1295 y 5592), 30 de enero, 5 y 9 de febrero de 1990 (RJ 1990, 362, 941 y 962), etc.–». **(STS 4 abril 1991 [RJ 1991, 3286]).**

Igual en ilegalidad y lagunas o ambigüedad.

«Cuando la ordenación aplicable presenta lagunas –Sentencia de 8 de julio de 1989 (RJ 1989, 5592)– o suscita dudas –Sentencia de 24 de febrero de 1989 (RJ 1989, 1295)–, las decisiones anteriores pueden alcanzar fuerza vinculante para llenar la laguna o resolver la oscuridad de las normas precisamente en conexión con el principio de la igualdad». **(STS 30 enero 1990 [RJ 1990, 362]).**

Licencia y legalización. Diferencias.

«Aunque la legalización de obras se produce mediante el otorgamiento posterior de una licencia que debía haberse obtenido antes, entre ambos conceptos –legalización y licencia– existen, en lo que ahora importa, diferencias objetivas: A) Para obtener la legalización es precisa la presentación de un proyecto que coincida con las obras realizadas: el objeto del control administrativo recae pues sobre las obras y el proyecto. B) En cambio, para el otorgamiento de la licencia será necesario un examen del proyecto, sin más, a la luz de la ordenación urbanística en vigor». **(STS 17 octubre 1990 [RJ 1990, 8141]).**

Caducidad de las licencias.

«SEGUNDO. [...] Ha de entenderse que pertenece a la esencia de la licencia, como institución al servicio de la eficacia del planeamiento –art. 178.2 del Texto Refundido de la Ley del Suelo de 9 de abril de 1976–, la posibilidad de su caducidad.

TERCERO. Y ello aunque no exista normativa que prevea la viabilidad de la caducidad: el ordenamiento jurídico es algo más –mucho más– que un conjunto de disposiciones escritas dado que se integra también y sobre todo por los principios y la normatividad inmanente en la naturaleza de las instituciones –Exposición de Motivos de la Ley Jurisdiccional– y la caducidad es, como se ha visto, una exigencia de la normatividad propia de la licencia. No necesita así expresa previsión legal». **(STS 26 diciembre 1990 [RJ 1990, 10255]).**

Silencio administrativo.

«En el supuesto del silencio administrativo positivo la Administración ya no puede desconocer o eliminar el acto presunto si no es a través de los cauces formales previstos en los arts. 109 y siguientes de la Ley de Procedimiento Administrativo [arts. 4.1 g) y 53 de la Ley 7/1985, de 2 abril, Reguladora de las Bases del Régimen Local y 218 del Reglamento de Organización, Funcionamiento y Régimen Jurídico de las Corporaciones Locales]». **(STS 27 diciembre 1991 [RJ 1992, 366]).**

Acto escrito. Licencia verbal.

«CUARTO. [...] Si la pequeñez de la población explica el informalismo mantenido en las presentes actuaciones, esa misma circunstancia justifica la ausencia de planificación y ordenación de la localidad, y el que no se cuente con mínimos parámetros, como son alineaciones y rasantes.

Así las cosas, y partiendo de una petición y una autorización verbales, lo más claro del caso es que el denunciado efectuó al final de la calle Iglesia, donde está situada su casa, una obra de mejora de dicho tramo de calle, a base de pavimentarla y reforzar un muro de contención, en la parte frontera a un barranco; y todo ello a su costa, sin el menor gravamen para el Ayuntamiento, y con la conformidad de tres vecinos de los edificios aledaños. Sobre otro de los extremos controvertidos: la supuesta construcción de una terraza por el mismo denunciado, en terrenos de dominio público municipal, a pesar del despliegue de actuaciones procesales, el actor no ha podido probar la realidad de esta imputación. QUINTO. Como conclusión procede desestimar el presente recurso de apelación, en cuanto al fondo de la litis, pero revocando la sentencia apelada, en cuanto, sin entrar en él, declara la inadmisibilidad de la pretensión». **(STS 8 octubre 1991 [RJ 1991, 8187]).**

«TERCERO. La licencia que el apelante pretende haber obtenido de forma verbal se ampararía, en su caso, en el art. 58.2 del Texto Refundido. Pero este precepto requiere unos requisitos materiales que aquí no concurren y además impone la obtención de un previo informe favorable de la Comisión Provincial de Urbanismo que aquí no existe.

CUARTO. La forma escrita de los actos administrativos que, con excepciones, establece el art. 41 de la Ley de Procedimiento Administrativo es, ante todo, una garantía de seriedad y certeza. No cabe admitir la licencia urbanística verbal que introduciría un factor de grave inseguridad jurídica y menos aún el ámbito de las llamadas licencias provisionales del art. 58.2 del Texto Refundido que exigen determinados compromisos incluso con trascendencia registral. Y desde luego una posterior "manifestación» por escrito del Alcalde indicadora de haber dado permiso verbal para las obras, no pasa de ser un elemento puramente testifical que no implica que la licencia conste por escrito». **(STS 21 enero 1992 [RJ 1992, 718]).**

Obra mayor y menor.

«PRIMERO. El concepto de "obra menor" ha sido perfilado por la Jurisprudencia del Tribunal Supremo que ha venido a establecer que las obras menores están caracterizadas por su sencillez técnica y escasa entidad constructiva y económica, consistiendo normalmente en pequeñas obras de simple reparación, decoración, ornamentación o cerramiento (Sentencia del Tribunal Supremo de 21 febrero 1984 [RJ 1984, 1083]), no mereciendo tal calificación las que afectan a la estructura o elementos sustentantes de un inmueble (Sentencia de 5 junio 1987 [RJ 1987, 6093])». **(STS 4 abril 1995 [RJ 1995, 3154]).**

Licencias provisionales.

«SEGUNDO. [...] Aunque las licencias deben otorgarse o negarse de forma reglada según se ajusten o no a la ordenación urbanística (artículos 57.1, 58.2 y 78.2 de la LS), existen casos en los que resulta viable la autorización de obras o usos que no se acomoden a lo previsto en el Plan; esta posibilidad excepcional es la denominada ordinariamente licencia provisional, de la que trata el artículo 58.2 de este Texto Refundido». **(STS 11 noviembre 1998 [RJ 1998, 8125]).**

Delimitación del concepto de licencia urbanística.

Licencia urbanística y licencia de apertura.

«CUARTO. [...] Conforme a lo reglado en el art. 22.3 del Reglamento de Servicio de las Corporaciones Locales, es la licencia de obras la que tiene que estar subordinada a la de actividad (en nuestro caso actividad de una determinada instalación) y no al contrario –SS. 3 enero, 21 septiembre 1985 (RJ 1985, 401 y 5119), 16 mayo 1989 (RJ 1989, 3723), 26 marzo 1990 (RJ 1990, 2256)–; incurriéndose en error manifiesto pretender que una licencia de obras pueda vincular la de actividad –SS. 27 junio 1979 (RJ 1979, 2990), 22 marzo 1980 (RJ 1980, 2715), 7 junio 1984 (RJ 1984, 4622), 16 mayo 1989–». **(STS 3 julio 1990 [RJ 1990, 6007]).**

«SEGUNDO. [...] La tradicional doctrina sobre la distinción entre licencia urbanística y licencia de apertura, según la cual mientras que la primera contempla y autoriza la construcción de un edificio o su reforma, la segunda proyecta el control preventivo sobre la actividad a desarrollar en aquél; añade que esta dualidad de conceptos con regulación en cuerpos normativos formalmente diferenciados ha dado lugar a un determinado encadenamiento temporal de ambas licencias, de manera que la de apertura ha de obtenerse con anterioridad, o por lo menos simultáneamente a la licencia urbanística para evitar el gasto innecesario de una construcción en la que no va a resultar posible la actividad que se pretende. [...] Pero es que además, de lo expuesto resulta claro que el otorgamiento de la licencia de obras sin la previa de apertura integra un funcionamiento anormal de la Administración que puede generar una responsabilidad patrimonial». **(STS 10 marzo 1998 [RJ 1998, 2222]).**

Diferencia con la consulta urbanística.

«El carácter meramente informativo, y no decisorio de la consulta, impide que pueda anudarse al silencio de la Administración las consecuencias que pretende el recurrente, de tal forma que la inactividad de la Administración sólo determina, en cuanto lesión del derecho de información reconocido al administrado en el artículo 55.2 de la Ley del Suelo, la obligación de dar respuesta a la consulta formulada, sin que ello suponga violación de la tutela judicial efectiva». **(STS 3 mayo 1990 [RJ 1990, 3788]).**

Licencia de demolición y orden de demolición.

«SEGUNDO. La sentencia apelada por la entidad "Democoma, SA" en muy breve síntesis, pero con sumo acierto, ha planteado la cuestión en el sentido de decidir si nos encontramos en presencia de una "demolición-facultad" o de una "demolición-deber"». **(STS 12 mayo 1995 [RJ 1995, 3798]).**

Licencia de obras y legalización de obras.

«PRIMERO. [...] Aunque la legalización de obras se produce mediante el otorgamiento posterior de una licencia que debía haberse obtenido antes, entre ambos conceptos –legalización y licencia– existen, en lo que ahora importa, diferencias objetivas: A) Para obtener la legalización es precisa la presentación de un proyecto que coincida con las obras realizadas: el objeto del control administrativo recae pues sobre las obras y el proyecto. B) En cambio, para el otorgamiento de la licencia será necesario un examen del proyecto, sin más, a la luz de la ordenación urbanística en vigor». **(STS 17 octubre 1990 [RJ 1990, 8141]).**

Licencia de obras y orden de ejecución de obras.

«PRIMERO. Siendo también de confirmar la nítida y correcta distinción que la misma hace entre la licencia (necesaria cuando es el particular el que voluntariamente quiere llevar a cabo las obras para que la Administración constate su legitimidad) y las órdenes de ejecución dadas por la Administración para que se ejecuten obras, en cuyo último supuesto obvio resulta que no hay que pedir licencia a la Administración para poder realizarlas puesto que la orden de ejecución de la Administración ya presupone la presunción de su legalidad, debiendo sin embargo la Administración especificarlas; y exigir al destinatario de una orden de ejecución de unas obras que pida licencia para poder realizarlas, implica una contradicción "in terminis" que debe ser rechazada». **(STS 5 octubre 1987 [RJ 1987, 8299]).**

Principios generales aplicables a las licencias urbanísticas.

Principio de proporcionalidad.

«CUARTO. [...] Uno de estos principios, reiteradamente invocado por la jurisprudencia, es de proporcionalidad –SS. 6-12-1986 (RJ 1986, 8101), 7 febrero y 29 diciembre 1987 (RJ 1987, 2908 y 9860), 30 abril y 22 julio 1988 (RJ 1988, 3294 y 6328), 8 julio y 16 octubre 1989 (RJ 1989, 5592 y 7368), 18-4-1990 (RJ 1990, 3601), 4 abril y 3 diciembre 1991 (RJ 1991, 3286 y 9389), etc.– que deriva claramente del art. 106.1 de la Constitución que al dibujar el control jurisdiccional de la Administración alude al sometimiento de la actuación administrativa a los fines que la justifican: aunque en ocasiones este precepto se ha entendido como una alusión a la desviación de poder, su sentido es mucho más amplio y recoge la necesidad de una armonía entre los medios utilizados y la finalidad perseguida. En la misma línea, el principio de proporcionalidad tiene expresión en los arts. 84.2 de la Ley Reguladora de las Bases del Régimen Local 7/1985 y 6 del Reglamento de Servicios de las Corporaciones Locales. El principio de proporcionalidad, en lo que ahora importa, opera en dos tipos de supuestos: A) Con carácter ordinario, en aquellos casos en los que el ordenamiento jurídico admite la posibilidad de elegir uno entre varios medios utilizables. B) Ya con carácter excepcional y en conexión con los principios de buena fe y equidad, en los supuestos en los que aun existiendo en principio un único medio éste resulta a todas luces inadecuado y excesivo en relación con las características del caso contemplado. El litigioso –obras realizadas sin licencia y no susceptibles de legalización– no resulta subsumible en ninguno de los dos supuestos sancionados». **(STS 18 febrero 1992 [RJ 1992, 2904]).**

Principio de proporcionalidad y condiciones en la licencia.

«TERCERO. El carácter reglado de la licencia urbanística que ya antes se ha recordado no es obstáculo para que la jurisprudencia –así, Sentencia de 21 de abril de 1987 (RJ 1987, 4580), entre otras muchas– venga admitiendo la posibilidad de su otorgamiento con introducción de "conditiones iuris", es decir cláusulas que eviten la denegación de la licencia mediante la incorporación a ésta de exigencias derivadas del ordenamiento vigente y que sin embargo no aparecían en la petición formulada por el administrado. Con estas condiciones "iuris" se hace viable el otorgamiento de una licencia adaptando, completando o eliminando extremos de un proyecto no ajustado a la ordenación urbanística. Todo ello es una consecuencia del principio de la proporcionalidad que genéricamente tiene su fundamento en la importancia del «fin» como elemento del acto administrativo». **(STS 20 diciembre 1988 [RJ 1988, 10162]).**

Principio de proporcionalidad y licencias provisionales.

«SEGUNDO. La obligatoriedad de los planes implica que el uso de los predios no podrá apartarse del destino previsto en aquéllos, debiendo por tanto otorgarse o denegarse las licencias, de forma reglada, según que la actuación que se pretenda llevar a cabo resulte o no ajustada a la ordenación urbanística –arts. 57.1, 58.1 y 178.2 del Texto Refundido de la Ley del Suelo y hoy, art. 10.1 de la Ley 8/1990, de 25 de julio–. A pesar de lo expuesto, que constituye una rigurosa regla general, existen casos en los que resulta viable la autorización de obras o usos que no se acomoden a lo previsto en el plan: esta posibilidad excepcional es la de las ordinariamente denominadas licencias provisionales previstas en el art. 58.2 del ya citado Texto Refundido». **(STS 3 diciembre 1991 [RJ 1991, 9389]).**

«SEGUNDO. La obligatoriedad de los Planes (artículo 57.1 de la Ley del Suelo de 1976) determina que el uso de los predios no podrá apartarse del destino previsto en aquéllos, debiendo por tanto otorgarse o denegarse las licencias de forma reglada, según que la actuación que se pretenda llevar a cabo resulte o no, ajustada a la ordenación urbanística. Las licencias a precario o provisionales respecto de usos no acomodados a lo previsto en el Plan contempladas a modo de excepción en los artículos 58.2 de la Ley del Suelo de 1976 y 136.1 del Texto Refundido de 26 junio 1992». **(STS 6 noviembre 1996 [RJ 1996, 8008]).**

«SEGUNDO. [...] Aunque las licencias deben otorgarse o negarse de forma reglada según se ajusten o no a la ordenación urbanística (artículos 57.1, 58.2 y 78.2 de la Ley del Suelo), existen casos en los que resulta viable la autorización de obras o usos que no se acomoden a lo previsto en el Plan; esta posibilidad excepcional es la denominada ordinariamente licencia provisional, de la que trata el artículo 58.2 de este Texto Refundido». **(STS 11 noviembre 1998 [RJ 1998, 8125]).**

Principio de proporcionalidad y exigencia de los servicios característicos del suelo urbano.

«NOVENO. [...] La última cuestión a resolver es si puede o no concederse la licencia solicitada faltando al encintado de aceras que exige el ya citado art. 82.1º de la Ley del Suelo; debiendo al respecto puntualizarse: a) Que el art. 83.1 de la dicha Ley del Suelo permite, desde luego, la edificación del suelo urbano aun sin ser solar si se asegura la ejecución simultánea de la urbanización y de la edificación con las garantías determinadas reglamentariamente. [...] Y, d) La Jurisprudencia de esta Sala ha venido manteniendo un criterio de amplitud razonable en lo que se refiere a la exigencia de los servicios mínimos enumerados en el art. 82 del Texto Refundido de la Ley del Suelo como dijo la Sentencia de 8 de junio de 1982 (RJ 1982, 8147) y las varias que ella indica; y la Sentencia de 9 de julio de 1984 (RJ 1984, 4664) especifica que la falta de alguno de los servicios exigidos en el mencionado artículo no es motivo bastante para la denegación de la licencia cuando cabe la imposición de su simultánea ejecución; aludiéndose a la complementación de las obras de urbanización en la Sentencia de 3 de julio de 1984 (RJ 1984, 4657) y a su perfeccionamiento en la de 8 de octubre de 1985 (RJ 1985, 5305); de todo lo cual se sigue, en fin, que la falta del encintado de aceras no era motivo bastante para negar la licencia por vía expresa, pues comprometido el solicitante a su construcción simultánea conforme a lo dicho (si el Ayuntamiento no lo construía junto con las correspondientes aceras), la Administración debió aceptar este compromiso y conceder la licencia, exigiendo, eso sí, al peticionario, la prestación de fianza en cualquiera de las formas admitidas por la legislación local, en cuantía suficiente para garantizar la ejecución de la aludida obra, imponiéndole al mismo tiempo el compromiso de no utilizar ni ceder la futura edificación sin antes haber construido dicho bordillo en toda la fachada de 8 metros de su nueva edificación; ya que negar la licencia por dicha razón, suponía ignorar el ya citado art. 83.1º de la Ley del Suelo, el 40.1 del Reglamento de Gestión Urbanística, la mencionada doctrina de esta Sala y el mismo principio de proporcionalidad que en manera alguna consiente que se niegue la licencia por un tan ínfimo motivo cuando ya la misma Ley del Suelo *y el aludido Reglamento* arbitran la solución que no es potestativo sino imperativo aplicar». **(STS 1 octubre 1986 [RJ 1986, 7070]).**

Principio de proporcionalidad y excesos constructivos.

«SEGUNDO. [...] Como dijimos en nuestra Sentencia de 17 octubre 1995 (RJ 1995, 7703), para la correcta aplicación del principio de proporcionalidad que late en los artículos 6.1 del Reglamento de Servicios de las Corporaciones Locales de 17 junio 1955 y 84.2 de la Ley 7/1985, de 2 abril, Reguladora de las Bases del Régimen Local, en el caso de excesos constructivos ha de partirse de que éstos sean de la suficiente poquedad para evitar que el acomodamiento a una concreta normalidad urbanística exija la sola medida extrema de la demolición». **(STS 16 julio 1996 [RJ 1996, 5947]).**

Principio de proporcionalidad e introducción de condiciones que posibiliten el otorgamiento de la licencia en caso de proyecto que no se acomode completamente a la normativa aplicable.

«TERCERO: [...] La jurisprudencia ha venido admitiendo la posibilidad de otorgar licencias introduciendo en ellas "conditiones iuris", es decir, cláusulas que eviten la denegación de la licencia mediante la incorporación a ésta de exigencias derivadas del ordenamiento vigente y que sin embargo no aparecían en la petición formulada por el administrado. Con estas "conditiones iuris" se hace viable el otorgamiento de una licencia adaptando, completando o eliminando extremos de un proyecto no ajustado a la ordenación urbanística. Las ideas expuestas implican que, ante un proyecto que no se acomoda a la ordenación aplicable, la Administración, en principio, puede adoptar dos posturas distintas: A) Denegar la licencia por ilegalidad del ejercicio del «ius edificandi» en los puros términos pretendidos. B) Otorgarla condicionándola a determinadas concreciones que "legalizarían" el proyecto presentado». **(STS 21 abril 1987 [RJ 1987, 4580]).**

Principio de igualdad, pero no admisible en la ilegalidad.

«TERCERO. La acreditada existencia de otros garajes de características similares en la misma zona, no puede legitimar lo que tan claramente resulta ilegalizable, pues como bien dice la sentencia apelada, el principio de igualdad debe aplicarse dentro de la legalidad y no se puede pretender que construcciones ilegales puedan amparar la creación de otras también ilegales por aplicación de la igualdad, pues lo único congruente y procedente es enfrentarse contra las construcciones ilegales y no construir otras también ilegales con apoyo en la legalidad de las anteriores». **(STS 15 febrero 1988 [RJ 1988, 1146]).**

«CUARTO. [...] El principio de igualdad –arts. 14 de la Constitución, 2 del Reglamento de Servicios y hoy 84.2 de la Ley Reguladora de las Bases del Régimen Local 7/1985, de 2 de abril– opera, sí, dentro de la legalidad pero en los casos de duda por imprecisión de la normativa aplicable alcanza virtualidad para dotar al precedente de fuerza vinculante». **(STS 31 diciembre 1988 [RJ 1988, 10293]).**

«SEGUNDO. [...] El principio de igualdad sólo opera dentro de la legalidad, pero en supuestos de normativa que inspire dudas, el precedente adquiere eficacia interpretativa en relación con el principio de la igualdad». **(STS 24 febrero 1989 [RJ 1989, 1295]).**

«CUARTO. Tampoco es hacedera la legalización por aplicación del principio de igualdad en base a la existencia de otros áticos análogos al aquí construido, pues aparte de que no se acredita la fecha de su construcción (ni la existencia de ordenanzas que pudieran entonces legitimarlos como así parece que sucedía), lo claro es que si el ático en cuestión no es legal, no por el hecho de que se hubiesen construido otros también ilegales podría legalizarse el presente en aras del principio de igualdad, pues este principio únicamente puede aplicarse dentro de la legalidad y no es posible ampararse en él para ejecutar otros actos ilegales». **(STS 25 abril 1989 [RJ 1989, 3235]).**

«CUARTO. Cuando la ordenación aplicable presenta lagunas –Sentencia de 8 de julio de 1989 (RJ 1989, 5592)– o suscita dudas –Sentencia de 24 de febrero de 1989 (RJ 1989, 1295)–, las decisiones anteriores pueden alcanzar fuerza vinculante para llenar la laguna o resolver la oscuridad de las normas precisamente en conexión con el principio de la igualdad». **(STS 30 enero 1990 [RJ 1990, 362]).**

«TERCERO. La eficacia del precedente en los campos reglados es escasa; escasa, no nula pues la igualdad opera sólo dentro de la legalidad.

Ciertamente cuando la ordenación urbanística presenta lagunas –Sentencia de 8 de julio de 1989 (RJ 1989, 5592)– o suscita dudas –Sentencia de 24 de febrero de 1989 (RJ 1989, 1295)–, las decisiones anteriores pueden alcanzar fuerza vinculante para llenar la laguna o resolver la oscuridad de las normas». **(STS 5 febrero 1990 [RJ 1990, 941]).**

«SEGUNDO. [...] La cuestión planteada es la de si dicha norma (del Plan) permite autorizar la construcción de un edificio que sin sobrepasar los 12 metros deje la planta baja diáfana y en pilares, con excepción de portales y arranque de escalera, para sobre aquélla elevar tres plantas más.

La solución ofrece dudas y es justamente en estos supuestos cuando el precedente administrativo puede alcanzar fuerza vinculante en atención a las exigencias del principio de la igualdad». **(STS 9 febrero 1990 [RJ 1990, 962]).**

Principio de igualdad, precedentes administrativos y lagunas en la normativa urbanística.

«TERCERO. [...] Ciertamente la equiparación en la igualdad sólo opera dentro de la legalidad, pero cuando ésta presenta lagunas, oscuridades o imprecisiones que suscitan dudas, las actuaciones anteriores de la Administración han de alcanzar fuerza vinculante por virtud de las consecuencias del principio de igualdad». **(STS 17 julio 1991 [RJ 1991, 6347]).**

Criterio de concurrencia competencial.

«SEGUNDO. [...] Criterio de concurrencia competencial igualmente seguido en las Sentencias de esta Sala de 27-9-1988 (RJ 1988, 7265) –antigua Sala 4º– y 24-12-1990 (RJ 1990, 10186), en las que, en relación con el planeamiento urbanístico y de Acuerdo con la STC de 3-6-1984 (RTC 1984, 77), se declara que, partiendo de que la atribución de competencias sobre un ámbito físico determinado no impide que se ejerza otras competencias en ese espacio, no es extraño que en un caso concreto puedan concurrir en el espacio físico de un puerto de interés general el ejercicio de la competencia del Estado en materia portuaria y el de la Comunidad Autónoma en materia urbanística». **(STS 25 febrero 1992 [RJ 1992, 2975]).**

Principio de equidad no aplicable.

«QUINTO. Esto, sin embargo, por muy equitativa que fuera la solución del problema entre manos, no puede erigirse en causa determinante de nuestro pronunciamiento, puesto que la equidad sólo puede servir de base exclusiva de una resolución judicial "cuando la Ley expresamente lo permita» (art. 3.1 Título Preliminar del Código Civil), lo que es impensable en materia urbanística, sujeta a una severa disciplina de respeto a las normas legales, planes, proyectos y ordenanzas –arts. 57 y 58 de la vigente Ley del Suelo–; legalidad que en materia de licencias viene siendo proclamada por una constante jurisprudencia». **(STS 25 junio 1987 [RJ 1987, 6582]).**

Principios de igualdad, congruencia, y respeto de la libertad.

«SEGUNDO. [...] Siendo la licencia de edificación un acto de intervención de la Administración sobre la actividad de los particulares, es un acto de intervención meramente declarativo. Esta naturaleza de acto de intervención «declarativo» delimita la aplicación que en la concesión de licencia urbanística tiene el artículo sexto del Reglamento de Servicios de las Corporaciones Locales, cuyos principios de igualdad, congruencia, y respeto de la libertad tienen plena virtualidad en el ámbito de las intervenciones "constitutivas"». **(STS 5 febrero 1996 [RJ 1996, 1646]).**

«SEXTO. [...] El Ayuntamiento se ha ajustado a los principios de igualdad de trato, congruencia con los motivos y fines justificativos y respeto a la libertad individual». **(STS 18 diciembre 1996 [RJ 1996, 9527]).**

Principio de menor restricción de derechos.

«CDO: [...] El derecho de propiedad continua constitucionalmente amparado, ahora como antes, por lo que tiene plena vigencia la prevención contenida en el art. 6 del Reglamento de Servicios de las Corporaciones Locales, de 17 de junio de 1955, al declarar que el contenido de los actos de intervención será congruente con los motivos y fines que los justifiquen y que si fueran varios los admisibles será elegido el menos restrictivo de la libertad individual». **(STS 12 marzo 1985 [RJ 1985, 2819]).**

Principio de no libre revocabilidad.

«Es claro que una vez producido el acto declarativo de derechos que es la licencia no caben resoluciones que la desconozcan, pues para su eliminación es preciso el seguimiento de los cauces formales establecidos al respecto». **(STS 19 diciembre 1989 [RJ 1989, 9212]).**

«Como ha puesto de relieve la doctrina, la potestad administrativa de revocar en cualquier momento la licencia concedida en aplicación del referido art. 58.2, está condicionada, por exigencias de los principios de buena fe y equidad, a que se haya producido un cambio de circunstancias que obliguen a revocar la licencia por imponerlo el interés público al ser inminente la ejecución del Plan». **(STS 14 abril 1992 [RJ 1992, 3428]).**

Normativa aplicable.

La urbanística vigente al tiempo de otorgarse o denegarse la licencia si esta resolución se dicta dentro del plazo reglamentario para ello y en otro caso ha de estarse a la normativa vigente al tiempo de la solicitud de la licencia.

«PRIMERO. [...] Esta Sala tiene reiteradamente declarado que las deficiencias que pueden ser objeto de subsanación por los peticionarios de licencia de contratación son aquellas que constituyen meras irregularidades o defectos formales o que afectan a las cuestiones de trámite, aunque no los defectos constitutivos de extralimitaciones de fondo, y ello no sólo en virtud de lo dispuesto en el citado artículo 9.1.4 del Reglamento de Servicios, sino también en el artículo 6 del mismo texto reglamentario que establece el principio de buena fe según el cual cuando la Administración puede optar entre varias formas de actuar deberá emplear aquella que resulte menos lesiva a los derechos de los administrados». **(STS 18 abril 1989 [RJ 1989, 3124]).**

«El criterio consolidado de la jurisprudencia, armonizando las exigencias del interés público y la garantía del administrado –ésta es la entraña del Derecho Administrativo–, es el de que la ordenación aplicable es la del momento de la resolución si ésta se dicta dentro del plazo previsto en el art. 9 del Reglamento de Servicios de las Corporaciones Locales, con lo que se atiende a la cristalización más reciente de las demandas del interés público urbanístico, y la del momento de la solicitud si la decisión se produce fuera de aquel plazo, con lo que se garantiza al administrado frente a las consecuencias de una dilación administrativa dado que ningún perjuicio debe sufrir aquél como consecuencia de que la Administración vulnere los plazos legales para resolver de las peticiones de licencias». **(STS 13 noviembre 1989 [RJ 1989, 8186]).**

«El cómputo de los plazos en que la Administración debe decidir acerca del otorgamiento de las licencias que se contemplan, se inicia a partir de la fecha en que la solicitud correspondiente se presenta en el Registro General de la Corporación (como expresa el artículo 9.1.5º del Reglamento de Servicios de las Corporaciones Locales). La suspensión de estos plazos durante quince días para que dentro de ellos se puedan subsanar deficiencias exige, para su efectividad, que éstas se notifiquen al interesado antes de expirar el plazo correspondiente y su cómputo empieza a partir de la notificación de las deficiencias (apartados 4º y 6º del artículo 9.1 RSCL). El derecho a acudir a la Comisión Provincial de Urbanismo, con la correspondiente subrogación de ésta, comienza con el transcurso del plazo de dos meses, con la prórroga en su caso, del período para subsanación de deficiencias, sin que dentro del mismo se hubiera dictado resolución expresa. No obstante, en armonía con los apartados 4º y 6º, que se acaban de expresar, ha afirmado esta Sala que todos los plazos expresados, con excepción única del inicio del plazo con que cuenta la Administración para resolver, se supeditan necesariamente a la notificación del acto al interesado (Sentencia de 20 diciembre 1995 [RJ 1995, 9110])». **(STS 13 octubre 1997 [RJ 1997, 7488]).**

«SEGUNDO. La ordenación aplicable ha de ser la vigente al tiempo de otorgarse o denegarse la licencia si esta resolución se dicta dentro del plazo reglamentario para ello y en otro caso ha de estarse a la normativa vigente al tiempo de la solicitud de la licencia. La vigencia de la ordenación urbanística aplicable, dada la naturaleza normativa de los planes, exige no sólo que haya culminado su tramitación a través de la aprobación definitiva, sino que además se haya producido su publicación oficial, en función de lo dispuesto en el artículo 9.3 de nuestro Texto Constitucional, y en los artículos 44, 55 y 56 de la Ley del Suelo antecitada, no menos que en el artículo 70.2 de la Ley de Bases de Régimen Local y así ha sido declarado por esta Sala en Sentencias de 19 enero 1987 (RJ 1987, 1778) y 8 julio, 22 septiembre, 16 octubre y 13 noviembre 1989 (RJ 1989, 5592, 6609, 7366 y 8186) como también, entre muchas otras las de 29 enero y 19 febrero 1990 (RJ 1990, 356 y 1324) y 2 marzo 1991 (RJ 1991, 1968)». **(STS 12 noviembre 1997 [RJ 1997, 8164]).**

«CUARTO. [...] Teniendo en cuenta que se trata de una edificación que se levantó con anterioridad a la publicación de dicha ordenanza (OPPI) [...], por lo que hace al primero de los extremos, el de la vigencia de la ordenanza, entendemos que su aplicabilidad está fuera de duda si se tiene en cuenta que el uso que se pretende dar al local acondicionado es nuevo y la inaplicabilidad de la ordenanza es sólo referida a los edificios anteriores a su vigencia a los que, además, se les venga dando un uso determinado. Este no es el caso como lo demuestra la propia solicitud del demandante, pues el uso pretendido no es un uso existente sino futuro, y nuevo». **(STS 18 noviembre 1997 [RJ 1997, 9431]).**

Competencias y procedimiento.

Supuestos excepcionales. Centro penitenciario.

«QUINTO. [...] Si bien es cierto que las Comunidades Autónomas han asumido, en general, la exclusiva competencia en materia de Urbanismo, ello no es óbice para que la Administración del Estado pueda asumir la potestad emanada del artículo 244.2 de la Ley del Suelo de 1992, porque tal potestad subsiste y tal como se reconoce en las Sentencias del Tribunal Constitucional de 13 mayo 1986 (RTC 1986, 56) y del Tribunal Supremo de 18 septiembre 1990 (RJ 1990, 7094), puede ejercitarse, ya por la Administración Estatal, ya por la Autonómica, según que se trate del logro de objetivos de competencia de una u otra atribución, por lo que si se trata de realizar un proyecto en desarrollo de una típica competencia estatal, como sucede en el evento aquí contemplado, ha de entenderse habilitada la Administración del Estado para el ejercicio y actuación de la meritada potestad. Nada sustancial cabe añadirse a las razones de excepcional interés público ya expuestos en el fundamento tercero, que desde luego legitiman el procedimiento elegido por la Administración Central para la construcción del Centro Penitenciario de Zuera, previsto en el artículo 244.2 de la Ley del Suelo de 1992, que fue declarado vigente por la Sentencia del Tribunal Constitucional de 20 marzo 1997 (RTC 1997, 61)». **(STS 6 octubre 1998 [RJ 1998, 7984]).**

Patrimonio histórico.

«Es evidente la íntima conexión de la normativa protectora del Patrimonio Histórico con la ordenación urbanística. Pese a ello la dualidad de intereses públicos a proteger en este campo ha dado lugar tanto en la Ley de 13-5-1933 como en la Ley de 16/1985, de 25 junio, a una dualidad de competencias por virtud de la cual y como ya señaló esta Sala en la S. 22-1-1992 (RJ 1992, 758) con la anterioridad al otorgamiento de la licencia urbanística, de competencia municipal –art. 179.1 del Texto Refundido de la Ley del Suelo de 9-4-1976, de hoy art. 243.1 del nuevo Texto de 26-6-1992–, ha de obtenerse la preceptiva licencia en el ámbito del Patrimonio Histórico, de competencia en otro tiempo estatal y hoy ordinariamente autonómica como deriva genéricamente del art. 148.1.16ª de la Constitución». **(STS 23 julio 1992 [RJ 1992, 6173]).**

«TERCERO. [...] Una cosa es que a la citada Comisión se le encomiende la protección del patrimonio histórico artístico a que responde la declaración del Conjunto Histórico de Santiago de Compostela y otra es que tal atribución excluya la intervención en este orden de la propia Corporación municipal a quien, una vez redactado el Plan Especial de Protección a que se refiere el artículo 20 de la Ley 16/1985, de 25 junio, del Patrimonio Histórico Español, función que, al parecer, cumple el Plan Especial de Protección del Patrimonio Construido de Interés Cultural, le incumbe el otorgamiento de licencias de obras y, en consecuencia, valorar en su otorgamiento su adaptación a las determinaciones del plan». **(STS 18 diciembre 1997 [RJ 1998, 284]).**

Intervención de la Comunidad Autónoma. Suelo no urbanizable.

«Ya se ha dicho que el ordenamiento jurídico urbanístico no se olvida del suelo no urbanizable y por ello con independencia de la protección específica que pueda derivar del planeamiento –art. 86.2 del Texto Refundido– la propia ley se preocupa de regular las construcciones excepcionalmente posibles en dicho suelo diferenciando el procedimiento a seguir en unos y otros casos –art. 85.1.2ª–:

A) Cuando se trata de construcciones destinadas a explotaciones agrícolas o vinculadas a obras públicas el procedimiento es el ordinario –art. 178.3 del Texto Refundidolo que implica un pleno respeto a la competencia municipal –art. 179.1 del mismo Texto Refundido–. B) Sin embargo cuando las construcciones viables –edificaciones o instalaciones de utilidad pública o interés social y viviendas familiares en los lugares en que no exista posibilidad de formación de un núcleo de población– no son subsumibles en el apartado anterior, que es la regla general dentro de la excepcionalidad de la construcción en suelo no urbanizable, el procedimiento ha de ser el previsto en el art. 43.3 del Texto Refundido, lo que da lugar a una intervención hoy autonómica que, en cuanto merma de la autonomía municipal –art. 140 de la Constitución–, ha de ser objeto de interpretación restrictiva. QUINTO. En el supuesto litigioso la licencia se solicitaba para vivienda «anexa a explotación agrícola». Esta expresión implica que la tramitación de la licencia de estos autos había de discurrir por el cauce ordinario: lo anexo, como señala el Diccionario de la Academia, es lo unido o agregado a otra cosa con dependencia de ella. La vivienda es un accesorio respecto de la explotación agrícola de suerte que el régimen jurídico urbanístico ha de ser el propio de tal explotación –procedimiento ordinario o general–. No cabe por tanto entender que la denegación municipal de la licencia litigiosa se haya producido sin la observancia del procedimiento adecuado. SEXTO. Ha de plantearse ahora la cuestión relativa al momento en que cesa la competencia municipal en los supuestos de denuncia de la mora dirigida a la Comisión Provincial de Urbanismo u órgano que desempeñe hoy sus funciones –art. 9.1.7º a) del Reglamento de Servicios–. Ciertamente no deja de apreciarse alguna vacilación en la doctrina jurisprudencial producida al respecto. Pero una nueva reflexión sobre el tema conduce a la conclusión de que la competencia municipal subsiste en tanto el Ayuntamiento no recibe el requerimiento de la Comisión para la remisión del expediente: A) Si así lo fuera, habría un lapso de tiempo –el que media entre la formulación de la denuncia y la recepción del requerimiento– durante el cual no podría resolver el Municipio, que había perdido la competencia, ni tampoco la Comisión, que no dispone de los datos del expediente. Tal solución iría contra lo dispuesto en el art. 29 de la Ley de Procedimiento Administrativo, que establece unas "normas de economía, celeridad y eficacia» que deben servir de criterio interpretativo para resolver las cuestiones que se planteen. En la misma línea y ya con el rango máximo podría invocarse el art. 103.1 de la Constitución que eleva la eficacia a la condición de principio constitucional inspirador de la actuación administrativa. Es claro que ese tiempo muerto sin órgano que realmente pueda resolver debe ser reducido al mínimo lo que se logra fijando el cese de la competencia municipal no en el momento de la denuncia de la mora, que además será ignorado normalmente por el Municipio, sino en el de la recepción del requerimiento para el envío del expediente. B) A la misma conclusión podría llegarse invocando el principio de la autonomía municipal –art. 140 de la Constitución– que exige una interpretación restrictiva para los supuestos en los que un órgano no municipal deviene competente para el otorgamiento de la licencia: armoniza mejor con aquella autonomía el mantenimiento de la competencia municipal durante el mayor lapso de tiempo posible. En definitiva, tanto por razones de celeridad y eficacia de la actuación administrativa como por respeto a la autonomía municipal, ha de entenderse que el Municipio, incluso cuando ha transcurrido el plazo de dos meses previsto en el art. 9.1.5º del Reglamento de Servicios –art. 49 de la Ley de Procedimiento Administrativo– y ya se ha denunciado la mora ante la Comisión –art. 9.1.7º a) del citado Reglamento–, puede resolver válidamente respecto de las solicitudes de licencia hasta el momento en que recibe el requerimiento de la Comisión para la remisión del expediente». **(STS 30 diciembre 1989 [RJ 1989, 9235]).**

«TERCERO. [...] En consecuencia y de acuerdo con la doctrina jurisprudencial sentada en numerosas Sentencias de esta Sala [las de 10-9-1987 (RJ 1987, 5729), 8-7-1989 (RJ 1989, 5593), 30 enero, 5 y 19 febrero y 6 marzo 1991 (RJ 1991, 611, 767, 962 y 1979), entre otras], la construcción a realizar en dicha clase de suelo requiere de dos actos autorizatorios sucesivos emanados de competencias concurrentes, a saber: de una parte, la autorización de la Comisión Provincial de Urbanismo o, en su caso del Ministerio de Obras Públicas y Urbanismo u órgano de la Comunidad Autónoma al que se hubiere transferido la competencia a otorgar por el mencionado procedimiento que regulan los arts. 43.3 de la Ley del Suelo y 44 del Reglamento de Gestión; y de otra, la licencia de obras del Ayuntamiento correspondiente, que debe concederse mediante el procedimiento previsto en el art. 9 del Reglamento de Servicios de las Corporaciones Locales y en atención a lo que disponen los arts. 178 y 179 de dicha Ley del Suelo». **(STS 3 enero 1992 [RJ 1992, 2238]).**

«La competencia para el otorgamiento de la licencia urbanística es típicamente municipal como advierte el art. 179 del Texto Refundido de la Ley del Suelo de 1976, aquí aplicable –en el mismo sentido, hoy, art. 243.1 del Texto Refundido de 26-6-1992–. Y ello es así incluso en el ámbito del suelo no urbanizable. Cuestión distinta es la de que en los supuestos del art. 85.1.2ª, punto segundo, con carácter previo al otorgamiento de la licencia municipal haya de obtenerse la autorización de la Comisión Provincial de Urbanismo prevista en el art. 44.2 del Reglamento de gestión». **(STS 6 abril 1993 [1993, 7058]).**

«SEGUNDO. [...] El artículo 85 en relación con el 86 de la Ley del Suelo de 9 abril 1976, respecto de las posibles licencias de obra otorgables tanto en suelo urbanizable no programado como en suelo no urbanizable, distingue, por un lado las construcciones destinadas a explotaciones agrícolas que guardan relación con la naturaleza y destino de la finca, así como las construcciones e instalaciones vinculadas a la ejecución, entretenimiento y servicio de las obras públicas, supuestos ambos en los que debe seguirse el procedimiento ordinario del artículo 9 del Reglamento de Servicios de las Corporaciones Locales; y por otro, las construcciones e instalaciones de utilidad pública o interés social que hayan de emplazarse en el medio rural, así como edificios aislados destinados a vivienda familiar en lugares en los que no existe posibilidad de formación de un núcleo de formación, supuestos en los que el procedimiento a seguir es el especial previsto en los artículos 43.3 de la Ley del Suelo y 44.2 del Reglamento de Gestión, y por ende, con intervención del órgano competente de la Comunidad Autónoma a quien se hubiese transferido la competencia de la actividad regulada en esos preceptos, el que otorgará o denegará la autorización previa referida en los mismos. Naturalmente, que de conformidad con lo dispuesto en los artículos 179 en relación con el 178 de la Ley del Suelo y 6 del Reglamento de Disciplina Urbanística, la competencia exclusiva para el otorgamiento de las licencias de construcciones o instalaciones expresadas en primer lugar corresponde al Ayuntamiento del correspondiente término municipal.

TERCERO. En el supuesto aquí enjuiciado estamos en presencia de la solicitud de licencia para instalación de una estación de servicio en el punto kilométrico 218,40 de la Carretera Nacional número 332, en el término municipal de Cullera en área de suelo no urbanizable.

El núcleo de la problemática jurídica aquí planteada radica en el hecho de si la instalación de una estación de servicio de carburantes en carretera puede ser considerada o no como una construcción o instalación vinculada a la ejecución, entretenimiento o servicio de la obra pública que indiscutiblemente es una carretera nacional. La respuesta, a juicio de la Sala, ha de ser positiva porque una estación de servicio de carburantes y complementos no tiene razón de ser en su instalación y funcionamiento si no es en servicio de los usuarios de la carretera y porque el propio artículo 68.2 b) del Reglamento de Carreteras de 8 febrero 1977 considera elementos funcionales de las carreteras, las áreas para el servicio de los usuarios de la carretera, como las estaciones de servicio, y porque la jurisprudencia de esta Sala en Sentencias de 30 noviembre 1987 (RJ 1987, 7297), 17 mayo 1993 (RJ 1993, 3488) y 11 octubre

1994 (RJ 1994, 7810), entre otras, ha reconocido de modo categórico que tales estaciones de servicio sirven funcionalmente a la carretera». **(STS 5 junio 1997 [RJ 1997, 5018]).**

«SEGUNDO. [...] La titularidad de la Concesión de explotación mineral de barita, otorgada por la Consejería de Economía, Planificación Industrial y Energía, no supone ni excluye la autorización municipal de actividad clasificada y de obras, tratándose en definitiva del ejercicio de competencias atribuidas a distintos órganos de las diversas Administraciones». **(STS 17 noviembre 1998 [RJ 1998, 9332]).**

Obras en zona marítimo terrestre.

«QUINTO. El artículo 178.3 de la Ley del Suelo 9 abril 1976, dispone que en ningún caso se entienden adquiridas por silencio administrativo, facultades en contra de las prescripciones de la propia Ley del Suelo y de las Normas Urbanísticas, y el artículo 57.2 de la misma Ley reconoce que la aprobación de los Planes no limita las facultades que correspondan a los distintos Departamentos Ministeriales, para el ejercicio de sus competencias, según la legislación aplicable por razón de la materia. La autorización previa sobre la licencia de obras a realizar en la zona marítimo-terrestre es una facultad del Departamento Ministerial de Obras Públicas –Dirección General de Puertos y Costas– expresamente reconocida por la Ley del Suelo, por lo que ostentando el contenido del proyecto de obras, el carácter de no conformidad a lo dispuesto en la normativa costera citada de la Ley de 1988 y también de la de 1969, es llano que de ningún modo puede entenderse concedida la licencia por silencio positivo». **(STS 9 marzo 1998 [RJ 1998, 1893]).**

Aguas. Organismos de cuenca.

«SEGUNDO. [...] Ciertamente el artículo 7 del Estatuto de Autonomía de Extremadura atribuye a dicha Comunidad la competencia exclusiva para conocer de los proyectos, construcción, ordenación y explotación de los recursos y aprovechamientos hidráulicos, cuando «las aguas discurren íntegramente dentro del territorio de la Comunidad», pero debe advertirse que el criterio adoptado en tal sentido por la Ley de Aguas de 2-8-1985 es el de la unidad de la cuenca hidrográfica –arts. 13.2 y 14–, de suerte que si, como ocurre en el presente, caso, al tratarse del cauce del río Jerte, la cuenca hidrográfica excede del ámbito territorial de una Comunidad Autónoma, la competencia no corresponde a esta última Administración, sino que se atribuye al organismo de cuenca –artículo 19–. Importa advertir, por otra parte, que la entidad mercantil demandante tenía ya otorgada la concesión del aprovechamiento hidroeléctrico, así como aprobado, por el Ministerio de Obras Públicas y Urbanismo, el correspondiente Proyecto, siendo la licencia ahora cuestionada una mera licencia urbanística de las comprendidas en el art. 178.1 de la Ley del Suelo y atribuida a la exclusiva competencia municipal –art. 179–». **(STS 8 octubre 1991 [RJ 1991, 7603]).**

Denuncia de la mora ante la Comisión de urbanismo.

«TERCERO. [...] La denuncia de mora dirigida a la Comisión de Urbanismo no determina automáticamente la pérdida de competencia del Ayuntamiento para resolver sobre la petición de licencia, sino que es la recepción del oficio que la Comisión dirija al Ayuntamiento reclamándole el expediente administrativo la que determina la asunción de competencia por la Comisión y su pérdida por el Ayuntamiento». **(STS 7 octubre 1992 [RJ 1992, 7581]).**

Obras en dominio público.

«PRIMERO. [...] Tal como se desprende de los art. 178 antes citado y 2 del Reglamento de Disciplina Urbanística, la licencia es también necesaria cuando los actos de edificación y uso del suelo se realizan por los particulares en terrenos de dominio público, sin perjuicio de las autorizaciones o concesiones que sea pertinente otorgar por parte del ente titular del dominio público, que han de obtenerse previamente». **(STS 19 febrero 1992 [RJ 1992, 2907]).**

Obras en puertos.

«CUARTO. [...] La doctrina de esta Sala (SS. 18 mayo y 20 septiembre 1984 [RJ 1984, 2905 y 5582], 4-11-1985 [RJ 1985, 6497], 28-2-1986 [RJ 1986, 1633], 16 febrero y 27 septiembre 1988 [RJ 1988, 1174 y 7265], 4 abril y 24 diciembre 1990 [RJ 1990, 3583 y 10186]) viene señalando que la atribución de competencia sobre un ámbito físico determinado no impide que se ejerzan otras competencias en ese mismo espacio; y así nada tiene de extraño que en el espacio físico de un puerto de interés general concurran el ejercicio de la competencia del Estado en materia portuaria y el de la Comunidad Autónoma en materia urbanística, puesto que las zonas de dominio público marítimo forman parte integrante de un territorio municipal; si bien esta concurrencia será posible cuando el ejercicio de la competencia de la Comunidad Autónoma no se interfiera en el ejercicio de la competencia estatal ni la perturbe». **(STS 30 septiembre 1992 [RJ 1992, 7000]).**

«TERCERO. [...] En efecto, en la disyuntiva de si tales obras integran el concepto de "ordenación urbanística" –tesis del Ayuntamiento de Málaga– o entran dentro de la figura de la "ordenación del territorio" –posición de la Administración estatal aceptada por la sentencia apelada– forzoso es compartir aquélla, al estar la segunda en contradicción con el criterio jurisprudencial contenido en las Sentencias de 20 febrero y 30 marzo 1984 (RJ 1984, 1078), 4 febrero y 19 junio 1987 (RJ 1987, 501 y 4899), 25 enero 1988 (RJ 1988, 423), 4 abril 1990 (RJ 1990, 3583) y 25 febrero 1992 (RJ 1992, 2975) en las que se declara que en la construcción de un puerto actúan con competencias propias la Administración estatal y la municipal, cada una en su esfera privativa». **(STS 7 febrero 1995 [RJ 1995, 1059]).**

«CUARTO. [...] En la construcción de puertos deportivos como el de autos hay que distinguir dos etapas, a saber, "la inicial, para la cual se reconoce competencia exclusiva al Estado, y la posterior, cuando los terrenos ganados al mar a consecuencia de las obras del puerto por accesión artificial pasan a formar parte de la zona marítimo-terrestre, momento en que hay que observar la ordenación urbanística para los usos del suelo, siendo entonces exigible la licencia municipal correspondiente", así como que "consecuencia de que ni los principios ni las normas generales ni las sectoriales atribuyen competencia a los Ayuntamientos en la fase de la concesión inicial del puerto, es que el concesionario tenga las facultades derivadas de la concesión para realizar las obras precisas para que se construya la infraestructura del mismo, sin la cual el puerto no sería una realidad, dejando a salvo las competencias urbanísticas municipales sobre las tierras ganadas al mar".

NOVENO. [...] La Sentencia del Tribunal Constitucional 77/1984, de 3 julio ha declarado sin duda que «la atribución de una competencia sobre un ámbito físico determinado no impide necesariamente que se ejerzan otras competencias en ese espacio». Sin embargo, debe tenerse presente que esa sentencia del Tribunal Constitucional ya fue estudiada en la de este Tribunal Supremo de 19 junio 1987, donde dijimos que «esta doctrina del Tribunal Constitucional no es de aplicación al mar litoral antes de su transformación física para convertirlo en puerto"». **(STS 28 febrero 1996 [RJ 1996, 1652]).**

Obra pública. Ordenación del territorio. Autopista.

«SEXTO. [...] La planificación de una gran obra pública, como puede ser una autopista, afecta a la ordenación del territorio y excede del campo estricto del urbanismo, que es al que se contrae en el ámbito local». **(STS 28 diciembre 1993 [RJ 1993, 9841]).**

Centros y Zonas de Interés Turístico Nacional.

«CUARTO. [...] En varias ocasiones –Sentencias de 2 de febrero y 29 de abril de 1988 (RJ 1988, 678 y 3292) y 3 de julio de 1990 (RJ 1990, 6014)– esta Sala ha resuelto el tema de fijar hasta qué punto y con qué vigor normativo, conservan su vigencia la Ley 197/1963 de 28 de diciembre y su Reglamento de 23 de diciembre de 1964 sobre Centros y Zonas de Interés Turístico Nacional. Y con base en la disposición final 3ª de la Ley 19/1975 de Reforma de la Ley del Suelo de 1956; en la disposición transitoria 5ª.4 del Texto Refundido de 9 de abril de 1976; en la Ley de Bases de Régimen Local de 2 de abril de 1985 (artículo 25.2 d) y en el Texto Refundido de 18 de abril de 1986 (artículo 23); y en la Constitución Española (artículos 137.138.3ª y 140), interpretados a la luz de los criterios establecidos en el artículo 3 del Código Civil y 5 de la Ley Orgánica del Poder Judicial, ha llegado a la conclusión de que su vigencia es residual, esto es, en lo que no se opongan a la Ley de Bases de Régimen Local y a la Ley del Suelo, a través de las cuales opera específicamente la autonomía municipal en materia urbanística, garantizada en el artículo 140 de la Constitución. Es decir, el interés turístico nacional, clave de la aparición de su normativa específica –la Ley de 1963 y el Reglamento de 1964– se ha titularizado con el régimen constitucional en las Comunidades Autónomas, en las Provincias y en los Municipios, aunque persista, además, en el Estado». **(STS 20 febrero 1991 [RJ 1991, 1381]).**

«SEGUNDO. Ya ha declarado este Tribunal en distintas ocasiones, sin embargo, por ejemplo, en Sentencias de 2 febrero y 29 abril 1988 (RJ 1988, 678 y 3292) y 3 julio 1990 (RJ 1990, 6014), que la vigencia de la Ley 28 diciembre 1963 y de su Reglamento 23 diciembre 1964, sobre Centros y Zonas de Interés Turístico Nacional, es solamente residual, es decir, "en lo que no se opongan a la Ley de Bases de Régimen Local y a la Ley del Suelo, a través de las cuales opera específicamente la autonomía municipal en materia urbanística, garantizada en el artículo 140 de la Constitución"». **(STS 27 julio 1994 [RJ 1994, 6052]).**

Servidumbres aeronáuticas.

«SEGUNDO. Es evidente haberse producido aquí un caso de concurrencia de la licencia urbanística con otro acto administrativo autorizatorio, y concretamente, un supuesto de concurrencia imperfecta o de dependencia recíproca de los actos de intervención administrativa en el que la autorización prevista en el ordenamiento sectorial correspondiente operaba como previa de la licencia urbanística y como requisito indispensable para el válido otorgamiento de ésta, ya que conforme a lo dispuesto en el artículo 29 del Decreto 584/1972, de 24 de febrero, los Ayuntamientos no pueden autorizar construcciones, instalaciones o plantaciones en los espacios y zonas gravados con las servidumbres aeronáuticas sin la previa resolución favorable del actual Ministerio de Transportes y Comunicaciones». **(STS 3 mayo 1990 [RJ 1990, 3789]).**

Costas.

«SEXTO. Cuestión distinta es la planteada con la invocación de la Ley 28/1969, de 26 abril, sobre Costas, vigente a la sazón.

Importa en este terreno advertir que el dictamen del arquitecto señor E. M. indica que las edificaciones pretendidas invaden en parte la zona de salvamento. De ello deriva que para proceder a la edificación resulta necesaria obtención de la autorización prevista en el art. 4.5 de la mencionada Ley. Pero este dato no implicaba que tal autorización hubiera de ser previa a la licencia urbanística pues al no tratarse de dominio público no eran de aplicación los arts. 178.1, inciso final del Texto Refundido de la Ley del Suelo y 2 del Reglamento de Disciplina Urbanística, de donde deriva que esa autorización será, sí, necesaria para proceder a la edificación pero no era requisito previo para la licencia urbanística, única que en estos autos se discute». **(STS 22 septiembre 1992 [RJ 1992, 6974]).**

«SEGUNDO. [...] El órgano competente de la Administración del Estado, que ostenta el control y defensa de nuestras costas y sus zonas de influencia, concedió, ciertamente, el 22 de diciembre de 1989, autorización al aquí apelante, conforme a la disposición transitoria cuarta, apartado 2 c) de la Ley de Costas de 28 julio 1988, para realizar obras de «reparación y mejora, siempre que no impliquen aumento de volumen de las construcciones existentes», especificándose en la disposición común segunda de las del Anexo, cuyas disposiciones se integran en las condiciones de la autorización según el documento de 22 de diciembre de 1989, que el único uso permitido es el de obras de reparación y mejora sin incremento de volumen en edificación. Por otra parte, el artículo 25.1 a) de la referida Ley de Costas, prohíbe en la zona de servidumbre de protección, las edificaciones destinadas a residencia o habitación, estableciéndose en la disposición 10 del Anexo de la Autorización Administrativa Costera, que el uso autorizado no podrá variarse sin previa autorización de la Demarcación o Servicio de Costas. TERCERO. Como es bien sabido y reiterado de modo continuo por esta Sala, las licencias urbanísticas tienen una carácter reglado, de tal modo que han de denegarse u otorgarse de modo necesario según que la actuación pretendida sea disconforme o conforme, respectivamente, con la ordenación aplicable. El llano que la licencia urbanística aquí cuestionada, en cuanto a la negativa de su otorgamiento declarada por el ente municipal de Cedeira, además de la referencia que ello implica a las determinaciones del planeamiento municipal, ha de controlar también que la obra proyectada se ajusta a los términos y condiciones impuestas por Administración costera estatal, en su autorización». **(STS 8 junio 1998 [RJ 1998, 4389]).**

Tramitación conjunta licencias de derribo y demolición.

«TERCERO. [...] Si bien es cierta la independencia y sustantividad propia de las licencias de derribo y de edificación, características que se desprenden con toda facilidad del artículo 178.1 del Texto Refundido de la Ley sobre Régimen del Suelo y Ordenación Urbana de 9 abril 1976 y que la jurisprudencia de este Tribunal ha puesto reiteradamente de relieve, también lo es que nada impide que en ambas sea objeto de un solo procedimiento y de una resolución común». **(STS 20 diciembre 1995 [RJ 1995, 9110]).**

Condiciones.

Sólo son admisibles las «condictio iuris», con base en el ordenamiento urbanístico.

«Esta Sala tiene declarado –verbigracia en Sentencia de 7 de febrero de 1987 (RJ 1987, 2750)– que dado el carácter rigurosamente reglado de las licencias no pueden establecerse condiciones a su otorgamiento si las mismas no derivan de la ordenación urbanística que el Ayuntamiento no es libre de establecer por simples Acuerdos Municipales». **(STS 27 octubre 1988 [RJ 1988, 8291]).**

«TERCERO. Siendo claro que las normas de la revisión del Plan General de Ordenación no tienen vigencia hasta la publicación de su aprobación definitiva –artículo 56 de la Ley del Suelo–, es evidente que los mencionados condicionados que el Ayuntamiento apelado impuso a la licencia de autos exigiendo la instalación de una tubería de 100 milímetros de diámetro y una boca de incendio en el lugar que determinase la Oficina Técnica Municipal, no podían ampararse en las normas no vigentes de dicho Plan General [...]».

«QUINTO. [...] «Este Tribunal tiene declarado reiteradamente –Sentencias de 7 de febrero (RJ 1987, 2750) y 27 de octubre de 1988 (RJ 1988, 8291)– que dado el carácter rigurosamente reglado de las licencias, no pueden establecerse condiciones a su otorgamiento si las mismas no derivan de la ordenación. **(STS 21 febrero 1989 [RJ 1989, 1285]).**

«Se están percibiendo cantidades a cuenta de una pretendida reparcelación económica sin haberse ni siquiera delimitado, tramitado ni aprobado el Polígono o la Unidad de Actuación correspondiente, sin la delimitación de la cual no hay unidad reparcelable –arts. 97.1, 98.1, 99.1 a) y 102 de la Ley del Suelo y sus correlativos 71.1 y 4, 77.1 y 2, 79, 85.1, 89.1 y siguientes del Reglamento de Gestión Urbanística –; y es claro que sin unidad reparcelable previamente delimitada, tramitada y aprobada, no puede haber reparcelación alguna (ni material ni económica), ni se puede cobrar cantidad alguna cuenta de una reparcelación inexistente y respecto a la que incluso se desconocen datos tan fundamentales como las fincas que incluirá y cuándo se realizará; por lo que obviamente debe declararse nula una resolución como la impugnada, que en las indicadas condiciones exige el pago a cuenta de una reparcelación inexistente, ya que falta el indispensable instrumento que legitime este cobro». **(STS 20 junio 1989 [RJ 1989, 4869]).**

Condición. Es posible otorgar así licencia provisional.

«El carácter reglado de la licencia urbanística que ya antes se ha recordado no es obstáculo para que la jurisprudencia –así, Sentencia de 21 de abril de 1987 (RJ 1987,

4580), entre otras muchas– venga admitiendo la posibilidad de su otorgamiento con introducción de "conditiones iuris", es decir cláusulas que eviten la denegación de la licencia mediante la incorporación a ésta de exigencias derivadas del ordenamiento vigente y que sin embargo no aparecían en la petición formulada por el administrado. Con estas condiciones "iuris" se hace viable el otorgamiento de una licencia adaptando, completando o eliminando extremos de un proyecto no ajustado a la ordenación urbanística. Todo ello es una consecuencia del principio de la proporcionalidad que genéricamente tiene su fundamento en la importancia del "fin" como elemento del acto administrativo –arts. 106.1 de la Constitución, 83 de la Ley Jurisdiccional, 40.2 de la Ley de Procedimiento Administrativo, etc.– y que específicamente aparece explicitado en el art. 6 del Reglamento de Servicios y hoy ya en el art. 84.2 de la Ley Reguladora de las Bases del Régimen Local 7/1985, de 2 de abril. Así las cosas resulta perfectamente viable que solicitada una licencia ordinaria sin embargo se otorgue con carácter provisional pues este carácter no significa otra cosa que la imposición de las "conditiones iuris» previstas en el art. 58.2 del Texto Refundido de la Ley del Suelo, de suerte que sólo con aceptación de aquéllas se podrá llevar a cabo lícitamente la actuación instada». **(STS 20 diciembre 1988 [RJ 1988, 10162]).**

Deber de la Administración de introducir «conditiones iuris» en el contenido de la licencia para hacer posible su otorgamiento cuando la adaptación del proyecto a la legalidad es fácil.

«Ante un proyecto que no se acomoda a la ordenación aplicable, la Administración, en principio, puede adoptar dos posturas distintas: A) Denegar la licencia por ilegalidad del ejercicio del "ius edificandi" en los puros términos pretendidos. B) Otorgarla condicionándola a determinadas concreciones que "legalizarían" el proyecto presentado. CUARTO: [...] Así las cosas, habrá que entender que ante un proyecto de obras que no se ajusta a la ordenación urbanística procederá no la denegación de la licencia sino su otorgamiento con cláusulas legalizadoras cuando la acomodación del proyecto a la legalidad aplicable resulta posible con facilidad y sin alterar sustancialmente la actuación pretendida –en este sentido es de recordar el principio latente en el art. 9.1.4º del Reglamento de Servicios–». **(STS 21 abril 1987 [RJ 1987, 4580]).**

«La jurisprudencia –así Sentencia de 2 de febrero de 1989 (RJ 1989, 800)–, sólo admite la posibilidad de otorgar las licencias introduciendo en ellas condiciones cuando éstas integran "conditiones iuris", es decir, cláusulas que eviten la denegación mediante la incorporación a la licencia de exigencias derivadas del ordenamiento vigente y que sin embargo no aparecían en la petición formulada por el administrado». **(STS 8 julio 1989 [RJ 1989, 5592]).**

«La jurisprudencia –Sentencias de 21 de abril de 1987 (RJ 1987, 4580), 2 de febrero y 8 de julio de 1989 (RJ 1989, 800 y 5592)– declara no sólo la posibilidad sino también el "deber" de introducir "conditiones iuris" en el contenido de la licencia para hacer posible su otorgamiento cuando la adaptación del proyecto a la legalidad es fácil –supuesto litigioso–». **(STS 12 diciembre 1990 [RJ 1990, 9950]).**

«Tales condiciones "deben" ser introducidas por virtud de las exigencias del principio de proporcionalidad –arts. 6 del Reglamento de Servicios y hoy 84.2 de la Ley 7/1985, de 2 abril, Reguladora de las Bases del Régimen Local– cuando la acomodación de la petición a la legalidad aplicable resulte posible con facilidad y sin alterar sustancialmente la actuación pretendida –SS. 21-4-1987 (RJ 1987, 4580), 20-12-1988 (RJ 1988, 3614), 2 febrero y 8 julio 1989 (RJ 1989, 800 y 5592), 12-12-1990, etc.–. C) Y finalmente ha de indicarse que esta Sala en la S. 25-7-1990 (RJ 1990, 6682) ha declarado la validez de la discutida cláusula del Ayuntamiento de Paterna». **(STS 14 abril 1993 [RJ 1993, 2837]).**

Actos sujetos a licencia.

Carácter enunciativo del art. 178.

«El artículo 178.1 de la Ley del Suelo establece que "estarán sujetos a previa licencia, a los efectos de esta Ley, los actos de edificación y uso del suelo, tales como las parcelaciones urbanas, los movimientos de tierras, las obras de nueva planta, modificación de estructura o aspecto exterior de los edificios y la modificación del uso de los mismos, la demolición de las construcciones, la colocación de carteles de propaganda visibles desde la vía pública y demás actos que señalaren los Planes", enumeración ésta que no tiene carácter limitativo, sino simplemente enunciativo». **(STS 27 diciembre 1990 [RJ 1990, 10264]).**

«Importa recordar que la enumeración de supuestos en los que resulta necesaria la licencia urbanística que aparece en los arts. 178.1 del Texto Refundido de 1976 –hoy art. 242.1 y 2 del nuevo Texto Refundido de 26-6-1992– y 1.18 del reglamento de Disciplina Urbanística no tiene carácter exhaustivo; su condición de «numerus apertus» resulta claramente de la expresión «[...]y los demás actos que señalaren los Planes"». **(STS 25 septiembre 1992 [RJ 1992, 6985]).**

Licencia de demolición.

«Las licencias de construcción y demolición son especies del mismo género –la licencia urbanística– y en tal sentido tiene importantes notas comunes. Pero en cuanto especies distintas, existen entre ellas diferencias. Si al construir un edificio, se está construyendo al mismo tiempo la ciudad, al demoler un edificio se puede estar construyendo la ciudad. La licencia de edificación mira al futuro, contempla una obra «proyectada» para controlar si se ajusta o no al ordenamiento urbanístico. Por el contrario la licencia de demolición, al menos en primer término, mira al pasado, examinando una edificación ya existente a fin de decidir, si para proteger intereses superiores, debe o no ser conservada.

Son diferentes, pues, las finalidades específicas a que ambas licencias obedecen y diferentes también los datos primarios a valorar. Hay que concluir que las licencias de construcción y de demolición son independientes –Sentencia de 11 de octubre de 1975 (RJ 1975, 4571)–, lo que significa que el otorgamiento de una licencia de edificación no supone implícitamente el de la demolición.

En consecuencia, no es posible, por regla general, basar la denegación de una licencia de edificación en que no se había obtenido previamente la de demolición». **(STS 18 julio 1986 [RJ 1986, 5128]).**

La importancia del objeto de las licencias de demolición, requiere la aplicación del sistema de silencio positivo que cuenta con mayores garantías, es decir, el que exige la denuncia de la mora ante la Comisión Provincial.

«En realidad –Sentencia de 10 de julio de 1985 (RJ 1985, 4161)– "la demolición es la más completa y radical modificación de la estructura de un edificio», resultando por tanto subsumible en el apartado a) y no en el c) del art. 9.1.7º del Reglamento de Servicios –en este sentido también Sentencia de 18 de julio de 1984 (RJ 1984, 4387)–. Esta solución se confirma atendiendo a la finalidad –art. 3.1 del Título Preliminar ya citado– del art. 9.1.7º del Reglamento de Servicios: el examen de los apartados a) y c), que son los que ahora importan, pone de relieve que se han diferenciado dos tipos de supuestos y si para los de mayor entidad –apartado a)– se ha de acudir a la Comisión Provincial de Urbanismo, por el contrario en los de menor importancia –apartado c)– se produce automáticamente el silencio positivo. Así las cosas, es de recordar que el Derecho Administrativo aspira a armonizar las exigencias del interés público y las del interés de los administrados. Para éstos el silencio positivo es plenamente satisfactorio, pero para aquél resulta peligroso, ya que la negligencia o la falta de tiempo del funcionario se convierten en decisión administrativa estimatoria. Por ello el *Reglamento de Servicios*, ponderando la trascendencia del objeto de la licencia, intensifica o atenúa el rigor de los requisitos necesarios para la producción del silencio positivo. Y ya en este punto, importa subrayar la importancia de las demoliciones: el urbanismo del ensanche está siendo sustituido, por lo menos en alguna medida, por otro tendente a la conservación y rehabilitación del tejido urbano. En consecuencia, las licencias de demolición, tradicionalmente oscurecidas por las de construcción, van adquiriendo cada vez mayor relieve. Sobre esta base, atendido el espíritu del precepto que se examina y la razón de ser de los distintos regímenes jurídicos que ahora se contemplan –apartados a) y c)–, ha de llegarse a la conclusión de que la importancia del objeto de las licencias de demolición, requiere la aplicación del sistema de silencio positivo que cuenta con mayores garantías, es decir, el que exige la denuncia de la mora ante la Comisión Provincial –en este supuesto ante la Comisión de Planeamiento y Coordinación del Área Metropolitana de Madrid–». **(STS 18 julio 1986 [RJ 1986, 5128]).**

Carteles de propaganda.

«Las licencias que tienen por objeto la colocación de carteles de propaganda, especie dentro del género de la licencia urbanística, aparecen aludidas reiteradamente en nuestro ordenamiento urbanístico que ha mostrado una especialmente intensa preocupación por ellas –art. 58.1.1ª y 178.1 del Texto Refundido de la Ley del Suelo y 1.17 del Reglamento de Disciplina Urbanística–. Lo que ahora se destaca en su naturaleza reglada –art. 178.2 de dicho Texto Refundido–». **(STS 25 enero 1988 [RJ 1988, 342]).**

Inscripción registral de divisiones y segregaciones de fincas. Necesidad de licencia.

«No cabe ninguna duda que para la inscripción de la división ahora cuestionada se requiere la previa obtención de la correspondiente licencia o la declaración municipal de su innecesariedad, tal como previene el artículo 259.3 de la Ley del Suelo. El propio concepto de parcelación urbanística definido en el artículo 257 de la Ley del Suelo; la sujeción a licencia de toda parcelación urbanística (vid. artículo 259.2 de la LS); la sujeción a licencia de todo acto de uso del suelo y, entre ellos, la parcelación urbana (vid. artículo 242 de la LS), la extensión de la competencia urbanística a la determinación de la configuración y dimensión de las parcelas edificables así como a la construcción de la parcelación misma [vid. artículo 3 números 2 i) y 4 a) LS]; la tajante exclusión de toda parcelación urbanística en suelo no urbanizable (vid. artículo 16.2º LS); en fin el propio tenor literal del artículo 259 de la Ley del Suelo, ajeno a consideraciones sobre la calificación urbanística del terreno dividido; son razones suficientemente justificativas en el caso debatido sobre la suspensión recurrida en tanto queda debidamente acreditada –mediante esa licencia o declaración alternativa– la inexistencia de obstáculos urbanísticos a la división calificada». **(RDGRN 17 enero 1995 [RJ 1995, 623]).**

«El objeto de debate en el presente expediente es la cuestión de si procede o no la inscripción de una escritura por la que los dueños de una finca rústica (destinada a huerta) segregan de la misma con destino a su enajenación en el propio instrumento público una porción de terreno [...], sin acreditar para ello el otorgamiento de la oportuna licencia municipal de segregación o la declaración de su innecesariedad, exigidos por el Registrador conforme al artículo 259, número 3, de la Ley del Suelo. TERCERO. El recurrente se alza contra la calificación del Registrador por considerar que la operación realizada constituye una segregación en suelo rústico o no urbanizable y no una parcelación urbanística a la que, por tanto, no resulta aplicable el régimen jurídico de la Ley del Suelo (ni, por ende, el artículo 259, número 3, de la misma invocado en la nota de calificación) y considerando que, aun admitiendo la aplicabilidad de la Ley del Suelo a los terrenos que tengan la calificación de no urbanizables, la exigencia de licencia de parcelación o declaración alternativa de innecesariedad sólo puede entenderse referida a las propias parcelaciones urbanísticas y no indiscriminadamente a cualesquiera actos de división de terrenos. CUARTO. Esta tesis, sin embargo, no puede prosperar, como ya se afirmara por este centro directivo (vid. Resoluciones de 22 abril 1985, 13 mayo 1994 [RJ 1994, 4396], 5 y 17 enero y 16 junio 1995 [RJ 1995, 183, 623 y 5327] el propio concepto de parcelación urbanística, definido en el artículo 257 de la Ley del Suelo; la sujeción a licencia de toda parcelación urbanística (vid. artículo 259, número 2, de la Ley del Suelo); la sujeción a licencia de todo acto de uso del suelo y, entre ellos, la parcelación urbana (vid. artículo 242 de la Ley del Suelo); la extensión de la competencia urbanística a la determinación en la configuración y dimensión de las parcelas aplicables, así como a la configuración de la parcela misma [vid. artículo 3, número 2 i) y 4 a), de la Ley del Suelo]; la tajante exclusión de toda parcelación urbanística en suelo no urbanizable (vid. artículo 16, número 2, de la Ley del Suelo); en fin, el propio tenor del artículo 259 de la misma Ley, que, ajeno a consideraciones sobre la calificación urbanística del terreno dividido, alude a "escrituras de división de terrenos» como determinante de la referida obligación de Notarios y Registradores de la Propiedad de exigir la acreditación de la licencia o del certificado de innecesariedad, son razones suficientemente justificativas en el caso debatido para la suspensión recurrida en tanto quede debidamente acreditada –mediante la referida licencia o declaración alternativa– la inexistencia de obstáculos urbanísticos a la segregación calificada». **(STS 12 julio 1995 [RJ 1995, 5575]).**

Actos no sujetos a licencia.

Mero traslado de tierras.

«Para trasladar las tierras en cuestión desde el lugar donde están acopiadas hasta otros puntos en los que sean necesarias, no es precisa licencia urbanística alguna atendidos las circunstancias y el origen de dichos acopios y la relación del Ayuntamiento y de la concesionaria con ellos». **(STS 10 octubre 1988 [RJ 1988, 7471]).**

«Sin discutir que los movimientos de tierras estén sujetos, a los efectos urbanísticos, a la exigencia de previa licencia municipal, según dispone el artículo 178 de la Ley del Suelo y concordantes del Reglamento de Disciplina Urbanística [...] La única finalidad de las tareas realizadas era la de limpiar y arar el terreno [...], y tales labores y operaciones de arranque y relleno posterior son eminentemente agrícolas [...] (Sentencia del Tribunal Supremo) TERCERO: [...] Hay que concluir por tanto en que no han tenido lugar los movimientos de tierra que, genéricamente, contempla el artículo 178 de la Ley del Suelo como necesitados de licencia municipal para ser llevados a cabo». **(STS 5 abril 1989 [RJ 1989, 2910]).**

«Ni del artículo 178 de la Ley sobre Régimen del Suelo y Ordenación Urbana de 9 abril 1976, ni de los números 1 y 18 del artículo 1 del Reglamento de Disciplina Urbanística, ni de las sentencias que invoca el recurrente, se desprende que la exigencia de la licencia urbanística se extiende a cualquier obra o movimiento de tierras, sea en los cementerios parroquiales u en otros lugares, ni aun dado el carácter genérico del artículo 178 o el general remisorio del número 18 del artículo 1». **(STS 5 junio 1995 [RJ 1995, 4938]).**

Grandes obras o construcciones de marcado interés público.

«La jurisprudencia –Sentencias de 3 de diciembre de 1982 (RJ 1982, 7774), 20 de febrero de 1984 (RJ 1984, 1078) y 28 de mayo de 1986 (RJ 1986, 4471)– ha distinguido los conceptos de ordenación urbanística en sentido estricto y ordenación del territorio, incluyendo en este último supuesto aquellas "grandes obras o construcciones de marcado interés público", que siendo de la competencia estatal –art. 149.1.24 de la Constitución– por su gran trascendencia para la sociedad, no pueden quedar frustradas por la voluntad municipal, obras éstas cuya relevancia excede de las previstas en el art. 180.2 del Texto Refundido de la Ley del Suelo y para las que no resulta necesaria la licencia municipal». **(STS 30 noviembre 1987 [RJ 1987, 9332]).**

Carreteras.

«Dado el contenido de la nueva Ley de Carreteras, concretamente de su art. 12, resulta de todo punto inadecuado un cambio en la doctrina establecida, cuando se trate de obras que no afecten a travesías o a la red arterial; para estos casos, los arts. 38 y 39 de la nueva Ley establece un tratamiento distinto, pues mientras el primero de dichos artículos, refiriéndose a la red arterial, somete la cuestión a un acuerdo entre las distintas Administraciones Públicas interesadas, el segundo y para las obras a realizar por el Ministerio de Obras Públicas y Urbanismo en la zona de dominio público de los terrenos urbanos, somete su autorización a licencia municipal, previo informe vinculante del citado Departamento Ministerial, que necesariamente habrá de versar sobre los aspectos relativos a las disposiciones de la mencionada Ley General de Carreteras». **(STS 28 septiembre 1990 [RJ 1990, 7297]).**

Obra de ordenación del territorio. Pista en aeropuerto.

«La construcción de una segunda pista en el aeropuerto de Mallorca (uno de los principales de España), prevista ya en el I Plan de Desarrollo Económico y Social del año 1964, no es una mera obra urbanística, sino una obra de ordenación del territorio, que afecta no sólo a Mallorca sino a todas las Islas Baleares y a toda España, y que constituye, por lo tanto, una de esas obras que este Tribunal Supremo ha declarado exentas de la necesidad de licencia municipal (Sentencias, por todas, de 3 diciembre 1982 [RJ 1982, 7774], 20 febrero 1984 [RJ 1984, 1078], 28 mayo 1986 [RJ 1986, 4471], 17 julio y 30 noviembre 1987 [RJ 1987, 7524 y 9332], 28 septiembre 1990 [RJ 1990, 7297], 17 mayo 1993 [RJ 1993, 3488], 11 octubre 1994 [RJ 1994, 7810] y 5 marzo 1997 [RJ 1997, 1662]). Nos encontramos no en el caso de obras auxiliares o complementarias, o afectantes a negocios minoristas del interior del aeropuerto, como venta de billetes (que son los casos a que se refieren la mayor parte de las Sentencias del Tribunal Supremo que cita la parte actora, ninguna de las cuales –ni la de 30 julio 1986 [RJ 1986, 7052] ni la de 18 diciembre 1984 [RJ 1984, 6694]– se refiere a la construcción de pistas de aterrizaje en aeropuerto». **(STS 29 mayo 1997 [RJ 1997, 4052]).**

Obras auxiliares de explotación ferroviaria.

«La cuestión que se plantea se reduce a determinar la naturaleza de las obras en litigio, de entre las que contempla el referido artículo 179 de la Ley 16/1987, de 30 julio, al regular las consecuencias de la atribución a la Red Nacional de los Ferrocarriles Españoles, de la gestión de los servicios ferroviarios de su competencia. Distingue dicho precepto entre las obras de conservación, entretenimiento y reposición de las líneas e instalaciones de RENFE y demás servicios auxiliares relacionados directamente con la explotación ferroviaria, y obras nuevas, cuando afecten a los planes urbanísticos o las disposiciones sobre establecimientos incómodos, insalubres, nocivos o peligrosos. Respecto de las primeras es cierto que entiende otorgadas en forma implícita a RENFE todas las autorizaciones, permisos o licencias administrativas precisos o convenientes, pero no menos cierto resulta que sujeta las segundas a la obtención de la oportuna licencia de la autoridad competente, salvo la realización de obras inaplazables, que no atañen al presente caso». **(STS 11 mayo 1998 [RJ 1998, 3625]).**

Proyectos de urbanización.

«CUARTO. El criterio jurisprudencial que se acaba de señalar, esto es, el de estimar los Proyectos de Urbanización como verdaderos actos de ejecución de los instrumentos de planeamiento y, consiguientemente, el considerar innecesaria la solicitud de licencia de obras para llevar a su práctica aquellos Proyectos, ha sido seguido también por la jurisprudencia posterior, de la que son fiel exponente las Sentencias de 28 septiembre 1985 (RJ 1985, 6222), 23 mayo y 5 diciembre 1989 (RJ 1989, 3960 y 9107), 10 julio 1990 (RJ 1990, 6023), etcétera». **(STS 22 noviembre 1994 [RJ 1994, 9250]).**

Tala de árboles.

«En cuanto a la cuestión esencial del litigio, la relativa a si era precisa autorización municipal para la corta de veinte pinos en la parcela de los demandantes, es cierto que el artículo 1, inciso 16, del Reglamento de Disciplina Urbanística exige licencia para la corta de árboles, pero lo hace refiriéndose a árboles integrados en una «masa forestal», una expresión que la sentencia entiende, también con acierto, como un arbolado «de entidad suficiente para dar carácter y significación a una zona del suelo, de tal manera que en el conjunto del planeamiento aprobado la subsistencia de los árboles pueda ser en sí misma una finalidad». **(STS 20 febrero 1996 [RJ 1996, 1378]).**

Sujeción de las Administraciones Públicas.

«El art. 180.2 de la LS establece una excepción al régimen urbanístico general, que debe interpretarse de acuerdo con la distribución competencial que establece la constitución con posterioridad a la entrada en vigor de la Ley del Suelo, que es una Ley preconstitucional [...] El Estado no puede verse privado del ejercicio de sus competencias exclusivas por la existencia de una competencia, aunque también sea exclusiva, de una Comunidad Autónoma, según declaró ya la Sentencia de este Tribunal Constitucional núm. 1/1982, de 28 de enero (RTC 1982, 1), pues tal ineficacia equivaldría a la negación de la misma competencia que le atribuye la constitución. Estos criterios son aplicables a las facultades excepcionales reconocidas por el art. 180.2 de la LS. El Estado podrá ejercerlas en cuanto lo haga en uso de una competencia exclusiva a él atribuida y siempre que se den los presupuestos que señala el mismo art. 180.2 de la LS, es decir, la urgencia y excepcional interés público, de forma que sólo acudiendo a lo preceptuado en dicho artículo sea posible el ejercicio de las referidas competencias [...] 4. Téngase en cuenta, también, para fijar con más precisión las facultades que el Estado (y, en su caso, la Comunidad Autónoma), pueden asumir conforme el art. 180.2 de la LS, que tales facultades no pueden ser interpretadas como la posibilidad de realizar actos urbanísticos libremente y sin respetar el planteamiento previsto siempre que se den los presupuestos de urgencia y excepcional interés público, ni que la concurrencia de tales requisitos pueda ser estimada discrecionalmente por el Gobierno. Respecto al primer punto conviene recordar que el planeamiento urbanístico forma parte del ordenamiento jurídico al que están sujetos todos los poderes públicos (art. 9.1 de la Constitución). El Estado tendrá que conformar en principio los actos que pretenda realizar al planeamiento existente. Sólo cuando esto no resulte posible y el excepcional interés público exija no sólo proceder por vía de urgencia que exime de solicitar previamente la licencia municipal, sino no respetar el planeamiento establecido, cabrá apartarse de éste, y ordenar la iniciación del procedimiento de revisión o modificación del planeamiento previsto en el mismo art. 180.2. Y, naturalmente, los acuerdos que en aplicación de ese art. de la LS adopte el Gobierno son recurribles ante la jurisdicción competente, tanto por el municipio afectado como por el Gobierno Vasco, e incluso por cualquier ciudadano, ya que la legislación urbanística reconoce la acción popular (art. 235 LS); y a los Tribunales corresponde decidir si se han dado determinados los presupuestos de urgencia y excepcional interés público, y si era necesario, en su caso, apartarse del planeamiento establecido. 5. Ya se ha advertido que la vigente Ley del Suelo, por su carácter preconstitucional, no pudo prever las competencias urbanísticas de las Comunidades Autónomas, lo que plantea evidentemente dificultades en su aplicación actual. En esas circunstancias cobra especial importancia la siempre deseable cooperación entre el Estado y las Comunidades Autónomas. Ya el Real Decreto 1981/1978, al requerir un informe preceptivo del Gobierno Vasco, en caso de aplicación del art. 180.2 de la LS, parecía señalar ese camino. En tanto no se arbitren otras medidas, este informe puede ser un elemento útil para una posible cooperación entre el Estado y la Comunidad Autónoma del País Vasco en materia aquí contemplada. 6. Lo que antecede conduce a declarar que la competencia controvertida, consistente en hacer uso de las facultades previstas en el art. 180.2 de la LS, pertenece al Estado, siempre que los actos a que se refiere correspondan a competencias exclusivas del mismo y se den los supuestos establecidos en dicho artículo, y a la Comunidad Autónoma del País Vasco, en los demás casos». **(STC 13 mayo 1986 [RTC 1986, 56]).**

«Partiendo de la base de que en materia de actos relacionados con el art. 178 de la LS ningún organismo del Estado o Entidades de derecho público, por el hecho de serlo, están exentos del deber de solicitar la preceptiva licencia, conforme a lo prevenido en el art. 180 del mismo Texto legal, cuya concesión, si procede, corre a cargo del respectivo Municipio, conforme a la atribución de competencia hecha en el art. 179 de la propia Ley». **(STS 24 julio 1990 [RJ 1990, 6672]).**

«La diversidad de intereses presentes en el campo del urbanismo y su concreta articulación –"en la relación entre el interés local y el interés supralocal es claramente predominante este último", *Sentencia* del Tribunal Constitucional 170/1989, de 19 de octubre (RTC 1989, 170)– justifican la subsistencia de la potestad excepcional del art. 180.2 del Texto Refundido, dado que la autonomía municipal no se garantiza por la Constitución para incidir de forma negativa sobre los intereses generales de la nación o en otros intereses generales distintos de los propios de la entidad local –Sentencia del Tribunal Constitucional 4/1981, de 2 de febrero (RTC 1981, 4)–. De lo expuesto deriva ya que aun habiendo asumido las Comunidades Autónomas la competencia exclusiva en materia de urbanismo, ello no implica la exclusión de la Administración estatal a la hora de actuar la potestad del art. 180.2 del Texto Refundido: esta potestad subsiste y en el terreno subjetivo puede actuarse bien por la Administración estatal, bien por la autonómica según que se trate del logro de objetivos de competencia de una u otra atribución –en este sentido, Sentencia del Tribunal Constitucional 56/1986, de 13 de mayo (RTC 1986, 56)–. La potestad del art. 180.2, pues, tiene carácter instrumental y por tanto su atribución subjetiva en cada caso estará en función de la competencia para la realización de los fines a los que sirve el proyecto que se trata de realizar». **(STS 18 septiembre 1990 [RJ 1990, 7094]).**

«Del tenor del artículo 180.3 al que nos referimos, claramente resulta que en el mismo se hace una referencia al párrafo anterior, en el que, como ya se ha indicado, se prevé el régimen especial para obras de excepcional interés público o urgentes. Dice dicho párrafo tercero que "el Ayuntamiento podrá en todo caso, acordar la suspensión de las obras [...] cuando se pretendiese llevar a cabo en ausencia o contradicción con la notificación de conformidad con el planeamiento que se establece en el número anterior". Se regula, pues, la orden de suspensión de que se trata únicamente en relación con unos trámites previstos en el procedimiento excepcional del 180.2 de la Ley del Suelo. Y en segundo lugar, y como se hace notar por la parte apelante, si la finalidad de la reforma de la Ley del Suelo de 1976, en la materia a la que ahora nos referimos, fue la de someter a los entes públicos al régimen general de licencia, sería un absurdo hacer extensivas las medidas establecidas para reaccionar contra las infracciones de la aplicación del procedimiento de excepción a la inobservancia de los supuestos de su art. 178. Se rectifica de esta forma lo declarado por esta Sala en Sentencia de fecha 30 de marzo de 1984 (RJ 1984, 2541)». **(STS 10 octubre 1990 [RJ 1990, 8124]).**

«Independientemente de los privilegios concedidos a la Junta de la Ciudad Universidad, hoy Universidad de Madrid, por el Real Decreto-ley de 17 de mayo de 1927, y reiterados en las Leyes de 10 de febrero de 1940 y 15 de julio de 1952, y dando por supuesto que los mismos eximían de la obtención de licencia municipal para las obras a realizar en el recinto de la Ciudad Universitaria, aunque esta situación pudiera estimarse subsistente bajo la vigencia de la Ley sobre Régimen del Suelo y Ordenación Urbana de 12 de mayo de 1956 dado lo dispuesto en el artículo 167 de la misma, lo cierto es que promulgada la Ley 19/1975, de 2 de mayo, de reforma de aquella Ley, hoy refundida con la misma en el texto aprobado por el Real Decreto 1346/1976, de 9 de abril, tal situación no puede reputarse que subsista, puesto que por la reforma operada en dicho artículo 167, que pasó a ser el 180 del Texto Refundido, se hizo sujeto al Estado y a las Entidades de derecho público que administrasen bienes estatales de la obligación de obtener licencia municipal para sus obras, sin perjuicio de que para los casos de urgencia o excepcional interés público se dispusiese un régimen excepcional, aunque con intervención del Ayuntamiento en todo caso, estableciéndose así un sistema general y sin excepciones en virtud del cual nadie quedaba exonerado de la necesidad de solicitar y obtener licencia municipal de obras, salvo, naturalmente, los aludidos casos de urgencia y excepcional interés público para los que estableció una normativa excepcional, no exenta de control municipal». **(STS 9 julio 1991 [RJ 1991, 5741]).**

«La Abogacía del Estado, reitera en esta segunda instancia la inexigibilidad de la licencia urbanística por entender que nos encontramos ante unas obras de marcado interés público necesarias para el correcto funcionamiento de un puerto calificado de interés general, que escapan del concepto de «ordenación urbanística» y entran dentro de la figura de la «ordenación del territorio». Interpretación que no puede ser compartida por esta Sala, no ya sólo por venir apoyada en Sentencias [28-5-1986 (RJ 1986, 4471), 17-7-1987 (RJ 1987, 7524), etc.] dictadas en relación con obras realizadas en autopistas, sino por estar en contradicción con el criterio jurisprudencial contenido en las SS. de 20 febrero y 30 marzo 1984 (RJ 1984, 1078), 4 febrero y 19 junio 1987 (RJ 1987, 501 y 4899) –esta última de la Sala Especial de Revisión– 25-1-1988 (RJ 1988, 423) y 4-4-1990 (RJ 1990, 3583) en las que se declara que en la construcción de un puerto actúan con competencias propias la Administración estatal y la municipal, cada una en su esfera privativa, correspondiendo a la primera intervenir en la construcción del puerto en sí, y a la segunda en los actos de edificación y uso del suelo en cuanto a los terrenos ganados al mar por las obras, que por accesión artificial pasan a integrarse en la zona marítimo terrestre, momento en el que hay que observar la ordenación urbanística para los usos del suelo y su edificación y es exigible la licencia municipal correspondiente conforme a los arts. 178, 179 y 180 de la Ley sobre Régimen del Suelo y Ordenación Urbana, de 9-4-1976, sin perjuicio de que por dicha concurrencia competencial continúe la intervención estatal, si bien sin privar de la suya propia a la municipal. Criterio de concurrencia competencial igualmente seguido en las Sentencias de esta Sala de 27-9-1988 (RJ 1988, 7265) –antigua Sala 4ª– y 24-12-1990 (RJ 1990, 10186), en las que, en relación con el planeamiento urbanístico y de Acuerdo con la STC de 3-6-1984 (RTC 1984, 77), se declara que, partiendo de que la atribución de competencias sobre un ámbito físico determinado no impide que se ejerza otras competencias en ese espacio, no es extraño que en un caso concreto puedan concurrir en el espacio físico de un puerto de interés general el ejercicio de la competencia del Estado en materia portuaria y el de la Comunidad Autónoma en materia urbanística». **(STS 25 febrero 1992 [RJ 1992, 2975]).**

«La reforma de la Ley del Suelo de 2-5-1975 supuso, entre otras, la importante novedad de someter a previa licencia tanto los actos de edificación y uso del suelo promovidos por los particulares como por Órganos del Estado o Entidades de derecho público que administraren bienes estatales, pero para en este segundo caso, si bien se estableció como regla general la necesidad de tramitar la solicitud de licencia con arreglo al procedimiento general establecido en el art. 9 del Reglamento de Servicios de las Corporaciones Locales de 17-6-1955, estableció un procedimiento excepcional de obtención de aquéllas cuando así lo exigieran razones de urgencia o excepcional interés público». **(STS 14 octubre 1992 [RJ 1992, 8260]).**

«La competencia del Ayuntamiento demandado para otorgar la licencia tantas veces mencionada resulta con toda claridad del art. 179.1, en relación con el 178, ambos de la Ley del Suelo, y la de la imposición y cobro de la tasa de los arts. 199 b) y 212.8 del Real Decreto Legislativo 781/1986, de 18 abril. La claridad de estas normas nos eximen de más extensas argumentaciones, porque resulta demasiado evidente que la licencia se refiere a actos de uso del suelo y no a gestión u ordenación del servicio público de transportes por vía férrea». **(STS 20 octubre 1992 [RJ 1992, 8263]).**

«Este Tribunal, en S. 31-10-1984 (RJ 1984, 5737), declaró que la intervención municipal a través de licencia urbanística no es absoluta e ilimitada «porque su competencia tiene límites propios que se derivan del ámbito local en que se desenvuelve y de la finalidad del control de la legalidad urbanística en atención a la cual le viene atribuida y en tal sentido debe tenerse presente, en primer lugar, que son conceptos distintos, según expresa el art. 148.1 de la Constitución, el de ordenación del territorio y el de urbanismo y así la planificación de una gran obra pública, como puede ser una autopista, afecta a la ordenación del territorio y excede del campo estricto del urbanismo, que es al que se contrae en el ámbito local que destaca el art. 124.1 de la Ley del Suelo, la competencia de los Ayuntamientos». Dice también la sentencia a la que nos referimos que «todas las obras comprendidas en el citado art. 178 necesitan la correspondiente licencia municipal; pero desde el punto de vista objetivo quedarán exentas de ella aquellas obras que por su naturaleza, alcance y extensión sobrepasan, en el concepto expresado, la materia estricta del urbanismo local». SÉPTIMO. A lo que se ha indicado en el fundamento anterior interesa añadir que otras resoluciones de este Tribunal (Sentencias, entre otras, de 3-12-1982 [RJ 1982, 7774], 28-5-1986 [RJ 1986, 4471] y 30 mayo y 17 julio 1987 [RJ 1987, 7524]) han distinguido asimismo *los conceptos de ordenación urbanística* en sentido estricto y ordenación del territorio, incluyendo en este último supuesto aquellas grandes obras o construcciones de marcado interés público, que siendo de la competencia estatal –art. 149.1.24 de la Constitución– por su gran trascendencia para la sociedad, no pueden quedar frustradas por la voluntad municipal, obras éstas cuya relevancia excede de las previstas en el art. 180.2 del Texto Refundido de la Ley del Suelo de 1976 y para las que no resulta necesaria la licencia municipal. Una de las sentencias antes indicadas, la de 17-7-1987, referida a la reparación de una autopista, declaró que si no es necesaria la licencia municipal para la construcción de aquélla, con mayor razón tampoco es precisa la referida licencia cuando se trata de reparar sus desperfectos». **(STS 28 diciembre 1993 [RJ 1993, 9841]).**

«El presente recurso de apelación debe ser estimado, ya que los actos administrativos impugnados y la sentencia de instancia interpretan equivocadamente el artículo 180.2 del Texto Refundido de la Ley del Suelo de 9 abril 1976. En efecto, tal como se encargó de precisar el artículo 8.2 del Reglamento de Disciplina Urbanística, «la notificación de la conformidad [...] habilitará sin más a la Administración interesada para la ejecución del proyecto de que se trate», lo cual significa que dicha conformidad equivale a la licencia». **(STS 25 noviembre 1998 [RJ 1998, 8610]).**

Proyecto técnico y visado.

Necesidad de presentación de proyecto técnico.

«Si el proyecto técnico, en cuanto medida de garantía, supone un compromiso técnico de que la obra de que se trata reúne unas determinadas condiciones y responde, además, a la necesidad de que la Administración pueda contar con todos los datos precisos para valorar si la obra se ajusta o no a la normativa aplicable, resulta evidente que el contenido de aquel documento técnico y la titulación profesional de su redactor no pueden reducirse por el hecho de que aquél se acompañe en el inicial momento de solicitud de la licencia o en el posterior trámite de legalización, pues en ambos obedece a la misma finalidad ya indicada, de la que, en definitiva, depende el acto de autoridad reglado en que la licencia consiste». **(STS 7 noviembre 1991 [RJ 1991, 8801]).**

«Si bien el procedimiento establecido en el art. 44 del Reglamento de Gestión Urbanística para obtener la autorización para edificar una vivienda unifamiliar en suelo no urbanizable no se exige la presentación de un proyecto técnico, y de ahí la indiferencia de que se presente o no y de que esté en su caso redactado por uno y otro técnico, limitándose dicho artículo a imponer la especificación de determinadas circunstancias en la solicitud y a la presentación de un plano de situación de la finca en que se pretenda construir que refleje su emplazamiento y extensión, lo que ciertamente puede realizar cualquier persona, sea el propio interesado, directamente, o el mismo por referencia a lo que efectúe otra distinta en documentación independiente, lo cierto es que en el procedimiento encaminado a obtener la licencia municipal, sea ésta de obras proyectadas o de obras ya realizadas y a efectos de su legalización, por cuanto la legalización no es sino la obtención de la licencia no obtenida en su día, conforme a lo dispuesto en el art. 9.1.1º del Reglamento de Servicios de las Corporaciones Locales, es plenamente exigitiva la presentación de un proyecto técnico, razón por la que ha de rechazarse en principio la suficiencia del redactado por el Arquitecto Técnico don Jesús L. A. para cumplir con este precepto, pese a evidentemente poder servir de cobertura a las exigencias del art. 44 del Reglamento de Gestión Urbanística, al referirse a una vivienda, respecto de las cuales es indiscutida la competencia de los Arquitectos». **(STS 7 noviembre 1991 [RJ 1991, 8803]).**

«El proyecto técnico a que se refiere el art. 9.1.1º del Reglamento de Servicios de las Corporaciones Locales y que debe acompañarse a toda solicitud de licencia de obra o de instalaciones, ha de considerarse, según declara esta Sala en Sentencias, entre otras, 11-7-1984 (RJ 1984, 4091) y 7-11-1991 (RJ 1991, 8801), más que como una exigencia de tipo formal, como una medida de garantía para la adecuada realización de la obra o instalación; garantía que ha de descansar en el estudio propio del técnico que lo elabore y que, naturalmente, se ha de derivar de la preparación y competencia del mismo, fundada principalmente en el sistema de la especialización». **(STS 24 abril 1992 [RJ 1992, 3845]).**

«La licencia urbanística implica un control previo de la actuación que pretende llevar a cabo el administrado, lo que exige que la Administración conozca con exactitud el contenido y las características de aquella actuación. Este conocimiento –sólo con él podrá la Administración decidir correctamente– se extiende en lo que ahora importa a dos aspectos fundamentales: a) características urbanísticas de la actuación –art. 178.2 del Texto Refundido de la Ley del Suelo– y b) condiciones de seguridad de la misma –art. 21.2 c) del Reglamento de Servicios de las Corporaciones Locales–. Para lograr ese conocimiento con la debida garantía se exige que cuando la licencia se refiera a "obras o instalaciones" la solicitud vaya acompañada de proyecto técnico –art. 9.1.1º del Reglamento de Servicios–: en cuanto "proyecto», reflejará los datos que definen las obras en los aspectos mencionados y en cuanto «técnico» vendrá autorizado por el profesional adecuado que presta así la garantía de su formación. Precisamente por ello la licencia resulta ser así un "acto en blanco» –SS. 18-2-1987 (RJ 1987, 3290), 9-5-1990 (RJ 1990, 4050), 21-1-1992 (RJ 1992, 718), etc.– cuyo contenido se integra por remisión al proyecto presentado con la instancia. Y lo que ahora se destaca –S. 3-10-1991 (RJ 1991, 7791)– es que el proyecto técnico cumple una muy relevante función como garantía de la seguridad de las obras y habiendo de velar la Administración por tal seguridad –art. 21.2 c) del Reglamento de Servicios–, que deriva ante todo de la formación del profesional que redacta el proyecto, es claro que tiene el deber de examinar la competencia del técnico que lo firma. Así deriva claramente de la normativa del Reglamento de Servicios –arts. 9.1.1º y 22.2 c) ya citados–. Y así lo ha declarado ya esta Sala en la S. 10-1-1990 (RJ 1990, 158) indicando que el visado de un Colegio profesional no puede sustituir el juicio «que debe emitir» la Administración y que no puede admitirse una «inhibición de la Administración» en esta materia, ya que ello implicaría una "falta de la garantía» pretendida con la exigencia de un proyecto técnico, de suerte que «para la resolución de un expediente administrativo en el que se exija un proyecto técnico» la Administración debe valorar éste «no sólo en cuanto se refiere a su idoneidad objetiva sino también en relación a la capacidad profesional de quien lo redacte». **(STS 18 junio 1992 [RJ 1992, 5304]).**

«Sólo puede prescindirse del referido proyecto técnico cuando la sencillez de la obra desde el punto de vista urbanístico y su inocuidad en el terreno de la seguridad hagan superfluo el estudio de un técnico en la materia, sin que sea necesario entrar a examinar aquí y ahora la titulación necesaria del técnico encargado de la redacción del mencionado proyecto, aunque sí debe señalarse que aquella omisión, que debió ser subsanada por la vía del núm. 4 del citado art. 9.1 del Reglamento de Servicios de las Corporaciones Locales, impedía conceder la pertinente licencia». **(STS 27 abril 1993 [RJ 1993, 2621]).**

Obras mayores y obras menores.

«La necesidad de presentar el proyecto técnico es una exigencia rigurosamente general cuando se pretende llevar a cabo "obras o instalaciones». Frente a ese carácter general de la exigencia sólo podrá prescindirse del proyecto cuando la sencillez de la obra desde el punto de vista urbanístico y su inocuidad en el terreno de la seguridad hagan superfluo el estudio de un técnico en la materia». **(STS 9 mayo 1990 [RJ 1990, 4050]).**

«El Reglamento de Servicios de las Corporaciones Locales de 17 junio 1955 previene en su artículo 9.1º.1º, al regular el procedimiento de las solicitudes de licencias, que si éstas "se refieren a la ejecución de obras o instalaciones deberá acompañarse de proyecto técnico". No discutiéndose la evidente necesidad de que el proyecto deba ir suscrito por facultativo, y siendo de innecesaria cita la reiterada doctrina del Tribunal Supremo que establece la obligatoriedad de presentar el citado proyecto técnico tan sólo en las denominadas "obras mayores" [...].

El concepto de "obra menor" ha sido perfilado por la Jurisprudencia del Tribunal Supremo que ha venido a establecer que las obras menores están caracterizadas por *su sencillez técnica* y escasa entidad constructiva y económica, consistiendo normalmente en pequeñas obras de simple reparación, decoración, ornamentación o cerramiento (STS de 21 febrero 1984 [RJ 1984, 1083]), no mereciendo tal calificación las que afectan a la estructura o elementos sustentantes de un inmueble (Sentencia de 5 junio 1987 [RJ 1987, 6093])». **(STS 4 abril 1995 [RJ 1995, 3154]).**

Falta de proyecto técnico. Defecto subsanable.

«La falta de proyecto técnico determina en el Ayuntamiento, no la facultad de denegar la licencia, sino la de notificar al peticionario la existencia de defectos subsanables para que pueda subsanarlos en el plazo de 15 días, conforme a lo prevenido en el art. 9.1.4º del citado Reglamento. Interpretación que ha sido también seguida en las SS. 3 abril, 17 marzo y 18 julio 1986 (RJ 1986, 1827 y 5130) y 15 y 24 febrero, 14 marzo, 17 mayo, 28 julio y 7 octubre 1988 (RJ 1988, 1148, 1398, 2165, 3794, 6545 y 7447), por lo que obligado resulta seguir tan acusada línea jurisprudencial». **(STS 10 marzo 1992 [RJ 1992, 3256]).**

Proyecto de ejecución.

«La denegación del permiso de inicio de las obras tras el examen del proyecto de ejecución no puede fundarse en objeciones de tipo urbanístico en vista del proyecto básico que condujo a la licencia de obras, y si cuando se concedió ésta aquellos impedimentos no fueron advertidos, no puede aprovecharse el examen del proyecto de ejecución para revisar la licencia concedida. Cosa distinta es que, por impedirlo el artículo 178.3 de la Ley del Suelo, Texto Refundido aprobado por Real Decreto 1346/1976, de 9 abril (LS), el administrado no hubiera llegado a obtener por silencio administrativo la licencia solicitada por ir en contra de lo dispuesto en las normas correspondientes del PGOU de Oviedo, en cuyo caso es claro que también sería procedente la denegación expresa producida al presentar el proyecto de ejecución». **(STS 20 enero 1998 [RJ 1998, 243]).**

«Este Tribunal Supremo viene afirmando de modo reiterado que la realización de las obras exige el Proyecto de Ejecución. Es verdad, como afirma la sentencia de instancia, que tal requisito no viene establecido en norma legal alguna. También lo es, sin embargo, que este Tribunal viene sosteniendo la necesariedad de este instrumento técnico de modo reiterado, siendo manifestaciones recientes de esta postura las Sentencias de 29 de diciembre de 1998 (RJ 1998, 10123) y 21 de junio de 1999 (RJ 1999, 5279) entre otras muchas. Se está, pues, ante una exigencia de creación jurisprudencial, debidamente alegada, tanto en la instancia como en casación, por el Ayuntamiento de Galapagar.

No puede negarse, como afirma la sentencia impugnada, que la aparición de la mencionada diferenciación de Proyectos tiene lugar con ocasión de una disposición que nada tiene que ver con las potestades urbanísticas actuadas en el acto administrativo impugnado. Ningún obstáculo existe, pese a ello, en que una distinción nacida en un ámbito del ordenamiento se aplique en otro distinto cuando concurran circunstancias bastantes que lo justifiquen.

El artículo 181 del TRLS prescribe: "1. Los propietarios de terrenos, urbanizaciones de iniciativa particular, edificaciones y carteles deberán mantenerlos en condiciones de seguridad, salubridad y ornato públicos. 2. Los Ayuntamientos y, en su caso, los demás Organismos competentes ordenarán, de oficio o a instancia de cualquier interesado, la ejecución de las obras necesarias para conservar aquellas condiciones".

Desde esta perspectiva, es indudable que las facultades que el ordenamiento confiere a los municipios para velar por la seguridad, salubridad e higiene de las edificaciones en el artículo 181 del TRLS, encuentra su modo de realización en la exigencia del Proyecto de Ejecución cuando se trata de obras en curso. La jurisprudencia ha entendido que el Proyecto Básico es suficiente para el otorgamiento de la licencia, pero este Proyecto no ofrece cobertura suficiente a la ejecución de las obras, que requieren el Proyecto de Ejecución. Esto explica que el Proyecto Básico suficiente para la obtención de la licencia no lo sea para avalar las obras en curso, las cuales, en ausencia de Proyecto de Ejecución, pueden ser paralizadas por quien está llamado a velar por las condiciones de seguridad en que se llevan a cabo las obras que han sido previamente autorizadas, mediante la correspondiente licencia, sobre cuya realidad y validez, insistimos, no se ha discutido en este proceso». **(STS 20 junio 2000 [RJ 2000, 6382]).**

Proyecto básico.

«Procede rechazar la identificación del «proyecto básico» con el exigido en el art. 9 del Reglamento de Servicios de las Corporaciones Locales, al que remiten el 178 de la Ley del Suelo y 4.1 del Reglamento de Disciplina Urbanística, para la concesión de las licencias municipales, por su diferente contenido a pesar de su común carácter técnico; porque si por definición según el ap. 1.4.3 del RD de 17 junio 1977, cuya finalidad es únicamente regular las tarifas de honorarios de los arquitectos, es suficiente para solicitar la licencia y lógicamente de surtir algún efecto para obtenerla, pero no para llevar a cabo la construcción, la cual precisa el proyecto de ejecución –1.4.4.–, no cabe imponer a la autoridad municipal la concesión con arreglo al «básico», puesto que las especificaciones del proyecto constituyen las determinaciones de la licencia, a las que ha de estarse para comprobar si la obra se ajusta a las prescripciones del ordenamiento y en su realización a la autorización otorgada». **(STS 5 diciembre 1983 [RJ 1983, 6948]).**

«La licencia de 24 de octubre de 1988 se concedió sólo con un proyecto básico, cuyo grado de desarrollo no consta, pero en todo caso sin previa presentación del proyecto de ejecución, que tampoco fue aportado durante la realización de las obras, lo que comporta necesariamente la nulidad de la licencia, pues se trata de un documento esencial tanto para valorar la legalidad como la seguridad de las edificaciones». **(STS 12 julio 1994 [RJ 1994, 5537]).**

Memoria.

«Necesidad impuesta en el art. 9.1.1º del Reglamento de Servicios de las Corporaciones Locales, 17-6-1955, si se refiere "a la ejecución de obras o instalaciones», que es precisamente el objeto de la licencia en cuestión. Proyectos técnicos de los que se ocupa la Ley del Suelo a propósito de su visado por los respectivos Colegios Profesionales (art. 228.3) y el Reglamento de Disciplina Urbanística (arts. 46 a 49). Y lo que es objeto de desarrollo en muchas Ordenanzas Municipales, como, por ejemplo, en la de Madrid, sobre uso del suelo y edificación.

No pudiendo suplir la carencia de proyecto técnico –a lo que equivale el esquematismo del presentado– la presentación de la Memoria, al ser elementos distintos y diferenciados; ni las autorizaciones de diversos organismos oficiales, la mayoría en distintas épocas, y sin relación con las obras en cuestión. Autorizaciones que responden a la existencia de competencias concurrentes, que no reemplazan a la específica que en este caso tiene que ejercer el Ayuntamiento, en virtud de las atribuciones que le confiere el art. 179 de la Ley del Suelo». **(STS 16 marzo 1992 [RJ 1992, 3274]).**

«La Memoria, aun en el supuesto de que se hubiese presentado como alega la apelante, no suple en modo alguno al Proyecto». **(STS 19 noviembre 1997 [RJ 1997, 8333]).**

No necesario para consultas urbanísticas.

«Hay que tener en cuenta que, según las actuaciones acreditan, lo que en su día se solicitó no era una licencia de obras propiamente dicha, sino una simple consulta urbanística, y ello justifica que a la petición no se acompañase el proyecto técnico que exige el art. 9 del reglamento de Servicios de las Corporaciones Locales y que el Colegio de Arquitectos hubiera de advertir que lo presentado no era apto para engendrar la concesión de licencia, y, a la vez, que el Ayuntamiento no resolviera respecto de ésta». **(STS 13 marzo 1984 [RJ 1984, 1328]).**

Atribuciones profesionales.

«El título de Ingeniero Industrial Superior es apto para autorizar un Estudio de Detalle, lo que se ratifica en la de 16 de marzo de 1984, y las Sentencias de 28 de junio de 1982 y 29 de febrero de 1984, reconocen la misma aptitud respecto a un proyecto de urbanización; y ante la citada doctrina, si los Ingenieros Industriales, según el Tribunal Supremo, tienen competencia para redactar proyectos de urbanización y Estudios de Detalle, e incluso Planes de Reforma Interior, también la tendrán para proyectos como litigioso, que versa simplemente sobre la ampliación y reforma de pavimentación de calles del Municipio de Olmedilla de Alarcón, no debiendo tenerse en cuenta la Sentencia de 10 de mayo de 1983 (RJ 1983, 2928), por referirse a un proyecto sobre pavimentación de un camino rural». **(STS 26 enero 1987 [RJ 1987, 1997]).**

«No cabe deducir sin más que en la Ley de Puertos Deportivos y en su Reglamento se esté disponiendo una competencia plena en favor de los Ingenieros de Caminos, Canales y Puertos para proyectar y dirigir todas las instalaciones portuarias, propias e impropias, y con plenitud de efectos, sino únicamente a los efectos intervencionistas de la Administración estatal, a los que se reputa bastante para el cumplimiento de sus fines, y subsistiendo en su integridad la intervención de la Administración Local por medio de la licencia urbanística». **(STS 25 enero 1988 [RJ 1988, 423]).**

«En el caso que nos ocupa nos encontramos con que se pide la reforma y acondicionamiento interior de un local en planta baja para bar y planta primera para almacén; y para ello se proyecta un picado y extracción de los muros de cargas y bóvedas en planta baja, con construcción de zapatas y pilones de hormigón armado y forjado apoyado; separación de la planta baja de la primera abriendo una puerta con acceso directo a la calle; más la construcción de un patio de luz, e instalaciones de saneamiento, fontanería y electricidad, además de otras obras de menor entidad. Se explica en la Memoria que se va a trabajar en cimentación, para lo cual se ha calculado la capacidad resistente de los materiales basada en las acciones geológicas, térmicas y eólicas, e, incluso sísmicas, para lograr en estructura un conjunto estable y resistente. No debe caber duda racional alguna que las obras autorizadas no pueden reputarse de menores ni de reforma o acondicionamiento simples, sino que tienen una envergadura tal, y afectan a la configuración y estructura del edificio en tal medida, que su autorización técnica debe venir encomendada a un Arquitecto Superior». **(STS 27 diciembre 1989 [RJ 1989, 9225]).**

«La competencia de los Arquitectos para dirigir las obras de construcción de edificios destinados a vivienda humana es cuestión que considerada aisladamente resulta indiscutible y que, analiza claramente la Sentencia de esta Sala de 11 de noviembre de 1981 (RJ 1981, 5057) y reiteran las de 27 de octubre de 1986 (RJ 1986, 6632), 21 de octubre de 1987 (RJ 1987, 8685) y 21 de abril de 1989 (RJ 1989, 3221), entre otras; y cuando no se trata de un proyecto aislado simple o unitario de viviendas –propio por tanto de la rama específica de la técnica de los Arquitectos–, sino de un proyecto complejo o plural en el que inciden los conocimientos de varias ramas, habrá que distinguir entre si se trata de un proyecto con una esencialidad básica o principal al que han de acompañar otros secundarios limitados a facetas concretas integradas en el conjunto de aquél para completarlo, en cuyo supuesto por aplicación de principios de accesoriedad, conexión o dependencia, se estima que la competencia del profesional autorizado para visar lo principal puede extenderla también a lo accesorio siempre que no se acredite una falta de preparación técnica por razón de los estudios cursados en la rama de estos proyectos complementarios o aspectos concretos del proyecto principal y básico –Sentencias de 8 de abril de 1980 (RJ 1980, 3025), 9 de febrero y 18 de diciembre de 1981 (RJ 1981, 597 y 5177), 1 junio, 1 julio y 21 octubre 1982 (RJ 1982, 3602, 4591 y 5788), 4 marzo, 2 y 4 mayo y 2 de diciembre de 1983 (RJ 1983, 3252, 2451, 2457 y 6851), 13 de octubre 1984 (RJ 1984, 4964), 30 abril 1985 (RJ 1985, 1966), 9 de junio de 1986 (RJ 1986, 3371), entre otras–; y los proyectos que exijan una competencia compartida o separada, encargándose cada técnico, en un solo proyecto o en varios, de lo propio de su especialidad concreta». **(STS 12 junio 1990 [RJ 1990, 5395].**

«En el presente caso, el objeto del proyecto, según se describe en la Memoria del mismo, consiste en "acometer la obra de reforma que supone la ejecución de la cubierta de nave industrial, por no existir la misma, así como dotar de instalación de alumbrado en la misma" para lo cual "se aprovechan las zapatas y soportes existentes, saneándolos mediante lijado, limpieza y pintado" sobre los que se apoyará la "cubierta formada por placas de fibrocemento" para "posteriormente rematar la instalación de alumbrado y colocación de puertas y ventanas exteriores". No tratándose, pues, de la realización de una obra de nueva planta, sino tan sólo de la rehabilitación de una nave *industrial* ya existente, que respeta la estructura original y se sirve de la misma para llevar a cabo la reposición de la cubierta, tal actuación puede comprenderse en el marco de lo que la citada Ley 12/1986 denomina "intervenciones parciales en edificios construidos que no alteren su configuración arquitectónica", para las que, según hemos dicho, los Arquitectos Técnicos tienen atribuidas facultades para elaborar proyectos –artículo 2.2–». **(STS 10 octubre 1990 [RJ 1990, 8123]).**

«Se trata de la construcción de una nave cubierta de 222,10 metros cuadrados, con un patio de 20,50, oficinas con 8,10 y otros 6,85 destinados a vestuarios y aseos, sobre solar con superficie de 270 y futura construcción del 100%, que constituirán dos naves diáfanas unidas en uno de sus extremos, cuyo solar está enclavado en una calle de Guadalajara, medianero por tres de sus partes con otros inmuebles, que se pretende destinar a la actividad comercial de reparación mecánica de vehículos de automoción, resulta inconcuso que se trata de una construcción de nueva planta que excede de las facultades que en la referida Ley se reconoce a esta clase de Arquitectos». **(STS 18 febrero 1991 [RJ 1991, 1521]).**

«En el supuesto litigioso, a la vista de las circunstancias técnicas de las obras a realizar, según consta en el proyecto técnico y, someramente en el tercero de los fundamentos de derecho de la sentencia recurrida, obligado resulta coincidir con el criterio de esta última resolución, pues, en definitiva, se trata de la construcción de una edificación de nueva planta, que, como hemos visto, excede de las competencias profesionales atribuidas a los Arquitectos Técnicos por la Ley 12/1986, de 1 abril». **(STS 7 noviembre 1991 [RJ 1991, 8801]).**

«En el supuesto litigioso se trata de la construcción de un cobertizo o nave de 21 m × 24,60 m, con una superficie total a construir de 540 m, con una altura de 8 m, que con el 25% de pendiente se eleva en su cimbra central a 10,50 m, sistema de estructura prefabricada de hormigón armado mediante cercha a dos vertientes, que requiere excavación de zapatas y cimientos, rellenándose con hormigón en masa, y con un presupuesto total de 2.786.894 ptas. Se trata, en definitiva, de la construcción de una nave de nueva planta, que precisa de proyecto arquitectónico y que, consecuentemente, excede, como hemos visto, de la competencia de los Arquitectos Técnicos, por lo que procede la confirmación de la sentencia apelada». **(STS 13 noviembre 1991 [RJ 1991, 8892]).**

«La problemática planteada guarda relación si los Arquitectos Técnicos son o no competentes para elaborar proyectos que comprenden la ordenación complementaria del suelo, ordenación en parcelas edificables y proyectos de obras de urbanización que abarcan una superficie determinada de suelo urbano o urbanizable que tiene por finalidad hacerlo edificable, o en su caso ejecutar las previsiones contenidas en un Plan de Ordenación Urbana de Reforma Interior o de Planeamiento Especial, competencia no comprendida en los proyectos de obras singulares para los que son competentes dichos técnicos en la medida determinada en dicha Ley, y en el Decreto de 13-2-1969 en el que en las especialidades en el mismo consignadas como propias de los Arquitectos Técnicos no se incluye ninguna relacionada con la elaboración de un Estudio de Detalle, Proyecto de Urbanización y Reparcelación para el que el art. 107.2 b) del Reglamento de Gestión Urbanística exige cuando no sean los servicios propios del Ayuntamiento o Administración actuante que se redacte por un Técnico Titulado Superior o Empresa especializada, pero no por un Arquitecto Técnico, precepto acorde con la Ley de 1-4-1986». **(STS 14 enero 1992 [RJ 1992, 596]).**

«El Proyecto de construcción de un edificio destinado a almacén o con otro destino, incluida la vivienda, o de centros o factorías industriales, que exigen la aportación de una competencia profesional relativa a los condicionamientos derivados de la propia técnica de construcción de una obra nueva en función de los materiales a emplear, diseño, *estructura y cimentación de la* construcción, y de los legales derivados del ordenamiento jurídico de las construcciones y aprovechamiento del suelo, en tanto constituyen un "proyecto arquitectónico", concepto indeterminado en la Ley, y estimado como tal por el sentir popular, no puede ser declarado como propio de las facultades de un Arquitecto Técnico». **(STS 11 febrero 1992 [RJ 1992, 2250]).**

«El problema que surge cuando se trata no de un proyecto unitario o simple, propio de una rama específica de la técnica, sino de un proyecto complejo o plural, en el que inciden los conocimientos de varias ramas, como se dijo en la Sentencia de la extinguida Sala Cuarta de este Tribunal de fecha 25-1-1988, ha de decidirse mediante la aplicación de los principios de accesoriedad, conexión o dependencia, de forma que la competencia del profesional autorizado para proyectar lo principal quepa extenderla también a lo accesorio, siempre que no se acredite una falta de preparación técnica por razón de los estudios cursados en la rama de que se trate en esos proyectos complementarios o aspectos concretos en ese particular del proyecto principal o básico, fuera de lo cual surgirá la competencia compartida o separada, encargándose cada técnico, en un solo proyecto o en varios, de lo propio de la especialidad concreta. Por ello, fuera de toda duda que si las instalaciones del Camping de la Puerta relativas a restaurante, supermercado, anfiteatro y alojamientos para el personal de servicio no guardasen relación alguna con el camping no habrían podido ser proyectadas por un Ingeniero de Caminos, Canales y Puertos, sino por un Arquitecto [...], las características de dichas instalaciones que se desprenden del examen del proyecto, así como el número de alojamientos, que se concreta en diez, con características de chalets, lleva necesariamente a considerar que no nos hallamos aquí en un caso en que la natural competencia del Arquitecto deba ceder en favor del Ingeniero de Caminos, Canales y Puertos por razones de unidad conceptual y funcional del proyecto, imperativo de que lo accesorio siga a lo principal, sino ante un supuesto en el que existe una parte sustancial separable propia de los Arquitectos y distante excesivamente del cometido propio de tales Ingenieros, plenamente exigitiva de que su proyección lo sea por un Arquitecto, bien interviniendo conjuntamente con el Ingeniero en un solo proyecto, o bien realizando uno propio por separado». **(STS 4 marzo 1992 [RJ 1992, 3220]).**

«Esta Sala –SS. 10-10-1990 (RJ 1990, 8125), 28 mayo y 7 noviembre 1991 (RJ 1991, 4300 y 8801), etc.– viene declarando, en interpretación de aquella Ley, que los Arquitectos Técnicos efectivamente pueden elaborar proyectos pero siempre enmarcados en el ámbito de su esencialidad que es la ejecución de obras; de tal modo que, cuando se trate de obras de nueva planta, pueden proyectar cuando sean obras que no exijan un proyecto arquitectónico, entendiendo por tal el que por la naturaleza de la obra requiere ser redactado por un técnico superior que no necesaria y exclusivamente debe ser arquitecto, sino que puede ser ingeniero, cuando se trata de construcciones industriales, agrícolas, etc.; salvo esta excepción, pueden proyectar obras de nueva planta que por su menor complejidad –que se determinará caso por caso– así lo permita. En cuanto a su intervención en edificios ya construidos, siguen diciendo las referidas sentencias, su competencia profesional les permite proyectar y ejecutar, siempre que las obras no afecten a la configuración del edificio, a sus elementos estructurales resistente ni a las instalaciones de servicio común. En el supuesto litigioso [...], la construcción de una edificación de una nave de dos plantas, con uso incluso de oficinas administrativas por su complejidad excede de las competencias atribuidas a los Arquitectos Técnicos por la Ley 12/1986 de 1 abril». **(STS 18 marzo 1992 [RJ 1992, 3377]).**

«El Proyecto elaborado por un Arquitecto Técnico excedía del ámbito de competencia que pudiera compartir con otro de grado superior, ya que, por mucha amplitud que quiera darse a la Ley de 1-4-1986, se tiene por evidente que no se trataba de la construcción de una nave en su elemental entidad y proyección constructiva, sino –como de la propia Memoria resulta– de un edificio de nueva planta para la instalación de un Centro de transformación eléctrica y una depuradora de aceites para su eliminación». **(STS 23 mayo 1992 [RJ 1992, 4439]).**

«[...] En el caso enjuiciado [...], no se hace modificación de los usos asignados en las Normas Subsidiarias en vigor [...]La naturaleza de la solución adoptada, contraída simplemente a prohibir usos de suelo que las Normas vigentes permitían, viene a obedecer a un criterio de oportunidad con que la Entidad Urbanística actuante acoge. Y su realización técnica se limita, como queda dicho, a una mera adaptación de la Norma vigente, sin alterar espacios urbanísticos, ni redistribuir los mismos. Su alcance prohibitivo no encierra la dificultad técnica que pudiera atribuirse a lo contrario, esto es, a la positiva asignación de nuevos usos del suelo [...] Ello así, la titulación del autor del estudio o proyecto de modificación de las Normas aprobada por la resolución recurrida, en relación con el ámbito competencial reconocido en la normativa vigente al tiempo de su formulación, se corresponde con la clase y categoría del proyecto suscrito (S. 2-4-1982), lo que supone rechazar el motivo de impugnación analizado». **(STS 30 junio 1992 [RJ 1992, 5539]).**

«Habida cuenta de lo que se ha expuesto en el fundamento anterior y dadas las características constructivas de la nave [...], de las que resulta que han de llevarse a cabo obras de cimentación y cálculos de estructura, forzoso se hace entender que el Proyecto de la edificación de autos excedía de la capacidad profesional del Técnico que lo formuló. Debe tenerse en cuenta por otro lado, que como recuerda la citada Sentencia de la Sala de Revisión, ese Tribunal declaró, en S. 3-10-1991 (RJ 1991, 7791), que las dudas que puedan plantearse en materias como la que de ahora se trata, deben resolverse en el sentido de la búsqueda de la mayor seguridad y por tanto, de la exigencia de la titulación-formación propia de los estudios superiores». **(STS 3 noviembre 1992 [RJ 1992, 9312]).**

«En el supuesto litigioso, se trata de la construcción de una **nave** de 16,50 m × 9,30, con una superficie total construida de 155 m, y una altura de 5 metros. A tal efecto, se prevén movimientos de tierra, obras de cimentación y saneamiento y una estructura formada por muros de fábrica de ladrillo, cubierta de chapa galvanizada sobre correas metálicas, zunchos de coronación en cerramiento, solera de hormigón en pavimento, etc., con un presupuesto de 1.986.689 ptas. Se trata, en definitiva, de la construcción de una nave que precisa de proyecto arquitectónico y que, consecuentemente, excede, como hemos visto, de la competencia de los Arquitectos Técnicos, por lo que procede la confirmación de la sentencia apelada». **(STS 10 noviembre 1992 [RJ 1992, 8977]).**

«El proyecto litigioso se caracteriza por dos notas que reflejan una cierta complejidad:

A) Dado que las naves para usos agrícolas precisan de "grandes espacios diáfanos» el proyecto se traza «sin divisiones ni pilares intermedios».

B) La cimentación exige una previa excavación para pozos y zanjas, previendo el proyecto que una vez hecha tal excavación habría de realizarse una «inspección y comprobación» para "dimensionar definitivamente la cimentación y adaptarla a la capacidad portante real del suelo».

Así las cosas, los grandes espacios diáfanos indicados y la necesidad de estudiar el suelo para comprobar su capacidad portante real ponen de relieve una complejidad que por lo menos suscita la duda respecto de la competencia profesional de los Arquitectos Técnicos, duda ésta que por razones de seguridad, como ya se ha dicho, ha de resolverse en este caso en un sentido excluyente de tal competencia». **(STS 11 noviembre 1992 [RJ 1992, 8981]).**

«Las obras objeto del proyecto redactado por el Arquitecto Técnico don Juan C. C. [...], han de estimarse comprendidas dentro de las relativas a «intervenciones parciales en edificios construidos que no alteren su configuración arquitectónica», respecto de las cuales el art. 2.2 de la Ley 12/1986, de 1 abril, considera facultados para proyectarlas a los Arquitectos Técnicos, ya que si como dijimos en nuestras SS. 3-10-1990 (RJ 1990, 7839), 30-10-1991 (RJ 1991, 9177) y 30 julio y 18 noviembre 1992 (RJ 1992, 6215 y 10409), con la adjetivación «configuración arquitectónica», con total seguridad, quiso evitar dicha Ley que por simples desfiguraciones de un edificio privado los Arquitectos Técnicos de proyectar intervenciones parciales en edificios construidos, excluyéndoles tan sólo de hacerlo cuando por la entidad de los cambios a operar en el edificio fuese a resultar éste sustancialmente distinto en cuanto a su composición a *como inicialmente hubiese* sido concebido y construido, no cabe duda alguna de que, siguiendo en lo descriptivo el informe pericial rendido en autos, la construcción de las zapatas, pilares, dinteles y forjados, aun cuando afecte a la estructura, lo que es indiferente, ni siquiera puede decirse que influya en la configuración, y que el tapiado de un ventanuco para su sustitución por dos ventanas, el pasar el desván de la vivienda de núm. 25 a la de núm. 23, componentes únicas del edificio, para su utilización por ésta con su escalera de acceso, el agrandar huecos para unificar tres espacios en una sola habitación en la planta baja de la vivienda núm. 23, el sustituir la escalera comunicante de esta planta con la primera superior por una de caracol y el construir en el desván dos dormitorios y un baño, así como la reforma de las instalaciones de fontanería, saneamiento y electricidad, pese a que también en algunos casos afecte a la estructura, lo que sigue siendo indiferente, aunque pudiera admitirse que en otros altera la configuración, no lo hace con la entidad suficiente para reputar que se dé una alteración de la configuración del modo sustancial que se contempla indudablemente en la Ley, conclusión que abona además el que no exista ni aumento de volumen ni de superficie y que el coste de las obras únicamente alcance la módica cantidad de 2.557.280 pesetas». **(STS 1 marzo 1993 [RJ 1993, 1580]).**

«La cuestión central del presente proceso es si, al amparo de la existencia de un viejo taller de carpintería, es válido el proyecto suscrito por Ingeniero Industrial con el visado del Colegio correspondiente para la rehabilitación de un edificio de interés histórico y arquitectónico, incluyendo en dicha rehabilitación la edificación de viviendas [...] Dicha cuestión central ha de resolverse por la jurisdicción decidiendo en Derecho sobre las competencias de unos y otros profesionales de acuerdo con el ordenamiento jurídico, pero sobre todo atendiendo a la protección de los valores que consagra dicho ordenamiento y que se incorporan a él. Desde este punto de vista ha de entenderse que la rehabilitación del edificio incluyendo la construcción de viviendas y tratándose de un inmueble de interés histórico no entra dentro de las competencias de los Ingenieros Industriales para suscribir proyectos de este tipo, pues la existencia de un taller de carpintería no es bastante para otorgar a la edificación el carácter de industrial. Por el contrario para esta clase de obras la competencia corresponde según reiterada jurisprudencia de este Tribunal cuya cita es excusada a los Arquitectos Superiores». **(STS 15 septiembre 1993 [RJ 1993, 6529]).**

«En definitiva ha de subrayarse que la finalidad a la que responden las soluciones jurisprudenciales es la de garantizar la seguridad de las construcciones y por tanto de la vida humana, lo que justifica que las dudas se resuelvan en cada caso particular en pro de la mayor seguridad y por ello en favor de la titulación-formación propia de los estudios superiores. De la descripción que antes hemos reseñado de la obra realizada se deduce claramente que es una obra de cierta complejidad [...], por otra parte la ampliación de la nave industrial está destinada a exposición y venta de muebles, es decir a una recepción y tránsito de personas que por las razones de seguridad de la vida humana, a que antes hemos hecho referencia, demandan la responsabilidad de que el proyecto sea redactado por titulado Arquitecto Superior». **(STS 25 octubre 1993 [RJ 1993, 7895]).**

«El proyecto técnico a que se refieren las presentes actuaciones, tiene por objeto, según la Memoria, "la rehabilitación y reforma en edificio –de tres plantas– destinado actualmente a 5 viviendas y local comercial", con conversión de la vivienda de planta baja en local comercial. La superficie total sobre la que actúa el proyecto es de 1.558,68 m, con un presupuesto de 15.200.380 ptas. Las obras a realizar alcanzan a la apertura de escaparates, derribo de zonas de muro de carga con colocación de vigas metálicas, con sus correspondientes cálculos, y derribo de casetones en la cubierta, apertura de huecos en muros de carga, derribo de tabiquería interior, nuevas instalaciones de fontanería, saneamiento y electricidad, etc., afectando, en definitiva, la obra proyectada [...], «a la estructura portante del edificio tanto interior como en fachada, distribución interior y modificación de la fachada». CUARTO. Las obras descritas así como el resto que configuran el Proyecto, hasta alcanzar los más de 1.500 metros de superficie afectada, evidencian, a la luz de la doctrina jurisprudencial referida en el fundamento segundo de esta resolución, que las mismas exceden de las simples facultades de proyectar y ejecutar obras de adaptación, remodelación, distribución y reforma interior de vivienda que tradicionalmente han venido siendo reconocidas a los Arquitectos Técnicos, al afectar tanto a los elementos estructurales del edificio, *con la consig*uiente incidencia en la seguridad de las personas y de la edificación, como a la propia configuración del edificio, límites que, de acuerdo con dicha jurisprudencia así como con el referido artículo 2 de la Ley 12/1986, no pueden ser traspasados por dichos profesionales». **(STS 15 febrero 1994 [RJ 1994, 1447]).**

«Se impugna en las presentes actuaciones una resolución del Ayuntamiento de Toledo que desestimó un recurso de reposición planteado, por el Colegio Oficial de Arquitectos de Castilla-La Mancha, contra la concesión de una licencia de obras para adaptar un local a tienda de regalos, licencia que se había solicitado con base en un Proyecto autorizado por un delineante. La sentencia objeto de la presente apelación ha estimado en parte el recurso contencioso-administrativo de que se trata y ha declarado nulos, por no ser ajustados a derecho, los actos administrativos antes indicados "debiendo proceder el Ayuntamiento demandado a la legalización del expediente mediante la incorporación de un proyecto firmado por un Arquitecto Superior o por un Arquitecto Técnico". QUINTO. [...] La Sala de Albacete dice que no se ha llevado a cabo la regulación con carácter general de los estudios profesionales de Delineante, y que la legislación existente está referida principalmente al personal funcionario. Cita la indicada Sala la disposición adicional 9ª.9 de la Ley 2 agosto 1984, de Reforma de la Función Pública que crea el Cuerpo de Delineantes, y la Ley 8 noviembre 1979 que crea el Cuerpo de Delineantes de Obras Públicas y Urbanismo, regido por el Reglamento 1 abril 1977. Destaca la sentencia apelada que el artículo 3 del indicado Reglamento dice que los Delineantes efectuarán el desarrollo gráfico de toda clase de proyectos y trabajos de estudios, así como la realización de planos topográficos interpretando los datos que hayan sido tomados en el terreno, y se concluye en la sentencia diciendo que "con estos antecedentes, dadas las limitadas funciones de los delineantes la Sala estima que no existe base legal para reconocer competencia a éstos, máxime ante el alcance de las obras proyectadas, correspondiendo, por su especialidad, más bien a los profesionales que tienen conferida la facultad de suscribir los proyectos de edificación".

[...] SÉPTIMO. Esta Sala entiende que las disposiciones, antes referidas en síntesis, que se alegan por el Colegio apelante no pueden servir de base para entender que el Delineante que autorizó el Proyecto litigioso tiene reconocida legalmente competencia para dicha autorización si se tiene en cuenta, por un lado, que dados los términos genéricos con los que se alude a las competencias de los Delineantes Proyectistas en las Ordenanzas y Convenios Colectivos antes aludidos, no puede deducirse de los mismos que dichos Delineantes tengan la aptitud técnica a la que nos venimos refiriendo, y, por otro lado, que dada la finalidad de las antes referidas normas del Ministerio de Hacienda, ajenas a la de fijación de competencias profesionales, de aquéllas tampoco puede deducirse la existencia de la mencionada aptitud técnica. Procede, pues, entender que la Sala de instancia resolvió con acierto el problema que se ha examinado». **(STS 21 febrero 1994 [RJ 1994, 1453]).**

«La doctrina de esta Sala en sus últimos años ha rechazado el monopolio competencial a favor de una profesión técnica superior predeterminada al mantener la necesidad de dejar abierta la entrada a todo título facultativo oficial que ampare un nivel de conocimientos urbanísticos o técnicos en general, etc., que se correspondan con la clase y categoría de los proyectos que suscribe su autor –Sentencias de 2 julio 1976 (RJ 1976, 4487), 27 mayo 1980 (RJ 1980, 3857), 29 enero 1982, 8 julio 1981 (RJ 1981, 3457), 29 enero 1982, 22 junio 1983 (RJ 1983, 3637), 17 enero 1984 (RJ 1984, 129), 1 abril 1985 (RJ 1985, 1791), 21 octubre 1987 (RJ 1987, 8685), 8 julio 1988 (RJ 1988, 5616), 9 marzo y 21 abril 1989 (RJ 1989, 2217 y 3221), etc.– y 2º) la competencia en cada rama de la Ingeniería depende de la capacidad técnica real para el desempeño de las funciones propias de la misma, es decir, frente al principio de exclusividad se afirma el principio de la *libertad con idoneidad* –Sentencias de 31 diciembre 1973 (*RJ 1973*, 4795), 24 marzo 1975 (RJ 1975, 1399), 8 julio 1981, 1 abril 1985, 21 octubre 1987, 8 julio 1988, 9 marzo y 21 abril 1989, etc.–, por ello la frase genérica que se emplea habitualmente «facultativos o técnicos competentes», revela el propósito de no vincular el monopolio o exclusiva a una determinada profesión.

CUARTO. La aplicación de la doctrina descrita en el fundamento anterior al presente supuesto, conduce a la estimación del presente recurso dado que no nos encontramos ante una edificación destinada a vivienda humana, sino ante un simple Proyecto de Adaptación de un local a bar, encuadrable en el ámbito competencial atribuido a los Ingenieros Industriales, de conformidad con el Decreto de 18 septiembre 1935». **(STS 28 marzo 1994 [RJ 1994, 1820]).**

«Ya en el caso concreto que estudiamos, si bien la Memoria habla de rehabilitación para actualizar el edificio estructuralmente y estéticamente y conseguir la confortabilidad ahora demandada por los usuarios, las pruebas periciales han dejado patente que para lograr aquella rehabilitación se ha llevado a cabo una verdadera reconstrucción con demolición de su interior y conservación de los muros exteriores, incluso éstos no en su totalidad; obras todas ellas de la suficiente complejidad como para exigir proyecto arquitectónico, como, con acierto, recoge la sentencia de instancia, elaborado y firmado por Arquitecto Superior; resolución a la que llegamos en aplicación de la doctrina jurisprudencial expuesta (SS de 3 octubre 1991 [RJ 1991, 7791], 3 noviembre 1992 [RJ 1992, 9312], 5 junio 1993 [RJ 1993, 4515], y las en ellas reseñadas)». **(STS 5 julio 1994 [RJ 1994, 5533]).**

«SEXTO. [...] En el supuesto presente se trata de la ampliación de un cabrete existente en el local, en 9, 10 y 10,50 metros cada lado; la construcción de los distintos tramos de una escalera y una piscina. Respecto de las dos primeras, se trata de intervenciones parciales en un edificio ya construido, lo que queda cobijado en el concepto de «intervención parcial» habilitante de la competencia del Arquitecto Técnico, por no estimarse que entrañen alteración de la configuración arquitectónica de la edificación preexistente, dada su naturaleza, entidad, carácter interior, etcétera.

SÉPTIMO. Distinto es el caso de la piscina proyectada, que supone, según la memoria acompañada una obra en forma de "T", asentada sobre una solera de hormigón de 12 centímetros de espesor, estructura de hormigón armado de 23 centímetros en la solera y 20 en las paredes, con altura máxima del agua de 1,50 metros y una superficie total de 310,5 metros cuadrados. Resulta evidente que la construcción de la piscina exige una excavación, vaciado de tierras, contención de las mismas y cálculo de la presión que ejercen sobre la oquedad abierta, así como la que proviene de la acción del agua con que se llenan las dimensiones y volumen de la obra nueva, como aparecen descritas, exceden de las atribuciones conferidas en la Ley 12/1986, de 1 abril, por ser necesario un proyecto arquitectónico en que se resuelvan todas las cuestiones que plantea una actuación de sus dimensiones. Además traspasan el otro infranqueable límite a las posibilidades proyectivas de los Arquitectos Técnicos, que es la alteración en la configuración arquitectónica. Esta no viene determinada por la envolvente o aspecto exterior o formal del edificio sino por su estructura y elementos esenciales, así como la disposición o conjunción de las distintas partes integrantes. No cabe duda, a este respecto, que la piscina, de 310 metros cuadrados, destinada a su uso por una pluralidad de personas indeterminada, pero potencialmente numerosa, provoca una alteración notable de los elementos del inmueble donde se piensa radicar, así como requiere el concurso de elementos auxiliares –depuradora, vestuarios, etc.– que reorganizan las diversas dependencias del local con lo que alteran o modifican la configuración arquitectónica». **(STS 18 julio 1994 [RJ 1994, 6381]).**

«El proyecto técnico al que se refieren las presentes actuaciones tiene por objeto, según la Memoria, «la rehabilitación de un edificio, actualmente en estado de deterioro avanzado, a fin de destinarlo a uso de vivienda» para lo que se precisa no sólo el derribo y posterior construcción del interior de la edificación, sino, y sobre todo, la construcción «ex novo» de los forjados de la planta primera, desván y formación de cubierta de la vivienda, así como la construcción de cuatro pilares de hormigón armado con sus correspondientes vigas en la formación de dos pórticos y cimentación a base de zapatas de borde, tal y como aparece recogido en la página 0003 en su apartado correspondiente a cimentación y estructura, cuyas hipótesis de cálculo vienen recogidas en el Anexo I, Cimentación y Estructura –Páginas 0101 y siguientes–. El Proyecto comprende, además, aumento de volumen, ejecución de instalaciones de servicios *comunes, etc.* hasta completar obras por un importe total de 3.615.880 pesetas. CUARTO. Si bien parte de las referidas obras tienen pleno encaje en la capacidad de proyección de los Arquitectos Técnicos, existen otras –especialmente las relativas a la estructura y cimentación– que, a la luz de la doctrina jurisprudencial antes referida, exceden de las atribuciones profesionales asignadas a los Arquitectos Técnicos en la citada Ley 12/1986, de 1 abril, lo que conduce a ratificar el criterio de la Sala de instancia y consecuentemente a desestimar el presente recurso de apelación». **(STS 30 julio 1994 [RJ 1994, 6054]).**

«En definitiva, el proyecto rehabilita el inmueble, adaptándolo a las condiciones de vida actuales, pero mantiene la identidad originaria de la edificación, de suerte que era bastante la intervención de un Arquitecto Técnico, conforme al artículo 2, apartado segundo, de la Ley 12/1986, de 1 abril». **(STS 3 mayo 1995 [RJ 1995, 4169]).**

«No era una intervención parcial, sino total, extendiéndose a todo el edificio al hacer una nueva distribución de sus viviendas al objeto de hacerlas más habitables y cómodas, y por otra parte, conforme a lo declarado en las citadas sentencias, con la adjetivación "configuración arquitectónica" añadida a la prohibición de alterarla, la ley, evidentemente, lo que quiso fue evitar que por simples desfiguraciones de un edificio quedasen privados los Arquitectos Técnicos de proyectar intervenciones en edificios construidos, mas sí excluirles de hacerlo cuando por la entidad de los cambios a operar el edificio fuese a resultar sustancialmente distinto en cuanto a su composición a como inicialmente hubiese sido concebido y construido». **(STS 26 septiembre 1995 [RJ 1995, 6825]).**

«Se trata de una nave agrícola, prevista en utilización como almacén de grano, y de no haber éste, para el aparcamiento de maquinaria agrícola y tractores, que ni siquiera tiene prevista, por no necesaria, instalación eléctrica ni de fontanería; cuya longitud de fachada es de 9,30 metros y de fondo de 20,40 metros; es nave completamente diáfana a la que se accede a través de una puerta corredera de dos hojas, según consta en la Memoria, y que, dada su sencillez, su ejecución se encuentra dentro del ámbito competencial de la titulación de Arquitecto Técnico». **(STS 4 noviembre 1997 [RJ 1997, 8329]).**

«SEGUNDO. En el presente litigio se cuestiona la competencia de un Arquitecto Técnico para la redacción de un proyecto de obra que, según se describe por su autor en la memoria, tiene por objeto la reforma interior de una antigua casa, cambiando un forjado y realizando una distribución adecuada a las actuales circunstancias y nivel de vida moderno [...] No estamos, por tanto, en presencia de una obra que deba quedar reducida a una intervención parcial del edificio, pues si de las cimentaciones se exigen unas mayores solicitaciones, la afección que se produce lo es en su totalidad, ya que los cimientos, por la propia naturaleza del edificio en cuestión, no permiten un tratamiento diferenciado por partes, lo que además produce una variación en la configuración arquitectónica no sólo en su aspecto formal o externo, como en el intrínseco o sustancial; esto, unido a las actuaciones sobre la estructura que han quedado dichas, significa que se han superado las atribuciones que a los Arquitectos Técnicos confiere el artículo segundo de la Ley 12/1986». **(STS 17 noviembre 1998 [RJ 1998, 7968]).**

Silencio administrativo positivo.

No aplicabilidad del art. 1 del Real Decreto-ley de 14-3-1986, sobre Medidas Urgentes Administrativas, Financieras, Fiscales y Laborales.

«Como ya dijo esta Sala en su S. 27-6-1989 (RJ 1989, 5544), confirmando doctrina de la antigua Audiencia Territorial de Las Palmas, la norma relativa al silencio administrativo positivo contenida en el art. 1 del Real Decreto-ley de 14-3-1986, sobre Medidas Urgentes Administrativas, Financieras, Fiscales y Laborales (según se indica en su propia *Exposición de Motivos*), se refiere al procedimiento administrativo general». **(STS 13 abril 1993 [RJ 1993, 2675]).**

Casos en que no cabe apreciar existencia de licencia tácita por silencio administrativo positivo.

«Es concluyente en este caso, y de conformidad con lo dispuesto en el artículo 9.1, números 5º, 6º y 7º, apartado a), del Reglamento de Servicios de las Corporaciones Locales de 17 junio 1955, al que se remiten los artículos 178.3 del Texto Refundido de la Ley sobre Régimen del Suelo y Ordenación Urbana de 9 abril 1976 y 4.1 del

Reglamento de Disciplina Urbanística de 23 junio 1978, la plena concurrencia de todos los requisitos formales necesarios para que la licencia solicitada pudiera entenderse concedida por silencio administrativo positivo, al no haberse notificado la Resolución de 17 mayo 1985 dentro del mes siguiente a la correspondiente solicitud de subrogación, presupuesto al que anuda el artículo 9 antes citado el otorgamiento por silencio». **(STS 29 abril 1996 [RJ 1996, 3382]).**

«La doctrina jurisprudencial sobre la obtención de licencia por silencio positivo en caso de obras mayores, como el que aquí tiene lugar ha venido sosteniendo (Sentencias de 15 abril 1988 [RJ 1988, 3079], 13 noviembre 1989 [RJ 1989, 8186] –precisamente citadas por la parte recurrente–, 6 febrero y 3 abril 1995 [RJ 1995, 1072], etc.) que transcurrido el plazo de dos meses desde la solicitud de la licencia sin que se hubiera notificado resolución expresa el peticionario debe acudir a la Comisión Provincial de Urbanismo u Órgano similar en las respectivas Comunidades en petición de la misma y si este Organismo no notificaré al interesado acuerdo expreso en el plazo de un mes, es cuando la licencia queda otorgada por silencio administrativo; salvo, lógicamente que tal otorgamiento no estuviese prohibido por el artículo 178.3 de la Ley del Suelo Texto Refundido de 1976, vigente a la sazón en este caso». **(STS 2 julio 1996 [RJ 1996, 6127]).**

«La autorización de los artículos 85 y 86 del TRLS constituye un presupuesto de la licencia de obras, de tal modo, que sin la previa existencia de la autorización supradicha es imposible obtener la licencia de obras, y, lógicamente, es imposible, sin la previa autorización, poner en marcha el mecanismo para entender concedida la licencia de obras por silencio positivo en virtud de lo establecido en el artículo 9.5º del Reglamento de Servicio de las Corporaciones Locales». **(STS 23 septiembre 1996 [RJ 1996, 7581]).**

«En todo caso, y por tratarse de una licencia a la que resulten aplicables las prescripciones urbanísticas, es palmario, a tenor del artículo 178.3 del TRLS, que no puede entenderse concedida por silencio positivo, cuando la licencia resulte contraria a las prescripciones del Plan». **(STS 18 noviembre 1997 [RJ 1997, 9431]).**

«El precepto indicado no contiene otra referencia respecto al día en que haya de computarse el plazo de un mes productor del silencio administrativo positivo que aquel en que el administrado acude a la Comisión Provincial de Urbanismo». **(STS 2 febrero 1998 [RJ 1998, 854]).**

«QUINTO. Esta creación de una nueva terraza con sustitución del primitivo faldón de cubierta constituye una obra mayor, pues conlleva una evidente modificación de la estructura del edificio, cuya licencia no puede obtenerse por silencio positivo sino después de haber sido denunciada la mora ante la Comisión Provincial de Urbanismo, tal como dispone el artículo 9 del Reglamento de Servicios de las Corporaciones Locales». **(STS 30 abril 1998 [RJ 1998, 3370]).**

La licencia obtenida por silencio administrativo no puede ser desconocida por la Administración.

«Es doctrina de esta Sala que recoge la Sentencia dictada el 16-5-1991 (RJ 1991, 4280) la que se resume en que, bajo la normativa anterior a la Ley 30/1992, de 26 noviembre, de Régimen de las Administraciones Públicas y del Procedimiento Administrativo Común, por equivaler el silencio administrativo a la autorización omitida y ser, en consecuencia, un verdadero acto administrativo, le está vedado a la Administración, al igual que de un acto expreso se encontrase, producir uno de esta clase en contradicción con él sin acudir a ninguno de los procedimientos de revisión de oficio». **(STS 21 diciembre 1993 [RJ 1993, 9658]).**

«La posterior denegación expresa constituye la revocación de un previo acto presunto declarativo de derechos, adoptado sin seguir el procedimiento establecido al efecto (art. 110 de la Ley de Procedimiento Administrativo) y, por ende, nulo de pleno derecho [art. 47.1 c) de la misma Ley]». **(STS 6 mayo 1998 [RJ 1998, 3615]).**

Régimen jurídico según se trate de obras mayores o menores.

«Nuestro ordenamiento urbanístico acoge en materia de licencias un sistema de silencio administrativo positivo que se articula a través de dos regímenes jurídicos distintos atendiendo, en lo que ahora importa, a la diferenciación de las obras mayores y menores: mientras que para aquéllas es necesario un primer plazo de dos meses, con denuncia de la mora ante la Comisión Provincial de Urbanismo –u órgano autonómico que desarrolle sus funciones–, más un nuevo plazo de un mes, para las menores se traza un silencio positivo automático por el transcurso del plazo de un mes y sin denuncia de mora –art. 9.1.4ª, 5ª y 7ª del Reglamento de Servicios–». **(STS 9 octubre 1990 [RJ 1990, 7847]).**

Silencio administrativo en caso de licencia de demolición.

«El único problema planteado en estos autos es el de la determinación del régimen jurídico del silencio administrativo en los supuestos de petición de licencia de demolición. El examen del art. 178.1 y 3 del Texto Refundido de la Ley del Suelo pone de relieve que las licencias urbanísticas, con expresa inclusión de las de demolición, han de ajustarse, en el terreno procedimental, a lo dispuesto en la legislación de régimen local, lo que remite directamente, en lo que ahora importa, al art. 9 del Reglamento de Servicios. Es clara, pues, su aplicabilidad a las licencias de demolición a pesar de que dicho art. 9 no las menciona expresamente. Por otra parte y todavía a la vista del citado art. 178 del Texto Refundido será de indicar que al establecerse unos límites sustantivos al otorgamiento de licencias por silencio positivo se está presumiendo que las licencias urbanísticas –expresamente incluidas las de demoliciónestán sujetas a un régimen de silencio precisamente positivo. TERCERO: Ya en el terreno del art. 9 del Reglamento de Servicios y puesto que en el mismo existen tres sistemas de silencio –apartado 1.7º– habrá que concretar ante todo que evidentemente no es de aplicación el tema litigioso al silencio negativo del caso b), dada la falta de analogía de su supuesto con las licencias de demolición y dado que, como ya se ha dicho, el art. 178.3 de la Ley del Suelo presume un régimen de silencio positivo. Planteado el problema respecto a los apartados a) y c), hay que entender aplicable por analogía –art. 4.1 del Título Preliminar del Código Civil– el primero, porque, como acertadamente pone de relieve la sentencia apelada, la demolición guarda una identidad jurídica sustancial con los supuestos en él mencionados –construcción de inmuebles o modificación de la estructura de los mismos–. En realidad –Sentencia de 10 de julio de 1985 (RJ 1985, 4161)– "la demolición es la más completa y radical modificación de la estructura de un edificio", resultando por tanto subsumible en el apartado a) y no en el c) del art. 9.1.7º del Reglamento de Servicios –en este sentido también Sentencia de 18 de julio de 1984 (RJ 1984, 4387)–. Esta solución se confirma atendiendo a la finalidad –art. 3.1 del Título Preliminar ya citado– del art. 9.1.7º del Reglamento de Servicios: el examen de los apartados a) y c), que son los que ahora importan, pone de relieve que se han diferenciado dos tipos de supuestos y si para los de mayor entidad –apartado a)– se ha de acudir a la Comisión Provincial de Urbanismo, por el contrario en los de menor importancia –apartado c)– se produce automáticamente el silencio positivo. Así las cosas, es de recordar que el Derecho Administrativo aspira a armonizar las exigencias del interés público y las del interés de los administrados. Para éstos el silencio positivo es plenamente satisfactorio, pero para aquél resulta peligroso, ya que la negligencia o la falta de tiempo del funcionario se convierten en decisión administrativa estimatoria. Por ello el Reglamento de Servicios, ponderando la trascendencia del objeto de la licencia, intensifica o atenúa el rigor de los requisitos necesarios para la producción del silencio positivo». **(STS 29 septiembre 1986 [RJ 1986, 6008]).**

Obtención al no haber sido requerido de subsanación de deficiencias.

«Si, como alega el Ayuntamiento, había deficiencias en la documentación presentada con la solicitud de licencia, debió de haberlas notificado al peticionario para la subsanación, como prescribe el artículo 9.1.4º del Reglamento; de modo que al no haberlo hecho así, y al no haberse resuelto sobre la solicitud de licencia en el plazo de un mes, como ordena el punto 5º de ese artículo, la licencia debe entenderse concedida por silencio administrativo, a tenor del punto 7º c)». **(STS 23 enero 1990 [RJ 1990, 339]).**

Pago de tasa por licencia.

«El hecho imponible de esta tasa es, precisamente, la autorización municipal para construir como resultado de la prestación de unos servicios o la realización de actividades de la competencia municipal que concretan en el solicitante la cualidad de beneficiario y, por ende, de sujeto pasivo –SS., entre otras, de 7 junio y 18 diciembre 1995 (RJ 1995, 4627 y 9296)–, de tal suerte que si el Ayuntamiento deniega la licencia no puede exigir el pago de liquidación alguna por este concepto. De ahí que lo decisivo para legitimar esta tasa no sea el sentido de las actividades municipales a desarrollar con motivo de la solicitud de la licencia, esto es, que tales actividades –principalmente de orden técnico-urbanístico– sean o no favorables a su concesión, sino el acto final de otorgamiento. Es decir, una actividad de informe favorable en principio a la concesión que, pese a ello, desembocara en una denegación de la licencia, no legitimaría a la Corporación para girar liquidación alguna por la tasa y, en cambio, sí se produciría tal respaldo en el caso contrario». **(STS 9 junio 1998 [RJ 1998, 4500]).**

Supuestos especiales.

Cerramiento de fincas.

«TERCERO. [...] Con arreglo a la legislación del suelo (artículo 178 de la Ley 9 abril 1976 y artículo 1 del Reglamento de Disciplina Urbanística la colocación de una valla metálica de cerramiento de un fundo requiere previa obtención de la correspondiente licencia urbanística». **(STS 24 marzo 1997 [RJ 1997, 1875]).**

«Entre los actos de edificación y uso del suelo sujetos a previa licencia, conforme a lo establecido en el artículo 178.1 de la Ley del Suelo, se encuentran los de cerramiento de fincas rústicas, para cuya realización no basta la simple invocación del artículo 388 del Código Civil, puesto que el derecho que este precepto atribuye a los propietarios ha de ejercitarse de acuerdo con las prescripciones establecidas en materia urbanística, como viene declarando esta Sala en una jurisprudencia reiterada de la que son muestra las Sentencias de 2 julio 1991 (RJ 1991, 5722), 28 julio 1989 (RJ 1989, 6157), 1 noviembre 1988, 29 junio 1988 (RJ 1988, 4783) y 23 enero 1987 (RJ 1987, 1808), esta última para un supuesto igual al que se plantea en este proceso». **(STS 19 mayo 1998 [RJ 1998, 3859]).**

«Cualquiera que sea la naturaleza del suelo sobre el que se lleve a cabo el vallado la licencia municipal es necesaria». **(STS 15 junio 1998 [RJ 1998, 4552]).**

«TERCERO. [...] Como ha declarado esta Sala (Sentencias de 2 enero 1996 [RJ 1996, 21], 17 julio y 18 mayo 1987 [RJ 1987, 7518 y 5531]), aunque la construcción de una cerca o pared puede considerarse como acto de edificación, entendida esta expresión en sentido muy amplio, en cuanto tal necesitada de previa licencia municipal, en otro sentido implica el ejercicio de un "ius excludendi alios", integrando así un ejercicio «ad extra» del dominio cuya virtualidad no implica aprovechamiento. Desde otro punto de vista es obvio que el control municipal ejercido en la concesión de una licencia no puede ser aprovechado para definir situaciones de titularidad ni para la imposición de las determinaciones del planeamiento que precisen de una posterior ejecución. Como la concesión de las licencias solicitadas no impide la posterior ejecución del planeamiento, resulta procedente su concesión, tal como ha declarado la sentencia de instancia que, por ello, ha de ser confirmada». **(STS 15 octubre 1998 [RJ 1998, 7164]).**

Autorización gubernativa necesaria para la demolición de inmuebles en caso de que en éstos existan arrendatarios.

«PRIMERO. La autorización gubernativa necesaria para la demolición de inmuebles *en* caso de que en éstos existan arrendatarios se caracteriza, ante todo, por una nota profundamente finalista: el derribo es un simple medio que se pone en juego –y esto es lo que lo justifica– precisamente para hacer posible la construcción de un nuevo edificio que cumpla determinados requisitos –art. 62.2º de la Ley de Arrendamientos Urbanos–. Está claro, pues, que es autorizable la demolición en cuanto esta sea necesaria para hacer posible una nueva construcción. Justamente esta nota finalista es la que quiere destacar el art. 78.1º de la ya citada Ley arrendaticia que se refiere expresamente a las obras de «reedificación». Es cierto que este término en su pura literalidad, sugiere una nueva edificación llevada a cabo precisamente sobre el mismo terreno que soportaba la construcción anterior –el precepto alude asimismo a la finca «reedificada», sentido en el que se manifiestan también los arts. 81, 82, etc.–.

Sabido es sin embargo que la interpretación literal es un mero punto de partida a completar siempre con otros criterios de mucha mayor importancia, entre los que figura el del espíritu y finalidad de la norma a aplicar –art. 3.1 del Título Preliminar del Código Civil–.

Los arts. 78 y siguientes de la Ley de Arrendamientos Urbanos, tienden, en lo fundamental, a resolver el problema creado por la escasez de viviendas, facilitando la construcción de nuevos edificios que incrementen el número de aquéllas. Por otra parte, ocurre que en ocasiones la nueva edificación no se proyecta para elevarla sobre el mismo terreno resultante físicamente de la demolición, sino que por razones de distinta índole puede ser conveniente o incluso necesario localizarla en otro lugar materialmente distinto. Pues bien, si, en este caso, la construcción del nuevo edificio exige el derribo del anterior –para aprovechamiento del volumen correspondiente a la superficie de la edificación antigua, para la realización de la urbanización exigible en relación con la nueva construcción, etc.– concurrirá la conexión teleológica entre derribo y nueva construcción y se cumplirá la finalidad perseguida por el precepto –con la demolición se hace posible la nueva construcción que incrementará el número de viviendas–.

Existe, pues, una reedificación «material», sobre el terreno que ocupaba la construcción antigua y una reedificación "ideal», cuando el nuevo edificio no va a erigirse sobre el mismo lugar que el anterior.

En ambos casos puede estar justificada la demolición y por tanto el otorgamiento de la autorización, con cumplimiento de los requisitos legales. Pero existe, sin embargo, una clara diferencia entre estos supuestos. Así, en el primero, no será preciso probar la necesidad del derribo, que por ser una necesidad de índole material –se va a ocupar el solar de la antigua casa– resulta obvia. En cambio en el segundo, como físicamente resulta posible la nueva construcción sin derribo de la antigua, será imprescindible una completa prueba de los datos de los que se derive la necesidad de la demolición, es decir, de que ésta se pretende justamente «para» poder construir el nuevo edificio.

Innecesario es advertir que este extremo –relación finalista de los términos demolición-construcción– integra un presupuesto imprescindible de la decisión administrativa autorizatoria y que por tanto está sometido a un pleno control jurisdiccional, cualquiera que sea el grado de discrecionalidad que se atribuya a la potestad administrativa de cuya actuación deriva el acto administrativo de autorización del derribo.

SEGUNDO. Importa ahora, dados los términos en que se ha desarrollado el debate procesal, determinar quién soporta la carga de la prueba de la necesidad del derribo para llevar a cabo la nueva edificación.

La presunción de legalidad, del acto administrativo desplaza la carga de accionar al administrado pero no la carga de la prueba, que se ajusta a las reglas generales: cada parte ha de probar el supuesto de hecho de las normas cuyas consecuencias jurídicas invoca a su favor.

Más concretamente, el solicitante de la autorización gubernativa prevista en los arts. 78 y siguientes de la Ley de Arrendamientos Urbanos habrá de probar los datos que constituyen el supuesto de hecho de tales preceptos y específicamente la necesidad del derribo para la nueva construcción. Luego, ya en el proceso y dictado el acto administrativo de autorización, tal carga se soporta también por la Administración, que adoptó una decisión sobre la base de una causa o presupuesto de hecho en el que se incluye aquella necesidad». **(STS 29 septiembre 1986 [RJ 1986, 5999].**

Edificación específicamente destinada a establecimiento de características determinadas. Art. 22.3 del RSCL.

«TERCERO. Para el funcionamiento de estaciones de servicio son requeridas una pluralidad de autorizaciones, cada una de las cuales se rige por su legislación específica. A los Ayuntamientos les corresponde la concesión de las licencias de obras y de apertura o funcionamiento; en la primera el Ayuntamiento ha de controlar la adecuación de la obra proyectada a la legalidad urbanística y en la segunda la de la actividad que se pretende ejercer en los nuevos edificios e instalaciones a las normas de policía del municipio. A fin de evitar las antieconómicas consecuencias que supondría la concesión de una licencia de obras para unos establecimientos destinados a un tipo de actividad que luego no pudiera autorizarse, el artículo 22.3 del Reglamento de Servicios de las Corporaciones Locales, aprobado por Decreto 17 junio 1955, impone la coordinación en el otorgamiento de esas dos licencias, al establecer que, cuando con arreglo al proyecto presentado, la edificación de un inmueble se destinara específicamente a establecimiento de características determinadas, no se concederá el permiso de obras sin el otorgamiento de la licencia de apertura, si fuere procedente; pero ello no significa que la alteración de la precedencia en el orden de otorgamiento de esas licencias, que resulta del precepto citado, signifique sin más la nulidad de la licencia de obras concedida antes de haberse obtenido la de apertura. Ambas licencias se han de examinar conforme a los criterios propios de cada una de ellas, proyectándose el artículo 22.3 del Reglamento de Servicios de las Corporaciones Locales sobre el principio de hipotética responsabilidad patrimonial, por el posible funcionamiento anormal de la Administración municipal, si permitiese la ejecución de unas obras destinadas a una actividad para la que no pudiera concederse licencia de apertura». **(STS 25 junio 1998 [RJ 1998, 5863]).**

Carteles de propaganda.

«TERCERO: Entrando ya en el fondo del asunto, será de recordar que la «colocación de carteles de propaganda visibles desde la vía pública» es en nuestro ordenamiento urbanístico un acto sujeto a licencia. Incluso llama la atención la preocupación por este tipo de actuación –artículos 58.1.1º y 178.1º, del Texto Refundido de la Ley del Suelo y artículo 1.17 del Reglamento de Disciplina Urbanística–. Y es que, por una parte, la publicidad es hoy una exigencia del comercio y de la industria y, por otra, la colocación de carteles de propaganda, en razón de su objetivo, tiende a realizarse buscando lugares concurridos o de mucho tránsito –Sentencia de 10 de julio de 1985 (RJ 1985, 3894)– lo que va a afectar a valores que el ordenamiento urbanístico necesariamente ha de proteger: la seguridad del tráfico rodado y de los viandantes y la estética.

Se trata, pues, de un supuesto de intervención de la Administración pública en al actividad de los particulares a través del control previo que implica la sujeción a licencia. Independientemente de que puedan existir intervenciones concurrentes de varias Administraciones Públicas –art. 57.2 del Texto Refundido– y de que en su otorgamiento puedan influir diversos conceptos indeterminados, en lo que ahora importa, se trata de una licencia urbanística y por tanto de naturaleza reglada. Ahora bien, si desde un primer punto de vista la "colocación» del cartel supone una licencia de tracto instantáneo en cuanto autoriza una operación singular, la actividad a realizar posteriormente da lugar a una relación permanente con la Administración –licencia de funcionamiento– que se caracteriza por la necesidad de disciplinar el futuro. Este de las licencias de funcionamiento es justamente el campo de actuación que la doctrina atribuye al art. 16 del Reglamento de Servicios». **(STS 9 febrero 1987 [RJ 1987, 2916]).**

Oficina de farmacia.

«PRIMERO. Plantean los presentes autos la cuestión de si una oficina de farmacia puede ubicarse en finca ubicada en suelo clasificado como suelo urbanizable transitorio, en una manzana en la que las normas de planeamiento aplicables no permiten el uso comercial, estando destinada a uso residencial [...] La Sala determinó la procedencia de la licencia municipal de apertura del mismo establecimiento. SEGUNDO. Las oficinas de farmacia son establecimientos sanitarios (artículo 103 de la Ley 14/1986, de 25 abril, General de Sanidad) sujetos a planificación y obligados a dispensar al público, en las condiciones previstas en la legislación, medicamentos y especialidades farmacéuticas, con la presencia y actuación inexcusable de uno o varios farmacéuticos (artículo 88 de la Ley 25/1990, de 20 diciembre, del Medicamento y artículo 1 del Real Decreto 909/1978, de 14 abril.

Este régimen singular nos lleva a confirmar el criterio de la sentencia apelada. La Sentencia de la antigua Sala Cuarta de este Tribunal de 25 septiembre 1985 (RJ 1985, 5131) partió ya de la naturaleza sanitaria de las farmacias, y de la prestación del servicio público impropio o de interés público que realizan, para entender que no se encuentran comprendidas en la prohibición de uso específico comercial.

Será de añadir, al confirmar esta doctrina que, además, la distribución de farmacias en el territorio nacional atiende única y exclusivamente al criterio del reparto en el mismo de la población que vive, habita o reside en un lugar determinado, orientándose la apertura por la mayor proximidad y más facilidad de acceso de los residentes a las farmacias. Con la excepción, tal vez única, de los aeropuertos (Sentencia de 23 enero 1992 [RJ 1992, 633]) no es tampoco posible –conforme a un criterio jurisprudencial consolidado– la apertura de farmacias en lugares como grandes superficies, centros comerciales, polígonos industriales, etc., donde se producen aglomeraciones humanas considerables, por considerar la jurisprudencia que quienes allí acuden no habitan o residen de asiento en ellos (Sentencias de 16 septiembre 1991 [RJ 1991, 3527], 28 enero y 18 noviembre 1992 [RJ 1992, 719 y 9202], entre otras muchas).

A la luz de estos criterios de planificación farmacéutica, la exigencia urbanística de que la apertura de las mismas se verifique en zonas calificadas como de uso comercial puede dificultar la apertura de farmacias en lugares idóneos al servicio que deben prestar, por poder entorpecer la proximidad de las mismas a la población residente que deben atender, además de chocar –como razona la sentencia apelada– con el régimen sanitario de tales establecimientos y de los medicamentos y especialidades que dispensan como actividad esencial». **(STS 21 abril 1997 [RJ 1997, 2787]).**

Unidad mínima de cultivo. Diferente en secano que en regadío. Requisitos de edificación en suelo no urbanizable.

«SEGUNDO. En definitiva, el problema reside en saber si la finca sobre la que pretende construirse la indicada vivienda debe considerarse de secano o de regadío. Calificación que –a los efectos del caso– tiene una trascendencia decisiva. Porque la normativa aplicable en la zona exige –para poder construir una vivienda sin riesgo de crear un núcleo de población– tres hectáreas a las fincas de secano y una sola hectárea a las de regadío. Y la finca en cuestión tiene sólo 10.678 metros cuadrados, de los cuales 7.920 metros son de regadío y los 2.448 restantes lo son de secano. TERCERO. Pues bien, parece claro que si una finca que tiene sólo un 20 por 100 de tierra de secano se califica de tal, habría que llegar a la consecuencia –ciertamente extrema y contraria a la realidad– de tener que considerar de secano una parte considerable de las fincas del país que tienen tierras en riego. Así pues, por esta predominancia absoluta del regadío sobre el secano, y porque consta probado que la finca linda con una riera y una acequia, y que la propia Administración ha considerado la finca apta, *técnica y económicamente*, para establecer un vivero de flores y plantas ornamentales, hay que considerarla, porque lo es en realidad, como de regadío». **(STS 22 septiembre 1987 [RJ 1987, 7737]).**

Hipermercados en suelo no urbanizable.

«CUARTO. El fondo del asunto ha sido ya resuelto por esta Sala en supuestos análogos al aquí discutido –así, Sentencias de 13 de julio de 1984 (RJ 1984, 4675) y 25 de febrero de 1985 (RJ 1985, 2642), referentes a hipermercados en suelo no urbanizable–, con doctrina que puede sintetizarse así:

A) La declaración de utilidad pública o interés social de la obra o instalación no exige una previa habilitación legal distinta de la contenida en el artículo 85.2 de la Ley del Suelo en relación con el artículo 44.2.4 del Reglamento de Gestión, dado que la propia norma atribuye la competencia para resolver estos expedientes a la autoridad urbanística (los órganos que la tienen atribuida para aprobar los planes), en cuyo momento de decisión habrá de valorarse la utilidad o interés social de la edificación, cuando dicha utilidad o interés no venga atribuido por aplicación de la legislación específica.

B) La existencia del interés social no se limita por norma alguna al supuesto de que el titular de la explotación sea un ente público pues es sabido que los particulares pueden gestionar actividades en las que concurra interés social y que éste no es incompatible con la existencia de beneficio mercantil; por otro lado, el interés social ni es identificable exclusivamente con el interés oficial ni con la gestión de este carácter. En tal sentido puede afirmarse que es de interés social el abaratamiento de los costes, la descongestión urbanística, el incremento de los puestos de trabajo, etcétera.

Esta doctrina permite concluir que, dado que el hipermercado litigioso va a producir los beneficios mencionados, su construcción puede calificarse como de interés social. QUINTO. Por lo que se refiere a la racionalidad del emplazamiento rural, preciso será recordar que las normas han de ser interpretadas atendiendo a la realidad social –art. 3.1 del Título Preliminar del Código Civil–, lo que implica un criterio evolutivo que ha de tener en cuenta siempre las nuevas circunstancias. Y hoy, muy concretamente, el problema del paro.

En el supuesto litigioso, independientemente de que la construcción ha sido autorizada por el Instituto Nacional de Reforma y Desarrollo Agrario, ha de advertirse –así lo pone de relieve la sentencia apelada– que el emplazamiento autorizado "por su proximidad a los centros urbanos de Badajoz, Balboa y Villafranca del Guadiana» permite atenuar el paro en esas localidades.

Y en otro sentido, como señalaba la Sentencia de 13 de julio de 1984, será de subrayar que los problemas de circulación generados por el hipermercado, dadas sus proporciones, hacen de él un equipamiento «esencialmente extraurbano"». **(STS 9 diciembre 1986 [RJ 1987, 1023]).**

Toldos.

«CUARTO. [...] Se trata de un toldo desmontable, abierto en los espacios laterales y frontal, que no representa aumento de volumen y que, por tanto, se considera «obra menor» conforme a lo previsto en el artículo 277 número 13 de las Ordenanzas del Plan General de Ordenación Urbana de Palma de Mallorca». **(STS 2 octubre 1991 [RJ 1991, 7715]).**

«SEGUNDO. [...] La obra en cuestión no es –como se afirmaun simple toldo móvil, sino que consiste en la instalación de una estructura de hierro que sirve de soporte a un techo retráctil que se acciona mecánicamente, fabricado con perfiles de aluminio y placas de policarbonato de 16 milímetros de espesor, así como una mampara móvil también, plegable y acristalada. En tales circunstancias es patente la necesidad de licencia, como expresan con meridiana claridad –en enumeración que es enunciativa y abierta, como bien dice la Sala «a quo"– tanto el artículo 178 del Texto Refundido de la Ley del Suelo como el artículo 1 del Reglamento de Disciplina Urbanística, siendo de destacar que dichos preceptos la exigen para toda modificación del aspecto exterior de las edificaciones (artículo 1.4 del Reglamento de Disciplina)». **(STS 5 julio 1997 [RJ 1997, 5722]).**

Obras comprendidas en los conceptos de higiene, ornato y conservación en inmuebles fuera de ordenación

«SEGUNDO. [...] La cuestión a decidir se reduce a si las obras para cuya realización se solicitó la licencia denegada, se encuentran comprendidas en los conceptos de «higiene, ornato y conservación» que el artículo 60 del TRLS permite, una vez que es aceptado por las partes la cualidad de «fuera de ordenación» del inmueble a reparar [...] Se llega a la conclusión de que las obras solicitadas no se encuentran comprendidas en la órbita del artículo 60.2 del Texto Refundido de la Ley del Suelo [...] En todo caso, no hay que olvidar, que la construcción de una «cocina y cuarto de baño» (obras que se comprenden de modo explícito en la solicitud de licencia) en un edificio fuera de ordenación, situado en suelo no urbanizable, y que carece de tales dependencias, habrá de valorarse, al menos, como «obras de modernización» del edificio, encontrándose por ello vedadas, a tenor de lo prescrito en el artículo 60.2 del Texto Refundido de la Ley del Suelo». **(STS 28 mayo 1996 [RJ 1996, 4207]).**

Cerramiento de terraza.

«CUARTO. [...] Las obras en cuestión consisten en un cerramiento de terraza que necesita la correspondiente licencia municipal, pues son una ampliación de la vivienda [artículo 11.1 e) de las Ordenanzas Municipales de Edificación], que requiere licencia. En el caso de que pudieran considerarse obras menores también la necesitarían, pues el cerramiento supone una modificación de elementos salientes que la requieren según el artículo 29.6 h) y k) de dichas Ordenanzas». **(STS 17 octubre 1996 [RJ 1996, 7409]).**

Otras autorizaciones.

Obras en suelo no urbanizable.

«SEGUNDO. [...] El Plan puede perfectamente contener normas para la protección del suelo no urbanizable –art. 86.2 del Texto Refundido. [...] La instancia que dio origen al expediente ha de ser entendida en el sentido de que se solicitaba licencia para la construcción de una vivienda «anexa a explotación agrícola». CUARTO. Ya se ha dicho que el ordenamiento jurídico urbanístico no se olvida del suelo no urbanizable y por ello con independencia de la protección específica que pueda derivar del planeamiento –art. 86.2 del Texto Refundido– la propia ley se preocupa de regular las construcciones excepcionalmente posibles en dicho suelo diferenciando el procedimiento a seguir en unos y otros casos –art. 85.1.2ª–:

A) Cuando se trata de construcciones destinadas a explotaciones agrícolas o vinculadas a obras públicas el procedimiento es el ordinario –art. 178.3 del Texto Refundidolo que implica un pleno respeto a la competencia municipal –art. 179.1 del mismo Texto Refundido–.

B) Sin embargo cuando las construcciones viables –edificaciones o instalaciones de utilidad pública o interés social y viviendas familiares en los lugares en que no exista posibilidad de formación de un núcleo de población– no son subsumibles en el apartado anterior, que es la regla general dentro de la excepcionalidad de la construcción en suelo no urbanizable, el procedimiento ha de ser el previsto en el art. 43.3 del Texto Refundido, lo que da lugar a una intervención hoy autonómica que, en cuanto merma de la autonomía municipal –art. 140 de la Constitución–, ha de ser objeto de interpretación restrictiva». **(STS 30 diciembre 1989 [RJ 1989, 9235]).**

«TERCERO. [...] Para resolver las restantes cuestiones litigiosas debe partirse de la doctrina jurisprudencial sentada, entre otras, en las Sentencias de esta Sala de 8-7-1989 (RJ 1989, 5593), 19-2 y 6-3-1991 (RJ 1991, 962 y 1979), en las que se pone de relieve a tenor de lo dispuesto en los arts. 85 y 86 de la Ley del Suelo, 44 y 45 del Reglamento de Gestión Urbanística, en relación con los arts. 178 y 179 de la aludida Ley del Suelo, y 1 y 4 del Reglamento de Disciplina Urbanística, la construcción sobre el suelo no urbanizable de edificios aislados destinados a vivienda unifamiliar, en lugares en que no exista posibilidad de formación de un núcleo de población, está sujeta a la obtención de dos actos autorizatorios, a saber: de una parte, la autorización de la Comisión Provincial de Urbanismo o, en su caso, del Ministerio de Obras Públicas y Urbanismo u Órgano de la Comunidad Autónoma de que se trate, al que se hubiere transferido la competencia, a otorgar por el procedimiento regulado en los arts. 43.3 de la repetida Ley del Suelo y 44 del Reglamento de Gestión Urbanística; y de otra, la licencia de obras del Ayuntamiento correspondiente, a conceder mediante el procedimiento ordenado en el art. 9 del Reglamento de Servicios de las Corporaciones Locales. Para otorgar la primera de dichas autorizaciones han de valorarse, según determinan los citados preceptos del Reglamento de Gestión Urbanística, las circunstancias en base a las cuales pueda considerarse que no existe posibilidad de formación de un núcleo de población; mientras que con la segunda de las autorizaciones mencionadas, esto es, con la licencia de obras, el Ayuntamiento se pronuncia acerca de las otras determinaciones urbanísticas que hagan o no viable la edificación de que se trate. Por tanto, la necesidad de ambas autorizaciones concurrentes se produce de tal suerte que la primera es previa a la segunda y está destinada, a diferencia de ésta, al concreto aspecto de la posibilidad de formación de un núcleo urbano, controlando uno y otro acto extremos distintos de la normativa urbanística, de tal manera que la decisión del órgano autonómico o estatal vincula al Ayuntamiento que debe posteriormente otorgar la licencia de obras propiamente dicha, pero solamente en tanto en cuanto no se conceda la previa autorización para edificar en el suelo no urbanizable; mientras que, por el contrario, el otorgamiento de esta autorización previa no vincula al Ayuntamiento competente respecto de la concesión de la licencia de obras, según se cumplan o no los restantes requisitos o condiciones de la normativa urbanística, de acuerdo con el proyecto que se haya presentado o ulteriormente se aporte, puesto que el art. 44 del Reglamento de Gestión Urbanística no exige que, con la petición de autorización previa, se presente el proyecto técnico que sería preciso para el otorgamiento de la licencia de obras, sino solamente un plano de situación y otros datos de superficie de la parcela y características esenciales de la edificación que sean necesarios para la fiscalización de aquel requisito de imposibilidad de formación de un núcleo urbano, que es el objeto básico de control por la Administración supramunicipal». **(STS 27 noviembre 1991 [RJ 1991, 9382]).**

«CUARTO. Como ya tiene repetidamente declarado esta Sala, el artículo 85 en relación con el artículo 86 de la Ley del Suelo de 9 abril 1976, respecto de las posibles licencias de obra otorgables en suelo no urbanizable –o urbanizable no programado–, distingue por un lado las construcciones destinadas a explotaciones agrícolas que guardan relación con la naturaleza y destino de la finca, así como las construcciones e instalaciones vinculadas a la ejecución, entretenimiento y servicio de las obras públicas, supuestos ambos en los que ha de seguirse el procedimiento normal y ordinario del artículo 9 del Reglamento de Servicios de las Corporaciones Locales; y por otro, las construcciones e instalaciones de utilidad pública social que hayan de emplazarse en el medio rural, así como edificios aislados destinados a vivienda familiar en lugares en los que no exista posibilidad de formación de núcleo de población». **(STS 20 abril 1998 [RJ 1998, 3096]).**

«TERCERO. Conforme dispone el artículo 85.1.2ª de la Ley del Suelo de 9 abril 1976 en relación con el artículo 44 del Reglamento de Gestión Urbanística, no se pueden realizar en suelo no urbanizable edificaciones o instalaciones de utilidad pública o interés social, sin la previa autorización del órgano urbanístico competente para ello, tras adecuada justificación de tales extremos, constituyendo además tal autorización requisito necesario e ineludible para la posterior obtención de la correspondiente licencia municipal, si a ello hubiese lugar [...]». **(STS 20 octubre 1998 [RJ 1998, 8440]).**

«SEGUNDO. [...] Es necesaria la obtención de licencia municipal de movimiento de tierras en actividades extractivas de canteras o minas, según lo previsto en los artículos 21.2 b) del Reglamento de Servicios de las Corporaciones Locales y 178 de la Ley del Suelo de 9 abril 1976, toda vez que ellas implican obras de excavación, desmonte y formación de escombreras modificando, en suma el aspecto y relieve del suelo, estando su control atribuido a los Ayuntamientos a través de sus facultades de intervención urbanística.

Precisamente el artículo 86 en relación con el 85.2 de la citada Ley del Suelo, establece para las obras, instalaciones o actividades de utilidad pública o interés social a desarrollar en suelo no urbanizable –como en el supuesto de autos– la posibilidad de obtener licencia municipal, siguiendo el procedimiento de los artículos 43.3 de la propia Ley del Suelo y 44 del Reglamento de Gestión Urbanística». **(STS 17 noviembre 1998 [RJ 1998, 9332]).**

Autorización de otras Administraciones públicas sectoriales.

«SEGUNDO. [...] Careciendo el suelo sobre el que se asienta el kiosko de la condición de dominio público por haber sido desafectado del mismo y pasado a integrarse en el Patrimonio del Estado, es claro que no se da el supuesto previsto en las normas invocadas por el apelante, que parten de la existencia de un bien de dominio público al regular el régimen de concurrencia imperfecta de las licencias urbanísticas y las autorizaciones o concesiones demaniales y erigir a éstas en requisito previo para el otorgamiento de aquéllas». **(STS 13 febrero 1990 [RJ 1990, 1308]).**

«SEGUNDO. Es evidente haberse producido aquí un caso de concurrencia de la licencia urbanística con otro acto administrativo autorizatorio, y concretamente, un supuesto de concurrencia imperfecta o de dependencia recíproca de los actos de intervención administrativa en el que la autorización prevista en el ordenamiento sectorial correspondiente operaba como previa de la licencia urbanística y como requisito indispensable para el válido otorgamiento de ésta, ya que conforme a lo dispuesto en el artículo 29 del Decreto 584/1972, de 24 de febrero, los Ayuntamientos no pueden autorizar construcciones, instalaciones o plantaciones en los espacios y zonas gravados con las servidumbres aeronáuticas sin la previa resolución favorable del actual Ministerio de Transportes y Comunicaciones [...] Mas extender su intervención en el aspecto a fases posteriores de la construcción, incluso aunque el titular de la autorización sectorial hubiese obrado en contravención con ella [...], supone a todas luces una extralimitación de competencias, motivo por el que si no existían inconvenientes por razones urbanísticas, que en las resoluciones impugnadas no se indican, no le cabía denegar la licencia de obras menores solicitada». **(STS 3 mayo 1990 [RJ 1990, 3789]).**

(Sentencia apelada) «TERCERO. En modo alguno puede admitirse la alegación de los recurrentes de haber obtenido licencia para cerrar sus fincas de la Comisaría de Aguas del Tajo, y que la concedida por este organismo vincula a la Corporación Municipal, pues por imperativo de los artículos 178.1º y 180.1º de la Ley del Suelo, la competencia para el otorgamiento de licencias urbanísticas dentro del término municipal corresponde única y exclusivamente al Ayuntamiento, salvo en los casos previstos por la Ley, siendo claro además que la competencia de la citada Comisaría –como todas las de su naturaleza– se limita al ejercicio de las funciones soberanas en materia de aguas y cauces públicos, es decir, todo lo referente a la administración de las aguas, razón por la que la autorización por dicho organismo concedida no puede en modo alguno, vincular una posterior actuación de la Corporación, ni en su caso, modificar el contenido de una anterior, y si –como sucede en este caso– la Comisaría de Aguas autoriza unas obras particulares en un cauce, dicha autorización la otorga a título de precario». **(STS 26 septiembre 1990 [RJ 1990, 7390]).**

«SEGUNDO. Lo segundo que merece atención es la intervención aquí de más de una Administración, la urbanística, y la de cultura, en razón al emplazamiento del solar de autos, sito en la zona de influencia de la antigua muralla de Córdoba, dentro del conjunto declarado de interés Histórico-Artístico. Lo que les obliga a actuar a cada una de ellas dentro del círculo de prerrogativas que el Ordenamiento les tiene asignado, y a respetar y acatar las de otra, ya que, de lo contrario, incurrirían en exceso de poder; vicio que aquí no concurre, puesto que la citada Comisión Provincial de Urbanismo basa su razonamiento, precisamente en la resolución no favorable a la aprobación del proyecto de obras por parte del Órgano competente de la Consejería de Cultura. TERCERO. Esta duplicidad de competencia no hace más que reflejar una correlativa duplicidad de ordenamientos jurídicos, en los que, la especialidad correspondiente al urbanístico, se complementa con otra, aún mayor, encargada de preservar en éstos casos la defensa de lugares dignos de una singular protección por razones Histórico-Artísticas». **(STS 14 noviembre 1990 [RJ 1990, 8826]).**

«CUARTO. Ya más concretamente será de subrayar que la obtención de la autorización administrativa necesaria para la realización de obras en el ámbito de los Conjuntos Histórico-Artísticos ha de reputarse presupuesto necesario para la posterior obtención de la licencia municipal dada la trascendencia de aquéllos para la satisfacción de las necesidades y aspiraciones de la comunidad vecinal: así lo declara hoy expresamente el art. 23.1 de la Ley 16/1985 de 25 de junio del Patrimonio Histórico Español y ésta es también la solución que inspiraba la vieja Ley de 13-5-1933». **(STS 22 enero 1992 [RJ 1992, 758]).**

«TERCERO. La pretensión de los recurrentes de aislar la decisión municipal del proyecto de construcción de la Autovía, en cuanto trata de eludir de esta forma los inconvenientes antes citados, tropieza, sin embargo, con la existencia de un único procedimiento en el que aquella decisión se integra y que finaliza con la aprobación por parte de la Administración del Estado del correspondiente proyecto, según se desprende de los arts. 14.2 de la Ley de Carreteras de 19-12-1974, a la sazón vigente, y arts. 35 a 38 del Reglamento General de Carreteras de 8-2-1977». **(STS 17 mayo 1993 [RJ 1993, 3488]).**

Licencias de primera ocupación.

Concepto. No pueden otorgarse sujetas a condición.

«CUARTO. [...] No cabe confundir la licencia de construcción de un edificio con la de apertura del mismo o de cualquiera de sus dependencias para el ejercicio de determinada actividad, así como tampoco es posible confundir la licencia urbanística que consiste en la primera utilización y ocupación de un edificio con la de apertura de una actividad que en dependencias del mismo se pretenda ejercer, porque ésta sólo tiende a legitimar el ejercicio de la correspondiente actividad, en tanto la primera propende a que la verificación de que el uso de aquél se ajuste al Plan Urbanístico, es decir, que la misma tiende a comprobar si la obra o construcción cumple las exigencias legalmente establecidas –Sentencia de 7 de febrero de 1984 (RJ 1984, 1034)–. Por ello, el hecho de que el edificio estuviera ya construido no puede impedir que para iniciar una actividad en el mismo, anteriormente no autorizada, deban cumplirse cuantas medidas correctoras exijan las Ordenanzas vigentes en el momento de la solicitud, máxime si, como aquí ocurre, se trata de una actividad calificada como peligrosa en el Reglamento de Actividades Molestas, Insalubres, Nocivas y Peligrosas de 30 de noviembre de 1961». **(STS 27 marzo 1991 [RJ 1991, 2021]).**

«La licencia de primera ocupación (SS. 4-11-1985 [RJ 1985, 6301], 6-12-1986 [RJ 1986, 8101], 21-10-1987 [RJ 1987, 8680] y 30-1-1989 [RJ 1989, 582]) tiene por finalidad el control del efectivo cumplimiento de la licencia de obras –que obviamente debe existir– y su exigencia es independiente y plenamente compatible con la licencia de apertura». **(STS 16 julio 1992 [RJ 1992, 6469]).**

(Sentencia apelada) «SEGUNDO. [...] Conforme a lo declarado reiteradamente por la Jurisprudencia del Tribunal Supremo, como es de ver en sus Sentencias de fechas 22-12-1976 (RJ 1976, 6034), 4-11-1985 (RJ 1985, 6299) y 21-10-1987 (RJ 1987, 8680), según la cual la licencia de ocupación o de primera utilización de edificios e instalaciones en general, dado su carácter complementario de las obras, no es susceptible de obtener por el cauce del silencio administrativo positivo sin la previa denuncia de la mora ante la Comisión Provincial de Urbanismo toda vez que es aplicable a la misma el régimen establecido en el art. 9.1.7 a) del Reglamento de Servicios de las Corporaciones Locales de 17-6-1955». **(STS 6 octubre 1992 [RJ 1992, 8460]).**

«SEGUNDO. La doctrina del Tribunal Supremo sobre el alcance de la licencia de primera utilización viene recogida en la Sentencia de 26 enero 1987 (RJ 1987, 1995), y las que en ella se citan, donde se mantiene: «la ocupación o primera utilización de los edificios es uno de los actos sujetos a previa licencia municipal, el contenido de tal actividad de intervención (necesidad de motivación, congruencia con los medios y fines, proporcionalidad, etc.) viene descrita en la norma contenida en el apartado d) del artículo 21 del Reglamento de Servicios en sentido análogo, lo dispuesto en el artículo 41 del Reglamento de Gestión Urbanística, esto, si el edificio puede destinarse a determinados usos por estar situado en zona apropiada y reunir condiciones técnicas de seguridad, salubridad y, en su caso, si el constructor ha cumplido el compromiso de realizar simultáneamente la urbanización [...]. En definitiva, tiene por objeto confrontar la obra realizada con el proyecto que sirve de soporte a la licencia de obras en su día otorgada, y también si se han cumplido las condiciones lícitas, en su caso establecidas en dicha licencia, ya que si existe adecuación, el Ayuntamiento no puede denegar la licencia de primera utilización, dado que aparte de encontrarnos ante un supuesto de actividad reglada, la licencia de primera utilización es expresión técnica de la necesaria comprobación de si el edificio o instalación se acomoda a las previsiones contenidas en el proyecto e instrumentos complementarios que en su día sirvieron de soporte al acto base de concesión de la licencia de obra o edificación». Interesa añadir a lo dicho que pese a que la licencia de primera utilización implica un acto de comprobación de la adecuación de la realidad a la licencia previa de obras, no se podrá basar la denegación de la licencia de ocupación en que la previa de obras no es ajustada a derecho, ya que dicha licencia de obras previa deberá ser revisada, si a ello hubiere lugar, a través del procedimiento legal establecido, y de ningún modo utilizando la denegación de la licencia de primera utilización para impedir la aplicación de las obras.

CUARTO. Por lo que hace a la legalidad del condicionamiento de la licencia de primera utilización, es evidente, en nuestra opinión, que tal licencia es la última posibilidad de control que se ofrece a la Administración a efectos de comprobar los usos a que el edificio va a ser destinado, si reúne las condiciones técnicas de seguridad y salubridad exigidas, y, en fin, si han sido cumplidos los compromisos de urbanización asumidos, todo ello conforme a lo prescrito en los artículos 22.1 d) del Reglamento de Servicios Locales y 41.3 del Reglamento de Gestión Urbanística, como antes se ha dicho. Pues bien, si esto es así, parece evidente que a la Administración sólo le son posibles dos opciones. Entender que las obras se ajustan a los parámetros exigibles, antes mencionados, en cuyo caso debe conceder la licencia, o, alternativamente, estimar que no se han cumplido las exigencias legalmente prescritas y voluntariamente asumidas, en cuyo caso debe denegar la licencia. Lo que no parece razonable es prolongar el control más allá de lo permitido, ni exigir prestaciones que desnaturalicen la esencia de lo que es la licencia de primera utilización. Sentado lo anterior, es evidente que al no haberse terminado la urbanización a plena satisfacción de la Administración lo procedente es denegar la licencia de primera utilización que sólo podrá ser otorgada cuando el solicitante haya cumplido escrupulosamente las obligaciones exigibles legalmente y las que haya asumido voluntariamente.

La conclusión anterior no puede ser rebatida con la cita de la Sentencia de 29 octubre 1990 (RJ 1990, 8392), y otras análogas, pues todas ellas parten de la hipótesis de que quien impugna el condicionado de las licencias es el titular de éstas y no un tercero que es lo que aquí sucede. Naturalmente, desde tales planteamientos, es necesario el mantenimiento de las licencias concedidas, pues otra conclusión supondría una vulneración del derecho del recurrente a que el recurso de apelación no agrave su posición anterior. En todo caso, la Sentencia de 29 octubre 1990, y en línea con lo que venimos sosteniendo, mantiene que el condicionado de la urbanización no puede entenderse que es una condición nimia. También en esta línea hay una posición jurisprudencial, Sentencia de 3 octubre 1995 (RJ 1995, 7212), que supedita el otorgamiento de la licencia de primera utilización a la terminación adecuada de la urbanización». **(STS 25 noviembre 1997 [RJ 1997, 9433]).**

«SEGUNDO. [...] En alguna ocasión hemos afirmado que ni siquiera puede ser otorgada la licencia de primera ocupación bajo condición, pues tratándose, como es el caso, del último momento en que la Administración puede controlar si la urbanización se ajusta a lo ordenado, y lo edificado a lo proyectado, a la Administración no le queda más opción que la de afirmar que lo hecho se ajusta a los requisitos preestablecidos, o, por el contrario, que los vulnera, en el primero de los supuestos deberá otorgar la licencia solicitada, y, en el segundo, denegarla». **(STS 23 junio 1998 [RJ 1998, 5731]).**

Caducidad de las licencias urbanísticas.

La jurisprudencia tiene reiteradamente declarado que el plazo de caducidad establecido en cada caso no opera automáticamente, sino que se requiere una declaración formal recaída en el expediente que deberá seguirse con intervención del interesado y en el que no sólo basta acreditar dicho transcurso, sino, sobre todo, la inequívoca voluntad de aquél de abandonar su proyecto.

«SEGUNDO. Una reiterada jurisprudencia –Sentencias de 18 de julio y 3 de octubre de 1986 (RJ 1986, 5518 y 6411), 22 de marzo y 9 de julio de 1988 (RJ 1988, 2244 y 5954), etc.– viene poniendo de relieve que la caducidad de las licencias "nunca opera con carácter automático", que para "su declaración será precisa una ponderada valoración de los hechos" y que en definitiva esta figura jurídica ha de operar con criterios de moderación, cautela, flexibilidad e incluso de restricción. TERCERO. El supuesto litigioso corresponde a una licencia que autorizaba obras de indudable complejidad técnica: A) Afectaban a un edificio clasificado en la categoría B, «Protección global» –folios 149, 188 192 y 212 del expediente– lo que implicaba la necesidad de mantener las fachadas y elementos fundamentales de la construcción. B) Tal edificio se hallaba en situación de "ruina total" apreciándose en el muro de fachada «un pandeo» indicativo de que su desplome podría producirse en cualquier momento –informe del Oficial Técnico de Guardia del Servicio de Extinción de Incendios, folio 302 del expediente–. En estas condiciones las obras autorizadas habían de revestir una clara dificultad e incluso peligro, lo que justificaría un retraso en el comienzo de las mismas [...] QUINTO. Y así las cosas, la realización de las tareas preparatorias mencionadas, en un edificio de las características ya descritas, ha de entenderse bastante para impedir la caducidad de la licencia litigiosa». **(STS 30 mayo 1990 [RJ 1990, 4292]).**

«La Sala ha de destacar que el tema fundamental en el campo de la caducidad de las licencias es precisamente el de la valoración de las causas de la no realización de las obras. A este respecto será de indicar que en el caso que ahora se examina surgieron problemas de suelo que obligaban a adoptar medidas inusuales en la práctica constructiva y de especial relevancia en razón de la existencia de edificaciones habitadas en las inmediaciones –folios 41 y 55 de los autos– lo que dio lugar a estudios geotécnicos y a la formulación de proyecto de muros de estabilización de laderas como se ha acreditado en el expediente –sin foliar–. Y estas dificultades, con los criterios de "flexibilidad, moderación y restricción» que la jurisprudencia aprecia en el campo de la caducidad de las licencias son bastantes para explicar razonablemente la falta de realización de las obras en el supuesto litigioso». **(STS 28 mayo 1991 [RJ 1991, 4303]).**

En igual sentido las STS 2 noviembre 1990 (RJ 1990, 8736); STS 17 noviembre 1997 (RJ 1997, 9430); STS 25 marzo 1998 (RJ 1998, 2473).

Anulación y revocación de las licencias urbanísticas.

Medios para que la Administración pueda proceder de oficio a la revisión de sus actos.

«CUARTO. El Texto Articulado y Refundido de las Leyes de Bases de Régimen Local de 17 de julio de 1945 y 3 de diciembre de 1953, aprobado por Decreto de 24 de junio de 1955, estableció en su artículo 369 el principio general de la irrevocabilidad de los actos y acuerdos de las Autoridades y Corporaciones Locales declaratorios de derechos subjetivos; pero fue esta misma legislación la que estableció también una excepción a tal principio para las licencias en el artículo 16 del Reglamento de Servicios de 17 de junio de 1955 dictado en ejecución y cumplimiento de la Ley; dicho artículo 16.2 dispone que las licencias podrán ser anuladas y restituidas las cosas al ser y estado primitivo cuando resultaren otorgadas erróneamente; pero a continuación el siguiente apartado 3 del mismo artículo señala que la anulación de la licencia por esta causa comportará «el resarcimiento de los daños y perjuicios que se causaren», disposiciones que para las licencias urbanísticas fueron asumidas después por el artículo 172 de la Ley del Suelo de 12 de Mayo de 1956, la cual dispuso en el apartado 1 de dicho artículo 172 que cuando se comprobase que la licencia hubiese sido otorgada erróneamente, la Corporación o Autoridad competente podía anularla; si bien el apartado 2 del mismo artículo también añadía que «en este caso deberá indemnizar los daños que se causaren al titular de la autorización [...] y satisfacerlos en el plazo de 3 meses [...]», y en aplicación de estas disposiciones, esta Sala había declarado reiteradamente que un acuerdo de revocación de una licencia concedida por error (o por la adopción de nuevos criterios de apreciación a los que asimismo alude el indicado artículo 16 del Reglamento de Servicios en sus apartados 1 y 3) no era válida si al mismo tiempo no se acordaba el resarcimiento de los daños y perjuicios que se causaren –Sentencias de 5 de enero de 1968 (RJ 1968, 271), 17 de enero, 9 de abril y 7 de mayo de 1969 (RJ 1969, 77, 2391 y 2424), 28 de febrero de 1970 (RJ 1970, 1145), 17 de abril de 1978 (RJ 1978, 1606) y 14 de marzo de 1980 (RJ 1980, 2192), entre otras–; doctrina que sigue en plena vigencia en general mientras continúe en vigor el expresado artículo 16 del Reglamento de Servicios en todos los casos de revocación de licencias fundados en error en su otorgamiento y en la adopción de nuevos criterios de apreciación; pero esta doctrina no sigue vigente cuando se trata de licencias "urbanísticas» otorgadas por error, ya que para la anulación de las licencias «urbanísticas» erróneas la Ley de Reforma de la del Suelo de 2 de mayo de 1975 introdujo sustanciales cambios y es al régimen nuevo que ella establece (que vamos a recordar ahora), y no al régimen antiguo de los repetidos artículos 16.2 y 3 del Reglamento de Servicios de las Corporaciones Locales y 172 de la Ley del Suelo de 1956, al que habrá de estarse actualmente tanto para anular una licencia urbanística concedida por error como para determinar la indemnización en su caso procedente que puede derivar de ello; pues los repetidos artículos 16.2 y 3 del Reglamento de Servicios de las Corporaciones Locales y 172 de la Ley del Suelo de 1956 (y la jurisprudencia dictada en su aplicación también) han dejado de tener vigencia para anular las licencias urbanísticas erróneas y para establecer en su caso la indemnización derivada de la anulación. QUINTO. El nuevo régimen de anulación de las licencias urbanísticas concedidas por error y la indemnización en su caso por ello procedente, está actualmente recogido en los artículos 186, 187 y 188 del vigente Texto Refundido de la Ley del Suelo de 9 de abril de 1976 (en cuanto a la anulación) y en el art. 232 del mismo texto (en cuanto a la indemnización); preceptos que han tenido después su correspondiente desarrollo en los artículos 34, 35 y 36 al 42 del Reglamento de Disciplina Urbanística de 23 de julio de 1978 en cuanto a la anulación y en los artículos 38 y 39 del mismo Reglamento en lo referente a la indemnización que pueda dimanar de tal anulación; régimen nuevo que ha venido a sustituir al antiguo en virtud de la disposición derogatoria primera de las finales de la vigente Ley del Suelo y en méritos del apartado 2 del artículo 2 del Código Civil. SEXTO. Para la anulación de las licencias urbanísticas concedidas por error, hay que tener en cuenta en este nuevo régimen varios elementos o circunstancias. Puede ser que la licencia otorgada erróneamente implique la ejecución de obras que estén en curso de realización o que estén ya terminadas; y puede ser que la licencia concedida para estas obras constituya manifiestamente una infracción urbanística grave o que constituya una infracción urbanística pero no manifiesta ni grave o sí manifiesta pero no grave o grave pero no manifiesta; y puede ser también que la licencia urbanística otorgada no implique la realización de obras pero que la misma constituya una infracción urbanística manifiesta y grave o que constituya infracción urbanística no manifiestan ni grave o manifiesta pero no grave o al revés. SÉPTIMO. Para cada uno de estos supuestos, tiene la nueva Ley el adecuado tratamiento, a saber: si se trata de una licencia que lleve implícita la ejecución de obras que estén en curso, no terminadas y que constituya una infracción urbanística manifiesta y grave, el tratamiento que se le da es el del artículo 186 de la Ley del Suelo (y correlativos artículos 34 y 35 del Reglamento de Disciplina Urbanística); si se trata de una licencia concedida para obras ya terminadas o que no lleve aparejada la ejecución de obras y otorgada con infracción urbanística manifiesta y grave (según las definiciones de gravedad que establecen los artículos 226.1 y 2 de la Ley del Suelo y 54 del Reglamento de Disciplina Urbanística), el procedimiento aplicable será el que señala el artículo 187 de la Ley del Suelo (y el 36 del Reglamento de Disciplina Urbanística) cuya aplicación exige que no hayan transcurrido cuatro años desde la fecha de expedición de la licencia, siendo en tal supuesto el procedimiento de anulación, según dicho art. 187, cualquiera de los dos que fija el artículo 110 de la Ley de Procedimiento Administrativo que la Corporación Local podrá elegir libremente; y si se trata de una licencia urbanística concedida por error no manifiesto o no grave, el procedimiento de anulación que habrá de emplearse habrá de ser el de la lesividad del apartado 1 del artículo 110 de la Ley de Procedimiento Administrativo; porque obviamente si en los casos de error, manifiesto y de gravedad la Administración ha de acudir para anular la licencia urbanística concedida (art. 187 de la Ley del Suelo y 36 del Reglamento de Disciplina) a alguno de los dos procedimientos de revisión del expresado artículo 110 de la LPA (el segundo de los cuales exige una infracción legal manifiesta), cuando no hay esta claridad y evidencia en la infracción puede y debe acudir al de la lesividad del artículo 110.1; porque no puede pretenderse que la Administración pueda y deba acudir al cauce revisorio del artículo 110 de la LPA en cualquiera de sus dos apartados en los casos de infracción grave y manifiesta y que por el contrario no debiera acudir a la revisión del apartado 1 del propio artículo 110.1 para revocar, anular o invalidar una licencia errónea aunque no con error grave y manifiesto; en este caso de error no manifiesto, no podrá acudirse a la revocación de oficio del apartado 2 del artículo 110, porque su párrafo a) exige para poder aplicarlo una infracción legal manifiesta; y al no poder acudir a él cuando no hay tal infracción legal manifiesta, deberá utilizarse el apartado 1 del mismo artículo 110, esto es, el proceso de lesividad; sin que en ningún caso se pueda emplear para anular una licencia urbanística erróneamente otorgada el procedimiento del (para esto) ya no vigente, artículo 16.2 y 3 del Reglamento de Servicios de las Corporaciones Locales pues también el resarcimiento de los daños y perjuicios que automática y obligadamente imponía el apartado 3 de tal artículo 16 para el caso de anulación de licencias erróneas, ha sido sustituido por el nuevo precepto del artículo 232 de la vigente Ley del Suelo (artículo 38 y 39 del Reglamento de Disciplina Urbanística) que someten la procedencia de indemnizar por causa de anulación de una licencia urbanística, ya sea en la vía administrativa ya en la contencioso-administrativa, a las normas que regulan con carácter general la responsabilidad de la Administración, sin que en ningún caso proceda indemnizar si ha habido dolo, culpa o negligencia graves imputables al perjudicado; todo lo cual no hace sino converger en la conclusión de que tanto el procedimiento de anulación de las licencias urbanísticas erróneas como el derecho a obtener por ello la indemnización automática que establecían los artículos 16.2 y 3 del Reglamento de Servicios de las Corporaciones Locales y 172.1 y 2 de la antigua Ley del Suelo de 1956 han sido sustituidos por los indicados artículos 186, 187 y 232 de la nueva Ley del Suelo a cuyos procedimientos se habrá de estar para invalidar esta clase de licencias (las urbanísticas); sin perjuicio de que siga vigente, como ya se ha dicho, en el art. 16 apartados 2 y 3 del Reglamento de Servicios para la revocación de las licencias no urbanísticas otorgadas por error o adoptando nuevos criterios de apreciación, ya que lo único que la Ley de Reforma de la del Suelo ha cambiado en esta materia es el régimen de anulación y de indemnización de las licencias urbanísticas otorgadas por error, no el régimen de las demás licencias. OCTAVO. La precedente doctrina es plenamente aplicable al presente pleito puesto que en él se trata de una licencia urbanística sobre uso del suelo que el Alcalde del Ayuntamiento apelado concedió erróneamente tanto si la referida licencia hubiera de considerarse provisional como definitiva (según acertadamente razona la sentencia recurrida como hemos expuesto en el fundamento jurídico primero); y lo mismo que en el caso de la infracción por ella cometida hubiera de calificarse de manifiesta y grave como de simplemente infractora sin estos calificativos, el proceso de lesividad que aquí se ha seguido para su anulación con sujeción al apartado 1 del artículo 110 de la Ley de Procedimiento Administrativo, ha sido correcto, porque éste es uno de los procedimientos a los que se remite el artículo 187.1 de la Ley del Suelo (y el 36 del Reglamento de Disciplina Urbanística) para los casos de licencias con infracción manifiesta y grave y porque también éste sería el procedimiento de revisión que correspondería en el caso de que la indudable infracción existente no pudiera calificarse de manifiesta y grave; por todo lo cual es pertinente refrendar la actuación municipal y confirmar la sentencia apelada sin perjuicio del eventual derecho de indemnización que pudiera resultar procedente como consecuencia de la anulación; eventual derecho de indemnización que habrá de regirse por lo que al efecto disponen los indicados artículos 232 *de la Ley del Suelo* y 38 y 39 del Reglamento de Disciplina Urbanística». **(STS 26 febrero 1987 [RJ 1987, 3375]).**

«QUINTO. El nuevo régimen de anulación de las licencias urbanísticas concedidas por error y la indemnización en su caso por ello procedente, está actualmente recogido en los artículos 186, 187 y 188 del vigente Texto Refundido de la Ley del Suelo de 9 de abril de 1976 (en cuanto a la anulación) y en el art. 232 del mismo Texto (en cuanto a la indemnización); preceptos que han tenido después su correspondiente desarrollo en los artículos 34, 35 y 36 al 42 del Reglamento de Disciplina Urbanística de 23 de julio de 1978, en cuanto a la anulación y en los artículos 38 y 39 del mismo Reglamento en lo referente a la indemnización que pueda dimanar de tal anulación; régimen nuevo que ha venido a sustituir al antiguo en virtud de la disposición derogatoria primera de las finales de la vigente Ley del Suelo y en méritos del apartado 2 del artículo 2 del Código Civil.

SEXTO. Para la anulación de las licencias urbanísticas concedidas por error, hay que tener en cuenta en este nuevo régimen varios elementos o circunstancias. Puede ser que la licencia otorgada erróneamente implique la ejecución de obras que estén en curso de realización o que estén ya terminadas; y puede ser que la licencia concedida para estas obras constituya manifiestamente una infracción urbanística grave o que constituya una infracción urbanística pero no grave o grave pero no manifiesta; y puede ser también que la licencia urbanística otorgada no implique la realización de obras pero que la misma constituya una infracción urbanística manifiesta y grave o que constituya infracción urbanística no manifiesta ni grave o manifiesta pero no grave o al revés.

SÉPTIMO. Para cada uno de estos supuestos, tiene la nueva ley el adecuado tratamiento, a saber: si se trata de una licencia que lleve implícita la ejecución de obras que estén en curso, no terminadas y que constituya una infracción urbanística manifiesta y grave, el tratamiento que se le da es el del artículo 186 de la Ley del Suelo (y correlativos artículos 34 y 35 del Reglamento de Disciplina Urbanística); si se trata de una licencia concedida para obras ya terminadas o que no lleve aparejada la ejecución de obras y otorgada con infracción urbanística manifiesta y grave (según las definiciones de gravedad que establecen los artículos 226.1 y 2 de la Ley del Suelo y 54 del Reglamento de Disciplina Urbanística), el procedimiento aplicable será el que señala el artículo 187 de la Ley del Suelo (y el 36 del Reglamento de Disciplina Urbanística) cuya aplicación exige que no hayan transcurrido cuatro años desde la fecha de la expedición de la licencia, siendo en tal supuesto el procedimiento de anulación, según dicho art. 187, cualquiera de los dos que fija el artículo 110 de la Ley de Procedimiento Administrativo que la Corporación Local podrá elegir libremente; y si se trata de una licencia urbanística concedida por error no manifiesto o grave, el procedimiento de anulación que habrá de emplearse habrá de ser el de la lesividad del apartado 1 del artículo 110 de la Ley de Procedimiento Administrativo; porque obviamente si en los casos de error manifiesto y de gravedad la Administración ha de acudir para anular la licencia urbanística concedida (arts. 187 de la Ley del Suelo y 36 del Reglamento de Disciplina) a alguno de los dos procedimientos de revisión del expresado artículo 110 de la LPA (el segundo de los cuales exige una infracción legal manifiesta), cuando no hay esta claridad y evidencia en la infracción puede y debe acudir al de la lesividad del artículo 110.1; porque no puede pretenderse que la Administración pueda y deba acudir al cauce revisorio del artículo 110 de la LPA en cualquiera de sus dos apartados en los casos de infracción grave y manifiesta, y que por el contrario no debiera acudir a la revisión del apartado 1 del propio artículo 110.1 para revocar, anular o invalidar una licencia errónea aunque no con error grave y manifiesto; en este caso de error no manifiesto, no podrá acudirse a la revocación de oficio del apartado 2 del artículo 110 *porque su párrafo a)* exige para poder aplicarlo una infracción legal manifiesta; y al no poder acudir a él cuando no hay tal infracción legal manifiesta, deberá utilizarse el apartado 1 del mismo artículo 110, esto es, el proceso de lesividad; sin que en ningún caso se pueda emplear para anular una licencia urbanística erróneamente otorgada el procedimiento del (para esto) ya no vigente, artículo 16.2 y 3 del Reglamento de Servicios de las Corporaciones Locales, pues también el resarcimiento de los daños y perjuicios que automática y obligadamente imponía el apartado 3 de tal artículo 16 para el caso de anulación de licencias erróneas, ha sido sustituido por el nuevo precepto del artículo 232 de la vigente Ley del Suelo (artículos 38 y 39 del Reglamento de

Disciplina Urbanística) que someten la procedencia de indemnizar por causa de anulación de una licencia urbanística, ya sea en la vía administrativa ya en la contencioso-administrativa, a las normas que regulan con carácter general la responsabilidad de la Administración, sin que en ningún caso proceda indemnizar si ha habido dolo, culpa o negligencia graves imputables al perjudicado; todo lo cual no hace sino converger en la conclusión de que tanto el procedimiento de anulación de las licencias urbanísticas erróneas, como el derecho a obtener por ello la indemnización automática que establecían los artículos 16.2 y 3 del Reglamento de Servicios de las Corporaciones Locales y 172.1 y 2 de la antigua Ley del Suelo de 1956, han sido sustituidos por los indicados artículos 186, 187 y 232 de la nueva Ley del Suelo, a cuyos procedimientos se habrá de estar para invalidar esta clase de licencias (las urbanísticas); sin perjuicio de que siga vigente, como ya se ha dicho, el art. 16 apartados 2 y 3 del Reglamento de Servicios para la revocación de las licencias no urbanísticas otorgadas por error o adoptando nuevos criterios de apreciación, ya que lo único que la Ley de Reforma de la del Suelo ha cambiado en esta materia es el régimen de anulación y de indemnización de las licencias urbanísticas otorgadas por error, no el régimen de las demás licencias». **(STS 21 marzo 1989 [RJ 1989, 2256]).**

«PRIMERO. [...] A) Siguiendo al respecto las declaraciones contenidas en nuestra Sentencia de 28 febrero 1994 (RJ 1994, 1465), que la Ley de Procedimiento Administrativo de 17 julio 1958 y la Ley Reguladora de la Jurisdicción Contencioso-Administrativa, a las que se remitían a la sazón los artículos 53 de la Ley 7/1985, de 2 abril, Reguladora de las Bases del Régimen Local, y 218 del Reglamento de Organización, Funcionamiento y Régimen Jurídico de las Entidades Locales, establecen en los artículos 109, 110.2 y 110.1 tres distintos medios para que la Administración pueda proceder de oficio a la revisión de sus actos: la revisión de los actos nulos de pleno Derecho, la revisión de los actos anulables declarativos de derechos que infrinjan manifiestamente la Ley y la revisión de estos mismos actos en los demás casos, esta última a efectuar por los órganos del orden jurisdiccional contencioso-administrativo previa la oportuna declaración de lesividad y la posterior impugnación ante ellos». **(STS 6 junio 1995 [RJ 1995, 4944]).**

Artículo 224.2 del TRLS/1976.

«SEGUNDO. [...] Es verdad que la revisión de oficio que permite el artículo 224.2 del TRLS de los "actos y acuerdos" de las Entidades Locales en materia de urbanismo no exige que el acuerdo anulado sea una infracción urbanística manifiesta y grave. Que ello es así se infiere del texto literal del artículo 224.2 del TRLS, que no exige la concurrencia de esa infracción urbanística manifiesta y grave, y de la necesidad de otorgar a este precepto un ámbito de operatividad propio y distinto del que regula el artículo 187 del TRLS». **(STS 26 mayo 1998 [RJ 1998, 4373]).**

Anulación por causa de anulación del Plan.

«SEXTO. Tiene declarado la jurisprudencia que la nulidad de un Plan de Ordenación no provoca siempre la de las licencias otorgadas a su amparo, subsistiendo en principio las que sean firmes, por aplicación de lo dispuesto en el artículo 120.1 de la Ley de Procedimiento Administrativo de 1958, dado el carácter normativo de los Planes y la condición de acto de aplicación de ellos de las licencias urbanísticas, y quedando las no firmes a resultas de las determinaciones del resto de la normativa urbanística vigente, cuya aplicación determinará si las mismas son nulas de pleno derecho, anulables o, incluso, válidas (Sentencias de 15 junio 1987 [RJ 1987, 6126] y 25 marzo 1991 [RJ 1991, 2018])». **(STS 20 diciembre 1994 [RJ 1994, 10705]).**

Procedimiento de anulación de licencias otorgadas por error.

«El procedimiento específico para la anulación de las licencias urbanísticas concedidas por error constitutivo de infracción urbanística es indiscutiblemente, el regulado en los artículos 186, 187 y 188 de la Ley del Suelo, tal como expresamente se ha pronunciado este Tribunal Supremo en las Sentencias de 26 febrero 1987 (RJ 1987, 3375), 3 diciembre 1982 (RJ 1982, 7917) y 26 diciembre 1991 (RJ 1992, 364). Pero sin perjuicio de todo ello, no hemos de olvidar que con arreglo a lo dispuesto en el artículo 224.2 de la propia Ley del Suelo, las entidades locales podrán revisar de oficio sus actos y acuerdos en materia de urbanismo con arreglo a lo dispuesto en los artículos 109 y siguientes de la Ley de Procedimiento Administrativo». **(STS 23 octubre 1996 [RJ 1996, 8686]).**

Expropiación del contenido de una licencia.

«PRIMERO. Todo lo que se derive, de manera directa, de una licencia de construcción legalmente concedida y con vigencia, esto es, no caduca, tiene la consideración de derecho o de interés patrimonial legítimos a los efectos de una expropiación de los terrenos acordada con posterioridad a la concesión de la licencia de edificación sobre los mismos, por lo que la privación singular del contenido económico de la licencia es una expropiación, según nos relata el artículo 1 de la Ley de Expropiación Forzosa y 1 de su Reglamento, aprobado por Decreto de 26-4-1957, a todos sus efectos, entre ellos, el de su sometimiento a procedimiento formal, en concreto en lo que hace relación a su tasación». **(STS 2 octubre 1991 [RJ 1991, 7621]).**

Revocación de las licencias urbanísticas por la adopción de nuevos criterios de apreciación. Indemnización.

Puede ocurrir que las exigencias del interés público sean de tal intensidad que demanden la eliminación de la licencia ya otorgada. Para ello y supuesto que la licencia se haya obtenido legalmente se arbitra la fórmula de su revocación, revocación ésta que por fundarse en un nuevo criterio de apreciación, habrá de llevar consigo necesariamente el resarcimiento de los daños y perjuicios que se causen –art. 16.3 del Reglamento de Servicios–. La revocación es pues una decisión que la Administración puede o no adoptar. Obsérvese la cuidadosa utilización de los verbos en el art. 16.1 del Reglamento de Servicios: en ocasiones las licencias "deberán" ser revocadas, en tanto que en casos como el que aquí se examina "podrán" serlo». **(STS 17 marzo 1989 [RJ 1989, 5524]).**

«SEGUNDO. El principio de la eficacia de la actuación administrativa –art. 103.1 de la Constitución– demanda la libre revocabilidad de los actos de la Administración Pública por el principio de seguridad jurídica –art. 9.3 de aquélla– reclama el respeto para las situaciones derivadas de los actos declarativos de derechos. La armonización de las exigencias encontradas de ambos principios ha dado lugar en nuestro Derecho a un sistema en el que si la anulación de los actos por motivos de legalidad tiene una normativa general, por el contrario, su revocación por motivos de oportunidad aparece insuficientemente regulada, salvo en el ámbito de las licencias municipales para el que está prevista en el art. 16 del Reglamento de Servicios de las Corporaciones Locales que es precisamente el que ahora importa: dado que la revocación impugnada se funda en razones de oportunidad –localización de una construcción en determinados terrenos–, de ello deriva que al no tratarse de una anulación por razones de legalidad, no eran necesarios los cauces formales de la revisión de oficio. Y planteada así la cuestión debatida es claro que el objeto de esta reflexión ha de limitarse al estudio de si concurren o no los requisitos propios de la revocación de licencias del art. 16 del Reglamento de Servicios que expresamente contempla la derivada de la adopción de nuevos criterios de apreciación y que ha de estimarse vigente en razón de su especialidad y compatibilidad con la normativa urbanística y con la Ley de Procedimiento Administrativo, –art. 5 C) a) de la Ley Reguladora de las Bases del Régimen Local 7/1985, de 2 de abril–. TERCERO. La licencia urbanística es un acto rigurosamente reglado que «debe» otorgarse o denegarse según que la actuación a realizar se ajuste o no a las exigencias del interés público tal como han quedado plasmadas en el planeamiento –Sentencias de 29 de enero, 19 de febrero y 18 de abril de 1990 (RJ 1990, 564, 1324 y 3600)–. Así las cosas, la «apreciación» de lo que es de interés público queda dibujada en un plan logrado con la observancia de un determinado procedimiento en el que, con una participación ciudadana que intensifica la legitimación democrática, no sólo interviene el Municipio sino también la Comunidad Autónoma: la de planeamiento es una potestad de titularidad compartida –Sentencias de 20 de marzo, 10 y 30 de abril, 2, 9 y 13 de julio de 1990 (RJ 1990, 2244, 3593, 3624, 6005, 6021 y 6034), etc.–. El plan, pues, determina lo que en cada supuesto es de interés público para el urbanismo. Y para modificar esa determinación será necesaria también la participación de los distintos entes públicos con competencia en la materia. En consecuencia, la adopción de nuevos criterios de apreciación en el ámbito urbanístico exige su plasmación en el plan: es la modificación o revisión del planeamiento la que habilita para la revocación de las licencias anteriores. Estas licencias, en cuanto actos declarativos de derechos que son, subsisten aunque se produzca una alteración del plan pero ésta permite la revocación de aquéllas –Sentencias de 17 de marzo de 1989 (RJ 1989, 2235), 12 de junio de 1990, etc.–. Y si se recuerda, por un lado, el matiz expropiatorio latente en la revocación –art. 1 de la Ley de Expropiación Forzosa– y, por otro, la virtualidad legitimadora que en el campo expropiatorio tiene el planeamiento –art. 64 del Texto Refundido de la Ley del Suelo– se llegará también por esta vía a la conclusión de que la revocación de las licencias urbanísticas por la adopción de nuevos criterios de apreciación exige que éstos hayan tenido expresión en el planeamiento. CUARTO. En el supuesto litigioso, la revocación se produjo sin modificar las Normas Subsidiarias vigentes –alegación octava, apartado B) del escrito del ahora apelante–. Y aunque no sea necesario puede añadirse que tal revocación se acordó sin fijar ya la indemnización imprescindible –Sentencia de 17 de marzo de 1989–». **(STS 31 julio 1990 [RJ 1990, 6831]).**

«SÉPTIMO. [...] Que la revocación prevista en el art. 16 del Reglamento de Servicios ha de entenderse vigente –SS. 17-3-1989, 12-6 y 31-7-1990 (RJ 1990, 6831), etc.– en razón de su especialidad y compatibilidad tanto con la normativa urbanística como con la Ley de Procedimiento Administrativo –arts. 5 C) a) de la Ley 7/1985, de 2 de abril, Reguladora de las Bases del Régimen Local–». **(STS 20 diciembre 1991 [RJ 1992, 314]).**

Proceso de lesividad.

«TERCERO. Al acudimiento por parte de los Ayuntamientos al proceso de lesividad para impugnar sus actos y acuerdos en materia de urbanismo se refieren dos artículos del Texto Refundido de la Ley sobre Régimen del Suelo y Ordenación Urbana, el 187.1 y el 224.2, la inteligencia entre los cuales, dada la particularización del primero y la generalidad del segundo, exige un deslinde que, evidentemente, de no reputar superfluo el 187.1, no puede ser otro ni distinto que el de referirse éste a los actos y acuerdos que constituyan licencias u órdenes de ejecución y el 224.2 a todos los actos y acuerdos urbanísticos, menos tales licencias y órdenes, incluyendo el mismo, además, a éstas cuando la revisión no se funde en infracciones de la ordenación urbanística, constituyendo por tanto un precepto de ámbito residual. Dentro ya del art. 187.1, la remisión que hace éste a dos procedimientos revisorios, el de lesividad y el de anulación de oficio establecidos en el art. 110 de la Ley de Procedimiento Administrativo, bajo la pauta de la existencia de una infracción urbanística grave y manifiesta, no puede conectarse con los presupuestos de dichos procedimientos revisorios, infracción simple del Ordenamiento jurídico en el de lesividad e infracción manifiesta en el de anulación de oficio, toda vez que la remisión que se hace al art. 110 es meramente instrumental –"a través de alguno de los procedimientos"–, a los efectos de incorporar al régimen del art. 187.1 los cauces anulatorios del mismo, de suerte que el motivo de fondo de la revisión viene determinado exclusivamente por la infracción grave y manifiesta del Ordenamiento Urbanístico, sin coincidir ni con la simple infracción legal, propia de la lesividad, ni con la infracción manifiesta de la Ley, específica de la anulación de oficio, configurándose así un régimen peculiar de la revisión de oficio que se distingue por un único motivo de fondo susceptible de abrir las dos vías anulatorias. Conclusión ésta avalada por el propio legislador, el que en la Exposición de Motivos de la Ley 19/1975, de 2 mayo, refundida en el citado texto, expresa que «no todos los supuestos de infracción del planeamiento pueden, lógicamente, determinar la suspensión de los efectos de una licencia o su misma anulación» y que «sólo en aquellos casos en que se aprecie una infracción que, además de ser manifiesta, sea grave, habrá lugar a la puesta en acción del mecanismo jurídico excepcional de restauración del orden urbanístico violado"». **(STS 26 diciembre 1991 [RJ 1992, 364]).**

Revocación por cambio de circunstancias.

«CUARTO. [...] Como ha puesto de relieve la doctrina, la potestad administrativa de revocar en cualquier momento la licencia concedida en aplicación del referido art. 58.2, está condicionada, por exigencias de los principios de buena fe y equidad, a que se haya producido un cambio de circunstancias que obliguen a revocar la licencia por imponerlo el interés público al ser inminente la ejecución del Plan [...], pues la simple existencia de una denuncia, de la que no aparece que hubiesen cambiado las circunstancias existentes en el momento de la concesión de la licencia, y la de unos planeamientos en tramitación, respecto de los cuales, al no estar en la fase de ejecución, no era un obstáculo la existencia del kiosco, no son motivos bastantes, al no aparecer de dichas circunstancias razones de interés público en apoyo de la demolición en cuestión, para que ésta fuese acordada». **(STS 14 abril 1992 [RJ 1992, 3428]).**

Supuesto de subrogación de la Comisión de urbanismo

Aplicando el art. 220 del Texto Refundido –las decisiones que adopten las Comisiones Provinciales de Urbanismo "mediante justificada subrogación en el ejercicio de la competencia municipal, se considerarán como actos de la Corporación titular, a los solos efectos de los recursos admisibles"– esta Sala ha venido declarando: A) "En el término recursos que emplea el art. 220 del Texto Refundido de 9 de abril de 1976 debe entenderse comprendida toda acción dirigida a obtener la nulidad del acto administrativo, cualquiera que sea su titular y por tanto no solo aquellas que pudieran corresponder a los administrados, sino también las que competen a la Administración respecto de los actos de otras Administraciones o de los suyos propios y entre estas últimas todas las que le vienen atribuidas en defensa de la legalidad urbanística, incluida la de suspensión de los efectos de las licencias que concede a los Alcaldes el art. 186 del Texto Refundido citado, pues cualquier otra interpretación conduciría a contradecir el propósito y voluntad del legislador de potenciar los instrumentos de control y restablecimiento del orden urbanístico, manifestados en la Exposición de Motivos de la Ley de Reforma de 2 de mayo de 1975 así como a limitar sin fundamento normativo alguno la autonomía municipal en esta materia, convertida hoy en esencial principio rector de la organización territorial del Estado acogido y declarado en el art. 137 de la Constitución" –Sentencia de 20 de octubre de 1980 (RJ 1980, 3924)–. B) Los actos dictados por la Comisión Provincial de Urbanismo, en virtud de subrogación, «son atribuibles a la Corporación municipal de que se trate –a efectos de régimen de recursos o control– debiendo entenderse en este sentido la prescripción del art. 220 de la Ley, no existiendo en consecuencia inconveniente en reconocer que los órganos de la Administración municipal sustituida puedan reaccionar contra el acto del sustituto o subrogado en la misma forma en que deben hacerlo frente a sus propios actos» –Sentencia de 25 de junio de 1984 (RJ 1984, 4640)–». **(STS 6 diciembre 1986 [RJ 1986, 8101]).**

Revocación indirecta. La constituye la resolución que interpreta la licencia en un sentido distinto a la en su día otorgada, con reducción del derecho reconocido.

«SEGUNDO. En realidad, la resolución municipal impugnada, al acordar que la licencia debía ser entendida en un sentido distinto a la, en su día, otorgada, con reducción del derecho reconocido y sin tener en cuenta que las licencias concedidas crean unos derechos subjetivos que han de respetarse –artículo 369 del Texto Refundido de la Ley de Régimen Local– resolvió revocar o anular la licencia por una vía indirecta y, por tanto, sin sujeción a lo dispuesto en los artículos 186, 187 y 224 del Texto Refundido de la Ley del Suelo». **(STS 29 septiembre 1989 [RJ 1989, 6717]).**

Otorgamiento.

Plazo para resolver sobre la petición de licencia.

«La cuestión a examinar es la de la fijación del plazo dentro del cual debe resolverse respecto de las peticiones de licencia, plazo éste cuya concreción lleva a cabo el art. 9.1 del Reglamento de Servicios de las Corporaciones Locales. Pero este precepto suscita la duda de si tal plazo ha de ser, en lo que ahora importa, únicamente el de dos meses de su apartado quinto –mas en su caso, el tiempo de subsanación de deficiencias, apartado cuarto– o si por el contrario a dicho tiempo habrá que añadir el mes del apartado 7º a). Con un criterio de interpretación sistemática habrá que recordar que el ordenamiento jurídico constituye una unidad y por ello los preceptos que le dan expresión no pueden ser interpretados aisladamente: han de ponerse en relación con las demás normas que con ellas conviven –éste es el contexto al que se refiere el art. 3.1 del Título Preliminar del Código Civil–. Y así las cosas el punto de partida, dado su carácter principal, ha de ser la Ley de Procedimiento Administrativo cuyo art. 61.1 establece una duración máxima de seis meses. La Ley ha querido que en seis meses el administrado tenga ya una resolución, pero como resulta perfectamente posible que la Administración no la dicte en ese lapso de tiempo, ha incorporado la cautela del silencio administrativo del art. 94: a los tres meses sin resolución, la denuncia de la mora da lugar a que el transcurso de otros tres meses provoque la ficción de la resolución presunta. El plazo para el procedimiento, así, es aquel que una vez finalizado determina la posibilidad de la existencia de un acto administrativo –expreso o presunto– impugnable. El art. 9.1 del Reglamento de Servicios especifica el plazo para el procedimiento de otorgamiento de licencias: en lo que ahora importa, tal plazo se integra por un primer espacio temporal de dos meses –apartado quinto– más, en su caso la prórroga por deficiencias –apartado cuarto– y finalmente un mes, abierto por denuncia de la mora –apartado séptimo a)–. Pasado este tiempo puede producirse ya el silencio administrativo, en este caso de carácter positivo. El de tres meses pues, con la prórroga en su caso de la subsanación de deficiencias, ha de ser el plazo ordinario para el procedimiento de otorgamiento de las licencias:

A) Si en el supuesto de procedimiento con silencio negativo el tiempo ordinario de duración –seis meses, art. 61.1 de la Ley de Procedimiento Administrativo– es no sólo el que ha de preceder a la denuncia de la mora sino también el que ha de seguirla –art. 94.1 de la citada Ley–, tal regla ha de operar también con mayor razón en los casos de silencio positivo, siempre peligrosos para el interés público. No puede pues entenderse que el plazo normal en el procedimiento de la licencia ha de ser sólo el de su primer tramo –dos meses– anterior a la denuncia de la mora, sino que a él habrá que sumar el mes que ha de seguirla para que exista silencio administrativo. B) El plazo de seis meses del art. 61.1 de la Ley de Procedimiento Administrativo, como previsión de duración normal del procedimiento opera con independencia de que se haya formulado o no la denuncia de la mora prevista en el art. 94.1 de dicha Ley, pues aunque no se haya formulado aquélla, tiene plena virtualidad la exigibilidad de los seis meses del art. 61.1. Lo mismo debe ocurrir en el supuesto específico de las licencias. C) Que el plazo para el otorgamiento de las licencias es el de tres meses ha sido ya declarado por esta Sala en otras ocasiones –así, Sentencia de 15 de abril de 1988 (RJ 1988, 3079)–». **(STS 13 noviembre 1989 [RJ 1989, 8186]).**

Conexión entre licencias de demolición y de la construcción sustitutiva.

«CUARTO. Las expresadas tesis de índole puramente formalista de la Gerencia, no pueden ser compartidas por este Tribunal, porque siendo indiscutido que conforme a la Normativa del Plan Especial las licencias de demolición y de la nueva edificación sustitutiva han de resolverse conjuntamente, no puede argüirse que las mismas no guarden entre sí conexión, por lo que la referida Gerencia debió resolverlas conjuntamente (máxime cuando estaban pendientes de solución desde el mes de enero de 1978); ante lo cual sería ahora totalmente contrario a la tutela eficaz que debemos dar los Tribunales por indeclinable exigencia del artículo 24.1 de la Constitución, que nos abstuviésemos de resolver sobre el fondo de estas licencias con la inadmisible base de que faltan aún pronunciamientos de la Administración; porque la función revisora de los actos de la Administración que incumbe a esta Jurisdicción con arreglo al artículo 37.1 de su Ley Reguladora, la autoriza plenamente a juzgar aquí tanto sobre la licencia de edificación expresamente denegada por el Decreto recurrido de 22 de diciembre de sobre la demolición que debió resolverse conjuntamente con la anterior; por lo que no son de aceptar las aludidas tesis meramente rituarias esgrimidas por la Administración demandada e indebidamente acogidas por la sentencia recurrida porque las mismas conculcan el espíritu que inspira la Ley de nuestra Jurisdicción que se asienta sobre el propósito de lograr la justicia real sin admitir rigores formales y tales tesis violan también los principios de celeridad, economía y eficacia que debieron presidir la actuación de la Administración –artículos 103.1 de la Constitución, 29.1 de la Ley de Procedimiento Administrativo y posteriormente el 6.1 de la de Bases de Régimen Local de 2 de abril de 1985– así como el mandato del artículo 24.1 de la Constitución que exige dar tutela judicial realmente efectiva, extensiva también a la Administrativa (Sentencia del Tribunal Constitucional de 8 de julio de 1981); debiendo resolverse en los términos concretos con que asimismo ordena juzgar el artículo 11.3 de la Ley Orgánica del Poder Judicial como ya declaró también esta Sala en su Sentencia de 9 de mayo de 1986 (RJ 1986, 3061); todo lo cual obliga en consecuencia a analizar el fondo, ya que nada se opondría más a los expresados principios, que auspiciáramos desde esta Sentencia la producción de nuevos actos administrativos susceptibles de otros recursos jurisdiccionales para resolver el problema de estas licencias pedidas en el mes de enero de 1978». **(STS 24 octubre 1986 [RJ 1986, 6628]).**

Supuestos indemnizatorios.

Otorgamiento de la licencia de obras sin la previa de apertura.

«TERCERO. [...] El otorgamiento de la licencia de obras sin la previa de apertura integra un funcionamiento anormal de la Administración que puede generar una responsabilidad patrimonial –Sentencia de 28 julio 1986–». **(STS 10 marzo 1998 [RJ 1998, 2222]).**

Necesidad de haber patrimonializado las correspondientes facultades urbanísticas.

«TERCERO. [...] Sin que tampoco se le pueda entender acreedor de una indemnización por la aplicación de los preceptos que regulan con carácter general la responsabilidad patrimonial de la Administración pública, puesto que para ello habría sido preciso que hubiese experimentado una lesión resarcible, es decir, un detrimento patrimonial antijurídico, el que sólo se da cuando quien lo sufre no tiene el deber jurídico de soportarlo, y lo cual está ausente en quien ve modificada la edificabilidad de un terreno por cambio del planeamiento, ya que son los Planes quienes configuran el contenido del derecho de propiedad y frente a lo en ellos dispuesto únicamente cabe ser resarcido en los casos previstos en la Ley, que son los antes señalados del art. 87 citado; y sin que su derecho pueda extraerse sin más del art. 33 de la Constitución Española, por cuanto la denegación de la licencia no supuso la privación de derecho alguno consolidado, sino, a lo sumo, de una expectativa a edificar conforme al planeamiento, expectativa no patrimonializada en momento alguno, cual hubiera ocurrido si antes del nuevo Plan hubiese obtenido ya una licencia de construcción y ahora se pretendiese impedir su efectividad». **(STS 4 marzo 1992 [RJ 1992, 3221]).**

La mera anulación de licencia no determina por sí lesión indemnizable. Prueba del daño.

«DÉCIMO. [...] Los daños y perjuicios han de ser probados (si no en su cuantía exacta sí al menos en su existencia), y así debió entenderlo el actor cuando al solicitar el recibimiento a prueba dicho que la iba a practicar sobre "los daños y perjuicios causados por la demora en construir"; pero luego después, al proponer pruebas concretas, se olvidó al parecer de ese extremo, y no brindó ni una sola sobre la existencia real y efectiva de aquellos daños. La parte actora no ha cumplido su carga probatoria *y los Tribunales no pueden* derivar la existencia de esos daños de la pura y escueta demora en la iniciación de las obras, porque no siempre la tardanza produce perjuicios, sino que las circunstancias objetivas del mercado o las subjetivas del interesado (vgr. situación de la empresa, inexistencia momentánea de numerario, venta posterior de la parcela, etc.) pueden hacer inocua la demora. Y siendo las cosas así, a la parte actora incumbe la carga específica de demostrar que, en su caso concreto, el retraso ha originado consecuencias perniciosas». **(STS 21 diciembre 1995 [RJ 1995, 9111]).**

«CUARTO. La pretensión de declaración de responsabilidad municipal y el derecho a ser indemnizado por el valor de obras y daños, conforme al artículo 40 de la Ley de

Régimen Jurídico de la Administración del Estado, formulada por «Maroca, SA», no puede ser estimada porque la sentencia apelada se ha limitado a anular los actos administrativos de concesión de licencias, sin adoptar ninguna medida de cierre o demolición de la nave industrial, por lo que ello, no supone en absoluto la producción de perjuicio patrimonial para esta parte apelante, en el presente estado procesal, sin perjuicio de que en cuanto sean producidos y materializados cualquier tipo de daños, pueda la mencionada entidad exigir la responsabilidad pertinente, por la indebida concesión de la licencia en su día». **(STS 22 enero 1996 [RJ 1996, 30]).**

Consultas urbanísticas erróneas.

«TERCERO. [...] La sentencia recurrida, entendiendo ajustada a Derecho la denegación de la licencia litigiosa, condena al Ayuntamiento de Granada «a indemnizar a la actora en el importe del proyecto de construcción de 23 viviendas objeto de la denegación de la licencia» por apreciar que la demandante "fue movida a error por la propia defectuosa e incompleta información de los servicios técnicos municipales que le hicieron creer que podía edificar un número de metros superior al realmente autorizado por la normativa». Se trata, en definitiva, de un supuesto de responsabilidad patrimonial de la Administración Pública derivado de la contestación errónea a una consulta urbanística –arts. 106.2 de la Constitución, 5 C a) y 54 de la Ley 7/1985, de 2 de abril, Reguladora de las Bases del Régimen Local, 223 del Reglamento de Organización, Funcionamiento y Régimen Jurídico de las Corporaciones Locales, 40 de la Ley de Régimen Jurídico de la Administración del Estado, etc.–. CUARTO. Ya con este planteamiento importa recoger algunas líneas jurisprudenciales con transcendencia para el enjuiciamiento del caso que ahora se examina: A) La contestación errónea a una consulta integra un funcionamiento anormal de la Administración de suerte que el ciudadano que confiando en aquella contestación desarrolla una determinada actuación que venga a resultar frustrada sufriendo con ello una lesión, tendrá derecho a ser indemnizado –Sentencia de 2 de noviembre de 1987 (RJ 1987, 8766) y Auto de 25 de noviembre de 1988 (RJ 1988, 9209)–. En este sentido es clásico el supuesto del administrado que redacta su proyecto de obras atendiendo al contenido de la información facilitada por la Administración y después ve denegada su licencia.

B) En el difícil tema del nexo de causalidad que necesariamente ha de apreciarse entre la actuación de la Administración y el resultado dañoso, ha de admitirse la teoría del concurso de causas que determina que la culpa de la víctima –incluso el hecho del tercero– no tienen siempre virtualidad bastante para excluir totalmente la responsabilidad de la Administración, supuesto que la actuación de ésta haya tenido una participación causal en la producción del resultado dañoso –Sentencia de 25 de abril de 1988 (RJ 1988, 3203)–. En definitiva, la concurrencia de culpas no arrastra necesariamente una exoneración total de la responsabilidad y puede dar lugar a una compensación o moderación en la cuantificación de la indemnización. QUINTO. [...] Hay que entender existente un nexo causal entre la contestación a la consulta y la redacción del proyecto litigioso. Ciertamente, al margen del volumen recogido en aquella contestación, el proyecto adolecía de otros defectos, pero la entidad de éstos y su fácil rectificación implican que no pueden eliminar el mencionado nexo causal, de suerte que su trascendencia no será otra que la de dar lugar a una moderación de la indemnización, indemnización ésta que la Sala prudencialmente fija en los dos tercios del importe del proyecto». **(STS 12 junio 1991 [RJ 1991, 4878]).**

«TERCERO. [...] La no vinculación para la Administración respecto del contenido de la respuesta a una consulta urbanística de un particular, aun cuando hubiera sido errónea, lo que sólo podría tener trascendencia a efectos de delimitar la responsabilidad patrimonial de aquélla». **(STS 12 marzo 1996 [RJ 1996, 2211]).**

Anulación de licencia.

«SEXTO. [...] La pérdida de beneficios derivada de la no explotación de la edificación que no pudo levantarse como consecuencia de la anulación de la licencia no puede considerarse imputable a la actividad administrativa. De no apreciarse así se infringiría la jurisprudencia que de modo constante prohíbe integrar en el ámbito de la indemnización de los perjuicios aquellos que tienen carácter futuro e hipotético. Por otra parte, según la doctrina de esta Sala, la imposibilidad de obtener los beneficios esperados de la edificación frustrada, en caso de anulación de la licencia, obedece al carácter contrario al ordenamiento jurídico de ésta al que objetivamente responde aquella anulación, de tal suerte que sólo son indemnizables los perjuicios consistentes en los gastos que la expectativa suscitada por el otorgamiento indebido de la licencia pudo ocasionar.

Solamente este Tribunal ha considerado el lucro cesante en los casos del «dejado de obtener por la falta de utilización y disfrute de ese exceso de edificación no legalizado, por un montante equivalente al interés legal del capital invertido en esa parte de la construcción desde el momento en que se paralizó hasta el día de su demolición» (Sentencia de 20 marzo 1987 [RJ 1987, 9845] dictada por la Sala especial de Revisión). Baste citar, como expresión de la doctrina de esta sala, la Sentencia de 27 septiembre 1985 (RJ 1985, 4295) en la cual se declara que "si bien, como tiene declarado la Jurisprudencia, la indemnización debe abarcar tanto el daño emergente como el lucro cesante, es lo cierto que no pueda computarse como lucro cesante a efectos indemnizatorios, el beneficio que se pensaba obtener de una actividad ilícita, aunque haya mediado autorización administrativa para tal actividad, posteriormente anulada, y ello por dos razones, primera, porque tal beneficio es antijurídico, por derivar de una actividad permitida por la Ley y en consecuencia el sujeto está obligado a acatar tal prohibición, y en definitiva la privación de tal beneficio no es imputable a la actividad administrativa, sino al mandato de la Ley y, segunda, porque el reconocimiento de tal lucro cesante supondría la consolidación a favor del sujeto, del efecto económico-material de una actividad cuya ilicitud, en cuanto derivada de norma de carácter general debió conocer de antemano, sin que este planteamiento resulte afectado por la deficiente actuación administrativa"». **(STS 28 mayo 1997 [RJ 1997, 4412]).**

Demora en el otorgamiento de las licencias.

«SEGUNDO. [...] La petición de daños y perjuicios se sustentaba en la demora en la concesión de la licencia y nuestro razonamiento fundamental se dirige a demostrar que tal licencia es improcedente. Si la licencia es improcedente también lo son las peticiones de indemnización que se sustenten en las demoras en la obtención de un beneficio al que no se tiene derecho». **(STS 25 noviembre 1997 [RJ 1997, 8175]).**

Suspensión del otorgamiento de licencias.

«NOVENO. [...] En aplicación de lo dispuesto en el artículo 121.2 del Reglamento de Planeamiento los peticionarios de licencias solicitadas con anterioridad a la publicación del acuerdo de suspensión o de sumisión al trámite de información pública de un Plan que lleva consigo efectos suspensivos del otorgamiento de licencias tendrán derecho a ser indemnizados del coste oficial de los proyectos y a la devolución, en su caso, de las tasas municipales. Este es el caso que nos ocupa, y por ello daremos lugar a la indemnización, dado que consta en autos que, como dice el núm. 4 del mismo precepto, la III Modificación de las Normas Subsidiarias se ha aprobado definitivamente y el proyecto presentado por el actor es contrario a sus determinaciones». **(STS 30 mayo 1996 [RJ 1996, 4210]).**

Caducidad de la licencia por incumplir el deber de urbanizar.

«CUARTO. [...] Que el Ayuntamiento de Valladolid obró conforme a Derecho *cuando en el acto impugnado* decretó las consecuencias referidas en el artículo 40.3 del Reglamento de Gestión Urbanística de 25 agosto 1978, el cual literalmente reza así: «El incumplimiento del deber de urbanización simultánea a la edificación comportará la caducidad de la licencia, sin derecho a indemnización, impidiéndose el uso de lo edificado, sin perjuicio del derecho de los terceros adquirentes al resarcimiento de los daños y perjuicios que se le hubieran irrogado; asimismo, comportará la pérdida de la fianza [...]"». **(STS 25 marzo 1998 [RJ 1998, 2473]).**

No responsabilidad de la Administración en casos de incorrección técnica de lo proyectado.

«CUARTO. [...] Se equivoca la parte actora cuando pretende dar a las licencias el valor de conformidades municipales con la viabilidad técnica de las obras pretendidas, para concluir que, en el presente caso, y puesto que el señor Arquitecto Municipal dijo en su informe que el muro inferior era un muro de contención, no es responsabilidad del solicitante el derrumbamiento producido por ser éste en realidad sólo un muro de cerramiento. La intervención municipal, plasmada en la licencia, sólo tiene por finalidad contrastar la petición con el ordenamiento urbanístico, pero no juzgar sobre la corrección técnica de lo solicitado; el otorgamiento de una licencia significa, en consecuencia, no que lo proyectado sea o no correcto técnicamente, sino sólo que lo es desde el punto de vista urbanístico. Así que, en el presente caso, el otorgamiento de la licencia para elevar el muro no significa que el interesado pueda excusarse de los problemas técnicos o arquitectónicos que la obra comportaba». **(STS 7 mayo 1998 [RJ 1998, 3620]).**

Licencia otorgada por error. Revocación.

(Sentencia apelada) «CUARTO. De entender la Corporación que la licencia concedida implicaba una infracción urbanística grave y manifiesta tenía a su alcance varias vías. Por un lado el procedimiento previsto en el artículo 186 de la Ley del Suelo, disposición que permite la revocación de licencias y consiguiente paralización de actuaciones urbanísticas en curso en contravención con el planeamiento urbanístico (STS 21 marzo 1989 [RJ 1989, 2256]). Otra vía posible era la declaración de lesividad (artículo 110.2 LPA del acto de concesión de la licencia o, en el caso de error manifiesto, a la revocación de oficio del artículo 110.1 LPA. Mas el artículo 184 está reservado a la ausencia de licencia o al no ajuste a las condiciones señaladas en la misma (SSTS 3 diciembre 1986 [RJ 1986, 988] y 6 marzo 1989 [RJ 1989, 1729]) en razón a que la Administración ha acordado la suspensión de unas obras amparadas por una licencia pretende el actor la indemnización de los daños y perjuicios derivados de la paralización al amparo de las normas (artículo 40 LRJAE y 21 Ley Expropiación Forzosa que regulan la responsabilidad administrativa por el funcionamiento normal y anormal los servicios públicos. El artículo 16 del Reglamento de Servicios de las Corporaciones Locales reconoce el derecho a la indemnización por los daños y perjuicios derivados por la otorgación de licencias otorgadas erróneamente, precepto plenamente vigente según reiteran las SSTS 6 y 21 marzo 1989. En el supuesto de autos no se está ante una revocación de una licencia sino ante una suspensión de unas obras amparadas por licencia sin que, previamente, se hubiera procedido a revocar la misma. No es, por tanto, directamente aplicable lo previsto en los artículos 186, 187 en relación con el 232 del Texto Refundido de la Ley del Suelo. No se ha realizado una valoración de los perjuicios derivados de la suspensión de las obras amparadas por licencia sin que se hubiera procedido a la revocación de la misma. Mas ello no es óbice para declarar existente la obligación de la administración municipal de indemnizar. Se dan los requisitos exigidos defiriéndose su cuantificación para ejecución de sentencia (STS 13 febrero 1968 [RJ 1968, 854]). Tenemos la actuación administrativa consistente en la paralización de unas obras amparadas por licencia no revocada, el resultado dañoso consistente en la imposibilidad de continuar las obras en curso en el consiguiente encarecimiento de las mismas y la relación de causalidad entre dicha imposibilidad y el acuerdo de paralización de la Corporación demandada». **(STS 1 diciembre 1997 [RJ 1997, 9441]).**

Sección 2ª Órdenes de ejecución o suspensión de obras y otros usos

Artículo 181.

1. Los propietarios de terrenos, urbanizaciones de iniciativa particular, *edificaciones* y *carteles* deberán mantenerlos en condiciones de seguridad, salubridad y ornato públicos.

2. Los Ayuntamientos y, en su caso, los demás Organismos competentes

ordenarán, de oficio o a instancia de cualquier interesado, la ejecución de las obras necesarias para conservar aquellas condiciones.

⇒ V. art. 19 y concordantes de la Ley 6/1998, de 13 abril (§1).
V. arts. 245 y 246 del TRLS/1992 (§2).
V. arts. 182 y 183 del presente Texto Refundido.
V. art. 10 del RDU (§3.3).

Jurisprudencia

Competencia.

«SEXTO. [...] Entendemos por ello que la legislación autonómica no atribuye a la Comunidad de Madrid la competencia para ordenar la reparación de viviendas por razones de mera salubridad. El artículo 4 j) del Decreto 54/1984, de 17 mayo, que se invoca en este recurso de apelación, no tiene una referencia unívoca al Decreto 23 noviembre 1940, debiendo recibir una interpretación adecuada, y conforme a la autonomía municipal, en el sentido que le confiere la sentencia recurrida.

La legislación estatal sobre régimen del suelo, de acuerdo con el Texto Refundido de 1976 aquí aplicable, cobra así la luz adecuada al atribuir a los Municipios las competencias para acordar la ejecución de obras de reparación de viviendas con el fin de preservar su salubridad (artículos 181 LS y 10 del Reglamento de Disciplina Urbanística), en justa armonía con las competencias que siempre se han reconocido a la autoridad municipal en materia de construcciones en estado ruinoso (artículos 183 LS y concordantes del Reglamento de Disciplina), en los términos que razona la sentencia de primera instancia». **(STS 12 noviembre 1997 [RJ 1997, 8005]).**

«SEGUNDO. El artículo 181.2 de la Ley del Suelo de 9 abril 1976, atribuye la competencia para dictar las órdenes de ejecución, previstas en este precepto, atinentes al mantenimiento de terrenos, en condiciones de seguridad, salubridad y ornato públicos a «los Ayuntamientos y, en su caso, los demás organismos competentes». Tal expresión literal de esta norma plantea la necesidad de precisar el órgano municipal concreto que ha de ostentar la titularidad de esa competencia. La Sentencia de 18 diciembre 1985 (RJ 1985, 6540) mantuvo que esa referencia a los Ayuntamientos del artículo 181 no implica que tal orden de ejecución deba forzosamente de corresponder al Pleno Municipal, pues esa mención ha de entenderse concerniente al Ayuntamiento en cuanto Corporación o persona jurídica, no siendo estimable el defecto de competencia denunciado, dado que la orden de ejecución del Alcalde era correcta en cuanto órgano adecuado para adoptar esa medida destinada a proveer la seguridad, salubridad y ornato públicos, que por su índole han de ser catalogados entre las destinadas a «proveer a la seguridad pública y personal» previstas en el apartado b) del artículo 117 de la Ley de Régimen Local, como de la específica competencia de los Alcaldes. Tal doctrina ha sido mantenida por la jurisprudencia de esta Sala, puesto que la actual Ley 7/1985, de 2 abril, de Bases de Régimen Local en su artículo 22 no alude a esta potestad entre las atribuidas al Pleno municipal, y sin embargo entre las competencias atribuidas al Alcalde en el artículo 21.1 ll) y en el 41.9 del Reglamento de Organización y Funcionamiento de las Entidades Locales de 28 noviembre 1986, figura la de otorgar las licencias cuando así lo dispongan las Ordenanzas siendo de aplicar este régimen competencial de las licencias, a las órdenes de ejecución de obras del artículo 181 de la Ley del Suelo, que en definitiva no son sino una consecuencia de la licencia en su día concedida exigiendo que se mantenga el terreno, urbanización y edificaciones en condiciones iguales o similares a las comprendidas en la licencia». **(STS 6 mayo 1998 [RJ 1998, 3614]).**

Contenido del derecho de propiedad.

Transmisión del inmueble.

«SEGUNDO. [...] Con la transmisión del inmueble la propietaria adquirente asumió la obligación legal, en aquel momento impuesta por los artículos 181.1 del Texto Refundido de la Ley sobre Régimen del Suelo y Ordenación Urbana, aprobado por Real

Decreto 1346/1976, de 9 abril, y 10.1 del Reglamento de Disciplina Urbanística, aprobado por Real Decreto 2187/1978 [reiterada hoy por el artículo 21.1 del vigente Texto Refundido de la Ley sobre Régimen del Suelo y Ordenación Urbana, aprobado por Real Decreto Legislativo 1/1992, de 26 junio], de mantener la casa adquirida en condiciones de seguridad, salubridad y ornato públicos, de manera que si el Ayuntamiento demandado estaba facultado para imponerle el cumplimiento de estas obligaciones urbanísticas, según establecían concordadamente los artículos 181.2 del mencionado Texto Refundido de 1976 y 10.2 y 3 del indicado Reglamento de Disciplina Urbanística, no se puede negar a la propietaria, obligada a cumplir dichas obligaciones de conservación, la titularidad del derecho para exigir del Ayuntamiento la reparación de los daños que, en su opinión, se habían producido en la casa por ella adquirida como consecuencia de la propia actuación municipal en el incorrecto ejercicio de sus competencias en materia de disciplina urbanística, de manera que, al haberle transmitido los anteriores propietarios con la titularidad dominical del inmueble las obligaciones urbanísticas establecidas por los indicados preceptos, la nueva propietaria se subrogó también en los derechos que aquéllos tuviesen frente al Ayuntamiento para exigirle la adecuada reparación, que ya habían reclamado en vía administrativa. Cabe afirmar que, al transmitirse con el inmueble los deberes urbanísticos, se transmiten simultáneamente los correlativos derechos y facultades de igual naturaleza, entre ellos el de reclamar de la Administración, competente para imponer el cumplimiento de aquellos deberes, el resarcimiento por los daños causados como consecuencia del ejercicio de sus potestades urbanísticas, según el principio de «subrogación real» y de «inalterabilidad» del "status» de la propiedad, que establecía el artículo 88 del Texto Refundido de la Ley sobre Régimen del Suelo y Ordenación Urbana, aprobado por el Real Decreto 1346/1976, y que en la actualidad recoge, de forma rotunda e indubitada, el artículo 22 del vigente Texto Refundido, aprobado por el Real Decreto Legislativo 1/1992, de 26 junio, la cual fue objeto de una vacilante jurisprudencia del Tribunal Supremo (Sentencias, entre otras, de 5 diciembre 1979 [RJ 1979, 4713], 16 diciembre 1980 [RJ 1980, 5022], 30 septiembre 1981 [RJ 1981, 3960], 17 y 24 noviembre y 17 diciembre 1981 [RJ 1981, 3961 y 5299], 26 febrero 1982 [RJ 1982, 1640], 15 marzo 1982 [RJ 1982, 1702], 19 enero 1983, 14 abril y 27 y 28 junio 1983 [RJ 1983, 3663 y 3669], 2 y 24 abril 1984 [RJ 1984, 2553 y 2006], 16 octubre 1984 [RJ 1984, 4924], 31 enero 1985 [RJ 1985, 937], 13 febrero 1985 [RJ 1985, 1028] y 1, 12 y 13 abril 1985 [RJ 1985, 1786, 2205 y 2864]). La solución dada por los citados preceptos legales constituye una garantía para la Administración al ostentar sus potestades urbanísticas frente al propietario de la finca y también para éste al facultarle para exigir de la Administración la responsabilidad en que hubiera podido incurrir en el uso de aquéllas, lo que, en definitiva, redunda en un más eficaz cumplimiento tanto por la Administración Pública como por los particulares de sus facultades y obligaciones urbanísticas». **(STS 14 mayo 1994 [RJ 1994, 4190]).**

«CUARTO. En el mismo sentido, y en relación ya en concreto con supuestos de órdenes de demolición para la restauración del orden urbanístico perturbado, se pronuncian las Sentencias de esta Sala de 2 y 8 noviembre 1990 (RJ 1990, 8816). En esta última se declara que «nuestro ordenamiento jurídico mantiene la titularidad privada del suelo pero con una determinación pública del contenido del derecho de propiedad, de suerte que las facultades que lo integran las atribuye la ordenación urbanística en los términos que ésta establece –artículos 76 del Texto Refundido de la Ley del Suelo y 2 de la Ley 8/1990, de 25 julio, sobre Reforma del Régimen Urbanístico y Valoración del Suelo–», por ello, y en cuanto a dichas facultades,"el cambio de propietario debe resultar intrascendente y el adquirente ha de quedar subrogado en la posición jurídica del transmitente –artículo 88 del Texto Refundido de la Ley del Suelo–, sin que para ello pueda ser obstáculo la protección derivada del Registro de la Propiedad –artículos 13 y 34 de la Ley Hipotecaria–"». **(STS 21 junio 1994 [RJ 1994, 4995]).**

Situación de ruina e inscripción en el Registro municipal de solares.

«TERCERO. [...] Este deber tiene su límite o momento de cesación en las situaciones de ruina y también en las de inscripción de la finca en el Registro de Solares

–Sentencias de 14 de febrero de 1975 (RJ 1975, 1393), 16 de julio de 1984 (RJ 1984, 4234), 29 de diciembre de 1986 (RJ 1987, 1672) y 22 de diciembre de 1987 (RJ 1987, 9693)–. Ello implica pues para el supuesto que se examina que inscrita la finca en el Registro de Solares desaparecía el dato causal antes mencionado –la no inscripción– y por tanto, en principio se extinguía el deber de conservación. CUARTO. Sin embargo tal cesación del deber que impone el art. 181 del Texto Refundido no es absoluta y así la jurisprudencia viene poniendo de relieve que incluso en las situaciones de ruina o de inscripción en el Registro de Solares resulta viable la imposición de reparaciones de «reconocida urgencia y de carácter provisional y excepcional» con la finalidad de atender a la seguridad e incluso salubridad del edificio en tanto esté habitado o en pie –Sentencias de 29 de diciembre de 1986 (RJ 1987, 1569), 5 de enero y 4 de octubre de 1988 (RJ 1988, 184 y 7431), 27 de enero y 28 de noviembre de 1989 (RJ 1989, 498 y 8366), etc.–. Lo que no resulta en modo alguno hacedero por razones de estricta incompatibilidad lógica es la imposición de unas reparaciones que aspiran a la consolidación y prolongación de la vida de un edificio en estado ruinoso o inscrito en el Registro de Solares». **(STS 20 marzo 1990 [RJ 1990, 2243]).**

Inmueble no rentable económicamente.

«SEGUNDO. Las razones aducidas por la sentencia de instancia sobre la ausencia de rentabilidad del inmueble cuyo contenido es: «las obligaciones que la Ley del Suelo impone al propietario están claramente reflejadas en el Texto Refundido de la misma, entre otros el artículo 181 en su relación con el artículo 33.2 de la Constitución, y ello porque dentro del marco legal que regula la propiedad, el propietario de inmuebles tiene el deber social y jurídico de mantenerlos en perfecto estado de uso y de 'imagen urbanística', y por ello la Administración, en este caso la local, recibe del ordenamiento jurídico potestades habilitantes para ordenar la realización de obras cuando el propietario incumpla su obligación. Todo ello independientemente de la rentabilidad del bien raíz, que además no debe medirse solo con los frutos civiles que produce –rentas–, sino también por la revalorización del mismo por el mero transcurso del tiempo y por la actividad de la comunidad que se plasma en el urbanismo» son suficientes para desestimar la alegación de la demanda que fundamenta en esta causa la disconformidad con el ordenamiento jurídico de la resolución recurrida». **(STS 23 junio 1998 [RJ 1998, 4559]).**

Incumplimiento.

«TERCERO. El artículo 10.3 del Reglamento de Disciplina Urbanística dispone que el Organismo que ordene la ejecución de las obras necesarias para mantener las edificaciones en condiciones de seguridad, salubridad y ornato público, deberá conceder a los propietarios o sus administradores un plazo adecuado a la magnitud de las obras a realizar, así como que transcurrido dicho plazo sin cumplimiento de lo ordenado, «se procederá a la incoación del expediente sancionador, con imposición de multa», por lo que, como señala la Sentencia de esta Sala de 4 de mayo de 1989 (RJ 1989, 3648), para que pueda incoarse un expediente sancionador por el incumplimiento de la obligación impuesta en el artículo 118 de la Ley del Suelo, es preciso que previamente se conceda a los interesados un plazo para ejecutar las obras de que se trate, y solamente si transcurrido aquél no se realizan las obras, se podrá tramitar el referido expediente. Ahora bien, en el supuesto litigioso, la resolución de la Gerencia Municipal de Urbanismo de Madrid imponiendo a los propietarios del edificio litigioso la obligación de realizar, en el plazo de un mes, las obras de conservación allí consignadas, *es de fecha 1 de junio* de 1981, y sin embargo, la incoación del expediente sancionador no fue acordada hasta resolución de 16 de agosto de 1984, es decir, cuando había transcurrido más de tres años desde la finalización del plazo concedido para la realización de la orden de ejecución. Así las cosas, ninguna objeción legal puede formularse en relación con la excepción de prescripción acogida por la sentencia apelada, toda vez que, de conformidad con lo dispuesto en el artículo 230.2 de la Ley del Suelo, el plazo de prescripción del año de la infracción urbanística deberá comenzar a computarse a partir del día siguiente al de la finalización del plazo concedido para la realización de las obras ordenadas, pues sólo cuando ha transcurrido dicho plazo sin cumplimiento de lo ordenado es cuando puede entenderse existente la infracción, la cual, consiguientemente, prescribirá al año de haberse cometido». **(STS 18 junio 1991 [RJ 1991, 5189]).**

«SEGUNDO. [...] La orden de ejecución de obras es una consecuencia inmediata del deber de conservación de los edificios, pero no así la sanción impuesta que es el resultado del incumplimiento por parte de la propiedad de la finca de unos previos requerimientos de la Administración para que procediera a su reparación, que no merecieron respuesta alguna de los propietarios, hasta que, una vez impuesta la sanción, iniciaron el expediente para la declaración de ruina del inmueble. Las órdenes de reparación se dirigen hacia el futuro y por ello han de condicionarse a la resolución del expediente de ruina, pero no así la sanción impuesta que corresponde a una infracción cometida por la parte apelada, con independencia del resultado a que se llegue en el mencionado expediente». **(STS 25 noviembre 1997 [RJ 1997, 8176]).**

Ejecución sustitutoria.

«SEGUNDO. Conforme al artículo 102 de la Ley de Procedimiento Administrativo de 17 julio 1958 (lo mismo que según el artículo 95 de la Ley de Régimen Jurídico de las Administraciones Públicas y del Procedimiento Administrativo Común de 26 noviembre 1992) la utilización por la Administración de la coacción directa para ejecutar sus decisiones por cualesquiera de los medios de ejecución establecidos en su Capítulo V, está condicionada a que el sujeto contra quien se dirija la actuación administrativa no cumpla voluntariamente lo ordenado por aquélla, a cuyo efecto habrá de dirigírsele el oportuno apercibimiento, concediéndole el plazo que para ello se considere razonable según la naturaleza de lo que haya de realizarse y las circunstancias concurrentes en cada caso. El citado apercibimiento previo es presupuesto para la posterior actuación coactiva de la Administración y garantía inexcusable para el administrado por lo que ha de reunir una precisión suficiente para permitirle conocer con toda exactitud qué es lo que se espera de él y qué consecuencias derivarían de su incumplimiento». **(STS 6 junio 1997 [RJ 1997, 5022]).**

«CUARTO. [...] Es, en fin, reiterada la jurisprudencia de esta Sala que exige a la Administración, cuando ésta ejecuta obras por sustitución, en uso de la potestad que le atribuyen los artículos 104 y 106 LPA, que concrete y precise adecuadamente las obras que se deben realizar y las notifique con carácter previo al interesado (Sentencias, entre otras muchas, de 3 marzo 1998 [RJ 1998, 1883], 22 julio 1997 [RJ 1997, 6055] o 17 diciembre 1996 [RJ 1996, 9521]). Tal exigencia debe entenderse aplicable a obras adicionales como las del caso, no previstas inicialmente ni incluidas en el presupuesto originario. Como razona la sentencia apelada, no se está reclamando a la propiedad un importe superior al estimado inicialmente, lo que, dentro de cánones de razonabilidad, podría resultar comprendido en el carácter propio de una exacción cautelar y estimativa como la que se contempla el artículo 106.4 LPA, que se encuentra sujeta a reserva de una liquidación definitiva. La cantidad de 2.688.250 pesetas que se reclama aquí abarca partidas de obra no previstas en el primer requerimiento (así, por ejemplo, el desmontaje y reinstalación de la cubierta y reparación de un cuerpo del edificio) sin que sea factible determinar en las resoluciones impugnadas ni en los informes técnicos emitidos en qué proporción resulta que el sobreprecio, que alcanza a casi el 50% de la estimación inicial, se debe a un incremento de costes de partidas que sí estaban previstas, o a obras no presupuestadas inicialmente. Por ello procede desestimar el recurso y confirmar la sentencia apelada». **(STS 28 septiembre 1998 [RJ 1998, 6952]).**

Prohibición de enriquecimiento injusto en caso de obras ejecutadas.

«CUARTO. [...] Lo que no resulta en modo alguno hacedero por razones de estricta incompatibilidad lógica es la imposición de unas reparaciones que aspiran a la consolidación y prolongación de la vida de un edificio en estado ruinoso o inscrito en el Registro de Solares. Y esto es justamente lo que hacen los actos impugnados al exigir obras necesarias para dejar la casa en «óptimas condiciones de salubridad y conservación». Habrá de dictarse, por tanto el pronunciamiento previsto en el art. 83.1 de la

Ley Jurisdiccional. QUINTO. Ocurre sin embargo que las obras ordenadas han sido ya llevadas a cabo en ejecución subsidiaria. Y dado que no resulta admisible un enriquecimiento injusto habrá que añadir que en el supuesto de que en la situación anterior a aquella ejecución hubieran resultado necesarias obras provisionales y urgentes su importe podrá ser reclamado a la en su momento demandante que se habría visto así liberada de realizarlas en razón de las ya ejecutadas por el Ayuntamiento. SEXTO. Procedente será por tanto la estimación del recurso de apelación interpuesto por doña Elena R. y la desestimación del formulado por el Ayuntamiento, sin que en aplicación de los criterios establecidos en el art. 131.1 de la Ley Jurisdiccional se aprecie base bastante para una expresa imposición de costas». **(STS 20 marzo 1990 [RJ 1990, 2243]).**

Necesidad de acto legitimador de la ejecución sustitutoria.

«PRIMERO. [...] Se ha de tener en cuenta que la jurisprudencia de esta Sala (Sentencias de 3 mayo 1989 [RJ 1989, 3642] y 11 mayo 1995 [RJ 1995, 3797]) ha destacado que el artículo 10.3 del Reglamento de Disciplina Urbanística, en desarrollo del artículo 181 del Texto Refundido de la Ley sobre Régimen del Suelo y Ordenación Urbana de 9 abril 1976, y con una especialidad fuera de la generalidad de lo dispuesto en los artículos 100 y 102 de la Ley de Procedimiento Administrativo, sin que el artículo 223 de dicho Texto Refundido pueda decirse que se remita exclusivamente a éstos, precisa el título legitimador de la ejecución sustitutoria de las órdenes impartidas para mantener las edificaciones en condiciones de seguridad, salubridad y ornato público, no en la resolución acordándolas y en el transcurso del plazo señalado al obligado para realizarlas, previa notificación de ello con el consiguiente apercibimiento, sino en otra resolución distinta, dictada en expediente sancionador a incoar una vez impartida la orden, y en la que al propio tiempo que se imponga la multa, multa sancionadora y no coercitiva, se disponga un nuevo requerimiento al cumplimiento de la orden inicial, lo que presupone un nuevo plazo, y en el transcurso de éste sin efectuar las obras precisas, previas también las oportunas notificaciones y apercibimiento». **(STS 14 noviembre 1996 [RJ 1996, 8020]).**

«SEGUNDO. [...] La ejecución sustitutoria fue realizada sin previo acto legitimador que le sirviera de cobertura (artículo 102 de la Ley de Procedimiento Administrativo) pues el acuerdo por el que se acordó iniciar las obras (Decreto 11 enero 1990) fue expedido tres meses después de que las mismas ya se hubieran ejecutado materialmente (septiembre-octubre 1989). Todo ello sin tener en cuenta la desproporción existente en la actuación municipal anterior [...] Tal desproporción y falta de respuesta es un elemento de juicio más que apoya la procedencia de confirmar la nulidad de pleno Derecho de los actos impugnados». **(STS 8 febrero 1997 [RJ 1997, 807]).**

Límites.

Las órdenes de ejecución de obras tienen por finalidad las previstas en el art. 181, no legitimando intervenciones administrativas dirigidas a reparar daños en bienes de uso público.

«TERCERO. [...] El intervencionismo administrativo en esta materia –arts. 2 y 3.4 f)– debe actuarse dentro de los límites señalados en los artículos 181 de la Ley del Suelo y 10 del Reglamento de Disciplina Urbanística, sin que, por tanto, las órdenes de ejecución puedan tener una finalidad distinta de la prevista en dichos artículos, ni puedan legitimar una intervención administrativa como la ahora cuestionada, dirigida más que a mantener unos terrenos en las condiciones señaladas en aquellos preceptos, a reparar unos daños producidos en un bien de dominio y uso público por causa que no consta sea imputable al recurrente». **(STS 8 octubre 1991 [RJ 1991, 7794]).**

Declaración de ruina.

«No es obstáculo para que a pesar de la declaración de ruina y en tanto no se proceda a la demolición del edificio, hayan de ser procedentes las obras insoslayablemente precisas por razones de seguridad y salubridad en cuanto sean imprescindibles para evitar daños a personas y cosas –Sentencias de 29 de diciembre de 1986 (RJ

1986, 1987 y 1569), 4 de octubre de 1988 (RJ 1988, 7431), 27 de enero de 1989 (RJ 1989, 498), etc.–. En el supuesto de estos autos, declarada por Sentencia del Tribunal Supremo de 8 de junio de 1982 (RJ 1982, 4769) la ruina del edificio litigioso y eliminadas con ello todas las consecuencias desfavorables que para el administrado pudieran derivar de la denegación en vía administrativa de la declaración de ruina, sólo podrían resultar admisibles aquellas reparaciones que integrasen medidas de seguridad inexcusables para evitar los peligros antes mencionados –folios 1 y 2 del expediente RG 22304-82–. Pero ocurre que en las facturas que aparecen en los folios 18 y siguientes del expediente ya mencionado figuran algunos conceptos que claramente exceden de la finalidad de adoptar las medidas de seguridad imprescindibles –así, alicatado de azulejo blanco–. En estas condiciones y no habiéndose practicado prueba pericial que deslinde las partidas de aquellas facturas, procedente será la estimación parcial del recurso a fin de que la ahora apelante soporte el pago de las reparaciones que realmente fueran imprescindibles para el mantenimiento de la seguridad del edificio sin que por tanto deba soportar lo que exceda de dicho concepto y que se determinará en ejecución de sentencia». **(STS 28 noviembre 1989 [RJ 1989, 8366]).**

«La incompatibilidad entre el estado ruinoso de un edificio y las órdenes de ejecución de obras en el mismo, no solamente es aplicable al supuesto de que el aludido estado de ruina se encuentre prejuzgado administrativa o jurisdiccionalmente, sino también al de que el mismo, se acredite suficientemente en el procedimiento administrativo o proceso judicial seguidos para impugnar la legalidad de dichas órdenes». **(STS 31 marzo 2000 [RJ 2000, 6135]).**

Prueba de la situación de ruina.

«TERCERO. Pero para que el estado de ruina tenga virtualidad como límite del deber de conservación es preciso que haya sido formalmente declarada aquélla o por lo menos que se acredite de modo cumplido y acabado la concurrencia de alguno de los supuestos de hecho previstos en el art. 183.2 del Texto Refundido.

La doctrina general que sobre la carga de la prueba se ha elaborado a la vista del art. 1214 del Código Civil puede resumirse indicando que cada parte ha de probar el supuesto de hecho de la norma cuyas consecuencias jurídicas invoca a su favor. Es claro por tanto que corresponde al destinatario de la orden de ejecución de obras el acreditamiento de la concurrencia de alguno de los tipos legales de ruina, siendo claras las oportunidades que a este respecto ofrece la regulación de nuestro proceso –arts. 74 y 75 de la Ley Jurisdiccional–. Falta en el supuesto litigioso tal prueba, pues desde luego no basta con el acreditamiento de la incoación del expediente de ruina». **(STS 5 enero 1988 [RJ 1988, 184]).**

Tramitación del expediente de ruina.

«TERCERO. La obligación de los propietarios de edificios de mantenerlos en las condiciones expresadas en el artículo 181 de la Ley del Suelo de 9 abril 1976, y de ejecutar las obras pertinentes para dicha finalidad, ha sido perfectamente matizada por la doctrina de esta Sala, que en Sentencias de 21 marzo 1983 (RJ 1983, 1446), 16 abril 1983 (RJ 1983, 2815), 12 febrero y 22 abril 1988 (RJ 1988, 1134 y 3194), 4 abril 1989 (RJ 1989, 2906) y 31 octubre 1990 (RJ 1990, 8434) ha declarado que durante la sustanciación del expediente de ruina, la Administración sólo puede ordenar la realización de obras imprescindibles para evitar los peligros en personas y bienes ya que la declaración de ruina es en absoluto incompatible con la imposición de obras que no sean las estrictamente necesarias para evitar la caída de la construcción, pues la obligación que atañe al dueño de la finca con arreglo a los artículos 181 de la Ley del Suelo y 10 del Reglamento de Disciplina Urbanística de conservarla en condiciones de seguridad, salubridad y ornato público cesa al darse el supuesto del artículo 183 de la misma Ley del Suelo y la Administración no puede imponer, ni menos ejecutar otras obras distintas de las de mera y estricta seguridad de personas y bienes, absolutamente indispensables para ello, mientras se tramita y está pendiente de decidir la cuestión acerca de la situación de ruina del edificio, pues de otra manera se sumiría al propietario en situación de indefensión y se produciría una alteración del supuesto fáctico que constituye el fundamento de la declaración de ruina». **(STS 18 abril 1997 [RJ 1997, 2783]).**

Requisitos.

Audiencia del interesado.

«No le es lícito a la Administración dictar un Decreto como el recurrido imponiendo a la administrada la ejecución forzosa de determinadas obras sin previamente darle el preceptivo trámite de audiencia exigido imperativamente en el art. 91 de la Ley de Procedimiento Administrativo, trámite que la Jurisprudencia de esta Sala viene considerando esencial en los expedientes bajo sanción de nulidad de las resoluciones si la falta de audiencia hubiese dado lugar a la indefensión del interesado (art. 48.2 de la Ley de Procedimiento Administrativo); que es justamente lo acaecido en el presente caso porque en él, sin previa advertencia alguna a la señora M., se le imponen las obligaciones de hacer que hemos consignado sumiéndola en evidente indefensión que no puede subsanarse después dándole oportunidad de formular el recurso de reposición porque el acto administrativo se adoptó con vicio de origen, y un acto así viciado debe anularse por la Administración al resolver el recurso de reposición o en otro caso por los Tribunales». **(STS 18 mayo 1993 [RJ 1993, 3528]).**

«PRIMERO. La sentencia de instancia llegó a su conclusión anulatoria del acto impugnado con reposición de las actuaciones al 3 de marzo de 1983, en que por la Gerencia Municipal de Urbanismo de Madrid se había dictado resolución ordenando la ejecución de obras conforme al artículo 181 del Texto Refundido de la Ley sobre Régimen del Suelo y Ordenación Urbana de 9 abril 1976, basando su decisión en que siendo más las Comunidades de Propietarios afectadas que la actora, la orden y el procedimiento administrativo que culminó con el acto impugnado debieron, la primera, dirigirse y, el segundo, seguirse contra todas ellas [...] SEGUNDO. Ninguno de los motivos impugnatorios de la apelante puede ser acogido, razón por la que se impone la desestimación de su apelación y la confirmación de la sentencia apelada. En efecto, en cuanto al primero, sin desconocer la dinámica del artículo 181 de referencia, no discutiendo la Gerencia Municipal de Urbanismo la existencia de varias Comunidades de Propietarios y no negando que las obras ordenadas inciden sobre más que la demandante [...], es concluyente que la orden de obras no debió limitarse a la actora y que en el expediente debieron haber participado todas ellas, toda vez que, siguiendo al particular nuestra Sentencia de 2 enero 1992 (RJ 1992, 689), tal orden y sus efectos son extremos que indudablemente ni pudieron impartirse y decidirse en el expediente administrativo ni pueden serlo ahora en vía jurisdiccional sin la presencia de todas». **(STS 7 febrero 1995 [RJ 1995, 1058]).**

«TERCERO. [...] Es cierto que no se le dio audiencia, pero también que ello no le originó indefensión alguna, porque recurrió en reposición y pudo alegar y alegó todo lo que a su derecho convino. La parte actora no especifica qué argumentos hubiera podido alegar en aquel trance que, por el contrario, fueran de imposible alegación posterior. En consecuencia, y visto que este argumento descansa en una consideración meramente formal del concepto de la indefensión, y que es por ello desacertado, procede rechazarlo». **(STS 28 septiembre 1995 [RJ 1995, 6690]).**

Determinación y concreción de las obras ordenadas.

«SEGUNDO. [...] Dentro del contenido normal del derecho de propiedad se integra un deber legal un deber urbanístico –con independencia de lo que derive del Código Civil y de la Ley de Arrendamientos Urbanos– del propietario cuyo contenido es el ya mencionado.

Este deber genérico se concreta en la obligación consecuente mediante la emanación de la orden de obras, acto administrativo éste a cuyo contenido ha de exigirse el requisito de la determinación o concreción. Sin esta concreción no podría saberse si las obras ordenadas se hallaban dentro del campo que trazan los arts. 181 del Texto Refundido y 10 del Reglamento de Disciplina Urbanística –seguridad, salubridad y ornato públicosy también sin esa necesaria precisión o concreción de las obras el administrado destinatario de la orden no estaría en condiciones de cumplirla. Podría incluso tratarse de un supuesto de imposibilidad determinante de la nulidad de pleno derecho prevista en el art. 47.1 b) de la Ley de Procedimiento Administrativo –Sentencia de 30 de diciembre de 1989 (RJ 1989, 9236)–». **(STS 27 febrero 1990 [RJ 1990, 1514]).**

«La razón por la que el acto administrativo que da lugar a este proceso ha sido anulado es por no concretar con la necesaria determinación las medidas a cuya realización era requerida la demandante; esa indefinición es patente en el requerimiento efectuado, y sobre ello la parte apelante nada opone, por lo que el presente recurso de apelación ha de ser desestimado». **(STS 5 octubre 1998 [RJ 1998, 7152]).**

Posibilidad excepcional de ordenar las obras al arrendatario o al titular de la actividad.

«CUARTO. [...] Las obligaciones de los Ayuntamientos en orden a la policía de las edificaciones deben desarrollarse al margen por completo de las relaciones contractuales entre arrendador y arrendatario, siempre cautelosas y a veces conflictivas en materia de ejecución de obras, como denotan los antecedentes de estos autos, y sin perjuicio que ellos diriman después sus diferencias en la vía que corresponda. Normalmente, el destinatario de las órdenes será el propietario del inmueble, conforme a los arts. 181 de la Ley del Suelo y 10 del Reglamento de Disciplina Urbanística, pero no se puede excluir tampoco la posibilidad de órdenes al titular de la licencia, particularmente cuando se trate de actividades molestas, insalubres o peligrosas, que no era el caso de los autos. QUINTO. Ahora bien, es preciso aplicar este criterio de manera razonable, según las circunstancias del caso y atendiendo además a que las obligaciones de los propietarios se refieren, como confirman los dos preceptos citados, a los aspectos públicos de la seguridad, higiene y ornato, no a cualquier obra que sea necesario o conveniente realizar. Resulta así excesivo en este caso ordenar a la propietaria la reparación de la instalación eléctrica, tratándose de una tienda de electrodomésticos y siendo además electricista el arrendatario, según hizo constar al otorgar el contrato. Y lo mismo ocurre con «la suciedad y deficiencia en el aseo» o con las partes del solado que se hayan levantado». **(STS 17 abril 1996 [RJ 1996, 6120]).**

«PRIMERO. El artículo 181.1 de la Ley del Suelo (Texto Refundido de 9 abril 1976) impone a los propietarios de terrenos, urbanizaciones de iniciativa particular, edificaciones y carteles la obligación de mantenerlos en condiciones de seguridad, en forma tal de que no impliquen riesgo para las personas o las cosas; de salubridad, garantizando que sus condiciones no representan un riesgo para la higiene o las condiciones sanitarias y, en fin, de ornato público, en forma tal de que no perjudiquen o deterioren la apariencia urbana. El artículo 182 de la LS precisa deberes especiales por razones de interés turístico o estético, o respecto de obras necesarias para la conservación de inmuebles que se incluyan en Catálogos o en Planes Especiales.

SEGUNDO. Para garantizar el cumplimiento de estas obligaciones, el apartado 2 del mismo artículo 181 LS confiere a los Ayuntamientos potestades de policía por las que, siguiendo el debido procedimiento y respetando las exigencias de congruencia y proporcionalidad de la intervención jurídico-administrativa, se pueden imponer a los propietarios a que se refiere el artículo 181.1 órdenes concretas e individuales, constitutivas de mandato para la ejecución de obras [artículo 5 c) del Reglamento de Servicios de las Corporaciones Locales], con la finalidad de mantener los edificios y demás objetos protegidos en las debidas condiciones de uso, conforme a su destino propio (artículos 10 y ss. del Reglamento de Disciplina Urbanística). TERCERO. Dichas órdenes se dirigirán, por norma, al propietario del terreno, urbanización, edificio o cartel afectado, pero no puede descartarse que, en algunos casos, puedan también tener por destinatario al titular de una licencia, singularmente en cuanto se trate de actividades molestas, nocivas o peligrosas (tal como se dio en la Sentencia de esta Sección de 17 abril 1996 [RJ 1996, 6120]) o, en fin, al propietario de un terreno o edificio limítrofe, siempre que se demuestre que, por su inestabilidad, deterioro o insuficiencia, causa daño o riesgo a la seguridad, salubridad u ornato de un tercero, que se trata de proteger mediante el ejercicio de las potestades municipales de policía de la edificación que se examinan». **(STS 5 diciembre 1997 [RJ 1998, 579]).**

No es de aplicación el procedimiento administrativo sancionador.

«TERCERO. No cabe tampoco estimación de la alegada inexistencia o irregularidad del procedimiento, ya que no siendo la medida prevista en el artículo 181 citado de carácter sancionador, sino atinente al cumplimiento de las obligaciones de todo propietario de conservar o mantener el objeto de la titularidad dominical en las debidas y exigibles condiciones de seguridad, es claro que no procede el seguimiento de procedimiento sancionador, sino que se han de seguir las normas generales de todo procedimiento administrativo, en el que simplemente han de exigirse los actos de instrucción adecuados a la comprobación de los datos y antecedentes básicos para el pronunciamiento de la decisión, entre los que se comprenden los informes de los técnicos municipales idóneos en relación con la medida a adoptar y la audiencia y vista de todo lo actuado al interesado para evitar su indefensión y que pueda verificar las alegaciones que estime oportunas y plantear los recursos pertinentes tanto en vía administrativa como jurisdiccional». **(STS 6 mayo 1998 [RJ 1998, 3614]).**

Artículo 182.

1. Los Ayuntamientos y, en su caso, las Diputaciones Provinciales y las Comisiones Provinciales de Urbanismo podrán también ordenar, por motivos de interés turístico o estético, la ejecución de obras de conservación y de reforma en fachadas o espacios visibles desde la vía pública, sin que estén previamente incluidas en Plan alguno de ordenación.

2. Las obras se ejecutarán a costa de los propietarios si se contuvieren en el límite del deber de conservación que les corresponde, y con cargo a fondos de la Entidad que lo ordene cuando lo rebasaren para obtener mejoras de interés general.

3. Los propietarios de bienes incluidos en los catálogos a que se refiere el artículo 25 podrán recabar, para conservarlos, la cooperación de los Ayuntamientos y Diputaciones, que la prestarán en condiciones adecuadas.

⇒ V. art. 13 y concordantes de la Ley 6/1998, de 13 abril (§1).
V. arts. 245 y 246 del TRLS/1992 (§2).
V. art. 181 del presente Texto Refundido.
V. arts. 10 y 11 del RDU (§3.3).

Jurisprudencia

Necesidad de licencia municipal.

«SEGUNDO. Puesto que el artículo 182.1 de la Ley del Suelo atribuye no sólo a los Ayuntamientos sino también a las Diputaciones Provinciales la competencia para ordenar, por motivos de interés turístico o estético, la ejecución de obras de conservación y de reforma de fachadas o espacios visibles desde la vía pública, concluye la Diputación apelante que, toda vez que el cumplimiento de una orden de ejecución de ese tipo habilita para la realización de las obras que se impongan, sin proveerse de previa licencia municipal, es claro que la propia Diputación Provincial, que pudo acordar una medida como la indicada sobre un edificio de propiedad privada, también lo puede hacer sobre un edificio de su propiedad, y en tal caso, como sucede en el supuesto que da lugar al presente proceso, tampoco necesitaría licencia municipal para llevar a cabo las obras. Sin embargo, este razonamiento no puede ser compartido por la Sala. Para empezar, no existe prueba alguna que acredite que las obras paralizadas por el Ayuntamiento de Lugo se hayan adoptado en función de los criterios a que responde la intervención de las Diputaciones Provinciales en el ámbito del artículo 182.1 de la Ley del Suelo, esto es que obedezcan a los motivos de interés turístico o estético a que el precepto se refiere. Tampoco es tan incuestionable como la Corporación apelante supone, que su intervención, conforme al precepto indicado, implique la sustitución en las competencias del Ayuntamiento en que se encuentre el edificio afectado, de modo que si su titular fuere un particular, pudiera ejecutar inmediatamente las obras ordenadas por la Diputación, sin obtener la previa licencia municipal que, con carácter general, se exige en el artículo 178 de la Ley del Suelo. Finalmente, el artículo 180 de dicha Ley sujeta a todas las Corporaciones públicas al deber de obtener previa licencia, para todos los actos de edificación y uso del suelo, en las mismas condiciones que los particulares, sin más excepciones que las que se establecen en su párrafo 2, y la interpretación que la Diputación apelante efectúa del artículo 182.1 vendría en la práctica a dejar sin aplicación ese régimen». **(STS 4 mayo 1998 [RJ 1998, 3609]).**

Límites del deber legal. Contribución a los gastos.

«CDO. [...] Sin la declaración de monumento histórico-artístico de un inmueble, adoptada por el organismo estatal competente, no puede pretenderse por el propietario de aquél, que la Administración en cualquiera de sus esferas, central, provincial o local, según sea la calificación atribuida al monumento histórico-artístico, afronte los gastos de las obras de conservación que del referido inmueble puedan alcanzar, requisito necesario el indicado, del que, insistimos, carecía la Iglesia de San Carlos Borromeo cuando el Arzobispado de Valencia solicitó que las obras por él instadas, sin intervención del Ayuntamiento demandado, fueran realizadas por cuenta de dicha entidad local. CDO. Que ni aun en el supuesto de que la Iglesia mencionada estuviere incluida en el catálogo a que se refiere el art. 25 del vigente Texto Refundido de la Ley del Suelo de 9 abril 1976, lo que la sentencia apelada parece aceptar como realidad, aunque ciertamente no conste todavía ello, así como que tal catálogo haya sido aprobado por el organismo competente allí señalado, ni aun en tal supuesto, repetimos, y tal como acertadamente se destaca en la mencionada sentencia, resultaría obligado el Ayuntamiento demandado a sufragar los gastos de conservación solicitados por la Autoridad eclesiástica hoy apelante, por cuanto, a lo más que en dicho caso podría llegarse, es a lo establecido en el párr. 3º del art. 182 del referido texto legal, que reconoce a los propietarios el derecho a solicitar, en las obras de conservación de los inmuebles allí incluidos, la cooperación de los Ayuntamientos, que la prestarán en condiciones adecuadas, tal como expresamente se determina en el precitado art. 182, fórmula ciertamente genérica e indeterminada, que, lógicamente, debe entenderse en el sentido, de que las entidades locales prestarán tal cooperación, con la ayuda técnica o económica que resulte conforme a las posibilidades de dichas entidades y a las necesidades del inmueble a conservar». **(STS 18 marzo 1981 [RJ 1981, 2196]).**

«CDO. [...] Que asimismo es destacable que la norma citada del artículo 87 debe ser armonizada (en aras de una interpretación sistemática y finalista) con lo dispuesto en los artículos 181 y 182 de la Ley del Suelo, dado que las cargas que impongan la conservación de los edificios no dan lugar a indemnización siempre que se mantengan dentro de los límites de la normalidad, siendo, no obstante, indemnizables las que excedan de tal límite, esto es, las que no sean encuadrables como de "conservación» (art. 182, 2º y 3º de la Ley) del edificio». **(STS 11 febrero 1985 [RJ 1985, 1019]).**

«CUARTO. [...] Solamente si sobrepasa el límite del deber legal (las necesarias de conservación referidas a las precisas para la seguridad y salubridad, según reiterada doctrina jurisprudencial) de conservación –artículo 181 de la Ley y 10.1 del Reglamento–, cabría trasladar a la Administración municipal tal carga, por imperativo del artículo 182.2 de la Ley y preceptos concordantes. Mas tal extremo, como se ha dicho, no resulta, en este caso, suficientemente acreditado». **(STS 27 enero 1989 [RJ 1989, 498]).**

Artículo 183.

1. Cuando alguna construcción o parte de ella estuviere en estado ruinoso, el Ayuntamiento, de oficio o a instancia de cualquier interesado, decla-

rará y acordará la total o parcial demolición, previa audiencia del propietario y de los moradores, salvo inminente peligro que lo impidiera.

2. Se declarará el estado ruinoso en los siguientes supuestos:

a) Daño no reparable técnicamente por los medios normales.

b) Coste de la reparación superior al 50 por 100 del valor actual del edificio o plantas afectadas; y

c) Circunstancias urbanísticas que aconsejaren la demolición del inmueble.

3. Si el propietario no cumpliere lo acordado por el Ayuntamiento, lo ejercitará éste a costa del obligado.

4. Si existiere urgencia y peligro en la demora, el Ayuntamiento o el Alcalde, bajo su responsabilidad, por motivos de seguridad, dispondrá lo necesario respecto a la habitabilidad del inmueble y desalojo por sus ocupantes.

5. Las mismas disposiciones regirán en el supuesto de que las deficiencias de la construcción afectaran a la salubridad.

⇒ V. arts. 13 y concordantes de la Ley 6/1998, de 13 abril (§1).
V. art. 181 del presente Texto Refundido.
V. arts. 245 y 246 del TRLS/1992 (§2).
V. arts. 18 a 28 del RDU (§3.3).

Jurisprudencia

Acto administrativo declarativo. Su contenido es una orden de demolición.

«SEGUNDO. La figura jurídica regulada en el art. 183 del Texto Refundido de la Ley del Suelo se viene denominando "declaración de ruina», lo que constituye una terminología insuficiente, dado que no refleja el verdadero contenido del acto administrativo. En efecto, la declaración de ruina, es decir, la constatación de que realmente concurre alguno de los supuestos del art. 183, es sólo la causa o presupuesto de hecho del "contenido» del acto administrativo que es una orden de demolición como claramente deriva ya del art. 183, del citado Texto Refundido y también del art. 23.1 del Reglamento de Disciplina Urbanística». **(STS 28 marzo 1988 [RJ 1988, 2438]).**

Carácter dinámico y evolutivo de la ruina. Periciales.

«SEGUNDO. [...] En términos generales la ruina es una situación objetiva y por tanto independiente de la causa que la motiva –SS. 30-12-1989 (RJ 1989, 9237), 19-2-1990 (RJ 1990, 1323), 22-10-1991 (RJ 1991, 8376), 22-1-1992 (RJ 1992, 764), etc.–. [...] TERCERO. Una reiterada jurisprudencia viene poniendo de relieve que el estado de ruina tiene un carácter dinámico y evolutivo –SS. 13-3-1989 (RJ 1989, 1980), 26-12-1990 (RJ 1990, 10257), 23-7-1991 (RJ 1991, 6285), 22-1-1992 (RJ 1992, 764), 5-4-1993 (RJ 1993, 2615), etc.– de donde deriva: A) Que las valoraciones a tener en cuenta no son las del momento inicial del expediente sino las más cercanas al momento en que se decide o falla. B) Que en la misma línea y aun siendo ambos ajenos a los intereses en juego resultarán preferentes en principio los dictámenes de los peritos procesales sobre los de los técnicos de la Administración pues reflejan más exactamente el último estado del edificio: el gasto a realizar es precisamente el requerido por la situación actual del edificio y justamente con la ruina se trata de determinar cuándo ya no está socialmente justificada la inversión en la reparación –SS. 13-3-1989 (RJ 1987, 1961), 3-10-1990 (RJ 1990, 7836), 24-6-1992 (RJ 1992, 5313), etc.–. QUINTO. En último término ha de hacerse constar que el edificio al que se refieren estos autos está «catalogado por el Plan Especial con el nivel de Protección Estructural» [...]A este respecto ha de recordarse que una reiteradísima jurisprudencia, con el valor complementario del ordenamiento jurídico que le señala el art. 1.6 del Título

Preliminar del Código Civil, viene declarando que el interés histórico, artístico o ambiental que pueda tener un determinado edificio afectará a la ejecutividad de la declaración del estado ruinoso pero no a la viabilidad de tal declaración –SS. 24-5-1985 (RJ 1985, 2944), 14 marzo y 11 octubre 1986 (RJ 1986, 1781 y 7654), 23-9-1988 (RJ 1988, 7242), 6 marzo, 27 junio y 30 diciembre 1989 (RJ 1989, 1734, 4914 y 9237), 27-2-1990 (RJ 1990, 1523), 20-11-1991 (RJ 1991, 9151), 24-6-1992 (RJ 1992, 5313), 6-5-1993 (RJ 1993, 3477), etc.–. De ello deriva que a la hora de la ejecución de la declaración de ruina formulada por la Sala «a quo» han de tenerse en cuenta las exigencias que deriven de la catalogación mencionada». **(STS 17 mayo 1993 [RJ 1993, 3486]).**

Ruina. Declaración por el Tribunal al ser reglada.

«Siendo la declaración de ruina un actuación reglada, resulta claramente viable la posibilidad de que ante el silencio de la Administración el Tribunal sustituya a ésta formulando si procede la declaración de ruina: si se limitara a declarar la procedencia de que la Administración dictase resolución expresa no sólo se estaría quebrantando el principio de economía procesal sino que, sobre todo, se estarían desconociendo las exigencias del principio de efectividad de la tutela judicial –art. 24.1 de la Constitución– que quedaría claramente burlado si los Tribunales no decidieran respecto de aquello que la Administración pudo y debió resolver –S. 22-10-1990 (RJ 1990, 8322)–. QUINTO. Así las cosas, la Sala teniendo en cuenta la antigüedad del edificio, las lesiones estructurales existentes, reconocidas incluso como ya se ha visto por el arquitecto municipal y las demoliciones y reconstrucciones necesarias, llega a la conclusión de que realmente se aprecia un agotamiento de las estructuras bastante para subsumir el supuesto litigioso en la ruina técnica prevista en el art. 183.2 a) del Texto Refundido de la Ley del Suelo 9-4-1976, vigente a la sazón –hoy art. 247.2 b) del Texto Refundido 26-6-1992–, pues aparece claro que no resulta socialmente justificado el gasto necesario para la conservación del edificio litigioso –SS. 11-10-1986, 20-12-1988, 13-3-1989 (RJ 1989, 1980), 3-10-1990, etc.–. Con ello resulta innecesario examinar la concurrencia de la ruina económica afirmada también por el perito procesal». **(STS 24 junio 1992 [RJ 1992, 5313]).**

Criterios a tener en cuenta. Estado general del edificio.

«TERCERO. [...] La declaración de ruina está regulada en la Ley del Suelo –art. 183– atendiendo a diferentes criterios –seguridad, ejecución del planeamiento–, y entre ellos figura, en lo que ahora importa, el establecimiento de un límite al deber del propietario de conservar la cosa arrendada. En este sentido, a la hora de aplicar el art. 183.2 b) de la Ley del Suelo, para fijar el valor actual del edificio habrá que tener en cuenta no sólo su edad, sino también su estado general, en relación con su destino, con miras al futuro, es decir a la posible duración del edificio una vez que las reparaciones se lleven a cabo; el gasto que supone la reparación sólo resulta socialmente justificable si con ella se asegura una prolongación razonable de la vida de la edificación. Ello fundamenta que a la hora de valorarla no se atienda exclusivamente y en abstracto a su antigüedad sino también a su estado general, punto de vista éste que vendrá a hacer ostensible en qué medida se amplía la futura vida del edificio». **(STS 11 octubre 1986 [RJ 1986, 7654]).**

Ruina económica.

«El dictamen de dicho perito procesal es claramente favorable a la declaración de ruina, pues las reparaciones incluidas en su segundo informe son las de pura consolidación, en tanto que las que han de tenerse en cuenta para la declaración de ruina prevista en el art. 183.2 b) del Texto Refundido son todas las necesarias para poner el edificio en condiciones de servir adecuadamente para su función y éstas, que aparecen contempladas en su primer informe, son bastantes para cubrir el porcentaje previsto en aquel precepto: de ello deriva la necesidad de tener en cuenta las reparaciones de cocina, ducha y sanitarios, pero aunque se excluyeran las partidas discutidas, el resultado –exceso sobre el 50 por 100 del valor del edificioserÍa bastante para justificar la declaración de ruina». **(STS 26 julio 1990 [RJ 1990, 6822]).**

«QUINTO. El tercer motivo de casación alega como violado el artículo 183.2 b) del TRLS por no incluir los costes fiscales de la reparación, y en concreto el IVA. En efecto, éste es un concepto que (como el beneficio industrial, o los costes de licencia municipal, etc.) debe ser incluido entre las obras de reparación, ya que la jurisprudencia de esta Sala tiene declarado que deben computarse todas aquellas partidas que presumible y legítimamente tengan que abonarse para restablecer o mantener el edificio en condiciones de seguridad y salubridad (STS 18 enero 1977 [RJ 1977, 226], 24 febrero 1989 [RJ 1989, 1707] y 5 octubre 1990 [RJ 1990, 7888]). Debe darse lugar a este motivo, y adicionar a las obras de reparación un 6% por el Impuesto sobre el Valor Añadido, de conformidad con lo dispuesto en el artículo 28.3 de la Ley Reguladora de tal Impuesto, de 2 agosto 1985, y artículo 57.3 de su Reglamento. Pues, en efecto, el porcentaje debe ser el del 6% porque las obras habrían de ser derivadas de un contrato directo entre promotor (es decir, la propiedad) y contratista, y porque además, el propio Ayuntamiento en las obras que realizó por ejecución subsidiaria aplicó por el IVA un 6%, según puede verse en las facturas obrantes en el expediente administrativo, que acepta la parte actora». **(STS 16 mayo 1996 [RJ 1996, 3975]).**

Ruina urbanística.

«QUINTO. Concurre también la situación legal de ruina urbanística establecida en el apartado c) de la misma disposición legal, pues aun asumiendo la inexistencia en el edificio de graves daños estructurales, sí que hay que efectuar en él obras (como las de subsanación de daños en los forjados, de flechado de las correas de cubierta, reconstrucción de la galería volada hundida con sustitución de las viguetas podridas, nivelación y solado de algunas zonas, etc.) que aunque no básicas o esenciales, son de reconstrucción o consolidación; y como tales están prohibidas por el artículo 60.2 de la Ley del Suelo; y esta circunstancia, unida a la situación de fuera de ordenación en la que se halla el edificio, hacen incidir también sobre el mismo la situación de la ruina urbanística señalada en dicho apartado c) del número 2 del artículo 183 según la reiterada doctrina de esta Sala de la que son exponente sus Sentencias de 17 de diciembre de 1974 (RJ 1974, 5163), 28 de noviembre de 1975 (RJ 1975, 4406), 17 de marzo de 1980 (RJ 1980, 2199), 10 de julio de 1984 (RJ 1985, 415), 10 de junio, 17 de octubre y 31 de diciembre de 1985 (RJ 1985, 3567, 6288 y 995) y 6 de noviembre de 1986 (RJ 1986, 7812), entre otras». **(STS 21 diciembre 1987 [RJ 1987, 9682]).**

«PRIMERO. [...] Circunscribiéndonos a la determinación de si el edificio se encuentra o no en estado de ruina urbanística, es decir, en el previsto en el apartado c) del artículo 183.2 del Texto Refundido de la Ley sobre Régimen del Suelo y Ordenación Urbana de 9 abril 1976 [...], al efecto ha de precisarse que esta Sala, en Sentencias, entre otras, de 14 abril y 7 diciembre 1989 (RJ 1989, 3109 y 1118) y 4 enero 1990 (RJ 1990, 318) ha configurado dicha modalidad de ruina por la concurrencia de tres circunstancias, en primer lugar, un decaimiento estructural, cualquiera que sea su origen, en segundo término, que ese estado haga precisa la realización de obras para mantener la habitabilidad que por su entidad o costo, aunque no se correspondan con las previstas en los apartados a) y b) de dicho artículo 183.2, ya que de ser así holgaría el supuesto, se aproximen a ellas, y finalmente, que la edificación se encuentre fuera de la normalidad urbanística, relacionando esta circunstancia con las anteriores y, especialmente, con la de que las obras a efectuar excedan de las permisibles para las edificaciones fuera de ordenación por el artículo 60 del precitado Texto Refundido, configuración jurisprudencial que ha recogido el artículo 247 del actual Texto Refundido de 26 junio 1992. Y también ha de precisarse, por el largo período de tiempo transcurrido entre la solicitud de la declaración de ruina, los acuerdos municipales, la sentencia de instancia y la práctica de la prueba pericial en esta alzada, que esta Sala –Sentencias de 8 y 9 marzo 1993 (RJ 1993, 1592 y 1600) y 18 marzo y 1 abril 1996 (RJ 1996, 2036 y 2931), entre otras– tiene declarado que la ruina es una situación evolutiva capaz de consumarse a lo largo del expediente administrativo y del proceso judicial, sin que a la función revisora del orden jurisdiccional contencioso-administrativo se oponga con la virtualidad suficiente para enervarla el que un acto administrativo de un estado evolutivo se enjuicie tal como éste se encuentre en el momento de valorarlo, ya que carecería totalmente de sentido obligar al afectado por el mismo a iniciar otra vez un procedimiento administrativo y someter de nuevo a enjuiciamiento al acto decisorio que en él se dictase». **(STS 24 junio 1996 [RJ 1996, 5239]).**

Declaración de ruina como presupuesto para la inclusión del edificio en el Registro municipal de solares.

«En último término será de advertir, como recuerda la Sala "a quo», que la jurisprudencia viene poniendo de relieve que la declaración de ruina de un edificio es presupuesto de la inclusión de la finca en el Registro Municipal de Solares –art. 25 del Reglamento de Disciplina Urbanística– con todas las consecuencias jurídicas que de ello derivan –incluida la posible indemnización– por darse identidad objetiva de los respectivos presupuestos –Sentencias de 29 de diciembre de 1986 (RJ 1987, 1672), 12 de mayo de 1987 (RJ 1987, 5515), 22 de enero de 1988 (RJ 1988, 321), 22 de mayo de 1989 (RJ 1989, 3953), 13 de marzo de 1990, etc.–». **(STS 8 mayo 1990 [RJ 1990, 4049]).**

Prueba del estado de ruina.

«QUINTO. Con invocación del art. 632 de la Ley de Enjuiciamiento Civil –Sentencias de 13 de febrero de 1987 (RJ 1987, 2977), 1º de julio de 1988, 26 de diciembre de 1989 (RJ 1989, 9224), 29 de enero de 1990 (RJ 1990, 357), etc.– la jurisprudencia viene poniendo de relieve que los Tribunales no están nunca vinculados por las conclusiones de los peritos que han de ser examinadas a la luz de las reglas de la sana crítica. No son éstas fáciles de definir y concretar pero desde luego dan lugar a un examen de los razonamientos en el que se comprueba en qué medida éstos son coherentes con sus fundamentos de hecho y en qué grado son producto de la lógica: es su racionalidad la que puede justificar la convicción que en el Juez ha de formarse acerca de su acierto. Así, la jurisprudencia para determinar la eficacia de los informes periciales viene atendiendo a la fuerza convincente del razonamiento que contienen, a la mayor o menor imparcialidad presumible en el perito y en último término a su armonía con el resto de los elementos probatorios. En el supuesto litigioso, el dictamen del arquitecto municipal, perfectamente documentado –incluso más de lo que es frecuente–, con independencia clara de los intereses en juego y, en definitiva, no desvirtuado por otras probanzas –es en la primera instancia donde debe solicitarse la práctica de la prueba pericial– conduce a la conclusión de que el estado del edificio que aquí se contempla resulta subsumible en los apartados a) y b) del art. 183.2 del Texto Refundido». **(STS 19 febrero 1990 [RJ 1990, 1323]).**

El Plan ha de atenerse a lo establecido en la Ley del suelo, sin establecer excepciones no previstas en la misma.

«No resulta posible que una regla de rango reglamentario, como es el Plan, altere lo establecido con carácter general por el artículo 183 del Texto Refundido de la Ley del Suelo cuya indeterminación es precisamente la querida por la ley para permitir una mejor adaptación de la solución a las circunstancias del caso concreto –en esta línea, Sentencia de 21 de julio de 1989 (RJ 1989, 6041)–». **(STS 23 octubre 1989 [RJ 1989, 7470]).**

«DÉCIMO. Procede, por último, declarar también la nulidad del artículo 3.5.6 de las Normas Urbanísticas en cuanto prescriben que «los inmuebles catalogados como de interés histórico-artístico no podrán ser objeto de declaración de ruina atendiendo al coste de las obras de reparación que sean precisas en los mismos». Dicho precepto ha sido ya analizado por esta Sala en Sentencia de 4 febrero 1992 (RJ 1992, 2241), en la que, con remisión a lo declarado en la de 23 octubre 1989 (RJ 1989, 7470), se sostenía que tal precepto incurría en vicio de legalidad por su oposición frontal a lo dispuesto en el artículo 183 de la Ley del Suelo, pues «no resulta posible que una regla de rango reglamentario, como es el Plan, altere lo establecido con carácter general por el artículo 183 del Texto Refundido de la Ley del Suelo, cuya indeterminación es precisamente lo querido por la Ley para permitir una mejor adaptación de la solución a las circunstancias del caso concreto». Importa también recordar que es doctrina consolidada de esta Sala –sirviendo de ejemplo las de 23 septiembre y 7 octubre 1988

(RJ 1988, 7242 y 7446) de la antigua Sala 4ª– la que sostiene que el hecho jurídico de la inclusión de una finca en el catálogo del Patrimonio Histórico-Artístico, no enerva, sin más, una posible declaración del estado de ruina de un edificio, como expresión de una situación de hecho; si bien sí incide directa y principalmente en el ámbito de la ejecutividad, ya que la demolición exige, en todo caso, licencia de tal carácter y su contenido vendrá predeterminado por la norma especial o catalogada que, como normativa específica vincula por igual al Ayuntamiento y a la Comisión del Patrimonio Histórico-Artístico». **(STS 1 febrero 1994 [RJ 1994, 1000]).**

«CUARTO. [...] La jurisprudencia de este Tribunal Supremo tiene declarado que «no resulta posible que una regla de rango reglamentario, como es el Plan, altere lo establecido con carácter general por el artículo 183 del TRLS, cuya indeterminación es precisamente querida por la Ley para mejor adaptación de la solución a las circunstancias del caso concreto», así como que «un Plan General de Ordenación Urbana, aun gozando de carácter normativo, no es, por rango ni por su función, instrumento idóneo para regular las ruinas técnica y económica de los edificios en aspectos tan puntuales como determinar la concurrencia de las mismas» (Sentencias de 23 octubre 1989 [RJ 1989, 7470], 20 febrero 1991 [RJ 1991, 968] y 4 febrero 1992 [RJ 1992, 2241], entre otras). Así que esa disposición del Plan General de Santiago de Compostela es inválida por infracción del artículo 183.2 b) del TRLS, y no puede, por lo tanto, impedir la debida aplicación de éste». **(STS 6 noviembre 1996 [RJ 1996, 8007]).**

«TERCERO. [...] Como segundo motivo de casación alega la Gerencia Municipal de Urbanismo del Ayuntamiento de Sevilla que la sentencia de instancia ha infringido lo dispuesto en el artículo 156.2 de la Ley del Suelo, en cuanto que el plazo de dos años para acordar la demolición ha de computarse desde la notificación al propietario del acuerdo de inclusión de su finca en el Registro de Solares y no desde el desalojo de las viviendas, como ha decidido la sentencia de instancia. La parte recurrente cita en su apoyo la Sentencia de esta Sala de 12 de mayo de 1973 (RJ 1973, 2569) que no se refiere a un supuesto como el que aquí se plantea, y olvida que la Sala de instancia se apoya en la doctrina sentada por esta Sala en Sentencia de 26 de diciembre de 1989 (RJ 1989, 9224) que ha señalado que aunque la declaración de ruina se traduce en una orden de demolición, para llegar a ésta «será necesario ante todo obtener la declaración de la resolución de los contratos de arrendamiento, lo que en nuestro sistema jurídico se logra dejando a un lado el sistema del Registro de Solares si existe, siguiendo el pertinente proceso ante la jurisdicción civil –artículo 114.1 a) de la Ley de Arrendamientos Urbanos–. De ello deriva que el plazo de demolición impuesto por el acto recurrido ha de computarse no desde la notificación del acuerdo declaratorio de la ruina sino desde el desalojo de la vivienda, previas las actuaciones necesarias ante la mencionada jurisdicción civil, aparte los supuestos de urgencia». **(STS 14 enero 1999 [RJ 1999, 172]).**

Unidad predial y ruinas parciales.

«Ciertamente la redacción del art. 183 del Texto Refundido de la Ley del Suelo, en su pura literalidad, permite pensar en ruinas parciales cuando sólo una parte de la edificación presenta daños a reparar. Pero la jurisprudencia viene restringiendo aquella conclusión inicial atendiendo al concepto de la unidad predial –así Sentencias de 13 de marzo y 27 de junio de 1989 (RJ 1989, 1976 y 4914)– la diferenciación de tres zonas dentro del edificio litigioso –hoja núm. 4 del informe del arquitecto municipal– tal como la realiza el perito obedece no a un criterio de estructura arquitectónica sino a la cuantía de los gastos necesarios. Y desde luego nada en los autos permite pensar en una independencia estructural: la heterogeneidad constructiva deriva de reformas y ampliaciones que en modo alguno denotan la autonomía constructiva necesaria para romper la unidad predial». **(STS 19 febrero 1990 [RJ 1990, 1323]).**

Artículo 184.

1. Cuando los actos de edificación o uso del suelo relacionados en el artículo 178 se efectuasen sin licencia u orden de ejecución, o sin ajustarse a

las condiciones señaladas en las mismas, el Alcalde o el Gobernador Civil, de oficio o a instancia del Delegado provincial del Ministerio de la Vivienda, dispondrá la suspensión inmediata de dichos actos. El acuerdo de suspensión se comunicará al Ayuntamiento en el plazo de tres días si aquél no hubiese sido adoptado por el Alcalde.

2. En el plazo de dos meses contados desde la notificación de la suspensión, el interesado habrá de solicitar la oportuna licencia o, en su caso, ajustar las obras a la licencia u orden de ejecución.

3. Transcurrido dicho plazo sin haberse instado la expresada licencia, o sin haberse ajustado las obras a las condiciones señaladas, el Ayuntamiento acordará la demolición de las obras a costa del interesado y procederá a impedir definitivamente los usos a los que diera lugar. De igual manera procederá si la licencia fuere denegada por ser su otorgamiento contrario a las prescripciones del Plan o de las ordenanzas.

4. Si el Ayuntamiento no procediera a la demolición en el plazo de un mes contado desde la expiración del término a que se refiere el número precedente o desde que la licencia fuese denegada por los motivos expresados, el Alcalde o el Gobernador Civil dispondrá directamente dicha demolición, a costa asimismo del interesado.

⇒ V. art. 2 de la Ley 6/1998, de 13 abril (§1).
V. arts. 185, 225 y 228 del presente Texto Refundido.
V. arts. 29 y 30 del RDU (§3.3).

Jurisprudencia

Consecuencias jurídicas de la vulneración del ordenamiento urbanístico.

«La vulneración del ordenamiento jurídico urbanístico puede provocar, en lo que ahora importa, dos tipos de consecuencias jurídicas –arts. 225 del Texto Refundido de la Ley del Suelo y 51 del Reglamento de Disciplina Urbanística–: A) La adopción de medidas para la restauración del orden jurídico infringido y de la realidad física alterada o trasformada como consecuencia de la actuación ilegal, lo que conduce –art. 184 del Texto Refundido– a la demolición en el supuesto de las obras ilegales.

B) La imposición de sanciones, cuando la actuación además de ser ilegal ha sido objeto de la necesaria tipificación como infracción. Y, se destaca, ambos tipos de consecuencias cuando resultan procedentes operan conjuntamente sin que por tanto el pago de la sanción de multa pueda dar lugar a la eliminación de la demolición». **(STS 18 febrero 1992 [RJ 1992, 2904]).**

Interesado es quien ejecuta las obras, con independencia de que sea o no el propietario.

«CUARTO. [...] El artículo 184 del Texto Refundido de la Ley del Suelo de 9 abril 1976 ordena a la Administración entenderse con «el interesado» (apartado 2), en el bien entendido supuesto de que el interesado no es el propietario, sino quien "efectúa» las obras (apartado 1), el cual puede o puede no ser el propietario de la finca. Quien efectúa las obras puede, en efecto, ser el propietario del inmueble donde se realizan, pero puede ser también un usufructuario de éste, o un arrendatario, o un precarista o *cualquier tercero*; no importa, para los fines del artículo 184, quién sea el propietario del inmueble, sino quién está ejecutando la obra, ya que lo relevante urbanísticamente es ésta, y no la titularidad que se tenga sobre el inmueble». **(STS 2 julio 1997 [RJ 1997, 5716]).**

Cambio de propietario. Intranscendente, excepto en cuanto a la sanción.

«TERCERO. Nuestro ordenamiento jurídico mantiene la titularidad privada del suelo pero con una determinación pública del contenido del derecho de propiedad, de suerte que las facultades que lo integran las atribuye la ordenación urbanística en los términos que ésta establece –arts. 76 del Texto Refundido de la Ley del Suelo y 2 de la Ley 8/1990, de 25 de julio, sobre Reforma del Régimen Urbanístico y Valoraciones del Suelo–. Así las cosas y en cuanto a dichas facultades, el cambio de propietario debe resultar intrascendente y el adquirente ha de quedar subrogado en la posición jurídica del transmitente –art. 88 del Texto Refundido de la Ley del Suelo–, sin que para ello pueda ser obstáculo la protección derivada del Registro de la Propiedad –arts. 13 y 34–. Planteando la cuestión en el terreno de la vulneración de la ordenación urbanística será necesario distinguir dos tipos de consecuencias: A) La restauración del orden jurídico perturbado con demolición, en lo que ahora importa, de lo indebidamente construido. En este terreno opera plenamente la subrogación declarada en el art. 88 del Texto Refundido. B) La imposición de sanciones a los responsables.

En este ámbito la virtualidad de los principios propios del Derecho Penal en el campo de las sanciones administrativas –Sentencias de 26 de mayo de 1987 (RJ 1987, 5850), 22 de julio de 1988 (RJ 1988, 6328), 20 de diciembre de 1989 (RJ 1989, 9222), 12 de marzo, 3 de abril, 20 de junio, 3 de julio, 25 de septiembre y 31 de octubre de 1990 (RJ 1990, 1959, 3578 y 5218) etc.–, y más concretamente el principio de la personalidad de la pena dan lugar a que la responsabilidad haya de ser una consecuencia de la participación en los hechos constitutivos de la infracción. Ha de entenderse por tanto que en el terreno sancionador no cabe la subrogación. Pero en el supuesto litigioso el acto administrativo recurrido es una orden de demolición que se encuadra típicamente en el ámbito de la restauración del orden jurídico perturbado y no en el campo de las sanciones de donde deriva la plena virtualidad de la subrogación prevista por el art. 88 del Texto Refundido». **(STS 8 noviembre 1990 [RJ 1990, 8816]).**

«PRIMERO. [...] No puede aceptarse la tesis de que la Administración demandada haya incumplido lo dispuesto en el artículo 184.2 de la Ley del Suelo de 9 abril 1976, por no haberle concedido el plazo de dos meses que dicho precepto establece para que solicitare la oportuna licencia o ajustare las obras a la licencia concedida, porque dicho plazo se concedió a quien realmente había solicitado la licencia y estaba ejecutando las obras, en el momento en que fue descubierto por los funcionarios municipales, y si después de estas actuaciones iniciales aquél transmitió el ático al que se refiere la orden de demolición impugnada en este proceso al recurrente, éste se subroga en la situación que tuviera el anterior titular, sin que por ello hayan de repetirse todas las actuaciones, máxime cuando, conocida esa transmisión, el Ayuntamiento apelado le concedió la oportuna audiencia y la oportunidad de practicar cuantas alegaciones considerara convenientes». **(STS 29 junio 1998 [RJ 1998, 5443]).**

Competencia subsidiaria del alcalde.

«SEGUNDO. Importa ante todo recordar que las medidas que para la protección de la legalidad urbanística establecen los arts. 184 y 185 del Texto Refundido de la Ley del Suelo exigen un desarrollo procedimental en el que las competencias del Alcalde aparecen en distintos momentos y con diferente contenido:

A) En la primera fase, el requerimiento para la legalización es una competencia que ya inicialmente se atribuye al Alcalde –arts. 184.1 y 185.1–.

B) En la segunda fase, para el caso de haberse producido el supuesto de hecho que habilita a la Administración para acordar, en lo que ahora importa, la demolición, la competencia para decidir la procedencia de esta medida aparece atribuida con una gradación temporal que obliga a distinguir dos subfases:

a) En un primer momento, la competencia para ordenar la demolición es del Ayuntamiento –arts. 184.3 y 185.2–.

b) Pero si éste no actúa la potestad que al efecto le viene atribuida en el plazo de un mes es el Alcalde el que dispondrá directamente la demolición –arts. 184.4 y 185.2–.

No está pues excluido el Alcalde del círculo de los órganos habilitados para acordar la demolición, siquiera su competencia tenga carácter subsidiario o sucesivo: sólo se produce cuando el Ayuntamiento en el plazo señalado no haya adoptado acuerdo alguno sobre la demolición.

En este sentido se ha pronunciado ya con anterioridad esta Sala –así, Sentencias de 23 de diciembre de 1985 (RJ 1986, 987), 26 de junio de 1986 (RJ 1986, 4891), 29 de enero y 26 de diciembre de 1988 (RJ 1988, 519 y 10234), 16 de julio de 1990 (RJ 1990, 6565), etcétera.

Ciertamente la doctrina expuesta aparece contradicha en otras sentencias, pero la Sala entiende procedente mantener aquélla atendiendo no sólo a la expresa dicción del art. 184.4 del Texto Refundido de la Ley del Suelo sino a una interpretación sistemática que lo ponga en relación con el art. 116 b) de la Ley de Régimen Local de 24 de junio de 1955, vigente al producirse la reforma de la Ley del Suelo de 1975: si las facultades en el momento previsto en el art. 184.4 del Texto Refundido fueran de mera ejecución de un acuerdo anterior del Ayuntamiento, el precepto sería inútil, pues tales facultades ya derivaban de lo establecido en la citada norma de la Ley de Régimen Local». **(STS 16 octubre 1990 [RJ 1990, 8128]).**

«TERCERO. [...] El Alcalde no está excluido de la relación de Órganos Municipales habilitados para decretar la orden de demolición, aunque desde luego, su competencia, a estos efectos, tiene carácter subsidiario o sucesivo para el caso de que el Ayuntamiento no haya adoptado acuerdo alguno de demolición en el plazo antes señalado, y en este sentido tal competencia del Alcalde aparece reiteradamente reconocida por esta Sala en Sentencias de 2 noviembre 1983 (RJ 1983, 5403), 23 diciembre 1985 (RJ 1986, 868), 26 junio 1986 (RJ 1986, 4891), 4 abril 1987 (RJ 1987, 4187), 29 enero, 1 marzo, 2 y 26 diciembre 1988 (RJ 1988, 519, 1760, 9448 y 10234) y 16 octubre y 27 diciembre 1990 (RJ 1990, 8128 y 10270)». **(STS 14 octubre 1998 [RJ 1998, 7989]).**

La orden de legalización es requisito previo a la demolición.

«SEGUNDO. Esta Sala ha venido subrayando la importancia de las sucesivas actuaciones que integran la regulación prevista en el art. 184 del Texto Refundido y dentro de la cual la orden de demolición ha de ir precedida ante todo de un requerimiento de legalización. Piénsese en la grave trascendencia que tiene una orden de este tipo que, además, se beneficia de la ejecutividad del acto administrativo: ello explica que no pueda dictarse sin el señalado requerimiento previo que cumple aquí no sólo las funciones específicas habilitadoras de una legalización sino también las generales propias del trámite de audiencia del art. 91 de la Ley de Procedimiento Administrativo con una especial relevancia dado que la orden de suspensión puede dictarse sin la previa audiencia del interesado pues constituye una medida cautelar dirigida a la congelación de una situación de hecho –Sentencia de 27 de marzo de 1987 (RJ 1987, 3951)–». **(STS 23 julio 1990 [RJ 1990, 6670]).**

«Para hacer efectivas las prescripciones del ordenamiento urbanístico se ha establecido un control preventivo que implica la necesidad de obtener previa licencia para la realización de obras –artículo 178.1 del Texto Refundido de la Ley del Suelo de 9 abril 1976, vigente a la sazón, y hoy artículo 242.1 y 2 del nuevo Texto Refundido de 26 junio 1992–. Y para el supuesto de que se realicen obras sin haber obtenido la preceptiva licencia, el artículo 184 del Texto Refundido establece el cauce para la reacción de la Administración. Dicho precepto regula un procedimiento que se desarrolla a través de tres fases, la primera de las cuales, de carácter sumario, tiene ante todo como finalidad acreditar el dato de puro hecho de la realización de obras sin licencia o sin ajustarse a las condiciones de ésta de suerte que una vez comprobado este extremo, inmediatamente, sin necesidad del trámite de audiencia –Sentencias de 27 marzo 1987 (RJ 1987, 3951), 3 octubre 1988 (RJ 1988, 7417), 21 abril y 13 noviembre 1992 (RJ 1992, 3836 y 8983), etc.–, cuya función queda cubierta por otras actuaciones posteriores, la Administración ha de dictar un acto en cuyo contenido son separables dos aspectos diferentes, el requerimiento de legalización, y la orden de suspensión que es una medida cautelar tendente a congelar las obras en el estado en que se encuentren para impedir un avance que en su caso haría más gravosa la demolición posterior. Y este acuerdo integra una verdadera resolución, cautelar, sí, pero resolución y en tal sentido, susceptible de impugnación autónoma. TERCERO. La segunda fase del procedimiento del artículo 184 del Texto Refundido puede desarrollarse por dos cauces distintos de los cuales interesa ahora el de la pasividad del administrado que no solicita la licencia en el plazo de dos meses. Con la finalización de dicho plazo se abre una tercera fase cuyo contenido es precisamente la orden de demolición: si el administrado deja transcurrir aquel plazo sin solicitar una licencia que ya debió haber pedido antes de iniciar las obras la consecuencia jurídica prevista en el artículo 184.3 del Texto Refundido es precisamente la demolición de las obras». **(STS 25 marzo 1994 [RJ 1994, 1819]).**

«TERCERO. Tanto el artículo 184 de la Ley del Suelo de 1976 respecto de las obras en curso, realizadas sin licencia, como el 185 de la propia Ley en cuanto a la obra ya terminada, establecen un procedimiento muy sucinto, antes de poder ser acordada la demolición, consistente en el previo requerimiento al promotor de la obra para que en el plazo de dos meses pueda optar a solicitar y justificar, en su caso, la procedencia de ser legalizada la obra, de tal modo –Sentencias del Tribunal Supremo de 3 octubre 1988 (RJ 1988, 7417), 23 julio y 26 septiembre 1990 (RJ 1990, 6670 y 7388), 6 febrero 1991 (RJ 1991, 774), etc.–, que es de destacar la importancia de tal procedimiento, de suerte que para imponer la demolición ha de resultar imprescindible el previo requerimiento que ofrece la oportunidad de legalización, salvo en supuestos concretos en los que la imposibilidad de legalización sea clara, palmaria y manifiesta de tal modo que no ofrezca duda alguna tal supuesto, como también tiene declarado esta Sala en Sentencias de 15 diciembre 1993 (RJ 1993, 9560), 10 noviembre 1994 (RJ 1994, 9041) y 24 mayo y 16 octubre 1995 (RJ 1995, 7702), entre otras». **(STS 24 junio 1997 [RJ 1997, 5369]).**

Acción pública en relación con los arts. 184 y 186.

«A la hora de definir la posición de los administrados en relación con los mencionados arts. 184 y 186 será de advertir que éstos están atribuyendo una potestad a la Administración que en principio no está pensada para actuar a instancia del administrado. Ahora bien, siendo pública la acción para exigir la observancia del ordenamiento urbanístico –art. 235– y formando parte de éste los citados arts. 184 y 186, ha de concluirse que los administrados pueden perfectamente instar de la Administración las medidas previstas en aquéllos poniendo en su conocimiento los hechos que en su sentir integran el supuesto de tales preceptos [...]: a) si se entiende que efectivamente existe la infracción denunciada, la Administración «deberá» proceder en los términos previstos en los arts. 184 ó 186, sin que se trate por lo tanto de una actuación discrecional o de pura oportunidad sino de una necesidad jurídica rigurosa; b) por el contrario si la Administración llega a la conclusión de que no existe infracción es claro que no podrá utilizar los cauces previstos en aquellas normas, pero su resolución negativa será impugnable ante los Tribunales, que habrán de examinar si aquélla se ajusta o no a Derecho –art. 106.1 de la Constitución–». **(STS 31 diciembre 1990 [RJ 1990, 10429]).**

El plazo de prescripción, en cuanto a la potestad sancionadora, no empieza a correr mientras se mantenga el uso.

«El acto administrativo aquí impugnado impone ante todo una sanción con invocación del art. 79 del Reglamento de Disciplina Urbanística, alteración del uso. Ya en este punto será de recordar que el uso del suelo constituye ordinariamente una actividad continuada *y por tanto* el plazo de prescripción no empieza a correr hasta que tal actividad finaliza –art. 92.2 del Reglamento de Disciplina Urbanística–. Que haya prescrito con anterioridad la infracción integrada por las obras que dieron lugar a la edificación en la que se desarrolla el uso no es obstáculo para que subsista la posibilidad de sancionar dicho uso: mientras que las obras integran una actuación pasajera, el uso normalmente está destinado a desarrollarse activamente a lo largo del tiempo –Sentencia de 10 de octubre de 1988 (RJ 1988, 7461)–. Esta solución resulta coherente con el sistema del art. 184 del Texto Refundido de la Ley del Suelo: si la Administración puede impedir el uso ilegal en tanto que éste dure, será razonable que el plazo de prescripción, en cuanto a la potestad sancionadora, no empiece a correr mientras se mantenga el uso. Y en el supuesto litigioso no habiéndose probado que se haya producido el cese de la actividad o uso contrario a la ordenación, no habrá podido empezar a correr el plazo de prescripción». **(STS 15 septiembre 1989 [RJ 1989, 6574]).**

«TERCERO. Es cierto que la ejecución de una obra determinada constituye una actividad de limitada duración temporal que finaliza con la conclusión de la edificación o instalación, a partir de la cual se inicia el plazo prescriptivo de los cuatro años previstos en el antecitado Real Decreto-ley 16/1981, de 16 octubre, lo que viene a consolidar la obra realizada sin licencia, e impidiendo las medidas sancionadoras o de restauración de la legalidad urbanística señaladas en los artículos 184 y 195 de la Ley del Suelo. Ahora bien el hecho de que haya prescrito la infracción de la obra realizada sin licencia no significa en modo alguno que ello constituya a su vez impedimento legal para posibilitar la sanción del uso ilegal con arreglo al planeamiento urbanístico, realizado en dicha construcción, porque el citado uso constituye, no una actividad transitoria como la construcción de edificios, sino una actividad permanente que se extiende en el tiempo mientras se esté realizando ese uso no permitido por la normativa urbanística, ni por supuesto autorizado por algún acto previo municipal». **(STS 22 diciembre 1998 [RJ 1998, 10116]).**

Demolición. Consecuencia de la no legalización.

«La Administración está habilitada para ordenar la demolición de las obras ilegales, pero antes ha de otorgar al administrado una oportunidad de legalización durante un plazo de dos meses –art. 185.1 del Texto Refundido de la Ley del Suelo–. Este plazo tiene una gran importancia: a) positivamente, es el lapso de tiempo que el ordenamiento jurídico ha estimado adecuado para realizar las actuaciones previas necesarias para obtener la legalización y muy concretamente para la redacción del proyecto necesario –art. 9.1.1º del Reglamento de Servicios de las Corporaciones Locales–; b) negativamente, el transcurso de dicho plazo sin instar aquella legalización, habilita a la Administración para acordar la demolición.

Así las cosas, no puede entenderse que el otorgamiento de un plazo inferior al señalado por la Ley quede subsanado por el transcurso del tiempo: piénsese que la subsistencia del acto recurrido generaría un título jurídico bastante para proceder a la demolición, título éste surgido con mengua de las garantías que el ordenamiento ha querido otorgar al administrado». **(STS 26 septiembre 1990 [RJ 1990, 7388]).**

«SEGUNDO. La sentencia apelada por la entidad "Democoma, SA" en muy breve síntesis, pero con sumo acierto, ha planteado la cuestión en el sentido de decidir si nos encontramos en presencia de una "demolición-facultad" o de una "demolición-deber" [...] La propia decisión de dicha entidad de solicitar una licencia de demolición parcial de tal edificación, en realidad conjuraba, presentía, prejuzgaba la decisión final de este Tribunal. Estamos en presencia de una demolición-deber y por ello es perfectamente ajustado a derecho el acto administrativo impugnado que no aceptaba la renuncia del concesionario de tal licencia». **(STS 12 mayo 1995 [RJ 1995, 3798]).**

«TERCERO. [...] Según los artículos 185.2 y 184.3 TRLS, la demolición es una medida obligada, de no proceder la legalización. A lo que hay que añadir lo siguiente: es la norma urbanística la que concreta qué actuaciones perturban los intereses generales y si la norma prohíbe los cerramientos como el de autos no es el puro interés de los vecinos (que pueden quizá estar dispuestos a tolerarlo) sino en beneficio de los intereses de la ciudad, o, por emplear palabras del artículo 3.2 a) TRLS, «para procurar que el suelo se utilice en congruencia con la utilidad pública y la función social de la propiedad"». **(STS 26 noviembre 1998 [RJ 1998, 8611]).**

Suspensión cautelar de las obras. No es precisa previa audiencia. Acto recurrible.

«PRIMERO. [...] Sin dar demasiada importancia al hecho de que ni dicho precepto (art. 184) ni el artículo 29 del Reglamento de Disciplina Urbanística exigen la mencionada audiencia, si es de destacar que prevén una suspensión «inmediata». Y es que –esto es más importante– el sistema establecido en dichas normas constituye una medida cautelar dirigida a la congelación de la situación de hecho a fin de evitar que la resolución definitiva sea más gravosa de lo necesario: la audiencia retrasaría la suspensión con lo que, en su caso, aumentaría o lo indebidamente construido o lo indebidamente demolido –y esto último puede ser irreparable–. No es pues necesaria la audiencia, sin que esto implique indefensión, ya que independientemente de la posibilidad de recurrir, con la suspensión se abre un plazo de dos meses en el que, aparte lo dispuesto en el artículo 184.2, cabe formular alegaciones que en caso de error de la Administración colocarían a ésta en la necesidad jurídica de alzar la suspensión». **(STS 27 marzo 1987 [RJ 1987, 3951]).**

«TERCERO. Ciertamente en virtud de un principio de concentración procedimental, los actos de trámite no son impugnables separadamente: es al recurrir la resolución cuando podrán suscitarse las cuestiones relativas a los actos de trámite –arts. 113.1 de la Ley de Procedimiento Administrativo y 37.1 de la Ley Jurisdiccional–.

Ocurre sin embargo que el acuerdo de suspensión de las obras previsto en el art. 184.1 del Texto Refundido de la Ley del Suelo no es un acto de trámite». **(STS 21 abril 1992 [RJ 1992, 3836]).**

«TERCERO. [...] No merece esta consideración (de acto de trámite) el que ordenan la solicitud de licencia para legalizar las obras efectuadas en el plazo de dos meses, pues tal acto provoca, por sí mismo, unas consecuencias negativas para su destinatario que impiden que pueda ser considerado como un mero acto de trámite». **(STS 24 julio 1998 [RJ 1998, 5767]).**

Legalización y licencia.

«PRIMERO. [...] Aunque la legalización de obras se produce mediante el otorgamiento posterior de una licencia que debía haberse obtenido antes, entre ambos conceptos –legalización y licencia– existen, en lo que ahora importa, diferencias objetivas: A) Para obtener la legalización es precisa la presentación de un proyecto que coincida con las obras realizadas: el objeto del control administrativo recae pues sobre las obras y el proyecto. B) En cambio, para el otorgamiento de la licencia será necesario un examen del proyecto, sin más, a la luz de la ordenación urbanística en vigor». **(STS 17 octubre 1990 [RJ 1990, 8141]).**

Artículo 185.

1. Siempre que no hubiese transcurrido más de un año desde la total terminación de las obras realizadas sin licencia u orden de ejecución o sin ajustarse a las condiciones señaladas en las mismas, las autoridades a que se refiere el artículo anterior requerirán al promotor de las obras o a sus causahabientes para que soliciten en el plazo de dos meses la oportuna licencia. El requerimiento se comunicará al Alcalde en el plazo de tres días si aquélla no hubiera sido formulada por el mismo.

2. Si el interesado no solicita la licencia en el plazo de dos meses, o si la licencia fuese denegada por ser su otorgamiento contrario a las prescripciones del Plan o de las ordenanzas, se procederá conforme a lo dispuesto en los números 3 y 4 del artículo anterior.

3. Lo dispuesto en los anteriores artículos se entenderá con independencia de las facultades que correspondan a las autoridades competentes, en virtud del régimen específico de autorización o concesión a que están sometidos determinados actos de edificación o uso del suelo.

⇒ V. art. 2 de la Ley 6/1998, de 13 abril (§1).
V. art. 9 del RDley 16/1981, de 16 octubre (§3.5).
V. arts. 184, 225 y 228 del presente Texto Refundido.
V. arts. 31, 32 y 33 del RDU (§3.3).

Jurisprudencia

Procedimiento.

«TERCERO. Tanto el artículo 184 de la Ley del Suelo de 1976 respecto de las obras en curso, realizadas sin licencia, como el 185 de la propia Ley en cuanto a la obra ya terminada, establecen un procedimiento muy sucinto, antes de poder ser acordada la demolición, consistente en el previo requerimiento al promotor de la obra para que en el plazo de dos meses pueda optar a solicitar y justificar, en su caso, la procedencia de ser legalizada la obra, de tal modo –Sentencias del Tribunal Supremo de 3 octubre 1988 (RJ 1988, 7417), 23 julio y 26 septiembre 1990 (RJ 1990, 6670 y 7388), 6 febrero 1991 (RJ 1991, 774), etc.–, que es de destacar la importancia de tal procedimiento, de suerte que para imponer la demolición ha de resultar imprescindible el previo requerimiento que ofrece la oportunidad de legalización, salvo en supuestos concretos en los que la imposibilidad de legalización sea clara, palmaria y manifiesta de tal modo que no ofrezca duda alguna tal supuesto, como también tiene declarado esta Sala en Sentencias de 15 diciembre 1993 (RJ 1993, 9560), 10 noviembre 1994 (RJ 1994, 9041) y 24 mayo y 16 octubre 1995 (RJ 1995, 7702), entre otras.» **(STS 24 junio 1997 [RJ 1997, 5369]).**

Necesidad de ordenar la legalización.

«SEGUNDO. [...] La Administración está habilitada para ordenar la demolición de las obras ilegales, pero antes ha de otorgar al administrado una oportunidad de legalización durante un plazo de dos meses –art. 185.1 del Texto Refundido de la Ley del Suelo–. Este plazo tiene una gran importancia: a) positivamente, es el lapso de tiempo que el ordenamiento jurídico ha estimado adecuado para realizar las actuaciones previas necesarias para obtener la legalización y muy concretamente para la redacción del proyecto necesario –art. 9.1.1º del Reglamento de Servicios de las Corporaciones Locales–; b) negativamente, el transcurso de dicho plazo sin instar aquella legalización, habilita a la Administración para acordar la demolición.

Así las cosas, no puede entenderse que el otorgamiento de un plazo inferior al señalado por la Ley quede subsanado por el transcurso del tiempo: piénsese que la subsistencia del acto recurrido generaría un título jurídico bastante para proceder a la demolición, título éste surgido con mengua de las garantías que el ordenamiento ha querido otorgar al administrado». **(STS 26 septiembre 1990 [RJ 1990, 7388]).**

Plazo. Cómputo. Prescripción.

«El plazo previsto en el art. 185.1 del Texto Refundido –hoy modificado por el Real Decreto-ley 16/1981, de 16 de octubre– sólo empieza a correr cuando la obra en su conjunto está completamente terminada –Sentencias de 5 de febrero, 12 de marzo y 16 de julio de 1990 (RJ 1990, 941 y 1958)–, sin que por tanto pueda entenderse que tal lapso temporal pueda beneficiar a las distintas partes de la obra, según su fecha de realización». **(STS 16 octubre 1990 [RJ 1990, 8128]).**

«TERCERO. El plazo de prescripción de un año, fijado en el artículo 185.1 del TRLS de 1976 para la adopción de las medidas de protección de la legalidad urbanística aplicables a las obras realizadas sin licencia u orden de ejecución o sin ajustarse a las condiciones señaladas en las mismas, fue ampliado a cuatro años por el artículo 9 del Real Decreto-ley 16/1981, de 16 octubre. La Jurisprudencia de esta Sala engloba en el plazo de prescripción de cuatro años los dos supuestos que contempla el artículo 185.1 del TRLS, obras realizadas sin licencia u orden de ejecución y, como en el presente caso, obras realizadas sin ajustarse a las condiciones señaladas en la licencia (Sentencias de 19 diciembre 1997 [RJ 1997, 8856], 6 marzo 1989 [RJ 1989, 1735], 14 abril 1992 [RJ 1992, 3427] y, en forma expresa, de 5 diciembre 1989 [RJ 1989, 9110]). No procede, por ello, la distinción que, basándose en el tenor literal del Real *Decreto-ley* 16/1981, ha tratado de establecer la sentencia de instancia, que afirma que el plazo de un año subsistiría para los supuestos de obras que no se ajustan a las condiciones de una licencia preexistente, aunque la propia sentencia apelada viene a admitir después, en definitiva, que lo construido en exceso –sobre lo amparado por la licencia concedida a doña María Jesús el 7 de octubre de 1985– es en realidad una obra ejecutada sin cobertura de licencia». **(STS 29 junio 1998 [RJ 1998, 5444]).**

Prueba de la prescripción.

«La doctrina general elaborada respecto de la carga de la prueba y que encuentra expresión en el artículo 1214 del Código Civil puede sintetizarse señalando que cada parte ha de probar el supuesto de hecho de la norma cuyas consecuencias jurídicas invoca a su favor. Esta regla puede intensificarse o alterarse, según los casos, aplicando el criterio de la facilidad en virtud del principio de la buena fe en su vertiente procesal: hay datos de hecho fáciles de probar para una de las partes que sin embargo pueden resultar de difícil acreditamiento para la otra. En el supuesto litigioso, la apelante, con invocación del artículo 92 del Reglamento de Disciplina Urbanística alega la prescripción. Pues bien, está claro que la fecha de las obras debería ser de muy fácil prueba para ella. Han podido desaparecer las empresas que las realizaron pero deberían quedar rastros documentales en poder de aquélla y, en último término, no debería resultar difícil una prueba testifical. Con ello y sin olvidar lo que la propia apelante indicó en el expediente –folio 5 vuelto–: «en fecha muy recientemente y coincidiendo con la época de grandes lluvias [...]» no es viable apreciar la existencia de una prescripción». **(STS 23 junio 1987 [RJ 1987, 6525]).**

«Dicho plazo empieza a correr desde la total terminación de las obras y, sin examinar el supuesto de obras amparadas por licencia –art. 32 del Reglamento de Disciplina Urbanística– y sin necesidad de acudir a las reglas generales de la carga de la prueba elaboradas por inducción sobre la base de lo dispuesto en el art. 1214 del Código Civil –Sentencias de 22 y 29 de septiembre de 1986 (RJ 1986, 5971 y 5999), 29 de mayo y 23 de junio de 1987 (RJ 1987, 5896) 27 de junio y 26 de septiembre de 1988 (RJ 1988, 7262), 13 de marzo y 29 de septiembre de 1989 (RJ 1989, 1976 y 6713), 29 de enero y 19 de febrero de 1990 (RJ 1990, 357 y 1322), etc.–, será de destacar que la carga de la prueba en el supuesto litigioso la soporta no la Administración sino el administrado que voluntariamente se ha colocado en una situación de clandestinidad en la realización de unas obras y que por tanto ha creado la dificultad para el conocimiento del «dies a quo» en el plazo que se examina: el principio de la buena fe plenamente operante en el campo procesal –art. 11.1 de la Ley Orgánica del Poder Judicial–, impide que el que crea una situación de ilegalidad pueda obtener ventaja de las dificultades probatorias originadas por esa ilegalidad». **(STS 14 mayo 1990 [RJ 1990, 4072]).**

«No cabe admitir la prescripción alegada por razón de la duración del proceso a que dio lugar la impugnación de la primitiva orden de demolición». **(STS 8 noviembre 1990 [RJ 1990, 8816]).**

Situación análoga a la de fuera de ordenación. Consecuencia de la prescripción.

«PRIMERO. [...] Una vez que transcurre el plazo para la demolición de obras –art. 185 del Texto Refundido de la Ley del Suelo– éstas no resultan legalizadas –no sería razonable que obras nacidas en la ilegalidad fueran de mejor condición que las hechas de acuerdo con la ordenación urbanística y que después devienen, por alteración del planeamiento, contrarías a éste–, pero sí quedan en una situación análoga a la de fuera de ordenación prevista en el art. 60 del Texto Refundido –Sentencias de 5 de diciembre de 1987 (RJ 1987, 9365), 8 de noviembre de 1990 (RJ 1990, 8816), etc.–. Y tal situación implica únicamente la prohibición de las obras que podrían alargar *artificialmente la vida* de la edificación, que ha de subsistir dentro de lo que pudiera considerarse plazo normal de su vida «natural», durante el cual la utilización de la edificación es perfectamente viable de suerte que resulta lícita la autorización de su uso, autorización ésta reglada y que ha de otorgarse con independencia de la calificación de fuera de ordenación que corresponda al edificio o parte correspondiente del mismo [...] Y el plazo previsto en el art. 185 como límite temporal para el ejercicio de las potestades administrativas opera respecto de los actos de edificación pero no en el ámbito del uso, actividad continuada –Sentencias de 10 de octubre de 1988 (RJ 1988, 7461) y 15 de septiembre de 1989 (RJ 1989, 6574)–, y la licencia de primera utilización o cambio de uso, en lo que ahora importa, controla aspectos que exceden de la mera comprobación de que las obras se ajustan al proyecto para el que se obtuvo licencia, muy especialmente las cuestiones de seguridad –art. 21.2 d) del Reglamento de Servicios de las Corporaciones Locales– [...] D) En último término, es de destacar la trascendental importancia del procedimiento previsto en el art. 184 del Texto Refundido de la Ley del Suelo, de suerte que para imponer la cesación de un uso ha de resultar imprescindible el previo requerimiento que ofrece la oportunidad de legalización –Sentencias de 3 de octubre de 1988 (RJ 1988, 7417), 23 de julio y 26 de septiembre de 1990 (RJ 1990, 6670 y 7388), etc.–. (Por lo que) [...], instruido el procedimiento como consecuencia de unas obras que se apartaban de la licencia hubo requerimiento para la legalización de aquéllas –folios 7 y 8 del expediente– pero no para la legalización del uso, omisión ésta que como deriva de lo expuesto en el Fundamento anterior –apartado D)– impide la válida adopción del acuerdo dirigido a provocar la cesación del uso litigioso». **(STS 6 febrero 1991 [RJ 1991, 774]).**

Improcedencia de ordenar la legalización si ha transcurrido el plazo de prescripción.

«PRIMERO. Impugnado, en estos autos el requerimiento de legalización de determinadas obras, se plantea el problema de determinar si en la fecha del dicho requerimiento –5 de diciembre de 1986– había transcurrido ya o no el plazo establecido en nuestro ordenamiento jurídico al respecto –un año si se trata de obras anteriores a la entrada en vigor del Real Decreto-ley 16/1981, de 16 de octubre, cuatro años si son obras posteriores[...], y esta Sala entienda correcta la conclusión de la sentencia recurrida de que en el momento del requerimiento impugnado había transcurrido con evidente exceso el plazo de un año –art. 185 del Texto Refundido de la Ley del Suelocorrespondiente a los supuestos de obras anteriores a la entrada en vigor del Real Decreto-ley 16/1981, de 16 de octubre». **(STS 10 julio 1990 [RJ 1990, 6027]).**

La solicitud de licencia implica renuncia a la prescripción ganada.

(Sentencia apelada). «A tenor de la reciente Sentencia del Tribunal Supremo de 20 de febrero de 1987 (RJ 1987, 3303), la solicitud de legalización formulada implicaría una renuncia de la prescripción ganada y el sometimiento del recurrente de nuevo a las condiciones fiscalizadoras del art. 185 de la Ley de Régimen del Suelo». **(STS 22 mayo 1990 [RJ 1990, 4612]).**

Artículo 186.

1. El Alcalde dispondrá la suspensión de los efectos de una licencia u orden de ejecución y consiguientemente la paralización inmediata de las obras iniciales a su amparo, cuando el contenido de dichos actos administrativos constituya manifiestamente una infracción urbanística grave.

2. Si el Gobernador Civil, de oficio o a instancia del Delegado Provincial del Ministerio de la Vivienda, apreciare que las obras que se realizan al amparo de una licencia u orden de ejecución constituyen ese mismo tipo de infracción urbanística, lo pondrá en conocimiento de la Corporación municipal, a fin de que su Presidente proceda según lo prevenido en el número anterior. Si en el plazo de diez días el Presidente de la Corporación municipal no adoptase las medidas expresadas en dicho número, el Gobernador Civil, de oficio, acordará la suspensión de los efectos de la licencia u orden de ejecución y la inmediata paralización de las obras.

3. En todo caso, la Autoridad que acuerde la suspensión procederá, en el plazo de tres días, a dar traslado directo de dicho acuerdo a la Sala de lo Contencioso-Administrativo competente, a los efectos prevenidos en los

números 2 y siguientes del artículo 118 de la Ley de la Jurisdicción Contencioso-Administrativa.

⇒ V. arts. 225 y 226 del presente Texto Refundido.
V. arts. 34 y 35 del RDU (§3.3).

Jurisprudencia

Acuerdo de suspensión de los efectos de una licencia.

«El acuerdo de suspensión de los efectos de una licencia regulado en el art. 186 del Texto Refundido de la Ley del Suelo tiene una doble significación que responde a la necesidad de armonizar las exigencias del principio de eficacia de la actuación administrativa –art. 103.1 de la Constitución– y las de principio de seguridad jurídica –art. 9.3 de la Constitución–: A) En el primer sentido, el acuerdo de suspensión es un acto administrativo que goza de la ejecutividad prevista en los arts. 101 de la Ley de Procedimiento Administrativo, y 4.1 e) de la Ley 7/1985, de 2 de abril, Reguladora de las Bases del Régimen Local y que por tanto provoca la inmediata paralización de las obras iniciadas al amparo de la licencia que se suspende. Con ello se evita la progresión de la edificación que «prima facie» y aun amparada por licencia vulnera la ordenación urbanística: el principio de eficacia de la actuación administrativa reclama la inmediata paralización de las obras incluso con sacrificio de las exigencias del principio de seguridad jurídica.

B) Pero tal sacrificio debe ser el mínimo imprescindible y así dado que las obras se realizan en virtud de un título legitimador, la licencia, que es un acto declarativo de derechos –Sentencias de 17 de marzo y 17 de julio de 1989 (RJ 1989, 2235 y 5825), 12 de junio y 31 de julio de 1990 (RJ 1990, 6831), etc.–, la Administración ha de dar traslado de su acuerdo al órgano jurisdiccional competente para que en un proceso de especial rapidez resuelva lo precedente: dicho traslado constituye una pretensión de anulación de la licencia formulada por un órgano administrativo y dirigida a un órgano jurisdiccional –arts. 186.3 del Texto Refundido, y 118.5 de la Ley Jurisdiccional–. El principio de seguridad jurídica demanda que sea la Administración la que impugna la licencia en un plazo brevísimo –tres días– dando lugar con ello a la iniciación de un proceso que ha de desarrollarse con gran rapidez: el principio de efectividad de la tutela judicial –art. 24.1 de la Constitución– potencia aquí sus exigencias al encontrar el nuevo fundamento que deriva del principio de seguridad jurídica». **(STS 13 noviembre 1990 [RJ 1990, 8823]).**

Competencia municipal.

«TERCERO. [...] Según ha declarado el Tribunal Constitucional en Sentencias números 27/1987, de 27 febrero (RTC 1987, 27) y 213/1988, de 11 noviembre (RTC 1988, 213), el sistema de control de legalidad de los actos administrativos de las Corporaciones Locales excluye que aquéllos puedan ser suspendidos cautelarmente por otras Administraciones Públicas, reservando a los Tribunales la decisión relativa a la suspensión o no de tales acuerdos, en los casos en que aquella medida se haya pedido en uno de los preceptos de impugnación que se regulan en los artículos 65 y 66 LBRL. En segundo término porque ni siquiera la Generalidad Valenciana ha actuado siguiendo los cauces establecidos en el artículo 186 TRLS, que exige a la Administración de tutela dar traslado directo del acuerdo de suspensión a la Sala de lo Contencioso-Administrativo competente, los efectos prevenidos en el artículo 118 de la Ley *de la Jurisdicción Contencioso*-Administrativa. Tampoco cabe hablar de una interpretación integradora del artículo 65 LBRL, en atención a los artículos 235 y 187 TRLS de modo que los plazos de impugnación que establece aquel precepto queden sin efecto en materia urbanística, hasta tal punto de prevalecer el de cuatro años previsto en este último. No cabe aceptar este criterio, porque no se trata de integrar algún elemento de la norma sino el de sustituir el plazo claramente establecido en ella por otro, que se supone aplicable a una situación como es el de las ilegalidades urbanísticas, que se considera no prevista en aquélla. El artículo 65 LBRL, desarrollado por el artículo 215 del Reglamento de Organización, Funcionamiento y Régimen Jurídico de las Entidades Locales, aprobado por Real Decreto 2568/1986, de 28 octubre (ROF) se inserta en un capítulo que regula con carácter general, y con la evidente preocupación de cohonestar el principio de autonomía municipal con el principio de vinculación de las Corporaciones Locales, como los demás poderes públicos, a la Ley, y con la distribución de competencias entre las distintas Corporaciones territoriales, el mecanismo de impugnación de los actos y acuerdos de las Corporaciones Locales, y atribuye a las Comunidades Autónomas de facultad de impugnar aquéllos ante la Jurisdicción Contencioso-Administrativa, si considerasen que infringen el ordenamiento jurídico, pero establece para ello un plazo de dos meses desde que tuvieran conocimiento de su adopción si lo hicieran directamente, o desde que hubiera transcurrido el plazo que les hubiese concedido para anularlos por sí mismas, si hubieren optado por dirigirles previamente requerimiento en ese sentido, pero en tal caso, el requerimiento debería haberse formulado en el plazo de quince días hábiles a partir de la recepción de la comunicación del acto o acuerdo. Un principio de seguridad jurídica ha impuesto esa limitación de los plazos, limitación que no puede soslayarse invocando el artículo 187 TRLS que se refiere a un supuesto distinto, como es el de la revisión por una Corporación Local de sus propios actos, cuando se tratare de licencias u órdenes de ejecución cuyo contenido constituya manifiestamente alguna de las infracciones urbanísticas graves definidas en la Ley. Por otra parte, si la integración del artículo 65.3 LBRL con el 235.2 TRLS significa que cuando se trate del ejercicio de acciones contra acuerdos de las Corporaciones Locales, motivado por la ejecución de obras que se consideren ilegales, las Comunidades Autónomas pudieran impugnar tales actos en los plazos que el artículo 235.2 TRLS establece, toda vez que al ser pública dicha acción los órganos de la Administración Autonómica, como dice la sentencia apelada, no pueden tener peor condición que los simples particulares, ello implicaría, sencillamente, que el artículo 65 LBRL no tiene aplicación cuando la Administración autonómica ejercite la acción pública en materia urbanística, estableciendo una excepción al ámbito de aplicación del citado precepto de la LBRL que no tiene una sólida justificación. Porque los amplios plazos que para el ejercicio de este tipo de acciones concede el artículo 235 TRLS tienen como presupuesto el que se trata de una acción pública, ejercitable por quien no tiene por qué haber sido parte en el expediente administrativo ni, en consecuencia, haber recibido notificación alguna de la licencia otorgada, en el caso de que las obras consideradas ilegales se estuvieran ejecutando al amparo de una licencia, de tal modo que la acción impugnatoria sería ilusoria si el reconocimiento de una legitimación general quedara en eso, manteniendo la necesidad de impugnar en los plazos ordinarios unos actos administrativos de los que no existe formal constancia. Pero ello no sucede con las Comunidades Autónomas, a las que, conforme el artículo 56 LBRL, han de remitir los Ayuntamientos de su territorio copia o extracto comprensivo de las resoluciones y acuerdos adoptados por sus órganos municipales, y que pueden solicitar cuanta información complementaria necesiten sobre la actividad municipal. El artículo 196 ROF, al diferir la entrada en vigor de los planes urbanísticos al transcurso del plazo de quince días que el artículo 65.2 LBRL concede a la Comunidad Autónoma para que formule requerimiento si considerase que aquéllos infringen el ordenamiento jurídico, acredita sin duda alguna que también en materia urbanística se aplican los plazos de impugnación que dicho precepto establece. Al no haberlo entendido así la sentencia procede su revocación y, estimando el recurso de apelación en este extremo, declarar la inadmisibilidad, conforme al artículo 82 f) de la Ley Reguladora de esta Jurisdicción, del recurso contencioso-administrativo interpuesto por la Generalidad Valenciana». **(STS 5 mayo 1998 [RJ 1998, 3835]).**

«SEGUNDO. El artículo 186.1 de la Ley del Suelo de 9 abril 1976 faculta al Alcalde de un municipio para suspender los efectos de una licencia u orden de ejecución, cuando el contenido de dicho acto constituya manifiestamente una infracción urbanística grave que el artículo 118 de nuestra Ley Jurisdiccional extiende tal facultad de los acuerdos de las Corporaciones municipales por infracción manifiesta de las leyes. El ejercicio de esa potestad suspensiva produce la paralización temporal de los efectos de un acto administrativo frente a la regla general de ejecutividad inmediata –art. 45.1 de la Ley de Procedimiento Administrativo–, suspensión que puede quedar sin efecto o transformarse en la anulación de la licencia tras el traslado de ese acuerdo a la correspondiente Sala de lo Contencioso-Administrativo. En este proceso especial del artículo 118 de la Ley Jurisdiccional, en relación con el artículo 186 de la Ley del Suelo sólo es objeto de enjuiciamiento el hecho de que los actos de edificación u obras autorizadas en la licencia constituyan o no una infracción urbanística manifiesta y grave, ya que solamente este supuesto le faculta al Alcalde para directamente suspender los efectos de la autorización concedida. Así pues, el contenido u objeto de este proceso queda perfectamente delimitado, ya que lo cuestionado no es si ha existido o no una infracción urbanística, sino únicamente si es grave y manifiesta». **(STS 16 mayo 1998 [RJ 1998, 3847]).**

Reconversión del procedimiento.

«CUARTO. El Tribunal Constitucional dictó en esa cuestión de inconstitucionalidad la Sentencia núm. 46/1992, de 2 abril (RTC 1992, 46), que declaró la inconstitucionalidad y consiguiente nulidad del artículo 26.3 de la Ley de Madrid 4/1984, de 10 febrero, sobre Medidas de Disciplina Urbanística, por ser contrarias las facultades de suspensión que ese precepto concede a la Comunidad Autónoma de Madrid a la autonomía municipal establecida en la normativa básica del Estado. QUINTO. A la vista de dicha sentencia del Tribunal Constitucional la Sala de instancia dictó la sentencia aquí impugnada, que levantó la suspensión acordada por el señor Consejero de Ordenación del Territorio. SEXTO. Contra dicha sentencia ha formulado recurso de casación la Comunidad Autónoma de Madrid, en el cual articula un único motivo, a saber, infracción del artículo 24.1 de la Constitución Española, ya que, en su opinión, le ha causado indefensión el que el Tribunal sentenciador dictara sentencia levantando la suspensión en lugar de reconvertir el procedimiento a una impugnación del artículo 65 de la Ley 7/1985, de 2 abril, Reguladora de las Bases de Régimen Local, lo que hubiera posibilitado un estudio de la cuestión de fondo debatida en el pleito, a saber, si la licencia municipal suspendida constituía o no una infracción urbanística manifiesta y grave. NOVENO. Por ello, debemos concluir que la reconversión que posibilitan los Autos de esta Sala de 3 julio y 24 noviembre 1989 (RJ 1989, 5575 y 8321), se refiere a los casos en que «a limine», es decir, al comienzo del proceso (y no al final, como en este caso) puede el juicio tomar uno u otro camino, con el cumplimiento entonces de los requisitos propios y específicos del proceso elegido. O cuando, más tarde, media petición de la parte recurrente». **(STS 15 enero 1997 [RJ 1997, 168]).**

Carga de la prueba de la infracción urbanística manifiestamente grave.

«La potestad suspensiva atribuida al Alcalde por dicho precepto tiene dos aspectos íntimamente ligados y que se desenvuelven en dos momentos próximos entre sí pero distintos: a) ante todo implica –apartado 1 del citado art. 186– una cesación de la eficacia de la licencia, siquiera pueda resultar provisional, con mengua de la ejecutividad característica del acto administrativo –arts. 45.1 y 101 de la Ley de Procedimiento Administrativo– y b) el traslado del acuerdo de suspensión a la Sala de lo Contencioso-Administrativo –art. 186.3– integra una pretensión de anulación de la licencia que abre un proceso con el que se aspira a eliminar del mundo jurídico un acto declarativo de derechos –art. 118.5 de la Ley Jurisdiccional–, lo que da lugar a una quiebra de la regla general de la irrevocabilidad de dichos actos.

Todo lo expuesto produce importantes consecuencias. La doctrina general de la *carga de la prueba elaborada* sobre la base del art. 1214 del Código Civil puede resumirse indicando que cada parte ha de probar el supuesto de hecho de la norma cuyas consecuencias jurídicas invoca a su favor. Es claro pues que ha de ser la Administración la que soporte la carga de la prueba de la infracción urbanística manifiestamente grave, carga ésta que se intensifica si se toman en consideración las reflexiones hechas respecto de las características excepcionales de la potestad prevista en el art. 186.1 del Texto Refundido, que reclaman una rigurosa exigencia de la concurrencia de los elementos que integran su causa o presupuesto de hecho». **(STS 14 diciembre 1987 [RJ 1987, 9482]).**

Concepto de infracción manifiesta.

«SEGUNDO. Esta Sala tiene recordado en su Sentencia de 30 de junio pasado (RJ 1987, 6603), que para poder acudir al procedimiento especial de suspensión de efectos de una licencia urbanística con amparo en los artículos 186 de la Ley del Suelo y 34 de su Reglamento de Disciplina es imprescindible que la licencia infrinja de manera diáfana y manifiesta la normativa urbanística, no pudiéndose presentar la infracción como dudosa, opinable o discutible, sino que ha de ser ostensible, patente, inequívoca y apreciable a simple vista sin ningún esfuerzo de interpretación de normas; y debiendo esta infracción manifiesta, ser además grave, según los términos que definen los artículos 226.2 de la Ley del Suelo y 54.2 y 3 del Reglamento de Disciplina Urbanística, pues la excepcional facultad de suspensión atribuida por la Ley del Suelo al Alcalde para paralizar las obras iniciadas y en ejecución al amparo de una licencia municipal que se repute con contenido constitutivo de infracción manifiesta de la legalidad urbanística, no debe utilizarse sino con rigurosa mesura y escrupulosa ponderación de las circunstancias que la norma previene como presupuestos imprescindibles para su ejercicio, pues en otro caso, y además de la influencia y repercusión que tan grave medida tiene en el normal desarrollo de una actividad a la que, por su propia naturaleza y por expresa declaración de la norma constitucional, tiene perfecto e indiscutible derecho el administrado siquiera haya de sujetarse y observar las prescripciones congruentes con el interés público urbanístico –único factor legitimador y habilitante de la intervención administrativa–, bien clara aparecerá la reprochable, nociva y perturbadora actuación de una potestad jurídica en supuestos distintos de los que el legislador previó como «conditio iuris» para su ejercicio y con fines diferentes del de la preservación y tutela del interés público, con la inexorable consecuencia de una gratuita, cuando no desviada, violación de la legalidad cuyo restablecimiento determinará la invalidación del actuar administrativo así viciado –Sentencias de esta Sala de 11 de junio de 1986 (RJ 1986, 6770), 28 de marzo de 1985 (RJ 1985, 1673), 24 de mayo de 1982 (RJ 1982, 4121), 21 de enero, 30 de junio y 19 de septiembre de 1981 (RJ 1981, 182, 2808 y 3513), 18 de febrero de 1980 (RJ 1980, 1719), 29 de octubre de 1979 (RJ 1979, 3548), 24 de mayo y 28 de junio de 1978 (RJ 1978, 2128 y 3150), entre otras». **(STS 2 octubre 1987 [RJ 1987, 8289]).**

«SEGUNDO. [...] En este proceso especial del artículo 118 de la Ley Jurisdiccional, en relación con el artículo 186 de la Ley del Suelo sólo es objeto de enjuiciamiento el hecho de que los actos de edificación u obras autorizadas en la licencia constituyan o no una infracción urbanística manifiesta y grave, ya que solamente este supuesto le faculta al Alcalde para directamente suspender los efectos de la autorización concedida. Así pues, el contenido u objeto de este proceso queda perfectamente delimitado, ya que lo cuestionado no es si ha existido o no una infracción urbanística, sino únicamente si es grave y manifiesta. TERCERO. La consideración de gravedad de una infracción, nos conduce a la tipificación de ella establecida en el artículo 226.2 de la citada Ley del Suelo, es decir, que sea reveladora de un incumplimiento de las normas urbanísticas referentes a parcelaciones, uso del suelo, altura, volumen y situación de las edificaciones y ocupación permitida de la superficie de las parcelas. Pero no basta solamente con la estimación o existencia de esta calificación, para el fin de la pretensión ejercitada en este proceso sino que además es necesario que la infracción sea manifiesta, concepto ya muy definido por nuestra jurisprudencia –Sentencias del Tribunal Supremo de 27 junio 1990 (RJ 1990, 5343) y 4 julio 1990 (RJ 1990, 6017) etc.– en el sentido de que sea advertida o conocida de modo patente, notorio o evidente, no exigiendo su apreciación acudir a interpretaciones analógicas o intrincados razonamientos jurídicos, siendo suficiente al respecto el simple enfrentamiento del acuerdo por el que se haya otorgado la licencia o impartido la orden con el texto literal de las normas incumplidas». **(STS 16 mayo 1998 [RJ 1998, 3847]).**

Art. 186 y acción pública.

«SEGUNDO. A la hora de definir la posición de los administrados en relación con el mencionado art. 186 será de advertir que está atribuyendo una potestad a la Administración que en principio no está pensada para actuar a instancia del administrado.

Ahora bien, siendo pública la acción para exigir la observancia del ordenamiento urbanístico –art. 235– y formando parte de éste el art. 186, ha de concluirse que los administrados pueden perfectamente instar de la Administración la adopción de las medidas previstas en aquél poniendo en su conocimiento los hechos que en su sentir constituyan manifiestamente una infracción urbanística grave». **(STS 29 febrero 1988 [RJ 1988, 1500]).**

Artículo 187.

1. Las licencias u órdenes de ejecución cuyo contenido constituya manifiestamente alguna de las infracciones urbanísticas graves definidas en esta Ley deberán ser revisadas dentro de los cuatro años desde la fecha de su expedición por la Corporación municipal que las otorgó a través de alguno de los procedimientos del artículo 110 de la Ley de Procedimiento Administrativo, bien de oficio o a instancia del Gobernador Civil, a solicitud, en su caso, del Delegado provincial del Ministerio de la Vivienda.

La Corporación deberá acordar, cuando proceda, la demolición de las obras realizadas, todo ello sin perjuicio de las responsabilidades que sean exigibles conforme a lo dispuesto en esta Ley.

2. Si la Corporación municipal no procediese a la adopción de los acuerdos anteriores en el plazo de un mes desde la comunicación del Gobernador Civil, éste dará cuenta a la Comisión Provincial de Urbanismo correspondiente a los efectos previstos en el número 4 del artículo 5 de esta Ley.

⇒ V. arts. 224.2, 225 y 226 del presente Texto Refundido.
V. arts. 36 y siguientes del RDU (§3.3).
V. arts. 103 y concordantes de la LRJ-PAC.

Jurisprudencia

«CUARTO. El Texto Articulado y Refundido de las Leyes de Bases de Régimen Local de 17 de julio de 1945 y 3 de diciembre de 1953, aprobado por Decreto de 24 de junio de 1955, estableció en su artículo 369 el principio general de la irrevocabilidad de los actos y acuerdos de las Autoridades y Corporaciones Locales declaratorios de derechos subjetivos; pero fue esta misma legislación la que estableció también una excepción a tal principio para las licencias en el artículo 16 del Reglamento de Servicios de 17 de junio de 1955 dictado en ejecución y cumplimiento de la Ley; dicho artículo 16.2 dispone que las licencias podrán ser anuladas y restituidas las cosas al ser y estado primitivo cuando resultaren otorgadas erróneamente; pero a continuación el siguiente apartado 3 del mismo artículo señala que la anulación de la licencia por esta causa comportará «el resarcimiento de los daños y perjuicios que se causaren», disposiciones que para las licencias urbanísticas fueron asumidas después por el artículo 172 de la Ley del Suelo de 12 de Mayo de 1956, la cual dispuso en el apartado 1 de dicho artículo 172 que cuando se comprobase que la licencia hubiese sido otorgada erróneamente, la Corporación o Autoridad competente podía anularla; si bien el apartado 2 del mismo artículo también añadía que «en este caso deberá indemnizar los *daños que se causaren* al titular de la autorización [...] y satisfacerlos en el plazo de 3 meses [...]», y en aplicación de estas disposiciones, esta Sala había declarado reiteradamente que un acuerdo de revocación de una licencia concedida por error (o por la adopción de nuevos criterios de apreciación a los que asimismo alude el indicado artículo 16 del Reglamento de Servicios en sus apartados 1 y 3) no era válida si al mismo tiempo no se acordaba el resarcimiento de los daños y perjuicios que se causaren –Sentencias de 5 de enero de 1968 (RJ 1968, 271), 17 de enero, 9 de abril y 7 de mayo de 1969 (RJ 1969, 77, 2391 y 2424), 28 de febrero de 1970 (RJ 1970, 1145), 17 de abril de 1978 (RJ 1978, 1606) y 14 de marzo de 1980 (RJ 1980, 2192), entre otras–; doctrina que sigue en plena vigencia en general mientras continúe en vigor el expresado artículo 16 del Reglamento de Servicios en todos los casos de revocación de licencias fundados en error en su otorgamiento y en la adopción de nuevos criterios de apreciación; pero esta doctrina no sigue vigente cuando se trata de licencias «urbanísticas» otorgadas por error, ya que para la anulación de las licencias «urbanísticas» erróneas la Ley de Reforma de la del Suelo de 2 de Mayo de 1975 introdujo sustanciales cambios y es al régimen nuevo que ella establece (que vamos a recordar ahora), y no al régimen antiguo de los repetidos artículos 16.2 y 3 del Reglamento de Servicios de las Corporaciones Locales y 172 de la Ley del Suelo de 1956, al que habrá de estarse actualmente tanto para anular una licencia urbanística concedida por error como para determinar la indemnización en su caso procedente que puede derivar de ello; pues los repetidos artículos 16.2 y 3 del Reglamento de Servicios de las Corporaciones Locales y 172 de la Ley del Suelo de 1956 (y la jurisprudencia dictada en su aplicación también) han dejado de tener vigencia para anular las licencias urbanísticas erróneas y para establecer en su caso la indemnización derivada de la anulación. QUINTO. El nuevo régimen de anulación de las licencias urbanísticas concedidas por error y la indemnización en su caso por ello procedente, está actualmente recogido en los artículos 186, 187 y 188 del vigente Texto Refundido de la Ley del Suelo de 9 de abril de 1976 (en cuanto a la anulación) y en el art. 232 del mismo texto (en cuanto a la indemnización); preceptos que han tenido después su correspondiente desarrollo en los artículos 34, 35 y 36 al 42 del Reglamento de Disciplina Urbanística de 23 de julio de 1978 en cuanto a la anulación y en los artículos 38 y 39 del mismo Reglamento en lo referente a la indemnización que pueda dimanar de tal anulación; régimen nuevo que ha venido a sustituir al antiguo en virtud de la disposición derogatoria primera de las Finales de la vigente Ley del Suelo y en méritos del apartado 2 del artículo 2 del Código Civil. SEXTO. Para la anulación de las licencias urbanísticas concedidas por error, hay que tener en cuenta en este nuevo régimen varios elementos o circunstancias. Puede ser que la licencia otorgada erróneamente implique la ejecución de obras que estén en curso de realización o que estén ya terminadas; y puede ser que la licencia concedida para estas obras constituya manifiestamente una infracción urbanística grave o que constituya una infracción urbanística pero no manifiesta ni grave o sí manifiesta pero no grave o grave pero no manifiesta; y puede ser también que la licencia urbanística otorgada no implique la realización de obras pero que la misma constituya una infracción urbanística manifiesta y grave o que constituya infracción urbanística no manifiesta ni grave o manifiesta pero no grave o al revés. SÉPTIMO. Para cada uno de estos supuestos, tiene la nueva Ley el adecuado tratamiento, a saber: si se trata de una licencia que lleve implícita la ejecución de obras que estén en curso, no terminadas y que constituya una infracción urbanística manifiesta y grave, el tratamiento que se le da es el del artículo 186 de la Ley del Suelo (y correlativos artículos 34 y 35 del Reglamento de Disciplina Urbanística); si se trata de una licencia concedida para obras ya terminadas o que no lleve aparejada la ejecución de obras y otorgada con infracción urbanística manifiesta y grave (según las definiciones de gravedad que establecen los artículos 226.1 y 2 de la Ley del Suelo y 54 del Reglamento de Disciplina Urbanística), el procedimiento aplicable será el que señala el artículo 187 de la Ley del Suelo (y el 36 del Reglamento de Disciplina Urbanística) cuya aplicación exige que no hayan transcurrido cuatro años desde la fecha de expedición de la licencia, siendo en tal supuesto el procedimiento de anulación, según dicho art. 187, cualquiera de los dos que fija el artículo 110 de la Ley de Procedimiento Administrativo que la Corporación Local podrá elegir libremente; y si se trata de una licencia urbanística concedida por error no manifiesto o no grave, el procedimiento de anulación que habrá de emplearse habrá de ser el de la lesividad del apartado 1 del artículo 110 de la Ley de Procedimiento Administrativo; porque obviamente si en los casos de error, manifiesto y de gravedad la Administración ha de acudir para anular la licencia urbanística concedida (art. 187 de la Ley del Suelo y 36 del Reglamento de Disciplina) a alguno de los dos procedimientos de revisión del expresado artículo 110 de la LPA (el segundo de los cuales exige una infracción legal manifiesta), cuando no hay esta claridad y evidencia en la infracción puede y debe acudir al de la lesividad del artículo 110.1;

porque no puede pretenderse que la Administración pueda y deba acudir al cauce revisorio del artículo 110 de la LPA en cualquiera de sus dos apartados en los casos de infracción grave y manifiesta y que por el contrario no debiera acudir a la revisión del apartado 1 del propio artículo 110.1 para revocar, anular o invalidar una licencia errónea aunque no con error grave y manifiesto; en este caso de error no manifiesto, no podrá acudirse a la revocación de oficio del apartado 2 del artículo 110, porque su párrafo a) exige para poder aplicarlo una infracción legal manifiesta; y al no poder acudir a él cuando no hay tal infracción legal manifiesta, deberá utilizarse el apartado 1 del mismo artículo 110, esto es, el proceso de lesividad; sin que en ningún caso se pueda emplear para anular una licencia urbanística erróneamente otorgada el procedimiento del (para esto) ya no vigente, artículo 16.2 y 3 del Reglamento de Servicios de las Corporaciones Locales pues también el resarcimiento de los daños y perjuicios que automática y obligadamente imponía el apartado 3 de tal artículo 16 para el caso de anulación de licencias erróneas, ha sido sustituido por el nuevo precepto del artículo 232 de la vigente Ley del Suelo (artículo 38 y 39 del Reglamento de Disciplina Urbanística) que someten la procedencia de indemnizar por causa de anulación de una licencia urbanística, ya sea en la vía administrativa ya en la contencioso-administrativa, a las normas que regulan con carácter general la responsabilidad de la Administración, sin que en ningún caso proceda indemnizar si ha habido dolo, culpa o negligencia graves imputables al perjudicado; todo lo cual no hace sino converger en la conclusión de que tanto el procedimiento de anulación de las licencias urbanísticas erróneas como el derecho a obtener por ello la indemnización automática que establecían los artículos 16.2 y 3 del Reglamento de Servicios de las Corporaciones Locales y 172.1 y 2 de la antigua Ley del Suelo de 1956 han sido sustituidos por los indicados artículos 186, 187 y 232 de la nueva Ley del Suelo a cuyos procedimientos se habrá de estar para invalidar esta clase de licencias (las urbanísticas); sin perjuicio de que siga vigente, como ya se ha dicho, en el art. 16 apartados 2 y 3 del Reglamento de Servicios para la revocación de las licencias no urbanísticas otorgadas por error o adoptando nuevos criterios de apreciación, ya que lo único que la Ley de Reforma de la del Suelo ha cambiado en esta materia es el régimen de anulación y de indemnización de las licencias urbanísticas otorgadas por error, no el régimen de las demás licencias. OCTAVO. La precedente doctrina es plenamente aplicable al presente pleito puesto que en él se trata de una licencia urbanística sobre uso del suelo que el Alcalde del Ayuntamiento apelado concedió erróneamente tanto si la referida licencia hubiera de considerarse provisional como definitiva (según acertadamente razona la Sentencia recurrida como hemos expuesto en el fundamento jurídico primero); y lo mismo que en el caso de la infracción por ella cometida hubiera de calificarse de manifiesta y grave como de simplemente infractora sin estos calificativos, el proceso de lesividad que aquí se ha seguido para su anulación con sujeción al apartado 1 del artículo 110 de la Ley de Procedimiento Administrativo, ha sido correcto, porque éste es uno de los procedimientos a los que se remite el artículo 187.1 de la Ley del Suelo (y el 36 del Reglamento de Disciplina Urbanística) para los casos de licencias con infracción manifiesta y grave y porque también éste sería el procedimiento de revisión que correspondería en el caso de que la indudable infracción existente no pudiera calificarse de manifiesta y grave; por todo lo cual es pertinente refrendar la actuación municipal y confirmar la sentencia apelada sin perjuicio del eventual derecho de indemnización que pudiera resultar procedente como consecuencia de la anulación; eventual derecho de indemnización que habrá de regirse por lo que al efecto disponen los indicados artículos 232 de la Ley del Suelo y 38 y 39 del Reglamento de Disciplina Urbanística». **(STS 26 *febrero 1987* [RJ 1987, 3375]).**

«Siguiendo al respecto las declaraciones contenidas en nuestra Sentencia de 28 febrero 1994 (RJ 1994, 1465), que la Ley de Procedimiento Administrativo de 17 julio 1958 y la Ley Reguladora de la Jurisdicción Contencioso-Administrativa, a las que se remitían a la sazón los artículos 53 de la Ley 7/1985, de 2 abril, Reguladora de las Bases del Régimen Local, y 218 del Reglamento de Organización, Funcionamiento y Régimen Jurídico de las Entidades Locales, establecen en los artículos 109, 110.2 y 110.1 tres distintos medios para que la Administración pueda proceder de oficio a la revisión de sus actos: la revisión de los actos nulos de pleno Derecho, la revisión de los actos anulables declarativos de derechos que infrinjan manifiestamente la Ley y la revisión de estos mismos actos en los demás casos, esta última a efectuar por los órganos del orden jurisdiccional contencioso-administrativo previa la oportuna declaración de lesividad y la posterior impugnación ante ellos; mas sin que esta forma de proceder suponga que en los dos primeros casos no pueda la Administración utilizar también el último medio, posibilidad que nos conduce a que mientras en los de postularse una nulidad de pleno Derecho o una nulidad relativa por infracción manifiesta de la ley en el procedimiento de lesividad, bastarán con demostrar la concurrencia de la nulidad radical o de la relativa por infracción manifiesta de la ley para el éxito del mismo, cuando en él se pretenda una anulación por lesividad habrá de acreditarse para la procedencia la lesividad en sí, ahora bien, teniendo en cuenta que en la actualidad ha desaparecido la exigencia de la doble lesión, jurídica y económica, bastando con que el acto incurra en cualquier infracción del Ordenamiento jurídico para que pueda ser declarado lesivo y anulado, tal como este Tribunal ha declarado en sus Sentencias de 14 marzo 1980 (RJ 1980, 2190) y 22 enero 1988 (RJ 1988, 326). B) Trasladando estas consideraciones al campo urbanístico y, dentro de él, a las licencias de obras, descartando ya de entrada la aplicación a ellas, para anularlas, del artículo 16 del Reglamento de Servicios de las Corporaciones Locales de 17 junio 1955, ya que el mismo únicamente puede estimarse vigente en lo relativo a la revocación, que no es del caso, mas no a la anulación, en que fue sustituido por el artículo 187.1 de la Ley sobre Régimen del Suelo y Ordenación Urbana, Texto Refundido 9 abril 1976, siguiendo al particular otra Sentencia de esta Sala, ésta de 26 diciembre 1991 (RJ 1991, 1465), que la remisión que se hace en dicho artículo 187.1 al artículo 110 de la Ley de Procedimiento Administrativo es meramente instrumental –"a través de alguno de los procedimientos"–, a los efectos de incorporar a él los cauces anulatorios del mismo, de suerte que el motivo de fondo de la revisión viene determinado exclusivamente por la infracción grave y manifiesta del Ordenamiento Jurídico Urbanístico, sin coincidir con la infracción manifiesta de la Ley, específica de la anulación de oficio, configurándose así un régimen peculiar de la revisión de oficio que se distingue por un único motivo de fondo susceptible de abrir las dos vías anulatorias, la revisión administrativa y la revisión jurisdiccional previa declaración de lesividad». **(STS 6 junio 1995 [RJ 1995, 4944]).**

«Es verdad que la revisión de oficio que permite el artículo 224.2 del TRLS de los «actos y acuerdos» de las Entidades Locales en materia de urbanismo no exige que el acuerdo anulado sea una infracción urbanística manifiesta y grave. Que ello es así se infiere del texto literal del artículo 224.2 del TRLS, que no exige la concurrencia de esa infracción urbanística manifiesta y grave, y de la necesidad de otorgar a este precepto un ámbito de operatividad propio y distinto del que regula el artículo 187 del TRLS». **(STS 26 mayo 1998 [RJ 1998, 4373]).**

Artículo 188.

1. Los actos de edificación o uso del suelo relacionados en el artículo 178 que se realicen sin licencia u orden de ejecución sobre terrenos calificados en el planeamiento como zonas verdes o espacios libres quedarán sujetos al régimen jurídico establecido en el artículo 184 mientras estuvieren en curso de ejecución; y al régimen previsto en el artículo 185 cuando se hubieren consumado, sin que tenga aplicación la limitación de plazo que establece dicho artículo.

2. Las licencias u órdenes que se otorgaren con infracción de la zonificación o uso urbanístico de las zonas verdes o espacios libres previstos en los Planes serán nulas de pleno derecho. Mientras las obras estuvieren en curso de ejecución se procederá a la suspensión de los efectos de la licencia

y a la adopción de las demás medidas previstas en el artículo 186. Si las obras estuvieren terminadas, se procederá a su anulación de oficio por los trámites previstos en el artículo 109 de la Ley de Procedimiento Administrativo.

3. Si las autoridades y órganos a los que se refieren los artículos 184 a 187 no adoptaren las medidas establecidas en dichos preceptos cuando se produzca alguno de los supuestos previstos en los números anteriores, el Delegado provincial del Ministerio de la Vivienda dará conocimiento de la situación creada por los mismos al titular del Departamento, el cual podrá ejercitar las facultades y adoptar las medidas correspondientes previstas en los citados preceptos.

⇒ V. arts. 40, 41, 42 y 94 del RDU (§3.3).
V. art. 255.2 del TRLS/1992 (§2).

Jurisprudencia

«SEGUNDO. El artículo 188 de la Ley del Suelo de 9 abril 1976 atribuye al Alcalde, respecto a los actos de edificación y uso del suelo relacionado en su artículo 178 que se hubieren realizado sin licencia u orden de ejecución sobre terrenos calificados en el planeamiento como zonas verdes o espacios libres, las mismas facultades que, con carácter general, se conceden en los artículos 184 y 185, entre ellas las de acordar la demolición de lo construido sin licencia, cuando no se solicitase ésta en el plazo establecido para presentar la solicitud o cuando la licencia no pudiere concederse, pero sin que tenga aplicación la limitación de plazo que para ello establece el último de los preceptos citados. La interpretación del citado artículo 188 exige tener presente la reiterada doctrina de esta Sala que declara, conforme a lo dispuesto en el artículo 12.1 del Reglamento de Servicios de las Corporaciones Locales, aprobado por Decreto 17 junio 1955, que el otorgamiento de una licencia de obras no prejuzga la cuestión relativa a la titularidad de los terrenos donde se van a efectuar, que el Ayuntamiento no puede denegarla por no ser el peticionario propietario del terreno, aunque sí puede hacerlo cuando resulte que las obras van a efectuarse sobre el dominio público municipal (Sentencia de 5 abril 1993 [RJ 1993, 2601], y las que en ella se citan), pero que la Administración no puede aprovechar la ocasión de tramitación de un expediente para dirimir sus derechos de propiedad o de otra índole, puesto que tal expediente no es el idóneo para dilucidar estas cuestiones (Sentencia de 3 mayo 1990 [RJ 1990, 3790])». **(STS 18 mayo 1998 [RJ 1998, 3853]).**

Sección 3ª Inspección urbanística

Artículo 189.

La inspección urbanística se ejercerá por los órganos centrales y locales a que se refiere el Título Sexto, dentro de sus respectivas competencias.

Artículo 190.

El Alcalde ejercerá la inspección de las parcelaciones urbanas, obras e instalaciones del término municipal para comprobar el cumplimiento de las condiciones exigibles.

⇒ V. art. 21 de la LRBRL

TÍTULO V
GESTIÓN ECONÓMICA

CAPÍTULO I
Disposiciones generales

Artículo 191.

1. El Estado y las Entidades Locales desarrollarán su acción urbanística mediante los recursos económicos autorizados y los que esta Ley establece.

2. Las aportaciones consignadas en los Presupuestos Generales del Estado se invertirán con arreglo a la distribución que anualmente acuerde el Ministro de la Vivienda.

Artículo 192.

1. Los Ayuntamientos de capitales de provincia o de más de 50.000 habitantes deberán, y los restantes podrán, formar un Presupuesto especial de Urbanismo para atender a las obligaciones derivadas de esta Ley, que se regirá por lo dispuesto para los ordinarios en la Ley de Régimen Local.

2. En el estado de ingresos podrán figurar únicamente los siguientes recursos:

a) Subvenciones, auxilios y donativos concedidos para fines urbanísticos.

b) Asignaciones de igual índole en el presupuesto ordinario de la propia Corporación.

c) Productos de las enajenaciones de terrenos afectos al Patrimonio municipal del suelo.

d) Exacciones autorizadas o que en lo sucesivo se autorizaren.

e) Arbitrios no fiscales y multa; y

f) Rendimientos de empréstitos, préstamos u otras formas de anticipo.

3. Además de las consignaciones correspondientes al importe de los estudios, proyectos y obras de primera urbanización dispuestas por Planes y proyectos aprobados conforme a la presente Ley, sólo podrán incluirse en el estado de gastos del presupuesto especial las cantidades necesarias para atender al servicio de intereses y amortización de los empréstitos, préstamos u otras formas de anticipo a que se hace referencia en el apartado f) del párrafo anterior, así como una partida de «Imprevistos» para dotar aquellos gastos necesarios y urgentes que pudieran surgir en el desarrollo del presupuesto.

4. Cuando estuvieren ejecutadas las obras, los gastos de entretenimiento, conservación y modificación de la urbanización serán de cargo del presupuesto ordinario.

CAPÍTULO II
Subvenciones y asignaciones

Artículo 193.

El Estado dedicará anualmente las cantidades consignadas en sus Presupuestos para coadyuvar a los fines de esta Ley y, de modo especial, a la adquisición de terrenos para formar reservas de suelo, urbanizar los destinados a la construcción de viviendas y conceder anticipos y, en su caso, subvenciones a las Corporaciones Locales y Entidades estatales autónomas con los mismos fines y bajo las modalidades que se impongan.

Artículo 194.

1. A los efectos prevenidos en el artículo 89, los Ayuntamientos a que se refiere, consignarán en su presupuesto ordinario una cantidad equivalente al 5 por 100 de su importe durante el número de anualidades que exija el desarrollo del Plan.

2. También destinarán el 5 por 100, al menos, del mismo presupuesto a la ejecución de urbanizaciones previstas en los programas de actuación.

3. Las expresadas asignaciones figurarán al mismo tiempo en el estado de ingresos de los Presupuestos especiales de Urbanismo cuando existieren.

Artículo 195.

Para los fines de esta Ley, las Corporaciones Locales podrán emitir obligaciones, concertar préstamos y constituir garantía hipotecaria sobre los terrenos adquiridos e inmuebles edificados de su propiedad con arreglo a la legislación específica.

CAPÍTULO III
Exacciones

⇒ Téngase en cuenta la Ley 39/1988, de 28 diciembre, Reguladora de las Haciendas locales.

Artículo 196.

1. Las exacciones del Presupuesto especial de Urbanismo podrán ser:

a) Derechos y tasas por aprovechamientos especiales y por la prestación de servicios públicos municipales.

b) Contribuciones especiales por obras, instalaciones o servicios; y

c) Arbitrios sobre ordenación urbanística, aumento de volumen de edificación, contribución territorial sobre la riqueza urbana y recargos extraordinarios sobre la misma y sobre el arbitrio de incremento del valor de los terrenos.

2. Se ingresarán también en este presupuesto las multas impuestas por los Alcaldes por infracciones del Plan de ordenación y el arbitrio no fiscal sobre edificación deficiente.

Artículo 197.

Los derechos y tasas por aprovechamientos especiales y por prestación de servicios que beneficiaren especialmente a personas determinadas o se provocaren especialmente por ellas sólo serán de aplicación al Presupuesto de Urbanismo cuando las propiedades e instalaciones municipales en que los aprovechamientos se realizaren estuvieren enclavadas en los polígonos de nueva urbanización o de reforma interior, o cuando los servicios públicos municipales se prestaren en los mismos, mientras esté en vigor para ellos el régimen de urbanización.

Artículo 198.

1. Cuando las obras, instalaciones o servicios ejecutados por el Ayuntamiento beneficiasen especialmente a personas o clases determinadas o se provocaren de un modo especial por las mismas, aunque no existieran aumentos determinados de valor, la imposición por contribuciones especiales será, como máximo, del 90 por 100 del coste total, con carácter uniforme.

2. No serán de aplicación las limitaciones establecidas en el artículo 470 de la Ley de Régimen Local.

Artículo 199.

1. Se establece con carácter de generalidad el arbitrio municipal sobre ordenación urbanística, al que estarán sujetos todos los terrenos sin edificar enclavados en los polígonos afectados por el planeamiento.

2. Dicho arbitrio se graduará en los dos períodos siguientes:

1º Desde la aprobación del Plan General, si se trata de suelo urbano, y del Plan Parcial en los demás casos hasta la completa terminación de las obras de urbanización que afecten a cada finca; y

2º A partir de la terminación total de las obras, hasta que se otorgara licencia de edificación, salvo si no se emprendiera, siguiera y terminara en los plazos que se señalaren, según la importancia de las obras.

3. El arbitrio se aplicará en sus distintos períodos, sin perjuicio de los demás arbitrios o recargos que autoriza la Ley de Régimen Local.

4. No estarán sujetos al arbitrio los jardines de propiedad particular cuyas plantaciones respondan a un trazado y ordenación adecuados.

Artículo 200.

1. En el primer período, la base del arbitrio sobre ordenación urbanística será el valor urbanístico de los terrenos no edificados conforme al Plan, y el tipo de gravamen, el 0,50 por 100.

2. La aplicación del precedente párrafo modificará lo previsto en relación con el arbitrio sobre solares en la Ley de Régimen Local.

Artículo 201.

1. En el segundo período, el arbitrio sobre ordenación urbanística se transformará en arbitrio sobre solares sin edificar, con aplicación de las normas establecidas para el mismo en la Ley de Régimen Local, excepto el tipo de gravamen, que será progresivo, sin que en ningún caso pueda resultar inferior al 0,50 por 100 ni exceder del 2 por 100, graduado en función del tiempo que permanezca inedificado el solar y a partir del momento de terminación de las obras de urbanización que le afecten.

2. La exacción del arbitrio llevará consigo en este período la exclusión del recargo extraordinario del 4 por 100 sobre los líquidos imponibles de la Contribución Territorial, riqueza urbana, que autoriza esta Ley, respecto a los solares enclavados en los polígonos.

CAPÍTULO IV
Beneficios

Artículo 202.

La realización de nuevas urbanizaciones, sufragándolas íntegra y anticipadamente, en las que se cumplan los preceptos de esta Ley y en los supuestos en que el coste de las mismas resulte desproporcionado cuando el urbanizador realice a su costa los servicios o dotaciones de interés general, originará el derecho a la reducción de hasta un 80 por 100 de las bases imponibles de la Contribución Territorial urbana de las edificaciones realizadas en los terrenos de nueva urbanización.

Artículo 203.

La realización de obras de urbanización en sectores de reforma interior, sufragándolas íntegra y anticipadamente, originará el derecho a una reducción en la base imponible de la Contribución Territorial urbana de las nuevas edificaciones, como máximo en el porcentaje procedente para que las cuotas y recargos de la misma que correspondan a las nuevas construcciones sean equivalentes a los atribuibles a las fincas que ocupaban el mismo suelo antes de la nueva urbanización.

Artículo 204.

El plazo de disfrute de los beneficios a que se refieren los artículos 202 y 203 será de diez años, a partir de la fecha de terminación de las edificaciones correspondientes.

Artículo 205.

El disfrute de los beneficios fiscales a que se refieren los tres artículos precedentes es incompatible con cualesquiera otros beneficios fiscales concedidos con carácter general a las nuevas edificaciones y no serán, por consiguiente, susceptibles de disfrute simultáneo o sucesivo. En estos casos corresponde a los beneficiarios el derecho a optar por uno de los beneficios que resulten aplicables.

TÍTULO VI
ÓRGANOS DIRECTIVOS Y GESTORES
CAPÍTULO I
Disposiciones Generales

Artículo 206.

En el desarrollo de las actividades reguladas en esta Ley entenderán específicamente, sin perjuicio de las facultades de otras autoridades, Organos centrales y Organos locales.

Artículo 207.

1. Serán Organos centrales:

a) El Ministro de la Vivienda.

b) La Comisión Central de Urbanismo; y

c) La Dirección General de Urbanismo.

2. Serán Organos locales:

a) Las Comisiones Provinciales de Urbanismo.

b) Los Ayuntamientos, en régimen normal o en el de Gerencia urbanística; y

c) Las Diputaciones Provinciales y Cabildos Insulares.

Artículo 208.

1. Los Organos urbanísticos del Ministerio de la Vivienda ejercerán sus respectivas funciones en un orden jerárquico.

2. Los Organos urbanísticos podrán delegar en el inmediato de inferior jerarquía, por plazo determinado y renovable, el ejercicio de las facultades que consideren convenientes para la mayor eficacia de los servicios.

3. También podrá cualquier Organismo superior recabar el conocimiento de asunto que competa a los inferiores jerárquicos y revisar la actuación de éstos.

Artículo 209.

La competencia que regulan los artículos 33, 36.2, 37, 175, 181, 182, 189 y 190 de la presente Ley se ejercerá indistintamente por cualquiera de los Organismos a que se refiere cada uno de dichos preceptos.

CAPÍTULO II
Organos centrales

Artículo 210.

1. La Comisión Central de Urbanismo, encuadrada en el Ministerio de la Vivienda, es el órgano superior de carácter consultivo en materia de planeamiento y urbanismo.

2. La Comisión Central de Urbanismo estará presidida por el Subsecretario de la Vivienda.

3. Formarán parte de la Comisión, en el número y forma que se establezca reglamentariamente, representantes de los Departamentos ministeriales, Corporaciones Locales, Organización Sindical, Corporaciones públicas cuya actividad esté inmediatamente relacionada con el planeamiento y el urbanismo, y hasta un máximo de cinco vocales designados por el Ministro de la Vivienda entre personas de acreditada competencia en cualquiera de las especialidades propias del urbanismo.

4. Formarán parte asimismo de la Comisión:

a) Cuando se sometan a su informe los Planes Directores Territoriales de Coordinación: los Presidentes de las Diputaciones Provinciales y los Alcaldes de las capitales de provincia y municipios de más de 20.000 habitantes afectados.

b) Los representantes de los Departamentos ministeriales con categoría de Director general que designen para cada caso los Ministros respectivos, en relación con los asuntos de su especial competencia.

5. La Comisión actuará en Pleno, Secciones y Ponencias, con la composición y funciones que se determinen reglamentariamente.

6. El Presidente podrá convocar a las reuniones a las autoridades o personal técnico que estime conveniente para el mejor asesoramiento de la Comisión.

Artículo 211.

1. La Comisión Central de Urbanismo informará preceptivamente con carácter previo a la aprobación del Plan Nacional de Ordenación, de los Planes Directores Territoriales de Coordinación y de los Planes Generales Municipales de Ordenación de las capitales de provincia y municipios de más de 50.000 habitantes, y siempre que se exija su informe por cualquier disposición legal o reglamentaria.

2. El Ministro de la Vivienda podrá someter igualmente a consulta de la Comisión Central de Urbanismo cuantos asuntos relacionados con su competencia tenga por conveniente.

3. Cuando el Ministro de la Vivienda disienta del informe preceptivo de la Comisión Central de Urbanismo, la resolución del asunto corresponderá al Consejo de Ministros.

Artículo 212.

La Dirección General de Urbanismo actuará como Órgano permanente encargado de la preparación de los asuntos de la Comisión Central de Urbanismo y de la gestión y ejecución de los acuerdos del Ministerio de la Vivienda.

CAPÍTULO III
Órganos locales

Artículo 213.

1. Las Comisiones Provinciales de Urbanismo estarán presididas por el Gobernador Civil de la provincia, y en ellas tendrán representación de las Corporaciones Locales y los Servicios del Estado.

2. Las facultades de las Comisiones Provinciales de Urbanismo serán de carácter informativo, gestor, resolutorio y de fiscalización y se dirigirán especialmente a orientar, fomentar e inspeccionar el planeamiento y la realización de las obras necesarias para el desarrollo urbano.

Artículo 214.

La competencia urbanística de los Ayuntamientos comprenderá todas las facultades que siendo de índole local no hubiesen sido expresamente atribuidas por la presente Ley a otros Organismos.

Artículo 215.

1. Los Ayuntamientos podrán solicitar que se instituya una Gerencia urbanística para estudiar, orientar, dirigir, ejecutar e inspeccionar el planeamiento.

2. Para promover la Gerencia urbanística se acompañará a la petición Memoria justificativa de la propuesta, con exposición de los Planes, régimen funcional y recursos económico-financieros proyectados.

3. La aprobación del régimen de Gerencia corresponderá al Consejo de Ministros, a propuesta del de la Gobernación, previo informe del Ministro de la Vivienda.

4. El Gerente será nombrado por el Ministro de la Gobernación, a propuesta de los Ayuntamientos, y la designación podrá recaer en algún miembro de la Corporación municipal o en quien no ostentare ese carácter, siempre que uno u otro estuvieren especialmente capacitados.

5. La disposición ministerial que constituyere la Gerencia determinará sus facultades.

Artículo 216.

1. Los municipios podrán constituir Mancomunidad voluntaria para el desarrollo de su competencia urbanística.

2. El Ministerio de la Vivienda podrá proponer al Ministerio de la Gobernación la constitución de Agrupaciones municipales forzosas con la misma finalidad, cuando así fuese aconsejable y no existiese iniciativa o acuerdo entre los municipios afectados.

3. Podrá instituirse el régimen de Gerencia en el mismo caso y forma regulados por el artículo anterior.

4. Constituida la Mancomunidad o Agrupación, las facultades munici-

pales correspondientes se ejercerán a través de la organización común, la cual velará para que en el desarrollo de las que se hubieren reservado o delegado en los Ayuntamientos separadamente se observen puntualmente las disposiciones de la presente Ley y del planeamiento urbanístico vigente.

5. La Mancomunidad o Agrupación forzosa conservará su naturaleza de Organismo de Administración Local, aunque tuviera subvención y representación del Estado.

Artículo 217.

1. Las Diputaciones y Cabildos Insulares además de su competencia para la formación y ejecución de los Planes Directores Territoriales de Coordinación, cooperarán con los Ayuntamientos en la formación, efectividad y ejecución de los Planes municipales e intermunicipales.

2. Cuando los Ayuntamientos mostraren notoria negligencia en el cumplimiento de sus obligaciones urbanísticas, las podrán asumir las Diputaciones Provinciales y, en su caso, los Cabildos Insulares, previa autorización del Ministerio de la Gobernación.

Artículo 218.

Si algún Ayuntamiento incumpliere gravemente las obligaciones que se deriven de esta Ley o del planeamiento urbanístico vigente, o actuare en general con notoria negligencia, el Ministro de la Gobernación, a propuesta del de la Vivienda, podrá designar un Gerente o transferir las necesarias atribuciones de la Corporación municipal a la Comisión Provincial de Urbanismo, que las ejercerá mediante una Comisión especial destacada de su seno y en la que tendrá representación el Ayuntamiento.

✐ La STC 159/2001, de 5 julio (RTC 2001, 159), declara inconstitucional y derogado por la CE el art. 218 del RD 1346/1976, de 9 abril, por el cual se aprobó el Texto Refundido de la Ley sobre Régimen de Suelo y Ordenación Urbana.

TÍTULO VII
RÉGIMEN JURÍDICO

CAPÍTULO I
Peticiones, actos y acuerdos

Artículo 219.

Las Corporaciones Locales y Organismos urbanísticos habrán de resolver las peticiones fundadas que se les dirijan con arreglo a esta Ley o declarar las razones que hubiere para no hacerlo.

Artículo 220.

Las decisiones que adoptaren el Ministro de la Vivienda, las Comisiones Provinciales de Urbanismo, las Diputaciones Provinciales o los Cabildos Insulares mediante justificada subrogación en el ejercicio de la competencia municipal se considerarán como actos de la Corporación titular, a los solos efectos de los recursos admisibles.

Jurisprudencia

«Esta Sala (así S. 6-12-1986 [RJ 1986, 8101]) viene subrayando que el Ayuntamiento queda plenamente vinculado por la licencia de obras otorgada por la Comisión Provincial de Urbanismo: constituye un acto declarativo de derechos dictado por el órgano competente, y competente precisamente por virtud de la pasividad municipal. Queda, pues, el Municipio vinculado por esta licencia otorgada por la Comisión pero no inerme y sin posibilidades de reaccionar ante una ilegalidad de dicha licencia. Aplicando el art. 220 del Texto Refundido –las decisiones que adopten las Comisiones Provinciales de Urbanismo «mediante justificada subrogación en el ejercicio de la competencia municipal, se considerarán como actos de la Corporación titular, a los solos efectos de los recursos admisibles"– esta Sala ha venido declarando:

A) "En el término recursos que emplea el art. 220 del Texto Refundido de 9-4-1976 debe entenderse comprendida toda acción dirigida a obtener la nulidad del acto administrativo, cualquiera que sea su titular y por tanto no sólo aquellas que pudieran corresponder a los administrados, sino también las que competen a la Administración respecto de los actos de otras Administraciones o de los suyos propios y entre estas últimas todas las que le vienen atribuidas en defensa de la legalidad urbanística, incluida la de suspensión de los efectos de las licencias que concede a los Alcaldes el art. 186 del Texto Refundido citado, pues cualquier otra interpretación conduciría a contradecir el propósito y voluntad del legislador de potenciar los instrumentos de control y restablecimiento del orden urbanístico, manifestados en la Exposición de Motivos de la Ley de Reforma 2-5-1975 así como a limitar sin fundamento normativo alguno la autonomía municipal en esta materia, convertida hoy en esencial principio rector de la organización territorial del Estado acogido y declarado en el art. 137 de la Constitución (S. 20-10-1980 [RJ 1980, 3924])». B) Los actos dictados por la Comisión Provincial de Urbanismo, en virtud de subrogación «son atribuibles a la Corporación municipal de que se trate –a efectos de régimen de recursos o control– debiendo entenderse en este sentido la prescripción del art. 220 de la Ley, no existiendo en consecuencia inconveniente en reconocer que los órganos de la Administración municipal sustituida puedan reaccionar contra el acto del sustituto o subrogado en la misma forma en que deben hacerlo frente a sus propios actos» –S. 25-6-1984–. Resulta así viable que respecto a una licencia otorgada por subrogación por la Comisión Provincial de Urbanismo actúe el Alcalde la potestad suspensiva atribuida por el art. 186 del Texto Refundido, plenamente vigente en cuanto se refiere al Alcalde dado que con esta titularidad no queda afectada la autonomía municipal». **(STS 29 mayo 1992 [RJ 1992, 4302]).**

Artículo 221.

1. Los actos administrativos que se produjeren en el ejercicio de las funciones reguladas en la presente Ley podrán ser anotados o inscritos en el Registro de la Propiedad, conforme a lo establecido en la legislación hipotecaria, según proceda, por acuerdo de la Comisión Provincial de Urbanismo, de oficio o a propuesta de la Corporación encargada de la urbanización.

2. Lo dispuesto en el párrafo anterior se entenderá sin perjuicio de los casos previstos por otros preceptos de esta Ley, en los que no será necesaria la intervención de la Comisión Provincial.

⇒ Téngase en cuenta el RD 1093/1997, de 4 julio (§2.1).

Artículo 222.

Los actos y acuerdos de las Autoridades, Corporaciones y Órganos urbanísticos que no requieran aprobación gubernativa serán inmediatamente ejecutivos, sin perjuicio de los recursos que establece la Ley.

Artículo 223.

1. Los Ayuntamientos podrán utilizar la ejecución forzosa y la vía de apremio para exigir el cumplimiento de sus deberes a los propietarios, individuales o asociados, y a las Empresas urbanizadoras.

2. Los procedimientos de ejecución y apremio se dirigirán ante todo contra los bienes de las personas que no hubieran cumplido sus obligaciones, y sólo en caso de insolvencia, frente a la Asociación administrativa de propietarios.

3. También podrán ejercer las mismas facultades, a solicitud de la Asociación, contra los propietarios que incumplieren los compromisos contraídos con ella.

⇒ V. art. 4 de la LBRL

Artículo 224.

1. Los acuerdos municipales que constituyeren infracción manifiesta de normas urbanísticas vigentes podrán ser dejados en suspenso dentro del año siguiente a su notificación o publicación cuando ésta fuere preceptiva, por los Órganos y con el procedimiento y efectos que se prevén en el artículo 186, adoptándose simultáneamente las medidas pertinentes para la efectividad de las disposiciones vulneradas.

2. Las Entidades Locales podrán revisar de oficio sus actos y acuerdos en materia de urbanismo con arreglo a lo dispuesto en los artículos 109 y siguientes de la Ley de Procedimiento Administrativo.

⇒ Téngase en cuenta lo dispuesto en los arts. 102 y siguientes de la LRJ-PAC.

Jurisprudencia

«TERCERO. Al acudimiento por parte de los Ayuntamientos al proceso de lesividad para impugnar sus actos y acuerdos en materia de urbanismo se refieren dos artículos del Texto Refundido de la Ley sobre Régimen del Suelo y Ordenación Urbana, el 187.1 y el 224.2, la inteligencia entre los cuales, dada la particularización del primero y la generalidad del segundo, exige un deslinde que, evidentemente, de no reputar superfluo el 187.1, no puede ser otro ni distinto que el de referirse éste a los actos y acuerdos que constituyan licencias u órdenes de ejecución y el 224.2 a todos los actos y acuerdos urbanísticos, menos tales licencias y órdenes, incluyendo el mismo, además, *a éstas cuando la* revisión no se funde en infracciones de la ordenación urbanística, constituyendo por tanto un precepto de ámbito residual. Dentro ya del art. 187.1, la remisión que hace éste a dos procedimientos revisorios, el de lesividad y el de anulación de oficio establecidos en el art. 110 de la Ley de Procedimiento Administrativo, bajo la pauta de la existencia de una infracción urbanística grave y manifiesta, no puede conectarse con los presupuestos de dichos procedimientos revisorios, infracción simple del Ordenamiento jurídico en el de lesividad e infracción manifiesta en el de anulación de oficio, toda vez que la remisión que se hace al art. 110 es meramente instrumental –"a través de alguno de los procedimientos"–, a los efectos de incorporar al régimen del art. 187.1 los cauces anulatorios del mismo, de suerte que el motivo de fondo de la revisión viene determinado exclusivamente por la infracción grave y manifiesta del Ordenamiento Urbanístico, sin coincidir ni con la simple infracción legal, propia de la lesividad, ni con la infracción manifiesta de la Ley, específica de la anulación de oficio, configurándose así un régimen peculiar de la revisión de oficio que se distingue por un único motivo de fondo susceptible de abrir las dos vías anulatorias. Conclusión ésta avalada por el propio legislador, el que en la Exposición de Motivos de la Ley 19/1975, de 2 mayo, refundida en el citado texto, expresa que «no todos los supuestos de infracción del planeamiento pueden, lógicamente, determinar la suspensión de los efectos de una licencia o su misma anulación» y que «sólo en aquellos casos en que se aprecie una infracción que, además de ser manifiesta, sea grave, habrá lugar a la puesta en acción del mecanismo jurídico excepcional de restauración del orden urbanístico violado». **(STS 26 diciembre 1991 [RJ 1992, 364]).**

CAPÍTULO II
Infracciones urbanísticas

Artículo 225.

La vulneración de las prescripciones contenidas en esta Ley o en los Planes, Programas, Normas y Ordenanzas tendrán la consideración de infracciones urbanísticas y llevarán consigo la imposición de sanciones a los responsables, así como la obligación de resarcimiento de daños e indemnización de los perjuicios a cargo de los mismos, todo ello con independencia de las medidas previstas en los artículos 184 a 187 de la presente Ley y de las responsabilidades de orden penal en que hayan podido incurrir los infractores.

⇒ V. arts. 184, 185, 186 y 187 del presente Texto Refundido.
V. arts. 51 a 56 y 91 del RDU (§3.3).

Jurisprudencia

«NOVENO. Como enseñan las Sentencias de esta Sala de 20 de septiembre de 1983 (RJ 1983, 5279) y de 23 de enero de 1978 (RJ 1978, 514), la función revisora de nuestra Jurisdicción no debe limitarse en todos los casos a una simple declaración de nulidad de pura significación negativa, sino que el restablecimiento de la situación jurídica afectada por el acto impugnado exige con frecuencia una declaración positiva e integradora, porque como asimismo han dicho las Sentencias de este Tribunal de 7 y 25 de mayo de 1976 (RJ 1976, 2533 y 3004), al ámbito judicial corresponde también constatar la legalidad del acto respecto a la sanción, lo cual obliga a la Jurisdicción, si es que ha de ejercer su función con plenitud, a adecuar la sanción a la infracción, rechazando la vía dilatoria de diferirla al juicio de la Administración que en todo caso habría de quedar sometido a un ulterior juicio revisor». **(STS 14 noviembre 1986 [RJ 1987, 893]).**

«TERCERO. Ante un supuesto de incumplimiento de la normativa urbanística, en general, y desde luego en los actos aquí contemplados atinentes a la realización de obras o instalaciones para abastecimiento de agua sin previa licencia, la Administración puede adoptar dos tipos de actividad en respuesta a la conducta del administrado de diferente naturaleza e independencia de efectos, a saber: una actuación que tiene por objeto la estricta finalidad de restauración o restablecimiento de la legalidad urbanística alterada, mediante la adopción de las medidas adecuadas al efecto, especificadas en el art. 185 en relación con el 184 de la Ley del Suelo de 9 abril 1976 y aquella otra actividad de naturaleza estrictamente sancionadora en retribución de hechos típicamente antijurídicos descritos como infracciones de prescripciones urbanísticas, en la Ley del Suelo citada y concordantes, en función de lo dispuesto en el art. 225 de dicha Ley». **(STS 10 diciembre 1996 [RJ 1996, 9207]).**

Artículo 226.

1. Las infracciones urbanísticas se clasificarán en graves y leves en la forma que reglamentariamente se determine.

2. Tendrán, en principio, carácter de graves las infracciones que constituyan incumplimiento de las normas relativas a parcelaciones, uso del suelo, altura, volumen y situación de las edificaciones y ocupación permitida de la superficie de las parcelas.

3. Las infracciones urbanísticas se sancionarán con arreglo a lo establecido en los artículos 133 y siguientes de la Ley de Procedimiento Administrativo.

⇒ V. arts. 54 y siguientes del RDU (§3.3).

Jurisprudencia

(Sentencia apelada) «TERCERO. [...] Dada la calificación urbanística del terreno en que se realiza la actividad cuestionada, es indudable que dicha actividad, realizada sin licencia, es constitutiva de infracción urbanística –artículo 225 de la Ley del Suelo y 53 del Reglamento de Disciplina Urbanística–; 2º, según se infiere del artículo 226 de la citada Ley y 54 del mencionado Reglamento, en principio tienen la consideración de faltas graves el incumplimiento de la normativa relativa, entre otros aspectos, al «uso del suelo», salvo (como precisa el artículo 54.3 «in fine» de dicho Reglamento) que se demuestre la escasa entidad del daño producido a los intereses generales, o del riesgo creado en relación con los mismos; en relación con el caso enjuiciado, de ello deriva lo siguiente: A) Ciertamente la infracción está relacionada con el uso del suelo, y por ende, merecería la consideración de grave, pero atendidas las circunstancias concurrentes de toda índole, demostrativas de la ausencia de daño efectivo actual y real (pues aún no se han ejecutado las determinaciones del Plan General Metropolitano que hacen que el uso cuestionado sea incompatible con dicho Plan), hasta el punto que todos los informes emitidos son favorables a la concesión a precario de la licencia, ha de concluirse que la infracción que nos ocupa debe calificarse de leve; B) Formalmente no concurre ninguna de las atenuantes señaladas en el artículo 55 del Reglamento de Disciplina Urbanística (ni tampoco agravante alguna), pero no por ello ha de aplicarse la correspondiente sanción, necesariamente, en el grado medio, como se ha hecho por la Administración pues aunque, como ha hecho notar algún sector doctrinal, la distinción entre infracciones graves y leves, aparentemente carece de la relevancia a los efectos sancionadores (como se comprueba tras una atenta lectura de los artículos 51 a 94 del citado Reglamento), no ha de resultar irrelevante en aras a elementales principios de justicia, y así, en el artículo 228.5 de la Ley del Suelo (de superior rango que el Reglamento de Disciplina), se dispone que para graduar las multas se atenderá, principalmente, entre otros elementos, «a la gravedad de la materia"». **(STS 23 enero 1991 [RJ 1991, 595]).**

Artículo 227.

Reglamentariamente se determinarán las sanciones que pueden imponerse por consecuencia de la presente Ley, adecuando las mismas a la tipificación de las infracciones urbanísticas.

Artículo 228.

1. En las obras que se ejecutasen sin licencia o con inobservancia de sus cláusulas, serán sancionados con multas, en la cuantía determinada en esta Ley, el promotor, el empresario de las obras y el técnico director de las mismas.

2. En las obras amparadas en una licencia, cuyo contenido sea manifiestamente constitutivo de una infracción urbanística grave, serán igualmente sancionados con multa: el facultativo que hubiere informado favorablemente el proyecto y los miembros de la Corporación que hubiesen votado a favor del otorgamiento de la licencia sin el informe técnico previo, o cuando éste fuera desfavorable en razón de aquella infracción, o se hubiese hecho la advertencia de ilegalidad prevista en la legislación de régimen local.

3. Los Colegios profesionales que tuviesen encomendado el visado de los proyectos técnicos precisos para la obtención de licencias, conforme a lo dispuesto en el artículo 178, denegarán dicho visado a los que contuvieran alguna de las infracciones previstas en el artículo 226.2.

4. Las multas que se impongan a los distintos sujetos como consecuencia de una misma infracción tendrán entre sí carácter independiente.

5. Para graduar las multas se atenderá primordialmente a la gravedad de la materia, a la entidad económica de los hechos constitutivos de la infracción, a su reiteración por parte de la persona responsable y al grado de culpabilidad de cada uno de los infractores.

6. Las autoridades competentes para imponer las multas y las cuantías máximas de éstas serán las siguientes:

a) Los Alcaldes: En los municipios que no excedan de 10.000 habitantes, 100.000 pesetas; en los que no excedan de 50.000 habitantes, 500.000 pesetas; en los que no excedan de 100.000 habitantes, 1.000.000 de pesetas; en los que no excedan de 500.000 habitantes, 5.000.000 de pesetas; y en los de más de 500.000 habitantes, 10.000.000 de pesetas.

b) Los Gobernadores Civiles, previo informe de las Comisiones Provinciales de Urbanismo, hasta 25.000.000 de pesetas.

c) El Ministro de la Vivienda, previo informe de la Comisión Central de Urbanismo, hasta 50.000.000 de pesetas.

d) El Consejo de Ministros a propuesta del de Vivienda y previo informe de la Comisión Central de Urbanismo, hasta 100.000.000 de pesetas.

7. En las parcelaciones ilegales, el importe de la multa podrá ampliarse a una cantidad igual a todo el beneficio obtenido más los daños y perjuicios ocasionados, y la cuantía de la sanción no será nunca inferior a la diferencia entre el valor inicial y el de venta de la parcela correspondiente.

⇒ V. arts. 230 y 231 del presente Texto Refundido.
V. art. 62 del RDU (§3.3).

Jurisprudencia

Características de las sanciones por infracciones urbanísticas.

«Sin necesidad de examinar el principio de la confiscación del beneficio ilegal, que ahora no plantea problemas, será de recordar que el Derecho sancionador urbanístico define el máximo y el mínimo de las multas no con relación a cantidades precisas, sino por medio de porcentajes sobre un específico valor determinado «ad hoc» para cada tipo de infracción urbanística. El valor que ha de servir de punto de partida en las parcelaciones ilegales –art. 66.1 del Reglamento de Disciplina Urbanística– es concretamente el de los «terrenos afectados». "Terrenos afectados» son únicamente los que han sido realmente objeto de la parcelación y no el resto de la finca matriz, salvo supuestos específicos que hacen referencia a la extensión resultante para dicho resto y que ahora no importan. El art. 228.5 del Texto Refundido de la Ley del Suelo se remite para la graduación de las multas «a la entidad económica de los hechos constitutivos de la infracción». Y tal entidad económica queda definida por el objeto que real y materialmente ha sido parcelado». **(STS 8 junio 1987 [RJ 1987, 6098]).**

Especialidad de la legislación urbanística.

«Importa añadir que el art. 59 del Texto Refundido de las disposiciones legales vigentes en materia de Régimen Local –Real Decreto Legislativo 781/1986, de 18 de abril– no ha derogado la normativa sancionadora contenida en el Texto Refundido de la Ley del Suelo y en el Reglamento de Disciplina Urbanística, no sólo por la especialidad del ordenamiento urbanístico –el invocado art. 59 salva la «previsión legal distinta"– sino porque tal precepto va dirigido a establecer multas a imponer «por infracción de Ordenanzas» lo que no es el caso de las sanciones urbanísticas en las que las infracciones van referidas a la Ley del Suelo independientemente de que en virtud de la remisión al planeamiento –art. 76 del Texto Refundido de la Ley del Sueloéste venga a integrarse con aquélla en la ordenación urbanística del territorio nacional». **(STS 2 enero 1989 [RJ 1989, 377]).**

Principios generales aplicables.

«PRIMERO. [...] Y aunque el Ayuntamiento de Toledo, trate ahora de justificar la imposición de una triple sanción a doña Teresa H. con fundamento en haber empleado la palabra "subsidiaria», cuando en realidad trataba de sancionar tres infracciones cometidas por una sola persona que había asumido las condiciones de promotora, empresaria y técnica directora de las obras, ello no empece a la ilegalidad de sancionar de esa forma, ya que una correcta exégesis de los artículos 228 de la Ley sobre Régimen del Suelo y Ordenación Urbana y 57 y 59 del Reglamento de Disciplina Urbanística en correspondencia con los principios del Derecho penal, y aunque conforme a ellos sean sancionables por la comisión de infracciones urbanísticas tanto el promotor como el empresario y el técnico director de las obras, y con carácter independiente entre sí, no permite deducir que cuando una misma persona asuma estas tres funciones deba ser sancionada tres veces, sino, contrariamente por efecto de la subsunción, solamente una, la correspondiente a la principal, que evidentemente en una obra es la de promotora de la misma». **(STS 7 febrero 1990 [RJ 1990, 961]).**

«La responsabilidad en materia urbanística ha de ser inevitablemente una consecuencia de la participación en los hechos constitutivos de la infracción y ello con independencia de la titularidad dominical del terreno afectado –arts. 228.1 y 2 del Texto Refundido de la Ley del Suelo y 57 y 58 del Reglamento de Disciplina Urbanística–. Más concretamente el art. 68.1 del Reglamento de Disciplina establece la sanción correspondiente a «quienes realicen parcelaciones [...]», lo que evidencia que la responsabilidad va ligada a la intervención en la actuación infractora sin atender a la condición de propietario. Así las cosas, aunque la propietaria del terreno litigioso fuera la esposa del recurrente y éste actuara como representante de aquélla, él ha de asumir las consecuencias sancionadoras de la actuación que claramente protagonizó –folio 7 del expediente: «realicé», «procedí nuevamente», «me fue practicada la correspondiente multa urbanística», etc.–. TERCERO. Ya en otro sentido importa advertir que la Constitución, que ha reconocido la legitimidad de las sanciones administrativas –así, arts. 25.I y 45.3–, ha tenido buen cuidado de subrayar el carácter reglado de la potestad sancionadora de la Administración –art. 25.I–: no cabe admitir que en esta materia haya aspectos discrecionales, es decir, cuestiones en las que la Administración tenga «libertad» para elegir entre soluciones distintas pero igualmente justas –indiferentes jurídicamente–. Toda la actuación de la Administración en el terreno sancionador resulta pues reglada incluso cuando se trata de cuantificar las multas –no cabe pensar que dos multas distintas puedan resultar igualmente justas para una misma infracción–, pues aunque hayan de ser tenidos en cuenta conceptos jurídicos indeterminados, con el margen de apreciación que demanda su halo de dificultad, la aplicación de tales conceptos es un proceder reglado. En consecuencia, la cuantificación de las multas, materia reglada –Sentencias de 23 de enero, 29 de marzo y 5 de diciembre de 1989 (RJ 1989, 421, 2426 y 8736), 3 de abril de 1990 (RJ 1990, 3578), etc.– ha de llevarse a cabo atendiendo a los criterios establecidos expresa o implícitamente por la normativa sancionadora, siendo de añadir: A) El principio de la proporcionalidad, apuntado ya en el art. 106.I de la Constitución –la referencia al «fin» de la actuación administrativa no se refiere sólo a la desviación de poder–, es plenamente aplicable en materia sancionadora. B) Dicho de otra manera: los principios propios del Derecho Penal, cuya virtualidad en el campo de las sanciones administrativas es notoria –Sentencias de 26 de mayo de 1987 (RJ 1987, 5850), 22 de julio de 1988 (RJ 1988, 6328), 20 de diciembre de 1989 (RJ 1989, 9222), 12 de marzo, 3 de abril, 20 de junio, 3 de julio y 25 de septiembre de 1990 (RJ 1990, 1959, 5218 y 7386)–, determinan la plena exigibilidad de una individualización de la sanción para adaptarla a la gravedad del hecho –criterio de prevención general– y a la personalidad del autor –criterio de prevención especial–». **(STS 31 octubre 1990 [RJ 1990, 8855]).**

«La individualización mencionada justifica la regla de la independencia de las sanciones urbanísticas –art. 228.4 del Texto Refundido de la Ley del Suelo– que, en lo que ahora importa y dentro de cada nivel, sirve para graduar la responsabilidad de cada uno de los infractores atendiendo a sus circunstancias específicas –Sentencias de 8 de junio de 1987 (RJ 1987, 6098) y 28 de febrero de 1989 (RJ 1989, 1370)–. Así las cosas, que la sanción impuesta al propietario, en relación con el beneficio obtenido, sea mayor que la aplicada al representante, no es más que una consecuencia de la individualización de la sanción para ajustarla a las circunstancias específicas de cada uno de los partícipes». **(STS 28 noviembre 1990 [RJ 1990, 9341]**

Responsabilidad en parcelaciones.

«SEGUNDO. [...] el expediente tramitado no se acomodó a lo que las circunstancias demandaban, puesto que una vez apreciada la existencia de una parcelación ilegal en la que no sólo habían intervenido los recurrentes como propietarios del suelo en determinados momentos, sino también distintas personas como dueñas de él en otros y, además, realizadoras de la división física en parcelas, en lugar de continuarlo respecto de una de éstas y de ampliarlo a todas las demás, se le tramitó y resolvió únicamente en cuanto a aquéllos, escindiendo una realización que nunca hubiera debido ser escindida y dando lugar a una anormalidad procedimental que no cabría ya subsanar con una simple apertura de otro expediente, sino con el seguimiento de uno común para todos los intervinientes en la parcelación en el que se depure la responsabilidad de cada uno de ellos y se sancione a quien o quienes corresponda». **(STS 20 abril 1990 [RJ 1990, 3619]).**

Responsabilidad en casos de condominio.

«La figura del condominio ha sido construida tradicionalmente en nuestra doctrina no con referencia a la modalidad germánica sino a la romana que lo considera como una propiedad dividida en cuotas ideales: la cosa pertenece a los condóminos por partes intelectuales, es decir, «pro indiviso». Así las cosas, el valor de los terrenos afectados, punto de partida para la fijación de la multa en los casos de parcelación ilegal, resulta dividido en los supuestos de copropiedad entre los comuneros en proporción a sus respectivas cuotas. Y tal división ha de servir de base para la fijación de la multa correspondiente a cada uno de los copropietarios, cuya infracción –acción– se refiere a los terrenos parcelados en la medida determinada por su respectiva cuota. El principio de la independencia de las sanciones –art. 228.4 del Texto Refundido de la Ley del Suelo– en los supuestos de condominio opera «ad extra» haciendo compatibles las sanciones, correspondientes a otras posiciones subjetivas –art. 228.1 de dicho Texto– y «ad intra» sirviendo para graduar la responsabilidad de cada uno de los *copropietarios* en atención a sus circunstancias específicas. Así las cosas, en el supuesto litigioso aplicado al valor de los terrenos –14.193.465 ptas.– el 30 por 100 resulta una multa de 4.258.039 ptas. cuyo importe resultaba imputable por mitad y no en su totalidad a cada uno de los cónyuges». **(STS 28 febrero 1989 [RJ 1989, 1370]).**

Principio de la confiscación del beneficio ilegal.

(Sentencia apelada) «OCTAVO. Que las obras realizadas no eran legalizables y constituyen la infracción determinada en la Ley del Suelo, art. 225 de la Ley en relación con el art. 228 y con el Reglamento de Disciplina Urbanística en el apartado b) del art. 53 y sancionada en el núm. 6 a) del citado art. 62 del repetido Reglamento que preceptúa que en ningún caso la infracción urbanística puede suponer un beneficio económico para el infractor. NOVENO. Que habiéndose acreditado por los Servicios Técnicos del Ayuntamiento de Madrid que el beneficio que supone para la empresa recurrente asciende a la cantidad de 5.171.250 ptas. actuó conforme a Derecho la Gerencia Municipal de Urbanismo al sancionar la infracción cometida con la multa equivalente a dicha cantidad, inferior a la autorizada en el apartado a) del art. 228 de la Ley del Suelo». **(STS 25 enero 1988 [RJ 1988, 344]).**

«SEGUNDO. [...] El artículo 81 de la Ley 4/1984, de 10 de febrero sobre Disciplina Urbanística de la Comunidad de Madrid habla solamente de valor de la obra, instalación o actuación. Y el artículo 62 del Reglamento de Disciplina, establece que, en ningún caso, la infracción urbanística puede suponer un beneficio económico para el infractor. Pero es que, además, este hipotético beneficio, siempre en el caso que nos ocupa, nunca pierde tal carácter de hipotético puesto que en la propia resolución sancionatoria, punto 2º, se sanciona también con la demolición de las obras en caso de denegación de licencia para las mismas por ser ilegalizables. La consecuencia es que la base debe ser el valor de las obras realizadas. Y en cuanto a este valor debe atenderse, tal y como ha hecho la sentencia de instancia al fijado en la prueba pericial practicada en los autos». **(STS 6 octubre 1989 [RJ 1989, 7329]).**

Artículo 229.

Los que, como consecuencia de una infracción urbanística, sufrieron daño o perjuicio podrán exigir de cualquiera de los infractores, con carácter solidario, el resarcimiento e indemnización.

⇒ V. art. 274 del TRLS/1992 (§2).
V. art. 225 del presente Texto Refundido.

Jurisprudencia

«El concepto de amnistía es extraño al Derecho administrativo en general, y al urbanístico en particular, en el que puede jugar la prescripción pero no la amnistía, puesto que en él no se juzgan a personas, sino a cosas, esto es, a realizaciones personales con efectos en el mundo material urbano; realizaciones que, por lo que concierne al caso concreto que nos ocupa, aparte de lo que el mismo representa de vulneración del orden urbanístico, es productor de una serie de molestias y de inconveniencias para los vecinos del inmueble, que éstos no están obligados a soportar, ya que nunca una infracción puede convertirse en causa de una obligación para los demás, pues, por el contrario, la infracción lo que requiere es su inmediata reparación, aparte las medidas sancionadoras pertinentes, conforme a lo establecido en los arts. 225 y 229 de la Ley del Suelo. Quedando, tanto la Administración como los particulares vinculados a las determinaciones urbanísticas del bloque de legalidad al que se remite el art. 57.1 de esta misma Ley». **(STS 7 diciembre 1989 [RJ 1989, 9113]).**

Artículo 230.

1. Las infracciones urbanísticas prescribirán al año de haberse cometido, salvo cuando en la presente Ley se establezca un plazo superior para su sanción o revisión.

2. El plazo de prescripción comenzará a computarse desde el día en que

se hubiera cometido la infracción o, en su caso, desde aquel en que hubiera podido incoarse el procedimiento.

⇒ Téngase en cuenta que este plazo se amplió a cuatro años por el RDley 16/1981, de 16 octubre (§3.5).
V. art. 185 del presente Texto Refundido.
V. arts. 92, 93 y 94 del RDU (§3.3).

Jurisprudencia

«CUARTO. El artículo 185 del Texto Refundido de la Ley del Suelo de 9 abril 1976, establece que la Administración requerirá al promotor de las obras o a sus causahabientes que hubieran sido realizadas sin licencia o sin ajustarse a las condiciones señaladas en la misma, pero ello «siempre que no hubiese transcurrido más de un año desde la total terminación de las obras» y asimismo el artículo 230 del mismo texto legal establece que las infracciones urbanísticas prescribirán al año de haberse cometido, empezando a computarse el plazo prescriptivo desde el día en que se hubiere cometido la infracción, o en su caso, desde aquel en que hubiera podido incoarse el procedimiento». Es decir, en los dos supuestos –demolición y sanción pecuniaria– aquí contemplados, el plazo prescriptivo determinado en la Ley del Suelo de 9 abril 1976 es el de un año, plazo que posteriormente fue elevado a cuatro años en el Real Decreto-ley 16 octubre 1981 en su artículo 9». **(STS 23 marzo 1998 [RJ 1998, 2469]).**

Prescripción o caducidad.

«Ciertamente y con carácter general las actuaciones administrativas son válidas aunque se realicen fuera de plazo –art. 49 de la Ley de Procedimiento Administrativo–. La vulneración del requisito temporal de los actos administrativos no pasa de ser una irregularidad no invalidante. Pero esta regla encuentra excepción, ya advertida en el mencionado precepto, en los supuestos de plazos que operan como límite para la actuación de la potestad administrativa, lo que claramente ocurre en el supuesto de la potestad sancionadora por razones de seguridad jurídica comunes a todo el Derecho punitivo. En consecuencia el ordenamiento jurídico urbanístico ha previsto expresamente la prescripción de las infracciones –arts. 230 del Texto Refundido, 92 del Reglamento de Disciplina Urbanística y hoy art. 9 del Real Decreto-ley 16/1981, de 16 de octubre– fijando un plazo que si ahora es de cuatro años para las obras terminadas con posterioridad a la entrada en vigor del Real Decreto-ley 16/1981 era en cambio de un año para las anteriores». **(STS 13 febrero 1990 [RJ 1990, 965]).**

«SEGUNDO. [...] El único motivo casacional del recurrente forzosa y necesariamente ha de ser desestimado con la consecuente declaración de no haber lugar a su recurso, y ello por las razones siguientes que recogemos de nuestras Sentencias de 2 octubre 1990 (RJ 1990, 7826), 5 junio y 17 octubre 1991 (RJ 1991, 4865 y 7843), 24 abril 1992 (RJ 1992, 3991) y 22 noviembre 1994 (RJ 1994, 8644); a) La perfecta distinción en los artículos 225 y 51, respectivamente, de los ya citados Texto Refundido y Reglamento, de, por una parte, la restauración del orden urbanístico mediante las medidas previstas en los artículos 184 y 185 del mismo Texto Refundido y, por otra, la imposición de sanciones a los responsables de las infracciones urbanísticas cometidas, de acuerdo con el artículo 228 de igual Texto Refundido, lo que puede llevarse a cabo en un solo expediente o en expedientes separados; b) Correlativamente, la inadecuación de hablar en principio en ambos casos de prescripción, sino, en el primero, de caducidad de la acción administrativa o de presupuesto temporal habilitante de la reacción municipal, por supeditarse ésta a que las obras estén en curso de realización o no hayan transcurrido desde su terminación cuatro años o uno, según resulte aplicable o no el Real Decreto 16/1981, de 16 octubre, y en el segundo caso, de prescripción, por no incoarse el expediente o estar paralizado por los cuatro años o el año que resulten aplicables en razón de lo establecido en dicho Real Decreto-ley. Razones por las que resulta insostenible la infracción por la Sala de instancia del artículo 230 del Texto Refundido de la Ley sobre Régimen del Suelo y Ordenación Urbana de 9 abril 1976, ya que este precepto lo que regula es la prescripción de las infracciones urbanísticas y no la caducidad o el presupuesto temporal habilitante de las medidas de restauración del orden urbanístico infringido, siendo así que el actor no impugna sanción urbanística alguna, a la que pudiera serle o no aplicable el plazo de prescripción establecido en dicho artículo 230, sino una medida de protección de la legalidad urbanística, respecto de la cual no cabe hablar de prescripción, aunque la Sala de instancia así haya denominado a la inconcurrencia de la caducidad o a la concurrencia del presupuesto temporal habilitante, respectivamente, rechazada y admitido». **(STS 14 marzo 1995 [RJ 1995, 2087]).**

«CUARTO. [...] La inexistencia de disposiciones específicas que establezcan la caducidad del procedimiento sancionador de infracciones urbanísticas no puede determinar que resulte irrelevante ("ex» artículo 49 de la Ley de Procedimiento Administrativo de 17 julio 1958, aquí aplicable) la paralización del procedimiento por causa imputable a la Administración a la que corresponde instar de oficio su prosecución. La prescripción de la infracción urbanística depurada se interrumpe, indudablemente, con la iniciación del expediente sancionador. Resulta, sin embargo, que en Derecho administrativo la prescripción no está sometida a la libre disposición de ninguna de las partes. No basta, por ello, que la Administración incoe el expediente sancionador; es necesario, también, por razones obvias de seguridad jurídica y de justicia, que lo resuelva sin dilaciones ni interrupciones indebidas. Por ello la paralización del procedimiento sancionador por tiempo superior al establecido legalmente para que se produzca la prescripción –en el presente caso, como se dijo, un año– debe determinar la nulidad de la sanción impuesta. Esta solución, que decantó la jurisprudencia de este Tribunal (Sentencias de 9 mayo 1989 [RJ 1989, 3854], 24 abril 1992 [RJ 1992, 3991] o 14 marzo 1995 [RJ 1995, 2087]) antes de que la nueva Ley 30/1992, de 26 noviembre, regulase el supuesto (artículo 132.2 LRJ-PAC) lleva a la desestimación del recurso y a la confirmación de la sentencia apelada por los fundamentos que se acaban de expresar». **(STS 14 febrero 1997 [RJ 1997, 1143]).**

Prescripción en caso de parcelaciones.

«Sobre esta base, ha de ponerse de relieve que la jurisprudencia viene reiteradamente declarando que las parcelaciones –así Sentencia de 7 de febrero de 1986 (RJ 1986, 1421)– integran una actuación compleja, continuada, que se prolonga inexcusablemente en el tiempo a través de diversas operaciones o fases, de suerte, que en caso de ilegalidad, el "dies a quo» para computar el plazo de prescripción se fijará no en la fecha de los actos o hechos iniciales sino en los finales o de terminación de la operación». **(STS 10 noviembre 1986 [RJ 1986, 7828]).**

(Sentencia apelada) «QUINTO. Tampoco podemos aceptar la invocada prescripción del artículo 230 de la Ley del Suelo, que conllevaría la extinción de la responsabilidad administrativa, en este sentido, ya la Sentencia de 22 diciembre 1980 (RJ 1980, 5088) del Tribunal Supremo, al hacer referencia al «dies a quo» o momento inicial del cómputo de plazo de prescripción pone de manifiesto que «hay que partir del hecho de que la parcelación sancionada, por haber sido realizada prescindiendo en absoluto de toda intervención oficial, se ha desenvuelto de forma clandestina, sin más exteriorización que la puramente material o de división de lotes, con unas formalizaciones escritas que no pasaron de la categoría de documento privado, lo cual, en virtud de lo dispuesto en el artículo 1227 del Código Civil priva a estos documentos de toda fehaciencia, respecto a terceros –en este caso respecto de la Administración– en lo que contrae a las fechas de los mismos, hasta tanto no se hayan incorporado o inscrito en un Registro Público, o fallecido cualquiera de los que lo suscribieron, o desde el día en que fueron entregados a un funcionario público por razón de su oficio»; y, en consecuencia, al carecer de todo refrendo oficial, realizadas de forma escalonada, adquieren la consideración de unas infracciones de carácter continuado, cuyo punto final a la hora del cómputo inicial del período de prescripción ha de situarse en la fecha en la que tomó conocimiento el Ayuntamiento». **(STS 3 octubre 1995 [RJ 1995, 7876]).**

Día inicial. Cuando aparecieran signos externos.

«TERCERO. Los artículos 230 del Texto Refundido de la Ley del Suelo y 92 del Reglamento de Disciplina Urbanística, antes de verse afectados por las disposiciones del Decreto-ley de 16 de octubre de 1981, establecían que las infracciones urbanísticas prescribían al año de haberse cometido contado desde que se hubiera producido la infracción o si la misma fuese desconocida, desde el día en que hubiere podido incoarse el procedimiento sancionador; habiéndose de entender que pudo incoarse el procedimiento sancionador cuando hubiesen aparecido signos externos que hubieran permitido conocer los hechos constitutivos de la infracción; y el artículo 32.1 a) del mismo Reglamento establece que debe considerarse que unas obras amparadas por licencia están totalmente terminadas a partir de la fecha de expedición del certificado final de obras suscrito por el facultativo competente si las mismas son de nueva planta». **(STS 20 diciembre 1986 [RJ 1987, 1172]).**

Artículo 231.

Cuando el beneficio que resultare de una infracción urbanística fuese superior a la sanción que corresponda, podrá ésta incrementarse en la cuantía equivalente al beneficio obtenido.

⇒ V. art. 228.7 del presente Texto Refundido.
V. art. 62 del RDU (§3.3).

Jurisprudencia

«SÉPTIMO. [...] El artículo 231 del Texto Refundido de la vigente Ley del Suelo de 9 de abril de 1976 que, procedente del 216 ter de la Ley de 2 de mayo de 1975, establece que «cuando el beneficio que resultare de una infracción urbanística fuese superior a la sanción que corresponda podrá ésta incrementarse en la cuantía equivalente al beneficio obtenido», precepto vigente desde el mes de mayo de 1975 y de plena aplicación aquí y él ya por sí sólo descarta toda elucidación respecto a la improcedencia de la sanción impuesta que habría sido igualmente procedente aplicando la legislación antigua de los artículos 215.3 y 216.1 de la Ley del Suelo de 12 de mayo de 1956 si pudieran aceptarse las tesis que la repetida Promotora esgrime, intrascendentes para lo que defiende; pues lo único que habría podido hacer rebajar la cuantía de la sanción impuesta hubiera sido que se hubiera demostrado que hubiesen sido adoptadas medidas de restauración de la legalidad urbanística vulnerada que hubiesen hecho disminuir el beneficio logrado; mas esto ni ha sido alegado ni hay ningún indicio en lo actuado que permita poder atisbar nada en esta dirección. OCTAVO. La cuantía de la sanción, también debidamente impuesta a la «Sociedad Constructora D. y C., SA» en cantidad de 500.000 ptas. por haber llevado ella materialmente a cabo la infracción aparece asimismo prudente y congruente con la naturaleza de la misma y con su indiscutible responsabilidad en su comisión, sin que podamos apreciar razón alguna de las que invoca para que esta sanción deba ser alterada». **(STS 22 abril 1987 [RJ 1987, 4592]).**

«Ni la sentencia recurrida ni la mercantil constructora han desvirtuado de ningún modo el hecho (reiteradamente informado en el expediente) de que la superficie abusiva construida (44 m de exceso) existe (lo cual está plenamente reconocido por todos); que la misma es utilizable y supone para la citada constructora un beneficio del indicado 1.540.000 ptas., diferencia entre el precio de venta de dicho exceso y su coste de construcción; y siendo esto así, resulta claro que no es legítimo que tal constructora se beneficie con dicho importe de la infracción, por lo que la aplicación al caso de los artículos 231 de la Ley del Suelo y 62.1 del Reglamento de Disciplina Urbanística necesariamente conduce a la conclusión de la procedencia de la sanción impuesta a la mencionada constructora por el referido lucro o ilícito; por lo que serán de confirmar los actos municipales y de revocar la sentencia apelada, ya que no son ningún obstáculo para la conclusión expuesta ni la pequeña entidad del exceso en relación con el global de la obra, ni el ánimo de la promotora al construir este exceso ni la inexistencia de circunstancias agravantes o atenuantes; pues lo decisivo es que exista la infracción y que la misma produce un indebido beneficio del que debe ser privada la constructora en aplicación de los indicados artículos. QUINTO. [...] Y al resultar de dicho Informe y del resto del expediente, que la Inmobiliaria Promotora se ha beneficiado íntegramente de su infracción por no haber de afrontar ninguna actuación ni coste de reposición, estamos en el caso de haber de aplicar en sus propios términos el artículo 62.2 del Reglamento de Disciplina Urbanística sin posibilidad de amortiguar aquí el imperativo rigor de su dictado acudiendo a la norma de superior rango del artículo 231 de la Ley del Suelo que establece la «potestad» y no el «deber» de elevar la multa al beneficio obtenido con la construcción ilegal –como declaramos en nuestra Sentencia de 1 de octubre 1986 (RJ 1986, 6409)–, por no existir aquí razón alguna que haga legalmente posible que la constructora se beneficie con su infracción». **(STS 6 febrero 1988 [RJ 1988, 698]).**

CAPÍTULO III
Responsabilidad de la Administración

Artículo 232.

La procedencia de indemnización por causa de anulación de una licencia en vía administrativa o contencioso-administrativa se determinará conforme a las normas que regulan con carácter general la responsabilidad de la Administración. En ningún caso habrá lugar a indemnización si existe dolo, culpa o negligencia graves imputables al perjudicado.

⇒ V. art. 139 y siguientes de la LRJ-PAC.

V. Jurisprudencia en arts. 178, 179 y 180 del presente Texto Refundido.

Jurisprudencia

«TERCERO. Como es sabido, el derecho adquirido, frente a la mera expectativa, implica la existencia consolidada y respaldada por el ordenamiento jurídico, en poder de su titular, de las facultades ínsitas en el mismo y de lo que las mismas vengan a representar de su integración dentro del patrimonio de la persona.

Precisamente una de las facultades, en esta materia, si se trata de una licencia que venga a autorizar lo pretendido por el beneficiario, es la realización del objetivo de la misma, y, si ello no es posible, por interferencia del ejercicio por la Administración de su poder anulatorio, en defensa de intereses públicos y sociales de estimación superior, recogidos en un nuevo planeamiento, la sustitución de lo que ha quedado frustrado por culpa de éste, por su equivalente económico, al que se refiere el citado art. 232 de la Ley del Suelo. Debiendo atemperarse lo dispuesto en el art. 16.3 del Reglamento de Servicios de las Corporaciones Locales de 17 de junio de 1955 en materia urbanística a las especiales disposiciones propias de ésta». **(STS 21 diciembre 1990 [RJ 1990, 10177]).**

CAPÍTULO IV
Acciones y recursos

Artículo 233.

Los acuerdos de la Comisión Provincial de Urbanismo o de su Presidente, así como aquellos a que se refiere el apartado b) del número 6 del artículo 228, serán susceptibles de recurso de alzada ante el Ministro de la Vivienda.

Artículo 234.

Tendrán carácter jurídico-administrativo todas las cuestiones que se suscitaren con ocasión o como consecuencia de los actos y convenios regulados en la presente Ley entre el Ministerio de la Vivienda o las Corporaciones Locales y los propietarios, individuales o asociados a Empresas urbanizadoras, incluso las relativas a cesiones de terreno para urbanizar o edificar.

Artículo 235.

1. Será pública la acción para exigir ante los Órganos administrativos y los Tribunales Contencioso-Administrativos la observancia de la legislación urbanística y de los Planes, Programas, Proyectos, Normas y Ordenanzas.

2. Si dicha acción está motivada por la ejecución de obras que se consideren ilegales, podrá ejercitarse durante la ejecución de las mismas y hasta un año después de su terminación.

⇒ V. art. 304.1 y 2 del TRLS/1992 (§2).
V. arts. 184, 185, 186 y 187 del presente Texto Refundido.

Jurisprudencia

«La evidente trascendencia de la correcta aplicación del ordenamiento urbanístico ha dado lugar a que la Ley del Suelo –art. 235 del Texto Refundido de 9 de abril de 1976– haya potenciado al máximo la posibilidad de acceso a la Jurisdicción contencioso-administrativa, apoderando a todos los ciudadanos para reclamar el exacto cumplimiento de la legalidad urbanística. Se consagra con ello una acción pública que, en caso de obras ilegales, «podrá ejercitarse durante la ejecución de las mismas y hasta un año después de su terminación». Fijado así el plazo para el ejercicio de la acción pública, importa concretar qué actos del administrado constituyen dicho ejercicio. Y ya en este punto, habrá que subrayar que integran tal ejercicio no solamente la interposición del recurso contencioso-administrativo, sino también otras actuaciones del administrado, llevadas a cabo ante la Administración, con carácter previo a la formulación del recurso jurisdiccional. Así resulta del propio texto del art. 235.1 del ya citado Texto Refundido que incluye en el marco de la acción pública la exigencia formulada «ante los órganos administrativos», y también de la concepción revisora de nuestra jurisdicción que exige siempre un previo acto administrativo –sustituible por la técnica del silencio administrativo, como opción– acreditativo del rechazo de la Administración respecto de la petición formulada. En consecuencia y desde el punto de vista del plazo, habrá que entender cumplido el art. 235.2 de la Ley del Suelo no sólo cuando dentro del lapso temporal en él previsto se haya formulado el recurso contencioso-administrativo, sino también cuando se haya interpuesto la reposición e incluso, en lo que ahora importa, cuando simplemente se haya solicitado la notificación de la licencia para poder formular los recursos procedentes. Es claro que en estos dos últimos casos, una Administración diligente, entendiendo por tal simplemente la que «contesta» al administrado –afirmativa o negativamente, con acierto o sin él–, provocará inexorablemente el comienzo del recurso de los plazos para recurrir. Si la Administración no contesta, es decir, sino notifica la licencia, ninguna ventaja podrá obtener de una pasividad que dificulte al ciudadano el completo ejercicio de la acción con conocimiento de todos los datos necesarios para poder actuar con seguridad. Así lo impone el principio de interpretación conforme a la Constitución de todo el ordenamiento jurídico, expresamente proclamado hoy en el art. 5 de la Ley Orgánica del Poder Judicial de 1º de julio *de 1985. La Constitución*, que en su art. 125 alude a la acción popular, consagra en su art. 106.1 el pleno control judicial de la Administración –cláusula regia del Estado de Derecho–: no puede aceptarse que la pasividad de la Administración pueda dar lugar a una inadmisibilidad del recurso contencioso-administrativo, es decir, a una eliminación del control judicial al que la somete el citado art. 106». **(STS 19 septiembre 1986 [RJ 1986, 7748]).**

Artículo 236.

Los propietarios y titulares de derechos reales, además de lo previsto en el artículo anterior y en el 229, podrán exigir ante los Tribunales ordinarios la demolición de las obras e instalaciones que vulneraren lo estatuido respecto a la distancia entre construcciones, pozos, cisternas, o fosas, comunidad de elementos constructivos u otros urbanos, así como las disposiciones relativas a usos incómodos, insalubres o peligrosos, que estuviesen directamente encaminadas a tutelar el uso de las demás fincas.

⇒ V. art. 305 del TRLS/1992 (§2).

Artículo 237.

1. Los actos de las Entidades locales, cualquiera que sea su objeto, que pongan fin a la vía administrativa serán recurribles directamente ante la Jurisdicción Contencioso-Administrativa.

2. Los actos de aprobación definitiva de Planes de ordenación y proyecto de urbanización serán impugnables ante la Jurisdicción Contencioso-Administrativa en los términos prevenidos en el artículo 29 de la Ley Reguladora de dicha jurisdicción.

⇒ V. art. 46 y concordantes de la LJCA.

DISPOSICIONES FINALES

Primera.

Quedan derogadas cuantas disposiciones se opongan a lo establecido en esta Ley con las salvedades que se contienen en las disposiciones siguientes.

Segunda.

Los artículos 175 a 177 y 198 a 201, inclusive, de la presente Ley quedarán derogados a la entrada en vigor de la Ley de Bases del Estatuto de Régimen Local, y se entenderán sustituidos por los preceptos de la misma a que se incorpore el contenido de aquéllos. Lo dispuesto en los artículos 188 bis y 188 ter de la Ley número 19/1975, de 2 de mayo, de Reforma de la Ley sobre Régimen del Suelo y Ordenación Urbana de 12 de mayo de 1956, entrará en vigor simultáneamente a la mencionada Ley de Bases del Estatuto de Régimen Local.

Tercera.

1. El Gobierno, cuando las circunstancias lo aconsejen, podrá elevar, por Decreto, previo dictamen del Consejo de Estado, las cuantías de las reservas y las previsiones a que se refieren los artículos 12.1 b), y 13.2 b), c), d) y e). Estas cuantías solamente podrán disminuirse cuando circunstancias excepcionales lo exijan, previo dictamen favorable del Consejo de Estado. Igualmente el Gobierno podrá establecer otras reservas y previsiones de naturaleza análoga a propuesta del Ministro de la Vivienda, y en su caso, del

titular de este Departamento y del Ministro competente por razón de la materia.

2. Se autoriza al Gobierno para establecer, mediante Decreto, los criterios con arreglo a los cuales los Planes Generales hayan de fijar la cuantía de las reservas y previsiones aplicables al suelo urbano o, en su caso, para determinar su cuantía directamente, según las circunstancias urbanísticas de las poblaciones afectadas.

3. El Gobierno, por Decreto, a propuesta del Ministerio de la Vivienda, fijará las condiciones y proporción en que se pueda adscribir a la construcción de viviendas de carácter social, la superficie edificable resultante de actuaciones públicas para la creación de suelo urbanizado, correspondiente al aprovechamiento a que se refieren los artículos 84.3 y 85.2, así como su cesión a precio de costo o inferior, cuando se promuevan las viviendas por Entidades Públicas o sin ánimo de lucro.

Cuarta.

Se autoriza al Gobierno para que mediante Decreto, a propuesta del Ministro de la Vivienda, y previo dictamen del Consejo de Estado, revise la composición de las Comisiones Provinciales de urbanismo y para que, cuando las circunstancias lo aconsejen, modifique esa misma composición y la de la Comisión Central de Urbanismo.

Quinta.

Se autoriza al Gobierno para adaptar por Decreto, a propuesta del Ministro de la Vivienda, la cuantía de las multas establecida en el art. 228, a la evolución de las circunstancias socioeconómicas en función del índice general ponderado de precios al por mayor publicado por el Instituto Nacional de Estadística.

Sexta.

El Gobierno, en los seis meses siguientes a la aprobación del Texto Refundido de la Ley del Régimen del Suelo y Ordenación Urbana, dictará por Decreto, a propuesta del Ministro de la Vivienda, previo dictamen del Consejo de Estado, el Reglamento general o, en su caso, los Reglamentos parciales que estime oportunos para el desarrollo y aplicación de esta Ley.

Séptima.

Esta Ley se aplicará en Alava en todo lo que no se oponga a las especialidades de carácter económico y administrativo que configuran su régimen propio. Se aplicará asimismo en Navarra, sin perjuicio de lo que establece la Ley de 16 de agosto de 1841, sobre régimen de su Diputación Foral y Provincial y de los Municipios navarros, así como las demás disposiciones de su derecho peculiar, reconocidas por el Real Decreto-ley de 4 de noviembre de 1925.

DISPOSICIONES TRANSITORIAS

Primera.

1. Los Planes Generales de ordenación vigentes en la actualidad se adaptarán a lo dispuesto en esta Ley. La adaptación podrá limitarse a la clasificación del suelo, determinación del aprovechamiento medio e incorporación del programa pertinente.

2. Las Entidades Locales deberán remitir las propuestas de adaptación a los Órganos competentes para la aprobación de los planes, dentro de los cuatro años siguientes a la entrada en vigor de la Ley número 19/1975, de 2 de mayo, de Reforma de la Ley sobre Régimen del Suelo y Ordenación Urbana de 12 de mayo de 1956.

3. El Gobierno, a propuesta del Ministro de la Vivienda, podrá, en casos justificados, reducir o ampliar este plazo en dos años.

4. Las propuestas de adaptación se someterán al mismo procedimiento establecido para la aprobación de los Planes, sin que sea de aplicación en estos casos la aprobación por silencio administrativo prevista en el artículo 41 de la presente Ley.

5. Si las propuestas de adaptación no fueran remitidas para su aprobación dentro de los indicados plazos, el Ministerio de la Vivienda o las Comisiones Provinciales de Urbanismo, en su caso, procederán a redactarlas y tramitarlas de oficio.

6. Lo establecido en la presente disposición transitoria se entenderá en todo caso sin perjuicio de la aplicación inmediata de las normas de acomodación de las de contribución territorial urbana a que se refiere la disposición final 6ª de la Ley número 19/1975, de 2 de mayo, de Reforma de la Ley sobre Régimen del Suelo y Ordenación Urbana de 12 de mayo de 1956, en virtud de las variaciones de calificación de suelo en los Planes vigentes que vengan determinados por la aplicación de la presente Ley.

Segunda.

En tanto no se lleve a cabo la adaptación prevista en la disposición anterior, se tendrán en cuenta las siguientes reglas:

1. Los Planes Parciales aprobados definitivamente con anterioridad a la entrada en vigor de la Ley número 19/1975, de 2 de mayo, que no estuvieren en curso de ejecución con arreglo a la disposición transitoria siguiente y los que se aprueben definitivamente con posterioridad, se ejecutarán con arreglo a los preceptos de la presente Ley. A los efectos prevenidos en el artículo 84, se entenderá por aprovechamiento medio el que resulte del Plan Parcial dentro de su propio ámbito.

2. Los Planes Parciales que se aprueben inicialmente con posterioridad a la entrada en vigor de la Ley de Reforma de la Ley sobre Régimen del Suelo y Ordenación Urbana se ajustarán a lo dispuesto en el artículo 13 y desarrollarán las determinaciones que para las distintas calificaciones de suelo establezcan los respectivos Planes Generales de ordenación urbana.

Tercera.

Los Planes Parciales que estuvieren en curso de ejecución a la entrada en vigor de la Ley número 19/1975, de 2 de mayo, continuarán ejecutándose con arreglo a los preceptos de la Ley de Régimen del Suelo y Ordenación Urbana de 12 de mayo de 1956.

A estos efectos, se entenderán que están en curso de ejecución:

a) En el sistema de cooperación, cuando se haya producido la citación de los propietarios por el Ayuntamiento a que se refiere el artículo 118 de la Ley de Régimen del Suelo y Ordenación Urbana de 12 de mayo de 1956.

b) En el sistema de expropiación, cuando se hubiere aprobado definitivamente la delimitación del polígono de expropiación a que se refiere el artículo 121.4 de la citada Ley de 12 de mayo de 1956 o, en su caso, se hubiese producido dicha delimitación del polígono expropiatorio con la aprobación definitiva del correspondiente Plan Parcial, o se hubiese efectuado la delimitación del Area de Actuación Urbanística Urgente en los términos prevenidos en su legislación especial.

c) En el sistema de compensación, cuando se hubiese aprobado por el órgano urbanístico competente la constitución de la Junta de Compensación.

d) En el sistema de cesión de terrenos viales, cuando se hubiese acordado por el Ayuntamiento la ejecución de las obras de urbanización por dicho sistema, en los términos prevenidos en el artículo 130.2 de la expresada Ley de 12 de mayo de 1956.

Cuarta.

Los preceptos de la Ley 52/1962, de 21 de julio, sobre Valoración de Terrenos Sujetos a Expropiación en Ejecución de los Planes de Vivienda y Urbanismo, dejarán de aplicarse en los municipios que hayan aprobado sus Planes Generales, de acuerdo con las previsiones de la presente Ley o, en su caso, hayan llevado a cabo la adaptación a que se refiere la disposición transitoria primera.

Las actuaciones que se hubiesen iniciado al amparo de la citada Ley de 21 de julio de 1962 continuarán desarrollándose de acuerdo con sus normas.

Asimismo, hasta tanto los Planes Generales de ordenación vigentes en la actualidad se adapten a la presente Ley, de conformidad con la disposición transitoria 1ª o, en su caso, se aprueben nuevos Planes Generales Municipales de Ordenación, el Gobierno, mediante Decreto, a propuesta del Ministro de la Vivienda, podrá acordar la aplicación de lo dispuesto en esta Ley para los Programas de Actuación Urbanística, en los supuestos regulados en el artículo 149, a las áreas o zonas que se determinen en el propio Decreto, cualquiera que sea la clasificación o uso urbanístico de los terrenos que comprendan.

Quinta.

1. *El Gobierno*, en el plazo de un año, elaborará y remitirá a las Cortes un proyecto de Bases del Plan Nacional de Ordenación con arreglo a lo dispuesto en el artículo 7 de la presente Ley, en el que se delimitarán las

directrices genéricas de la estructura urbanística y de la ordenación regional y planeamiento del territorio.

2. Hasta tanto se apruebe el Plan Nacional de Ordenación podrán formularse y aprobarse Planes Directores territoriales con el contenido y por el procedimiento establecido en los artículos 8 y 39 de la presente Ley.

3. Los municipios que no contaran, a la entrada en vigor de esta Ley, con Plan General de Ordenación Urbana aprobado o en tramitación deberán formular, en el plazo de un año, proyecto de delimitación de suelo urbano establecido en el artículo 81.2.

Las Comisiones Provinciales de Urbanismo se subrogarán en lo dispuesto en el párrafo anterior cuando los Ayuntamientos no hubieran formulado el proyecto en el plazo que se señala en el mismo.

4. Los Planes relativos a Zonas o Centros de interés turístico, que se tramiten al amparo de su legislación específica, deberán ajustarse a las determinaciones de los Planes previstos en la presente Ley sin perjuicio de las especialidades que hayan de contener con arreglo a su finalidad.

TABLA DE VIGENCIAS DE DISPOSICIONES AFECTADAS POR LA LEY 19/1975, DE 2 DE MAYO, DE REFORMA DE LA LEY SOBRE RÉGIMEN DEL SUELO Y ORDENACIÓN URBANA

Decreto de 1 de marzo de 1946, Ordenación Urbanística y Comarcal de Bilbao y su Zona de Influencia: Vigente en cuanto a su estructura orgánica y funciones, sin perjuicio de la aplicabilidad general del Texto Refundido.

Decreto de 23 de mayo 1947, Reglamento de Organización y Funcionamiento de la Corporación Administrativa «Gran Bilbao»: Vigente en cuanto a su estructura orgánica y funciones, sin perjuicio de la aplicabilidad general del Texto Refundido.

Decreto de 14 de octubre 1949, Ordenación Urbana de Valencia y su Comarca: Vigente en cuanto a su estructura orgánica y funciones, sin perjuicio de la aplicabilidad general del Texto Refundido.

Ley de 16 de diciembre de 1954, sobre Expropiación Forzosa: Afectada por los artículos 64 a 67; 103 y 134 a 145 del presente Texto Refundido.

Ley de 12 de mayo 1956, de Régimen del Suelo y Ordenación Urbana: Derogada al quedar sus preceptos integrados en el Texto Refundido.

Decreto de 21 de agosto de 1956, aprobatorio de los Coeficientes de Valoración Urbanística. Derogado sin perjuicio de la disposición transitoria cuarta del Texto Refundido.

Orden de 27 de marzo de 1958, Comisión mixta encargada de coordinar la gestión de los Ministerios de Obras Públicas y de la Vivienda en los problemas que les afecta en común: Vigente.

Orden de 20 de junio de 1958, Comisión mixta constituida por representantes de los Ministerios de Obras Públicas y de la Vivienda para el estudio de los problemas que les afectan en común en los núcleos urbanos lindantes con las costas y playas: Vigente.

Ley 43/1959, de 30 de julio y Decreto-ley 4/1972, de 30 de junio, Instituto Nacional de Urbanización: Vigente. La referencia del artículo 4, número 4, al artículo 138 de la Ley de 12 de mayo de 1956 debe entenderse efectuada al artículo 115 del Texto Refundido.

Orden de 21 de abril de 1961. Concesiones de aprovechamiento agrícola sobre bienes de reserva de suelo del Instituto Nacional de Urbanización: Vigente.

Decreto 1166/1960, de 23 de mayo, Texto Articulado de la Ley Especial de Barcelona:

Artículo 49: Afectado por los artículos 9, 10, 11, 12 y 13 del Texto Refundido.

Artículo 50: Afectado por los artículos 83, 84, 85, 99 y 100 del Texto Refundido.

Artículo 51: Afectado por los artículos 9, 10, 11, 12, 13, 83, 84, 85 y 125 del Texto Refundido.

Artículo 52: Afectado por los artículos 64, 65, 114, 134 a 145 del Texto Refundido.

Artículo 53: Afectado por los artículos 100 y 128 del Texto Refundido.

Artículo 54: Afectado por los artículos 100 y 128 del Texto Refundido.

Artículo 55: Afectado por los artículos 119 y 127 del Texto Refundido.

Artículo 56: Afectado por el artículo 142 del Texto Refundido.

Artículo 57: Vigente.

Artículo 58: Vigente.

Decreto 1094/1961, de 22 de junio, edificios de enseñanza en núcleos de población constituidos por viviendas de protección oficial: Afectado por el sistema de dotaciones y cesiones del Texto Refundido (arts. 13, 83, 84 y 85).

Decreto 2414/1961, de 30 de noviembre, Reglamento de Actividades Molestas, Insalubres, Nocivas y Peligrosas: Vigente.

Decreto 485/1962, de 22 de febrero, Reglamento de Montes, artículo 30: Vigente.

Orden de 14 de marzo 1962, Comisiones Provinciales de Urbanismo: Vigente, sin perjuicio del cumplimiento de lo autorizado en la disposición final cuarta del Texto Refundido.

Orden de 24 de mayo de 1962, normas de desarrollo del Decreto 1094/1961: Afectado por el sistema de dotaciones y cesiones del Texto Refundido (artículos 13, 83, 84 y 85),

Ley 52/1962, de 21 de julio, de Valoración de Terrenos Sujetos a Expropiación en Ejecución de Planes de Viviendas y Urbanismo: Derogada, sin perjuicio de la disposición transitoria cuarta del Texto Refundido.

Decreto 343/1963, de 21 de febrero, valoración de terrenos sujetos a expropiación en ejecución de Planes de Vivienda y Urbanismo: Derogado, sin perjuicio de la disposición transitoria cuarta del Texto Refundido.

Orden de 15 de marzo de 1963, instrucción para aplicación del Reglamento de Actividades Molestas, Insalubres, Nocivas y Peligrosas: Vigente.

Decreto 1510/1963, de 5 de junio, normas sobre enajenación de parcelas propiedad del Instituto Nacional de Urbanización: Vigente.

Decreto 1674/1963, de 11 de julio, Texto Articulado de la Ley especial para Madrid:

Artículo 65: Afectado por los artículos 9, 10, 11, 12 y 13 del Texto Refundido.

Artículo 66: Afectado por los artículos 83, 84, 85, 99 y 100 del Texto Refundido.

Artículo 67: Afectado por los artículos 9, 10, 11, 12, 13, 83, 84, 85 y 125 del Texto Refundido.

Artículo 68: Afectado por los artículos 64, 65, 114, 134 a 145 del Texto Refundido.

Artículo 69: Afectado por los artículos 100 y 128 del Texto Refundido.

Artículo 70: Afectado por los artículos 100 y 128 del Texto Refundido.

Artículo 71: Afectado por los artículos 119 y 127 del Texto Refundido.

Artículo 72: Afectado por el artículo 142 del Texto Refundido.

Artículo 73: Vigente.

Artículo 74: Vigente.

Artículo 75: Vigente.

Ley 121/1963, de 2 de diciembre, Area Metropolitana de Madrid: Vigente, sin perjuicio de que las remisiones de la Ley de 12 de mayo de 1956 se entiendan hechas al Texto Refundido, y de la aplicabilidad general de éste a todo lo no regulado en la Ley especial. Las figuras de planeamiento vigentes son las de la Ley de Reforma, y por consiguiente, las contenidas en dicho Texto Refundido, quedando afectadas las disposiciones de la Ley 121/1963, de 2 de diciembre, en cuanto no se ajusten a las mismas.

Ley 158/1963, de 2 de diciembre, sobre Modificación de Planes de Ordenación y Proyectos de Urbanización cuando afecten a zonas verdes o espacios libres previstos en los mismos: Derogada, al quedar integrados sus preceptos en el Texto Refundido.

Ley 197/1963, de 28 de diciembre, Centros y Zonas de Interés Turístico Nacional: Vigente en lo que no se oponga al presente Texto Refundido y sin perjuicio del cumplimiento de la disposición final tercera de la Ley de 2 de *mayo de 1975 de Reforma* de la del Suelo y Ordenación Urbana.

Decreto 635/1964, de 5 de marzo, Reglamento de Edificación Forzosa y Registro Municipal de Solares: Vigente hasta la publicación de nuevo Reglamento que lo sustituya y en tanto no se oponga al presente Texto Refundido.

Decreto-ley 5/1964, de 23 de abril, Expropiación y Valoración de Terrenos comprendidos en los Polos de Promoción y Desarrollo Industrial: Sustituidos por las normas de valoración y procedimiento expropiatorios (arts. 103

y 134 a 145) del Texto Refundido, sin perjuicio de la aplicación de su disposición transitoria cuarta.

Decreto 1753/1964, de 11 de junio, normas para evitar las construcciones clandestinas, artículos 2 al 7, inclusive: Sustituidos por artículos 184 a 188 y 229 a 235 del Texto Refundido en cuanto a los supuestos previstos en los apartados b) y c) del artículo 1 y afectados en cuanto al supuesto del apartado a) del mismo artículo.

Orden de 23 de julio de 1964, por la que se dictan normas sobre las actuaciones administrativas en el Registro Municipal de Solares y otros inmuebles de edificación forzosa y se aprueban las hojas del libro Registro y de sus índices: Vigente.

Decreto 2854/1964, de 11 de septiembre, procedimiento de la expropiación forzosa en los Polos de Promoción y de Desarrollo Industrial, artículo 7: Sustituido por las normas de valoración expropiatoria del Texto Refundido, sin perjuicio de la aplicación de su disposición transitoria cuarta.

Decreto 3088/1964, de 28 de septiembre, Reglamento del Area Metropolitana de Madrid: Vigente, sin perjuicio de que las remisiones a la Ley de 12 de mayo de 1956 se entienden hechas al Texto Refundido y de la aplicabilidad de éste a todo lo no regulado en la Ley Especial y su Reglamento. Las figuras de planeamiento vigentes son las de la Ley de Reforma, y por consiguiente las contenidas en dicho Texto Refundido quedando afectadas las disposiciones de la Ley 121/1963, de 2 de diciembre y de su Reglamento aprobado por Decreto 3088/1964, de 28 de septiembre en cuanto no se ajusten a las mismas.

Decreto 4026/1964, de 3 de diciembre, Reglamento por el que se desarrollan los Títulos Primero y Segundo del Texto Articulado de la Ley Especial del Municipio de Barcelona:

Artículo 111: Afectado por los artículos 13 y 17 a 25 del Texto Refundido.

Artículo 112: Afectado por Decreto-ley 5/1974, de 24 de agosto, Decreto 3276/1974, de 28 de noviembre, 3280/1974, de 28 de noviembre, y, en lo que resulte aplicable, por los artículos 31 a 35 y 39 a 41 del Texto Refundido.

Artículo 113: Afectado por los artículos 9 a 13 y 23 del Texto Refundido.

Artículo 114: Derogado, por ser sustituido por los artículos 14, 35 e) y 40 y 41 del Texto Refundido.

Artículo 115: Afectado por el Decreto-ley 5/1974, de 24 de agosto.

Artículos 116 a 120: Modificado por los artículos 94 a 102 del Texto Refundido en lo que quedase subsistente después de la aprobación del Reglamento de Reparcelaciones de 7 de abril de 1966.

Artículo 121: Afectado por los artículos 83, 84, 85, 99 y 100 del Texto Refundido.

Artículo 122: Afectado por los artículos 100 y 128 del Texto Refundido.

Artículos 123 a 126: Afectados por los artículos 94 a 102 del Texto

Refundido en lo que quedase subsistente después de la aprobación del Reglamento de Reparcelaciones de 7 de abril de 1966.

Artículo 127.1 a): Modificado por el artículo 78 del Texto Refundido.

Artículo 127.2: Modificado por el artículo 117 del Texto Refundido.

Artículo 128: Vigente.

Artículo 129.1: Modificado por los artículos 83, 84 y 85 del Texto Refundido.

Artículo 129.2: Modificado por los artículos 82 a 85 y 114 a 125 del Texto Refundido.

Artículo 129.3, 4 y 5: Vigente.

Artículo 130 y 131: Vigentes en lo no afectado por el artículo 142 del Texto Refundido y por el Reglamento de Reparcelaciones.

Artículo 132: Vigente en lo no modificado por el Reglamento de Reparcelaciones.

Artículo 133: Vigente en lo no modificado por el Reglamento de Reparcelaciones.

Artículo 134: Vigente.

Artículo 135: Vigente. Las referencias se entenderán hechas a los artículos 60 y 61 del Texto Refundido.

Decreto 4297/1964, de 23 de diciembre, Reglamento de la Ley sobre Centros y Zonas de Interés Turístico Nacional: Vigente en lo que no se oponga al presente Texto Refundido y sin perjuicio del cumplimiento de la disposición final tercera de la Ley de 2 de mayo de 1975, de Reforma de la del Suelo y Ordenación Urbana.

Ley 86/1965, de 17 de julio, de Limitación, Adquisición, Ordenación y Urbanización de los Polígonos Residenciales e Industriales que se sitúen en los polos de promoción y desarrollo industrial y de descongestión:

Artículo 2: Sustituido por las normas sobre valoración y procedimiento expropiatorios (arts. 103 y 134 a 145) del Texto Refundido, sin perjuicio de la aplicación de su disposición transitoria cuarta.

Decreto 1006/1966, de 7 de abril, Reglamento de Reparcelaciones de Suelo afectado por planes de ordenación urbana: Vigente hasta la publicación del nuevo Reglamento que lo sustituya y en tanto no se oponga al presente Texto Refundido.

Decreto 1483/1966, de 16 de junio, enajenación de parcelas propiedad del Instituto Nacional de la Vivienda para construcciones de edificios de interés público o social: Vigente.

Decreto 1744/1966, de 30 de junio, por el que se regulan los beneficios tributarios a la Contribución Urbana, Recargos y Arbitrios Locales, a que se refiere la Ley del Suelo: modificado por los artículos 202 a 206 del presente Texto Refundido.

Decreto 917/1967, de 20 de abril, publicidad exterior: Vigente, la referencia de los artículos 13 y siguientes de la Ley de 12 de mayo de 1956 se entiende hecha a los artículos 17 y siguientes del Texto Refundido.

Decreto 2183/1968, de 16 de agosto, aplicación del Reglamento de Actividades Molestas, Insalubres, Nocivas y Peligrosas en las zonas de dominio público y sobre actividades ejecutables directamente por órganos oficiales: Afectado por el artículo 130 del Texto Refundido.

Orden de 20 de mayo de 1969. Ordenanzas provisionales de viviendas de protección oficial:

Ordenanzas 1ª y 3ª: Afectadas por las normas de planeamiento del Texto Refundido (arts. 12 a 15).

Ordenanza 11: Modificada por el artículo 74 del Texto Refundido.

Ordenanza 21: Modificada por el artículo 75 del Texto Refundido.

Ordenanza 22: Afectada por los artículos 12 y 13 del Texto Refundido.

Orden de 26 de mayo de 1969: Normas para la enajenación de parcelas y cesión de viales, parques y jardines y redes de servicios públicos en polígonos y terrenos propiedad del Instituto Nacional de la Vivienda: Vigente.

Decreto-ley 7/1970, de 27 de junio, actuaciones urbanísticas urgentes. Agotada su vigencia ulterior sin perjuicio de su aplicación a las áreas de actuación ya delimitadas.

Decreto 3421/1972, de 14 de diciembre, Instituto Nacional de Urbanización. Reorganización: Vigente.

Decreto 458/1972, de 24 de febrero, liberación de expropiaciones a los expedientes promovidos por razones urbanísticas: Vigente.

Ley 8/1972, de 10 de mayo, Autopistas:

Artículo 20.3 c) y 4 c): Afectados por la nueva clasificación y régimen jurídico del suelo del Texto Refundido.

Decreto 1994/1972, de 13 de julio, organización del Ministerio de la Vivienda: Vigente, salvo su disposición final tercera.

Orden de 27 de enero de 1973, Reglamento Orgánico de las Delegaciones Provinciales y Especiales del Ministerio de la Vivienda: Vigente.

Orden de 4 de marzo de 1974, circunstancias y requisitos que deben hacerse constar en actas de expropiación urbanística: Vigente.

Decreto-ley 5/1974, de 24 de agosto, Entidad Municipal Metropolitana de Barcelona: Vigente, sin perjuicio de que las remisiones a la Ley de 12 de mayo de 1956 se entienden hechas al Texto Refundido y de la aplicabilidad de éste a todo lo no regulado en el Decreto-ley. Las figuras de planeamiento vigentes son las de la Ley de Reforma, y por consiguiente, las contenidas en dicho Texto Refundido, quedando afectadas las previstas en las disposiciones del Decreto-ley 5/1974, de 24 de agosto en cuanto no se ajusten a las mismas.

Decreto 3276/1974, de 28 de noviembre, Reglamento sobre organización y funcionamiento de la Entidad Municipal Metropolitana de Barcelona: Vigente, sin perjuicio del cumplimiento de lo autorizado en la disposición final cuarta del Texto Refundido y de que las remisiones a la Ley de 12 de mayo de 1956 se entienden hechas al Texto Refundido y de la aplicabilidad de éste a todo lo no regulado en el Decreto-ley y su Reglamento. Las figuras de planeamiento vigentes son las de la Ley de Reforma, y por consiguiente, las contenidas en dicho Texto Refundido, quedando afectadas las previstas en las disposiciones del Decreto-ley 5/1974, de 24 de agosto, y en el Reglamento aprobado por Decreto 3276/1974, de 28 de septiembre en cuanto no se ajusten a las mismas.

Decreto 3280/1974, de 28 de noviembre, Comisión Provincial de Urbanismo de Barcelona: Vigente, sin perjuicio de lo autorizado en la disposición final cuarta del Texto Refundido y de que las remisiones a la Ley de 12 de mayo de 1956 se entienden hechas al Texto Refundido y de la aplicabilidad de éste a todo lo no regulado en el Decreto-ley y en este Decreto.

Ley 51/1974, de 19 de diciembre, de Carreteras, artículos 37.3 y 48.4: Afectados por la nueva clasificación y régimen jurídico del suelo del Texto Refundido.

Ley 19/1975, de 2 de mayo de Reforma de la Ley sobre Régimen del Suelo y Ordenación Urbana: Integrados sus preceptos en el Texto Refundido, a excepción de sus disposiciones finales 3ª, 4ª, 6ª y 13ª, que, independientemente, quedan subsistentes.

§ 3.1 REAL DECRETO 2159/1978, DE 23 JUNIO. APRUEBA EL REGLAMENTO DE PLANEAMIENTO PARA EL DESARROLLO Y APLICACIÓN DE LA LEY SOBRE RÉGIMEN DEL SUELO Y ORDENACIÓN URBANA

(BB OO del Estado núms. 221 y 222, de 15 y 16 septiembre [RCL 1978, 1965])

Artículo único.

Se aprueba el Reglamento de Planeamiento para el desarrollo y aplicación de la Ley sobre Régimen del Suelo y Ordenación Urbana y su anexo «Reservas de suelo para dotaciones en Planes parciales», cuyo texto se inserta a continuación.

REGLAMENTO DE PLANEAMIENTO PARA EL DESARROLLO DE LA LEY SOBRE RÉGIMEN DEL SUELO Y ORDENACIÓN URBANA

TÍTULO I
DEL PLANEAMIENTO URBANÍSTICO DEL TERRITORIO

CAPÍTULO I
Tipología del planeamiento

Artículo 1.

El planeamiento urbanístico del territorio nacional se desarrollará a través de un Plan Nacional de Ordenación y de Planes Directores Territoriales de Coordinación, Planes Generales Municipales y Normas Complementarias y Subsidiarias del Planeamiento.

⇒ V. arts. 65 y ss. del TRLS/1992 (§2).
V. Jurisprudencia en arts. 6.1 y concordantes del TRLS/1976 (§3).

Artículo 2.

Los Planes Generales y las Normas Complementarias y Subsidiarias del Planeamiento, al igual que los Planes Especiales, acomodarán sus determinaciones a las contenidas en el Plan Nacional y en los Planes Directores Territoriales de Coordinación.

⇒ V. Jurisprudencia en arts. 9 y concordantes del TRLS/1976 (§3).

Artículo 3.

1. La ordenación urbanística municipal se llevará a cabo, según los casos, mediante los siguientes instrumentos de planeamiento:

a) Plan General Municipal de Ordenación Urbana.

b) Normas Subsidiarias del Planeamiento para todo el territorio municipal, con las determinaciones establecidas en el artículo 71.3 y 4 del Texto Refundido de la Ley sobre Régimen del Suelo y Ordenación Urbana, en adelante Ley del Suelo.

c) Normas Subsidiarias del Planeamiento, con las determinaciones previstas en el artículo 71.3 de la Ley del Suelo.

d) Proyecto de Delimitación del Suelo Urbano, formulado de conformidad con el artículo 81.2 de la Ley del Suelo, complementado, en su caso, con las correspondientes Ordenanzas de Edificación y Uso del Suelo.

2. La elección del instrumento de planeamiento adecuado a cada Municipio se realizará teniendo en cuenta las previsiones que, en su caso, contuviere el Plan Director Territorial de Coordinación y, si éste no existiera o no estableciera nada al efecto, la complejidad de los problemas que plantee el desarrollo urbanístico, la capacidad de gestión y programación del propio Municipio, apreciadas por la Corporación Local afectada y por la Comisión Provincial de Urbanismo o por el Ministro de Obras Públicas y Urbanismo.

⇒ V. arts. 70 y ss. del TRLS/1992 (§2).

V. Jurisprudencia en arts. 10 y concordantes del TRLS/1976 (§3).

Artículo 4.

Los Planes Generales Municipales de Ordenación se desarrollarán, según la clase de suelo sobre la que se actúe y en atención a la finalidad perseguida en cada caso, a través de Planes Parciales, Estudios de Detalle, Programas de Actuación Urbanística o Planes Especiales.

⇒ V. arts. 71 y 72 del TRLS/1992 (§2).

V. Jurisprudencia en arts. 6.3 y concordantes del TRLS/1976 (§3).

Artículo 5.

1. Las Normas Subsidiarias del Planeamiento Municipal a que hace referencia el artículo 3, apartado 1 b), se desarrollarán mediante Planes Parciales, Estudios de Detalle y Planes Especiales, según las distintas clases de suelo que en las mismas se establezcan y la finalidad que persigan.

2. Las Normas Subsidiarias a que se refiere el apartado 1 c) del mismo artículo se completarán y desarrollarán mediante Estudios de Detalle y Planes Especiales.

⇒ V. art. 73 y ss. del TRLS/1992 (§2).

V. Jurisprudencia en art. 70 y concordantes del TRLS/1976 (§3).

Artículo 6.

Podrán redactarse Planes Especiales para algunos de los fines previstos en el artículo 17 de la Ley del Suelo, aun cuando no existan Planes Directores Territoriales de Coordinación, sin que, en ningún caso, puedan utilizarse como instrumento de ordenación integral del territorio ni puedan, por consiguiente, clasificar el suelo.

⇒ V. art. 84 del TRLS/1992 (§2).
V. Jurisprudencia en arts. 17 y concordantes del TRLS/1976 (§3).

Artículo 7.

En ausencia de Planes de Ordenación del Suelo, la delimitación del suelo urbano de cada Municipio, se realizará mediante la redacción de los correspondientes Proyectos de Delimitación.

⇒ V. arts. 101, 102 y 103 del presente Reglamento.
V. art. 81 del TRLS/1992 (§2).
V. art. 81.2 del TRLS/1976 (§3).

CAPÍTULO II
Del Plan Nacional

Artículo 8.

1. El Plan Nacional de Ordenación establecerá las grandes directrices de la ordenación del territorio, en coordinación con la planificación económica y social, encaminada al mayor bienestar de la población.

2. El Plan Nacional de Ordenación contendrá las siguientes determinaciones:

a) Estructura general del territorio y de los sistemas que la integran, en especial el sistema de asentamiento urbano.

b) Señalamiento de actividades de carácter básico que condicionan la ordenación del territorio en sus diferentes ámbitos geográficos, y asignación de la distribución recomendable de la población en coordinación con la planificación económica y social.

c) Señalamiento de las áreas de conservación o mejora del medio natural.

d) Establecimiento de los diferentes programas y acciones que deberán desarrollarse a medio y largo plazo para alcanzar los objetivos previstos.

e) Señalamiento de las necesidades que en orden a la redacción y aprobación de Planes y Normas Urbanísticas conlleve la ordenación propuesta.

f) Y cualesquiera otras determinaciones que se consideren convenientes para alcanzar las finalidades propias del Plan.

✐ Derogado por RD 304/1993, de 26 febrero, que aprobó la Tabla de Vigencias.

CAPÍTULO III

De los Planes Directores Territoriales de Coordinación

Artículo 9.

Los Planes Directores Territoriales de Coordinación podrán tener ámbito supraprovincial, provincial o comarcal.

⇒ V. arts. 68 y 69 del TRLS/1992 (§2).
V. art. 6.2 del TRLS/1976 (§3).

Artículo 10.

1. Los Planes Directores Territoriales de Coordinación establecerán, de conformidad con los principios del Plan Nacional de Ordenación y de la planificación económica y social y las exigencias del desarrollo regional, las directrices para la ordenación del territorio, el marco físico en que han de desarrollarse las previsiones del Plan y el modelo territorial en que han de coordinarse los Planes y Normas a que afecte.

2. A los efectos previstos en el número anterior, los Planes Directores Territoriales de Coordinación definirán un modelo de estructuración del territorio de acuerdo con las exigencias del desarrollo regional, que sirva de marco para la adecuada coordinación de las distintas acciones, planes y programas que tengan incidencia sobre dicho territorio, estableciendo sobre el mismo la distribución global de usos y actividades, las infraestructuras básicas, las áreas sujetas a limitaciones específicas, las medidas de protección del medio ambiente y aquellas otras determinaciones que sean necesarias para articular los Planes y Normas que lo desarrollen.

3. Estas determinaciones se establecerán teniendo en cuenta las posibilidades y programas de actuación del sector público y las actuaciones previsibles del privado, en función de las características socio-económicas del territorio y su población y de las acciones previstas en el propio Plan.

⇒ V. arts. 68 y 69 del TRLS/1992 (§2).
V. art. 8.1 del TRLS/1976 (§3).

Artículo 11.

Los Planes Directores Territoriales de Coordinación contendrán las siguientes determinaciones:

a) El esquema para la distribución geográfica de los usos y actividades a que debe destinarse prioritariamente el suelo, señalando el carácter principal o secundario, excluyente o alternativo de los distintos usos o actividades.

b) El señalamiento de las áreas en que se hayan de establecer limitaciones por exigencias de la defensa nacional o por otras razones de interés público, teniendo en cuenta, en todo caso, la legislación específica en la materia.

c) Las medidas de protección a adoptar para preservar el suelo y los demás recursos naturales de los procesos de urbanización en las áreas que por sus características naturales o por su valor paisajístico deben ser excluidas de este proceso.

d) Las medidas para defender, mejorar, desarrollar o renovar el medio ambiente natural o urbano, especificando las meras prohibiciones y las obligaciones que para tal defensa, mejora, desarrollo o renovación correspondan a la Administración y los administrados.

e) Las medidas adecuadas para impedir que sean afectadas por el desarrollo urbano áreas que, sin precisar de protección en orden a sus valores naturales, ecológicos, paisajísticos o de cualquier tipo, no sean necesarias para tal desarrollo.

f) Las medidas específicas de protección del patrimonio histórico-artístico, arquitectónico y cultural, no sólo en cuanto afecten a monumentos y conjuntos, sino también a su entorno o a los espacios que sean precisos para preservar determinadas perspectivas.

g) El señalamiento y localización de las infraestructuras básicas relativas a las comunicaciones terrestres, marítimas y aéreas y al abastecimiento de agua, saneamiento, producción y distribución de energía y otras análogas.

h) La programación de las acciones necesarias para la ejecución de sus previsiones.

⇒ V. art. 68 del TRLS/1992 (§2).
V. Jurisprudencia en arts. 8, 9 y concordantes del TRLS/1976 (§3).

Artículo 12.

Los Planes Directores Territoriales de Coordinación estarán integrados por los documentos siguientes:

1. Memoria que se referirá a los siguientes extremos:

a) Información básica, acompañada de los estudios necesarios, que deberá considerar todos los aspectos que puedan condicionar o determinar la estructuración del territorio, y en todo caso los siguientes:

Características naturales del territorio, tales como las geográficas, topográficas, climáticas y otras análogas con referencia a los valores paisajísticos, ecológicos, urbanos, históricos y artísticos que tengan relevancia en el conjunto del ámbito territorial del Plan.

Aprovechamiento del que sea naturalmente susceptible el territorio desde el punto de vista agrícola, forestal, ganadero, cinegético, minero u otros.

Usos, actividades e infraestructuras básicas localizadas en el territorio.

Incidencia de la legislación específica de carácter protector en materia de espacios naturales, montes, costas, aeropuertos, cauces públicos, embalses, defensa nacional y cualquier otra del mismo carácter que sea de aplicación en el territorio objeto del Plan.

Características de la población asentada sobre el territorio, sus condiciones económicas y sociales y las previsiones de su evolución.

Obras que estuvieran programadas y referencia a la política que pueda influir en el desarrollo estructural del territorio, en especial las que con ese alcance se hubieren previsto en el Plan Nacional de Ordenación y en la planificación económica y social, así como en cualesquiera otros Planes o proyectos de la Administración del Estado o de los entes locales o institucionales.

b) Criterios y objetivos de la estructuración del territorio en función de la información básica verificada y de los estudios realizados.

c) Examen y análisis ponderado de las diferentes alternativas posibles con base en los criterios y objetivos propuestos.

d) Justificación y descripción de la alternativa elegida y desarrollo de la misma.

e) Determinación de los instrumentos de planificación requeridos para el desarrollo de las previsiones del Plan y ejecución de sus acciones, especificando las que deban realizarse a través de Planes Generales o Normas Subsidiarias y Complementarias o las que hayan de llevarse a cabo mediante Planes Especiales. El Plan señalará aquellos sectores del territorio que deban ser objeto de planeamiento conjunto.

2. Documentación gráfica, que constará de:

a) Planos de información que expresen, en lo posible, el estado actual y características del territorio a que se extienda el Plan, referidos a los extremos fundamentales señalados en el apartado a) del número anterior, y cualesquiera otras circunstancias que resulten relevantes.

b) Planos de ordenación referidos a las determinaciones a que se refiere el artículo anterior.

3. Normas para la aplicación de sus determinaciones.

4. Programas de actuación para el desarrollo del Plan con las correspondientes bases de carácter técnico y económico, señalándose los plazos en que hayan de redactarse los instrumentos de planificación de desarrollo del Plan y llevarse a cabo las actuaciones previstas en él.

5. Sistema de seguimiento del Plan, estableciendo los límites de validez de sus determinaciones y los mecanismos de alerta que permitan detectar la necesidad de su modificación parcial o su revisión.

⇒ V. art. 68 del TRLS/1992 (§2).
V. Jurisprudencia en arts. 8, 9 y concordantes del TRLS/1976 (§3).

Artículo 13.

1. Las determinaciones de los Planes Directores Territoriales de Coordinación vincularán a la Administración y a los particulares. Las acciones previstas en los mismos se llevarán a cabo por cada uno de los Departamentos ministeriales afectados en las materias de sus respectivas competencias, con arreglo a las prescripciones establecidas en el real decreto de su aprobación y de acuerdo con los plazos señalados en el propio Plan.

2. Las Corporaciones Locales municipales cuyo término esté afectado

total o parcialmente por un Plan Director Territorial de Coordinación, sin perjuicio de la inmediata entrada en vigor de éste, deberán promover, en el plazo máximo de un año, la correspondiente acomodación a sus determinaciones mediante la oportuna revisión de sus respectivos Planes Generales Municipales de Ordenación. En igual sentido se procederá a la acomodación de las Normas Complementarias y Subsidiarias del Planeamiento.

3. Igualmente se procederá por las Corporaciones y demás Organismos competentes a acomodar los Planes sectoriales existentes a las determinaciones del Plan Director Territorial de Coordinación, pudiendo éste fijar los plazos pertinentes.

⇒ V. art. 69 del TRLS/1992 (§2).
V. Jurisprudencia en arts. 8, 9 y concordantes del TRLS/1976 (§3).

CAPÍTULO IV
De los Planes Generales Municipales de Ordenación

Sección 1ª Disposiciones generales

Artículo 14.

1. Los Planes Generales Municipales de Ordenación Urbana, como instrumento de ordenación integral del territorio, abarcarán uno o varios términos municipales completos.

2. El Plan General Municipal de Ordenación adoptará el modelo de utilización del suelo a largo plazo que resulte de la ponderación cualitativa de las distintas alternativas de planeamiento que hayan podido formularse inicialmente.

⇒ V. art. 70 del TRLS/1992 (§2).
V. Jurisprudencia en arts. 10, 11, 12 y concordantes del TRLS/1976 (§3).

Artículo 15.

1. Los Planes Generales Municipales de Ordenación clasificarán el suelo para la aplicación del régimen jurídico correspondiente; definirán los elementos fundamentales de la estructura general adoptada para la ordenación urbanística del territorio; establecerán el programa para su desarrollo y ejecución; y señalarán el límite temporal al que hayan de entenderse referidas el conjunto de sus previsiones, a partir del cual, y según el grado de cumplimiento de éstas, deba procederse a su revisión.

2. Cuando existan Planes Directores Territoriales de Coordinación, los Planes Generales Municipales deberán redactarse teniendo en cuenta las determinaciones y directrices establecidas en aquéllos, de forma coordinada con las previsiones de la planificación económica y social.

⇒ V. art. 70 del TRLS/1992 (§2).
V. Jurisprudencia en arts. 10, 11, 12 y concordantes del TRLS/1976 (§3).

Artículo 16.

1. Los Planes Generales Municipales tienen por objeto específico en el suelo urbano completar su ordenación mediante la regulación detallada del uso de los terrenos y de la edificación; señalar la renovación o reforma interior que resultase procedente; definir aquellas partes de la estructura general del Plan correspondiente a esta clase de terrenos, y proponer los programas y medidas concretas de actuación para su ejecución.

2. Los Planes Generales deberán considerar la situación urbanística anteriormente existente, bien para conservarla, bien para rectificarla directamente a través de las propias determinaciones del Plan General o habilitando la formulación del oportuno Plan Especial de reforma interior que desarrolle las previsiones básicas que a tal objeto establezca el propio Plan General.

⇒ V. art. 71 del TRLS/1992 (§2).
V. Jurisprudencia en arts. 10, 11, 12 y concordantes del TRLS/1976 (§3).

Artículo 17.

1. Los Planes Generales Municipales tienen por objeto específico, en el suelo urbanizable, definir los elementos fundamentales de la estructura general de la ordenación urbanística del territorio; establecer, según sus categorías, una regulación genérica de los diferentes usos globales y niveles de intensidad; y fijar los programas de desarrollo a corto y medio plazo referidos a un conjunto de actuaciones públicas y privadas.

2. Asimismo regularán la forma y condiciones en que podrán incorporarse al desarrollo urbano actuaciones no programadas mediante la formulación de los correspondientes Programas de Actuación Urbanística para la realización de unidades urbanísticas integradas.

⇒ V. art. 71 del TRLS/1992 (§2).
V. Jurisprudencia en arts. 10, 11, 12 y concordantes del TRLS/1976 (§3).

Artículo 18.

Los Planes Generales Municipales tienen por objeto específico, en el suelo no urbanizable, preservar dicho suelo del proceso de desarrollo urbano y establecer, en su caso, medidas de protección del territorio y del paisaje.

⇒ V. art. 71 del TRLS/1992 (§2).
V. Jurisprudencia en arts. 10, 11, 12 y concordantes del TRLS/1976 (§3).

Sección 2ª De las determinaciones de carácter general

Artículo 19.

1. Los Planes Generales Municipales de Ordenación contendrán las siguientes determinaciones de carácter general:

a) Clasificación del suelo, con expresión de las superficies asignadas a cada uno de los tipos y categorías en que se divida.

b) Estructura general y orgánica del territorio, integrada por los elementos determinantes del desarrollo urbano y, en particular, por el sistema general de comunicación y sus zonas de protección; el de espacios libres destinados a parques públicos y zonas verdes en proporción no inferior a cinco metros cuadrados por habitante; y el de equipamiento comunitario y para centros públicos.

c) Programación en dos etapas de cuatro años del desarrollo del Plan en orden a coordinar las actuaciones e inversiones públicas y privadas de acuerdo con los planes y programas de los distintos Departamentos ministeriales.

d) Medidas para la protección del medio ambiente, conservación de la naturaleza y defensa del paisaje, elementos naturales y conjuntos urbanos e histórico-artísticos, de conformidad, en su caso, con la legislación específica que sea de aplicación en cada supuesto.

e) Señalamiento de las circunstancias con arreglo a las cuales sea procedente, en su momento, la revisión del Plan, en función de la población total y de su índice de crecimiento, recursos, usos e intensidad de ocupación del suelo y demás elementos que justificaron la clasificación de suelo inicialmente adoptada.

2. Los Planes Generales, cuando afecten a territorios con planeamiento aprobado, incorporarán, con el grado de precisión que corresponda según la clase o categoría de suelo a que se refieran, las determinaciones del planeamiento anterior que el propio Plan General declare subsistentes.

3. En todo caso, el Plan General deberá precisar el régimen jurídico aplicable al planeamiento que estuviere vigente con anterioridad y a la edificación existente, estableciendo las disposiciones pertinentes sobre régimen transitorio, en el que se contendrán las prevenciones oportunas sobre la vigencia del planeamiento anterior, en atención al grado de incorporación de sus determinaciones al propio Plan General.

⇒ V. art. 72 del TRLS/1992 (§2).

V. Jurisprudencia en arts. 12 y concordantes del TRLS/1976 (§3).

Artículo 20.

1. El Plan General clasificará el suelo en urbano, urbanizable y no urbanizable.

2. Podrá prescindirse de algunas de estas clases o categorías de suelo si las circunstancias que concurran en el Municipio así lo aconsejaren, o no se dieran las condiciones objetivas precisas para incluir terrenos en los tipos o categorías de suelo de que se prescinda.

3. En todo caso, el Plan General habrá de delimitar los ámbitos espaciales a los que corresponda cada uno de los tipos y categorías de suelo en él establecidos.

4. La asignación de superficies se justificará para cada uno de los tipos y categorías de suelo en función de las circunstancias de hecho existentes, de

las previsiones sobre asentamiento de población, actividades y servicios de carácter colectivo.

⇒ V. art. 72 del TRLS/1992 (§2).

Artículo 21.

Para que el Plan General clasifique terrenos como urbanos, incluyéndolos en la delimitación que a tal efecto establezca, será preciso que reúnan algunos de los siguientes requisitos:

a) Que los terrenos estén dotados de acceso rodado, abastecimiento de agua, evacuación de aguas residuales y suministro de energía eléctrica, debiendo tener estos servicios características adecuadas para servir a la edificación que sobre ellos exista o se haya de construir.

b) Que los terrenos, aun careciendo de algunos de los servicios citados en el párrafo anterior, tengan su ordenación consolidada, por ocupar la edificación, al menos, dos terceras partes de los espacios aptos para la misma según la ordenación que el Plan General para ellos proponga. El Plan deberá señalar las operaciones de reforma interior o acciones concretas de urbanización precisas para conseguir los niveles de dotación necesarios de los servicios mínimos señalados en el apartado a) de este artículo.

⇒ V. art. 10 del TRLS/1992 (§2).
V. Jurisprudencia en arts. 10, 11, 12, 78 y concordantes del TRLS/1976 (§3).

Artículo 22.

1. Constituirán el suelo urbanizable los terrenos a los que el Plan General Municipal declare aptos, en principio, para ser urbanizados.

2. Dentro del suelo urbanizable, el Plan establecerá todas o alguna de las siguientes categorías:

a) Suelo programado, constituido por aquel cuya urbanización deba ser desarrollada según el programa del propio Plan.

b) Suelo no programado, integrado por el que pueda ser objeto de urbanización mediante la aprobación de Programas de Actuación Urbanística.

⇒ V. art. 11 del TRLS/1992 (§2).
V. Jurisprudencia en arts. 79 y concordantes del TRLS/1976 (§3).

Artículo 23.

1. En el suelo clasificado como urbanizable programado habrán de incluirse las superficies necesarias para:

a) Los nuevos asentamientos de población y de actividades productivas cuya implantación se prevea en el programa.

b) El establecimiento de aquellas partes de los sistemas generales necesarios para el desarrollo de las previsiones sobre población y actividades a que se refiere el apartado anterior.

2. Para la clasificación de suelo como urbanizable programado y para

el establecimiento del correspondiente Programa deberán tenerse en cuenta criterios de ponderación que valoren dentro de cada etapa:

a) La situación existente.

b) Las características del desarrollo urbano previsible.

c) La necesidad de producir un desarrollo urbano coherente en función de la estrategia a largo plazo del Plan.

d) La adecuada proporción entre los nuevos asentamientos y el equipo urbano.

e) Las previsiones sobre inversión pública y privada.

3. Cada cuatro años el Ayuntamiento revisará las determinaciones del programa y, en su caso, ampliará en otros cuatro el límite temporal que abarquen sus previsiones, de acuerdo con los criterios y el contenido establecidos en los dos números anteriores. Si como consecuencia de esta revisión fuera preciso alterar la extensión del suelo urbanizable programado, se procederá a modificar o, en su caso, revisar las determinaciones del Plan General en los términos establecidos para la formación de los Planes.

4. Se clasificará como suelo urbanizable no programado aquel que deba ser reservado, de acuerdo con el modelo de utilización del territorio adoptado por el Plan General, para su posible urbanización y que no sea necesario para la realización de las previsiones del programa.

⇒ V. art. 11 del TRLS/1992 (§2).
V. Jurisprudencia en arts. 79 y concordantes del TRLS/1976 (§3).

Artículo 24.

Constituirán el suelo no urbanizable:

a) Los que el Plan no incluya en alguno de los tipos de suelo a que se refieren los artículos anteriores.

b) Los espacios que el Plan determine para otorgarles una especial protección, a los efectos de esta Ley, en razón de su excepcional valor agrícola, forestal o ganadero, de las posibilidades de explotación de sus recursos naturales, de sus valores paisajísticos, históricos o culturales o para la defensa de la fauna, la flora o el equilibrio ecológico.

⇒ V. art. 12 del TRLS/1992 (§2).
V. Jurisprudencia en arts. 80 y concordantes del TRLS/1976 (§3).

Artículo 25.

1. Los elementos fundamentales de la estructura general y orgánica de la ordenación del territorio se establecerán por el Plan General teniendo en cuenta el modelo de desarrollo urbano adoptado, definiendo:

a) La asignación a las diferentes zonas de los correspondientes usos globales cuya implantación se prevea, y la intensidad de los mismos.

b) El sistema general de comunicaciones, tanto urbanas como interurbanas, estableciendo las reservas de suelo necesarias para el establecimiento de redes varias y ferroviarias, áreas de acceso a las mismas, y todas aquellas otras instalaciones vinculadas a este sistema, como son estaciones de ferrocarril y autobuses, puertos, aeropuertos y otras instalaciones análogas.

c) El sistema general de espacios libres constituido por:

Parques urbanos públicos, en proporción no inferior a cinco metros cuadrados de suelo por cada habitante, en relación al total de población prevista en el Plan. En estos parques sólo se admitirán aquellos usos compatibles con su carácter que no supongan restricción del uso público.

Áreas públicas destinadas al ocio cultural o recreativo, como parques deportivos, zoológicos, ferias y otras instalaciones análogas.

d) El sistema general de equipamiento comunitario, que comprenderá todos aquellos centros al servicio de toda la población destinados a usos:

Administrativos.

Comerciales.

Culturales y docentes, en situación y extensión adecuadas para que puedan cumplir las previsiones de su legislación especial.

Sanitarios, asistenciales, religiosos, cementerios y cualesquiera otros que se consideren necesarios para el mejor desarrollo de los intereses comunitarios.

e) Aquellas instalaciones y obras cuya implantación pueda influir de forma sustancial en el desarrollo del territorio, como centros productores de energía, embalses, líneas de conducción y distribución y otras análogas.

2. Los Planes Generales habrán de definir los sistemas relacionados en los párrafos anteriores con la precisión suficiente para poder permitir un adecuado desarrollo del Planeamiento en Planes Parciales o Especiales.

3. Los equipamientos a que se refieren los apartados 1 c) y 1 d) se fijarán en función de las necesidades del conjunto de la población a la que han de servir, sin perjuicio de las dotaciones propias de los Planes Parciales, debiendo quedar garantizada en el Plan General la obtención del sistema general de espacios libres y equipamiento comunitario, cualquiera que sean las características de las unidades de planeamiento que se propongan.

⇒ V. art. 72 del TRLS/1992 (§2).
V. Jurisprudencia en arts. 12 y concordantes del TRLS/1976 (§3).

Artículo 26.

1. El Plan General señalará para todo el suelo comprendido en su ámbito los objetos, directrices y estrategia de su desarrollo.

2. La definición de los sistemas generales determinantes de la estructura general del territorio se formulará sin perjuicio de la clasificación del suelo, y el proceso de su ejecución se acomodará a la estrategia establecida para el desarrollo del Plan.

3. Además de lo preceptuado en los números anteriores, se incorporarán para el suelo urbanizable, incluido en la programación a que se refiere el apartado c) del artículo 19 de este Reglamento, las previsiones de actuaciones

públicas y privadas en orden a la realización de obras correspondientes a la estructura general y orgánica del territorio y la total urbanización de dicho suelo.

⇒ V. art. 72 del TRLS/1992 (§2).
V. Jurisprudencia en arts. 11, 12 y concordantes del TRLS/1976 (§3).

Artículo 27.

1. En los distintos tipos y categorías de suelo, el Plan establecerá los criterios y señalará los presupuestos de hecho con arreglo a los cuales puedan delimitarse, en su caso, zonas y conjuntos para someterlos a la especial legislación protectora por razón de la materia.

2. Asimismo podrá completar esa legislación con las normas que el propio Plan estime necesarias para la protección del medio ambiente urbano o rural, conservación de la naturaleza y defensa del paisaje, elementos naturales y conjuntos urbanos e histórico-artísticos, sin que tales normas puedan contradecir o modificar las de carácter especial señaladas en el número anterior.

3. Las aludidas medidas de protección y defensa podrán consistir en la prohibición de determinadas actividades a desarrollar en las zonas o conjuntos, o en la imposición de obligaciones tendentes a evitar las degradaciones de cualquiera de los elementos del medio ambiente o de los conjuntos urbanos o histórico-artísticos.

⇒ V. art. 72 del TRLS/1992 (§2).
V. Jurisprudencia en arts. 12 y concordantes del TRLS/1976 (§3).

Artículo 28.

El Plan General señalará el límite temporal al que se refiere el conjunto de sus previsiones, a partir del cual, y según el grado de realización de éstas, deba procederse a su revisión. Asimismo establecerá las circunstancias en cuya virtud habrá de llevarse a cabo su revisión anticipada, fijando los márgenes de tolerancia admisibles para las desviaciones entre la evolución real y las previsiones del planeamiento que justificaron la clasificación del suelo o el modelo de desarrollo urbano inicialmente adoptado.

⇒ V. art. 72 del TRLS/1992 (§2).
V. Jurisprudencia en arts. 12 y concordantes del TRLS/1976 (§3).

Sección 3ª De las determinaciones en suelo urbano

Artículo 29.

1. En suelo urbano, los Planes Generales contendrán, además de las determinaciones de carácter general, las siguientes:

a) Delimitación de su perímetro o perímetros según que existan uno o varios núcleos urbanos en el ámbito territorial del Plan.

b) Señalamiento de aquellas áreas en las que se prevean operaciones de reforma interior, que requieran la formulación de un Plan Especial de este carácter. Para dichas áreas el Plan General deberá fijar explícitamente los objetivos que la reforma se propone y, al menos, los usos e intensidades de los mismos que habrán de resultar de la reforma prevista.

c) Asignación de usos pormenorizados correspondientes a las diferentes zonas, definiendo de forma detallada la específica utilización de los terrenos incluidos en cada una de ellas.

d) Delimitación de los espacios libres y zonas verdes destinados a parques y jardines públicos, así como de las zonas deportivas, de recreo y expansión también públicas. Dichas dotaciones serán independientes de las establecidas en este tipo de suelo para la estructura general y orgánica del territorio a que se refiere el artículo 25.1 c) de este Reglamento y se fijarán en proporción adecuada a las necesidades colectivas y a las características socio-económicas de la población y de acuerdo en todo caso, con la legislación específica sobre la materia.

El Plan deberá puntualizar el carácter público o privado de la titularidad de cada una de las zonas deportivas, de recreo y expansión, diferenciándolas, en todo caso, de los espacios libres y zonas verdes destinadas a parques y jardines públicos.

e) Emplazamiento reservado para templos, centros docentes, públicos o privados, asistenciales y sanitarios y demás servicios de interés público y social que formen parte del equipo urbano comunitario, en proporción adecuada a las necesidades colectivas y a las características socio-económicas de la población.

f) Trazado y características de la red viaria, con clasificación de la misma en función del tráfico previsto y señalamiento de alineaciones y rasantes referido a la totalidad o parte de ese suelo, precisando en todo caso la anchura de los viales o definiendo el criterio para su fijación.

g) Previsión de aparcamientos públicos, justificando la elección de su localización en relación con la planificación adecuada del transporte público y demás condicionantes urbanísticos.

h) Reglamentación detallada del uso pormenorizado, volumen y condiciones higiénico-sanitarias de los terrenos o construcciones, así como de las características estéticas de la ordenación de la edificación y de su entorno.

i) Características y trazado de las galerías y redes de abastecimiento de agua, alcantarillado, energía eléctrica y de aquellos otros servicios que pueda prever además el Plan.

j) Evaluación económica de la implantación de los servicios y de la ejecución de las obras de urbanización.

2. El Plan General podrá formular para este tipo de suelo los programas que sean precisos para la ejecución de aquellas determinaciones que se requieran para completar el proceso de urbanización.

3. Al establecer la ordenación detallada del suelo urbano, los Planes Generales podrán recoger la situación urbanística existente, bien para conser-

varla, bien para rectificarla directamente a través de las propias determinaciones del Plan General.

⇒ V. art. 72 del TRLS/1992 (§2).
V. Jurisprudencia en arts. 12 y concordantes del TRLS/1976 (§3).

Sección 4ª De las determinaciones en suelo urbanizable programado

Artículo 30.

En el suelo urbanizable programado, el Plan General de Ordenación deberá contener, además de las determinaciones de carácter general, las siguientes:

a) Desarrollo de los sistemas de la estructura general de la ordenación urbanística del territorio a que hace referencia el artículo 25 de este Reglamento, con la precisión suficiente para permitir la redacción de Planes Parciales o Especiales.

b) Fijación del aprovechamiento medio de la superficie total y de la de cada uno de los sectores, si fuesen varios, del suelo necesario en cada cuatrienio, en función de las intensidades y usos globales que se señalen en los terrenos, que no estén destinados en el Plan General a viales, parques y jardines públicos y demás servicios y dotaciones de interés general, homogeneizando dichos usos según sus valores relativos.

✐ Letra derogada por RD 304/1993, de 26 febrero, que aprobó la Tabla de Vigencias.

c) Asignación de usos globales a las diferentes zonas, fijando las intensidades correspondientes a dichos usos. Esta asignación podrá efectuarse con carácter excluyente o alternativo siempre que en este último caso los usos que resulten definitivamente elegidos por los correspondientes Planes Parciales sean compatibles entre sí y se asegure el equilibrio de los usos, de sus intensidades y del equipamiento de infraestructuras y servicios.

Para calcular, determinar y aplicar la intensidad de uso de cada zona se tendrá en cuenta exclusivamente la superficie ocupada por la misma, sin incluir la de los terrenos que se destinen a sistemas generales, aun cuando sean colindantes.

La asignación de intensidades correspondientes al uso residencial tendrá en cuenta lo establecido en el artículo 75 de la Ley del Suelo y en el 47 de este Reglamento.

d) Emplazamiento de los centros de servicio y trazado de las redes fundamentales de abastecimiento de agua, alcantarillado, energía eléctrica, alumbrado público, telefonía y demás servicios que en su caso prevea el Plan, con la expresión de sus características técnicas fundamentales.

e) División del territorio en sectores para el desarrollo de Planes Parciales.

⇒ V. art. 72 del TRLS/1992 (§2).
V. Jurisprudencia en arts. 12 y concordantes del TRLS/1976 (§3).

Artículo 31.

1. A los efectos previstos en el apartado b) del artículo anterior se establecerá:

1º Para cada zona, un coeficiente mediante el cual se exprese el valor que el Plan atribuye a cada uso con relación a los demás.

2º Para cada sector, un coeficiente mediante el cual se reflejen globalmente las diferencias existentes entre los distintos sectores, determinadas por las siguientes circunstancias:

a) Situación respecto a los sistemas generales y demás elementos urbanos significativos.

b) Características del suelo y su incidencia en el costo de la urbanización y de la edificación.

c) Cualquier otra circunstancia que a estos efectos se considere de particular relevancia.

2. El coeficiente de homogeneización de cada zona se obtendrá multiplicando el coeficiente que le haya sido asignado con arreglo a lo dispuesto en el apartado 1º del número anterior, por el coeficiente que corresponda al sector donde esté situada. Este coeficiente podrá ajustarse específicamente para alguna zona concreta en la que concurran circunstancias especiales, con objeto de conseguir una más adecuada valoración relativa.

3. El aprovechamiento de cada zona será el resultado de multiplicar su superficie por la edificabilidad correspondiente, expresada en metros cuadrados edificables por cada metro cuadrado de suelos, y por el coeficiente de homogeneización obtenido según se señala en el número 2 de este artículo.

4. El aprovechamiento de un sector lo constituirá la suma de los aprovechamientos que correspondan a todas las zonas en él incluidas.

El aprovechamiento medio de cada sector se obtendrá dividiendo su aprovechamiento por la superficie total del sector.

5. El aprovechamiento del suelo urbanizable programado en cada cuatrienio lo constituirá la suma de los aprovechamientos de todos los sectores en que pudiera este suelo estar dividido.

El aprovechamiento medio del suelo urbanizable programado para cada cuatrienio se obtendrá dividiendo su aprovechamiento por la superficie total del suelo programado para dicho cuatrienio.

6. Los terrenos incluidos en suelo urbanizable programado destinados en el Plan General a implantar sistemas generales se considerarán, a los efectos prevenidos en este artículo, de aprovechamiento nulo.

7. La asignación de coeficientes a las distintas zonas y sectores deberá ser razonada exponiendo las motivaciones que han dado lugar a su determinación. Los coeficientes serán iguales o menores que la unidad.

✐ Artículo derogado por RD 304/1993, de 26 febrero, que aprobó la Tabla de Vigencias.

Artículo 32.

La división del suelo urbanizable programado en sectores deberá establecerse de forma tal, que éstos constituyan unidades geográficas y urbanísticas que permitan un desarrollo adecuado en Planes Parciales. Cada sector habrá de ser objeto de un Plan Parcial cuya ejecución se realizará en uno o varios polígonos.

Los terrenos incluidos dentro de cada sector tendrán características urbanísticas homogéneas y su perímetro estará delimitado por situaciones de planeamiento existentes, por sistemas generales de comunicación, por espacios libres de Plan General o por elementos naturales, definidos de forma que garanticen una adecuada inserción del sector dentro de la estructura urbanística general del Plan.

En todo caso, cada sector tendrá las dimensiones necesarias para permitir la reserva de las dotaciones previstas en este Reglamento.

⇒ V. art. 72 del TRLS/1992 (§2).
V. Jurisprudencia en arts. 12 y concordantes del TRLS/1976 (§3).

Artículo 33.

1. Cuando las circunstancias así lo exijan, podrá proponerse un único sector de planeamiento. El planeamiento detallado de los sistemas generales se realizará mediante Planes Especiales, salvo que sea aconsejable su inclusión en la ordenación de los sectores a desarrollar por Planes Parciales.

2. Los Planes Parciales o los Especiales, en su caso, podrán precisar los detalles de trazado de las redes viarias y de servicios ajustándolas a las características físicas del terreno o a la estructura urbanística que se derive del grado de ejecución de sectores colindantes y de las reglamentaciones vigentes.

⇒ V. art. 84 del TRLS/1992 (§2).
V. Jurisprudencia en arts. 12 y concordantes del TRLS/1976 (§3).

Sección 5ª De las determinaciones en suelo urbanizable no programado

Artículo 34.

En suelo urbanizable no programado, el Plan General, además de las determinaciones de carácter general, contendrá las siguientes:

a) Delimitación de esta categoría de suelo, expresando el carácter excluyente, alternativo o compatible de los usos asignados en cada área.

b) Señalamiento de los usos que sean incompatibles dentro de cada área con la estructura general de la ordenación urbanística y con el modelo territorial propuesto por el propio Plan, o que sean incompatibles con los usos asignados al suelo urbano, urbanizable programado o no urbanizable.

c) Establecimiento de las características técnicas que han de reunir las actuaciones de esta categoría de suelo, comprendiendo:

1º Características que debe reunir la delimitación de los terrenos, considerando la necesidad de una adecuada inserción de la actuación en la estructura urbana del Plan.

2º Magnitudes máximas y mínimas que pueda alcanzar la actuación desde el punto de vista de extensión superficial y usos que puedan admitirse.

3º Sistemas de dotaciones, servicios y equipamientos que deben establecerse en cada actuación.

4º Requisitos que deben ser cumplidos para garantizar la conexión con la red viaria y de transporte prevista en el Plan General.

5º Redes de servicios que deban establecerse y su relación con las existentes o propuestas en el Plan General. Al menos, deberán tener las mismas características establecidas para estos servicios en el suelo urbanizable programado.

d) Definición, a efectos de lo dispuesto en el artículo 85 de la Ley del Suelo, del concepto de núcleo de población, con base en las características propias del Municipio, estableciendo las condiciones objetivas que den lugar a su formación.

⇒ V. art. 72 del TRLS/1992 (§2).
V. Jurisprudencia en arts. 12 y concordantes del TRLS/1976 (§3).

Artículo 35.

Los Programas de Actuación Urbanística podrán abarcar, de acuerdo con las magnitudes mínimas a que se refiere el apartado c).2º, del artículo anterior, parte del territorio de una zona, una de ellas completa o varias zonas o partes de ellas, siempre que, en todo caso, constituyan una unidad urbanística integrada, entendiendo por tal aquella que resuelva en sí misma la totalidad de los problemas urbanísticos inherentes a su implantación y funcionamiento orgánico, tal y como se definen en el artículo 71.2 de este Reglamento.

⇒ V. art. 82 del TRLS/1992 (§2).
V. Jurisprudencia en arts. 16 y concordantes del TRLS/1976 (§3).

Sección 6ª De las determinaciones en suelo no urbanizable

Artículo 36.

En el suelo no urbanizable, el Plan General establecerá las siguientes determinaciones:

a) Delimitación de las áreas que deban ser objeto de especial protección, incluyendo, en su caso, la prohibición absoluta de construir y señalando las medidas a adoptar a efectos de la conservación, mejora y protección.

Del suelo, flora, fauna, paisaje, cursos y masas de agua y demás elementos naturales, incluyendo, en su caso, la prohibición absoluta de construir.

Del medio ambiente natural o de aquellos de sus elementos que hayan sufrido algún tipo de degradación.

De los yacimientos arqueológicos y de las construcciones o restos de ellas de carácter histórico-artístico, arquitectónico o que contengan algún elemento señalado de carácter cultural situados en este tipo de suelo.

De los que deben ser destinados a determinados cultivos o explotaciones agrícolas, ganaderas o forestales.

b) Definición, a efectos de lo dispuesto en el artículo 86 de la Ley del Suelo, del concepto de núcleo de población, con base en las características propias del Municipio, estableciendo las condiciones objetivas que den lugar a su formación.

c) Características de edificios y construcciones que puedan levantarse de acuerdo con lo previsto en el artículo 86 de la Ley del Suelo en función de los usos a que se destinen. A tal efecto, se establecerán:

1º Medidas que impidan la posibilidad de formación de núcleos de población definidos por el propio Plan en función de las características del territorio objeto del planeamiento y las que garanticen en todo caso la condición aislada de la edificación, para lo cual deberán señalarse, como mínimo, las siguientes condiciones:

Parcela de terreno que haya de quedar afectada a la edificación, en cuanto a superficie y forma.

Retranqueos de la edificación respecto a los límites de la propiedad.

2º Normativa a que deben sujetarse las construcciones para garantizar su adaptación al ambiente rural y al paisaje en que se sitúen y las medidas que deban adoptarse para preservar los valores naturales del terreno afectado por las construcciones.

⇒ V. art. 72 del TRLS/1992 (§2).
V. Jurisprudencia en arts. 12 y concordantes del TRLS/1976 (§3).

Sección 7ª De la documentación del Plan General

Artículo 37.

Las determinaciones del Plan General se desarrollarán en los siguientes documentos:

1. Memoria y estudios complementarios.
2. Planos de información y de ordenación urbanística del territorio.
3. Normas urbanísticas.
4. Programa de actuación.
5. Estudio económico y financiero.

⇒ V. art. 72 del TRLS/1992 (§2).
V. Jurisprudencia en arts. 12 y concordantes del TRLS/1976 (§3).

Artículo 38.

La Memoria del Plan General establecerá las conclusiones de la información urbanística que condicionen la ordenación del territorio, analizará las distintas alternativas posibles y justificará el modelo elegido, las determinaciones de carácter general y las correspondientes a los distintos tipos y categorías de suelo. Se referirá a los siguientes extremos:

1º Justificación de la conveniencia y oportunidad de su formación.

2º Información urbanística, acompañada de los estudios complementarios necesarios, que deberán considerar todos los aspectos que puedan condicionar o determinar el uso del territorio, y en todo caso los siguientes:

a) Planeamiento vigente con anterioridad.

b) Resultado del trámite de participación pública en el proceso de elaboración del Plan.

c) Características naturales del territorio como las geológicas, topográficas, climáticas y otras.

d) Aprovechamiento de que sea susceptible el territorio, desde el punto de vista agrícola, forestal, ganadero, cinegético, minero y otros.

e) Usos a que el terreno esté destinado, edificaciones e infraestructuras existentes en el mismo.

f) La diferente aptitud de los terrenos para su utilización urbana.

g) Señalamiento de los valores paisajísticos, ecológicos, urbanos e históricos y artísticos, existentes en el ámbito territorial del Plan.

h) Análisis de la posible incidencia de la legislación específica del patrimonio histórico-artístico y de la de carácter protector en materia de espacios naturales, montes, costas, aeropuertos, cauces públicos, embalses y defensa nacional y cualquier otra del mismo carácter que sea de aplicación en el territorio objeto del Plan.

i) Características de la población asentada sobre el territorio, sus condiciones económicas y sociales y las previsiones de su evolución.

j) Obras programadas y política de inversiones públicas que pueden influir en el desarrollo urbano, en especial las previstas en el Plan Nacional de Ordenación, la planificación económica y social y, en su caso, en el Plan Director Territorial de Coordinación, así como las de cualquier otro Plan o proyecto de los órganos de la Administración del Estado, o de los entes locales, o institucionales, que tengan relación con el territorio objeto de planeamiento.

3º Objetivos y criterios de la ordenación del territorio.

4º Examen y análisis ponderado de las diferentes alternativas contempladas.

5º Justificación del modelo de desarrollo elegido y descripción de la ordenación propuesta.

6º Justificación razonada del sistema de ponderación empleado para la elección de los parámetros aplicables en la obtención del aprovechamiento medio.

7° También se especificarán las circunstancias a que se hace referencia en el artículo 28 de este Reglamento en relación con la revisión del Plan.

⇒ V. Jurisprudencia en arts. 12 y concordantes del TRLS/1976 (§3).

Artículo 39.

1. Los planos de información del Plan General se redactarán a escala adecuada y reflejarán la situación del territorio a que se refieran en orden a sus características naturales y usos del suelo, con especial mención de los aprovechamientos agrícolas, forestales, ganaderos, cinegéticos, extractivos y otros; infraestructura y servicios existentes, con indicación de su estado, capacidad y grado de utilización; y expresión del suelo ocupado por la edificación. Asimismo habrán de formularse, a escala adecuada, los planos que sean precisos para expresar pormenorizadamente el estado actual del suelo urbano en cuanto a su perímetro y a las características de las obras de urbanización y de las edificaciones existentes.

2. Los planos de ordenación del Plan General serán los siguientes:

A) Para todo el territorio comprendido en su ámbito y a escala conveniente:

a) Plano de clasificación del suelo, con expresión de las superficies asignadas a cada uno de los tipos y categorías del mismo.

b) Plano de estructura orgánica del territorio, con señalamiento de los sistemas generales.

c) Plano o planos de usos globales previstos para los distintos tipos y categorías de suelo.

B) Para suelo urbano: Planos referidos a los extremos señalados en los apartados a), b), c), d), e), f), g), e i) del artículo 29 de este Reglamento, redactados a escala mínima 1:2.000. En aquellas áreas en las que el Plan General no señale alineaciones y rasantes, la escala mínima podrá ser de 1:5.000.

C) Para el suelo urbanizable programado:

a) Planos de situación a escala conveniente.

b) Planos referidos a los extremos señalados en los apartados a), c), d) y e) del artículo 30 de este Reglamento, a escala mínima 1:5.000.

D) Para suelo urbanizable no programado:

a) Plano de situación a escala adecuada; y

b) Planos referidos a los apartados a) y b) del artículo 34 de este Reglamento, a escala mínima 1:5.000.

E) Para suelo no urbanizable: Plano de situación a escala conveniente, con expresión, en su caso, de las áreas de especial protección.

⇒ V. Jurisprudencia en arts. 12 y concordantes del TRLS/1976 (§3).

Artículo 40.

1. Las Normas Urbanísticas del Plan General diferenciarán el tratamiento aplicable a los distintos tipos y categorías de suelo.

2. En el suelo urbano las Normas Urbanísticas tendrán el carácter de Ordenanzas de la Edificación y Uso del Suelo y contendrán la reglamentación detallada del uso pormenorizado, volumen y condiciones higiénico-sanitarias de los terrenos y construcciones, así como las características estéticas de la ordenación, de la edificación y de su entorno.

3. En suelo urbanizable programado, las Normas Urbanísticas, además de regular, en concordancia con las calificaciones de suelo establecidas en los planos de ordenación, el régimen general de cada uno de los distintos usos de suelo y la edificación, establecerán las características de los sistemas generales incluidos en esta categoría de suelo y las exigencias mínimas, en lo referente a infraestructuras y servicios, a que se ha de ajustar el desarrollo de los Planes Parciales o, en su caso, los Planes Especiales.

4. En suelo urbanizable no programado, las Normas Urbanísticas establecerán el régimen de uso de suelo a que se refieren los apartados a) y b) del artículo 34 de este Reglamento; expresarán las características, magnitudes y dotaciones de las actuaciones a las que hace referencia el apartado c) de ese mismo artículo y definirán el concepto de núcleo de población a que alude el apartado d) del propio precepto.

5. En suelo no urbanizable, las Normas Urbanísticas reflejarán, en la medida que así se requiera, las determinaciones contenidas en el artículo 36 de este Reglamento.

⇒ V. Jurisprudencia en arts. 12 y concordantes del TRLS/1976 (§3).

Artículo 41.

El programa de actuación del Plan General establecerá:

1. Los objetivos, directrices y estrategia de su desarrollo a largo plazo para todo el territorio comprendido en su ámbito.

2. Las previsiones específicas concernientes a la realización de los sistemas generales.

3. Las dos etapas cuatrienales en que han de desarrollarse las determinaciones en el suelo urbanizable programado.

4. Los plazos a que han de ajustarse las actuaciones previstas, en su caso, para completar la urbanización en suelo urbano o para realizar operaciones de reforma interior en este tipo de suelo.

⇒ V. art. 72 del TRLS/1992 (§2).
V. Jurisprudencia en arts. 12, 16 y concordantes del TRLS/1976 (§3).

Artículo 42.

El estudio económico y financiero del Plan General contendrá:

1. La evaluación económica de la ejecución de las obras de urbanización correspondientes a la estructura general y orgánica del territorio definida en el

artículo 19.1 b) del presente Reglamento y a la implantación de los servicios, incluidos ambos en los programas cuatrienales correspondientes al suelo urbanizable programado.

2. La misma evaluación referida a las actuaciones que, en su caso, se hayan programado para el suelo urbano.

3. La determinación del carácter público o privado de las inversiones a realizar para la ejecución de las previsiones del Plan General, expresadas en los apartados anteriores, con suficiente especificación de las obras y servicios que se atribuyen al sector público y privado e indicación, en el primer caso, de los Organismos o Entidades publicas que asumen el importe de la inversión.

⇒ V. art. 72 del TRLS/1992 (§2).
V. Jurisprudencia en arts. 12 y concordantes del TRLS/1976 (§3).

CAPÍTULO V
De los Planes Parciales

Sección 1ª Disposiciones generales

Artículo 43.

1. Los Planes Parciales de Ordenación tienen por objeto:

a) En el suelo clasificado como urbanizable programado, desarrollar el Plan General mediante la ordenación detallada y completa de una parte de su ámbito territorial.

b) En el suelo clasificado como urbanizable no programado, el desarrollo de los Programas de Actuación Urbanística.

c) El desarrollo de las Normas Complementarias y Subsidiarias de Planeamiento, en su caso.

2. Cuando desarrollen el Plan General los Planes Parciales, se redactarán para la ordenación de sectores completos definidos en aquél, de modo que cada Plan Parcial tenga por objeto un sector determinado por el Plan General.

3. Los Planes Parciales que desarrollen las determinaciones de los Programas de Actuación Urbanística incluirán el territorio completo afecto a cada etapa de ejecución de dicho Programa, o la totalidad del suelo incluido en el Programa si se hubiere previsto una sola etapa.

4. El desarrollo de las Normas Complementarias y Subsidiarias de Planeamiento a través de Planes Parciales se referirá a terrenos incluidos en las áreas que aquéllas declaren aptas para la urbanización, de acuerdo con lo establecido en el artículo 71.4 de la Ley del Suelo.

⇒ V. art. 83 del TRLS/1992 (§2).
V. Jurisprudencia en arts. 13 y concordantes del TRLS/1976 (§3).

Artículo 44.

1. No podrán aprobarse Planes Parciales sin que previa o simultáneamente, pero en expediente separado, se haya aprobado definitivamente el Plan General de Ordenación, o las Normas Complementarias y Subsidiarias de Planeamiento, que en cada caso desarrollen.

En el suelo urbanizable no programado será exigida, además de la existencia del Plan General, la previa o simultánea aprobación del Programa de Actuación Urbanística.

2. Los Planes Parciales no podrán modificar en ningún caso las determinaciones del Plan General, de las Normas Complementarias y Subsidiarias de Planeamiento o del Programa de Actuación Urbanística que desarrollen.

⇒ V. art. 83 del TRLS/1992 (§2).
V. Jurisprudencia en arts. 13 y concordantes del TRLS/1976 (§3).

Sección 2ª De las determinaciones

Artículo 45.

1. Los Planes Parciales contendrán las siguientes determinaciones:

a) Delimitación del área de planeamiento, abarcando un sector definido en el Plan General o en los Programas de Actuación Urbanística, o una o varias de las áreas definidas como aptas para la urbanización en Normas Complementarias y Subsidiarias de Planeamiento.

b) Asignación de usos pormenorizados y delimitación de las zonas en que se divide el territorio planeado por razón de aquéllos y, en su caso, la división en polígonos o unidades de actuación.

c) Señalamiento de reservas de terreno para parques y jardines públicos, zonas deportivas públicas y de recreo y expansión, también públicas, en proporción adecuada a las necesidades colectivas. La superficie destinada a dichas reservas será, como mínimo, de 18 metros cuadrados por vivienda o por cada 100 metros cuadrados de edificación residencial, si no se hubiera fijado expresamente el número de viviendas que se pudieran construir. Esta reserva no podrá ser inferior al 10% de la total superficie ordenada, cualquiera que sea el uso a que se destinen los terrenos y la edificación, y habrá de establecerse con independencia de las superficies destinadas en el Plan General a espacios libres o zonas verdes para parques urbanos públicos.

d) Fijación de reservas de terrenos para centros culturales y docentes públicos y privados en la proporción mínima de 10 metros cuadrados por vivienda o por cada 100 metros cuadrados de edificación residencial, si no se hubiere determinado expresamente el número de viviendas que se pudieran construir, agrupados según los módulos necesarios para formar unidades escolares completas.

e) Emplazamientos reservados para templos, centros asistenciales y sanitarios y demás servicios de interés público y social.

f) Trazado y características de la red de comunicaciones propias del sector y de su enlace con el sistema general de comunicaciones previsto en el Plan General de Ordenación, con señalamiento de alineaciones y rasantes y zonas de protección de toda la red viaria y previsión de aparcamientos en la proporción mínima de una plaza por cada 100 metros cuadrados de edificación.

g) Características y trazado de las galerías y redes de abastecimiento de agua, alcantarillado, energía eléctrica y de aquellos otros servicios que, en su caso, prevea el Plan.

h) Evaluación económica de la implantación de los servicios y de la ejecución de las obras de urbanización.

i) Plan de etapas para la ejecución de las obras de urbanización y, en su caso, de la edificación.

2. Las dotaciones de los Planes Parciales serán en todo caso independientes de las previstas en los Planes Generales y tendrán, por lo tanto, carácter complementario de éstas.

⇒ V. art. 83 del TRLS/1992 (§2).

V. Jurisprudencia en arts. 13 y concordantes del TRLS/1976 (§3).

Artículo 46.

Los Planes Parciales que se refieran a urbanizaciones de iniciativa particular deberán contener, además de las determinaciones establecidas en el artículo anterior, las siguientes:

a) Modo de ejecución de las obras de urbanización, señalando el sistema de actuación.

b) Compromisos que se hubieren de contraer entre el urbanizador y el Ayuntamiento, y entre aquél y los futuros propietarios, en orden a:

1º Plazos de ejecución de las obras de urbanización e implantación de los servicios, en su caso.

2º Construcción, en su caso, de edificios destinados a dotaciones comunitarias de la urbanización, no incluidas entre las obligaciones generales impuestas por la Ley.

3º Conservación de la urbanización, expresando si correrá a cargo del Ayuntamiento, de los futuros propietarios de parcelas o de los promotores, con indicación en estos dos últimos supuestos del período de tiempo al que se extenderá la obligación de conservación.

c) Garantías del exacto cumplimiento de dichos compromisos por importe del 6% del coste que resulta para la implantación de los servicios y ejecución de las obras de urbanización, según la evaluación económica del propio Plan Parcial. Las garantías podrán prestarse en metálico, en valores públicos o mediante aval bancario.

d) Medios económicos de toda índole con que cuenten el promotor o promotores de la urbanización, indicando los recursos propios y las fuentes de financiación.

⇒ V. arts. 83 y 104 del TRLS/1992 (§2).

V. Jurisprudencia en arts. 13, 52 y concordantes del TRLS/1976 (§3).

Artículo 47.

1. A efectos de la limitación de viviendas establecida en el artículo 75 de la Ley del Suelo, aquélla se entenderá referida a las acciones definidas en suelo urbanizable programado de los Planes Generales o de los Programas de Actuación Urbanística, y a las áreas declaradas aptas para la urbanización en las Normas Subsidiarias de Planeamiento.

2. En casos excepcionales, el Consejo de Ministros, previo dictamen de la Comisión Central de Urbanismo, podrá autorizar densidades de hasta 100 viviendas por hectárea, cuando las circunstancias urbanísticas de la localidad lo exijan.

3. La limitación a que se alude en el apartado 1 de este mismo artículo se entenderá referida a la superficie comprendida en el ámbito de planeamiento, deducidas, en su caso, las áreas no residenciales ocupadas por los sistemas generales de la estructura general del territorio, pero no así las superficies destinadas a viales, parques, jardines y demás dotaciones propias de cada actuación.

⇒ V. art. 83 del TRLS/1992 (§2).

V. Jurisprudencia en arts. 75 y concordantes del TRLS/1976 (§3).

Artículo 48.

1. La asignación de los usos pormenorizados se reflejará en la calificación concreta que el Plan Parcial establezca para la totalidad de los terrenos incluidos en cada una de las zonas previstas en el mismo, debiendo corresponder a cada zona un mismo uso de suelo.

2. Deberá expresarse en el Plan Parcial el destino público o privado de los terrenos que resulten edificables, de los que se destinen a dotaciones y de los correspondientes a espacios libres, así como de los usos de las edificaciones e instalaciones previstas en estos últimos.

3. Si el Plan Parcial establece para su ejecución la división de su territorio en polígonos, habrá de expresarse con toda precisión la delimitación de los mismos, así como el sistema de actuación que a cada uno corresponda.

4. Las reservas de suelo que se prevean para dotaciones de Planes Parciales se realizarán en proporción adecuada a las necesidades de la población prevista para el ámbito territorial incluido en aquéllos, y de acuerdo con los módulos que se especifican en el anexo de dotaciones del presente Reglamento. La superficie de estas reservas respetará en todo caso los mínimos establecidos en el artículo 13.2 de la Ley del Suelo, párrafos b), c) y e).

⇒ V. art. 83 del TRLS/1992 (§2).

V. Jurisprudencia en arts. 13 y concordantes del TRLS/1976 (§3).

Artículo 49.

1. Las reservas de terreno de dominio y uso público que el Plan Parcial debe establecer para jardines, zonas deportivas, de recreo y de expansión, se fijarán diferenciando cada uno de estos usos. Constituirán el sistema de espacios libres en este grado de planeamiento, que tendrá carácter complementario del sistema de espacios libres del Plan General con el que habrá de coordinarse.

2. En la composición de estas áreas se evitará el fraccionamiento que invalide su finalidad esencial, debiendo justificarse que constituye un sistema coherente.

3. En la fijación de los usos permitidos por el Plan Parcial para los terrenos destinados a parques y jardines públicos no se podrán prever utilizaciones privativas o anormales que excluyan o limiten el uso público o permitan un uso no conforme a su destino de sistema de espacios libres.

⇒ V. art. 83 del TRLS/1992 (§2).
V. Jurisprudencia en arts. 13 y concordantes del TRLS/1976 (§3).

Artículo 50.

1. La reserva de suelo que se prevea para centros de carácter docente en los Planes en que el uso así lo exija, deberán agruparse según los módulos necesarios para formar unidades escolares completas, de acuerdo con lo establecido en el anexo de este Reglamento.

2. Las distintas áreas escolares resultantes deberán distribuirse adecuadamente en el ámbito territorial del Plan Parcial, a fin de conseguir que la distancia a recorrer por la población escolar sea lo más reducida posible, debiéndose garantizar el acceso a las mismas tanto desde la red viaria como desde la red peatonal.

⇒ V. Jurisprudencia en arts. 13 y concordantes del TRLS/1976 (§3).

Artículo 51.

La situación concreta de las áreas destinadas al equipamiento que hayan de reservarse para templos, centros asistenciales, sanitarios, parques deportivos y demás servicios de interés público y social, cuando el uso dominante lo exija, se establecerá estudiándola en relación con las redes viaria y de peatones, a fin de garantizar su accesibilidad y obtener su integración en la estructura urbanística del Plan.

⇒ V. Jurisprudencia en arts. 13 y concordantes del TRLS/1976 (§3).

Artículo 52.

1. El Plan Parcial determinará el trazado y características de la red de comunicaciones propias del sector y su conexión con el sistema general de comunicaciones previsto en el planeamiento que desarrolla.

A tal efecto, se determinarán las alineaciones de toda la red viaria, incluida la peatonal, definiéndose geométricamente su trazado en planta y las rasantes definitivas al menos en los puntos de cruce y en los cambios de dirección, si con estas determinaciones queda definida suficientemente la altimetría de la red de comunicaciones.

La definición del trazado y características de las redes viaria y peatonal se realizará suprimiendo las barreras urbanísticas que pudieran afectar a las personas impedidas y minusválidas, de acuerdo con la normativa vigente.

2. En el estudio de la red de comunicaciones se incluirá un análisis de circulaciones y, si procede, de la implantación de servicio público de transporte.

3. El Plan Parcial señalará la reserva de terrenos correspondientes a aparcamientos en las proporciones que se fijan en el artículo 45 de este Reglamento, determinándose para los que se sitúen en superficie sus alineaciones y rasantes con arreglo a los criterios enunciados en el número anterior.

4. El Plan Parcial establecerá asimismo las previsiones que procedan con relación a los aparcamientos de carácter privado.

⇒ V. art. 83 del TRLS/1992 (§2).
V. Jurisprudencia en arts. 13 y concordantes del TRLS/1976 (§3).

Artículo 53.

1. El Plan Parcial determinará los trazados de las redes y galerías de todos los servicios que en él se establezcan, desarrollando las previsiones del Plan General, Programa de Actuación Urbanística o Normas Subsidiarias.

2. El Plan Parcial especificará, como mínimo, el trazado de las siguientes redes de servicios:

Redes de abastecimiento de agua, riego e hidrantes contra incendios.

Red de alcantarillado.

Red de distribución de energía eléctrica.

Red de alumbrado público.

El Plan Parcial establecerá asimismo, si procede, el trazado de las redes de canalización telefónica, conducción de gas y cualquier otra que se estime necesaria. La no procedencia deberá ser debidamente justificada.

3. Además del trazado se incluirá la descripción de sus principales características, diferenciándose claramente los elementos que hayan de realizarse en galería. Igualmente se fijarán las condiciones de cálculo a tener en cuenta en la redacción de los proyectos de urbanización.

4. En la red de abastecimiento de agua se indicarán las fuentes de la misma, el caudal disponible y, en su caso, el área de protección de aquéllas.

5. La red de evacuación, para cuyo cálculo de capacidad habrá de tenerse en cuenta la composición y el caudal de las aguas residuales de toda especie y el de la pluviales, contendrá una especial referencia al vertido a la red general, capacidad de la misma y, si procediere, al sistema de depuración. En los casos de vertido a cauce público, río o mar, se precisará informe favorable del Organismo competente.

6. La red de distribución de energía eléctrica señalará la fuente de la

misma, la capacidad de los centros de transformación y las líneas que lo abastezcan, existentes o que se proyecten. En el caso de Planes Parciales de uso predominantemente residencial, la red de distribución será subterránea y los centros de transformación quedarán integrados en la edificación o serán subterráneos. En el caso excepcional, debidamente justificado, de que éstos tengan que realizarse en edificación exenta, las Ordenanzas del Plan Parcial deberán fijar las condiciones de volumen y estéticas exigibles.

7. Se determinará con exactitud la situación de los centros de servicio afectos a la infraestructura de las redes enunciadas en este artículo, habiendo de ser incluido su uso pormenorizado entre las determinaciones del artículo 45 de este Reglamento, con indicación de la naturaleza del dominio que corresponda.

⇒ V. Jurisprudencia en arts. 13 y concordantes del TRLS/1976 (§3).

Artículo 54.

1. El Plan Parcial establecerá un Plan de etapas para la realización de las obras de urbanización, debiendo justificar su coherencia con las restantes determinaciones del Plan, en especial con el desarrollo en el tiempo de la edificación prevista y sus dotaciones y de los elementos que componen las distintas redes de servicios, así como, en su caso, con los sistemas de actuación elegidos.

En cada etapa habrá de preverse:

a) Su duración, con referencia a la fecha de comienzo de los plazos que se establezcan.

b) Las obras de urbanización correspondientes.

c) La puesta en servicio de las reservas de suelo correspondientes a los equipamientos que deban establecerse a medida que se urbanice.

d) La determinación de los niveles correspondientes a los servicios de abastecimiento de agua, evacuación y suministro de energía eléctrica para que puedan ser utilizados los terrenos que se urbanicen sucesivamente.

2. El Plan de etapas podrá prever, justificándola adecuadamente, una alteración de sus previsiones temporales y espaciales, siempre que se mantenga la coherencia del Plan, se cumplan las determinaciones que establezcan y se garantice la ejecución y financiación del conjunto de sus previsiones.

3. En los supuestos en que sea necesario, el Plan Parcial podrá contener una previsión de etapas de edificación, que se acomodará a la urbanización y a las dotaciones que se vayan obteniendo.

⇒ V. art. 83 del TRLS/1992 (§2).
V. Jurisprudencia en arts. 13 y concordantes del TRLS/1976 (§3).

Artículo 55.

1. La evaluación económica de la implantación de los servicios y de la ejecución de las obras de urbanización expresará su coste aproximado, señalando las diferencias que pudieran existir en función del momento en que

hayan de implantarse unos y ejecutarse los otros, según lo previsto en el Plan de etapas.

2. Las evaluaciones habrán de referirse, como mínimo, a las siguientes obras y servicios:

Explanación, pavimentación, señalización y jardinería.

Redes de abastecimiento de agua, riego e hidrantes contra incendios.

Red de alcantarillado.

Redes de distribución de energía eléctrica y alumbrado público.

Otras redes o canalizaciones de servicios que prevea el Plan.

Establecimiento de servicios públicos de transporte y recogida de basuras, si procede.

Obras especiales como pasos a distinto nivel, desviación de redes de servicio existentes y otras.

Indemnizaciones procedentes por el derribo de construcciones, destrucción de plantaciones y otras obras e instalaciones que exija la ejecución del Plan.

⇒ V. Jurisprudencia en arts. 13 y concordantes del TRLS/1976 (§3).

Artículo 56.

1. El Plan Parcial podrá establecer el sistema de actuación para la ejecución de sus previsiones, pudiendo ser el mismo para todo su ámbito territorial, o diferente para los distintos polígonos en que se divida.

2. La determinación del sistema de actuación deberá justificarse teniendo en cuenta:

Las necesidades de suelo y la urgencia de su urbanización.

Los medios económicos financieros con que cuenta la Administración.

La colaboración estimada de la iniciativa privada.

La estructura de la propiedad del suelo, y

Cualesquiera otras circunstancias que concurran en el sector o en cada polígono.

⇒ V. art. 148 del TRLS/1992 (§2).
V. Jurisprudencia en arts. 119 y concordantes del TRLS/1976 (§3).

Sección 3ª De la documentación

Artículo 57.

Las determinaciones de los Planes Parciales se desarrollarán en los siguientes documentos:

1. Memoria justificativa de la ordenación y de sus determinaciones.
2. Planos de información.
3. Planos de proyecto.
4. Ordenanzas reguladoras.

5. Plan de etapas.

6. Estudio económico financiero.

⇒ V. art. 83 del TRLS/1992 (§2).
V. Jurisprudencia en arts. 13 y concordantes del TRLS/1976 (§3).

Artículo 58.

1. La Memoria de los Planes Parciales habrá de justificar la adecuación de la ordenación a las directrices del planeamiento de rango superior que desarrolle, demostrando su coherencia interna, la correlación entre la información y los objetivos del Plan con la ordenación propuesta, así como las posibilidades de llevar a la práctica sus previsiones dentro de las etapas establecidas para su ejecución.

2. La Memoria de los Planes Parciales se referirá a los siguientes extremos:

a) Justificación de la procedencia de su formulación en relación con el Programa del Plan General o del Plan de etapas del Programa de Actuación Urbanística que desarrollen, o de su conveniencia y oportunidad si desarrollen las determinaciones contenidas en una Norma Subsidiaria de Planeamiento.

b) Información urbanística, incluyendo los estudios que sean necesarios, que deberá considerar todos los aspectos que puedan condicionar la estructura urbanística del territorio y en todo caso los siguientes:

1º Características naturales del territorio, como geológicas, geotécnicas, topográficas y otras.

2º Usos, edificaciones e infraestructuras existentes.

3º Estudio de la estructura de la propiedad del suelo.

c) Objetivos y criterios de la ordenación del territorio en función de las determinaciones del Plan General, de la información urbanística verificada y de los estudios complementarios realizados.

d) Examen y análisis ponderado de las diferentes alternativas que pudieran plantearse por la extensión y entidad del Plan y justificación de la que resultase elegida. Habrá de acreditarse que la solución propuesta constituye una unidad funcional perfectamente conectada con las áreas colindantes mediante la adecuada relación con su estructura urbana.

3. Como anexo a la Memoria se incluirá una síntesis de la misma, acompañada de cuadros de características sobre superficies, módulos, usos cuantificados, edificabilidades y volúmenes y demás aspectos relevantes.

Artículo 59.

La información urbanística de carácter gráfico reflejará la situación y calificación de los terrenos en el planeamiento de rango superior que desarrolla el Plan Parcial, así como el estado de los mismos en cuanto a su morfología, construcciones, vegetación y usos existentes y estructura de la propiedad del suelo. En función de estos objetivos, se diferencian dos tipos de información gráfica:

a) Información urbanística sobre la situación y calificación de los terrenos en el planeamiento de rango superior, expresada en los siguientes planos, que se redactarán a las escalas utilizadas en éste:

De situación en relación con la estructura orgánica correspondiente del Plan General o Normas Subsidiarias que desarrolle el Plan Parcial.

De ordenación establecida en el Plan General, Programa de Actuación Urbanística o Normas Subsidiarias para el ámbito territorial incluido en el Plan Parcial y su entorno.

b) Información sobre el estado de los terrenos en los siguientes planos, redactados, como mínimo, a escala 1:2.000:

Topográfico, con curvas de nivel de metro en metro, que deberá ser acompañado por los planos hipsométrico y clinométrico cuando éstos sean precisos para una mejor interpretación de aquél.

Catastral.

De edificaciones, usos, infraestructuras y vegetación existentes.

⇒ V. Jurisprudencia en arts. 13 y concordantes del TRLS/1976 (§3).

Artículo 60.

1. Los planos de proyecto se redactarán a escalas de 1:2.000 a 1:5.000 y recogerán las determinaciones exigidas en los artículos 45 y 48 al 54 del presente Reglamento.

2. El Plan Parcial contendrá, al menos, los siguientes planos de proyecto:

Zonificación, con asignación de usos pormenorizados, sistema de espacios libres y zonas verdes y especificación de la situación de todas las reservas de suelo para dotaciones, en relación con las demás áreas del propio Plan Parcial y en especial con la red viaria, incluida la de peatones.

Red viaria, definiendo de forma suficiente sus perfiles longitudinales y transversales, de acuerdo con las determinaciones del artículo 52 del presente Reglamento.

Esquema de las redes de abastecimiento de agua, riego e hidrantes contra incendios, alcantarillado, distribución de energía eléctrica y alumbrado público.

Delimitación de polígonos de actuación, en su caso.

Plan de etapas.

3. El Plan Parcial incluirá además todos aquellos planos que se consideren necesarios para su mejor definición.

4. Todos los planos de proyecto que contengan representación en planta se realizarán sobre el plano topográfico, y contendrán la delimitación del área de ordenación.

Artículo 61.

Las Ordenanzas del Plan Parcial reglamentarán el uso de los terrenos y de la edificación pública y privada y contemplarán, como mínimo, los siguientes apartados:

a) Generalidades y terminología de conceptos.

b) Régimen urbanístico del suelo, con referencia a:

Calificación del suelo, con expresión detallada de sus usos pormenorizados.

Estudios de detalle.

Parcelaciones.

Proyectos de urbanización.

c) Normas de Edificación, con referencia a:

Condiciones técnicas de las obras en relación con las vías públicas.

Condiciones comunes a todas las zonas en cuanto a edificación, volumen y uso, con expresión de los permitidos, prohibidos y obligados, señalando para estos últimos la proporción mínima exigida de higiene y estética, debiendo tenerse en cuenta la adaptación en lo básico al ambiente en que estuvieren situadas.

Normas particulares de cada zona.

Artículo 62.

1. El Plan de etapas del Plan Parcial se redactará como documento separado del estudio económico financiero, y describirá detalladamente el reflejado en el correspondiente plano de la documentación gráfica.

2. Si el Plan Parcial contiene la delimitación de polígonos, el Plan de etapas determinará el orden de prioridades para su ejecución y señalará el sistema o sistemas de actuación aplicable a cada polígono.

3. En la formulación del Plan de etapas se atenderá a que la previsión de creación y utilización de suelo urbanizado para la edificación vaya acompañada de la creación de las correspondientes dotaciones.

4. El Plan de etapas podrá establecer, si fuera aconsejable, dos o más alternativas en cuanto a la realización en el tiempo de las determinaciones del Plan Parcial, expresando en tales supuestos las circunstancias que justifiquen la elección de una u otra alternativa.

⇒ V. Jurisprudencia en arts. 13 y concordantes del TRLS/1976 (§3).

Artículo 63.

1. El Plan Parcial contendrá los documentos precisos para justificar el coste de las obras de urbanización y de implantación de los servicios de acuerdo con las determinaciones contenidas en el artículo 55 de este Reglamento.

2. Si los Planes Parciales desarrollan un Programa de Actuación Urbanística, el estudio económico financiero contendrá las específicas obligaciones que correspondan al adjudicatario del Programa.

3. Cuando con ocasión de la ejecución de un Plan Parcial hayan de realizarse obras que correspondan a los sistemas de la estructura orgánica del Plan General, el estudio económico financiero del Plan Parcial, habrá de expresar las puntualizaciones exigidas por el artículo 42.3 de este Reglamento, en orden al señalamiento de la Entidad y Organismos que asuma la financiación de dichas obras. A estos efectos, habrá de tenerse en cuenta que el coste de las obras de urbanización, de interés para el sector o área de actuación, enunciadas en el artículo 122 de la Ley del Suelo, será a cargo de los propietarios del sector o área de actuación.

4. Si para la ejecución del Plan Parcial se hubiera elegido el sistema de expropiación, el estudio económico financiero contendrá, además, el cálculo estimativo del coste de la expropiación, puesto en relación con la etapa en que se haya de realizar.

Artículo 64.

Además de los documentos a que se refieren los artículos 57 a 63 de este Reglamento, los Planes Parciales que tengan por objeto urbanizaciones de iniciativa particular deberán contener un anexo a la Memoria del Plan, con los siguientes datos:

a) Justificación de la necesidad o conveniencia de la urbanización.

b) Relación de propietarios afectados, con su nombre, apellidos y dirección.

c) Determinaciones expresadas en el artículo 46 de este Reglamento.

⇒ V. arts. 83 y 104 del TRLS/1992 (§2).
V. Jurisprudencia en arts. 13, 52 y concordantes del TRLS/1976 (§3).

CAPÍTULO VI
De los estudios de detalle

Artículo 65.

1. Los estudios de detalle podrán formularse con la exclusiva finalidad de:

a) Establecer alineaciones y rasantes, completando las que ya estuvieren señaladas en el suelo urbano por el Plan General, Normas Complementarias y Subsidiarias de Planeamiento o Proyecto de Delimitación de Suelo Urbano, en las condiciones que estos documentos de ordenación fijen, y reajustar y adaptar las alineaciones y rasantes previstas en los instrumentos de ordenación citados, de acuerdo igualmente con las condiciones que al respecto fijen.

b) Adaptar o reajustar alineaciones y rasantes señaladas en Planes Parciales.

c) Ordenar los volúmenes de acuerdo con las especificaciones del Plan General o de las Normas Complementarias y Subsidiarias de Planeamiento en *suelo urbano*, o con las propias de los Planes Parciales en los demás casos, y completar, en su caso, la red de comunicaciones definida en los mismos con aquellas vías interiores que resulten necesarias para proporcionar acceso a los edificios cuya ordenación concreta se establezca en el propio estudio de detalle.

2. La posibilidad de establecer alineaciones y rasantes a través de estudios de detalle se limitará a las vías de la red de comunicaciones definidas en el Plan o Norma cuyas determinaciones sean desarrolladas por aquél.

3. En la adaptación o reajuste del señalamiento de alineaciones y rasantes del Plan General, Normas Complementarias y Subsidiarias, Plan Parcial o Proyecto de Delimitación, no se podrá reducir la anchura del espacio destinado a viales ni las superficies destinadas a espacios libres. En ningún caso la adaptación o reajuste del señalamiento de alineaciones podrá originar aumento de volumen al aplicar las ordenanzas al resultado de la adaptación o reajuste realizado.

4. La ordenación de volúmenes no podrá suponer aumento de ocupación del suelo ni de las alturas máximas y de los volúmenes edificables previstos en el Plan, ni incrementar la densidad de población establecida en el mismo, ni alterar el uso exclusivo o predominante asignado por aquél. Se respetarán en todo caso las demás determinaciones del Plan.

5. En ningún caso podrá ocasionar perjuicio ni alterar las condiciones de ordenación de los predios colindantes.

6. Los estudios de detalle no podrán contener determinaciones propias de Plan General, Normas Complementarias y Subsidiarias de Planeamiento y Plan Parcial que no estuvieran previamente establecidas en los mismos.

⇒ V. art. 91 del TRLS/1992 (§2).

V. Jurisprudencia en arts. 14 y concordantes del TRLS/1976 (§3).

Artículo 66.

Los estudios de detalle contendrán los siguientes documentos:

1. Memoria justificada de su conveniencia y de la procedencia de las soluciones adoptadas.

2. Cuando se modifique la disposición de volúmenes se efectuará, además, un estudio comparativo de la edificabilidad resultante por aplicación de las determinaciones previstas en el Plan y de las que se obtienen en el estudio de detalle, justificando el cumplimiento de lo establecido sobre este extremo en el número 3 del artículo anterior.

3. Planos a escala adecuada y, como mínimo, 1:5.000 que expresen las determinaciones que se completan, adaptan o reajustan, con referencias precisas a la nueva ordenación y su relación con la anteriormente existente.

⇒ V. art. 91 del TRLS/1992 (§2).

V. Jurisprudencia en arts. 14 y concordantes del TRLS/1976 (§3).

CAPÍTULO VII
De los Proyectos de Urbanización

Artículo 67.

1. Los Proyectos de Urbanización son proyectos de obras cuya finalidad es llevar a la práctica, en suelo urbano, las determinaciones correspondientes de los Planes Generales y de las Normas Complementarias y Subsidiarias del Planeamiento, y, en suelo urbanizable, la realización material de las propias de los Planes Parciales.

También podrán redactarse Proyectos de Urbanización para la ejecución de Planes Especiales de Reforma Interior.

2. Los Proyectos de Urbanización constituirán, en todo caso, instrumentos para el desarrollo de todas las determinaciones que el Plan prevea en cuanto a obras de urbanización, tales como vialidad, abastecimiento de agua, alcantarillado, energía eléctrica, alumbrado público, jardinería y otras análogas.

3. Con independencia de los Proyectos de Urbanización, podrán redactarse y aprobarse, conforme a la normativa del ente interesado, proyectos de obras ordinarias que no tengan por objeto desarrollar íntegramente el conjunto de determinaciones de un Plan de Ordenación.

4. En ningún caso tanto los Proyectos de Urbanización como los de obras ordinarias podrán contener determinaciones sobre ordenación, régimen del suelo o de la edificación.

5. Los Proyectos de Urbanización deberán detallar y programar las obras con la precisión necesaria para que puedan ser ejecutadas por técnicos distintos del autor del proyecto.

⇒ V. art. 92 del TRLS/1992 (§2).
V. Jurisprudencia en arts. 15 y concordantes del TRLS/1976 (§3).

Artículo 68.

1. Los Proyectos de Urbanización no podrán modificar las previsiones del Plan que desarrollen, sin perjuicio de que puedan efectuar las adaptaciones de detalle exigidas por las características del suelo y subsuelo en la ejecución material de las obras.

2. Cuando la adaptación de detalle suponga alteración de las determinaciones sobre ordenación o régimen del suelo o de la edificación de los predios afectados por el proyecto, deberá aprobarse previa o simultáneamente la correspondiente modificación del Plan.

⇒ V. art. 92 del TRLS/1992 (§2).
V. Jurisprudencia en arts. 15 y concordantes del TRLS/1976 (§3).

Artículo 69.

1. Los Proyectos de Urbanización comprenderán los siguientes documentos:

Memoria descriptiva de las características de las obras.

Planos de información y de situación en relación con el conjunto urbano.

Planos de proyecto y de detalle.

Pliego de condiciones técnicas y de condiciones económico-administrativas de las obras y servicios.

Mediciones.

Cuadros de precios descompuestos.

Presupuesto.

2. No será necesaria la formulación del pliego de condiciones económico-administrativas cuando las obras de urbanización se ejecuten por el sistema de compensación en terrenos de un solo propietario.

⇒ V. art. 92 del TRLS/1992 (§2).
V. Jurisprudencia en arts. 15 y concordantes del TRLS/1976 (§3).

Artículo 70.

1. Las obras de urbanización a incluir en el Proyecto de Urbanización, que deberán ser desarrolladas en los documentos relacionados en el apartado 1 del artículo anterior, serán las siguientes:

Pavimentación de calzadas, aparcamientos, aceras, red peatonal y espacios libres.

Redes de distribución de agua potable, de riego y de hidrantes contra incendios.

Red de alcantarillado para evacuación de agua pluviales y residuales.

Red de distribución de energía eléctrica.

Red de alumbrado público.

Jardinería en el sistema de espacios libres.

2. Se incluirán en el Proyecto de Urbanización los servicios urbanísticos a que hace referencia el artículo 53.2, cuando se hayan estimado necesarios en el Plan Parcial.

3. Los Proyectos de Urbanización deberán resolver el enlace de los servicios urbanísticos con los generales de la ciudad y acreditar que tienen capacidad suficiente para atenderlos.

⇒ V. art. 92 del TRLS/1992 (§2).
V. Jurisprudencia en arts. 15 y concordantes del TRLS/1976 (§3).

CAPÍTULO VIII
De los Programas de Actuación Urbanística

Sección 1ª Disposiciones generales

Artículo 71.

1. La ordenación y urbanización de terrenos clasificados como suelo urbanizable no programado se efectuará, de conformidad con el Plan General

Municipal respectivo, mediante Programas de Actuación Urbanística para la realización de unidades urbanísticas integradas.

2. Se considerarán unidades urbanísticas integradas aquellas actuaciones que tengan resueltas, en adecuada correspondencia con la estructura general y orgánica prevista en el Plan General, la dotación de servicios y equipamiento suficientes para garantizar la satisfacción de las demandas propias de la población o de las actividades que en el ámbito de la actuación hayan de ubicarse, y las obras de infraestructura necesarias para garantizar la inserción de las mismas en la ordenación general en el momento de su puesta en servicio.

⇒ V. art. 82 del TRLS/1992 (§2).
V. Jurisprudencia en arts. 16 y concordantes del TRLS/1976 (§3).

Sección 2ª De las determinaciones

Artículo 72.

1. Los Programas de Actuación Urbanística contendrán las siguientes determinaciones:

a) Desarrollo de los sistemas de la estructura general de la ordenación urbanística del territorio.

b) Señalamiento de usos y niveles de intensidad, con expresión del aprovechamiento medio en todo su ámbito.

c) Trazado de las redes fundamentales de abastecimiento de agua, alcantarillado, teléfonos, energía eléctrica, comunicaciones y demás servicios que se prevean.

d) División del territorio en sectores para el desarrollo en etapas.

2. El aprovechamiento medio se referirá exclusivamente al ámbito territorial comprendido en cada Programa de Actuación Urbanística, con independencia del fijado para el suelo urbanizable programado y del que se establezca en otros Programas. Si el Programa comprendiese varios sectores de usos diferentes o de distinto nivel de intensidad dentro de un mismo uso, habrá de determinarse el aprovechamiento medio de cada sector y, en general, de todo el Programa en la forma establecida en el artículo 31.

3. El desarrollo de los sistemas generales y el trazado de las redes fundamentales de los servicios habrán de incluir las necesarias conexiones con los sistemas y redes existentes o previstos en el resto del suelo.

4. El Programa de Actuación Urbanística fijará las etapas en que hayan de ejecutarse sus previsiones, señalando los terrenos que hayan de urbanizarse mediante Planes Parciales o, en su caso, mediante Planes Especiales para la realización de las obras de infraestructura de los sistemas generales. Si el programa se formulase como consecuencia de concurso, habrá de recoger las especificaciones de este orden que figuren en las bases del mismo.

⇒ V. art. 82 del TRLS/1992 (§2).
V. Jurisprudencia en arts. 16 y concordantes del TRLS/1976 (§3).

Artículo 73.

1. Los Planes Parciales que desarrollen los Programas de Actuación Urbanística contendrán las determinaciones señaladas en el artículo 45 del presente Reglamento.

2. Los Proyectos de Urbanización contendrán las determinaciones propias de estos instrumentos especificadas en el Capítulo VII del presente Reglamento.

3. En las promociones privadas se incluirán, además los programas de edificación, de manera que coincidan con las etapas previstas en el Programa de Actuación Urbanística y en los Planes Parciales.

⇒ V. Jurisprudencia en arts. 13 y concordantes del TRLS/1976 (§3).

Sección 3ª De la documentación

Artículo 74.

1. Los Programas de Actuación Urbanística contendrán los siguientes documentos:

a) Memoria que refleje la información urbanística utilizada, y en la que habrán de exponerse las razones que hayan aconsejado la formulación del Programa de Actuación Urbanística, la relación de las previsiones del Programa con las del Plan General Municipal y la justificación de las determinaciones que en aquél se contienen.

La Memoria se acompañará de los anexos necesarios que avalen sus aspectos esenciales y específicamente los que se refieran a las obligaciones a asumir por los adjudicatarios y a cuantas precisiones se deriven de la aplicación del artículo 146 y concordantes de la Ley del Suelo.

b) Planos de información urbanística correspondientes a los terrenos objeto de actuación, redactados a escala que permita localizar con precisión el territorio dentro del Plan General, reflejando la situación del mismo en orden a sus características naturales y usos del suelo, con especial mención de los aprovechamientos agrícolas, forestales, ganaderos, cinegéticos, extractivos y otros, así como la infraestructura y servicios existentes, con indicación de su estado, capacidad y grado de utilización. Asimismo recogerán, en su caso, el suelo ocupado por la edificación.

c) Planos de ordenación, que estarán constituidos por:

Plano de situación en relación con el Plan General.

Planos a escala mínima 1:5.000, referidos a los extremos señalados en el artículo 72 del presente Reglamento.

Plano de relación de la ordenación propuesta con las previsiones del Plan General, señalando la conexión con los sistemas generales de éste, a escala adecuada.

d) Normas urbanísticas para el desarrollo en Planes Parciales cuyo contenido se ajustará a lo señalado en el artículo 40.3 para el suelo urbanizable programado.

e) Plan de etapas.

f) Estudio económico-financiero que justifique la viabilidad del Programa de Actuación Urbanística en función de los recursos de financiación del adjudicatario o del órgano urbanístico actuante.

Este estudio económico-financiero contendrá, además:

La evaluación económica de la ejecución de las obras de urbanización correspondientes a la estructura general y orgánica del territorio.

La determinación del carácter público o privado de las inversiones a realizar para la ejecución de las previsiones del Programa de Actuación Urbanística, con suficiente especificación de las obras y servicios que se atribuyen al sector público y privado e indicación en el primer caso de los Organismos o Entidades públicas que asumen el importe de la inversión.

2. Cada uno de los documentos contenidos en el Programa establecerá la referencia correspondiente al Avance de Planeamiento en el supuesto de que se haya adjudicado mediante el concurso previsto en los artículos 146 y siguientes de la Ley del Suelo.

⇒ V. art. 82 del TRLS/1992 (§2).
V. Jurisprudencia en arts. 16 y concordantes del TRLS/1976 (§3).

Artículo 75.

Los Avances de Planeamiento previstos en el artículo 147.2 de la Ley del Suelo contendrán la documentación exigida por las bases del concurso y, como mínimo, la siguiente:

a) Memoria justificativa y descriptiva de la ordenación que se proponga y de las etapas de su desarrollo.

b) Planos de información urbanística correspondientes a los terrenos objeto del concurso, redactados a escala adecuada que permita localizar con precisión el territorio dentro del ámbito del Plan General, reflejando la situación del mismo en orden a sus características naturales, usos del suelo, infraestructuras, servicios y edificación existente.

c) Plano de avance de ordenación, a escala adecuada, con expresión de los sistemas generales definidos en el artículo 19.1 b) y asignación de usos globales del suelo y de sus intensidades, a cuyo efecto se tendrá en cuenta lo establecido en el artículo 17 de este Reglamento.

⇒ V. art. 178.2 del TRLS/1992 (§2).
V. Jurisprudencia en arts. 147 y concordantes del TRLS/1976 (§3).

CAPÍTULO IX
De los Planes Especiales

Sección 1ª Disposiciones generales

Artículo 76.

1. En desarrollo de las previsiones contenidas en los Planes Directores Territoriales de Coordinación, y sin necesidad de previa aprobación de Plan

General de Ordenación, podrán formularse y aprobarse Planes Especiales con las siguientes finalidades:

a) Desarrollo de las infraestructuras básicas relativas a las comunicaciones terrestres, marítimas y aéreas, al abastecimiento de aguas, saneamiento, suministro de energía y otras análogas.

b) Protección del paisaje, de las vías de comunicación, del suelo, del medio urbano, rural y natural, para su conservación y mejora en determinados lugares.

c) Cualesquiera otras finalidades análogas.

2. En desarrollo de las previsiones contenidas en los Planes Generales Municipales de Ordenación y de las Normas Complementarias y Subsidiarias del Planeamiento, podrán asimismo formularse Planes Especiales, sin necesidad de previa aprobación del Plan Parcial, con las siguientes finalidades:

a) Desarrollo del sistema general de comunicación y sus zonas de protección, del sistema de espacios libres destinados a parques públicos y zonas verdes y del sistema de equipamiento comunitario para centros y servicios públicos y sociales a nivel de Plan General.

b) Protección de los elementos a que se alude en el párrafo b) del apartado anterior.

c) Reforma interior en suelo urbano.

d) Ordenación de recintos y conjuntos arquitectónicos, históricos y artísticos.

e) Saneamiento de poblaciones.

f) Mejora de los medios urbano, rural y natural.

g) Cualesquiera otras finalidades análogas.

3. En ausencia del Plan Director Territorial de Coordinación o de Plan General o cuando éstos no contuviesen las previsiones detalladas oportunas, y en áreas que constituyan una unidad que así lo recomiende, podrán redactarse Planes Especiales que permitan adoptar medidas de protección en su ámbito con las siguientes finalidades:

a) Establecimiento y coordinación de las infraestructuras básicas relativas al sistema de comunicaciones, al equipamiento comunitario y centros públicos de notorio interés general, al abastecimiento de agua y saneamiento y a las instalaciones y redes necesarias para suministro de energía siempre que estas determinaciones no exijan la previa definición de un modelo territorial.

b) Protección, catalogación, conservación y mejora de los espacios naturales, del paisaje y del medio físico y rural y de sus vías de comunicación.

4. Los Planes Especiales a que se refiere el número anterior contendrán una justificación de las bases que hubieran servido para el establecimiento de las infraestructuras o de las medidas de protección, expresarán los efectos que su implantación producirá en la ordenación integral del territorio, y defi-

nirán las limitaciones que en cuanto al uso del suelo afectado hayan de adoptarse.

5. Los Planes Especiales mencionados en los dos números anteriores deberán incluir entre sus determinaciones, además de las medidas de protección propias de su objeto, aquellas otras que se consideren precisas de conformidad con los artículos 18 al 22 de la Ley del Suelo.

6. En ningún caso los Planes Especiales podrán sustituir a los Planes Directores Territoriales de Coordinación, a los Planes Generales Municipales ni a las Normas Complementarias y Subsidiarias del Planeamiento, en su función de instrumentos de ordenación integral del territorio, por lo que no podrán clasificar suelo, sin perjuicio de las limitaciones de uso que puedan establecerse.

⇒ V. arts. 84 a 90 del TRLS/1992 (§2).
V. Jurisprudencia en arts. 17 y concordantes del TRLS/1976 (§3).

Sección 2ª De las determinaciones y documentos

Artículo 77.

1. Los Planes Especiales contendrán las determinaciones necesarias para el desarrollo del Plan Director Territorial de Coordinación, del Plan General de Ordenación o de las Normas Complementarias y Subsidiarias.

En los supuestos del número 3 del artículo anterior, los Planes Especiales deberán contener las determinaciones propias de su naturaleza y finalidad, debidamente justificadas y desarrolladas.

2. Las determinaciones a que se refiere el número anterior se concretarán en los documentos siguientes:

a) Memoria descriptiva y justificativa de la conveniencia y oportunidad del Plan Especial de que se trate.

b) Estudios complementarios.

c) Planos de información y de ordenación a escala adecuada.

d) Ordenanzas cuando se trate de Planes Especiales de reforma interior o de ordenación de recintos y conjuntos históricos y artísticos.

e) Normas de protección cuando se trate de Planes Especiales de esta naturaleza.

f) Normas mínimas a las que hayan de ajustarse los proyectos técnicos cuando se trate de desarrollar obras de infraestructura y de saneamiento.

g) Estudio económico-financiero.

3. El contenido de la documentación de los Planes Especiales tendrá el grado de precisión adecuado a sus fines, y aquélla será igual a la de los Planes Parciales cuando sean de reforma interior, salvo que alguno de los documentos de éste sea innecesario por no guardar relación con la reforma.

⇒ V. arts. 84 a 90 del TRLS/1992 (§2).
V. Jurisprudencia en arts. 17 y concordantes del TRLS/1976 (§3).

Sección 3ª De las particularidades de los Planes Especiales de protección

Artículo 78.

1. Los Planes Especiales de protección para la conservación y valoración del patrimonio histórico y artístico de la nación y bellezas naturales se referirán, entre otros, a los siguientes aspectos:

a) Elementos naturales y urbanos cuyo conjunto contribuye a caracterizar el panorama.

b) Plazas, calles y edificios de interés.

c) Jardines de carácter histórico-artístico o botánico.

d) Realce de construcciones significativas.

e) Composición y detalle de los edificios situados en emplazamientos que deban ser objeto de medidas especiales de protección.

f) Uso y destino de edificaciones antiguas y modernas.

2. Las Normas Urbanísticas que contengan los Planes Especiales a que se refiere el número anterior habrán de tener en cuenta lo dispuesto en el artículo 73 de la Ley del Suelo, en cuanto a adaptación de las construcciones al ambiente en que estuvieran situadas.

3. Con los fines, carácter, efectos y tramitación de los Planes Especiales de este artículo, podrán dictarse normas especiales para la catalogación, conservación, restauración y mejora de los edificios o conjuntos urbanos y de los elementos o espacios naturales, con expresión de las limitaciones de usos o instalaciones incompatibles con su carácter.

4. En la tramitación de dichos Planes y Normas Especiales se requerirá el informe de la Dirección General del Patrimonio Artístico, Archivos y Museos, que se entenderá evacuado favorablemente transcurrido un mes desde que fuera requerido.

⇒ V. arts. 86 y 88 del TRLS/1992 (§2).
V. Jurisprudencia en arts. 18 y concordantes del TRLS/1976 (§3).

Artículo 79.

1. Los Planes Especiales para la protección del paisaje y conservación de determinados lugares o perspectivas del territorio nacional se referirán, entre otros, a los siguientes aspectos:

a) Bellezas naturales en su complejo panorámico o en perspectivas que convinieren al fomento del turismo.

b) Predios rústicos de pintoresca situación, amenidad, singularidad topográfica o recuerdo histórico.

c) Edificios aislados que se distinguen por su emplazamiento o belleza arquitectónica y parques y jardines destacados por la hermosura, disposición artística, trascendencia histórica o importancia de las especies botánicas que en ellos existan.

d) Perímetros edificados que formen un conjunto de valores tradicionales o estéticos.

2. Los Planes Especiales a que se refiere el número anterior requerirán el informe preceptivo del órgano u Organismo competente del Ministerio de Agricultura, a los efectos de determinar su adecuación a los regímenes de protección previstos en la Ley de Espacios Naturales Protegidos de 2 de mayo de 1975. Dicho informe se entenderá evacuado favorablemente transcurrido un mes desde que fuera requerido.

⇒ V. art. 86 del TRLS/1992 (§2).

V. Jurisprudencia en arts. 19 y concordantes del TRLS/1976 (§3).

Artículo 80.

1. Los Planes Especiales para la protección en el orden urbanístico de las vías de comunicación, en relación con la restricción de destino y usos de los terrenos marginales, podrán contemplar los siguientes aspectos:

a) División de los terrenos en zonas de utilización, edificación, vegetación y panorámicas.

b) Prohibición o limitación de acuerdo con la legislación vigente del acceso directo a las fincas desde la carretera.

c) Señalamiento de las distancias mínimas para la desembocadura de otras vías.

d) Disposición del retranqueo de las edificaciones como previsión de futuras ampliaciones y del establecimiento de calzadas de servicio.

e) Ordenación de los estacionamientos y de los lugares de aprovisionamiento y descanso.

f) Mantenimiento y mejora de la estética de las vías y zonas adyacentes.

2. Sin perjuicio del cumplimiento de las limitaciones contenidas en las leyes especiales por razón de la materia, los Planes Especiales de protección de las vías de comunicación a que se refiere el número anterior podrán concretar los aprovechamientos urbanísticos que se deduzcan de los Planes Generales y, en su caso, de las Normas Complementarias y Subsidiarias del Planeamiento. Podrán asimismo desarrollar las limitaciones complementarias que en dichos Planes y Normas puedan establecerse.

⇒ V. art. 87 del TRLS/1992 (§2).

V. Jurisprudencia en arts. 20 y concordantes del TRLS/1976 (§3).

Artículo 81.

El planeamiento urbanístico especial para la protección de huertos, cultivos y espacios forestales deberá acomodarse a las Normas que contengan los Planes del Ministerio de Agricultura, sin perjuicio de las limitaciones que en cuanto al aprovechamiento urbanístico establezca el propio Plan Especial, con objeto de proteger sus valores naturales e impedir su desaparición o alteración.

⇒ V. art. 88 del TRLS/1992 (§2).
V. Jurisprudencia en arts. 21 y concordantes del TRLS/1976 (§3).

Artículo 82.

1. Los Planes Especiales para la mejora del medio urbano o rural y de los suburbios de las ciudades podrán contener las siguientes determinaciones:

a) Normas necesarias para mantener el estado de las edificaciones en sus aspectos de composición y conservación, a fin de salvaguardar, si procede, el ambiente existente.

b) Normas necesarias para modificar, si procede, el aspecto exterior de las edificaciones, su carácter arquitectónico y su estado de conservación, a fin de mejorar las características ambientales.

c) Prescripciones precisas para ordenar los espacios verdes previstos en el planeamiento o para mejorar la configuración de parques, jardines, arbolado y elementos vegetales existentes en los espacios libres.

d) Prohibiciones de construcción o de usos perjudiciales cuando no se hubieren establecido en el Plan General o cuando éste no exista.

e) Normas precisas para armonizar en altura y alineaciones las edificaciones existentes.

2. Estos Planes Especiales no podrán alterar las Normas que sobre volumen y uso del suelo establezcan los Planes de jerarquía superior, y sólo podrán precisar sus determinaciones cuando sea necesario.

⇒ V. art. 89 del TRLS/1992 (§2).
V. arts. 22 y concordantes del TRLS/1976 (§3).

Sección 4ª De las particularidades de los Planes Especiales de reforma interior y de saneamiento

Artículo 83.

1. Los Planes Especiales de reforma interior en suelo urbano podrán tener por objeto las siguientes finalidades:

a) Llevar a cabo actuaciones aisladas que, conservando la estructura de la ordenación anterior, se encaminen a la descongestión del suelo urbano, creación de dotaciones urbanísticas y equipamiento comunitario, saneamiento de barrios insalubres, resolución de problemas de circulación o de estética y mejora del medio ambiente o de los servicios públicos u otros fines análogos.

b) Con los fines señalados en el párrafo anterior podrán realizar asimismo operaciones integradas de reforma interior.

2. Si las operaciones de reforma a las que se refieren los apartados a) y b) de este artículo estuvieran previstas en el Plan General, habrán de ajustarse a sus determinaciones.

3. Cuando se trate de operaciones de reforma interior no previstas en el

Plan General, el Plan Especial no podrá modificar la estructura fundamental de aquél, lo que se acreditará con un estudio justificativo en el que se demostrará su necesidad o conveniencia, su coherencia con el Plan General y la incidencia sobre el mismo.

4. Los Planes Especiales de reforma interior deberán contener un estudio completo de las consecuencias sociales y económicas de su ejecución, justificando la existencia de medios necesarios para llevarla a efecto y la adopción de las medidas precisas que garanticen la defensa de los intereses de la población afectada.

⇒ V. art. 85 del TRLS/1992 (§2).
V. Jurisprudencia en arts. 23, 24 y concordantes del TRLS/1976 (§3).

Artículo 84.

1. Los Planes Especiales de reforma interior, a que se refiere el número 1 a) del artículo precedente, se elaborarán con el grado de precisión correspondiente a los Planes Parciales en lo que se refiere a las actividades y determinaciones que constituyen sus fines; incorporarán la previsión de obras a realizar; determinarán igualmente el sistema de actuación aplicable cuando la naturaleza de aquellas obras requiera su ejecución a través de alguno de los sistemas previstos en la Ley, delimitándose en tal caso la unidad de actuación.

2. Si el Plan Especial se limitase a una actuación aislada que no exigiese la delimitación de una unidad de actuación, se preverá, de acuerdo con lo dispuesto en el artículo 134.2 de la Ley del Suelo, la expropiación forzosa de los terrenos que sean necesarios.

3. Los criterios contenidos en el presente artículo serán de aplicación a los Planes especiales de saneamiento a que se refiere el artículo 24 de la Ley del Suelo.

⇒ V. art. 85 del TRLS/1992 (§2).
V. Jurisprudencia en arts. 23, 24 y concordantes del TRLS/1976 (§3).

Artículo 85.

1. Los Planes Especiales de reforma interior, a que se refiere el número 1 del artículo 83 de este Reglamento, contendrán aquellas determinaciones y documentos de los Planes Parciales que sean adecuados a los fines que persigan, a las características de las operaciones previstas y a los usos que se asignen al suelo y, como mínimo, los previstos en el artículo 45 de este Reglamento, salvo que alguno de ellos fuera innecesario por no guardar relación con la reforma. También expresarán el resultado del trámite de participación pública en el proceso de elaboración del Plan.

2. Además, dichos Planes Especiales delimitarán los polígonos o unidades de actuación correspondientes, pudiendo determinar el sistema o sistemas de actuación aplicables a cada uno de ellos.

⇒ V. art. 85 del TRLS/1992 (§2).
V. Jurisprudencia en arts. 23, 53 y concordantes del TRLS/1976 (§3).

Sección 5ª De los Catálogos

Artículo 86.

1. Los Catálogos son documentos complementarios de las determinaciones de los Planes Especiales, en los que se contendrán relaciones de los monumentos, jardines, parques naturales o paisajes que, por sus singulares valores o características, hayan de ser objeto de una especial protección.

2. Sin perjuicio de las medidas de protección que los Planes Generales o Normas Subsidiarias establezcan, se podrán incluir en Catálogos relaciones de bienes concretos que, situados, en cualquier tipo de suelo, deban ser objeto de conservación o mejora.

3. La aprobación de Catálogos complementarios de las determinaciones de Planes Especiales o, en su caso, de los Planes Generales o Normas Subsidiarias se efectuará simultáneamente con la de éstos.

⇒ V. art. 93 del TRLS/1992 (§2).
V. arts. 25, 42 y concordantes del TRLS/1976 (§3).

Artículo 87.

1. En cada Comisión Provincial de Urbanismo se llevará un registro público de carácter administrativo en el que se inscribirán todos los bienes incluidos en los catálogos de los Planes vigentes en la provincia. La inscripción se efectuará de oficio una vez aprobados definitivamente los distintos Planes.

2. Las Comisiones anotarán con carácter preventivo los bienes catalogables que sean objeto de protección por los Planes en tramitación, desde el momento de la aprobación inicial de éstos, y aquellos otros que sean objeto de las declaraciones reguladas por la legislación del patrimonio histórico-artístico y de espacios naturales protegidos, desde la incoación de los respectivos expedientes.

3. Asimismo, las Comisiones Provinciales pueden anotar preventivamente, previo informe favorable de los servicios pertinentes de los Ministerios de Agricultura o de Cultura competentes por razón de la materia, aquellos bienes catalogables que, no estando declarados o protegidos, se encuentren en alguno de los supuestos contemplados en los artículos 18, 19 y 21 a 23 de la Ley del Suelo. Estas anotaciones se promoverán de oficio por las propias Comisiones Provinciales de Urbanismo, o a propuesta de las Corporaciones Locales o Entidades públicas o privadas interesadas, o de particulares. La anotación caducará transcurrido un año sin que se hubiese incoado el procedimiento para formación de un Plan Especial, en el que se recojan las oportunas medidas de protección o para modificar, con ese mismo objeto, el planeamiento existente.

⇒ V. Jurisprudencia en arts. 25 y concordantes del TRLS/1976 (§3).

TÍTULO II
DE LAS NORMAS COMPLEMENTARIAS Y SUBSIDIARIAS DEL PLANEAMIENTO

CAPÍTULO I
Disposiciones generales

Artículo 88.

1. Dentro de los límites señalados por la Ley sobre Régimen del Suelo y Ordenación Urbana para los Planes de Ordenación, se podrán redactar Normas Complementarias y Subsidiarias del Planeamiento, que tendrán el rango jerárquico de los que complementen o suplan.

2. Las Normas Complementarias de los Planes Generales tendrán por objeto regular aspectos no previstos o insuficientes desarrollados por aquéllos. Sus determinaciones guardarán la debida coherencia con las propias de los Planes que complementen, y en ningún caso podrán modificarlas.

3. Las Normas Subsidiarias de Planeamiento se redactarán con alguna de las finalidades siguientes:

a) Establecer para la totalidad de una provincia o parte de ella la normativa de carácter general sobre protección y aprovechamiento del suelo, urbanización y edificación aplicable a los Municipios que carezcan de Plan General o de Normas Subsidiarias de carácter municipal.

b) Definir para los Municipios que carezcan de Plan General la ordenación urbanística concreta de su territorio.

4. El contenido de las Normas Complementarias y Subsidiarias deberán ajustarse a las determinaciones y directrices establecidas en los Planes Directores Territoriales de Coordinación, si los hubiere.

5. En ningún caso las Normas Complementarias y Subsidiarias podrán ser aprobadas para desarrollar un Plan General con la finalidad de sustituir un Plan Parcial o un Programa de Actuación Urbanística.

⇒ V. arts. 73 y ss. del TRLS/1992 (§2).
V. Jurisprudencia en arts. 70 y concordantes del TRLS/1976 (§3).

CAPÍTULO II
De las determinaciones

Sección 1ª De las Normas Complementarias de Planeamiento

Artículo 89.

1. Las Normas Complementarias de Planeamiento contendrán las siguientes determinaciones:

a) Fines y objetivos de su promulgación, expresando su carácter complementario de los Planes Generales, así como su conveniencia y oportunidad.

b) Determinación del ámbito en que sean de aplicación estas Normas.

c) Relaciones e incidencias con el Plan General.

d) Disposiciones que complementen las determinaciones referentes a la edificación, a las obras de urbanización, o que suplan eventuales deficiencias de la ordenación.

e) Previsiones para edificios o servicios públicos y otros fines de interés general o comunitario en suelo insuficientemente dotado.

2. Las Normas Complementarias no podrán en ningún caso modificar la calificación del suelo ni alterar las determinaciones del Plan General que complementen.

⇒ V. arts. 74 y concordantes del TRLS/1992 (§2).

V. Jurisprudencia en arts. 71 y concordantes del TRLS/1976 (§3).

Sección 2ª De las Normas Subsidiarias de Planeamiento Municipal con ámbito provincial

Artículo 90.

Las Normas Subsidiarias de Planeamiento Municipal con ámbito provincial contendrán las siguientes determinaciones:

a) Fines y objetivos de su promulgación, señalando explícitamente su conveniencia y oportunidad, así como su carácter de normativa general, que servirá de orientación para la redacción de Normas Subsidiarias Municipales.

b) Indicación de los términos municipales que constituyan su ámbito de aplicación, con señalamiento en cada uno de ellos de las agrupaciones de población ya existentes, que deban considerarse como núcleos urbanos, a efectos de la ulterior delimitación de su suelo urbano con arreglo al criterio del art. 81.2 de la Ley del Suelo. En los Municipios que cuenten como único instrumento de planeamiento con la delimitación del suelo urbano y no tengan Ordenanzas de Edificación y Uso del Suelo, serán de aplicación las Normas Subsidiarias de carácter provincial.

c) Definición, a efectos de lo dispuesto en los artículos 81 y 86 de la Ley del Suelo, del concepto de núcleos de población, en base a las características de la provincia, definiendo las condiciones objetivas que den lugar a la posibilidad de su formación.

d) Establecimiento de los criterios que permitan a los Ayuntamientos la delimitación de su suelo urbano en función de las circunstancias de la población, edificación y servicios existentes.

e) Normas urbanísticas de carácter general, con señalamiento de las condiciones de volumen, higiénico-sanitarias y estéticas de la edificación y características de las obras de urbanización que hayan de ejecutarse en los términos municipales incluidos en su ámbito de aplicación.

f) Previsiones mínimas para centros y servicios de interés público y social que habrán de tenerse en cuenta en las Normas Subsidiarias municipales.

✐ Letra derogada por RD 304/1993, de 26 febrero, que aprobó la Tabla de Vigencias.

⇒ V. art. 76 del TRLS/1992 (§2).
V. Jurisprudencia en arts. 71 y concordantes del TRLS/1976 (§3).

Sección 3ª De las Normas Subsidiarias Municipales

Artículo 91.

Las Normas Subsidiarias de Planeamiento de ámbito municipal tendrán por objeto:

a) Clasificar el suelo en urbano y no urbanizable, delimitando y ordenando el primero y estableciendo, en su caso, normas de protección para el segundo, o

b) Clasificar el suelo en urbano, urbanizable y no urbanizable, delimitando el ámbito territorial de cada uno de los distintos tipos de suelo, estableciendo la ordenación del suelo urbano y de las áreas aptas para la urbanización que integran el suelo urbanizable y, en su caso, fijando las normas de protección del suelo no urbanizable.

⇒ V. art. 78 del TRLS/1992 (§2).
V. Jurisprudencia en arts. 71 y concordantes del TRLS/1976 (§3).

Artículo 92.

Las Normas Subsidiarias de Planeamiento de ámbito municipal que se limiten a las finalidades establecidas en el apartado a) del artículo anterior contendrán las siguientes determinaciones:

a) Fines y objetivos de su promulgación, con indicación de su conveniencia y oportunidad, así como del carácter subsidiario del planeamiento general al que suplen y señalamiento del período de vigencia previsto cuando se hubiese determinado su sustitución por un Plan General.

b) Delimitación del suelo urbano con los criterios del artículo 81 de la Ley del Suelo, considerando el resto del suelo no urbanizable.

c) Definición, a efectos de lo dispuesto en los artículos 81 y 86 de la Ley del Suelo, del concepto de núcleo de población en base a las características propias de Municipio, estableciendo en cada caso las condiciones objetivas que den lugar a su formación de acuerdo con las determinaciones correspondientes de las Normas Subsidiarias de Planeamiento General con ámbito provincial.

d) Asignación de usos pormenorizados para el suelo urbano.

e) Normas urbanísticas con el grado de desarrollo propio de las previstas en el apartado 2 del artículo 40 de este Reglamento.

f) Trazado y características de la red viaria, con determinación de alineaciones, definiéndose geométricamente su trazado en planta y de rasantes referido a la totalidad o parte del suelo urbano.

g) Previsiones mínimas para centros y servicios de interés público y social para el suelo urbano.

✐ Letra derogada por RD 304/1993, de 26 febrero, que aprobó la Tabla de Vigencias.

h) Señalamiento y delimitación de las zonas objeto de protección especial en el suelo no urbanizable y normas mínimas de defensa frente a la urbanización y la edificación en esas zonas.

⇒ V. art. 78 del TRLS/1992 (§2).
V. Jurisprudencia en arts. 71 y concordantes del TRLS/1976 (§3).

Artículo 93.

1. Las Normas Subsidiarias de ámbito municipal, cuyo objeto sea el señalado en el apartado b) del artículo 91, contendrán las siguientes determinaciones:

a) Fines y objetivos de su promulgación, con indicación de su conveniencia y oportunidad, así como del carácter subsidiario del planeamiento general al que suplen y señalamiento del período de vigencia previsto cuando se hubiese determinado su sustitución por un Plan General.

b) Delimitación de los terrenos comprendidos en el suelo urbano, en las áreas aptas para la urbanización y en el suelo no urbanizable.

La delimitación del suelo urbano se practicará de acuerdo con los criterios establecidos en el artículo 78 de la Ley del Suelo.

c) Definición del concepto de núcleo de población con base en las características propias del Municipio, estableciendo las condiciones objetivas que den lugar a su formación, a efectos de las posibilidades de edificar en el suelo no urbanizable y en las áreas aptas para la urbanización, en tanto no sean aprobados los correspondientes Planes Parciales para estas últimas.

d) Asignación de usos pormenorizados para el suelo urbano y de usos globales para las áreas aptas para la urbanización, con expresión en ambos casos de su nivel de intensidad, delimitando los sectores o fijando los criterios para su delimitación por los Planes Parciales.

e) Normas urbanísticas que tendrán, en el suelo urbano, el grado de desarrollo propio de las previstas en el apartado 2 del artículo 40 de este Reglamento, y el carácter y el grado de precisión propio de las normas contempladas en el apartado 3 del mismo artículo cuando se refieran a zonas aptas para la urbanización.

f) Esquema indicativo de la infraestructura, equipamiento y servicios urbanos para la totalidad del territorio, calculado para el límite de saturación de las áreas aptas para la urbanización y previsiones mínimas para centros y servicios de interés público y social para suelo urbano. El esquema de infraestructura y servicios se referirá a los sistemas generales de comunicaciones, espacios libres y áreas verdes y equipamiento comunitario.

✐ Letra derogada por RD 304/1993, de 26 febrero, que aprobó la Tabla de Vigencias.

g) Trazado y características de la red viaria del suelo urbano, con determinación de alineaciones, definiéndose geométricamente su trazado en planta y de rasantes, referido a la totalidad o parte de este suelo.

h) Señalamiento y delimitación de las zonas objeto de protección especial en el suelo no urbanizable y normas mínimas de defensa frente a la urbanización y la edificación en esas zonas.

2. Para la delimitación del suelo urbano y de las áreas aptas para la urbanización se deberá prever la proyección, dimensiones y características del desarrollo previsible.

⇒ V. art. 78 del TRLS/1992 (§2).
V. arts. 71 y concordantes del TRLS/1976 (§3).

Artículo 94.

1. El desarrollo de las determinaciones previstas en las Normas para el suelo urbano se realizará a través de Planes Especiales y de Estudios de Detalle.

2. Las determinaciones establecidas en las áreas aptas para la urbanización se desarrollarán a través de los correspondientes Planes Parciales.

⇒ V. arts. 84 y 91 del TRLS/1992 (§2).
V. arts. 14, 17 a 25 y concordantes del TRLS/1976 (§3).

CAPÍTULO III
De la documentación

Artículo 95.

Las Normas Complementarias se expresarán en los siguientes documentos:

1. Memoria justificativa de sus fines y objetivos.

2. Planos de información y de ordenación, si fueren requeridos por el contenido de las Normas, con el grado de precisión y escala adecuados al Plan General que complementen.

3. Reglamentación o definición, según los casos, de los extremos que constituyan el objeto de las Normas.

4. Los demás documentos que requieran sus específicos objetivos.

⇒ V. art. 80 del TRLS/1992 (§2).
V. Jurisprudencia en arts. 71 y concordantes del TRLS/1976 (§3).

Artículo 96.

Las Normas Subsidiarias de Planeamiento Municipal con ámbito provincial podrán contener los siguientes documentos, según los casos:

1. Memoria justificativa de sus fines y objetivos, así como de su conveniencia y oportunidad, expresiva del resultado del trámite de participación pública en el proceso de elaboración de las Normas.

2. Planos de información que expresen los territorios y núcleos urbanos que constituyen su ámbito de aplicación a escala adecuada.

3. Ordenanzas de edificación para el suelo urbano.

4. Normas de protección para el suelo no urbanizable.

5. Cualquier otro documento que se estime procedente para el cumplimiento de las determinaciones de las propias Normas.

⇒ V. arts. 76 y 80 del TRLS/1992 (§2).
V. Jurisprudencia en arts. 71 y concordantes del TRLS/1976 (§3).

Artículo 97.

Las Normas Subsidiarias de ámbito municipal contendrán los siguientes documentos:

1. Memoria justificativa de sus fines y objetivos, así como de su conveniencia y oportunidad, y de todas y cada una de sus determinaciones, con expresión del resultado del trámite de participación pública en el proceso de elaboración de las Normas.

2. Planos de información de la totalidad de su ámbito territorial a escala adecuada.

3. Planos de ordenación que expresen, según los distintos supuestos, las determinaciones a que se refieren los apartados b), d), f), g) y h) del artículo 92 y b), d), f), g) y h) del artículo 93.

4. Normas urbanísticas mínimas de la ordenación que establezcan la regulación de las condiciones de planeamiento, urbanización y edificación.

⇒ V. arts. 77 y 80 del TRLS/1992 (§2).
V. Jurisprudencia en arts. 71 y concordantes del TRLS/1976 (§3).

CAPÍTULO IV
De las Normas de aplicación directa

Artículo 98.

1. Solamente podrán levantarse construcciones en lugares próximos a las vías de comunicación de acuerdo con lo que, además de lo especificado en la Ley del Suelo, establezca la legislación específica aplicable.

2. Las construcciones habrán de adaptarse, en lo básico, al ambiente en que estuvieran situadas, y a tal efecto:

a) Las construcciones en lugares inmediatos o que formen parte de un grupo de edificios de carácter artístico, histórico, arqueológico, típico o tradicional, habrán de armonizar con el mismo o cuando, sin existir conjunto de edificios, hubiera alguno de gran importancia o calidad de los caracteres indicados.

b) En los lugares de paisaje abierto natural, sea rural o marítimo, o en las perspectivas que ofrezcan los conjuntos urbanos de características histórico-artísticas, típicos o tradicionales y en las inmediaciones de las carreteras y caminos de trayecto pintoresco, no se permitirá que la situación, masa, altura de los edificios, muros y cierres, o la instalación de otros elementos limite el campo visual para contemplar las bellezas naturales, rompa o desfigure la armonía del paisaje o la perspectiva propia del mismo.

3. Las limitaciones a que se refieren los dos números anteriores tendrán aplicación en todo caso, existan o no aprobados Planes de Ordenación o Normas Complementarias y Subsidiarias de Planeamiento.

⇒ V. art. 138 del TRLS/1992 (§2).

V. arts. 36 a 41 de la Ley 25/1988, de 29 julio, General de Carreteras.

V. la Ley 16/1985, de 25 junio, del Patrimonio Histórico Español.

V. Jurisprudencia en arts. 72, 73 y concordantes del TRLS/1976 (§3).

Artículo 99.

1. A los efectos del cómputo de las tres plantas a que se refiere el artículo 74 de la Ley del Suelo, se incluirá en todo caso la planta baja, de modo que, contada ésta, la construcción que se autorice en los supuestos previstos de dicho precepto no podrá exceder de las tres plantas en todas y cada una de las rasantes del terreno en contacto con la edificación.

Del mismo modo, se incluirán en dicho cómputo las plantas retranqueadas, los áticos y los semisótanos que sobresalgan más de un metro en cualquiera de las rasantes del terreno en contacto con la edificación.

2. A efectos de la determinación de la altura a que hace referencia el párrafo 2º del artículo 74 de la Ley del Suelo, se considerará como altura media de los edificios ya construidos en cada tramo de fachada comprendida entre dos calles adyacentes o paralelas consecutivas, al cociente de dividir la suma de los productos del número de plantas de cada edificio por su longitud de fachada entre la longitud total de fachada de los edificios construidos en el tramo considerado.

Del número de plantas que así resulte se despreciará la fracción decimal igual o inferior a cinco décimas. Si la fracción decimal fuere superior a cinco décimas, el número de plantas se incrementará en una unidad.

⇒ V. art. 139 del TRLS/1992 (§2).

V. Jurisprudencia en arts. 74 y concordantes del TRLS/1976 (§3).

Artículo 100.

Lo dispuesto en el artículo 75 de la Ley del Suelo y 47 de este Reglamento será de aplicación a las zonas incluidas en los sectores definidos por los Planes Generales en suelo urbanizable programado y en el no programado, por los Programas de Actuación Urbanística, así como en las zonas declaradas aptas para la urbanización por las Normas Subsidiarias de Planeamiento.

⇒ V. Jurisprudencia en arts. 75 y concordantes del TRLS/1976 (§3).

TÍTULO III
DE LOS PROYECTOS DE DELIMITACIÓN DE SUELO URBANO

Artículo 101.

Los terrenos que se incluyan dentro del perímetro que delimite el suelo urbano, en Municipios que carezcan de Plan General de Ordenación, deberán cumplir, como mínimo, alguna de las siguientes condiciones:

a) Contar con acceso rodado, abastecimiento de agua, evacuación de aguas y suministro de energía eléctrica, debiendo tener estos servicios características adecuadas para servir a la edificación que sobre ellos exista o se haya de construir.

b) Estar ocupados por la edificación, al menos, en la mitad de la superficie que el propio proyecto prevea pueda ser objeto de edificación.

⇒ V. art. 81 del TRLS/1992 (§2).
V. Jurisprudencia en arts. 81 y concordantes del TRLS/1976 (§3).

Artículo 102.

1. El Proyecto de Delimitación de Suelo Urbano deberá contener el señalamiento del perímetro de los terrenos comprendidos en el mismo, considerando el resto como suelo no urbanizable.

2. El Proyecto de Delimitación podrá contener, además, las siguientes determinaciones:

a) Alineaciones del sistema viario existente, completando con las que sean procedentes de las insuficiencias de dicho sistema.

b) Reglamentación de las condiciones de la edificación.

3. Las alineaciones del Proyecto de Delimitación podrán completarse o reajustarse mediante el oportuno estudio de detalle, que en ningún caso podrá alterar las condiciones que para las alturas de las edificaciones establecen los artículos 74 de la Ley del Suelo y 99 de este Reglamento.

⇒ V. art. 81 del TRLS/1992 (§2).
V. Jurisprudencia en arts. 81 y concordantes del TRLS/1976 (§3).

Artículo 103.

1. El Proyecto de Delimitación de Suelo Urbano tendrá en todo caso los siguientes documentos:

a) Memoria justificativa de la delimitación propuesta, en la que se hará referencia a las delimitaciones anteriores, a la situación y estructura urbanística actual y a la edificación existente, así como a los valores estéticos de las edificaciones o conjuntos urbanos que, en su caso, deban ser protegidos.

b) Planos de información, como mínimo, a escala 1:5.000 sobre el topográfico, con curvas de nivel de cinco en cinco metros, reflejando información sobre edificios, dotaciones y redes de servicios públicos existentes.

c) Plano a escala mínima 1:2.000 de la delimitación del suelo urbano, apoyada en puntos perfectamente definidos y relacionados.

2. El Proyecto de Delimitación, cuando desarrolle las determinaciones previstas en el número 2 del artículo anterior, deberá contener, además, los siguientes documentos:

a) Planos a escala 1:2.000 de alineaciones y rasantes del sistema viario.

b) Ordenanzas reguladoras de la edificación, referida a las condiciones higiénico-sanitarias y estéticas de aquélla, sin que en ningún caso puedan alterar las condiciones que para las alturas de las edificaciones establecen los artículos 74 de la Ley del Suelo y 99 de este Reglamento.

TÍTULO IV
DE LA FORMACIÓN Y APROBACIÓN DE LOS PLANES

CAPÍTULO I
Del Plan Nacional de Ordenación

Artículo 104.

*1. Corresponde a la Presidencia del Gobierno, a partir de los estudios preparatorios efectuados por el Ministerio de Obras Públicas y Urbanismo, proponer al Consejo de Ministros e*l Real Decreto de formación del Plan Nacional de Ordenación.

2. La Comisión Central de Urbanismo asistirá de modo permanente al Ministro de Obras Públicas y Urbanismo durante la realización de los estudios preparatorios a que se refiere el número anterior.

✐ Artículo derogado por RD 304/1993, de 26 febrero, que aprobó la Tabla de Vigencias.

Artículo 105.

El Consejo de Ministros determinará en el Real Decreto aprobatorio de la elaboración del Plan Nacional de Ordenación:

a) El Organismo u Organismos públicos que han de intervenir en la redacción del Plan y ejercer las facultades de dirección y control periódico de los trabajos de elaboración; las que se reserva el propio Consejo o se atribuyan al Ministerio de Obras Públicas y Urbanismo y los plazos para la elaboración del Plan.

b) La participación específica que en la elaboración de los trabajos se atribuyen, en su caso, a determinadas Corporaciones Locales.

c) Las bases o normas para la participación de personas o Entidades particulares en la elaboración total o parcial del Plan.

Artículo 106.

Redactado el Plan conforme a las prescripciones contenidas en el Real Decreto a que se refiere el artículo anterior, por el Organismo encargado de su redacción se elevará, a través del Ministerio de Obras Públicas y Urbanismo, previo informe de la Comisión Central de Urbanismo, al Consejo de

Ministros, el cual, si procediera, lo remitirá a las Cortes para su aprobación definitiva.

CAPÍTULO II
De los Planes Directores Territoriales de Coordinación

Artículo 107.

1. Corresponde al Ministro de Obras Públicas y Urbanismo la facultad de proponer al Consejo de Ministros, previo informe de la Comisión Central de Urbanismo, la formulación de los Planes Directores Territoriales de Coordinación.

2. El procedimiento se iniciará por el Ministerio de Obras Públicas y Urbanismo, directamente o a petición de otro Ministerio interesado, o como consecuencia de moción razonada de la Comisión Central de Urbanismo.

La iniciación también se podrá acordar a instancia de las Diputaciones Provinciales y Cabildos Insulares, de otras Entidades Locales afectadas o de una Entidad urbanística especial competente.

✐ Artículo derogado por RD 304/1993, de 26 febrero, que aprobó la Tabla de Vigencias.

Artículo 108.

1. Acordada la iniciación del procedimiento, el Ministerio de Obras Públicas y Urbanismo realizará las actuaciones preparatorias que resulten precisas para determinar los Organismos o Entidades que deban intervenir en la elaboración del Plan, así como lo procedente en cuanto a metodología, ámbito territorial y plazo de redacción.

2. Finalizados los trabajos preparatorios a que se refiere el número anterior, el Ministro de Obras Públicas y Urbanismo, previo informe de la Comisión Central de Urbanismo, elevará al Consejo de Ministros propuesta de Real Decreto, que versará sobre los siguientes extremos:

a) Organismos o Entidades que hayan de elaborar el Plan Director Territorial de Coordinación.

b) Consultas que los mismos han de formular a órganos o Entidades afectados.

c) Ámbito territorial que abarque.

d) Plazo para su elaboración.

3. El acuerdo del Consejo de Ministros determinará, en todo caso, la participación que en la elaboración del Plan habrá de reservarse al Ministerio de Obras públicas y Urbanismo, a la autoridad u Organismo competente en la planificación del desarrollo y a las Corporaciones, Entidades Locales y Entidades urbanísticas especiales competentes afectadas que lo soliciten. Asimismo podrá determinar la participación que específicamente corresponda a los Departamentos ministeriales afectados por razón de su competencia.

4. Las Entidades públicas, los concesionarios de servicios públicos y los particulares facilitarán el Organismo u Organismos encargados de la redacción del Plan la documentación e información que fueren necesarias en los términos previstos en este Reglamento.

✐ Artículo derogado por RD 304/1993, de 26 febrero, que aprobó la Tabla de Vigencias.

Artículo 109.

1. El Ministerio de Obras Públicas y Urbanismo, a través de la Subsecretaría de Ordenación del Territorio y Medio Ambiente, dictará al Organismo redactor cuantas instrucciones resulten precisas, señalándole las tareas complementarias que deba realizar.

2. El Ministerio de Obras Públicas y Urbanismo podrá proponer al Consejo de Ministros la modificación de las directrices de elaboración, a la vista de la alteración de los datos que sirvieron de punto de partida, o la ampliación del plazo para la formulación, si procediere.

3. La propuesta de modificación del acuerdo del Consejo de Ministros será objeto de informe previo por la Comisión Central de Urbanismo.

✐ Artículo derogado por RD 304/1993, de 26 febrero, que aprobó la Tabla de Vigencias.

Artículo 110.

1. El Ministro de Obras Públicas y Urbanismo acordará, en su caso, la aprobación inicial del Plan y lo someterá a información pública, durante el plazo de un mes.

2. El acuerdo de apertura del trámite de información pública será objeto de publicación en el «Boletín Oficial del Estado» y en alguno de los diarios de mayor circulación en el territorio a que se extienda el Plan.

3. La exposición al público implica que el expediente completo estará a disposición de cualquier interesado en su consulta en la Delegación o Delegaciones del Ministerio de Obras Públicas y Urbanismo del territorio que comprende el Plan, sin interrupción durante el plazo de un mes.

4. En el período mencionado, las Entidades públicas y privadas y los particulares podrán presentar las alegaciones que estimen pertinentes sobre el contenido del Plan.

5. El Organismo o Entidad redactor del Plan estudiará las alegaciones presentadas y rendirá informe de las mismas a la Subsecretaría de Ordenación del Territorio y Medio Ambiente, quien las incorporará al expediente y propondrá al Ministro de Obras Públicas y Urbanismo, en su caso, el acuerdo que proceda en relación con los trabajos de formulación del Plan.

✐ Artículo derogado por RD 304/1993, de 26 febrero, que aprobó la Tabla de Vigencias.

Artículo 111.

1. Finalizado el período de información pública, el Ministro de Obras Públicas y Urbanismo dará audiencia del expediente a las Diputaciones Provinciales y a los Municipios a cuyo territorio afectare el Plan, que no hubie-

ren intervenido en su redacción, para que, en el plazo de dos meses, que será común para todos, puedan presentar alegaciones.

2. Las alegaciones que se formulen serán informadas por el Organismo u Organismos redactores del Plan, incorporándose al expediente por la Subsecretaría de Ordenación del Territorio y Medio Ambiente, que propondrá al Ministro de Obras Públicas y Urbanismo las determinaciones que a su vista deban adoptarse.

✐ Artículo derogado por RD 304/1993, de 26 febrero, que aprobó la Tabla de Vigencias.

Artículo 112.

1. Los Departamentos ministeriales que no hayan intervenido en la elaboración del Plan y que puedan estar interesados por razón de su competencia, emitirán informe sobre el mismo, previo traslado del expediente acordado por el Ministerio de Obras Públicas y Urbanismo.

2. El trámite a que este artículo se refiere no podrá exceder de dos meses, transcurridos los cuales se entenderán favorables los informes de los Ministerios que aún no lo hubieren emitido.

✐ Artículo derogado por RD 304/1993, de 26 febrero, que aprobó la Tabla de Vigencias.

Artículo 113.

1. El Organismo redactor estudiará las alegaciones e informes incorporados durante el período de instrucción del expediente, y propondrá al Ministerio de Obras Públicas y Urbanismo la introducción de las modificaciones que estime precisas en el contenido del Plan.

2. Introducidas, en su caso, las modificaciones a que se refiere el presente artículo, el Ministro de Obras Públicas y Urbanismo, previo informe de la Comisión Central de Urbanismo, acordará la aprobación provisional del Plan y elevará el expediente, para su aprobación, al Consejo de Ministros.

✐ Artículo derogado por RD 304/1993, de 26 febrero, que aprobó la Tabla de Vigencias.

Artículo 114.

1. Cuando se trate de Planes Directores Territoriales de Coordinación, cuya redacción haya sido efectuada por la Diputación Provincial o el Cabildo Insular, estas Entidades serán las competentes para otorgar la aprobación inicial y provisional.

2. Aprobado provisionalmente, se elevará el expediente al Ministerio de Obras Públicas y Urbanismo, para informe de la Comisión Central de Urbanismo y aprobación definitiva por el Consejo de Ministros.

✐ Artículo derogado por RD 304/1993, de 26 febrero, que aprobó la Tabla de Vigencias.

CAPÍTULO III

De los Planes Generales, Parciales, Estudio de Detalle, Proyectos de Urbanización, Programas de Actuación Urbanística, Planes Especiales, Normas Complementarias y Subsidiarias del Planeamiento y Delimitación del Suelo Urbano

Sección 1ª Disposiciones comunes de los actos preparatorios

Artículo 115.

1. Las Entidades y Organismos interesados podrán formular avances de Plan y anteproyectos parciales que sirvan de orientación a la redacción de los Planes sobre bases aceptadas en principio.

2. Los avances y anteproyectos se podrán remitir al Ayuntamiento y a la Comisión Provincial de Urbanismo competente, o al Ministerio de Obras Públicas y Urbanismo, sin el trámite de información pública.

3. La aprobación de los avances y anteproyectos sólo tendrá efectos administrativos internos, preparatorios de la redacción de los Planes y proyectos definitivos.

⇒ V. art. 103 del TRLS/1992 (§2).

V. Jurisprudencia en arts. 28 y concordantes del TRLS/1976 (§3).

Artículo 116.

1. Antes de acordar la elaboración de cualquier Plan de Ordenación, Norma o Programa, la Administración urbanística actuante podrá abrir un período de información pública para recoger sugerencias u observaciones sobre la necesidad, conveniencia y demás circunstancias de la ordenación.

2. Acordada la elaboración del Plan, la autoridad u Organismo administrativo correspondiente podrá recabar la documentación e información necesarias de los Organismos públicos correspondientes, de los concesionarios de servicios públicos y de los particulares que pudiesen aportarla.

3. Los Organismos y particulares afectados por el deber de prestación documental o informativa están obligados a cumplirlo en el plazo establecido en la Ley de Procedimiento Administrativo para la emisión de informes.

4. A los promotores de Planes y proyectos de iniciativa particular que hubieren obtenido la previa autorización del Ayuntamiento les serán facilitados por los Organismos públicos cuantos elementos informativos precisaren para llevar a cabo la redacción y podrán efectuar, en fincas particulares, las ocupaciones necesarias para la redacción del Plan, con arreglo a la Ley de Expropiación Forzosa.

5. Al expediente se incorporarán los avances de Plan que hubieren sido aprobados y puedan servir de orientación a la redacción del Plan de que se trate.

Artículo 117.

1. En el acuerdo de formación de los Planes, Normas, Programas o Estudios de Detalle, o con posterioridad, hasta que se haya efectuado la aprobación inicial, el órgano competente para esta aprobación y la provisional podrá acordar la suspensión del otorgamiento de licencias de parcelación de terrenos y de edificación, con las condiciones siguientes:

a) La suspensión se referirá a áreas o usos comprendidos en el territorio que se prevé que abarcará el futuro Plan.

b) Estará fundamentada en la conveniencia de estudiar el nuevo planeamiento o la reforma del que esté en vigor.

c) Su duración no podrá ser superior a un año, a contar desde el momento de la publicación del acuerdo de suspensión.

2. El acuerdo de suspensión se publicará en los Boletines Oficiales de la provincia o provincias afectadas y en uno de los periódicos de mayor difusión de cada una de ellas.

⇒ V. art. 102 del TRLS/1992 (§2).
V. Jurisprudencia en arts. 27 y concordantes del TRLS/1976 (§3).

Artículo 118.

1. La suspensión de licencias sólo podrá referirse a las que tengan por objeto actividades de parcelación de terrenos y edificación o demolición, pero no a las obras de reforma, salvo que por la trascendencia de ésta sea equiparable a una reedificación del edificio, no justificada en razones de urgencia o suponga un aumento de volumen edificado.

2. La suspensión podrá abarcar la totalidad o parte del territorio objeto de estudio a efectos de elaboración del planeamiento. Si con posterioridad al acuerdo de suspensión se redujese el ámbito territorial considerado, la autoridad que la hubiere acordado procederá a levantar la suspensión en relación con el suelo objeto de exclusión.

⇒ V. art. 102 del TRLS/1992 (§2).
V. Jurisprudencia en arts. 27 y concordantes del TRLS/1976 (§3).

Artículo 119.

1. El plazo de suspensión de licencias no podrá ser superior a un año natural, computado a partir de la publicación del acuerdo de adopción, salvo que con anterioridad a esa fecha el órgano competente hubiese acordado su ampliación.

2. Son requisitos y condiciones del acuerdo de ampliación del plazo de suspensión de licencias:

a) Que el procedimiento de aprobación del Plan haya completado el trámite de información pública.

b) Que el nuevo plazo no sea superior a un año natural.

3. El acuerdo de ampliación será objeto de la misma publicidad otorgada al primitivo acuerdo de suspensión.

✐ Artículo derogado por RD 304/1993, de 26 febrero, que aprobó la Tabla de Vigencias.

Artículo 120.

1. La aprobación inicial de los Planes, Normas, Programas, Estudios de Detalle o de su reforma determinará por sí sola la suspensión del otorgamiento de licencias para aquellas áreas del territorio objeto del planeamiento, cuyas nuevas determinaciones supongan modificación del régimen urbanístico vigente. No obstante, podrán concederse licencias basadas en el régimen vigente, siempre que se respeten las determinaciones del nuevo planeamiento.

2. El acuerdo por el que el Plan inicialmente aprobado se somete a información pública expresará necesariamente las áreas del territorio objeto de planeamiento que quedan afectadas por la suspensión de licencias a que este artículo se refiere.

⇒ V. art. 102 del TRLS/1992 (§2).

V. Jurisprudencia en arts. 27 y concordantes del TRLS/1976 (§3).

Artículo 121.

1. Acordada la suspensión de licencias o la aprobación inicial del Plan que lleve consigo ese efecto suspensivo el órgano municipal competente ordenará la interrupción del procedimiento de otorgamiento y la notificación de aquel acuerdo a quienes tuvieran presentadas solicitudes de licencia con anterioridad a la fecha de su adopción.

2. Los peticionarios de licencias solicitadas con anterioridad a la publicación del acuerdo de suspensión o de sumisión al trámite de información pública de un Plan que lleve consigo efectos suspensivos del otorgamiento de licencias tendrán derecho a ser indemnizados del coste oficial de los proyectos, o de la parte de los mismos que hubiere de ser rectificada, y a la devolución, en su caso, de las tasas municipales.

3. El derecho a la devolución del coste del proyecto no se adquiere si, habiéndose producido el trámite de propuesta de resolución de la solicitud de licencia, cuando se publique el acuerdo de suspensión, dicha propuesta calificare de manifiestamente contraria, al ordenamiento urbanístico y al planeamiento en vigor, la solicitud presentada.

4. El derecho a exigir la indemnización y devolución quedará en suspenso hasta que, una vez aprobado de modo definitivo el Plan, se demuestre la incompatibilidad del proyecto con sus determinaciones, salvo en el caso de que por el peticionario se retire la solicitud, supuesto en el que se devolverán las tasas satisfechas.

⇒ V. art. 102 del TRLS/1992 (§2).

V. Jurisprudencia en arts. 27 y concordantes del TRLS/1976 (§3).

Artículo 122.

Acordada la suspensión de licencias a que se refiere el artículo 117 de este Reglamento, no será posible acordar nuevas suspensiones en la misma área y para idéntica finalidad hasta que transcurrieren cinco años, contados a partir de la fecha final de los efectos de la suspensión. No se entenderá como idéntica finalidad la redacción de un Plan, Normas, Programa o Estudio de Detalle, o su revisión o modificación, con distinta naturaleza que el que motivó la primera suspensión.

⇒ V. art. 102 del TRLS/1992 (§2).
V. Jurisprudencia en arts. 27 y concordantes del TRLS/1976 (§3).

Sección 2ª De los Planes Generales

Artículo 123.

1. Los Planes Generales Municipales de ordenación urbana se redactarán de oficio por los Ayuntamientos respectivos. No obstante, podrán éstos encomendar su formulación a la Comisión Provincial de Urbanismo o a la Diputación.

2. Si se hubiere determinado, por los órganos señalados en el artículo 36 de la Ley del Suelo, plazo para su formulación y no se hubiese realizado dentro del mismo, se estará a lo siguiente:

a) Cuando el referido plazo fuera fijado por el Ministro de Obras Públicas y Urbanismo, éste podrá disponer que se redacte por la Dirección General de Urbanismo, por la Comisión Provincial de Urbanismo o por la Diputación Provincial.

b) Cuando el plazo lo hubiese señalado la Comisión Provincial de Urbanismo, ésta podrá acordar que se redacte por la propia Comisión o por la Diputación Provincial.

3. Los gastos de redacción de los Planes Generales Municipales serán sufragados en todo caso por las respectivas Entidades Locales, salvo circunstancias especiales justificadas en expediente instruido al efecto.

4. En todo caso, la redacción podrá encargarse a los técnicos de la Corporación o Comisión o a los que se designaren, libremente o por concurso, entre facultativos competentes con título oficial español.

⇒ V. art. 109 del TRLS/1992 (§2).
V. Jurisprudencia en arts. 31 y concordantes del TRLS/1976 (§3).

Artículo 124.

1. Los Planes Generales de ordenación urbana que comprendieren dos o más Municipios serán redactados, en defecto de acuerdo entre las Corporaciones Locales interesadas, por la Corporación u Organismos que determine el Ministro de Obras Públicas y Urbanismo, cuando se trate de Municipios pertenecientes a diversas provincias o cuando los Municipios afectados sean capital de provincia o población superior a 50.000 habitantes, o por quien determine la Comisión Provincial de Urbanismo en los demás casos.

2. En el acuerdo que a tal efecto se adopte, el Ministro o la Comisión determinarán la extensión territorial de los Planes, el Ayuntamiento u Organismo que hubiere de redactarlos y la proporción en que los Municipios afectados deben contribuir a los gastos.

3. Los Ayuntamientos comprendidos en el Plan asumirán las obligaciones que de éste se derivaren.

⇒ V. art. 110 del TRLS/1992 (§2).
V. arts. 32 y concordantes del TRLS/1976 (§3).

Artículo 125.

1. En el momento en que los trabajos de elaboración del Plan General hayan adquirido el suficiente grado de desarrollo que permita formular los criterios, objetivos y soluciones generales del planeamiento, la Corporación y Organismos que tuviesen a su cargo su formulación deberán anunciar en el «Boletín Oficial» de la provincia y en uno de los periódicos de mayor circulación de la misma, la exposición al público de los trabajos, al objeto de que durante el plazo mínimo de 30 días puedan formularse sugerencias y, en su caso, otras alternativas de planeamiento por Corporaciones, asociaciones y particulares.

2. Los servicios técnicos del Organismo o Corporación y los facultativos a quienes se hubiese encomendado la redacción del Plan estudiarán las sugerencias y alternativas que hayan podido presentarse y propondrán la confirmación o rectificación de los criterios y soluciones generales de planeamiento.

3. El Organismo o Corporación encargado de la formulación del Plan, a la vista del resultado de la exposición al público y de los estudios técnicos realizados, acordará lo procedente en cuanto a los criterios y soluciones generales con arreglo a los cuales hayan de culminarse los trabajos de elaboración del Plan.

Artículo 126.

1. Terminada la fase de elaboración del Plan, la Corporación u Organismo que tuviese a su cargo su formulación procederá a su aprobación inicial.

2. No obstante, si se tratase de un Plan General Municipal de ordenación urbana que comprendiese varios Municipios, será la Diputación Provincial la Entidad competente para su aprobación inicial.

Artículo 127.

1. El acuerdo de aprobación inicial habrá de adoptarse de conformidad con los requisitos y formalidades previstos para los actos en general de la Corporación u Organismo que lo acordare.

2. La Entidad u órgano competente para la aprobación inicial será también competente para el impulso y tramitación del expediente.

Artículo 128.

1. Con el acuerdo de aprobación inicial se adoptará el de apertura del trámite de información pública.

2. Aprobado inicialmente el Plan, se someterá a información pública mediante anuncio que se insertará en el «Boletín Oficial del Estado» y en el de la provincia, cuando se trate de capitales de provincia o de Municipios de población superior a 50.000 habitantes, y sólo en el de la provincia en los demás casos. En cualquiera de los dos supuestos, se anunciará, además, en uno de los periódicos de mayor circulación de la provincia.

3. El trámite durará, como mínimo, un mes, y durante dicho período quedará el expediente a disposición de cualquiera que quiera examinarlo.

4. Durante el mismo período se podrán deducir las alegaciones pertinentes.

5. En todos los planos y demás documentos que se sometan a información pública, el Secretario de la Entidad Local o, en su caso, el funcionario autorizado del Organismo extenderá la oportuna diligencia en la que se haga constar que dichos planos y documentos son los aprobados inicialmente.

⇒ V. Jurisprudencia en arts. 41 y concordantes del TRLS/1976 (§3).

Artículo 129.

Si el Plan no hubiere sido redactado por el Ayuntamiento o Ayuntamientos correspondientes, tras la fase de información pública, se abrirá otro período de igual duración para dar audiencia a las Corporaciones Locales a cuyo territorio afectare.

Artículo 130.

El Organismo o Corporación que hubiese otorgado su aprobación inicial, a la vista del resultado de la información pública, de la audiencia a que se refiere el artículo anterior y de los informes emitidos, acordará la aprobación provisional con las modificaciones que, en su caso, procedieren. Si dichas modificaciones significasen un cambio sustancial en los criterios y soluciones del Plan inicialmente aprobado, se abrirá, antes de someterlo a aprobación provisional, un nuevo trámite de información pública y audiencia a las Corporaciones por los mismos plazos.

⇒ V. Jurisprudencia en arts. 41 y concordantes del TRLS/1976 (§3).

Artículo 131.

1. Cuando se trate de Planes Generales de capitales de provincia o poblaciones de más de 50.000 habitantes, una vez otorgada su aprobación provisional, la Entidad u Organismo que adoptó este acuerdo interesará de la Diputación Provincial y de la Comisión Provincial de Urbanismo informes sucesivos, que se entenderán favorables si no se emitiesen cada uno de ellos en el correspondiente plazo de un mes.

2. Cuando los referidos Planes hubieren sido tramitados por la Dipu-

tación Provincial, el informe a que se refiere el número 1 de este artículo quedará sustituido por el acuerdo de aprobación provisional.

3. El Organismo o Entidad que hubiere aprobado provisionalmente el Plan lo elevará, junto con los informes a que se refiere el número 1 de este artículo, al Ministro de Obras Públicas y Urbanismo, a los efectos de la tramitación subsiguiente y aprobación definitiva, si procede.

4. Antes de resolver sobre la aprobación definitiva, el Ministro de Obras Públicas y Urbanismo requerirá el preceptivo informe de la Comisión Central de Urbanismo, que igualmente se entenderá favorable si no se emitiera en el plazo de un mes.

Si el Ministro de Obras Públicas y Urbanismo disiente del informe de la Comisión Central de Urbanismo, elevará el expediente al Consejo de Ministros con la correspondiente propuesta de resolución.

5. Todos los planos y demás documentos que integran el Plan sobre los que hubiere recaído el acuerdo de aprobación provisional serán diligenciados por el Secretario de la Entidad Local o funcionario autorizado del Organismo que adoptó dicho acuerdo, en cuya diligencia se hará constar que asimismo fueron los remitidos a los efectos de los informes a los que se refiere el número 1 de este artículo.

6. La entrada del expediente, con los informes a que se refiere el número 1 de este artículo, en el Registro del órgano competente para la aprobación definitiva del Plan, determinará el comienzo del cómputo del plazo previsto en el artículo 133 de este Reglamento.

⇒ V. art. 114 del TRLS/1992 (§2).

V. Jurisprudencia en arts. 41 y concordantes del TRLS/1976 (§3).

Artículo 132.

1. La aprobación definitiva es el acto del órgano estatal competente en cuya virtud el Plan adquiere fuerza ejecutiva, una vez publicada.

2. La autoridad y órgano que debe otorgar la aprobación definitiva examinará el Plan en todos sus aspectos. Si no encontrare completo el contenido o faltare por realizar algún trámite, lo devolverá al Organismo o Entidad de procedencia, a fin de que por el mismo se proceda a cumplimentar los requisitos o trámites omitidos.

3. Cuando el expediente esté formalmente completo, la Administración competente podrá adoptar alguna de estas decisiones:

a) Aprobar pura y simplemente el Plan sometido a su consideración.

b) Suspender la aprobación del Plan por deficiencias que debe subsanar la Entidad u Organismo que hubiere otorgado la aprobación provisional, devolviendo a ésta el expediente.

Si las deficiencias señaladas obligaren a introducir modificaciones sustanciales en el Plan, éste se someterá de nuevo a información pública y, en su caso, a audiencia de las Corporaciones Locales a cuyo territorio afecte, elevándose finalmente, y previo acuerdo de la Entidad, a la aprobación definitiva.

Si las deficiencias no exigieren modificaciones sustanciales el órgano competente para la aprobación definitiva señalará en su acuerdo si, una vez subsanadas por la Entidad que hubiere otorgado la aprobación provisional, debe elevarse de nuevo a la aprobación definitiva o si el Plan entra en vigor directamente sin necesidad de este último trámite, una vez realizada la subsanación por la Entidad u Organismo citado, de la que se dará cuenta a la Administración competente.

c) Denegar la aprobación definitiva del Plan.

⇒ V. art. 114 del TRLS/1992 (§2).
V. Jurisprudencia en arts. 40 y concordantes del TRLS/1976 (§3).

Artículo 133.

1. Cuando hayan transcurrido seis meses desde el ingreso del expediente en el Registro del órgano competente para la aprobación definitiva, y éste no hubiera comunicado resolución alguna a la Entidad u Organismo que otorgó la aprobación provisional, el Plan se entenderá aprobado por silencio administrativo.

2. No habrá lugar a la aplicación del silencio administrativo si el Plan no contuviere los documentos y determinaciones establecidas por los preceptos que sean directamente aplicables para el tipo de Plan de que se trate.

3. La aprobación definitiva obtenida por silencio administrativo será nula si el Plan contuviere determinaciones contrarias a la ley o a Planes de superior jerarquía, o cuando la aprobación del Plan esté sometida a requisitos especiales legal o reglamentariamente establecidos.

4. Todas las modificaciones que se introduzcan en el Plan y que resulten aprobadas definitivamente deberán reflejarse en los planos o documentos correspondientes, extendiéndose diligencia de invalidación en aquellos que sean objeto de modificación, sin perjuicio de que se conserven con el resto de la documentación aprobada al objeto de dejar constancia de las rectificaciones.

⇒ V. Jurisprudencia en arts. 41 y concordantes del TRLS/1976 (§3).

Artículo 134.

El texto íntegro del acuerdo de aprobación definitiva de los Planes será publicado:

a) En el «Boletín Oficial del Estado» cuando haya sido adoptado por el Consejo de Ministros o por el Ministro de Obras Públicas y Urbanismo.

b) En el «Boletín Oficial» de la provincia cuando haya sido adoptado por la Comisión Provincial de Urbanismo.

⇒ V. art. 70.2 de la LBRL.
V. Jurisprudencia en arts. 44 y concordantes del TRLS/1976 (§3).

Artículo 135.

La competencia para la aprobación definitiva de los Planes Generales corresponde al Ministro de Obras Públicas y Urbanismo cuando se refieran a capitales de provincia o poblaciones de más de 50.000 habitantes y, en todo caso, cuando afecten a varios Municipios, y a las Comisiones Provinciales de Urbanismo en los restantes casos.

Sección 3ª De los Planes Parciales

Artículo 136.

1. Los Planes Parciales se redactarán por los Ayuntamientos respectivos o, en su caso, por los particulares. No obstante, podrán los Ayuntamientos encomendar su formulación a la Comisión Provincial de Urbanismo o a la Diputación.

2. Los Planes Parciales se formularán en los plazos previstos en el Plan General, en el Programa de Actuación Urbanística o, en su caso, en los plazos que determine el Ministro de Obras Públicas y Urbanismo, cuando se trate de capitales de provincia o poblaciones de más de 50.000 habitantes, o las Comisiones Provinciales de Urbanismo en las demás poblaciones.

3. Cuando no se formulase dentro de los plazos expresados, el Ministro de Obras Públicas y Urbanismo o la Comisión Provincial de Urbanismo podrá ejercitar las facultades establecidas en el artículo 123.2 de este Reglamento.

⇒ V. art. 111 del TRLS/1992 (§2).

Artículo 137.

Cuando los Planes Parciales afectaren a varios Municipios se tendrán en cuenta para su redacción las mismas reglas establecidas para los Planes Generales en el artículo 124 de este Reglamento.

Artículo 138.

1. La Entidad u órgano que hubiere redactado el Plan será el competente para su aprobación inicial y provisional.

2. La tramitación de los Planes Parciales se ajustará a las reglas establecidas en los artículos 127 a 130 y 132 a 134 de este Reglamento. Todos los planos y documentos sobre los que haya recaído acuerdo de aprobación provisional serán diligenciados por el Secretario de la Corporación o funcionario autorizado del Organismo que adopte el acuerdo.

3. La competencia para su aprobación definitiva corresponde al Ministro de Obras Públicas y Urbanismo cuando se refieran a capitales de provincia o poblaciones superiores a 50.000 habitantes o afectasen a varios Municipios. En los demás casos serán las Comisiones Provinciales de Urbanismo las competentes para su aprobación definitiva.

Artículo 139.

Los Planes Parciales que tengan por objeto urbanizaciones de iniciativa particular se ajustarán a las mismas reglas de competencias y procedimiento establecidas en el artículo anterior, con las particularidades siguientes:

1ª Si afectaren a varios Municipios se presentarán, una vez redactados por sus promotores, ante la Diputación Provincial, que será la competente para la aprobación inicial y provisional.

2ª Se citará personalmente para la información pública a los propietarios de terrenos comprendidos en el Plan.

3ª El acto de aprobación, provisional y definitiva, podrá imponer las condiciones, modalidades y plazos que fueran convenientes. En todo caso, la eficacia del acto de aprobación definitiva quedará condicionada a la prestación de la garantía a que se refiere el artículo 46 de este Reglamento, ante el Ayuntamiento o, en su caso, ante la Diputación Provincial, dentro del plazo de un mes desde que se requiera para ello al promotor. Para la publicación del acuerdo de aprobación definitiva será preciso que se haya prestado la garantía a que se hace mención.

4ª El acuerdo de aprobación definitiva se notificará personalmente a todos los propietarios afectados.

⇒ V. Jurisprudencia en arts. 52, 53 y 54 y concordantes del TRLS/1976 (§3).

Sección 4ª De los Estudios de Detalle

Artículo 140.

1. Los Estudios de Detalle serán redactados de oficio por el Ayuntamiento o Entidad urbanística especial actuante o por los particulares.

2. La aprobación inicial de los Estudios de Detalle es de competencia de la Corporación Municipal interesada.

3. La apertura del trámite de información pública se anunciará en el «Boletín Oficial» de la provincia y en uno de los periódicos de mayor circulación de la provincia, y se notificará personalmente a los propietarios y demás interesados directamente afectados, comprendidos en el ámbito territorial del Estudio de Detalle.

4. Dentro del período de información pública, que durará un mes, podrá ser examinado el Estudio de Detalle por cualquier persona y formularse las alegaciones que procedan.

5. A la vista del resultado de la información pública, la Corporación Municipal aprobará definitivamente el Estudio de Detalle, si procede, introduciendo, en su caso, las modificaciones que resultasen pertinentes. Dicho acuerdo se comunicará a la Comisión Provincial de Urbanismo, en el plazo de diez días.

6. La Corporación Municipal interesada ordenará publicar el acuerdo de aprobación definitiva en el «Boletín Oficial» de la provincia.

7. Serán de aplicación a los Estudios de Detalle las reglas que se esta-

blecen para los Planes Parciales en cuanto a la procedencia de diligenciar los planos y documentos que los integren.

⇒ V. art. 117 del TRLS/1992 (§2).
V. Jurisprudencia en arts. 14 y concordantes del TRLS/1976 (§3).

Sección 5ª De los Proyectos de Urbanización

Artículo 141.

1. Los Proyectos de Urbanización serán redactados de oficio por la Administración actuante del Plan de que se trate o, en su caso, por el propietario o Junta en el sistema de compensación o por el adjudicatario del Programa de Actuación Urbanística.

2. Se aplicarán para su tramitación las reglas establecidas para los Planes Parciales.

3. La competencia para su aprobación definitiva corresponderá, en todo caso, a la Comisión Provincial de Urbanismo.

✐ Apartado derogado por RD 304/1993, de 26 febrero, que aprobó la Tabla de Vigencias.

4. La publicación del acuerdo de aprobación definitiva se realizará en el «Boletín Oficial» de la provincia.

⇒ V. art. 117 del TRLS/1992 (§2).

Sección 6ª De los Programas de Actuación Urbanística

Artículo 142.

1. La redacción de los Programas de Actuación Urbanística, cuando su formulación se lleve a cabo mediante la convocatoria del oportuno concurso, correrá a cargo del adjudicatario del mismo. En los demás casos, se redactarán por las Entidades Locales o urbanísticas especiales competentes.

2. La tramitación y aprobación de los Programas de Actuación Urbanística se acomodará a lo dispuesto en este Reglamento para los Planes Parciales.

✐ Apartado derogado por RD 304/1993, de 26 febrero, que aprobó la Tabla de Vigencias.

3. La competencia para su aprobación definitiva se determinará por las mismas reglas que las establecidas para los Planes Parciales.

✐ Apartado derogado por RD 304/1993, de 26 febrero, que aprobó la Tabla de Vigencias.

⇒ V. Jurisprudencia en arts. 34.2 y concordantes del TRLS/1976 (§3).

Sección 7ª De los Planes Especiales

Artículo 143.

1. Los Planes Especiales que desarrollen determinaciones de los Planes Directores Territoriales de Coordinación serán redactados de oficio por las Entidades Locales, Entidades urbanísticas, especiales u otros órganos competentes en el orden urbanístico, cada uno de ellos en el ámbito de sus respectivas competencias territoriales.

2. También podrán redactarse por los Organismos que tengan a su cargo la ejecución directa de las obras correspondientes a la infraestructura del territorio, aun cuando no estén comprendidos en la enumeración de Entidades y Organismos del número anterior.

3. El Plan Director Territorial de Coordinación podrá señalar la Entidad u órgano que haya de asumir la redacción de todos o algunos de los Planes Especiales requeridos para su desarrollo.

⇒ V. art. 115 del TRLS/1992 (§2).
V. Jurisprudencia en arts. 34.1 y concordantes del TRLS/1976 (§3).

Artículo 144.

1. Los Planes Especiales que desarrollen determinaciones contenidas en los Planes Generales de Ordenación serán redactados de oficio por las Entidades a que se refiere el número 1 del artículo anterior.

2. También podrán ser redactados por los Organismos que tengan a su cargo la ejecución directa de las obras correspondientes a los elementos que constituyen la estructura orgánica y general del territorio incluido en el ámbito del Plan General de que se trate.

3. Los Planes Generales podrán señalar la Entidad u órgano competente para la redacción de los Planes Especiales a los que se refiere este artículo.

⇒ V. art. 116 del TRLS/1992 (§2).
V. Jurisprudencia en arts. 17.2 y concordantes del TRLS/1976 (§3).

Artículo 145.

1. Los Planes Especiales que se formulen sin la existencia previa de Plan Director Territorial de Coordinación o Plan General Municipal, con el exclusivo objeto de desarrollar infraestructuras básicas o protección del paisaje, vías de comunicación, medio natural o conservación y mejora de determinados lugares, serán redactados por las Entidades Locales, Entidades urbanísticas especiales u órganos que tengan competencia en el orden urbanístico.

2. También podrán redactarse por los Organismos que tengan a su cargo la ejecución directa de las obras correspondientes a la infraestructura del territorio, aun cuando no estén comprendidos en la enumeración de Entidades y Organismos del número anterior.

⇒ V. Jurisprudencia en arts. 18, 19, 20, 34.1 y concordantes del TRLS/1976 (§3).

Artículo 146.

Los Planes Especiales de reforma interior en suelo urbano serán redactados por las Entidades Locales o urbanísticas especiales y, en su caso, por los particulares.

⇒ V. arts. 85 y 111 del TRLS/1992 (§2).
V. Jurisprudencia en arts. 23 y concordantes del TRLS/1976 (§3).

Artículo 147.

1. La aprobación inicial de los Planes Especiales, cualquiera que sea su objeto, corresponderá a la Entidad u Organismo que los hubiere redactado.

2. La misma Entidad u Organismo será la competente para su tramitación y aprobación provisional.

3. El procedimiento para la aprobación de los Planes Especiales se ajustará a las reglas de tramitación previstas para los Planes Parciales. No obstante, será de aplicación lo dispuesto en el artículo 125 del presente Reglamento para aquellos Planes Especiales de reforma interior que afecten a barrios consolidados y que incidan sobre la población afectada.

Cuando se formulen a iniciativa de Entidades Locales o urbanísticas especiales, antes de su aprobación definitiva, serán sometidos a informe de los Departamentos ministeriales y demás Organismos que resultaren afectados.

4. No obstante lo dispuesto en el número anterior, cuando se tratare de Planes Especiales cuya finalidad fuere mejorar las condiciones urbanísticas y especialmente las estéticas de los pueblos de una comarca o ruta turística y que no comprendieren en el planeamiento modificación de alineaciones ni supusiesen destrucción de edificios, la tramitación se reducirá a la aprobación previa por el Ministro de Obras Públicas y Urbanismo o por la Comisión Provincial de Urbanismo, según la población de que se trate, información pública durante quince días en la capital de la provincia, comunicación a los Ayuntamientos afectados y aprobación definitiva de los citados órganos.

✐ Apartado derogado por RD 304/1993, de 26 febrero, que aprobó la Tabla de Vigencias.

Artículo 148.

La aprobación definitiva de los Planes Especiales corresponderá, siempre que la iniciativa se deba a Entidades Locales o urbanísticas especiales:

a) Si desarrollan un Plan General de Ordenación, a los órganos competentes para aprobar los Planes Parciales.

b) En los demás casos, al Ministro de Obras Públicas y Urbanismo.

Sección 8ª De los Catálogos

Artículo 149.

Los Catálogos, cuando no se contuvieran en Planes Generales, Especiales o Normas Complementarias y Subsidiarias del Planeamiento, se tramitarán, aprobarán y publicarán de conformidad con las reglas establecidas al efecto para los Planes Parciales.

⇒ V. art. 123 del TRLS/1992 (§2).

Sección 9ª De las Normas Complementarias y Subsidiarias del Planeamiento

Artículo 150.

1. La formulación de las Normas a que se refiere el apartado 3 a) del artículo 88 de este Reglamento corresponderá, indistintamente, a la Diputación Provincial o a la Comisión Provincial de Urbanismo.

2. La formulación de las Normas a que se refieren los apartados 2 y 3 b) del artículo citado en el número anterior corresponderá al Municipio o Municipios interesados, a la Mancomunidad o Entidad supramunicipal en que aquéllos estén integrados o, en su defecto, a la Diputación Provincial o a la Comisión Provincial de Urbanismo.

⇒ V. art. 109 del TRLS/1992 (§2).
V. Jurisprudencia en arts. 70, 71 y concordantes del TRLS/1976 (§3).

Artículo 151.

1. El procedimiento de elaboración de las Normas Complementarias y Subsidiarias se impulsará por la Entidad u órgano que las hubiese formulado, correspondiendo a éstos la aprobación inicial y la provisional.

2. La tramitación del procedimiento se ajustará a lo dispuesto en los artículos 125, 127 a 130 y 132 a 134 de este Reglamento.

3. No será preciso el acuerdo de aprobación provisional, pasándose directamente a la aprobación definitiva, cuando las Normas hayan sido formuladas por la Comisión Provincial de Urbanismo y a ella correspondiese su aprobación definitiva.

4. La aprobación definitiva corresponderá al Ministro de Obras Públicas y Urbanismo cuando se trate de capitales de provincia o Municipios de población superior a 50.000 habitantes o afecten a varios Municipios, y a la Comisión Provincial de Urbanismo en los demás casos.

5. El acuerdo de aprobación definitiva de las Normas se publicará:

a) En el «Boletín Oficial del Estado», cuando haya sido adoptado por el Ministro de Obras Públicas y Urbanismo.

b) En el «Boletín Oficial» de la provincia, cuando haya sido adoptado por la Comisión Provincial de Urbanismo.

Artículo 152.

En caso de urgencia, apreciada por el Consejo de Ministros, previo informe favorable de la Comisión Central de Urbanismo y oídas las Entidades Locales afectadas, el Ministro de Obras Públicas y Urbanismo podrá acordar la entrada en vigor de Normas Complementarias y Subsidiarias del Planeamiento formuladas por el Ministerio de Obras Públicas y Urbanismo o por alguna de las Entidades u órganos competentes, según el artículo 150, sin necesidad de seguirse la tramitación ordinaria.

Sección 10ª De la delimitación del suelo urbano

Artículo 153.

1. La delimitación del suelo urbano en los Municipios que carezcan de Plan General o de Normas Subsidiarias que incluyan en su contenido dicha delimitación, se practicará mediante la formulación del correspondiente proyecto, cuya redacción correrá a cargo del Ayuntamiento.

2. Los criterios sustantivos que habrán de tenerse en cuenta para la delimitación serán los establecidos en el artículo 81.2 de la Ley del Suelo y 101 de este Reglamento.

3. La tramitación del proyecto se acomodará a las reglas de procedimiento establecidas para los Planes Parciales, con la particularidad de que, una vez otorgada la aprobación provisional, el expediente se someterá a informe de la Diputación Provincial antes de su elevación a la Comisión Provincial de Urbanismo para su aprobación definitiva.

4. El acuerdo de aprobación definitiva se publicará en el «Boletín Oficial» de la provincia.

⇒ V. art. 114 del TRLS/1992 (§2).

V. Jurisprudencia en arts. 81 y concordantes del TRLS/1976 (§3).

TÍTULO V
DE LA VIGENCIA, REVISIÓN Y MODIFICACIÓN DE LOS PLANES

Artículo 154.

1. Los Planes de Ordenación y los Proyectos de Urbanización tendrán vigencia indefinida.

2. La alteración del contenido de los Planes de Ordenación y Proyectos de Urbanización podrá llevarse a cabo mediante la revisión de los mismos o la modificación de alguno o algunos de los elementos que los constituyan.

3. Se entiende por revisión del Plan la adopción de nuevos criterios respecto de la estructura general y orgánica del territorio o de la clasificación del suelo, motivada por la elección de un modelo territorial distinto o por la aparición de circunstancias sobrevenidas, de carácter demográfico o económico, que incidan sustancialmente sobre la ordenación, o por el agotamiento de la capacidad del Plan.

4. En los demás supuestos, la alteración de las determinaciones del Plan se considerará como modificación del mismo, aun cuando dicha alteración lleve consigo cambios aislados en la clasificación o calificación del suelo, o impongan la procedencia de revisar la programación del Plan General.

⇒ V. arts. 125 y 126 del TRLS/1992 (§2).

V. Jurisprudencia en arts. 45 y concordantes del TRLS/1976 (§3).

Artículo 155.

1. La actualización del Plan Nacional de Ordenación, y su concordancia con los sucesivos Planes de Desarrollo Económico y Social, podrá llevarse a cabo por el Gobierno en la forma que dispongan las respectivas leyes que los aprueben.

El Plan Nacional de Ordenación solamente podrá quedar en suspenso en la forma en que se disponga en su propia ley o en las aprobatorias de los Planes de Desarrollo.

✐ Apartado derogado por RD 304/1993, de 26 febrero, que aprobó la Tabla de Vigencias.

2. La revisión o modificación de los Planes Directores Territoriales de Coordinación se llevará a cabo por el procedimiento establecido para su elaboración y, en su caso, en los plazos y por las causas en los mismos establecidas.

El Consejo de Ministros, por Real Decreto, a propuesta del Ministro de Obras Públicas y Urbanismo o, en su caso, a propuesta de éste y del titular o titulares de otros Departamentos interesados y previo informe de la Comisión Central de Urbanismo, podrá acordar, con audiencia de las Corporaciones Locales interesadas, la suspensión de la vigencia de los Planes Directores Territoriales de Coordinación, para la totalidad o parte de sus determinaciones o ámbito territorial, a los efectos de su revisión o modificación.

✐ Ultimo párrafo de este ap. 2 derogado por RD 304/1993, de 26 febrero, que aprobó la Tabla de Vigencias.

Artículo 156.

Los Planes Generales Municipales de Ordenación se revisarán en cualquiera de los casos siguientes:

a) Cuando se cumpla el plazo establecido por el propio Plan para su revisión.

b) Cuando se den las circunstancias de revisión señaladas por el Plan, en función de la población total y su índice de crecimiento, recursos, usos e intensidad de ocupación y demás elementos que justificaron la clasificación del suelo inicialmente adoptada, o se agoten sus previsiones.

c) Cuando el Plan resulte afectado por las determinaciones establecidas en un Plan Director Territorial de Coordinación. El plazo para promover la revisión será de un año desde la entrada en vigor de este último.

d) Cuando otras circunstancias así lo exigieren.

⇒ V. art. 126 del TRLS/1992 (§2).
V. Jurisprudencia en arts. 47 y concordantes del TRLS/1976 (§3).

Artículo 157.

1. El acuerdo de revisión se adoptará por la Entidad o Entidades Locales interesadas en los supuestos a), b) y c) del artículo anterior.

2. Cuando las circunstancias lo exigiesen, el Ministro de Obras Públicas y Urbanismo, previo informe de la Comisión Central de Urbanismo, podrá

ordenar la revisión de los Planes Generales de Ordenación, previa audiencia de las entidades Locales afectadas, o acordarla a instancia de las mismas o de las Entidades urbanísticas especiales o de los Departamentos ministeriales interesados.

3. El procedimiento de revisión se ajustará a las mismas disposiciones establecidas para la formación del Plan General.

Artículo 158.

1. Los Ayuntamientos revisarán cada cuatro años el programa de actuación contenido en el Plan General.

Salvo lo dispuesto en el número siguiente, la revisión del programa de actuación se aprobará por la Corporación Municipal interesada, previa información pública por plazo de un mes, que se anunciará en el «Boletín Oficial» de la provincia respectiva.

2. Si como consecuencia de esta revisión se modificase el suelo clasificado como urbanizable programado, la revisión del programa se completará con las determinaciones y documentos exigidos para el citado suelo y se sujetará a las disposiciones enunciadas para la modificación de los Planes.

✐ V. art. 127 del TRLS/1992 (§2).
V. Jurisprudencia en arts. 48 y concordantes del TRLS/1976 (§3).

Artículo 159.

1. Cuando la modificación del Plan General llevase consigo una alteración del aprovechamiento medio de uno o varios sectores del mismo, será preciso fijar nuevamente sus respectivos aprovechamientos medios, así como el del suelo urbanizable programado cuyo desarrollo hubiere de efectuarse dentro del mismo cuatrienio, excluyendo aquellos sectores que tuviesen aprobado su correspondiente Plan Parcial.

2. Los sectores que tuviesen aprobado su Plan Parcial conservarán el aprovechamiento medio que resultase de la aplicación de las determinaciones que, sobre este extremo, contuviese el Plan General objeto de modificación.

Artículo 160.

1. Las Normas Complementarias y Subsidiarias tendrán vigencia indefinida.

2. No obstante, las propias Normas podrán fijar un ámbito temporal, si se dictaran con carácter provisional y en tanto se apruebe definitivamente el Plan General de Ordenación correspondiente.

3. En todo caso, las Normas quedarán sin efecto cuando se apruebe el correspondiente Plan General de Ordenación del Municipio a que afecte o, en su caso, si se tratase de las previstas en el apartado 3 a) del artículo 88, cuando se aprueben las correspondientes Normas Subsidiarias de carácter municipal.

4. Con independencia de lo dispuesto en los números anteriores, las

Normas podrán contener entre sus determinaciones los supuestos en que deba procederse a su revisión o a su sustitución por un Plan General.

⇒ V. Jurisprudencia en arts. 45 y concordantes del TRLS/1976 (§3).

Artículo 161.

1. Las modificaciones de cualquiera de los elementos de los Planes, Proyectos, Programas, Normas y Ordenanzas se sujetarán a las mismas disposiciones enunciadas para su formulación.

2. Cuando la modificación tendiera a incrementar el volumen edificable de una zona, se requerirá en todo caso, para aprobarla, la previsión de los mayores espacios libres que requiera el aumento de la densidad de población, y el voto favorable de dos tercios de los miembros de la Corporación y de la Comisión que hubieren de acordar la aprobación inicial, provisional y definitiva.

3. El mismo quórum se precisará cuando la modificación suscitare oposición del 25% de los propietarios del sector afectado o de los de las fincas emplazadas frente al mismo.

✐ Apartado derogado por RD 304/1993, de 26 febrero, que aprobó la Tabla de Vigencias.

⇒ V. art. 128 del TRLS/1992 (§2).
V. Jurisprudencia en arts. 49 y concordantes del TRLS/1976 (§3).

Artículo 162.

1. Si la modificación de los Planes, Normas Complementarias y Subsidiarias y Programas de Actuación tuviere por objeto una diferente zonificación o uso urbanístico de las zonas verdes o espacios libres previstos en el Plan, deberá ser aprobada por el Consejo de Ministros, previos los informes favorables del Consejo de Estado y del Ministro de Obras Públicas y Urbanismo y acuerdos de la Corporación Local interesada adoptados con el quórum del artículo 303 de la Ley de Régimen Local.

2. En este supuesto, no podrá entenderse producida en ningún caso, la aprobación definitiva por silencio administrativo, a la que se refieren los artículos 41.2 de la Ley del Suelo y 133.1 de este Reglamento.

⇒ V. art. 129 del TRLS/1992 (§2).
V. Jurisprudencia en arts. 50 y concordantes del TRLS/1976 (§3).

Artículo 163.

1. El Consejo de Ministros, por Real Decreto, a propuesta del Ministro de Obras Públicas y Urbanismo o, en su caso, a propuesta de éste y del titular o titulares de otros Departamentos interesados y previo informe de la Comisión Central de Urbanismo y audiencia de las Entidades Locales interesadas, podrá suspender la vigencia de los Planes de Ordenación Urbana para la totalidad o parte de su ámbito territorial, a los efectos de su revisión.

El acuerdo de suspensión se publicará en el «Boletín Oficial del Estado» y en el de la provincia y en uno de los periódicos de mayor difusión en la misma.

2. El acuerdo a que se refiere el número anterior llevará consigo la suspensión del otorgamiento de licencias en el área afectada por el mismo hasta la aprobación definitiva de las Normas Complementarias y Subsidiarias del Planeamiento que se dicten para ordenar provisionalmente el territorio, en tanto no se apruebe el Plan revisado.

3. Si en el plazo de seis meses, contados a partir del acuerdo de suspensión, no se hubieren aprobado definitivamente las Normas Complementarias y Subsidiarias del Planeamiento, quedará restablecida, sin más trámites, la vigencia del Plan objeto de suspensión, sin perjuicio de la eventual aplicación de lo dispuesto en el artículo 27 de la Ley del Suelo.

⇒ V. Jurisprudencia en arts. 51 y concordantes del TRLS/1976 (§3).

TÍTULO VI
DE LA PUBLICIDAD DE LOS PLANES

Artículo 164.

1. La publicidad de los Planes, Normas Complementarias y Subsidiarias, Programas de Actuación Urbanística, Estudios de Detalle y Proyectos de Urbanización, con sus Normas, Ordenanzas y Catálogos, se referirán a la totalidad de los documentos que los constituyan.

2. No podrá impedirse la consulta de los documentos constitutivos de los instrumentos de planeamiento ni aun a pretexto de trabajos que sobre ellos se estén realizando. A tal efecto, los Ayuntamientos deberán disponer de un ejemplar completo de cada uno de los instrumentos de planeamiento destinado exclusivamente a la consulta por los administrados. A dicho ejemplar se deberá incorporar testimonio de los acuerdos de aprobación inicial, provisional y definitiva, debiéndose extender, en los documentos integrantes del correspondiente instrumento de planeamiento, diligencia acreditativa de su aprobación definitiva.

3. La consulta se realizará en los locales que señale el Ayuntamiento interesado. Las dependencias que a tal efecto se habiliten estarán abiertas cuatro horas diarias, al menos. El horario deberá coincidir con el de despacho al público del resto de las oficinas municipales.

⇒ V. arts. 124.1 y 3, 133 y 134 del TRLS/1992 (§2).
V. art. 70.2 de la LBRL.
V. Jurisprudencia en arts. 55 y concordantes del TRLS/1976 (§3).

Artículo 165.

1. Los particulares podrán solicitar, siempre por escrito, la información del régimen urbanístico aplicable a una finca, polígono o sector, presentando su solicitud en el Registro General del Ayuntamiento.

2. La solicitud deberá identificar la finca, polígono o sector, de manera que no puedan producirse dudas acerca de su situación y de las demás circunstancias de hecho que concurran.

3. El Ayuntamiento, al contestar la consulta, hará referencia a todos los

datos suministrados por el administrado y a los demás que tiendan a individualizar el objeto sobre el que recae la información.

4. La información municipal señalará el tipo y categoría de suelo que corresponda a la finca, polígono o sector de que se trate y los usos e intensidades que tengan atribuidos por el Plan General o, en su caso, por el Plan Parcial, si estuviera aprobado.

⇒ V. arts. 124.1, 124.3, 133 y 134 del TRLS/1992 (§2).
V. Jurisprudencia en arts. 55 y concordantes del TRLS/1976 (§3).

Artículo 166.

En los Ayuntamientos se llevará un libro registro, debidamente autenticado, en el que se inscribirán todos los acuerdos de aprobación definitiva de los Planes Generales, Planes Parciales, Planes Especiales, Programas de Actuación Urbanística, Estudios de Detalle, Normas Complementarias y Subsidiarias del Planeamiento, Proyecto de Urbanización, Proyecto de Delimitación de Suelo Urbano, Proyectos de Delimitación de Polígonos y Unidades de Actuación, Proyectos de Reparcelación y Proyectos de Compensación, así como acuerdos de revisión y modificación de los mismos.

También se inscribirán las resoluciones administrativas y sentencias que afectaren a dichos instrumentos urbanísticos.

El Ministerio de Obras Públicas y Urbanismo dictará las normas oportunas que desarrollen el contenido y funcionamiento del libro-registro.

✐ Párr. 3º derogado por RD 304/1993, de 26 febrero, que aprobó la Tabla de Vigencias.

Artículo 167.

1. La publicidad que se realice por cualquier medio de difusión que se refiera a ventas de parcelas, edificadas o sin edificar, solares, pisos y locales comerciales o industriales, deberá expresar, cuando se trate de urbanizaciones de iniciativa particular, la fecha de aprobación definitiva del Plan Parcial cuando se trate de suelo urbanizable programado, del Plan Especial de reforma interior o Estudio de Detalle cuando se trate de suelo urbano sujeto a ese desarrollo, y la del Programa de Actuación Urbanística y del Plan Parcial correspondiente cuando estén localizados en suelo urbanizable no programado.

2. La misma alusión a la fecha de aprobación del Plan Parcial a que se refiere el número anterior se hará constar cuando se trate de terrenos urbanizados o edificados al amparo de las Normas Complementarias y Subsidiarias del Planeamiento.

3. El incumplimiento de las prescripciones contenidas en este artículo será considerado como infracción urbanística a los efectos de aplicación de las sanciones establecidas en el artículo 228 de la Ley del Suelo.

⇒ V. Jurisprudencia en arts. 55 y concordantes del TRLS/1976 (§3).

Artículo 168.

1. Los Ayuntamientos podrán crear, en la correspondiente Ordenanza, un documento acreditativo de las circunstancias urbanísticas que concurran en las fincas comprendidas en el término municipal.

2. Este documento se denominará cédula urbanística de terreno o de edificio, según el carácter de la finca a que se refiere, y los Ayuntamientos podrán exigirlo para la parcelación, edificación o cualquier utilización de los predios.

3. La cédula urbanística hará referencia a las siguientes circunstancias urbanísticas:

a) Situación de la finca, con expresión de sus linderos y si está o no edificada.

b) Plan de Ordenación o Norma Complementaria o Subsidiaria por cuyas determinaciones se encuentra afectada y fecha de aprobación del instrumento de planeamiento de que se trate.

c) Clase y categoría de suelo en la que se halla enclavada.

d) Unidad de actuación, polígono o sector de que se trate.

e) Uso e intensidad que tenga atribuida por el Plan o Normas.

f) En suelo urbanizable programado y en suelo comprendido en un Programa de Actuación Urbanística, aprovechamiento medio del sector en que se encuentre la finca y aprovechamiento medio general.

g) Sistema de actuación aplicable al polígono o unidad de actuación.

h) Sector o polígono donde se hará efectivo el derecho del propietario al aprovechamiento medio, en los supuestos en que no se aplique la expropiación para la adquisición de la finca de que se trate, cuando ésta esté situada en terrenos destinados a sistemas generales.

⇒ V. art. 6 de la Ley 6/1998, de 13 abril (§1).
V. arts. 258.2, 258.3 y 259.3 del TRLS/1992 (§2).
V. Jurisprudencia en arts. 63 y concordantes del TRLS/1976 (§3).

ANEXO AL REGLAMENTO DE PLANEAMIENTO

Reservas de suelo para dotaciones en planes parciales

Artículo 1.

Las dotaciones de equipamiento comunitario a prever en un Plan Parcial deberán reservarse en función de los distintos usos de suelo propuestos en cada sector por el Plan General, Programa de Actuación Urbanística o Normas Complementarias y Subsidiarias del Planeamiento.

Se preverán en los Planes Parciales las dotaciones de equipamiento comunitario que señale expresamente el planeamiento de rango superior que aquéllos desarrollan, distinguiéndose en todo caso, en razón de los usos dominantes, las siguientes:

Dotaciones necesarias en suelo residencial.

Dotaciones necesarias en suelo industrial.

Dotaciones necesarias en suelo destinado a usos terciarios.

Artículo 2.

1. En suelo residencial se preverán, como mínimo, los siguientes tipos de dotaciones:

Sistema de espacios libres de dominio y uso público.

Centros culturales y docentes.

Servicios de interés público y social.

Aparcamientos.

Red de itinerarios peatonales.

2. En suelo industrial se preverán, como mínimo, los siguientes tipos de dotaciones:

Sistema de espacios libres de dominio y uso público.

Servicios de interés público y social.

Aparcamientos.

3. En suelos destinados a usos terciarios se distinguirán dos situaciones en el desarrollo de los Planes Parciales:

1ª Que se prevean solamente usos terciarios.

2ª Que se prevean usos residenciales incluidos entre los terciarios.

En la situación primera se reservarán como mínimo, los siguientes tipos de dotaciones:

Sistema de espacios libres de dominio y uso público.

Servicios de interés público y social.

Aparcamientos.

Red de itinerarios peatonales.

En la segunda situación, estos tipos de dotaciones se incrementarán con la correspondiente a Centros docentes.

Artículo 3.

En función de los usos de suelo, se establecerán como mínimo, dentro del sistema de espacios libres de dominio y uso público, las siguientes zonas:

a) En suelos residenciales:

Jardines.

Áreas de juego y recreo para niños.

b) En suelos industriales:

Jardines.

c) En suelos destinados a usos terciarios en situación primera:

Jardines.

Áreas peatonales.

d) En suelos destinados a usos terciarios en situación segunda:

Jardines.

Areas de juego y recreo para niños.

Areas peatonales.

Artículo 4.

Los jardines, áreas de juego y recreo para niños y áreas peatonales serán computables como elementos pertenecientes al sistema de espacios libres de uso público a los efectos del cumplimiento de los módulos mínimos de reserva que se establecen en los artículos 10, 11 y 12 del presente Anexo, cuando respeten las siguientes condiciones:

a) Jardines:

Podrán computarse como jardines públicos aquellas superficies que reúnan las siguientes condiciones mínimas:

Presentar una superficie no inferior a 1.000 metros cuadrados, en la que pueda inscribirse una circunferencia de 30 metros de diámetro mínimo.

Poseer condiciones apropiadas para la plantación de especies vegetales.

Tener garantizado su adecuado soleamiento en relación con la posible edificación circundante.

b) Áreas de juego y recreo para niños.

No podrán tener una superficie inferior a 200 metros cuadrados en la que se pueda inscribir una circunferencia de 12 metros de diámetro mínimo, y deberán equiparse con elementos adecuados a la función que han de desempeñar.

c) Áreas peatonales.

Deberán tener una superficie superior a 1.000 metros cuadrados, en la que se pueda inscribir una circunferencia de 30 metros de diámetro mínimo.

En Planes Parciales de suelos destinados a usos terciarios, el conjunto de áreas peatonales incluidas en el sistema de espacios libres de dominio y uso público no podrá superar el 40% de la superficie de éste. En los restantes Planes Parciales, este límite no podrá ser superior al 20%.

Artículo 5.

1. La reserva para Centros docentes, a prever en los Planes Parciales en que sean necesarios, se diferenciará en función de los tamaños de las unidades de viviendas previstas en el artículo 9 del presente Anexo, en todos o algunos de los siguientes tipos:

Centro de Enseñanza Preescolar y Guardería.

Centro de Educación General Básica.

Centro de Bachillerato Unificado Polivalente.

2. La agrupación de las reservas de suelo para Centros docentes obtenidas con arreglo a los módulos que se establecen en el artículo 10 del presente Anexo, en unidades escolares completas, se realizará en función de la si-

guiente gama de Centros, a los que corresponden las siguientes superficies mínimas de parcelas:

a) Centros de Enseñanza Preescolar y Guardería:

Se agruparán en unidades mínimas de 1.000 metros cuadrados.

b) Centros de Enseñanza General Básica:

	Metros cuadrados
EGB de 8 unidades	5.000
EGB de 16 unidades	10.000
EGB de 18 unidades	11.000
EGB de 22 unidades	12.000
EGB de 24 unidades	14.000

c) Centros de Bachillerato Unificado Polivalente:

	Metros cuadrados
BUP de 12 unidades	9.000
BUP de 18 unidades	12.000
BUP de 24 unidades	16.000

Artículo 6.

La reserva para servicios de interés público y social a prever en los Planes Parciales se diferenciará en función de los criterios que se establecen en los artículos 10, 11 y 12 del presente Anexo, en todos o algunos de los siguientes tipos:

Parque deportivo.
Equipamiento comercial.
Equipamiento social.

Artículo 7.

La dotación de aparcamientos correspondientes a los módulos que se establecen en los artículos 9, 10, 11 y 12 del presente Anexo deberá cumplir las siguientes condiciones:

a) Las plazas de aparcamiento tendrán una superficie rectangular mínima de 2,20 por 4,50 metros.

b) La superficie de aparcamiento mínima por plaza, incluyendo la parte proporcional de accesos, no será nunca inferior a 20 metros cuadrados.

c) Del total de plazas de aparcamientos previstas en el Plan Parcial se reservará un 2%, como mínimo, para usuarios minusválidos. Estas plazas tendrán una superficie rectangular mínima de 3,30 por 4,50 metros.

d) Sólo se admitirá en situación al aire libre, aneja a la red viaria, un máximo del 50% del número total de plazas de aparcamiento previstas en el Plan Parcial. En suelos residenciales este 50% máximo se referirá al número de plazas correspondientes a viviendas.

Artículo 8.

La red de itinerarios peatonales establecida en los Planes Parciales, de acuerdo con lo previsto en el artículo 52.1 del Reglamento de Planeamiento, deberá tener las características y extensión suficiente para garantizar las comunicaciones no motorizadas dentro del perímetro planeado, y hasta donde sea posible con las áreas colindantes, en especial facilitando el acceso al equipamiento comunitario.

Artículo 9.

1. A los efectos de fijar en este Anexo la adecuada graduación en la previsión de las dotaciones necesarias en suelo residencial, se definen las siguientes unidades de viviendas a las que corresponde un orden creciente en el grado de complejidad de su equipamiento:

Unidad Elemental .... Hasta 250 viviendas

Unidad Básica .... Hasta 500 viviendas

Unidad Integrada .... Hasta 1.000 viviendas

2. La aplicación de los módulos de reserva que se establecen en los artículos 10 y 12 del presente Anexo se realizará teniendo en cuenta el número de viviendas fijado por el Plan Parcial o por cada 100 metros cuadrados de edificación residencial, si dicho número no hubiese sido fijado por el Plan.

3. Los módulos de reserva que se definen en los artículos 10 y 12 de este Anexo se aplicarán al número exacto de viviendas obtenido con arreglo al criterio expuesto en el apartado anterior. Se exceptuará de esta regla la dotación de Centros docentes de unidades superiores a 250 viviendas, para la que se tomará como base la cifra tope correspondiente a la unidad de viviendas ordenada de entre las definidas en el apartado 1 del presente artículo, con objeto de obtener alguna de las unidades escolares completas consideradas en el artículo 5.2 de este Anexo.

Artículo 10.

1. Los módulos mínimos de reserva para dotaciones en Planes Parciales que desarrollen suelos residenciales serán los que figuran en el cuadro anejo al presente Anexo, bajo el epígrafe de artículo 10.

2. El módulo mínimo de reserva para sistema de espacios libres de dominio y uso público correspondiente a tipologías de vivienda unifamiliar se podrá disminuir hasta 18 metros cuadrados por vivienda cualquiera que sea la unidad considerada, no siendo necesario establecer ninguna diferenciación de zonas dentro de aquél, siempre que la superficie disminuida quede sustituida por el conjunto de espacios libres ajardinados de carácter privado.

3. La superficie del sistema de espacios libres de uso público no podrá ser en ningún caso inferior al 10% de la total superficie ordenada.

Artículo 11.

Los módulos mínimos de reserva para dotaciones en Planes Parciales que desarrollen suelos industriales serán los siguientes:

1. Sistema de espacios libres de dominio y uso público: El módulo mínimo de reserva será el 10% de la superficie total ordenada, a la que se vincula el uso industrial en el planeamiento de rango superior.

Los jardines a que se refiere el artículo 3 de este Anexo deberán cumplir las condiciones señaladas en el artículo 4 para ser computables como elementos pertenecientes al sistema de espacios libres.

2. Servicios de interés público y social: El módulo mínimo de reserva será el 4% de la superficie total ordenada, a las que se vincula el uso industrial en el planeamiento de rango superior Esta reserva, de acuerdo con lo establecido en el artículo 6 de este Anexo, se descompondrá de la siguiente forma:

Parque deportivo .... 2 por 100
Equipamiento comercial .... 1 por 100
Equipamiento social .... 1 por 100

3. Aparcamientos: El módulo mínimo de reserva será una plaza por cada 100 metros cuadrados de edificación.

Artículo 12.

1. Los módulos mínimos de reserva para dotaciones en Planes Parciales que desarrollen suelos destinados a usos terciarios serán los que figuran en el cuadro anejo al presente Anexo bajo el epígrafe de artículo 12.

2. Los tantos por ciento establecidos en el cuadro citado en el apartado anterior tomarán como base de aplicación la superficie total ordenada destinada a usos terciarios.

3. El sistema de espacios libres de dominio y uso público correspondiente al suelo destinado a usos terciarios se distinguirán, de acuerdo con el artículo 3 de este anexo, las siguientes zonas:

Jardines. Areas peatonales.

Las zonas dedicadas a jardines en su conjunto representarán, como mínimo, un 60% de la superficie total del sistema de espacios libres de dominio y uso público correspondiente al suelo destinado a usos terciarios.

ARTICULO 10

Módulos mínimos de reserva para dotaciones en suelo residencial

Unidades de vivienda	Sistemas espacios libres de dominio y uso público		Centros docentes			Servicios de interés público y social			Plazas de aparcamiento	Observaciones
	Jardines – m^2 suelo vivienda	Areas de juego y recreo de niños – m^2 suelo vivienda	Preescolar guardería – m^2 suelo vivienda	EGB – m^2 suelo vivienda	BUP – m^2 suelo vivienda	Parque deportivo – m^2 suelo vivienda	Equipamiento comercial – m^2 const.-vivienda	Equipamiento social – m^2 const.-vivienda	Núm./100 m^2 edificación	
Unidad elemental	15	3	10			–	2		1	El Plan Parcial propondrá el uso concreto de las reservas para Centros docentes y para servicios de interés público y social.
Unidad básica	15	3	2	10	–	6	1	3	1	El Plan Parcial propondrá los usos concretos de la reserva de interés público y social.
Unidad integrada	15	6	2	10	–	6	2	4	1	El Plan Parcial propondrá los usos concretos de la reserva de equipamiento social, distinguiendo, al menos, usos sanitarios y administrativos.
Conjuntos entre 1.000 y 2.000 viv.	15	6	2	10	–	8	3	6	1	El Plan Parcial propondrá los usos concretos de la reserva de equipamiento social, distinguiendo, al menos, usos sanitarios y administrativos.
Conjuntos entre 2.000 y 5.000 viv.	15	6	2	10	4	8	4	6	1	El Plan Parcial propondrá los usos concretos de la reserva de equipamiento social, distinguiendo, al menos, usos religiosos, sanitarios, asistenciales, administrativos, culturales, recreativos y club de ancianos.

Unidades de vivienda	Sistemas espacios libres de dominio y uso público		Centros docentes			Servicios de interés público y social			Plazas de aparcamiento	Observaciones
	Jardines – m^2 suelo-vivienda	Areas de juego y recreo de niños – m^2 suelo vivienda	Preescolar guardería – m^2 suelo vivienda	EGB – m^2 suelo vivienda	BUP – m^2 suelo vivienda	Parque deportivo – m^2 suelo vivienda	Equipamiento comercial – m^2 const-vivienda	Equipamiento social – m^2 const. vivienda	Núm./100 m^2 edificación	
Conjuntos superiores a 5.000 viv.	Se mantendrán como módulos mínimos de reserva de Plan Parcial los asignados a conjuntos comprendidos entre 2.000 y 5.000 viviendas. La reserva de dotaciones cuya necesidad sea generada por superarse en la ordenación del Plan Parcial la cifra de 5.000 viviendas, estará definida tanto en cuantía como en localización en el planeamiento de rango superior, teniendo el carácter de equipamiento propio de éste.									

ARTICULO 12

Módulos mínimos de reservas para dotaciones en suelos destinados a usos terciarios

Situación	Usos terciarios			Uso residencial	Observaciones
	Sistema de espacios libres de dominio y uso público – Porcentaje	Servicio de interés público y social – Porcentaje	Plazas de aparcamiento – Núm./100 m^2 edificación	Sistema de espacios libres de dominio y uso público, centros docentes, plazas de aparcamiento	
Primera	10	4	1	–	El Plan Parcial propondrá los usos concretos de la reserva de servicios de interés público y social.
Segunda	10	6	1	Módulos del artículo 10 de este Anexo.	El Plan Parcial propondrá los usos concretos de la reserva de servicios de interés público y social, teniendo en cuenta las observaciones del cuadro del artículo 10 de este Anexo.

§ 3.2 REAL DECRETO 3288/1978, DE 25 AGOSTO. APRUEBA EL REGLAMENTO DE GESTIÓN URBANÍSTICA PARA EL DESARROLLO Y APLICACIÓN DE LA LEY SOBRE RÉGIMEN DEL SUELO Y ORDENACIÓN URBANA

(BB OO del Estado núms. 27 y 28, de 31 enero y 1 febrero 1999 [RCL 1979, 319])

✐ La disp. derog. única del RD 1093/1997, de 4 julio (§2.1) declaró derogadas todas las disposiciones contenidas en el RGU de 25 agosto 1978, en cuanto se refieren al acceso al Registro de la Propiedad de actos de naturaleza urbanística.

Artículo único.

Se aprueba el Reglamento de Gestión Urbanística para el desarrollo y aplicación de la Ley sobre Régimen del Suelo y Ordenación Urbana, cuyo texto se inserta a continuación.

REGLAMENTO DE GESTIÓN URBANÍSTICA

TÍTULO I
DISPOSICIONES GENERALES

CAPÍTULO I
Sujetos y modalidades de gestión

Sección 1ª Principios generales

Artículo 1.

1. La ejecución del planeamiento urbanístico corresponde, dentro de sus respectivas esferas de actuación, a la Administración del Estado, a las Entidades Locales, a las Entidades urbanísticas especiales y a los particulares.

2. Las Administraciones urbanísticas suscitarán, en la medida más amplia posible, la iniciativa privada y la sustituirán cuando ésta no alcanzase a cumplir los objetivos necesarios, con las compensaciones que la Ley establece.

⇒ V. art. 4 de la Ley 6/1998, de 13 abril (§1).
V. art. 4 del TRLS/1992 (§2) que, aunque derogado por la Ley 6/1998, de 13 abril (§1), aún conserva vigencia en las Comunidades autónomas que se indican.
V. Jurisprudencia en arts. 114 y concordantes del TRLS/1976 (§3).

Artículo 2.

1. La ejecución de los Planes de ordenación por el Estado se realizará a través del Ministerio de Obras Públicas y Urbanismo y de sus Centros directivos, Organismos autónomos y Empresas públicas a las que se confíe tal misión.

2. Tanto estas actuaciones de ejecución como las que lleven a cabo otros Departamentos ministeriales, Organismos autónomos o Empresas públicas adscritas a los mismos se realizarán de conformidad con las previsiones y en el tiempo señalado en el planeamiento correspondiente.

Artículo 3.

1. Corresponde específicamente a la Administración del Estado la gestión del planeamiento de nivel nacional y de los Planes directores territoriales de coordinación, sin perjuicio de que transfiera sus competencias a otras Entidades territoriales mediante descentralización, desconcentración u otras modalidades de encomienda de funciones reconocidas por el derecho aplicable.

2. *En la ejecución del planeamiento de nivel municipal o intermunicipal, la Administración del Estado proporcionará ayuda técnica y financiera a las Entidades locales, se subrogará en el ejercicio de las competencias locales en los supuestos previstos por la Ley del Suelo, y realizará las obras e instalaciones de servicios que sean de su competencia con los caracteres y en los plazos previstos, salvo que dicha realización haya sido transferida a las Corporaciones interesadas en las modalidades previstas en el número anterior.*

✐ Apartado derogado por RD 304/1993, de 26 febrero, que aprobó la Tabla de Vigencias.

⇒ V. art. 68 del TRLS/1992 (§2) que, aunque derogado por la Ley 6/1998, de 13 abril (§1), aún conserva vigencia en las Comunidades autónomas que se indican.

Artículo 4.

1. Para la ejecución de los Planes, la Administración del Estado podrá constituir Entidades urbanísticas especiales o crear órganos específicos, cumpliendo en cada caso los requisitos previstos por la legalidad en vigor.

2. Podrá, igualmente, a los fines de cooperar en la ejecución a cargo de las Entidades locales, constituir con ellas Consorcios o Sociedades.

⇒ V. RD 1525/1999, de 1 octubre.
V. arts. 12, 13, 14, 21, 22 y 23 del presente Reglamento.
V. art. 147 del TRLS/1992 (§2) que, aunque derogado por la Ley 6/1998, de 13 abril (§1), aún conserva vigencia en las Comunidades autónomas que se indican.
V. Jurisprudencia en arts. 115 y concordantes del TRLS/1976 (§3).

Artículo 5.

Corresponde a las Entidades locales, individualmente o asociadas entre sí, la ejecución de los Planes municipales e intermunicipales y la realización, a título de competencia propia o por encomienda del Estado, de obras y servicios previstos en el planeamiento de carácter superior.

⇒ V. art. 15 de la LRJ-PAC.

Artículo 6.

1. Las Diputaciones Provinciales y los Cabildos Insulares podrán participar en la elaboración de los Planes directores territoriales de coordinación y en la ejecución de obras y servicios previstos en ellos, cuando el ámbito territorial de los mismos afecte a la totalidad o parte del respectivo territorio provincial o insular.

2. En el desarrollo de las competencias urbanísticas municipales, corresponde a las Diputaciones Provinciales proporcionar ayuda técnica y financiera a los Municipios, mediante su actividad de cooperación. *Podrán también subrogarse en el ejercicio de las competencias municipales en los supuestos y con el procedimiento establecidos en la Ley del Suelo.*

✐ Inciso final derogado por RD 304/1993, de 26 febrero, que aprobó la Tabla de Vigencias.

Artículo 7.

1. Los Ayuntamientos podrán asumir la gestión urbanística a través de sus órganos de gobierno ordinarios o constituir Gerencias con este objeto. Para el desarrollo de actuaciones establecidas en el planeamiento, podrán igualmente crear órganos especiales de gestión, Fundaciones públicas de servicios, Sociedades, o utilizar las demás modalidades gestoras previstas en el Reglamento de Servicios de las Corporaciones Locales.

2. Podrán igualmente mancomunarse con otros Municipios, y el Estado podrá disponer la agrupación obligatoria de los mismos en los casos determinados en la Ley de Régimen Local.

3. Para el desarrollo de actividades de interés para su población, y que no sean de su competencia exclusiva, podrán constituir Consorcios con Entidades de diferente orden o naturaleza.

⇒ V. arts. 9 a 23 del presente Reglamento.
V. art. 85 de la LBRL.

Artículo 8.

1. Los particulares, individualmente o agrupados en Entidades urbanísticas colaboradoras, asumirán las facultades y deberes que les confiere la Ley del Suelo y el planeamiento en orden a la ejecución de éste.

2. Las Entidades urbanísticas colaboradoras podrán igualmente realizar tareas de conservación y administración de las unidades residenciales creadas y de bienes y servicios que formen parte de su equipamiento.

3. La Administración del Estado fomentará la iniciativa privada en la ejecución de los planes y la participación ciudadana en todas las fases de la gestión del urbanismo.

⇒ V. art. 4 de la Ley 6/1998, de 13 abril (§1).

V. art. 4 del TRLS/1992 (§2) que, aunque derogado por la Ley 6/1998, de 13 abril (§1), aún conserva vigencia en las Comunidades autónomas que se indican.
V. Jurisprudencia en arts. 4 y concordantes del TRLS/1976 (§3).

Sección 2ª Mancomunidades y agrupaciones urbanísticas

Artículo 9.

1. Las Diputaciones Provinciales podrán participar en Mancomunidades constituidas por Ayuntamientos de su provincia para cooperar en el desarrollo de las competencias urbanísticas municipal y provincial sobre áreas determinadas sometidas a elaboración o ejecución del planeamiento.

2. Las Diputaciones Provinciales impulsarán la constitución, por los órganos y mediante el procedimiento correspondiente de Mancomunidades o, en su caso, de Agrupaciones forzosas de Municipios.

⇒ V. arts. 42 y 44 de la LBRL.

Artículo 10.

1. Las Mancomunidades y Agrupaciones urbanísticas pueden tener por objeto:

a) Alguno o algunos de los fines previstos en el artículo 21.2, del presente Reglamento.

b) Elaboración y ejecución del planeamiento de carácter intermunicipal.

c) La ejecución o conservación de obras urbanísticas y el desarrollo de servicios complementarios en áreas o polígonos pertenecientes a más de un término municipal, cuando se constituyan nuevos núcleos urbanos.

2. Los Municipios integrados pueden, previo acuerdo favorable del órgano de gobierno de la Mancomunidad, transferir a la misma la titularidad o el mero ejercicio de competencias urbanísticas o relativas a actividades de carácter complementario.

3. En las mismas condiciones, los Municipios integrados en una Agrupación forzosa podrán transferir a ésta funciones no incluidas en el objeto inicial de la Agrupación.

✐ Apartado derogado por RD 304/1993, de 26 febrero, que aprobó la Tabla de Vigencias.

Artículo 11.

1. Las Mancomunidades o Agrupaciones urbanísticas podrán acordar, previos los trámites establecidos en su ordenamiento peculiar, la imposición de tasas y contribuciones especiales previstas en la legislación local, cuando establezcan servicios o realicen obras que legitimen dicha imposición.

2. Los Municipios integrados podrán delegar en la Mancomunidad o Agrupación, una vez acordada por aquéllos, la imposición de tributos de naturaleza urbanística, la liquidación y recaudación de los mismos.

3. Además de lo dispuesto en la legislación local, los gastos de la gestión urbanística de la Mancomunidad o Agrupación podrán cubrirse con:

a) La participación en tributos municipales que tengan relación con las competencias de los Ayuntamientos integrados que hayan sido asumidas por la Mancomunidad o Agrupación.

b) Las subvenciones que, a título de cooperación a los servicios municipales, acuerde la Diputación Provincial correspondiente.

c) Las subvenciones que la Administración del Estado acuerde a tenor de lo dispuesto en el artículo 193 de la Ley del Suelo.

✐ Letra c) del ap. 3 derogada por RD 304/1993, de 26 febrero, que aprobó la Tabla de Vigencias.

Sección 3ª Consorcios urbanísticos

Artículo 12.

1. Las Administraciones públicas podrán consorciarse para el desarrollo de fines propios de la gestión y ejecución de actividades urbanísticas.

2. A los Consorcios se podrán incorporar particulares, previo convenio acerca de las bases que hayan de regir su actuación.

3. Tanto el acuerdo a que se refiere el número anterior como los demás actos necesarios para la constitución definitiva del Consorcio requerirán:

a) Que la actividad cuyo desarrollo se aborda en común esté dentro de la esfera de capacidad de los sujetos consorciados.

b) Que cada uno de dichos sujetos cumpla con los requisitos que la legislación que le sea aplicable establezca como necesarios para obligarse contractualmente y para disponer de fondos de su propiedad o a su cargo.

Artículo 13.

Los Consorcios urbanísticos pueden tener por objeto una o varias de las finalidades siguientes:

a) Elaborar estudios y realizar trabajos de promoción urbanística de áreas, zonas o polígonos determinados.

b) Abordar la formación y ejecución de Planes parciales o especiales y programas de actuación urbanística.

c) Unificar tareas de gestión del desarrollo urbanístico de áreas o de polígonos, aunque sea sin asumir de modo directo funciones de ejecución del planeamiento, colaborando con la Administración o Administraciones urbanísticas que sean competentes por razón de la materia o del territorio.

d) Realizar obras de infraestructura urbanística.

e) Crear o gestionar servicios complementarios de urbanizaciones.

f) Cuidar de la conservación de nuevas urbanizaciones, gestionando de modo unificado las competencias o deberes propios de los miembros del Consorcio.

Artículo 14.

1. Los Consorcios urbanísticos realizarán sus actividades en nombre propio o en nombre de los sujetos consorciados, según las disposiciones establecidas en sus bases de constitución.

2. Los Entes consorciados podrán encomendar al Consorcio cualesquiera otras actividades cuyo ejercicio no tenga el carácter de intransferible, según lo que al respecto disponga la legislación en cada caso aplicable.

3. En ningún caso podrá delegarse en el Consorcio la potestad de establecer tributos, pero sí se le podrá encomendar la recaudación unificada de aquellos que graven el suelo o su aprovechamiento, pudiendo en este caso recurrir a la vía de apremio.

4. Los Entes consorciados no pueden delegar en el Consorcio la potestad expropiatoria, si bien pueden encomendarle la gestión de las expropiaciones que los mismos acuerden.

5. Cuando el Consorcio establezca servicios susceptibles de aprovechamiento individualizado, podrá imponer y recaudar las contraprestaciones correspondientes.

Sección 4ª Gerencias urbanísticas

Artículo 15.

1. Podrán constituir Gerencias de urbanismo las Administraciones Central, Local e Institucional, para el mejor desarrollo de las competencias urbanísticas que el ordenamiento les haya confiado.

2. El régimen de Gerencia urbanística llevará consigo una diferenciación orgánica, funcional o ambas cosas a la vez, respecto de la organización y funciones generales propias del Ente público que la constituya.

3. La Gerencia urbanística podrá consistir en un órgano de carácter individual o colegiado o en una Entidad con personalidad y patrimonio propio.

4. En la creación de Gerencia se observarán las previsiones establecidas en cada caso por la legislación peculiar de la Entidad o Entidades que acuerden su constitución.

Artículo 16.

1. Las Gerencias constituidas por la Administración estatal o institucional tendrán por objeto la realización de actividades generales o específicas en todo el territorio nacional o en áreas territoriales determinadas.

2. Las Gerencias podrán tener una duración indefinida o temporal, quedando en este último caso extinguidas al finalizar los trabajos que les hubieren sido encomendados.

3. Las Gerencias urbanísticas de la Administración estatal o institucional podrán asumir, especialmente, las funciones de dirección y ejecución de las obras de acondicionamiento y conservación de las áreas o polígonos resi-

denciales, industriales o de servicios previstos en los planes de ordenación correspondientes.

4. Cualquiera que fuese la forma adoptada para la constitución de las Gerencias, la Administración que las constituya no podrá descentralizar, desconcentrar o delegar en ellas funciones de dirección superior y fiscalización de la gestión que se les encomiende.

Artículo 17.

1. La Administración del Estado podrá constituir y dotar Gerencias de urbanismo de ámbito comarcal, con la función de prestar asistencia técnica permanente a los Municipios comprendidos en el área, en el desarrollo de sus competencias urbanísticas.

2. La constitución y sostenimiento de las Gerencias a que se refiere este artículo podrá realizarse en común por la Administración del Estado y la Diputación Provincial correspondiente, previo el oportuno convenio. Las Gerencias así constituidas se encuadrarán en la organización estatal o provincial, en atención al carácter predominante de los fondos del sostenimiento.

Artículo 18.

1. Para la institución del régimen de Gerencia urbanística municipal o provincial, se seguirá el siguiente procedimiento:

a) El acuerdo de solicitud será adoptado por la Corporación en pleno.

b) A la petición se acompañará Memoria justificativa de la propuesta, con exposición de sus planes operativos y objetivos, régimen funcional y estudio económico-financiero con expresión de los recursos proyectados.

c) El expediente se elevará al Ministro del Interior, quien, previo informe del de Obras Públicas y Urbanismo, lo someterá con su propuesta a aprobación del Consejo de Ministros.

d) El acuerdo por el que se constituya la Gerencia urbanística determinará las facultades del Gerente y el régimen de recursos contra sus actos y resoluciones, en los términos establecidos en la legislación de régimen local.

2. El Gerente será designado por el Ministro del Interior a propuesta de la Corporación. La designación podrá recaer en un miembro de la misma o en quien no ostentare tal carácter, siempre que uno y otro estuvieren especialmente capacitados.

3. En la Gerencia se integrarán, además, de acuerdo con las posibilidades financieras de la Entidad creadora y, en su caso, de los auxilios económicos con que cuente, los efectivos personales, de carácter pluridisciplinar y especializado, que requiera la función ejecutiva y la de asesoramiento y apoyo a la actuación del Gerente.

✐ Aps. 1 y 2 derogados por RD 304/1993, de 26 febrero, que aprobó la Tabla de Vigencias.

Artículo 19.

Los Municipios podrán otorgar a las Gerencias urbanísticas todas o algunas de las facultades siguientes:

a) Funciones instrumentales de carácter técnico, cuya decisión corresponda en último término al Ayuntamiento, tales como:

– Elaborar proyectos de Planes de ordenación, estudios de detalle y proyectos de urbanización.

– Ejecutar Planes y programas.

– Redactar, tramitar y ejecutar proyectos de expropiación forzosa.

– Preparar y proponer a la aprobación de las autoridades competentes cualquier clase de documentos y proyectos de índole urbanística que deba redactar el Ayuntamiento.

b) Funciones que impliquen ejercicio de autoridad y que le sean transferidas mediante descentralización funcional, como:

– Señalamiento de alineaciones y rasantes.

– Concesión de licencias urbanísticas.

– Expedición de cédulas urbanísticas.

– Ejercicio de la inspección urbanística.

c) La gestión del Patrimonio municipal del suelo, a cuyo fin podrá adquirir, poseer, reivindicar, administrar, gravar y enajenar toda clase de bienes; así como asumir titularidades fiduciarias de disposición, correspondiendo las dominicales al Municipio.

Artículo 20.

1. Las Gerencias urbanísticas podrán también ser instituidas mediante el acuerdo en común de varios Municipios, por sí solos o, además, con la Diputación Provincial correspondiente, para fines de carácter temporal o permanente.

2. Podrán también crear Gerencias urbanísticas las Entidades municipales de carácter comarcal o metropolitano y las Mancomunidades provinciales, constituidas con sujeción a lo dispuesto en la legislación de régimen local.

3. En uno y otro caso será de aplicación lo dispuesto en los dos artículos precedentes de este Reglamento.

Sección 5ª Personificación de forma societaria

Artículo 21.

1. Las Administraciones urbanísticas podrán crear, conjunta o separadamente, Sociedades anónimas cuando así convenga a la promoción, gestión o ejecución de actividades urbanísticas. El acuerdo de creación, así como, en su caso, el de participación en la Sociedad ya creada, se regirá por la legislación que a cada Entidad le sea aplicable.

2. Podrá, especialmente encomendarse a las Sociedades constituidas por las Administraciones urbanísticas:

a) La realización de obras de infraestructura y dotación de servicios en un área o polígono determinados de actuación urbanística.

b) La promoción y gestión de urbanizaciones, con independencia del sistema que se adopte para la elaboración y ejecución del planeamiento urbanístico.

3. La participación pública en las Sociedades a que este artículo se refiere habrá de ser en todo caso mayoritaria.

✐ Ap. 3 derogado por RD 304/1993, de 26 febrero, que aprobó la Tabla de Vigencias.

⇒ V. Jurisprudencia en arts. 115 y concordantes del TRLS/1976 (§3).

Artículo 22.

1. Podrán también participar las Administraciones urbanísticas en cualesquiera otras Sociedades constituidas, con limitación de responsabilidad, por particulares para el desarrollo de fines de naturaleza urbanística.

En los supuestos a que este artículo se refiere, la participación administrativa podrá no ser mayoritaria. Si recibiesen especiales atribuciones por parte de la Administración competente, la Sociedad podrá quedar sometida al vínculo específico de control o sujeción que se determine, con la finalidad de adecuar tales atribuciones a los fines de interés público.

Artículo 23.

La Administración competente podrá entregar a las Sociedades urbanizadoras las concesiones de servicio convenientes, a fin de que con su explotación obtengan la retribución de la obra urbanizadora.

Sección 6ª Entidades urbanísticas colaboradoras

Artículo 24.

1. Los interesados podrán participar en la gestión urbanística mediante la creación de Entidades urbanísticas colaboradoras.

2. Son Entidades urbanísticas colaboradoras:

a) Las Juntas de Compensación.

b) Las Asociaciones administrativas de propietarios en el sistema de cooperación.

c) Las Entidades de conservación.

3. Las Entidades urbanísticas colaboradoras se regirán por sus Estatutos y por lo dispuesto en esta sección, sin perjuicio de la aplicación de los preceptos específicos contenidos en los Capítulos II y III del Título V de este Reglamento para las Juntas de Compensación y Asociaciones administrativas de propietarios en el sistema de cooperación y de las previsiones establecidas en el Capítulo IV del Título II para la conservación de las obras de urbanización.

⇒ V. arts. 67 a 70 del presente Reglamento.

Artículo 25.

1. La constitución de las Juntas de Compensación y de las Asociaciones administrativas de propietarios en el sistema de cooperación se acomodarán a lo previsto en las disposiciones contenidas en los respectivos sistemas de actuación.

2. Las Entidades de conservación de las obras de urbanización podrán constituirse como consecuencia de la transformación de alguna Entidad preexistente de las enunciadas en el número anterior o, específicamente para dichos fines sin que previamente se haya constituido una Entidad para la ejecución de las obras de urbanización.

3. Será obligatoria la constitución de una Entidad de conservación siempre que el deber de conservación de las obras de urbanización recaiga sobre los propietarios comprendidos en un polígono o unidad de actuación en virtud de las determinaciones del Plan de ordenación o bases del programa de actuación urbanística o resulte expresamente de disposiciones legales. En tales supuestos, la pertenencia a la Entidad de conservación será obligatoria para todos los propietarios comprendidos en su ámbito territorial.

⇒ V. arts. 67 a 70 del presente Reglamento.

Artículo 26.

1. Las Entidades urbanísticas colaboradoras tendrán carácter administrativo y dependerán en este orden de la Administración urbanística actuante.

2. La personalidad jurídica de las Entidades urbanísticas colaboradoras se entenderá adquirida a partir del momento de su inscripción en el correspondiente Registro.

Artículo 27.

1. La constitución de las Entidades urbanísticas colaboradoras, así como sus Estatutos, habrán de ser aprobados por la Administración urbanística actuante.

2. El acuerdo aprobatorio de la constitución se inscribirá en el Registro de Entidades Urbanísticas Colaboradoras que se llevará en las respectivas Comisiones Provinciales de Urbanismo, donde así mismo se archivará un ejemplar de los estatutos de la Entidad autorizado por funcionario competente.

3. Los nombramientos y ceses de las personas encargadas del gobierno y administración de la Entidad se inscribirán también en dicho Registro.

4. La modificación de los Estatutos requerirá aprobación de la Administración urbanística actuante. Los acuerdos respectivos, con el contenido de la modificación, en su caso, habrán de constar en el Registro.

Artículo 28.

La transmisión de la titularidad que determine la pertenencia a cualquiera de los tipos de Entidades urbanísticas colaboradoras llevará consigo la subrogación en los derechos y obligaciones del causante, entendiéndose incorporado el adquirente a la Entidad a partir del momento de la transmisión.

Artículo 29.

Los acuerdos de las Entidades urbanísticas colaboradoras se adoptarán por mayoría simple de cuotas de participación, salvo que en los Estatutos o en otras normas se establezca un quórum especial para determinados supuestos. Dichos acuerdos podrán impugnarse en alzada ante la Administración urbanística actuante.

Artículo 30.

1. La disolución de las Entidades urbanísticas colaboradoras se producirá por el cumplimiento de los fines para los que fueron creadas y requerirá, en todo caso, acuerdo de la Administración urbanística actuante.

2. No procederá la aprobación de la disolución de la Entidad mientras no conste el cumplimiento de las obligaciones que estén pendientes.

CAPÍTULO II
Requisitos generales para la ejecución

Sección 1ª Función legitimadora del planeamiento

Artículo 31.

1. Para la ejecución de los Planes generales en suelo urbano será suficiente que éstos contengan los requisitos señalados en el artículo 12.2.1, de la Ley del Suelo.

2. Las actuaciones en suelo urbanizable programado requieren la previa aprobación del Plan parcial del sector correspondiente.

3. En el suelo urbanizable no programado sólo podrá actuarse mediante la aprobación de programas de actuación urbanística y de los correspondientes Planes parciales para su ejecución.

4. La ejecución de los sistemas generales integrantes de la estructura general y orgánica del territorio se llevará a cabo, bien directamente, mediante la aprobación de Planes especiales, bien mediante su inclusión en los sectores correspondientes para su desarrollo en Planes parciales.

⇒ V. arts. 24 y 72 del TRLS/1992 (§2) que, aunque derogados por la Ley 6/1998, de 13 abril (§1), aún conservan vigencia en las Comunidades autónomas que se indican.

Artículo 32.

1. Para la ejecución de las determinaciones de las normas complementarias y subsidiarias del planeamiento en suelo urbano será suficiente que dichas normas contengan las precisiones establecidas en el artículo 92 del Reglamento de Planeamiento.

2. En las áreas declaradas aptas para la urbanización en las normas complementarias y subsidiarias de planeamiento de carácter municipal se actuará mediante los planes parciales correspondientes.

Artículo 33.

1. La ejecución de las obras de infraestructura previstas, en su caso, en los Planes directores territoriales de coordinación podrá llevarse directamente a cabo mediante la aprobación de Planes especiales.

2. Podrán aprobarse también Planes especiales para la ejecución de actuaciones aisladas en suelo urbano en los municipios que tengan aprobado Plan general o normas complementarias o subsidiarias de planeamiento de carácter municipal.

⇒ V. art. 84 del TRLS/1992 (§2) que, aunque derogado por la Ley 6/1998, de 13 abril (§1), aún conserva vigencia en las Comunidades autónomas que se indican.

Artículo 34.

En los Municipios que carezcan de Plan y de normas complementarias y subsidiarias del planeamiento, la edificación en suelo urbano y, en su caso, las obras de urbanización a realizar en este suelo se acomodarán a la legislación de régimen local y a las Ordenanzas de construcción debidamente aprobadas, una vez efectuada la delimitación de dicha clase de suelo por el procedimiento establecido en el artículo 81.2 de la Ley del Suelo. En todo caso se tendrá en cuenta lo establecido en los artículos 73 y 74 de dicha Ley.

⇒ V. arts. 101 a 103 del RPU (§3.1).
V. art. 138 b) del TRLS/1992 (§2).

Sección 2ª Orden de prioridades

Artículo 35.

1. La ejecución de los Planes se llevará a cabo de acuerdo con los programas contenidos en ellos.

2. Dentro de cada Plan se seguirá el orden de prioridades de unos polígonos respecto a otros, que aquél establezca, salvo en el supuesto de que se garantice la ejecución de los sistemas viarios y redes de servicios públicos previstos en el Plan, aunque excedan de los necesarios para el servicio del polígono en el que se actúe.

3. En la ejecución de los Planes especiales se seguirá el orden de prioridad que en cada uno de ellos se establezca en función de los objetivos que pretenda conseguir.

Sección 3ª Delimitación de polígonos y unidades de actuación

Artículo 36.

1. La ejecución se realizará siempre por unidades de actuación o por polígonos completos, salvo cuando se trate de la ejecución de sistemas generales o de alguno de sus elementos o de actuaciones aisladas en suelo urbano.

2. En la delimitación de los polígonos en suelo urbanizable programado o *incluido en un* programa de actuación urbanística habrá de justificarse para cada uno de ellos el cumplimiento de los requisitos del artículo 117.2, de la Ley del Suelo.

A los efectos de hacer posible la distribución equitativa de los beneficios y cargas de la urbanización, no se podrán delimitar polígonos dentro de un mismo sector cuyas diferencias de aprovechamiento entre sí con relación al aprovechamiento del sector sea superior al 15%.

3. En el suelo urbano, cuando no sea posible la determinación de un polígono con los requisitos establecidos en el artículo 117.2, de la Ley del Suelo ni se trate de actuaciones aisladas, las operaciones urbanísticas podrán llevarse a cabo mediante la delimitación de unidades de actuación que permitan, al menos, la distribución justa entre los propietarios de los beneficios y cargas derivados del planeamiento.

No podrán delimitarse polígonos ni unidades de actuación inmediatos a terrenos de cesión obligatoria y gratuita sin incluir en los referidos polígonos y unidades la parte correspondiente de los indicados terrenos.

✐ Apartado derogado por RD 304/1993, de 26 febrero, que aprobó la Tabla de Vigencias.

⇒ V. art. 143 del TRLS/1992 (§2) que, aunque derogado por la Ley 6/1998, de 13 abril (§1), aún conserva vigencia en las Comunidades autónomas que se indican.
V. Jurisprudencia en arts. 117 y concordantes del TRLS/1976 (§3).

Artículo 37.

1. Cuando la diferencia de aprovechamiento entre polígonos, fijada en los términos establecidos en el número 2 del artículo anterior, sea inferior al 15%, la delimitación poligonal será válida y producirá todos sus efectos, sin perjuicio de que los propietarios situados en el polígono o polígonos con aprovechamiento superior hayan de compensar en metálico a los propietarios de los polígonos con aprovechamiento inferior por la diferencia que resulte.

2. En la cuenta de liquidación del proyecto de reparcelación o compensación de los polígonos afectados por esa diferencia de aprovechamiento se incluirán unas partidas, deudora y acreedora, que hayan de ser objeto de compensación en metálico.

3. En los polígonos con exceso de aprovechamiento, el importe de éste tendrá el carácter de gasto de urbanización y se entregará a la Administración actuante con el fin de indemnizar en metálico a los propietarios de los polígonos con defecto. No obstante, la Administración actuante podrá satisfacer esta indemnización asumiendo la porción de gastos de urbanización equivalente.

✐ Artículo derogado por RD 304/1993, de 26 febrero, que aprobó la Tabla de Vigencias.

Artículo 38.

1. La determinación y delimitación de los polígonos y unidades de actuación, cuando no estuviere contenida en los Planes, se ajustará al siguiente procedimiento:

a) Se iniciará de oficio por la Entidad local o urbanística especial actuante o a instancia de los particulares interesados.

b) Aprobado inicialmente el expediente, se someterá por la Entidad actuante a información pública durante el plazo de quince días, mediante anuncios que a tal efecto se inserten en el «Boletín Oficial» de la provincia y en un periódico de los de mayor circulación de la provincia. En todo caso será preceptiva la citación personal de los propietarios de terrenos incluidos en el polígono o unidad de actuación, para los que el plazo empezará a contarse desde el día siguiente al de la recepción de la notificación.

c) El expediente con las reclamaciones y observaciones que se hubieren formulado será resuelto definitivamente por la Entidad local o urbanística especial actuante. Cuando se trate de acuerdos de las Entidades locales, bastará para su adopción la mayoría simple.

d) Para la efectividad de la delimitación se precisará la publicación de la aprobación definitiva en el «Boletín Oficial» de la provincia.

2. Los mismos trámites se seguirán cuando hubiere de procederse a la modificación de polígonos o unidades de actuación ya delimitados.

3. Las reclamaciones o recursos contra el acto de aprobación definitiva fundados en errores u omisiones no denunciados en la fase de información pública no darán lugar en ningún caso a la retroacción de actuaciones, sin perjuicio de las indemnizaciones que pudieran corresponder a los reclamantes.

4. Si, como consecuencia de las alegaciones producidas, el acuerdo de aprobación definitiva modificase los límites del polígono, no será preciso nuevo trámite de información, salvo que la superficie del polígono o unidad de actuación se aumentase o disminuyese en más de un 10%, respecto de la inicialmente prevista, en cuyo caso se dará audiencia a los afectados por el aumento o disminución.

✐ Ap. 3 derogado por RD 304/1993, de 26 febrero, que aprobó la Tabla de Vigencias.

⇒ V. Jurisprudencia en arts. 118.1 y concordantes del TRLS/1976 (§3).

TÍTULO II
DERECHOS, OBLIGACIONES Y CARGAS DE LOS PROPIETARIOS

CAPÍTULO I
Ejercicio de la facultad de edificar

Artículo 39.

1. En suelo urbano sólo podrá edificarse cuando los terrenos adquieran la condición de solar o cuando se asegure la ejecución simultánea de la urbanización y de la edificación.

2. Sin embargo, podrán autorizarse construcciones destinadas a fines industriales en las zonas permitidas, cuando la seguridad, salubridad y no contaminación quedaren suficientemente atendidas y el propietario asumiera las obligaciones establecidas en los artículos 46.2 de este Reglamento y 83.3, párrafo 1, de la Ley del Suelo, mediante inscripción en el Registro de la Propiedad.

✐ Apartado derogado por RD 304/1993, de 26 febrero, que aprobó la Tabla de Vigencias.

⇒ V. Jurisprudencia en arts. 78, 82 y concordantes del TRLS/1976 (§3).

Artículo 40.

1. Para autorizar en suelo urbano la edificación de terrenos que no tengan la condición de solar y no se incluyan en polígonos o unidades de actuación, será preciso, como garantía de la realización de las obras de urbanización:

a) Que en la solicitud de licencia, el particular interesado o, en su caso, el Departamento ministerial o Entidad que administre bienes estatales, se comprometa expresamente a la edificación y urbanización simultáneas.

b) Que se preste fianza, en cualquiera de las formas admitidas por la legislación local, en cuantía suficiente para garantizar la ejecución de las obras de urbanización, en la parte que corresponde.

c) Que en el escrito de solicitud de licencia se comprometa a no utilizar la construcción hasta tanto no esté concluida la obra de urbanización y a establecer tal condición en las cesiones del derecho de propiedad o de uso que se lleven a efecto para todo o parte del edificio.

2. El compromiso de urbanizar alcanzará no sólo a las obras que afecten al frente de fachada o fachadas del terreno sobre el que se pretenda construir, sino a todas las infraestructuras necesarias para que puedan prestarse los servicios públicos necesarios, tales como red de abastecimiento de aguas, saneamiento, alumbrado público y pavimentación de aceras y calzada, hasta el punto de enlace con las redes generales y viarias que estén en funcionamiento.

3. El incumplimiento del deber de urbanización simultáneo a la edificación comportará la caducidad de la licencia, sin derecho a indemnización, impidiéndose el uso de lo edificado, sin perjuicio del derecho de los terceros adquirentes al resarcimiento de los daños y perjuicios que se les hubieren irrogado. Asimismo, comportará la pérdida de la fianza a que se refiere el apartado 1 b), de este artículo.

Artículo 41.

1. En el suelo urbano los propietarios de terrenos incluidos en polígonos o unidades de actuación podrán, asimismo, solicitar licencia de edificación antes de que adquieran la condición de solar, siempre que concurran los siguientes requisitos:

a) Que hubiese ganado firmeza, en vía administrativa, el acto de aprobación del proyecto de reparcelación o de compensación, si uno u otro fuesen necesarios para la distribución de beneficios y cargas del Plan.

b) Que por el estado de realización de las obras de urbanización la Administración considere previsible que a la terminación de la edificación la parcela de que se trate contará con todos los servicios necesarios para tener la condición de solar.

c) Que en el escrito de solicitud de licencia se comprometa a no utilizar la construcción hasta tanto no esté concluida la obra de urbanización y a establecer tal condición en las cesiones de derecho de propiedad o de uso que se lleven a efecto para todo o parte del edificio.

2. No se permitirá la ocupación de los edificios hasta que no esté realizada totalmente la urbanización que afecte a dichos edificios y estén en condiciones de funcionamiento los suministros de agua y energía eléctrica y las redes de alcantarillado.

3. Serán de aplicación las previsiones establecidas en el número 3 del artículo anterior.

Artículo 42.

1. En suelo urbanizable programado, en tanto no se aprueben planes parciales y se ejecuten las correspondientes obras de urbanización, no se podrá edificar ni levantar otras instalaciones; sin embargo, podrán realizarse las obras correspondientes a la infraestructura del territorio o a los sistemas generales determinantes del desarrollo urbano o ejecutarse aquellas otras de carácter provisional a que se refiere el artículo 58.2, de la Ley del Suelo.

2. Podrá edificarse en esta categoría de suelo, previa aprobación del Plan Parcial y Proyectos de Urbanización correspondientes, antes de que los terrenos estén totalmente urbanizados, siempre que se cumplan los requisitos señalados en el artículo anterior y con los efectos expresados en el mismo.

⇒ V. art. 7 de la Ley 6/1998, de 13 abril (§1).
V. art. 136.2 del TRLS/1992 (§2).
V. Jurisprudencia en arts. 84, 116 y concordantes del TRLS/1976 (§3).

Artículo 43.

En terrenos incluidos en un Programa de Actuación Urbanística, en tanto no se apruebe el correspondiente Plan Parcial, serán de aplicación las previsiones establecidas en el artículo anterior.

Artículo 44.

1. En tanto no se aprueben Programas de Actuación Urbanística, los terrenos clasificados como suelo urbanizable no programado estarán sujetos a las siguientes limitaciones, además de las que resulten aplicables en virtud de otras leyes:

1ª Deberán respetarse las incompatibilidades de usos señalados en el Plan General.

2ª No se podrán realizar otras construcciones que las destinadas a explotaciones agrícolas que guarden relación con la naturaleza y destino de la finca y se ajusten en su caso a los planes o normas del Ministerio de Agricultura, así como las construcciones e instalaciones vinculadas a la ejecución, entretenimiento y servicio de las obras públicas. Sin embargo, podrán autorizarse, siguiendo el procedimiento previsto en este artículo, edificaciones e instalaciones de utilidad pública o interés social que hayan de emplazarse en el medio rural, así como edificios aislados destinados a vivienda familiar en los que no exista la posibilidad de formación de un núcleo de población.

3ª Los tipos de las construcciones habrán de ser adecuados a su condición y situación aislada, conforme a las normas que el Plan establezca, quedando prohibidas las edificaciones características de las zonas urbanas.

4ª En las transferencias de propiedad, divisiones y segregaciones de terrenos rústicos no podrán efectuarse fraccionamientos en contra de lo dispuesto en la legislación agraria.

2. El procedimiento para la autorización de la construcción de edificaciones e instalaciones de utilidad pública o interés social o viviendas familiares a que se hace mención en la limitación segunda del número anterior se desarrollará del modo siguiente:

1. Se iniciará mediante petición del interesado ante el Ayuntamiento respectivo, en la que se hagan constar los siguientes extremos:

a) Nombre, apellidos o, en su caso, denominación social, y domicilio de la persona física o jurídica que lo solicite.

b) Emplazamiento y extensión de la finca en que se pretenda construir, reflejados en un plano de situación.

c) Superficie ocupada por la construcción y descripción de las características fundamentales de la misma.

d) Si se trata de edificaciones o instalaciones de utilidad pública o social, justificación de estos extremos y de la necesidad de su emplazamiento en el medio rural, y de que no se forma núcleo de población.

2. El Ayuntamiento informará la petición y elevará el expediente al Ministro de Obras Públicas y Urbanismo, cuando se trate de capitales de provincia o municipios de más de 50.000 habitantes, o a la Comisión Provincial de Urbanismo respectiva, en los demás casos.

3. El Ministerio de Obras Públicas y Urbanismo o la Comisión Provincial de Urbanismo, según proceda, someterá el expediente a información pública durante quince días en la capital de la provincia.

4. Transcurrido dicho plazo, se adoptará la resolución definitiva por la autoridad u órgano competente de los enunciados en el número anterior. En la resolución habrá de valorarse la utilidad pública o interés social de la edificación o instalación, cuanto dicha utilidad o interés no venga atribuida por aplicación de su legislación específica, así como las razones que determinen la necesidad de emplazarse en el medio rural. Si se tratare de edificios destinados a vivienda familiar, habrán de valorarse, en su caso, con arreglo a los criterios del Plan General o Normas Subsidiarias y Complementarias del Planeamiento, las circunstancias en base a las cuales pueda considerarse que no existe posibilidad de formación de un núcleo de población.

⇒ V. Jurisprudencia en arts. 79, 85 y concordantes del TRLS/1976 (§3).

Artículo 45.

1. Los terrenos clasificados como suelo no urbanizable estarán sujetos a las limitaciones establecidas para el suelo urbanizable no programado.

2. Los espacios que por sus características según el Plan General deban ser objeto de una especial protección no podrán ser dedicados a utilizaciones que impliquen transformación de su destino o naturaleza o lesionen el valor específico que se quiera proteger.

⇒ V. Jurisprudencia en arts. 85, 86 y concordantes del TRLS/1976 (§3).

CAPÍTULO II
Cesiones obligatorias y aprovechamiento medio

Artículo 46.

1. Los propietarios de suelo afectado por una actuación urbanística están obligados a llevar a efecto las cesiones gratuitas de terrenos que establece la Ley del Suelo para cada uno de los tipos y categorías de suelo en los términos que resulten del Plan General y de cada uno de los Planes que lo desarrollen.

2. Las cesiones obligatorias y gratuitas en suelo urbano se harán en favor del Municipio y consistirán en la total superficie de terrenos destinados a viales, parques, jardines públicos y Centros de Educación General Básica al servicio del polígono o unidad de actuación correspondiente, según las localizaciones o emplazamientos señalados en el Plan.

3. En suelo urbanizable programado las cesiones obligatorias y gratuitas se harán en favor del Municipio o, en su caso, de la Entidad Urbanística actuante y serán las siguientes:

a) La superficie total de los viales, parques y jardines públicos, zonas deportivas y de recreo y expansión, centros culturales y docentes y los terrenos precisos para la instalación y funcionamiento de los restantes servicios públicos necesarios.

b) En los sectores que, en virtud de los usos e intensidades establecidas en el Plan General, tengan atribuido un aprovechamiento medio superior al establecido en el propio Plan para todo el suelo urbanizable programado, además de las cesiones del apartado anterior, la superficie de suelo edificable sobre la que se sitúa la diferencia entre ambos aprovechamientos. Esta cesión sólo procederá cuando el exceso de aprovechamiento no se destine a la adjudicación de suelo para los propietarios de terrenos afectados por sistemas generales o cuando tales adjudicaciones no absorban la totalidad de dicho exceso, en cuyo caso la cesión en favor de la Administración actuante se limitará a los terrenos no incluidos en las referidas adjudicaciones.

c) En todo caso, el suelo edificable correspondiente al 10% del aprovechamiento medio del sector, previa deducción de las cesiones a que se refiere el apartado b) anterior cuando fueran procedentes.

4. En suelo urbanizable no programado los propietarios de terrenos comprendidos en el ámbito del programa de actuación urbanística que se apruebe, estarán sometidos a las obligaciones que en punto a cesión de terrenos establece el Título VI de este Reglamento.

✐ Letra c) del ap. 3 y ap. 4 derogados por RD 304/1993, de 26 febrero, que aprobó la Tabla de Vigencias.

⇒ V. Jurisprudencia en arts. 83.3 y concordantes del TRLS/1976 (§3).

Artículo 47.

1. La Administración actuante está obligada a afectar, a los fines previstos en el Plan, el suelo que adquiera como consecuencia del cumplimiento de los deberes de cesión obligatoria que recaen sobre los propietarios.

2. El suelo destinado, según el Plan, a dominio y uso público y los terrenos sobre los que hayan de realizarse edificaciones o instalaciones de servicio público no podrán cambiarse de destino sino por modificaciones del Plan.

3. En todo caso deberá tenerse en cuenta que cuando las superficies de los bienes de dominio y uso público anteriormente existentes que fueren igual o inferior a la que resulte como consecuencia de la ejecución del Plan, se entenderán sustituidas unas por otras. Si tales superficies fueran superiores a las resultantes de la ejecución del Plan, la Administración percibirá el exceso, en la proporción que corresponda, en terrenos edificables.

Artículo 48.

1. El aprovechamiento a que el propietario de cada finca incluida en suelo urbanizable tiene derecho será el resultado de aplicar a su superficie el 90% del aprovechamiento medio del sector, una vez deducidas las cesiones a que se refiere el apartado b) del número 3 del artículo 46, cuando procedan.

2. El 10% restante, con su correspondiente suelo, será de cesión obligatoria y gratuita a la Administración.

3. Entre los propietarios de cada sector se practicarán las oportunas operaciones de compensación o reparcelación con las correspondientes adjudicaciones de terrenos, a efectos de que el aprovechamiento correspondiente a cada propietario sea el determinado en el número 1 de este artículo.

✐ Artículo derogado por RD 304/1993, de 26 febrero, que aprobó la Tabla de Vigencias.

Artículo 49.

1. En los supuestos contemplados en el artículo 125 de la Ley del Suelo se podrá sustituir la cesión del 10% del aprovechamiento que corresponda a cada finca por una contribución en metálico que abonará el propietario a la Administración.

2. La compensación económica la fijará la Administración tasando, el suelo, que debería haberse cedido, con arreglo al valor urbanístico que le corresponda según su clasificación, y los costes de urbanización en la exten-

sión determinada en este Reglamento se girarán, en todo caso, a los propietarios en función de la superficie total aprovechable.

✐ Artículo derogado por RD 304/1993, de 26 febrero, que aprobó la Tabla de Vigencias.

Artículo 50.

1. En sectores para los que el Plan General fije un aprovechamiento medio superior al medio de todo el suelo urbanizable programado no podrán aprobarse Planes Parciales que no contengan su división en polígonos.

2. Los planes parciales deberán especificar en esos supuestos la cuantía del exceso, a efectos de que, tras las oportunas operaciones de reparcelación o compensación, se adjudique dicho exceso a los propietarios de suelo destinado a sistemas generales en el que no se aplique la expropiación, o a la Administración actuante, en otro caso.

3. Los propietarios de suelo destinado a sistemas generales o la Administración actuante, según los casos, formarán parte de la comunidad reparcelatoria o compensatoria correspondiente a los polígonos que resulten con exceso de aprovechamiento.

✐ Artículo derogado por RD 304/1993, de 26 febrero, que aprobó la Tabla de Vigencias.

Artículo 51.

1. Los propietarios de terrenos que, formando parte del suelo urbanizable programado y que, por estar destinados en el Plan General a sistemas de comunicaciones y sus zonas de protección, espacios libres para parques públicos y zonas verdes, equipamiento comunitario y centros públicos, carezcan de aprovechamiento, serán compensados, cuando no se aplique la expropiación, mediante la adjudicación de otros terrenos en sectores que tengan un aprovechamiento medio superior al de todo el suelo urbanizable programado, en la forma y cuantía establecida en el número siguiente.

2. A tales propietarios de terrenos con aprovechamiento cero se les compensará –en el oportuno procedimiento de reparcelación o compensación– con la superficie correspondiente al aprovechamiento que resulte de aplicar el 90% del aprovechamiento medio de todo el suelo urbanizable programado a los terrenos afectados.

3. Los propietarios a que se refieren los dos números anteriores formarán parte de la comunidad reparcelatoria o de compensación en el polígono o polígonos donde hayan de hacerse efectivos sus derechos, quedando sujetos, además, a la obligación de abonar la parte proporcional de los costes de urbanización que corresponda a las parcelas que les sean adjudicadas.

✐ Artículo derogado por RD 304/1993, de 26 febrero, que aprobó la Tabla de Vigencias.

Artículo 52.

1. El Ayuntamiento u órgano actuante podrá ocupar los terrenos destinados a sistemas generales de la ordenación urbanística comprendidos en un plan parcial o especial sin necesidad de acudir a la expropiación forzosa, una vez que se haya iniciado el procedimiento de reparcelación o compensación

en el polígono en el que, por tener un exceso de aprovechamiento con relación al de todo el suelo urbanizable programado, hayan de hacer efectivos sus derechos los propietarios afectados por los sistemas generales.

El aprovechamiento reconocido a cada una de las fincas ocupadas deberá hacerse efectivo en un solo polígono, y si no fuera posible, en el menor número de éstos.

2. En ningún caso podrán ocuparse los citados terrenos sin que simultáneamente el órgano actuante expida las certificaciones a que se refiere el artículo siguiente.

Además, los propietarios del suelo que acrediten la existencia de una explotación rústica efectiva tendrán derecho a percibir un interés anual del 6% del valor inicial de los terrenos y bienes ocupados desde la fecha de la ocupación hasta la de aprobación definitiva del proyecto de reparcelación o compensación del polígono donde hayan de hacer efectivos sus derechos. La determinación del valor inicial se realizará a estos efectos por la propia Administración actuante, con audiencia del interesado.

Artículo 53.

1. En el momento de la ocupación se levantará el acta, por duplicado, en la que se expresará:

a) Lugar y fecha de otorgamiento.

b) Determinación de la Administración actuante.

c) Plan Parcial o Especial cuya ejecución motiva la ocupación, con expresión de las fechas de su aprobación definitiva y publicación en el «Boletín Oficial».

d) Nombre, apellidos y cargo de funcionarios que autoricen el acta en representación de la Administración.

e) Datos de identificación del propietario de los terrenos ocupados, haciendo constar el nombre, apellidos y estado civil, si fuera persona física, y la denominación con que fuere conocida si se tratara de persona jurídica, y domicilio, nombre y circunstancias de las personas que en su representación intervengan en el acta.

f) Descripción y extensión de la superficie ocupada.

g) Aprovechamiento por aplicación de la superficie ocupada del 90% del aprovechamiento medio del suelo urbanizable programado.

h) Polígono en que hayan de hacerse efectivos los derechos de los propietarios de los terrenos ocupados.

i) Cargas reales que pesaren sobre los terrenos ocupados, titulares de tales cargas, valor o cuantía de las mismas y referencia a los datos registrales.

j) La expedición de las certificaciones a que se refiere el artículo siguiente y si han sido entregadas a sus titulares o han quedado en poder del órgano actuante, con expresión de la causa.

2. La entrega posterior de las certificaciones a quien acredite su derecho se hará constar en sucesivas diligencias a continuación del acta.

3. El duplicado del acta será enviada por el órgano actuante del Registro de la Propiedad para anotar al margen de la última inscripción de dominio vigente el hecho de la ocupación.

Artículo 54.

1. El órgano actuante expedirá a favor de cada uno de los propietarios de terrenos ocupados certificación del acta a que se refiere el artículo anterior, en la que constarán las unidades de aprovechamiento que correspondan a cada parcela ocupada y el polígono en que hayan de hacer efectivos sus derechos. Dicha certificación será entregada al propietario del terreno ocupado si fuere conocido y compareciere al acto de la ocupación. Si no compareciere el propietario, fuere desconocido o se planteare litigio sobre la propiedad de las fincas o derechos, el órgano actuante, al ocupar los terrenos, expedirá en todo caso las certificaciones con referencia a las fincas ocupadas y las entregará a los titulares cuando comparecieren y acreditaren su derecho.

2. Las cargas reales existentes sobre las fincas ocupadas podrán quedar liberadas, recibiendo sus titulares unidades de aprovechamiento en proporción al valor de su derecho, si en el momento de la ocupación el propietario de la finca y el titular o titulares de las cargas presentaren acuerdo de reparto del aprovechamiento que corresponda a la finca gravada. En este supuesto, el órgano actuante entregará a cada uno de los interesados una certificación declarativa de la proporción de aprovechamiento que, con arreglo a lo convenido, le corresponda en relación con el de la totalidad de la finca, teniendo todos ellos la consideración de copropietarios a todos los efectos y pudiendo, en consecuencia, formar parte de las Juntas de Compensación en la forma prevista en el artículo 166 e), de este Reglamento.

Si en el momento de la ocupación los interesados no presentaren convenio de reparto de las unidades de aprovechamiento, el órgano actuante podrá suspender la ocupación de la finca gravada concediéndoles un plazo no superior a un mes para que lo obtenga. Si tampoco en este plazo presentaren convenio o si por razones de urgencia el plazo no puede ser concedido, el órgano actuante ocupará la finca gravada, expidiendo una certificación declarativa del aprovechamiento que corresponda a la finca, en la que también se hará constar la existencia de la carga o derecho no liberados y su titular. De la citada certificación se entregará un ejemplar a cada interesado.

Los arrendamientos existentes sobre las fincas ocupadas seguirán el régimen establecido en la Ley de Expropiación Forzosa, y las indemnizaciones que correspondan las abonará la Administración, reduciendo en lo que sea necesario el aprovechamiento atribuido al propietario.

3. Una vez obtenida la certificación y en base a ella, el titular del dominio o de un derecho o carga real transformado podrá otorgar escritura de declaración o especificación de las unidades de aprovechamiento derivadas de su derecho, en la que se describirá la finca o derecho de que proceden y

el polígono donde hayan de hacerse efectivas, haciendo constar las cargas que, en su caso, subsistan. La citada escritura será inscribible en el Registro de la Propiedad en el mismo folio de la finca ocupada, y si declarase sólo parte de las unidades de aprovechamiento correspondientes a las mismas, se inscribirá como cuota pro indiviso del dominio.

Si la ocupación no hubiese afectado a la totalidad de la finca, se segregará previamente la parte ocupada.

4. Las transmisiones posteriores de todas o parte de las unidades de aprovechamiento se efectuarán conforme a lo establecido para la transmisión de bienes inmuebles, haciendo constar en el título las circunstancias reseñadas en el párrafo anterior, y se inscribirán en el mismo folio registral de la finca ocupada, que no se cancelará hasta que se inscriba el acuerdo de reparcelación o compensación del polígono en que los titulares de las citadas unidades de aprovechamiento hayan de hacer efectivos sus derechos, conforme a lo previsto en el artículo 114 de este Reglamento.

5. Los titulares de cargas reales que no hubieren sido liberadas ni transformadas en unidades de aprovechamiento conservarán todas sus acciones para la defensa o ejecución de su derecho, que seguirá vigente sobre la parcela o cuota pro indiviso que, en los acuerdos de compensación o reparcelación, se adjudique al titular o titulares de las unidades de aprovechamiento derivadas de la finca primitivamente gravada, por aplicación del principio de la subrogación real, siendo aplicables las disposiciones que este Reglamento contiene para las cargas sobre fincas incluidas en el polígono. Si las unidades de aprovechamiento gravadas se hubieren enajenado parcialmente, el titular de la carga podrá repetir íntegramente su contenido contra cualquiera de los grupos de unidades de aprovechamiento que pertenezcan a distinto titular o contra todas ellas a la vez, conforme al sistema de los artículos 123 de la Ley Hipotecaria y 221 de su Reglamento.

Si la carga fuere declarada incompatible con el Planeamiento, se estará a lo previsto en el artículo 101.3, de la Ley del Suelo y concordantes de este Reglamento.

⇒ V. art. 168.3 del TRLS/1992 (§2).

Artículo 55.

No obstante lo dispuesto en los artículos anteriores, la Administración podrá también adquirir los terrenos destinados a los sistemas generales mediante la aplicación del Instituto expropiatorio.

⇒ V. art. 206.1 b) del TRLS/1992 (§2) que, aunque derogado por la Ley 6/1998, de 13 abril (§1), aún conserva vigencia en las Comunidades autónomas que se indican.

Artículo 56.

1. Cada programa de actuación urbanística fijará el aprovechamiento medio de todo el suelo comprendido en su ámbito, y si hubiera divisiones en sectores, el correspondiente a cada uno de ellos.

2. La aplicación del aprovechamiento medio dentro del ámbito del pro-

grama de actuación urbanística estará sujeta a las reglas establecidas para el suelo urbanizable programado.

3. La cesión del 10% del aprovechamiento medio podrá sustituirse por las mayores obligaciones que establecieren las bases, cuando en éstas se especificare concretamente tal sustitución.

✐ Artículo derogado por RD 304/1993, de 26 febrero, que aprobó la Tabla de Vigencias.

Artículo 57.

1. Cuando se urbanice y edifique al amparo de normas complementarias y subsidiarias del planeamiento, los propietarios de terrenos situados en cada zona apta para edificar estarán sujetos a las cesiones obligatorias y gratuitas a que hacen referencia los números 2 y 3 a), del artículo 46 de este Reglamento, así como a la obligación de ceder el 10% del aprovechamiento que resulte de lo establecido en cada plan parcial.

2. La localización del suelo que corresponda al 10% del aprovechamiento del Plan Parcial que desarrolla las normas para cada zona o parte de ella se fijará en los expedientes de parcelación o reparcelación, según sean las fincas de uno o varios propietarios.

3. Además, deberá cumplir el resto de las obligaciones señaladas en este Reglamento en relación con el pago de los costes de la urbanización.

✐ Artículo derogado por RD 304/1993, de 26 febrero, que aprobó la Tabla de Vigencias.

CAPÍTULO III

Costes de la urbanización

Artículo 58.

Los propietarios de terrenos afectados por una actuación urbanística estarán obligados a sufragar los costes de la urbanización que se señalan en los artículos siguientes, en proporción a la superficie de sus respectivos terrenos o, en su caso, a la que figura en los documentos a que se refiere el artículo 53 de este Reglamento.

⇒ V. art. 155 del TRLS/1992 (§2) que, aunque derogado por la Ley 6/1998, de 13 abril (§1), aún conserva vigencia en las Comunidades autónomas que se indican.
V. art. 188 del presente Reglamento.

Artículo 59.

1. El importe de las obras de urbanización que corre a cargo de los propietarios de un polígono o unidad de actuación comprenderá los siguientes conceptos:

a) Obras de vialidad, incluyéndose en ellas las de explanación, afirmado y pavimentación de calzadas, construcción y encintado de aceras y canalizaciones que deban construirse en el subsuelo de la vía pública para servicios.

b) Obras de saneamiento, que comprenden colectores generales y parciales, acometidas, sumideros y atarjeas para aguas pluviales y estaciones depuradoras, en la proporción que afecte a la unidad de actuación o polígono.

c) Suministro de agua, en el que se incluirán las obras de captación cuando fueran necesarias, distribución domiciliaria de agua potable, de riego de hidrantes contra incendios.

d) Suministro de energía eléctrica, incluidas conducción y distribución, y alumbrado público.

e) Jardinería y arbolado en parques, jardines y vías públicas.

2. Los particulares afectados por obras de urbanización en un polígono o unidad de actuación podrán reintegrarse de los gastos de instalación de las redes de abastecimiento de agua y energía eléctrica, con cargo a las empresas concesionarias, en la parte que, según la reglamentación de tales servicios, no tenga que correr a cargo de los usuarios. Los costes de instalación se acreditarán mediante certificación expedida por la Administración actuante.

⇒ V. Jurisprudencia en arts. 122 y concordantes del TRLS/1976 (§3).

Artículo 60.

Correrán igualmente a cargo de los titulares de terrenos, y en la proporción señalada en el artículo 58, las indemnizaciones debidas a los propietarios y arrendatarios de edificios y construcciones de cualquier tipo que hayan de derribarse para la correcta ejecución del plan, así como las indemnizaciones derivadas de destrucción de plantaciones, obras e instalaciones incompatibles con el plan que se ejecute.

⇒ V. Jurisprudencia en arts. 122 y concordantes del TRLS/1976 (§3).

Artículo 61.

También será de cuenta de los adjudicatarios de terrenos comprendidos en el polígono o unidad de actuación correspondiente el coste de redacción y tramitación de los Planes Parciales y de los proyectos de urbanización y el importe total de los gastos de reparcelación o compensación.

⇒ V. Jurisprudencia en arts. 122 y concordantes del TRLS/1976 (§3).

Artículo 62.

Si existe acuerdo entre la Administración y los propietarios afectados, el pago de todos o parte de los gastos señalados en los tres artículos precedentes podrá realizarse cediendo éstos a aquélla, gratuitamente y libres de cargas, terrenos edificables en la proporción que se estime suficiente para compensar tales gastos, cuyo importe quedará determinado en el propio acuerdo.

⇒ V. Jurisprudencia en arts. 122 y concordantes del TRLS/1976 (§3).

Artículo 63.

Los propietarios de suelo urbanizable no programado, que sea objeto de un Programa de actuación urbanística, además de abonar los costes de urbanización señalados en los artículos anteriores y cumplir las cargas suplementarias que el programa les imponga, deberán costear la ejecución total o el suplemento necesario de las obras exteriores de infraestructura sobre las que se apoye la actuación urbanística, tales como redes varias de enlace con los núcleos de población, instalación o ampliación de canalizaciones de servicios de abastecimiento de agua, alcantarillado y saneamiento, estaciones depuradoras, suministro de energía eléctrica y cualesquiera otros servicios necesarios para que el suelo sometido al programa de actuación urbanística quede debidamente enlazado a través de esos sistemas generales con la estructura del Municipio en que se desarrolle el programa.

⇒ V. Jurisprudencia en arts. 123 y concordantes del TRLS/1976 (§3).

Artículo 64.

Cuando la actuación en determinados polígonos o unidades de actuación no sea presumiblemente rentable, por resultar excesivas las cargas en relación con el escaso aprovechamiento previsto para las zonas edificables, el Consejo de Ministros, a propuesta del Ministro de Obras Públicas y Urbanismo, y previo dictamen del Consejo de Estado, con audiencia o, en su caso, a instancia de los Ayuntamientos interesados, podrá autorizar, sin modificar las determinaciones del Plan, una reducción de la contribución de los propietarios a las mismas o una compensación económica a cargo de la Administración, procurando equiparar los costes de la actuación a los de otras análogas que hayan resultado viables.

⇒ V. art. 153 del TRLS/1992 (§2) que, aunque derogado por la Ley 6/1998, de 13 abril (§1), aún conserva vigencia en las Comunidades autónomas que se indican.

V. Jurisprudencia en arts. 121 y concordantes del TRLS/1976 (§3).

Artículo 65.

El incumplimiento por los propietarios de suelo de las obligaciones y cargas que se fijan en este Reglamento dará lugar:

a) A la exacción de las cuotas de urbanización por la vía de apremio o

b) A la expropiación por la Administración de los terrenos afectados al cumplimiento de las cargas, siendo beneficiarios de la expropiación la propia Administración o la Junta de Compensación, según los casos.

⇒ V. art. 207 del TRLS/1992 (§2) que, aunque derogado por la Ley 6/1998, de 13 abril (§1), aún conserva vigencia en las Comunidades autónomas que se indican.

V. Jurisprudencia en arts. 124 y concordantes del TRLS/1976 (§3).

Artículo 66.

Los propietarios de suelo situado en zonas aptas para urbanizar según las normas complementarias y subsidiarias de planeamiento deberán abonar los costes de urbanización señalados en los artículos 59 a 61 de este Reglamento y *los de ejecución* o suplemento de las obras exteriores sobre las que se apoye cada actuación individualizada, en la forma y cuantía establecida al aprobar cada plan parcial.

CAPÍTULO IV
Conservación de la urbanización

Artículo 67.

La conservación de las obras de urbanización y el mantenimiento de las dotaciones e instalaciones de los servicios públicos serán de cargo de la Administración actuante, una vez que se haya efectuado la cesión de aquéllas.

Artículo 68.

1. No obstante lo dispuesto en el artículo anterior, quedarán sujetos los propietarios de los terrenos comprendidos en el polígono o unidad de actuación a dicha obligación, cuando así se imponga por el Plan de Ordenación o por las bases de un programa de actuación urbanística o resulte expresamente de disposiciones legales.

2. En el supuesto del número anterior, los propietarios habrán de integrarse en una Entidad de conservación.

⇒ V. arts. 24 a 30 del presente Reglamento.

Artículo 69.

1. La participación de los propietarios en la obligación de conservación y mantenimiento de las obras de urbanización, dotaciones e instalaciones de los servicios públicos, cuando no esté a cargo de la Administración actuante, se determinará en función de la participación que tuviesen fijada en la Junta de Compensación, en el proyecto de reparcelación, o en su caso, en la que se hubiere fijado en la Entidad de conservación.

2. Si sobre las parcelas se hubiesen constituido regímenes de propiedad horizontal, la contribución de los propietarios en la referida obligación de conservación y mantenimiento se determinará por la cuota de participación con relación al total del valor del inmueble que tenga asignada en cada comunidad.

Artículo 70.

1. Cualquiera que fuese el sujeto a quien corresponda la obligación de mantenimiento a que se refieren los artículos precedentes, el Ayuntamiento o Administración actuante, en su condición de titular de los terrenos de dominio público, obras, dotaciones e instalaciones objeto de cesión obligatoria, podrá exigir por la vía de apremio las cuotas que se adeuden, ya sea de oficio, ya a instancia, en su caso, de la Entidad urbanística colaboradora.

2. El importe de la cuota será entregado por el Ayuntamiento o Administración actuante a la Entidad encargada de la conservación, cuando dicha obligación no corresponda a la Administración.

TÍTULO III
REPARCELACIÓN

CAPÍTULO I
Normas generales

Artículo 71.

1. Se entiende por reparcelación la agrupación o integración del conjunto de las fincas comprendidas en un polígono o unidad de actuación para su nueva división ajustada al Plan, con adjudicación de las parcelas resultantes a los propietarios de las primitivas, en proporción a sus respectivos derechos, y a la Administración competente, en la parte que corresponda conforme a la Ley del Suelo y al Plan.

2. Cuando en suelo urbanizable programado o incluido en un programa de actuación urbanística, un polígono tuviera un aprovechamiento superior al que le correspondiere en razón del medio fijado para ese tipo de suelo, también formarán parte de la comunidad de reparcelación aquellos propietarios del suelo exterior al polígono que tengan reconocido el derecho a participar en las adjudicaciones, por estar destinado su suelo a sistemas generales y no haberse aplicado la expropiación forzosa.

3. Las parcelas resultantes que se adjudiquen a los propietarios sustituirán a las primitivas, sin solución de continuidad en las respectivas titularidades, a todos los efectos.

4. La reparcelación comprende también la determinación de las indemnizaciones o compensaciones necesarias para que quede plenamente cumplido, dentro de la unidad reparcelable, el principio de la justa distribución entre los interesados de los beneficios y cargas de la ordenación urbanística.

⇒ V. art. 85 del presente Reglamento.
V. art. 164 del TRLS/1992 (§2) que, aunque derogado por la Ley 6/1998, de 13 abril (§1), aún conserva vigencia en las Comunidades autónomas que se indican.
V. Jurisprudencia en art. 97 y concordantes del TRLS/1976 (§3).

Artículo 72.

1. La reparcelación tiene por objeto:

a) La distribución justa entre los interesados de los beneficios y cargas de la ordenación urbanística.

b) La regularización de las fincas para adaptar su configuración a las exigencias del planeamiento.

c) La situación sobre parcelas determinadas y en zonas aptas para la edificación del aprovechamiento establecido por el Plan.

d) La localización sobre parcelas determinadas y en zonas aptas para la edificación del aprovechamiento que corresponde a la Administración actuante, cuando se trate de suelo urbanizable programado o incluido en un programa de actuación urbanística.

2. Cualquiera de estas finalidades justifica por sí sola la reparcelación, aunque no concurran las otras.

3. La distribución justa de los beneficios y cargas de la ordenación será necesaria siempre que el Plan asigne desigualmente a las fincas afectadas el volumen o la superficie edificable, los usos urbanísticos o las limitaciones y cargas de la propiedad.

⇒ V. Jurisprudencia en arts. 97 y concordantes del TRLS/1976 (§3).

Artículo 73.

No será necesaria la reparcelación en los siguientes casos:

a) Cuando, en suelo urbano, la totalidad de los terrenos del polígono o unidad de actuación pertenezcan a un solo propietario.

b) Cuando el Plan se ejecute por el sistema de compensación o de expropiación.

c) Cuando no concurra ninguna de las causas que se enumeran en el artículo precedente de este Reglamento.

d) Cuando se trate de la ejecución de un Plan que afecte a una superficie anteriormente reparcelada, sin alterar el equilibrio económico entre los propietarios.

e) Cuando todos los propietarios afectados renuncien expresamente a ella y, tratándose de suelo urbanizable programado o incluido en un programa de actuación urbanística la Administración actuante acepte la localización del aprovechamiento que corresponda.

⇒ V. Jurisprudencia en arts. 98 y concordantes del TRLS/1976 (§3).

Artículo 74.

Conforme al artículo 125.2, de la Ley del Suelo, cuando más del 50% de la superficie edificable de un polígono o unidad de actuación se halla (sic) edificado conforme al plan, la reparcelación se limitará a la redistribución material de los terrenos restantes y a establecer las indemnizaciones sustitutorias que procedan entre los afectados.

✐ Artículo derogado por RD 304/1993, de 26 febrero, que aprobó la Tabla de Vigencias.

CAPÍTULO II
Requisitos

Sección 1ª Competencia, legitimación y capacidad

Artículo 75.

1. La competencia para tramitar y resolver los expedientes de reparcelación corresponde a los Ayuntamientos y, en su caso, a los órganos o entidades administrativas que tengan expresamente atribuida competencia para la ejecución de planes, con arreglo a sus disposiciones específicas o en el ejercicio de sus facultades de subrogación que procedan según la Ley.

2. *Cuando en una unidad reparcelable estén comprendidos bienes mu-*

nicipales, de propios o de dominio público afectados a un servicio público, la resolución definitiva del expediente corresponderá a la Comisión Provincial de Urbanismo.

✐ Apartado derogado por RD 304/1993, de 26 febrero, que aprobó la Tabla de Vigencias.

Artículo 76.

1. Sin perjuicio de lo dispuesto en el artículo 71 de este Reglamento, se tendrán como parte en los expedientes de reparcelación:

a) Los propietarios de los terrenos afectados y, en su caso, los titulares de terrenos afectados por sistemas generales que hayan de hacer efectivo su derecho en el polígono de que se trate.

b) Los titulares de derechos reales sobre los mismos.

c) Los arrendatarios rústicos y urbanos.

d) Cualesquiera otros interesados que comparezcan y justifiquen su derecho o interés legítimo.

2. A efectos de determinación de las titularidades, se aplicarán las normas de la expropiación forzosa. Estas mismas normas se aplicarán para resolver las cuestiones de capacidad y representación de los interesados.

3. Las disposiciones de este Reglamento se aplicarán, no obstante los defectos de capacidad, limitación de la facultad de disponer o demás circunstancias que condicionen o prohíban las transmisiones de las fincas en situación normal.

⇒ V. art. 3 y ss. de la LEF.

V. Jurisprudencia en arts. 98 y concordantes del TRLS/1976 (§3).

Sección 2ª Unidad reparcelable

Artículo 77.

1. La reparcelación se extiende a todos los terrenos comprendidos en el polígono o unidad de actuación definido en el Plan de cuya ejecución se trate o delimitado por el procedimiento del artículo 38 de este Reglamento.

2. La unidad reparcelable quedará determinada, sin necesidad de nuevo acuerdo, cuando recaiga la aprobación definitiva del Plan o delimitación del polígono o unidad de actuación a que se refiere el párrafo anterior.

3. Los recursos que se interpongan contra dichos acuerdos no suspenderán el curso del expediente de reparcelación. Si se modificare el Polígono o unidad de actuación después de haber recaído el acuerdo aprobatorio de la reparcelación, se mantendrá éste y se abrirá un nuevo expediente complementario para fijar las indemnizaciones que correspondan entre los interesados.

⇒ V. art. 165 del TRLS/1992 (§2) que, aunque derogado por la Ley 6/1998, de 13 abril (§1), aún conserva vigencia en las Comunidades autónomas que se indican.

V. Jurisprudencia en arts. 97 y concordantes del TRLS/1976 (§3).

Artículo 78.

1. No obstante lo establecido en el artículo anterior, a instancia de parte, siempre que se produzca antes de que concluya el trámite de exposición al público del proyecto de reparcelación, podrán incluirse en la unidad reparcelable superficies exteriores al polígono o unidad de actuación, mediante un nuevo trámite de información pública del proyecto rectificado, durante quince días.

2. La inclusión de estas superficies exteriores, que se incorporarán a la unidad reparcelable a todos los efectos derivados de la reparcelación, habrá de fundamentarse en que se trate de superficies vinculadas económica o funcionalmente a la ordenación del polígono o unidad de actuación, sin que sea posible o procedente su incorporación a otra unidad reparcelable.

3. En suelo urbano, y en los casos de reparcelación voluntaria, la unidad reparcelable podrá ser discontinua, e incluso referirse a parcelas aisladas, siempre que quede asegurado el cumplimiento del plan y no se irrogue perjuicio a terceros propietarios.

Artículo 79.

En ningún caso podrá acordarse la exclusión de la unidad reparcelable de las fincas comprendidas en el polígono o unidad de actuación, delimitado a efectos de ejecución del Plan, sin perjuicio de cuanto se dispone en el artículo 99.3, de la Ley del Suelo, respecto a la adjudicación de determinadas fincas, y en el 125.2 de la propia Ley del Suelo, respecto a la indemnización sustitutiva de la reparcelación material de los terrenos.

⇒ V. art. 166 del TRLS/1992 (§2) que, aunque derogado por la Ley 6/1998, de 13 abril (§1), aún conserva vigencia en las Comunidades autónomas que se indican.

Sección 3ª Requisitos formales

Artículo 80.

1. La reparcelación presupone la existencia de un planeamiento para cuya ejecución se realiza.

2. El plan que se ejecute puede ser:

a) El plan general de ordenación, completado en su caso por el estudio de detalle correspondiente, si se trata de suelo urbano.

b) Un plan especial, si para su ejecución fuere procedente la reparcelación.

c) Un plan parcial en los demás casos.

Artículo 81.

El proyecto de reparcelación podrá tramitarse y aprobarse conjunta y simultáneamente con el plan parcial o con la delimitación del polígono o unidad de actuación, sin perjuicio de que, en su caso, quede condicionado a la aprobación del plan parcial.

⇒ V. Jurisprudencia en arts. 98 y concordantes del TRLS/1976 (§3).

Artículo 82.

1. El contenido de la reparcelación se concretará en un proyecto, que deberá constar de los siguientes documentos:

a) Memoria.

b) Relación de propietarios e interesados, con expresión de la naturaleza y cuantía de su derecho.

c) Propuesta de adjudicación de las fincas resultantes con expresión del aprovechamiento urbanístico que a cada una corresponda y designación nominal de los adjudicatarios.

d) Tasación de los derechos, edificaciones, construcciones o plantaciones que deban extinguirse o destruirse para la ejecución del plan.

e) Cuenta de liquidación provisional.

f) Planos:

f.1) Plano de situación y relación con la ciudad.

f.2) Plano de delimitación e información, con expresión de los límites de la unidad reparcelable, linderos de las fincas afectadas, edificaciones y demás elementos existentes sobre el terreno.

f.3) Plano de ordenación, en el que se reproduzca, a la misma escala que el anterior, el correspondiente plano del plan que se ejecute.

f.4) Plano de clasificación y valoración de las superficies adjudicadas.

f.5) Plano de adjudicación, con expresión de los linderos de las fincas resultantes adjudicadas.

f.6) Plano superpuesto de los de información y adjudicación (f.2 y f.5).

2. Cuando la reparcelación se refiera a suelo urbano y el derecho de los propietarios se determine por el valor urbanístico de sus respectivas fincas, se añadirá un plano de clasificación y valoración de las fincas aportadas.

3. La documentación anterior podrá reducirse o ampliarse en congruencia con el contenido efectivo de la reparcelación en cada caso.

✐ Ap. 2 derogado por RD 304/1993, de 26 febrero, que aprobó la Tabla de Vigencias. V. art. 166 del TRLS/1992 (§2) que, aunque derogado por la Ley 6/1998, de 13 abril (§1), aún conserva vigencia en las Comunidades autónomas que se indican.

Artículo 83.

La Memoria del proyecto deberá referirse a los siguientes extremos:

a) Circunstancias o acuerdos que motiven la reparcelación y peculiaridades que en su caso concurran.

b) Descripción de la unidad reparcelable.

c) Criterios utilizados para definir y cuantificar los derechos de los afectados.

d) Criterios de valoración de las superficies adjudicadas.

e) Criterios de adjudicación.

f) Criterios de valoración de los edificios y demás elementos que deban destruirse y de las cargas y gastos que correspondan a los adjudicatarios.

g) Cualquier otra circunstancia que contribuya a explicar los acuerdos que se propongan.

Artículo 84.

1. Los planos deberán redactarse en una escala comprendida entre 1:500 y 1:2.000 y, en todo caso, con la claridad suficiente para que puedan percibirse los linderos y demás grafismos.

2. La simbología gráfica y la numeración de las parcelas debe ser uniforme y unívoca en todo el proyecto. No podrán utilizarse símbolos contrarios a los que sean comunes en la práctica usual ni que conduzcan a error o cuyo significado no se explique en debida forma.

CAPÍTULO III
Contenido

Sección 1ª Definición de derechos

Artículo 85.

1. Los propietarios de las fincas comprendidas en la unidad reparcelable, la Administración en la parte que le corresponda y, en su caso, aquellos propietarios a que hace referencia el número 2 del artículo 71 de este Reglamento tienen derecho a la adjudicación en propiedad de las fincas resultantes.

2. Los titulares de derechos reales que no se extingan con la reparcelación, aunque no se les mencione en el proyecto, serán adjudicatarios en el mismo concepto en que lo fueron anteriormente, por aplicación del principio de subrogación real.

3. Las adjudicaciones que pretendan efectuarse por título distinto de los citados deberán hacerse mediante acuerdo separado e independiente de la reparcelación.

⇒ V. art. 166 del TRLS/1992 (§2) que, aunque derogado por la Ley 6/1998, de 13 abril (§1), aún conserva vigencia en las Comunidades autónomas que se indican.

Artículo 86.

1. El derecho de los propietarios afectados será proporcional a la superficie de sus respectivas fincas que quede comprendida en la unidad reparcelable.

2. No obstante, y salvo pacto o renuncia expresa, cuando se trate de suelo urbano, el derecho de los propietarios afectados será proporcional al valor urbanístico de la superficie de sus respectivas fincas.

En este caso se asignará a cada una de las fincas un valor concreto en pesetas o en unidades convencionales que determinará el coeficiente para el reconocimiento de derechos y adjudicación de las fincas resultantes.

3. La fecha para determinar el derecho de los propietarios afectados será de iniciación del expediente de reparcelación.

✐ Ap. 2 derogado por RD 304/1993, de 26 febrero, que aprobó la Tabla de Vigencias.

⇒ V. Jurisprudencia en arts. 99 y concordantes del TRLS/1976 (§3).

Sección 2ª Definición, valoración y adjudicación de las fincas resultantes

Artículo 87.

Para la definición, valoración y adjudicación de las fincas resultantes se aplicarán, en primer lugar, los criterios expresamente manifestados por los interesados, siempre que no sean contrarios a la Ley o al planeamiento ni ocasionen perjuicio al interés público o a tercero.

⇒ V. Jurisprudencia en arts. 99 y concordantes del TRLS/1976 (§3).

Artículo 88.

1. La superficie susceptible de edificación o de aprovechamiento privado, conforme el plan que se ejecute, que deba ser objeto de adjudicación, se valorará con criterios objetivos y generales para toda la unidad reparcelable.

2. *La valoración tendrá en cuenta las siguientes circunstancias:*

a) Volumen edificable, expresado en metros cuadrados/metros cuadrados.

b) Uso asignado por el plan.

c) Situación.

d) Características, clase, calidad y destino de las edificaciones permitidas o previstas en el plan.

e) Grado de urbanización, cuando represente un dato diferencial, de beneficio o carga para determinados adjudicatarios.

3. *La valoración se basará en el volumen corregido por los restantes conceptos, a cada uno de los cuales se les asignará un coeficiente debidamente justificado.*

4. *La valoración podrá hacerse en puntos o unidades convencionales, pero éstos habrán de tasarse en dinero, a efectos de determinar el importe de las indemnizaciones que procedan por diferencias de adjudicación.*

5. *No podrán utilizarse ponderaciones o criterios que contradigan los establecidos en el plan general para la determinación del aprovechamiento medio.*

✐ Aps. 2, 3, 4 y 5 derogados por RD 304/1993, de 26 febrero, que aprobó la Tabla de Vigencias.

Artículo 89.

1. Cuando en la unidad reparcelable estén comprendidos terrenos edificados con arreglo al planeamiento, éstos no serán objeto de nueva adjudicación, conservándose las propiedades primitivas, sin perjuicio de la regulariza-

ción de linderos cuando fuere necesaria y de las compensaciones económicas que procedan.

2. Si se trata de fincas que sólo están parcialmente edificadas, la regla anterior sólo será aplicable a la parte de finca que esté edificada, pudiendo segregarse la superficie libre.

⇒ V. art. 166 del TRLS/1992 (§2) que, aunque derogado por la Ley 6/1998, de 13 abril (§1), aún conserva vigencia en las Comunidades autónomas que se indican.
V. Jurisprudencia en arts. 99 y concordantes del TRLS/1976 (§3).

Artículo 90.

Los terrenos en que existan edificios no ajustados al planeamiento se adjudicarán íntegramente a sus primitivos propietarios, sin perjuicio de la regularización de linderos y de las compensaciones pertinentes, siempre que concurran las siguientes circunstancias:

a) Que no sea necesaria su demolición para ejecución de las obras de urbanización previstas en el plan.

b) Que no estén destinados a usos radicalmente incompatibles con la ordenación.

c) Que no esté decretada su demolición en virtud de expediente de infracción urbanística.

d) Que la superficie edificada no sea inferior a la parcela mínima edificable, a menos que quede comprendida en una finca resultante de mayores dimensiones, que corresponda al adjudicatario, con arreglo a su derecho.

e) Que el derecho del propietario en la reparcelación no sea inferior, en más del 15%, al que corresponda a la parcela mínima edificable.

f) Que el aprovechamiento que corresponda a la superficie edificada no exceda en más del 15% del derecho del adjudicatario, a menos que se trate de edificaciones residenciales habitadas por personas que no sean el propio adjudicatario o su familia.

Artículo 91.

En los demás casos, no comprendidos en los dos artículos anteriores, los edificios incluidos en la unidad de reparcelación no serán tenidos en cuenta a efectos de adjudicación de las superficies en que se hallen enclavados, sino que serán objeto de tasación, decretándose su inmediato desalojo y demolición.

Artículo 92.

1. No serán objeto de nueva adjudicación, conservándose las propiedades primitivas, sin perjuicio de la regularización de linderos, cuando fuere necesaria y de las compensaciones económicas que procedan, las fincas no edificadas, cuando concurran los dos siguientes requisitos:

a) Que la diferencia, en más o menos, entre el aprovechamiento que les corresponda conforme al plan y el que correspondería al propietario en proporción a su derecho en la reparcelación sea inferior al 15% de este último.

b) Que el propietario lo solicite y justifique dentro de los tres meses siguientes a la aprobación de la delimitación del polígono o unidad de actuación.

2. Tanto en este supuesto como en el del artículo 90 de este Reglamento, los titulares que conserven sus propiedades primitivas tendrán la consideración de adjudicatarios a todos los efectos derivados de la reparcelación.

Artículo 93.

1. No podrán adjudicarse como fincas independientes superficies inferiores a la parcela mínima edificable o que no reúnan la configuración y características adecuadas para su edificación conforme al planeamiento.

2. La superficie enclavada entre dos edificaciones que deban mantenerse podrá adjudicarse como finca independiente edificable aunque no alcance las dimensiones de la parcela mínima, siempre que la diferencia no exceda del 15% de esta última y se cumplan las demás determinaciones del planeamiento.

3. Si se diera el caso de que el plan no determine la parcela mínima edificable ni pueda deducirse de su contexto, el propio proyecto de reparcelación la establecerá razonadamente.

4. Cuando, tratándose de edificación abierta, el plan no contenga reglas de ubicación de los volúmenes, se tramitará y aprobará conjuntamente en el proyecto de reparcelación un estudio de detalle en el que se determine la ubicación de los volúmenes en concordancia con los criterios de adjudicación.

⇒ V. Jurisprudencia en arts. 99 y concordantes del TRLS/1976 (§3).

Artículo 94.

1. Cuando la escasa cuantía de los derechos de algunos propietarios no permita que se les adjudiquen fincas independientes a todos ellos, los solares resultantes se adjudicarán en pro indiviso a tales propietarios.

2. Esta misma regla se aplicará en cuanto a los excesos, cuando, por exigencias de la parcelación, el derecho de determinados propietarios no quede agotado con la adjudicación independiente que en su favor se haga.

3. No obstante, si la cuantía de los derechos de los propietarios no alcanzase el 15% de la parcela mínima edificable, la adjudicación podrá sustituirse por una indemnización en metálico. La misma regla se aplicará cuando los excesos a que se refiere el número anterior no alcancen dicho tanto por ciento.

4. Salvo lo dispuesto en el párrafo anterior, y siempre que lo permitan las exigencias de la parcelación, la adjudicación de fincas independientes, al mayor número posible de propietarios, será preferible a la adjudicación pro indiviso, y esta última a la indemnización en metálico. En las adjudica-

ciones pro indiviso se procurará también la creación de comunidades del menor número posible de comuneros.

✐ Aps. 3 y 4 derogados por RD 304/1993, de 26 febrero, que aprobó la Tabla de Vigencias.

⇒ V. Jurisprudencia en arts. 99 y concordantes del TRLS/1976 (§3).

Artículo 95.

1. Se procurará, siempre que lo consientan las exigencias de la parcelación, que las fincas adjudicadas estén situadas en el lugar más próximo posible al de las antiguas propiedades de los mismos titulares.

2. Esta regla no será necesariamente aplicable en el caso de que las antiguas propiedades estén situadas, en más de 50% de superficie, en terrenos destinados por el plan a viales, zonas verdes u otros usos incompatibles con la propiedad privada.

⇒ V. Jurisprudencia en arts. 99 y concordantes del TRLS/1976 (§3).

Artículo 96.

1. Salvo que viniere impuesto por las exigencias de la edificación existente, con arreglo a los artículos 89 y 90 de este Reglamento, no se harán adjudicaciones que excedan del 15% de los derechos de los adjudicatarios.

2. Por el contrario, se tratará de ajustar las adjudicaciones siempre por defecto, procurando, cuando sea posible, que éste no rebase el 15% de los expresados derechos.

3. La superficie adjudicable que quedare sobrante como consecuencia de lo dispuesto en el párrafo anterior, podrá adjudicarse pro indiviso a todos los propietarios con defecto de adjudicación, con el fin de eliminar o reducir la cuantía de las indemnizaciones por diferencias de adjudicación.

Artículo 97.

Toda la superficie que, con arreglo al plan, sea susceptible de propiedad privada, aunque no sea edificable, deberá ser objeto de adjudicación en el acuerdo de reparcelación.

Sección 3ª Indemnizaciones y cuenta de liquidación

Artículo 98.

1. Las plantaciones, obras, edificaciones e instalaciones que no puedan conservarse se valorarán con independencia del suelo, y su importe se satisfará a los propietarios o titulares interesados, con cargo al proyecto en concepto de gastos de urbanización.

2. Se entenderá que no pueden conservarse los elementos mencionados: cuando sea necesaria su eliminación para realizar las obras de urbanización previstas en el plan, cuando estén situados en una superficie que no se deba adjudicar íntegramente a su mismo propietario y cuando su conservación sea radicalmente incompatible con la ordenación, incluso como uso provisional.

3. La tasación de estos elementos se efectuará en el propio proyecto de reparcelación, con arreglo a las normas que rigen la expropiación forzosa.

4. Las indemnizaciones resultantes serán objeto de compensación, en la cuenta de liquidación provisional, con las cantidades de las que resulte deudor el interesado por diferencias de adjudicación o por gastos de urbanización y de proyecto.

⇒ V. Jurisprudencia en arts. 99 y concordantes del TRLS/1976 (§3).

Artículo 99.

Lo dispuesto en el artículo anterior será igualmente aplicable a las servidumbres y cargas derechos de arrendamiento y cualesquiera otros que, por ser incompatibles con la ejecución del planeamiento, deban extinguirse con el acuerdo de reparcelación.

⇒ V. art. 168.4 del TRLS/1992 (§2).

Artículo 100.

1. En la cuenta de liquidación provisional del proyecto se incluirán las indemnizaciones que correspondan a las diferencias de adjudicación que se hayan producido, tanto por defecto, como por exceso, y cualquiera que sea su cuantía, valorándose al precio medio de los solares resultantes.

2. Se incluirán también, como diferencias de adjudicación, los excesos de aprovechamiento que queden atribuidos a determinados propietarios por virtud de lo dispuesto en el artículo 99.3 de la Ley del Suelo y artículos 89 y 90 de este Reglamento.

3. El coste de las obras de urbanización se calculará con arreglo a los presupuestos aprobados y, en su defecto, mediante una cifra estimativa, que establecerá razonadamente el propio proyecto de reparcelación. Esta misma regla se aplicará a los gastos de proyecto.

4. Los gastos de redacción de los proyectos que obtuviesen la aprobación inicial, aunque no llegasen a obtener la definitiva, serán considerados como gastos de proyecto y adeudados al conjunto de los propietarios afectados, para su reintegro a quienes los anticiparon.

5. Los gastos de urbanización y de proyectos se distribuirán a prorrata entre todos los adjudicatarios de las fincas resultantes, con arreglo al valor de éstas.

⇒ V. art. 166 del TRLS/1992 (§2) que, aunque derogado por la Ley 6/1998, de 13 abril (§1), aún conserva vigencia en las Comunidades autónomas que se indican.

V. Jurisprudencia en arts. 99 y concordantes del TRLS/1976 (§3).

CAPÍTULO IV
Procedimiento general

Sección 1ª Iniciación

Artículo 101.

1. El expediente de reparcelación se iniciará:

a) Por ministerio de la ley cuando se apruebe definitivamente la delimitación del polígono o unidad de actuación.

b) Por acuerdo expreso, de oficio o a instancia de parte, cuando se trate de planes o delimitaciones aprobados con anterioridad a la entrada en vigor de la Ley de 2 de mayo de 1975. En este acuerdo se deberá definir la unidad reparcelable.

2. Cuando el expediente de reparcelación se tramite conjunta y simultáneamente con el plan parcial, plan especial de reforma interior o estudio de detalle, o con la delimitación del polígono o unidad de actuación, se entenderá que comienza con el acuerdo de aprobación inicial de los mismos.

3. La iniciación del expediente de reparcelación se publicará en el «Boletín Oficial» de la provincia, en un periódico al menos de los de mayor circulación de la provincia, y se notificará individualizadamente a los propietarios incluidos en el polígono y a los de suelo exterior ocupado para la ejecución de sistemas generales que hayan de hacer efectivos sus derechos en el polígono de que se trate.

✐ Letra b) del ap. 1 derogada por RD 304/1993, de 26 febrero, que aprobó la Tabla de Vigencias.

⇒ V. Jurisprudencia en arts. 98 y concordantes del TRLS/1976 (§3).

Artículo 102.

1. Una vez iniciado el expediente de reparcelación, la Administración actuante deberá recabar de oficio, del Registro de la Propiedad correspondiente, certificación de titularidad y cargas de todas las fincas incluidas en la unidad de reparcelación.

2. El Registrador, al mismo tiempo que expida las certificaciones antedichas, extenderá al margen de cada finca nota expresiva del Organismo actuante y fecha de iniciación del expediente de reparcelación.

3. La *nota marginal* expresada en el apartado anterior solamente producirá el efecto de que los interesados que hagan constar su derecho en el Registro con posterioridad a ella no tendrán que ser citados preceptivamente en el expediente. No obstante, si se personaren en el mismo, seguirán con ellos las sucesivas actuaciones.

⇒ V. art. 5 del RD 1093/1997, de 4 julio (§2.1).
V. Jurisprudencia en arts. 129 y concordantes del TRLS/1976 (§3).

Artículo 103.

1. Los propietarios y titulares de derechos afectados por la reparcelación están obligados a exhibir los títulos que posean y declarar las situaciones jurídicas que conozcan y afecten a sus fincas.

2. La omisión, error o falsedad en estas declaraciones no podrá afectar al resultado objetivo, de la reparcelación. Si se apreciase dolo o negligencia grave, podrá exigirse la responsabilidad civil o penal que corresponda.

3. En caso de discordancia entre los títulos y la realidad física de las fincas, prevalecerá ésta sobre aquéllos en el expediente de reparcelación.

4. Si la discrepancia se plantea en el orden de la titularidad de los derechos, la resolución definitiva corresponde a los Tribunales ordinarios. El proyecto de reparcelación se limitará, en tal caso, a calificar la titularidad de dudosa o litigiosa, según proceda. La Administración actuante asumirá la representación de los derechos e intereses de esas titularidades a efectos de la tramitación del expediente. Los gastos que sean imputables a las titularidades referidas podrán hacerse efectivos por la vía de apremio en caso de impago.

5. No obstante, las cuestiones de linderos podrán resolverse en el propio expediente de reparcelación, si media la conformidad de los interesados, acreditada mediante comparecencia o en cualquier otra forma fehaciente.

Artículo 104.

1. La iniciación del expediente de reparcelación llevará consigo, sin necesidad de declaración expresa, la suspensión del otorgamiento de licencias de parcelación y edificación en el ámbito del polígono o unidad de actuación hasta que sea firme en vía administrativa el acuerdo aprobatorio de la reparcelación.

2. Se entenderán comprendidas en la suspensión todas las licencias de obras de nueva planta o reforma de las edificaciones existentes, movimientos de tierras y cualesquiera otras que afecten a la configuración física de las fincas o puedan perturbar el resultado de la reparcelación en curso.

3. Los peticionarios de licencias solicitadas con anterioridad a la iniciación del expediente tendrán derecho a ser resarcidos en la forma que señalan los artículos 27.4 de la Ley del Suelo y 121 del Reglamento de Planeamiento.

⇒ V. arts. 102 y 165 del TRLS/1992 (§2) que, aunque derogado por la Ley 6/1998, de 13 abril (§1), aún conserva vigencia en las Comunidades autónomas que se indican. V. Jurisprudencia en arts. 27 y 98 del TRLS/1976 (§3).

Artículo 105.

1. Las licencias concedidas con anterioridad a la iniciación del expediente podrán ser revisadas y dejadas sin efecto por la Entidad local que las otorgó, en los términos que se determinan en este artículo, cuando sean incompatibles con la ejecución del planeamiento.

2. Si se comprobare la ilegalidad de la licencia, se procederá en la forma establecida en los artículos 186 y siguientes de la Ley del Suelo.

3. En los demás casos, cuando se estime que las obras autorizadas por la licencia pueden prejuzgar el resultado de la reparcelación o perjudicar el derecho de los terceros interesados, se podrá dejar sin efecto la licencia, previa indemnización de daños y perjuicios, con cargo al proyecto, en concepto de gastos de urbanización.

4. En todo caso, la anulación de la licencia se hará mediante acuerdo motivado y previa audiencia de los interesados.

✐ Artículo derogado por RD 304/1993, de 26 febrero, que aprobó la Tabla de Vigencias.

Sección 2ª Sustanciación y resolución

Artículo 106.

1. Dentro de los tres meses siguientes a la iniciación del expediente, los propietarios que representen los dos tercios del número total de propietarios interesados y el 80 por 100 de la superficie reparcelable podrán formular un proyecto de reparcelación, que deberá ser admitido y tramitado, aunque no esté completo, siempre que esté ajustado a la Ley y al planeamiento y contenga, cuando menos, con la debida precisión, los criterios de definición, valoración y adjudicación de las fincas resultantes.

Para el cómputo de dichas mayorías se tendrá en cuenta a los propietarios de suelo exterior al polígono, ocupado para la ejecución de sistemas generales, que deban participar en la reparcelación del polígono, y las superficies ocupadas a tales propietarios.

2. Si el proyecto presentado estuviese incompleto, con arreglo a lo dispuesto en el artículo 82 de este Reglamento, antes de proceder a su aprobación inicial, la Administración actuante concederá un plazo, no superior a dos meses, para que los interesados lo completen.

⇒ V. Jurisprudencia en arts. 98 y concordantes del TRLS/1976 (§3).

Artículo 107.

1. Si transcurriese el plazo de tres meses previsto en el artículo anterior o si antes de transcurrir ese plazo los interesados manifestasen su propósito de no hacer uso del derecho que se les reconoce en dicho precepto, y en todo caso cuando no se cumplan las condiciones que en el mismo se establecen, la Administración actuante acordará, sin dilación, que el proyecto se redacte de oficio, dentro de un plazo no superior a seis meses.

2. La redacción del proyecto podrá realizarse:

a) Por los propios servicios del Ayuntamiento o Administración actuante.

b) Por un Técnico titulado superior o Empresa especializada, mediante cualquiera de las formas de contratación admitidas por la legislación vigente. En tales casos el proyecto deberá ser refrendado, antes de su aprobación inicial, por el correspondiente servicio del Ayuntamiento o Administración actuante.

3. En el caso de que un proyecto presentado por algún interesado sin

que concurran las condiciones establecidas en el artículo anterior merezca la conformidad del Ayuntamiento o Administración actuante, previo informe de los servicios correspondientes, podrá ser acordada su aprobación inicial y subsiguiente tramitación.

⇒ V. Jurisprudencia en arts. 98 y concordantes del TRLS/1976 (§3).

Artículo 108.

1. Aprobado inicialmente un proyecto de reparcelación, se abrirá un plazo de un mes para información pública y audiencia de los interesados con citación personal. Este trámite se deberá anunciar en el «Boletín Oficial» de la provincia, en el tablón de anuncios del Ayuntamiento y en un periódico de la provincia de difusión corriente en la localidad.

2. *La incomparecencia en este trámite no podrá ser obstáculo para que se admitan los recursos procedentes que se interpongan contra la resolución definitiva del expediente, pero en ningún caso podrá justificar la retroacción de las actuaciones.*

✐ Apartado derogado por RD 304/1993, de 26 febrero, que aprobó la Tabla de Vigencias.

⇒ V. Jurisprudencia en arts. 98 y concordantes del TRLS/1976 (§3).

Artículo 109.

1. Concluido el anterior trámite, los servicios competentes del Ayuntamiento o Administración actuante emitirán informe sobre las alegaciones presentadas durante el mismo, en un plazo no superior a un mes.

2. Si, con arreglo a este informe y como consecuencia de las alegaciones presentadas, hubiere de rectificarse el proyecto se dará audiencia a los interesados afectados por las rectificaciones propuestas, por un plazo de quince días.

3. Cuando como consecuencia de las alegaciones presentadas y del informe de los servicios, el órgano competente para aprobar definitivamente la reparcelación acordase rectificar el proyecto, en términos que afecten sustancialmente a su contenido general o a la mayor parte de los afectados, será necesario repetir el trámite de audiencia a todos los interesados en el expediente, durante el plazo de un mes.

Artículo 110.

1. Concluido el trámite de informe y, en su caso, el de alegación contradictoria, previstos en el artículo anterior, se aprobará definitivamente el proyecto de reparcelación.

2. La aprobación podrá producirse:

a) Pura y simplemente.

b) Con rectificaciones que se expresen inequívocamente y queden definitivamente incorporadas al proyecto.

3. Cuando el proyecto hubiera sido presentado por los interesados, la denegación o aprobación con rectificaciones deberán ser motivadas.

4. La denegación del proyecto tramitado obligará a la Administración a aprobar otro, en un plazo no superior a tres meses.

Artículo 111.

1. La resolución definitiva que recaiga será notificada a todos los interesados y publicada en la misma forma prevista en el artículo 108 de este Reglamento para el trámite de información pública.

2. Una copia de la resolución recaída será remitida a la Comisión Provincial de Urbanismo, si no fuere ella misma la que hubiere adoptado el acuerdo.

Artículo 112.

1. El acuerdo aprobatorio de la reparcelación será impugnable en vía administrativa en todos sus aspectos.

2. En vía contencioso-administrativa sólo será impugnable por vicios de nulidad absoluta del procedimiento o para determinar la indemnización que en su caso proceda.

3. En los casos de nulidad, el tribunal se limitará a ordenar la retroacción de las actuaciones al momento oportuno.

4. En los demás, y siempre que el Tribunal aprecie la existencia de perjuicio para el recurrente, fijará la indemnización correspondiente y los sujetos que hayan de satisfacerla, sin afectar a la efectividad del acuerdo de reparcelación recaído, en cuanto a la definición de la propiedad de las fincas resultantes.

✐ Artículo derogado por RD 304/1993, de 26 febrero, que aprobó la Tabla de Vigencias.

Sección 3ª Formalización e inscripción

Artículo 113.

1. Una vez firme en vía administrativa el acuerdo de aprobación definitiva de la reparcelación, el Organismo que lo hubiere adoptado lo notificará a todos los interesados y procederá a otorgar escritura pública o a expedir documento con las solemnidades y requisitos dispuestos para las actas de sus acuerdos, con el siguiente contenido:

a) Descripción de las propiedades antiguas, según los títulos aportados, con las correcciones procedentes, y en defecto de títulos, según planos. Se expresarán las cargas y gravámenes, condiciones, sustituciones y demás derechos que las afecten; el respectivo propietario, si fuera conocido; la cuantía de su derecho en la reparcelación y el criterio utilizado para definirlo y cuantificarlo.

Cuando participen en la reparcelación propietarios de suelo exterior al polígono, se describirán también las fincas que les fueron ocupadas.

b) Descripción de las fincas resultantes, incluyendo, en su caso, las que correspondan a la Administración adjudicataria del 10 por 100 del aprovechamiento medio, titulares a quienes se adjudiquen y concepto en que lo fueren.

Se expresará respecto a cada finca la antigua a que corresponda o el derecho que da lugar a la adjudicación; así como las cargas y gravámenes, condiciones, sustituciones y demás derechos que las afecten por no ser incompatibles con el planeamiento.

c) Localización de los terrenos de cesión obligatoria y de las reservas que establezca el plan.

d) Cuantía del saldo de la cuenta de liquidación provisional con que quede gravada cada una de las fincas adjudicadas.

2. La escritura pública o el documento administrativo previsto en el número 1 de este artículo, protocolizado notarialmente, será inscrito en el Registro de la Propiedad.

3. Las operaciones jurídicas complementarias que sean del caso, que no se opongan al proyecto de reparcelación ni al plan que se ejecute, se aprobarán por el Órgano urbanístico actuante, el cual procederá a extender documento con los requisitos y solemnidades previstos en el número 1 de este artículo, que se protocolizará notarialmente o a otorgar escritura pública. Uno u otro documento se inscribirán en el Registro de la Propiedad.

⇒ V. art. 310.1 a 310.5 del TRLS/1992 (§2).
V. art. 6 y concordantes del RD 1093/1997, de 4 julio (§2.1).
V. Jurisprudencia en arts. 101 y concordantes del TRLS/1976 (§3).

Artículo 114.

La inscripción del acuerdo de reparcelación se efectuará en la siguiente forma:

a) Se cancelarán las hojas registrables correspondientes a las antiguas fincas reparceladas con extinción de todos los derechos incompatibles con la ejecución del planeamiento. En las fincas que se correspondan con otras resultantes se hará expresa indicación de la nueva hoja registral que se abra a la correlativa finca resultante. En la misma forma se cancelarán las hojas registrales correspondientes a las fincas ocupadas para la ejecución de los sistemas generales cuando sus titulares fuesen adjudicatarios en la unidad reparcelada.

b) Se abrirá nueva hoja registral a todas y cada una de las fincas resultantes adjudicadas, incluso las que lo sean en favor del Patrimonio municipal del suelo o estén afectadas a cualquier servicio público.

c) En la inscripción de las fincas resultantes que se correspondan con otras anteriormente inscritas se hará expresa indicación de la hoja registral cancelada por efecto de la reparcelación.

d) En las restantes se practicará un asiento de primera inscripción.

e) Se harán constar las cargas y gravámenes que subsistan o se establezcan sobre las fincas resultantes y las demás circunstancias que puedan afectar las titularidades inscritas, con arreglo a la legislación hipotecaria y, en todo caso, la cuantía del saldo de liquidación, a los efectos prevenidos en el artículo 100.1 c), de la Ley del Suelo.

✐ Artículo derogado por RD 304/1993, de 26 febrero, que aprobó la Tabla de Vigencias.

CAPÍTULO V
Procedimientos abreviados

Sección 1ª Reparcelación voluntaria

Artículo 115.

1. La propuesta de reparcelación, formulada por los propietarios afectados y formalizada en escritura pública, será sometida a información pública durante quince días e informada por los servicios municipales correspondientes.

2. Cuando recaiga la aprobación definitiva no será necesaria ninguna nueva formalización, bastando, para la inscripción en el Registro de la Propiedad, con la presentación de la citada escritura y la certificación del acuerdo de su aprobación.

⇒ V. arts. 6 y concordantes del RD 1093/1997, de 4 julio (§2.1).

Sección 2ª Reparcelación simplemente económica

Artículo 116.

Cuando en aplicación de lo dispuesto en los artículos 125.2, de la Ley del Suelo y 74 de este Reglamento, la reparcelación debe limitar sus efectos a la determinación de las indemnizaciones sustitutorias que procedan entre los afectados, se aplicarán las siguientes reglas:

a) La documentación del proyecto se reducirá a la expresada en los apartados a), b) y e) y planos f.1, f.2, y f.3 del artículo 82 de este Reglamento.

b) El plazo de audiencia será de quince días.

c) El acuerdo de aprobación definitiva será impugnable ante la jurisdicción contencioso-administrativa, en la forma ordinaria y sin ninguna limitación.

d) El acuerdo se formalizará y protocolizará en forma análoga a la prevenida en los artículos 113 y 114 de este Reglamento, pero sin incluir la descripción de las fincas afectadas.

e) El Registrador de la Propiedad se limitará a cancelar las notas marginales que hubiere extendido, con arreglo al artículo 102 de este Reglamento, y a tomar razón de la cuantía de los saldos de la cuenta de liquidación provisional que se hubieren asignado a los titulares de fincas inscritas, a los efectos prevenidos en el artículo 100.1 c), de la Ley del Suelo.

⇒ V. arts. 6 y concordantes del RD 1093/1997, de 4 julio (§2.1).
V. Jurisprudencia en arts. 125 y concordantes del TRLS/1976 (§3).

Sección 3ª Normalización de fincas

Artículo 117.

1. El procedimiento regulado en esta Sección se aplicará siempre que no sea necesaria la redistribución de los beneficios y cargas de la ordenación entre los propietarios afectados, pero sea preciso regularizar la configuración física de las fincas para adaptarla a las exigencias de planeamiento.

2. Podrá acordarse en cualquier momento, de oficio o a instancia de parte interesada.

3. En todo lo no previsto expresamente en esta Sección, se tendrá en cuenta las normas del procedimiento general de reparcelación, en cuanto sean de aplicación.

⇒ V. Jurisprudencia en arts. 101 y concordantes del TRLS/1976 (§3).

Artículo 118.

1. La normalización podrá hacerse por manzanas completas o parte de ellas.

2. Se limitará a definir los nuevos linderos de las fincas afectadas, de conformidad con el planeamiento, siempre que no afecte al valor de las mismas, en proporción superior al 15 por 100, ni a las edificaciones existentes.

3. El porcentaje de exceso o defecto que pueda representar la modificación de linderos se determinará por el valor urbanístico de las fincas.

4. Si se apreciare una diferencia superior al 15 por 100 del valor de las fincas resultantes, se decretará la conversión de las actuaciones en un procedimiento general de reparcelación.

5. Las diferencias no superiores al 15 por 100 se compensarán en metálico, con arreglo al valor urbanístico medio de las fincas afectadas.

Artículo 119.

1. El proyecto de normalización de fincas contendrá los siguientes documentos:

a) Memoria justificativa.

b) Relación de propietarios e interesados afectados.

c) Plano parcelario de información, a escala 1/500.

d) Plano de fincas normalizadas, a la misma escala.

e) Cuenta de compensaciones económicas, cuando procedan.

2. Al proyecto deberán acompañarse las oportunas certificaciones registrales de titularidad y cargas y, en caso de fincas no inmatriculadas, el testimonio de los títulos justificativos de las respectivas titularidades.

Artículo 120.

1. Si la normalización se acordase a instancia de parte, acompañada del correspondiente proyecto, el Ayuntamiento publicará el acuerdo en la forma

prevista en el artículo 108 de este Reglamento y dará vista y audiencia a los demás interesados conocidos, por plazo de quince días.

2. En los demás casos, el Ayuntamiento efectuará la misma publicación y requerirá a los interesados para que presenten un proyecto, en plazo no superior a dos meses, transcurrido el cual, dispondrá la redacción de oficio en otro plazo igual.

3. Del proyecto presentado, o redactado de oficio, se dará vista y audiencia a los interesados, durante quince días, y transcurrido este plazo se pasará a informe de los servicios correspondientes, por término de otros quince días.

Artículo 121.

1. Aprobada la normalización, el acuerdo se protocolizará notarialmente y se remitirá de oficio al Registro de la Propiedad para su oportuna toma de razón.

2. El Registrador se limitará a consignar la nueva configuración física de las fincas inscritas, sin que el asiento que se practique deba afectar en ninguna otra forma a las titularidades existentes.

3. El régimen de recursos contra el acuerdo de normalización será establecido en el artículo 112 de este Reglamento.

✐ Apartado derogado por RD 304/1993, de 26 febrero, que aprobó la Tabla de Vigencias.

CAPÍTULO VI
Efectos

Sección 1ª Efectos jurídico-reales

Artículo 122.

1. El acuerdo de reparcelación producirá, por sí mismo, la subrogación, con plena eficacia real, de las antiguas por las nuevas parcelas, siempre que quede claramente establecida la correspondencia entre unas y otras.

2. Cuando se opera la subrogación real, las titularidades existentes sobre las antiguas fincas quedarán referidas, sin solución de continuidad, a las correlativas fincas resultantes adjudicadas, en su mismo estado y condiciones, sin perjuicio de la extinción de los derechos y cargas que resulten incompatibles con el planeamiento.

3. Cuando no haya una exacta correspondencia entre las fincas adjudicadas y las antiguas, el acuerdo constituirá un título de adquisición originaria a favor de los adjudicatarios y éstos recibirán la plena propiedad de aquéllas, libre de toda carga que no se derive del propio acuerdo.

4. Esta misma regla se aplicará en los casos de adjudicaciones pro indiviso o con modificación sustancial de las condiciones de la primitiva titularidad.

⇒ V. art. 168. 1 a 4 del TRLS/1992 (§2).

V. arts. 8 y ss. del RD 1093/1997, de 4 julio (§2.1).
V. Jurisprudencia en arts. 100 y concordantes del TRLS/1976 (§3).

Artículo 123.

1. En los casos de subrogación real, si existiesen derechos o cargas que se estimen incompatibles con el planeamiento, el acuerdo de reparcelación deberá declararlo así y fijar la indemnización correspondiente, sin perjuicio de lo que en su día resuelvan los Tribunales ordinarios al respecto.

2. *En tales casos, el Registrador se limitará a hacerlo constar en el asiento correspondiente y los interesados podrán acudir al Juzgado competente a los efectos prevenidos en el artículo 101.3, de la Ley del Suelo.*

3. Cuando se trate de fincas sobre las que no opere el principio de subrogación real, la extinción de los derechos y cargas se producirá por virtud del acuerdo de reparcelación.

✐ Ap. 2 derogado por RD 304/1993, de 26 febrero, que aprobó la Tabla de Vigencias.

⇒ V. art. 168.1 a 4 del TRLS/1992 (§2).
V. arts. 11 y 12 del RD 1093/1997, de 4 julio (§2.1).

Artículo 124.

1. La firmeza en vía administrativa del acuerdo de reparcelación determinará la cesión de derecho al Municipio en que se actúe, en pleno dominio y libre de cargas, de todos los terrenos que sean de cesión obligatoria, según el plan, para su incorporación al Patrimonio municipal del suelo o su afectación a los usos previstos en el mismo.

2. Los terrenos que el plan destine al dominio público municipal quedarán afectados al mismo sin más trámites.

⇒ V. art. 205 del TRLS/1992 (§2) que, aunque derogado por la Ley 6/1998, de 13 abril (§1), aún conserva vigencia en las Comunidades autónomas que se indican.
V. Jurisprudencia en arts. 100 y concordantes del TRLS/1976 (§3).

Artículo 125.

Respecto de los derechos y cargas que deban extinguirse y de las plantaciones, obras, edificaciones, instalaciones y mejoras que deban destruirse, el acuerdo de reparcelación tendrá el mismo efecto que el acta de ocupación a efectos expropiatorios.

⇒ V. art. 98.3 del presente Reglamento.
V. Jurisprudencia en arts. 102 y concordantes del TRLS/1976 (§3).

Artículo 126.

1. Las fincas resultantes quedarán afectadas, con carácter real, al pago del saldo de la cuenta de liquidación del proyecto de reparcelación aprobado que a cada una se le asigne.

2. Esta afección será preferente a cualquier otra y a todas las hipotecas y cargas anteriores, excepto a los créditos en favor del Estado a que se refiere el número 1 del artículo 1923 del Código Civil y a los demás créditos tributarios en favor del Estado, que estén vencidos y no satisfechos y se hayan

hecho constar en el Registro antes de practicarse la afección a que el presente artículo se refiere.

3. La afección será cancelada a instancia de parte interesada, a la que se acompañe certificación del Organo actuante expresiva de estar pagada la cuenta de liquidación definitiva referente a la finca de que se trate.

En todo caso la afección caducará y deberá ser cancelada a los dos años de haberse hecho constar el saldo de la liquidación definitiva, y si no constar, a los siete años de haberse extendido la nota de afección. La cancelación se practicará a instancia de parte interesada o de oficio al practicarse algún otro asiento o expedirse certificación relativa a la finca afectada.

⇒ V. art. 19 del RD 1093/1997, de 4 julio (§2.1).
V. Jurisprudencia en arts. 100 y concordantes del TRLS/1976 (§3).

Sección 2ª Efectos económicos

Artículo 127.

1. Las partidas que comprenda la cuenta de liquidación para cada interesado quedarán compensadas cuando fueren de distinto signo, siendo exigibles únicamente los saldos resultantes.

2. Los saldos de la cuenta de liquidación del proyecto se entenderán provisionales y a buena cuenta, hasta que se apruebe la liquidación definitiva de la reparcelación. Los errores y omisiones que se adviertan, así como las rectificaciones que se estimen procedentes, se tendrán en cuenta en la liquidación definitiva, pero no suspenderán la exigibilidad de los saldos provisionales aprobados con el proyecto.

3. Los saldos adeudados por los adjudicatarios podrán compensarse con la cesión de terrenos, previo acuerdo con los interesados, conforme al artículo 122.2, de la Ley del Suelo.

4. A todos los efectos se entenderá que los saldos de reparcelación son deudas líquidas y exigibles que median entre cada uno de los interesados y la Administración actuante. En caso de impago, procederá la vía de apremio.

5. Cuando las circunstancias lo aconsejen, la Administración podrá acordar los aplazamientos o fraccionamientos de pago que estime procedente, siempre que no lo impidan otras normas generales o imperativas.

⇒ V. art. 19 del RD 1093/1997, de 4 julio (§2.1).
V. art. 155.2 del TRLS/1992 (§2) que, aunque derogado por la Ley 6/1998, de 13 abril (§1), aún conserva vigencia en las Comunidades autónomas que se indican.

Artículo 128.

1. La liquidación definitiva de la reparcelación tendrá lugar cuando se concluya la urbanización de la unidad reparcelable y, en todo caso, antes de que transcurran cinco años desde el acuerdo aprobatorio de la reparcelación.

2. Tendrá exclusivamente efectos económicos y no podrá afectar a la titularidad real sobre los terrenos.

3. En la liquidación definitiva se tendrán en cuenta:

a) Las cargas y gastos prorrateables entre los adjudicatarios de fincas resultantes, que se hayan producido con posterioridad al acuerdo de reparcelación.

b) Los errores u omisiones que se hayan advertido con posterioridad a dicho acuerdo.

c) Las rectificaciones impuestas por resoluciones administrativas o judiciales posteriores al mismo.

4. Si con posterioridad a la liquidación definitiva, se produjeran nuevas resoluciones administrativas o judiciales, con efectos sobre los intereses económicos de los afectados, la ejecución de las mismas habrá de producirse en un expediente nuevo y distinto.

Artículo 129.

La liquidación definitiva se redactará por la Administración actuante y será notificada, publicada, tramitada y aprobada en la misma forma que el proyecto de reparcelación.

Artículo 130.

Conforme a lo dispuesto en el artículo 102 de la Ley del Suelo, todos los actos comprendidos en la reparcelación que cumplan los requisitos establecidos en este Reglamento estarán exentos con carácter permanente del Impuesto General sobre Transmisiones Patrimoniales y Actos Jurídicos Documentados y no tendrán la consideración de transmisiones a los efectos de exacción del Arbitrio sobre el Incremento del Valor de los Terrenos. Cuando el valor de los solares adjudicados a un propietario exceda del que proporcionalmente corresponda a los terrenos aportados por el mismo, se girarán las liquidaciones procedentes en cuanto al exceso.

⇒ V. art. 170.1 del TRLS/1992 (§2).

V. RD 828/1995, de 29 mayo, que aprobó el Reglamento del impuesto sobre Transmisiones patrimoniales y actos jurídicos documentados, cuyo art. 88.I B).7 establece que estarán exentas: «7. Las transmisiones de terrenos que se realicen como consecuencia de la aportación a las Juntas de Compensación por los propietarios de la unidad de ejecución y las adjudicaciones de solares que se efectúen a los propietarios citados, por las propias Juntas, en proporción a los terrenos incorporados.

Los mismos actos y contratos a que dé lugar la reparcelación en las condiciones señaladas en el párrafo anterior.

Esta exención estará condicionada al cumplimiento de todos los requisitos urbanísticos».

TÍTULO IV
VALORACIONES

CAPÍTULO I
Disposiciones comunes

Artículo 131.

Las valoraciones de terrenos se efectuarán en todo caso con arreglo a los criterios establecidos en la Ley del Suelo.

⇒ V. arts. 23 a 32 de la Ley 6/1998, de 13 abril (§1).
V. Jurisprudencia en arts. 103 y concordantes del TRLS/1976 (§3).

Artículo 132.

Las valoraciones de terrenos se efectuarán teniendo en cuenta únicamente los valores inicial y urbanístico.

⇒ V. arts. 23 a 32 de la Ley 6/1998, de 13 abril (§1).

Artículo 133.

Cuando los valores tomados como base de la liquidación fiscal de la transmisión correspondiente sean superiores a los declarados en el título a que se refiere el artículo 109 de la Ley del Suelo, se tendrán en cuenta aquéllos, sea cualquiera la fecha del título.

✐ Artículo derogado por RD 304/1993, de 26 febrero, que aprobó la Tabla de Vigencias.

Artículo 134.

Siempre que el valor asignado a una parcela en la que el dueño hubiere costeado algunas obras de urbanización, no contrapuestas a planes vigentes en el momento de ejecutarlas, fuere inferior a la suma del valor inicial y de la parte proporcional del valor actual de las obras, se completará hasta cubrir el importe de ambos sumandos.

✐ Artículo derogado por RD 304/1993, de 26 febrero, que aprobó la Tabla de Vigencias.

Artículo 135.

El justiprecio de las fincas gravadas con cargas, cuando la participación de los titulares de los derechos concurrentes con el del dominio en el contenido económico de aquéllas venga determinada taxativamente por las reglas a que se refiere el número 1 del artículo 111 de la Ley del Suelo, deberá realizarse valorando por separado cada uno de aquéllos, para distribuirlo entre los interesados.

Si la valoración se realizase en conjunto, una vez consignado el justiprecio en poder del Juzgado, cualesquiera de los titulares de derechos sobre la finca expropiada podrá instar en dicha vía judicial la distribución del justiprecio entre los interesados.

⇒ V. arts. 23 a 32 de la Ley 6/1998, de 13 abril (§1).

Artículo 136.

Las valoraciones se entenderán referidas:

a) Cuando se aplique la expropiación forzosa, al momento de iniciación del expediente de justiprecio individualizado o de exposición al público del proyecto de expropiación cuando se siga el procedimiento de tasación conjunta.

b) Cuando se trate de reparcelación o de compensación, al momento de la aprobación inicial del proyecto de reparcelación o de la sumisión del proyecto de compensación al trámite de audiencia previo a su aprobación.

⇒ V. art. 24 de la Ley 6/1998, de 13 abril (§1).

Jurisprudencia

«Tanto el artículo 136 a) del Reglamento de Gestión Urbanística de 25 agosto 1978, como el artículo 36.1 de la Ley de Expropiación Forzosa, que debe prevalecer sobre el artículo 28 de su Reglamento, previenen que las valoraciones se entenderán referidas al momento de iniciación del expediente de justiprecio individualizado (al tiempo de iniciarse el expediente de justiprecio, de acuerdo con la dicción del artículo 36.1 de la Ley general expropiatoria), habiendo declarado repetidamente la jurisprudencia que el tiempo de iniciación del expediente de justiprecio, determinante del valor de los bienes a tasar, tiene lugar a partir de que el accionante recibió el oficio de la Administración interesándole que formulara la hoja de aprecio o aquel en que se notifica a los expropiados el acuerdo de iniciación de las gestiones para llegar al mutuo acuerdo (Sentencias de 16 mayo, 7 y 19 noviembre 1979 [RJ 1979, 1807, 3695 y 4033] y 4 febrero 1985 [RJ 1985, 509])». **(STS 16 octubre 1995 [RJ 1995, 7105]).**

Artículo 137.

1. El valor de las plantaciones, obras, edificaciones e instalaciones que existan en el suelo se determinará con arreglo a los criterios de la Ley de Expropiación Forzosa.

2. Cuando el valor de los elementos enumerados en el apartado anterior hubiese sido ponderado en la estimación del rendimiento bruto a efectos de la determinación del valor inicial o en la fijación del valor urbanístico, su cuantía no incrementará el valor del inmueble.

3. En la determinación de las indemnizaciones arrendaticias se utilizarán los criterios estimativos del artículo 43 de la Ley de Expropiación Forzosa y se tendrán en cuenta las siguientes circunstancias:

A) En arrendamientos rústicos:

a) Carácter de actividad económica principal del arrendatario.

b) Dificultad de sustitución de dicha actividad.

c) Cuantía del beneficio del cultivador fijada en el cálculo del rendimiento bruto.

d) Valor de los elementos mecánicos propios del arrendamiento utilizados en la explotación.

e) Tener el arrendatario su domicilio habitual en la finca arrendada.

B) En arrendamientos urbanos:

a) Dificultad de sustitución del arrendamiento en condiciones análogas y especialmente la derivada de la diferencia de rentas.

b) Cuantía de los gastos de traslados por licencias, portes, nuevos contratos, etcétera.

c) Valor de las mejoras realizadas en el inmueble cuando su percepción corresponda al arrendatario.

⇒ V. art. 31 de la Ley 6/1998, de 13 abril (§1).

Artículo 138.

1. Las valoraciones tendrán vigencia durante diez años.

2. Cuando circunstancias reales y ajenas a especulaciones originaren notorias variaciones en el mercado de terrenos o en la situación económica general, se revisarán los justiprecios, de oficio o a petición de cualquier propietario afectado.

3. Se considerarán como factores de base para la revisión de las valoraciones, además del índice general ponderado de precios al por mayor publicado por el Instituto Nacional de Estadística, los siguientes:

a) Alteración de los costos de producción y precios de los productos ponderados en la determinación del valor inicial.

b) Alteración de los costos de construcción o incremento superior a un 15 por 100 en los elementos determinantes que sirvieran de base para la determinación del valor urbanístico.

✐ Artículo derogado por RD 304/1993, de 26 febrero, que aprobó la Tabla de Vigencias.

CAPÍTULO II
Valor inicial

Artículo 139.

Se tasarán con arreglo al valor inicial los terrenos clasificados como suelo no urbanizable.

⇒ V. art. 26 de la Ley 6/1998, de 13 abril (§1).

Artículo 140.

1. El valor inicial de un predio o unidad de cultivo, a efectos de la Ley del Suelo, se determinará:

a) Por el rendimiento bruto que le correspondiera en la explotación rústica o de que fuere naturalmente susceptible.

b) Por su valor medio de venta a efectos de su explotación agrícola.

En ningún caso se podrán tomar en consideración valores o rendimientos que tengan relación directa o indirecta con la posible utilización urbana de los terrenos.

2. En el rendimiento rústico se estimarán comprendidos el agrícola, el forestal, el ganadero, el cinegético y cualquiera otro semejante.

3. Entre los rendimientos de los que un fundo fuere naturalmente susceptible, podrán estimarse los resultados de transformaciones que puedan operarse con los medios normales, tanto mecánicos como técnicos o de capital, existentes para el desarrollo de la explotación agraria y conducentes al máximo aprovechamiento de la fertilidad de la tierra, pero no los hipotéticamente resultantes de una supuesta aplicación de medios extraordinarios.

4. En las unidades de cultivo directamente explotadas por los propietarios se establecerá además el premio de afección que deba serles atribuido en el supuesto de expropiación forzosa.

✐ Artículo derogado por RD 304/1993, de 26 febrero, que aprobó la Tabla de Vigencias.

Artículo 141.

El rendimiento bruto o renta de la tierra para determinar el valor inicial de un predio o unidad de cultivo será el que se obtenga al deducir del valor del producto bruto medio real o potencial de los cinco años anteriores, las cantidades correspondientes a gastos directos o indirectos de explotación más el beneficio del cultivador o renta del empresario. La cifra así obtenida se capitalizará al tipo legal de interés del dinero.

✐ Artículo derogado por RD 304/1993, de 26 febrero, que aprobó la Tabla de Vigencias.

Artículo 142.

El valor medio en venta, a efectos o en función de su explotación agrícola, ganadera, cinegética, minera o cualquiera otra semejante, se determinará teniendo en cuenta los precios de fincas análogas por sus circunstancias de rendimiento bruto, situación y tamaño.

✐ Artículo derogado por RD 304/1993, de 26 febrero, que aprobó la Tabla de Vigencias.

Artículo 143.

1. Cuando el valor inicial a que se llegue por aplicación de los criterios anteriores sea inferior al que constara en valoraciones catastrales, índices municipales u otras estimaciones públicas aprobadas, prevalecerá la más alta de las que concurran sobre el terreno.

2. A los efectos del número anterior, se considerarán de aplicación únicamente las siguientes estimaciones públicas:

a) El valor catastral del suelo, señalado en la contribución territorial.

b) Las liquidaciones practicadas a efectos de los Impuestos Generales sobre Sucesiones y Transmisiones y Actos Jurídicos Documentados, con dos años de antelación, como mínimo, al momento de la valoración.

c) Los índices municipales a efectos del Impuesto sobre Incremento del Valor de los Terrenos.

d) Cualesquiera otras realizadas en función de los aprovechamientos enunciados en el apartado 2 del artículo 104 de la Ley del Suelo.

✐ Artículo derogado por RD 304/1993, de 26 febrero, que aprobó la Tabla de Vigencias.

CAPÍTULO III
Valor urbanístico

Artículo 144.

Se tasarán con arreglo al valor urbanístico los terrenos clasificados como suelo urbano o urbanizable en todas sus categorías. Las tasaciones tendrán como límite el valor inicial, que prevalecerá sobre el urbanístico cuando fuese éste inferior.

✐ Artículo derogado por RD 304/1993, de 26 febrero, que aprobó la Tabla de Vigencias.

Artículo 145.

El valor urbanístico de los terrenos será el determinado a los efectos de la contribución territorial urbana, siempre que concurran los siguientes requisitos:

a) Que las condiciones de uso y volumen consideradas para la determinación del valor básico del suelo en la citada contribución correspondan a las del planeamiento urbanístico vigente en el momento de fijarse la valoración, a cuyo efecto se solicitará de la Delegación de Hacienda respectiva certificación comprensiva de las propuestas y acuerdos formulados.

b) Que desde la fecha de la valoración fiscal no hubiere transcurrido el plazo de cinco años a que se refiere el artículo 26 del texto refundido de la contribución territorial urbana.

✐ Artículo derogado por RD 304/1993, de 26 febrero, que aprobó la Tabla de Vigencias.

Artículo 146.

Cuando no se hayan determinado los valores a efectos de la contribución urbana o cuando después de haber sido establecidos hubiesen variado las circunstancias de planeamiento urbanístico o cuando hubiere transcurrido el plazo de cinco años indicado en el artículo anterior, el aprovechamiento a tener en cuenta para determinar el valor urbanístico será el siguiente:

a) En suelo urbanizable no programado y el apto para urbanizar, el aprovechamiento que resulte del uso e intensidad de ocupación de los terrenos, determinado en el plan general o en las normas subsidiarias y complementarias del planeamiento.

b) En suelo urbanizable programado, el aprovechamiento medio del sector, después de haberse deducido, en su caso, el exceso respecto del aprovechamiento medio de todo el suelo urbanizable programado.

c) En suelo urbano, el aprovechamiento permitido por el plano o, en su caso, el aprovechamiento medio resultante de la reparcelación o compensación en el polígono o unidad de actuación de que se trate, y en defecto del plan, el aprovechamiento de tres metros cúbicos por metro cuadrado, referidos a cualquier uso.

✐ Artículo derogado por RD 304/1993, de 26 febrero, que aprobó la Tabla de Vigencias.

Artículo 147.

El valor individualizado de cada parcela podrá aumentar o disminuir en un 15 por 100 como máximo, aplicando al obtenido con arreglo a lo dispuesto en los dos artículos anteriores, los coeficientes correctores que correspondan a las circunstancias de situación, grado de urbanización y características intrínsecas de aquéllas, en los términos que establecen los artículos siguientes.

✐ Artículo derogado por RD 304/1993, de 26 febrero, que aprobó la Tabla de Vigencias.

Artículo 148.

A los efectos del artículo anterior, se entenderá como fondo de influencia de los servicios urbanísticos existentes, salvo previsión distinta del planeamiento, el de 100 metros medidos desde la alineación de las redes varias vigente en el momento de ejecutarse las obras de urbanización. Fuera de estos límites los servicios urbanísticos existentes no deberán ponderarse a los efectos del grado de urbanización.

✐ Artículo derogado por RD 304/1993, de 26 febrero, que aprobó la Tabla de Vigencias.

Artículo 149.

Se considera que una parcela posee un grado de urbanización normal cuando reúne las siguientes características:

a) Calles con calzadas y aceras pavimentadas.

b) Dotación de agua comprendida entre 50 y 100 metros cúbicos por hectárea y día, con red de distribución de agua con servicio a pie de parcela.

c) Red de saneamiento con servicio a pie de parcela.

d) Red de distribución de energía eléctrica en baja tensión con servicio a pie de parcela.

e) Red de alumbrado público en calles.

✐ Artículo derogado por RD 304/1993, de 26 febrero, que aprobó la Tabla de Vigencias.

Artículo 150.

Se podrán estimar como factores de incremento del valor urbanístico de los terrenos, hasta los porcentajes máximos que se señalan, las siguientes circunstancias:

a) Dotación de agua superior a 100 metros cúbicos por hectárea y día, 2 por 100.

b) Estación depuradora conectada a la red de saneamiento, 6 por 100.

c) Instalación de gas, 2 por 100.

d) Instalación de teléfono, 1 por 100.

e) Instalación de central térmica y red de distribución, 3 por 100.

f) Jardinería ornamental en viales y espacios libres, 1 por 100.

✐ Artículo derogado por RD 304/1993, de 26 febrero, que aprobó la Tabla de Vigencias.

Artículo 151.

Se podrán considerar como factores de disminución del valor urbanístico de los terrenos, hasta los porcentajes máximos que se señalan, las siguientes circunstancias:

a) Necesidades de explanaciones inferiores a lo normal en la red viaria, 1,50 por 100.

b) Deficiencias en las calzadas pavimentadas en las calles, 2 por 100.

c) Deficiencias en las aceras pavimentadas, 3,5 por 100.

d) Dotación de agua inferior a 50 metros cúbicos por hectárea y día, 1 por 100.

e) Deficiencias en la red de distribución de agua, 1 por 100.

f) Deficiencias en la red de saneamiento, 2 por 100.

g) Deficiencias en la red de alumbrado público, 1,50 por 100.

h) Deficiencias en la red de distribución de energía eléctrica de baja tensión, 2,5 por 100.

✐ Artículo derogado por RD 304/1993, de 26 febrero, que aprobó la Tabla de Vigencias.

TÍTULO V
SISTEMAS DE ACTUACIÓN

CAPÍTULO I
Determinación del sistema

Artículo 152.

1. La ejecución de los polígonos o unidades de actuación se realizará mediante cualquiera de los siguientes sistemas de actuación:

a) Compensación.

b) Cooperación.

c) Expropiación.

2. *Serán sistemas de actuación preferentes los de compensación y cooperación, salvo cuando razones de urgencia o necesidad debidamente motivadas exijan la aplicación del sistema de expropiación.*

3. El sistema de actuación se determinará en el plan o en el programa de actuación urbanística y en su defecto han de limitarse el polígono o unidad de actuación.

✐ Ap. 2 derogado por RD 304/1993, de 26 febrero, que aprobó la Tabla de Vigencias.

⇒ V. art. 148 del TRLS/1992 (§2) que, aunque derogado por la Ley 6/1998, de 13 abril (§1), aún conserva vigencia en las Comunidades autónomas que se indican.
V. Jurisprudencia en arts. 119 y concordantes del TRLS/1976 (§3).

Artículo 153.

Al determinarse el sistema de actuación para cada uno de los polígonos o unidades de actuación, se deberá justificar su viabilidad en función de las necesidades, medios económico-financieros con que cuente la Administración, colaboración de la iniciativa privada y las demás circunstancias que concurran en cada polígono.

⇒ V. Jurisprudencia en arts. 119 y concordantes del TRLS/1976 (§3).

Artículo 154.

Si el plan o programa de actuación urbanística no contuviere ni la delimitación de los polígonos ni la determinación del sistema, éste se fijará en el mismo procedimiento de delimitación de aquéllos.

⇒ V. art. 149 del TRLS/1992 (§2) que, aunque derogado por la Ley 6/1998, de 13 abril (§1), aún conserva vigencia en las Comunidades autónomas que se indican.
V. Jurisprudencia en arts. 119 y concordantes del TRLS/1976 (§3).

Artículo 155.

1. El sistema de actuación establecido en el plan o programa de actuación urbanística o fijado al delimitar el polígono o unidad de actuación podrá ser sustituido, de oficio o a petición de los interesados, sujetándose, en todo caso, a los mismos trámites que los establecidos en este Reglamento para la delimitación de polígonos.

2. Si el sistema estuviera establecido en el plan o programa de actuación urbanística habrá de analizarse la repercusión del cambio de sistema en el estudio económico-financiero.

⇒ V. Jurisprudencia en arts. 118 y concordantes del TRLS/1976 (§3).

Artículo 156.

La aplicación del sistema de expropiación como sustitutivo del de compensación, por incumplimiento de las obligaciones de la Junta de Compensación o del propietario único, se determinará por la Administración, previo expediente en el que se señalen las causas del incumplimiento y se dé audiencia a la Junta o al propietario único.

⇒ V. art. 195 del presente Reglamento.
V. art. 158 del TRLS/1992 (§2) que, aunque derogado por la Ley 6/1998, de 13 abril (§1), aún conserva vigencia en las Comunidades autónomas que se indican.
V. Jurisprudencia en arts. 126 a 130 y concordantes del TRLS/1976 (§3).

CAPÍTULO II
Sistema de compensación

Sección 1ª Disposiciones generales

Artículo 157.

1. El sistema de compensación tiene por objeto la gestión y ejecución de la urbanización de un polígono o unidad de actuación por los mismos

propietarios del suelo comprendido en su perímetro, con solidaridad de beneficios y cargas.

2. Los propietarios del suelo incluidos en un polígono o unidad de actuación por el sistema de compensación, y los del suelo exterior al polígono ocupado para la ejecución de sistemas generales, que deban participar en el polígono o unidad de que se trate, deberán constituirse en Junta de Compensación para poder aplicar el sistema.

3. Se exceptúa del requisito del número anterior el supuesto de que todos los terrenos pertenezcan a un solo propietario. Si todos los terrenos perteneciesen a una comunidad pro indiviso, ésta se considerará como propietario único a los efectos del sistema de compensación, si no existiese oposición por parte de ninguno de los condueños.

En otro caso, será preciso, para aplicar el sistema, constituirse en Junta de Compensación, con arreglo a las normas generales, entendiéndose que la exigencia del porcentaje de superficie quedará cumplida cuando concurra el 60 por 100 de las cuotas de interés en el pro indiviso. Del mismo modo se procederá cuando apareciesen discrepancias entre los copropietarios en el curso de la aplicación del sistema para la ejecución del plan.

⇒ V. art. 157 del TRLS/1992 (§2) que, aunque derogado por la Ley 6/1998, de 13 abril (§1), aún conserva vigencia en las Comunidades autónomas que se indican.
V. Jurisprudencia en arts. 126 y concordantes del TRLS/1976 (§3).

Artículo 158.

1. Cuando el sistema de compensación venga establecido en el plan para un determinado polígono o unidad de actuación y transcurriesen tres meses desde su aprobación definitiva sin que los propietarios que representen al menos el 60 por 100 de la superficie de aquéllos hayan presentado el proyecto de estatutos y de bases de actuación, en los términos previstos en la Sección 3ª de este Capítulo, la Administración Urbanística actuante requerirá a todos los propietarios efectuados para que los presenten en el plazo de tres meses. El proyecto de estatutos y el de bases de actuación habrá de ser formulado por propietarios que representen al menos la indicada proporción de la superficie total del polígono o unidad de actuación.

2. Si no obstante el requerimiento, los propietarios no presentaran los documentos expresados, la Administración actuante procederá a sustituir el sistema de compensación por alguno de los previstos en este Reglamento para la ejecución de los planes, siguiendo los trámites establecidos en el artículo 155.

⇒ V. Jurisprudencia en arts. 126 y concordantes del TRLS/1976 (§3).

Artículo 159.

1. Cuando el sistema de compensación no estuviera determinado en el plan, la solicitud de aplicación de dicho sistema se efectuará en el procedimiento de delimitación del polígono.

2. La solicitud deberá ir suscrita por propietarios que representen al menos el 60 por 100 de la superficie del polígono o unidad de actuación, y se trasladará mediante notificación personal o individualizada al resto de los propietarios, con derecho a formar parte de la Junta de Compensación, concediéndoles un plazo no inferior a quince días para que puedan formular las alegaciones que a su derecho convengan.

Para el cómputo del expresado porcentaje se tendrán en cuenta las superficies ocupadas para sistemas generales a propietarios de suelo exterior al polígono, que hayan de hacer efectivos sus derechos en el mismo.

3. Las alegaciones versarán sobre el cómputo de la superficie de los terrenos de los solicitantes, la legalidad de sus títulos de propiedad o sobre cualquier otra causa que pudiera impedir la preceptiva aplicación del sistema.

4. Recibidas las alegaciones, se dará audiencia en término de otros quince días a los solicitantes iniciales. La Administración actuante acordará la aplicación del sistema si resulta justificada la titularidad de la superficie requerida.

✐ Artículo derogado por RD 304/1993, de 26 febrero, que aprobó la Tabla de Vigencias.

Artículo 160.

1. No obstante lo dispuesto en el artículo anterior, los titulares de terrenos cuya superficie no represente el 60 por 100 o más del polígono o unidad de actuación podrán también instar la aplicación del sistema de compensación en el procedimiento de delimitación del polígono.

2. La Administración actuante dará trámite a la solicitud en los términos del artículo anterior.

3. Tramitada la solicitud y analizadas las alegaciones de todos los que comparecieren en el expediente, la Administración determinará la aplicación del sistema de compensación cuando durante el período de alegaciones se hubieran adherido a la solicitud propietarios de terrenos cuya superficie, unida a la de los peticionarios, sea superior al 60 por 100 de la total del polígono o unidad de actuación.

✐ Artículo derogado por RD 304/1993, de 26 febrero, que aprobó la Tabla de Vigencias.

Sección 2ª Constitución de la Junta

Artículo 161.

1. El procedimiento de constitución de la Junta de Compensación se iniciará mediante acuerdo de la Administración actuante por el que se aprueben inicialmente y se sometan a información pública los proyectos de estatutos y bases de actuación.

2. La redacción de los proyectos de los estatutos y de las bases de actuación corresponderá a los propietarios interesados que reúnan el porcentaje de superficie que da lugar a la aplicación del sistema de compensación.

3. El acuerdo de aprobación inicial, con los proyectos de estatutos y de bases de actuación, se publicará en el «Boletín Oficial» de la provincia y se

notificará además individualizadamente a todos los propietarios afectados por el sistema de actuación, en cuya notificación se hará mención del «Boletín Oficial» en el que se inserte el aludido acuerdo. Serán propietarios afectados tanto los de suelo comprendido en el polígono o unidad de actuación como los de suelo destinado a sistemas generales que hayan de hacer efectivo su derecho en dicho polígono o unidad de actuación.

⇒ V. art. 157 del TRLS/1992 (§2) que, aunque derogado por la Ley 6/1998, de 13 abril (§1), aún conserva vigencia en las Comunidades autónomas que se indican.
V. Jurisprudencia en arts. 126 y concordantes del TRLS/1976 (§3).

Artículo 162.

1. Durante un plazo de quince días, contados a partir de la notificación, los propietarios podrán formular ante la Administración actuante, las alegaciones que a sus derechos convengan y, en su caso, solicitar su incorporación a la Junta.

2. También podrán formularse alegaciones por quienes no sean propietarios afectados, durante el plazo de quince días, contados desde la publicación en el «Boletín Oficial» de la provincia.

3. Transcurridos los plazos de alegaciones a que se refieren los números anteriores, la Administración actuante aprobará definitivamente los Estatutos y las bases de actuación con las modificaciones que, en su caso, procedieren y designará su representante en el órgano rector de la Junta.

4. El acuerdo de aprobación definitiva se publicará en el «Boletín Oficial» de la provincia, expresando, si las hubiere, las modificaciones introducidas en los Estatutos o en las bases de actuación. Asimismo, se notificará individualizadamente con ese mismo contenido a los propietarios indicados en el número 3 del artículo anterior y a quienes hubieren comparecido en el expediente.

5. En la notificación del acuerdo de aprobación definitiva se requerirá a quienes sean propietarios afectados, en los términos del número 3 del artículo anterior, y no hubieren solicitado su incorporación a la Junta, para que así lo efectúen, si lo desean, en el plazo de un mes, contado desde la notificación, con la advertencia de expropiación prevista en el artículo 127.1, de la Ley del Suelo. Dicho trámite no tendrá lugar cuando la totalidad de los propietarios hubiera solicitado inicialmente o en el trámite previsto en el número 1 de este artículo su incorporación a la Junta.

⇒ V. art. 158 del TRLS/1992 (§2) que, aunque derogado por la Ley 6/1998, de 13 abril (§1), aún conserva vigencia en las Comunidades autónomas que se indican.
V. *Jurisprudencia* en arts. 127 y concordantes del TRLS/1976 (§3).

Artículo 163.

1. Transcurridos los plazos a que se refiere el artículo anterior, la Administración actuante requerirá a los interesados para que constituyan la Junta de Compensación, mediante escritura pública en la que designarán los cargos del órgano rector, que habrán de recaer necesariamente en personas físicas.

2. La Junta quedará integrada por los propietarios de terrenos que hayan aceptado el sistema, por las Entidades públicas titulares de bienes incluidos en el polígono o unidad de actuación, ya tengan carácter demanial o patrimonial, y, en su caso, por las empresas urbanizadoras que se incorporen.

3. También tendrán derecho a formar parte de la Junta de Compensación los propietarios de suelo destinado a sistemas generales, cuando hayan de hacerse efectivos sus derechos en el polígono objeto de actuación por este sistema.

4. En la escritura de constitución deberá constar:

a) Relación de los propietarios y, en su caso, empresas urbanizadoras.

b) Relación de las fincas de las que son titulares.

c) Personas que hayan sido designadas para ocupar los cargos del órgano rector.

d) Acuerdo de constitución.

5. Los propietarios o interesados que no otorguen la escritura podrán consentir su incorporación en escritura de adhesión, dentro del plazo que al efecto se señale.

6. Copia autorizada de la escritura y de las adhesiones, en su caso, se trasladará, al órgano urbanístico actuante, quien adoptará, si procede, acuerdo aprobatorio en plazo de treinta días.

7. Aprobada la constitución, el órgano actuante elevará el acuerdo junto con la copia autorizada de la escritura a la Delegación Provincial del Ministerio de Obras Públicas y Urbanismo, para su inscripción en el Registro de Entidades urbanísticas colaboradoras.

8. Una vez inscrita la Junta de Compensación, la Delegación del Ministerio de Obras Públicas y Urbanismo lo notificará a su Presidente.

Artículo 164.

De las incidencias que se produzcan en la Junta de Compensación, tales como modificación de nombramientos en el órgano rector, incorporación de empresas urbanizadoras y cualesquiera otras que afecten a la composición de la Junta o de sus órganos directivos, se dará traslado al Registro de Entidades urbanísticas colaboradoras a través de la Administración actuante.

Artículo 165.

1. En cualquier momento podrán incorporarse a la Junta de Compensación empresas urbanizadoras que hayan de participar con los propietarios en la gestión urbanística del polígono o unidad de actuación.

2. Si la incorporación tuviese lugar después de constituida la Junta, deberá realizarse conforme a las previsiones de los estatutos, y si éstos no contuvieran determinación bastante al respecto, se precisará su modificación, siguiéndose el mismo procedimiento que para la aprobación de los estatutos.

⇒ V. Jurisprudencia en arts. 127 y concordantes del TRLS/1976 (§3).

Sección 3ª Estatutos y bases de actuación

Artículo 166.

Los Estatutos de las Juntas de Compensación contendrán, cuando menos, las siguientes circunstancias:

a) Nombre, domicilio, objeto y fines.

b) Órgano urbanístico bajo cuya tutela se actúe.

c) Expresión del polígono o unidad de actuación que constituye su objeto.

d) Duración.

e) Condiciones o requisitos para incorporarse a la Junta, que no podrán ser más gravosos para unos propietarios que para otros. Los cotitulares de una finca o derecho habrán de designar una sola persona para el ejercicio de sus facultades como miembro de la Junta, respondiendo solidariamente frente a ella de cuantas obligaciones dimanen de su condición. Si no designaren representante en el plazo que al efecto se señale, lo nombrará el órgano actuante.

Cuando las fincas pertenezcan a menores o personas que tengan limitada su capacidad de obrar, estarán representados en la Junta de Compensación por quienes ostenten la representación legal de los mismos.

f) Condiciones o requisitos para incorporarse a la Junta empresas urbanizadoras si expresamente se previera la posibilidad de su participación. Estas estarán representadas por una sola persona.

g) Órganos de gobierno y administración, forma de designarlos y facultades de cada uno de ellos.

h) Requisitos de la convocatoria de los órganos de gobierno y administración, requisitos y forma de la adopción de acuerdos, quórum mínimo y forma de computarse los votos, con expresión de los casos en que sean proporcionales al derecho o interés económico de cada miembro y aquellos otros en que el voto sea individualizado.

i) Derechos y obligaciones de sus miembros.

j) Medios económicos y reglas para la exacción de aportaciones que con carácter tanto ordinario o extraordinario pudieran acordarse.

k) Expresión de los recursos que con arreglo a la Ley sean procedentes contra los acuerdos de la Junta.

l) Normas sobre su disolución y liquidación.

⇒ *V. art. 184 del presente Reglamento.*

Artículo 167.

1. Las bases de actuación contendrán las determinaciones siguientes:

a) Criterios para valorar las fincas aportadas, que podrán ser distintos de los establecidos para la reparcelación en la Ley del Suelo, cuando así se acuerde por unanimidad.

b) Criterios de valoración de derechos reales sobre las fincas, servidumbres periciales y derechos personales que pudieran estar constituidos en razón de ellas.

c) Criterios de valoración de edificaciones, obras, plantaciones e instalaciones que deberán derruirse o demolerse.

d) Criterios para valorar las aportaciones de empresas urbanizadoras.

e) Procedimiento para contratar la ejecución de las obras de urbanización y, en su caso, las de edificación.

f) Criterios de valoración de las fincas resultantes en función del aprovechamiento del polígono o unidad de actuación.

g) Reglas para la adjudicación de fincas a los miembros de la Junta en proporción a los bienes o derechos aportados, expresando los criterios de adjudicación en comunidad, si procediere.

h) Supuestos de incumplimiento de las obligaciones de los miembros de la Junta de Compensación que darán lugar a la expropiación de sus bienes o derechos.

i) Reglas para valorar los inmuebles que se construyan cuando la Junta esté facultada para edificar y criterios para la fijación del precio de venta a terceras personas.

j) Forma y plazos en que los propietarios de terreno o titulares de otros derechos han de realizar aportaciones a la Junta, bien en metálico, bien en terrenos o en industria, en su caso.

k) Reglas para la distribución de beneficios y pérdidas.

l) Supuestos de compensación a metálico en las diferencias de adjudicación.

m) Momento en que pudiera edificarse sobre solares aportados o adjudicados por la Junta, por los propietarios o por las empresas urbanizadoras, sin perjuicio de la solicitud de licencia al Ayuntamiento en cuyo territorio se efectúe la actuación.

n) Forma de exacción de las cuotas de conservación, si procediere, hasta la disolución de la Junta.

2. Las bases de actuación podrán contener además las determinaciones complementarias que se consideren adecuadas para la correcta ejecución del sistema y de las obras de urbanización, incluso señalando las características técnicas mínimas que deben recogerse en los proyectos de urbanización que se redacten.

⇒ V. Jurisprudencia en arts. 129 y concordantes del TRLS/1976 (§3).

Sección 4ª Efectos de la constitución de la Junta de Compensación

Artículo 168.

1. Constituida la Junta de Compensación, todos los terrenos comprendidos en el polígono o unidad de actuación quedarán directamente afectados al cumplimiento de las obligaciones inherentes al sistema.

2. Los terrenos propiedad de quienes no se hubieren incorporado a la Junta serán expropiados, atribuyéndose a ésta el carácter de beneficiaria de la expropiación.

Esta misma regla se observará respecto de las titularidades de los propietarios que tengan derecho a formar parte de la Junta de Compensación según lo prevenido en el artículo 163.2, de este Reglamento y no acepten el sistema.

⇒ V. art. 158 del TRLS/1992 (§2) que, aunque derogado por la Ley 6/1998, de 13 abril (§1), aún conserva vigencia en las Comunidades autónomas que se indican.

Artículo 169.

1. En cumplimiento de lo dispuesto en el artículo 129 de la Ley del Suelo, la afección de los terrenos comprendidos en un polígono o unidad de actuación al cumplimiento de las obligaciones inherentes al sistema de compensación se hará constar por nota marginal en el Registro de la Propiedad.

2. Dicha nota se extenderá a instancia de la Junta de Compensación, con aportación de certificación administrativa de haber quedado constituida la Junta de Compensación y de estar la finca incluida en el polígono o unidad de actuación.

3. La nota producirá los mismos efectos que señala el artículo 102 de este Reglamento para las que en dicho precepto se disponen en el procedimiento de reparcelación.

⇒ V. art. 19 del RD 1093/1997, de 4 julio (§2.1).
V. Jurisprudencia en arts. 129 y concordantes del TRLS/1976 (§3).

Artículo 170.

En los instrumentos que hayan de otorgarse para la transmisión del dominio de las fincas a favor de la Junta o para las agrupaciones de fincas a que se refiere el artículo precedente se harán constar los bienes de dominio público que pudieran existir en el polígono o unidad de actuación, expresando su superficie y situación.

Artículo 171.

Las transmisiones de terrenos que se realicen como consecuencia de la constitución de la Junta de Compensación por aportación de los propietarios del polígono o unidad de actuación, en el caso de que así lo dispusieran los estatutos o en virtud de expropiación forzosa, y las adjudicaciones de solares que se efectúen a favor de los propietarios miembros de dichas Juntas y en proporción a los terrenos incorporados por aquéllos estarán exentas, con carácter permanente, del Impuesto General sobre Transmisiones Patrimoniales y del de Actos Jurídicos Documentados, y no tendrán la consideración de transmisiones de dominio a los efectos de exacción del arbitrio sobre el incremento del valor de los terrenos. Cuando el valor de los solares adjudicados a un propietario exceda del que proporcionalmente corresponda a los terrenos aportados por el mismo, se girarán las liquidaciones procedentes en cuanto al exceso.

⇒ V. art. 130 del presente Reglamento.
V. art. 170.1 del TRLS/1992 (§2).
V. RD 828/1995, de 29 mayo.

Sección 5ª Proyecto de compensación

Artículo 172.

De acuerdo con los criterios establecidos en las bases de actuación, la Junta formulará un proyecto de compensación que contendrá las determinaciones siguientes:

a) Descripción de las propiedades antiguas, según los títulos aportados, con las correcciones procedentes, y, en defecto de títulos, según planos. Se expresarán las cargas y gravámenes, condiciones, sustituciones y demás derechos que las afecten; el respectivo propietario, si fuera conocido, la cuantía de su derecho en el proyecto de compensación, y el criterio utilizado para definirlo y cuantificarlo.

Cuando participen en el proyecto de compensación propietarios de suelo exterior al polígono, se describirán las fincas que les fueron ocupadas.

b) Descripción de las fincas resultantes, incluyendo, en su caso, las que corresponden a la Administración adjudicataria del 10 por 100 del aprovechamiento medio, titulares a quienes se adjudiquen y concepto en que lo fueren. Se expresará respecto de cada finca la antigua a la que corresponda o el derecho que da lugar a la adjudicación; así como las cargas y gravámenes, condiciones, sustituciones y demás derechos que las afecten, por no ser incompatibles con el planeamiento.

c) Localización de los terrenos de cesión obligatoria y de las reservas que establezca el plan.

d) Superficies o parcelas que la propia Junta se reserve, en su caso, para enajenarlas directamente, con el fin de sufragar los gastos previstos de la urbanización.

e) Compensaciones en metálico, si fuesen procedentes por diferencias en las adjudicaciones.

⇒ V. art. 167 del presente Reglamento.
V. arts. 3, 14.2 c) y 18.4 de la Ley 6/1998, de 13 abril (§1).

Artículo 173.

En los supuestos de propietario único, el proyecto de compensación se limitará a expresar la localización de los terrenos de cesión obligatoria y de las reservas que establezca el plan, así como la localización de las parcelas edificables, con señalamiento de aquellas en que se sitúe el 10 por 100 del aprovechamiento que corresponda a la Administración actuante.

Artículo 174.

1. El proyecto de compensación se someterá, previa audiencia de todos los afectados por plazo de un mes, a aprobación de la Junta, debiendo adoptarse el correspondiente acuerdo por mayoría de sus miembros que a su vez represente los dos tercios de las cuotas de participación. El proyecto así tramitado se elevará a la aprobación definitiva de la Administración actuante.

2. En los supuestos de propietario único, corresponderá a éste la formulación del proyecto de compensación y su elevación a la Administración actuante para su aprobación, si procediere.

3. Una vez aprobado definitivamente el proyecto de compensación, el órgano administrativo actuante procederá a otorgar escritura pública o expedir documento con las solemnidades y requisitos dispuestos para las actas de sus acuerdos, con el contenido expresado en el artículo 113.1, de este Reglamento.

4. La aprobación definitiva del proyecto de compensación hecha por el órgano actuante produce los mismos efectos jurídicos que la aprobación definitiva del proyecto de reparcelación. La inscripción del acuerdo en el Registro de la Propiedad se llevará a efecto de conformidad con lo establecido en el artículo 114 de este Reglamento.

5. Las operaciones jurídicas complementarias que sean del caso, que no se opongan al proyecto de compensación ni al plan que se ejecute, una vez aprobadas por el órgano urbanístico, se formalizarán por la Junta de Compensación en escritura pública o en documento extendido por el órgano urbanístico actuante, con los requisitos y solemnidades propios de las actas de sus acuerdos, que se protocolizará notarialmente. En ambos casos se procederá a su inscripción en el Registro de la Propiedad.

⇒ V. arts. 4 y ss. del RD 1093/1997, de 4 julio (§2.1).

Sección 6ª Ejecución de las obras de urbanización

Artículo 175.

1. Los proyectos de urbanización que hayan de redactarse para la ejecución de las obras se harán por encargo de la Administración actuante o de la Junta de Compensación.

2. El pago de estos proyectos corresponderá, en todo caso, a la Junta de Compensación como gasto de urbanización.

3. La Administración actuante tendrá facultades para vigilar la ejecución de las obras e instalaciones. Si alguna obra o instalación, o parte de ella, no se ejecutare de conformidad con el proyecto, la Administración podrá ordenar la demolición de la obra o el levantamiento de las instalaciones y la

nueva ejecución con cargo a la Junta de Compensación, quien, a su vez, podrá repercutir sobre el contratista, si procede.

Artículo 176.

1. Las obras de urbanización que se ejecuten en el polígono o unidad de actuación por el sistema de compensación serán a cargo de la Junta.

2. La contratación para la ejecución de las obras se llevará a cabo por la Junta de Compensación con la empresa o empresas que se determinen en virtud del acuerdo de los órganos de gobierno de aquélla.

3. En el contrato de ejecución de las obras se harán constar, además de las cláusulas que constituyen su contenido típico, las siguientes circunstancias:

a) El compromiso de la empresa constructora de realizar las obras de total conformidad con los proyectos de urbanización debidamente aprobados.

b) La obligación de la empresa de facilitar la acción inspectora de la Administración actuante.

c) Aquellos supuestos de incumplimiento que puedan dar lugar a la resolución del contrato, así como las indemnizaciones que correspondan por inobservancia de las características técnicas de las obras o de los plazos de ejecución.

d) La retención que, de cada pago parcial a cuenta, haya de efectuar la Junta, en garantía de la correcta ejecución de las obras. Estas retenciones no serán devueltas hasta que no se haya recibido definitivamente la obra.

e) El modo y plazos para abono por la Junta de cantidades a cuenta en función de la obra realizada.

4. Si a la Junta de Compensación se hubiera incorporado alguna empresa urbanizadora que aporte, total o parcialmente, los fondos necesarios para urbanizar el suelo, la ejecución de la obra podrá realizarse directamente por dicha empresa si las bases lo hubieran así previsto, en cuyo caso se garantizará el cumplimiento de las circunstancias exigidas en el número anterior.

Artículo 177.

1. Para hacer frente a los gastos de urbanización, la Junta podrá disponer, mediante su enajenación, de los terrenos que se hubiesen reservado a tal fin en el proyecto de compensación.

2. Las Juntas de Compensación podrán concertar créditos con garantía hipotecaria de las fincas pertenecientes a los propietarios miembros de aquéllas para la realización de las obras de urbanización. Si se emitieren títulos, se cumplirá lo dispuesto para la constitución de la hipoteca en garantía de los transmisibles por endoso o al portador, en los artículos 154 y concordantes de la Ley Hipotecaria.

3. Para realizar los actos señalados en los dos números anteriores, será necesario acuerdo del pleno de la Junta de Compensación, salvo que la consti-

tución de gravámenes y la enajenación conste prevista en los Estatutos como competencia de sus órganos rectores, en cuyo caso se entenderá que actúan en representación de aquélla, sin necesidad de acuerdo expreso.

4. En cualquier caso, y aun cuando no estuviere previsto en los Estatutos, la Junta de Compensación, a través de sus órganos rectores, podrá poner a disposición de quienes ejecuten la obra urbanizadora las superficies sobre las que se vayan a ejecutar las obras y aquellas otras que sea necesario ocupar durante su realización, sin que ello signifique merma alguna de los derechos de los propietarios en el resultado de la compensación.

Artículo 178.

1. Las fincas resultantes del acuerdo definitivo de compensación quedarán gravadas, con carácter real, al pago de la cantidad que corresponda a cada finca, en el presupuesto previsto de los costes de urbanización del polígono o unidad de actuación a que se refiera, en su día al saldo definitivo de la cuenta de dichos costes.

2. Esta afección tendrá la misma preferencia y duración que la señalada en el artículo 126 de este Reglamento para la de la cuenta del procedimiento reparcelatorio, y se podrá cancelar a instancia de parte interesada también por solicitud a la que se acompañe certificación de la Junta de Compensación de estar pagados totalmente los costes de urbanización correspondientes a la finca de que se trate, certificación que la Junta no podrá expedir hasta tanto no hayan sido recibidas las obras por el órgano actuante.

⇒ V. art. 19 del RD 1093/1997, de 4 julio (§2.1).
V. Jurisprudencia en arts. 128 y concordantes del TRLS/1976 (§3).

Sección 7ª Cesión de terrenos y obras de urbanización

Artículo 179.

1. El acuerdo de aprobación del proyecto de compensación producirá la cesión de derecho a la Administración actuante, en pleno dominio y libre de cargas, de todos los terrenos que sean de cesión obligatoria y gratuita según el plan, para su incorporación al patrimonio municipal del suelo o su afectación a los usos previstos en el mismo.

2. No obstante lo dispuesto en el número anterior, la Junta de Compensación y la empresa que tenga a su cargo la ejecución de las obras de urbanización podrán ocupar a este fin los terrenos objeto de cesión hasta que finalizadas dichas obras sean recibidas por la Administración actuante.

Artículo 180.

1. La cesión de las obras de urbanización e instalaciones y dotaciones cuya ejecución estuviere prevista en el plan de ordenación y proyecto de urbanización aplicables se efectuará por la Junta de Compensación en favor de la Administración actuante dentro de un plazo no superior a tres meses, contado desde la recepción definitiva por la Junta.

2. La cesión a que alude el número anterior podrá referirse a una parte

del polígono o unidad de actuación aun cuando no se haya completado la urbanización de ese ámbito territorial, siempre que el área ya urbanizada constituya una unidad funcional directamente utilizable y se haya producido respecto de la misma la recepción definitiva por parte de la Junta de Compensación.

3. Las cesiones de obras, instalaciones y dotaciones a que se refiere este artículo serán formalizadas en actas que suscribirán la Administración actuante y la Junta de Compensación.

⇒ V. Jurisprudencia en arts. 83.3, 84.3, 120 y concordantes del TRLS/1976 (§3).

Sección 8ª Responsabilidad de la junta de compensación y de sus miembros

Artículo 181.

1. El incumplimiento por los miembros de la Junta de Compensación de las obligaciones y cargas impuestas por la Ley y desarrolladas en este Reglamento, incluso cuando el incumplimiento se refiera a los plazos para cumplir dichos deberes y cargas, habilitará a la Administración actuante para expropiar sus respectivos derechos en favor de la Junta de Compensación, que tendrá la condición jurídica de beneficiaria.

2. Cuando el incumplimiento consista en la negativa o retraso en el pago de las cantidades adeudadas a la Junta, ésta podrá optar entre solicitar de la Administración actuante la aplicación de la expropiación al miembro moroso o interesar de la misma el cobro de la deuda por la vía de apremio.

Las cantidades percibidas aplicando este procedimiento se entregarán por la Administración actuante a la Junta de Compensación.

3. No podrá instarse ninguno de los procedimientos señalados en el número anterior hasta transcurrido un mes desde el requerimiento de pago efectuado por la Junta de Compensación.

4. El pago de las cantidades adeudadas a la Junta, con los intereses y recargos que procedan, realizado en cualquier momento anterior al levantamiento del acta de ocupación, dará lugar a la cancelación del expediente expropiatorio.

5. El procedimiento de expropiación será el establecido en este Reglamento para actuaciones aisladas.

⇒ V. art. 34 de la Ley 6/1998, de 13 abril (§1).
V. arts. 156 y 195 del presente Reglamento.
V. art. 160 del TRLS/1992 (§2) que, aunque derogado por la Ley 6/1998, de 13 abril (§1), aún conserva vigencia en las Comunidades autónomas que se indican.
V. Jurisprudencia en arts. 130 y concordantes del TRLS/1976 (§3).

Artículo 182.

1. La Junta de Compensación será directamente responsable, frente a la Administración actuante, de la urbanización completa del polígono o unidad de actuación y, en su caso, de la edificación de los solares resultantes, cuando

así se hubiere establecido, y de las demás obligaciones que resulten del plan de ordenación, de las bases de actuación o del presente Reglamento.

2. En cuanto a la obligación de urbanizar, la responsabilidad será exigible tanto en lo que afecte a las características técnicas de la obra de urbanización ejecutada como a los plazos en que ésta debió terminarse y entregarse a la Administración.

⇒ V. arts. 175 a 178 del presente Reglamento.

V. art. 160 del TRLS/1992 (§2) que, aunque derogado por la Ley 6/1998, de 13 abril (§1), aún conserva vigencia en las Comunidades autónomas que se indican.

V. Jurisprudencia en arts. 130 y concordantes del TRLS/1976 (§3).

Artículo 183.

1. Cuando en el ejercicio de sus atribuciones, la Junta de Compensación incurra en infracciones que hayan de calificarse de graves según lo preceptuado en la Ley, con independencia de la sanción económica que corresponda, la Administración podrá desistir de ejecutar el plan por el sistema de compensación y aplicar el de cooperación, imponiendo, en su caso, la reparcelación o imponer el sistema de expropiación.

2. En cualquier caso la Junta de Compensación podrá repercutir el importe de las multas impuestas a la misma, como consecuencia de las responsabilidades en que hubiere podido incurrir, a aquellos de sus miembros que directamente intervinieran en la comisión de la infracción o hubieren percibido el beneficio derivado de la misma.

3. Para hacer efectiva la repercusión de las multas sobre los miembros de la Junta de Compensación responsables de los actos o acuerdos sancionados, podrá solicitarse de la Administración la exacción por la vía de apremio.

⇒ V. art. 66 del RD 1093/1997, de 4 julio (§2.1).

Sección 9ª Impugnación de los acuerdos de la Junta de Compensación

Artículo 184.

Contra los acuerdos de la Junta de Compensación, los interesados podrán interponer recurso de alzada ante la Administración actuante, en el plazo de quince días, sin perjuicio de los de carácter interno que, en su caso, establecieren los Estatutos.

⇒ V. arts. 107 y ss. de la LRJ-PAC.

V. Jurisprudencia en arts. 127 y concordantes del TRLS/1976 (§3).

Artículo 185.

Los miembros de la Junta no podrán promover interdictos de retener y recobrar la posesión frente a resoluciones de la Junta de Compensación, adoptadas en virtud de la facultad fiduciaria de disposición sobre las fincas de aquéllos y de acuerdo con el procedimiento estatutariamente establecido. Tampoco procederá la acción interdictal cuando la Junta de Compensación ocupe bienes que sean precisos para la ejecución de las obras de urbanización, de conformidad con el plan que se ejecute.

⇒ V. art. 101 de la LRJ-PAC.

V. Jurisprudencia en arts. 127 y concordantes del TRLS/1976 (§3).

CAPÍTULO III
Sistema de cooperación

Sección 1ª Disposiciones generales

Artículo 186.

1. En el sistema de cooperación, los propietarios del polígono o unidad de actuación aportan el suelo de cesión obligatoria, y la Administración ejecuta las obras de urbanización.

2. Los costes de urbanización serán a cargo de los propietarios afectados. La Administración, titular del 10% del aprovechamiento medio, participará en dichos costes en esa proporción.

3. La aplicación del sistema de cooperación exige la reparcelación de los terrenos comprendidos en el polígono o unidad de actuación, salvo que ésta sea innecesaria de conformidad con lo previsto en el presente Reglamento.

4. No podrán concederse licencias de edificación hasta que sea firme en vía administrativa el acuerdo aprobatorio de la reparcelación del polígono o unidad de actuación, cuando aquélla sea procedente.

⇒ V. Jurisprudencia en arts. 131, 132, 133 y concordantes del TRLS/1976 (§3).

Artículo 187.

1. Cuando las obras de urbanización se realicen por contrato, será de aplicación preferente el sistema de concurso-subasta.

2. Si la Administración actuante hubiera creado una Sociedad urbanizadora con capital perteneciente a la misma o participare mayoritariamente en una Empresa mixta con igual finalidad, la ejecución de las obras podrá llevarse a cabo por tales Empresas o Sociedades, sin necesidad del trámite de licitación, cualquiera que fuere la cuantía económica de la obra de urbanización.

Artículo 188.

1. Los costes de urbanización se distribuirán entre los propietarios en proporción al valor de las fincas que les sean adjudicadas en la reparcelación.

2. Cuando la reparcelación sea innecesaria, los costes de urbanización se distribuirán entre los propietarios en proporción al aprovechamiento de sus respectivas fincas.

3. En el supuesto del número anterior, el acuerdo de la Administración por el que se declare innecesaria la reparcelación producirá los siguientes efectos:

a) Cesión de derecho al Municipio en que se actúe en pleno dominio y libre de cargas de todos los terrenos de cesión obligatoria para su incorporación al patrimonio del suelo o su afectación conforme a los usos previstos en el plan.

b) Afectación real de las fincas al cumplimiento de las cargas y pago de los gastos inherentes al sistema de cooperación.

⇒ V. art. 163 del TRLS/1992 (§2) que, aunque derogado por la Ley 6/1998, de 13 abril (§1), aún conserva vigencia en las Comunidades autónomas que se indican.
V. art. 58 del presente Reglamento.

Artículo 189.

1. El pago anticipado de las cantidades a cuenta de los gastos de urbanización, por el importe correspondiente a las inversiones a realizar en los seis meses siguientes, deberá efectuarse en el plazo de un mes desde el requerimiento que se formule por la Administración actuante.

2. Transcurrido dicho plazo, la Administración podrá proceder a la exacción de las cuotas por la vía de apremio.

⇒ V. Jurisprudencia en arts. 132 y concordantes del TRLS/1976 (§3).

Artículo 190.

1. La Administración podrá conceder fraccionamientos o aplazamientos del pago de los costes de urbanización a solicitud de los interesados.

2. El aplazamiento que se conceda no podrá ser superior a cinco años y el beneficiario deberá prestar garantía suficiente a juicio de la Administración.

3. Los aplazamientos en el pago de las cuotas devengarán en favor de la Administración anualmente el tipo de interés básico del Banco de España.

4. Los propietarios que soliciten licencia para edificar antes de la total terminación de las obras de urbanización no podrán obtener aplazamiento o fraccionamiento de sus cuotas.

⇒ V. Jurisprudencia en arts. 132 y concordantes del TRLS/1976 (§3).

Sección 2ª Asociaciones administrativas de cooperación

Artículo 191.

1. En el sistema de cooperación, los propietarios de las fincas de un polígono o unidad de actuación podrán constituir asociaciones administrativas con la finalidad de colaborar en la ejecución de las obras de urbanización.

2. Las asociaciones administrativas de cooperación se formarán por iniciativa de los propietarios o de la Administración actuante.

⇒ V. arts. 24 a 30, 161 y ss. del presente Reglamento.
V. art. 162.3 del TRLS/1992 (§2) que, aunque derogado por la Ley 6/1998, de 13 abril (§1), aún conserva vigencia en las Comunidades autónomas que se indican.

Artículo 192.

1. Las asociaciones administrativas de cooperación estarán constituidas por los propietarios de bienes que se incorporen a las mismas dentro de un polígono o unidad de actuación. La pertenencia a una asociación será voluntaria pero no podrá constituirse más de una en cada polígono o unidad de actuación.

2. Las normas o estatutos por los que haya de regirse la asociación serán sometidos a la aprobación de la Administración actuante. Acordada, en su caso, la aprobación, se inscribirá en el Registro de Entidades Urbanísticas Colaboradoras.

3. Los propietarios constituidos en asociación elegirán de entre ellos un Presidente, que tendrá la representación de todos y a través del cual se establecerán las relaciones con la Administración actuante.

4. Los acuerdos de la asociación administrativa de cooperación se adoptarán siempre por mayoría de los presentes, ejercitando voto personal.

Artículo 193.

Serán funciones de las asociaciones administrativas de cooperación las siguientes:

a) Ofrecer a la Administración sugerencias referentes a la ejecución del plan en el polígono o unidad de actuación de que se trate.

b) Auxiliar a la Administración en la vigilancia de la ejecución de las obras y dirigirse a ella denunciando los defectos que se observen y proponiendo medidas para el más correcto desarrollo de las obras.

c) Colaborar con la Administración para el cobro de las cuotas de urbanización.

d) Examinar la inversión de las cuotas de urbanización cuyo pago se haya anticipado, formulando ante la Administración actuante los reparos oportunos.

e) Gestionar la concesión de los beneficios fiscales que procedan.

f) Promover con la Administración actuante Empresas mixtas para la ejecución de obras de urbanización en el polígono o unidad de actuación.

⇒ V. arts. 24 a 30, 161 y ss. del presente Reglamento.

CAPÍTULO IV

Sistema de expropiación

Sección 1ª Disposiciones generales

Artículo 194.

La expropiación forzosa por razón de urbanismo se adoptará para el cumplimiento de alguna de estas finalidades:

a) Para la ejecución de los sistemas generales o de alguno de sus elementos o para llevar a efecto actuaciones aisladas en suelo urbano.

b) Para la urbanización de polígonos o unidades de actuación completos, mediante la aplicación del sistema de expropiación para la ejecución del Plan de que se trate.

⇒ V. arts. 33 a 40 de la Ley 6/1998, de 13 abril (§1).
V. arts. 22 a 28 del RD 1093/1997, de 4 julio (§2.1).

Artículo 195.

El incumplimiento de las cargas y obligaciones de los propietarios en los sistemas de compensación y cooperación, en los supuestos previstos en este Reglamento, podrá dar lugar a la aplicación de la expropiación forzosa, en los términos que se establecen en el mismo.

⇒ V. arts. 156 y 181 del presente Reglamento.

Artículo 196.

1. En todo caso la valoración de los bienes y derechos expropiados se hará conforme a los criterios establecidos en la Ley del Suelo y sus normas reglamentarias.

2. Cuando en la superficie delimitada existan bienes de dominio público y el destino de los mismos según el planeamiento sea distinto del que motivó su afectación o adscripción al uso general o a los servicios públicos, se seguirá el procedimiento previsto en la Ley de Patrimonio del Estado o, en su caso, en la legislación de régimen local.

3. Las vías rurales que se encuentren comprendidas en la superficie delimitada se entenderán de propiedad municipal, salvo prueba en contrario. En cuanto a las vías urbanas que desaparezcan, se entenderán transmitidas de pleno derecho al Organismo expropiante y subrogadas por las nuevas que resulten del planeamiento.

⇒ V. arts. 23 a 32 de la Ley 6/1998, de 13 abril (§1).
V. art. 210.1 y 210.2 del TRLS/1992 (§2).

Sección 2ª La expropiación forzosa para la ejecución de los sistemas generales y para actuaciones aisladas en suelo urbano

Artículo 197.

1. La expropiación forzosa para la adquisición de suelo y otros bienes o derechos, con el fin de ejecutar los sistemas generales o alguno de sus elementos, se regirá por el procedimiento de la Ley de Expropiación Forzosa.

A tal efecto, el Organo expropiante o, en su caso, el beneficiario de la expropiación, formulará la relación de propietarios con descripción de los bienes y derechos afectados conforme a los preceptos de la Ley de Expropiación Forzosa y la someterá a información pública por plazo de quince días, a los efectos y con las consecuencias del artículo 17 de la propia Ley. Transcurrido el trámite de información pública, y previo análisis de las alegaciones y rectificaciones que procedan, la Administración actuante aprobará la relación, siguiéndose los trámites con quienes aparezcan en ella como titulares de los bienes o derechos.

2. Lo dispuesto en el número anterior será aplicable también a las expropiaciones requeridas para las actuaciones aisladas en suelo urbano.

⇒ V. arts. 14.1 b), 18.3 y 34 de la Ley 6/1998, de 13 abril (§1).

Artículo 198.

1. El coste de las expropiaciones cuando se refieran a bienes y derechos cuya privación y ocupación temporal sean necesarias para la ejecución de los sistemas generales o de alguno de sus elementos o para realizar actuaciones aisladas en suelo urbano podrá ser repercutido sobre los propietarios que resulten especialmente beneficiados por la actuación urbanística, mediante la imposición de contribuciones especiales.

2. Las contribuciones especiales se tramitarán por el procedimiento establecido en la legislación de régimen local, con las especialidades contenidas en el artículo 198 de la Ley del Suelo.

⇒ V. arts. 28 y ss. de la LHL.

Sección 3ª Procedimiento del sistema de expropiación

Artículo 199.

1. La ejecución del Plan por el sistema de expropiación en un polígono o unidad de actuación determinado requerirá que la Administración actuante, además de proceder a la delimitación de su ámbito territorial, formule, conforme a lo previsto en la legislación de expropiación forzosa, una relación de los propietarios existentes en dicho ámbito, con la descripción de los bienes y derechos afectados.

2. Para la determinación de los propietarios de bienes o titulares de derechos en un polígono de expropiación, a efectos de la relación señalada en el número anterior, se estará a lo que resulte de los Registros públicos.

3. El acuerdo de delimitación y la relación a que aluden los dos números anteriores serán sometidos a información pública por plazo de quince días.

4. A la vista de las alegaciones formuladas por los interesados, y previas las comprobaciones pertinentes, se resolverá sobre la aprobación definitiva de la delimitación.

5. Si con posterioridad a la aprobación de la delimitación se acreditare en legal forma que la titularidad de un bien o derecho corresponde a persona distinta de la figurada en el expediente, se entenderán con ella las diligencias posteriores, sin que se retrotraigan las actuaciones ni se dé lugar a la nulidad de lo actuado.

⇒ V. art. 36 de la Ley 6/1998, de 13 abril (§1).

Artículo 200.

1. Una vez delimitado un polígono de expropiación, no podrán levantarse construcciones sobre su superficie ni modificarse las existentes.

2. No obstante, en supuestos concretos y excepcionales, el Organismo expropiante podrá autorizar expresamente alguna o algunas obras, de cuya

autorización se dará cuenta al Ayuntamiento a los efectos de concesión de la oportuna licencia, en caso de que la Administración municipal no sea la expropiante.

Artículo 201.

1. En el sistema de expropiación, el expropiante podrá optar entre seguir la expropiación individualmente para cada finca o aplicar el procedimiento de tasación conjunta.

2. Si se optare por la expropiación individualizada para cada finca incluida en el polígono o unidad de actuación, se seguirá el procedimiento de la Ley de Expropiación Forzosa, pero los criterios de valoración serán los establecidos en la Ley del Suelo y disposiciones que la desarrollen.

3. Si el Organo urbanístico optare por el procedimiento de tasación conjunta, se seguirá la tramitación regulada en los artículos siguientes.

⇒ V. art. 36 de la Ley 6/1998, de 13 abril (§1).

Artículo 202.

1. Cuando se aplique el procedimiento de tasación conjunta, la Administración expropiante formará el expediente de expropiación, que contendrá, al menos, los siguientes documentos:

a) Determinación del polígono, según la delimitación ya aprobada, con los documentos que lo identifiquen en cuanto a situación, superficie y linderos, acompañados de un plano de situación a escala 1:50.000 del término municipal y de un plano parcelario a escala 1:2.000 a 1:5.000.

b) Fijación de precios con la clasificación razonada del suelo, según su calificación urbanística.

c) Hojas de justiprecio individualizado de cada finca, en las que se contendrán no sólo el valor del suelo, sino también el correspondiente a las edificaciones, obras, instalaciones y plantaciones.

d) Hojas de justiprecio que correspondan a otras indemnizaciones.

2. El proyecto de expropiación con los documentos señalados será expuesto al público por término de un mes, para que quienes puedan resultar interesados formulen las observaciones y reclamaciones que estimen convenientes, en particular en lo que concierne a titularidad o valoración de sus respectivos derechos.

3. La información pública se efectuará mediante la inserción de anuncios en el «Boletín Oficial del Estado», en el de la respectiva provincia y en un periódico de los de mayor circulación de la provincia.

4. Asimismo, las tasaciones se notificarán individualmente a los que aparezcan como titulares de bienes o derechos en el expediente, mediante traslado literal de la correspondiente hoja de aprecio y de la propuesta de fijación de los criterios de valoración, para que puedan formular alegaciones en el plazo de un mes, contado a partir de la fecha de notificación.

5. Cuando el Organo expropiante no sea el Ayuntamiento, se oirá a éste

por igual término de un mes. El período de audiencia a la Administración municipal podrá coincidir en todo o parte con el de los interesados.

6. Informadas las alegaciones, se someterá el expediente a la aprobación de la Comisión Provincial de Urbanismo.

7. La resolución aprobatoria del expediente se notificará a los interesados titulares de bienes y derechos que figuran en el mismo, confiriéndoles un término de veinte días durante el cual podrán manifestar por escrito ante la Comisión Provincial de Urbanismo su disconformidad con la valoración establecida en el expediente aprobado.

8. La Comisión Provincial de Urbanismo dará traslado del expediente y la hoja de aprecio impugnada al Jurado Provincial de Expropiación Forzosa que tenga competencia en el ámbito territorial a que la expropiación se refiera, a efectos de fijar el justiprecio, que, en todo caso, se hará de acuerdo con los criterios de valoración establecidos en la Ley del Suelo.

9. Si los interesados no formularen oposición a la valoración en el citado plazo de veinte días, se entenderá aceptada la que se fijó en el acto aprobatorio del expediente, entendiéndose determinado el justiprecio definitivamente y de conformidad.

⇒ V. art. 222 del TRLS/1992 (§2).

Artículo 203.

1. La resolución de la Comisión Provincial de Urbanismo implicará la declaración de urgencia de la ocupación de los bienes y derechos afectados.

2. El pago o depósito del importe de la valoración establecida por la Comisión Provincial de Urbanismo en el acto de aprobación del expediente producirá los efectos previstos en los números 6, 7 y 8 del artículo 52 de la Ley de Expropiación Forzosa, sin perjuicio de que puedan seguir tramitándose los recursos procedentes respecto a la fijación del justiprecio.

Artículo 204.

Los errores no denunciados y justificados en el plazo de información pública establecido en el número 2 del artículo 202 no darán lugar a nulidad o reposición de actuaciones, conservando, no obstante, los interesados el derecho a ser indemnizados en la forma que corresponda.

⇒ V. art. 222.1 del TRLS/1992 (§2).

Sección 4ª Pago del justiprecio

Artículo 205.

1. Llegado el momento del pago del justiprecio, sólo se procederá a hacerlo efectivo, consignándose en caso contrario, a aquellos interesados que aporten certificación registral a su favor en la que conste haberse extendido la nota del artículo 32 del Reglamento Hipotecario o, en su defecto, aporten los títulos justificativos de su derecho, completados por certificaciones negativas del Registro de la Propiedad referidas a la misma finca descrita en tales

títulos. Si existieren cargas, deberán comparecer también los titulares de las mismas.

2. Cuando existan pronunciamientos registrales contrarios a la realidad, podrá pagarse el justiprecio a quienes lo hayan rectificado o desvirtuado mediante cualquiera de los medios señalados en la legislación hipotecaria o con acta de notoriedad tramitada conforme al artículo 209 del Reglamento Notarial.

⇒ V. art. 222.1 del TRLS/1992 (§2).
V. arts. 22 a 28 del RD 1093/1997, de 4 julio (§2.1).

Artículo 206.

1. Si el expropiado no quisiera aceptar el justiprecio o no aportase títulos suficientes justificativos del dominio o existiere contienda respecto a la titularidad del bien o derecho expropiado o, en general, si concurriere alguno de los supuestos del artículo 51 del Reglamento de Expropiación Forzosa, la Administración consignará el importe del mismo en la Caja General de Depósitos.

2. La forma de consignación y los efectos, así como la facultad del expropiado de percibir la cantidad hasta el límite en que haya conformidad, sin perjuicio de proseguir las reclamaciones iniciadas, se regirá por los preceptos de la Ley de Expropiación Forzosa y su Reglamento.

⇒ V. art. 50 de la LEF.

Artículo 207.

1. El pago del justiprecio, tanto en las expropiaciones por aplicación del sistema de este nombre como en las individualizadas, se realizará en efectivo o bien de acuerdo con el expropiado, mediante permuta con otras parcelas del beneficiario de la expropiación.

2. En el caso de actuaciones urbanísticas de promoción pública en nuevos polígonos para la creación de suelo urbanizado, el pago del justiprecio de los bienes y derechos expropiados se podrá efectuar por la Administración expropiante, siempre que exista conformidad de los expropiados, con parcelas resultantes de la propia actuación.

⇒ V. art. 36 de la Ley 6/1998, de 13 abril (§1).

Artículo 208.

1. El acuerdo de los administrados para el pago en parcelas resultantes de la urbanización requerirá ofrecimiento por escrito de la Administración a petición, también por escrito, del particular expropiado.

2. En ambos casos el particular o la Administración respectivamente, comunicará a la otra parte la decisión adoptada en plazo de quince días, contados a partir de la fecha del ofrecimiento o de la petición.

3. Aceptado el pago mediante la entrega de parcelas resultantes de la urbanización, la Administración actuante levantará acta en la que se hagan

constar las circunstancias de la finca inicial y el valor asignado en el acuerdo aprobatorio del justiprecio.

4. Finalizada la urbanización, se procederá al pago de la expropiación por entrega de la nueva finca por un valor equivalente al consignado en el acta.

5. La Administración expropiante otorgará la correspondiente escritura pública, en favor del expropiado, sin que para ello precise ninguna aprobación o autorización, en su caso, de Órganos de la Administración del Estado.

6. No se efectuará el pago del justiprecio en la forma que se regula en este artículo sin la previa petición del expropiado.

7. La finca adjudicada en pago de la expropiada se entregará libre de cargas.

8. El expropiado, si no estuviere conforme con la valoración de la finca que se le ofrece en pago de la expropiada, sin perjuicio de que se le adjudique, podrá acudir al Jurado Provincial de Expropiación Forzosa a fin de que se establezca el valor de la misma. Si la resolución fuera favorable a la petición del expropiado, la Administración le compensará la diferencia en metálico.

⇒ V. arts. 22 a 28 del RD 1093/1997, de 4 julio (§2.1).

Sección 5ª Toma de posesión

Artículo 209.

1. Una vez efectuado el pago o consignación, se podrán levantar una o más actas de ocupación e inscribir, como una o varias fincas registrales, la totalidad o parte de la superficie objeto de su actuación, sin que sea necesaria la previa inscripción de todas y cada una de las fincas expropiadas. El hecho de que alguna de estas fincas no estuviese inmatriculada no será obstáculo para que pueda practicarse directamente aquella inscripción. Al margen de la inscripción de las fincas agrupadas, y con efectos de transferencia, se extenderá la oportuna nota.

2. Será título inscribible el acta o actas de ocupación acompañadas de las actas de pago o los justificantes de consignación del justiprecio de todas las fincas ocupadas, que habrán de ser descritas conforme a la legislación hipotecaria. Dicho título, así como los que sean necesarios para practicar las inscripciones a que se refiere el artículo siguiente, deberán ir acompañados, en su caso, de los respectivos planos, una de cuyas copias se archivará en el Registro.

3. Si al procederse a la inscripción surgiesen dudas fundadas sobre si dentro de la superficie ocupada existiese alguna finca registral no tenida en cuenta en el expediente expropiatorio, sin perjuicio de practicarse la inscripción, se pondrá tal circunstancia, a los efectos del artículo siguiente, en conocimiento del Organismo expropiante.

⇒ V. art. 39 de la Ley 6/1998, de 13 abril (§1).
V. arts. 22 a 28 del RD 1093/1997, de 4 julio (§2.1).

Artículo 210.

1. Finalizado el expediente expropiatorio, y una vez levantada el acta o actas de ocupación con los requisitos previstos en la legislación general de expropiación forzosa, se entenderá que la Administración ha adquirido, libre de cargas, la finca o fincas comprendidas en el expediente.

2. La Administración será mantenida en la posesión de las fincas, una vez inscrito su derecho, sin que quepa ejercitar ninguna acción real o interdictal contra la misma.

3. Si con posterioridad a la finalización del expediente, una vez levantada el acta de ocupación e inscritas las fincas o derechos en favor de la Administración, aparecieren terceros interesados no tenidos en cuenta en el expediente, éstos conservarán y podrán ejercitar cuantas acciones personales pudieren corresponderles para percibir el justiprecio o las indemnizaciones expropiatorias y discutir su cuantía.

4. En el supuesto de que una vez finalizado totalmente el expediente aparecieren fincas o derechos anteriormente inscritos no tenidos en cuenta, la Administración expropiante, de oficio o a instancia de parte interesada o del propio Registrador, solicitará de éste que practique la cancelación correspondiente. Los titulares de tales fincas o derechos deberán ser compensados por la Administración expropiante, que formulará un expediente complementario con las correspondientes hojas de aprecio, tramitándose según el procedimiento que se haya seguido para el resto de las fincas, sin perjuicio de que tales titulares puedan ejercitar cualquier otro tipo de acción que pudiera corresponderles.

5. Si el justiprecio se hubiere pagado a quien apareciere en el expediente como titular registral, la acción de los terceros no podrá dirigirse contra la Administración expropiante si éstos no comparecieron durante la tramitación, en tiempo hábil.

⇒ V. art. 39 de la Ley 6/1998, de 13 abril (§1).
V. art. 224.1 a 5 del TRLS/1992 (§2).
V. arts. 22 a 28 del RD 1093/1997, de 4 julio (§2.1).

Sección 6ª Concesiones administrativas

Artículo 211.

El Estado, las Entidades locales y las Entidades urbanísticas especiales podrán ejecutar los Planes de ordenación a través de concesión administrativa, cuando el sistema de actuación sea el de expropiación.

Artículo 212.

1. La concesión se otorgará mediante concurso que se tramitará con arreglo al procedimiento de contratación aplicable en razón de la Administración actuante.

2. Las bases del concurso para la concesión fijarán los derechos y obli-

gaciones del concesionario, de la Administración y de terceros, y, como mínimo comprenderán los siguientes extremos:

a) Plan cuya ejecución se conceda y polígono o unidad de actuación a que afecta.

b) Obras e instalaciones que el concesionario debe ejecutar, expresando las que ha de entregar a la Administración y las que no se transfieran a ésta.

c) Obras e instalaciones de la Administración cuyo uso temporal se entrega al concesionario.

d) Plazo de ejecución de las obras y, en su caso, de explotación de los servicios públicos en la zona a urbanizar, sin que este último pueda exceder de 30 años, salvo que por la Ley Reguladora del servicio de que se trate se establezcan otras determinaciones.

e) Situación respectiva de la Administración y el concesionario durante el plazo de concesión de explotación de los servicios, con especificación de las facultades de vigilancia que corresponden a la primera.

f) Determinación de los factores a tener en cuenta para la fijación de los precios de venta de los solares resultantes; reservas para edificios y servicios públicos, asistenciales y sociales; reservas para viviendas de protección oficial, y para cesión de terrenos en régimen de derecho de superficie, y, en su caso, tarifas a aplicar por la explotación de los servicios concedidos, con descomposición de sus factores para los supuestos de revisión.

g) Clase, cuantía, plazos y forma de entrega de las obras ejecutadas por el concesionario, así como de las participaciones en metálico o en terrenos edificables que correspondan a la Administración concedente.

h) Canon de concesión, que podrá consistir en la entrega a la Administración de una participación en los beneficios del concesionario, bien sea en metálico o bien en terrenos edificables o edificados.

i) Deberes de conservación hasta su entrega, y de mantenimiento y conservación de los servicios hasta la terminación del plazo concesional.

j) Relaciones entre el concesionario y los propietarios de terrenos en el ámbito de ejecución del Plan y entre aquél y los adquirentes de solares edificables, hasta tanto se ejecute totalmente el Plan en la zona concedida.

k) Sanciones por incumplimiento y demoras.

l) Casos de resolución y caducidad y sus consecuencias.

m) Garantía de la concesión a cargo del concesionario, que no podrá ser inferior al 3% del importe total de las obras de ejecución, según el estudio económico-financiero del Plan a ejecutar.

n) Las demás circunstancias que se deduzcan de la legislación general de contratos del Estado y de la de régimen local, cuyos preceptos serán aplicables como supletorios y en cuanto reguladores del procedimiento.

⇒ V. Ley 13/1995, de 18 mayo, de Contratos de las Administraciones Públicas.

TÍTULO VI

EJECUCIÓN DE LOS PROGRAMAS DE ACTUACIÓN URBANÍSTICA

CAPÍTULO I

Disposiciones generales

Artículo 213.

Los programas de actuación urbanística tienen por finalidad la ordenación y urbanización de terrenos clasificados como suelo urbanizable no programado en el Plan general, sin que sean aplicables a otro tipo o categoría de suelo.

Artículo 214.

1. Los programas de actuación urbanística tendrán que acomodarse a las características técnicas y a las magnitudes señaladas en el Plan general.

2. En todo caso, respetarán las previsiones del Plan general en cuanto a las dotaciones, servicios y equipamientos que afecten al ámbito territorial del programa.

3. Ningún programa de actuación urbanística podrá alterar usos previstos en el Plan general ni admitir usos declarados incompatibles por el mismo. Tampoco podrán establecer aquellos otros que resulten incompatibles con la estructura urbanística general del territorio.

CAPÍTULO II

Actuaciones preparatorias

Artículo 215.

1. Las Entidades locales, de oficio o a instancia de parte podrán acordar que se incorpore la totalidad o parte del suelo urbanizable no programado al proceso de urbanización mediante la formulación de uno o varios programas de actuación urbanística.

2. *El acuerdo a que se refiere el número anterior deberá adoptarse con el quórum de los dos tercios de miembros de hecho, que representen mayoría absoluta de los que legalmente deben componer la Corporación.*

3. *Igualmente podrán adoptar la decisión a que se refiere el número 1 de este artículo las Entidades urbanísticas especiales en su ámbito territorial.*

4. La misma facultad corresponderá a las Mancomunidades, Agrupaciones y Consorcios en que intervenga cualquier Entidad local, cuando entre sus fines estén incluidos los urbanísticos y tengan a su cargo la gestión y ejecución de Planes o programas.

✐ Aps. 2 y 3 derogados por RD 304/1993, de 26 febrero, que aprobó la Tabla de Vigencias.

Artículo 216.

1. El acuerdo a que se refiere el artículo anterior determinará si la formulación del programa de actuación urbanística ha de llevarse a cabo directamente por la propia Entidad que lo hubiere adoptado o mediante la convocatoria del correspondiente concurso.

2. En el supuesto de formulación del programa de actuación urbanística por la Administración, la ejecución del mismo podrá, a su vez, llevarse a efecto directamente o convocando un concurso exclusivamente para ello.

3. Si la formulación del programa de actuación urbanística se adjudicase por concurso, la ejecución corresponderá, en todo caso, a quien resultara adjudicatario del mismo.

Artículo 217.

1. Cuando se actúe a instancia de parte, las solicitudes de formulación de programas de actuación urbanística deberán presentarse ante la local o urbanística especial competente, mediante escrito en el que se justifique la necesidad o conveniencia de la urbanización del suelo no programado, el tipo y carácter de la unidad urbanística y sus posibles localizaciones.

2. Si la Administración estima conveniente admitir a trámite tal solicitud, la someterá a información pública por plazo de un mes, mediante la inserción de anuncio en el «Boletín Oficial» de la provincia respectiva y en un periódico de los de mayor circulación de la provincia.

3. En el anuncio se harán constar las zonas que se hayan considerado, en principio, aptas para la localización de las actuaciones.

4. Durante el período señalado en el número 2 de este artículo se podrán formular alegaciones fundadas en defectuosa apreciación de la clasificación del suelo, falta de justificación de las actuaciones por disconformidad con lo prevenido en el Plan general o inadecuación de las zonas designadas para la actuación pretendida.

5. Transcurrido el plazo de información, la Entidad local o urbanística especial competente rechazará o aceptará la solicitud y, en este último caso, acordará lo procedente en cuanto a formulación y ejecución del programa de actuación urbanística, de conformidad con las opciones señaladas en el artículo anterior.

Artículo 218.

1. De acuerdo con las previsiones del Plan general, podrán formularse y ejecutarse programas de actuación urbanística a instancia de parte, sin previa convocatoria de concurso, cuando se trate de la urbanización de terrenos clasificados como suelo urbanizable no programado, destinados a instalación de actividades productivas relevantes o de especial importancia, así como para la formación de polígonos industriales.

2. La solicitud correspondiente podrá presentarse en la Corporación lo-

cal en cuyo territorio pretenda llevarse a cabo la actuación o, en su caso, en la Entidad especial urbanística actuante.

3. En el supuesto previsto en este artículo, será preceptivo acuerdo del Consejo de Ministros, que adoptará la forma de Real Decreto, a propuesta del Ministro de Obras Públicas y Urbanismo y del competente por razón de la materia. La propuesta se formulará previo informe de la corporación o Corporaciones locales afectadas, de la Comisión Central de Urbanismo y dictamen del Consejo de Estado.

4. En el Real Decreto, acordado en Consejo de Ministros, se determinará:

a) La Entidad pública o persona privada, natural o jurídica, a quien directamente se adjudique la formulación y ejecución del programa de actuación urbanística.

b) Las obligaciones que debe cumplir el adjudicatario, que, como mínimo, serán las establecidas en el artículo 146, número 3, de la Ley del Suelo.

CAPÍTULO III
Formación y aprobación

Artículo 219.

1. Acordada la formulación y ejecución del programa de actuación urbanística mediante concurso, se redactarán las bases correspondientes, que habrán de contener las siguientes determinaciones:

a) Las zonas aptas para la localización de las actuaciones.

b) La magnitud de las superficies urbanizables.

c) Las exigencias mínimas de planeamiento en relación con las determinaciones y criterios que haya establecido el Plan general.

d) Los usos generales a que se destina la actuación, estableciendo, si fuera procedente, un esquema de zonificación o la distribución cuantitativa de aquéllos.

e) La obligación de los adjudicatarios de construir un porcentaje de edificación en plazos determinados.

f) Los precios máximos de venta o alquiler de las edificaciones, si se estima procedente.

g) Las garantías exigibles para responder tanto de la formación del programa como de su ejecución distinguiendo unas y otras.

h) Las sanciones que procedan en caso de incumplimiento.

i) Las demás circunstancias que configuren cada actuación.

2. Las obligaciones que deben asumir los adjudicatarios, en la ejecución de los programas de actuación urbanística, se establecerán también en las bases del concurso y se referirán a los siguientes aspectos:

a) Cesión gratuita a la Entidad local o, en su caso, a la urbanística especial competente, de los terrenos destinados a viales, parques y jardines públicos y demás servicios y dotaciones de interés general, con el alcance establecido en los artículos 12.1 b) y 13.2 b) y c), de la Ley del Suelo, o en cuantía mayor si así lo determinara el Organo urbanístico actuante.

b) Construcción de la red viaria completa de la zona de actuación y de las redes de abastecimiento de agua y energía eléctrica, saneamiento, alumbrado público y demás servicios que, en su caso, se prevean.

c) Construcción de las necesarias conexiones, en el exterior de la zona de actuación, entre las redes señaladas en el número anterior y las generales del territorio.

d) Previsión y ejecución del equipamiento adecuado a las dimensiones y finalidad de la actuación. Tratándose de uso residencial, consistirán como mínimo en la creación de espacios verdes públicos, incluidas la plantación de arbolado y jardinería en ellos y en los viales, si se previera, y en la construcción de Centros docentes, sociales y comerciales.

e) Cesión gratuita del 10% del aprovechamiento medio establecido para el territorio o zona a que se refiera la actuación, con su correspondiente suelo, una vez descontadas las cesiones del apartado a) de este número. Esta cesión podrá ser sustituida, si así constare en el acuerdo aprobatorio de las bases, por las mayores obligaciones que estableciera la Entidad actuante.

f) Cualesquiera otras obligaciones que la Entidad local o urbanística especial dispusiere en función del destino de la actuación o de la relación entre ella y el suelo urbano o urbanizable programado, aunque tales obligaciones hubieran de cumplirse fuera del ámbito territorial concreto a que afecte la unidad que se programe.

3. Respecto a las obligaciones de planeamiento a cargo de los adjudicatarios, las bases establecerán las siguientes:

a) Acompañar a la oferta un avance de planeamiento.

b) Presentar en el plazo que se establezca el programa de actuación urbanística y, asimismo, el Plan Parcial que lo desarrolle, si se hubiere de ejecutar en una sola etapa, o el primero de los planes parciales, si se previera la ejecución en varias etapas.

c) Completar el planeamiento en los plazos que se señalen o, en su defecto, en función del programa de actuación urbanística, redactando y presentando los correspondientes Planes parciales y proyectos de urbanización, así como los documentos relativos a la reparcelación si procediere.

d) Incluir los programas de edificación.

Artículo 220.

1. Elaboradas las bases, la Entidad local o urbanística especial que las haya redactado otorgará su aprobación inicial, sometiéndolas a información pública por plazo de un mes, mediante inserción de anuncio en el «Boletín Oficial» de la provincia o provincias a que afecte la actuación. Igualmente deberá publicarse el anuncio al menos en uno de los periódicos de mayor circulación de la provincia o provincias afectadas.

2. Transcurrido el plazo señalado en el número 1 de este artículo, las bases rectoras del concurso se aprobarán provisionalmente con las rectificaciones que procedan, y se elevarán al Ministro de Obras Públicas y Urbanismo, si afectan a capitales de provincia o Municipios de más de 50.000 habitantes, y a la Comisión Provincial de Urbanismo, en los demás casos.

3. En el plazo y con las condiciones establecidas en el artículo 41, números 2 y 3 de la Ley del Suelo, el Ministro de Obras Públicas y Urbanismo o la Comisión Provincial de Urbanismo deberá dictar la resolución que corresponda respecto a la aprobación definitiva de las bases.

✐ Aps. 2 y 3 derogados por RD 304/1993, de 26 febrero, que aprobó la Tabla de Vigencias.

Artículo 221.

1. Aprobadas las bases, se convocará el correspondiente concurso, con un plazo mínimo de dos meses y máximo de cuatro para la presentación de ofertas y del avance de planeamiento.

2. Los concursantes, en sus ofertas, podrán mejorar las condiciones establecidas en las bases, tanto en los aspectos técnicos como en los económicos, haciendo constar, razonadamente, en qué consisten esas mejoras.

3. La adjudicación del concurso se producirá dentro del plazo de cuatro meses, contado a partir de la fecha de la apertura de las proposiciones. En el acuerdo de adjudicación del concurso se determinará el sistema de actuación aplicable, si no hubiere sido establecido en las bases. En el mismo acuerdo se aprobará el avance de planeamiento, con las modificaciones que, en su caso, procedieran.

4. La adjudicación del concurso se otorgará por la misma Entidad que lo convocó.

Artículo 222.

1. El adjudicatario del concurso presentará, en el plazo establecido en las bases, el correspondiente programa de actuación urbanística, de acuerdo con el avance de planeamiento aprobado.

2. *Las reglas de competencia y procedimiento para la tramitación y aprobación de los programas de actuación urbanística serán las establecidas para los Planes parciales.*

3. Las Entidades locales o urbanísticas especiales sólo podrán denegar la aprobación inicial o provisional del programa de actuación urbanística cuando no se ajuste a los requisitos contenidos en las bases o a las determinaciones del Plan general. Podrán suspender el trámite hasta que se complete el expediente si faltare alguno de los documentos preceptivos señalados en las bases.

4. La falta de presentación del programa dentro del plazo establecido en las bases dará lugar a la resolución de la situación constituida.

✐ Ap. 2 derogado por RD 304/1993, de 26 febrero, que aprobó la Tabla de Vigencias.

Artículo 223.

1. La formulación del programa de actuación urbanística directamente por la propia Administración actuante se someterá a las mismas normas de competencia y procedimiento para su tramitación y aprobación que en los supuestos de convocatoria de concurso.

2. Asimismo se aplicarán las mismas reglas de competencia y procedimiento cuando se trate del supuesto excepcional previsto en el número 2 del artículo 149 de la Ley del Suelo.

CAPÍTULO IV
Ejecución de los programas de actuación urbanística

Artículo 224.

1. Las determinaciones de los programas de actuación urbanística se desarrollarán mediante la formulación de los correspondientes Planes parciales, cuya aprobación podrá ser simultánea a la de aquéllos.

En todo caso, se tramitarán y aprobarán conjuntamente el programa de actuación urbanística y el Plan parcial de la primera etapa o, en su caso, el de la única etapa que resulte prevista en el programa.

2. La ejecución de los Planes parciales se ajustará al sistema de actuación que se haya establecido. Los adjudicatarios, en todo caso, se obligan a cumplir las obligaciones que, no hallándose especificadas en las bases, sean consecuencia del sistema aplicable.

3. En la ejecución de los sistemas generales que afecten a los enlaces con los del resto del Municipio o Municipios en que se localice la actuación, se podrá utilizar la expropiación con independencia del sistema de actuación que se haya establecido para la ejecución del programa de actuación urbanística en su ámbito territorial propio.

Artículo 225.

1. La Administración actuante dispondrá de las facultades precisas para vigilar e inspeccionar las obras de urbanización y, en su caso, las de edificación, así como para fiscalizar la contabilidad de los adjudicatarios en los supuestos de que las bases establecieran precios máximos de venta de terrenos o de edificaciones o alquiler de las mismas.

2. La oposición del adjudicatario al ejercicio de tales facultades de la Administración podrá presumirse como incumplimiento grave de las obligaciones contraídas, con los efectos señalados en el artículo 227.1, de este Reglamento. En todo caso la resistencia será sancionada económicamente, sin perjuicio de las demás atribuciones de la Administración.

Artículo 226.

1. La aprobación de un programa de actuación urbanística implicará la declaración de utilidad pública y la necesidad de ocupación a los efectos de expropiación forzosa, no solamente del ámbito territorial concreto para el que se formuló sino también de los terrenos necesarios para el enlace de la zona de actuación con los correspondientes elementos de los sistemas generales existentes en el exterior.

2. Para las actuaciones expropiatorias, cuando fueren necesarias, se seguirá el procedimiento establecido en la Ley del Suelo y en este Reglamento.

Artículo 227.

1. El incumplimiento por los adjudicatarios de las obligaciones en la ejecución de los programas de actuación urbanística dará lugar a la caducidad del programa con relación a la parte pendiente de ejecución, sin perjuicio de las sanciones que procedan.

2. No obstante, si el incumplimiento de las obligaciones fuera calificado de leve, el adjudicatario podrá proseguir su ejecución si se garantiza su observancia suficientemente, a juicio de la Administración actuante.

3. Las Entidades locales o urbanísticas especiales, cuando se haya resuelto la relación constituida con el adjudicatario de un programa de actuación urbanística, podrán acordar la ejecución directa respecto de la parte que haya quedado pendiente o convocar nuevo concurso para adjudicar lo que reste por ejecutar del programa. En tal concurso no se admitirán ofertas para programar otras zonas del territorio.

4. La Entidad administrativa que convocó el concurso podrá asumir la ejecución a título sustitutorio en caso de incumplimiento del adjudicatario, cargándole los gastos que se produzcan. El importe de estos gastos será exigible por vía de apremio.

5. Cuando el incumplimiento consistiera en la percepción de precios de suelo o de edificación superiores a los señalados en las bases, se impondrá la multa que proceda, con independencia de pasar el tanto de culpa a los Tribunales de Justicia, y sin perjuicio de la devolución a los adquirentes de lo cobrado indebida o excesivamente.

✐ Ap. 2 derogado por RD 304/1993, de 26 febrero, que aprobó la Tabla de Vigencias.

§ 3.3 REAL DECRETO 2187/1978, DE 23 JUNIO. APRUEBA EL REGLAMENTO DE DISCIPLINA URBANÍSTICA PARA DESARROLLO Y APLICACIÓN DE LA LEY SOBRE RÉGIMEN DEL SUELO Y ORDENACIÓN URBANA

(BOE núm. 223, de 18 septiembre [RCL 1978, 1986])

Artículo único.

Se aprueba el Reglamento de Disciplina Urbanística para el desarrollo y aplicación de la Ley sobre Régimen del Suelo y Ordenación Urbana, cuyo texto se inserta a continuación.

REGLAMENTO DE DISCIPLINA URBANÍSTICA PARA EL DESARROLLO DE LA LEY SOBRE RÉGIMEN DEL SUELO Y ORDENACIÓN URBANA

TÍTULO I
INTERVENCIÓN DE LA EDIFICACIÓN Y USO DEL SUELO

CAPÍTULO I
De las licencias

Sección 1ª Actos sujetos, competencia y procedimiento

Artículo 1.

Estarán sujetos a previa licencia, sin perjuicio de las autorizaciones que fueren procedentes con arreglo a la legislación específica aplicable, los siguientes actos:

1. Las obras de construcción de edificaciones e instalaciones de todas clases de nueva planta.

2. Las obras de ampliación de edificios e instalaciones de todas clases existentes.

3. Las de modificación o reforma que afecten a la estructura de los edificios e instalaciones de todas clases existentes.

4. Las de modificación del aspecto exterior de los edificios e instalaciones de todas clases existentes.

5. Las obras que modifiquen la disposición interior de los edificios, cualquiera que sea su uso.

6. Las obras que hayan de realizarse con carácter provisional a que se refiere el apartado 2 del artículo 58 del Texto Refundido de la Ley del Suelo, en adelante Ley del Suelo.

7. Las obras de instalación de servicios públicos.

8. Las parcelaciones urbanísticas.

9. Los movimientos de tierra, tales como desmontes, explanación, excavación y terraplenado, salvo que tales actos estén detallados y programados como obras a ejecutar en un Proyecto de Urbanización o de Edificación aprobado o autorizado.

10. La primera utilización u ocupación de los edificios e instalaciones en general.

11. Los usos de carácter provisional a que se refiere el apartado 2 del artículo 58 de la Ley del Suelo.

12. El uso del vuelo sobre las edificaciones e instalaciones de todas clases existentes.

13. La modificación del uso de los edificios e instalaciones en general.

14. La demolición de las construcciones, salvo en los casos declarados de ruina inminente.

15. Las instalaciones subterráneas dedicadas a aparcamientos, actividades industriales, mercantiles o profesionales, servicios públicos o cualquier otro uso a que se destine el subsuelo.

16. La corta de árboles integrados en masa arbórea que esté enclavada en terrenos para los que exista un Plan de Ordenación aprobado.

17. La colocación de carteles de propaganda visibles desde la vía pública.

18. Y, en general, los demás actos que señalen los Planes, Normas u Ordenanzas.

⇒ V. art. 242 del TRLS/1992 (§2).
V. Jurisprudencia en arts. 178 y concordantes del TRLS/1976 (§3).

Artículo 2.

1. Cuando los actos de edificación y uso del suelo y aquellos otros previstos en este Reglamento se realizaren por particulares en terrenos de dominio público, se exigirá también licencia, sin perjuicio de las autorizaciones o concesiones que sea pertinente otorgar por parte del ente titular del dominio público.

2. La falta de autorización o concesión o su denegación impedirá al particular obtener la licencia y al órgano competente otorgarla.

⇒ V. art. 242 del TRLS/1992 (§2).
V. *arts. 178 y concordantes* del TRLS/1976 (§3).
La Ley 5/1999, de 25 marzo, Reguladora de la Actividad Urbanística, Pública y Privada en Aragón (§6), en su disp. final 1ª declara expresamente derecho supletorio este artículo.

Artículo 3.

1. Las licencias se otorgarán de acuerdo con las previsiones y determinaciones de la Ley del Suelo, de los Planes de Ordenación Urbana y Programas de Actuación Urbanística y, en su caso, de las Normas Complementarias y Subsidiarias del Planeamiento o de las Normas y Ordenanzas reguladoras sobre uso del suelo y edificación.

2. Toda resolución que otorgue o deniegue licencia deberá ser motivada.

⇒ V. art. 242.3 del TRLS/1992 (§2).

V. arts. 178, 179 y concordantes del TRLS/1976 (§3).

La Ley 5/1999, de 25 marzo, Reguladora de la Actividad Urbanística, Pública y Privada en Aragón (§6), en su disp. final 1ª declara expresamente derecho supletorio este artículo.

Artículo 4.

1. El procedimiento de otorgamiento de las licencias se ajustará a lo establecido en la legislación de Régimen Local.

2. En todo expediente de concesión de licencia constará informe técnico y jurídico, cuando la Entidad otorgante cuente con los servicios correspondientes o le sea posible contar con los de la Entidad comarcal o metropolitana en que esté integrada. Si la Diputación Provincial tuviese establecido servicio de asistencia urbanística a los Municipios, podrá solicitar el Ayuntamiento informe del mismo, si no contase con servicios técnicos o jurídicos propios.

⇒ V. arts. 9 y concordantes del RSCL.

La Ley 5/1999, de 25 marzo, Reguladora de la Actividad Urbanística, Pública y Privada en Aragón (§6), en su disp. final 1ª declara expresamente derecho supletorio este artículo.

Artículo 5.

1. En ningún caso se entenderán adquiridas por silencio administrativo facultades en contra de las prescripciones de la Ley del Suelo, de los Planes de Ordenación, Programas, Proyectos y, en su caso, de las Normas Complementarias y Subsidiarias de Planeamiento o de las Normas y Ordenanzas reguladoras sobre uso del suelo y edificación.

2. Cuando, en el supuesto del número anterior, el peticionario de la licencia ejecute las determinaciones del proyecto, no habrá lugar a indemnización a su favor si se ordenare posteriormente la suspensión de actividades o la demolición de lo realizado.

⇒ V. art. 242 del TRLS/1992 (§2).

V. arts. 178 y concordantes del TRLS/1976 (§3).

V. art. 62.1 f) de la LRJ-PAC.

La Ley 5/1999, de 25 marzo, Reguladora de la Actividad Urbanística, Pública y Privada en Aragón (§6), en su disp. final 1ª declara expresamente derecho supletorio este artículo.

Artículo 6.

La competencia para otorgar las licencias corresponderá al Ayuntamiento, salvo en los casos previstos por la Ley del Suelo.

⇒ V. art. 243 del TRLS/1992 (§2).
V. arts. 179 y concordantes del TRLS/1976 (§3).
La Ley 5/1999, de 25 marzo, Reguladora de la Actividad Urbanística, Pública y Privada en Aragón (§6), en su disp. final 1ª declara expresamente derecho supletorio este artículo.

Sección 2ª De los actos promovidos por órganos del Estado o Entidades de Derecho público que administren bienes estatales

Artículo 7.

1. Los actos relacionados en el artículo 1 que se promuevan por órganos del Estado o Entidades de Derecho público que administren bienes estatales estarán igualmente sujetos a licencia municipal.

2. Si el proyecto afectare a varios Municipios, la licencia habrá de solicitarse de todos ellos simultánea o sucesivamente.

⇒ V. art. 244.1 del TRLS/1992 (§2).
V. arts. 180 y concordantes del TRLS/1976 (§3).
La Ley 5/1999, de 25 marzo, Reguladora de la Actividad Urbanística, Pública y Privada en Aragón (§6), en su disp. final 1ª declara expresamente derecho supletorio este artículo.

Artículo 8.

1. Cuando razones de urgencia o excepcional interés público lo exijan, el Ministro competente por razón de la materia podrá acordar la remisión al Ayuntamiento o Ayuntamientos correspondientes del proyecto de que se trate, para que, en el plazo de un mes, notifiquen la conformidad o disconformidad con el planeamiento urbanístico en vigor, entendiéndose que si en dicho plazo no se manifiesta una disconformidad expresa, se considerará que existe conformidad al proyecto por parte del Ayuntamiento.

2. La notificación de la conformidad o el transcurso del plazo a que se refiere el número anterior habilitará, sin más, a la Administración interesada para la ejecución del proyecto de que se trate.

3. En caso de disconformidad, que necesariamente habrá de ser motivada, el expediente se remitirá por el Departamento interesado al Ministerio de Obras Públicas y Urbanismo, quien lo elevará al Consejo de Ministros, previo informe de la Comisión Central de Urbanismo, en el plazo de tres meses. El Consejo de Ministros decidirá si procede ejecutar el proyecto, y en este caso ordenará la iniciación del procedimiento de modificación o revisión del planeamiento, conforme a la tramitación establecida en la Ley del Suelo.

⇒ V. art. 244.2 del TRLS/1992 (§2).
V. arts. 180 y concordantes del TRLS/1976 (§3).
La Ley 5/1999, de 25 marzo, Reguladora de la Actividad Urbanística, Pública y Privada en Aragón (§6), en su disp. final 1ª declara expresamente derecho supletorio este artículo.

Artículo 9.

1. El Ayuntamiento podrá, en todo caso, acordar la suspensión de las obras a que se refiere el artículo 1, cuando se pretendiese llevar a cabo en ausencia o en contradicción con la notificación de conformidad con el planeamiento que se establece en el artículo 180.2 de la Ley del Suelo, comunicando dicha suspensión al órgano redactor del proyecto y al Ministro de Obras Públicas y Urbanismo, a los efectos prevenidos en el mismo.

2. Se exceptúan de esta facultad las obras que afecten directamente a la defensa nacional, para cuya suspensión deberá mediar acuerdo del Consejo de Ministros, previa propuesta del Ministro de Obras Públicas y Urbanismo a solicitud del Ayuntamiento competente e informe del Ministerio de Defensa.

⇒ V. art. 244.2 del TRLS/1992 (§2).

V. arts. 180 y concordantes del TRLS/1976 (§3).

La Ley 5/1999, de 25 marzo, Reguladora de la Actividad Urbanística, Pública y Privada en Aragón (§6), en su disp. final 1ª declara expresamente derecho supletorio este artículo.

CAPÍTULO II
De las órdenes de ejecución

Sección 1ª Disposiciones generales

Artículo 10.

1. Los propietarios de terrenos, urbanizaciones, edificaciones y carteles deberán mantenerlos en condiciones de seguridad, salubridad y ornato público.

2. Los Ayuntamientos y, en su caso, los demás Organismos competentes, de oficio o a instancia de cualquier interesado, ordenarán la ejecución de las obras necesarias para conservar las condiciones mencionadas en el párrafo anterior.

3. A tal fin, el Organismo que ordene la ejecución de tales obras concederá a los propietarios o a sus administradores un plazo, que estará en razón a la magnitud de las mismas, para que proceda al cumplimiento de lo acordado; transcurrido el cual sin haberlas ejecutado, se procederá a la incoación del expediente sancionador, con imposición de multa, en cuya resolución, además, se requerirá al propietario, propietarios o a sus administradores a la ejecución de la orden efectuada, que, de no cumplirla, se llevará a cabo por el Organismo requiriente, con cargo al obligado, a través del procedimiento de ejecución subsidiaria previsto en la Ley de Procedimiento Administrativo.

⇒ V. art. 19 de la Ley 6/1998, de 13 abril (§1).

V. los arts. 21, 245 y 246 del TRLS/1992 (§2).

V. arts. 181 y concordantes del TRLS/1976 (§3).

La Ley 5/1999, de 25 marzo, Reguladora de la Actividad Urbanística, Pública y Privada en Aragón (§6), en su disp. final 1ª declara expresamente derecho supletorio este artículo.

Artículo 11.

1. Los Ayuntamientos y, en su caso, las Diputaciones Provinciales y las Comisiones Provinciales de Urbanismo podrán también ordenar, por motivos de interés turístico o estético, la ejecución de obras de conservación y de reforma en fachadas o espacios visibles desde la vía pública, sin que estén previamente incluidas en Plan alguno de Ordenación.

2. Las obras se ejecutarán con cargo a los propietarios si se contuvieran dentro del deber definido en el apartado 1 del artículo 10 o supusieran un aumento de valor para el inmueble y hasta donde éste alcance, y con cargo a los fondos de la Entidad que lo ordene cuando se rebasaren estos límites para obtener mejoras de interés general.

3. En caso de incumplimiento por parte de los propietarios, se estará a lo dispuesto en el apartado 3 del artículo anterior.

⇒ V. art. 246.2 del TRLS/1992 (§2).
V. arts. 182 y concordantes del TRLS/1976 (§3).
La Ley 5/1999, de 25 marzo, Reguladora de la Actividad Urbanística, Pública y Privada en Aragón (§6), en su disp. final 1ª declara expresamente derecho supletorio este artículo.

Sección 2ª Del estado ruinoso de las construcciones

Artículo 12.

1. Se entenderá que una construcción está en estado ruinoso cuando en ella concurra alguna de las siguientes causas:

a) Que el daño que la afecte no sea reparable técnicamente por los medios normales.

b) Que el coste de la reparación sea superior al 50% del valor actual de la construcción o plantas afectadas.

c) Que, junto con la situación de deterioro, existan circunstancias urbanísticas que aconsejen la demolición del inmueble.

2. Igualmente se entenderá que es ruinosa una construcción cuando presente deficiencias que afecten a la salubridad, que no sean subsanables por los medios técnicos normales o cuyo coste de subsanación supere el 50% del valor de la construcción.

✐ Artículo derogado por el RD 304/1993, de 26 febrero, por el que se aprueba la tabla de vigencias de los Reglamentos de planeamiento, gestión, disciplina urbanística, edificación forzosa y registro municipal de solares y reparcelaciones, en ejecución de la disp. final única del TRLS/1992 (§2).

Artículo 13.

1. Para apreciar la situación de ruina a que se refiere el apartado b) del número 1 del artículo 12, se precisará una valoración de las obras a realizar y de la totalidad del edificio o parte afectada, al que se aplicará un coeficiente de depreciación por la antigüedad del inmueble. En ningún caso se tendrá en cuenta el valor del solar.

2. La valoración de las obras se contendrá en un presupuesto por parti-

das, especificándose las necesarias para mantener la construcción o parte afectada en condiciones de seguridad y, en su caso, de habitabilidad o uso específico, según los criterios técnicos en el momento de realizar la valoración, aunque fueran distintos de los tenidos en cuenta al realizarse la construcción, incluyendo los gastos para las reparaciones higiénico-sanitarias necesarias y los exigidos por la legislación específica vigente respecto a condiciones generales o especiales en función del uso.

✐ Artículo derogado por el RD 304/1993, de 26 febrero, por el que se aprueba la tabla de vigencias de los Reglamentos de planeamiento, gestión, disciplina urbanística, edificación forzosa y registro municipal de solares y reparcelaciones, en ejecución de la disp. final única del TRLS/1992 (§2).

Artículo 14.

Se considerará que existen circunstancias urbanísticas para la declaración de ruina cuando la situación de fuera de ordenación aconseje la demolición del inmueble.

✐ Artículo derogado por el RD 304/1993, de 26 febrero, por el que se aprueba la tabla de vigencias de los Reglamentos de planeamiento, gestión, disciplina urbanística, edificación forzosa y registro municipal de solares y reparcelaciones, en ejecución de la disp. final única del TRLS/1992 (§2).

Artículo 15.

A los efectos previstos en el artículo 12.2, se considerarán deficiencias de salubridad que puedan dar lugar, en su caso, a la declaración de ruina la existencia de piezas habitables de dimensiones inferiores a las mínimas establecidas por las Normas u Ordenanzas, la falta de ventilación directa, la existencia de patios de ventilación de dimensiones inferiores a las mínimas, la carencia de instalaciones higiénicas, la existencia de humedades en piezas habitables que puedan ser perjudiciales, la defectuosa disposición de las redes interiores de suministros de agua y desagües y cualesquiera otras que produzcan daño o riesgo para la salud de los moradores del inmueble.

✐ Artículo derogado por el RD 304/1993, de 26 febrero, por el que se aprueba la tabla de vigencias de los Reglamentos de planeamiento, gestión, disciplina urbanística, edificación forzosa y registro municipal de solares y reparcelaciones, en ejecución de la disp. final única del TRLS/1992 (§2).

Artículo 16.

1. Sin perjuicio de la acción interdictal, en relación con los edificios ruinosos, no se podrá declarar un inmueble o parte de él en estado de ruina sino en virtud del procedimiento y por las causas establecidas en este Reglamento.

2. Con la misma salvedad expresada en el párrafo anterior, será competente para declarar el estado de ruina de cualquier construcción o edificación el Ayuntamiento.

✐ Artículo derogado por el RD 304/1993, de 26 febrero, por el que se aprueba la tabla de vigencias de los Reglamentos de planeamiento, gestión, disciplina urbanística, edificación forzosa y registro municipal de solares y reparcelaciones, en ejecución de la disp. final única del TRLS/1992 (§2).

Artículo 17.

1. El procedimiento de declaración de ruina podrá iniciarse de oficio o a instancia de cualquier interesado.

2. Se considerarán interesados, entre otros, para iniciar el procedimiento de declaración de ruina a toda persona, natural o jurídica, que alegue daño o peligro de daños propios derivados de la situación actual de la construcción.

3. No obstante lo dispuesto en el número anterior, también podrán formular denuncias sobre la situación de ruina de una construcción cualquier persona física o jurídica, aunque no alegue la existencia de daños o peligros para sí o sus bienes o intereses legítimos.

⇒ V. art. 247 del TRLS/1992 (§2).
V. arts. 183 y concordantes del TRLS/1976 (§3).
La Ley 5/1999, de 25 marzo, Reguladora de la Actividad Urbanística, Pública y Privada en Aragón (§6), en su disp. final 1ª declara expresamente derecho supletorio este artículo.

Artículo 18.

1. La iniciación de oficio del procedimiento de declaración de ruina se acordará por la Administración municipal, como consecuencia del correspondiente informe, emitido por los servicios técnicos.

2. También podrá iniciarse de oficio el procedimiento como resultado de las comprobaciones efectuadas por la Administración en virtud de las denuncias formuladas. A tal efecto, al recibir la denuncia sobre el supuesto de estado ruinoso de una construcción o parte de ella, se podrá acordar la instrucción de una información previa consistente en un informe que emitirán los servicios técnicos municipales, en base al cual se decidirá la incoación del expediente o, en su caso, el archivo de las actuaciones.

⇒ La Ley 5/1999, de 25 marzo, Reguladora de la Actividad Urbanística, Pública y Privada en Aragón (§6), en su disp. final 1ª declara expresamente derecho supletorio este artículo.
La Ley 2/1992, de 6 mayo, de Baleares, dispone:
«Artículo único. Se modifica la disposición final primera de la Ley 10/1990, de 23 octubre, de Disciplina Urbanística, que queda redactada de la siguiente manera:
"1. No será aplicable en el ámbito territorial de esta Comunidad Autónoma el Reglamento de Disciplina Urbanística para desarrollar y aplicar la Ley sobre Régimen del Suelo y Ordenación Urbana, aprobado por Decreto 2187/1978, de 23 junio, exceptuando los arts. 18 al 28, en aquello que afecte a la tramitación de los expedientes de ruina de las construcciones"».
V. art. 247 del TRLS/1992 (§2).
V. arts. 183 y concordantes del TRLS/1976 (§3).

Artículo 19.

1. Si el procedimiento se iniciara a instancia de los interesados, se harán constar en el escrito que éstos presenten los datos de identificación relativos al inmueble, el motivo o motivos en que se basa el estado de ruina y la relación de los moradores, cualquiera que fuese el título de posesión, así como titulares de derechos reales sobre el inmueble, si los hubiere.

2. Al escrito de iniciación se acompañará certificado, expedido por fa-

cultativo competente, en el que se justifique la causa de instar la declaración de ruina, el estado físico del inmueble, y se acredite asimismo si en el momento de la petición el edificio reúne, a su juicio, condiciones de seguridad y habitabilidad suficientes que permitan a sus ocupantes la permanencia en él hasta que se adopte el acuerdo que proceda.

3. Si el que solicita la declaración de ruina es el propietario del inmueble, acreditará también su titularidad.

⇒ V. art. 247 del TRLS/1992 (§2).
V. arts. 183 y concordantes del TRLS/1976 (§3).
La Ley 5/1999, de 25 marzo, Reguladora de la Actividad Urbanística, Pública y Privada en Aragón (§6), en su disp. final 1ª declara expresamente derecho supletorio este artículo.

Artículo 20.

1. Iniciado el expediente, se pondrá de manifiesto al propietario, a los moradores y a los titulares de derechos reales sobre el inmueble, si los hubiese, dándoles traslado literal de los informes técnicos, para que, en un plazo no inferior a diez días ni superior a quince, prorrogable por la mitad del concedido, aleguen y presenten por escrito los documentos y justificaciones que estimen pertinentes en defensa de sus respectivos derechos.

2. Cuando en el informe técnico presentado por el propietario se alegue existencia de peligro inmediato que pueda producir daño a las personas, se ordenará una inspección técnica, y a la vista de la misma se acordará lo procedente respecto a la habitabilidad del inmueble, el desalojo de sus ocupantes y la demolición de las construcciones. La inspección podrá repetirse cuantas veces se estime oportuno durante la tramitación del expediente y, una vez finalizado, hasta que conste la demolición del inmueble.

⇒ V. art. 247 del TRLS/1992 (§2).
V. arts. 183 y concordantes del TRLS/1976 (§3).
La Ley 5/1999, de 25 marzo, Reguladora de la Actividad Urbanística, Pública y Privada en Aragón (§6), en su disp. final 1ª declara expresamente derecho supletorio este artículo.

Artículo 21.

Transcurrido el plazo concedido, los servicios técnicos municipales evacuarán dictamen pericial, previa inspección del inmueble en plazo de diez días.

⇒ V. art. 247 del TRLS/1992 (§2).
V. arts. 183 y concordantes del TRLS/1976 (§3).
La Ley 5/1999, de 25 marzo, Reguladora de la Actividad Urbanística, Pública y Privada en Aragón (§6), en su disp. final 1ª declara expresamente derecho supletorio este artículo.

Artículo 22.

1. Concluso el expediente, los servicios municipales competentes elevarán propuesta con todo lo actuado al órgano que tenga atribuida la competencia para la resolución definitiva.

2. La propuesta deberá redactarse en el plazo de diez días desde que se incorporó al expediente el informe técnico municipal.

3. No podrá exceder de seis meses el tiempo que transcurra desde que se inicie el procedimiento de ruina hasta que se dicte la declaración pertinente, salvo causas debidamente justificadas.

⇒ V. art. 247 del TRLS/1992 (§2).
V. arts. 183 y concordantes del TRLS/1976 (§3).
La Ley 5/1999, de 25 marzo, Reguladora de la Actividad Urbanística, Pública y Privada en Aragón (§6), en su disp. final 1ª declara expresamente derecho supletorio este artículo.

Artículo 23.

1. La resolución del expediente habrá de contener alguno de los pronunciamientos siguientes:

a) Declarar el inmueble en estado de ruina, ordenando la demolición. Si existiera peligro en la demora, la Administración acordará lo procedente respecto al desalojo de los ocupantes.

b) Declarar en estado de ruina parte del inmueble cuando esa parte tenga independencia constructiva del resto, ordenando asimismo su demolición.

c) Declarar que, aun existiendo ruina en una parte del inmueble, ésta no alcanza a cubrir los requisitos para una declaración general, ordenando la ejecución de las obras de reparación necesarias.

d) Declarar que no hay situación de ruina, ordenando las medidas pertinentes destinadas a mantener la seguridad, salubridad y ornato públicos del inmueble de que se trate.

2. En los dos últimos casos del número anterior, el acuerdo determinará las obras necesarias que deba realizar el propietario.

⇒ V. arts. 245 y 247 del TRLS/1992 (§2).
V. arts. 181 y 183 y concordantes del TRLS/1976 (§3).
V. art. 10 del presente Reglamento.
La Ley 5/1999, de 25 marzo, Reguladora de la Actividad Urbanística, Pública y Privada en Aragón (§6), en su disp. final 1ª declara expresamente derecho supletorio este artículo.

Artículo 24.

1. La resolución del expediente se notificará a todos los que hubieran sido parte en el mismo y a todos los moradores del inmueble, aunque no se hubieren personado.

2. Cuando se hubiese acordado la ejecución de obras, se fijará el término dentro del cual deban iniciarse, con la advertencia de que, de no hacerlo, y de no llevarse a cabo las obras a ritmo normal, la Administración las ejecutará pasando al obligado el cargo correspondiente.

3. Si se acordase la demolición del inmueble, se fijará asimismo el plazo en que haya de iniciarse. Si, además, hubiese peligro o riesgo inminente en la demora, la notificación dirigida a los ocupantes expresará el plazo para el

desalojo del inmueble, con apercibimiento de desahucio por vía administrativa.

⇒ V. arts. 245 y 247 del TRLS/1992 (§2).
V. arts. 181 y 183 y concordantes del TRLS/1976 (§3).
V. art. 10 del presente Reglamento.
La Ley 5/1999, de 25 marzo, Reguladora de la Actividad Urbanística, Pública y Privada en Aragón (§6), en su disp. final 1ª declara expresamente derecho supletorio este artículo.

Artículo 25.

La declaración de ruina comportará la inscripción de oficio de la finca afectada en el Registro de Edificación Forzosa, cuando exista.

⇒ V. arts. 8 y ss. del D. 635/1964, de 5 marzo, por el que se aprueba el Reglamento de Edificación Forzosa y Registro Municipal de Solares (§3.6).
La Ley 5/1999, de 25 marzo, Reguladora de la Actividad Urbanística, Pública y Privada en Aragón (§6), en su disp. final 1ª declara expresamente derecho supletorio este artículo.
V. arts. 228 y 247 del TRLS/1992 (§2).

Artículo 26.

1. Cuando como consecuencia de comprobaciones realizadas por los servicios de la Administración, de oficio o en virtud de denuncia de particulares, o como consecuencia del escrito de iniciación del expediente de ruina, se estime que la situación de un inmueble o construcción ofrece tal deterioro que es urgente su demolición y existe peligro para las personas o bienes en la demora que supone la tramitación del expediente, el Ayuntamiento o el Alcalde acordarán el desalojo de los ocupantes y adoptarán las medidas referidas a la seguridad de la construcción.

2. A tal efecto, recibida la instancia solicitando declaración de ruina o la denuncia de cualquier persona, se dispondrá con carácter de urgencia una visita de inspección, emitiéndose informe por los técnicos municipales. Los técnicos municipales emitirán informe sobre las condiciones de seguridad y habitabilidad del inmueble, proponiendo, en su caso, la adopción de medidas excepcionales de protección, tales como apeos o apuntalamientos, que hayan de aplicarse con carácter inmediato.

3. El Ayuntamiento o el Alcalde adoptarán la resolución que proceda en plazo de 24 horas desde la recepción de los informes.

⇒ La Ley 5/1999, de 25 marzo, Reguladora de la Actividad Urbanística, Pública y Privada en Aragón (§6), en su disp. final 1ª declara expresamente derecho supletorio este artículo.
V. art. 247 del TRLS/1992 (§2).
V. arts. 183 y concordantes del TRLS/1976 (§3).

Artículo 27.

1. Si el dictamen técnico expresara la posibilidad de continuar ocupándose el inmueble, previa la adopción, si procediere, de medidas de apeo o apuntalamiento, se proseguirá el expediente por los trámites normales.

2. No obstante, se girarán las visitas de inspección que sean necesarias

y, al menos, las que se hayan indicado en el informe técnico, por si variaran las circunstancias apreciadas al emitirlo, o aparecieran otras nuevas que aconsejaran una decisión distinta.

3. Finalizado el expediente, se mantendrá la vigilancia en los mismos términos que durante su tramitación, hasta el total desalojo del inmueble.

⇒ La Ley 5/1999, de 25 marzo, Reguladora de la Actividad Urbanística, Pública y Privada en Aragón (§6), en su disp. final 1ª declara expresamente derecho supletorio este artículo.
V. arts. 183 y concordantes del TRLS/1976 (§3).

Artículo 28.

1. La declaración administrativa de ruina o la adopción de medidas de urgencia por la Administración no eximirá a los propietarios de las responsabilidades de todo orden que pudieran serles exigidas por negligencia en los deberes de conservación que les correspondan.

2. Para el reintegro de los gastos hechos por la Administración en la acción sustitutiva de la inactividad de los particulares, en supuestos de órdenes de conservación o de adopción de medidas de seguridad, se seguirá, en su caso, el procedimiento de apremio.

⇒ V. art. 10 del presente Reglamento.
La Ley 5/1999, de 25 marzo, Reguladora de la Actividad Urbanística, Pública y Privada en Aragón (§6), en su disp. final 1ª declara expresamente derecho supletorio este artículo.
V. arts. 245 y 247 del TRLS/1992 (§2).
V. arts. 181 y 183 y concordantes del TRLS/1976 (§3).

TÍTULO II

PROTECCIÓN DE LA LEGALIDAD URBANÍSTICA

CAPÍTULO I

De las obras que se realicen sin licencia u orden de ejecución o sin ajustarse a las condiciones de una u otra

Artículo 29.

1. Cuando los actos de edificación o uso del suelo relacionados en el artículo 1 se efectuasen sin licencia u orden de ejecución, o sin ajustarse a las condiciones señaladas en las mismas, el Alcalde o el Gobernador civil, de oficio o a instancia del Delegado provincial del Ministerio de Obras Públicas y Urbanismo o de la autoridad que en virtud de disposiciones especiales tenga atribuidas sus competencias, dispondrá la suspensión inmediata de dichos actos.

2. El acuerdo de suspensión se comunicará al Ayuntamiento en el plazo de tres días, si aquél no hubiese sido adoptado por el Alcalde.

3. En el plazo de dos meses, contados desde la notificación de la suspensión, el interesado habrá de solicitar la oportuna licencia o, en su caso, ajustar las obras a la licencia u orden de ejecución.

4. Si transcurrido el plazo de dos meses el interesado no hubiera instado la expresada licencia o, en su caso, no hubiese ajustado las obras a las condiciones señaladas en la misma o en la orden de ejecución, el Ayuntamiento acordará la demolición de las obras a costa del interesado y procederá a impedir definitivamente los usos a los que diera lugar. De igual manera procederá si la licencia fuere denegada por ser su otorgamiento contrario a las prescripciones del Plan o de las Ordenanzas.

5. Si el Ayuntamiento no procediera a la demolición en el plazo de un mes, contado desde la expiración del término a que se refiere el número precedente o desde que la licencia fuese denegada por los motivos expresados, el Alcalde o el Gobernador civil dispondrán directamente dicha demolición a costa asimismo, del interesado.

⇒ V. arts. 248.1 y 252 del TRLS/1992 (§2).
V. arts. 184 y concordantes del TRLS/1976 (§3).

Artículo 30.

1. Cuando la actividad ejecutada sin licencia consistiera en la demolición de una construcción, el Ayuntamiento o, en su caso, el Alcalde o el Gobernador civil ordenarán, si procediese, la reconstrucción de lo indebidamente demolido.

2. Si se trata de edificio o construcción de valor histórico-artístico o incluidos en los Catálogos a que se refiere el artículo 25 de la Ley del Suelo, se ordenará la paralización de la actividad, y la reconstrucción, en su caso, deberá someterse a las normas establecidas para conservación, restauración y mejora que les sean de aplicación.

3. En todo caso, los costos de reconstrucción seguirán el régimen de los de demolición señalados en el artículo anterior.

4. Cuando se paralice definitivamente la demolición de alguna de las edificaciones o construcciones a que se refiere el número 2 de este artículo, se adoptarán las medidas de seguridad que sean necesarias a costa del titular.

⇒ V. arts. 93 y 242 del TRLS/1992 (§2).
V. arts. 184 y concordantes del TRLS/1976 (§3).

Artículo 31.

1. Siempre que no hubiere transcurrido más de un año desde la total terminación de las obras realizadas sin licencia u orden de ejecución o sin ajustarse a las condiciones señaladas en la misma, el Alcalde o el Gobernador civil, de oficio o a instancia del Delegado provincial del Ministerio de Obras Públicas y Urbanismo, o de la autoridad que en virtud de disposiciones especiales tenga atribuidas sus competencias, requerirán al promotor de las obras o a sus causahabientes para que soliciten, en el plazo de dos meses, la oportuna licencia o ajusten las obras a las condiciones de la otorgada.

2. El requerimiento se comunicará al Alcalde, en el plazo de tres días, si no hubiera sido formulado por el mismo.

3. Si el interesado no solicita la licencia en el plazo de dos meses o si

ésta fuese denegada por ser su otorgamiento contrario a las prescripciones del Plan o de las Ordenanzas o si no ajustara dentro de dicho plazo las obras a las condiciones de la licencia u orden de ejecución, el Ayuntamiento acordará la demolición de las obras, a costa del interesado, y procederá a impedir definitivamente los usos a los que diera lugar.

4. Si el interesado no procediera a la demolición en el plazo de un mes, contado desde la expiración del término al que se refiere el apartado anterior o desde que la licencia fuese denegada por los motivos expresados, el Alcalde o el Gobernador civil dispondrán directamente dicha demolición, a costa asimismo del interesado.

⇒ V. art. 249 del TRLS/1992 (§2).
V. arts. 185 y concordantes del TRLS/1976 (§3).

Artículo 32.

1. A los efectos del presente Reglamento, se considera que unas obras amparadas por licencia están totalmente terminadas:

a) Cuando sean de nueva planta, a partir de la fecha de expedición del certificado final de obras, suscrito por el facultativo o facultativos competentes, y a la falta de este documento, desde la fecha de notificación de la licencia de ocupación o de la cédula de habitabilidad.

b) En los demás casos a partir de la fecha de expedición del certificado final de obras en las condiciones del apartado anterior, a falta de éste, desde que el titular de la licencia comunique al Ayuntamiento la finalización de las obras.

2. En defecto de los citados documentos, se tomará a todos los efectos como fecha de terminación la que resulte de cualquier comprobación de esta situación por parte de la Administración municipal.

⇒ La Ley 5/1999, de 25 marzo, Reguladora de la Actividad Urbanística, Pública y Privada en Aragón (§6), en su disp. final 1ª declara expresamente derecho supletorio este artículo.
V. art. 249 del TRLS/1992 (§2).
V. arts. 185 y concordantes del TRLS/1976 (§3).

Artículo 33.

Lo establecido en el presente Capítulo se entenderá con independencia de las facultades que correspondan a las autoridades competentes, en virtud del régimen específico de autorización o concesión a que están sometidos determinados actos de edificación y uso del suelo.

⇒ La Ley 5/1999, de 25 marzo, Reguladora de la Actividad Urbanística, Pública y Privada en Aragón (§6), en su disp. final 1ª declara expresamente derecho supletorio este artículo.
V. art. 242 del TRLS/1992 (§2).
V. arts. 185 y concordantes del TRLS/1976 (§3).

CAPÍTULO II

De la suspensión de los efectos y de la revisión de licencias

Artículo 34.

1. El Alcalde dispondrá la suspensión de los efectos de una licencia u orden de ejecución y consiguientemente la paralización inmediata de las obras iniciadas a su amparo, cuando el contenido de dichos actos administrativos constituya manifiestamente una infracción urbanística grave.

2. Si el Gobernador civil, de oficio o a instancia del Delegado provincial del Ministerio de Obras Públicas y Urbanismo o de la autoridad que en virtud de disposiciones especiales tenga atribuidas sus competencias apreciare que las obras que se realizan al amparo de una licencia u orden de ejecución constituyen ese mismo tipo de infracción urbanística, lo pondrá en conocimiento de la Corporación Municipal, a fin de que su Presidente proceda según lo prevenido en el número anterior.

3. Si el Presidente de la Corporación Municipal no adoptase las medidas acordadas en el apartado 1 de este artículo en el plazo de diez días, a partir de la comunicación del Gobernador civil, éste, de oficio, acordará la suspensión de los efectos de la licencia u orden de ejecución y la inmediata paralización de las obras.

4. En todo caso, la autoridad que acuerde la suspensión de los efectos de la licencia procederá, en el plazo de tres días, a dar traslado directo de dicho acuerdo a la Sala de lo Contencioso-Administrativo competente, a los efectos prevenidos en los números 2 y siguientes del artículo 118 de la Ley de la Jurisdicción Contencioso-Administrativa.

5. Las facultades a que se refieren los números 1, 2 y 3 de este artículo podrán ejercitarse mientras las obras estén realizándose, cualquiera que sea la fecha de otorgamiento de la licencia o de la orden de ejecución.

✐ Ap. 3 derogado por el RD 304/1993, de 26 febrero, por el que se aprueba la tabla de vigencias de los Reglamentos de planeamiento, gestión, disciplina urbanística, edificación forzosa y registro municipal de solares y reparcelaciones, en ejecución de la disp. final única del TRLS/1992 (§2).

⇒ La Ley 5/1999, de 25 marzo, Reguladora de la Actividad Urbanística, Pública y Privada en Aragón (§6), en su disp. final 1ª declara expresamente derecho supletorio este artículo, en sus aps. 1, 4 y 5.
V. art. 253 del TRLS/1992 (§2).
V. arts. 186 y concordantes del TRLS/1976 (§3).
V. art. 127 de la LJCA.

Artículo 35.

1. Si el Tribunal de la Jurisdicción Contencioso-Administrativa, al dictar sentencia, anulase la licencia, la autoridad que suspendió sus efectos ordenará la incoación de expediente sancionador, al objeto de imponer, si procediera, las multas correspondientes a los responsables y adoptar las demás medidas previstas en este Reglamento.

2. Hasta tanto el Tribunal no dicte sentencia, continuará, en su caso, la

paralización de las obras, que serán demolidas cuando la autoridad competente lo acuerde, si la sentencia anulase la licencia.

3. Tratándose de licencia u orden de ejecución que autorizase una demolición indebida, anulado el acto administrativo en vía jurisdiccional, la autoridad que suspendió sus efectos ordenará se proceda a la reconstrucción de lo demolido.

⇒ V. art. 71 del RD 1093/1997, de 4 julio (§2.1).
La Ley 5/1999, de 25 marzo, Reguladora de la Actividad Urbanística, Pública y Privada en Aragón (§6), en su disp. final 1ª declara expresamente derecho supletorio este artículo.
V. art. 253 del TRLS/1992 (§2).
V. arts. 186 y concordantes del TRLS/1976 (§3).
V. art. 127 de la LJCA.

Artículo 36.

1. Las Corporaciones Municipales, de oficio o a requerimiento del Gobernador civil, deberán revisar, a través de alguno de los procedimientos previstos en el artículo 110 de la Ley de Procedimiento Administrativo, las licencias u órdenes de ejecución otorgadas por aquéllas, cuando su contenido constituya manifiestamente alguna de las infracciones urbanísticas graves, siempre que no hayan transcurrido cuatro años desde que fueron adoptados los acuerdos de concesión. El Gobernador civil podrá actuar en estos supuestos bien por su propia iniciativa, bien a solicitud del Delegado provincial del Ministerio de Obras Públicas y Urbanismo o de la autoridad que en virtud de disposiciones especiales tenga atribuidas sus competencias.

2. *Anulada la licencia u orden de ejecución, la Corporación acordará la demolición de las obras realizadas en contra de la normativa urbanística aplicable, sin perjuicio de las responsabilidades que sean exigibles conforme a lo dispuesto en la Ley del Suelo y preceptos concordantes de este Reglamento.*

3. *Si la Corporación Municipal no procediese a la adopción de los acuerdos anteriores en el plazo de un mes desde la comunicación del Gobernador civil, ésta dará cuenta a la Comisión Provincial de Urbanismo correspondiente que, a partir de ese momento, se entenderá subrogada de oficio en la competencia municipal para cuanto se refiera al procedimiento de revisión de la licencia u orden de ejecución de que se trate.*

✐ Aps. 2 y 3 derogados por el RD 304/1993, de 26 febrero, por el que se aprueba la tabla de vigencias de los Reglamentos de planeamiento, gestión, disciplina urbanística, edificación forzosa y registro municipal de solares y reparcelaciones, en ejecución de la disp. final única del TRLS/1992 (§2).

⇒ V. art. 254 del TRLS/1992 (§2).
V. arts. 187 y concordantes del TRLS/1976 (§3).

Artículo 37.

Subrogada la Comisión Provincial de Urbanismo, en los términos previstos en el artículo anterior, adoptará las siguientes medidas:

a) Iniciará el procedimiento de revisión de oficio del acto de concesión de licencia u orden de ejecución en los términos previstos en el apartado 2 del artículo 110 de la Ley de Procedimiento Administrativo.

b) Podrá suspender los efectos de la licencia u orden de ejecución si la Corporación no hubiese adoptado tales acuerdos.

c) Cuando proceda, deberá acordar la demolición de las obras.

d) Concluso el procedimiento de revisión, podrá, en su caso, dictar providencia de incoación de expediente sancionador para exigir las responsabilidades e imponer las multas en los términos previstos en la Ley del Suelo y en este Reglamento.

✐ Artículo derogado por el RD 304/1993, de 26 febrero, por el que se aprueba la tabla de vigencias de los Reglamentos de planeamiento, gestión, disciplina urbanística, edificación forzosa y registro municipal de solares y reparcelaciones, en ejecución de la disp. final única del TRLS/1992 (§2).

Artículo 38.

La procedencia de indemnización por causa de anulación de licencias en vía administrativa o contencioso-administrativa se determinará conforme a las normas que regula con carácter general la responsabilidad de la Administración.

⇒ V. arts. 139 y ss. de la LRJ-PAC.

La Ley 5/1999, de 25 marzo, Reguladora de la Actividad Urbanística, Pública y Privada en Aragón (§6), en su disp. final 1ª declara expresamente derecho supletorio este artículo.

V. arts. 240 y 241 del TRLS/1992 (§2).

V. arts. 232 y concordantes del TRLS/1976 (§3).

Artículo 39.

En ningún caso habrá lugar a indemnización si existe dolo, culpa o negligencia graves imputables al perjudicado.

⇒ V. arts. 139 y ss. de la LRJ-PAC.

La Ley 5/1999, de 25 marzo, Reguladora de la Actividad Urbanística, Pública y Privada en Aragón (§6), en su disp. final 1ª declara expresamente derecho supletorio este artículo.

V. arts. 240 y 241 del TRLS/1992 (§2).

V. arts. 232 y concordantes del TRLS/1976 (§3).

CAPÍTULO III

De las obras y licencias en zonas verdes o espacios libres

Artículo 40.

Los actos de edificación o uso del suelo relacionados en el artículo 1 que se realicen sin licencia u orden de ejecución sobre terrenos calificados en el planeamiento como zonas verdes o espacios libres quedarán sujetos al régimen jurídico establecido en el artículo 29 mientras estuvieren en curso de ejecución y al régimen previsto en el artículo 31 cuando se hubieren consumado, sin que tenga aplicación la limitación de plazo que establece el número 1 de dicho artículo.

⇒ V. art. 255.1 del TRLS/1992 (§2).
V. arts. 188 y concordantes del TRLS/1976 (§3).

Artículo 41.

1. Las licencias y órdenes de ejecución que se otorgaren con infracción de la zonificación o uso urbanístico de las zonas verdes o espacios libres previstos en los planes serán nulas de pleno derecho.

2. Mientras las obras estuvieren en curso de ejecución, se procederá a la suspensión de los efectos de la licencia y a la adopción de las demás medidas previstas en los artículos 34 y 35.

3. Si las obras estuvieren terminadas, se procederá de oficio a la declaración de nulidad de las licencias que las amparen por los trámites previstos en el artículo 109 de la Ley de Procedimiento Administrativo.

⇒ V. art. 255.2 del TRLS/1992 (§2).
V. art. 102 de la LRJ-PAC.
V. arts. 188.2 y concordantes del TRLS/1976 (§3).

Artículo 42.

Si las autoridades u órganos a los que se refieren los artículos 29, 31, 34 y 36 no adoptaren las medidas establecidas en dichos preceptos, cuando se produzca alguno de los supuestos previstos en los artículos anteriores de este Capítulo, el Delegado provincial del Ministerio de Obras Públicas y Urbanismo dará conocimiento de la situación creada por los mismos al titular del Departamento, el cual podrá ejercitar las facultades y adoptar las medidas correspondientes previstas en los citados preceptos.

✐ Artículo derogado por el RD 304/1993, de 26 febrero, por el que se aprueba la tabla de vigencias de los Reglamentos de planeamiento, gestión, disciplina urbanística, edificación forzosa y registro municipal de solares y reparcelaciones, en ejecución de la disp. final única del TRLS/1992 (§2).

CAPÍTULO IV

De la suspensión y revisión de los actos y acuerdos municipales en materia de urbanismo

Artículo 43.

1. Sin perjuicio del régimen establecido para las licencias y órdenes de ejecución, los acuerdos municipales que constituyeren infracción manifiesta de Normas urbanísticas vigentes podrán ser dejados en suspenso dentro del año siguiente a su notificación o publicación, cuando ésta fuere preceptiva, por los órganos y con el procedimiento y efectos que se prevén en el artículo 34, adoptándose simultáneamente las medidas pertinentes para la efectividad de las disposiciones vulneradas.

2. Las medidas a las que se refiere el número anterior serán las que establece este Reglamento en cuanto sean de aplicación, sin perjuicio de las previstas en la legislación específica por razón de la materia.

✐ Artículo derogado por el RD 304/1993, de 26 febrero, por el que se aprueba la tabla de vigencias de los Reglamentos de planeamiento, gestión, disciplina urbanística, edificación forzosa y registro municipal de solares y reparcelaciones, en ejecución de la disp. final única del TRLS/1992 (§2).

Artículo 44.

Las Entidades Locales podrán revisar de oficio sus actos y acuerdos en materia de urbanismo, con arreglo a lo dispuesto en los artículos 109 y siguientes de la Ley de Procedimiento Administrativo.

⇒ V. los arts. 102 a 106 de la LRJ-PAC.
V. arts. 186 y concordantes del TRLS/1976 (§3).

CAPÍTULO V
Otras medidas tendentes a la protección de la legalidad en materia de licencias

Artículo 45.

Es competencia de la Administración el control y la interpretación de la legalidad urbanística y la determinación y calificación de las infracciones, sin perjuicio de la que le corresponde a los Tribunales de Justicia.

⇒ La Ley 5/1999, de 25 marzo, Reguladora de la Actividad Urbanística, Pública y Privada en Aragón (§6), en su disp. final 1ª declara expresamente derecho supletorio este artículo.
V. art. 260.1 del TRLS/1992 (§2).
V. arts. 189 y 190 y concordantes del TRLS/1976 (§3).

Artículo 46.

Los Colegios profesionales que tuvieran encomendado el visado de los proyectos técnicos precisos para la obtención de licencias denegarán dicho visado a los que contuvieran alguna infracción grave y manifiesta de Normas relativas a parcelaciones, uso de suelo, altura, volumen y situación de las edificaciones y ocupación permitida de la superficie de las parcelas.

⇒ V. art. 242.7 del TRLS/1992 (§2).
La Ley 5/1999, de 25 marzo, Reguladora de la Actividad Urbanística, Pública y Privada en Aragón (§6), en su disp. final 1ª declara expresamente derecho supletorio este artículo.

Artículo 47.

1. Con anterioridad a la solicitud de la licencia ante la Administración municipal, los colegiados presentarán en el Colegio respectivo los proyectos técnicos, con declaración formulada bajo su responsabilidad sobre las circunstancias y normativas urbanísticas de aplicación, pudiendo acompañar la cédula urbanística del terreno o del edificio proyectado, o certificado expedido en forma por el Ayuntamiento, en el que se haga constar las circunstancias urbanísticas de la finca, o cualquier acuerdo o acto administrativo notifi-

cado o publicado, que autorice la edificación o uso del suelo, adoptado por la Administración urbanística.

2. En caso de obras del Estado, Organismos autónomos y Entidades Locales, basta la intervención de la Oficina de Supervisión de Proyectos o la aprobación técnica de la Entidad correspondiente.

⇒ V. art. 242.7 del TRLS/1992 (§2).
La Ley 5/1999, de 25 marzo, Reguladora de la Actividad Urbanística, Pública y Privada en Aragón (§6), en su disp. final 1ª declara expresamente derecho supletorio este artículo.

Artículo 48.

Presentado el proyecto técnico ante el Colegio profesional, se estimará que dicho Colegio entiende que no existe alguna de las infracciones urbanísticas a que se refiere el artículo anterior, si no se produce decisión expresa en plazo de veinte días desde la entrada del proyecto en el Colegio.

⇒ V. art. 242.7 del TRLS/1992 (§2).
La Ley 5/1999, de 25 marzo, Reguladora de la Actividad Urbanística, Pública y Privada en Aragón (§6), en su disp. final 1ª declara expresamente derecho supletorio este artículo.

Artículo 49.

1. La denegación del visado por razones urbanísticas no impedirá al particular interesado presentar el proyecto ante la Administración municipal o el órgano urbanístico competente para otorgar la licencia, alegando cuanto estime procedente para justificar la inexistencia de la infracción que sirvió de base para la denegación del visado y solicitando, a la vez, la licencia.

2. En el supuesto previsto en el número anterior, los Colegios profesionales vendrán obligados, a petición del interesado, a entregar los ejemplares del proyecto sometido a visado, haciendo constar las razones urbanísticas que hubieran motivado su denegación.

⇒ V. art. 242.7 del TRLS/1992 (§2).
La Ley 5/1999, de 25 marzo, Reguladora de la Actividad Urbanística, Pública y Privada en Aragón (§6), en su disp. final 1ª declara expresamente derecho supletorio este artículo.

Artículo 50.

1. La Administración municipal otorgará o denegará la licencia a la vista de cuantos datos e informes obren en el expediente administrativo, y contra su resolución no cabrá otro recurso que el jurisdiccional, previo al de reposición.

2. La resolución por la que se otorgue o deniegue la licencia de construcción se notificará, en todo caso, al Colegio profesional que hubiere intervenido en el trámite del visado del proyecto correspondiente.

⇒ Téngase en cuenta el régimen jurídico de recursos establecido por la LRJ-PAC.
Téngase en cuenta que La Ley 5/1999, de 25 marzo, Reguladora de la Actividad

Urbanística, Pública y Privada en Aragón (§6), en su disp. final 1ª declara expresamente derecho supletorio este artículo.

TÍTULO III
INFRACCIONES URBANÍSTICAS Y SU SANCIÓN

CAPÍTULO I
Disposiciones generales

Sección 1ª Infracciones urbanísticas

Artículo 51.

1. Toda actuación que contradiga las Normas o el planeamiento urbanístico en vigor podrá dar lugar a:

1) La adopción por parte de la Administración competente de las medidas precisas para que se proceda a la restauración del orden jurídico infringido y de la realidad física alterada o transformada como consecuencia de la actuación ilegal.

2) La iniciación de los procedimientos de suspensión y anulación de actos administrativos en los que presuntamente pudiera ampararse la actuación ilegal.

3) La imposición de sanciones a los responsables, previa tramitación del correspondiente procedimiento sancionador, sin perjuicio de las posibles responsabilidades de orden penal en que hubieran incurrido.

4) La obligación de resarcimiento de daños e indemnización de los perjuicios a cargo de quienes sean declarados responsables.

2. Las actuaciones previstas en el número anterior se desarrollarán por los órganos y conforme al procedimiento establecido para cada una de ellas, sin perjuicio de las reglas de conexión y compatibilidad que se contienen en los artículos siguientes.

⇒ La Ley 5/1999, de 25 marzo, Reguladora de la Actividad Urbanística, Pública y Privada en Aragón (§6), en su disp. final 1ª declara expresamente derecho supletorio este artículo.

Artículo 52.

En ningún caso podrá la Administración dejar de adoptar las medidas tendentes a reponer los bienes afectados al estado anterior a la producción de la situación ilegal. Las sanciones por las infracciones urbanísticas que se aprecien se impondrán con independencia de dichas medidas.

⇒ La Ley 5/1999, de 25 marzo, Reguladora de la Actividad Urbanística, Pública y Privada en Aragón (§6), en su disp. final 1ª declara expresamente derecho supletorio este artículo.

Artículo 53.

1. Constituye infracción urbanística toda vulneración de las prescripciones contenidas en la Ley del Suelo o en los Planes, Programas, Normas y Ordenanzas, sujeta a sanción conforme a lo determinado en el presente Reglamento, de acuerdo con la tipificación que en el mismo se establece.

2. *De acuerdo con lo dispuesto en el número anterior, se considerarán infracciones urbanísticas:*

a) La vulneración del ordenamiento urbanístico en el otorgamiento de una licencia u orden de ejecución.

b) Las actuaciones que, estando sujetas a licencia u otra autorización administrativa de carácter urbanístico, se realicen sin ella, sean o no legalizables en atención a su conformidad o disconformidad con la normativa urbanística aplicable.

c) Las actuaciones que se realicen en contra de las determinaciones de la licencia, orden de ejecución o autorización administrativa de carácter urbanístico.

3. *La sanción administrativa se impondrá con independencia de la valoración penal del hecho por los Tribunales de Justicia, así como de las medidas que los mismos adopten en orden a la reparación de los daños y perjuicios ocasionados por la comisión del acto ilegal.*

✐ Artículo derogado por el RD 304/1993, de 26 febrero, por el que se aprueba la tabla de vigencias de los Reglamentos de planeamiento, gestión, disciplina urbanística, edificación forzosa y registro municipal de solares y reparcelaciones, en ejecución de la disp. final única del TRLS/1992.

Artículo 54.

1. Las infracciones urbanísticas se clasifican en graves y leves.

2. *Son infracciones graves las acciones u omisiones que, quebrantando el ordenamiento urbanístico, afectan a los bienes e intereses protegidos por el mismo, causándoles un daño directo y de importancia o creando un riesgo cierto e igualmente importante.*

3. Tendrán el carácter de graves las infracciones que constituyan incumplimiento de las Normas sobre parcelaciones, uso del suelo, altura, volumen y situación de las edificaciones y ocupación permitida de la superficie de las parcelas, salvo que en el expediente sancionador se demuestre la escasa entidad del daño producido a los intereses generales, o del riesgo creado en relación con los mismos.

✐ Ap. 2 derogado por el RD 304/1993, de 26 febrero, por el que se aprueba la tabla de vigencias de los Reglamentos de planeamiento, gestión, disciplina urbanística, edificación forzosa y registro municipal de solares y reparcelaciones, en ejecución de la disp. final única del TRLS/1992 (§2).

⇒ V. arts. 226 y concordantes del TRLS/1976 (§3).

Artículo 55.

1. Son circunstancias que agravan la responsabilidad de los culpables de una infracción urbanística:

1) El haberse prevalido, para cometerla, de la titularidad de un oficio o cargo público, salvo que el hecho constitutivo de la infracción haya sido

realizado, precisamente, en el ejercicio del deber funcional propio del cargo u oficio.

2) La utilización de violencia o cualquier otro tipo de coacción sobre la autoridad o funcionario público encargado del cumplimiento de la legalidad urbanística, o mediante soborno.

3) El haberla cometido alterando los supuestos de hecho que presuntamente legitimaren la actuación, o mediante falsificación de los documentos en que se acreditare el fundamento legal de la actuación.

4) El realizarla aprovechándose o explotando en su beneficio una grave necesidad pública o del particular o particulares que resultaren perjudicados.

5) La reiteración y la reincidencia.

2. Son circunstancias cuya concurrencia atenúa la responsabilidad de los culpables de una infracción urbanística:

1) El no haber tenido intención de causar un daño tan grave a los intereses públicos o privados afectados por el hecho ilegal.

2) El haber procedido el culpable a reparar o disminuir el daño causado, antes de la iniciación de las actuaciones sancionadoras.

3. Son circunstancias que, según cada caso, pueden atenuar o agravar la responsabilidad:

1) El mayor o menor conocimiento técnico de los pormenores de la actuación, de acuerdo con la profesión o actividad habitual del culpable.

2) El mayor o menor beneficio obtenido de la infracción o, en su caso, el haberla realizado sin consideración ninguna al posible beneficio económico que de la misma se derivare.

⇒ La Ley 5/1999, de 25 marzo, Reguladora de la Actividad Urbanística, Pública y Privada en Aragón (§6), en su disp. final 1ª declara expresamente derecho supletorio este artículo.

V. arts. 270 y 271 del TRLS/1992 (§2).

V. arts. 228 y concordantes del TRLS/1976 (§3).

Artículo 56.

Cuando con ocasión de los expedientes administrativos que se instruyan por infracción urbanística se presuma que de los documentos aportados o de la propia infracción se desprenden indicios del carácter de delito o falta del hecho, el órgano competente para imponer la sanción, por sí o a propuesta del instructor del expediente, lo pondrá en conocimiento de los Tribunales de Justicia, a los efectos de exigencia de las responsabilidades de orden penal en que hayan podido incurrir los infractores.

✐ Artículo derogado por el RD 304/1993, de 26 febrero, por el que se aprueba la tabla de vigencias de los Reglamentos de planeamiento, gestión, disciplina urbanística, edificación forzosa y registro municipal de solares y reparcelaciones, en ejecución de la disp. final única del TRLS/1992 (§2).

Sección 2ª Personas responsables

Artículo 57.

1. En las obras que se ejecutasen sin licencia o con inobservancia de sus cláusulas serán sancionados por infracciones urbanísticas del promotor, el empresario de las obras y el técnico director de las mismas.

2. En las obras amparadas en una licencia cuyo contenido sea manifiestamente constitutivo de una infracción urbanística grave serán igualmente sancionados: el facultativo que hubiere informado favorablemente el proyecto y los miembros de la Corporación que hubiesen votado a favor del otorgamiento de la licencia sin el informe técnico previo, o cuando éste fuera desfavorable en razón de aquella infracción, o se hubiese hecho la advertencia de ilegalidad prevista en la legislación de Régimen Local.

⇒ V. arts. 228 y concordantes del TRLS/1976 (§3).

Artículo 58.

Las personas jurídicas serán sancionadas por las infracciones cometidas por sus órganos o agentes y asumirán el coste de las medidas de reparación del orden urbanístico vulnerado, sin perjuicio de las indemnizaciones por daños y perjuicios a terceros a que haya lugar.

⇒ La Ley 5/1999, de 25 marzo, Reguladora de la Actividad Urbanística, Pública y Privada en Aragón (§6), en su disp. final 1ª declara expresamente derecho supletorio este artículo.

Sección 3ª Reglas para la aplicación de las sanciones

Artículo 59.

Las multas que se impongan a los distintos sujetos por una misma infracción tendrán entre sí carácter independiente.

⇒ La Ley 5/1999, de 25 marzo, Reguladora de la Actividad Urbanística, Pública y Privada en Aragón (§6), en su disp. final 1ª declara expresamente derecho supletorio este artículo.

V. art. 267 del TRLS/1992 (§2).

V. arts. 228 y concordantes del TRLS/1976 (§3).

Artículo 60.

1. En el caso de que, en aplicación de los preceptos del presente Reglamento, se instruyera expediente sancionador por dos o más infracciones tipificadas entre las que exista conexión de causa a efecto, se impondrá una sola sanción y será la correspondiente a las actuaciones que supongan el resultado final perseguido, en su cuantía máxima.

2. En los demás casos, a los responsables de dos o más infracciones urbanísticas se les impondrán las multas correspondientes a cada una de las diversas infracciones cometidas.

⇒ La Ley 5/1999, de 25 marzo, Reguladora de la Actividad Urbanística, Pública y Privada en Aragón (§6), en su disp. final 1ª declara expresamente derecho supletorio este artículo.

V. arts. 228 y concordantes del TRLS/1976 (§3).

Artículo 61.

Finalizado el plazo determinado por la Administración para que el interesado lleve a cabo las actuaciones de reposición de las cosas al estado anterior a la comisión de la infracción, si dichas actuaciones no se hubieren llevado a cabo, la Administración actuante optará, en el plazo máximo de un mes, entre la ejecución subsidiaria o el otorgamiento de un nuevo plazo para la realización de las actuaciones precisas por el inculpado. El incumplimiento de este nuevo plazo se sancionará con la multa que corresponda a la infracción originaria, impuesta en su grado máximo, y a la apertura del período de un mes para que la Administración opte por conceder nuevo plazo de ejecución por el interesado o por la ejecución subsidiaria. Las sucesivas actuaciones de incumplimiento se resolverán con arreglo a esta misma norma.

⇒ La Ley 5/1999, de 25 marzo, Reguladora de la Actividad Urbanística, Pública y Privada en Aragón (§6), en su disp. final 1ª declara expresamente derecho supletorio este artículo.

Artículo 62.

1. En ningún caso la infracción urbanística puede suponer un beneficio económico para el infractor. Cuando la suma de la sanción impuesta y del coste de las actuaciones de reposición de los bienes y situaciones a su primitivo estado arrojase una cifra inferior a dicho beneficio, se incrementará la cuantía de la multa hasta alcanzar el montante del mismo.

2. En los casos en que la restauración del orden urbanístico infringido no exigiere actuación material ninguna ni existan terceros perjudicados, la sanción que se imponga al infractor no podrá ser inferior al beneficio obtenido con la actividad ilegal.

⇒ La Ley 5/1999, de 25 marzo, Reguladora de la Actividad Urbanística, Pública y Privada en Aragón (§6), en su disp. final 1ª declara expresamente derecho supletorio este artículo.

V. art. 272 del TRLS/1992 (§2).

V. arts. 228 y concordantes del TRLS/1976 (§3).

Artículo 63.

1. Cuando en el hecho concurra alguna circunstancia agravante, la sanción se impondrá siempre en su grado máximo.

2. Si concurriese alguna circunstancia atenuante, la sanción se impondrá en su grado mínimo.

⇒ La Ley 5/1999, de 25 marzo, Reguladora de la Actividad Urbanística, Pública y Privada en Aragón (§6), en su disp. final 1ª declara expresamente derecho supletorio este artículo.

V. arts. 270 y 271 del TRLS/1992 (§2).

V. arts. 228 y concordantes del TRLS/1976 (§3).

Sección 4ª Competencia y procedimiento

Artículo 64.

Las autoridades competentes para imponer las multas y las cuantías máximas de éstas serán las siguientes:

a) Los Alcaldes: En los Municipios que no excedan de diez mil habitantes, cien mil pesetas; en los que no excedan de cincuenta mil habitantes, quinientas mil pesetas; en los que no excedan de cien mil habitantes, un millón de pesetas; en los que no excedan de quinientos mil habitantes, cinco millones de pesetas, y en los de más de quinientos mil habitantes, diez millones de pesetas.

b) Los Gobernadores civiles, previo informe de las Comisiones Provinciales de Urbanismo, hasta veinticinco millones de pesetas.

c) El Ministro de Obras Públicas y Urbanismo, previo informe de la Comisión Central de Urbanismo, hasta cincuenta millones de pesetas.

d) El Consejo de Ministros, a propuesta del de Obras Públicas y Urbanismo y previo informe de la Comisión Central de Urbanismo, hasta cien millones de pesetas.

✐ Artículo derogado por el RD 304/1993, de 26 febrero, por el que se aprueba la tabla de vigencias de los Reglamentos de planeamiento, gestión, disciplina urbanística, edificación forzosa y registro municipal de solares y reparcelaciones, en ejecución de la disp. final única del TRLS/1992 (§2).

Artículo 65.

1. Serán competentes para acordar la iniciación del expediente sancionador, además de las autoridades enumeradas en el artículo anterior, los Ayuntamientos, las Comisiones Provinciales de Urbanismo y demás Entidades u órganos urbanísticos que tengan atribuidas facultades de inspección y fiscalización del planeamiento.

2. *En la tramitación del procedimiento sancionador, la Administración que lo instruya aplicará en todo caso su legislación específica.*

3. Cuando la propuesta de resolución incluya una multa en cantidad superior a la que sea de la competencia de los órganos correspondientes a la Administración que tramitó el expediente de sanción, dicha propuesta se elevará a la autoridad que sea competente por razón de la cuantía, según las reglas establecidas en el artículo anterior, la que acordará la sanción correspondiente.

✐ Ap. 2 derogado por el RD 304/1993, de 26 febrero por el que se aprueba la tabla de vigencias de los Reglamentos de planeamiento, gestión, disciplina urbanística, edificación forzosa y registro municipal de solares y reparcelaciones, en ejecución de la disp. final única del TRLS/1992 (§2).

CAPÍTULO II
De las diferentes infracciones y sus sanciones

Sección 1ª En materia de parcelación

Artículo 66.

1. Serán sancionados con multa del 15 al 20% del valor de los terrenos afectados quienes realicen parcelaciones sobre suelo no urbanizable.

2. La sanción establecida en el número anterior se podrá incrementar hasta el 30% del valor del suelo si la división realizada lesiona el valor específico que, en su caso, proteja el ordenamiento urbanístico.

3. En ningún caso se considerarán solares, ni se permitirá edificar en ellos, los lotes resultantes de una parcelación efectuada con infracción de los artículos 95 y 96 de la Ley del Suelo.

⇒ V. arts. 19 y 20 de la Ley 6/1998, de 13 abril (§1).
V. arts. 85, 86, 94 y 228.7 del TRLS/1976 (§3).

Artículo 67.

En la misma sanción incurrirán quienes realicen, con fines de edificación, parcelaciones sobre terrenos destinados por el planeamiento a equipamiento social o a ejecución de sistemas generales de comunicaciones o de zonas verdes o espacios libres.

Artículo 68.

1. Se aplicará una sanción del 10 al 15% del valor del suelo afectado a quienes realicen parcelaciones en suelo urbanizable no programado antes de la aprobación definitiva del correspondiente Programa de Actuación Urbanística.

2. La sanción se podrá incrementar hasta llegar al 20% del valor del suelo, cuando concurra alguna de las circunstancias señaladas en el artículo 67.

Artículo 69.

1. Con multa del 5 al 10% se sancionará a quienes realicen parcelaciones de suelo clasificado como urbanizable programado, si no existiese Plan Parcial definitivamente aprobado.

2. La misma sanción se aplicará a las parcelaciones en suelo declarado apto para urbanizar por las correspondientes Normas Subsidiarias de Planeamiento, o en suelo urbanizable no programado que tenga aprobado Programa de Actuación Urbanística, siempre que en ambos casos no exista Plan Parcial definitivamente aprobado.

3. Si en los supuestos que contempla este artículo la parcelación supusiese infracción de disposiciones contenidas en el Plan General, en las Normas Subsidiarias o en el Programa de Actuación Urbanística, la sanción será del 10 al 15%.

⇒ V. arts. 19 y 20 de la Ley 6/1998, de 13 abril (§1).
V. arts. 85, 86, 94 y 228.7 del TRLS/1976 (§3).

Artículo 70.

1. Las parcelaciones de suelo urbano que contradigan las previsiones establecidas en el Plan General o en las Normas Subsidiarias de Planeamiento, serán sancionadas con multa del 5 al 10% del valor de los terrenos afectados.

2. En ningún caso se considerarán solares ni se permitirá edificar en ellos los lotes resultantes de la parcelación.

3. Si la parcelación afecta a superficies destinadas a dominio público, a equipamiento social y comunitario, a sistemas generales o a espacios libres, la sanción podrá alcanzar el 20% del valor de los terrenos.

Artículo 71.

La sanción establecida en el artículo anterior se aplicará a las parcelaciones que se efectúen en suelo urbano clasificado a través de Proyectos de Delimitación aprobados, conforme al artículo 81 de la Ley del Suelo, cuando aquéllas infrinjan las Ordenanzas municipales.

⇒ V. art. 19 de la Ley 6/1998, de 13 abril (§1).
V. arts. 83 y 228.7 del TRLS/1976 (§3).

Artículo 72.

Serán sancionadas con multa del 5 al 10% del valor de los terrenos afectados las operaciones de parcelación o división de terrenos que den lugar a lotes inferiores a la parcela establecida como indivisible. En la misma sanción incurrirán quienes dividieren o segregaren parcelas que tengan la condición de indivisibles.

Artículo 73.

Serán sancionados con multa del 10 al 20% del valor de los terrenos afectados quienes realicen parcelaciones en terrenos que no hayan sido previamente clasificados como suelo urbano por un Plan, Norma Complementaria y Subsidiaria de Planeamiento o Proyecto de Delimitación, siempre que tales parcelaciones impliquen la creación de un nuevo núcleo de población o la ampliación de uno ya constituido en términos, en este caso, que requieran la ejecución de obras de infraestructura que no sean mero complemento de la urbanización existente.

Artículo 74.

Se sancionarán con multa del 2% del valor de los terrenos las operaciones de parcelación que, sin contradecir el planeamiento en vigor, se realicen sin la pertinente licencia.

Artículo 75.

Si la parcelación se hubiere efectuado con una licencia cuyo contenido constituya una manifiesta infracción del planeamiento, la iniciación del procedimiento de revisión del acto administrativo constituirá, a su vez, la iniciación del procedimiento sancionador por la parcelación, sin perjuicio de lo que se establece en el artículo 91.

Sección 2ª En materia de uso de suelo y edificación

Artículo 76.

1. Quienes realicen obras de edificación o urbanización en contra del uso que corresponda al suelo en el que se ejecuten, serán sancionados con multa del 10 al 20% del valor de la obra proyectada.

2. La sanción se impondrá en su grado máximo cuando la actuación se refiera a suelo destinado a viales, parques y jardines públicos, zonas deportivas de recreo y expansión, o equipamiento comunitario.

⇒ V. arts. 228 y concordantes del TRLS/1976 (§3).

Artículo 77.

1. Quienes realicen, en terrenos destinados por el planeamiento a uso público o de interés general o común, actos, actividades, obras o instalaciones que impidan o perturben gravemente dicho uso, serán sancionados:

1) Con multa del 10 al 20% del valor del suelo afectado, cuando el hecho que impida el uso o produzca la perturbación origine una situación permanente.

2) Con multa del 1 al 5% de dicho valor, cuando se realicen con carácter meramente ocasional, o las instalaciones o actividades puedan ser objeto de legalización por el órgano administrativo competente.

2. Cuando la infracción se realice sobre bienes no susceptibles de valoración, por estar excluidos de modo permanente y total de tráfico jurídico, la multa podrá oscilar entre 5.000 y 500.000 ptas., graduándose en función de la mayor o menor trascendencia que la perturbación ocasione al uso público.

⇒ V. art. 78 del presente Reglamento.

Artículo 78.

En la sanción señalada en el artículo anterior de acuerdo con los mismos criterios de valoración y distinguiéndose también entre el carácter permanente, ocasional o legalizable, incurrirán quienes realicen actos de uso de suelo que, no estando comprendidos en dicho artículo, sean incompatibles o alteren la utilización prevista en el planeamiento en vigor.

Artículo 79.

Serán sancionados con multa del 5 al 10% del valor del edificio, planta, local o dependencia quienes alteren el uso a que estuvieren destinados por el Plan, Normas u Ordenanzas.

Artículo 80.

Se sancionarán con multa del 10 al 20% de su valor el exceso de edificación sobre la edificabilidad permitida por el Plan.

Artículo 81.

En la misma sanción incurrirán quienes realicen edificaciones con altura superior a tres plantas, medidas en cada punto del terreno, donde no exista Plan o normativa urbanística que lo autorice, o quienes en esos Municipios edifiquen en solares enclavados en núcleos o manzanas edificados en más de sus dos terceras partes con alturas superiores a la media de los edificios ya construidos.

Artículo 82.

1. Se sancionarán con multa del 5 al 10% del valor del exceso los actos de edificación, cuando ésta alcance altura superior a la determinada por el Plan o Norma de aplicación, si dicho exceso no implicare un aumento sobre el volumen permitido.

2. La misma sanción se aplicará a quienes edificaren sótanos o semisótanos, cualquiera que sea el uso a que se dedicaren, no permitidos por el Plan o Norma urbanística aplicable.

Artículo 83.

Se sancionará con multa del 5 al 10% del valor de lo realizado, la ejecución de obras de consolidación, aumento de volumen, modernización o incremento de su valor de expropiación en edificios calificados como fuera de ordenación, según lo dispuesto en el artículo 60 de la Ley del Suelo, salvo los casos de excepción previstos en el apartado 3º del mismo artículo. Si dichas obras llevasen consigo aumentos de volumen o incremento de altura en relación con la situación existente, se sancionarán de conformidad con lo establecido en los artículos 80 y 81 del presente Reglamento.

⇒ V. arts. 60 y concordantes del TRLS/1976 (§3).

Artículo 84.

Los que edificaren en parcelas cuya superficie sea inferior a la establecida como mínima edificable, serán sancionados con multa del 10 al 20% del valor de la obra proyectada, graduando la multa en función de la mayor o menor desproporción que exista entre la superficie de la parcela edificada y la superficie de la parcela mínima según el Plan.

Artículo 85.

Las infracciones por incumplimiento de las reglas de distancia de las edificaciones entre sí y en relación con las vías públicas, espacios libres y linderos, se sancionarán con multa del 10 al 20% del importe de la obra que se sitúe fuera de los límites a los que deba ajustarse.

Artículo 86.

1. *Quienes derribaren* o desmontaren total o parcialmente edificaciones, construcciones o instalaciones que sean objeto de una protección especial por su carácter monumental, histórico, artístico, arqueológico, cultural, típico o

tradicional serán sancionados con multa equivalente al doble del valor de lo destruido.

2. En caso de que se trate de bienes de carácter monumental, artístico, histórico o arqueológico, la determinación del valor de lo destruido se realizará por la Comisión a que se refiere el artículo 78 de la Ley de Expropiación Forzosa.

Artículo 87.

Se sancionará con multa del 5 al 10% del valor de la obra proyectada la realización de construcciones en lugares inmediatos o que formen parte de un grupo de edificios de carácter artístico-histórico, arqueológico, típico o tradicional que, infringiendo las correspondientes Normas o régimen jurídico de protección, quebranten la armonía del grupo, o cuando produzcan el mismo efecto en relación con algún edificio de gran importancia o calidad de los caracteres indicados. La graduación de la multa se realizará en atención al carácter grave o leve de la discordancia producida.

Artículo 88.

Serán sancionados con multa del 10 al 20% del valor de las obras complementarias que fuere necesario realizar para subsanar las deficiencias correspondientes, quienes infringieren las Normas sobre condiciones higiénico-sanitarias y estéticas. En la misma sanción incurrirán quienes vulneren otras determinaciones de las Ordenanzas de la edificación o del Proyecto de Urbanización, cuando causen un perjuicio o pongan en situación de riesgo la normalidad del uso de la edificación, construcción, instalación o servicio o la salud de los usuarios.

Artículo 89.

Se sancionará con multa equivalente al 1% de su valor la realización de obras sin el correspondiente Proyecto de Urbanización, cuando la aprobación de éste fuere preceptiva.

Sección 3ª Disposiciones comunes

Artículo 90.

1. Serán sancionados con multa del 1 al 5% del valor de la obra, instalación o actuación proyectada, quienes realicen alguna de las actividades a que se refiere el número 1 del artículo 178 de la Ley del Suelo sin licencia u orden de ejecución, cuando dichas actividades sean legalizables por ser conformes con la normativa urbanística aplicable. En las parcelaciones sin licencia, la multa se fijará en relación con el valor del suelo.

2. Cuando las actividades señaladas en el número anterior no fueren legalizables, se aplicarán las sanciones previstas en este Reglamento para los tipos de infracción que en cada caso corresponda.

⇒ V. arts. 184, 185, 228.7 y concordantes del TRLS/1976 (§3).

Artículo 91.

1. Cuando las actividades constitutivas de infracción según este Reglamento se realizaren al amparo de una licencia u orden de ejecución y de acuerdo con sus determinaciones, no se podrá imponer sanción en tanto no se proceda a la anulación del acto administrativo que las autorice.

2. Si la anulación de la licencia fuese consecuencia de la anulación del instrumento de planeamiento del que trae causa, no habrá lugar a imposición de sanciones a quienes actúen al amparo de dicha licencia, a menos que fuesen los promotores del Plan declarado nulo y dicha nulidad sea consecuencia de actuaciones de los mismos.

⇒ V. art. 71 del RD 1093/1997, de 4 julio (§2.1).
V. arts. 187 y 188 y concordantes del TRLS/1976 (§3).
V. art. 75 del presente Reglamento.

CAPÍTULO III
De la prescripción

Artículo 92.

1. La prescripción de las infracciones urbanísticas se producirá por el transcurso de un año desde la fecha en que se hubieran cometido o, si ésta fuere desconocida, desde la fecha en que hubiera podido incoarse el procedimiento sancionador. Se entenderá que puede incoarse el procedimiento sancionador cuando aparezcan signos externos que permitan conocer los hechos constitutivos de la infracción.

2. En las infracciones derivadas de una actividad continuada, la fecha inicial del cómputo será la de finalización de la actividad o la del último acto con el que la infracción se consuma.

✐ Ap. 1 derogado por el RD 304/1993, de 26 febrero, por el que se aprueba la tabla de vigencias de los Reglamentos de planeamiento, gestión, disciplina urbanística, edificación forzosa y registro municipal de solares y reparcelaciones, en ejecución de la disp. final única del TRLS/1992 (§2).

⇒ La Ley 5/1999, de 25 marzo, Reguladora de la Actividad Urbanística, Pública y Privada en Aragón (§6), en su disp. final 1ª declara expresamente derecho supletorio este artículo, en su ap. 2.
V. art. 263.3 del TRLS/1992 (§2).
V. arts. 230 y concordantes del TRLS/1976 (§3).

Artículo 93.

No obstante lo establecido en el artículo anterior, cuando existan actos de la Administración que autoricen actividades constitutivas de infracción urbanística, el plazo de la prescripción será el establecido en la Ley del Suelo para la revisión de aquellos actos administrativos.

⇒ V. arts. 187 y 230 y concordantes del TRLS/1976 (§3).

Artículo 94.

1. De conformidad con lo dispuesto en el artículo 188 de la Ley del Suelo, los actos de edificación o uso del suelo que se realicen sin licencia u orden de ejecución sobre terrenos calificados en el planeamiento como zonas verdes o espacios libres, no estarán sujetos a plazo de prescripción.

2. *Del mismo modo, las actividades que se realicen en virtud de licencias u órdenes de ejecución que se otorgaren con infracción de la zonificación o uso urbanístico de las zonas verdes o espacios libres previstos en los Planes, tampoco estarán sometidas a plazo de prescripción.*

✐ Artículo derogado por el RD 304/1993, de 26 febrero, por el que se aprueba la tabla de vigencias de los Reglamentos de planeamiento, gestión, disciplina urbanística, edificación forzosa y registro municipal de solares y reparcelaciones, en ejecución de la disp. final única del TRLS/1992 (§2).

DISPOSICIÓN FINAL

Sin perjuicio de la aplicación, desde su entrada en vigor de las disposiciones de la Ley del Suelo sobre intervención en la edificación y uso del suelo, que desarrollan los Títulos I y II de este Reglamento, el régimen jurídico de las infracciones y sanciones establecido en su Título III será de aplicación a los hechos que se produzcan a partir de la entrada en vigor del presente Reglamento.

§ 3.4 REAL DECRETO-LEY 3/1980, DE 14 MARZO. PROMOCIÓN DE SUELO Y AGILIZACIÓN DE LA GESTIÓN URBANÍSTICA

(BOE núm. 65, de 15 marzo [RCL 1980, 613])

✐ El presente Real Decreto-ley fue derogado por la disp. derog. única del TRLS/1992 (§2) y esta derogación a su vez declarada inconstitucional por STC 61/1997, de 20 marzo (RTC 1997, 61). Téngase, sin embargo, en cuenta la normativa territorial sobre reservas de suelo, sociedades urbanísticas, gestión y planeamiento urbanístico.

TÍTULO I
PROMOCIÓN DE SUELO

Artículo 1.

1. Con la finalidad de fomentar la construcción de viviendas de protección oficial, la Administración del Patrimonio Social Urbano y el Instituto Nacional de Urbanización podrán ceder terrenos de su propiedad, por precio inferior a su coste, incluso con carácter gratuito, con los requisitos, precios y condiciones que se determinen en el correspondiente concurso que al efecto convoquen. Igualmente, y en los términos expresados, el Instituto Nacional de la Vivienda podrá ceder terrenos para la promoción pública de viviendas de protección oficial.

2. En las mismas condiciones y para el fomento de la instalación o ampliación de industrias y servicios, el Instituto Nacional de Urbanización podrá ceder terrenos de su propiedad, incluyéndose dichas cesiones entre los posibles beneficios a otorgar en los concursos que al efecto se convoquen en Areas de Expansión Industrial. En los mismos términos, el Ministerio de Obras Públicas y Urbanismo, a través del Instituto Nacional de Urbanización, podrá convocar concursos para la adjudicación de terrenos en zonas no incluidas en las Areas de Expansión Industrial.

3. El Instituto Nacional de Urbanización someterá al Gobierno a través del Ministerio de Obras Públicas y Urbanismo, previo informe del Ministro de Hacienda, con carácter anual, un programa de preparación y enajenación de suelo.

4. La autorización de los concursos a que se refieren los apartados anteriores se someterá a la aprobación del Consejo de Ministros, a propuesta del Ministro de Obras Públicas y Urbanismo previo informe del Ministerio de Hacienda, y con informe previo del Ministro de Industria y Energía, en los concursos que se convoquen en Areas de Expansión Industrial.

Artículo 2.

1. Los Organismos a que se refiere el artículo anterior podrán transmitir, a título gratuito, a la Administración del Estado, los terrenos de su propiedad con destino a la instalación de servicios públicos.

2. Las Administraciones Públicas Urbanísticas podrán transmitirse entre sí, a título gratuito, terrenos de su propiedad para la construcción de viviendas de protección oficial, creación de suelo para su oferta pública con dicha finalidad o instalación de equipamientos comunitarios.

3. La resolución del correspondiente expediente se someterá a la aprobación del Consejo de Ministros cuando la Administración del Estado o sus Organismos autónomos actúen como cedentes o cesionarios.

Artículo 3.

A partir de la entrada en vigor del presente Real Decreto-ley la tasa por costos generales y de administración de la gestión urbanística, regulada por el Decreto trescientos quince/mil novecientos sesenta, de veinticinco de febrero, quedará fijada en el cuatro por ciento, ingresándose su importe en el Tesoro Público, a disposición de la Hacienda Pública, y se aplicará el Presupuesto de Ingresos. Los gastos de sostenimiento de los servicios del Instituto Nacional de Urbanización serán con cargo a los Presupuestos Generales de Estado.

TÍTULO II
AGILIZACIÓN DE LA GESTIÓN URBANÍSTICA

Artículo 4.

1. El plazo para resolver sobre la aprobación provisional de los Planes Parciales y Especiales no podrá exceder de un año, contado a partir de la aprobación inicial. Dicho plazo será de tres meses para la aprobación provisional de los Proyectos de Urbanización y para la definitiva de los Estudios de Detalle, y en estos dos últimos supuestos el período de información pública será de quince días.

2. Transcurridos los plazos a que se refiere el apartado anterior y un mes desde la denuncia de mora por el interesado, la Comisión Provincial de Urbanismo o el órgano urbanístico al que normalmente correspondería la competencia para la aprobación definitiva, quedará automáticamente subrogado en las competencias del Ayuntamiento en orden a la tramitación y, en su caso, aprobación del Plan, Proyecto o Estudio de que se trate.

3. Una vez aprobado provisionalmente el Plan Parcial o Especial o Proyecto de Urbanización, el plazo para resolver sobre su aprobación definitiva no podrá exceder de tres meses, contados a partir del ingreso del expediente en el Registro correspondiente. Transcurrido dicho plazo sin comunicar la correspondiente resolución, se entenderá otorgada la aprobación definitiva por silencio positivo.

4. Si el expediente se iniciase a instancias de Administraciones Urbanís-

ticas o Empresas estatales o mixtas, cuyo fin principal sea la urbanización, la creación de suelo o la construcción de viviendas de protección oficial, y se declarase de reconocida urgencia por el Consejo de Ministros, deberá resolverse sobre su aprobación inicial en el plazo de un mes, contado a partir de su presentación. El período de información pública será de quince días, y la resolución sobre la aprobación provisional se producirá en el plazo máximo de cuatro meses desde la presentación. Transcurridos dichos plazos, se estará a lo dispuesto en el apartado dos de este artículo. Una vez efectuada la aprobación provisional se someterá el expediente, en los diez días siguientes, al órgano competente para la aprobación definitiva, a fin de que decida en el plazo de un mes desde el ingreso del expediente en el Registro, transcurrido el cual sin haberse producido resolución expresa, se entenderá otorgada dicha aprobación definitiva por silencio administrativo positivo.

5. Se suprime la exigencia de publicación en el «Boletín Oficial del Estado» a que se refiere el artículo 128 del Reglamento de Planeamiento Urbanístico, salvo para los Planes Generales y Normas Subsidiarias de Planeamiento Municipal.

⇒ V. STS 31 mayo 1988 (RJ 1988, 4056).

Artículo 5.

1. En el supuesto a que se refiere el apartado cuatro del artículo anterior, el Ayuntamiento podrá encomendar a la Administración Urbanística actuante el ejercicio de sus competencias respecto de la ejecución del planeamiento, así como de todas las obras y edificaciones comprendidas en el Plan o Proyecto, incluido el otorgamiento de las correspondientes licencias y sin perjuicio de la inspección procedente y del abono de las tasas y exacciones correspondientes al respectivo Ayuntamiento.

2. Una vez realizada la ejecución de las obras y edificaciones, la Administración Urbanística dará cuenta de lo actuado al respectivo Ayuntamiento.

Artículo 6.

1. La participación de las Administraciones Urbanísticas en la constitución de Sociedades o en las ya constituidas para la promoción, gestión o ejecución de actividades de naturaleza urbana podrá no ser mayoritaria. En tal caso, la Sociedad quedará sometida al específico vínculo de control o ejecución que determine la Administración actuante.

2. En el procedimiento previo a la constitución de las Sociedades urbanísticas, no será preciso que se acrediten la inexistencia o insuficiencia de la iniciativa privada, ni tampoco el expediente de municipalización o provincialización si se tratase de la participación de Corporaciones Locales.

3. El Instituto Nacional de Urbanización podrá crear Sociedades Anónimas de Administrador único y de duración limitada, para actuaciones urbanísticas concretas con destino a viviendas de protección oficial de promoción pública. En estos casos no será precisa la selección pública de la participación

particular cuando dicha participación se dé a Entidades financieras o promotores de viviendas.

4. Para la creación por el Instituto Nacional de Urbanización de las Sociedades a que se refieren los apartados anteriores, se precisará la autorización previa del Consejo de Ministros.

DISPOSICIONES ADICIONALES

Primera.

1. Con la finalidad de atender los gastos del Instituto Nacional de Urbanización a que se refiere el artículo tercero, se concede en el Presupuesto de Gastos del Estado vigente el siguiente crédito extraordinario: Sección diecisiete, Ministerio de Obras Públicas y Urbanismo; Servicio cero ocho, Dirección General de Acción Territorial y Urbanismo; Capítulo cuarto, artículo cuarenta y cinco, Concepto cuatrocientos cincuenta y tres (nuevo), «Al Instituto Nacional de Urbanización», para financiación de sus gastos de funcionamiento, seiscientos dieciocho millones de pesetas.

La financiación de dicho crédito se realizará como sigue: a) Mediante anulación de ciento ochenta y cuatro millones de pesetas en el concepto cuatrocientos cincuenta y uno de la Sección diecisiete, Servicio cero ocho, artículo cuarenta y cinco, «Al Instituto Nacional de Urbanización, por su participación en la recaudación de la tasa veinticinco punto cero dos». b) Mediante anticipo del Banco de España por el resto.

2. Como consecuencia de lo anterior, en el Presupuesto de explotación y capital del Organismo autónomo Instituto Nacional de Urbanización, se introducirán las siguientes modificaciones presupuestarias:

a) Estado de Recursos. Capítulo cuarto, artículo cuarenta y uno, Concepto cuatrocientos doce (nuevo), «Subvención del Estado para la financiación de los gastos de funcionamiento de este Organismo», seiscientos dieciocho millones de pesetas; minorando el concepto cuatrocientos once, «Subvención del Estado procedente de la tasa veinticinco punto cero dos», en la cantidad de ciento ochenta y cuatro millones de pesetas.

b) Estado de Dotaciones. Al Capítulo sexto, artículo sesenta y dos. Concepto seiscientos veintiuno punto uno, «Inversiones a realizar en cumplimiento de los fines establecidos en la Ley sobre Régimen del Suelo y Ordenación Urbana y Disposiciones complementarias», un suplemento de crédito por importe de cuatrocientos treinta y cuatro millones de pesetas.

Segunda.

Se amplía hasta tres mil millones de pesetas la autorización contenida a favor del Instituto Nacional de Urbanización en el Anexo dos de la Ley de Presupuestos Generales del Estado para 1980.

DISPOSICIÓN TRANSITORIA

En los supuestos en que con anterioridad a la publicación del presente Real Decreto-ley hubiere recaído aprobación inicial, los plazos a que se refiere el artículo cuarto se computarán desde el día de la referida publicación.

DISPOSICIONES FINALES

Primera.

El Gobierno, a propuesta de los Ministerios competentes y éstos, en el ejercicio de las que les sean propias, dictarán cuantas medidas se consideren necesarias para el desarrollo y aplicación del presente Real Decreto-ley.

Segunda.

El presente Real Decreto-ley entrará en vigor el mismo día de su publicación en el «Boletín Oficial del Estado».

§ 3.5 REAL DECRETO-LEY 16/1981, DE 16 OCTUBRE. ADAPTACIÓN DE LOS PLANES GENERALES DE ORDENACIÓN

(BOE núm. 253, de 22 octubre [RCL 1981, 2519])

✐ El presente Real Decreto-ley fue derogado por la disp. derog. única del TRLS/1992 (§2) y esta derogación a su vez declarada inconstitucional por STS 61/1997, de 20 marzo (RTC 1997, 61). Téngase en cuenta, no obstante, la normativa territorial sobre clasificación del suelo, planeamiento urbanístico y prescripción.

La disposición transitoria primera de la Ley sobre Régimen del Suelo y Ordenación Urbana, Texto Refundido aprobado por el Real Decreto 1346/1976, de 9 de abril, impuso a las Entidades Locales la obligación de remitir a los órganos competentes, para su aprobación, los Planes generales adaptados a la nueva Ley, en el plazo de cuatro años desde la entrada en vigor de la Ley de Reforma, de 2 de mayo de 1975.

Transcurridos los cuatro años y las dos prórrogas de un año, concedidas por los Reales Decretos 544/1979, de 20 de febrero, y 990/1980, de 3 de mayo, sin que se haya dado total cumplimiento a la citada disposición transitoria, pese al esfuerzo realizado por las Corporaciones Locales y a las subvenciones otorgadas a éstas por el Ministerio de Obras Públicas y Urbanismo, resulta necesario complementar el régimen transitorio del planeamiento hasta el momento en que, en cada caso, se aprueben los nuevos Planes de ordenación.

Es evidente que la fijación con carácter general de un nuevo plazo para efectuar la adaptación carecería de rigor, habida cuenta de que la situación y las necesidades de los Municipios es extremadamente variada, por lo que deben ser las propias Corporaciones, y en general la Administración urbanística, las que decidan con toda responsabilidad las condiciones y el proceso de la adaptación.

Este estado provisional del planeamiento no debe cuestionar, ni obstaculizar, la aplicación del régimen urbanístico del suelo, vigente desde la entrada en vigor de la Ley 19/1975, de 2 de mayo, por lo que, a fin de garantizar su aplicación, así como la seguridad jurídica que debe presidir la actuación de la Administración y de los particulares, por el presente Real Decreto-ley se fijan con carácter general los criterios que, con arreglo a los estrictos principios de la Ley del Suelo, han de tenerse en cuenta en la determinación del régimen que corresponde a cada tipo de suelo.

La fijación de estos criterios no constituye, obviamente, una adaptación «ex lege» de los Planes generales vigentes, por lo que las Entidades Locales, que retienen su competencia a todos los efectos para formular los nuevos

Planes, conservan todas las posibilidades que la Ley les otorga para adaptar y revisar los planeamientos generales de sus respectivos territorios. No obstante, ante la posible urgencia de determinados supuestos, se reconoce en favor de los órganos competentes para otorgar la aprobación definitiva de los Planes y normas, la facultad de establecer plazos concretos y subrogarse en caso de incumplimiento. También queda definitivamente reconocida la posibilidad de que la adaptación se efectúe, indistintamente, tanto a través de la redacción de un Plan general como de una norma subsidiaria de planeamiento municipal, de acuerdo con el principio esencial, sentado en el artículo 3.2 del Reglamento de Planeamiento, que exige que en cada caso se elija la figura de planeamiento adecuada.

La presente disposición aclara y complementa el RDley 3/1980, de 14 de marzo, refuerza las competencias de los Ayuntamientos y simplifica la tramitación en relación con los proyectos de urbanización y los de reparcelación o compensación. Asimismo, se unifica el proceso de suspensión de licencias y se amplía el plazo para la adopción de medidas de protección de la legalidad urbanística en el supuesto de obras realizadas sin licencia.

Las circunstancias expuestas determinan la ineludible y urgente necesidad de la promulgación del presente Real Decreto-ley, mediante el cual, fundamentalmente, se reconoce de forma inequívoca el ámbito de aplicación del régimen urbanístico del suelo de los Planes generales y normas subsidiarias aún no adaptados a la Ley del Suelo, dotando a las Entidades Locales de los instrumentos precisos para la definición de dicho régimen urbanístico, sin perjuicio de la aplicación de las restantes exigencias impuestas por la Ley en relación con la edificación y la urbanización y, en general, con la gestión urbanística. Igualmente, por medio del presente Real Decreto-ley, las Entidades Locales retienen sus competencias para la adaptación de sus respectivos instrumentos de planeamiento general, a excepción, exclusivamente, de aquellos supuestos en los que las circunstancias especiales determinen la necesidad de fijar plazos específicos y la subrogación, en caso de incumplimiento, de los órganos con competencia para otorgar la aprobación definitiva de los referidos instrumentos de planeamiento.

En su virtud, previa deliberación del Consejo de Ministros en su reunión del día 16 de octubre de 1981, y en uso de la autorización contenida en el artículo 86 de la Constitución, dispongo:

Artículo 1.

1. Finalizados los plazos establecidos en la disposición transitoria primera de la Ley del Suelo, Texto Refundido aprobado por Real Decreto 1346/1976, de 9 de abril, para la adaptación de los Planes generales, y en tanto no se aprueben definitivamente las mencionadas adaptaciones, dichos Planes generales conservan su vigencia, siéndoles de aplicación el régimen urbanístico definido en el Título II de la referida Ley, con arreglo a los criterios que, con carácter transitorio y hasta la aprobación definitiva de la adaptación del planeamiento general, se fijan en el presente Real Decreto-ley.

2. Sin perjuicio de lo dispuesto en los artículos siguientes, los Ayuntamientos deberán adaptar su planeamiento general a lo establecido en la vigente Ley del Suelo. La clasificación del suelo que se establezca al llevar a cabo la adaptación del planeamiento general no quedará vinculada por la clasificación resultante de la aplicación de los criterios señalados en el presente Real Decreto-ley, conservando, en consecuencia, los Ayuntamientos su competencia, a todos los efectos, para adaptar y revisar su planeamiento general.

3. La adaptación, que podrá modificar o revisar el planeamiento anterior, se realizará mediante la formulación de un Plan general o de una norma subsidiaria de planeamiento, cuyo contenido, clasificación del suelo, determinaciones y documentación deberán ajustarse a lo establecido al respecto en la Ley del Suelo y sus Reglamentos. Aunque la adaptación no proponga modificaciones del planeamiento general, o su revisión, incluirá, necesariamente, aquellas alteraciones que resulten impuestas por las exigencias legales del nuevo planeamiento. La elección de una u otra figura de planeamiento general se efectuará de acuerdo con lo dispuesto en el artículo 3.2 del Reglamento de Planeamiento, cualquiera que sea el instrumento de ordenación existente.

4. El órgano que tenga atribuida la competencia para la aprobación definitiva del Plan general o norma subsidiaria de planeamiento municipal, podrá señalar un plazo, no inferior a un año, para la adaptación de los instrumentos de planeamiento general, pudiendo, en caso de incumplimiento, subrogarse, sin más trámites en las competencias municipales para formular y tramitar la adaptación.

Artículo 2.

1. Los terrenos clasificados como suelo urbano o de reserva urbana en Planes generales o normas subsidiarias de planeamiento aún no adaptados se consideran suelo urbano siempre que se encuentren en alguno de estos supuestos:

a) Terrenos que estén dotados de acceso rodado, abastecimiento de agua, evacuación de aguas residuales, suministro de energía eléctrica, debiendo tener estos servicios características adecuadas para servir a la edificación que sobre ellos exista o se haya de construir.

b) Terrenos que, aun careciendo de algunos de los servicios citados en el párrafo anterior, tengan su ordenación sólida, por ocupar la edificación al menos, dos terceras partes de los espacios aptos para la misma, según la ordenación que el Plan general o la norma subsidiaria para ellos prevea.

2. Sin perjuicio de la directa aplicación de los dispuesto en el número anterior, los Ayuntamientos podrán aprobar la delimitación de la totalidad del suelo urbano de sus términos municipales, o por partes, antes de la adaptación de sus respectivos Planes generales. El correspondiente proyecto de delimitación que tendrá en cuenta los criterios señalados, se tramitará de acuerdo con lo dispuesto en el artículo 153 del Reglamento de Planeamiento con la

particularidad de que el acuerdo municipal de aprobación tendrá, en este caso, el carácter de aprobación definitiva, sin que, por tanto, resulte preciso el informe de la Diputación Provincial ni la elevación del expediente a la Comisión Provincial de Urbanismo. No obstante, el acuerdo aprobatorio se comunicará a dicha Comisión en el plazo de quince días, acompañándose un ejemplar del proyecto.

3. Si las características de la urbanización y de la edificación ofrecieran dificultades que impidieran la directa aplicación de lo dispuesto en el número 1 de este artículo y no se hubiera aprobado la delimitación del suelo urbano, conforme a lo dispuesto en el número 2, las Comisiones Provinciales de Urbanismo podrán, de oficio o a instancia de parte, fijar un plazo no inferior a seis meses, para que los Ayuntamientos procedan a la formulación y aprobación inicial del correspondiente proyecto de delimitación. En el caso de que los Ayuntamientos no cumplieran dicho plazo, las Comisiones Provinciales de Urbanismo quedarán subrogadas en las competencias municipales para la tramitación y aprobación del proyecto formulado por la Corporación local o, en su defecto, para su formulación, tramitación y aprobación.

4. El régimen urbanístico de este tipo de suelo, aun en los supuestos en que fuera preciso el desarrollo de las determinaciones del Plan general o normas subsidiarias no adaptados mediante alguna figura de planeamiento subordinado, será el establecido en el artículo 83 de la Ley del Suelo.

Artículo 3.

Se considera como suelo urbanizable los terrenos que, no reuniendo las características señaladas en el artículo anterior, ni estando incluidos en la correspondiente delimitación del suelo urbano, se encuentren clasificados como urbanos o de reserva urbana en los Planes generales o, en su caso, en las normas subsidiarias de planeamiento municipal, aún no adaptados.

El suelo urbanizable estará sometido al régimen establecido en el artículo 84 de la Ley del Suelo.

Los Planes parciales que se formulen en este tipo de suelo no podrán sobrepasar el límite de densidad previsto en el artículo 75 de la Ley del Suelo, cualesquiera que sean las determinaciones que sobre estos extremos establezcan el Plan general o normas subsidiarias de planeamiento que desarrollen, y su contenido se ajustará a lo dispuesto en el artículo 13 de citada Ley y disposiciones reglamentarias concordantes.

✐ La disp. adic. 3ª de la Ley 20/1997, de 15 julio, de Madrid (§38), declaró expresamente no aplicable el presente art. 3.

Artículo 4.

Se considera como suelo no urbanizable el suelo clasificado como rústico por los Planes generales y normas subsidiarias de planeamiento municipal, aún no adaptados. Su régimen urbanístico será el establecido en el artículo 86 de la Ley del Suelo.

Artículo 5.

1. Los Ayuntamientos de capitales de provincia y ciudades de más de 50.000 habitantes serán competentes para la aprobación definitiva de Planes parciales y de Planes especiales que desarrollen y se ajusten a las determinaciones del Plan general.

A este efecto, una vez otorgada la aprobación provisional, el Plan se someterá a informe no vinculante de la Comisión Provincial de Urbanismo correspondiente, informe que se entenderá favorable si no se emite en el plazo de un mes desde la recepción del expediente completo por el citado organismo.

Esta competencia municipal de aprobación definitiva se entiende sin perjuicio de la subrogación de la Comisión Provincial de Urbanismo, en los términos que establece el artículo siguiente.

2. Los Ayuntamientos serán competentes, en todo caso, para aprobar los instrumentos de reparcelación y compensación, aunque existan bienes municipales.

3. La aprobación definitiva de los proyectos de urbanización corresponderá a la Administración Urbanística actuante que hubiese otorgado la aprobación inicial.

4. Las bases de los concursos para la redacción de Programas de actuación urbanística serán aprobadas definitivamente por los Organismos o Corporaciones competentes para su redacción y tramitación.

Artículo 6.

En la tramitación de Planes parciales y especiales que desarrollen el planeamiento general, estudios de detalle, proyectos de urbanización y de delimitación de polígonos o unidades de actuación, se aplicarán las siguientes reglas:

1. El plazo para acordar sobre la aprobación inicial, en los casos de iniciativa particular, será de tres meses desde la presentación de la documentación completa en la Administración actuante.

El plazo para acordar sobre la aprobación provisional de Planes parciales y especiales, sean de iniciativa pública o privada, no podrá exceder de un año desde su aprobación inicial.

Transcurridos estos plazos sin que recaiga el acuerdo pertinente, se aplicarán las reglas establecidas en el número 4 de este artículo.

2. La aprobación definitiva de Planes parciales y especiales se producirá por el transcurso de tres meses desde la entrada del expediente completo en el registro del Organo competente para otorgarla, sin que se hubiera comunicado la resolución.

Si se trata de Planes parciales y especiales cuya aprobación definitiva corresponda al Ayuntamiento, el plazo de tres meses se contará desde el acuerdo de aprobación provisional.

3. El plazo de aprobación definitiva de proyectos de urbanización y de delimitación de polígonos o unidades de actuación y estudios de detalle será de tres meses desde su aprobación inicial. Transcurrido este plazo sin comunicar la pertinente resolución, se entenderá otorgada la aprobación definitiva por silencio administrativo, siempre que dentro de este plazo se haya concluido el trámite de información pública.

4. En el supuesto de incumplimiento de los plazos previstos en los números 1 y 3 de este artículo, la Comisión Provincial de Urbanismo actuará por subrogación cuando así se solicite por los interesados, mediante petición presentada ante la misma, aplicándose las siguientes reglas:

1ª El plazo de aprobación inicial será el mismo que el señalado para la Administración titular, contado desde la presentación de la solicitud ante la Comisión Provincial.

2ª Los Planes parciales y Planes especiales no estarán sujetos a aprobación provisional, sino que se entenderán aprobados definitivamente si no se comunicase resolución expresa en el plazo de un año contado desde la aprobación inicial, cuando ésta haya sido otorgada por subrogación por la Comisión Provincial de Urbanismo, o de seis meses desde la presentación en el registro de la solicitud correspondiente, cuando el Plan hubiese sido aprobado inicialmente por la Administración titular, siempre que, en uno y otro caso, se hubiera cumplimentado el trámite de información pública.

3ª Los proyectos de urbanización, estudios de detalle y proyectos de delimitación de polígonos o unidades de actuación se entenderán aprobados definitivamente si transcurriesen tres meses desde su aprobación inicial por subrogación por la Comisión Provincial de Urbanismo, sin que se haya comunicado resolución expresa sobre la aprobación definitiva, o desde la presentación en el registro de la solicitud de subrogación cuando el proyecto hubiese sido aprobado inicialmente por la Administración titular, supuesto, en todo caso, el cumplimiento del trámite de información pública.

5. Los Planes especiales que no desarrollen el planeamiento general seguirán sometidos a las disposiciones establecidas en la Ley del Suelo y en el Reglamento de Planeamiento.

Artículo 7.

Si el expediente de Plan parcial o especial que desarrolle el planeamiento general se iniciase a instancia de Administraciones urbanísticas o Empresas estatales o mixtas cuyo fin principal sea la urbanización, la creación de suelo o la construcción de viviendas de protección oficial, y se declarase de reconocida urgencia por el Consejo de Ministros, deberá resolverse sobre su aprobación inicial en el plazo de un mes contado a partir de su presentación. El período de información pública será de quince días y la resolución sobre la aprobación provisional se producirá en el plazo máximo de cuatro meses desde la presentación. Transcurrido cualquiera de estos plazos, operará la subrogación prevista en el artículo anterior, contándose los plazos ante la Comisión Provincial de Urbanismo desde la solicitud de subrogación y entendiéndose sustituida la aprobación provisional por la definitiva, con reducción del plazo de cuatro meses a dos meses, si la Administración titular hubiese otorgado la aprobación inicial.

Si la competencia para la aprobación definitiva corresponde a la Comisión Provincial de Urbanismo y no ha operado la subrogación, la aprobación definitiva y, en consecuencia, el silencio positivo, se producirán en el plazo de dos meses desde la recepción del expediente completo.

En el supuesto en que la competencia para la aprobación definitiva corresponda al Ayuntamiento, el plazo de informe para la Comisión Provincial de Urbanismo será de quince días y el plazo para la aprobación definitiva, expresamente o por silencio, será de dos meses a contar desde el acuerdo de aprobación provisional.

Artículo 8.

1. Los órganos competentes para la aprobación inicial y provisional de los Planes generales municipales, normas subsidiarias de planeamiento municipal, Planes parciales, especiales o estudios de detalle, podrán acordar la suspensión del otorgamiento de licencias de parcelación de terrenos, edificación y demolición en áreas determinadas, con el fin de estudiar su formación o reforma.

2. El acuerdo de aprobación inicial de los instrumentos de ordenación enumerados en el apartado anterior determinará, por sí solo, la suspensión del otorgamiento de licencias en aquellas áreas del territorio objeto del planeamiento cuyas nuevas determinaciones supongan modificación del régimen urbanístico vigente, debiéndose señalar expresamente las áreas afectadas por la suspensión.

3. La suspensión a que se refiere el apartado primero, se extinguirá en todo caso, en el plazo de un año. Si se hubiera producido dentro de ese plazo el acuerdo de aprobación inicial, la suspensión se mantendrá para las áreas cuyas nuevas determinaciones de planeamiento supongan modificación de la ordenación urbanística y sus efectos se extinguirán definitivamente transcurridos dos años desde el acuerdo de suspensión adoptado para estudiar el Plan o su reforma. Si la aprobación inicial se produce una vez transcurrido el plazo del año, la suspensión derivada de esta aprobación inicial tendrá también la duración máxima de un año.

Si con anterioridad al acuerdo de aprobación inicial no se hubiese suspendido el otorgamiento de licencias conforme a lo dispuesto en el número 1 de este artículo, la suspensión determinada por dicha aprobación inicial tendrá una duración máxima de dos años.

En cualquier caso, la suspensión se extingue con la aprobación definitiva del planeamiento.

4. Extinguidos los efectos de la suspensión en cualquiera de los supuestos previstos, no podrán acordarse nuevas suspensiones en el plazo de cinco años, por idéntica finalidad.

5. Los acuerdos de suspensión se adoptarán con las formalidades previstas en el Reglamento de Planeamiento.

Artículo 9.

El plazo fijado en el artículo 185.1 de la Ley del Suelo para la adopción de las medidas de protección de la legalidad urbanística, aplicables a las obras realizadas sin licencia u orden de ejecución, será de cuatro años desde la fecha de su total terminación, así como el de la prescripción de las infracciones urbanísticas correspondientes.

DISPOSICIONES FINALES

Primera.

Quedan derogadas cuantas disposiciones se opongan a lo establecido en este Real Decreto-ley.

Segunda.

Se autoriza al Gobierno para que, a propuesta de los Ministros competentes y éstos en ejercicio de sus propias competencias, dicten cuantas disposiciones y medidas consideren necesarias para el desarrollo y aplicación del presente Real Decreto-ley.

Tercera.

Se autoriza al Gobierno para adaptar el presente Real Decreto-ley y, en su caso, modificar, los Reglamentos de Planeamiento, Gestión Urbanística y Disciplina Urbanística.

Cuarta.

El presente Real Decreto-ley entrará en vigor en el mismo día de su publicación en el «Boletín Oficial del Estado».

Quinta.

Lo establecido en el artículo 6, apartado 1, del presente Real Decreto-ley respecto del plazo para la aprobación inicial de los Planes parciales y especiales y estudios de detalle, se aplicará en los municipios que tuvieran su planeamiento aprobado con arreglo a lo dispuesto en la Ley del Suelo, Texto Refundido de 9 de abril de 1976, a la entrada en vigor el presente Real Decreto-ley, o si no lo tuvieran, a partir de la aprobación de dicho planeamiento y, en cualquier caso, desde el 1 de enero de 1983.

Sexta.

La aplicación del presente Real Decreto-ley en los territorios de las Comunidades Autónomas no afectará a lo dispuesto en sus respectivos Estatutos.

DISPOSICIONES TRANSITORIAS

Primera.

No será de aplicación lo dispuesto en el presente Real Decreto-ley a los Planes y proyectos aprobados inicialmente, y a los de iniciativa particular presentados en el Registro del órgano competente para su tramitación, cuando la aprobación o la presentación hayan tenido lugar antes de la entrada en vigor del mismo.

Segunda.

Lo dispuesto en los artículos 8 y 9 del presente Real Decreto-ley será de aplicación, respectivamente, a los acuerdos de suspensión de licencias adoptados y a las obras terminadas con posterioridad a su entrada en vigor.

§ 3.6 DECRETO 635/1964, DE 5 MARZO. APRUEBA EL REGLAMENTO DE EDIFICACIÓN FORZOSA Y REGISTRO MUNICIPAL DE SOLARES

(BOE núm. 73, de 25 marzo; rect. BOE núm. 87, de 10 abril [RCL 1964, 690 y 797])

✐ Derogado en cuanto contenga referencias al Registro de la Propiedad, por RD 1093/1997, de 4 julio.

EXPOSICIÓN DE MOTIVOS

La Ley sobre Régimen de Suelo y Ordenación Urbana de 12 de mayo de 1956, en sus artículos 142 a 151 sobre «Fomento de la Edificación»; contiene las normas relativas a los plazos de construcción y enajenación forzosa.

En lo esencial, la citada Ley hace suyas las disposiciones de la de Solares de 15 de mayo de 1945, con alguna modificación de importancia, entre las que debe citarse la que determina que el precio de la subasta del solar sujeto a enajenación forzosa será el «valor urbanístico» del mismo.

En el artículo 4 de la Ley de 21 de julio de 1962, se dispone que el incumplimiento de la obligación de edificar determina «inmediatamente» la iniciación del procedimiento de enajenación forzosa, especialmente tipificado por el carácter de «carga real», autorizándose al Ministerio de la Vivienda para reglamentar el citado procedimiento, así como la actuación y competencia de los órganos correspondientes.

De otra parte, el Decreto de 23 de mayo de 1947, que aprobó el Reglamento de la Ley de Solares, conforme a reiterada jurisprudencia del Tribunal Supremo, se aplica actualmente para completar los preceptos de la Ley del Suelo en cuanto no sea contradictorio con ésta, con las naturales dificultades de interpretación y aplicación de los preceptos vigentes en materia tan delicada y de la que depende, en buena parte, el normal desarrollo y renovación urbana de nuestras ciudades, situación que aconseja la publicación de un texto reglamentario de la Ley del Suelo en la materia de edificación forzosa.

Con esta necesidad, la de regularizar al máximo la aplicación de la política del Suelo, dotando a la misma de un instrumento rápido y eficaz, sin perjuicio de las más amplias garantías, que impulse la construcción de los «solares» evitando así una situación de los mismos que es perjudicial al interés público y en algunos casos con finalidades altamente especulativas. De esta situación se originan las edificaciones alejadas de los núcleos urbanos y de los centros de trabajo, aparte de exigir muy onerosas inversiones en la dotación de los servicios públicos indispensables.

Con los solares deben «reconstruirse» las edificaciones ruinosas, inhabitables, derruidas o inadecuadas. Sin ello resulta imposible la renovación de las ciudades; y un envejecimiento progresivo impide que pueda disfrutarse dentro del casco de los beneficios que para las viviendas se deriva del aumento del nivel de vida.

En servicio de estas finalidades y de la eficacia de la reglamentación más conveniente, el Ministerio de la Vivienda realizó en 1962 una encuesta para conocer los resultados de la aplicación de la llamada legislación de solares comprobándose que los preceptos de ésta apenas han sido aplicados y el Registro Municipal de Solares no ha cumplido los objetivos que aconsejaron su establecimiento. En las contestaciones de la encuesta se alude expresa o implícitamente a las dificultades del procedimiento establecido, así como a la particular de los Ayuntamientos para una intervención activa en la exigencia de la obligación de edificar y, en su defecto, de proceder a la enajenación forzosa de los solares. El conocimiento detallado de la situación ha permitido la revisión correspondiente, en el marco de la Ley del Suelo y conforme a la autorización de la de 21 de julio de 1962, arbitrándose un nuevo procedimiento y las oportunas medidas contra las habilidades dilatorias en el cumplimiento del deber de edificar al suprimir el derecho de retención verdaderamente incompatibles con dichos objetivos.

La edificación forzosa cuenta en nuestra legislación con remotos precedentes. La doctrina cita a este respecto la ley VII, Libro III, Título XIX de la Novísima Recopilación y en las clásicas Ordenanzas de Edificación de los Ayuntamientos se ha procurado dentro de lo limitado de sus medios coercitivos, obligar a la construcción de los solares. La más reciente legislación extranjera constituye un testimonio de la importancia de los problemas de la política del Suelo y de la necesidad de movilización de éste, conforme a su propio destino. Finalmente, con la reglamentación que se propone no se trata, indiscriminadamente, de «rellenar» los cascos urbanos con suficiente densificación, porque ello quizá provocaría graves repercusiones en el tráfico. Este es un problema de planeamiento y en los Planes de Ordenación ha de preverse; tampoco se esperan soluciones mágicas de resultados sorprendentes; los programas de actuación han de modular, serenamente, las etapas de la edificación. Lo que ha de evitarse es que se perpetúe, con regocijo de los especuladores, una situación gravemente dañosa.

El presente Reglamento se ha limitado a desarrollar y coordinar la Ley del Suelo y la de 21 de julio de 1962. Un minucioso examen de la jurisprudencia ha permitido matizar los problemas, para cuya solución una directiva pragmática ha inspirado todos los preceptos. La existencia de dos procedimientos para ejecutar la enajenación forzosa, uno el de la Ley del Suelo y otro el establecido en la de Valoraciones, tiene muchos precedentes en nuestra legislación procesal e hipotecaria, dará flexibilidad al sistema y ha de permitir también la resolución de las dificultades que se derivan de la diversidad de situaciones jurídico-privadas. En uno y otro sólo se ha pretendido el máximo respeto a la propiedad privada, con el cumplimiento por la misma de sus funciones sociales en razón de la naturaleza particular de los bienes y de los fines propios que deben satisfacer en servicio de los intereses de la comunidad.

La urgencia del problema se ha puesto de relieve por la Ley 197/1963, de 28 de diciembre sobre Centros y Zonas de Interés Turístico Nacional, que en su artículo 21.1 f), se refiere al procedimiento de enajenación forzosa de la Ley del Suelo y, por consiguiente, será aplicable a dichos casos el presente Reglamento.

En su virtud, a propuesta del Ministro de la Vivienda, de conformidad con el dictamen del Consejo de Estado, y previa deliberación del Consejo de Ministros en su reunión del día 7 de febrero de 1964, dispongo:

Artículo único.

Se aprueba el adjunto texto del

REGLAMENTO DE EDIFICACIÓN FORZOSA Y REGISTRO MUNICIPAL DE SOLARES

CAPÍTULO I

De la obligación de edificar

Artículo 1. De la obligación general de edificar.

1. Los propietarios de inmuebles que tengan la calificación jurídica de solares a efectos de su edificación forzosa conforme a la Ley del Suelo y disposiciones complementarias, deberán llevarla a efecto en los plazos determinados por los planes, proyectos de urbanización o expropiación, programas de actuación o acuerdos de declaración de interés inmediato.

2. Si la obligación de edificar se deduce de las normas subsidiarias para el cómputo de plazos a que se refiere el artículo 142.2 de dicha Ley, se hará constar la concurrencia de las circunstancias exigidas en el expediente que, en su caso, se instruya para sancionar el incumplimiento.

✐ Ap. 2 derogado por el RD 304/1993, de 26 febrero.

⇒ V. art. 14 de la Ley 6/1998, de 13 abril (§1).
V. Jurisprudencia en arts. 154 a 164 y concordantes del TRLS/1976 (§3).

Artículo 2. *Constancia en los documentos urbanísticos.*

1. Los Planes parciales de ordenación urbana y en su caso los de centros y zonas de interés turístico nacional contendrán las oportunas normas sobre plazos de edificación de los solares afectados por los mismos.

2. En los programas de actuación para un período de cinco años a los que se refieren los artículos 9, 38 y 107 de la Ley del Suelo, se contendrán también las oportunas determinaciones sobre dichos plazos.

✐ Artículo derogado por el RD 304/1993, de 26 febrero.

Artículo 3. *De las declaraciones de edificación forzosa de interés inmediato.*

1. En virtud de lo previsto en el artículo 112 de la Ley del Suelo, los Ayuntamientos y, en su caso, los Organos urbanísticos a quienes competa, formularán declaraciones de «interés inmediato», de edificación, conforme a las necesidades previsibles en cinco años.

2. Estas declaraciones concretarán los plazos de edificación de las fincas incluidas en los polígonos o manzanas atendiendo a razones objetivas suficientemente motivadas.

3. Los acuerdos determinarán, en forma clara y concreta, las fincas afectadas, plazos concedidos y condiciones que, en su caso, se impusieran.

✐ Artículo derogado por el RD 304/1993, de 26 febrero.

Artículo 4. *De las construcciones paralizadas, ruinosas, derruidas o inadecuadas.*

La nueva edificación de las fincas en que existieren construcciones paralizadas, ruinosas, derruidas o inadecuadas deberá emprenderse dentro del plazo de dos años, desde la notificación del acuerdo de inclusión de la finca en el Registro Municipal correspondiente.

✐ Artículo derogado por el RD 304/1993, de 26 febrero.

CAPÍTULO II
De los inmuebles sujetos a edificación forzosa

Artículo 5. *Inmuebles incluidos.*

A los efectos de lo dispuesto en el Capítulo I, Título IV, de la Ley del Suelo se entenderán:

1. Por solares no edificados los que carezcan en su totalidad de construcciones permanentes o la parte de los mismos no utilizada y susceptible de aprovechamiento con arreglo a las normas vigentes y disposiciones de los planes.

2. Por construcciones paralizadas aquellas en que las obras quedaren abandonadas o fueran suspendidas. Se estimarán paralizadas las construcciones transcurrido un mes desde la declaración oficial de abandono o suspensión de las obras sin que se reanuden, o por el transcurso de dos años desde el momento real del abandono o suspensión. No podrán alegarse a estos efectos dificultades de orden económico del constructor o propietario. Si se tratare de viviendas acogidas al régimen de las de protección oficial, no podrán estimarse paralizadas mientras no transcurra el plazo concedido en la calificación provisional para la realización de las obras.

3. Por edificaciones derruidas aquellas en que haya desaparecido como mínimo el cincuenta por ciento del volumen aprovechable de la construcción. También tendrán dicho carácter las edificaciones que en más de un cincuenta por ciento de su capacidad como vivienda sean declaradas «inhabitables» por resolución firme de los órganos competentes.

4. Por edificaciones ruinosas las determinadas en el artículo 170 de la Ley del Suelo.

5. Por edificaciones inadecuadas las que se hallen en alguna de las siguientes situaciones:

a) Aquellas cuyo volumen sea inferior al cincuenta por ciento del mínimo autorizado por las Ordenanzas de Edificación en relación con la superficie aprovechable.

b) Las que en más de un cincuenta por ciento de su volumen o de la superficie construida estén destinadas a uso urbanístico contrario al previsto por la Ordenanza de Edificación vigente en el momento de su calificación; y

c) Las que, además de estar en manifiesta desproporción con la altura legalmente autorizada y corriente en la zona, desmerezcan por su estado, condición o clase de las demás del sector. Se estimarán causas de tal desmerecimiento: El mal estado de conservación y el incumplimiento de los requisitos de volumen, uso, alineaciones y servicios higiénicos. No podrá alegarse a efectos excusatorios que dichas circunstancias concurren en otras fincas del sector.

d) Las edificaciones provisionales que se estimaran inadecuadas, salvo lo dispuesto en los artículos 47 y 48 de la Ley del Suelo y disposiciones concordantes.

✐ Artículo derogado por el RD 304/1993, de 26 febrero.

Artículo 6. *De los inmuebles exceptuados.*

1. En el artículo anterior no se considerarán incluidos:

a) Las construcciones destinadas a uso o servicio público y las declaradas de valor histórico o artístico.

b) El suelo o las construcciones que constituyan complemento, accesorio o anejo de una edificación principal y en proporción con ésta, como pabellones de portería, garajes, parques o jardines.

c) Las fincas que, aun teniendo la consideración legal de solares, no puedan edificarse por existir Planes, Ordenanzas o Resoluciones que limiten o prohíban su construcción; y

d) Los terrenos dedicados a zonas de reserva industrial o turística y los necesarios para la construcción de Iglesias, escuelas y otros centros análogos y edificaciones dependientes de la Administración Pública, en cumplimiento de los Planes de Ordenación o de los acuerdos que los califiquen como tales.

2. En cuanto a los inmuebles eclesiásticos, se observará la legislación concordada, oyendo en cada supuesto concreto a la autoridad eclesiástica competente.

✐ Artículo derogado por el RD 304/1993, de 26 febrero.

Artículo 7. *De los inmuebles excluidos.*

1. Quedan excluidas del artículo 5 de este Reglamento, las fincas que, aun siendo susceptibles de mayor aprovechamiento del suelo o vuelo, sean gravadas con servidumbre u otro derecho que limite su utilización.

2. La constitución de dichos derechos deberá ser aprobada por el Organo Urbanístico competente para modificar el régimen instituido mediante los trámites prevenidos en el artículo 46 de la Ley del Suelo, y en el expediente deberá acreditarse que la nueva situación de la finca se estima adecuada a las conveniencias del planeamiento.

3. La servidumbre o, en su caso, la limitación del dominio, deberá ser inscrita en el Registro de la Propiedad sobre el predio sirviente y a favor del Estado o del órgano urbanístico, según proceda, en virtud de lo dispuesto en el artículo 209 de la Ley del Suelo.

✐ Artículo derogado por el RD 304/1993, de 26 febrero. Además, la disp. derog. única del RD 1093/1997, de 4 julio (§2.1) establece que quedan derogadas todas las disposiciones contenidas en el Reglamento de Edificación Forzosa y Registro Municipal de Solares en cuanto contengan referencias al Registro de la Propiedad.

CAPÍTULO III
Del Registro Municipal de Solares y otros inmuebles de edificación forzosa

Artículo 8. De las obligaciones de los Ayuntamientos y subrogación en las mismas.

1. En los Ayuntamientos se llevará preceptivamente un «Registro de Solares y otros inmuebles de edificación forzosa» a cargo del Secretario, bajo la Inspección del Alcalde en alguno de los casos siguientes:

a) Que el municipio tenga aprobado el Plan General de Ordenación Urbana.

b) Que tenga más de 20.000 habitantes; y

c) En los casos no comprendidos en los apartados anteriores, cuando así se haya acordado por Decreto del Consejo de Ministros o se acuerde en el futuro a propuesta del Ministro de la Vivienda.

2. Cuando los Ayuntamientos no llevaren en forma adecuada el Registro, se subrogará en dichas funciones el órgano urbanístico competente, de conformidad con lo prevenido en los artículos 5 y 206 de la Ley del Suelo, 4 de la de 21 de julio de 1962 y en este Reglamento.

3. La subrogación se acordará por el Ministerio de la Vivienda, oído el Ministerio de la Gobernación, en los supuestos siguientes:

a) Cuando hayan transcurrido dos años sin que se hubiera establecido el Registro Municipal o sin que se llevara en debida forma, para lo cual realizará la inspección pertinente el Delegado provincial del Ministerio de la Vivienda; y

b) Cuando lo soliciten los Ayuntamientos interesados.

4. En cada supuesto de subrogación las facultades y funciones de ges-

ción corresponderán a los Delegados Provinciales del Ministerio de la Vivienda, y las atribuidas en este Reglamento a las Corporaciones municipales se ejercerán por las respectivas Comisiones provinciales de urbanismo.

✐ Aps. 2, 3 y 4 derogados por el RD 304/1993, de 26 febrero.

Artículo 9. *Del plazo de edificación que implica inclusión en el Registro.*

1. El acuerdo que obligue a la edificación forzosa de una finca en plazo no superior a cinco años, dará lugar a la inclusión de aquélla en el respectivo Registro municipal, en el que se consignarán las condiciones señaladas.

2. Si el plazo de edificación fuere mayor, la inclusión tendrá lugar cuando falten por transcurrir cinco años.

✐ Artículo derogado por el RD 304/1993, de 26 febrero.

Artículo 10. Del contenido del Registro municipal.

1. El Registro municipal expresará, respecto de cada finca, las circunstancias siguientes:

a) Situación, nombre de la finca, si lo tuviere, el de la calle y plaza, número y los que hubiere tenido con anterioridad.

b) Extensión y linderos con determinación, si fuere posible, de la medida de éstos.

c) Naturaleza de la finca, su destino y cuantos datos permitan su mejor identificación.

d) Nombre, apellidos y domicilio del propietario.

e) Cargas, gravámenes y situaciones jurídicas inscritos en el Registro de la Propiedad y circunstancias personales de sus titulares.

f) Referencia a los datos de inscripción en dicho Registro.

g) Plazo de edificación y prórrogas, en su caso, con referencia al documento que lo determinare.

h) Referencia a los datos del Registro Fiscal de Edificios y Solares, si constaren, y a los documentos cobratorios municipales.

i) Inquilinos, arrendatarios y ocupantes del inmueble; y

j) Valor urbanístico de la finca, señalado conforme a lo dispuesto en el artículo 145 y concordantes de la Ley del Suelo; y valoración de los demás elementos del inmueble, si procede.

2. Se hará constar la resolución firme que declare incumplida la obligación de edificar, así como que dicha resolución se ha inscrito en el Registro de la Propiedad, conforme al artículo 4 de la Ley de 21 de julio de 1962.

3. En su caso se consignará el cumplimiento de la obligación de edificar mediante la cancelación del asiento.

4. Asimismo se consignarán las circunstancias prevenidas en preceptos legales o reglamentarios que deban reflejarse en el Registro.

✐ La disp. derog. única del RD 1093/1997, de 4 julio (§2.1) establece que quedan derogadas todas las disposiciones contenidas en el Reglamento de Edificación Forzosa y

Registro Municipal de Solares en cuanto contengan referencias al Registro de la Propiedad.

⇒ V. Jurisprudencia en arts. 154 a 164 y concordantes del TRLS/1976 (§3).

Artículo 11. De la forma de llevar el Registro.

1. El Registro se llevará por medio de libros encasillados y foliados conforme al modelo aprobado por el Ministerio de la Vivienda.

2. El Secretario autorizará con su firma la diligencia de apertura, que visará el Alcalde, y los asientos que se extiendan en los libros.

3. Los documentos que den lugar a la práctica de asientos se archivarán en el Ayuntamiento, originales o mediante fotocopia, copia o testimonio, completo o de particulares, debidamente autorizado.

4. Las Delegaciones Provinciales del Ministerio de la Vivienda y las Comisiones provinciales de Urbanismo, en caso de subrogación, llevarán el Registro conforme se establece para los Ayuntamientos.

✐ Ap. 4 derogado por el RD 304/1993, de 26 febrero.

Artículo 12. De la publicidad del Registro.

1. El Registro será público.

2. Conforme a lo dispuesto en el artículo 43 de la Ley del Suelo, cualquier persona tendrá derecho a que se le manifiesten los libros o a obtener certificación del contenido de los mismos.

⇒ V. art. 37 de la LRJ-PAC.

Artículo 13. De la incoación del expediente de inclusión en el Registro.

El expediente de inclusión de una finca en el Registro municipal se incoará:

a) Por iniciativa del Ayuntamiento.

b) A requerimiento de Organo Urbanístico, de oficio o a instancia de otro organismo público; y

c) A instancia de cualquier persona.

⇒ V. arts. 87 a 91 del RD 1093/1997, de 4 julio (§2.1).
V. Jurisprudencia en arts. 154 a 164 y concordantes del TRLS/1976 (§3).

Artículo 14. De la solicitud y requerimiento para inclusión de fincas.

1. La solicitud de inclusión de una finca en el Registro municipal contendrá las circunstancias prevenidas en el artículo 10 de este Reglamento, en su número 1, apartados a), b), c), d), f) e i). Asimismo expresará las causas que a juicio del solicitante determinen la inclusión.

2. El requerimiento del órgano urbanístico contendrá dichas circunstancias, en cuanto fueren conocidas, y el Ayuntamiento completará las restantes, según la determinación de las mismas en el artículo 10.

✐ La disp. derog. única del RD 1093/1997, de 4 julio (§2.1) establece que quedan derogadas todas las disposiciones contenidas en el Reglamento de Edificación Forzosa y Registro Municipal de Solares en cuanto contengan referencias al Registro de la Propiedad.

Artículo 15. De la tramitación del expediente.

1. El expediente se tramitará conforme a las normas siguientes:

a) Conocerá del mismo el Ayuntamiento en cuyo término radique el inmueble.

b) La incoación se notificará al propietario de la finca, a los arrendatarios, inquilinos u ocupantes de la misma, y, además, a los titulares de derechos reales y situaciones jurídicas inscritos o anotados en el Registro de la Propiedad. Asimismo se publicará en el tablón de anuncios del Ayuntamiento y en el periódico oficial del mismo, si lo tuviere; en todo caso se comunicará a la Delegación Provincial del Ministerio de la Vivienda.

c) Las notificaciones y la comunicación deberán practicarse dentro de los ocho días a partir del siguiente a la adopción del acuerdo; el anuncio permanecerá en el tablón durante el mismo plazo y el del periódico oficial se insertará en el primer número que se publique a partir de la indicada fecha.

d) Dentro de los quince días siguientes a la notificación individual podrán alegar los interesados, ante el Ayuntamiento, lo que tuvieren por conveniente y aportar o proponer las pruebas oportunas. Cuando no hubiere sido posible practicar notificación personal, el plazo se computará a partir de la publicación del anuncio en el tablón o en el periódico oficial, en su caso; y

e) Transcurrido el plazo de reclamaciones y practicadas las pruebas que hubieren sido declaradas pertinentes, el Alcalde, previo informe de los Servicios Jurídicos y de los Técnicos, si los hubiere, y, en su defecto, de Letrado y Arquitecto hábiles para emitirlo, someterá la propuesta de resolución al Ayuntamiento en la sesión más próxima. En todo caso debe recaer acuerdo dentro del plazo de seis meses desde la incoación del expediente, y si no se adoptare habrá lugar a la subrogación prevenida en el artículo 8, párrafo 2, de este Reglamento.

2. El acuerdo será notificado al propietario, en todo caso, y a los demás interesados, comunicado al órgano requirente, si lo hubiere, y a la Delegación Provincial del Ministerio de la Vivienda, y publicado en la forma indicada en el apartado c) de este artículo.

Artículo 16. *De los recursos.*

1. Contra el acuerdo municipal podrá interponerse recurso de alzada ante la Comisión Provincial de Urbanismo.

2. Cuando la citada Comisión actuase por subrogación, conforme a lo prevenido en el artículo 8, párrafo 2, de este Reglamento, sus acuerdos serán recurribles en alzada ante el Ministerio de la Vivienda.

✐ Artículo derogado por el RD 304/1993, de 26 febrero.

Artículo 17. *De los recursos en casos de requerimiento contra acuerdos de la Comisión Provincial.*

1. Si incoado el procedimiento a requerimiento de órgano urbanístico el acuerdo municipal no ordenare la inclusión de la finca en el Registro, el

Ayuntamiento elevará el expediente a la Comisión Provincial de Urbanismo dentro de los quince días siguientes a la adopción de aquél.

2. La Comisión Provincial de Urbanismo aprobará o modificará el acuerdo en el sentido que proceda.

3. Si no dictare resolución en el plazo de un mes, se considerará aprobado el acuerdo municipal.

4. Contra la resolución que revoque el indicado acuerdo cabrá alzada ante el Ministerio de la Vivienda en el plazo de quince días.

✐ Artículo derogado por el RD 304/1993, de 26 febrero.

Artículo 18. De la inclusión de la finca en el Registro y de sus efectos.

1. La inclusión de un inmueble en el Registro se practicará en virtud del acuerdo municipal, que será ejecutivo, o del que, por subrogación o en virtud de lo dispuesto en el artículo anterior, adopte la Comisión Provincial de Urbanismo.

2. Dicha inclusión se hará constar en el Registro de la Propiedad, en virtud de certificación que transcribirá literalmente el acuerdo, expedida de oficio o a instancia de cualquier interesado, por el Secretario mediante nota marginal a la última inscripción de dominio de la finca. Si los inmuebles no constaren inscritos, se estará a lo dispuesto en el artículo siguiente.

3. En la nota marginal se consignará breve referencia a los datos del Registro municipal. La nota se relacionará en las certificaciones de cargas que se expidan, y se cancelará, por caducidad, transcurridos cinco años desde su fecha, si no constare en el Registro de la Propiedad asiento acreditativo de modificación del plazo o del procedimiento de enajenación forzosa.

⇒ V. Jurisprudencia en arts. 154 a 164 y concordantes del TRLS/1976 (§3).

Artículo 19. De la anotación preventiva.

1. Si el inmueble no estuviere inmatriculado en el Registro de la Propiedad, o no constare a nombre de su propietario, se extenderá anotación preventiva, que caducará, en su caso, a los cuatro años de su fecha, y el Alcalde requerirá a los interesados para que aporten la documentación necesaria para subsanar aquel defecto en el plazo de un mes.

2. Si lo incumplieren, se incoará el procedimiento oportuno en nombre del propietario y a su costa para practicar dicha inscripción. Todo ello sin perjuicio de la continuación del expediente.

✐ La disp. derog. única del RD 1093/1997, de 4 julio (§2.1) establece que quedan derogadas todas las disposiciones contenidas en el Reglamento de Edificación Forzosa y Registro Municipal de Solares en cuanto contengan referencias al Registro de la Propiedad.

Artículo 20. De la valoración.

1. En el expediente de inclusión de una finca en el Registro, la Administración señalará el «valor urbanístico» del suelo a efectos de la subasta, conforme al artículo 145 de la Ley de 12 de mayo de 1956.

2. Asimismo se determinará, en su caso, la valoración de las edificaciones y demás elementos y derechos sobre el inmueble.

3. A tal fin se aplicarán los preceptos de la legislación de expropiación forzosa.

⇒ V. arts. 23 a 32 de la Ley 6/1998, de 13 abril (§1).

CAPÍTULO IV
Plazos de edificación y sus prórrogas

Artículo 21. Regla general.

La transmisión de una finca incluida en el Registro municipal de solares y otros inmuebles de edificación forzosa no alterará los plazos y condiciones de dicha edificación, conforme a lo dispuesto en este Reglamento.

⇒ V. art. 21 de la Ley 6/1998, de 13 abril (§1).
V. Jurisprudencia en arts. 88 y concordantes del TRLS/1976 (§3).

Artículo 22. *De la prórroga del plazo de edificación.*

1. La solicitud de concesión de prórroga del plazo de edificación, conforme al artículo 143 de la Ley del Suelo, deberá interesarse dos meses, al menos, antes del vencimiento del señalado.

2. A la solicitud deberá acompañarse necesariamente: el permiso o licencia de construcción, el proyecto de la obra con el estudio económico y el programa que señale el ritmo de las edificaciones.

3. En todo caso, se justificarán las razones en que se funde la petición de prórroga, que deberá ser informada, en su caso, por la Delegación provincial del Ministerio de Información y Turismo a través de la del Ministerio de la Vivienda.

✐ Artículo derogado por el RD 304/1993, de 26 febrero.

Artículo 23. *De los plazos especiales de edificación.*

1. Las Entidades de derecho público y las Empresa privadas podrán retener solares sin edificar para atender las ampliaciones exigidas por futuras necesidades, debidamente justificadas, por el plazo que en cada caso se establezca. A tal fin, los interesados, lo solicitarán razonadamente del Ayuntamiento, el cual, con su acuerdo, elevará el expediente al Ministerio de la Vivienda, a través de la Comisión Provincial de Urbanismo, que emitirá informe, para su aprobación. Si el solar fuera de propiedad municipal, el expediente se incoará de oficio por el propio Ayuntamiento.

2. Las citadas Empresas deberán solicitar la autorización dentro del año siguiente a la adquisición del inmueble, o de la inclusión del mismo en el Registro Municipal, mediante escrito dirigido al Ayuntamiento; éste recabará informe de la Delegación de Industria de la provincia, si se tratare de empresas sujetas a la competencia de la misma, o de la Delegación Provincial del Ministerio de Información y Turismo, si se tratare de solares incluidos en Planes de Ordenación Urbana de Centros y Zonas de Interés Turístico Na-

cional, y con el suyo, elevará el expediente a la Comisión Provincial de Urbanismo para su trámite.

3. En los supuestos prevenidos en este artículo, las fincas se incluirán en el Registro Municipal, en el que se consignará: la resolución recaída, el plazo concedido y las condiciones impuestas, si las hubiere.

✐ Artículo derogado por el RD 304/1993, de 26 febrero.

Artículo 24. *De los plazos por razón de obras de urbanización o de cooperación urbanística.*

Los que ejecuten obras de urbanización o cooperen a la gestión pública o privada por los sistemas de actuación de la Ley del Suelo, podrán retener los solares resultantes durante el período que señale el programa al efecto aprobado por el Organo Urbanístico de quien dependan o que controle su actuación.

✐ Artículo derogado por el RD 304/1993, de 26 febrero.

CAPÍTULO V

Del incumplimiento de la obligación de edificar

Artículo 25. De la declaración de incumplimiento.

1. Transcurrido el plazo de edificación o incumplidas las condiciones impuestas, entre ellas la de iniciar la construcción o desarrollarla al ritmo normal previsto, el Ayuntamiento, por propia iniciativa, a requerimiento del órgano urbanístico competente o en virtud de denuncia, declarará incumplida la obligación de edificar.

2. A la tramitación se aplicará, en lo pertinente, lo dispuesto en los artículos 15 a 17 de este Reglamento.

⇒ V. art. 14 de la Ley 6/1998, de 13 abril (§1).
V. Jurisprudencia en arts. 154 y concordantes del TRLS/1976 (§3).

Artículo 26. De la constatación en el Registro de la Propiedad.

Firme en vía gubernativa el acuerdo que declare incumplida la obligación de edificar, el Alcalde remitirá al Registro de la Propiedad testimonio del expediente incoado, en el que se transcribirán los particulares que acrediten el cumplimiento de los trámites reglamentarios y, literalmente, las resoluciones correspondientes.

✐ La disp. derog. única del RD 1093/1997, de 4 julio (§2.1) establece que quedan derogadas todas las disposiciones contenidas en el Reglamento de Edificación Forzosa y Registro Municipal de Solares en cuanto contengan referencias al Registro de la Propiedad.

Artículo 27. De los efectos del incumplimiento de la obligación de edificar.

1. La resolución que declare el incumplimiento de la obligación de edificar se hará constar en el Registro de la Propiedad por nota al margen de la última inscripción de dominio de la finca.

2. La situación de enajenación forzosa del inmueble tendrá a todos los

efectos legales el carácter de carga real y se consignará en las certificaciones que de la finca se expidan.

3. Constatada dicha situación en el Registro, el Registrador comunicará de oficio al Ayuntamiento, mientras no conste la terminación del procedimiento, o no se cancele la nota, los cambios de titularidad y las modificaciones objetivas de la finca que se inscriban.

✐ La disp. derog. única del RD 1093/1997, de 4 julio (§2.1) establece que quedan derogadas todas las disposiciones contenidas en el Reglamento de Edificación Forzosa y Registro Municipal de Solares en cuanto contengan referencias al Registro de la Propiedad.

CAPÍTULO VI
De la adquisición directa de las fincas

Artículo 28. *De la solicitud de venta forzosa de fincas incluidas en el Registro.*

1. De conformidad con lo dispuesto en el artículo 146.1 de la Ley del Suelo, cualquier persona podrá adquirir por venta forzosa una finca, después de declararse incumplida la obligación de edificar y antes de haberse anunciado la subasta.

2. Presentada la solicitud con firma legitimada, el Ayuntamiento podrá acordar:

a) Que se expropie la finca a favor del peticionario.

b) Que se inicie o continúe el procedimiento de enajenación forzosa, concediendo al solicitante derecho de tanteo en la subasta.

3. Si se acordare la expropiación, se concederá un plazo de quince días para que pueda convenirse de mutuo acuerdo la adquisición, conforme al artículo 24 de la Ley de Expropiación Forzosa.

4. Cuando no se llegare a avenencia se seguirá el procedimiento de enajenación forzosa previsto en los artículos 34 y siguientes de este Reglamento.

✐ Artículo derogado por el RD 304/1993, de 26 febrero.

Artículo 29. *De la adquisición para el patrimonio del suelo.*

1. Los Ayuntamientos podrán adquirir los inmuebles incluidos en el Registro Municipal con destino al patrimonio del suelo, para edificarlos. A tal efecto dicha inclusión implicará: declaración de utilidad pública y necesidad de la ocupación.

2. El acuerdo municipal para la adquisición deberá adoptarse antes de que se anuncie la subasta.

3. Constituirá justiprecio para la adquisición el valor señalado para el suelo y, en su caso, para las edificaciones y demás elementos del inmueble, conforme al artículo 20 de este Reglamento.

4. Se formalizará la adquisición mediante escritura notarial o acta de ocupación y pago o, en su caso, depósito del precio, según proceda.

✐ Artículo derogado por el RD 304/1993, de 26 febrero.

Artículo 30. *De la expropiación para enajenar.*

1. Conforme a lo dispuesto en el artículo 146.3º de la Ley del Suelo, los Ayuntamientos, las Comisiones provinciales u otros órganos urbanísticos podrán formular y aplicar el sistema de «Polígonos de Expropiación», a todas o parte de las fincas incluidas en el Registro Municipal, siempre que se hallen comprendidas en un plan parcial o que concurran las circunstancias prevenidas en el artículo 104, número 2, apartados a) y b), de dicha Ley.

2. En su virtud, se aplicarán las determinaciones y requisitos establecidos en el artículo anterior y el Organismo expropiante podrá enajenar los inmuebles, con la obligación de edificarlos y sujeción a lo dispuesto en los artículos 152 y siguientes de la Ley del Suelo, y, en su caso, a las normas especiales de desarrollo y aplicación de la misma o del Organismo expropiante para el cumplimiento de los fines de dicha Ley y ejecución del presente Reglamento.

✐ Artículo derogado por el RD 304/1993, de 26 febrero.

CAPÍTULO VII
Del procedimiento de enajenación forzosa

Artículo 31. *Reglas generales.*

1. El procedimiento de enajenación forzosa tendrá carácter expropiatorio, con aplicación de lo dispuesto en el artículo 32 del Reglamento Hipotecario, en sus reglas segunda y quinta.

2. En su virtud, quienes hagan constar su derecho en el Registro de la Propiedad con posterioridad a la nota a que se refiere el artículo 27 de este Reglamento, no deberán ser preceptivamente citados en el expediente.

3. El procedimiento se aplicará cualesquiera que sean los defectos de capacidad, las limitaciones de la facultad de disponer y los obstáculos que prohíban o condicionen la enajenación de los inmuebles en situación normal.

4. A tal fin se aplicarán los preceptos correspondientes de la legislación de expropiación forzosa, representará a los interesados el Ministerio Fiscal y, en su caso, las cantidades pertinentes se consignarán en el Juzgado o en la Caja General de Depósitos a disposición de quienes acrediten su derecho a percibirlas por subrogación de los que, por cualquier título, les correspondieran sobre el inmueble.

5. Para la formalización del título se estará a lo dispuesto en el artículo 37 de este Reglamento.

✐ Artículo derogado por el RD 304/1993, de 26 febrero.

Artículo 32. *De los procedimientos para la enajenación forzosa.*

1. Los Ayuntamientos u órganos urbanísticos competentes podrán utili-

zar para la enajenación forzosa el procedimiento establecido en el artículo 147 de la Ley del Suelo o el especial a que se refiere el artículo 4 de la Ley de 21 de julio de 1962, que se regula en los artículos 34 y siguientes de este Reglamento.

2. Este último procedimiento se seguirá preceptivamente cuando aquél se haya incoado a requerimiento de órganos urbanísticos o mediante solicitud privada.

✐ Artículo derogado por el RD 304/1993, de 26 febrero.

Artículo 33. *Del procedimiento del artículo 147 de la Ley del Suelo.*

1. Cuando se siga el procedimiento regulado en el artículo 147 de la Ley del Suelo se cumplirán los trámites prevenidos en el mismo, y al valor urbanístico se añadirá, para el tipo de licitación el justiprecio de las edificaciones y demás elementos valorables del inmueble, señalado conforme al artículo 20 de este Reglamento, si procediere.

2. Para determinar la caducidad del nuevo plazo de edificación señalado por el número 6 de dicho artículo se estará a lo dispuesto en el artículo 5.2 de este Reglamento.

✐ Artículo derogado por el RD 304/1993, de 26 febrero.

Artículo 34. *Del procedimiento especial.*

1. Cuando se utilice el procedimiento especial a que se refiere el artículo 4 de la Ley de 21 de julio de 1962, el Ayuntamiento, de oficio, remitirá el expediente acompañado de certificación acreditativa de haberse inscrito en el Registro de la Propiedad, al Notario a quien por turno corresponda, para que tramite la ejecución mediante venta en pública subasta del inmueble a costa del propietario.

2. El Ayuntamiento anticipará los gastos y se resarcirá de los mismos con cargo al precio del inmueble.

✐ Artículo derogado por el RD 304/1993, de 26 febrero.

Artículo 35. *De las actuaciones notariales y de la subasta.*

1. El Notario notificará la incoación del procedimiento: al propietario del inmueble, a los ocupantes y a los titulares de Derechos Reales y situaciones jurídicas inscritos con fecha anterior a la de la nota marginal a que se refiere el artículo 27, para que comparezcan y aleguen lo que a su derecho convengan; estas notificaciones se practicarán en los domicilios que figuren en el Registro de la Propiedad y si no constaren, en la propia finca.

2. Asimismo insertará anuncios en el Boletín Oficial de la Provincia y, en extracto, en dos diarios de los de mayor circulación de la población, si los hubiere, y en su defecto de los de la Capital de la provincia. También se publicará en el tablón de anuncios del Ayuntamiento.

3. En los anuncios se consignará: la situación y superficie del inmueble, nombre y apellidos de su titular, precio señalado para la licitación conforme al artículo 20, plazo y condiciones de la edificación que afectaren al adquirente, y lugar, fecha y hora de celebración de la subasta.

4. La subasta tendrá lugar en el día fijado, transcurridos, al menos treinta desde la última notificación o publicación.

5. Para tomar parte en la subasta deberá depositarse el 10 por 100 del precio de licitación en metálico ante el Notario, o acreditar ante el mismo un aval bancario extendido por escrito y en el que se consignen las circunstancias del avalado, la obligación que se afianza, cuantía a que asciende la garantía y que ésta se constituye a favor y disposición del Ayuntamiento.

6. Examinadas las proposiciones presentadas, el Notario consignará en el acta la adjudicación provisional a favor del mejor postor. Dentro de los cinco días siguientes al de celebración de la subasta, los firmantes de las proposiciones desechadas que hubieren mostrado su disconformidad en el acto de aquélla podrán exponer ante el Notario cuanto estimen conveniente a su derecho.

7. Terminado el plazo a que se refiere el apartado anterior el Notario remitirá al Ayuntamiento copia del acta de subasta y de las de oposición, en su caso.

8. La Corporación resolverá sobre aprobación de la subasta y, si procediere, acordará la adjudicación definitiva. Transcurridos treinta días sin que el Ayuntamiento adopte acuerdo, se entenderá confirmada la adjudicación provisional.

9. Adjudicada la finca con carácter provisional, el Notario procederá a la devolución de las garantías prestadas a metálico ante el mismo, o de los documentos del aval bancario, excepto la que corresponda al licitador adjudicatario, que no será devuelta hasta tanto se formalice el contrato.

10. El precio de adjudicación deberá consignarse en dinero en poder del Notario en el plazo de ocho días siguientes al en que quedare firme la subasta. Si no se verificare quedará sin efecto aquélla y se destinará la fianza al pago de los gastos del procedimiento y el resto ingresará en el Ayuntamiento con destino al Patrimonio Municipal del Suelo. Si la fianza estuviere constituida por aval bancario el Notario requerirá a la Entidad avalista para que en el plazo de ocho días efectúe el ingreso de la cantidad garantizada en el Ayuntamiento.

✐ Artículo derogado por el RD 304/1993, de 26 febrero.

Artículo 36. *De la liberación de gravámenes.*

Si la finca se hallara gravada y el propietario y los titulares de los demás derechos no convinieran la oportuna liquidación en el plazo que al efecto se señale, el Notario, previa deducción de gastos, que aprobará el Alcalde, depositará el resto conforme al artículo 98.3 de la Ley del Suelo en poder del Juzgado para que éste fije y distribuya, por el trámite de los incidentes, la proporción que corresponda a los respectivos interesados.

✐ Artículo derogado por el RD 304/1993, de 26 febrero.

Artículo 37. *Del otorgamiento de la escritura.*

1. La escritura se autorizará por el Notario en el plazo de un mes a partir de la fecha de la aprobación definitiva de la subasta.

2. Si en dicho plazo no comparecieren o no consintieren en el otorgamiento los propietarios o los demás interesados que, como titulares, deban acudir al mismo, asumirá su representación el Alcalde, y si éste fuere incompatible, actuará el Juez municipal o comarcal, y si fueren varios, el Juez decano.

3. Si alguno de los transmitentes tuviere defectos de capacidad o de poder dispositivo, o si existieren limitaciones del dominio, se practicará la oportuna notificación al Ministerio Fiscal, y si éste no se opusiere en el plazo de quince días, se otorgará la escritura asumiendo la representación las Autoridades indicadas en el número anterior.

4. Si no compareciere el adjudicatario o no consintiere en el otorgamiento después de requerido dos veces por el Notario, se otorgará la escritura y comparecerá en su nombre y representación el Secretario del Ayuntamiento o del Juzgado municipal o comarcal, según los casos. En dicho supuesto el adjudicatario satisfará los gastos que, por su actitud, se produjeran.

✐ Artículo derogado por el RD 304/1993, de 26 febrero.

Artículo 38. *De la inscripción de la escritura en el Registro de la Propiedad.*

1. Mediante la presentación de la escritura, en la que deberán constar acreditados los requisitos esenciales del procedimiento, se inscribirá el inmueble a favor del comprador y se cancelarán, en su caso, las cargas conforme a lo prevenido para los expedientes de expropiación forzosa.

2. En la inscripción se harán constar las condiciones y plazos de edificación a que quede obligado el adquirente, que serán también consignadas en el Registro municipal. Estas expresiones se cancelarán mediante la escritura de declaración de obra nueva con la certificación administrativa.

3. El Notario devolverá al Ayuntamiento el expediente que sirvió de base a lo actuado, con copia simple de la escritura de enajenación en que conste transcrita la nota de su inscripción en el Registro de la Propiedad.

✐ Artículo derogado por el RD 304/1993, de 26 febrero.

Artículo 39. *De la subasta desierta o en quiebra.*

1. Si la subasta quedare desierta o quebrare, el Notario lo comunicará por oficio al Alcalde para que el Ayuntamiento, en el plazo de seis meses, a contar de dicha notificación, pueda adquirir el inmueble con destino al Patrimonio Municipal del Suelo, o para enajenarlo conforme a los artículos 152 y siguientes de la Ley del Suelo, por el precio de licitación más los gastos producidos. La misma comunicación se dirigirá al Delegado provincial del Ministerio de la Vivienda.

2. *La escritura se formalizará conforme a lo dispuesto en el artículo 37 de este Reglamento.*

3. *Transcurrido dicho plazo sin que el Ayuntamiento ejercite el derecho, el propietario podrá, según el artículo 147.6 de dicha Ley, emprender o continuar la edificación a ritmo normal durante un año, haciéndolo constar por comparecencia ante el Notario.*

✐ Artículo derogado por el RD 304/1993, de 26 febrero.

Artículo 40. *De la situación permanente de enajenación forzosa.*

1. *Si no ejercitare el derecho el Ayuntamiento, caducado el plazo a que se refiere el número 3 del artículo anterior, de conformidad con lo prevenido en el artículo 5.2 de este Reglamento, la finca quedará en situación permanente de enajenación forzosa y cualquier interesado podrá adquirirla en las condiciones señaladas.*

2. *A tal efecto deberá publicarse, al menos una vez al año, en el periódico oficial del Ayuntamiento, si lo hubiere, y permanentemente en su tablón de anuncios, relación circunstanciada de las fincas que se hallaren en tal situación. En las mismas se colocará un cartel indicador expreso de esta circunstancia.*

3. *Para el otorgamiento de la escritura de venta se aplicará, en su caso, lo prevenido en el artículo 37.*

4. *El Delegado Provincial del Ministerio de la Vivienda comunicará la situación permanente de enajenación forzosa a la Notaría, y en las oficinas de aquella Delegación constará expuesta al público relación de los inmuebles afectados.*

✐ Artículo derogado por el RD 304/1993, de 26 febrero.

Artículo 41. *Del desahucio y lanzamiento.*

1. *Conforme a lo prevenido en el artículo 149 de la Ley del Suelo, cumplidos los requisitos señalados en el mismo, se dará posesión de la finca al adquirente, si fuere necesario, y se procederá al desahucio y lanzamiento correspondientes, los cuales tendrán carácter administrativo, conforme a lo dispuesto en el artículo 54 del Reglamento de Expropiación Forzosa.*

2. *El Organismo actuante decretará y ejecutará aquéllos en los plazos y condiciones señalados en el artículo 53 de dicho Reglamento, bien a solicitud del adquirente o del propietario, en el supuesto prevenido en el artículo 149.2 de aquella Ley.*

✐ Artículo derogado por el RD 304/1993, de 26 febrero.

CAPÍTULO VIII

De la exclusión del procedimiento de enajenación forzosa

Artículo 42. *De la solicitud del propietario para la venta voluntaria de finca sujeta a enajenación forzosa y actuaciones administrativas.*

1. *El propietario del inmueble incluido en el Registro Municipal antes*

de iniciarse el procedimiento de enajenación forzosa, podrá solicitar del Ayuntamiento que acuerde aplazar aquel procedimiento, comprometiéndose a la enajenación de la finca, conforme al artículo 148, apartado 1, de la Ley del Suelo.

2. La solicitud deberá presentarse dentro del plazo de ocho días, a partir de la fecha en que se hubiere notificado el acuerdo de haber quedado incumplida la obligación de edificar.

3. Si el Ayuntamiento acordare acceder a la solicitud, deberá otorgarse escritura pública de enajenación dentro del plazo de tres meses, desde la fecha de dicho acuerdo.

4. En el documento el adquirente se someterá a la obligación de edificar en el plazo y condiciones que el referido acuerdo municipal especifique y dentro de los señalados por el artículo 150 de la Ley del Suelo.

5. Si no se otorgara la escritura en el término indicado o no se cumpliere el plazo de edificación previsto, proseguirá la tramitación del expediente de enajenación forzosa conforme a los artículos 34 y siguientes de este Reglamento, y en ningún caso se reconocerá derecho de reversión a favor del anterior propietario.

6. El aplazamiento a que este artículo se refiere no podrá solicitarse más de una vez por cada finca, cualquiera que sea el interesado.

7. Tampoco procederá el aplazamiento, según lo preceptuado en el artículo 148 de la Ley del Suelo, en los supuestos previstos en los artículos 28 a 30 de este Reglamento, siempre que el procedimiento a que los mismos se refieren estuviere iniciado.

✐ Artículo derogado por el RD 304/1993, de 26 febrero.

Artículo 43. *De la exclusión de subasta de fincas a solicitud de su propietario.*

1. El propietario de finca incluida en el Registro Municipal, cuando se siga el procedimiento de enajenación forzosa regulado en el artículo 147 de la Ley del Suelo, podrá excluirla de dicha situación antes del anuncio de la subasta, solicitándolo así del Ayuntamiento y mediante el cumplimiento de los requisitos establecidos en el artículo 148.2 de dicha Ley.

2. Si no se cumplieren los requisitos del artículo citado o se extinguiere el mandato especial previsto en dicho artículo, apartado 2, letra c), proseguirá el procedimiento de enajenación forzosa suspendido.

3. En su caso se aplicará lo dispuesto en los números 5 y 6 del artículo anterior.

✐ Artículo derogado por el RD 304/1993, de 26 febrero.

CAPÍTULO IX
De la reversión

Artículo 44. De la reversión a favor del expropiado.

1. Si el propietario de una finca adquirida conforme a los preceptos

de este Reglamento incumpliere las obligaciones contraídas en orden a la edificación, el Ayuntamiento lo declarará así por propia iniciativa, a requerimiento de órgano urbanístico o por denuncia de cualquier interesado.

2. Dentro del plazo de dos meses, a partir de la fecha de la notificación de dicho acuerdo, y conforme al artículo 151 de la Ley del Suelo, el propietario en cuyo nombre se otorgó la escritura de enajenación forzosa podrá ejercitar el derecho de reversión siempre que se comprometa a iniciar o seguir la construcción en el plazo previsto y que, en su caso, garantice el cumplimiento de la obligación en la forma prevenida en la Ley del Suelo.

3. A los efectos del número 3 de dicho artículo se estimarán construcciones aprovechables las efectuadas conforme a proyecto debidamente aprobado.

4. La escritura se otorgará, en su caso, en la forma prevenida por el artículo 37 de este Reglamento.

✐ Ap. 4 derogado por el RD 304/1993, de 26 febrero.

⇒ Este artículo está afectado por la disp. adic. 5ª de la Ley 38/1999, de 5 noviembre, de Ordenación de la Edificación.

Artículo 45. *De la adquisición por Ayuntamiento u Organismo urbanístico.*

1. Transcurrido el plazo a que se refiere el artículo anterior sin que se haya ejercitado el derecho de reversión, el Ayuntamiento podrá adquirir el inmueble por la cantidad señalada en el artículo 151.3 de la Ley del Suelo, en el término de un mes.

2. El Ayuntamiento comunicará a la Delegación Provincial del Ministerio de la Vivienda los acuerdos que adopte en virtud de lo dispuesto en el número 1 del artículo anterior y, en su caso, el de adquirir la finca.

3. En defecto del Ayuntamiento podrá realizar la adquisición, en iguales condiciones, el Organo urbanístico que designe el Ministerio de la Vivienda.

✐ Artículo derogado por el RD 304/1993, de 26 febrero.

DISPOSICIONES ADICIONALES

Primera.

Las fincas calificadas conforme a este Reglamento como de edificación forzosa tendrán derecho preferente para acogerse a los beneficios de la legislación de viviendas de protección oficial, siempre que reúnan los requisitos legales y los proyectos se sometan a las normas legales y reglamentarias pertinentes.

✐ Disposición derogada por RD 304/1993, de 26 febrero.

Segunda.

Las referencias a acuerdos municipales se entenderán a los de la Corporación en comisión permanente, ejecutiva o de gobierno, si la tuviere, sin perjuicio de las facultades propias del Alcalde o del Pleno, en su caso.

✐ Disposición derogada por el RD 304/1993, de 26 febrero.

DISPOSICIÓN TRANSITORIA

Los expedientes incoados después de la vigencia de la Ley del Suelo a los que, en defecto de preceptos específicos se hubieren aplicado los del Decreto de 23 de mayo de 1947, se ajustarán, a partir de la entrada en vigor de este Reglamento, a las normas del mismo aplicables al trámite en que se hallen, si la Administración así lo acordare o lo solicitara el particular interesado. La adaptación se hará constar por «diligencia».

✐ Disposición derogada por el RD 304/1993, de 26 febrero.

DISPOSICIÓN FINAL DEROGATORIA

Queda derogado el Reglamento de 23 de mayo de 1947 y cuantos preceptos de igual o inferior rango se opongan a lo dispuesto en este Reglamento, y se autoriza al Ministro de la Vivienda para que dicte las normas necesarias para la ejecución del mismo.

✐ Disposición derogada por el RD 304/1993, de 26 febrero.

§ 3.7 DECRETO 1006/1966, DE 7 ABRIL. APRUEBA EL REGLAMENTO DE REPARCELACIONES DEL SUELO AFECTADO POR PLANES DE ORDENACIÓN URBANA

(BOE núm. 99, de 26 abril; rect. BOE núm. 115, de 14 mayo [RCL 1966, 759 y 906])

✐ Reglamento derogado por RD 304/1993, de 26 febrero, salvo los arts. 28, 31, 34 y 35, en lo que no se opongan al contenido del art. 310 del Texto Refundido de la Ley sobre Régimen del Suelo y Ordenación Urbana y hasta tanto el Gobierno apruebe las modificaciones del Reglamento Hipotecario para el desarrollo de la disp. adic. 10ª de la Ley 8/1990, de 25 julio, derogada por el RDLeg como lo prescribe el párr. 6 del ap. 4º de la señalada disposición adicional.
Asimismo el RD 1093/1997, de 4 julio, lo derogó en cuanto contuviera referencias al Registro de la Propiedad.

[...]

CAPÍTULO V
De los efectos generales

[...]

Artículo 28. De la obligación de los afectados y de las situaciones registrales.

1. Los propietarios y titulares de derechos afectados por la reparcelación están obligados a exhibir los títulos que posean y declarar las situaciones jurídicas que conozcan y afecten a sus fincas. La omisión dolosa o la falsedad en estas declaraciones dará lugar a responsabilidad por daños y perjuicios que se causen, y, en su caso, a las acciones penales pertinentes.

2. Cuando existiere discordancia entre los títulos y la realidad físico-jurídica de alguna finca en cuanto a superficie, linderos, construcciones u otras circunstancias, los interesados aportarán los datos catastrales y los documentos o pruebas necesarios para su más exacta descripción. Dichos documentos serán informados por los Servicios Técnicos y los Jurídicos, conforme a lo previsto en el artículo 23.4 de este Reglamento. El acuerdo de reparcelación será suficiente para la rectificación de los datos descriptivos de las fincas en el Registro, salvo que constare anotación preventiva de demanda referente a las mismas.

3. Citado el titular registral conforme a este Reglamento, si no compareciere en el expediente, se entenderán las actuaciones con el Ministerio Fiscal, y la nueva finca se adjudicará e inscribirá a favor de aquél, salvo que otra persona justificara en el expediente su mejor derecho de propiedad sobre el inmueble.

4. La adjudicación e inscripción de la nueva finca se practicará a favor del que acredite mediante documento fehaciente ser causahabiente del titular registral, siempre que haya comparecido en el expediente, sin formular oposición dicho titular según Registro.

5. En el caso de que el titular registral, debidamente citado conforme a este Reglamento, no compareciese, si el Ministerio Fiscal no formulara oposición, se adjudicará e inscribirá la finca a favor de quien hubiera justificado su derecho conforme al apartado anterior, siempre que la última inscripción de la finca aportada tenga más de 30 años de antigüedad. Cuando dicho propietario justifique mediante documento público traer causa directa del titular registral, se practicará la inscripción a su favor aun cuando la última sea de menor antigüedad.

6. También se practicará tal inscripción a favor del expresado dueño aunque el asiento contradictorio sea de menor antigüedad y no probara documentalmente traer su derecho del titular registral, siempre que citado éste conforme al presente Reglamento no compareciera ni se opusiera el Ministerio Fiscal, y por el órgano actuante se estimara acreditado el derecho de aquél a que se le adjudique la finca por reparcelación. En este caso la inscripción producirá plenos efectos, sin perjuicio de los derechos del titular registral de la finca aportada; y la cancelación de esta limitación procederá a instancia de cualquier interesado al cumplirse 30 años desde la última inscripción de la finca aportada o mediante alguno de los procedimientos de reanudación del tracto o en virtud de resolución judicial firme que así lo ordene.

7. En los supuestos de los números 4 a 6, en el acuerdo y en la inscripción se consignarán, si constaren, las transmisiones realizadas.

8. El título de reparcelación será bastante para inmatricular en el Registro las fincas, aunque alguna aportada no figurara inscrita en todo o en parte, siempre que en el documento consten las circunstancias prevenidas en este Reglamento. De la inscripción de inmatriculación se publicarán los correspondientes edictos, pero no estará sometida aquélla a la limitación de efectos del artículo 207 de la Ley Hipotecaria.

9. Cuando existiere doble inmatriculación de todo o parte de una finca identificada se entenderán las actuaciones con el Ministerio Fiscal; se extenderán las notas a que se refiere este Reglamento en el folio registral de cada uno de los inmuebles, y en el acuerdo se reservarán a los interesados las acciones oportunas, haciéndolo constar en el asiento del nuevo inmueble adjudicado por reparcelación, que se practicará «a favor de quien acredite mejor derecho» sobre la finca.

⇒ Téngase en cuenta que la disp. derog. única del RD 1093/1997, de 4 julio (§2.1) establece que quedan derogadas todas las disposiciones contenidas en el Reglamento de Edificación Forzosa y Registro Municipal de Solares en cuanto contengan referencias al Registro de la Propiedad.

[...]

Artículo 31. De las cargas, gravámenes y situaciones jurídicas.

1. Las cargas, gravámenes y situaciones jurídicas de carácter real que consten registrados pasarán por subrogación real sobre las nuevas fincas resultantes de la reparcelación, quedando libres en todo caso los terrenos de cesión obligatoria.

2. A tal fin, una vez aprobado inicialmente el proyecto, se citará a los titulares de los derechos señalados en el apartado anterior, conforme al artículo 23.3 de este Reglamento; y si dentro del plazo concedido no inferior a un mes, no formularen oposición, se producirá la subrogación por ministerio de la ley al aprobarse definitivamente la reparcelación.

3. Si se planteara divergencia entre los interesados respecto de la vigencia o valoración de los respectivos derechos, se entenderán las actuaciones de reparcelación con el Ministerio Fiscal, según el artículo 5 de la Ley de Expropiación Forzosa. En la inscripción de la nueva finca se hará constar aquella circunstancia, sin perjuicio de que los interesados litiguen entre sí en el juicio correspondiente.

4. Los interesados podrán, conforme a lo dispuesto en el artículo 82.4 de la Ley del Suelo acudir al Juzgado de Primera Instancia para que resuelva sobre la transformación de las cargas no susceptibles de subrogación real, valorándolas conforme a la Ley del Suelo para convertirlas en crédito garantizado con hipoteca sobre las nuevas fincas. En ningún caso se interrumpirá la tramitación del expediente, entendiéndose las actuaciones en lo pertinente con el Ministerio Fiscal. Por igual procedimiento se resolverá, si no hubiere acuerdo, la distribución de los gravámenes entre las fincas de un mismo propietario.

5. Las servidumbres prediales incompatibles con la nueva ordenación serán expropiadas, valorándose conforme a los preceptos generales, y su justiprecio se satisfará con cargo a los gastos de proyecto. Las inscritas en el Registro de la Propiedad se cancelarán en virtud del título de reparcelación, que a tal fin las mencionará expresamente. La valoración se realizará de oficio o a instancia de los interesados al efectuar la prevista en el artículo 10 de este Reglamento. En caso de desconocerse entonces su existencia podrá valorarse con posterioridad, sin detenerse por ello la tramitación.

⇒ Téngase en cuenta que la disp. derog. única del RD 1093/1997, de 4 julio (§2.1) establece que quedan derogadas todas las disposiciones contenidas en el Reglamento de Edificación Forzosa y Registro Municipal de Solares en cuanto contengan referencias al Registro de la Propiedad.

[...]

CAPÍTULO VI

De la formalización de la reparcelación

[...]

Artículo 34. Del certificado del acuerdo de reparcelación y su inscripción.

1. Firme el acuerdo de reparcelación, el órgano actuante expedirá certi-

ficación literal de aquél y de sus anexos, que se entenderán como parte integrante del mismo. También se unirán a la misma los planos generales de información y adjudicación.

2. En virtud de la certificación y conforme al artículo 82 de la Ley del Suelo y a este Reglamento, se practicarán en el Registro de la Propiedad los asientos necesarios para reflejar la nueva situación física y jurídica de las fincas mediante la agrupación prevista en el artículo 24 de este Reglamento. El título tendrá eficacia inmatriculadora para los inmuebles no inscritos y respecto de los excesos de cabida, según el artículo 28.8 y cancelatoria, en su caso. Se archivarán en el Registro copias de la certificación y de los planos.

3. Inscrita la agrupación, el Registrador devolverá el título con la correspondiente nota al órgano actuante, que a su vez lo remitirá al Notario a cuyo distrito pertenezca la zona reparcelada, o al que por turno corresponda, para su protocolización. Si se estimara conveniente podrá asimismo remitirle planos parciales de adjudicación de las fincas reparceladas.

4. El Notario expedirá para cada propietario copia parcial autorizada del acuerdo de reparcelación en la que se describirán las fincas y se consignarán la titularidad y cargas y las circunstancias oportunas. La copia, acompañada del plano general de adjudicación o del parcial de la finca adjudicada, se inscribirá en el Registro de la Propiedad, practicándose bajo nuevo número la segregación de la matriz agrupada.

5. Se remitirá al Organo actuante copia del acta de protocolización en la que conste la referencia a las operaciones practicadas en el Registro y en cuya virtud se realizará, en su caso, la inscripción del resto a que se refiere el artículo 24 i) de este Reglamento. Asimismo se remitirá copia a los servicios correspondientes para su reflejo en los documentos fiscales.

⇒ Téngase en cuenta que la disp. derog. única del RD 1093/1997, de 4 julio (§2.1) establece que quedan derogadas todas las disposiciones contenidas en el Reglamento de Edificación Forzosa y Registro Municipal de Solares en cuanto contengan referencias al Registro de la Propiedad.

Artículo 35. De las superficies no tituladas.

1. Las fincas identificadas no inmatriculadas en el Registro de la Propiedad y cuyo propietario sea desconocido se incluirán en la agrupación, y en pago de las mismas se adjudicará la finca o cuota-parte indivisa que corresponda. Se consignarán dichas circunstancias en el acuerdo y se seguirán las actuaciones con el Ministerio Fiscal conforme al artículo 2.

2. Las fincas así reparceladas se inscribirán a nombre del Organo actuante para ser adjudicadas a quien acredite ser su dueño.

3. Transcurridos cinco años desde la inscripción en la forma señalada sin que sean reivindicadas se enajenarán en pública subasta, y el precio se consignará en la Caja General de Depósitos a disposición de quien acredite ser su titular.

4. No obstante, si se tratara de cuota-parte indivisa, a petición de alguno de los cotitulares podrá adjudicarse a los mismos, en proporción a sus respectivos derechos, por la valoración señalada en el expediente de reparcelación, sin esperar al transcurso del indicado plazo.

5. La superficie que no se hubiere adjudicado en virtud de la reparcelación por no haberse identificado ni acreditado la titularidad de la aportada quedará formando parte del resto de la finca matriz, y el Organo actuante podrá disponer de la misma como fondo regulador.

6. Transcurridos cinco años desde la firmeza del acuerdo aprobatorio se enajenará en pública subasta, y el producto se destinará a la constitución del Patrimonio Municipal del Suelo.

⇒ Téngase en cuenta que la disp. derog. única del RD 1093/1997, de 4 julio (§2.1) establece que quedan derogadas todas las disposiciones contenidas en el Reglamento de Edificación Forzosa y Registro Municipal de Solares en cuanto contengan referencias al Registro de la Propiedad.

[...]

III

NORMAS TERRITORIALES

III

NORMAS TERRITORIALES

Andalucía

§ 4 LEY 1/1994, DE 11 ENERO. ORDENACIÓN DEL TERRITORIO EN ANDALUCÍA

(BOE núm. 34, de 9 febrero y BOJA núm. 8, de 22 enero; rect. BOJA núm. 54, de 23 abril [RCL 1994, 411; LAN 1994, 20 y 154])

EXPOSICIÓN DE MOTIVOS

El territorio se configura mediante procesos complejos en los que intervienen múltiples agentes de origen natural o antrópico, entre ellos la acción pública, que tiene un papel esencial en dicha configuración dada la importancia decisiva de sus intervenciones; cuando éstas se dirigen de forma expresa a la creación de un determinado orden físico surge la política de Ordenación del Territorio.

La Ordenación del Territorio constituye por tanto una función pública destinada a establecer una conformación física del territorio acorde con las necesidades de la sociedad. En este sentido, la Carta Europea de la Ordenación del Territorio la define como «expresión espacial de las políticas económica, social, cultural y ecológica de toda sociedad», y debe ser democrática, global, funcional y prospectiva, en la que todo ciudadano debe tener la posibilidad de participar por estructuras y procedimientos adecuados, en defensa de sus legítimos intereses y del respeto debido a su cultura y marco de vida.

La legislación o regulación específica por la que debe regirse la acción política y administrativa en esta materia es un hecho reciente favorecido y posibilitado en España por la organización del Estado de las Autonomías.

Con la presente Ley, la Comunidad Autónoma de Andalucía, en virtud de la competencia exclusiva que en materia de Ordenación del Territorio le atribuye el artículo 13.8 de su Estatuto de Autonomía, y dentro del máximo respeto debido a las atribuidas a las Administraciones públicas estatal y local, procede a regular esta actividad, estableciendo los objetivos, principios, instrumentos y procedimientos para su ejercicio efectivo.

Los objetivos específicos de la Ordenación del Territorio, de acuerdo con esta Ley, son la articulación territorial interna y con el exterior de la Comunidad Autónoma y la distribución geográfica de las actividades y de los usos del suelo, armonizada con el desarrollo económico, las potencialidades existentes en el territorio y la protección de la naturaleza y del patrimonio histórico; todo ello con el fin de conseguir la plena cohesión e integración de la Comunidad Autónoma, su desarrollo equilibrado y, en definitiva, la mejora de las condiciones de bienestar y calidad de vida de sus habitantes.

La Ordenación del Territorio, de acuerdo con dichos objetivos, encuentra su nivel propio de actuación en el ámbito supralocal, regional y subregional, y para ello la Ley establece dos instrumentos de ordenación integral:

El Plan de Ordenación del Territorio de Andalucía.

Los Planes de Ordenación del Territorio de ámbito subregional.

Asimismo, la Ley establece el contenido territorial y el procedimiento que, sin perjuicio de lo regulado por la correspondiente legislación especial, y con el debido respeto a las competencias atribuidas a las restantes Administraciones Públicas, ha de seguir la planificación de materias que inciden en el orden territorial y que, a los efectos de esta Ley, se consideran Planes con Incidencia en la Ordenación del Territorio.

El Plan de Ordenación del Territorio de Andalucía establece la organización y estructura territorial que se pretende para la Comunidad Autónoma, constituyendo el marco de referencia territorial para los Planes de Ordenación del Territorio que se efectúen para ámbitos menores y para los Planes con Incidencia en la Ordenación del Territorio. Asimismo, este instrumento debe servir de referente para la planificación del Estado y de la Unión Europea, en aquellas materias que tengan incidencia territorial.

Los Planes de Ordenación del Territorio de ámbito subregional se podrán formular para espacios menores que precisen la mejora de su estructura territorial y de la articulación física interna y que puedan constituir ámbitos funcionales unitarios. Se configuran de manera flexible en su contenido, al objeto de que puedan adaptarse a las variadas circunstancias de orden territorial que se presenten, siempre en relación al interés sepramunicipal y sin clasificar suelo. Estos planes se podrán realizar a propuesta de las Corporaciones Locales cuando se cumplan determinados requisitos establecidos por la Ley.

De acuerdo con su objetivo, la Ley no se limita a crear nuevos instrumentos de ordenación territorial, sino que dispone los medios necesarios para que sea posible la efectiva concertación de los hechos y procesos con incidencia territorial.

Por lo que se refiere a los Planes con Incidencia en la Ordenación del Territorio, la Ley establece en un anexo las actuaciones de planificación que se consideran como planes de esta clase. La Ley especifica el contenido territorial de dichos planes. Serán redactados por el órgano competente en la materia de que se trate y requerirán informe acerca de sus aspectos territoriales a fin de asegurar su coherencia con los objetivos, criterios y determinaciones establecidos para la Ordenación del Territorio.

La presente Ley establece como Actuaciones con Incidencia en la Ordenación del Territorio aquellas actuaciones singulares no incluidas en planes y que figuran en el Anexo de la Ley. Las mismas deberán ser objeto de informe del órgano competente en Ordenación del Territorio, con el fin de asegurar la coherencia de tales proyectos singulares con los objetivos, criterios y determinaciones de la Ordenación del Territorio y, en su caso, establecer las medidas que deban adoptarse para su correcta ejecución.

El análisis territorial requiere la incorporación de una numerosa información textual, estadística y cartográfica que permita prever las modificaciones que se producen en el territorio. Por ello, la Ley dispone que el sistema de información territorial se constituya como instrumento de apoyo para la toma de decisiones en esta materia, ya que permitirá disponer de forma actualizada del conjunto de datos necesarios para la más correcta interpretación y diagnóstico de los procesos territoriales.

Finalmente, la Ley establece los mecanismos para la protección de la legalidad fijando la obligación de restituir los daños a la situación anterior y la imposición de sanciones por infracciones a la misma.

TÍTULO PRELIMINAR
DISPOSICIONES GENERALES

Artículo 1.

La presente Ley tiene por objeto la regulación de los instrumentos y procedimientos necesarios para el ejercicio por la Junta de Andalucía de su competencia en Ordenación del Territorio.

⇒ V. STC 61/1997, de 20 marzo (RTC 1997, 61).

Artículo 2.

1. La Ordenación del Territorio tiene por objetivo contribuir a la cohesión e integración de la Comunidad Autónoma y a su desarrollo equilibrado.

2. Son objetivos específicos de esta materia:

a) La articulación territorial interna y con el exterior de la Comunidad Autónoma.

b) La distribución geográfica de las actividades y de los usos del suelo, armonizada con el desarrollo socioeconómico, las potencialidades existentes en el territorio y la protección de la naturaleza y del patrimonio histórico y cultural.

⇒ V. Ley 2/1989, de 18 julio, de Espacios Naturales Protegidos en Andalucía.

Artículo 3.

La actuación de las Administraciones Públicas se regirá a efectos de esta Ley por los principios de planificación, participación, cooperación y coordinación, y garantizará la plena aplicación y efectividad de los instrumentos y procedimientos en ésta establecidos, sin perjuicio del respeto a las competencias atribuidas a cada una de ellas.

Artículo 4.

Las actividades de planificación o de intervención singular, que por su incidencia en la Ordenación del Territorio se relacionan en el Anexo, quedarán sometidas a lo que para cada supuesto establece la presente Ley.

TÍTULO I
DE LOS PLANES PARA LA ORDENACIÓN DEL TERRITORIO

Artículo 5.

1. La planificación territorial se realizará a través de los siguientes instrumentos:

a) El Plan de Ordenación del Territorio de Andalucía.

b) Los Planes de Ordenación del Territorio de ámbito subregional.

2. Las actividades de planificación de la Junta de Andalucía incluidas en el Anexo tendrán, a efectos de esta Ley, la consideración de Planes con Incidencia en la Ordenación del Territorio y se someterán a las disposiciones sobre contenido y tramitación establecidas en el presente Título.

CAPÍTULO I
Del Plan de Ordenación del Territorio de Andalucía

Artículo 6.

El Plan de Ordenación del Territorio de Andalucía establece los elementos básicos para la organización y estructura del territorio de la Comunidad Autónoma, siendo el marco de referencia territorial para los demás planes regulados en esta Ley y para las Actuaciones con Incidencia en la Ordenación del Territorio, así como para la acción pública en general.

⇒ V. D. 102/1999, de 27 abril, que modifica el D. 77/1994, de 5 abril, que regula el ejercicio de las competencias de la Junta de Andalucía en materia de Ordenación del Territorio y Urbanismo, determinándose los órganos a los que se atribuyen.

Artículo 7.

1. El Plan de Ordenación del Territorio de Andalucía tendrá el siguiente contenido:

a) El diagnóstico de las oportunidades y problemas territoriales, los objetivos específicos a alcanzar y las propuestas a desarrollar durante la vigencia del Plan.

b) El esquema de articulación territorial, integrado por el sistema de ciudades y sus áreas de influencia, los principales ejes de comunicación del territorio, los criterios para la mejora de la accesibilidad y las infraestructuras básicas del sistema de transportes, hidráulicas, de las telecomunicaciones, de la energía y otras análogas.

c) Los criterios territoriales básicos para la delimitación y selección de áreas de planificación territorial, ambiental, económica y sectorial.

d) Los criterios territoriales básicos para la localización de las infraestructuras, equipamientos y servicios de ámbito o carácter supramunicipal y para la localización de actuaciones públicas de fomento al desarrollo económico.

e) Los criterios territoriales básicos para el mejor uso, aprovechamiento y conservación del agua y demás recursos naturales y para la protección del patrimonio histórico y cultural.

f) La indicación de las zonas con riesgos catastróficos y la definición de los criterios territoriales de actuación a contemplar para la prevención de los mismos.

g) La indicación de las áreas o sectores que deban ser objeto prioritario de Planes de Ordenación del Territorio de ámbito subregional o de Planes con Incidencia en la Ordenación del Territorio, y la definición de sus objetivos territoriales generales.

h) Las determinaciones de los Planes de Ordenación del Territorio de ámbito subregional y de los Planes con Incidencia en la Ordenación del Territorio que deban ser objeto de adaptación.

i) La concreción de aquellas determinaciones del Plan cuya alteración precisará su revisión a los efectos del artículo 26 apartado 1.

j) La estimación económica de las acciones comprendidas en el Plan y las prioridades de ejecución de las mismas.

k) Las previsiones para el desarrollo, seguimiento y ejecución del Plan.

l) Los criterios de periodicidad y contenido necesario para la elaboración de memorias de gestión en las que se analice el grado de cumplimiento del Plan.

m) Los demás aspectos que el Consejo de Gobierno considere necesario incluir para la consecución de los objetivos del Plan.

2. El Plan tendrá en cuenta las políticas de la Unión Europea y del Estado que puedan afectar en sus aspectos territoriales a la Comunidad Autónoma y especificará las determinaciones de éste que deban ser referentes para dichas políticas.

3. El Plan concretará la naturaleza y efectos de sus determinaciones con arreglo a lo previsto en el artículo 21.

4. La documentación del Plan será la adecuada en términos gráficos y escritos para la justificación y más correcta comprensión de los contenidos expresados en el apartado 1 de este artículo.

⇒ V. Ley 7/1994, de 18 mayo, sobre protección ambiental, modificada por Ley 12/1999, de 15 diciembre y desarrollada por DD. 74/1996, de 20 febrero, 297/1995, de 19 diciembre, 292/1995, de 12 diciembre y 283/1995, de 21 noviembre.

V. Ley 6/2001, de 8 mayo, de modificación del RDLeg 1302/1986, de 28 junio, de evaluación de impacto ambiental

Artículo 8.

1. Corresponde al Consejo de Gobierno, a propuesta del Consejero de Obras Públicas y Transportes, acordar la formulación del Plan de Ordenación del Territorio de Andalucía.

2. El acuerdo de formulación establecerá los objetivos generales que habrán de orientar su redacción, la composición y funciones de la Comisión de Redacción y el procedimiento y plazo para su elaboración.

3. En el procedimiento de elaboración del Plan se garantizará la información pública por un plazo no inferior a dos meses y la participación de las Administraciones y Entidades Públicas afectadas por razón de su competencia.

4. El Plan, una vez aprobado por el Consejo de Gobierno, se remitirá al Parlamento para su aprobación, siguiéndose la tramitación que para los planes contenidos en el artículo 30.5 del Estatuto de Autonomía establece el artículo 143 del Reglamento de la Cámara.

5. Una vez aprobado el Plan por el Parlamento y efectuadas por el Consejo de Gobierno las adaptaciones que vengan requeridas por las Resoluciones de la Cámara, se publicará en el Boletín Oficial de la Junta de Andalucía para su efectividad.

⇒ V. disp. adic. 1ª de la presente ley.

V. D. 83/1995, de 28 marzo, que acuerda la formulación del Plan de Ordenación del Territorio de Andalucía, modificado por D. 210/1997, de 9 septiembre.

V. D. 102/1999, de 27 abril, que modifica el D. 77/1994, de 5 abril, que regula el ejercicio de las competencias de la Junta de Andalucía en materia de Ordenación del Territorio y Urbanismo, determinándose los órganos a los que se atribuyen.

Artículo 9.

El Consejo de Gobierno podrá acordar la elaboración de bases o estrategias regionales, con ámbito general o para zonas o sectores determinados.

Dichos documentos, cuya aprobación corresponderá al Consejo de Gobierno, tendrán carácter preparatorio del Plan de Ordenación del Territorio de Andalucía.

⇒ V. D. 103/1999, de 4 mayo, que aprueba las bases y estrategias en materia de ordenación de territorio.

V. art. 16 de la presente Ley.

V. D. 102/1999, de 27 abril, que modifica el D. 77/1994, de 5 abril, que regula el ejercicio de las competencias de la Junta de Andalucía en materia de Ordenación del Territorio y Urbanismo, determinándose los órganos a los que se atribuyen.

CAPÍTULO II
De los Planes de Ordenación del Territorio de ámbito subregional

Artículo 10.

Los Planes de Ordenación del Territorio de ámbito subregional establecen los elementos básicos para la organización y estructura del territorio en su ámbito, siendo el marco de referencia territorial para el desarrollo y coordinación de las políticas, planes, programas y proyectos de las Administraciones y Entidades Públicas así como para las actividades de los particulares.

⇒ V. D. 52/1999, de 2 marzo, que aprueba la formulación del Plan de Ordenación del Territorio de la Comarca del Litoral Occidental de Huelva.

Artículo 11.

1. Los Planes de Ordenación del Territorio de ámbito subregional tendrán el siguiente contenido:

a) Los objetivos territoriales a alcanzar y las propuestas a desarrollar durante la vigencia del Plan.

b) El esquema de las infraestructuras básicas y la distribución de los equipamientos y servicios de ámbito o carácter supramunicipal necesarios para el desarrollo de los objetivos propuestos.

c) La indicación de las zonas para la ordenación y compatibilización de los usos del territorio y para la protección y mejora del paisaje, de los recursos naturales y del patrimonio histórico y cultural, estableciendo los criterios y las medidas que hayan de ser desarrolladas por los distintos órganos de las Administraciones Públicas.

d) Las determinaciones de los Planes con Incidencia en la Ordenación del Territorio y de los Planes Urbanísticos vigentes en su ámbito que deban ser objeto de adaptación justificando las alteraciones propuestas para los mismos.

e) La concreción de aquellas determinaciones del Plan cuya alteración precisará su revisión a los efectos del artículo 26 apartado 2.

f) Las previsiones para el desarrollo, seguimiento y ejecución del Plan.

g) Los demás aspectos que el Consejo de Gobierno considere necesario incluir para la consecución de los objetivos del Plan.

2. El Plan concretará la naturaleza y efectos de sus determinaciones con arreglo a lo previsto en el artículo 21.

⇒ V. Ley 2/1989, de 18 julio, de Espacios Naturales Protegidos en Andalucía.

Artículo 12.

El Plan constará de la siguiente documentación:

a) Memoria informativa, que contendrá el análisis y diagnóstico de las oportunidades y problemas para la Ordenación del Territorio en el momento de la elaboración del Plan.

b) Memoria de ordenación, que contendrá la definición de los objetivos y criterios de la ordenación, las propuestas y medidas y, en su caso, las determinaciones objeto de adaptación de los planes a que se hace referencia en el apartado 1 d) del artículo anterior.

c) Memoria económica, con la estimación de las acciones comprendidas en el Plan y el orden de prioridad de ejecución de las mismas.

d) Normativa, que contendrá las determinaciones de ordenación y de gestión del Plan y la naturaleza de las mismas, de acuerdo con lo establecido en el artículo 21.

e) Documentación gráfica, con planos de información y propuesta, a escala adecuada para la correcta comprensión de su contenido y determinaciones.

Artículo 13.

1. Corresponde al Consejo de Gobierno acordar la formulación de los Planes de Ordenación del Territorio de ámbito subregional a propuesta del Consejero de Obras Públicas y Transportes de oficio o a instancia de las Corporaciones Locales.

2. Antes de elevar su propuesta, el Consejero de Obras Públicas y Transportes dará audiencia a las Corporaciones Locales afectadas por el ámbito del Plan.

3. El acuerdo establecerá el ámbito, los objetivos generales que habrán de orientar su redacción, la composición y funciones de la Comisión de Redacción y el procedimiento y plazo para su elaboración.

4. En la Comisión de Redacción participará una representación de los municipios afectados.

5. Redactado el Plan, se someterá a información pública, por un plazo no inferior a dos meses, y audiencia a las Administraciones y Entidades Públicas afectadas por razón de su competencia.

6. El Plan será aprobado por Decreto del Consejo de Gobierno, dando cuenta al Parlamento y publicándose en el Boletín Oficial de la Junta de Andalucía para su efectividad.

Artículo 14.

El ámbito de los planes abarcará necesariamente el conjunto de términos municipales completos y contiguos, que por sus características físicas, funcionales y socioeconómicas conformen un área coherente de planificación territorial y, en su caso, respetará las áreas definidas en el Plan de Ordenación del Territorio de Andalucía, de acuerdo con lo previsto en el artículo 7, apartado 1 c) del esta Ley.

Artículo 15.

Cuando las Corporaciones Locales insten la formulación de Planes de Ordenación del Territorio de ámbito subregional, la iniciativa deberá estar refrendada por los acuerdos plenarios de los Ayuntamientos de al menos los tres quintos de los municipios incluidos en el ámbito del Plan, siempre que estos municipios agrupen al menos la mitad de la población de dicho ámbito.

Artículo 16.

El Consejo de Gobierno podrá acordar la elaboración de bases o estrategias subregionales, con ámbito general o para sectores determinados. Dichos documentos, cuya aprobación corresponderá al Consejo de Gobierno, tendrán carácter preparatorio de los Planes de Ordenación del Territorio de ámbito subregional.

⇒ V. art. 9 de la presente Ley.

CAPÍTULO III
De los Planes con Incidencia en la Ordenación del Territorio

Artículo 17.

Los Planes con Incidencia en la Ordenación del Territorio a que se refiere el artículo 5 apartado 2 de esta Ley, sin perjuicio de los contenidos establecidos por la correspondiente legislación especial o por el acuerdo que disponga su formulación, incluirán:

a) La expresión territorial del análisis y diagnóstico del sector.

b) La especificación de los objetivos territoriales a conseguir de acuerdo con las necesidades sectoriales y criterios establecidos para la Ordenación del Territorio.

c) La justificación de la coherencia de sus contenidos con el Plan de Ordenación del Territorio de Andalucía y con las determinaciones de los Planes de Ordenación del Territorio de ámbito subregional que les afecten.

⇒ V. D. 16/1997, de 28 de enero.

V. D. 108/1999, de 11 mayo, que aprueba el Plan Director de Infraestructuras de Andalucía 1997-2007.

V. D. 296/1995, de 19 diciembre, que acuerda la formulación del Plan General de Carreteras de Andalucía 1996-2007; modificado por D. 210/1997, de 9 septiembre.

V. art. 11 del D. 208/1997, de 9 septiembre, que aprueba el Reglamento Forestal.

V. disp. transit. 1ª de la presente Ley.

Artículo 18.

1. Corresponde al Consejo de Gobierno, a propuesta del Consejero competente, acordar la formulación de los Planes con Incidencia en la Ordenación del Territorio.

2. La elaboración de los Planes con Incidencia en la Ordenación del Territorio se regirá por la correspondiente legislación especial y por el acuerdo de formulación.

3. Redactado el Plan se emitirá informe, sobre sus aspectos territoriales, por el órgano competente en Ordenación del Territorio. El plazo para la emisión del informe será de dos meses, transcurrido el cual, sin pronunciamiento expreso, se considerará que el mismo tiene carácter favorable.

4. El Plan será aprobado por Decreto del Consejo de Gobierno.

⇒ V. D. 16/1997, de 28 de enero.

V. D. 108/1999, de 11 de mayo, que aprueba el Plan Director de Infraestructuras de Andalucía 1997-2007.

V. D. 296/1995, de 19 de diciembre, que acuerda la formulación del Plan General de Carreteras de Andalucía 1996-2007; modificado por D. 210/1997, de 9 septiembre.

V. art. 18 del D. 208/1997, de 9 septiembre, que aprueba el Reglamento Forestal.

V. disp. transit. 1ª de la presente Ley.

Artículo 19.

Las alteraciones de los contenidos de los Planes con Incidencia en la Ordenación del Territorio que supongan modificación de sus objetivos territoriales se someterán a las disposiciones establecidas en los artículos 17 y 18.

⇒ V. D. 102/1999, de 27 abril, que modifica el D. 77/1994, de 5 abril, que regula el ejercicio de las competencias de la Junta de Andalucía en materia de Ordenación del Territorio y Urbanismo, determinándose los órganos a los que se atribuyen.

CAPÍTULO IV
De los efectos de los Planes de Ordenación del Territorio

Artículo 20.

1. Los Planes de Ordenación del Territorio a que se refiere el artículo 5.1 de esta Ley serán públicos y vinculantes.

2. El grado de vinculación de estos planes dependerá de la naturaleza de sus determinaciones, de conformidad con lo dispuesto en el artículo siguiente.

Artículo 21.

1. Las determinaciones de los Planes de Ordenación del Territorio podrán tener el carácter de Normas, Directrices o Recomendaciones Territoriales.

2. Las Normas son determinaciones de aplicación directa vinculantes para las Administraciones Públicas y para los particulares, en los suelos urbanizables y no urbanizables.

3. Las Directrices son determinaciones vinculantes en cuanto a sus fines. Con sujeción a ellas, los órganos competentes de las Administraciones públicas a quienes corresponda su aplicación establecerán las medidas concretas para la consecución de dichos fines.

4. Las Recomendaciones son determinaciones de carácter indicativo dirigidas a las Administraciones públicas que, en caso de apartarse de las mismas, deberán justificar de forma expresa la decisión adoptada y su compatibilidad con los objetivos de la Ordenación del Territorio.

Artículo 22.

1. El Plan de Ordenación del Territorio de Andalucía será vinculante para los Planes de Ordenación del Territorio de ámbito subregional y para los Planes con Incidencia en la Ordenación del Territorio, que habrán de ajustarse a sus determinaciones.

2. El Plan de Ordenación del Territorio de Andalucía determinará los plazos para la adaptación de los Planes de Ordenación del Territorio de ámbito subregional y de los Planes con Incidencia en la Ordenación del Territorio, de acuerdo con lo establecido en el artículo 7, apartado 1 h).

3. Las determinaciones del Plan de Ordenación del Territorio de Andalucía que sean de aplicación directa prevalecerán desde su entrada en vigor

sobre las determinaciones de los planes citados en el apartado 1 del este artículo anteriormente aprobados.

Artículo 23.

1. Los Planes de Ordenación del Territorio de ámbito subregional serán vinculantes para los Planes con Incidencia en la Ordenación del Territorio y para el Planeamiento Urbanístico General.

En el Decreto de aprobación de los Planes de Ordenación del Territorio de ámbito subregional se determinarán los plazos para la adaptación de los Planes con Incidencia en la Ordenación del Territorio y del Planeamiento Urbanístico General, de acuerdo con lo establecido en el artículo 11.1 d).

3. Las propuestas de adaptación del Planeamiento Urbanístico General deberán ser tramitadas de acuerdo con el procedimiento establecido en la legislación urbanística para su revisión o modificación.

4. Las determinaciones de los Planes de Ordenación del Territorio de ámbito subregional que sean de aplicación directa prevalecerán desde su entrada en vigor sobre las determinaciones de los planes citados en el apartado 1 de este artículo anteriormente aprobados.

Artículo 24.

1. La aprobación de Planes de Ordenación del Territorio implicará la declaración de utilidad pública y la necesidad de ocupación de los bienes y adquisición de derechos correspondientes, a los fines de expropiación, de ocupación temporal o de imposición o modificación de servidumbres.

2. La declaración de utilidad pública y la necesidad de ocupación se referirá a los proyectos que se realicen en ejecución directa de los Planes de Ordenación del Territorio y también a los bienes y derechos comprendidos en los replanteos de los proyectos y en las modificaciones de obras que puedan aprobarse posteriormente.

3. A los efectos indicados en los apartados anteriores, los proyectos de obras y sus modificaciones deberán comprender la definición de su localización y la determinación concreta e individualizada de los terrenos, construcciones u otros bienes o derechos que se estime preciso ocupar o adquirir, para la construcción, defensa, seguridad o servicio de aquéllas.

CAPÍTULO V

De la vigencia de los Planes de Ordenación del Territorio y de su revisión y modificación

Artículo 25.

Los Planes de Ordenación del Territorio a que se refiere el artículo 5.1 de esta Ley tendrán vigencia indefinida.

⇒ V. Jurisprudencia en arts. 45, 47, 49 y concordantes del TRLS/1976 (§3).

Artículo 26.

1. A los efectos de esta Ley se entiende por revisión del Plan de Ordenación del Territorio de Andalucía la alteración de los objetivos del Plan, así como de las determinaciones establecidas en el artículo 7 apartados 1 b), c) o e).

2. Asimismo, se entiende por revisión de los Planes de Ordenación del Territorio de ámbito subregional, la alteración de los objetivos del Plan, así como de las determinaciones establecidas en el artículo 11, apartado 1 b) o c).

3. Se entiende por modificación cualquier otra alteración no incluida en los dos apartados anteriores.

⇒ V. Jurisprudencia en arts. 45, 47, 49 y concordantes del TRLS/1976 (§3).

Artículo 27.

1. La revisión de los Planes de Ordenación del Territorio se someterá a las mismas disposiciones establecidas para su elaboración.

2. Corresponde al Consejo de Gobierno, a propuesta del Consejero de Obras Públicas y Transportes, acordar la formulación de las modificaciones del Plan de Ordenación del Territorio de Andalucía que, previa información pública, serán aprobadas por Decreto, dando cuenta al Parlamento de Andalucía.

3. Corresponde al Consejero de Obras Públicas y Transportes la formulación y aprobación de las modificaciones de los Planes de Ordenación del Territorio de ámbito subregional, previa información pública y audiencia de las Corporaciones Locales afectadas.

4. Las modificaciones de los Planes de Ordenación del Territorio de ámbito subregional, que impliquen alteración de las determinaciones de los Planes con Incidencia en la Ordenación del Territorio, se someterán a las disposiciones establecidas para su revisión.

⇒ V. D. 102/1999, de 27 abril, que modifica el D. 77/1994, de 5 abril, que regula el ejercicio de las competencias de la Junta de Andalucía en materia de Ordenación del Territorio y Urbanismo, determinándose los órganos a los que se atribuyen.

TÍTULO II
DE LA COORDINACIÓN, COOPERACIÓN Y ORGANIZACIÓN

Artículo 28.

1. A los efectos de lo dispuesto en el artículo 3 de esta Ley, los órganos de la Ordenación del Territorio coordinarán las actividades de la Junta de Andalucía en esta materia y propondrán o adoptarán las medidas necesarias para prever y facilitar la concertación y cooperación con la Administración del Estado y con las Corporaciones Locales.

2. Los acuerdos para la formulación de los planes previstos en esta Ley y de las Bases o Estrategias contendrán las disposiciones necesarias para

garantizar la participación de las Corporaciones Locales en la elaboración y modificación de los mismos.

Artículo 29.

1. Los órganos de la Administración del Estado que en el ejercicio de sus competencias lleven a cabo actividades de planificación de las relacionadas en el Anexo de la presente Ley deberán someterlas con carácter previo a su aprobación, a informe preceptivo del órgano competente en Ordenación del Territorio de la Junta de Andalucía.

2. El informe a que hace referencia el apartado anterior versará sobre la coherencia de la actividad de planificación de que se trate con la política de ordenación del territorio de la Comunidad Autónoma.

3. El plazo para la emisión del informe será de dos meses, transcurrido el cual, sin pronunciamiento expreso, se considerará que el mismo tiene carácter favorable.

4. Se propiciará que la resolución de las discrepancias que pudieran plantearse entre ambas Administraciones se realice de común acuerdo, para lo cual se constituirán comisiones mixtas de concertación que propondrán convenios o fórmulas de resolución de las mismas.

⇒ V. disp. transit. 1ª de la presente Ley.

Artículo 30.

1. Las actividades de intervención singular que se relacionan en el Anexo, y que se efectúen en ausencia de Plan de los previstos en esta Ley o no estén contempladas en los mismos, tendrán a efectos de esta Ley la consideración de Actuaciones con Incidencia en la Ordenación del Territorio y se someterán a informe del órgano competente en Ordenación del Territorio.

2. El informe a que hace referencia el apartado anterior versará sobre la coherencia territorial de la actuación en virtud de sus efectos en la Ordenación del Territorio y señalará, en su caso, las medidas correctoras, preventivas o compensatorias que deban adoptarse.

3. El plazo para la emisión del informe será de dos meses a partir de la recepción de la documentación a que se refiere el artículo 31, transcurrido el cual sin pronunciamiento expreso se considerará que el mismo tiene carácter favorable.

⇒ V. D. 102/1999, de 27 abril, que modifica el D. 77/1994, de 5 abril, que regula el ejercicio de las competencias de la Junta de Andalucía en materia de Ordenación del Territorio y Urbanismo, determinándose los órganos a los que se atribuyen.

Artículo 31.

A los efectos de lo establecido en el artículo anterior, el órgano promotor de la actuación remitirá la documentación que permita valorar las incidencias previsibles en la Ordenación del Territorio, considerando, según los casos, las que puedan tener en:

a) El sistema de ciudades.

b) Los principales ejes de comunicaciones y las infraestructuras básicas del sistema de transportes, de las telecomunicaciones y de la energía.

c) Los equipamientos educativos, sanitarios, culturales y de servicios sociales.

d) Los usos del suelo y la localización de las actividades económicas.

e) El uso, aprovechamiento y conservación de los recursos naturales básicos.

Artículo 32.

1. Cuando existan discrepancias respecto al contenido del informe serán resueltas por el Consejo de Gobierno.

2. Las discrepancias respecto de actuaciones de la Administración del Estado se resolverán en la forma prevista en el artículo 29 apartado 4.

⇒ V. D. 102/1999, de 27 abril, que modifica el D. 77/1994, de 5 abril, que regula el ejercicio de las competencias de la Junta de Andalucía en materia de Ordenación del Territorio y Urbanismo, determinándose los órganos a los que se atribuyen.

Artículo 33.

1. Como instrumento de apoyo a la toma de decisiones y de coordinación, el órgano competente en Ordenación del Territorio dispondrá de un sistema de información territorial, que integrará cuantos datos e informaciones se consideren necesarios para el desarrollo y aplicación de la política de la Junta de Andalucía en esta materia.

2. Las Administraciones autonómica y local facilitarán al órgano gestor de dicho sistema la información solicitada, que sea relevante para el mismo.

3. El sistema de información territorial incluirá, en todo caso, un Inventario de Ordenación del Territorio, en el que figurarán los planes y actuaciones previstos en esta Ley y el Planeamiento Urbanístico general.

Artículo 34.

La Comisión de Ordenación del Territorio y Urbanismo de Andalucía, además de las competencias que le corresponden en virtud de otras disposiciones, es el órgano superior consultivo en materia de Ordenación del Territorio, debiendo informar, con carácter previo a su aprobación, los Planes de Ordenación del Territorio, sus revisiones y modificaciones.

Artículo 35.

Las Comisiones Provinciales de Ordenación del Territorio y Urbanismo, además de las competencias que le correspondan en virtud de otras disposiciones, deberán informar, con carácter previo a su aprobación, los Planes de Ordenación del Territorio de ámbito subregional, sus revisiones y modificaciones.

TÍTULO III
DE LA PROTECCIÓN DE LA LEGALIDAD

Artículo 36.

Los actos y acuerdos que infrinjan la presente Ley, o las disposiciones o Planes de Ordenación del Territorio con arreglo a la misma, podrán ser impugnados ante los órganos del orden jurisdiccional competente, de acuerdo con la legislación procesal del Estado.

⇒ V. arts. 1, 8 c) y 10 a) de la LJCA.

Artículo 37.

1. Las actividades de intervención singular que careciendo o sin ajustarse a las licencias preceptivas se ejecuten sin acomodarse a las determinaciones de esta Ley y de los Planes de Ordenación del Territorio que les afecten, serán paralizadas por la Consejería de Obras Públicas y Transportes, sin perjuicio de las responsabilidades a que hubiere lugar.

2. Cuando la ejecución de las actividades a que se refiere el apartado anterior produzca una alteración ilegal de la realidad física, su titular deberá proceder a la restitución de la misma en la forma en que disponga la Consejería de Obras Públicas y Transportes.

3. La Consejería de Obras Públicas y Transportes podrá imponer multas coercitivas sucesivas, a los particulares infractores, de hasta el diez por ciento del presupuesto de la actividad, atendiendo al importe de la actividad, gravedad e incidencia territorial, en la forma que reglamentariamente se establezca y sin perjuicio de la posible ejecución subsidiaria por la propia Consejería a cargo de aquéllos.

4. En cualquier caso el titular de la actividad deberá indemnizar los daños y perjuicios ocasionados. La valoración de los mismos se hará por la Consejería de Obras Públicas y Transportes previa tasación contradictoria cuando el titular de aquélla no prestara conformidad.

DISPOSICIONES ADICIONALES

Primera.

En el plazo máximo de un año a partir de la entrada en vigor de la presente Ley se acordará la formulación del Plan de Ordenación del Territorio de Andalucía, en los términos previstos en el artículo 8 de la presente Ley.

⇒ V. D. 83/1995, de 28 marzo, que acuerda la formulación del Plan de Ordenación del Territorio de Andalucía, modificado por D. 210/1997, de 9 septiembre.

Segunda.

El Planeamiento Urbanístico General y el Planeamiento Especial a que hace referencia el artículo 84.3 del Texto Refundido de la Ley sobre Régimen del Suelo y Ordenación Urbana, contendrán, junto a las determinaciones previstas por la legislación urbanística, la valoración de la incidencia de sus determinaciones en la Ordenación del Territorio, particularmente en el sistema de ciudades, sistema de comunicaciones y transportes, equipamientos, infraestructuras o servicios supramunicipales y recursos naturales básicos.

Tercera.

1. La Comisión de Urbanismo de Andalucía y las Comisiones Provinciales de Urbanismo pasan a denominarse, respectivamente, Comisión de Ordenación del Territorio y Urbanismo de Andalucía y Comisiones Provinciales de Ordenación del Territorio y Urbanismo.

2. Por Decreto del Consejo de Gobierno se modificará la composición, estructura y funciones de dichas Comisiones garantizándose la presencia de las Corporaciones Locales de mayor implantación en la Comunidad Autónoma.

Cuarta.

1. En el ámbito territorial de la Comunidad Autónoma de Andalucía los instrumentos de ordenación del territorio establecidos en esta Ley sustituyen a los Planes Directores Territoriales de Coordinación previstos en el Texto Refundido de la Ley sobre Régimen del Suelo y Ordenación Urbana, aprobado por el Real Decreto 1/1992, de 26 de junio, no siendo de aplicación cuantas disposiciones se opongan a lo dispuesto en la presente Ley.

2. Los Planes Directores Territoriales de Coordinación aprobados con anterioridad continúan en vigor a la promulgación de la presente Ley. Su revisión o modificación se someterá a las disposiciones contenidas en esta Ley para los Planes de Ordenación del Territorio de ámbito subregional.

DISPOSICIONES TRANSITORIAS

Primera.

No será de aplicación lo establecido en los artículos 17, 18 y 29 a las actividades de planificación relacionadas en el Anexo que se encuentren en tramitación a la entrada en vigor de la presente Ley, ni a los Planes de Ordenación de Recursos Naturales que afecten a espacios incluidos en la Ley 2/1989 de Inventario de Espacios Naturales Protegidos.

⇒ V. Ley 2/1989, de 18 julio, de Espacios Naturales Protegidos en Andalucía.
V. D. 16/1997, de 28 enero.

Segunda.

No será de aplicación lo establecido en la disposición adicional segunda a los Planes Urbanísticos aprobados inicialmente, o a los que estando en grado de avance se aprueben inicialmente en el plazo de dos meses desde la entrada en vigor de la presente Ley.

DISPOSICIONES FINALES

Primera.

Por Decreto del Consejo de Gobierno se establecerán los órganos y las funciones que les correspondan a los mismos en desarrollo de la presente Ley.

Segunda.

Se autoriza al Consejo de Gobierno para que dicte las disposiciones necesarias en desarrollo y aplicación de la presente Ley.

ANEXO

Actividades de planificación e intervención singular en el ámbito de la Comunidad Autónoma

I. Actividades de planificación.

1. Planificación de ámbito regional y subregional de la red de carreteras.

2. Planificación de la red de carreteras de interés general del Estado.

3. Planificación de la red ferroviaria.

4. Planificación de ámbito regional y subregional del transporte público.

5. Planificación regional de centros de transporte de mercancías y de centros de actividades logísticas del transporte.

6. Planificación regional de los puertos de competencia de la Comunidad Autónoma.

7. Planificación de puertos de interés general del Estado.

8. Planificación de aeropuertos.

9. Planificación hidrológica.

10. Planificación regional y subregional de sistemas en alta de abastecimiento de agua.

11. Planificación de infraestructuras y equipamientos para la gestión de los residuos.

12. Planes de desarrollo y programas operativos para un ámbito territorial.

13. Planes de ordenación de recursos naturales.

14. Plan General del Turismo.

15. Otras actividades de planificación que se refieren a las materias que se relacionan en el Anexo II.

✐ Ap. 14 modificado por la disp. adic. 5ª de la Ley 12/1999, de 15 diciembre, pasando a ser el anterior ap. 14 el nuevo ap. 15.

II. Actividades de intervención singular.

1. Nuevas carreteras, modificación de la clasificación o de la categoría de las carreteras.

2. Nuevas líneas ferroviarias, ampliación, cierre o reducción de las existentes.

3. Centros de transporte de mercancías y centros de actividades logísticas de transporte.

4. Nuevos puertos y aeropuertos o cambio de su funcionalidad.

5. Embalses destinados a abastecimiento de agua a poblaciones o para regadíos con una capacidad superior a 15 hm.

6. Redes en alta de un sistema supramunicipal de abastecimiento de agua.

7. Infraestructuras y equipamiento ambiental para el tratamiento de residuos.

8. Alteración de límites de términos municipales.

9. Creación de Áreas Metropolitanas.

10. Transformación en regadío de zonas con superficie igual o superior a 500 ha.

11. Delimitación de zonas para el establecimiento de ayudas a empresas.

12. Localización de equipamientos o servicios supramunicipales referida a las siguientes materias:

Educación: Centros de enseñanza secundaria pos-obligatoria.

Sanidad: Áreas sanitarias, hospitales y centros de especialidades.

Servicios Sociales: Centros de servicios sociales comunitarios y centros de servicios sociales especializados.

13. Localización de grandes superficies comerciales, turísticas e industriales no previstas expresamente en el Planeamiento urbanístico general.

§ 5 LEY 1/1997, DE 18 JUNIO. ADOPTA CON CARÁCTER URGENTE Y TRANSITORIO DISPOSICIONES EN MATERIA DE SUELO Y ORDENACIÓN URBANA EN ANDALUCÍA

(BOE núm. 161, de 7 julio y BOJA núm. 73, de 26 junio [RCL 1997, 1739 y LAN 1997, 246])

La Sentencia del Tribunal Constitucional 61/1997, de 20 de marzo de 1997, ha declarado inconstitucionales, y por tanto nulos, una serie de preceptos del Texto Refundido de la Ley sobre Régimen del Suelo y Ordenación Urbana, aprobado por el Real Decreto Legislativo 1/1992, de 26 de junio, por razones competenciales. El fallo del Tribunal Constitucional fija los límites de la intervención estatal en las materias contempladas en el Texto Refundido de 26 de junio de 1992, y residencia en las Comunidades Autónomas la competencia para legislar en materia de urbanismo y suelo.

Desde la entrada en vigor de la Ley 8/1990, de 25 de julio, de Reforma del Régimen Urbanístico y Valoraciones del Suelo, y el Texto Refundido de 26 de junio de 1992, los municipios andaluces han desarrollado, o bien redactado, revisado o adaptado, sus instrumentos de planteamiento de acuerdo con dicha legislación, o se encuentran en el momento de producirse el fallo del Tribunal Constitucional en proceso de redacción, revisión o adaptación en concordancia con dicha norma. Asimismo, los agentes públicos y privados que intervienen en el proceso de urbanización y edificación en nuestras ciudades y territorio en general han participado en el desarrollo y ejecución del planeamiento de acuerdo con la referida base legal.

El Parlamento de Andalucía acordó el 8 de mayo de 1997, en el debate sobre el estado de la Comunidad, instar al Consejo de Gobierno a presentar el proyecto de Ley del Suelo para Andalucía en el plazo de un año. Esta norma establecerá la legislación en materia de urbanismo y suelo de la que quiera dotarse a la Comunidad Autónoma, y es en ella donde el Parlamento de Andalucía expresará su voluntad y fijará sus propios criterios políticos, de acuerdo con las demandas sociales y económicas que Andalucía tiene planteadas en materia de urbanismo y suelo, en el marco que la legislación estatal establezca con carácter básico, acorde con el referido fallo del Tribunal Constitucional.

Hasta tanto la normativa de Andalucía esté aprobada, es conveniente incorporar aquellas normas que contribuyan a reforzar la cobertura legal del desarrollo del planeamiento realizado en este tiempo, así como del aprobado de acuerdo con la situación precedente.

Esta circunstancia justifica una intervención urgente del Parlamento de Andalucía que, con carácter transitorio y hasta la aprobación de la Ley de Urbanismo y Suelo, cuyo anteproyecto está siendo elaborado por el Consejo de Gobierno de la Junta de Andalucía, complete el ordenamiento jurídico urbanístico mediante la aprobación de una Ley autonómica cuyo contenido coincida con los preceptos del Real Decreto Legislativo 1/1992, de 26 de junio, declarados inconstitucionales por motivos competenciales.

En consecuencia, en desarrollo de las competencias que el artículo 148.1.3º de la Constitución Española reconoce a las Comunidades Autónomas en materia de ordenación del territorio, urbanismo y vivienda, y que el Estatuto de Autonomía para Andalucía (art. 13.8), ésta asume como derecho propio y con carácter transitorio el texto de los preceptos que han sido declarados inconstitucionales por la Sentencia del Tribunal Constitucional 61/1997, por cuanto que la base argumental de la declaración de inconstitucionalidad de tales preceptos es la invasión competencial de la legislación estatal sobre la autonómica. Estos preceptos declarados como propios desplazan a la legislación y reglamentación anterior a la aprobación de esta Ley que se opongan a la misma.

De esta forma, con la presente Ley, la Comunidad Autónoma de Andalucía realiza el ejercicio de producción normativa que resulta preciso para ofrecer de forma inmediata una regulación completa de la actividad urbanística. Entre los aspectos más significativos del ejercicio de esta potestad autonómica para el que se encuentra legitimada según la sentencia del Tribunal Constitucional, destacan por su trascendencia el de la concreción del aprovechamiento urbanístico objeto de apropiación por el propietario, así como la fijación del porcentaje de recuperación por la Comunidad de las plusvalías generadas por la acción de los poderes públicos, junto con la previsión de viviendas sujetas a algún régimen de protección pública, determinar áreas para el patrimonio municipal de suelo y ejercitar los derechos de tanteo y retracto.

La legislación establecida en esta Ley como propia de la Comunidad Autónoma ha de ser completada, para su adecuada comprensión y aplicación, con la que ha sido declarada constitucional por la sentencia del Tribunal Constitucional 61/1997, del Texto Refundido de la Ley del Suelo de 1992, que es la que el Alto Tribunal entiende que constituye la competencia estatal, junto con el resto del referido texto no anulado en la sentencia. De esta forma deben entenderse las referencias a «legislación urbanística aplicable», «en la presente Ley» o similares que se realizan en diversos preceptos aprobados en el artículo único de esta Ley. Asimismo, con el objetivo de contribuir a la mejor comprensión de la legislación urbanística de aplicación en Andalucía se editarán de forma conjunta ambas legislaciones.

La asunción por parte de la Comunidad Autónoma de Andalucía de los artículos declarados inconstitucionales del Texto Refundido de 1992, se realiza con algunas excepciones. En primer lugar, con la excepción de los artículos que regulan la figura del Plan Nacional de Ordenación, su elaboración, tramitación, contenidos y vinculaciones, por razones obvias. En segundo lugar, con la excepción de aquellos artículos que hacen referencia a las figuras de planificación territorial, que cuentan en la Comunidad Autónoma con instrumentos propios en virtud de la Ley 1/1994, de Ordenación del Territorio de la Comunidad Autónoma de Andalucía, que continúa plenamente en vigor. En tercer lugar, las relativas a algunas relaciones directas entre la Administración del Estado y Ayuntamientos (135.2) y a referencias a legislación urbanística que no ha lugar en estos momentos (96.2 y 97.4).

De otra parte, el Decreto 77/1994, de 5 de abril, «por el que se regula el ejercicio de las competencias de la Junta de Andalucía en materia de ordenación del territorio y urbanismo, determinándose los órganos a los que se atribuyen», ya regula la publicación de los acuerdos de tramitación y aprobación del planeamiento y los órganos competentes de la Comunidad Autónoma en materia de ordenación del territorio y urbanismo.

Finalmente, las disposiciones adicionales, transitorias y finales de esta Ley garantizan la legalidad de los instrumentos de planteamiento aprobados definitivamente al amparo de la Ley 8/1990, de 25 de julio, y el Texto Refundido de 26 de junio de 1992; la continuidad del proceso de redacción de los instrumentos de planeamiento que se encuentre en distintas fases de elaboración; se da, de igual modo, continuidad y garantía a los instrumentos y procedimientos de ejecución del planeamiento, así como se indica el carácter retroactivo de la Ley, haciéndola coincidir con la fecha de entrada en vigor de la Sentencia del Tribunal Constitucional 61/1997, de 20 de marzo de 1997, publicada en el «Boletín Oficial del Estado» el 25 de abril de 1997.

Artículo único.

Se aprueba como Ley de la Comunidad Autónoma de Andalucía, al objeto de completar el régimen urbanístico de la propiedad del suelo establecida en la legislación estatal y regular la actividad administrativa en materia de urbanismo y suelo, el contenido de los artículos y disposiciones del Texto Refundido de la Ley sobre el Régimen del Suelo y Ordenación Urbana, aprobado por Real Decreto Legislativo 1/1992, de 26 de junio (publicado en el Boletín Oficial del Estado de 30 de junio; corrección de erratas en BOE de 4 de agosto y corrección de errores en BOE de 19 de diciembre), declarados nulos como Derecho estatal, siguientes: Artículos 2, 3.2 a), 3.2 b), 3.2 d) a 3.2 k), 3.3 a 3.6, 4.2, 4.3, 9.2 10 a 14, 16.3, 18, 20.1 b) en su inciso «a los Ayuntamientos», 24.2, 27, 28.2 a 28.4, 29, 30.1, 30.2, 30.3 en su segundo inciso «el Ayuntamiento decidirá sobre la expropiación o sujeción al régimen de venta forzosa de los correspondientes terrenos, cuyo valor se determinará, en todo caso, con arreglo a la señalada reducción del aprovechamiento urbanístico», 30.4, 30.5, 31, 32, 33.2, 34, 35.1, 36.2, 38.2 y 38.3 y 39 en su inciso «mediante solicitud de la correspondiente licencia en el plazo que establezca la legislación urbanística aplicable o, en su defecto, en el de dos meses a contar desde el oportuno requerimiento, si ya se hubiese adquirido el derecho al aprovechamiento urbanístico. Si faltase sólo para la adquisición del mencionado derecho la realización de la urbanización, la legalización exigirá también el cumplimiento de dicho deber», 40.3, 40.4, 42.1, 42.2, 42.3 en su segundo inciso «con la particularidad de que el aprovechamiento susceptible de apropiación se reducirá en un cincuenta por ciento, cuando no se hubiera adquirido ese derecho en el momento de la notificación del incumplimiento», 42.4, 42.5, 43.2, 44, 45.5, 59 a 62, 65.3 a 65.6, 70 a 95, 96.1, 96.3, 97.1 a 97.3, 98, 99, 101 a 103, 104.1 y 104.2, 105, 106, 109 a 111, 114 a 117, 118.3, 118.4, 119 a 123, 124.2, 125, 126.3 a 126.6, 127 a 131, 134.2, 136.1, 137.1 a 137.4, 138 a), 139, 141 a 149, 151 a 153, 154.2, 155 a 158, 159.1 a 159.3, 160.1, 160.2, 160.4, 161 a 167, 170.2, 171, 172, 174 a 179, 180 a 182, 184.1, 185 a 202, 205.2, 205.3, 206.1 a) a 206.1 e), 206.1 g), 206.2, 207 a 209, 211.1, 211.2, 212, 220.1, 221, 227.1 en su primer párrafo: «En los supuestos de incumplimiento de deberes urbanísticos contemplados en la presente Ley, cuando la Administración actuante no opte por la expropiación, acordará la aplicación del régimen de venta forzosa del terreno», 227.2, 228.1, 228.2, 228.3 en su inciso «según el aprovechamiento tipo vigente al tiempo de la tasación», 229 a 231, 233, 234, 236, 242.2 a 242.5, 242.7, 243.3, 244.1, 244.5, 245.2, 246.1, 246.3, 247 a 252, 253.1, 253.2, 253.4, 254.1, 254.3, 255.1, 256, 257, 258.1, 259.1, 259.2, 259.4, 260 a 273, 275, 277 a 279, 280.2, 281 a 286, 287.1, 288.1, 290 a 295, 297, 298, 299 en su inciso final: «Con arreglo a esta Ley», disposiciones adicionales primera a tercera, disposición adicional cuarta, regla 2ª, disposición transitoria segunda a cuarta, disposición transitoria quinta, apartado 2, último inciso: «En todo caso, como valor mínimo del suelo, se entenderá el resultante de la aplicación del 85% del aprovechamiento tipo vigente al tiempo de la valoración» y disposiciones transitorias sexta a octava.

⇒ V. RDLeg 1/1992, de 26 junio, que aprueba el Texto Refundido de la Ley sobre el Régimen del Suelo y Ordenación Urbana (§2).

Téngase en cuenta la Ley 1/1994, de 11 enero, de Ordenación del Territorio (§4).

V. D. 184/1995, de 25 julio, que regula el plazo máximo para la tramitación y resolución de determinados procedimientos sancionadores en materia urbanística.

Téngase en cuenta, en materia de accesibilidad, los arts. 48 y ss. de la Ley 1/1999, de 31 marzo, de Andalucía, de Atención a las Personas con Discapacidad.

V. también D. 72/1992, de 5 mayo, que aprueba las normas técnicas para accesibilidad y eliminación de barreras arquitectónicas, urbanísticas y en el transporte, el cual ha sido afectado por O. 298/1995, de 26 diciembre; por el art. único del D. 133/1992, de 21 julio. Téngase en cuenta también la O. 5 septiembre 1996 y la O. 3 mayo 1995.

Téngase en cuenta el art. 60 de la Ley 1/1991, de 3 julio, Reguladora del Patrimonio Histórico en Andalucía.

Téngase en cuenta para el suelo no urbanizable la Ley 2/1992, de 15 junio, de Protección de Montes o Terrenos Forestales en Andalucía.

V. Res. de 4 noviembre 1996, de la Dirección General de Desarrollo Rural y Actuaciones Estructurales, que determina provisionalmente las unidades mínimas de cultivo a que se refiere el art. 23 de la Ley 19/1995, de 4 julio.

Téngase en cuenta, para el suelo no urbanizable, la Ley 2/1989, de 18 julio, de espacios naturales protegidos en Andalucía.

V. Ley 7/1994, de 18 mayo, sobre protección ambiental, modificada por Ley 12/1999, de 15 diciembre y desarrollada por DD. 74/1996, de 20 febrero, 297/1995, de 19 diciembre, 292/1995, de 12 diciembre y 283/1995, de 21 noviembre.

V. Ley 6/2001, de 8 mayo, de modificación del RDLeg 1302/1986, de 28 junio, de evaluación de impacto ambiental.

V. D. 94/2001, de 3 abril y D. 102/1999, de 27 abril, que modifican el D. 77/1994, de 5 abril, que regula el ejercicio de las competencias de la Junta de Andalucía en materia de Ordenación del Territorio y Urbanismo, determinándose los órganos a los que se atribuyen.

V. D. 83/1995, de 28 marzo, que acuerda la formulación del Plan de Ordenación del Territorio de Andalucía, modificado por D. 210/1997, de 9 septiembre.

DISPOSICIÓN ADICIONAL

Única.

Las referencias relativas a medios oficiales de publicación y órganos urbanísticos autonómicos contenidas en el artículo único se entenderán hechas a los medios oficiales de publicación y los órganos competentes de esta Comunidad Autónoma, regulados en el Decreto 77/1994, de 5 de abril, «por el que se regula el ejercicio de las competencias de la Junta de Andalucía en materia de ordenación del territorio y urbanismo, determinándose los órganos a los que se atribuye», o en otra disposición posterior de la Comunidad Autónoma.

⇒ V. RDLeg 1/1992, de 26 junio, que aprueba el Texto Refundido de la Ley sobre el Régimen del Suelo y Ordenación Urbana (§2).

DISPOSICIÓN TRANSITORIA

Única.

1. Los planes que hubieran iniciado su tramitación antes de la entrada en vigor de esta Ley continuarán tramitándose, se aprobarán y se ejecutarán con arreglo a este texto legal.

2. Los planes a que se refiere el número anterior y los que al tiempo de la entrada en vigor de esta Ley estuvieran ya definitivamente aprobados se ejecutarán y, en su caso, continuarán ejecutando, conforme a lo dispuesto en esta Ley y demás legislación de pertinente aplicación.

DISPOSICIÓN DEROGATORIA

Única.

Quedan derogadas cuantas disposiciones legales o reglamentarias, aprobadas por la Comunidad Autónoma de Andalucía, se opongan a lo dispuesto en la presente Ley.

DISPOSICIONES FINALES

Primera.

Dejarán de ser de aplicación en la Comunidad Autónoma de Andalucía los preceptos de la legislación urbanística estatal que se opongan a lo establecido en esta Ley, conforme al marco competencial delimitado en la Sentencia 61/1997, del Tribunal Constitucional.

Segunda.

Se autoriza al Consejo de Gobierno, así como, en el ámbito de su competencia propio, al Consejero de Obras Públicas y Transportes, para el dictado de cuantas disposiciones administrativas sean necesarias para el desarrollo y aplicación de esta Ley.

Tercera.

La presente Ley entrará en vigor el mismo día de su publicación en el «Boletín Oficial de la Junta de Andalucía», retrotrayéndose su eficacia al momento de la publicación de la Sentencia 61/1997, del Tribunal Constitucional, de 20 de marzo de 1997, producida el 25 de abril de 1997.

Jurisprudencia

«La desaparición del mundo jurídico de los preceptos del TRLS/1992 (y de la Ley 8/1990, que fue la aplicada en este caso) no produce sin más la disconformidad a derecho de los actos dictados en su aplicación, porque, siendo la causa de la inconstitucionalidad un vicio formal, a saber, la incompetencia del Estado, hay que acudir al ordenamiento de la respectiva comunidad autónoma (en primer lugar) o al viejo Texto Refundido de 1976 (en segundo lugar) para comprobar por ese orden si algún precepto puede servir de soporte al acto impugnado. El ordenamiento de la Comunidad Autónoma de Andalucía no tenía, a la fecha de publicación de la sentencia del Tribunal Constitucional normativa urbanística general propia (aunque después la tuvo "ex post facto", como veremos)... El legislador andaluz, a la vista de la STC, y a fin de garantizar la legalidad de los instrumentos de planeamiento aprobados definitivamente al amparo de la Ley 8/1990 y del TRLS/1992, la continuidad del proceso de redacción de tales planes y de los instrumentos y procedimientos de ejecución (es decir, a fin de impedir una invalidez masiva de planes y de ejecuciones) promulgó la Ley 1/1997, de 16 de junio, en la que se aprobó como ley de la Comunidad Autónoma de Andalucía el contenido de la mayor parte de los artículos del TRLS/1992. En cuanto tal ley entró en vigor el mismo día de su pubicación en el BOJA (disp. final 3ª) no sería aplicable al caso que nos ocupa, si no fuera porque añade que "retrotrae su eficacia al momento de la publicación de la Sentencia 61/1997, del TC, de 20 de marzo, producida el 25 de abril de 1997". Esta cláusula de retroactividad plantea dos problemas, a saber, el de su licitud y el de su extensión... Pues bien, en el presente caso (...) no puede decirse que la Ley 1/1997 haya incurrido en una retroactividad prohibida constitucionalmente... En cuanto a la extensión de esa lícita retroactividad, la expresión de la disp. final 3ª de la Ley 1/1997, según la cual su eficacia se retrotrae al momento de la publicación de la STC, es literalmente contraria por insuficiente a lo que el propio legislador razona en la Exposición de Motivos, pues allí expresa el deseo de garantizar la legalidad no sólo de los planes y actos urbanísticos que se produzcan a partir de la STC, sino todos los producidos "al amparo de la Ley 8/1990, de 25 julio y el TRLS/1992". Ésta es, creemos, la auténtica voluntad del legislador de la Comunidad Autónoma de Andalucía, y la expresión literal de su disp. final 3ª llevando la retroactividad sólo "al momento de la publicación de la Sentencia 61/1997" debe conectarse con lo que dispone el art. 38 de la LOTC, a cuyo tenor las sentencias recaídas en procedimientos de inconstitucionalidad "producirán efectos generales desde la fecha de su publicación en el BOE", habiendo utilizado sin duda el legislador andaluz esa referencia no desde luego para desconocer los efectos de la STC –lo que no estaba en su ánimo– pero sí para remediarlos poniendo su competencia urbanística autonómica allí donde faltaba. La interpretación literal de la disp. final 3ª de la Ley 1/1997 *significaría que la retroactividad concedida a sus disposiciones era una retroactividad de dos meses* (26-6-1997 a 25-4-1997), lo que parece absolutamente inadecuado para conseguir los efectos legalizables que proclama su Exposición de Motivos. Así pues la retroactividad de la Ley 1/1997 debe ser llevada en este caso, atendiendo a su espíritu y finalidad (tal como enseña el art. 3.1 del Código Civil) a todas las actuaciones urbanísticas realizadas al amparo de la Ley 8/1990 y del TRLS/1992. La conclusión de todo ello es que la Ley de la Comunidad Autónoma de Andalucía 1/1997 convalidó hacia atrás actuaciones como la presente». **(SSTS 21 marzo 2000 [RJ 2000, 3685, 3686 y 3689])**.

Aragón

§ 6 LEY 5/1999, DE 25 MARZO. NORMAS REGULADORAS DE LA ACTIVIDAD URBANÍSTICA EN ARAGÓN

(BOE núm. 95, de 21 abril y BOA núm. 39, de 6 abril [RCL 1999, 995 y LARG 1999, 78])

PREÁMBULO

I

El origen directo de la presente Ley se encuentra en el reconocimiento de la plenitud de la competencia de la Comunidad Autónoma en materia de urbanismo, tras la declaración de inconstitucionalidad, debida a falta de competencia del Estado, de buena parte de los preceptos del Texto Refundido de la Ley del Suelo (Real Decreto Legislativo 1/1992, de 26 de junio), conforme a la Sentencia del Tribunal Constitucional 61/1997, de 20 de marzo.

Tras la citada sentencia, se produjo una situación de cierta desorientación normativa. Vacío normativo no lo ha habido realmente, puesto que la declaración de inconstitucionalidad del Derecho supletorio contenido en el Texto Refundido de 1992 iba acompañada de la expresa cautela de recuperación de vigencia del Derecho supletorio anterior (Texto Refundido aprobado por Decreto 1346/1976, de 9 de abril), coincidente en la casi totalidad de los casos, incluso en su literalidad, con las normas anuladas por falta de competencia del Estado.

Sin embargo, la doctrina del carácter completo del Ordenamiento jurídico, con el consabido rechazo de las lagunas de Derecho absolutas, es claro que no puede satisfacer las exigencias de certeza y seguridad jurídicas, máxime dentro de un sector normativo exigido de tan alto nivel de precisión como es el Derecho Urbanístico.

Por eso, la aplicación supletoria del Texto Refundido de 1976, tras la reviviscencia jurídica del mismo como consecuencia de la Sentencia constitucional 61/1997, únicamente ha podido considerarse solución válida con carácter transitorio, en función de las concretas necesidades presentadas por los procesos urbanísticos en la Comunidad Autónoma.

Dicho de otro modo: la realidad de la incompleta aplicación del Texto Refundido de 1992 en Aragón, junto con la ausencia de apremiantes necesidades de puesta en marcha del mismo, han permitido pasar al resucitado Texto de 1976 sin necesidad de volver a resucitar inmediatamente el de 1992, como han tenido que hacer otras Comunidades Autónomas. Aunque la situación no debe perpetuarse, siendo necesario establecer una legislación urbanística propia de la Comunidad Autónoma que resulte eficaz y completamente aplicada.

Por otra parte, la reciente aprobación por el Estado de la Ley 6/1998, de 13 de abril, sobre Régimen del Suelo y Valoraciones, completa el conjunto de las razones determinantes de la nueva legislación urbanística de la Comunidad Autónoma. En efecto, aunque el Estado carece de competencias directas en materia de urbanismo, dispone de atribuciones sobre cuestiones básicas que delimitan el alcance de la legislación urbanística de las Comunidades Autónomas. Al haberse formalizado en la Ley estatal citada la nueva legislación básica que más directamente incide sobre el urbanismo, es preciso, pues, llevar a cabo las consecuentes adaptaciones del Derecho de la Comunidad Autónoma.

II

En la oportunidad de establecer esa normativa urbanística propia de la Comunidad Autónoma, no conviene olvidar una importante cultura jurídico-urbanística que sería necio orillar por el mero prurito de presentar una Ley enteramente novedosa. Pero sería igualmente inadecuado ignorar relevantes y prácticas aportaciones, ya ensayadas en alguna Comunidad Autónoma, que bien pudieran resultar útiles en ocasiones en la nuestra. Por ello, esta Ley trata de cohonestar tradición y modernidad, la cultura jurídico-urbanística heredada y los nuevos avances técnicos en la materia. Así, al perfeccionamiento técnico de instrumentos tradicionales y a su adaptación a las necesidades de la Comunidad Autónoma se une la introducción en nuestro ordenamiento autonómico de algunas nuevas técnicas urbanísticas, con importantes correcciones y adaptaciones a la realidad aragonesa, especialmente en lo que respecta a la ejecución del planeamiento. Se profundiza con ello en la consolidada filosofía de nuestra legislación, que viene concibiendo el urbanismo como una función pública, consistente fundamentalmente en planificar el uso constructivo del territorio, ejecutar las obras –públicas– de urbanización o rehabilitación, intervenir en el mercado del suelo y garantizar la correcta realización y conservación de las construcciones.

Esa tradicional filosofía urbanística se abre en la reciente legislación del Estado a una participación más activa de la iniciativa privada, apertura que es una buena directriz normativa, asumida sin reticencias en la presente Ley, aunque con las cautelas que las responsabilidades y competencias de la Comunidad Autónoma exigen para mantener la función pública urbanística, conforme a las técnicas que constituyen los elementos vertebradores de nuestra cultura urbanística.

En estas manifestaciones de aseguramiento de las raíces de la tradicional legislación urbanística no debe verse una suerte de inmovilismo normativo. Entiéndase bien el planteamiento de la Ley: conservar lo que no sea preciso innovar.

Las innovaciones pueden provenir, en primer término, de la experiencia aplicativa del Derecho Urbanístico, que aconseja suprimir aquellas técnicas que no parecen aplicables en nuestra Comunidad Autónoma, salvo recurriendo al establecimiento de pesados aparatos burocráticos o configurando hábiles fórmulas de eludir la sustancia de los contenidos legales formalmente ejecutados. En otras ocasiones, las innovaciones constituyen exigencias derivadas de la reforma de la legislación del Estado. Por último, la Comunidad Autónoma ejerce también, a través de esta Ley, sus propias opciones urbanísticas, desarrollando una serie de instrumentos que tratan de asegurar el control y dirección públicos de los procesos de ejecución del planeamiento en términos compatibles con la más amplia participación del sector privado, en garantía de la libre competencia.

III

El objeto de la Ley no es –no debe ser– la realización de actividad urbanística, sino la regulación de ésta. La Ley adopta las grandes opciones institucionales, proporciona los instrumentos, las técnicas y los medios para que la Administración pueda poner en práctica el modelo urbanístico que se ajuste a las directrices políticas establecidas por el Gobierno, en el ámbito autonómico, o por el Ayuntamiento Pleno, en los Municipios.

Quizá ésta sea la primera pauta original de la Ley: configurarse a sí misma como norma jurídica con auténtica vocación de permanencia. En tal sentido, viene siendo frecuente, y no sólo en relación con el urbanismo, que el legislador pretenda inmiscuirse en las tareas ejecutivas, rebasando la esfera que para su actuación delimita el principio de la división de los poderes. Algunos legisladores, quizá por su mayor implicación en las cuestiones aplicativas del Derecho, pretenden no ya controlar al correspondiente ejecutivo, sino sustituirle directamente. Pues bien, en todos los sectores es necesario ir configurando las responsabilidades respectivas. En materia urbanística, esto significa que el modelo de ciudad de cada experiencia, con sus características tradicionales y sus pautas de crecimiento, debe ser cuestión propia de la política ejecutiva; el legislador no ha de tomar decisiones particulares, limitando su esencial tarea a la configuración del marco normativo para el desenvolvimiento de la actividad urbanística.

El anterior planteamiento requiere una especial introducción o consolidación, precisamente, con respecto a la legislación urbanística. En efecto, buena parte de los defectos y los problemas de esta legislación, en los términos de nuestra experiencia, tienen que ver con la obsesión por poner en práctica modelos urbanísticos a través de la norma jurídica, modelos que, por su propia naturaleza, responden a las necesidades de concretas experiencias ciudadanas, con lo cual resultan difícilmente transportables para la solución de otro tipo de problemas.

IV

La búsqueda de un adecuado sistema normativo no debe hacerse sólo reivindicando el esencial carácter permanente de la regulación y su necesario deslinde de las tareas ejecutivas: es preciso también identificar el ámbito de poder ejecutivo adecuado para el desarrollo del urbanismo.

Esta Ley ha optado decididamente por el ámbito del poder municipal, entendiendo que el urbanismo es asunto de la competencia local.

Tal planteamiento es hoy posible una vez que la terminología y el sistema competencial establecidos en la Constitución han ayudado a deslindar los campos de las funciones públicas de ordenación del territorio y de urbanismo. El urbanismo es actuación vertebrada por el tejido ciudadano: por su conservación en el suelo urbano, por su formación en el suelo urbanizable, por su evitación en el suelo no urbanizable. Cuando en alguna ocasión se critica el empleo legislativo de la denominación de «suelo no urbanizable», resaltando su carácter negativo, quizá no se toma en consideración la necesaria limitación funcional a la que obedece la expresión. El urbanismo, entendido esencialmente como ordenación interna del fenómeno urbano, se completa con la ordenación del territorio, que regula, ante todo, el sistema de ciudades, sus comunicaciones y equilibrios, sus ausencias y sus límites.

De esa manera, frente al auge de los mecanismos de intervención directa de las autoridades centrales de las Comunidades Autónomas en el planeamiento, la ejecución y la disciplina urbanística, esta Ley ha decidido potenciar las competencias municipales. Ilustra bien tal tendencia la atribución regular de la actividad urbanística pública a los Municipios, completada, en las fórmulas generales, por la caracterización de las competencias de la Administración de la Comunidad Autónoma como competencias de atribución y, en las fórmulas específicas, por el aumento de las facultades concretas de los Municipios y la disminución de las posibilidades de control administrativo de su ejercicio.

Esta clara potenciación del ámbito de intereses y responsabilidades municipales no significa, sin embargo, que la Administración de la Comunidad Autónoma quede desapoderada por completo para el ejercicio de sus competencias territoriales. Se persigue más bien reconducir cada actuación administrativa al círculo de intereses públicos que le corresponde asegurar. Por eso, la Administración de la Comunidad Autónoma dispone de mecanismos adecuados para asegurar la prevalencia de sus decisiones en materia de ordenación territorial, mecanismos como pueden ser la competencia de aprobación definitiva de los Planes Generales, que la Ley modula por criterios correspondientes a los intereses de ordenación territorial. La Ley regula también la figura de los Proyectos Supramunicipales, que permiten al Gobierno de Aragón realizar, directamente o amparando a la iniciativa privada, actividades, obras y edificaciones de especial trascendencia territorial.

V

La Ley potencia el planeamiento urbanístico municipal, sobre todo a través del Plan General de Ordenación Urbana, que se constituye en la única figura de planeamiento general admitida. Ahora bien, para posibilitar su utilización en todos los casos, se han establecido contenidos diferenciados del Plan General, atendiendo a la envergadura de los Municipios. Habida cuenta de la gran dispersión del mapa municipal aragonés, se ha distinguido a los pequeños municipios, de menos de quinientos habitantes, y, parcialmente, también a los de menos de dos mil habitantes, previendo un contenido más ligero del correspondiente Plan General.

Diversas reglas tratan de agilizar la tramitación de todo el planeamiento urbanístico, evitando la repetición de trámites o concentrando su práctica. En la misma línea, se ha promovido la estabilidad del Plan General, permitiendo modificaciones de sus elementos no esenciales conforme a las reglas de aprobación de los Planes Parciales.

La iniciativa privada se concentra en el planeamiento de desarrollo, puesto que el Plan General se reserva al Municipio, tanto en su aprobación como, ya antes, en la competencia exclusiva para su formulación. No puede ser de otra manera: los particulares que deseen promover suelo en Municipios carentes de Plan General habrán de convencer a los respectivos Ayuntamientos de su necesidad y del consecuente inicio de la formación del Plan, prevaleciendo así, en todo caso, la voluntad de los órganos de la democracia representativa en esa decisión básica sobre la organización territorial colectiva.

Ahora bien, en el ámbito adecuado para el desenvolvimiento de la iniciativa privada, la Ley introduce diversos mecanismos que tienden a fomentarla. Así, la iniciativa privada conforma un apartado especial en los procedimientos de aprobación de los Planes Parciales y de los Estudios de Detalle, que se configuran como procedimientos tipo, con las necesarias adaptaciones, para otros instrumentos urbanísticos (Planes Especiales, Proyectos de Delimitación del Suelo Urbano, Proyectos de Urbanización, Proyectos de Reparcelación). La sustitución de la actividad estrictamente administrativa por la iniciativa privada para los trámites de información y audiencia públicas puede ser, en tal sentido, un mecanismo que agilice la tramitación burocrática de los instrumentos urbanísticos.

VI

La promoción de la iniciativa privada en materia de urbanismo ha sido eje vertebrador de las últimas reformas de la legislación del Estado. No obstante, la traducción práctica de esa premisa requiere no sólo atemperar los intereses privados con los públicos confiados a las diversas Administraciones Públicas implicadas en el urbanismo; también es preciso compaginar entre sí los diferentes intereses particulares afectados.

La Ley pretende asegurar un alto grado de pluralismo en la promoción territorial, objetivo que sirve para vertebrar distintas previsiones normativas en materia de clasificación del suelo, aprovechamiento urbanístico, instrumentos de ejecución del planeamiento y sistemas de actuación.

Así, en primer lugar, la Ley introduce matices en la clasificación del suelo, permitiendo varias categorías dentro de las tres clases de suelo establecidas por la legislación estatal: en el suelo urbano, cabrá distinguir entre el consolidado y el no consolidado, a efectos de diferenciar los terrenos que precisan completar la urbanización; en el suelo no urbanizable, seguirán planteándose las dos categorías ya conocidas del suelo no urbanizable genérico y especial, regulándose en la primera los tradicionales mecanismos de autorización de ciertos usos y construcciones; en el suelo urbanizable, se diferenciarán el suelo delimitado y el no delimitado, con la finalidad de permitir el ejercicio por el Municipio de sus funciones de garantía del desarrollo urbano racional, pero sin ahogar toda posibilidad de desenvolvimiento de la iniciativa privada.

El aprovechamiento urbanístico correspondiente al propietario toma distintos puntos de referencia, en función de las distintas clases y categorías, que permiten ir ampliando, sin grandes problemas aplicativos, el punto de referencia para el cumplimiento del principio de equidistribución. Así, mientras en suelo urbano consolidado el aprovechamiento apropiable se refiere a cada parcela, en suelo urbano no consolidado deberá tenerse en cuenta el aprovechamiento medio de la unidad de ejecución; en suelo urbanizable delimitado, el aprovechamiento medio de toda esa categoría de suelo, y en suelo urbanizable no delimitado, el aprovechamiento medio del correspondiente sector.

La ejecución del planeamiento habrá de plantearse, normalmente, a través de Proyectos de Urbanización, aunque la Ley regula también otros instrumentos que pueden flexibilizar mucho la práctica de la gestión urbanística sin mengua de las garantías que el interés público exige. En primer lugar, se regulan los Proyectos de Obras Ordinarias, exigiendo la aprobación de sus características generales por el Ayuntamiento Pleno, previa información pública. En segundo término, los Proyectos Supramunicipales sirven de válvula de escape para la realización de actividades industriales, de servicios y edificatorias que reúnan ciertas características, así como para legitimar obras públicas sectoriales. Por fin, la regulación de los convenios urbanísticos entre Administraciones y con particulares ha de contribuir a colmar un conocido vacío de la práctica urbanística, introduciendo pautas de adecuada flexibilización de ésta.

La Ley amplía notablemente los sistemas de actuación, configurándolos directamente como formas de gestión de una actividad pública, la actividad urbanizadora. Se pone fin, así, en la Comunidad Autónoma, a la anterior distinción entre sistemas públicos y privados, complicada por la posibilidad de gestión de los primeros mediante formas directas o indirectas, de manera que terminaba dándose la posibilidad de sistemas públicos de gestión privada. En la Ley aragonesa, la urbanización es siempre una función pública, que se gestiona directamente por la Administración, en los sistemas de expropiación y cooperación, o indirectamente, por un urbanizador, propietario o no –aunque éste goza de una amplia preferencia en el caso de que decida ejecutar por sí mismo la urbanización–, mediante los sistemas de compensación, ejecución forzosa o concesión de obra urbanizadora.

VII

La utilización directa de los conceptos permite comprender mejor el alcance de las potestades administrativas. Urbanizar es una función pública, gestionada con mayor o menor colaboración privada; pero, al mismo tiempo, urbanizar genera una serie de obligaciones que incumben al propietario del suelo. No son términos incompatibles: corresponde a la Administración la decisión de urbanizar y la responsabilidad de su gestión, a costa de quien tiene el deber de sufragar la obra urbanizadora y, en su caso, de ejecutarla, salvo que estos deberes se supriman mediante la expropiación forzosa. El propietario puede urbanizar por sí mismo, asumiendo el coste de la actuación, o pagar dicho coste a la Administración o a quien actúe como urbanizador en lugar de la misma. Lo que la Ley trata de impedir en todo caso es que se encuentre en situación de impedir el desarrollo urbano cuando éste sea considerado necesario por la Administración: en tal caso, si el propietario no actúa, podrá hacerlo la propia Administración o un tercero, el urbanizador, como gestor de la obra urbanizadora.

El establecimiento de ese deber del propietario resulta esencial para comprender el proceso de urbanización. El propietario no ha de configurarse como institución enfrentada al empresario de cara al desarrollo de la urbanización. Las teorizaciones doctrinales que pretenden disociar, incluso en términos constitucionales, propiedad y empresa, llevan a consecuencias difícilmente admisibles. En efecto, el propietario al que no correspondiera el deber de urbanizar se convertiría en un especulador legal, y, paralelamente, el empresario que pudiera imponer la urbanización al propietario pasaría a ser un usurpador legal. La necesaria compaginación de los diversos intereses constitucionalmente protegidos debe llevar al establecimiento de fórmulas que impidan el enfrentamiento entre los mismos. En tal sentido, por una parte, no hay ningún impedimento constitucional en configurar obligaciones positivas de los propietarios; por otra parte, tampoco hay ningún inconveniente en prever mecanismos de fomento empresarial para que la urbanización se lleve en todo caso a la práctica. Así, se ha procurado configurar el sistema de concesión de obra urbanizadora de manera que permita combinar la protección de ambas esferas de intereses privados, dentro del respeto al carácter público de la urbanización.

Propiedad y empresa son términos complementarios en la práctica urbanística. El propietario, de este modo, tiene un derecho preferente a afrontar la acción urbanizadora que justifica la posibilidad que la Ley le otorga de subrogarse en la condición de urbanizador, asumiendo íntegramente su posición jurídica. A su vez, el empresario no propietario podrá intervenir como urbanizador cuando la Administración considere adecuada la ejecución de una actuación urbanizadora y los propietarios no deseen ejecutarla por sí mismos.

Así, la propiedad del suelo otorga a su titular, frente a otros particulares, el derecho preferente a ejecutar la urbanización, al tiempo que comporta, en todo caso, el deber de sufragar su coste. En cualquier caso, queda plenamente garantizado el carácter de función pública de la acción urbanizadora.

VIII

La Ley ha adoptado medidas para asegurar el correcto uso del territorio urbano, mediante los deberes de edificación y de conservación urbanística.

Conforme al primer aspecto, se trata de introducir alguna claridad en el complejo panorama de las licencias municipales. La Ley sistematiza y define los tipos más importantes de licencias municipales, tratando de aclarar las relaciones entre ellas e imponiendo, cuando es posible, la resolución única sobre diversas licencias de competencia municipal.

Conforme al segundo aspecto, la Ley lleva a sus últimas consecuencias el reconocimiento de un límite al deber de conservación de las edificaciones, ligando mecanismos subvencionales a la regulación de las órdenes de ejecución y las declaraciones de ruina. La declaración de ruina de las edificaciones va a poder, así, insertarse en el mismo procedimiento de las órdenes de ejecución, que concretan el alcance del deber de conservación del propietario. Por una parte, se dan importantes facultades al Ayuntamiento para colaborar con el propietario en el mantenimiento de las edificaciones; por otra, se establece la situación de ruina como el límite de colaboración exigible al propietario. Para asegurar la prevalencia del interés público, sin embargo, se permite que el Ayuntamiento altere el estado de ruina, asumiendo las obras que excedan de la obligación del propietario.

También se ha procurado clarificar al máximo los mecanismos de disciplina urbanística. Esta aparece reforzada por la regulación de la inspección urbanística, sin la cual carecen de viabilidad práctica tanto las medidas de protección de la legalidad urbanística como el régimen sancionador. Las mayores novedades, en el primer aspecto, se refieren a la clara identificación del ámbito propio de la competencia municipal, sin prever injerencias de otras Administraciones Públicas, que cabría considerar contrarias al principio constitucional de la autonomía municipal. En la materia sancionadora, se ha procurado perfilar los tipos de las diferentes infracciones y las sanciones pertinentes, cuyas cuantías pecuniarias expresa directamente la Ley, sin perjuicio de asegurar la privación de todo beneficio ilícito.

Por último, en la línea de adaptar la legislación urbanística a las necesidades de la Comunidad Autónoma, la Ley destina un título a las especialidades del régimen urbanístico de los pequeños Municipios: especialidades referidas al Plan General, cuyo contenido se flexibiliza notablemente, y también especialidades para atender las típicas necesidades del llamado autoconsumo urbanístico. En tal sentido, recogiendo útiles experiencias, la Ley regula la figura de las zonas periféricas, alrededor del suelo urbano, junto con otras medidas que pretenden facilitar la adaptación de la norma a los pequeños Municipios.

TÍTULO PRELIMINAR

Artículo 1. Objeto.

1. Esta Ley tiene por objeto regular la actividad urbanística, pública y privada, en la Comunidad Autónoma de Aragón.

2. La actividad urbanística comprende el conjunto de actuaciones relativo a la clasificación, el planeamiento, la urbanización, la intervención en el mercado del suelo y el uso del mismo.

Artículo 2. Finalidades.

La actividad urbanística tiene por finalidades garantizar, en los términos constitucionales, el derecho a disfrutar de una vivienda digna y adecuada, el derecho a disfrutar de un medio ambiente adecuado para el desarrollo de la persona y la conservación, promoción y enriquecimiento del Patrimonio Cultural Aragonés.

⇒ V. Ley 3/1999, de 10 marzo, de Patrimonio Cultural, de Aragón.
V. Cap. III de la Ley 12/1997, de 3 diciembre, reguladora de los Parques Culturales en Aragón.
V. arts. 47 y 45 de la CE.

Artículo 3. Función pública.

La dirección y el control de la actividad urbanística constituye una función pública que los órganos competentes llevarán a cabo, desarrollándola, en el caso de que se considere adecuado, en colaboración con la iniciativa privada.

⇒ V. art. 4 de la Ley 6/1998, de 13 abril (§1).
V. Jurisprudencia en arts. 3 y concordantes del TRLS/1976 (§3).

Artículo 4. Administración de la Comunidad Autónoma.

1. Corresponde a la Administración de la Comunidad Autónoma la función pública de ordenación del territorio y el ejercicio de las competencias urbanísticas que expresamente le hayan sido atribuidas.

2. Las Comisiones Provinciales de Ordenación del Territorio de Huesca, Teruel y Zaragoza y el Consejo de Ordenación del Territorio de Aragón son órganos colegiados de la Administración de la Comunidad Autónoma, con funciones activas y consultivas en materia de urbanismo, cuya composición se determinará reglamentariamente.

3. Las competencias urbanísticas que se atribuyeran a la Administración de la Comunidad Autónoma sin indicar el órgano competente para ejercerlas, corresponderán al titular del Departamento competente en materia de urbanismo.

⇒ V. art. 7 de la Ley 11/1992, de 24 noviembre, de Ordenación del Territorio en Aragón (§7).

V. D. 23/2000, de 2 febrero, que regula la estructura orgánica del Departamento de Obras Públicas, Urbanismo y Transportes
V. D. 99/1999, de 5 agosto, que modifica la organización de los Departamentos.
V. D. 181/1999, de 28 septiembre, que regula la estructura orgánica del Departamento de Presidencia y Relaciones Institucionales.

Artículo 5. Municipios.

1. Con carácter general, la actividad urbanística pública corresponde a los Municipios, que ejercerán cuantas competencias en materia urbanística no estén expresamente atribuidas a otras Administraciones.

2. La Administración de la Comunidad Autónoma fomentará la constitución de mancomunidades municipales, especialmente en el ámbito comarcal, para el ejercicio en común de las competencias urbanísticas de varios Municipios.

⇒ V. art. 25.2 d) de la LBRL.

Artículo 6. Iniciativa privada.

Los particulares, en los términos previstos por la legislación y el planeamiento urbanístico que resulten de aplicación, podrán colaborar libremente con la Administración Pública en el desarrollo de la actividad urbanística.

⇒ V. art. 4 de la Ley 6/1998, de 13 abril (§1).
V. Jurisprudencia en arts. 4 y concordantes del TRLS/1976 (§3).

Artículo 7. Participación.

En el desarrollo de la actividad urbanística, y especialmente en la formulación, tramitación y ejecución del planeamiento, las Administraciones Públicas competentes deberán fomentar la participación de los particulares.

⇒ V. art. 4 de la Ley 6/1998, de 13 abril (§1).
V. art. 104.3 del TRLS/1992 (§2).
V. Jurisprudencia en arts. 4 y concordantes del TRLS/1976 (§3).

Artículo 8. Entidades urbanísticas colaboradoras.

1. La participación en la gestión urbanística podrá tener lugar mediante la creación de entidades urbanísticas colaboradoras con personalidad jurídica propia y, cuando así resulte conveniente, naturaleza administrativa.

2. La creación y pertenencia a estas entidades serán obligatorias en los supuestos que se determinen por esta Ley y por sus normas de desarrollo.

Artículo 9. Deber de colaboración.

Los Municipios, la Administración de la Comunidad Autónoma y todos los organismos, entidades y agentes públicos o privados intervinientes en la actividad urbanística, tienen el deber de colaborar para el mejor cumplimiento de la legislación y el planeamiento reguladores de dicha actividad, dentro del ámbito de sus competencias o responsabilidades.

⇒ V. disp. final 1ª B) de la presente ley.
V. arts. 24 a 30 del RGV (§3.2).

Artículo 10. Acción pública.

1. Será pública la acción para exigir ante los órganos administrativos y la Jurisdicción Contencioso-Administrativa, mediante los correspondientes recursos o acciones, la observancia de la legislación y el planeamiento reguladores de la actividad urbanística.

2. Si dicha acción está motivada por la ejecución de obras que se consideren ilegales, podrá ejercitarse durante la ejecución de las mismas y hasta el transcurso de los plazos establecidos para la adopción de las medidas de protección de la legalidad urbanística.

⇒ V. art. 304 del TRLS/1992 (§2).
V. Jurisprudencia en arts. 235 y concordantes del TRLS/1976 (§3).

TÍTULO I
CLASIFICACIÓN DEL SUELO

CAPÍTULO I
Disposiciones generales

Artículo 11. Régimen del suelo.

El régimen urbanístico del suelo será el establecido en la legislación del Estado, con las especificaciones de desarrollo y complementarias que se incluyen en la presente Ley y, por remisión de ellas, en el planeamiento, de acuerdo con la clasificación y la calificación urbanística de los predios.

⇒ V. arts. 2, 7, 8, 9, 10, 11 y concordantes de la Ley 6/1998, de 13 abril (§1).
V. Jurisprudencia en arts. 76 y concordantes del TRLS/1976 (§3).

Artículo 12. Clasificación.

1. Corresponde al Plan General la clasificación de todo el suelo del término municipal, incluido el destinado a sistemas generales, en urbano, urbanizable y no urbanizable, sin perjuicio de lo establecido para la zona periférica de los pequeños municipios en el Título Octavo de esta Ley.

2. En los Municipios que carezcan de Plan General, el suelo que no tenga la condición de urbano tendrá la consideración de suelo no urbanizable.

⇒ V. art. 7 de la Ley 6/1998, de 13 abril (§1).
V. Jurisprudencia en arts. 77 y concordantes del TRLS/1976 (§3).

CAPÍTULO II
Suelo urbano

Artículo 13. Concepto.

Tendrán la condición de suelo urbano:

a) Los terrenos ya transformados por contar con acceso rodado integrado en la malla urbana y servicios de abastecimiento y evacuación de agua, así como suministro de energía eléctrica, de características adecuadas para servir a la edificación que sobre ellos exista o se haya de construir.

b) Los terrenos que el Plan General incluya en áreas consolidadas por la edificación, al menos, en las dos terceras partes de su superficie edificable, siempre que la parte edificada reúna o vaya a reunir, en ejecución del Plan, los requisitos establecidos en el apartado anterior.

c) Los terrenos que, en ejecución del planeamiento, hayan sido urbanizados de acuerdo con el mismo.

⇒ V. arts. 7 y 8 de la Ley 6/1998, de 13 abril (§1).
V. Jurisprudencia en arts. 78 y concordantes del TRLS/1976 (§3).

Artículo 14. Categorías.

1. El Plan General distinguirá las categorías de suelo urbano consolidado y suelo urbano no consolidado.

2. Tendrán la consideración de suelo urbano no consolidado los terrenos del suelo urbano que el Plan General defina expresamente por estar sometidos a procesos integrales de urbanización, renovación o reforma interior. Todo el suelo urbano restante tendrá la consideración de suelo urbano consolidado.

⇒ V. Jurisprudencia en arts. 12.2.1, 78, 83 y concordantes del TRLS/1976 (§3).

Artículo 15. Solar.

Tendrán la consideración de solares las superficies de suelo urbano aptas para la edificación que reúnan los siguientes requisitos:

a) Si existe planeamiento, que estén urbanizadas con arreglo a las normas mínimas establecidas en cada caso por el mismo, debiendo tener en todo caso señaladas alineaciones y rasantes.

b) Si no existiere planeamiento o si éste no concretare los requisitos, se precisará que, además de contar con acceso rodado, abastecimiento y evacuación de aguas y suministro de energía eléctrica, en los términos señalados en el apartado a) del artículo 13 de esta Ley, la vía a que la parcela dé frente tenga completamente pavimentada la calzada, alumbrado público y encintado de aceras. En este supuesto de ausencia de determinaciones suficientes del planeamiento, la cualidad de solar se aplicará, como máximo, a la superficie de la parcela contenida en la o las líneas paralelas a los viales pavimentados con una profundidad de veinte metros.

⇒ V. art. 13 de la Ley 6/1998, de 13 abril (§1).
V. Jurisprudencia en arts. 82, 83 y concordantes del TRLS/1976 (§3).

Artículo 16. Derecho y deber de edificar.

1. Los propietarios de suelo urbano tienen el derecho y el deber de completar la urbanización de los terrenos para que adquieran la condición de solares y de edificarlos en las condiciones y plazos que en cada caso establezca el planeamiento.

2. No podrá ser edificado terreno alguno que no merezca la condición de solar, salvo que se asegure la ejecución simultánea de la urbanización y la edificación mediante aval u otras garantías reglamentariamente establecidas.

3. Sin embargo, en casos justificados, podrán autorizarse, mediante licencia municipal, construcciones destinadas a fines industriales en las zonas

permitidas, cuando la seguridad, salubridad y protección del medio ambiente quedaren suficientemente atendidas y el propietario asumiera las obligaciones que le correspondan, conforme a los artículos siguientes, mediante inscripción en el Registro de la Propiedad.

4. Excepcionalmente, podrá otorgarse licencia municipal para usos y obras de carácter provisional que no dificulten la ejecución del planeamiento, y que habrán de cesar en todo caso y ser demolidas sin indemnización alguna cuando lo acordare el Ayuntamiento. La licencia, bajo las indicadas condiciones aceptadas por el propietario, se hará constar en el Registro de la Propiedad.

⇒ V. arts. 12, 13 y 17 de la Ley 6/1998, de 13 abril (§1).
V. D. 15/1991, de 19 febrero, de medidas urgentes sobre garantías de urbanización en la ejecución urbanística, derogado salvo, arts. 1, 2, 3, 4, 5, 7, dips. finales 1ª y 2ª y dips. transits. 1ª y 2ª, por Ley 5/1999, de 25 marzo, en su disp. derog. 1. Téngase en cuenta así mismo la O. 13 mayo 1992.
V. art. 76 y concordantes del RD 1093/1997, de 4 julio (§2.1)
V. Jurisprudencia en arts. 83 y concordantes del TRLS/1976 (§3).

Artículo 17. Obligaciones en suelo urbano consolidado.

En suelo urbano consolidado, los propietarios tienen las siguientes obligaciones:

a) Completar a su costa la urbanización necesaria para que los terrenos alcancen la condición de solar.

b) Ceder gratuitamente al Municipio los terrenos afectados por las alineaciones y rasantes establecidas, en proporción no superior al quince por ciento de la superficie de la finca.

c) Proceder a la regularización de las fincas para adaptar su configuración a las exigencias del planeamiento cuando fuere preciso por ser su superficie inferior a la parcela mínima, o su forma, inadecuada para la edificación.

⇒ V. art. 14 de la Ley 6/1998, de 13 abril (§1).
V. Jurisprudencia en arts. 83 y concordantes del TRLS/1976 (§3).

Artículo 18. Obligaciones en suelo urbano no consolidado.

En suelo urbano no consolidado, los propietarios tienen las siguientes obligaciones:

a) Proceder a la distribución equitativa de los beneficios y cargas derivados del planeamiento, con anterioridad al inicio de la ejecución material del mismo.

b) Costear y, en su caso, ejecutar, en los plazos fijados en el planeamiento, las obras de urbanización correspondientes a las dotaciones locales, incluidas las obras de conexión con los sistemas generales y de ampliación o refuerzo de los mismos.

c) Ceder gratuitamente al Municipio los terrenos destinados a las dotaciones locales y a los sistemas generales incluidos en la unidad de ejecución o adscritos a la misma.

d) Ceder gratuitamente al Municipio el suelo correspondiente al diez por ciento del aprovechamiento medio de la unidad de ejecución. El Municipio no participará en los costes de urbanización correspondiente a dicho suelo.

⇒ V. art. 14 de la Ley 6/1998, de 13 abril (§1).

V. Jurisprudencia en arts. 83, 84 y concordantes del TRLS/1976 (§3).

CAPÍTULO III
Suelo no urbanizable

Sección 1ª Disposiciones generales

Artículo 19. Concepto.

Tendrán la condición de suelo no urbanizable los terrenos en que concurra alguna de las circunstancias siguientes:

a) Que deban incluirse en esta clase por estar sometidos a algún régimen especial de protección incompatible con su transformación, de acuerdo con las Directrices de Ordenación Territorial, los Planes de Ordenación de los Recursos Naturales o la legislación sectorial, en razón de sus valores paisajísticos, ambientales o culturales o en función de su sujeción a limitaciones o servidumbres para la protección del dominio público.

b) Que el Plan General considere necesario preservar por los valores a que se ha hecho referencia en el apartado anterior, por su valor agrícola, forestal, ganadero o por sus riquezas naturales, así como aquellos otros que considere inadecuados para el desarrollo urbano.

⇒ V. art. 9 de la Ley 6/1998, de 13 abril (§1).

V. Ley 6/1998, de 19 mayo, de Espacios Naturales Protegidos en Aragón.

V. Ley 3/1999, de 10 marzo, de Patrimonio Cultural de Aragón.

V. Cap. III de la Ley 12/1997, de 3 diciembre, reguladora de los Parques Culturales en Aragón.

Téngase en cuenta el D. 85/1990, de 5 junio, sobre medidas urgentes de protección urbanística, cuyos artículos 4 a 8 y disp. transit. única han sido derogados por la Ley 5/1999, de 25 marzo, en su disp. derog. 1, y su anejo modificado por Acuerdo 3 noviembre 1993.

V. Jurisprudencia en arts. 85, 86 y concordantes del TRLS/1976 (§3).

Artículo 20. Categorías.

1. En el suelo no urbanizable se distinguirán las categorías de suelo no urbanizable genérico y suelo no urbanizable especial.

2. Tendrán la consideración de suelo no urbanizable especial los terrenos del suelo no urbanizable a los que el Plan General reconozca tal carácter y en todo caso los enumerados en la letra a) del artículo anterior y los terrenos que, en razón de sus características, puedan presentar graves y justificados problemas de índole geotécnica, morfológica o hidrológica o cualquier otro riesgo natural que desaconseje su destino a un aprovechamiento urbanístico por los riesgos para la seguridad de las personas y los bienes.

3. Los restantes terrenos del suelo no urbanizable se sujetarán al régimen del suelo no urbanizable genérico.

⇒ V. art. 9 de la Ley 6/1998, de 13 abril (§1).
V. Ley 6/1998, de 19 mayo, de Espacios Naturales Protegidos en Aragón.
V. Jurisprudencia en arts. 85, 86 y concordantes del TRLS/1976 (§3).

Artículo 21. Destino.

1. Los propietarios del suelo no urbanizable tendrán derecho a usar, disfrutar y disponer de los terrenos de su propiedad de conformidad con la naturaleza de los mismos, debiendo destinarlos a fines agrícolas, forestales, ganaderos, cinegéticos, ambientales, extractivos y otros vinculados a la utilización racional de los recursos naturales, dentro de los límites que, en su caso, establezcan las leyes o el planeamiento.

2. En esta clase de suelo quedan prohibidas las parcelaciones que den lugar a núcleos de población conforme a la definición del artículo 179 de esta Ley, sin que, en ningún caso, puedan efectuarse divisiones, segregaciones o fraccionamientos de cualquier tipo en contra del régimen de las unidades mínimas de cultivo o de lo dispuesto en la legislación forestal, agraria o de similar naturaleza, salvo cuando se trate de concentrar propiedades colindantes.

⇒ V. disp. adic. 2ª de la presente Ley.
V. arts. 80 y concordantes del RD 1093/1997, de 4 julio (§2.1).
V. art. 20 de la Ley 6/1998, de 13 abril (§1).
V. Ley 6/1998, de 19 mayo, de Espacios Naturales Protegidos en Aragón.
V. Jurisprudencia en arts. 85, 86 y concordantes del TRLS/1976 (§3).

Artículo 22. Suelo no urbanizable especial.

En el suelo no urbanizable especial está prohibida cualquier construcción, actividad o utilización que implique transformación de su destino o naturaleza, lesione el valor específico que se quiera proteger o infrinja el concreto régimen limitativo establecido por las Directrices de Ordenación Territorial, los Planes de Ordenación de los Recursos Naturales, la legislación sectorial o el planeamiento urbanístico. Cualquier proyecto de construcción, actividad o utilización que no esté prevista en los anteriores instrumentos y que pudiera llevarse a cabo en esta categoría de suelo, en función de la entidad de la construcción, observará el procedimiento establecido en la legislación de evaluación de impacto ambiental.

⇒ V. arts. 9 y 20 de la Ley 6/1998, de 13 abril (§1).
V. Ley 6/1998, de 19 mayo, de Espacios Naturales Protegidos en Aragón.
V. D. 45/1994, de 4 marzo, de Procedimiento de evaluación de impacto ambiental.
V. Ley 6/2001, de 8 mayo, de modificación del RDLeg 1302/1986, de 28 junio, de evaluación de impacto ambiental.
V. Jurisprudencia en arts. 85, 86 y concordantes del TRLS/1976 (§3).

Sección 2ª Suelo no urbanizable genérico

Artículo 23. Construcciones sujetas a licencia municipal.

En suelo no urbanizable genérico, los Ayuntamientos podrán autorizar, mediante la licencia de obras, de conformidad con el régimen establecido, en su caso, en el Plan General o en el planeamiento especial, y siempre que no se lesionen los valores determinantes de la clasificación del suelo como no urbanizable, las siguientes construcciones e instalaciones:

a) Las destinadas a las explotaciones agrarias y, en general, de los recursos naturales o relacionadas con la protección del medio ambiente, incluida la vivienda de personas que deban permanecer permanentemente en la correspondiente explotación.

b) Las vinculadas a la ejecución, entretenimiento y servicio de las obras públicas, incluida la vivienda de personas que deban permanecer permanentemente en el lugar de la correspondiente construcción o instalación.

c) En los Municipios que cuenten con Plan General, los edificios aislados destinados a vivienda unifamiliar en lugares en los que no exista posibilidad de formación de un núcleo de población, conforme al concepto de éste establecido en el artículo 179, párrafo 2, de esta Ley. Salvo que el planeamiento prohíba este tipo de construcciones o establezca condiciones más severas, se exigirá que los edificios no rebasen los trescientos metros cuadrados de superficie construida, así como que las parcelas tengan, al menos, diez mil metros cuadrados de superficie y que queden adscritas a la edificación, manteniéndose el uso agrario de las mismas o, en su defecto, con plantación de arbolado.

⇒ Téngase en cuenta lo dispuesto en el art. 27.1 de la Ley Territorial 15/1999, de 29 diciembre.

V. arts. 9 y 20 de la Ley 6/1998, de 13 abril (§1).

V. Jurisprudencia en arts. 85, 86 y concordantes del TRLS/1976 (§3).

Artículo 24. Construcciones sujetas a autorización especial.

En suelo no urbanizable genérico podrán autorizarse, siguiendo el procedimiento regulado en el artículo siguiente y de conformidad con el régimen establecido, en su caso, en el Plan General o en el planeamiento especial, y siempre que no se lesionen los valores protegidos por la clasificación del suelo como no urbanizable, las siguientes construcciones e instalaciones:

a) Construcciones e instalaciones que quepa considerar de interés público y hayan de emplazarse en el medio rural, cuando no requieran la ocupación de más de tres hectáreas de terreno ni exijan una superficie construida superior a cinco mil metros cuadrados. En presencia de magnitudes superiores, se seguirá el procedimiento establecido para los Proyectos Supramunicipales en los artículos 76 a 81 de esta Ley.

b) Obras de renovación de construcciones en aldeas, barrios o pueblos deshabitados, así como de bordas, torres u otros edificios rurales antiguos, siempre que se mantengan las características tipológicas externas tradicionales propias de tales construcciones. La autorización podrá implicar un cambio de uso respecto al original del edificio, así como la división del mismo en varias viviendas cuando su tamaño lo permita. También podrán autorizarse las obras necesarias para la implantación de los servicios urbanísticos que requieran las renovaciones, aunque, cuando estas obras tengan un carácter global en el núcleo afectado, cabrá exigir el correspondiente Plan Especial para la dotación de infraestructuras.

c) En los Municipios que no cuenten con Plan General, los edificios aislados destinados a vivienda unifamiliar, con arreglo a los mismos requisitos establecidos en la letra c) del artículo anterior.

⇒ V. arts. 9, 12, 17 y 20 de la Ley 6/1998, de 13 abril (§1).
V. Jurisprudencia en arts. 85, 86 y concordantes del TRLS/1976 (§3).

Artículo 25. Procedimiento especial de autorización.

1. El procedimiento para resolver sobre la autorización procedente en los casos establecidos en el artículo anterior será el siguiente:

a) Solicitud del interesado ante el Ayuntamiento, expresando las características fundamentales de la construcción o instalación, su emplazamiento, construcciones existentes en un radio de quinientos metros, soluciones en materia de acceso rodado, abastecimiento y evacuación de agua, energía eléctrica y eliminación de residuos.

b) Sometimiento simultáneo de la solicitud y su documentación a información pública y a informe de la Comisión Provincial de Ordenación del Territorio por plazo de dos meses. El informe de ésta será vinculante cuando proponga la denegación de la autorización, siempre que se comunique dentro de plazo al Ayuntamiento.

c) Resolución definitiva por el Ayuntamiento, sin perjuicio de la licencia de obras correspondiente.

2. En caso de inactividad municipal, transcurridos tres meses desde la solicitud, el particular podrá promover el trámite de información pública por iniciativa privada, conforme a lo establecido en la disposición adicional quinta de esta Ley, y remitir directamente la documentación a la Comisión Provincial de Ordenación del Territorio, comunicándolo al Ayuntamiento. Si transcurren tres meses más sin que el Ayuntamiento resolviera ni la Comisión Provincial emitiera informe negativo, se entenderá obtenida la autorización, que se acreditará mediante la correspondiente certificación municipal, en los términos establecidos en la Legislación del Procedimiento Administrativo Común, sin perjuicio de la licencia de obras.

CAPÍTULO IV
Suelo urbanizable

Artículo 26. Concepto.

Tendrán la consideración de suelo urbanizable los terrenos que no tengan la condición de suelo urbano ni de suelo no urbanizable y sean clasificados como tales en el planeamiento por prever su posible transformación, a través de su urbanización, en las condiciones establecidas en el mismo.

⇒ V. art. 10 de la Ley 6/1998, de 13 abril (§1).
V. Jurisprudencia en arts. 84, 85 y concordantes del TRLS/1976 (§3).

Artículo 27. Categorías.

1. El Plan General podrá distinguir las categorías de suelo urbanizable delimitado y suelo urbanizable no delimitado.

2. Tendrán la consideración de suelo urbanizable delimitado los sectores de urbanización prioritaria previstos por el Plan General para garantizar un desarrollo urbano racional. Todo el suelo urbanizable restante tendrá la consideración de suelo urbanizable no delimitado.

⇒ V. art. 10 de la Ley 6/1998, de 13 abril (§1).
V. Jurisprudencia en arts. 84, 85 y concordantes del TRLS/1976 (§3).

Artículo 28. Derecho y deber de urbanizar.

1. El derecho y el deber de urbanizar el suelo urbanizable se adquiere por la aprobación definitiva del Plan Parcial o Especial correspondiente.

2. El ejercicio del derecho y el deber de urbanizar se producirá de conformidad con los preceptos de esta Ley que ordenan la ejecución del planeamiento y las formas de gestión de la actividad urbanizadora.

⇒ V. arts. 12, 15 y 16 de la Ley 6/1998, de 13 abril (§1).
V. Jurisprudencia en arts. 84.1, 96.1 y concordantes del TRLS/1976 (§3).

Artículo 29. Obligaciones.

En suelo urbanizable, los propietarios tienen las mismas obligaciones que las establecidas en el artículo 18 de esta Ley para los propietarios en suelo urbano no consolidado, con la salvedad de que la cesión gratuita al Municipio se referirá al diez por ciento del aprovechamiento medio del suelo urbanizable delimitado o, tratándose de suelo urbanizable no delimitado, del sector. La cesión no comportará ninguna obligación municipal de participar en los costes de urbanización.

⇒ V. arts. 12 y 18 de la Ley 6/1998, de 13 abril (§1).
V. Jurisprudencia en arts. 84 y concordantes del TRLS/1976 (§3).

Artículo 30. Suelo urbanizable delimitado.

1. El propio Plan General establecerá las condiciones para el desarrollo del suelo urbanizable delimitado.

2. En el suelo urbanizable delimitado, en tanto no se haya aprobado la correspondiente ordenación detallada que permita la urbanización, sólo excepcionalmente podrá otorgarse licencia municipal para usos y obras de carácter provisional no prohibidos por el Plan General, que habrán de cesar en todo caso y ser demolidas sin indemnización alguna cuando lo acordare el Ayuntamiento. La licencia, bajo las indicadas condiciones aceptadas por el propietario, se hará constar en el Registro de la Propiedad.

⇒ V. art. 17 de la Ley 6/1998, de 13 abril (§1).
V. art. 309.4 del TRLS/1992 (§2).
V. art. 76 del RD 1093/1997, de 4 julio (§2.1).
V. Jurisprudencia en arts. 84 y concordantes del TRLS/1976 (§3).

Artículo 31. Suelo urbanizable no delimitado.

En el suelo urbanizable no delimitado, en tanto no se haya aprobado el correspondiente Plan Parcial, se aplicará el mismo régimen establecido para el suelo no urbanizable genérico en los artículos 23 a 25 de esta Ley, y sus propietarios tendrán los derechos y deberes a que se refiere el artículo 21 de la misma.

⇒ V. arts. 16 y 17 de la Ley 6/1998, de 13 abril (§1).
V. Jurisprudencia en arts. 85, 86 y concordantes del TRLS/1976 (§3).

TÍTULO II
PLANEAMIENTO URBANÍSTICO

CAPÍTULO I
Plan General de Ordenación Urbana

Sección 1ª Contenido

Artículo 32. Concepto.

1. El Plan General de Ordenación Urbana, como instrumento de ordenación integral, abarcará uno o varios términos municipales completos, clasificará el suelo para el establecimiento del régimen jurídico correspondiente y definirá los elementos fundamentales de la estructura general adoptada para la ordenación urbanística del territorio.

2. El Plan General habrá de respetar las determinaciones vinculantes de las Directrices de Ordenación del Territorio y de los Planes de Ordenación de los Recursos Naturales que resulten aplicables. En su memoria se motivará toda eventual falta de seguimiento de las determinaciones indicativas de tales instrumentos.

⇒ V. art. 25 de la Ley 11/1992, de 24 noviembre, de Ordenación del Territorio (§7).
V. Ley 7/1998, de 16 julio, que aprueba las directrices generales de ordenación territorial (§8).
V. Ley 6/1998, de 19 mayo, de Espacios Naturales Protegidos en Aragón.
V. Jurisprudencia en arts. 10, 11, 12 y concordantes del TRLS/1976 (§3).

Artículo 33. Determinaciones generales.

El Plan General contendrá las siguientes determinaciones de carácter general:

a) Clasificación del suelo, con sus categorías y calificación urbanística, indicando las correspondientes delimitaciones y superficies.

b) Estructura general y orgánica del territorio, integrada por los elementos determinantes del desarrollo urbano y, en particular, el sistema de núcleos de población y los sistemas generales de comunicación, equipamiento comunitario y otros.

c) En especial, el sistema general urbanístico de espacios libres públicos destinados a parques y áreas de ocio, expansión y recreo, que se establecerá en proporción no inferior a cinco metros cuadrados por habitante, sin incluir en el cómputo espacios naturales protegidos, grandes zonas verdes suburbanas ni dotaciones locales.

d) Medidas para la protección del medio ambiente, la conservación de la naturaleza y la tutela del Patrimonio Cultural Aragonés, de conformidad con la legislación aplicable.

e) Delimitación de uno o varios núcleos históricos tradicionales, donde la ordenación urbanística no permita la sustitución indiscriminada de edificios y exija que su conservación, implantación, reforma o renovación armonicen con la tipología histórica.

f) Reservas que, en su caso, se consideren necesarias para viviendas sujetas a algún régimen de protección pública en suelo urbano o urbanizable. Tales reservas en ningún caso superarán el veinte por ciento del aprovechamiento urbanístico objetivo correspondiente, sin incluir en el cómputo el Patrimonio Municipal del Suelo.

g) Circunstancias con arreglo a las cuales sea procedente, en su momento, la revisión del Plan, en función de la población total y su índice de crecimiento, de los recursos, usos e intensidad de ocupación, del modelo de desarrollo adoptado y de los demás elementos que justificaron la clasificación del suelo inicialmente adoptada.

⇒ V. Ley 6/1998, de 19 mayo, de Espacios Naturales Protegidos en Aragón.
V. Ley 3/1999, de 10 marzo, de Patrimonio Cultural de Aragón.
V. Cap. III de la Ley 12/1997, de 3 diciembre, Reguladora de los Parques Culturales en Aragón.
Téngase en cuenta el D. 85/1990, de 5 junio, sobre medidas urgentes de protección urbanística, cuyos arts. 4 a 8 y disp. transit. única han sido derogados por la Ley 5/1999, de 25 marzo, en su disp. derog. 1, y su anejo modificado por Acuerdo 3 noviembre 1993.
V. Jurisprudencia en arts. 12.1 y concordantes del TRLS/1976 (§3).

Artículo 34. Suelo urbano consolidado.

En suelo urbano consolidado, el Plan General contendrá las siguientes determinaciones:

a) Asignación y ponderación de usos, intensidades y tipologías edificatorias de las diferentes zonas.

b) Delimitación o emplazamiento de espacios verdes, libres, deportivos y de recreo, centros docentes y dotaciones o equipamientos ambientales, sanitarios, religiosos, educativos, culturales, asistenciales y demás servicios de interés social.

c) Trazado y características de las redes de comunicaciones y servicios y de su conexión con los correspondientes sistemas generales.

d) Señalamiento de alineaciones, rasantes y previsión de aparcamientos.

e) Establecimiento de plazos para la edificación y reglamentación detallada de las condiciones sanitarias, higiénicas y estéticas de las construcciones y los terrenos y de su entorno.

⇒ V. arts. 14 y 17 de la presente Ley.
V. Jurisprudencia en arts. 12.2.1 y concordantes del TRLS/1976 (§3).

Artículo 35. Suelo urbano no consolidado.

1. En suelo urbano no consolidado, cuando el Plan General prevea actuar directamente a través de unidades de ejecución, incluirá, además de las determinaciones establecidas en el artículo anterior, el aprovechamiento medio de la unidad de ejecución.

2. En suelo urbano no consolidado, cuando el Plan General establezca sectores precisados de Plan Especial de Reforma Interior, contendrá las siguientes determinaciones:

a) Delimitación de su perímetro.

b) Condiciones, plazos y prioridades para la urbanización de los diferentes sectores.

c) Asignación de intensidades, tipologías edificatorias y usos globales en las diferentes zonas que se establezcan.

d) Aprovechamiento medio del sector.

e) Las dotaciones locales, incluidas las obras de conexión con los sistemas generales.

3. En su caso, el Plan General podrá señalar el sistema o sistemas de actuación previstos, incluso con carácter alternativo, en las unidades de ejecución que delimite.

⇒ V. arts. 14 y 18 de la presente Ley.
V. Jurisprudencia en arts. 12.2.2 y concordantes del TRLS/1976 (§3).

Artículo 36. Suelo no urbanizable.

En suelo no urbanizable, el Plan General contendrá las siguientes determinaciones:

a) Régimen de protección diferenciada de los terrenos incluidos en las categorías de suelo no urbanizable genérico o especial, indicando las actividades prohibidas, con el fin de garantizar la conservación, protección y mejora de todos los recursos naturales y de los valores paisajísticos, ambientales, culturales y económicos.

b) Señalamiento de las actuaciones y usos previstos o que puedan ser autorizados, con establecimiento de las correspondientes condiciones urbanísticas de los mismos.

⇒ V. arts. 26 a 31 de la presente Ley.
V. Ley 6/1998, de 19 mayo, de Espacios Naturales Protegidos en Aragón.
V. Ley 3/1999, de 10 marzo, de Patrimonio Cultural de Aragón.
V. Cap. III de la Ley 12/1997, de 3 diciembre, Reguladora de los Parques Culturales en Aragón.
V. Jurisprudencia en arts. 12.2.3 y concordantes del TRLS/1976 (§3).

Artículo 37. Suelo urbanizable delimitado.

En suelo urbanizable delimitado, el Plan General contendrá las siguientes determinaciones:

a) División en sectores para su desarrollo en Planes Parciales.

b) Condiciones, plazos y prioridades para la urbanización de los diferentes sectores.

c) Desarrollo de los sistemas generales con la precisión suficiente para permitir la redacción de Planes Parciales.

d) Trazado de las redes fundamentales de comunicaciones y servicios.

e) Asignación de intensidades y usos globales a las diferentes zonas que se establezcan.

f) Aprovechamiento medio de cada sector y de todo el suelo urbanizable delimitado.

g) En su caso, el Plan General podrá señalar el sistema o sistemas de actuación previstos, incluso con carácter alternativo, para la ejecución de los diferentes sectores.

⇒ V. art. 30 de la presente Ley.
V. arts. 16 y 17 de la Ley 6/1998, de 13 abril (§1).
V. Jurisprudencia en arts. 12.2.2 y concordantes del TRLS/1976 (§3).

Artículo 38. Suelo urbanizable no delimitado.

En suelo urbanizable no delimitado, el Plan General establecerá criterios para delimitar los correspondientes sectores, tales como los relativos a magnitud, usos, dotaciones, equipamientos, sistemas generales que deban ejecutarse y conexiones con los mismos, así como prioridades para garantizar un desarrollo urbano racional. En particular, podrá condicionarse la delimitación de nuevos sectores al desarrollo de los ya delimitados en el Plan General.

⇒ V. Jurisprudencia en arts. 12.2.3 y concordantes del TRLS/1976 (§3).

Artículo 39. Sectores.

1. El sector es el ámbito de ordenación propio de un Plan Parcial o de un Plan de Reforma Interior. Cada uno de estos Planes abarcará uno o varios sectores completos.

2. La delimitación de sectores deberá garantizar el desarrollo urbano racional de la ciudad. Su perímetro se determinará mediante ejes viarios y alineaciones propias de la red primaria de infraestructuras y equipamientos o, excepcionalmente, con los límites del suelo no urbanizable, prohibiéndose en todo caso su delimitación con el exclusivo propósito de ajustarse a límites de propiedad.

⇒ V. arts. 16 y 17 de la Ley 6/1998, de 13 abril (§1).
V. Jurisprudencia en arts. 12.2.2 d) y concordantes del TRLS/1976 (§3).

Artículo 40. Documentación.

Las determinaciones del Plan General establecidas en los artículos anteriores se desarrollarán en la memoria, los planos de información y de ordenación urbanística, los catálogos, las normas urbanísticas y el estudio económico.

⇒ V. Jurisprudencia en arts. 12.3 y concordantes del TRLS/1976 (§3).

Sección 2ª Procedimiento

Artículo 41. Procedimiento municipal.

1. El Plan General será formulado por el Ayuntamiento. En el momento en que los trabajos de elaboración del mismo hayan alcanzado un grado de desarrollo suficiente para formular los criterios, objetivos y soluciones generales del planeamiento, se expondrán al público al objeto de que, durante el plazo mínimo de un mes, puedan formularse sugerencias y alternativas por cualquier persona. En ningún caso se entenderá iniciado el procedimiento de aprobación del Plan mientras éste no haya recibido la aprobación inicial.

2. Aprobado inicialmente el Plan por el Ayuntamiento Pleno, se someterá a información pública por el plazo mínimo de un mes. Cuando nadie concurriera a la información pública, el Plan se presentará directamente a la aprobación definitiva por el órgano competente.

3. El propio Ayuntamiento Pleno, en vista del resultado de la información pública, podrá aprobar provisionalmente el Plan con las modificaciones que procedieren, pronunciándose expresamente sobre las alegaciones formuladas. Si dichas modificaciones significaran un cambio sustancial del Plan inicialmente aprobado, se abrirá un nuevo período de información pública antes de otorgar la aprobación provisional.

4. El Plan General que comprenda varios Municipios habrá de ser formulado de común acuerdo y recibirá la aprobación de los respectivos Ayuntamientos Plenos.

⇒ V. D. 210/2000, de 5 diciembre, del Gobierno de Aragón, de subvenciones y ayudas con cargo al Fondo Local de Aragón.
V. Jurisprudencia en arts. 31, 40.1, 41 y concordantes del TRLS/1976 (§3).

Artículo 42. Aprobación definitiva.

1. La aprobación definitiva del Plan General corresponde a la Comisión Provincial de Ordenación del Territorio, salvo cuando se trate de un Municipio capital de Provincia o de un Plan conjunto de varios Municipios de distintas Provincias, supuestos en los que la competencia corresponde al Consejo de Ordenación del Territorio de Aragón.

2. Sólo podrá denegarse la aprobación definitiva motivadamente, por falta de cumplimiento de las prohibiciones y exigencias procedimentales, competenciales, documentales y materiales establecidas en el ordenamiento jurídico, incluidas las determinaciones de las Directrices de Ordenación del Territorio y de los Planes de Ordenación de los Recursos Naturales, así como cuando el Plan no respete los principios de equilibrio territorial, justificación de la correcta organización del desarrollo urbano y coherencia con las políticas de vivienda, medio ambiente y patrimonio cultural de la Comunidad Autónoma.

3. Se entenderá producida la aprobación definitiva por el transcurso de cinco meses desde la entrada del expediente completo en el registro del órgano competente para otorgarla sin que se hubiera comunicado la resolución. En tal caso, la aprobación se acreditará mediante la correspondiente certifica-

ción, en los términos establecidos por la Legislación del Procedimiento Administrativo Común.

⇒ V. Ley 6/1998, de 19 mayo, de Espacios Naturales Protegidos en Aragón.
V. Ley 3/1999, de 10 marzo, de Patrimonio Cultural de Aragón.
V. Cap. III de la Ley 12/1997, de 3 diciembre, Reguladora de los Parques Culturales en Aragón.
V. Jurisprudencia en arts. 40, 41 y concordantes del TRLS/1976 (§3).

Artículo 43. Aprobación parcial.

Cuando las objeciones a la aprobación definitiva del Plan General afecten a áreas o determinaciones tan concretas que, prescindiendo de ellas, el Plan se pueda aplicar con coherencia, éste se aprobará definitivamente salvo en la parte objeto de reparos, que podrá denegarse o quedará en suspenso hasta su rectificación en los términos precisados por la resolución aprobatoria. El Ayuntamiento comunicará al órgano autonómico las rectificaciones oportunas, quedando levantada la suspensión, bien por resolución expresa de dicho órgano, bien por el transcurso del plazo de dos meses desde la comunicación sin que el órgano autonómico haya formulado objeciones.

⇒ V. Jurisprudencia en arts. 41 y concordantes del TRLS/1976 (§3).

CAPÍTULO II

Planes parciales

Sección 1ª Contenido

Artículo 44. Objeto.

1. Los Planes Parciales tienen por objeto regular la urbanización y la edificación del suelo urbanizable, desarrollando el Plan General mediante la ordenación detallada de uno o varios sectores.

2. No podrán aprobarse Planes Parciales sin que, previa o simultáneamente, pero en expediente separado, se haya aprobado definitivamente el Plan General.

3. Los Planes Parciales estarán subordinados al Plan General, cuyas determinaciones no podrán modificar.

⇒ V. arts. 26 a 31 de la presente Ley.
V. arts. 16 y 17 de la Ley 6/1998, de 13 abril (§1).
V. Jurisprudencia en arts. 13.1 y concordantes del TRLS/1976 (§3).

Artículo 45. Determinaciones.

Los Planes Parciales contendrán, además de las determinaciones establecidas en el artículo 34 de esta Ley para el Plan General en suelo urbano consolidado, las siguientes:

a) Evaluación económica de la implantación de los servicios y de la ejecución de las obras de urbanización.

b) Plazos para dar cumplimiento a los deberes de los propietarios en las unidades de ejecución del sector, entre ellos, los de urbanización y edificación.

c) Tratándose de suelo urbanizable no delimitado, aprovechamiento medio de cada sector.

d) Sistemas generales incluidos o adscritos.

e) En su caso, sistema o sistemas de actuación previstos en las unidades de ejecución que delimite.

⇒ Arts. 14, 16 y 17 de la presente Ley.
V. Jurisprudencia en arts. 13.2 y concordantes del TRLS/1976 (§3).

Artículo 46. Edificabilidad.

En cada sector del suelo urbanizable, los Planes Parciales habrán de respetar el límite máximo por hectárea de ocho mil quinientos metros cuadrados de superficie residencial construida, sin incluir equipamientos públicos.

Artículo 47. Módulos de reserva.

1. Los Planes Parciales respetarán los siguientes módulos mínimos de reserva por cada ochenta y cinco metros cuadrados de superficie construida residencial y cien metros cuadrados de superficie construida industrial y de servicios:

a) Dieciocho metros cuadrados de terreno para espacios verdes, libres y de recreo, de dominio y uso público, cuya superficie no será inferior al diez por ciento de la total del sector, con independencia del sistema general de espacios libres públicos y de los equipamientos deportivos.

b) Diez metros cuadrados de terreno para centros culturales y docentes, agrupados para formar unidades escolares completas.

c) Una plaza de aparcamiento, debiendo localizarse, al menos, la cuarta parte de las plazas resultantes en espacio de uso público, incluidos el subsuelo de redes viarias y espacios libres, siempre que no se menoscabe el uso de los mismos.

2. En las urbanizaciones privadas, los anteriores módulos de reserva podrán situarse en espacios de propiedad privada, dejando a salvo la potestad municipal de reclamar su mantenimiento y apertura al uso público.

3. En las urbanizaciones turísticas, de segunda residencia, industriales y de servicios, podrá destinarse la reserva de terrenos para centros docentes y culturales, total o parcialmente, a incrementar las reservas para espacios verdes, libres, deportivos y de recreo y para aparcamientos.

4. Corresponde al Gobierno de Aragón suprimir y modificar, con carácter general, los módulos de reserva previstos en el párrafo primero de este artículo y, asimismo, establecer módulos de reserva especiales en los supuestos referidos en el párrafo tercero.

⇒ V. Ley 3/1997, de 7 abril, de Promoción de la Accesibilidad y Supresión de Barreras Arquitectónicas, Urbanísticas, de Transportes y de la Comunicación, en Aragón.
V. D. 19/1999, de 9 febrero, sobre Promoción de la Accesibilidad y Suspensión de Barreras Arquitectónicas, Urbanísticas, de Transportes y de la Comunicación.

Artículo 48. Documentación.

Las determinaciones de los Planes Parciales se desarrollarán en la memoria, los planos de información, ordenación y proyecto, los catálogos, las normas urbanísticas, el plan de etapas y la evaluación de los costes de urbanización y de implantación de servicios.

⇒ V. Jurisprudencia en arts. 13.3 y concordantes del TRLS/1976 (§3).

Sección 2ª Procedimiento de iniciativa municipal

Artículo 49. Formulación.

1. Los Ayuntamientos podrán formular Planes Parciales en cualquier momento, bien de oficio, bien mediante la convocatoria del correspondiente concurso, e introducir modificaciones en las propuestas presentadas a instancia de los particulares.

2. Los Ayuntamientos podrán fomentar la participación de especialistas en la ordenación urbanística, mediante la convocatoria de concursos de ideas previa a la formulación de los Planes Parciales, en particular para la ordenación de los espacios que cuantitativa o cualitativamente tengan relevancia en el conjunto del urbanismo municipal.

⇒ V. D. 210/2000, de 5 diciembre, del Gobierno de Aragón, de subvenciones y ayudas con cargo al Fondo Local de Aragón.
V. Jurisprudencia en arts. 31 y concordantes del TRLS/1976 (§3).

Artículo 50. Procedimiento.

1. Corresponderá al Ayuntamiento Pleno directamente la aprobación inicial de los Planes Parciales, tras la cual se someterán a información pública, por el plazo mínimo de un mes, y a informe de la Comisión Provincial de Ordenación del Territorio.

2. La Comisión Provincial de Ordenación del Territorio dispondrá del plazo de tres meses para comunicar al Ayuntamiento el eventual informe de carácter total o parcialmente negativo. Los motivos para permitir la denegación de la aprobación definitiva habrán de ser del mismo tipo que los establecidos en el artículo 42, párrafo 2, de esta Ley.

3. El Ayuntamiento Pleno, a la vista del resultado de las actuaciones obrantes en el expediente, podrá aprobar definitivamente el Plan con las modificaciones que procedieren, pronunciándose expresamente sobre las alegaciones y observaciones formuladas.

⇒ V. Jurisprudencia en arts. 41 y concordantes del TRLS/1976 (§3).

Sección 3ª Procedimiento de iniciativa privada

Artículo 51. Formulación.

1. En el suelo urbanizable, podrá formular Planes Parciales cualquier persona, teniendo preferencia en la tramitación, en caso de concurrencia de varios proyectos, el que primero se hubiera formulado ante el Ayuntamiento en expediente completo. La Administración deberá fijar el sistema o sistemas de actuación propuestos por los particulares en los términos y condiciones establecidos en el artículo 121 de esta Ley.

2. En el suelo urbanizable no delimitado, cualquier persona, acompañando una memoria sobre las características generales de la actuación pretendida, podrá ejercer el derecho de consulta previsto en la legislación estatal sobre régimen del suelo, dirigiéndose al Ayuntamiento y a la Comisión Provincial de Ordenación del Territorio, quienes habrán de responder a la citada consulta en el plazo de tres meses, expresando los criterios sobre la viabilidad y características de la actuación o, en su caso, del sistema o sistemas de actuación propuestos. No obstante, los citados criterios únicamente vincularán al Ayuntamiento y a la Administración de la Comunidad Autónoma si se incluyen en un convenio urbanístico, en los términos establecidos en los artículos 82 y siguientes de esta Ley.

⇒ V. Jurisprudencia en arts. 52, 53, 54 y concordantes del TRLS/1976 (§3).

Artículo 52. Documentación.

1. En los Planes Parciales de iniciativa particular, además de la documentación general, habrán de consignarse los siguientes datos:

a) Acreditación de la voluntad de las personas que ejercen la iniciativa.

b) Relación de propietarios afectados, con expresión de sus direcciones postales actualizadas.

c) Tratándose de suelo urbanizable no delimitado, estudio justificativo del sector y del carácter de la urbanización, con la finalidad de determinar, en su caso, los compromisos de conservación y mantenimiento de la urbanización, así como los relativos a la prestación de servicios.

d) Modo de ejecución de las obras de urbanización y previsión sobre la futura conservación de las mismas.

e) Compromisos que se hubieren de contraer entre el promotor y el Ayuntamiento y entre aquél y los futuros propietarios de solares, con las garantías del exacto cumplimiento de los mismos.

f) Medios económicos de toda índole con que cuente el promotor para llevar a cabo la actuación.

2. En los casos de propietario único y en los demás supuestos que reglamentariamente se determinen, los Planes Parciales de iniciativa privada podrán contener las determinaciones relativas a las cesiones obligatorias y al Proyecto de Urbanización, al que en tal caso sustituirán.

⇒ V. Jurisprudencia en arts. 53 y concordantes del TRLS/1976 (§3).

Artículo 53. Procedimiento.

1. *El procedimiento* de aprobación de los Planes Parciales de iniciativa privada será el mismo establecido para los de iniciativa municipal en el artículo 50 de esta Ley, con las variantes establecidas en los párrafos siguientes de este artículo.

2. El Ayuntamiento sólo podrá denegar la aprobación inicial por falta de cumplimiento de las exigencias documentales y formales y en casos de ilegalidad manifiesta.

3. En caso de inactividad municipal, una vez transcurridos tres meses desde la presentación de la documentación completa en el Registro Municipal, podrá observarse el trámite de información pública por iniciativa privada, conforme a lo establecido en la disposición adicional quinta de esta Ley, y remitir directamente la documentación acreditativa de tal trámite y del Plan a la Comisión Provincial de Ordenación del Territorio, que dispondrá del plazo de tres meses para comunicar al Ayuntamiento y notificar al promotor su eventual informe negativo.

4. Siempre que la Comisión Provincial no hubiera notificado informe negativo dentro del plazo establecido en el párrafo anterior, el promotor podrá solicitar al Ayuntamiento la aprobación definitiva del Plan, conforme a las siguientes reglas:

a) El Ayuntamiento sólo podrá denegarla con fundamento en el mismo tipo de motivos que los establecidos en el artículo 42, párrafo 2, de esta Ley para permitir la denegación de la aprobación definitiva del Plan General.

b) Se entenderá producida la aprobación definitiva, en caso de silencio municipal, una vez transcurridos tres meses desde la presentación de la solicitud de aprobación definitiva en el Registro Municipal. En tal caso, la aprobación se acreditará mediante la correspondiente certificación, en los términos establecidos por la Legislación del Procedimiento Administrativo Común.

⇒ V. Jurisprudencia en arts. 54 y concordantes del TRLS/1976 (§3).

CAPÍTULO III
Planes especiales

Artículo 54. Contenido.

1. Podrán formularse Planes Especiales, con carácter independiente o en desarrollo de Directrices de Ordenación Territorial y del Plan General de Ordenación Urbana, de conformidad con lo establecido en este Capítulo.

2. Los Planes Especiales contendrán las determinaciones necesarias para el desarrollo de las correspondientes Directrices o Plan General y, en su defecto, las propias de su naturaleza y finalidad, debidamente justificadas y desarrolladas en la memoria, planos, catálogos, ordenanzas, plan de etapas y evaluación de costes.

3. En ningún caso los Planes Especiales podrán sustituir al Plan General en su función de instrumento de ordenación integral del territorio, por lo que no podrán clasificar suelo, sin perjuicio de las limitaciones de uso que puedan establecer.

⇒ V. art. 25 de la Ley 11/1992, de 24 noviembre, de Ordenación del Territorio (§7).
V. Ley 7/1998, de 16 julio, que aprueba las directrices generales de ordenación territorial (§8).
V. Jurisprudencia en arts. 17 y concordantes del TRLS/1976 (§3).

Artículo 55. Planes independientes.

1. En ausencia de Directrices de Ordenación Territorial y de Plan General o cuando éstos no contuviesen las previsiones detalladas oportunas, en

áreas que constituyan una unidad que así lo recomiende, los Ayuntamientos podrán formular Planes Especiales para las siguientes finalidades:

a) Establecimiento y coordinación de las infraestructuras básicas relativas al sistema de comunicaciones y telecomunicaciones, al equipamiento comunitario, al abastecimiento y saneamiento de aguas y a las instalaciones y redes de suministro de energía, siempre que estas determinaciones no exijan la previa definición de un modelo territorial.

b) Protección, catalogación, conservación y mejora de los espacios naturales, del paisaje y del medio físico rural, del medio urbano y de sus vías de comunicación.

2. El procedimiento de aprobación de estos Planes será el establecido para los Planes Generales en los artículos 41 a 43 de esta Ley.

⇒ V. Ley 11/1992, de 24 noviembre, de Ordenación del Territorio (§7).
V. Ley 7/1998, de 16 julio, que aprueba las directrices generales de ordenación territorial (§8).
V. Ley 6/1998, de 19 mayo, de Espacios Naturales Protegidos en Aragón.
V. Ley 8/1998, de 17 diciembre, de Carreteras en Aragón.
V. Jurisprudencia en arts. 17 y concordantes del TRLS/1976 (§3).

Artículo 56. Desarrollo de Directrices Territoriales.

1. En desarrollo de las previsiones contenidas en las Directrices de Ordenación del Territorio y sin necesidad de previa aprobación del Plan General de Ordenación Urbana, los Ayuntamientos y las Administraciones competentes por razón de la materia podrán formular Planes Especiales para las mismas finalidades establecidas en el artículo anterior.

2. El procedimiento de aprobación de estos Planes será el establecido para los Planes Parciales de iniciativa municipal en el artículo 50 de esta Ley, con las siguientes especialidades:

a) La Administración competente por razón de la materia que hubiere formulado el Plan Especial será también competente para aprobarlo inicialmente, someterlo a información pública y remitirlo a informe de la Comisión Provincial de Ordenación del Territorio. No obstante, la aprobación definitiva corresponderá al Ayuntamiento, en los mismos términos establecidos para los Planes de iniciativa privada en el artículo 53, párrafo 4, de esta Ley.

b) Cuando los Planes Especiales afecten a Municipios de diversas Provincias, corresponde la emisión del informe al Consejo de Ordenación del Territorio de Aragón.

⇒ V. Ley 11/1992, de 24 noviembre, de Ordenación del Territorio (§7).
V. Ley 7/1998, de 16 julio, que aprueba las directrices generales de ordenación territorial (§8).
V. Jurisprudencia en arts. 17 y concordantes del TRLS/1976 (§3).

Artículo 57. Desarrollo del Plan General.

1. En desarrollo de las previsiones contenidas en el Plan General, las Administraciones competentes y, en su caso, los particulares podrán formular Planes Especiales para las siguientes finalidades y otras análogas:

a) Desarrollo de los sistemas generales de comunicación, equipamiento comunitario y espacios libres públicos.

b) Protección del medio ambiente, de la naturaleza y del paisaje.

c) Obras de saneamiento para mejorar las condiciones de salubridad, higiene y seguridad, como abastecimiento y saneamiento de aguas y tratamiento de residuos.

d) Protección del patrimonio edificado y reforma interior en suelo urbano.

2. El procedimiento de aprobación de estos Planes será el establecido para los Planes Parciales en los artículos 50 ó 53 de esta Ley.

⇒ V. Jurisprudencia en arts. 17 y concordantes del TRLS/1976 (§3).

Artículo 58. Planes Especiales de Reforma Interior.

Los Planes Especiales de Reforma Interior en suelo urbano sólo podrán formularse en desarrollo de los ámbitos u otras previsiones contenidas en el Plan General, conforme al procedimiento establecido en el artículo anterior y de acuerdo con las reglas siguientes:

a) Podrán constituir el objeto de estos Planes operaciones integradas o actuaciones aisladas que, en desarrollo de la estructura fundamental de la ordenación prevista por el Plan General, se encaminen a la descongestión o renovación de usos del suelo urbano, creación de dotaciones urbanísticas y equipamiento comunitario, saneamiento de barrios insalubres, resolución de problemas de circulación o de estética y mejora del medio ambiente o de los servicios públicos y otros fines análogos.

b) Contendrán las determinaciones y documentos adecuados a sus objetivos y, como mínimo, salvo que alguno de ellos fuera innecesario por no guardar relación con la reforma, los previstos para los Planes Parciales en los artículos 44 a 48 de esta Ley, incluyendo las reglas de edificabilidad y los módulos de reserva, sin perjuicio de la potestad del Gobierno de adaptar éstos a las especiales características del suelo urbano. En tanto el Gobierno no haga uso de la anterior potestad de adaptación, los Planes Generales de Ordenación Urbana podrán determinar los módulos de reserva aplicables.

c) Los Planes que tengan por objeto operaciones integradas contendrán la delimitación de las unidades de ejecución, los plazos de ejecución y los sistemas de actuación. En los casos de propietario único, podrán contener las determinaciones relativas a las cesiones obligatorias y al Proyecto de Urbanización, al que en tal caso sustituirán.

⇒ V. Jurisprudencia en arts. 13, 23 y concordantes del TRLS/1976 (§3).

Artículo 59. Conjuntos de Interés Cultural.

1. La declaración de un Conjunto de Interés Cultural determinará la obligación del Ayuntamiento de redactar uno o varios Planes Especiales para la protección y, en su caso, saneamiento y renovación del área afectada, de conformidad con lo establecido en la legislación del Patrimonio Cultural

Aragonés. El procedimiento de aprobación de estos Planes será el establecido para los Planes Parciales en los artículos 50 ó 53 de esta Ley.

2. No obstante, no será preceptiva la formulación de este Plan Especial cuando el Ayuntamiento acuerde incorporar directamente en el Plan General de Ordenación Urbana las determinaciones propias de tales Planes Especiales.

3. Los Planes Especiales de protección deberán incorporar una memoria económica en la que se concreten las fuentes de financiación reales o previsibles para ejecutar las actuaciones previstas por ellos en los Conjuntos de Interés Cultural.

⇒ V. arts. 41 y ss. de la Ley 3/1999, de 10 marzo.

V. Cap. III de la Ley 12/1997, de 3 diciembre, Reguladora de los Parques Culturales en Aragón.

V. Ley 3/1999, de 10 marzo, de Patrimonio Cultural de Aragón.

V. O. 3 junio 1996, del Departamento de Ordenación Territorial, Obras Públicas y Transportes, sobre actuaciones para la preservación del de interés arquitectónico de uso público, modificado por D. 210/2000, de 5 diciembre, y por O. 5 agosto 1998.

V. Jurisprudencia en arts. 18 y concordantes del TRLS/1976 (§3).

CAPÍTULO IV

Instrumentos complementarios y subsidiarios

Sección 1ª Estudios de detalle

Artículo 60. Contenido.

1. Los Estudios de Detalle podrán formularse cuando fuere preciso completar o, en su caso, adaptar determinaciones establecidas en el Plan General para el suelo urbano y en los Planes Parciales y Especiales.

2. Los Estudios de Detalle incluirán los documentos justificativos de los extremos sobre los que versen. Su contenido tendrá por finalidad prever, modificar o reajustar, según los casos:

a) El señalamiento de alineaciones y rasantes que no afecten a la estructura orgánica del territorio configurado por los sistemas generales ni disminuyan la superficie destinada a espacios libres, públicos o privados.

b) La ordenación de los volúmenes de acuerdo con las especificaciones del planeamiento.

c) Las condiciones estéticas y de composición de la edificación complementarias del planeamiento.

3. Los Estudios de Detalle no podrán alterar el destino del suelo ni el aprovechamiento máximo que corresponda a los terrenos comprendidos en su ámbito, ni incumplir las normas específicas que para su redacción haya previsto el planeamiento. Podrán establecer nuevas alineaciones y, además de los accesos o viales interiores de carácter privado, crear los nuevos viales o suelos dotacionales públicos que precise la remodelación del volumen ordenado, siempre que su cuantificación y los criterios para su establecimiento

estuvieran ya determinados en el planeamiento y sin que puedan suprimir ni reducir los previstos por éste. En ningún caso podrán ocasionar perjuicio ni alterar las condiciones de la ordenación de los predios colindantes.

⇒ V. Jurisprudencia en arts. 14 y concordantes del TRLS/1976 (§3).

Artículo 61. Procedimiento.

1. Cualquier persona podrá formular a su costa Estudios de Detalle, cuya aprobación inicial corresponde al Alcalde, y la definitiva, al Ayuntamiento Pleno, previo sometimiento a información pública y audiencia de los interesados por plazo común de treinta días hábiles como mínimo.

2. En la tramitación de Estudios de Detalle de iniciativa privada, se aplicarán las siguientes reglas:

a) El Alcalde sólo podrá denegar la aprobación inicial por incumplimiento de las exigencias documentales y formales.

b) En caso de silencio municipal, se entenderá producida la aprobación inicial por el transcurso de un mes desde la presentación de la documentación completa en el registro municipal.

c) El particular podrá promover los trámites de información pública y audiencia de interesados por iniciativa privada, conforme a lo establecido en la disposición adicional quinta de esta Ley, cuando transcurra un mes desde la presentación de su solicitud sin que el Ayuntamiento los haya iniciado efectivamente, y, tras su práctica y acreditación, podrá solicitar al Ayuntamiento Pleno la aprobación definitiva del Estudio.

d) En caso de silencio municipal, se entenderá producida la aprobación definitiva por el transcurso de dos meses desde su solicitud. En tal caso, la aprobación se acreditará mediante la correspondiente certificación, en los términos establecidos por la legislación del procedimiento administrativo común.

Sección 2ª Otros instrumentos

Artículo 62. Normas Subsidiarias.

1. Las Normas Subsidiarias de ámbito provincial tienen por objeto establecer la normativa de carácter general sobre protección y aprovechamiento del suelo, urbanización y edificación aplicable en los Municipios que carezcan de Plan General. También cabrá incluir en dichas Normas la delimitación de los suelos urbanos de los Municipios que carezcan de ella, en el supuesto previsto en el artículo siguiente.

2. Las Normas a que se refiere el párrafo anterior podrán ser formuladas por la Comisión Provincial de Ordenación del Territorio.

3. Aprobadas inicialmente las Normas, se someterán a información pública por plazo mínimo de un mes. También se dará audiencia a todos los Municipios afectados.

4. El mismo órgano plenario, en vista del resultado de la información pública, podrá aprobar provisionalmente las Normas, con las modificaciones que procedieren.

5. La aprobación definitiva de las Normas Provinciales corresponde al Consejo de Ordenación del Territorio de Aragón, cuyo silencio tendrá valor denegatorio de la aprobación definitiva, en los términos de la legislación del procedimiento administrativo común.

⇒ V. Jurisprudencia en arts. 70, 71 y concordantes del TRLS/1976 (§3).

Artículo 63. Proyecto de Delimitación del Suelo Urbano.

1. Los Municipios que carezcan de Plan General formularán un Proyecto de Delimitación del Suelo Urbano, que deberá contener el señalamiento de los terrenos comprendidos en el mismo por contar con los requisitos establecidos en el artículo 13, letra a), de esta Ley. El resto de los terrenos del término municipal quedará clasificado como suelo no urbanizable.

2. El procedimiento de aprobación de los Proyectos de Delimitación del Suelo Urbano será el establecido para los Planes Parciales de iniciativa municipal en el artículo 50 de esta Ley.

⇒ V. disp. final 1ª de la presente Ley.
V. arts. 101 a), 102 y 103 del RPU (§3.1).
V. Jurisprudencia en arts. 78, 81 y concordantes del TRLS/1976 (§3).

Artículo 64. Ordenanzas urbanísticas.

1. Mediante Ordenanzas urbanísticas, los Municipios podrán regular:

a) Los aspectos morfológicos y ornamentales de las construcciones y, en general, aquellas condiciones de las obras de edificación que no sean definitorias de la edificabilidad o el destino del suelo.

b) Las actividades susceptibles de autorización en cada inmueble, en términos compatibles con el planeamiento.

2. Las Ordenanzas deberán ser conformes con la legislación sobre seguridad, salubridad, habitabilidad, accesibilidad para discapacitados y calidad de las construcciones. En ningún caso podrán alterar el Plan General ni menoscabarán las medidas establecidas para la protección del medio ambiente o del Patrimonio Cultural Aragonés.

3. Para la aprobación de las Ordenanzas, se aplicarán las reglas de competencia y procedimiento establecidas en la legislación de régimen local.

⇒ V. arts. 41 y ss. de la Ley 3/1999, de 10 marzo.
V. Cap. III de la Ley 12/1997, de 3 diciembre, Reguladora de los Parques Culturales en Aragón.
V. Ley 3/1997, de 7 abril, de Promoción de la accesibilidad y supresión de barreras arquitectónicas, urbanísticas, de transportes y de la Comunicación, en Aragón.
V. art. 124 del TRLS/1992 (§2).
V. arts. 55 y 56 del Texto Refundido de la LBRL.

CAPÍTULO V
Disposiciones comunes

Sección 1ª Suspensión de licencias

Artículo 65. Supuestos.

1. El Ayuntamiento Pleno podrá acordar la suspensión del otorgamiento de licencias de parcelación, edificación y demolición para áreas o usos determinados con el fin de estudiar la formación o reforma de los Planes urbanísticos o Estudios de Detalle.

2. El acuerdo de aprobación inicial de los citados instrumentos determinará la suspensión del otorgamiento de las licencias enumeradas en el párrafo anterior en aquellas áreas cuyas nuevas determinaciones supongan modificación del régimen urbanístico vigente, siempre que tal acuerdo señale expresamente las áreas afectadas por la suspensión.

3. La suspensión de licencias no afectará a los proyectos que cumplan simultáneamente el Plan o Estudio de Detalle en vigor y la modificación de uno u otro aprobada inicialmente.

⇒ V. Jurisprudencia en arts. 27 y concordantes del TRLS/1976 (§3).

Artículo 66. Plazos.

1. La suspensión a que se refiere el párrafo primero del artículo anterior se extinguirá, en todo caso, en el plazo de un año. Si se hubiera producido, dentro de ese plazo, el acuerdo de aprobación inicial, la suspensión se mantendrá para las áreas cuyas nuevas determinaciones supongan modificación de la ordenación urbanística, y sus efectos se extinguirán definitivamente transcurridos dos años desde el acuerdo de suspensión adoptado para estudiar el planeamiento o su reforma.

2. Si, con anterioridad al acuerdo de aprobación inicial, no se hubiese suspendido el otorgamiento de licencias conforme a lo dispuesto en el párrafo primero del artículo anterior, la suspensión determinada por dicha aprobación inicial tendrá una duración máxima de dos años.

3. En cualquier caso, la suspensión se extingue con la aprobación definitiva del instrumento correspondiente. Extinguidos los efectos de la suspensión en cualquiera de los supuestos previstos, no podrán acordarse nuevas suspensiones en el plazo de cuatro años por idéntica finalidad.

4. Los peticionarios de licencias solicitadas con anterioridad a la publicación de la suspensión tendrán derecho a ser indemnizados por el coste justificado de los proyectos y a la devolución, en su caso, de los tributos municipales, en aquellos supuestos en que, como consecuencia de la modificación del planeamiento aprobada definitivamente, el contenido de lo proyectado hubiese devenido urbanísticamente inviable, en todo o en parte.

⇒ V. Jurisprudencia en arts. 27 y concordantes del TRLS/1976 (§3).

Sección 2ª Efectos

Artículo 67. Obligatoriedad.

1. Los particulares, al igual que las Administraciones Públicas, quedarán obligados al cumplimiento de las disposiciones establecidas en los Planes, Normas y Ordenanzas urbanísticos.

2. Serán nulas de pleno derecho las reservas de dispensación que se contuvieren en los Planes, Normas y Ordenanzas urbanísticos, así como las que, con independencia de ellos, se concedieren.

⇒ V. art. 2 de la Ley 6/1998, de 13 abril (§1).
V. art. 134.1 del TRLS/1992 (§2).
V. Jurisprudencia en arts. 57 y concordantes del TRLS/1976 (§3).

Artículo 68. Ejecutividad.

Los Planes urbanísticos serán inmediatamente ejecutivos una vez publicada su aprobación definitiva y el texto íntegro de las normas que contengan. Si la aprobación definitiva se hubiera otorgado parcialmente, los Planes carecerán de ejecutividad, en cuanto a la parte objeto de reparos, hasta tanto no fuera publicada la aprobación definitiva de la correspondiente rectificación.

⇒ V. art. 70.2 de la LBRL, según redacción dada por la Ley 39/1994, de 30 diciembre.
V. art. 134.1 del TRLS/1992 (§2).
V. Jurisprudencia en arts. 56 y concordantes del TRLS/1976 (§3).

Artículo 69. Legitimación de expropiaciones.

La aprobación de los Planes implicará la declaración de utilidad pública de las obras y la necesidad de ocupación de los terrenos y edificios correspondientes, a los fines de expropiación o imposición de servidumbres.

⇒ V. art. 33 de la Ley 6/1998, de 13 abril (§1).
V. Jurisprudencia en arts. 64 a 69 y concordantes del TRLS/1976 (§3).

Artículo 70. Edificios fuera de ordenación.

1. Los edificios e instalaciones erigidos con anterioridad a la aprobación definitiva del planeamiento urbanístico que resultaren disconformes con el mismo por afectar a alineaciones, viales, zonas verdes o espacios libres, contener usos incompatibles u otras razones análogas o estar prevista su expropiación, serán calificados como fuera de ordenación.

2. Salvo que en el propio planeamiento se dispusiera otro régimen, no podrán realizarse en ellos obras de consolidación, aumento de volumen, modernización e incremento de su valor de expropiación, pero sí las pequeñas reparaciones que exigieren la higiene, el ornato y la conservación del inmueble.

3. Sin embargo, podrán autorizarse obras parciales y circunstanciales de consolidación cuando no estuviere prevista la expropiación o demolición de la finca en el plazo de quince años, a contar desde la fecha en que se pretendiere realizarlas.

⇒ V. art. 137 del TRLS/1992 (§2).
V. art. 118 de la presente Ley.
V. Jurisprudencia en arts. 60, 61, 62 y concordantes del TRLS/1976 (§3).

Sección 3ª Vigencia y alteración

Artículo 71. Reglas generales.

1. Los Planes y demás instrumentos de ordenación urbanística tendrán vigencia indefinida.

2. La alteración del contenido de los Planes y demás instrumentos de ordenación urbanística podrá llevarse a cabo mediante la revisión de los mismos o la modificación de alguno de sus elementos.

3. Los propietarios tendrán derecho a instar la modificación del planeamiento de desarrollo siempre que no se vulnere el planeamiento general.

⇒ V. Jurisprudencia en arts. 45, 47, 49 y concordantes del TRLS/1976 (§3).

Artículo 72. Revisión.

1. La revisión del contenido de los Planes y demás instrumentos de ordenación urbanística podrá llevarse a cabo conforme a las mismas reglas sobre documentación, procedimiento y competencia establecidas para su aprobación.

2. Tendrá la consideración de revisión del Plan General de Ordenación Urbana cualquier alteración del mismo que afecte sustancialmente a la estructura general y orgánica del territorio, integrada por los elementos determinantes del desarrollo urbano y, en particular, el sistema de núcleos de población y los sistemas generales de comunicación, equipamiento comunitario, espacios libres públicos y otros.

⇒ V. Jurisprudencia en arts. 47 y concordantes del TRLS/1976 (§3).

Artículo 73. Procedimiento de modificación.

1. Las modificaciones aisladas de las determinaciones de los Planes deberán contener los siguientes elementos:

a) Justificación de su necesidad o conveniencia y estudio de sus efectos sobre el territorio.

b) Definición del nuevo contenido del Plan con un grado de precisión similar al modificado.

2. Las modificaciones se realizarán ordinariamente por el procedimiento aplicable para la aprobación de los correspondientes Planes, salvo en el caso del Plan General, cuyas modificaciones aisladas se llevarán a cabo, sin perjuicio de lo establecido en los artículos siguientes, conforme al procedimiento regulado en el artículo 50 de esta Ley para los Planes Parciales de iniciativa municipal, con las siguientes variantes:

a) En las modificaciones de los Planes Generales de Municipios capitales de Provincia o de los Planes Generales conjuntos de varios Municipios de distintas Provincias, corresponderá emitir el informe al Consejo de Ordenación del Territorio de Aragón.

b) El informe negativo del Consejo o de la Comisión Provincial de Ordenación del Territorio, comunicado dentro de plazo, será vinculante para el Ayuntamiento.

Artículo 74. Requisitos especiales.

1. Cuando la modificación del Plan tendiera a incrementar el aprovechamiento residencial, se requerirá, para aprobarla, la previsión de los mayores espacios verdes y libres de dominio y uso público correspondientes, salvo que el incremento derive de aumentos de edificabilidad que precisen cesiones inferiores a doscientos metros cuadrados de superficie, debiendo ubicarse los nuevos espacios preferentemente en el ámbito objeto de la modificación.

2. Cuando la modificación del Plan tuviera por objeto una diferente zonificación o uso urbanístico del suelo no urbanizable especial o de los espacios verdes y libres de dominio y uso público previstos en el Plan, se requerirá como mínimo, para aprobarla, que la previsión del mantenimiento de la superficie de tales espacios sea de igual calidad que la exigida para los espacios ya previstos en el Plan, así como el previo informe favorable de la Comisión Jurídica Asesora.

3. Cuando la modificación del Plan tuviera por objeto la clasificación de nuevo suelo urbano, deberán preverse los mismos módulos de reserva aplicables a los Planes Parciales, salvo que la superficie afectada por la modificación sea menor de mil metros cuadrados construidos.

⇒ V. Ley 3/1997, de 7 abril, de Promoción de la Accesibilidad y Supresión de Barreras Arquitectónicas, Urbanísticas, de Transportes y de la Comunicación, en Aragón.
V. D. 19/1999, de 9 febrero, sobre promoción de la accesibilidad y supresión de barreras arquitectónicas, urbanísticas, de transportes y de la comunicación.
V. Jurisprudencia en arts. 49, 50 y concordantes del TRLS/1976 (§3).

Artículo 75. Modificaciones dotacionales.

En todo caso, la modificación del destino de los terrenos reservados en los Planes para dotaciones y equipamientos sanitarios, religiosos, educativos, deportivos, culturales, asistenciales y demás servicios de interés social podrá realizarse, por razones justificadas y siempre para establecer otros servicios de las citadas categorías, por el Ayuntamiento Pleno, previa información pública e informe de la Comisión Provincial de Ordenación del Territorio por plazo común de dos meses, aun tratándose de reservas establecidas en el Plan General. En las modificaciones de los Planes Generales de Municipios capitales de Provincia o de los Planes Generales conjuntos de varios Municipios de distintas Provincias, corresponderá emitir el informe al Consejo de Ordenación del Territorio de Aragón.

TÍTULO III
INSTRUMENTOS ESPECIALES

CAPÍTULO I
Proyectos supramunicipales

Artículo 76. Objeto.

Mediante la aprobación de Proyectos Supramunicipales, podrá autorizarse la urbanización de suelo urbanizable no delimitado y de suelo no urbanizable genérico para actividades industriales o de servicios de especial importancia, grandes equipamientos colectivos y edificación de viviendas de promoción pública, siempre que requieran la ocupación de más de tres hectáreas de terreno o exijan una superficie construida superior a cinco mil metros cuadrados.

Artículo 77. Declaración.

1. Con carácter previo, deberá producirse la declaración del interés supramunicipal del Proyecto.

2. Corresponde al Consejero competente por razón de la materia, previa audiencia a los Ayuntamientos afectados y con informe favorable del Consejo de Ordenación del Territorio de Aragón, pronunciarse sobre la concurrencia del interés supramunicipal. A tal efecto, las personas o entidades promotoras podrán presentar propuestas de actuaciones, en las que se indicarán las características fundamentales de las mismas, justificando su interés supramunicipal. Transcurrido el plazo de tres meses desde la presentación de una propuesta sin producirse resolución expresa, aquélla se entenderá desestimada por silencio administrativo.

3. La declaración previa del interés supramunicipal será requisito necesario para que pueda seguirse el procedimiento de aprobación del Proyecto, pero no condicionará la resolución que se derive de la tramitación de dicho procedimiento.

⇒ V. D. 23/2000, de 2 febrero, que regula la estructura orgánica del Departamento de Obras Públicas, Urbanismo y Transportes.

V. D. 99/1999, de 5 agosto, que modifica la organización de los Departamentos.

V. D. 181/1999, de 28 septiembre, que regula la estructura orgánica del Departamento de Presidencia y Relaciones Institucionales.

Artículo 78. Concurso para la ubicación.

1. El Consejero competente por razón de la materia podrá convocar concurso al objeto de seleccionar los terrenos más adecuados para la ubicación de los Proyectos Supramunicipales, conforme a las características fundamentales de la actuación propuesta.

2. Podrán concurrir al concurso cualesquiera personas que acrediten la disponibilidad del suelo necesario y la conformidad de los Ayuntamientos afectados.

3. El concurso se adjudicará a la oferta más ventajosa, de conformidad con las bases de la convocatoria.

Artículo 79. Contenido.

1. Determinada la ubicación, en su caso, conforme a lo establecido en el artículo anterior, cabrá formular los Proyectos Supramunicipales, que contendrán un grado de detalle equivalente al del Plan Parcial y al del Proyecto de Urbanización, a los que sustituirán.

2. Los Proyectos Supramunicipales incorporarán, como mínimo, las si-

guientes determinaciones, plasmadas en los documentos y planos que resulten necesarios:

a) Estudios previos de las instalaciones o edificaciones objeto de la actuación.

b) Ordenación propuesta, con explicación de las soluciones adoptadas en cuanto al acceso rodado y aparcamiento de vehículos, abastecimiento y evacuación de aguas, suministro de energía y demás servicios urbanísticos, debiendo garantizarse el adecuado enlace con los sistemas generales.

c) Previsiones contenidas en el planeamiento territorial y urbanístico aplicable y articulación con las mismas, si las hubiere.

d) Análisis de los impactos que la actuación produce sobre el territorio afectado y medidas correctoras que se proponen.

e) Programación temporal de la ejecución del Proyecto, con previsión, en su caso, de distintas fases en la ejecución de las obras.

f) Estudio económico-financiero, en el que se precisarán los costes del Proyecto y las fuentes de financiación a utilizar y se justificará su viabilidad económica y el canon que en su caso deba pagarse al Municipio.

Artículo 80. Procedimiento de aprobación.

1. Corresponde al promotor formular los distintos documentos que hayan de integrar el Proyecto Supramunicipal.

2. Presentada ante el Departamento competente la documentación correspondiente a un Proyecto, el mismo será sometido simultáneamente, por plazo de dos meses, a los trámites de audiencia de los Municipios afectados, información pública e informe de la Comisión Provincial de Ordenación del Territorio. Asimismo, se recabarán cuantos informes sean preceptivos y aquellos otros cuya evacuación se considere conveniente.

3. Compete al Gobierno de Aragón aprobar los Proyectos Supramunicipales.

4. Cuando la realización del Proyecto requiera la tramitación del procedimiento de evaluación de impacto ambiental, no podrá producirse su aprobación hasta tanto no haya sido dictada la correspondiente Declaración de Impacto por el órgano competente.

5. Transcurrido el plazo de seis meses desde la presentación del Proyecto sin que haya recaído acuerdo expreso, se entenderá desestimado por silencio administrativo.

⇒ V. D. 23/2000, de 2 febrero, que regula la estructura orgánica del Departamento de Obras Públicas, Urbanismo y Transportes.

V. D. 99/1999, de 5 agosto, que modifica la organización de los Departamentos.

V. D. 181/1999, de 28 septiembre, que regula la estructura orgánica del Departamento de Presidencia y Relaciones Institucionales.

V. D. 45/1994, de 4 marzo, de Procedimiento de evaluación de impacto ambiental.

V. Ley 6/2001, de 8 mayo, de modificación del RDLeg 1302/1986, de 28 junio, de evaluación de impacto ambiental

Artículo 81. Efectos.

1. La ejecución de los Proyectos Supramunicipales promovidos por particulares se realizará por el sistema de actuación de concesión de obra urbanizadora, que gestionará el Departamento de la Administración de la Comunidad Autónoma correspondiente, conforme a lo establecido en los artículos 152 a 156 de esta Ley.

2. El acuerdo de aprobación del Proyecto podrá incorporar la declaración de utilidad pública o el interés social de las expropiaciones que, en su caso, sean necesarias para la ejecución del mismo, llevando implícita la declaración de necesidad de ocupación, en las condiciones establecidas por la legislación de expropiación forzosa.

3. Las determinaciones de ordenación contenidas en los Proyectos Supramunicipales vincularán a los instrumentos de planeamiento de los Municipios afectados y prevalecerán sobre los mismos. En todo caso, el Consejero de Ordenación Territorial, Obras Públicas y Transportes podrá ordenar la iniciación del procedimiento de alteración del planeamiento, conforme a la tramitación establecida en esta Ley.

⇒ V. D. 23/2000, de 2 febrero, que regula la estructura orgánica del Departamento de Obras Públicas, Urbanismo y Transportes.
V. D. 99/1999, de 5 agosto, que modifica la organización de los Departamentos.
V. D. 181/1999, de 28 septiembre, que regula la estructura orgánica del Departamento de Presidencia y Relaciones Institucionales.

CAPÍTULO II
Convenios urbanísticos

Artículo 82. Objeto.

1. La Administración de la Comunidad Autónoma y los Municipios podrán suscribir, conjunta o separadamente, convenios con otras Administraciones Públicas y con particulares, al objeto de colaborar en el mejor y más eficaz desarrollo de la actividad urbanizadora.

2. Estos convenios tendrán carácter administrativo.

3. Serán nulas de pleno derecho las estipulaciones de los convenios urbanísticos que contravengan normas imperativas.

4. La negociación, la celebración y el cumplimiento de los convenios urbanísticos a que se refieren los apartados anteriores se rigen por los principios de transparencia y publicidad.

⇒ V. art. 4 de la Ley 6/1998, de 13 abril (§1).

Artículo 83. Convenios sobre planeamiento.

1. Se consideran convenios sobre el planeamiento aquellos que tengan por objeto la aprobación o modificación del planeamiento urbanístico. Podrán también referirse a la ejecución del planeamiento, en los términos establecidos en el artículo siguiente.

2. La competencia para aprobar estos convenios por parte municipal

corresponde al Ayuntamiento Pleno, previa apertura de un período de información pública por plazo de un mes sobre el proyecto de convenio.

3. El Ayuntamiento estará obligado a tramitar la aprobación o alteración del planeamiento a la que se haya comprometido, pero conservará la plenitud de su potestad de planeamiento por razones de interés público. Si, finalmente, no se aprobara definitivamente el cambio de planeamiento, el convenio se entenderá automáticamente resuelto, sin perjuicio de las indemnizaciones que pudieran proceder.

⇒ V. art. 4 de la Ley 6/1998, de 13 abril (§1).

Artículo 84. Convenios de gestión.

1. Se consideran convenios de gestión urbanística aquellos que tengan por objeto exclusivamente los términos y las condiciones de ejecución del planeamiento, sin que de su cumplimiento pueda derivarse ninguna alteración del mismo.

2. Los convenios en los que se acuerde el cumplimiento del deber legal de cesión del aprovechamiento urbanístico correspondiente al Municipio mediante el pago, siempre de manera excepcional, de cantidad sustitutoria en metálico, deberán incluir la pertinente valoración pericial.

3. Cuando los particulares que suscriban el convenio, contando con la conformidad de todos los propietarios afectados, asuman la completa responsabilidad de la urbanización en una unidad de ejecución o en una etapa completa de la misma, podrán definir su ejecución en todos los detalles, apartándose incluso de los sistemas de actuación regulados en esta Ley.

4. La competencia para aprobar estos convenios por parte municipal corresponde al Ayuntamiento Pleno, previa apertura de un período de información pública por plazo de veinte días sobre el proyecto de convenio.

⇒ V. art. 4 de la Ley 6/1998, de 13 abril (§1).

CAPÍTULO III
Patrimonios públicos de suelo

Sección 1ª Organización

Artículo 85. Constitución.

La Administración de la Comunidad Autónoma y los Ayuntamientos que dispongan de Plan General de Ordenación Urbana deberán constituir su respectivo patrimonio público de suelo, con la finalidad de regular el mercado de terrenos, obtener reservas de suelo para actuaciones de iniciativa pública y facilitar la ejecución del planeamiento.

⇒ V. art. 115 de la presente Ley.
V. arts. 276.1, 276.2 y 280.1 del TRLS/1992 (§2).
V. Jurisprudencia en arts. 89 a 93 y concordantes del TRLS/1976 (§3).

Artículo 86. Naturaleza jurídica.

1. En todo caso, los ingresos obtenidos mediante enajenación de los

terrenos y sustitución del aprovechamiento correspondiente a la Administración por su equivalente metálico se destinarán a la conservación y ampliación del patrimonio público de suelo.

2. En el supuesto de los patrimonios públicos de suelo constituidos por los municipios, los bienes que lo integren constituyen un patrimonio separado de los restantes bienes municipales.

⇒ V. arts. 276.1 y 2 y 280.1 del TRLS/1992 (§2).
V. Jurisprudencia en arts. 89 a 93 y concordantes del TRLS/1976 (§3).

Artículo 87. Bienes integrantes.

Integrarán el correspondiente Patrimonio Público del Suelo los siguientes terrenos:

a) Los de naturaleza patrimonial que resultaren clasificados como suelo urbano o urbanizable.

b) Los obtenidos como consecuencia de cesiones o expropiaciones urbanísticas de cualquier clase. El importe de las cesiones en metálico también se incorporará a este Patrimonio.

c) Los clasificados como suelo no urbanizable que se adquieran con la finalidad de incorporarlos al Patrimonio Público del Suelo.

Artículo 88. Reservas de terrenos.

1. Los Planes Generales podrán establecer, sobre suelo clasificado como urbanizable no delimitado, reservas de terrenos de posible adquisición para constitución o ampliación del Patrimonio Municipal del Suelo.

2. La delimitación de un terreno como reserva para los expresados fines implicará la declaración de utilidad pública y la necesidad de ocupación a efectos expropiatorios, por un plazo máximo de cuatro años.

⇒ V. arts. 276.1 y 2 y 280.1 del TRLS/1992 (§2).
V. Jurisprudencia en arts. 89 a 93 y concordantes del TRLS/1976 (§3).

Sección 2ª Objeto

Artículo 89. Destino.

1. Los bienes del Patrimonio Público del Suelo, una vez incorporados al proceso de urbanización y edificación, deberán ser destinados a la construcción de viviendas sujetas a algún régimen de protección pública o a otros usos de interés social, de acuerdo con el planeamiento urbanístico, conforme a lo establecido en los artículos siguientes y en la legislación de contratos de las Administraciones Públicas.

2. No obstante, la Administración podrá enajenar, mediante subasta, los bienes del Patrimonio Público del Suelo cuando el planeamiento urbanístico atribuya a los terrenos una finalidad incompatible con los fines señalados en el párrafo anterior o cuando las circunstancias de situación, precio y otras análogas de los terrenos lo hagan aconsejable. Igualmente, la Administración podrá permutar, de acuerdo con la legislación de aplicación, los bienes del

Patrimonio Público del Suelo por otros bienes inmuebles que precise la Administración a efectos urbanísticos.

⇒ V. art. 280.1 del TRLS/1992 (§2).
V. Jurisprudencia en arts. 89 a 93 y concordantes del TRLS/1976 (§3).

Artículo 90. Cesiones onerosas.

1. Los terrenos pertenecientes al Patrimonio Público de Suelo con calificación adecuada a los fines establecidos en el párrafo primero del artículo anterior sólo podrán ser enajenados en virtud de concurso, salvo en los supuestos previstos en el párrafo segundo del mismo artículo anterior y en el caso de cesión a entidades de carácter benéfico y social que promuevan viviendas de protección pública.

2. Su precio no podrá ser inferior al valor urbanístico del aprovechamiento real que les corresponda, siempre que no supere los valores legales de repercusión establecidos por la legislación de viviendas protegidas.

3. El pliego de condiciones fijará plazos máximos para la realización de las obras de urbanización y edificación, o sólo de estas últimas si el terreno mereciera la calificación de solar, así como precios máximos de venta o arrendamiento de las edificaciones resultantes de la actuación.

4. Si el concurso quedare desierto, la Administración podrá enajenar los terrenos directamente, dentro del plazo máximo de un año, con arreglo al pliego de condiciones que rigió el concurso.

⇒ V. Jurisprudencia en arts. 89 a 93 y concordantes del TRLS/1976 (§3).

Artículo 91. Cesiones gratuitas.

1. En casos justificados, podrán las Administraciones ceder terrenos del Patrimonio Público de Suelo, gratuitamente o por precio inferior al de su valor urbanístico, para ser destinados a viviendas de protección pública, mediante concurso cuyo pliego de condiciones establecerá las condiciones previstas en el artículo anterior.

2. Cuando la permanencia de los usos a que se destinen los terrenos lo requiera, podrán también las Administraciones ceder directamente, por precio inferior al de su valor urbanístico o con carácter gratuito, el dominio de terrenos en favor de entidades privadas de interés público sin ánimo de lucro, para destinarlos a usos de interés social que redunden en beneficio manifiesto de los respectivos Municipios.

⇒ V. Jurisprudencia en arts. 89 a 93 y concordantes del TRLS/1976 (§3).

Artículo 92. Cesiones entre Administraciones.

Los Ayuntamientos, la Administración de la Comunidad Autónoma y sus respectivas entidades instrumentales podrán transmitirse terrenos, directamente e incluso a título gratuito, comprendidos los del Patrimonio Público de Suelo, con fines de promoción pública de viviendas, construcción de equipamiento comunitario u otras instalaciones de uso público o interés social.

⇒ V. Jurisprudencia en arts. 89 a 93 y concordantes del TRLS/1976 (§3).

Artículo 93. Derecho de superficie.

1. La Administración de la Comunidad Autónoma, los Ayuntamientos y las demás personas públicas podrán constituir derechos de superficie en terrenos de los patrimonios públicos de suelo respectivos, con destino a la construcción de viviendas sujetas a algún régimen de protección pública o a otros usos de interés social.

2. El procedimiento de constitución del derecho de superficie y el carácter oneroso o gratuito del mismo se regirá por lo dispuesto en los artículos anteriores para los diversos supuestos.

⇒ V. arts. 287.2, 287.3, 288.2, 288.3 y 289.1 a 5 del TRLS/1992 (§2).
V. Jurisprudencia en arts. 89 a 93 y concordantes del TRLS/1976 (§3).

Artículo 93 bis. Derecho de tanteo y retracto.

1. En todo caso, la enajenación o cesión de los bienes de los patrimonios públicos de suelo deberá efectuarse en condiciones que aseguren, cuando proceda, los plazos máximos de urbanización y edificación y los precios finales de las viviendas e impidan a los adquirentes la ulterior enajenación por precio superior al de adquisición con el incremento derivado de los índices pertinentes, salvo que previamente se devuelva a la Administración el total importe, actualizado, de la inversión a ésta imputable.

2. Para ello estarán sujetas al derecho de tanteo y, en su caso, de retracto a favor de la Administración enajenante, las transmisiones onerosas y gratuitas de los bienes inmuebles, sean terrenos o edificaciones, provenientes del Patrimonio Municipal del Suelo.

3. En los Ayuntamientos que cuenten con Patrimonio Municipal del Suelo funcionará un registro administrativo de las transmisiones de los bienes y derechos que tienen origen en aquél a los efectos de poder ejecutar los derechos de tanteo y retracto. Este registro deberá comunicar su contenido a los notarios y registradores. Al registro se le deberán comunicar los actos de transmisión por parte de los propietarios o beneficiarios.

4. Los propietarios afectados deberán notificar al Ayuntamiento, a través del registro administrativo del número anterior, la decisión de enajenar estos bienes con expresión del precio y forma de pago proyectados y las restantes condiciones esenciales de la transmisión a los efectos del posible ejercicio de tanteo. El precio no podrá ser superior al precio de adquisición más los índices a que se refiere el número 1 de este artículo, más las inversiones de mejora realizadas. Este derecho de tanteo podrá ejercitarse durante el plazo de sesenta días naturales a contar desde el día siguiente al que se haya producido la notificación.

5. La Administración municipal podrá ejercitar el derecho de retracto cuando no se haya hecho al registro la notificación a que se refiere el número anterior, durante sesenta días naturales a partir de la fecha en que la Administración haya tenido conocimiento de la transmisión realizada.

6. Los efectos de la notificación para el ejercicio del derecho de tanteo caducarán a los cuatro meses siguientes a la misma sin que se efectúe la

transmisión. La transmisión realizada, transcurrido este plazo se entenderá efectuada sin dicha notificación, a los efectos del ejercicio del derecho de retracto.

7. Estarán también sujetas al derecho de tanteo y retracto a favor del Patrimonio Municipal del Suelo:

-Las viviendas de promoción pública autonómica o municipal, las sujetas a un régimen de protección pública y las resultantes de operaciones de rehabilitación promovidas por las Administraciones públicas o entidades públicas de ellas dependientes.

-Los bienes inmuebles que tengan la condición de bienes de interés cultural o estén situados en conjuntos históricos-artísticos.

✐ Artículo añadido por la Ley 15/1999, de 29 diciembre.

⇒ V. Ley 3/1999, de 10 marzo, de Patrimonio Cultural de Aragón.

V. O. 3 junio 1996, sobre actuaciones para la preservación del de interés arquitectónico de uso público, modificado por D. 210/2000, de 5 diciembre y por O. 5 agosto 1998.

TÍTULO IV
EJECUCIÓN DEL PLANEAMIENTO

CAPÍTULO I
Instrumentos generales

Artículo 94. Finalidades.

La ejecución del planeamiento se desarrollará sistemáticamente mediante Proyectos de Urbanización, en unidades de ejecución que garanticen el reparto equitativo de beneficios y cargas, a través de uno de los sistemas de actuación, de conformidad con lo establecido en esta Ley.

⇒ V. art. 5 de la Ley 6/1998, de 13 abril (§1).

V. Jurisprudencia en arts. 117 y concordantes del TRLS/1976 (§3).

Artículo 95. Competencias.

1. La ejecución del planeamiento urbanístico corresponde a los Municipios, y se desarrollará a través de los sistemas de actuación directa o indirecta regulados en la presente Ley.

2. La ejecución de los Proyectos Supramunicipales corresponde al Departamento competente por razón de la materia, que aplicará, si es preciso, los sistemas de expropiación o concesión de obra urbanizadora.

⇒ V. art. 4 de la Ley 6/1998, de 13 abril (§1).

V. D. 23/2000, de 2 febrero, que regula la estructura orgánica del Departamento de Obras Públicas, Urbanismo y Transportes.

V. D. 99/1999, de 5 agosto, que modifica la organización de los Departamentos.

V. D. 181/1999, de 28 spetiembre, que regula la estructura orgánica del Departamento de Presidencia y Relaciones Institucionales.

V. Jurisprudencia en arts. 114 y concordantes del TRLS/1976 (§3).

Artículo 96. Presupuestos de ejecución.

1. La ejecución del planeamiento urbanístico requiere la aprobación del instrumento más detallado exigible según la clase de suelo de que se trate.

2. En suelo urbano, será suficiente la aprobación del Plan General, si éste contuviera su ordenación detallada. A falta de ordenación detallada, se precisará la previa aprobación del correspondiente Plan Especial o, en su caso, Estudio de Detalle.

3. En suelo urbanizable, se requerirá la previa aprobación del Plan Parcial del sector.

4. Las obras aisladas y de remodelación previstas por el planeamiento en suelo urbano consolidado se ejecutarán asistemáticamente mediante Proyectos de Obras Ordinarias.

⇒ V. arts. 13 y 16 de la Ley 6/1998, de 13 abril (§1).
V. art. 31 de la presente Ley.
V. Jurisprudencia en arts. 116 y concordantes del TRLS/1976 (§3).

Artículo 97. Proyectos de Urbanización.

1. Los Proyectos de Urbanización son proyectos de obras que tienen por finalidad llevar a la práctica el Plan General en el suelo urbano y los Planes Parciales y Especiales.

2. Los Proyectos de Urbanización incluirán todas las obras necesarias para la ejecución del planeamiento en una unidad de ejecución o para la ejecución directa de los sistemas generales. No podrán contener determinaciones sobre ordenación ni régimen del suelo y de la edificación, y deberán detallar y programar las obras que comprendan con la precisión necesaria para que puedan ser ejecutadas por técnico distinto del autor del Proyecto. Tampoco podrán modificar las previsiones del planeamiento que desarrollan, sin perjuicio de que puedan efectuar las adaptaciones exigidas por la ejecución material de las obras.

3. Los Proyectos de Urbanización comprenderán una memoria descriptiva de las características de las obras, planos de situación, proyecto y detalle, cuadros de precios, presupuesto y pliego de condiciones de las obras y los servicios.

4. El procedimiento de aprobación de los Proyectos de Urbanización será el mismo establecido para los Estudios de Detalle en el artículo 61 de esta Ley.

⇒ V. art. 8 de la Ley 6/1998, de 13 abril (§1).
V. arts. 32 a 59 de la presente Ley.
V. Jurisprudencia en arts. 15 y concordantes del TRLS/1976 (§3).

Artículo 98. Proyectos de Obras Ordinarias.

1. En suelo urbano consolidado, se realizarán Proyectos de Obras Ordinarias para las obras aisladas previstas por el planeamiento urbanístico y para las obras de remodelación de las urbanizaciones y espacios públicos existentes.

2. Los Proyectos de Obras Ordinarias se regirán por lo establecido en la legislación de régimen local, pero, en todo caso, será necesaria la aprobación de sus características generales por el Ayuntamiento Pleno, previa información pública por plazo de veinte días.

⇒ V. art. 8 de la Ley 6/1998, de 13 abril (§1).
V. art. 14 de la presente Ley.
V. Jurisprudencia en arts. 15 y concordantes del TRLS/1976 (§3).

Artículo 99. Unidades de ejecución.

1. La ejecución del planeamiento urbanístico se realizará mediante las unidades de ejecución que se delimiten, salvo en los supuestos de obras aisladas y de remodelación en suelo urbano consolidado y cuando se trate de ejecutar directamente los sistemas generales o alguno de sus elementos.

2. Las unidades de ejecución se delimitarán de forma que permitan, en todo caso, el cumplimiento conjunto de los deberes de equidistribución, urbanización y cesión de la totalidad de su superficie. En suelo urbano, las unidades de ejecución podrán ser discontinuas.

3. La delimitación de unidades de ejecución podrá contenerse en el Plan General y, en su caso, en los Planes Especiales para el suelo urbano, así como en los Planes Parciales para el suelo urbanizable. Su modificación o supresión, así como su establecimiento, cuando los Planes no contuvieran la delimitación, seguirá el mismo procedimiento de aprobación establecido para los Estudios de Detalle en el artículo 61 de esta Ley.

4. La delimitación de unidades de ejecución para la realización de procesos integrales de renovación o reforma interior en suelo urbano consolidado requerirá la previa definición de los terrenos como suelo urbano no consolidado, mediante la modificación del Plan General y la consiguiente aplicación de las obligaciones establecidas en el artículo 18 de esta Ley, salvo en su letra d), conforme a lo previsto en el párrafo 1 del artículo 102 de esta misma Ley.

⇒ V. art. 5 de la Ley 6/1998, de 13 abril (§1).
V. Jurisprudencia en arts. 117, 118 y concordantes del TRLS/1976 (§3).

CAPÍTULO II
Aprovechamiento urbanístico

Artículo 100. Definiciones.

1. El aprovechamiento urbanístico objetivo indica la superficie construible susceptible de apropiación privada en un terreno, homogeneizada respecto al uso y la tipología característicos, resultante de las determinaciones establecidas por el planeamiento, de acuerdo con la Ley.

2. El aprovechamiento urbanístico subjetivo indica la superficie construible de uso y tipología característicos que el titular de un terreno y la

Administración Municipal, en su caso, podrá incorporar a su patrimonio, previo cumplimiento de los deberes y cargas legalmente establecidos.

⇒ V. art. 2 de la Ley 6/1998, de 13 abril (§1).
V. arts. 33 y concordantes del RD 1093/1997, de 4 julio (§2.1).

Artículo 101. Aprovechamiento medio.

1. El aprovechamiento medio es el resultado de calcular el promedio de los aprovechamientos urbanísticos objetivos establecidos por el planeamiento en un determinado ámbito territorial, con objeto de hacer posible la distribución equitativa entre los propietarios de los aprovechamientos subjetivos y los costes generados por el desarrollo urbano, así como, en su caso, la participación directa de la comunidad en las plusvalías urbanísticas.

2. El aprovechamiento medio de una unidad de ejecución en suelo urbano o urbanizable se calculará dividiendo por su superficie el aprovechamiento objetivo asignado por el planeamiento a los terrenos incluidos en la misma. El aprovechamiento medio de una unidad de ejecución no podrá diferir en más de un quince por ciento del correspondiente a cualquier otra unidad de ejecución del mismo sector.

3. El aprovechamiento medio de un sector en suelo urbano o urbanizable se calculará dividiendo por su superficie el aprovechamiento objetivo asignado por el planeamiento a las distintas unidades de ejecución incluidas en el mismo, o, de no estar delimitadas, a los terrenos de dicho sector.

4. El aprovechamiento medio del suelo urbanizable delimitado se calculará dividiendo por su superficie el aprovechamiento objetivo asignado por el planeamiento a los distintos sectores incluidos en el mismo, ponderando las circunstancias urbanísticas que afecten a cada sector en relación con los demás.

5. Para el cálculo del aprovechamiento medio, se incluirán, en la superficie de la unidad de ejecución, sector y suelo urbanizable delimitado, los terrenos destinados a sistemas generales incluidos en los mismos y aquellos terrenos o aprovechamientos que, aun hallándose en otra clase de suelo, sean adscritos a ellos por el planeamiento para su obtención.

⇒ V. art. 2 de la Ley 6/1998, de 13 abril (§1).
V. Jurisprudencia en arts. 84, 12 y concordantes del TRLS/1976 (§3).

Artículo 102. Aprovechamiento en suelo urbano.

1. En suelo urbano consolidado y en las operaciones de rehabilitación o reforma integral en suelo urbano no consolidado, el aprovechamiento subjetivo correspondiente al propietario equivale al objetivo establecido en el planeamiento.

2. En las operaciones de rehabilitación, siempre que se conserve la edificación y ésta no se encuentre fuera de ordenación, si se da la circunstancia *de que la edificabilidad* materializada históricamente supera el aprovechamiento objetivo señalado por unidad de superficie en el planeamiento, se tomará tal edificabilidad como referencia de aprovechamiento subjetivo.

3. En el suelo urbano no consolidado, el aprovechamiento subjetivo correspondiente al propietario será el resultante de aplicar a la propiedad aportada el noventa por ciento del aprovechamiento medio de la unidad de ejecución o, en su caso, del sector, sin perjuicio de lo establecido en el párrafo primero de este artículo para la renovación o reforma integral. El resto del aprovechamiento subjetivo corresponde a la Administración.

4. El Plan General de Ordenación Urbana podrá prever que el destino de los inmuebles singulares del Patrimonio Cultural Aragonés y de los protegidos por el planeamiento urbanístico a usos hosteleros y comerciales no consuma la edificabilidad correspondiente a la unidad de ejecución o al sector.

⇒ V. arts. 13 a 18 de la presente Ley.
V. Ley 3/1999, de 10 marzo, de Patrimonio Cultural de Aragón.
V. Cap. III de la Ley 12/1997, de 3 diciembre, Reguladora de los Parques Culturales en Aragón.
V. D 124/1994, de 7 junio, que aprueba el Plan General para el Equipamiento Comercial, modificado en su art. 14, por D. 74/1996, de 30 abril.
V. arts. 2 y 8 de la Ley 6/1998, de 13 abril (§1).
V. Jurisprudencia en arts. 84, 12 y concordantes del TRLS/1976 (§3).

Artículo 103. Aprovechamiento en suelo urbanizable.

1. En suelo urbanizable delimitado, el aprovechamiento subjetivo correspondiente al propietario será el resultante de aplicar a la superficie aportada el noventa por ciento del aprovechamiento medio del suelo urbanizable delimitado.

2. En suelo urbanizable no delimitado, el aprovechamiento subjetivo correspondiente al propietario será el resultante de aplicar a la superficie aportada el noventa por ciento del aprovechamiento medio del sector.

3. El resto del aprovechamiento subjetivo corresponde a la Administración.

⇒ V. arts. 26 a 31 de la presente Ley.
V. arts. 2 y 10 de la Ley 6/1998, de 13 abril (§1).
V. Jurisprudencia en arts. 84, 12 y concordantes del TRLS/1976 (§3).

Artículo 104. Diferencias de aprovechamiento.

1. Cuando los aprovechamientos objetivos de una unidad de ejecución superen al aprovechamiento medio del sector en suelo urbano no consolidado y en suelo urbanizable no delimitado o al aprovechamiento medio del suelo urbanizable delimitado, el excedente corresponderá al Ayuntamiento, que podrá destinarlo a compensar a los propietarios incluidos en unidades de ejecución que se encuentren en situación inversa o a los de suelo destinado a dotaciones locales en suelo urbano consolidado o sistemas generales.

2. Los titulares de los aprovechamientos subjetivos compensados participarán en los beneficios y cargas de la unidad de ejecución a la que se les asigne en proporción a los aprovechamientos subjetivos netos, después de cesiones al Ayuntamiento, que correspondan al resto de los propietarios integrados en la misma unidad de ejecución.

3. En defecto del procedimiento de compensación previsto en el párrafo primero de este artículo, cuando el aprovechamiento objetivo atribuido a una propiedad o unidad de ejecución sea inferior a su aprovechamiento subjetivo, el Ayuntamiento podrá:

a) Disminuir la carga de urbanizar en cuantía igual al valor del aprovechamiento subjetivo excedente sufragando él mismo la diferencia resultante.

b) Abonar en metálico el valor, determinado pericialmente, del aprovechamiento subjetivo excedente.

⇒ V. arts. 2 y 5 de la Ley 6/1998, de 13 abril (§1).
V. arts. 33 y concordantes del RD 1093/1997, de 4 julio (§2.1).
V. Jurisprudencia en arts. 84, 12 y concordantes del TRLS/1976 (§3).

Artículo 105. Bienes de dominio público.

1. Cuando en la unidad de ejecución existieren bienes de dominio y uso público no obtenidos por cesión gratuita, el aprovechamiento urbanístico correspondiente a su superficie pertenecerá a la Administración titular de aquéllos, salvo en el caso de que la superficie de dominio y uso público existente no se compute a efectos de edificabilidad.

2. En el supuesto de obtención por cesión gratuita, cuando las superficies de los bienes de dominio y uso públicos anteriormente existentes fueren iguales o inferiores a las que resulten como consecuencia de la ejecución del Plan, se entenderán sustituidas unas por otras. Si tales superficies fueran superiores, la Administración percibirá el exceso, en la proporción que corresponda.

CAPÍTULO III
Obtención de terrenos dotacionales

Sección 1ª Modalidades

Artículo 106. Definiciones.

1. Las infraestructuras y equipamientos urbanísticos de los Municipios se calificarán como sistemas generales o dotaciones locales.

2. Los sistemas generales comprenden las infraestructuras y equipamientos urbanísticos al servicio de toda o gran parte de la población del Municipio previstos por el Plan General.

3. Las dotaciones locales comprenden las infraestructuras y los equipamientos al servicio de áreas inferiores establecidos por el planeamiento, así como su conexión con los correspondientes sistemas generales, tanto internos como externos, y las obras necesarias para la ampliación o refuerzo de dichos sistemas, siempre que se requieran como consecuencia de la puesta en servicio de la nueva urbanización.

⇒ V. art. 14.2 a) y b) de la Ley 6/1998, de 13 abril (§1).
V. arts. 29 y concordantes del RD 1093/1997, de 4 julio (§2.1).
V. Jurisprudencia en arts. 83, 84, 65, 12 y concordantes del TRLS/1976 (§3).

Artículo 107. Sistemas generales.

Los terrenos destinados por el planeamiento al establecimiento de sistemas generales fuera del suelo urbano consolidado se obtendrán:

a) Mediante cesión obligatoria derivada de su inclusión o adscripción en una unidad de ejecución, cuando ello sea posible.

b) Cuando la modalidad anterior no fuera practicable, mediante ocupación directa, asignando aprovechamientos subjetivos en unidades de ejecución excedentarias. En tal caso, si las compensaciones no se realizan en el ámbito de un sector o del suelo urbanizable delimitado, el valor de los terrenos y de los aprovechamientos se fijará pericialmente, conforme a los criterios de valoración aplicables.

c) Cuando las modalidades anteriores no resultaren posibles o convenientes, mediante expropiación forzosa.

⇒ V. arts. 14.2 a), 14.2 b) y 18.3 de la Ley 6/1998, de 13 abril (§1).
V. Jurisprudencia en arts. 83, 84, 65, 12 y concordantes del TRLS/1976 (§3).

Artículo 108. Dotaciones locales.

Los terrenos destinados por el planeamiento al establecimiento de dotaciones locales fuera del suelo urbano consolidado se obtendrán mediante cesión obligatoria y gratuita derivada de la gestión sistemática de las unidades de ejecución en que se incluyan.

⇒ V. arts. 14.2 a), 14.2 b) y 18.3 de la Ley 6/1998, de 13 abril (§1).
V. Jurisprudencia en arts. 83, 84, 65, 12 y concordantes del TRLS/1976 (§3).

Artículo 109. Suelo urbano consolidado.

En suelo urbano consolidado, los terrenos destinados por el planeamiento al establecimiento de sistemas generales o dotaciones locales se obtendrán mediante expropiación u ocupación directa, asignando terrenos edificables en unidades de ejecución excedentarias. En este caso el valor de los terrenos y de los aprovechamientos se fijará pericialmente, conforme a los criterios de valoración aplicables.

⇒ V. art. 14.2 a) y 14.2 b) de la Ley 6/1998, de 13 abril (§1).
El sistema de ocupación directa se reguló por el art. 203 del TRLS/1992 (§2), derogado por la disp. derog. única de la Ley 6/1998, de 13 abril (§1).
V. arts. 42 y concordantes del RD 1093/1997, de 4 julio (§2.1).

Sección 2ª Ocupación directa

Artículo 110. Concepto.

1. Se entiende por ocupación directa la obtención de terrenos afectos por el planeamiento a dotaciones públicas mediante el reconocimiento a su titular del derecho a integrarse en una unidad de ejecución excedentaria.

2. La ocupación directa requerirá la previa determinación por el Ayuntamiento del aprovechamiento subjetivo del titular del terreno a ocupar y de la unidad de ejecución excedentaria en la que haya de hacerse efectivo tal

aprovechamiento, que tendrá carácter neto, al llevar incorporada la cesión obligatoria de aprovechamiento al Ayuntamiento.

⇒ V. arts. 42 y concordantes del RD 1093/1997, de 4 julio (§2.1).
El sistema de ocupación directa se reguló por el art. 203 del TRLS/1992 (§2), derogado por la disp. derog. única de la Ley 6/1998, de 13 abril (§1).

Artículo 111. Procedimiento.

La aplicación de la ocupación directa para la obtención de terrenos dotacionales deberá ajustarse a las siguientes reglas:

1ª Se publicará y notificará a los interesados la relación de los terrenos y propietarios afectados, aprovechamientos subjetivos correspondientes a cada uno de ellos y unidad o unidades de ejecución excedentarias donde habrán de hacer efectivos sus derechos.

2ª La ocupación sólo podrá llevarse a cabo transcurrido el plazo de un mes desde la anterior notificación, y en tal momento se levantará acta, en la que el Ayuntamiento hará constar, al menos:

a) Lugar y fecha de otorgamiento.

b) Identificación de los titulares de los terrenos ocupados y situación registral de éstos.

c) Superficie ocupada y aprovechamientos urbanísticos que les correspondan.

d) Unidad de ejecución donde se harán efectivos estos aprovechamientos.

3ª Se entenderán las actuaciones con el Ministerio Fiscal en el caso de propietarios desconocidos, no comparecientes, incapacitados sin persona que les represente o cuando se trate de propiedad litigiosa.

Artículo 112. Indemnización.

1. Los propietarios afectados por las ocupaciones directas tendrán derecho a ser indemnizados por el período de tiempo que medie desde la ocupación de sus terrenos hasta la aprobación definitiva del Proyecto de Reparcelación correspondiente a la unidad de ejecución en que hubieren sido integrados.

2. Transcurridos cuatro años desde la ocupación sin que se hubiera producido la aprobación definitiva del mencionado Proyecto de Reparcelación, los interesados podrán advertir al Ayuntamiento de su propósito de iniciar el expediente de justiprecio, que podrá llevarse a cabo por ministerio de la ley, una vez transcurridos seis meses desde dicha advertencia.

3. A tal efecto, el propietario podrá presentar la correspondiente hoja de aprecio, y si transcurriesen tres meses sin que el Ayuntamiento la acepte, *podrá aquél dirigirse* al Jurado Provincial de Expropiación, que fijará el justiprecio correspondiente. La valoración se entenderá referida al momento de iniciación del expediente de justiprecio por ministerio de la ley y los intereses

de demora se devengarán desde la presentación por el propietario de la correspondiente tasación.

⇒ V. art. 119 de la presente Ley.

CAPÍTULO IV
Expropiación forzosa

Artículo 113. Supuestos expropiatorios.

La expropiación forzosa se aplicará en los siguientes supuestos:

a) Cuando se haya establecido este sistema de actuación para la unidad de ejecución correspondiente.

b) Para la obtención de terrenos destinados a sistemas generales y dotaciones locales, siempre que no esté prevista su obtención mediante procedimientos vinculados a la delimitación y actuación en unidades de ejecución o por ocupación directa.

c) Para la constitución o ampliación de patrimonios públicos de suelo, antes de la aprobación del planeamiento de desarrollo.

d) Por incumplimiento de la función social de la propiedad.

e) En los demás supuestos legalmente previstos.

⇒ V. art. 34 de la Ley 6/1998, de 13 abril (§1).
V. Jurisprudencia en arts. 64 a 69 y concordantes del TRLS/1976 (§3).

Artículo 114. Función social de la propiedad.

1. La expropiación por incumplimiento de la función social de la propiedad se podrá aplicar por inobservancia de los plazos establecidos para la urbanización de los terrenos y su edificación o, en general, de los deberes básicos establecidos en esta Ley, y especialmente en los supuestos de parcelaciones ilegales.

2. A estos efectos, constatado el incumplimiento del plazo, el Ayuntamiento lo pondrá en conocimiento del propietario requiriendo el cumplimiento. Si transcurrieran seis meses desde el requerimiento sin que el propietario haya iniciado el proceso de cumplimento de la obligación de urbanizar o edificar, se iniciará el correspondiente expediente.

3. En estos casos, del justiprecio se deducirá el importe de la multa que hubiera sido impuesta, mediante resolución definitiva en vía administrativa.

⇒ V. art. 34 de la Ley 6/1998, de 13 abril (§1).
V. art. 161 de la presente Ley.
V. arts. 71 a 75 de la LEF.

Artículo 115. Deber de edificar.

1. Los Ayuntamientos que dispusieran de Patrimonio Municipal del Suelo incluirán en el mismo las parcelas expropiadas por incumplimiento del deber de edificar.

2. En todo caso, en el plazo de seis meses desde la expropiación de parcelas por incumplimiento del deber de edificar, el Ayuntamiento resolverá

sobre el modo de llevar a cabo la edificación, que habrá de iniciarse en el plazo de un año desde la fecha de la citada resolución, con destino de los correspondientes terrenos a la construcción de viviendas de protección pública o, cuando ello no resulte conveniente, a otros fines de interés social.

3. El incumplimiento por parte del Ayuntamiento del plazo de dieciocho meses para edificar habilitará al antiguo propietario a solicitar la reversión de las mismas.

⇒ V. arts. 85 a 93 y 114 de la presente Ley.

Téngase en cuenta que los arts. 54 y 55 de la LEF han sido modificados por la disp. adic. 5ª de la Ley 38/1999, de 5 noviembre, de Ordenación de la Edificación (§1.1).

V. arts. 276.1 y 2 y 280.1 del TRLS/1992 (§2).

V. Jurisprudencia en arts. 67 y concordantes del TRLS/1976 (§3).

Artículo 116. Superficies expropiables.

Si para la regularización o formación de manzanas o espacios libres conviene suprimir algún patio, calle, plaza o porción de éstas, se expropiarán las fincas con fachada o luces directas sobre aquéllas, a solicitud de los propietarios.

⇒ V. Jurisprudencia en arts. 65, 66 y concordantes del TRLS/1976 (§3).

Artículo 117. Servidumbres.

1. Cuando para la ejecución de un Plan no fuere menester la expropiación del dominio y bastare la constitución de alguna servidumbre sobre el mismo, podrá imponerse, si no se obtuviere convenio con el propietario, con arreglo al procedimiento de la legislación de expropiación forzosa, siempre que el justiprecio que procediere abonar no exceda de la mitad del importe correspondiente a la expropiación completa del dominio.

2. Cuando hubieren de modificarse o suprimirse servidumbres privadas por estar en contradicción con las disposiciones del Plan, podrán expropiarse con arreglo al procedimiento de la citada legislación expropiatoria.

⇒ V. art. 211.3 del TRLS/1992 (§2).

Artículo 118. Prohibición de construcciones.

Sobre la superficie objeto de expropiación no se podrá realizar construcción alguna ni modificar las existentes, salvo en los casos previstos en el artículo 70 de esta Ley, previa autorización del Ayuntamiento.

Artículo 119. Plazo.

1. La expropiación forzosa deberá tener lugar en el plazo máximo de cuatro años desde la producción del supuesto determinante de su aplicación.

2. Transcurrido el plazo a que se refiere el párrafo anterior sin que se hubiera llevado a efecto la expropiación, los interesados podrán advertir al Ayuntamiento de su propósito de iniciar el expediente de justiprecio, en los mismos términos establecidos en relación con la ocupación directa en el artículo 112, párrafos segundo y tercero, de esta Ley.

TÍTULO V
SISTEMAS DE ACTUACIÓN
CAPÍTULO I
Disposiciones generales
Sección 1ª Reglas comunes

Artículo 120. Modalidades.

1. Las unidades de ejecución se desarrollarán por el sistema de actuación, directa o indirecta, que el Ayuntamiento elija en cada caso.

2. Constituyen modalidades de actuación administrativa directa los sistemas de expropiación y cooperación.

3. Constituyen modalidades de actuación administrativa indirecta los sistemas de compensación, ejecución forzosa y concesión de obra urbanizadora.

Artículo 121. Elección.

1. La elección del sistema de actuación se llevará a cabo en el planeamiento o, en su caso, con la delimitación de la unidad de ejecución. Siempre que el planeamiento general lo permita y así se prevea en el proyecto de planeamiento de desarrollo de iniciativa privada, la Administración deberá fijar el sistema o sistemas de actuación indirecta propuestos por los particulares. Para que la propuesta de aplicación del sistema de compensación sea vinculante, el proyecto de planeamiento deberá ser suscrito por propietarios que representen más de la mitad de la superficie de la unidad o unidades a ejecutar por dicho sistema.

2. En el ámbito del suelo urbano no consolidado en el que no sea preciso planeamiento de desarrollo, siempre que el planeamiento general lo permita, se fijará el sistema de actuación propuesto por la iniciativa privada, aplicándose lo establecido en el párrafo anterior respecto al sistema de compensación.

3. Cuando un sistema de actuación indirecta no estuviere siendo desarrollado conforme a los plazos fijados en el planeamiento para el cumplimiento de los deberes de cesión, equidistribución y urbanización, se considerará justificada su sustitución, que se acordará por el Ayuntamiento Pleno, previo sometimiento a información pública y audiencia de interesados por plazo común de veinte días.

⇒ V. *Jurisprudencia* en arts. 119 y concordantes del TRLS/1976 (§3).

Artículo 122. Reducción de cargas.

Cuando la actuación en determinadas unidades de ejecución del suelo urbano no sea presumiblemente rentable, por resultar excesivas las cargas en relación con el escaso aprovechamiento urbanístico, el Ayuntamiento podrá autorizar, sin modificar las determinaciones del Plan, una reducción de la contribución de los propietarios a las mismas o una compensación a cargo de la Administración, procurando equiparar los costes de la actuación a los de otras análogas que hayan resultado viables.

⇒ V. Jurisprudencia en arts. 121 y concordantes del TRLS/1976 (§3).

Artículo 123. Gastos de urbanización.

1. En los gastos de urbanización que deban ser sufragados por los propietarios y demás titulares de aprovechamientos subjetivos se comprenderán, en su caso, los siguientes conceptos:

a) El coste de las obras de vialidad, movimientos de tierras, demoliciones, pavimentación, abastecimiento y evacuación de aguas, suministro de energía eléctrica, alumbrado público, conducciones de gas, conducciones de telefonía y comunicaciones, arbolado, jardinería, mobiliario urbano y demás dotaciones locales que estén previstas en los Planes y Proyectos, incluidas, en su caso, las obras de conexión con los sistemas generales y de ampliación o refuerzo de los mismos, todo ello sin perjuicio del derecho a reintegrarse de los gastos con cargo a las empresas que prestaren los servicios, en la medida procedente conforme a las correspondientes reglamentaciones.

b) Las indemnizaciones procedentes por el derribo de construcciones, destrucción de plantaciones, obras e instalaciones y extinción de arrendamientos, derechos de superficie u otras ocupaciones que exijan la ejecución de los Planes.

c) El coste de los Planes de desarrollo y de los Proyectos de Urbanización y gastos originados por la reparcelación.

d) En los supuestos de actuación mediante el sistema de concesión de obra urbanizadora, el coste de los Planes de desarrollo y de los Proyectos de Urbanización y los demás gastos acreditados en los términos establecidos reglamentariamente, que se abonará, en su caso, a quien hubiese promovido útilmente la aplicación del sistema sin resultar adjudicatario de la concesión.

2. El pago de los gastos de urbanización podrá realizarse, previo acuerdo de la Administración con los propietarios interesados, cediendo éstos terrenos edificables en la proporción que se estime suficiente para compensarlos.

3. Los gastos de urbanización se distribuirán entre los propietarios y titulares en proporción al aprovechamiento subjetivo que les corresponda.

⇒ V. Jurisprudencia en arts. 122 y concordantes del TRLS/1976 (§3).

Sección 2ª Reparcelación

Artículo 124. Objeto.

1. Se entiende por reparcelación la agrupación de fincas comprendidas en la unidad de ejecución para su nueva división ajustada al planeamiento, con adjudicación de las parcelas resultantes a los interesados en proporción a sus respectivos derechos y de los terrenos de cesión obligatoria a favor del Municipio.

2. La reparcelación tiene por objeto distribuir justamente los beneficios

y las cargas de la ordenación urbanística, regularizar la configuración de las fincas, situar su aprovechamiento en zonas aptas para la edificación con arreglo al planeamiento y localizar sobre parcelas determinadas y en esas mismas zonas el aprovechamiento que corresponda al Ayuntamiento, en su caso.

3. La aplicación de los sistemas de actuación exige la reparcelación de los terrenos comprendidos en la unidad de ejecución, salvo que resulte suficientemente equitativa la distribución de beneficios y cargas para todos los propietarios.

4. Sin perjuicio de lo establecido en los artículos siguientes, supletoriamente se aplicarán a la reparcelación las normas de la expropiación forzosa.

⇒ V. art. 5 de la Ley 6/1998, de 13 abril (§1).
V. Jurisprudencia en arts. 97 y concordantes del TRLS/1976 (§3).

Artículo 125. Contenido.

El Proyecto de Reparcelación se ajustará a los siguientes criterios, salvo que los propietarios, por unanimidad, adopten otros diferentes:

a) El derecho de los propietarios será proporcional a la superficie de las parcelas respectivas en el momento de aprobarse la delimitación de la unidad de ejecución.

b) Para la determinación del valor de las parcelas resultantes, se considerará el básico de repercusión con las correcciones que procedan por aplicación de los coeficientes de ponderación previstos en el planeamiento o que deriven de la situación y características de cada parcela en la unidad de ejecución, determinadas en la forma que señale la normativa sobre fijación de valores catastrales.

Si el valor básico de repercusión no estuviese fijado por la Administración tributaria conforme a las determinaciones del Plan en ejecución, se calculará con las mismas reglas que se utilizan para su fijación por la citada Administración tributaria.

c) Las plantaciones, obras, edificaciones, instalaciones, mejoras y demás derechos que no puedan conservarse se valorarán con independencia del suelo, y su importe se satisfará al propietario interesado, con cargo al Proyecto en concepto de gastos de urbanización.

d) Las obras de urbanización no contrarias al planeamiento vigente al tiempo de su realización que resulten útiles para la ejecución del nuevo Plan serán consideradas igualmente como obras de urbanización con cargo al Proyecto, y se satisfará su importe al titular del terreno sobre el que se hubieran realizado, siempre que éste acredite haberlas ejecutado a su costa.

e) Toda la superficie susceptible de aprovechamiento privado de la unidad de ejecución no destinada a un uso dotacional público, deberá ser objeto de adjudicación entre los propietarios afectados y demás titulares de aprovechamientos subjetivos, en proporción a sus respectivos derechos en la reparcelación.

Las compensaciones económicas sustitutivas o complementarias por diferencias de adjudicación que, en su caso, procedan, se fijarán atendiendo al valor de las parcelas resultantes conforme a lo establecido en el apartado b) de este mismo artículo, sin incluir los costes de urbanización.

El exceso de aprovechamiento privado en relación con los aprovechamientos subjetivos de todos los propietarios y demás titulares se adjudicará a la Administración para su incorporación al Patrimonio Municipal del Suelo.

f) Se procurará, siempre que sea posible, que las fincas adjudicadas estén situadas en lugar próximo al de las antiguas propiedades de los mismos titulares.

g) Cuando la escasa cuantía de los derechos de algunos propietarios no permita que se adjudiquen fincas independientes a todos ellos, los solares resultantes podrán adjudicarse pro indiviso a tales propietarios. No obstante, si la cuantía de esos derechos no alcanzase el quince por ciento de la parcela mínima edificable, la adjudicación podrá sustituirse por una indemnización en metálico.

h) En ningún caso podrán adjudicarse como fincas independientes superficies inferiores a la parcela mínima edificable o que no reúnan la configuración y características adecuadas para su edificación conforme al planeamiento.

⇒ V. art. 144 de la presente Ley.
V. art. 27 de la Ley 6/1998, de 13 abril (§1).
V. arts. 6 y concordantes del RD 1093/1997, de 4 julio (§2.1).
V. Jurisprudencia en arts. 99 y concordantes del TRLS/1976 (§3).

Artículo 126. Exclusiones.

No serán objeto de nueva adjudicación en el expediente reparcelatorio, conservándose las propiedades primitivas, sin perjuicio, cuando fuese necesario, de la regularización de lindes y de las compensaciones económicas que procedan:

a) Los terrenos edificados con arreglo al planeamiento que se ejecuta.

b) Los terrenos edificados con aprovechamiento no ajustado al planeamiento, cuando la diferencia, en más o en menos, entre el aprovechamiento que les corresponda con arreglo al Plan y el que correspondería al propietario en proporción a su derecho en la reparcelación sea igual o inferior al quince por ciento de este último, siempre que no estuvieran destinados a usos incompatibles con la ordenación urbanística.

c) Los terrenos edificados con aprovechamiento no ajustado al planeamiento, cuando las edificaciones se destinen a usos no incompatibles con el planeamiento y el coste de su eliminación resulte desproporcionado a la economía de la actuación.

d) Los inmuebles del Patrimonio Cultural Aragonés.

⇒ V. Ley 3/1999, de 10 marzo, de Patrimonio Cultural de Aragón.
V. Cap. III de la Ley 12/1997, de 3 diciembre, Reguladora de los Parques Culturales en Aragón.
V. Jurisprudencia en arts. 99 y concordantes del TRLS/1976 (§3).

Artículo 127. Reparcelación económica.

1. La reparcelación económica podrá aplicarse cuando, por las circunstancias de la edificación adecuada al Plan, en una actuación urbanística no fuera posible llevar a cabo la reparcelación material de los terrenos en un porcentaje superior a la mitad de la superficie de la unidad de ejecución.

2. En este caso, la reparcelación se limitará a la redistribución material de los terrenos restantes y a establecer las cesiones en favor del Ayuntamiento y las indemnizaciones entre los afectados, incluidos los titulares de las superficies edificadas conforme al planeamiento.

⇒ V. art. 116 del RGU (§3.2).

Artículo 128. Suspensión de licencias.

1. La iniciación del expediente de reparcelación conlleva, sin necesidad de declaración expresa, la suspensión del otorgamiento de licencias de parcelación y edificación en el ámbito de la unidad de ejecución. Los peticionarios de licencias solicitadas con anterioridad a la fecha de iniciación del expediente de reparcelación tendrán derecho a ser resarcidos del coste justificado de los proyectos y a la devolución, en su caso, de las tasas municipales.

2. No podrán concederse licencias de parcelación y edificación hasta que sea definitivo en vía administrativa el acuerdo aprobatorio de la reparcelación de la unidad de ejecución.

⇒ V. Jurisprudencia en arts. 98 y concordantes del TRLS/1976 (§3).

Artículo 129. Procedimiento.

1. El procedimiento de aprobación de los Proyectos de Reparcelación será el mismo establecido para los Estudios de Detalle en el artículo 61 de esta Ley, con la salvedad de que la iniciativa privada deberá producirse exclusivamente en el marco del correspondiente sistema de actuación.

2. No obstante, cuando estuvieran de común acuerdo la totalidad de los propietarios o, en su caso, el propietario único de la unidad de ejecución, podrán presentar para su directa aprobación definitiva por el Ayuntamiento propuesta de reparcelación formalizada en escritura pública, previa observancia del trámite de información pública, que los interesados podrán promover por iniciativa privada, conforme a lo establecido en la disposición adicional quinta de esta Ley, cuando transcurra un mes desde la presentación de su solicitud sin que el Ayuntamiento haya iniciado efectivamente el trámite.

Artículo 130. Efectos.

El acuerdo aprobatorio del Proyecto de Reparcelación producirá los siguientes efectos:

a) Transmisión al Ayuntamiento, en pleno dominio y libre de cargas, de todos los terrenos de cesión obligatoria para su incorporación al Patrimonio Municipal del Suelo o su afectación a los usos previstos en el planeamiento.

b) Subrogación, con plena eficacia real, de las antiguas por las nuevas parcelas, siempre que quede establecida su correspondencia.

c) Afectación real de las parcelas adjudicadas al cumplimiento de las cargas y pago de los gastos inherentes al sistema de actuación correspondiente.

⇒ V. Jurisprudencia en arts. 100 y concordantes del TRLS/1976 (§3).

Artículo 131. Normalización de fincas.

1. La normalización de fincas procederá siempre que no sea necesaria la redistribución de beneficios y cargas de la ordenación entre los propietarios afectados, pero sea preciso regularizar la configuración física de las fincas para adaptarlas a las exigencias del planeamiento.

2. La normalización de fincas se limitará a definir los nuevos linderos de las fincas afectadas de conformidad con el planeamiento, siempre que no afecte al valor de las mismas en proporción superior al quince por ciento ni a las edificaciones existentes. Las diferencias se compensarán en metálico.

3. La normalización se acordará por el Ayuntamiento Pleno, con trámite de audiencia de los interesados por plazo de quince días.

CAPÍTULO II

Sistemas de actuación directa

Sección 1ª Sistema de expropiación

Artículo 132. Caracteres.

1. En el sistema de expropiación, la Administración obtiene todos los terrenos y ejecuta la obra de urbanización. También puede ejecutar las obras de edificación.

2. La expropiación se aplicará, como sistema de actuación, por unidades de ejecución completas y comprenderá todos los bienes y derechos incluidos en las mismas, sin perjuicio de lo dispuesto en el artículo siguiente.

3. La aplicación del sistema de expropiación exigirá la formulación de la relación de propietarios y descripción de bienes y derechos afectados en la unidad de ejecución. Dicha relación habrá de ser aprobada por el Ayuntamiento Pleno, previa apertura de un período de información pública por plazo de veinte días.

⇒ V. Jurisprudencia en arts. 134, 135 y concordantes del TRLS/1976 (§3).

Artículo 133. Liberación.

1. La Administración expropiante podrá, excepcionalmente, liberar de la expropiación a determinados derechos y bienes de propiedad privada o patrimoniales, mediante la imposición de las condiciones, términos y proporción en que habrán de vincularse los propietarios de los mismos a la gestión urbanística y las garantías para el supuesto de incumplimiento.

2. Una vez aprobadas las anteriores condiciones por la Administración expropiante, deberán ser aceptadas por el propietario de los bienes a liberar, abriéndose un período de información pública por término de veinte días, con

carácter previo a la adopción del acuerdo de liberación por parte del órgano expropiante.

3. En ningún caso podrá aprobarse la liberación si la expropiación viene motivada por incumplimiento de los deberes urbanísticos del artículo 114.

Artículo 134. Parcelas resultantes.

Finalizada en vía administrativa la expropiación de todos los terrenos afectados y aprobado definitivamente el proyecto de reparcelación, el Ayuntamiento podrá ceder las parcelas resultantes, conforme al régimen aplicable a los bienes del Patrimonio Municipal del Suelo, siempre que en la correspondiente transmisión quede garantizada la subrogación del adquirente en la posición del transmitente por lo que hace al cumplimiento, en los plazos y condiciones establecidos por el planeamiento, de los deberes urbanísticos aún pendientes y, en concreto, del de urbanización de los terrenos o, en su caso, realización simultánea de las obras de edificación y las de urbanización necesarias para que la parcela adquiera la condición de solar.

⇒ V. arts. 22 y concordantes del RD 1093/1997, de 4 julio (§2.1).

Sección 2ª Sistema de cooperación

Artículo 135. Caracteres.

1. En el sistema de cooperación, los propietarios aportan el suelo de cesión obligatoria y la Administración ejecuta las obras de urbanización con cargo a los mismos.

2. El expediente de reparcelación se entenderá iniciado al aprobarse la delimitación de la unidad de ejecución, salvo cuando la reparcelación se hubiere tramitado y aprobado conjuntamente con la propia delimitación.

⇒ V. Jurisprudencia en arts. 131 y concordantes del TRLS/1976 (§3).

Artículo 136. Gastos.

1. El Ayuntamiento podrá exigir a los propietarios afectados el pago de cantidades a cuenta, sin que puedan exceder del importe de las inversiones previstas para los próximos seis meses.

2. El Ayuntamiento también podrá, cuando las circunstancias lo aconsejen, convenir con los propietarios afectados un aplazamiento en el pago de los gastos de urbanización. El beneficiario deberá prestar garantía suficiente a juicio del Ayuntamiento. Los aplazamientos en el pago de las cuotas devengarán en favor del Ayuntamiento el interés legal correspondiente, desde el momento en que éste realice las obras.

⇒ V. Jurisprudencia en arts. 132 y concordantes del TRLS/1976 (§3).

Artículo 137. Colaboración.

Los propietarios que representen, al menos, el veinticinco por ciento de la superficie total de la unidad de ejecución podrán:

a) Constituir asociaciones administrativas de propietarios, con la finalidad de colaborar en la ejecución de las obras de urbanización.

b) Ofrecer su colaboración al Ayuntamiento, que se concretará en la entrega de planos, documentos y cualquier tipo de antecedentes, así como en la elaboración y presentación del Proyecto de Reparcelación, que el Ayuntamiento estará obligado a tramitar de acuerdo con las reglas establecidas al efecto en la presente Ley.

⇒ V. Jurisprudencia en arts. 131 y concordantes del TRLS/1976 (§3).

CAPÍTULO III
Sistemas de actuación indirecta

Sección 1ª Sistema de compensación

Artículo 138. Caracteres.

En el sistema de compensación, los propietarios aportan los terrenos de cesión obligatoria, realizan a su costa la urbanización en los términos y condiciones que se determinen en el Plan y se constituyen en Junta de Compensación, salvo que todos los terrenos pertenezcan a un solo titular.

⇒ V. Jurisprudencia en arts. 126 y concordantes del TRLS/1976 (§3).

Artículo 139. Estatutos y Bases.

1. Los propietarios que representen más de la mitad de la superficie de la unidad de ejecución presentarán, en el plazo establecido por el planeamiento y, en su defecto, en el plazo máximo de seis meses desde la aprobación definitiva del Plan o de la delimitación de la unidad de ejecución, los proyectos de Estatutos de la Junta de Compensación y Bases de Actuación de ésta ante el Ayuntamiento respectivo.

2. El procedimiento de aprobación de los anteriores proyectos de Estatutos y Bases será el mismo establecido para los Estudios de Detalle en el artículo 61 de esta Ley, con la salvedad de entender limitada la iniciativa privada al porcentaje de propietarios establecido en el párrafo anterior.

⇒ V. Jurisprudencia en arts. 126 y concordantes del TRLS/1976 (§3).

Artículo 140. Incorporaciones y expropiaciones.

Los propietarios dispondrán del plazo de un mes desde la notificación del acuerdo municipal aprobatorio de los Estatutos y Bases para incorporarse a la Junta de Compensación. Si no lo hicieran, sus fincas serán expropiadas en favor de la Junta de Compensación, que tendrá la condición jurídica de beneficiaria. Podrán también incorporarse empresas urbanizadoras que hayan de participar con los propietarios en la gestión de la unidad de ejecución.

⇒ V. Jurisprudencia en arts. 127 y concordantes del TRLS/1976 (§3).

Artículo 141. Procedimiento conjunto.

Los propietarios incluidos en una unidad de ejecución, por acuerdo unánime, podrán presentar a la aprobación definitiva del Ayuntamiento, conjunta o separadamente, las propuestas de Estatutos, Bases de Actuación, Proyecto de Reparcelación y, en su caso, Proyecto de Urbanización, procediendo tras su aprobación a constituir la Junta, en los términos establecidos en el artículo anterior.

Artículo 142. Junta de Compensación.

1. La Junta de Compensación tendrá personalidad jurídica y plena capacidad para el cumplimiento de sus fines, disfrutando de consideración administrativa a los efectos previstos en esta Ley.

2. Los cargos del órgano rector de la Junta recaerán necesariamente en personas físicas, formando parte del mismo un representante del Ayuntamiento.

3. Los acuerdos de la Junta serán susceptibles de recurso ante el Ayuntamiento Pleno.

4. La Junta podrá solicitar del Ayuntamiento la exacción por vía de apremio de las cantidades adeudadas por sus miembros.

⇒ V. Jurisprudencia en arts. 127, 130 y concordantes del TRLS/1976 (§3).

Artículo 143. Reparcelación.

Corresponde a la Junta de Compensación, en el plazo de los seis meses siguientes a su constitución, formular el Proyecto de Reparcelación, conforme a lo establecido en los Estatutos y, en todo caso, con el quórum de asistencia de los propietarios que representen más de la mitad de la superficie de la unidad de ejecución.

⇒ V. arts. 6 y concordantes del RD 1093/1997, de 4 julio (§2.1).

Artículo 144. Transmisiones.

1. Las Juntas de Compensación actuarán como fiduciarias con pleno poder dispositivo sobre las fincas pertenecientes a los propietarios miembros de aquéllas, sin más limitaciones que las establecidas en los Estatutos.

2. La transmisión a la Administración correspondiente, en pleno dominio y libres de cargas, de todos los terrenos de cesión obligatoria tendrá lugar, por ministerio de la ley, con la aprobación definitiva del Proyecto de Reparcelación.

⇒ V. arts. 6, 29 y concordantes del RD 1093/1997, de 4 julio (§2.1).
V. Jurisprudencia en arts. 129 y concordantes del TRLS/1976 (§3).

Artículo 145. Responsabilidad.

1. La Junta de Compensación será directamente responsable, frente al Ayuntamiento, de la urbanización completa de la unidad de ejecución y, en su caso, de la edificación de los solares resultantes, cuando así se hubiere establecido.

2. El incumplimiento por los miembros de la Junta de las obligaciones y cargas impuestas por la presente Ley habilitará al Ayuntamiento para expropiar sus respectivos derechos, correspondiendo a la Junta la condición jurídica de beneficiaria.

⇒ V. Jurisprudencia en arts. 130 y concordantes del TRLS/1976 (§3).

Sección 2ª Sistema de ejecución forzosa

Artículo 146. Caracteres.

1. En el sistema de ejecución forzosa, el Ayuntamiento ocupa los terrenos necesarios en favor de una Comisión Gestora, que realiza las obras de urbanización y procede a la distribución de los beneficios y cargas correspondientes.

2. El Ayuntamiento acordará la utilización de este sistema cuando se produjera el incumplimiento de cualquiera de los deberes inherentes al sistema de compensación y lo soliciten los propietarios que representen una cuarta parte, al menos, de la superficie de la unidad de ejecución.

3. El acto por el que se determine el sistema de ejecución forzosa se notificará a los propietarios, otorgándoles el plazo de un mes para adherirse al mismo.

4. Con independencia del ejercicio del derecho de adhesión a la ejecución, todos los propietarios de terrenos de la unidad de ejecución formarán parte necesariamente de la comunidad de reparto de los beneficios y las cargas derivados del planeamiento.

Artículo 147. Comisión Gestora.

1. En el sistema de ejecución forzosa, la ejecución del planeamiento corresponde a una Comisión Gestora, con naturaleza jurídica y facultades idénticas a las de la Junta de Compensación.

2. Los Estatutos de dicha Comisión se elaborarán y aprobarán por el Ayuntamiento.

3. La Comisión se compone por representantes, a partes iguales, de los propietarios y del Ayuntamiento. Los miembros representantes de los propietarios serán elegidos, de entre ellos, por los que se hubieren adherido en plazo a la gestión del sistema. Los miembros representantes del Ayuntamiento serán designados y revocados libremente por éste. En todo caso, el Presidente de la Comisión, que dispondrá de voto de calidad en las votaciones, será elegido por todos sus miembros entre los representantes del Ayuntamiento. Asumirá las funciones de Secretario un empleado municipal.

Artículo 148. Reparcelación.

El Proyecto de Reparcelación, además del contenido común previsto en el artículo 125 de esta Ley, determinará las parcelas resultantes destinadas a compensar los gastos de urbanización previstos y sus posibles rectificaciones.

⇒ V. arts. 6 y concordantes del RD 1093/1997, de 4 julio (§2.1).

Artículo 149. Ocupaciones.

1. La determinación del sistema de ejecución forzosa habilitará al Ayuntamiento para proceder inmediatamente y sin ulterior trámite a la ocupación, en favor de la Comisión Gestora, de los terrenos y bienes que, por su calificación urbanística, deban ser objeto de cesión obligatoria y gratuita, siempre y

cuando se prevea simultáneamente el inicio de las actuaciones correspondientes.

2. Una vez aprobado definitivamente el Proyecto de Reparcelación, el Ayuntamiento podrá acordar, en favor de la Comisión Gestora, la ocupación inmediata de todos o parte de los bienes y el ejercicio de la facultad de disposición sobre los mismos como titular fiduciario.

3. Igualmente podrá el Ayuntamiento proceder a la inscripción registral a su favor del suelo de cesión obligatoria y gratuita, conforme a lo establecido en el Proyecto de Reparcelación.

⇒ V. arts. 29 y concordantes del RD 1093/1997, de 4 julio (§2.1).

Artículo 150. Urbanización.

1. La Comisión Gestora acordará las modalidades a adoptar para la realización de las obras y su financiación. Tras la aprobación del Proyecto de Reparcelación, podrá enajenar los terrenos reservados para atender los gastos de urbanización o contratar con empresas urbanizadoras la ejecución material de las obras, a cambio de determinado aprovechamiento lucrativo con cargo a dichos terrenos.

2. En todo caso, las enajenaciones y obras se realizarán conforme a las prescripciones de la legislación de contratos de las Administraciones Públicas relativas a capacidad de las empresas, publicidad, procedimientos de licitación y formas de adjudicación.

Artículo 151. Liquidación.

Concluidas las obras, el aprovechamiento urbanístico sobrante, tras atender a los gastos de urbanización, se distribuirá entre los propietarios, en la proporción que corresponda a sus respectivos bienes originarios.

Sección 3ª Sistema de concesión de obra urbanizadora

Artículo 152. Caracteres.

En el sistema de concesión de obra urbanizadora, el urbanizador realiza las obras de urbanización y procede a la distribución de los beneficios y cargas correspondientes, obteniendo su retribución conforme a lo convenido con el Ayuntamiento.

Artículo 153. Adjudicación.

1. Determinado este sistema de actuación, el Ayuntamiento procederá a la convocatoria y adjudicación de la concesión, conforme a las prescripciones de la legislación de contratos de las Administraciones Públicas relativas a capacidad de las empresas, publicidad, procedimientos de licitación y formas de adjudicación.

2. La convocatoria describirá las labores a realizar por el urbanizador, que podrán consistir en la formulación de Estudios de Detalle, Proyectos de Urbanización y Reparcelación, distribución de beneficios y cargas entre los propietarios, realización de las obras de urbanización y, en su caso, de edifica-

ción, con memorias de calidades, características básicas, costes máximos y plazos de construcción correspondientes.

3. En la convocatoria, el Ayuntamiento puede comprometer también el gasto público necesario para financiar determinadas infraestructuras de apoyo que considere de interés general prioritario.

4. Conforme al siguiente orden de preferencia, tendrán derecho a subrogarse en la posición del urbanizador que hubiere resultado adjudicatario, asumiendo y garantizando sus mismos compromisos y obligaciones:

a) Los propietarios de terrenos que representen más del cincuenta por ciento de la superficie afectada por la actuación. A tal efecto, los propietarios deberán constituir una entidad con personalidad jurídica propia que asumirá la responsabilidad en la gestión de la obra urbanizadora.

b) Quien hubiese formulado los instrumentos de planeamiento y gestión que determinaron la aplicación del sistema de concesión de obra urbanizadora.

Artículo 154. Responsabilidad.

El coste de las inversiones, instalaciones, obras y compensaciones necesarias para ejecutar el planeamiento será garantizado en forma y proporción suficientes y financiado por el urbanizador responsable de la actuación, quien podrá repercutirlo en la propiedad de los solares resultantes.

Artículo 155. Retribución.

1. El urbanizador obtendrá su retribución a costa de los propietarios, en terrenos edificables o en metálico, en los términos establecidos en la concesión.

2. La retribución en terrenos se hará efectiva mediante la reparcelación.

3. La retribución en metálico se hará efectiva mediante cuotas de urbanización acordadas entre urbanizador y propietarios o, en su defecto, aprobadas por el Ayuntamiento, que habrán de satisfacer los propietarios, quedando sujetos los terrenos al pago de tales cuotas, como carga real, que figurará en el Proyecto de Reparcelación. El urbanizador podrá solicitar del Ayuntamiento la exacción por vía de apremio de las cuotas adeudadas por los propietarios.

Artículo 156. Ocupaciones.

El Ayuntamiento, en los términos establecidos en la concesión, procederá a la ocupación inmediata de los terrenos y bienes que, por su calificación urbanística, deban ser objeto de cesión obligatoria y gratuita.

⇒ V. arts. 29 y concordantes del RD 1093/1997, de 4 julio (§2.1).

TÍTULO VI
EDIFICACIÓN Y USO DEL SUELO

CAPÍTULO I
Normas de directa aplicación

Artículo 157. Protección del paisaje.

1. Las construcciones habrán de observar las exigencias de protección del medio ambiente establecidas en el ordenamiento jurídico y no podrán menoscabar la belleza o armonía del paisaje natural, rural o urbano en que se permita su realización.

2. La tipología de las construcciones habrá de ser congruente con las características del entorno. Los materiales empleados para la renovación y acabado de fachadas, cubiertas y cierres de parcelas habrán de armonizar con el paisaje en que vayan a emplazarse.

3. Los mismos requisitos anteriores serán de aplicación a las obras de rehabilitación, modernización o conservación de los inmuebles.

⇒ V. art. 138 B) del TRLS/1992 (§2).
V. Jurisprudencia en arts. 73 y concordantes del TRLS/1976 (§3).

Artículo 158. Alturas.

1. Mientras no exista Plan que lo autorice no podrá edificarse con una altura superior a tres plantas, medidas en cada punto del terreno, sin perjuicio de las demás limitaciones que sean aplicables.

2. No obstante lo dispuesto en el párrafo anterior, cuando se trate de solares enclavados en núcleos o manzanas, edificados en más de dos terceras partes, los Ayuntamientos sólo podrán autorizar alturas que alcancen la media de los edificios ya construidos.

⇒ V. Jurisprudencia en arts. 74 y concordantes del TRLS/1976 (§3).

Artículo 159. Distancia de vías.

1. Las construcciones y cierres que se realicen con obras de fábrica u otros elementos permanentes, en zonas no consolidadas por la edificación, en defecto de alineaciones y rasantes establecidas por el planeamiento, tendrán que desplazarse un mínimo de tres metros del límite exterior de la calzada de la vía pública a que den frente, salvo que por aplicación de otra legislación proceda una distancia superior.

2. Se excluye de la anterior obligación la colocación de mojones o postes destinados a delimitar la propiedad rústica, sin impedir el acceso a la misma.

⇒ V. Ley 8/1998, de 17 diciembre, de Carreteras en Aragón.
V. Jurisprudencia en arts. 72 y concordantes del TRLS/1976 (§3).

CAPÍTULO II
Edificación forzosa

Artículo 160. Obligación de edificar.

1. El propietario de solares y de construcciones en ruina o inadecuadas deberá emprender la edificación o cesar el uso inadecuado dentro del plazo fijado en el planeamiento, y, en su defecto, en el de dos años contados desde que la parcela merezca la calificación de solar o desde la declaración administrativa de ruina o inadecuación.

2. La edificación en los supuestos referidos en el párrafo anterior deberá finalizarse en el plazo establecido en la correspondiente licencia, y, en su defecto, en el de dos años contados desde el inicio de las obras.

3. El Ayuntamiento podrá prorrogar los plazos anteriores, mediando causa justa, por un período máximo igual a los mismos.

4. Se entiende por construcciones inadecuadas las destinadas en más de la mitad de su superficie construida a un uso urbanístico incompatible con el establecido en el planeamiento.

⇒ V. arts. 14.2 f) y 18.7 de la Ley 6/1998, de 13 abril (§1).
V. Jurisprudencia en arts. 154 y concordantes del TRLS/1976 (§3).

Artículo 161. Registro de Solares.

1. Los Ayuntamientos que cuenten con Plan General podrán constituir un Registro de Solares, de carácter público, en el que se incluirán los solares y las construcciones en ruina o inadecuadas, una vez transcurridos los plazos de inicio o finalización de la edificación establecidos en el artículo anterior.

2. Los Ayuntamientos que carecieran de Registro de Solares, en los mismos casos podrán expropiar los solares o construcciones por incumplimiento de la función social de la propiedad, conforme a lo establecido en el artículo 114 de esta Ley.

⇒ V. Jurisprudencia en arts. 154 y concordantes del TRLS/1976 (§3).

Artículo 162. Inclusión.

1. El acuerdo municipal de inclusión en el Registro de Solares contendrá la valoración del terreno, la edificabilidad y los plazos incumplidos y determinará la imposibilidad para su titular de iniciar o proseguir la edificación, con aplicación del régimen de venta forzosa establecido en los artículos siguientes.

2. Hasta la convocatoria de subasta, la inclusión en el Registro no impedirá la solicitud de licencia o el inicio o reanudación de la edificación, en cuyo caso la inclusión quedará sin efecto.

⇒ V. arts. 87 a 91 y concordantes del RD 1093/1997, de 4 julio (§2.1).
V. Jurisprudencia en arts. 154 y concordantes del TRLS/1976 (§3).

Artículo 163. Venta forzosa.

1. El Ayuntamiento, en el plazo máximo de un año desde la inclusión del inmueble en el Registro de Solares, lo sacará a concurso público, bajo el

tipo de licitación que resultare de la valoración del terreno. El precio obtenido se entregará al propietario.

2. Si el concurso público fuere declarado desierto, se convocará de nuevo en el plazo de seis meses, con rebaja del precio tipo en un veinticinco por ciento.

3. Si el segundo concurso público también quedare desierto, el Ayuntamiento, en el plazo de otros seis meses, podrá adquirir el inmueble, por el precio de la última licitación, con destino al Patrimonio Municipal del Suelo.

⇒ V. Jurisprudencia en arts. 154 y concordantes del TRLS/1976 (§3).

Artículo 164. Cese de efectos.

Transcurridos los plazos establecidos en el artículo anterior sin que el Ayuntamiento hubiera ejercido las correspondientes actividades, la inclusión del inmueble en el Registro de Solares quedará sin efectos.

⇒ V. Jurisprudencia en arts. 154 y concordantes del TRLS/1976 (§3).

Artículo 165. Obligaciones del adquirente.

1. El adquirente de solares y construcciones en el procedimiento de venta forzosa a que se refiere este capítulo quedará obligado a iniciar o reanudar las obras de edificación en el plazo de un año, a partir de la fecha de toma de posesión de la finca, e imprimirles el desarrollo adecuado para su normal terminación, conforme a lo establecido en el artículo 160.2 de esta Ley.

2. El incumplimiento por el adquirente de las anteriores obligaciones determinará de nuevo la inclusión del inmueble en el Registro de Solares.

⇒ V. Jurisprudencia en arts. 154 y concordantes del TRLS/1976 (§3).

CAPÍTULO III
Licencias

Sección 1ª Modalidades

Artículo 166. Reglas comunes.

1. Toda edificación, uso, actividad o transformación que se produzca en el territorio requerirá de previa licencia urbanística, de actividad clasificada, de apertura, de ocupación o de instalación otorgada por el Municipio correspondiente, sin perjuicio de las demás intervenciones públicas exigibles por la legislación sectorial que les afecte.

2. Los Municipios podrán establecer licencias para finalidades diferentes de las anteriores, de conformidad con la Legislación de Régimen Local.

3. El cómputo del plazo, en su caso, establecido para solicitar las licencias municipales se interrumpirá desde la solicitud por el interesado de las concesiones, licencias o autorizaciones de carácter previo atribuidas a la com-

petencia de la Administración del Estado o de la Comunidad Autónoma hasta su otorgamiento.

⇒ V. art. 242.1 y 242.6 del TRLS/1992 (§2).
V. art. 188 de la presente Ley.
V. D. 62/1986, de 4 junio, sobre regulación del trámite del informe relativo a las condiciones higiénico-sanitarias de viviendas y locales, previo a la concesión de licencia municipal de obras.
V. Jurisprudencia en arts. 178 y concordantes del TRLS/1976 (§3).

Artículo 167. Licencia de actividad clasificada.

La licencia de actividad clasificada se exigirá para las actividades molestas, insalubres, nocivas o peligrosas, de conformidad con lo dispuesto en la normativa reguladora de tales actividades.

Artículo 168. Licencia de apertura.

La licencia de apertura se exigirá para los establecimientos comerciales e industriales que no precisen licencia de actividad clasificada y tenderá a asegurar que los locales e instalaciones reúnen las debidas condiciones de tranquilidad, seguridad y salubridad.

⇒ V. arts. 9 y 22 del RSCL.
V. D. 124/1994, de 7 junio, que aprueba el Plan General para el Equipamiento Comercial, modificado en su art. 14, por D. 74/1996, de 30 abril.

Artículo 169. Licencia de ocupación.

La licencia de ocupación es una modalidad de las licencias urbanísticas, que se exigirá para la primera utilización de los edificios y la modificación del uso de los mismos, cuando no sean necesarias la licencia de actividad clasificada ni la de apertura.

⇒ V. D. 62/1986, de 4 junio, sobre regulación del trámite del informe relativo a las condiciones higiénico-sanitarias de vivienda y locales, previo a la concesión de licencia municipal de obras.
V. Jurisprudencia en arts. 178 y concordantes del TRLS/1976 (§3).

Artículo 170. Licencia de instalación.

La licencia de instalación se exigirá para la instalación o traslado de aparatos industriales, que en el caso de que integren un uso o actividad que requiera la obtención de alguna de las licencias a que se refieren los artículos anteriores, se tramitará de forma conjunta y quedará subsumida en cualquiera de ellas.

⇒ V. art. 22 RSCL.
V. Jurisprudencia en arts. 178 y concordantes del TRLS/1976 (§3).

Artículo 171. Resolución única.

1. Los supuestos requeridos de licencia de actividad clasificada o de apertura y, además, de licencia urbanística, serán objeto de una sola resolución, sin perjuicio de la formación y tramitación simultánea de piezas separadas para cada intervención administrativa.

2. La propuesta de resolución de la solicitud de licencia de actividad clasificada o de apertura tendrá prioridad sobre la correspondiente a la licen-

cia urbanística. Si procediera denegar la primera, así se notificará al interesado y no será necesario resolver sobre la segunda.

3. En cambio, si procediera otorgar la licencia de actividad clasificada o de apertura, el órgano municipal competente pasará a resolver sobre la licencia urbanística, notificándose lo pertinente en forma unitaria al interesado.

⇒ V. arts. 175 y ss. de la presente Ley.
V. arts. 193 y concordantes de la Ley 7/1999, de 9 abril, de Administración Local en Aragón.
V. art. 22.3 del RSCL.
V. Jurisprudencia en arts. 178 y concordantes del TRLS/1976 (§3).

Sección 2ª Licencias urbanísticas

Artículo 172. Actos sujetos.

Están sujetos a previa licencia urbanística todos los actos de edificación y uso del suelo y del subsuelo, tales como las parcelaciones urbanísticas, los movimientos de tierra, las obras de nueva planta, la modificación de la estructura o el aspecto exterior de las edificaciones existentes, la primera utilización de los edificios y la modificación del uso de los mismos, la demolición de las construcciones, la colocación de carteles de propaganda visibles desde la vía pública y los demás actos que señalaren los Planes. Cuando los actos de edificación y uso del suelo y del subsuelo se realizaren por particulares en terrenos de dominio público, se exigirá también licencia, sin perjuicio de las autorizaciones o concesiones que sea pertinente otorgar por parte del ente titular del dominio público.

⇒ V. art. 242.1 y 6 del TRLS 92.
V. art. 188 de la presente Ley.
V. Jurisprudencia en arts. 178 y concordantes del TRLS/1976 (§3).

Artículo 173. Régimen.

Las licencias se otorgarán de acuerdo con las previsiones de la legislación y el planeamiento urbanístico vigentes en el momento de la resolución, resolviendo tanto sobre la pertinencia de las obras como sobre el aprovechamiento urbanístico correspondiente. Se otorgarán dejando a salvo el derecho de propiedad y sin perjuicio de tercero, aunque podrán denegarse si se pretende llevar a cabo una ocupación ilegal del dominio público.

⇒ V. art. 2 de la Ley 6/1998, de 13 abril (§1).
V. arts. 193 y concordantes de la Ley 7/1999, de 9 abril, de Administración Local en Aragón.
V. arts. 9 y 12.1 del RSCL.
V. art. 188 de la presente Ley.
V. arts. 74 y concordantes del RD 1093/1997, de 4 julio (§2.1).
V. Jurisprudencia en arts. 178 y concordantes del TRLS/1976 (§3).

Artículo 174. Suministros.

Se requerirá certificación del facultativo director de las obras, acreditativa del cumplimiento de la correspondiente licencia urbanística, como trámite previo al suministro de energía eléctrica, agua, gas y telefonía, sin perjuicio de los suministros provisionales de obra.

Artículo 175. Procedimiento.

Las solicitudes de licencias urbanísticas se resolverán por el Alcalde, con arreglo al siguiente procedimiento, que, en su caso, constituirá pieza separada del procedimiento para la resolución única regulado en el artículo 171 de esta Ley:

a) Las solicitudes deberán presentarse acompañadas del oportuno proyecto técnico redactado por profesional competente, con ejemplares para cada uno de los organismos que hubieren de informar la petición.

b) El proyecto habrá de ir visado por el Colegio Profesional correspondiente en los casos pertinentes. Si el Colegio observare incumplimiento de la legislación urbanística, denegará motivadamente el visado, sin que con ello se impida la presentación del proyecto, junto con los razonamientos que el solicitante tenga por convenientes.

c) Los informes relativos a la solicitud serán evacuados por los organismos competentes en el plazo de diez días, transcurrido el cual sin haberse emitido, proseguirán las actuaciones.

d) Las licencias urbanísticas de obras menores habrán de otorgarse en el plazo de un mes desde su solicitud, y las restantes, en el de tres meses. Tratándose de supuestos requeridos también de licencia de actividad clasificada o de apertura, el plazo para la resolución única será de cuatro meses.

El plazo se interrumpirá, si resultaren deficiencias subsanables, para que el interesado pueda subsanarlas, con la advertencia, cuando se tratare de elementos esenciales para resolver, de que, si así no lo hiciera, se le tendrá por desistido de la solicitud, archivándose ésta sin más trámite. En cambio, corregidas las deficiencias, se reanudará el cómputo del plazo de resolución, que, en caso necesario, se entenderá ampliado hasta comprender al menos la mitad del plazo originario.

⇒ V. art. 188 de la presente Ley.
V. art. 243.1 y 243.2 del TRLS/1992 (§2).
V. arts. 193 y concordantes de la Ley 7/1999, de 9 abril, de Administración Local en Aragón.
V. arts. 9 y 22 del RSCL.
V. art. 4 de la Ley 38/1999, de 5 noviembre, de Ordenación de la Edificación (§1.1).
V. Jurisprudencia en arts. 178 y concordantes del TRLS/1976 (§3).

Artículo 176. Silencio administrativo.

Transcurrido el plazo de resolución sin haberse notificado ésta, el interesado podrá entender estimada su petición por silencio administrativo, en los términos establecidos en la legislación del procedimiento administrativo común. En ningún caso se entenderán adquiridas por silencio administrativo licencias en contra de la legislación o del planeamiento urbanístico.

⇒ V. art. 242.1 y 6 del TRLS/1992 (§2).

V. arts. 135 y concordantes de la Ley 7/1999, de 9 abril, de Administración Local en Aragón.

V. art. 9 RSCL.

V. Jurisprudencia en arts. 178 y concordantes del TRLS/1976 (§3).

Artículo 177. Administración de la Comunidad Autónoma.

1. Los actos de edificación y uso del suelo y del subsuelo que se promuevan por la Administración de la Comunidad Autónoma estarán igualmente sujetos a licencia municipal, salvo lo dispuesto en los párrafos siguientes de este artículo.

2. Cuando se trate de realizar grandes obras de ordenación territorial y cuando razones de urgencia o excepcional interés público lo exijan, el Consejero competente por razón de la materia podrá acordar la remisión del proyecto de que se trate al Ayuntamiento correspondiente, para que en el plazo de un mes, notifique la conformidad o disconformidad del mismo con el planeamiento urbanístico en vigor.

3. En caso de disconformidad, el expediente será remitido por el Departamento interesado al Consejero de Ordenación Territorial, Obras Públicas y Transportes, quien lo elevará al Gobierno de Aragón, previo informe del Consejo de Ordenación del Territorio. El Gobierno decidirá si procede ejecutar el proyecto, y en este caso, ordenará la iniciación del procedimiento de alteración del planeamiento, conforme a la tramitación establecida en los artículos 71 a 75 de esta Ley.

4. Tanto si el Gobierno decidiera la ejecución del proyecto, en el caso previsto en el párrafo anterior, como si transcurriese el plazo para la intervención municipal prevista en el párrafo segundo sin comunicarse la oportuna resolución, la Administración de la Comunidad Autónoma procederá inmediatamente a realizar los actos correspondientes.

⇒ V. arts. 243.1, 243.2, 244.2, 244.3 y 244.4 del TRLS/1992 (§2).

V. D. 23/2000, de 2 febrero, que regula la estructura orgánica del Departamento de Obras Públicas, Urbanismo y Transportes.

V. D. 99/1999, de 5 agosto, que modifica la organización de los Departamentos.

V. D. 181/1999, de 28 septiembre, que regula la estructura orgánica del Departamento de Presidencia y Relaciones Institucionales.

V. Jurisprudencia en arts. 180 y concordantes del TRLS/1976 (§3).

CAPÍTULO IV
Parcelaciones

Artículo 178. Definiciones.

1. Se considera parcelación rústica toda división o segregación simultánea o sucesiva de terrenos en dos o más lotes, siempre que tenga una finalidad exclusivamente vinculada a la explotación agraria de la tierra.

2. Se considera parcelación urbanística toda división o segregación simultánea o sucesiva de terrenos en dos o más lotes, cuando tenga por finali-

dad permitir o facilitar la realización de actos de edificación o uso del suelo o del subsuelo sometidos a licencia urbanística.

⇒ V. arts. 258.2, 258.3 y 259. 3 del TRLS/1992 (§2).
V. arts. 78 y concordantes del RD 1093/1997, de 4 julio (§2.1).
V. Jurisprudencia en arts. 94 y concordantes del TRLS/1976 (§3).

Artículo 179. Parcelaciones ilegales.

1. Se considera ilegal, a afectos urbanísticos, toda parcelación que sea contraria a lo establecido en la presente Ley y en el planeamiento urbanístico, especialmente cuando pueda dar lugar a la constitución de un núcleo de población.

2. En defecto de caracterización en el planeamiento, se considera núcleo de población la agrupación de edificaciones residenciales, susceptibles de necesitar servicios urbanísticos y dotaciones comunes.

⇒ Téngase en cuenta lo dispuesto en el art. 27.1 de la Ley 15/1999, de 29 diciembre.
V. arts. 258.2, 258.3 y 259.3 del TRLS/1992 (§2).
V. Jurisprudencia en arts. 94 y concordantes del TRLS/1976 (§3).

Artículo 180. Parcelas indivisibles.

1. No podrá realizarse parcelación alguna que dé lugar a lotes de superficie o dimensiones inferiores a las determinadas como mínimas en el planeamiento o en la legislación sectorial, salvo que dichos lotes sean adquiridos simultáneamente por los propietarios de terrenos colindantes con el fin de agruparlos con sus fincas para constituir una nueva.

2. Son indivisibles las parcelas edificables con arreglo a una determinada relación entre superficie de suelo y superficie construible cuando se edificara la correspondiente a toda la superficie, o en el supuesto de que se edificara la correspondiente a sólo una parte de ella, la restante si fuera inferior a la parcela mínima, con las salvedades indicadas en el apartado anterior.

⇒ V. arts. 258.2, 258.3 y 259.3 del TRLS/1992 (§2).
V. Jurisprudencia en arts. 95 y concordantes del TRLS/1976 (§3).

Artículo 181. Régimen.

1. No se podrá efectuar ninguna parcelación urbanística sin que previamente haya sido aprobado el planeamiento urbanístico exigible según la clase de suelo de que se trate.

2. En ningún caso se consideran solares, ni se permitirá edificar en ellos, los lotes resultantes de una parcelación ilegal.

⇒ V. arts. 258.2, 258.3 y 259.3 del TRLS/1992 (§2).
V. Jurisprudencia en arts. 96 y concordantes del TRLS/1976 (§3).

Artículo 182. Licencia o declaración.

Toda parcelación urbanística queda sujeta a licencia o a la aprobación del Proyecto de Reparcelación que la contenga. Asimismo, las parcelaciones rústicas se sujetan a la exigencia de la declaración previa de la innecesariedad de licencia, quedando exceptuadas de tal declaración las operaciones realizadas en los procedimientos de concentración parcelaria.

⇒ V. arts. 258.2, 258.3 y 259.3 del TRLS/1992 (§2).
V. Jurisprudencia en arts. 96, 178 y concordantes del TRLS/1976 (§3).

Artículo 183. Procedimiento.

1. Las licencias de parcelación y las declaraciones de su innecesariedad se someten al régimen de las licencias urbanísticas establecido en los artículos 173 a 177 de esta Ley, salvo las especialidades consignadas en los párrafos siguientes.

2. Las solicitudes harán constar los objetivos de la parcelación y acompañarán un plano de situación con el emplazamiento de los terrenos que se pretende fraccionar. En las solicitudes de licencias de parcelación urbanística será necesario también presentar un plano a escala adecuada de las fincas resultantes de la parcelación.

3. Corresponde al Alcalde resolver sobre el otorgamiento de la licencia o la declaración de su innecesariedad, indicando en su caso la finalidad específica de la parcelación y las condiciones urbanísticas aplicables a las nuevas parcelas.

4. En estos casos, el silencio administrativo siempre se entenderá denegatorio de la solicitud de licencia de parcelación o de la declaración de su innecesariedad.

⇒ V. arts. 9 y 22 del RSCL.
V. Jurisprudencia en arts. 178 y concordantes del TRLS/1976 (§3).

CAPÍTULO V
Deber de conservación

Sección 1ª Órdenes de ejecución

Artículo 184. Contenido.

1. Los propietarios de cualesquiera edificaciones, terrenos, solares, urbanizaciones y carteles deberán mantenerlos en adecuadas condiciones de seguridad, salubridad, ornato público y calidad ambiental, cultural y turística.

2. La determinación de las citadas condiciones de conservación se llevará a cabo por los Ayuntamientos, mediante órdenes de ejecución, de acuerdo con lo establecido en los artículos siguientes.

3. Constituirá el límite del deber de conservación de las edificaciones el estado de ruina de las mismas, salvo que el Ayuntamiento opte por alterar dicho estado ruinoso, de conformidad con lo establecido en el artículo 192 de esta Ley.

⇒ V. art. 19 de la Ley 6/1998, de 13 abril (§1).
V. art. 3 de la Ley 38/1999, de 5 noviembre, de Ordenación de la Edificación (§1.1).
V. arts. 138 B), 245.1 y 246.2 del TRLS/1992 (§2).
V. arts. 191 y 192 de la presente Ley.
V. Jurisprudencia en arts. 181, 183 y concordantes del TRLS/1976 (§3).

Artículo 185. Procedimiento.

1. Los Alcaldes podrán ordenar la ejecución de las obras y actuaciones necesarias para conservar edificaciones, terrenos, solares, urbanizaciones y carteles en las condiciones indicadas en el artículo anterior, sin necesidad de que las obras y actuaciones estén previamente incluidas en plan alguno de ordenación.

2. Salvo en los supuestos en que pudiera existir urgencia justificada o peligro en la demora, en el expediente de las órdenes de ejecución se dará audiencia a los interesados, detallando las obras y actuaciones que deban realizarse, su presupuesto, plazo de cumplimiento y, en su caso, la cuantía de la subvención administrativa.

Artículo 186. Subvenciones.

1. Cuando el presupuesto de las obras y actuaciones exigidas por una orden de ejecución supere la cuarta parte del valor de las edificaciones, excluido el suelo, el Ayuntamiento podrá subvencionar hasta el diez por ciento de dicho presupuesto.

2. En todo caso, el Ayuntamiento deberá subvencionar íntegramente la parte del presupuesto de la orden de ejecución que supere la mitad del valor de las edificaciones, excluido el suelo.

3. La supervisión de las obras subvencionadas corresponderá al propio Ayuntamiento, que exigirá en todo caso la debida justificación de su exacta realización.

⇒ V. art. 19 de la Ley 6/1998, de 13 abril (§1).
V. arts. 138 B), 245.1 y 246.2 del TRLS/1992 (§2).
V. Jurisprudencia en arts. 182 y concordantes del TRLS/1976 (§3).

Artículo 187. Opción.

1. Si los propietarios interesados en los expedientes de las órdenes de ejecución consideran que las obras y actuaciones que el Municipio pretende ordenar exceden del límite de su deber de conservación, podrán solicitar las subvenciones establecidas en el artículo anterior o la previa declaración del estado de ruina de las edificaciones.

2. Tras la adopción de la orden de ejecución no se admitirá expediente de declaración de ruina, salvo por circunstancias objetivas sobrevenidas. Cuando el interesado incumpla una o varias órdenes de ejecución y a consecuencia de ello se produzca la situación legal de ruina, el límite ordinario del deber de conservación se ampliará en la medida necesaria para restaurar el inmueble en los términos señalados por la orden u órdenes de ejecución incumplidas.

⇒ V. art. 19 de la Ley 6/1998, de 13 abril (§1).
V. arts. 138 B), 245.1 y 246.2 del TRLS/1992 (§2).
V. arts. 191 y 192 de la presente Ley.
V. Jurisprudencia en arts. 182, 183 y concordantes del TRLS/1976 (§3).

Artículo 188. Cumplimiento.

1. La orden de ejecución no eximirá del deber de presentar la documentación técnica o proyecto, en su caso, de las obras, a fin de que el Ayuntamiento compruebe su adecuación a lo ordenado.

2. Incumplido el plazo establecido en la orden de ejecución, el Ayuntamiento podrá optar entre la ejecución subsidiaria o la imposición de multas coercitivas, sin perjuicio de la aplicación de las sanciones que pudieran corresponder.

⇒ V. arts. 173 y 175 de la presente Ley.
V. arts. 96 y concordantes de la LRJ-PAC.
V. art. 10 RDU (§3.3).
V. Jurisprudencia en arts. 181 y concordantes del TRLS/1976 (§3).

Artículo 189. Ejecución forzosa.

1. La periodicidad de las multas coercitivas para lograr el cumplimiento de las órdenes de ejecución no podrá ser inferior a tres meses, sin que el importe de cada una de ellas pueda exceder del cinco por ciento del presupuesto de las obras, hasta un máximo de cinco multas.

2. En cualquier momento podrá el Municipio optar por el procedimiento de ejecución subsidiaria de las órdenes de ejecución, sin perjuicio de seguir el correspondiente procedimiento de apremio sobre el patrimonio para el cobro de las multas coercitivas que no se hubieran satisfecho.

⇒ V. arts. 96 y concordantes de la LRJ-PAC.
V. art. 10 RGU (§3.2).
V. Jurisprudencia en arts. 181 y concordantes del TRLS/1976 (§3).

Artículo 190. Áreas especiales de conservación.

1. Los Ayuntamientos podrán delimitar áreas especiales de conservación, previo informe favorable de la Comisión Provincial de Ordenación del Territorio, cuando la especial degradación o interés de determinados entornos urbanos así lo aconseje, en las cuales podrán realizarse actuaciones integrales de rehabilitación aplicando los regímenes de gestión establecidos en esta Ley.

2. En las áreas especiales de conservación, los propietarios de toda construcción o edificación deberán encomendar a técnico facultativo competente, cada cinco años, la realización de una inspección dirigida a determinar el estado de conservación de la misma. Los informes, cuya eficacia queda sujeta al correspondiente visado colegial y a su presentación en el municipio en el plazo de tres meses tras el vencimiento de cada período de cinco años, describirán el estado actual de la construcción o edificación y propondrán, en su caso, las medidas correctoras de las deficiencias observadas, así como su grado de ejecución.

3. No podrá declararse la situación legal de ruina de las construcciones o edificaciones situadas en áreas de especial conservación cuando no hubiesen sido realizadas las inspecciones periódicas o las medidas correctoras a las que se refiere el párrafo anterior.

⇒ V. arts. 19 de la Ley 6/1998, de 13 abril (§1).

V. arts. 138 B), 245.1 y 246.2 del TRLS/1992 (§2).
V. arts. 191 y 192 de la presente Ley.

Sección 2ª Declaración de ruina

Artículo 191. Supuestos.

1. Cuando alguna construcción o parte de ella estuviere en estado ruinoso, el Ayuntamiento, de oficio o a instancia de cualquier interesado, declarará esta situación y acordará la total o parcial demolición, previa audiencia del propietario y de los moradores, salvo inminente peligro que lo impidiera.

2. Se declarará el estado ruinoso en los siguientes supuestos:

a) Cuando el coste de las obras necesarias de consolidación o conservación sea superior al cincuenta por ciento del valor actual del edificio o plantas afectadas, excluido el valor del terreno.

b) Cuando el edificio presente un agotamiento generalizado de sus elementos estructurales o fundamentales.

c) Cuando se requiera la realización de obras que no pudieran ser autorizadas por encontrarse el edificio en situación de fuera de ordenación.

3. Si el propietario no cumpliere lo acordado por el Ayuntamiento, se aplicará lo establecido en el artículo 188.2 de esta Ley.

4. Si existiere urgencia y peligro en la demora, por motivos de seguridad, el Alcalde, bajo su responsabilidad, aunque a costa de los obligados por la declaración de ruina, dispondrá lo necesario respecto a la habitabilidad del inmueble y desalojo de sus ocupantes, garantizando los derechos de éstos.

⇒ V. art. 184.3 de la presente Ley.
V. Jurisprudencia en arts. 183 y concordantes del TRLS/1976 (§3).

Artículo 192. Alteración de la ruina.

1. Antes de declarar la ruina de una edificación, tanto si el expediente se inició en el procedimiento de una orden de ejecución como en cualquier otro caso, el Ayuntamiento podrá adoptar la resolución de alterar el estado físico del inmueble, iniciando en un plazo de seis meses las necesarias obras de conservación, hasta eliminar el estado de ruina y todos los posibles efectos derivados del mismo.

2. En todo caso, cuando el Municipio opte por alterar el estado físico del inmueble, el propietario deberá sufragar el importe de las obras correspondiente a la mitad del valor de las edificaciones, excluido el suelo.

⇒ V. art. 184.3 de la presente Ley.

TÍTULO VII
DISCIPLINA URBANÍSTICA
CAPÍTULO I
Inspección urbanística

Artículo 193. Competencias.

1. Los Municipios y la Administración de la Comunidad Autónoma, las mancomunidades y, en su caso, las comarcas llevarán a cabo funciones inspectoras, con el fin de comprobar e investigar el cumplimiento de la legislación urbanística.

2. Corresponde al Departamento de Ordenación Territorial, Obras Públicas y Transportes el ejercicio de las más amplias funciones inspectoras en toda la Comunidad Autónoma. No obstante, su actuación inspectora se encaminará preferentemente a impedir actividades de parcelación o urbanización que sean ilegales, a proteger los sistemas generales y a defender el orden jurídico de interés supramunicipal.

⇒ V. art. 5 de la presente Ley.
V. arts. 243.1 y 243.2 del TRLS/1992 (§2).
V. arts. 56 y concordantes del RD 1093/1997, de 4 julio (§2.1).
V. D. 23/2000, de 2 febrero, que regula la estructura orgánica del Departamento de Obras Públicas, Urbanismo y Transportes.
V. D. 99/1999, de 5 agosto, que modifica la organización de los Departamentos.
V. D. 181/1999, de 28 septiembre, que regula la estructura orgánica del Departamento de Presidencia y Relaciones Institucionales.

Artículo 194. Facultades.

1. Los inspectores urbanísticos están autorizados para entrar y permanecer libremente y en cualquier momento en fincas, construcciones y demás lugares sujetos a su actuación inspectora. Cuando para el ejercicio de esas funciones inspectoras fuera precisa la entrada en un domicilio, se solicitará la oportuna autorización judicial.

2. Los inspectores urbanísticos podrán recabar la exhibición de la documentación urbanística obrante en poder del interesado o de cualquier organismo público o privado.

3. Las actas y diligencias extendidas por los inspectores urbanísticos tienen la naturaleza de documentos públicos y constituyen prueba de los hechos que motiven su formalización, salvo que se acredite lo contrario.

⇒ V. art. 8.5 de la LJCA, en lo relativo a la autorización de entrada en domicilio.

Artículo 195. Funciones.

1. Corresponde a los inspectores urbanísticos, en su ámbito de competencias, el ejercicio de las siguientes funciones:

a) La investigación y comprobación del cumplimiento de la legislación urbanística, practicando cuantas mediciones y pruebas sean necesarias a tal fin.

b) La propuesta de adopción de medidas provisionales y definitivas para asegurar el cumplimiento de la legislación urbanística.

c) La propuesta de incoación de los expedientes sancionadores que procedan.

2. Las funciones inspectoras no podrán comportar ninguna disminución de las obligaciones que correspondan a los interesados conforme a la legislación urbanística.

CAPÍTULO II
Protección de la legalidad

Artículo 196. Obras y usos en curso de ejecución.

Cuando se estuviera realizando algún acto de edificación o uso del suelo o del subsuelo sin licencia u orden de ejecución o contra las condiciones señaladas en las mismas, el Alcalde dispondrá su paralización inmediata y, previa la tramitación del oportuno expediente, adoptará alguno de los acuerdos siguientes:

a) Si las obras o los usos fueran total o parcialmente incompatibles con la ordenación vigente, decretará su demolición, reconstrucción o cesación definitiva en la parte pertinente a costa del interesado, aplicando en su caso lo dispuesto en el apartado siguiente para la parte de la obra o del uso compatibles con la ordenación.

b) Si las obras o los usos pudieran ser compatibles con la ordenación vigente, requerirá al interesado para que en el plazo de dos meses solicite la preceptiva licencia o su modificación, con apercibimiento de que, si así no lo hiciera, ordenará a costa del interesado la realización de los proyectos técnicos necesarios para que el Ayuntamiento pueda pronunciarse sobre la legalidad de la actuación afectada. En caso de no proceder la legalización, decretará la demolición, reconstrucción o cesación definitiva de la obra o del uso en la parte pertinente a costa del interesado.

⇒ V. art. 255.2 del TRLS/1992 (§2).
V. Jurisprudencia en arts. 184 y concordantes del TRLS/1976 (§3).
Se atribuye expresamente la competencia para ordenar la demolición al Alcalde.

Artículo 197. Obras terminadas.

1. Si se hubiese concluido una obra sin licencia u orden de ejecución o contra las condiciones señaladas en las mismas, el Alcalde, dentro del plazo de prescripción de la correspondiente infracción urbanística, a contar desde la total terminación de las obras, y previa la tramitación del oportuno expediente, adoptará alguno de los acuerdos establecidos en las letras a) o b) del artículo anterior, según proceda.

2. Si la edificación se realizara sobre terrenos calificados en el planeamiento como sistemas generales, zonas verdes, espacios libres o suelo no *urbanizable* especial, el Alcalde adoptará alguno de los acuerdos establecidos en el párrafo anterior en cualquier momento, sin perjuicio de dar traslado al Ministerio Fiscal por si pudieran ser constitutivos de delito.

3. El mero transcurso del plazo a que se refiere el párrafo primero de este artículo no conllevará la legalización de las obras realizadas y, en consecuencia, no podrán llevarse a cabo, en tanto persista la transgresión del ordenamiento urbanístico, obras de reforma, ampliación o consolidación de lo ilegalmente construido.

4. En los supuestos en que el planeamiento vigente al tiempo de la incoación del expediente de legalización difiera del planeamiento vigente en el momento de la ejecución de las obras, se aplicará el más favorable a las obras realizadas.

⇒ V. art. 70 de la presente Ley.
V. arts. 255.2 y 274 del TRLS/1992 (§2).
V. art. 209 de la presente Ley.
Se atribuye expresamente la competencia para ordenar la demolición al Alcalde.
V. Jurisprudencia en arts. 185 y concordantes del TRLS/1976 (§3).

Artículo 198. Competencias autonómicas.

1. El Director General de Ordenación del Territorio y Urbanismo podrá subrogarse en las competencias del Alcalde reguladas en los dos artículos anteriores, tras requerirle para su ejercicio, sin que en el plazo de los diez días siguientes se haya iniciado el oportuno procedimiento municipal.

2. El mismo Director General de Ordenación del Territorio y Urbanismo dispondrá directamente de las facultades establecidas en los dos artículos anteriores en relación con las construcciones en suelo urbanizable o no urbanizable llevadas a cabo sin la autorización regulada en el artículo 25 de esta Ley, cuando la misma fuera necesaria, o contra las condiciones de dicha autorización establecidas, en su caso, en el informe de la Comisión Provincial de Ordenación del Territorio.

⇒ V. D. 23/2000, de 2 febrero, que regula la estructura orgánica del Departamento de Obras Públicas, Urbanismo y Transportes.
V. D. 99/1999, de 5 agosto, que modifica la organización de los Departamentos.
V. D. 181/1999, de 28 septiembre, que regula la estructura orgánica del Departamento de Presidencia y Relaciones Institucionales.

Artículo 199. Suspensión de licencias.

1. El Alcalde dispondrá la suspensión de los efectos de licencias, órdenes de ejecución o instrumentos de ejecución y, consiguientemente, la paralización inmediata de las obras iniciadas a su amparo, cuando el contenido de dichos actos o acuerdos constituya manifiestamente una infracción urbanística grave o muy grave.

2. El Alcalde procederá, en el plazo de tres días, a dar traslado directo del anterior acuerdo de suspensión al órgano judicial competente, a los efectos previstos en la Ley Reguladora de la Jurisdicción Contencioso-Administrativa.

⇒ V. art. 127 de la LJCA.
V. Jurisprudencia en arts. 186 y concordantes del TRLS/1976 (§3).

Artículo 200. Revisión.

1. Las licencias, órdenes de ejecución, planes urbanísticos o instrumentos de ejecución ilegales deberán ser revisados por el Ayuntamiento en los casos y conforme a los plazos y procedimientos establecidos en los artículos 102 y 103 de la Ley de Régimen Jurídico de las Administraciones Públicas y del Procedimiento Administrativo Común.

2. El Consejero de Ordenación Territorial, Obras Públicas y Transportes, dentro de los mismos plazos establecidos para la revisión por los preceptos citados en el párrafo anterior, podrá requerir del Ayuntamiento la remisión de copias de las licencias u órdenes de ejecución que pudieran ser ilegales, así como de los correspondientes proyectos técnicos, impugnándolas conforme a lo establecido en los artículos 65 y 66 de la Ley Reguladora de las Bases del Régimen Local.

3. Las licencias u órdenes de ejecución que se otorgaren con infracción de la zonificación o uso urbanístico de los terrenos destinados a sistemas generales, zonas verdes o espacios libres previstos en los planes serán nulas de pleno derecho.

⇒ V. Jurisprudencia en arts. 178, 187 y concordantes del TRLS/1976 (§3).

Artículo 201. Suspensión de suministros.

1. Las órdenes de suspensión, paralización o demolición de cualesquiera obras, usos o edificaciones serán notificadas a las empresas o entidades suministradoras de energía eléctrica, agua, gas y telefonía, a fin de que procedan en el plazo de cinco días a la suspensión de los correspondientes suministros.

2. La suspensión de los suministros sólo podrá levantarse una vez que se haya procedido a la legalización de las obras, usos o edificaciones respectivas, mediante notificación expresa en tal sentido de la Administración a las empresas suministradoras.

Artículo 202. Sujeción a otros regímenes.

Lo dispuesto en este Capítulo se entiende sin perjuicio de la imposición de las sanciones que procedan y de las facultades que correspondan a las autoridades competentes, en virtud del régimen específico de autorización, concesión o cualquier otro al que estuvieran sometidos determinados actos de edificación y uso del suelo o del subsuelo.

⇒ V. Jurisprudencia en arts. 178 y concordantes del TRLS/1976 (§3).

CAPÍTULO III

Régimen sancionador

Artículo 203. Infracciones leves.

Constituyen infracciones administrativas leves y serán sancionadas con *multa de veinticinco mil a quinientas mil pesetas:*

a) La realización de actos de parcelación sin licencia o declaración de innecesariedad, cuando fuesen legalizables.

b) La realización de actos de edificación o uso del suelo y del subsuelo sin licencia u orden de ejecución o contraviniendo sus condiciones, cuando tales actos sean legalizables por ser conformes con el ordenamiento urbanístico o cuando tengan escasa entidad.

c) El incumplimiento de escasa entidad del deber de conservación de edificaciones, terrenos, urbanizaciones y carteles en adecuadas condiciones de seguridad, salubridad, ornato público y calidad ambiental, cultural y turística.

d) El incumplimiento de escasa entidad de las determinaciones de las Normas u Ordenanzas de edificación o del Proyecto de Urbanización.

e) El incumplimiento por las empresas suministradoras de sus obligaciones de exigir el cumplimiento de la licencia urbanística o de suspender los suministros, conforme a lo establecido en esta Ley.

f) Las acciones u omisiones que perturben, retrasen o impidan el ejercicio de las funciones de vigilancia del cumplimiento de la legalidad urbanística.

g) La no paralización inmediata de las obras tras la recepción del correspondiente requerimiento.

⇒ V. D. 28/2001, de 30 enero, del Gobierno de Aragón, por el que se aprueba el Reglamento del procedimiento para el ejercicio de la potestad sancionadora de la Comunidad Autónoma de Aragón.

V. D. 23/2000, de 2 febrero, que regula la estructura orgánica del Departamento de Obras Públicas, Urbanismo y Transportes.

V. D. 99/1999, de 5 agosto, que modifica la organización de los Departamentos.

V. D. 181/1999, de 28 septiembre, que regula la estructura orgánica del Departamento de Presidencia y Relaciones Institucionales.

Artículo 204. Infracciones graves.

Constituyen infracciones administrativas graves y serán sancionadas con multa de quinientas mil una pesetas a cinco millones de pesetas:

a) Los actos de división que incumplan las normas materiales sobre parcelaciones, siempre que no estén tipificados como infracción muy grave.

b) La realización sin licencia de actos de edificación o uso del suelo y del subsuelo de suficiente entidad, en contra de lo dispuesto en el ordenamiento urbanístico, salvo cuando esté tipificada como infracción muy grave.

c) El exceso de edificación, en altura, ocupación, parcela mínima, superficie construida o volumen, sobre la edificabilidad permitida en la licencia.

d) La ejecución, sin licencia o contraviniendo sus condiciones, de obras de consolidación, modernización o incremento de su valor en edificaciones calificadas como fuera de ordenación, salvo los casos autorizados.

e) El incumplimiento, sin licencia o contraviniendo sus condiciones, de la normativa urbanística sobre distancias de las edificaciones entre sí y en relación con las vías públicas, espacios libres y linderos.

f) La realización de construcciones sin licencia que menoscaben gravemente la belleza, armonía o visión del paisaje natural, rural o urbano.

g) El incumplimiento del deber de conservación de edificaciones, terrenos, urbanizaciones y carteles en adecuadas condiciones de seguridad, salubridad, ornato público y calidad ambiental, cultural y turística, cuando el grado de deterioro sea importante.

h) El incumplimiento de los plazos de ejecución del planeamiento y la edificación.

Artículo 205. Infracciones muy graves.

Constituyen infracciones administrativas muy graves y serán sancionadas con multa de cinco millones una pesetas a cincuenta millones de pesetas:

a) La realización de parcelaciones urbanísticas en suelo urbanizable no delimitado y en suelo no urbanizable cuando pudieran dar lugar a la constitución de un núcleo de población.

b) La realización de obras de urbanización sin la previa aprobación del Plan y Proyecto exigibles.

c) La realización de actos de edificación y uso del suelo o del subsuelo en contra de lo dispuesto en el ordenamiento urbanístico, cuando afecten a superficies destinadas a dominio público, sistemas generales, equipamientos, zonas verdes, espacios libres y suelo no urbanizable especial.

d) El derribo de edificaciones objeto de protección especial conforme a la legislación urbanística.

Artículo 206. Responsables.

1. En las infracciones en materia de urbanización, uso del suelo y edificación serán responsables el promotor, el constructor y los técnicos directores.

2. En las infracciones en materia de parcelaciones serán responsables los propietarios iniciales de los terrenos posteriormente divididos y también el promotor de la actividad, considerando por tal al agente o intermediario que intervenga en la operación.

3. En las infracciones consistentes en el incumplimiento de las obligaciones de exigir licencia y de suspender los suministros serán responsables las empresas suministradoras de los servicios.

4. En las infracciones al deber de conservación serán responsables los propietarios de las edificaciones o instalaciones.

5. Las personas jurídicas serán sancionadas por las infracciones cometidas por sus órganos o agentes y asumirán el coste de las medidas de reparación del orden urbanístico vulnerado y del beneficio derivado de la comisión de la infracción.

⇒ V. Jurisprudencia en arts. 228 y concordantes del TRLS/1976 (§3).

Artículo 207. Graduación de sanciones.

1. *La sanción* habrá de ser proporcionada a la gravedad de los hechos constitutivos de la infracción, conforme a los criterios establecidos en la Legislación del Procedimiento Administrativo Común.

2. Con objeto de impedir la obtención por el infractor de cualquier beneficio derivado de la comisión de la infracción, la Administración, al imponer la correspondiente sanción, deberá además cuantificar dicho beneficio e imponer su pago al infractor.

3. Las multas que se impongan a los distintos sujetos por una misma infracción tendrán entre sí carácter independiente.

4. Las cantidades que pudiera ingresar la Administración como consecuencia de sanciones deberán afectarse a actividades urbanísticas.

⇒ V. Jurisprudencia en arts. 231 y concordantes del TRLS/1976 (§3).

Artículo 208. Obligaciones adicionales.

Con independencia de las sanciones personales, la Administración debe imponer las obligaciones de restaurar el orden urbanístico alterado, reponer los bienes afectados al estado anterior a la producción de la situación ilegal e indemnizar los daños y perjuicios causados.

⇒ V. Jurisprudencia en arts. 225 y concordantes del TRLS/1976 (§3).

Artículo 209. Prescripción.

1. El plazo de prescripción para las infracciones leves será de un año; para las graves, de cuatro años, y para las muy graves, de diez años, de conformidad con lo establecido en la Legislación del Procedimiento Administrativo Común.

2. El cómputo de los plazos de prescripción se iniciará cuando aparezcan signos externos que permitan conocer los hechos constitutivos de la infracción.

3. En las infracciones derivadas de una actividad continuada, la fecha inicial del cómputo será la de finalización de la actividad o la del último acto con el que la infracción se consuma.

4. Las sanciones impuestas por faltas muy graves prescribirán a los tres años de su imposición; las impuestas por faltas graves, a los dos años, y las impuestas por faltas leves, al año.

⇒ V. Jurisprudencia en arts. 230 y concordantes del TRLS/1976 (§3).

Artículo 210. Competencias.

1. Corresponde sancionar al Alcalde por las infracciones leves, y al Ayuntamiento Pleno por las infracciones graves y muy graves.

2. El Director General de Ordenación del Territorio y Urbanismo podrá subrogarse en el ejercicio de las competencias sancionadoras por infracciones graves, y el Consejero de Ordenación Territorial, Obras Públicas y Transportes, en el de las correspondientes a infracciones muy graves cuando, tras requerir al Ayuntamiento Pleno para que incoe el expediente sancionador, éste no iniciara la tramitación del mismo en el plazo de los diez días siguientes o lo mantuviera paralizado por más de dos meses.

3. En todo caso, cuando la Administración de la Comunidad Autónoma ejerza, por subrogación o directamente, competencias relativas a la protección

de la legalidad urbanística, será también competente para ejercer la potestad sancionadora, conforme a la distribución de competencias establecida en el párrafo anterior.

⇒ V. D. 28/2001, de 30 enero, del Gobierno de Aragón, por el que se aprueba el Reglamento del procedimiento para el ejercicio de la potestad sancionadora de la Comunidad Autónoma de Aragón.

V. D. 23/2000, de 2 febrero, que regula la estructura orgánica del Departamento de Obras Públicas, Urbanismo y Transportes.

V. D. 99/1999, de 5 agosto, que modifica la organización de los Departamentos.

V. D. 181/1999, de 28 de septiembre, que regula la estructura orgánica del Departamento de Presidencia y Relaciones Institucionales.

TÍTULO VIII
RÉGIMEN URBANÍSTICO DE PEQUEÑOS MUNICIPIOS

CAPÍTULO I
Ordenación urbanística

Artículo 211. Pequeños Municipios.

Los pequeños Municipios, con población de derecho inferior a quinientos habitantes, ejercerán sus competencias urbanísticas de conformidad con las especialidades establecidas en el presente Título, cuyo artículo 213 se extiende a los Municipios con población inferior a dos mil habitantes.

Artículo 212. Ausencia de Plan General.

En los pequeños Municipios que carezcan de Plan General de Ordenación Urbana, los terrenos se clasifican, previo el correspondiente Proyecto de Delimitación del Suelo Urbano conforme al artículo 63 de esta Ley, como suelo urbano y suelo no urbanizable, reconociéndose entre ambos una zona periférica formada por el área de terreno situada a una distancia igual o inferior a cien metros medidos desde las últimas edificaciones residenciales integradas en el suelo urbano, siempre que no deba clasificarse como suelo no urbanizable especial. El suelo urbano será directamente apto para la edificación, sin necesidad de que tenga la condición de solar, aunque el Ayuntamiento podrá imponer la ejecución simultánea de las obras de urbanización que considere precisas para mantener la configuración del casco urbano, exigiendo garantías suficientes del cumplimiento de esta obligación.

Artículo 213. Plan General.

1. El Plan General de Ordenación Urbana de los pequeños Municipios podrá limitarse a clasificar el suelo, determinando el ámbito territorial de cada una de las distintas clases del suelo y a establecer la ordenación detallada del suelo urbano, el régimen de protección del suelo no urbanizable y las condiciones de urbanización del suelo urbanizable.

2. En suelo urbano, el Plan General de los pequeños Municipios deberá contener las siguientes determinaciones específicas:

a) Señalamiento de alineaciones y rasantes tanto interiores como exteriores.

b) División del suelo urbano no consolidado en unidades de ejecución, expresando el sistema de actuación y el aprovechamiento medio que corresponda a cada una de ellas.

Artículo 214. Especialidades.

El Plan General de los pequeños Municipios tendrá las características establecidas en el artículo anterior, pudiendo observar las siguientes especialidades:

a) Constituirán el suelo urbano los terrenos situados en áreas consolidadas por la edificación al menos en la mitad de la superficie no ocupada por los viales o espacios libres existentes.

b) La zona periférica estará formada por el área de terreno situada a una distancia inferior a ciento cincuenta metros contados desde el límite exterior del suelo urbano, siempre que no deba clasificarse como suelo no urbanizable especial.

c) No será necesario clasificar ningún terreno como suelo urbanizable.

d) No será necesario respetar ningún módulo de reserva de terrenos para espacios libres públicos destinados a parques, grandes zonas verdes y áreas de ocio, expansión y recreo.

CAPÍTULO II
Zona periférica

Artículo 215. Construcciones en zona periférica.

En la zona periférica de los pequeños Municipios definida en el Capítulo anterior pueden autorizarse, conforme a lo establecido en el presente Capítulo, edificaciones destinadas a vivienda unifamiliar, así como otras construcciones de carácter agrícola propias del medio rural, siempre que se justifique que el terreno sobre el que se pretende construir va a ser dotado de servicios urbanísticos mediante la prolongación de las infraestructuras existentes.

Artículo 216. Requisitos de las construcciones.

Las construcciones en la zona periférica de los pequeños Municipios deben cumplir los siguientes requisitos:

a) Acomodarse a las características tipológicas tradicionales propias del núcleo de población en el que se ubiquen, integrándose en el ambiente rural de modo que no se perturbe la imagen del núcleo.

b) Tener la condición de aisladas con fachadas a todos sus frentes y retranqueos de al menos tres metros respecto a todos sus linderos. La franja de terreno correspondiente al retranqueo del lindero que da a la vía de acceso será de cesión obligatoria y gratuita al Ayuntamiento.

c) No rebasar la superficie construida de doscientos metros cuadrados si se destinan a vivienda familiar y quinientos metros cuadrados si se trata de edificios de uso agrícola.

d) No ocupar cada parcela que sea contigua a la vía o camino de acceso con más de un edificio destinado a vivienda o construcción de carácter agrícola.

Artículo 217. Conexión a redes.

Las construcciones autorizadas en la zona periférica de los pequeños Municipios deben poder conectarse a las redes generales municipales, salvo que sea innecesario en las construcciones de carácter agrícola, correspondiendo al propietario la ejecución de las obras necesarias para la conexión, sin perjuicio de su cesión gratuita al Ayuntamiento una vez ejecutadas. Dichas conexiones habrán de transcurrir por terreno de uso público, vinculándose su capacidad al número de parcelas edificables existente entre la edificación y la conexión a la red principal. Cabe autorizar la ejecución simultánea de las obras de acometida y de la edificación, así como la ejecución de las primeras de forma conjunta por varios interesados cuando así se acuerde por éstos. En todo caso, el Ayuntamiento podrá exigir garantías suficientes del cumplimiento de estas obligaciones.

Artículo 218. Competencia.

Corresponde autorizar las construcciones en la zona periférica de los pequeños Municipios a los Ayuntamientos. En Municipios sin Plan General, la autorización requerirá el previo informe favorable de la Comisión Provincial de Ordenación del Territorio, conforme al procedimiento establecido en el artículo 25 de esta Ley para las construcciones sujetas a autorización especial en suelo no urbanizable genérico.

⇒ V. D. 23/2000, de 2 febrero, que regula la estructura orgánica del Departamento de Obras Públicas, Urbanismo y Transportes.

V. D. 99/1999, de 5 agosto, que modifica la organización de los Departamentos.

V. D. 181/1999, de 28 septiembre, que regula la estructura orgánica del Departamento de Presidencia y Relaciones Institucionales.

Artículo 219. Cesión de viales.

1. En la zona periférica e incluso en suelo urbano de los pequeños Municipios con Plan General cabe utilizar el sistema de actuación de cesión de terrenos viales, conforme a las siguientes características:

a) Los propietarios deben ceder al Ayuntamiento los terrenos destinados por el Plan a viales, zonas verdes y espacios libres.

b) Los terrenos destinados a dotaciones podrán ser adquiridos mediante expropiación forzosa.

c) Las obras de urbanización que lleve a cabo el Ayuntamiento deben financiarse mediante contribuciones especiales.

2. En todo caso, el propietario que se considere perjudicado podrá solicitar la reparcelación de los terrenos. A tal efecto, si no estuvieran delimitadas

unidades de ejecución, se considerará que toda la zona periférica integra una unidad de ejecución.

DISPOSICIONES ADICIONALES

Primera. Suelo no urbanizable especial en Municipios sin planeamiento.

En los Municipios que carezcan de Plan General de Ordenación Urbana, tendrán la consideración de suelo no urbanizable especial, siempre que no tengan la condición de suelo urbano:

a) Los cauces de corrientes naturales continuas o discontinuas.

b) Las riberas y la zona de policía de cien metros de anchura de las márgenes en los cauces de corrientes continuas.

c) Los terrenos situados en una zona de doscientos metros de anchura desde la cota correspondiente al mayor nivel ordinario de las aguas en las lagunas, estanques naturales y embalses superficiales.

d) Los terrenos situados en una zona de diez metros de anchura a cada lado de las áreas arboladas que formen un ribazo o hilera de arbolado de longitud superior a cien metros.

e) Las áreas arboladas compactas con densidades de arbolado superiores a un árbol por cada treinta metros cuadrados, siempre que no sean objeto del cultivo agrícola.

f) Los terrenos con pendiente media superior al veinticinco por ciento.

g) Las áreas destinadas a pastos en alturas superiores a mil metros.

h) Los terrenos situados en alturas superiores a dos mil metros.

i) Las áreas delimitadas por el Gobierno de Aragón.

j) Los espacios naturales protegidos declarados conforme a su legislación reguladora.

⇒ V. Ley 6/1998, de 19 mayo, de Espacios Naturales Protegidos en Aragón.

Segunda. Unidad mínima de cultivo.

A los efectos prevenidos en el artículo 21 de esta Ley, se aplicarán las unidades mínimas de cultivo que fije la Comunidad Autónoma de Aragón conforme a la Ley 19/1995, de 4 de julio, de Modernización de las Explotaciones Agrarias. En el plazo de un año contado a partir de la entrada en vigor de esta Ley, por Decreto del Gobierno de Aragón y a propuesta del Consejero de Agricultura y Medio Ambiente, se determinará la extensión de la unidad mínima de cultivo aplicable a los distintos municipios, zonas o comarcas del territorio aragonés.

⇒ V. arts. 80 y concordantes del RD 1093/1997, de 4 julio (§2.1).

Tercera. Cartografía.

Corresponde al Departamento de Ordenación Territorial, Obras Públicas y Transportes aprobar la reglamentación que permita normalizar la elaboración de la cartografía de utilidad urbanística, a fin de posibilitar que la reproducción en soporte digital de los documentos de planeamiento esté debidamente coordinada en toda la Comunidad Autónoma.

⇒ V. D. 23/2000, de 2 febrero, que regula la estructura orgánica del Departamento de Obras Públicas, Urbanismo y Transportes.

V. D. 99/1999, de 5 agosto, que modifica la organización de los Departamentos.

V. D. 181/1999, de 28 septiembre, que regula la estructura orgánica del Departamento de Presidencia y Relaciones Institucionales.

Cuarta. Evaluación de impacto ambiental.

Los planes y proyectos urbanísticos que deban someterse al procedimiento de evaluación de impacto ambiental no podrán aprobarse definitivamente hasta que se hayan cumplido los requisitos exigidos en la legislación correspondiente.

⇒ V. D. 45/1994, de 4 marzo, de procedimiento de evaluación de impacto ambiental.

V. Ley 6/2001, de 8 mayo, de modificación del RDLeg 1302/1986, de 28 junio, de evaluación de impacto ambiental.

Quinta. Información pública y audiencia de interesados por iniciativa privada.

1. En los supuestos en los que esta Ley prevé que los particulares puedan promover el trámite de información pública por iniciativa privada, se aplicarán las siguientes reglas:

a) Los promotores del trámite anunciarán la convocatoria de información pública, por el plazo aplicable, en el Boletín Oficial que hubiera correspondido de haber actuado la Administración, precisando el carácter con el que actúan, los trámites realizados y la identificación del Ayuntamiento donde podrá consultarse la documentación y al que los comparecientes en el trámite habrán de dirigir sus alegaciones. Copia de la convocatoria se remitirá al mismo Ayuntamiento.

b) El Secretario municipal tendrá la obligación personal de disponer lo necesario para la pública consulta de la documentación disponible en el Ayuntamiento, durante el plazo aplicable.

c) Los comparecientes en el trámite podrán presentar sus alegaciones ante el Ayuntamiento, con arreglo a la legislación del procedimiento administrativo común. El Ayuntamiento certificará las alegaciones presentadas, dando traslado de una copia de éstas y de la certificación a los promotores del trámite.

d) Los promotores acreditarán la realización del trámite de información pública por iniciativa privada mediante la copia de la convocatoria publicada y la certificación administrativa acreditativa de las alegaciones, así como la copia de las que se hubieren presentado, que podrán acompañar con sus propias observaciones.

2. *En los supuestos* en los que esta Ley prevé que los particulares puedan promover el trámite de audiencia de interesados por iniciativa privada, se aplicarán las mismas reglas establecidas en el párrafo anterior, con la

salvedad de que la convocatoria será notificada a los interesados por vía notarial, acreditándose su práctica mediante el oportuno testimonio notarial.

⇒ V. art. 61 de la presente Ley.

Sexta. Publicidad y publicación.

1. Los documentos de los Planes y demás instrumentos urbanísticos serán públicos. Cualquier persona podrá, en todo momento, consultarlos e informarse de los mismos en el Ayuntamiento.

2. Serán objeto de publicación en el Diario Oficial correspondiente cuantas resoluciones y acuerdos deban serlo conforme a la legislación del procedimiento administrativo común y, en todo caso, las convocatorias de información pública, la suspensión del otorgamiento de licencias, los acuerdos de aprobación definitiva de Planes y demás instrumentos urbanísticos y el texto íntegro de cualesquiera Normas y Ordenanzas urbanísticas.

3. La publicación se insertará en el Boletín Oficial de la Provincia cuando las correspondientes resoluciones o acuerdos hubieren sido adoptados por Administraciones Locales u órganos periféricos de la Administración de la Comunidad Autónoma cuyo ámbito de actuación no sea superior al provincial, y en el Boletín Oficial de la Comunidad Autónoma cuando los hubieren adoptado órganos cuyo ámbito de actuación supere al provincial.

Adicionalmente, podrá acordarse la publicación en diferentes medios de comunicación social, a fin de lograr la máxima difusión.

4. Los Planes y demás instrumentos aprobados por silencio administrativo se publicarán a instancia del Alcalde o de los interesados, previa acreditación del cumplimiento de los trámites establecidos en esta Ley y en la legislación del procedimiento administrativo común.

5. El coste de las publicaciones oficiales en los procedimientos seguidos a instancia de interesado será a cargo de los correspondientes promotores o solicitantes.

Séptima. Adecuación de sanciones.

Se autoriza al Gobierno de Aragón para adecuar periódicamente el importe de las sanciones establecidas en esta Ley a las variaciones que pueda experimentar el coste de la vida, conforme al índice general de precios al consumo elaborado por el Instituto Nacional de Estadística.

Octava. Adaptación y elaboración de Planes Generales.

El Departamento de Ordenación Territorial, Obras Públicas y Transportes elaborará una línea especial de ayudas técnicas y económicas a los Municipios para adaptar sus Planes Generales, Normas Subsidiarias Municipales o Proyectos de Delimitación del Suelo Urbano a las exigencias establecidas en esta Ley para los Planes Generales, teniendo en cuenta el tamaño y la capacidad de los Municipios.

⇒ V. D. 23/2000, de 2 febrero, que regula la estructura orgánica del Departamento de Obras Públicas, Urbanismo y Transportes.
V. D. 99/1999, de 5 agosto, que modifica la organización de los Departamentos.

V. D. 181/1999, de 28 septiembre, que regula la estructura orgánica del Departamento de Presidencia y Relaciones Institucionales.

DISPOSICIONES TRANSITORIAS

Primera. Normas Subsidiarias y Complementarias Provinciales.

Las Normas Subsidiarias y Complementarias Provinciales actualmente en vigor en las tres provincias de Huesca, Teruel y Zaragoza, en tanto no contradigan los contenidos de esta Ley, mantendrán su vigencia, incluso con carácter complementario, hasta que sean sustituidas por nuevas Normas Subsidiarias Provinciales adaptadas a esta Ley o se acuerde su derogación por el Gobierno de Aragón. En todo caso, en los Municipios que cuenten con Plan General adaptado a esta Ley, dejarán de aplicarse las Normas Complementarias Provinciales.

Segunda. Instrumentos urbanísticos vigentes.

1. Los Planes y demás instrumentos urbanísticos vigentes a la entrada en vigor de esta Ley continuarán aplicándose en los contenidos que no sean contrarios a ella, conforme a las equivalencias establecidas en la siguiente disposición transitoria. Podrán adaptarse a la misma conforme al procedimiento de modificación correspondiente.

2. Cuando los Planes y demás instrumentos urbanísticos no precisaren la modificación a que se refiere el párrafo anterior, por reunir las determinaciones exigibles conforme a esta Ley, bastará con la acreditación de tal extremo ante la Comisión Provincial de Urbanismo, que podrá acordar la homologación con el Plan o instrumento que corresponda. El silencio observado en este supuesto por la Comisión tendrá efecto denegatorio de la homologación.

Tercera. Régimen transitorio del suelo.

Mientras no tenga lugar la adaptación u homologación del planeamiento vigente a la entrada en vigor de esta Ley, se aplicarán las siguientes equivalencias:

a) El suelo urbano existente se regirá por las disposiciones de esta Ley, aplicándose el régimen del suelo urbano no consolidado en todos los ámbitos del suelo urbano incluidos en unidades de actuación o ejecución.

b) El suelo no urbanizable existente se regirá por las disposiciones de esta Ley, aplicándose el régimen del suelo no urbanizable especial a los terrenos que así estuviesen considerados en el planeamiento y a aquellos que encajen en los supuestos de la disposición adicional primera de esta Ley.

c) El suelo urbanizable no programado existente que no haya sido objeto de programación, así como el suelo apto para urbanizar sin áreas de reparto o con áreas de reparto coincidentes con cada uno de los sectores, se regirán por las disposiciones de esta Ley relativas al suelo urbanizable no delimitado. No obstante, hasta tanto no estén fijados por el Plan General los criterios para delimitar los sectores a que hace referencia el artículo 38 de esta Ley, no se admitirá la presentación de Planes Parciales de iniciativa privada conforme a los artículos 51 a 53 de esta Ley.

d) El suelo urbanizable programado existente, así como el suelo apto para urbanizar integrado en un área de reparto con varios sectores, se regirán por las disposiciones de esta Ley relativas al suelo urbanizable delimitado.

Cuarta. Instrumentos urbanísticos en tramitación.

Los Planes y demás instrumentos urbanísticos en tramitación que hubieran recibido la aprobación provisional a la entrada en vigor de esta Ley, deberán recoger las determinaciones exigidas en la misma para cada uno de ellos, pero podrán continuar su tramitación conforme a lo establecido en la legislación anterior, siempre que su aprobación definitiva se produzca dentro del primer año de vigencia de esta Ley. Si a la entrada en vigor de esta Ley todavía no se hubiera producido la aprobación provisional de los citados Planes e instrumentos urbanísticos, éstos se adaptarán en todos los aspectos a las exigencias de la misma.

Quinta. Autorización de viviendas unifamiliares en suelo no urbanizable.

La competencia municipal para autorizar mediante licencia de obras, edificaciones aisladas destinadas a vivienda unifamiliar, según lo previsto en el apartado c) del artículo 23 de esta Ley, sólo se aplicará en los Municipios que dispongan de Plan General adaptado u homologado a la misma, conforme a lo establecido en su disposición transitoria segunda, aplicándose entre tanto el procedimiento especial de autorización regulado en el artículo 25 de esta Ley.

⇒ Téngase en cuenta lo dispuesto en el art. 27.1 de la Ley 15/1999, de 29 diciembre.

Sexta. Unidades mínimas de cultivo.

Hasta tanto no se produzca la entrada en vigor del Decreto a que se refiere la disposición adicional segunda de esta Ley, se aplicarán en el territorio de la Comunidad Autónoma de Aragón las extensiones de las unidades mínimas de cultivo determinadas en la Orden de 27 de mayo de 1958, del Ministerio de Agricultura.

⇒ V. arts. 80 y concordantes del RD 1093/1997, de 4 julio (§2.1).

Séptima. Regularización de parcelaciones ilegales.

1. Los procedimientos iniciados al amparo del Decreto 77/1995, de 18 de abril, de la Diputación General de Aragón, por el que se regula la elaboración y ejecución de los Planes Especiales de Regularización Urbanística, habrán de adaptarse a lo establecido en esta Ley.

2. Sólo podrán realizarse procesos de regularización o erradicación de las parcelaciones ilegales existentes a la entrada en vigor de esta Ley en las condiciones que establezca reglamentariamente el Gobierno de Aragón, de conformidad con los siguientes criterios:

a) En suelo urbano no consolidado o urbanizable deberá actuarse, en la medida de lo posible, a través de los procedimientos regulados en esta Ley para dichas clases de suelo.

b) En suelo no urbanizable genérico, cuando sea posible ajustar la parcelación ilegalmente realizada a las disposiciones de esta Ley, mediante su reclasificación como suelo urbanizable, se aprobará y ejecutará el correspondiente Plan Parcial.

c) En suelo no urbanizable especial, se establecerán los procedimientos de restauración de la legalidad urbanística infringida por los fenómenos de parcelación ilegal, contemplando la posibilidad de expropiación sin consideración alguna de los elementos ilegalmente construidos o urbanizados.

DISPOSICIONES DEROGATORIAS

Primera. Derogaciones específicas.

Quedan expresamente derogadas las siguientes disposiciones:

a) Artículos 46 a 52 y disposición transitoria séptima de la Ley 11/1992, de 24 de noviembre, de Ordenación del Territorio.

b) Decreto 70/1992, de 28 de abril, sobre Competencias y Distribución de las Mismas entre Diversos Órganos Urbanísticos.

c) Artículos 4 a 8 y disposición transitoria única del Decreto 85/1990, de 5 de junio, de Medidas Urgentes de Protección Urbanística en Aragón.

d) Decreto 14/1991, de 19 de febrero, de Protección Urbanística del Territorio propuesto para la posible realización de los Juegos Olímpicos de Invierno en Jaca.

e) Decreto 15/1991, de 19 de febrero, sobre Garantías de Urbanización en la Ejecución Urbanística, salvo en su artículo 6.

f) Decreto 77/1995, de 18 de abril, por el que se regula la elaboración y ejecución de los Planes Especiales de Regularización Urbanística.

Segunda. Cláusula general.

Quedan asimismo derogadas cuantas disposiciones de igual o inferior rango se opongan a lo establecido en la presente Ley.

DISPOSICIONES FINALES

Primera. Normas reglamentarias del Estado aplicables como Derecho supletorio.

Mientras no se produzca el desarrollo reglamentario, total o parcial, de esta Ley, el desplazamiento del Derecho supletorio estatal no afecta a los contenidos de los Reglamentos estatales en materia de urbanismo compatibles con el contenido de la misma, de manera que continuarán aplicándose como Derecho supletorio en la Comunidad Autónoma los siguientes preceptos, *salvo en los extremos* derogados por Real Decreto 304/1993, de 26 de febrero:

a) En el Reglamento de Edificación Forzosa y Registro Municipal de

Solares, aprobado por Decreto 635/1964, de 5 de marzo, los artículos 10.1, 11 a 15 y 18 a 21.

b) En el Reglamento de Reparcelaciones de suelo afectado por Planes de Ordenación Urbana, aprobado por Decreto 1006/1966, de 7 de abril, los artículos 28, 31, 34 y 35.

c) En el Reglamento de Planeamiento, aprobado por Decreto 2159/1978, de 23 de junio, los artículos 14, 16, 18, 19.2, 19.3, 20, 21, 24 b), 25, 26.1, 26.2, 27 a 29, 36, 38, 39, 40.1, 40.2, 40.4, 40.5, 43.2, 46, 48 a 55, 58 a 64, 66 a 70, 77 a 87, 90, 96, 98, 99, 101 a), 102, 103, 115 a 118, 120, 121, 123.1, 123.3, 123.4, 125, 127, 128, 130, 131.5, 131.6, 132, 133, 136.1, 139, 140, 144 a 146, 149, 154, 156, 157.1, 157.3, 159, 164 a 168 y el Anexo, que se aplicará como si hubiera sido aprobado por el Gobierno de Aragón, a los efectos de lo dispuesto en el artículo 47.4 de esta Ley.

d) En el Reglamento de Disciplina Urbanística, aprobado por Decreto 2187/1978, de 23 de junio, artículos 1 a 11, 17 a 28, 32, 33, 34.1, 34.4, 34.5, 35, 38, 39, 45 a 52, 55, 58 a 63 y 92.2.

e) En el Reglamento de Gestión Urbanística, aprobado por Real Decreto 3288/1979, de 25 de agosto, los artículos 1, 5, 6.2, 7 a 17, 18.3, 19 a 30, 31.1, 31.4, 39.1, 40 a 42, 46, 47, 52 a 55, 58 a 63, 65, 67 a 130, 135 a 137 y 152 a 210.

Segunda. Desarrollo reglamentario.

En el plazo de dos años desde la entrada en vigor de esta Ley, el Gobierno de Aragón aprobará el desarrollo reglamentario, total o parcial, de la misma.

Tercera. Entrada en vigor.

Esta Ley entrará en vigor el día siguiente al de su publicación en el «Boletín Oficial de Aragón».

§ 7 LEY 11/1992, DE 24 NOVIEMBRE. ORDENACIÓN DEL TERRITORIO EN ARAGÓN

(BOE núm. 16, de 19 enero 1993 y BOA núm. 142, de 7 diciembre [RCL 1993, 159 y LARG 1992, 238])

La ordenación del territorio, concebida en sentido amplio, de conformidad con la Carta Europea, como la expresión espacial de las políticas económica, social, cultural y ecológica de toda la sociedad, constituye una de las áreas de actuación de los poderes públicos más claras e importantes en orden a conseguir un uso y disfrute equilibrado y óptimo del territorio y de sus recursos naturales, compatible con su protección y mejora, y, en definitiva, a proporcionar una adecuada respuesta a los deseos sociales de elevar la calidad de vida, individual y colectivamente.

A esta idea responden el artículo 40 de la Constitución, que confía a los poderes públicos la promoción de las condiciones que sean favorables para el progreso social y económico de la colectividad, para la distribución más equitativa de la renta regional y para la lucha contra el paro; el artículo 45 del propio Texto Fundamental, que, después de consagrar el derecho de todos al disfrute de un medio ambiente adecuado para el desarrollo de las personas, atribuye a dichos poderes públicos la obligación de velar por la utilización racional de los recursos naturales con el fin de proteger y mejorar la calidad de vida y defender y restaurar el medio ambiente, apoyándose en la indispensable solidaridad colectiva, y el artículo 6 del Estatuto de Autonomía de Aragón, conforme al cual corresponde a los poderes públicos aragoneses, dentro del ámbito de sus respectivas competencias, impulsar una política tendente a la mejora y equiparación de las condiciones de vida y trabajo de los aragoneses y promover la corrección de los desequilibrios económicos, sociales y culturales entre los diferentes territorios de Aragón, fomentando su mutua solidaridad.

Se trata de una idea que justifica, por tanto, la intervención no sólo de los poderes generales del Estado, sino también y específicamente de los autonómicos. Es, en concreto, el artículo 35.1.3º del Estatuto de Autonomía de Aragón el que, en concordancia con el artículo 148 de la Constitución Española, atribuye a esa Comunidad Autónoma la competencia exclusiva en materia de «ordenación del territorio, urbanismo y vivienda».

El nivel alcanzado de transferencias de funciones y servicios en esta materia y la experiencia obtenida en el ejercicio de estas competencias conducen a la conclusión de que se hace necesaria la creación, mediante ley aprobada por las Cortes, de los instrumentos de ordenación y procedimientos de gestión administrativa coordinada que permitan la ejecución de una política de ordenación del territorio adecuada para la consecución de los objetivos mencionados, en cuanto afectan a la Comunidad Autónoma aragonesa.

La Ley considera la ordenación del territorio como un proceso continuado de gestión coordinada de las Administraciones públicas hacia la consecución de unos objetivos.

Como instrumentos básicos de definición de dichos objetivos y de ordenación conjunta e integrada de la totalidad del territorio aragonés, se crean las Directrices Generales de Ordenación Territorial, llamadas a ser desarrolladas por las denominadas Directrices Parciales de Ordenación Territorial, referidas tanto a áreas geográficas supramunicipales homogéneas o funcionales, o que, por las circunstancias específicas que en ellas concurran, precisen una ordenación singular, como a aspectos sectoriales concretos y específicos que actúan sobre los objetivos fundamentales de la ordenación del territorio.

A su vez, se establece, pasando al plano de la ejecución, que las previsiones contenidas en las Directrices Parciales y, excepcionalmente, en las Generales de Ordenación del Territorio se ejecutarán mediante Programas Específicos de Actuación o Gestión de Ámbito Territorial y se agilizarán coordinando la gestión de las administraciones públicas mediante procedimientos de gestión coordinada; los primeros definirán las actuaciones concretas a realizar en un determinado ámbito territorial, sector y período de tiempo, así como la forma de financiación de las mismas, y los segundos facilitarán la adecuada coordinación entre los distintos ámbitos de la administración necesaria en el proceso de gestión del territorio.

A través del articulado de la Ley, se pone de manifiesto la voluntad integradora y de armonización de las actuaciones sectoriales de la Diputación General, como corresponde al concepto mismo de ordenación del territorio, que se traduce en la necesaria labor asesora del Consejo y de las Comisiones Provinciales de Ordenación del Territorio y en la racionalización, armonización y simplificación de los procedimientos, sin perjuicio de la función de iniciativa, impulso y dirección que debe encomendarse al Departamento de Ordenación Territorial, Obras Públicas y Transportes, y de las amplias facultades decisorias que se reservan a la Diputación General.

Por otra parte, se tiene en cuenta la necesaria articulación con la política territorial de la Administración del Estado, a la vez que se prevé y asume la imprescindible participación de las corporaciones locales y de toda la sociedad, estableciéndose al efecto los oportunos mecanismos de consulta, colaboración y control, así como la posibilidad de suscribir convenios con todas las administraciones públicas, incluidas las comunidades autónomas limítrofes.

En fin, la Ley es respetuosa con la competencia urbanística municipal y con los instrumentos de ordenación previstos en la Ley del Suelo, si bien establece las necesarias vinculaciones para garantizar la consecución de una efectiva ordenación del territorio.

La gestión hacia la ordenación del territorio se entiende como el ejercicio necesario para coordinar con un horizonte amplio las políticas de desarrollo socioeconómico, de medio ambiente y de patrimonio cultural con las políticas de disponibilidad de suelo para el desarrollo de todos los sectores económicos (minero, agrícola, industrial, turístico, de construcción y de transporte).

La Ley permite identificar, proteger y mejorar la estructura del territorio de Aragón, entendiendo que forman parte de esta estructura la distribución de la población de Aragón, la geografía, las comunicaciones, servicios y equipamientos, los sistemas económicos, la estructura de organización administrativa y el modelo de ocupación urbanística del territorio.

Se ofrecen nuevos sistemas de coordinación entre las distintas administraciones públicas, y se prevé la creación de órganos de ámbito supramunicipal.

La Ley consolida el Consejo y las Comisiones Provinciales de Ordenación del Territorio como órganos competentes para la coordinación de acciones que incidan sobre la estructura territorial de Aragón.

Por último se crea un Centro de Documentación Territorial de Aragón destinado a reunir, sistematizar e investigar cuestiones relacionadas con la problemática territorial aragonesa, preparando los medios para que la información esté disponible y actualizada.

Se establecen instrumentos de ordenación del territorio para la planificación, como son las Directrices de Ordenación, para la gestión, por medio de Programas Específicos de Actuación y Gestión Territorial, y para la coordinación de las administraciones públicas, por medio de los Procedimientos de Gestión Coordinada.

Las Directrices Generales marcarán el punto de la gestión de las administraciones con incidencia sobre el territorio y podrán ser revisadas para adecuarlas a nuevos programas de Gobierno de la Diputación General de Aragón.

Las Directrices Parciales de carácter sectorial incluyen entre sus finalidades la ordenación de aspectos sectoriales tan importantes como la protección del medio natural, los recursos naturales, el fomento de las actividades agrarias, la adecuada distribución en el territorio de los equipamientos y la mejora de la vivienda.

Los Procedimientos de Gestión Coordinada pretenden resolver problemas vigentes y reales de coordinación de las administraciones públicas que entorpecen la competitividad de la región aragonesa.

La Ley regula también la forma de clasificación de la protección de espacios, elementos naturales y bienes culturales protegidos, en tres grados de protección: Niveles de protección activa, pasiva o preventiva, estableciendo las garantías adecuadas a cada uno de ellos.

En su Título II, la Ley introduce asimismo medidas de fomento del desarrollo socioeconómico equilibrado de Aragón, en forma de ayudas y beneficios de índole urbanística, en función del uso del territorio, para conseguir la conservación de la población, la mejora de la accesibilidad o el acceso a la vivienda. Asimismo introduce medidas de fomento para la ejecución de programas sectoriales destinados a la recuperación de la población, del medio natural y del patrimonio arquitectónico.

En su Título III la Ley establece el régimen sancionador.

La ordenación del territorio es un proceso de gestión continuada; desde dicho concepto la Ley establece medidas y estrategias urgentes, y transitorias, destinadas a:

– El favorecimiento de un modelo disperso de ocupación del territorio de Aragón que, excluyendo el suelo protegido, permita una disponibilidad amplia de suelo para usos residenciales e industriales, y evite situaciones de monopolio que producen encarecimientos y dificultan el desarrollo de la industria.

– La agilización y seguridad de trámites mediante la coordinación en la Comisión de Ordenación del Territorio de las propuestas sectoriales de urbanismo, medio ambiente y patrimonio, y la puesta en práctica de un procedimiento para la coordinación y agilidad en la toma de decisiones sobre las autorizaciones para el uso del territorio, actualmente dispersas en varios órganos de la Administración autonómica.

– La utilización de una estructura supramunicipal que permita resolver la gestión de asuntos de incidencia territorial referentes a la dotación de accesibilidad, al abastecimiento y depuración de aguas, al tratamiento de residuos, a la preparación de suelos productivos y a la elaboración y gestión de programas específicos de desarrollo comarcal.

– La iniciación de un proceso de delegación de competencias en los órganos municipales y supramunicipales de aquellos actos administrativos de índole urbanística y medioambiental que no inciden en la estructura territorial.

Asimismo, la Ley establece plazos para la tramitación de programas específicos de financiación de instalaciones de depuración de aguas, de distribución del territorio en unidades de gestión de residuos y de adecuación de las necesidades de Aragón a la legislación urbanística vigente.

La ordenación del territorio se configura en la Ley como un proceso flexible que debe ser ajustado en el tiempo y en el espacio por los programas de gobierno de la Diputación General, como un proceso dirigido hacia el desarrollo socioeconómico equilibrado de las comarcas y hacia la recuperación de la población, la naturaleza y el patrimonio arquitectónico de Aragón.

TÍTULO PRELIMINAR

Artículo 1.

1. La presente Ley tiene por finalidad la regulación de las bases en las que se apoya el ejercicio de la competencia exclusiva para la ordenación del territorio de la Comunidad Autónoma de Aragón.

2. La Ley de Ordenación del Territorio establece los instrumentos adecuados para que pueda realizarse el proceso continuado de ordenación del territorio, dirigido al desarrollo socioeconómico equilibrado de las comarcas

y a la protección y recuperación de la población, de la naturaleza y del patrimonio cultural de Aragón.

3. La Ley, desarrollada por medio de las Directrices de Ordenación Territorial y de los Programas Territoriales Específicos de Gestión Territorial, coordina las actuaciones sobre el territorio de los distintos órganos de las diferentes administraciones públicas y establece el procedimiento específico de gestión administrativa para garantizar la consecución de una efectiva ordenación del territorio en aquellos casos en los que deben intervenir varios organismos de la Administración sobre un mismo proyecto o actividad.

⇒ V. Ley 3/1999, de 10 marzo, de Patrimonio Cultural, de Aragón.
V. Ley 12/1997, de 3 diciembre, Reguladora de los Parques Culturales en Aragón.

Artículo 2.

Son objetivos fundamentales de la ordenación del territorio:

a) Definir, proteger y mejorar la estructura territorial de Aragón, en aras a conseguir un desarrollo equilibrado de sus comarcas.

b) Mejorar la calidad de vida, facilitando a la población el acceso y disfrute de los equipamientos de toda índole.

c) Promover una gestión eficaz de los recursos naturales que coordine las necesidades del desarrollo socioeconómico con las obligaciones de conservación y mejora del medio ambiente y de los lugares o construcciones de interés cultural o paisajístico.

d) Procurar la utilización racional y equilibrada del territorio, mediante la definición de los usos admisibles o a potenciar en cada parte del mismo, la creación de las adecuadas infraestructuras y la adopción de medidas incentivadoras o disuasorias de determinadas actividades, en función del expresado objetivo.

e) Identificar las áreas territoriales que, por su idoneidad actual o potencial para la explotación agrícola, forestal o ganadera, o por su riqueza paisajística, ecológica o cultural, deban ser objeto de especial protección y ser sometidos a gestión sectorial específica en desarrollo de la legislación agraria de protección del medio natural o del patrimonio cultural.

f) Establecer un proceso conducente a la recuperación del patrimonio natural, cultural o económico deteriorado, coordinando las acciones sectoriales que se proyecten o ejecuten para ello en cada ámbito territorial comarcal.

g) Favorecer la vertebración del territorio y su conexión con los principales núcleos de actividad, nacionales y extranjeros, mediante la creación e impulso de las infraestructuras de comunicación y transporte.

h) Cualesquiera otros que tiendan a conseguir una adecuada relación entre el territorio, la población, las actividades económicas, el medio natural, el patrimonio cultural, los equipamientos y servicios y las infraestructuras.

⇒ Téngase en cuenta el D. 200/1997, de 9 diciembre, que aprueba las Directrices parciales sectoriales sobre actividades e instalaciones ganaderas.

V. Ley 3/1999, de 10 marzo, de Patrimonio Cultural, de Aragón.

V. Ley 12/1997, de 3 diciembre, Reguladora de los Parques Culturales en Aragón.

Artículo 3.

El análisis del territorio de Aragón debe considerar al menos los elementos siguientes:

a) Los sistemas estructurales, entendiendo como tales:

– La población y su distribución.

– El medio natural de Aragón.

– Los sistemas generales, servicios, infraestructuras, equipamientos y comunicaciones de interés supramunicipal.

– Los sistemas económicos, entendiendo como tales aquellas instalaciones industriales, comerciales o turísticas que dan carácter e influyen de forma importante en la actividad socioeconómica de Aragón.

b) La estructura de organización administrativa, establecida para la gestión de equipamientos y servicios públicos en el territorio.

c) Las áreas funcionales, expresadas en cada momento del proceso de comarcalización de Aragón.

d) El modelo de ocupación urbanística del territorio, desarrollado por:

– La delimitación del suelo urbano y del suelo protegido.

– Las magnitudes básicas de intensidad, densidad y ocupación del suelo.

– Las tendencias del desarrollo urbano.

e) El carácter propio y diferenciado de la geografía, cultura o historia de cada comarca, expresado en la naturaleza, los cultivos, la urbanización y la edificación.

Artículo 4.

1. El cumplimiento de los objetivos especificados en el artículo anterior es responsabilidad de todas las administraciones públicas. A esos efectos, las administraciones públicas actuantes en el territorio de Aragón procurarán que se alcancen los objetivos propuestos en la presente Ley estableciendo las medidas oportunas, dentro de las competencias que a cada una le correspondan.

2. La Administración de la Comunidad Autónoma, en el ámbito de las previsiones de esta Ley, coordinará sus actuaciones e iniciativas con las que lleven a cabo las restantes administraciones públicas.

3. Las administraciones locales proporcionarán a la Administración autonómica cuanta información ésta demande y sea necesaria para una correcta formulación de los instrumentos de ordenación del territorio e, igualmente, para el control de su ejecución.

⇒ V. D. 23/2000, de 2 febrero, que regula la estructura orgánica del Departamento de Obras Públicas, Urbanismo y Transportes.

V. D. 99/1999, de 5 agosto, que modifica la organización de los Departamentos.

V. D. 181/1999, de 28 septiembre, que regula la estructura orgánica del Departamento de Presidencia y Relaciones Institucionales.

Artículo 5.

1. A los efectos de una mejor coordinación entre las distintas administraciones públicas implicadas, podrán celebrarse toda clase de acuerdos, convenios o conciertos con la Administración del Estado y con las entidades integrantes de la Administración local.

2. A los mismos efectos, podrán crearse órganos o entes de ámbito supramunicipal, de composición mixta, en los que podrán delegarse todas o parte de las funciones previstas en los instrumentos de ordenación del territorio que esta Ley establece o de las funciones previstas en las legislaciones sectoriales de contenido urbanístico, medioambiental o sectorial, con incidencia supramunicipal, que esta Ley coordina.

3. Asimismo, por decreto de la Diputación General, podrá autorizarse la creación de entidades sometidas al derecho privado en las que pueda delegarse la formulación de proyectos, así como el desarrollo y explotación de aquellas actividades que incidan en la estructura del territorio.

Artículo 6.

1. La ordenación y coordinación en contenido y plazos de las distintas intervenciones y procedimientos administrativos que inciden sobre los usos y actividades y proyectos que transforman el territorio se realizarán mediante convenios entre administraciones, que regularán la prioridad de las intervenciones de las distintas administraciones y establecerá reglas dirigidas hacia la unidad de los expedientes y resoluciones, asegurando que las decisiones de los distintos organismos de la Administración autonómica se coordinen y se agilicen.

2. Se procurará establecer un procedimiento para la intercomunicación de cualesquiera órganos de las distintas administraciones públicas con competencia para intervenir en estas materias.

Artículo 7.

1. El Consejo y las Comisiones Provinciales de Ordenación del Territorio de Aragón, órganos colegiados de carácter activo y consultivo en materia de ordenación del territorio, urbanismo, medio ambiente y patrimonio cultural, serán los órganos competentes para la coordinación de las acciones de los Departamentos de la Diputación General que incidan sobre la estructura territorial de Aragón y del resto de las administraciones públicas, y asumirán las competencias que se les asignan en la presente Ley y en las normas que la desarrollen, sin perjuicio de las funciones de asistencia, asesoramiento y evacuación de consultas que les sean requeridas por el Presidente de la Comunidad o el Consejero de Ordenación Territorial, Obras Públicas y Transportes, y de las demás funciones que tengan encomendadas.

2. La composición y régimen de funcionamiento del Consejo y las Comisiones Provinciales de Ordenación del Territorio en Aragón se regularán

mediante reglamento de la Diputación General, asegurando en todo caso una presencia institucional que permita la coordinación de los distintos Departamentos de la Administración autonómica con otras administraciones públicas con competencias sobre el territorio y contando con la posible aportación de expertos y especialistas en estas materias.

⇒ V. D. 23/2000, de 2 febrero, que regula la estructura orgánica del Departamento de Obras Públicas, Urbanismo y Transportes.

V. D. 99/1999, de 5 agosto, que modifica la organización de los Departamentos.

V. D. 181/1999, de 28 septiembre, que regula la estructura orgánica del Departamento de Presidencia y Relaciones Institucionales.

Artículo 8.

Se creará un Centro de Documentación Territorial de Aragón destinado a reunir, sistematizar, ordenar, sintetizar e investigar documentación e información sobre el territorio de Aragón, preparando los medios adecuados para que esta información esté actualizada y disponible para los usos necesarios en el análisis, investigación, planeamiento y gestión territorial, y para la promoción y coordinación de otros centros comarcales de documentación territorial de Aragón.

⇒ V. D. 162/2000, de 26 julio, que modifica el D. 181/1999, de 28 septiembre, de estructura orgánica y crea el Centro de Documentación e Información Territorial de Aragón y regula su funcionamiento, el cual incorpora un artículo 20 bis con el contenido siguiente:

«Artículo 20 bis. Centro de Documentación e Información Territorial de Aragón.

El Centro de Documentación e Información Territorial de Aragón adscrito a la Dirección General de Administración Local y Política Territorial del Departamento de Presidencia y Relaciones Institucionales, tiene la finalidad de obtener, organizar y difundir la documentación e información sobre el territorio aragonés, así como de conocer mejor los recursos, oportunidades y limitaciones territoriales de Aragón, y facilitar la acción política y la toma de decisiones de los agentes económicos y sociales, en ejecución de las funciones previstas en el art. 8 de la Ley 11/1992, de 24 noviembre, de Ordenación del Territorio, y en la directriz instrumental primera de la Ley 7/1998, de 16 julio, por la que se aprueban las Directrices Generales de Ordenación Territorial».

TÍTULO I
INSTRUMENTOS DE ORDENACIÓN Y GESTIÓN DEL TERRITORIO

CAPÍTULO I
Disposiciones generales

Artículo 9.

La ordenación del territorio aragonés se llevará a cabo mediante los siguientes instrumentos específicos:

a) Directrices Generales de Ordenación Territorial.

b) Directrices Parciales de Ordenación Territorial.

c) Programas Específicos de Gestión o Actuación de Ámbito Territorial.

d) Procedimientos de Gestión Coordinada.

⇒ V. Ley 7/1998, de 16 julio, de directrices de ordenación territorial en Aragón (§8).

Artículo 10.

1. Las Directrices Generales de Ordenación Territorial son el instrumento básico de ordenación conjunta e integrada de la totalidad del territorio de la Comunidad Autónoma de Aragón.

2. Las Directrices Generales de Ordenación Territorial tienen por finalidad la determinación de las previsiones que se consideran necesarias para alcanzar los objetivos generales que se definen en el artículo 2. El contenido de dichas Directrices habrá de ser respetado en los restantes instrumentos de ordenación y vinculará igualmente al planeamiento urbanístico.

3. Estas Directrices constituirán, asimismo, el marco de referencia territorial para la formulación, desarrollo y aplicación de las políticas sectoriales de las restantes administraciones públicas, con especial incidencia en aquellas materias en que la Administración autonómica tenga atribuidas las competencias.

Artículo 11.

1. Las Directrices Parciales de Ordenación Territorial son instrumentos de desarrollo de las Directrices Generales, a las que se ajustarán; podrán ser Directrices de Ámbito Territorial, referidas a partes determinadas del territorio aragonés, o Directrices Sectoriales, referidas a aspectos concretos y específicos comprendidos entre los objetivos fundamentales recogidos en el artículo 2 de esta Ley.

2. Las Directrices Parciales de Ámbito Territorial tienen por finalidad la ordenación de áreas geográficas supramunicipales de características homogéneas o funcionales que, por las circunstancias específicas que en ellas concurran, precisen de una ordenación singular en este ámbito.

3. Las Directrices Parciales de carácter sectorial tienen por finalidad la ordenación de aspectos con incidencia sobre la estructura territorial, tales como la protección del medio natural, la utilización de los recursos naturales, el fomento de las actividades agrarias o industriales, la adecuada distribución en el territorio de los equipamientos culturales, sanitarios o deportivos, la coordinación de servicios supramunicipales, la mejora de la vivienda o cualesquiera otros análogos, o aspectos parciales o singulares comprendidos en los anteriores.

4. Podrán elaborarse Directrices Parciales de carácter sectorial con ámbito regional, comarcal o subcomarcal.

5. Las Directrices de carácter sectorial regularán, en su caso, el planeamiento, proyección, ejecución y gestión de los grandes sistemas de infraestructuras, equipamientos y servicios de su ámbito, a fin de que las distintas

administraciones públicas actuantes en el territorio de Aragón conozcan una programación previa que responda a las estrategias establecidas en ellas.

⇒ Téngase en cuenta lo dispuesto en el art. 29 de la Ley 15/1999, de 29 diciembre, sobre directrices 74, 98 y 203.

Artículo 12.

1. Los Programas Específicos de Gestión o Actuación de Ámbito Territorial son instrumentos de ejecución de las previsiones contenidas en las Directrices Parciales de Ordenación Territorial, mediante la definición de las actuaciones concretas a realizar en un determinado ámbito territorial, sector o sectores y período de tiempo, así como de la forma de financiación y organización de las mismas.

2. Tienen por finalidad determinar el momento o al menos el orden de ejecución de todas o parte de las previsiones contenidas en las Directrices Parciales, en condiciones que aseguren su viabilidad y efectiva realización.

3. Excepcionalmente, los Programas Específicos de Gestión o Actuación de Ámbito Territorial podrán ejecutar directamente previsiones contenidas en las Directrices Generales de Ordenación Territorial cuando éstas contengan especificaciones suficientes o cuando concurran razones de interés público debidamente justificadas.

Artículo 13.

1. Los Procedimientos de Gestión Coordinada son instrumentos de coordinación, en un ámbito territorial específico, de la gestión de órganos de diferentes administraciones públicas en actuaciones con incidencia sobre la estructura territorial de Aragón o de sus áreas geográficas supramunicipales de características homogéneas o funcionales, así como de coordinación de decisiones administrativas sectoriales, con incidencia territorial, tendentes al desarrollo socioeconómico o a la protección del medio natural y del patrimonio cultural.

2. Con objeto de permitir la coordinación en contenido y plazos de las distintas intervenciones y procedimientos administrativos que inciden sobre los usos, actividades y proyectos que transforman el territorio, las administraciones públicas podrán establecer convenios para la utilización de procedimientos de gestión coordinada capaces de ordenar las intervenciones de las distintas administraciones en la tramitación de expedientes y resoluciones, o dirigidos a la mejor gestión de infraestructuras.

3. Cuando se deba resolver sobre proyectos, acciones, autorizaciones o licencias que afecten a un territorio y que incidan de forma sustancial sobre sistemas estructurales y hayan sido considerados como de trascendencia supramunicipal de manera expresa en las Directrices o en la Ley, se establecerán estos procedimientos mediante convenio.

4. Los Procedimientos de Gestión Coordinada deberán ser utilizados para la autorización de usos del suelo mediante actuaciones de interés social, con independencia de los procedimientos regulados en la legislación urbanís-

tica, en la forma en que ello sea permitido por las Directrices de Ordenación Territorial dentro del respeto a la normativa sectorial.

5. Los Procedimientos de Gestión Coordinada deberán ser utilizados en las decisiones de gestión que sean tomadas por ayuntamientos, mancomunidades y otros órganos supramunicipales en desarrollo de las delegaciones de competencias que puedan hacérseles en materias de contenido urbanístico o medioambiental.

⇒ V. Ley 3/1999, de 10 marzo, de Patrimonio Cultural, de Aragón.

V. Ley 12/1997, de 3 diciembre, Reguladora de los Parques Culturales en Aragón.

V. D. 45/1994, de 4 marzo. Procedimiento de evaluación de impacto ambiental.

V. Ley 6/2001, de 8 mayo, de modificación del RDLeg 1302/1986, de 28 junio, de evaluación de impacto ambiental.

Artículo 14.

1. En los instrumentos de ordenación del territorio de Aragón se distinguirán con precisión aquellos de sus contenidos que tengan carácter de determinaciones vinculantes de ordenación territorial de aquellos otros que posean solamente naturaleza de directriz orientativa.

2. Las determinaciones vinculantes serán de estricta observancia y aplicación, obligando a particulares y administraciones públicas a su cumplimiento. Las directrices orientativas sólo deberán ser tenidas en cuenta por las administraciones públicas en la configuración de sus propias políticas de incidencia territorial.

3. Tendrán en todo caso naturaleza de determinaciones vinculantes de ordenación:

a) Las medidas que comporten clasificación directa del suelo no urbanizable o reclasificación del mismo, clasificado en origen como urbanizable no programado o apto para urbanizar.

b) Las medidas que se deriven de disposiciones sobre protección del medio ambiente.

c) Aquellas que impongan clasificaciones urbanísticas, concretas y delimitadas justificadas en orden al interés supramunicipal.

⇒ V. art. 4 d) de la Ley 7/1998, de 16 julio, de directrices de ordenación territorial en Aragón (§8).

Artículo 15.

1. Los instrumentos de ordenación del territorio deberán contener un *análisis de los efectos* que las actuaciones previstas hayan de producir, tanto en el medio económico y social como en el medio ambiente natural; encaminado a prever, valorar y adecuar la posible incidencia que aquéllas hayan de tener sobre un ámbito espacial determinado.

2. Los instrumentos de ordenación del territorio regulados en esta Ley contendrán, además, los documentos gráficos y escritos que sean necesarios para reflejar sus contenidos respectivos.

Artículo 16.

1. La Diputación General, a propuesta del Consejero de Ordenación Territorial, Obras Públicas y Transportes, previo informe del Consejo de Ordenación del Territorio y oídas las corporaciones locales afectadas, trámites que habrán de evacuarse en un plazo máximo de dos meses desde su propuesta, podrá acordar la suspensión parcial de las Directrices Parciales de Ordenación Territorial o la suspensión total o parcial de los Programas Específicos de Gestión o Actuación Territorial o de los Procedimientos de Gestión Coordinada, a fin de proceder a la revisión o modificación de cualquiera de estos instrumentos o a la elaboración de uno nuevo que lo sustituya.

2. Con la finalidad expuesta en el apartado anterior, podrá suspenderse la vigencia de los instrumentos de ordenación regulados por la legislación urbanística, a través de igual procedimiento, en el mismo plazo de dos meses.

3. El acuerdo en que se adopte la suspensión expresará claramente su alcance y el ámbito de su aplicación.

4. En cualquiera de los dos supuestos contemplados en este precepto, la suspensión no podrá exceder del plazo de dos años y, en todo caso, se extinguirá con la aprobación del nuevo instrumento de ordenación o gestión del territorio.

No será posible acordar nuevas suspensiones en la misma zona por idéntica finalidad hasta que transcurran cinco años, contados a partir del término de la suspensión.

5. El acuerdo de suspensión se publicará en el «Boletín Oficial de Aragón» y en uno de los diarios de mayor difusión de la provincia o provincias afectadas y se comunicará a las corporaciones locales interesadas.

6. Asimismo, podrá acordarse por la Diputación General, a propuesta del Consejero de Ordenación Territorial, Obras Públicas y Transportes, que durante la tramitación del expediente de aprobación o revisión de cualquiera de los instrumentos de ordenación a que esta Ley se refiere, de forma cautelar e inmediata, se suspenda la aplicación de los instrumentos de ordenación previstos en la legislación urbanística, en cuanto puedan afectar a las Directrices de Ordenación Territorial, dificultando o impidiendo la consecución de sus objetivos.

Tal acuerdo especificará el alcance de la suspensión, y permitirá la excepción de los actos concretos de aplicación de los instrumentos de ordenación previstos en la legislación urbanística de que se trate cuando el Departamento de Ordenación Territorial, Obras Públicas y Transportes informe, en el plazo de un mes, que la directriz o programa cuya aprobación o revisión se esté elaborando no se verá afectado negativamente por ello.

En ningún caso esta suspensión cautelar, que se someterá a la publicidad prevista en el apartado 5 de este artículo, y que se extinguirá con la revisión o aprobación del nuevo instrumento de ordenación del territorio, podrá tener una duración superior a seis meses.

Adoptado el acuerdo de suspensión cautelar, vendrán referidos al mismo los plazos máximos de suspensión.

No será posible acordar nuevas suspensiones en la misma zona por idéntica finalidad hasta que transcurran cinco años, contados a partir del término de la suspensión.

CAPÍTULO II
Directrices generales de ordenación territorial

Artículo 17.

Las Directrices Generales de Ordenación Territorial contendrán, como mínimo, las siguientes determinaciones:

a) Descripción de los elementos que identifican la estructura del territorio aragonés, formulando un diagnóstico de los problemas existentes en relación con la situación y evaluación de cada uno de los componentes de dicha estructura, y el modelo de ocupación del territorio.

b) Señalamiento, a la vista de los problemas detectados en el diagnóstico, de las estrategias generales que, en función de los objetivos fundamentales definidos en esta Ley, sirvan de marco de referencia para coordinar las acciones con incidencia territorial que puedan tomar las diferentes administraciones públicas y otros agentes sociales y económicos que operen en la Comunidad Autónoma.

c) Establecimiento de un sistema de información y conexión permanente entre las administraciones públicas, a fin de garantizar la disposición de los datos precisos para la elaboración de los instrumentos de ordenación del territorio y la coordinación de las diversas actuaciones de desarrollo de las Directrices de Ordenación Territorial, procurando la racionalización, simplificación y coherencia entre los respectivos procedimientos.

d) Criterio general para la delimitación de espacios, elementos naturales y bienes culturales que es necesario conservar y proteger, en atención a factores ambientales, paisajísticos, ecológicos, socioculturales, histórico-artísticos, demográficos, económicos y otros análogos, pudiendo fijarse clasificaciones y calificaciones concretas de suelo en áreas determinadas y en distintos tipos de protección.

e) Identificación de las circunstancias que implican la consideración de interés social de determinadas construcciones o usos del suelo, y precisión de las condiciones máximas de edificabilidad.

f) Delimitación de las áreas geográficas objeto de protección especial y que deben quedar sustraídas al desarrollo de las actividades urbanas para ser destinadas a la preservación o explotación de los recursos naturales, atendiendo a los criterios anteriormente expuestos.

g) Indicación, de entre las anteriores, de aquellas áreas que deberán ser objeto de planes o programas específicos de protección de espacios naturales, con su correspondiente prelación.

h) Enumeración de proyectos motores de la ordenación territorial, de grandes infraestructuras y de otros proyectos de inversión y dotación de equipamientos de interés general comunitario que puedan impulsar el desarrollo de Aragón y recuperar y proteger sus valores principales.

i) Previsión de medidas de fomento dirigidas a facilitar el cumplimiento de los objetivos perseguidos.

j) Fijación de los criterios para la localización y ejecución de las infraestructuras y equipamientos de carácter comunitario, con indicación de su emplazamiento.

k) Demostración de la viabilidad de las medidas previstas, mediante un estudio económico.

l) Fijación de criterios para la adaptación de los instrumentos de ordenación vigentes que vayan a quedar afectados, con expresión, en su caso, del alcance y sentido de la afectación.

⇒ V. Ley 3/1999, de 10 marzo, de Patrimonio Cultural, de Aragón.
V. Ley 12/1997, de 3 diciembre, Reguladora de los Parques Culturales en Aragón.

Artículo 18.

1. En la indicación de las áreas geográficas a que se refiere la determinación f) del artículo anterior se establecerán, como mínimo, las siguientes categorías:

a) Áreas deprimidas, caracterizadas por ser territorios con nivel de renta comparativamente bajo, con tendencia a la despoblación o con problemas de estancamiento o de regresión económica; pueden subclasificarse en áreas rurales marginadas y áreas en declive industrial.

b) Áreas en desarrollo, constituidas por aquellos territorios que se encuentran en fase de crecimiento y que conservan una cierta capacidad de desarrollo ordenado.

c) Áreas congestionadas, formuladas por aquellos territorios en los que la densidad de población y de actividades generan desequilibrio y deseconomías de congestión y problemas crecientes de calidad de vida, de incompatibilidad de usos o de afección al medio natural o estén ya desequilibrados respecto de las dotaciones y equipamientos con que cuentan.

d) Áreas especiales, constituidas por territorios en los que resulta aconsejable un desarrollo sectorial específico por su situación geográfica, como las áreas de montaña, o por su interdependencia supramunicipal, como las áreas metropolitanas, o por otras razones específicas.

2. La delimitación de las áreas homogéneas y funcionales de Aragón contenida en las Directrices Generales se inspirará en el principio de voluntariedad de cada área geográfica homogénea supramunicipal en su integración en el proceso de ordenación territorial y se irá consolidando en un proceso continuo, al ritmo que imponga la voluntad de las administraciones públicas implicadas.

3. Esta delimitación servirá de base para el proceso de definición con-

creta de los límites geográficos de las áreas de gestión que se establecerán para el proyecto, construcción, explotación y conservación de diferentes servicios, actividades y equipamientos, teniendo en cuenta que los límites podrán ser diferentes para cada servicio, actividad o equipamiento, aun cuando debe tenderse hacia un proceso de aproximación de los distintos límites.

Artículo 19.

En la clasificación de espacios, elementos naturales y bienes culturales protegidos se diferenciarán tres formas de protección: Activa, pasiva y preventiva.

1) La protección activa se reserva para aquellos espacios naturales, bienes naturales y económicos sometidos a protección específica en ejecución de la legislación sectorial correspondiente.

Sobre estos ámbitos la acción de la ordenación territorial se reduce a su delimitación, quedando asignada su protección al Departamento competente en relación con la materia a proteger, que coordinará todas las actuaciones de la Administración autonómica en dicho ámbito.

Esta actuación protectora activa podrá articularse a través de los correspondientes programas presupuestarios de las distintas administraciones públicas con competencia en la materia y de la iniciativa privada.

2) La protección pasiva se aplicará a las áreas del territorio delimitadas por las Directrices Parciales de Ordenación Territorial en atención a sus valores urbanísticos, medioambientales, culturales o económicos.

En este suelo de protección pasiva, todas las solicitudes de autorización de actividades u obras deberán incorporar un anexo que analice su impacto y medidas correctoras, en virtud de lo previsto en dicho análisis de impacto o de lo exigido por el organismo competente de la Administración, a efectos de que la incidencia sobre el bien protegido o el medio natural sea la mínima posible.

Para esta clase de suelo, con objeto de garantizar la recuperación de las posibles afecciones que pudieran causarse al bien protegido por efecto de las obras o actividades, así como para garantizar una adecuada conservación en el tiempo, se deberán aportar, en el trámite de autorización, las garantías económicas precisas, que se establecerán por las Directrices Generales o Parciales.

3) Podrá asimismo establecerse en las Directrices de Ordenación Territorial otro grado de protección, la protección preventiva transitoria, en áreas genéricamente sensibles, que puede llegar a ser convertida en protección pasiva, o suprimida, al desarrollar los planeamientos de ámbito municipal, planes parciales o especiales, si en dichos documentos se incorporan análisis más precisos del impacto sobre el medio natural o sobre el entorno.

⇒ V. Ley 3/1999, de 10 marzo, de Patrimonio Cultural, de Aragón.

V. Ley 12/1997, de 3 diciembre, Reguladora de los Parques Culturales en Aragón.

Artículo 20.

El procedimiento de elaboración de las Directrices Generales es el siguiente:

a) Con la colaboración de los restantes Departamentos y administraciones públicas, corresponde al de Ordenación Territorial, Obras Públicas y Transportes la elaboración y formulación de un Avance de Directrices Generales que contendrá todas las determinaciones previstas en el artículo 17 de esta Ley, así como la totalidad de los documentos precisos.

b) Una vez confeccionado el Avance, se someterá a la consideración del Consejo de Ordenación del Territorio, así como de la Delegación del Gobierno en la Comunidad Autónoma de Aragón, de las tres Diputaciones Provinciales, de los ayuntamientos aragoneses y de cuantas corporaciones, entidades y organismos se juzgue necesario en función de los intereses afectados, todos los cuales podrán formular alegaciones al Avance en un plazo de cuatro meses a contar desde la recepción del respectivo comunicado, en el que se contendrá la advertencia de que, transcurrido el mencionado plazo sin respuesta, se entenderá informado favorablemente.

c) Dentro del mismo plazo fijado en el apartado anterior y durante dos meses, el Avance será sometido a información pública, mediante los oportunos anuncios en el «Boletín Oficial de Aragón» y en uno, al menos, de los periódicos de mayor difusión en cada una de las tres provincias.

d) A la vista de las alegaciones formuladas en los trámites señalados y dentro de los cuatro meses siguientes a la finalización de las consultas e información pública, el Departamento de Ordenación Territorial, Obras Públicas y Transportes procederá a la redacción del Proyecto de Directrices Generales, el cual, previo informe preceptivo del Consejo de Ordenación Territorial a emitir en un plazo de dos meses, se someterá a la Diputación General para su aprobación, con o sin modificaciones.

e) En el supuesto de que las modificaciones introducidas en el Proyecto, respecto del contenido del Avance, se estimen sustanciales, se dispondrá una nueva consulta institucional, por un plazo de dos meses, transcurrido el cual se procederá en la forma indicada en el apartado anterior.

Artículo 21.

A partir de la entrada en vigor de las Directrices Generales de Ordenación Territorial, la Diputación General presentará anualmente a las Cortes de Aragón una memoria relativa al cumplimiento de las previsiones de estas Directrices Generales de Ordenación Territorial y a su desarrollo, en su caso, por otros de los instrumentos de ordenación del territorio regulados en esta Ley. En el supuesto de desarrollo, la memoria contendrá también información sobre la ejecución de los instrumentos formulados.

Artículo 22.

1. Las Directrices Generales de Ordenación Territorial tendrán vigencia indefinida salvo que en su propio texto se indique lo contrario.

2. Las Directrices Generales serán susceptibles de revisión o modificación por el procedimiento regulado en los artículos siguientes.

Artículo 23.

1. La revisión de las Directrices Generales de Ordenación Territorial se llevará a efecto cuando concurra alguna de las siguientes circunstancias:

a) Entrada en vigor de textos legislativos de superior jerarquía normativa que contradigan su contenido.

b) Catástrofes naturales u otras circunstancias que produzcan graves alteraciones en el medio físico.

c) Descubrimiento de materias que supongan una mayor riqueza natural y sean susceptibles de explotación económica.

d) Transformaciones socioeconómicas especialmente referidas a sistemas de producción, o notoria alteración de recursos económicos.

e) Transcurso de diez años desde la entrada en vigor de las Directrices Generales de Ordenación Territorial o, en su caso, del menor plazo que las propias Directrices establezcan.

2. La modificación sustancial de la composición de la Diputación General también podrá dar lugar por parte de ésta a una iniciativa de revisión de las Directrices Generales con objeto de adecuarlas a su nuevo programa de gobierno.

3. El procedimiento de revisión será el mismo que el de su aprobación original.

⇒ V. art. 3 de la Ley 7/1998, de 16 julio, de directrices de ordenación territorial en Aragón (§8).

Artículo 24.

Al margen de las circunstancias que imponen la revisión de las Directrices, éstas podrán, simplemente, ser modificadas. La modificación se llevará a cabo a través del siguiente procedimiento:

a) La iniciativa corresponderá a la Diputación General, a propuesta del Departamento de Ordenación Territorial, Obras Públicas y Transportes, de oficio o a instancia de cualquier administración pública afectada. El acuerdo de iniciativa precisará el alcance de la modificación y el ámbito territorial a que se refiere.

b) Una vez elaborado por el Departamento de Ordenación Territorial, Obras Públicas y Transportes el proyecto de modificación, se someterá a información pública por término de un mes, mediante los oportunos anuncios en el «Boletín Oficial de Aragón» y en uno de los periódicos de mayor difusión de la provincia o las provincias a las que la modificación se refiera, sin perjuicio de que, en atención a sus características, pueda someterse, además, a la consideración de la Delegación del Gobierno en la Comunidad Autónoma de Aragón y de la Diputación Provincial y ayuntamientos directamente afectados.

c) Con las alegaciones recibidas o, en su caso, una vez transcurrido el plazo de un mes sin haberse formulado alegación alguna, el propio Departamento elaborará el proyecto definitivo de modificación, el cual, previo informe preceptivo del Consejo de Ordenación del Territorio, emitido en el plazo máximo de un mes, se someterá a la Diputación General.

d) Aprobado el Proyecto por la Diputación General, se remitirá a las Cortes de Aragón para su aprobación.

Artículo 25.

1. Salvo lo dispuesto en el artículo 14 de esta Ley, las Directrices Generales de Ordenación Territorial vincularán a las administraciones públicas y a los particulares.

2. En especial, las determinaciones de tales Directrices habrán de ser respetadas por:

a) Las Directrices Parciales de Ordenación Territorial y los Programas Específicos de Gestión o Actuación Territorial contemplados en la presente Ley.

b) Todas las administraciones públicas actuantes en Aragón en aquellas materias en que la Comunidad Autónoma aragonesa tenga competencias.

c) Los instrumentos de ordenación previstos en la legislación urbanística que se encuentren aprobados definitivamente a la entrada en vigor de las Directrices Generales, así como los instrumentos de ordenación que hubieran de aprobarse con posterioridad.

A estos efectos, en el plazo máximo de un año deberá promoverse la revisión de los instrumentos de ordenación definitivamente aprobados que resulten afectados.

3. No obstante lo dispuesto en la letra c) del apartado anterior, la elaboración y aprobación de las Directrices Generales deberá inspirarse en el principio de máximo respeto a las determinaciones contenidas en los instrumentos de ordenación de la legislación urbanística, en la medida en que dicho principio sea compatible con el interés general comunitario.

⇒ V. art. 4 d) de la Ley 7/1998, de 16 julio, de directrices de ordenación territorial en Aragón (§8).

CAPÍTULO III

Directrices parciales de ordenación territorial

Artículo 26.

1. Las Directrices Parciales de Ordenación Territorial contendrán, como mínimo, las siguientes determinaciones:

a) Delimitación del área o sector material determinado objeto de las *Directrices Parciales*, con justificación de su ámbito o de su oportunidad en el caso de que éste no estuviera exactamente definido en las Directrices Generales con ese ámbito o prioridad.

b) Señalamiento de sus objetivos de las estrategias principales que proponen para alcanzar estos objetivos.

c) Indicación de las causas que pueden motivar su revisión o modificación, atendiendo a la aparición de necesidades no contempladas en ellas o circunstancias sobrevenidas que lo justifiquen.

d) Concreción, de entre las previsiones contenidas en las Directrices Parciales, de aquellas que deban ser ejecutadas o gestionadas a través de Programas Específicos de Actuación Territorial o Procedimientos de Gestión Coordinada, estableciendo criterios de prioridad.

e) Estudio económico de viabilidad de las medidas que vayan a ser ejecutadas o gestionadas en los primeros dos años por medio de programas específicos de actuación territorial o procedimientos de gestión coordinada.

2. Asimismo, atendiendo a las características y objetivos de las Directrices Parciales de ámbito territorial, podrán éstas contener, en su caso, las determinaciones siguientes:

a) Diagnóstico del área considerada, especialmente en lo relativo a población, recursos naturales y productivos, medio natural, situación socioeconómica, planeamiento urbanístico vigente, modelo de ocupación del territorio y demás aspectos que se estimen de interés en atención a los objetivos perseguidos.

b) Identificación de los elementos que configuran la estructura del territorio de ámbito supramunicipal que ordena la Directriz.

c) Previsiones de desarrollo socioeconómico, con determinación de objetivos.

d) Establecimiento de un sistema de información y conexión entre las administraciones públicas, con los objetivos perseguidos por las Directrices.

e) Señalamiento de áreas de suelo y bienes culturales sometidos a medidas de protección activa, de áreas de suelo sometidas a medidas de protección pasiva y señalamiento de áreas de suelo sujetas a medidas de protección preventiva, por razones cautelares. El alcance de las medidas de protección establecidas en cada caso se fijará por las propias Directrices Parciales de Ordenación Territorial.

f) Criterios para el uso del territorio, orientativos o vinculantes, para la fijación de clasificaciones y calificaciones concretas de suelo, o para la fijación de densidades y aprovechamientos urbanísticos homogéneos en áreas determinadas, en función de la consecución de los objetivos propios de la ordenación del territorio.

g) Identificación de las circunstancias que implican la consideración de interés social de determinadas construcciones o usos del suelo y precisión de las condiciones para su edificabilidad en suelo no urbanizable no sometido a protección, siempre que se garantice su viabilidad técnica y económica a través de los oportunos proyectos, avales y programación temporal a determinar en la propia Directriz Parcial.

h) Definición de las áreas territoriales de uso agrícola o forestal de especial interés que es necesario conservar o ampliar.

i) Enumeración de proyectos motores para el desarrollo socioeconómico.

j) Emplazamiento de infraestructuras, equipamientos y servicios de especial interés para el área ordenada, con previsión, en su caso, de las oportunas compensaciones.

k) Previsión de medidas de fomento dirigidas a facilitar el cumplimiento de los objetivos perseguidos.

l) Las demás que se estimen precisas en cada caso.

3. Las Directrices Sectoriales tendrán el desarrollo adecuado a sus objetivos sectoriales, pudiendo contener las determinaciones siguientes:

a) Diagnóstico del sector o subsector, especialmente en lo relativo a sus efectos sobre la situación socioeconómica de las distintas áreas geográficas homogéneas supramunicipales o espacios y sobre el medio natural de Aragón y en relación con la disponibilidad de suelo conforme al planeamiento urbanístico vigente.

b) Identificación de la estructura del sector en el ámbito supramunicipal o regional que ordena la Directriz.

c) Medidas de reconversión, cuando se trate de un sector económico en crisis, potenciando la implantación de nuevas actividades económicas mediante los incentivos adecuados.

A los efectos de la presente determinación, serán considerados sectores económicos en crisis los de la minería del carbón, la agricultura de montaña y la industria siderometalúrgica.

d) Previsión de necesidades de suelo y de servicios e infraestructuras para el desarrollo del sector, y distribución conveniente de las mismas en el territorio que ordena la Directriz.

e) Criterios orientativos o vinculantes para la fijación de calificaciones concretas de suelo, fijación de edificabilidades y densidades, tipologías y dimensiones adecuadas de la edificación, materiales adecuados u otros análogos, en función de las necesidades del sector y de los objetivos propios de la ordenación del territorio.

f) Previsión de medidas de fomento dirigidas a facilitar el cumplimiento de los objetivos perseguidos.

g) Las demás que se estimen precisas en cada caso.

⇒ V. Ley 3/1999, de 10 marzo, de Patrimonio Cultural, de Aragón.
V. Ley 12/1997, de 3 diciembre, Reguladora de los Parques Culturales en Aragón.

Artículo 27.

1. Con la colaboración de los restantes Departamentos y administraciones públicas, corresponde al Departamento de Ordenación Territorial, Obras Públicas y Transportes la elaboración y formulación de los Proyectos de Di-

rectrices Parciales de Ordenación Territorial, bien por su propia iniciativa, bien por orden de la Diputación General.

2. Las Directrices Parciales de Ámbito Territorial deberán también ser redactadas a instancia de las entidades locales incluidas en una de las áreas definidas por las Directrices Generales, siempre, en este último supuesto, que exista acuerdo de, al menos, dos tercios de los municipios afectados. Y que representen, como mínimo, los dos tercios de la población del área a ordenar.

3. Los Proyectos de Directrices Parciales de carácter sectorial podrán ser redactados asimismo por el Departamento competente en la materia.

4. Confeccionado el Proyecto, en cuya elaboración se tendrán en cuenta las previsiones y objetivos que se conozcan de las entidades locales afectadas, se someterá a la consideración del Consejo de Ordenación Territorial, de la Delegación del Gobierno en la Comunidad. Y de cuantas corporaciones, entidades y organismos se juzgue necesario, en función de los intereses afectados, todos los cuales podrán formular alegaciones al Proyecto en el plazo de dos meses a contar desde la recepción del preceptivo comunicado, en el que se contendrá la advertencia de que, transcurrido el mencionado plazo, sin respuesta, se entenderá informado favorablemente.

5. Dentro del mismo plazo fijado en el apartado anterior, el Proyecto será sometido a información pública, mediante los oportunos anuncios en el «Boletín Oficial de Aragón» y en uno de los periódicos de mayor difusión en la provincia o provincias afectadas.

6. A la vista de las alegaciones formuladas y dentro de los dos meses siguientes a la finalización de las consultas e información pública, el Departamento de Ordenación Territorial, Obras Públicas y Transportes procederá a la redacción del Proyecto definitivo de Directrices Parciales, el cual, previo informe preceptivo del Consejo de Ordenación del Territorio, emitido en el plazo máximo de un mes, se someterá a la Diputación General para su aprobación por medio de decreto.

7. En el supuesto de que se apreciaran por el Departamento o Consejo modificaciones sustanciales respecto del Proyecto sometido a consulta e información pública, se dispondrá la práctica de una nueva consulta institucional y pública por un plazo común de un mes, transcurrido el cual se procederá en la forma indicada en el apartado anterior.

Artículo 28.

1. Las Directrices Parciales de Ordenación Territorial tendrán vigencia indefinida, salvo que en su propio texto se indique lo contrario.

2. La revisión de las Directrices Parciales, cuando proceda, se llevará a cabo por el procedimiento establecido en el artículo anterior para su aprobación.

3. Su modificación se llevará a cabo a través del siguiente procedimiento:

a) La iniciativa corresponderá al Departamento de Ordenación Territorial, Obras Públicas y Transportes, de oficio o a instancia de la corporación o corporaciones locales afectadas o del Departamento competente en materia sectorial. El acuerdo de iniciativa precisará el alcance de la modificación y el ámbito a que se refiere.

b) Una vez elaborado el Proyecto de modificación, por acuerdo de la dirección general correspondiente, se someterá a información pública por término de un mes, mediante los oportunos anuncios en el «Boletín Oficial de Aragón» y en uno de los periódicos de mayor circulación en la provincia o provincias a que la modificación se refiere, sin perjuicio de que, en atención a sus características, pueda someterse, además, a la consideración de la Delegación de Gobierno y de la corporación o corporaciones directamente afectadas.

c) Con las alegaciones recibidas o, en su caso, una vez transcurrido el plazo de un mes sin haberse formulado alegación alguna, se elaborará el proyecto definitivo de modificación, el cual, previo informe preceptivo del Consejo de Ordenación del Territorio, se someterá a la Diputación General para su aprobación mediante decreto.

4. Se entenderá por modificación, a los efectos de aplicación del procedimiento abreviado a que se refiere el apartado anterior, cualquier alteración de las Directrices Parciales que no entrañe variación de la estructura territorial o sectorial en ellas definida o cambio de alguno de sus elementos esenciales.

5. La revisión o modificación de las Directrices Generales de Ordenación Territorial comportará la correlativa revisión o modificación de las Directrices Parciales concretamente afectadas.

Artículo 29.

1. A salvo lo dispuesto en el artículo 14 de esta Ley, las Directrices Parciales de Ordenación Territorial deberán ser respetadas por las administraciones públicas, los particulares, los Programas Específicos de Actuación Territorial y los instrumentos de ordenación previstos en la legislación urbanística en los mismos términos contemplados para las Directrices Generales en el artículo 25 de la presente Ley.

2. Asimismo, la elaboración y la aprobación de las Directrices Parciales deberán inspirarse en el principio de máximo respeto a las determinaciones contenidas en los instrumentos de ordenación de la legislación urbanística, en la medida en que dicho principio sea compatible con los intereses contemplados en el ámbito de aquellas Directrices.

CAPÍTULO IV

Programas específicos de gestión o actuación de ámbito territorial

Artículo 30.

Los Programas Específicos de Gestión o Actuación de ámbito territorial contendrán, como mínimo, las siguientes determinaciones:

a) Delimitación del ámbito del Programa, tanto en su aspecto material como territorial, con justificación de su ámbito en el supuesto de que no se ajuste estrictamente al orden de prioridad establecido en las Directrices que, a través del Programa, tratan de ejecutarse.

b) Enumeración y descripción técnica de las actuaciones que integran el contenido del Programa, con referencia a las obras a realizar y a los servicios a implantar, gestionar o explotar en cumplimiento de las previsiones contenidas en las Directrices que se ejecutan.

c) Previsión de las medidas necesarias para garantizar la coherencia de las actuaciones o gestiones derivadas del Programa con las obras o servicios ya ejecutados o previstos por cualesquiera administraciones públicas.

d) Señalamiento de los plazos en que habrán de desarrollarse las actuaciones a ejecutar y de los supuestos de prórroga en virtud de las oportunas actualizaciones o modificaciones.

e) Elaboración de un estudio económico-financiero en el que se valoren las obras, servicios y actuaciones y se definan los recursos con los que se pretenden financiar.

f) Previsión de un sistema de gestión, seguimiento y control del cumplimiento del Programa, con posibilidad de encomendar tales funciones a personas o entidades determinadas.

Artículo 31.

1. Corresponde al Departamento o Departamentos competentes por razón de la materia, en coordinación con el Departamento de Ordenación Territorial, Obras Públicas y Transportes, la iniciativa en la elaboración y formulación de los Programas Específicos de Actuación o Gestión de Ámbito Territorial, por acuerdo de la Diputación General.

2. Al propio tiempo que se elabora el Programa, se incluirán en el anteproyecto de presupuestos de cada Departamento las previsiones necesarias para atender a la financiación de aquél, o se iniciará la tramitación del correspondiente expediente de modificación presupuestaria o la elaboración del pertinente proyecto de ley de concesión de crédito extraordinario.

3. Confeccionado el Proyecto del Programa, en los supuestos en los que sea necesario legalmente por razón de su contenido, será sometido a información pública en la forma reglamentaria, sin perjuicio de que, en su caso, deba ser comunicado también directamente a la corporación o corporaciones locales en cuyo término se proyecten las actuaciones programadas y a los representantes de los sectores específicos afectados.

4. En dichos supuestos, a la vista de las alegaciones, opiniones y propuestas formuladas y dentro de los dos meses siguientes a la finalización del trámite a que se refiere el apartado anterior, el Departamento o Departamentos competentes procederán a la redacción del Proyecto definitivo de Programa, el cual, previo informe preceptivo del Consejo de Ordenación del Territorio, emitido en el plazo máximo de un mes, se someterá a la Diputación General para su aprobación por medio de decreto.

5. El mismo procedimiento señalado en los apartados anteriores se observará cuando se trate de Programas que ejecuten directamente previsiones contenidas en las Directrices Generales de Ordenación Territorial, en los supuestos contemplados en el artículo 12 de esta Ley.

Artículo 32.

1. Corresponderá al Departamento o Departamentos que tengan atribuida la iniciativa en la elaboración y formulación de los programas la verificación anual de su grado de cumplimiento, así como la propuesta motivada de actualización, adaptación o modificación de aquéllos, tanto en lo que concierne a los plazos de desarrollo de las actuaciones programadas como en lo que afecta a las previsiones financieras.

2. La aprobación de la propuesta de actualización, adaptación o modificación de los Programas corresponde a la Diputación General a través de decreto o, en su caso, mediante la inclusión de las previsiones pertinentes en el proyecto de ley de presupuestos de la anualidad correspondiente, en un proyecto de ley de concesión del crédito extraordinario pertinente o en la tramitación del expediente de modificación presupuestaria que corresponda.

Artículo 33.

1. Las actuaciones previstas para cada año en los Programas Específicos de Actuación o Gestión de Ámbito Territorial habrán de ser tenidas en cuenta necesariamente por la Diputación General en la elaboración del proyecto anual de presupuestos de la Comunidad Autónoma, a remitir a las Cortes de Aragón para su aprobación definitiva.

2. Los Programas específicos de Gestión o Actuación de ámbito territorial constituirán referencia obligada para las administraciones públicas a quienes corresponda la ejecución y gestión de las actuaciones incluidas en los mismos y, en consecuencia:

a) Servirán de base para la celebración de convenios y acuerdos de cooperación con las entidades locales;

b) Servirán asimismo de base para la celebración, en su caso, de convenios y acuerdos de cooperación con la Administración del Estado;

c) Servirán de base para la implantación de procedimiento de gestión coordinada.

3. La gestión, ejecución y explotación de las obras, instalaciones y servicios comprendidos en un Programa Específico de Actuación o Gestión de Ámbito Territorial o la adquisición de suelos necesarios para su desarrollo podrá encomendarse, en todo o en parte, a consorcios, mancomunidades u otros entes creados especialmente al efecto.

Artículo 34.

1. *La Diputación* General podrá suscribir convenios con las restantes administraciones públicas en orden a la elaboración y desarrollo conjunto de Programas Específicos de Gestión o Actuación de ámbito territorial.

2. En particular, la Diputación General podrá, de acuerdo con lo establecido en el artículo 145 de la Constitución, suscribir convenios con Comunidades Autónomas limítrofes con la finalidad de elaborar conjuntamente Programas Específicos de Gestión o Actuación de ámbito territorial que incidan en el territorio de ambas.

Artículo 35.

La aprobación de un Programa Específico de Actuación o Gestión de Ámbito Territorial que haya sido sometido a información pública en forma reglamentaria llevará implícita la declaración de utilidad pública o interés social, la necesidad de ocupación respecto de las obras, instalaciones y servicios comprendidos en las actuaciones programadas y la autorización reglamentaria para la constitución de los entes creados al efecto por los Programas.

CAPÍTULO V
Procedimientos de gestión coordinada

Artículo 36.

1. Con objeto de coordinar la gestión de los distintos órganos de las administraciones públicas en los aspectos de incidencia sobre el territorio se podrán establecer convenios específicos entre las distintas administraciones para agilizar y coordinar su gestión administrativa, en un ámbito territorial concreto o para un determinado tipo de proyecto, reduciendo la gestión a:

a) Una autorización administrativa única de la Administración autonómica.

b) Una única licencia municipal.

c) Los controles sectoriales que sean exigidos en el convenio o en la autorización administrativa única, en función de los cuales queda garantizado que sean cumplidas las condiciones legales y las condiciones particulares de la licencia.

2. En estos casos, dentro de las competencias de la Administración autonómica, la autorización administrativa única podrá comprender las anteriormente existentes; entre ellas:

a) Las impuestas por la legislación de ordenación territorial y por las Directrices.

b) Las impuestas por la legislación urbanística.

c) Las exigidas por la normativa vigente en materias de protección del medio ambiente, Reglamento de actividades molestas, insalubres, nocivas y peligrosas, procedimiento de evaluación de impacto, producción de residuos industriales u otros de similares objetivos.

d) Las exigidas por la legislación estatal de protección de la naturaleza.

e) Las establecidas por la legislación de patrimonio cultural.

f) Las de autorización previa sectorial, entre otras en industria, comercio, turismo, educación.

g) Las exigidas para la subasta u ocupación del derecho de superficie de terrenos de propiedad pública.

h) Cualesquiera otras que reglamentariamente se estimen necesarias por la Administración autonómica para una mejor coordinación.

3. En los supuestos de Gestión Administrativa Coordinada voluntaria, se regulará reglamentariamente el orden de la intervención de los distintos Departamentos de la Administración en el expediente administrativo, así como cuál será el Departamento encargado de la comunicación unificada, debiendo ser previas a la concesión de las licencias municipales todas las autorizaciones que hubieran de solicitarse y obtenerse de órganos de la Administración pública autonómica en cumplimiento de la legislación vigente.

⇒ V. Ley 3/1999, de 10 marzo, de Patrimonio Cultural, de Aragón.
V. Ley 12/1997, de 3 diciembre, Reguladora de los Parques Culturales en Aragón.

Artículo 37.

1. Se establecerá un procedimiento de Gestión Administrativa coordinada en los asuntos de incidencia urbanística, medioambiental, cultural u otros análogos, en que deban intervenir el Consejo y las Comisiones Provinciales de Ordenación del Territorio.

2. El Consejo y las Comisiones Provinciales de Ordenación del Territorio coordinarán los informes y propuestas sectoriales que puedan hacerse a cada expediente, con auxilio del análisis del impacto territorial de los planes, proyectos y autorizaciones sobre el territorio.

3. El análisis del impacto territorial es un documento técnico, que debe incorporarse como anexo a la memoria explicativa de los proyectos que inciden sobre el territorio, para valorar de forma general y completa la incidencia del proyecto, actividad, instalación, construcción o uso del suelo sobre el territorio englobando en uno solo los impactos parciales sobre:

a) La población y su situación socioeconómica.

b) El medio natural.

c) El patrimonio cultural.

4. El contenido del análisis del impacto territorial deberá incluir una serie de análisis parciales de los impactos sectoriales, establecidos y cuantificados, en función de la incidencia de la intervención sobre la población, la situación social, la economía, el medio natural, arquitectónico, cultural o paisajístico, o sobre la estructura del territorio. Todo ello sin perjuicio del cumplimiento de la normativa vigente relativa a estudios de evaluación de impacto ambiental.

5. El Consejo o, en su caso, las Comisiones Provinciales de Ordenación del Territorio, en sus respectivos acuerdos, informes o propuestas, deberán contemplar el interés territorial en su conjunto, ponderando los efectos sectoriales positivos y negativos.

⇒ V. Ley 3/1999, de 10 marzo, de Patrimonio Cultural, de Aragón.
V. Ley 12/1997, de 3 diciembre, Reguladora de los Parques Culturales en Aragón.

V. D. 45/1994, de 4 marzo. Procedimiento de evaluación de impacto ambiental.
V. Ley 6/2001, de 8 mayo, de modificación del RDLeg 1302/1986, de 28 junio, de evaluación de impacto ambiental.

Artículo 38.

1. Para la gestión adecuada de infraestructuras, servicios y equipamientos de interés o ámbito supramunicipal, podrán establecerse mediante convenio procedimientos de gestión coordinada, que facilitarán el proyecto, la aprobación, la ejecución y la financiación de soluciones de gestión, de ámbito supramunicipal y gestión competitiva.

2. A tal efecto, se podrán crear órganos o entes, con una composición y estructura jurídica adecuadas, para la ejecución de programas específicos de desarrollo comarcal, de los servicios de ámbito supramunicipal, del suelo productivo, polígonos industriales o explotación de infraestructuras, en términos competitivos.

3. Asimismo, las Directrices Parciales de ámbito territorial podrán prever la constitución de sociedades o entidades participadas por la Administración de la Comunidad Autónoma aragonesa y las corporaciones locales afectadas, sometidas al derecho privado, con objeto de gestionar los Programas Específicos de Actuación de cada área geográfica homogénea supramunicipal y de hacer viable la financiación de la inversión territorial.

4. En todo caso, los procedimientos de licitación y adjudicación de obras y suministros de los órganos o entes previstos en este artículo cumplirán los principios de publicidad y concurrencia.

Artículo 39.

1. A solicitud de los ayuntamientos afectados, y mediante un procedimiento de gestión administrativa coordinada, el Departamento de Ordenación Territorial, Obras Públicas y Transportes podrá declarar el interés social de un uso, actividad, construcción o implantación en suelo no urbanizable, fuera del suelo sometido a protección por el planeamiento o normativa urbanística o territorial, cuando se justifique para la realización de programas de viviendas sociales o para la implantación de actividades motoras de la economía comarcal de significada trascendencia.

2. En estos casos, las transformaciones de suelo no urbanizable en suelo apto para urbanizar podrán realizarse directamente mediante una tramitación municipal en un único expediente de modificación del instrumento municipal de planeamiento en vigor y del planeamiento de desarrollo que se requiera (plan parcial, estudios de detalle y proyectos de urbanización); todo ello sin perjuicio de que, cuando la legislación urbanística lo requiera, la revisión o modificación del planeamiento urbanístico municipal sea objeto de la preceptiva aprobación por la Administración autonómica.

3. Esta potestad se ejercerá a través de un procedimiento en el que, como mínimo, se abrirá un período de información pública y se requerirá informe previo del Consejo o de las Comisiones Provinciales de Ordenación del Territorio respectivas.

4. Con carácter general, esta transformación deberá ir precedida de las siguientes justificaciones:

a) Dificultad o encarecimiento de llevar a cabo dicha actuación en suelo clasificado como urbano.

b) Idoneidad física y geológica del terreno, y adecuación de la propuesta para la población y su desarrollo socioeconómico, analizando su posible impacto sobre la población y el medio natural.

c) Justificación de que pueden prestarse adecuadamente todos los servicios urbanísticos, incorporando los oportunos informes favorables de las administraciones públicas competentes.

d) Aportaciones de suelo e inversión para resolver a su costa todas las infraestructuras y servicios necesarios, limitando su edificabilidad a un aprovechamiento homogéneo fijado en las Directrices Parciales de Ordenación del Territorio.

e) Adecuada relación con los núcleos urbanos más próximos.

f) Viabilidad económica, justificada mediante la aportación de avales y garantías suficientes, fijadas reglamentariamente, al objeto de que el proyecto sea concluido y conservado adecuadamente.

5. La solicitud deberá incluir un programa temporal de ejecución de cada una de las fases de la gestión urbanística y de las obras de edificación en plazo máximo de cuatro años a partir de la concesión de la licencia, quedando sin efecto la calificación de suelo urbanizable o urbano y la subsiguiente licencia en todo el espacio que no fuera construido en dicho plazo.

Artículo 40.

1. Se podrá establecer mediante convenio un procedimiento de Gestión Administrativa Coordinada para la transformación de suelo no urbano en nuevos asentamientos de desarrollo en aquellos ámbitos territoriales en los que así se determine por las Directrices Parciales de Ámbito Territorial, o por los planes urbanísticos de ámbito municipal, por gestión concertada de la Administración autónoma y la municipal o supramunicipal.

2. La concesión de la transformación de suelo clasificado como suelo no urbanizable de urbanización y edificación podrá exigir la previa convocatoria pública de concursos para seleccionar la oferta más adecuada y conveniente de entre las que puedan presentarse, desde los objetivos de la ordenación territorial, si así se prevé en la decisión de iniciación de esta gestión coordinada.

3. Las convocatorias públicas de estos concursos se realizarán de forma reglada y serán obligatorias cuando la oferta real de suelo supere ampliamente la demanda hasta producir exceso de suelo disponible que pueda llegar a repercutir a largo plazo en los organismos municipales o autonómicos.

4. Las convocatorias de estos concursos serán publicadas en el «Boletín Oficial de Aragón» y en los periódicos de mayor tirada.

5. Las ofertas y propuestas deberán justificar la disponibilidad del ma-

yor porcentaje posible de los terrenos necesarios y prestar las garantías adecuadas para justificar la viabilidad técnica y económica de la propuesta.

Artículo 41.

Se podrán ejecutar Programas de Gestión Coordinada de las administraciones para el establecimiento de reservas de terrenos con destino a su adquisición de patrimonio público de suelo con objeto de que pueda facilitar actuaciones de objetivo territorial a medio y largo plazo.

Las administraciones públicas competentes en cada ámbito territorial, previo informe del Consejo de Ordenación del Territorio, podrán delimitar estos terrenos y ejecutar dicha decisión mediante la gestión de un Programa Territorial Específico que implique la declaración de utilidad pública y la necesidad de ocupación.

TÍTULO II

MEDIDAS DE GESTIÓN PARA EL FOMENTO DEL DESARROLLO SOCIOECONÓMICO EQUILIBRADO

Artículo 42.

1. Con la finalidad de facilitar la consecución de los objetivos perseguidos a través de los instrumentos de ordenación del territorio contemplados en esta Ley, como parte de las estrategias de las Directrices, se podrán conceder ayudas, beneficios fiscales o de índole urbanística u otros estímulos, con arreglo todos ellos a la legislación vigente, para crear o ampliar actividades públicas o privadas de carácter industrial, artesanal, turístico, agrícola, ganadero, forestal, comercial o cualesquiera otras análogas con incidencia en el territorio, así como para mejorar la productividad de las actividades de la misma naturaleza ya existentes.

2. Tales ayudas, beneficios y estímulos se podrán conceder también para fomentar el traslado de actividades productivas desde áreas congestionadas a otras deprimidas o en desarrollo o, cuando se trate de desarrollar un sector específico o área especial, con arreglo a las definiciones contenidas en el artículo 18 de esta Ley.

3. En la concesión de las medidas de fomento a que se refieren los apartados anteriores se observarán los principios de publicidad, igualdad y especificidad.

Artículo 43.

En especial, se podrán conceder subvenciones, beneficios de índole urbanística u otros estímulos, con arreglo a la Ley, aquellas actividades de nueva implantación o de ampliación de las existentes que se localicen en áreas deprimidas, valorando fundamentalmente la creación directa o indirecta de puestos de trabajo motores de la actividad comarcal o cualquier otra circunstancia de específica incidencia en la ordenación del territorio, en función de las previsiones contenidas en los instrumentos respectivos.

Artículo 44.

Tendrán consideración de actuaciones especialmente protegibles las siguientes:

a) La reforestación de las zonas señaladas en los instrumentos de ordenación del territorio.

b) La reposición de especies arbóreas que hayan sido objeto de destrucción, por cualquier agente, en los últimos cinco años.

c) Las medidas encaminadas al asentamiento de población en zonas en decadencia.

d) Las medidas de recuperación de los entornos rurales.

Artículo 45.

1. Se programarán acciones específicas para la conservación de la población en áreas geográficas homogéneas supramunicipales seleccionadas, por las Directrices Generales mediante:

a) Promoción de empleo en áreas escogidas mediante la subvención diferenciada para la creación de puestos de trabajo.

b) Mejora de la oferta de equipamientos y servicios en estas áreas.

c) Facilitar el acceso a la vivienda a la población autóctona y especialmente a los jóvenes que permanezcan en un trabajo estable en estas áreas geográficas.

d) Mejoras de accesibilidad, por medio de inversiones en la red de carreteras, y mejora del transporte colectivo.

e) Aproximación de órganos de decisión administrativa a la población, facilitando los medios que hagan posible la resolución en el área geográfica homogénea supramunicipal del mayor número posible de trámites administrativos.

f) Potenciación económica de los programas de fomento de la industria artesana peculiar de cada comarca, mediante ayudas a la formación de profesionales, formación de empresas y apertura de mercados.

2. De acuerdo con la normativa vigente, y siguiendo las indicaciones de las Directrices Parciales, las administraciones públicas podrán constituir empresas de desarrollo u otros entes de naturaleza pública o privada con los objetivos de gestionar empresarialmente los programas de actuación específica de cada comarca, hacer viable una financiación rápida de la inversión territorial y coordinar los programas de desarrollo.

3. Se elaborarán y ejecutarán programas sectoriales para la rehabilitación de espacios y edificaciones degradados por el proceso de ocupación del territorio, tales como:

a) Proyectos específicos para la recuperación de espacios degradados por la construcción de obras públicas.

b) Proyectos de acciones destinadas a la recuperación de márgenes fluviales.

c) Programas específicos de mejora de la calidad de la edificación y de infraestructuras en urbanizaciones, polígonos y núcleos urbanos que no cuenten con los servicios mínimos exigidos para el suelo urbano.

TÍTULO III
RÉGIMEN SANCIONADOR

Artículo 46.

1. Son infracciones administrativas las acciones u omisiones que vulneren lo prevenido en la presente Ley, sin perjuicio de la responsabilidad civil, penal o de otro orden que, en su caso, fuera exigible.

2. En ningún caso se impondrá una doble sanción por unos mismos hechos y en función de unos mismos intereses públicos protegidos, si bien deberán exigirse las demás responsabilidades que pudieran deducirse de otros hechos o infracciones concurrentes.

3. En los supuestos en que las infracciones pudieran ser constitutivas de delito o falta, la Administración lo pondrá en conocimiento del ministerio fiscal y se abstendrá de proseguir el procedimiento sancionador mientras la autoridad judicial no se haya pronunciado. La sanción impuesta por ésta excluirá la sanción administrativa. De no haberse estimado la existencia de delito o falta, la Administración podrá continuar el expediente sancionador, con base, en su caso, en los hechos que la jurisdicción competente haya considerado probados.

✐ Artículo derogado por la disp. derog. 1ª de la Ley 5/1999, de 25 marzo.

Artículo 47.

1. Sin perjuicio de las sanciones penales o administrativas que, en su caso, procedan, el infractor podrá ser obligado por el Consejo de Ordenación del Territorio a la restitución de las cosas reponiéndolas a su estado anterior, con indemnización de los daños irreparables y de los perjuicios causados, en el plazo que en cada caso se fije en la resolución correspondiente.

2. La Administración podrá, subsidiariamente, proceder a la restitución y reposición de las cosas a su estado anterior a costa del obligado. Los gastos devengados por esta actuación subsidiaria, así como el importe de indemnizaciones y multas, podrán detraerse, en su caso, de la fianza establecida, o, de ser insuficiente, ser exigidos por la vía administrativa de apremio.

3. También podrá la Administración imponer multas coercitivas, reiteradas por lapsos de tiempo que sean suficientes para cumplir lo ordenado en los requerimientos correspondientes, sin que su cuantía pueda exceder, en cada caso, de quinientas mil pesetas por mes, salvo que el interés legal devengado por el importe del coste presupuestado de tal restitución o reposición, reconocido por el interesado, en dichos lapsos de tiempo, fuera supe-

rior, en cuyo caso, el límite máximo de la multa coercitiva será del doble de la cuantía de dicho interés.

✐ Artículo derogado por la disp. derog. 1ª de la Ley 5/1999, de 25 marzo.

Artículo 48.

1. Las infracciones a lo dispuesto en la presente Ley se clasifican en graves y leves.

2. Son infracciones graves:

a) La desatención reiterada e injustificada a los requerimientos dirigidos por los órganos administrativos competentes realizados para el cumplimiento de esta Ley.

b) Las actuaciones que provoquen la transformación de las condiciones legales o reales de los terrenos por la que se haga imposible la ejecución de las infraestructuras, equipamiento, obra, servicio o instalación proyectada, o se afecte a espacios o bienes protegidos por alguno de los instrumentos de la Ley.

c) La aprobación de cualquier instrumento de ordenación previsto en la legislación urbanística que contravenga las determinaciones contenidas en los instrumentos territoriales regulados en esta Ley.

d) La realización de actos de ejecución urbanística que contravengan, en términos tales que no sea posible su legalización, las determinaciones contenidas en los instrumentos de ordenación del territorio regulados en esta Ley.

e) Las infracciones graves recogidas por la legislación específica en materia urbanística o medioambiental.

f) Cualquier acción u omisión que infrinja las prohibiciones contenidas en los instrumentos de ordenación del territorio o constituya un grave obstáculo a la consecución de sus objetivos, cuando así sea fijada expresamente en las Directrices o en los Planes de Ordenación Urbanística o en otros decretos que desarrollen la legislación territorial, urbanística o medioambiental.

3. Son infracciones leves:

a) La negativa injustificada a facilitar los datos solicitados para el cumplimiento de los objetivos de esta Ley.

b) La desatención a los requerimientos dirigidos por los órganos administrativos competentes.

c) La alteración ilegal de las condiciones de los espacios y bienes protegidos, cuando esta actuación sea legalizable.

d) La realización de actos de ejecución urbanística que contravengan las determinaciones contenidas en los instrumentos de ordenación del territorio regulados en esta Ley, siempre que aquellos actos puedan ser legalizados.

e) Cualesquiera otras acciones u omisiones que infrinjan las previsio-

nes contenidas en esta Ley o en sus instrumentos y que no constituyan grave obstáculo a la consecución de sus objetivos.

✐ Artículo derogado por la disp. derog. 1ª de la Ley 5/1999, de 25 marzo.

Artículo 49.

1. La responsabilidad por las infracciones a que se refiere el artículo anterior será exigible, con carácter solidario, a la persona que ejecuta materialmente la actividad, a quien la promueve o por cuya cuenta se ejecuta y al técnico que la dirige.

2. Cuando se trate de una persona jurídica, la responsabilidad, además de ser exigible directamente de ésta, alcanzará también, con carácter solidario, a quien haya adoptado la decisión y tratándose de un órgano colegiado, a aquellos miembros del mismo que hubieran votado a favor del acuerdo discrepando de informes preceptivos y unánimes en que se hubiera formulado la advertencia expresa de ilegalidad.

3. Excepcionalmente, cuando la actividad infractora se encuentre amparada por una licencia administrativa, la responsabilidad será exigible, en los términos del apartado anterior, de la administración autorizante, pero se extenderá también a las personas enumeradas en el apartado 1 de este artículo, cuando las mismas hubiesen incurrido en dolo o culpa o negligencia graves.

✐ Artículo derogado por la disp. derog. 1ª de la Ley 5/1999, de 25 marzo.

Artículo 50.

1. Las infracciones tipificadas en el artículo 48 se sancionarán con multas de las siguientes cuantías:

a) Las graves, con multa de diez millones una a cien millones de pesetas.

b) Las leves, con multa de diez mil a diez millones de pesetas.

2. En la determinación de la cuantía de las multas, se tomará en consideración, como criterios valorativos, la concurrencia o no de las circunstancias específicas de intencionalidad, reincidencia, cuantía de los daños y perjuicios causados e irreparabilidad de los mismos. A tal efecto se establecerá reglamentariamente la graduación y criterios específicos determinantes de las cuantías.

3. La cuantía de las multas podrá ser actualizada periódicamente mediante decreto aprobado por la Diputación General.

4. En cualquier caso, la cuantía de la multa no será inferior al doble del beneficio obtenido con la infracción.

✐ Artículo derogado por la disp. derog. 1ª de la Ley 5/1999, de 25 marzo.

Artículo 51.

1. Será competente para la imposición de sanciones por infracciones leves el Consejero de Ordenación Territorial, Obras Públicas y Transportes.

En las sanciones por infracciones graves será competente la Diputación General.

2. Cuando se trate de infracciones graves, se seguirán los trámites previstos en la legislación estatal reguladora del procedimiento administrativo común. Tratándose de infracciones leves, el procedimiento se reducirá a notificar a la persona o personas responsables el oportuno pliego de cargos, confiriéndose un plazo de quince días para que puedan formularse alegaciones, pasado el cual se dictará resolución.

3. El órgano competente para resolver el procedimiento sancionador podrá, en cualquier momento de su tramitación, acordar la suspensión o paralización de la actividad infractora, cesando, en todo caso, esta medida cautelar con la terminación del procedimiento en la vía administrativa.

✐ Artículo derogado por la disp. derog. 1ª de la Ley 5/1999, de 25 marzo.

Artículo 52.

Las infracciones leves prescribirán en el plazo de dos años; las graves, en el plazo de cuatro años.

✐ Artículo derogado por la disp. derog. 1ª de la Ley 5/1999, de 25 marzo.

DISPOSICIONES ADICIONALES

Primera.

Las disposiciones de esta Ley se entenderán sin perjuicio de las competencias legalmente asignadas a otras administraciones públicas, con arreglo a las normas específicas que, en cada caso, resulten de aplicación.

Segunda.

El Proyecto de Directrices Generales de Ordenación Territorial deberá aprobarse por la Diputación General en el plazo de un año a partir de la entrada en vigor de esta Ley y remitirse a continuación a las Cortes de Aragón para su tramitación como ley.

Tercera.

En el plazo de un año a partir de la entrada en vigor de esta Ley, y de acuerdo con lo establecido en la disposición transitoria tercera, se iniciará la tramitación de unas Directrices Parciales que tengan por objeto:

a) Un Programa Específico para la financiación, ejecución y explotación de instalaciones de depuración de aguas en núcleos superiores a dos mil habitantes, así como en zonas especialmente sensibles.

b) La distribución del territorio en unidades de gestión de residuos sólidos urbanos, buscando la participación voluntaria en forma de mancomunidades, pero proyectando acciones legales coercitivas para la integración de los municipios que no resuelvan por sí mismos y adecuadamente el servicio.

c) La adecuación a las necesidades de Aragón de la normativa urbanística vigente, procurando que las cargas urbanísticas establecidas en la legislación actual de modo uniforme se adapten en cada área geográfica homogénea supramunicipal en función del grado de desarrollo y de los criterios de protección establecidos.

Cuarta.

1. Los instrumentos de ordenación del territorio contemplados en la presente Ley serán públicos.

2. Será pública la acción para exigir ante los órganos administrativos y jurisdiccionales competentes la observancia de lo dispuesto en la presente Ley y en los instrumentos de ordenación del territorio que ésta regula.

Quinta.

1. Los usos, actividades y transformaciones con incidencia en el territorio que impliquen la intervención de diversos órganos o entidades de la Administración autonómica aragonesa se someterán al principio de procedimiento y resolución únicos.

2. La aprobación definitiva por parte de la Administración que concede la licencia de construcción, o la autorización definitiva de usos, actividades o transformaciones con incidencia en el territorio, que exijan la intervención de otras administraciones públicas, quedará supeditada a la acreditación previa de que el interesado ha obtenido de tales administraciones los informes o resoluciones favorables pertinentes.

3. Reglamentariamente se desarrollarán las previsiones contenidas en los dos apartados anteriores.

Sexta.

1. Corresponderá al Consejo y, en su caso, a las Comisiones Provinciales de Ordenación del Territorio la coordinación de los informes y propuestas de todos los órganos y entes con competencia sectorial en materias que inciden sobre la estructura territorial y de todas las alegaciones formuladas oportunamente por los particulares afectados, pudiendo adoptarse, en el trámite reglamentario que proceda, en relación al proyecto globalmente considerado, alguna de las decisiones siguientes:

a) Su autorización, sometida o no a la incorporación del proyecto de medidas correctoras obligatorias.

b) La suspensión temporal del trámite, con manifestación expresa de las justificaciones, autorizaciones o modificaciones del proyecto que deban presentarse por el promotor para proseguir la tramitación.

c) La devolución del proyecto para su reconsideración, modificación o mejor explicación.

d) La denegación motivada de la autorización administrativa.

2. El Consejo podrá proceder en caso necesario a la fijación reglamentaria de los avales que proceda establecer para garantizar un correcto uso y

conservación del territorio, ajustados al proyecto presentado y a sus costes reales.

3. La competencia del Consejo y de las Comisiones Provinciales de Ordenación del Territorio para adoptar decisiones de suspensión temporal del trámite y devolución del proyecto y exposición al público podrá ser delegada en sus respectivos presidente o secretario.

Séptima.

Una vez adaptado el planeamiento urbanístico y los documentos vigentes de protección del medio natural y del patrimonio cultural a lo previsto en las Directrices, y desarrolladas las Directrices Parciales de cada ámbito territorial específico, la gestión, desarrollo y ejecución de las Directrices Parciales Territoriales y de las competencias de planeamiento, ejecución y gestión urbanística, salvo en aquellos extremos que en las mismas se determinan sobre aspectos sectoriales con incidencia territorial, podrán delegarse por los ayuntamientos en el correspondiente órgano de gestión coordinada de ámbito supramunicipal constituido en forma reglamentaria.

⇒ V. Ley 3/1999, de 10 marzo, de Patrimonio Cultural, de Aragón.
V. Ley 12/1997, de 3 diciembre, Reguladora de los Parques Culturales en Aragón.

Octava.

No obstante el carácter vinculante de los instrumentos de ordenación del territorio previstos en esta Ley, en casos de desastres naturales o situaciones de emergencia podrán llevarse a cabo las actuaciones que sean precisas para remediar tales situaciones sin necesidad de ajustarse estrictamente a las previsiones contenidas en aquellos instrumentos.

Novena.

1. A fin de garantizar su correcta inserción en el marco territorial definido por los instrumentos y normas de ordenación del territorio, los planes y proyectos con incidencia territorial promovidos en el ejercicio de sus propias competencias por la Administración del Estado y las entidades y organismos de ella dependientes, deberán someterse con carácter previo a su aprobación a informe preceptivo del Consejo de Ordenación del Territorio de Aragón.

2. En todo caso, se considerará que tiene incidencia territorial la planificación hidrológica, incluyendo el Plan Hidrológico Nacional y los Planes Hidrológicos de cuenca que afecten al territorio de Aragón.

3. El informe del Consejo de Ordenación del Territorio de Aragón versará sobre la coherencia del contenido de dichos planes y proyectos con la política de ordenación del territorio de la Comunidad Autónoma de Aragón.

4. El plazo de emisión del informe será de dos meses.

Transcurrido dicho plazo sin pronunciamiento expreso, se considerará que el mismo tiene carácter favorable.

5. Lo previsto en el apartado primero de esta disposición se aplicará también a los supuestos de modificación o revisión de los planes menciona-

dos y de cualesquiera otros instrumentos normativos que, directa o indirectamente, afecten a las competencias de esta Comunidad Autónoma en materia de ordenación territorial y de aguas.

6. A la vista del informe emitido en cada caso por el Consejo de Ordenación del Territorio de Aragón, su Gobierno adoptará el acuerdo o acuerdos que sean procedentes.

✐ Disp. adic. añadida por la Ley 1/2001, de 8 febrero.

DISPOSICIONES TRANSITORIAS

Primera.

1. Los instrumentos de ordenación urbanística actualmente existentes mantendrán plena vigencia y eficacia en tanto no se aprueben las Directrices Generales y, en su caso, Parciales reguladas en esta Ley.

2. Una vez aprobados las Directrices o los programas previstos en esta Ley, los instrumentos de ordenación urbanística deberán adaptarse a su contenido en un plazo máximo de un año.

3. De igual modo, deberán adaptarse a las Directrices Parciales cualesquiera planes, programas o proyectos de la Diputación General de Aragón con incidencias en el territorio. Aquellos proyectos que se encuentren en vigor y en fase de ejecución al aprobarse aquéllas proseguirán su ejecución, pero podrán ser suspendidos expresamente por la Diputación General, en atención a su incidencia sobre el territorio, con el objetivo de adaptarlos a las Directrices.

Segunda.

Los instrumentos de ordenación urbanística que se encuentren en tramitación en la fecha de entrada en vigor de la presente Ley deberán acomodarse a sus principios y objetivos, así como tener en cuenta los documentos y directrices generales o parciales que hayan sido aprobadas, a cuyo efecto se establecerán mecanismos de coordinación e información recíprocos.

Tercera.

1. Por razones de urgencia y causas de interés público debidamente justificadas apreciadas por el órgano competente para aprobarlas, podrán elaborarse Directrices Parciales de Ordenación Territorial antes de la entrada en vigor de las Directrices Generales.

2. En este supuesto, la aprobación posterior de las Directrices Generales implicará la necesidad de adaptar a sus previsiones, en el plazo máximo de un año, el contenido de los instrumentos de ordenación territorial citados que hayan sido aprobados con anterioridad.

Cuarta.

1. En tanto no se aprueben Directrices Parciales de Ordenación Territorial que precisen las condiciones exigibles a las construcciones o usos del

suelo que en cada ámbito territorial puedan considerarse de utilidad pública o interés social, y a solicitud de los ayuntamientos afectados, el Departamento de Ordenación Territorial, Obras Públicas y Transportes podrá declarar el interés social en suelo no urbanizable, fuera del suelo sometido a protección por el planeamiento o normativa urbanística o territorial, cuando se justifiquen las condiciones exigidas en el artículo 39 de esta Ley y se tramite en la forma establecida en el citado artículo.

2. Con carácter transitorio, las modificaciones o revisiones del planeamiento promovidas por esta vía deberán aportar el suelo necesario para resolver a su coste todas las infraestructuras y servicios, limitando su edificabilidad a un aprovechamiento máximo de 0,20 m/m.

3. En estos casos, las garantías que se exigirán para la ejecución y conservación de las obras e instalaciones no serán menores del 20% del coste global de la inversión proyectada, incluida la edificación, valorada por técnico legalmente competente.

Quinta.

1. En tanto no se modifique de forma específica la legislación urbanística, medioambiental o patrimonial, el Consejo y las Comisiones Provinciales de Ordenación del Territorio asumirán las funciones que la legislación sectorial establece para los órganos colegiados competentes en estas materias.

2. Hasta que la Diputación General desarrolle reglamentariamente la previsión contenida en el apartado 2 del artículo 7 de esta Ley, la composición y funcionamiento del Consejo y de las Comisiones Provinciales de Ordenación del Territorio se regularán por el Decreto 135/1991, de 1 agosto, de la Diputación General de Aragón, por el que se constituyen el Consejo y las Comisiones Provinciales de Ordenación del Territorio de Aragón.

Sexta.

1. En tanto no se defina otro criterio más específico en las Directrices Generales o Directrices Parciales de Ordenación Territorial, se considerarán como proyectos, acciones, autorizaciones y licencias con incidencia sobre el territorio supramunicipal, y sujetas a decisión del Consejo o de las Comisiones Provinciales de Ordenación Territorial:

a) Las infraestructuras o servicios que sirvan a varios municipios.

b) Aquellas actuaciones dirigidas a la implantación de proyectos legalmente sujetos al trámite de evaluación de impacto ambiental.

c) Aquellas actuaciones en lugares sujetos a:

– Protección activa,

– Protección pasiva,

– Protección preventiva,

en función de las directrices de protección del medio natural o del patrimonio cultural, de catálogos contenidos en planes urbanísticos vigentes, de disposiciones relativas a medidas urgentes de protección urbanística de Aragón o de los instrumentos urbanísticos vigentes.

d) Aquellas que den lugar a un uso, procedimiento de fabricación, residuo, o actividad no existente anteriormente en el área geográfica homogénea supramunicipal o no regulado expresamente como compatible por las directrices territoriales parciales.

e) Los proyectos que transformen un suelo no urbano en suelo urbano, o aquellos proyectos urbanísticos tramitados en forma de plan especial, siempre y cuando se cumpla una de las siguientes condiciones:

– Que su superficie sea superior al 5% de la superficie del suelo urbano vigente.

– Que su capacidad relativa en edificabilidad o densidad sea superior en un 20% a la media de las edificabilidades o densidades existentes en el entorno más próximo.

– Que cuando la ejecución total de los proyectos pueda producir un ritmo de crecimiento del área territorial, comarca, municipio, núcleo o barrio superior en un 50% al crecimiento medio anual de los cinco últimos años en ese mismo ámbito.

f) Las autorizaciones de uso del suelo no urbanizable que produzcan usos diferentes a los existentes en el entorno o tamaños de edificación superiores en cualquiera de sus dimensiones a la media de los existentes en dicho entorno.

2. A tales fines se considerará entorno la superficie directamente visible, a distancia siempre menor de dos mil metros desde el lugar de la actuación.

⇒ V. Ley 3/1999, de 10 marzo, de Patrimonio Cultural, de Aragón.
V. Ley 12/1997, de 3 diciembre, Reguladora de los Parques Culturales en Aragón.
V. Ley 6/2001, de 8 mayo, de modificación del RDLeg 1302/1986, de 28 junio, de evaluación de impacto ambiental.
V. D. 45/1994, de 4 marzo. Procedimiento de evaluación de impacto ambiental.

Séptima.

Se consideran transitoriamente áreas de protección preventiva, en tanto se precise su delimitación con mayor estudio en las Directrices Parciales o Sectoriales específicas:

a) Las áreas próximas a los ríos de caudal continuo situadas en la zona de policía de riberas establecida por la Ley de Aguas.

b) Las áreas próximas a estanques naturales o a embalses hasta una distancia de doscientos metros respecto de la cota más alta alcanzada por las aguas.

c) Las áreas con pendiente media superior al 25%.

d) El espacio situado en el entorno de las áreas arboladas que forman un ribazo o hilera de arbolado de longitud superior a cien metros, en una anchura de diez metros a cada lado de la hilera.

e) Las áreas arboladas compactas con densidades de arbolado superior a un árbol por cada treinta metros cuadrados.

f) Los barrancos y cauces fluviales en su cauce de desagüe de periodicidad cincuentenaria.

g) Las áreas destinadas a pastos en alturas superiores a mil metros.

h) Las áreas de alturas superiores a mil quinientos metros.

En las áreas sometidas a protección preventiva, cualquier actividad o uso del suelo deberá ser autorizado por el organismo competente tras analizar su impacto global sobre la situación socioeconómica y el medio ambiente e imponer las medidas correctoras oportunas.

✐ Disposición derogada por la disp. derog. 1ª de la Ley 5/1999, de 25 marzo.

DISPOSICIONES FINALES

Primera.

1. Se faculta a la Diputación General para dictar cuantas disposiciones sean necesarias para el desarrollo y aplicación de la presente Ley.

2. En particular y en los supuestos en que los preceptos de esta Ley exijan específicamente un reglamento para su desarrollo normativo, las normas reglamentarias deberán aprobarse en el plazo máximo de seis meses desde la entrada en vigor de esta Ley.

Segunda.

Quedan derogadas cuantas disposiciones de igual o inferior rango se opongan a las previsiones contenidas en esta Ley.

Tercera.

La presente Ley entrará en vigor el día siguiente al de su publicación en el «Boletín Oficial de Aragón».

Así lo dispongo a los efectos del artículo 9.1 de la Constitución y los correspondientes del Estatuto de Autonomía de Aragón.

§ 8 LEY 7/1998, DE 16 JULIO. DIRECTRICES GENERALES DE ORDENACIÓN DEL TERRITORIO EN ARAGÓN

(BOE núm. 216, de 9 septiembre y BOA núm. 89, de 29 julio [RCL 1998, 2268 y LARG 1998, 140])

PREÁMBULO

La Constitución Española de 27 de noviembre de 1978, en su artículo 148.1.3ª, otorga a las Comunidades Autónomas la posibilidad de asumir las competencias en materia de Ordenación del Territorio. Como consecuencia de ello, el Estatuto de Autonomía de Aragón, en el texto reformado por la Ley Orgánica 5/1996, de 30 de diciembre, en el artículo 35.1.7, asume el ejercicio por la Comunidad Autónoma de Aragón de la competencia exclusiva sobre Ordenación del Territorio, Urbanismo y Vivienda.

El desarrollo de esta competencia, en el dominio de la ordenación del territorio, se ha manifestado fundamentalmente en la aprobación de la Ley 11/1992, de 24 de noviembre, de Ordenación del Territorio de Aragón (LOTA).

El artículo 9 de la citada LOTA enuncia los instrumentos a través de los cuales se llevará a cabo la ordenación del territorio aragonés, figurando en primer lugar las Directrices Generales de Ordenación Territorial (DGOT), definidas en el artículo 10 del citado Texto Legal como «el instrumento básico de ordenación conjunta e integrada de la totalidad del territorio de la Comunidad Autónoma de Aragón».

Asimismo, las Directrices Generales de Ordenación Territorial constituirán el marco de referencia territorial para la formulación, desarrollo y aplicación de las políticas sectoriales.

Las Directrices Generales de Ordenación Territorial están diseñadas en los siguientes apartados:

a) Memoria. Síntesis descriptiva de las características socioeconómicas de Aragón.

b) *Modelo territorial.* Distinguiendo los principios, que, a modo de constante referencia, constituyen la línea orientadora de las diferentes propuestas operativas de las Directrices Generales de Ordenación Territorial, de las estrategias, como manifestación de las formas en las que se materializaría la orientación de los principios.

c) Criterios. Propuestas concretas sobre la política de Ordenación del Territorio que el Gobierno de Aragón deberá tener presentes, si bien sin carácter vinculante. No obstante, las actuaciones que se desvíen del contenido de los criterios deberán justificarse, explicitando las razones que han determinado la desviación.

d) Directrices instrumentales. De obligado cumplimiento para el Gobierno de Aragón.

e) Directrices de Ordenación Territorial, con el grado de eficacia y vinculación que en cada supuesto se determina, referidas a los siguientes apartados:

I. Patrimonio natural.

II. Población, sistema de ciudades y equipamientos comunitarios.

III. Infraestructuras territoriales.

IV. Actividades económicas.

V. Patrimonio cultural.

Desde el punto de vista de la eficacia y grado de vinculación, las Directrices Generales de Ordenación Territorial están integradas por:

a) Las estrategias para el modelo territorial.

b) Los criterios orientadores de la política de Ordenación Territorial.

c) Las directrices instrumentales.

d) Las Directrices de Ordenación Territorial.

La elaboración de las Directrices Generales de Ordenación Territorial se ha ajustado a lo dispuesto en el artículo 20 de la Ley de Ordenación del Territorio de Aragón (LOTA):

a) La Diputación General de Aragón, en su reunión celebrada el día 3 de mayo de 1994, acordó la elaboración de las Directrices Generales de Ordenación Territorial.

b) El Departamento de Ordenación Territorial, Obras Públicas y Transportes, con la colaboración de los restantes Departamentos y Administraciones Públicas, elaboró el Avance de las Directrices Generales.

c) El Avance se sometió a la consideración de la Delegación del Gobierno en la Comunidad Autónoma de Aragón, de las tres Diputaciones Provinciales, de los Ayuntamientos aragoneses y de las instituciones y organismos que se estimaron más representativos de los intereses afectados, para que en el plazo de cuatro meses formularan las alegaciones que estimaran pertinentes; este plazo se prorrogó en dos meses.

d) El Avance se sometió a información pública mediante anuncio publicado en el «Boletín Oficial de Aragón» número 142, de 28 de noviembre de 1994, y en los periódicos de mayor difusión en la región.

e) A la vista de las alegaciones presentadas, se elaboró el Proyecto de Directrices Generales de Ordenación Territorial sometido al preceptivo informe del Consejo de Ordenación Territorial de Aragón (COTA), en la sesión celebrada el día 25 de junio de 1996 lo informó favorablemente, proponiendo, sin embargo, que el Proyecto fuera sometido nuevamente a información pública, al considerar que se habían introducido modificaciones sustanciales respecto al contenido del Avance.

f) Por Orden de 19 de julio de 1996, del Departamento de Ordenación Territorial, Obras Públicas y Transportes, se dispone la publicación del Acuerdo de 11 de julio de 1996 de la Diputación General de Aragón por el que se somete a una nueva consulta institucional el Proyecto de Directrices Generales de Ordenación Territorial, habiéndose publicado en el «Boletín Oficial de Aragón» número 97, de 12 de agosto de 1996, incluyendo el texto íntegro de las Directrices Generales de Ordenación Territorial.

g) Vistas las alegaciones presentadas, en el período de dos meses (del 13 de agosto al 14 de octubre de 1996), se ha redactado el Proyecto de Directrices Generales de Ordenación Territorial, que ha sido informado favorablemente por el Consejo de Ordenación Territorial de Aragón en la sesión celebrada el día 4 de febrero de 1997.

En consecuencia, de conformidad con las determinaciones de la Ley 11/1992, de 24 de noviembre, de Ordenación del Territorio, el Gobierno de Aragón propone a las Cortes de Aragón, mediante el correspondiente proyecto de ley, la aprobación de las Directrices Generales de Ordenación Territorial de Aragón.

Artículo 1. Finalidad.

Se aprueban las Directrices Generales de Ordenación Territorial de Aragón, en los términos que figuran en el Anexo de esta Ley, integradas por:

a) Estrategias territoriales para el modelo territorial.

b) Criterios orientadores de la política de Ordenación del Territorio.

c) Directrices instrumentales.

d) Directrices de Ordenación Territorial.

✐ El TC, por A. 23 marzo 1999 (RTC 1999, 73 AUTO), ha acordado levantar la suspensión de la vigencia y aplicación del núm. 222 de la directriz 12ª, ap. II, letra D), del Anexo de la Ley de las Cortes de Aragón 7/1998, de 16 julio, por la que se aprueban las Directrices Generales de Ordenación.

⇒ V. Ley 11/1992, de 24 noviembre, de Ordenación del Territorio en Aragón (§7).
V. Ley 3/1999, de 10 marzo, de Patrimonio Cultural, de Aragón.
V. Ley 12/1997, de 3 diciembre, Reguladora de los Parques Culturales en Aragón.

Artículo 2. Ámbito.

Las Directrices Generales de Ordenación Territorial tienen como ámbito de aplicación el territorio de la Comunidad Autónoma de Aragón.

Artículo 3. Vigencia.

Las Directrices Generales de Ordenación Territorial tendrán vigencia indefinida, si bien serán susceptibles de revisión o modificación siguiendo, al efecto, el procedimiento regulado en los artículos 23 y 24 de la Ley 11/1992, de 24 de noviembre, de Ordenación del Territorio.

⇒ V. Ley 11/1992, de 24 noviembre, de Ordenación del Territorio en Aragón (§7).

Artículo 4. Eficacia.

Las Directrices Generales de Ordenación Territorial vincularán a las Administraciones Públicas y a los particulares en los siguientes términos:

a) Las estrategias, en cuanto explicitación de las formas de actuar para la materialización de los principios en los que se basa la consecución del modelo territorial, son meras orientaciones para el Gobierno de Aragón, sobre la base de los principios de eficacia, oportunidad y flexibilidad.

b) Los criterios, en cuanto se traducen en la realización de propuestas concretas de la política de Ordenación del Territorio, no son vinculantes para el Gobierno de Aragón pero, teniendo en cuenta que su contenido representa una línea informativa para las Administraciones Públicas, Instituciones, Corporaciones y administrados en general, y, por lo tanto, definidora de comportamientos, actitudes y perspectivas, las actuaciones que se desvíen de los criterios deberán justificarse, explicitando las razones.

c) Las directrices instrumentales son de obligado cumplimiento para el Gobierno de Aragón.

d) Las Directrices de Ordenación Territorial son vinculantes, siendo de aplicación lo dispuesto en el artículo 25 de la Ley 11/1992, de 24 de noviembre, de Ordenación del Territorio (LOTA), en relación con el artículo 14.2 del citado Texto Legal.

⇒ V. Ley 11/1992, de 24 noviembre, de Ordenación del Territorio en Aragón (§7).

Artículo 5. Desarrollo.

1. Las Directrices Parciales de Ordenación Territorial y las Directrices Parciales Sectoriales deberán adecuarse a las Directrices Generales de Ordenación Territorial.

2. El planeamiento urbanístico deberá adecuarse a las determinaciones y propuestas de las Directrices Generales de Ordenación Territorial en la forma establecida en la Ley aragonesa de Ordenación Territorial.

3. Las Administraciones que de acuerdo con sus respectivas competencias lleven a cabo actuaciones reguladas por las Directrices Generales de Ordenación Territorial y por las Directrices Parciales, Territoriales o Sectoriales, podrán establecer fórmulas de colaboración y de cooperación o modalidades de gestión conjunta entre las distintas Administraciones.

⇒ Téngase en cuenta lo dispuesto en el art. 29 de la Ley 15/1999, de 29 diciembre, sobre directrices 74, 98 y 203.

Artículo 6. Control de la gestión de la política territorial.

1. La Comisión Delegada del Gobierno para la política territorial elaborará el anteproyecto de la memoria de la gestión de la política de Ordenación del Territorio.

2. El Gobierno de Aragón aprobará el proyecto de la memoria, que será presentado a las Cortes de Aragón.

⇒ V. D. 101/1999, de 3 septiembre, que crea la Comisión Delegada del Gobierno para la política territorial.

Artículo 7. Publicidad.

Las Directrices Generales se podrán consultar y obtener información de las mismas en la sede del Departamento de Ordenación Territorial, Obras Públicas y Transportes, en las Delegaciones Territoriales del Gobierno de Aragón y en los Ayuntamientos de los municipios de más de dos mil habitantes.

⇒ V. D. 162/2000, de 26 julio, que modifica el D. 181/1999, de 28 septiembre, de estructura orgánica y crea el Centro de Documentación e Información Territorial de Aragón y regula su funcionamiento, el cual incorpora un art. 20 bis con el contenido siguiente:

«Artículo 20 bis. Centro de Documentación e Información Territorial de Aragón.

El Centro de Documentación e Información Territorial de Aragón adscrito a la Dirección General de Administración Local y Política Territorial del Departamento de Presidencia y Relaciones Institucionales, tiene la finalidad de obtener, organizar y difundir la documentación e información sobre el territorio aragonés, así como de conocer mejor los recursos, oportunidades y limitaciones territoriales de Aragón, y facilitar la acción política y la toma de decisiones de los agentes económicos y sociales, en ejecución de las funciones previstas en el art. 8 de la Ley 11/1992, de 24 noviembre, de Ordenación del Territorio, y en la directriz instrumental primera de la Ley 7/1998, de 16 julio, por la que se aprueban las Directrices Generales de Ordenación Territorial».

DISPOSICIONES ADICIONALES

Primera.

Los presupuestos de la Comunidad Autónoma de Aragón deberán especificar las inversiones más significativas en relación con las determinaciones de las Directrices Generales de Ordenación Territorial.

Segunda.

En el ámbito de las competencias que la Ley 10/1993, de 4 de noviembre, de Comarcalización de Aragón, atribuye a las comarcas, los consejos comarcales, como órganos de gobierno y administración comarcal, acordarán los lugares en los que deben establecerse los servicios y equipamientos.

DISPOSICIÓN TRANSITORIA

Las Directrices Parciales, Territoriales o Sectoriales, y los instrumentos de ordenación urbanística vigentes a la entrada en vigor de la presente Ley y que resulten afectados, se adaptarán, en el plazo máximo de un año, a las prescripciones de las Directrices Generales de Ordenación Territorial, de acuerdo con lo establecido en las disposiciones transitorias primera y tercera de la Ley aragonesa de Ordenación Territorial.

⇒ V. Ley 11/1992, de 24 noviembre, de Ordenación del Territorio en Aragón (§7).

DISPOSICIONES FINALES

Primera.

Se faculta al Gobierno de Aragón para dictar las disposiciones necesarias para la aplicación y desarrollo de esta Ley.

Segunda.

La presente Ley entrará en vigor el día siguiente al de su publicación en el «Boletín Oficial de Aragón».

[...]

Asturias

§ 9 LEY 1/1987, DE 30 MARZO. COORDINACIÓN Y ORDENACIÓN TERRITORIAL EN EL PRINCIPADO DE ASTURIAS

(BOE núm. 110, de 8 mayo y BOPA núm. 86, de 14 abril [RCL 1987, 1165 y LPAS 1987, 1088])

La actuación de la Administración sobre el territorio se ha venido caracterizando desde hace años por la acumulación de iniciativas carentes de un claro sentido territorial, que permitiera alcanzar con las mismas una distribución espacial de actividades capaces de aprovechar las potencialidades propias de cada zona, al tiempo que se consiguiera mejorar el nivel de vida de la población y mantener y mejorar la calidad del medio ambiente asturiano.

Como fruto de esta actuación administrativa, unida a la actuación de los particulares, faltos de una orientación y un control adecuados, se ha llegado a la conocida situación caracterizada por el desequilibrio territorial, en la que la población, la actividad económica y las infraestructuras y equipamientos se han concentrado en una parte relativamente reducida de la región, el área central, dejando en gran manera desasistidas las Zonas Oriental y Occidental del Principiado. Este desequilibrio se traduce en considerables diferencias en el nivel de vida de los habitantes de las zonas urbanas y las zonas rurales, aunque existan, asimismo, gran variedad de situaciones dentro de cada tipo de zona.

Para contribuir a superar estas desigualdades, proteger y mejorar el medio ambiente de la región, de gran valor, y sin embargo, tan maltratado en algunas de sus zonas, y conseguir hacer el mejor uso posible de los escasos recursos de que se dispone, es necesario contar con instrumentos que permitan racionalizar la actuación administrativa desde una óptica territorial, pues no en vano es el territorio el elemento común a la inmensa mayoría de las actuaciones de la Administración, y uno de los elementos fundamentales de la definición de la propia identidad regional. El territorio ha de jugar el papel necesario en el desarrollo regional.

Con este objeto se ha planteado la presente Ley, entendida como un vehículo que permita sentar las bases instrumentales de un cambio cualitativo en la forma de proceder de la Administración con respecto a la ordenación del territorio. Para ello, la Ley se ajusta a unos principios, crea unos instrumentos, y establece las obligaciones de los organismos de la Administración que operen dentro del Principiado.

La Ley establece una política territorial basada en los principios de racionalidad, planificación y cooperación interadministrativa, con los que pretende conseguir que las actuaciones territoriales se apoyen siempre en unos objetivos explícitamente formulados y en una ponderación de sus consecuencias, para luego integrarse en un proceso de planificación que permita ordenar los objetivos a alcanzar y las medidas a adoptar para su desarrollo de forma concertada entre todos los órganos cuya actuación incide sobre el territorio.

Para la aplicación de estos principios se ha previsto la utilización de un conjunto de instrumentos concebidos con el fin de abarcar todo el proceso de actuación administrativa, desde el momento de la planificación hasta el de la ejecución material, pasando por la programación. Estos instrumentos son las Directrices de Ordenación Territorial, los Programas de actuación Territorial y las Evaluaciones de Impacto, en sus dos variantes.

Las Directrices representan el momento del planeamiento, entendido aquí como una definición de políticas, es decir, formulación de objetivos que se pretende alcanzar y medios que se van a utilizar para ello. Suponen la búsqueda de la racionalidad general de la política de gobierno desde la óptica del territorio, y son el instrumento de expresión de la política territorial.

Los Programas representan la fase de concreción de conjuntos de actividades, especificando plazos y costes para aproximarse más a la realidad. Supone la búsqueda de la racionalidad y presupuestaria y temporal en el contexto de una política previamente formulada. Por último, las Evaluaciones de Impacto representan ya la fase de la actuación concreta, partir de las Directrices y los Programas, y aportar la búsqueda de la racionalidad material en consideración de las circunstancias en que se produce la actuación.

En el diseño de estos instrumentos se ha buscado deliberadamente una simplicidad que evite caer en la rigidez de los mismos y permita su utilización en circunstancias variadas. Su tramitación sigue el esquema instaurado por la Ley del Suelo, de aprobaciones sucesivas, con sus correspondientes trámites de información, que habrán de permitir participar en el proceso a todos los organismos y entidades interesados o afectados. Manteniendo la idea de buscar un alto grado de flexibilidad, se prevé expresamente la actualización de las directrices con un procedimiento abreviado, evitando que la introducción de pequeñas modificaciones obligue a la revisión global del documento.

Además de la determinación de objetivos e instrumentos para la ordenación del territorio, se plantea también la conveniencia de hacer constar expresamente la necesidad de que la actuación de la Administración se ajuste formalmente a los requisitos establecidos por el planeamiento urbanístico, reafirmando la obligatoriedad del contenido de los planes para todos los niveles de la Administración.

El último Título de la Ley se refiere a los órganos de ordenación del territorio del Principado de Asturias, reafirmando el importante papel que corresponde desempeñar a la Comisión de Urbanismo y de Ordenación del Territorio de Asturias, a quien se atribuye un papel esencialmente impulsor, coordinador y mediador, aunque su informe sea esencial para la tramitación de las decisiones más importantes. La relevancia que se otorga a este organismo viene justificada por el carácter intersectorial del mismo, ya que la presencia de representantes de todas las ramas de la Administración que actúan sobre el territorio le confiere la neutralidad suficiente como para decidir sin riesgos sectoriales.

TÍTULO PRELIMINAR

Artículo 1. Finalidad de la Ley.

La presente Ley tiene como finalidad establecer los principios básicos y crear los instrumentos necesarios para la coordinación de la política territorial y la ordenación del espacio del Principado de Asturias, al objeto de favorecer una utilización racional del territorio asturiano y proteger el medio ambiente, mejorar la calidad de vida y contribuir al equilibrio territorial.

Artículo 2. Actuaciones de impacto territorial.

A efectos de lo dispuesto en esta Ley, se considerarán actuaciones con impacto o incidencia territorial aquellas que las Directrices de Ordenación o las normas sectoriales correspondientes definan con este carácter por suponer una trasformación en la estructura del territorio o de sus condiciones naturales, por su finalidad de preservar o restaurar dichas condiciones, por afectar al sistema de núcleos de población y sus interrelaciones o por incidir en la distribución territorial de equipamientos, servicios o infraestructuras.

⇒ V. art. 18 de la presente ley.

Artículo 3. Instrumentos de ordenación del territorio.

Sin perjuicio de la utilización de los previstos en la legislación urbanística y en las legislaciones sectoriales que rigen las diversas actividades con impacto territorial, para la ordenación del territorio del Principado de Asturias se establecen por la presente Ley los siguientes instrumentos:

– Directrices de Ordenación Territorial.

– Programas de Actuación Territorial.

– Evaluaciones del Impacto.

⇒ V. art. 18 de la presente ley.

TÍTULO I
INSTRUMENTOS DE ORDENACIÓN DEL TERRITORIO

CAPÍTULO I
De las Directrices de Ordenación del Territorio

Artículo 4. Concepto.

Las directrices de Ordenación son el instrumento expresivo de los fines y objetivos de la política territorial del Principado, constituyendo el principal elemento de planificación y coordinación territorial y la base para el desarrollo de las actuaciones con impacto que hayan de producirse en la Comunidad Autónoma.

Artículo 5. Clases y ámbitos de las Directrices.

Las Directrices de Ordenación Territorial se clasificarán en las siguientes categorías en función de su ámbito territorial y su contenido material:

– Directrices Regionales de Ordenación Territorial, referidas con carácter general a la totalidad del territorio regional.

– Directrices Subregionales de Ordenación del Territorio, referidas con carácter general a un territorio menor al de la región en su conjunto.

– Directrices Sectoriales de Ordenación del Territorio, destinadas a regular y orientar el impacto territorial de las actividades sectoriales en el ámbito de la totalidad del Principado o en un ámbito más reducido que se determine al efecto.

Artículo 6. Contenido de las Directrices Regionales y Subregionales de Ordenación del Territorio.

1. El contenido de las Directrices Regionales y Subregionales de Ordenación del Territorio deberá servir para la formulación de la política general de ordenación territorial en el ámbito a que vayan destinadas.

2. Con carácter general se referirán como mínimo a los siguientes extremos:

a) Diagnóstico de la estructura general del territorio contemplado y de las pautas de desarrollo territorial manifestadas o previsibles.

b) Determinación de los objetivos y líneas de actuación de la política territorial que emanen en las distintas áreas analizadas, tomando como referencias mínimas el medio físico, la población y la vivienda, la actividad económica, los equipamientos, las infraestructuras y los sistemas de comunicaciones.

c) Criterios de actuación, compatibilización, programación y tramitación coordinadas entre las distintas Administraciones que actúan territorialmente en la región.

d) Supuestos de actualización y revisión de la Directrices y Normas Específicas para su seguimiento.

e) Señalamiento de las áreas de protección que deban establecerse, mantenerse o ampliarse atendiendo a su valor natural, cultural, social o económico, haciendo especial referencia a los recursos agrícolas y forestales y a los cursos de agua, todo ello sin perjuicio de las delimitaciones específicas que puedan realizarse en aplicación de la legislación sectorial.

f) Criterios de compatibilización del planeamiento urbanístico.

g) Criterios para localización y ejecución de infraestructuras, equipamientos y servicios en general.

h) Condiciones a que deban someterse las propuestas que por su carácter estructurante del territorio o incidencia supramunicipal así lo requieran.

i) Análisis de las relaciones de las Directrices con la planificación económica general del Principado.

3. Cuando para la formulación de las Directrices de que se trata no resulte necesario incluir previsiones referentes a algunos de los apartados anteriores, bastará con justificar adecuadamente su falta de relevancia para dicho caso concreto.

⇒ V. Ley del Principado de Asturias 1/2001, de 6 marzo, de Patrimonio Cultural.

Artículo 7. Documentación de las Directrices Regionales y Subregionales.

El Contenido de las Directrices de Ordenación del Territorio se concretará en los siguientes documentos:

a) Estudios y planos de información.

b) Planos de delimitación de su ámbito territorial.

c) Memoria explicativa en la que se justifique el ámbito elegido y los criterios de evaluación utilizados.

d) Explicitación de objetivos.

e) Directrices de ordenación territorial y expresión gráfica de las mismas en cuanto esquema de ordenación territorial y áreas de protección.

Artículo 8. Contenido de las Directrices Sectoriales de Ordenación del Territorio.

Las Directrices Sectoriales de Ordenación del Territorio deberán contener los siguientes extremos:

a) Identificación del sector a que se refieren, distinguiéndolo con la mayor claridad posible de sectores afines y señalando las relaciones con los mismos.

b) Delimitación de su ámbito espacial.

c) Justificación de su necesidad para el sector de que se trate y el ámbito elegido.

d) Descripción de la problemática territorial planteada por el sector y análisis del impacto de las actuaciones públicas y privadas producidas en el pasado y previstas para el futuro dentro del sector.

e) Relaciones con el planeamiento urbanístico y problemas suscitados, considerando específicamente las actuaciones previstas en la programación del planeamiento general.

f) Establecimiento de criterios de coordinación con otros sectores y con el marco general y particular de la ordenación territorial dentro del ámbito de las Directrices.

g) Criterios para la evaluación de alternativas en función de su contenido sectorial y su impacto territorial, estructural o ambiental.

⇒ V. art. 18 de la presente ley.

Artículo 9. Documentación de las Directrices Sectoriales.

El contenido de las Directrices Sectoriales de Ordenación del Territorio se concretará en los siguientes documentos:

a) Estudios y planos de información.

b) Planos de delimitación de su ámbito territorial.

c) Memoria explicativa en la que se justifique el ámbito elegido y la necesidad de redactar Directrices Sectoriales en el mismo.

d) Explicitación de objetivos.

e) Directrices Sectoriales de Ordenación Territorial y expresión gráfica de las mismas.

Artículo 10. Eficacia de las Directrices de Ordenación del Territorio.

1. Las Directrices de Ordenación del Territorio servirán como marco de referencia obligado para la actuación territorial de la Administración Pública en el Principado de Asturias, en los términos que establezca el Decreto de aprobación de las mismas.

2. Asimismo, las Directrices de Ordenación del Territorio podrán servir de marco de referencia territorial para fijar las previsiones de índole social, económico y político que, de acuerdo con el art. 24.4 del Estatuto de Autonomía, haya de suministrar el Principado de Asturias a la Administración del Estado.

3. La aprobación de unas Directrices de Ordenación del Territorio llevará aparejada la necesidad de adaptar a las mismas, en aras del interés regional, los planes urbanísticos o sectoriales y los Programas de Actuación Territorial vigentes en el momento de su promulgación, de acuerdo con lo que se establezca en el Decreto de aprobación de las Directrices.

4. El contenido de las Directrices de Ordenación del Territorio servirá de marco territorial de referencia para la elaboración de los planes y programas económicos del Principado.

Artículo 11. Vigencia y revisión de las Directrices de Ordenación del Territorio.

1. Las Directrices de Ordenación del Territorio tendrán vigencia indefinida salvo cuando en su propio texto o en el Decreto de su aprobación se indique lo contrario.

2. Cuando por la modificación de los criterios y objetivos que hayan prevalecido en la redacción de las Directrices o por la transformación de las condiciones territoriales, económicas o sociales, se haga necesario alterar la estructura territorial resultante de las Directrices o alguno de sus elementos esenciales, se procederá a la revisión de las mismas con arreglo al procedimiento establecido en el artículo 22.

3. Cuando se trate únicamente de modificar alguno de los elementos de la Directrices que no lleven aparejada alteración de la estructura territorial en

ellas definida, se procederá a la actualización de las mismas de acuerdo con el procedimiento establecido para este caso en el artículo 22.

CAPÍTULO II
Programas de Actuación Territorial

Artículo 12. Concepto y fines.

Los Programas de Actuación Territorial que se elaboren en desarrollo de las Directrices son el instrumento que tendrá por objeto recoger de forma sistemática las actuaciones con incidencia en el territorio que vayan a realizarse por los diversos organismos y entidades de la Administración del Principado.

Artículo 13. Contenido de los Programas de Actuación Territorial.

1. Los Programas de Actuación Territorial incluirán:

a) Delimitación de su ámbito territorial y funcional.

b) Relación de actuaciones previstas.

c) Justificación de la coherencia entre las actuaciones programadas y las previsiones contenidas en las Directrices de Ordenación Territorial aplicables y, en su caso, en otros Programas de Actuación Territorial existentes.

d) Relación con el planeamiento urbanístico vigente, y en particular con los Programas de Actuación de los Planes Generales de Ordenación Municipal y, en su caso, Normas Subsidiarias.

e) Además, y en la medida en que así lo exija su correlación con la Planificación Económica del Principado, los Programas podrán especificar la determinación de los organismos encargados de su realización, establecer plazos de ejecución de las actuaciones previstas, incorporar estudios económicos y presupuestarios y analizar cualesquiera otras cuestiones que resulte de interés destacar al efecto expresado.

2. Cuando la inclusión de alguno de los anteriores extremos resulte imposible o innecesaria para el Programa de que se trate, bastará con justificar debidamente dicha circunstancia ante el órgano encargado de la aprobación del Programa de Actuación Territorial.

Artículo 14. Ámbito funcional y espacial de los Programas de Actuación Territorial.

1. Los Programas de Actuación Territorial podrán referirse de modo general a actuaciones públicas con impacto territorial o de modo especial a las incluidas dentro de un determinado sector o destinadas a una finalidad específica.

2. Cuando se trate de Programas de Actuación Territorial destinados a la programación dentro de un solo sector o a la consecución de una finalidad específica, el ámbito espacial de los mismos podrá referirse a la totalidad o parte del territorio de la región.

3. Los programas de Actuación Territorial que se refieren de modo ge-

neral a actuaciones públicas con incidencia territorial sin circunscribirse a un sector determinado, deberán limitar su ámbito a espacios determinados dentro del Principado de Asturias.

Artículo 15. Seguimiento y vigencia de los Programas de Actuación Territorial.

La duración de los Programas de Actuación Territorial vendrá definida por la naturaleza de las actuaciones previstas en los mismos y, cuando sea plurianual, deberán someterse a actualizaciones anuales, de acuerdo con las previsiones de seguimiento y actualización establecidas en el propio Programa.

Artículo 16. Eficacia de los Programas de Actuación Territorial.

1. Los Programas de Actuación Territorial serán de aplicación en la Administración del Principado, debiendo revisarse, en plazo que se determine en el acto de su aprobación, las previsiones contenidas en los Programas de Actuación y Estudios económico-financieros de los Planes Urbanísticos, así como en los Planes y Programas Sectoriales en vigor.

2. Las actuaciones previstas para cada año en los Programas de Actuación Territorial servirán de referencia y base para la elaboración de los Programas de Desarrollo Regional y de los Presupuestos anuales del Principado.

3. Cuando por razones urgentes o excepcionales deban realizarse actuaciones que, incluidas en el Programa, se aparten de sus previsiones, se procederá a la mayor brevedad a una revisión formal del contenido de aquél con el fin de ajustarlo a la nueva situación.

CAPÍTULO III

Evaluaciones de Impacto

Artículo 17. Concepto y clases de Evaluaciones de Impacto.

1. A los efectos de esta Ley, se consideran Evaluaciones de Impacto el conjunto de estudios y análisis encaminados a predecir, valorar y adecuar la posible incidencia que una actuación o grupo de actuaciones haya de tener sobre un ámbito espacial determinado.

2. Las Evaluaciones de Impacto a que hace referencia esta Ley se dividirán en dos categorías:

a) Evaluación de Impacto Ambiental, referida a la determinación del posible impacto sobre el medio ambiente natural o edificado.

b) Evaluación del Impacto Estructural, referida al análisis de los costes y beneficios económicos y sociales derivados directa o indirectamente de la actuación prevista, así como su incidencia en el sistema de núcleos de población, infraestructuras, equipamientos y servicios.

⇒ V. art. 18 de la presente ley.

Artículo 18. Ámbito y contenido de las Evaluaciones de Impacto.

1. El ámbito al que las Evaluaciones de Impacto se referirán vendrá

determinado por el de las actuaciones cuyas consecuencias hayan de evaluarse, pudiendo señalarse para algunas actuaciones o clases de actuaciones concretas por mandato de las Directrices de Ordenación Territorial que vayan a desarrollarse.

2. El contenido de las Evaluaciones de Impacto vendrá determinado reglamentariamente. En todo caso, será necesario que dichas Evaluaciones contengan, como mínimo, las siguientes determinaciones:

a) Identificación de la actuación evaluada, señalando el Plan y Programa al amparo del cual se desarrolla o el acuerdo de los organismos a que se refiere el artículo 27.3.

b) Delimitación del ámbito o ámbitos de impacto territorial previstos para la actuación.

c) Criterios, variables y procedimientos utilizados para la evaluación.

d) Señalamiento, evaluación y, en su caso, valoración económica de los impactos detectados.

3. Los Proyectos a evaluar contendrán los datos especificados en el Real Decreto Legislativo 1302/1986, de 28 de junio.

⇒ V. D. 38/1994, de 19 mayo, que aprueba el Plan de Ordenación de los Recursos Naturales de Asturias, complementado por Res. 9 marzo 1999, de la Consejería de Fomento.

V. Ley 6/2001, de 8 mayo, de modificación del RDLeg 1302/1986, de 28 junio, de evaluación de impacto ambiental

TÍTULO II
PROCEDIMIENTO

CAPÍTULO I
Elaboración y aprobación de las Directrices

Artículo 19. Iniciación del procedimiento.

1. La iniciación del procedimiento para la elaboración de las Directrices Regionales corresponde al Consejo de Gobierno del Principado, a iniciativa propia o del Consejero de Ordenación del Territorio, Vivienda y Medio Ambiente.

Asimismo, corresponderá al Consejo de Gobierno la decisión de iniciar la elaboración de las Directrices Sub-Regionales de Ordenación y las Directrices Sectoriales de Ordenación, pudiendo entonces partir también la iniciativa de cualquiera de las Consejerías interesadas, en el caso de las Directrices Sectoriales, o de las Corporaciones Locales en el caso de las Directrices Sub-Regionales.

2. El acuerdo del Consejo de Gobierno iniciando el proceso de elaboración de las Directrices, sea cual sea su naturaleza, determinará los órganos, entidades y administraciones que han de participar en la redacción de las mismas, los plazos para su elaboración y cualesquiera otras indicaciones que se juzguen necesarias o convenientes para orientar los trabajos en la dirección

deseada. Para conocimiento de cuantos puedan estar interesados en la formulación de las Directrices, el acuerdo de iniciación de su elaboración será objeto de publicación en el «Boletín Oficial del Principado de Asturias» y de la Provincia y en un medio de comunicación de amplia difusión regional.

Artículo 20. Elaboración.

1. Los redactores de las Directrices elaborarán dentro de los plazos previstos, un documento de avance en el que se recojan las líneas principales del diagnóstico de la situación sobre la que pretenden incidir las Directrices, los objetivos básicos que se desean alcanzar con las mismas y la clase de medidas que se propone adoptar para conseguir tales objetivos.

2. Dicho documento de avance deberá ser remitido a la Comisión de Urbanismo y Ordenación del Territorio de Asturias para que emita informe. Una vez informado por la Comisión, ésta lo remitirá a la Consejería u organismo que esté tramitando el expediente para su comunicación a todas las Consejerías y Corporaciones Locales, afectadas por las Directrices de que se trate, así como al Delegado del Gobierno en la Comunidad Autónoma, con el fin de que puedan formular las observaciones y sugerencias que estimen convenientes durante el plazo de un mes.

3. Simultáneamente, se anunciará en el «Boletín Oficial del Principado de Asturias» y de la Provincia y en un medio de comunicación de amplia difusión regional la terminación de la elaboración del Avance para que todas las personas y entidades interesadas puedan examinar su documentación y formular por escrito cuantas observaciones consideren oportuno durante el plazo de un mes. A estos efectos se pondrá a disposición del público una copia del documento de Avance en las oficinas del organismo u organismos a los que se haya encomendado su relación.

4. Las observaciones y sugerencias recibidas durante este plazo deberán ser analizadas por los redactores de las Directrices reflejándolas en un capítulo especial de la Memoria, dedicado al proceso de información y compatibilización interadministrativa.

⇒ V. D. 169/1999, de 9 diciembre, que regula la composición, competencias y funcionamiento de la Comisión de Urbanismo y Ordenación del Territorio.

Artículo 21. Tramitación para la aprobación de Directrices.

1. A la vista de las observaciones y sugerencias recibidas, el organismo o entidad encargado de la redacción de las Directrices procederá a elaborar una propuesta formal de Directrices que será remitida a la Comisión de Urbanismo y Ordenación del Territorio de Asturias para su aprobación inicial.

2. Aprobadas inicialmente las Directrices, serán objeto de las publicaciones indicadas en los artículos precedentes para que cuantas personas y entidades lo deseen puedan examinar la documentación correspondiente en los locales designados al efecto y formulen las alegaciones que consideren oportunas.

3. Simultáneamente, mediante la remisión de los documentos a los orga-

nismos y corporaciones a los que se refiere el párrafo 2 del artículo 20, se abrirá por igual tiempo un trámite de audiencia a Corporaciones en que serán oídas cuantas observaciones sean formuladas por éstas. El resultado de este trámite, así como los conflictos y acuerdos, que, en su caso, se susciten con motivo del mismo, deberán ser reflejados en la Memoria de las Directrices dentro de un capítulo dedicado específicamente a la compatibilización y coordinación administrativa.

4. Una vez analizados los resultados de los trámites de información pública y audiencia de Corporaciones y, en su caso, introducidas en las Directrices las modificaciones pertinentes, se remitirá la propuesta de Directrices a la Comisión de Urbanismo y Ordenación de Territorio de Asturias para su aprobación provisional. Recibida la documentación correspondiente, la Comisión podrá solicitar del organismo redactor de las Directrices cuantas aclaraciones considere necesarias, así como condicionar la aprobación provisional a la introducción de las modificaciones que considere oportunas.

5. La Comisión de Urbanismo y Ordenación del Territorio de Asturias recabará, con carácter preceptivo y antes de proceder a la aprobación provisional, informe de Comité Regional de Planificación y Coordinación de Inversiones Públicas sobre las repercusiones financieras y presupuestarias del instrumento.

Una vez recibida la aprobación provisional e introducidas, en su caso, las modificaciones exigidas por la misma, el organismo encargado de la redacción elevará las Directrices al Consejo de gobierno para su aprobación definitiva mediante Decreto.

⇒ V. D. 169/1999, de 9 diciembre, que regula la composición, competencias y funcionamiento de la Comisión de Urbanismo y Ordenación del Territorio.

Artículo 22. Revisión y actualización de la Directrices.

Para la revisión de las Directrices previstas en el artículo 11 de esta Ley se seguirá idéntico procedimiento al utilizado para su aprobación. Cuando se trate de llevar a cabo una mera actualización de las mismas, su tramitación deberá ajustarse al siguiente procedimiento:

1. La decisión de actualizar las Directrices de Ordenación del Territorio corresponde al Consejo de Gobierno del Principado, a iniciativa propia o de cualquiera de los organismos facultados para proponer la iniciación de su elaboración.

2. El acuerdo del Consejo de Gobierno, decidiendo la actualización de las Directrices, señalará el organismo o los organismos encargados de proceder a la misma y los plazos y condiciones en que debe realizarse la actualización.

3. Una vez elaborada la propuesta de actualización de las Directrices por el organismo u organismos a quienes se les haya encomendado esta labor, presentarán su propuesta de actualización a la Comisión de Urbanismo y Ordenación del Territorio de Asturias que será la encargada de dar audiencia por espacio de un mes a todas las Consejerías del Gobierno del Principado y

los Ayuntamientos de los concejos afectados por las Directrices que hayan de actualizarse, además de los organismos y entidades que considere necesario.

4. Transcurrido el plazo de un mes y terminado el trámite de audiencia, la Comisión de Urbanismo y Ordenación del Territorio de Asturias remitirá a la Consejería de Ordenación del Territorio, Vivienda y Medio Ambiente la propuesta de actualización, junto con su informe, a efectos de su elevación al Consejo de Gobierno del Principado para resolución definitiva.

5. El acuerdo de aprobación de las actualizaciones de Directrices de Ordenación del Territorio se ajustará a las mismas formalidades previstas para la adopción de las mismas.

⇒ V. D. 94/1999, de 12 agosto, sobre estructura orgánica de la Consejería de Infraestructuras y Política Territorial.

Artículo 23. Garantía institucional.

Lo dispuesto en los artículos procedentes se entenderá sin menoscabo de la potestad legislativa estatutariamente reservada a la Junta General del Principado y a salvo la garantía institucional reconocida por la Constitución a la Corporaciones Locales.

CAPÍTULO II

Tramitación de los Programas de Actuación Territorial

Artículo 24. Iniciación del procedimiento.

1. La iniciación del procedimiento para la elaboración de los Programas de Actuación Territorial de ámbito regional o que funcionalmente abarquen más de un sector determinado deberá ser acordada por el Consejo de Gobierno del Principado, a iniciativa propia o de cualquiera de las Consejerías que hayan de intervenir en el mismo.

2. Cuando se trate de Programas de ámbito subregional que funcionalmente se dirigirán a un solo sector y puedan se desarrollados por un único organismo o entidad, podrán éstos decidir la iniciación de los mismos.

3. El acuerdo del Consejo de Gobierno decidiendo la iniciación del procedimiento de elaboración de los Programas de Actuación Territorial señalará los organismos que hayan de participar en su elaboración y ejecución, los plazos de redacción y puesta en práctica y cualesquiera otros extremos que se consideren necesarios para orientar dicho proceso.

4. Los organismos y entidades que decidan poner en marcha Programas de Actuación Territorial de ámbito subregional en los que ellos solos hayan de intervenir pondrán dicha decisión en conocimiento de la Comisión de Urbanismo y Ordenación del Territorio de Asturias, a efectos de coordinación y compatibilización interadministrativa.

Artículo 25. Elaboración.

La elaboración de los Programas de Actuación Territorial correrá a cargo de los organismos designados a tal efecto por el Consejo de Gobierno cuando la decisión de iniciarlos corresponda a dicho órgano, y por los órganos que tengan la competencia directa en la materia en los demás casos.

Artículo 26. Aprobación.

El organismo u organismos encargado de la redacción de los Programas de Actuación Territorial pondrán en conocimiento de la Comisión de Urbanismo y Ordenación del Territorio de Asturias el inicio de su elaboración. Una vez elaborados, los Programas serán remitidos a la Comisión a fin de que ésta, en el plazo de un mes, recabe el informe preceptivo del Comité Regional de Planificación y Coordinación de Inversiones Públicas, emita el propio y, a través del Consejero de Ordenación del Territorio, Vivienda y Medio Ambiente, eleve el expediente al Consejo de Gobierno para su aprobación.

⇒ V. D. 169/1999, de 9 diciembre, que regula la composición, competencias y funcionamiento de la Comisión de Urbanismo y Ordenación del Territorio.

CAPÍTULO III
Evaluaciones de Impacto

Artículo 27. Elaboración.

1. El Gobierno del Principado de Asturias establecerá mediante Decreto la regulación general de los requisitos de elaboración de las Evaluaciones de Impacto previstas en esta Ley.

2. Las Directrices de Ordenación del Territorio y el planeamiento urbanístico municipal deberán incluir entre sus determinaciones el establecimiento de los casos y las circunstancias en que resulte necesaria la realización de las Evaluaciones de Impacto.

3. En todo caso, se procederá a la elaboración de Evaluaciones de Impacto cuando así lo requieran mediante acuerdo motivado por razón de la materia la Agencia de Medio Ambiente, para las Evaluaciones de Impacto Ambiental, el Comité Regional de Planificación y Coordinación de Inversiones Públicas, para las Evaluaciones de Impacto estructural, o la Comisión de Urbanismo y Ordenación del Territorio de Asturias en ambos supuestos.

4. La elaboración de las Evaluaciones de Impacto podrá realizarse con anterioridad a la aprobación de los Programas de Actuación Territorial o con carácter previo a la solicitud de la licencia urbanística para la ejecución de cada proyecto.

5. La elaboración de las Evaluaciones de Impacto correrá a cargo de las personas, organismos o entidades que pretendan llevar a cabo las actividades o programas objeto de la evaluación.

⇒ V. D. 169/1999, de 9 diciembre, que regula la composición, competencias y funcionamiento de la Comisión de Urbanismo y Ordenación del Territorio.
V. art. 18 de la presente ley.

Jurisprudencia

«En el presente caso se vienen a invocar como competencias concurrentes en materia de medio ambiente, la determinada por la legislación estatal en materia de

Evaluación de Impacto Ambiental y la Ley de Costas y la correspondiente a la Comunidad Autónoma del Principado de Asturias establecida en la Ley 1/1987, de Coordinación y Ordenación del Territorio y en el Decreto 11/1991, por el que se aprueban sus directrices, en el que se establecen los tipos de actuación sujetas a evaluación de impacto ambiental. Corresponde pues determinar el alcance de la competencia autonómica en materia de ordenación del territorio en relación a la estatal sobre medio ambiente en la zona marítimo terrestre. El Estado, como titular de la zona marítimo terrestre, tiene competencia para establecer su régimen jurídico y cuantas medidas sean necesarias para su protección y preservar sus características, así como para asegurar su integridad y el libre uso público, en tanto que la aprobación de los planes y normas de ordenación territorial, así como su ejecución corresponde en exclusiva a quienes tienen atribuida la competencia en materia de Ordenación del Territorio, pronunciamiento que también cabe hacer, en el mismo sentido, respecto a la protección de la naturaleza y los valores naturales y paisajísticos, sin embargo, la controversia en el caso de autos no se suscita en relación a la ordenación del territorio de competencia autonómica, que en sus directrices no se sujeta a evaluación de impacto ambiental las actuaciones en la costa asturiana, sino sobre la prestación, utilización y policía del dominio marítimo terrestre que tiene atribuida el Estado al que corresponde efectuar los correspondientes informes al Impacto Ambiental como anteriormente se ha razonado». **(STS 23 julio 1996 [RJCA 1996, 2184]).**

Artículo 28. Tramitación.

1. Las evaluaciones de Impacto se presentarán:

a) Las ambientales ante la Agencia de Medio Ambiente.

b) Las estructurales ante la Comisión de Urbanismo y Ordenación del Territorio de Asturias, la cual requerirá informe del Comité Regional de Planificación y Coordinación de Inversiones Públicas.

2. Recibidos los informes sobre los diversos impactos evaluados, los organismos competentes emitirán, a su vez, informe sobre el impacto de la actividad evaluada.

3. El informe negativo determinará la imposibilidad de conceder la correspondiente licencia urbanística o de actividad.

Si el organismo o entidad promotora del programa o actuación evaluados hiciera constar su desconformidad con el citado informe, la Consejería de Ordenación del Territorio, Vivienda y Medio Ambiente elevará al expediente al Consejo de Gobierno para que sea éste quien decida sobre la procedencia de llevar a cabo la actividad.

⇒ V. D. 94/1999, de 12 agosto, sobre estructura orgánica de la Consejería de Infraestructuras y Política Territorial.

V. art. 18 de la presente ley.

TÍTULO III

DE LAS ACTUACIONES PÚBLICAS

Artículo 29. Actuaciones de la Administración del Principado.

1. La ejecución de las obras, instalaciones y actuaciones que, de acuerdo con lo dispuesto en el artículo 2 de esta Ley, incidan directamente sobre el territorio, con excepción de las que deban realizarse con carácter de urgencia para prevenir o remediar desastres naturales o situaciones de emergencia,

deberá ser compatible con las Directrices o Programas de Actuación Territorial aprobados.

2. A este fin, y con carácter previo al trámite de licencia, autorización o permiso administrativo, los organismos y entidades de la Administración del Principado, comunicarán a la Comisión de Urbanismo y Ordenación del Territorio, su propósito de llevar a cabo dichos proyectos o actuaciones, incluyendo con la comunicación una descripción suficiente de las características de los mismos, a efectos de que dicha Comisión los examine.

3. La Comisión se pronunciará en el plazo de quince días sobre la adecuación del proyecto o actuación presentadas a las Directrices y Programas de Actuación Territorial. Cuando su informe fuese desfavorable y el organismo promotor se muestre en desacuerdo con el mismo, el expediente se elevará a la decisión del Consejo de Gobierno a través del Consejero de Ordenación del Territorio, Vivienda y Medio Ambiente.

4. El informe favorable de la Comisión de Urbanismo y Ordenación del Territorio de Asturias no eximirá de la correspondiente licencia municipal de obra o actividad.

Artículo 30. Actuaciones de la Administración Municipal.

La realización de obras e inversiones de nueva planta por parte de las Corporaciones Locales en las que deban participar organismos o entidades de la Administración del Principado, se someterá al procedimiento establecido en el artículo 29.

Artículo 31. Actuaciones de la Administración del Estado.

Los conflictos que pudieran plantearse entre las previsiones del planeamiento urbanístico, las Direcciones de Ordenación del Territorio o los Programas de Actuación Territorial y los proyectos de obras promovidas por organismos o entidades de derecho público, dependientes de la Administración del Estado, se resolverán con arreglo al procedimiento del artículo 180 de la Ley del Suelo, adoptando la decisión definitiva el Consejo de Gobierno del Principado de Asturias, al que el órgano central interesado remitirá el expediente por conducto del Consejero de Ordenación del Territorio, Vivienda y Medio Ambiente.

No obstante, cuando los expresados proyectos se desarrollen en ejercicio de competencias exclusivas del Estado y existan razones de urgencia o excepcional interés público que exijan desviarse de la normativa territorial o urbanística en vigor, el acuerdo definitivo será adoptado por el Consejo de Ministros, al que será remitido el expediente a través del Consejero de Ordenación del Territorio, Vivienda y Medio Ambiente.

En ambos casos, y una vez autorizado el proyecto, el Consejo de Gobierno analizará las repercusiones territoriales inherentes al mismo y ordenará la formulación de las pertinentes modificaciones en los instrumentos y planes aplicables.

TÍTULO IV
ÓRGANOS DE ORDENACIÓN DEL TERRITORIO

Artículo 32. Organos regionales.

En orden a la ejecución de lo dispuesto en esta Ley serán específicamente competentes la Consejería de Ordenación del Territorio, Vivienda y Medio Ambiente y la Comisión de Urbanismo y Ordenación del Territorio de Asturias, sin perjuicio de las competencias que correspondan a otros organismos, entidades o administraciones.

Artículo 33. Consejería de Ordenación del Territorio, Vivienda y Medio Ambiente.

La Consejería de Ordenación del Territorio, Vivienda y Medio Ambiente participará necesariamente en la elaboración de las Directrices de Ordenación Territorial y los Programas de Actuación Territorial de ámbito regional que se redacten.

Artículo 34. Comisión de Urbanismo y Ordenación del Territorio.

1. La Comisión de Urbanismo y Ordenación del Territorio de Asturias es el órgano de la Administración del Principado de consulta, coordinación, impulso y, en su caso, resolución, en las materias de Urbanismo y Ordenación del Territorio.

2. Son funciones de Comisión de Urbanismo y Ordenación del Territorio de Asturias:

a) En materia urbanística, las atribuidas a la Comisión de Urbanismo de Asturias cuyas competencias quedan asumidas por la Comisión de Urbanismo y Ordenación del territorio de Asturias.

b) En materia de ordenación del territorio, la Comisión desempeñará cuantos cometidos le asigna esta Ley, correspondiéndole las facultades de previsión, impulso, mediación e información interadministrativa inherentes al ejercicio de tales cometidos.

DISPOSICIÓN TRANSITORIA

En tanto no se produzca su regulación reglamentaria, la composición, efectivos y medios de la Comisión de Urbanismo y Ordenación del Territorio de Asturias serán los que actualmente corresponden a la Comisión de Urbanismo de Asturias.

DISPOSICIÓN FINAL

Se autoriza al Consejo de Gobierno del Principado de Asturias para dictar cuantas disposiciones sean necesarias para desarrollar y aplicar el contenido de esta Ley, siempre que su aprobación no haya sido expresamente reservada a la Junta General.

§ 10 LEY 3/1987, DE 8 ABRIL. REGULA LA DISCIPLINA URBANÍSTICA EN EL PRINCIPADO DE ASTURIAS

(BOE núm. 119, de 19 mayo y BOPA núm. 95, de 27 abril [RCL 1987, 1251 y LPAS 1987, 1211)

Conforme a lo dispuesto en el artículo 10 de su Estatuto de Autonomía, el Principado de Asturias posee competencias exclusivas en las materias de ordenación del territorio y urbanismo, materias éstas que actualmente vienen reguladas en el ámbito del derecho estatal por la Ley sobre Régimen del Suelo y Ordenación Urbana y los Reglamentos dictados para su aplicación.

Tras varios años en ejercicio de las competencias asumidas se dispone de una experiencia reveladora de la necesidad de adaptar a las peculiaridades de la región la legalidad estatal sobre disciplina urbanística. En efecto, las estructuras territoriales y las características socioeconómicas de la comunidad asturiana confieren a los procesos de construcción y utilización del suelo unas particularidades específicas que demandan un tratamiento normativo singular, a cuyo amparo la actuación urbanística se desarrolle en adecuada armonía con el ordenamiento vigente.

No se trata, sin embargo, de reemplazar en su totalidad la regulación estatal –perfectamente válida en gran parte de los casos que la realidad depara– sino de complementar una serie de aspectos sustantivos y procedimentales, de modo que se logre incrementar la eficacia de la acción disciplinaria urbanística.

Para ello, y en primer término, deben potenciarse los instrumentos de control de las actuaciones urbanísticas que se promuevan. Por tanto, el análisis apriorístico de las nuevas promociones –cuya traducción será la licencia– ha de efectuarse sobre la base de que la Administración competente disponga de un correcto conocimiento de las repercusiones urbanísticas del proyecto sometido a licencia, siendo ésta una información a aportar por el solicitante con el máximo grado de detalle. Adicionalmente se impone una observancia rigurosa de los trámites procedimentales establecidos, con vistas a asegurar una justa concordancia de la resolución que se dicte con la normativa aplicable sin que ello elimine la necesidad de los oportunos controles por razones de estricta legalidad.

Otro mecanismo de reforzamiento de las licencias se produce a través de las medidas de paralización de las acciones y usos sobre el suelo que no hubieran sido debidamente autorizados y, en el mismo sentido, se arbitran una serie de obstáculos prácticos, vedando el acceso a determinados servicios y suministros.

La restauración de los espacios físicos afectados por actos urbanísticos irregulares se aborda bajo la premisa de que sólo darán lugar al derribo las construcciones cuya incompatibilidad con el ordenamiento resulte realmente insalvable, evitándose que el simple transcurso del tiempo permita –por sí solo– justificar la iniciación de acciones de demolición reintegradora, lo cual, sin embargo, no libera a quien ha actuado sin o contra licencia de la obligación de legalizar la situación originada.

Para los supuestos en los que la eliminación material de los elementos infractores fuese una medida de necesaria aplicación, se estimula, mediante multas coercitivas, el cumplimiento, por el promotor, de las órdenes administrativas.

La tipificación de las infracciones y su sanción encierra continuas referencias a la normativa estatal, completándose el alcance de ésta mediante la inclusión en el concepto de infracción urbanística de determinadas conductas y omisiones que, directa o indirectamente, contribuyen a la perpetración de la irregularidad o impiden la obligada subsanación de los efectos perjudiciales derivados de la misma.

En cuanto a las sanciones, no se pretende elevar su cuantía, sino simplemente asegurar su rápida y efectiva imposición, al considerarse que –más que la amenaza de un riguroso castigo– lo que realmente intimida al eventual infractor es la absoluta certeza de que penalidad existente será estrictamente aplicada.

Como elemento clave en orden al seguimiento administrativo de la actividad urbanizadora, se regulan las Inspecciones Urbanísticas cuyas funciones de control y asesoramiento tienden a establecer un contacto permanente entre el proceso de urbanización y los organismos oficiales a los que incumbe el mantenimiento de la disciplina, de modo que éstos disfruten de unos conocimientos periódicamente actualizados que posibiliten la respuesta diligente y eficaz contra las perturbaciones indeseadas.

Al concurrir competencialmente diversas Administraciones en el contexto disciplinario, conviene precisar el modo y forma de ejercer las facultades confluentes, por lo que, y de acuerdo con el principio de autonomía municipal, procede configurar las atribuciones de la Administración regional como subsidiarias de las que, en primer término, se confiere a los entes locales.

Subyace, pues, en el espíritu de la Ley, la intención de investir a los municipios de un básico protagonismo en la cuestión disciplinaria, correspondiendo a la autoridad autonómica el asesoramiento, la colaboración y los pertinentes controles de legalidad, y reduciéndose las intervenciones directas de dicha autoridad a casos extremos en los que la defensa del orden urbanístico no sea adecuadamente asumida por el poder municipal. No obstante, y con el fin de impedir que ello suceda, la Ley ha establecido suficientes estímulos para impulsar el ejercicio de sus funciones por la autoridad local, en el convencimiento de que es la falta de inmediatez y de firmeza en la reacción lo que propicia la consumación de las infracciones urbanísticas.

TÍTULO I
DE LAS LICENCIAS

Artículo 1.

1. La licencia urbanística es el acto administrativo mediante al cual adquieren efectividad las posibilidades de parcelación, edificación, ocupación, aprovechamiento o uso relativos a un suelo determinado, previa concreción de lo establecido al respecto en las leyes, planes de ordenación y demás normativa urbanística.

2. Sin perjuicio de cualesquiera otras autorizaciones que fueran procedentes con arreglo a la legislación sectorial específica, estarán supeditadas a la obtención de licencia todas aquellas actuaciones que se mencionan como sometidas a tal requisito por las leyes, planes, normas y ordenanzas urbanísticas, excepto cuando se lleven a cabo en cumplimiento de órdenes de ejecución emanadas de la autoridad municipal competente.

⇒ V. STC 11/1999, de 11 febrero (RTC 1999, 11), la cual declaró que el art. 6 de la presente Ley es inconstitucional y nulo en la medida en que el acuerdo de suspensión allí previsto se proyecte sobre los actos de edificación y uso del suelo a los cuales se refiere el art. 1.2 de esa Ley realizados con licencia incursa en la nulidad de pleno derecho a la que aluden los arts. 2.5 y 5.1 de la misma Ley.

3. Dentro de los límites marcados por la legislación del suelo y por la de régimen local, corresponde a los concejos la competencia para el otorgamiento de licencias, que será ejercitada en los términos y con las condiciones fijadas por esta Ley.

Toda denegación de licencia deberá ser motivada con explícita referencia a la norma o planeamiento que esté en contradicción con la licencia solicitada.

⇒ V. Jurisprudencia en arts. 178 y concordantes del TRLS/1976 (§3).

4. Las solicitudes de licencia se resolverán a través del procedimiento establecido en las normas reguladoras del Régimen Local. Las licencias se entenderán obtenidas por silencio positivo una vez transcurridos los plazos y cumplidas las condiciones establecidas por la legislación de Régimen Local. En ningún caso podrán adquirirse por silencio facultades en contra de las prescripciones de las leyes, planes y demás normativa urbanística.

A estos efectos, solamente se conceptuarán como obras menores aquellas de *sencilla técnica* y escasa entidad constructiva y económica que no supongan alteración del volumen, del uso objetivo, de las instalaciones y servicios de uso común o del número de viviendas y locales, ni afecten al diseño exterior, a la cimentación, a la estructura o a las condiciones de habitabilidad o seguridad de los edificios e instalaciones de todas clases. En ningún caso se entenderán como tales las parcelaciones urbanísticas, los cierres de muro de fábrica de cualquier clase, y las intervenciones en edificios declaradas como bienes de interés cultural y catalogados, los grandes movimientos de terrenos y la tala masiva de arbolado.

⇒ V. art. 9 del RSCL.
V. D. 39/1998, de 25 junio, sobre cumplimiento de normas de diseño para viviendas.
V. Ley del Principado de Asturias 1/2001, de 6 marzo, de Patrimonio Cultural.
V. D. 84/1992, de 30 diciembre, sobre unidad Mínima de Cultivo agrícola y forestal.
V. art. 4 de la Ley 38/1999, de Ordenación de la Edificación (§1.1).
V. Jurisprudencia en arts. 178 y concordantes del TRLS/1976 (§3).

Artículo 2.

1. El proyecto técnico con base al cual se solicita la licencia deberá disponer del correspondiente visado colegial, salvo en los proyectos, obras y construcciones de todo tipo, de y/o para las Administraciones públicas, Organismos Autónomos y Sociedades de capital, total o mayoritariamente público, a realizar, en este último caso, para las citadas Administraciones u Organismos, en que bastará la intervención de la Oficina de Supervisión de Proyectos o la aprobación técnica de la entidad correspondiente a la que pertenecieran o estuvieran adscritas.

El proyecto irá necesariamente cumplimentado con una memoria urbanística, como documento específico e independiente, en el que se indicará la finalidad y uso de la construcción o actuación pretendida, razonándose su adecuación a la ordenación vigente.

La memoria desarrollará los argumentos necesarios para justificar el cumplimiento de lo preceptuado en el artículo 73 de la Ley del Suelo y se acompañará de los correspondientes planos de situación a escala 1:10.000 ó 1:2.000 según se trate de terrenos rústicos o urbanos y de cualquier otra información gráfica que resulte precisa en orden a respaldar su contenido, con expresa indicación de la clasificación y calificación del suelo objeto de la actuación y de la normativa y ordenanzas aplicables al mismo.

✐ Párr. 1º del ap. 1 modificado por Ley 10/1991, de 30 diciembre, del Principado de Asturias.

⇒ Téngase en cuenta arts. 4 y concordantes de la Ley 38/1999, de 5 noviembre, de Ordenación de la Edificación (§1.1).
V. Jurisprudencia en arts. 178 y concordantes del TRLS/1976 (§3).

2. Queda sin efecto la exigencia del visado urbanístico cuya emisión atribuye a los Colegios Profesionales el art. 228.3 de la Ley del Suelo.

3. Una vez presentado ante el Ayuntamiento, el proyecto adquiere el carácter de documento oficial y de la exactitud y veracidad de los datos técnicos consignados en el mismo responde su autor a todos los efectos.

4. En todo procedimiento de concesión de licencia es preceptiva la emisión de informes técnicos y jurídicos por los servicios correspondientes de la entidad otorgante.

Cuando ésta carezca de los servicios técnicos y/o jurídicos adecuados los referidos informes deberán ser solicitados a la Comisión de Urbanismo y Ordenación del Territorio de Asturias.

5. Serán nulas de pleno derecho las licencias concedidas con inobservancia total de los trámites de información pública y aprobación de la Comisión de Urbanismo y Ordenación del Territorio de Asturias cuando fuesen necesarios con arreglo a la normativa vigente.

Tales licencias no surtirán efecto alguno y, respecto a las actuaciones que pudieran realizarse al amparo de las mismas, se aplicarán las medidas de protección y defensa de la legalidad urbanística previstas en el Título II de esta Ley.

⇒ La STC 11/1999, de 11 febrero (RTC 1999, 11), declaró que el art. 6 de la presente Ley es inconstitucional y nulo en la medida en que el acuerdo de suspensión allí previsto se proyecte sobre los actos de edificación y uso del suelo a los cuales se refiere el art. 1.2 de esa Ley realizados con licencia incursa en la nulidad de pleno derecho a la que aluden los arts. 2.5 y 5.1 de la misma Ley.

V. D. 169/1999, de 9 diciembre, que regula la composición, competencias y funcionamiento de la Comisión de Urbanismo y Ordenación del Territorio.

Artículo 3.

1. La licencia será obligatoria notificada de modo fehaciente a la Consejería de Ordenación del Territorio, Vivienda y Medio Ambiente.

Dicha notificación no eximirá de realizar el mismo trámite con otros organismos de la Administración del Principado o de las demás Administraciones Públicas cuando ello sea preceptivo en virtud de normas sectoriales específicas.

2. Cuando la Consejería estime que la licencia incurre en cualquier infracción del ordenamiento jurídico o del planeamiento vigente deberá requerir al órgano que la haya otorgado para que anule dicho acuerdo.

Tal requerimiento habrá de ser motivado y expresará la normativa que se considera vulnerada, formulándose dentro de los quince días siguientes a la fecha en que la notificación hubiese tenido entrada en la Consejería.

3. Si la entidad local no adoptase las medidas de revisión propuestas por la Consejería, ésta podrá impugnar la licencia ante la jurisdicción contencioso-administrativa dentro de los quince días posteriores a la conclusión del plazo señalado en el requerimiento.

4. El régimen de notificaciones e impugnaciones previsto en este artículo será aplicable a los acuerdos municipales en cuya virtud los Ayuntamientos inicien o modifiquen la promoción directa de actuaciones de carácter urbanístico.

⇒ V. art. 65 de la LBRL.

V. Res. 25 octubre 1999, de la Consejería Infraestructuras Y Política Territorial, sobre delegación de competencias en la Dirección General de Ordenación del Territorio y Urbanismo.

V. D. 94/1999, de 12 agosto, sobre estructura orgánica de la Consejería de Infraestructuras y Política Territorial.

Artículo 4.

1. Con el fin de que contenga una información mínima que permita identificar, concretar y ponderar las actuaciones autorizadas, el acto por el

que se conceda la licencia deberá consignar expresamente, además de cualesquiera otras especificaciones requeridas por las disposiciones vigentes o que el órgano otorgante considere oportuno incluir, los siguientes extremos:

a) La naturaleza urbanística del suelo objeto de la actuación.

b) Finalidad de la misma y uso al que se destinará.

c) Altura, volúmenes y ocupación permitida de parcela.

d) Cantidad en la que se presupuestan las obras.

e) Fecha de aprobación por la Comisión de Urbanismo y Ordenación del Territorio de Asturias o indicación de las normas en cuya virtud no resulte preceptivo dicho trámite.

2. El escrito por el que se comunique al solicitante la concesión de la licencia contendrá el texto íntegro de la misma y la indicación de la fecha de la notificación a que se refiere el apartado 1 del artículo 3.

⇒ V. D. 169/1999, de 9 diciembre, que regula la composición, competencias y funcionamiento de la Comisión de Urbanismo y Ordenación del Territorio.

TÍTULO II
DE LA PROTECCIÓN Y DEFENSA DE LA LEGALIDAD URBANÍSTICA

Artículo 5.

1. Cuando los actos de edificación y uso del suelo a los que se refiere el artículo 1.2 de esta Ley se realicen sin licencia o al amparo de una licencia incursa en nulidad de pleno derecho, el Alcalde dispondrá la paralización de dichas actuaciones.

⇒ La STC 11/1999, de 11 febrero (RTC 1999, 11), declaró que el art. 6 de la presente Ley es inconstitucional y nulo en la medida en que el acuerdo de suspensión allí previsto se proyecte sobre los actos de edificación y uso del suelo a los cuales se refiere el art. 1.2 de esa Ley realizados con licencia incursa en la nulidad de pleno derecho a la que aluden los arts. 2.5 y 5.1 de la misma Ley.
V. Jurisprudencia en arts. 184 y concordantes del TRLS/1976 (§3).

2. La Alcaldía podrá recabar el asesoramiento y auxilio de la Consejería de Ordenación del Territorio, Vivienda y Medio Ambiente para la ejecución del acuerdo de suspensión cuando el Ayuntamiento carezca de servicios técnicos y jurídicos o de los medios materiales precisos para llevarlo a cabo.

3. Las actuaciones urbanísticas promovidas directamente por la Administración Municipal podrán ser paralizadas por el Consejero de Ordenación del Territorio, Vivienda y Medio Ambiente cuando el acuerdo aprobatorio de la actuación no hubiere sido objeto de la notificación prevista en el artículo 3.4 o las obras que vengan realizándose a su amparo infrinjan manifiestamente el planeamiento en vigor o la normativa urbanística.

⇒ V. arts. 56 y concordantes del RD 1093/1997, de 4 julio (§2.1).
V. Res. 25 octubre 1999, de la Consejería Infraestructuras y Política Territorial sobre delegación de competencias en la Dirección General de Ordenación del Territorio y Urbanismo.

Artículo 6.

Cuando el Alcalde no adopte y ejecute el acuerdo de suspensión, el Consejero de Ordenación del Territorio, Vivienda y Medio Ambiente deberá advertirle en tal sentido y, si no se produce la paralización de las obras en el plazo de un mes, contado a partir de la fecha en que se hubiere formulado dicha advertencia, por el mero transcurso de dicho plazo quedarán sin efecto las competencias de la Alcaldía sobre tal actuación y pasarán a ser ejercitadas por el Consejero, que decretará y ejecutará la paralización o, en su caso, dictará las medidas a aplicar en orden a la ejecución del acuerdo adoptado por la Alcaldía.

✐ La STC 11/1999, de 11 febrero (RTC 1999, 11) declaró que este artículo es inconstitucional y nulo en la medida en que el acuerdo de suspensión allí previsto se proyecte sobre los actos de edificación y uso del suelo a los cuales se refiere el art. 1.2 de esa Ley realizados con licencia incursa en la nulidad de pleno derecho a la que aluden los arts. 2.5 y 5.1 de la misma Ley.

⇒ V. Res. 25 octubre 1999, de la Consejería Infraestructuras y Política Territorial sobre delegación de competencias en la Dirección General de Ordenación del Territorio y Urbanismo.

Artículo 7.

1. Cuando los actos a los que alude el artículo 1.2 de esta Ley se desarrollen sin ajustarse a las condiciones de la licencia u orden de ejecución, el Alcalde se dirigirá al promotor, constructor y técnico director, señalándoles las anomalías observadas y concediéndoles el plazo improrrogable de cinco días para aducir la concordancia de las obras con el contenido de la licencia u orden de ejecución, entendiéndose que la falta de contestación dentro de dicho plazo implica aceptación de las irregularidades señaladas y debiéndose acordar de modo inmediato la paralización de las obras o la prohibición de los usos.

2. Si por los responsables se aduce la conformidad de la licencia u orden de ejecución con la actuación urbanística, se les convocará para que dentro de los quince días siguientes se personen en el lugar donde ésta se venga desarrollando, examinándose los pormenores de la misma conjuntamente con la Inspección Urbanística Municipal y extendiéndose la correspondiente acta suscrita por todos los comparecientes, a la vista de la cual la Alcaldía se pronunciará según proceda, permitiendo la prosecución de la actividad o especificando un plazo para su adecuación a las condiciones de la licencia, vencido el cual sin que ésta se produzca tendrá lugar la paralización.

3. No implicarán disconformidad con la licencia las variaciones en la ejecución del proyecto aprobado que por razones de oportunidad o conveniencia técnica hubiese ordenado el director de la obra, siempre que tales modificaciones se adecuen a la naturaleza del proyecto, no supongan aumento de alturas o volúmenes y no comporten infracción urbanística alguna.

4. Cuando el Alcalde no ejercite las facultades que se le confieren en este artículo, asumirá sus funciones el Consejero de Ordenación del Territo-

rio, Vivienda y Medio Ambiente, de conformidad con lo establecido en el artículo 6.

⇒ V. Res. 25 octubre 1999, de la Consejería Infraestructuras y Política Territorial sobre delegación de competencias en la Dirección General de Ordenación del Territorio y Urbanismo.

V. Jurisprudencia en arts. 184 y concordantes del TRLS/1976 (§3).

Artículo 8.

El acuerdo de suspensión de obras será inmediatamente ejecutivo y se notificará al promotor, al constructor y, en su caso, al técnico director.

Si el promotor no paraliza la actividad en el plazo de cuarenta y ocho horas, se procederá por vía de ejecución forzosa a la ejecución del acuerdo de suspensión. A estos efectos la inspección urbanística municipal, asistida por la fuerza pública, comparecerá en las obras, previa citación de los responsables de las mismas y tras la lectura del acuerdo cuyo cumplimiento se va a ejecutar, precintará las instalaciones y elementos auxiliares de la construcción, pudiendo retirar la totalidad o parte de la maquinaria y materiales existentes y adoptar cualquier otra medida que juzgue conveniente en orden a la efectividad de la suspensión, sin perjuicio de dar cuenta a los Tribunales de Justicia con vistas a la exigencia de las responsabilidades de orden penal en que hubiesen podido incurrir los infractores.

La colaboración de la fuerza pública, en su caso, se recabará a través de la autoridad de la que dependa.

⇒ Téngase en cuenta arts. 8 y concordantes de la Ley 38/1999, de 5 noviembre, de Ordenación de la Edificación (§1.1).

V. Res. 25 octubre 1999, de la Consejería Infraestructuras y Política Territorial sobre delegación de competencias en la Dirección General de Ordenación del Territorio y Urbanismo.

V. Jurisprudencia en arts. 184, 225 y concordantes del TRLS/1976 (§3).

Artículo 9.

1. En el plazo de dos meses, contados a partir de la notificación del acuerdo de suspensión, deberá solicitarse la oportuna licencia para cuya tramitación será necesario formalizar a favor de la Administración actuante una fianza o aval bancario equivalente al 20% del presupuesto del proyecto técnico para garantizar el pago de las cantidades que resultaren exigibles como consecuencia de la sanción que fuera procedente imponer o de las medidas de restablecimiento de la realidad física alterada que, en su caso, hubieran de llevarse a cabo.

No se exigirá la fianza o aval a que se refiere el párrafo anterior, cuando la causa de la suspensión sea la declaración de nulidad de la licencia salvo que en el expediente se haya apreciado la existencia de dolo, culpa o negligencia graves imputables al perjudicado.

2. Cuando la licencia no fuese solicitada en el plazo previsto en el número anterior o si fuese denegada por ser su otorgamiento contrario a las prescripciones de la ordenación urbanística, se procederá conforme a lo dispuesto en el Título III de esta Ley.

El régimen jurídico aplicable a la legalización será el propio de la fecha en que hubiere sido iniciada la actuación cuya licencia se pide, salvo que las disposiciones vigentes en el momento de adoptar la resolución pertinente establecieran una normativa más favorable para el interesado.

⇒ V. Res. 25 octubre 1999, de la Consejería Infraestructuras y Política Territorial sobre delegación de competencias en la Dirección General de Ordenación del Territorio y Urbanismo.

V. Jurisprudencia en arts. 184 y concordantes del TRLS/1976 (§3).

Artículo 10.

1. Siempre que no hubiesen transcurrido más de cuatro años desde la total terminación de obras ejecutadas sin licencia u orden de ejecución o con desvío notorio de las condiciones de las mismas, el Alcalde requerirá al propietario para que en el plazo de dos meses inste la oportuna legalización o ajuste las obras a las condiciones de la licencia obtenida en su día.

2. A los efectos previstos en esta Ley se presume que unas obras realizadas sin licencia u orden de ejecución están totalmente terminadas cuando quedan dispuestas para servir al fin previsto sin necesidad de ninguna actividad material posterior referida a la propia obra o así lo reconozca de oficio la autoridad que incoe el expediente, previo informe de los Servicios Técnicos correspondientes.

3. Lo establecido en este artículo no será de aplicación a las actuaciones que, tengan o no licencia, se hubiesen ejecutado en contradicción con la zonificación o uso urbanístico de las zonas verdes o espacios libres previstos en el planeamiento, respecto a las cuales no existirá plazo de prescripción por lo que deberán llevarse a cabo las medidas dispuestas en el Título III tras proceder de oficio a la declaración de nulidad de las licencias que, en su caso, pudieran amparar tales infracciones.

4. Si la legalización no fuese solicitada en el plazo fijado o no pudiera ser concedida por incompatibilidad con la ordenación urbanística, se actuará en los términos previstos en el Título III de esta Ley.

El régimen jurídico aplicable será el propio de la fecha en que la actuación a legalizar se hubiese iniciado salvo que las disposiciones vigentes en el momento de adoptar la resolución pertinente establecieran una normativa más favorable para el interesado.

⇒ V. Res. 25 octubre 1999, de la Consejería Infraestructuras y Política Territorial sobre delegación de competencias en la Dirección General de Ordenación del Territorio y Urbanismo.

Jurisprudencia

«Se tacha de inconstitucional a la disposición transitoria de la Ley 3/1987, de 8 abril Reguladora de la Disciplina Urbanística en el Principado de Asturias, porque constituye una amnistía general en relación con las infracciones urbanísticas prohibidas por el art. 62 de la Constitución en relación con los principios establecidos en su art. 9. Para el supuesto de que se estimase que no constituye una amnistía debe entenderse que su alcance está limitado a las actuaciones urbanísticas ilegales respecto de las cuales no se haya suscitado protesta o reclamación por cualquier ciudadano; de tal modo que no es aplicable a los casos en que antes de la Ley se ha promovido una litispendencia administrativa; de lo contrario habría una vulneración de los principios de irretroactividad y de seguridad jurídica. En relación con esta alegación, como consecuencia de la cual la parte interesó en la primera instancia de la Sala de Oviedo que promoviese una cuestión de inconstitucionalidad, y ahora repite tal petición ante esta Sala, el examen de la citada Ley comunitaria de Asturias pone de manifiesto que la finalidad de la disposición transitoria es la de regularizar la situación irregular –ilegal– de obras –edificios– que hayan sido construidos sin licencia o bien contra lo establecido en la licencia, siempre que concurran una serie de requisitos; unos temporales y otros de diversa índole. Pero si tal regularización o legalización no se insta dentro del plazo establecido o es denegada por carencia de requisitos la consecuencia que establece esta disposición transitoria es que esas obras o construcciones quedan sometidas a las prescripciones de la Ley cuya finalidad primordial, como dice su preámbulo es la potenciación de los instrumentos de control de las actuaciones urbanísticas. No estamos en modo alguno en presencia de una amnistía urbanística sino, por el contrario, de un laudable propósito de ajuste de las construcciones todas a la legalidad vigente. El concepto de amnistía es extraño al derecho administrativo en general y al urbanístico en particular, puesto que no se juzga a personas sino a cosas, o a reacciones personales con efectos en el mundo material urbano (S. 7-12-1984). La llamada al art. 62 de la Constitución que trata de las facultades que corresponden al Rey en orden al ejercicio del derecho de gracia en su ap. i, no guarda relación alguna con la cuestión que se somete al estudio y decisión de esta Sala, que, por ello no va a promover cuestión alguna de inconstitucionalidad al amparo de los arts. 35 y siguientes de la Ley Orgánica del Tribunal Constitucional. [...] Tanto el art. 32 del Reglamento de Disciplina Urbanística como el 10 de la Ley del Principado se remiten a la fecha que resulte de cualquier comprobación por la Administración municipal previo informe de los servicios técnicos correspondientes. [...] Por lo tanto, de acuerdo con el espíritu y finalidad que ha presidido la redacción de tal Ley su interpretación debe ser en pro de la legalización: la Ley pretende que desaparezcan las situaciones en contra de la legalidad y proporciona la oportunidad a los propietarios y también a la Administración urbanística en general de alcanzar la legalización». **(STS 30 junio 1992 [RJ 1992, 5531]).**

«Nos hallamos ante un procedimiento sancionador con motivo de una infracción urbanística, que precisamente se resuelve incoar al punto cinco de la resolución impugnada, por lo que los argumentos del Ayuntamiento sobre dicho aspecto debe decaer, sino ante un supuesto de restauración del orden urbanístico mediante las medidas previstas en los artículos 184 y 185 de la Ley del Suelo de 1976, que contempla el artículo 10 de la Ley 3/1987, de 8 de abril, Reguladora de la Disciplina Urbanística del Principado de Asturias, bajo el Título II, de la protección y defensa de la legalidad urbanística, que en su punto cuarto para el caso concreto de que no pudiera ser concedida la legalización por incompatibilidad con la ordenación urbanística, remite a lo previsto en el Título III cuya rúbrica es, precisamente, de la restauración de la realidad física alterada o transformada, y que la resolución impugnada concreta en la orden de derribo, plazo para llevarla a efecto y apercibimiento de ejecución subsidiaria, por lo que no cabe duda que se está ante un procedimiento de restauración de la legalidad urbanística cuyo presupuesto temporal habilitante, plazo de caducidad, es el de cuatro, contados en el presente caso desde la terminación total de las obras ejecutadas sin licencia (artículo 185 de la Ley del Suelo de 1976 y artículo 10.1 de la Ley 3/1987, de 8 de abril, del Principado de Asturias)». **(STS de 20 julio 2000 [RJCA 2000, 1549]).**

⇒ V. Jurisprudencia en arts. 185 y concordantes del TRLS/1976 (§3).

Artículo 11.

Las empresas o entidades suministradoras de energía eléctrica, agua, gas y telefonía exigirán y conservarán para la contratación de los respectivos servicios copia de la licencia de primera utilización u ocupación de los edificios e instalaciones generales sujetos a la obtención de las mismas conforme a lo dispuesto en esta Ley. Igualmente, se requerirá la licencia urbanística como trámite previo al suministro de energía eléctrica de obra.

El incumplimiento de esta exigencia por parte de las empresas suministradoras dará lugar a que por la Administración se les imponga una multa de doble al quíntuple del importe de la acometida.

⇒ V. Res. 25 octubre 1999, de la Consejería Infraestructuras y Política Territorial sobre delegación de competencias en la Dirección General de Ordenación del Territorio y Urbanismo.

Jurisprudencia

«La cuestión se concreta en si procede, en definitiva, que el Ayuntamiento conceda lo exigido en el artículo 11 de la Ley 3/1987, de 8 abril, del Principado de Asturias, para el suministro de energía eléctrica a una construcción no legalizable, pero cuya demolición no procede por haber prescrito la infracción urbanística... Doctrina que aplicada al caso que nos ocupa lleva claramente a la desestimación del recurso pues no pueden exigirse servicios al Ayuntamiento cuando el mismo está facultado para impedir el uso para el que se solicita, que no es ajustado, como se confiesa, a la legalidad urbanística, ni tampoco el hecho de que disponga de otros servicios, que incluso, como es el caso, no dependen directamente del Ayuntamiento, o de actuaciones civiles o tributarias que se mueven en otros ámbitos del derecho, al igual que la pretendida aplicación del principio de igualdad que como es sabido sólo puede apreciarse dentro de la legalidad». **(STS 9 diciembre 1998 [RJCA 1998, 4705])**.

TÍTULO III

DE LA RESTAURACIÓN DE LA REALIDAD FÍSICA ALTERADA O TRANSFORMADA

Artículo 12.

1. Si en los plazos previstos en el Título anterior no se solicitare licencia para las obras paralizadas o la legalización de las concluidas, el Alcalde deberá ejercitar alguna de las siguientes facultades:

a) Cuando se evidencie manifiestamente que la actuación es absolutamente ilegalizable, formulará el requerimiento a que se refiere el artículo 13.2.

Se entiende producido este supuesto cuando, de modo incuestionable, se aprecie una incompatibilidad total entre lo promovido y la naturaleza del suelo en el cual se sitúa.

b) En los demás casos el Alcalde, previo apercibimiento al interesado y a costa del mismo, ordenará la realización de los proyectos o estudios técnicos y urbanísticos que sean necesarios para que el Ayuntamiento pueda pronunciarse sobre la legalidad de la actuación afectada, a no ser que el promotor manifieste, en respuesta al expresado apercibimiento, que no es de su interés instar la legalización y opte por la demolición de lo indebidamente construido.

Tendrán el carácter de proyectos o estudios necesarios los anteproyectos y demás documentación técnica que contemple la actuación con el nivel de detalle suficiente para proporcionar a la autoridad urbanística cuanta información requiera la adopción del acuerdo procedente.

A estos efectos, cuando el Alcalde lo considere oportuno podrá encomendar estos trabajos a personal ajeno a la Administración municipal.

⇒ V. Jurisprudencia en la disp. transit. de la presente Ley.

2. La pasividad del promotor que obligue a la Alcaldía a gestionar la elaboración de los documentos técnicos a que se refiere el apartado anterior tipifica una infracción urbanística de carácter específico, independiente de otras inherentes a la actuación que motiva su necesidad y no subsumible en la figura de actividad continuada que contempla el artículo 17 de esta Ley.

Será sancionada con una multa del 50% al 100% del coste de los trabajos que se hubieran realizado por cuenta del interesado a los fines señalados en el punto precedente.

⇒ V. Res. 25 octubre 1999, de la Consejería Infraestructuras y Política Territorial sobre delegación de competencias en la Dirección General de Ordenación del Territorio y Urbanismo.

Artículo 13.

1. Cuando la legalización fuera posible con arreglo a la normativa aplicable, el Ayuntamiento procederá a la concesión de licencia, formulando las oportunas órdenes de ejecución cuando se trate de obras todavía no terminadas, las cuales deberán cumplimentarse previa redacción con cargo al promotor del proyecto técnico correspondiente.

2. Respecto a las actuaciones que no puedan ser objeto de legalización, en el mismo acto de denegación de licencia del Ayuntamiento, con expreso apercibimiento de ejecución subsidiaria, requerirá al promotor y a los propietarios de las obras ejecutadas para que efectúen en el plazo de dos meses la demolición de la construcción o de aquella parte de la misma que hubiere resultado ilegalizable y, en su caso, restituyendo los elementos físicos alterados a la situación originaria.

⇒ V. art. 12 de la presente ley.

Téngase en cuenta arts. 8 y concordantes de la Ley 38/1999, de 5 noviembre, de Ordenación de la Edificación (§1.1).

V. Res. 25 octubre 1999, de la Consejería Infraestructuras y Política Territorial sobre delegación de competencias en la Dirección General de Ordenación del Territorio y Urbanismo.

Jurisprudencia

«Como en el caso de autos el Ayuntamiento sólo concedió el plazo de diez días para llevar a cabo la demolición, es evidente que se ha conculcado lo dispuesto en el artículo 13.2 acabado de comentar, causándole una verdadera indefensión al administrado, que no dispuso de dicho tiempo, bien para efectuar las obras de demolición por sí mismo, o bien para recurrir en esta vía jurisdiccional, solicitando, al tiempo, la suspensión de la inmediata efectividad de la orden de demolición». **(STS 20 enero 2000 [RJCA 2000, 83])**.

⇒ V. Jurisprudencia en arts. 184 y 185 y concordantes del TRLS/1976 (§3).

V. Jurisprudencia en la disp. transit. de la presente Ley.

3. El incumplimiento del acuerdo a que se refiere el apartado anterior

constituye una infracción específica, independiente de otras inherentes a la actuación que motiva su necesidad y no subsumible en la figura de actividad continuada que contempla el artículo 17 de esta Ley.

Será sancionada con una multa equivalente a la cantidad total invertida en la construcción a demoler, incrementada con el importe de los gastos de demolición y desescombro del terreno.

Artículo 14.

Cuando los órganos de la Administración Local no inicien el ejercicio de las competencias que este Título les atribuye o no ultimen las acciones emprendidas al amparo de las mismas, el Consejero de Ordenación del Territorio, Vivienda y Medio Ambiente deberá advertirles de la necesidad de poner en marcha o de proseguir las medidas restauradoras, señalándose, a tal efecto, un plazo que se fijará en función de las circunstancias concretas de la actuación y que en ningún caso podrá ser superior a tres meses.

Por el mero transcurso de dicho plazo sin que el Ayuntamiento o la Alcaldía abandonen su pasividad, quedarán sin efecto las atribuciones de uno u otra, que pasarán a ser ejercidas por el Consejero.

⇒ V. art. 65 de la LBRL.

V. Res. 25 octubre 1999, de la Consejería Infraestructuras y Política Territorial sobre delegación de competencias en la Dirección General de Ordenación del Territorio y Urbanismo.

V. D. 94/1999, de 12 agosto, sobre estructura orgánica de la Consejería de Infraestructuras y Política Territorial.

TÍTULO IV

DE LA SANCIÓN DE LAS INFRACCIONES URBANÍSTICAS

Artículo 15.

1. Son infracciones urbanísticas los actos tipificados como tales por la normativa estatal y todas aquellas acciones u omisiones a las que la presente Ley atribuye dicho carácter.

Las infracciones urbanísticas serán sancionadas con las multas determinadas por la norma que las establece.

2. Serán sancionados en calidad de infractores quienes promuevan, realicen o dirijan técnicamente la ejecución de los actos materiales constitutivos de la infracción, así como los funcionarios que los autorizasen y consintiesen o que, estando obligados por razón de su cargo o empleo a impedir dicho actos o a corregir los efectos perjudiciales que los mismos hubieran ocasionado al ordenamiento urbanístico, dejaren de ejercitar las competencias que les han sido atribuidas con las expresadas finalidades.

⇒ V. Jurisprudencia en arts. 225, 228 y concordantes del TRLS/1976 (§3).

Artículo 16.

1. Con independencia de la ejecución subsidiaria, prevista en la Ley de Procedimiento Administrativo, el incumplimiento de las órdenes de ejecución

emanadas de las autoridades urbanísticas dará lugar a la imposición de una multa cuyo importe oscilará entre el 5% y el 20% del importe en que se presupuesten las obras requeridas para la cumplimentación de dichas órdenes.

⇒ La ejecución subsidiaria mencionada ha de entenderse referida a la LRJ-PAC.

2. La instalación sin licencia de casas prefabricadas y elementos similares, tanto provisionales como permanentes, será sancionada con una multa del 5% de su valor siempre y cuando fuesen legalizables. En caso contrario, serán desmontadas y la multa equivaldrá a la que corresponde a las edificaciones tradicionales de la misma naturaleza.

3. Las talas de árboles que constituyan masa arbórea, espacio boscoso, arboleda o parque, así como el abatimiento de ejemplares que posean un especial interés botánico o ambiental y estén singularmente incluidos en el planeamiento urbanístico serán sancionadas, si se hubiesen realizado sin licencia con una multa del 5% al 20% del valor en mercado de la madera abatida.

Dicha sanción se impondrá en su grado máximo cuando el suelo objeto de la actuación estuviera calificado como de especial protección.

4. El anunciador que coloque sin licencia carteles de propaganda visibles desde la vía pública será obligado a retirarlos y sancionado con una multa de 50.000 a 1.000.000 de pesetas, graduándose el importe en función de la localización, tamaño e incidencia en el mero físico y en el entorno.

Fuera del suelo urbano sólo podrá concederse licencia en aquellos lugares y supuestos para los que la ordenación urbanística autorice este tipo de actividad publicitaria.

Con independencia de esta sanción, el anunciador que demore la retirada de la valla o cartel ordenada por la Administración, incurrirá en multa de 25.000 pesetas por cada día de retraso en el cumplimiento de la orden.

5. Los cerramientos de fincas que se realicen sin licencia serán sancionados con una multa del 10% al 15% de la cantidad invertida en los mismos. La demolición de cierres no ajustados a la normativa urbanística se llevará a cabo con arreglo a los procedimientos establecidos en el Título III.

Dicha sanción será del 20% al 30% cuando el cierre sea de fábrica, a no ser que se trate de murias tradicionales de piedra natural a las que se aplicará el régimen previsto en el párrafo anterior.

6. Los Instructores y Secretarios de expedientes sancionadores que incumpliesen los plazos propios del procedimiento a que se refiere el artículo 20 de esta Ley o dieren lugar, con su actitud pasiva, a la paralización de actuaciones por un período superior a tres meses, incurren en una infracción cuya sanción se cuantificará entre 50.000 y 250.000 pesetas, sin perjuicio de su remoción en los expresados cargos si fuese necesaria para la correcta prosecución del expediente.

Quedarán, no obstante, libres de responsabilidad cuando actúen en función de órdenes recibidas, siempre que oportunamente y mediante escrito razonado hubiesen advertido de la improcedencia o ilegalidad de la correspondiente orden a la autoridad que se la dio, a la autoridad que les nombró y al Consejero de Ordenación del Territorio, Vivienda y Medio Ambiente.

Jurisprudencia

«Visto que los propietarios no están dispuestos a efectuar las obras de conservación, el Ayuntamiento, cumpliendo con lo dispuesto en los expresados preceptos ordena que se elabore proyecto para la ejecución subsidiaria, estrictamente necesario en los casos, como el de autos, de progresivo deterioro de un edificio por defecto de conservación, y dado el tiempo transcurrido, y en línea otra vez con lo solicitado por la parte actora, ordena a sus servicios técnicos que informen si se aprecia modificación en la situación de deterioro del inmueble». **(STS 7 junio 1999 [RJCA 1999, 1932])**.

Artículo 17.

1. Las facultades de suspensión de efectos de una licencia u orden de ejecución e impugnación ante la jurisdicción contencioso-administrativa a que se refiere el artículo 186 de la Ley del Suelo podrán ser ejercitadas siempre que el contenido de dichos actos constituya una infracción urbanística manifiesta.

⇒ El art. 127 de la vigente LJCA regula el procedimiento en los casos de suspensión administrativa previa de acuerdos.

V. Jurisprudencia en arts. 178 y 186 y concordantes del TRLS/1976 (§3).

2. Además de las circunstancias modificativas de la responsabilidad por infracciones urbanísticas que establece la legislación del Estado, son motivo de agravación:

a) La resistencia a las órdenes emanadas de la autoridad urbanística relativas a la defensa de la legalidad o su cumplimiento defectuoso.

b) La iniciación de las obras por el contratista sin orden escrita del técnico director y las modificaciones que aquél introdujere en la ejecución del proyecto sin instrucciones expresas de dicho técnico cuando tales variaciones comporten una infracción urbanística, quedando exento de responsabilidad el empresario constructor en todos aquellos casos en que justifique suficientemente haberse atenido a las instrucciones recibidas de la dirección de obra.

Será motivo de atenuación de la responsabilidad la comunicación de la infracción a la Administración, que podrá dejar exento al denunciante si éste acredita el desconocimiento de la misma hasta el momento de la denuncia y no hubiera estado obligado a poseer dicho conocimiento como consecuencia de la intervención en la obra propia de su profesión y oficio.

3. Cuando en el expediente se aprecie alguna circunstancia agravante o atenuante, la multa deberá imponerse, respectivamente, en su mitad superior o inferior, estableciéndose la cuantía en función de la ponderación que la Administración efectúe respecto a la incidencia de dichas circunstancias en la valoración global de la infracción.

4. Las multas que se impongan a los distintos sujetos por una misma infracción tendrán entre sí carácter independiente y se aplicarán a cada uno de ellos dentro de los límites máximos y mínimos determinados para la respectiva sanción.

5. Se considera infracción continuada aquella conformada por dos o más actuaciones tipificadas de idéntica naturaleza, entre las que exista una conexión espacio-temporal y mediante las cuales se persiga un único resultado, común y conjunto.

La sanción aplicable será la correspondiente al resultado final perseguido en su cuantía máxima.

⇒ V. arts. 12.2 y 13.3 de la presente Ley.

6. La apertura y funcionamiento de campamentos de turismo sin licencia urbanística, o sin ajustarse a las condiciones señaladas en la misma, constituye una infracción permanente que será sancionada con multa de 5.000 a 50.000 pesetas por plaza de acampada.

Cuando dichos campamentos no fueran legalizables, se actuará respecto a sus instalaciones fijas en los términos previstos en el artículo 13.

La orden por la que se disponga el cese de actividad de un campamento se publicará en el «Boletín Oficial del Principado de Asturias» y de la Provincia, en dos medios de comunicación de amplia difusión, uno a nivel regional y otro nacional, y, cuando fuesen conocidos, se notificará singularmente a los propietarios de elementos móviles de acampada allí existentes, a fin de que en el plazo de 15 días se proceda a su retirada. Si transcurrido el mismo ésta no se hubiere efectuado se precintarán dichos elementos y quedarán consignados en poder del Alcalde a los efectos previstos en el artículo 615 del Código Civil.

Artículo 18.

1. Las autoridades competentes para imponer las multas y las cuantías máximas de éstas serán las siguientes:

a) Los Alcaldes, en los concejos que no excedan de 5.000 habitantes, hasta un millón de pesetas; en los que no excedan de 15.000 habitantes, hasta 3 millones de pesetas; en los que no excedan de 30.000 habitantes, hasta 10 millones de pesetas; en los que no excedan de 80.000 habitantes, hasta 15 millones, y en los de más de 80.000 habitantes, hasta 25 millones de pesetas.

b) El Consejero de Ordenación del Territorio, Vivienda y Medio Ambiente, previo informe de la Comisión de Urbanismo y Ordenación del Territorio de Asturias, hasta 50 millones de pesetas.

c) El Consejo de Gobierno del Principado, a propuesta del Consejero de Ordenación del Territorio, Vivienda y Medio Ambiente, una vez oída la Comisión de Urbanismo de Asturias, hasta 200 millones de pesetas.

2. Cuando el Ayuntamiento pertenezca a una Mancomunidad y sea este organismo quien conforme sus competencias, instruya el expediente, la capacidad sancionadora del Alcalde quedará fijada con arreglo a la población total de la entidad supramunicipal.

3. El importe de las multas impuestas por los Alcaldes como consecuencia de infracciones urbanísticas será percibido por los Ayuntamientos respectivos.

Cuando en los expedientes sancionadores tramitados por la Administración municipal se proponga una multa que exceda por razón de la cuantía, de la competencia del Alcalde, la autoridad que la imponga remitirá su importe al Ayuntamiento que tramitó el expediente dentro de los diez días siguientes al cobro de la sanción.

Si un Ayuntamiento fuese advertido por el Consejero de Ordenación del Territorio, Vivienda y Medio Ambiente de la existencia de una presunta infracción y aquél no iniciara el procedimiento sancionador en el plazo de un mes o no lo impulsara con la diligencia precisa, de tal modo que la Consejería hubiera de suplir la pasividad municipal mediante subrogación de su inicio o conclusión, el importe de la multa que se imponga será asignado a la Comunidad Autónoma.

4. El importe de las multas que perciban los Ayuntamientos será obligatoriamente destinado a la financiación de inversiones reales.

⇒ V. D. 169/1999, de 9 diciembre, que regula la composición, competencias y funcionamiento de la Comisión de Urbanismo y Ordenación del Territorio.

V. D. 94/1999, de 12 agosto, sobre estructura orgánica de la Consejería de Infraestructuras y Política Territorial.

Artículo 19.

Además de las autoridades enumeradas en el artículo anterior, la competencia para acordar la iniciación del expediente sancionador podrá corresponder a las Corporaciones municipales en régimen normal o a las entidades supramuncipales y órganos urbanísticos especiales previstos por las leyes.

Artículo 20.

1. Siempre que tenga conocimiento de un hecho presuntamente constitutivo de infracción urbanística, la autoridad local competente dictará providencia decidiendo la incoación del procedimiento sancionador o, si así procediera a la vista de las informaciones complementarias cuya práctica se hubiese realizado, el archivo de las actuaciones.

Será preceptiva la instrucción del expediente siempre que el hecho eventualmente sancionable exigiera la adopción de alguna de las medidas previstas en los Títulos II y III de esta Ley.

⇒ V. Jurisprudencia en arts. 185.3 y concordantes del TRLS/1976 (§3).

2. Cuando la expresada autoridad no actúe conforme a lo indicado en el punto anterior o diere lugar con su pasividad a la paralización de actuaciones, el Consejero de Ordenación del Territorio, Vivienda y Medio Ambiente le advertirá de la necesidad de iniciar o concluir el expediente, señalando a tal efecto el plazo que razonablemente estime adecuado y que, en ningún caso, excederá de seis meses.

Por el mero transcurso de dicho plazo sin que se produzcan las actuaciones cuyo obligado cumplimiento hubiere sido advertido quedarán sin efecto las competencias municipales, que pasarán a ser ejercitadas por el Consejero de Ordenación del Territorio, Vivienda y Medio Ambiente.

3. El procedimiento sancionador será el propio de la legislación general administrativa.

Artículo 21.

1. La prescripción de las infracciones urbanísticas se producirá por el transcurso de cuatro años desde la fecha en que se hubieran concluido las actuaciones constitutivas de las mismas, incumbiendo al inculpado la prueba de la total terminación.

En las infracciones continuadas a que se refiere el artículo 17, la fecha inicial del cómputo será la del último acto con el que la infracción se consuma.

Cuando se trate de infracciones permanentes, el plazo se computará a partir de la fecha de finalización de la actividad infractora.

Se entienden por infracciones permanentes aquellas como las de uso cuyos efectos perturbadores de la ordenación urbanística no se agotan en el acto de la consumación y son susceptibles de interrupción por la simple voluntad del autor sin que resulte precisa la adopción de medidas restauradoras de la realidad que impliquen la demolición total o parcial de edificaciones incorporadas por accesión a los inmuebles sobre los que la infracción se cometió.

2. Los actos de edificación o uso del suelo sobre terrenos calificados por el planeamiento y demás normativa urbanística como zonas verdes o espacios libres, no estarán sujetos a plazo de prescripción, siendo nulas de pleno derecho las licencias u órdenes de ejecución que, en su caso, pudieran amparar dichas actividades.

Jurisprudencia

«Partiendo del hecho de que las citadas obras de mantenimiento o reconstrucción, por las que se precisaba licencia, se ejecutaron sin la misma, el requerimiento para su legalización debía haberse efectuado, conforme se dispone en el núm. 1 del artículo 10 de la Ley 3/1987, de 8 de abril, Reguladora de la Disciplina Urbanística del Principado de Asturias, antes de los cuatro años desde la total terminación de las obras y, como en el caso enjuiciado, y así se desprende de lo actuado del expediente, dicho requerimiento se efectuó en abril del año 1991, y las obras, como quedó dicho, se ejecutaron en el año 1984, entra en juego la prescripción prevista en el artículo 21 de dicha Ley, por lo que es improcedente la demolición acordada al amparo del artículo 132, sin que a ello afecte la doctrina alegada por el Ayuntamiento demandado, ya conocida por esta Sala, respecto a la renuncia de la prescripción ganada, pues sólo tiene lugar cuando se trata de una legalización voluntariamente solicitada». **(STS 19 octubre 1999 [RJCA 1999, 4866])**.

⇒ V. Jurisprudencia en arts. 230, 188 y concordantes del TRLS/1976 (§3).

TÍTULO V
DE LA INSPECCIÓN URBANÍSTICA

Artículo 22.

1. La inspección urbanística es la actividad que los órganos administrativos competentes en materia de edificación y uso del suelo deben realizar

con el fin de comprobar que una y otro se ajustan a las especificaciones del ordenamiento urbanístico.

A tales efectos, incumbe a la inspección urbanística:

a) Vigilar y controlar la actuación de todos los implicados en el proceso constructivo y de utilización del suelo e informar y asesorar a los mismos sobre los aspectos legales relativos a la actividad inspeccionada.

b) Constatar y denunciar cuantas anomalías observen.

c) Informar sobre la adopción de las medidas cautelares, correctivas y sancionadoras que juzguen convenientes para el mantenimiento de la disciplina urbanística.

d) Cuantas otras funciones asesoras, inspectoras y de control urbanístico le sean encomendadas por la autoridad de que dependan.

2. La función inspectora será desarrollada por los siguientes organismos en el ámbito de sus respectivas competencias:

a) Los Ayuntamientos.

b) Las Mancomunidades de Municipios y demás entidades con competencias urbanísticas de ámbito comarcal o supramunicipal.

c) La Consejería de Ordenación del Territorio, Vivienda y Medio Ambiente.

La labor de inspección se realizará bajo la superior autoridad y dirección del titular de los respectivos organismos y será desempeñada por el personal al que, con carácter permanente o accidental, se atribuya este cometido dentro de cada uno de ellos.

3. Además de las competencias señaladas en el número 1 de este artículo, corresponde a la inspección urbanística regional el asesoramiento a las Administraciones municipales y a sus correspondientes inspecciones en cuestiones inspectoras y de control de la legalidad urbanística.

⇒ V. art. 23.3 de la presente Ley.

V. D. 94/1999, de 12 agosto, sobre estructura orgánica de la Consejería de Infraestructuras y Política Territorial.

Artículo 23.

1. La inspección urbanística es una función de inexcusable ejercicio para los organismos a los que se atribuye por esta Ley.

En las dependencias de cada inspección se llevará un libro de visitas y un registro correlativo de las actas que se hubieren extendido.

Concedida una licencia y como medida preventiva de defensa de la legalidad, las obras que se realicen a su amparo serán visitadas por la inspección municipal al menos dos veces, una de ellas con motivo del inicio o acta de replanteo y la otra como consecuencia de la terminación.

2. El personal adscrito a la inspección urbanística tendrá la consideración de Agente de la Autoridad y estará capacitado para recabar, con dicho carácter, de todas las personas relacionadas con cualquier actuación urbanís-

tica, incluidas las entidades a que se refiere el artículo 11, y de los Colegios Profesionales y cualesquiera otros organismos oficiales con competencias en la materia cuanta información, documentación y ayuda material precise para el adecuado cumplimiento de sus funciones.

Tiene expresamente reconocida la facultad de entrar en fincas, construcciones y locales que no constituyan domicilio particular para efectuar los reconocimientos pertinentes.

⇒ Téngase en cuenta lo dispuesto en el art. 8.5 de la LJCA respecto de las autorizaciones de entrada en domicilios.

3. A los efectos señalados en el número 3 del artículo 22, la inspección urbanística regional tendrá acceso a los libros de visitas y registros de actas de las inspecciones locales y podrá solicitar de las Administraciones municipales cuantos datos y antecedentes fueran necesarios para el ejercicio de sus competencias asesoras.

Artículo 24.

1. Cuando se estime necesario dejar constancia de cualquier actuación urbanística, la inspección levantará la correspondiente acta que contendrá los datos identificativos de todas las personas intervinientes, sean promotores, propietarios, constructores, técnicos o usuarios, y describirá sucintamente los elementos esenciales de la actuación.

2. El acta será firmada por el inspector o inspectores que la hubiesen redactado y por la persona que estuviese al frente de la actividad inspeccionada. Cuando ésta se negase a suscribirla se hará constar tal circunstancia.

En uno y otro caso, se entregará copia del acta a dicho responsable. Si en el lugar de actuación no estuviera presente o se negare a recibirla, el acta se remitirá por correo certificado al promotor y, de ser éste desconocido, al propietario de la finca en la que tuviese lugar.

3. Las actas de la inspección urbanística gozan de la presunción de veracidad y su valor y fuerza probatoria sólo cederán cuando en el expediente que se instruya como consecuencia de las mismas se acredite, inequívocamente y de modo indubitado, lo contrario.

⇒ Téngase en cuenta arts. 8 y concordantes de la Ley 38/1999, de 5 noviembre, de Ordenación de la Edificación (§1.1).

TÍTULO VI
OTRAS DISPOSICIONES

Artículo 25.

Mediante el ejercicio de acción pública, cualquier ciudadano podrá exigir ante los órganos administrativos y los Tribunales de justicia la adopción de las medidas de defensa de la legalidad, restauración de la realidad física *alterada y sanción* de las infracciones urbanísticas que vengan requeridas por las actuaciones realizadas en contradicción con las leyes y el planeamiento.

⇒ V. arts. 235 y concordantes del TRLS/1976 (§3).

Artículo 26.

Además de las competencias directas y de las funciones de control de la legalidad urbanística que le asigna esta Ley, corresponde a la Consejería de Ordenación del Territorio, Vivienda y Medio Ambiente prestar a las entidades locales los asesoramientos técnicos y jurídicos que dichos organismos soliciten con vistas a la adopción de las decisiones administrativas procedentes en materia de otorgamiento de licencia, protección, defensa y restauración del orden urbanístico y sanción de infracciones.

⇒ V. D. 94/1999, de 12 agosto, sobre estructura orgánica de la Consejería de Infraestructuras y Política Territorial.

DISPOSICIÓN TRANSITORIA

1. Las obras concluidas sin o contra licencia u orden de ejecución en el momento en que esta Ley entre en vigor dispondrán, cuando no hayan transcurrido cuatro años desde su definitiva finalización, de un plazo de diez meses para pedir la legalización, siendo ésta objeto de una tramitación simplificada en la que el proyecto técnico se sustituirá por la memoria urbanística y un dictamen, suscritos ambos por profesional con competencia bastante a este respecto, el cual debe certificar bajo su responsabilidad que la actuación objeto del expediente reúne las necesarias condiciones estéticas, higiénico-sanitarias de seguridad.

Se procederá a la regularización, dentro o fuera de ordenación, de las expresadas construcciones con la sola excepción de aquellas que impliquen la utilización de suelo calificado por la normativa urbanística como de especial protección, zona verde o espacio libre.

El aludido plazo de cuatro años verá interrumpido su cómputo durante el transcurso de los diez meses especificados y, al vencimiento de los mismos, las construcciones afectadas que no hubieran instado la legalización en los términos previstos quedarán sometidas a las prescripciones de esta Ley.

⇒ Téngase en cuenta arts. 10 y concordantes de la Ley 38/1999, de 5 noviembre, de Ordenación de la Edificación (§1.1).

Jurisprudencia

«La citada Ley Autonómica se publicó en el Boletín Oficial del Principado de Asturias el 27 de abril de 1987 y en el Boletín Oficial del Estado el 19 de mayo del mismo año, así como que el Estatuto de Autonomía de Asturias de 30 de diciembre de 1981, a diferencia de lo que sucede en los Estatutos de otras Comunidades Autónomas, omite cuál de las dos publicaciones es la determinante de la entrada en vigor de las leyes aprobadas por la Junta General del Principado. Ante tal silencio, la Sala de instancia acude, para resolver el problema, a la Ley del Principado 1/1985 de 4 de junio, destinada específicamente a la «publicación de las normas, así como de las disposiciones y otros actos de los Órganos del Principado de Asturias», cuyo art. 1 dispone: «para que produzcan efectos jurídicos las leyes y demás disposiciones de carácter general emanadas de los órganos institucionales y de gobierno y administración del Principado de Asturias habrán de ser publicadas 'en el Boletín Oficial del Principado de Asturias y de la Provincia', entrando en vigor, salvo que en ellas se disponga otra cosa, en el plazo previsto en el art. segundo del Código Civil». En base a esta disposición, la Sala de instancia entiende que la remisión efectuada al artículo

2 del Código Civil es únicamente a efectos del plazo de «vacatio legis» –20 días–. CUARTO.–De esta interpretación disiente la parte apelante por entender que la remisión al art. 2 del Código Civil es total, es decir, no sólo en cuanto al plazo de «vacatio legis» sino también en cuanto a la publicación determinante de la entrada en vigor que, de esta forma, sería la del Boletín Oficial del Estado. Conclusión que no puede ser compartida, toda vez que el referido artículo 1 de la Ley 1/1985 condiciona la producción de los efectos jurídicos de las leyes autonómicas únicamente a la publicación «en el Boletín Oficial del Principado de Asturias y de la Provincia», y por tanto tal publicación deviene decisiva y determinante para la entrada en vigor de las leyes, lo cual resulta incuestionable tanto a la luz de las reglas hermenéuticas contenidas en el artículo 3.1 del Código Civil como de los principios que informan el régimen de autonomía consagrado en la Constitución. QUINTO.–En consecuencia, al haberse publicado la Ley 3/1987 de 8 de abril, Reguladora de la Disciplina Urbanística, en el Boletín Oficial del Principado de Asturias el 27 de abril de 1987, su entrada en vigor, al no disponerse en ella otra cosa, se produjo el 21 de mayo, por lo que el plazo de diez meses fijado por la disposición adicional primera, finalizó el 20 de marzo de 1988, y por tanto con anterioridad a la formulación de la solicitud de legalización cuestionada» **(STS 27 febrero 1991 [RJ 1991, 1401])**.

«Las cuestiones planteadas en estos autos giran en torno a la interpretación de la disposición transitoria de la Ley 3/1987, de 8 de abril, Reguladora de la Disciplina Urbanística en el Principado de Asturias y cuyo apartado 1 habilita una legalización o regularización «dentro o fuera de ordenación» para las obras concluidas sin o contra licencia, cuando en el momento de la entrada en vigor de la ley no hayan transcurrido cuatro años desde su definitiva finalización, «con la sola excepción de aquellas que impliquen la utilización de suelo calificado por la normativa urbanística como de especial protección, zona verde o espacio libre». SEGUNDO.–Y es de advertir que el apartado 2 de la transitoria señala que «las actuaciones en curso de ejecución a la entrada en vigor de la ley se regirán por la normativa aplicable en función de la fecha de comienzo de las obras». Suscita el precepto la cuestión del sentido del término "actuaciones» en curso –actuaciones del administrado o de la Administración–: A) La conexión de este apartado 2 con el anterior que contempla las «obras concluidas» permite pensar que se refiere a las actuaciones de los administrados –obras en curso, sin concluir– que por desarrollarse «sin o contra licencia» pueden precisar de legalización o regularización –actuación a legalizar, art. 10.4, apartado segundo de la propia ley asturiana–. Así las cosas, y dado que las obras litigiosas estaban terminadas, no sería aplicable este apartado 2 que exige que las actuaciones estén en curso de ejecución. B) Pero la parte apelante parece entender que el término «actuaciones» en curso hace referencia a las actuaciones de la Administración para la restauración de la realidad física alterada o transformada. TERCERO.–Sin embargo aunque se admitiese esta tesis la solución habría de ser también la inaplicabilidad del apartado 2: A) Las actuaciones han de estar en curso de «ejecución» a la entrada en vigor de la ley. Tal curso de «ejecución» en lo que ahora importa exige que, finalizada ya la fase de legalización con resultado negativo, se haya dictado una orden de demolición –arts. 184.3 y 185.2 del Texto Refundido–, dando plazo para ello con apercibimiento de ejecución subsidiaria –arts. 12.1 y 13.2 de la citada Ley asturiana–.

B) La Ley 3/1987 se publicó en el Boletín Oficial del Principado el 27 de abril de 1987 y en el momento de su entrada en vigor todavía las actuaciones administrativas estaban en la fase de legalización –folios 44 y 48, en relación con el 41, todos del expediente–, sin que por tanto hubiese comenzado, estando ya en curso, la ejecución» **(STS 16 julio 1991 [RJ 1991, 6336])**.

2. Las actuaciones en curso de ejecución a la entrada en vigor de esta Ley se regirán por la normativa aplicable en función de la fecha de comienzo de las obras.

3. Dentro de los seis meses siguientes a la entrada en vigor de esta Ley, los Ayuntamientos deberán remitir a la Consejería de Ordenación del

Territorio, Vivienda y Medio Ambiente relación de las actuaciones comprendidas en los puntos 1 y 2 que tengan lugar en el término municipal.

⇒ V. D. 94/1999, de 12 agosto, sobre estructura orgánica de la Consejería de Infraestructuras y Política Territorial.
V. art. 10 de la presente Ley.

DISPOSICIONES FINALES

Primera.

Se autoriza al Consejo de Gobierno del Principado de Asturias para dictar por Decreto las disposiciones reglamentarias que se juzguen oportunas para el desarrollo y aplicación de esta Ley.

Segunda.

En todo aquello que no resulte modificado por la presente Ley, continuarán siendo de aplicación las normas vigentes a la fecha de su entrada en vigor.

Tercera.

A propuesta del Consejero de Ordenación del Territorio, Vivienda y Medio Ambiente, el Consejo de Gobierno del Principado podrá actualizar por Decreto las cantidades establecidas en el artículo 18 en consonancia con la evolución del índice general de precios elaborado por el Instituto Nacional de Estadística.

Cuarta.

En el plazo de seis meses a partir de la entrada en vigor de esta Ley deberán estar organizadas las inspecciones urbanísticas que regula el Título V, a cuyo efecto las Administraciones obligadas a disponer de este servicio informarán a la Consejería de Ordenación del Territorio, Vivienda y Medio Ambiente de las medidas adoptadas en orden a su funcionamiento.

⇒ V. D. 94/1999, de 12 agosto, sobre estructura orgánica de la Consejería de Infraestructuras y Política Territorial.

Quinta.

Queda facultado el Consejo de Gobierno del Principado para regular por Decreto la información que deben contener y forma que han de revestir los documentos expresivos de las licencias, con vistas a su normalización y tratamiento informático por la Administración autonómica en orden a la elaboración de estadísticas regionales y demás mecanismos de conocimiento global de la actividad urbanística.

§ 11 LEY 6/1990, DE 20 DICIEMBRE. EDIFICACIÓN Y USOS EN EL MEDIO RURAL DEL PRINCIPADO DE ASTURIAS

(BOE núm. 32, de 6 febrero 1991 y BOPA núm. 6, de 9 enero 1991 [RCL 1991, 338 y LPAS 1991, 4])

PREÁMBULO

El Texto Refundido de la Ley sobre Régimen del Suelo y Ordenación Urbana define, en su artículo 80, el suelo no urbanizable como aquel que ha de ser preservado de los usos de naturaleza urbana o al que el plan de ordenación le otorga una especial protección por su excepcional valor agrícola, forestal o ganadero, posibilidades de explotación de sus recursos naturales, valores paisajísticos, históricos o culturales, o para la defensa de la fauna, la flora o el equilibrio ecológico.

Esta definición se traduce en la práctica en una regulación escueta que se revela como insuficiente para dar respuesta a la pluralidad de demandas incidentes sobre un amplio sector del territorio que, en la Comunidad Autónoma asturiana, presenta unas características específicas, fruto tanto de la variedad geográfica y riqueza en posibilidades como de unos antecedentes históricos que le han hecho objeto de usos muy peculiares.

Las limitaciones impuestas por el laconismo de la norma legal encuentran su reflejo en el planeamiento urbanístico de la Comunidad Autónoma y local que, al moverse dentro de los límites establecidos por la ley, no siempre está en condiciones de atender con la debida eficacia y rapidez a opciones cuyo emplazamiento en el ámbito rural no sólo es lógico y razonable, sino también necesario en algunas ocasiones.

Todo ello hace precisar para el suelo no urbanizable una norma con rango de ley que, siendo referencia obligada para los planeamientos, permita uniformar la regulación de esta clase de suelo, proporcionando la deseable homogeneidad a las actuaciones que resulten susceptibles de autorización.

La utilización del suelo no urbanizable no puede efectuarse en contradicción con sus tendencias genuinas, de forma que habrá de potenciarse la preservación de los valores naturales que todavía subsisten en las zonas que históricamente se mantuvieron al margen de la ocupación humana, y, en consecuencia, convendrá concentrar los usos económicos y residenciales allí donde tradicionalmente se han venido produciendo, es decir, en los núcleos rurales.

El desplazamiento del fenómeno edificatorio hacia los núcleos se procura a través de un doble estímulo, ya que no sólo se permiten en los mismos mayores posibilidades de construcción, sino que también se tiende a facilitar la ejecución de las obras simplificando trámites y desconcentrando o delegando las facultades de autorización. Ello exige, no obstante, que el núcleo esté correctamente identificado a través de su delimitación gráfica en los oportunos documentos del planeamiento.

El desarrollo de dichos estímulos se contempla sin menoscabo del reforzamiento de los mecanismos de vigilancia y sanción, tal como establecen las directrices regionales de ordenación del territorio.

La Ley aborda también la cuestión del uso industrial del suelo no urbanizable. Es evidente, dada la naturaleza del territorio implicado, que esta clase de usos no constituye el destino normal de las zonas rurales, pero no cabe desconocer la existencia de establecimientos cuya ubicación no admite otro tipo de emplazamiento, bien por razones inherentes a la propia actividad, bien por la imposibilidad material de encontrar acogida en las restantes clases de suelo. La Ley aspira a dar una adecuada solución a estos supuestos e incluso se plantea la necesidad de abordar por vía excepcional una fórmula que permita resolver con agilidad la problemática de grandes actuaciones, de carácter trascendental para el conjunto de la Comunidad Autónoma y cuya urgencia oportunamente apreciada reclame una contestación inmediata, que el proceso normal de elaboración y aprobación de los planes no logra proporcionar.

CAPÍTULO I
Del suelo no urbanizable

Artículo 1.

1. Los terrenos que se clasifiquen como suelo no urbanizable estarán sujetos a las limitaciones y condiciones de edificación que determinen las leyes, planes generales, normas subsidiarias municipales o, en su defecto, normativa subsidiaria de la Comunidad Autónoma.

⇒ V. art. 9 de la Ley 6/1998, de 13 abril (§1).
V. Ley 5/1991, de 5 abril, de Espacios Naturales Protegidos en el Principado de Asturias.
V. Jurisprudencia y concordancias en arts. 85 y 86 del TRLS/1976 (§3).

2. Los espacios que, por sus características, deban ser objeto de una especial protección no podrán ser dedicados a utilizaciones que impliquen transformación de su destino o naturaleza o lesionen el valor específico que se quiera proteger. Deberán ponderarse, mediante la correspondiente evaluación de impacto, las infraestructuras que hayan de discurrir a través de los mismos.

⇒ V. art. 20 de la Ley 6/1998, de 13 abril (§1).
V. Ley 5/1991, de 5 abril, de Espacios Naturales protegidos en el Principado de Asturias.
V. art. 18 y concordantes de la Ley 1/1987, de 30 marzo, de coordinación y ordenación territorial en el Principado de Asturias (§9).
V. D. 38/1994, de 19 mayo, que aprueba el Plan de Ordenación de los Recursos

Naturales de Asturias, complementado por Res. 9 marzo 1999, de la Consejería de Fomento.
V. Ley 6/2001, de 8 mayo, de modificación del RDLeg 1302/1986, de 28 junio, de evaluación de impacto ambiental.
V. Jurisprudencia y concordancias en arts. 85 y 86 del TRLS/1976 (§3).

Artículo 2.

1. Las categorías del suelo no urbanizable son las siguientes:

a) Suelo no urbanizable de especial protección, integrado por aquellos espacios cuyos excepcionales valores de cualquier género les hagan merecedores de un alto grado de protección.

b) Suelo no urbanizable de interés, compuesto por aquellos terrenos protegibles en función de sus singularidades agrarias o paisajísticas.

c) Suelo no urbanizable de costas, respecto al cual deben establecerse las medidas de protección que demanden las peculiaridades de las franjas costeras.

d) Suelo no urbanizable de infraestructuras, comprensivo de los terrenos que resultan afectados por la localización de infraestructuras básicas o de transporte.

e) Núcleo rural, como categoría del suelo no urbanizable objeto de ocupación residencial.

⇒ V. arts. 9 y 20 de la Ley 6/1998, de 13 abril (§1).
V. Ley 5/1991, de 5 abril, de Espacios Naturales Protegidos en el Principado de Asturias.
V. Ley 1/2001, de 6 marzo, de Patrimonio Cultural de Asturias.
V. Jurisprudencia y concordancias en arts. 85 y 86 del TRLS/1976 (§3).

f) Suelo no urbanizable genérico, que es aquel que por su naturaleza y situación no resulta incluible en alguna de las restantes categorías del suelo no urbanizable.

⇒ V. arts. 12 y 20 de la Ley 6/1998, de 13 abril (§1).
V. Jurisprudencia y concordancias en arts. 85 y 86 del TRLS/1976 (§3).

2. Los planes y normas municipales que se elaboren o revisen habrán de incorporar aquellas de las categorías establecidas en este artículo que puedan ser de aplicación en cada medio.

Artículo 3.

Los usos en suelo no urbanizable, atendiendo a su situación jurídica y a la modalidad de gestión que les corresponda, pueden ser de las siguientes clases, y a ellas harán necesariamente referencia los planes generales y normas subsidiarias:

a) Usos permitidos, sujetos a concesión de licencia municipal sin trámites previos.

b) Usos autorizables, que con anterioridad a la licencia municipal necesitan autorización previa, conforme el trámite previsto en el artículo 13 de la presente Ley.

c) Usos incompatibles, que son aquellos que no cumplen alguno de los requisitos exigidos para los usos permitidos o autorizables y cuya eventual admisibilidad requiere, con anterioridad a cualquier otra autorización o licencia, la nueva aprobación o modificación de un planeamiento en virtud del cual se habilite el suelo afectado por la finalidad pretendida.

d) Usos prohibidos, que son aquellos que los planes generales o normas subsidiarias imposibilitan en suelo no urbanizable y que en ningún caso podrán llevarse a cabo, salvo que se produzca la aparición de nuevos criterios urbanísticos y éstos se materialicen a través de la oportuna revisión del planeamiento.

⇒ V. arts. 12 y 20 de la Ley 6/1998, de 13 abril (§1).
V. Jurisprudencia y concordancias en arts. 85 y 86 del TRLS/1976 (§3).

Artículo 4.

1. Dentro de los límites y condiciones establecidos por la normativa urbanística aplicable, cabe realizar transitoriamente en el suelo no urbanizable actividades al servicio de las obras públicas. Tendrán tal condición las actuaciones, construcciones e instalaciones vinculadas a la ejecución, entretenimiento y servicio de las obras públicas.

2. Cuando la condición auxiliar respecto de la obra pública no venga explícitamente declarada en la normativa sectorial correspondiente, la Comisión de Urbanismo y Ordenación del Territorio de Asturias podrá apreciarla, mediante acuerdo motivado, en función de la esencialidad de la instalación para la construcción o utilización de la obra pública y de la intensidad con que quede adscrita a su servicio. Ello, sin menoscabo de la evaluación previa de impacto ambiental en aquellos supuestos en los que la legislación vigente así lo exija, y mediante proyecto de restauración si éste fuera necesario.

⇒ V. D. 169/1999, de 9 diciembre, que regula la composición, competencias y funcionamiento de la Comisión de Urbanismo y Ordenación del Territorio.
V. art. 18 y concordantes de la Ley 1/1987, de 30 marzo, de coordinación y ordenación territorial en el Principado de Asturias (§9).
V. D. 38/1994, de 19 mayo, que aprueba el Plan de Ordenación de los Recursos Naturales de Asturias, complementado por Res. 9 marzo 1999, de la Consejería de Fomento.
V. Ley 6/2001, de 8 mayo, de modificación del RDLeg 1302/1986, de 28 junio, de evaluación de impacto ambiental.
V. Jurisprudencia y concordancias en arts. 85 y 86 del TRLS/1976 (§3).

Artículo 5.

1. Podrán establecerse en suelo no urbanizable edificaciones e instalaciones de utilidad pública e interés social que el planeamiento no contemple, siempre y cuando no las impida expresamente. Para ello se requiere, sin embargo, que las características de la instalación no permitan su emplazamiento fuera del medio rural o que la utilidad pública o el interés social deriven precisamente de su ubicación en dicho medio.

2. Cuando la utilidad pública o el interés social de la actuación no vengan determinados por su legislación específica, la Comisión de Urbanismo y Ordenación del Territorio de Asturias podrá valorarlas y reconocerlas aten-

diendo tanto a la generación de riqueza y bienestar general atribuibles al proyecto, como a su grado de compatibilidad con las exigencias del ámbito rural y con los niveles de protección que la norma de aplicación asigne al suelo objeto de la implantación pretendida. El acuerdo que se adopte en tal sentido deberá estar suficientemente motivado.

⇒ V. D. 169/1999, de 9 diciembre, que regula la composición, competencias y funcionamiento de la Comisión de Urbanismo y Ordenación del Territorio.
V. Jurisprudencia y concordancias en arts. 85 y 86 del TRLS/1976 (§3).

Artículo 6.

1. Se considerará parcelación urbanística la división simultánea o sucesiva de terrenos en dos o más lotes efectuada con fines edificatorios.

En suelo no urbanizable se entenderá que existe propósito edificatorio cuando la fragmentación de la finca no responda a requerimientos objetivos de la explotación agraria del terreno o de la actividad económica que, debidamente autorizada, venga realizándose sobre el mismo, circunstancias éstas que deberán ser constatadas por el órgano competente en materia de agricultura de la Administración del Principado de Asturias.

2. Fuera de los núcleos rurales y de sus zonas de influencia gráficamente delimitadas en el planeamiento, se prohíben las parcelaciones urbanísticas en suelo urbanizable, con la sola excepción de las divisiones de cosa común adquirida a título lucrativo tanto «mortis causa» como «inter vivos», siempre que en este último caso el transmitente esté vinculado con todos los condóminos adquirentes por relación de parentesco hasta el tercer grado.

La eventual viabilidad urbanística de una parcelación en el medio rural no exime a la misma de la necesidad de cumplir los requisitos que, en su caso, vinieran exigidos por la legislación agraria en vigor.

3. No podrán otorgarse licencias de construcción sobre suelos procedentes de un loteo cuando en la inscripción registral no figure acreditada la licencia a cuyo amparo se realizó el fraccionamiento del terreno y con independencia de que, en ningún caso, se generarán derechos edificatorios como resultado de actividades de parcelación ejecutadas con infracción de lo dispuesto en la Ley.

⇒ V. arts. 258.2, 258.3 y 259.3 del TRLS/1992 (§2).
V. Jurisprudencia y concordancias en arts. 94, 95 y 96 del TRLS/1976 (§3).

CAPÍTULO II
De los núcleos rurales

Artículo 7.

1. Son núcleos rurales los asentamientos consolidados de población en suelo no urbanizable que el planeamiento municipal configure con tal carácter, en función de las circunstancias edificatorias, socioeconómicas y de cualquier otra índole que manifiesten la imbricación racional del asentamiento en el medio físico donde se sitúa.

2. Dentro de los núcleos rurales y de sus zonas de influencia existirán las posibilidades de parcelación y edificación que determinen el plan general o las personas subsidiarias municipales y, en su caso, las normas de la Comunidad Autónoma.

3. En orden a la obtención del suministro de los servicios públicos de electricidad, telefonía y otros semejantes, los núcleos rurales se equiparan a los suelos urbanos y demás asentamientos de población de análoga naturaleza o denominación.

Artículo 8.

1. El planeamiento municipal concretará los requisitos necesarios para que una agrupación poblacional pueda ser calificada como núcleo rural.

Tal condición se adquiere mediante la mera concurrencia de dichos requisitos, siendo esta simple circunstancia la que determina la asignación al suelo afectado de las posibilidades edificatorias que el planeamiento reconozca a los núcleos.

Sin embargo, las reglas sobre atribución y delegación de competencias contenidas en el artículo 11 sólo tendrán efectividad a partir del momento en que se produzca la delimitación material del núcleo, para lo cual éste y sus zonas de influencia han de definirse gráficamente sobre los oportunos planos de la correspondiente norma urbanística.

2. Cuando los planes generales o normas subsidiarias no la incorporen con la precisión suficiente o no la hubieren realizado en su totalidad, la plasmación gráfica de los núcleos rurales existentes y de sus zonas de influencia deberá incluirse o completarse mediante normas complementarias.

3. Los instrumentos de planeamiento en los que se delimiten núcleos rurales deberán establecer para cada uno de ellos un régimen de distancias y limitaciones en obras, instalaciones y edificaciones en el área de las carreteras que circulen a lo largo de los mismos.

A los efectos de establecer tal régimen de distancias y limitaciones, se deberá recabar informe preceptivo y vinculante del organismo que en cada caso ostente la titularidad de las funciones de vigilancia y control en materia de carreteras.

Artículo 9.

1. En las condiciones establecidas por el planeamiento municipal y de la Comunidad Autónoma, y siempre que no lo impida el respeto ambiental exigido por el artículo 73 de la Ley del Suelo se permitirá, dentro de los núcleos rurales, la edificación de viviendas agrupadas.

2. Las expresadas viviendas habrán de situarse sobre una sola finca con extensión no inferior a la que resulte de multiplicar el número de viviendas *por la fijada como* superficie edificable mínima en el respectivo núcleo. La parcela objeto de la actuación adquirirá la calidad de indivisible, que deberá hacerse constar en el Registro de la Propiedad.

3. Sin perjuicio de la necesidad de disponer de los servicios urbanísticos ordinarios, estas agrupaciones de viviendas se adaptarán a las condiciones rurales del emplazamiento, preservando su naturaleza y sus características peculiares.

⇒ V. arts. 81 y concordantes del RD 1093/1997, de 4 julio (§2.1)

Artículo 10.

1. Las dotaciones, servicios y sistemas de espacios libres de ámbito local, que se sitúen en los núcleos rurales, se obtendrán por el sistema de expropiación como actuación aislada en núcleo rural, aunque excepcionalmente, cuando la población, densidad o demanda de equipamiento así lo requieran, los planes generales y normas subsidiarias podrán introducir modelos de gestión que reconduzcan el proceso a formas análogas a las propias de otras clases de suelo.

2. Los terrenos incluidos en el ámbito de los núcleos rurales se tasarán conforme a lo dispuesto en el artículo 66 de la Ley 8/1990, de 25 de julio, sobre Reforma del Régimen Urbanístico y Valoraciones del Suelo.

⇒ Téngase en cuenta lo dispuesto en los arts. 23 y ss. de la Ley 6/1998, de 13 abril (§1) sobre las valoraciones.

3. Los concejos cuya normativa urbanística no establezca las dotaciones, servicios y sistemas de espacios libres de ubicar en los núcleos rurales y en el conjunto del suelo no urbanizable, podrán señalarlos mediante las correspondientes normas complementarias, completadas, en su caso y si fuera preciso, por la modificación del plan general o norma subsidiaria.

CAPÍTULO III
Competencias y procedimiento

Artículo 11.

1. Corresponde a la Comisión de Urbanismo y Ordenación del Territorio de Asturias el otorgamiento de las autorizaciones que, con carácter previo a la concesión de licencia, vienen exigidas por la Ley del Suelo para actuaciones en terrenos clasificados como no urbanizables.

2. No obstante, cuando se trate de núcleos rurales gráficamente delimitados como tales con precisión suficiente en el instrumento urbanístico aplicable y la autorización verse sobre una vivienda familiar a edificar en el interior del núcleo o en su área de influencia, el otorgamiento de la autorización incumbirá al respectivo ente local en los siguientes supuestos:

a) Ayuntamientos de más de 40.000 habitantes.

b) Mancomunidades y gerencias u otras entidades urbanísticas supramunicipales, cuando cuenten con los servicios técnicos, jurídicos y administrativos que la Comisión de Urbanismo y Ordenación del Territorio de Asturias considere suficientes y exista acuerdo en tal sentido de todos y cada uno de los municipios integrados en las mismas.

c) Cuando, sin darse las condiciones anteriores, la Comisión de Urbanismo y Ordenación del Territorio de Asturias delegue el ejercicio de su competencia en los términos establecidos en el artículo siguiente.

A los efectos precedentes se entiende por vivienda familiar el conjunto de espacios, locales o dependencias destinados a alojamiento o residencia familiar, así como las edificaciones anejas a la misma.

⇒ V. D. 169/1999, de 9 diciembre, que regula la composición, competencias y funcionamiento de la Comisión de Urbanismo y Ordenación del Territorio.

Jurisprudencia

«Acreditada en autos, la concesión por el Ayuntamiento de una licencia de obras para la construcción de una vivienda unifamiliar en suelo no urbanizable genérico de las Normas Subsidiarias de Planeamiento de Cudillero sin haber solicitado previamente autorización a la **cuota**; máxime cuando consta igualmente ya en el año 1991 un acuerdo desfavorable de dicho organismo, emitido a instancia de un peticionario distinto del promotor de la vivienda, es por lo que conforme al art. 2.5 de la Ley 3/1987, de 8 de abril, Reguladora de la Disciplina Urbanística del Principado de Asturias, en relación con el art. 11.1 y siguientes de la Ley 6/1990, de 20 de diciembre, sobre edificación y usos en el medio rural del Principado de Asturias, procede declarar la nulidad de pleno derecho de dicho acuerdo. Especialmente teniendo asimismo en cuenta que consta en el expediente administrativo un informe técnico del Aparejador de 13-4-1993, en el que indica que la parcela no reúne las condiciones de parcela mínima, puesto que se exigen 5.000 m^2 y sólo tiene 1.827 m^2; sin que hayan sido desvirtuados los extremos expuestos por la parte demandada». **(STSJ Asturias 30 junio 1999 [RJCA 1999, 1620]).**

Artículo 12.

1. Cuando, dentro del núcleo rural, se trate de instalaciones y usos autorizables distintos de los especificados en el artículo anterior, o cuando el suelo donde se pretenda alguna implantación igualmente autorizable tenga la condición de no urbanizable genérico, la Comisión de Urbanismo y Ordenación del Territorio de Asturias podrá delegar total o parcialmente en los ayuntamientos o entidades supramunicipales su competencia para conceder la autorización previa, debiendo expresar el acuerdo de delegación el alcance, contenido, condiciones y duración de ésta así como el control que se reserve el órgano delegante.

2. En las restantes categorías de suelo no urbanizable, y excepción hecha de la construcción de vivienda familiar en núcleos gráficamente delimitados en el planeamiento, no podrá la Comisión de Urbanismo y Ordenación del Territorio de Asturias delegar sus facultades relativas a la concesión de la autorización previa.

⇒ V. D. 169/1999, de 9 diciembre, que regula la composición, competencias y funcionamiento de la Comisión de Urbanismo y Ordenación del Territorio.

Artículo 13.

El procedimiento de otorgamiento de las autorizaciones previas por la entidad a la que corresponda es anterior e independiente del propio de la concesión de licencia y se desarrollará del modo siguiente:

a) La petición del interesado, formulada en los términos exigidos por la normativa aplicable, será presentada en la entidad local correspondiente, quien la tramitará íntegramente y resolverá si tal competencia le corresponde o le hubiera sido delegada, elevando, en caso contrario, el expediente a la decisión de la Comisión de Urbanismo y Ordenación del Territorio de Asturias.

b) Será preceptivo someter a información pública, durante un período de quince días, y mediante su publicación en el Boletín Oficial del Principado de Asturias y de la Provincia, aquellas solicitudes que versen sobre actuaciones que, sin tener la consideración de usos prohibidos o incompatibles, no figuren sin embargo expresamente contempladas por el planeamiento como permitidas o autorizables. Dicha información será practicada por el órgano al que competa la concesión de la autorización.

c) Cuando la facultad de autorizar pertenezca al ayuntamiento, podrá producirse en el mismo acto la autorización y la concesión de licencia, siempre que en el acuerdo se analicen todas las cuestiones implícitas en ambos procedimientos.

CAPÍTULO IV
De los usos industriales

Artículo 14.

1. En suelos a los que el planeamiento en vigor asigne un destino industrial, pero que, por no haber sido objeto de la necesaria gestión, mantengan todavía las características fácticas del no urbanizable, podrán autorizarse por la Comisión de Urbanismo y Ordenación del Territorio de Asturias construcciones destinadas a fines industriales.

2. Dicha autorización se concederá a propuesta del respectivo ayuntamiento, previa información pública del modo dispuesto en el artículo 13 b).

3. En todo caso, la actuación a autorizar habrá de cumplir las determinaciones del planeamiento, sin que pueda superarse la edificabilidad media que éste establezca y debiendo garantizarse adecuadamente la seguridad, salubridad y no contaminación.

4. El terreno dispondrá o será dotado de acceso rodado satisfactorio por el propietario, que, además, se comprometerá a ejecutar la pavimentación y los restantes servicios urbanísticos mínimos y aceptará expresamente las obligaciones relativas a reserva de dotaciones que deriven del planeamiento, prestando garantías suficientes al respecto. Los servicios ejecutados que fuesen de interés general serán tenidos en cuenta en el futuro reparto de cargas y beneficios.

⇒ V. D. 169/1999, de 9 diciembre, que regula la composición, competencias y funcionamiento de la Comisión de Urbanismo y Ordenación del Territorio.
V. Jurisprudencia y concordancias en art. 85 del TRLS/1976 (§3).

Artículo 15.

Cuando medien razones de urgencia y excepcional interés público, apreciados previamente por el Consejo de Gobierno del Principado, el Consejero de Ordenación del Territorio, Urbanismo y Vivienda, de acuerdo con los respectivos ayuntamientos y previos los informes de la Comisión de Urbanismo y Ordenación del Territorio de Asturias y de la Consejería sectorialmente competente por razón de la actividad a realizar, podrá acordar la entrada en vigor de un plan especial industrial en suelo no urbanizable sin necesidad de seguirse la tramitación ordinaria.

⇒ V. D. 94/1999, de 12 agosto, sobre estructura orgánica de la Consejería de Infraestructuras y Política Territorial.

DISPOSICIÓN FINAL

Se autoriza al Consejo de Gobierno del Principado de Asturias para dictar por Decreto las disposiciones reglamentarias que se juzguen oportunas para el desarrollo y aplicación de esta Ley.

§ 12 LEY 2/1991, DE 11 MARZO. RESERVA DE SUELO Y ACTUACIONES URBANÍSTICAS PRIORITARIAS EN EL PRINCIPADO DE ASTURIAS

(BOE núm. 86, de 10 abril y BOPA núm. 66, de 21 marzo [RCL 1991, 936 y LPAS 1991, 43])

PREÁMBULO

De conformidad con el mandato constitucional de utilización del suelo de acuerdo con el interés general, atendiendo a la titularidad autonómica sobre la ordenación urbanística, con pleno respeto a la competencia del Estado para regular las condiciones básicas que garanticen la igualdad de todos los ciudadanos, surge la necesidad de esta Ley, incardinada con el propio texto de la Ley 8/1990, de 25 de julio, sobre Reforma del Régimen Urbanístico y Valoraciones del Suelo.

La Ley configura un marco de intervención de la Administración regional para actuaciones de adquisición de suelo o edificación con diversos destinos sociales.

A tal fin se integra la posibilidad de utilizar los derechos de tanteo y retracto, utilizados preferentemente para la adquisición de suelo destinado a vivienda de promoción pública, protección oficial o libre, con precio tasado, actuaciones industriales promovidas por el Principado o enjugar déficit de sistemas y equipamientos. El procedimiento de tramitación así como la documentación requerida se adecua a un procedimiento abreviado pero plenamente garante de los derechos concurrentes. Todo ello sin merma de las atribuciones de los ayuntamientos en esta función que ya la tienen reconocida por la citada Ley 8/1990, de 25 de julio.

Se determina la posibilidad de acudir a la expropiación dentro de las áreas de atribución de tanteo y retracto, a fin de constituir una reserva de suelo a modo de un patrimonio regional del suelo con la particularidad de que sería susceptible de reunir la condición de beneficiaria cualquier entidad pública o sociedad con capital exclusivo o mayoritario público, cuyo fin primordial sea la promoción o urbanización del suelo. Dadas las características de la expropiación se establece como preferente el procedimiento de tasación conjunta, que incluye la posibilidad de efectuar el pago del justiprecio con parcelas resultantes o con otras cuyo aprovechamiento urbanístico sea equivalente.

Una vez efectuada la urbanización, las parcelas resultantes se adjudicarían directamente a la entidad pública o sociedad beneficiaria de la expropiación o se enajenarían a través de concurso público o con precio tasado en un porcentaje con respecto a la edificación resultante, o modalidad particularizadas para instalaciones industriales.

Se establece un procedimiento abreviado para configurar actuaciones prioritarias, en áreas de reserva o de titularidad pública, de tramitación esencialmente regional, y con la posibilidad de utilizar suelo no urbanizable previamente configurado de reserva o de titularidad regional, a través del correspondiente Plan especial, introduciendo una modalidad procedimental que se entiende puede facilitar este tipo de actuaciones.

Los usos específicos que se desarrollarían en las actuaciones prioritarias se centran, esencialmente, dentro del campo residencial en las viviendas sujetas a protección pública, en sus diversas modalidades de mercado y condiciones sociales las denominadas viviendas libres con precio tasado. En cuanto a los polígonos y áreas industriales, se refieren a los promovidos por el Principado, incluidos en el correspondiente programa de actuación territorial o documentación asimilada al mismo. Por último, los equipamientos y sistemas se refieren al concepto general urbanístico, con especial incidencia para aquellos que formen parte de áreas de rehabilitación integrada o de remodelación.

CAPÍTULO I
Finalidad

Artículo 1.

1. Es objeto de esta Ley establecer, de acuerdo con el principio constitucional de función social de la propiedad, un conjunto de medidas tendentes al cumplimiento de dicho fin dentro de los ámbitos competenciales del Principado de Asturias relativos a unos residenciales, industrias, de equipamiento y sistemas, o para el ejercicio de acciones públicas de acondicionamiento, mejora, conservación, protección, rehabilitación, o cualquier otro fin social de acuerdo con el planeamiento urbanístico.

2. Las medidas que, con tal fin, se regulan en esta Ley, que podrán ser ejercidas independientemente o con carácter acumulativo, se refieren a:

a) Delimitación de las áreas sujetas a los derechos de tanteo y retracto.
b) Expropiaciones para la constitución de reservas regionales de suelo.
c) Actuaciones prioritarias.

⇒ V. arts. 1 y 2 del D. 58/1994, de 14 julio, que aprueba el Reglamento de desarrollo de la Ley 2/1991, de 11 marzo (§12.1).
V. arts. 1 y 2 de la Ley 6/1998, de 13 abril (§1).

CAPÍTULO II
Derechos de tanteo y retracto sobre suelo y edificaciones

Artículo 2.

1. El Principado de Asturias podrá proceder, al igual que los ayuntamientos, a la delimitación de las áreas en que las transmisiones onerosas de

terrenos y edificaciones queden sujetas al ejercicio de los derechos de tanteo y retracto.

2. Los supuestos de delimitación, procedimiento, efectos y otras determinaciones serán coincidentes con los fijados por el Título V de la Ley sobre Reforma del Régimen Urbanístico y Valoraciones del Suelo, si bien adaptados a las funciones propias del Principado de Asturias, por lo que se utilizará preferentemente, para la adquisición de suelo destinado a vivienda de promoción pública, protección oficial o libre con precio tasado, actuaciones industriales promovidas por el Principado o enjugar déficit de sistemas y equipamientos, u otras actuaciones de finalidad social.

3. La delimitación de las áreas a que se refiere el apartado primero se llevará a cabo por acuerdo del Consejo de Gobierno, a propuesta del Consejero de Ordenación del Territorio, Urbanismo y Vivienda, previa información pública durante un mes, audiencia de las entidades locales interesadas e informe del Pleno de la Comisión de Urbanismo y Ordenación del Territorio de Asturias.

4. Sin perjuicio de que la delimitación de las áreas sometidas al ejercicio de los derechos de tanteo y retracto sea inmediatamente ejecutiva una vez publicado el acuerdo de aprobación en el «Boletín Oficial del Principado de Asturias y de la Provincia», deberán notificarse al Principado de Asturias, a efectos del posible ejercicio posterior del derecho de retracto, todas las transmisiones efectuadas hasta ese momento, desde la publicación en el citado Boletín de la información pública.

⇒ V. arts. 83 a 86 del RD 1093/1997, de 4 julio (§2.1).

Artículo 3.

La delimitación de áreas por parte del Principado deberá especificar, además de las circunstancias determinadas en el artículo 91 de la Ley sobre Reforma del Régimen Urbanístico y Valoración del Suelo, las siguientes determinaciones:

a) Ámbito geográfico de la zona con referencia a calles, sectores, parcelas catastrales o cualquier otra especificación fácilmente reconocible.

b) Plazo durante el cual queden sometidos a tanteo y retracto los bienes incluidos en el área. Dicho plazo no podrá ser superior a ocho años. El ejercicio de tales derechos se sujetará al procedimiento y plazos establecidos en la Ley sobre Reforma del Régimen Urbanístico y Valoraciones del Suelo.

c) Destino urbanístico dentro de las modalidades configuradas en el artículo 1 de la presente Ley.

d) Análisis de la posibilidad de llegar a modalidades de adquisición directa del suelo por la Administración regional o por las entidades o sociedades a que se hace referencia en el artículo siguiente o, en su defecto, necesidad de configurar como área de reserva a efectos expropiatorios.

e) Conveniencia o no de su inclusión en un área de actuación prioritaria, en base a las circunstancias de ejecución del planeamiento, disponibilidad y previsión del suelo destinados a viviendas, instalaciones industriales, equipamientos y sistemas, y otros de finalidad social, en el ámbito territorial donde incida.

⇒ V. arts. 291 a 296 del TRLS/1992 (§2).

CAPÍTULO III
Expropiaciones para la constitución de reservas regionales de suelo

Artículo 4.

1. Además de los supuestos regulados por la legislación urbanística vigente, el Principado de Asturias podrá llevar a cabo expropiaciones urbanísticas para la constitución de reservas regionales de suelo en aquellas zonas delimitadas para el ejercicio de los derechos de tanteo y retracto, cualquiera que sea la clasificación de suelo.

2. La delimitación como suelo de reserva a los expresados fines implicará la declaración de utilidad pública y la necesidad de ocupación a efectos expropiatorios.

3. Podrá ser beneficiaria de la expropiación cualquier entidad pública o sociedad con capital exclusiva o mayoritariamente público cuyo fin primordial sea la promoción, urbanización o acondicionamiento de suelo, mejora, conservación, protección o rehabilitación de áreas total o parcialmente edificadas.

4. El procedimiento de expropiación preferente será el de tasación conjunta regulado por la legislación urbanística.

⇒ V. arts. 8 y 9 del D. 58/1994, de 14 julio, aprueba el Reglamento de desarrollo de la Ley 2/1991, de 11 marzo (§12.1).
V. arts. 33, 34 y 35 de la Ley 6/1998, de 13 abril (§1).

Artículo 5.

1. El pago del justiprecio se podrá efectuar con parcelas resultantes de la propia actuación o, si no fuera posible, con otras cuyo aprovechamiento urbanístico sea, al menos, equivalente al que tenía el terreno expropiado y su posibilidad de actuación en el tiempo sean análogos.

2. No obstante lo establecido en el apartado anterior, previo acuerdo entre las partes, el órgano actuante procederá al pago en efectivo.

3. Las parcelas resultantes de la urbanización podrán adjudicarse:

a) Directamente a la entidad pública o sociedad que reúna la condición de beneficiaria de la expropiación, que podrá promoverlas por sí, o estableciendo los oportunos convenios con otros promotores públicos o privados, en cuyo caso adquirirán la condición de promotores asimilados, o mediante su enajenación, conforme a las modalidades que cada entidad o sociedad tenga establecidas.

b) Mediante enajenación a través de concurso de acuerdo con el pliego de condiciones correspondientes, autorizado por el Consejo de Gobierno y con precio tasado en un porcentaje respecto a la edificación resultante, o con modalidades distintas adaptadas a sus características en el supuesto de instalaciones industriales, que serán fijadas reglamentariamente por acuerdo del Consejo de Gobierno.

⇒ V. art. 11 del D. 58/1994, de 14 julio, aprueba el Reglamento de desarrollo de la Ley 2/1991, de 11 marzo (§12.1).
V. art. 37 de la Ley 6/1998, de 13 abril (§1).

CAPÍTULO IV
Actuaciones prioritarias

Artículo 6.

1. Las actuaciones prioritarias se configuran como un modelo de ordenación, de procedimiento abreviado, a efectuar por la Administración regional cuando se entienda que en determinadas áreas de reserva regional de suelo o de titularidad propia concurran especiales circunstancias urbanísticas deficitarias dentro de los objetivos de la presente Ley que deban ser afrontados de un modo perentorio.

2. La declaración de actuación prioritaria posibilitará la tramitación inmediata de planeamiento que fuese exigible en las áreas o sectores en que se actúe, de conformidad con la respectiva clasificación del suelo, y sin perjuicio de las eventuales compensaciones de aprovechamiento urbanístico que fuese preciso efectuar en determinadas clasificaciones de suelo, conforme dispone la legislación urbanística.

⇒ V. arts. 12 y 13 del D. 58/1994, de 14 julio, aprueba el Reglamento de desarrollo de la Ley 2/1991, de 11 marzo (§12.1).

Artículo 7.

El desarrollo urbanístico de las áreas a que se refiere el apartado 1 del artículo anterior a través del procedimiento de actuación prioritaria se adaptará a las siguientes determinaciones:

1. Declaración de actuación prioritaria por el Consejo de Gobierno, a propuesta del Consejero de Ordenación del Territorio, Urbanismo y Vivienda y oídos los ayuntamientos respectivos.

2. Tramitación a través de un Plan parcial o de un Plan especial que se adecuará a las condiciones documentales fijadas por los planes parciales.

3. En el suelo no urbanizable el desarrollo urbanístico mediante el Plan especial, con los mismos estándares requeridos para los planes parciales, será susceptible de variar las condiciones de edificabilidad fijadas originariamente por el Plan general o las normas subsidiarias.

⇒ V. art. 14 del D. 58/1994, de 14 julio, aprueba el Reglamento de desarrollo de la Ley 2/1991, de 11 marzo (§12.1).

Artículo 8.

Los planes parciales y especiales se adecuarán al procedimiento establecido en el artículo 41 de la Ley sobre Régimen del Suelo y Ordenación Urbana, con reducción de los plazos a la mitad, siendo formulados y aprobados, inicial y provisionalmente, por la Comisión de Urbanismo y Ordenación del Territorio de Asturias como Administración urbanística actuante, información pública, audiencia a los ayuntamientos y aprobación definitiva por el Consejo de Ordenación del Territorio, Urbanismo y Vivienda.

⇒ V. Jurisprudencia y concordancias en art. 41 del TRLS/1976 (§3).

Artículo 9.

1. Los usos posibles en las áreas de actuación prioritaria deberán figurar en los correspondientes planes parciales y especiales y reflejarán la programación anual de la Consejería de Ordenación del Territorio, Urbanismo y Vivienda.

2. El Plan parcial o especial recogerá y justificará la modalidad de actuación escogida, en cuanto a tipología de régimen de viviendas y su proporción, acompañada de las reservas especiales que procedan, o, en su caso, características de la industria y del equipamiento.

3. En dichos planes se establecerán los plazos de ejecución de todas las actuaciones.

Artículo 10.

Los usos específicos que se configuran son los siguientes:

a) Residencial:

Como prioritarios, todas las modalidades de viviendas de promoción pública y protección oficial en las categorías y condiciones actualmente existentes y las que se fijen en el futuro. Además, cuando se justifique por las necesidades de mercado y las condiciones sociales de ciertas áreas, cabría la promoción de viviendas libres de hasta 120 metros útiles, de precio de venta igual o inferior a 1,5 veces del módulo ponderado vigente en el momento del inicio de las obras y con una repercusión del coste del suelo y de la urbanización máxima del veinte por ciento que se hará extensivo a todos los locales comerciales. Otras condiciones, incluida la fijación del índice de los ingresos ponderados por familiares, así como la posible variación de las determinaciones numéricas expresadas, lo será conforme al procedimiento reglamentariamente establecido para las restantes tipologías de viviendas.

b) Polígonos y áreas industriales promovidos por el Principado e incluidos en el correspondiente programa de actuación territorial o documentación asimilada al mismo.

c) Equipamientos y sistemas:

Los así definidos por la legislación urbanística vigente, con especial incidencia de aquellos que forman parte de áreas de rehabilitación integrada o de remodelación.

d) Cualesquiera otros de finalidad social aprobados por el órgano competente, a instancia propia o a petición de los ayuntamientos.

⇒ V. arts. 3 y 16 del D. 58/1994, de 14 julio, aprueba el Reglamento de desarrollo de la Ley 2/1991, de 11 marzo (§12.1).

DISPOSICIONES FINALES

Primera.

Se autoriza al Consejo de Gobierno del Principado de Asturias para dictar cuantas disposiciones sean precisas para el desarrollo y ejecución de esta Ley.

⇒ V. D. 58/1994, de 14 julio, aprueba el Reglamento de desarrollo de la Ley 2/1991, de 11 marzo (§12.1).

Segunda.

La aplicación de esta Ley se extiende a todo el ámbito del Principado de Asturias, con independencia de cuál sea la situación de cada concejo respecto a la vigencia de la Ley 8/1990, de 25 de julio, sobre Reforma del Régimen Urbanístico y Valoraciones del Suelo.

§ 12.1 DECRETO 58/1994, DE 14 JULIO. APRUEBA EL REGLAMENTO DE DESARROLLO Y EJECUCIÓN DE LA LEY 2/1991, DE 11 MARZO, DE RESERVA DEL SUELO Y ACTUACIONES URBANÍSTICAS PRIORITARIAS

(BOPA núm. 183, de 8 agosto; rect. BOPA núm. 249, de 27 octubre [LPAS 1994, 125])

La disposición final primera de la Ley 2/1991, de 11 de marzo, de Reserva de Suelo y Actuaciones Urbanísticas Prioritarias, autorizaba al Consejo de Gobierno del Principado de Asturias para dictar cuantas disposiciones fueren precisas para su desarrollo y ejecución.

El creciente recurso detectado a lo largo de sus tres años de vigencia a los mecanismos de intervención de la Administración regional que brinda dicho texto legislativo, aconsejó la redacción de este Reglamento.

El presente Reglamento trata de recoger en su texto las disposiciones de desarrollo de la Ley, fundamentalmente en cuanto a objetivos, procedimientos y contenido de expedientes, que garanticen su adecuada aplicación y máxima efectividad.

En su virtud, a propuesta de la Consejería de Medio Ambiente y Urbanismo, previo acuerdo del Consejo de Gobierno en su reunión del día 14 de julio de 1994, dispongo:

Artículo único.

Se aprueba el Reglamento para desarrollo y ejecución de la Ley 2/1991, de 11 de marzo, de Reserva del Suelo y Actuaciones Urbanísticas Prioritarias.

DISPOSICIONES FINALES

Primera.

Se faculta al titular de la Consejería de Medio Ambiente y Urbanismo a dictar cuantas disposiciones sean precisas para el desarrollo y ejecución de este Reglamento.

Segunda.

El presente Decreto entrará en vigor el día siguiente al de su publicación en el «Boletín Oficial del Principado de Asturias» y de la Provincia.

REGLAMENTO PARA EL DESARROLLO Y EJECUCIÓN DE LA LEY 2/1991, DE RESERVA DE SUELO Y ACTUACIONES URBANÍSTICAS PRIORITARIAS

CAPÍTULO I
Finalidad y ámbito de aplicación

Artículo 1. Objeto.

El presente Reglamento tiene por objeto el desarrollo y ejecución de la Ley 2/1991, de 11 de marzo, de Reserva de Suelo y Actuaciones Urbanísticas Prioritarias, en el ámbito competencial del Principado de Asturias.

⇒ V. art. 1.1 de la Ley 2/1991, de 11 marzo, de Reserva de Suelo y Actuaciones Urbanísticas Prioritarias en el Principado de Asturias (§12).

Artículo 2. Actuaciones administrativas.

1. Las actuaciones administrativas que a tal fin se desarrollan se referirán a:

a) Delimitación de las áreas sujetas a los derechos de tanteo y retracto.

b) Expropiación para la constitución de reservas regionales de suelo.

c) Actuaciones prioritarias.

⇒ V. art. 1.2 de la Ley 2/1991, de 11 marzo, de Reserva de Suelo y Actuaciones Urbanísticas Prioritarias en el Principado de Asturias (§12).

Artículo 3. Finalidades.

Las actuaciones administrativas a que se refiere el artículo anterior tienen como finalidad la configuración de los siguientes usos específicos:

a) Adquisición o, en su caso, regulación de los suelos y edificaciones destinadas a viviendas de Promoción Pública y de Protección Oficial y Libre a Precio Tasado, en las categorías y condiciones actualmente existentes y las que se fijen en el futuro, entendiéndose igualmente como tales las modalidades que combinan la adquisición de suelo para vivienda protegida y destinada a otros usos, en los términos que regula la legislación general del régimen de vivienda.

b) Polígonos y áreas industriales o de actividad productiva promovidos por el Principado de Asturias de forma unilateral o en concurrencia con otros entes públicos, incluidos en el correspondiente programa de actuación territorial o documentación asimilada al mismo.

c) Equipamientos y sistemas, así definidos por la legislación urbanística vigente, en especial incidencia de aquellos que formen parte de las áreas de rehabilitación integrada o de remodelación y ordenación de espacios libres públicos, urbanos y rurales.

d) Cualesquiera otros de finalidad social, aprobados por el órgano competente, a instancia propia o a petición de los Ayuntamientos, de acuerdo con el Planeamiento. Esta determinación sería de especial referencia para aquellas actuaciones que conformen la ordenación integral de un espacio específico, que pueden no estar previstas en el plan general y que no supongan alteración de las determinaciones de tratamiento integral del territorio previstas por éste; y se refieran al establecimiento, traslado o coordinación de las infraestructuras básicas relativas al sistema de comunicaciones, al equipamiento comunitario entendido en su sentido amplio, centros públicos de notorio interés general o regional y previsión de las correspondientes redes e instalaciones de servicio.

⇒ V. art. 10 de la Ley 2/1991, de 11 marzo, de Reserva de Suelo y Actuaciones Urbanísticas Prioritarias en el Principado de Asturias (§12).

Artículo 4. Ámbito territorial.

1. El ámbito territorial de las actuaciones residenciales e industriales podrá referirse a un sector, unidad urbanística integrada, unidad de ejecución o un espacio que posibilite una actuación urbanística autónoma, mientras que el ámbito territorial de las actuaciones referidas a equipamientos y sistemas y cualesquiera otras de finalidad social se adecuarán a sus circunstancias particularizadas.

2. Las ejecución de la actuación deberá de ser precedida, en su caso, por la aprobación del instrumento de planeamiento que resulte necesario de acuerdo con la normativa urbanística.

⇒ V. art. 10 de la Ley 2/1991, de 11 marzo, de Reserva de Suelo y Actuaciones Urbanísticas Prioritarias en el Principado de Asturias (§12).

CAPÍTULO II

Derechos de tanteo y retracto sobre suelo y edificaciones

Artículo 5. Delimitación de áreas.

1. El Principado de Asturias podrá proceder a la delimitación de las áreas en que las transmisiones onerosas de terrenos y edificaciones queden sujetas al ejercicio de los derechos de tanteo y retracto.

2. Los supuestos de delimitación estarán referidos exclusivamente a aquellos relacionados con las competencias propias del Principado de Asturias y que figuran reseñados en el artículo 3 de este Reglamento.

3. Al delimitarse las áreas, y salvo referencia expresa de cada específico expediente, quedarán sujetas todas las transmisiones onerosas de terrenos y edificaciones incluidos en las mismas.

⇒ V. arts. 1.2 a) y 2 de la Ley 2/1991, de 11 marzo, de Reserva de Suelo y Actuaciones Urbanísticas Prioritarias en el Principado de Asturias (§12).

Artículo 6. Procedimiento y constancia registral.

1. La delimitación de las áreas se llevará a cabo por acuerdo del Consejo de Gobierno a propuesta de la Consejera de Medio Ambiente y Urbanismo, previa información pública de un mes, mediante publicación en el «Boletín Oficial del Principado de Asturias» y de la Provincia, precedida de la notifica-

ción a los propietarios afectados, audiencia a los Ayuntamientos interesados e informe del Pleno de la Comisión de Urbanismo y Ordenación del Territorio.

2. Sin perjuicio de que la delimitación de las áreas sometidas al ejercicio de los derechos de tanteo y retracto sea inmediatamente ejecutiva, una vez publicado el acuerdo de aprobación en el «Boletín Oficial del Principado de Asturias» y de la Provincia, los propietarios afectados deberán notificar, a la Consejería de Medio Ambiente y Urbanismo, a efectos del posible ejercicio posterior del derecho de retracto, todas las tramitaciones efectuadas hasta ese momento, desde la publicación en el citado Boletín de la información pública.

3. El Principado de Asturias remitirá al Registro de la Propiedad copia del acuerdo de delimitación acompañada de la correspondiente copia certificada de los planos que reflejen la delimitación y la relación detallada de las calles y sectores comprendidos en aquellas áreas y de los propietarios y bienes concretos afectados.

⇒ V. arts. 83 a 86 del RD 1093/1997, de 4 julio (§2.1).

Artículo 7. Expediente de delimitación.

1. En la documentación relativa a la delimitación deberán figurar las siguientes determinaciones, acompañadas de los planos correspondientes:

a) Memoria justificativa de la necesidad de someter las transmisiones a los derechos de tanteo y retracto con justificación del ámbito delimitado en relación con el conjunto del ámbito territorial no afectado donde se incluye.

b) Ámbito geográfico de la zona con referencia a sectores, unidad de ejecución, como concepto urbanístico, y, en su defecto, o con carácter complementario, calles, sectores y parcelas catastrales o cualquier otra especificación fácilmente reconocible.

c) Relación de todos los titulares, bienes y derechos afectados.

d) Planos:

d-1. Plano de situación y de relación con el ámbito de incidencia realizado a la escala suficiente, para que permita comprobar claramente la ubicación específica y sus linderos.

d-2. Plano catastral.

d-3. Plano de delimitación e información, donde aparezcan los linderos de las fincas afectadas, edificaciones y demás elementos existentes sobre el terreno.

d-4. Plano de ordenación y zonificación urbanístico.

Estos dos últimos deberán redactarse a una escala comprendida entre 1:500 y 1:2.000 y, en todo caso, con la claridad suficiente para que puedan percibirse los linderos y demás grafismos.

e) Destino dentro de las modalidades configuradas en el artículo 3 del presente Reglamento.

f) Plazo dentro del cual pueden someterse a tanteo y retracto los bienes incluidos en el área. Dicho plazo no podrá ser superior a ocho años.

g) Análisis de la posibilidad de llegar a modalidades de adquisición directa del suelo por la Administración Regional, con referencia a la específica consignación presupuestaria o reserva de crédito según proceda, o por las entidades o sociedades a que hace referencia el Capítulo siguiente de este Reglamento o, en su defecto, necesidad de configurarlo como área de reserva a efectos expropiatorios. En este supuesto, el acuerdo de delimitación por parte del Consejo de Gobierno y la correspondiente propuesta de la Consejería de Medio Ambiente y Urbanismo podría incluir la referencia a la expropiación.

h) Conveniencia o no de su inclusión en un área de actuación prioritaria, en base a las circunstancias de ejecución de planeamiento, disponibilidad y previsiones de suelos destinados a viviendas, instalaciones industriales, equipamientos y sistemas y otros de finalidad social, en el ámbito territorial donde incida.

2. Salvo lo dispuesto en este Reglamento, el ejercicio de tales derechos se sujetará al procedimiento y plazos que figuran en la Sección 2ª del Capítulo Tercero del Título VIII del Real Decreto Legislativo 1/1992, de 26 de junio, por el que se aprueba el Texto Refundido de la Ley sobre Régimen del Suelo y Ordenación Urbana.

⇒ V. arts. 291 a 296 del TRLS/1992 (§2).

CAPÍTULO III
Reservas regionales de suelo y expropiaciones para su constitución

Artículo 8. Concepto y bienes integrantes de las reservas regionales.

1. Constituye la reserva regional de suelo un patrimonio del Principado de Asturias, cuyo destino es cumplir las funciones y ámbitos competenciales del mismo recogidos en el artículo 3 de este Reglamento.

2. Integrarán las reservas regionales de suelo los bienes patrimoniales así declarados expresamente y además los que sean objeto de adquisición mediante la delimitación de áreas sujetas a los derechos de tanteo y retracto y expropiación forzosa destinados a ese objeto, sin perjuicio en este último caso de que la titularidad pueda no ser del Principado por actuar a través de la figura del beneficiario, por lo que más que de un patrimonio separado puede hablarse de un destino específico del suelo.

3. Las reservas regionales de suelo podrán ser integradas inmediatamente al proceso de planeamiento de desarrollo, urbanización y edificación, o actuar como tales reservas, pero han de estar incorporadas siempre a los respectivos programas de la Administración a los fines anteriormente señalados.

⇒ V. art. 4 de la Ley 2/1991, de 11 marzo, de Reserva de Suelo y Actuaciones Urbanísticas Prioritarias en el Principado de Asturias (§12).

Artículo 9. Expropiación.

1. La expropiación para la constitución de reservas regionales de suelo podrá efectuarse sobre áreas sujetas a los derechos de tanteo y retracto o

actuar sobre ámbitos ajenos a dicha determinación en los supuestos recogidos en la legislación urbanística.

2. La declaración y delimitación como suelo de reserva a los expresados fines expropiatorios implicará la declaración de utilidad pública y la necesidad de ocupación.

3. Podrá ser beneficiaria de la expropiación cualquier entidad pública, incluidos los Ayuntamientos, o sociedad con capital exclusiva o mayoritariamente público cuyo fin primordial sea la promoción, urbanización o acondicionamiento de suelo, mejora, conservación, protección o rehabilitación de áreas total o parcialmente edificadas.

4. El procedimiento de expropiación preferente será el de tasación conjunta regulado por la legislación urbanística.

⇒ V. art. 4 de la Ley 2/1991, de 11 marzo, de Reserva de Suelo y Actuaciones Urbanísticas Prioritarias en el Principado de Asturias (§12).
V. arts. 33, 34 y 35 de la Ley 6/1998, de 13 abril (§1).

Artículo 10. Procedimiento de declaración de reserva regional de suelo.

La declaración y delimitación de área con destino a reserva regional de suelo sujeta a expropiación forzosa se adecuará al siguiente procedimiento:

a) Acuerdo del Consejo de Gobierno del Principado a propuesta de la Consejería de Medio Ambiente y Urbanismo que comportaría:

a-1. Declaración y delimitación del área como reserva regional de suelo con las consecuencias que de ello se derivan, incluida la declaración de utilidad pública y la necesidad de ocupación.

a-2. Fijación de la modalidad expropiatoria, ya sea por el procedimiento de tasación conjunta, ya por la expropiación individualizada conforme a la Ley de Expropiación Forzosa.

a-3. Atribución o no de la cualidad de beneficiario.

Cuando la actuación sea sucesiva al ejercicio de los derechos de tanteo y retracto, este acuerdo podrá ser simultáneo a la delimitación de las citadas áreas, siempre que en el expediente figure la necesidad de llegar a la expropiación para la totalidad o parte de las fincas. En este caso el expediente debería contener, además, la documentación propia de la expropiación.

b) Relación de bienes y derechos afectados, que deberá ser aprobada por la Consejería de Medio Ambiente y Urbanismo, previa a la apertura de un período de información pública por plazo de quince días, salvo que de conformidad con lo dispuesto en el artículo 171.2 del Real Decreto Legislativo 1/1992, de 26 de junio, por el que se aprueba el Texto Refundido de la Ley sobre Régimen de Suelo y Ordenación Urbana, dicha relación y descripción se contuviera en la delimitación de la unidad de ejecución y la misma se hubiera tramitado con anterioridad.

c) Después se seguirá el procedimiento de tasación conjunta regulado por la legislación urbanística general o la expropiación individualizada, conforme al procedimiento legalmente establecido.

⇒ V. art. 171.2 del TRLS/1992 (§2).

Artículo 11. Pago de justiprecio y adjudicación de parcelas.

1. El pago del justiprecio se podrá efectuar con parcelas resultantes de la propia actuación o, si no fuera posible, con otras cuyo aprovechamiento urbanístico sea, al menos, equivalente al que correspondería al propietario expropiado y su posibilidad de actuación en el tiempo sean análogas.

2. No obstante lo establecido en el apartado anterior, previo acuerdo entre las partes, el órgano actuante procederá al pago en efectivo.

3. Las parcelas resultantes de la urbanización podrán adjudicarse:

a) Directamente a la entidad pública o sociedad que reúna la condición de beneficiaria de la expropiación, que podrá promoverlas por sí, o estableciendo los oportunos convenios con otros promotores públicos o privados, en cuyo caso adquirirán la condición de promotores asimilados, o mediante su enajenación, conforme a las modalidades que cada entidad o sociedad tenga establecidas.

b) Mediante enajenación a través de concurso de acuerdo con el pliego de condiciones correspondientes, autorizado por el Consejo de Gobierno y con precio tasado en un porcentaje respecto a la edificación resultante, o con modalidades distintas adaptadas a sus características en el supuesto de instalaciones industriales, de conformidad con las características que se fijen al efecto por acuerdo del Consejo de Gobierno.

⇒ V. art. 5 de la Ley 2/1991, de 11 marzo, de Reserva de Suelo y Actuaciones Urbanísticas Prioritarias en el Principado de Asturias (§12).
V. art. 37 de la Ley 6/1998, de 13 abril (§1).

CAPÍTULO IV
Actuaciones prioritarias

Artículo 12. Modelo de ordenación de procedimiento abreviado.

Las actuaciones prioritarias se configuran como un modelo de ordenación, de procedimiento abreviado, a efectuar por el Principado de Asturias, cuando se entienda que en determinadas áreas a obtener mediante su configuración de reserva regional de suelo o de titularidad propia del Principado, o de beneficiario de la actuación, concurren especiales circunstancias urbanísticas dentro de los objetivos que se señalan en el artículo 3 de este Reglamento, y que deben ser afrontados de un modo perentorio.

⇒ V. art. 6 de la Ley 2/1991, de 11 marzo, de Reserva de Suelo y Actuaciones Urbanísticas Prioritarias en el Principado de Asturias (§12).

Artículo 13. Consecuencias de la declaración.

1. La declaración de actuación prioritaria posibilitará la tramitación inmediata del planeamiento que sea exigible en las áreas o sectores en que se actúe, de conformidad con la respectiva clasificación y sin perjuicio de las

eventuales compensaciones de aprovechamiento urbanístico que fuera preciso efectuar en determinadas clasificaciones de suelo, conforme dispone la legislación urbanística general.

2. Ello conllevará que, de actuarse en suelo urbano de los Planes Generales, en suelo urbanizable programado o en suelo apto para urbanizar, propios respectivamente de los Planes Generales o de las Normas Subsidiarias de Planeamiento, habrán de tenerse en cuenta las circunstancias derivadas de la configuración de las áreas de reparto y aprovechamiento tipo, o las circunstancias de derecho transitorio que todavía subsistan.

⇒ V. art. 6 de la Ley 2/1991, de 11 marzo, de Reserva de Suelo y Actuaciones Urbanísticas Prioritarias en el Principado de Asturias (§12).

Artículo 14. Procedimiento de declaración y su desarrollo.

El desarrollo urbanístico de las actuaciones prioritarias se adaptará a las siguientes determinaciones:

a) Declaración de actuación prioritaria por el Consejo de Gobierno a propuesta de la Consejera de Medio Ambiente y Urbanismo, acompañado de la correspondiente memoria justificativa y audiencia de los respectivos Ayuntamientos, trámite del que se podrá prescindir, si así se hubiera acordado en previo convenio de colaboración.

b) Tramitación a través de un plan parcial o de un plan especial que habrán de contener las determinaciones y elementos propios de los objetivos perseguidos por la misma y, como mínimo, las previstas para los planes parciales, salvo que alguno de ellos fuera innecesario por no guardar relación con la actuación. Los planes especiales de infraestructuras, sistemas, áreas de rehabilitación integrada o remodelación se adaptarán a sus fines específicos, de acuerdo con la legislación urbanística general.

⇒ V. arts. 4, 6 y 7 de la Ley 2/1991, de 11 marzo, de Reserva de Suelo y Actuaciones Urbanísticas Prioritarias en el Principado de Asturias (§12).

Jurisprudencia

«El hecho de que la Ley 2/1991, de 11 de marzo, de reserva de suelo y actuaciones urbanísticas prioritarias, contemple, como recoge su Preámbulo, una modalidad procedimental abreviada para facilitar este tipo de actuaciones al objeto de cumplir lo establecido en su artículo 1, ello no obsta a que en el mismo queden garantizados plenamente los derechos de los concurrentes, como igualmente se expresa en el citado Preámbulo, por lo que ya debe adelantarse que por más abreviado que sea el procedimiento el mismo no supone ni autoriza el prescindir de trámites o datos que mermen las facultades de defensa de los particulares, pues la incidencia del principio constitucional de función social de la propiedad así lo exige en orden al control de la actuación urbanística, y dicho procedimiento se desarrolla en los artículos 6 para la delimitación de las áreas y 14 que recoge el procedimiento de declaración y su desarrollo, del Decreto 58/1994, de 14 de julio, que aprueba el desarrollo y ejecución de la Ley 2/1991, de 11 de marzo, de reserva de suelo y actuaciones prioritarias, antes citada». **(STSJ Asturias 18 febrero 2000 [RJCA 2000, 290])**.

Artículo 15. Regla excepcional para el suelo no urbanizable o urbanizable no programado.

1. En suelo no urbanizable, o urbanizable no programado, que no hu-

biera sido objeto de desarrollo a través del correspondiente programa de actuación urbanística y que, conforme con la legislación urbanística general, estaría todavía sujeto a las limitaciones establecidas para el suelo no urbanizable, será posible, con carácter excepcional, desarrollar planes especiales para la ejecución de actuaciones prioritarias.

2. La ordenación a través de un plan especial en las áreas de referencia necesitará que la memoria contenga, además de aquéllas otras cuestiones exigidas por la legislación urbanística general, una justificación relativa a:

a) Inadecuación del suelo actualmente clasificado de urbano, urbanizable programado, o apto para urbanizar, para efectuar una actuación urbanística regional de carácter prioritario. La inadecuación habrá de serlo a efectos de gestión, programación, densidad, ubicación o repercusión de suelo.

b) Inadecuación del área propuesta para cubrir eventuales déficit de equipamiento no lucrativo para la futura ordenación de la ciudad.

c) Incidencia que tendría la ordenación prevista en el conjunto del área donde habría de integrarse, en cuanto a densidad y estándares de equipamiento y sistemas.

d) Integración en el conjunto urbano: configuración de accesos y enlaces de infraestructuras y servicios.

3. El plan especial será susceptible de variar las condiciones de edificabilidad fijadas originariamente por el Plan General y Normas Subsidiarias. En su consecuencia, dada la doble naturaleza de modificación y planeamiento de desarrollo, debe contener la documentación propia de ambos documentos.

4. Los planes especiales que desarrollen actuaciones de carácter residencial o industrial deberán contener los mismos estándares de los planes parciales, configurando, no obstante, su propia área de reparto a efecto de la determinación y cesión del porcentaje correspondiente al aprovechamiento tipo, o medio si subsisten circunstancias de derecho transitorio.

⇒ V. arts. 6 y 7 de la Ley 2/1991, de 11 marzo, de Reserva de Suelo y Actuaciones Urbanísticas Prioritarias en el Principado de Asturias (§12).

Artículo 16. Régimen de usos.

1. Los usos posibles en las áreas de actuación prioritaria deben figurar en los planes parciales y especiales correspondiendo a cualquiera de las modalidades que señala el artículo 3 de este Reglamento y reflejarán los programas de actuación y, en su caso, la programación anual de la respectiva Consejería competente en la materia.

2. Dentro del uso residencial se entenderán como prioritarias todas las modalidades de vivienda de promoción pública y de protección oficial, en las categorías y condiciones actualmente existentes y las que se fijen en el futuro. Además, cuando se justifique por las necesidades de mercado y las condiciones sociales de ciertas áreas, será posible la promoción de viviendas libres a precio tasado en las condiciones definidas, legal o reglamentariamente, o incluso las formas mixtas que incluyan todas las modalidades a que se refiere la legislación general relativa al régimen de viviendas.

3. El plan parcial o especial, además de las peculiaridades que correspondan a sus características, recogerá y justificará la modalidad de actuación a efectuar, en cuanto a tipología del régimen de viviendas o, en su caso, características de la industria y del equipamiento, y sistemas, o de las actuaciones de finalidad social, acompañado en todos los casos de las reservas y cesiones que correspondan.

4. En dichos planes se establecerán los plazos de ejecución de todas las actuaciones.

⇒ V. art. 10 de la Ley 2/1991, de 11 marzo, de Reserva de Suelo y Actuaciones urbanísticas prioritarias en el Principado de Asturias (§12).

Artículo 17. Tramitación del plan parcial o especial.

1. Los planes parciales y especiales serán formulados por la Comisión de Urbanismo y Ordenación del Territorio de Asturias.

2. La aprobación inicial se otorgará por la Comisión de Urbanismo y Ordenación del Territorio de Asturias, sometiéndolo a continuación a información pública, como mínimo durante quince días, mediante anuncio en el Boletín Oficial del Principado de Asturias y de la Provincia, al menos en uno de los diarios de publicación y ámbito regional y de difusión en el área de incidencia del planeamiento y a audiencia a los Ayuntamientos respectivos a efectos de la formulación de todas aquellas observaciones que entiendan oportunas.

A la vista de la información pública y de la audiencia a los Ayuntamientos, la Comisión de Urbanismo y Ordenación del Territorio adoptará el acuerdo que proceda respecto a la aprobación provisional correspondiendo la aprobación definitiva a la Consejera de Medio Ambiente y Urbanismo.

3. Deberá publicarse en el Boletín Oficial del Principado de Asturias y de la Provincia el acuerdo de aprobación definitiva del plan parcial o especial y además las normas urbanísticas y ordenanzas, acompañadas de la referencia a los plazos de ejecución y de un plano de zonificación con las características suficientes que permita su inserción en el citado Boletín.

Baleares

§ 13 LEY 10/1990, DE 23 OCTUBRE. DISCIPLINA URBANÍSTICA DE LAS ILLES BALEARS

(BOE núm. 297, de 12 diciembre y BOCAIB núm. 141, de 17 noviembre [RCL 1990, 2574 y LIB 1990, 138])

EXPOSICIÓN DE MOTIVOS

1. La Comunidad Autónoma de las Islas Baleares, de acuerdo con lo que dispone el artículo 10 de su Estatuto de Autonomía, tiene competencias exclusivas en materia de ordenación del territorio y de urbanismo.

El ejercicio efectivo de las competencias en estas materias ha supuesto una consideración crítica de la normativa legal vigente que, no obstante, no conduce a plantearse la conveniencia de sustituirla, sino a una opción de desarrollo y aplicación de la normativa puntual. Se ha de tener en cuenta que el ordenamiento urbanístico está en vías de desarrollarse completamente y que sustituirlo plantearía multitud de problemas que retrasarían enormemente la consecución de los objetivos que esta modificación profunda enunciaría como básicos y los haría, sin duda, peligrar.

Habiendo elegido la opción anterior, se han de analizar los problemas urbanísticos peculiares de nuestro territorio, que necesitan abordarse con soluciones instrumentadas precisas por medio de una norma legal que las habilite como únicas medidas de eficacia suficiente para conseguir los objetivos de mantener la disciplina urbanística y cerrar el paso a todos los que pretendan con el abuso, desdibujar el concepto de la función pública del suelo. En resumen, el marco que esta Ley propone es establecer unos mecanismos que completen y perfeccionen la legalidad urbanística vigente, que llenen los vacíos legales existentes y enmienden determinadas deficiencias de la normativa que se han advertido en la misma.

2. Esta Ley pretende conseguir los objetivos de protección en la legalidad urbanística vigente y el establecimiento de una eficaz disciplina en el ejercicio de los derechos y deberes que corresponden a las administraciones públicas y a los particulares.

TÍTULO I

DE LAS LICENCIAS Y OTRAS AUTORIZACIONES

CAPÍTULO I

De las licencias

Sección 1ª Actos sujetos

Artículo 1.

La licencia es el acto administrativo mediante el cual adquieren efectividad las posibilidades de parcelación, edificación, demolición, ocupación, aprovechamiento o uso relativo a un suelo o inmueble determinado, previa concreción de lo establecido al respecto en las Leyes, los Planes de Ordenación y el resto de Normativa Urbanística.

Artículo 2.

Serán sujetos a licencia previa, sin perjuicio de las autorizaciones que sean procedentes de acuerdo con la legislación aplicable, los actos que a continuación se relacionan, sea cual sea la naturaleza del dominio del suelo donde se pretendan realizar.

1. Las obras de construcción de edificaciones e instalaciones de todas las clases de nueva planta, incluyendo en ello los cerramientos de obra fija.

2. Las obras de ampliación, modificación o reforma que afecten a la estructura, el aspecto exterior o la disposición interior de edificios e instalaciones de todas las clases existentes.

3. Las obras y los usos que se hayan de realizar con carácter provisional, a los que se refiere al apartado 2 del artículo 58 del Texto Refundido de la Ley del Suelo.

4. Los movimientos de tierra, tales como desmontes, explanaciones, excavaciones y terraplenes, las obras de instalación de servicios públicos, las de ejecución de vialidad y, en general, las relacionadas con la urbanización, exceptuando que estos actos hayan sido detallados y programados como obras a ejecutar en un proyecto de urbanización definitivamente aprobado o de edificaciones que dispongan de licencia otorgada.

5. Las actividades extractivas de minerales, líquidos, de cualquier índole, así como las de vertidos en el subsuelo.

6. a) Las obras de construcción de infraestructura civil, tales como presas, viario público y privado, defensa y corrección de cauces públicos, puertos, diques, etc., excepto que estos actos hayan sido detallados y programados como obras a ejecutar en un Plan Especial o Plan Territorial o Plan Director Sectorial debidamente aprobado o autorizado.

b) Quedan excluidos de la preceptividad de la licencia las obras de mejora y mantenimiento de las obras públicas.

✐ El TC, por A. 10 noviembre 1999, ha acordado tener por desistido al Presidente del Gobierno del recurso de inconstitucionalidad número 358/1991, promovido contra los artículos 2.6 a) y b), 8.4, 15.1 b) y el inciso segundo del art. 15.5 («En este supuesto, incluso cuando la fianza se haga mediante aval, no se podrá utilizar el beneficio de excusión al que se refiere el art. 1830 y concordantes del Código Civil»), todos de la Ley del Parlamento de las Islas Baleares 10/1990, de 23 octubre, de Disciplina Urbanística, y declarar terminado el proceso.

⇒ V. nota al art. 2.6 a) y b) de la presente Ley.

7. Los actos de edificación en las zonas de servicios de los puertos y aeropuertos, así como en las zonas de dominio público.

8. La primera utilización u ocupación de los edificios y las instalaciones en general.

9. El uso del vuelo sobre las edificaciones e instalaciones de todas las clases existentes.

10. La modificación del uso de los edificios o las instalaciones en general.

11. La demolición de las construcciones, excepto en los casos declarados de ruina inminente.

12. Las instalaciones subterráneas dedicadas a aparcamiento, actividades industriales, mercantiles o profesionales, servicios públicos o de cualquier otro uso al que se destine el subsuelo.

13. La instalación o ubicación de casas prefabricadas e instalaciones similares, provisionales o permanentes, excepto que se efectúen en camping o zonas de acampada legalmente autorizados.

14. Las talas y los abatimientos de árboles que constituyan masa arbórea, espacio boscoso, arboleda o parque, haya o no planeamiento aprobado, a excepción de las autorizadas por órganos competentes en materia agraria.

15. La colocación de carteles y vallas de propaganda aunque no sean visibles desde la vía pública y siempre que no estén en locales cerrados.

16. Las parcelaciones urbanísticas.

17. Las obras de apertura de caminos y accesos a parcelas en suelo no urbanizable y en suelo urbanizable no programado sin programa de Actuación Urbanística aprobado.

18. Instalaciones y construcciones de carácter temporal destinadas a espectáculos y actividades recreativas.

19. Cualquier intervención en edificios declarados como bienes de interés cultural, catalogados y protegidos.

20. Y, en general, el resto de actos que señalen los planos, las normas o las ordenanzas.

⇒ V. art. 2 de la Ley 6/1998, de 13 abril (§1).

V. Jurisprudencia en arts. 178 y concordantes del TRLS/1976 (§3).

Sección 2ª Competencias, normativa de aplicación, procedimiento y caducidad de licencias

Artículo 3.

1. La competencia para otorgar las licencias corresponde al Ayuntamiento, excepto en los casos previstos en la legislación urbanística.

2. Cuando, por tratarse de actos de edificación y uso del suelo y otros previstos en la presente Ley realizados por particulares en terrenos de dominio público sea necesario otorgar concesión o autorización por parte del ente titular de este dominio, el particular no podrá obtener licencia ni el órgano competente concederla hasta que no se otorgue dicha concesión o autorización. En estos casos, los plazos a los que hace referencia el artículo 4 de esta Ley comenzarán a computar desde el momento del otorgamiento.

3. Cuando, por naturaleza del acto sujeto a licencia, sean necesarios los informes o las autorizaciones de organismos distintos al ente ante el que se solicita, no podrá otorgarse licencia, si estos informes no se han incorporado al expediente de solicitud o no se entienda que han sido emitidos en sentido favorable, de acuerdo con lo que se dispone en el artículo 9.1 del Reglamento de Servicios de Corporaciones Locales.

Cuando los informes que falten en el expediente hayan de ser emitidos por otros órganos u organismos de la misma Administración, el órgano que haya de resolver la licencia los solicitará y tramitará de oficio. En estos casos, serán también de aplicación lo que corresponda sobre silencio administrativo.

4. En el supuesto de otorgamiento de licencia por el procedimiento de denuncia de mora, los trámites subsiguientes al otorgamiento de éste se continuarán ante el Ayuntamiento correspondiente, que quedará vinculado a todos los efectos por el órgano urbanístico insular.

⇒ V. art. 243.2 del TRLS/1992 (§2).
V. Jurisprudencia en arts. 179 y concordantes del TRLS/1976 (§3).

Artículo 4.

1. Las licencias se otorgarán de acuerdo con las previsiones y las determinaciones de esta Ley y subsidiariamente de la Ley de Suelo; en las contenidas en los Planes de Ordenación Urbana y Programas de actuación urbanística y, en su caso, de las normas complementarias y subsidiarias de planeamiento o de las normas u ordenanzas reguladoras sobre uso del suelo y de la edificación.

2. En los casos no previstos en el apartado anterior:

a) Las licencias se otorgarán al amparo de la normativa vigente en el momento de la concesión, siempre que ésta se efectúe en el plazo de dos meses en las obras mayores y un mes en las obras menores, que para resolver, otorga el Reglamento de Servicios de las Corporaciones Locales.

b) Cuando el Ayuntamiento o el órgano administrativo actuante resuelva con posterioridad en el plazo previsto en el párrafo anterior, será de aplicación la normativa vigente en el día de vencimiento de este período.

c) Lo dicho anteriormente se entiende sin perjuicio de la interrupción del plazo de dos meses a efectos de subsanar sus deficiencias, que deberán de hacerse constar todas en notificación única.

3. Toda resolución que deniegue licencia deberá de ser motivada con explícita referencia a la norma o planeamiento que esté en contradicción con la licencia solicitada.

Jurisprudencia

«La Resolución, en su remisión al informe emitido es suficiente aunque sea sucinta, "vide verbi gratia" la Sentencia del Tribunal Supremo de 12 de diciembre de 1990 (RJ 1990, 9918), que dispone: "... la brevedad de los términos y la concisión expresiva de un acto administrativo no puede confundirse con su falta de motivación..."». **(STSJ Baleares 15 junio 1999 [RJCA 1999, 1622])**.

⇒ V. Jurisprudencia en arts. 178 y concordantes del TRLS/1976 (§3).

Artículo 5.

1. Cuando, una vez concedida una licencia, si en el transcurso de la ejecución de las obras se modifica la estructura o la disposición interior o el aspecto exterior, las obras no serán paralizadas durante la tramitación administrativa de la solicitud de modificación del proyecto.

2. La normativa de aplicación a las modificaciones en el transcurso de las obras mencionadas en el apartado anterior, será la vigente en el momento de concesión de la licencia, siempre que no se haya sobrepasado el plazo fijado para la ejecución de las obras.

3. No se aplicará lo que se prevé en el apartado primero si la modificación tiene por objeto variar el número de viviendas autorizado o si comporta alteración de las condiciones de uso del suelo, altura, volumen, situación de las edificaciones y ocupación máxima autorizadas.

4. En ningún caso se podrán acoger a los beneficios del apartado 1 del artículo presente aquellas obras que se realicen en edificios catalogados o incluidos en conjuntos histórico-artísticos, sujetos a la legislación del Patrimonio Histórico o protegidos por el planeamiento urbanístico.

Jurisprudencia

«Una vez en vigor la Ley 1/1991, siendo de directa aplicación en Título I, afectadas las parcelas litigiosas por la declaración antes indicada y contradiciendo las licencias otorgadas el régimen urbanístico transitorio en tanto, para el caso no era de aplicación el artículo 18 al no hallarnos en presencia, ello es evidente, de "cases de possesió, cases de lloc o de pags", y si el ap. 3 que no 2 del artículo 5 de la Ley 10/1990 de la CAIB, hasta tanto se apruebe el Plan Especial de Protección que determine la anulación o el levantamiento de la suspensión, no podían aprobarse obras de ampliación en las mencionadas Areas de Protección». **(STSJ Baleares 3 febrero 1999 [RJCA 1999, 221])**.

⇒ V. Ley 6/1993, de 28 septiembre (§17).

Artículo 6.

1. El Proyecto técnico en base al que se solicite la licencia, deberá disponer del correspondiente visado colegial, excepto los proyectos redacta-

dos por la Administración; deberá tener un grado suficiente de definición de las obras que permita que un facultativo distinto del autor pueda dirigir las obras o trabajos correspondientes; irá necesariamente cumplimentado con una Memoria Urbanística como documento específico e independiente en el que se indicará la finalidad y el uso de la construcción o actuación proyectada, razonándose su adecuación a la ordenación vigente. La Memoria desarrollará los argumentos necesarios para justificar el cumplimiento de lo que preceptúa el artículo 73 de la Ley del Suelo, y se acompañará de los correspondientes planos de situación a escala 1:10.000 ó 1:2.000, según se trate de terrenos rústicos o urbanos y de cualquier otra información gráfica que resulte precisa en orden a apoyar su contenido, con expresa indicación de la clasificación del suelo objeto de la actuación y de la normativa y ordenanzas aplicables.

2. El proyecto al que hace referencia el apartado anterior está integrado por el proyecto básico y por el proyecto de ejecución.

A los efectos de la presente Ley se entiende por:

a) Proyecto básico es aquel en el que se definen de forma precisa las características generales de la obra mediante la adopción y la justificación de soluciones concretas.

b) Proyecto de ejecución es aquél que desarrolla el proyecto básico de la determinación completa de detalles y especificaciones de todos los materiales, elementos, sistemas constructivos y equipos.

3. El proyecto básico deberá tener los siguientes documentos:

– Memoria descriptiva de las características generales de la obra y justificativas de las soluciones adoptadas.

– Planos generales a escala y acotados de plantas, alturas y secciones.

– Presupuesto con estimación global de cada capítulo, oficio o tecnología.

4. El proyecto de ejecución deberá tener los siguientes documentos:

– Memoria de cimentación, estructura y oficios.

– Planos de cimentación y estructura; planos de detalle: esquemas y dimensionamiento de instalaciones.

– Pliego de condiciones técnicas generales y particulares.

– Estado de mediciones.

– Presupuesto obtenido por aplicación de precios unitarios de obra.

⇒ Téngase en cuenta arts. 4 y concordantes de la Ley 38/1999, de 5 noviembre, de Ordenación de la Edificación (§1.1).

V. Jurisprudencia en arts. 178 y concordantes del TRLS/1976 (§3).

Artículo 7.

1. El procedimiento del otorgamiento de las licencias se ajustará a lo establecido en la legislación de Régimen Local, en esta Ley y en el resto de *disposiciones de aplicación.*

Las licencias se entenderán obtenidas por silencio positivo una vez transcurridos los plazos y cumplidas las condiciones establecidas por la legislación del Régimen Local. En ningún caso se podrán adquirir por silencio facultades en contra de las prestaciones de las Leyes, planos y demás normativa urbanística.

2. Solamente se conceptuarán como obras menores aquellas de técnica sencilla y de escasa entidad constructiva y económica, que no supongan alteración del volumen, de las instalaciones y servicios de uso común o del número de viviendas y locales, ni afecten el diseño exterior, los fundamentos, la estructura o las condiciones de habitabilidad o de seguridad de todas las clases de edificios e instalaciones. En ningún caso se entenderán como tales las parcelaciones urbanísticas, los cerramientos de muro de fábrica de cualquier clase y las intervenciones en ámbitos y elementos declarados como bienes de interés cultural, catalogados o protegidos, grandes movimientos de tierras y la tala masiva de árboles.

3. Cuando la licencia de obras se haya solicitado y obtenido mediante la presentación de un proyecto básico, será preceptiva, en el plazo máximo de seis meses desde la concesión de aquélla, la presentación al Ayuntamiento del proyecto de ejecución ajustado a las determinaciones de aquél. El Ayuntamiento dispondrá de un mes para comprobar la adecuación del proyecto de ejecución con el proyecto básico. Transcurrido este plazo sin que el Ayuntamiento notifique al interesado resolución en contra, se podrán iniciar las obras. Esta fecha será la que fijará el inicio del plazo de ejecución fijada en la licencia.

4. Si el Ayuntamiento detectara, transcurrido el plazo de un mes, alteraciones de las determinaciones del proyecto básico de acuerdo con las cuales se otorgó la licencia, se ordenará la paralización inmediata de las obras y la iniciación del expediente de modificación del proyecto, sin perjuicio de lo que dispone el artículo 5 de esta Ley.

5. Una vez presentado ante el Ayuntamiento el proyecto técnico, adquiere el carácter de documento oficial, y de la exactitud y veracidad de los datos técnicos en él consignados responde el autor a todos los efectos.

6. En todo procedimiento de concesión de licencia, es preceptiva la emisión de informes técnicos y jurídicos o de legalidad por los servicios municipales correspondientes. Cuando el Ayuntamiento esté falto de servicios técnicos y/o jurídicos adecuados, dichos informes deberán ser solicitados al Consell Insular correspondiente.

7. Serán nulas de pleno derecho las licencias concedidas sin los preceptivos trámites de información o sin el acuerdo de la Comisión Insular de Urbanismo cuando así lo establezca la normativa vigente. Tales licencias no producirán ningún efecto y respecto a las actuaciones que se pudiesen realizar a su amparo, se aplicarán las medidas de protección y defensa de la legalidad urbanística que se prevén en la presente Ley para los actos sin licencia.

8. Juntamente con la notificación de concesión de licencia, se entregará al solicitante un ejemplar del proyecto sellado y diligenciado. En los casos en que la licencia se haya obtenido mediante el procedimiento de denuncia

de mora ante la Comisión Insular de Urbanismo, ésta procederá al sellado y diligenciado del expediente y lo remitirá al Ayuntamiento para que lo entregue al interesado.

9. El acta por la que se concede la licencia deberá de consignar expresamente, además de cualesquiera otras especificaciones requeridas por las disposiciones vigentes o que el órgano otorgante considere oportuno incluir, los siguientes extremos:

a) La naturaleza urbanística del suelo objeto de la actuación.

b) Finalidad de la actuación y uso al que se destinará.

c) Altura, volúmenes y ocupación de parcela permitidos.

d) Cantidad en la que se presupuestan las obras.

e) En suelo no urbanizable, fecha del acuerdo de la Comisión Insular de Urbanismo o indicación de las normas en virtud de las cuales no resulte preceptivo este trámite.

10. Será requisito indispensable en todas las obras mayores disponer, a pie de obra, de copia autorizada de la licencia municipal, así como de la colocación del cartel indicador en el que se haga constar el nombre y los apellidos de los técnicos directores y del contratista, ordenanza que se aplica, la fecha de expedición de la licencia, el plazo de ejecución de las obras, el número de plantas autorizadas y el número de expediente.

⇒ V. Ley 9/1990, de 20 junio, sobre Distribución de Competencias a los Consejos Insulares en materia de urbanismo y habitabilidad, afectada por la Ley 8/2000, de 27 octubre, por Ley 4/2000, de 22 marzo y por Ley 15/1990, de 29 noviembre.

V. art. 14 de la Ley 6/1993, de 28 septiembre (§17).

V. Jurisprudencia en arts. 178 y concordantes del TRLS/1976 (§3).

Jurisprudencia

«Conforme a lo establecido en el artículo 7.2 de la Ley 10/1990, de disciplina urbanística de la Comunidad Autónoma, obra menor es aquella de técnica sencilla y de escasa entidad constructiva y económica, que no suponga alteración del volumen, de las instalaciones y servicios de uso común o del número de viviendas o locales, ni afecten al diseño exterior, a los fundamentos, a la estructura o a las condiciones de habitabilidad o de seguridad del edificio e instalaciones. Y no hay duda que ése es el caso de la reparación de los 65 cuartos de baño y que aquí se trata. El procedimiento de otorgamiento de la licencia de obra menor debe ajustarse a la legislación de Régimen Local, a la Ley 10/1990, y al resto de las disposiciones de aplicación –art. 7.1 de la Ley 10/1990–. De acuerdo con el artículo 6 de la Ley 10/1990, el proyecto técnico que acompañe a la solicitud debe disponer del correspondiente visado colegial. Conforme a lo dispuesto en el artículo 9.4.5 y 7 c) del Reglamento de Servicios de las Corporaciones Locales, la licencia de obra menor habrá de otorgarse o denegarse en el plazo de un mes, entendiéndose otorgada por silencio administrativo si hubiera transcurrido dicho plazo sin que hubiese sido notificada al solicitante la resolución expresa. En caso de que la solicitud presentase deficiencia subsanable, como aquí sería la falta de firma de técnico competente y el visado colegial correspondiente, el Ayuntamiento tenía la obligación de haberlo notificado al solicitante antes que transcurriese un mes desde que había sido efectuada la petición –es decir, antes del 9 de diciembre de 1994-». **(STSJ Baleares 13 septiembre 1996 [RJCA 1996, 1610]).**

Artículo 8.

1. Toda licencia, de acuerdo con la normativa urbanística municipal deberá prever un plazo para comenzar las obras proyectadas y otro para acabarlas. Este último no será superior a 24 meses.

2. Transcurrido cualquiera de los dos plazos, el Ayuntamiento iniciará el expediente de caducidad de la licencia otorgada.

La licencia advertirá explícitamente de estas circunstancias.

3. La caducidad de la licencia será declarada por el organismo competente para conceder las licencias, previa audiencia al interesado y determinará el archivo de las actuaciones.

4. Una vez declarada la caducidad de la licencia, las obras no se podrán iniciar ni proseguir, si no se solicita y no se obtiene una nueva licencia, ajustada a la ordenación urbanística aplicable a la nueva solicitud.

⇒ V. nota al art. 2.6 a) y 2.6 b) de la presente Ley.

5. El interesado, previa la solicitud oportuna, tendrá derecho a la obtención automática de una prórroga de cualquiera de los plazos indicados en el apartado 1 de este artículo, por un período no superior a la mitad del plazo inicial. A estos efectos la normativa aplicable será en todos los casos la vigencia en el momento de la concesión de la licencia que se prorroga, sin que le afecte la posible suspensión del otorgamiento de licencias.

⇒ V. art. 14 de la Ley 6/1998, de 13 abril (§1).
V. arts. 74 y concordantes del RD 1093/1997, de 4 julio (§2.1).

Jurisprudencia

«No cabe duda de que el Ayuntamiento erró al conceder una prórroga por dos años ya que por ley la primera prórroga automática no puede exceder de un año. Cuestión distinta es que la Ley no impide (pero ya no obliga) a conceder nuevas prórrogas. El hecho de que el Ayuntamiento dictase un acuerdo declarativo de derechos, pero contrario a Derecho, sólo puede ser corregido mediante la "revisión de actos anulables" y a través del mecanismo previsto en el art. 103 de la Ley 30/1992, pero entretanto no se haga así, el acto es eficaz y el particular al que se le ha reconocido el derecho de prórroga de licencia por dos años, no puede ver cercenado el derecho concedido por el Ayuntamiento.

No puede pretenderse un incumplimiento del administrado que se limita a atenerse a lo declarado por la Administración cuando, precisamente, es el propio error administrativo el que ha provocado la situación. Resulta absurdo que el mejor argumento de la Administración se base en su propia negligencia al dictar un acto contrario a Derecho.

En conclusión y por todo lo anterior, es obvio que al incoarse el expediente de caducidad, todavía no había vencido el plazo para el que se concedió la prórroga». **(STSJ Baleares 10 marzo 2000 [RJCA 2000, 441])**.

⇒ V. Jurisprudencia en arts. 178 a 180 y concordantes del TRLS/1976 (§3).

Artículo 9.

Se requerirá la licencia urbanística como trámite previo al suministro de energía eléctrica de obra.

El suministro de energía eléctrica de obra finalizará a los tres meses de la fecha de caducidad de la licencia.

El incumplimiento de esta exigencia por parte de las empresas suministradoras, dará lugar a que, por la Administración se les imponga una sanción del doble al quíntuple del importe de la conexión de servicio.

CAPÍTULO II
De las órdenes de ejecución

Artículo 10.

Los propietarios de terrenos, urbanizaciones, edificaciones e instalaciones deberán mantenerlos en condiciones de seguridad y salubridad.

Los Ayuntamientos y en su caso los organismos competentes en materia de disciplina urbanística, de oficio o a instancia de cualquier persona, ordenarán la adopción de las medidas necesarias para conservar dichas condiciones.

Antes de dictar una orden de ejecución, se deberá de dar audiencia al interesado. La orden de ejecución deberá de fijar detalladamente las obras a realizar.

⇒ V. art. 19 de la Ley 6/1998, de 13 abril (§1).
V. art. 3 de la Ley 38/1999, de 5 noviembre, de Ordenación de la Edificación (§1.1).

Jurisprudencia

«La aplicación de la anterior doctrina al caso de autos, donde del examen del expediente administrativo se destaca la ausencia de alegaciones del actor –al no habérsele notificado el trámite de audiencia, y la inexistencia de interposición de recurso administrativo alguno–; ser exigible legalmente como se ha visto por lo dispuesto en el art. 10 de la Ley 10/1990; y tratarse de procedimiento en el que el actor ve sus derechos e intereses afectados, debe conducir a estimar que la omisión del trámite de audiencia, denunciada por el recurrente –y no atacada por la representación de la Administración demandada– le ha engendrado a dicha parte una efectiva indefensión en cuanto se le ha privado del ejercicio de los medios normales de defensa, lo que debe dar lugar a la anulación del acto administrativo impugnado, y a la estimación del presente recurso». **(STSJ Baleares 18 febrero 1997 [RJCA 1997, 504])**.

⇒ V. Jurisprudencia en arts. 181 y concordantes del TRLS/1976 (§3).

Artículo 11.

A los efectos de lo que se dispone en el artículo anterior, el organismo que haya cursado la orden de ejecución concederá al propietario un plazo acomodado a la envergadura de las medidas a adoptar para que proceda al cumplimiento de lo ordenado. Transcurrido el cual, si no lo hubiera ejecutado podrá concederse un último e improrrogable plazo para la ejecución ordenada que, si no se cumple, se llevará a efecto por el organismo requirente, a costa de lo obligado a través del procedimiento de ejecución subsidiaria previsto en el artículo 98 de la Ley 30/1992, de 26 de noviembre, de Régimen Jurídico de las Administraciones Públicas y del Procedimiento Administrativo Común.

Artículo redactado por la disp. adic. 20 de la Ley 6/1999, de 3 abril (§19).

No obstante, téngase en cuenta que esta disp. adic. fue suspendida de vigencia por Providencia del TC 22 julio 1999.

⇒ V. art. 19 de la Ley 6/1998, de 13 abril (§1).
V. Jurisprudencia en arts. 181 y concordantes del TRLS/1976 (§3).

Artículo 12.

1. El Govern de la Comunidad Autónoma, los Consells Insulares o los Ayuntamientos y en su caso los organismos competentes podrán también ordenar, por motivos de interés estético, de conservación del patrimonio histórico, artístico y arquitectónico, la ejecución de las obras de conservación y reforma de fachadas o espacios visibles desde la vía pública.

2. Las obras serán ejecutadas a cargo de los propietarios, si suponían un aumento de valor para el inmueble hasta donde éste alcance, y con cargo a los fondos de la entidad que lo ordene cuando se sobrepasen estos límites por razones de interés general.

En caso de incumplimiento por parte de los propietarios, se estará a lo que dispone en el artículo anterior.

⇒ V. art. 19 de la Ley 6/1998, de 13 abril (§1).
V. arts. 245.1 y 246.2 del TRLS/1992 (§2).
V. Ley 9/1990, de 20 junio, sobre distribución de competencias a los Consejos Insulares en materia de urbanismo y habitabilidad, afectada por la Ley 8/2000, de 27 octubre, por ley 4/2000, de 22 marzo y por Ley 15/1990, de 29 noviembre.
V. Jurisprudencia en arts. 182 y concordantes del TRLS/1976 (§3).

CAPÍTULO III
De las urbanizaciones de iniciativa particular

Artículo 13.

1. La tramitación y la aprobación de los proyectos de urbanización se han de ajustar a lo que dispone la legislación vigente.

2. En el caso de las urbanizaciones de iniciativa particular, los promotores de éstas estarán obligados, previamente al inicio de las obras, a comunicar al organismo actuante la identidad de la empresa constructora y de la dirección facultativa de las obras. Además de las garantías exigidas por la aprobación definitiva del Plan correspondiente, los promotores vendrán obligados a constituir, previamente al inicio de las obras, ante dicho organismo, una garantía del 6% del importe total de las obras.

3. El incumplimiento por quien corresponda de las obligaciones contraídas en general y de la realización de la urbanización en particular, con sujeción al plan de etapas del Plan correspondiente, facultará a la Administración actuante, previa la tramitación del expediente ordinario, para adoptar alguna o algunas de las medidas siguientes:

a) Subrogación de la Administración en su ejecución;

b) Expropiación de los terrenos comprendidos en el ámbito del Plan incumplido.

4. La adopción de las medidas previstas en el apartado anterior corres-

ponderá a la Administración actuante, que, consecuentemente, acordará el cambio de sistema de compensación por el de cooperación o de expropiación.

En el expediente tramitado a estos efectos se incluirán una valoración del suelo, según la calificación urbanística inmediata anterior a la aprobación del Plan General, y una valoración de la obra útil ya realizada según la legislación vigente.

La Administración actuante, por medio de los propios actos, o bien a través de una gerencia, procederá a la ejecución del Plan correspondiente, con la finalidad de introducir en el mercado inmobiliario los terrenos debidamente urbanizados y a supervisar las transmisiones para que las cantidades que hayan de recibir los promotores del Plan correspondiente, responsables de la ejecución de las obras hasta este momento, se correspondan exactamente con la valoración antes mencionada.

En estos supuestos, la Administración actuante exigirá el pago anticipado de las cantidades a cuenta de los gastos de urbanización con cargo al promotor.

⇒ V. art. 4 de la Ley 6/1998, de 13 abril (§1).
V. art. 104.3 del TRLS/1992 (§2).
V. Jurisprudencia en arts. 53 y concordantes del TRLS/1976 (§3).

Artículo 14.

1. En los Planes Parciales que tienen por objeto urbanizaciones de iniciativa particular, los compromisos que contraigan los promotores, han de expresar además de las determinaciones legalmente establecidas las siguientes:

a) No se procederá a la parcelación urbanística, ni mediante un documento privado ni mediante un documento público, translativo del dominio en el ámbito del Plan Parcial, hasta que no se haya obtenido la licencia de parcelación.

b) Una vez obtenida la licencia de parcelación, tanto en los documentos públicos como en los privados, translativos del dominio de las parcelas resultantes, se hará constar la exigencia de la junta de compensación, o conservación en su caso, a la adhesión del adquiridor a sus estatutos.

c) El promotor deberá consignar en la documentación del Plan, además de las determinaciones previstas en la legislación vigente, justificación de su potencial suficiencia en relación con la evaluación económica de la ejecución de las obras de urbanización y de la implantación de servicios.

2. Los propietarios de suelo objeto de un Plan Parcial de promoción privada están obligados, al menos, a las cesiones y la cargas de urbanización establecidas para el suelo urbanizable programado en la legislación urbanística vigente.

3. Previamente a la aprobación de estos planes de promoción privada se formalizará el compromiso del promotor de ejecutar y, en su caso, de conservar la urbanización según el Plan, así como las garantías reales y obli-

gaciones que aseguren el cumplimiento de éste, de acuerdo a lo dispuesto en la legislación urbanística.

Artículo 15.

1. Las garantías para asegurar la obligación de urbanizar pueden constituirse:

a) En metálico;

b) Mediante hipoteca de los terrenos susceptibles de edificación privada y comprendidos en el sector objeto de urbanización, a excepción del suelo objeto de cesión del 10% del aprovechamiento medio. Esta hipoteca se ha de posponer automáticamente a cualquier otra que se constituya con la finalidad de garantizar créditos destinados a financiar las obras de urbanización.

⇒ V. Nota al art. 2.6 a) y b) de la presente ley.

c) En títulos de Deuda Pública del Estado o de la Comunidad Autónoma de las Islas Baleares o de cualquier otro ente local en cuyo territorio se lleve a cabo la actuación urbanística particular.

d) Mediante aval, que ha de ser otorgado por un banco oficial o privado, inscrito en el Registro General de Bancos y Banqueros, o por una Caja de Ahorros que pertenezca a las Cajas Confederadas, o por una entidad de seguro.

e) Mediante hipoteca de terrenos dentro del propio término municipal, susceptibles de edificación privada, situados fuera del sector objeto de urbanización, de un valor suficiente para cubrir el importe de la garantía.

2. La constitución de la garantía se ha de realizar en el plazo de un mes, a contar desde el día siguiente de la notificación del requerimiento que con esta finalidad formule la Administración actuante, una vez adoptado el acuerdo de aprobación definitiva del Plan, y siempre será requisito previo a la ejecución del cualquier obra de urbanización y a la publicación del acuerdo de la aprobación definitiva.

3. En caso de subrogación de una entidad pública en lugar de la que inició el procedimiento, la subrogación tendrá, respecto a la garantía constituida, la facultad de disposición que correspondería a la primera.

4. La garantía se ha de constituir en la depositaría de fondos de la entidad pública correspondiente a disposición del Alcalde o del órgano competente.

5. Las fianzas prestadas por personas o entidades diferentes del promotor de la urbanización están sujetas en todos los casos a las mismas responsabilidades que las constituidas por el mismo promotor. *En este supuesto, incluso cuando la fianza se haga mediante aval, no se podrá utilizar el beneficio de excusión al que se refiere el artículo 1830 y concordantes del Código Civil.*

⇒ V. Nota al art. 2.6 a) y b) de la presente ley.

Artículo 16.

Se deberán establecer por reglamento:

a) La forma de depositar los títulos de Deuda Pública o los avales.

b) La formalización de las variaciones que experimenten las fianzas.

c) El modelo de aval y los requisitos de su autorización.

d) El procedimiento para actuar contra una garantía dejada mediante aval.

e) Cualquier otra norma complementaria de lo establecido en los artículos precedentes.

Artículo 17.

1. Las sanciones que se impongan en materia de ejecución de obras de urbanización y las indemnizaciones que corresponda satisfacer, se efectuarán a costa de la fianza. El promotor estará obligado a reponer dicha fianza.

2. Cuando la fianza no sea suficiente para satisfacer las responsabilidades a las que se refiere el apartado anterior, la Administración procederá a cobrar la diferencia mediante la ejecución sobre el patrimonio del promotor.

Artículo 18.

1. El promotor de un plan o proyecto de urbanización de iniciativa privada, quedará liberado de la obligación de ejecución en el acta de entrega, de lo que corresponda a la entidad local otorgante.

2. El promotor se liberará de la obligación de conservación por la cesión del Ayuntamiento de las obras de urbanización, instalación y dotaciones en el plazo establecido por el Plan o por disposición de carácter general o por constitución de la correspondiente Entidad urbanística de conservación si así lo prevé el Plan o los compromisos entre el promotor y los futuros propietarios.

3. Las garantías constituidas por el promotor se cancelarán o se retornarán cuando se acredite en el expediente la entrega de todos los terrenos que sean de cesión obligatoria o gratuita, según el plan, así como la cesión de las obras de urbanización e instalaciones y dotaciones, el proyecto de urbanización, si es sustituido en sus obligaciones por una entidad urbanística, colaboradora de compensación o de conservación, no se cancelarán ni se devolverán las garantías hasta que dicha entidad las haya constituido de manera conveniente.

Artículo 19.

1. Las licencias de parcelación no se pueden otorgar si antes no ha sido aprobado un Plan General, o en su defecto el Plan Especial que lo desarrolle, cuando afecte a suelo urbano, o sin la previa aprobación del Plan Parcial del sector correspondiente en el caso de suelo urbanizable.

2. Cualquier licencia de parcelación se otorgará previa presentación del proyecto correspondiente, que ha de constar de los siguientes documentos.

a) La memoria justificativa de la procedencia, sobre la base del Plan General previsto o Plan Parcial de las dimensiones de las parcelas o por lotes en cada zona.

b) El Plan parcelario a escala adecuada que detalle tanto las parcelas divisibles como las indivisibles e indique la ubicación de zonas verdes, de espacios libres, de dotaciones de equipamientos, de servicios y de suelo correspondiente a la cesión de aprovechamiento medio del sector o en su caso de los polígonos de actuación del Plan.

3. Cuando alguno de los puntos exigidos en los documentos a los que se refiere el número anterior conste en los instrumentos del planeamiento aprobados con carácter definitivo, la inclusión de estos puntos podrá ser sustituida por la certificación del órgano competente de la que resulten las indicaciones necesarias que con esta finalidad acompañarán al proyecto de parcelación.

4. En el suelo rústico de les Illes Balears será de aplicación lo que dispone el artículo 259.3 del Real Decreto Legislativo 1/1992, de 26 de junio, por el que se aprueba el Texto Refundido de la Ley sobre Régimen del Suelo y Ordenación Urbana, y por ello los notarios y los registradores de la propiedad exigirán, para autorizar e inscribir respectivamente, escrituras de división de terrenos que se acredite el otorgamiento de la licencia o la declaración municipal de la no necesidad, que los notarios deberán testimoniar en el documento público.

✐ Ap. 4 añadido por la disp. adic. 1ª.1 de la Ley 6/1997, de 8 julio (§16).

⇒ V. art. 20 de la Ley 6/1998, de 13 abril (§1).
V. arts. 258.2, 258.3 y 259.3 del TRLS/1992 (§2).
V. Jurisprudencia en arts. 53 y concordantes del TRLS/1976 (§3).
V. arts. 78 y concordantes del RD 1093/1997, de 4 julio (§2.1).

TÍTULO II
INSPECCIÓN URBANÍSTICA

CAPÍTULO ÚNICO
Órganos de inspección urbanística y de servicios

Artículo 20.

La inspección urbanística es la actividad que los órganos administrativos competentes en materia de edificación y uso del suelo han de realizar con la finalidad de comprobar que una y otra se ajusten a las especificaciones del ordenamiento urbanístico.

A estos efectos, corresponde a la inspección urbanística:

a) Vigilar y controlar la actuación de todos los implicados en el proceso constructivo y de utilización del suelo e informarlos y asesorarlos sobre los aspectos legales relativos a la actividad inspeccionada.

b) Constatar y denunciar todas las anomalías que se observen.

c) Informar sobre la adopción de medidas cautelares, correctivas y sancionadoras que se juzguen convenientes para el mantenimiento de la disciplina urbanística.

d) Cualesquiera otras funciones asesoras, inspectoras y de control urbanístico que le sean encomendadas por la autoridad de la que dependa.

Artículo 21.

1. El control de la legalidad urbanística y la función inspectora será desarrollada por los siguientes organismos en el ámbito de sus respectivas competencias:

– los Ayuntamientos.

– los Consells Insulares.

2. Asimismo, el control de la legalidad urbanística y coadyuvar a la función inspectora podrá desarrollarse por entidades creadas por acuerdo entre las administraciones del ámbito local, insular o autonómico.

✐ Ap. 2 añadido por la disp. adic. 1ª.2 del la Ley 6/1997, de 8 julio (§16).

⇒ V. Ley 9/1990, de 20 junio, sobre Distribución de Competencias a los Consejos Insulares en materia de urbanismo y habitabilidad, afectada por la Ley 8/2000, de 27 octubre, por Ley 4/2000, de 22 marzo y por Ley 15/1990, de 29 noviembre.

Artículo 22.

1. Los funcionarios en ejercicio de funciones inspectoras tendrán la consideración de agentes de la autoridad y en el ejercicio de éstos estarán facultados para requerir y examinar toda clase de documentos relativos al planeamiento, comprobar y adecuar los actos de edificación y uso del suelo a la normativa urbanística aplicable y obtener la información necesaria para el desarrollo de estas funciones.

A estos efectos, deberán de ir provistos de documento oficial que acredite su condición, con el que tendrán libre acceso a los edificios o locales donde se realicen las obras o los usos que pretendan inspeccionar, de acuerdo, con las disposiciones legales que sean de aplicación.

2. Las actas levantadas por los funcionarios relacionados en el apartado anterior, en el ejercicio de las competencias propias en materia de disciplina urbanística, darán fe en vía administrativa de los hechos que se reflejen en el mismo, excepto prueba en contrario. Estas actas deberán ser firmadas por el propietario, por el contratista, por los técnicos directores de obras, por su representante legal, o si se encontraran ausentes por quien se encuentre al frente de las obras, o, en último extremo, por cualquier dependiente. La negativa a firmar el acta no supondrá en ningún caso paralización o archivo de las posibles actuaciones siguientes motivadas por el contenido de dicha acta. La firma del acta no implica aceptar su contenido.

⇒ Téngase en cuenta arts. 8 y concordantes de la Ley 38/1999, de 5 noviembre, de Ordenación de la Edificación (§1.1).

Artículo 23.

Los hechos que figuran en las actas de inspección darán lugar a la actuación de oficio del diferente órgano urbanístico competente.

⇒ V. art. 69 de la LRJ-PAC.

Artículo 24.

1. Cada Ayuntamiento deberá establecer su propio servicio de Inspección Urbanística, a no ser que mediante convenio con el Consell Insular acuerde que el servicio de inspección constituido a tal fin, con carácter exclusivo, se encargue del ejercicio de las funciones inspectoras en un determinado municipio.

2. Emitida el acta por el Servicio Insular de Inspección, se dará traslado de la misma al Ayuntamiento respectivo. Este, en el plazo de quince días desde que ha recibido la notificación, comunicará que ha incoado expediente sancionador por el mismo acto. Transcurrido dicho plazo, sin que el Ayuntamiento correspondiente comunique la apertura del expediente sancionador, se incoará y tramitará hasta su resolución dicho expediente por el órgano competente del Consell Insular.

Dicho plazo será de 10 días en las presuntas infracciones tipificadas como muy graves por esta Ley.

⇒ V. Ley 9/1990, de 20 junio, sobre Distribución de Competencias a los Consejos Insulares en materia de urbanismo y habitabilidad, afectada por la Ley 8/2000, de 27 octubre, por Ley 4/2000, de 22 marzo y por Ley 15/1990, de 29 noviembre.

TÍTULO III
INFRACCIONES URBANÍSTICAS Y SANCIÓN DE LAS MISMAS

CAPÍTULO I
Infracciones urbanísticas

Artículo 25.

Son infracciones urbanísticas las acciones u omisiones que vulneren las prescripciones contenidas en esta Ley, en la Ley del Suelo y en los Reglamentos de ésta, en los Planes, en los Programas, en las Normas y en las ordenanzas.

Toda actuación que contradiga las normas o el planeamiento urbanístico en vigor dará lugar a:

1. La adopción por parte de la Administración competente de las medidas necesarias para que se proceda a la restauración del orden jurídico infringido y de la realidad física alterada o transformada como consecuencia de la actuación de ésta. La obligación de resarcimiento de daños y perjuicios correrá a cargo de los que sean declarados responsables.

2. La iniciación de los procedimientos de suspensión y anulación de actos administrativos en los que presuntamente se pudiera amparar la actuación ilegal.

3. La adopción de las medidas complementarias previstas en esta Ley.

4. La imposición de sanciones a los responsables, previa tramitación del correspondiente procedimiento sancionador, sin perjuicio de las posibles responsabilidades de orden penal en las que hubieran incurrido.

Jurisprudencia

«La actividad de la Administración, en el ejercicio de velar por la legalidad urbanística y de la represión de las conductas que infrinjan esa legalidad, no es una actividad discrecional, sino que ha de ajustarse a los principios generales de congruencia y proporcionalidad; como establece el Reglamento de Servicios de las Corporaciones Locales, ha de disponer de lo necesario para la reintegración de la ordenación urbanística y ha de hacerlo de modo ordenado y sólo en lo realmente preciso; de aquí que las medidas que se adopten deben hacerse a través del procedimiento adecuado (art. 53.1 de la Ley 30/1992), por ser desfavorables para el administrado deberán ser motivadas (art. 54), y a fin de que puedan cumplirse por el interesado obligado a ello, deberán precisar la actividad a desarrollar o a omitir definitivamente y en el plazo para hacerlo; por tanto como afirma el artículo 62 del Reglamento de Disciplina Urbanística citado, "en ningún caso" podrá la Administración dejar de adoptar las medidas tendentes a reponer los bienes afectados al estado anterior a la producción de la situación ilegal». **(STSJ Baleares 16 mayo 2000 [RJCA 2000, 895])**.

⇒ V. Jurisprudencia en arts. 225 y concordantes del TRLS/1976 (§3).

Artículo 26.

La Administración actuante estará obligada a exigir de los propietarios la legalización de las obras o actuaciones efectuadas sin licencia u orden de ejecución, o sin ajustarse a éstas y a incoar el correspondiente expediente sancionador, y, si procede, a ordenar y hacer ejecutar la orden de demolición cuando aquéllas no pudieran ser legalizadas.

⇒ V. arts. 56 y concordantes del RD 1093/1997, de 4 julio (§2.1).
V. Jurisprudencia en arts. 184, 185 y concordantes del TRLS/1976 (§3).

Artículo 27.

Se consideran infracciones urbanísticas:

1. En materia de edificación y uso del suelo.

a) La vulneración del ordenamiento urbanístico en el otorgamiento de una licencia u orden de ejecución.

b) Las actuaciones que, sujetas a licencias a otra autorización administrativa de carácter urbanístico, se realicen sin ésta, sean o no legalizables en atención a la conformidad o disconformidad con la normativa urbanística aplicable.

c) Las actuaciones que se realicen en contra de las determinaciones de la licencia, orden de ejecución o autorización administrativa de carácter urbanístico.

d) La falta de disponibilidad de copia autorizada de la licencia a pie de obra, así como del cartel indicador en la manera prevista en el apartado 7 del artículo 6 de esta Ley.

2. En materia de gestión urbanística y parcelación:

a) El fraccionamiento simultáneo o sucesivo de terrenos, clasificados no urbanizables, en régimen general, cuando vaya destinado a la creación o implantación de usos edificatorios que contradigan las normas sobre posibilidad de formación de núcleo de población o vulneren las previsiones del planeamiento urbanístico en cuanto a parcela mínima o destinación del suelo.

b) Los cierres de cualquier tipo de parcelas en suelo no urbanizable o urbanizable no programado sin Programa de Actuación Urbanística aprobado cuando la división o segregación se hubiera efectuado en contra de lo que disponga la legislación agraria en materia de unidades mínimas de cultivo o del planeamiento urbanístico así como en cualquier tipo de construcción en aquellas parcelas.

c) El incumplimiento de los compromisos derivados del planeamiento y de la gestión urbanística en general y de los planes parciales en particular.

d) El fraccionamiento simultáneo o sucesivo de terrenos clasificados como no urbanizables de especial protección, cuando vaya destinado a la creación o implantación de usos edificatorios que contradigan las normas sobre posibilidad de formación de núcleos de población o vulneren las previsiones del planeamiento urbanístico en cuanto a parcela mínima o destinación del suelo.

3. En materia de medio ambiente:

a) Las talas, las quemas y los abatimientos de árboles que infrinjan las disposiciones de aplicación en los terrenos que constituyan masa arbórea o que el plan de ordenación haya clasificado como espacio boscoso, bosque, forestal, arboleda, áreas de especial protección o parque que se ha de conservar y proteger o cerrar, estén o no sometidos al régimen forestal especial.

b) La extracción de áridos sin las correspondientes autorizaciones.

c) La perforación y la extracción de agua sin las correspondientes autorizaciones.

d) Los vertidos no autorizados de aguas residuales sin depurar o residuos sólidos con excepción de los residuos orgánicos de la explotación agrícola y ganadera.

e) Actuaciones que afecten negativamente a los espacios protegidos por la legislación o planeamientos vigentes.

f) La destrucción o deterioro de edificios o monumentos histórico-artísticos o catalogados.

g) La implantación de servicios urbanos en suelo no urbanizable, sin la autorización previa.

h) Apertura de caminos que no respondan a las necesidades de la explotación agraria, forestal o ganadera que supongan un cambio en el destino o en la naturaleza de las fincas afectadas, excepto en el caso de declaración de utilidad pública o interés social.

i) La utilización de vehículos a motor, campo a través o fuera de pistas o caminos delimitados al efecto en las áreas de especial protección y en los espacios naturales protegidos incluidos en el ámbito de la Ley 1/1991, de 30 de enero, de Espacios Naturales y de Régimen Urbanístico de las Áreas de Especial Protección de las Islas Baleares, en los términos que reglamentariamente se establezcan.

✐ Letra i) del ap. 3 añadida por la disp. adic. 1ª.3 de la Ley 6/1997, de 8 julio (§16).

⇒ V. arts. 258.2, 258.3 y 259.3 del TRLS/1992 (§2).
V. arts. 80 y concordantes del RD 1093/1997, de 4 julio (§2.1).
V. art. 25 de la Ley 6/1997, de 8 julio (§16) redactado por el art. 4 de la Ley 9/1999, de 6 octubre, de Medidas Cautelares y de Emergencia Relativas a la Ordenación del Territorio y el Urbanismo (§16).
V. Jurisprudencia en arts. 94, 226 y concordantes del TRLS/1976 (§3).

Artículo 28.

1. Las infracciones urbanísticas se clasifican en graves y leves.

2. Son infracciones graves las acciones u omisiones que, violando el ordenamiento urbanístico, afecten los bienes y los intereses protegidos por éste y les causen un daño directo, y de importancia o creen un riesgo cierto e igualmente importante.

Tienen el carácter de graves las infracciones que constituyan incumplimiento de las Normas sobre parcelaciones, uso del suelo, altura, volumen y situación de las edificaciones y ocupación permitida de la superficie de las parcelas, excepto que en el expediente sancionador se demuestre la escasa entidad del daño producido en los intereses generales, o del riesgo creado en relación con éstos.

Artículo 29.

1. Cuando, con ocasión de los expedientes administrativos que se instruyan por infracción urbanística, se considere que de los documentos aportados o de la misma infracción se desprenden indicios del carácter de delito o falta de hecho, el órgano competente para imponer la sanción, por sí mismo o a propuesta del instructor del expediente, lo pondrá en conocimiento de los Tribunales de Justicia, a los efectos de exigencia de las responsabilidades de orden penal en que hayan podido incurrir los infractores.

2. Igualmente, cuando se presuma que pueden resultar afectados bienes o competencias de otras administraciones u organismos públicos, se pondrán los hechos en conocimiento de éstos, a los efectos previstos en el artículo 55 de la Ley de Bases de Régimen Local.

CAPÍTULO III
Personas responsables

Artículo 30

1. En las actuaciones que se ejecuten sin licencia o con inobservancia de sus cláusulas serán sancionados:

– el propietario;
– el promotor;

– el constructor;

– los técnicos directores de éstas.

2. En las obras amparadas en una licencia, cuyo contenido sea manifiestamente constitutivo de una infracción urbanística grave, serán igualmente sancionados: los facultativos que hubieran informado favorablemente el proyecto y los miembros de la Corporación que se hubieran votado a favor del otorgamiento de la licencia sin el informe técnico previo o cuando éste fuese desfavorable en razón de aquella infracción.

3. Las personas jurídicas serán sancionadas por las infracciones cometidas por sus órganos o agentes y asumirán el coste de las medidas de reparación del orden urbanístico vulnerado, sin perjuicio de las responsabilidades que aquéllas pudieran exigir a éstos.

⇒ Téngase en cuenta arts. 8 y concordantes de la Ley 38/1999, de 5 noviembre, de Ordenación de la Edificación (§1.1).

Jurisprudencia

«Siendo indiscutible (e incluso reconocida por el demandante) la infracción urbanística consistente en la ejecución de obras sin la preceptiva licencia municipal, el pleito se restringe a determinar si el demandante es o no sujeto responsable de la infracción y en este punto el art. 30.1º de la Ley 10/1990 de Disciplina Urbanística de la CAIB precisa que son responsables: el propietario, el constructor, el promotor y los técnicos directores de las obras» **(STSJ Baleares 26 marzo 1999 [RJCA 1999, 577])**.

⇒ V. Jurisprudencia en arts. 228 y concordantes del TRLS/1976 (§3).

CAPÍTULO III
Reglas para imponer las sanciones

Artículo 31.

Las sanciones que se impongan a los diferentes sujetos para una misma infracción tendrán entre sí carácter independiente.

⇒ V. Jurisprudencia en arts. 228 y concordantes del TRLS/1976 (§3).

Artículo 32.

En caso de que, en aplicación de los preceptos de esta Ley, se instruyese expediente sancionador por dos o más infracciones tipificadas entre las cuales haya conexión de causa a efecto, se impondrá una sola sanción y será la correspondiente a la infracción más grave en la cuantía máxima, excepto en el supuesto de parcelaciones ilegales, en la que habrá tantas sanciones como infracciones cometidas.

Artículo 33.

1. En ningún caso la infracción urbanística no puede suponer un beneficio económico para el infractor. Cuando la suma de la sanción impuesta y del coste de las actuaciones de reposición de los bienes y de las situaciones a su primitivo estado resultase una cifra inferior a este beneficio, se incrementará la cuantía de la multa hasta llegar al montante de ésta.

2. En los casos en que la restauración del orden urbanístico infringido

no exigiese ninguna actuación material ni existieran terceros perjudicados, la sanción que se imponga al infractor no podrá ser inferior al beneficio obtenido con la actividad ilegal.

⇒ V. Jurisprudencia en arts. 231 y concordantes del TRLS/1976 (§3).

Artículo 34.

1. Cuando en el hecho concurra alguna circunstancia agravante, la sanción se impondrá siempre en el grado máximo.

Se considerarán circunstancias agravantes:

a) Reincidencia.

b) Haberse prevalido para cometerla de la titularidad de un oficio o cargo público, excepto que el hecho constitutivo de la infracción haya sido realizado, precisamente, en el ejercicio del deber funcional del cargo u oficio.

c) La utilización de violencia, soborno o coacción sobre autoridad o cargo público.

d) Haberla cometido alterando los supuestos de hecho que presuntamente legitimaron la actuación o mediante falsificación de los documentos acreditativos del fundamento legal de la actuación.

e) No acatar las órdenes de suspensión de las obras e instalaciones emanadas de cualquiera de los órganos competentes en la materia.

f) El incumplimiento del artículo 73 de la Ley del Suelo y Ordenación Urbana, la contaminación de aguas o la destrucción de obras o conjuntos catalogados o histórico-artísticos. En estas circunstancias se aplicarán en el grado máximo las sanciones previstas en el Capítulo V de esta Ley.

g) Realizarla aprovechándose o explotando en beneficio propio una grave necesidad pública o de los particulares que resultasen perjudicados.

Igualmente se podrá duplicar la sanción al incumplirse las órdenes dadas por la Administración y en caso de no ser los actos infringidos legalizables.

2. Si concurre alguna circunstancia atenuante, la sanción se impondrá en el grado mínimo, siempre que no existan circunstancias agravantes concurrentes.

Será circunstancia atenuante haber procedido el culpable a subsanar o disminuir el daño causado, antes de la iniciación de las actuaciones sancionadoras.

3. Son circunstancias que, en cada caso, podrán agravar o atenuar la responsabilidad:

a) Mayor o menor conocimiento técnico del promotor de la actuación de acuerdo con la profesión o actividad habitual del culpable.

b) El mayor o menor beneficio obtenido de la infracción o, si es el caso, haberla realizado sin ninguna consideración de posible beneficio económico que se pudiera derivar de aquélla.

⇒ Téngase en cuenta art. 8 y concordantes de la Ley 38/1999, de 5 noviembre, de Ordenación de la Edificación (§1.1).

CAPÍTULO IV
Competencia y procedimiento

Artículo 35.

1. Las Autoridades competentes para iniciar, tramitar e imponer las sanciones serán las siguientes:

a) los Alcaldes;

b) los Consells Insulares.

2. Lo dispuesto en el punto anterior se entiende sin perjuicio de que la competencia se atribuya a entidades creadas de conformidad con lo dispuesto en el artículo 21.2 de esta Ley.

✐ Ap. 2 añadido por la disp. adic. 1ª.4 de la Ley 6/1997, de 8 julio (§16).

⇒ V. Ley 9/1990, de 20 junio, sobre Distribución de Competencias a los Consejos Insulares en materia de urbanismo y habitabilidad, afectada por la Ley 8/2000, de 27 octubre, por Ley 4/2000, de 22 marzo y por Ley 15/1990, de 29 noviembre.

Artículo 36.

El pago de las multas impuestas por los diferentes Organismos se realizará en metálico en las instancias de las respectivas Administraciones, en el plazo máximo de 30 días, a contar desde el día siguiente al de la notificación.

Acabado el plazo sin que se efectúe el pago voluntario de la sanción, la Administración procederá al cobro por la vía de apremio.

Artículo 37.

El pago de la multa se suspenderá si durante el plazo legal para la interposición del recurso se garantiza el importe de la totalidad de la multa.

La garantía a constituir por parte del reclamante para obtener la suspensión será depositada en las Depositarías Municipales o en los Consells Insulares, en efectivo, en valores públicos o mediante aval o fianza por el importe de la sanción.

⇒ V. Ley 9/1990, de 20 junio, sobre Distribución de Competencias a los Consejos Insulares en materia de urbanismo y habitabilidad, afectada por la Ley 8/2000, de 27 octubre, por Ley 4/2000, de 22 marzo y por Ley 15/1990, de 29 noviembre.

Artículo 38.

1. a) El importe de las multas impuestas por el Consell Insular correspondiente como consecuencia de expedientes sancionadores instruidos por Ayuntamientos y elevados al Consell Insular por razón de la cuantía de la sanción propuesta, se percibirá directamente por el Ayuntamiento que haya tramitado el expediente, que debe destinarla a la conservación y a la ampliación del Patrimonio Municipal del Suelo si lo tuviera constituido o a cualquier otra actividad urbanística o medioambiental.

b) No obstante, el Consell Insular no ingresará en el Ayuntamiento respectivo el importe de las multas mientras no sean firmes y ejecutorias las resoluciones en virtud de las cuales hayan sido impuestas.

2. El importe de las multas corresponderá al Consell Insular cuando éste haya instruido el expediente sancionador, por subrogación en la competencia municipal.

⇒ V. Ley 9/1990, de 20 junio, sobre Distribución de Competencias a los Consejos Insulares en materia de urbanismo y habitabilidad, afectada por la Ley 8/2000, de 27 octubre, por Ley 4/2000, de 22 marzo y por Ley 15/1990, de 29 noviembre.

Artículo 39.

1. Las autoridades competentes para imponer las multas y las cuantías máximas de éstas, serán las siguientes:

a) Los Alcaldes: en los municipios que no excedan de 50.000 habitantes, hasta 10.000.000 de ptas.; en los municipios de más de 50.000 habitantes, hasta 25.000.000 de ptas.

b) El Consell Insular, para las que superen a las establecidas en el punto anterior, con sujeción a lo establecido en el Capítulo V de esta Ley.

2. Lo dispuesto en el punto anterior se entiende sin perjuicio de que la competencia para imponer las multas se atribuya, cualquiera que sea su cuantía, a las entidades creadas de conformidad con lo dispuesto en el artículo 21.2 de esta Ley.

✐ Ap. 2 añadido por la disp. adic. 1ª.5 de la Ley 6/1997, de 8 julio (§16).

⇒ V. Ley 9/1990, de 20 junio, sobre Distribución de Competencias a los Consejos Insulares en materia de urbanismo y habitabilidad, afectada por la Ley 8/2000, de 27 octubre, por Ley 4/2000, de 22 marzo y por Ley 15/1990, de 29 noviembre.

CAPÍTULO V
Sanciones

Sección 1ª En materia de parcelación

Artículo 40.

En materia de parcelación de terrenos, la sanción impuesta al propietario, al promotor, al constructor y al técnico de las obras será equivalente a la diferencia entre los valores inicial y en venta de los terrenos enajenados, calculados, el primero, de acuerdo con la Ley sobre Régimen Urbanístico y Valoración del Suelo, y el segundo, en función de los valores de mercado que se fijarán por la Administración, previo informe técnico motivado y audiencia al interesado.

En todo caso, la sanción establecida en el párrafo anterior nunca podrá ser inferior a las cifras siguientes:

a) Multa de 20 al 25% del valor en venta de los terrenos afectados, a los propietarios o promotores que realicen parcelaciones en suelo no urbanizable o urbanizable no programado sin Programa de Actuación Urbanística aprobado.

b) Multa del 10 al 15% del valor en venta de los terrenos afectados a los que realicen parcelaciones de suelo clasificado como urbanizable programado, apto para urbanizar o urbanizable programado con programa de Actuación Urbanística aprobado, siempre que no exista ningún plan territorial aprobado definitivamente o que infrinja las determinaciones de éste.

c) Multa del 10 al 15% del valor en venta de los terrenos afectados a los que realicen parcelaciones del suelo que contradigan las previsiones establecidas en el Plan General, en las Normas Subsidiarias de Planeamiento o en los proyectos de delimitación de suelo urbano.

d) Multa del 10 al 15% del valor en venta de los terrenos afectados en las operaciones de parcelación o división de terrenos que den lugar a lotes inferiores a la parcela mínima. En la misma sanción incurrirán los que dividan o segreguen parcelas que tengan la condición de indivisibles.

e) Multa del 5% del valor en venta de los terrenos, en las operaciones de parcelación que, sin contradecir el planeamiento en vigor, se realicen sin la licencia pertinente.

⇒ V. arts. 258.2, 258.3 y 259.3 del TRLS/1992 (§2).
Téngase en cuenta art. 10 y concordantes de la Ley 38/1999, de 5 noviembre, de Ordenación de la Edificación (§1.1).
V. Jurisprudencia en arts. 94, 231 y concordantes del TRLS/1976 (§3).

Artículo 41.

Serán sancionados con multa del 10 al 20% del valor en venta de los terrenos aquellas personas que adquieran parcelas procedentes de parcelaciones ilegales, cualquiera que sea la clase de suelo donde estén situadas.

Sección 2ª En materia del uso del suelo y edificación

Artículo 42.

1. Serán sancionados con multa equivalente al doble del importe de las obras de urbanización e implantación de servicios aquellos que realicen este tipo de obras sin autorización en suelo no urbanizable, urbanizable no programado y urbanizable programado siempre que en estos dos últimos casos, no exista plan aprobado o no se ajusten a las determinaciones de éste.

La cuantía mínima de esta sanción en todo caso será de 150.000 ptas.

2. En suelo urbano o suelo urbanizable con Plan parcial definitivamente aprobado, la sanción será del 20 al 25% del valor de la obra ejecutada sin autorización o sin ajustarse a las condiciones de ésta.

3. En cualquier caso, si estas obras fueran susceptibles de legalización, la sanción será del 10% del valor total de las ejecutadas sin licencia.

4. Las multas previstas en este artículo serán impuestas con independencia de las que puedan recaer en aplicación de lo dispuesto en la Sección anterior.

Artículo 43.

Para la imposición de multas a aquellos que realicen obras de edificación se tendrá en cuenta el valor de la obra ejecutada, que se ha de calcular según el valor en venta del bien inmueble objeto de infracción en relación con otros de similares características y emplazamiento, fijados por la Administración, previo informe técnico y audiencia al interesado.

Artículo 44.

Serán sancionados con multa del 100 por 100 del valor de las obras aquellos que realicen o hayan ejecutado obras de edificación que no correspondan al uso del suelo en el que se ejecuten.

Artículo 45.

Serán sancionados con multa del 50 al 100% del valor de la obra ejecutada o en contra de las determinaciones establecidas en el planeamiento aquellos que realicen o hayan ejecutado obras de edificación en las condiciones siguientes:

a) Que superen la altura, el volumen y la ocupación permitidos por el Plan.

b) Que superen las tres plantas donde no haya planeamiento aprobado que lo autorice.

c) Que consistan en obras de aumento de volumen en edificios fuera de ordenación.

d) Que suponen cambio o modificación del uso previsto en el proyecto autorizado.

e) Que no sean legalizables sin que se haya de demoler una parte de la edificación.

f) Que aunque sean legalizables, no se solicite la legalización en el plazo fijado por la Administración.

g) Que no se hayan parado las obras ilegales cuando así lo haya requerido la Administración actuante.

⇒ V. Ley 8/1988, de 1 junio, de Edificios e Instalaciones Fuera de Ordenación, en Baleares (§14).

Jurisprudencia

«Tratándose de un supuesto previsto en el artículo 45 a) de la Ley 10/1990, corresponde sanción del 50% del valor de la misma que aparece en el expediente, de modo que siendo en esa cuantía la impuesta, cumple, al fin, la desestimación del recurso». **(STSJ Baleares 31 julio 1997 [RJCA 1997, 1389])**.

«En lo que atañe a la sanción impuesta, nada se nos refiere respecto a su bondad o inadecuación a Derecho, con la sola excepción que es desproporcionada y sin darnos razón de ello, de tal suerte que, y en la contemplación del expediente sancionador que a los efectos se instruyó, y que el valor de la obra excedida, según el técnico municipal, lo fue de un millón quinientas mil pesetas, y la sanción impuesta viene referida al 75% de las obras, lo que es concorde con el art. 45 de la Ley 10/1990, de Disciplina Urbanística de la CAIB, en relación con los arts. 28 y 34 de la misma, deba concluirse en la desestimación del contencioso». **(STSJ Baleares 30 junio 1998 [RJCA 1998, 3028])**.

Artículo 46.

1. Se sancionarán con multa del 5% del valor de la obra ejecutada las obras de edificación realizadas sin licencia pero que puedan ser objeto de legalización y así lo solicite el propietario, excepción hecha de los casos previstos en los epígrafes f) y g) del artículo anterior.

2. Se sancionará con multa de 10.000 ptas. por cada inspección en la que no se disponga a pie de obra de copia autorizada de la licencia municipal o del cartel indicador así como prevé el artículo 7, apartado 10 de esta Ley.

Jurisprudencia

«El acuerdo de iniciación del expediente sancionador, pese a lo que sostiene el señor B., no es contrario a derecho por cuanto, aun cuando solicite y obtenga la licencia municipal de obra, dicho expediente tendrá por objeto la depuración de la responsabilidad que acaso concurriese por vaciado del tipo previsto en el artículo 46.1 de la Ley 10/1990, es decir, por la realización de la obra sin licencia, pese a que después se solicitase y obtuviese la oportuna licencia». **(STSJ Baleares 16 noviembre 1999 [RJCA 1999, 4064])**.

Artículo 47.

Serán sancionados con mula del 100 al 200% del valor del suelo afectado o de las obras ejecutadas, aquellos que realicen, en terrenos destinados por el planeamiento al uso público o a equipamientos públicos, en espacios protegidos, en edificios catalogados y de interés histórico-artístico, obras o instalaciones que impidan o perturben gravemente estos usos o condiciones.

Si estas obras o instalaciones pueden ser objeto de legalización la sanción será del 5% del valor de las obras realizadas o del terreno, según corresponda, excepto en los casos previstos en los epígrafes f) y g) del artículo 45 de esta Ley.

Cuando la infracción se realice sobre bienes no susceptibles de valoración porque estén excluidos de manera permanente y total de tráfico jurídico, la multa podrá oscilar entre 25.000 y 1.000.000 de ptas. y se graduará en función de la mayor o menor trascendencia que la perturbación ocasione al uso público.

Artículo 48.

Serán sancionados con multa del 25 al 50% del valor del edifico, planta local o dependencia, aquellos que alteren el uso al que están destinados por el Plan, Normas u Ordenanzas.

Artículo 49.

Aquellos que derrumben o desmonten total o parcialmente edificaciones, construcciones o instalaciones que sean objeto de una protección especial con carácter monumental, histórico, artístico, arqueológico, cultural, típico o tradicional, serán sancionados con multa del doble al triple del valor de lo destruido.

En caso de que se trate de bienes de carácter monumental, artístico, histórico o arqueológico o catalogado, la determinación del valor de lo que se ha destruido se realizará por la Comisión a la que se refiere el artículo 78 de la Ley de Expropiación Forzosa.

Sección 3ª En materia de medio ambiente

Artículo 50.

1. Se sancionará con multa del 50 al 100% del valor de la obra ejecutada la realización de construcciones en lugares inmediatos o que formen parte de un grupo de edificios de carácter histórico-artístico, arqueológico, típico o tradicional que, infringiendo las correspondientes Normas o régimen jurídico de protección, quebranten la armonía del grupo, o produzcan el mismo efecto en relación con algún edificio de gran importancia o calidad del carácter indicado. La graduación de la multa se realizará en atención al carácter grave o leve de la discordancia producida.

2. Las talas y los abatimientos de árboles que infrinjan las disposiciones de aplicación en terrenos que constituyan masa arbórea o que la Ley haya declarado Área Natural de Especial Interés o que el plan de ordenación haya clasificado como espacio boscoso, bosque, forestal, arboleda, parque o área de especial protección que se haya de conservar, proteger o cerrar, estén o no sometidos al régimen forestal especial, serán sancionadas con una multa de 10.000 a 1.000.000 de ptas. La multa se graduará en función de la mayor o menor trascendencia de la infracción en relación al uso previsto. Se podrá imponer una multa superior a 1.000.000 de ptas. en aquellos casos en que el beneficio obtenido haya sido superior, en cuyo caso podrá llegar a la cuantía de éste.

3. El propietario está obligado a restaurar la realidad física alterada.

Artículo 51.

1. Se sancionará con multa de 25.000 a 500.000 ptas. la colocación de vallas publicitarias sin licencia, que se graduará en función de la localidad, tamaño o incidencia en el medio físico y en el entorno.

2. La sanción se aplicará en el grado máximo cuando se incumpla la resolución de la Administración y se requerirá la retirada de la valla instalada sin al autorización pertinente.

Sección 4ª En materia de gestión

Artículo 52.

Se sancionarán con multa de 500.000 a 10.000.000 de ptas. los promotores que, por causa imputable a ellos, incumplan los plazos de ejecución previstos en el Plan Parcial o Especial de que se trate, multa que se graduará en función al grado de inejecución de las obras.

Artículo 53.

Se sancionarán con multa de 100.000 ptas. a 10.000.000 de ptas. las entidades de conservación legalmente constituidas que incumplan la obligación de conservar, mantener y entretener las obras de urbanización e instalaciones, y la cuantía de la multa será proporcional al grado de deterioro o abandono de las obligaciones asumidas.

Artículo 54.

Serán sancionados con multa de 100.000 a 10.000.000 de ptas. aquellos que incumplan los compromisos contraídos en relación con el planeamiento y la gestión y ejecución.

Artículo 55.

Será sancionada con multa de 25.000 a 500.000 ptas. toda infracción que contradiga el artículo 60.

CAPÍTULO VI
Acciones y recursos

Artículo 56.

Será pública la acción para exigir ante los órganos administrativos y los Tribunales contencioso-administrativos la observancia de las disposiciones de esta Ley en orden a la adopción de las medidas de defensa de la legalidad urbanística, restauración de la realidad física alterada y sanción de las infracciones urbanísticas.

⇒ V. art. 304.1 y 304.2 del TRLS/1992 (§2).

Jurisprudencia

«Aunque las partes demandadas han formulado diversas consideraciones y críticas a la legitimación activa de la parte actora –quizás tratando de revelar, que como propietarios algunos de sus miembros de fincas colindantes a la de autos y la creación de la asociación con posterioridad al otorgamiento de la licencia, cuestionada y atendido su interés de fondo, debería examinarse la misma desde la óptica del art. 28 de nuestra Ley Jurisdiccional–, debe indicarse que en la medida que la parte actora concreta puntualmente que ejercita la acción pública urbanística –reconocida en el art. 235 del Texto Refundido de la Ley del Suelo de 1976 y art. 56 de la Ley 10/1990, de 23 de octubre, de Disciplina Urbanística de la CAIB– el análisis a efectuar resulta suficiente desde esta perspectiva» **(STSJ Baleares 9 julio 1999 [RJCA 1999, 2144])**.

⇒ V. Jurisprudencia en arts. 235 y concordantes del TRLS/1976 (§3).

Artículo 57.

Los acuerdos de los Ayuntamientos y de los Consells Insulares en las materias reguladas en la presente Ley agotan la vía administrativa, procediendo contra recursos contencioso-administrativos en la forma y los plazos previstos por la Ley Reguladora de esta Jurisdicción.

⇒ V. art. 306 del TRLS/1992 (§2).

V. Ley 9/1990, de 20 junio, sobre Distribución de Competencias a los Consejos Insulares en materia de urbanismo y habitabilidad, afectada por la Ley 8/2000, de 27 octubre, por Ley 4/2000, de 22 marzo y por Ley 15/1990, de 29 noviembre.
V. Jurisprudencia en arts. 237 y concordantes del TRLS/1976 (§3).

TÍTULO IV
MEDIDAS DE PROTECCIÓN DE LA LEGALIDAD URBANÍSTICA

CAPÍTULO I
Medidas preventivas y complementarias

Sección 1ª De la Cédula de Habitabilidad

Artículo 58.

1. Para ocupar o alquilar una vivienda, edificio residencial o local de trabajo, será obligatorio que se disponga de la correspondiente Cédula de Habitabilidad en vigor.

2. Los promotores o propietarios de edificios, viviendas o locales nuevos o en los cuales se hayan realizado modificaciones, una vez finalizadas las obras, deberán de obtener la correspondiente Cédula de Habitabilidad.

3. No podrán ser contratados definitivamente los servicios de abastecimiento de agua, alcantarillado, electricidad, gas y teléfono, si el edificio, vivienda o local no dispone de Cédula de Habitabilidad en vigor.

⇒ V. art. 1 de la Ley 9/1990, de 27 junio, de atribución de competencias en materia de urbanismo y habitabilidad, afectada por Ley 15/1990, de 29 noviembre.

Sección 2ª Otras disposiciones

Artículo 59.

En ningún caso se considerarán solares ni se permitirá edificar en ellos los lotes resultantes de la parcelación con infracción de los artículos 95 y 96 de la Ley sobre Régimen del Suelo y Ordenación Urbana.

⇒ V. arts. 258.2, 258.3 y 259.3 del TRLS/1992 (§2).
V. arts. 78 y concordantes del RD 1093/1997, de 4 julio (§2.1).
V. Jurisprudencia en arts. 94 y concordantes del TRLS/1976 (§3).

Artículo 60.

Los anuncios, los carteles, las vallas y los folletos publicitarios de las urbanizaciones han de indicar las fechas de aprobación definitiva del Plan Parcial y del Proyecto de Urbanización y han de recordar que el proyecto autorizado puede ser consultado en el Ayuntamiento o en la correspondiente Comisión Insular de Urbanismo. En un lugar preeminente de la urbanización se ha de fijar un cartel con los datos fundamentales del plan y la fecha de aprobación.

La publicidad no puede contener ninguna indicación disconforme con las prescripciones del acuerdo de aprobación definitiva del Plan susceptible de inducir a error a los adquirentes de parcelas sobre las cargas de urbanización y condiciones a las que se ha sujetado la aprobación.

El contenido de los anuncios, los carteles y las vallas publicitarias se ha de incluir en la solicitud de licencia de instalación que deberá de ser presentada ante el Ayuntamiento correspondiente.

CAPÍTULO II
Suspensión de actuaciones ilegales

Artículo 61.

1. Cuando los actos de edificación o uso del suelo se efectuasen sin licencia u orden de ejecución, se dispondrá la suspensión inmediata de estos actos por la autoridad urbanística actuante.

2. Cuando los actos a los que alude el artículo 2 de esta Ley se desarrollen sin ajustarse a las condiciones de la licencia u orden de ejecución, el Alcalde se dirigirá al promotor, constructor y técnico director y les señalará las anomalías observadas y les concederá un plazo improrrogable de cinco días para que justifiquen la concordancia de las obras con el contenido de la licencia u orden de ejecución, entendiéndose que la falta de respuesta en dicho plazo implica la aceptación de las irregularidades señaladas y el acuerdo de forma inmediata de la paralización de las obras o la prohibición de los usos.

3. Si por los responsables se aduce la conformidad de la licencia u orden de ejecución con la actuación urbanística, se les convocará para que en los siguientes 15 días se personen en la obra, para examinar los detalles conjuntamente con el inspector municipal y extendiéndose el acta correspondiente suscrita por todos los presentes a la vista de la cual el Alcalde se pronunciará como corresponda, permitirá la continuación de la actividad o dará un plazo para su adecuación a las condiciones de la licencia, vencido el cual sin que ésta se haya producido, tendrá lugar la paralización.

4. También será causa de suspensión de las obras no disponer a pie de éstas de copia autorizada de la licencia municipal y del cartel indicador de la manera prevista en el apartado 10 del artículo 7 de esta Ley.

5. El acuerdo de suspensión de la obra será inmediatamente ejecutivo y se notificará al promotor, al constructor y, si procede, al Técnico Director. Si el promotor no para la actividad en el plazo de 48 horas se procederá por vía de ejecución forzosa a la ejecución del acuerdo de suspensión. A tal fin la Inspección Municipal, asistida por la fuerza pública, se personará en las obras, previa citación de los responsables de las mismas, y después de la lectura del acuerdo el cumplimiento del cual se va a ejecutar, precintará las instalaciones y elementos auxiliares de la construcción, y podrá retirar la totalidad o parte del resto de maquinaria y materiales y adoptar cualquier otra medida que sea conveniente en orden a la efectividad de la suspensión.

La colaboración de la fuerza pública, si procede, se conseguirá a través de la autoridad de la que dependa.

6. Del acuerdo de suspensión, en caso de no haber sido adoptado por el Alcalde respectivo, así como del expediente instruido al efecto se dará traslado al Ayuntamiento en el territorio del cual se ha efectuado la infracción urbanística, para que por éste se continúe su tramitación.

7. Asimismo, se dará cuenta del acuerdo de suspensión a las empresas suministradoras de energía eléctrica para que procedan a cortar el suministro a los contadores de obra respectivos en el plazo máximo de 48 horas.

8. El incumplimiento por el infractor de la orden de suspensión dará lugar al hecho de que, por el órgano actuante, se pase el tanto de culpa al Juzgado de Instrucción para la determinación de las responsabilidades penales a las que hubiesen dado lugar.

9. La alcaldía podrá recabar el asesoramiento y la cooperación del Consell Insular para la ejecución del acuerdo de suspensión cuando el Ayuntamiento no tenga servicios técnicos y jurídicos o los medios materiales precisos para llevarlo adelante.

⇒ V. arts. 56 y concordantes del RD 1093/1997, de 4 julio (§2.1).

Ténganse en cuenta arts. 8 y concordantes de la Ley 38/1999, de 5 noviembre, de Ordenación de la Edificación (§1.1).

V. Ley 9/1990, de 20 junio, sobre Distribución de Competencias a los Consejos Insulares en materia de urbanismo y habitabilidad, afectada por la Ley 8/2000, de 27 octubre, por Ley 4/2000, de 22 marzo y por Ley 15/1990, de 29 noviembre.

V. Jurisprudencia en arts. 184 y concordantes del TRLS/1976 (§3).

Jurisprudencia

«Ante un acto de edificación o uso del suelo sin licencia procede la suspensión -art. 61.1 de la Ley 10/1990, de 23 octubre, de Disciplina Urbanística de la CAIB–, debiendo solicitarse licencia en el plazo de dos meses –art. 65.1 de la Ley 10/1990–. Caso de no hacerlo, como aquí ha sucedido, corresponde que se formule propuesta de demolición –art. 66.2–, pudiendo formularse alegaciones –art. 66.3–, lo que tampoco hizo el señor P. S. Llegados a este punto, procedía que se acordase la demolición -art. 67.1–, como así ocurrió». **(STSJ Baleares 31 julio 1997 [RJCA 1997, 1389]).**

Artículo 62.

Sin perjuicio de las medidas contenidas en el artículo anterior, en los supuestos de desobediencia de la orden de suspensión de los actos de edificación o uso del suelo dictada por la Autoridad u órgano competente, se impondrán al promotor, al constructor y a los Técnicos Directores de las obras si éstos no hubiesen ordenado la paralización, multas coercitivas en las siguientes cuantías y frecuencia.

a) Multa inicial de 25.000 ptas. cuando se trate del primer incumplimiento de la orden de suspensión.

b) En caso de reiterar aquel incumplimiento y hasta que no se produzca la total suspensión ordenada, quincenalmente se impondrán sanciones que dupliquen la cantidad de la multa impuesta en el período sancionador inmediato anterior.

Jurisprudencia

«Realizado cualquier acto de edificación sin licencia, como era el caso, procede la orden de suspensión inmediata, como así ocurrió –28 de febrero de 1994, notificada el 15 de marzo siguiente–, tratándose de orden que es ejecutiva de inmediato, de modo que procede la ejecución forzosa si no se detiene la actividad en el plazo de 48 horas –y que no se detuvo lo acredita el informe del celador de 9 de mayo de 1994 y documentación adjunta, folios 21 a 23 del expediente–, pero también procede la imposición de multa coercitiva si se desobedece la orden de suspensión que, al fin, es de lo que aquí se trata –arts. 61 y 62 de la Ley 10/1990, de 26 octubre, de disciplina urbanística de la Comunidad Autónoma-». **(STSJ Baleares 16 abril 1996 [RJCA 1996, 462]).**

Artículo 63.

Para hacer efectiva la orden de suspensión de los actos de edificación o usos del suelo, la Autoridad que haya dictado la resolución podrá ejecutarla mediante la compulsión directa sobre las personas, en la forma determinada en el artículo 108 de la Ley de Procedimiento Administrativo.

⇒ V. art. 100 de la LRJ-PAC.

Artículo 64.

1. Cuando los actos de edificación o uso del suelo estén amparados en licencia u orden de ejecución que de forma grave o muy grave infrinjan la normativa urbanística en vigor en el momento de la concesión o adopción, se dispondrá por el Alcalde, la suspensión inmediata de estos actos y, simultáneamente, se iniciará el procedimiento de revisión del acto administrativo, se dará traslado a la Sala de lo Contencioso-Administrativo competente, a los efectos del artículo 118 de la Ley de la Jurisdicción Contencioso-Administrativa.

2. Si los órganos urbanísticos competentes tienen conocimiento de una infracción u orden de ejecución que constituya una infracción urbanística grave, promoverán la acción impugnatoria prevista en el artículo 65 de la Ley Reguladora de las Bases de Régimen Local.

⇒ V. Jurisprudencia en arts. 186 y concordantes del TRLS/1976 (§3).

CAPÍTULO III

Del expediente de demolición o de reconstrucción

Artículo 65.

1. En el plazo de dos meses contados a partir de la notificación del acuerdo de suspensión, se deberá pedir la oportuna licencia. Para tramitarla, será necesario formalizar a favor de la Administración actuante una fianza o aval bancario equivalente al 20% del presupuesto del proyecto técnico para garantizar el pago de las cantidades que resulten como consecuencia de la sanción que fuese procedente imponer o de las medidas de restablecimiento de la realidad física alterada.

No se exigirá la fianza o aval al que se refiere el párrafo anterior cuando la causa de suspensión sea la declaración de nulidad de la licencia, a no ser que en el expediente se haya apreciado la existencia de engaño, culpa o negligencia graves imputables al perjudicado.

2. El mismo requerimiento se efectuará cuando no hayan transcurrido más de ocho años desde la total finalización de las obras, de acuerdo a lo que dispone el artículo 73.

3. Las infracciones urbanísticas que afecten zonas verdes y espacios libres públicos, sistemas generales, viales, equipamientos públicos, espacios naturales especialmente protegidos, áreas naturales de especial interés y suelos no urbanizables de especial protección, monumentos histórico-artísticos y edificios y conjuntos catalogados que no sean legalizables, no estarán sujetos al plazo de dos meses para que se formule su solicitud. El instructor ha de formular propuesta de demolición y la tramitación se ha de continuar de acuerdo con lo dispuesto en los artículos siguientes.

Jurisprudencia

«La autoridad urbanística actuante se encuentra obligada a disponer la suspensión inmediata de los actos de edificación que se efectúen sin licencia y a requerir que en el término de dos meses se solicite, debiendo el instructor formular propuesta de resolución cuando la licencia que se hubiera solicitado en ese término fuese denegada, pero si la licencia solicitada no ha sido denegada no cabe ni que el instructor proponga la demolición ni que el Ayuntamiento la acuerde –artículos 61.1, 65.1, 66.2 y 67.1 de la Ley 10/1990, de 23 de octubre, de Disciplina Urbanística de la Comunidad Autónoma de las Islas Baleares–». **(STSJ Baleares 28 marzo 2000 [RJCA 2000, 692]).**

⇒ V. Jurisprudencia en arts. 184 y concordantes del TRLS/1976 (§3).

Artículo 66.

1. El Ayuntamiento, al dictar el acuerdo de suspensión y el escrito de requerimiento o, si procede, al tener conocimiento de la suspensión de una obra, efectuará el nombramiento del Instructor y Secretario del expediente instruido por la infracción urbanística cometida.

2. Transcurrido el plazo de dos meses, si el interesado no hubiese instado dicha licencia o, en su caso, no hubiese ajustado las obras a las condiciones señaladas en ésta, o en la orden de ejecución, el Instructor formulará propuesta de demolición o de reconstrucción de las obras a costa del interesado y propondrá lo procedente para impedir definitivamente los usos a los que hubiese dado lugar. De igual manera procederá si la licencia fuese denegada por ser el otorgamiento contrario a las prescripciones de la normativa urbanística o de las ordenanzas.

3. La propuesta de resolución será notificada a los interesados para que en el improrrogable plazo de diez días formulen todas las alegaciones que estimen convenientes.

⇒ V. Jurisprudencia en arts. 184 y concordantes del TRLS/1976 (§3).

Jurisprudencia

«Ante un acto de edificación o uso del suelo sin licencia procede la suspensión -art. 61.1 de la Ley 10/1990, de 23 octubre, de Disciplina Urbanística de la CAIB–, debiendo solicitarse licencia en el plazo de dos meses –art. 65.1 de la Ley 10/1990–. Caso de no hacerlo, como aquí ha sucedido, corresponde que se formule propuesta de demolición –art. 66.2–, pudiendo formularse alegaciones –art. 66.3–, lo que tampoco hizo el señor P. S. Llegados a este punto, procedía que se acordase la demolición –art. 67.1–, como así ocurrió». **(STSJ Baleares 31 julio 1997 [RJCA 1997, 1389]).**

Artículo 67.

1. Transcurrido el plazo expresado sin presentar alegaciones, o desestimadas éstas, el Ayuntamiento acordará la demolición o reconstrucción de las obras por el interesado y procederá a impedir definitivamente los usos a los que hubiese dado lugar, concediendo al interesado un plazo al efecto adecuado a las circunstancias del caso, con la advertencia de que el Ayuntamiento lo ejecutará subsidiariamente en caso de incumplimiento.

2. De la anterior resolución se dará cuenta al órgano urbanístico actuante así como a las partes interesadas que denunciaron la realización de los actos de edificación o uso del suelo constitutivos de la infracción.

3. Si el Ayuntamiento no procediese a la ejecución del acuerdo adoptado en el plazo de un mes, contado desde la expiración del plazo al que se refiere el número 1 de este artículo, sin mediar causa bastante que justifique la dilación, el órgano urbanístico dispondrá directamente esta demolición a costa del interesado.

Jurisprudencia

«Ante un acto de edificación o uso del suelo sin licencia procede la suspensión – artículo 61.1 de la Ley 10/1990, de 23 octubre, de Disciplina Urbanística de la CAIB–, debiendo solicitarse licencia en el plazo de dos meses –artículo 65.1 de la Ley 10/ 1990–. Caso de no hacerlo, como aquí ha sucedido, corresponde que se formule propuesta de demolición –artículo 66.2–, pudiendo formularse alegaciones –artículo 66.3–, lo que tampoco hizo el señor P. S. Llegados a este punto, procedía que se acordase la demolición –artículo 67.1–, como así ocurrió». **(STSJ Baleares 6 junio 1997 [RJCA 1997, 1353]).**

Artículo 68.

Finalizado el plazo determinado por la Administración para que el interesado lleve a cabo las actuaciones de reposición de las cosas a su estado anterior a la comisión de la infracción, si estas actuaciones no se habían llevado a cabo, la Administración actuante optará, en el plazo máximo de un mes, entre la ejecución subsidiaria o el otorgamiento de un nuevo plazo para la realización de las actuaciones necesarias por parte del inculpado. El incumplimiento de este nuevo plazo se sancionará con la multa que corresponda a la infracción originaria, impuesta en su grado máximo y a la apertura del período de un mes para que la Administración opte para conceder nuevo plazo de ejecución para el interesado o para la ejecución subsidiaria. Las actuaciones sucesivas de incumplimiento se resolverán de acuerdo con esta misma norma.

Artículo 69.

El órgano actuante podrá proceder a la suspensión de la ejecución de la demolición o reconstrucción de lo indebidamente demolido mientras no sea firme la oportuna resolución administrativa o judicial.

Artículo 70.

Para proceder a la ejecución de la orden de demolición se deberá haber obtenido previamente la autorización, con resolución motivada del Juzgado de Instrucción, para la entrada en el lugar donde se tenga que verificar.

⇒ V. art. 8.5 de la LJCA.

CAPÍTULO IV
De la subrogación de competencias

Artículo 71.

Cuando el Ayuntamiento competente por razón del territorio tuviera conocimiento de una infracción urbanística, de oficio, en virtud, de denuncias de particulares o a través de cualquier Organismo Oficial y sin perjuicio de lo establecido en el artículo 24 y no hubiera iniciado el oportuno expediente sancionador y, si procede, el de demolición o reconstrucción de lo indebidamente demolido, en el plazo de un mes a contar desde la denuncia o tuviera paralizado el expediente por plazo superior a los tres meses, el Consell Insular competente por razón del territorio se subrogará en la competencia para atender el asunto.

En este caso, las autoridades locales deberán remitir al órgano subrogante el expediente con el informe en el plazo máximo de diez días.

⇒ V. Ley 9/1990, de 20 junio, sobre distribución de competencias a los Consejos Insulares en materia de urbanismo y habitabilidad, afectada por la Ley 8/2000, de 27 octubre, por Ley 4/2000, de 22 marzo y por Ley 15/1990, de 29 noviembre.

CAPÍTULO V
Del expediente sancionador

Artículo 72.

Independientemente de la resolución de demolición o de reconstrucción, las infracciones urbanísticas cometidas contra lo dispuesto en esta Ley darán lugar a la imposición de sanciones pecuniarias.

Las multas que puedan corresponder se adoptarán a propuesta del Instructor por el órgano actuante, previas las formalidades previstas en la Ley de Procedimiento Administrativo y como continuación al expediente de demolición o reconstrucción instruido.

TÍTULO V
DE LA PRESCRIPCIÓN

Artículo 73.

1. Las infracciones urbanísticas consistentes en actos de edificación sin licencia u orden de ejecución o sin ajustarse a las condiciones señaladas en ésta prescribirán a los ocho años desde su finalización total.

Se entenderá totalmente acabada la obra cuando así se acredite fehacientemente, por cualquier medio de prueba, habiendo de correr en todo caso la carga de ésta para quien la alega.

2. Las parcelaciones urbanísticas ilegales tendrán carácter de actividad continuada. El plazo de prescripción de la infracción será de ocho años. La fecha inicial del cómputo de prescripción sea la de finalización de la actividad o la del último acto en que se consume la infracción.

Jurisprudencia

«El artículo 73 de la Ley 10/1990, de 23 de octubre, de Disciplina Urbanística de la CAIB, establece que la infracción urbanística consistente en actos de edificación sin licencia o sin ajustarse a las condiciones de la misma prescribe a los ocho años de la finalización total de la obra, incumbiendo a quien alega dicha finalización la carga de su acreditación fehaciente. Ciertamente, de ese dato temporal depende que continúe o no abierto el plazo de caducidad de la acción protectora de la legalidad urbanística –en ese sentido, sentencias del Tribunal Supremo de 7 de diciembre de 1994 (RJ 1994, 9445) y 14 de marzo de 1995 (RJ 1995, 2087)–.

La carga de la prueba de la finalización total de la obra, impuesta ahora por la Ley a quienes la invocan... El plazo para ejercer la acción de restablecimiento del orden jurídico infringido no ha transcurrido en el presente caso por cuanto ha quedado acreditado que las obras denunciadas aún en la actualidad no se encuentran totalmente acabadas. De no haber sido así, es decir, si hubiese transcurrido el plazo para ejercer la acción, al ser obras realizadas sin licencia, esto es, nacidas en la ilegalidad, habrían de quedar en situación análoga a la de fuera de ordenación, de manera que se encontrarían prohibidas las obras que pueden alargar artificialmente la vida de la edificación –sentencias del Tribunal Supremo de 6 de febrero de 1991 (RJ 1991, 774), 19 de mayo de 1992 (RJ 1992, 4220) y 15 de febrero de 1999 (RJ 1999, 679) y 21 de mayo de 1999 (RJ 1999, 3416)–». **(STSJ Baleares 10 marzo 2000 [RJCA 2000, 439])**.

⇒ V. Jurisprudencia en arts. 230 y concordantes del TRLS/1976 (§3).

Artículo 74.

No prescribirán las infracciones urbanísticas realizadas sobre terrenos calificados por los respectivos planeamientos como zonas verdes, espacios libres públicos, sistemas generales, viales, equipamientos públicos, espacios naturales especialmente protegidos, monumentos histórico-artísticos y edificios y conjuntos catalogados.

Las actividades que se realicen en base a licencias u órdenes de ejecución que se hayan otorgado con infracción de la zonificación o usos urbanísticos relacionados en el apartado anterior, tampoco estarán sometidos a plazo de prescripción.

DISPOSICIONES TRANSITORIAS

Primera.

Los expedientes que a la entrada en vigor de esta Ley se encontrasen en curso de tramitación ante la Administración competente, se continuarán tramitando de acuerdo con las Normas hasta ahora en vigor.

Segunda.

Mientras los Ayuntamientos no adapten su normativa urbanística a lo que dispone el artículo 8.1 de esta Ley, el plazo máximo para comenzar las obras objeto de licencia será de 6 meses y el plazo máximo para terminarlas de 24 meses.

DISPOSICIÓN ADICIONAL

Única.

Se autoriza al Govern y a los Consells Insulares a la adopción en el marco de sus competencias, de las disposiciones reglamentarias necesarias para el desarrollo y la eficacia de esta Ley.

⇒ V. Ley 9/1990, de 20 junio, sobre Distribución de Competencias a los Consejos Insulares en materia de urbanismo y habitabilidad, afectada por la Ley 8/2000, de 27 octubre, por ley 4/2000, de 22 marzo y por Ley 15/1990, de 29 noviembre.

DISPOSICIONES FINALES

Primera.

1. No será aplicable en el ámbito territorial de esta Comunidad Autónoma el Reglamento de Disciplina Urbanística para desarrollar y aplicar la Ley sobre Régimen del Suelo y Ordenación Urbana, aprobado por Real Decreto 2187/1978, de 23 junio, exceptuando los arts. del 18 al 28, en aquello que afecte a la tramitación de los expedientes de ruina de las construcciones.

2. Quedan derogadas o sin aplicación en el territorio de la Comunidad Autónoma de las Islas Baleares cuantas disposiciones se opongan a la presente Ley.

✐ Disposición redactada por la Ley 2/1992, de 6 mayo.

Segunda.

Esta Ley entrará en vigor al día siguiente al de su publicación en el «Butlletí Oficial de la Comunitat Autònoma de les Illes Balears».

§ 14 DECRETO 90/1994, DE 13 JULIO. DESARROLLA EL TEXTO REFUNDIDO DE LA LEY DE RÉGIMEN DEL SUELO Y ORDENACIÓN URBANA, APROBADO POR REAL DECRETO LEGISLATIVO 26 JUNIO 1992, EN MATERIA DE CRITERIOS DE DELIMITACIÓN DE ÁREAS DE REPARTO, CÁLCULO Y APLICACIÓN DEL APROVECHAMIENTO TIPO EN LAS ILLES BALEARS

(BOCAIB núm. 95, de 4 agosto [LIB 1994, 192])

1. Las disposiciones contenidas en el vigente Texto Refundido de la Ley del Suelo referentes a delimitación de áreas de reparto y otros aspectos directamente relacionados con la técnica del aprovechamiento tipo, remiten a posterior definición por parte de la normativa propia de cada Comunidad Autónoma de una serie de determinaciones necesarias para la efectiva concreción e instrumentación de los mismos.

En la actualidad, ninguna Comunidad Autónoma tiene aprobada legislación propia en desarrollo de dicho Texto Refundido por lo que los diferentes planeamientos generales aprobados en todo el ámbito estatal a partir de la entrada en vigor del mismo, han venido aportando soluciones muy diversas a una serie de problemas puntuales que dicha técnica plantea, soluciones que, por derivar a veces de planteamientos radicalmente antagónicos, resultan en muchas ocasiones contradictorias.

La necesidad de unificación de criterios en el ámbito de esta Comunidad Autónoma respecto de estos temas puntuales, hasta tanto la globalidad de la Ley no sea objeto de adaptación definitiva mediante legislación propia, justifica la definición por vía reglamentaria de una serie de procedimientos y criterios referidos a los mismos.

2. El primer aspecto que se plantea es el establecimiento de criterios para la delimitación de áreas de reparto y cálculo del aprovechamiento tipo en los suelos urbanos consolidados en los que el aprovechamiento urbanístico determinado por el planeamiento no guarda relación con la superficie de la parcela de que se trate.

Dentro de estos suelos, cabrá distinguir por razones de tipología aquellos que derivan de un crecimiento de carácter orgánico, no sujeto en general a criterios de ordenación unitarios y los que, a partir de la evolución histórica de las diversas técnicas del planeamiento, derivan de desarrollos que obedecen a una concepción unitaria de la ordenación.

Respecto de los primeros, la técnica del aprovechamiento tipo plantea, además de la inexistencia de vínculo entre la superficie de la parcela y lo que resulta edificable en ella, el problema del imposible establecimiento de una media como referencia de aprovechamiento unitario. En estos suelos, generalmente ordenados por el planeamiento actual con arreglo a criterios de conservación de la volumetría, lo edificado en cada parcela es el resultado de un devenir histórico diferente e individualizado para cada una de ellas, que a la vez que origina la existencia de tejidos urbanos de enorme riqueza ambiental cuyas características está obligado a conservar el planeamiento, crea una enorme disparidad de aprovechamientos entre parcelas, a veces contiguas, que imposibilita el establecimiento de una referencia de aprovechamiento.

Para estos suelos, así como para aquellos que por razones distintas de las expuestas presenten condiciones de ordenación similares, se establece la posibilidad de ser incluidos por el planeamiento dentro de zonas en las que cada parcela constituya el ámbito de aplicación de la técnica del aprovechamiento tipo y que éste pueda venir definido por referencia a características generales de ordenación, siempre que éstas definan unívocamente el aprovechamiento real otorgado.

El segundo tipo de suelos en los que el aprovechamiento real determinado por el planeamiento no está vinculado a la superficie de la parcela es el de los ordenados mediante tipologías de edificación básicamente continua que, aun obedeciendo a criterios zonales de ordenación, definen el aprovechamiento real por referencia a profundidades edificables y alturas.

Para estos suelos se establece la posibilidad de considerar como ámbito de referencia del aprovechamiento la superficie ocupable de la parcela, que es el único parámetro de superficie de suelo con el que puede vincularse el mismo. Asimismo se determina la posibilidad de considerar subsumido en el aprovechamiento principal aquellos aprovechamientos secundarios que resultan de específicas determinaciones frecuentes en la normativa urbanística de estas zonas y cuya materialización efectiva no resulta predeterminada por la misma.

3. Un segundo problema que se plantea en estos suelos consolidados es el de aquellas zonas que, por derivar de ámbitos de gestión diferenciada, pueden estar en situaciones especiales en lo referente al cumplimiento de los deberes legales que define el artículo 20 del Texto Refundido. Para ellas, así como las definidas por el planeamiento como áreas de futura gestión diferenciada se establece la posibilidad de su tratamiento como áreas de reparto independientes.

4. En lo que se refiere a criterios de delimitación de áreas de reparto, por último, y a efectos de facilitar la futura gestión del planeamiento mediante la reducción en lo posible de los desequilibrios derivados de los diferentes aprovechamientos interzonales, se determina la posibilidad de delimitación de áreas por zonas de tipología homogénea.

5. La definición de uso característico de zona que contempla el vigente Texto Refundido, parte de la base de la unívoca definición por parte de la

normativa urbanística de las superficies que resultan edificables para cada uso permitido. Ello no es así, al menos en la normativa del planeamiento general desarrollado en el ámbito de esta Comunidad, en la que generalmente, la normativa de usos permite, además de la implantación del uso principal asignado a la calificación de que se trate, la implantación de toda una serie de usos compatibles, la magnitud de la cual sólo será cuantificable una vez edificada la parcela.

Dada la imposibilidad pues de determinar desde el planeamiento la superficie que resultará edificable de cada uso admitido se establece la posibilidad de considerar como uso característico de la zona el uso principal y compatibles asociados a la tipología prevista para la calificación de que se trate.

Lo anterior se determina a los solos efectos del cálculo desde el planeamiento general del aprovechamiento tipo del área de reparto de que se trate, estableciéndose la posibilidad de introducción por parte del planeamiento de medidas para el ajuste definitivo de aprovechamientos en el momento en que una actuación urbanística concrete la asignación real de usos.

6. Respecto de la definición de áreas de reparto en suelo urbanizable, la inclusión en una única área de la totalidad de sectores asignados a un mismo cuatrienio viene establecida con carácter supletorio por el artículo 94.3 del Texto Refundido. De la aplicación de este criterio derivaría la existencia de un aprovechamiento tipo de características semejantes al aprovechamiento medio intersectorial que contemplaba el derogado Texto Refundido de la Ley del Suelo de 1976.

La realidad es que la práctica totalidad de planes generales aprobados en el ámbito de esta Comunidad al amparo de la legislación de 1976, han procurado evitar la existencia de dicho aprovechamiento intersectorial por las complicaciones de gestión de planeamiento que el mismo comportaba.

Esto se instrumentalizaba por el planeamiento mediante la aplicación al aprovechamiento de cada sector de coeficientes de homogeneización que igualaban los aprovechamientos medios de todos ellos, por dispares que fueran, con lo que en la práctica cada sector tenía asignado un aprovechamiento medio idéntico al del cuatrienio.

Para recoger esta tendencia generalizada se establece pues la posibilidad de definir en suelo urbanizable áreas de reparto no coincidentes con el conjunto de sectores asignados a una etapa temporal del plan, lo que evitará además la introducción en el planeamiento de determinaciones de carácter instrumental, del tipo de las antes citadas, difícilmente justificables.

7. Los criterios que este Decreto establece respecto de la delimitación de áreas de reparto en suelo urbano pueden dar origen a que suelos calificados como sistemas carezcan de aprovechamiento que sirva de referencia para su valoración.

A fin de salvar esta carencia se determina que estos suelos se valorarán con arreglo a los criterios que para el suelo sin aprovechamiento tipo establece el artículo 62 del Texto Refundido.

8. Respecto de los procedimientos de ajuste entre los aprovechamientos reales y los susceptibles de apropiación, el Texto Refundido contempla, si bien de forma dispersa a lo largo de su articulado, la posibilidad de monetarización de los intercambios de aprovechamiento, posibilidad ésta que por la agilidad y facilidades de gestión que supone, conviene aclarar con carácter genérico.

9. Por último, algunos de los instrumentos de planeamiento general formulados en esta Comunidad han incorporado a su regulación medidas de fomento a la actuación urbanística que han adoptado generalmente la modalidad de incentivos de gestión y que han resultado eficaces para la consecución de los objetivos del planeamiento.

Resulta pues conveniente incorporar a la técnica del aprovechamiento tipo la posibilidad de instrumentalizar este tipo de medidas, para lo cual se establece la posibilidad de poder destinar a tal fin aprovechamientos que resulten atribuibles a la administración.

En su virtud, a propuesta del Conseller de Obras Públicas y Ordenación del Territorio, de acuerdo con el Consell Consultiu y previa deliberación del Consell de Govern, en sesión de 13 de julio de 1994, decreto:

Artículo 1.

1. Los planes generales podrán, en los terrenos clasificados como suelo urbano y en los que el aprovechamiento urbanístico determinado por el planeamiento no venga dado por un índice de edificabilidad zonal, delimitar zonas en las que cada parcela tendrá el carácter de área independiente a efectos de determinación del aprovechamiento susceptible de apropiación por parte de los titulares de los terrenos.

2. En cada área, el aprovechamiento tipo coincidirá con el aprovechamiento urbanístico asignado a la parcela y se expresará, concretamente o por referencia a condiciones generales de ordenación que definan unívocamente el aprovechamiento real asignado, mediante la definición de la total superficie del uso y tipología característicos que resulte construible en la parcela.

⇒ V. disp. adic. única.1 del presente Decreto.

V. art. 72 del TRLS/1992 (§2).

Artículo 2.

Las zonas coincidentes con antiguos sectores de planeamiento sectorial que se hayan incorporado al suelo urbano en ejecución de dicho planeamiento, los ámbitos que hayan sido objeto de gestión específica y las zonas incluidas en ámbito de PERI o en unidades de ejecución podrán constituir cada una de ellas un área de reparto diferenciada.

⇒ V. disp. adic. única.1 del presente Decreto.

Artículo 3.

La totalidad de los terrenos ordenados por el planeamiento mediante una misma normativa zonal podrán constituir una única área de reparto aunque no presente una solución de continuidad territorial.

⇒ V. disp. adic. única.1 del presente Decreto.
V. art. 94 del TRLS/1992 (§2).

Artículo 4.

En aquellas áreas en las que las condiciones de edificación vengan reguladas en función de profundidades edificables y alturas, podrán delimitarse áreas de reparto coincidentes con la superficie ocupada de las parcelas, sin perjuicio de la necesaria inclusión de todo el suelo de la zona dentro de área de reparto.

Para la determinación del aprovechamiento lucrativo total podrán no tenerse en cuenta los incrementos o disminuciones de aprovechamiento derivados de ocupaciones o retranqueos distintos de los que se determinen vinculantes para la tipología: porches o incrementos de ocupación en plantas bajas, áticos en plantas altas y determinaciones similares, aprovechamientos éstos que se podrán considerar subsumidos en el general de la tipología.

⇒ V. disp. adic. única.1 del presente Decreto.

Artículo 5.

1. A efectos del cálculo del aprovechamiento tipo, en aquellas calificaciones en las que el uso definido como principal sea compatible con otros usos secundarios cuya intensidad de implantación en la ejecución real sea de difícil cuantificación desde el planeamiento, el conjunto de usos asignados a cada tipología podrá ser considerado como uso característico de la misma.

2. Los instrumentos de planeamiento podrán establecer procedimientos para el ajuste real de los aprovechamientos susceptibles de apropiación una vez la asignación de usos resulte plenamente concretada por una actuación urbanística.

⇒ V. disp. adic. única.1 del presente Decreto.
V. arts. 27 y 95 del TRLS/1992 (§2).
V. arts. 33 a 44 del RD 1093/1997, de 4 julio (§2.1).

Artículo 6.

Para la delimitación de áreas de reparto en suelo urbanizable programado se seguirán las siguientes reglas:

a) El Plan General podrá incluir todos los sectores cuyo planeamiento parcial deba aprobarse en un mismo cuatrienio junto con los sistemas generales adscritos o incluidos en ellos para su gestión, en una única área de reparto.

b) El Plan General podrá asimismo considerar cada sector o conjunto de sectores de suelo urbanizable programado, junto con los sistemas generales adscritos o incluidos, como un área de reparto diferenciada.

⇒ V. disp. adic. única.2 del presente Decreto.
V. art. 72 del TRLS/1992 (§2).

Artículo 7.

Para la delimitación de áreas de reparto en suelo urbanizable no programado se seguirán las siguientes reglas:

a) El ámbito de cada Programa de Actuación Urbanística, con los sistemas generales adscritos o incluidos en el sector que se delimite, integrará una única área de reparto.

b) Si el Programa de Actuación Urbanística comprendiera más de un sector, podrá optarse por incluirlos todos ellos, junto con los sistemas generales adscritos o incluidos en los mismos, en una única área de reparto o bien considerar cada sector o conjunto de sectores, con los sistemas generales adscritos o incluidos, como un área de reparto diferenciada.

⇒ V. disp. adic. única.2 del presente Decreto.
V. art. 82 del TRLS/1992 (§2).

Artículo 8.

La valoración de los terrenos clasificados como suelo urbano y destinados a sistemas que resulten excluidos de área de reparto se efectuará en base a lo dispuesto por el artículo 62.1 del Texto Refundido de la Ley del Suelo.

⇒ V. arts. 23 a 32 de la Ley 6/1998, de 13 abril (§1).

Artículo 9.

Los ajustes entre los aprovechamientos reales definidos por el planeamiento y los susceptibles de apropiación por los titulares de los terrenos podrán formalizarse mediante compensación económica, cuya cuantía se fijará siempre en función del valor urbanístico de los terrenos.

⇒ V. disp. adic. única.3 del presente Decreto.
V. art. 185 del TRLS/1992 (§2).
V. arts. 33 a 44 del RD 1093/1997, de 4 julio (§2.1).

Artículo 10.

Los aprovechamientos que resultaran atribuibles a la administración podrán ser destinados por la misma a la instrumentación de medidas de fomento de la urbanización, edificación y rehabilitación, que podrán adoptar la forma de incentivos a la actuación y cuya cuantía se determinará por acuerdo de la corporación local correspondiente.

⇒ V. disp. adic. única.3 del presente Decreto.

DISPOSICIÓN ADICIONAL

Única.

1. Las determinaciones contenidas en los artículos 1 al 5, ambos inclusive, y 8 de este Decreto serán de aplicación a los planes generales de los municipios en los que, en virtud de lo que dispone la disposición adicional primera del Texto Refundido de la Ley del Suelo, sea de aplicación plena el contenido de dicho Texto.

2. Las determinaciones contenidas en los artículos 6 y 7 de este Decreto serán de aplicación a la totalidad de municipios ordenados mediante la figura de un Plan General.

3. Las determinaciones contenidas en los artículos 9 y 10 de este Decreto serán de aplicación a la totalidad de municipios de la CAIB.

DISPOSICIÓN FINAL

Única.

Este Decreto entrará en vigor al día siguiente de su publicación en el BOCAIB.

§ 15 LEY 8/1988, DE 1 JUNIO. EDIFICIOS E INSTALACIONES FUERA DE ORDENACIÓN DE LAS ILLES BALEARS

(BOE núm. 180, de 28 julio y BOCAIB núm. 77, de 28 junio [RCL 1988, 1637 y LIB 1988, 96])

Dado que se ha constatado que los Ayuntamientos en el momento de redactar los Planes Generales Municipales de Ordenación o las Normas Subsidiarias de Planeamiento se acogen a fórmulas atípicas para tratar de evitar el impacto negativo que provocaría la aplicación estricta del artículo 60 de la Ley del Suelo, que trata de regular los edificios e instalaciones que quedan fuera de ordenación, se considera necesario derogar este artículo y sustituirlo por las disposiciones contenidas en esta Ley, a fin de que las determinaciones tengan una eficacia real en el desarrollo urbanístico de las ciudades y de las poblaciones.

Por otra parte, la experiencia ha demostrado la inutilidad de declarar edificios fuera de ordenación, ya que la finalidad perseguida por la Ley, que es la de adecuarlos a las normas de nueva implantación, se ha conseguido en muy raras ocasiones.

Debe destacarse, asimismo, que el artículo que se modifica no contempla el futuro de aquellos edificios erigidos en contradicción con la legalidad urbanística por lo que esta Ley hace mención expresa de esta situación a fin de clarificarla y de proponer las medidas concretas que ayuden a evitar su existencia.

Por último se expresa la necesidad de que el Planeamiento Municipal fije la situación de las edificaciones que resulten disconformes con su contenido.

Por todo ello, se propone la aprobación de la siguiente Ley:

Artículo 1.

1. Los Planes Generales Municipales de Ordenación o, si es el caso, las Normas Subsidiarias de Planeamiento Municipal, deben señalar, específica y claramente, los edificios y las instalaciones que queden calificados como fuera de ordenación. Se deberán calificar como tales los que de acuerdo con las determinaciones del planeamiento, estén afectados por operaciones de remodelación urbana, a ejecutar por cualquiera de los sistemas de actuación contenidos en la legislación urbanística vigente.

2. Por determinación legal se han de calificar como fuera de ordenación todas las obras, edificios y las instalaciones definidos en el artículo 2 de esta Ley, mientras no obtengan la legalización.

3. En los edificios e instalaciones fuera de ordenación no se pueden realizar obras de consolidación, de aumento de volumen, de modernización o de incremento de valor de expropiación, pero sí las pequeñas reparaciones que exigen la higiene de las personas que deban residir o deban ocupar los citados edificios.

Jurisprudencia

«Aunque se acogiera la tesis de que en determinados supuestos la demolición a realizar pueda pugnar con principios de justicia material con aplicación al caso del principio de proporcionalidad, recogido por la doctrina jurisprudencial, entre otras, en la Sentencia de 25 octubre 1989 (RJ 1989, 7492), es un hecho que su eficacia en la legalización pretendida no es estimable, pues de conformidad a la prueba pericial practicada –folio 179–, ni con relación al Plan General de Ordenación Urbana de 1982, ni al de 1991, las obras son legalizables dado que el edificio está calificado explícitamente como "fuera de ordenación", y en consecuencia, no se permiten estas obras por implicar un aumento de valor de expropiación de acuerdo con el art. 2.14 del Plan General de 1991 y el art. 1.3 de la Ley 8/1988 de la CAIB sobre edificios e instalaciones fuera de ordenación». **(STSJ Baleares 21 octubre 1994 [RJCA 1994, 439])**.

Artículo 2.

1. Asimismo deben considerarse como edificios o instalaciones fuera de ordenación los que construyan o se hayan construido en contra de las determinaciones contenidas en los instrumentos de planeamiento general, o cuyo uso contravenga las condiciones de acuerdo con las que se autorizaron, así como los construidos en contradicción con la legislación urbanística vigente, aunque haya transcurrido el plazo de ocho años fijado en el artículo 73 de la Ley 10/1990, de 23 de octubre, de Disciplina Urbanística.

✐ Ap. 1 redactado por la disp. adic. 4ª de la Ley 6/1997, de 8 julio (§16).

2. En estos edificios mientras se mantenga la calificación de fuera de ordenación no se podrá realizar ningún tipo de obra, ni siquiera las previstas en el apartado 3 del artículo 1 de esta Ley.

3. Los edificios o las instalaciones que se construyan a partir de la entrada en vigor de esta Ley, y que queden calificados como fuera de ordenación, de acuerdo con lo que prevé este artículo, no podrán obtener la contratación de los Servicios de suministro de energía eléctrica, gas, agua, alcantarillado y teléfono.

Jurisprudencia

«En los supuestos de obras ilegales consumadas, y con un período superior a cuatro años (RDley 16/1981), es la de su permanencia, sin que haya posibilidad de reacción dirigida a la reintegración del orden conculcado, al amparo del art. 185, y por tanto, se hace lógico pensar que dichos edificios quedarán en situación de fuera de ordenación por resultar disconformes con el Plan, siéndoles de aplicación las limitaciones establecidas por el art. 60 de la Ley del Suelo, y en esta Comunidad Autónoma, por las ordenadas en la Ley 8/1988, de 1 julio; sin embargo en el caso de autos, no podemos atender a esta doctrina, dado que se trata de un edificio ubicado en terrenos *calificados en el planeamiento* como zona verde, y por tanto cae bajo lo dispuesto en el art. 188 de la Ley del Suelo y art. 94 del Reglamento de Disciplina Urbanística, en cuanto señalan que, los actos de edificación o uso del suelo que se realicen sin licencia u orden de ejecución sobre terrenos calificados en el planeamiento como zonas verdes o espacios libres no estarán sujetos a previo plazo de prescripción». **(STSJ Baleares 9 noviembre 1994 [RJCA 1994, 444]).**

Artículo 3.

Los instrumentos de planeamiento municipal establecerán las normas urbanísticas aplicables a los edificios construidos de acuerdo con el Plan sustituido y que no se ajusten a las determinaciones del Plan vigente.

DISPOSICIONES FINALES

Primera.

Quedan derogadas todas las disposiciones legales y reglamentarias que se opongan o contradigan esta Ley.

Segunda.

Se faculta al Govern Balear para dictar las disposiciones reglamentarias necesarias para el desarrollo de esta Ley.

⇒ V. D. 159/1989, de 28 diciembre, sobre Adaptación de Planes de Ordenación Urbana y de las Normas Subsidiarias y Complementarias de Planeamiento a la Ley 8/1988, de 1 julio, sobre Edificios e Instalaciones Fuera de Ordenación.

Tercera.

Esta Ley entrará en vigor a partir del día siguiente al de su publicación en el «Butlletí Oficial de la Comunitat Autònoma de les Illes Balears».

§ 16 LEY 1/1994, DE 23 MARZO. CONDICIONES PARA LA RECONSTRUCCIÓN EN SUELO NO URBANIZABLE DE EDIFICIOS E INSTALACIONES AFECTADOS POR OBRAS PÚBLICAS O DECLARADAS DE UTILIDAD PÚBLICA Y EJECUTADAS POR EL SISTEMA DE EXPROPIACIÓN FORZOSA EN LAS ILLES BALEARS

(BOE núm. 303, de 20 diciembre y BOCAIB núm. 47, de 19 abril [RCL 1994, 3458 y LIB 1994, 71])

EXPOSICIÓN DE MOTIVOS

La ejecución de una obra pública o de utilidad pública, especialmente la viaria, provoca con cierta frecuencia el hecho de que en los terrenos expropiados se encuentren situados edificios o instalaciones, bien sean destinados a viviendas, bien sean a otros usos (especialmente agrícolas), la reconstrucción de los cuales no es posible ya que la parcela que resulta después de la expropiación no tiene el mínimo de superficie exigible, de acuerdo con la ley o el planeamiento vigente.

Ya que este hecho no proviene de la voluntad del propietario de los terrenos, sino de una voluntad superior motivada por principios de primacía de la utilidad general o pública, se considera justo hacer posible a estos propietarios la reconstrucción de la obra demolida, siempre que se cumplan unos requisitos mínimos en la nueva construcción.

Artículo 1.

Al efecto de edificación, el suelo no urbanizable como también el suelo urbanizable no programado hasta que no se apruebe el programa de actuación urbanística respectivo, se encuentra sujeto a los requisitos mínimos de parcela y de no formación de núcleo de población, exigibles por vía legal o por la vía del planeamiento vigente en el término municipal.

⇒ V. arts. 9, 10, 15, 16, 18 y 20 de la Ley 6/1998, de 13 abril (§1).
V. Jurisprudencia en arts. 85, 86 y concordantes del TRLS/1976 (§3).

Artículo 2.

No obstante lo dispuesto en el artículo anterior, cuando se tenga que demoler, total o parcialmente, un edificio o instalación, con motivo de una obra pública o de utilidad pública para la ejecución de la cual se haya seguido el sistema de expropiación, se podrá proceder a la reconstrucción en la misma parcela y siguiendo el procedimiento aplicable, sin el cumplimiento del requisito de la parcela mínima exigible y, en su caso, del de no formación de núcleo de población, siempre que concurran las siguientes circunstancias:

a) Que se respeten las servidumbres legalmente exigibles, tanto las impuestas por el derecho público como por el derecho privado.

b) Que se respeten las separaciones mínimas entre edificaciones contiguas.

c) Que se mantenga para el nuevo edificio el mismo uso que tenía el que ha sido objeto de demolición.

d) Que el volumen, la superficie y la ocupación del nuevo edificio no superen en ningún caso el del edificio demolido o la parte de este objeto de demolición, siempre que se acredite fehacientemente que se ajustaba plenamente a la normativa urbanística vigente en el momento de su construcción.

DISPOSICIÓN ADICIONAL

En todo aquello que no establece esta Ley, y en tanto que no se oponga, será aplicable la normativa general sobre la materia.

DISPOSICIÓN DEROGATORIA

Quedan derogadas todas las disposiciones que se opongan a lo que dispone esta Ley.

DISPOSICIÓN FINAL

Esta Ley entrará en vigor al día siguiente de su publicación en el «Boletín Oficial de la Comunidad Autónoma de las Islas Baleares».

§ 17 LEY 6/1997, DE 8 JULIO. REGULA EL SUELO RÚSTICO EN LAS ILLES BALEARS

(BOE núm. 192, de 12 agosto y BOCAIB núm. 88, de 15 julio; rect. BOCAIB núm. 89, de 17 julio [RCL 1997, 2056 y LIB 1997, 206])

EXPOSICIÓN DE MOTIVOS

1. Los terrenos agrupados bajo la denominación genérica de suelo rústico constituyen la mayor parte del territorio de les Illes Balears y, como consecuencia de las tensiones que el modelo económico actual, gran consumidor de recursos naturales y de territorio, produce sobre estos terrenos, son objeto de un proceso creciente de sustitución de las actividades tradicionales por otras que, basadas en los usos turísticos, residenciales y de servicios, inciden de modo importante sobre su naturaleza y características, desvirtuando sus elementos esenciales y atentando contra uno de los principales activos de futuro de que dispone esta comunidad.

2. A pesar de su importancia territorial y de los procesos de transformación a que está sometido, esta clase de suelo es regulada, en la actualidad, por una normativa muy parca, basada fundamentalmente en el Texto Refundido de la Ley sobre Régimen del Suelo y Ordenación Urbana, aprobado mediante el Decreto 1346/1976, de 9 de abril, que determina para el suelo no urbanizable un carácter prácticamente residual, tanto en la concepción como en la concreción normativa, respecto de la normativa que en dicha legislación se establece para los terrenos que han de ser objeto de desarrollo urbanístico.

Resulta, pues, necesario, abordar la regulación de esta clase de suelo de una manera objetiva y detallada que, desde la óptica de su protección global frente a los procesos de desarrollo urbanístico, tenga en cuenta su importancia en el esquema territorial de les Illes Balears y limite, ordene y reconduzca los procesos de transformación a que se enfrenta.

3. Para ello, la Ley establece, en el Título I, una definición de carácter positivo de los terrenos que constituyen esta clase de suelo añadiendo a los ya adscritos al suelo no urbanizable por la normativa básica estatal aquellos cuya asignación a tal clase deriva de la necesidad de mantenimiento de las características de la estructura territorial y los que, por ser soporte de funciones originadas en el medio urbano, han de mantener sus características originarias e integrarse, para su ordenación, en el esquema funcional de aquél.

La Ley sistematiza el procedimiento para la determinación de las medidas de protección de los terrenos señalando que atenderán a cada uno de sus elementos caracterizadores, según la valoración intrínseca que podrán referirse a su totalidad y que podrán alcanzar, asimismo, las instalaciones y las construcciones en ellos ubicadas mediante la definición de un régimen específico de protección para las mismas.

En el Título I se determina, asimismo, que la asignación de los terrenos a esta clase de suelo será efectuada por los instrumentos de planeamiento general, con arreglo a las pautas básicas que se definen en la Ley, y que su ordenación urbanística, concretada en la calificación y en la regulación de las actividades y las edificaciones, podrá estar contenida en estos instrumentos o en el planeamiento especial, definiéndose el contenido mínimo que, al efecto, deberán incluir.

La Ley define las calificaciones básicas para la concreción de la ordenación, dentro de las cuales podrán luego definirse las diferentes zonas según su regulación, y determina la posibilidad de ordenación de los asentamientos y conjuntos edificados mediante la calificación como núcleo rural en el suelo rústico, sin alteración de la clasificación del suelo.

4. El Título II concreta, respetando el marco normativo estatal que resulta constitucionalmente de aplicación, las limitaciones que la clasificación como suelo rústico y la asignación o no, a un régimen de especial protección supone para el contenido del derecho de propiedad, estableciendo asimismo la necesidad de obtención de licencia municipal previa para la segregación de terrenos en esta clase de suelo.

5. Para la ordenación de las actividades, el Título III, respetando asimismo el marco básico de la legislación estatal, las diferencia según el uso y la clase de actuación que cada una conlleva, determinando su vinculación a la parcela en que se autoricen y estableciendo la subordinación de las edificaciones e instalaciones al uso con ellas relacionado.

A fin de igualar, en cierta forma, su régimen de cargas a las que son propias de las actividades desarrolladas en otras clases de suelo, la Ley determina que las actividades distintas a las consustanciales al suelo rústico conllevan la atribución de un aprovechamiento atípico, parte del cual pertenece a la Administración municipal y debe ser adquirido por los interesados a fin de hacer participar a la comunidad de las plusvalías que su atribución genera.

La Ley define los requisitos a los que habrán de someterse las diferentes actividades, estableciendo controles complementarios a los que resultan de la aplicación de la normativa general reguladora de los usos, obras y actividades, y respetando las normativas básicas específicas por las que se regulan las actividades que el marco básico estatal define como propias de esta clase de suelo, así como las relacionadas con la ejecución, el uso y el mantenimiento de las infraestructuras públicas.

Respecto de las actividades de las que resulten nuevas viviendas unifamiliares, se establece la necesidad de que la superficie de la parcela a ellas vinculada supere los parámetros mínimos que, para cada isla y según la calificación básica de los terrenos, se definen, contemplando, asimismo, la posibilidad de efectuar este tipo de actividades sin ajustarse a dichos parámetros en los casos específicos en los que el planeamiento municipal, de modo justificado y con las limitaciones constructivas que estime pertinentes, así lo proponga.

La Ley establece una única posibilidad para la autorización de actividades distintas de las admitidas o de las vinculadas a la vivienda unifamiliar, la de su declaración como actividades de interés general, definiendo las prioridades a que tales declaraciones deberán atender y los requisitos que habrán de cumplimentar.

6. El Título IV contiene la definición de las características básicas a las que habrán de ajustarse las edificaciones así como de las condiciones a que deberá ajustarse el tratamiento arquitectónico y paisajístico de su entorno, de modo que se garantice su mejor integración en el medio rural. Asimismo se determina la necesidad de desarrollo posterior de los principios básicos formulados, a fin de adaptarlos a la realidad de cada zona concreta. Por último, y a fin de no coartar las posibilidades creativas y de innovación en este campo, la regulación prevé, asimismo, la posibilidad de que, sin respetar la totalidad de dichas condiciones, se planteen soluciones alternativas que deberán ser autorizadas, en cada caso, por la comisión insular de urbanismo respectiva.

7. El Título V contiene la definición de los procedimientos para la autorización de las actividades relacionadas con los diferentes usos determinando la naturaleza, las características y los plazos de los distintos informes exigidos y estableciendo la posibilidad de regular las características de la documentación que acompañe a las solicitudes a fin de dotar de contenido real los trámites de información pública que en ella se determinan.

En este Título se regula, asimismo, la posibilidad de formación de patrimonios públicos en esta clase de suelo y se determina la necesidad de arbitrar medidas de fomento de los terrenos asignados al suelo rústico protegido o que mantengan el uso primario, señalando que deberán instrumentalizar efectivamente a través de reducciones y bonificaciones impositivas y de un tratamiento preferente en materia de ayudas y subvenciones de la Administración.

8. La Ley se completa con las disposiciones adicionales, en que se contienen las modificaciones de la legislación vigente que de sus determinaciones se derivan, así como una serie de medidas, plenamente consecuentes con sus objetivos, que ha parecido oportuno adoptar de forma paralela a su formulación: la equiparación entre municipios interiores y costeros en cuanto a las limitaciones al riego de los campos de golf, las limitaciones a las reclasificaciones de los terrenos asignados a esta clase de suelo, y la prohibición del emplazamiento de caravanas y del resto de elementos móviles habitables.

Por último, la Ley define las necesarias disposiciones transitorias, en las que se contienen las medidas de aplicación hasta que no se produzca la plena adaptación de los instrumentos de planeamiento general a su contenido, el régimen de aplicación a los edificios e instalaciones ya construidos y las disposiciones por las que se regirán los expedientes iniciados con anterioridad a su entrada en vigor.

⇒ V. Ley 4/2000, de 22 marzo, que suspende la vigencia de la Ley 12/1988, de 17 noviembre, de normas reguladoras en el ámbito de Eivissa y Formentera.

TÍTULO I
DETERMINACIONES GENERALES

CAPÍTULO I
Disposiciones previas

Artículo 1. Objeto.

El objeto de esta Ley es regular y proteger el suelo rústico de les Illes Balears. Con esta finalidad:

1. Define los terrenos que lo constituyen y las calificaciones básicas para su ordenación.

2. Establece su régimen jurídico, definiendo las limitaciones legales que delimitan el contenido del derecho de propiedad.

3. Regula las actividades que en él pueden admitirse, las condiciones de las edificaciones y de las instalaciones a ellas vinculadas y el procedimiento para su autorización.

Artículo 2. Concepto.

1. Constituyen el suelo rústico los terrenos cuya función determina que se preserven de los procesos de desarrollo urbanístico y que se protejan los elementos de identidad que los caracterizan.

2. La función de estos terrenos podrá estar relacionada con:

a) Los valores agrícolas, forestales, pecuarios, cinegéticos, naturales, paisajísticos o culturales;

b) la aportación a la defensa de la fauna, la flora y el mantenimiento del equilibrio ecológico;

c) el carácter de elementos básicos para el mantenimiento de la estructura del territorio;

d) la condición de soporte de funciones que, aunque originadas en el medio urbano, deben desarrollarse en el medio rural.

3. Por otra parte, la protección de los elementos de identidad podrá referirse a la totalidad o parte de los mismos, se establecerá de forma proporcional a su valor intrínseco y podrá, asimismo, referirse a construcciones, instalaciones o conjuntos edificados ubicados en esta clase de suelo, para los cuales se configurará un régimen de protección específico.

⇒ V. arts. 9, 20 y disp. adic. 4ª de la Ley 6/1998, de 13 abril (§1).

Artículo 3. Destino.

1. El suelo rústico no podrá destinarse a otras actividades que las rela-

cionadas con el uso y la explotación racional de los recursos naturales y la ejecución, el uso y el mantenimiento de infraestructuras públicas.

2. Ello no obstante podrá autorizarse, en determinadas condiciones, actividades relacionadas con el uso de vivienda unifamiliar o declaradas de interés general, que habrán de desarrollarse, en su caso, en edificios o instalaciones de carácter aislado.

⇒ V. arts. 9 y 20 de la Ley 6/1998, de 13 abril (§1).
V. Jurisprudencia en arts. 86 y concordantes del TRLS/1976 (§3).

Artículo 4. Clasificación.

1. La asignación de los terrenos a esta clase de suelo se efectuará mediante los instrumentos de planeamiento general, con arreglo a lo dispuesto en las Leyes y en los instrumentos de ordenación territorial.

2. En todo caso se incluirán en suelo rústico:

a) el dominio público marítimo-terrestre e hidráulico, de acuerdo con la legislación específica;

b) los terrenos que tengan un relevante valor agrícola, forestal, pecuario, cinegético, natural, paisajístico o cultural;

c) los terrenos cuyas características geotécnicas o morfológicas no aconsejen el desarrollo urbanístico por el riesgo o alto impacto que conllevaría;

d) los terrenos que, aisladamente o en conjunto, conformen unidades paisajísticas cuyas características interese mantener;

e) los terrenos que posean valor etnológico o que constituyan el entorno de elementos arqueológicos, de arquitectura rural o, en general, de patrimonio histórico sometidos a un régimen de protección específico;

f) los terrenos que, de acuerdo con la estrategia territorial adoptada, deban excluirse del proceso de desarrollo urbanístico o preservarse del mismo.

⇒ V. arts. 9, 20 y disp. adic. 4ª de la Ley 6/1998, de 13 abril (§1).

CAPÍTULO II
Determinaciones de la ordenación

Artículo 5. Concreción de la ordenación.

1. La ordenación de los terrenos clasificados como suelo rústico se concretará en:

a) la calificación;

b) la regulación de las actividades, según el uso al que se vinculen y las actuaciones edificatorias que comporten;

c) la definición de las condiciones a las que habrán de ajustarse las construcciones, edificaciones e instalaciones.

2. Según la intensidad y alcance de la protección otorgada, el suelo rústico se diferenciará en las calificaciones básicas de rústico protegido y

rústico común. Los asentamientos en esta clase de suelo cuyas características desaconsejen la inclusión en otra clase se calificarán como núcleo rural.

3. La regulación de las actividades contempladas en el artículo 3 de esta Ley se diferenciará en función de que supongan o no actuaciones edificatorias y, dentro de éstas, la ejecución de obras en edificios o instalaciones existentes o la construcción de otros nuevos.

4. La definición de las condiciones de las construcciones, instalaciones y edificaciones se referirá a las características tipológicas, estéticas y constructivas y se establecerá en base a las que sean propias del medio rural en que se ubiquen.

Artículo 6. Suelo rústico protegido.

1. Constituirán el suelo rústico protegido los terrenos para los que, por sus valores excepcionales, la función territorial o la defensa de la fauna, flora y el equilibrio ecológico, se establece un régimen especial de protección distinto del general para esta clase de suelo.

2. La ordenación del suelo rústico protegido se dirigirá a garantizar la permanencia de los elementos de identidad que los caracterizan, definiendo para ellos medidas de protección. Dichas medidas podrán extenderse a la totalidad de los citados elementos; en estos casos se determinará la imposibilidad de efectuar en los terrenos cualquier actividad que los altere.

3. En todo caso se calificarán como suelo rústico protegido, con mantenimiento del régimen que resulte de la regulación específica:

a) los terrenos incluidos en el ámbito de la Ley 1/1991, de 30 de enero, de Espacios Naturales y de Régimen Urbanístico de las Áreas de Especial Protección de las Islas Baleares;

b) los terrenos que se declaren espacios naturales protegidos en virtud de lo dispuesto por la Ley 4/1989, de 27 de marzo, de Conservación de los Espacios Naturales y de la Flora y Fauna Silvestres.

c) los terrenos que determinen los instrumentos aprobados al amparo de lo dispuesto por la Ley 8/1987, de 1 de abril, de Ordenación Territorial de las Islas Baleares.

d) los terrenos que determinen los planes y normas de la Conselleria de Agricultura, Comercio e Industria o de la Conselleria de Medio Ambiente, Ordenación del Territorio y Litoral.

⇒ V. art. 9 y disp. adic. 4ª de la Ley 6/1998, de 13 abril (§1).

Téngase en cuenta la disp. adic. 4ª de la Ley 14/2000, de 21 diciembre, de Ordenación Territorial (§18).

Jurisprudencia

«El Ayuntamiento también invoca que cabe ampliar la vivienda construida hasta en 450 metros cuadrados conforme a la disposición transitoria segunda, apartado 2, de la Ley 6/1997, de 8 julio, del Suelo Rústico de las Islas Baleares. Sin embargo, lo que debe tenerse en cuenta es que se trata aquí de suelo rústico protegido sujeto a su especial régimen de protección –arts. 6.3 a) y 12.1–». **(STSJ Baleares 13 febrero 1998 [RJCA 1998, 211]).**

⇒ V. Jurisprudencia en arts. 80 y concordantes del TRLS/1976 (§3).

Artículo 7. Suelo rústico común.

Constituirán el suelo rústico común el resto de los terrenos asignados a esta clase de suelo. Dentro de ellos, la ordenación diferenciará los mayoritariamente ocupados por masas forestales y de monte bajo excluidos de la calificación de suelo rústico protegido, y definirá para dichos terrenos medidas que fomenten su permanencia y mantenimiento.

⇒ V. art. 9 y disp. adic. 4ª de la Ley 6/1998, de 13 abril (§1).
V. Jurisprudencia en arts. 80 y concordantes del TRLS/1976 (§3).

Artículo 8. Núcleos rurales.

1. Los asentamientos en suelo rústico cuyas especiales características desaconsejen la inclusión en una clase de suelo susceptible de desarrollo urbanístico podrán ordenarse mediante la calificación como núcleo rural dentro del suelo rústico.

2. La regulación de esta figura deberá establecer, de forma pormenorizada, las condiciones a que deberán ajustarse las actividades que supongan actuaciones edificatorias así como determinar las características de las infraestructuras y el resto de equipamientos urbanísticos necesarios.

3. Las determinaciones referentes a parcela mínima, tipología y condiciones de la edificación no deberán ajustarse a las condiciones generales que se establecen en los Títulos III y IV de esta Ley, pero se definirán siempre atendiendo a criterios de conservación de la trama y tipología propias de este tipo de asentamientos.

✐ Ap. 3 redactado por el art.21.1 de la Ley 9/1997, de 22 diciembre.

4. La calificación de núcleo rural dentro del suelo rústico nunca podrá utilizarse para plantear nuevos asentamientos sin vincular a cada nueva vivienda la superficie de parcela mínima que, para la citada actividad, establece esta Ley.

Artículo 9. Instrumentos y contenido mínimo de la ordenación.

1. La ordenación urbanística del suelo rústico se realizará directamente por los instrumentos de planeamiento general o, en su caso, por planes especiales de ordenación referidos a ámbitos o a determinaciones concretas.

2. Respecto de los terrenos clasificados como suelo rústico, la ordenación deberá, como mínimo:

a) asignarlos a una de las dos calificaciones básicas y diferenciar, dentro de ellas, las distintas zonas, según su regulación;

b) recoger el trazado y características de las infraestructuras públicas y de sus zonas de influencia y de protección;

c) determinar, para cada zona, los usos prohibidos y los supuestos en que podrán autorizarse los usos condicionados y definir la superficie mínima exigible a las parcelas a ellos vinculadas;

d) determinar las características tipológicas, estéticas y constructivas a que deberán sujetarse las obras de edificación;

e) delimitar, en su caso, los núcleos rurales dentro del suelo rústico y establecer las condiciones para su ordenación.

3. Para las finalidades concretas que establecen las Leyes que los definen, podrán asimismo formularse:

a) planes de ordenación del medio natural de los contemplados por la Ley 8/1987, de 1 de abril, de Ordenación Territorial de las Islas Baleares;

b) planes de ordenación de los recursos naturales y el resto de figuras de ordenación y gestión contempladas por la Ley 4/1989, de 27 de marzo, de Conservación de los Espacios Naturales y de la Flora y Fauna Silvestres.

4. La imposición a los instrumentos municipales de planeamiento general de parámetros o condiciones diferentes de las señaladas en esta Ley y en sus reglamentos, sólo podrá efectuarse mediante instrumentos de ordenación regulados en la Ley 8/1987 dicha anteriormente y las figuras de ordenación y gestión previstas por la citada Ley 4/1989.

TÍTULO II
LIMITACIONES AL DERECHO DE PROPIEDAD

Artículo 10. Contenido del derecho de propiedad.

La clasificación de un terreno como suelo rústico y la calificación como rústico protegido o rústico común supondrá la determinación de las limitaciones legales que delimitan el contenido del derecho de propiedad y su concreción mediante la definición de las facultades y deberes que lo integran, en el marco de las condiciones básicas fijadas por la legislación estatal.

⇒ V. art. 2 de la Ley 6/1998, de 13 abril (§1).
V. Jurisprudencia en arts. 76 y concordantes del TRLS/1976 (§3).

Artículo 11. Facultades y deberes en el suelo rústico común.

1. Para los terrenos calificados como suelo rústico común, el contenido del derecho de propiedad integrará las siguientes facultades:

a) Realizar las actividades necesarias para la explotación agrícola, forestal, cinegética y pecuaria mediante el uso de los medios técnicos e instalaciones adecuadas, conforme a su normativa específica, y sin que impliquen, en ningún caso, la transformación de su condición o características esenciales.

b) Desarrollar las actividades que se autoricen en virtud de lo dispuesto en esta Ley.

2. Para los terrenos calificados como suelo rústico común, el contenido del derecho de propiedad comportará los siguientes deberes:

a) Conservar, mantener y, en su caso, reponer el suelo y la vegetación en las condiciones necesarias para evitar riesgos de erosión, incendio o perturbación de la seguridad y salud públicas o del medio ambiente y el equilibrio ecológico.

b) Abstenerse de realizar cualquier actividad no controlada que pueda tener como efecto la contaminación de la tierra, el agua o el aire.

c) Ejecutar los planes y programas que les resulten de obligado cumplimiento, conforme a la legislación reguladora de las actividades a las que se refiere el punto 1 a) anterior.

d) Cumplir las obligaciones y soportar, en su caso, las cargas que, para el ejercicio de las facultades a que se refiere el punto 1 b) anterior, se impongan en virtud de lo expuesto en esta Ley.

e) Permitir a las administraciones públicas competentes, sin derecho a indemnización cuando no afecten a actividades rentables legalmente desarrolladas, la realización de trabajos de plantación y conservación de la vegetación dirigidos a prevenir la erosión o los desastres naturales.

⇒ V. arts. 9 y 20 de la Ley 6/1998, de 13 abril (§1).
V. Jurisprudencia en arts. 86 y concordantes del TRLS/1976 (§3).

Artículo 12. Facultades y deberes en el suelo rústico protegido.

1. Los terrenos calificados como suelo rústico protegido, además de las limitaciones al derecho de propiedad propias de los terrenos asignados al suelo rústico común, tendrán las que se deriven de su especial régimen de protección.

2. Ello no obstante toda afectación restrictiva por normas de protección, de usos y de aprovechamientos ejecutados en virtud de autorización legal constituirá un supuesto de lesión determinante de la responsabilidad de la administración que la haya originado.

⇒ V. arts. 9 y 20 de la Ley 6/1998, de 13 abril (§1).
V. Jurisprudencia en arts. 86 y concordantes del TRLS/1976 (§3).

Artículo 13. Segregaciones.

1. En el suelo rústico sólo podrán realizarse actos que tengan por objeto o consecuencia la parcelación, segregación o división de terrenos o fincas cuando sean conformes con lo dispuesto en esta Ley y en la legislación agraria propia de la Comunidad Autónoma de les Illes Balears.

2. Los actos a que se refiere el punto anterior estarán sujetos a la obtención de licencia municipal previa. Serán nulos los que se efectúen sin esta licencia.

3. Se exceptuarán de la necesidad de obtención de licencia, debiéndose en tales supuestos aportar certificado de su innecesariedad, los siguientes casos:

a) Cuando los actos sean consecuencia de la ejecución de determinaciones del planeamiento o de las infraestructuras públicas.

b) En los supuestos en que se establezca reglamentariamente.

⇒ V. art. 20 de la Ley 6/1998, de 13 abril (§1).
V. Jurisprudencia en arts. 96 y concordantes del TRLS/1976 (§3).

TÍTULO III

ACTIVIDADES

CAPÍTULO I

Disposiciones generales

Artículo 14. Regulación general.

1. Las actividades a las que se refiere el punto 1 a) del artículo 11 de la presente Ley se regularán por su normativa específica, mientras que las contempladas en el punto 1 b) del mismo artículo se regirán, para la autorización y ejecución, por lo dispuesto en esta Ley.

2. La autorización de una actividad deberá, en todo caso, valorar su impacto en el medio natural y su incidencia paisajística. Con esta finalidad podrán solicitarse de los órganos con competencia medioambiental informes sobre los aspectos del proyecto que se estimen convenientes.

⇒ V. D. 4/1986, de 23 enero, sobre implantación y regulación de los estudios de evaluación del impacto ambiental.

V. Ley 6/2001, de 8 mayo, de modificación del RDLeg 1302/1986, de 28 de junio, de evaluación de impacto ambiental

Artículo 15. Vinculación a las parcelas.

1. La autorización de una actividad de las contempladas en el punto 1 b) del artículo 11 de la presente Ley conllevará la vinculación legal a esta actividad de la superficie total de la parcela en que se efectúe, que no podrá ser objeto de ningún acto de los previstos en el artículo 13 de esta Ley mientras subsista la actividad. Esto no será de aplicación en los casos en que, por exceder la parcela vinculada la superficie mínima exigida, se acredite, mediante la tramitación del oportuno expediente, que la actividad continuará cumpliendo los requisitos de parcela mínima exigidos para su autorización.

2. La documentación y las autorizaciones necesarias para la inscripción registral de la vinculación, deberán aportarse previamente a la autorización, y posteriormente se dará traslado de la citada vinculación al Registro de la Propiedad para su constancia en la inscripción de la finca.

3. Lo determinado en los dos puntos anteriores no será de aplicación en los supuestos establecidos por el artículo 16 bis de la Ley 1/1991, de 30 de enero, de Espacios Naturales y de Régimen Urbanístico de las Áreas de Especial Protección de las Islas Baleares, en la redacción realizada mediante la Ley 7/1992, de 23 de diciembre, en los que se sustituirá, en los mismos términos, por el asiento registral que resulte pertinente.

Artículo 16. Vinculación a los usos.

1. La autorización de una actividad de las contempladas en el punto 1 b) del artículo 11 de la presente Ley, se referirá exclusivamente al uso al que se vincule, por lo que la tipología, distribución y programa de los edificios e instalaciones relacionados con la misma, deberán ser las apropiadas a dicho uso y estar subordinadas a él.

2. El incumplimiento de las condiciones de la autorización en cuanto al uso vinculado incurrirá en el supuesto contemplado por el artículo 27.1 c) de la Ley 10/1990, de 23 de octubre, de Disciplina Urbanística, y supondrá, además de la adopción de las medidas disciplinarias que correspondan, la inclusión del edificio o instalación en el régimen de fuera de ordenación que define el artículo 2 de la Ley 8/1988, de 1 de junio, de Edificios e Instalaciones Fuera de Ordenación.

Artículo 17. Aprovechamiento atípico en el suelo rústico.

1. Las actividades que resulten declaradas de interés general tendrán la consideración de actividades que conllevan un aprovechamiento atípico del suelo rústico, salvo cuando se refieran a actividades públicas o a equipamientos sin finalidad de lucro.

2. Dicho aprovechamiento se otorgará en el momento de la concesión de la licencia municipal correspondiente y sólo el 90% resultará atribuible al titular de la parcela. El porcentaje restante corresponderá a la Administración municipal y deberá ser necesariamente adquirido por el interesado una vez concedida la autorización y previo al inicio de cualquiera actuación.

3. La valoración del 10% del aprovechamiento atípico atribuible a la Administración municipal, se cuantificará en base al incremento de valor que los terrenos experimenten como consecuencia de la declaración de interés general, en la forma que reglamentariamente se disponga; las cantidades ingresadas por este concepto deberán destinarse, en el porcentaje que se determine, a fines consecuentes con el objeto de esta Ley.

CAPÍTULO II

Clases de actividades

Artículo 18. Usos y actuaciones.

1. A los efectos de esta Ley, las actividades en suelo rústico se regularán según el uso que se vinculen y el tipo de actuación que conlleven.

2. Con esta finalidad, se distinguirán tres clases de usos: admitidos, condicionados y prohibidos, en relación con los cuales se diferenciarán tres tipos de actuaciones, según no comporten la ejecución de obras de edificación; comporten la ejecución de obras en edificaciones o instalaciones existentes o, finalmente, supongan la construcción de edificaciones o instalaciones de nueva planta.

Artículo 19. Clases de usos.

1. Son usos admitidos aquellos que, con carácter general, pueden efectuarse en suelo rústico y cuya autorización no requiere cautelas especiales, ya que las actuaciones a ellos vinculadas no alteran las características esenciales de los terrenos o tienen una incidencia que ya ha sido previamente evaluada y corregida.

Se considerarán usos admitidos:

a) los usos relacionados con el destino o la naturaleza de las fincas;

b) los usos relacionados con la ejecución y el mantenimiento de las infraestructuras públicas.

2. Son usos condicionados aquellos que sólo podrán efectuarse en la forma que los instrumentos de planeamiento general establezcan y para los cuales se definan unos requisitos y unos procedimientos de autorización encaminados a garantizar que la incidencia de las actividades a ellos vinculadas es admisible o resulta minimizada.

Se considerarán usos condicionados:

a) el uso de vivienda unifamiliar;

b) los usos vinculados a actividades declaradas de interés general.

3. Son usos prohibidos aquéllos en relación con los cuales no es posible autorizar ninguna actividad, al resultar la incidencia de las actuaciones a ellos vinculadas incompatible con la protección del suelo rústico.

⇒ V. arts. 9 y 20 de la Ley 6/1998, de 13 abril (§1).

V. Jurisprudencia en arts. 86 y concordantes del TRLS/1976 (§3).

Artículo 20. Tipos de actuaciones.

1. Las actuaciones que no comporten la ejecución de obras de las que resulten nuevos edificios o instalaciones o afecten a alguno ya existente, se efectuarán de acuerdo con lo que disponga la normativa sectorial o la general reguladora de los usos, obras y actividades. Cuando supongan la implantación sobre los terrenos de construcciones, instalaciones o elementos móviles o prefabricados susceptibles de algún uso de los contemplados en esta Ley, deberán someterse a los mismos requisitos y procedimientos de autorización definidos para las actuaciones que comporten edificaciones de nueva planta.

2. Las actuaciones que suponga la ejecución de obras en edificaciones o instalaciones existentes precisarán, para su realización, las licencias y autorizaciones que resulten oportunas en aplicación de la normativa general reguladora de los usos, obras y actividades. Cuando afecten a edificios o instalaciones sometidos a un régimen específico de protección y en los casos que prevé el Título IV de esta Ley, será necesaria, además, la autorización previa de la comisión insular de urbanismo respectiva, en los términos que se concreten en dicho Título.

3. Cuando una actividad relacionada con las actuaciones a que se refieren los puntos 1 y 2 anteriores conlleven la modificación, en cuanto a su naturaleza o características del uso actual de los terrenos, edificaciones o instalaciones, deberá someterse, para la autorización, a los requisitos y procedimientos definidos para las que suponen nuevas edificaciones. Se estimará que concurre tal supuesto, además de cuando así se especifique, cuando se dote a los terrenos, edificios o instalaciones, de características, dependencias o servicios impropios del uso actual.

4. Las actuaciones que supongan la construcción de edificaciones o instalaciones de nueva planta se someterán, para su autorización, no solamente a los requisitos y procedimientos establecidos por la normativa general regu-

ladora de los usos, obras y actividades, sino también a los definidos en esta Ley, según el uso al que se vinculen y de acuerdo con lo que dispone el Título IV.

CAPÍTULO III
Actividades relacionadas con lo usos admitidos

Artículo 21. Actividades relacionadas con el destino o con la naturaleza de las fincas.

1. Tendrán las consideración de actividades relacionadas con el destino o con la naturaleza de las fincas las vinculadas a los siguientes usos:

a) los afectos a la explotación de agrícola, forestal, pecuaria y cinegética, así como a la conservación y a la defensa del medio natural;

b) los recreativos, educativos, culturales y científicos efectuados en el marco de lo dispuesto por la Ley 4/1989, de 27 de marzo, de Conservación de los Espacios Naturales y de la Flora y Fauna Silvestres, o al amparo de lo dispuesto por la Ley 8/1987, de 1 de abril, de Ordenación Territorial de las Islas Baleares;

c) los usos complementarios de la actividad tradicional.

2. Las actuaciones relacionadas con estas actividades, cualquiera que sea el uso al que se vinculen, habrán de ser las adecuadas para su efectivo desarrollo y no podrán suponer la transformación del destino y características esenciales de los terrenos. Los edificios e instalaciones vinculados a estas actuaciones deberán limitarse a los estrictamente necesarios.

3. Los edificios e instalaciones de nueva planta deberán cumplir lo dispuesto en el Título IV de esta Ley, salvo que, por las características de la actividad de que se trate, el informe preceptivo de la administración competente los exonere de ello, total o parcialmente, en los términos que reglamentariamente se establezcan.

⇒ V. arts. 9 y 20 de la Ley 6/1998, de 13 abril (§1).
V. Jurisprudencia en arts. 86 y concordantes del TRLS/1976 (§3).

Artículo 22. Actividades vinculadas a la explotación y a la conservación del medio natural.

1. Las actividades vinculadas a los usos a que se refieren los puntos 1 a) y 1 b) del artículo 21 de esta Ley, que no comporten actuaciones de edificación, tendrán el carácter de actividades amparadas en las facultades que prevé el supuesto 1 a) del artículo 11 de la presente Ley, y se efectuarán por tanto fuera del ámbito competencial de esta Ley.

2. Sólo tendrán el carácter de edificios e instalaciones vinculados a las actividades señaladas en el punto 1 a) del artículo 21 de esta Ley los necesarios para el desarrollo de las actividades agrarias o de conservación y defensa del medio natural, en los términos que reglamentariamente se establezcan. En el resto de los casos deberá acudirse a la declaración de interés general de la actividad que, cuando suponga el uso de la vivienda unifamiliar, deberá

someterse a los mismos trámites y cumplir idénticas condiciones que las determinadas por esta Ley para las actividades vinculadas al uso de vivienda unifamiliar.

✐ Ap. 2 redactado por la disp. adic. 16ª de la Ley 6/1999, de 3 abril, de Directrices de Ordenación Territorial y de Medidas Tributarias (§19).

3. Cuando las actividades a que se refiere el punto 1 b) del artículo 21 de esta Ley, no se efectúen en ejecución de un plan especial o de un plan de ordenación del medio natural, previo su desarrollo o ejecución, deberán ser declaradas de interés general de acuerdo con el procedimiento señalado en el artículo 26 de la presente Ley.

Artículo 23. Actividades vinculadas a los usos complementarios de la explotación tradicional.

Tendrán la consideración de actividades vinculadas a los usos a que se refiere el punto 1 c) del artículo 21 de esta Ley las relacionadas con el agroturismo y las que así resulten calificadas en aplicación de su regulación específica.

Artículo 24. Actividades relacionadas con las infraestructuras públicas.

1. Tendrán la consideración de actividades relacionadas con las infraestructuras públicas las vinculadas a la ejecución, al uso y al mantenimiento de los siguientes sistemas territoriales:

a) la red viaria y sus centros de servicio;

b) los centros y las redes de abastecimiento de agua;

c) los centros de producción, servicio, transporte y abastecimiento de energía eléctrica y gas;

d) las redes de saneamiento, estaciones de depuración y los sistemas vinculados a la reutilización de aguas residuales;

e) los ferrocarriles, puertos y aeropuertos;

f) las telecomunicaciones, teledetección y el control del tráfico aéreo;

g) los centros de recogida y tratamiento de los residuos sólidos;

h) en general, todos los que resulten así calificados en virtud de la legislación específica.

2. Para que los usos vinculados con estas infraestructuras tengan la condición de admitidos deberán estar previstos en los instrumentos de planeamiento general o en los instrumentos de ordenación territorial. En su defecto, la ejecución de la actividad exigirá la declaración previa de interés general, salvo que la aprobación del proyecto lleve aparejada, en virtud de su legislación específica, tal declaración.

CAPÍTULO IV

Actividades relacionadas con los usos condicionados

Artículo 25. Actividades relacionadas con el uso de vivienda unifamiliar.

1. Las actividades relacionadas con el uso de vivienda unifamiliar sólo

podrán efectuarse en las zonas en que tal uso no esté declarado prohibido por los instrumentos de planeamiento general y con las condiciones que en ellos se establezcan. Cuando estas actividades se efectúen en edificaciones existentes se sujetarán a lo dispuesto, con carácter general, para este tipo de actuaciones.

2. Cuando estas actividades supongan la construcción de una nueva vivienda, sólo podrá resultar una vivienda unifamiliar por parcela, que deberá tener la superficie determinada por el instrumento de planeamiento general que, para los terrenos calificados como suelo rústico común, deberá ser superior o igual a 14.000 m.

3. Para los terrenos calificados como suelo rústico protegido, el planeamiento municipal determinará las superficies mínimas aplicables, que deberán respetar o superar los parámetros mínimos fijados en esta Ley para el suelo rústico común, y cuando se trate de terrenos incluidos en el ámbito de la Ley 1/1991, de 30 de enero de Espacios Naturales y de Régimen Urbanístico de las Áreas de Especial Protección de las Illes Balears, los parámetros fijados en la matriz del suelo rústico, tal como queda definida en la presente Ley.

4. Las superficies determinadas en el punto 2 anterior tendrán el carácter de mínimas y podrán ser incrementadas por el planeamiento de ámbito municipal de acuerdo con la estrategia territorial que adopte.

5. Cuando la parcela en que se pretenda la actividad contenga suelos para los cuales se hayan determinado diferentes superficies de parcela mínima, se deberá definir una regla proporcional que concrete la que sea aplicable al caso.

✐ Artículo redactado por el art. 4 de la Ley 9/1999, de 6 octubre, de Medidas Cautelares y de Emergencia Relativas a la Ordenación del Territorio y el Urbanismo (§19.1).

⇒ V. arts. 9 y 20 de la Ley 6/1998, de 13 abril (§1).
V. Jurisprudencia en arts. 86 y concordantes del TRLS/1976 (§3).

Artículo 26. Actividades declaradas de interés general.

1. Las actividades relacionadas con usos no prohibidos, distintos de los admitidos o del de vivienda unifamiliar, solamente podrán autorizarse cuando resulten declaradas de interés general por la comisión insular de urbanismo respectiva, o por el Gobierno de la Comunidad Autónoma de les Illes Balears, en los casos contemplados por el artículo 3.4 de la Ley 9/1990, de 20 de junio, de Atribución de Competencias a los Consells Insulares en Materia de Urbanismo y Habitabilidad.

2. La declaración de interés general podrá otorgarse a todas aquellas actividades que, respetando las limitaciones que según los usos establezcan, trasciendan los meros intereses individuales, sean compatibles con el grado de protección de la zona y, en el caso de que supongan la construcción de nuevas edificaciones, resulten de necesaria ubicación en el suelo rústico.

3. Las declaraciones de interés general se dirigirán preferentemente a fomentar las actividades que supongan la preservación de edificios o instala-

ciones de valor etnológico o arquitectónico o la implantación, previa su adecuación a lo que dispone el Título IV de esta Ley, de nuevas actividades en edificaciones o instalaciones en estado de deterioro que no estén declaradas fuera de ordenación.

4. Las actuaciones vinculadas a estas actividades deberán ajustarse a las condiciones exigidas en los Títulos III y IV de esta Ley para la vivienda unifamiliar salvo en los casos en que, por las características específicas de la actividad de que se trate, se justifiquen, no resulten aplicables y así se acepte en la declaración de interés general. La excepción también tendrá efectos respecto de la licencia prevista en el artículo 13 de esta Ley. Cuando la exoneración afecte a las condiciones de aprovechamiento, altura o parcela mínima, deberán imponerse medidas tendentes a minimizar la afección a los predios colindantes.

5. Las limitaciones establecidas en los puntos anteriores no serán de aplicación a las declaraciones de interés general relativas a dotaciones de servicios contempladas en el artículo 30.3 de esta Ley, ni a las relativas a infraestructuras públicas a que se refiere el artículo 24.2 de la presente Ley, a las cuales resultarán de aplicación las limitaciones específicas definidas en esta Ley para ambos tipos de actividades.

✐ Ap. 5 añadido por la disp. adic. 15ª de la Ley 6/1999, de 3 abril, de Directrices de Ordenación Territorial y de Medidas Tributarias (§19).

⇒ V. Ley 9/1990, de 20 junio, sobre distribución de competencias a los Consejos Insulares en materia de urbanismo y habitabilidad, afectada por la Ley 8/2000, de 27 octubre, por Ley 4/2000, de 22 marzo, y por Ley 15/1990, 29 de noviembre.

TÍTULO IV

CONDICIONES DE LAS EDIFICACIONES E INSTALACIONES

Artículo 27. Regulación general.

1. Los instrumentos de planeamiento general deberán regular las condiciones de las obras, edificaciones e instalaciones en suelo rústico, respetando las condiciones generales establecidas en este Título y adaptando las que reglamentariamente se establezcan a las que resulten características del ámbito que ordene.

2. Con carácter general, las obras, edificaciones e instalaciones habrán de adaptarse a las tipologías propias del medio rural en que se ubiquen, a cuyo efecto se habrá de optar por:

a) ajustarse a las condiciones que, según lo señalado en el punto anterior, se establezcan;

b) no ajustarse a dichas condiciones y adoptar otras soluciones que, respetando lo señalado en los puntos 1 y 2 del artículo 28 de esta Ley, deberán autorizarse, en cada caso y de forma justificada, por la comisión insular de urbanismo respectiva.

Artículo 28. Condiciones de la edificación.

La regulación de las condiciones de la edificación que la ordenación establezca deberá, al menos, definir:

1. La superficie máxima construible, que no podrá superar los porcentajes de la superficie de la parcela que, a continuación se señalan, expresados en metros cuadrados de techo:

a) En las islas de Mallorca y de Menorca: el 3%.

b) En las islas de Eivissa y de Formentera: el 4%.

2. El porcentaje máximo de la parcela que podrá ocuparse por la edificación y el resto de elementos constructivos, que deberá ser inferior:

a) En las islas de Mallorca y de Menorca: al 4%.

b) En las islas de Eivissa y de Formentera: al 5%.

3. La altura máxima de los edificios, que no podrá superar las dos plantas de altura y los ocho metros desde el nivel de la planta baja hasta el remate de la cubierta.

4. El volumen máximo construible en cada edificio, que no podrá superar los 1.500 m, así como la separación mínima entre edificios, que deberá ser lo suficientemente amplia como para que se singularice el impacto de cada uno.

5. Las características tipológicas de los edificios, según las propias de cada zona, definiendo al menos condiciones de volumetría, tratamiento de fachadas, morfología y tamaño de huecos y soluciones de cubierta.

6. Las características estéticas y constructivas de los edificios, instalaciones y construcciones determinando los materiales y acabados admitidos.

Artículo 29. Condiciones de posición e implantación.

1. Los edificios se ubicarán, dentro de la parcela, atendiendo a:

a) la salvaguarda de la condición rústica de los terrenos;

b) las posibilidades de explotación agrícola, en su caso;

c) la protección de las características generales del paisaje y la reducción del impacto visual.

2. A tal fin, las determinaciones de la ordenación deberán definir las condiciones de posición de los edificios en relación a:

a) retranqueos de linderos que garanticen su condición de aislados;

b) situación, según la topografía de la parcela;

c) condiciones de abancalamiento obligatorio y de acabado de los bancales resultantes;

d) ámbito de obligada ubicación de las edificaciones posibles en una determinada zona.

3. La regulación podrá, asimismo, determinar:

a) los porcentajes de la parcela que habrán de mantenerse en su estado natural;

b) los terrenos del entorno del edificio en los cuales deberá procederse a la reforestación, con indicación de las características y porte inicial de los elementos arbóreos;

c) las condiciones de la vegetación en el perímetro y las fachadas de las edificaciones determinando sus características básicas;

d) las características de los cerramientos de la parcela;

e) en general, todas aquellas condiciones tendentes a conseguir la menor ocupación territorial y la mejor protección del paisaje y del medio natural, así como la preservación del patrimonio y la singularidad arquitectónica de la zona.

Artículo 30. Dotación de servicios.

1. Las edificaciones e instalaciones deberán resolver sus dotaciones de servicios de forma autónoma e individualizada a partir de la acometida de las infraestructuras existentes. Las dimensiones y características de dichas dotaciones serán las estrictamente necesarias para el servicio de la actividad de que se trate y no podrán dar servicio a actividades distintas de la vinculada.

2. Las obras correspondientes a las dotaciones de servicios podrán autorizarse junto a la actividad a la que sirvan, en cuyo caso deberán definirse en la documentación técnica en base a la cual se solicite la autorización.

3. En el resto de los casos, o cuando no se vinculen a una única actividad o no se ajusten a las limitaciones establecidas en el punto 1 anterior, deberán ser declaradas de interés general y no podrán ser nunca soporte de actuaciones ilegales.

TÍTULO V
PROCEDIMIENTOS PARA LA AUTORIZACIÓN

CAPÍTULO I
Disposiciones generales

Artículo 31. Licencias.

1. Las actividades a que se refiere el artículo 11.1 a) de esta Ley se regirán, para su autorización, por lo que disponga su normativa específica, mientras que las contempladas en el artículo 11.1 b) de la presente Ley se regirán, a dichos efectos, por lo dispuesto en la misma.

2. Cuando, en aplicación de lo citado anteriormente, sea necesaria licencia municipal, de forma previa a su otorgamiento, con arreglo a lo dispuesto en el artículo 3.3 de la Ley 10/1990, de 23 de octubre, de Disciplina Urbanística, deberán incorporarse al expediente:

a) Las licencias, autorizaciones o informes de organismos o entidades distintos de la corporación municipal que sean exigibles por la naturaleza de la actividad.

b) Cuando sea exigible, de acuerdo con lo que se dispone en esta Ley, la declaración de interés general o el informe vinculante de la comisión insular de urbanismo respectiva y, en su caso, la autorización a que se refieren los artículos 20.2 y 27.2 b) de la presente Ley.

3. Cuando la parcela en la que se vincule una actividad pertenezca a más de un término municipal, las autorizaciones municipales a que se refiere este título corresponderán al consejo insular. La normativa de aplicación sobre condiciones de la edificación será la propia del término municipal en el que se ubique dicha edificación.

✐ Ap. 3 añadido por el art. 21.3 de la Ley 9/1997, de 22 diciembre.

Artículo 32. Solicitud y documentación anexa.

1. Toda solicitud de actividades en suelo rústico deberá reunir los requisitos establecidos en el artículo 70 de la Ley 30/1992, de 26 de noviembre, de Régimen Jurídico de las Administraciones Públicas y del Procedimiento Administrativo Común.

2. A la solicitud deberá acompañarse documentación en la que se detalle la titularidad, el emplazamiento y las características fundamentales de la actividad pretendida. Cuando el expediente deba someterse a información pública, la documentación se completará con el material adicional que reglamentariamente se establezca, a fin de facilitar su comprensión.

CAPÍTULO II

Procedimientos específicos

Artículo 33. Licencias de segregación.

El procedimiento para la concesión de licencias de segregación se iniciará por el interesado directamente ante la corporación municipal, que, una vez completo el expediente, tendrá un plazo de dos meses para resolver. La falta de resolución expresa tendrá efectos estimatorios.

Artículo 34. Autorización de actividades relacionadas con el destino y la naturaleza de las fincas.

1. Las actividades relacionadas con el destino y la naturaleza de las fincas se ajustarán, para su autorización, a lo dispuesto en su normativa específica y en la general reguladora de los usos, obras y actividades.

2. Cuando sean precisas licencias municipales, el procedimiento para su otorgamiento se iniciará por el interesado directamente ante la corporación municipal, que, una vez completo el expediente, tendrá, para resolver, el plazo señalado por la normativa general reguladora de los usos, obras y actividades.

3. Cuando las actividades conllevan actuaciones edificatorias deberá incorporarse al expediente, en todo caso, informe favorable de la administración competente sobre el cumplimiento de las condiciones definidas en el artículo 21.2 de esta Ley, así como la exoneración, en su caso, a que hace referencia el artículo 21.3 de la misma.

Artículo 35. Autorización de actividades relacionadas con las infraestructuras públicas.

1. Las actividades relacionadas con las infraestructuras públicas se ajustarán, para su autorización, a lo dispuesto en su normativa específica y en la general reguladora de los usos, obras y actividades.

2. Cuando sean precisas licencias municipales, la solicitud de estas actividades deberá incorporar el certificado de la administración competente sobre el cumplimiento de las condiciones establecidas en el artículo 24 de esta Ley y en la normativa a que se refiere el punto anterior.

3. Una vez completo el expediente, la corporación municipal tendrá, para resolver, el plazo señalado por la normativa general reguladora de los usos, obras y actividades.

Artículo 36. Autorización de actividades relacionadas con el uso de vivienda unifamiliar.

1. El procedimiento para la concesión de licencias municipales relativas a actividades relacionadas con el uso de vivienda unifamiliar se iniciará por el interesado ante el ayuntamiento, que la tramitará de acuerdo con lo señalado en la normativa general reguladora de los usos, obras y actividades.

2. Cuando las actividades supongan la construcción de una nueva vivienda, una vez completo el expediente se remitirá a la comisión insular de urbanismo respectiva para la emisión de informe previo y vinculante sobre el cumplimiento de los requisitos de parcela mínima exigidos en el artículo 25 de esta Ley y de aprovechamiento máximo, señalado en el artículo 28.1 de la misma.

3. La comisión insular de urbanismo someterá el expediente al trámite de información pública durante el plazo de quince días, mediante anuncio que se publicará en el «Butlletí Oficial de la Comunitat Autònoma de les Illes Balears» y en el tablón de anuncios del ayuntamiento correspondiente, a fin de que se alegue lo pertinente sobre los extremos señalados en el punto anterior y, a la vista del resultado, evacuará el correspondiente informe y lo notificará a la corporación municipal.

4. El trámite de informe previo y vinculante deberá sustanciarse en el plazo de tres meses desde la iniciación y, una vez notificado, la corporación municipal tendrá, para resolver, el plazo señalado por la normativa general reguladora de los usos, obras y actividades.

Artículo 37. Autorización de actividades declaradas de interés general.

1. El procedimiento para la autorización de actividades que deban declararse de interés general será iniciado por el interesado ante el ayuntamiento, que la remitirá al órgano que deba declararla junto con un informe municipal razonado sobre la misma.

2. El órgano que deba efectuar la declaración someterá el expediente al trámite de información pública durante el plazo de quince días, mediante anuncio que se publicará en el «Butlletí Oficial de la Comunitat Autònoma

de les Illes Balears» y en el tablón de anuncios del ayuntamiento correspondiente, y a informe, durante idéntico plazo, de los organismos y administraciones con competencias en la materia de que se trate.

3. Efectuados los trámites señalados en el punto anterior, que, salvo en los casos de interrupción del plazo derivados de la aplicación de normativa específica, deberán sustanciarse en el plazo de tres meses desde la iniciación, a la vista de los informes y alegaciones emitidos, el órgano competente resolverá, de forma motivada y la notificará al ayuntamiento y al interesado.

4. Si se otorgarse la declaración de interés general y fuera precisa la obtención de licencia municipal, ésta deberá solicitarse en el plazo máximo de seis meses desde la notificación de la declaración por lo cual, transcurrido este plazo sin que se acredite tal solicitud o la imposibilidad de su existencia por razones no imputables al interesado, se deberá iniciar expediente de caducidad de la declaración de interés general. Solicitada en plazo la licencia y una vez completo el expediente, la corporación municipal tendrá, para resolver, el plazo señalado por la normativa general reguladora de los usos, obras y actividades.

5. Cuando la actividad se vincule a un uso prohibido por el instrumento de planeamiento general, y el órgano competente para la declaración de interés general, previo dictamen del Consell Consultiu de les Illes Balears, estimase la necesidad de su implantación, propondrá al plenario del consell insular respectivo la suspensión del planeamiento, para su revisión o modificación, en los términos previstos en la legislación urbanística.

⇒ V. Ley 9/1990, de 20 junio, sobre distribución de competencias a los Consejos Insulares en materia de urbanismo y habitabilidad, afectada por la Ley 8/2000, de 27 octubre, por Ley 4/2000, de 22 marzo, y por Ley 15/1990, de 29 noviembre.

TÍTULO VI
OTRAS DISPOSICIONES

Artículo 38. Medidas de fomento.

1. Los terrenos calificados como suelo rústico protegido y las edificaciones e instalaciones sometidas a un régimen de protección específico serán objeto de medidas de fomento de carácter fiscal, que deberán complementarse con un tratamiento preferente en el otorgamiento de subvenciones y autorizaciones para el desarrollo de las actividades a que se refiere el artículo 22 de esta Ley.

2. Hasta que no se les atribuya un uso atípico, lo dispuesto en el punto anterior será, asimismo, de aplicación a los terrenos que mantengan, en los términos que reglamentariamente se establezcan, el uso agrícola, forestal, cinegético o pecuario.

Artículo 39. Patrimonios públicos.

1. El instrumento de planeamiento general podrá delimitar, en suelo rústico, reservas de terrenos destinados a la formación de patrimonios públicos de suelo, de titularidad autonómica, insular o local, destinados a:

a) la obtención de terrenos para un uso público que no precise alterar su clasificación;

b) la obtención de terrenos para la reclasificación a una clase de suelo en la que sea factible una actuación urbanística de interés público;

c) cualquier otra finalidad de interés público.

2. Cuando, en la forma que reglamentariamente se establezca, se acuerde el establecimiento de una reserva para patrimonio público de suelo, su delimitación deberá incorporarse a la primera modificación o revisión del instrumento de planeamiento general que se formule.

3. Excepto en las áreas de asentamiento reguladas en el artículo 5 de la Ley 1/1991, de 30 de enero, de Espacios Naturales y de Régimen Urbanístico de las Areas de Especial Protección de las Islas Baleares, las reservas destinadas a los fines a que se refiere el anterior punto 1 b) sólo podrán delimitarse en suelo rústico común.

⇒ V. arts. 276.1, 276.2 y 280.1 del TRLS/1992 (§2).
V. Jurisprudencia en arts. 89 y concordantes del TRLS/1976 (§3).

DISPOSICIONES ADICIONALES

Primera.

Modificaciones de la Ley 10/1990, de 23 de octubre, de Disciplina Urbanística.

1. Se añade un punto cuarto al artículo 19 de la Ley 10/1990, del siguiente tenor literal:

«4. En el suelo rústico de les Illes Balears será de aplicación lo que dispone el artículo 259.3 del Real Decreto Legislativo 1/1992, de 26 de junio, por el que se aprueba el Texto Refundido de la Ley sobre Régimen del Suelo y Ordenación Urbana, y por ello los notarios y los registradores de la propiedad exigirán, para autorizar e inscribir respectivamente, escrituras de división de terrenos que se acredite el otorgamiento de la licencia o la declaración municipal de la no necesidad, que los notarios deberán testimoniar en el documento público».

2. Se añade un punto segundo al artículo 21 de la Ley 10/1990 señalada, del siguiente tenor literal:

«2. Asimismo, el control de la legalidad urbanística y coadyuvar a la función inspectora podrá desarrollarse por entidades creadas por acuerdo entre las administraciones del ámbito local, insular o autonómico».

3. Se añade un apartado «i)» al artículo 27.3 de la Ley 10/1990 citada, sobre infracciones en materia de medio ambiente, del siguiente tenor literal:

«i) La utilización de vehículos a motor, campo a través o fuera de pistas o *caminos delimitados* al efecto en las áreas de especial protección y en los espacios naturales protegidos incluidos en el ámbito de la Ley 1/1991, de 30 de enero, de Espacios Naturales y de Régimen Urbanístico de las Areas de

Especial Protección de las Islas Baleares, en los términos que reglamentariamente se establezcan».

4. Se añade un punto segundo al artículo 35 de la Ley 10/1990 citada del siguiente tenor literal:

«2. Lo dispuesto en el punto anterior se entiende sin perjuicio de que la competencia se atribuya a entidades creadas de conformidad con lo dispuesto en el artículo 21.2 de esta Ley».

5. Se añade un punto segundo al artículo 39 de la Ley 10/1990 de referencia, del siguiente tenor literal:

«2. Lo dispuesto en el punto anterior se entiende sin perjuicio de que la competencia para imponer las multas se atribuya, cualquiera que sea su cuantía, a las entidades creadas de conformidad con lo dispuesto en el artículo 21.2 de esta Ley».

Segunda.

Modificaciones de la Ley 12/1988, de 17 de noviembre, de Campos de Golf.

1. Se modifica el artículo 4 de la Ley 12/1988 citada, que queda redactado de la siguiente forma:

«A la solicitud deberá adjuntarse, asimismo, justificación de la suficiencia de agua adecuada para regar el campo de golf, que procederá de la depuración de aguas residuales, desalinización de agua del mar, y de fuentes, ríos o torrentes que viertan directamente al mar, sin perjuicio de lo dispuesto en la disposición transitoria cuarta».

2. Se añade una disposición transitoria cuarta a la Ley 12/1988 de referencia, del siguiente tenor literal:

«Lo dispuesto en el artículo 4 de esta Ley no será de aplicación a las autorizaciones referentes a campos de golf autorizados con anterioridad, salvo que supongan incremento del caudal de riego».

⇒ V. Ley 4/2000, de 22 marzo, que suspende la vigencia de la Ley 12/1988, de 17 noviembre, de normas reguladoras en el ámbito de Eivissa y Formentera.

Tercera.

Modificaciones de la Ley 1/1991, de 30 de enero, de Espacios Naturales y de Régimen Urbanístico de las Areas de Especial Protección de las Islas Baleares, en la redacción realizada mediante la Ley 7/1992, de 23 de diciembre.

1. Se modifica el artículo 12 de la Ley 1/1991 de referencia, que tendrá la siguiente redacción:

«En los terrenos incluidos en un área natural de especial interés, la superficie susceptible de edificación de una vivienda será:

1. Para las islas de Mallorca y de Menorca: veinte hectáreas.
2. Para la isla de Eivissa: tres hectáreas.

3. Para la isla de Formentera: dos hectáreas y media».

2. Se modifican los puntos 1 y 2 del artículo 16 bis de la Ley 1/1991 citada, que tendrán la siguiente redacción:

«1. En las fincas ubicadas en área natural de especial interés o en área rural de interés paisajístico, en las que, en aplicación de la superficie mínima establecida para la zona de que se trate, sea posible edificar dos o más viviendas, las viviendas que de tal aplicación resulten podrán concentrarse edificando, cada una de ellas, en parcelas de superficie igual o superior a la determinada como mínima por el planeamiento municipal y afectando al conjunto la totalidad de la finca.

2. De lo anterior deberá derivarse una menor afección sobre el territorio y será de obligado cumplimiento cuando venga impuesto por los instrumentos de ordenación».

Cuarta.

Modificación de la Ley 8/1988, de 1 de junio, de Edificios e Instalaciones Fuera de Ordenación.

Se modifica el punto 1 del artículo 2 de la Ley 8/1988 citada, que queda redactado de la siguiente manera:

«1. Asimismo deben considerarse como edificios o instalaciones fuera de ordenación los que construyan o se hayan construido en contra de las determinaciones contenidas en los instrumentos de planeamiento general, o cuyo uso contravenga las condiciones de acuerdo con las que se autorizaron, así como los construidos en contradicción con la legislación urbanística vigente, aunque haya transcurrido el plazo de ocho años fijado en el artículo 73 de la Ley 10/1990, de 23 de octubre, de Disciplina Urbanística».

Quinta. Alteración de la clasificación del suelo rústico.

Cuando, con ocasión de la modificación o revisión de un instrumento de planeamiento general, se altere la clasificación de terrenos hasta entonces clasificados como suelo rústico, la capacidad de población de los terrenos reclasificados no podrá superar los siguientes límites:

a) Si la nueva clasificación es la de suelo urbano, la capacidad de los suelos reclasificados no podrá superar el 3% de la capacidad global de población que tenía el planeamiento que se altera.

b) Si la nueva clasificación es la de suelo urbanizable, la capacidad de los suelos reclasificados no podrá superar el 10% de la capacidad global de población que tenía el planeamiento que se altera.

✐ Disposición derogada por Ley 6/1999, de 3 abril, de Directrices de Ordenación Territorial y de Medidas Tributarias (§19).

Sexta. Caravanas.

Fuera de las zonas concretas expresamente habilitadas para ello por el instrumento de planeamiento general, la ordenación del suelo rústico prohibirá la disposición sobre los terrenos así clasificados de caravanas u otros elementos móviles que puedan resultar habitables.

Séptima.

Determinación de la Ley 1/1994, de 23 de marzo, sobre condiciones para la reconstrucción en suelo no urbanizable, de edificios e instalaciones afectadas por obras públicas o declaradas de utilidad pública y ejecutadas por el sistema de expropiación forzosa.

Las disposiciones de esta Ley del suelo rústico de les Illes Balears se entenderán sin perjuicio de las determinaciones de la Ley 1/1994 de referencia, que mantendrán plenamente su vigencia.

DISPOSICIONES TRANSITORIAS

Primera. Régimen de equivalencia.

1. Hasta que no se produzca la adaptación del planeamiento general a lo que dispone esta Ley, se aplicarán las siguientes reglas:

a) Los terrenos clasificados como suelo no urbanizable tendrán, a todos los efectos, la consideración de suelo rústico.

b) Cuando estos terrenos sean calificados por el planeamiento vigente con una calificación que comporte un régimen específico de protección, se les considerará adscritos al suelo rústico protegido. En los demás casos se considerará que los terrenos forman parte del suelo rústico común.

c) Conservarán su vigencia las determinaciones relativas a parcela mínima y parámetros de la edificación que comparten la misma o una mayor restricción que las definidas en esta Ley. Cuando estas determinaciones comporten una menor restricción, se sustituirán directamente por las definidas en esta ley.

d) Quedarán sin efecto las determinaciones relativas al riesgo de formación de núcleo de población en cuya formulación intervengan parcelas distintas de aquella en que se pretende actuar o edificaciones diferentes de la proyectada. En los demás casos se podrán considerar entre las determinaciones que prevén los artículos 25 y 29 de esta Ley.

e) Lo indicado en el punto 4 del artículo 25 de esta Ley será de aplicación para las parcelas que cumplan los requisitos a) o b) que se señalan en este punto y que se ubiquen en zonas de suelo no urbanizable no protegido en las que el planeamiento vigente permita la edificación de viviendas en parcelas de entre 7.000 y 14.000 metros cuadrados.

✐ Ap. 1 redactado por el art. 21.4 de la Ley 9/1997, de 22 diciembre. La letra e) ha sido posteriormente derogada por el art. 5 de la Ley 9/1999, de 6 octubre (§19.1).

2. A los efectos de esta Ley, las declaraciones de utilidad pública o interés social se sustituirán por la declaración de interés general, por lo que, cuando esta declaración se efectúe en terrenos incluidos en el ámbito de la Ley 1/1991 ya citada, deberá someterse a las limitaciones que, respecto de

los usos vinculados, se derivan del régimen de protección establecido en esta Ley.

3. Hasta que no se formulen los planes a que se refieren el artículo 5 de la Ley 1/1984, de 14 marzo, de Ordenación y Protección de Areas Naturales de Especial Interés, y el artículo 9 de la citada Ley 1/1991, el planeamiento general podrá establecer, siempre que se respeten los principios básicos que se establecen en dichas leyes, el régimen transitorio de aplicación a aquellos aspectos de la ordenación cuya concreción se remite a los citados planes.

La aprobación definitiva de dicho régimen tendrá los mismos efectos que tendría la aprobación de los planes a los que transitoriamente sustituye.

✐ Ap. 3 redactado por el art. 21.5 de la Ley 9/1997, de 22 diciembre, de Medidas Tributarias y Administrativas.

Segunda. Edificios y actividades existentes.

1. Los edificios y actividades existentes en suelo rústico se considerarán vinculados a la parcela definida en el expediente de autorización, en caso de que exista, o, en su defecto, a la parcela que se señale en el catastro, por lo que, previa concesión de cualquier tipo de licencias para nuevas edificaciones en la parcela de que se trate, se exigirá la constancia en el Registro de la Propiedad de tal vinculación en los términos que se establecen en el artículo 15 de esta Ley.

2. Las viviendas unifamiliares existentes en suelo rústico, construidas legalmente al amparo de autorización que no hubieran agotado los parámetros de superficie construible aplicables en el momento de la concesión de la licencia, podrán ser objeto de ampliaciones que, respetando el resto de condiciones establecidas en el Título IV de la presente Ley, superen los límites establecidos en los puntos 1 y 2 del artículo 28 de la misma. En estos casos, la superficie total construida resultante no podrá superar la que se hubiera derivado de agotar los parámetros citados, con un máximo de 450 m.

Tercera. Expedientes en tramitación.

1. Los expedientes de autorización de usos, obras, edificaciones o instalaciones en suelo rústico que se hallen en tramitación a la entrada en vigor de esta ley continuarán tramitándose de acuerdo con la legislación vigente en el momento de la iniciación.

2. Las modificaciones del planteamiento general al objeto de adaptarlo a la normativa sobrevenida desde el momento de su aprobación que hayan superado el trámite de aprobación inicial e información pública, podrán continuar su tramitación sin necesidad de adaptarse a lo dispuesto en esta Ley. Lo anterior no será de aplicación cuando esta adaptación se produzca mediante la revisión del planeamiento.

✐ Disposición redactada por el art. 21.6 de la Ley 9/1997, de 22 diciembre.

DISPOSICIÓN DEROGATORIA

Quedan derogadas todas las disposiciones que se opongan o sean incompatibles con lo dispuesto en esta Ley.

DISPOSICIONES FINALES

Primera.

Se autoriza al Gobierno de la Comunidad Autónoma de les Illes Balears para dictar las disposiciones reglamentarias que sean necesarias para el desarrollo y ejecución de esta Ley.

Segunda.

Esta Ley entrará en vigor al día siguiente de su publicación en el «Butlletí Oficial de la Comunitat Autònoma de les Illes Balears».

§ 18 LEY 6/1993, DE 28 SEPTIEMBRE. ADECUA LAS REDES DE INSTALACIONES A LAS CONDICIONES HISTÓRICO-AMBIENTALES DE LOS NÚCLEOS DE POBLACIÓN EN LAS ILLES BALEARS

(BOE núm. 59, de 10 marzo 1994 y BOCAIB núm. 131, de 28 octubre; rect. BOCAIB núm. 142, de 23 noviembre [RCL 1994, 719 y LIB 1993, 169])

EXPOSICIÓN DE MOTIVOS

El artículo 46 de la Constitución del Estado español impone a todos los poderes públicos la obligación fundamental de proteger el patrimonio histórico, cultural y artístico de los pueblos de España y de los bienes que lo integran. Nuestro Estatuto de Autonomía, en el artículo 10.20 otorga competencia exclusiva a la Comunidad Autónoma sobre el patrimonio monumental, cultural, histórico y paisajístico, y en el artículo 10.3 sobre urbanismo. En actuación del citado mandato constitucional y sobre la base de los soportes competenciales referidos se articula esta Ley.

La protección del patrimonio histórico-ambiental acostumbra a ser enfocada legalmente desde ópticas generalistas, como ocurre con la Ley 16/1985, de 25 de junio, de Patrimonio Histórico vigente. Por contra, en esta Ley se pretende abordar un aspecto muy concreto de la protección que, precisamente a causa de la concreción, frecuentemente queda sin solución y regulación específica, como es el del impacto estético y conservativo que, sobre los denominados comúnmente núcleos antiguos de población, producen con frecuencia las redes de instalaciones y servicios, el desfase que existe entre los avances tecnológicos, la gestión urbanística y la realidad urbana y social de los citados núcleos antiguos de población de nuestra Comunidad Autónoma ofrece, como resultado actual, la caótica proliferación de elementos aparentes de las redes de instalaciones y servicios, la situación de las cuales provoca un evidente menoscabo de las deseables condiciones estéticas y ambientales del entorno y del disfrute de nuestro patrimonio histórico inmobiliario y va, además, en detrimento de la propia conservación. Esta indeseable situación ha de ser corregida para posibilitar, de esta manera, además de una conservación íntegra del patrimonio inmobiliario histórico-ambiental, que, tanto los ciudadanos de las islas como los que las visitan, puedan disfrutar de ellos sin interferencias visuales y, a la vez, preservar las construcciones de la degradación que supone la instalación de redes aéreas.

Ciertamente, existen algunas normas de ámbito estatal dispersas en diferentes cuerpos legales o en diferentes sedes sistemáticas de alguno de éstos, la rígida y conjunta aplicación de los cuales podría evitar alguna de las consecuencias denunciadas en líneas anteriores.

Así, y a modo de recordatorio, en la Ley 16/1985 citada anteriormente se establece, en el artículo 20, la necesidad de redactar un plan especial de protección del área afectada por la declaración de conjunto histórico, lugar histórico o zona arqueológica, el cual deberá contener los «criterios relativos a la conservación de fachadas y cubiertas e instalaciones sobre éstas...»; y, en el artículo 22.2, queda prohibida «la colocación de cables, antenas y conducciones aparentes en zonas arqueológicas». En la misma dirección, el artículo 84 del Real Decreto Legislativo 1/1992, de 26 de junio, por el cual se aprobó el Texto Refundido de la Ley sobre el Régimen del Suelo y Ordenación Urbana y el 78 del Reglamento de Planeamiento, contemplan como instrumentos de planeamiento los planes especiales de protección para la conservación y valoración del patrimonio histórico y artístico.

Y el artículo 98.2 del citado Reglamento entre las normas de aplicación directa leemos que «en las perspectivas que ofrecen los conjuntos urbanos de características histórico-artísticas no se permitirá que las instalaciones de elementos, limiten el campo visual o desfiguren su perspectiva». El artículo 21 del Texto Refundido de la Ley sobre Régimen del Suelo y Ordenación Urbana, establece que los propietarios de toda clase de terrenos y construcciones «quedarán sujetos igualmente al cumplimiento de las normas de protección del Medio Ambiente y de los patrimonios arquitectónicos y arqueológicos y sobre rehabilitación urbana». Igualmente el artículo 246.1 del tan citado Texto Refundido de la Ley sobre Régimen del Suelo y Ordenación Urbana, señala que «la legitimación de los Ayuntamientos y órganos competentes podrán ordenar también, por motivos de interés turístico o estético la ejecución de obras de conservación y de reforma de fachadas o espacios visibles desde la vía pública».

A pesar de la existencia del entramado legal que acabamos de perfilar en forma no exhaustiva, es notorio que la situación de las redes de instalaciones y servicios en los núcleos antiguos de las poblaciones de nuestra Comunidad Autónoma continúa constituyendo un atentado al principio de protección al patrimonio histórico.

En consecuencia, se ha considerado necesario crear una normativa específica que en parte recoja, ordene y desarrolle reglas preexistentes y en parte complete las lagunas que la práctica urbanística cotidiana ha puesto de manifiesto. La unificación de esa regulación (en parte de patrimonio histórico, en parte de urbanismo y en buena parte industrial, aunque sobre esta última no se ha incidido, sino reiterado la normativa existente o remitido a ésta, vista la falta de competencias legislativas de nuestra Comunidad Autónoma), ha de permitir mayor fluidez, coordinación y, en suma, eficacia en la defensa y la protección del patrimonio histórico-ambiental de las islas, desde la particular perspectiva reguladora en que esta Ley se sitúa.

La Ley se presenta sistematizada en seis Títulos y un Título Preliminar.

En el Preliminar se recogen las disposiciones generales relativas a las finalidades, el ámbito y los instrumentos de protección, los cuales constituyen el auténtico núcleo de la normativa.

En el Título I se establecen las normas generales de protección, divididas en un principio informador (el grado máximo de adecuación de los elementos de las redes de instalaciones), los grados de adecuación admisibles y las exigencias de unidad de los elementos de las redes y de integridad de los edificios.

El Título II se refiere al objeto de regulación: las áreas histórico-ambientales. Esta nueva categoría de protección constituye el presupuesto jurídico sobre el cual se establece toda la regulación protectora. El Capítulo 1° se refiere a la noción, la extensión y la declaración, si procede, de área histórico-ambiental. Esta noción se conforma tanto por los bienes inmuebles declarados de interés cultural y sus zonas de respeto, como por aquellos conjuntos de bienes inmuebles que dado su interés histórico-ambiental son declarados así. El Capítulo 2° se dedica a las llamadas medidas de protección inmediata, de gran trascendencia porque tienden, de una parte, a posibilitar que la existencia o declaración de un área histórico-ambiental no paralice la ampliación o la reforma de las redes de instalaciones o la rehabilitación de edificios, pero, al mismo tiempo, que estas actividades se ajusten a los fines protectores de esta Ley.

El Título III contiene el específico instrumento de planeamiento previsto para que actúe sobre el área histórico-ambiental, esencial para la ejecución de los fines de la Ley: el Plan especial de reforma de redes e instalaciones (PERRI). Se configura como un plan especial sectorial (sólo afecta a las redes de instalaciones) y, en principio, no derivado; es decir, que no desarrolla las previsiones de un plan director territorial ni de un plan general; vista la previsión del artículo 76.3 del Reglamento del Planeamiento.

No obstante, se prevé que, con el tiempo, se puedan redactar estos mismos PERRI con carácter derivado, porque la Ley contiene también la previsión de la obligada inclusión de éstos entre las determinaciones de los futuros instrumentos de planeamiento que afecten a un área histórico-ambiental.

Especialmente se tendrán que incluir en los planes especiales de protección del área afectada por la declaración de conjunto histórico, lugar histórico o zona arqueológica, como bienes de interés cultural, referidos en el anteriormente citado artículo 20 de la Ley 16/1985, de 25 de junio, de Patrimonio Histórico. Puede que sea preciso aclarar que el Plan especial de reforma de las redes de instalaciones (PERRI) no es el Plan especial de protección que acabamos de citar: su ámbito es mucho menor y puede existir sin necesidad que existiese éste. Aquello que no será legalmente factible en nuestra Comunidad Autónoma a partir del inicio de la vigencia de esta Ley, será la existencia de un Plan especial de protección del área declarada bien de interés cultural, que no contemple el PERRI. Por otra parte, las reglas sobre las determinaciones, la documentación, la tramitación y la aprobación son las generales para este tipo de planeamiento, exceptuando los matices que las peculiaridades y la concreción de los fines de los PERRI imponen.

El Título IV se dedica al proyecto de urbanización específico de los PERRI, el proyecto de dotación definitiva de servicios, visto que previamente (Capítulo 2º del Título II) se ha regulado el proyecto de dotación provisional de servicios.

El Título V se dedica a las servidumbres histórico-ambientales de redes, categoría legal que en estos casos sustituye las servidumbres ordinarias.

En la lacónica regulación de éstos se ha tenido en cuenta la legislación sobre servidumbres de paso para instalaciones.

El Título VI se dedica a núcleos de actuación preferente haciendo la distinción entre núcleos de actuación inmediata, mediana y a largo plazo.

Las disposiciones adicionales realizan las previsiones indispensables para la efectividad de los contenidos del Texto Articulado. Y la disposición final es un mandato a la Administración autonómica para que adapte la estructura organizativa a la consecución de los fines que esta Ley pretende.

Por último, es preciso justificar el rango con que aparece el Texto Articulado, a pesar de que algunas de sus normas concordantes lo tienen inferior y la casuística de algunos de sus artículos parece desaconsejarlo.

Existen dos razones que lo justifiquen. Primeramente, es obvio que alguno de los contenidos requiere constitucionalmente la fuerza de ley formal. La ley se podría haber limitado a éstos y llevar a cabo una remisión a un texto reglamentario que contuviese el resto. No se ha hecho así, por entender que si, como he dicho antes, una de las razones que hasta ahora han hecho ineficaz la adecuación de las redes de instalaciones al entorno histórico-artístico es la dispersión normativa, ésta se ha de evitar a toda costa y se ha de regular en un único, ordenado y casi didáctico cuerpo normativo. En consecuencia sólo es factible, por la primera razón, la promulgación de una ley.

TÍTULO PRELIMINAR
DISPOSICIONES GENERALES

Artículo 1. Fines de la Ley.

Esta Ley tiene por finalidad la correcta adecuación de las redes, de instalaciones públicas y privadas a las exigencias de protección de carácter histórico y de entorno ambiental y paisajístico previstas para los bienes inmuebles en la legislación vigente.

Artículo 2. Ámbito territorial de aplicación.

La normativa contenida en esta Ley es de aplicación en las áreas histórico-ambientales definidas en el artículo 9 que se encuentran radicadas en las Islas Baleares.

Artículo 3. Ámbito territorial.

De acuerdo con los fines señalados en el artículo 1, el objeto de regulación material está constituido, en el ámbito territorial señalado en el artículo 2, por todas las redes y los elementos de las instalaciones, generales o particulares, de titularidad pública o privada, que ocupan, o han de ocupar, el espacio aéreo o el subsuelo de las áreas histórico-ambientales o los paramentos exteriores de los edificios afectados, así como aquellos elementos y conducciones que, a pesar de que se encuentren situadas en el interior de los edificios, conforman los sistemas de conexión entre las redes generales y las propias del edificio.

Artículo 4. Instrumentos de protección.

La protección objeto de esta Ley se articula mediante los instrumentos siguientes:

a) Área histórico-ambiental, regulada en el Título II.

b) Medidas de protección inmediata de las áreas histórico-ambientales, reguladas en el Capítulo 2º del Título II.

c) Plan especial de reforma de las redes de instalaciones del área histórico-ambiental, regulado en el Título II.

d) Proyecto de dotación de servicios, regulado en el Título IV.

e) Servidumbres histórico-ambientales de redes, reguladas en el Título V.

Artículo 5. Principio que informa de la protección.

Todos los elementos de las redes de instalaciones, ya sean enterradas en disposición convencional, en tubos, en galerías o aéreas, tendrán el grado máximo de adecuación, de entre los referidos en el artículo siguiente, que permitan las condiciones técnicas y funcionales atribuidas a la red o al conjunto de servicios, en función de:

a) La conservación ambiental y constructiva de los paramentos en los cuales se apoyen, se sostengan o se conecten.

b) La mejor aplicación de los materiales y las técnicas disponibles.

c) Las estrictas necesidades de registro de las instalaciones.

Artículo 6. Grados de adecuación.

Al efecto de esta Ley se establecen los siguientes grados de adecuación histórico-ambientales de redes de instalaciones, en orden de mayor a menor:

G-1. Ocupación total.

G-2. Ocultación para el observador normal. Se entiende por observador normal el situado en cualquier lugar transitable.

G-3. Ocultación para el observador situado en espacio público. Se entiende por éste el que se encuentra en cualquier lugar transitable de uso público.

G-4. Disimulación.

Se realizará por medio del uso de elementos inherentes a los paramentos afectados.

G-5. Adaptación.

Mediante la adopción de los elementos aparentes al esquema de organización tipológica y a los materiales del paramento que los sustenta.

G-6. Ordenación.

Mediante el diseño ordenado de los elementos que hayan de quedar en forma aparente.

G-7. Independencia.

Mediante la situación de los elementos aparentes en forma exenta en los paramentos afectados, de manera que pueda realizarse una visión completa e independiente de éstos.

Artículo 7. Exigencias de unidad.

Tanto el conjunto como cada uno de los elementos, de titularidad pública o privada, de las instalaciones y servicios serán considerados parte integrante del paramento en que se apoyen, sostengan o conecten, y, en consecuencia, se tendrán que someter a la ordenación histórico-ambiental que afecte el citado paramento, ya sea en forma de una normativa expresa referida a éstos, ya sea deducible tácitamente de los criterios de organización e integridad arquitectónica del citado paramento.

Artículo 8. Exigencias de integridad arquitectónica.

1. De acuerdo con lo que se establece en el artículo anterior, se prohíbe la colocación de elementos e instalaciones que impliquen una ruptura de la estructura o la composición de la fachada, o que, en alguna medida, supongan perjuicio para la contemplación y el disfrute ambiental del entorno.

En particular queda prohibido:

a) La destrucción total o parcial de elementos constructivos o ambientales de difícil recuperación, como estucos en buen estado, arcos, jambas, fajas y molduras, pavimentos, árboles singulares, o cualquier otro elemento cuya conservación, por su naturaleza o valor histórico, artístico o ambiental, ofrezca interés.

b) La colocación de instalaciones vistas que circulen a través de lienzos de fachada o que los ocupen.

c) El uso de materiales vistos no adecuados para la protección histórico-ambiental.

2. Todos aquellos elementos de las instalaciones que han de quedar visibles por razón de necesidad de manipulación frecuente, periódica o urgente, tendrán que tener las dimensiones mínimas técnicamente viables. Las redes a las cuales tendrán que servir o en las cuales se integran, se diseñarán de acuerdo con este criterio, siempre que esto no suponga peor solución para la protección histórico-ambiental.

3. Siempre que no suponga peor solución para la protección histórico-ambiental, los elementos de conexión y, si procede, de protección a las redes particulares tendrán que instalarse ocultos al observador situado en el espacio

público, en lugares de fácil acceso del inmueble, o en galería de servicios, o disimulados en arquetas con suficiente estanqueidad, de acuerdo con la instrucción 006 MI BT, aprobada por Orden del Ministerio de Industria, de 31 de octubre de 1973, o disposición que la sustituya. Sobre aquellos lugares se constituirán las servidumbres previstas en el Título V de esta Ley.

4. Se podrán situar elementos de conexión comunes a diversos inmuebles o unidades arquitectónicas, o bien separativos en diferentes partes de un mismo edificio, cuando así lo aconseje el tratamiento histórico-ambiental, y se entenderán igualmente constituidas las servidumbres pertinentes.

5. Se procurará que las cámaras de registro de las redes subterráneas sean las mínimas necesarias para atender las modificaciones que pueda sufrir el servicio y que puedan ser compartidas por diferentes redes de instalaciones. Los elementos aparentes de las mismas, como tapas, compuertas o rejillas serán ordenadas entre sí y en relación con el resto del pavimento en el cual se encuentren.

TÍTULO II

DE LAS ÁREAS HISTÓRICO-AMBIENTALES

CAPÍTULO I

Concepto y declaración de área histórico-ambiental

Artículo 9. Noción de área histórico-ambiental.

Se considerarán áreas histórico-ambientales al efecto señalado en esta Ley:

a) Las integradas por los bienes inmuebles de interés cultural, declarados monumentos, jardines históricos, conjuntos históricos, lugares históricos o zonas arqueológicas, y la zona de respeto de los mismos de acuerdo con la normativa vigente y con las excepciones previstas en el artículo siguiente.

b) Aquellas que, aunque no integran bienes inmuebles de interés cultural, son objeto de declaración de área histórico-ambiental, mediante Orden de la Conselleria de Cultura, vistas sus características histórico-ambientales o paisajísticas, de acuerdo con lo previsto en el artículo 11 de esta Ley.

Artículo 10. Zona de respeto.

1. La zona de respeto aludida en el apartado a) del artículo anterior es la determinada como tal en la declaración de bien de interés cultural o, si acaso falta, el anillo formado por el perímetro de la unidad objeto de declaración y la *poligonal cóncava* situada a una distancia de éste equivalente a la media de sus diagonales mayor y menor, con un límite de diez a setenta metros.

2. La Conselleria de Cultura, mediante los trámites contemplados en el artículo 11 de esta Ley, podrá modificar la zona de respeto de un bien declarado de interés cultural, por razones de necesidades de mejora ambiental y siempre que eso no suponga una disminución del espacio libre comprendido.

Artículo 11. Declaración de área histórico-ambiental.

1. La declaración de área histórico-ambiental mediante Orden requerirá la incoación y la tramitación previas de un expediente administrativo por parte de la Comisión de Patrimonio Histórico de la Comunidad Autónoma con jurisdicción sobre el territorio correspondiente.

2. El expediente podrá iniciarse de oficio, por parte de la correspondiente Comisión de Patrimonio Histórico, a instancia del ayuntamiento afectado, o de personas físicas o jurídicas interesadas. En cualquier caso la resolución de este expediente, se tendrá que producir en el plazo de un año.

3. La incoacción del expediente no producirá efectos suspensivos sobre las licencias de obra que afecten la futura área histórico-ambiental, si bien se deberán completar los proyectos con las medidas de protección inmediata recogidas en el Capítulo 2º de este Título.

CAPÍTULO II

Medidas de protección inmediata de las áreas histórico-ambientales

Artículo 12. Transitoriedad.

La existencia o la declaración de un área histórico-ambiental determina:

a) El carácter transitorio de todas las redes de instalaciones de ésta, entre tanto no se proceda a la planificación, el proyecto y la ejecución de las obras tendentes a la concreción de la protección ordenada en esta Ley y a la sustitución de éstas por las previstas en el correspondiente Plan especial de reforma de las redes de instalaciones y el Proyecto de dotación de servicios.

b) La imposibilidad de que sean aprobados proyectos de urbanización que afecten el área, entre tanto no haya sido aprobado el Plan especial de redes de instalaciones.

c) La creación de un archivo municipal con la información completa del tendido existente, su capacidad y su trazado.

Artículo 13. Ampliación o reforma de las redes de instalaciones.

La ampliación o la reforma de las redes de instalaciones que afecten parcial o totalmente un área histórico-ambiental carente de Plan especial de reforma de instalaciones, de Proyecto de dotación de servicios o de ambos, exige la dotación de un Proyecto de dotación provisional de servicios, de acuerdo con el procedimiento previsto en el Título IV de esta Ley, siempre que se justifique documentalmente:

a) La necesidad de ampliación o la reforma en fase previa a la dotación general de servicios.

b) Que el trazado es el de menor impacto ambiental de entre todos los posibles y viables.

c) Que la índole del impacto ambiental de la ejecución de ésta es compatible con los fines protectores de esta Ley.

d) Que un superior grado de ejecución en las condiciones histórico-ambientales ofrece dificultades a la ejecución de la dotación general definitiva.

⇒ V. D. 4/1986, de 23 enero sobre implantación y regulación de los estudios de evaluación del impacto ambiental.

V. Ley 6/2001, de 8 mayo, de modificación del RDLeg 1302/1986, de 28 junio, de evaluación de impacto ambiental

Artículo 14. Rehabilitación de edificios.

1. Los proyectos arquitectónicos o las solicitudes de licencias de restauración, rehabilitación, reforma u obra nueva, modificación de las condiciones de toma y conexión o de cualquier elemento de instalación, que afecten total o parcialmente un área histórico-ambiental carente de Plan especial de reforma de redes de instalaciones, de Proyecto de dotación de servicios, o de ambos, han de incluir, grafiadas en sus dimensiones y situación exactas:

a) Las previsiones para las tomas definitivas, una vez desarrolladas las obras de dotación general de servicios.

b) La mejora provisional de las redes y tomas transitorias, de acuerdo con los criterios establecidos en el Título I de esta Ley, para la cual deberá complementar la totalidad de servicios existentes.

2. Cuando la concesión de la licencia pertinente prevea una rectificación del trazado de las redes de instalaciones generales que circulen por el inmueble en cuestión, las compañías suministradoras vendrán obligadas a realizar la rectificación, en plazo compatible con la ejecución prevista de las obras, siempre que exista autorización de la Conselleria de Industria, la cual deberá ser emitida en el plazo de un mes.

Artículo 15. Criterios de adecuación de la dotación provisional.

1. El Proyecto de dotación provisional de servicios deberá sujetarse a los criterios de adecuación previstos en el Título I.

2. Cuando la reforma o ampliación afecten tomas de la red, deberá evitarse cualquier obra que afecte elementos constructivos excepto que las soluciones propuestas sean claramente compatibles con la dotación de servicios definitiva.

TÍTULO III

DE LOS PLANES ESPECIALES DE REFORMA DE LAS REDES DE INSTALACIONES

CAPÍTULO I

Disposiciones generales

Artículo 16. Configuración y encuadramiento de los planes especiales de reforma de las redes de instalaciones.

1. Los planes especiales de reforma de redes y de instalaciones son planes de ordenación territorial sectorial, derivados o no, la finalidad de los

cuales es la adecuación de las redes y los elementos objeto de esta Ley, existentes y previsibles, a las condiciones histórico-ambientales idóneas para el disfrute, la conservación y la protección del patrimonio histórico-ambiental, evitándose el deterioro, la pérdida o la destrucción.

2. Estos planes se realizarán sobre áreas territoriales, previamente definidas por los ayuntamientos, que contengan al menos un área histórico-ambiental y que permitan un tratamiento conjunto, subvendrán a las necesidades de sistemas generales de redes de instalaciones, incluirán una clasificación de espacios públicos de acuerdo con su capacidad física para el transporte de servicios ocultos, e incluirán también la solución a los problemas derivados de los lugares no óptimos.

3. En ningún caso el desarrollo de estos planes no podrá dejar aislada un área urbana cuya dotación de servicios exija una modificación de las previsiones de éstos.

Artículo 17. Obligatoriedad y sentido del Plan.

1. La existencia en un término municipal de áreas histórico-ambientales implica la necesidad que el ayuntamiento correspondiente procediese a la elaboración de uno o diversos planes especiales de reforma de las redes de instalaciones.

2. El Plan especial de reforma de las redes de instalaciones constituye un instrumento de planeamiento sectorial de protección del área, tanto si va insertado, como si no, en el marco de un plan especial de protección del área de los que se recogen en el artículo 20 de la Ley 16/1985, de 25 de junio, del Patrimonio Histórico, o en cualquier otro plan especial.

3. La obligatoriedad del citado plan especial de reforma de las redes de instalaciones no podrá excusarse en la preexistencia de otro planeamiento carente de protección o con una protección contradictoria con la contenida en éste, ni en la inexistencia previa de planeamiento general.

4. Los planes especiales de reforma de redes e instalaciones han de fijar un plazo de vigencia, transcurrido el cual se procederá a su revisión.

Artículo 18. Determinaciones específicas del Plan especial.

Los planes especiales de reforma de las redes de instalaciones establecerán las determinaciones necesarias para la reforma y la ampliación de la totalidad de las redes de instalaciones en el área histórico-ambiental abarcada, así como de los sistemas generales que la cruzan, vistas las explicaciones previstas en esta Ley. En todos los casos deberán referirse a los extremos siguientes:

a) Ámbito de actuación y justificación de ésta.

b) Estimación de las necesidades de suministro o evacuación globales y detalladas por sectores, con previsiones para un plazo mínimo de diez años.

c) *Estimación* de las dificultades previstas para la adecuación de las instalaciones a las condiciones histórico-ambientales, así como soluciones generales para éstas.

d) Determinación de las características generales de las redes de instalaciones, así como de las medidas de adecuación al medio histórico-ambiental.

e) Establecimiento de las servidumbres, los límites y las alineaciones forzosas necesarias.

f) Previsión de etapas y plazos de actuación y sistemas de gestión, con la inclusión de los cambios pertinentes en los sistemas de suministro, evacuación y tomas, así como la retirada de las instalaciones objeto de reforma.

g) Previsión del sistema de actuaciones mediante cualquiera de los que se prevén en la legislación urbanística, con adopción preferente del sistema de cooperación.

h) Evaluación económica, con determinación de la distribución de cargas y beneficios, con especial cuidado a las servidumbres y las alienaciones forzosas, así como de la participación en aquéllas de los propietarios implicados, la Administración Pública, las compañías suministradoras y, si es preciso, los usuarios de los diferentes servicios de suministro.

i) Estimación global de las consecuencias económicas y sociales de la reforma de las redes de instalaciones sobre los usuarios de los diferentes servicios de suministro, así como las medidas adecuadas para desarrollar la continuidad del suministro.

j) Normativa referente a las condiciones particulares de conexión, redes y elementos.

Artículo 19. Documentación del Plan especial.

1. La determinación de un Plan especial de reforma de las redes de instalaciones se concretarán como mínimo en los documentos siguientes:

a) Memoria descriptiva y justificativa de la conveniencia y la oportunidad del Plan especial de reforma de redes e instalaciones.

b) Estudios complementarios.

c) Planos de información y de ordenación a escala adecuada.

d) Normas de protección referentes a las condiciones particulares de conexión, con establecimiento de los grados de adecuación referidos en el artículo 6 para todas las plazas, las vías y las edificaciones.

e) Normas mínimas a las que hayan de ajustarse los proyectos técnicos, cuando se trate de desarrollar obras de infraestructura y de saneamiento.

f) Estudio económico-financiero, con una estimación global de los costos y los posibles sistemas de financiación y subvenciones.

g) Plan de etapas, con previsión de fechas de retirada de las líneas objeto de reforma.

Artículo 20. Memoria descriptiva y justificativa.

La memoria descriptiva y justificativa, exigida como documentación en el artículo anterior, se deberá referir a los extremos siguientes:

a) Información básica sobre las características del área objeto del Plan, las condiciones de los monumentos y conjuntos y la situación de las redes.

b) Información de los sistemas generales de que se nutre y en los que evacua, así como de las otras áreas afectadas por éstos.

c) Criterios y objetivos que se pretenden.

d) Justificación de las soluciones adoptadas en cuanto a:

– las medidas específicas de protección del área,

– los grados de adecuación para todos los elementos que la componen,

– la interrelación con el resto de las áreas, así como los sistemas generales que la afecten o que modifique.

e) Los sistemas de gestión previstos.

f) El estudio económico y los sistemas básicos de financiación.

Artículo 21. Estudios complementarios.

Incluirá como mínimo:

1. Los estudios complementarios que hayan servido para determinar:

a) Las previsiones de suministro y evacuación del área y de las zonas con las que se interrelaciona.

b) La situación general de las tomas en los edificios.

c) Las condiciones socio-económicas que puedan derivarse del Plan.

2. Previsiones generales de tomas y conexiones a las redes particulares.

Artículo 22. Planos de información y ordenación.

Los planos de información y ordenación aludidos en el artículo 19 c) de esta Ley han de realizarse en la escala adecuada y reflejar:

a) La delimitación del área objeto del Plan.

b) La localización y, si procede, las modificaciones previstas en los sistemas generales de: telefonía, electricidad, agua, gas, alcantarillado público, redes de aguas pluviales y otras.

c) La localización de elementos de uso no privativo, tales como transformadores, grandes elementos de interconexión, armarios de conexión de alumbrado público, armarios para la señalización semafórica.

d) La localización de todas las superficies y todos los lugares sobre los cuales se establecen servidumbres histórico-ambientales y si procede, de los que hayan de ser objeto de expropiación forzosa.

e) Las condiciones específicas de adecuación para los diferentes elementos en todas las plazas, las vías y edificaciones.

CAPÍTULO II
Aprobación y efectos

Artículo 23. Tramitación y aprobación.

1. El plan especial de redes de instalaciones se formulará teniendo en cuenta el procedimiento previsto para los planes especiales para la legislación

del suelo, en la medida que no sea alterado por las prescripciones de este artículo.

2. La aprobación inicial correrá a cargo del ayuntamiento respectivo, el cual la someterá a información pública durante treinta días.

Una vez aprobado inicialmente el Plan, en el plazo de quince días recabará informe tanto de la Comisión de Patrimonio con jurisdicción, como de la Conselleria de Comercio e Industria. Con posterioridad a los informes positivos de ambas instancias, pasará al trámite de informe no vinculante del Conseller de Obras Públicas i Ordenación del Territorio y al de aprobación definitiva por la Comisión Insular de Urbanismo competente.

3. Si alguno de los informes fuese negativo, se abrirá, por espacio de treinta días, un período de consultas entre los organismos implicados con el objeto de llegar a una solución técnica de consenso. Si transcurrido este plazo no se llega a acuerdo, el ayuntamiento transmitirá el expediente a la Comisión Insular de Urbanismo competente para que decida.

4. En ninguna fase de la tramitación no podrá tener lugar el efecto de suspensión de licencias.

Artículo 24. Inclusión en el planeamiento.

1. Cualquier plan general municipal o cualesquiera normas complementarias y subsidiarias de planeamiento que se elaboren con posterioridad a la entrada en vigor de esta Ley e incluyan la ordenación de áreas histórico-ambientales, habrán de contener entre sus determinaciones de carácter general la previsión de planes especiales de reforma de redes de instalaciones, como medida para la protección de los conjuntos histórico-artísticos y la defensa del paisaje.

2. El Plan especial de reforma de las redes de instalaciones puede y, en caso que ya existiese previamente, ha de ser tenido en cuenta, según los casos, en los planes generales municipales de ordenación o en las normas complementarias y subsidiarias de planeamiento, así como en los programas de actuación urbanística, en los planes parciales de ordenación, en los planes especiales de reforma interior, en los planes especiales de protección para la conservación y la valoración del patrimonio histórico y artístico o de ordenación de recintos y conjuntos arquitectónicos, históricos y artísticos.

3. El Plan especial de reforma de las redes de instalaciones, a partir del inicio de la vigencia de la presente Ley, necesariamente ha de formar parte de los planes especiales de protección previstos en el artículo 20 de la Ley 16/1985, de 25 de junio, del Patrimonio Histórico Español, o de cualesquiera planes especiales de protección histórico-ambiental que se elaboren dentro del ámbito de la Comunidad Autónoma de las Islas Baleares.

Artículo 25. Efectos de la aprobación.

1. La aprobación de un plan especial de reforma de las redes de instalaciones llevará implícita la declaración de utilidad pública de las obras y:

a) La necesidad de ocupación de los terrenos, los edificios, total o parcialmente, o las fachadas, con el objeto de expropiación o imposición de servidumbres.

b) La imposición y el ejercicio de las servidumbres legales histórico-ambientales de las redes aludidas en los artículos 4 e), 8.3) y 4), 18 e) y h) y 22 d), reguladas en el Título V de esta Ley, así como los deberes sobre los propietarios y los titulares de derechos reales de uso y las empresas suministradoras.

c) La modificación de las servidumbres y los límites correspondientes a las redes de instalaciones previamente existentes que hayan de producirse como consecuencia del Plan especial.

d) Las compañías suministradoras procederán a la instalación y la ejecución de los servicios, según las directrices del Plan y del Proyecto de dotación de servicios, e igualmente retirarán las instalaciones reformadas, siempre atendidos los plazos previstos.

2. A falta de convenio con los propietarios afectados, se podrán imponer las servidumbres por el procedimiento previsto en el artículo 211 del Texto Refundido de la Ley sobre Régimen del Suelo y Ordenación Urbana.

3. Las expropiaciones forzosas se regirán por la normativa general aplicable.

TÍTULO IV
DE LOS PROYECTOS DE DOTACIÓN DE SERVICIOS

Artículo 26. Concepto, objeto y ámbito.

1. Los proyectos de dotación de servicios son proyectos de urbanización cuyo objeto es desarrollar íntegramente el conjunto de determinaciones de un plan especial de reforma de redes de instalaciones.

2. El objeto de éstas es el diseño necesario y suficiente para la ejecución física, según las indicaciones y las condiciones contenidas en el Plan especial de:

a) La totalidad de los soportes de las conducciones de instalaciones previstas en un plazo de diez años en el área histórico-ambiental.

b) Las tomas y los elementos de conexión a las diferentes líneas particulares.

3. Los proyectos de dotación de servicios podrán abarcar áreas menores que la del Plan especial correspondiente, siempre que cumplan las previsiones de éste.

Artículo 27. Límites.

1. El Proyecto no podrá modificar la previsiones del Plan especial de reforma de las redes de instalaciones que desarrolle, sin perjuicio que pueda contener las adaptaciones de detalle requeridas por las características de los paramentos, suelo, o subsuelo, en la ejecución material de las obras.

2. El proyecto deberá resolver el enlace de las redes de instalaciones con las generales y acreditar que tiene capacidad suficiente para atenderlas.

Artículo 28. Contenido del Proyecto.

Los proyectos de dotación de servicios deberán detallar y programar las obras necesarias para la ejecución material de las reformas y las dotaciones establecidas en el Plan especial de reforma de redes e instalaciones. En cualquier caso, deberán incluir:

a) Estimación detallada de las necesidades de suministro o evacuación de las redes de instalaciones en los diferentes tramos.

b) Diseño y condiciones técnicas de los soportes de las condiciones de las instalaciones, con inclusión de las tomas a las diferentes líneas particulares, así como de todos los elementos y accesorios de estas líneas que puedan afectar los paramentos exteriores de los edificios.

c) Documentación suficiente para estimar el impacto estético en suelo y fachadas de todos y cada uno de los elementos del proyecto y justificación detallada del grado de adecuación de éstos a las condiciones histórico-ambientales.

d) Presupuesto detallado.

Artículo 29. Aprobación.

La formulación, tramitación y aprobación de los proyectos de dotación de servicios se realizarán según los procedimientos establecidos en la legislación aplicable, no obstante, será requisito indispensable para su aprobación definitiva el informe favorable de la Comisión del Patrimonio Histórico con jurisdicción.

TÍTULO V

DE LAS SERVIDUMBRES HISTÓRICO-AMBIENTALES DE REDES DE INSTALACIONES

Artículo 30. Concepto y contenido.

1. Las servidumbres histórico-ambientales de redes de instalaciones son servidumbres de paso de las instalaciones y conducciones.

2. Estas servidumbres de paso comprenden la ocupación del subsuelo, los muros o voladizo, a la profundidad o la altura que determine el Plan especial de reforma de redes e instalaciones, o concrete, si procede, el proyecto de dotación de servicios.

3. Las citadas servidumbres deberán comprender igualmente el derecho de paso y acceso y la ocupación temporal del suelo, el muro o el voladizo, u otros bienes necesarios para atender la vigilancia, la conservación y la reparación de las instalaciones y conducciones. Así mismo, deberán incluir los lugares de fácil acceso señalados en el artículo 8.3, y abarcar, como mínimo, la habilitación en que se sitúen los elementos de conexión o contadores y los que comuniquen con el espacio público.

Jurisprudencia

«Para dilucidar si, como se sostiene en la demanda, la construcción, en terreno de dominio público, de una caseta para teléfono y electricidad adosada a la fachada de la actora constituye la imposición de una servidumbre, sin que el Ayuntamiento de Alcudia ostentase título legítimo para ello, se hace necesario tener en cuenta los siguientes datos de hecho y de derecho: A.–El artículo 30 de la Ley de la Comunidad Autónoma de les Illes Balears 6/1993, de 28 septiembre, sobre Adecuación de las Redes de Instalaciones a las Condiciones Histórico-Ambientales de los Núcleos de Población, obliga a los propietarios a soportar las que denomina *servidumbres histórico-ambientales de redes de instalaciones* que define como *servidumbres de paso de las instalaciones y conducciones*, disponiendo que comprenden *la ocupación del subsuelo, los muros o voladizo.* Y siendo un hecho indiscutido que el lugar en el que se realizaron las obras de autos está declarado conjunto histórico-artístico por Decreto 2141/1974, de 20 julio, es obvio que la actora señora G. puede verse obligada a soportar la existencia de la caseta de autos». **(SAP Baleares 29 enero 1998 [AC 1998, 2714]).**

Artículo 31. Ámbito.

1. Las servidumbres histórico-ambientales de redes de instalaciones tienen por objeto la utilidad pública y legitiman el paso tanto de las redes de instalaciones o elementos de titularidad pública como de los elementos de titularidad privada, generales o particulares.

2. Las servidumbres histórico-ambientales de redes podrán gravar bienes inmuebles de dominio público y de propiedad privada.

TÍTULO VI
NÚCLEOS DE ACTUACIÓN PREFERENTE

Artículo 32. Núcleos de actuación preferente.

1. En el plazo de un año, a partir de la aprobación de la presente Ley, el Gobierno de la Comunidad Autónoma a través de la Conselleria de Cultura, Educación y Deportes elaborará una relación de núcleos de actuación preferente que comprenderá tanto las áreas urbanas como los núcleos rurales históricos que, vistos sus valores histórico-monumentales, hayan de ser prioritarios en la aplicación de la adecuación de las redes de instalaciones y la presentará a debate y a aprobación del Parlamento de las Islas Baleares.

2. La relación de los Núcleos de Actuación Preferente irá acompañada de una propuesta de actuación, que implicará la adecuación de las redes de instalaciones a las condiciones histórico-ambientales de acuerdo con los siguientes plazos:

a) Los Núcleos de Actuación Inmediata donde las redes de instalaciones serán adecuadas en un plazo de cinco años a partir de la aprobación de la presente Ley.

b) Los Núcleos de Actuación Mediana, donde el término será de diez años.

c) Los Núcleos de Actuación a Largo Plazo donde la adecuación tendrá un plazo máximo de quince años.

DISPOSICIONES ADICIONALES

Primera.

Los reglamentos técnicos de las compañías suministradoras en el ámbito de la Comunidad Autónoma de las Islas Baleares, en el plazo de un año, han de adaptarse a las prescripciones de esta Ley, siguiendo el procedimiento legalmente previsto por cada uno de los reglamentos. Todo esto sin perjuicio que desde la entrada en vigor de ésta empiecen a aplicarse todas las medidas de adecuación que se prevén, utilizando para ello todos los productos tecnológicos del mercado que se revelen como eficaces para la adecuación histórico-ambiental.

Segunda.

La Conselleria de Comercio e Industria de la Comunidad Autónoma establecerá convenios con la Universidad de las Islas Baleares, los colegios profesionales de arquitectos, ingenieros de caminos, ingenieros industriales, ingenieros de telecomunicaciones y otros, así como con las empresas suministradoras, con la finalidad de fijar planes de investigación y homologación que permitan la máxima reducción de las dimensiones de los elementos y las instalaciones e, igualmente, el estudio y la promoción de nuevas tecnologías de aplicación a la mejora de la adecuación histórico-ambiental de las redes de instalaciones.

Tercera.

Las compañías suministradoras establecerán un programa de racionalización de los servicios con la finalidad de proceder a la retirada inmediata de todos los elementos que en la actualidad sean innecesarios o estén fuera de servicio, y a la adecuación de los materiales a las condiciones histórico-ambientales.

Cuarta.

En el plazo de un año, la Conselleria de Cultura establecerá un plan para la sustitución de las tapas de los nichos de toma y conexión existentes que sean inadecuadas y para la homologación de las que hayan de sustituirse. El citado plan deberá tener en cuenta, por una parte, el impacto ambiental de las citadas tapas y, por otra, las previsiones para la ejecución de la adecuación total de las redes de cada sector.

DISPOSICIÓN FINAL

En el plazo de seis meses, la Comunidad Autónoma de las Islas Baleares tiene que haber culminado la reorganización y la dotación de competencias a los organismos que dependan de ella a los cuales esta Ley atribuye funciones en defensa del entorno histórico-artístico. En particular, ha de dotar de medios y personal técnico cualificado a las respectivas comisiones de patrimonio de la Comunidad Autónoma.

§ 19 LEY 14/2000, DE 21 DICIEMBRE. ORDENACIÓN TERRITORIAL EN LAS ILLES BALEARS

(BOE núm. 17, de 19 enero 2001 y BOCAIB núm. 157, extraordinario, de 27 diciembre [RCL 2001, 168 y LIB 2000, 353])

EXPOSICIÓN DE MOTIVOS

La preocupación para conseguir un desarrollo sostenible que procure el bienestar de la población y la preservación de los recursos naturales ya estaba presente el año 1987, cuando el Parlamento de las Illes Balears aprobó la Ley 8/1987, de 1 de abril, de ordenación territorial de las Islas Baleares, que preveía el establecimiento de una serie de instrumentos encaminados, como dice la exposición de motivos, a «la realización de una política territorial realmente coordinada e integrada», para dar cumplimiento a los objetivos que establece la Carta europea de la ordenación del territorio y que aquella Ley ya recogía.

La Ley 8/1987 fijaba como instrumento marco unas directrices de ordenación territorial que, aprobadas por el Parlamento, debían determinar los ejes básicos que, a continuación, desplegarían los correspondientes planes territoriales. Estos planes podían ser aprobados por el Gobierno o por los consejos insulares, según lo que preveían a este respecto las propias directrices.

A pesar de todo, la aprobación de las Directrices de Ordenación Territorial se retrasó mucho más allá de los plazos que fijaba la propia Ley y no se produjo hasta el año 1999 con la Ley 6/1999, de 3 de abril hasta, de las Directrices de Ordenación Territorial de las Illes Balears y de medidas tributarias. Estas directrices optaron por el fortalecimiento del papel del Gobierno de las Illes Balears, al cual otorgaban la competencia de aprobación de todos los planes territoriales.

En las Illes Balears, la ordenación del territorio es una cuestión objeto de discusión y de preocupación de los poderes públicos y de los ciudadanos en general. La intensa actividad económica y social que se desarrolla sobre el frágil y limitado territorio de nuestras islas hace necesario que todas las Administraciones públicas deban intervenir de una manera decisiva. Así pues, corresponde a la Administración intentar obtener el máximo bienestar de la población y compatibilizarlo con la preservación de los valores medioambientales que, en nuestro caso, son también un recurso económico fundamental.

La configuración del archipiélago facilita que cada una de las islas lleve a cabo la ordenación de su territorio de manera autónoma a través de las instituciones propias, y que el Gobierno de las Illes Balears se convierta en garante de los aspectos de la ordenación que trascienden el ámbito insular. En este sentido, la nueva legislación de ordenación territorial ha de fijar el marco adecuado para la transferencia de competencias a los consejos insulares en esta materia y ha de diseñar, en los aspectos básicos, los fundamentos de una política territorial coordinada e integradora.

El contenido que deben tener las Directrices de Ordenación Territorial, o su revisión o modificación, está, en esta Ley, más tasado y reducido, sin perder su vocación de instrumento regulador del desarrollo económico con incidencia sobre el territorio del conjunto de todas las islas.

Evidentemente, esto significa dar un papel más relevante a los planes territoriales insulares, que, como sustitutos de los planes territoriales parciales de la Ley de 1987, tienen la consideración de instrumento clave en la ordenación del territorio y desarrollan aspectos fundamentales como la atribución de techos de crecimiento para cada uso y área, la protección del medio ambiente, la ubicación de los equipamientos de interés supramunicipal, etc., a fin de establecer la estructura orgánica de cada isla.

El desarrollo de las Directrices de Ordenación Territorial se realizará sobre todo por los planes territoriales insulares que son la pieza clave de la política territorial de las Illes Balears. De ámbito insular, les corresponderá la ordenación de todo aquello que, trascendiendo el ámbito municipal, se refiera a los asentamientos humanos, a las actividades y a los usos a realizar sobre el territorio, a la creación de servicios comunes para los municipios, así como a aquellas medidas destinadas a una mejora de la calidad de vida y a la protección del medio natural.

La ordenación precisa determinadas infraestructuras, equipamientos, servicios y actividades de explotación de recursos, por su parte, se realizará por los planes directores sectoriales, los cuales, en coherencia con lo anterior, se formularán coordinadamente con los planes territoriales insulares. La competencia para su elaboración y aprobación corresponderá al Gobierno de las Illes Balears o a los consejos insulares según las previsiones de las Directrices de Ordenación Territorial y de las leyes de atribución de competencias.

Desaparecen de la nueva Ley los planes de ordenación del medio natural, cuya función puede ser perfectamente ejercida por los planes especiales regulados en la legislación urbanística, sin perjuicio de las figuras de ordenación de los recursos naturales previstas en la legislación sectorial vigente.

Asimismo, se refuerzan los mecanismos de coordinación y cooperación entre las distintas Administraciones competentes y se modifican, a este efecto, la composición y las funciones de la Comisión de Coordinación de Política Territorial, donde están representados, con una composición paritaria, tanto el Gobierno como cada uno de los consejos insulares.

Finalmente, y en consecuencia con el tratamiento que el Estatuto de Autonomía de las Illes Balears otorga a la isla de Formentera y a su singularidad geográfica, la Ley prevé un mayor protagonismo de este municipio en el desarrollo del plan territorial insular que corresponde aprobar al Consejo Insular de Eivissa y Formentera.

TÍTULO I
DISPOSICIONES GENERALES

Artículo 1. Objetivos de la ordenación territorial.

En el marco de esta Ley, la ordenación territorial en las Illes Balears tiene como objetivos fundamentales:

a) Mejorar la calidad de vida de los ciudadanos.

b) Disponer una estructura espacial adecuada que permita conseguir un desarrollo socioeconómico compatible con la utilización racional de los recursos naturales.

c) Garantizar la protección y la mejora del medio ambiente.

Artículo 2. Principios de actuación de las Administraciones públicas.

Principalmente, mediante los instrumentos de ordenación territorial regulados en esta Ley, las Administraciones competentes deben:

a) Regular las dimensiones físicas de los asentamientos, incluidos los vinculados a los sectores productivos secundario y terciario.

b) Ordenar la distribución espacial de las instalaciones productivas propias de los sectores primario y secundario, mediante la utilización de procedimientos de fomento o de disuasión en relación con las instalaciones existentes o futuras.

c) Fijar los núcleos de población que, por sus características y posibilidades, deban ser impulsores del desarrollo socioeconómico de una zona.

d) Definir las áreas territoriales que, por su idoneidad actual o potencial para la explotación agrícola, forestal o ganadera, o por la riqueza paisajística o ecológica, deban ser objeto de especial protección.

e) Ordenar las infraestructuras, las instalaciones, los equipamientos y los servicios, y definir sus criterios de diseño, sus características funcionales y su localización, de manera que se consiga una configuración racional de estos elementos estructurantes en las diferentes islas.

f) Establecer un sistema de coordinación de las diferentes políticas sectoriales de los diversos órganos de la Administración, de manera que se asegure su integración en una visión de conjunto de los problemas territoriales.

g) Promover la participación de la sociedad en el proceso de ordenación territorial y formalizarla, a fin de conseguir que este proceso responda a las aspiraciones y necesidades de la población.

Artículo 3. Los instrumentos de ordenación territorial.

1. Para desarrollar las políticas territoriales en las Illes Balears, se regulan los siguientes instrumentos de ordenación:

a) Las Directrices de Ordenación Territorial.

b) Los planes territoriales insulares.

c) Los planes directores sectoriales.

2. Una vez aprobados y publicados oficialmente, los planes territoriales insulares y los planes directores sectoriales formarán parte del ordenamiento jurídico como disposiciones reglamentarias. Para su elaboración se seguirá el procedimiento establecido en esta Ley.

Artículo 4. La Comisión de Coordinación de Política Territorial.

1. Corresponde a la Comisión de Coordinación de Política Territorial velar por la coordinación necesaria de las actuaciones territoriales de las distintas Administraciones públicas.

2. Son funciones de la Comisión:

a) Participar en los procedimientos de elaboración de los instrumentos de ordenación territorial mediante la emisión de informes.

b) Emitir informe, con carácter preceptivo, en relación con los anteproyectos de disposiciones reglamentarias que deban dictarse en ejecución de esta Ley.

c) Formular recomendaciones y propuestas a los órganos competentes en la materia objeto de esta Ley.

d) Facilitar la colaboración entre las Administraciones competentes y, especialmente, el intercambio de información técnica.

e) Promover la elaboración de estudios.

f) Cualquier otra determinada por la Ley.

3. Forman la Comisión:

a) Seis miembros en representación del Gobierno de las Illes Balears.

b) Dos miembros en representación del Consejo Insular de Mallorca.

c) Dos miembros en representación del Consejo Insular de Menorca.

d) Dos miembros en representación del Consejo Insular de Ibiza y Formentera.

4. El Gobierno de las Illes Balears regulará por decreto su organización y funcionamiento.

⇒ V. D. 13/2001, de 2 de febrero, de organización y funcionamiento de la Comisión de Coordinación de Política Territorial.

TÍTULO II
LOS INSTRUMENTOS DE ORDENACIÓN TERRITORIAL

CAPÍTULO I
Las Directrices de Ordenación Territorial

Artículo 5. Naturaleza.

Las Directrices de Ordenación Territorial constituyen el instrumento superior y básico de la ordenación territorial de las Illes Balears.

Artículo 6. Contenido.

1. Las Directrices de Ordenación Territorial formulan los principios que deben guiar las actuaciones públicas y privadas sobre el territorio y, específicamente, fijan las pautas y las reglas generales dirigidas a:

a) La determinación de los límites y los techos máximos de crecimiento de los diversos usos del suelo y los límites de su materialización.

b) El establecimiento de prescripciones para el desarrollo económico que incida en el territorio.

c) La protección del medio ambiente y el uso sostenible de los recursos naturales.

d) La fijación de los criterios que se han de observar en la redacción de los planes directores sectoriales que se prevean.

e) La localización y la ejecución de infraestructuras y de equipamientos.

2. Este instrumento debe contener los documentos escritos y gráficos que sean necesarios para formular con precisión el diagnóstico de los problemas existentes con relación a los asentamientos urbanos y productivos, el medio físico, los recursos naturales y las pautas previsibles de desarrollo.

Artículo 7. Procedimiento de elaboración.

1. El procedimiento de elaboración de las Directrices de Ordenación Territorial debe ajustarse a la siguiente tramitación:

a) La Consejería competente en materia de ordenación del territorio debe iniciar el procedimiento mediante la redacción de una propuesta, que debe ser elaborada en colaboración con los consejos insulares y que debe contener la documentación escrita y gráfica que justifique los criterios generales adoptados.

b) La propuesta debe someterse a información pública por un período no inferior a dos meses, mediante la publicación de los anuncios correspondientes en el «Butlletí Oficial de les Illes Balears» y, como mínimo, en uno de los periódicos de mayor circulación de cada una de las islas.

c) En un mismo plazo, la propuesta debe someterse a informe de la Administración general del Estado, de los consejos insulares y de los ayuntamientos de las Illes Balears, así como del resto de Consejerías de la Administración de la Comunidad Autónoma.

d) En vista de los resultados de los trámites a los que hacen referencia las letras b) y c) de este artículo, se procederá a la redacción definitiva de la propuesta de Directrices de Ordenación Territorial. Nuevamente se llevarán a cabo los trámites de información pública y de consulta a las Administraciones afectadas con un plazo mínimo de un mes, cuando la nueva redacción altere sustancialmente el contenido del texto inicial.

e) Al acabar la tramitación anterior, la Consejería competente debe elaborar una propuesta de anteproyecto de ley que deberá incorporar el resultado de los trámites precedentes y que deberá someterse a informe de la Comisión de Coordinación de Política Territorial por un plazo máximo de dos meses.

Emitido el informe, el anteproyecto se remitirá al Consejo de Gobierno para su aprobación como proyecto de ley.

f) Corresponde al Parlamento debatir y, si procede, aprobar el proyecto de ley de Directrices de Ordenación Territorial.

2. Para la revisión de las Directrices de Ordenación Territorial, debe seguirse el mismo procedimiento que para su elaboración. No obstante lo dispuesto en el apartado anterior, cuando el Gobierno pretenda modificar este instrumento sin reconsiderar el modelo territorial en su globalidad, el plazo previsto para información pública y emisión de informes, fijado en el artículo anterior, podrá ser reducido a la mitad. En estos casos, sólo deben ser consultadas las Administraciones públicas afectadas por la modificación.

CAPÍTULO II
Los planes territoriales insulares

Artículo 8. Naturaleza.

1. Los planes territoriales insulares, en desarrollo de las Directrices de Ordenación Territorial, son los instrumentos generales de ordenación del territorio de las islas de Mallorca, Menorca, Ibiza y Formentera.

2. Corresponde al consejo insular respectivo la elaboración, aprobación, revisión y modificación de estos instrumentos.

Artículo 9. Contenido.

Los planes territoriales insulares deben contener las siguientes determinaciones de ámbito supramunicipal:

a) Diagnóstico territorial del área, en especial en lo que se refiere a uso de los recursos naturales, población, planeamiento urbanístico vigente y situación socioeconómica.

b) Estudio de las posibilidades de desarrollo socioeconómico de las distintas áreas con características homogéneas, con determinación de objetivos.

c) Establecimiento de techos máximos de crecimiento para cada uso y distribución espacial.

d) Señalización de los espacios naturales o de las áreas de protección de construcciones o de lugares de interés histórico-artístico con indicación de las medidas protectoras que deban adoptarse.

e) Definición de los suelos de uso agrícola o forestal de especial interés.

f) Fijación de los criterios específicos para la redacción de los planes directores sectoriales que corresponda aprobar a los consejos insulares.

g) Ubicación de los equipamientos de interés supramunicipal.

h) Ubicación y características de las grandes infraestructuras, con especial atención a las que deban crearse o modificarse para potenciar el desarrollo socioeconómico.

i) Indicación de los servicios que deban crearse o que se puedan crear para utilización común de los municipios.

j) Establecimiento de criterios para la ordenación de terrenos colindantes de diferentes municipios.

k) Medidas de apoyo encaminadas a incentivar actuaciones que favorezcan la consecución de los objetivos fijados en las directrices de ordenación territorial y en el propio plan.

l) Criterios básicos relativos al uso sostenible de los recursos naturales.

Artículo 10. Procedimiento de elaboración.

1. Para la tramitación de los planes territoriales insulares debe seguirse el siguiente procedimiento:

a) Debe iniciar el procedimiento el órgano que sea competente, de acuerdo con el Reglamento orgánico de cada consejo insular.

b) La aprobación inicial corresponde al Pleno del consejo insular, el cual puede formular un avance previo a esta aprobación, que debe someterse a un período de consulta e información pública no inferior a un mes.

c) Acordada la aprobación inicial, el plan debe someterse a información pública por un período mínimo de dos meses, mediante la publicación de los anuncios correspondientes en el «Butlletí Oficial de les Illes Balears» y, como mínimo, en uno de los periódicos de mayor circulación de la isla.

d) En un plazo igual, debe solicitarse informe, con relación al ámbito de las competencias respectivas, al Gobierno de las Illes Balears, a todos los ayuntamientos de la isla afectada y a la Delegación del Gobierno en la Comunidad Autónoma. También pueden ser consultados los organismos y las entidades de carácter supramunicipal cuyo parecer se considere relevante.

e) Cuando se observen discrepancias sustanciales entre el contenido del plan y las objeciones formuladas por las Administraciones públicas, se abrirá un período de consulta entre estas Administraciones para resolver las diferencias manifestadas.

f) Finalizada la consulta, se puede disponer de un nuevo período de información y de consulta de la misma duración que el anterior si, como consecuencia de las alegaciones y de los informes recibidos, o por acuerdo propio, se han introducido modificaciones sustanciales respecto de la redacción inicial.

g) Una vez redactado el texto definitivo del plan, el Pleno del consejo insular, previo informe de la Comisión de Coordinación de Política Territorial, debe aprobarlo. El informe deberá ser emitido en un plazo máximo de un mes.

2. Para la revisión de los planes territoriales insulares debe seguirse el mismo procedimiento que para su elaboración y aprobación. Sin perjuicio de lo que dispone el párrafo anterior, cuando sean modificaciones que no signifiquen reconsiderar el instrumento de ordenación en su globalidad, los plazos de información pública y emisión de informes pueden reducirse a un mes.

En estos casos, sólo deberán ser consultadas las Administraciones públicas afectadas.

⇒ V. D. 13/2001, de 2 febrero, de organización y funcionamiento de la Comisión de Coordinación de Política Territorial.

CAPÍTULO III

Los planes directores sectoriales

Artículo 11. Naturaleza y clases.

1. Los planes directores sectoriales son los instrumentos de ordenación específica que tienen por objeto regular, en ámbitos materiales determinados, el planeamiento, la proyección, la ejecución y la gestión de los sistemas generales de infraestructuras, equipamientos, servicios y actividades de explotación de recursos.

2. Los planes directores sectoriales deben ser elaborados y aprobados por los consejos insulares cuando así lo prevean las leyes de atribución de competencias. De acuerdo con el plan territorial insular correspondiente, deben ordenar alguno de los elementos citados en el apartado anterior en su respectivo ámbito territorial.

3. En los otros casos, la elaboración y la aprobación de los planes directores sectoriales, en desarrollo de las Directrices de Ordenación Territorial, corresponden al Gobierno de las Illes Balears. Estos planes tienen ámbito insular o suprainsular.

⇒ V. disp. adic. 6ª de la Ley 9/2000, de 27 octubre.

Artículo 12. Contenido.

Los instrumentos regulados en este Capítulo deben ajustarse a las determinaciones de las Directrices de Ordenación Territorial y deben contener los documentos escritos y gráficos necesarios para reflejar como mínimo los siguientes contenidos:

a) Definición de los objetivos que se persiguen con el plan.

b) Análisis de los aspectos sectoriales a los cuales se refiere el plan y formulación de un diagnóstico de eficacia en relación con el sistema general de asentamientos humanos, con la actividad económica y con el medio ambiente y los recursos naturales.

c) Articulación con los planes territoriales insulares y con el planeamiento municipal existente, con determinación expresa de las vinculaciones que se creen.

d) Justificación y definición del esquema general de las infraestructuras, las obras, las instalaciones y los servicios que se prevean, teniendo en cuenta la incidencia ambiental.

e) Fijación de las características técnicas generales que deben aplicarse, debidamente clasificadas, en su caso, al llegar a la fase de proyecto de obra.

f) Relación y localización de las obras y actuaciones integradas en el plan.

g) Estudio economico-financiero que valore las obras y las actuaciones y establezca los recursos directos e indirectos con los que se pretenden financiar.

h) Fijación de los sistemas de ejecución, de las prioridades y de la programación de las actuaciones.

i) Medidas de apoyo encaminadas a promover las actuaciones que favorezcan la consecución de los objetivos señalados.

j) Medidas encaminadas a minimizar el impacto de las infraestructuras sobre el medio y a conseguir un uso sostenible de los recursos naturales.

Artículo 13. Procedimiento de elaboración.

1. Para la tramitación de los planes directores sectoriales elaborados por un consejo insular, debe seguirse el siguiente procedimiento:

a) El procedimiento debe iniciarse por el órgano competente de acuerdo con el reglamento orgánico de cada consejo insular.

b) La aprobación inicial corresponde al Pleno del consejo insular.

c) Acordada la aprobación inicial, el plan debe someterse a información pública y a consulta de las Administraciones interesadas, en los mismos términos previstos para la tramitación de los planes territoriales insulares.

d) Una vez redactado el texto definitivo del plan, será aprobado por el Pleno del consejo insular, previo informe de la Comisión de Coordinación de Política Territorial.

2. Para la tramitación de los planes directores sectoriales elaborados por el Gobierno de las Illes Balears, debe seguirse el siguiente procedimiento:

a) El procedimiento debe iniciarse por la Consejería competente en materia de ordenación territorial.

b) La aprobación inicial corresponde al Consejo de Gobierno, consultadas las Consejerías afectadas por el plan.

c) Acordada la aprobación inicial, el plan debe someterse a información pública y a consulta de las Administraciones interesadas, en los mismos términos previstos para la tramitación de los planes territoriales insulares.

d) El texto definitivo del plan debe ser elevado, por la Consejería competente, previo informe de la Comisión de Coordinación de Política Territorial, al Consejo de Gobierno para que lo apruebe por decreto.

3. Para la revisión y modificación de los planes directores sectoriales, será de aplicación lo que prevé el apartado 2 del artículo 10.

4. Los informes de la Comisión de Coordinación de Política Territorial a que hace referencia este artículo deberán ser emitidos en el plazo máximo de un mes.

⇒ V. O. 3 septiembre 1999, que regula la estructura orgánica de la Consejería de Obras Públicas, Vivienda y Transportes.

V. D. 13/2001, de 2 febrero, de Organización y Funcionamiento de la Comisión de Coordinación de Política Territorial.

V. Ley 9/1990, de 20 junio, sobre distribución de competencias a los Consejos Insulares en materia de urbanismo y habitabilidad, afectada por la Ley 8/2000, de 27 octubre, por Ley 4/2000, de 22 marzo y por Ley 15/1990, de 29 noviembre.

CAPÍTULO IV
Disposiciones comunes

Artículo 14. Relaciones entre los instrumentos de ordenación.

1. Los planes territoriales insulares y los planes directores sectoriales no pueden contradecir las determinaciones establecidas en las Directrices de Ordenación Territorial.

2. Los planes directores sectoriales que elaboren y aprueben los consejos insulares deben ajustarse, además, a lo que disponga el plan territorial insular respectivo.

3. Los planes territoriales insulares y los planes directores sectoriales aprobados por el Gobierno de las Illes Balears tienen el mismo rango. No obstante, en caso de conflicto, prevalecerán las determinaciones del plan que tenga un carácter más específico por razón de la materia, de acuerdo con esta Ley.

Artículo 15. Vinculación al planeamiento urbanístico.

1. Los instrumentos de ordenación territorial previstos en esta Ley son vinculantes para los instrumentos de planeamiento urbanístico municipal en todos aquellos aspectos en los que sean predominantes los intereses públicos de carácter supramunicipal.

2. Los planes afectados por la vinculación establecida en el apartado anterior deben adaptarse en los plazos que fije a este efecto el instrumento de ordenación territorial. Si la adaptación no se produce dentro de estos plazos, el consejo insular correspondiente se podrá subrogar en el ejercicio de las competencias municipales para hacer su redacción y tramitación.

3. Asimismo, los planes territoriales insulares y los planes directores sectoriales podrán prever el régimen provisional de ordenación que se aplicará en los municipios afectados mientras no se produzca la adaptación de los respectivos planes urbanísticos.

Artículo 16. Declaración de utilidad pública.

La aprobación de cualquier instrumento de ordenación regulado en esta Ley lleva implícita la declaración de utilidad pública de las obras, de las instalaciones y de los servicios que se hayan previsto de manera concreta, a los efectos de aquello que prevé la legislación sobre expropiación forzosa.

⇒ V. art. 33 de la Ley 6/1998, de 13 abril (§1).

Artículo 17. Las Normas territoriales cautelares.

1. Simultáneamente o con posterioridad al acto de iniciación del procedimiento de formulación de un instrumento de ordenación territorial, o de revisión o modificación, el órgano competente para dictarlo puede apreciar motivadamente la necesidad de elaborar una norma territorial cautelar, y defi-

nir su ámbito, finalidad y contenido básico. Esta norma regirá hasta la entrada en vigor del instrumento de ordenación correspondiente.

2. Para la elaboración de las Normas territoriales cautelares deben seguirse los siguientes trámites:

a) La aprobación inicial corresponde al mismo órgano que sea competente para aprobar inicialmente el instrumento de ordenación correspondiente. No obstante, para la aprobación inicial de las Normas territoriales cautelares previas a las Directrices de Ordenación Territorial el órgano competente es el Consejo de Gobierno.

b) Con la aprobación inicial se abrirá un plazo de información pública no inferior a quince días para formular alegaciones, por lo cual deben publicarse los anuncios correspondientes en el «Butlletí Oficial de les Illes Balears» y en uno de los periódicos de mayor circulación de las islas afectadas. Al mismo tiempo se solicitará informe a los ayuntamientos y a los consejos insulares, en el caso en que las Normas territoriales cautelares sean elaboradas por el Gobierno de las Illes Balears, y a éste, en el caso que la iniciativa sea de un consejo insular. El informe será emitido en el plazo de un mes desde la recepción de la solicitud.

c) Una vez estudiados las alegaciones y los informes emitidos, el mismo órgano que tenga atribuida la aprobación definitiva del instrumento de ordenación correspondiente debe aprobar definitivamente la norma territorial cautelar en el plazo máximo de seis meses, contado desde la aprobación inicial, transcurridos los cuales dicha aprobación no producirá ningún efecto.

3. La aprobación inicial de las Normas territoriales cautelares significa la suspensión del otorgamiento de licencias y de autorizaciones para todas aquellas actuaciones que no se ajusten a sus determinaciones.

4. La entrada en vigor de la norma territorial cautelar vincula provisionalmente los instrumentos de planeamiento urbanístico y, en caso de conflicto, prevalece sobre éstos.

5. Sin perjuicio de lo que se dispone en este artículo, la vigencia de las Normas territoriales cautelares previas a las Directrices de Ordenación Territorial y a los planes territoriales insulares no debe superar los cinco años. Este plazo será de tres años para las Normas territoriales cautelares previas a la aprobación de planes directores sectoriales o a la modificación de cualquier instrumento de ordenación territorial.

⇒ V. Ley 9/1990, de 20 junio, sobre distribución de competencias a los Consejos Insulares en materia de urbanismo y habitabilidad, afectada por la Ley 8/2000, de 27 octubre, por Ley 4/2000, de 22 marzo y por Ley 15/1990, de 29 noviembre.

DISPOSICIONES ADICIONALES

Primera.

De acuerdo con la legislación estatal, la acción para exigir ante los órganos administrativos y los tribunales de la jurisdicción contencioso-administrativa el cumplimiento de lo que disponen esta Ley y los instrumentos de ordenación que se regulan en ella, es pública.

⇒ V. art. 304 del TRLS/1992 (§2).

Segunda.

El Consejo Insular de Ibiza y Formentera debe elaborar un plan territorial insular para la ordenación conjunta de ambas islas, pero ha de diferir en el planeamiento municipal de Formentera la regulación de aquellos elementos respecto de los cuales no se considere necesario un tratamiento común para los dos territorios insulares.

⇒ V. Ley 9/1990, de 20 junio, sobre distribución de competencias a los Consejos Insulares en materia de urbanismo y habitabilidad, afectada por la Ley 8/2000, de 27 octubre, por Ley 4/2000, de 22 marzo y por Ley 15/1990, de 29 noviembre.

Tercera.

1. La formulación, revisión o modificación de los instrumentos de planeamiento general sólo se pueden aprobar cuando se adapten a las determinaciones de los instrumentos de ordenación territorial regulados en esta Ley.

2. No obstante lo que se establece en el apartado anterior, se pueden aprobar las modificaciones del planeamiento urbanístico general que tengan como objeto exclusivo alguna de las finalidades expresadas a continuación:

a) Disminución de coeficientes de edificabilidad o de porcentajes de ocupación de las edificaciones.

b) Disminución de la altura máxima de las edificaciones.

c) Cambio de usos plurifamiliares a unifamiliares.

d) Aumento de la superficie, o reajuste por razones funcionales, de zonas de equipamiento, espacios libres públicos o infraestructuras.

e) Aumento de la superficie de la parcela mínima para poder construir o implantar un uso urbanístico.

f) Implantación de usos industriales o de servicios.

g) Cambios de la clasificación de suelo urbano, urbanizable o apto para la urbanización con la finalidad de reconvertirlos en suelo rústico.

h) Implementación o extensión de medidas de protección del medio ambiente, del suelo rústico o de los bienes integrantes del patrimonio histórico.

En los casos previstos en las letras d) y f), la aprobación inicial de la modificación requerirá previamente el informe favorable del consejo insular correspondiente.

3. No obstante lo dispuesto en el punto 1 de esta disposición adicional, se pueden aprobar formulaciones, revisiones o modificaciones de instrumentos de planeamiento urbanístico general que no se adapten a las determinaciones de la legislación urbanística aplicable o a los instrumentos de ordenación territorial regulados en esta Ley, siempre que la entrada en vigor de estas determinaciones sea posterior a la finalización del plazo de información pú-

blica realizado en los procedimientos relativos a las citadas formulaciones, revisiones o modificaciones.

Cuarta.

Las referencias contenidas en normas vigentes a los planes territoriales parciales, regulados en la Ley 8/1987, de 1 de abril, deberán entenderse hechas a los planes territoriales insulares regulados en la presente Ley.

DISPOSICIONES TRANSITORIAS

Primera.

Las Administraciones competentes deben adecuar a las previsiones de esta Ley la tramitación de los procedimientos de elaboración, revisión y modificación de los instrumentos de ordenación territorial que se hayan iniciado antes de la entrada en vigor de esta disposición legal.

Segunda.

No obstante lo previsto en el artículo 17 de esta Ley, las Normas territoriales cautelares aprobadas antes de su entrada en vigor seguirán produciendo sus efectos hasta la entrada en vigor del instrumento de ordenación correspondiente.

DISPOSICIÓN DEROGATORIA

Quedan derogadas todas las disposiciones de rango igual o inferior que contradigan lo que se dispone en esta Ley y, particularmente, la Ley 8/1987, de 1 de abril, de ordenación territorial de las Islas Baleares.

DISPOSICIONES FINALES

Primera.

Se autoriza al Gobierno de las Illes Balears para que dicte las disposiciones reglamentarias necesarias para el desarrollo y la aplicación de esta Ley.

Segunda.

Esta Ley entrará en vigor al día siguiente de su publicación en el «Butlletí Oficial de les Illes Balears».

§ 20 LEY 6/1999, DE 3 ABRIL. DIRECTRICES DE ORDENACIÓN TERRITORIAL Y DE MEDIDAS TRIBUTARIAS EN LAS ILLES BALEARS

(BOE núm. 124, de 25 mayo y BOCAIB núm. 48, de 17 abril [RCL 1999, 1379 y LIB 1999, 89])

EXPOSICIÓN DE MOTIVOS

I

Es un deber de los poderes públicos en el Estado social y democrático de derecho promover aquellas condiciones que permitan a los individuos un desarrollo personal libre, y en este sentido, facilitarles los medios a su alcance para el desarrollo social y económico, sin que ello suponga una carga para las generaciones futuras. En esta tarea, no puede olvidarse el territorio, el elemento que sirve de soporte físico a casi toda actividad humana y que es un recurso susceptible de ser transformado por la acción del hombre, como objeto del tráfico económico y como conjunto de valores naturales de los cuales no podemos prescindir. En este contexto surge, en nuestra tradición jurídica, el derecho sobre la ordenación del territorio, del cual es un puntal básico la Ley 8/1987, de 1 de abril, de Ordenación Territorial de las Illes Balears.

No obstante, este reflejo jurídico no es sino un aspecto más de la política de ordenación territorial, entendida como el conjunto de disposiciones y actuaciones destinadas a un uso racional del suelo y de los recursos naturales que conduzca a un desarrollo socioeconómico equilibrado de los diferentes ámbitos territoriales y a una mejora de la calidad de vida de todos los ciudadanos. Esta política territorial debe ser capaz de desarrollar sus objetivos atendiendo a los principios de participación ciudadana, de coordinación de las distintas políticas sectoriales y de respeto a los valores e intereses de los distintos ámbitos territoriales, sin perder de vista la perspectiva del largo plazo en la toma de decisiones. Esta Ley de las Directrices de Ordenación Territorial de las Illes Balears y de Medidas Tributarias es sobre todo el fruto del esfuerzo de muchos ciudadanos y ciudadanas de estas islas que, durante un largo proceso de elaboración y participación de todos los sectores sociales, han ido configurando el modelo territorial futuro de nuestra tierra.

Las Illes Balears disponen, de conformidad con el artículo 10.3 del Estatuto de Autonomía, de la competencia exclusiva sobre la ordenación del territorio, incluido el litoral, urbanismo y vivienda, por lo cual en materia de ordenación territorial, la potestad legislativa corresponde al Parlamento de las Illes Balears, mientras que la potestad reglamentaria y la función ejecutiva corresponden al Gobierno de las Illes Balears, todo ello complementado por la jurisprudencia que el supremo intérprete de la Constitución ha dictado sobre el concepto de ordenación del territorio, la competencia de las comunidades autónomas y los planes de ordenación territorial, valga para todas, la doctrina fijada en la Sentencia del Tribunal Constitucional 149/1998, de 2 de julio, fundamento jurídico tercero, en la que proclama:

«Es necesario determinar el alcance de la competencia autonómica en materia de ordenación del territorio en relación con las competencias que al Estado reserva el artículo 149.1 CE.

3. Este Tribunal ha elaborado al respecto una consolidada doctrina jurisprudencial cuyo recordatorio resulta, por tanto, oportuno y conveniente. En una primera aproximación global al concepto de ordenación del territorio, ha destacado que el referido título competencial «tiene por objeto la actividad consistente en la delimitación de los diversos usos a que puede destinarse el suelo o espacio físico territorial» [SSTC 77/1984, fundamento jurídico 2 y 149/1991, fundamento jurídico 1º B]. Concretamente, dejando al margen otros aspectos normativos y de gestión, su núcleo fundamental «está constituido por un conjunto de actuaciones públicas de contenido planificador cuyo objeto consiste en la fijación de los usos del suelo y el equilibrio entre las distintas partes del territorio del mismo» [SSTC 36/1994, fundamento jurídico 3º y 28/1997, fundamento jurídico 5º]. Sin embargo, también ha advertido, desde la perspectiva competencial, que dentro del ámbito material de dicho título, de enorme amplitud, no se incluyen todas las actuaciones de los poderes públicos que tienen incidencia territorial y afectan a la política de ordenación del territorio, puesto que ello supondría atribuirle un alcance tan amplio que desconocería el contenido específico de otros títulos competenciales, no sólo del Estado, máxime si se tiene en cuenta que la mayor parte de las políticas sectoriales tienen una incidencia o dimensión espacial [SSTC 36/1994, fundamento jurídico 3º; 61/1997, fundamento jurídico 16 y 40/1998, fundamento jurídico 30]. Aunque hemos precisado igualmente que la ordenación del territorio es en nuestro sistema constitucional un título competencial específico que tampoco puede ser ignorado, reduciéndolo a simple capacidad de planificar, desde el punto de vista de su incidencia en el territorio, actuaciones por otros títulos; ordenación del territorio que ha de llevar a cabo el ente titular de tal competencia, sin que de ésta no se derive consecuencia alguna para la actuación de otros entes públicos sobre el mismo territorio [SSTC 149/1991, fundamento jurídico 1º B y 40/1998, fundamento jurídico 30]».

A partir de aquí y de la ya citada Ley de Ordenación Territorial, se planteó la necesidad de elaborar unas directrices de ordenación territorial como instrumento para la ordenación conjunta de la totalidad del ámbito territorial de las Illes Balears, y de fijar la normativa necesaria para conseguir los objetivos definidos en la Ley, con carácter vinculante para los diferentes planes de ordenación territorial y urbanística. El rango legal que tiene este importante instrumento refuerza su carácter vinculante y lo reafirma como principal expresión de la política territorial de las Illes Balears. No obstante, no hay que olvidar su naturaleza planificadora y de ordenación. Las directrices son también una apuesta de futuro y el inicio de una nueva visión más integrada y conjunta del desarrollo social y económico de las Illes, en perfecta armonía con la protección de los recursos naturales de que disfrutamos. Vértice de un conjunto de instrumentos de ordenación que abarcarán todos los ámbitos y sectores de nuestra comunidad, lo que se pretende es la regulación de todos aquellos elementos comunes o con un carácter claramente supramunicipal, de manera que se consiga una utilización racional del territorio, con los diferentes usos asignados y las adecuadas redes de infraestructuras y equipamientos, que permita un equilibrio económico y social de cada uno de los diferentes ámbitos territoriales, respetando sus peculiaridades.

II

La elaboración de las Directrices de Ordenación Territorial ha sido impulsada, desde su inicio, por el Gobierno de las Illes Balears, siguiendo el procedimiento fijado por la Ley de Ordenación Territorial. De acuerdo con su artículo 14, se redactó un primer texto, conocido como Avance de las Directrices, que tuvo una amplia difusión en el público en general. El texto del Avance fue sometido a información pública y remitido a todos los organismos afectados, así como también a la Comisión de Coordinación de Política Territorial, que emitió su informe el 19 de marzo de 1998.

A partir de aquí, empezó un largo proceso de clasificación, de análisis y de estudio de las diferentes alegaciones e informes recibidos en el período de exposición pública del Avance. Como fruto de este esfuerzo sintetizador e integrador de la voluntad manifestada por parte de la sociedad civil balear surgió un instrumento útil y funcional para todas las personas e instituciones que deberán regirse por su contenido. Tratándose de una norma programática y de carácter eminentemente positivo, se hace necesaria una redacción más imperativa, para garantizar el principio de seguridad jurídica y la efectividad de los principios de las Directrices, asegurándoles una aplicación eficaz a largo plazo.

III

Las peculiaridades de este texto condicionan, como no podría ser de otra manera, su contenido y su estructura formal. Por ello, las Directrices de Ordenación Territorial, atendiendo a lo que se establece en el artículo 11 de la Ley 8/1987, de 1 de abril, de Ordenación Territorial de las Illes Balears, parten de unos antecedentes y de un diagnóstico sobre los problemas existentes, y están formadas por un texto normativo que recoge el texto articulado, vinculante para los instrumentos de ordenación territorial y para el Plan Hidrológico de las Illes Balears, además de un bloque de disposiciones de aplicación inmediata y directa.

Es en el texto normativo donde se definen los rasgos básicos de las Directrices, así como aquellas disposiciones que, por su importancia y mayor efectividad, deben aplicarse de manera inmediata y directa. No es superfluo remarcar el carácter normativo y el rango de ley que nuestro ordenamiento jurídico otorga a las Directrices, lo cual supone la vinculación directa de todas las personas y colectivos, incluidas las administraciones públicas. Este carácter normativo es imprescindible para poder garantizar una ordenación homogénea de aquellos elementos que, por su naturaleza, tienen una vocación supramunicipal y, por tanto, han de ser tratados con una visión más general, por encima de intereses particulares o localistas.

El articulado se inicia con un título preliminar donde se define el objeto y el ámbito de las Directrices, así como la configuración de los elementos básicos del territorio que determinarán, a su vez, la estructura del texto. La determinación del objetivo de las Directrices es la exigencia irrenunciable de un equilibrio entre el desarrollo social y económico y la preservación de los recursos y de la calidad ambiental. Se trata en definitiva de un esfuerzo para que las Directrices sean el vértice de la estrategia territorial global de las Illes Balears.

Dos grandes ejes determinan el modelo territorial que se define a continuación. Por una parte, las áreas homogéneas de carácter supramunicipal, que coinciden con las islas de Mallorca, Menorca y las Pitiusas y que determinan los tres planes territoriales parciales que se prevén. Por otra, el sistema de infraestructuras y equipamientos que se ordena por los distintos planes directores sectoriales de forma general para todas las áreas homogéneas.

Para los planes territoriales parciales se establecen las determinaciones para la ordenación tanto de aquellas áreas que permanecen sustraídas al desarrollo urbano, como de las destinadas al mismo. Respecto de las primeras, se hace un especial énfasis en los aspectos proteccionistas y en el desarrollo de actividades del sector primario. El mundo agrario recibe un apoyo expreso por parte de las Directrices, apoyo que no sólo se manifiesta como principios o criterios programáticos para los instrumentos de ordenación posteriores, sino que supone el establecimiento de medidas concretas que permitan una mejora de las rentas rurales, conciliando la actividad tradicional con otras complementarias compatibles con la protección de los recursos naturales. Por otra parte, donde estos planes lo determinen, las áreas naturales protegidas serán ordenadas por planes de ordenación del medio natural.

Respecto de las áreas de desarrollo urbano, se limita su crecimiento imponiendo un porcentaje máximo para cada isla, dejando que el plan territorial parcial lo asigne a cada municipio de acuerdo con el modelo territorial de las Directrices. Estos límites al crecimiento tienen un horizonte temporal de 10 años y se expresan en porcentajes de superficie de suelo destinado a uso residencial o turístico. Esta limitación supone, de forma directa, la aparición de suelo urbanizable o apto para la urbanización excedente, por lo cual se hace necesario un proceso de reclasificación del mismo, proceso que se produce a la entrada en vigor de esta Ley en aquellos casos que, de una manera clara, se oponen al modelo y en los otros se determina que sean las administraciones locales las que, en el ejercicio de sus competencias en materia de urbanismo, indiquen los suelos para el futuro desarrollo urbano, de acuerdo con lo que determine el plan territorial parcial de cada isla.

Asimismo, se definen las reglas para una distribución de equipamientos y servicios más racional y equilibrada, sin una especial incidencia en el sector turístico, dada la coincidencia temporal en la redacción de su legislación sectorial específica. Por lo que se refiere a las infraestructuras y a los equipamientos, las Directrices prevén, en el Título II, las determinaciones para los diferentes planes directores sectoriales que, juntamente con los ya existentes en la entrada en vigor de esta Ley, suponen una ordenación suprainsular de aquellos que se superpone a los planes territoriales de cada una de las áreas y los complementa. Esta ordenación pretende, de una manera equilibrada y equitativa, el bienestar social que se otorga mediante las dotaciones, los equipamientos y las infraestructuras.

Al margen de estos instrumentos, ya definidos por la Ley de Ordenación Territorial, la necesidad de mejorar y dedicar grandes esfuerzos a una mayor eficiencia del uso del suelo y para otorgar una mayor calidad a los asentamientos, se crean las áreas de reconversión territorial (ART) con unos instrumentos específicos, como son los planes de reconversión territorial (PRT) y los proyectos de mejora territorial (PMT).

Un tercer título, sobre gestión territorial, establece las normas y los procedimientos para posibilitar la elaboración de todos estos planes, así como la adaptación de los planes directores sectoriales ya existentes y de los instrumentos de planeamiento general. Además de estas determinaciones y de la normativa más propiamente planificadora, como se ha dicho, existe un bloque, disperso en el texto según la materia tratada, de disposiciones de inmediata y directa aplicación que facilitan esta futura planificación territorial, impidiendo actuaciones que puedan alterar la realidad existente y hagan imposible el cumplimiento de los objetivos fijados por el modelo territorial.

Buena parte de estas normas se encuentran en las disposiciones adicionales y transitorias, y establecen medidas de carácter jurídico, a fin de fijar un régimen transitorio de aplicación del texto articulado, hasta que los diferentes instrumentos de ordenación territorial se aprueben. Así, empieza a configurarse el régimen jurídico de las diferentes categorías de suelo rústico, específicamente por lo que se refiere al protegido, y se determinan, con carácter de mínimo, los usos y las actividades permitidos, condicionados o prohibidos, según la Matriz de Ordenación del Suelo Rústico del Anexo I de esta Ley. Por otra parte, se fijan unos límites provisionales respecto del crecimiento *del suelo urbanizable*, y se da la posibilidad a los ayuntamientos para que, en el ámbito de su competencia urbanística, puedan decidir los suelos a desarrollar sin poner en peligro el límite máximo de crecimiento que pretende el modelo territorial y que perfilará el plan territorial parcial.

Es evidente que las Directrices, a la hora de definir su modelo territorial no pueden olvidar la realidad económica, social, cultural y medioambiental del territorio y, por este motivo, se hace necesario establecer aquellas medidas destinadas a corregir los desequilibrios interterritoriales más evidentes, ya sea apoyando determinadas actuaciones promovidas por los poderes públicos, por su importancia a nivel supramunicipal, ya sea estableciendo medidas singulares para algunos municipios. Este es el caso de Campos, donde el abandono forzado de las actividades agrarias más tradicionales y la ausencia de una actividad económica terciaria han conducido a este municipio hacia una situación de crisis económica y social, ante la cual los poderes públicos no pueden permanecer indiferentes. El principio de solidaridad interterritorial, recogido en el artículo 9 de nuestro Estatuto, justifica de forma clara la adopción de medidas singulares que, por la gravedad de la situación, no pueden esperar al desarrollo de los distintos instrumentos de ordenación. En cualquier caso, estas medidas no suponen otra cosa que la corrección de unos desequilibrios que, a largo plazo, podrían poner en peligro el propio modelo territorial definido en estas Directrices de Ordenación Territorial de las Illes Balears.

La introducción en esta Ley de una serie de medidas que impliquen limitaciones en lo que podríamos denominar valor residencial del suelo y, de alguna manera también, limitaciones a la facultad de disponer, proporciona un cierto agravio a los propietarios de fincas situadas en suelo rústico protegido en relación a los de fincas de suelo rústico común, agravio que se considera que debe ser paliado con determinados beneficios fiscales. Con esta finalidad, se han adoptado unas medidas en la disposición adicional decimotercera, que otorgan un tratamiento fiscal diferenciado a la transmisión «mortis causa» de estas fincas, creando una reducción en la base imponible del Impuesto sobre Sucesiones y Donaciones.

Por otra parte, no debemos olvidar que la contribución social al paisaje que el suelo rústico protegido significará para el territorio de las Illes Balears dependerá, en buena medida, de los gastos que se realicen en la conservación y mejora de las propiedades integradas en este suelo. Estos gastos, que no están enfocados a un retorno económico ni a una productividad futura, deben considerarse susceptibles de integrar una deducción de la cuota líquida autonómica del Impuesto sobre la Renta de las Personas Físicas, que de esta manera paliará los gastos de estas iniciativas.

TÍTULO PRELIMINAR
CONCEPTOS GENERALES

CAPÍTULO I
Objeto, ámbito, vigencia y vinculación

Artículo 1.

El objeto de las Directrices de Ordenación Territorial es definir un modelo territorial para las Illes Balears, para lo cual promoverán:

1. *Un* desarrollo equilibrado entre los diferentes ámbitos territoriales y sectoriales de las Illes Balears y una mejora de la calidad de vida de sus habitantes.

2. Una utilización sostenible en términos ambientales del suelo y de los recursos naturales y una mejor distribución en el espacio de los usos y actividades productivas.

3. Una protección de la calidad ambiental, el paisaje, la biodiversidad y el patrimonio histórico.

Artículo 2.

Las Directrices de Ordenación Territorial constituyen el instrumento para la ordenación conjunta de la totalidad del territorio de las Illes Balears y de sus aguas interiores.

Artículo 3.

1. Las Directrices de Ordenación Territorial tienen una vigencia indefinida, si bien serán susceptibles de revisión o de modificación, siguiendo el mismo procedimiento que para su aprobación, cuando se den las siguientes circunstancias.

2. Causas de revisión: a los 10 años de vigencia de las Directrices de Ordenación Territorial, el Gobierno de las Illes Balears analizará la oportunidad de proceder a su revisión, que se llevará a cabo en cualquier momento, anterior o posterior, si se produce alguna de las siguientes circunstancias:

a) Cuando circunstancias acaecidas alteren las hipótesis de las Directrices de Ordenación Territorial en lo que se refiere a evolución demográfica, dinámicas, económica, problemática ambiental o mercado inmobiliario, de manera que obliguen a cambiar los criterios establecidos.

b) Si deben tramitarse modificaciones concretas de las determinaciones de las Directrices de Ordenación Territorial que provoquen alteraciones que incidan en la estructura general del territorio.

c) Cuando el desarrollo de las Directrices de Ordenación Territorial comporte la necesidad o la conveniencia de ampliar sus objetivos mediante posteriores desarrollos del mismo modelo de ordenación no previstos inicialmente.

d) Cuando la aprobación de alguna normativa estatal o de la Unión Europea establezca determinaciones para el territorio de las Illes Balears que impliquen una transformación del modelo territorial.

e) Cuando otras circunstancias acaecidas de análoga naturaleza o importancia semejante lo justifiquen, porque afecten a criterios determinantes del modelo territorial de las Directrices de Ordenación Territorial y así lo acuerde el Consejo de Gobierno de las Illes Balears.

3. Causas de modificación: se entenderán por modificación de las Directrices de Ordenación Territorial, toda alteración o adición de sus determinaciones o criterios que no constituya causa de revisión conforme con lo que se dispone en el punto anterior y, en general, las que se puedan aprobar, en su caso, sin volver a considerar la globalidad de las Directrices de Ordenación

Territorial, por no afectar más que de manera puntual y aislada al modelo territorial de las Illes Balears.

Artículo 4.

1. Las Directrices de Ordenación Territorial establecen las disposiciones de inmediata y directa aplicación siguientes:

Los artículos 3, 4, 5, 8, 9, 10, 11, 14, 19, 20, 23, 32, 33, 35, 36, 37, 38 y 39; todo el Capítulo I del Título II; los artículos 63 y 64.1; el Título III completo; las veintitrés disposiciones adicionales, las dieciséis disposiciones transitorias, la disposición derogatoria, las dos disposiciones finales y el Anexo I, correspondiente a la Matriz de Ordenación del Suelo Rústico y la definición de los usos y actividades que en ella se regulan.

2. Los instrumentos de planeamiento general vigentes a la entrada en vigor de esta ley, deberán adaptarse a lo establecido en la misma en el plazo máximo de dos años, a contar desde su publicación, sin perjuicio de la aplicación inmediata y directa de las determinaciones legales que tienen este carácter. En cualquier caso, la adaptación deberá tramitarse con la primera modificación o revisión del instrumento de planeamiento general que se redacte.

3. La aprobación definitiva de los instrumentos de ordenación territorial y del Plan Hidrológico de las Illes Balears obligarán a la adaptación de los instrumentos de planeamiento general por parte de las administraciones competentes, en los plazos previstos en los planes territoriales parciales, planes directores sectoriales, planes de ordenación del medio natural y en el Plan Hidrológico de las Illes Balears.

Artículo 5.

Las zonas declaradas de interés para la defensa nacional, situadas en las Illes Balears, se regirán por lo que dispone la presente Ley, sin perjuicio de las determinaciones de la Ley 8/1975, de 12 de marzo, de Zonas e Instalaciones de Interés para la Defensa Nacional, y de la disposición adicional primera de la Ley 6/1998, de 13 de abril sobre Régimen del Suelo y Valoraciones.

CAPÍTULO II
Elementos básicos

Artículo 6.

Los elementos básicos del territorio son aquellos que fundamentan el modelo territorial definido por las Directrices de Ordenación Territorial y son los siguientes:

1. Áreas homogéneas de carácter supramunicipal.
2. Áreas sustraídas al desarrollo urbano.
3. Áreas de desarrollo urbano.
4. Sistema de infraestructuras y equipamientos.

Artículo 7.

Las áreas homogéneas de carácter supramunicipal están constituidas por:

1. La isla de Mallorca, considerando las diferencias entre la Sierra de Tramuntana, la bahía de Palma y la costa de Ponent, el Pla de Mallorca, las bahías de Alcúdia y Pollença, el Migjorn-Llevant de Mallorca y el Raiguer.

2. La isla de Menorca, considerando la bipolaridad existente entre los municipios de Maó y Ciutadella de Menorca.

3. Las islas de Eivissa y de Formentera, considerando el ámbito de los Amunts, con sus características propias.

Artículo 8.

Las áreas sustraídas al desarrollo urbano son los terrenos cuya función es la protección de los elementos de identidad que los caracterizan y que, por ello, deben preservarse de los procesos de desarrollo urbanístico. Se establece la distinción entre suelo rústico protegido y suelo rústico común, cuyos usos y actividades quedan regulados inicialmente por la Matriz de Ordenación del Suelo Rústico del Anexo I de esta Ley.

Artículo 9.

1. El suelo rústico protegido es el comprendido en las áreas sustraídas al desarrollo urbano, para el cual, por sus valores excepcionales, la preservación de la fauna, la flora y el mantenimiento de la biodiversidad, se establece un régimen especial de protección distinto del general. Dichas áreas están constituidas por las cinco categorías siguientes:

a) Áreas naturales de especial interés de alto nivel de protección (AANP).

b) Áreas naturales de especial interés (ANEI).

c) Áreas rurales de interés paisajístico (ARIP).

d) Áreas de prevención de riesgos (APR).

e) Áreas de protección territorial (APT).

2. Asimismo, tendrán la consideración de suelo rústico protegido las áreas que los instrumentos de planeamiento general consideren necesario preservar justificadamente de acuerdo con los anteriores criterios.

Artículo 10.

Constituirá el suelo rústico común el resto de los terrenos que pertenezcan a áreas sustraídas del desarrollo urbano y que no se hallen incluidas en ninguna de las cinco categorías del suelo rústico protegido. Estas áreas están constituidas, a su vez, por las tres categorías siguientes, delimitadas por los planes territoriales parciales:

1. Áreas de interés agrario (AIA).

2. Áreas de transición (AT).

3. Áreas de suelo rústico de régimen general (SRG).

Artículo 11.

1. Las áreas de desarrollo urbano son los suelos aptos para los asentamientos urbanos, de cualquier tipo de uso, reconocidos por los instrumentos de planeamiento general con las dimensiones y las características básicas que éstos les otorgan, sin perjuicio de lo que indiquen los planes territoriales parciales.

2. Tendrán también esta condición los asentamientos que cumplan los requisitos que la Ley 6/1998, de 13 de abril, sobre régimen del suelo y valoraciones, y la legislación urbanística de las Illes Balears exigen para la clasificación de los terrenos como suelo urbano.

Artículo 12.

El sistema de infraestructuras y equipamientos es el que relaciona e integra los demás elementos básicos del territorio cumpliendo diferentes funciones al servicio del conjunto de la población, para promover el desarrollo de todos los ámbitos, eliminando o disminuyendo los desequilibrios interterritoriales.

TÍTULO I

LAS ÁREAS HOMOGÉNEAS DE CARÁCTER SUPRAMUNICIPAL

CAPÍTULO I

Los planes territoriales parciales

Artículo 13.

1. Los instrumentos para la ordenación de las áreas homogéneas de carácter supramunicipal son los planes territoriales parciales previstos en la Ley 8/1987, de 1 de abril, de Ordenación Territorial de las Illes Balears.

2. La aprobación de los planes territoriales parciales implicará la declaración de utilidad pública y la necesidad de ocupación de los terrenos y edificios correspondientes con la finalidad de expropiación o de imposición de servidumbres.

⇒ Téngase en cuenta la disp. adic. 4ª de la Ley 14/2000, de 21 diciembre, de Ordenación Territorial (§18).

Artículo 14.

La redacción y la aprobación, mediante decreto, de los planes territoriales parciales corresponde al Gobierno de las Illes Balears que los tramitará de acuerdo con el artículo 19.1 de la Ley 8/1987, de 1 de abril, de Ordenación Territorial de las Illes Balears, con el informe previo, de acuerdo con las competencias respectivas, de los consejos insulares, de la Delegación del Gobierno en las Illes Balears, de las mancomunidades y de los ayuntamientos afectados. En todo caso, en la elaboración del instrumento se cumplirá lo que dispone el artículo 80.1 de esta Ley.

⇒ Téngase en cuenta la disp. adic. 4ª de la Ley 14/2000, de 21 diciembre, de Ordenación Territorial (§18).

CAPÍTULO II

Determinaciones para todas las áreas homogéneas de carácter supramunicipal

Artículo 15.

1. Para el desarrollo social y cultural, los planes territoriales parciales deben tomar en consideración los objetivos en relación con:

a) El empleo y la formación laboral.

b) El fomento de nuevas actividades.

c) El equipamiento educativo, asistencial, administrativo, cultural y deportivo.

d) El patrimonio histórico para el que, en todo caso, deberán establecer medidas para completar los catálogos de patrimonio histórico y favorecer su restauración, investigación y rehabilitación o posibilidad de uso.

2. Para el desarrollo económico, los planes territoriales parciales indicarán los objetivos considerados en cuanto a:

a) El mantenimiento de la población y de la actividad productiva en el medio rural, de la mejora y diversificación de sus rentas y condiciones de vida y de la formación y asistencia técnica continuadas.

b) La formación técnica y especializada, y la calificación profesional.

c) La innovación empresarial para los sectores tradicionales.

d) La creación de empresas de nuevas tecnologías.

e) Las nuevas actividades relacionadas con la recuperación y los nuevos usos del patrimonio histórico, la gestión del medio ambiente, los espacios naturales, los residuos y la energía.

f) La ubicación y las características de las grandes infraestructuras.

3. Para el desarrollo medioambiental, los planes territoriales parciales señalarán objetivos de:

a) Preservación, gestión y conocimiento de la vulnerabilidad referidos a recursos, especies y sistemas naturales.

b) Incorporación de la Agenda Local 21 en las administraciones públicas territoriales y de sistemas de gestión de calidad ambiental en las empresas.

c) Integración paisajística y ambiental, tanto en lo referido al ámbito urbano como a suelo rústico.

Artículo 16.

Para establecer los contenidos o criterios de ordenación territorial que promuevan un desarrollo equilibrado de los diferentes ámbitos de cada isla, los planes territoriales parciales promoverán las actuaciones mancomunadas y de cooperación insular o supramunicipal que contribuyan a alcanzar estos objetivos y representen una economía significativa de ocupación y cambios de uso del territorio.

Artículo 17.

Los planes territoriales parciales deberán considerar, como mínimo, las determinaciones establecidas en esta Ley.

Artículo 18.

Los planes territoriales parciales establecerán criterios supramunicipales para que los instrumentos de planeamiento general realicen una ordenación coherente de los terrenos colindantes.

CAPÍTULO III

Determinaciones para todas las áreas sustraídas al desarrollo urbano

Artículo 19.

1. En las Illes Balears las áreas de suelo rústico protegido son las siguientes:

a) Las áreas naturales de especial interés de alto nivel de protección (AANP), definidas por la Ley 1/1991, de 30 de enero, de Espacios Naturales y de Régimen Urbanístico de las Áreas de Especial Protección de las Illes Balears, así como también los espacios naturales protegidos, declarados según la Ley 4/1989, de 27 de marzo, de Conservación de los Espacios Naturales y de la Flora y Fauna Silvestres.

b) Las áreas naturales de especial interés (ANEI), definidas por la Ley 1/1991, de 30 de enero, de Espacios Naturales y de Régimen Urbanístico de las Áreas de Especial Protección de las Illes Balears, que no se incluyen en la categoría anterior.

c) Las áreas rurales de interés paisajístico (ARIP), definidas por la Ley 1/1991, de 30 de enero, de Espacios Naturales y de Régimen Urbanístico de las Áreas de Especial Protección de las Illes Balears.

d) Las áreas de prevención de riesgos (APR), que son las que presentan un manifiesto riesgo de inundación, de incendio, de erosión o de desprendimiento, independientemente de su inclusión en las categorías anteriores.

e) Las áreas de protección territorial (APT), que son, independientemente de su inclusión en las categorías anteriores, las siguientes:

e.1) La franja de 500 metros para las islas de Mallorca, de Menorca y de Eivissa, y la de 100 metros para la de Formentera, medidas desde el límite interior de la ribera del mar.

e.2) La franja comprendida entre dos líneas longitudinales paralelas a las aristas de explanación de las carreteras y una distancia de éstas de 25 metros en las carreteras de cuatro o más carriles, de 18 metros en las carreteras de dos carriles de las redes primaria y secundaria y de 8 metros en las carreteras de dos carriles de las redes local o rural, según lo que dispone la Ley 5/1990, de 24 de mayo, de Carreteras de las Illes Balears, excepto cuando se trate de travesías.

2. En ningún caso tendrán la consideración de áreas de protección territorial (APT) las siguientes:

a) Las zonas portuarias de titularidad estatal o autonómica y la proyección ortogonal posterior desde la zona de servicios del puerto hacia el interior.

b) El suelo clasificado como urbano, urbanizable o apto para la urbanización, existente a la entrada en vigor de esta Ley, y sus proyecciones ortogonales posteriores hacia el interior.

3. Lo que se dispone en el punto anterior regirá aun cuando, por motivo de cambio de alineación de la línea poligonal que define la ribera del mar, se produzca una superposición del área de protección territorial en la zona de excepción.

Artículo 20.

En las Illes Balears, las áreas de suelo rústico común son las siguientes:

1. Las áreas de interés agrario (AIA), que serán delimitadas por los correspondientes planes territoriales parciales.

2. Las áreas de transición (AT), que comprenderán una franja a definir por los planes territoriales parciales entre un mínimo de 100 metros y un máximo de 500 metros a partir del suelo clasificado como urbano, urbanizable o apto para la urbanización, en aplicación de esta Ley.

3. Las áreas de suelo rústico de régimen general (SRG), integradas por el resto del suelo rústico común.

Artículo 21.

Los instrumentos de ordenación territorial y los instrumentos de planeamiento general deberán regular el suelo rústico y sus usos y actividades con sujeción a la Matriz de Ordenación del Suelo Rústico y sus definiciones del Anexo I de esta Ley, a la Ley 6/1997, de 8 de julio, del Suelo Rústico de las Illes Balears, y a la Ley 19/1995, de 4 de julio, de Modernización de las Explotaciones Agrarias; asimismo, establecerán las normas urbanísticas y de integración paisajística y ambiental de ámbito supramunicipal, de acuerdo con los siguientes criterios:

1. Para las áreas naturales de especial interés de alto nivel de protección (AANP), promover la conservación, la investigación y la mejora de los recursos naturales.

2. Para las áreas naturales de especial interés (ANEI), promover las

actividades tradicionales y aquellas otras que generen los recursos necesarios para la conservación y que sean compatibles con las del punto anterior.

3. Para las áreas rurales de interés paisajístico (ARIP), promover la conservación y la mejora de los recursos paisajísticos.

4. Para las áreas de prevención de riesgos (APR) de desprendimientos, de erosión, de incendios o de inundaciones, establecer las condiciones y limitaciones de desarrollo de los usos y de las actividades en función del nivel de riesgo; determinar las acciones de protección y de previsiones de las infraestructuras, siguiendo los criterios de la administración pública competente, así como promover las acciones que eviten estos riesgos.

A los efectos de la delimitación prevista en el artículo 25 de esta Ley, las áreas de prevención de riesgos de incendios serán las definidas por la administración competente, en base a su vulnerabilidad.

5. Para las áreas de protección territorial (APT), proteger las áreas próximas a la costa y a las infraestructuras ejerciendo la función de corredor biológico para la conexión de las áreas protegidas.

6. Para las áreas de interés agrario (AIA), definir medidas que protejan el potencial productivo del suelo, la permanencia del arbolado, los incentivos para las actividades agrarias y la mejora de las rentas rurales.

7. Para las áreas de transición (AT), destinarlas a las previsiones del futuro crecimiento urbano y a la armonización de las diferentes clases de suelo.

8. Los planes territoriales parciales podrán ordenar las áreas de especial protección atendiendo los criterios de los artículos 53, 54 y 55 de esta Ley, o disponer que sean ordenadas mediante un plan de ordenación del medio natural o, excepcionalmente, un plan especial.

9. Los planes territoriales parciales preverán la redacción, por la iniciativa privada, de proyectos de modernización de explotaciones rústicas, al amparo de la Ley 19/1995, de 4 de julio, de Modernización de las Explotaciones Agrarias, que para el desarrollo y la mejora de una o diversas explotaciones agrarias, ordenen sus usos y actividades, como último escalón en la aplicación al suelo rústico de la normativa en vigor.

Artículo 22.

1. Los planes territoriales parciales definirán unos recorridos paisajísticos y culturales que conecten las áreas recreativas, los centros de interpretación, los parques y demás elementos de interés etnológico, paisajístico, cultural o natural de titularidad pública.

2. Asimismo, podrán incorporarse voluntariamente recorridos paisajísticos y culturales o áreas recreativas de titularidad privada.

Artículo 23.

1. Dado el interés estratégico del mundo rural y agrario, se declara de interés preferente su conservación.

2. La gestión de las actividades de investigación, de educación ambiental, de ocio, de usos recreativos y de tiempo libre que deban realizarse en suelo rústico de titularidad privada corresponderá a su titular, sin perjuicio de que se puedan otorgar instrumentos de colaboración con las administraciones públicas competentes.

Cuando la gestión a que se refiere el párrafo anterior se realice en espacios protegidos por la Ley 4/1989, de 27 de marzo, de Conservación de los Espacios Naturales y de la Flora y Fauna Silvestres, su plan de ordenación de los recursos naturales determinará a quién corresponde dicha gestión.

Artículo 24.

Los planes territoriales parciales establecerán los objetivos, los criterios urbanísticos y las características de la oferta turística posible en el suelo rústico.

Artículo 25.

Los planes territoriales parciales delimitarán las diferentes categorías del suelo rústico que se describen en este Capítulo, utilizando la escala 1:25.000. La delimitación precisa de estas categorías corresponderá a los instrumentos de planeamiento general y se referirá a elementos físicos fácilmente identificables sobre el terreno.

CAPÍTULO IV

Determinaciones para todas las áreas de desarrollo urbano

Artículo 26.

Para las áreas de desarrollo urbano, los planes territoriales parciales deberán establecer medidas para fomentar el equilibrio territorial mediante la potenciación de los núcleos urbanos según su función en cada isla, favoreciendo la recalificación y reutilización de los ya existentes en lugar de los nuevos crecimientos.

Artículo 27.

Los planes territoriales parciales establecerán criterios para fomentar e incentivar la conservación de los núcleos de tipología tradicional y de los elementos de identidad que los caracterizan.

Artículo 28.

1. Sin perjuicio de las competencias municipales, los planes territoriales parciales fomentarán la reutilización y el esponjamiento de las zonas degradadas de los núcleos urbanos, mediante la creación de áreas de reconversión territorial (ART), señalando los ámbitos de aplicación de los planes y programas de actuación, y el orden de prioridad de los que hayan de ser financiados por el Gobierno de las Illes Balears o por los consejos insulares.

2. Específicamente, los planes territoriales parciales podrán caracterizar áreas de reconversión territorial (ART) para centros históricos degradados,

zonas turísticas donde puedan aplicarse operaciones de las previstas en el Plan Director de Ordenación de la Oferta Turística, otras zonas que por la tipología y la calidad constructiva de sus edificios e infraestructuras hagan necesaria una rehabilitación y la eliminación de aquellos elementos singulares que supongan un deterioro de la calidad ambiental o paisajística de una zona.

Artículo 29.

Sin perjuicio de lo que establezcan los planes territoriales parciales, el desarrollo urbano en los núcleos regulados por un Plan Director de Ordenación de la Oferta Turística se efectuará de acuerdo con las disposiciones de éste.

Artículo 30.

Los planes territoriales parciales podrán reordenar los espacios destinados a diversas actividades industriales y de servicios por razones de interés supramunicipal.

Artículo 31.

Los planes territoriales parciales delimitarán las áreas de asentamiento en paisaje de interés existentes, según el artículo 5 de la Ley 1/1991, de 30 de enero, de Espacios Naturales y de Régimen Urbanístico de las Áreas de Especial Protección de las Illes Balears, y establecerán las condiciones de su crecimiento para usos residencial, turístico, industrial y de servicios.

CAPÍTULO V

Determinaciones que regulan los crecimientos de las áreas de desarrollo urbano

Artículo 32.

1. Los nuevos suelos urbanizables o aptos para la urbanización destinados a uso residencial, turístico o mixto deberán desarrollarse de forma integrada o contigua a los núcleos existentes que no sean de uso industrial o de servicios.

2. Para que los nuevos suelos urbanizables o aptos para la urbanización estén integrados o sean contiguos a los núcleos existentes, a los efectos del punto anterior, deberán cumplir las tres condiciones siguientes:

a) Deberá haber contacto entre el área de transición del suelo urbano, urbanizable o apto para la urbanización y el nuevo polígono o sector.

b) Deberá haber interconexión de los sistemas viarios.

c) No todos los espacios intermedios pueden estar clasificados como suelo rústico.

Artículo 33.

1. Los planes territoriales parciales limitarán el incremento del suelo clasificado como urbanizable o apto para la urbanización, destinado a uso residencial, turístico o mixto, y no computarán las superficies destinadas a

grandes equipamientos que formen parte del nuevo polígono o sector, por cada municipio según los porcentajes máximos por isla que se indican a continuación, los cuales tendrán un horizonte temporal de 10 años:

a) Isla de Mallorca: 10%

b) Isla de Menorca: 12%

c) Islas de Eivissa y de Formentera: 10%

Para obtener la población máxima de crecimiento se utilizará una densidad media de 100 habitantes por hectárea.

2. A los efectos de calcular el porcentaje máximo de crecimiento se considerará el suelo urbano y el suelo urbanizable o apto para la urbanización con plan parcial aprobado definitivamente a la entrada en vigor de estas directrices, exceptuando aquel que quede reclasificado como suelo rústico por disposición de esta Ley.

Artículo 34.

La atribución del incremento del suelo urbanizable o apto para la urbanización del artículo anterior se realizará según los siguientes criterios:

1. Necesidades de dinamización económica de un municipio inmerso en un proceso de disminución del empleo y de las actividades económicas tradicionales en su ámbito.

2. Disponibilidad de solares no edificados en el suelo urbano en cada municipio.

3. Las superficies de suelo destinadas a planes de reconversión territorial, incluidas las áreas turísticas.

4. Necesidades de suelo para el desarrollo demográfico.

5. Variaciones de la composición media familiar y de las superficies de las viviendas.

6. Fomento del equilibrio interterritorial referido a actividades económicas y de empleo.

CAPÍTULO VI

Cambio de clasificación de suelos urbanizables o aptos para la urbanización a suelos rústicos

Artículo 35.

Cuando las previsiones de los instrumentos de planeamiento general sobrepasen el intervalo admisible de crecimiento de suelo clasificado como urbanizable o apto para la urbanización, previsto en los planes territoriales parciales correspondientes, las indemnizaciones que, en su caso, legalmente correspondan, como consecuencia de las acciones de cambio de clasificación que se lleven a cabo mediante procesos de conciliación entre propietarios, ayuntamientos, consejos insulares y el Gobierno de las Illes Balears, correrán a cargo de éste.

Artículo 36.

1. A los efectos de lo establecido en el artículo anterior, las acciones de cambio de clasificación que deban efectuarse se realizarán mediante los instrumentos de planeamiento general, los cuales analizarán, para cada núcleo, los datos referentes al techo de población ordenado, a la capacidad de habitación construida y al porcentaje de viviendas desocupadas en estos núcleos.

Estos instrumentos considerarán los casos en que no haya patrimonialización de los derechos urbanísticos y aquéllos potencialmente más conflictivos en relación con el modelo territorial de esta Ley.

2. En cualquier caso, las acciones de cambio de clasificación incorporarán siempre los resultados de los procesos de conciliación llevados a cabo.

CAPÍTULO VII

Áreas de reconversión territorial (ART)

Artículo 37.

Los ayuntamientos, los consejos insulares y el Gobierno de las Illes Balears de acuerdo con ellos, podrán llevar a cabo actuaciones en las áreas de reconversión territorial (ART) con el objeto de restituir o mejorar el paisaje rural o urbano.

Artículo 38.

1. A los efectos establecidos en el artículo anterior, se podrán redactar y aprobar los siguientes instrumentos de reconversión territorial:

a) El Plan de Reconversión Territorial (PRT).

b) El Proyecto de Mejora Territorial (PMT).

2. El Plan de Reconversión Territorial tiene por objeto la realización en áreas de desarrollo urbano, de operaciones de esponjamientos, de implantación o mejora de los equipamientos, de infraestructura y de dotaciones de servicios.

3. El Proyecto de Mejora Territorial tiene por objeto la mejora del paisaje urbano o rural.

Artículo 39.

La aprobación definitiva de cualquiera de los instrumentos de reconversión territorial llevará implícita la declaración de utilidad pública, a los efectos de expropiación, de las actuaciones que en ellos se establezcan.

Artículo 40.

Cuando los *instrumentos* de ordenación territorial señalen áreas sujetas a un plan de reconversión territorial, los ayuntamientos incorporarán su delimitación a los instrumentos de planeamiento general.

CAPÍTULO VIII

Criterios particulares para la redacción del Plan Territorial Parcial de Mallorca

Artículo 41.

El Plan Territorial Parcial de Mallorca ordenará el territorio de la totalidad de la isla de Mallorca, así como también de sus islotes y de sus aguas interiores, considerando que una parte de la Sierra de Tramuntana tiene la condición de Paraje Pintoresco, y que, en consecuencia, el Plan ordenará y protegerá específicamente su patrimonio monumental e histórico, dando así cumplimiento a lo que dispone el artículo 9 de la Ley 1/1991, de 30 de enero, de Espacios Naturales y de Régimen Urbanístico de las Areas de Especial Protección de las Illes Balears.

Artículo 42.

Atendiendo a las especiales características de cada zona, el Plan Territorial Parcial de Mallorca ordenará su ámbito territorial según los siguientes criterios:

1. El equilibrio interterritorial.

2. La coordinación supramunicipal entre los ayuntamientos, especialmente en lo que se refiere a los de la bahía de Palma.

3. La promoción del patrimonio natural y de las actividades agrarias.

4. La reconversión territorial y la estructuración de los procesos de desarrollo urbano.

5. La incorporación y la previsión de la estructura territorial de la isla de acuerdo con los instrumentos de ordenación territorial y con el Plan Hidrológico de las Illes Balears, considerando los ejes Palma-Alcúdia y Palma-Manacor estructurados por las carreteras, el ferrocarril y las autopistas y su integración en el paisaje.

Artículo 43.

El Plan Territorial Parcial de Mallorca ordenará la oferta turística fuera de las áreas reguladas por el Plan Director de Ordenación de la Oferta Turística de Mallorca, especialmente las de la Sierra de Tramuntana.

CAPÍTULO IX

Criterios particulares para la redacción del Plan Territorial Parcial de Menorca

Artículo 44.

El Plan Territorial Parcial de Menorca ordenará el territorio de la totalidad de la isla de Menorca, de sus islotes adyacentes y de sus aguas interiores.

Artículo 45.

Atendiendo a las especiales características de cada zona, el Plan Territorial Parcial de Menorca ordenará su ámbito territorial según los siguientes criterios:

1. El equilibrio interterritorial.
2. La coordinación supramunicipal entre los ayuntamientos.
3. La promoción del patrimonio natural y de las actividades agrarias.
4. La reconversión territorial y la estructuración de los procesos de desarrollo urbano.
5. La incorporación y la previsión de la estructura territorial de la isla de acuerdo con los instrumentos de ordenación territorial y con el Plan Hidrológico de las Illes Balears, considerando el eje Maó-Ciutadella de Menorca.

Artículo 46.

El Plan Territorial Parcial de Menorca establecerá el modelo turístico y señalará las zonas turísticas de la isla atendiendo a las necesidades y a los desequilibrios económicos y funcionales entre municipios y áreas supramunicipales, a la consolidación, la mejora y las posibilidades de desarrollo de los núcleos turísticos existentes y las disponibilidades y necesidades de infraestructuras, de dotaciones y equipamientos, incluidos campos de golf, servicios náuticos y deportivos.

Asimismo, este modelo turístico deberá contemplar los objetivos, los criterios urbanísticos, las características y las limitaciones de la oferta turística posible en el suelo rústico.

⇒ V. Ley 4/2000, de 22 marzo, que suspende la vigencia de la Ley 12/1988, de 17 noviembre, de normas reguladoras en el ámbito de Eivissa y Formentera.

Artículo 47.

El Plan Territorial Parcial de Menorca estudiará la ubicación del abastecimiento energético con barco en coherencia con el Plan Director Sectorial Energético de las Illes Balears y, en el caso de que hubiera de situarse fuera del Puerto de Maó, establecerá su ubicación, así como el dimensionamiento de la delimitación de las zonas de servicios aeronáuticos, especialmente para que la pista de rodadura del aeropuerto de Menorca quede habilitada como pista de vuelo.

CAPÍTULO X

Criterios particulares para la redacción del Plan Territorial Parcial de Eivissa y Formentera

Artículo 48.

El Plan Territorial Parcial de Eivissa y Formentera ordenará el territorio de la totalidad de las islas de Eivissa y de Formentera, de sus islotes adyacentes y de sus aguas interiores.

Artículo 49.

Atendiendo a las especiales características de cada zona, el Plan Territorial Parcial de Eivissa y Formentera ordenará su ámbito territorial según los siguientes criterios:

1. El equilibrio interterritorial.
2. La coordinación supramunicipal entre los ayuntamientos.
3. La promoción del patrimonio natural y de las actividades agrarias.
4. La reconversión territorial y la estructuración de los procesos de desarrollo urbano.
5. La incorporación y la previsión de la estructura territorial de ambas islas de acuerdo con los instrumentos de ordenación territorial y el Plan Hidrológico de las Illes Balears.

Artículo 50.

El Plan Territorial Parcial de Eivissa y Formentera establecerá los criterios y las actuaciones que deben incorporarse a los instrumentos de planeamiento general de los municipios colindantes con el término municipal de Eivissa, con la finalidad de ordenar los equipamientos, y estudiará el dimensionamiento de la delimitación de las zonas de servicios aeronáuticos, especialmente para que la pista de rodadura del aeropuerto de Eivissa quede habilitada como pista de vuelo.

Artículo 51.

El Plan Territorial Parcial de Eivissa y Formentera llevará a cabo la ordenación de las acciones de mejora de infraestructuras y de dotación de los equipamientos de Formentera, atendiendo a su doble insularidad.

Artículo 52.

El Plan Territorial Parcial de Eivissa y Formentera fijará las condiciones de integración paisajística y ambiental en torno a los principales recorridos y a los núcleos tradicionales y las parroquias.

CAPÍTULO XI

Los planes de ordenación del medio natural

Artículo 53.

1. Las áreas de especial protección de interés para las Illes Balears, cuando no estén ordenadas por un plan territorial parcial, se ordenarán mediante planes de ordenación del medio natural y, excepcionalmente, mediante planes especiales.
2. Los planes territoriales parciales podrán establecer la formulación de un plan de ordenación del medio natural para más de un área.
3. Los planes de ordenación del medio natural delimitarán las cinco

categorías de ordenación del suelo rústico protegido definidas en el artículo 19 de esta Ley.

4. La redacción y la aprobación, mediante decreto, de los planes de ordenación del medio natural corresponde al Gobierno de las Illes Balears, que los tramitará de acuerdo con el artículo 29.1 de la Ley 8/1987, de 1 de abril, de Ordenación Territorial de las Illes Balears, con informe previo, de acuerdo con sus respectivas competencias, de los consejos insulares, de la Delegación del Gobierno en las Illes Balears, de las mancomunidades y de los ayuntamientos afectados. En todo caso, en la elaboración del instrumento se cumplirá lo que dispone el artículo 80.1 de esta Ley.

⇒ Téngase en cuenta la disp. adic. 4ª de la Ley 14/2000, de 21 diciembre, de Ordenación Territorial (§18).

Artículo 54.

Los planes de ordenación del medio natural, además de lo previsto en el artículo 27 de la Ley 8/1987, de 1 de abril, de Ordenación Territorial de las Illes Balears, tendrán en cuenta la importancia de los factores ambientales bióticos y abióticos, además de los valores paisajísticos, socioculturales e histórico-artísticos, atendiendo a la necesidad y posibilidad de desarrollo económico. Por ello, considerarán los siguientes aspectos:

1. La protección de las especies, de las comunidades y, en general, de los elementos que contribuyen a la riqueza de la biodiversidad.

2. La ordenación y protección del patrimonio histórico, etnológico y natural, diferenciando aquellos elementos que deben ponerse al alcance del público como oferta unitaria de los que deben ser preservados por ser objeto de investigación.

3. La consideración de su conexión con otras áreas protegidas a través de los corredores biológicos constituidos por las franjas de las áreas de protección territorial (APT) y las áreas de prevención de riesgos (APR).

4. La reducción de las limitaciones que las vallas diferentes de las tradicionales y el trazado de las infraestructuras suponen en el desplazamiento de la fauna.

5. La incorporación de los dispositivos adecuados para evitar la electrocución de las aves en los tendidos eléctricos aéreos.

⇒ Téngase en cuenta la disp. adic. 4ª de la Ley 14/2000, de 21 diciembre, de Ordenación Territorial (§18).

V. D. 4/1986, de 23 enero, sobre Implantación y Regulación de los Estudios de Evaluación del Impacto Ambiental.

V. Ley 6/2001, de 8 mayo, de modificación del RDLeg 1302/1986, de 28 junio, de Evaluación de Impacto Ambiental.

Artículo 55.

Los usos y las actividades admisibles serán los regulados inicialmente por la Matriz de Ordenación del Suelo Rústico del Anexo I de esta Ley para estas áreas con carácter general. Los planes de ordenación del medio natural los completarán según las especificidades de cada ámbito, estableciendo su régimen urbanístico y sus condiciones de integración. Con carácter general, considerarán los siguientes criterios:

1. Favorecer la investigación científica, con el desarrollo de programas e iniciativas públicas y privadas para conocer sus valores y sus necesidades de conservación.

2. Fomentar los usos recreativos y de ocio, como el establecimiento de áreas recreativas en zonas de fácil acceso o de centros de interpretación de la naturaleza, que podrán ser de iniciativa y gestión tanto públicas como privadas, de acuerdo con lo que se establece en el artículo 23 de esta Ley, considerando la capacidad de carga del espacio. Asimismo se permitirá su conexión con otras iniciativas territoriales, como los centros de interpretación o los parques etnográficos.

TÍTULO II
EL SISTEMA DE INFRAESTRUCTURAS Y EQUIPAMIENTOS

CAPÍTULO I
La ordenación de las infraestructuras y de los equipamientos

Artículo 56.

La ordenación de las diferentes infraestructuras y de los equipamientos se realizará mediante los correspondientes planes directores sectoriales, que serán redactados y aprobados, mediante decreto, por el Gobierno de las Illes Balears, que los tramitará de acuerdo con el artículo 24.1 de la Ley 8/1987, de 1 de abril, de Ordenación Territorial de las Illes Balears, con informe previo, de acuerdo con sus respectivas competencias, de los consejos insulares, de la Delegación del Gobierno en las Illes Balears, de las mancomunidades y de los ayuntamientos afectados. En todo caso, en la elaboración del instrumento se cumplirá lo que dispone el artículo 80.1 de esta Ley.

⇒ Téngase en cuenta la disp. adic. 4ª de la Ley 14/2000, de 21 diciembre, de Ordenación Territorial (§18).

Artículo 57.

Los planes directores sectoriales que ordenan infraestructuras o equipamientos que permanecen vigentes, en todo lo que no contradiga esta Ley, en el momento de la entrada en vigor de estas directrices, son los siguientes:

1. Plan Director Sectorial de Puertos Deportivos e Instalaciones Náuticas.
2. Plan Director Sectorial de Equipamientos Comerciales.
3. Plan Director Sectorial de Canteras.
4. Plan Director Sectorial de Carreteras.
5. Plan Director Sectorial de Residuos Sólidos de Mallorca.
6. Plan Director Sectorial de Residuos Sólidos de Menorca.
7. Plan Director Sectorial de Residuos Sólidos de Eivissa.

8. Plan Director de Ordenación de la Oferta Turística de Mallorca.

9. Plan Director de Ordenación de la Oferta Turística de Eivissa y Formentera.

Artículo 58.

Los planes directores sectoriales que deben redactarse, de acuerdo con los criterios previstos en esta Ley, son los siguientes:

1. Plan Director Sectorial del Transporte de las Illes Balears.
2. Plan Director Sectorial de Gestión de Residuos de las Illes Balears.
3. Plan Director Sectorial Energético de las Illes Balears.
4. Plan Director Sectorial de Telecomunicaciones de las Illes Balears.

Artículo 59.

Para la redacción de planes directores sectoriales no previstos en los artículos anteriores, se seguirán los criterios y las determinaciones que dispone con carácter general esta Ley y la Ley de Ordenación Territorial de las Illes Balears.

CAPÍTULO II

El Plan Director Sectorial del Transporte de las Illes Balears

Artículo 60.

Para la ordenación coordinada de las diferentes infraestructuras del transporte, se redactará el Plan Director Sectorial del Transporte de las Illes Balears, según las determinaciones que se establecen en los artículos siguientes.

Artículo 61.

1. Atendiendo a las infraestructuras para el transporte terrestre, el Plan Director Sectorial del Transporte de las Illes Balears analizará la situación actual de las diferentes redes de comunicaciones existentes e incluirá los tramos de la red de ferrocarril en desuso, así como también la demanda actual y la potencial.

2. Con carácter general, se tendrán en cuenta las siguientes determinaciones:

a) Analizar las necesidades de movilidad de la población y proponer las medidas necesarias para la reducción de dichas necesidades.

b) Establecer propuestas para reducir el tráfico individual en el interior de los núcleos urbanos y para mejorar la calidad ambiental.

c) En relación con el transporte colectivo se potenciará e incrementará para satisfacer las demandas, y se prestará especial atención al ferrocarril por lo que se refiere al transporte interurbano, y al tranvía por lo que se refiere al transporte urbano.

d) Determinar las necesidades de las infraestructuras para permitir el intercambio modal, incluyendo los aparcamientos para automóviles. Como criterio general, se dará prioridad a la mejora de las infraestructuras existentes en lugar de a la construcción de nuevas.

e) Interrelacionar las redes del transporte con el resto de infraestructuras, como aeropuertos y puertos, considerando las previsiones establecidas en los diferentes planes vigentes.

f) Establecer un alto nivel de accesibilidad para los diferentes núcleos de población, de forma que el recorrido desde éstos hasta la red viaria primaria, definida por la Ley 5/1990, de 24 de mayo, de Carreteras de las Illes Balears, y/o hasta la red de ferrocarril sea inferior a 15 minutos.

g) Analizar la rentabilidad de las actuaciones previstas a partir de criterios sociales, ambientales y económicos, considerando la posibilidad de ser utilizadas para el traslado de mercancías especiales.

h) Estudiar la incidencia y el uso de los vehículos de alquiler en el tráfico y en la seguridad vial, y las posibilidades de aparcamiento.

Artículo 62.

1. El Plan Director Sectorial del Transporte de las Illes Balears procurará la integración paisajística de las carreteras y de las instalaciones complementarias en su entorno. La velocidad del diseño de las de tercer orden debe permitir evitar los impactos que se derivarían de los diseños de velocidades más altas.

2. Asimismo, establecerá los criterios de conexión de la red de transporte con la de recorridos paisajísticos y culturales, definidas por los correspondientes planes territoriales parciales, a partir del viario existente, y las condiciones del diseño de las diferentes infraestructuras según los criterios de integración, así como de medidas de seguridad.

3. Las nuevas infraestructuras del transporte se planificarán atendiendo a la capacidad de las existentes.

4. El Plan Director Sectorial del Transporte de las Illes Balears creará redes de carriles para bicicletas.

Artículo 63.

1. Los proyectos de las diferentes infraestructuras preverán medidas para preservar la biodiversidad y para evitar las inundaciones y los impactos sobre la pérdida de suelo.

2. Los proyectos de nuevas carreteras y sus ampliaciones incorporarán las previsiones de las canalizaciones para las redes eléctricas, telefónicas y telemáticas.

Artículo 64.

1. Sin perjuicio de lo que se establece en los artículos 47 y 50 de esta Ley y por lo que se refiere a las infraestructuras aeroportuarias, no se autorizarán, fuera de la actual delimitación de la zona de servicios, nuevas infraes-

tructuras aeronáuticas, públicas o privadas, si no es para mejoras ambientales, protección civil o interés militar.

✐ Por ATC 312/1999, de 14 diciembre (RTC 1999, 312 AUTO) se levanta la suspensión de los arts. 64.1, 79.2 y disp. adic. 22ª cuya suspensión se dispuso por Prov. 22 julio 1999, del TC.

2. El Plan Director Sectorial del Transporte de las Illes Balears considerará la posibilidad de utilización del aeródromo de Son Bonet dentro del sistema aeroportuario de las Illes Balears y contendrá las medidas correctoras de los impactos generados, especialmente de la contaminación acústica.

Artículo 65.

La ordenación de las infraestructuras portuarias se realizará por el Plan Director Sectorial del Transporte de las Illes Balears, garantizando la comunicación entre todas las Illes, especialmente entre Eivissa y Formentera, y con el exterior, asegurando las posibilidades de transporte de los residentes y de las mercancías, así como de las diferentes modalidades destinadas al turismo.

Artículo 66.

Respecto de las instalaciones portuarias, el Plan Director Sectorial del Transporte de las Illes Balears preverá las siguientes medidas:

1. Se priorizará la ampliación y la mejora de las infraestructuras existentes para los diferentes usos portuarios en lugar de la construcción de nuevos puertos.

2. El desarrollo de infraestructuras portuarias y las actuaciones que se desarrollen sobre las existentes deberán incorporar las medidas correctoras necesarias para evitar efectos negativos sobre la dinámica litoral.

3. La integración ambiental y funcional de las zonas portuarias con los núcleos urbanos.

CAPÍTULO III

El Plan Director Sectorial de Gestión de Residuos de las Illes Balears

Artículo 67.

La ordenación y la gestión de los residuos se establecerá a través del Plan Director Sectorial de Gestión de Residuos de las Illes Balears.

Artículo 68.

Para la redacción del Plan Director Sectorial de Gestión de Residuos de las Illes Balears deberán tenerse en cuenta los siguientes criterios:

1. Se establecerán la localización y las características de las zonas de almacenamiento, de tratamiento y de depósito de los residuos sólidos urbanos y de los peligrosos.

2. El Plan Director Sectorial de Gestión de Residuos de las Illes Balears se orientará hacia la reducción del volumen de residuos producidos y el aumento de su aprovechamiento. Se promoverá la recogida selectiva en origen

para toda la población. Se aumentarán el reciclaje, la reutilización, la recuperación y la optimización de los métodos de tratamiento, de valorización energética y de vertido según criterios económicos, sociales y ambientales.

3. Se establecerán las medidas correctoras y los programas de inversión necesarios para recuperar los suelos contaminados de todo tipo. Asimismo se establecerán normas que, en consideración a la vulnerabilidad de los terrenos a la contaminación, eviten en el futuro nuevos procesos de degradación.

Artículo 69.

El Plan Director Sectorial de Gestión de Residuos de las Illes Balears incorporará, en su caso, las actuaciones previstas por los actuales planes directores sectoriales de residuos urbanos y sus modificaciones, como consecuencia de la entrada en vigor de la Ley 11/1997, de 24 de abril, de Envases y Residuos de Envases, y de la Ley 10/1998, de 21 de abril, de Residuos.

CAPÍTULO IV
El Plan Director Sectorial Energético de las Illes Balears

Artículo 70.

Para la ordenación de las infraestructuras energéticas, se redactará el Plan Director Sectorial Energético de las Illes Balears.

Artículo 71.

Para la redacción del Plan Director Sectorial Energético de las Illes Balears deberán tenerse en cuenta los siguientes criterios:

1. Fomentar la eficiencia y el ahorro en el consumo, especialmente en lo que se refiere al alumbrado público sin disminuir la calidad del servicio, procurando la minimización de los impactos ambientales ocasionados por el suministro, la generación, el transporte y la distribución de la energía.

2. Potenciar la utilización de las fuentes energéticas renovables y de las autónomas y promover la diversificación energética según la viabilidad de las distintas soluciones, realizando un estudio previo de los emplazamientos de los puntos de suministro y, en su caso, de las instalaciones de almacenamiento y tratamiento y de las principales redes de distribución.

⇒ V. D. 4/1986, de 23 enero sobre Implantación y Regulación de los Estudios de Evaluación del Impacto Ambiental.

V. Ley 6/2001, de 8 mayo, de modificación del RDLeg 1302/1986, de 28 junio, de Evaluación de Impacto Ambiental.

Artículo 72.

El Plan Director Sectorial Energético de las Illes Balears establecerá las condiciones para el suministro de energía eléctrica en suelo rústico e impondrá condiciones de integración ambiental para su autorización.

CAPÍTULO V
El Plan Director Sectorial de Telecomunicaciones de las Illes Balears

Artículo 73.

Para la ordenación de los servicios de telecomunicaciones se redactará el Plan Director Sectorial de Telecomunicaciones de las Illes Balears.

Artículo 74.

Para la redacción del Plan Director Sectorial de Telecomunicaciones de las Illes Balears se tendrán en cuenta los siguientes criterios:

1. Definición de las diferentes infraestructuras necesarias para las telecomunicaciones de acuerdo con un análisis de situación y un diagnóstico de necesidades.

2. Este diagnóstico debe prever la comunicación interior, la interinsular y con el exterior, considerando, especialmente, el enlace de los principales núcleos urbanos, centros públicos y privados, el Parc Bit y las instalaciones universitarias, y los principales centros de servicios como los puertos, aeropuertos y hospitales.

3. Establecer los criterios de ubicación e integración paisajística de las infraestructuras de telecomunicación, tanto las existentes como las de nueva creación. Los tendidos de distribución telefónica serán subterráneos en el suelo rústico. El Plan Director Sectorial de Telecomunicaciones de las Illes Balears establecerá las condiciones del enterramiento de las redes telefónicas existentes en el suelo rústico.

4. Prever la reconversión territorial necesaria para la eliminación de las instalaciones obsoletas, la aplicación de la Ley 6/1993, de 28 de septiembre, sobre adecuación de las redes de instalaciones a las condiciones histórico-ambientales de los núcleos de población y del Real Decreto-ley 1/1998, de 27 de febrero, que establece el régimen jurídico de las infraestructuras comunes en las edificaciones para el acceso a los servicios de telecomunicación.

5. Promover el desarrollo de servicios avanzados de telecomunicaciones, teletrabajo y teleestudio para la sanidad, las administraciones públicas, la formación y las actividades económicas, incluidos los criterios para la ubicación de centros públicos para estos servicios, distinguiendo las redes que implican el uso del dominio público del resto.

6. Prever la formación necesaria de los usuarios de estos servicios y hacer atractiva la implantación de los servicios avanzados de telecomunicaciones en las Illes Balears.

7. Favorecer la incorporación de las nuevas tecnologías de la comunicación a todos los ámbitos sociales, culturales, económicos y medioambientales.

CAPÍTULO VI

El Plan Hidrológico de las Illes Balears

Artículo 75.

La ordenación y la gestión de los recursos hídricos y el desarrollo de las infraestructuras asociadas a los mismos, se realizarán mediante el Plan Hidrológico de las Illes Balears.

Artículo 76.

El Plan Hidrológico de las Illes Balears se redactará de acuerdo con el Título III de la Ley 29/1985, de 2 de agosto, de Aguas, según el criterio general de reutilización, de reasignación y de ahorro de los recursos hídricos, y además deberá tener en cuenta los siguientes criterios particulares:

1. Se establecerán las medidas necesarias para reducir al máximo las pérdidas en la red de distribución.

2. Se programarán las actuaciones dirigidas a la distribución de las aguas depuradas destinadas preferentemente a los regadíos en acuíferos sobreexplotados o salinizados.

3. Las nuevas concesiones deberán justificar su necesidad atendiendo a los criterios que el mismo plan establezca, sin perjuicio de que, en el caso de nuevos regadíos, siempre sea prioritaria la utilización de las aguas depuradas.

4. Para las concesiones existentes, se pondrá límite al caudal máximo y al volumen anual, y se exigirá la instalación de contadores volumétricos.

5. El Plan Hidrológico de las Illes Balears establecerá las medidas para evitar la explotación de los acuíferos por encima de su capacidad de recarga y fijará los límites de aprovechamiento para cada una de las unidades hidrogeológicas.

6. Con carácter general, el Plan Hidrológico de las Illes Balears considerará las siguientes prioridades de uso:

a) El abastecimiento a la población residente y estacional, incluyendo las industrias de bajo consumo conectadas a la red municipal.

b) Los usos agropecuarios, excluidos los regadíos, exceptuando fincas con casas habitadas en las cuales se podrán atender regadíos hasta 0,2 hectáreas.

c) Los regadíos y usos agrarios.

d) Los usos industriales no incluidos en el apartado a).

e) Los usos recreativos incluyendo el riego de campos de golf.

f) La recarga artificial de acuíferos.

g) La acuicultura.

h) Otros aprovechamientos.

7. Entre las demandas de agua debe incluirse la demanda natural de los ecosistemas ligados al agua para su mantenimiento. Estas demandas serán

establecidas según los criterios y las previsiones del Plan Hidrológico de las Illes Balears.

8. El Plan Hidrológico de las Illes Balears asegurará el suministro de agua a todos los municipios de las Illes mediante una red en alta cuando sea necesaria.

9. El Plan Hidrológico de las Illes Balears establecerá las medidas para la aplicación de las nuevas tecnologías en la red de distribución, así como contadores individuales y otras destinadas a la reducción del consumo.

10. El Plan Hidrológico de las Illes Balears señalará los criterios de buenas prácticas de uso y mantenimiento de las instalaciones destinadas a la población.

⇒ V. Ley 4/2000, de 22 marzo, que suspende la vigencia de la Ley 12/1988, de 17 noviembre, de normas reguladoras en el ámbito de Eivissa y Formentera.

CAPÍTULO VII
Ordenación de los equipamientos

Artículo 77.

Para la ordenación de los equipamientos, los diferentes planes territoriales parciales analizarán y ordenarán, en su caso, los siguientes: sanitarios, asistenciales, deportivos, culturales, educacionales y recreativos, considerando dos escalas en función de su entidad:

1. Escala de comunidad autónoma, que se aplicará a los equipamientos que prestan servicio al conjunto de las Illes, con localización preferente en Palma.

2. Escala supramunicipal, que corresponde a los equipamientos de estos ámbitos, cuya localización corresponde a los planes territoriales parciales, según los criterios establecidos en el artículo siguiente.

Artículo 78.

Para la ordenación de los equipamientos supramunicipales los correspondientes planes territoriales parciales tendrán en cuenta los siguientes criterios:

1. Satisfacer las necesidades de la población considerando la residente más la estacional.

2. Procurar la igualdad de la accesibilidad de la población a los equipamientos y fomentar la aplicación de lo que dispone la Ley 3/1993, de 4 de mayo, para la mejora de la accesibilidad y de la supresión de las barreras arquitectónicas en el ámbito de las Illes Balears.

3. Asignar los equipamientos insulares y supramunicipales, atendiendo a las singularidades de cada isla por lo que se refiere a sus interconexiones, especialmente en el caso de Formentera.

4. Procurar el establecimiento de equipamientos que deban ubicarse en suelo rústico mediante la reutilización de edificios, siempre que sea posible.

TÍTULO III
LA GESTIÓN TERRITORIAL

CAPÍTULO I
Principios generales de la gestión territorial

Artículo 79.

1. Esta Ley vincula la actuación de todas las administraciones públicas en el territorio de las Illes Balears, sin perjuicio de las competencias de cada una de ellas.

2. El Gobierno de las Illes Balears deberá emitir informe vinculante, previamente a la aprobación de un plan de la Administración General del Estado o de sus entidades autónomas, siempre que éste tenga incidencia en el territorio de las Illes Balears, sobre la conformidad del plan con estas directrices.

⇒ V. el art. 64.1.

Artículo 80.

1. En las Illes Balears la gestión territorial se regirá por los principios de coordinación, de programación y de colaboración entre las administraciones públicas competentes.

2. El Gobierno de las Illes Balears desarrollará, en coordinación con los consejos insulares y los ayuntamientos, un sistema de información territorial.

Artículo 81.

En la redacción de los instrumentos previstos en estas directrices, así como en su ejecución, el Gobierno de las Illes Balears deberá garantizar la participación efectiva de los ciudadanos y de las ciudadanas, de acuerdo con lo que se establece en la legislación vigente.

Artículo 82.

1. El Gobierno de las Illes Balears presentará al Parlamento de las Illes Balears una memoria relativa a la aplicación de estas directrices, dentro del tercer año desde su promulgación y, a partir de esta primera memoria, lo hará cada cuatro años. Juntamente con la memoria se propondrán las medidas necesarias para corregir las disfunciones que se hayan detectado.

2. Los ayuntamientos y los consejos insulares deberán facilitar los datos, cumplimentando los cuestionarios que les remita el Gobierno sobre licencias de edificación y uso del suelo otorgadas, superficie construida y de nuevo suelo, número de habitantes potenciales, plazas de alojamientos, y aquellos que puedan determinar los instrumentos de ordenación territorial, con la finalidad de elaborar la memoria citada en el punto anterior.

Artículo 83.

Los planes de reconversión territorial (PRT) se ejecutarán mediante cualquiera de los sistemas de actuación que establece la legislación urbanística, y podrán delimitar unidades de actuación discontinuas que contengan el área territorial sujeta a la reconversión y otros suelos de futuro desarrollo urbano.

CAPÍTULO II

Redacción del planeamiento de desarrollo de las Directrices

Artículo 84.

1. El Plan Territorial Parcial de Eivissa y Formentera y el de Menorca serán aprobados en el plazo máximo de cuatro años desde la entrada en vigor de esta Ley, y el de Mallorca en el plazo máximo de cinco años.

2. La prioridad de los planes de ordenación del medio natural será la establecida por los correspondientes planes territoriales parciales.

Artículo 85.

Todos los instrumentos previstos en estas directrices contendrán un estudio de acuerdo con la normativa específica de evaluación de impacto ambiental y usará la cartografía elaborada por el Gobierno de las Illes Balears.

⇒ V. D. 4/1986, de 23 enero, sobre Implantación y Regulación de los Estudios de Evaluación del Impacto Ambiental.
V. Ley 6/2001, de 8 mayo, de modificación del RDLeg 1302/1986, de 28 junio, de Evaluación de Impacto Ambiental.

Artículo 86.

Los instrumentos de ordenación territorial previstos en estas directrices deberán contener una valoración económica de los recursos naturales afectados. Específicamente se analizará el coste de las medidas necesarias para evitar, con carácter preventivo, los daños previsibles sobre la calidad ambiental, el paisaje y los recursos naturales, y para establecer la adecuada implicación de los procesos económicos terciarios con la conservación y el mantenimiento del patrimonio natural y paisajístico.

CAPÍTULO III

Adaptación del planeamiento territorial a las Directrices de Ordenación Territorial

Artículo 87.

1. El planeamiento territorial se modificará según lo que dispone esta Ley, teniendo en cuenta las siguientes reglas:

a) Los planes territoriales parciales y los planes directores sectoriales tienen el mismo rango jurídico y vinculan a los aprobados con anterioridad.

b) Cuando la aprobación de un plan suponga la modificación de un plan anterior, debe determinar de forma expresa los aspectos concretos que se modifican.

c) Un plan de ordenación del medio natural sólo podrá ser modificado por otro plan del mismo tipo, excepto cuando otro instrumento de ordenación territorial suponga un aumento en las medidas de protección establecidas.

d) Para la modificación de un plan, el plazo de información pública y emisión de informes será de un mes.

2. En cualquier caso, las tramitaciones a que se refiere el punto anterior se regirán de forma supletoria por la Ley 8/1987, de 1 de abril, de Ordenación Territorial de las Illes Balears.

⇒ Téngase en cuenta la disp. adic. 4ª de la Ley 14/2000, de 21 diciembre, de Ordenación Territorial (§18).

DISPOSICIONES ADICIONALES

Primera.

Todos los criterios establecidos en esta Ley para la redacción de los instrumentos de ordenación territorial se interpretarán de acuerdo con los aprobados por el Parlamento de las Illes Balears, según la disposición transitoria única de la Ley 8/1987, de 1 de abril, de Ordenación Territorial de las Illes Balears.

⇒ Téngase en cuenta la disp. adic. 4ª de la Ley 14/2000, de 21 diciembre, de Ordenación Territorial (§18).

Segunda.

El Gobierno de las Illes Balears dictará las disposiciones necesarias para llevar a cabo los planes y los proyectos para las áreas de reconversión territorial (ART) del Capítulo VII del Título I de esta Ley, sin perjuicio de que se puedan realizar actuaciones demostrativas de forma inmediata a su entrada en vigor.

Tercera.

1. Las nuevas edificaciones destinadas a viviendas unifamiliares en un área de protección territorial (APT), sólo serán permitidas cuando se realicen fuera de la franja de 250 metros medida desde el límite interior de la ribera del mar y siempre que no se trate de espacios objeto de protección definidos en la Ley 1/1991, de 30 de enero, de Espacios Naturales y de Régimen Urbanístico de las Areas de Especial Protección de las Illes Balears, en la Ley 4/1989, de 27 de marzo, de Conservación de los Espacios Naturales y de la Flora y Fauna Silvestres, o que sean un área de prevención de riesgos (APR). Esta franja será de 100 metros para la isla de Formentera.

El resto de nuevas construcciones en áreas de protección territorial (APT) sólo podrán efectuarse cuando se trate de construcciones de uso no residencial afectas a explotaciones agrarias o, en los demás casos, cuando sean declaradas de interés general por la comisión insular de urbanismo.

2. Las edificaciones existentes en áreas de protección territorial (APT), construidas según la normativa urbanística vigente que les era de aplicación en el momento de su construcción o que se legalicen, de acuerdo con lo que se ha expuesto en el punto anterior, cuyo uso no fuera uno de los permitidos en la Matriz de Ordenación del Suelo Rústico del Anexo I de esta Ley, podrán ser objeto de obras de rehabilitación, de consolidación y de pequeñas ampliaciones para mejorar sus condiciones higiénicas y estéticas y su integración paisajística.

3. Las edificaciones existentes a la entrada en vigor de esta Ley, respecto de las cuales ya no proceda adoptar medidas de restablecimiento de la legalidad urbanística que impliquen la demolición, por manifiesta prescripción de la infracción, podrán incorporarse al planeamiento general correspondiente con todos los derechos y deberes inherentes a las obras realizadas de acuerdo con sus determinaciones, y podrá solicitarse su legalización que se concederá siempre que junto con la petición se presente la documentación correspondiente al proyecto de ejecución de la obra en el estado actual.

✐ Disposición derogada por el art. 1 de la Ley 9/1999, de 6 octubre, de Medidas Cautelares y de Emergencia relativas a la Ordenación del Territorio y el Urbanismo en las Illes Balears (§19.1).

Cuarta.

El Gobierno de las Illes Balears, en el plazo de tres meses, evaluará el coste económico de la aplicación de las Directrices y preverá en los proyectos de presupuestos generales de las Illes Balears correspondientes los recursos anuales, propios o externos, necesarios para llevarla a cabo.

Quinta.

En el plazo de tres meses, el Gobierno de las Illes Balears determinará y aprobará, por acuerdo del Consejo de Gobierno, los indicadores de sostenibilidad para la redacción de la memoria que establece el artículo 82 de la presente Ley.

Sexta.

El Gobierno de las Illes Balears aprobará las disposiciones reglamentarias necesarias para el desarrollo del sistema de información territorial previsto en el artículo 80.2 de esta Ley.

Séptima.

El Gobierno de las Illes Balears promoverá la regulación de los estudios de evaluación de impacto ambiental de los instrumentos de ordenación territorial y de los instrumentos de planeamiento general.

⇒ V. Ley 6/2001, de 8 mayo, de modificación del RDLeg 1302/1986, de 28 junio, de Evaluación de Impacto Ambiental.
V. D. 4/1986, de 23 enero, sobre Implantación y Regulación de los Estudios de Evaluación del Impacto Ambiental.

Octava.

El Gobierno de las Illes Balears aprobará las medidas necesarias para favorecer:

1. La aplicación, antes de un año, de la Agenda Local 21 en los munici-

pios y núcleos de las Illes Balears, de acuerdo con el Programa 21 de la Conferencia de Río (1992).

2. Las actuaciones de educación ambiental destinadas a sensibilizar la población en cuanto a las necesidades de protección del medio ambiente, a la conservación de la naturaleza, al uso responsable de los recursos naturales, a los tratamientos adecuados de los residuos, de la energía, de las aguas y, en general, a la promoción de las prácticas respetuosas con el medio ambiente.

3. La creación de incentivos para la conservación y mejora de los recursos naturales y de medidas para la generación de rentas en compensación de aquellas fincas que, por sus excepcionales valores ecológicos y paisajísticos, están afectadas por las áreas de especial protección de interés para las Illes Balears.

4. Dispondrá, en cumplimiento y sintonía con las modificaciones estatales del procedimiento administrativo común en relación con la obligación de resolver, los plazos máximos de obtención de una resolución y tratamiento del silencio administrativo, la actuación pertinente para su regulación en las Illes Balears en un período que no excederá de seis meses.

En cualquier caso, se promoverá, con el rango que corresponda, la regulación de las autorizaciones relativas a las actividades del sector primario, a las industrias de transformación agraria y a los equipamientos agrícolas, forestales o pecuarios, que deban desarrollarse en suelo rústico, en todo lo relativo a competencias de tramitación, procedimiento y resolución. En esta regulación se dispondrá el plazo máximo para notificar la resolución y que el silencio administrativo deberá tener efecto positivo.

5. El fomento de las actividades complementarias, de acuerdo con la Ley 19/1995, de 4 de julio, de Modernización de las Explotaciones Agrarias, y con la política agraria común (PAC), con la finalidad de conseguir mejoras para las rentas rurales.

6. Los nuevos usos compatibles con el modelo territorial y la conservación de construcciones, bancales, caminos y otros elementos etnológicos, para las fincas que han abandonado la actividad agraria.

7. El fomento y la captación de recursos, así como la elaboración de los instrumentos de colaboración entre administraciones públicas y los propietarios de fincas rurales para potenciar una gestión económica activa que permita su mantenimiento. Específicamente, se promoverá la creación de los instrumentos previstos en el artículo 23 de esta Ley.

Novena.

Queda prohibida la publicidad en suelo rústico, exceptuando los rótulos de carácter informativo ubicados en la misma finca donde se desarrolla la actividad anunciada, que serán objeto de regulación reglamentaria específica, los carteles que señalen lugares de interés público, no comerciales, y las indicaciones de orden general.

Décima.

Las administraciones autonómica y local preverán medidas y actuaciones que favorezcan la adquisición de la primera vivienda para aquellas personas residentes más de cinco años en las Illes Balears que se comprometan a mantener su propiedad por un período no inferior a cinco años.

Undécima.

Para reducir al máximo los niveles de riesgo de desprendimiento, de erosión, de inundación, de contaminación de acuíferos o de incendio, los diferentes instrumentos urbanísticos incluirán la documentación necesaria para hacer frente a estos riesgos.

Duodécima.

A la entrada en vigor de esta Ley, quedan automáticamente clasificados como suelo rústico, con la categoría que corresponda, los terrenos de uso residencial, turístico o mixto siguientes:

1. Los terrenos clasificados como suelo urbanizable no programado por un plan general de ordenación urbana con vigencia superior a doce años.

2. Los terrenos clasificados como suelo urbanizable o apto para la urbanización, que no tengan un proyecto de urbanización aprobado definitivamente y que se encuentren en una de las dos situaciones siguientes:

a) Que formen un núcleo aislado, incumpliendo alguna de las condiciones a), b) o c) del artículo 32.2 de esta Ley.

b) Que se encuentren en la franja de 500 metros medida desde el límite interior de la ribera del mar, para las islas de Mallorca, de Menorca y de Eivissa, y de 100 metros para la isla de Formentera. Se exceptúan los terrenos que queden dentro de la proyección ortogonal posterior a la ribera del mar, en una de las siguientes circunstancias:

b.1) De la zona de servicios de un puerto de titularidad estatal o de las Illes Balears.

b.2) De un suelo clasificado como urbano, urbanizable o apto para la urbanización que tenga proyecto de urbanización aprobado definitivamente.

Asimismo, se exceptúan los terrenos que a la entrada en vigor de esta Ley dispongan de planeamiento parcial definitivamente aprobado cuyo desarrollo haya resultado afectado por una suspensión judicial del acto de aprobación definitiva del plan parcial, siempre y cuando el inicio de la tramitación del proyecto de urbanización se realice en el plazo de seis meses desde la notificación de la resolución judicial firme favorable a los promotores.

3. Los terrenos clasificados como suelo urbanizable programado, y que, incumpliendo los plazos establecidos, no hayan iniciado la tramitación del planeamiento parcial.

4. Los terrenos clasificados como suelo apto para la urbanización, que tengan una vigencia igual o superior a cuatro años y que no hayan iniciado la tramitación del planeamiento parcial.

Decimotercera.

1. De conformidad con lo establecido en el artículo 13.3 de la Ley 14/1996, de 30 de diciembre, de Cesión de Tributos del Estado a las Comunidades Autónomas y Medidas Fiscales Complementarias, se establece una nueva reducción aplicable a la base imponible del Impuesto sobre Sucesiones y Donaciones:

a) Cuando en la base imponible de una adquisición «mortis causa» que corresponda a los cónyuges, ascendientes, descendientes o adoptados de la persona finada, estuviera incluido el valor de un terreno ubicado en un área de suelo rústico protegido a que se refieren los apartados a), b) y c) del artículo 19.1 de esta Ley, o bien en un área de interés agrario a que se refiere la disposición transitoria octava de la presente Ley, para obtener la base liquidable se aplicará a la imponible una reducción, con independencia de las ya existentes en la legislación estatal o autonómica, del 95% del valor de aquel terreno.

Esta reducción se aplicará únicamente a aquellas fincas en las cuales al menos un 33% de su extensión quede incluida dentro de las áreas de suelo rústico protegido antes citadas y en proporción a este porcentaje, y será incompatible con cualquier otra reducción estatal o autonómica que recaiga sobre estos bienes.

b) Cuando se trate de la adquisición de terrenos ubicados en un área de interés agrario a que se refiere la disposición transitoria octava de la presente Ley, para la aplicación de la reducción será necesario que estos terrenos estén afectos a una explotación agraria y que el causante haya declarado rendimientos procedentes de la actividad agraria en el Impuesto sobre la Renta de las Personas Físicas durante los cinco años anteriores a su fallecimiento.

2. De conformidad con el artículo 13.1.1º de la Ley 14/1996, de 30 de diciembre, de Cesión de Tributos del Estado a las Comunidades Autónomas y Medidas Fiscales Complementarias, se establece una deducción a aplicar a la cuota íntegra autonómica del Impuesto sobre la Renta de las Personas Físicas:

a) Los titulares de fincas o terrenos incluidos en las áreas de suelo rústico protegido a que se refieren los apartados a), b) y c) del artículo 19.1 de esta Ley, podrán deducir el 25% de los gastos de conservación y mejora realizados, siempre que ello no suponga la minoración del gravamen de alguna o algunas *categorías de renta*, por generar los citados terrenos rendimientos o incrementos de patrimonio sujetos durante el ejercicio de aplicación de la deducción.

b) No será aplicable la deducción a aquellos contribuyentes que hayan considerado los anteriores gastos como deducibles de los ingresos brutos a los efectos de determinar la base imponible.

c) Para tener derecho a esta deducción, al menos un 33% de la extensión de la finca deberá quedar incluida en una de estas áreas de suelo rústico protegido a que se refiere el apartado a) de este punto.

d) El importe de esta deducción no podrá superar la mayor de estas dos cantidades:

d.1) La satisfecha en concepto de impuesto sobre los bienes inmuebles de naturaleza rústica.

d.2) La cantidad de 1.000 pesetas por hectárea de extensión de la finca.

Estas cantidades se entienden siempre referidas a la parte de los terrenos afectados por las figuras de protección a que se refiere la presente disposición.

e) El importe de esta deducción, junto con las restantes aplicables al sujeto pasivo, podrá alcanzar hasta el cien por cien de la cuota íntegra autonómica del ejercicio en el cual se hubiesen producido los gastos de conservación y mejora.

3. El punto anterior será de aplicación para los períodos impositivos que finalicen con posterioridad a la entrada en vigor de esta Ley.

Decimocuarta.

1. Se modifica el segundo párrafo del artículo 18 de la Ley 1/1991, de 30 de enero, de Espacios Naturales y de Régimen Urbanístico de las Áreas de Especial Protección de las Illes Balears, que queda redactado de la siguiente manera:

«Por declaración de interés general podrán autorizarse nuevos usos a las edificaciones a que hace referencia el párrafo anterior así como a otras edificaciones del medio rural».

2. Se añade un tercer párrafo al artículo 18 de la Ley 1/1991, de 30 de enero, de Espacios Naturales y de Régimen Urbanístico de las Áreas de Especial Protección de las Illes Balears, que queda redactado de la siguiente manera:

«En ausencia del planeamiento de ordenación del espacio, se aplicarán los usos legalmente previstos».

3. Se modifica la disposición adicional quinta de la Ley 1/1991, de 30 de enero, de Espacios Naturales y de Régimen Urbanístico de las Áreas de Especial Protección de las Illes Balears, que queda redactada de la siguiente manera:

«Las disposiciones de la presente Ley tienen carácter de mínimas y, en consecuencia, prevaldrán las determinaciones de los planes de ordenación territorial y de los instrumentos de planeamiento general que supongan una mayor restricción, ello no obstante, los planes de ordenación territorial podrán fijar unos límites de restricción, en función de las características de cada territorio y del nivel de protección que se requiera, que vincularán el planeamiento urbanístico municipal».

Decimoquinta.

Se añade un punto 5 al artículo 26 de la Ley 6/1997, de 8 de julio, del Suelo Rústico de las Illes Balears, que quedará redactado de la siguiente manera:

«5. Las limitaciones establecidas en los puntos anteriores no serán de aplicación a las declaraciones de interés general relativas a dotaciones de servicios contempladas en el artículo 30.3 de esta Ley, ni a las relativas a infraestructuras públicas a que se refiere el artículo 24.2 de la presente Ley, a las cuales resultarán de aplicación las limitaciones específicas definidas en esta Ley para ambos tipos de actividades».

Decimosexta.

Se modifica el punto 2 del artículo 22 de la Ley 6/1997, de 8 de julio, del Suelo Rústico de las Illes Balears, que quedará redactado de la siguiente manera:

«2. Sólo tendrán el carácter de edificios e instalaciones vinculados a las actividades señaladas en el punto 1 a) del artículo 21 de esta Ley los necesarios para el desarrollo de las actividades agrarias o de conservación y defensa del medio natural, en los términos que reglamentariamente se establezcan. En el resto de los casos deberá acudirse a la declaración de interés general de la actividad que, cuando suponga el uso de la vivienda unifamiliar, deberá someterse a los mismos trámites y cumplir idénticas condiciones que las determinadas por esta Ley para las actividades vinculadas al uso de vivienda unifamiliar».

Decimoséptima.

1. Las revisiones o modificaciones de los instrumentos de planeamiento general que tengan por objeto su adaptación a las determinaciones de un instrumento de ordenación territorial, se realizarán de acuerdo con la siguiente tramitación:

a) El proyecto de revisión o modificación se someterá a la aprobación inicial del pleno del ayuntamiento, sin ningún trámite previo que no venga regulado en la normativa de régimen local.

b) Seguidamente, el proyecto se someterá a información pública y a audiencia simultánea del resto de administraciones públicas competentes en la materia, por un plazo máximo de un mes. El anuncio se publicará en el «Butlletí Oficial de les Illes Balears» y en un periódico de la isla.

c) Agotado el período de información pública, el pleno del ayuntamiento dispondrá de un plazo máximo de un mes para la aprobación provisional y su presentación a la comisión insular de urbanismo correspondiente.

d) La comisión insular de urbanismo deberá resolver sobre la aprobación definitiva, en el plazo de tres meses desde la presentación del expediente completo en su registro; transcurrido este plazo, si el ayuntamiento no hubiera sido notificado de ninguna resolución al respecto, la aprobación definitiva se entenderá otorgada por acto presunto estimatorio. En este caso, el ayuntamiento dispondrá la publicación de la aprobación definitiva en el «Butlletí Oficial de les Illes Balears».

2. En el caso de incumplirse el plazo fijado por el instrumento de ordenación territorial para la adaptación de los instrumentos de planeamiento general, ésta deberá tramitarse con la primera modificación o revisión del instrumento de planeamiento general que se redacte sin la cual no podrá aprobarse.

Decimoctava.

Se añade una disposición adicional tercera a la Ley 8/1987, de 1 de abril, de Ordenación Territorial de las Illes Balears, que quedará redactada de la siguiente manera:

«Disposición adicional tercera.

1. Previamente a la formulación de instrumentos de ordenación territorial podrán dictarse por el Gobierno de las Illes Balears o por el consejo insular debidamente facultado por éste, normas territoriales cautelares que regirán hasta la aprobación de aquéllos; cuyos ámbito, finalidad y contenido serán los definidos en el acuerdo del Consejo de Gobierno que inicie su formulación o que faculte al consejo insular para su redacción.

2. Su tramitación será la siguiente:

a) La aprobación inicial la realizará el órgano que las haya redactado.

b) Este mismo órgano abrirá un plazo de información pública de 15 días. En este plazo, solicitará informe a los ayuntamientos afectados y al Gobierno de las Illes Balears, en el caso de que sean redactadas por un consejo insular, o a éste en caso contrario.

c) La aprobación definitiva deberá realizarse por este órgano en un plazo máximo de tres meses desde la aprobación inicial.

3. La aprobación inicial de las normas territoriales cautelares supondrá la suspensión del otorgamiento de autorizaciones para aquellas actuaciones que no se ajusten a sus determinaciones que, una vez aprobadas definitivamente, prevaldrán sobre las de los instrumentos de ordenación territorial o de planeamiento general afectados».

⇒ Téngase en cuenta la disp. adic. 4ª de la Ley 14/2000, de 21 diciembre, de Ordenación Territorial (§18).

Decimonovena.

Para el mantenimiento de la unidad territorial determinada por las «possessions, llocs» o fincas tradicionales, ubicados en áreas naturales de especial interés, se permitirá la agrupación de las posibilidades edificatorias destinadas a los usos y a las actividades que la Matriz de Ordenación del Suelo Rústico prevé para el sector primario, de acuerdo con la Ley 6/1997, de 8 de julio, del Suelo Rústico de las Illes Balears. Las edificaciones y los terrenos adscritos a estas agrupaciones constituirán una unidad indivisible durante un período no inferior a 20 años, con el compromiso de mantenimiento de la actividad. La indivisibilidad se inscribirá en el Registro de la Propiedad.

⇒ V. arts. 81 y concordantes del RD 1093/1997, de 4 julio (§2.1).

Vigésima.

Se modifica el artículo 11 de la Ley 10/1990, de 23 de octubre, de Disciplina Urbanística de las Illes Balears, que quedará redactado de la siguiente manera:

«Artículo 11. A los efectos de lo que se dispone en el artículo anterior, el organismo que haya cursado la orden de ejecución concederá al propietario un plazo acomodado a la envergadura de las medidas a adoptar para que proceda al cumplimiento de lo ordenado. Transcurrido el cual, si no lo hubiera ejecutado podrá concederse un último e improrrogable plazo para la ejecución ordenada que, si no se cumple, se llevará a efecto por el organismo requirente, a costa de lo obligado a través del procedimiento de ejecución subsidiaria previsto en el artículo 98 de la Ley 30/1992, de 26 de noviembre, de Régimen Jurídico de las Administraciones Públicas y del Procedimiento Administrativo Común».

Vigésimo primera.

En las áreas de especial protección de interés para las Illes Balears, los cerramientos de las fincas se regirán por las siguientes reglas:

1. Los cerramientos de las explotaciones agrarias que no supongan obras de fábrica, se efectuarán siguiendo los sistemas tradicionales de la zona y sin que sea necesaria la obtención de licencia municipal.

2. En los casos no comprendidos en el punto anterior, se realizarán con piedra arenisca o caliza en muros de pared seca y queda expresamente prohibido el enfoscado de los mismos. La altura máxima del cerramiento macizo será de un metro, y se admitirá sobre su coronación y hasta una altura máxima de 2,20 metros, la disposición de elementos diáfanos ejecutados mediante los sistemas tradicionales de la zona.

Vigésimo segunda.

Los instrumentos de ordenación territorial para la isla de Formentera, en uso de la competencia exclusiva de la comunidad autónoma en materia de ordenación del territorio, incluido el litoral en el ámbito de las Illes Balears, determinarán los elementos, las características y las circunstancias físicas que deban concurrir para que un bien pueda ser incluido como uno de los que integran la ribera del mar.

En ningún caso podrá considerarse que formen parte de la ribera del mar los terrenos edificados de conformidad con la normativa que les era de aplicación a la entrada en vigor de la Ley 22/1988, de 28 de julio, de Costas.

⇒ V. el art. 64.1.

Vigésimo tercera.

El Gobierno de las Illes Balears creará una red de parques y reservas naturales que contemplarán una representación significativa de los hábitat insulares, que incluirá, como mínimo, los espacios previstos en la disposición adicional tercera de la Ley 1/1991, de 30 de enero, de Espacios Naturales y de Régimen Urbanístico de las Areas de Especial Protección de las Illes Balears.

DISPOSICIONES TRANSITORIAS

Primera.

Los planes territoriales parciales y los planes directores sectoriales en elaboración en el momento de la entrada en vigor de esta Ley, deberán adaptarse a las determinaciones de estas Directrices de Ordenación Territorial de las Illes Balears.

Segunda.

Los planes directores sectoriales aprobados definitivamente en el momento de la entrada en vigor de esta Ley, deberán adaptarse a las determinaciones de estas directrices en el plazo máximo de dos años desde su vigencia. Los planes que se aprueben posteriormente a esta Ley podrán prever las adaptaciones de los planes vigentes.

Tercera.

En ausencia de plan territorial parcial, el Gobierno de las Illes Balears podrá ordenar diversas áreas de especial protección mediante un único plan de ordenación del medio natural.

Cuarta.

1. Hasta la entrada en vigor de los planes territoriales parciales, los instrumentos de planeamiento general o parcial que impliquen crecimiento de suelo urbano, urbanizable o apto para la urbanización, destinado a uso residencial, turístico o mixto, existente a la entrada en vigor de esta Ley, sólo podrán tramitarse cuando este crecimiento, en cada municipio, no supere el menor de los siguientes valores:

a) El que resulte de aplicar un 3% del suelo urbano existente, en el término municipal, en el momento de la entrada en vigor de esta Ley.

b) El que resulte de aplicar un 2% del suelo urbano, urbanizable o apto para la urbanización, en el término municipal, existente a la entrada en vigor de esta Ley.

En cualquier caso, este crecimiento correrá a cargo de quien finalmente autorice el plan territorial parcial cuando se apruebe.

2. Por causas excepcionales expresadas en la memoria que debe presentar el Gobierno al Parlamento de las Illes Balears o por otras justificadas, y a propuesta de la Comisión de Coordinación de Política Territorial, corres-

ponderá al Consejo de Gobierno aprobar las modificaciones de los porcentajes del punto anterior para uno o más municipios.

3. Se exoneran de lo que se dispone en el punto 1 de esta disposición los suelos que se amparen en la disposición transitoria sexta.2 de esta Ley.

Quinta.

1. Hasta que se aprueben los planes territoriales parciales correspondientes, por lo que se refiere a las áreas de transición (AT), éstas estarán formadas por la franja de 350 metros a partir del suelo clasificado como urbano, urbanizable o apto para la urbanización del núcleo según el instrumento de planeamiento general vigente, de acuerdo con lo previsto en estas Directrices de Ordenación Territorial.

2. Los instrumentos de planeamiento general, para su ordenación, preverán medidas encaminadas a obtener un adecuado grado en la intensidad de las actividades, de los usos y de las actuaciones para favorecer la adecuada integración paisajística de los núcleos en su entorno.

3. Sin perjuicio de lo que dispone el punto anterior, y en lo referente a los crecimientos de los núcleos urbanos situados a menos de 500 metros del límite interior de la ribera del mar, para las islas de Mallorca, de Menorca y de Eivissa, y 100 metros para la isla de Formentera, que no se encuentren en zonas en las que sea de aplicación el Plan Director de Ordenación de la Oferta Turística, éstos podrán efectuarse siempre que se cumplan las siguientes condiciones:

a) Las condiciones de contigüidad del artículo 32 de esta Ley.

b) Que la proyección ortogonal de los nuevos urbanizables sobre la línea de la ribera del mar no sobrepase la proyección ortogonal definida por el actual suelo urbano.

c) Los espacios comprendidos entre el suelo urbano y la zona de dominio público marítimo-terrestre, deberán mantener su clasificación como suelo rústico.

Sexta.

1. Excepcionalmente mantendrán la clasificación urbanística de suelo urbanizable o apto para la urbanización los terrenos que cumplan la totalidad de las siguientes condiciones:

a) Que no se encuentren a una distancia inferior a 500 metros de la ribera del mar, para las islas de Mallorca, de Menorca y de Eivissa, y a 100 metros para la isla de Formentera.

b) Que el ayuntamiento así lo declare, mediante acuerdo plenario adoptado por mayoría absoluta.

c) Que el sector urbanizable o apto para la urbanización se destine preferentemente a la construcción de establecimientos de alojamiento turístico de máxima categoría y con una ratio mínima de 100 m de suelo por plaza turística.

d) Que las edificaciones se integren paisajísticamente en el entorno y tengan correspondencia con las tipologías de la zona en cuanto a morfología, colores y materiales.

e) Que el Consejo de Gobierno así lo apruebe, previo informe vinculante de la Comisión Insular de Urbanismo, y oída la Comisión de Coordinación de Política Territorial.

2. Asimismo, mantendrán su clasificación de suelo urbanizable o apto para la urbanización, con independencia de las condiciones fijadas en la disposición adicional duodécima de esta Ley, los polígonos o sectores siguientes:

a) Los terrenos destinados a innovación tecnológica, según lo que dispone la Ley 2/1993, de 30 de marzo, de Creación del Parque Balear de Innovación Tecnológica.

b) Los terrenos que disponen de plan parcial aprobado definitivamente, en los cuales se hayan realizado, en ejecución del planeamiento, obras de urbanización que precisen completar su desarrollo urbanístico a efectos de:

b.1) Garantizar la ejecución de la totalidad de infraestructuras y de servicios exigibles.

b.2) Alterar las características de la ordenación inicialmente previstas.

✏ Ap. 2 redactado por el art. 2 de la Ley 9/1999, de 6 octubre, de Medidas Cautelares y de Emergencia relativas a la Ordenación del Territorio y el Urbanismo en las Illes Balears (§19.1).

Séptima.

1. En un plazo de seis meses desde la entrada en vigor de esta Ley, los ayuntamientos, por acuerdo plenario adoptado por mayoría absoluta, comunicarán al Gobierno de las Illes Balears y a la Comisión Insular de Urbanismo los terrenos que consideren prioritarios a los efectos de que tengan la clasificación de urbanizables o aptos para la urbanización, en los límites establecidos en la disposición transitoria cuarta de la presente Ley. En ningún caso, estos suelos pueden ser los incluidos en el punto 2 de la disposición adicional duodécima de esta Ley.

Vista la petición de los ayuntamientos y los informes previos de la Comisión Insular de Urbanismo y de la Comisión de Coordinación de Política Territorial, el Gobierno de las Illes Balears acordará los terrenos, cuya tramitación urbanística podrá llevarse a cabo a los efectos de lo que dispone la disposición transitoria cuarta de esta Ley.

2. El Gobierno de las Illes Balears determinará los terrenos cuya clasificación queda suspendida hasta que se apruebe el plan territorial parcial.

Octava.

Hasta que se aprueben los planes territoriales parciales correspondientes, se considerarán áreas de interés agrario (AIA) las siguientes:

1. En relación con la isla de Mallorca:

a) La zona cerealística del centro de la isla, formada por los 18 municipios de Muro, Santa Margalida, Llubí, María de la Salut, Ariany, Petra, Sineu, Costitx, Sencelles, Santa Eugènia, Lloret de Vistalegre, Sant Joan, Manacor, Vilafranca de Bonany, Monturi, Algaida, Porreres y Felanitx.

b) Las zonas de regadío.

c) Las áreas con explotaciones agrarias susceptibles, por su proximidad, de ser regadas con aguas depuradas.

d) Superficies catalogadas como cultivo frutal-secano.

e) Superficies cultivadas con pendientes superiores o iguales al 10%.

f) Superficies destinadas a cultivos de forrajes.

g) Superficies cuyos cultivos están ligados a una denominación de calidad.

2. En relación con la isla de Menorca:

a) Superficies destinadas a cultivos de forrajes.

b) Las áreas con explotaciones agrarias susceptibles, por su proximidad, de ser regadas con aguas depuradas.

c) Las zonas de regadío.

d) Superficies cuyos cultivos o producción ganadera estén ligados a una denominación de calidad.

3. En relación con las islas de Eivissa y de Formentera:

a) Las zonas de regadío.

b) Las áreas con explotaciones agrarias susceptibles, por su proximidad, de ser regadas con aguas depuradas.

c) Superficies cultivadas con pendientes superiores o iguales al 10%.

d) Superficies catalogadas como cultivo frutal-secano.

e) Superficies cuyos cultivos estén ligados a una denominación de calidad.

Novena.

En ausencia del plan territorial parcial, quedan sometidos a informe vinculante de la Comisión Balear de Medio Ambiente, previo a su aprobación definitiva, los instrumentos de planeamiento urbanístico que contengan delimitaciones de las áreas que proponga el instrumento de planeamiento general como áreas de prevención de riesgos (APR).

Décima.

Hasta que se apruebe definitivamente el Plan Territorial Parcial de Mallorca, la Conselleria de Turismo del Gobierno de las Illes Balears podrá otorgar las autorizaciones previa y de apertura para actividades turísticas, y los ayuntamientos podrán otorgar las licencias de edificaciones y usos del suelo correspondientes a las áreas de la Serra de Tramuntana excluidas del

Plan Director de Ordenación de la Oferta Turística de Mallorca, previo informe de la administración competente en materia medioambiental.

Undécima.

Durante un plazo de seis meses desde la entrada en vigor de esta Ley, el Consejo de Gobierno de las Illes Balears, para la ejecución de las actuaciones demostrativas a que se refiere la disposición adicional segunda de esta Ley, podrá delimitar áreas de actuación y aprobar proyectos, lo cual supondrá la declaración de utilidad pública a los efectos de expropiación.

Duodécima.

La delimitación de las zonas definidas por las proyecciones ortogonales a que hace referencia esta Ley, se realizarán, en ausencia de plan territorial parcial, mediante orden del conseller de Medio Ambiente, Ordenación del Territorio y Litoral, a propuesta de la Comisión de Coordinación de Política Territorial.

En el procedimiento del párrafo anterior se dará audiencia a los ayuntamientos y a los propietarios.

Decimotercera.

Sin perjuicio de lo que dispone el artículo 4.2 de la presente Ley y mientras no se adopten los instrumentos de ordenación territorial y de planeamiento general a esta Ley, la Matriz de Ordenación del Suelo Rústico del Anexo I y sus definiciones, cuando sean de aplicación al sector primario, tendrán los efectos previstos en el artículo 18.2 de la Ley 8/1987, de 1 de abril, de Ordenación Territorial de las Illes Balears.

⇒ Téngase en cuenta la disp. adic. 4ª de la Ley 14/2000, de 21 diciembre, de Ordenación Territorial (§18).

Decimocuarta.

1. Todos los ayuntamientos de las Illes Balears, en el plazo de 60 días contados desde la entrada en vigor de esta Ley, deberán comunicar, a través de certificación municipal, a la Comisión Insular de Urbanismo y al Archivo Central de Urbanismo de la Conselleria de Medio Ambiente, Ordenación del Territorio y Litoral, las siguientes superficies expresadas en hectáreas, individualizadas para cada núcleo, polígono o sector y reflejadas en un plano general del término municipal, indicando su uso global y su población:

a) De los núcleos urbanos.

b) De los urbanizables o aptos para la urbanización con plan parcial inicialmente aprobado.

c) De los urbanizables o aptos para la urbanización con plan parcial definitivamente aprobado respecto de los cuales se indicará si cuentan o no con proyecto de urbanización definitivamente aprobado y con qué fecha.

d) De los urbanizables con programa de actuación urbanística definitivamente aprobado.

e) Del resto de urbanizables o aptos para la urbanización.

f) De los terrenos clasificados como suelo rústico protegido como consecuencia de las determinaciones de inmediata y directa aplicación de esta Ley.

2. No podrán aprobarse definitivamente revisiones o modificaciones de los instrumentos de planeamiento general en aquellos municipios que no hayan cumplido el deber de comunicación que se establece en el punto 1 de esta disposición, o que no se hayan adaptado a la normativa autonómica sobre regulación de capacidad de población en los instrumentos de planeamiento general y sectorial.

Decimoquinta.

A partir de la entrada en vigor de esta Ley, las administraciones insulares titulares de la función ejecutiva y de gestión en materia de urbanismo, para suspender total o parcialmente los instrumentos de planeamiento general, aplicarán el siguiente procedimiento:

1. El pleno del consejo insular, a propuesta de la comisión insular de urbanismo, podrá acordar la suspensión, total o parcial, de la vigencia de los instrumentos de planeamiento general cuando se acredite de manera fehaciente una causa o causas manifiesta y concreta de interés supramunicipal que resulta contradictoria con las determinaciones de estos instrumentos. En todo caso, esta causa o causas debe responder a la esfera de las competencias propias de la administración insular.

2. Cuando la suspensión de la vigencia de uno o de varios instrumentos de planeamiento general sea parcial, el acuerdo del pleno del consejo insular fijará el ámbito o los ámbitos de aplicación, para lo cual se adjuntará la documentación gráfica necesaria.

3. El acuerdo de suspensión incorporará un dictamen del Consejo Consultivo de las Illes Balears, que analizará la causa o causas de la propuesta de suspensión y su adecuación al ordenamiento jurídico, un informe de la Comisión de Coordinación de Política Territorial sobre adecuación de la propuesta de suspensión al modelo de ordenación territorial y el resultado de la audiencia de 15 días dada a los ayuntamientos afectados y a los interesados, si están identificados.

4. Hasta que se apruebe la revisión del instrumento de planeamiento general suspendido, se dictarán normas complementarias y subsidiarias del planeamiento, cumplimentando la tramitación de aplicación, en el plazo máximo de seis meses a partir del acuerdo de suspensión.

5. En ningún caso se podrán aprobar definitivamente normas complementarias y subsidiarias para la ordenación de terrenos afectados por una suspensión de su planeamiento, sin un dictamen del Consejo Consultivo de las Illes Balears sobre su adecuación al ordenamiento jurídico.

6. Hasta que hayan transcurrido cinco años a partir de la extinción de

una suspensión, total o parcial, no podrá acordarse una nueva suspensión que afecte a los mismos ámbitos y tenga la misma finalidad.

7. Los acuerdos de suspensión se publicarán en el «Butlletí Oficial de les Illes Balears» y en uno de los periódicos de cada una de las islas afectadas y, además, se comunicarán a las corporaciones locales interesadas.

Decimosexta.

En aquellos municipios sin instrumento de planeamiento aprobado definitivamente serán de aplicación las siguientes normas urbanísticas:

1. En estos municipios se clasificará como suelo urbano lo que determine la legislación vigente.

2. Concesión de licencias de edificación y uso del suelo en suelo rústico: mientras no se apruebe el planeamiento que legalmente corresponda y no haya plan territorial parcial, la concesión de licencia en suelo rústico se regulará por lo que establece la Ley 6/1997, de 8 de julio, del Suelo Rústico de las Illes Balears, y las categorías de suelo rústico serán las definidas en los artículos 19 y 20 de esta Ley; y tendrán la consideración de suelo rústico protegido los ámbitos definidos por la Ley 1/1991, de 30 de enero, de espacios naturales y de régimen urbanístico de las áreas de especial protección de las Illes Balears. El resto de los terrenos tendrán la consideración de suelo rústico común y les será de aplicación lo que dispone el artículo 25.4 de la Ley 6/1997, de 8 de julio, del suelo rústico de las Illes Balears.

3. Las normas urbanísticas en suelo urbano serán las siguientes:

a) Zona de núcleo antiguo e intensiva.

Forman parte de este ámbito las zonas de suelo que puede considerarse urbano y que corresponden al núcleo original de la población y sus ampliaciones con una tipología de edificación entre medianeras. Las edificaciones que quieran construirse respetarán las alineaciones existentes y cumplirán las siguientes determinaciones:

Parcela mínima:	150 m^2
Fachada mínima:	10 m
Tipo de ordenación:	Alineación vial
Altura reguladora:	La general de la vía con un máximo de 3 plantas y 10 m
Separación de la alineación oficial:	La general de la vía
Separación de las medianeras:	0 m
Profundidad edificable:	12 m por edificio principal y 25 m por edificaciones secundarias

Se podrá redactar un estudio de detalle que determine la profundidad edificable de la manzana con una ocupación global del 70%.

Índice de intensidad de uso: 1 vivienda/100 m de parcela.

b) Zona extensiva.

Forman parte de estas zonas las áreas de suelo que puede considerarse urbano en las cuales se ha adoptado una ordenación aislada. Las construcciones que quieran edificarse en estas zonas deberán cumplir las siguientes determinaciones:

Parcela mínima:	400 m^2
Fachada mínima de parcela:	15 m
Tipo de ordenación:	Aislada
Altura reguladora:	7 m y 2 plantas
Separación de la alineación oficial:	5 m
Separación de otros límites:	3 m
Edificabilidad:	0,5 m^2/m^2
Superficie máxima edificada/edificio:	600 m^2
Ocupación:	30%

4. Condiciones de integración estética y ambiental: para ambas zonas, se mantendrá el carácter tradicional e histórico de la zona, respetando las características y los valores ambientales del núcleo.

No se concederá licencia de edificación y uso del suelo a los proyectos ni a las obras que no respeten este carácter, y tanto los proyectos de obra nueva como los de reformas y acciones de rehabilitación deberán cumplir las siguientes determinaciones:

a) Fachadas:

Los colores, materiales y acabados de las fachadas deberán corresponder a los de las edificaciones tradicionales, teniendo en cuenta sobre todo estos aspectos:

a.1) La composición de la fachada procurará el predominio de los macizos sobre las aperturas. El diseño de los bajos comerciales quedará integrado en la composición general de la fachada.

a.2) El color de la fachada será de la gama de ocres-tierra. Se prohíben los acabados de ladrillo visto y los muros pantalla.

a.3) Las ventanas serán, en general, más altas que anchas, y de madera. Las persianas serán de postigo o listón.

b) Cubiertas:

Las cubiertas serán preferentemente de teja arábiga de color ocre.

En la cubierta deberán quedar integrados todos los elementos que deban instalarse en la parte superior del edificio de manera que no sean visibles desde la vía pública ni a larga distancia.

c) Elementos salientes:

Sólo se permitirán los siguientes:

c.1) Los voladizos de cubierta, las cornisas y otros elementos decorativos clásicos y tradicionales.

c.2) Los balcones tradicionales abiertos y descubiertos de 60 cm de ancho como máximo, siempre que la calle tenga más de 8 m de ancho. Estos elementos deberán separarse de las medianeras un mínimo de 60 cm, ocupar como máximo un 50% de la fachada y estar situados a 3,50 m por encima de la rasante de la vía pública. Las barandillas de los balcones serán de hierro. Se prohíbe el uso de balaustradas y de otros elementos prefabricados.

5. Usos permitidos.

En ambas zonas los usos permitidos serán los siguientes:

a) Vivienda.

b) Equipamiento comercial, oficinas y despachos.

c) Talleres e industrias artesanales que no provoquen molestias a los demás usos.

d) Espacios libres de uso público o privado.

e) Equipamientos públicos y privados.

6. Rehabilitación y reforma.

En los edificios existentes que no cumplan estas normas se podrán realizar obras de reforma o rehabilitación mientras no estén afectados por alguna norma sectorial que los sitúe fuera de ordenación. También se podrán realizar obras de ampliación si no sobrepasan la edificabilidad permitida. Estas ampliaciones deberán cumplir las determinaciones de estas normas.

7. Documentación a presentar.

Para los edificios que se quieran reformar, rehabilitar o derribar se deberá aportar la información planimétrica, fotográfica y descriptiva suficiente para poder apreciar las características de la edificación existente, sus valores arquitectónicos y para poder determinar los elementos que conviene conservar y proteger. La nueva construcción, las reformas y las rehabilitaciones mantendrán, en la medida de lo posible, el carácter del antiguo edificio y conservarán los elementos arquitectónicos que lo caracterizaban.

8. Definición de los elementos urbanísticos.

Alineaciones oficiales: son las líneas que fijan el límite entre las vías o los espacios públicos y las parcelas o los solares edificables.

Alineaciones de fachadas: son las líneas que señalan el límite a partir del cual podrán o deberán, según los casos, levantarse las construcciones.

Rasante: es la línea que define el perfil longitudinal del pavimento de un vial o de un espacio libre público.

Profundidad edificable: es la distancia máxima, tomada perpendicularmente a la alineación de fachada, que determina el límite interior del espacio edificable.

Separaciones a los límites de la parcela o del solar: se medirán perpendicularmente a estos límites hasta los elementos sobresalientes del edificio, incluyendo los voladizos; se excluirán aquellos aleros y cornisas de cubierta no practicables y de vuelo inferior a 1 metro.

Las separaciones regirán también para las edificaciones situadas por debajo del terreno natural o, en su caso, por debajo de la rasante de la calle; igualmente regirán para las piscinas y los aljibes.

En los casos de edificación entre medianeras, cuando la edificación deba separarse de las vías o de las áreas públicas, la separación se medirá hasta la alineación de fachada, excluyendo los voladizos que la ordenanza autorice sobre la zona de separación. Estos voladizos deberán separarse de las medianeras una distancia mínima, en todos sus puntos, igual al vuelo y como mínimo se separarán 60 cm.

Superficie de ocupación de la parcela o del solar: es la superficie comprendida entre los límites definidos por la proyección sobre un plano horizontal de las líneas exteriores de toda la edificación, incluida la subterránea.

Todos los voladizos de la edificación, exceptuando los vuelos o aleros de cubierta de dimensión máxima de 1 metro, se contabilizarán como superficie de ocupación. En las zonas de tipología de edificación continua, con alineación de fachada coincidente con la alineación oficial, los voladizos sobre el espacio público no contarán como superficie de ocupación del solar o de la parcela.

Edificabilidad de una parcela o de un solar: es el cociente que resulta de dividir el volumen o la superficie edificable máxima por el área de la parcela.

Superficie total edificada: es la suma de las superficies edificadas de cada una de las plantas del edificio de más de 1,80 m de altura, medidas dentro de los límites definidos por los contornos perimetrales de las fachadas, tanto exteriores como interiores y, en su caso, por los ejes de las paredes medianeras.

Los elementos salientes: balcones, terrazas, galerías, porches y escaleras que estén cubiertos por otros elementos formarán parte de la superficie edificada de acuerdo con los siguientes criterios:

– Si están abiertos menos de un tercio de su perímetro, contarán íntegramente.

– Si están abiertos más de un tercio de su perímetro, contarán un 50%.

No contarán, a efectos de cálculo de la superficie edificada, los sótanos y semisótanos que se destinen a aparcamientos o a alguna instalación de servicios para la edificación, como son: maquinarias, aire acondicionado, depósitos de líquidos o gases, cámaras de basuras, contadores, centros de transformación, trasteros, y usos análogos.

Altura de la edificación:

Número de plantas: se computarán todas las plantas exceptuando los sótanos y el cuerpo sobre la cubierta de las cajas de escalera. No se considerarán plantas diferentes aquellas que tengan una diferencia de nivel de techo inferior a 1,5 m incluidas en un mismo volumen o ambiente habitable. No computarán los espacios no habitables (con una altura útil inferior a 1,8 m) aunque sean registrables.

Altura reguladora en la edificación según alineación vial: se efectuará desde la rasante de la vía pública, en medio de la fachada de la parcela o solar, hasta la línea de intersección de la cara inferior del forjado de cubierta con el plano de fachada.

En el caso de que la fachada del solar con la vía o con el espacio público sea superior al doble del mínimo establecido en la normativa, se podrá dividir la fachada en módulos iguales o superiores a la fachada mínima y escalonar la construcción. Este escalonamiento será obligatorio cuando existan diferencias de altura en la rasante de la vía pública superiores a 1 m.

Si el solar da frente a dos o más vías, formando chaflán o esquina, que tengan asignada la misma altura reguladora, ésta se medirá aplicando el sistema anterior con el conjunto de fachadas desplegadas como si fuera una sola. Si las calles tienen asignada una altura reguladora diferente, podrá prolongarse la edificación más alta por la fachada de la otra calle hasta el límite de la profundidad edificable.

En los solares que tengan fachadas opuestas a dos calles, se tomará como altura reguladora la correspondiente a cada calle y la edificación situada en la cota más alta podrá llegar hasta la mitad del solar, sin sobrepasar la profundidad edificable.

La cota de la planta baja podrá situarse como máximo a 1 m por encima del punto de referencia de la rasante de la vía pública y a 60 cm por debajo de la misma.

Ningún voladizo podrá volar sobre el vial o espacio público a una altura inferior a 3,50 m por encima de la rasante de la vía pública.

Por encima de la altura reguladora se permitirán los elementos relacionados más adelante.

Construcciones permitidas sobre la altura reguladora: se permitirán las siguientes construcciones:

– El último forjado, las cubiertas con punto de arranque en la línea definida anteriormente para la altura y pendiente inferior al 35% y las estancias no habitables que permitan la inclinación de estas cubiertas hasta una altura máxima de coronamiento que no supere en más de 2 m la altura reguladora o máxima. También se permitirán cámaras de aire en los casos de terrados o cubiertas planas, con una altura útil máxima de 40 cm.

– Un cuerpo de acabamiento final por cada escalera de uso comunitario del edificio que puede contener las cajas de escalera, maquinaria de ascensores, cámaras de depósitos de agua y maquinarias de aire acondicionado, con una dimensión lineal máxima de la planta de 5 m y una altura máxima de 3,5 m, de forma que todo el cuerpo de edificación quede incluido en el plano de 45º que se sustenta en la intersección del plano de fachada con la cara inferior del último forjado. Se exceptúan de esta posibilidad los edificios de viviendas unifamiliares.

– Los conductos de chimeneas y ventilaciones, la antena colectiva, los pararrayos y las barandillas de los terrados hasta una altura máxima de 1,2 m.

– En los edificios públicos representativos y de interés colectivo podrán sobresalir de la altura establecida las torres, las cúpulas, los campanarios y otros, tal y como es tradicional en este tipo de edificaciones.

Adaptación al terreno y movimientos de tierras: la edificación, en parcelas con pendiente muy acusada, deberá situarse en las áreas de menos desnivel de tal forma que se eviten grandes nivelaciones y desmontes que tienen un gran impacto paisajístico, por lo cual se prohíbe la edificación en las parcelas o en las zonas de éstas en que la pendiente del terreno sea igual o superior al cien por cien.

Las nivelaciones exteriores del terreno para terrazas o jardín no podrán situarse a más de 1,50 m por encima y de 2,20 m por debajo del terreno natural.

DISPOSICIÓN DEROGATORIA

1. Quedan derogadas todas las actuaciones y disposiciones de igual o inferior rango que contradigan lo dispuesto en esta Ley.

2. En particular, quedan derogadas:

a) La Ley 6/1998, de 23 de octubre, de Medidas Cautelares hasta la aprobación de las Directrices de Ordenación Territorial.

b) La disposición adicional quinta de la Ley 6/1997, de 8 de julio, del Suelo Rústico de las Illes Balears.

c) El Plan Provincial de Ordenación de Baleares, aprobado el 4 de abril de 1973.

d) El artículo 15 de la Ley 8/1987, de 1 de abril, de Ordenación Territorial de las Illes Balears.

⇒ Téngase en cuenta la disp. adic. 4ª de la Ley 14/2000, de 21 diciembre, de Ordenación Territorial (§18).

DISPOSICIONES FINALES

Primera.

Se autoriza al Gobierno de las Illes Balears para dictar las disposiciones oportunas para la aplicación de esta Ley.

Segunda.

Esta ley entrará en vigor al día siguiente de su publicación en el «Butlletí Oficial de les Illes Balears».

§ 21 LEY 9/1999, DE 6 OCTUBRE. MEDIDAS CAUTELARES Y DE EMERGENCIA RELATIVAS A LA ORDENACIÓN DEL TERRITORIO Y EL URBANISMO EN LAS ILLES BALEARS

(BOE núm. 276, de 18 noviembre y BOCAIB núm. 128, de 12 octubre [RCL 1999, 2875 y LIB 1999, 260])

EXPOSICIÓN DE MOTIVOS

La actualidad en materia territorial y urbanística en las Illes Balears se caracteriza, entre otros aspectos, por la intensa presión edificatoria sobre el suelo rústico, por la necesidad de modificar significativamente el contenido de las Directrices de Ordenación Territorial, aprobadas por la reciente Ley 6/1999, de 3 de abril, y de elaborar, tramitar y aprobar los planes territoriales parciales de cada isla.

El buen fin del proceso mencionado requiere la aprobación de una ley de medidas urgentes que se acomete mediante un anteproyecto de ley que el Consejo de Gobierno ha examinado y que pone de manifiesto que algunas de estas medidas tienen el carácter de emergencia, que aconseja hacer su tramitación como Proyecto de ley separado por el procedimiento legislativo de lectura única en los términos que permite el artículo 140 del Reglamento del Parlamento de las Illes Balears. El Gobierno mantiene la absoluta convicción de que la especialidad del procedimiento legislativo de lectura única, en la medida que limita el debate parlamentario, sólo se justifica, en interpretación restrictiva, por la propia naturaleza del Proyecto de ley o por su simplicidad. Por ello, se excluyen del anteproyecto de ley de medidas urgentes las que se estima que tienen carácter cautelar y de emergencia, cuya entrada en vigor debe producirse de manera inmediata para evitar que la modificación de las Directrices y la aprobación de los planes territoriales parciales queden desvirtuados y no consigan sus objetivos.

Las medidas que, por tener las características mencionadas, se incluyen en este Proyecto de ley, que se ha pretendido reducir al máximo, son las siguientes:

– Prohibir el uso edificatorio de vivienda unifamiliar aislada en la totalidad de las áreas naturales de especial interés (ANEI) y en la franja de suelo rústico de 500 metros, en las islas de Mallorca, Menorca y Eivissa, y de 100 en la de Formentera, colindante con la ribera del mar, incluidas en las áreas de protección territorial (APT);

– Suprimir la excepción contenida en el artículo 25.4 de la Ley 6/1997, de 8 de julio, del Suelo Rústico de las Illes Balears, que permitía, en las de Mallorca y Menorca, el uso de vivienda unifamiliar en parcelas de suelo rústico común menores de 14.000 m, pero superiores a 7.000 m, y elevar la superficie prevista en el artículo 25.2 del mismo Texto Legal, para las islas de Eivissa y Formentera, de manera que la superficie mínima para todas las Illes Balears quede, a dichos efectos, fijada en 14.000 m;

– Suprimir las excepciones contenidas en la disposición transitoria sexta de la Ley 6/1999, de 3 de abril, de Directrices de Ordenación Territorial, que no se estiman suficientemente justificadas; y

– Suspender la efectividad de los usos edificatorios destinados a vivienda unifamiliar de las parcelas de suelo rústico segregadas con posterioridad a la entrada en vigor de la Ley 6/1997, de 8 de julio, hasta que no se apruebe el plan territorial parcial de cada isla.

CAPÍTULO I

Modificación de diversos artículos de la Ley 6/1999, de 3 de abril, de Directrices de Ordenación Territorial de las Illes Balears y Medidas Tributarias

Artículo 1. Derogación de la disposición adicional tercera.

Se deroga la disposición adicional tercera.

Artículo 2. Modificación de la disposición transitoria sexta.

El apartado 2 de la disposición transitoria sexta queda redactada de la siguiente manera:

«2. Asimismo, mantendrán su clasificación de suelo urbanizable o apto para la urbanización, con independencia de las condiciones fijadas en la disposición adicional duodécima de esta Ley, los polígonos o sectores siguientes:

a) Los terrenos destinados a innovación tecnológica, según lo que dispone la Ley 2/1993, de 30 de marzo, de Creación del Parque Balear de Innovación Tecnológica.

b) Los terrenos que disponen de plan parcial aprobado definitivamente, en los cuales se hayan realizado, en ejecución del planeamiento, obras de urbanización que precisen completar su desarrollo urbanístico a efectos de:

b.1) Garantizar la ejecución de la totalidad de infraestructuras y de servicios exigibles.

b.2) Alterar las características de la ordenación inicialmente previstas».

Artículo 3. Modificación del Anexo I.

La matriz de ordenación del suelo rústico (Anexo I) queda redactada de la siguiente manera:

«ANEXO I
MATRIZ DE ORDENACIÓN DEL SUELO RÚSTICO

	SECTOR PRIMARIO			SECTOR SECUNDARIO		EQUIPAMIENTOS		OTROS			
	Actividades Extensivas	Actividades Intensivas	Actividades Compleme.	Industria Transformación Agraria	Industria General	Sin Construcción	Resto Equipamientos	Actividades Extractivas	Infraestructuras	Vivienda Unifa. Ambiental	Protección y Educación
AANP	1	2	2-3	2-3	3	2-3	3	3	2-3	3	2
ANEI	1	2	2	2-3	3	2	3	2-3	2	3	1
ARIP	1	2	2	2	3	2	2	2-3	2	2	1
APR	1	2	2	3	3	2-3	3	2-3	2-3	3	2
APT	1	2	2	2	3	2	3	2-3	2	3	1
AIA	1	1	2	2	2-3	2	2	2-3	2	2	1
AT	1	1	2	2	3	2	2	3	2	2	1
SRG	1	1	2	2	2-3	2	2	2-3	2	2	1

CATEGORÍAS DE SUELO

SRP. Suelo Rústico Protegido.

AANP. Área Natural de Especial Interés de Alto Nivel de Protección.

ANEI. Área Natural de Especial Interés.

ARIP. Área Rural de Interés Paisajístico.

APR. Área de Prevención de Riesgos (1).

APT. Área de Protección Territorial.

SRC. Suelo Rústico Común.

AIA. Área de Interés Agrario.

AT. Área de Transición.

SRG. Suelo Rústico de Régimen General.

REGULACIÓN DE LOS USOS

1. Admitido sin perjuicio del cumplimiento de la normativa específica.

2. Condicionado según establece el Plan Territorial Parcial.

Transitoriamente las condiciones serán las del Instrumento de Planeamiento General vigente o las de la declaración de Interés General (2).

2-3. Prohibido con las excepciones que establezca el Plan Territorial Parcial (3).

Transitoriamente las excepciones serán las del Instrumento de Planeamiento General vigente o las de la declaración de Interés General (2).

3. Prohibido.

NORMAS ESPECIFICAS

(1) En las áreas de prevención de riesgo de incendios, cuando se destinen a usos o actividades que supongan viviendas e incorporen medidas de seguridad vial para garantizar el acceso de personas y vehículos, depósitos de agua para una primera situación de emergencia así como actuaciones en la vegetación en un radio de 30

metros alrededor de las edificaciones para reducir la carga de combustible, se les aplicará el régimen de usos previstos en la categoría de suelo que les correspondería en ausencia de este riesgo de incendio.

(2) A los efectos de la aplicación transitoria de esta Matriz, en cuanto al sector primario, se entenderán incluidos los usos a que se refiere la Ley 19/1995, de 4 de julio, de Modernización de las Explotaciones Agrarias, aunque no estén contemplados en los instrumentos de planeamiento general.

(3) Se permitirá, sin perjuicio del cumplimiento de la normativa específica, la edificación de viviendas unifamiliares a que se refiere la disposición adicional tercera.1 de esta Ley».

CAPÍTULO II

Modificación de la Ley 6/1997, de 8 de julio, del Suelo Rústico de las Illes Balears

Artículo 4. Modificación del artículo 25.

El artículo 25 queda redactado de la siguiente manera:

«Actividades relacionadas con el uso de vivienda unifamiliar.

1. Las actividades relacionadas con el uso de vivienda unifamiliar sólo podrán efectuarse en las zonas en que tal uso no esté declarado prohibido por los instrumentos de planeamiento general y con las condiciones que en ellos se establezcan. Cuando estas actividades se efectúen en edificaciones existentes se sujetarán a lo dispuesto, con carácter general, para este tipo de actuaciones.

2. Cuando estas actividades supongan la construcción de una nueva vivienda, sólo podrá resultar una vivienda unifamiliar por parcela, que deberá tener la superficie determinada por el instrumento de planeamiento general que, para los terrenos calificados como suelo rústico común, deberá ser superior o igual a 14.000 m.

3. Para los terrenos calificados como suelo rústico protegido, el planeamiento municipal determinará las superficies mínimas aplicables, que deberán respetar o superar los parámetros mínimos fijados en esta Ley para el suelo rústico común, y cuando se trate de terrenos incluidos en el ámbito de la Ley 1/1991, de 30 de enero de Espacios Naturales y de Régimen Urbanístico de las Áreas de Especial Protección de las Illes Balears, los parámetros fijados en la matriz del suelo rústico, tal como queda definida en la presente Ley.

4. Las superficies determinadas en el punto 2 anterior tendrán el carácter de mínimas y podrán ser incrementadas por el planeamiento de ámbito municipal de acuerdo con la estrategia territorial que adopte.

5. Cuando la parcela en que se pretenda la actividad contenga suelos para los cuales se hayan determinado diferentes superficies de parcela mínima, se deberá definir una regla proporcional que concrete la que sea aplicable al caso».

Artículo 5. Derogación del apartado 1 e) de la disposición transitoria primera.

Se deroga el apartado 1 e) de la disposición transitoria primera.

CAPÍTULO III

Medidas adicionales de protección

Artículo 6. Moratoria de adquisición de derechos edificatorios en nuevas segregaciones en suelo rústico.

Las parcelas de suelo rústico que se hayan segregado con posterioridad al día 16 de julio de 1997, fecha de entrada en vigor de la Ley 6/1997, de 8 de julio, del Suelo Rústico de las Illes Balears, no serán edificables con la finalidad de vivienda unifamiliar hasta la aprobación del correspondiente Plan Territorial Parcial, que establecerá las determinaciones que regulen este supuesto. A efectos de acreditar la fecha de segregación, sólo se considerará la que figure en documento público.

DISPOSICIÓN TRANSITORIA

Todos los proyectos de construcción de una vivienda unifamiliar en suelo rústico que, con la finalidad de obtener la oportuna licencia de obras, se hayan presentado al correspondiente Ayuntamiento tres meses antes de la entrada en vigor de la presente Ley, se resolverán de acuerdo con la normativa anterior.

DISPOSICIÓN FINAL

Esta Ley entrará en vigor el día siguiente al de su publicación en el «Butlletí Oficial de les Illes Balears.

§ 22 LEY 10/1989, DE 2 NOVIEMBRE. SUSTITUCIÓN DE PLANEAMIENTO URBANÍSTICO MUNICIPAL EN LAS ILLES BALEARS

(BOE núm. 239, de 5 octubre 1990 y BOCAIB núm. 145, de 23 noviembre 1989 [RCL 1990, 2055 y LIB 1989, 147])

EXPOSICIÓN DE MOTIVOS

Si bien es evidente que de los dos instrumentos urbanísticos de rango superior previstos en la vigente Ley del Suelo, esto es, Plan General de Ordenación Urbana y Normas Subsidiarias de Planeamiento, el primero de ellos debe ser el que prevea el desarrollo urbanístico de un término municipal, es también evidente que en determinados casos, ante la complejidad de la gestión que comporta la figura del Plan General puede resultar aconsejable para ciertos municipios con escasa población y con pocas o nulas perspectivas de crecimiento, basar su planeamiento en unas normas subsidiarias de más fácil interpretación y aplicación.

Desde la promulgación del Real Decreto-ley 16/1981, de 16 de octubre, municipios que contaban con Plan General de Ordenación Urbana no adaptado a la Ley del Suelo de 2 de mayo de 1975, han sustituido su Plan General por unas Normas Subsidiarias de Planeamiento. Por cuanto así lo autoriza la precitada disposición legal. No obstante, dicha facultad no pueden ejercitarla municipios de esta Comunidad Autónoma de escasa entidad poblacional, por cuanto disponen de Plan General de Ordenación Urbana, redactado y aprobado de conformidad con la vigente Ley del Suelo, cuando en ciertos casos sería ya no aconsejable, sino preferible, que pudieran sustituir de instrumento de planeamiento, dada la falta de capacidad de gestión que padecen tales Ayuntamientos que les imposibilita para una correcta aplicación y ejecución de su propio planeamiento.

Es por ello que se estima de necesidad establecer, por vía legal, una medida que posibilite en determinados casos poder sustituir la figura del Plan General por la de Normas Subsidiarias, medidas que se prevén con carácter restrictivo, esto es, sólo para municipios que no sobrepasen en población los 5.000 habitantes y que no tengan expectativas considerables de crecimiento poblacional. Por otra parte, se exige el informe favorable de la Comisión Provincial de Urbanismo, la cual tendría que valorar la capacidad de gestión del municipio y su desarrollo urbanístico previsto o implantado ya en el territorio, para aceptar o no la propuesta de cambio de figura de planeamiento.

Artículo 1.

Los municipios que, a la entrada en vigor de la presente Ley, dispongan de Plan General de Ordenación Urbana redactado y aprobado de conformidad con lo dispuesto en la Ley del Suelo de 2 de mayo de 1975, podrán sustituirlo por Normas Subsidiarias y Complementarias de Planeamiento, cuando concurran los requisitos relacionados en el artículo siguiente.

Artículo 2.

Para que un municipio pueda acogerse a la facultad prevista en el artículo anterior, será necesario:

1. Que se trate de un municipio que cuente con una población de derecho que no sobrepase los 5.000 habitantes.
2. Que no sea un municipio con desarrollo turístico previsto en su planeamiento o ya implantado en su territorio.
3. El informe favorable de la Sección Insular de la Comisión Provincial de Urbanismo competente por razón del territorio.

DISPOSICIONES FINALES

Primera.

Quedan derogadas cuantas disposiciones legales se opongan a lo previsto en la presente Ley.

Segunda.

La presente Ley entrará en vigor el siguiente día de su publicación en el «Butlletí Oficial de la Comunitat Autònoma de les Illes Balears».

Canarias

§ 23 DECRETO LEGISLATIVO 1/2000, DE 8 MAYO. APRUEBA EL TEXTO REFUNDIDO DE LAS LEYES DE ORDENACIÓN DEL TERRITORIO Y DE ESPACIOS NATURALES PROTEGIDOS EN LAS ISLAS CANARIAS

(BOC núm. 60, de 15 mayo [RCL 2000, 1230 y LCAN 2000, 90])

PREÁMBULO

En ejercicio de las competencias atribuidas en los artículos 30.15, 30.16 y 32.12 del Estatuto de Autonomía de Canarias y en el marco de la legislación estatal sobre régimen del suelo y valoraciones y conservación de los Espacios Naturales Protegidos, la disposición final primera de la Ley 9/1999, de 13 de mayo, de Ordenación del Territorio de Canarias autorizó al Gobierno para proceder, en el plazo de un año, a la elaboración de un Texto Refundido de las disposiciones de aquella Ley y de las Leyes 12/1994, de 19 de diciembre, de Espacios Naturales de Canarias y 13/1994, de 22 de diciembre, de Modificación del Anexo de la Ley anterior.

La tarea refundidora se ha centrado en la unificación de dichas disposiciones legislativas, armonizándose la regulación contenida en la Ley 12/1994, de Espacios Naturales de Canarias con los preceptos de la Ley 9/1999, de Ordenación del Territorio de Canarias que, básicamente y en lo que el presente texto se refiere, introduce una nueva concepción del planeamiento lo que, indudablemente, conlleva la necesaria adaptación del planeamiento de los Espacios Naturales de la Ley 12/1994 en los nuevos criterios de integración propugnada en la Ley 9/1999. Tal adaptación tiene especial importancia en cuanto al objeto y contenido de los Planes de Espacios Naturales Protegidos que se constituyen en instrumentos de ordenación integral de los Espacios Ordenados con potestad para clasificar, calificar y categorizar la totalidad del suelo, incluso de forma pormenorizada, en cualquiera de las clases y categorías de suelo previstas en la Ley de Ordenación del Territorio, con limitaciones específicas para algunas de las categorías de Espacios Naturales establecidas que, con la excepción de los paisajes protegidos, continúan manteniendo idéntica denominación.

No forman parte del presente Texto Refundido aquellas disposiciones adicionales y transitorias de la citada Ley 9/1999, que, por encontrarse sujetas a plazos perentorios ya vencidos, han perdido toda virtualidad jurídica.

En su virtud, de conformidad con lo establecido en la disposición final primera de la Ley 9/1999, de 13 de mayo, a propuesta del Consejero de Política Territorial y Medio Ambiente, previo dictamen del Consejo Consultivo de Canarias y tras la deliberación del Gobierno en su reunión del día 8 de mayo de 2000, dispongo:

Artículo único.

Se aprueba el Texto Refundido de las Leyes de Ordenación del Territorio de Canarias y de Espacios Naturales de Canarias, en los términos del anexo.

✐ El TC, por Prov. 3 octubre 2000, dictada en el recurso de inconstitucionalidad núm. 3547/1999, promovido por el Presidente del Gobierno, ha acordado acceder a lo solicitado por el Abogado del Estado en su escrito de 29 junio 2000 y, en su virtud, entender referido el presente recurso de inconstitucionalidad contra el art. único del Texto Refundido de las Leyes de Ordenación del Territorio de Canarias y de Espacios Naturales de Canarias, aprobado por DLeg 1/2000, de 8 de mayo, en la medida en que redacta los arts. 217; 220.2, salvo el inciso relativo a vertidos al mar; 224.1 a) y 228.3 a), siendo dicha redacción idéntica a la que se atribuyó a los mismos preceptos por la Ley 9/1999, de 13 mayo, del Parlamento de Canarias, objeto del recurso interpuesto el 5 de agosto de 1999 y admitido a trámite por Providencia de 15 de septiembre siguiente. Asimismo ha acordado que la eficacia de la suspensión de los artículos impugnados, con excepción de las referencias en ellos contenidas a las zonas periféricas de protección, acordada en el ATC 25/2000, de 28 enero (RTC 2000, 25 AUTO), debe entenderse referida a los arts. 217; 220.2, salvo el inciso relativo a vertidos al mar; 224.1 a) y 228.3 a), del Texto Refundido de las Leyes de Ordenación del Territorio de Canarias y de Espacios Naturales de Canarias, aprobado por DLeg 1/2000, de 8 mayo, lo que se comunicará a los Presidentes del Gobierno y del Parlamento de Canarias.

DISPOSICIÓN DEROGATORIA

Única.

1. En virtud de su incorporación al presente Decreto Legislativo, quedan derogadas expresamente:

1) La Ley 12/1994, de 19 de diciembre, de Espacios Naturales de Canarias.

2) La Ley 9/1999, de 13 de mayo, de Ordenación del Territorio de Canarias.

2. Quedan igualmente derogadas cuantas disposiciones de igual o inferior rango se opongan a lo dispuesto en el presente Decreto Legislativo.

DISPOSICIONES FINALES

Primera.

El Gobierno regulará aquellas materias contenidas en el Texto Refundido que se aprueba por este Decreto Legislativo para las cuales se prevea su desarrollo reglamentario y dictará las normas reglamentarias necesarias en materia de planeamiento, gestión y disciplina.

✐ Disposición modificada por la disp. adic. 3ª del la Ley 2/2000, de 17 julio.

Segunda.

El presente Decreto Legislativo entrará en vigor el mismo día de su publicación en el «Boletín Oficial de Canarias».

ANEXO

TEXTO REFUNDIDO DE LAS LEYES DE ORDENACIÓN DEL TERRITORIO DE CANARIAS Y DE ESPACIOS NATURALES DE CANARIAS

TÍTULO PRELIMINAR

DISPOSICIONES GENERALES

Artículo 1. Objeto de la Ley.

El presente Texto Refundido tiene por objeto en la Comunidad Autónoma de Canarias:

1) Establecer el régimen jurídico general de los Espacios Naturales de Canarias.

2) Regular la actividad administrativa en materia de ordenación de los recursos naturales, territorial y urbanística.

3) Definir el régimen jurídico urbanístico de la propiedad del suelo y vuelo, de acuerdo con su función social.

⇒ V. art. 1 de la Ley 6/1998, de 13 abril, sobre Régimen del Suelo y Valoraciones.

Artículo 2. Actividad de ordenación.

1. La actividad de ordenación de los recursos naturales, territorial, del litoral y urbanística es una función pública y corresponde, en el ámbito de sus competencias, a la Comunidad Autónoma, a las Islas y a los Municipios.

2. La ordenación de los recursos naturales de Canarias se orientará:

1) A la búsqueda y consecución de un desarrollo sostenible.

2) Al mantenimiento de los procesos ecológicos esenciales y de los sistemas vitales básicos.

3) A la preservación de la biodiversidad y de la singularidad y belleza de los ecosistemas y paisajes.

4) A la integración en la Red Canaria de Espacios Naturales Protegidos de aquellos espacios naturales cuya conservación o restauración así lo requieran, así como a la promoción en esos espacios de la investigación científica, la educación medioambiental y el encuentro del hombre con la naturaleza, en forma compatible con la preservación de sus valores.

5) A la mejora de la calidad de vida de las comunidades locales vincula-

das a las áreas de influencia socioeconómica de los Espacios Naturales Protegidos.

3. La ordenación territorial y urbanística implicará el ejercicio de las siguientes potestades por la Administración pública competente:

a) La formulación y aprobación de instrumentos de planeamiento.

b) La determinación de la forma de gestión de la actividad.

c) La dirección y, en su caso, la ejecución del planeamiento.

d) La intervención para el cumplimiento del régimen urbanístico de la propiedad del suelo.

e) La intervención en el mercado del suelo a través de los mecanismos previstos en este Texto Refundido.

f) El control de la edificación y del uso del suelo.

g) La protección de la legalidad y sanción de las infracciones.

h) Cualesquiera otras que sean necesarias para la efectividad de los fines de la ordenación territorial y urbanística.

Artículo 3. Criterios para la actuación de los poderes públicos.

1. Los poderes públicos canarios orientarán sus políticas de actuación en relación con la ordenación de los recursos naturales, territorial y urbanística, de acuerdo a los siguientes criterios:

a) La preservación de la biodiversidad y la defensa de la integridad de los ambientes naturales que perviven en las Islas, evitando su merma, alteración o contaminación.

b) El desarrollo racional y equilibrado de las actividades en el territorio, que, en todo caso, garantice su diversidad y complementariedad y asegure el óptimo aprovechamiento del suelo en cuanto recurso natural singular.

c) La armonización de los requerimientos del desarrollo social y económico con la preservación y la mejora del medio ambiente urbano, rural y natural, asegurando a todos una digna calidad de vida.

d) La promoción de la cohesión e integración sociales, así como de la solidaridad autonómica, insular e intermunicipal. En especial, la promoción social, económica y cultural de la población asentada en los Espacios Naturales Protegidos y sus zonas de influencia.

e) La gestión de los recursos naturales de manera ordenada para preservar la diversidad biológica, de modo que produzcan los mayores beneficios para las generaciones actuales, sin merma de su potencialidad para satisfacer las necesidades y aspiraciones de las generaciones futuras.

f) El aprovechamiento de los recursos naturales renovables sin rebasar su capacidad de recuperación, evitando transformaciones en el medio que resulten irreversibles o irreparables.

g) La utilización del suelo de acuerdo con su aptitud natural, su productividad potencial y en congruencia con la función social de la propiedad.

h) La conservación, restauración y mejora ecológica en los hábitat naturales.

i) La conservación, restauración y mejora del patrimonio histórico.

j) La conservación, restauración y mejora del paisaje.

2. Las decisiones adoptadas en el curso de la actuación pública sujeta a cooperación interadministrativa deberán basarse en una suficiente identificación y determinación de los intereses relevantes, públicos y privados, y justificarse en la ponderación recíproca de éstos a la luz del orden constitucional.

⇒ V. Ley 4/1999, de 15 marzo, de Patrimonio Histórico de Canarias.

Artículo 4. Principios generales de la ordenación.

1. La actividad de ordenación de los recursos naturales, territorial y urbanística se rige por los principios rectores de la política social y económica establecidos en los artículos 45, 46 y 47 de la Constitución Española.

2. En desarrollo de lo dispuesto en el apartado anterior, los principios que informan y presiden toda la actuación pública y privada en relación con la ordenación de los recursos naturales, territorial y urbanística, son los siguientes:

– El de cooperación interadministrativa para alcanzar la coordinación de las diversas actuaciones sobre el territorio.

– El de sometimiento de cualquier actuación pública a los diferentes planes e instrumentos de ordenación que han de conformar un sistema de planeamiento integrado.

– El de subordinación, en los Espacios Naturales Protegidos, de los ordenamientos sectoriales a la finalidad de conservación.

– El de la función social de la propiedad urbana.

– El de la ordenación de los recursos naturales, territorial y urbanística como función pública.

– El de utilización del suelo con arreglo al interés general.

– El de utilización racional de todos los recursos naturales.

– El de utilización del suelo y la edificación conforme a la ordenación de los recursos naturales, territorial y urbanística.

– El de jerarquía del sistema de planeamiento.

– El de especialidad en el sistema de planeamiento.

– El de adecuada ponderación de la totalidad de los intereses implicados en la ejecución de la ordenación.

– El de participación de la comunidad en las plusvalías generadas por la actividad urbanística de los entes públicos.

– El de equidistribución de beneficios y cargas derivados de la ejecución del planeamiento.

– El de proporcionalidad de beneficios y cargas derivados de la ejecución del planeamiento.

– El de vigencia indefinida del planeamiento de ordenación.

– El de publicidad de los instrumentos de planeamiento y ejecución de la ordenación.

– El de participación pública en la formulación, tramitación y gestión del planeamiento y otras figuras urbanísticas.

– El de libre acceso a la consulta de los instrumentos de planeamiento y ejecución urbanísticos.

– El de preservación del suelo rústico del proceso urbanizador.

– El de restauración del ordenamiento jurídico urbanístico infringido.

– El de ejecutividad y obligatoriedad del planeamiento.

– El de no indemnizabilidad por la ordenación urbanística.

– El de responsabilidad administrativa por cambios en el planeamiento.

– El deber de respetar y conservar los Espacios Naturales y de reparar el daño que se cause a los mismos.

– El de asegurar el mantenimiento y conservación de los recursos naturales, con independencia de su titularidad o régimen jurídico, garantizando que la gestión de aquéllos se produzca sin merma de su potencialidad y compatibilidad con los fines de protección.

Artículo 5. Fines de la actuación pública con relación al territorio.

Son fines de toda actuación pública de regulación del uso y aprovechamiento del suelo o de utilización de éste:

a) Conservar y, en su caso, preservar los espacios, recursos y elementos naturales, así como las riquezas con relevancia ecológica, para impedir la alteración o degradación de sus valores naturales y paisajísticos.

b) Utilizar racionalmente los espacios de valor agrícola, ganadero y forestal, con especial consideración de las zonas de medianías y cumbres, para propiciar su recualificación social y económica, procurando la conservación de los usos y costumbres tradicionales compatibles con el medio.

c) Asegurar la racional utilización del litoral, armonizando su conservación con los restantes usos, especialmente con los de ocio, residencia y turismo.

d) Contribuir al uso y distribución racionales de los recursos hidrológicos, propiciando el ahorro en su empleo, el control de efluentes y la protección de su calidad.

e) Asegurar la explotación y el aprovechamiento racionales de las riquezas y los recursos naturales y, en particular, de los mineros, extractivos y energéticos, mediante fórmulas compatibles con la preservación y la mejora del medio.

f) Preservar el Patrimonio Histórico de Canarias, considerando tanto los elementos aislados como los conjuntos urbanos, rurales o paisajísticos, promoviendo las medidas pertinentes para impedir su destrucción, deterioro, sustitución ilegítima o transformaciones impropias e impulsando su recuperación, rehabilitación y enriquecimiento, en concordancia con su normativa específica.

g) Mantener y mejorar la calidad del entorno urbano, regulando los usos del suelo, las densidades, alturas y volúmenes, dotaciones públicas y las actividades productivas, comerciales, de transporte, ocio, turísticas o de otra índole, con el fin de promover un desarrollo económico y social equilibrado y sostenible, en un entorno residencial diversificado, asegurando el acceso de los habitantes en condiciones de igualdad a los equipamientos y lugares de trabajo, cultura y ocio y a un puesto de trabajo.

h) Orientar las actuaciones públicas y privadas para la efectividad del derecho constitucional a una vivienda digna y adecuada para todos.

i) Integrar y armonizar cuantos intereses afecten de forma relevante al territorio, con subordinación, en todo caso, de los privados a los públicos.

⇒ Según la disp. adic. 8ª de este Texto Refundido, en la interpretación y aplicación de sus preceptos, se estará al significado y alcance que para los conceptos básicos en ella utilizados se establecen en el anexo a la misma. El ap. 2.5 considera equipamiento la categoría comprensiva de los usos de índole colectiva o general, cuya implantación requiera construcciones, con sus correspondientes instalaciones, de uso abierto al público o de utilidad comunitaria o círculos indeterminados de personas. Puede ser tanto de iniciativa y titularidad públicas como privadas, con aprovechamiento lucrativo. Cuando la iniciativa y la titularidad sean públicas, el bien inmueble tiene la consideración de bien patrimonial. Tiene las variedades o especies que reglamentariamente se determinen. La explotación del equipamiento público puede tener lugar por cualquiera de las formas de gestión permitidas por la legislación reguladora de la Administración titular.

V. D. 12/2001, de 30 enero, por el que se determina la estructura central y periférica, así como las sedes de las consejerías de la Administración Pública de la Comunidad Autónoma de Canarias.

Téngase en cuenta la Ley 4/1994, de 25 abril, de Ordenación de la Actividad Comercial en Canarias.

Téngase en cuenta el art. 58 de la Ley 7/1995, de 6 abril en lo relativo a las Previsiones Turísticas de los Planes Insulares de Ordenación Territorial, así como el D. 108/1999, de 25 mayo.

V. D. 10/2001, de 22 enero, por el que se regulan los estándares turísticos.

V. Ley 4/1999, de 15 marzo, de Patrimonio Histórico de Canarias.

V. Ley 8/1995, de 6 abril, de Accesibilidad y Supresión de Barreras Físicas y de la Comunicación, en Canarias.

V. D. 227/1997, de 18 septiembre, que aprueba el Reglamento de la Ley 6 abril 1995. Desarrollado, por O. 5 octubre 1998.

V. D. 4/2001, de 12 enero, por el que se acuerda la formulación de las Directrices de Ordenación General y del Turismo de Canarias.

V. art. 1 de la Ley 6/1998, de 13 abril, sobre Régimen del Suelo y Valoraciones (§1).

Artículo 6. Fines de la actuación de carácter urbanístico.

1. Serán fines de la actuación de carácter urbanístico:

a) Regular los usos del suelo y de las construcciones, de tal forma que hagan posible la utilización ordenada y sostenible de los recursos naturales, subordinando los intereses individuales a los colectivos y, en todo caso, al interés general definido en este Texto Refundido y en los instrumentos de ordenación de los recursos naturales, territorial y urbanística.

b) Garantizar una adecuada participación de la comunidad en las plusvalías generadas por las actuaciones urbanísticas o por la ejecución de las obras públicas que impliquen mejoras o repercusiones positivas en las propiedades afectadas.

c) Delimitar, en el marco de la legislación general, el contenido del derecho de propiedad del suelo, así como el uso y las formas de aprovechamiento de éste.

d) Evitar la especulación con el suelo y la vivienda.

e) Impedir la desigual atribución de cargas y beneficios en situaciones iguales, imponiendo su justa distribución entre los que intervengan en la actividad transformadora del suelo.

2. La ordenación urbanística tiene por objeto en el marco de la ordenación del territorio:

a) La organización racional y conforme al interés general de la ocupación y del uso del suelo, mediante su clasificación y calificación, así como el destino y la utilización de las edificaciones, construcciones e instalaciones, incluyendo la determinación, reserva, afectación y protección del suelo destinado a equipamiento y dotaciones, con específica atención a la ordenación insular del suelo que soporte la actividad turística.

b) La fijación de las condiciones de ejecución y, en su caso, programación de las actividades de urbanización y edificación, así como del cumplimiento de los deberes de conservación y rehabilitación.

c) La constitución de patrimonios públicos de suelo para actuaciones públicas que faciliten la ejecución del planeamiento.

d) La calificación de suelo para construcción de viviendas sujetas a algún régimen de protección pública.

e) La protección y conservación de los recursos naturales, del paisaje natural, rural y urbano y del Patrimonio Histórico Canario.

⇒ V. D. 10/2001, de 22 enero, por el que se regulan los Estándares Turísticos.
V. D. 12/2001, de 30 enero, por el que se determina la estructura central y periférica, así como las sedes de las consejerías de la Administración Pública de la Comunidad Autónoma de Canarias.
V. Ley 4/1999, de 15 marzo, de Patrimonio Histórico de Canarias.
V. art. 1 de la Ley 6/1998, de 13 abril, sobre Régimen del Suelo y Valoraciones (§1).

Artículo 7. Gestión de la actividad de ordenación de los recursos naturales, territorial y urbanística.

1. La gestión de la actividad de ordenación de los recursos naturales, territorial y urbanística se desarrollará en las formas previstas en este Texto Refundido y, para lo no contemplado en ella, en la legislación reguladora de la Administración actuante.

2. Se realizarán necesariamente de forma directa:

a) La tramitación y aprobación de los instrumentos de planeamiento y de ejecución.

b) Las actuaciones que impliquen el ejercicio de potestades de ordenación, inspección, control, intervención, protección de la legalidad, sanción y expropiación.

La Administración podrá actuar, en estos casos, por sí misma o mediante una organización descentralizada de derecho público dependiente de ella.

3. Las Administraciones con competencia en materia de ordenación de los recursos naturales, territorial y urbanística tienen el deber de facilitar y promover, en el ámbito de sus respectivas competencias y en las formas y con el alcance previstos en este Texto Refundido, la iniciativa privada en el desarrollo de dicha actividad.

4. Los titulares de derechos sobre el suelo o bienes inmuebles intervendrán en la actividad de ordenación de los recursos naturales, territorial y urbanística, en la forma y en los términos de la legislación general reguladora de las condiciones básicas garantes de la igualdad en el ejercicio del derecho de propiedad y del presente Texto Refundido.

⇒ V. art. 1 de la Ley 6/1998, de 13 abril, sobre Régimen del Suelo y Valoraciones.

Artículo 8. Participación ciudadana.

En la gestión y el desarrollo de la actividad de ordenación de los recursos naturales, territorial y urbanística, la Administración actuante deberá fomentar y, en todo caso, asegurar la participación de los ciudadanos y de las entidades por éstos constituidas para la defensa de sus intereses y valores, así como velar por sus derechos de información e iniciativa. En todo caso, los ciudadanos tienen el derecho a participar en los procedimientos de aprobación de instrumentos de ordenación y ejecución mediante la formulación de alegaciones en el período de información pública al que preceptivamente deban ser aquéllos sometidos, así como a exigir el cumplimiento de la legalidad, mediante el ejercicio de la acción pública ante los órganos administrativos y judiciales.

⇒ V. art. 4 de la Ley 6/1998, de 13 abril (§1).
V. arts. 20 y 225 del presente Texto Refundido.

TÍTULO I
GOBIERNO DEL TERRITORIO

CAPÍTULO I
Disposiciones generales

Artículo 9. *Integración y jerarquización del sistema de planeamiento.*

1. Las Administraciones públicas competentes en materias de ordenación de los recursos naturales, territorial, urbanística o sectoriales con relevancia sobre el territorio ejercerán sus potestades mediando la correspondiente planificación previa. Salvo las excepciones expresamente establecidas en este Texto Refundido, la ejecución de todo acto de transformación del territorio o de uso del suelo, sea de iniciativa pública o privada, habrá de

estar legitimada por la figura de planeamiento que fuera procedente legalmente para su ordenación.

2. Los instrumentos de ordenación regulados en este Texto Refundido que desarrollen la planificación de los recursos naturales, territorial y urbanística, así como de las actuaciones sectoriales con relevancia sobre el territorio, conforman un único sistema integrado y jerarquizado.

3. El alcance y contenido de cada uno de tales instrumentos así como las relaciones que deben guardar entre sí para cumplir sus fines específicos integrados armónicamente en el sistema global, serán los que se regulan en este Texto Refundido y, en su caso, a través de su desarrollo reglamentario.

⇒ V. D. 10/2001, de 22 enero, por el que se regulan los Estándares Turísticos.
V. D. 12/2001, de 30 enero, por el que se determina la estructura central y periférica, así como las sedes de las consejerías de la Administración Pública de la Comunidad Autónoma de Canarias.
V. disp. final 1ª y disp. transit. 10ª del presente Texto Refundido.

Artículo 10. Deber de cooperación administrativa.

1. Las Administraciones Públicas Canarias con competencia en la ordenación de los recursos naturales, territorial y urbanística prestarán, en el ámbito propio, la cooperación y asistencia activa que otra Administración pudiera recabar para el eficaz ejercicio de sus competencias. A estos efectos deberán coordinarse con la Administración General del Estado y de la Unión Europea, e incluso, cuando proceda, concertar las actuaciones para garantizar la eficacia de los instrumentos en que se formalicen las normas de ordenación.

2. El deber de cooperación comporta:

a) Facilitar a las otras Administraciones la información que precisen sobre la actividad que desarrollen en el ejercicio de sus propias competencias y que puedan afectar las de aquéllas.

b) La armonización de la actuación propia con las de las demás Administraciones, ya se trate del ejercicio de competencias de ordenación de recursos naturales, territorial o urbanística, ya de otras actuaciones con incidencia territorial.

⇒ V. art. 1 de la Ley 6/1998, de 13 abril, sobre Régimen del Suelo y Valoraciones (§1).

Artículo 11. Cooperación interadministrativa de actuaciones con relevancia territorial.

1. Están sujetos a la cooperación interadministrativa:

a) Los instrumentos de planeamiento para la ordenación del territorio y la ordenación urbanística previstos en este Texto Refundido.

b) Cualesquiera planes, programas o proyectos de obras o servicios públicos de las Administraciones de la Comunidad, las Islas y los Municipios que afecten, por razón de la localización o uso territoriales, a la instalación, funcionalidad o funcionamiento de obras o servicios de cualesquiera de dichas Administraciones Públicas.

c) Los proyectos de construcción, edificación o uso del suelo para obras o servicios públicos de la Administración Pública de la Comunidad o de los Cabildos Insulares aunque afecten al territorio de un solo Municipio.

2. En todos los procedimientos administrativos que tengan por objeto la aprobación, modificación o revisión de alguno de los instrumentos o proyectos a que se refieren las letras a) y b) del número anterior, cuando tengan suficiente grado de desarrollo, debe cumplirse el trámite de consulta a las Administraciones Públicas territoriales afectadas.

El trámite de consulta es de cumplimiento preceptivo incluso en situación de urgencia. Se exceptúan los procedimientos que tengan por objeto instrumentos o proyectos que constituyan desarrollo o ejecución de otros previos en cuyo procedimiento de aprobación se haya cumplido dicho trámite, siempre que no impliquen afectaciones relevantes adicionales a las resultantes del instrumento o proyecto desarrollado o ejecutado.

3. El trámite de consulta debe ser cumplido de forma que proporcione efectivamente:

a) A todas las Administraciones afectadas la posibilidad de exponer y hacer valer de manera suficiente y motivada las exigencias que, en orden al contenido de la actuación en curso de aprobación, resulten de los intereses públicos cuya gestión les esté encomendada.

b) A todas las Administraciones anteriores y a la competente para la aprobación de la actuación de que se trate la ocasión de alcanzar un acuerdo sobre el contenido del mismo.

En todo caso, cuando no sea la Administración actuante se consultará a los Ayuntamientos en cuyos términos municipales pretenda llevarse a cabo la actuación sometida a cooperación.

4. El trámite de consulta, que podrá simultanearse con el de información pública si existiere, tendrá una duración de un mes, salvo que la legislación que regule el instrumento de que se trate disponga otro plazo diferente.

5. La incomparecencia en este trámite de alguna Administración afectada en sus competencias no impide la continuación del procedimiento. En todo caso, en el instrumento o proyecto sujeto a cooperación sólo podrán contenerse previsiones que comprometan la realización efectiva de acciones por parte de otras Administraciones, en el ámbito de sus respectivas competencias, si éstas hubieran prestado expresamente su conformidad.

6. La conclusión del trámite de consulta sin superación de las discrepancias manifestadas durante el mismo no impide la continuación y terminación del procedimiento, previa la adopción y notificación por la Administración actuante de resolución justificativa de los motivos que han impedido alcanzar, a su juicio, una definición acordada del interés público.

7. Sin perjuicio de lo regulado en los números anteriores, los proyectos

de obras o servicios públicos de la Administración de la Comunidad Autónoma o de las Islas a que se refiere la letra c) del número 1, se tramitarán con arreglo a lo dispuesto en el artículo 167 de este Texto Refundido.

CAPÍTULO II
Ordenación de los recursos naturales y del territorio

Sección 1ª Disposiciones generales

Artículo 12. Competencias de ordenación de los recursos naturales y del territorio.

Las Administraciones de la Comunidad Autónoma y de las Islas participarán en la ordenación de los recursos naturales y, en particular, del territorio a través de los instrumentos previstos en este Texto Refundido.

Artículo 13. Ejercicio de las competencias con relevancia territorial de las Administraciones autonómica e insular.

Las Administraciones de la Comunidad Autónoma y las Islas cooperarán entre sí en el ejercicio de sus competencias con relevancia territorial y de acuerdo con las políticas medioambiental y regional de la Administración General del Estado y de la Unión Europea.

⇒ V. art. 1 de la Ley 6/1998, de 13 abril, sobre Régimen del Suelo y Valoraciones (§1).

Artículo 14. Instrumentos de ordenación de los recursos naturales y el territorio.

1. Son instrumentos de ordenación general de los recursos naturales y del territorio:

a) Las Directrices de Ordenación.
b) Los Planes Insulares de Ordenación.

2. Son instrumentos de ordenación de los Espacios Naturales Protegidos los Planes y Normas de los mismos.

3. Son instrumentos de ordenación territorial:

a) Los Planes Territoriales de Ordenación.
b) Los Proyectos de Actuación Territorial.
c) Las Calificaciones Territoriales.

4. Los Planes y Normas de los Espacios Naturales Protegidos, así como los instrumentos de ordenación territorial deberán ajustarse a las determinaciones de las Directrices de Ordenación y a los Planes Insulares de Ordenación. Los Planes Territoriales Especiales deberán ajustarse a las determinaciones de las Directrices de Ordenación y, en cuanto a la ordenación de los recursos naturales, a los Planes Insulares de Ordenación.

5. Reglamentariamente se desarrollarán el objeto, determinaciones y contenido documental de los instrumentos previstos en este artículo, estable-

ciéndose los que estén sujetos a la previa redacción de avances de planeamiento.

6. Durante su formulación y tramitación, podrá acordarse la suspensión de los procedimientos de aprobación de cualesquiera instrumentos de ordenación previstos en este Texto Refundido, de ámbito igual o inferior, y del otorgamiento de licencias urbanísticas. A tal efecto, los órganos competentes para la aprobación inicial y provisional de los instrumentos de ordenación de los recursos naturales y del territorio, podrán acordar la suspensión del otorgamiento de licencias de parcelación de terrenos, edificación y demolición para áreas o usos determinados, con el fin de estudiar su formación o modificación. Igualmente podrán acordar la suspensión de la tramitación del planeamiento que desarrolle cada uno de ellos. Dicho acuerdo habrá de publicarse en el «Boletín Oficial de Canarias», y en uno de los diarios de mayor difusión.

El acuerdo de aprobación inicial de los instrumentos de ordenación determinará, por sí solo, la suspensión del otorgamiento de licencias en aquellas áreas del territorio objeto del planeamiento cuyas nuevas determinaciones supongan modificación del régimen urbanístico vigente, debiéndose señalar expresamente las áreas afectadas por la suspensión.

La suspensión se extinguirá, en todo caso, en el plazo de un año. Si se hubiera producido dentro de ese plazo el acuerdo de aprobación inicial, la suspensión se mantendrá para las áreas cuyas nuevas determinaciones de planeamiento supongan modificación de la ordenación urbanística y sus efectos se extinguirán definitivamente transcurridos dos años desde el acuerdo de suspensión adoptado para estudiar el planeamiento o su reforma. Si la aprobación inicial se produce una vez transcurrido el plazo del año, la suspensión derivada de esta aprobación inicial tendrá la duración máxima de un año.

Si con anterioridad al acuerdo de aprobación inicial no se hubiese suspendido el otorgamiento de licencia, la suspensión determinada por dicha aprobación inicial tendrá una duración máxima de dos años.

En cualquier caso, la suspensión se extingue con la aprobación definitiva del planeamiento.

⇒ Según la disp. adic. 8ª de este Texto Refundido, en la interpretación y aplicación de sus preceptos, se estará al significado y alcance que para los conceptos básicos en ella utilizados se establecen en el anexo a la misma. El ap. 2.1 considera Ordenación de los recursos naturales y el territorio la establecida por cualquiera de los instrumentos previstos en el art. 14.

V. arts. 28 y 43 del presente Texto Refundido.

V. disp. final 1ª y disp. transit. 10ª del presente Texto Refundido.

Jurisprudencia

«Si bien de los diferentes actos que integran la compleja operación urbanística de los instrumentos de planeamiento sólo cabe atribuir la condición de acto definitivo aquel por el que se efectúa la aprobación definitiva por el órgano competente, sin que sean susceptibles de recurso los demás actos, como puede ser la aprobación inicial y provisional, es lo cierto que en determinados supuestos, esa aprobación provisional puede no considerarse acto de trámite y por ello es susceptible de recurso. Y este supuesto, que es admitido por la jurisprudencia, así entre otras en Sentencias de 24 de julio de 1989 (RJ 1989, 6105), 20 de noviembre de 1991 (RJ 1991, 9156) y 19 de octubre de 1993 (RJ 1993, 7367), se dará cuando se presenta una nulidad radical o de pleno derecho, o resulta de una imposibilidad física o jurídica de llevar a cabo el planeamiento proyectado, y a alguno de los actos de trámite se les asimila a actos definitivos a efectos de recursos». **(STS 21 septiembre 1999 [RJCA 1999, 4562]).**

Sección 2ª Directrices de ordenación

Artículo 15. Directrices de Ordenación: objeto, clases y determinaciones.

1. Las Directrices de Ordenación constituyen el instrumento de planeamiento propio del Gobierno de Canarias que integra la ordenación de los recursos naturales y del territorio.

2. Las Directrices de Ordenación tendrán por objeto:

a) Articular las actuaciones tendentes a garantizar el desarrollo sostenible de Canarias.

b) Definir los criterios de carácter básico de ordenación y gestión de uno o varios recursos naturales.

c) Fijar los objetivos y estándares generales de las actuaciones y actividades con relevancia territorial de acuerdo con la legislación sectorial que corresponda.

d) Establecer estrategias de acción territorial para la definición del modelo territorial básico de Canarias.

e) Articular las actuaciones sobre la base del equilibrio interterritorial y la complementariedad de los instrumentos que conforman el sistema de ordenación territorial.

3. Las Directrices de Ordenación podrán referirse también a uno o a varios ámbitos de la actividad social o económica.

4. Las Directrices de Ordenación establecerán las determinaciones precisas para el cumplimiento de su objeto, con precisión de las que tengan el carácter de:

a) Normas de aplicación directa, que serán de inmediato y obligado cumplimiento por las Administraciones y los particulares.

b) Normas directivas de obligado cumplimiento por la Administración y los particulares, cuya aplicación requiere su previo desarrollo por el pertinente instrumento de ordenación de los recursos naturales, territorial o urbanística o, en su caso, disposición administrativa.

c) Recomendaciones, que tendrán carácter orientativo para las Administraciones y los particulares y que cuando no sean asumidas deberán ser objeto de expresa justificación.

⇒ V. D. 4/2001, de 12 enero, por el que se acuerda la formulación de las Directrices de Ordenación General y del Turismo de Canarias.

Artículo 16. Directrices de Ordenación: procedimiento.

1. La iniciativa para la elaboración de las Directrices de Ordenación corresponderá al Consejo de Gobierno a propuesta de:

a) La Consejería competente en materia de ordenación territorial y urbanismo, cuando afecten a la competencia de dos o más Consejerías y, en todo caso, las de carácter general; y

b) La Consejería competente por razón de la materia en los restantes casos.

El acuerdo de iniciación del procedimiento fijará los objetivos, plazos y criterios para su elaboración de las Directrices.

2. Corresponde al Consejero que hubiera tomado la iniciativa, cuando los trabajos de redacción hayan alcanzado un grado suficiente de concreción, somenter un avance de Directrices a un trámite de información ciudadana y simultáneamente a otro de consulta con las administraciones públicas afectadas, de conformidad con las previsiones del artículo 11.2 de esta Ley.

3. La Consejería elaborada del avance, previo estudio de las alegaciones y propuestas, propondrá al Gobierno un texto de Directrices para su consideración y aprobación inicial si procede.

4. El texto aprobado inicialmente será sometido, a su vez, a información pública y a consulta de las administraciones públicas y como resultado de este proceso participativo se procederá a la elaboración de un texto final provisional de las Directrices, que se someterá a informe de la Comisión de Ordenación del Territorio y Medio Ambiente de Canarias.

5. El Gobierno remitirá al Parlamento, el texto final provisional, para su debate conforme al procedimiento establecido para los programas del Gobierno en el Reglamento de la Cámara.

6. El Gobierno procederá a la elaboración y aprobación del texto final de las Directrices, teniendo en cuenta en su redacción el contenido de las resoluciones aprobadas por el Parlamento en el debate a que se refiere el párrafo anterior sobre el contenido del texto provisional final de las Directrices, de forma que se asegure la congruencia del conjunto del instrumento de ordenación.

7. El Gobierno remitirá finalmente al Parlamento, para su trámite reglamentario un Proyecto de Ley de artículo único, que deberá acompañar como anexo el texto final de las Directrices de Ordenación.

✐ Artículo redactado por la disp. adic. 6ª de la Ley 6/2001, de 23 julio.

Sección 3ª Planes insulares de ordenación

Artículo 17. Planes Insulares de Ordenación: concepto y determinaciones.

Los Planes Insulares son instrumentos de ordenación de los recursos naturales, territorial y urbanística de la isla y definen el modelo de organización y utilización del territorio para garantizar su desarrollo sostenible. Tienen carácter vinculante en los términos establecidos en este Texto Refundido para los instrumentos de ordenación de espacios naturales y territorial de ámbito inferior al insular y para los planes de ordenación urbanística.

Sus determinaciones se establecen:

a) En el marco de las Directrices de Ordenación, favoreciendo la complementariedad de todos los Planes Insulares entre sí, la articulación de las distintas políticas y actuaciones con incidencia territorial, la mejor distribución de los usos e implantación de las infraestructuras y la necesaria protección de los recursos naturales, el ambiente y los bienes culturales.

b) Teniendo en cuenta la realidad global de la isla, especialmente las características socioeconómicas de su territorio y población, en relación con las posibilidades y programas de actuación del sector público y las posibles acciones del privado.

Artículo 18. Planes Insulares de Ordenación: contenido necesario.

1. Los Planes Insulares contendrán al menos las determinaciones exigidas por la legislación vigente para los Planes de Ordenación de los Recursos Naturales y, en particular, las necesarias para garantizar la conservación de los recursos naturales, entendiendo por conservación la preservación o utilización ordenada, en su caso, con base al criterio de desarrollo sostenible.

En particular deberán incluir:

a) Una descripción y evaluación detalladas de los recursos naturales, su estado de conservación y previsible evolución futura.

b) Criterios de aplicación en la ordenación de recursos y concretamente:

1) Limitaciones de uso en función de la singularidad de los ecosistemas y de su estado de conservación y, en particular, señalamiento de las áreas del territorio que deban ser excluidas de los procesos de urbanización y, en su caso, de edificación por sus características naturales, su trascendencia para el mantenimiento de los procesos ecológicos esenciales, para la preservación de la diversidad genética y de la variedad, singularidad o belleza de los ecosistemas y del paisaje.

2) Directrices o criterios básicos para la gestión de los Espacios Naturales Protegidos y también de las especies de flora y fauna amenazadas o en peligro, según los criterios internacionalmente admitidos, estableciendo o proponiendo en su caso, según la legislación sectorial aplicable, los regímenes de protección que procedan.

3) Criterios para la defensa y mejora del ambiente natural y establecimiento de prohibiciones a las Administraciones canarias y a los particulares derivadas de esos criterios.

4) Criterios para la conservación o mejora del patrimonio histórico incorporando, en su caso, las medidas necesarias de protección e intervención previstas en las leyes sectoriales correspondientes.

5) Criterios complementarios de referencia orientadores de la formulación y ejecución de las políticas sectoriales que inciden en el territorio, dentro del marco establecido por las Directrices de Ordenación.

6) Criterios para la defensa, mejora y ordenación del espacio litoral y espacios naturales marinos, incluyendo un listado de actividades susceptibles

de desarrollarse en los mismos y en su entorno y, en su caso, las medidas específicas que deban ser tomadas por la Administración competente.

7) Criterios para el reconocimiento y ordenación de los asentamientos rurales y agrícolas.

2. Los Planes Insulares establecerán normas o criterios de coordinación administrativa de ámbito insular en los sectores de actividad económica y social de relevancia territorial, fijando criterios para la sectorización de los suelos urbanizables turísticos. Así mismo podrán definir las áreas de gestión integrada que abarquen a uno o varios espacios protegidos, a que se refiere el artículo 140 del presente Texto Refundido.

3. Los Planes Insulares habrán de establecer las áreas del territorio insular que deban preservarse del desarrollo urbanístico por su valor agrícola existente o potencial.

4. Los Planes Insulares habrán de definir el modelo de ordenación territorial que se propugna para la isla y hacia cuya consecución deberán dirigirse coordinadamente las actuaciones públicas y privadas.

A estos efectos establecerán, al menos, las siguientes determinaciones:

a) La estructura y localización de las infraestructuras, los equipamientos y las dotaciones e instalaciones de servicios públicos de relevancia e interés social para la isla.

b) El esquema de distribución y priorización de los usos y actividades estructurantes del territorio insular, con expresa localización y regulación ordenada de las actividades relevantes para el desarrollo económico y social autonómico o insular y, específicamente, criterios para la delimitación en los instrumentos urbanísticos de ámbito municipal de las siguientes zonas del territorio:

1) Las que deban preservarse del proceso urbanizador y, en su caso, edificatorio, porque su transformación sería incompatible con el desarrollo sostenible de la isla.

2) Las que deban destinarse a usos del sector primario, en especial los forestales, agrarios o extractivos.

3) Las aptas para el desarrollo de nuevos espacios turísticos, determinando si procede las condiciones que limiten el incremento de capacidad, reservando a los Planes Generales la delimitación de los sectores urbanizables turísticos.

5. Los Planes Insulares podrán establecer áreas del territorio insular en las que no se deban permitir nuevos crecimientos turísticos, por ser incompatibles con el principio de desarrollo sostenible o tener el carácter de zonas saturadas por exceder la oferta existente a la demanda previsible. También podrán establecer límites de ámbito insular a la autorización de nuevos alojamientos turísticos dentro de un modelo insular equilibrado.

Asimismo, los Planes Insulares podrán contener previsiones suficientes para aquellas zonas turísticas en las que concurra alguna de las siguientes circunstancias:

a) Tratarse de una zona o un núcleo a rehabilitar, declarada de conformidad con lo establecido en la legislación turística.

b) Ser zona mixta, donde la presencia de edificaciones turísticas pueda producir, junto con otras residenciales o industriales, efectos que pongan en peligro la calidad turística de la zona.

c) Ser zonas insuficientemente dotadas, por no corresponderse las infraestructuras, equipamientos y servicios con que cuenten con el número de camas turísticas.

6. Los Planes Insulares, al establecer las determinaciones previstas en el número anterior, efectuarán la distinción a que se refiere el número 4 del artículo 15. Tendrán, en todo caso, el carácter de normas de aplicación directa las previstas en los anteriores números 4 y 5 y las determinaciones de calificación que afecten al suelo rústico.

⇒ Téngase en cuenta el art. 58 de la Ley 7/1995, de 6 abril, en lo relativo a las Previsiones turísticas de los Planes Insulares de Ordenación Territorial, así como el D. 108/1999, de 25 mayo.

Según la disp. adic. 8ª de este Texto Refundido, en la interpretación y aplicación de sus preceptos, se estará al significado y alcance que para los conceptos básicos en ella utilizados se establecen en el anexo a la misma. El ap. 1.2 define Espacio litoral como el comprensivo del conjunto de bienes de dominio público natural definidos por la legislación general sobre costas hasta los límites del mar territorial.

Artículo 19. Planes Insulares de Ordenación: contenido facultativo.

Los Planes Insulares de Ordenación podrán establecer, para asegurar la efectividad de las que integran su contenido necesario, algunas o todas las determinaciones siguientes para:

a) Establecer las áreas aptas para implantar actividades relevantes para el desarrollo social y económico insular y autonómico, dentro de las cuales el planeamiento general delimitará los sectores de suelo urbanizable estratégico.

b) Reclasificar como suelo rústico los terrenos que tengan la clasificación de suelo urbanizable cuando así lo exija el desarrollo sostenible de los recursos naturales o el modelo territorial.

c) Atribuir nueva categoría al suelo rústico clasificado por un instrumento de planeamiento en vigor.

Artículo 20. Planes Insulares de Ordenación: procedimiento.

1. Los Planes Insulares de Ordenación se formularán por el Cabildo correspondiente o, en caso de inactividad de éste y previos los trámites que se establezcan reglamentariamente, por la Consejería del Gobierno competente en materia de ordenación territorial.

2. Cuando la elaboración del Plan haya alcanzado suficiente grado de desarrollo para permitir la formulación de criterios generales y objetivos, el organismo redactor lo someterá a información pública, a la vez que a informe de los Ayuntamientos de la Isla, a los diferentes Departamentos del Gobierno

de Canarias y, en el caso de que la formulación de acuerdo a lo previsto en el número anterior no se realizara por el Cabildo, deberá someterse también a informe de éste. El procedimiento y plazos de la información pública y de la solicitud y emisión de los informes, y los efectos derivados del incumplimiento de esos plazos se fijarán reglamentariamente.

3. A efectos de finalizar la elaboración del Plan, el organismo competente considerará las sugerencias de la participación ciudadana y de los informes. Finalizados los trabajos de redacción del Plan, el organismo redactor procederá a su aprobación inicial y lo someterá a información pública y a consulta a los Ayuntamientos de la isla, a los Departamentos del Gobierno y al Cabildo, en su caso.

4. La aprobación definitiva corresponderá al Consejo de Gobierno de la Comunidad Autónoma, a propuesta del consejero o los consejeros competentes en materia medioambiental y de ordenación territorial, previo informe de la Comisión de Ordenación del Territorio y Medio Ambiente de Canarias, salvo cuando el procedimiento tenga por objeto exclusivamente la modificación de determinaciones establecidas con el carácter de normas directivas o de recomendaciones, en cuyo caso corresponderá a esta última Comisión, a propuesta del referido consejero o consejeros. Quedan excluidas las modificaciones que afecten a normas directivas sobre las áreas aptas para usos turísticos y estratégicos, que deberán aprobarse por el Consejo de Gobierno.

⇒ V. disp. final 1ª y disp. transit. 10ª del presente Texto Refundido.

Sección 4ª Otros planes de ordenación

Artículo 21. Planes y Normas de Espacios Naturales Protegidos.

1. El planeamiento de los Espacios Naturales Protegidos, que incluirá los usos del territorio en toda su extensión, podrá adoptar la forma de:

a) Planes Rectores de Uso y Gestión de Parques Nacionales, Naturales y Rurales.

b) Planes Directores de Reservas Naturales integrales y especiales.

c) Planes Especiales de los Paisajes Protegidos.

d) Normas de Conservación de Monumentos Naturales y Sitios de Interés Científico.

2. La elaboración y contenido de los Planes Rectores de Uso y Gestión de los Parques Nacionales se regirán por su normativa específica.

Artículo 22. Planes y Normas de Espacios Naturales Protegidos: contenido y determinaciones.

1. Los Planes y Normas de Espacios Naturales Protegidos deberán establecer, sobre la totalidad de su ámbito territorial, las determinaciones necesarias para definir la ordenación pormenorizada completa del espacio, con el grado de detalle suficiente para legitimar los actos de ejecución.

Podrán establecer, además de las determinaciones de carácter vinculante, normas directivas y criterios de tipo orientativo, señalando los objetivos a alcanzar.

2. Los Planes y Normas de Espacios Naturales Protegidos contendrán, como mínimo, las siguientes determinaciones de ordenación:

a) División, en su caso, de su ámbito territorial en zonas distintas según sus exigencias de protección, distinguiendo los usos de acuerdo a lo previsto en el apartado cuatro.

b) Establecimiento sobre cada uno de los ámbitos territoriales que resulten de la zonificación de la clase y categoría de suelo de entre las reguladas en el Título II de este Texto Refundido que resulten más adecuadas para los fines de protección.

c) Regulación detallada y exhaustiva del régimen de usos e intervenciones sobre cada uno de los ámbitos resultantes de su ordenación. Asimismo, cuando procediera, habrán de regular las condiciones para la ejecución de los distintos actos que pudieran ser autorizables.

3. Los Planes Rectores de Uso y Gestión contendrán, además de las determinaciones de ordenación, aquéllas de gestión, desarrollo y actuación que sean adecuadas para alcanzar los objetivos que justifican la declaración del correspondiente Espacio Natural Protegido y, entre ellas, las que procedan de las siguientes:

a) Normas, directrices y criterios para la organización de la gestión del Espacio Natural.

b) Directrices y contenidos para la formulación de los programas específicos a desarrollar, por la Administración responsable de la gestión, para la protección y conservación, la investigación, la educación ambiental, el uso público y disfrute por los visitantes y el progreso socioeconómico de las poblaciones que viven en el Espacio Natural o en su zona de influencia.

c) Relación de las ayudas técnicas y económicas a la población local afectada, destinadas a compensar las limitaciones derivadas de las medidas de protección y conservación.

d) Delimitación de ámbitos y materias sobre los que, por su problemática específica, deban formularse programas que desarrollen la ordenación establecida por el Plan Rector, con señalamiento de los criterios que deben respetarse.

e) Delimitación, en su caso, de áreas de gestión integrada.

f) Previsión de las acciones necesarias para alcanzar los objetivos y, en su caso, programación y estudio financiero de las mismas.

g) Señalamiento de los criterios o condiciones que permitan evaluar la conveniencia y oportunidad de la revisión del Plan.

4. Los Planes Rectores de Uso y Gestión podrán establecer zonas diferenciadas dentro del ámbito territorial del espacio protegido, de acuerdo con la siguiente zonificación:

a) Zonas de exclusión o de acceso prohibido: constituidas por aquella superficie con mayor calidad biológica o que contenga en su interior los elementos bióticos o abióticos más frágiles, amenazados o representativos. El acceso será regulado atendiendo a los fines científicos o de conservación.

b) Zonas de uso restringido: constituidas por aquella superficie con alta calidad biológica o elementos frágiles o representativos, en los que su conservación admita un reducido uso público, utilizando medios pedestres y sin que en ellas sean admisibles infraestructuras tecnológicas modernas.

c) Zonas de uso moderado: constituidas por aquellas superficies que permitan la compatibilidad de su conservación con actividades educativo-ambientales y recreativas.

d) Zonas de uso tradicional: constituidas por aquella superficie en donde se desarrollan usos agrarios y pesqueros tradicionales que sean compatibles con su conservación.

e) Zonas de uso general: constituidas por aquella superficie que, por su menor calidad relativa dentro del Espacio Natural Protegido, o por admitir una afluencia mayor de visitantes, puedan servir para el emplazamiento de instalaciones, actividades y servicios que redunden en beneficio de las comunidades locales integradas o próximas al Espacio Natural.

f) Zonas de uso especial: su finalidad es dar cabida a asentamientos rurales o urbanos preexistentes e instalaciones y equipamientos que estén previstos en el planeamiento territorial y urbanístico.

5. Todas las determinaciones de los Planes y Normas de Espacios Naturales Protegidos deben ser conformes con las que sobre su ámbito territorial establezcan las Directrices de Ordenación y el respectivo Plan Insular de Ordenación y, a su vez, prevalecerán sobre el resto de instrumentos de ordenación territorial y urbanística. A tales efectos, los planes territoriales y urbanísticos habrán de recoger las determinaciones que hubieran establecido los Planes y Normas de Espacios Naturales Protegidos, y desarrollarlas si así lo hubieran establecido éstos.

6. Los Planes Rectores de Uso y Gestión de Parques Rurales y los Planes Especiales de los Paisajes Protegidos podrán establecer algunas o todas las determinaciones siguientes de ordenación urbanística:

a) Atribuir al suelo rústico clasificado por un instrumento de planeamiento general en vigor cualquiera de las categorías previstas para este tipo de suelo en el presente Texto Refundido.

b) Reclasificar como suelo rústico, en la categoría que proceda según sus características, terrenos que tengan la clasificación de suelo urbano o urbanizable, cuando lo exija la ordenación y protección de los recursos naturales.

c) En las zonas de uso general o especial, reclasificar como suelo urbano o asentamientos rurales o agrícolas, los terrenos clasificados o calificados de otra forma por un instrumento de planeamiento general en vigor, cuando las características de la urbanización y edificación existentes así lo exijan, y la conservación de los recursos naturales y de los valores ambientales presentes lo permitan.

d) Igualmente en las zonas de uso general o especial, excepcionalmente, reclasificar como suelo urbanizable los terrenos clasificados en otro tipo de suelo por un instrumento de planeamiento general en vigor, cuando se consideren precisos para absorber los crecimientos previsibles de carácter residencial permanente, siempre que la conservación de los recursos naturales y los valores ambientales presentes lo permita. Los terrenos reclasificados comprenderán exclusivamente la superficie adecuada al asentamiento poblacional que haya de constituirse.

7. Los Planes Rectores de Uso y Gestión de Parques Naturales y los Planes Directores de Reservas Naturales, así como las Normas de Conservación, no podrán establecer en su ámbito otra clase de suelo que la de rústico.

8. En todo caso, en la formulación, interpretación y aplicación de los Planes y Normas las determinaciones de carácter ambiental prevalecerán sobre las estrictamente territoriales y urbanísticas contenidas en los mismos, debiendo éstas servir como instrumento para ultimar y completar los objetivos y criterios ambientales de la ordenación.

9. Reglamentariamente se desarrollará el contenido mínimo y requisitos documentales que deberán cumplir los Planes y Normas de Espacios Naturales Protegidos, así como las normas específicas de procedimiento, diferenciándolos en función de la categoría de Espacio Natural Protegido que ordenen.

Dicho contenido se instrumentará, al menos, en una Memoria descriptiva que contendrá un estudio de los ecosistemas del Espacio Natural, y delimitará las distintas zonas, su régimen de protección y aprovechamiento de los recursos, si diera lugar, y concretará la normativa de aplicación en cada una de ellas. Junto a dicha Memoria se incorporará la base cartográfica necesaria y un estudio financiero de las actuaciones que se prevean.

⇒ Según la disp. adic. 8ª de este Texto Refundido, en la interpretación y aplicación de sus preceptos, se estará al significado y alcance que para los conceptos básicos en ella utilizados se establecen en el anexo a la misma. El ap. 2.4 considera Ordenación pormenorizada la definida por el planeamiento de ordenación urbanística, general y de desarrollo de éste, a partir, en función y en el marco de la ordenación estructural en términos suficientemente precisos como para legitimar la actividad de ejecución. V. disp. final 1ª y disp. transit. 10ª del presente Texto Refundido.

Artículo 23. Planes Territoriales de Ordenación.

1. Son Planes Territoriales de Ordenación:

a) Los Planes Territoriales Parciales.

b) Los Planes Territoriales Especiales.

2. Los Planes Territoriales Parciales tendrán por objeto la ordenación integrada de partes concretas del territorio diferenciadas por sus característi*cas naturales* o *funcionales*. Sólo podrán formularse en desarrollo de Planes Insulares de Ordenación, y podrán referirse a los siguientes ámbitos territoriales:

a) Espacios litorales.

b) Sistemas insulares, comarcales o supramunicipales para sectores o usos estratégicos o turísticos.

c) Areas metropolitanas y comarcas.

d) Cualquier otro ámbito definido por el planeamiento insular.

3. Los Planes Territoriales Especiales, que podrán tener ámbito regional, insular o comarcal, tendrán por objeto la ordenación de las infraestructuras, los equipamientos y cualesquiera otras actuaciones o actividades de carácter económico y social, pudiendo desarrollar, entre otras, las siguientes determinaciones:

a) Definir los equipamientos, dotaciones e infraestructuras de uso público y recreativo vinculados a los recursos naturales y espacios protegidos.

b) Ordenar los aprovechamientos de los recursos naturales de carácter hidrológico, minero, extractivo u otros.

4. Los Planes Territoriales de Ordenación deberán ajustarse a las determinaciones de las Directrices de Ordenación y de los Planes Insulares de Ordenación vigentes al tiempo de su formulación. Los Planes Territoriales Especiales deberán ajustarse a las determinaciones de las Directrices de Ordenación y, en cuanto a la ordenación de los recursos naturales, a los Planes Insulares de Ordenación.

Su contenido mínimo se determinará reglamentariamente en función de sus diferentes fines y objetivos.

5. Los Planes Territoriales Especiales que no desarrollen Planes Insulares de Ordenación no dependerán jerárquicamente de éstos, sin perjuicio de lo indicado en el apartado anterior. Sus determinaciones con incidencia territorial tendrán el carácter de recomendaciones para los restantes instrumentos de planificación territorial y urbanística.

⇒ Según la disp. adic. 8ª de este Texto Refundido, en la interpretación y aplicación de sus preceptos, se estará al significado y alcance que para los conceptos básicos en ella utilizados se establecen en el anexo a la misma. El ap. 2.5 considera equipamiento la categoría comprensiva de los usos de índole colectiva o general, cuya implantación requiera construcciones, con sus correspondientes instalaciones, de uso abierto al público o de utilidad comunitaria o círculos indeterminados de personas. Puede ser tanto de iniciativa y titularidad públicas como privadas, con aprovechamiento lucrativo. Cuando la iniciativa y la titularidad sean públicas, el bien inmueble tiene la consideración de bien patrimonial. Tiene las variedades o especies que reglamentariamente se determinen. La explotación del equipamiento público puede tener lugar por cualquiera de las formas de gestión permitidas por la legislación reguladora de la Administración titular.

V. disp. final 1ª y disp. transit. 10ª del presente Texto Refundido

Artículo 24. Formulación y procedimiento.

1. Corresponde la formulación:

a) A la Consejería competente en materia de medio ambiente, la de los Planes y Normas de Espacios Naturales Protegidos.

b) A la Consejería competente en materia de ordenación territorial y urbanística, así como a los Cabildos Insulares, la de los Planes Territoriales Parciales.

c) A la Administración competente por razón de la materia, la de los Planes Territoriales Especiales.

2. La tramitación del procedimiento, incluidos el sometimiento a información pública en la forma que se determine reglamentariamente y las aprobaciones previas a la definitiva, corresponderá a la Administración que haya formulado el Plan de que se trate. En cualquier caso, si las determinaciones del Plan afectasen a un Espacio Natural Protegido, requerirán informe de compatibilidad del órgano encargado de la gestión del mismo.

3. La aprobación definitiva de los Planes y Normas de Espacios Naturales Protegidos corresponderá a la Comisión de Ordenación del Territorio y Medio Ambiente de Canarias.

4. La aprobación definitiva de los Planes Territoriales Especiales corresponderá:

a) A los Cabildos Insulares, los que desarrollen determinaciones del Plan Insular de Ordenación.

b) A la Comisión de Ordenación del Territorio y Medio Ambiente de Canarias, los de ámbito insular que desarrollen Directrices de Ordenación, así como los de ámbito inferior al insular que no desarrollen determinaciones del correspondiente Plan Insular de Ordenación.

c) Al Consejo de Gobierno de la Comunidad, previo informe de la Comisión de Ordenación del Territorio y Medio Ambiente de Canarias y a propuesta del consejero competente por razón de la materia, todos los restantes.

5. La aprobación definitiva de los Planes Territoriales Parciales corresponderá a la Comisión de Ordenación del Territorio y Medio Ambiente de Canarias.

⇒ V. D. 10/2001, de 29 enero, del Presidente, por el que se determinan el número, denominación y competencias de las Consejerías.

V. D. 12/2001, de 30 enero, por el que se determina la estructura central y periférica, así como las sedes de las consejerías de la Administración Pública de la Comunidad Autónoma de Canarias.

V. D. 89/2000, de 22 mayo, que aprueba el Reglamento orgánico de la Consejería Política Territorial y Medio Ambiente.

V. disp. final 1ª y disp. transit. 10ª del presente Texto Refundido.

Sección 5ª Proyectos y calificaciones territoriales

Artículo 25. Proyectos de Actuación Territorial: objeto y requisitos.

1. Son Proyectos de Actuación Territorial los instrumentos de ordenación de carácter excepcional que, por razones de justificado interés general, legitimen las obras, construcciones e instalaciones precisas para la implantación en suelo rústico no clasificado como de protección ambiental, de dotaciones, de equipamiento, o de actividades industriales o turísticas que hayan de situarse necesariamente en suelo rústico o que por su naturaleza sean

incompatibles con el suelo urbano y urbanizable y siempre que dicha implantación no estuviere específicamente prohibida por el planeamiento.

2. Reglamentariamente se establecerán las condiciones a que deban someterse los usos anteriores, los requisitos exigibles a las construcciones e instalaciones para permitir su implantación, así como las categorías de suelo rústico que se declaren incompatibles con cada tipo de ellas.

3. El planeamiento territorial y los Planes Generales podrán establecer condiciones para garantizar la adecuada inserción de los Proyectos de Actuación Territorial en sus respectivos modelos de ordenación; en particular, podrá incluir la prohibición de la aprobación de ese tipo de instrumentos en partes concretas del territorio que ordene.

4. Serán requisitos para la aprobación de los Proyectos de Actuación Territorial los siguientes:

a) El estudio de sus previsibles repercusiones socioeconómicas, territoriales y ambientales, directas e indirectas.

b) La declaración de su interés general que, en todo caso, deberá incluir la necesaria exigencia de su implantación en suelo rústico y su compatibilidad con los objetivos de política sectorial aplicables, así como establecer aquellas condiciones que se estimaren necesarias.

c) La solución, de un modo satisfactorio y en su totalidad con cargo al promotor, del funcionamiento de las instalaciones previstas, mediante la realización de cuantas obras fueran precisas para la eficaz conexión de aquéllas con las correspondientes redes generales; asimismo, deberá, como mínimo, garantizarse el mantenimiento de la operatividad y calidad de servicio de las infraestructuras públicas preexistentes.

d) La asunción del resto de compromisos, deberes y cesiones previstos por la legislación o el planeamiento o, en su caso, contraídos voluntariamente por el promotor y, en general, el pago del correspondiente canon.

e) En su caso, la determinación justificada del plazo de vigencia de la Calificación Urbanística que legitime el Proyecto de Actuación Territorial.

f) La prestación de garantía ante el Tesoro de la Comunidad Autónoma por un importe del diez por ciento del coste total de las obras a realizar para cubrir, en su caso, los gastos que puedan derivarse de incumplimientos o infracciones o de las labores de restauración de los terrenos. Este importe podrá ser elevado por el Consejo de Gobierno en casos singulares, según se determine reglamentariamente, hasta el 20 por 100 del mismo coste total.

⇒ Según la disp. adic. 8ª de este Texto Refundido, en la interpretación y aplicación de sus preceptos, se estará al significado y alcance que para los conceptos básicos en ella utilizados se establecen en el anexo a la misma. El ap. 3.9 considera Promotor la persona física o jurídica que impulsa la actuación territorial o urbanística mediante la realización de las diligencias precisas para ello. Tendrá el mismo carácter, a todos los efectos, cuando el objeto de la actuación sea para uso propio, incluso identificándose con el titular del terreno o de las instalaciones, construcciones o edificaciones, en su caso.

V. disp. final 1ª y disp. transit. 10ª del presente Texto Refundido.

Artículo 26. Proyectos de Actuación Territorial: procedimiento.

1. El procedimiento de aprobación de los Proyectos de Actuación Territorial se ajustará a las siguientes reglas:

a) Iniciación a instancia de cualquier Administración o particular, incluyendo la documentación básica que se determine reglamentariamente y la acreditación suficiente de la titularidad de derechos subjetivos sobre el correspondiente terreno.

b) Necesidad de declaración de interés general de la actividad de que se trate por el Consejo de Gobierno, a solicitud de la entidad pública promotora o, en el caso de los procedimientos promovidos por personas privadas, del Ayuntamiento o Ayuntamientos afectados, previo informe de la Consejería competente por razón de la materia y de la responsable de la ordenación territorial y urbanística. Cuando se trate de actuaciones de carácter turístico, se requerirá, con carácter previo a la declaración, la comunicación al Parlamento de Canarias, para su debate conforme a las previsiones de su Reglamento.

c) Preceptivamente deberán cumplirse de un modo simultáneo, con un plazo mínimo de un mes, los siguientes trámites: información pública y audiencia de los propietarios de suelo incluidos en el Proyecto y de los colindantes, e informe de los Ayuntamientos afectados, en su caso, y del Cabildo. Además, en los procedimientos promovidos por particulares para actividades cuya implantación y desarrollo no requieran concesión administrativa alguna, será necesario la convocatoria de concurso público para la consideración de posibles alternativas.

d) Resolución definitiva por la Comisión de Ordenación del Territorio y Medio Ambiente de Canarias sobre procedencia de la estimación del Proyecto y, en su caso, selección del más idóneo de entre los alternativos presentados en competencia, con calificación simultánea de los terrenos afectados, que implicará la atribución al terreno correspondiente del aprovechamiento urbanístico que resulte del Proyecto.

La resolución deberá producirse en el plazo máximo de cuatro meses desde la presentación de la solicitud o desde la subsanación de las deficiencias de la documentación aportada, pudiendo entenderse producido acto presunto desestimatorio por el mero transcurso de tal plazo sin haberse practicado notificación de resolución alguna. Su contenido deberá incluir pronunciamiento sobre los compromisos, deberes y cesiones, incluido el pago de canon, asumidos por el promotor a favor del Ayuntamiento y el carácter, ajustado o no a plazo, de la calificación urbanística de los terrenos y del aprovechamiento que de ella deriva.

La resolución se comunicará al Registro de la Propiedad para la práctica de la anotación o inscripción que proceda. Dicha resolución definitiva incorporará, en su caso, la Declaración de Impacto Ecológico.

2. La aprobación de los Proyectos de Actuación Territorial legitimará la implantación de los correspondientes usos y actividades y la ejecución de

las obras e instalaciones que sean precisas, sin perjuicio de la necesidad de la obtención de las autorizaciones sectoriales pertinentes y de licencia municipal.

3. La eficacia del Proyecto de Actuación Territorial y el derecho al aprovechamiento por él otorgado caducarán:

a) Por el transcurso de un año, desde su otorgamiento, sin haberse solicitado en forma la preceptiva licencia municipal o autorización sectorial pertinente.

b) Por el solo hecho del no comienzo o no terminación de las obras precisas para la ejecución dentro, respectivamente, de los dos y cuatro años siguientes al otorgamiento de la licencia o de los plazos inferiores que expresamente se hayan fijado en ésta.

c) Por el transcurso del plazo señalado, en su caso.

4. Cuando el Proyecto, por su financiación, localización o actividad, esté sujeto a Evaluación de Impacto conforme establezca la legislación específica, deberá acompañarse a la documentación constitutiva del mismo el preceptivo estudio, que se tramitará en un único y común procedimiento, emitiéndose la declaración que proceda en el mismo acto de aprobación. Si el Proyecto se denegase, no se emitirá declaración de impacto alguna.

⇒ V. Ley 11/1990, de 13 julio, Prevención del Impacto Ecológico.
V. Ley 6/2001, de 8 mayo, de modificación del RDLeg 1302/1986, de 28 junio, de Evaluación de Impacto Ambiental.

Artículo 27. Calificación Territorial.

1. La calificación territorial es el instrumento de ordenación que ultimará, para un concreto terreno y con vistas a un preciso proyecto de edificación o uso objetivo del suelo no prohibidos, el régimen urbanístico del suelo rústico definido por el planeamiento de ordenación de los recursos naturales, territorial y urbanística aplicable, complementando la calificación del suelo por éste establecida.

2. El otorgamiento de la calificación territorial requiere solicitud de interesado, formalizada mediante documentación bastante, acreditativa de la identidad del promotor, la titularidad de derecho subjetivo suficiente sobre el terreno correspondiente, la justificación de la viabilidad y características del acto de aprovechamiento del suelo pretendido y, en su caso, de su impacto en el entorno, así como de la evaluación ecológica o ambiental y la descripción técnica suficiente de las obras e instalaciones a realizar.

El procedimiento para su otorgamiento, que deberá articularse de forma que quede garantizada la cooperación de todas las competencias sectoriales, incluida la medioambiental, habrá de ajustarse en todo caso a las siguientes reglas:

a) Fase inicial municipal, para informe por el Ayuntamiento en el plazo máximo de un mes, transcurrido el cual, sin efecto, podrá reproducirse la solicitud directamente ante el Cabildo Insular, entendiéndose evacuado el informe municipal, a todos los efectos, en sentido favorable.

b) Fase de resolución por el Cabildo Insular, comprensiva simultáneamente de los actos de instrucción, de requerimiento de los informes sectoriales preceptivos y pertinentes y, en su caso, de información pública por plazo de un mes.

c) El plazo máximo para resolver será de seis meses, si el expediente requiere información pública y en otro caso cuatro meses a partir de la entrada de la documentación en el registro del Cabildo Insular correspondiente, o desde la subsanación de las deficiencias de la aportada, si la Administración hubiera practicado requerimiento al efecto dentro de los quince días siguientes a su presentación. El transcurso del citado plazo máximo sin comunicación de resolución expresa alguna habilitará para entender desestimada la solicitud.

3. Cuando el proyecto presentado, por su financiación, localización o actividad, esté sujeto a Evaluación de Impacto, conforme establezca la legislación específica, el contenido de la previa Declaración de Impacto se integrará en la Calificación Territorial.

4. Son de aplicación a la calificación territorial las disposiciones contenidas en las letras c), d) y, en su caso, e) del número 4 del artículo 25.

5. La eficacia de la Calificación Territorial y el aprovechamiento por ella otorgado caducarán:

a) Por el transcurso de un año, desde su otorgamiento, sin haberse solicitado en forma la preceptiva licencia municipal.

b) Por el solo hecho del no comienzo o no terminación de las obras precisas para la ejecución dentro, respectivamente, de los dos y cuatro años siguientes al otorgamiento de la licencia o de los plazos inferiores que expresamente se hayan fijado en ésta.

c) Por el transcurso del plazo señalado y, en su caso, de la prórroga que se haya concedido.

⇒ V. Ley 11/1990, de 13 julio, Prevención del Impacto Ecológico.
V. Ley 6/2001, de 8 mayo, de modificación del Real Decreto Legislativo 1302/1986, de 28 junio, de Evaluación de Impacto Ambiental.

6. No será necesario el trámite previo de calificación territorial, en concordancia con el apartado 1 de este artículo, cuando el proyecto de edificación o uso objetivo del suelo se localice en un suelo rústico de asentamiento rural o agrícola a que se refiere el artículo 55 c) de esta Ley siembre que el planeamiento haya establecido para ellos la ordenación pormenorizada.

✐ Ap. 6 añadido por el art. 8.1 de la Ley 4/2001, de 6 julio.

CAPÍTULO III
Ordenación urbanística

Sección 1ª Disposiciones generales

Artículo 28. Instrumentos de ordenación urbanística y su ejecución.

1. La ordenación urbanística se establecerá, en el marco de este Texto

Refundido y de sus normas reglamentarias de desarrollo, así como, en su caso, de los planes de ordenación territorial, por los siguientes instrumentos:

a) Las Normas y las Instrucciones Técnicas del Planeamiento Urbanístico.

b) Los Planes urbanísticos y los Catálogos.

c) Las Ordenanzas Municipales de Edificación y Urbanización.

La ejecución material de los instrumentos de Ordenación Urbanística se llevará a cabo con arreglo a proyectos de urbanización o proyectos de ejecución de sistemas, salvo cuando basten al efecto proyectos de obra pública ordinarios.

2. El contenido sustantivo y documental y la ordenación del procedimiento de aprobación de los instrumentos de ordenación urbanística se establecerá reglamentariamente en desarrollo de este Texto Refundido. En todo caso, el contenido deberá asegurar el cumplimiento de las exigencias de la legislación medioambiental, el procedimiento de aprobación garantizará el cumplimiento de los trámites establecidos por ésta y la aprobación implicará la o las declaraciones previstas por la misma.

3. En la formulación y tramitación de los instrumentos de planeamiento podrá acordarse la suspensión del otorgamiento de licencias urbanísticas y de la tramitación de los instrumentos de orden inferior, de acuerdo a lo previsto en el artículo 14.6.

⇒ V. art. 43; disp. final 1ª y disp. transit. 10ª del presente Texto Refundido.

Sección 2ª Normas e instrucciones técnicas del planeamiento urbanístico

Artículo 29. Normas Técnicas del Planeamiento Urbanístico.

1. Las Normas Técnicas del Planeamiento Urbanístico tendrán por objeto:

a) La determinación de los requisitos mínimos de calidad, sustantivos y documentales, de los distintos instrumentos de planeamiento de ordenación urbanística, así como de las normas específicas que deban ser observadas por éstos en la ordenación del espacio litoral y el uso turístico.

b) La precisión de los conceptos de consolidación por la urbanización y por la edificación y de perímetro urbano, y sus requisitos mínimos, a efectos de la clasificación de suelo urbano por el planeamiento.

c) La definición de criterios con arreglo a los que el planeamiento de ordenación general habrá de determinar la dimensión, idoneidad y condiciones de contigüidad o extensión que deban cumplir los sectores de suelo urbanizable precisos para absorber los crecimientos previsibles de carácter residencial, turístico, industrial y terciario.

d) La concreción y, en su caso, la elevación de los estándares mínimos de suelo para equipamientos y dotaciones.

e) La definición de los elementos de la ordenación estructural del planeamiento de ordenación general, en defecto de su determinación por éste.

f) La definición enunciativa o taxativa de los tipos y las condiciones de establecimientos susceptibles de ser implantados en suelo rústico mediante Proyectos de Actuación Territorial y particularmente de los industriales.

g) La determinación de los criterios para la apreciación de la inadecuación objetiva de los terrenos para servir de soporte a aprovechamientos urbanos, por razones económicas, geotécnicas o morfológicas.

2. Estas Normas se aprobarán por Decreto del Consejo de Gobierno de Canarias, a propuesta del consejero competente en materia de ordenación territorial y urbanística y a iniciativa del consejero competente por razón de la materia, previo informe de la Comisión de Ordenación del Territorio y Medio Ambiente de Canarias.

⇒ Según la disp. adic. 8ª de este Texto Refundido, en la interpretación y aplicación de sus preceptos, se estará al significado y alcance que para los conceptos básicos en ella utilizados se establecen en el anexo a la misma.

V. D. 10/2001, de 22 enero, por el que se regulan los Estándares Turísticos.

V. D. 12/2001, de 30 enero, por el que se determina la estructura central y periférica, así como las sedes de las consejerías de la Administración Pública de la Comunidad Autónoma de Canarias.

V. Ley 8/1995, de 6 abril, de Accesibilidad y supresión de barreras físicas y de la comunicación, en Canarias.

V. D. 227/1997, de 18 septiembre, que aprueba el Reglamento de la Ley 6 abril 1995. Desarrollado, por O. 5 octubre 1998.

Artículo 30. Instrucciones Técnicas del Planeamiento Urbanístico.

1. Las Instrucciones Técnicas del Planeamiento Urbanístico tendrán por objeto la fijación de criterios orientativos sobre:

a) Objetivos y prioridades de los instrumentos de planeamiento de ordenación urbanística.

b) Soluciones-tipo para las cuestiones de más frecuente planteamiento en la formulación del planeamiento, conforme a la experiencia práctica.

c) Modelos de regulación de las diferentes zonas de ordenación urbanística más usuales en la práctica urbanística, con determinación para cada una de ellas de los elementos tipológicos definitorios de las construcciones en función de su destino y uso característicos, pudiendo ser utilizados por simple remisión.

d) Criterios y soluciones para el diseño y ejecución de obras de urbanización.

2. Estas Instrucciones vincularán a las Administraciones de la Comunidad Autónoma, de la Isla y del Municipio, que sólo podrán apartarse de ellas motivadamente. Corresponderá su aprobación al consejero competente en materia de ordenación territorial y urbanística, previo informe de la Comisión de Ordenación del Territorio y Medio Ambiente de Canarias.

⇒ Según la disp. adic. 8ª de este Texto Refundido, en la interpretación y aplicación de sus preceptos, se estará al significado y alcance que para los conceptos básicos en ella utilizados se establecen en el anexo a la misma. El ap. 3.6 considera Obras de urbanización las obras que tienen por objeto la dotación conjunta y completa de dos o más parcelas, constitutivas al efecto de la pertinente unidad de actuación, con las correspondientes infraestructuras y servicios, así como con los elementos de éstos que sean aún precisos para la conversión de aquéllas en solares o, en su caso, la renovación de tales infraestructuras y servicios conforme a exigencias sobrevenidas de la ordenación de tales elementos. Por excepción y cuando así esté permitido por la Ley, las obras de urbanización pueden realizarse de forma simultánea a las de edificación.

Sección 3ª Instrumentos de planeamiento urbanístico

Artículo 31. Instrumentos de planeamiento urbanístico.

1. La ordenación urbanística en el ámbito municipal se establecerá y desarrollará mediante los siguientes instrumentos:

a) Planes Generales de Ordenación.

b) Planes de desarrollo:

1) Planes Parciales de Ordenación.

2) Planes Especiales de Ordenación.

3) Estudios de Detalle.

2. Los instrumentos de ordenación urbanística deberán ajustarse a las determinaciones de los instrumentos de ordenación de los recursos naturales y del territorio. Asimismo, los planes de desarrollo enunciados en el apartado anterior deberán ajustarse a las determinaciones de los Planes Generales.

3. Reglamentariamente se desarrollarán las determinaciones y el contenido documental de los instrumentos previstos en este artículo, estableciéndose los que estén sujetos a la previa redacción de avances de planeamiento.

⇒ Según la disp. adic. 8ª de este Texto Refundido, en la interpretación y aplicación de sus preceptos, se estará al significado y alcance que para los conceptos básicos en ella utilizados se establecen en el anexo a la misma. El ap. 2.2 considera Ordenación urbanística la establecida por cualquiera de los instrumentos previstos en el art. 31.
V. disp. final 1ª y disp. transit. 10ª del presente Texto Refundido
V. art. 12 De la Ley 6/1998, de 13 abril (§1).
V. Jurisprudencia en arts. 6 y concordantes del TRLS/1976 (§3).

Artículo 32. Planes Generales de Ordenación: objeto y contenido.

1. Los Planes Generales definirán, dentro del marco de la utilización racional de los recursos naturales establecido en las Directrices de Ordenación, los Planes Insulares y el resto del planeamiento de ordenación territorial, para la totalidad del correspondiente término municipal, la ordenación urbanística, organizando la gestión de su ejecución.

2. Los Planes Generales establecerán la ordenación estructural y la ordenación pormenorizada del municipio.

A) Constituye la ordenación estructural el conjunto de determinaciones que define el modelo de ocupación y utilización del territorio en el ámbito de la totalidad de un término municipal, así como los elementos fundamentales de la organización y el funcionamiento urbano actual y su esquema de futuro. La ordenación urbanística estructural comprende específicamente las siguientes determinaciones:

1) El modelo de ocupación del territorio y desarrollo urbano.

2) La clasificación del suelo.

3) En el suelo rústico, su adscripción a la categoría que le corresponda y la determinación de los usos genéricos atribuibles a esa categoría.

4) En el suelo urbano y urbanizable, la adscripción a la categoría que corresponda. En suelo urbano no consolidado, la delimitación de los ámbitos para su desarrollo mediante Planes Parciales y Especiales de Ordenación.

5) En cualquier categoría de suelo, las medidas protectoras precisas de los bienes de dominio público situados en el municipio, de acuerdo a las previsiones de la legislación sectorial concerniente.

6) La regulación de las condiciones complementarias que deben servir de base para la aprobación de los Proyectos de Actuación Territorial, y que garanticen su armónica integración en el modelo de ordenación municipal elegido.

7) La definición de la red básica de reserva de los terrenos y construcciones destinados a las dotaciones públicas y equipamientos privados que constituyan los sistemas generales y garanticen la funcionalidad de los principales espacios colectivos con adecuada calidad. Se incluyen dentro de estos sistemas generales, al menos, los siguientes:

a) El sistema general de espacios libres, parques y plazas públicas en proporción adecuada a las necesidades sociales actuales y a las previsibles para el futuro, con respeto de los mínimos establecidos en las pertinentes Normas Técnicas del Planeamiento Urbanístico, sin que en ningún caso pueda ser inferior a cinco metros cuadrados por habitante o plaza alojativa, e incluyendo como integrantes de este sistema los parques arqueológicos y etnográficos declarados como tales conforme a la Ley del Patrimonio Histórico de Canarias.

b) Sistemas generales de equipamientos y servicios supramunicipales y, en particular, de redes de transportes, comunicaciones y servicios, con esquema indicativo de su trazado y funcionamiento.

c) Sistemas generales de otras infraestructuras, dotaciones o equipamientos municipales que, por sus funciones, dimensiones o posición estratégica, deban formar parte de los elementos fundamentales de la organización urbana.

d) Vías públicas y demás infraestructuras que comuniquen entre sí las dotaciones previstas en las letras precedentes para la integración de éstas en una red coherente.

8) La adscripción de suelo urbano o urbanizable a la construcción de viviendas sujetas a algún régimen de protección pública o con precio final de venta limitado. Esta adscripción no podrá en ningún caso exceder del 50 por 100 del aprovechamiento del ámbito o sector.

B) Constituye la ordenación urbanística pormenorizada el conjunto de las *determinaciones* que, dentro del marco de las de carácter estructural, desarrollan aquéllas en términos suficientemente precisos, para permitir la legitimación de las actividades de ejecución, comprendiendo:

1) La ordenación completa y con el mismo grado de precisión exigible a un Plan Parcial de todo o parte del suelo urbano y del urbanizable ordenado.

2) La división del suelo urbano y urbanizable en ámbitos y sectores, determinando la normativa que sea de aplicación en cada uno de ellos y fijando para cada uno de los sectores de suelo urbanizable sectorizado el aprovechamiento urbanístico medio que le corresponda, que no podrá diferir entre sectores en más del 15 por 100.

3) La organización de la gestión y la programación de la ejecución pública del Plan General.

4) La determinación, si procede, de reservas complementarias de equipamientos e infraestructuras que completen las previstas en los sistemas generales, sin adquirir esta calificación.

5) La delimitación, si procede, de unidades de actuación, así como de áreas de gestión integrada, precisando el carácter público o privado del sistema de ejecución según corresponda.

3. Sobre la base de los correspondientes avances, los Planes Generales se formularán y tramitarán por el respectivo Ayuntamiento, correspondiendo su aprobación definitiva a:

a) El propio Ayuntamiento, previo informe favorable de la Comisión de Ordenación del Territorio y Medio Ambiente de Canarias, cuando se trate de modificaciones limitadas a la ordenación pormenorizada.

b) La Comisión de Ordenación del Territorio y Medio Ambiente de Canarias en todos los restantes casos, previo informe del Cabildo Insular correspondiente respecto a su acomodación a las prescripciones del Plan Insular de Ordenación. Cuando este informe sea negativo, será tenido en cuenta por la Comisión de Ordenación del Territorio y Medio Ambiente para requerir del Ayuntamiento la adaptación del Plan en trámite antes de ser aprobado.

⇒ Según la disp. adic. 8ª de este Texto Refundido, en la interpretación y aplicación de sus preceptos, se estará al significado y alcance que para los conceptos básicos en ella utilizados se establecen en el anexo a la misma. El ap. 2.6 considera Sistema general la categoría comprensiva de los usos y servicios públicos, a cargo de la Administración competente, básicos para la vida colectiva, junto con el suelo y las infraestructuras y construcciones y sus correspondientes instalaciones, que requiera su establecimiento. Pueden ser insulares, comarcales o supramunicipales y municipales. Los bienes inmuebles correspondientes son siempre de dominio público. La gestión de los sistemas generales, una vez implantado el uso o servicio, puede tener lugar en cualquiera de las formas permitidas por la legislación reguladora de la Administración titular.

V. Ley 4/1999, de 15 marzo, de Patrimonio Histórico de Canarias.

V. arts. 13, 14 y 19 de la Ley 6/1998, de 13 abril (§1).

Jurisprudencia

«La Memoria del Plan General es la exteriorización de las razones que justifican el modelo territorial elegido y, en consecuencia, las determinaciones del planeamiento. En ella se establecen las determinaciones de carácter general y las correspondientes a los distintos tipos y categorías de suelo (artículo 38 del Reglamento de Planeamiento). Es un documento integrante, esencial del plan y fundamental para evitar la arbitrariedad de la Administración, al permitir examinar la discrecionalidad del planeamiento (SS. 2 febrero 1987 [RJ 1987, 2043], 17 junio 1989 [RJ 1989, 4732], 28 noviembre 1990 [RJ 1990, 9307] y 12 febrero, 11 marzo y 22 mayo 1991 [RJ 1991, 948 y RJ 1991, 1982]).

A través de la Memoria el ciudadano podrá conocer la motivación de las determinaciones del plan y ejercitar el derecho a la tutela judicial efectiva –art. 24.1 CE– con lo que, además pondrá en marcha el control judicial de la Administración –art. 106.1 CE– (TS 3ª, S. 21-9-1993 [RJ 1993, 6623])». **(STS 17 enero 2000 [RJCA 2000, 85]).**

«Es bien conocida la importancia de la memoria como documento integrante del plan o lo que es lo mismo de las normas subsidiarias arts. 12.3 a) y 71.5 TRLS y 95.1 Reglamento de Planeamiento: la memoria es ante todo la motivación del plan, es decir, la exteriorización de las razones que justifican el modelo territorial elegido y, por consecuencia, las determinaciones del planeamiento. Y esta memoria no es un documento accidental que pueda existir o no sino una exigencia insoslayable de la ley, como deriva de los ya mencionados preceptos. Las normas en nuestro sistema jurídico pueden tener o no un preámbulo o exposición de motivos. Sin embargo el Plan, que tiene una clara naturaleza normativa SSTS 7 febrero 1987 (RJ 1987, 2750), 17 octubre 1988 (RJ 1988, 7760), 9 mayo 1989 (RJ 1989, 4114), 6 noviembre 1990 (RJ 1990, 8803), 22 mayo 1991 (RJ 1991, 4286), etc. exige como elemento integrante esencial la memoria: la profunda discrecionalidad del planeamiento, producto normativo emanado de la Administración y que pese a ello está habilitado para regular el contenido del derecho de propiedad art. 33.2 CE y SS. 2 febrero 1987, 17 junio 1989 (RJ 1989, 4732), 28 noviembre 1990 (RJ 1990, 9307), 12 febrero, 11 marzo y 22 mayo 1991, etc. explica la necesidad esencial de la memoria como elemento fundamental para evitar la arbitrariedad. De su contenido ha de fluir la motivación de las determinaciones del planeamiento SS. 9 julio (RJ 1991, 5737) y 20 diciembre 1991 (RJ 1992, 314)». **(STS 19 mayo 2000 [RJCA 2000, 1667]).**

⇒ V. Jurisprudencia en arts. 11 y concordantes del TRLS/1976 (§3).

Artículo 33. Plan Operativo del Plan General de Ordenación.

1. Los municipios con más de 10.000 habitantes o de igual número de plazas alojativas turísticas deberán formular el Plan General desglosando en un Plan Operativo la ordenación pormenorizada a que se refiere el apartado B) del número 2 del artículo anterior.

Los restantes municipios que cumplan las condiciones y los requisitos de capacidad de gestión urbanística y económico-financiera que se fijen reglamentariamente, podrán optar por formular también su planeamiento general en los términos del párrafo anterior.

2. Los Ayuntamientos que formulen su Plan Operativo deberán actualizarlo al menos cada cuatro años. La actualización podrá limitar su contenido a la organización de la gestión y la programación de la ejecución pública.

3. Las actualizaciones del Plan Operativo se aprobarán por los Ayuntamientos por el procedimiento establecido para los Planes Parciales de Ordenación y no podrán alterar las determinaciones de ordenación estructural del Plan General.

⇒ V. disp. final 1ª y disp. transit. 10ª del presente Texto Refundido.

Artículo 34. Límites de la potestad de planeamiento ejercida a través de Planes Generales de Ordenación.

Los Planes Generales no podrán:

a) Reclasificar terrenos que, siendo rústicos, hayan sufrido un incendio forestal o un proceso irregular de parcelación urbanística, mientras no hayan transcurrido treinta y veinte años, respectivamente, desde que se hubieran producido tales hechos. Cualquier reclasificación de tales terrenos antes del cumplimiento de estos plazos deberá realizarse mediante Ley.

b) Reclasificar suelo rústico que hubiera sido clasificado como de protección hidrológica o forestal, de conformidad con lo previsto en el artículo 55.

c) Establecer, al ordenar suelo urbano consolidado, determinaciones que posibiliten o tengan como efecto el incremento de la edificabilidad media y de la densidad global permitidas por el planeamiento general anterior en zonas o áreas en las que existan más de 75 viviendas o 10.000 metros cuadrados de edificación residencial o turística alojativa por hectárea de superficie.

d) Establecer modificaciones en las rasantes y alineaciones tradicionales en los Conjuntos Históricos de Canarias, declarados con base a la Ley del Patrimonio Histórico de Canarias, excepto cuando estas modificaciones se contemplen específicamente en los Planes Especiales de Protección por contribuir positivamente a conservar el carácter del conjunto. Tampoco podrán dictar normas sobre obligatoriedad de garajes en edificios de nueva planta o rehabilitados, instalaciones de servicios en fachadas u otras que pudieran alterar la calidad histórica del conjunto, debiendo en todo caso atenerse a las previsiones de los Planes Especiales de Protección correspondientes.

e) Alterar los criterios generales establecidos en el correspondiente Plan Insular de Ordenación en el desarrollo de operaciones de rehabilitación de zonas o núcleos, en el caso que se hayan previsto específicamente en el mismo.

⇒ V. Ley 4/1999, de 15 marzo, de Patrimonio Histórico de Canarias

Artículo 35. Planes Parciales de Ordenación.

1. Los Planes Parciales de Ordenación tendrán por objeto el establecimiento, en desarrollo del Plan General, de la ordenación pormenorizada precisa para la ejecución, incluso de operaciones de reforma interior o renovación urbanas, en ámbitos de suelo urbano no consolidado y sectores de suelo urbanizable.

2. La ordenación pormenorizada comprenderá todas las determinaciones que sean precisas para posibilitar la ejecución del planeamiento, incluyendo las referidas al destino urbanístico preciso y la edificabilidad de los terrenos y construcciones, las características de las parcelas y las alineaciones y rasantes de éstas y las reservas de dotaciones y equipamientos complementarias de las integrantes de la ordenación estructural.

3. Los Planes Parciales de Ordenación podrán ser formulados por cualquier Administración o particular, correspondiendo su tramitación y aprobación a los Ayuntamientos, previo informe no vinculante de los Cabildos Insulares y de la Comisión de Ordenación del Territorio y Medio Ambiente de Canarias.

⇒ Según la disp. adic. 8ª de este Texto Refundido, en la interpretación y aplicación de sus preceptos, se estará al significado y alcance que para los conceptos básicos en ella utilizados se establecen en el anexo a la misma. El ap. 2.4 considera Ordenación pormenorizada la definida por el planeamiento de ordenación urbanística, general y de desarrollo de éste, a partir, en función y en el marco de la ordenación estructural en términos suficientemente precisos como para legitimar la actividad de ejecución.

V. Ley 8/1995, de 6 abril, de Accesibilidad y Supresión de Barreras Físicas y de la Comunicación, en Canarias.

V. D. 227/1997, de 18 septiembre, que aprueba el Reglamento de la Ley 6 abril 1995. Desarrollado, por O. 5 octubre 1998.

Jurisprudencia

«Sobre la sujeción a esta tasa de la actividad municipal de aprobación de los Planes Parciales se ha pronunciado el Tribunal Supremo, que mantiene una pacífica Jurisprudencia al respecto (SSTS de 13-10-1983 [RJ 1983, 5835], 15-4-1991 [RJ 1991, 3455], 17-3-1992 [RJ 1992, 3282], 22-12-1992 [RJ 1993, 2519], 22-3-1993 [RJ 1993, 1746], 30-4-1996 [RJ 1996, 3685], 3-2-1997 [RJ 1997, 1024] y 25-3-1999 [RJ 1999, 2539]), advirtiendo que "la naturaleza normativa de los Planes Parciales, así como de todos los instrumentos de planeamiento urbanístico, es algo predominantemente aceptado por la Doctrina y reiteradamente proclamado por la Jurisprudencia, por lo que en modo alguno puede cohonestarse su formulación con la idea de beneficio o afectación particular que es imprescindible en las tasas...", añadiendo que "el planeamiento administrativo es una potestad administrativa que responde a la necesidad de atender a los intereses generales del territorio en una consideración que, desde el punto de vista fiscal, a efectos, en el caso, de la tasa por expedición, redacción o tramitación de tales documentos o instrumentos, sobrepasa las de la protección de los concretos intereses de los propietarios de los terrenos afectados por aquellas actuaciones", concluyendo por ello que es contrario a la normativa fiscal la sujeción a la tasa de la actividad municipal de aprobación de Planes Parciales, cuya naturaleza normativa desborda el ámbito limitado del beneficio particular que es presupuesto de la tasa». **(STS 18 abril 2000 [RJCA 2000, 1525]).**

⇒ V. Jurisprudencia en arts. 13 y concordantes del TRLS/1976 (§3).

Artículo 36. Límites de la potestad de planeamiento ejercida a través de Planes Parciales de Ordenación.

1. Los Planes Parciales que tengan por objeto la ordenación pormenorizada de ámbitos completos en suelo urbano no consolidado y de sectores en suelo urbanizable, deberán observar las siguientes reglas sustantivas de ordenación:

a) En suelo cuyo destino sea predominantemente residencial:

1) Una densidad máxima de setenta viviendas por hectárea, referida a la superficie total del ámbito objeto del Plan.

2) Una edificabilidad bruta máxima de 0,80 metros cuadrados edificados por cada metro cuadrado de suelo, referida a la superficie total del ámbito ordenado.

3) Una reserva mínima de 40 metros cuadrados de suelo destinado a espacios libres públicos, dotaciones y equipamientos, por cada cien metros cuadrados de edificación; de esa reserva, al menos el 50 por 100 corresponderá a los espacios libres públicos.

4) Una previsión de al menos una plaza de aparcamiento fuera de la red viaria, por cada vivienda, según se establezca reglamentariamente.

b) En el suelo turístico: una reserva mínima de 50 metros cuadrados de suelo por cada 100 metros cuadrados de edificación, destinada a espacios libres públicos, dotaciones y equipamientos, de los cuales al menos 30 metros cuadrados por cada 100 de edificación se destinarán a espacios libres públicos y como máximo siete metros cuadrados por cada 100 de edificación a dotaciones.

c) En el suelo con destino industrial o dedicado a actividades del sector económico terciario:

1) Una reserva de suelo destinada a espacios libres públicos de al menos el 10 por 100 de la superficie total ordenada.

2) Una reserva de suelo con destino a dotaciones de al menos el uno por ciento de la superficie total ordenada.

3) Una reserva de suelo con destino a equipamientos de al menos el tres por ciento de la superficie total ordenada.

2. Las reservas de sistemas generales establecidas en el planeamiento general no serán computables para el cumplimiento de las prescritas en este artículo.

3. Reglamentariamente, y sin minoración de su superficie, se modularán las reservas de suelo establecidas en este artículo en función de las características de los ámbitos y sectores.

Artículo 37. Planes Especiales de Ordenación.

1. Los Planes Especiales de Ordenación desarrollarán o complementarán las determinaciones de los Planes Generales, ordenando elementos o aspectos específicos de un ámbito territorial determinado.

2. Los Planes Especiales de Ordenación pueden tener por objeto cualquiera de las siguientes finalidades:

a) Conservar y mejorar el medio natural y el paisaje natural y urbano.

b) Proteger y conservar el Patrimonio Histórico Canario.

c) Definir las actuaciones en los núcleos o zonas turísticas a rehabilitar.

d) Desarrollar los programas de viviendas y establecer la ordenación precisa para su ejecución.

e) Ordenar los sistemas generales, cuando así lo determine el Plan General.

f) Crear, ampliar o mejorar dotaciones y equipamientos.

g) Organizar y asegurar el funcionamiento de las redes de abastecimiento de aguas, saneamiento, suministro de energía y otras análogas.

h) Cualesquiera otras finalidades análogas que se prevean reglamentariamente.

3. Los Planes Especiales que se refieren a la ordenación y gestión de un área afectada por la declaración de un Conjunto Histórico según las previsiones de la Ley del Patrimonio Histórico de Canarias se regirán por su normativa específica y, adicionalmente, por lo que reglamentariamente se establezca.

4. Los Planes Especiales de Ordenación podrán, excepcionalmente y mediante resolución motivada, modificar alguna de las determinaciones pormenorizadas del Plan General, sin afectar a la ordenación estructural.

5. Regirán para la formulación, tramitación y aprobación de los Planes Especiales de Ordenación las mismas reglas establecidas para los Planes Parciales de Ordenación, con la salvedad de que los Planes Especiales de Protección de Conjuntos Históricos, Zonas Arqueológicas o Sitios Históricos se formularán por el Ayuntamiento y requerirán informe favorable del Cabildo Insular correspondiente, que se entenderá evacuado positivamente una vez transcurridos tres meses desde su solicitud.

⇒ V. disp. final 1ª y disp. transit. 10ª del presente Texto Refundido.
V. arts. 9 y 19 de la Ley 6/1998, de 13 abril (§1).
V. Ley 4/1999, de 15 marzo, de Patrimonio Histórico de Canarias.
V. art. 6 del D. 11/1997, de 31 enero, de Constitución de un censo de edificaciones no amparadas por licencia y se establecen los supuestos de suspensión de la ejecutoriedad de las órdenes de demolición, afectado por D. 171/1998, de 8 octubre y por D. 94/1997, de 9 junio.

Jurisprudencia

«Los planes especiales han de insertarse en el desarrollo de un planeamiento territorial, para que exista un plan especial es necesario que exista con carácter previo un plan territorial, en este caso, un plan general, del que sea desarrollo.

Por lo que si bien el plan especial y la revisión del Plan General de Ordenación Urbana, se iban realizando simultáneamente, conforme a la Ley y al Ordenamiento Jurídico. En el momento en que se condiciona la aprobación definitiva de la revisión del Plan General, en cuanto al sistema 1-3-e objeto del plan especial, a la adaptación del mismo a los criterios establecidos por el Parlamento para el equipamiento comercial en el Decreto 219/1994. Se decide por el Ayuntamiento hacer caso omiso a estas indicaciones y aprobar definitivamente el Plan especial, en solitario, sin la cobertura del Plan General al que presuntamente iba a desarrollar, por lo que la aprobación, en estas condiciones es nula.

No estamos ante un caso de mera asincronía de fechas de aprobación como el analizado por la Sentencia del TS 3ª Sec. 4ª, S. 2-11-1988 (RJ 1988, 8625) "la modificación puntual del Plan general de ordenación urbana... y la redacción de los cuatro Planes especiales que lo desarrollan, cada uno con su propio contenido y objetivo, fueron tramitados simultánea pero separadamente –estando condicionada la efectividad de éstos a la aprobación de aquélla– y aprobadas en la misma fecha, por lo que del hecho asincrónico de que la modificación del Plan general se publicase en el 'Boletín Oficial de la Provincial'; sino ante el supuesto de una tramitación de plan especial y revisión del plan general de forma simultánea, en la que finalmente se produce la aprobación del plan especial, en contra de las condiciones suspensivas impuestas para la aprobación definitiva de la revisión del Plan General"». **(STS 28 mayo 1999 [RJCA 1999, 2444]).**

⇒ V. Jurisprudencia en arts. 17 y concordantes del TRLS/1976 (§3).

Artículo 38. Estudios de Detalle.

1. Los Estudios de Detalle tendrán por objeto, en el marco de los Planes Generales y los Planes Parciales y Especiales de Ordenación, completar o reajustar, para manzanas o unidades urbanas equivalentes:

a) Las alineaciones y las rasantes.

b) Los volúmenes.

2. Los Estudios de Detalle en ningún caso podrán:

a) Modificar el destino urbanístico del suelo.

b) Incrementar el aprovechamiento urbanístico del suelo.

c) Proponer la apertura de vías de uso público que no estén previstas en el plan que desarrollen o completen.

d) Reducir las superficies destinadas a viales o espacios libres.

e) Aumentar la ocupación del suelo, las alturas máximas edificables, la densidad poblacional o la intensidad de uso.

f) Establecer nuevas ordenanzas.

3. Los Estudios de Detalle podrán ser formulados por cualquier Administración o particular. Su tramitación y aprobación corresponderá a los Ayuntamientos.

⇒ V. art. 12 de la Ley 6/1998, de 13 abril (§1).
V. Jurisprudencia en arts. 14 y concordantes del TRLS/1976 (§3).

Sección 4ª Catálogos

Artículo 39. Catálogos.

1. Los Ayuntamientos de Canarias deberán aprobar y mantener actualizado un catálogo municipal, en el que recojan aquellos bienes tales como monumentos, inmuebles o espacios de interés histórico, artístico, arquitectónico, paleontológico, arqueológico, etnográfico, ecológico, científico o técnico que por sus características singulares o según la normativa del Patrimonio Histórico de Canarias deban ser objeto de preservación, estableciéndose el grado de protección que les corresponda y los tipos de intervención permitidos en cada supuesto.

2. Los catálogos podrán formularse:

a) Con carácter general, como documentos integrantes de instrumentos de ordenación territorial y de Planes Generales o Parciales y Especiales de Ordenación que tengan entre sus fines o, en su caso, como único objeto, la conservación de los elementos señalados en el número anterior.

b) Como instrumentos autónomos, cuando alguno de los instrumentos de planeamiento a que se refiere la letra anterior así lo prevea expresamente y remita a ellos. En este caso, regirán para su formulación las reglas del plan remitente y para su tramitación y aprobación las de los Planes Parciales de Ordenación.

3. En cada Cabildo Insular se llevará un Registro Público de carácter administrativo, en el que se inscribirán todos los bienes incluidos en los catálogos de los planes vigentes en la isla. La inscripción se efectuará de oficio una vez aprobados definitivamente los distintos planes o, en su caso, catálogos, ello sin perjuicio de la inclusión de los correspondientes inmuebles y espacios en el Registro de Bienes de Interés Cultural.

4. Los Cabildos Insulares anotarán en dicho Registro con carácter preventivo los bienes catalogables que sean objeto de protección por los planes

o catálogos en tramitación, desde el momento de la aprobación inicial de éstos, y aquellos otros que sean objeto de las declaraciones reguladas por la legislación reguladora del patrimonio histórico y artístico y de los Espacios Naturales Protegidos, desde la incoación de los respectivos procedimientos.

⇒ V. arts. 9 y 19 de la Ley 6/1998, de 13 abril (§1).
V. Ley 4/1999, de 15 marzo, de Patrimonio Histórico de Canarias.
V. Jurisprudencia en arts. 25 y concordantes del TRLS/1976 (§3).

Sección 5ª Ordenanzas municipales

Artículo 40. Ordenanzas Municipales de Edificación y Urbanización.

1. Las Ordenanzas Municipales de Edificación tendrán por objeto la regulación de todos los aspectos morfológicos, incluidos los estéticos, y cuantas otras condiciones, no definitorias directamente de la edificabilidad y destino del suelo, sean exigibles para la autorización de los actos de construcción y edificación, incluidas las actividades susceptibles de autorización en los inmuebles.

Deberán ajustarse a las disposiciones relativas a la seguridad, salubridad, habitabilidad y calidad de las construcciones y edificaciones y ser compatibles con los instrumentos de planeamiento de ordenación urbanística y las medidas de protección del medio ambiente urbano y el patrimonio arquitectónico e histórico-artístico.

2. Las Ordenanzas Municipales de Urbanización tienen por objeto la regulación de todos los aspectos relativos a la proyección, ejecución material, recepción y mantenimiento de las obras y los servicios de urbanización. Incluirán igualmente los criterios morfológicos y estéticos que deban respetarse en los proyectos.

Deberán ajustarse a las disposiciones sectoriales reguladoras de los distintos servicios públicos y, en su caso, a las Normas e Instrucciones Técnicas del Planeamiento Urbanístico.

3. Los instrumentos de planeamiento urbanístico no podrán establecer determinaciones propias de las Ordenanzas Municipales de Edificación y Urbanización, remitiéndose a las mismas, de forma genérica o específica.

4. Las Ordenanzas Municipales de Edificación y Urbanización se aprobarán y modificarán de acuerdo con la legislación de régimen local. El acuerdo municipal de aprobación, acompañado del texto íntegro de las Ordenanzas, deberá comunicarse al Cabildo Insular correspondiente y a la Consejería competente en materia de ordenación territorial y urbanística, con carácter previo a su publicación.

⇒ V. D. 10/2001, de 29 enero, del Presidente, por el que se determinan el número, denominación y competencias de las Consejerías.
V. D. 12/2001, de 30 enero, por el que se determina la estructura central y periférica, así como las sedes de las consejerías de la Administración Pública de la Comunidad Autónoma de Canarias.
V. D. 89/2000, de 22 mayo, que aprueba el Reglamento orgánico de la Consejería Política Territorial y Medio Ambiente.

Sección 6ª Instrumentos para la ejecución material del planeamiento

Artículo 41. Proyectos de urbanización y de ejecución de sistemas.

1. Los proyectos de urbanización son proyectos de obras que tendrán por objeto la ejecución material de las determinaciones de los Planes Generales, Planes Parciales y, en su caso, Planes Especiales de Ordenación para el suelo urbano y el suelo urbanizable, en materia de infraestructuras, mobiliario, ajardinamiento y demás servicios urbanísticos.

2. Los proyectos de ejecución de sistemas son igualmente proyectos de obra, normalmente de edificación, que tienen por objeto la ejecución de los Sistemas Generales, desarrollando en tal sentido las determinaciones de los Planes Especiales que ordenan y definen aquéllos o las de los Planes Generales cuando éstos determinen expresamente, por las características de los sistemas generales afectados, su directa ejecución mediante proyecto.

3. Los proyectos a que se refieren los dos números anteriores:

a) No podrán contener determinaciones sobre ordenación ni régimen del suelo y de la edificación, debiendo cumplir las previsiones que para ellos establezcan los correspondientes instrumentos de planeamiento urbanístico y, en su caso, las Normas e Instrucciones Técnicas del Planeamiento Urbanístico y las Ordenanzas Municipales de Edificación y Urbanización.

b) Deberán detallar y programar las obras que comprendan con la precisión necesaria para que puedan ser ejecutadas por técnico distinto del autor del proyecto. Su documentación estará integrada por una memoria descriptiva de las características de las obras, plano de situación, planos de proyecto y de detalle, mediciones, cuadros de precios, presupuesto y pliego de condiciones de las obras.

c) Podrán ser formulados por cualquier persona pública o privada. Su tramitación y aprobación corresponderá al Ayuntamiento, siguiendo el procedimiento establecido para el otorgamiento de las licencias municipales de obras.

⇒ Según la disp. adic. 8ª de este Texto Refundido, en la interpretación y aplicación de sus preceptos, se estará al significado y alcance que para los conceptos básicos en ella utilizados se establecen en el anexo a la misma. El ap. 2.6 considera Sistema general la categoría comprensiva de los usos y servicios públicos, a cargo de la Administración competente, básicos para la vida colectiva, junto con el suelo y las infraestructuras y construcciones y sus correspondientes instalaciones, que requiera su establecimiento. Pueden ser insulares, comarcales o supramunicipales y municipales. Los bienes inmuebles correspondientes son siempre de dominio público. La gestión de los sistemas generales, una vez implantado el uso o servicio, puede tener lugar en cualquiera de las formas permitidas por la legislación reguladora de la Administración titular.

Téngase en cuenta arts. 10 y concordantes de la Ley 38/1999, de 5 noviembre, de Ordenación de la Edificación (§1.1).

V. Jurisprudencia en arts. 15 y concordantes del TRLS/1976 (§3).

CAPÍTULO IV

Aprobación, publicación, vigencia y efectos de los instrumentos de ordenación

Artículo 42. Tramitación de los planes de ordenación urbanística.

1. La aprobación municipal de los avances de planeamiento, requeridos por este Texto Refundido, sólo tendrá efectos administrativos internos a efectos preparatorios.

2. El procedimiento para la tramitación de los Planes de Ordenación Urbanística se establecerá reglamentariamente.

3. En las disposiciones reglamentarias se regularán las normas de coordinación interadministrativa, la información pública y los informes de los órganos administrativos gestores de intereses que pudieran quedar afectados, los plazos a que deben someterse los distintos trámites, así como el silencio administrativo, que se entenderá positivo en caso de incumplimiento por parte de la Administración competente de los plazos previstos para la resolución definitiva, cuando se tratare de Planes Parciales de Ordenación o Estudios de Detalle, y negativo en el del resto de instrumentos de ordenación urbanística.

4. No habrá lugar a la aplicación del silencio administrativo si el plan no contuviere los documentos y determinaciones establecidas por los preceptos que sean directamente aplicables para el tipo de plan de que se trate.

Tampoco se aplicará el silencio administrativo positivo si el plan contuviere determinaciones contrarias a la Ley o a planes de superior jerarquía, o cuando la aprobación del plan esté sometida a requisitos especiales, legal o reglamentariamente establecidos.

⇒ V. disp. final 1ª y disp. transit. 10ª del presente Texto Refundido

Artículo 43. Aprobación definitiva de los instrumentos de ordenación.

1. Cuando el órgano a que se atribuya la aprobación definitiva de un plan estimare que existe algún incumplimiento de los trámites reglamentarios u observara que el expediente no estuviera completo, lo devolverá al organismo o entidad que lo hubiere tramitado a efectos de la subsanación de los defectos observados, dentro del plazo que se fije reglamentariamente, con suspensión del plazo máximo para resolver.

2. Si no se apreciaran deficiencias de trámite o documentación el órgano competente deberá analizar la adecuación del plan a la normativa legal aplicable, al igual que su conformidad, en el caso de las soluciones aportadas en el ámbito municipal, con los instrumentos de ordenación territorial aplicables, así como su coordinación con las políticas de ámbito supralocal. En función de dicho análisis, podrá tomar las siguientes resoluciones alternativas:

a) Aprobar definitivamente el plan en los términos en que viniera formulado.

b) Aprobar el plan definitivamente a reserva de que se subsanen las deficiencias advertidas y supeditando su publicación al cumplimiento de esta obligación por el organismo o entidad que lo hubiera tramitado.

c) Aprobar el plan definitivamente, aunque de modo parcial, siempre que tal aprobación no ponga en cuestión la coherencia y eficacia ulterior del plan en su conjunto. A estos efectos, reglamentariamente se establecerán los plazos máximos para la subsanación, cuyo incumplimiento habilitará al órgano competente para la aprobación, de acuerdo con las normas de régimen local y previa audiencia del interesado, para realizar las rectificaciones y modificaciones necesarias que permitan la aprobación definitiva de la totalidad del plan.

d) Suspender motivadamente la aprobación definitiva del plan.

e) Desestimar motivadamente la aprobación definitiva del plan.

⇒ V. arts. 14.6; 28; disp. final 1ª y disp. transit. 10ª del presente Texto Refundido.

Jurisprudencia

«El Reglamento de Planeamiento permite que en los Planes Parciales por aplicación del artículo 132 en relación al artículo 138.2, al igual que sucede con los Planes Generales, el órgano que deba proceder a su aprobación definitiva pueda suspender la aprobación del Plan por deficiencias en la tramitación o en su contenido». **(STS 3 septiembre 1999 [RJCA 1999, 5007]).**

«La prohibición de acordar nuevas suspensiones en una zona hasta que transcurran cinco años desde el término de la última suspensión, no es aplicable cuando la nueva pretenda una finalidad distinta de la precedente, y esta finalidad es diversa, como señala el art. 122 del Reglamento de Planeamiento Urbanístico, cuando se trata de la redacción de un instrumento de planeamiento de diferente naturaleza del que motivó la primera suspensión, pudiendo asimismo citarse la sentencia del mismo Alto Tribunal de fecha 19 de mayo de 1997 (RJ 1997, 4453) en idéntica dirección». **(STS 25 enero 2000 [RJCA 2000, 87]).**

Artículo 44. Efectos de la aprobación definitiva de los instrumentos de ordenación o, en su caso, de la resolución que ponga fin al correspondiente procedimiento.

1. La aprobación definitiva de los instrumentos de ordenación o, en su caso, la resolución que ponga fin al pertinente procedimiento producirá, de conformidad con su contenido:

a) La vinculación de los terrenos, las instalaciones, las construcciones y las edificaciones al destino que resulte de la clasificación y calificación y su sujeción al régimen urbanístico que consecuentemente les sea de aplicación.

b) La obligatoriedad del cumplimiento de sus disposiciones por las Administraciones y los particulares, siendo nulas cualesquiera reservas de dispensación.

c) La ejecutividad de sus determinaciones a los efectos de la aplicación por la Administración pública de cualesquiera medios de ejecución forzosa.

d) La declaración de la utilidad pública y la necesidad de ocupación de los terrenos, las instalaciones, las construcciones y las edificaciones correspondientes, cuando delimiten unidades de actuación a ejecutar por el sistema de expropiación o prevean la realización de las obras públicas ordinarias que precisen de expropiación, previstas en la Sección 2ª del Capítulo VI del Título III.

e) La publicidad de su contenido, teniendo derecho cualquier persona a consultar su documentación y a obtener copia de ésta en la forma que se determine reglamentariamente.

2. Los instrumentos de ordenación de los recursos naturales y del territorio entrarán en vigor con la íntegra publicación de su normativa en el «Boletín Oficial de Canarias», sin perjuicio de la publicación del acuerdo de aprobación definitiva.

Los instrumentos de ordenación urbanística entrarán en vigor con la publicación de los acuerdos de su aprobación definitiva en el «Boletín Oficial de Canarias», sin perjuicio de lo establecido en la legislación de régimen local.

3. Los instrumentos de ordenación tienen vigencia indefinida.

4. Las instalaciones, construcciones y edificaciones, así como los usos o actividades, existentes al tiempo de la aprobación de los instrumentos de ordenación de los recursos naturales, territorial y urbanística o, en su caso, de la resolución que ponga fin al pertinente procedimiento, que resultaren disconformes con los mismos, quedarán en la situación legal de fuera de ordenación. A tal efecto:

a) Las Normas y, en su caso, las Instrucciones Técnicas del Planeamiento Urbanístico y, en el marco de unas y otras, el planeamiento de ordenación definirán el contenido de la situación legal a que se refiere el número anterior y, en particular, los actos constructivos y los usos de que puedan ser susceptibles las correspondientes instalaciones, construcciones y edificaciones.

b) En defecto de las normas y determinaciones del planeamiento previstas en el número anterior se aplicarán a las instalaciones, construcciones y edificaciones en situación de fuera de ordenación las siguientes reglas:

1ª) Con carácter general sólo podrán realizarse las obras de reparación y conservación que exija la estricta conservación de la habitabilidad o la utilización conforme al destino establecido. Salvo las autorizadas con carácter excepcional conforme a la regla siguiente, cualesquiera otras obras serán ilegales y nunca podrán dar lugar a incremento del valor de las expropiaciones.

2ª) Excepcionalmente podrán autorizarse obras parciales y circunstanciales de consolidación cuando no estuviera prevista la expropiación o demolición, según proceda, en un plazo de cinco años, a partir de la fecha en que se pretenda realizarlas. Tampoco estas obras podrán dar lugar a incremento del valor de la expropiación.

⇒ Según la disp. adic. 8ª de este Texto Refundido, en la interpretación y aplicación de sus preceptos, se estará al significado y alcance que para los conceptos básicos en ella utilizados se establecen en el anexo a la misma.

V. disp. final 1ª y disp. transit. 10ª del presente Texto Refundido.

V. art. 33 y concordantes de la Ley 6/1998, de 13 abril (§1).

V. Jurisprudencia en arts. 60, 61 y concordantes del TRLS/1976 (§3).

Artículo 45. Revisión y modificación de los instrumentos de ordenación.

1. La alteración del contenido de los instrumentos de ordenación se producirá mediante su revisión o modificación.

2. La revisión o modificación de los instrumentos de ordenación se llevará a cabo por el mismo procedimiento establecido para su aprobación y en los plazos y por las causas establecidas en este Texto Refundido o en los mismos instrumentos. La modificación no requiere en ningún caso la elaboración y tramitación previas de avance de planeamiento.

3. No obstante lo dispuesto en el apartado 2, y cuando razones de urgencia o de excepcional interés público exijan la adaptación del planeamiento de ordenación urbanística al de ordenación de los recursos naturales y del territorio, el Consejo de Gobierno de la Comunidad Autónoma, mediante Decreto adoptado a propuesta del consejero competente en materia de ordenación territorial y urbanística e iniciativa, en su caso, de los Cabildos Insulares, y previos el informe de la Comisión de Ordenación del Territorio y Medio Ambiente de Canarias y la audiencia de los Municipios afectados, podrá establecer el deber de proceder a la revisión o modificación del planeamiento general u otros concretos planes urbanísticos, según proceda, fijando a las entidades municipales correspondientes plazos adecuados al efecto y para la adopción de cuantas medidas sean pertinentes, incluidas las de índole presupuestaria. El transcurso de los plazos así fijados sin que se hubieran iniciado los correspondientes procedimientos habilitará a la Consejería competente en materia de ordenación territorial y urbanística para proceder a la revisión o modificación omitida, en sustitución de los Municipios correspondientes por incumplimiento de sus deberes, conforme a lo dispuesto en la legislación de régimen local y en los términos que se determinen reglamentariamente.

⇒ V. D. 10/2001, de 29 enero, del Presidente, por el que se determinan el número, denominación y competencias de las Consejerías.

V. D. 12/2001, de 30 enero, por el que se determina la estructura central y periférica, así como las sedes de las consejerías de la Administración Pública de la Comunidad Autónoma de Canarias.

V. D. 89/2000, de 22 mayo, que aprueba el Reglamento orgánico de la Consejería Política Territorial y Medio Ambiente

V. disp. final 1ª del presente Texto Refundido

Jurisprudencia

«Reconocido a la Administración el "ius variandi" respecto de la modificación de los planeamientos de urbanismo, la Sentencia de la Sala Tercera del Tribunal Supremo de 27 de febrero de 1997 (RJ 1997, 1297) ha venido a establecer que «en el ejercicio del 'ius variandi' que compete a la Administración Urbanística en la ordenación del suelo es materia en la que actúa discrecionalmente –que no arbitrariamente– y siempre con observancia de los principios contenidos en el art. 103 de la Constitución, de tal suerte que el éxito alegatorio argumental frente al ejercicio de tal potestad, en casos concretos y determinados, tiene que basarse en una clara actividad probatoria que deje bien acreditado que la Administración, al planificar, ha incurrido en error, o al margen de la discrecionalidad, o con alejamiento de los intereses generales a que debe de servir, o sin tener en cuenta la función social de la propiedad, o la estabilidad y la seguridad jurídica, o con desviación de poder, o con falta de motivación en la toma de sus decisiones, directrices todas ellas condensadas en el art. 3 en relación con el 12 de la Ley del Suelo Texto Refundido de 1976».

De acuerdo con la doctrina jurisprudencial referida, el "ius variandi» de la Administración en materia de urbanismo debe fundamentarse en la adecuada justificación de sus fines y objetivos; de esta manera, la jurisprudencia ha venido sosteniendo que presupuesto de ese derecho a la modificación es que la realidad a contemplar en estos momentos sea distinta a la contemplada en el momento en que se redactan las normas cuya modificación se pretende y en segundo lugar, la existencia de un interés público a proteger, traducible en un beneficio para el bien común (Sentencias del Tribunal Supremo de 14-1-1998 [RJ 1998, 241] y 21-1-1997 [RJ 1997, 1865]).» **(STS 7 abril 1999 [RJCA 1999, 1034]).**

⇒ V. Jurisprudencia en arts. 47 y concordantes del TRLS/1976 (§3).

Artículo 46. Revisión y modificación de los instrumentos de ordenación: concepto, procedencia y límites.

1. Se entiende por revisión de un instrumento de ordenación la reconsideración de su contenido por alguno de los siguientes motivos:

a) El cumplimiento de las condiciones previstas por el propio instrumento a tal fin y, en particular, el agotamiento del aprovechamiento asignado al suelo urbanizable diferido.

b) La modificación del modelo territorial establecido, cuando queden afectados los elementos básicos de la ordenación territorial o de la estructura urbanística prevista en el instrumento a revisar.

c) La alteración de cualquiera de los elementos de la ordenación estructural, cuando se trate de Planes Generales.

d) Cuando se pretenda la reclasificación de suelos rústicos como urbanizables.

2. En el proceso de revisión la Administración actuante no vendrá condicionada por las limitaciones establecidas en el instrumento que se pretende revisar.

3. Toda reconsideración de los elementos del contenido de los instrumentos de ordenación no subsumible en el apartado primero de este artículo supone y requiere su modificación.

4. La modificación podrá tener lugar en cualquier momento. No obstante, habrán de respetarse las siguientes reglas:

a) Si el procedimiento se inicia antes de transcurrir un año desde la publicación del acuerdo de aprobación del planeamiento o de su última revisión, la modificación no podrá alterar ni la clasificación del suelo, ni la calificación referida a dotaciones.

b) Una vez expirado el plazo fijado en cualquier forma para la revisión no podrá tramitarse modificación alguna.

5. Corresponderá a la Comisión de Ordenación del Territorio y Medio Ambiente de Canarias la aprobación definitiva de las modificaciones de los instrumentos de ordenación en los casos siguientes:

a) Cuando la modificación afecte a zonas verdes o espacios libres en ellos previstos. En este caso, para la aprobación de la modificación se exigirá el mantenimiento de la misma extensión que las superficies previstas anteriormente para estas áreas y en condiciones topográficas similares.

b) Cuando la modificación incremente el volumen edificable de una zona. En este caso, se deberá prever en la propia modificación el incremento de los espacios libres a razón de un mínimo de cinco metros cuadrados por cada habitante o plaza alojativa turística adicional.

Artículo 47. Suspensión de los instrumentos de ordenación.

1. El Consejo de Gobierno de la Comunidad Autónoma podrá suspender motivadamente la vigencia de cualquier instrumento de ordenación para su revisión o modificación, en todo o parte, tanto de su contenido como de su ámbito territorial. El acuerdo de suspensión se adoptará a propuesta del consejero competente en materia de ordenación territorial y urbanística y a iniciativa, en su caso, de los Cabildos Insulares o de las Consejerías competentes en razón de su incidencia territorial y previos informe de la Comisión de Ordenación del Territorio y Medio Ambiente de Canarias y audiencia del Municipio o Municipios afectados.

2. El acuerdo de suspensión establecerá las normas sustantivas de ordenación aplicables transitoriamente en sustitución de las suspendidas.

⇒ V. D. 10/2001, de 29 enero, del Presidente, por el que se determinan el número, denominación y competencias de las Consejerías.

V. D. 12/2001, de 30 enero, por el que se determina la estructura central y periférica, así como las sedes de las consejerías de la Administración Pública de la Comunidad Autónoma de Canarias.

V. D. 89/2000, de 22 mayo, que aprueba el Reglamento orgánico de la Consejería Política Territorial y Medio Ambiente

V. Jurisprudencia en arts. 51 y concordantes del TRLS/1976 (§3).

TÍTULO II

CATEGORIZACIÓN, CLASIFICACIÓN Y RÉGIMEN DEL SUELO

CAPÍTULO I

Concepto y categorías de los espacios naturales

Artículo 48. Protección de Espacios Naturales y declaración como tales.

1. Aquellos espacios del territorio terrestre o marítimo de Canarias que contengan elementos o sistemas naturales de especial interés o valor podrán ser declarados protegidos de acuerdo con lo regulado en el presente Texto Refundido.

2. La valoración de un espacio natural, a efectos de su consideración como protegido, tendrá en cuenta uno o varios de los siguientes requisitos:

a) Desempeñar un papel importante en el mantenimiento de los procesos ecológicos esenciales de las islas, tales como la protección de los suelos, la recarga de los acuíferos y otros análogos.

b) Constituir una muestra representativa de los principales sistemas naturales y de los hábitat característicos, terrestres y marinos, del Archipiélago.

c) Albergar poblaciones de animales o vegetales catalogados como especies amenazadas, altas concentraciones de elementos endémicos o especies que en virtud de convenios internacionales o disposiciones específicas requieran una protección especial.

d) Contribuir significativamente al mantenimiento de la biodiversidad del Archipiélago Canario.

e) Incluir zonas de importancia vital para determinadas fases de la biología de las especies animales, tales como áreas de reproducción y cría, refugio de especies migratorias y análogas.

f) Constituir un hábitat único de endemismos canarios o donde se albergue la mayor parte de sus efectivos poblacionales.

g) Albergar estructuras geomorfológicas representativas de la geología insular, en buen estado de conservación.

h) Conformar un paisaje rural o agreste de gran belleza o valor cultural, etnográfico, agrícola, histórico, arqueológico, o que comprenda elementos singularizados y característicos dentro del paisaje general.

i) Contener yacimientos paleontológicos de interés científico.

j) Contener elementos naturales que destaquen por su rareza o singularidad o tengan interés científico especial.

3. En función de los valores y bienes naturales que se protegen, los Espacios Naturales Protegidos del Archipiélago se integran en una Red en la que estarán representados los hábitat naturales más significativos y los principales centros de biodiversidad, con las categorías siguientes:

a) Parques: Naturales y Rurales.

b) Reservas Naturales: Integrales y Especiales.

c) Monumentos Naturales.

d) Paisajes Protegidos.

e) Sitios de Interés Científico.

4. Los Parques Nacionales declarados por las Cortes Generales sobre el territorio canario quedan incorporados a la Red Canaria de Espacios Naturales Protegidos, sin perjuicio de las competencias del Estado.

5. Los Parques son áreas naturales amplias, poco transformadas por la explotación u ocupación humanas que, en razón de la belleza de sus paisajes, la representatividad de sus ecosistemas o la singularidad de su flora, de su fauna o de sus formaciones geomorfológicas, poseen unos valores ecológicos, estéticos, educativos y científicos cuya conservación merece una atención preferente.

6. Se distinguen los siguientes tipos:

a) Parques Naturales son aquellos espacios naturales amplios, no transformados sensiblemente por la explotación u ocupación humana y cuyas bellezas naturales, fauna, flora y gea en su conjunto se consideran muestras singulares del patrimonio natural de Canarias. Su declaración tiene por objeto la preservación de los recursos naturales que alberga para el disfrute público, la educación y la investigación científica, de forma compatible con su conservación, no teniendo cabida los usos residenciales u otros ajenos a su finalidad.

b) Parques Rurales son aquellos espacios naturales amplios, en los que coexisten actividades agrícolas y ganaderas o pesqueras con otras de especial interés natural y ecológico, conformando un paisaje de gran interés ecocultural que precise su conservación. Su declaración tiene por objeto la conservación de todo el conjunto y promover a su vez el desarrollo armónico de las poblaciones locales y mejoras en sus condiciones de vida, no siendo compatibles los nuevos usos ajenos a esta finalidad.

7. Las Reservas Naturales son espacios naturales, cuya declaración tiene como finalidad la protección de ecosistemas, comunidades o elementos biológicos o geológicos que, por su rareza, fragilidad, representatividad, importancia o singularidad merecen una valoración especial. Con carácter general estará prohibida la recolección de material biológico o geológico, salvo en aquellos casos que por razones de investigación o educativas se permita la misma, previa la correspondiente autorización administrativa.

8. Son Reservas Naturales Integrales aquellas, de dimensión moderada, cuyo objeto es la preservación integral de todos sus elementos bióticos y abióticos, así como de todos los procesos ecológicos naturales y en las que no es compatible la ocupación humana ajena a fines científicos.

9. Son Reservas Naturales Especiales aquellas, de dimensión moderada, cuyo objeto es la preservación de hábitat singulares, especies concretas, formaciones geológicas o procesos ecológicos naturales de interés especial y en la que no es compatible la ocupación humana ajena a fines científicos, educativos y, excepcionalmente, recreativos, o de carácter tradicional.

10. Los Monumentos Naturales son espacios o elementos de la naturaleza, de dimensión reducida, constituidos básicamente por formaciones de notoria singularidad, rareza o belleza, que son objeto de protección especial.

11. En especial, se declararán Monumentos Naturales las formaciones geológicas, los yacimientos paleontológicos y demás elementos de la gea que reúnan un interés especial por la singularidad o importancia de sus valores científicos, culturales o paisajísticos.

12. Los Paisajes Protegidos son aquellas zonas del territorio que, por sus valores estéticos y culturales así se declaren, para conseguir su especial protección.

13. Los Sitios de Interés Científico son aquellos lugares naturales, generalmente aislados y de reducida dimensión, donde existen elementos naturales de interés científico, especímenes o poblaciones animales o vegetales amenazadas de extinción o merecedoras de medidas específicas de conservación temporal que se declaren al amparo del presente Texto Refundido.

14. En un mismo ámbito territorial podrán coexistir varias categorías de Espacios Naturales Protegidos si sus características particulares así lo requieren.

⇒ V. art. 1 de la Ley 6/1998, de 13 abril, sobre Régimen del Suelo y Valoraciones (§1).

CAPÍTULO II
Clasificación del suelo

Artículo 49. Clases de suelo.

1. El suelo de cada término municipal se clasificará por el Plan General, de acuerdo con el planeamiento de ordenación de los recursos naturales y territorial, dentro de un criterio de desarrollo sostenible, en todas o algunas de las siguientes clases:

a) Urbano.

b) Urbanizable.

c) Rústico.

2. Los instrumentos de ordenación de los recursos naturales o territorial, en los casos previstos en este Texto Refundido, podrán clasificar directamente el suelo en alguna de las clases que se establecen en el número anterior, así como establecer criterios vinculantes de clasificación que deban ser introducidos por el Plan General para ámbitos concretos de un determinado municipio.

3. El planeamiento calificará el suelo de cada clase de acuerdo con su destino específico. El suelo con uso predominantemente turístico deberá calificarse como turístico cualquiera que sea su clase.

⇒ V. arts. 2 y 7 de la Ley 6/1998, de 13 abril (§1).
V. Jurisprudencia en arts. 77 y concordantes del TRLS/1976 (§3).

Artículo 50. Suelo urbano: definición.

Integrarán el suelo urbano:

a) Los terrenos que, por estar integrados o ser susceptibles de integrarse en la trama urbana, el planeamiento general incluya en esta clase legal de suelo, mediante su clasificación, por concurrir en él alguna de las condiciones siguientes:

1) Estar ya transformados por la urbanización por contar con acceso rodado, abastecimiento de agua, evacuación de aguas residuales y suministro de energía eléctrica, en condiciones de pleno servicio tanto a las edificaciones preexistentes como a las que se hayan de construir.

2) Estar ya consolidados por la edificación por ocupar la misma al menos dos terceras partes de los espacios aptos para la misma, de acuerdo con la ordenación que con el planeamiento general se establezca.

b) Los terrenos que en ejecución del planeamiento urbanístico hayan *sido efectivamente* urbanizados de conformidad con sus determinaciones.

⇒ V. art. 8 de la Ley 6/1998, de 13 abril (§1).
V. Jurisprudencia en arts. 78 y concordantes del TRLS/1976 (§3).

Artículo 51. Suelo urbano: categorías.

1. En el suelo urbano, el planeamiento establecerá todas o alguna de las siguientes categorías:

a) Suelo urbano consolidado, integrado por aquellos terrenos que, además de los servicios previstos en el apartado a).1 del artículo anterior, cuenten con los de pavimentación de calzada, encintado de aceras y alumbrado público, en los términos precisados por las Normas Técnicas del Planeamiento Urbanístico y el Plan General.

b) Suelo urbano no consolidado por la urbanización, integrado por el restante suelo urbano.

2. El planeamiento diferenciará en cualquiera de las dos categorías anteriores y, cuando proceda, delimitándolo:

a) El suelo de interés cultural, por contar con elementos de patrimonio arquitectónico o etnográfico, formen o no conjuntos y estén o no declarados bienes de interés cultural.

b) El suelo de renovación o rehabilitación urbana, por quedar sujeto a operaciones que impliquen su transformación integrada.

⇒ V. art. 8 de la Ley 6/1998, de 13 abril (§1).
V. Jurisprudencia en arts. 78 y concordantes del TRLS/1976 (§3).

Artículo 52. Suelo urbanizable: definición.

1. Integrarán el suelo urbanizable los terrenos que el planeamiento general urbanístico adscriba, mediante su clasificación, a esta clase de suelo por ser susceptibles de transformación, mediante su urbanización, en las condiciones y los términos que dicho planeamiento determine.

2. La clasificación deberá realizarse en forma tal que:

a) La superficie de los terrenos correspondientes, salvo determinación distinta del planeamiento de ordenación territorial, sea contigua y no presente solución de continuidad alguna respecto de la de los terrenos clasificados como suelo urbano y de acuerdo, en todo caso, con los criterios establecidos por las Normas Técnicas del Planeamiento Urbanístico.

b) Los aprovechamientos asignados por el planeamiento al conjunto de las diversas categorías de suelo urbanizable deberán ser los precisos para atender los razonables crecimientos previsibles de la demanda de carácter residencial, industrial, terciario y turístico, conforme a los criterios fijados por las Normas Técnicas del Planeamiento Urbanístico.

⇒ V. art. 10 y disp. adic. 4ª de la Ley 6/1998, de 13 abril (§1).
V. Jurisprudencia en arts. 79 y concordantes del TRLS/1976 (§3).

Artículo 53. Suelo urbanizable: categorías.

1. El suelo urbanizable se dividirá en sectorizado y no sectorizado, según se haya o no producido la delimitación de sectores.

2. El suelo sectorizado será ordenado cuando se haya producido directamente la ordenación pormenorizada que legitime la actividad de ejecución de

los usos de carácter residencial no turísticos, industrial o terciario no estratégicos. Mientras esta ordenación no se hubiere producido, el suelo sectorizado quedará como no ordenado.

3. El suelo urbanizable no sectorizado podrá adoptar alguna de las categorías siguientes:

a) Suelo urbanizable turístico, aquel para el que el planeamiento disponga ese uso.

b) Suelo urbanizable estratégico, el reservado por el planeamiento para la localización o el ejercicio de actividades industriales o del sector terciario relevantes para el desarrollo económico o social insular o autonómico.

c) Suelo urbanizable diferido, integrado por el restante suelo urbanizable no sectorizado.

⇒ V. art. 10 y disp. adic. 4ª de la Ley 6/1998, de 13 abril (§1).
V. Jurisprudencia en arts. 79 y concordantes del TRLS/1976 (§3).

Artículo 54. Suelo rústico: definición.

Integrarán el suelo rústico los terrenos que el planeamiento adscriba a esta clase de suelo, mediante su clasificación por:

a) Tener la condición de bienes de dominio público natural o estar sujetos a limitaciones o servidumbres para la protección de la integridad de éstos.

b) Estar sujetos a algún régimen de protección en virtud de la legislación específica, en especial la relativa a medio ambiente, montes, vías pecuarias, agrarias, Espacios Naturales Protegidos, fauna y flora y patrimonio histórico de Canarias.

c) Estar sometido a un régimen de protección por un plan de ordenación de los recursos naturales o territorial, en función de alguno de los valores previstos en la letra anterior.

d) Ser merecedores de protección para el mantenimiento de sus características por razón de valores de carácter natural, paisajístico, cultural, científico, histórico, arqueológico o, en general, ambiental.

e) Ser procedente su preservación por tener valor agrícola, forestal, ganadero, cinegético o contar con riquezas naturales.

f) Ser pertinente el mantenimiento de sus características naturales para la protección de su integridad y funcionalidad de infraestructuras, equipamientos e instalaciones públicos o de interés público.

g) Resultar inadecuado, conforme a los criterios establecidos por las correspondientes Normas Técnicas del Planeamiento Urbanístico, para servir de soporte a aprovechamientos urbanos, por los costes desproporcionados que requeriría su transformación o por los riesgos ciertos de erosión, desprendimientos, corrimientos o fenómenos análogos que comporten sus características geotécnicas o morfológicas.

h) Ser necesaria su preservación del proceso urbanizador para la salvaguarda del ecosistema insular, a fin de evitar la superación de su capacidad de sustentación del desarrollo urbanístico.

i) Ser pertinente la preservación de los terrenos del proceso urbanizador para el mantenimiento del modelo territorial, así como de peculiaridades esenciales o específicas como el valor del medio rural no ocupado o determinadas formas tradicionales de poblamiento.

⇒ V. art. 9 y disp. adic. 4ª de la Ley 6/1998, de 13 abril (§1).
V. Jurisprudencia en arts. 80 y concordantes del TRLS/1976 (§3).

Artículo 55. Suelo rústico: categorías.

Dentro del suelo que se clasifique como rústico el planeamiento, de conformidad y en aplicación de los criterios que se fijen reglamentariamente, establecerá todas o algunas de las siguientes categorías:

a) Cuando en los terrenos se hallen presentes valores naturales o culturales precisados de protección ambiental:

1) Suelo rústico de protección natural, para la preservación de valores naturales o ecológicos.

2) Suelo rústico de protección paisajística, para la conservación del valor paisajístico, natural o antropizado, y de las características fisiográficas de los terrenos.

3) Suelo rústico de protección cultural, para la preservación de yacimientos arqueológicos y de edificios, conjuntos o infraestructuras de valor histórico, artístico o etnográfico así como su entorno inmediato.

4) Suelo rústico de protección de entornos, para la preservación de perspectivas o procesos ecológicos, diferenciando los entornos de Espacios Naturales Protegidos, de núcleos de población y de itinerarios.

5) Suelo rústico de protección costera, para la ordenación del dominio público marítimo terrestre y de las zonas de servidumbre de tránsito y protección cuando no sean clasificados como urbano o urbanizable. La adscripción a esta categoría específica será compatible con cualquiera otra de las enumeradas en este artículo.

b) Cuando los terrenos precisen de protección de sus valores económicos, por ser idóneos, al menos potencialmente, para aprovechamientos agrarios, pecuarios, forestales, hidrológicos o extractivos y para el establecimiento de infraestructuras:

1) Suelo rústico de protección agraria, para la ordenación del aprovechamiento o del potencial agrícola, ganadero y piscícola.

2) Suelo rústico de protección forestal, para la ordenación de los aprovechamientos de este carácter o el fomento de la repoblación con tal fin.

3) Suelo rústico de protección hidrológica, para la protección de las cuencas, evitar los procesos erosivos e incrementar y racionalizar el uso de los recursos hídricos, tanto en el suelo como en el subsuelo.

4) Suelo rústico de protección minera, para la ordenación de la explotación de recursos minerales.

5) Suelo rústico de protección de infraestructuras, para el establecimiento de zonas de protección y de reserva que garanticen la funcionalidad

de infraestructuras viarias, de telecomunicaciones, energéticas, hidrológicas, de abastecimiento, saneamiento y análogas. Esta categoría será compatible con cualquier otra de las previstas en este artículo.

c) Cuando en los terrenos existan formas tradicionales de poblamiento rural y de acuerdo con los criterios de reconocimiento y delimitación que para cada comarca establezca el planeamiento insular:

1) Suelo rústico de asentamiento rural, referida a entidades de población existentes con mayor o menor grado de concentración, generalmente sin vinculación actual con actividades primarias, cuyas características no justifiquen su clasificación y tratamiento como suelo urbano, de acuerdo con los criterios que establezcan las Normas Técnicas del Planeamiento Urbanístico.

2) Suelo rústico de asentamiento agrícola, referida a áreas de explotación agropecuaria en las que haya tenido lugar un proceso de edificación residencial relacionado con dicha explotación, para la ordenación, con la debida proporción, entre la edificación y la actividad agropecuaria correspondiente.

d) Suelo rústico de protección territorial, para la preservación del modelo territorial, sus peculiaridades esenciales y específicas y el valor del medio rural no ocupado, así como la salvaguarda del ecosistema insular y su capacidad de sustentación de desarrollo urbanístico.

⇒ V. disp. final 1ª y disp. transit. 10ª del presente Texto Refundido.
V. arts. 9, 20 y disp. adic. 4ª de la Ley 6/1998, de 13 abril (§1).
V. art. 180 del presente Texto Refundido.
V. Jurisprudencia en arts. 80 y concordantes del TRLS/1976 (§3).

CAPÍTULO III
Régimen de las distintas clases de suelo

Sección 1ª Disposiciones generales

Artículo 56. Delimitación del contenido urbanístico del derecho de propiedad del suelo.

La clasificación, categorización y, en su caso, la calificación urbanística del suelo vincularán los terrenos y las construcciones o edificaciones a los correspondientes destinos y usos y definirán su función social, delimitando el contenido del derecho de propiedad que recaiga sobre tales bienes.

⇒ V. art. 2 de la Ley 6/1998, de 13 abril (§1).
V. Jurisprudencia en arts. 76 y concordantes del TRLS/1976 (§3).

Artículo 57. Ejercicio de derechos y deberes.

Las facultades urbanísticas del derecho de propiedad se ejercerán siempre dentro de los límites y con el previo cumplimiento de los deberes establecidos en este Texto Refundido o, en virtud de él, por el planeamiento con arreglo a la clasificación, categorización y, en su caso, calificación urbanística del suelo.

⇒ V. art. 2 de la Ley 6/1998, de 13 abril (§1).
V. Jurisprudencia en arts. 76 y concordantes del TRLS/1976 (§3).

Artículo 58. Contenido urbanístico de la propiedad del suelo: derechos.

1. El contenido del derecho de propiedad del suelo y, en su caso, la edificación tiene siempre como límites las determinaciones ambientales para la protección del suelo, el agua, el aire, la flora y la fauna; y las medidas de protección de los Espacios Naturales Protegidos y del patrimonio histórico de Canarias y cualquier otro que se determine por ley.

2. Forma parte del contenido urbanístico del derecho de propiedad del suelo el derecho a usar, disfrutar y disponer de los terrenos conforme a la clasificación, categorización y calificación de los mismos.

3. Es condición para el ejercicio de los derechos de la propiedad del suelo el previo cumplimiento de los deberes legales exigibles.

⇒ V. Ley 4/1999, de 15 marzo, de Patrimonio Histórico de Canarias.
V. arts. 12 y siguientes de la Ley 6/1998, de 13 abril (§1).

Artículo 59. Contenido urbanístico de la propiedad del suelo: deberes.

Formarán parte del contenido urbanístico del derecho de propiedad del suelo, sin perjuicio del régimen a que esté sujeto por razón de su clasificación y categorización, los siguientes deberes:

a) Destinar el suelo al uso previsto por la ordenación y conservar las construcciones e instalaciones existentes, así como, en su caso, levantar las cargas impuestas por la ordenación urbanística para el legítimo ejercicio de la facultades y derechos previstos en este Texto Refundido.

b) Respetar los límites que deriven de la legislación aplicable en materia de unidad mínima de cultivo o por razón de la colindancia con bienes que tengan la condición de dominio público, en los que estén establecidos obras o servicios públicos o en cuyo vuelo o subsuelo existan recursos naturales sujetos a explotación regulada.

c) Cumplir lo preceptuado por los planes y programas sectoriales aprobados conforme a la legislación de aplicación.

d) Permitir la realización por la Administración pública competente de los trabajos que sean necesarios para realizar labores de control, conservación o restauración del medio y de prevención de la erosión, así como el deber de facilitar el acceso a los representantes de la Administración para desarrollar las funciones de conservación e inspección.

e) Conservar en buenas condiciones de salubridad y ornato las construcciones o instalaciones existentes para que cumplan siempre los requisitos mínimos exigibles para autorizar su uso, procediendo, en su caso, a la rehabilitación siempre que el importe de las obras a realizar no supere el 50 por 100 del coste de nueva construcción con similares características.

⇒ V. art. 3 de la Ley 38/1999, de 5 noviembre, de Ordenación de la Edificación (§1.1).

f) Solicitar y obtener las autorizaciones administrativas preceptivas y, en todo caso, la licencia municipal con carácter previo a cualquier acto de transformación o uso del suelo, natural o construido, sin perjuicio de lo que se establezca en la legislación sectorial que resultare aplicable.

⇒ V. arts. 12 y siguientes de la Ley 6/1998, de 13 abril (§1).
V. Decreto 58/1994, de 22 abril, que establece la unidad mínima de cultivo. Corregidos errores por Decreto 80/1994, de 13 mayo. Desarrollado por Orden 14 junio 1994.
V. arts. 80 y concordantes del RD 1093/1997, de 4 julio (§2.1).

Artículo 60. Aprovechamiento urbanístico medio.

1. En los sectores de suelo urbanizable y en los ámbitos de suelo urbano, el planeamiento establecerá los aprovechamientos urbanísticos global y medio en función de los usos, intensidades, tipologías edificatorias y circunstancias urbanísticas de los terrenos que no estén destinados a viales, zonas verdes y demás dotaciones.

2. El Plan General establecerá un coeficiente que exprese el valor que atribuye a cada uso y tipología edificatoria en relación con los demás. También podrá establecer un coeficiente para cada sector o ámbito, en función de su situación dentro de la estructura territorial.

Los Planes Parciales fijarán la ponderación relativa de los usos y tipologías edificatorias resultantes de su ordenación detallada, así como la que refleje las diferencias de situación y características urbanísticas dentro del ámbito ordenado.

El coeficiente de homogeneización de cada área geográfica y funcional diferenciada se determinará por ponderación de los anteriores coeficientes, ajustando el resultado, si fuera preciso, con objeto de conseguir una más adecuada valoración relativa.

3. El aprovechamiento urbanístico de cada área diferenciada será el resultado de multiplicar la superficie de las parcelas lucrativas de la misma por la edificabilidad correspondiente, expresada en metros cuadrados edificables por cada metro cuadrado de suelo, y por el coeficiente de homogeneización, expresándose el resultado en unidades de aprovechamiento. El aprovechamiento urbanístico de un sector o ámbito será la suma de los aprovechamientos que correspondan a todas sus áreas diferenciadas.

La asignación de coeficientes a los distintos usos y tipologías edificatorias, sectores, ámbitos y áreas diferenciadas deberá ser razonada, exponiendo las motivaciones que han dado lugar a su determinación.

4. El aprovechamiento urbanístico medio de cada sector o ámbito se obtendrá dividiendo su aprovechamiento urbanístico por su superficie total, incluida la de los sistemas generales comprendidos o adscritos al mismo. El resultado se expresará en unidades de aprovechamiento por metro cuadrado.

5. Las Normas Técnicas del Planeamiento Urbanístico desarrollarán los criterios para el cálculo de los aprovechamientos y los coeficientes de homogeneización.

⇒ V. disp. transit. 1ª del presente Texto Refundido.

Artículo 61. Usos y obras provisionales.

En las categorías de suelo rústico señaladas en el artículo 63, apartados 1 c) y 4, en todo caso, y en el suelo urbano no consolidado y el urbanizable sectorizado mientras no se haya aprobado el correspondiente planeamiento de desarrollo, sólo podrán autorizarse, cuando no estén expresamente prohibidas por la legislación sectorial o el planeamiento, usos y obras de nueva implantación de carácter provisional y realizadas con materiales fácilmente desmontables.

El otorgamiento de licencias municipales conllevará el deber de demolición o desmantelamiento de las obras y restauración de los terrenos y de su entorno sin indemnización, a requerimiento del órgano urbanístico actuante.

La eficacia de las licencias quedará sujeta a la condición legal suspensiva de prestación de garantía por importe mínimo de los costes de demolición y de inscripción en el Registro de la Propiedad del carácter precario de las obras y usos.

✐ Artículo modificado por la disp. adic. 2ª.3 de la Ley 2/2000, de 17 julio.

⇒ V. art. 70 del presente Texto Refundido.
V. art. 17 de la Ley 6/1998, de 13 abril (§1).
V. arts. 76 y concordantes del RD 1093/1997, de 4 julio (§2.1).
V. Jurisprudencia en arts. 58 y concordantes del TRLS/1976 (§3).

Sección 2ª Régimen del suelo rústico

Artículo 62. Derechos y deberes de los propietarios de suelo rústico.

1. En suelo rústico, el contenido del derecho de propiedad, comprenderá:

a) En todo caso, la realización de los actos precisos para la utilización y explotación agrícola, ganadera, forestal, cinegética o análoga que correspondan, conforme a su naturaleza y mediante el empleo de medios que no comporten la transformación de dicho destino, en los términos que se precisen reglamentariamente.

Los trabajos e instalaciones que se lleven a cabo en los terrenos estarán sujetos a los límites de la legislación civil y la administrativa aplicable por razón de la materia y deberán realizarse, además, de conformidad con la ordenación aplicable.

b) La realización de obras y construcciones y el ejercicio de usos y actividades que, excediendo lo previsto en el número anterior, se legitimen expresamente por la ordenación de acuerdo con las previsiones de la ley.

2. Sin perjuicio de otros deberes establecidos legalmente, los propietarios de suelo rústico tendrán los deberes de conservar y mantener el suelo y, en su caso, su masa vegetal, en las condiciones precisas para evitar riesgos de erosión o incendio o para la seguridad o salud públicas y daños o perjuicios a terceros o al interés general, incluidos los de carácter ambiental y estético; así como de usarlo y explotarlo de forma que se preserven en condiciones

ecológicas y no se produzca contaminación indebida de la tierra, el agua y el aire, ni tengan lugar inmisiones ilegítimas en bienes de terceros.

3. Cuando la ordenación permita otorgar al suelo rústico aprovechamiento en edificación de naturaleza residencial, industrial, turística o de equipamiento, el propietario tendrá el derecho a materializarlo en las condiciones establecidas por dicha ordenación, previo cumplimiento de los deberes que ésta determine y, en todo caso, el pago de un canon cuya fijación y percepción corresponderá a los Municipios por cuantía mínima del cinco y máxima del diez por ciento del presupuesto total de las obras a ejecutar. Este canon podrá ser satisfecho mediante cesión de suelo en los casos en que así lo determine el Municipio.

4. Cuando el aprovechamiento edificatorio otorgado por la ordenación urbanística fuera por tiempo limitado, éste nunca podrá ser inferior al necesario para permitir la amortización de la inversión y tendrá carácter prorrogable.

5. Las condiciones que determinen los instrumentos de ordenación para materializar el aprovechamiento en edificación permitido en suelo rústico, deberán:

a) Asegurar la preservación del carácter rural del suelo y la no formación de asentamientos no previstos, así como la adopción de las medidas precisas para proteger el medio ambiente y mantener el nivel de calidad de las infraestructuras y los servicios públicos correspondientes.

b) Garantizar la restauración, a la finalización de la actividad, de las condiciones ambientales de los terrenos y de su entorno inmediato.

c) Asegurar la ejecución de la totalidad de los servicios que demanden las construcciones e instalaciones autorizadas en la forma que se determine reglamentariamente. En particular y hasta tanto se produce su conexión con las correspondientes redes generales, las viviendas y granjas, incluso las situadas en asentamientos, deberán disponer de depuradoras o fosas sépticas individuales, quedando prohibidos los pozos negros.

d) Asegurar la ejecución y mantenimiento de las actividades o usos que justifiquen la materialización del aprovechamiento en edificación y, en especial, la puesta en explotación agrícola y el funcionamiento de los equipamientos.

⇒ V. disp. final 1ª del presente Texto Refundido.
V. art. 9 de la Ley 6/1998, de 13 abril (§1).
V. Jurisprudencia en arts. 80 y concordantes del TRLS/1976 (§3).

Artículo 63. Régimen específico de las distintas categorías de suelo rústico.

1. En el suelo rústico de protección ambiental, cuyas categorías vienen relacionadas en el apartado a) del artículo 55 de este Texto Refundido, se aplicará el siguiente régimen:

a) Con carácter general, sólo serán posibles los usos, actividades, construcciones e instalaciones que expresamente legitime el planeamiento y sean compatibles con el régimen de protección a que dicho suelo esté sometido.

b) En el suelo rústico de protección natural, paisajística y cultural, así como en el suelo rústico de protección del entorno de Espacios Naturales Protegidos y de itinerarios, sólo serán posibles con carácter general y sin perjuicio de lo dispuesto en la legislación ambiental y otras normas sectoriales, los usos y las actividades que sean compatibles con la finalidad de protección y los necesarios para la conservación y, en su caso, el disfrute público de sus valores.

c) En el suelo rústico de protección del entorno de núcleos de población, así como el destinado por el planeamiento de ordenación a infraestructuras, sistemas generales o dotaciones en asentamientos rurales, sólo serán posibles usos y actividades, con sus correspondientes construcciones e instalaciones, de carácter provisional y realizadas con materiales fácilmente desmontables.

La eficacia de las licencias municipales correspondientes quedará sujeta a la condición legal suspensiva de prestación de garantía por importe mínimo de los costes de demolición o desmantelamiento, y de inscripción en el Registro de la Propiedad del carácter precario de las construcciones e instalaciones y de los usos y actividades. Asimismo, el otorgamiento de las anteriores licencias conllevará el deber de demolición o desmantelamiento y de restauración de los terrenos y de su entorno sin indemnización, a requerimiento del órgano urbanístico actuante.

2. En los suelos rústicos a que se refieren los apartados b) y c) del artículo 55 se aplicará el siguiente régimen:

a) Sólo podrán autorizarse las actividades que correspondan a su naturaleza y las construcciones e instalaciones que fueran precisas para el ejercicio de ese derecho, en los términos de este Texto Refundido y precisados en el planeamiento.

b) En los suelos clasificados como de protección de las infraestructuras será de aplicación lo previsto en el apartado c) del número anterior.

3. En los suelos previstos para los asentamientos rurales o agrícolas, se podrán realizar aquellos usos que expresamente contemple el planeamiento, el cual deberá asimismo definir los criterios dimensionales y, cuando esos asentamientos tengan carácter tradicional, deberá establecer las medidas precisas para mantener sus características singulares.

4. En el suelo rústico de protección territorial sólo serán posibles usos y actividades, con sus correspondientes construcciones e instalaciones, de carácter provisional y realizadas con materiales fácilmente desmontables.

5. En el suelo rústico incluido en Espacios Naturales Protegidos o en sus zonas periféricas de protección, el régimen de usos tolerados o permitidos será el especialmente establecido por sus instrumentos de ordenación, sin que en ellos puedan otorgarse autorizaciones, licencias o concesiones administrativas sin un informe emitido por el órgano al que corresponda su gestión, y que en caso de que fuera negativo tendrá carácter vinculante.

6. Sin perjuicio de lo establecido con carácter general en los apartados anteriores de este artículo, en las diferentes categorías de suelo rústico protegido por razón de sus valores económicos o por existir en ellos formas tradi-

cionales de poblamiento rural, establecidas en los apartados b) y c) del artículo 55 anterior, se podrá autorizar la ejecución de sistemas generales y de los proyectos de obras o servicios públicos a que se refiere el artículo 11.1 de la presente Ley, sin que les sea aplicable lo establecido en la Sección 5ª del Capítulo II sobre proyectos y calificaciones territoriales.

✐ Ap. 6 añadido por la disp. adic. 2ª.1 de la Ley 2/2000, de 17 julio.

⇒ V. art. 9 de la Ley 6/1998, de 13 abril (§1).
V. Jurisprudencia en arts. 86 y concordantes del TRLS/1976 (§3).

Artículo 64. Concurrencia de regímenes.

En las fincas o, en su caso, unidades aptas para la edificación sujetas a varios regímenes urbanísticos se aplicará a cada parte el régimen que le asigne el planeamiento, pudiendo computarse la superficie total exclusivamente para la aplicación del régimen más restrictivo de los que les afecten. Con independencia de su concreta calificación, el planeamiento podrá permitir el cómputo conjunto de las superficies destinadas a usos compatibles entre sí, a los efectos de la autorización de construcciones o instalaciones vinculadas específicamente a dichos usos.

Artículo 65. Determinaciones de ordenación de directa aplicación y de carácter subsidiario.

1. Todo acto de aprovechamiento y uso del suelo rústico deberá respetar las siguientes reglas:

a) En los lugares de paisaje abierto y natural, sea rural o marítimo o en las perspectivas que ofrezcan los conjuntos urbanos históricos, típicos o tradicionales y en las inmediaciones de carreteras y caminos de carácter pintoresco, no se permitirá la construcción de cerramientos, edificaciones u otros elementos cuya situación o dimensiones limiten el campo visual o desfiguren sensiblemente las perspectivas de los espacios abiertos terrestres, marítimos, costeros o de los conjuntos históricos o tradicionales.

b) No podrá realizarse construcción alguna que presente características tipológicas o soluciones estéticas propias de las zonas urbanas y, en particular, las viviendas colectivas, los edificios integrados por salón en planta baja y vivienda en la alta, y los que presenten paredes medianeras vistas, salvo en los asentamientos rurales que admitan esta tipología.

c) Las construcciones o edificaciones deberán situarse en el lugar de la finca menos fértil o idóneo para el cultivo, salvo cuando provoquen un mayor efecto negativo ambiental o paisajístico.

d) No será posible la colocación y el mantenimiento de anuncios, carteles, vallas publicitarias o instalaciones de características similares, pudiendo autorizarse exclusivamente los carteles indicativos o informativos con las características que fije, en cada caso, la Administración competente.

e) Ninguna edificación podrá superar las dos plantas por cualquiera de sus fachadas.

f) Todas las construcciones deberán estar en armonía con las tradicionales en el medio rural canario y, en su caso, con los edificios de valor etnográfico o arquitectónico que existieran en su entorno cercano.

g) Las edificaciones deberán presentar todos sus paramentos exteriores y cubiertas totalmente terminados, empleando las formas, materiales y colores que favorezcan una mejor integración en el entorno inmediato y en el paisaje.

2. En defecto de determinaciones expresas del planeamiento de ordenación, las construcciones y edificaciones deberán observar las siguientes reglas:

a) Ser adecuadas al uso y la explotación a los que se vinculen y guardar estricta proporción con las necesidades de los mismos.

b) Tener el carácter de aisladas.

c) Respetar un retranqueo máximo de cinco metros a linderos y diez metros al eje de caminos, así como un retranqueo mínimo de cinco metros respecto de este eje.

d) No exceder de una planta con carácter general ni de dos en los asentamientos rurales existentes, medidos en cada punto del terreno que ocupen.

e) No emplazarse en terrenos cuya pendiente natural supere el 50 por 100.

3. No podrá realizarse ni autorizarse en ninguna de las categorías de suelo rústico, además de los usos y actividades prohibidos por los instrumentos de ordenación, los actos que comporten riesgo para la integridad de cualquiera de los valores objeto de protección.

⇒ V. art. 138 b) del TRLS/1992, (§2).
V. arts. 9 y 20 de la Ley 6/1998, de 13 abril (§1).
V. art. 216 del presente Texto Refundido.
V. D. 131/1995, de 11 mayo, que aprueba el Reglamento de desarrollo de la Ley 9/1991, de 8 de mayo, de Carreteras en Canarias.
V. Ley 4/1999, de 15 marzo, de Patrimonio Histórico de Canarias.

Jurisprudencia

«Conforme al 98 del Reglamento de Planeamiento las construcciones han de adaptarse al ambiente en que estuvieran situadas y así en lugares inmediatos a edificios de carácter artístico, histórico, típico o tradicional o lugares de paisaje abierto y natural, rural o marítimo, no se permitirá que los edificios o construcciones limiten el campo visual para contemplar las bellezas naturales, o rompan o desfiguren la armonía del paisaje o la perspectiva del mismo. (STS de 23-3-1998 [RJ 1998, 3077]).

Razonado lo anterior, hemos de resolver si el precepto citado, que comprende numerosos conceptos jurídicos indeterminados, es aplicable al lugar en que las edificaciones discutidas pretenden levantarse. A tal efecto, un análisis del Texto Legal permite distinguir: a) Los supuestos de hecho que el precepto trata de proteger. b) Circunstancias externas, debidas a la actividad humana que inciden sobre la situación natural. c) Efecto prohibido. Los supuestos de hecho son: 1) Los lugares de paisaje abierto y natural, rural o marítimo. 2) Los conjuntos urbanos de características histórico-artísticas, típicos o tradicionales. 3) Carreteras y caminos de trayecto pintoresco. Las actividades humanas que inciden sobre esta situación natural son: 1) Masa y altura de los edificios, muros y cierres, o la instalación de otros elementos. Efecto prohibido: 1) Limitar el campo visual para contemplar las bellezas naturales. 2) Romper la armonía del paisaje. 3) Desfigurar la perspectiva propia del mismo. Este planteamiento comporta que si en opinión de la Sala se da en la realidad analizada el supuesto de hecho previsto en la norma, la circunstancia externa modificadora del mismo, y el efecto prohibido legalmente, procederá la aplicación automática del precepto invocado, cualquiera que sea la regulación que sobre los citados terrenos establezca el planeamiento. Sin perjuicio, naturalmente, de las indemnizaciones que por otros conceptos puedan resultar procedentes... Por muy indeterminado que sea el concepto paisaje abierto y natural, así como el de caminos de trayecto pintoresco, no parece discutible que tal cualidad ha de ser atribuida al lugar... en que las edificaciones proyectadas pretenden levantarse. En todo caso, la prueba pericial no niega esta conclusión, y es opinión de la Sala, a la vista del material probatorio aportado, que todos los atributos citados son aplicables al lugar... en que las edificaciones van a erigirse. Tampoco merece discusión el hecho de que los edificios que amparan las licencias denegadas son los que eventualmente van a producir la modificación de la situación fáctica previa. Finalmente, es para nosotros indudable que tales edificaciones limitarán el campo visual para contemplar las bellezas naturales, como claramente se infiere de las fotos en las que gráficamente se plasma la altura de las edificaciones, y se deduce de la naturaleza de las cosas, pues al ser la cota de los edificios, en su punto más alto, superior a la del camino es evidente la limitación visual que se producirá. Es también clara la ruptura de la armonía del paisaje y la desfiguración de la perspectiva. El hecho de que tales edificaciones puedan ser armónicas con las ya existentes no modifica un ápice la ruptura del paisaje que las edificaciones suponen –tanto las existentes como las proyectadas–. Así como el principio de igualdad no puede servir de fundamento cuando el hecho invocado es ilegal, tampoco los sucesivos actos de ruptura del paisaje, cometidos con anterioridad, pueden servir de excusa para nuevas rupturas del paisaje, y eso por mucho que tales rupturas produzcan una especie de armonía entre ellas, que es lo que afirma uno de los peritos intervinientes (STS de 10-41996 [RJ 1996, 2940])». **(STS 28 mayo 1999 [RJCA 1999, 1425]).**

⇒ V. Jurisprudencia en arts. 73 y concordantes del TRLS/1976 (§3).

Artículo 66. Usos, actividades y construcciones autorizables.

1. En suelo rústico, los usos, actividades y construcciones permisibles serán los de carácter agrícola, ganadero, forestal, extractivo y de infraestructuras. Excepcionalmente podrán permitirse los usos industriales, residenciales, turísticos y de equipamiento y servicios que se integren en actuaciones de interés general.

2. En los usos, actividades y construcciones a que se refiere el número anterior, se entenderán siempre incluidos los de carácter accesorio o complementario que sean necesarios de acuerdo con la legislación sectorial que sea de aplicación.

3. Reglamentariamente se precisarán las condiciones urbanísticas de los diferentes usos y actividades, así como de sus construcciones e instalaciones, y se definirán los requisitos sustantivos y documentales que deberán cumplir, en cada caso, los proyectos técnicos y los estudios de impacto territorial exigibles para su viabilidad.

4. Los usos agrícola, ganadero y forestal, que se regularán, en su caso, por la legislación específica, comprenderán las actividades, construcciones e instalaciones necesarias para las explotaciones de tal carácter y deberán guardar proporción con su extensión y características, quedando vinculadas a dichas explotaciones.

5. El uso extractivo comprenderá las construcciones e instalaciones es-

trictamente indispensables para la investigación y obtención de recursos minerales o hidrológicos.

6. El uso de infraestructuras comprenderá las actividades, construcciones e instalaciones, de carácter temporal o permanente, necesarias para la ejecución y el mantenimiento de obras y la prestación de servicios relacionados con el transporte de vehículos, aguas, energía u otros, las telecomunicaciones, la depuración y potabilización, el tratamiento de residuos u otros análogos que se precisen reglamentariamente.

7. El uso residencial comprenderá las construcciones e instalaciones fijas, móviles o desmontables destinadas a vivienda unifamiliar, que deberán cumplir los siguientes requisitos:

a) Situarse en terrenos calificados como asentamientos rurales o agrícolas, salvo las excepciones que se establezcan reglamentariamente para posibilitar la adecuada vigilancia en los Espacios Naturales Protegidos o de instalaciones legitimadas mediante Proyectos de Actuación Territorial.

Cuando se trate de viviendas situadas en asentamientos agrícolas, estar directamente vinculadas a las correspondientes explotaciones agrícolas efectivas. Su primera ocupación sólo será posible previa acreditación de la puesta en explotación agrícola de los correspondientes terrenos o de la acreditación del mantenimiento de la actividad agraria de la finca.

b) Constituir la finca que les otorgue soporte, una unidad apta para la edificación, quedando en su integridad vinculada legalmente a la vivienda autorizada.

8. Además, con carácter general y en las condiciones determinadas reglamentariamente y precisadas por el planeamiento, serán posibles los siguientes actos:

a) La rehabilitación para su conservación, incluso con destino residencial, de edificios de valor etnográfico o arquitectónico, aun cuando se encontraran en situación de fuera de ordenación, pudiendo excepcionalmente incluir obras de ampliación indispensables para el cumplimiento de las condiciones de habitabilidad. Requerirán la prestación de garantía por importe del 15 por 100 del coste total de las obras previstas.

b) La reconstrucción, mediante Proyecto de Actuación Territorial, de edificios en situación de fuera de ordenación que resulten afectados por una obra pública.

⇒ V. disp. final 1ª del presente Texto Refundido.
V. arts. 9 y 20 de la Ley 6/1998, de 13 abril (§1).
V. Jurisprudencia en arts. 85 y concordantes del TRLS/1976 (§3).

Artículo 67. Actuaciones de interés general.

1. Reglamentariamente se determinarán las dimensiones y demás características de las actuaciones de carácter dotacional de equipamientos y servicios, industrial y turístico susceptibles de poder ser objeto de un Proyecto de Actuación Territorial en suelo rústico. Las Normas Técnicas del Planea-

miento Urbanístico podrán establecer una lista con carácter enunciativo o taxativo de los tipos de establecimientos comprendidos en este artículo.

2. Las actuaciones de carácter industrial podrán incluir, con los requisitos que se determinen reglamentariamente:

a) Los depósitos al aire libre de materiales, maquinaria y vehículos.

b) Las instalaciones industriales que requieran emplazarse alejadas de otros usos y construcciones por su singular peligrosidad o molestia o que con carácter imprescindible exijan su ubicación junto a una explotación minera o agrícola cuyos productos procesen.

3. Las actividades dotacionales, de equipamiento y de servicios comprenderán:

a) Las dotaciones y los equipamientos necesarios para la prestación de servicios de interés social, como las instalaciones para la defensa o seguridad pública y las culturales, docentes, científicas, asistenciales, religiosas, funerarias y similares.

b) Las instalaciones recreativas, deportivas o de equipamiento.

c) Las áreas de servicio de carreteras.

4. Las actividades turísticas comprenden los establecimientos turísticos con equipamiento complementario y los centros recreativos destinados a actividades de ocio o deportivas, que requieran su emplazamiento en el medio rústico. Estos establecimientos sólo podrán implantarse en el suelo rústico de protección territorial. El número de plazas alojativas incluidas en estos establecimientos deberá adecuarse a la capacidad de uso de las instalaciones que complemente.

5. Pueden ser objeto de Calificación Territorial, sin requerir un Proyecto de Actuación Territorial habilitante, siempre que estén previstos en el planeamiento y en los términos que éste establezca los siguientes usos:

a) Las instalaciones de uso y dominio públicos destinadas al desarrollo de actividades científicas, docentes y divulgativas relacionadas con los Espacios Naturales Protegidos, incluyendo el alojamiento temporal, cuando fuera preciso.

b) Los establecimientos comerciales y de servicios, de escasa dimensión, determinados reglamentariamente.

c) Las instalaciones de deporte al aire libre y acampada con edificaciones fijas, desmontables, permanentes o temporales, de escasa entidad, o sin ellas.

d) Los establecimientos de turismo rural que ocupen edificaciones tradicionales rurales rehabilitadas, dentro de los límites superficiales y de capacidad que determine la normativa sectorial pertinente.

⇒ V. disp. final 1ª del presente Texto Refundido.

V. D. 12/2001, de 30 enero, por el que se determina la estructura central y periférica, así como las sedes de las consejerías de la Administración Pública de la Comunidad Autónoma de Canarias.

V. D. 131/1995, de 11 mayo, que aprueba el Reglamento de desarrollo de la Ley 9/1991, de 8 de mayo, de Carreteras en Canarias.

V. Ley 8/1995, de 6 abril, de Accesibilidad y supresión de barreras físicas y de la comunicación, en Canarias.

V. D. 227/1997, de 18 septiembre, que aprueba el Reglamento de la Ley 6 abril 1995. Desarrollado, por O. 5 octubre 1998.

V. D. 10/2001, de 22 enero, por el que se regulan los Estándares Turísticos.

V. D. 4/2001, de 12 enero, por el que se acuerda la formulación de las Directrices de Ordenación General y del Turismo de Canarias.

Sección 3ª Régimen del suelo urbanizable

Artículo 68. Derechos y deberes de los propietarios de suelo urbanizable.

El contenido del derecho de los propietarios de suelo urbanizable comprende:

a) Los derechos y deberes propios del suelo rústico de protección territorial, mientras no sea objeto de ordenación pormenorizada que legitime la actividad de ejecución.

b) Los demás derechos y deberes establecidos por este Texto Refundido según su categoría.

⇒ Según la disp. adic. 8ª de este Texto Refundido, en la interpretación y aplicación de sus preceptos, se estará al significado y alcance que para los conceptos básicos en ella utilizados se establecen en el anexo a la misma. El ap. 2.4 considera Ordenación pormenorizada la definida por el planeamiento de ordenación urbanística, general y de desarrollo de éste, a partir, en función y en el marco de la ordenación estructural en términos suficientemente precisos como para legitimar la actividad de ejecución.

V. arts. 52 y 53 del presente Texto Refundido.

V. arts. 10, 15 y 18 de la Ley 6/1998, de 13 abril (§1).

V. Jurisprudencia en arts. 79 y concordantes del TRLS/1976 (§3).

Artículo 69. Régimen jurídico del suelo urbanizable no sectorizado.

1. La clasificación de un suelo como urbanizable no sectorizado, por sí sola, no habilita para su urbanización, cuya legitimación requerirá la previa comprobación de su adecuación a los intereses de carácter supramunicipal afectados en cada caso. A tal fin, requerirá de informe favorable del Cabildo Insular correspondiente. La ejecución de la urbanización requerirá, además, del cumplimiento o realización de los siguientes trámites o actos:

a) Delimitación del sector y establecimiento de las determinaciones de ordenación estructural que permitan una incorporación coherente en el planeamiento vigente.

b) Desarrollo de la ordenación pormenorizada de la totalidad del sector.

c) Delimitación de las unidades de actuación pertinentes, fijando, en su caso, el sistema de ejecución de cada una de ellas.

d) Aquellos otros exigibles por los planes medioambientales, territoriales o urbanísticos.

2. Los propietarios de suelos urbanizables no sectorizados tendrán el derecho de consulta no vinculante sobre los siguientes extremos:

a) Condiciones exigibles para la sectorización de los terrenos de su propiedad.

b) Criterios y previsiones de los instrumentos de ordenación urbanística que resultaren aplicables.

c) Obras que, en su caso, hubieran de acometer a su costa para la conexión de la actuación que pretendan ejecutar con los sistemas generales.

d) Adecuación al planeamiento territorial vigente y en particular al insular.

e) Adecuación a la legislación sectorial vigente.

La consulta se deberá responder en el plazo de tres meses, cuyo transcurso permitirá entenderla evacuada en sentido negativo.

3. La categoría de suelo urbanizable diferido no habilita por sí sola la transformación mediante la urbanización, cuya legitimación requerirá ser acreditada por nueva apreciación de la sostenibilidad del desarrollo urbanístico municipal. La reclasificación de este suelo a urbanizable sectorizado para uso principal residencial, industrial o terciario no estratégicos:

a) Deberá producirse mediante modificación del planeamiento general, si ya estuviera aprobada la totalidad del planeamiento de desarrollo del suelo previamente clasificado como urbanizable sectorizado para los usos previstos en el suelo a clasificar, o revisión en los restantes casos.

b) Requerirá, asimismo, la tramitación simultánea del Plan Parcial, que establezca su ordenación pormenorizada.

⇒ Según la disp. adic. 8ª de este Texto Refundido, en la interpretación y aplicación de sus preceptos, se estará al significado y alcance que para los conceptos básicos en ella utilizados se establecen en el anexo a la misma. El ap. 2.4 considera Ordenación pormenorizada la definida por el planeamiento de ordenación urbanística, general y de desarrollo de éste, a partir, en función y en el marco de la ordenación estructural en términos suficientemente precisos como para legitimar la actividad de ejecución.
V. art. 10 de la Ley 6/1998, de 13 abril (§1).
V. Jurisprudencia en arts. 85 y concordantes del TRLS/1976 (§3).

Artículo 70. Régimen jurídico del suelo urbanizable no ordenado.

1. Los propietarios de terrenos clasificados como suelo urbanizable no ordenado, además de los derechos reconocidos con carácter general en el artículo 68 de este Texto Refundido, tendrán derecho a que por el órgano competente se determine su ordenación pormenorizada, pudiendo formular e instar a la tramitación y aprobación del pertinente Plan Parcial sobre el sector correspondiente, salvo cuando éste tenga asignado un sistema de ejecución pública. El ejercicio de este derecho se acomodará al procedimiento establecido en el artículo 103 del presente Texto Refundido.

2. Sólo podrán autorizarse en este tipo de suelo las obras siguientes:

a) Las que correspondan a sistemas generales.

b) Las de carácter provisional a que se refiere el artículo 61.

⇒ Según la disp. adic. 8ª de este Texto Refundido, en la interpretación y aplicación de sus preceptos, se estará al significado y alcance que para los conceptos básicos en ella utilizados se establecen en el anexo a la misma. El ap. 2.4 considera Ordenación pormenorizada la definida por el planeamiento de ordenación urbanística, general y de desarrollo de éste, a partir, en función y en el marco de la ordenación estructural en términos suficientemente precisos como para legitimar la actividad de ejecución.

V. arts. 52, 53 y 70 del presente Texto Refundido.

V. Jurisprudencia en arts. 84 y concordantes del TRLS/1976 (§3).

Artículo 71. Régimen jurídico del suelo urbanizable ordenado.

1. El establecimiento para el suelo urbanizable de su ordenación pormenorizada determina:

a) Ceder obligatoria y gratuitamente al Ayuntamiento, en parcelas urbanizadas, como participación de la comunidad en las plusvalías, la superficie de suelo precisa para materializar el 10 por 100 del aprovechamiento del sector, así como dedicar el 20 por 100 del suelo residencial útil a un destino prioritario de edificación de viviendas sujetas a regímenes de protección pública, de acuerdo con las determinaciones establecidas de conformidad con el artículo 32.2 A).8.

b) La afectación legal de los terrenos al cumplimiento de la distribución justa de beneficios y cargas entre los propietarios y de los deberes enumerados en el artículo 59 y en el número 3 de este artículo, tal como resulten precisados por el planeamiento de ordenación urbanística y en los términos del sistema de ejecución que se fije.

c) La afectación legal de los terrenos obtenidos por el Ayuntamiento en virtud de cesión obligatoria y gratuita por cualquier concepto a los destinos previstos por el planeamiento.

d) La habilitación para el ejercicio de los derechos determinados en el artículo 58 y en el número 2 de este artículo.

Mientras no se concluyan las obras de urbanización previstas en el correspondiente proyecto de urbanización, no podrán realizarse en el suelo urbanizable ordenado otros actos edificatorios o de implantación de usos que las obras provisionales y las correspondientes a sistemas generales. Los Ayuntamientos, sin que se haya realizado previamente la recepción de las obras de urbanización o se haya garantizado su ejecución, no podrán otorgar licencias de edificación ni proceder a la liquidación o al cobro de tributos por este concepto.

2. Los propietarios de suelo urbanizable ordenado tendrán los siguientes derechos:

a) Derecho al aprovechamiento urbanístico resultante de la aplicación a la superficie de sus respectivas fincas originarias o iniciales del 90 por 100 del aprovechamiento urbanístico medio del sector.

b) Salvo que la Administración actuante haya optado por la ejecución pública, los derechos de:

1) Promover la transformación de los terrenos mediante la urbanización, en las condiciones establecidas en este Texto Refundido.

2) Participar, en la forma y condiciones determinados en este Texto Refundido, en la gestión de la actuación y la ejecución de la urbanización.

3) Percibir el correspondiente justiprecio en el caso de no participar en la ejecución de la urbanización, salvo cesión voluntaria de los terrenos.

3. Los propietarios de suelo urbanizable ordenado tendrán los siguientes deberes:

a) Ceder obligatoria y gratuitamente al Ayuntamiento el suelo necesario, de acuerdo con la ordenación urbanística, para los viales, parques y jardines, zonas deportivas y de recreo y expansión públicos, dotaciones culturales y docentes y los precisos para la instalación y el funcionamiento de los restantes servicios públicos previstos.

b) Ceder obligatoria y gratuitamente el suelo necesario para la ejecución de los sistemas generales que el planeamiento general, en su caso, incluya o adscriba al sector correspondiente.

c) Ceder obligatoria y gratuitamente al Ayuntamiento, en parcelas urbanizadas y en concepto de participación de la comunidad en las plusvalías, la superficie de suelo precisa para la materialización del 10 por 100 del aprovechamiento del sector. Esta cesión podrá sustituirse por el abono en dinero al Ayuntamiento de una cantidad que, en ningún caso, será inferior al valor de mercado.

d) Proceder a la distribución equitativa de los beneficios y cargas derivados del planeamiento con anterioridad al inicio de la ejecución material del mismo.

e) Solicitar y obtener las autorizaciones administrativas preceptivas y, en todo caso, la licencia municipal con carácter previo a cualquier acto de transformación o uso del suelo, natural o construido.

f) Costear y, en su caso, ejecutar la urbanización.

g) Costear y, en su caso, ejecutar la parte que proceda de las obras precisas para asegurar la conexión y la integridad de las redes generales de servicios y dotaciones.

h) Edificar los solares en el plazo establecido en el planeamiento urbanístico.

i) Usar la edificación en los términos establecidos en el planeamiento urbanístico o en la legislación específica.

j) Conservar y, en su caso, rehabilitar la edificación a fin de que ésta mantenga en todo momento las condiciones mínimas requeridas para el otorgamiento de autorización para su ocupación, siempre que el importe de las obras a realizar no supere el 50 por 100 del valor de una construcción de nueva planta, con similares características.

⇒ Según la disp. adic. 8ª de este Texto Refundido, en la interpretación y aplicación de sus preceptos, se estará al significado y alcance que para los conceptos básicos en ella utilizados se establecen en el anexo a la misma. El ap 1.3.2 considera Solar la parcela ya dotada con los servicios que determine la ordenación territorial y urbanística y, *como mínimo*, los siguientes: 1º) Acceso por vía pavimentada, debiendo estar abiertas al uso público, en condiciones adecuadas, todas las vías que lo circunden. No pueden considerarse vías a los efectos de la dotación de este servicio ni las vías perimetrales de los núcleos urbanos, respecto de las superficies de suelo colindantes con sus márgenes exteriores, ni las vías de comunicación de los núcleos entre sí o las carreteras, salvo los tramos de travesía y a partir del primer cruce de ésta con calle propia de núcleo urbano. 2º) Suministro de agua potable y energía eléctrica con caudal y potencia suficientes para la edificación, construcción o instalación prevista. 3º) Evacuación de aguas residuales a la red de alcantarillado o a un sistema de tratamiento con suficiente capacidad de servicio. Excepcionalmente, previa autorización del planeamiento, se permitirá la disposición de fosas sépticas por unidades constructivas o conjuntos de muy baja densidad de edificación. 4º) Acceso peatonal, encintado de aceras y alumbrado público en, al menos, una de las vías que lo circunden.

V. art. 18 de la Ley 6/1998, de 13 abril (§1).

V. Jurisprudencia en arts. 84 y concordantes del TRLS/1976 (§3).

Sección 4ª Suelo urbano

Artículo 72. Régimen jurídico del suelo urbano no consolidado.

1. Los propietarios de suelo urbano no consolidado tendrán, previo cumplimiento de los deberes legales exigibles, los siguientes derechos:

a) Derecho a la ejecución, en los términos precisados reglamentariamente, de las obras de urbanización en su caso precisas, salvo que deban realizarse directamente por la Administración actuante o la ejecución deba producirse en régimen de actuación urbanizadora. En este último caso, tendrán los derechos a que se refiere el artículo 71.2 b) de este Texto Refundido.

b) Derecho a la distribución equitativa de los beneficios y cargas derivados del planeamiento con anterioridad al inicio de la ejecución material del mismo.

c) Derecho al aprovechamiento urbanístico resultante de la aplicación, a la superficie de sus respectivas fincas originarias o iniciales, del 90 por 100 del aprovechamiento urbanístico medio del ámbito correspondiente.

d) Derecho a edificar, materializando el aprovechamiento urbanístico que corresponda al suelo, de acuerdo con los instrumentos de gestión de la correspondiente unidad de actuación.

e) Derecho a destinar la edificación realizada a los usos autorizados por la ordenación urbanística, desarrollando en ella las correspondientes actividades.

2. Los propietarios de suelo urbano no consolidado tendrán los siguientes deberes:

a) Ceder obligatoria y gratuitamente al Ayuntamiento el suelo necesario, de acuerdo con la ordenación urbanística, para los viales, parques y jardines, zonas deportivas y de recreo y expansión públicos, dotaciones culturales y docentes y los precisos para la instalación y el funcionamiento de los restantes servicios públicos previstos.

b) Ceder obligatoria y gratuitamente el suelo necesario para la ejecución de los sistemas generales que el planeamiento general, en su caso, incluya en el ámbito correspondiente.

c) Ceder obligatoria y gratuitamente al Ayuntamiento, en parcelas urbanizadas, y en concepto de participación de la comunidad en las plusvalías, la superficie de suelo precisa para la materialización del 10 por 100 del aprovechamiento urbanístico del ámbito correspondiente. En los supuestos previstos en este Texto Refundido, esta cesión podrá sustituirse por el abono en dinero al Ayuntamiento de una cantidad que, en ningún caso, será inferior al valor de mercado.

d) Proceder a la distribución equitativa de los beneficios y cargas derivados del planeamiento con anterioridad al inicio de la ejecución material del mismo.

e) Solicitar y obtener las autorizaciones administrativas preceptivas y, en todo caso, la licencia municipal con carácter previo a cualquier acto de transformación o uso del suelo, natural o construido.

f) Costear y, en su caso, ejecutar la urbanización.

g) Edificar en las condiciones fijadas por la ordenación urbanística, una vez el suelo tenga la condición de solar o, en su caso, con carácter simultáneo a las obras de urbanización aún pendientes.

h) Usar la edificación en los términos establecidos en el planeamiento urbanístico o en la legislación específica.

3. El desarrollo de la actividad de ejecución requerirá la delimitación de unidades de actuación, con aplicación del régimen propio de la ejecución de éstas previsto en el Título III de este Texto Refundido.

4. Podrá autorizarse la edificación de parcelas incluidas en suelo urbano no consolidado que aún no tengan la condición de solar, siempre que se cumplan los siguientes requisitos:

a) Firmeza en vía administrativa del instrumento de distribución entre los propietarios de la unidad de actuación de los beneficios y las cargas derivados del planeamiento.

b) Aprobación definitiva del pertinente proyecto de urbanización de la unidad de actuación.

c) Estado real de ejecución de las obras de urbanización, en el momento de la presentación de la solicitud de licencia, del que resulte razonablemente previsible la dotación efectiva de la parcela, al tiempo de terminación de la edificación, con los servicios precisos para que adquiera la condición de solar.

d) Prestación de garantía en cuantía suficiente para cubrir el coste de ejecución de las obras de urbanización comprometidas.

La autorización simultánea producirá, por ministerio de la Ley, la obligación para el propietario de la no ocupación, ni utilización de la edificación hasta la completa terminación de las obras de urbanización y el funcionamiento efectivo de los correspondientes servicios. Tal deber se consignará en cuantos negocios jurídicos realice con terceros que impliquen traslación de facultades de uso, disfrute o disposición sobre la edificación o partes de la misma.

⇒ V. disp transit. 1ª del presente Texto Refundido.

V. arts. 8, 14 y 18 de la Ley 6/1998, de 13 abril (§1).

V. Jurisprudencia en arts. 78 y concordantes del TRLS/1976 (§3).

Artículo 73. Régimen jurídico del suelo urbano consolidado.

1. Los propietarios de suelo urbano consolidado tendrán, previo cumplimiento de los deberes legales exigibles, los siguientes derechos:

a) Derecho a completar la urbanización de los terrenos para que las parcelas edificables adquieran la condición de solares.

b) Derecho al aprovechamiento urbanístico lucrativo de que sea susceptible la parcela o solar, de acuerdo a las determinaciones del planeamiento.

c) Derecho a edificar, materializando el aprovechamiento urbanístico que corresponda a la parcela o solar, de acuerdo con el planeamiento y en las condiciones fijadas por éste, una vez que el suelo tenga la condición de solar o, en su caso, con carácter simultáneo a las obras de urbanización aún pendientes.

d) Derecho a destinar la edificación realizada a los usos autorizados por la ordenación urbanística, desarrollando en ella las correspondientes actividades.

2. La clasificación de un suelo como urbano consolidado habilita a la realización de las actuaciones precisas para que los terrenos adquieran la condición de solar y, cuando la tengan, al uso o edificación permitidos por el planeamiento.

3. Los propietarios de suelo urbano consolidado tendrán los siguientes deberes:

a) Solicitar y obtener las autorizaciones administrativas preceptivas y, en todo caso, la licencia municipal con carácter previo a cualquier acto de transformación o uso del suelo.

b) Costear y, en su caso, ejecutar la urbanización de los terrenos para que adquieran la condición de solares.

c) Edificar en las condiciones fijadas por la ordenación urbanística, una vez que el suelo tenga la condición de solar o, en su caso, con carácter simultáneo a las obras de urbanización pendientes.

d) Usar la edificación en los términos establecidos en el planeamiento urbanístico o en la legislación específica.

4. La ejecución del suelo urbano consolidado por la urbanización no podrá llevarse a cabo mediante la delimitación de unidades de actuación, siendo de aplicación, en su caso, lo dispuesto en el Título III de este Texto Refundido.

5. Podrá autorizarse la edificación de parcelas incluidas en suelo urbano consolidado que aún no tengan la condición de solar, siempre que se cumpla el requisito de prestar garantía en cuantía suficiente para cubrir el coste de ejecución de las obras de urbanización comprometidas.

La autorización producirá, por ministerio de la Ley, la obligación para el propietario de proceder a la realización simultánea de la urbanización y la edificación, así como de la no ocupación ni utilización de la edificación hasta la total terminación de las obras de urbanización y el efectivo funcionamiento de los servicios correspondientes. La obligación comprenderá necesariamente, además de las obras que afecten a la vía o vías a que dé frente la parcela, las correspondientes a todas las demás infraestructuras necesarias para la prestación de los servicios preceptivos, hasta el punto de enlace con las redes que estén en funcionamiento.

El deber de no ocupación ni utilización incluirá el de su consignación con idéntico contenido, en cuantos negocios jurídicos se celebren con terceros e impliquen el traslado a éstos de alguna facultad de uso, disfrute o disposición sobre la edificación o parte de ella.

⇒ Según la disp. adic. 8ª de este Texto Refundido, en la interpretación y aplicación de sus preceptos, se estará al significado y alcance que para los conceptos básicos en ella utilizados se establecen en el anexo a la misma. El ap. 1.3.2 considera Solar la parcela ya dotada con los servicios que determine la ordenación territorial y urbanística y, como mínimo, los siguientes: 1º) Acceso por vía pavimentada, debiendo estar abiertas al uso público, en condiciones adecuadas, todas las vías que lo circunden. No pueden considerarse vías a los efectos de la dotación de este servicio ni las vías perimetrales de los núcleos urbanos, respecto de las superficies de suelo colindantes con sus márgenes exteriores, ni las vías de comunicación de los núcleos entre sí o las carreteras, salvo los tramos de travesía y a partir del primer cruce de ésta con calle propia de núcleo urbano. 2º) Suministro de agua potable y energía eléctrica con caudal y potencia suficientes para la edificación, construcción o instalación prevista. 3º) Evacuación de aguas residuales a la red de alcantarillado o a un sistema de tratamiento con suficiente capacidad de servicio. Excepcionalmente, previa autorización del planeamiento, se permitirá la disposición de fosas sépticas por unidades constructivas o conjuntos de muy baja densidad de edificación. 4º) Acceso peatonal, encintado de aceras y alumbrado público en, al menos, una de las vías que lo circunden.
V. disp transit. 1ª del presente Texto Refundido.
V. arts. 8 y 14 de la Ley 6/1998, de 13 abril (§1).
V. Jurisprudencia en arts. 78 y concordantes del TRLS/1976 (§3).

CAPÍTULO IV

Intervención pública en el mercado inmobiliario

Sección 1ª Patrimonios públicos de suelo

Artículo 74. Constitución, naturaleza, gestión y bienes integrantes.

1. La Administración de la Comunidad Autónoma, las Islas y los Municipios deberán constituir sus respectivos patrimonios públicos de suelo con la finalidad de crear reservas de suelo para actuaciones públicas de carácter urbanístico, residencial o ambiental y de facilitar la ejecución del planeamiento.

La percepción de transferencias o subvenciones con cargo a los presupuestos de la Comunidad Autónoma y por el expresado concepto de gestión del planeamiento requerirá la acreditación por la Administración destinataria o interesada del cumplimiento de la obligación de constituir el patrimonio público de suelo.

2. Las Administraciones titulares de patrimonios públicos de suelo deberán llevar un Registro de Explotación, comprensivo, en los términos que se precisen reglamentariamente, de los bienes integrantes y depósitos en metálico, las enajenaciones de bienes y el destino final de éstos.

La liquidación de la gestión anual de la explotación se acompañará a la de las cuentas de la ejecución de los correspondientes presupuestos anuales y será objeto de control por el Departamento con competencia en materia de Administración Local y por la Audiencia de Cuentas de Canarias en los términos establecidos en la legislación reguladora de esta última.

3. Integran los patrimonios públicos de suelo:

a) Los bienes patrimoniales de la Administración adscritos expresamente a tal destino.

b) Los terrenos y las edificaciones o construcciones obtenidas en virtud de las cesiones correspondientes a la participación de la Administración en el aprovechamiento urbanístico así como las adquisiciones de bienes o dinero por razón de la gestión urbanística, incluso mediante convenio urbanístico.

c) Los ingresos percibidos en concepto de canon previstos en este Texto Refundido para actuaciones en suelo rústico.

d) Los terrenos y las edificaciones o construcciones adquiridos, en virtud de cualquier título y, en especial, mediante expropiación, por la Administración titular con el fin de su incorporación al correspondiente patrimonio de suelo y los que lo sean como consecuencia del ejercicio de los derechos de tanteo y retracto previstos en este Texto Refundido.

e) Cesiones en especie o en metálico derivadas de deberes u obligaciones, legales o voluntarias, asumidos en convenios o concursos públicos.

f) Los ingresos obtenidos mediante enajenación de terrenos incluidos en los patrimonios públicos de suelo.

⇒ V. arts. 276.1 y 2 y 280.1 del TRLS/1992, (§2).
V. Jurisprudencia en arts. 89 y concordantes del TRLS/1976 (§3).

Artículo 75. Reservas de terrenos.

1. El planeamiento podrá establecer, en cualquier clase de suelo, reservas de terrenos de posible adquisición para la constitución o ampliación por la Administración correspondiente de su patrimonio público de suelo.

2. El establecimiento o la delimitación de las reservas de terrenos con la finalidad expresada en el número 1 comporta:

a) La declaración de la utilidad pública y la necesidad de la ocupación a efectos de expropiación forzosa por un tiempo máximo de cuatro años, prorrogable una sola vez por otros dos años. La prórroga deberá fundarse en causa justificada y acordarse, de oficio o a instancia de parte, previa información pública y audiencia de los propietarios afectados por plazo común de veinte días. La eficacia de la prórroga requerirá su comunicación a la Administración de la Comunidad o el Cabildo Insular competente y la publicación en el «Boletín Oficial de Canarias» o, en su caso en el «Boletín Oficial de la provincia».

b) La sujeción de todas las transmisiones que se efectúen en las reservas a los derechos de tanteo y retracto previstos en este Texto Refundido en favor de la Administración correspondiente.

3. Los plazos de vigencia de la declaración de la utilidad pública y la necesidad de ocupación, y de su eventual prórroga, cuando se trate de suelo urbano, serán la mitad de los expresados en el apartado anterior.

⇒ V. arts. 276.1 y 2 y 280.1 del TRLS/1992, (§2).
V. Jurisprudencia en arts. 90 y concordantes del TRLS/1976 (§3).

Artículo 76. Destino de los bienes integrantes de los patrimonios públicos de suelo.

Los bienes integrantes de los patrimonios públicos de suelo, una vez incorporados al proceso urbanizador o edificatorio, se destinarán, atendiendo a la propia naturaleza del bien y de conformidad con las técnicas y los procedimientos establecidos en este Texto Refundido, a cualquiera de los siguientes fines:

a) Viviendas sujetas a algún régimen de protección pública.

b) Conservación o mejora del medio ambiente.

c) Actuaciones públicas dotacionales, sistemas generales u otras actividades de interés social.

d) Conservación y ampliación de dichos patrimonios.

e) A la propia planificación y gestión territoriales y urbanísticas, en especial al pago en especie, mediante permuta, de los terrenos obtenidos por ocupación directa de suelo destinado a sistemas generales.

⇒ V. art. 280.1 del TRLS/1992, (§2).
V. Jurisprudencia en arts. 93 y concordantes del TRLS/1976 (§3).

Artículo 77. Enajenación de los bienes de los patrimonios públicos de suelo.

1. Los bienes de los patrimonios públicos de suelo podrán ser:

a) Enajenados mediante cualquiera de los procedimientos de adjudicación de contratos previstos en la legislación reguladora de los contratos de las Administraciones Públicas, dando prioridad a las adquisiciones destinadas a cubrir necesidades de usos dotacionales educativos o sanitarios, cuando los permitan la regulación de los instrumentos urbanísticos. El precio a satisfacer por el adjudicatario no podrá ser nunca inferior al que corresponda de la aplicación de los criterios establecidos en la legislación general sobre régimen del suelo y valoraciones al aprovechamiento urbanístico que tenga ya atribuido el terreno.

✐ Letra a) modificada por la disp. adic. 2ª.2 de la Ley 2/2000, de 17 julio.

b) Cedidos gratuitamente o por precio fijado para el fomento de viviendas sujetas a cualquier régimen de protección pública o la realización de programas de conservación o mejora medioambiental, bien a cualquiera de las otras Administraciones públicas territoriales o a entidades públicas mediante convenio suscrito a tal fin, bien a entidades cooperativas o de carácter benéfico o social sin ánimo de lucro mediante concurso.

c) Cedidos gratuitamente, mediante convenio suscrito a tal fin, a cualesquiera de las restantes Administraciones territoriales o de las entidades públicas de ellas dependientes o adscritas, para la ejecución de dotaciones o de otras instalaciones de utilidad pública o interés social.

d) Permutados directamente solamente en los casos de tramitación de un procedimiento de ocupación directa para la obtención de terrenos destinados a sistemas generales o de adquisición de terrenos incluidos en Espacios Naturales Protegidos.

e) Permutados directamente o cedidos en uso a entidades religiosas o benéfico-sociales oficialmente reconocidas, cuando su destino sea sociosanitario, educativo o de culto.

✐ Letra e) añadida por la disp. adic. 2ª.4 de la Ley 2/2000, de 17 julio.

2. Cuando los procedimientos a que se refiere la letra a) del número anterior queden desiertos, la Administración actuante podrá enajenar directamente los bienes, dentro del año siguiente, con sujeción a los pliegos o bases de unos y otros.

⇒ V. Jurisprudencia en arts. 92 y concordantes del TRLS/1976 (§3).

Sección 2ª Fondo de compensación territorial y ambiental

Artículo 78. Fondo de Compensación Territorial y Ambiental.

1. El Fondo de Compensación Territorial y Ambiental tendrá por finalidad:

a) Contribuir a la financiación de la gestión y mejora de los Espacios Naturales Protegidos y otras áreas protegidas que no generen recursos suficientes para autofinanciarse.

b) La adquisición de inmuebles necesarios para la gestión territorial y urbanística.

c) Financiar programas y actuaciones dirigidos a compensar desequilibrios de desarrollo territorial.

2. El Fondo se nutre con:

a) Los recursos que se consignen en los Presupuestos de los Cabildos Insulares.

b) La parte que se establezca en el Fondo Canario de Financiación Municipal.

c) Dotaciones presupuestarias directas de la Administración con competencias en medio ambiente y ordenación territorial.

d) Transferencias de fondos provenientes del Estado o de la Unión Europea que puedan ser destinados a tal fin.

e) Donaciones y otras aportaciones realizadas a título gratuito por particulares o instituciones.

3. Reglamentariamente se establecerán los criterios de conformación, distribución y aplicación de los recursos del Fondo, que será gestionado por el Consejo de Espacios Naturales Protegidos de Canarias.

⇒ V. disp. final 1ª del presente Texto Refundido.

Sección 3ª Derechos de tanteo y retracto sobre suelo y edificaciones

Artículo 79. Bienes sujetos a los derechos de tanteo y retracto y Administraciones titulares de éstos.

1. Los instrumentos de ordenación de los recursos naturales, territorial y urbanística podrán delimitar ámbitos dentro de los cuales las transmisiones onerosas de bienes inmuebles, sean terrenos o edificaciones, estén sujetas al derecho de tanteo y retracto por la Administración Pública, que podrá ejercerlos, en todo caso, en el ámbito de los Espacios Naturales Protegidos, excepto en las zonas de uso tradicional, general y especial de los Parques Rurales. Al delimitar tales ámbitos, el planeamiento establecerá expresamente la finalidad a la que deben destinarse las eventuales adquisiciones, que habrán de ser:

a) Ejecución de actuaciones públicas de relevante interés económico o social.

b) Realización de programas públicos de protección ambiental, reforestación o de desarrollo agrícola de carácter demostrativo o experimental.

2. El plazo para el ejercicio del derecho de tanteo será de tres meses desde la notificación por el titular del predio a la Administración, y de un año en caso de retracto.

⇒ V. arts. 83 y concordantes del RD 1093/1997, (§2.1).

CAPÍTULO V

Parcelaciones y reparcelaciones

Artículo 80. Parcelación.

1. Tendrán la consideración legal de parcelación, con independencia de su finalidad concreta y de la clase de suelo, toda división simultánea o sucesiva de terrenos en dos o más lotes nuevos independientes.

2. Toda parcelación precisará licencia municipal previa. No podrá autorizarse ni inscribirse escritura pública alguna en la que se documente un acto de parcelación sin la aportación de la preceptiva licencia municipal, que los notarios deberán testimoniar íntegramente en aquélla.

3. La segregación o división de fincas en suelo rústico, excepto en el interior de asentamientos delimitados por el planeamiento, deberá respetar el régimen de unidades mínimas de cultivo. Estos actos requerirán, con carácter previo a la licencia municipal, informes favorables de la Consejería competente en materia de agricultura, salvo que las parcelas resultantes de la segregación o división fuesen superiores a la unidad mínima de cultivo.

⇒ V. arts. 258.2 y 3 y 259.3 del TRLS/1992 (§2).

V. arts. 78 y concordantes del RD 1093/1997, de 4 de julio (§2.1).

V. D. 58/1994, de 22 abril, que establece la unidad mínima de cultivo. Corregidos errores por D. 80/1994, de 13 mayo. Desarrollado por O.14 junio 1994.

V. arts. 80 y concordantes del RD 1093/1997, de 4 julio (§2.1).

V. D. 10/2001, de 29 enero, del Presidente, por el que se determinan el número, denominación y competencias de las Consejerías.

V. D. 12/2001, de 30 enero, por el que se determina la estructura central y periférica,

así como las sedes de las consejerías de la Administración Pública de la Comunidad Autónoma de Canarias.
V. D. 328/1999, de 2 diciembre, que aprueba el Reglamento orgánico de la Consejería Agricultura, Ganadería, Pesca y Alimentación.
V. Jurisprudencia en arts. 94 y concordantes del TRLS/1976 (§3).

Artículo 81. Parcelación urbanística.

1. Tendrá la consideración legal de parcelación urbanística cualquier parcelación de terrenos clasificados como urbanos, urbanizables o rústicos adscritos a la categoría de asentamientos.

2. Será nula toda parcelación urbanística que sea contraria a la legislación territorial o urbanística.

⇒ V. Jurisprudencia en arts. 94 y concordantes del TRLS/1976 (§3).

Artículo 82. Indivisibilidad de fincas, unidades, parcelas y solares.

1. Serán indivisibles los terrenos siguientes:

a) Los que tengan unas dimensiones inferiores o iguales a las determinadas como mínimas en el planeamiento, salvo que se adquieran simultáneamente con la finalidad de agruparlos y formar una nueva finca con las dimensiones mínimas exigibles.

b) Los de dimensiones inferiores al doble de las requeridas como mínimas, salvo que el exceso sobre éstas se agrupe en el mismo acto a terrenos colindantes.

c) Los que tengan asignada una edificabilidad en función de la superficie, cuando se materialice toda la correspondiente a ésta.

d) Los vinculados o afectados legalmente a las construcciones o edificaciones autorizadas sobre ellos.

2. Los Notarios y Registradores de la Propiedad exigirán, para autorizar e inscribir, respectivamente, escrituras de división de terrenos, que se acredite el otorgamiento de la licencia o la declaración municipal de su innecesariedad, que los primeros deberán testimoniar en el documento.

⇒ V. arts. 258.2 y 3 y 259.3 del TRLS/1992 (§2).
V. arts. 78 y siguientes del RD 1093/97 (§2.1).
V. art. 20 de la Ley 6/1998, de 13 abril (§1).
V. Jurisprudencia en arts. 95 y concordantes del TRLS/1976 (§3).

Artículo 83. Régimen de las parcelaciones urbanísticas.

1. No se podrán efectuar parcelaciones urbanísticas en suelo urbano y urbanizable mientras no cuenten con la correspondiente ordenación pormenorizada.

2. En suelo rústico quedarán prohibidas las parcelaciones urbanísticas, salvo en los terrenos adscritos a la categoría de asentamientos.

⇒ Según la disp. adic. 8ª de este Texto Refundido, en la interpretación y aplicación de sus preceptos, se estará al significado y alcance que para los conceptos básicos en ella utilizados se establecen en el anexo a la misma. El ap. 2.4 considera Ordenación pormenorizada la definida por el planeamiento de ordenación urbanística, general y de desarrollo de éste, a partir, en función y en el marco de la ordenación estructural en términos suficientemente precisos como para legitimar la actividad de ejecución.

V. art. 20 de la Ley 6/1998, de 13 abril (§1).
V. arts. 181 y 207 del presente Texto Refundido
V. Jurisprudencia en arts. 96 y concordantes del TRLS/1976 (§3).

Artículo 84. Reparcelación urbanística.

1. Se entiende por reparcelación la agrupación de fincas comprendidas en el ámbito de una unidad de actuación para su nueva división ajustada al planeamiento, con adjudicación de las nuevas resultantes, constitutivas urbanísticamente de parcelas o solares, a los que deban ser beneficiarios en proporción a sus respectivos derechos.

2. La reparcelación puede tener cualquiera de los siguientes objetos:

a) La regularización de las fincas existentes.

b) La localización del aprovechamiento urbanístico en suelo apto para la edificación conforme al planeamiento.

c) La adjudicación al Ayuntamiento de los terrenos de cesión obligatoria y gratuita y, en su caso, de fincas resultantes constitutivas de parcelas o solares.

d) La adjudicación de fincas resultantes, constitutivas de parcelas o solares, a intervinientes en la ejecución del planeamiento en la correspondiente unidad de actuación y en función de su participación en la misma de acuerdo con el sistema de ejecución aplicado.

e) La adjudicación de fincas resultantes, constitutivas de parcelas o solares, a propietarios de suelo destinado a un sistema general incluido o adscrito a la unidad de actuación de que se trate.

f) La sustitución en el patrimonio de los propietarios, en su caso forzosa y en función de los derechos de éstos, de las fincas iniciales por fincas resultantes de la ejecución, constitutivas de parcelas o solares.

3. La adjudicación de fincas para la sustitución a que se refiere la letra f) del número anterior se producirá, con arreglo a los criterios empleados para la reparcelación, en cualquiera de los siguientes términos:

a) La superficie precisa para servir de soporte al entero aprovechamiento urbanístico a que tenga derecho el propietario, quedando aquélla afecta al pago de los costes de urbanización.

b) La superficie precisa para servir de soporte a la parte del aprovechamiento urbanístico correspondiente al propietario que reste una vez deducida la correspondiente al valor de los costes de urbanización.

4. La delimitación de la unidad de actuación coloca los terrenos en situación de reparcelación, con prohibición de otorgamiento de licencias de parcelación y edificación hasta la firmeza en vía administrativa de la operación reparcelatoria. La reparcelación podrá llevarse a cabo de forma voluntaria o forzosa.

5. Reglamentariamente se determinará:

a) Los supuestos en que sea innecesaria la reparcelación y en los que no se produce, por tanto, la situación a que se refiere el número anterior.

b) La iniciativa y el contenido sustantivo y documental de la reparcelación.

c) El procedimiento de aprobación de la reparcelación, que, en todo caso, habrá de ajustarse a las siguientes reglas:

1ª) Información pública por plazo mínimo de veinte días.

2ª) Acreditación de la titularidad y situación de las fincas iniciales mediante certificación del Registro de la Propiedad de dominio y cargas.

3ª) Audiencia por plazo de diez días, sin necesidad de nueva información pública, de los titulares registrales no tenidos en cuenta en la elaboración del proyecto de reparcelación y aquellos que resulten afectados por modificaciones acordadas tras el período de información pública.

4ª) Aprobación, cuando sea a iniciativa privada, dentro del plazo máximo de dos meses desde la presentación de la totalidad de la documentación exigible o, en su caso, del único requerimiento posible de subsanación de deficiencias de la aportada, que sólo podrá practicarse dentro de los quince días siguientes a aquella presentación. La no notificación de resolución expresa dentro del indicado plazo máximo autorizará para entenderla aprobada por acto presunto.

6. Las adjudicaciones de terrenos y las indemnizaciones sustitutorias a que dé lugar la reparcelación gozarán, cuando se efectúen en favor de los propietarios o titulares de otros derechos comprendidos en la correspondiente unidad de actuación, de las exenciones y bonificaciones fiscales en los impuestos que graven, por cualquier concepto, los actos documentados y las transmisiones patrimoniales, previstas o autorizadas por la legislación general, autonómica y local.

7. Se aplicarán supletoriamente a la reparcelación las normas reguladoras de la expropiación forzosa.

⇒ Según la disp. adic. 8ª de este Texto Refundido, en la interpretación y aplicación de sus preceptos, se estará al significado y alcance que para los conceptos básicos en ella utilizados se establecen en el anexo a la misma. El ap. 1.3.2 considera Solar la parcela ya dotada con los servicios que determine la ordenación territorial y urbanística y, como mínimo, los siguientes: 1º) Acceso por vía pavimentada, debiendo estar abiertas al uso público, en condiciones adecuadas, todas las vías que lo circunden. No pueden considerarse vías a los efectos de la dotación de este servicio ni las vías perimetrales de los núcleos urbanos, respecto de las superficies de suelo colindantes con sus márgenes exteriores, ni las vías de comunicación de los núcleos entre sí o las carreteras, salvo los tramos de travesía y a partir del primer cruce de ésta con calle propia de núcleo urbano. 2º) Suministro de agua potable y energía eléctrica con caudal y potencia suficientes para la edificación, construcción o instalación prevista. 3º) Evacuación de aguas residuales a la red de alcantarillado o a un sistema de tratamiento con suficiente capacidad de servicio. Excepcionalmente, previa autorización del planeamiento, se permitirá la disposición de fosas sépticas por unidades constructivas o conjuntos de muy baja densidad de edificación. 4º) Acceso peatonal, encintado de aceras y alumbrado público en, al menos, una de las vías que lo circunden. El ap. 3.1 considera Unidad de actuación la superficie de suelo, debidamente delimitada, que opera simultáneamente como ámbito para el desarrollo de la totalidad de las operaciones jurídicas y materiales precisas para la ejecución integral del planeamiento de ordenación y comunidad de referencia para la justa distribución de beneficios y cargas, incluido el coste de la urbanización. Pueden ser discontinuas, en los supuestos y los términos autorizados expresamente por la Ley. Cuando no sea precisa la realización de obras de urbanización referidas a varias parcelas, su ámbito puede reducirse al de una parcela.

V. disp. final 1ª del presente Texto Refundido.

V. arts. 6 y concordantes del RD 1093/1997, de 4 de julio (§2.1).

V. Jurisprudencia en arts. 97 y concordantes del TRLS/1976 (§3).

Artículo 85. Criterios para la reparcelación.

Los proyectos de reparcelación deberán ajustarse a los siguientes criterios:

a) Para la valoración de los bienes y derechos aportados y de las fincas resultantes se aplicarán, en defecto de los voluntariamente establecidos por unanimidad por los afectados por la reparcelación, los criterios previstos por la legislación general pertinente.

Los criterios voluntariamente establecidos no podrán ser ni contrarios a la Ley o a la ordenación urbanística aplicable, ni lesivos de derechos de terceros o del interés público.

b) Las fincas resultantes se valorarán con criterios objetivos y generales para toda la unidad de actuación con arreglo a su uso y edificabilidad y en función de su situación, características, grado de urbanización y destino de las edificaciones.

c) Se procurará, siempre que sea posible, que las fincas adjudicadas estén situadas en un lugar próximo al de las antiguas propiedades de los mismos titulares.

d) Cuando la cuantía del derecho de un beneficiario de la reparcelación no alcance ni supere la necesaria para la adjudicación de una o varias fincas resultantes como tales fincas independientes, el defecto o el exceso en la adjudicación podrán satisfacerse en dinero. La adjudicación se producirá en todo caso en exceso cuando se trate de mantener la situación del propietario de la finca en la que existan construcciones compatibles con el planeamiento en ejecución.

e) Será indemnizable el valor de las plantaciones, instalaciones, construcciones y usos existentes en los terrenos originarios que tengan que desaparecer necesariamente para poder llevar a cabo la ejecución del planeamiento.

⇒ V. arts. 23 y siguientes de la Ley 6/1998, de 13 abril (§1).

V. Jurisprudencia en arts. 97 y concordantes del TRLS/1976 (§3).

Artículo 86. Reparcelación económica.

1. La reparcelación podrá ser económica:

a) Cuando las circunstancias de edificación, construcción o de índole similar concurrentes en la unidad de actuación hagan impracticable o de muy difícil realización la reparcelación material en todo o en al menos el 20 por 100 de la superficie total de aquélla.

b) Cuando aun no concurriendo las circunstancias a que se refiere la letra anterior, así lo acepten los propietarios que representen el 50 por 100 del aprovechamiento urbanístico atribuido a la unidad de actuación.

2. La reparcelación económica se limitará al establecimiento de las indemnizaciones sustitutorias con las rectificaciones correspondientes en la configuración y linderos de las fincas iniciales y las adjudicaciones que procedan en favor de sus beneficiarios, incluido el Ayuntamiento, así como, en el supuesto previsto en la letra a) del número anterior, a la redistribución de los terrenos en que no concurran las circunstancias justificativas de su carácter económico.

⇒ V. Jurisprudencia en arts. 97 y concordantes del TRLS/1976 (§3).

Artículo 87. Reparcelación voluntaria y forzosa.

1. La reparcelación podrá ser voluntaria o forzosa.

2. La propuesta de reparcelación voluntaria que, de común acuerdo y formalizada en escritura pública, presenten al Ayuntamiento los propietarios y, en su caso, los restantes beneficiarios de la misma, será sometida a información pública por veinte días e informada por los servicios competentes.

Recaída la aprobación municipal o producida ésta por acto presunto, para la inscripción de la reparcelación en el Registro de la Propiedad bastará con la presentación en éste de la correspondiente escritura pública en unión de certificación del acuerdo municipal aprobatorio o, en su caso, de la acreditación del acto presunto en los términos dispuestos por la legislación del procedimiento administrativo común.

3. La reparcelación será forzosa cuando el Ayuntamiento la imponga, de oficio o a instancia de parte, por ser necesaria para la ejecución del planeamiento. La voluntaria gozará en todo caso de preferencia.

⇒ V. Jurisprudencia en arts. 97 y concordantes del TRLS/1976 (§3).

TÍTULO III
EJECUCIÓN DEL PLANEAMIENTO DE ORDENACIÓN DE LOS RECURSOS NATURALES, TERRITORIAL Y URBANÍSTICA

CAPÍTULO I
Disposiciones generales

Sección 1ª Ejecución e inspección

Artículo 88. Ámbitos de actuación pública y privada.

1. Corresponde a las Administraciones públicas, dentro de sus respectivos ámbitos de competencia, la dirección, inspección y control de toda la actividad de ejecución del planeamiento, con intervención, en los términos de este Texto Refundido, de la que lleven a cabo los particulares, sean o no propietarios de suelo.

2. En los sistemas de ejecución privada y en las intervenciones aisladas en suelo urbano, la ejecución del planeamiento incumbe a los particulares, sean propietarios o no del suelo.

3. En los sistemas de ejecución pública y en los sistemas generales, la ejecución del planeamiento incumbe a las Administraciones públicas.

4. El ejercicio de la actividad de ejecución, cualquiera que sea el sujeto legitimado, requerirá la aprobación del planeamiento que establezca la ordenación pormenorizada que corresponda así como, cuando proceda, la determinación del ámbito de gestión y el sistema de ejecución.

⇒ Según la disp. adic. 8ª de este Texto Refundido, en la interpretación y aplicación de sus preceptos, se estará al significado y alcance que para los conceptos básicos en ella utilizados se establecen en el anexo a la misma. El ap. 2.4 considera Ordenación pormenorizada la definida por el planeamiento de ordenación urbanística, general y de desarrollo de éste, a partir, en función y en el marco de la ordenación estructural en términos suficientemente precisos como para legitimar la actividad de ejecución.
V. arts. 2.3 c); 84.5 4ª; 89 d); 96.2 a); 100 y 143 b) del presente Texto Refundido.
V. art. 4 de la Ley 6/1998, de 13 abril (§1).

Artículo 89. Contenido y desarrollo de la actividad de ejecución.

1. Las Administraciones Públicas, en sus respectivos ámbitos de competencia, ejecutarán o, en su caso, exigirán la correcta ejecución de la ordenación en los términos establecidos en este Texto Refundido y su desarrollo reglamentario.

2. La actuación de las Administraciones públicas competentes en la actividad de ejecución del planeamiento comprende:

a) La determinación por la Administración actuante de la forma de gestión de su propia actividad, en los supuestos de sistemas de ejecución pública.

b) La organización temporal de la ejecución cuando no se contenga ya en el planeamiento o proceda modificarla.

c) La delimitación de la unidad de actuación o, en su caso, del área de gestión integrada y la elección del sistema de ejecución, o, en el caso de los sistemas generales, la fijación de las fases y del procedimiento de realización de las obras.

d) La realización de las obras de urbanización y edificación o de las obras públicas ordinarias pertinentes cuando el sistema de ejecución sea público; y la exigencia, dirección, inspección y control de dicha realización, en los términos de la regulación del sistema de ejecución establecido, en otro caso.

e) La conservación de las obras de urbanización y de la edificación.

⇒ Según la disp. adic. 8ª de este Texto Refundido, en la interpretación y aplicación de sus preceptos, se estará al significado y alcance que para los conceptos básicos en ella utilizados se establecen en el anexo a la misma. El ap. 3.7 considera Obras públicas ordinarias las obras proyectadas y realizadas por la Administración pública, al margen de unidades de actuación, en ejecución del planeamiento y para la construcción de equipamientos, sistemas generales, dotaciones o viales. El ap. 3.2 considera Sistema de ejecución el régimen jurídico de organización, procedimiento y desarrollo de las operaciones jurídicas y materiales precisas para la ejecución completa e integral de la ordenación pormenorizada aplicable a una unidad de actuación.
V. disp. final 1ª y disp. transit. 10ª del presente Texto Refundido.
V. Jurisprudencia en arts. 117 y concordantes del TRLS/1976 (§3).

Sección 2ª Organización temporal de la ejecución

Artículo 90. Organización temporal de la ejecución del planeamiento.

1. Salvo para el suelo cuyo uso característico sea el turístico, el planeamiento urbanístico fijará los plazos máximos para:

a) Presentar a trámite los siguientes instrumentos de ordenación:

1) Los que deban presentarse para fijar la ordenación pormenorizada de los sectores o ámbitos que señale el planeamiento.

2) Los instrumentos o proyectos necesarios para la ejecución material de esa misma ordenación pormenorizada.

3) Los instrumentos de gestión urbanística que desarrollen los diferentes sistemas de ejecución.

b) Realizar las obras de urbanización precisas para la ejecución de la ordenación pormenorizada.

c) Solicitar la licencia de edificación de los terrenos que tengan condición de solar.

2. Reglamentariamente se regularán los criterios y condiciones para la fijación de los plazos a que se refiere el presente artículo.

⇒ V. disp. final 1ª del presente Texto Refundido.

Artículo 91. Transcurso de los plazos máximos.

Cuando la actividad de ejecución sea privada, el transcurso de los plazos máximos establecidos conforme al artículo anterior legitima el cambio del sistema establecido para la ejecución y, en su caso, la ejecución por sustitución, todo ello sin perjuicio de lo establecido en los artículos 100 y 148 de este Texto Refundido.

⇒ Según la disp. adic. 8ª de este Texto Refundido, en la interpretación y aplicación de sus preceptos, se estará al significado y alcance que para los conceptos básicos en ella utilizados se establecen en el anexo a la misma. El ap. 2.4 considera Ordenación pormenorizada la definida por el planeamiento de ordenación urbanística, general y de desarrollo de éste, a partir, en función y en el marco de la ordenación estructural en términos suficientemente precisos como para legitimar la actividad de ejecución.

Sección 3ª Formas de gestión de la actividad administrativa de ejecución

Artículo 92. Gestión propia y en régimen de cooperación.

1. La Administración de la Comunidad Autónoma, los Cabildos Insulares y los Ayuntamientos podrán utilizar, para la gestión de la actividad de ejecución que sea de su respectiva competencia, todas las formas o modalidades admitidas por la legislación de régimen jurídico y de contratación de las Administraciones públicas y de régimen local. Todas ellas están habilitadas para crear organismos autónomos de carácter gerencial y entidades mercantiles de capital íntegramente público o mixto, de duración limitada o por tiempo indefinido y con carácter general o sólo para determinadas actuaciones.

En particular, podrán crear sociedades según la normativa mercantil vigente para alguno de los fines siguientes:

a) Redacción, gestión y ejecución del planeamiento.

b) Consultoría y asistencia técnica.

c) Prestación de servicios.

d) Actividad urbanizadora, ejecución de equipamientos, gestión y explotación de las obras resultantes.

En ningún caso podrán las sociedades a que se refiere el párrafo anterior proceder directamente a la ejecución material de las obras.

2. Para el desarrollo cooperativo de la actividad de ejecución y conforme a la misma legislación a que se refiere el número anterior, las Administraciones Públicas podrán, además:

a) Constituir consorcios, transfiriéndoles competencias.

b) Delegar competencias propias en otras Administraciones, organismos de ellas dependientes o entidades por ellas fundadas o controladas.

c) Utilizar órganos de otras Administraciones o de los organismos dependientes o adscritos a ellas para la realización de tareas precisas para el ejercicio de competencias propias.

d) Encomendar directamente la realización de las tareas mencionadas en el número 1 y, en general, las materiales, técnicas o de gestión a sociedades creadas por ellas mismas o cualesquiera de las otras Administraciones mencionadas en dicho número.

3. Las Administraciones públicas y sus organismos dependientes o adscritos, los consorcios y las entidades mercantiles creadas por aquéllas o cualesquiera de éstos podrán suscribir convenios, con fines de colaboración, en los términos autorizados por la legislación de régimen jurídico de las Administraciones públicas y de régimen local.

Artículo 93. Consorcios.

1. Cuando la gestión de un convenio de los que se trata en el apartado 3 del artículo anterior haga necesario crear una organización común, ésta podrá adoptar la forma de consorcio dotado de personalidad jurídica propia.

2. Los consorcios, que sólo podrán tener por objeto funciones y actividades que no excedan de la capacidad de las Administraciones consorciadas, se regularán específicamente por sus Estatutos, que determinarán los fines del mismo, así como las particularidades de su régimen orgánico, funcional y financiero.

3. A los consorcios podrán incorporarse personas privadas, cuando ello sea necesario para el cumplimiento de sus fines y previa suscripción de un convenio en el que se especifiquen las bases de su participación.

4. La aprobación de los estatutos del consorcio determinará la atribución a éste de las competencias administrativas, pertenecientes a las Administraciones consorciadas, que en dichos estatutos se especifiquen. En ningún caso

podrá atribuirse a los consorcios la competencia para establecer o determinar tributos, ni la potestad expropiatoria, si bien puede encomendarse la gestión de las expropiaciones que ellos mismos acuerden.

5. Para la gestión de los servicios que les sean encomendados, los consorcios podrán crear entidades mercantiles de capital íntegramente público y mixto.

6. La creación de los consorcios y sus estatutos se publicará, para su eficacia, en el «Boletín Oficial de Canarias» o de la provincia respectiva, según proceda.

CAPÍTULO II

Disposiciones generales sobre la ejecución en unidades de actuación

Artículo 94. Características y requisitos de las unidades de actuación.

Las características y requisitos de las unidades de actuación se fijarán reglamentariamente, garantizando el cumplimiento de los deberes legales y la distribución equitativa de los beneficios y cargas derivadas de la ordenación.

⇒ Según la disp. adic. 8ª de este Texto Refundido, en la interpretación y aplicación de sus preceptos, se estará al significado y alcance que para los conceptos básicos en ella utilizados se establecen en el anexo a la misma. El ap. 3.1 considera Unidad de actuación la superficie de suelo, debidamente delimitada, que opera simultáneamente como ámbito para el desarrollo de la totalidad de las operaciones jurídicas y materiales precisas para la ejecución integral del planeamiento de ordenación y comunidad de referencia para la justa distribución de beneficios y cargas, incluido el coste de la urbanización. Pueden ser discontinuas, en los supuestos y los términos autorizados expresamente por la Ley. Cuando no sea precisa la realización de obras de urbanización referidas a varias parcelas, su ámbito puede reducirse al de una parcela.

V. arts. 4 y 5 de la Ley 6/1998, de 13 abril (§1).

V. Jurisprudencia en arts. 117, 118 y concordantes del TRLS/1976 (§3).

Artículo 95. Delimitación de las unidades de actuación.

La alteración de la delimitación de las unidades de actuación requerirá la modificación del planeamiento de ordenación urbanística que las haya establecido.

Artículo 96. Sistemas de ejecución.

1. Para cada ámbito o sector o, en su caso, unidad de actuación, el planeamiento de ordenación urbanístico y, en su caso, territorial deberá optar expresamente entre los sistemas de ejecución privada y pública para el desarrollo de la actividad de ejecución, especificando, además y sólo cuando opte por los segundos, el concreto sistema elegido.

El cambio de la opción establecida en el planeamiento requerirá la tramitación del procedimiento dirigido a tal fin, iniciado de oficio o a instancia de parte, en el que deberá celebrarse información pública por el plazo mínimo de veinte días.

2. Los sistemas de ejecución son los siguientes:

a) Sistemas de ejecución privada:

1. Concierto.

2. Compensación.
3. Ejecución empresarial.
b) Sistemas de ejecución pública:
1. Cooperación.
2. Expropiación.
3. Ejecución forzosa.

⇒ V. arts. 168.1, 169 y 170.1 del TRLS/1992 (§2).
V. arts. 6 y concordantes del RD 1093/97, de 4 de julio (§2.1).
V. Jurisprudencia en arts. 119 y concordantes del TRLS/1976 (§3).

Artículo 97. Elección del sistema de ejecución.

El sistema de ejecución se determinará conforme a las siguientes reglas:

a) En suelo urbano y urbanizable:

1) Preferencia de los sistemas de ejecución privada, sin perjuicio de la posibilidad de opción por un sistema de ejecución pública cuando razones de interés público así lo justifiquen.

2) Entre los sistemas de ejecución pública tendrá carácter preferente el de cooperación. El sistema de expropiación, que tendrá carácter excepcional, deberá basarse en motivos suficientes de interés público que lo justifiquen.

b) En asentamientos en suelo rústico:

1) Preferencia del sistema de ejecución pública por expropiación, con imposición de contribuciones especiales para la adquisición del suelo preciso y ejecución de las dotaciones y las infraestructuras públicas.

2) Preferencia, en los restantes supuestos, del sistema de ejecución pública por cooperación con reparcelación económica.

c) En sistemas generales: preferencia del sistema de ejecución pública por expropiación.

⇒ V. art. 4 de la Ley 6/1998, de 13 abril (§1).
V. Jurisprudencia en arts. 119 y concordantes del TRLS/1976 (§3).

Artículo 98. Afectación real de los terrenos al cumplimiento de las obligaciones urbanísticas.

El establecimiento del sistema de ejecución determinará la afectación real de la totalidad de los terrenos incluidos en el sector, ámbito o unidad de actuación al cumplimiento de las obligaciones legales exigibles, afectación que se deberá hacer constar en el Registro de la Propiedad.

⇒ V. arts. 14, 18 y 19 de la Ley 6/1998, de 13 abril (§1).
V. Jurisprudencia en arts. 120 y concordantes del TRLS/1976 (§3).

Artículo 99. Gastos de urbanización.

1. La inclusión de terrenos en un sector, ámbito o en una unidad de actuación urbanística implica la asunción por parte de los propietarios del coste de la ejecución del planeamiento.

2. Se entienden como gastos de ejecución de planeamiento los necesa-

rios para la correcta y total ejecución de la urbanización. Reglamentariamente se procederá a establecer una relación pormenorizada de estos gastos según la actuación de que se trate, que incluirá, en todo caso, los relativos a las infraestructuras y a los de las obras de urbanización y ajardinamiento de viales y espacios libres públicos, así como la repercusión a las entidades o empresas concesionarias o suministradoras, de los gastos de primera instalación y mantenimiento de los servicios de energía eléctrica, telecomunicaciones, abastecimiento de agua y saneamiento, conforme a su reglamentación específica.

⇒ V. Jurisprudencia en arts. 122 y concordantes del TRLS/1976 (§3).

CAPÍTULO III
Sistemas de ejecución privada

Sección 1ª Disposiciones generales

Artículo 100. Determinación del sistema de ejecución: iniciativa para su establecimiento.

1. Cuando el planeamiento de ordenación urbanística o, en su caso, el territorial haya optado por los sistemas de ejecución privada, la iniciativa para el establecimiento del concreto sistema de ejecución podrá ser adoptada, durante el año inmediato siguiente a la publicación del acuerdo de aprobación definitiva del planeamiento que le otorgue cobertura, por cualquiera de los propietarios de suelo incluido en el sector, ámbito o, en su caso, la unidad de actuación.

Transcurrido un año desde la referida publicación, además, cualquier persona, aunque no sea propietaria de suelo, siempre que la iniciativa se refiera a un sector, ámbito o a una unidad de actuación con uso predominante residencial, industrial o terciario no turístico.

2. Reglamentariamente se determinará la documentación que debe aportarse, en cada supuesto, ante el Ayuntamiento competente, así como las reglas de admisibilidad y el procedimiento de las iniciativas y alternativas que se formulen.

⇒ Según la disp. adic. 8ª de este Texto Refundido, en la interpretación y aplicación de sus preceptos, se estará al significado y alcance que para los conceptos básicos en ella utilizados se establecen en el anexo a la misma. El ap. 3.2 considera Sistema de ejecución el régimen jurídico de organización, procedimiento y desarrollo de las operaciones jurídicas y materiales precisas para la ejecución completa e integral de la ordenación pormenorizada aplicable a una unidad de actuación.
V. art. 4 de la Ley 6/1998, de 13 abril (§1).

Artículo 101. Procedimiento para el establecimiento del sistema, cuando incluya la aprobación del planeamiento preciso para legitimar la ejecución.

1. La admisión de la iniciativa supondrá la obligatoria aprobación inicial del planeamiento y del proyecto de urbanización por el órgano competente para ello, con apertura de información pública por plazo de un mes, con

citación personal de todos los propietarios afectados o, en su caso, de los que no hayan suscrito la iniciativa.

2. En el caso de que, dentro de los primeros diez días de la información pública, un propietario o, en su caso, cualquier otra persona anuncie su intención de formular una alternativa y solicite la prórroga del plazo para su presentación, prestando caución en la cuantía que se determine reglamentariamente, el período de información pública se ampliará en quince días. La no presentación en plazo de la alternativa anunciada determinará la ejecución de la caución en favor del Ayuntamiento.

3. En el caso de resultar beneficiaria de la ejecución y el establecimiento del sistema una iniciativa o alternativa que no hubiera formulado un Plan Parcial de Ordenación y un proyecto de urbanización propios o cuando la aprobación definitiva haya recaído en Plan o proyecto distintos del que hubiera presentado, aquélla deberá abonar a la iniciativa o alternativa que hubiera aportado el Plan o el proyecto todos los gastos necesarios efectuados para su elaboración. La acreditación del pago de tales gastos será condición necesaria para la eficacia de la resolución municipal que atribuya la ejecución y establezca el sistema.

Artículo 102. Resolución del procedimiento.

1. El Pleno de la Corporación Municipal, a la vista del resultado de la información pública y de la audiencia de los titulares de derechos dominicales afectados por la iniciativa, resolverá:

a) Denegando motivadamente la aprobación definitiva.

b) Motivadamente y de forma simultánea y conjunta:

1) Aprobando definitivamente el planeamiento preciso y el proyecto de urbanización con las modificaciones no sustanciales que, en su caso, correspondan.

2) Estableciendo el concreto sistema de ejecución privada.

3) Atribuyendo el ejercicio de la ejecución a quien o quienes hayan presentado la alternativa más conveniente a los intereses generales conforme a los criterios establecidos en el presente artículo.

2. En los procedimientos seguidos a iniciativa formulada dentro del primer año de vigencia del planeamiento de ordenación urbanística que delimite el sector, ámbito o, en su caso, la unidad de actuación, se observarán las siguientes reglas:

a) De alcanzarse en el período de información pública, la adhesión a la iniciativa de un número de propietarios que representen el 50 por 100 o más de la totalidad de la superficie de la unidad de actuación, el Ayuntamiento en Pleno deberá rechazar todas las alternativas formuladas a aquélla y establecer el sistema de ejecución por compensación.

b) De no darse el supuesto previsto en la letra anterior, el Ayuntamiento en Pleno, previo estudio de las alegaciones y alternativas presentadas, elegirá entre la iniciativa y sus alternativas, dando preferencia a la que haya obtenido mayor respaldo de los propietarios, con establecimiento del sistema de ejecución empresarial, y procederá, en todo caso, a la notificación individualizada a los autores de la iniciativa y las alternativas de la decisión adoptada.

c) Cuando la iniciativa sea del propietario único o de la totalidad de los propietarios, se prescindirá de la citación a los propietarios y de los trámites relacionados con las alternativas, procediendo la atribución de la adjudicación a la iniciativa formulada y el establecimiento del sistema de concierto.

3. En los procedimientos derivados de iniciativa formulada por no propietario, el Ayuntamiento en Pleno elegirá de entre la iniciativa y sus alternativas la que considere adecuada al interés general urbanístico, con establecimiento, según proceda, de los sistemas de concierto o, en su caso, de compensación, si la elegida estuviera respaldada por, al menos, propietarios que representen el 50 por 100 de la superficie de suelo afectada, respectivamente, o del sistema de ejecución empresarial, en otro caso. Esta resolución deberá comunicarse en acto público celebrado a tal fin y al que deberán ser convocados personalmente cuantos hubieran presentado alternativas en el procedimiento, así como, en su caso, el promotor de la iniciativa. La comunicación en dicho acto surtirá los efectos propios de la notificación individual, siempre que en él se haga entrega de documento que satisfaga las exigencias legales de ésta.

Si la iniciativa o, en su caso, alternativa beneficiaria de la ejecución y el establecimiento del sistema no estuviera respaldada por propietarios que representen al menos el 25 por 100 de la superficie total, la adjudicación de la ejecución y el establecimiento del sistema a que se refiere el párrafo anterior se entenderán provisionales hasta que hayan transcurrido quince días desde la celebración del acto público de comunicación de la pertinente resolución.

4. Dentro del plazo establecido en el párrafo anterior, podrán ejercitar el derecho de preferencia a la adjudicación en el orden siguiente:

a) El propietario único o la totalidad de los propietarios, presentando el convenio urbanístico inicialmente aportado con las modificaciones precisas para la plena adaptación de su contenido a la solución de ejecución beneficiaria de la resolución adoptada por el Ayuntamiento.

El ejercicio del derecho dará lugar, en este caso, a la conversión del sistema provisionalmente establecido en el de concierto, quedando sin efecto la atribución de la ejecución efectuada con carácter provisional.

b) Los propietarios individuales de más del 50 por 100 del suelo afectado por la actuación, de forma individual o adoptando cualquier forma social, civil o mercantil, o de asociación administrativa.

El ejercicio del derecho dará lugar en este caso, bien sólo a la sustitución del beneficiario de la ejecución, bien, además, a la conversión del sistema provisionalmente establecido en el de compensación.

c) El o los promotores de la iniciativa o la alternativa, presentando la documentación necesaria para la plena adaptación de su iniciativa o alternativa a la solución de ejecución beneficiaria de la resolución adoptada por el Ayuntamiento.

d) Las empresas públicas y entes consorciales administrativos.

e) Las sociedades mercantiles, salvo en el supuesto previsto en el apartado b) precedente.

5. Dentro de los diez días siguientes a la comprobación de la plena asunción de todas las condiciones de la solución de ejecución adoptada por el Ayuntamiento en Pleno, y en todo caso antes de transcurridos treinta días del ejercicio de derecho de preferencia a la adjudicación, el Alcalde deberá dictar resolución efectuando, según proceda, las declaraciones que correspondan conforme a lo dispuesto en el número anterior, que implicarán la aprobación del convenio o documentación aportados, o las de no haber lugar a la adjudicación preferente, y el carácter definitivo de la acordada por el Ayuntamiento en Pleno.

6. Las resoluciones municipales de las que resulte, con carácter definitivo, la atribución de la ejecución y el establecimiento del sistema de ejecución deberán ser notificadas a los interesados y publicadas, además, en el «Boletín Oficial de la Provincia».

Artículo 103. Procedimiento referido exclusivamente al establecimiento del sistema de ejecución.

1. Presentada una iniciativa en el Ayuntamiento, el Alcalde, previos los informes técnicos y jurídicos precisos, adoptará dentro de los quince días siguientes uno de los siguientes acuerdos:

a) No asunción de la iniciativa por razones insubsanables de legalidad.

b) Requerimiento de subsanación de los defectos o insuficiencias apreciados.

c) Asunción de la iniciativa e incoación del procedimiento de aprobación del proyecto de urbanización, con citación personal de todos los propietarios afectados o, en su caso, de los que no hayan suscrito la iniciativa, en la forma, a los efectos y con las consecuencias previstos en el artículo anterior.

2. Serán aplicables a este procedimiento las reglas establecidas en los números 1 del artículo 101 y 2 y 3 del artículo 102, con las modificaciones siguientes:

a) La resolución del procedimiento decidirá simultáneamente sobre el proyecto de urbanización y la adjudicación de la ejecución, con el establecimiento del sistema que proceda.

b) La resolución sólo podrá ser desestimatoria por razones de legalidad.

⇒ V. art. 70 del presente Texto Refundido.

Artículo 104. Atribución de la ejecución conjuntamente a dos o más promotores de iniciativas o alternativas.

En los procedimientos regulados en los artículos anteriores la Administración municipal podrá atribuir conjuntamente la ejecución, con establecimiento del sistema que proceda, a los promotores de la iniciativa y de una o más alternativas, así como de dos o más de estas últimas, siempre que exista previo acuerdo entre los correspondientes promotores y se trate de las soluciones más ventajosas de entre las presentadas.

⇒ Según la disp. adic. 8ª de este Texto Refundido, en la interpretación y aplicación de sus preceptos, se estará al significado y alcance que para los conceptos básicos en ella utilizados se establecen en el anexo a la misma. El ap. 3.9 considera Promotor la persona física o jurídica que impulsa la actuación territorial o urbanística mediante la realización de las diligencias precisas para ello. Tendrá el mismo carácter, a todos los efectos, cuando el objeto de la actuación sea para uso propio, incluso identificándose con el titular del terreno o de las instalaciones, construcciones o edificaciones, en su caso.

Artículo 105. Procedimiento abreviado.

Las iniciativas y las alternativas que cuenten con el respaldo de propietarios que representen cuando menos el 70 por 100 de la superficie total, podrán incluir el proyecto de reparcelación o, en su caso, de compensación, para su tramitación conjunta con la iniciativa o alternativa correspondiente. De resultar beneficiaria de la adjudicación, la resolución municipal implicará la aprobación del proyecto de reparcelación o, en su caso, compensación.

Artículo 106. Sustitución de los sistemas de ejecución privada.

1. La sustitución del sistema de ejecución privada por uno de ejecución pública, acordada de oficio o a instancia de parte, podrá tener lugar:

a) Por desistimiento, con pérdida de la fianza o garantías constituidas, por los titulares de la iniciativa a la que se sustituye.

b) Por incumplimiento de los deberes, obligaciones o compromisos inherentes al sistema establecido, con perjuicio grave para el interés público o para los legítimos intereses de terceros.

2. Reglamentariamente se establecerá el procedimiento para la sustitución, que incluirá, en todo caso, un período de información pública y la audiencia a los interesados.

⇒ V. disp. final 1ª y disp. transit. 10ª del presente Texto Refundido.

Sección 2ª Sistema de concierto

Artículo 107. Características del sistema de ejecución.

En el sistema de concierto el propietario único o todos los propietarios conjuntamente asumirán la entera actividad de ejecución conforme a las condiciones libremente pactadas por ellos en convenio urbanístico aprobado por el Ayuntamiento.

Jurisprudencia

«Los convenios urbanísticos han de actuarse siempre en aras del interés general y según principios de buena administración para lograr la mejor ordenación urbanística posible, sin perjuicio de las consecuencias indemnizatorias que, ya en otro terreno, pudiera desencadenar, en su caso, el apartamiento por parte de la Administración o de los administrados de convenios urbanísticos previos o preparatorios de un cambio de planeamiento (SSTS Sec. 5, 30-5-1997 [RJ 1997, 4054], 15 marzo 1997 [RJ 1997, 1677], 23 junio 1994 [RJ 1994, 5339], 19 julio 1994 [RJ 1994, 6382], 5 diciembre 1994 [RJ 1994, 9821], 18 marzo 1992 [RJ 1992, 3376], 13 febrero 1992 [RJ 1992, 2828], 30 abril y 13 julio 1990 [RJ 1990, 3624 y 6034], 20 diciembre 1991 [RJ 1992, 314])». **(STS 17 enero 2000 [RJCA 2000, 85]).**

Artículo 108. Forma de gestión del sistema.

1. En el sistema de concierto la gestión de la actividad de ejecución podrá ser realizada:

a) Mediante la constitución por todos los propietarios de una entidad urbanística de gestión, que tendrá naturaleza administrativa y duración limitada a la de la actuación, salvo que asuma también la conservación de la urbanización realizada.

b) A través de sociedad mercantil constituida al efecto y en cuyo capital participen todos los propietarios.

c) Directamente por el único propietario de la totalidad de los terrenos afectados.

2. Tanto a la entidad urbanística de gestión, como a la sociedad constituida por los propietarios podrán incorporarse, como miembros o socios, personas o entidades que aporten financiación o asuman la realización de las obras de urbanización y edificación precisas.

Artículo 109. Convenio urbanístico de gestión concertada.

1. El establecimiento del sistema de concierto requerirá la aprobación de un convenio urbanístico de gestión suscrito por todos los propietarios y formalizado en escritura pública.

2. El convenio urbanístico de gestión concertada tendrá carácter jurídico-administrativo y tendrá por objeto los términos y las condiciones de la gestión y la ejecución del planeamiento capaz de legitimar esta última.

3. La aprobación de los convenios urbanísticos de gestión concertada con motivo del establecimiento del sistema:

a) Sólo podrá denegarse por razones de legalidad.

b) Determinará la constitución de la entidad urbanística de gestión y su inscripción en el pertinente registro administrativo o, en su caso, la obligación de la constitución efectiva e inscripción en el Registro Mercantil de la sociedad acordada, a cuyo cumplimiento quedará condicionada legalmente la eficacia de la aprobación administrativa.

c) Determinará, igualmente, la transmisión al Ayuntamiento por ministerio de la ley y libre de cargas y gravámenes, de todos los terrenos de cesión obligatoria y gratuita.

d) Quedará condicionada, en todo caso, a la efectiva prestación de las garantías ofrecidas para asegurar la ejecución.

4. Los convenios urbanísticos de gestión concertada deberán contener

las determinaciones y requisitos exigidos por la legislación hipotecaria para permitir su inscripción registral y, en todo caso:

a) Las bases de la actuación, incluyendo la programación temporal de la urbanización y, en su caso, de la edificación.

b) Los estatutos de la entidad urbanística o de la sociedad mercantil y el acuerdo de constitución de la primera y de creación de la segunda, cuando proceda.

c) Las garantías ofrecidas para asegurar la correcta ejecución de la actuación, que no podrán ser inferiores al 15 por 100 del valor del importe total previsto para las obras de urbanización. Las garantías podrán consistir en la afectación real de fincas originarias al cumplimiento de los deberes y obligaciones derivados del sistema.

d) La distribución de los beneficios y las cargas entre los propietarios, cuando proceda, en los mismos términos y condiciones que los prescritos para la reparcelación.

e) El procedimiento de liquidación final de la actuación.

f) La forma de conservación de la urbanización, una vez ejecutada.

g) Las previsiones y los compromisos sobre la edificación.

h) En su caso, los compromisos complementarios voluntariamente asumidos.

5. Reglamentariamente se determinará el contenido documental de los convenios urbanísticos de la gestión concertada.

Artículo 110. Sociedad mercantil.

1. Los propietarios deberán en todo caso aportar a la sociedad mercantil que constituyan para la gestión y ejecución de la actuación la totalidad de los terrenos, edificaciones y construcciones de que sean titulares en el ámbito de la unidad de actuación.

2. La Administración actuante estará representada, al menos, por un consejero o administrador, que ostentará el derecho de veto suspensivo, por tiempo máximo de un mes, de cualquier acuerdo social, ejercitable en el acto de votación, si estuviera presente, o en los cinco días hábiles siguientes a la fehaciente notificación del mismo si no asistiese a la reunión social.

En todo caso, el procedimiento deberá ser resuelto dentro del plazo de un mes desde la formulación del veto suspensivo, y durante el tiempo de vigencia de aquél el Ayuntamiento y la sociedad podrán llegar a una solución acordada.

Sección 3ª Sistema de compensación

Artículo 111. Características del sistema de ejecución.

En el sistema de compensación:

a) Los propietarios que representen más del 50 por 100 de la superficie del sector, ámbito o la unidad de actuación, según proceda, aportarán los terrenos de cesión obligatoria y gratuita, realizarán a su costa la urbanización en los términos que resulten del planeamiento de ordenación urbanística y el proyecto de urbanización y se constituirán en Junta de Compensación.

b) Los Estatutos y las Bases de actuación de la Junta de Compensación serán aprobados por el Ayuntamiento de acuerdo a lo establecido en el presente Texto Refundido.

c) Con sujeción a lo establecido en las Bases de actuación, se formulará por la Junta el correspondiente proyecto de compensación.

⇒ V. art. 4 de la Ley 6/1998, de 13 abril (§1).
V. arts. 6 y concordantes del RD 1093/1997, de 4 julio, (§2.1).
V. Jurisprudencia en arts. 126 y concordantes del TRLS/1976 (§3).

Artículo 112. Definitiva determinación de los propietarios integrados en el sistema.

1. Los propietarios de suelo que no hubieran formulado ni se hubieran incorporado a la iniciativa o alternativa a la que se haya atribuido la ejecución, determinando el establecimiento del sistema de compensación, podrán adherirse a éste dentro de los dos meses siguientes a la publicación de la correspondiente resolución municipal.

2. Con posterioridad al plazo fijado en el número anterior, los propietarios podrán adherirse al sistema previa conformidad de la Junta de Compensación.

⇒ V. Jurisprudencia en arts. 127 y concordantes del TRLS/1976 (§3).

Artículo 113. Junta de Compensación.

1. La Junta de Compensación es un ente corporativo de derecho público, con personalidad jurídica propia y plena capacidad de obrar para el cumplimiento de sus fines desde la inscripción administrativa de la constitución de sus órganos directivos.

2. La Junta de Compensación será directamente responsable, frente a la Administración competente, de la urbanización completa de la unidad de actuación y, en su caso, de la edificación de los solares resultantes, cuando así se hubiere establecido.

Las Juntas de Compensación actuarán como fiduciarias con pleno poder dispositivo sobre las fincas pertenecientes a los propietarios miembros de aquélla, sin más limitaciones que las establecidas en los Estatutos.

Por delegación del Ayuntamiento, la Junta de Compensación podrá exigir por vía de apremio las cantidades adeudadas por sus miembros, pudiendo formularse contra las liquidaciones correspondientes reclamación ante la Administración actuante.

3. Podrán incorporarse a la Junta de Compensación la o las empresas urbanizadoras que deban participar en la ejecución.

4. Del órgano máximo de gobierno de la entidad urbanística de compensación formará parte en todo caso un representante de la Administración actuante.

5. Contra todos los acuerdos y decisiones de la entidad urbanística de compensación podrá interponerse recurso ante la Administración actuante.

6. El incumplimiento por los miembros de la Junta de las obligaciones y cargas impuestas por el presente Texto Refundido habilitará a la Administración actuante para expropiar sus respectivos derechos en favor de la Junta de Compensación, que tendrá la condición jurídica de beneficiaria.

⇒ V. art. 34 de la Ley 6/1998, de 13 abril (§1).
V. Jurisprudencia en arts. 127 y concordantes del TRLS/1976 (§3).

Artículo 114. Transmisión de terrenos.

La incorporación de los propietarios a la Junta de Compensación no presupone, salvo que los Estatutos dispusieran otra cosa, la transmisión a la misma de la propiedad de los inmuebles afectados por la gestión común, pero los terrenos quedarán directamente afectos al cumplimiento de las obligaciones inherentes al sistema, con anotación en el Registro de la Propiedad.

⇒ V. Jurisprudencia en arts. 128 y concordantes del TRLS/1976 (§3).

Artículo 115. Expropiación de los propietarios no adheridos al sistema.

Todas las fincas de los propietarios del ámbito o sector no adheridos al sistema serán expropiadas en favor de la Junta de Compensación.

⇒ V. art. 34 de la Ley 6/1998, de 13 abril (§1).
V. Jurisprudencia en arts. 127 y concordantes del TRLS/1976 (§3).

Artículo 116. Proyecto de compensación.

1. La Junta de Compensación deberá formular el correspondiente proyecto de compensación de los beneficios y las cargas derivados del planeamiento, con sujeción a lo establecido en las Bases de actuación.

2. Para la definición de derechos aportados, valoración de fincas resultantes, reglas de adjudicación, aprobación, efectos del acuerdo aprobatorio e inscripción del mencionado proyecto se estará a lo dispuesto para la reparcelación. No obstante lo anterior, por acuerdo unánime de todos los afectados pueden adoptarse criterios diferentes siempre que no sean contrarios a la ley o al planeamiento aplicable, ni lesivos para el interés público o de terceros.

3. La aprobación del proyecto de compensación producirá, en todo caso, la transmisión al Ayuntamiento, por ministerio de la ley y libres de cargas y gravámenes, de todos los terrenos de cesión obligatoria y gratuita.

⇒ V. Jurisprudencia en arts. 126 a 130 del TRLS/1976 (§3).

Sección 4ª Sistema de ejecución empresarial

Artículo 117. Características del sistema de ejecución.

En el sistema de ejecución empresarial:

a) El beneficiario de la atribución de la ejecución asumirá la entera actividad y deberá realizar ésta conforme al convenio urbanístico de ejecución aprobado y suscrito con el Ayuntamiento y la oferta efectuada a los propietarios de suelo, así como los restantes compromisos asumidos voluntariamente.

b) El Ayuntamiento aprobará el convenio urbanístico de ejecución que fija las condiciones del sistema y la oferta formulada a los propietarios de suelo y dirigirá, supervisará, intervendrá y controlará la actividad de ejecución.

Artículo 118. Forma de gestión del sistema y las reglas básicas de la misma.

1. En el sistema de ejecución empresarial la gestión de la actividad podrá ser realizada:

a) Directamente por la persona física o jurídica a la que se haya atribuido la ejecución.

b) A través de sociedad mercantil constituida al efecto y en cuyo capital deberán poder participar los propietarios de suelo que lo deseen.

2. La gestión del sistema deberá ajustarse en todo caso a las siguientes reglas:

a) El establecimiento del sistema determinará la iniciación del procedimiento expropiatorio respecto de los bienes de los propietarios que no acepten la oferta de compra ni se incorporen al sistema, en su caso, mediante participación en la sociedad mercantil constituida para la gestión de éste.

b) La persona responsable de la ejecución estará habilitada para incorporar a la gestión por él asumida, en cualquier momento y en las condiciones que libremente pacten entre sí, a todos o algunos de los propietarios de suelo, previa solicitud a la Administración actuante de la liberación del bien o bienes sujetos a expropiación y resolución favorable de aquélla. Los pactos así establecidos tendrán naturaleza jurídico-privada, producirán los efectos de la reparcelación y no alterarán las condiciones del convenio urbanístico por el que se rija la ejecución.

c) Cuando algunos de los propietarios de terrenos incluidos en la unidad de actuación, ámbito o sector, o todos ellos, rechacen expresa o tácitamente las ofertas de compra y de incorporación al proceso urbanizador, el adjudicatario estará habilitado para optar entre:

1) Solicitar del Ayuntamiento el levantamiento de un acta en la que conste, al menos: el lugar y fecha de su otorgamiento, la Administración actuante, la situación registral de los terrenos afectados y su titular inscrito, su superficie, el aprovechamiento urbanístico que les corresponde y las parcelas o solares edificables resultantes donde se hará efectivo.

El acta, que se hará constar en el Registro de la Propiedad mediante nota al margen de la última inscripción de dominio de las fincas correspondientes, servirá a la persona responsable de la ejecución como título ejecutivo habilitante para ocupar los terrenos afectados y producirá los efectos de la reparcelación. Hasta tanto se adjudique a los propietarios las parcelas o solares edificables resultantes de la urbanización, aquella persona actuará como fiduciaria con poder para enajenar las parcelas.

2) Fundar una entidad urbanística de tenencia de bienes de duración limitada, que se regirá en todo lo no dispuesto por este Texto Refundido y sus normas de desarrollo por la legislación reguladora de las sociedades de responsabilidad limitada y que tendrá personalidad jurídica desde la inscripción de la escritura pública de constitución en la que consten el acuerdo de creación y los estatutos sociales en el registro administrativo de entidades urbanísticas.

Todos los propietarios de terrenos incluidos en la unidad de actuación no incorporados aún al sistema deberán suscribir el capital social de la entidad mediante la aportación de los terrenos y bienes de que sean titulares. A tal efecto, la Administración actuante, a instancia de la persona responsable de la ejecución, levantará acta comprensiva de los terrenos y bienes aportados por cada socio, su situación registral y su titular inscrito, su superficie, el aprovechamiento urbanístico que les corresponde y las parcelas o solares edificables resultantes en las que se hará efectivo, así como del número de títulos representativos del capital de la entidad que correspondan a cada socio, en proporción al aprovechamiento de que sea titular. Dicha acta se integrará en la escritura de constitución de la sociedad, se hará constar en el Registro de la Propiedad mediante nota al margen de la última inscripción de dominio de las fincas correspondientes y constituirá título ejecutivo habilitante para la ocupación por la entidad de los terrenos afectados y producirá los efectos de la reparcelación. Cuando alguno de los propietarios afectados no concurra al acto de constitución de la entidad, se le aplicará lo previsto en la letra a) anterior a efectos de la determinación de las parcelas o solares edificables resultantes que proceda adjudicarle.

La entidad a que se refiere el párrafo anterior tendrá por objeto la mera tenencia de los terrenos y bienes correspondientes. Su administración corresponderá en todo caso y hasta su disolución a la persona física o jurídica responsable de la ejecución, que actuará como fiduciaria con poder para enajenar las parcelas propiedad de la entidad en los términos de la letra d) siguiente y será responsable de su gestión ante los socios en los términos prescritos en la legislación mercantil, sin perjuicio de la responsabilidad administrativa o penal en que pudiera incurrir. Concluido el proceso urbanizador, la entidad será liquidada y disuelta, mediante la adjudicación a cada socio de las parcelas o solares edificables resultantes que le correspondan. Procederá igualmente la disolución de la sociedad en los supuestos de cambio o sustitución del sistema de ejecución.

3) Abonar el justiprecio como beneficiario de la expropiación.

d) En cualquiera de los supuestos de los apartados 1) y 2) de la letra c) anterior, la persona responsable de la ejecución, para poder proceder a enajenar terrenos de la unidad de actuación que no sean de su propiedad o constituir garantías reales sobre ellos, precisará la autorización previa de la Administración actuante. Cuando, concluido el proceso de urbanización, no otorgue las escrituras de propiedad de las parcelas o solares edificables resultantes en favor de los propietarios correspondientes, la Administración actuante podrá sustituirle.

⇒ Según la disp. adic. 8ª de este Texto Refundido, en la interpretación y aplicación de sus preceptos, se estará al significado y alcance que para los conceptos básicos en ella utilizados se establecen en el anexo a la misma. El ap. 3.3 considera Adjudicatario el encargado de la ejecución de la edificación en sustitución del propietario por la adjudicación del concurso público establecido al efecto y previa declaración por parte de la Administración municipal de la situación de ejecución por sustitución.

Artículo 119. Convenio urbanístico de ejecución empresarial.

1. El establecimiento del sistema de ejecución empresarial requerirá la aprobación y suscripción de convenio urbanístico de ejecución empresarial, formalizado en escritura pública.

2. El convenio urbanístico tendrá carácter jurídico-administrativo y tendrá por objeto el establecimiento de los términos y las condiciones de la gestión y la ejecución del planeamiento capaz de legitimar esta última, respetando en todo caso las reglas legales básicas de aquella gestión fijadas en el artículo anterior.

3. La aprobación de los convenios con motivo del establecimiento del sistema:

a) Sólo podrá denegarse por razones de legalidad.

b) Determinará la vinculación a los mismos del Ayuntamiento.

c) Quedará condicionada, en todo caso, a la efectiva prestación de las garantías ofrecidas para asegurar la ejecución.

4. Los convenios urbanísticos de ejecución empresarial deberán contener, en todo caso:

a) Las bases de la actuación, incluyendo la programación temporal de la urbanización y, en su caso, la edificación.

b) Los estatutos y el acuerdo de creación de la sociedad mercantil a que se refiere la letra b) del número 1 del artículo anterior, cuando proceda.

c) Las garantías ofrecidas para asegurar la correcta ejecución de la actuación, que no podrán ser inferiores al 15 por 100 del valor del importe total previsto para las obras de urbanización. Las garantías podrán consistir en la afectación real de fincas originarias al cumplimiento de los deberes y obligaciones derivados del sistema.

d) El procedimiento de liquidación final de la actuación.

e) La forma de conservación de la urbanización, una vez ejecutada.

f) Las previsiones y los compromisos sobre la edificación.

g) En su caso, los compromisos complementarios voluntariamente asumidos.

5. Reglamentariamente se precisará el contenido documental de los convenios urbanísticos de ejecución empresarial.

CAPÍTULO IV
Sistemas de ejecución pública

Sección 1ª Sistema de cooperación

Artículo 120. Características del sistema de ejecución.

1. En el sistema de cooperación los propietarios aportarán el suelo de cesión obligatoria y gratuita, soportarán la ocupación de cualesquiera otros terrenos necesarios para la ejecución de las obras de urbanización y otorgarán a la Administración municipal la disposición fiduciaria de éstos. La Administración actuante ejecutará las obras de urbanización con cargo a los propietarios.

2. El sistema de cooperación comportará la reparcelación, en su caso forzosa, para la justa distribución de los beneficios y las cargas entre los propietarios, incluidos los costes de urbanización y gestión del sistema, no pudiendo ser nunca superiores, estos últimos, al diez por ciento del total de aquéllos. Se excluyen los supuestos de titular único de la totalidad de los terrenos y de constitución por la Administración actuante de sociedad mercantil de capital mixto en el que participen al menos los propietarios que representen cuando menos el 50 por 100 de la superficie total de la unidad de actuación. En este último caso, los propietarios que no participen en la sociedad serán objeto de expropiación por el procedimiento de tasación conjunta, siendo beneficiaria la sociedad mixta. La aportación de los propietarios podrá limitarse a sus fincas y construcciones.

Cuando todos los terrenos pertenezcan a un solo titular, las bases del sistema podrán establecerse mediante convenio urbanístico, aprobado previa información pública de veinte días.

3. Con la finalidad de colaborar en la gestión del sistema, podrán constituirse asociaciones administrativas de propietarios, bien a iniciativa de éstos bien del propio Ayuntamiento.

Artículo 121. Forma de gestión del sistema.

1. En el sistema de cooperación la actividad administrativa de ejecución se gestionará sin órgano diferenciado, a través de organismo público o de sociedad mercantil de capital público municipal o perteneciente a cualquiera de las otras Administraciones públicas de la Comunidad Autónoma o de la que se constituya, en otro caso, con esta exclusiva finalidad. En este último caso la sociedad podrá ser de capital mixto, con participación de los propietarios de terrenos comprendidos en la unidad de actuación.

2. La Administración actuante y la entidad o sociedad que asuma la gestión del sistema podrán contratar con empresarios privados la realización de las obras de urbanización y edificación precisas y estos últimos participar en las sociedades mixtas previstas en el número anterior.

⇒ V. arts. 168.1, 169 y 170.1 del TRLS/1992 (§2).
V. art. 5 de la Ley 6/1998, de 13 abril (§1).

V. arts. 6 y concordantes del RD 1093/1997, de 4 julio (§2.1).
V. Jurisprudencia en arts. 131 y concordantes del TRLS/1976 (§3).

Artículo 122. Modalidades del pago de los gastos de urbanización.

1. La Administración actuante, salvo en el supuesto de gestión a través de sociedad mixta en la que participen los propietarios, podrá:

a) Exigir de los propietarios, incluso por la vía de apremio, el pago anticipado de cantidades a cuenta de los gastos de urbanización. Estas cantidades no podrán exceder del importe de las inversiones previstas para el próximo año.

b) Convenir con los propietarios, cuando las circunstancias así lo aconsejen y en las condiciones que se determinen, un aplazamiento en el pago de los gastos de urbanización.

2. No podrán concederse licencias de edificación hasta que sea firme en vía administrativa el acuerdo aprobatorio de la reparcelación de la unidad de actuación.

⇒ V. Jurisprudencia en arts. 132 y concordantes del TRLS/1976 (§3).

Sección 2ª Sistema de expropiación

Artículo 123. Características del sistema de ejecución.

1. En el sistema de ejecución por expropiación, la Administración actuante aplicará la expropiación a la totalidad de los bienes y derechos de la entera unidad de actuación y realizará por sí misma las obras de urbanización y, en su caso, de edificación.

2. Para la determinación de los bienes y derechos sujetos a expropiación, así como de sus titulares, se estará a los datos que resulten de los registros públicos.

⇒ V. arts. 33 a 40 de la Ley 6/1998, de 13 abril (§1).
V. arts. 22 y concordantes del RD 1093/1997, de 4 julio (§2.1).
V. Jurisprudencia en arts. 134 y concordantes del TRLS/1976 (§3).

Artículo 124. Relación de propietarios y descripción de bienes y derechos.

1. La delimitación de unidades de actuación a ejecutar por el sistema de expropiación deberá ir acompañada de una relación de titulares de bienes y derechos así como de la descripción de éstos, redactadas con arreglo a lo dispuesto en la legislación de expropiación forzosa.

2. Los bienes de dominio público se identificarán, relacionarán y describirán de forma separada e independiente a los efectos de lo dispuesto en el artículo siguiente.

⇒ V. arts. 33 a 40 de la Ley 6/1998, de 13 abril (§1).
V. arts. 22 y concordantes del RD 1093/1997, de 4 julio (§2.1).
V. Jurisprudencia en arts. 135 y concordantes del TRLS/1976 (§3).

Artículo 125. Bienes de dominio público.

1. Cuando en la unidad de actuación a ejecutar por expropiación existan bienes de dominio público y el destino urbanístico de éstos sea distinto del

fin al que estén afectados, la Administración municipal deberá proceder a tramitar y resolver o, en su caso, a instar ante la Administración competente el procedimiento que legalmente proceda para la mutación demanial o la desafectación, según proceda.

2. Las vías no urbanas que queden comprendidas en el ámbito de la unidad de actuación se entenderán de dominio público, salvo prueba en contrario.

3. Las vías urbanas comprendidas en la unidad de actuación que deban desaparecer se entenderán sustituidas por las nuevas previstas por el planeamiento en ejecución y transmitidas de pleno derecho al Ayuntamiento.

⇒ V. art. 210.1 y 2 del TRLS/1992 (§2).
V. arts. 33 a 40 de la Ley 6/1998, de 13 abril (§1).
V. Jurisprudencia en arts. 136 y concordantes del TRLS/1976 (§3).

Artículo 126. Forma de gestión del sistema.

La Administración actuante deberá desarrollar la actividad de ejecución mediante las formas de gestión que permita la legislación aplicable y resulten más adecuadas a los fines de urbanización y edificación previstos en el planeamiento.

Artículo 127. Justiprecio.

1. El justiprecio de los bienes y derechos se determinará mediante aplicación de los criterios establecidos por la legislación general.

2. En todas las expropiaciones, la Administración actuante podrá satisfacer el justiprecio, por acuerdo con el expropiado, mediante la adjudicación de terrenos de valor equivalente.

El desacuerdo en la valoración de la finca, parcela o solar ofrecida en pago del justiprecio no impedirá al expropiado acudir a la Comisión de Valoraciones de Canarias para que fije con carácter definitivo el valor de la adjudicada en pago, sin perjuicio de la efectiva transmisión de las mismas. La diferencia en más que suponga el valor que establezca dicha Comisión se pagará siempre en dinero.

3. El justiprecio se fijará por mutuo acuerdo o por decisión de la Administración municipal o, en su caso y con carácter definitivo, de la Comisión de Valoraciones. El mutuo acuerdo será posible en cualquier momento anterior a la fijación definitiva en vía administrativa del justiprecio y deberá respetar los criterios de valoración a que se refiere el número 1.

⇒ V. arts. 23 a 40 de la Ley 6/1998, de 13 abril (§1).
V. Jurisprudencia en arts. 143 y concordantes del TRLS/1976 (§3).

Artículo 128. Liberación de la expropiación.

1. A solicitud del interesado, la Administración actuante podrá, excepcionalmente y previo trámite de información pública por veinte días, liberar de la expropiación determinados bienes o derechos, mediante la imposición de las condiciones urbanísticas que procedan para asegurar la ejecución del planeamiento.

2. La resolución estimatoria de la solicitud de liberación, cuya eficacia requerirá la aceptación expresa de las condiciones en ella impuestas al beneficiario, deberá precisar, para su validez, los bienes y derechos afectados por la liberación; los términos y condiciones de la vinculación de dichos bienes y derechos al proceso urbanizador y edificatorio; y las garantías a prestar por el beneficiario para asegurar el cumplimiento de tales términos y demás condiciones impuestas.

3. En ningún caso podrá acordarse la liberación si la expropiación viene motivada por el incumplimiento de deberes urbanísticos.

4. El incumplimiento de los deberes establecidos en la resolución liberatoria por parte de los propietarios de los bienes liberados determinará la expropiación por incumplimiento de la función social de la propiedad.

Artículo 129. Procedimiento.

1. Para la expropiación podrá aplicarse tanto el procedimiento individualizado como el de tasación conjunta, conforme a la legislación general de pertinente aplicación.

2. De aplicarse el procedimiento de tasación conjunta, la resolución correspondiente de la Administración implicará la declaración de urgencia o el cumplimiento del requisito a que la legislación general aplicable condicione la ocupación del bien o derecho, previo pago o depósito del justiprecio fijado por aquélla.

3. Si se optase por la expropiación individualizada para cada finca incluida en el sector o unidad de actuación, se seguirá el procedimiento general establecido en la legislación general de expropiación forzosa.

⇒ V. arts. 33 a 40 de la Ley 6/1998, de 13 abril (§1).
V. Jurisprudencia en arts. 138 y concordantes del TRLS/1976, (§3).

Artículo 130. Procedimiento de tasación conjunta.

Reglamentariamente se regulará el procedimiento de tasación conjunta, que, en todo caso, comprenderá la exposición al público del proyecto de expropiación y la notificación individual a los interesados de las correspondientes hojas de aprecio.

La resolución aprobatoria del expediente por parte de la Administración actuante implicará la declaración de urgencia de la ocupación de los bienes y derechos afectados.

Las valoraciones fijadas podrán ser objeto de reclamación ante la Comisión de Valoraciones de Canarias.

Sección 3ª Sistema de ejecución forzosa

Artículo 131. Características del sistema de ejecución.

1. En el sistema de ejecución forzosa el Ayuntamiento concluye subsidiariamente la actividad de ejecución aún pendiente conforme a cualquiera de los sistemas de ejecución privada, en sustitución, por cuenta y cargo de

los propietarios y de la persona o personas directamente responsables de esta ejecución.

2. La aplicación del sistema de ejecución forzosa requerirá la declaración, mediante resolución que agote la vía administrativa, del incumplimiento de cualquiera, incluso los referidos a plazos, de los deberes legales y las obligaciones inherentes del sistema de ejecución sustituido.

3. La declaración a que se refiere el número anterior, con fijación del sistema de ejecución forzosa, supondrá la afectación legal de todos los terrenos, construcciones y edificaciones, así como derechos, al cumplimiento de dicho sistema, y será inscrita en el Registro de la Propiedad, a cuyo efecto deberá comunicarse a éste para que se haga constar mediante asientos de nota marginal.

Artículo 132. Forma de gestión.

1. El sistema de ejecución forzosa se gestionará por el Ayuntamiento mediante encomienda bien a sociedad mercantil de capital público propia o perteneciente a cualquiera de las otras Administraciones Públicas de la Comunidad Autónoma, bien a la que constituya, en otro caso, con esta exclusiva finalidad. En este último caso la sociedad podrá ser de capital mixto, procediendo las aportaciones privadas de los propietarios de terrenos comprendidos en la unidad de actuación.

2. La sociedad que asuma la encomienda de la gestión del sistema contratará con empresarios privados la realización de las obras de urbanización y edificación precisas.

Artículo 133. Procedimiento para la declaración del incumplimiento y sustitución del sistema de ejecución por el de ejecución forzosa.

1. El procedimiento para la declaración del incumplimiento de deberes legales y obligaciones inherentes al sistema de ejecución privada elegido para la actuación de que se trate y su sustitución por el de ejecución forzosa se iniciará de oficio por el Ayuntamiento, por iniciativa propia o en virtud de ejercicio de la acción pública. Su tramitación se desarrollará reglamentariamente con observancia de lo dispuesto en el artículo 100 del presente Texto Refundido.

2. El procedimiento a que se refiere el número anterior:

a) Tendrá por objeto la determinación de:

1) La existencia de incumplimientos de deberes u obligaciones legales o voluntariamente asumidas y, en su caso, su identificación y alcance.

2) En caso de comprobación de incumplimientos, la concreción y precisión de los deberes legales y las restantes obligaciones pendientes de cumplimiento y de las obras de urbanización y edificación que aún resten por ejecutar, así como la cuantificación de su coste y las condiciones y plazos para la ejecución de unas y otras.

b) Su terminación podrá, conforme a lo dispuesto en la letra b) del número 1 del artículo 100:

1) Ser preparada mediante convenios o acuerdos con los propietarios o

personas responsables de la ejecución que, no obstante la sustitución del sistema de ejecución, deseen continuar incorporados al proceso urbanizador y edificatorio.

2) Tener lugar, sustituyendo a la resolución administrativa unilateral, mediante convenio o acuerdo suscrito con todos los propietarios afectados y las demás personas incorporadas o responsables de la gestión del sistema de ejecución sustituido.

3. El contenido de los convenios preparatorios y los finalizadores del procedimiento deberá contemplar el contenido propio de la resolución administrativa unilateral del procedimiento y en el supuesto de los finalizadores producirán los efectos propios de ésta.

Artículo 134. Contenido y efectos de la resolución por la que se determine el sistema de ejecución forzosa.

1. La resolución que ponga fin al procedimiento a que se refiere el número 1 del artículo anterior deberá ser motivada y establecer con toda precisión:

a) Los incumplimientos apreciados.

b) El contenido y el alcance de los deberes y las restantes obligaciones pendientes de cumplimiento.

c) Los instrumentos de ejecución del planeamiento y los proyectos cuya formulación sea aún necesaria para ultimar la ejecución de la actuación.

d) Las obras de urbanización y, en su caso, de edificación pendientes de ejecución, el coste previsto de ésta y de la gestión del sistema y el plazo en que se estime pueda ser llevado a cabo.

e) El suelo edificable necesario para sufragar, de un lado, los costes del sistema y, de otro lado, los de las obras de urbanización.

2. La determinación del sistema de ejecución forzosa habilitará al Ayuntamiento sin trámite ni requisito ulterior algunos para:

a) Proceder inmediatamente a la ocupación de los terrenos y demás bienes que, por su calificación urbanística, deban ser objeto de cesión obligatoria y gratuita.

b) Localizar los terrenos precisos para la cesión correspondiente al porcentaje pertinente del aprovechamiento urbanístico y proceder a la ocupación de los mismos.

c) Formular y, en su caso, ejecutar los instrumentos de ordenación complementarios que sean precisos, así como el o los proyectos de urbanización y, en su caso, edificación pertinentes.

d) Formular y, si procede, ejecutar el o los proyectos de reparcelación forzosa, en su caso complementarios o de modificación de los que se hubieran ya formulado, necesarios para la justa distribución de beneficios y cargas, incluyendo los nuevos costes derivados de la determinación del sistema de ejecución forzosa y, entre ellos, los de gestión de éste, que no podrán superar el diez por ciento del total de los de la cuenta final de liquidación del sistema.

Artículo 135. Ocupación y disposición de bienes y ejecución de las obras de urbanización.

1. Desde la aprobación del proyecto de reparcelación:

a) El Ayuntamiento, a propuesta de la entidad gestora, podrá acordar, en favor de ésta, la ocupación inmediata de todos o parte de los bienes y el ejercicio de la facultad de disposición de éstos en calidad de titular fiduciario.

b) Será posible la inscripción en el Registro de la Propiedad, en favor del Ayuntamiento, del suelo de cesión obligatoria y gratuita, conforme a la determinación que se haga en el proyecto de reparcelación.

c) La entidad gestora podrá, hasta la conclusión de la actuación, enajenar suelo edificable reservado para sufragar los costes cuantificados en el proyecto de reparcelación o, en su caso, en la resolución que haya fijado el sistema de ejecución.

2. La entidad gestora podrá, al contratar la ejecución de las obras con empresas urbanizadoras, convenir el pago del precio mediante:

a) El importe de la enajenación de suelo edificable.

b) La adjudicación a la empresa urbanizadora de determinado aprovechamiento lucrativo, determinada edificabilidad o concretos solares resultantes de la urbanización. Esta modalidad de pago requerirá la aprobación del Ayuntamiento.

Artículo 136. Liquidación de la actuación.

1. Concluidas las obras de urbanización y recibida ésta definitivamente por el Ayuntamiento, la entidad gestora elaborará y presentará la cuenta de liquidación de la actuación.

Recibida la cuenta de liquidación, el Ayuntamiento deberá poner a disposición de los propietarios que no hayan resultado adjudicatarios de solares, ni hayan sido ya indemnizados de cualquier otra forma, los solares, el aprovechamiento urbanístico lucrativo o la edificabilidad aún restantes, habida cuenta de los gastos efectivamente habidos en la gestión y ejecución, en la proporción que les corresponda según sus respectivas fincas originarias.

2. Los propietarios a que se refiere el párrafo segundo del número anterior podrán formular reclamación ante el Ayuntamiento, basada en la lesión del valor económico de sus derechos, dentro del plazo legal del recurso administrativo correspondiente, que deberá ser resuelta en el mismo plazo legal establecido para la de éste y previo informe de la entidad gestora. En caso de estimación de la reclamación, la diferencia que se reconozca será satisfecha en metálico por la entidad gestora con cargo a la cuenta de la actuación.

3. A los efectos de lo dispuesto en el número anterior y, en general, de la cobertura de las diferencias entre costes previstos y reales, la entidad gestora podrá enajenar el suelo de que disponga fiduciariamente. De restar aún suelo en su disposición, deberá proceder a su enajenación y posterior distribución proporcional del importe de la misma entre los propietarios con derecho a aquélla.

CAPÍTULO V
Ejecución de los sistemas generales

Artículo 137. Formas de ejecución.

1. El suelo destinado a sistemas generales se obtendrá mediante expropiación u ocupación directa, cuando no se incluya o se adscriba al sector, ámbito o unidad de actuación.

2. La expropiación u ocupación directa de los sistemas generales deberá tener lugar dentro de los cinco años siguientes a la aprobación del planeamiento de ordenación que legitime la actividad de ejecución.

3. Las obras correspondientes a sistemas generales se realizarán conforme a las determinaciones sustantivas, temporales y de gestión del planeamiento de ordenación como obras públicas ordinarias.

⇒ Según la disp. adic. 8ª de este Texto Refundido, en la interpretación y aplicación de sus preceptos, se estará al significado y alcance que para los conceptos básicos en ella utilizados se establecen en el anexo a la misma. El ap. 3.7 considera Obras públicas ordinarias las obras proyectadas y realizadas por la Administración pública, al margen de unidades de actuación, en ejecución del planeamiento y para la construcción de equipamientos, sistemas generales, dotaciones o viales.
V. arts. 25 y 27.1 de la Ley 6/1998, de 13 abril (§1).
El sistema de ocupación directa se reguló por el art. 203 del TRLS/1992 (§2) derogado por la disp. derog. única de la Ley 6/1998 de 13 abril (§1).
V. arts. 42 y concordantes del RD 1093/1997, de 4 julio (§2.1).

Jurisprudencia

«Nuestro Tribunal Supremo, en Sentencias de fechas 29 de enero de 1994 (RJ 1994, 263) y 3 de diciembre de 1994 (RJ 1994, 10473), declaró que el suelo para sistemas generales, cuando no viene adscrito por el planeamiento a una concreta clase de suelo, y salvo que de hecho fuese urbano, debe considerarse como suelo urbanizable programado a efectos de su valoración, dado su destino, y avanzando aún más en esa misma orientación, el propio Tribunal Supremo ha declarado, en sus Sentencias de 30 de abril de 1996 (recurso de casación 4181/1993 [RJ 1996, 3645] [F. 11]) y 14 de enero de 1998 (recurso de casación 6017/1993 [RJ 1998, 294] [F. 3º y 4º]), que, a pesar de estar clasificado de no urbanizable el suelo de uso dotacional o para sistemas generales por el planeamiento, su valoración, a efectos de ejecutar éstos por el sistema de expropiación, debe hacerse como si de suelo urbanizable se tratase, ya que, de lo contrario, se incumpliría la obligación de equidistribución de los beneficios y cargas derivados del planeamiento, impuesta por los artículos 3.2 b) y 87.1 del Texto Refundido de la Ley del Suelo, aprobado por Real Decreto 1346/1976, de 9 de abril». **(STS 9 julio 1999 [RJCA 1999, 4526]).**

Artículo 138. Efectos del incumplimiento del deber de adquirir el suelo de sistemas generales.

Transcurrido sin efecto el plazo previsto en el artículo anterior, el procedimiento de expropiación forzosa se entenderá incoado por ministerio de la ley si, efectuado requerimiento a tal fin por el propietario afectado o sus causahabientes, transcurre un año desde dicho requerimiento sin que la incoación se produzca.

Desde que se entienda legalmente incoado el procedimiento expropiatorio, el propietario interesado podrá formular hoja de aprecio, así como, transcurridos dos meses sin notificación de resolución alguna, dirigirse a la Comisión de Valoraciones de Canarias a los efectos de la fijación definitiva del justiprecio.

Artículo 139. Ocupación directa de los terrenos destinados a sistemas generales.

1. Los terrenos destinados a sistemas generales podrán obtenerse mediante su ocupación directa y permuta forzosa con terrenos de un patrimonio público de suelo de dimensiones suficientes y características adecuadas para servir de soporte al aprovechamiento urbanístico que corresponda al propietario afectado, conforme a lo establecido en el artículo anterior.

La ocupación directa requerirá la determinación:

a) Del aprovechamiento urbanístico que corresponda al propietario afectado.

b) De los terrenos pertenecientes a un patrimonio público de suelo para permutar por los ocupados, así como, en su caso, de la indemnización que se ha de satisfacer en metálico por la parte de aprovechamiento no materializable en ellos.

2. La ocupación directa se producirá por el procedimiento reglamentariamente establecido, que podrá terminarse por convenio y deberá respetar las siguientes reglas:

a) Serán preceptivos el sometimiento a información pública de la relación de terrenos y propietarios afectados, con indicación de los aprovechamientos urbanísticos correspondientes a éstos y de los terrenos pertenecientes a patrimonios públicos de suelo que se permutan por cada uno de ellos, y la notificación personal a los propietarios, con un mes de antelación, de la ocupación prevista y las demás circunstancias relevantes que en ella concurran.

b) Contra la relación a que se refiere la letra anterior podrán los propietarios afectados formular reclamación ante la Comisión de Valoraciones de Canarias, sin cuyo acuerdo no podrá procederse a acto alguno de ocupación.

c) En el momento de la ocupación deberá levantarse acta haciendo constar el lugar y la fecha de otorgamiento y la Administración actuante; la identificación de los titulares de los terrenos ocupados y la situación registral de éstos; la superficie ocupada, el o los aprovechamientos urbanísticos que le correspondan y los terrenos pertenecientes a un patrimonio público de suelo que se permutan, así como, en su caso, la indemnización complementaria de la permuta forzosa.

d) Las actuaciones que se afecten a los propietarios desconocidos, no comparecientes o incapacitados sin representación y respecto a las propiedades litigiosas deberán entenderse con el Ministerio Fiscal.

e) Los propietarios afectados por la ocupación tendrán derecho a la expedición de certificación administrativa acreditativa de todos los extremos del acta levantada.

f) La certificación administrativa del acta de ocupación directa producirá los efectos propios de la reparcelación y servirá de reconocimiento del derecho a la indemnización complementaria de la permuta, la cual deberá abonarse dentro de los tres meses siguientes al acto de ocupación.

g) La Administración actuante remitirá al Registro de la Propiedad certificación del acta levantada a los efectos de la práctica de las inscripciones procedentes.

⇒ V. arts. 42 y concordantes del RD 1093/1997, de 4 julio (§2.1).

CAPÍTULO VI
Restantes formas de ejecución

Sección 1ª Ejecución en áreas de gestión integrada

Artículo 140. Áreas de gestión integrada.

1. El planeamiento de los recursos naturales, territorial y urbanístico podrá delimitar áreas donde se haya de realizar una gestión integrada de todos sus recursos, buscando el equilibrio entre su conservación y las diversas actividades que en ellas tengan lugar. Los planes de ordenación deberán establecer objetivos para estas áreas, que tiendan a conseguir un uso sostenible.

2. La delimitación de estas áreas se realizará con independencia de las diferentes clases de suelo que pudieran existir en su ámbito y comportará la coordinación e integración de las acciones de las administraciones públicas afectadas.

Artículo 141. Efectos de la delimitación de áreas de gestión integrada.

La delimitación de áreas de gestión integrada producirá los siguientes efectos:

a) La constitución de los Ayuntamientos y los Cabildos en la obligación legal de adoptar todas las medidas precisas para la organización consorcial de la gestión del área de que se trate.

b) La obligación de la Administración de la Comunidad, el Cabildo Insular correspondiente y el o los Ayuntamientos de cooperar entre sí y de coordinar el ejercicio de sus competencias al servicio de la consecución de los objetivos fijados para el área de que se trate.

c) La afectación, en todo caso, a los objetivos del área correspondiente del 20 por 100 de la recaudación anual de la totalidad de los tributos locales o autonómicos que graven las actividades económicas radicadas o desarrolladas en el ámbito de que se trate.

d) La habilitación para el establecimiento y la recaudación, incluso por la organización consorcial del área, de tasas o precios públicos por la prestación de servicios y la utilización tanto de los bienes que hayan sido aportados a aquélla o estén adscritos o sean administrados por ella, como de las infraestructuras y los equipamientos y los servicios por la misma construidos.

e) El sometimiento de todas las transmisiones de la propiedad en el área correspondiente y en favor de la organización consorcial a los derechos de tanteo y retracto regulados en este Texto Refundido por el plazo máximo de tres meses y un año, respectivamente.

Artículo 142. Organización consorcial y gerencial subsidiaria de las áreas de gestión integrada.

1. Para el cumplimiento de los objetivos propios de las áreas de gestión integrada, el planeamiento ambiental, territorial y urbanístico deberá prever su organización en forma de consorcio que se constituirá, en plazo máximo determinado, por el correspondiente Cabildo Insular y por el o los Ayuntamientos afectados, que participarán en proporción al suelo y en función de la superficie que les afecte.

La eventual participación del Estado y la de la Comunidad Autónoma se regulará reglamentariamente.

2. Cuando un área de gestión integrada afecte a uno o varios Espacios Naturales Protegidos, la Administración competente participará en la organización consorcial establecida en el apartado anterior, en proporción a la superficie del área por ella gestionada, correspondiendo a esa Administración la designación del gerente del consorcio cuando la superficie de los espacios naturales comprendida en el área de gestión integrada supere el 50 por 100 de la superficie total.

3. Transcurrido el plazo máximo fijado al efecto por el planeamiento sin que la constitución del consorcio haya tenido lugar, la Consejería competente en materia de ordenación del territorio y urbanismo requerirá al Cabildo Insular para que proceda a dicha constitución con otorgamiento de un nuevo y definitivo plazo de conformidad con la normativa de régimen administrativo común. Transcurrido éste, también sin efecto, la Administración de la Comunidad procederá a la constitución de un organismo autónomo de carácter gerencial.

Desde su constitución el organismo autónomo gerencial asumirá la totalidad de las competencias precisas para el cumplimiento de los objetivos previstos por el planeamiento para dicha área.

No obstante lo dispuesto en el párrafo anterior, el Cabildo Insular y el Ayuntamiento o Ayuntamientos afectados podrán asociarse voluntariamente, en la forma que reglamentariamente se determine, a la actividad del organismo autónomo de carácter gerencial. Desde que adopten dicha iniciativa y previo convenio interadministrativo, cabrá la reorganización de dicho organismo para otorgarle carácter consorcial.

⇒ V. D. 10/2001, de 29 enero, del Presidente, por el que se determinan el número, denominación y competencias de las Consejerías.

V. D. 12/2001, de 30 enero, por el que se determina la estructura central y periférica, así como las sedes de las consejerías de la Administración Pública de la Comunidad Autónoma de Canarias.

Artículo 143. Formas de actuación en las áreas de gestión integrada.

La actividad de ejecución que sea en cada caso precisa en las áreas de gestión integrada se desarrollará, según proceda, mediante:

a) La delimitación de una o varias unidades de actuación y con aplicación en ellas de cualquiera de los sistemas de ejecución pública y privada previstos en este Texto Refundido.

Cuando se apliquen sistemas de ejecución privada, las competencias atribuidas en este Texto Refundido a los Ayuntamientos serán ejercidas por el Consorcio o, en su caso, el Organismo Autónomo gerencial constituidos.

b) La realización de obras públicas ordinarias, incluso concertadas con la iniciativa privada a través de la suscripción de los oportunos convenios urbanísticos.

⇒ Según la disp. adic. 8ª de este Texto Refundido, en la interpretación y aplicación de sus preceptos, se estará al significado y alcance que para los conceptos básicos en ella utilizados se establecen en el anexo a la misma. El ap. 3.7 considera Obras públicas ordinarias las obras proyectadas y realizadas por la Administración pública, al margen de unidades de actuación, en ejecución del planeamiento y para la construcción de equipamientos, sistemas generales, dotaciones o viales.

Artículo 144. Áreas de Rehabilitación Integral.

1. Área de Rehabilitación Integral es la denominación que adoptará un área de gestión integrada cuando el objeto de su delimitación sea la rehabilitación física, social, económica y funcional de una zona urbana con destino turístico o residencial, integrada o no en un conjunto de valor cultural.

2. El instrumento de planeamiento urbanístico que desarrolle la ordenación pormenorizada del Área determinará el plazo máximo para la constitución del Consorcio, transcurrido el cual sin que se lleve a efecto, el Ayuntamiento, o el órgano autonómico o insular competente por razón de la materia asumirá la gestión.

3. Para la ejecución de sus determinaciones, el instrumento de planeamiento urbanístico establecerá las directrices precisas en orden a la formulación de programas anuales de rehabilitación integrada y, en su caso, de adecuación arquitectónica de espacios públicos, cuya aprobación corresponderá al Consorcio o, en su defecto, al órgano que haya asumido la gestión, a propuesta del gerente de aquél o responsable de ésta.

4. Sin perjuicio de los efectos señalados en el artículo 141, la delimitación de áreas de rehabilitación integral permitirá habilitar las medidas de fomento de las actuaciones privadas de rehabilitación o implantación de determinados usos que se determinen reglamentariamente, y que podrán diferenciarse en:

a) Económicas: exenciones o bonificaciones tributarias, préstamos en condiciones especiales, subvenciones directas o de intereses, u otras.

b) Administrativas: constitución de ventanillas únicas y limitación de los plazos de tramitación, u otras.

Sección 2ª Ejecución mediante obras públicas ordinarias

Artículo 145. Actuaciones urbanísticas aisladas.

1. Cuando no esté prevista en el planeamiento de los recursos naturales, territorial y urbanístico, ni sea precisa ni conveniente la delimitación de uni-

dades de actuación, la actividad de ejecución de aquél se llevará a cabo mediante obras públicas ordinarias, de acuerdo con la legislación que sea aplicable por razón de la Administración pública actuante.

2. El suelo preciso para las dotaciones se obtendrá por:

a) Cesión gratuita en virtud de convenio urbanístico.

b) Expropiación.

c) Ocupación directa.

3. Cuando las obras públicas sean de urbanización, la administración pública actuante podrá imponer contribuciones especiales a los titulares de suelo beneficiados especialmente por aquéllas.

⇒ Según la disp. adic. 8ª de este Texto Refundido, en la interpretación y aplicación de sus preceptos, se estará al significado y alcance que para los conceptos básicos en ella utilizados se establecen en el anexo a la misma. El ap. 3.7 considera Obras públicas ordinarias las obras proyectadas y realizadas por la Administración pública, al margen de unidades de actuación, en ejecución del planeamiento y para la construcción de equipamientos, sistemas generales, dotaciones o viales.

CAPÍTULO VII
Ejecución de obras de edificación

Artículo 146. Edificación de parcelas y solares.

La ejecución del planeamiento tendrá lugar mediante la directa realización, en las correspondientes parcelas o solares, de las obras de edificación precisas para la materialización del aprovechamiento objetivo previsto por aquél, cuando dicha ejecución no deba tener lugar en unidades de actuación delimitadas a tal fin y a través de los pertinentes sistemas definidos en este Texto Refundido.

Cuando la ejecución del planeamiento se realice mediante unidades de actuación, la edificación tendrá lugar en los términos del sistema de ejecución establecido y, en todo caso, una vez concluidas y recibidas o garantizadas las obras de urbanización.

⇒ V. Ley 8/1995, de 6 abril, de Accesibilidad y supresión de barreras físicas y de la comunicación, en Canarias.
V. D. 227/1997, de 18 septiembre, que aprueba el Reglamento de la Ley 6 abril 1995. Desarrollado, por O. 5 octubre 1998.

Artículo 147. Presupuestos de la edificación.

1. La edificación de parcelas y solares requiere:

a) El establecimiento de la ordenación pormenorizada del suelo y el cumplimiento de los deberes legales de la propiedad de éste, en todo caso.

b) La previa ejecución de las obras de urbanización o, en su caso, el cumplimiento de los requisitos exigibles, conforme a este Texto Refundido, para simultanear aquéllas y las de edificación.

2. La edificación de parcelas sólo será posible con simultánea ejecución

o afianzamiento de las obras de urbanización que resten aún para transformar aquéllas en solares.

⇒ V. Ley 38/1999, de 5 noviembre, de Ordenación de la Edificación (§1.1).
V. arts. 5, 8, 13 y 14 de la Ley 6/1998, de 13 abril (§1).
V. Jurisprudencia en arts. 83 y concordantes del TRLS/1976 (§3).
V. arts. 29 y concordantes del RD 1093/1997, de 4 julio (§2.1).

Artículo 148. Ejecución de la edificación mediante sustitución del propietario y expropiación por incumplimiento de la función social del suelo.

1. Transcurrido un año desde la aprobación de la ordenación pormenorizada que legitime la ejecución en suelo urbano o la recepción de la urbanización en suelo urbanizable, el Ayuntamiento podrá delimitar áreas en las que los terrenos queden sujetos al régimen de ejecución de la edificación mediante sustitución e, incluso, al de expropiación.

Excepcionalmente, la referida delimitación podrá alcanzar en suelo urbano a los solares cuyo destino principal sea el uso turístico, cuando el suelo que permita tal uso sea muy escaso.

2. Reglamentariamente se establecerá el procedimiento administrativo aplicable, que en todo caso garantizará los requisitos de transparencia y publicidad y audiencia a los interesados, sin que pueda establecerse un plazo superior a dos meses entre la solicitud de la declaración de la sustitución de ejecución y la resolución expresa municipal.

⇒ V. D. 10/2001, de 22 enero, por el que se regulan los Estándares Turísticos.
V. D. 12/2001, de 30 enero, por el que se determina la estructura central y periférica, así como las sedes de las consejerías de la Administración Pública de la Comunidad Autónoma de Canarias.

Artículo 149. Concurso para la sustitución del propietario a efectos de edificación.

1. La sustitución del propietario se realizará por concurso público convocado dentro del mes siguiente a la declaración de ejecución por sustitución.

Transcurrido este último plazo sin que el anuncio haya tenido lugar, quedará la declaración de la situación de ejecución por sustitución sin efecto alguno por ministerio de la ley y sin necesidad de trámite o requisito alguno, no pudiendo la Administración volver a declarar dicha situación dentro de los dos años siguientes, salvo por cambio de las circunstancias que tenga reflejo en la ordenación urbanística de aplicación.

2. La convocatoria del concurso deberá expresar las condiciones pertinentes, entre las que habrán de figurar, en todo caso y como mínimo, las siguientes:

a) Precio a satisfacer por el adjudicatario.

b) Plazo máximo para la ejecución de la edificación y, en su caso, las obras de simultánea urbanización.

c) Precios máximos de venta o arrendamiento de la edificación resultante.

d) Garantía definitiva del cumplimiento del deber de edificación.

3. Las proposiciones de los participantes en el concurso podrán incluir oferta dirigida al propietario de acuerdo de pago en especie y, concretamente, en locales, viviendas o metros cuadrados construidos en la edificación a ejecutar.

Cuando en el concurso se presentara alguna oferta en los términos indicados en el párrafo anterior no podrá resolverse sobre la adjudicación sin otorgar audiencia al propietario para que pueda manifestar su aceptación a alguna de las ofertas que le hubieran sido formuladas o rechazarlas todas. Transcurrido sin efecto el trámite de audiencia o habiendo rechazado el propietario todas las ofertas, se procederá sin más trámites a la adjudicación del concurso.

En el caso de que el propietario aceptara alguna de las ofertas formuladas, deberá presentar, por sí mismo o a través del correspondiente concursante y dentro del período de audiencia, convenio urbanístico, suscrito con dicho concursante y protocolizado notarialmente, preparatorio de la resolución del concurso.

Dentro de los diez días siguientes a la presentación del convenio, la Administración actuante dictará, si procede, resolución aprobándolo, que implicará la adjudicación en favor del concursante firmante del convenio.

La aprobación administrativa de éste producirá, para cada parcela o solar, los efectos de la reparcelación y, en particular:

a) La transmisión de la parcela o solar en proindiviso y en la proporción resultante del convenio suscrito al adjudicatario del concurso junto con el propietario o propietarios aceptantes de la oferta.

b) La ocupación de la parcela o solar por el adjudicatario del concurso a los efectos de la realización de las obras.

c) La atribución al adjudicatario del concurso, con carácter fiduciario, de la facultad de disposición sobre la parte del proindiviso de la que sea titular el propietario originario a los exclusivos efectos de la constitución de garantías para la obtención de préstamos precisos para la financiación de las obras.

4. Salvo en los casos expresamente previstos en este Texto Refundido, la diferencia entre el precio fijado en la convocatoria y el efectivamente resultante de la adjudicación corresponderá a la Administración convocante, que deberá aplicarlo al patrimonio público de suelo.

5. La certificación administrativa de la resolución del concurso, acompañada, en su caso, de la escritura pública del convenio urbanístico aprobado administrativamente, servirá como título para la inscripción de la transmisión forzosa en el Registro de la Propiedad.

6. En caso de quedar desierto el concurso, la Administración actuante podrá optar, dentro de los dos meses siguientes, entre la convocatoria de nuevo concurso o la adquisición, asimismo forzosa y por el precio fijado en aquel primero, de la parcela o solar con destino al patrimonio público de suelo. En la convocatoria del segundo concurso, el precio de licitación se incrementará en los gastos habidos en el primero.

⇒ Según la disp. adic. 8ª de este Texto Refundido, en la interpretación y aplicación de sus preceptos, se estará al significado y alcance que para los conceptos básicos en ella utilizados se establecen en el anexo a la misma. El ap. 3.3 considera Adjudicatario el encargado de la ejecución de la edificación en sustitución del propietario por la adjudicación del concurso público establecido al efecto y previa declaración por parte de la Administración municipal de la situación de ejecución por sustitución.

Artículo 150. Incumplimiento del adjudicatario del concurso.

El incumplimiento de las condiciones de adjudicación de los concursos regulados en el artículo anterior, declarado en procedimiento en el que deberá oírse al interesado o los interesados, dará lugar a la expropiación o a nueva declaración de la situación de ejecución por sustitución conforme al artículo 148.

CAPÍTULO VIII

Conservación de obras y edificaciones

Sección 1ª Obras de urbanización

Artículo 151. Deber de conservación de las obras de urbanización.

1. La conservación de las obras de urbanización, incluyendo el mantenimiento de las dotaciones y los servicios públicos, corresponde al Ayuntamiento.

2. En las obras de urbanización realizadas por personas privadas o como consecuencia de una actuación seguida conforme a un sistema de ejecución privada, el deber previsto en el número anterior comenzará desde el momento de la recepción por el Ayuntamiento de las correspondientes obras, salvo lo dispuesto en el número siguiente.

3. La conservación de las obras de urbanización corresponde a los propietarios de solares, agrupados legalmente en entidad urbanística de conservación, en los mismos términos dispuestos en el número 1 para el Ayuntamiento y con independencia de que las obras sean o no de primera ejecución, en los siguientes supuestos:

a) Cuando haya sido asumida voluntariamente por cualquier procedimiento.

b) Cuando los solares estén comprendidos en unidades de actuación o ámbitos delimitados a este solo efecto para los que el planeamiento de ordenación urbanística así lo disponga.

4. Las entidades urbanísticas de conservación son entidades de Derecho público, de adscripción obligatoria, con personalidad y capacidad jurídicas propias para el cumplimiento de sus fines, que adquieren personalidad jurídica desde su inscripción en el registro administrativo correspondiente, previa aprobación de sus estatutos por la Comisión de Gobierno del Ayuntamiento o, donde no exista, del Alcalde. Podrán solicitar de la Administración la vía de apremio para la exigencia de las cuotas de conservación que corresponda satisfacer a los propietarios.

La participación de los propietarios en los gastos de conservación se determinará:

a) Con arreglo a la que les haya correspondido en el sistema de ejecución de la unidad de actuación correspondiente.

b) En otro caso, conforme a la que les esté asignada en la comunidad de propietarios, si se ha constituido una en régimen de propiedad horizontal.

c) En su defecto, a tenor de lo que dispongan los estatutos de la entidad urbanística de conservación.

⇒ V. Jurisprudencia en arts. 122 y concordantes del TRLS/1976 (§3).

Artículo 152. Recepción de las obras de urbanización.

1. La recepción de las obras de urbanización corresponderá siempre al Ayuntamiento, de oficio o a instancia de la persona responsable de la ejecución, conservación y entrega de dichas obras.

2. Reglamentariamente se establecerá el procedimiento para la recepción.

Las recepciones se documentarán mediante el otorgamiento de acta, cuya certificación administrativa se remitirá al Registro de la Propiedad a los efectos de la práctica de las inscripciones procedentes conforme a la legislación hipotecaria.

3. Podrán ser objeto de recepción parcial aquellas partes de obra susceptibles de ser ejecutadas por fases que puedan ser entregadas al uso o servicio públicos, según lo establecido en el correspondiente instrumento de planeamiento.

Sección 2ª Deber de conservación de las edificaciones y declaración de ruina

Artículo 153. Deberes de conservación y rehabilitación.

1. Los propietarios de terrenos, construcciones y edificios tienen el deber de mantenerlos en condiciones de seguridad, salubridad, ornato público y decoro, con sujeción a las normas sectoriales que les sean de aplicación, realizando los trabajos y obras precisos para conservarlos o rehabilitarlos, a fin de cumplir en todo momento las condiciones requeridas para la habitabilidad o el uso efectivo establecido por el planeamiento.

2. Los deberes de conservación y rehabilitación de los propietarios de edificaciones alcanzan hasta el importe de los trabajos correspondientes que no rebasen el límite del contenido normal de aquéllos, representado por el 50 por 100 del coste de una construcción de nueva planta, con similares características e igual superficie construida o, en su caso, de idénticas dimensiones que la preexistente, realizada con las condiciones necesarias para que su ocupación sea autorizable o quede en condiciones de ser legalmente destinada al uso que le sea propio.

Cuando el Ayuntamiento o, en su caso, el Cabildo o el órgano de la Comunidad Autónoma ordene o imponga al propietario la ejecución de obras de conservación o rehabilitación que excedan del referido límite, deberá sufragar el exceso.

En todo caso, la Administración podrá establecer ayudas públicas, en las condiciones que estime oportunas, pudiendo convenir la explotación conjunta del inmueble y, en su caso, bonificaciones fiscales.

⇒ V. art. 19 de la Ley 6/1998, de 13 abril (§1).
V. art. 3 de la Ley 38/1999, de 5 noviembre, de Ordenación de la Edificación (§1.1).
V. Jurisprudencia en arts. 181 y concordantes del TRLS/1976 (§3).

Artículo 154. Inspección periódica de edificaciones.

1. Los propietarios de toda edificación catalogada o protegida, o incluida dentro de un Conjunto Histórico, deberán encomendar a un técnico facultativo competente, cada diez años, la realización de una inspección dirigida a determinar el estado del inmueble y las obras de conservación o, en su caso, rehabilitación que fueran precisas.

2. Dicho facultativo consignará los resultados de su inspección expidiendo un informe técnico, con descripción de:

a) Los desperfectos y las deficiencias apreciados, sus posibles causas y las medidas prioritarias recomendables para asegurar su estabilidad, seguridad, estanqueidad y consolidación estructurales, así como para mantener y recuperar las condiciones de habitabilidad y de uso efectivo según el destino propio de la edificación.

b) El grado de ejecución y efectividad de las medidas adoptadas y de los trabajos realizados para cumplimentar las recomendaciones contenidas en los informes técnicos de las inspecciones periódicas anteriores.

c) Cualquier otro aspecto que se determine reglamentariamente.

3. La eficacia, a efectos administrativos, de los informes técnicos requerirá la presentación de copia de los mismos en el Ayuntamiento dentro del mes siguiente al vencimiento del período decenal correspondiente.

Los Ayuntamientos podrán requerir de los propietarios la exhibición de los informes técnicos resultantes de las inspecciones periódicas y, caso de comprobar que éstas no se han realizado, ordenar su práctica o realizarlas en sustitución y a costa de los obligados.

⇒ V. Ley 4/1999, de 15 marzo, de Patrimonio Histórico de Canarias.

Artículo 155. Situación legal de ruina.

1. Procederá la declaración de la situación legal de ruina urbanística en los siguientes supuestos:

a) Cuando el coste de las reparaciones necesarias para devolver la estabilidad, seguridad, estanqueidad y consolidación estructurales a una edificación manifiestamente deteriorada, o para restaurar en ella las condiciones mínimas que permitan su habitabilidad y uso efectivo legítimo, supere el límite del deber normal de conservación, en los términos del artículo 153.2 de este Texto Refundido.

b) Cuando el propietario acredite, al menos, el cumplimiento puntual y adecuado de las recomendaciones de los informes técnicos correspondientes a las dos últimas inspecciones periódicas preceptuadas en el artículo anterior, y el coste de los trabajos realizados como consecuencia de esas dos inspecciones, sumado al de las que deban ejecutarse a los efectos señalados en el apartado anterior, supere el límite del deber normal de conservación, con la comprobación de una tendencia progresiva y constante en el tiempo al incremento de las inversiones precisas para la conservación de la edificación.

2. Corresponderá al Ayuntamiento la declaración de la situación legal de ruina, previo procedimiento de oficio o como consecuencia de denuncia formulada por cualquier interesado, en el que deberá darse audiencia a los propietarios y a los demás titulares de derechos afectados, así como a los órganos competentes de la Comunidad Autónoma o Cabildo Insular cuando resulten afectadas edificaciones declaradas de interés histórico o artístico o en trámite de declaración.

3. La declaración de la situación legal de ruina urbanística implicará que:

a) El Ayuntamiento deberá ordenar las medidas necesarias para evitar daños a personas y bienes y pronunciarse de forma razonada sobre el cumplimiento o incumplimiento del deber de conservación de la edificación.

No procederá apreciar el incumplimiento de dicho deber cuando la ruina sea causada por fuerza mayor, hecho fortuito o culpa de tercero, así como cuando el propietario haya sido diligente en el mantenimiento y uso del inmueble.

b) El propietario de la edificación quedará obligado a:

1º) Proceder, a su elección, a la completa rehabilitación o a la demolición, cuando se trate de una edificación no catalogada, ni protegida, ni sujeta a procedimiento alguno dirigido a la catalogación o al establecimiento de un régimen de protección integral.

2º) Adoptar las medidas urgentes y realizar los trabajos necesarios para mantener y recuperar la estabilidad y la seguridad de la edificación, en los restantes supuestos. En este caso, el Ayuntamiento podrá convenir con el propietario los términos de la rehabilitación definitiva. De no alcanzarse acuerdo, el Ayuntamiento podrá optar entre ordenar las obras de rehabilitación necesarias, con otorgamiento simultáneo de ayuda económica adecuada, o proceder a la sustitución del propietario incumplidor aplicando el régimen establecido en los artículos 148, 149 y 150 de este Texto Refundido, sin necesidad de que la finca afectada esté incluida en área delimitada al efecto.

⇒ V. art. 19 de la Ley 6/1998, de 13 abril (§1).
V. Ley 4/1999, de 15 marzo, de Patrimonio Histórico de Canarias.
V. arts. 245.1 y 246.2 del TRLS/1992 (§2).
V. Jurisprudencia en arts. 183 y concordantes del TRLS/1976 (§3).

Artículo 156. Ruina inminente.

1. Cuando una construcción o edificación amenace ruina de modo inminente, con peligro para la seguridad pública o la integridad del patrimonio arquitectónico catalogado o declarado de interés histórico o artístico, la Administración competente estará habilitada para disponer todas las medidas que sean

precisas, incluidos el apuntalamiento de la construcción o edificación y su desalojo. Dichas medidas podrán extenderse excepcionalmente a la demolición que sea estrictamente indispensable para proteger adecuadamente valores superiores y, desde luego, la integridad física de las personas, requiriendo, cuando se trate de patrimonio catalogado o declarado de interés histórico o artístico, de informe previo favorable del organismo competente por razón de la materia.

2. El Ayuntamiento será responsable de los daños y perjuicios que resulten de las medidas a que se refiere el apartado anterior, sin que ello suponga exención de la responsabilidad que incumbe al propietario. Las indemnizaciones que satisfaga el Ayuntamiento serán repercutidas al propietario, en vía administrativa y hasta el límite del deber normal de conservación.

3. La adopción de las medidas previstas en este artículo no presupondrá ni implicará la declaración de la situación legal de ruina urbanística.

⇒ V. art. 19 de la Ley 6/1998, de 13 abril (§1).
V. arts. 245.1 y 246.2 del TRLS/1992 (§2).
V. Jurisprudencia en arts. 183 y concordantes del TRLS/1976 (§3).

Artículo 157. Órdenes de ejecución de obras de conservación o de intervención.

1. Los Ayuntamientos, los Cabildos Insulares y, en su caso, el órgano de la Comunidad Autónoma competente en materia de patrimonio cultural cuando se trate de edificios declarados de interés histórico o artístico o en trámite de declaración, deberán dictar órdenes de ejecución de obras de reparación, conservación y rehabilitación de edificios y construcciones deteriorados o en condiciones deficientes para su uso efectivo legítimo.

Los Ayuntamientos estarán habilitados, además, para dictar órdenes de ejecución de obras de mejora en toda clase de edificios para su adaptación al entorno. Los trabajos y las obras ordenados deberán referirse a elementos ornamentales y secundarios del inmueble del que se pretenda restituir su aspecto originario o coadyuvar a su mejor conservación.

2. Las órdenes de ejecución podrán conminar, asimismo, a la limpieza y vallado del inmueble, así como a la retirada de publicidad comercial, carteles, rótulos, señales, símbolos, cerramientos, rejas, conducciones, cables, antenas u otros elementos no adecuados a las ordenanzas municipales.

3. El incumplimiento injustificado de las órdenes de ejecución habilitará a la Administración actuante para adoptar cualquiera de estas medidas:

a) Ejecución subsidiaria a costa del obligado y hasta el límite del deber normal de conservación.

b) Imposición de hasta diez multas coercitivas con periodicidad mínima mensual, por valor máximo, cada una de ellas, del diez por ciento del coste estimado de las obras ordenadas. El importe de las multas coercitivas impuestas quedará afectado a la cobertura de los gastos que genere efectivamente la ejecución subsidiaria de la orden incumplida, sin perjuicio de la repercusión del coste de las obras en el incumplidor.

Subsidiariamente, la Administración actuante podrá declarar en situación de ejecución por sustitución el inmueble correspondiente, sin necesidad de su inclusión en área delimitada al efecto, para la aplicación del régimen previsto en los artículos 148, 149 y 150.

⇒ V. Jurisprudencia en arts. 182 y concordantes del TRLS/1976 (§3).

Artículo 158. Intervención en edificaciones catalogadas.

1. En las edificaciones catalogadas, protegidas o sujetas a procedimiento dirigido a la catalogación o al establecimiento de un régimen de protección integral, sólo podrán realizarse las obras expresamente autorizadas por licencia urbanística de intervención o dispuestas por orden de ejecución de obras de intervención.

2. Las licencias urbanísticas de intervención contemplarán conjuntamente todas las actuaciones que hayan de realizarse en el inmueble y el resultado final de las mismas. Dichas actuaciones sólo excepcionalmente, cuando sea imposible la conservación de lo construido o cuando la catalogación o protección no obedezca a su valor intrínseco sino a su mera importancia ambiental, podrán contemplar la sustitución de la edificación, a ser posible parcial, bajo condiciones especiales. Las obras de intervención se ajustarán a las prescripciones del catálogo y del planeamiento de ordenación urbanística, pero su autorización podrá concretar otras condiciones adicionales, salvaguardando los valores protegidos.

3. Sólo podrá otorgarse licencia de demolición para edificaciones no catalogadas, no protegidas, y que no sean objeto de un procedimiento tendente a su catalogación o protección integral.

TÍTULO IV
LA EXPROPIACIÓN FORZOSA

Artículo 159. Supuestos expropiatorios.

1. Además de los casos previstos con carácter general, la expropiación forzosa por razones urbanísticas procede en los siguientes supuestos de utilidad pública:

a) Para la vinculación de los terrenos, por su calificación urbanística, al dominio público de uso o servicio públicos, siempre que deban ser adquiridos forzosamente por la Administración actuante, bien por no ser objeto del deber legal de cesión obligatoria y gratuita, bien por existir, en todo caso, necesidad urgente de anticipar su adquisición.

A los efectos de la expropiación, se considerarán incluidos en estos terrenos los colindantes que fueran imprescindibles para realizar las obras o establecer los servicios públicos previstos en el planeamiento o que resulten especialmente beneficiados por tales obras o servicios.

b) Para la constitución o dotación, conforme a este Texto Refundido, de los patrimonios públicos de suelo.

c) Por la declaración, definitiva en vía administrativa, del incumplimiento de los deberes legales urbanísticos del propietario, cuando la declaración esté motivada por:

1) Inobservancia de los plazos fijados para la formulación del planeamiento o la ejecución total de éste o de alguna de las fases en que aquélla haya quedado dividida.

2) La inobservancia de los deberes de conservación y mantenimiento de los inmuebles legalmente exigibles.

d) Por la inadecuación de los inmuebles a las condiciones mínimas de salubridad y habitabilidad legalmente establecidas.

e) Por la declaración o catalogación administrativas formales, conforme a la legislación urbanística o la sectorial aplicable, del valor cultural, histórico-artístico o medioambiental de terrenos o edificios que los haga merecedores de su preservación o especial protección.

f) Para la obtención de terrenos destinados en el planeamiento a la construcción de viviendas sujetas a algún régimen de protección pública, así como a usos declarados de interés social.

2. La delimitación de la unidad de actuación o de las zonas o áreas en los supuestos previstos en las letras a) y f) y la aprobación del catálogo o de la medida de preservación o protección en los contemplados en la letra e) del número anterior, así como de la relación y descripción concretas e individualizadas, con indicación de sus titulares de los bienes y derechos objeto de expropiación en todos los restantes incluidos en dicho número, determinan la declaración de la necesidad de ocupación y el inicio de los correspondientes expedientes expropiatorios.

⇒ V. arts. 33 y concordantes de la Ley 6/1998, de 13 abril (§1).
V. art. 211 del TRLS/1992 (§2).
V. Jurisprudencia en arts. 64 y concordantes del TRLS/1976 (§3).

Artículo 160. Ocupación: requisitos en caso de urgencia.

1. Cuando se aplique el procedimiento de tasación conjunta, la ocupación de los bienes y derechos afectados se realizará en la forma prescrita por este Texto Refundido.

2. Cuando se siga el procedimiento de tasación individualizada, la declaración de urgencia en la ocupación en la legislación general de expropiación forzosa deberá acompañarse de memoria justificativa de las razones particulares que motiven la urgencia.

3. El acta de ocupación y el acta de pago del importe del justiprecio fijado por la Administración en la aprobación definitiva del proyecto, o, en su caso, el resguardo del correspondiente depósito, serán título bastante para la inscripción de los bienes objeto de la expropiación en el Registro de la Propiedad, a favor del expropiante o del beneficiario de la expropiación.

Artículo 161. Fijación definitiva en vía administrativa del justiprecio.

En caso de discrepancia de los propietarios y restantes titulares de derechos con la hoja de aprecio formulada por la Administración expropiante, la fijación definitiva en vía administrativa del justo precio corresponderá a la Comisión de Valoraciones de Canarias.

Artículo 162. Avenencia.

1. Durante la tramitación del procedimiento expropiatorio y antes del acto por el que se fije definitivamente en vía administrativa el justo precio, la Administración actuante y los titulares de los bienes y los derechos objeto de aquel procedimiento podrán determinar dicho justo precio por mutuo acuerdo, de conformidad con la legislación general aplicable.

2. El pago del justiprecio de los bienes y derechos expropiados podrá efectuarse, previo acuerdo con los afectados, mediante adjudicación de parcelas resultantes de la propia actuación o de cualesquiera otras de las que sea titular la Administración actuante o, en su caso, de determinado aprovechamiento en unas u otras, estableciendo en cada caso las obligaciones referentes al abono de costes de urbanización correspondientes.

Artículo 163. Inactividad administrativa en la expropiación.

1. Transcurridos tres años desde la aprobación del planeamiento que legitime la expropiación sin que se hubiera iniciado el correspondiente expediente, el titular de los bienes o derechos o sus causahabientes podrán advertir de esta demora a la Administración competente para la ejecución del plan.

2. Transcurridos dos meses desde la formulación de la advertencia prevista en el número anterior sin que se le hubiera notificado por la Administración competente la hoja de aprecio, el titular de los bienes o derechos o sus causahabientes podrán formular ésta a dicha Administración, determinando su presentación la iniciación del expediente de justiprecio por ministerio de la ley y, de no ser aceptada dentro del mes siguiente, dirigirse directamente a la Comisión de Valoraciones de Canarias, que fijará el justiprecio.

⇒ V. arts. 33 y concordantes de la Ley 6/1998, de 13 abril (§1).
V. arts. 222. 1 a 3 y 224. 1 a 5 del TRLS/1992 (§2).
V. Jurisprudencia en arts. 69 y concordantes del TRLS/1976 (§3).

TÍTULO V

INTERVENCIÓN ADMINISTRATIVA EN LA EDIFICACIÓN Y USOS DEL SUELO

CAPÍTULO I

Disposiciones generales

Artículo 164. *Principios* de la intervención administrativa en el uso del suelo y la edificación.

1. La legitimidad de la ejecución de los actos de parcelación, urbanización, construcción y edificación, así como de cualquier otro de transformación o uso objetivo del suelo y subsuelo presupone dos requisitos esenciales:

a) La vigencia de la ordenación idónea conforme a este Texto Refundido para legitimar la actividad de ejecución.

b) La cobertura en proyecto técnico aprobado administrativamente, cuando sea legalmente exigible.

2. La intervención administrativa del uso del suelo y de la construcción y edificación, así como las potestades de protección de la ordenación y de sanción de las infracciones a la misma, serán de ejercicio inexcusable.

3. A tal efecto, las autoridades y los funcionarios están obligados a iniciar y tramitar en los plazos previstos en cada caso, los procedimientos establecidos para el ejercicio de tales potestades. El incumplimiento de estos deberes podrá dar lugar a responsabilidad.

⇒ V. art. 2 de la Ley 6/1998, de 13 abril (§1).
V. Jurisprudencia en arts. 178 y concordantes del TRLS/1976 (§3).

Artículo 165. Colaboración en el ejercicio de las funciones urbanísticas.

1. Los Ayuntamientos que no dispongan de medios técnicos, jurídicos o materiales suficientes para el ejercicio eficaz de las potestades a que se refiere el artículo anterior, podrán recabar en forma individual o mancomunada la asistencia del correspondiente Cabildo Insular para el ejercicio de sus competencias. La asistencia se formalizará mediante convenios de colaboración entre las Administraciones implicadas.

2. Los Ayuntamientos podrán también recabar, para acciones concretas, el auxilio del Cabildo Insular, que deberá prestarlo en el plazo de un mes o, en su defecto, de la Administración de la Comunidad, previa solicitud al Consejo de Gobierno, en los términos establecidos en la legislación básica de régimen local.

3. Las entidades y los particulares tienen el deber de colaborar en el desarrollo de las funciones de control que este Texto Refundido atribuye a las administraciones con competencias en materia de ordenación de los recursos naturales, territorial y urbanística.

CAPÍTULO II
Licencias urbanísticas

Artículo 166. Actos sujetos a licencia urbanística.

1. Están sujetos a previa licencia urbanística, sin perjuicio de las demás autorizaciones que sean procedentes con arreglo a la legislación sectorial aplicable, los actos de construcción y edificación y de uso del suelo y, en particular, los siguientes:

a) Las parcelaciones, segregaciones, modificaciones o cualesquiera otros actos de división de fincas o predios en cualquier clase de suelo, no incluidas en proyectos de compensación o reparcelación.

b) Las obras de construcción, edificación e implantación de instalaciones de toda clase de nueva planta.

c) Las obras de ampliación de construcciones, edificaciones e instalaciones de toda clase existentes.

d) Las obras de modificación o reforma que afecten a la estructura o al aspecto exterior de las construcciones, las edificaciones y las instalaciones de toda clase.

e) Las obras que modifiquen la disposición interior de las edificaciones, cualquiera que sea su uso. Asimismo, la modificación del número de sus unidades funcionales susceptibles de uso independiente.

f) Las obras y los usos que hayan de realizarse con carácter provisional.

g) La demolición de las construcciones, salvo en los casos declarados de ruina inminente.

h) La primera utilización y ocupación de las edificaciones e instalaciones en general.

i) La modificación del uso de las edificaciones e instalaciones.

j) Los movimientos de tierra y las obras de desmonte y explanación en cualquier clase de suelo y los trabajos de abancalamiento y sorriba para la preparación de parcelas de cultivos, sin que las operaciones para labores agrícolas tengan tal consideración.

k) La extracción de áridos y la explotación de canteras.

l) La acumulación de vertidos y el depósito de materiales ajenos a las características propias del paisaje natural que contribuyan al deterioro o degradación del mismo.

m) Los cerramientos de fincas, muros y vallados.

n) La apertura de caminos, así como su modificación o pavimentación.

ñ) La ubicación provisional o permanente de edificaciones y construcciones prefabricadas e instalaciones similares.

o) La instalación de invernaderos y de cortavientos.

p) La tala o poda de masas arbóreas, de vegetación arbustiva o de árboles aislados que, por sus características, puedan afectar al paisaje o estén protegidos por la legislación sectorial correspondiente.

q) La colocación de carteles y vallas de propaganda visibles desde la vía pública.

r) Las construcciones e instalaciones que afecten al subsuelo.

s) La instalación de tendidos eléctricos, telefónicos u otros similares y la colocación de antenas de cualquier clase.

t) La construcción de presas, balsas, obras de defensa y corrección de cauces públicos, vías públicas o privadas, puertos de abrigo, diques de protección y defensa del litoral, accesos a playas, bahías y radas y, en general, cualquier tipo de obras o usos que afecten a la configuración del territorio.

u) Los actos de construcción y edificación en los puertos, aeropuertos y estaciones destinadas al transporte terrestre, así como en sus zonas de servicio.

v) Los demás actos que señalen los instrumentos de planeamiento de ordenación de recursos naturales, territorial o urbanístico.

2. Están también sujetos a previa licencia urbanística los actos de cons-

trucción, edificación y uso del suelo que realicen los particulares en terrenos de dominio público, sin perjuicio de las autorizaciones o concesiones que otorgue el ente titular de dicho dominio.

3. No están sujetas a previa licencia las obras que sean objeto de órdenes de ejecución.

4. Cuando los actos de construcción, edificación y uso del suelo sean promovidos por el Ayuntamiento en su propio término municipal, el acuerdo municipal que los autorice o apruebe estará sujeto a los mismos requisitos y producirá los mismos efectos que la licencia urbanística a los efectos de este Texto Refundido, sin perjuicio de lo dispuesto en la legislación de régimen local.

5. Reglamentariamente se determinará el procedimiento de otorgamiento de las licencias urbanísticas, debiéndose contemplar los siguientes actos de instrucción:

a) Los informes técnico y jurídico de los servicios municipales sobre la conformidad del acto pretendido con la ordenación de los recursos naturales, territorial y urbanística aplicable.

b) El plazo máximo para la resolución expresa será de tres meses, a contar desde la presentación en forma de la correspondiente solicitud.

c) Transcurrido el plazo máximo para resolver expresamente, podrá entenderse, a todos los efectos otorgada la licencia interesada. El comienzo de cualesquiera obras o usos al amparo de ésta requerirá, en todo caso, comunicación previa al Ayuntamiento con al menos diez días de antelación.

6. En ningún caso se entenderán adquiridas por silencio administrativo licencias urbanísticas en contra de la ordenación de los recursos naturales, territorial, urbanística o sectorial aplicables.

7. Los acuerdos de concesión de licencias que contengan autorización relativa a establecimientos alojativos turísticos serán notificados al Cabildo Insular correspondiente, en el plazo de quince días siguientes a la fecha del acuerdo.

⇒ V. D. 11/1997, de 31 enero, de Constitución de un censo de edificaciones no amparadas por licencia y se establecen los supuestos de suspensión de la ejecutoriedad de las órdenes de demolición, afectado por D. 171/1998, de 8 octubre y por D. 94/1997, de 9 junio.

V. art. 4 de la Ley 38/1999, de 5 noviembre, Ordenación de la Edificación (§1.1).

V. Jurisprudencia en arts. 178 y concordantes del TRLS/1976 (§3).

Artículo 167. Actos promovidos por las Administraciones Públicas.

1. Los actos relacionados en el artículo 166 de este Texto Refundido, promovidos por órganos de las Administraciones Públicas o entidades de derecho público que administren bienes de aquéllas, estarán igualmente sujetos a licencia urbanística previa, salvo en los casos expresamente exceptuados en el número siguiente o por la legislación sectorial aplicable.

2. No están sujetos a licencia urbanística los actos de construcción, edificación y uso del suelo incluidos en los proyectos de obras y servicios públi-

cos de la Administración de la Comunidad Autónoma y los Cabildos Insulares previstos en el número 1 del artículo 11.

3. La resolución del procedimiento de cooperación interadministrativa previsto en el artículo 11 legitimará por sí misma la ejecución de los actos de construcción, edificación y uso del suelo incluidos en los proyectos de obras y servicios públicos a que se refiere la letra b) del número 1 del artículo 11.

4. Los proyectos de construcción, edificación y uso del suelo contemplados en la letra c) del número 1 del artículo 11 serán sometidos a consulta del Ayuntamiento correspondiente por plazo adecuado en función de las características del proyecto de que se trate y nunca inferior a un mes; además y simultáneamente, se recabará informe del referido Ayuntamiento acerca de la conformidad o disconformidad de tales proyectos con el planeamiento en vigor. En caso de extraordinaria urgencia, debidamente motivada, el plazo mínimo podrá reducirse a la mitad. La intervención municipal dará lugar en todo caso a la liquidación y pago de la tasa correspondiente.

5. Intentado sin efecto el procedimiento de cooperación y cuando los proyectos discrepen de la ordenación en vigor, su aprobación definitiva requerirá en todo caso acuerdo favorable del Gobierno de Canarias, que precisará los términos de la ejecución y determinará, en su caso, la procedencia de la incoación del procedimiento de modificación o revisión del planeamiento de ordenación.

⇒ V. arts. 242.1 y 244.2, 3 y 4 del TRLS/1992 (§2).
V. Jurisprudencia en arts. 180 y concordantes del TRLS/1976 (§3).

Artículo 168. Competencia para el otorgamiento de licencias urbanísticas.

1. La competencia para el otorgamiento de las licencias urbanísticas corresponde al órgano municipal que determine el Reglamento Orgánico Municipal y, en su defecto, al Alcalde.

2. No podrán otorgarse licencias urbanísticas cuando estén sujetas al previo informe o autorización de la Administración de la Comunidad Autónoma hasta que por el promotor se acredite la obtención de tal informe o autorización.

⇒ V. art. 243.2 del TRLS/1992 (§2).
V. Jurisprudencia en arts. 179 y concordantes del TRLS/1976 (§3).

Artículo 169. Eficacia temporal y caducidad de la licencia urbanística.

1. Las licencias urbanísticas que supongan la realización de obras, se otorgarán con unos plazos determinados para el comienzo y finalización de las mismas. Si dichas licencias no indicaran expresamente dichos plazos, se entenderán otorgadas bajo la condición legal de la observancia de los de un año para iniciar las obras y dos años para terminarlas.

2. Los Ayuntamientos podrán conceder prórrogas de los plazos de la licencia urbanística por una sola vez y de duración no superior a los inicialmente acordados, previa solicitud expresa formulada antes de la conclusión

de los plazos previstos para el comienzo o para la finalización de las obras, siempre que los actos de la licencia urbanística sean conformes en el momento del otorgamiento de la prórroga con la ordenación de los recursos naturales, territorial y urbanística.

3. El órgano competente para conceder la licencia declarará, de oficio o a instancia de cualquier persona, su caducidad, previa audiencia del interesado, una vez transcurridos e incumplidos cualesquiera de los plazos a que se refiere el número 1.

La declaración de caducidad extinguirá la autorización, no pudiéndose iniciar ni proseguir las obras si no se solicita y obtiene una nueva licencia ajustada a la ordenación urbanística que esté en vigor.

4. Sustituyendo al órgano municipal competente, la declaración de la caducidad podrá ser efectuada por el Cabildo Insular si, requerido aquél al efecto, no iniciara el procedimiento pertinente dentro de los diez días siguientes a la recepción del requerimiento o habiendo sido iniciado, no se resolviera en el plazo de tres meses, siempre que concurran los requisitos previstos para ello en el artículo 60 de la Ley 7/1985, de 2 de abril, Reguladora de las Bases del Régimen Local.

5. Las licencias urbanísticas que no supongan la realización de obras se otorgarán con plazo de vigencia. Reglamentariamente se determinarán dichos plazos, para el caso que no los expresaran las referidas licencias.

⇒ V. art. 14 de la Ley 6/1998, de 13 abril (§1).
V. arts. 74 y concordantes del RD 1093/1997, de 4 julio (§2.1).
V. Jurisprudencia en arts. 178 a 180 y concordantes del TRLS/1976 (§3).

Artículo 170. Licencias urbanísticas para actos que requieran aprobación o autorización de la Administración de la Comunidad Autónoma.

1. En suelo rústico, los Proyectos de Actuación Territorial y las Calificaciones Territoriales, cuando sean necesarias conforme a este Texto Refundido, ultiman la ordenación urbanística y legitiman las actividades de ejecución. Las licencias urbanísticas correspondientes deberán solicitarse dentro de los seis meses siguientes a la aprobación del Proyecto de Actuación Territorial o al establecimiento de la Calificación Territorial.

2. La Consejería competente en materia de ordenación territorial y urbanística y el Cabildo Insular podrán, a solicitud del interesado, prorrogar el plazo al que, en relación con los Proyectos y las Calificaciones, respectivamente, se refiere el párrafo primero del número anterior, por otro tiempo igual al inicial, como máximo.

3. No podrán estimarse las solicitudes de licencia urbanística formuladas una vez transcurrido el plazo previsto en el apartado primero de este artículo y, en su caso, su prórroga.

4. Son nulas de pleno derecho las licencias urbanísticas otorgadas sin que previamente se haya autorizado el Proyecto de Actuación Territorial o la Calificación Territorial, cuando sean precisos de conformidad con este Texto Refundido.

5. También son nulas de pleno derecho las licencias otorgadas sin la obtención de las autorizaciones previas exigidas por la legislación sectorial aplicable.

⇒ V. D. 10/2001, de 29 enero, del Presidente, por el que se determinan el número, denominación y competencias de las Consejerías.

V. D. 12/2001, de 30 enero, por el que se determina la estructura central y periférica, así como las sedes de las consejerías de la Administración Pública de la Comunidad Autónoma de Canarias.

V. D. 89/2000, de 22 mayo, que aprueba el Reglamento orgánico de la Consejería Política Territorial y Medio Ambiente.

Artículo 171. Efectos de la licencia urbanística.

La obtención de la licencia urbanística legitima la ejecución de los actos y el desarrollo de los usos y actividades correspondientes. Sin embargo, cuando las licencias urbanísticas resulten sobrevenidamente disconformes con el planeamiento de ordenación de los recursos naturales, territorial y urbanística, en virtud de la aprobación de un nuevo instrumento prevalente o de la revisión o modificación del vigente al tiempo del otorgamiento de aquéllas, y las obras o usos no hayan aún concluido, se aplicará el siguiente régimen:

a) El Ayuntamiento podrá declarar motivadamente la disconformidad, que conllevará, como medida cautelar, la inmediata suspensión de las obras o de los usos por plazo máximo de cuatro meses.

En caso de inactividad del Ayuntamiento, el Cabildo Insular podrá declarar tal disconformidad y suspensión, y en los términos del artículo 60 de la Ley 7/1985, de 2 de abril, Reguladora de las Bases del Régimen Local.

b) Previa audiencia del interesado, el Ayuntamiento revocará la licencia total o parcialmente, dentro del período de vigencia de la suspensión legal, determinando, en su caso, los términos y condiciones en que las obras ya iniciadas o los usos que venían desarrollándose puedan ser terminadas o continuar desarrollándose, respectivamente, con fijación, en su caso, de la indemnización a que por los daños y perjuicios causados hubiera lugar.

⇒ V. art. 42 de la Ley 6/1998, de 13 abril (§1).

V. art. 186 del presente Texto Refundido.

V. arts. 139 y siguientes de la LRJ-PAC.

V. Jurisprudencia en arts. 186 y concordantes del TRLS/1976 (§3).

Artículo 172. Contratación de servicios por las empresas suministradoras.

1. Las empresas suministradoras de energía eléctrica, agua, gas y telecomunicaciones exigirán para la contratación provisional, en su caso, de los respectivos servicios la acreditación de la licencia de obras, fijando como plazo máximo de duración del contrato el establecido en la licencia para la ejecución de las obras, transcurrido el cual no podrá continuar prestándose el servicio.

2. Las empresas citadas en el número anterior exigirán para la contratación definitiva de los suministros respectivos la siguiente documentación:

a) La calificación definitiva cuando se trate de viviendas de protección oficial, la cédula de habitabilidad cuando se trate de viviendas libres y la licencia municipal de primera ocupación en los demás supuestos.

b) En suelo rústico, además, el acuerdo de aprobación del Proyecto de Actuación Territorial o el de Calificación Territorial o, en su caso, certificación administrativa acreditativa de no ser exigible ni uno ni otro.

CAPÍTULO III

Inspección para la protección del territorio

Artículo 173. Funciones de inspección.

1. La inspección para la protección del medio urbano y natural es una potestad de ejercicio inexcusable, dirigida a comprobar que los actos privados o públicos de uso de los recursos naturales o de ocupación, de edificación y uso del suelo se ajustan a la legalidad.

2. En el ejercicio de sus funciones, los inspectores tendrán, a todos los efectos, la condición de agentes de la autoridad, estando facultados para requerir y examinar toda clase de documentos relativos al planeamiento y su ejecución, comprobar la adecuación de los actos de transformación, construcción, edificación y uso del suelo y subsuelo a la normativa de ordenación de los recursos naturales, territorial y urbanística aplicable y obtener la información necesaria para el cumplimiento de su cometido. Las administraciones públicas y los particulares estarán obligados a prestarles la colaboración que precisen.

3. Reglamentariamente se establecerán los objetivos concretos de estas inspecciones y los trámites que en ellas se deban seguir.

⇒ V. disp. adic. 9ª del presente Texto Refundido.

CAPÍTULO IV

Medidas de garantía y publicidad de la observancia de la ordenación ambiental, territorial y urbanística

Artículo 174. Inscripción de actos administrativos en el Registro de la Propiedad.

Deberá hacerse constar, en todo caso en el Registro de la Propiedad, en la forma y con los efectos dispuestos por la legislación estatal reguladora de éste, cualquier acto administrativo que, en virtud del planeamiento, de su desarrollo o de sus instrumentos de ejecución, modifique el dominio o cualquier otro derecho real sobre fincas determinadas o la descripción de éstas.

⇒ V. arts. 307 a 310 del TRLS/1992 (§2).
V. RD 1093/1997, de 4 julio (§2.1).

Artículo 175. Publicidad en obras de construcción, edificación y urbanización.

1. En toda obra de construcción, edificación o urbanización será preceptiva la colocación de un cartel, con las dimensiones y características que se determinen reglamentariamente, visible desde la vía pública e indicativo del

número y la fecha de la licencia urbanística u orden de ejecución o, tratándose de una obra pública exenta de ésta, del acuerdo de aprobación del correspondiente proyecto.

2. La restante publicidad estática que se haga en el propio lugar de la obra no podrá contener indicación alguna que sea disconforme con la ordenación de los recursos naturales, territorial y urbanística pertinente ni, en cualquier caso, susceptible de inducir a error a los adquirentes de parcelas o solares sobre las cargas de urbanización o las restantes condiciones de aplicación.

CAPÍTULO V

Protección de la legalidad y restablecimiento del orden jurídico perturbado

Sección 1ª Actos en curso de ejecución sin concurrencia de los presupuestos legales que los legitiman o contraviniendo sus condiciones

Artículo 176. Medida cautelar de suspensión de actos de parcelación, urbanización, construcción, edificación o uso del suelo sin los presupuestos legales legitimantes o contraviniendo sus condiciones.

1. Cuando un acto de parcelación, urbanización, construcción, edificación o uso del suelo o del subsuelo que no sea objeto de orden de ejecución y esté sujeto a previa licencia urbanística o cualesquiera otras aprobaciones o autorizaciones se realice, implante o lleve a cabo sin dicha licencia o aprobación y, en su caso, sin la calificación territorial y las demás autorizaciones sectoriales precisas o contraviniendo las condiciones legítimas de unas y otras, el Alcalde o el Director de la Agencia de Protección del Medio Urbano y Natural deberá ordenar, en todo o en la parte que proceda, la inmediata suspensión de las obras o el cese en el acto o uso en curso de ejecución o desarrollo.

Cuando el acto sea edificatorio y el uso residencial, la orden prevista en el párrafo anterior sólo podrá dictarse respecto de la actividad constructiva y no del uso residencial preexistente.

2. La notificación de la orden de suspensión podrá realizarse, indistintamente, al promotor, al propietario de la urbanización, construcción, edificación o suelo, o al responsable del acto de que se trate y, en su defecto, a cualquier persona que se encuentre en el lugar de ejecución o de desarrollo y esté relacionada con las obras, el inmueble, la actividad o el uso.

Inmediatamente después de practicada la notificación y sin solución de continuidad, deberá procederse al precintado de las obras, la construcción o edificación, la instalación o el establecimiento, actividad o uso, así como, en su caso, de la maquinaria y los materiales afectos a aquéllas. También, inmediatamente, se darán las órdenes correspondientes para la no concesión del suministro de los servicios de energía eléctrica, agua, gas, telefonía y cable.

3. Cuando la orden de suspensión notificada en cualquiera de las formas señaladas sea desatendida, la Administración actuante deberá disponer la reti-

rada de la maquinaria y los materiales a que se refiere el número anterior para su depósito en el lugar habilitado al efecto, corriendo por cuenta del promotor, propietario o responsable los gastos de la retirada y el depósito.

4. El incumplimiento de la orden de suspensión dará lugar, mientras persista, a la imposición de hasta diez multas coercitivas impuestas por períodos de diez días y cuantía, en cada ocasión, del cinco por ciento del coste de las obras y, en todo caso y como mínimo, de 100.000 pesetas. Del incumplimiento se dará cuenta al Ministerio Fiscal a los efectos de la exigencia de la responsabilidad penal que pudiera proceder.

⇒ Según la disp. adic. 8ª de este Texto Refundido, en la interpretación y aplicación de sus preceptos, se estará al significado y alcance que para los conceptos básicos en ella utilizados se establecen en el anexo a la misma. El ap. 3.9 considera Promotor la persona física o jurídica que impulsa la actuación territorial o urbanística mediante la realización de las diligencias precisas para ello. Tendrá el mismo carácter, a todos los efectos, cuando el objeto de la actuación sea para uso propio, incluso identificándose con el titular del terreno o de las instalaciones, construcciones o edificaciones, en su caso.

V. art. 166 y 229 del presente Texto Refundido.

V. D. 165/2000, de 24 julio.

V. art. 9 de la Ley 38/1999, de 5 noviembre, de Ordenación de la Edificación (§1.1).

V. arts. 56 y siguientes del RD 1093/1997, de 4 julio (§2.1).

V. Jurisprudencia en arts. 184 y concordantes del TRLS/1976 (§3).

Sección 2ª Restablecimiento del orden jurídico perturbado

Artículo 177. Restablecimiento del orden jurídico perturbado y su independencia de la sanción de las infracciones administrativas.

1. El restablecimiento del orden jurídico perturbado por un acto o un uso objeto de la suspensión a que se refiere el artículo anterior o cualquier otro realizado sin la concurrencia de los presupuestos legitimantes de conformidad con este Texto Refundido, aun cuando no esté ya en curso de ejecución, tendrá lugar mediante la legalización del acto o uso suspendido o, en su caso, la reposición a su estado originario de la realidad física alterada, incluso mediante los sistemas de ejecución forzosa previstos en la legislación de procedimiento administrativo, con el fin de restaurar el orden infringido, y con cargo al infractor.

2. La apreciación de la presunta comisión de una infracción a este Texto Refundido dará lugar siempre a la incoación, instrucción y resolución del correspondiente procedimiento sancionador, sean o no legalizables las obras, actos, actividades o usos objeto de éste.

3. Al suspenderse el acto o el uso y, en otro caso, al incoarse procedimiento sancionador, se requerirá al afectado para que inste la legalización en el plazo de tres meses, prorrogable por una sola vez por otros tres meses en atención a la complejidad del proyecto, o proceda a ajustar las obras al título habilitante en el plazo previsto en el mismo.

⇒ V. art. 188 del presente Texto Refundido.

V. arts. 56 y siguientes del RD 1093/1997, de 4 julio (§2.1).

V. Jurisprudencia en arts. 184 y concordantes del TRLS/1976 (§3).

Artículo 178. Legalización de los actos de parcelación, urbanización, construcción, edificación o uso del suelo.

1. La legalización, si procede, de los actos de parcelación, urbanización, construcción, edificación, uso del suelo y subsuelo requerirá el otorgamiento de la licencia urbanística y las autorizaciones previas complementarias, en su caso, que los legitimen.

2. Para la solicitud, tramitación y resolución de la legalización regirán las mismas reglas establecidas para las licencias urbanísticas y otras autorizaciones que deban ser otorgadas, con las adaptaciones que se precisen reglamentariamente. Las resoluciones que se adopten sobre la legalización deberán ser notificadas a la Agencia de Protección del Medio Urbano y Natural.

3. Si al tiempo de formularse la propuesta de resolución del procedimiento sancionador que se hubiera incoado no se hubiera procedido aún a instar la legalización, se propondrá, y en la resolución definitiva se acordará, la imposición, mientras no se formule efectivamente la solicitud pertinente, de hasta doce multas sucesivas coercitivas por plazo de un mes e importe, en cada ocasión, del cinco por ciento del coste de las obras, en su caso, y como mínimo, de 100.000 pesetas.

⇒ V. arts. 183 y 229 del presente Texto Refundido.
V. D. 165/2000, de 24 julio.
V. art. 99 de la LRJ-PAC.
V. Jurisprudencia en arts. 184, 185 y concordantes del TRLS/1976 (§3).

Artículo 179. Reposición de la realidad física alterada.

1. Las propuestas de resolución que se formulen en todos los procedimientos sancionadores deberán incluir las medidas que se estimen precisas para la reposición de las cosas al estado inmediatamente anterior a la presunta infracción, incluida la demolición, en los siguientes supuestos:

a) Cuando se ubiquen o realicen en suelo urbanizable, cuya ordenación no se haya pormenorizado, o en suelo rústico, cuando siendo necesaria la calificación territorial, carezcan de la misma.

b) Cuando instada la legalización, ésta haya sido denegada.

c) Cuando no se haya instado la legalización en el plazo concedido al efecto y de la instrucción del procedimiento resulte la incompatibilidad de lo realizado y proyectado con las determinaciones de la ordenación ambiental, territorial y urbanística aplicables.

Procederá, una vez agotadas sin efecto las multas coercitivas previstas en el artículo anterior, la ejecución forzosa de las obras de reposición de las cosas a la situación anterior, con cargo al infractor.

2. Si en el momento de formularse la propuesta de resolución en el procedimiento sancionador aún no hubiera recaído resolución en el de legalización, la que ponga fin a aquél deberá dejar pendiente expresamente la adopción de las medidas procedentes para el pleno restablecimiento del orden jurídico infringido hasta que recaiga resolución en el procedimiento de legali-

zación, la cual deberá ser comunicada en todo caso a la Agencia de Protección del Medio Urbano y Natural.

3. En ningún caso la Administración puede dejar de adoptar tales medidas, las cuales deberán ordenarse aun cuando no proceda exigir la responsabilidad por infracción a este Texto Refundido.

⇒ V. D. 165/2000, de 24 julio.
V. art. 229 del presente Texto Refundido.
V. arts. 56 y siguientes del RD 1093/1997, de 4 julio (§2.1).
V. Jurisprudencia en arts. 185 y concordantes del TRLS/1976 (§3).

Artículo 180. Plazo para el ejercicio de las potestades de protección de la legalidad y restablecimiento del orden jurídico perturbado.

1. La Administración sólo podrá adoptar válidamente las medidas cautelares y definitivas de protección de la legalidad y de restablecimiento del orden jurídico perturbado mientras los actos y usos estén en curso de ejecución y dentro de los cuatro años siguientes a la completa y total terminación de las obras o el cese en el uso.

2. La limitación temporal del número anterior no regirá para el ejercicio de la potestad de protección de la legalidad y restablecimiento del orden jurídico perturbado respecto de los siguientes actos y usos:

a) Los de parcelación en suelo rústico protegido o comprendido en un Espacio Natural Protegido.

b) Los de construcción, edificación o uso del suelo y subsuelo, cuando hayan sido ejecutados o realizados:

1) Sin licencia urbanística y, en su caso, calificación territorial previa o contraviniendo las determinaciones de ellas, cuando una y otra sean preceptivas, sobre cualquiera de las categorías de suelo rústico establecidas en el apartado a) del artículo 55 de este Texto Refundido.

2) En dominio público o en las zonas de protección o servidumbre del mismo.

3) Afectando a bienes catalogados o declarados de interés cultural en los términos de la legislación sobre el Patrimonio Histórico.

4) Los que afecten a viales, espacios libres o zonas verdes públicas.

5) Los que afecten a áreas no edificables privadas, que sean computables a efectos de la capacidad alojativa de los centros turísticos.

⇒ V. Ley 4/1999, de 15 marzo, de Patrimonio Histórico de Canarias.
V. Jurisprudencia en arts. 185 y concordantes del TRLS/1976 (§3).

Sección 3ª Ejecución de las medidas para el restablecimiento del orden jurídico perturbado

Artículo 181. Parcelaciones urbanísticas en suelo rústico.

En el caso de parcelaciones urbanísticas en suelo rústico, el restablecimiento del orden jurídico perturbado se llevará a cabo, mediante la reagrupación de las parcelas a través de una reparcelación forzosa, en la forma que se determine reglamentariamente.

⇒ V. art. 20 de la Ley 6/1998, de 13 abril (§1).
V. arts. 83 y 207 del presente Texto Refundido
V. arts. 78 y concordantes del RD 1093/1997, de 4 julio (§2.1).

Artículo 182. Reducción de la multa por reposición de la realidad alterada a su estado anterior.

Si el responsable o los responsables de la alteración de la realidad repusieran ésta por sí mismos a su estado anterior en los términos dispuestos por la Administración, tendrán derecho a la reducción en un setenta y cinco por ciento de la multa que deba imponerse o se haya impuesto en el procedimiento sancionador o, en su caso, a la devolución del importe correspondiente de la que ya hubieran satisfecho.

Artículo 183. Incumplimiento de órdenes de reposición de la realidad física a su estado anterior.

El incumplimiento de las órdenes de reposición de la realidad física a su estado anterior a la comisión de la infracción, dará lugar, mientras dure, a la imposición por la Administración actuante de hasta doce sucesivas multas coercitivas por plazos de un mes e importe mínimo de 100.000 pesetas, sin perjuicio de las que ya hubieran podido imponerse con anterioridad conforme a lo dispuesto en este Texto Refundido. En todo caso, transcurrido el plazo de cumplimiento voluntario derivado de la última multa coercitiva impuesta, la Administración actuante estará obligada a ejecutar subsidiariamente las correspondientes órdenes, con cargo al infractor.

⇒ V. art. 178 del presente Texto Refundido.
V. art. 99 de la LRJ-PAC.

Sección 4ª Licencias u órdenes de ejecución incompatibles con la ordenación ambiental, territorial y urbanística

Artículo 184. Suspensión de licencias y paralización de obras.

1. El Alcalde, de oficio, a solicitud de cualquier persona o a instancia de la Agencia de Protección del Medio Urbano y Natural, dispondrá la suspensión de la eficacia de una licencia u orden de ejecución y, consiguientemente, la paralización inmediata de las obras que estén aún ejecutándose a su amparo, cuando el contenido de dichos actos administrativos constituya o legitime una infracción urbanística grave o muy grave.

A requerimiento de la Agencia de Protección del Medio Urbano y Natural, o de oficio, el Presidente del Cabildo Insular podrá sustituir la inactividad del Alcalde, previa advertencia y otorgamiento a éste de un plazo para actuar, que nunca podrá ser inferior a veinte días.

2. El Alcalde o, en su caso, el Presidente del Cabildo Insular procederá a dar traslado directo de la resolución de suspensión al órgano jurisdiccional competente, en los términos y a los efectos previstos en la legislación reguladora de la jurisdicción contencioso-administrativa.

3. Las actuaciones a que se refiere este artículo se entenderán sin perjuicio de las de carácter sancionador.

⇒ V. D. 165/2000, de 24 julio.

V. art. 229 del presente Texto Refundido.

V. arts. 56 y concordantes del RD 1093/1997, de 4 julio (§2.1).

V. Jurisprudencia en arts. 186 y concordantes del TRLS/1976 (§3).

Artículo 185. Revisión de licencias urbanísticas y órdenes de ejecución.

1. Sin perjuicio, en su caso, de lo dispuesto en el artículo anterior, las licencias urbanísticas y las órdenes de ejecución, cuyo contenido constituya o legitime alguna de las infracciones graves o muy graves definidas en este Texto Refundido, deberán ser revisadas por el órgano municipal correspondiente dentro de los cuatro años desde la fecha de su otorgamiento o dictado a través de alguno de los procedimientos establecidos para la revisión de los actos administrativos en la legislación reguladora del Régimen Jurídico de las Administraciones Públicas y del Procedimiento Administrativo Común.

2. Los procedimientos de revisión a que se refiere el número anterior, que se iniciarán de oficio, a solicitud de cualquier persona o a instancia de la Agencia de Protección del Medio Urbano y Natural, serán independientes a todos los efectos de los de carácter sancionador.

⇒ V. disp. transit. 7ª del presente Texto Refundido.

V. D. 11/1997, de 31 enero, de Constitución de un censo de edificaciones no amparadas por licencia y se establecen los supuestos de suspensión de la ejecutoriedad de las órdenes de demolición, afectado por D. 171/1998, de 8 octubre y por D. 94/1997, de 9 junio.

V. D. 165/2000, de 24 julio.

V. Jurisprudencia en arts. 186, 187 y concordantes del TRLS/1976 (§3).

Artículo 186. Supuestos de responsabilidad administrativa.

En los supuestos de anulación de licencias, demora injustificada en su otorgamiento o denegación improcedente, los perjudicados podrán reclamar de la Administración actuante el resarcimiento de los daños y perjuicios causados, en los casos y con la concurrencia de los requisitos establecidos en las normas que regulan con carácter general dicha responsabilidad. En ningún caso habrá lugar a indemnización si existe dolo, culpa o negligencia graves imputables al perjudicado.

⇒ V. art. 42 de la Ley 6/1998, de 13 abril (§1).

V. art. 171 del presente Texto Refundido.

V. arts. 139 y siguientes de la LRJ-PAC.

TÍTULO VI
INFRACCIONES Y SANCIONES

CAPÍTULO I
Disposiciones generales

Sección 1ª Infracciones y sus consecuencias

Artículo 187. Concepto de infracción.

Son infracciones las acciones y omisiones, dolosas o imprudentes, que vulnerando o contraviniendo la ordenación de los recursos naturales, territorial y urbanística, estén tipificadas y sancionadas como tales en este Texto Refundido.

⇒ V. Jurisprudencia en arts. 225 y concordantes del TRLS/1976 (§3).

Artículo 188. Consecuencias legales de las infracciones.

1. Toda acción u omisión tipificada como infracción en este Texto Refundido dará lugar a la adopción por las Administraciones Públicas competentes de las medidas siguientes:

a) Las precisas para la protección de la legalidad y el restablecimiento del orden jurídico perturbado.

b) Las que procedan para la exigencia de la responsabilidad penal o sancionadora y disciplinaria administrativas.

c) Las pertinentes para el resarcimiento de los daños y la indemnización de los perjuicios a cargo de quienes sean declarados responsables.

2. En ningún caso podrá la Administración dejar de adoptar las medidas dirigidas a reponer los bienes afectados al estado anterior a la comisión de la infracción.

⇒ V. art. 177 del presente Texto Refundido.
V. D. 165/2000, de 24 julio.
V. arts. 56 y concordantes del RD 1093/1997, de 4 julio (§2.1).
V. Jurisprudencia en arts. 185 y concordantes del TRLS/1976 (§3).

Sección 2ª Personas responsables

Artículo 189. Personas responsables.

1. Serán responsables las personas físicas o jurídicas que infrinjan lo prevenido en este Texto Refundido y, en especial:

a) En las obras, instalaciones, construcciones, edificaciones, actividades o usos del suelo ejecutados o desarrollados sin concurrencia de los presupuestos legales para su legitimidad o contraviniendo sus condiciones o incumpliendo las obligaciones para su ejecución:

1) Los promotores y constructores de las obras o instalaciones, actividades o usos y los titulares, directores o explotadores de los establecimientos, las actividades o los usos, así como los técnicos titulados directores de las obras y de las instalaciones.

2) Los titulares o miembros de los órganos administrativos y los funcionarios públicos por razón de sus competencias y tareas y, en su caso, de su inactividad en el ejercicio de éstas.

b) En las obras, instalaciones, construcciones, edificaciones, actividades o usos del suelo ejecutados o desarrollados al amparo de actos administrativos ilegales:

1) Las personas enumeradas en el apartado dos de la letra anterior.

2) El titular del órgano administrativo unipersonal que haya otorgado las aprobaciones, autorizaciones o licencias sin los preceptivos informes o, dolosamente, en contra de los emitidos motivadamente en sentido desfavorable por razón de la infracción; los miembros de los órganos colegiados que hayan votado a favor de dichas aprobaciones, autorizaciones o licencias en idénticas condiciones; y el Secretario del Ayuntamiento que no haya advertido de la omisión de alguno de los preceptivos informes técnico y jurídico, así como el funcionario que, dolosamente, haya informado favorablemente con conocimiento de la vulneración del orden jurídico.

2. A los efectos de la responsabilidad por la comisión de infracciones, se considerará también como promotor al titular del derecho a edificar o usar el suelo sobre el cual se cometa o hubiera cometido la infracción, cuando haya tenido conocimiento de las obras, instalaciones, construcciones, actividades o usos infractores.

3. Las personas jurídicas serán responsables de las infracciones cometidas por sus órganos o agentes y asumirán el coste de las medidas de restablecimiento del orden jurídico perturbado y de las indemnizaciones por daños y perjuicios a terceros a que haya lugar.

4. Si en el procedimiento sancionador aparecieran como presuntos responsables titulares o miembros de órganos, autoridades o funcionarios municipales, insulares o autonómicos, se deducirá testimonio suficiente de las actuaciones y se remitirá para instrucción y resolución del pertinente procedimiento:

a) Al consejero competente en materia de Ordenación del Territorio, cuando se trate de autoridades o titulares o miembros de órganos de un Ayuntamiento o Cabildo Insular.

b) Al alcalde o presidente del Cabildo Insular, cuando se trate de funcionarios municipales o insulares.

c) Al director ejecutivo de la Agencia de Protección del Medio Urbano y Natural, cuando se trate de funcionarios de dicha Agencia.

d) Al consejero competente por razón de la materia, cuando se trate del Director Ejecutivo de la Agencia de Protección del Medio Urbano y Natural.

e) Al consejero competente o al consejo de Gobierno, cuando se trate de titulares o miembros de órganos de la Administración de la Comunidad y de funcionarios de ésta o de consejeros, respectivamente.

La responsabilidad administrativa, incluso de carácter patrimonial, podrá exigirse a los titulares o miembros de órganos aun cuando después de la iniciación del procedimiento cesaren en sus cargos.

⇒ Según la disp. adic. 8ª de este Texto Refundido, en la interpretación y aplicación de sus preceptos, se estará al significado y alcance que para los conceptos básicos en ella utilizados se establecen en el anexo a la misma. El ap. 3.9 considera Promotor la persona física o jurídica que impulsa la actuación territorial o urbanística mediante la realización de las diligencias precisas para ello. Tendrá el mismo carácter, a todos los efectos, cuando el objeto de la actuación sea para uso propio, incluso identificándose con el titular del terreno o de las instalaciones, construcciones o edificaciones, en su caso.

Téngase en cuenta arts. 8 y concordantes de la Ley 38/1999, de 5 de noviembre, de Ordenación de la Edificación (§1.1).

V. art. 229 del presente Texto Refundido.

V. D. 165/2000, de 24 julio.

V. Jurisprudencia en arts. 228 y concordantes del TRLS/1976 (§3).

Sección 3ª Competencia y procedimiento

Artículo 190. Competencia para incoar, instruir y resolver.

1. La competencia para iniciar, instruir y resolver los procedimientos sancionadores, no disciplinarios, corresponderá:

a) Al Alcalde, por infracciones de normas municipales y de la ordenación urbanística.

b) Al Cabildo Insular cuando éste no estuviere consorciado en la Agencia de Protección del Medio Urbano y Natural.

c) A la Agencia de Protección del Medio Urbano y Natural:

1) Por las infracciones de competencia local, cuando ésta haya sido transferida o delegada voluntariamente a la Agencia de Protección del Medio Urbano y Natural por cualquiera de los procedimientos previstos en este Texto Refundido o en la Ley de Régimen Local.

2) Por infracciones comprendidas en la letra a) cuando tengan el carácter de graves o muy graves y el Ayuntamiento o el Cabildo no incoase expediente sancionador, no resolviese el mismo transcurrido el plazo legal establecido o, en su caso, no ordenase y ejecutase las medidas de restablecimiento del orden jurídico infringido dentro de los quince días siguientes al requerimiento al efecto realizado por la Agencia.

3) Por las demás infracciones tipificadas en este Texto Refundido.

Cuando en un mismo supuesto concurran presuntas infracciones de la competencia municipal o insular y de la Agencia de Protección del Medio Urbano y Natural, la competencia corresponderá a esta última.

2. Contra las *resoluciones* de la Agencia de Protección del Medio Urbano y Natural que pongan fin a los procedimientos se podrán interponer recursos:

a) Ante el consejero del Gobierno competente por razón de la materia cuando su importe sea inferior a 50.000.000 de pesetas.

b) Ante el Consejo de Gobierno desde 50.000.000 de pesetas.

3. La instrucción de los procedimientos sancionadores no disciplinarios

corresponderá siempre, en los Ayuntamientos, los Cabildos Insulares y la Agencia de Protección del Medio Urbano y Natural, a funcionarios a los que se les atribuyan tales funciones.

Los Ayuntamientos podrán:

a) Cuando hayan transferido o delegado en la Agencia de Protección del Medio Urbano y Natural sus competencias sancionadoras, adscribir funcionarios propios a dicha Agencia por cualquiera de los procedimientos previstos por la legislación de la Función Pública y, en todo caso, en comisión de servicios, o suscribir con la misma convenios interadministrativos en virtud de los cuales las unidades o funcionarios municipales dedicados a la inspección pasen a depender funcionalmente de ella.

b) Encomendar a la Agencia de Protección del Medio Urbano y Natural, mediante convenio interadministrativo, la instrucción de los procedimientos sancionadores de su competencia.

4. En caso del transcurso del plazo máximo legal para resolver expresamente sin que se le hubiera comunicado resolución alguna, así como la ausencia de pronunciamiento expreso sobre las medidas para la reposición de la realidad alterada, éstas, de ser procedentes, se adoptarán por la Agencia de Protección del Medio Urbano y Natural, previo requerimiento al Alcalde para su establecimiento y comunicación en el plazo de quince días, y sin perjuicio del inicio del expediente disciplinario correspondiente.

5. Si no hubiera recaído resolución transcurridos seis meses desde la incoación del expediente sancionador, teniendo en cuenta las posibles interrupciones por causas imputables a los interesados, se producirá la caducidad conforme a lo establecido en la legislación de procedimiento administrativo común.

Transcurrido el plazo de caducidad, el órgano competente emitirá a solicitud del interesado certificación en la que conste que ha caducado el procedimiento y se ha procedido al archivo de las actuaciones.

⇒ V. D. 165/2000, de 24 julio.

V. art. 229 del presente Texto Refundido.

Artículo 191. Procedimiento.

1. La potestad sancionadora se ejercerá observando el procedimiento establecido al efecto por la legislación general del procedimiento administrativo común, si bien el plazo máximo para dictar resolución definitiva será de seis meses desde su incoación.

2. La potestad disciplinaria se ejercerá observando el procedimiento establecido en la legislación reguladora de la Función Pública.

⇒ V. arts. 134 y concordantes de la LRJ-PAC.

V. arts. 56 y concordantes del RD 1093/1997, de 4 julio (§2.1).

Sección 4ª Reglas para la aplicación de las sanciones

Artículo 192. Imposición de sanciones.

Las multas por la comisión de infracciones se imponen con independencia de las demás medidas previstas en este Texto Refundido.

⇒ V. Jurisprudencia en arts. 185 y concordantes del TRLS/1976 (§3).

Artículo 193. Carácter independiente de las multas.

Las multas que se impongan a los distintos responsables de una misma infracción tienen entre sí carácter independiente.

⇒ V. Jurisprudencia en arts. 228 y concordantes del TRLS/1976 (§3).

Artículo 194. Infracciones conexas.

1. Cuando en aplicación de los preceptos del presente Texto Refundido se instruya un procedimiento sancionador por dos o más infracciones entre las que exista relación de causa efecto, se impondrá una sola sanción, que será la correspondiente a la infracción más grave en la mitad superior de su escala.

2. En los demás casos, se impondrá a los responsables de dos o más infracciones las multas correspondientes a cada una de las cometidas.

Artículo 195. Exclusión de beneficio económico.

En ningún caso podrán las infracciones reportar a ninguno de sus responsables un beneficio económico. Cuando la suma de la multa y, en su caso, del coste de la reposición de las cosas a su primitivo estado arroje una cifra inferior a dicho beneficio, se incrementará la cuantía de la multa hasta alcanzar el montante del mismo.

⇒ V. arts. 258.2 y 3 y 259.3 del TRLS/1992 (§2).
V. Jurisprudencia en arts. 94, 231 y concordantes del TRLS/1976 (§3).

Artículo 196. Graduación de las sanciones.

1. Cuando en el procedimiento se aprecie alguna circunstancia agravante o atenuante de las recogidas en los dos artículos siguientes, la multa deberá imponerse por una cuantía de la mitad superior o inferior de la correspondiente escala, respectivamente, fijándose la misma, en función de la ponderación de la incidencia de dichas circunstancias en la valoración global de la infracción. Las mismas reglas se observarán según los casos cuando concurra alguna o algunas de las circunstancias mixtas establecidas en el artículo 199.

2. En las parcelaciones ilegales el importe de la multa atenderá a la extensión del suelo afectado. Cuando dicho importe sea inferior al 150 por 100 del beneficio obtenido, deberá incrementarse hasta alcanzar este último importe. En ningún caso podrá ser inferior a la diferencia entre el valor inicial y el de venta de las parcelas correspondientes.

3. En las infracciones en materia de medio ambiente cultural y natural la sanción se graduará, sin perjuicio de otros criterios establecidos en los

tipos específicos, atendiendo al grado de impacto ecológico producido por la infracción.

⇒ V. arts. 80; 83; 166 y 206 del presente Texto Refundido.
V. Ley 11/1990, de 13 julio, de Prevención del Impacto Ecológico.

Artículo 197. Circunstancias agravantes.

Son circunstancias que agravan la responsabilidad sancionadora:

a) La prevalencia, para su comisión, de la titularidad de un oficio o cargo público, salvo que el hecho constitutivo de la infracción haya sido realizado, precisamente, en el ejercicio del deber funcional propio del cargo u oficio.

b) La manipulación de los supuestos de hecho, la declaración de datos falsos o incorrectos o la falsificación de documentos, y la ocultación de datos relevantes.

c) El aprovechamiento en beneficio propio de una grave necesidad pública o del particular o particulares perjudicados.

d) La resistencia a las órdenes emanadas de la Administración relativas a la protección de la legalidad o su cumplimiento defectuoso.

e) La iniciación de las obras sin orden escrita del titulado técnico director y las modificaciones en la ejecución del proyecto sin instrucciones expresas de dicho técnico.

f) La comisión de una infracción muy grave por persona a la que se haya impuesto con anterioridad una sanción firme por haber cometido cualesquiera infracciones previstas en este Texto Refundido.

g) La persistencia en la infracción tras la inspección y pertinente advertencia por escrito del agente de la autoridad.

Artículo 198. Circunstancias atenuantes.

Son circunstancias cuya concurrencia atenúa la responsabilidad sancionadora:

a) La ausencia de intención de causar un daño tan grave a los intereses públicos o privados afectados.

b) La reparación voluntaria y espontánea del daño causado antes del inicio de cualquier actuación administrativa sancionadora.

c) La paralización de las obras o el cese en la actividad o uso, de modo voluntario, tras la inspección y la pertinente advertencia del agente de la autoridad.

Artículo 199. Circunstancias mixtas.

Son circunstancias que, según las circunstancias del caso concreto, atenúan o agravan la responsabilidad:

a) El grado de conocimiento de la normativa legal y de las reglas técnicas de obligatoria observancia por razón del oficio, profesión o actividad habitual.

b) El beneficio obtenido de la infracción o, en su caso, la realización de ésta sin consideración alguna del posible beneficio económico.

Sección 5ª Anulación del acto o de los actos administrativos legitimantes

Artículo 200. Anulación del acto o actos administrativos legitimantes.

1. Cuando los actos y las actividades constitutivas de infracción se realicen al amparo de la aprobación, calificación, autorización, licencia u orden de ejecución preceptivas conforme a este Texto Refundido y de acuerdo con sus determinaciones, no podrá imponerse sanción administrativa alguna mientras no se proceda a la anulación del acto o actos administrativos que les otorguen cobertura formal.

2. Si la anulación del acto o actos administrativos a que se refiere el número anterior es consecuencia de la del instrumento de planeamiento o gestión del que sean ejecución o aplicación, no habrá lugar a imposición de sanción alguna a quienes hayan actuado ateniéndose a dichos actos administrativos, salvo que se trate de los promotores del instrumento anulado cuya actuación dolosa haya contribuido a la anulación de éste.

Sección 6ª Cómputo del plazo de prescripción

Artículo 201. Inicio del cómputo de prescripción de infracciones y sanciones.

1. El plazo de prescripción de las infracciones comenzará a correr desde el día en que la infracción se haya cometido o, en su caso, desde aquel en que hubiera podido incoarse el procedimiento. A este último efecto, se entenderá posible la incoación del procedimiento sancionador desde el momento de la aparición de signos externos que permitan conocer los hechos constitutivos de la infracción.

Cuando la infracción se haya cometido con ocasión de la ejecución de obras o el desarrollo de usos, el plazo de la prescripción de aquélla nunca comenzará a correr antes de la total terminación de las primeras o el cese definitivo en los segundos.

2. El plazo de prescripción de las sanciones comenzará a correr desde el día siguiente a aquél en que adquiera firmeza, en vía administrativa o judicial, la resolución por la que se imponga la sanción.

Jurisprudencia

«La carga de la prueba la soporta no la Administración sino quien voluntariamente se ha colocado en una situación de clandestinidad en la realización de unas obras y que por tanto ha creado la dificultad para el conocimiento del "dies a quo" que en el plazo que se examina, por ello el principio de la buena fe, plenamente operante en el campo procesal (art. 11.1 de la Ley Orgánica del Poder Judicial) impide, como señalan las SS. 14-5-1990 (RJ 1990, 4072), 16-5-1991 (RJ 1991, 4281) y 3-1-1992 (RJ 1992, 701), que el que crea una situación de ilegalidad pueda obtener ventajas de las dificultades probatorias originadas por esa ilegalidad (STS de 25-2-1992 [RJ 1992, 2975])». **(STS 15 mayo 2000 [RJCA 2000, 1534]).**

⇒ V. Jurisprudencia en arts. 230 y concordantes del TRLS/1976 (§3).

Artículo 201 bis. Destino del importe recaudado por las sanciones impuestas por la Agencia de Protección del Medio Urbano y Natural.

Los ingresos procedentes de las sanciones impuestas por la Agencia de Protección del Medio Urbano y Natural, se destinarán a financiar los programas de ésta para la protección, restauración o mejora del territorio canario.

✐ Artículo redactado por el art. 8.2 de la Ley 4/2001, de 6 julio.

⇒ V. art. 229 del presente Texto Refundido.

CAPÍTULO II
Tipos básicos de infracciones y sanciones

Sección 1ª Infracciones y sanciones

Artículo 202. Clases de infracciones y tipos legales.

1. Las infracciones se clasifican en leves, graves y muy graves.

2. Son infracciones leves todas las que, estando previstas en el número siguiente, sean expresamente excepcionadas en él de su clasificación como graves.

3. Son infracciones graves:

a) Las parcelaciones no amparadas por los actos administrativos que legalmente deban legitimarlas, salvo que se realicen en suelo urbano o urbanizable con ordenación pormenorizada y resulten conformes a la misma, en cuyo caso tendrán la consideración de leves.

b) La realización de actos y actividades de transformación del suelo mediante la realización de obras, construcciones, edificaciones o instalaciones sin la cobertura formal de la o las aprobaciones, calificaciones territoriales, autorizaciones, licencias u órdenes de ejecución preceptivas o contraviniendo las condiciones de las otorgadas, salvo que se trate de obras menores con escasa repercusión en el ambiente urbano, rural o natural. De darse esta última salvedad, la infracción tendrá carácter de leve. Tendrán, en todo caso, la consideración de graves los actos consistentes en los movimientos de tierras y abancalamientos y las extracciones de minerales.

c) La implantación y el desarrollo de usos no amparados por el o los actos administrativos que legalmente deban legitimarlos e incompatibles con la ordenación aplicable.

d) Los incumplimientos, con ocasión de la ejecución del planeamiento de ordenación, de deberes y obligaciones impuestos por este Texto Refundido y, en virtud de la misma, por los instrumentos de planeamiento y gestión y ejecución o asumidos voluntariamente mediante convenio, salvo que se subsanen voluntariamente tras el primer requerimiento formulado al efecto por la Administración, en cuyo caso tendrán la consideración de leves.

e) La obstaculización de la labor inspectora.

f) La conexión por las empresas abastecedoras de servicios domésticos de telecomunicaciones, energía eléctrica, gas, agua, con incumplimiento del artículo 172 del presente Texto Refundido.

g) La comisión de una o más infracciones leves por persona a la que se haya impuesto con anterioridad una sanción firme por cualquier otra infracción urbanística.

h) Cualquier otra infracción tipificada como grave por ley sectorial con incidencia sobre el territorio.

4. Son infracciones muy graves:

a) Las tipificadas como graves en el número anterior, cuando afecten a terrenos declarados como Espacio Natural Protegido, suelo rústico protegido por razones ambientales o sistemas generales; a los incluidos en las zonas periféricas de protección de los Espacios Naturales Protegidos; y a los que tengan la consideración de dominio público tanto por razón de urbanismo o normativa sectorial, o estén comprendidos en las zonas de protección o servidumbre de dicho dominio.

b) La inobservancia de las obligaciones de no hacer impuestas por medidas provisionales o cautelares adoptadas con motivo del ejercicio de la potestad de protección de la legalidad y de restablecimiento del orden jurídico perturbado.

c) La destrucción o el deterioro de bienes catalogados por la ordenación de los recursos naturales, territorial o urbanística o declarados de interés cultural conforme a la legislación sobre el patrimonio histórico.

d) Las parcelaciones en suelo rústico de cualquier categoría.

e) La comisión de una o más infracciones graves por persona a la que se haya impuesto con anterioridad una sanción firme por la de cualquier otra infracción urbanística.

f) Cualquier otra infracción tipificada como muy grave por ley sectorial con incidencia sobre el territorio.

⇒ V. Ley 4/1999, de 15 marzo, de Patrimonio Histórico de Canarias.
V. arts. 258.2 y 3 y 259.3 del TRLS/1992 (§2).
V. Jurisprudencia en arts. 226 y concordantes del TRLS/1976 (§3).

Artículo 203. Sanciones.

1. Las infracciones serán sancionadas con las siguientes multas:

a) Infracciones leves: multa de 10.000 a 1.000.000 de pesetas.

b) Infracciones graves: multa de 1.000.001 a 25.000.000 de pesetas.

c) Infracciones muy graves: multa de 25.000.001 a 100.000.000 de pesetas.

2. Las sanciones previstas en el número anterior se impondrán en defecto de las que correspondan por la comisión de las de los tipos específicos regulados en el Capítulo III de este mismo Título.

3. Cuando un mismo hecho pueda ser tipificado como infracción por distintas leyes protectoras del territorio, urbanismo, recursos naturales y patri-

monio histórico, se aplicará la sanción prevista para la más grave de tales infracciones.

4. Todas las sanciones pecuniarias por infracciones en materia de medio ambiente se ingresarán en el Tesoro del respectivo Cabildo Insular, debiendo afectarse de forma finalista a inversiones o mantenimiento de los Espacios Naturales Protegidos.

Artículo 204. Medidas sancionadoras accesorias.

1. La comisión de infracciones graves y muy graves, además de las multas, podrá dar lugar, cuando proceda, a la imposición de las siguientes sanciones accesorias:

a) Inhabilitación para ser beneficiario de subvenciones, incentivos fiscales y cualesquiera otras medidas de fomento de los actos y las actividades que, conforme a este Texto Refundido, precisen de aprobaciones, calificaciones territoriales, autorizaciones, licencias u órdenes de ejecución, según la índole de la actividad con motivo de la cual haya sido cometida la infracción.

b) Prohibición de ejercicio del derecho de iniciativa para la atribución de la actividad de ejecución en unidades de actuación y de participación en cualquier otra forma en iniciativas o alternativas a éstas formuladas por propietarios o terceros.

2. Las medidas a que se refiere el apartado anterior, podrán ser impuestas por un máximo de dos años en las infracciones graves y de cuatro años en las muy graves.

Sección 2ª Prescripción de infracciones y sanciones

Artículo 205. Prescripción de infracciones y sanciones.

1. Las infracciones muy graves prescriben a los cuatro años, las graves a los dos años y las leves al año.

2. Las sanciones impuestas por faltas muy graves prescriben a los tres años, las impuestas por faltas graves a los dos años y las impuestas por faltas leves al año.

⇒ V. Jurisprudencia en arts. 230 y concordantes del TRLS/1976 (§3).

CAPÍTULO III
Tipos específicos de infracciones y sanciones

Sección 1ª Infracciones y sanciones en materia de parcelación

Artículo 206. Parcelaciones en suelo urbano o urbanizable.

Se sancionará con multa de 1.000.001 a 25.000.000 de pesetas:

a) A quienes realicen parcelaciones urbanísticas en suelo urbano que contradigan las determinaciones de la ordenación urbanística.

b) A quienes realicen parcelaciones urbanísticas en suelo clasificado como urbanizable que no sean consecuencia de la ejecución del correspondiente planeamiento general o parcial, ni se verifiquen en el contexto del pertinente sistema de ejecución.

⇒ V. arts. 80; 83 y 166 del presente Texto Refundido.
V. arts. 258.2 y 3 y 259.3 del TRLS/1992 (§2).
V. Jurisprudencia en arts. 226 y concordantes del TRLS/1976 (§3).

Artículo 207. Parcelaciones en suelo rústico.

Se sancionarán con multa de 25.000.001 a 50.000.000 de pesetas las parcelaciones urbanísticas en suelo rústico protegido por razones ambientales contraviniendo la ordenación aplicable.

Las parcelaciones en las restantes categorías de suelo rústico, contraviniendo la ordenación territorial y urbanística aplicable, se sancionará con multa de 10.000.001 a 25.000.000 de pesetas.

⇒ V. art. 20.2 de la Ley 6/1998, de 13 abril (§1).
V. arts. 83 y 181 del presente Texto Refundido.

Artículo 208. Restantes parcelaciones.

Se sancionarán con multa de 100.000 a 1.000.000 de pesetas las parcelaciones que, sin contradecir el planeamiento en vigor, se realicen sin título habilitante.

⇒ Según la disp. adic. 8ª de este Texto Refundido, en la interpretación y aplicación de sus preceptos, se estará al significado y alcance que para los conceptos básicos en ella utilizados se establecen en el anexo a la misma. El ap. 3.8 precisa que es Título habilitante un concepto relevante para el Derecho sancionador que alude al proyecto de actuación territorial aprobado, la calificación territorial, la licencia municipal y la autorización ambiental.
V. arts. 80; 83 y 166 del presente Texto Refundido.
V. Jurisprudencia en arts. 226 y concordantes del TRLS/1976 (§3).

Sección 2ª Infracciones y sanciones en materia de ejecución

Artículo 209. Obras y usos realizados sin la cobertura de los actos administrativos que deban legitimarlos.

1. Se sancionará con multa equivalente al importe de las obras de urbanización e implantación de servicios a quienes las realicen sin la cobertura del o de los actos administrativos precisos para su legitimación en suelo rústico y en suelo urbanizable, siempre que en este último caso el suelo no cuente con ordenación pormenorizada o las obras sean disconformes con la que exista. La sanción que se imponga nunca podrá ser inferior a 500.000 pesetas.

2. Cuando las obras a que se refiere el número anterior se realicen en suelo urbano o urbanizable con ordenación pormenorizada, se sancionarán con multa por importe del 20 al 25 por 100 del valor de las efectivamente ejecutadas, salvo que fueran susceptibles de legalización, en cuyo caso la multa será del cinco por ciento de dicho valor. La sanción que se imponga nunca podrá ser inferior a 100.000 pesetas.

Artículo 210. Incumplimiento en materia de ejecución.

Se sancionará con multa de 100.000 a 10.000.000 de pesetas el incumplimiento de las obligaciones legales o compromisos asumidos mediante convenio urbanístico para la ejecución del planeamiento de ordenación.

Artículo 211. Incumplimiento de las obligaciones de conservación de obras de urbanización.

1. Se sancionará con multa de 100.000 a 10.000.000 de pesetas el incumplimiento de las obligaciones asumidas de conservar, mantener y entretener las obras de urbanización y sus instalaciones.

2. La cuantía de la multa será proporcional al grado de deterioro o abandono de los elementos de la urbanización producido por el incumplimiento.

Sección 3ª Infracciones y sanciones en materia de edificación

Artículo 212. Obras en parcelas y solares edificables.

1. Se sancionará con multa del 50 al 100 por 100 del valor de la obra ejecutada la realización de obras de construcción o edificación en parcelas o solares edificables, cuando:

a) No se correspondan con el uso del suelo.

b) Superen la ocupación permitida de la parcela o solar o la altura, la superficie o el volumen edificables; incumplan los retranqueos a linderos; o den lugar a un exceso de densidad.

c) Excedan de una planta en suelo rústico o de dos plantas en las restantes clases de suelo, medidas siempre en cada punto del terreno, si no existe planeamiento de ordenación que autorice expresamente un mayor número de plantas.

d) Tengan por objeto actuaciones prohibidas en edificios fuera de ordenación.

e) Supongan la continuación de las que hayan sido objeto de una medida provisional o cautelar de suspensión en vigor.

2. El valor de la obra ejecutada se calculará en función del valor en venta del bien inmueble correspondiente en relación con otros similares en características y emplazamiento, en el caso de que aquélla sea susceptible de uso independiente. En caso contrario, el valor de la obra ejecutada se calculará en función de su coste de ejecución.

Artículo 213. Obras en espacios públicos, sistemas generales, Espacios Naturales Protegidos y otras áreas especialmente protegidas.

Se sancionará con multa del 100 al 200 por 100 del valor del suelo afectado o de las obras ejecutadas, si fuera mayor, la realización, sin la debida aprobación, autorización, licencia u orden de ejecución y con independencia de *que sean legalizables* o no, de obras, instalaciones, trabajos, actividades o usos de todo tipo en terrenos destinados a dotaciones públicas, sistemas generales, a Espacios Naturales Protegidos, incluidas sus zonas periféricas de protección, y a otras áreas de protección ambiental establecidos en los Planes Insulares de Ordenación que impidan, dificulten o perturben dicho destino. Cuando la infracción se haya producido en el suelo no susceptible de valoración, por estar excluido de modo permanente y total del tráfico jurídico, la multa podrá oscilar entre las 100.000 y los 10.000.000 de pesetas.

Artículo 214. Alteración de usos.

Se sancionará con multa del 20 al 25 por 100 del valor del edificio, planta, local o dependencia, todo cambio objetivo en el uso a que estén destinados sin título habilitante.

Artículo 215. Publicidad en el emplazamiento de las obras.

Se sancionará con multa de 10.000 a 500.000 pesetas el incumplimiento de lo dispuesto en el artículo 175, sin perjuicio de la imposición de las multas coercitivas que procedan para compeler al cumplimiento del deber de publicidad establecido en dicho precepto.

Sección 4ª Infracciones y sanciones en materia de medio ambiente y el patrimonio histórico y natural

Artículo 216. Atentados a bienes histórico-culturales.

1. Se sancionará con multa del 200 al 300 por 100 del valor de lo destruido o alterado, el derribo, el desmontaje o la desvirtuación en cualquier otra forma, total o parcialmente, de construcciones, edificaciones o instalaciones declaradas bienes de interés cultural u objeto de protección especial por el planeamiento de ordenación por su carácter monumental, histórico, artístico, arqueológico, cultural, típico o tradicional, o, en su caso, del daño producido al bien protegido. El importe de la multa no será nunca inferior al beneficio obtenido por su comisión.

2. Se sancionará con multa del 75 al 100 por 100 del valor de la obra ejecutada la realización de obras en lugares inmediatos o en inmuebles que formen parte de un grupo de edificios de carácter histórico-artístico, arqueológico, típico o tradicional que contradigan las correspondientes normas de protección, quebranten la armonía del grupo o produzcan el mismo efecto en relación con algún edificio de gran importancia o calidad de los caracteres indicados. La graduación de la multa se realizará en atención al carácter grave o leve de la afectación producida.

3. Se sancionará con multa del 75 al 150 por 100 del valor de la obra ejecutada la realización de obras que afecten a lugares de paisaje abierto y natural, sea rural o marítimo, o a las perspectivas que ofrezcan los conjuntos urbanos de características histórico-artísticas, típicas o tradicionales, así como en las inmediaciones de las carreteras y caminos de trayecto pintoresco, cuando la situación, masa, altura de los edificios, muros y cierres o la instalación de otros elementos limiten el campo visual para contemplar las bellezas

naturales, rompan o desfiguren la armonía del paisaje o la perspectiva propia del mismo o infrinjan en cualquier forma el planeamiento aplicable.

⇒ V. art. 65 del presente Texto Refundido.

V. D. 131/1995, de 11 mayo, que aprueba el Reglamento de desarrollo de la Ley 9/1991, de 8 de mayo, de Carreteras en Canarias.

V. Ley 4/1999, de 15 marzo, de Patrimonio Histórico de Canarias.

Artículo 217. Flora, fauna y sus hábitats.

La destrucción o alteración de las especies de la flora y fauna naturales o de sus hábitats, que estuvieran protegidos por la normativa vigente, se sancionarán con multas de 100.000 a 100.000.000 de pesetas. La multa se graduará en función a la mayor o menor trascendencia de la acción sancionada.

✐ El TC, por Prov. 3 octubre 2000, dictada en el recurso de inconstitucionalidad núms. 3547-1999, promovido por el Presidente del Gobierno, ha acordado acceder a lo solicitado por el Abogado del Estado en su escrito de 29 de junio de 2000 y, en su virtud, entender referido el presente recurso de inconstitucionalidad contra el art. único del Texto Refundido de las Leyes de Ordenación del Territorio de Canarias y de Espacios Naturales de Canarias, aprobado por DLeg 1/2000, de 8 mayo, en la medida en que redacta los arts. 217; 220.2, salvo el inciso relativo a vertidos al mar; 224.1 a) y 228.3 a), siendo dicha redacción idéntica a la que se atribuyó a los mismos preceptos por la Ley 9/1999, de 13 mayo, del Parlamento de Canarias, objeto del recurso interpuesto el 5 de agosto de 1999 y admitido a trámite por Providencia de 15 de septiembre siguiente.

Asimismo ha acordado que la eficacia de la suspensión de los artículos impugnados, con excepción de las referencias en ellos contenidas a las zonas periféricas de protección, acordada en el ATC 25/2000, de 28 enero (RTC 2000, 25 AUTO), debe entenderse referida a los arts. 217; 220.2, salvo el inciso relativo a vertidos al mar; 224.1 a) y 228.3 a), del Texto Refundido de las Leyes de Ordenación del Territorio de Canarias y de Espacios Naturales de Canarias, aprobado por DLeg 1/2000, de 8 mayo, lo que se comunicará a los Presidentes del Gobierno y del Parlamento de Canarias.

Artículo 218. Extracción de áridos.

Se sancionará con multa de 100.000 a 100.000.000 de pesetas las extracciones de áridos sin las autorizaciones preceptivas. La multa se graduará teniendo en cuenta, entre otras consideraciones, la extensión de suelo afectada y el volumen de la extracción.

Artículo 219. Movimientos de tierras y abancalamientos.

Se sancionará con multa de 100.000 a 10.000.000 de pesetas los movimientos de tierra y los abancalamientos no autorizados.

Artículo 220. Vertidos de residuos.

1. Se sancionará con multa de 100.000 a 1.000.000 de pesetas el vertido no autorizado de escombros o cualesquiera otros residuos.

2. Si el vertido fuere al mar o alterase las condiciones naturales de un Espacio Natural Protegido o de su zona periférica de protección o le ocasione daños se sancionará con multa de 1.000.000 a 50.000.000 de pesetas.

✐ El TC, por Prov. 3 octubre 2000, dictada en el recurso de inconstitucionalidad núms. 3547-1999, promovido por el Presidente del Gobierno, ha acordado acceder a lo solicitado por el Abogado del Estado en su escrito de 29 de junio de 2000 y, en su virtud, entender referido el presente recurso de inconstitucionalidad contra el artículo único del Texto Refundido de las Leyes de Ordenación del Territorio de Canarias y de Espacios Naturales de Canarias, aprobado por DLeg 1/2000, de 8 mayo, en la medida en que redacta los arts. 217; 220.2, salvo el inciso relativo a vertidos al mar; 224.1 a) y 228.3 a), siendo dicha redacción idéntica a la que se atribuyó a los mismos preceptos por la Ley 9/1999, de 13 mayo, del Parlamento de Canarias, objeto del recurso interpuesto el 5 de agosto de 1999 y admitido a trámite por Providencia de 15 de septiembre siguiente.

Asimismo ha acordado que la eficacia de la suspensión de los artículos impugnados, con excepción de las referencias en ellos contenidas a las zonas periféricas de protección, acordada en el ATC 25/2000, de 28 enero (RTC 2000, 25 AUTO), debe entenderse referida a los arts. 217; 220.2, salvo el inciso relativo a vertidos al mar; 224.1 a) y 228.3 a), del Texto Refundido de las Leyes de Ordenación del Territorio de Canarias y de Espacios Naturales de Canarias, aprobado por DLeg 1/2000, de 8 mayo, lo que se comunicará a los Presidentes del Gobierno y del Parlamento de Canarias.

Artículo 221. Depósito o abandono de materiales.

Se sancionará con multa de 100.000 a 10.000.000 de pesetas el depósito o abandono de materiales no autorizado.

Artículo 222. Instalaciones de telecomunicación y conducción de energía.

Se sancionará con multa de 1.000.000 a 25.000.000 de pesetas las instalaciones no autorizadas de telecomunicaciones y conducción de energía.

Artículo 223. Carteles y otros soportes de publicidad y propaganda.

1. Se sancionará con multa de 10.000 a 500.000 pesetas la colocación o el mantenimiento sin licencia urbanística para ello de carteles y cualesquiera otros soportes de publicidad o propaganda.

La sanción se graduará en función de la localización, el tamaño y la incidencia en el medio urbano y natural.

2. La sanción se aplicará en su grado máximo cuando se incumplan las medidas que se adopten para la protección de la legalidad y el restablecimiento del orden jurídico perturbado.

Artículo 224. Actos en Espacios Naturales Protegidos o sus zonas periféricas de protección.

1. Se sancionará con multa de 1.000.001 a 100.000.000 de pesetas:

a) La utilización de productos químicos y sustancias biológicas que alteren las condiciones naturales o produzcan daños a los valores objeto de protección.

✐ El TC, por Prov. 3 octubre 2000, dictada en el recurso de inconstitucionalidad núms. 3547-1999, promovido por el Presidente del Gobierno, ha acordado acceder a lo solicitado por el Abogado del Estado en su escrito de 29 de junio de 2000 y, en su virtud, entender referido el presente recurso de inconstitucionalidad contra el artículo único del Texto Refundido de las Leyes de Ordenación del Territorio de Canarias y de Espacios Naturales de Canarias, aprobado por DLeg 1/2000, de 8 de mayo, en la medida en que redacta los arts. 217; 220.2, salvo el inciso relativo a vertidos al mar; 224.1 a) y 228.3 a), siendo dicha redacción idéntica a la que se atribuyó a los mismos preceptos por la Ley 9/1999, de 13 de mayo, del Parlamento de Canarias, objeto del recurso interpuesto el 5 de agosto de 1999 y admitido a trámite por Providencia de 15 de septiembre siguiente.

Asimismo ha acordado que la eficacia de la suspensión de los artículos impugnados, con excepción de las referencias en ellos contenidas a las zonas periféricas de protección, acordada en el ATC 25/2000, de 28 enero (RTC 2000, 25 AUTO), debe entenderse referida a los arts. 217; 220.2, salvo el inciso relativo a vertidos al mar; 224.1 a) y 228.3 a), del Texto Refundido de las Leyes de Ordenación del Territorio de Canarias y de Espacios Naturales de Canarias, aprobado por DLeg 1/2000, de 8 mayo, lo que se comunicará a los Presidentes del Gobierno y del Parlamento de Canarias.

b) La alteración de cualquiera de los elementos o las condiciones naturales de un Espacio Natural Protegido o de su zona periférica de protección, cuando ponga en peligro sus valores y los fines de protección o se realice con ánimo de provocar la desclasificación del espacio o de impedir su declaración como protegido.

c) La lesión de la armonía del paisaje o su alteración en detrimento del Espacio Natural Protegido.

d) Hacer fuego con grave riesgo para la integridad del espacio.

2. Se sancionará con multa de 100.001 a 1.000.000 de pesetas:

a) La circulación de vehículos fuera de las pistas habilitadas al efecto.

b) La circulación, no autorizada, de vehículos a motor en caravana organizada con fines de lucro.

3. Se sancionará con multa de 10.001 a 100.000 pesetas:

a) Las acampadas sin la debida autorización.

b) Hacer fuego contraviniendo las disposiciones reglamentarias que al efecto se dicten.

c) La alteración, destrucción o deterioro de la señalización de los Espacios Naturales Protegidos.

d) El abandono de residuos domésticos en Espacios Naturales Protegidos.

e) La alteración de las condiciones de un Espacio Natural Protegido mediante la emisión de ruidos.

✐ El ATC 18 enero 2000 (RTC 2000, 25) levanta la suspensión de vigencia y aplicación del art. 224 de la Ley 9/1999, de 13 mayo, en lo relativo a las referencias a las zonas periféricas de protección.

TÍTULO VII
DISPOSICIONES ORGANIZATIVAS, PROTECCIÓN DE ESPACIOS Y RÉGIMEN JURÍDICO

CAPÍTULO I
Organización al Servicio de las Políticas Medioambiental, de Gobierno del Territorio y de Protección de los Espacios Naturales

Artículo 225. Consejo Asesor del Medio Ambiente y Ordenación Territorial.

1. El Consejo Asesor del Medio Ambiente y Ordenación Territorial de Canarias es un órgano de propuesta, asesoramiento y consulta.

2. Son funciones del Consejo Asesor:

a) Emitir informes y elevar propuestas de actuación en las materias de política medioambiental y ordenación de los recursos naturales, territorial y urbanística.

b) Proponer medidas que incentiven la participación ciudadana en las tareas medioambientales y de ordenación territorial.

c) Conocer los proyectos normativos con incidencia en estas materias.

d) La formulación de propuestas y sugerencias en materia de ordenación de los recursos naturales, territorial y urbanística.

e) Realizar labores de seguimiento y evaluación de las políticas medioambientales y de ordenación del territorio.

f) Impulsar la coordinación entre la iniciativa pública y la privada.

3. Reglamentariamente se determinarán la composición y organización de este Consejo, en el que estarán representados, junto a miembros designados por las diferentes Administraciones Públicas Canarias, los siguientes sectores:

a) Organizaciones empresariales.

b) Organizaciones sindicales.

c) Asociaciones de defensa del medio ambiente.

d) Asociaciones de vecinos.

e) Organizaciones agrarias.

f) Asociaciones de cazadores.

g) Colegios profesionales.

h) Universidades canarias.

Artículo 226. Comisión de Ordenación del Territorio y Medio Ambiente de Canarias.

1. La Comisión de Ordenación del Territorio y Medio Ambiente de Canarias es el órgano de deliberación, consulta y decisión de la Comunidad Autónoma en materia objeto de este Texto Refundido. Funciona en pleno y en ponencias técnicas para la preparación de los asuntos que deban someterse a la consideración y, en su caso, decisión de éste.

2. Son funciones de la Comisión de Ordenación del Territorio y Medio Ambiente de Canarias:

a) El ejercicio de la potestad de planeamiento de ordenación de los recursos naturales, territorial y urbanística en los términos de este Texto Refundido.

b) La emisión de los informes previstos en este Texto Refundido y cuantos otros le sean solicitados por o a través del consejero competente en materia de ordenación territorial y urbanística sobre cuestiones objeto de regulación en la misma.

c) La formulación de propuestas y sugerencias en materia de ordenación de los recursos naturales, territorial y urbanística al consejero competente en la misma.

d) El seguimiento y la evaluación de la política territorial.

e) Las demás que reglamentariamente se le asignen.

3. Las Ponencias Técnicas tendrán carácter territorial y su ámbito y composición se determinarán reglamentariamente.

4. La Presidencia de la Comisión, que se ostentará por el titular de la Consejería competente en materia de ordenación territorial y urbanística, será competente para adoptar cuantos actos sean procedentes para asegurar la efectividad y ejecución de los acuerdos de la Comisión.

La Secretaría de la Comisión podrá adoptar cuantos actos de trámite sean pertinentes para garantizar la corrección y regularidad de la documentación de los asuntos sometidos a la consideración de la misma.

En los procedimientos instruidos para la aprobación definitiva de cualquier instrumento de planeamiento, las Ponencias Técnicas tendrán competencia para adoptar, por razones de estricta legalidad y por una sola vez, acuerdos de apreciación de deficiencias de orden jurídico o técnico y requerimiento de subsanación de las mismas. Estos actos y acuerdos suspenderán el plazo máximo legal para la adopción de la resolución definitiva por el Pleno de la Comisión.

5. Reglamentariamente se determinará y desarrollará la composición, organización y normas de funcionamiento de la Comisión, en la que estarán representados, en todo caso, los consejeros con competencia de relevancia territorial, los Municipios y los Cabildos Insulares.

⇒ V. D. 10/2001, de 29 enero, del Presidente, por el que se determinan el número, denominación y competencias de las Consejerías.

V. D. 12/2001, de 30 enero, por el que se determina la estructura central y periférica, así como las sedes de las consejerías de la Administración Pública de la Comunidad Autónoma de Canarias.

Artículo 227. Consejo Cartográfico de Canarias.

1. El Consejo Cartográfico de Canarias es un órgano de planificación, asesoramiento y coordinación en materia cartográfica y de sistemas de información geográfica en el ámbito de la Comunidad Autónoma de Canarias.

2. Las Administraciones Públicas con competencia para la aprobación definitiva del planeamiento deberán remitir el acuerdo administrativo, la documentación y normativa íntegra del planeamiento, conforme se determine reglamentariamente.

3. Reglamentariamente se precisará la organización y el régimen de funcionamiento del Consejo, que estará presidido por el consejero competente en materia de ordenación territorial y urbanística, y de su Comisión Permanente, *en los que estarán* representados los Cabildos Insulares y el departamento de la Administración del Estado con competencia en materia cartográfica.

CAPÍTULO II

Organización para la Valoración en Materia Expropiatoria y de Responsabilidad Patrimonial

Artículo 228. Comisión de Valoraciones de Canarias.

1. La Comisión de Valoraciones de Canarias es el órgano colegiado permanente de naturaleza administrativa, dotado de autonomía funcional, especializado en materia de expropiación forzosa y de responsabilidad patrimonial. Dicha comisión queda integrada en la competente en materia de hacienda, que le facilitará toda la infraestructura administrativa para su adecuado funcionamiento.

✐ Apartado modificado por el art. 7.1 de la Ley 2/2000, de 17 julio.

2. La Comisión de Valoraciones actuará con competencia resolutoria definitiva para la fijación del justo precio en todas las expropiaciones en que la Administración expropiante sea la de la Comunidad Autónoma o uno de los Cabildos Insulares o de los Ayuntamientos.

Igualmente corresponderá, con carácter facultativo, la valoración de las indemnizaciones por responsabilidad patrimonial de la Comunidad Autónoma en materia de ordenación territorial y urbanística, siempre que, con carácter previo, dicha responsabilidad haya sido declarada y no cuantificada en vía administrativa o judicial o se haya emitido informe en tal sentido por el Consejo Consultivo de Canarias. Tal facultad será extensiva a las valoraciones procedentes de indemnizaciones imputables a las restantes Administraciones Públicas Canarias, siempre que la soliciten expresamente.

3. La Comisión de Valoraciones de Canarias se compone de los siguientes miembros:

a) Presidente, que será el director general del Servicio Jurídico del Gobierno de Canarias.

✐ Letra modificada por el art. 7.2 de la Ley 2/2000, de 17 julio.

El TC, por Prov. 3 octubre 2000, dictada en el recurso de inconstitucionalidad núm. 3547/1999, promovido por el Presidente del Gobierno, ha acordado acceder a lo solicitado por el Abogado del Estado en su escrito de 29 de junio de 2000 y, en su virtud, entender referido el presente recurso de inconstitucionalidad contra el artículo único del Texto Refundido de las Leyes de Ordenación del Territorio de Canarias y de Espacios Naturales de Canarias, aprobado por DLeg 1/2000, de 8 mayo, en la medida en que redacta los arts. 217; 220.2, salvo el inciso relativo a vertidos al mar; 224.1 a) y 228.3 a), siendo dicha redacción idéntica a la que se atribuyó a los mismos preceptos por la Ley 9/1999, de 13 mayo, del Parlamento de Canarias, objeto del recurso interpuesto el 5 de agosto de 1999 y admitido a trámite por Providencia de 15 de septiembre siguiente.

Asimismo ha acordado que la eficacia de la suspensión de los artículos impugnados, con excepción de las referencias en ellos contenidas a las zonas periféricas de protección, acordada en el ATC 25/2000, de 28 enero (RTC 2000, 25 AUTO), debe entenderse referida a los arts. 217; 220.2, salvo el inciso relativo a vertidos al mar; 224.1 a) y 228.3 a), del Texto Refundido de las Leyes de Ordenación del Territorio de Canarias y de Espacios Naturales de Canarias, aprobado por DLeg 1/2000, de 8 mayo, lo que se comunicará a los Presidentes del Gobierno y del Parlamento de Canarias.

⇒ V. disp. adic. 10ª del presente Texto Refundido.

b) Vocales:

– Un letrado de la Comunidad Autónoma, designado por el Consejo de Gobierno.

– Dos técnicos facultativos superiores al servicio de la Comunidad Autónoma, dependiendo de la naturaleza del bien o derecho objeto de valoración.

– Dos técnicos facultativos elegidos por la Federación Canaria de Municipios.

– Un arquitecto en representación del Colegio de Arquitectos de Canarias.

– Un titulado superior con competencia en la materia objeto de valoración, en representación de su correspondiente colegio profesional.

– Cuando se trate de expropiaciones municipales, un representante del Ayuntamiento respectivo.

c) Secretario: un funcionario de la Comunidad Autónoma, perteneciente al Cuerpo Superior de Administradores, Escala de Administración General.

Por cada miembro de la Comisión deberá nombrarse un titular y un suplente.

4. La Comisión de Valoraciones de Canarias podrá funcionar en pleno o secciones. Estas últimas podrán ser territoriales, que funcionarán siempre bajo la presidencia del que lo sea de la Comisión, y cuyo secretario será igualmente el de ésta. Reglamentariamente se determinará la organización y el funcionamiento de la Comisión.

CAPÍTULO III

Organización para la Garantía de la Legalidad de la Ordenación Ambiental, Territorial y Urbanística

Artículo 229. Agencia de Protección del Medio Urbano y Natural.

1. La Agencia de Protección del Medio Urbano y Natural es un organismo público de naturaleza consorcial, dotado de personalidad jurídica y presupuesto propios y plena autonomía en el cumplimiento de sus funciones, para el desarrollo en común por la Administración de la Comunidad y las administraciones insulares y municipales consorciadas, de la actividad de inspección y sanción en materia medioambiental y de ordenación de los recursos naturales, territorial y urbanística, así como la asistencia a dichas administraciones en tales materias y el desempeño de cuantas otras competencias le asigna este Texto Refundido o le sean expresamente atribuidas.

1-bis. La Agencia de Protección del Medio Urbano y Natural, en el desarrollo de sus competencias, podrá actuar directamente o, mediante convenio autorizado por el Gobierno, a través de empresas de titularidad pública para la gestión y/o ejecución de prestación de servicios, consultorías o asistencias técnicas, gestión de servicios públicos y, en su caso, ejecución de obras por administración.

✐ Apartado añadido la disp. adic. 2ª.6 de la Ley 2/2000, de 17 julio.

2. Corresponden, en todo caso, a la Agencia de Protección del Medio Urbano y Natural las siguientes competencias:

a) La comprobación, mediante la práctica de las actuaciones de inspección e instrucción pertinentes, de la legalidad de cualesquiera actos y actividades, privadas o públicas, de ocupación, transformación o uso del suelo o que afecten a cualesquiera de los restantes recursos naturales, así como también de los actos dictados por las Administraciones en ejecución o aplicación de este Texto Refundido, especialmente de los que autoricen la realización de actos de construcción, edificación o uso del suelo.

b) La adopción de las medidas cautelares previstas en este Texto Refundido, en especial las de suspensión, en los supuestos y términos contemplados por el mismo y respecto de los actos de ocupación, transformación y uso del suelo, así como de las actividades que incidan en los restantes recursos naturales, que no cuenten con las preceptivas concesiones o autorizaciones administrativas o incumplan las condiciones legítimas de las que los amparen.

c) La instrucción de aquellos procedimientos sancionadores para la persecución de las infracciones a las normas protectoras del medio ambiente y las de la ordenación de los recursos naturales, territorial y urbanística, cuya competencia tenga atribuida directamente o le haya sido transferida o delegada.

d) La formulación a las distintas administraciones de toda clase de solicitudes que considere pertinentes para asegurar el mejor cumplimiento de la legalidad medioambiental y de ordenación de los recursos naturales, territorial y urbanística.

e) La formulación de propuesta en plazo a los servicios jurídicos del Gobierno de Canarias para la impugnación, ante las propias administraciones y los órganos del orden jurisdiccional contencioso-administrativo competentes, de los actos administrativos expresos o presuntos que procedan en función de las actuaciones de comprobación previstas en la letra a).

f) La denuncia ante la Administración competente de los hechos que, a resultas de las actuaciones de comprobación de la letra a), deban dar lugar al ejercicio de la potestad disciplinaria sobre funcionario o funcionarios o titulares o miembros de órganos administrativos determinados.

g) La denuncia ante el Ministerio Fiscal y los órganos del orden jurisdiccional penal de los hechos que, a resultas de las actuaciones de comprobación a que se refiere la letra a), se consideren constitutivos de delito o falta.

3. Son órganos directivos de la Agencia de Protección del Medio Urbano y Natural:

a) La Asamblea, en la que se integran los representantes de las administraciones consorciadas en la forma que se determine reglamentariamente.

b) El Consejo, cuya composición y funcionamiento se determinará reglamentariamente por el Gobierno de Canarias, a propuesta de la Asamblea.

c) El director ejecutivo que, tendrá carácter profesional, será nombrado y cesado por el Consejo de Gobierno de la Comunidad, oída la Asamblea. Le corresponderá la representación ordinaria de la Agencia, la dirección de todos los servicios de ésta y la jefatura de su personal, a cuyos efectos dispondrá de las facultades que se establezcan reglamentariamente.

4. En lo no previsto en este Texto Refundido y en las normas que la desarrollen o se dicten en virtud de la misma, ni en la legislación sobre régimen jurídico de las Administraciones Públicas, la Agencia de Protección del Medio Urbano y Natural se regirá por sus estatutos, que se aprobarán por Decreto del Consejo de Gobierno de la Comunidad, a propuesta de la Asamblea.

⇒ V. D. 165/2000, de 24 julio.

Artículo 230. Patronatos Insulares de Espacios Naturales Protegidos.

1. Al objeto de colaborar en la gestión de los Espacios Naturales Protegidos, se crea en cada isla un Patronato, órgano colegiado adscrito a efectos administrativos al respectivo Cabildo Insular.

2. Dentro de su ámbito territorial, son funciones de los Patronatos Insulares de Espacios Naturales Protegidos las siguientes:

a) Velar por el cumplimiento de la normativa, ordenación y planeamiento de los Espacios Naturales Protegidos.

b) Promover cuantas gestiones considere oportunas en favor de los espacios protegidos.

c) Ser oído en la tramitación de los instrumentos de planeamiento de los Espacios Naturales Protegidos, de acuerdo con lo previsto en el presente Texto Refundido.

d) Informar, con carácter vinculante, los Programas Anuales de Trabajo a realizar en el ámbito de los Espacios Naturales Protegidos.

e) Informar los proyectos y propuestas de obras y trabajos que se pretenda ejecutar, no contenidos en los instrumentos de planeamiento o en los Programas Anuales de Trabajo.

f) Ser informado de la ejecución de las obras y trabajos a que se refieren los apartados anteriores.

g) Informar los proyectos de actuación y subvenciones a realizar en las Áreas de Influencia Socioeconómica, de acuerdo con los criterios de prioridad previstos en este Texto Refundido.

h) Aprobar su Memoria Anual de Actividades y Resultados, proponiendo las medidas que considere necesarias para corregir disfunciones o mejorar la gestión.

i) Ser oído en el nombramiento de los directores-conservadores de los Parques Naturales y Reservas.

j) Las demás competencias que les atribuye el presente Texto Refundido.

Artículo 231. Composición de los Patronatos Insulares.

1. La composición de los Patronatos Insulares será la siguiente:

a) Tres representantes del Gobierno de Canarias.

b) Tres representantes del respectivo Cabildo Insular.

c) Dos representantes de municipios de la respectiva isla en cuyo ámbito territorial existan Parques Naturales o Rurales.

d) Un representante de cada una de las Universidades Canarias.

e) Un representante de las asociaciones que tengan por objeto la conservación de la naturaleza.

2. El Presidente del Patronato será el presidente del respectivo Cabildo Insular o consejero en quien delegue.

3. Asimismo, por invitación del Presidente, a las reuniones del Patronato podrán asistir representantes de municipios que teniendo un interés legítimo en un asunto concreto no se hallen representados como miembros del Patronato, así como aquellas personas, entidades o colectivos que teniendo un interés legítimo no se hallen representados como miembros del Patronato.

Artículo 232. Administración de Parques Naturales y Reservas.

1. Cuando no se opte por un Área de Gestión Integrada, cada Parque Natural contará con un director-conservador, titulado universitario, al que corresponde la dirección de una oficina de administración y gestión del Parque.

2. Cuando no se opte por un Área de Gestión Integrada, las Reservas Naturales podrán contar, asimismo, con un director-conservador, que deberá reunir los mismos requisitos y será nombrado por idéntico procedimiento.

3. Los directores-conservadores serán nombrados por Orden de la Consejería competente en materia de medio ambiente, a propuesta del respectivo Cabildo y previa audiencia del correspondiente Patronato Insular.

Artículo 233. Administración de los Parques Rurales.

La administración y gestión de los Parques Rurales, cuando no se opte por un Área de Gestión Integrada, corresponderá al Cabildo Insular de la respectiva isla, que organizará, al menos, una Oficina de Gestión por cada Parque, con los medios personales y materiales que sean necesarios.

Artículo 234. Juntas Rectoras de Parques y Reservas Naturales.

Para colaborar en la gestión de los Parques y de las Reservas Naturales, los Patronatos Insulares podrán crear Juntas Rectoras, salvo que se haya optado por delimitar un Área de Gestión Integrada. Las funciones de dichas Juntas serán determinadas reglamentariamente.

Artículo 235. Consejo de Espacios Naturales Protegidos de Canarias.

1. Como instrumento de colaboración entre el Gobierno de Canarias y los Cabildos Insulares, se crea el Consejo de Espacios Naturales Protegidos de Canarias.

2. Es función de este Consejo ser el foro permanente de coordinación de la gestión insular de los Espacios Naturales Protegidos, de acuerdo con la normativa y planificación general.

3. El Consejo de Espacios Naturales Protegidos de Canarias estará integrado por el consejero competente en materia de medio ambiente y los Presidentes de los Cabildos Insulares, sin perjuicio de las delegaciones que pudieran realizarse.

4. El Reglamento de Organización y Funcionamiento del citado Consejo se aprobará por Decreto del Gobierno de Canarias, previa audiencia de los Cabildos Insulares.

CAPÍTULO IV
Convenios

Artículo 236. Concepto, principios, objeto y límites.

1. La Administración de la Comunidad, los Cabildos Insulares y los Municipios, así como sus organizaciones adscritas y dependientes y las demás organizaciones por ellos creadas conforme a este Texto Refundido, podrán suscribir, conjunta o separadamente, y siempre en el ámbito de sus respectivas esferas de competencias, convenios con personas públicas o privadas, tengan éstas o no la condición de propietarios de los terrenos, construcciones o edificaciones correspondientes, para la preparación de toda clase de actos y resoluciones en procedimientos instruidos en el ámbito de aplicación de este Texto Refundido, incluso antes de la iniciación formal de éstos, así como también para la sustitución de aquellas resoluciones.

La habilitación a que se refiere el número anterior se entenderá sin perjuicio de las efectuadas por disposiciones específicas de este Texto Refundido. El régimen establecido en este capítulo será aplicable a los convenios concluidos sobre la base de éstas en todo lo que no las contradiga.

2. La negociación, la celebración y el cumplimiento de los convenios a que se refiere el número anterior se regirán por los principios de transparencia y publicidad.

3. Los convenios se diferenciarán, por su contenido y finalidad, según que su objeto:

a) No afecte en absoluto a la ordenación ambiental, territorial y urbanística que esté en vigor, limitándose, cuando se refieran a la actividad de ejecución de la referida ordenación, a la determinación de los términos y las condiciones de la gestión y la ejecución del planeamiento y demás instrumentos existentes en el momento de su celebración.

Del cumplimiento de estos convenios en ningún caso podrá derivarse o resultar modificación, alteración, excepción o dispensa algunas de la ordenación de los recursos naturales, territorial o urbanística.

b) Incluya o pueda tener como consecuencia o resultado posibles modificaciones del planeamiento de ordenación en vigor, bien directamente, bien por ser éstas precisas en todo caso para la viabilidad de lo estipulado. Estos convenios sólo podrán ser preparatorios de las resoluciones procedentes.

4. Los convenios en los que se acuerden los términos del cumplimiento del deber legal de cesión del aprovechamiento urbanístico no susceptible de

apropiación mediante el pago de cantidad sustitutoria en metálico, deberán incluir, como anexo, la valoración pertinente, practicada por los servicios administrativos que tengan atribuida tal función, con carácter general, en la correspondiente Administración. Aquellos que, por su objeto, sean subsumibles en la letra b) del número anterior deberán, además, cuantificar todos los deberes legales de cesión y determinar la forma en que éstos serán cumplidos.

5. Serán nulas de pleno derecho las estipulaciones de los convenios que contravengan, infrinjan o defrauden objetivamente en cualquier forma normas imperativas legales o reglamentarias, incluidas las del planeamiento de ordenación, en especial las reguladoras del régimen urbanístico objetivo del suelo y del subjetivo de los propietarios de éste.

Las estipulaciones previstas en la letra b) del número 3 sólo tienen el efecto de vincular a las partes del convenio para la iniciativa y tramitación de los pertinentes procedimientos para la modificación o revisión del planeamiento o instrumento de que se trate sobre la base del acuerdo sobre la oportunidad, conveniencia y posibilidad de una nueva solución de ordenación ambiental, territorial o urbanística. En ningún caso vincularán o condicionarán el ejercicio por la Administración Pública, incluso la firmante del convenio, de la potestad de planeamiento o de aprobación del pertinente instrumento.

⇒ V. art. 303 del TRLS/1992 (§2).
V. Jurisprudencia en arts. 234 y concordantes del TRLS/1976 (§3).

Artículo 237. Celebración y perfeccionamiento de los convenios.

1. Una vez negociados y suscritos los convenios sustitutorios de resoluciones, deberán someterse, cuando el procedimiento en el que se inscriban no prevea el trámite de información pública, mediante anuncio publicado en el «Boletín Oficial de la Comunidad» o en el de la Provincia, según proceda, y en al menos uno de los periódicos de mayor difusión en ésta, a información pública por un período mínimo de veinte días. En otro caso deberán figurar entre la documentación sometida, en el procedimiento, a la información pública propia de éste.

2. Cuando la negociación de un convenio coincida con la tramitación del procedimiento de aprobación de un instrumento de ordenación, o de ejecución de éste, con el que guarde directa relación y, en todo caso, en el supuesto previsto en la letra b) del número 3 del artículo anterior, deberá incluirse el texto íntegro del convenio en la documentación sometida a la información pública propia de dicho procedimiento.

3. Tras la información pública, el órgano que hubiera negociado el convenio deberá, a la vista de las alegaciones, elaborar una propuesta de texto definitivo del convenio, de la que se dará vista a la persona o las personas que hubieran negociado y suscrito el texto inicial para su aceptación, reparos o, en su caso, renuncia.

El texto definitivo de los convenios, salvo el de los previstos en la letra b) del número 3 del artículo anterior y todos aquellos para los que este Texto Refundido contenga una habilitación específica, deberán ratificarse:

a) Por el Consejo de Gobierno, previo informe en todo caso de la Comisión de Ordenación del Territorio y Medio Ambiente de Canarias, cuando hayan sido suscritos inicialmente por cualquiera de los órganos de la Comunidad, con excepción de la Agencia de Protección del Medio Urbano y Natural.

b) Por el Consejo Rector de la Agencia de Protección del Medio Urbano y Natural, cuando hayan sido suscritos inicialmente por el director ejecutivo de ésta.

c) Por el Pleno del Cabildo Insular y del Ayuntamiento, cuando se hayan suscrito inicialmente en nombre o representación del Cabildo y del Municipio, respectivamente.

d) Por el máximo órgano colegiado de la organización pública de que se trate, cuando hayan sido suscritos inicialmente en nombre de la misma.

El convenio deberá firmarse dentro de los quince días siguientes a la notificación de la aprobación del texto definitivo a la persona o personas interesadas, privadas o públicas. Transcurrido dicho plazo sin que tal firma haya tenido lugar, se entenderá que renuncian a aquél.

4. Los convenios se perfeccionan y obligan desde su firma, en su caso tras la aprobación de su texto definitivo en la forma dispuesta en el número anterior.

⇒ V. D. 165/2000, de 24 julio.
V. art. 229 del presente Texto Refundido.

Artículo 238. Publicidad de los convenios.

1. En las Consejerías competentes en materia de ordenación territorial y urbanística, medio ambiente y conservación de la naturaleza y en todos los Cabildos Insulares y los Ayuntamientos existirá un registro y un archivo administrativo de convenios administrativos urbanísticos, en los que se anotarán éstos y se custodiará un ejemplar completo de su texto definitivo y, en su caso, de la documentación anexa al mismo.

2. El ejemplar custodiado en los archivos a que se refiere el número anterior dará fe, a todos los efectos legales, del contenido de los convenios.

3. Cualquier ciudadano tiene derecho a consultar los registros y los archivos a que se refiere este artículo, así como a obtener, abonando el precio del servicio, certificaciones y copias de las anotaciones practicadas y de los documentos custodiados en los mismos.

Artículo 239. Naturaleza de los convenios.

Los convenios regulados en este Capítulo tendrán a todos los efectos carácter jurídico administrativo.

CAPÍTULO V
Régimen jurídico

Sección 1ª Régimen de los espacios naturales protegidos

Artículo 240. Normas de declaración de los Espacios Naturales Protegidos.

1. Los Parques Naturales, Parques Rurales, Reservas Naturales Integrales y Reservas Naturales Especiales se declararán por Ley del Parlamento de Canarias.

2. La declaración de Monumentos Naturales y Paisajes Protegidos se realizará por Decreto del Gobierno de Canarias, previo trámite de información pública y audiencia de los municipios afectados y con informe previo del Patronato Insular de Espacios Naturales Protegidos.

3. La declaración de los Sitios de Interés Científico se realizará por Decreto del Gobierno de Canarias, previo informe del respectivo Patronato Insular de Espacios Naturales Protegidos.

4. Las normas de declaración de los Espacios Naturales Protegidos determinarán los presupuestos que la justifican e incluirán necesariamente la descripción literal de los límites de los mismos, además de su señalamiento cartográfico, sin perjuicio de los demás aspectos previstos en el presente Texto Refundido.

5. La declaración de Reservas Naturales Especiales, Sitios de Interés Científico y, en su caso, de Paisajes Protegidos precisará la especie, comunidad o elemento natural objeto de la protección.

Artículo 241. Régimen cautelar.

1. Durante la tramitación de la declaración de un Espacio Natural Protegido no podrán realizarse actos que supongan una transformación sensible de la realidad física y biológica que pueda llegar a hacer imposible o dificultar de forma importante la consecución de los objetivos de dicha declaración.

2. Iniciado por Orden de la Consejería competente en materia de medio ambiente el procedimiento de declaración y hasta que se produzca su aprobación definitiva, no podrá otorgarse ninguna autorización, proyecto de actuación territorial, calificación territorial, licencia o concesión que, en el espacio natural protegido, habilite para la realización de actos de transformación de la realidad física y biológica, sin informe favorable de la referida Consejería. Este informe sólo podrá ser negativo cuando en el acto pretendido concurra alguna de las circunstancias a que se refiere el número anterior.

⇒ V. D. 10/2001, de 29 enero, del Presidente, por el que se determinan el número, denominación y competencias de las Consejerías.

V. D. 12/2001, de 30 enero, por el que se determina la estructura central y periférica, así como las sedes de las consejerías de la Administración Pública de la Comunidad Autónoma de Canarias.

V. D. 89/2000, de 22 mayo, que aprueba el Reglamento Orgánico de la Consejería de Política Territorial y Medio Ambiente.

Artículo 242. Descalificación.

1. La descalificación de zonas que forman parte de un Espacio Natural Protegido sólo podrá hacerse por norma de rango equivalente o superior a la de su declaración, y de acuerdo con el procedimiento previsto en este capítulo para la declaración.

2. Cuando la descalificación sea competencia del Gobierno, sólo podrá realizarse si hubieran desaparecido las causas que motivaron la protección y éstas no fueran susceptibles de recuperación o restauración, y siempre que la concurrencia de tal circunstancia no tenga como origen la alteración intencionada de aquellas causas.

3. Se prohíbe la descalificación de Espacios Naturales Protegidos que hubieren resultado devastados por incendios forestales.

Artículo 243. Señalización.

1. En los Espacios Naturales Protegidos y sus límites se instalarán señales informativas que tendrán una base uniforme para todos los Espacios Naturales Protegidos de la Comunidad Autónoma.

2. Los terrenos incluidos en el ámbito territorial de un Espacio Natural Protegido estarán sujetos a servidumbre forzosa de instalación de señales informativas. La servidumbre de instalación de las señales lleva aparejada la obligación de los predios sirvientes de dar paso y permitir la realización de los trabajos necesarios para su colocación, conservación y renovación.

3. Los modelos de señales se aprobarán por Orden de la Consejería competente en materia de medio ambiente.

⇒ V. D. 10/2001, de 29 enero, del Presidente, por el que se determinan el número, denominación y competencias de las Consejerías.

V. D. 12/2001, de 30 enero, por el que se determina la estructura central y periférica, así como las sedes de las consejerías de la Administración Pública de la Comunidad Autónoma de Canarias.

V. D. 89/2000, de 22 mayo, que aprueba el Reglamento orgánico de la Consejería de Política Territorial y Medio Ambiente.

Artículo 244. Zonas Periféricas de Protección.

1. Las normas de declaración de los Espacios Naturales Protegidos podrán establecer Zonas Periféricas de Protección, destinadas a evitar impactos ecológicos o paisajísticos negativos procedentes del exterior.

2. En aquellos Monumentos Naturales que sean subterráneos, la Zona Periférica de Protección se establecerá, en su caso, sobre su proyección vertical en la superficie y otras áreas que les afecten.

⇒ V. Ley 11/1990, de 13 julio, de Prevención del Impacto Ecológico.

Artículo 245. Áreas de Sensibilidad Ecológica.

1. Los Parques Naturales, Reservas Naturales, Monumentos Naturales y Sitios de Interés Científico tienen la consideración de Áreas de Sensibilidad Ecológica, a efectos de lo prevenido en la legislación de impacto ecológico.

2. Los Paisajes Protegidos, así como las Zonas Periféricas de Protección

de los Espacios Naturales Protegidos, podrán declararse Áreas de Sensibilidad Ecológica, por sus correspondientes Planes Especiales, por el Plan de Ordenación de los Recursos Naturales o por el correspondiente Decreto de declaración.

3. Los Planes de Ordenación de los Recursos Naturales y los Planes Rectores de Uso y Gestión de los Parques Rurales podrán, asimismo, establecer Áreas de Sensibilidad Ecológica en el seno de los mismos.

Artículo 246. Interés social a efectos expropiatorios.

1. La declaración de una de las categorías de protección de un Espacio Natural, además de la utilidad pública prevista en la legislación básica estatal, lleva implícita la de su interés social a efectos expropiatorios.

2. En caso de expropiación, del justiprecio correspondiente se deducirá, en su caso, la cuantía equivalente al coste de restauración derivado del deterioro del Espacio Natural Protegido que sea consecuencia de la comisión de una infracción por sus titulares.

Artículo 247. Áreas de Influencia Socioeconómica.

1. Con el fin de contribuir al mantenimiento de los Espacios Naturales Protegidos y compensar socioeconómicamente a las poblaciones locales asentadas, se declaran Áreas de Influencia Socioeconómica el conjunto de los términos municipales donde se encuentre ubicado un Parque Natural o Rural y su Zona Periférica de Protección, en su caso.

2. El Gobierno de Canarias promoverá, de acuerdo con las disponibilidades presupuestarias, la realización de obras de infraestructura y equipamientos que contribuyan a la mejora de las condiciones de vida de los habitantes del Área y de las posibilidades de acogida y estancia de los visitantes, propiciando el desarrollo de actividades tradicionales y fomentando otras compatibles con la finalidad de protección de la categoría de que se trate.

3. La concesión de ayudas y subvenciones a los municipios pertenecientes al Área de Influencia Socioeconómica, o a las personas residentes en los mismos, se orientará por criterios de máxima distribución del beneficio social a las poblaciones afectadas. La distribución de los fondos económicos que corresponda a los Ayuntamientos se hará anualmente por el Gobierno de Canarias, previo informe del correspondiente Patronato Insular y previa ponderación, según se establezca reglamentariamente, de los siguientes parámetros:

a) La superficie territorial municipal declarada Espacio Natural Protegido.

b) La población afectada.

c) La eventual pérdida neta de ingresos debido a la suspensión de aprovechamientos existentes como consecuencia del régimen de usos del Espacio Natural Protegido.

d) La tasa relativa de población emigrada de los últimos cinco años.

e) El porcentaje de desempleo sobre la población activa.

f) La inversa de la renta por habitante.

g) La calidad de las iniciativas municipales tendentes al fomento de usos compatibles con la finalidad de protección.

4. Las ayudas y subvenciones previstas en el número anterior se minorarán en razón del grado de indisciplina urbanística y medioambiental que se haya producido.

A efectos de dicho cómputo se valorarán los requerimientos que, conforme a la legislación urbanística, hubiese realizado la Agencia de Protección del Medio Urbano y Natural, la Consejería competente en materia de urbanismo o, en su caso, el Cabildo Insular respectivo, y no hayan sido atendidos por el Ayuntamiento.

Las necesidades económicas para las concesiones de ayudas y subvenciones a los municipios tendrán que ser presupuestadas en el ejercicio económico inmediatamente posterior a la puesta en marcha de cada uno de los planes rectores de uso y gestión.

Sección 2ª Otras disposiciones sobre régimen jurídico

Artículo 248. Recurso de reposición.

1. Frente a las resoluciones y los actos administrativos dictados en aplicación de este Texto Refundido y respecto de los que no proceda el recurso de alzada, cabrá interponer recurso de reposición, con carácter facultativo, ante el mismo órgano que las dictó.

2. El plazo para la interposición del referido recurso de reposición es de un mes desde la notificación o la publicación, si el acto administrativo fuera expreso; y de tres meses, si no lo fuera. Transcurridos dichos plazos sin haberse interpuesto el recurso, la resolución o acto sólo será impugnable, en su caso, a través del recurso contencioso-administrativo, sin perjuicio, de la eventual procedencia del recurso extraordinario de revisión.

3. En el procedimiento se dará audiencia a las Administraciones y a los particulares que hubieran intervenido en el procedimiento que dio lugar al acto recurrido.

El procedimiento, salvo lo previsto en este artículo, será el previsto en la legislación de procedimiento administrativo común.

4. Transcurrido un mes desde la interposición del recurso de reposición sin que recaiga resolución, se podrá entender desestimado, a los efectos previstos en la legislación del procedimiento administrativo común.

⇒ V. D. 165/2000, de 24 julio.
V. art. 229 del presente Texto Refundido.

Artículo 249. Acción pública de impugnación.

Será pública la acción para exigir el cumplimiento de lo dispuesto en este Texto Refundido.

⇒ V. art. 304.1 y 2 del TRLS/1992 (§2).
V. Jurisprudencia en arts. 235 y concordantes del TRLS/1976 (§3).

DISPOSICIONES ADICIONALES

Primera. Catálogo relativo a edificaciones no amparadas por el planeamiento.

1. El Plan General o, en su caso, Plan Especial de Ordenación que lo desarrolle, deberá contener un catálogo comprensivo de las edificaciones censadas al amparo del Decreto 11/1997, de 31 de enero, que, de conformidad con la revisión o modificaciones del planeamiento que en el mismo se aluden, no quedaran comprendidas en suelo urbano o rústico de asentamiento o que, aun en estos supuestos, resultaran disconformes con el nuevo planeamiento.

2. A los efectos de su acceso al referido Catálogo, tales edificaciones deberán cumplir los siguientes requisitos:

a) Estar destinadas a uso residencial, agrícola o ganadero.

b) Estar en condiciones suficientes de estabilidad, seguridad y dimensiones en relación al uso a que se destinen, o que el coste de las obras precisas para adecuarlas a dicho uso sea porcentualmente inferior al que definen los supuestos de ruina conforme a este Texto Refundido.

c) Reunir las condiciones de adecuación territorial y urbanística al entorno en el que se ubican, en los términos que defina para cada área el planeamiento de ordenación urbanística al que alude esta disposición. En todo caso, no serán susceptibles de cumplir este requisito los supuestos contemplados en el artículo 8 del Decreto 11/1997 y su modificado por el Decreto 94/1997.

3. La inclusión en el Catálogo referido en el apartado anterior habilita para solicitar autorización del uso a que se destine, conforme a los requisitos relacionados y previa realización de las obras que sean precisas a tal efecto.

4. El procedimiento para la autorización será el previsto para la obtención de licencias municipales de obra.

5. El órgano actuante, a la vista de la solicitud presentada, resolverá positiva o negativamente la autorización. En el supuesto de que concurran los requisitos señalados en el número 1 anterior, la resolución deberá confirmar la autorización emitida, debiendo prohibir expresamente la realización de otro tipo de obras distintas a las indicadas en la misma y, si fuera preciso, especificando la necesidad de adoptar medidas correctoras, incluso de demolición de parte de las obras realizadas. En este último caso, la autorización quedará condicionada a la efectiva realización de las citadas obras. Asimismo, en la resolución confirmatoria de la solicitud deberá hacerse constar la adscripción de la actividad a la situación de fuera de ordenación.

6. El acto por el que se resuelva la solicitud de autorización deberá ser remitido por el órgano actuante al Registro de la Propiedad, para su constancia en el mismo, mediante anotación marginal en el último asiento registral, con mención expresa a todos los términos de la misma.

Segunda. Registro de la Red Canaria de Espacios Naturales Protegidos.

1. El Registro de la Red Canaria de Espacios Naturales Protegidos, adscrito a la Consejería competente en materia de medio ambiente, será público

y de carácter administrativo, e incluirá todos los espacios integrados en la misma.

2. La anotación de los espacios naturales de la Red será realizada de oficio y deberá contener la información mínima siguiente:

a) La norma de declaración de cada espacio.

b) Delimitación literal y cartográfica detallada del ámbito territorial del espacio.

c) El instrumento de planeamiento.

d) Los usos que en cada uno de ellos se hubieren autorizado.

3. Además de los Espacios Naturales que se declaren protegidos conforme a lo previsto en este Texto Refundido, el Parlamento de Canarias podrá integrar en la Red Canaria aquellos que recibieran una protección específica por organismos internacionales o supranacionales.

Tercera. Colaboración de Asociaciones.

Para colaborar en la vigilancia de determinados Espacios Naturales Protegidos, y dentro del marco de los programas de gestión de los mismos, se facilitará la colaboración desinteresada de asociaciones sin ánimo de lucro que tengan por objeto la conservación de la naturaleza que adoptarán la denominación de «Voluntarios de la Naturaleza», y cuya organización y funciones se establecerán reglamentariamente.

Cuarta. Sobre el anexo cartográfico.

Al objeto de garantizar la correcta lectura del anexo cartográfico que el presente Texto Refundido incorpora, existirá copia de dicho anexo, a escala 1:5.000, en el Parlamento de Canarias y en la Consejería competente en materia de medio ambiente. El Parlamento remitirá copia auténtica a cada uno de los Cabildos Insulares de los Planos de los Espacios Naturales Protegidos de su respectiva isla.

Quinta. Información geográfica.

La Consejería competente en materia de medio ambiente establecerá un sistema de información geográfica de todo el archipiélago, desarrollando en él las distintas unidades que se integran en la Red Canaria de Espacios Naturales Protegidos.

Sexta. Reclasificación y descalificación de Espacios Naturales Protegidos.

1. De conformidad con lo previsto en la disposición transitoria segunda de la Ley estatal 4/1989, de 27 de marzo, los Espacios Naturales quedan reclasificados en los términos previstos en el anexo, literal y cartográfico, adaptados a las categorías dispuestas en este Texto Refundido.

2. Los referidos Espacios Naturales Protegidos sólo podrán descalificarse por Ley.

3. Se excluyen de la declaración de Áreas de Sensibilidad Ecológica, aquellas partes de los Espacios Naturales Protegidos que se hallen clasifica-

dos como suelo urbano o calificados como asentamiento rural a la entrada en vigor de la Ley 12/1994, de 19 de diciembre, de Espacios Naturales de Canarias. En dichas Zonas tampoco serán de aplicación las normas sobre tanteo y retracto.

Séptima. Actualización de las multas.

1. Se habilita al Consejo de Gobierno para la actualización por Decreto de la cuantía de las multas previstas en este Texto Refundido.

2. Transcurrido un año desde la entrada en vigor de la Ley 9/1999, de Ordenación del Territorio de Canarias, o desde la última actualización reglamentaria a que se refiere el número anterior, los importes de las multas se entenderán automáticamente actualizados en la cantidad que resulte de la aplicación del índice de precios al consumo, mientras no se produzca una nueva actualización por Decreto.

Octava. Significado y alcance de los conceptos básicos utilizados en este Texto Refundido.

En la interpretación y aplicación de los preceptos de este Texto Refundido, se estará al significado y alcance que para los conceptos básicos en ella utilizados se establecen en el anexo a la misma.

Novena. De los funcionarios coadyuvantes en las funciones de inspección encomendadas a la Agencia de Protección del Medio Urbano y Natural.

1. Tanto los agentes de medio ambiente como los funcionarios de las guarderías forestales tendrán, a los efectos previstos en el artículo 173 de este Texto Refundido, el carácter de inspectores colaboradores de la Agencia del Medio Urbano y Natural.

2. Al amparo de lo establecido en la legislación estatal, podrán establecerse convenios de colaboración con los cuerpos y fuerzas de seguridad del Estado en materia de protección del territorio y del medio ambiente.

⇒ V. D. 165/2000, de 24 julio.
V. art. 229 del presente Texto Refundido.

Décima. Competencias de la Comisión de Valoraciones de Canarias.

Sin perjuicio de lo establecido en el artículo 228 de este Texto Refundido y de su desarrollo reglamentario, la Comisión de Valoraciones de Canarias asumirá funciones de tasación, peritaje y fijación de justiprecio en los procedimientos administrativos expropiatorios que se lleven a cabo en el ámbito territorial de la Comunidad Autónoma de Canarias, cualquiera que sea el motivo que lo justifique, ya sea por la propia Administración Pública de la Comunidad Autónoma como por los entes integrantes de las Administraciones Locales Canarias que tengan atribuida la potestad expropiatoria. Todas las referencias que efectúa la normativa sectorial a los Jurados Provinciales de Expropiación, en relación con los procedimientos expropiatorios a los que se refiere el presente Texto Refundido, se entenderán hechas a la Comisión de Valoraciones de Canarias.

Undécima. Referencias a la Comisión de Urbanismo y Medio Ambiente de Canarias en la anterior legislación.

Las referencias que en la legislación no derogada por el presente Texto Refundido y se hicieren a la Comisión de Urbanismo y Medio Ambiente de Canarias se entenderán aplicables a la Comisión de Ordenación del Territorio y Medio Ambiente de Canarias establecida en el presente Texto Refundido.

Duodécima. Planes previstos en otras Leyes protectoras del territorio y de los recursos naturales.

Los instrumentos de planificación previstos en las otras leyes protectoras del territorio y de los recursos naturales se asimilarán a los instrumentos de ordenación previstos en este Texto Refundido, de conformidad con la funcionalidad y determinaciones que le sean propias.

DISPOSICIONES TRANSITORIAS

Primera. Régimen urbanístico del suelo.

1. Desde la entrada en vigor de la Ley 9/1999, de Ordenación del Territorio de Canarias serán de inmediata aplicación, cualquiera que sea el planeamiento de ordenación y, en su caso, el instrumento de gestión de Espacios Naturales Protegidos que esté en vigor, los Títulos II, III y VI de este Texto Refundido.

2. A los efectos de la aplicación de los Títulos II y III de dicho Texto Refundido:

a) Las unidades de actuación o ejecución ya delimitadas se entenderá que lo han sido como las unidades de actuación previstas en este Texto Refundido y se permitirá la delimitación de nuevas unidades que reúnan las características de éstas por el procedimiento establecido en la legislación anteriormente vigente.

b) Hasta tanto se produzca la adaptación de los planes que continúen en vigor, los aprovechamientos urbanísticos fijados en términos de aprovechamiento tipo se entenderán asignados en los de aprovechamiento medio.

En los supuestos de previsión de excesos sobre el aprovechamiento medio para la satisfacción de los derechos de propietarios cuyo suelo haya sido destinado a sistemas generales, se mantendrá dicho exceso hasta la siguiente revisión del planeamiento general correspondiente y será posible la ocupación directa de dicho suelo contra certificación, en los términos previstos en este Texto Refundido, del aprovechamiento que corresponda al propietario afectado y el sector y unidad de ejecución.

3. Se exceptúan de lo dispuesto en los dos números anteriores los planes urbanísticos de desarrollo de los planes generales municipales de ordenación que, al tiempo de entrada en vigor de la Ley 9/1999, de Ordenación del Territorio de Canarias, se encontraran materialmente en curso de ejecución y así se acreditara ante el correspondiente Ayuntamiento dentro del mes siguiente a dicha entrada en vigor mediante presentación de informe técnico

facultativo superior, protocolizado notarialmente por el promotor o responsable de la ejecución, acreditativo de la situación de ésta en cada una de las unidades de actuación, con precisión de las obras ya realizadas, las que estuvieran en curso y las pendientes de realización en ellas. Dentro de los dos meses siguientes a la presentación de la documentación anterior, el Alcalde, previa comprobación de la realidad por los pertinentes servicios técnicos, resolverá tener o no por acreditada la situación de «en curso de ejecución» y publicará su resolución en el «Boletín Oficial de la Provincia». En el caso de no producirse resolución expresa dentro de plazo se entenderá dicha situación acreditada a todos los efectos y sin ulteriores trámites.

Los planes cuya situación en curso de ejecución quedara acreditada podrán continuar ejecutándose, hasta la total conclusión de las obras dentro del o de los plazos en ellos previstos o, en su defecto, en el de tres años, conforme a sus propias previsiones y la legislación derogada por la Ley 9/1999, de Ordenación del Territorio de Canarias.

Segunda. Conservación y adaptación de los planes de ordenación territorial y urbanística y de los instrumentos de gestión de los espacios naturales protegidos.

1. Los planes de ordenación territorial y urbanística y los instrumentos de gestión de los Espacios Naturales Protegidos que estuvieran vigentes a la fecha de entrada en vigor de la Ley 9/1999, de Ordenación del Territorio de Canarias, mantendrán su vigencia, pero deberán adaptarse al contenido de este texto refundido dentro del plazo de tres años contados a partir de la misma fecha. Los planes e instrumentos se ejecutarán, en todo caso, conforme a lo previsto en los dos primeros números de la disposición transitoria anterior.

2. Los procedimientos relativos a planes de ordenación territorial y urbanística e instrumentos de gestión de Espacios Naturales Protegidos que a la fecha de entrada en vigor de la Ley 9/1999, de Ordenación del Territorio de Canarias, hubieran sido sometidos al trámite de información pública, recaído aprobación inicial o se hubiere ultimado su instrucción, podrán adaptarse a este texto refundido u optativamente, proseguir su tramitación, concluirse y resolverse conforme a la legislación derogada por la citada Ley 9/1999. En todo caso deberán adaptarse al presente texto refundido dentro del mismo plazo de tres años señalado en el apartado anterior.

3. La adaptación prevista en los dos párrafos anteriores podrá limitarse a la clasificación y, cuando proceda, calificación del suelo, determinación del aprovechamiento medio, delimitación de sectores y, en su caso, definición de unidades de actuación y opción por los sistemas de ejecución privada o pública.

4. Las propuestas de adaptación de los planes o instrumentos se tramitarán y resolverán por los mismos procedimientos previstos en este texto refundido para la aprobación de los correspondientes planes e instrumentos.

5. En tanto se produce la adaptación del planeamiento, serán admisibles las revisiones parciales y modificaciones puntuales de las Normas Subsidia-

rias Municipales y de los restantes instrumentos de planeamiento, vigentes a la entrada en vigor del presente texto refundido, siempre que tales revisiones y modificaciones sean no sustanciales respecto del modelo territorial fijado en dicho planeamiento y se acredite expresamente el interés público de la revisión parcial o modificación, así como su conveniencia y oportunidad.

6. Transcurrido el plazo de tres años, contados a partir de la entrada en vigor de la Ley 9/1999 en aquellos municipios que no hubieren adaptado el planeamiento urbanístico al contenido de este texto refundido, según se establece en los apartados 1 y 2 de este artículo, no se podrá aprobar ni continuar la tramitación de ningún plan de los denominados de desarrollo en el artículo 31 de este texto refundido, es decir, Planes Parciales de Ordenación, Planes Especiales de Ordenación o Estudios de Detalle. La aprobación de cualquiera de estos planes de desarrollo, sin previa adaptación del planeamiento urbanístico en la forma anteriormente indicada, debidamente aprobada por el órgano competente, será nula de pleno derecho.

✐ Disposición modificada por la disp. adic. 2ª.7 de la Ley 2/2000, de 17 julio.

Tercera. Régimen transitorio de expedientes sancionadores y de legalización.

A los expedientes sancionadores y los expedientes de legalización en trámite en el momento de entrar en vigor la Ley 9/1999, de Ordenación del Territorio de Canarias, les seguirá siendo de aplicación, hasta su resolución definitiva, la misma normativa a cuyo amparo se hubiera producido la incoación, sin perjuicio de otorgar a los expedientes sancionadores el principio de retroactividad de la norma más favorable al sancionado.

Cuarta. Planes de ordenación territorial y urbanística e instrumentos de gestión de los Espacios Naturales Protegidos pendientes de aprobación.

Los instrumentos de ordenación territorial y urbanística que se hubieran tramitado conforme a la legislación que se modificó o derogó por la Ley 9/1999, de Ordenación del Territorio de Canarias, y que ya hubiesen recibido aprobación inicial, con anterioridad a su entrada en vigor, continuarán tramitándose por la legislación que les hubiera sido aplicable.

Quinta. Clasificación y calificación urbanísticas hasta la aprobación definitiva de los instrumentos de ordenación de los Espacios Naturales Protegidos.

1. En los espacios en los que, a la entrada en vigor de la Ley 9/1999, de Ordenación del Territorio de Canarias, contasen con suelo clasificado como urbano, urbanizable o apto para urbanizar, o calificado como asentamiento rural, serán de aplicación las siguientes determinaciones:

a) Se mantendrá el suelo urbano y de asentamientos rurales produciéndose, en su caso, su adecuación a los valores medioambientales del respectivo Espacio Natural Protegido a través de Planes Especiales de Ordenación.

b) Los suelos clasificados como urbanizables o aptos para urbanizar pasarán a clasificarse como suelo rústico de protección natural, siempre que no contaran con un plan parcial o, contando con el mismo, sus etapas no se hubieran ejecutado en los plazos establecidos, por causas imputables a los promotores, previa declaración de caducidad por la Comisión de Ordenación del Territorio y Medio Ambiente de Canarias.

2. Los parques naturales y reservas naturales se clasifican, a los efectos previstos en el presente Texto Refundido, y hasta la entrada en vigor del correspondiente instrumento de planeamiento, como suelo rústico de protección natural.

3. La ordenación establecida a la entrada en vigor de la Ley 9/1999, de Ordenación del Territorio de Canarias por los instrumentos de planeamiento urbanístico dentro del ámbito de los Espacios Naturales Protegidos se considerará con carácter transitorio, hasta la entrada en vigor de los planes o normas correspondientes, cuyas determinaciones sustituirán a las previas, sin necesidad de expresa adaptación del instrumento de planeamiento urbanístico.

4. En tanto no se redacten los Planes o Normas de los Espacios Naturales Protegidos, la clasificación y calificación de su suelo por los Planes Generales se sujetará a las siguientes reglas:

a) Sólo podrán clasificar nuevo suelo urbano o delimitar nuevos asentamientos rurales de conformidad con lo que se establezca en los Planes Insulares de Ordenación.

b) La totalidad del suelo no afectado por las clasificaciones o calificaciones señaladas en el anterior apartado 1 y en el párrafo anterior, deberá ser calificado transitoriamente como suelo rústico de protección natural. En defecto de Plan Insular de Ordenación que establezca otras determinaciones, se aplicará a esta categoría de suelo el régimen de usos más restrictivo de entre los previstos para el suelo rústico por el propio Plan General.

5. Las determinaciones de ordenación urbanística establecidas por los Planes o Normas de Espacios Naturales Protegidos desplazarán a las establecidas por el planeamiento de ordenación urbanística para los suelos declarados como tales, que tendrán carácter transitorio, no precisándose la expresa adaptación de dichos instrumentos urbanísticos a la ordenación definitiva.

Sexta. Municipios sin planeamiento general.

En los municipios que no cuenten con planeamiento general de ordenación, regirán, mientras no se apruebe éste, las siguientes reglas:

a) Se aplicará inmediatamente el presente Texto Refundido.

b) La totalidad del término municipal se clasificará exclusivamente en suelo urbano y rústico. Integrarán el suelo urbano los terrenos así clasificados en virtud de un Proyecto de Delimitación de Suelo Urbano aprobado definitivamente con anterioridad a la entrada en vigor de la Ley 9/1999, de Ordenación del Territorio de Canarias. Todos los demás terrenos pertenecerán al suelo rústico de Protección Territorial, salvo los de Espacio Natural Protegido, que se clasificarán como suelo rústico de protección natural y, en su caso, los sectores de suelo urbanizable estratégico.

c) El otorgamiento de licencia urbanística requerirá informe previo, preceptivo y vinculante, del Cabildo Insular correspondiente.

Séptima. Licencias urbanísticas existentes.

1. Si en el momento de la publicación de la Ley 9/1999, de Ordenación del Territorio de Canarias se hubiera obtenido licencia urbanística que resultare disconforme con la nueva regulación y aún no se hubieran iniciado los actos de construcción y de uso de suelo amparados por la referida licencia, se podrá declarar, con audiencia del interesado, extinguida, total o parcialmente, la eficacia de la misma, debiendo fijarse, en el mismo expediente, en su caso, la indemnización por la eventual reducción del aprovechamiento resultante, así como los perjuicios que justificadamente se acrediten.

2. Si la construcción o uso del suelo ya se hubiera iniciado, la Administración podrá modificar o revocar la licencia, fijándose la posible indemnización de acuerdo a lo establecido en el número anterior.

Octava. Planes de Ordenación de Recursos Naturales en trámite.

1. El ámbito territorial de los Planes de Ordenación de los Recursos Naturales será, prioritariamente, el insular. No obstante, en aquellos supuestos en que las circunstancias lo aconsejen y en tanto no se hayan aprobado los correspondientes Planes Insulares de Ordenación, el ámbito territorial terrestre o marítimo, de los Planes de Ordenación de los Recursos Naturales podrá ser inferior al insular, determinado con criterios físicos y socioeconómicos.

2. Los Planes de Ordenación de los Recursos Naturales de ámbito inferior al insular que se encuentren en trámite con anterioridad a la entrada en vigor de la Ley 9/1999, de Ordenación del Territorio de Canarias se continuarán tramitando conforme a su normativa. Los aprobados con anterioridad a dicha entrada en vigor se incorporarán, en los mismos términos de su aprobación o con las modificaciones que se justifiquen, al Plan Insular de Ordenación que en su momento se apruebe.

Novena. Expedientes Expropiatorios en tramitación.

1. Una vez constituida la Comisión de Valoraciones de Canarias, la fijación definitiva del justiprecio en vía administrativa corresponderá a este órgano.

2. Los expedientes expropiatorios que en dicha fecha tuvieran aprobada la relación de propietarios y descripción de los bienes y derechos afectados, continuarán tramitándose por el procedimiento correspondiente, incluida, en su caso, la remisión al Jurado Provincial de Expropiación.

Décima. Régimen supletorio.

En tanto se desarrollan disposiciones reglamentarias en materia de planeamiento y gestión, serán de aplicación supletoria, en todo lo que no contradiga lo dispuesto en este Texto Refundido, los Reglamentos estatales de Planeamiento y de Gestión Urbanística.

⇒ V. §3.1 y §3.2.

ANEXO

RELATIVO A LOS CONCEPTOS FUNDAMENTALES UTILIZADOS POR ESTE TEXTO REFUNDIDO

A los efectos de la interpretación y aplicación de este Texto Refundido, los conceptos utilizados tienen el significado y el alcance que para cada uno de ellos se precisan a continuación:

1. Suelo, espacios y unidades de suelo.

1.1. Suelo.

El recurso natural tierra o terreno utilizado para el aprovechamiento urbanístico, comprensivo siempre, junto con la superficie, del vuelo y el subsuelo precisos para realizar dicho aprovechamiento. Cuando el instrumento de ordenación no precise el subsuelo que corresponda al aprovechamiento urbanístico, dicho subsuelo se presume público.

1.2. Espacio litoral.

El comprensivo del conjunto de bienes de dominio público natural definidos por la legislación general sobre costas hasta los límites del mar territorial.

1.3. Unidades de suelo.

1.3.1. Parcela.

El suelo natural clasificado como urbano o urbanizable, de dimensiones mínimas y características típicas determinadas por la ordenación territorial y urbanística, susceptible de ser soporte de aprovechamiento urbanístico previa su urbanización y afecto a dicho aprovechamiento a todos los efectos, conforme a la ordenación urbanística.

1.3.2. Solar.

Parcela ya dotada con los servicios que determine la ordenación territorial y urbanística y, como mínimo, los siguientes:

1º) Acceso por vía pavimentada, debiendo estar abiertas al uso público, en condiciones adecuadas, todas las vías que lo circunden.

No pueden considerarse vías a los efectos de la dotación de este servicio ni las vías perimetrales de los núcleos urbanos, respecto de las superficies de suelo colindantes con sus márgenes exteriores, ni las vías de comunicación de los núcleos entre sí o las carreteras, salvo los tramos de travesía y a partir del primer cruce de ésta con calle propia de núcleo urbano.

2º) Suministro de agua potable y energía eléctrica con caudal y potencia suficientes para la edificación, construcción o instalación prevista.

3º) Evacuación de aguas residuales a la red de alcantarillado o a un sistema de tratamiento con suficiente capacidad de servicio. Excepcionalmente, previa autorización del planeamiento, se permitirá la disposición de fosas sépticas por unidades constructivas o conjuntos de muy baja densidad de edificación.

4º) Acceso peatonal, encintado de aceras y alumbrado público en, al menos, una de las vías que lo circunden.

1.3.3. Unidad apta para la edificación.

El suelo natural clasificado como suelo rústico, de dimensiones y características mínimas determinadas por la ordenación territorial y urbanística, afecto, a todos los efectos, a la edificación permitida, conforme, en todo caso, a la legislación administrativa reguladora de la actividad a que se vaya a destinar la edificación.

1.3.4. Finca.

La unidad de suelo, a los exclusivos efectos del Registro de la Propiedad, referible a un solar, una parcela o una unidad apta para la edificación.

1.4. Ámbito territorial marino.

Comprende, dentro de la unidad marítima y terrestre, conformada por el conjunto de las islas, el espacio marítimo interinsular de aguas encerradas dentro del perímetro archipielágico.

2. Ordenación establecida mediante planeamiento:

2.1. Ordenación de los recursos naturales y el territorio.

La establecida por cualquiera de los instrumentos previstos en el artículo 14.

2.2. Ordenación urbanística.

La establecida por cualquiera de los instrumentos previstos en el artículo 31.

2.3. Ordenación estructural.

La definida por el Plan General para reflejar el modelo de organización de la ocupación y utilización del término municipal en su conjunto e integrada por los elementos fundamentales de la organización y el funcionamiento urbanos.

2.4. Ordenación pormenorizada.

La definida por el planeamiento de ordenación urbanística, general y de desarrollo de éste, a partir, en función y en el marco de la ordenación estructural en términos suficientemente precisos como para legitimar la actividad de ejecución.

2.5. Equipamiento.

Categoría comprensiva de los usos de índole colectiva o general, cuya implantación requiera construcciones, con sus correspondientes instalaciones, de uso abierto al público o de utilidad comunitaria o círculos indeterminados de personas. Puede ser tanto de iniciativa y titularidad públicas como privadas, con *aprovechamiento lucrativo*. Cuando la iniciativa y la titularidad sean públicas, el bien inmueble tiene la consideración de bien patrimonial. Tiene las variedades o especies que reglamentariamente se determinen. La explotación del equipamiento público puede tener lugar por cualquiera de las formas de gestión permitidas por la legislación reguladora de la Administración titular.

2.6. Sistema general.

Categoría comprensiva de los usos y servicios públicos, a cargo de la Administración competente, básicos para la vida colectiva, junto con el suelo y las infraestructuras y construcciones y sus correspondientes instalaciones, que requiera su establecimiento. Pueden ser insulares, comarcales o supramunicipales y municipales. Los bienes inmuebles correspondientes son siempre de dominio público. La gestión de los sistemas generales, una vez implantado el uso o servicio, puede tener lugar en cualquiera de las formas permitidas por la legislación reguladora de la Administración titular.

2.7. Dotación.

Categoría comprensiva de los usos y servicios públicos, con el suelo y las construcciones e instalaciones correspondientes y a cargo de la Administración competente, que el planeamiento no incluya en la categoría de sistema general. Los bienes inmuebles correspondientes tienen siempre la condición de dominio público. La gestión de las dotaciones, una vez implantado el uso o el servicio, puede tener lugar en cualquiera de las formas permitidas por la legislación reguladora de la Administración titular.

3. Ejecución del planeamiento:

3.1. Unidad de actuación.

La superficie de suelo, debidamente delimitada, que opera simultáneamente como ámbito para el desarrollo de la totalidad de las operaciones jurídicas y materiales precisas para la ejecución integral del planeamiento de ordenación y comunidad de referencia para la justa distribución de beneficios y cargas, incluido el coste de la urbanización. Pueden ser discontinuas, en los supuestos y los términos autorizados expresamente por la Ley. Cuando no sea precisa la realización de obras de urbanización referidas a varias parcelas, su ámbito puede reducirse al de una parcela.

3.2. Sistema de ejecución.

El régimen jurídico de organización, procedimiento y desarrollo de las operaciones jurídicas y materiales precisas para la ejecución completa e integral de la ordenación pormenorizada aplicable a una unidad de actuación.

3.3. Adjudicatario.

Encargado de la ejecución de la edificación en sustitución del propietario por la adjudicación del concurso público establecido al efecto y previa declaración por parte de la Administración municipal de la situación de ejecución por sustitución.

3.4. Obras de construcción y edificación.

Las obras que, impliquen o no accesoriamente determinadas obras de urbanización, tienen por objeto la materialización del correspondiente aprovechamiento urbanístico en un solo solar, parcela o unidad apta para la edificación, que opera como unidad de actuación.

3.5. Obra mayor.

Se incluyen en todo caso en esta categoría las obras de construcción y edificación de técnica compleja y cierta entidad constructiva y económica que suponga alteración de volumen, del uso objetivo de las instalaciones y servicios de uso común o del número de viviendas y locales, o del número de plazas alojativas turísticas o afecte al diseño exterior, a la cimentación, a la estructura o las condiciones de habitabilidad o seguridad de las construcciones, los edificios y las instalaciones de todas clases.

Se incluyen también en esta categoría, por extensión y a los efectos del régimen de intervención administrativa mediante licencia urbanística, las parcelaciones urbanísticas, los cierres de muro de fábrica de cualquier clase, las intervenciones en edificios catalogados por el planeamiento, los grandes movimientos de tierras y la tala masiva de arbolado.

3.6. Obras de urbanización.

Las obras que tienen por objeto la dotación conjunta y completa de dos o más parcelas, constitutivas al efecto de la pertinente unidad de actuación, con las correspondientes infraestructuras y servicios, así como con los elementos de éstos que sean aún precisos para la conversión de aquéllas en solares o, en su caso, la renovación de tales infraestructuras y servicios conforme a exigencias sobrevenidas de la ordenación de tales elementos.

Por excepción y cuando así esté permitido por la Ley, las obras de urbanización pueden realizarse de forma simultánea a las de edificación.

3.7. Obras públicas ordinarias.

Las obras proyectadas y realizadas por la Administración pública, al margen de unidades de actuación, en ejecución del planeamiento y para la construcción de equipamientos, sistemas generales, dotaciones o viales.

3.8. Título habilitante.

Concepto relevante para el Derecho sancionador que alude al proyecto de actuación territorial aprobado, la calificación territorial, la licencia municipal y la autorización ambiental.

3.9. Promotor.

Persona física o jurídica que impulsa la actuación territorial o urbanística mediante la realización de las diligencias precisas para ello. Tendrá el mismo carácter, a todos los efectos, cuando el objeto de la actuación sea para uso propio, incluso identificándose con el titular del terreno o de las instalaciones, construcciones o edificaciones, en su caso.

⇒ V. art. 9 de la Ley 38/1999, de 5 noviembre, de Ordenación de la Edificación (§1.1).

[...]

§ 24 LEY 2/20001, DE 25 JUNIO. APRUEBA EL TEXTO DE LA LEY DE ORDENACIÓN DEL TERRITORIO Y RÉGIMEN URBANÍSTICO DEL SUELO EN CANTABRIA

(BOE núm. 206, de 28 agosto [RCL 2001, 2236 y LCTB 2001, 138])

PREÁMBULO

I

1. El Derecho Urbanístico español ha sufrido recientemente profundos cambios que han afectado tanto al sistema de fuentes y a los criterios competenciales, como a cuestiones más sustantivas de orientación y enfoque.

En efecto, la asunción de competencias legislativas en materia urbanística por las Comunidades Autónomas, la concreción de las competencias del Estado que llevó a cabo la STC 61/1997, de 20 de marzo (RTC 1997, 61) y el contenido de la Ley Estatal 6/1998, de 13 de abril, han propiciado un importante cambio de perspectiva. La confluencia de estos tres factores incide en el Derecho Urbanístico tanto en el plano formal y competencial como en el sustantivo.

2. Cantabria, como otras Comunidades Autónomas tras la destacada Sentencia del TC de 20 de marzo de 1997, aprobó una Ley de carácter provisional para salvar la situación derivada de dicha Sentencia. Se trataba de adoptar una medida provisional que, por las razones que en la Exposición de Motivos de dicha Ley se explican, suponía «rescatar» el Derecho estatal anulado por razones exclusivamente competenciales en la STC 61/1997, esto es, el Texto Refundido de 1992. Ésa fue la razón y la justificación de la Ley 1/1997, de 25 de abril, de Medidas Urgentes en materia de Régimen del Suelo y Ordenación Urbana.

El carácter provisional de la medida y el hecho de que con posterioridad se aprobara la Ley 6/1998, de 13 de abril, de Régimen del Suelo y Valoraciones, imponía la necesidad de un texto legislativo propio que abordara con pretensión de complitud el Derecho Urbanístico propiamente dicho, esto es, lo que hasta el momento ha sido objeto del Derecho estatal preexistente. El resultado es la presente Ley. Un texto que parte de la base de unas cuantas ideas que interesa inmediatamente resaltar y que está enmarcado con carácter general por dos tipos de condicionantes: la Ley estatal de Régimen del Suelo y Valoraciones, de 13 de abril de 1998, y lo que se podría enunciar como la «cultura» jurídico-urbanística española tradicional.

3. La Ley 6/1998 es un condicionante obligado. En efecto, la legislación

autonómica no puede desconocer la normativa dictada válidamente por el Estado en el ejercicio de sus propias competencias; normativa que condiciona y enmarca a la Ley autonómica, aunque ese marco admita en más de un aspecto interpretaciones de desarrollo más o menos extensivas.

De ahí que no sea impertinente recordar ahora algunas de las ideas fundamentales de la citada Ley Estatal.

La Ley 6/1998 es, desde luego, tributaria de la Sentencia Constitucional 61/1997, pero no obedece sólo a esta preocupación competencial. Según se deduce de su Exposición de Motivos es una determinada óptica económica la que inspira al legislador de 1998; una óptica que podría enmarcarse en el contexto de una cierta liberalización del suelo como instrumento para facilitar la oferta que abarate la vivienda resultante. Esta genérica finalidad se pretende articular mediante un par de instrumentos técnicos, algunos de los cuales, como la citada Ley reconoce, precisan «una continuidad por parte de los legisladores de las diferentes Comunidades Autónomas, sin la cual la reforma que ahora se inicia quedaría incompleta», dado que el Estado carece de competencias en materia de urbanismo y sólo puede aportar soluciones parciales a los objetivos políticos que indirectamente se deducen de la citada Ley.

De la Ley 6/1998 destacan, pues, dos cuestiones principales. La primera consiste en incorporar potenciales contenidos urbanísticos a todo el suelo no expresamente protegido y formalmente excluido de la urbanización. La segunda se dirige a modificar el régimen de las valoraciones, a efectos fundamentalmente expropiatorios.

Por lo que hace a la primera cuestión el cambio se sitúa en la regulación de las distintas clases de suelo; regulación que la Ley considera el «presupuesto mismo de la definición de las condiciones básicas del derecho de propiedad urbana». Pues bien, ahí, con la confesada pretensión de facilitar el aumento de oferta de suelo, se considera susceptible de ser urbanizado «todo el suelo que todavía no ha sido incorporado al proceso urbano, en el que no concurran razones para su preservación» de acuerdo con lo dispuesto en el planeamiento y en la legislación territorial o sectorial. Esto es, dicho de otra manera, el suelo no urbanizable o rústico deja de ser el suelo residual.

Si antes, en efecto, el Plan definía el suelo urbano y el urbanizable, considerándose el resto como no urbanizable, ahora se pretende que el suelo residual sea el suelo urbanizable, definido negativamente como aquel que «no tenga la condición de urbano o de no urbanizable». El suelo no urbanizable o rústico precisará en adelante de una positiva consideración y previsión en tal sentido (artículo 9). Y es el plan el que debe decir en función de qué valores de los expuestos genéricamente en la Ley y por qué excluye del proceso urbanizador un determinado suelo. Va de suyo, pues, que el resto o es urbano porque así lo clasifica el Plan o es genéricamente urbanizable.

Por lo que hace a la segunda cuestión –el régimen de las valoraciones– la Ley elimina la dualidad de valores hasta ahora aplicables, de manera que establece un único valor –el valor real–, aquel que tenga el bien de que se trate en el mercado del suelo. Fijado el principio, la Ley se limita a establecer el método aplicable para fijar dicho valor real en cada clase de suelo.

4. La cultura jurídico-urbanística es también un condicionante obligado a la competencia legislativa autonómica. En este caso, no se trata de la imposición de las derivaciones de una competencia ajena, sino de una consecuencia de la prudencia.

Y es que, desde la Ley del Suelo de 12 de mayo de 1956, con la que se puede decir que nace verdaderamente el Derecho Urbanístico Español, se ha ido consolidando poco a poco y no sin dificultades un haz de conceptos, una suma de presupuestos, un lenguaje y un modo de encarar el fenómeno urbano. No conviene, por tanto, sin muy buenas razones y por el simple argumento de la originalidad, prescindir del bagaje cultural que una disciplina –el Derecho Urbanístico– ha generado desde hace ya cuarenta años. La originalidad aquí no es necesariamente un dato positivo. Hay que conservar en lo posible los valores de la primitiva Ley de 1956, que no hicieron sino perfeccionarse en sus posteriores modificaciones. Y entre esos valores está el puramente metodológico y el del propio lenguaje, que en el mundo del Derecho es esencial porque proporciona seguridad.

II

1. Desde estos postulados, cabe enumerar ya algunos de los principios inspiradores de la Ley.

El texto pretende ser fiel al marco normativo estatal. No es preciso insistir en ello porque no es más que explicitar una exigencia constitucional. Ello no obstante, el carácter básico de muchos preceptos de la Ley 6/1998 no impide desarrollos diferenciados en las Comunidades Autónomas porque, como es sabido, el Estado no puede en esos casos agotar la materia al regular las «bases». Las Comunidades Autónomas deben poder disponer de un margen para llevar a cabo «una política propia» y así lo han interpretado, por lo demás, todas las Comunidades que han legislado después de 1998, actuando en consecuencia en materias como la regulación del suelo rústico o las diferentes clases de suelo urbanizable.

Al mismo tiempo, la Ley pretende ser fiel a lo que se ha venido llamando la «cultura jurídica urbanística» convencional. No es posible, ni conveniente prescindir de golpe de la terminología, el bagaje conceptual, lingüístico y de principios generales acuñados a lo largo del tiempo. Eso no significa, sin embargo, que la presente Ley sea siempre continuista. En primer lugar, porque algunos de esos principios han resultado afectados por la Ley Estatal 6/1998, de aplicación prevalente. En segundo término, porque conviene tener en cuenta si no todas sí algunas de las soluciones originales aportadas por las Leyes autonómicas que se han aprobado con posterioridad a dicha Ley de 1998. Y, finalmente, porque la oportunidad de poder articular un marco normativo propio permite diseñar las soluciones que mejor se adapten a la realidad y a las necesidades de Cantabria.

En todo caso, la Ley sigue una sistemática tradicional y asume soluciones y criterios ensayados en la legislación estatal anterior y en otras Leyes autonómicas posteriores. Se han rechazado conscientemente otras innovaciones y se han incorporado algunos mecanismos, técnicas o redacciones novedosas cuando se ha creído conveniente en función de la realidad social, de los objetivos propuestos o de lo que se ha pensado como mejora técnica o de lenguaje.

2. Una opción que conviene destacar es la idea de afrontar en un único texto la regulación del urbanismo y la ordenación del territorio; políticas y regímenes del suelo íntimamente conectados entre sí. Esa opción supone derogar la Ley autonómica preexistente, la Ley 7/1990, de 30 de marzo, de Ordenación Territorial.

Las razones en que se funda esta opción son de varios tipos.

En primer lugar, la ordenación del territorio y el urbanismo constituyen un «continuum» sin deslinde neto y claro. La visión municipal del urbanismo ha de integrarse en la más amplia de la ordenación territorial. Pero, a su vez, la perspectiva general de la ordenación territorial no es casi nada si no se plasma, incide y concreta en la más específica ordenación del suelo, que se hace a nivel municipal. Ello conduce a la conveniencia de contemplar conjuntamente ambas perspectivas, como por lo demás han hecho otras Comunidades Autónomas.

En segundo lugar, hay que reconocer que desde hace tiempo se asiste a un cierto repliegue de la idea del plan como panacea global y potencialmente omnicomprensiva de todos los usos en ámbitos territoriales amplios. Se ha dicho que la ordenación del territorio es la plasmación geográfica de la política económica, a la que habría que añadir hoy también la política medioambiental. Y si esto es así, coincidiendo como coinciden en el diseño de esas políticas varias Administraciones por razones estrictamente competenciales, se hace verdad otra afirmación sostenida por la doctrina hace ya tiempo: que en lo que se refiere a los grandes instrumentos de ordenación del territorio y teniendo en cuenta el dinamismo y la variabilidad de la coyuntura económica, importa casi más el cómo que el qué. Es decir, no se trata de hacer instrumentos rígidos que sean inviables por la complejidad de sus exigencias o por lo ambicioso de sus determinaciones. No se trata tampoco de hacer instrumentos inútiles que haya que reformar en cuanto cambie una sola de sus variables o previsiones. Se trata de posibilitar diseños, previsiones, instrumentos flexibles, sin apenas exigencias materiales previas, que dependerán de cada momento, pero respecto de los que se detalla, sobre todo, lo importante: un procedimiento que garantice la participación y, con ella, la asunción del contenido y la garantía de su viabilidad y continuidad.

Por estas y otras razones –como la necesidad de simplificar los instrumentos planificadores y prever mecanismos útiles, interrelacionados y apegados a la realidad– parece razonable una contemplación conjunta de las materias «urbanismo» y *«ordenación territorial»*, tanto más cuanto que en una Comunidad pequeña, la ordenación territorial apela y conecta directamente con el urbanismo, entendido éste no sólo como la regulación de las construcciones urbanas, sino también, en general, la disciplina de los asentamientos humanos. Una perspectiva que incluye el suelo urbano que hay que consolidar, rehabilitar o conservar; el suelo que se debe urbanizar –esto es, el suelo de crecimiento– y, también, desde luego, el régimen del suelo rústico, en el que se han prever tanto los criterios de su protección como las limitadas posibilidades constructivas que se admitan en él.

La Ordenación del Territorio se puede definir como la expresión espacial de la política económica, social y ambiental de toda sociedad, suponiendo a la vez una disciplina científica, una técnica administrativa y una política concebida como un enfoque interdisciplinario y global cuyo objetivo es un desarrollo equilibrado de las regiones y la organización física del espacio. Por consiguiente los objetivos específicos de la Ordenación del Territorio son fundamentales y, de acuerdo con esta Ley, pretenden alcanzar la articulación territorial de la Comunidad Autónoma y la distribución geográfica de las actividades y de los usos del suelo, armonizada con el desarrollo económico, las potencialidades existentes en el territorio y la protección de la naturaleza; todo ello con el fin de conseguir la plena cohesión e integración de la Comunidad Autónoma, su desarrollo equilibrado y, en definitiva, la mejora de las condiciones de bienestar y calidad de vida de sus habitantes.

Desde estas perspectivas el planeamiento territorial se contempla con un carácter muy flexible en cuanto al ámbito considerado –autonómico o comarcal– y en cuanto a los contenidos –sin apenas exigencias formales o determinaciones precisas–, pero incidiendo, por el contrario, en el procedimiento de elaboración, en el que se da expresamente entrada a la participación de otras Administraciones, como expresión de la doctrina constitucional acerca de la coordinación y colaboración competencial, y en el que, en algún caso, se prevé un trámite parlamentario que le otorga especial solemnidad formal.

3. La Ley pretende la mayor simplificación posible. Manteniendo un esquema clásico, como no podría ser de otra manera, trata de simplificarlo, tanto desde la óptica de los contenidos como desde la perspectiva del lenguaje. Se manejan pocos tipos de planes, se unifica su denominación, se evitan listas de determinaciones reiterativas o englobadas en otras, se procura que la terminología empleada responda a su contenido, se define o, mejor, se especifica lo que se ha creído conveniente aclarar y, en general, se intenta articular todo el régimen jurídico desde una permanente preocupación por la sistemática, de manera que del sumario y del texto resultante se puedan deducir globalmente su contenido y su porqué.

Por las mismas razones ya señaladas se pretende que la Ley sea realista. Eso significa partir de lo que existe: tanto de la realidad jurídica como de la realidad física.

Desde el primer punto de vista los rasgos más significativos de Cantabria son los de un territorio relativamente pequeño en el que existen 102 municipios de distinta entidad: 14 municipios de menos de 500 habitantes; 16 municipios con población entre 500 y 1.000 habitantes; 45 municipios con población entre 1.000 y 3.000 habitantes; 9 entre 3.000 y 5.000 habitantes; 8

municipios con población entre 5.000 y 10.000 habitantes y 10 municipios con población superior a 10.000 habitantes (4 sólo con más de 15.000).

A esta realidad jurídico-administrativa habría que añadir la realidad física. Los poblamientos no siempre se corresponden con núcleos compactos como en otros lugares de España. La población está, además, claramente asentada en la costa. Los municipios costeros agrupan aproximadamente al 65 por 100 de la población total de la Comunidad Autónoma, pero significan apenas el 14 por 100 del territorio. Buena parte de los primeros tienen en común su carácter turístico, lo que significa una potencial presión urbanística, necesidades estacionalmente diversificadas y una realidad diferenciada.

Desde el punto de vista de la realidad del planeamiento urbanístico existente la situación es la siguiente: hay en la actualidad 12 Planes Generales de Ordenación Urbana, 64 Normas Subsidiarias de Planeamiento, 20 Proyectos de Delimitación del Suelo Urbano y sólo en 6 municipios (todos ellos inferiores a 1.000 habitantes) no existe ningún instrumento, aunque en algún caso están en tramitación.

Esta situación es coherente con la entidad y la problemática de cada municipio. Así, de los 10 municipios con población superior a 10.000 habitantes, en 9 hay Plan General y en uno Normas Subsidiarias; en los 8 municipios con población entre 5.000 y 10.000 habitantes hay 2 Planes Generales y 6 Normas Subsidiarias. En los 9 municipios de entre 3.000 y 5.000 habitantes hay 1 Plan General y 8 Normas Subsidiarias. En los 45 municipios con población entre 1.000 y 3.000 habitantes hay 37 Normas Subsidiarias de planeamiento y en 8 existen tan sólo Proyectos de Delimitación del Suelo Urbano. Y en 24 de los 30 municipios de menos de 1.000 habitantes existe también algún instrumento de ordenación: 12 Normas Subsidiarias y 12 Proyectos de Delimitación del suelo urbano.

Esta situación formal puede considerarse satisfactoria en la medida en que el 75 por 100 de los municipios tienen un instrumento de planeamiento suficiente: Planes Generales o Normas Subsidiarias.

Estos datos conducen a establecer diferencias y posibilidades para unos y otros municipios. Menos exigencias en el planeamiento de los municipios pequeños, pero, a cambio, mayores previsiones de aplicación directa en la Ley. Posibilidad de mayores exigencias de estándares en los municipios turísticos, a cuyo efecto se maneja no sólo el tradicional criterio de la densidad sino también el del número máximo de viviendas, dado que los apartamentos turísticos pueden conllevar menores metros cuadrados para la misma densidad. Previsiones específicas igualmente para los municipios pequeños.

La Ley dedica atención prioritaria al suelo rústico, a partir de tres premisas fundamentales. La primera es la idea de proteger todo lo que merece ser protegido por sus valores sustantivos mediante decisiones políticas motivadas. Las otras dos ideas se basan, una, en considerar el dato sociológico de la preexistencia de unos asentamientos tradicionales como la pedanía, la aldea o el barrio, que deben poder seguir existiendo, y, otra, en tener en cuenta una gradación de regímenes protectores que posibiliten una adecuación a las necesidades de una región en sí misma diversa pero que precisa, no obstante, una visión de conjunto. De ahí la necesidad de enfocar con una visión global y, a la vez, diferenciada la realidad de la vivienda aislada. La Ley no contempla una indiscriminada proliferación de este tipo de asentamientos que, sin control, podrían conducir a consecuencias negativas difíciles de reparar. De ahí que sólo se permita este tipo de edificaciones en el suelo rústico de protección ordinaria en los supuestos y con las limitaciones que establezca el planeamiento territorial o, en su caso, las previsiones más limitativas del planeamiento municipal. Serán dichos instrumentos de ordenación los que encaucen y discriminen en cada caso, con prudencia y con todo tipo de cautelas, esa eventual demanda. Encauzar es guiar, orientar, dirigir. Significa canalizar, es decir, no dar la espalda a la realidad sino orientarla. Huir de la ficción consistente en prohibir todo para que, a la postre, se acabe por no prohibir nada. Porque si se prohíbe todo no se discrimina nada y la presión o los datos fácticos se imponen muchas veces. La cuestión es identificar la línea de defensa a ultranza. Y en ella no hay, no debe haber, tolerancia alguna. Esa línea, además de en el suelo rústico de especial protección, se configura en torno a prohibiciones precisas, exigencias positivas y criterios mínimos que, sin perjuicio de lo previsto en el planeamiento municipal, fijarán los instrumentos territoriales inspirados en criterios finalistas que constan en la Ley.

4. Por lo demás, fiel al principio realista a que se ha hecho referencia y, como ahora también se dirá, al criterio municipalista ínsito en la descentralización general de nuestro sistema político, la Ley pretende ser, más que una imposición, un marco en materia de planeamiento y de gestión. No así en la disciplina.

Se pretende, pues, una Ley flexible y posibilitadora. La flexibilidad del marco supone que se habilita a los municipios para elaborar planes de distinta entidad y contenidos; unos planes que van desde unas exigencias mínimas –todavía menores en los pequeños municipios o en aquellos que el Gobierno determine en atención a sus peculiaridades– a un contenido mayor o más complejo. Una especie de acordeón normativo que se amplía o se reduce. Ello no obstante, hay, sí, un mínimo de aplicación directa, que es variado y que en ocasiones puede ser modificado por el Gobierno. Y unos estándares urbanísticos, entendidos como criterios materiales que se imponen obligatoriamente a los planes y cuyo desconocimiento conlleva su radical nulidad.

La flexibilidad de contenidos del planeamiento general resulta compensada con la previsión de normas protectoras más intensas, las normas de aplicación directa –que se imponen por sí mismas, con o sin Plan, y que, en todo caso, condicionan a éstos– y los estándares urbanísticos –que, aunque no son de aplicación directa, se imponen también al planeamiento municipal–. Ahí queda resguardado y protegido el ámbito o núcleo mínimo legal, el denominador normativo común a partir del cual el planificador municipal podrá ampliar las exigencias, pero no reducirlas.

En esta misma línea la Ley dedica atención prioritaria al medio ambiente;

atención que se plasma en varios de los estándares citados, de modo que, en términos finalistas y en sintonía con el Tratado constitutivo de la Comunidad Europea, se impone como principio y objetivo lograr un nivel de protección alto.

5. Otra línea destacada de la Ley es su decidida opción municipalista. Si el modelo económico global es una competencia estatal y el modelo territorial genérico una política autonómica, el urbanismo es, sobre todo, una decisión municipal. Una decisión municipal que tiene que respetar, claro es, las competencias estatales y autonómicas y que, desde ese punto de vista, debe mantener el equilibrio. Debe considerarse, en todo caso, que la Constitución apuesta por la autonomía local, que ha adquirido nuevo impulso tras el llamado «Pacto Local» plasmado en diversas reformas legislativas aprobadas en la primavera de 1999.

Es verdad que la autonomía local no significa un ámbito competencial propio de carácter fijo y compacto, porque no es ese el modelo de la regulación del Régimen Local, que en sus aspectos básicos corresponde al Estado. Es verdad que las competencias locales les vienen atribuidas a los municipios por la Ley sectorial –estatal o autonómica– de que se trate, conforme dispone el artículo 2 de la Ley 7/1985, Reguladora de las Bases del Régimen Local. Es igualmente cierto que el concepto de autonomía local, como ha dicho el Tribunal Constitucional, apela más al cómo ejercitar las competencias de que se disponga –sin controles de oportunidad– que al cuánto competencial. Pero no es menos cierto que sobre todos estos criterios de articulación formal sobrevuela siempre el ya citado principio descentralizador.

Este último es el punto de vista adoptado en la Ley. Se busca un equilibrio entre el poder municipal y la salvaguarda de los intereses supramunicipales. Aumento del poder municipal, sí –para elegir el tipo de plan, optar por sus contenidos, regular el suelo, etc.–, pero aumento que no interfiera otros intereses propios de la Comunidad. Y se procura articular el equilibrio mediante técnicas diversas. Así, la limitación del margen discrecional de la Comunidad Autónoma para aprobar los Planes Generales se compensa con la posibilidad de que ella misma lleve a cabo Planes de ordenación territorial que se imponen a los urbanísticos. Se prevén también informes motivados, que a veces son vinculantes. Y se esbozan en muchos otros aspectos técnicas de equilibrio similares.

III

1. La sistemática general de la Ley es convencional y se articula en torno a las tres cuestiones básicas del proceso urbanístico y la actividad urbanizadora: el planeamiento, la ejecución y el control, con algunas referencias adicionales a los instrumentos de intervención en el mercado del suelo y a la organización administrativa.

Así, la Ley se divide en ocho Títulos. Un Título Preliminar, dedicado al objeto, contenido y principios generales, y otros siete Títulos en los que se aborda, respectivamente, el Planeamiento Territorial y Urbanístico, la clasificación y régimen jurídico del suelo, la ejecución del planeamiento, la intervención administrativa en la edificación y uso del suelo, la disciplina urbanística, los instrumentos de intervención en el mercado del suelo, la organización administrativa y el régimen jurídico.

2. El Título Preliminar, como acaba de indicarse, precisa el objeto, contenido, finalidades, fundamento competencial y principios generales de la Ley. Define la función pública, plasma las competencias administrativas y, por lo que hace a la Comunidad Autónoma, sienta las bases de sus relaciones con las demás Administraciones en presencia.

La Ley precisa en este Título Preliminar que la ordenación territorial se concibe como una competencia básicamente autonómica por afectar a una visión supramunicipal del espacio y que, por el contrario, las competencias urbanísticas de gestión son, como regla, municipales, en virtud del principio descentralizador que anima a la propia estructura del Estado, sin perjuicio, claro es, de la eventual «dirección y control» que correspondan a la Administración Autonómica, de conformidad con las previsiones de la Ley.

En todo caso, el urbanismo exige una visión de conjunto. De ahí la referencia a la colaboración interadministrativa como correlato de la doctrina constitucional acerca de la coordinación y la cooperación. Es un principio general, una declaración de intenciones, que eventualmente puede derivar en plasmaciones más concretas.

Una novedad de este Título Preliminar es la concreción de diversos derechos que se entienden básicos tanto desde la óptica de los principios constitucionales, como desde la más concreta finalidad de acercar la Administración al ciudadano en una materia que tanto le afecta y que condiciona su vida cotidiana. Algunos de esos derechos reiteran previsiones de Leyes generales; otros son derivaciones o concreciones de principios genéricos, y algunos, en fin, resultan enteramente novedosos.

3. El Título Primero está dedicado al Planeamiento Territorial y Urbanístico y se divide en seis Capítulos. El primero comienza distinguiendo los instrumentos propios de la ordenación territorial y del urbanismo. El segundo aborda el planeamiento territorial (el Plan Regional de Ordenación Territorial, las Normas Urbanísticas Regionales y los Proyectos Singulares de Interés Regional), su contenido, elaboración, aprobación y eficacia. El tercero se refiere al planeamiento urbanístico, singularizando las normas de aplicación directa y los estándares urbanísticos, y contemplando detalladamente el contenido de los distintos tipos de Planes: Planes Generales, Planes Parciales, Planes Especiales y otros instrumentos complementarios del planeamiento. El Capítulo IV está íntegramente dedicado a la formación y aprobación de los distintos tipos de planes urbanísticos, y en el mismo se contienen algunas normas novedosas para facilitar la participación. El Capítulo V se refiere al clásico argumento de los efectos de los planes y el VI a la regulación del planeamiento en los pequeños municipios, su contenido mínimo y el procedimiento de su aprobación.

La estructura del planeamiento que se diseña es sencilla. Pero quizá convenga en este momento una sintética aclaración.

Se prevé, en primer lugar, un Plan Regional de Ordenación Territorial (PROT), que puede abarcar todo el territorio de Cantabria o zonas concretas del mismo, y plasmarse en uno o varios Planes. Se concibe con enorme flexibilidad de contenidos y documentación y, tras un procedimiento que incluye una amplia participación, es aprobado como Ley por el Parlamento. Si contiene previsiones concretas son de aplicación directa y vinculan al planeamiento municipal.

En segundo lugar, y todavía ubicado en el Capítulo de la ordenación territorial pero con un contenido más concreto de carácter urbanístico (por prever tipologías, usos y contenidos precisos...), están las Normas Urbanísticas Regionales (NUR), que, como el PROT, pueden eventualmente ser comarcales. Estas Normas no son de aplicación directa. Rigen en ausencia de planeamiento municipal. De manera que sus funciones son: suplir la falta de Planes municipales o completar, en su caso, las determinaciones de dichos Planes. Las Normas Urbanísticas Regionales las aprueba el Gobierno.

Como instrumentos excepcionales de política territorial se prevén, por fin, los denominados Proyectos Singulares de Interés Regional, presentes también en otras legislaciones autonómicas, mediante los cuales se posibilita que la Comunidad Autónoma, en casos especiales y previa declaración formal de interés supramunicipal, desarrolle actuaciones industriales o de equipamientos que excedan de las posibilidades ordinarias de las Entidades Locales.

Descendiendo ya al plano estricto del urbanismo cabe mencionar, en primer y principal lugar, las normas de aplicación directa de la Ley (que rigen y se imponen en todo caso, tanto si hay planes como si no los hay) y los estándares urbanísticos (que no rigen directamente, pero condicionan el planeamiento dado que éste no puede prescindir de ellos). Aquí se contiene el marco normativo material y sustantivo, que es clave en toda la Ley. A partir de esos mínimos los contenidos dependen efectivamente del planeamiento municipal, respecto del cual la Ley se limita a posibilitar opciones.

Ese planeamiento municipal está presidido por los Planes Generales de Ordenación Urbana (PGOU), que tienen un contenido mínimo y necesario y otro posible y eventual. De modo que, además de las determinaciones realmente mínimas (que lo son aún más para los pequeños municipios), pueden prever otras adicionales a modo, como antes se dijo, de un acordeón normativo, en función de las necesidades y deseos municipales. A partir de esta opción sólo se utiliza una denominación: Planes Generales de Ordenación Urbana, que aprueba la Comisión Regional de Urbanismo conforme a criterios reglados.

En desarrollo siempre del PGOU están los Planes Parciales (PP), que no pueden modificar el Plan General, salvo cuando éste –como se posibilita y permite– regule aspectos propios de un PP. Su aprobación corresponde, según los casos, a los Ayuntamientos o a la Comisión Regional de Urbanismo.

Están, además, los Planes Especiales, que tienen distinta operatividad y contenidos. En concreto, se prevén cuatro tipos de Planes Especiales: de desarrollo del PROT; de desarrollo del PGOU; Planes independientes municipales en casos y materias tasados y limitados; y Planes derivados o impuestos por normas sectoriales.

Finalmente, se prevé, con alguna pequeña variante respecto de su regulación actual, una serie de instrumentos complementarios del planeamiento (Estudios de detalle, Proyectos de Urbanización...) o al margen de él (Ordenanzas de construcción, con remisión a la legislación de Régimen Local para su aprobación y contenido).

El resultado es un sistema de fuentes que compagina la preservación de las competencias autonómicas y la autonomía municipal.

4. El Título Segundo aborda la clasificación del suelo y el régimen jurídico anudado a sus distintas clases. Se divide en dos Capítulos, referidos, respectivamente, a las clases de suelo y a su régimen jurídico.

La Ley prevé tres grandes clases de suelo: suelo urbano, urbanizable y rústico; denominación esta última a que se acoge el antiguo suelo no urbanizable a fin de reflejar con rotundidad el rechazo deliberado de una concepción residual o simplemente negativa de dicho suelo. Pero se prevén diferentes tipos tanto en el suelo urbano –consolidado y no consolidado– y en el urbanizable –delimitado y no delimitado–, como en el suelo rústico –de especial protección y de protección ordinaria–, según han hecho ya otras Leyes autonómicas. Con todo, el régimen jurídico del suelo urbano no consolidado y el del urbanizable delimitado son idénticos y en el fondo intercambiables.

La Ley permite que el planeamiento general desarrolle en detalle no sólo el suelo urbano consolidado sino también el urbano no consolidado e, incluso, el urbanizable delimitado, si el planificador así lo quiere y puede de acuerdo con las necesidades del municipio. La consecuencia es que cuando el Plan general se comporta respecto de esos suelos como un Plan Parcial podrá ser modificado posteriormente por éstos.

Particular atención se dedica al suelo rústico, desde una perspectiva protectora y, al mismo tiempo, pragmática. Según criterio al que ya se ha hecho mención, la Ley distingue dentro del suelo rústico el de especial protección –que puede venir obligado por otra normativa sectorial o resultar de una voluntad municipal–, sometido al régimen restrictivo de la Ley o al que lo sea aún más por aplicación de la legislación sectorial. En todo caso, la competencia para autorizar obras en este tipo de suelo lo es siempre de la Administración autonómica. El suelo rústico de protección ordinaria es un suelo igualmente preservado del desarrollo urbano, pero en el que, con condiciones y cautelas, se pueden autorizar algunas construcciones. Excepcionalmente se podrán autorizar viviendas aisladas, pero esa posibilidad sólo es factible, como ya se ha dicho, de acuerdo con las previsiones que al respecto contemplen los distintos instrumentos de planeamiento territorial, respetando, además, desde luego las normas generales de aplicación directa y las previsiones más rigurosas que, en su caso, puedan establecer los Planes municipales.

La previsión de los derechos y deberes de los propietarios en todas las clases de suelo viene impuesta por la legislación estatal y se plasma también en los artículos correspondientes de este Título.

5. El Título Tercero está dedicado a la ejecución del planeamiento, esto es, a lo que convencionalmente se suele llamar gestión urbanística. En él se ha procurado insistir aún más en la estructura sistemática y en la aclaración de conceptos comúnmente utilizados pero que pueden generar cierta dificultad de entendimiento; una dificultad que quizá esté en el origen de una cierta idea negativa que acusa de oscurantismo a esta parcela del Ordenamiento y que, en aras del principio de transparencia, conviene contribuir a evitar.

A tal efecto, se ha dividido el Título en siete Capítulos. Los dos primeros (Disposiciones generales y Aprovechamiento urbanístico) tienen carácter instrumental y se dedican a cuestiones o exigencias previas, en términos que pretenden ser clarificadores, y que, aun con algunas novedades, no resultan muy diferentes de lo previsto en la normativa anterior.

El Capítulo III aglutina los distintos instrumentos de gestión (la normalización de fincas, la expropiación forzosa, la ocupación directa, la reparcelación y los convenios urbanísticos) y regula su contenido y operatividad.

Los Capítulos IV a VI, por su parte, abordan la manera de gestionar y ejecutar el planeamiento en cada tipo de suelo y para cada aspecto concreto. Así, se regulan las actuaciones para la obtención de terrenos dotacionales, las actuaciones aisladas –normalmente en suelo urbano– y las actuaciones integradas en unidades de actuación, esto es, lo que la legislación anterior solía denominar actuaciones sistemáticas, con detallada referencia a los sistemas de ejecución, que son los tradicionales –compensación, cooperación y expropiación– más el nuevo sistema de concesión de obra urbanizadora, de protagonismo privado sin merma del control público.

Mención singular merece el sistema de cesión de viales para todo el suelo urbano en los pequeños municipios, en los que se precisa un tratamiento sencillo y ágil acorde con sus habitualmente reducidas necesidades. A ello se dedica el Capítulo VI de este Título.

Los mecanismos de gestión tratan de conjugar dos objetivos. En primer lugar, aplicar el precepto constitucional según el cual la comunidad ha de participar en parte de las plusvalías generadas por la acción urbanística de los entes públicos, de manera que se logren para la colectividad las dotaciones y equipamientos necesarios como correlato de los beneficios privados que el Plan genera. Y, de otra parte, distribuir equitativamente dichos beneficios entre los distintos propietarios, de manera que las cargas sean asumidas de forma justa e igualitaria entre todos.

El primer objetivo no precisa ahora de mayor explicación. Se plasma en mecanismos técnicos conocidos, en cuya regulación, entre otras previsiones, se concreta una opción absolutamente respetuosa con la legislación del Estado y, al tiempo, con los diferentes criterios de los municipios. Se quiere decir, así, que el porcentaje de aprovechamiento que los propietarios deben ceder a la Administración porcentaje que la legislación estatal fija con carácter de máximo se contempla en la Ley con el mismo carácter máximo, de manera que los Planes de cada municipio pueden mantenerlo o reducirlo.

Para lograr el segundo objetivo se opta por tomar como referencia un ámbito que permita una gestión razonable sin apelación a planteamientos irreales. El Plan genera desigualdades. Pero no es razonablemente posible reconducir esas desigualdades iniciales en términos de absoluta justicia e igualdad respecto de los propietarios de todo el municipio. Siempre habrá una desigualdad básica que podrá y tendrá que ser abordada desde otros sectores del Ordenamiento, singularmente el del régimen fiscal y tributario. Por esa razón los procesos de equidistribución se prevén en el seno de unidades más pequeñas y siempre por referencia a uno o varios Sectores. Se impone que las diferencias entre unidades de actuación dentro de cada Sector no sean excesivas, fijando un porcentaje diferenciador máximo. Por su parte, las diferencias entre Sectores sólo tienen como límite el concepto indeterminado de la coherencia y el desarrollo urbano racional. Todo ello obliga al planificador a explicitar las opciones y aleja el debate sobre el Plan del automatismo con que a veces se ha contemplado, para centrarse en la necesaria explicación de los criterios a que se acaba de hacer referencia.

Por lo que hace a la ejecución del planeamiento mediante unidades de actuación se contemplan, como ya se ha dicho, tres sistemas tradicionales, con algunas variantes tendentes a simplificar el régimen jurídico y hacerlo, en su caso, más inteligible. Además, se han asumido en la Ley algunas previsiones contenidas con anterioridad en normas reglamentarias. Se prevé, asimismo, como sistema de ejecución el sistema de concesión de obra urbanizadora, en cuya regulación destaca la preocupación por la seguridad y garantía de los propietarios; aspecto éste cuya eventual ausencia ha sido uno de los flancos críticos que el citado sistema ha generado. La regulación del procedimiento de otorgamiento de la concesión y, sobre todo, la previsión del derecho de concesión preferente de los propietarios pretenden atajar ese problema.

6. El Título Cuarto se divide en tres Capítulos y se refiere a cuestiones por lo general no discutidas y muy consolidadas: la intervención administrativa en la edificación y uso del suelo, esto es, el régimen de licencias; parcelaciones; deber de conservación; declaración de ruina.

No hay aquí novedades destacables, por más que se haya insistido en la clarificación de algunas cuestiones hasta ahora no suficientemente explícitas. El régimen de la licencia urbanística; las relaciones entre los distintos tipos de licencia; la prohibición de proporcionar suministros a obras sin licencia, con el correspondiente correlato sancionatorio; la vinculación de las órdenes de ejecución que superen el deber de conservación a la simultánea previsión subvencionadora y la regulación de la declaración de ruina concentran el grueso de este Título.

7. El Título Quinto está, todo él, dedicado a la disciplina urbanística, distinguiendo en tres Capítulos diferentes el régimen de la Inspección como actividad previa a las sanciones, las medidas de protección de la legalidad

urbanística, diferenciables de la actividad sancionadora propiamente dicha, y la tipificación de infracciones y sanciones.

Tampoco en este punto cabe identificar novedades de importancia que merezcan un comentario singularizado, a no ser la previsión de la publicidad de las sanciones, que, como mecanismo desincentivador, ya existe en otras ramas del Ordenamiento. En lo demás, se acogen soluciones ya ensayadas, con la necesaria adaptación también a los postulados del régimen sancionatorio común.

8. El Título Sexto alude a varios instrumentos de intervención en el mercado del suelo: patrimonios públicos, derecho de superficie, derechos de tanteo y retracto y supuestos de edificación forzosa. Cada uno de estos instrumentos se contempla en un Capítulo diferenciado. Se trata de posibilidades ya existentes en la normativa anterior y que conviene mantener, aunque muchos de estos instrumentos eran en la práctica, si no desconocidos, sí apenas aplicados.

La Ley prevé la existencia de un patrimonio regional del suelo al servicio de la política autonómica de ordenación del territorio, de actuaciones de interés autonómico o para apoyar acciones urbanísticas de los municipios.

9. Finalmente, el Título Séptimo está dedicado a la organización administrativa y al régimen jurídico.

Por lo que hace referencia a la organización se prevé la existencia de un Consejo de Ordenación del Territorio y Urbanismo, como órgano consultivo y de participación, y dos Comisiones Regionales operativas, que concentran las facultades de la Administración autonómica en las materias de ordenación del territorio y urbanismo y que podrán subdividirse en función de criterios especializados en los términos que reglamentariamente se prevean.

En el Capítulo de acciones y recursos se sintetizan las potestades y el régimen jurídico aplicable por remisión a la legislación estatal pertinente. Se mantiene el principio de la acción popular para la exigencia de la observancia de la normativa urbanística y en un Capítulo específico se regulan sustantivamente y en detalle los Convenios urbanísticos, distinguiendo entre convenios de planeamiento y convenios de gestión. Se enumeran sus límites, se prevén las consecuencias del incumplimiento y se impone la publicidad como obligado contrapeso a una forma de actuación tan necesaria y conveniente como precisada de transparencia y de control.

10. Varias Disposiciones Adicionales, Transitorias, Derogatoria y Finales completan el texto.

Por lo que hace a las Disposiciones Adicionales destaca la previsión en una de ellas de un Plan de Ordenación del Litoral equiparado a todos los efectos al Plan de Ordenación Territorial que puede aprobarse en ausencia de éste y que, por tanto, puede ser también desarrollado por Planes especiales. Se concreta en dicha Disposición el ámbito del citado Plan, que será el de los municipios costeros excluyendo del mismo los suelos clasificados como urbanos o urbanizables con Plan Parcial aprobado definitivamente y aquellos otros que gocen ya de algún instrumento especial de protección, precisándose también los fines y contenidos de dicho Plan, que, en general, coinciden con los del Plan Regional de Ordenación Territorial al que, como se dice, suplen en una zona que por sus especiales características y problemas comunes debe ser contemplada de inmediato con criterios homogéneos y singulares.

En cuanto al régimen transitorio se pretende que el tránsito de la situación actual a la prevista por la nueva Ley se produzca de manera suave y sin sobresaltos. Así, sin perjuicio de la aplicabilidad inmediata de la nueva Ley en todo aquello que no precise la intermediación de un Plan, no se contempla como una exigencia inmediata la adaptación de los planes preexistentes. Por el contrario, se prevén plazos largos de adaptación, aunque dicha adaptación se fomenta por el procedimiento de vincular a ella la posibilidad de modificar algunas determinaciones básicas de los planes o impedir la puesta en práctica de algunas competencias que la Ley reputa municipales hasta la efectiva revisión o adaptación del planeamiento anterior. Se facilita también la posibilidad de aportar de inmediato más suelo al mercado, en coherencia con la Ley Estatal 6/1998, simplificando la reclasificación de suelo urbanizable residual sin necesidad de adaptar el planeamiento anterior a la nueva Ley.

Para los Planes que continúan en vigor se fijan criterios de equivalencia con las previsiones de la nueva Ley para que ésta sea viable y se contemplan asimismo normas específicas para los instrumentos que a la entrada en vigor de la Ley estén en ejecución, para los planes en tramitación o los municipios sin plan, manteniendo, en todo caso, el régimen anterior de cesiones de aprovechamiento en tanto no se proceda a la revisión o adaptación de los Planes municipales.

IV

La Comunidad Autónoma basa su título competencial para la aprobación de esta Ley en el artículo 24.3 del Estatuto de Autonomía para Cantabria, aprobado por Ley Orgánica 8/1981, de 30 de diciembre (modificada por Leyes Orgánicas 7/1991, de 13 de marzo, 2/1994, de 24 de marzo, y 11/1998, de 30 de diciembre), según el cual la Comunidad Autónoma tiene competencia exclusiva en la Ordenación del territorio y del litoral, urbanismo y vivienda, competencia que será ejercida en los términos dispuestos en la Constitución.

TÍTULO PRELIMINAR

FINALIDADES, OBJETO Y PRINCIPIOS GENERALES

Artículo 1. Objeto.

Es objeto de la presente Ley la regulación de los instrumentos de ordenación territorial, el uso del suelo y la actividad urbanística en la Comunidad Autónoma de Cantabria de conformidad con lo dispuesto en el Estatuto de Autonomía y en el marco del contenido básico del derecho de propiedad del suelo definido en la legislación estatal.

⇒ V. art. 1 de la Ley 6/1998, de 13 abril, sobre Régimen del Suelo y Valoraciones (§1).

Artículo 2. Definiciones básicas.

1. La ordenación territorial comprende la elaboración y aprobación de los instrumentos necesarios para planificar y plasmar en el territorio la política económica y medioambiental de la Comunidad Autónoma de Cantabria.

2. La regulación del uso del suelo implica la vinculación de las actividades que soporta el terreno a las consecuencias que se deriven de su previa clasificación y calificación de conformidad con lo dispuesto en esta Ley.

3. La regulación de la actividad urbanística se refiere al conjunto de actuaciones, públicas o privadas, relativas a la ordenación, ejecución, urbanización, edificación, rehabilitación y conservación de lo edificado, el control de los usos y actividades y la intervención en el mercado del suelo, en los términos regulados en la presente Ley.

Artículo 3. Contenido, finalidades y principios generales.

1. A efectos de lo dispuesto en el artículo anterior la Ley regula el contenido y clases del planeamiento territorial y urbanístico, la clasificación y régimen del suelo, la ejecución del planeamiento, la urbanización, la edificación y uso de los terrenos, la disciplina urbanística, los distintos instrumentos de intervención en el mercado del suelo y la organización administrativa que sirve de soporte a estas políticas.

La regulación que contiene la presente Ley tiene como finalidad contribuir a la eficacia de los derechos constitucionales a un medio ambiente adecuado, a la utilización racional de los recursos, a la mejora de la calidad de vida, a la conservación del patrimonio cultural y a una vivienda digna, de manera que la utilización del suelo propicie el interés general, impida la especulación y garantice la participación de la comunidad en parte de las plusvalías generadas por la actividad urbanística.

2. La ordenación urbanística del suelo no conferirá por sí sola a los propietarios derecho a ser indemnizados, por constituir dicha ordenación parte de la definición del contenido normal de la propiedad. Los afectados tendrán, no obstante, derecho a la distribución equitativa de beneficios y cargas derivados del proceso urbanizador en los términos previstos en la presente Ley. Todo ello sin perjuicio de los supuestos indemnizatorios por la reducción o ablación de derechos, la alteración anticipada del planeamiento, la imposición de vinculaciones singulares que excedan de los deberes legales de conservación y de otros supuestos previstos en la legislación estatal.

⇒ V. art. 51 de la presente Ley.

V. arts. 5 y 43 de la Ley 6/1998, de 13 abril, sobre Régimen del Suelo y Valoraciones (§1).

Artículo 4. Función pública.

La dirección y control de las actividades a que se refieren los artículos anteriores se configura como una función pública que corresponde, en el ámbito de sus respectivas competencias, a la Comunidad Autónoma y a los municipios, sin perjuicio de la necesaria colaboración de otras Administraciones y la participación de la iniciativa privada.

⇒ V. art. 4 de la Ley 6/1998, de 13 abril, sobre Régimen del Suelo y Valoraciones (§1). V. Jurisprudencia en arts. 4 y concordantes del TRLS/1976 (§3).

Artículo 5. Competencias administrativas en materia urbanística.

1. Corresponde a la Administración de la Comunidad Autónoma la función de ordenación del territorio y el ejercicio de las competencias de dirección, coordinación y control de la actividad urbanística que expresamente se le atribuyan. Dichas competencias se llevarán a cabo por medio de los órganos previstos en esta Ley y a través de los que en cada caso prevea la estructura orgánica de dicha Administración.

2. Sin perjuicio de lo dispuesto en el apartado anterior, las funciones públicas de carácter urbanístico corresponderán, con carácter general, a los municipios, que asumirán todas aquellas competencias que no estén expresamente atribuidas a otras Administraciones. Los municipios llevarán a cabo estas actividades en los términos de esta Ley y, en su caso, conforme a la normativa de régimen local.

3. Las competencias municipales en materia de urbanismo podrán ser ejercitadas por las Comarcas que se constituyan en el marco general de la Ley de Comarcas de Cantabria y de acuerdo con lo dispuesto en las leyes singulares por las que aquéllas se creen.

Artículo 6. Colaboración interadministrativa.

La Administración de la Comunidad Autónoma y los Ayuntamientos tendrán en cuenta en su actividad de planificación territorial y urbana, así como en su gestión, los títulos competenciales que puedan corresponder a otras Administraciones, en particular a la Administración General del Estado. A tal efecto, y con independencia de las concretas prescripciones de esta misma Ley, las Administraciones competentes en materia de ordenación del territorio y urbanismo adoptarán como principio rector de su actuación el de colaboración interadministrativa, arbitrando cuando proceda y en atención a los intereses en presencia los medios adecuados para que las demás puedan participar en las decisiones propias mediante informes, audiencias, documentos y, en su caso, los órganos de coordinación que puedan crearse al amparo de las potestades de autoorganización.

⇒ V. arts. 24 a 30 del RGU (§3.2).

Artículo 7. Iniciativa y participación privada.

1. Los particulares, en los términos previstos por la legislación y el planeamiento urbanístico, podrán colaborar con las Administraciones Públicas competentes en el desarrollo de la actividad urbanística, especialmente en la formulación, tramitación y ejecución del planeamiento. Dicha participación habrá de ser fomentada y facilitada por las Administraciones Públicas competentes.

2. La participación en la gestión urbanística y en la conservación de las

urbanizaciones podrá tener lugar mediante la creación de Entidades Urbanísticas Colaboradoras, que tendrán personalidad jurídica propia y, cuando ejerzan funciones públicas, naturaleza administrativa. La creación y pertenencia a dichas Entidades será obligatoria en los supuestos previstos en esta Ley, en sus normas de desarrollo o en el planeamiento urbanístico.

⇒ V. art. 119 de la presente Ley.

V. D. 73/1997, de 7 julio, sobre registro, entre otras asociaciones, de entidades urbanísticas colaboradoras.

V. art. 4 de la Ley 6/1998, de 13 abril, sobre Régimen del Suelo y Valoraciones (§1).

V. arts. 24 a 30 del RGU (§3.2).

V. Jurisprudencia en arts. 4 y concordantes del TRLS/1976 (§3).

Artículo 8. Derechos de los particulares.

Sin perjuicio de lo dispuesto en la legislación del procedimiento administrativo común y, más específicamente, en otros lugares de esta misma Ley, los particulares tendrán los siguientes derechos mínimos en sus relaciones con la Administración urbanística:

a) A adoptar la iniciativa en la elaboración de planes urbanísticos de desarrollo y a que dicha iniciativa sea examinada, tramitada y aprobada por los órganos competentes en los términos de esta Ley.

b) A participar en el trámite de información pública de todos los instrumentos de planeamiento territorial o urbanístico y a acceder a la documentación de que consten dichos planes durante el tiempo que dure el mencionado trámite. El mismo derecho asistirá a los particulares en las fases de gestión del planeamiento que incluyan dicho trámite.

c) A acceder a los locales en que estén depositados los documentos de que consten los planes durante el tiempo que dure la información pública en el horario que fije la Administración competente que será, como mínimo, el horario habitual de oficina.

d) A obtener, en la Administración competente, copia o fotocopia de todos los documentos originales de que consten los planes. Asimismo toda persona tiene derecho a adquirir la edición completa de los Planes Generales de Ordenación Urbana que, de conformidad con el apartado 1 del artículo 86 de esta Ley, están obligados a publicar los Ayuntamientos. Todo ello sin perjuicio de la información adicional que en forma de folletos informativos parciales u otros medios pueda propiciar la Administración competente.

e) A obtener por escrito información formalizada sobre las circunstancias urbanísticas de una determinada finca o zona del término municipal. La información que a este respecto el Ayuntamiento proporcione mediante cédulas urbanísticas u otros documentos con función de adveración y fehaciencia pública incluirá todas las circunstancias urbanísticamente relevantes contenidas en la solicitud.

f) A iniciar gestiones para la celebración de convenios urbanísticos.

g) A consultar y obtener respuesta de la Administración competente acerca de las concretas previsiones de la ordenación urbanística en el suelo urbanizable residual, con los requisitos, efectos y consecuencias previstas en la presente Ley.

h) A obtener en los plazos fijados por la Ley o, en su defecto, en el de tres meses, una respuesta de la Administración a las peticiones y consultas que se le dirijan en las materias objeto de su competencia.

i) A gestionar la actividad urbanística en los términos de esta Ley y cuando así se prevea en el planeamiento correspondiente.

j) A ser indemnizado en los supuestos previstos en la legislación vigente.

k) A ejercitar acciones e interponer recursos ante la Administración competente o, en su caso, la jurisdicción contencioso-administrativa en defensa de la legalidad urbanística.

⇒ V. art. 51 de la presente Ley.

V. arts. 2, 3, 4, 5 y 6 de la Ley 6/1998, de 13 abril, sobre Régimen del Suelo y Valoraciones (§1).

Artículo 9. Deber de colaboración.

Las Administraciones Públicas y los particulares que intervengan de cualquier modo en la actividad urbanística tienen el deber de cooperar entre sí y colaborar para la observancia y eficacia de la legislación y el planeamiento, actuando en el ámbito de sus respectivas competencias conforme a los principios de buena fe y confianza legítima.

TÍTULO I

PLANEAMIENTO TERRITORIAL Y URBANÍSTICO: INSTRUMENTOS DE ORDENACIÓN

CAPÍTULO I

Planes territoriales y planes urbanísticos

Artículo 10. Instrumentos de ordenación.

1. La ordenación del territorio se llevará a cabo mediante el Plan Regional de Ordenación Territorial, las Normas Urbanísticas Regionales y los Proyectos Singulares de Interés Regional.

2. El planeamiento urbanístico será normalmente de ámbito municipal y comprenderá los Planes Generales de Ordenación Urbana, los Planes Parciales de desarrollo y los instrumentos complementarios previstos en la Ley.

3. Podrán existir también Planes Especiales cuya función prioritaria será desarrollar o completar el planeamiento territorial y urbanístico de conformidad con lo dispuesto en esta Ley.

CAPÍTULO II
Planeamiento territorial

Sección 1ª El Plan Regional de Ordenación Territorial

Artículo 11. Plan Regional de Ordenación Territorial.

1. El Plan Regional de Ordenación Territorial tiene como función identificar las pautas generales del desarrollo de la Comunidad Autónoma, fijar las directrices para la ordenación del territorio, establecer las prioridades de la acción económica gubernamental en el ámbito de las infraestructuras y definir el modelo territorial deseable a proporcionar a las demás Administraciones Públicas para el ejercicio de sus respectivas competencias.

2. En particular, son funciones del Plan Regional de Ordenación Territorial:

a) Enunciar con carácter global los criterios que orienten los procesos de asentamiento en el territorio de las distintas actividades económicas y sociales en el marco, en su caso, de los ejes de desarrollo prioritarios derivados de la normativa de aplicación de los Fondos Europeos de cohesión y de otros Planes de Desarrollo Económico.

b) Establecer un marco de referencia para la formulación y ejecución de las distintas políticas sectoriales del Gobierno autónomo.

c) Formular pautas y orientaciones en relación con la ejecución de las políticas del Gobierno que puedan afectar a la actividad urbanística de los municipios, a fin de garantizar una adecuada coordinación y compatibilidad de las decisiones de todas las Administraciones Públicas con competencias sobre el territorio.

d) Expresar directrices y criterios genéricos para los planes anuales de cooperación a las obras y servicios de competencia municipal a que refiere la legislación de régimen local.

e) Suministrar a la Administración General del Estado las previsiones y pretensiones básicas de la Comunidad para la formulación por aquélla de las políticas sectoriales de inversión, programación de recursos y obras de interés general que sean de su competencia en el territorio de Cantabria.

f) Proponer acciones territoriales que requieran la actuación conjunta con otras Comunidades Autónomas limítrofes ofreciendo las pautas y bases para la celebración de los oportunos convenios y acuerdos de cooperación.

g) Identificar y señalar áreas sujetas a medidas especiales de protección, conservación o mejora.

⇒ V. disp. adic. 4ª.1 de la presente Ley.

Artículo 12. Contenido.

El Plan Regional de Ordenación Territorial tendrá el siguiente contenido:

a) Análisis de las características del territorio y diagnóstico de los problemas existentes en relación con el medio físico, los recursos naturales y los asentamientos humanos y productivos.

b) Formulación de los objetivos sociales, económicos y medioambientales del Gobierno relacionados con el territorio.

c) Enunciación de los criterios de política sectorial y territorial destinados a orientar o, en su caso, regular las actuaciones públicas y privadas en el ámbito de la Comunidad Autónoma.

d) Establecimiento de medidas para la preservación de los recursos naturales y culturales y las eventuales pautas de su compatibilización con el desarrollo económico y urbanístico.

e) Fijación de directrices y, en su caso, señalamiento concreto para la localización y ejecución de las infraestructuras y equipamientos de ámbito autonómico.

f) Establecimiento de instrumentos, reglas y criterios de coordinación y compatibilización del planeamiento urbanístico y del planeamiento sectorial que formulen las distintas Administraciones y Organismos públicos competentes en el territorio de la Comunidad Autónoma.

g) Identificación de los sistemas de información entre las distintas Administraciones Públicas a que se refieren los apartados anteriores. El Plan designará la unidad administrativa que, a efectos externos, centralice toda la información acumulada, sin perjuicio de la distribución interna de competencias en el ámbito de la Administración de la Comunidad.

Artículo 13. Documentación.

El Plan Regional de Ordenación Territorial contendrá los documentos que en cada caso sean necesarios para reflejar las finalidades y contenidos expuestos en los artículos anteriores. Constará, como mínimo, de:

a) Una memoria, en la que se identifiquen y expliquen las propuestas, criterios y opciones contempladas.

b) La documentación gráfica precisa para plasmar el estado del territorio y los extremos fundamentales de ordenación y previsión a que se refiera el Plan.

c) Las normas de aplicación que puedan ser necesarias.

d) Los estudios de incidencia sobre el planeamiento municipal preexistente.

⇒ V. disp. adic. 4ª.4 de la presente Ley.

Artículo 14. Ámbito.

El ámbito del Plan Regional de Ordenación Territorial será el del territorio de la Comunidad Autónoma. Ello no obstante, con las mismas finalidades, contenidos, documentos y procedimiento de elaboración, el Gobierno podrá aprobar Planes Comarcales de Ordenación Territorial que, en el caso de concretar y desarrollar previsiones del Plan Regional, no podrán oponerse a éste.

Artículo 15. Vigencia.

El Plan Regional de Ordenación Territorial y, en su caso, los Planes Comarcales de Ordenación, tienen vigencia indefinida, pero habrán de revisarse en los siguientes supuestos:

a) Cuando aparezcan circunstancias no contempladas de interés general que exijan su modificación.

b) Cuando se den los supuestos previstos en el Plan que condicionen o justifiquen su revisión.

Las determinaciones concretas a que se refiere el párrafo d) del apartado 2 del artículo 11 sólo vinculan por períodos de cuatro años.

⇒ V. disp. adic. 4ª.1 de la presente Ley.

Artículo 16. Elaboración y aprobación.

La formulación y aprobación de los Planes Regionales de Ordenación Territorial se ajustará al siguiente procedimiento:

a) Corresponde a la Consejería competente en materia de ordenación territorial la elaboración y formulación del Plan Regional previo acuerdo formal en tal sentido del Gobierno, que acordará también, cuando sea necesario y en cualquier momento de la tramitación, la medida excepcional prevista en el artículo 25, que, cuando haya plan, se limitará a áreas concretas del suelo urbanizable residual y del suelo rústico.

b) La Consejería podrá recabar de las Administraciones Públicas, instituciones y entidades que estime conveniente, datos e informes acerca de las materias sobre las que ha de versar el Plan.

c) El proyecto de Plan será trasladado a la Comisión Regional de Ordenación del Territorio que lo aprobará inicialmente y lo someterá a información pública por un plazo no inferior a dos meses. Al mismo tiempo, la Comisión comunicará expresamente y dará audiencia singularizada a la Administración General del Estado, la asociación de entidades locales de ámbito autonómico con mayor implantación y todos los Ayuntamientos afectados.

d) Transcurrido el plazo de consulta e información pública la Comisión solicitará informe a la Consejería autora del Plan acerca de lo alegado en el citado trámite. Evacuado dicho informe la Comisión aprobará provisionalmente el Plan y lo trasladará al Consejero competente en materia de ordenación territorial para su aprobación como Proyecto de Ley por el Gobierno.

e) El Plan será remitido al Parlamento de Cantabria para su aprobación.

f) Aprobado el Plan, el Presidente del Gobierno ordenará su publicación en el «Boletín Oficial de Cantabria».

g) Sin perjuicio de los instrumentos formales de publicidad el Gobierno tomará las medidas necesarias para la máxima difusión del contenido del Plan Regional de Ordenación Territorial, una copia del cual será enviada *oficialmente a todos* los Ayuntamientos y a la Delegación del Gobierno en la Comunidad Autónoma.

⇒ V. disp. adic. 4ª.1 de la presente Ley.

V. DD. 9/2000, de 8 marzo y 52/2001, de 24 julio, que modifican el Decreto 53/1998, de 9 junio, relativo a la estructura orgánica de la Consejería de Obras Públicas, Vivienda y Urbanismo.

V. D. 24/1996, de 28 marzo, que regula la estructura orgánica de la Consejería de Medio Ambiente y Ordenación del Territorio de Cantabria.

Artículo 17. Revisión.

Cualquier modificación o revisión del Plan Regional de Ordenación Territorial se tramitará por el mismo procedimiento previsto en el artículo anterior.

Artículo 18. Vinculación y adaptación del planeamiento municipal.

Las determinaciones concretas contenidas en el Plan Regional de Ordenación Territorial vinculan al planeamiento municipal. Los Ayuntamientos afectados con planeamiento en vigor anterior al Plan Regional deberán iniciar la adaptación de aquél en un plazo no superior a un año, sin perjuicio de la vigencia y prevalencia inmediata del citado Plan de Ordenación Territorial.

⇒ V. art. 30.2 y disp. adic. 4ª.1 de la presente Ley.

Sección 2ª Las normas urbanísticas regionales

Artículo 19. Normas Urbanísticas Regionales.

Las Normas Urbanísticas Regionales tienen por objeto establecer criterios y fijar pautas normativas en lo referente al uso del suelo y la edificación. En especial, establecen tipologías constructivas, volúmenes, alturas, plantas, ocupaciones, medianerías, distancias, revestidos, materiales, vegetación y demás circunstancias urbanísticas y de diseño, así como medidas de conservación de los recursos naturales, del medio ambiente y del patrimonio cultural.

Las Normas serán de obligado cumplimiento en ausencia de Plan General de Ordenación o como complemento del Plan y de las normas de aplicación directa establecidas en esta Ley.

⇒ V. art. 32 de la presente Ley.

Artículo 20. Contenido.

1. Las Normas podrán contener las siguientes determinaciones:

a) Identificación y justificación de los fines y objetivos de su promulgación y de sus contenidos, que han de ser coherentes, en caso de existir, con el Plan Regional de Ordenación Territorial o los Planes Comarcales.

b) Ámbito de aplicación, distinguiendo, en su caso, zonas, comarcas, municipios o entidades de ámbito inferior.

c) Tipos de suelos que resulten afectados por las Normas identificando, en su caso, aquellos que estén ya afectados por una legislación protectora de carácter sectorial.

d) Medidas para la implantación de los usos, actividades, construcciones o instalaciones que puedan ubicarse en el suelo rústico.

e) Criterios para el establecimiento, en su caso, de reservas de suelo destinadas a viviendas de protección pública.

f) Contenido normativo articulado que contemple todas o algunas de las materias anteriores y los objetivos a que se refiere el artículo anterior.

g) Plasmación gráfica de las normas, cuyos planos tendrán el contenido, escala y detalles precisos para que cualquier profesional autor de un proyecto de obras o redactor de un Plan de Ordenación pueda aplicar sin mayores explicaciones y dificultades el contenido concreto de las Normas Regionales.

2. El contenido de las Normas se plasmará en los documentos que sean necesarios para reflejar su finalidad. En todo caso, constarán de Memoria explicativa, planos y normas propiamente dichas de edificación o protección redactadas en forma articulada.

Artículo 21. Ámbito.

1. El ámbito de las Normas Urbanísticas Regionales será el del territorio de la Comunidad Autónoma. Ello no obstante, con las mismas finalidades, contenidos, documentos y procedimiento de elaboración, el Gobierno podrá aprobar Normas Urbanísticas Comarcales que en el caso de concretar y desarrollar previsiones de las Normas Regionales no podrán oponerse a ellas.

2. El ámbito de las Normas comarcales abarcará, como mínimo, el de una Comarca de las que formalmente se hayan constituido conforme a su legislación específica o, de no haberlas, el de una realidad comarcal que abarque al menos los términos de tres municipios colindantes.

Artículo 22. Vigencia.

Las Normas Urbanísticas Regionales o Comarcales tienen vigencia indefinida. Serán, no obstante, modificadas cuando el Gobierno aprecie que han cambiado las circunstancias o considere que razones de interés general lo justifican.

Artículo 23. Elaboración y aprobación.

La formulación y aprobación de las Normas Urbanísticas Regionales se ajustará al siguiente procedimiento:

a) Corresponde a la Consejería competente en materia de urbanismo la formulación y elaboración de las Normas. La Consejería podrá recabar de las Administraciones Públicas, instituciones y entidades que estime conveniente, datos e informes acerca de las materias sobre las que han de versar las Normas Urbanísticas.

b) Una vez redactadas las Normas serán trasladadas a la Comisión Regional de Urbanismo que las aprobará inicialmente y las someterá a información pública por un plazo no inferior a dos meses. Al mismo tiempo, la Comisión comunicará expresamente y dará audiencia singularizada a la Administración General del Estado, la asociación de entidades locales de ámbito autonómico con mayor implantación, los Ayuntamientos interesados y los Colegios profesionales que resulten competencialmente afectados.

c) Transcurrido el plazo de consulta e información pública la Comisión solicitará informe a la Consejería autora de las Normas acerca de lo alegado en el citado trámite. Evacuado dicho informe la Comisión Regional de Urbanismo aprobará provisionalmente las Normas Urbanísticas y las trasladará al Consejero competente en materia de urbanismo para su aprobación definitiva por el Gobierno.

d) Las Normas serán aprobadas por Decreto del Gobierno y se publicarán en el «Boletín Oficial de Cantabria».

e) El Gobierno adoptará las medidas necesarias para dar la máxima difusión del contenido de las Normas Urbanísticas, una copia de las cuales será enviada oficialmente a todos los Ayuntamientos, a los Colegios profesionales afectados y a la Delegación del Gobierno en la Comunidad Autónoma.

⇒ V. art. 76 de la presente Ley.

V. DD. 9/2000, de 8 marzo y 52/2001, de 24 julio, que modifican el Decreto 53/1998, de 9 junio, relativo a la estructura orgánica de la Consejería de Obras Públicas, Vivienda y Urbanismo.

V. D. 24/1996, de 28 marzo, que regula la estructura orgánica de la Consejería de Medio Ambiente y Ordenación del Territorio de Cantabria.

V. art. 254 de la presente Ley.

Artículo 24. Modificación.

Cualquier alteración de las Normas Urbanísticas Regionales o Comarcales se tramitará por el mismo procedimiento previsto en el artículo anterior.

Artículo 25. Suspensión de licencias.

En los municipios sin planeamiento, el Gobierno de Cantabria, a propuesta del Consejero competente en materia de urbanismo, podrá disponer la suspensión de licencias de parcelación, construcción y demolición en áreas concretas o para usos determinados en el suelo rústico con el fin de estudiar la formación o reforma de las Normas Urbanísticas Regionales.

El acuerdo deberá publicarse en el «Boletín Oficial de Cantabria» y notificarse a los Ayuntamientos afectados, dándosele asimismo la publicidad adecuada en otros medios de comunicación.

El plazo máximo de la suspensión será de un año.

⇒ V. art. 16 de la presente Ley.

V. Jurisprudencia en arts. 27 y concordantes del TRLS/1976 (§3).

Sección 3ª Los proyectos singulares de interés regional

Artículo 26. Proyectos Singulares de Interés Regional.

1. Los Proyectos Singulares de Interés Regional son instrumentos especiales de planeamiento territorial que tienen por objeto regular la implantación de instalaciones industriales, grandes equipamientos y servicios de especial importancia que hayan de asentarse en más de un término municipal o que, aun asentándose en uno solo, trasciendan dicho ámbito por su incidencia económica, su magnitud o sus singulares características.

2. Los Proyectos Singulares de Interés Regional podrán promoverse y desarrollarse por la iniciativa pública o privada.

3. Los Proyectos Singulares de Interés Regional pueden desarrollarse en suelo urbanizable o rústico de protección ordinaria.

Artículo 27. Contenido de los Proyectos.

1. Los Proyectos Singulares de Interés Regional contendrán un grado de detalle equivalente al de los Planes Parciales y Proyectos de Urbanización e incorporarán, como mínimo, las siguientes determinaciones:

a) Descripción de la localización del proyecto y del ámbito territorial de incidencia del mismo.

b) Administración pública, entidad o persona jurídica o física promotora.

c) Memoria justificativa y descripción detallada de la ordenación y de las características técnicas del Proyecto.

d) Referencia a las previsiones contenidas en el planeamiento territorial y urbanístico aplicable, si las hubiere, y propuestas de las medidas de articulación o adecuación que procedan.

e) Análisis de los impactos que la actuación produce sobre el territorio afectado y medidas correctoras que se proponen.

f) Plazos de inicio y terminación de las obras, con determinación, en su caso, de las fases en que se divida su ejecución.

g) Estudio económico y financiero justificativo de la viabilidad del Proyecto, así como, en su caso, identificación de las fuentes de financiación y medios con que cuente el promotor para hacer frente al coste de ejecución del Proyecto.

2. Los Proyectos Singulares de Interés Regional constarán de los documentos y planos necesarios para reflejar con claridad y precisión sus determinaciones.

3. En el caso de actuaciones de iniciativa particular los Proyectos deberán contener, además, los compromisos del promotor para el cumplimiento de las obligaciones que se deriven del Proyecto y la constitución de las garantías precisas para asegurarlo. En tales supuestos, corresponde al promotor formular los distintos documentos que hayan de integrar los Proyectos.

⇒ V. D. 50/1991, de 29 abril, de evaluación del impacto ambiental, modificado por D. 38/1999, de 12 abril y por D. 77/1996, de 8 agosto.
V. Ley 6/2001, de 8 mayo, de modificación del Real Decreto Legislativo 1302/1986, de 28 junio, de evaluación de impacto ambiental.

Artículo 28. Declaración de interés regional.

1. Con carácter previo a la aprobación de un Proyecto Singular deberá producirse la declaración formal del interés regional. A tal efecto, corresponde al Gobierno a propuesta del Consejero competente en materia de ordenación territorial, previa audiencia de los Ayuntamientos afectados, pronunciarse sobre la concurrencia del citado interés regional.

2. Las personas o entidades promotoras del Proyecto podrán presentar propuestas de actuación en las que se indicarán las características fundamen-

tales justificativas de su interés regional. Transcurrido el plazo de tres meses desde la presentación de una propuesta sin producirse resolución expresa, aquélla se entenderá desestimada por silencio administrativo.

3. La declaración del interés regional será requisito necesario para que pueda seguirse el procedimiento de aprobación del Proyecto, pero no condicionará la resolución que se derive de la tramitación de dicho procedimiento.

Artículo 29. Procedimiento de aprobación y efectos.

1. El procedimiento de aprobación de un Proyecto Singular de Interés Regional constará de una aprobación inicial, una aprobación provisional y una aprobación definitiva.

2. La aprobación inicial se otorgará por la Comisión Regional de Ordenación del Territorio, una vez producida la declaración de interés regional a que se hace referencia en el artículo anterior.

3. Aprobado inicialmente el Proyecto, la Comisión Regional de Ordenación del Territorio lo someterá a información pública durante quince días y, simultáneamente y por el mismo plazo, a audiencia de los municipios afectados. Transcurrido dicho plazo y a la vista del resultado del trámite de audiencia, la Comisión, previa solicitud de cuantos informes tenga por conveniente, aprobará provisionalmente el Proyecto y lo trasladará al Consejero competente en materia de ordenación territorial.

Antes de su aprobación provisional el Proyecto deberá haber obtenido el instrumento de evaluación de impacto ambiental previsto en la legislación sectorial.

4. Corresponde al Gobierno de Cantabria, a propuesta del Consejero competente en materia de ordenación territorial, la aprobación definitiva del Proyecto. El acuerdo de aprobación definitiva se publicará en el «Boletín Oficial de Cantabria».

5. Transcurrido el plazo de seis meses desde la presentación del Proyecto sin que haya recaído acuerdo expreso, se entenderá desestimado por silencio administrativo.

6. Los Proyectos Singulares de Interés Regional vincularán y prevalecerán sobre los instrumentos de planeamiento urbanístico de los municipios a los que afecten, que deberán recogerlos en su primera modificación o revisión.

7. El acuerdo de aprobación del Proyecto implicará la declaración de utilidad pública y la necesidad de la ocupación a efectos expropiatorios.

8. En todo lo no previsto se estará a lo dispuesto en esta Ley, según proceda, para la aprobación del planeamiento urbanístico.

⇒ V. D. 50/1991, de 29 abril, de evaluación del impacto ambiental, modificado por D. 38/1999, de 12 abril y por D. 77/1996, de 8 agosto.

V. Ley 6/2001, de 8 mayo, de modificación del Real Decreto Legislativo 1302/1986, de 28 junio, de evaluación de impacto ambiental.

CAPÍTULO III
Planeamiento urbanístico

Sección 1ª Disposiciones generales

Artículo 30. Prelación de fuentes.

1. Los Planes Generales de Ordenación Urbana constituyen el documento normativo básico para su ámbito territorial, que podrá ser desarrollado por Planes Parciales o Especiales.

2. Los Planes Especiales prevalecen y se imponen a los Planes Generales de Ordenación Urbana cuando desarrollen directamente, o completen, el planeamiento territorial o vengan impuestos por Leyes sectoriales de prioritaria aplicación. La aprobación de dichos Planes Especiales obliga a la adaptación del planeamiento municipal en los términos del artículo 18 de esta Ley.

3. Las Normas Urbanísticas Regionales sólo son de aplicación directa en ausencia de Plan General de Ordenación o como complemento de éste.

4. La aplicación de la legislación urbanística y el planeamiento que la desarrolle ha de tener en consideración la legislación sectorial, estatal o autonómica, que resulte en cada caso aplicable; en especial, la referente al régimen de las aguas, las costas, los puertos, las carreteras, los espacios naturales protegidos y el patrimonio histórico y cultural.

⇒ V. D. 60/1993, de 24 agosto, que regula las autorizaciones de uso en la zona de servidumbre de protección y el procedimiento sancionador.

V. Ley 5/1996, de 17 diciembre, de carreteras de Cantabria.

V. D. 36/2001, de 2 mayo, de desarrollo parcial de la Ley 11/1998, de 13 octubre, de Patrimonio Cultural de Cantabria.

Artículo 31. Articulación entre Planes.

1. Los Planes urbanísticos se articularán entre sí atendiendo a los principios de jerarquía, especialidad y coordinación.

2. Salvo previsión expresa de esta Ley ningún Plan derivado podrá contradecir lo dispuesto en el planeamiento originario del que traiga causa.

Sección 2ª Normas de aplicación directa y estándares urbanísticos en el planteamiento municipal

Artículo 32. Protección del medio ambiente.

1. De conformidad con el Tratado de la Comunidad Europea el planeamiento municipal asumirá como objetivo prioritario la protección del medio ambiente, su conservación y mejora, prestando especial atención a la utilización racional de los recursos, el abastecimiento y depuración de las aguas, el tratamiento de residuos y, en general, la integración de las construcciones en el entorno circundante, con el designio final de alcanzar un nivel alto de *protección.*

2. El planeamiento atenderá igualmente con el mismo carácter prioritario los problemas del tráfico y la contaminación acústica.

3. Las construcciones habrán de observar las exigencias de protección del medio ambiente establecidas en la legislación sectorial y los objetivos de los apartados anteriores que serán también de aplicación a las obras de rehabilitación, modernización o conservación de los inmuebles ya existentes y con el carácter de normas de aplicación directa.

⇒ V. arts. 19 y 114 de la presente Ley.

Artículo 33. Protección del entorno cultural.

1. Sin perjuicio de lo dispuesto en el artículo anterior y en la legislación que resulte aplicable, las construcciones en lugares inmediatos o que formen parte de un grupo de edificios de carácter histórico o cultural formalmente declarados como tales conforme a la normativa sectorial específica o que estén incluidas en Catálogos propios del planeamiento municipal, habrán de armonizar con el entorno, especialmente en cuanto a alturas, volumen y materiales exteriores.

2. El planeamiento municipal incluirá las previsiones necesarias para la conservación y realce del patrimonio cultural, con especial referencia a los espacios urbanos relevantes, hayan sido o no catalogados de acuerdo con otra legislación sectorial de protección. Los Planes Generales velarán asimismo por la conservación de la trama urbana en los núcleos tradicionales.

⇒ V. D. 36/2001, de 2 mayo, de desarrollo parcial de la Ley 11/1998, de 13 octubre, de Patrimonio Cultural de Cantabria.

Artículo 34. Protección del paisaje.

1. En los lugares de paisaje abierto y natural o en las perspectivas que ofrezcan los conjuntos urbanos de características históricas, típicos o tradicionales, y en las inmediaciones de las carreteras y caminos de trayecto pintoresco se acentuarán las exigencias de adaptación al ambiente de las construcciones que se autoricen y no se permitirá que la situación, masa, altura de los edificios, colores, muros, cierres o la instalación de otros elementos limiten el campo visual para contemplar las bellezas naturales, rompan la armonía del paisaje natural, rural o urbano, o desfiguren la perspectiva propia del mismo.

En particular, queda prohibida la publicidad estática que por sus dimensiones, localización o colorido no cumpla las anteriores prescripciones, incluyendo a estos efectos en el concepto de publicidad los carteles anunciadores de locales y establecimientos mercantiles.

2. En los conjuntos urbanos a los que se refiere el apartado anterior, la tipología de las construcciones habrá de ser, además, congruente con las características del entorno. Los materiales empleados para la renovación y acabado de fachadas, cubiertas y cierres de parcelas habrán de armonizar con el lugar en que vayan a emplazarse. Los mismos requisitos serán de aplicación a las obras de rehabilitación, modernización o conservación de los inmuebles ya existentes.

3. Los instrumentos de planeamiento concretarán, pormenorizarán y definirán los criterios a los que se refiere este artículo.

⇒ V. art. 138 B) del TRLS/1992 (§2).
V. Ley 5/1996, de 17 diciembre, de Carreteras.
V. Jurisprudencia en arts. 73 y concordantes del TRLS/1976 (§3).

Artículo 35. Pantallas vegetales.

Al objeto de limitar los impactos visuales de instalaciones industriales y otras construcciones será obligatoria la instalación de pantallas vegetales y especies arbóreas o similares que los mitiguen en los términos que el planeamiento determine.

Artículo 36. Distancias.

En defecto de régimen de distancias establecido por el planeamiento las construcciones y cierres que se realicen con obras de fábrica u otros elementos permanentes en zonas no consolidadas por la edificación tendrán que desplazarse un mínimo de tres metros del límite exterior de la calzada de la vía pública a que den frente, salvo que por aplicación de la legislación de carreteras proceda una distancia superior. Se excluye de esta previsión la colocación de mojones o postes destinados a delimitar la propiedad rústica, sin impedir el acceso a la misma.

⇒ V. Ley 5/1996, de 17 diciembre, de Carreteras.
V. Jurisprudencia en arts. 72 y concordantes del TRLS/1976 (§3).

Artículo 37. Alturas y volúmenes.

1. Mientras no exista Plan que lo autorice no podrá edificarse con una altura superior a tres plantas, incluida la baja, áticos, plantas retranqueadas y semisótanos que sobresalgan más de un metro, de manera que la edificación resultante no exceda de las dichas tres plantas en todos y cada uno de los puntos del terreno, sin perjuicio de las demás limitaciones que sean aplicables.

No obstante lo dispuesto en el párrafo anterior, cuando se trate de solares enclavados en núcleos o manzanas edificados en más de sus dos terceras partes, los Ayuntamientos podrán autorizar alturas que alcancen la media de los edificios ya construidos.

2. En los municipios con Plan General sus normas de ordenación procurarán que el aprovechamiento de las parcelas en el suelo urbano consolidado se adapte a las características básicas de las construcciones legalmente edificadas preexistentes. Las excepciones a este criterio se justificarán en la memoria del Plan.

3. En el suelo urbanizable la altura máxima de los nuevos edificios no podrá ser superior a vez y media de la distancia existente a la fachada más próxima.

⇒ V. Jurisprudencia en arts. 74 y concordantes del TRLS/1976 (§3).

Artículo 38. Edificabilidad, densidades y ocupación.

1. Los Planes Generales de Ordenación Urbana deberán fijar un límite de densidad, edificabilidad y ocupación, que estará en función del tipo de suelo y las características del municipio.

2. En el suelo urbano no consolidado y en el suelo urbanizable la densidad máxima permitida no podrá ser superior a 70 viviendas por hectárea y la edificabilidad no será mayor de 1 metro cuadrado construido por metro cuadrado de suelo en municipios con población igual o superior a 10.000 habitantes. Los anteriores parámetros se reducirán a un máximo de 50 viviendas por hectárea y 0,5 metros cuadrados construidos por metro cuadrado de suelo en los demás municipios. El planeamiento expresará estas superficies en metros cuadrados del uso predominante, previa ponderación al mismo de todos los demás.

Para la aplicación de los límites máximos de superficie construida se excluirán del cómputo los terrenos reservados para sistemas generales.

3. En los municipios turísticos se podrá superar la limitación de densidad máxima, pero no la edificabilidad a que se refiere el apartado anterior. El aumento no podrá exceder del 25 por 100 de la magnitud expresada en dicho apartado.

El Gobierno aprobará la lista de municipios turísticos a los efectos de este apartado sobre la base de los criterios que se determinen reglamentariamente.

4. El Plan podrá asimismo superar la limitación de densidad máxima, aunque no la edificabilidad a que se refiere el apartado anterior, cuando prevea expresamente viviendas para jóvenes menores de treinta años o mayores de sesenta y se vinculen a ellas subvenciones, ayudas o beneficios fiscales. El aumento no podrá exceder del 25 por 100 de la magnitud expresada en dicho apartado.

5. En el suelo industrial la ocupación por construcciones vinculadas a tal fin no podrá superar los dos tercios de la superficie del Sector de que se trate.

6. En el suelo urbano no consolidado el planeamiento podrá aumentar los parámetros de edificabilidad y densidad del apartado 2 de este artículo en áreas concretas de dicho suelo sometidas a operaciones de reforma interior, con objeto de hacer viable la actuación.

Artículo 39. Espacios libres y equipamientos de sistemas generales.

1. El planeamiento municipal preverá como sistema general una superficie mínima total de espacios libres públicos en los que se incluirán, entre otros, parques, jardines, zonas deportivas al aire libre y áreas de ocio y descanso, que se distribuirán homogéneamente procurando la máxima accesibilidad de todas ellas. Las decisiones del Plan serán expresamente motivadas.

Se entiende a estos efectos por sistema general el conjunto de espacios libres y equipamientos destinados al servicio de la generalidad de los ciudadanos, que forman parte de la estructura global de la ciudad y tienen como función garantizar al conjunto de sus habitantes un mínimo inderogable de calidad de vida.

2. La superficie mínima de espacios libres a que se refiere el apartado anterior no será en ningún caso inferior a cinco metros cuadrados por habitante o la superior a ésta que para los municipios turísticos en los que haya hecho uso de la opción que permite el apartado 3 del artículo 38 resulte proporcional a dicho aumento.

En el cómputo de la superficie no se incluirán los espacios naturales protegidos existentes, ni los sistemas locales al servicio directo de una unidad de actuación.

3. Asimismo, y con idéntico carácter general para todo el término municipal, el planeamiento municipal contemplará la existencia de suelo para construcciones y espacios destinados a equipamientos sociales, como centros sanitarios, educativos, culturales, religiosos, asistenciales, deportivos cerrados y otros en proporción no inferior a cinco metros cuadrados de suelo por habitante o la superior a ésta que para los municipios turísticos en los que haya hecho uso de la opción que permite el apartado 3 del artículo 38 resulte proporcional a dicho aumento.

⇒ V. art. 90.3 de la presente Ley.

V. Ley 3/1996, de 24 septiembre, sobre Accesibilidad y Supresión de Barreras Arquitectónicas, Urbanísticas y de la Comunicación.

Artículo 40. Espacios libres y equipamientos de sistemas locales.

1. Con independencia de lo dispuesto en el artículo anterior en el suelo urbano no consolidado y en el suelo urbanizable el planeamiento correspondiente preverá una superficie de espacios libres públicos no inferior a veinte metros cuadrados de suelo por cada cien metros cuadrados de superficie construida, cualquiera que sea su uso, o la superior a ésta que para los municipios turísticos en los que haya hecho uso de la opción que permite el apartado 3 del artículo 38 resulte proporcional a dicho aumento, en cuantía nunca inferior al 25 por 100 de la primera magnitud. Dicha superficie en ningún caso será inferior al 10 por 100 de la total del Sector y el planeamiento procurará su ubicación conforme a los criterios de accesibilidad del apartado 1 del artículo 39.

2. En el suelo urbano no consolidado y en el urbanizable el planeamiento correspondiente contemplará la existencia de al menos doce metros cuadrados de suelo por cada cien metros cuadrados construidos de vivienda para equipamientos sanitarios, educativos, culturales, deportivos y otros de carácter social o asistencial. El Plan aumentará dicha superficie para los municipios turísticos en los que se dé la circunstancia a la que se refiere el apartado anterior de acuerdo con los mismos criterios que en él se especifican. Asimismo el planeamiento podrá concentrar en uno o varios tipos de servicios la superficie mínima inicial.

En el caso de reservas para centros educativos se tendrán en cuenta los módulos mínimos para unidades escolares que establezca la normativa específica.

3. Asimismo en el suelo urbano no consolidado y en el suelo urbanizable el planeamiento correspondiente preverá al menos una plaza de aparcamiento público por cada cincuenta metros cuadrados de superficie construida, cualquiera que sea su uso, o la superior a ésta que para los municipios turísticos a los que se refiere el apartado 1 de este artículo resulte de aplicar los criterios generales contemplados en dicho apartado.

4. En las urbanizaciones privadas los módulos a que se refieren los apartados 1 a 3 de este artículo podrán situarse en espacios de propiedad privada, sin perjuicio de la potestad municipal de reclamar su mantenimiento y apertura al uso público, lo que, en su caso, se llevará a cabo mediante convenio con la entidad colaboradora que represente a la urbanización.

5. Las reservas establecidas en los apartados 1, 2 y 3 podrán ser aumentadas con carácter general por vía reglamentaria en función del tipo de municipio y el nivel de la actuación.

⇒ V. art. 90.3 de la presente Ley.
V. Ley 3/1996, de 24 septiembre, sobre Accesibilidad y Supresión de Barreras arquitectónicas, Urbanísticas y de la Comunicación.

Artículo 41. Otras determinaciones sustantivas.

1. El planeamiento procurará una razonable y equilibrada articulación de usos y actividades evitando también la repetición de soluciones urbanísticas idénticas, de manera que el carácter, uso y tipología predominante no monopolice absolutamente la zona de que se trate.

2. Se prohíbe el uso residencial en sótanos y semisótanos.

3. Todo plan de ordenación detallada contemplará las previsiones necesarias para evitar barreras arquitectónicas, de manera que las personas impedidas vean facilitado al máximo el acceso directo a los locales públicos y edificios privados.

⇒ V. Ley 3/1996, de 24 septiembre, sobre Accesibilidad y Supresión de Barreras Arquitectónicas, Urbanísticas y de la Comunicación.

Artículo 42. Supletoriedad.

En todo lo no previsto en los artículos anteriores de aplicación directa se estará a lo dispuesto en el planeamiento municipal y, en su ausencia, a las Normas Urbanísticas Regionales o Comarcales que apruebe el Gobierno de Cantabria.

Sección 3ª Los planes generales de ordenación urbana

Artículo 43. Concepto de Plan General de Ordenación Urbana.

1. El Plan General de Ordenación Urbana es el instrumento de ordenación integral del territorio correspondiente a uno o varios términos municipales completos que tiene como objetivos cumplir en su ámbito los fines a que se refiere el artículo 3 de esta Ley y, más concretamente, contribuir a resolver las necesidades de suelo residencial, dotacional e industrial del municipio regulando, delimitando u orientando, según los casos, las zonas de creci-

miento, la utilización del suelo rústico y los procesos de renovación y rehabilitación urbana.

2. El Plan General clasificará el suelo de todo su ámbito de aplicación para el establecimiento del régimen jurídico correspondiente y definirá los elementos fundamentales de la estructura general del territorio respetando, en su caso, las determinaciones vinculantes del Plan Regional de Ordenación del Territorio, de los Planes Especiales que lo desarrollen o de las Leyes sectoriales, así como los criterios, orientaciones y estándares contenidos en esta Ley y en las Normas Urbanísticas Regionales que resulten aplicables.

3. El Plan General de Ordenación Urbana establece la ordenación de todo su ámbito, la regulación detallada del uso de los terrenos y la edificación en el suelo urbano consolidado, así como la de los Sectores del resto del suelo urbano y del urbanizable delimitado en los que se considere oportuno habilitar su ejecución sin necesidad de planeamiento de desarrollo.

⇒ V. Jurisprudencia en arts. 10 y concordantes del TRLS/1976 (§3).

Artículo 44. Determinaciones mínimas del Plan General.

1. El Plan General de Ordenación Urbana contendrá, como mínimo, las siguientes determinaciones de carácter general:

a) Formulación de objetivos y propuestas generales.

b) Clasificación y calificación del suelo de su ámbito de aplicación en todas o algunas de las clases y categorías previstas en el artículo 92, según las características de los terrenos y con indicación de su delimitación y superficie.

c) Previsión de las dotaciones urbanísticas públicas al servicio de toda la población como viales, servicios, espacios libres y equipamientos colectivos, respetando en todo caso los criterios legales mínimos. El Plan puede indicar también criterios de diseño, ejecución y obtención de los terrenos necesarios.

d) Catálogo de elementos arquitectónicos o naturales que deben ser conservados e identificación de las medidas de protección que procedan, sin perjuicio y además de los que deban asimismo catalogarse de conformidad con la legislación del Patrimonio Cultural.

e) Ordenación detallada del suelo urbano consolidado con asignación de usos, intensidad, ocupación, tipos de edificación, alturas y demás condiciones de urbanización y edificación a las que se hace referencia en el artículo 46.

f) Relación de usos, edificios e instalaciones que se consideren fuera de ordenación o criterios objetivos que permitan su identificación concreta.

g) Identificación de los núcleos de población existentes, con expresión descriptiva y gráfica de su delimitación concreta.

2. Cuando el Plan incluya las categorías de suelo urbano no consolidado o *suelo urbanizable delimitado* dividirá el suelo en Sectores y establecerá las determinaciones que para esas clases de suelo se contemplan en los artículos 47 y 48.

El Plan General podrá asimismo establecer directamente la ordenación detallada del suelo urbano no consolidado y del urbanizable delimitado, aplicando las exigencias y determinaciones de los artículos 54 y 55 de esta Ley. En tal caso, cuando el Plan prevea actuar directamente a través de unidades de actuación incluirá también el aprovechamiento medio de cada una de ellas.

Ello no obstante dichas determinaciones siempre podrán ser completadas o modificadas por los Planes Parciales o Especiales de desarrollo que resulten necesarios.

Los Planes Generales que contengan el tipo de determinaciones a que hace referencia este apartado seguirán respecto de ellas, a todos los efectos, el mismo régimen sustantivo y de modificación de los Planes Parciales.

⇒ V. arts. 64, 88.2 y 120.3 de la presente Ley.
V. Jurisprudencia en arts. 12 y concordantes del TRLS/1976 (§3).

Artículo 45. Otras determinaciones del Plan General de Ordenación.

1. El Plan General de Ordenación Urbana podrá incluir también determinaciones generales adicionales a las previstas como mínimas en el artículo anterior. El grado de concreción y previsión de dicho inventario dependerá de la entidad del municipio y estará en proporción a sus problemas y necesidades urbanísticas.

2. Entre las determinaciones generales que puede incluir el Plan están las siguientes:

a) Dotaciones urbanísticas públicas adicionales a las mínimas que resulten necesarias.

b) Programación de etapas en lo que afecte a la iniciativa pública.

c) Medidas de protección del medio ambiente, conservación de la naturaleza y del patrimonio cultural, adicionales a las previstas en la legislación específica aplicable.

d) Delimitación de los núcleos o zonas de carácter tradicional, donde la ordenación urbanística debe plasmar un criterio orientador previendo opciones alternativas y escalonadas de conservación, reforma, renovación o sustitución cuyo diseño armonice con la tipología preexistente, sin perjuicio de que, justificadamente, se contemplen supuestos de ruptura con dicha tipología.

e) Reservas que, en su caso, se consideren necesarias para viviendas sujetas a algún régimen de protección pública en suelo urbano o urbanizable.

f) Señalamiento de plazos para la aprobación de Planes Parciales en el suelo urbanizable delimitado, así como, en su caso, para la ejecución, edificación y cumplimiento de los demás deberes urbanísticos a partir del planeamiento que resulte en cada caso preciso.

g) Normas de protección del suelo rústico, así como las precisiones necesarias en relación con las posibilidades edificatorias permitidas o autorizables contempladas en esta Ley.

h) Delimitación, cuando proceda, de áreas de tanteo y retracto, así como la posible implantación del Registro Municipal de Solares.

i) Circunstancias con arreglo a las cuales sea procedente la revisión del Plan, en función de la población, viviendas construidas, índices de crecimiento, recursos, usos e intensidad de ocupación, así como del modelo de desarrollo adoptado y de los demás elementos que incidan en la clasificación del suelo inicialmente prevista.

Artículo 46. Determinaciones en suelo urbano consolidado.

En el suelo urbano consolidado, el Plan General contendrá las siguientes determinaciones:

a) Identificación de su delimitación y superficie.

b) Calificación del suelo, entendida como la asignación de usos, intensidades y tipologías edificatorias de las diferentes parcelas o zonas homogéneas, incluyendo, en su caso, las demás características de la ordenación, la urbanización y la edificación que se consideren necesarias. En especial, la previsión detallada de las condiciones sanitarias y estéticas de las construcciones y de los terrenos de su entorno. Entre las condiciones sanitarias se incluye expresamente la defensa frente al ruido.

c) Delimitación o emplazamiento de espacios libres, deportivos y de ocio, centros docentes, sanitarios, culturales, religiosos y demás servicios de interés social vinculados al ámbito objeto de la ordenación detallada, con indicación, en su caso, de su carácter público o privado. El Plan puede indicar también criterios de diseño, ejecución y obtención de los terrenos necesarios.

d) Trazado y características de las redes de comunicaciones y servicios y de su conexión con la gran vialidad y los correspondientes sistemas generales.

e) Señalamiento de alineaciones, rasantes y previsión de aparcamientos públicos.

⇒ V. art. 44.1 e) de la presente Ley.

V. Jurisprudencia en arts. 11 y concordantes del TRLS/1976 (§3).

Artículo 47. Determinaciones en suelo urbano no consolidado.

1. Cuando el Plan incluya la categoría de suelo urbano no consolidado incluirá, al menos, las siguientes determinaciones:

a) Delimitación de los Sectores o ámbitos de ordenación propios de un Plan Parcial o un Plan Especial, así como, si procede, la de las unidades de actuación en que se articule cada uno de ellos.

b) Asignación de usos predominantes, intensidades, tipologías edificatorias y densidad máxima en las diferentes zonas que se establezcan.

c) Aprovechamiento medio del Sector o Sectores que constituyan el ámbito de la equidistribución y, en su caso, el de las unidades de actuación.

d) Esquema de los sistemas generales y de las redes de comunicaciones y servicios.

e) Dotaciones locales mínimas, incluidas las obras de conexión con los sistemas generales.

f) Condiciones, prioridades y, en su caso, plazos para la urbanización de los diferentes Sectores o zonas.

2. El Plan General de Ordenación podrá señalar el sistema o sistemas de actuación previstos, incluso con carácter alternativo, en las unidades de actuación que delimite.

⇒ V. arts. 44.2 y 55 de la presente Ley.

V. Jurisprudencia en arts. 11 y concordantes del TRLS/1976 (§3).

Artículo 48. Determinaciones en suelo urbanizable delimitado.

1. Cuando el Plan prevea la categoría de suelo urbanizable delimitado incluirá, al menos, las siguientes determinaciones:

a) Delimitación de sus Sectores y su desarrollo suficiente para permitir la redacción de Planes Parciales.

b) Asignación de usos predominantes, intensidades, tipologías edificatorias y densidad máxima en las diferentes zonas que se establezcan.

c) Aprovechamiento medio del Sector o Sectores que constituyan el ámbito de la equidistribución y, en su caso, el de las unidades de actuación.

d) Esquema de los sistemas generales y de las redes de comunicaciones y servicios.

e) Dotaciones locales mínimas, incluidas las obras de conexión con los sistemas generales.

f) Condiciones, plazos y prioridades para la urbanización de los diferentes Sectores.

g) Delimitación de los sectores que sean objeto de urbanización prioritaria, con determinación de sus condiciones y plazos, incluyendo en dichos sectores las áreas previstas para eliminar las carencias y necesidades de viviendas que pudieran existir. En cada uno de dichos sectores el 25 por 100, al menos, de la superficie destinada a usos residenciales se reservará para la construcción de viviendas sujetas a algún régimen de protección destinando un mínimo del 10 por 100 para la construcción de viviendas de protección oficial de régimen especial. La superficie de los sectores de urbanización prioritaria no podrá exceder del 50 por 100 de la totalidad del suelo urbanizable delimitado y se determinará en función de las necesidades de cada municipio. La delimitación de estos sectores será obligatoria para todos los Planes Generales salvo que se justifique en la Memoria la ausencia de las necesidades a que hace referencia este apartado.

2. El Plan podrá asimismo señalar el sistema o sistemas de actuación previstos, incluso con carácter alternativo, para la ejecución de los diferentes Sectores.

3. El Plan General puede delimitar directamente las unidades de actuación en que se articule cada uno de los Sectores y adelantar las determinacio-

nes y condiciones propias del Plan Parcial, de manera que se pueda ejecutar aquél directamente y sin necesidad de planeamiento de desarrollo.

⇒ V. art. 55 de la presente Ley.
V. Jurisprudencia en arts. 12 y concordantes del TRLS/1976 (§3).

Artículo 49. Determinaciones en el suelo urbanizable residual.

1. Cuando el Plan General incluya la categoría de suelo urbanizable residual establecerá los criterios y condiciones para la delimitación de Sectores y la aprobación de los correspondientes Planes Parciales. Dichos criterios tendrán formulación predominantemente negativa y podrán incluir los usos incompatibles, las densidades e intensidades máximas, las dotaciones mínimas necesarias y su conexión con las ya existentes.

Entre las condiciones o criterios a que se refiere el párrafo anterior el Plan podrá prever un orden de prioridades o preferencias, indicativo o excluyente, para garantizar un desarrollo urbano coherente. Excepcionalmente el Plan General podrá dividir, total o parcialmente, el suelo urbanizable residual en Sectores.

2. El Plan puede prever asimismo las materias y contenidos generales de posibles convenios urbanísticos vinculados al desarrollo del suelo urbanizable residual.

⇒ V. art. 55 y disp. transit. 2ª.4 de la presente Ley.
V. Jurisprudencia en arts. 12 y concordantes del TRLS/1976 (§3).

Artículo 50. Determinaciones en suelo rústico.

1. En el suelo rústico, además de las determinaciones genéricas contempladas en los artículos 44 y 45, el Plan General de Ordenación podrá:

a) Identificar con precisión los distintos tipos de suelo rústico para su ordenación y protección singularizada.

b) Prever un régimen de protección diferenciada con indicación precisa de las actividades absolutamente prohibidas y de las zonas donde debe quedar totalmente garantizada la conservación e incluso mejora de los recursos naturales, valores paisajísticos, ambientales, culturales y económicos vinculados al uso agrícola, forestal o ganadero.

c) Establecer con el mayor grado de precisión posible las actividades, usos y edificaciones permitidos de acuerdo con las previsiones generales de esta Ley, con especial referencia a sus características de diseño y condiciones estéticas, incluidos materiales y colores de fachada y cubiertas.

2. El Plan puede prever el contenido y las materias genéricas sobre las que han de versar los posibles convenios urbanísticos vinculados a las posibilidades edificatorias del suelo rústico, con especial referencia a la concreta prestación o limitación de determinados servicios municipales.

Artículo 51. Supletoriedad.

La opción por un Plan de carácter mínimo no excluye la previsión adicional de algunas de las determinaciones de los artículos anteriores. En caso de lagunas o insuficiencias del Plan General, éstas serán completadas con las normas de aplicación directa, las Normas Urbanísticas Regionales, los demás instrumentos de ordenación territorial y las Ordenanzas municipales de edificación. Los conflictos que eventualmente se planteen se resolverán atendiendo a estos criterios normativos, a los fines y objetivos del Título Preliminar de esta Ley y a los principios que inspiran el Ordenamiento urbanístico, entre ellos, el criterio de congruencia y el de la naturaleza de las cosas.

Artículo 52. Documentación.

1. Las determinaciones del Plan General establecidas en los artículos anteriores se desarrollarán en:

a) Una Memoria, que tiene carácter vinculante y que ha de comprender una referencia a los objetivos, propuestas generales, soluciones previstas y cuantas aclaraciones sean precisas para hacer comprensible el modelo elegido.

b) Planos de información.

c) Planos de ordenación.

d) Normas urbanísticas y de edificación que adoptarán el nombre de Ordenanzas y se expresarán en forma articulada. Según el tipo de suelo y el grado de desarrollo a él inherente contendrán el régimen general o detallado de los requisitos de uso, proyectos de urbanización, condiciones técnicas de las obras, cualidades de volumen, uso, características estéticas de los edificios y cuantas regulaciones sean precisas para la ejecución del Plan.

e) Estudio económico-financiero, que incluirá un cálculo realista de los costes que implicará la ejecución del Plan y de los medios financieros disponibles o previsibles para ello.

2. El Plan incluirá también el documento en cada caso previsto en la legislación de impacto ambiental.

3. El grado de detalle de cada uno de estos documentos será el necesario para justificar las determinaciones del Plan.

Sin perjuicio de su precisión reglamentaria, la escala de la documentación gráfica ha de permitir realizar Planes de desarrollo o redactar proyectos de obras sin necesidad de mayores precisiones o aclaraciones.

⇒ V. art. 90.4 de la presente Ley.
V. D. 50/1991, de 29 abril, de evaluación del impacto ambiental, modificado por D. 38/1999, de 12 abril y por D. 77/1996, de 8 agosto.

Sección 4ª Los planes parciales

Artículo 53. Sectores.

1. El Sector es el ámbito de ordenación de un Plan Parcial, para la regulación detallada del suelo urbano no consolidado o del suelo urbanizable. Cada uno de los Planes Parciales abarcará uno o varios Sectores completos.

2. En el suelo urbano y en el suelo urbanizable delimitado los Sectores los define el Plan General de Ordenación. En el suelo urbanizable residual

su delimitación corresponderá a los propios Planes Parciales de conformidad con los criterios del Plan General.

3. La delimitación de Sectores deberá garantizar el desarrollo urbano racional de la ciudad. Su perímetro se determinará preferentemente mediante ejes viarios, terrenos de dominio público, alineaciones propias de la red de equipamientos y otros elementos geográficos. En todo caso, aunque no quede expresamente prohibido, no será criterio exclusivo para su delimitación la simple conformidad o ajuste a límites de una propiedad privada.

⇒ V. art. 55.2 de la presente Ley.

V. Jurisprudencia en arts. 13 y concordantes del TRLS/1976 (§3).

Artículo 54. Objeto del Plan Parcial.

1. Los Planes Parciales tienen por objeto regular la urbanización y edificación del suelo urbano no consolidado y del suelo urbanizable, plasmando el principio de equidistribución y desarrollando el Plan General mediante la ordenación detallada de uno o varios Sectores completos.

2. No podrán aprobarse Planes Parciales sin la previa existencia de un Plan General de Ordenación Urbana, al que aquéllos están jerárquicamente subordinados y cuyas determinaciones no podrán modificar, con la única excepción de lo previsto en el apartado 2 del artículo 44.

⇒ V. art. 44.2 de la presente Ley.

Artículo 55. Determinaciones.

1. Los Planes Parciales detallarán y ajustarán las determinaciones previstas en los artículos 47, 48 y 49 de esta Ley. En particular, si no estuviera determinado en el Plan General de Ordenación que desarrollan, delimitarán unidades de actuación, fijarán el sistema o sistemas de actuación previstos, incluso con carácter alternativo, asignarán usos, intensidades, tipologías y densidades máximas, con expresión concreta de los usos predominantes y del aprovechamiento medio del Sector o Sectores que constituyan el ámbito de equidistribución y, en su caso, el de las unidades de actuación. Concretarán las dotaciones locales vinculadas a las unidades de actuación, incluidas las obras de conexión con los sistemas generales existentes.

Los Planes contendrán también una evaluación económica de la implantación de los servicios y ejecución de las obras de urbanización y podrán precisar o prever, al menos con carácter indicativo, los plazos de ejecución, con especial referencia al del cumplimiento de los deberes de urbanización y edificación.

2. En el caso del suelo urbanizable residual los Planes Parciales delimitarán el suelo en Sectores de conformidad con los criterios sustantivos generales a que se refiere el artículo 53 y determinarán su aprovechamiento medio.

En estos supuestos los Planes Parciales podrán prever las materias y contenidos generales de posibles convenios urbanísticos vinculados al desarrollo de este suelo residual.

Artículo 56. Documentación.

1. Las determinaciones de los Planes Parciales se desarrollarán en una Memoria, los planos de información y ordenación que resulten necesarios, las Ordenanzas urbanísticas en las que se incluirán como anexo, en su caso, los catálogos de edificios preexistentes a proteger, el plan de etapas y la evaluación de los costes de urbanización y de implantación de los servicios.

2. El grado de detalle de cada uno de estos documentos será el necesario para justificar las determinaciones que en cada caso comprenda el Plan. La escala de la documentación gráfica ha de permitir redactar proyectos de obras sin necesidad de mayores precisiones o aclaraciones.

Artículo 57. Planes Parciales de iniciativa particular.

1. Los particulares, en los términos previstos en esta Ley, podrán formular Planes de desarrollo del Plan General de Ordenación Urbana.

2. Los interesados, acompañando una memoria sobre las características de la actuación pretendida, podrán ejercer el derecho de consulta previsto en la legislación estatal. A estos efectos se dirigirán al Ayuntamiento en solicitud de información acerca de los criterios y previsiones de la ordenación urbanística, los planes y proyectos sectoriales existentes, la viabilidad de la actuación y las obras que habrían de realizar a su costa para asegurar su conexión con los sistemas generales exteriores.

La respuesta del Ayuntamiento podrá sugerir, en su caso, las materias y contenidos de posibles convenios urbanísticos vinculados al desarrollo del suelo urbanizable residual.

3. El Ayuntamiento habrá de responder en el plazo de tres meses debiendo ser la respuesta congruente con el grado de concreción de las cuestiones planteadas. Dicho plazo se interrumpirá si el Ayuntamiento solicitare aclaraciones adicionales necesarias para poder responder con la precisión adecuada.

4. La respuesta del Ayuntamiento servirá igualmente de base para la posterior redacción del Plan Parcial. Los criterios generales aceptados vinculan a la Administración municipal, sin perjuicio de eventuales cambios impuestos por razones legales de carácter formal o material o de modificaciones no sustanciales incluidas en la tramitación del Plan.

La vinculación derivará asimismo de la inclusión del contenido de la respuesta en un convenio urbanístico, en los términos establecidos en los artículos 259 y siguientes de esta Ley.

La Administración urbanística facilitará a los interesados cuantos datos y elementos informativos obren en su poder y sean necesarios para la redacción del Plan inicialmente aceptado.

5. Los interesados podrán formular avances del Plan que sirvan de orientación sobre las iniciales bases aceptadas en principio. La aprobación de estos avances sólo tendrá carácter interno, pero justificará un eventual reembolso de los gastos efectuados si, realizado el trámite de consulta, el avance

se adecua sustancialmente a la respuesta y el Plan no fuera luego definitivamente aprobado.

La realización de cambios impuestos por exigencias normativas posteriores o las modificaciones concretas impuestas en la tramitación formal del Plan no serán causa de la indemnización a que se refiere el párrafo anterior.

⇒ V. arts. 105 y 128.2 de la presente Ley.

Artículo 58. Documentación.

1. En los Planes Parciales de iniciativa particular, además de la documentación general, habrán de consignarse los siguientes datos:

a) Acreditación de la voluntad de las personas que ejercen la iniciativa y de los medios económicos con que cuenten para llevar a cabo la actuación.

b) Relación de afectados, con expresión de sus direcciones postales actualizadas.

c) En el caso del suelo urbanizable residual, estudio justificativo del Sector y del carácter de la urbanización, con especial referencia a las conexiones con los servicios viarios y de infraestructuras generales, modo de ejecución de las obras de urbanización y propuesta, en su caso, de compromisos de conservación, mantenimiento de la urbanización y prestación de servicios. Estos compromisos incluirán los que puedan vincular al promotor y a la Administración, así como los que ha de contraer aquél con los futuros compradores y los supuestos de subrogación de éstos o de la asociación que los agrupe.

d) Estudio económico-financiero.

e) Fianza o aval equivalente al 2 por 100 del coste real y efectivo de la inversión prevista en el estudio económico-financiero, en garantía de la prosecución y mantenimiento de la iniciativa emprendida.

2. En los casos de propietario único, cuando haya unanimidad entre los diferentes propietarios y en los demás supuestos que reglamentariamente se determinen, los Planes Parciales de iniciativa particular podrán contener ya las determinaciones concretas relativas a las cesiones obligatorias y al Proyecto de Urbanización, al que en tal caso sustituirán.

⇒ V. art. 21 de la Ley 6/1998, de 13 abril, sobre Régimen del Suelo y Valoraciones (§1).

Sección 5ª Los planes especiales

Artículo 59. Contenido.

1. En desarrollo directo de las previsiones contenidas en el Plan Regional de Ordenación Territorial y en las Normas Urbanísticas Regionales o, en su caso, en los Planes y Normas Comarcales, la Comunidad Autónoma podrá formular y aprobar Planes Especiales con las siguientes finalidades:

a) Desarrollo de las infraestructuras básicas relativas a las comunicaciones aéreas, terrestres o marítimas.

b) Protección de zonas de litoral y de montaña.

c) Abastecimiento y saneamiento de aguas.

d) Ordenación de residuos.

e) Suministro de energía y comunicaciones por cable.

f) Protección del subsuelo, en especial el que afecte a estructuras y yacimientos arqueológicos.

g) Protección del paisaje, la riqueza etnográfica, los recursos naturales y el medio rural.

2. En desarrollo de las previsiones contenidas en los Planes Generales de Ordenación Urbana los Ayuntamientos podrán asimismo formular Planes Especiales con las siguientes finalidades:

a) Desarrollo del sistema general de comunicaciones.

b) Sistema de espacios libres públicos y equipamiento comunitario.

c) Reforma interior en suelo urbano.

d) Saneamiento de las poblaciones.

e) Cualesquiera otras finalidades análogas.

3. En ausencia de Plan Regional de Ordenación Territorial, Normas Urbanísticas Regionales y de Plan General de Ordenación Urbana los Ayuntamientos podrán asimismo formular Planes Especiales con las mismas finalidades del apartado 1 de este artículo, circunscribiendo su operatividad exclusivamente al ámbito municipal y teniendo en cuenta asimismo lo dispuesto en el apartado 2 del artículo 60.

4. Con independencia de lo dispuesto en los apartados anteriores deberán también formularse Planes Especiales cuando éstos vinieren impuestos por una normativa sectorial, en especial la relativa a la protección ambiental, de los recursos naturales, piscícolas, cinegéticos, forestales o del patrimonio histórico y cultural.

La formulación de los Planes Especiales a que se refiere este apartado podrá no ser necesaria si las determinaciones propias de los mismos se hallan ya incorporadas o se incorporan a otro planeamiento en vigor.

⇒ V. arts. 76 y 77, disp. adic. 4ª.1 y disp. transit. 9ª.1 de la presente Ley.
V. Jurisprudencia en arts. 17 y concordantes del TRLS/1976 (§3).

Artículo 60. Determinaciones.

1. Las determinaciones de los Planes Especiales se inspirarán, en lo que sea pertinente, en las de los Planes Parciales y deberán contener las propias de su naturaleza y finalidad debidamente justificadas. Dichas determinaciones serán desarrolladas en los estudios, Memoria, planos y normas correspondientes. En la documentación se deberá incluir un estudio económico que concrete las fuentes de financiación previsibles para ejecutar las actuaciones previstas, incluidas, en su caso, las indemnizaciones que procedan.

2. En ningún caso los Planes Especiales podrán sustituir al Plan Regional de Ordenación Territorial, a las Normas Urbanísticas Regionales o a los

Planes Generales de Ordenación Urbana en su función de ordenación integral del territorio.

3. Por sí mismos, y salvo que una Ley disponga específicamente otra cosa, los Planes Especiales no podrán clasificar suelo, sin perjuicio de las limitaciones de uso que puedan establecer.

Sección 6ª Otros instrumentos complementarios del planeamiento

Artículo 61. Estudios de detalle.

1. Los Estudios de Detalle podrán formularse cuando fuere preciso completar, adaptar o, en su caso, modificar determinaciones concretas establecidas en el planeamiento municipal. Los Estudios de Detalle incluirán los documentos justificativos de los extremos sobre los que versen.

2. El contenido de los Estudios de Detalle se circunscribirá a los siguientes aspectos:

a) Establecer alineaciones y rasantes en el caso de que no estuvieren establecidas, así como completar, adaptar, reajustar o modificar las prefijadas en el planeamiento, motivando los supuestos de modificación y sin que ésta pueda afectar a la estructura general del Plan o a los aspectos señalados en los apartados 3 y 4 de este artículo.

b) Ordenar los volúmenes de acuerdo con las especificaciones del planeamiento y completar, en su caso, la red de comunicaciones con las vías interiores que resulten necesarias para proporcionar acceso a los edificios cuya ordenación concreta se establezca en el Estudio de detalle.

3. Los Estudios de Detalle no pueden ser aprobados en ausencia de Plan General de Ordenación.

4. Con excepción de lo dispuesto en el apartado 2 de este artículo, los Estudios de Detalle no podrán alterar la ordenación efectuada por el Plan General. En concreto, no podrán alterar la clasificación o calificación del suelo, el aprovechamiento o edificabilidad que corresponda a los terrenos comprendidos en su ámbito. Tampoco podrán reducir el espacio destinado a espacios libres, originar aumento de volúmenes, alturas, densidades o índices de ocupación del suelo, ni modificar los usos preestablecidos. En ningún caso podrán alterar las condiciones de ordenación de los predios colindantes, ni reducir el espacio global de cesión por todos los conceptos.

⇒ V. art. 120.2 de la presente Ley.
V. Jurisprudencia en arts. 24 y concordantes del TRLS/1976 (§3).

Artículo 62. Ordenanzas urbanísticas.

1. Con independencia de las Ordenanzas contenidas en los Planes, y al margen de ellas, los Ayuntamientos podrán regular por este medio los aspectos externos de carácter ornamental de las construcciones y, en particular, las fachadas, carteles, patios y espacios visibles, así como las condiciones higiénico-sanitarias y las actividades susceptibles de autorización en inmuebles y viales. Todo ello en términos compatibles con el planeamiento, al que no

pueden modificar por sí solas, y siempre que la regulación no afecte a las condiciones de edificabilidad y destino del suelo que aquél contemple.

2. En ausencia de Plan General las Ordenanzas municipales pueden, además, completar las normas de aplicación directa previstas en la Ley y, en su caso, desarrollar o reforzar las Normas Urbanísticas Regionales respetando sus contenidos mínimos, que no pueden alterar o reducir.

Artículo 63. Proyectos de Urbanización.

1. Los Proyectos de Urbanización son proyectos de obras que tienen por finalidad llevar a la práctica y posibilitar la realización material de las determinaciones de los Planes. Los Proyectos de Urbanización constituyen instrumentos de desarrollo del planeamiento que no podrán contener determinaciones sobre ordenación y régimen del suelo o de la edificación. Deberán limitarse a detallar y programar las obras que comprendan con la precisión necesaria para que puedan ser ejecutadas por técnico distinto del autor del proyecto. Su ámbito principal de actuación serán las obras de urbanización tales como pavimentación de calzadas, vialidad, redes de servicios, abastecimiento de aguas, alcantarillado, redes de energía y comunicaciones, alumbrado público, jardinería y otras análogas.

2. Los Proyectos de Urbanización no podrán modificar las previsiones del planeamiento que desarrollan, sin perjuicio de que puedan efectuar las adaptaciones exigidas por la ejecución material de las obras.

3. Los Proyectos de Urbanización comprenderán una memoria descriptiva de las características de las obras, plano de situación en relación con el conjunto urbano y planos de proyecto y de detalle, mediciones, cuadros de precios, presupuesto y pliego de condiciones de las obras y servicios.

⇒ V. Jurisprudencia en arts. 15 y concordantes del TRLS/1976 (§3).

Artículo 64. Catálogos.

De acuerdo con lo previsto en el párrafo d) del apartado 1 del artículo 44 de esta Ley y a los efectos de proteger edificios, espacios o elementos arquitectónicos o naturales que deban ser conservados, el planeamiento municipal incluirá un catálogo comprensivo de ellos y las medidas de protección específicas y diferenciadas que procedan a fin de evitar su destrucción o modificación sustancial.

CAPÍTULO IV

Formación y aprobación de los planes urbanísticos

Sección 1ª Disposiciones generales

Artículo 65. Suspensión de licencias.

1. Con el fin de estudiar la formación, modificación o revisión de los Planes urbanísticos y demás instrumentos de planeamiento e impedir que la nueva regulación quede anticipadamente condicionada, el órgano municipal competente para aprobar inicialmente el Plan de que se trate podrá acordar

la suspensión del otorgamiento de licencias de parcelación, edificación o demolición y de las demás que estime procedente en zonas o áreas determinadas, gráficamente identificadas. En cualquier momento se podrá modificar el ámbito territorial o material de la suspensión sin que ello cambie el plazo máximo de ésta.

El acuerdo de suspensión y sus eventuales modificaciones se publicarán en el «Boletín Oficial de Cantabria» y en un periódico de difusión regional. Se notificará también personalmente a los peticionarios de licencias pendientes que pudieran resultar afectados, con la advertencia del derecho que eventualmente les asiste de ser indemnizados en los términos del apartado 7 de este artículo.

2. La suspensión a que se refiere el apartado anterior tendrá una duración máxima de un año. Ello no obstante si durante ese tiempo se produjera la aprobación inicial del Plan la suspensión se mantendrá para las áreas cuyas nuevas determinaciones de planeamiento supongan modificación de la ordenación urbanística anterior y sus efectos se extinguirán con la aprobación definitiva del citado planeamiento o, en todo caso, transcurridos dos años desde el primitivo acuerdo de suspensión. Si la aprobación inicial se produjera una vez transcurrido el plazo del año, la suspensión derivada de esta aprobación a que refiere el apartado 3 de este artículo tendrá también la duración máxima de un año.

3. Se haya o no hecho uso de la facultad cautelar que autoriza el apartado 1 de este artículo el acuerdo de aprobación inicial de los instrumentos de ordenación determinará, por sí solo, la suspensión automática del otorgamiento de licencias en aquellas áreas concretas y expresamente identificadas donde el nuevo planeamiento proponga la modificación del régimen urbanístico hasta entonces vigente, siendo de aplicación las demás previsiones de publicidad del apartado 1.

4. Si el órgano municipal competente no hubiera hecho uso de la facultad que autoriza el apartado 1, la suspensión de licencias derivada de la aprobación inicial del Plan tendrá una duración máxima de dos años. En cualquier caso, la suspensión se extingue con la aprobación definitiva del planeamiento.

5. La suspensión de licencias no afectará a las solicitudes que se adecuen al planeamiento en vigor y no resulten afectados por la modificación que se pretende.

6. Extinguidos los efectos de la suspensión en cualquiera de los supuestos previstos, en el plazo de cuatro años a contar de esa fecha no podrán acordarse nuevas suspensiones para idéntica finalidad y similar contenido.

7. Los peticionarios de licencias solicitadas con anterioridad a la publicación de la suspensión y que se adecuen al planeamiento hasta ese momento *vigente tendrán* derecho a ser indemnizados por el coste justificado de los proyectos y a la devolución, en su caso, de los tributos municipales. La indemnización por esta exclusiva causa no se producirá hasta la aprobación

definitiva del planeamiento en que se constate la incompatibilidad con la nueva regulación de la actividad que se pretende.

Sección 2ª Elaboración y aprobación de los planes generales de ordenación urbana

Artículo 66. Elaboración.

1. El Plan General de Ordenación Urbana será elaborado por el Ayuntamiento, que lo podrá encomendar a equipos externos a los que les proporcionará las orientaciones políticas pertinentes y les facilitará la información y documentación que obre en su poder.

2. Las Administraciones Públicas afectadas y los particulares están obligados a colaborar con los Ayuntamientos en la elaboración del Plan facilitando la información de que dispongan que sea relevante para la elaboración de dicho planeamiento. En el caso de las Administraciones Públicas la colaboración se regirá por las normas de la legislación del procedimiento administrativo común.

3. Cuando la inexistencia del Plan General afecte a intereses supramunicipales o al ejercicio de competencias autonómicas, el Gobierno podrá requerir al Ayuntamiento para que decida la elaboración del Plan, otorgándole un plazo que en ningún caso será inferior a dos meses. Transcurrido dicho plazo sin que el Ayuntamiento haya acordado formalmente la elaboración y en casos de negativa expresa, el Gobierno podrá disponer la formulación del Plan resolviendo lo procedente en cuanto a su redacción.

Artículo 67. Presupuestos iniciales y orientaciones básicas.

1. Una vez acordada la elaboración del Plan General, en el momento en que los trabajos a él conducentes hayan alcanzado un grado de desarrollo suficiente para ofrecer criterios, objetivos y soluciones generales y, en todo caso, antes de la aprobación inicial, el Ayuntamiento deberá abrir un período de exposición pública al objeto de que se puedan formular por cualquier persona sugerencias, observaciones y alternativas globales acerca de la necesidad, conveniencia y oportunidad del planeamiento que se pretende. Dicho trámite tendrá una duración mínima de un mes y se anunciará en el «Boletín Oficial de Cantabria» y en, al menos, un periódico de difusión regional.

2. A efectos de lo dispuesto en el apartado anterior la Administración actuante hará públicos los presupuestos iniciales del Plan, sus orientaciones básicas, los criterios generales de política urbana y medioambiental que considere pertinentes y la información adicional que garantice el principio de publicidad y transparencia. El grado de precisión y detalle de dichos criterios, así como el de los trabajos a que se refiere el apartado anterior, serán coherentes con el carácter meramente preliminar del trámite, que sólo conlleva una exigencia formal.

3. Los documentos y escritos que aporten quienes comparezcan en el trámite de información pública se podrán presentar de manera formal en el registro habilitado al efecto o en los buzones de sugerencias. En todo caso,

el contenido de dichos documentos formará parte del expediente del Plan, aunque la Administración sólo garantiza la autenticidad y constancia de los que se hayan presentado formalmente.

4. La Administración podrá reiterar este mismo trámite cuantas veces lo considere pertinente y conforme vayan avanzando los trabajos técnicos del planeamiento.

5. La memoria que acompañe al trámite formal de información pública subsiguiente a la aprobación inicial del Plan deberá contener referencia sucinta de las iniciales sugerencias y observaciones, con mención genérica de su aceptación o rechazo.

⇒ V. arts. 76 y 83 de la presente Ley.

Artículo 68. Aprobación inicial.

1. El procedimiento de aprobación del Plan General de Ordenación comienza con su aprobación inicial, que corresponde al Ayuntamiento Pleno.

2. Aprobado inicialmente el Plan se someterá a información pública, junto con el pertinente documento ambiental, por el plazo mínimo y común de un mes, previo anuncio en los mismos términos previstos en el apartado 1 del artículo anterior.

3. El acuerdo de aprobación inicial del Plan se comunicará expresamente a la Delegación del Gobierno en la Comunidad Autónoma, a los Ayuntamientos limítrofes y al Registro de la Propiedad para su conocimiento y demás efectos previstos en el apartado anterior.

4. El Ayuntamiento trasladará, asimismo, el mencionado acuerdo, con la documentación de que conste el Plan, a la Comisión Regional de Urbanismo así como a la Autoridad ambiental para su conocimiento y constancia.

⇒ V. art. 254 de la presente Ley.

Artículo 69. Aprobación provisional.

1. Terminado el trámite de información pública, el Ayuntamiento Pleno, previo estudio de aquéllas, aprobará provisionalmente el Plan con las modificaciones que procedieren, motivando dichas modificaciones. Si las variaciones y cambios propuestos tuvieran carácter sustancial o afectaran a criterios básicos que articulen el Plan se abrirá, con la misma publicidad que en la primera ocasión, un nuevo período de información pública.

2. Antes de su aprobación provisional el Plan deberá haber obtenido el instrumento de evaluación de impacto ambiental previsto en la legislación sectorial. A tal efecto, una vez finalizado el trámite de información pública, el Ayuntamiento enviará el Plan a la Autoridad ambiental para que, en el plazo previsto en la legislación específica o, en su defecto, en el general de la legislación del procedimiento administrativo común, se pronuncie sobre lo que corresponda.

⇒ V. D. 50/1991, de 29 abril, de evaluación del impacto ambiental, modificado por D. 38/1999, de 12 abril y por D. 77/1996, de 8 agosto.

Artículo 70. Planes supramunicipales.

Los Planes Generales de Ordenación Urbana que comprendan el término de varios Municipios serán formulados de común acuerdo y recibirán la aprobación de los respectivos Ayuntamientos Plenos. Los trámites de información pública se anunciarán asimismo en todos los Ayuntamientos implicados.

Artículo 71. Aprobación definitiva.

1. La aprobación definitiva del Plan General corresponde a la Comisión Regional de Urbanismo.

2. La Comisión Regional de Urbanismo sólo podrá denegar la aprobación del Plan y obligar a introducir modificaciones por razones de legalidad o para tutelar intereses supramunicipales en relación con los cuales el Gobierno de Cantabria haya asumido competencias.

A tal efecto, la Comisión Regional podrá devolver el Plan al Ayuntamiento para que éste subsane eventuales deficiencias formales o de documentación. En otro caso, y salvo que proceda la denegación, aprobará el Plan en su totalidad o parcialmente, señalando en este último caso las deficiencias y subsiguientes modificaciones que se deban introducir para que, subsanadas por el Ayuntamiento, se eleve de nuevo el Plan para su aprobación definitiva, salvo que ésta se considere innecesaria por la escasa importancia de las rectificaciones.

3. Sin perjuicio de lo dispuesto en el artículo 72 en ningún caso la Comisión podrá imponer soluciones concretas de planeamiento que excedan de lo dispuesto en el apartado anterior.

4. Se entenderá producida la aprobación definitiva por el transcurso de cuatro meses desde la entrada del expediente completo en el registro del órgano competente para otorgarla sin que se hubiera comunicado la resolución. En tal caso, la aprobación se acreditará en los términos establecidos por la legislación del procedimiento administrativo común, sin perjuicio de la publicación del acuerdo y del Plan para conocimiento y efectos generales.

No se producirá el efecto a que se refiere el párrafo anterior si el Plan no incluyera su documentación formal completa, omitiera determinaciones establecidas como mínimas por esta Ley o si contuviera otras determinaciones contrarias a la Ley o Planes de superior jerarquía.

El plazo a que se refiere este apartado se suspenderá cuando el órgano que haya de aprobar el Plan observe la ausencia de documentos o deficiencias sustanciales de orden técnico que deban ser subsanadas, reanudándose el cómputo una vez cumplimentado dicho requerimiento.

5. La aprobación definitiva se comunicará expresamente a las entidades y órganos a que se refiere el apartado 3 del artículo 68.

6. El Gobierno de Cantabria podrá delegar, previa solicitud del Ayuntamiento, la aprobación definitiva de los Planes Generales de Ordenación urbana en los municipios de más de 10.000 habitantes. En tal caso, será necesario informe previo y vinculante de la Comisión Regional de Urbanismo.

Dicho informe, que se referirá a los mismos supuestos contemplados en el apartado 2 de este artículo, se entenderá positivo por el transcurso de cuatro meses desde la entrada del expediente completo en el registro de la citada Comisión.

⇒ V. arts. 83.3 b) y 254 de la presente Ley.

Artículo 72. Aprobación parcial.

Cuando las objeciones a la aprobación definitiva del Plan General afecten a zonas o determinaciones tan concretas que, prescindiendo de ellas, el Plan se pueda aplicar con coherencia, éste se aprobará definitivamente salvo en la parte objeto de reparos, que quedará en suspenso hasta su rectificación en los términos precisados por la resolución aprobatoria. El Ayuntamiento comunicará al órgano autonómico las rectificaciones oportunas, quedando levantada la suspensión, bien por resolución expresa de dicho órgano, bien por el transcurso del plazo de dos meses desde la comunicación sin que el órgano autonómico haya formulado objeciones, sin perjuicio de lo dispuesto en el párrafo segundo del apartado 4 del artículo anterior.

El levantamiento de la suspensión a que se refiere al párrafo anterior se publicará y entrará en vigor en los términos y con los contenidos previstos en el apartado 2 del artículo 84.

Sección 3ª Elaboración y aprobación de los planes parciales

Artículo 73. Formulación y aprobación de los Planes Parciales.

1. Los Planes Parciales podrán ser formulados por los Ayuntamientos, de oficio o mediante convocatoria de un concurso de proyectos, o directamente por los particulares.

2. La formulación mediante concurso o por los particulares tendrá prioridad en los Planes Parciales que desarrollen el suelo urbanizable residual.

3. La aprobación definitiva de los Planes Parciales en los municipios de más de 2.500 habitantes corresponderá al Ayuntamiento Pleno. En los demás, la aprobación corresponderá a la Comisión Regional de Urbanismo.

4. Aprobado el Plan, entrará en vigor una vez publicado en el «Boletín Oficial de Cantabria» conforme a la legislación de régimen local.

⇒ V. arts. 76 y 254 de la presente Ley.

Artículo 74. Procedimiento de los Planes de iniciativa pública.

El procedimiento de elaboración de los Planes Parciales formulados por el Ayuntamiento se someterá a las siguientes reglas:

a) Aprobado inicialmente el Plan por el Alcalde lo someterá a información pública, por el plazo mínimo de un mes, previo anuncio en el «Boletín Oficial de Cantabria» y en, al menos, un periódico de difusión regional.

b) Terminado el plazo de información pública el Ayuntamiento Pleno aprobará provisionalmente el Plan con las modificaciones que procedieren, motivando dichas modificaciones, y lo enviará a la Comisión Regional de

Urbanismo. Si las variaciones y cambios propuestos tuvieran carácter sustancial o afectaran a criterios básicos que articulen el Plan se abrirá, con la misma publicidad que en la primera ocasión, un nuevo período de información pública.

El plazo para acordar sobre la aprobación provisional no podrá exceder de seis meses desde la aprobación inicial.

c) Si el Plan hubiera de aprobarse definitivamente por el Ayuntamiento, la Comisión Regional de Urbanismo, emitirá informe no vinculante en el plazo de un mes desde la recepción del expediente completo. Transcurrido dicho plazo y otros dos meses sin que haya resolución expresa del Ayuntamiento el Plan se entenderá definitivamente aprobado.

Aprobado el Plan y en caso de disconformidad, la Comunidad Autónoma podrá recurrirlo de acuerdo con lo previsto en la Ley de la jurisdicción contencioso-administrativa.

d) Si el Plan hubiera de aprobarlo definitivamente la Comisión Regional de Urbanismo, transcurridos tres meses desde la entrada del expediente completo en el registro de aquélla se entenderá producida la aprobación. En tales casos, la aprobación se acreditará en los términos establecidos por la legislación del procedimiento administrativo común.

e) No habrá lugar a la aplicación del silencio administrativo positivo si el Plan no incluyera su documentación formal completa, omitiera determinaciones establecidas como mínimas por esta Ley o si contuviera otras determinaciones contrarias a la Ley o a los Planes de superior jerarquía.

⇒ V. arts. 78 y 254 de la presente Ley.

Artículo 75. Procedimiento de los Planes de iniciativa privada.

1. Sin perjuicio de lo dispuesto en el artículo 57 sobre el derecho de consulta y los avances de planeamiento, el procedimiento de aprobación de los Planes Parciales de iniciativa particular se llevará a cabo de conformidad con lo previsto en este artículo.

2. Presentado el proyecto de Plan el Alcalde sólo podrá denegar su aprobación inicial por infracción manifiesta de las exigencias formales o materiales previstas en la Ley o en el Plan General de Ordenación.

Si transcurren tres meses desde la presentación de la documentación completa en el Registro Municipal el Plan se entenderá inicialmente aprobado y se abrirá el trámite de información pública a iniciativa de los interesados. En lo demás se seguirá lo dispuesto en el artículo 74.

Los anuncios a que hace referencia el párrafo a) del artículo 74 serán a costa del interesado.

3. Aprobado inicialmente el Plan por el Alcalde se seguirá el mismo régimen y procedimiento previsto en el artículo anterior.

4. En el trámite de consulta a que se refiere el artículo 57, en un momento posterior o, en todo caso, en la aprobación inicial la Administración

deberá fijar el sistema o sistemas de actuación propuestos por los particulares de no venir éste impuesto por el Plan que se pretende desarrollar.

5. El Ayuntamiento o, en su caso, la Comisión Regional de Urbanismo sólo podrán denegar la aprobación del Plan por los motivos enumerados en el apartado 2 del artículo 71, pero aquél podrá motivadamente imponer decisiones y soluciones concretas distintas que, sin oponerse al Plan General de Ordenación, no afecten en lo sustancial a las bases aceptadas.

⇒ V. arts. 105, 254 y disp. transit. 2ª.4 de la presente Ley.

Sección 4ª Elaboración y aprobación de los planes especiales

Artículo 76. Procedimiento.

1. La aprobación de los Planes Especiales a que se refiere el apartado 1 del artículo 59 corresponde al Gobierno siguiendo el procedimiento previsto para la aprobación de las Normas Urbanísticas Regionales en el artículo 23 de esta Ley, incumbiendo, salvo en el supuesto de desarrollo de las mismas, su formulación y elaboración a la Consejería competente en materia de ordenación del territorio y su aprobación inicial y provisional a la Comisión Regional de Ordenación del Territorio.

2. La aprobación de los Planes Especiales a que se refiere el apartado 2 del artículo 59 se regirá por el procedimiento previsto en el artículo 74 para los Planes Parciales, correspondiendo la aprobación definitiva, según los casos, al Ayuntamiento Pleno o a la Comisión Regional de Urbanismo, en los términos del apartado 3 del artículo 73 de esta Ley.

3. El procedimiento de aprobación de los Planes Especiales a que se refiere el apartado 3 del artículo 59 será el previsto para los Planes Generales de Ordenación Urbana exceptuándose el trámite del artículo 67.

4. La aprobación de los Planes Especiales a que se refiere el apartado 4 del artículo 59 se llevará a cabo de conformidad con lo dispuesto en la normativa sectorial de que se trate y, en su defecto, conforme a lo previsto en el apartado 1 de este artículo.

⇒ V. DD. 9/2000, de 8 marzo y 52/2001, de 24 julio, que modifican el Decreto 53/1998, de 9 junio, relativo a la estructura orgánica de la Consejería de Obras Públicas, Vivienda y Urbanismo.
V. D. 24/1996, de 28 marzo, que regula la estructura orgánica de la Consejería de Medio Ambiente y Ordenación del Territorio de Cantabria.
V. art. 254 de la presente Ley.

Artículo 77. Informes.

En el procedimiento de aprobación de los Planes Especiales a que se refieren los apartados 1 a 3 del artículo 59 quedará siempre garantizado, como trámite esencial, el informe previo de los órganos competentes por razón de la materia de la Administración Autonómica y, en su caso, de la Administración General del Estado. Salvo previsión en contrario de la normativa sectorial, dicho informe se entenderá favorable por el transcurso de un mes sin oposición una vez efectuada la oportuna comunicación.

Sección 5ª Elaboración y aprobación de los demás intrumentos complementarios del planeamiento

Artículo 78. Aprobación de los Estudios de Detalle.

1. Los Estudios de Detalle serán de iniciativa pública o privada.

2. Los Estudios de Detalle serán aprobados inicialmente por los Ayuntamientos y se someterán a información pública por plazo de veinte días.

3. Los Estudios de Detalle de iniciativa particular serán aprobados inicialmente por los Ayuntamientos competentes en el plazo de dos meses y se someterán al mismo trámite de información pública previsto en el apartado anterior.

4. A la vista del resultado de la información pública el órgano municipal competente conforme a la legislación de Régimen Local los aprobará definitivamente, con las modificaciones que resulten pertinentes.

5. El plazo de aprobación definitiva de los Estudios de Detalle será de dos meses desde que se inicie el período de información pública tras su aprobación inicial. Transcurrido dicho plazo sin haberse producido resolución expresa los Estudios de Detalle se entenderán aprobados definitivamente por silencio administrativo, salvo que se den las circunstancias limitativas del párrafo e) del artículo 74 de esta Ley.

Artículo 79. Aprobación de Ordenanzas.

La aprobación de las Ordenanzas urbanísticas a que se refiere el artículo 62 se llevará a cabo de conformidad con el procedimiento establecido en la legislación de régimen local.

Artículo 80. Aprobación de los Proyectos de Urbanización.

Los Proyectos de Urbanización serán redactados por la Administración actuante o, en su caso, por los propietarios o promotores de la urbanización de que se trate. Serán aprobados por el Alcalde y notificados a los directamente afectados.

Sección 6ª Vigencia, revisión y modificación de los planes de urbanismo

Artículo 81. Reglas generales.

1. Los Planes y demás instrumentos de ordenación urbanística tendrán vigencia indefinida.

2. La alteración del contenido de los Planes y demás instrumentos de ordenación urbanística podrá llevarse a cabo mediante la revisión de los mismos o la modificación de alguno de sus elementos.

⇒ V. Jurisprudencia en arts. 45 y concordantes del TRLS/1976 (§3).

Artículo 82. Revisión.

1. Se considera revisión del Plan General de Ordenación Urbana las alteraciones del mismo que afecten de manera sustancial a la estructura y ordenación general en él contemplada.

2. Procederá la revisión del Plan cuando se den las circunstancias establecidas en el mismo, en particular el cumplimiento de plazos eventualmente previstos o exigidos; cuando el Plan resulte afectado por normas o planes cuyas determinaciones resulten vinculantes; y, en general, cuando lo exijan las circunstancias o resulte conveniente por razones de oportunidad.

3. La revisión del contenido de los Planes se llevará a cabo conforme a las mismas reglas y requisitos establecidos para su aprobación.

⇒ V. Jurisprudencia en arts. 47 y concordantes del TRLS/1976 (§3).

Artículo 83. Modificación.

1. Se considera modificación de un instrumento de planeamiento la alteración de la delimitación de los Sectores, el cambio de la clasificación o calificación singular del suelo y, en general, cualquier reforma, variación o transformación de alguna de sus determinaciones, siempre que, por su entidad, no pueda considerarse un supuesto de revisión.

2. Las modificaciones del planeamiento contendrán las determinaciones y documentación precisas para su finalidad, incluyendo una Memoria en la que conste expresa justificación y motivación de la necesidad o conveniencia de la reforma y un estudio o descripción de sus efectos sobre el planeamiento vigente.

3. El procedimiento para efectuar modificaciones en los instrumentos de planeamiento será el mismo que el previsto para su aprobación, con excepción de las modificaciones del Plan General de Ordenación Urbana en las que se atenderá a las siguientes reglas:

a) El trámite previsto en el artículo 67 tendrá carácter meramente potestativo.

b) Con la excepción de lo dispuesto en el apartado 6, la competencia para la aprobación definitiva corresponde al Ayuntamiento. A estos efectos, una vez finalizado el trámite de información pública y aprobado provisionalmente el Plan, el Ayuntamiento lo enviará a la Comisión Regional de Urbanismo, que podrá emitir informe negativo vinculante por alguno de los motivos del apartado 2 del artículo 71. Caso de no producirse dicho informe en el plazo de dos meses desde la recepción del expediente completo el silencio se entiende estimatorio. No se producirá el efecto señalado si la modificación del Plan no incluyera su documentación formal completa o si contuviera determinaciones contrarias a la Ley o a Planes de superior jerarquía.

c) Los Planes Generales que contengan el tipo de determinaciones de detalle que autorizan los artículos 44.2, 54 y 55 seguirán respecto de ellas el régimen de modificación de los Planes Parciales.

4. Cuando la modificación del Plan suponga un incremento de la edificabilidad residencial o de la densidad se requerirá la proporcional y paralela previsión de mayores espacios libres y equipamientos a ubicar en un entorno razonablemente próximo.

5. Cuando la modificación implique el cambio de destino de los terrenos

reservados para dotaciones y equipamientos colectivos será preciso que el cambio suponga el paralelo establecimiento de otros servicios que, aunque de diferente finalidad, sean de similar categoría.

6. Cuando la modificación del Plan tenga por objeto u ocasione una diferente zonificación o uso urbanístico de los espacios libres y zonas verdes de uso público previstos en el Plan la aprobación corresponde a la Comisión Regional de Urbanismo que tendrá en cuenta, además de las especificaciones generales del artículo 71, la necesidad de mantener la misma o similar superficie de espacios libres previstos en el Plan vigente. La alteración de espacios libres privados previstos al amparo del apartado 4 del artículo 40 de esta Ley, tendrá idéntico tratamiento.

7. Cuando la modificación del Plan General afecte a los instrumentos de desarrollo ya existentes podrá tramitarse la modificación de éstos de forma simultánea a la de aquél. Se seguirán en paralelo expedientes separados, de aprobación sucesiva.

⇒ V. art. 254 y disp. transit. 2ª.4 de la presente Ley.
V. Jurisprudencia en arts. 49 y concordantes del TRLS/1976 (§3).

CAPÍTULO V

Efectos de la aprobación de los planes

Artículo 84. Publicación y entrada en vigor.

1. Los Planes urbanísticos y los Estudios de Detalle entrarán en vigor una vez efectuada su publicación en el «Boletín Oficial de Cantabria», que promoverá el órgano que los hubiera aprobado definitivamente.

Junto con el acuerdo de aprobación y además del articulado de las normas urbanísticas según lo dispuesto en la legislación de régimen local, la publicación incluirá la Memoria del Plan y una relación pormenorizada y numerada de todos los demás documentos de que conste formalmente aquél.

2. En los supuestos de aprobación parcial la parte objeto de reparos no entrará en vigor hasta que se publique el acuerdo de aprobación definitiva de la correspondiente rectificación. El órgano competente para la aprobación dispondrá en tal caso la publicación conjunta y refundida de los documentos que constituyen el Plan en los términos del apartado anterior.

Artículo 85. Obligatoriedad.

1. Las Administraciones Públicas y los particulares quedarán obligados al cumplimiento de las disposiciones establecidas en los Planes y Normas urbanísticos de acuerdo con su estructura jerárquica y de conformidad con lo previsto en los mismos.

2. Serán nulas de pleno derecho las reservas de dispensación que se contuvieren en el planeamiento urbanístico, así como las que, con independencia del mismo, se concedieren.

⇒ V. art. 6 de la Ley 6/1998, de 13 abril, sobre Régimen del Suelo y Valoraciones (§1).
V. arts. 124.1, 124.3, 133 y 134 del TRLS/1992 (§2).

V. art. 70.2 de la LBRL.
V. Jurisprudencia en arts. 56 y concordantes del TRLS/1976 (§3).

Artículo 86. Publicidad.

1. Con independencia de la publicación formal de los Planes los Ayuntamientos están obligados a facilitar los derechos de los ciudadanos enumerados en esta Ley y, en concreto, a propiciar la máxima publicidad de los Planes de urbanismo cuya documentación oficial y completa podrá ser consultada en cualquier momento, en horas de oficina, por cuantas personas lo soliciten sin necesidad de demostrar un interés personal específico.

Todos los Ayuntamientos estarán obligados a editar una versión completa de sus Planes Generales de Ordenación Urbana, que podrán comercializar directamente o a través de los circuitos especializados habituales a los efectos y de conformidad con el párrafo d) del artículo 8 de esta Ley.

2. Los particulares podrán solicitar por escrito información sobre las circunstancias urbanísticas de una determinada finca o zona del término municipal. La información que el Ayuntamiento proporcione contendrá todos los datos necesarios para identificar el régimen aplicable al área, ámbito o propiedad de que se trate, debiendo contener, además de los datos identificativos necesarios, referencia a la clase de suelo, normativa o planeamiento aplicable y posibilidades de utilización.

3. Toda publicidad de promoción de viviendas deberá incluir una referencia a la fecha de aprobación del instrumento de ordenación que corresponda o, en su caso, de la pertinente autorización o licencia. El incumplimiento de esta prescripción será considerado infracción urbanística grave, con independencia de lo dispuesto en la normativa general de defensa de los consumidores.

4. En las enajenaciones de terrenos se estará a lo dispuesto en la legislación estatal sobre régimen del suelo y valoraciones.

⇒ V. art. 6 de la Ley 6/1998, de 13 abril, sobre régimen del suelo y valoraciones (§1).
V. art. 70.2 de la LBRL.
V. Jurisprudencia en arts. 63 y concordantes del TRLS/1976 (§3).

Artículo 87. Legitimación de expropiaciones.

1. La aprobación de los Planes implicará la declaración de utilidad pública de todas las obras precisas y la necesidad de ocupación de los terrenos, bienes y derechos correspondientes a los efectos de su expropiación, ocupación temporal o imposición de servidumbres.

2. El planeamiento preverá en cada caso el contenido, alcance y finalidad de los bienes y derechos que sea necesario expropiar.

3. Cuando transcurran cuatro años desde la entrada en vigor de un Plan sin que se lleve a efecto la expropiación prevista en el mismo respecto de terrenos no susceptibles de edificación y aprovechamiento privado y que no hayan de ser objeto de cesión obligatoria por no resultar posible la distribución de los beneficios y cargas en los términos previstos en esta Ley, el titular de los bienes o sus causahabientes advertirán a la Administración de

su propósito de iniciar el expediente de justiprecio, que podrá llevarse a cabo por ministerio de la Ley, si transcurriese otro año desde el momento de efectuar la advertencia.

A tal efecto, el propietario podrá presentar la correspondiente hoja de aprecio, y si pasaran tres meses sin que la Administración la acepte, podrá dirigirse al Jurado Provincial de Expropiación u órgano equivalente, que fijará el justiprecio conforme a los criterios y de acuerdo con el procedimiento establecido en la legislación estatal aplicable. La valoración se entenderá referida al momento de la iniciación del expediente.

⇒ V. arts. 130.2 y 134.5ª de la presente Ley.
V. art. 33 de la Ley 6/1998, de 13 abril, sobre Régimen del Suelo y Valoraciones (§1).

Artículo 88. Edificios fuera de ordenación.

1. Los edificios, instalaciones y usos del suelo existentes con anterioridad a la aprobación definitiva del planeamiento urbanístico que resultaren disconformes con el mismo serán calificados como fuera de ordenación. Quedarán en todo caso fuera de ordenación los edificios y construcciones cuya expropiación o demolición estuviera expresamente prevista en el Plan.

2. De conformidad con lo dispuesto en el párrafo f) del apartado 1 del artículo 44 el Plan General deberá relacionar expresamente los edificios o instalaciones calificados como fuera de ordenación o establecer los criterios objetivos que permitan su identificación concreta. No obstante, cuando alguna instalación resultara claramente disconforme con las previsiones del Plan en atención a los criterios del apartado 1 de este artículo y no apareciera en la relación de edificios fuera de ordenación, el Ayuntamiento, de oficio o a instancia de parte, resolverá sobre su situación jurídica, con audiencia previa del interesado. La resolución que concrete el régimen de fuera de ordenación podrá suplir la ausencia de previsión del Plan.

3. Salvo que el propio planeamiento disponga otra cosa, en los edificios que se declaren fuera de ordenación no podrán realizarse obras de consolidación, aumento de volumen, modernización e incremento de su valor de expropiación, aunque sí las pequeñas reparaciones que exigieren la higiene, el ornato y la seguridad física del inmueble. En dichos edificios podrán asimismo realizarse otro tipo de obras cuando, a requerimiento de los propietarios, el Ayuntamiento levante acta previa en la que se recoja el estado, situación y valoración del edificio a efectos de expropiación y ésta sea aceptada expresamente por aquéllos.

4. Cuando la disconformidad con el Plan no impida la edificación en el mismo solar, el propietario podrá obtener licencia de demolición sometiéndose en lo sucesivo al nuevo planeamiento en los términos que resulten de la clase de suelo de que se trate. Los eventuales arrendatarios tendrán el derecho de retorno que les reconoce la legislación del Estado.

⇒ V. art. 137 del TRLS/1992 (§2).
V. art. 118 de la presente Ley.
V. Jurisprudencia en arts. 60, 61, 62 y concordantes del TRLS/1976 (§3).

CAPÍTULO VI
El planeamiento urbanístico en los pequeños municipios

Artículo 89. Pequeños Municipios.

A los efectos de esta Ley se entiende por pequeños Municipios los que tengan una población de derecho inferior a los 1.000 habitantes y un número de viviendas no superior a 400.

Ello no obstante, el Gobierno podrá extender, total o parcialmente, el régimen urbanístico previsto para estos municipios a aquellos otros que, aun superando el requisito del número de viviendas, tengan una población inferior a 1.500 habitantes y cuyas características de población, estructura y morfología así lo aconsejen. El acuerdo deberá ser motivado y publicado en el «Boletín Oficial de Cantabria».

⇒ V. arts. 181, 182 y disp. transit. 3ª.3 de la presente Ley.

Artículo 90. Plan General de Ordenación Urbana de los pequeños municipios.

1. El Plan de Ordenación Urbana de los pequeños Municipios deberá, como mínimo, clasificar el suelo, determinando el ámbito territorial de cada una de sus posibles clases. Establecerá también la ordenación detallada del suelo urbano y, en su caso, el régimen de protección del suelo rústico. De prever suelo urbanizable, contendrá al menos las condiciones negativas de su ordenación.

Ello no obstante, el Plan podrá contener cualesquiera otras determinaciones previstas con carácter general en esta Ley para los Planes Generales.

2. En el suelo urbano, el Plan podrá señalar las alineaciones y rasantes que sean necesarias. De no hacerlo el Plan se fijarán en Estudios de Detalle o mediante Ordenanzas municipales.

3. Salvo disposición en contrario del Plan General, en el suelo urbano de los municipios a los que se refiere este Capítulo no serán de aplicación las reservas mínimas de espacios libres previstas en los artículos 39 y 40 de esta Ley.

4. El contenido del Plan General se desarrollará en la documentación a que se refiere el artículo 52 de esta Ley, salvo el estudio del párrafo e) del apartado 1 de dicho artículo, que no será necesario. El resto de la documentación se reducirá al mínimo imprescindible para identificar y concretar las determinaciones del Plan.

Artículo 91. Procedimiento de aprobación del Plan en los pequeños municipios.

El procedimiento de aprobación del Plan General en los municipios a que se refiere el artículo 89 será el regulado en los artículos 66 y siguientes de esta Ley, con las siguientes especialidades:

a) El Plan será elaborado por el Ayuntamiento, que, en aplicación de las previsiones de la legislación de régimen local, podrá solicitar la ayuda técnica o económica de la Comunidad Autónoma.

b) No será obligatorio el trámite previo a que se refiere el artículo 67.

c) El plazo del silencio positivo previsto en el apartado 4 del artículo 71 será de tres meses.

TÍTULO II
CLASIFICACIÓN Y RÉGIMEN DEL SUELO

CAPÍTULO I
Clasificación del suelo: disposiciones generales

Artículo 92. Clases de suelo.

1. A los efectos de esta Ley el suelo se clasifica en urbano, urbanizable y rústico.

2. El suelo urbano puede ser consolidado y no consolidado.

3. El suelo urbanizable podrá ser delimitado o residual.

4. El suelo rústico puede ser suelo rústico de especial protección o suelo rústico de protección ordinaria.

⇒ V. art. 44.1 b) de la presente Ley.

V. arts. 2, 7, 8, 9, 10 y 11 de la Ley 6/1998, de 13 abril, sobre Régimen del Suelo y Valoraciones (§1).

V. Jurisprudencia en arts. 77 y concordantes del TRLS/1976 (§3).

Artículo 93. Clasificación del suelo.

Corresponde al Plan General la clasificación del suelo de todo el término municipal en todas o algunas de las clases y categorías enumeradas en el artículo anterior.

⇒ V. art. 7 de la Ley 6/1998, de 13 abril, sobre Régimen del Suelo y Valoraciones (§1).

V. Jurisprudencia en arts. 77 y concordantes del TRLS/1976 (§3).

Artículo 94. Clasificación del suelo en municipios sin Plan.

1. De conformidad con la legislación del Estado, en los municipios sin Plan General no existirá la categoría de suelo urbanizable. El suelo rústico será el suelo residual delimitado negativamente por referencia al suelo urbano. El suelo urbano adquiere tal condición de acuerdo con los criterios derivados de esta misma Ley.

2. En los municipios sin Plan el suelo urbano se considerará y seguirá el régimen del suelo urbano consolidado. El resto del suelo estará sometido al régimen del suelo rústico de especial protección.

⇒ V. art. 11 de la Ley 6/1998, de 13 abril, sobre Régimen del Suelo y Valoraciones (§1).

V. Jurisprudencia en arts. 81 y concordantes del TRLS/1976 (§3).

CAPÍTULO II
Determinación y régimen jurídico de las distintas clases de suelo

Sección 1ª Suelo urbano

Artículo 95. Suelo urbano.

1. Tendrán la condición de suelo urbano:

a) Los terrenos ya transformados que el Plan General incluya en esta clase de suelo por contar, como mínimo, con acceso rodado, abastecimiento de agua potable, evacuación de aguas y suministro de energía eléctrica; todo ello, en los términos que reglamentariamente se establezcan, integrado en una malla urbana de características adecuadas para servir a las construcciones y edificaciones que permita el planeamiento.

b) Los terrenos que el Plan General incluya por estar integrados en áreas edificadas en, al menos, la mitad de su superficie, siempre que la parte edificada reúna como mínimo tres de los requisitos establecidos en el apartado anterior.

c) Los terrenos que, en ejecución del planeamiento, hayan sido ya urbanizados de acuerdo con el mismo.

2. En los municipios sin Plan tendrán la condición de suelo urbano los terrenos que cuenten con acceso rodado, abastecimiento y evacuación de agua y suministro de energía eléctrica o que estén comprendidos en áreas consolidadas por la edificación, al menos, en la mitad de su superficie. A estos efectos el Ayuntamiento Pleno delimitará gráficamente dichos terrenos previa información pública por plazo de veinte días, remitiendo después su resolución a la Comisión Regional de Urbanismo para su conocimiento.

⇒ V. art. 254 y disp. transit. 2ª.1 de la presente Ley.
V. arts. 8 y 12 de la Ley 6/1998, de 13 abril, sobre Régimen del Suelo y Valoraciones (§1).
V. Jurisprudencia en arts. 78 y concordantes del TRLS/1976 (§3).

Artículo 96. Suelo urbano consolidado y no consolidado.

1. Tendrán la consideración de suelo urbano no consolidado los terrenos del suelo urbano que el Plan General defina expresamente como tales por resultar sometidos a procesos de urbanización, renovación o reforma interior, así como aquellos otros sobre los que el planeamiento prevea una ordenación sustancialmente distinta de la hasta entonces existente.

2. El resto del suelo urbano tendrá la consideración de suelo urbano consolidado.

⇒ V. Jurisprudencia en arts. 12.2.1, 78, 83 y concordantes del TRLS/1976 (§3).

Artículo 97. Derechos en el suelo urbano consolidado.

Los propietarios de terrenos en suelo urbano consolidado tendrán derecho a edificar en ellos conforme a las condiciones y requisitos que en cada caso establezca esta Ley y el planeamiento urbanístico una vez completada su urbanización y cumplidos los deberes a que se refiere el artículo 98.

⇒ V. arts. 13 y 14 de la Ley 6/1998, de 13 abril, sobre Régimen del Suelo y Valoraciones (§1).

Artículo 98. Deberes en el suelo urbano consolidado.

En suelo urbano consolidado, los propietarios tienen los siguientes deberes:

a) Completar a su costa la urbanización necesaria para que los terrenos alcancen, si aún no la tuvieran, la condición de solar.

b) Regularizar las fincas para adaptar su configuración a las exigencias del planeamiento cuando fuere preciso por ser su superficie inferior a la parcela mínima o su forma inadecuada para la edificación.

c) Ceder gratuitamente y libre de cargas al Municipio los terrenos destinados a viales y espacios libres públicos afectados por las alineaciones establecidas.

d) Edificar los solares en las condiciones y plazos que en cada caso establezca esta Ley y el planeamiento urbanístico.

Artículo 99. Derechos en el suelo urbano no consolidado.

Los propietarios de terrenos en el suelo urbano no consolidado tendrán derecho a su consolidación y posterior edificación en las condiciones y requisitos que en cada caso establezca esta Ley y el planeamiento urbanístico una vez cumplidos los deberes a que se refiere el artículo 100.

Artículo 100. Deberes en suelo urbano no consolidado.

En suelo urbano no consolidado, los propietarios tienen los siguientes deberes:

a) Proceder a la distribución y reparto equitativo de los beneficios y cargas derivados del planeamiento con anterioridad a su ejecución material.

b) Ceder gratuitamente al Municipio, libres de cargas, los terrenos destinados a viales, espacios libres y demás dotaciones locales, así como los correspondientes a los sistemas generales incluidos en la unidad de actuación o adscritos a ella para su gestión.

c) Costear y, en su caso, ejecutar en los plazos fijados en el planeamiento, las obras de urbanización necesarias para que los terrenos alcancen, si aún no la tuvieran, la condición de solar, así como la urbanización correspondiente a las dotaciones locales, incluidas las de conexión a los sistemas generales.

d) Ceder gratuitamente al Municipio, libre de cargas, el suelo correspondiente al diez por ciento del aprovechamiento medio del Sector o Sectores que constituyan el ámbito de la equidistribución o, de no haberlos, de la unidad de actuación, o el inferior a aquél que fije el planeamiento. El Ayuntamiento podrá sustituir dicha cesión por su equivalente económico previa valoración pericial por técnico municipal y conforme a lo dispuesto en la legislación del Estado. En todo caso, el Municipio no participará en los costes de urbanización correspondientes a dicho suelo de cesión, debiendo tenerse en cuenta este criterio en el supuesto de sustitución económica.

e) Edificar los solares resultantes en las condiciones y plazos que en cada caso establezca esta Ley y el planeamiento urbanístico.

⇒ V. art. 106 y disp. transit. 6ª de la presente Ley.

Artículo 101. Solar.

Tendrán la consideración de solar las superficies de suelo urbano legalmente divididas y aptas para la edificación y uso inmediato que reúnan los siguientes requisitos:

a) Si existe planeamiento, que estén urbanizadas con arreglo a las normas y criterios establecidos en él, debiendo tener señaladas, en todo caso, alineaciones y rasantes.

b) Si no existiere planeamiento o en ausencia de determinación de éste, se precisará que, además de contar con los requisitos generales del párrafo a) del apartado 1 del artículo 95, la vía a la que la parcela de frente tenga completamente pavimentada la calzada, alumbrado público y encintado de aceras.

⇒ V. art. 13 de la Ley 6/1998, de 13 abril, sobre Régimen del Suelo y Valoraciones (§1).
V. Jurisprudencia en arts. 82, 83 y concordantes del TRLS/1976 (§3).

Artículo 102. Disposiciones comunes para el suelo urbano.

1. Los terrenos clasificados como suelo urbano no podrán ser destinados a los usos permitidos por el planeamiento hasta que adquieran la condición de solar, salvo que se asegure la ejecución simultánea de la urbanización y la edificación mediante las correspondientes garantías.

En las mismas condiciones podrá autorizarse la ejecución de la urbanización por fases.

2. En casos justificados podrán autorizarse, mediante licencia municipal, construcciones destinadas a fines industriales en las zonas permitidas del suelo urbano no consolidado, siempre que la seguridad, salubridad y protección del medio ambiente queden suficientemente garantizados y el propietario asuma las obligaciones que le correspondan mediante inscripción en el Registro de la Propiedad.

3. Excepcionalmente, podrá otorgarse licencia municipal para usos y obras de carácter provisional que no dificulten la ejecución del planeamiento. Los citados usos cesarán y las obras serán demolidas sin indemnización cuando así lo acuerde el Ayuntamiento. La licencia, bajo las indicadas condiciones aceptadas por el propietario, se hará constar en el Registro de la Propiedad.

⇒ V. art. 13 de la Ley 6/1998, de 13 abril, sobre Régimen del Suelo y Valoraciones (§1).
V. Jurisprudencia en arts. 82, 83 y concordantes del TRLS/1976 (§3).

Sección 2ª Suelo urbanizable

Artículo 103. Suelo urbanizable.

Tendrán la condición de suelo urbanizable los terrenos que, conforme al planeamiento general, puedan ser objeto de transformación y no tengan la condición de suelo urbano o rústico.

⇒ V. art. 10 de la Ley 6/1998, de 13 abril, sobre Régimen del Suelo y Valoraciones (§1). V. Jurisprudencia en arts. 84, 85 y concordantes del TRLS/1976 (§3).

Artículo 104. Suelo urbanizable delimitado y residual.

1. Tendrán la consideración de suelo urbanizable delimitado los terrenos que el Plan General defina por considerarlos motivadamente de urbanización prioritaria para garantizar un desarrollo urbano racional.

El Plan General establecerá las concretas condiciones de ejecución en este tipo de suelo, que será dividido en uno o varios Sectores a efectos de su urbanización.

2. Los terrenos que no sean incluidos por el Plan en la categoría a que se refiere el apartado anterior tendrán la consideración de suelo urbanizable residual.

⇒ V. art. 10 de la Ley 6/1998, de 13 abril, sobre Régimen del Suelo y Valoraciones (§1).

Artículo 105. Derechos en el suelo urbanizable.

1. Salvo que el Plan General hubiera adelantado las determinaciones y condiciones propias del Plan Parcial para poder actuar directamente sin él, los terrenos clasificados como suelo urbanizable estarán sujetos a la limitación de no poder ser urbanizados hasta que se apruebe el correspondiente Plan Parcial que regule y contemple las condiciones de la urbanización y de su posterior edificación una vez cumplidos los deberes a que se refiere el artículo 106.

2. En los supuestos a que hace referencia el apartado anterior, mientras no se apruebe el Plan Parcial, y sin perjuicio de lo establecido en el artículo 107, los propietarios tendrán derecho a usar, disfrutar, disponer de los terrenos conforme a su estricta naturaleza rústica debiendo destinarlos a los fines agrícolas, forestales, ganaderos o similares propios de los mismos. Durante ese tiempo se aplicará para este tipo de suelo el régimen establecido en el artículo 113 de esta Ley para el suelo rústico de protección ordinaria, con la excepción de las viviendas unifamiliares a que hace referencia el apartado 2 de dicho artículo, respecto de las cuales se seguirá el siguiente régimen:

a) Estarán prohibidas en el suelo urbanizable delimitado.

b) Serán posibles en el suelo urbanizable residual en los términos del artículo 114, salvo que el Plan General las prohíba expresamente para no condicionar el desarrollo urbano de dicho suelo.

3. Tendrán también derecho los propietarios de estos terrenos a promover su transformación instando de la Administración la aprobación del correspondiente planeamiento de desarrollo o proponiendo por sí mismos un Plan

de iniciativa particular en los términos previstos en los artículos 57 y 75 de esta Ley.

⇒ V. arts. 12, 15, 16 y 18 de la Ley 6/1998, de 13 abril, sobre Régimen del Suelo y Valoraciones (§1).
V. Jurisprudencia en arts. 84.1, 96.1 y concordantes del TRLS/1976 (§3).

Artículo 106. Deberes en el suelo urbanizable.

Para la ejecución del planeamiento de desarrollo y consolidar el derecho a edificar los propietarios de terrenos en el suelo urbanizable tendrán los mismos deberes previstos en el artículo 100 de esta Ley para los propietarios de suelo urbano no consolidado.

En el suelo urbanizable residual el deber de costear y, en su caso, ejecutar la urbanización incluye las infraestructuras de conexión con los sistemas generales exteriores a la actuación pretendida y las de ampliación o refuerzo de dichos sistemas que imponga la dimensión, densidad e intensidad de uso que aquélla genere, de conformidad con los requisitos y condiciones que el planeamiento general establezca para dotar de autonomía técnica a la actuación de que se trate.

⇒ V. disp. transit. 6ª de la presente Ley.
V. arts. 12, 15 y 16 de la Ley 6/1998, de 13 abril, sobre Régimen del Suelo y Valoraciones (§1).
V. Jurisprudencia en arts. 84.1, 96.1 y concordantes del TRLS/1976 (§3).

Artículo 107. Usos y obras provisionales en suelo urbanizable.

En el suelo urbanizable delimitado, en tanto no se haya aprobado el correspondiente Plan Parcial que permita la urbanización, podrán autorizarse excepcionalmente usos y obras de carácter provisional que no estén prohibidos por esta Ley, la legislación sectorial o el planeamiento municipal aplicable. Los citados usos cesarán y las obras serán demolidas sin indemnización cuando así lo acuerde el Ayuntamiento. La autorización, bajo las indicadas condiciones aceptadas por el propietario, se regirá por el procedimiento propio de las licencias y se hará constar en el Registro de la Propiedad.

⇒ V. art. 17 de la Ley 6/1998, de 13 abril, sobre Régimen del Suelo y Valoraciones (§1).
V. art. 76 y concordantes del RD 1093/1997, de 4 julio (§2.1).
V. Jurisprudencia en arts. 58 y concordantes del TRLS/1976 (§3).

Sección 3ª Suelo rústico

Artículo 108. Suelo rústico de especial protección.

1. Tendrán la condición de suelo rústico de especial protección los terrenos en los que concurra alguna de las circunstancias siguientes:

a) Que estén sometidos a un régimen especial de protección incompatible con su transformación urbana conforme a los planes y normas de ordenación territorial o a la legislación sectorial pertinente en razón de sus valores paisajísticos, históricos, arqueológicos, científicos, ambientales, culturales, agrícolas, de riesgos naturales acreditados, o en función de su sujeción a limitaciones o servidumbres para la protección del dominio público.

b) Que sean clasificados como tales por los Planes Generales de Ordenación Urbana o, en su defecto, por las Normas Urbanísticas Regionales o Comarcales por estimar necesario preservarlos de su transformación urbana en atención a los valores genéricos a que se ha hecho referencia en el párrafo a) anterior, a sus riquezas naturales o a su importancia agrícola, forestal o ganadera.

2. El suelo rústico de especial protección quedará sujeto al régimen previsto para este tipo de suelo en los artículos siguientes.

⇒ V. disp. transit. 2ª.5 de la presente Ley.
V. D. 60/1993, de 24 agosto, que regula las autorizaciones de uso en la zona de servidumbre de protección y el procedimiento sancionador.
V. art. 9 de la Ley 6/1998, de 13 abril, sobre Régimen del Suelo y Valoraciones (§1).
V. Jurisprudencia en arts. 85, 86 y concordantes del TRLS/1976 (§3).

Artículo 109. Suelo rústico de protección ordinaria.

1. Tendrán la consideración de suelo rústico de protección ordinaria los terrenos que, no reuniendo los requisitos y características del artículo anterior, el Plan General les reconozca motivadamente tal carácter con objeto de preservarlos de las construcciones propias de las zonas urbanas y de su desarrollo urbano integral por considerarlo inadecuado en atención a alguna de las siguientes circunstancias:

a) Las características físicas de la zona de que se trate.

b) La incompatibilidad con el modelo urbanístico y territorial adoptado.

c) La inconveniencia de soluciones bruscas entre el suelo urbanizable y el suelo rústico de especial protección.

d) La preservación y encauzamiento de formas de ocupación del territorio y asentamientos no urbanos considerados desde la perspectiva y exigencias del desarrollo sostenible.

2. El suelo rústico de protección ordinaria quedará sujeto al régimen previsto para este tipo de suelo en los artículos siguientes.

⇒ V. disp. transit. 2ª.5 de la presente Ley.
V. arts. 9 y 10 de la Ley 6/1998, de 13 abril, sobre Régimen del Suelo y Valoraciones (§1).

Artículo 110. Derechos de los propietarios de suelo rústico.

Los propietarios de suelo clasificado como rústico tendrán derecho a usar, disfrutar y disponer de sus terrenos de conformidad con la naturaleza de los mismos, debiendo destinarlos a los fines agrícolas, forestales, ganaderos, cinegéticos, extractivos y otros semejantes vinculados a la utilización racional de los recursos naturales, dentro de los límites que, en su caso, establezcan las leyes o el planeamiento territorial y urbanístico, sin perjuicio de lo dispuesto en los artículos 112 a 116 de esta Ley.

⇒ V. art. 20 de la Ley 6/1998, de 13 abril, sobre Régimen del Suelo y Valoraciones (§1).

Artículo 111. Limitaciones de los propietarios en suelo rústico.

1. En el suelo rústico quedarán prohibidas las divisiones, segregaciones

o fraccionamientos de terrenos de cualquier tipo en contra de lo dispuesto en esta Ley, en el planeamiento urbanístico o, en su defecto, en la legislación agraria, forestal o de similar naturaleza, salvo cuando se trate de concentrar propiedades colindantes.

2. Los propietarios de terrenos en suelo rústico no podrán exigir de las Administraciones Públicas obras de urbanización y servicios urbanísticos, salvo previsión en contrario de la normativa sectorial o el planeamiento. En el supuesto de existir Convenios urbanísticos se estará en cada caso a las obligaciones derivadas de ellos.

⇒ V. Arts. 79 a 84 de la Ley 4/2000, de 13 noviembre, de Modernización y Desarrollo Agrario de Cantabria, en lo relativo a unidades mínimas de cultivo.
V. arts. 80 y concordantes del RD 1093/1997, de 4 julio (§2.1).
V. Jurisprudencia en arts. 85, 86 y concordantes del TRLS/1976 (§3).

Artículo 112. Régimen del suelo rústico de especial protección.

1. En el suelo rústico de especial protección estarán prohibidas las construcciones, actividades y usos que impliquen la transformación de su naturaleza y destino o infrinjan el concreto régimen limitativo establecido por el planeamiento territorial y la legislación sectorial.

2. En el suelo rústico de especial protección se estará a lo dispuesto en este artículo o al régimen más restrictivo que pudiera derivarse del planeamiento territorial, de la legislación sectorial o del planeamiento urbanístico aplicable.

3. En ausencia de previsión específica más limitativa en los instrumentos normativos a que hace referencia el apartado anterior, en el suelo rústico de especial protección podrán ser autorizadas con carácter excepcional las siguientes construcciones y usos:

a) Las instalaciones que sean necesarias para las explotaciones agrícolas, ganaderas, forestales y otras análogas, que guarden relación con la naturaleza, extensión y utilización de la finca, incluidas las viviendas de las personas que hayan de vivir y vivan real y permanentemente vinculadas a la correspondiente explotación. En este último caso se observarán, además, las exigencias del artículo 114 de esta Ley.

b) Las construcciones e instalaciones, permanentes o no, vinculadas a la ejecución, entretenimiento y servicio de obras públicas e infraestructuras.

c) Las actuaciones y usos específicos que quepa justificadamente considerar de interés público por estar vinculados a cualquier forma de servicio público o porque sea imprescindible su ubicación en suelo rústico.

4. Para autorizar la instalación de los supuestos del apartado 3 de este artículo se tendrá en cuenta el carácter tasado de la excepción, los criterios genéricos del apartado 1 y el principio de que las construcciones autorizables no lesionen de manera importante o sustancial el valor que fundamentó la clasificación del suelo como especialmente protegido.

⇒ V. art. 110 y disp. transit. 9ª.1 de la presente Ley.
V. arts. 80 y concordantes del RD 1093/1997, de 4 julio (§2.1).

Artículo 113. Régimen del suelo rústico de protección ordinaria.

1. En ausencia de previsión específica más limitativa que se incluya en los instrumentos de planeamiento territorial o urbanístico que resulten aplicables, en el suelo rústico de protección ordinaria podrán ser autorizadas con carácter excepcional las siguientes construcciones y usos.

a) Las mencionadas en el apartado 3 del artículo anterior.

b) Los usos y construcciones industriales, comerciales y de almacenamiento que sea imprescindible ubicar en dicho suelo.

c) Las actividades extractivas y las construcciones vinculadas a ellas.

d) Las obras de renovación y reforma de las construcciones preexistentes que no estén declaradas fuera de ordenación.

2. En el suelo rústico de protección ordinaria sólo podrán autorizarse instalaciones vinculadas a actividades de ocio y turismo rural, así como viviendas aisladas de carácter unifamiliar cuando así se contemple expresamente en el planeamiento territorial, que deberá prever las determinaciones procedentes en materia de alturas, ocupación, superficie y otras análogas. En tales supuestos, se estará a las determinaciones de dichos Planes y, en su caso, a las previsiones más limitativas que puedan contenerse en el planeamiento municipal.

3. Las construcciones y usos autorizables a que se refieren los apartados anteriores no podrán transformar la naturaleza o destino del suelo rústico en que se ubican, lesionar de manera importante o comprometer sustancialmente los criterios que, de conformidad con el artículo 109 de esta Ley, fundamentaron su clasificación como suelo rústico.

⇒ V. art. 110 y disp. transit. 9ª.1 de la presente Ley.
V. D. 41/2000, de 14 junio, que regula el procedimiento para autorización de parques eólicos.
V. Ley 5/1996, de 17 diciembre, de Carreteras.

Artículo 114. Construcciones en suelo rústico.

1. En los supuestos a que se refieren los artículos anteriores serán, en todo caso, de aplicación lo dispuesto en los artículos 32 y siguientes de la presente Ley como normas de aplicación directa.

2. El planeamiento determinará las condiciones de diseño permitidas para tal tipo de edificaciones y fijará los demás requisitos que resulten pertinentes.

3. Quedan particularmente prohibidas las construcciones residenciales colectivas o propias del entorno urbano, entendiendo por tales aquéllas con acceso o servicios comunes para más de una vivienda.

4. La altura máxima de las viviendas que puedan autorizarse no será superior a ocho metros medidos desde cualquier punto del terreno en contacto con la edificación hasta su cumbrera y la ocupación de parcela no superará el 10 por 100 de su superficie.

5. La parcela mínima para la edificación será al menos de 2.500 m^2. La

separación de la vivienda de las fincas colindantes no será inferior a diez metros.

6. Asimismo, sin perjuicio de previsiones más restrictivas contenidas en la legislación sectorial de carreteras, los cerramientos se situarán de tal manera que la distancia mínima al límite exterior de la calzada, vial o camino sea de tres metros, debiendo los propietarios ceder gratuitamente al Ayuntamiento, y acondicionar, con ese límite, los terrenos necesarios para la ampliación del viario preexistente.

⇒ V. arts. 105.2 b) y 110 de la presente Ley.
V. Jurisprudencia en arts. 85, 86 y concordantes del TRLS/1976 (§3).

Artículo 115. Competencia para autorizar construcciones en suelo rústico.

1. Sin perjuicio de lo dispuesto en la legislación sectorial aplicable, la autorización para las construcciones y usos excepcionalmente permitidos en el artículo 112 de esta Ley en el suelo rústico de especial protección corresponderá a la Comisión Regional de Urbanismo.

2. Sin perjuicio asimismo de lo dispuesto en la legislación sectorial aplicable, la autorización para las construcciones y usos permitidos en el artículo 113 de esta Ley en el suelo rústico de protección ordinaria corresponderá:

a) Al Ayuntamiento, en los municipios con Plan General, previo informe de la Comisión Regional de Urbanismo, que será vinculante cuando proponga la denegación fundada en infracción concreta de los requisitos y condiciones previstos en esta Ley o en el planeamiento territorial.

b) A la Comisión Regional de Urbanismo, en los municipios sin Plan.

⇒ V. arts. 110, 209.2, 254 y disp. transit. 2ª.6 de la presente Ley.

Artículo 116. Procedimiento para autorizar construcciones en suelo rústico.

1. El procedimiento para otorgar la autorización a que se refiere el artículo anterior cuando la competencia corresponda a la Comisión Regional de Urbanismo será el siguiente:

a) Solicitud del interesado ante el Ayuntamiento, en la que se expresarán las características del emplazamiento y construcción que se pretenda reflejadas en plano de situación, la adecuada justificación de los requisitos previstos en el planeamiento o la legislación de que se trate, las soluciones previstas de acceso y servicios necesarios y la justificación de la inexistencia de repercusiones negativas de carácter ambiental.

b) Sometimiento de la solicitud a información pública, por plazo no inferior a un mes. El citado trámite será anunciado en el «Boletín Oficial de Cantabria». La información pública se someterá a los demás requisitos previstos en la legislación del procedimiento administrativo común.

c) Informe del Ayuntamiento.

d) Resolución definitiva motivada y comunicación al Ayuntamiento.

La autorización a que se refiere este apartado es independiente de la licencia urbanística, que se regulará por su normativa específica.

2. Cuando la competencia para otorgar la autorización a que se refiere el artículo anterior corresponda al Ayuntamiento la solicitud se integrará en el procedimiento previsto para la obtención de licencias urbanísticas con las siguientes peculiaridades:

a) Será preceptivo un período de información pública por plazo no inferior a un mes. El citado trámite será anunciado en el «Boletín Oficial de Cantabria» y se someterá a los demás requisitos previstos en la legislación del procedimiento administrativo común.

b) Al mismo tiempo que se inicia el período de información pública, y por idéntico plazo, la solicitud será comunicada a la Comisión Regional de Urbanismo a los efectos del informe a que se refiere el párrafo a) del apartado 2 del artículo 115 de esta Ley. Transcurrido un mes sin que la Comisión se haya pronunciado se entenderá que el informe es positivo.

3. La autorización a que se refiere este artículo podrá ser concedida, denegada motivadamente o condicionada. En este último caso, de ser aceptadas por el solicitante las condiciones impuestas por la Administración, deberán hacerse constar en un Convenio urbanístico formalizado en el plazo de dos meses desde la comunicación oficial. Transcurrido dicho plazo, la solicitud se entenderá denegada, sin perjuicio de los recursos que quepan contra ella.

4. Si transcurrieren tres meses desde la finalización del período de información pública sin que la Comisión Regional de Urbanismo o, en su caso, el Ayuntamiento resuelvan acerca de la solicitud se entenderá obtenida la autorización, que se acreditará en los términos establecidos en la legislación del procedimiento administrativo común.

5. En los supuestos de los apartados 1 y 2 de este artículo, si transcurren dos meses desde la solicitud que incluya, completa, la documentación exigida, el particular podrá promover el trámite de información pública instando al efecto lo que proceda.

6. Los terrenos de suelo rústico en los que se autoricen las construcciones e instalaciones a que se refieren los artículos 112 a 114 quedarán vinculados al uso autorizado debiendo dejar constancia en el Registro de la Propiedad de su condición de parcelas indivisibles y de las limitaciones impuestas por la autorización.

⇒ V. arts. 110 y 254 de la presente Ley.

TÍTULO III
EJECUCIÓN DE LOS PLANES DE ORDENACIÓN

CAPÍTULO I
Disposiciones generales

Artículo 117. Gestión urbanística.

1. Se entiende por ejecución o gestión urbanística el conjunto de actua-

ciones, públicas o privadas, encaminadas a plasmar en el terreno las previsiones del planeamiento, incluyendo las operaciones necesarias para concretar el derecho de los afectados a la justa distribución de beneficios y cargas y el cumplimiento de los deberes de cesión y urbanización.

2. La ejecución del planeamiento se llevará normalmente a cabo por unidades completas de actuación y a través de alguno de los sistemas previstos en la Ley.

3. En el suelo urbano consolidado la ejecución del planeamiento podrá efectuarse mediante actuaciones aisladas.

4. Las Administraciones Públicas podrán llevar a cabo también actuaciones aisladas en cualquier clase de suelo para la ejecución de los sistemas generales o cualesquiera otras dotaciones urbanísticas.

⇒ V. art. 147.1 de la presente Ley.
V. art. 5 de la Ley 6/1998, de 13 abril, sobre Régimen del Suelo y Valoraciones (§1).
V. Jurisprudencia en arts. 117 y concordantes del TRLS/1976 (§3).

Artículo 118. Competencias y entes de gestión.

1. La ejecución de los Planes de Ordenación Urbana corresponde a los Municipios, sin perjuicio de la participación de los particulares, en los términos establecidos en la presente Ley.

2. Los Municipios podrán constituir al efecto entes de naturaleza pública o privada para la ejecución del planeamiento correspondiente, así como agruparse con otros y constituir entes conjuntos en los términos previstos en la legislación de régimen local.

⇒ V. art. 147.1 de la presente Ley.
V. art. 5 de la Ley 6/1998, de 13 abril, sobre Régimen del Suelo y Valoraciones (§1).
V. Jurisprudencia en arts. 117 y concordantes del TRLS/1976 (§3).

Artículo 119. Entidades urbanísticas colaboradoras.

1. Los interesados afectados por actuaciones urbanísticas podrán participar en su gestión mediante entidades urbanísticas colaboradoras destinadas a la ejecución, conservación y mantenimiento de la urbanización.

2. Las entidades urbanísticas colaboradoras cuando ejerzan funciones públicas tendrán carácter administrativo, dependerán del Ayuntamiento respectivo y se regirán por el Derecho Público en lo relativo a su organización, formación de la voluntad de sus órganos y relaciones con el Ayuntamiento.

3. Corresponde al Ayuntamiento la aprobación de la constitución y estatutos de las Entidades urbanísticas colaboradoras. Dichas Entidades deberán inscribirse en el correspondiente Registro municipal. El Ayuntamiento dará cuenta de la inscripción a la Administración de la Comunidad Autónoma.

4. La afección de una finca a los fines de una entidad urbanística colaboradora tendrá carácter real, debiéndose hacer constar tal circunstancia en el Registro de la Propiedad.

⇒ V. D. 73/1997, de 7 julio, sobre registro, entre otras asociaciones, de Entidades urbanísticas colaboradoras.

Artículo 120. Presupuestos de la ejecución.

1. La ejecución del planeamiento requiere la aprobación del planeamiento pormenorizado que en cada caso sea exigible según las distintas clases de suelo.

2. En el suelo urbano consolidado serán suficientes las determinaciones del Plan General de Ordenación Urbana, salvo que éste remitiese a un Plan Especial y sin perjuicio de la aprobación de Estudios de Detalle cuando sean necesarios para los objetivos y finalidades del artículo 61 de esta Ley.

3. En el suelo urbano no consolidado y en el urbanizable delimitado se requerirá la previa aprobación del Plan Parcial que desarrolle el Sector correspondiente o, en su caso y para el suelo urbano, un Plan Especial de Reforma Interior. Todo ello, salvo que el Plan General contuviese las determinaciones y contenidos de un Plan Parcial asumiendo los efectos de éste, de conformidad con lo dispuesto en el apartado 2 del artículo 44 de esta Ley.

4. En el suelo urbanizable residual se requerirá siempre la aprobación de un Plan Parcial.

⇒ V. arts. 13 y 16 de la Ley 6/1998, de 13 abril, sobre Régimen del Suelo y Valoraciones (§1).
V. Jurisprudencia en arts. 116 y concordantes del TRLS/1976 (§3).

Artículo 121. Unidades de actuación.

1. Las unidades de actuación son los ámbitos territoriales delimitados para posibilitar la ejecución integrada del planeamiento con autonomía técnica y económica, así como para hacer posible el cumplimiento conjunto de los deberes de cesión y urbanización y la distribución equitativa entre los afectados de los beneficios y cargas derivados del citado planeamiento. Las unidades de actuación serán normalmente continuas, pero podrán ser también discontinuas si se justifica adecuadamente.

2. En el suelo urbano no consolidado y en el suelo urbanizable el Sector podrá dividirse en varias unidades de actuación o constituir, todo él, una sola unidad.

3. Los instrumentos de planeamiento urbanístico podrán contener, para las distintas clases de suelo, la delimitación de las pertinentes unidades de actuación. En su defecto, corresponderá al Alcalde delimitarlas previa información pública por plazo de veinte días y notificación a los propietarios afectados. El mismo procedimiento será de aplicación para modificar unidades de actuación ya delimitadas.

⇒ V. art. 160.2 c) de la presente Ley.
V. arts. 4 y 5 de la Ley 6/1998, de 13 abril (§ 1).
V. Jurisprudencia en arts. 117, 118 y concordantes del TRLS/1976 (§3).

Artículo 122. Criterios y requisitos para delimitar unidades de actuación.

1. Las unidades de actuación se delimitarán teniendo en cuenta los siguientes criterios:

a) Que por sus dimensiones y características de la ordenación permitan el cumplimiento conjunto de los deberes de cesión y urbanización derivados del planeamiento de que se trate.

b) Que hagan posible la distribución equitativa de los beneficios y cargas derivados de la urbanización.

c) Que tengan entidad suficiente para justificar técnica y económicamente la autonomía de la actuación.

2. No podrán delimitarse unidades de actuación que tengan entre sí diferencias de aprovechamiento superiores al 15 por 100 del aprovechamiento medio del correspondiente Sector.

3. Los sistemas generales localizados en el suelo urbano no consolidado y en el urbanizable delimitado podrán ser adscritos a aquellas unidades de actuación que tengan un aprovechamiento superior al medio del Sector correspondiente para su obtención y financiación con cargo a las mismas, aunque dichos sistemas generales no estén físicamente incluidos en la unidad de que se trate.

⇒ V. Jurisprudencia en arts. 117, 118 y concordantes del TRLS/1976 (§3).

CAPÍTULO II
Aprovechamiento urbanístico

Artículo 123. Aprovechamiento urbanístico.

1. Se entiende por aprovechamiento urbanístico el conjunto de usos lucrativos permitidos por el planeamiento cuantificados en función del uso y la intensidad previstos por aquél.

2. El aprovechamiento urbanístico se expresará en metros cuadrados construibles del uso y tipología edificatoria más característicos del ámbito de actuación de que se trate. El planeamiento fijará motivadamente los coeficientes de ponderación relativa entre dichos usos y tipologías y los demás de la superficie o Sector, en función de las circunstancias del municipio y la zona considerada. En defecto de estos coeficientes el aprovechamiento real y su valoración se obtendrá por aplicación de las condiciones generales de la edificación establecidas por el planeamiento.

3. A efectos de la gestión urbanística el aprovechamiento puede también medirse y calcularse en dinero o en cualquier otra unidad ideal de medida que traduzca las previsiones de los apartados anteriores.

Artículo 124. Aprovechamiento urbanístico privatizable.

1. Se entiende por aprovechamiento urbanístico privatizable la superficie construible homogeneizada respecto al uso y tipología más característicos de una determinada zona que el titular de un terreno puede incorporar a su patrimonio de acuerdo con lo que determine el planeamiento y previo cumplimiento de las cesiones, cargas y deberes legalmente establecidos.

2. El cálculo del aprovechamiento privatizable se llevará a cabo de conformidad con lo dispuesto en los artículos siguientes.

Artículo 125. Aprovechamiento medio.

1. El aprovechamiento medio de un concreto ámbito territorial es el resultado de dividir su aprovechamiento urbanístico total por la superficie de dicho ámbito. Se calculará conforme a lo dispuesto en los apartados siguientes.

2. El Plan General definirá el aprovechamiento medio del Sector o Sectores que constituyan el ámbito de la equidistribución y, en su caso, el de las unidades de actuación delimitadas por el mismo. Los Planes Parciales definirán el aprovechamiento de las unidades de actuación cuando éstas no vengan delimitadas por el planeamiento general, respetando en todo caso la ponderación y usos fijados por dicho Plan General.

3. Para el cálculo del aprovechamiento medio del Sector o Sectores que constituyan el ámbito de la equidistribución o de cada unidad de actuación, se considerará en el numerador de la división a que hace referencia el apartado 1, el aprovechamiento total, incluyendo el aprovechamiento dotacional privado y excluyendo las dotaciones públicas. En el denominador de dicha operación se tendrá en cuenta la superficie total del ámbito de que se trate, incluidos los terrenos destinados a dotaciones públicas de carácter local y general previstas en el Plan, así como aquellos otros que, aun no hallándose en la superficie considerada, sean adscritos a ella por el planeamiento para su obtención. En la superficie a computar podrán incluirse también los terrenos afectos a dotaciones y equipamientos que se hubiesen ya obtenido por el Ayuntamiento mediante expropiación forzosa u otra forma de adquisición onerosa.

4. A efectos de su adscripción, ocupación o expropiación, el aprovechamiento medio aplicable a los terrenos destinados a sistemas generales no incluidos en Sectores será la media ponderada de los aprovechamientos, referidos al uso predominante, del polígono fiscal en que a efectos catastrales esté incluido el terreno.

5. En el suelo urbanizable residual el aprovechamiento medio no podrá exceder del promedio del de los Sectores de suelo urbanizable delimitado.

Artículo 126. Aprovechamiento privado.

1. El aprovechamiento urbanístico que el propietario de una parcela puede incorporar a su patrimonio en el suelo urbano consolidado será el establecido por el planeamiento para la parcela de que se trate.

2. El aprovechamiento urbanístico que el propietario puede incorporar a su patrimonio en el suelo urbano no consolidado y en el urbanizable será el resultante de aplicar a la superficie aportada el 90 por 100 del aprovechamiento medio del Sector o Sectores que constituyan el ámbito de la equidistribución y, de no haberlos, de la unidad de actuación, o el porcentaje superior a éste que en cada caso determine el planeamiento.

⇒ V. art. 106 y disp. transit. 6ª de la presente Ley.

Artículo 127. Diferencias de aprovechamiento entre Unidades de actuación.

1. Cuando los aprovechamientos de una unidad de actuación superen el aprovechamiento medio del Sector o Sectores que constituyan el ámbito de equidistribución en el que aquélla se encuentre, el exceso corresponderá a la Administración, que podrá destinarlo a compensar a los propietarios incluidos en unidades de actuación que se hallen en la situación inversa, a la obtención de terrenos dotacionales no incluidos o adscritos a unidades de actuación o para ampliar, en su caso, el patrimonio municipal del suelo.

2. Cuando los aprovechamientos permitidos por el planeamiento en una unidad de actuación fueran inferiores a los aprovechamientos privatizables, se adoptarán todas o algunas de las siguientes opciones a elección de la Administración:

a) Se disminuirá la carga de urbanizar en cuantía igual al valor del aprovechamiento que no es posible adquirir, sufragando la Administración la diferencia.

b) Se disminuirá la cesión de aprovechamientos que corresponda al Ayuntamiento según lo dispuesto en el artículo 100 en cuantía igual al aprovechamiento privado no materializable en la unidad.

c) Se compensará la diferencia en otras unidades de actuación excedentarias o con aprovechamiento propio de la Administración o se indemnizará en metálico, una vez esté aprobado y garantizado el correspondiente Proyecto de Urbanización.

Artículo 128. Gastos de urbanización.

1. Los gastos de urbanización que deben ser sufragados por los afectados incluirán todos aquellos que sean necesarios y adecuados a la finalidad de ejecución del planeamiento y comprenderán, al menos, los siguientes conceptos:

a) El coste de las obras de vialidad, incluida la pavimentación de calzadas y encintado de aceras, así como el arbolado, jardinería y mobiliario urbano que estén previstos en los planes.

b) La ejecución y urbanización de los espacios libres públicos incluidos como dotaciones locales, mobiliario urbano, jardinería y plantación de arbolado.

c) El abastecimiento de agua potable, incluidos los gastos de captación, depósito, tratamiento y distribución y las obras de saneamiento, conducciones, colectores, sumideros y las instalaciones de depuración.

d) Las instalaciones de riego y servicios antiincendio.

e) El suministro de energía eléctrica y alumbrado público, incluyendo las instalaciones de conducción y distribución.

f) La canalización *e instalación* de *las* redes de telecomunicaciones y *los demás* servicios exigidos por el planeamiento.

g) Las indemnizaciones procedentes por el derribo de construcciones, destrucción de plantaciones, obras e instalaciones exigidas por la ejecución de los planes.

h) Las indemnizaciones procedentes por la extinción de arrendamientos, derechos de superficie u otras ocupaciones, así como por el cese de actividades o traslados y las derivaciones de los derechos de retorno y realojo previstos en la Ley.

i) El coste de los planes parciales y de los proyectos de urbanización, así como los gastos originados por la reparcelación.

2. En el suelo urbanizable residual los afectados habrán de sufragar asimismo las obras previstas en el planeamiento y concretadas en el ejercicio del derecho de consulta previsto en el artículo 57.

3. Los gastos de instalación de las redes de suministros a que se refieren los párrafos c), e) y f) del apartado 1 anterior se entienden sin perjuicio del derecho o posibilidad de reintegrarse de ellos por las empresas suministradoras.

4. El pago de estos gastos podrá realizarse, previo acuerdo con los propietarios, cediendo éstos gratuitamente y libres de cargas terrenos edificables en proporción suficiente para compensarlos.

5. La Administración municipal queda eximida de participar en los gastos de urbanización por razón del aprovechamiento que, en virtud de cesión obligatoria, le corresponda.

⇒ V. arts. 14, 18 y 19 de la Ley 6/1998, de 13 abril, sobre Régimen del Suelo y Valoraciones (§1).
V. Jurisprudencia en arts. 120 y concordantes del TRLS/1976 (§3).

CAPÍTULO III
Instrumentos de gestión urbanística

Sección 1ª Normalización de fincas

Artículo 129. Concepto y supuestos de la normalización de fincas.

1. Se entiende por normalización de fincas la operación en virtud de la cual se redefinen los linderos de las propiedades al objeto de adaptar la configuración física de aquéllas a las determinaciones del Plan.

2. Procederá la normalización de fincas siempre que, siendo preciso regularizar la configuración física de las fincas, no sea necesaria la redistribución de beneficios y cargas derivados del planeamiento entre los propietarios. En particular, procederá la normalización en los supuestos de actuaciones aisladas en el suelo urbano consolidado.

3. La normalización, que incluirá una breve Memoria y planos justificativos, será acordada por el Alcalde, previa audiencia de los interesados por plazo común de veinte días, y se limitará a definir los nuevos linderos. No podrá afectar a las construcciones preexistentes, salvo las declaradas fuera de ordenación. La eventuales variaciones en el valor de las fincas se compensarán en metálico o en la forma que en cada caso se convenga.

Sección 2ª Expropiación forzosa

Artículo 130. Supuestos expropiatorios.

1. La expropiación forzosa como instrumento de gestión urbanística se aplicará en los siguientes supuestos:

a) Para la obtención aislada de terrenos destinados a sistemas generales y demás dotaciones públicas y cuando no esté previsto otro procedimiento de los enumerados en los artículos 142 y 143 de esta Ley.

b) Para la regularización de fincas, formación de manzanas y demás actuaciones aisladas en que convenga suprimir elementos constructivos preexistentes.

c) Para cuando se haya establecido este sistema en actuaciones integradas en unidades de actuación.

d) Como instrumento adicional al servicio de los urbanizadores en los sistemas de actuación de base privada en los términos y con las condiciones reguladas en el Capítulo VI de este Título.

e) Para la constitución y ampliación de los patrimonios públicos de suelo.

f) Por incumplimiento de la función social de la propiedad.

g) En todos los demás supuestos legalmente establecidos.

2. En el supuesto del párrafo a) del apartado 1 anterior y, en general, cuando la expropiación esté prevista en el planeamiento respecto de terrenos no susceptibles de edificación y aprovechamiento privado y que no hayan de ser objeto de cesión obligatoria por no resultar posible la distribución de beneficios, la inactividad de la Administración en el inicio del expediente expropiatorio facultará a los propietarios a hacer uso de las previsiones del apartado 3 del artículo 87 de esta Ley.

3. En los supuestos mencionados en el apartado anterior y, en general, en todos aquellos en los que la expropiación no se utiliza como sistema de ejecución de unidades de actuación, el coste de las expropiaciones podrá ser repercutido sobre los propietarios que resulten especialmente beneficiados por la actuación, mediante la imposición de contribuciones especiales.

4. El ejercicio de la potestad expropiatoria se ajustará a lo dispuesto en esta Ley y le será de aplicación la legislación general del Estado en lo referente a la fijación de justiprecio, reversión de terrenos expropiados, inscripción en el Registro de la Propiedad y, en general, en todo lo que constitucionalmente corresponde a la competencia estatal.

⇒ V. arts. 34 y 36 de la Ley 6/1998, de 13 abril, sobre Régimen del Suelo y Valoraciones (§1).
V. Jurisprudencia en arts. 134, 135 y concordantes del TRLS/1976 (§3).

Artículo 131. Expropiación por incumplimiento de la función social de la propiedad.

1. La expropiación por incumplimiento de la función social de la propiedad se podrá aplicar:

a) Por inobservancia de los plazos establecidos en el planeamiento para la urbanización de los terrenos o, en su caso, para la edificación de acuerdo con lo previsto en los artículos 246 y siguientes de la presente Ley.

b) En los supuestos de parcelaciones ilegales.

2. En el supuesto del párrafo a) del apartado anterior, constatado el incumplimiento, el Ayuntamiento requerirá al propietario para que en el plazo máximo de seis meses proceda a completar la urbanización. Transcurrido dicho plazo sin que se haya iniciado el proceso se iniciará el correspondiente expediente expropiatorio. En tales casos, del justiprecio que proceda se deducirá el importe de la multa que hubiera sido impuesta.

Una vez expropiado el terreno, el Ayuntamiento decidirá en el plazo de seis meses sobre el modo de llevar a cabo la urbanización inacabada.

⇒ V. art. 34 de la Ley 6/1998, de 13 abril, sobre Régimen del Suelo y Valoraciones (§1).

Artículo 132. Constitución de servidumbres.

1. Podrá imponerse la constitución de servidumbres, con arreglo a la legislación expropiatoria, como alternativa a la expropiación absoluta cuando para la ejecución del planeamiento no sea necesaria la titularidad del dominio, siempre que el justiprecio que proceda abonar no exceda de la mitad del importe que racionalmente se pueda prever que correspondería por la expropiación del dominio.

2. Cuando hubieren de modificarse o suprimirse servidumbres privadas por estar en contradicción con las disposiciones del Plan, podrán expropiarse con arreglo al procedimiento previsto en la legislación expropiatoria.

⇒ V. art. 211.3 del TRLS/1992 (§2).

Sección 3ª Ocupación directa

Artículo 133. Concepto de ocupación directa.

1. Se entiende por ocupación directa la obtención de terrenos dotacionales públicos mediante el reconocimiento a su titular del derecho a integrarse en una unidad de actuación excedentaria.

2. La ocupación directa requerirá que esté aprobado el planeamiento de detalle en cada caso preciso y que el Ayuntamiento haya determinado también tanto el aprovechamiento correspondiente al titular del terreno que se pretende ocupar como el de las unidades de actuación excedentarias en las que haya de hacerse efectivo tal aprovechamiento.

⇒ El sistema de ocupación directa se reguló por el art. 203 del TRLS/1992 (§2), derogado por la disp. derog. única de la Ley 6/1998, de 13 abril, sobre Régimen del Suelo y Valoraciones (§1).
V. arts. 42 y concordantes del RD 1093/1997, de 4 julio (§2.1).
V. Jurisprudencia en arts. 12 y concordantes del TRLS/1976 (§3).

Artículo 134. Procedimiento de la ocupación directa.

El procedimiento de aplicación de la ocupación directa deberá ajustarse a las siguientes reglas:

1ª El Ayuntamiento publicará en el «Boletín Oficial de Cantabria» y notificará a los interesados la relación de los terrenos y propietarios afectados, aprovechamiento correspondiente a cada uno de ellos y unidad o unidades de actuación excedentarias donde habrán de hacer efectivos sus derechos. A continuación, durante el plazo de un mes, los interesados podrán alegar lo que estimen conveniente. Al mismo tiempo se solicitará certificación de dominio al Registro de la Propiedad y la práctica de los asientos que correspondan.

2ª La ocupación sólo podrá llevarse a cabo transcurrido el plazo de la información pública y notificación, levantándose acta en la que se harán constar, al menos, los siguientes extremos:

a) Lugar y fecha de otorgamiento.

b) Identificación de los titulares de los terrenos a ocupar y situación registral de éstos.

c) Superficie a ocupar y aprovechamiento urbanístico que le corresponda.

d) Unidades de actuación donde han de hacerse efectivos los aprovechamientos.

3ª Se entenderán las actuaciones con el Ministerio Fiscal en el caso de propietarios desconocidos, no comparecientes, incapacitados sin persona que les represente o cuando se trate de propiedad litigiosa.

4ª La Administración expedirá a favor de cada uno de los propietarios de terrenos ocupados certificación de los extremos señalados en la regla 2ª anterior. Una copia de dicha certificación, acompañada del correspondiente plano, se remitirá al Registro de la Propiedad para inscribir la superficie ocupada a favor de la Administración, en los términos establecidos por la legislación estatal.

5ª Los propietarios afectados tendrán derecho a la indemnización por ocupación temporal en los términos de la legislación del Estado. Asimismo, transcurridos cuatro años sin que se haya procedido a la ejecución del Plan en la unidad de actuación donde los propietarios hayan sido integrados, éstos tendrán derecho a que la Administración expropie sus terrenos. A tal fin, procederán en los términos del párrafo segundo del apartado 3 del artículo 87 de esta Ley.

Sección 4ª Reparcelación

Artículo 135. Concepto de reparcelación.

1. Se entiende por reparcelación la agrupación de fincas comprendidas en una unidad de actuación para su nueva y posterior división ajustada al planeamiento, con adjudicación de las parcelas resultantes a los afectados en proporción a sus respectivos derechos.

2. La reparcelación tiene por objeto distribuir equitativamente los beneficios y cargas derivados del planeamiento, regularizar la configuración de las fincas, situar el aprovechamiento urbanístico en las zonas aptas para la

edificación y localizar, en su caso, en esas mismas zonas, el aprovechamiento que en virtud de los deberes de cesión corresponda al Ayuntamiento.

3. Cuando sean necesarios procesos reparcelatorios no podrán concederse licencias de edificación hasta que sea firme en vía administrativa el acuerdo aprobatorio de la reparcelación de la unidad de actuación.

⇒ V. art. 5 de la Ley 6/1998, de 13 abril, sobre Régimen del Suelo y Valoraciones (§1). V. Jurisprudencia en arts. 97 y concordantes del TRLS/1976 (§3).

Artículo 136. Innecesariedad de la reparcelación.

No será necesaria la reparcelación en los siguientes supuestos:

a) Cuando la totalidad de los terrenos de la unidad de actuación pertenezca a un solo propietario o, aun perteneciendo a varios titulares, cuando la cuantía de los derechos de los que sean minoritarios imponga la reparcelación económica conforme a lo dispuesto en el artículo 137.

b) Cuando el Plan se ejecute por el sistema de expropiación.

c) Cuando se trate de actuaciones aisladas en suelo urbano.

d) Cuando se trate de ejecutar un plan que afecte a una superficie ya reparcelada sin que se altere el equilibrio económico entre los propietarios.

Artículo 137. Contenido y reglas de la reparcelación.

1. Salvo acuerdo unánime en contrario de todos los propietarios afectados, la reparcelación se ajustará a los siguientes criterios:

a) Cada propietario recibirá parcelas aptas para edificar y para poder plasmar el aprovechamiento que le corresponda en proporción a la superficie aportada y, si fuera posible, sobre las fincas originales. Las diferencias de adjudicación de terrenos serán objeto de compensación económica entre los interesados.

b) Cuando la escasa cuantía de los derechos de algunos propietarios no permita la adjudicación de fincas independientes a todos ellos, los solares resultantes podrán adjudicarse «pro indiviso» o sustituirse por una indemnización en metálico.

c) Para la asignación de las parcelas edificables resultantes se tendrán en cuenta los criterios para fijar el aprovechamiento urbanístico y, en su caso, las normas de valoración del suelo de la legislación del Estado. No se harán adjudicaciones de parcelas que excedan del 15 por 100 de los derechos de los adjudicatarios.

d) Las compensaciones económicas, sustitutivas o complementarias, por diferencias de adjudicación se fijarán atendiendo al precio medio en venta de las parcelas resultantes, sin incluir los costes de urbanización.

e) Las plantaciones, obras, edificaciones, instalaciones y mejoras que no puedan conservarse, se valorarán con independencia del suelo y su importe se satisfará al propietario interesado con cargo al conjunto de los demás propietarios o la entidad urbanizadora que los represente en concepto de gastos de urbanización y mejoras.

f) Las obras de urbanización preexistentes que resulten útiles para la ejecución del nuevo Plan serán consideradas obras de urbanización con cargo al conjunto de los propietarios o la entidad urbanizadora que los represente. Su importe se satisfará al titular del terreno sobre el que se hubieran efectuado.

2. En ningún caso podrán adjudicarse como fincas independientes superficies inferiores a la parcela mínima edificable o que no reúnan la configuración y características adecuadas para su edificación conforme al planeamiento.

3. Cuando haya discordancia entre los títulos aportados y la realidad física de las fincas prevalecerá ésta en el expediente de reparcelación.

4. No serán objeto de nueva adjudicación los terrenos edificados con arreglo al planeamiento que se ejecuta y los inmuebles formalmente incluidos en alguna categoría protectora propia de la legislación del Patrimonio Histórico y Cultural. En tales supuestos los propietarios conservarán las propiedades primitivas, sin perjuicio de la regularización de fincas cuando fuese necesario y de las compensaciones económicas que procedan.

5. En cualquier momento, previo acuerdo de los interesados, podrá sustituirse la reparcelación por el equivalente económico del derecho que se ostente. Dicha sustitución se impondrá cuando por las circunstancias del planeamiento no fuera posible llevar a cabo la reparcelación material de los terrenos en un porcentaje superior a la mitad de la superficie de la unidad de actuación. En todos esos casos, la reparcelación se limitará a la redistribución material de los terrenos restantes, estableciendo las cesiones a favor del Ayuntamiento y las indemnizaciones que procedan entre los afectados.

6. Se aplicarán supletoriamente, en lo que proceda, las normas de la expropiación forzosa.

⇒ V. arts. 153.1 y 160.4 de la presente Ley.
V. art. 27 de la Ley 6/1998, de 13 abril, sobre Régimen del Suelo y Valoraciones (§1).
V. arts. 6 y concordantes del RD 1093/1997, de 4 julio (§2.1).
V. Jurisprudencia en arts. 99 y concordantes del TRLS/1976 (§3).

Artículo 138. Tramitación.

1. El procedimiento de la reparcelación se integrará en el marco del sistema de actuación que, de acuerdo con el artículo 148, en cada caso se elija.

2. El proyecto de reparcelación física deberá ser aprobado por el órgano municipal competente conforme al mismo procedimiento previsto en el apartado 3 del artículo 121 para la delimitación de unidades de actuación.

⇒ V. art. 5 de la Ley 6/1998, de 13 abril, sobre Régimen del Suelo y Valoraciones (§1).
V. arts. 6 y concordantes del RD 1093/1997, de 4 julio (§2.1).

Artículo 139. *Efectos de la reparcelación.*

1. La iniciación del expediente de reparcelación conlleva, sin necesidad de declaración expresa, la suspensión del otorgamiento de licencias de parce-

lación y edificación en el ámbito de la unidad de actuación. Los peticionarios de licencias solicitadas con anterioridad tendrán derecho a ser resarcidos del coste justificado de los proyectos y a la devolución, en su caso, de las tasas municipales. La suspensión prolongará su eficacia hasta que sea firme en vía administrativa el acuerdo aprobatorio de la reparcelación de la unidad de actuación.

2. El acuerdo aprobatorio del Proyecto de reparcelación producirá los siguientes efectos:

a) Transmisión al Ayuntamiento, en pleno dominio y libre de cargas, de todos los terrenos de cesión obligatoria.

b) Subrogación de las antiguas parcelas por las nuevas que resulten, con plena eficacia real.

c) Afectación de las parcelas adjudicadas al cumplimiento de las cargas y pago de los gastos inherentes al sistema de actuación que corresponda.

⇒ V. art. 152.2 de la presente Ley.
V. Jurisprudencia en arts. 100 y concordantes del TRLS/1976 (§3).

Sección 5ª Convenios urbanísticos

Artículo 140. Régimen de los Convenios urbanísticos.

Las Administraciones Públicas y los particulares podrán celebrar convenios urbanísticos para la ejecución del planeamiento. Los Convenios de gestión se regirán en cuanto a su contenido, requisitos y límites por lo dispuesto en el Capítulo IV del Título VII de esta Ley.

⇒ V. art. 4 de la Ley 6/1998, de 13 abril, sobre Régimen del Suelo y Valoraciones (§1).

CAPÍTULO IV

Obtención de terrenos dotacionales

Artículo 141. Dotaciones públicas y sistemas de obtención.

1. Las infraestructuras y equipamientos urbanísticos de los municipios se calificarán como sistemas generales y dotaciones o sistemas locales.

2. Se consideran sistemas generales al conjunto de espacios libres y equipamientos destinados al servicio de todo el municipio y definidos conforme al artículo 39 de esta Ley. Se consideran dotaciones o sistemas locales los equipamientos al servicio prioritario de un Sector o unidad de actuación.

3. Tanto los sistemas generales como las dotaciones locales podrán obtenerse en el seno de los procedimientos de reparcelación implícitos en cada uno de los sistemas de gestión urbanística, así como por expropiación y por alguno de los demás sistemas enumerados en los artículos siguientes.

⇒ V. D. 41/2000, de 14 junio, que regula el procedimiento para autorización de parques eólicos.
V. art. Ley 5/1996, de 17 diciembre, de carreteras.

Artículo 142. Obtención de los sistemas generales.

1. Los terrenos destinados por el planeamiento a sistemas generales en el suelo urbano consolidado y en el suelo rústico, se obtendrán:

a) Mediante expropiación forzosa.

b) Por convenio urbanístico.

En el procedimiento que se utilice se determinarán los mecanismos de compensación bien en terrenos edificables o en otras compensaciones, incluida la económica. Cuando la indemnización consista en compensaciones distintas de la exclusivamente económica y, desde luego, cuando se trate de la adjudicación de terrenos de valor equivalente al que se pretende obtener, será necesario el consentimiento expreso del propietario. En estos casos, el valor de los terrenos y aprovechamientos se fijará pericialmente por técnicos municipales y conforme a los criterios de valoración aplicables en la legislación del Estado.

2. Los terrenos destinados por el planeamiento a sistemas generales en el suelo urbano no consolidado y en el suelo urbanizable, se obtendrán:

a) Mediante cesión obligatoria derivada de su inclusión o adscripción en una unidad de actuación, cuando sea posible.

b) Mediante ocupación directa asignando a los propietarios afectados su aprovechamiento en unidades de actuación excedentarias.

c) Mediante expropiación forzosa.

d) Por convenio urbanístico, consignando en sus estipulaciones las compensaciones que procedan con arreglo al planeamiento en terrenos edificables o de forma pecuniaria.

⇒ V. art. 130 de la presente Ley.

Artículo 143. Dotaciones locales.

1. Los terrenos destinados por el planeamiento a sistemas o dotaciones locales en el suelo urbano consolidado se obtendrán mediante alguno de los sistemas enumerados en el apartado 1 del artículo 142.

2. Los terrenos destinados por el planeamiento a sistemas o dotaciones locales en el suelo urbano no consolidado y en el urbanizable se obtendrán mediante cesión obligatoria y gratuita derivada de su inclusión en una unidad de actuación y a través del sistema de ejecución y gestión que en cada caso se adopte. Excepcionalmente, para cuando ello no sea posible y previa motivación suficiente, se podrán utilizar los demás sistemas contemplados en el artículo 142.

3. En el caso de dotaciones locales la cesión gratuita de los terrenos conlleva asimismo su urbanización a costa de los propietarios de la unidad de actuación afectada.

⇒ V. art. 130 de la presente Ley.

V. Jurisprudencia en arts. 83, 84, 65, 12 y concordantes del TRLS/1976 (§3).

CAPÍTULO V
Actuaciones aisladas

Artículo 144. Actuaciones aisladas en el suelo urbano.

En el suelo urbano consolidado la gestión urbanística se efectuará mediante actuaciones aisladas sobre las parcelas existentes previa normalización de las fincas si fuere necesario y tras la pertinente licencia. El propietario deberá completar a su costa la urbanización y los servicios necesarios hasta que la parcela tenga la condición de solar y ceder al Municipio los terrenos destinados a viales y espacios libres públicos afectados por las alineaciones establecidas por el planeamiento.

Artículo 145. Actuaciones aisladas para la ejecución de dotaciones públicas.

1. La ejecución de los sistemas generales y demás dotaciones públicas podrá llevarse a cabo de forma aislada en cualquier clase de suelo mediante el sistema de expropiación forzosa, pudiéndose utilizar, cuando legalmente proceda, el régimen de contribuciones especiales previsto en la legislación de Haciendas Locales.

2. Los terrenos necesarios para dotaciones públicas podrán asimismo obtenerse por los procedimientos previstos en los artículos 142 y 143 de esta Ley.

Artículo 146. Proyectos de obras.

Para la ejecución de las obras a que se refieren los artículos anteriores se llevarán a cabo proyectos de obras ordinarias en los términos comúnmente establecidos en la legislación de régimen local.

CAPÍTULO VI
Actuaciones integradas

Sección 1ª Disposiciones generales

Artículo 147. Sistemas de actuación.

1. De conformidad con lo dispuesto en el apartado 2 del artículo 117 y sin perjuicio de los supuestos de actuaciones aisladas, la ejecución del planeamiento se llevará a cabo normalmente por unidades completas de actuación y a través de alguno de los sistemas previstos en los artículos siguientes.

2. Los sistemas de actuación a que se refiere este Capítulo son instrumentos de gestión urbanística que fijan y establecen las bases técnicas y económicas de cada actuación y cuyo ámbito puede abarcar una o varias unidades de actuación completas de un mismo Sector.

3. Los sistemas de ejecución del planeamiento por zonas integradas en unidades completas de actuación serán los siguientes:

a) Sistema de Compensación.

b) Sistema de Cooperación.

c) Sistema de Expropiación.

d) Sistema de Concesión de obra urbanizadora.

4. No podrán aprobarse los sistemas de actuación a que hace referencia el apartado anterior en ausencia de planeamiento urbanístico, ni modificar sus determinaciones al margen del procedimiento establecido para ello, sin perjuicio de las adaptaciones materiales exigidas por la realidad física de los terrenos.

⇒ V. arts. 168.1, 169 y 170.1 del TRLS/1992 (§2).
V. arts. 6 y concordantes del RD 1093/1997, de 4 julio (§2.1).
V. Jurisprudencia en art. 119 y concordantes del TRLS/1976 (§3).

Artículo 148. Elección del sistema.

1. La Administración municipal elegirá el sistema de ejecución según sus necesidades y en consideración a los medios económico-financieros con que cuente, su capacidad de gestión, la colaboración de la iniciativa privada y las demás circunstancias que concurran.

2. Cuando el planeamiento correspondiente no precise el sistema de ejecución, su elección se llevará a cabo con la delimitación de la unidad de actuación. La modificación justificada del sistema elegido se tramitará con arreglo al procedimiento previsto para la delimitación de unidades de actuación.

3. Cuando se hubiera fijado un sistema de gestión privada y no estuviera siendo desarrollado conforme al ritmo y plazos establecidos por el planeamiento o, en su defecto, si hubieran transcurrido cuatro años desde la delimitación de la unidad de actuación sin que su urbanización y ejecución estuviera concluida, la Administración podrá sustituir el sistema de ejecución, previa audiencia de los interesados y con sometimiento a información pública por plazo de veinte días. El cambio de sistema no se producirá si los afectados ofrecen en dicho plazo garantías bastantes de los gastos de urbanización pendientes y formalizan dichas garantías en el plazo no superior a tres meses que el Ayuntamiento acuerde.

⇒ V. art. 4 de la Ley 6/1998, de 13 abril (§ 1).
V. Jurisprudencia en art. 119 y concordantes del TRLS/1976 (§3).

Sección 2ª Sistema de compensación

Artículo 149. Características del sistema de compensación.

1. El sistema de compensación es un sistema de actuación de base privada en el que los propietarios, agrupados en una Entidad con personalidad jurídica denominada Junta de Compensación, asumen el papel de urbanizadores y, en tal condición, llevan a cabo las operaciones de reparcelación y las obras de urbanización conforme determine el Plan aportando los terrenos de cesión obligatoria en los términos previstos en esta Sección.

2. No será necesaria la formación de Junta de Compensación cuando todos los terrenos de la unidad de actuación pertenezcan a un solo propietario

o, aun perteneciendo a varios, cuando todos ellos acuerden seguir el trámite del procedimiento abreviado previsto en el artículo 157.

⇒ V. art. 4 de la Ley 6/1998, de 13 abril, sobre Régimen del Suelo y Valoraciones (§1).
V. arts. 6 y concordantes del RD 1093/1997, de 4 julio (§2.1).
V. Jurisprudencia en arts. 126 y concordantes del TRLS/1976 (§3).

Artículo 150. Aplicación del sistema de compensación.

1. Cuando el sistema de compensación venga establecido en el planeamiento, su efectiva aplicación requerirá que los propietarios afectados que representen más de la mitad de la superficie de la unidad de actuación presenten al Ayuntamiento un escrito expresando su voluntad formal de que se aplique el sistema. A tal efecto, simultáneamente o con posterioridad a dicho escrito, pero en todo caso en el plazo establecido en el planeamiento o, en su ausencia, en el de seis meses desde la aprobación definitiva del Plan, presentarán un proyecto de Estatutos de la Junta a la que se refiere el artículo 151. De no ser así, la Administración podrá sustituir el sistema de ejecución.

2. Cuando el sistema de compensación no venga establecido en el planeamiento, será también requisito para su aplicación que los propietarios afectados, en igual porcentaje que el previsto en el apartado anterior, lo soliciten en el trámite de información pública del procedimiento para delimitar la unidad de actuación. La Administración, no obstante, no está vinculada por la solicitud y resolverá según lo dispuesto en el apartado 1 del artículo 148. De optar por el sistema de compensación concederá a los propietarios afectados un plazo no superior a tres meses para que presenten el proyecto de Estatutos previsto en el apartado anterior.

Artículo 151. Junta de Compensación.

1. La Junta de Compensación tendrá personalidad jurídica, naturaleza administrativa y plena capacidad para el cumplimiento de sus fines.

2. Un representante de la Administración formará parte, en todo caso, de su órgano rector.

3. Los acuerdos de la Junta se adoptarán por mayoría simple de cuotas de participación, salvo la aprobación del Proyecto de compensación que requerirá la mayoría absoluta de cuotas y aquellos otros para los cuales los Estatutos exijan una mayoría cualificada. En ausencia de otras cuotas de participación dichos porcentajes computarán en atención al derecho o interés económico de cada miembro expresado por la superficie de la unidad de actuación de que sea propietario.

4. Contra los acuerdos de la Junta cabe recurso de alzada ante el Alcalde en el plazo de un mes.

⇒ V. art. 34 de la Ley 6/1998, de 13 abril (§ 1).
V. Jurisprudencia en art. 127 y concordantes del TRLS/1976 (§3).

Artículo 152. Aprobación de los Estatutos y constitución de la Junta.

1. La Junta de Compensación se constituirá de acuerdo con las siguientes reglas:

a) Los propietarios legitimados para ello presentarán el Proyecto de Estatutos a que se refiere el apartado 1 del artículo 150 acompañando al mismo certificación registral de dominio y cargas de, al menos, las fincas afectadas de su propiedad.

b) Presentado el proyecto de Estatutos el Alcalde lo aprobará inicialmente, notificándolo al resto de los propietarios y titulares de derechos otorgándoles un plazo de audiencia de veinte días. Al mismo tiempo el proyecto se someterá a información pública por idéntico plazo de veinte días. Finalizado el plazo de audiencia y de información pública el Alcalde resolverá en definitiva, con las modificaciones que procedan.

c) La aprobación definitiva del proyecto de Estatutos será notificada a los propietarios y demás interesados, publicándose asimismo en el «Boletín Oficial de Cantabria». El Alcalde solicitará del Registro de la Propiedad la práctica de los asientos que correspondan, con depósito de los Estatutos aprobados.

d) Aprobados los Estatutos el Ayuntamiento designará su representante en el órgano rector de la Junta y ésta se constituirá en el plazo de tres meses mediante escritura pública.

e) Transcurridos tres meses desde la finalización del período de información pública sin que el Ayuntamiento se hubiera pronunciado los promotores podrán entender aprobados los Estatutos, de conformidad con la legislación del procedimiento administrativo común.

2. La aprobación de los Estatutos conllevará los efectos previstos en el apartado 1 del artículo 139.

3. Los propietarios que no hubieran solicitado el sistema podrán incorporarse a la Junta de Compensación dentro del plazo de un mes desde la formalización de la escritura de constitución de aquélla. Transcurrido dicho plazo, sus fincas serán expropiadas a favor de la Junta de Compensación. Los propietarios que no deseen formar parte de la Junta podrán también solicitar al Ayuntamiento la inmediata expropiación de los bienes afectados, sin perjuicio de su libre transmisión. Si dicha transmisión se produjera antes de la expropiación el nuevo propietario podrá integrarse de inmediato en la Junta de Compensación.

Podrán también incorporarse a la Junta de Compensación las empresas urbanizadoras que hayan de participar con los propietarios en la gestión de la unidad de actuación.

Artículo 153. Bases de Actuación y Proyecto de Compensación.

1. La Junta de Compensación, una vez constituida, elaborará unas Bases de Actuación que, teniendo en cuenta lo dispuesto en el artículo 137, incluirán los criterios para valorar tanto las fincas y derechos aportados como las resultantes de la adjudicación en función del aprovechamiento atribuido a cada una de ellas. Incluirá también las reglas de adjudicación de parcelas y, en general, cuantas determinaciones se consideren adecuadas para la correcta ejecución del sistema y de las obras de urbanización.

2. Las Bases serán presentadas al Ayuntamiento, que las aprobará, en su caso, con las modificaciones que procedan. Transcurrido un mes sin acuerdo expreso se entenderán aprobadas.

3. Una vez aprobadas las Bases de Actuación, la Junta, con sujeción a los criterios establecidos en aquéllas, elaborará en el plazo de seis meses el Proyecto de Compensación en el que se describirán las fincas resultantes, la localización de los terrenos de cesión obligatoria y cuantas precisiones sean necesarias para la ejecución del Plan. El Proyecto de Compensación tendrá también en cuenta lo dispuesto en el artículo 137 y será aprobado por el Ayuntamiento de conformidad con el procedimiento previsto en los párrafos b) a d) del apartado 1 del artículo anterior. La aprobación definitiva del Proyecto conllevará los efectos previstos en el apartado 2 del artículo 139.

⇒ V. Jurisprudencia en arts. 126, 127, 128, 129 y 130 del TRLS/1976 (§3).

Artículo 154. Procedimiento conjunto.

Los propietarios que representen al menos el 60 por 100 de la superficie de la unidad podrán también presentar conjuntamente para su tramitación los proyectos de Estatutos de la Junta y de Bases de actuación o incluso, directamente, el Proyecto de Compensación. En tales casos el procedimiento será el regulado en el artículo 152 de esta Ley.

Artículo 155. Responsabilidad y facultades de la Junta.

1. La Junta de Compensación será directamente responsable frente al Ayuntamiento de la completa urbanización de la unidad de actuación de que se trate y de las demás obligaciones inherentes a ello previstas en el planeamiento.

2. El incumplimiento por los miembros de la Junta de las obligaciones impuestas por esta Ley habilitará al Ayuntamiento para expropiar sus respectivos derechos en favor de la Junta de Compensación. Ésta podrá también solicitar al Ayuntamiento la utilización de la vía de apremio para la exacción de las cantidades adeudadas por sus miembros.

3. La Junta de Compensación actuará con pleno poder dispositivo sobre las fincas de la unidad de actuación, sin más limitaciones que las establecidas en los Estatutos.

Artículo 156. Obras de urbanización.

1. La obras de urbanización e instalaciones cuya ejecución estuviese prevista en el planeamiento se cederán a la Administración una vez producida su recepción definitiva por la Junta.

2. En tanto no se haya procedido a su recepción por el Ayuntamiento, la urbanización quedará afecta en cuanto a su mantenimiento a la responsabilidad de la Junta de Compensación o a los titulares de los inmuebles, que se subrogarán en sus derechos y obligaciones debiendo constituir la Entidad de conservación correspondiente.

3. El planeamiento podrá determinar que la urbanización quede a cargo

de una Entidad Urbanística Colaboradora en cuanto a su mantenimiento y conservación. Por medio de los oportunos Convenios Urbanísticos se podrá precisar, concretar o completar esta determinación.

⇒ V. art. 21 de la Ley 6/1998, de 13 abril, sobre Régimen del Suelo y Valoraciones (§1).

Artículo 157. Procedimiento abreviado.

1. Cuando los terrenos de una unidad de actuación pertenezcan a un único propietario o, aun perteneciendo a varios, todos ellos lo acuerden por unanimidad, no será necesario constituir Junta de Compensación y se podrá utilizar el procedimiento abreviado para la aprobación del Proyecto de Compensación. A estos efectos en el cómputo de los propietarios no se tendrán en cuenta los terrenos de dominio público.

2. El Proyecto formalizado será presentado al Ayuntamiento en el plazo de seis meses desde la aprobación definitiva del Plan o la delimitación de la unidad de actuación. En el Proyecto deberá acreditarse que los terrenos afectados son propiedad de sus promotores, se garantizará adecuadamente la actuación y se designará un representante de los propietarios, con poderes bastantes, ante la Administración.

3. El Proyecto será sometido a información pública por plazo de veinte días. Terminado dicho plazo el Ayuntamiento resolverá sobre su aprobación. De no presentarse alegaciones quedará aprobado definitivamente. Asimismo, el Proyecto se entiende aprobado si transcurre un mes desde la finalización de la información pública sin que se haya producido acuerdo de aprobación expresa.

4. Tras la aprobación definitiva del Proyecto, no será necesaria ninguna nueva formalidad para la inscripción del Proyecto en el Registro de la propiedad para lo que bastará bien la presentación de la correspondiente escritura, bien la certificación expedida por el Secretario del Ayuntamiento del acuerdo de su aprobación o de la aprobación por silencio.

5. En los supuestos de propietario único el Proyecto de compensación se limitará a expresar la localización de los terrenos de cesión obligatoria que establezca el plan, así como la localización de las parcelas edificables con señalamiento de aquellas en que se sitúe el aprovechamiento que corresponda a la Administración.

⇒ V. art. 149.2 de la presente Ley.

Sección 3ª Sistema de cooperación

Artículo 158. Características del sistema de cooperación.

1. El sistema de cooperación es un sistema de actuación de base pública en el que los propietarios aportan el suelo de cesión obligatoria y la Administración asume el papel de urbanizadora y ejecuta con cargo a aquéllos las obras que determine el planeamiento.

2. La aplicación del sistema de cooperación exige la reparcelación de los terrenos comprendidos en la unidad de actuación, salvo que ésta sea inne-

cesaria por resultar suficientemente equitativa la distribución de los beneficios y cargas.

3. Podrán constituirse asociaciones administrativas de propietarios, a iniciativa propia o de la Administración, con la finalidad de colaborar en la ejecución de las obras de urbanización. Las Asociaciones que se constituyan representarán al menos la propiedad del 25 por 100 de la superficie afectada y el Ayuntamiento podrá delegar en ellas cualquier tarea conectada con la ejecución del planeamiento de que se trate.

⇒ V. arts. 168.1, 169 y 170.1 del TRLS/1992 (§2).
V. art. 5 de la Ley 6/1998, de 13 abril (§ 1).
V. arts. 6 y concordantes del RD 1093/1997, de 4 julio (§2.1).
V. Jurisprudencia en art. 131 y concordantes del TRLS/1976 (§3).

Artículo 159. Cargas de la urbanización.

1. Las cargas de la urbanización se distribuirán entre los propietarios en proporción al valor de los aprovechamientos que le sean adjudicados en la reparcelación y de acuerdo con lo dispuesto en el artículo 128.

2. El Ayuntamiento podrá exigir a los propietarios el pago de cantidades a cuenta de las cargas de la urbanización. Estas cantidades no podrán exceder del importe de las inversiones previstas para los siguientes seis meses.

3. La Administración podrá, asimismo, convenir con los propietarios afectados aplazamientos en el pago de las cargas de urbanización.

Artículo 160. Tramitación.

1. El expediente de reparcelación se entenderá iniciado al aprobarse la delimitación de la unidad de actuación, salvo cuando la reparcelación se tramite y apruebe conjunta y simultáneamente con el planeamiento de desarrollo u otro instrumento complementario del mismo.

2. El proyecto de reparcelación se formulará y aprobará de acuerdo con las siguientes reglas:

a) El Ayuntamiento, de oficio o a instancia de parte, formulará el proyecto de reparcelación.

b) Iniciado el expediente el Ayuntamiento deberá solicitar del Registro de la Propiedad certificación de dominio y cargas de las fincas incluidas en la unidad de reparcelación.

c) El proyecto será aprobado por el órgano municipal competente conforme a lo dispuesto en el apartado 3 del artículo 121 de esta Ley.

3. Una vez firme en vía administrativa el acuerdo de aprobación definitiva de la reparcelación, se notificará a los interesados. El Ayuntamiento acordará la ocupación de los terrenos y se procederá a otorgar los documentos o escrituras públicas correspondientes.

4. El proyecto de reparcelación tendrá en cuenta lo dispuesto en el artículo 137 y podrá prever reservas de terrenos edificables para sufragar con su aprovechamiento todos o algunos de los gastos de urbanización. Los terrenos que res-

ten una vez ejecutadas las obras se adjudicarán a los propietarios en proporción a sus derechos o se enajenarán mediante subasta con la misma finalidad.

5. Los proyectos de reparcelación podrán ser tramitados conjuntamente con la delimitación de la unidad de actuación siguiendo el trámite de ésta.

6. En todo lo no previsto se estará a las reglas que procedan del sistema de compensación.

⇒ V. art. 5 de la Ley 6/1998, de 13 abril, sobre Régimen del Suelo y Valoraciones (§1). V. arts. 6 y concordantes del RD 1093/1997, de 4 julio (§2.1).

Artículo 161. Procedimiento abreviado.

1. La propuesta de reparcelación formulada por los propietarios afectados por acuerdo unánime, o en su caso, por el propietario único de la unidad de actuación, se someterá a las siguientes reglas:

a) La propuesta será informada por los Servicios municipales y sometida a información pública por plazo de veinte días.

b) Terminado dicho plazo el Alcalde resolverá sobre su aprobación. De no presentarse alegaciones quedará aprobada definitivamente.

c) El Proyecto se entiende asimismo aprobado si transcurre un mes desde la finalización de la información pública sin que se haya producido acuerdo de aprobación expresa.

2. En los supuestos de propietario único, la reparcelación se limitará a expresar la localización de los terrenos de cesión obligatoria que establezca el plan, así como la localización de las parcelas edificables con señalamiento de aquellas en que se sitúe el aprovechamiento que corresponda a la Administración.

Sección 4ª Sistema de expropiación

Artículo 162. Características del sistema de expropiación.

1. El sistema de expropiación para ejecutar unidades completas de actuación es un sistema público de actuación en el que el Ayuntamiento obtiene la propiedad de todos los bienes y derechos incluidos en aquéllas, ejecuta las obras de urbanización y enajena después las parcelas resultantes susceptibles de edificación.

2. El Ayuntamiento podrá también edificar directamente o ceder los terrenos resultantes a otros entes públicos con la finalidad de construir viviendas sometidas a algún régimen de protección, equipamientos comunitarios u otras instalaciones y edificaciones de interés social, de acuerdo con el planeamiento.

3. La aplicación del sistema de expropiación exigirá la formulación de la relación de propietarios y descripción de bienes y derechos afectados. Dicha relación habrá de ser aprobada por el Ayuntamiento Pleno, previa la apertura de un período de información pública por plazo de veinte días.

⇒ V. arts. 33 a 40 de la Ley 6/1998, de 13 abril, sobre Régimen del Suelo y Valoraciones (§1).

V. arts. 22 y concordantes del RD 1093/1997, de 4 julio (§2.1).
V. Jurisprudencia en arts. 134, 135 y concordantes del TRLS/1976 (§3).

Artículo 163. Liberación de expropiaciones.

1. La Administración podrá justificadamente liberar de la expropiación a determinados bienes de propiedad privada, previa aceptación por sus propietarios de las condiciones en que habrán de vincularse a la ejecución del planeamiento. El acuerdo de la liberación se publicará en el «Boletín Oficial de Cantabria».

2. El incumplimiento de los deberes urbanísticos establecidos en la resolución liberatoria por parte de los propietarios de los bienes afectados, podrá determinar su ejecución forzosa o la expropiación por incumplimiento de la función social de la propiedad.

Artículo 164. Formas de gestión.

Cuando se fije la expropiación como sistema de actuación podrán utilizarse las formas de gestión que permita la legislación de régimen local y que resulten más adecuadas a los fines previstos en el planeamiento.

Artículo 165. Justiprecio.

1. El justiprecio expropiatorio de los terrenos se determinará de acuerdo con lo dispuesto en la legislación del Estado.

2. La Administración podrá aplicar el procedimiento de tasación conjunta conforme a lo dispuesto en el artículo siguiente o seguir el expediente de valoración individual de conformidad con la legislación general de expropiación forzosa.

⇒ V. arts. 36 y 37 de la Ley 6/1998, de 13 abril, sobre Régimen del Suelo y Valoraciones (§1).

Artículo 166. Procedimiento de tasación conjunta.

1. Cuando se aplique el procedimiento de tasación conjunta se tendrán en cuenta las siguientes reglas:

a) El Ayuntamiento formará el expediente de expropiación en el que, además de la identificación y determinación del ámbito territorial a que se refiera, constará la fijación razonada de precios del suelo y hoja individualizada de justiprecio de cada finca.

b) El proyecto de expropiación será expuesto al público por plazo de un mes, para que quienes puedan resultar interesados formulen las observaciones y reclamaciones que estimen convenientes.

c) Las tasaciones se notificarán también de forma individual a quienes en el expediente aparezcan como titulares de bienes o derechos.

d) Terminados los plazos de audiencia e información pública el Ayuntamiento aprobará provisionalmente el proyecto y lo elevará a la Comisión Regional de Urbanismo para control de legalidad y aprobación definitiva. La resolución del órgano autonómico implicará la declaración de urgencia de la ocupación de los bienes y derechos afectados.

e) La resolución aprobatoria se trasladará al Ayuntamiento para su notificación a los interesados que figuren en el expediente, confiriéndoles un plazo de veinte días durante el cual podrán manifestar por escrito su disconformidad con la valoración establecida.

f) En caso de disconformidad, la Administración dará traslado del expediente y de la hoja de aprecio impugnada al Jurado Provincial de Expropiación a efectos de que sea éste quien fije el justiprecio de acuerdo con los criterios de valoración establecidos en la legislación del Estado.

g) En caso de conformidad de los interesados con el proyecto, éste se entenderá aceptado entendiéndose definitivamente determinado el justiprecio expropiatorio.

2. El pago o depósito del importe de la valoración establecida producirá los efectos previstos en los números 6 a 8 del artículo 52 de la Ley de Expropiación Forzosa, sin perjuicio de que puedan seguir tramitándose los recursos que procedan.

⇒ V. arts. 33 a 40 de la Ley 6/1998, de 13 abril (§ 1).
V. Jurisprudencia en art. 138 y concordantes del TRLS/1976 (§3).

Artículo 167. Pago del justiprecio.

El pago del justiprecio y la ocupación de los terrenos se llevará a cabo en los términos previstos en la legislación del Estado.

⇒ V. art. 254 de la presente Ley.
V. arts. 36 y 37 de la Ley 6/1998, de 13 abril, sobre Régimen del Suelo y Valoraciones (§1).

Sección 5ª Sistema de concesión de obra urbanizadora

Artículo 168. Características del sistema de concesión de obra urbanizadora.

1. El sistema de concesión de obra urbanizadora es un sistema de actuación de base privada en el que la Administración concede a un agente urbanizador la realización de las obras de urbanización, la localización de los terrenos de cesión obligatoria y la distribución de beneficios y cargas entre los propietarios, obteniendo su retribución de éstos conforme a lo convenido con el Ayuntamiento.

2. Los propietarios podrán constituir asociaciones colaboradoras con la finalidad de seguir la marcha de la urbanización y colaborar con el concesionario urbanizador. Podrán ser asimismo concesionarios en los términos establecidos en esta Sección.

Artículo 169. Principios y régimen de la concesión de obra urbanizadora.

1. Los pliegos de condiciones que han de regir la concesión de obra urbanizadora no podrán vulnerar lo dispuesto en la Ley y en el planeamiento urbanístico. Ello no obstante, el régimen de cesiones y las condiciones de urbanización podrán ser incrementadas en el pliego concesional.

2. La Administración podrá comprometer en la convocatoria, de forma

motivada, el gasto público necesario para financiar aquellas infraestructuras que, por su interés general, excedan de los deberes atribuibles al urbanizador derivados del planeamiento.

3. El concesionario será retribuido por los propietarios en terrenos edificables o en metálico en los términos establecidos en el pliego de condiciones.

4. En todo lo no previsto en esta Ley será de aplicación lo dispuesto para el contrato de concesión de obra pública en la legislación del Estado, que será de aplicación también para todos los aspectos comunes a los contratos administrativos.

Artículo 170. Procedimiento y adjudicación del concurso.

1. El Ayuntamiento, de oficio o a instancia de parte, procederá a la convocatoria y adjudicación de la concesión mediante el sistema de concurso.

2. Antes de la convocatoria pública el Ayuntamiento notificará a los propietarios el proyecto de cláusulas que han de regir el concurso a fin de que presenten alegaciones, en especial, sobre las previsiones de gastos de urbanización, coste de la operación, retribución del urbanizador y forma de dicha retribución.

3. El pliego de cláusulas administrativas particulares definitivo especificará los criterios que han de servir de referencia para la adjudicación incluyendo, entre ellos, las condiciones económicas, el tiempo, la retribución del urbanizador y las posibles mejoras respecto al régimen de cesiones y condiciones de urbanización previstas en el planeamiento. En el pliego de condiciones se especificarán las obligaciones del urbanizador que consistirán en cuantas actividades fueran necesarias para la ejecución del plan, incluyendo la formulación de Estudios de Detalle, Proyectos de Urbanización y de Reparcelación, realización de las obras y cesiones establecidas por el planeamiento. En el supuesto de que el concesionario asuma también las obras de edificación la convocatoria habrá de contener memoria de calidades, características básicas, costes máximos y plazos de construcción.

4. La convocatoria se someterá a información pública por un plazo mínimo de dos meses y el Ayuntamiento adjudicará provisionalmente el concurso a la mejor propuesta conforme a las bases publicadas.

5. Efectuada la adjudicación provisional el acuerdo se notificará a los propietarios afectados para que puedan ejercer en el plazo de un mes su derecho de concesión preferente. Para el ejercicio de este derecho se requerirá la agrupación de la totalidad de los propietarios del ámbito afectado.

6. Cuando no resulte adjudicatario el promotor de la iniciativa, el Ayuntamiento le garantizará el reembolso, por cuenta del urbanizador adjudicatario, de los gastos justificados en la elaboración de los proyectos que queden en poder de la Administración y puedan ser utilizados por el concesionario.

Artículo 171. Ejecución de la actuación y retribución del urbanizador.

1. El adjudicatario del concurso, para adquirir la condición de urbaniza-

dor, deberá suscribir los compromisos y prestar las garantías establecidas en el planeamiento y en el pliego de condiciones.

2. El urbanizador elaborará los proyectos de reparcelación y urbanización que podrán ser aprobados con posterioridad. En ellos se determinarán las cuotas y gastos de urbanización, la distribución de beneficios y cargas, con expresa reserva de la retribución del urbanizador. La aprobación de estos instrumentos legitimará la ocupación de los terrenos por el concesionario.

3. La retribución mediante solares se efectuará al término de la actuación. Las diferencias de saldo respecto de los gastos de urbanización se compensarán en metálico. La retribución mediante cuotas de urbanización se realizará conforme a lo dispuesto en el pliego de condiciones del concurso y serán pactadas con los propietarios o, en su defecto, aprobadas por el Ayuntamiento.

4. Ejecutadas las obras de urbanización los propietarios recibirán solares urbanizados en proporción al aprovechamiento que les corresponda.

5. La concesión se extingue con el acto formal de recepción y entrega de las obras de urbanización y las cesiones obligatorias.

Artículo 172. Expropiación Forzosa.

1. El concesionario urbanizador podrá solicitar del Ayuntamiento la expropiación de los bienes y derechos de los propietarios que incumplan sus obligaciones. Asimismo, los propietarios podrán instar en cualquier momento la expropiación de bienes y derechos afectados en beneficio del urbanizador o del Ayuntamiento.

2. La expropiación se iniciará en el plazo de seis meses desde la solicitud.

Artículo 173. Modificación de los gastos de urbanización.

1. Sólo podrán ser modificados los gastos de urbanización y el régimen de retribuciones por causas imprevisibles de naturaleza objetiva no contempladas en el pliego de condiciones, que alteren de manera sustancial o en más de un 20 por 100, el equilibrio económico de la concesión.

2. En el procedimiento que al efecto se sustancie se dará audiencia a los propietarios y requerirá de informe pericial favorable de los Servicios Técnicos Municipales.

Artículo 174. Responsabilidad por la actuación.

1. El concesionario urbanizador llevará a cabo las obras a su riesgo y ventura, de acuerdo con el pliego de condiciones y el planeamiento que se ejecute.

2. El urbanizador responderá de los daños causados por la actuación, salvo que éstos sean imputables a las determinaciones del planeamiento o medien instrucciones directas, inmediatas y escritas de la Administración.

Artículo 175. Relaciones entre el concesionario urbanizador y los propietarios.

Las relaciones entre el concesionario urbanizador y los propietarios se atendrán al pliego de condiciones de la licitación, a las determinaciones del planeamiento que se ejecuta y a los derechos de unos y otros establecidos en esta Ley.

Artículo 176. Derechos de los propietarios.

Son derechos de los propietarios:

a) Recibir información del urbanizador sobre el desarrollo de la actuación, así como de los gastos y desembolsos realizados.

b) Presentar al Ayuntamiento y al urbanizador sugerencias relativas al desarrollo de la actuación.

c) Exigir del urbanizador la correcta ejecución del proyecto de reparcelación y de urbanización, y del Ayuntamiento la vigilancia efectiva del mismo.

d) Manifestar discrepancias respecto de los gastos de urbanización previstos, que el Ayuntamiento resolverá previo dictamen pericial.

e) Ejercer el derecho de concesión preferente en los términos de esta Ley.

Artículo 177. Derechos del concesionario urbanizador.

El concesionario urbanizador tendrá los siguientes derechos:

a) Cobrar la retribución pactada y solicitar al Ayuntamiento la exacción por vía de apremio de las cuotas y pagos que le sean adeudados.

b) Proponer la modificación de los gastos de urbanización cuando surjan circunstancias extraordinarias no previstas.

c) Ceder total o parcialmente su condición de urbanizador a favor de un tercero que se subrogue en sus obligaciones, previa autorización del Ayuntamiento y siempre que se cumplan los requisitos generales de la legislación de contratos de las Administraciones Públicas.

d) Ser indemnizado cuando por acuerdo con los propietarios se realicen obras o prestaciones que alteren el coste de la actuación.

Artículo 178. Deberes del concesionario urbanizador.

Son deberes del concesionario urbanizador:

a) Ejecutar las obras y demás actuaciones de conformidad con el planeamiento y el pliego de condiciones del concurso.

b) Presentar los proyectos de reparcelación y urbanización en el plazo previsto o, en su defecto, en el de seis meses desde que se efectuó la adjudicación.

c) Cumplir los plazos de urbanización y las condiciones señaladas en el proyecto, salvo prórroga de la Administración, que no podrá ser superior al plazo incumplido.

d) Depositar una fianza del 4 por 100 del estudio económico de la operación total, que responderá, en caso de incumplimiento, de los deberes establecidos en el presente artículo y de la correcta ejecución de la obra urbanizadora.

Artículo 179. Caducidad de la concesión.

1. El incumplimiento por el concesionario de las determinaciones establecidas en el planeamiento y en el pliego de condiciones particulares determinará la caducidad de la concesión previa audiencia al interesado.

2. La declaración de caducidad conllevará la incautación de las garantías establecidas en esta Ley y las que hubiera determinado el pliego de condiciones.

CAPÍTULO VII
Normas de ejecución en los pequeños municipios

Artículo 180. Especialidades de ejecución del planeamiento en los pequeños municipios.

En los municipios a los que se refiere el artículo 89 de esta Ley, salvo que el planeamiento disponga otra cosa, será de aplicación el sistema de cesión de viales conforme a los dispuesto en los artículos siguientes.

Artículo 181. Sistema de cesión de viales en el suelo urbano.

El sistema de cesión de viales en el suelo urbano se aplicará conforme a las siguientes reglas:

a) Los propietarios deberán ceder al Ayuntamiento los terrenos destinados por el planeamiento a viales, así como aquellas zonas verdes y espacios libres interiores a las alineaciones, siempre que el conjunto de dichas cesiones no supere el 10 por 100 de su superficie de la parcela.

b) Los terrenos destinados a sistemas generales y dotaciones locales podrán ser adquiridos mediante expropiación forzosa.

c) Los propietarios deberán urbanizar su parcela o ámbito de actuación en los términos del artículo siguiente.

⇒ V. art. 89 y disp. transit. 3ª.3 de la presente Ley.

Artículo 182. Conexiones y urbanización.

1. Las urbanizaciones y construcciones deberán garantizar y, en su caso, ejecutar las conexiones a las redes generales municipales, con cesión gratuita al Ayuntamiento una vez ejecutadas.

2. Las conexiones a la urbanización deberán transcurrir por terrenos de uso público o constituir servidumbre a favor del Ayuntamiento, vinculándose su capacidad al número de edificaciones a realizar.

3. Podrá autorizarse la ejecución simultánea de las obras de acometida, urbanización y edificación. El Ayuntamiento deberá exigir garantías suficientes del cumplimiento de esta obligación.

⇒ V. art. 89 y disp. transit. 3ª.3 de la presente Ley.

TÍTULO IV
INTERVENCIÓN ADMINISTRATIVA EN LA EDIFICACIÓN Y USO DEL SUELO

CAPÍTULO I
Licencias urbanísticas

Artículo 183. Actos sujetos a licencia urbanística.

1. Están sujetas a previa licencia las parcelaciones urbanísticas y todos los actos de edificación y uso del suelo o el subsuelo tales como movimientos de tierra, obras de nueva planta, modificación de la estructura o aspecto exterior de las edificaciones existentes, modificación del uso de las mismas, demolición de construcciones, colocación de carteles de propaganda visibles desde la vía pública, cierre de vallados y fincas, colocación de construcciones prefabricadas e instalaciones móviles, y los demás que señalen los planes u otras normas legales o reglamentarias.

Cuando los actos a que se refiere el párrafo anterior se realizaren en terrenos de dominio público la licencia no excluye la necesidad de obtener previamente las autorizaciones o concesiones que en cada caso sean pertinentes por parte del titular de aquél.

2. El acto de otorgamiento de la licencia fijará los plazos de iniciación, interrupción máxima y finalización de las obras, de conformidad, en su caso, con la normativa aplicable. El plazo de iniciación de las obras será, como máximo, de seis meses y podrá ser prorrogado a instancia del interesado en los términos previstos con carácter general en la legislación del procedimiento administrativo.

3. Para la utilización de las obras o instalaciones será necesario, además, la obtención de la licencia de primera ocupación o apertura, de acuerdo con lo previsto en esta misma Ley.

⇒ V. art. 212.1 de la presente Ley.
V. Jurisprudencia en arts. 178 y concordantes del TRLS/1976 (§3).

Artículo 184. Licencias urbanísticas y suministros de obra.

1. Las empresas suministradoras de energía eléctrica, agua, gas, telefonía y otros servicios propios de los inmuebles exigirán para la contratación provisional de los respectivos servicios la acreditación de la licencia urbanística, fijando como plazo máximo de duración del contrato el establecido en ella para la ejecución de las obras. Transcurrido dicho plazo no podrá continuar la prestación del servicio.

2. Para la contratación definitiva de los servicios a que se refiere el apartado anterior las empresas suministradoras exigirán la licencia de primera ocupación o, según los casos, la licencia de apertura o actividad clasificada.

Artículo 185. Licencias de primera ocupación.

1. La licencia de primera ocupación tiene como finalidad verificar el cumplimiento efectivo de las prescripciones contenidas en la licencia de obras

y de los usos permitidos por el Plan. Se exigirá para la primera ocupación de los edificios de nueva construcción o que hayan sido objeto de ampliación o modificaciones sustanciales.

2. Para el otorgamiento de esta licencia se requerirá certificación del facultativo director de las obras que acredite el cumplimiento de las condiciones de la correspondiente licencia urbanística.

⇒ V. Jurisprudencia en arts. 178 y concordantes del TRLS/1976 (§3).

Artículo 186. Licencias de apertura y actividades clasificadas.

1. La licencia de apertura tiene como finalidad verificar si los locales e instalaciones industriales y mercantiles reúnen las debidas condiciones de tranquilidad, seguridad y salubridad, así como las que, en su caso, estuvieren previstas en el planeamiento urbanístico.

2. La licencia de actividades clasificadas se exigirá para las actividades molestas, insalubres, nocivas o peligrosas, de conformidad con lo dispuesto en la normativa reguladora de tales actividades.

3. Las licencias de apertura y actividades clasificadas son licencias de tracto sucesivo cuyas cláusulas mantendrán su vigencia mientras subsistan las condiciones que justificaron su otorgamiento.

⇒ V. Jurisprudencia en arts. 178 y concordantes del TRLS/1976 (§3).

Artículo 187. Relaciones entre los diferentes tipos de licencias.

1. La licencia de primera ocupación presupone la licencia de obras y es independiente de la licencia de apertura o actividad.

2. Cuando conforme al proyecto presentado la edificación de un inmueble se destine específicamente a actividades mercantiles o industriales y se precise licencia de obras la licencia de apertura se exigirá con carácter previo o simultáneo a la citada licencia de obras. Ello no obstante el Ayuntamiento puede otorgar la licencia de obras bajo condición resolutoria a resultas del expediente de la licencia de apertura.

3. En los supuestos de actividades clasificadas, la licencia se exigirá también con carácter previo o simultáneo a la licencia de obras.

⇒ V. Jurisprudencia en arts. 178 y concordantes del TRLS/1976 (§3).

Artículo 188. Régimen.

1. Las licencias se otorgarán de acuerdo con las previsiones de la legislación y el planeamiento urbanístico vigentes en el momento de la resolución.

2. Las licencias se otorgan dejando a salvo el derecho de propiedad y sin perjuicio de tercero. Ello no obstante, las licencias deberán ser denegadas si el peticionario pretendiere llevar a cabo una ocupación ilegal del dominio público.

3. Las licencias a que se refiere esta Ley serán transmisibles, pero el nuevo constructor o empresario deberá comunicar tal circunstancia al Ayuntamiento.

4. La resolución denegatoria de una licencia será siempre motivada.

5. Las licencias de obras caducan por incumplimiento de los plazos o condiciones fijados, mediante su declaración formal en expediente tramitado con audiencia del interesado.

6. Cuando la normativa sectorial imponga la necesidad de un informe de otras Administraciones se estará a lo dispuesto en dicha normativa acerca del carácter del mismo, pero, en ausencia de previsión expresa, la falta de contestación en plazo se entenderá equivalente a un informe favorable.

⇒ V. Jurisprudencia en arts. 178 y concordantes del TRLS/1976 (§3).

Artículo 189. Competencia.

Salvo disposición legal en contrario, la competencia para el otorgamiento de las licencias enumeradas en los artículos anteriores corresponde a los Alcaldes.

Artículo 190. Procedimiento.

Salvo que exista otro procedimiento específico previsto en una Ley sectorial, las licencias se resolverán con arreglo a las siguientes pautas procedimentales:

a) Las solicitudes se presentarán en el Ayuntamiento y si se refieren a la ejecución de obras mayores o apertura de instalaciones y actividades deberán ir acompañadas de al menos tres ejemplares del oportuno proyecto técnico redactado por profesional competente.

b) Cuando sean preceptivos informes o autorizaciones de otras Administraciones públicas, el Ayuntamiento les remitirá el expediente para que resuelvan en el plazo máximo de dos meses, transcurrido el cual los informes se entenderán favorables y las autorizaciones concedidas, salvo cuando la legislación sectorial establezca procedimientos o consecuencias diferentes.

c) Cuando la licencia urbanística imponga condiciones especiales que hayan de cumplirse en la finca a la que afectan, podrán hacerse constar en el Registro de la Propiedad.

d) Los Ayuntamientos podrán exigir que los proyectos de edificación que afecten a una determinada zona o se refieran a actividades específicas incorporen un estudio de adaptación al entorno en el que, a través de una simulación fotocompositiva, se verifique el cumplimiento por el edificio proyectado de las normas de aplicación directa y demás prescripciones del planeamiento, en especial, su adaptación al entorno ambiental y paisajístico. En tales casos, se adjuntará certificado de técnico competente que acredite la veracidad del estudio, la realización de los trabajos de campo, los criterios utilizados y la autoría y responsabilidad del mismo.

Artículo 191. Plazos.

1. Las licencias de obras menores habrán de otorgarse en el plazo de un mes desde su solicitud, y las restantes en el de tres meses.

2. En los supuestos en que se requiera informe preceptivo de otras Ad-

ministraciones Públicas el plazo para la resolución será de cuatro meses, salvo que en la normativa sectorial se establezca otro mayor.

3. El plazo se interrumpirá si resultaren deficiencias que el interesado pueda subsanar en el plazo que al respecto le conceda el Ayuntamiento. Cuando se trate de deficiencias que afecten a elementos esenciales, transcurrido dicho plazo sin que se hubieran subsanado, se tendrá al interesado por desistido de la solicitud.

4. Cuando los interesados presenten solicitud de licencia de obras a realizar en terrenos de dominio público y no aporten la correspondiente autorización o concesión del titular del bien, el cómputo del plazo para resolver se interrumpirá también hasta que el interesado aporte los referidos documentos, caducando en todo caso la instancia transcurridos seis meses.

Artículo 192. Silencio administrativo.

Transcurridos los plazos a que hace referencia el artículo anterior sin haberse notificado resolución alguna, el interesado podrá entender estimada su petición en los términos establecidos en la legislación del procedimiento administrativo común. En ningún caso se entenderán adquiridas por silencio licencias en contra de la legislación o del planeamiento urbanístico que adolezcan de vicios esenciales determinantes de su nulidad o que en sí mismas constituyan infracción urbanística manifiestamente grave.

⇒ V. Jurisprudencia en arts. 178 y concordantes del TRLS/1976 (§3).

Artículo 193. Carteles Informativos.

En los casos de obras y demás supuestos de edificación y derribo a que hace referencia el artículo 183 será requisito imprescindible disponer a pie de obra de copia autorizada de la licencia urbanística o, en su caso, acreditación bastante de su obtención por silencio administrativo. Asimismo el titular de la licencia estará obligado a situar en lugar visible desde la vía pública un cartel informador que, en extracto, haga referencia a las principales características de aquélla, incluyendo en todo caso la identificación de los constructores o promotores así como el nombre de los responsables técnicos.

Artículo 194. Obras promovidas por las Administraciones Públicas.

1. Los actos de edificación, uso del suelo y del subsuelo promovidos por la Administración de la Comunidad Autónoma estarán igualmente sujetos a licencia municipal, salvo en los supuestos expresamente exceptuados por norma con rango de Ley.

2. Cuando se trate de realizar grandes infraestructuras públicas o cuando razones de urgencia y excepcional interés público declarado por el Gobierno así lo exijan, el Consejero competente por razón de la materia podrá acordar la remisión del proyecto de que se trate al Ayuntamiento correspondiente para que, en el plazo de un mes, notifique la conformidad o disconformidad del mismo con el planeamiento urbanístico en vigor. La ausencia de actividad municipal supone la conformidad con el proyecto.

3. En caso de disconformidad, el expediente será remitido por el Depar-

tamento interesado al Consejero competente en materia de urbanismo quien, previo informe de la Comisión Regional de Urbanismo emitido en el plazo de un mes, lo remitirá al Gobierno.

4. El Gobierno decidirá si procede ejecutar el proyecto y, en ese caso, promoverá un trámite formal de acuerdo con el Ayuntamiento afectado con cuyas autoridades se reunirán los representantes de la Administración autonómica designados al efecto. Transcurrido un mes el acta de dicha reunión servirá de base para que el Gobierno comunique al Ayuntamiento la necesidad de modificar el planeamiento en los extremos en que sea disconforme con los aspectos mencionados en el apartado 2, conforme a la tramitación establecida en el artículo 83 de esta Ley, lo que se llevará a cabo de inmediato, sin perjuicio de la iniciación de las obras.

5. El Ayuntamiento podrá acordar la suspensión de las obras a que se refiere el apartado 1 de este artículo cuando se pretendiesen llevar a cabo en ausencia o contradicción con lo dispuesto en esta Ley o en el planeamiento comunicando dicha suspensión al Gobierno autónomo a través de la Consejería competente en materia de urbanismo. Se exceptúan de esta facultad las obras que afecten a la seguridad de las personas y las de protección civil, para cuya suspensión deberá mediar acuerdo del Gobierno a solicitud motivada del Ayuntamiento.

6. El régimen establecido en los apartados 2 a 5 de este artículo será de aplicación a la Administración General del Estado de conformidad y en los términos de la legislación estatal.

⇒ V. DD. 9/2000, de 8 marzo y 52/2001, de 24 julio, que modifican el Decreto 53/1998, de 9 junio, relativo a la estructura orgánica de la Consejería de Obras Públicas, Vivienda y Urbanismo.
V. D. 24/1996, de 28 marzo, que regula la estructura orgánica de la Consejería de Medio Ambiente y Ordenación del Territorio de Cantabria.
V. art. 254 de la presente Ley.
V. arts. 242.1, 244.2, 244.3 y 244.4 del TRLS/1992 (§2).
V. Jurisprudencia en arts. 178 y concordantes del TRLS/1976 (§3).

CAPÍTULO II
Parcelaciones

Artículo 195. Concepto.

Se considera parcelación urbanística a efectos de esta Ley toda división o segregación simultánea o sucesiva de terrenos en dos o más lotes que no tenga una finalidad exclusivamente vinculada a la explotación agraria de la tierra.

⇒ V. Arts. 79 a 84 de la Ley 4/2000, de 13 noviembre, de Modernización y Desarrollo Agrario de Cantabria, en lo relativo a unidades mínimas de cultivo.
V. arts. 258.2, 285. 3 y 259.3 del TRLS/1992 (§2).
V. arts. 78 y concordantes del RD 1093/1997, de 4 julio (§2.1).
V. Jurisprudencia en art. 94 y concordantes del TRLS/1976 (§3).

Artículo 196. Indivisibilidad de las parcelas.

1. Serán indivisibles:

a) Las parcelas determinadas como mínimas en el planeamiento urbanístico o en la legislación sectorial.

b) En general, todas aquellas parcelas, aun de dimensiones superiores a las mínimas, cuando, de segregarse, produjeran como resultado una finca, matriz o segregada, de superficie menor a la determinada como mínima, salvo si los lotes resultantes fueran adquiridos simultáneamente por los propietarios de terrenos colindantes con el fin de agruparlos y formar una nueva finca con parcela mínima suficiente o si la segregación se produce por la línea divisoria de las clasificaciones urbanísticas. En esos casos, tal condición especial se hará constar en la licencia y se incluirá la citada característica en el Registro de la Propiedad.

2. En el suelo urbano de los municipios sin Plan serán indivisibles las parcelas inferiores a doscientos cincuenta metros cuadrados.

3. De conformidad con lo dispuesto en la legislación del Estado los Notarios y Registradores harán constar en la descripción de las fincas su cualidad de indivisibles.

⇒ V. art. 20.2 de la Ley 6/1998, de 13 abril, sobre Régimen del Suelo y Valoraciones (§1).
V. arts. 258.2, 258.3 y 259.3 del TRLS/1992 (§2).
V. arts. 78 y concordantes del RD 1093/1997, de 4 julio (§2.1).
V. Jurisprudencia en art. 95 y concordantes del TRLS/1976 (§3).

Artículo 197. Parcelaciones ilegales.

1. Se considera ilegal, a efectos urbanísticos, toda parcelación que sea contraria a lo establecido en la presente Ley y en el planeamiento urbanístico.

2. En ningún caso se considerarán solares, ni se permitirá edificar en los lotes resultantes de una parcelación ilegal.

⇒ V. art. 101 de la presente Ley.

Artículo 198. Régimen.

Toda parcelación referida a fincas del suelo urbano o urbanizable queda sujeta a licencia municipal. Quedan igualmente sujetas a licencia las segregaciones de fincas en el suelo rústico.

⇒ V. art. 20 de la Ley 6/1998, de 13 abril (§ 1).
V. Jurisprudencia en art. 96 y concordantes del TRLS/1976 (§3).

Artículo 199. Procedimiento.

1. Las licencias de parcelación y segregación se someterán al régimen de las licencias urbanísticas previsto en esta Ley. Las solicitudes harán constar los objetivos de la parcelación y acompañarán plano de situación suscrito por técnico competente con el emplazamiento de los terrenos que se pretenden fraccionar, incluyendo las edificaciones o construcciones existentes en las mismas, así como un plano a escala adecuada de las fincas objeto de parcelación con expresión de las dimensiones que habrían de resultar en la parcela matriz y en la segregada.

2. Corresponde al Alcalde resolver sobre el otorgamiento de la licencia,

que indicará, en su caso, las condiciones urbanísticas aplicables a las nuevas parcelas.

3. La licencia se otorgará en el plazo máximo de dos meses, transcurridos los cuales sin haber recibido notificación alguna el interesado podrá entender desestimada su solicitud.

CAPÍTULO III

El deber de conservación y su límite: la declaración de ruina

Artículo 200. Deberes de uso y conservación.

1. Los propietarios de toda clase de terrenos y construcciones deberán destinarlos a usos que resulten compatibles con el planeamiento y mantenerlos en condiciones de seguridad, salubridad y ornato públicos. Quedarán sujetos igualmente al cumplimiento de las normas sobre protección del medio ambiente, patrimonio cultural y rehabilitación urbana.

La determinación de las condiciones de conservación se llevará a cabo por los Ayuntamientos, mediante órdenes de ejecución, de acuerdo con lo establecido en los artículos siguientes.

2. Constituirá límite del deber de conservación de las edificaciones e instalaciones los supuestos de ruina previstos en el artículo 202 de esta Ley.

⇒ V. art. 19 de la Ley 6/1998, de 13 abril, sobre Régimen del Suelo y Valoraciones (§1).
V. art. 3 de la Ley 38/1999, de 5 noviembre, de Ordenación de la Edificación (§1.1).
V. Jurisprudencia en arts. 181, 183 y concordantes del TRLS/1976 (§3).

Artículo 201. Órdenes de ejecución.

1. Los Ayuntamientos, de oficio o a instancia de cualquier interesado, podrán ordenar la ejecución de las obras y actuaciones necesarias para conservar los terrenos y edificaciones en las condiciones derivadas de los deberes de uso y conservación establecidos en el artículo anterior. En particular, y sin que sea preciso que las actuaciones estén previamente incluidas en un plan de ordenación, las órdenes de ejecución se dirigirán especialmente a la realización de las obras indispensables para preservar en condiciones adecuadas las fachadas y espacios visibles desde la vía pública, mantener la limpieza y vallado de solares, y retirar carteles y elementos impropios.

2. Las órdenes de ejecución se adoptarán previa audiencia de los interesados y detallarán las obras y actuaciones que deban realizarse, con indicación de su plazo de ejecución. Ello no obstante, durante el plazo de ejecución los interesados podrán ofertar al Ayuntamiento alternativas dirigidas a la misma finalidad y solicitar y obtener, en tal caso, la ampliación del plazo inicialmente otorgado.

3. Las obras se ejecutarán con cargo a los propietarios si se contuvieran en el límite del deber de conservación que les corresponde. Ello no obstante, el Ayuntamiento podrá ofrecer las ayudas y subvenciones que considere apropiadas.

4. Cuando en edificios protegidos la obra a realizar exceda del deber

legal de conservación, el exceso deberá sufragarse con cargo a fondos municipales. El Ayuntamiento incluirá la subvención correspondiente en la propia orden de ejecución, sin perjuicio de la posterior valoración definitiva.

5. Los propietarios interesados que consideren que las obras a realizar exceden del deber de conservación podrán solicitar las subvenciones a que hace referencia el apartado anterior o la declaración del estado de ruina de las edificaciones.

6. El incumplimiento de las órdenes de ejecución podrá conllevar la ejecución subsidiaria de la misma o la imposición de multas coercitivas de 50.000 a 500.000 pesetas, reiterables en intervalos de tres meses y hasta el límite del deber legal de conservación para lograr la ejecución de las obras ordenadas.

⇒ V. art. 19 de la Ley 6/1998, de 13 abril, sobre Régimen del Suelo y Valoraciones (§1).
V. art. 3 de la Ley 38/1999, de 5 noviembre, de Ordenación de la Edificación (§1.1).
V. Jurisprudencia en arts. 181, 183 y concordantes del TRLS/1976 (§3).

Artículo 202. Declaración de ruina.

1. Cuando alguna construcción o parte de ella estuviere en estado ruinoso, el Ayuntamiento, de oficio o a instancia de cualquier interesado, declarará la situación de ruina y acordará la total o parcial demolición del inmueble, previa audiencia del propietario y, en su caso, de los inquilinos y de la Administración competente en materia de patrimonio cultural, salvo ruina inminente que lo impidiera.

Las edificaciones declaradas en ruina deberán ser demolidas o rehabilitadas conforme a las previsiones del planeamiento en el plazo establecido por la declaración. En el caso de bienes culturales y otros bienes catalogados se adoptarán las medidas más adecuadas a la finalidad conservadora que justificó su protección.

2. Se declarará el estado ruinoso en los siguientes supuestos:

a) Cuando el coste de las obras necesarias de consolidación o conservación sea superior al 50 por 100 del valor actual del edificio o plantas afectadas, excluido el valor del terreno.

b) Cuando el edificio presente un agotamiento generalizado de sus elementos estructurales o fundamentales.

c) Cuando se requiera la realización de obras que no pudieran ser autorizadas por encontrarse el edificio en situación de fuera de ordenación.

3. Si el propietario no cumpliera en el plazo señalado lo acordado en la declaración de ruina el Ayuntamiento lo ejecutará a costa del obligado.

4. En casos de urgencia y cuando la amenaza de ruina ponga en peligro la seguridad de las personas y bienes, el Alcalde ordenará el inmediato desalojo del inmueble y las demás medidas que resulten estrictamente necesarias para evitar dichos daños.

5. En el caso de bienes formalmente sujetos a la legislación del Patrimo-

nio Cultural se estará a lo específicamente dispuesto en dicha normativa sectorial.

⇒ V. art. 200 de la presente Ley.
V. Jurisprudencia en arts. 183 y concordantes del TRLS/1976 (§3).

TÍTULO V
DISCIPLINA URBANÍSTICA

CAPÍTULO I
Inspección urbanística

Artículo 203. Competencia sobre inspección urbanística.

Las Administraciones Públicas competentes en materia de ordenación del territorio y urbanismo y, en particular, los municipios y la Administración autonómica en el ámbito de sus respectivas competencias y conforme a los principios de colaboración y coordinación, ejercerán funciones inspectoras con el fin de comprobar e investigar el cumplimiento de la normativa urbanística y de ordenación territorial.

Artículo 204. Deber de colaboración con la inspección.

Los particulares, promotores, constructores y agentes urbanísticos deberán permitir la inspección de los edificios, fincas, construcciones y anexos al objeto de verificar el cumplimiento del planeamiento y el de las condiciones de la licencia.

Artículo 205. Facultades genéricas de la inspección.

1. Los inspectores urbanísticos y los policías locales que ejerzan dichas funciones están autorizados para entrar y permanecer en fincas, construcciones y demás lugares sujetos a su actuación inspectora. Cuando para el ejercicio de esas funciones fuera precisa la entrada en un domicilio se solicitará la oportuna autorización judicial.

2. Los inspectores urbanísticos podrán recabar la exhibición de la documentación urbanística en poder del interesado o que conste en cualquier organismo público o privado.

3. Las actas y diligencias extendidas por los inspectores urbanísticos tienen naturaleza de documentos públicos y valor probatorio de los hechos que motiven su formalización, sin perjuicio de las pruebas que en defensa de sus derechos o intereses puedan señalar o aportar los interesados.

Artículo 206. Funciones de la inspección.

Corresponde a los inspectores urbanísticos el ejercicio de las siguientes funciones:

a) La investigación y comprobación del cumplimiento de la legislación y el planeamiento territorial y urbanístico, practicando cuantas diligencias, mediciones y pruebas sean necesarias a tal fin.

b) La propuesta de adopción de medidas, provisionales o definitivas, de protección o restauración de la legalidad urbanística.

c) La propuesta de incoación de expedientes sancionadores.

CAPÍTULO II
Protección de la legalidad urbanística

Artículo 207. Obras de edificación y uso del suelo que estén realizándose sin licencia o sin ajustarse a las condiciones de la licencia.

1. Cuando se estuvieran ejecutando obras de edificación o algún otro acto que requiera licencia sin haberla obtenido o sin respetar las condiciones de la otorgada, el Alcalde, de oficio o a instancia de cualquier interesado, previa comprobación, dispondrá la paralización inmediata de las obras o actos de ejecución y, sin perjuicio de la incoación de expediente sancionador, adoptará alguno de los siguientes acuerdos:

a) Si las obras fueran incompatibles con el planeamiento vigente decretará su demolición, reconstrucción o cesación definitiva a costa del interesado.

b) Si las obras fueran compatibles con el planeamiento vigente se requerirá al interesado para que en el plazo de dos meses solicite la preceptiva licencia. Si el interesado no solicitara la licencia en el plazo concedido o si ésta fuera denegada por resultar su otorgamiento contrario a las prescripciones del Ordenamiento jurídico, se procederá conforme a lo dispuesto en el párrafo a) anterior.

2. Acordada la paralización de las obras, éstas deberán cesar inmediatamente. El Ayuntamiento, además de la ejecución subsidiaria del acuerdo, podrá precintar las instalaciones, retirar materiales a costa del interesado, ordenar a las empresas de servicios energéticos la suspensión del suministro e imponer multas coercitivas, reiterables en períodos de tres meses, hasta un máximo de diez y por un importe, cada vez, de un 10 por 100 del coste estimado de las obras realizadas.

3. Si se ordenara la demolición de las obras y dicho acto hubiera ganado firmeza, cualquier interesado podrá solicitar la ejecución del acuerdo y acudir, en su caso, a la jurisdicción contencioso-administrativa con la misma pretensión de conformidad con la Ley reguladora de dicha jurisdicción. En tales supuestos, de prosperar la acción, el actor tendrá derecho a ser reembolsado por la Administración de las costas y demás gastos procesales.

⇒ V. art. 210.3, 211.2 y 213.1 de la presente Ley.
V. art. 255.2 del TRLS/1992 (§2).
V. Jurisprudencia en arts. 184 y concordantes del TRLS/1976 (§3).

Artículo 208. Obras de edificación y uso del suelo ya concluidas y llevadas a cabo sin licencia o sin ajustarse a las condiciones de la licencia.

1. Siempre que no hubieran transcurrido más de cuatro años desde la total terminación de obras de edificación o algún otro uso del suelo que requiera licencia sin haberla obtenido o sin respetar las condiciones de la otorgada, el Alcalde, de oficio o a instancia de cualquier interesado, previa tramitación del oportuno expediente y sin perjuicio del ejercicio de la potestad sancionatoria, adoptará alguno de los siguientes acuerdos:

a) Si las obras fueran compatibles con el planeamiento vigente se requerirá al interesado para que en el plazo de dos meses solicite la preceptiva licencia, con la advertencia de que procederá la demolición, reconstrucción o cesación de uso a su costa en caso de no obtenerla. Si el interesado no solicitara la licencia en el plazo concedido o si ésta fuera denegada por resultar su otorgamiento contrario a las prescripciones del Ordenamiento jurídico, se procederá conforme a lo dispuesto en el párrafo a) del apartado 1 del artículo anterior.

b) Si las obras fueran disconformes con el planeamiento se decretará su demolición, reconstrucción o, en su caso, el cese del uso, a costa del interesado.

2. A efectos de lo dispuesto en este artículo, se entenderán concluidas las obras desde el momento en que los terrenos, construcciones o instalaciones queden dispuestos para su destino final sin necesidad de ninguna actuación material sustantiva posterior.

3. El transcurso del plazo a que se refiere el apartado 1 sin que el Ayuntamiento hubiera adoptado acuerdo alguno no conlleva sin más la legalización de las obras realizadas, que quedarán en situación de fuera de ordenación, salvo que con posterioridad el titular obtuviera la oportuna licencia municipal.

4. Acordada la demolición, reconstrucción o el cese de actividad, será también de aplicación, en lo que proceda, lo dispuesto en los apartados 2 y 3 del artículo anterior.

⇒ V. art. 213.1 de la presente Ley.
V. Jurisprudencia en arts. 185 y concordantes del TRLS/1976 (§3).

Artículo 209. Competencias autonómicas.

1. El órgano competente de la Comunidad Autónoma en materia de urbanismo podrá subrogarse en las competencias del Alcalde reguladas en los artículos anteriores respecto de las obras llevadas a cabo sin licencia si, tras el oportuno requerimiento, no se toman por aquél los acuerdos pertinentes en el plazo previsto en dicho requerimiento, que no podrá exceder de diez días.

2. En el caso de construcciones en suelo rústico que carezcan de la autorización autonómica a que se refiere el artículo 115 de esta Ley, la competencia para adoptar las medidas previstas en los artículos anteriores corresponderá, indistintamente, al Alcalde del municipio y al órgano competente de la Comunidad Autónoma en materia de urbanismo. La adopción de dichas medidas deberá ser comunicada por quien las adopte al órgano municipal o autonómico que según los casos corresponda.

⇒ V. art. 212.1 de la presente Ley.

V. art. 127 de la LJCA.
V. Jurisprudencia en arts. 186 y concordantes del TRLS/1976 (§3).

Artículo 210. Obras de edificación y uso del suelo que estén realizándose al amparo de una licencia manifiestamente ilegal.

1. Cuando se estuvieran ejecutando obras de edificación al amparo de una licencia u orden de ejecución que constituya manifiestamente una infracción urbanística grave, el Alcalde, de oficio o a instancia de parte, dispondrá la suspensión inmediata de los efectos de dichos actos administrativos y la consiguiente paralización de las obras iniciadas.

2. El Alcalde, en el plazo de diez días y acompañando copia del acto de suspensión, procederá a dar traslado del acuerdo suspendido al órgano judicial competente, a los efectos previstos en la Ley reguladora de la Jurisdicción Contencioso-Administrativa.

3. Si la Sentencia judicial pertinente declara la nulidad de la licencia, el Alcalde decretará la demolición, reconstrucción o cese de lo indebidamente actuado, siendo igualmente de aplicación, en lo que proceda, lo dispuesto en los apartados 2 y 3 del artículo 207.

⇒ V. art. 212 de la presente Ley.

Artículo 211. Obras de edificación y uso del suelo ya concluidas y llevadas a cabo al amparo de una licencia manifiestamente ilegal.

1. Cuando se hubiesen realizado obras de edificación ya terminadas o se hubiese consolidado algún otro uso del suelo al amparo de una licencia u orden de ejecución que constituya manifiestamente una infracción urbanística grave, el Alcalde, de oficio o a instancia de cualquier interesado, dispondrá la revisión de dichos actos administrativos de conformidad con lo establecido en la legislación del procedimiento administrativo común.

2. Anulada la licencia, el Alcalde decretará la demolición, reconstrucción o cese de lo indebidamente actuado, siendo igualmente de aplicación, en lo que proceda, lo dispuesto en los apartados 2 y 3 del artículo 207.

⇒ V. Jurisprudencia en arts. 178, 187 y concordantes del TRLS/1976 (§3).

Artículo 212. Protección de zonas verdes, espacios libres y suelos rústicos.

1. Los actos de edificación y uso del suelo a que se refiere el artículo 183 que se realicen sin licencia u orden de ejecución sobre terrenos calificados como zonas verdes, espacios libres o dotaciones públicas quedarán sujetos al régimen jurídico establecido en el artículo 207 anterior en tanto estuvieran en curso de ejecución y a las prescripciones del artículo 208 cuando las obras se hubieran consumado, sin que tenga aplicación en tal supuesto la limitación de plazo establecida en dicho artículo.

El mismo régimen será de aplicación a las obras realizadas sin autorización en suelo rústico, teniendo en cuenta, además, lo dispuesto en el artículo 209.

2. Las licencias u órdenes de ejecución que se otorgasen con infracción de la zonificación o uso urbanístico de las zonas verdes, espacios libres o

dotaciones públicas serán nulas de pleno derecho. Mientras las obras estuvieran en curso de ejecución se procederá conforme a lo dispuesto en el artículo 210. Si las obras estuvieren terminadas se anulará la licencia conforme los trámites previstos en la legislación de procedimiento administrativo común.

El mismo régimen será de aplicación a las obras realizadas en suelo rústico al amparo de una autorización ilegal.

⇒ V. Jurisprudencia en arts. 230 y concordantes del TRLS/1976 (§3).

Artículo 213. Suspensión de suministros.

1. Las órdenes de suspensión, paralización o demolición de cualesquiera obras, usos o edificaciones en los supuestos de los artículos 207 y 208 serán notificadas a las empresas suministradoras de agua, energía y telefonía, a fin de que, en el plazo de cinco días, procedan a la suspensión de los correspondientes suministros.

2. La suspensión de los suministros sólo podrá levantarse una vez que se haya procedido a la legalización de las obras, usos o edificaciones respectivas, mediante notificación expresa en tal sentido de la Administración.

CAPÍTULO III
Infracciones y sanciones

Sección 1ª Infracciones

Artículo 214. Definición de infracción y compatibilidad con otras medidas de protección de la legalidad urbanística.

1. Son infracciones urbanísticas las acciones u omisiones que vulneren las prescripciones contenidas en la legislación y en el planeamiento territorial y urbanístico, tipificadas y sancionadas conforme a los criterios de esta Ley.

2. Toda infracción urbanística conllevará la imposición de las sanciones previstas en esta Ley a sus responsables, así como la obligación de restaurar el orden alterado, reponer los bienes afectados al estado anterior a la producción de los hechos e indemnizar los daños y perjuicios que se hubieren causado.

3. Las sanciones previstas en la presente Ley son independientes y compatibles con las medidas del Capítulo anterior en defensa de la legalidad urbanística, incluida la imposición de multas coercitivas cuando así esté previsto.

4. Las sanciones urbanísticas son asimismo independientes de las facultades que correspondan a las autoridades competentes en virtud del régimen específico de autorización, concesión o cualquier otro al que estuvieren sometidos algunos actos de edificación y uso del suelo.

Artículo 215. Clasificación de las infracciones urbanísticas.

Las infracciones urbanísticas se clasifican en muy graves, graves y leves.

Artículo 216. Infracciones muy graves.

1. Son infracciones muy graves las acciones y omisiones que constituyan incumplimiento de las normas previstas en esta Ley o en el planeamiento relativas al uso del suelo y edificación y que afecten a superficies destinadas a zonas verdes, espacios libres, equipamientos y dotaciones de dominio público, sistemas generales y suelo rústico de especial protección.

2. En particular, constituirán infracciones muy graves la parcelación urbanística en suelo rústico de especial protección, la realización de obras en dicho suelo sin los requisitos o autorizaciones exigidos por la Ley y el derribo de edificaciones objeto de protección individualizada en el planeamiento o en la legislación sectorial.

Artículo 217. Infracciones graves.

1. Son infracciones graves las acciones y omisiones que constituyan incumplimiento de esta Ley o del planeamiento en materias relativas a parcelaciones, aprovechamiento urbanístico, uso del suelo y edificación, normas de aplicación directa, altura, volumen, situación y ocupación permitida, salvo que se demuestre la escasa entidad del daño producido a los intereses generales.

2. En particular, se consideran infracciones graves las siguientes:

a) Los actos de división que incumplen las normas sobre parcelaciones, salvo que estén tipificados como infracción muy grave.

b) La realización de obras en suelo rústico sin los requisitos o autorizaciones exigidos por la Ley.

c) El incumplimiento de las normas de aplicación directa y estándares urbanísticos previstos en esta Ley, salvo en los supuestos en los que los hechos puedan ser constitutivos de infracción leve.

d) La realización de obras de urbanización sin plan o norma que las autorice.

e) La realización sin licencia u orden de ejecución, o contraviniendo sustancialmente sus condiciones, de actos de edificación o uso del suelo contrarios a lo dispuesto en el ordenamiento urbanístico, salvo cuando la infracción esté tipificada como muy grave.

f) La ejecución sin licencia o contrariando sus determinaciones de obras de consolidación, modernización o incremento de su valor en instalaciones y construcciones declaradas fuera de ordenación, salvo los casos autorizados.

g) El incumplimiento del deber de conservación de edificaciones en adecuadas condiciones de seguridad, salubridad y ornato, cuando el grado de deterioro sea importante.

h) El incumplimiento de los plazos de ejecución previstos en el planeamiento.

i) La manipulación o declaración equívoca en los proyectos o certificados de los técnicos competentes incluidos en ellos.

j) La publicidad de promoción de viviendas que no mencione la fecha de aprobación del instrumento de ordenación que corresponda o, en su caso, de la pertinente autorización o licencia.

k) La comisión de dos infracciones leves en el período de un año o la concurrencia en el mismo expediente de más de dos infracciones leves.

⇒ V. art. 226.2 de la presente Ley.

Artículo 218. Infracciones leves.

1. Son infracciones leves las acciones y omisiones que supongan incumplimiento de esta Ley o del planeamiento y que no tengan el carácter de graves o muy graves.

2. En particular, se consideran infracciones leves:

a) El incumplimiento de las normas de aplicación directa y estándares urbanísticos previstos en esta Ley, cuando el daño producido a los intereses generales sea de escasa entidad.

b) La realización sin licencia u orden de ejecución, o contraviniendo sus condiciones, de actos de edificación o uso del suelo cuando tales actos sean legalizables por ser conformes con el ordenamiento urbanístico o el daño producido a los intereses públicos tenga escasa entidad.

c) El incumplimiento por parte de las empresas suministradoras de sus obligaciones de exigir las pertinentes licencias municipales para el otorgamiento de los servicios o de suspender los suministros cuando así se ordene conforme a lo establecido en esta Ley.

d) Las acciones u omisiones que impidan o dificulten el ejercicio de la función de inspección urbanística.

e) La no paralización inmediata de las obras tras la recepción del correspondiente requerimiento.

f) El incumplimiento de los plazos de ejecución previstos en las licencias.

g) El incumplimiento de la obligación de colocar en lugar visible anuncio con los títulos administrativos que habilitan las obras en los términos previstos en la Ley, así como el incumplimiento de las demás normas de publicidad en materia de urbanismo.

Artículo 219. Personas responsables.

1. En las infracciones en materia de urbanización, edificación y uso del suelo serán responsables el propietario de los terrenos, el promotor, el empresario de las obras y los técnicos autores del proyecto y directores de las obras.

2. En las infracciones amparadas en una licencia u orden de ejecución serán también responsables los facultativos que hubiesen informado favorablemente el proyecto, las autoridades que hubieran otorgado la autorización y, en su caso, los miembros de la Corporación que hubiesen votado a favor del otorgamiento sin los informes previos exigibles o cuando éstos fueren desfavorables.

3. En las infracciones en materia de parcelaciones serán responsables los propietarios iniciales y el promotor de la actividad o agente que hubiera intervenido como intermediario.

4. En las infracciones consistentes en el incumplimiento por las empresas suministradoras de servicios de obligaciones legales propias de esta Ley serán responsables dichas empresas.

5. En las infracciones del deber de conservación serán responsables los propietarios.

6. En el resto de las infracciones de omisión será responsable aquel que hubiera debido realizar la actividad por razón de su cargo, oficio o título.

7. Las sanciones que se impongan a distintos sujetos por una misma infracción lo son cada una de ellas a título propio y tendrán entre sí carácter independiente.

⇒ V. Jurisprudencia en arts. 228 y concordantes del TRLS/1976 (§3).

Artículo 220. Responsabilidad de las personas jurídicas.

Las personas jurídicas serán sancionadas por las infracciones cometidas por sus órganos o agentes y asumirán además el coste de las medidas de reparación del orden urbanístico vulnerado y las indemnizaciones por daños y perjuicios a terceros a que hubiere lugar.

Artículo 221. Prescripción de las infracciones.

1. El plazo de prescripción para las infracciones muy graves será de cuatro años, para las graves de tres años y para las leves de un año.

2. El plazo de prescripción comenzará a contar desde el día en que se hubiese cometido la infracción o desde aquel en que aparezcan signos externos que permitan conocer los hechos constitutivos de la misma.

En las infracciones derivadas de una actividad continuada, la fecha inicial de cómputo será la de su finalización o la del último acto con el que la infracción se consuma.

Cuando se trate de infracciones autorizadas por actos administrativos la fecha inicial será la de la anulación de dichos actos.

3. La prescripción se interrumpirá en los términos de lo dispuesto en la legislación del procedimiento administrativo común.

⇒ V. Jurisprudencia en arts. 230 y concordantes del TRLS/1976 (§3).

Sección 2ª Sanciones

Artículo 222. Tipos de sanciones y cuantía de las multas.

1. Las infracciones urbanísticas serán sancionadas con multas de las siguientes cuantías:

a) Las infracciones muy graves desde de 5.000.001 a 50.000.000 de pesetas.

b) Las infracciones graves desde 500.001 a 5.000.000 de pesetas.

c) Las infracciones leves, desde 50.000 a 500.000 pesetas.

2. Los responsables de infracciones graves y muy graves podrán ser sancionados, además, con la inhabilitación de hasta cuatro años para obtener subvenciones y ayudas públicas cuyo otorgamiento dependa de la Administración sancionadora, así como con la prohibición durante el mismo tiempo para celebrar contratos con la misma Administración. En el caso de infracciones relacionadas con el uso del suelo rústico la inhabilitación del infractor para obtener subvenciones a que se refiere el párrafo anterior se extenderá a aquellas que corresponda otorgar a la Comunidad Autónoma.

3. De conformidad con lo dispuesto en el artículo 214 no tendrán carácter de sanción las medidas de protección de la legalidad urbanística y, en particular, la clausura o cierre de establecimientos, instalaciones o servicios que no cuenten con las autorizaciones a las que se refiere esta Ley y la exigencia de restaurar y reponer los bienes afectados al estado anterior a la producción de la infracción.

Artículo 223. Reglas para determinar la cuantía de las sanciones.

1. Las sanciones habrán de ser proporcionadas a la gravedad, entidad económica y trascendencia social de los hechos constitutivos de la infracción. Se tendrán en cuenta asimismo los demás criterios establecidos en la legislación del procedimiento administrativo común.

2. A efectos de lo dispuesto en el apartado anterior se considerará circunstancia atenuante el haber corregido la situación creada por la infracción antes de la iniciación del expediente sancionador y circunstancia agravante el incumplimiento de los requerimientos efectuados por la Administración relacionados con la infracción de que se trate, así como la reincidencia en la misma infracción.

Cuando concurra alguna circunstancia agravante, la sanción se impondrá siempre en cuantía superior a la mitad de su máximo. Si concurriese alguna circunstancia atenuante, la sanción se impondrá en cuantía inferior a la mitad de su máximo.

3. En ningún caso la infracción urbanística puede suponer un beneficio económico para el infractor. Cuando la suma de la sanción impuesta y el coste de las actuaciones de reposición de la legalidad arrojase una cifra inferior a dicho beneficio calculado conforme a las reglas de valoración de inmuebles y construcciones previstas en la legislación del Estado, se incrementará la cuantía de la multa hasta alcanzar el montante de dicho beneficio.

⇒ V. Jurisprudencia en arts. 231 y concordantes del TRLS/1976 (§3).

Artículo 224. Procedimiento sancionador.

1. La potestad sancionadora se ejercerá mediante expediente en el que se respeten los principios y reglas generales establecidos en la legislación del procedimiento administrativo.

2. En los supuestos en los que se instruya un expediente sancionador

por varias infracciones entre las que exista conexión se impondrá una sola sanción, que será la correspondiente a la infracción más grave.

3. El plazo para resolver el procedimiento sancionador será de seis meses. Dicho plazo podrá ser ampliado, como máximo, por otros tres meses mediante acuerdo expreso adoptado por el órgano competente para iniciar el procedimiento. Transcurrido el plazo máximo para resolver sin que se hubiera dictado resolución se entenderá caducado el procedimiento. En el supuesto de que la infracción no hubiera prescrito deberá iniciarse un nuevo procedimiento sancionador.

4. Si en cualquier momento del procedimiento sancionador aparecen indicios de que los hechos pudieran ser también constitutivos de ilícito penal, el órgano competente para resolver, a propuesta del instructor, lo comunicará al Ministerio Fiscal suspendiéndose el procedimiento administrativo hasta que la autoridad judicial se pronuncie.

5. La sanción penal no excluye la adopción por parte de la Administración competente de medidas de protección, restauración o indemnización previstas en esta Ley y que no tengan carácter de sanción.

Artículo 225. Prescripción de sanciones.

1. Las sanciones impuestas por infracciones muy graves prescribirán a los tres años de su imposición. Las impuestas por infracciones graves prescriben a los dos años y las correspondientes a infracciones leves al año.

2. De conformidad con la legislación del procedimiento administrativo común el plazo de prescripción comienza a partir del día siguiente a aquel en que la resolución sancionadora hubiera adquirido firmeza.

Artículo 226. Publicidad de las sanciones.

1. Una vez que hayan adquirido firmeza las sanciones por infracciones muy graves la autoridad que resolvió podrá acordar motivadamente su publicación en el «Boletín Oficial de Cantabria». En la publicación se indicará la índole de la infracción y la identificación del sancionado, incluyendo su nombre y apellidos cuando se trate de personas físicas y la denominación o razón social en el caso de las personas jurídicas.

2. La misma previsión del apartado anterior es aplicable a los supuestos de sanciones por infracciones graves contemplados en los párrafos a), b), c) y d) del apartado 2 del artículo 217 de esta Ley.

Artículo 227. Afectación de las sanciones.

Las cantidades que ingrese la Administración como consecuencia de sanciones por infracciones a las que esta Ley se refiere deberán afectarse a actividades relacionadas con la ordenación territorial y urbana.

Artículo 228. Competencia.

1. La competencia para incoar el procedimiento sancionador corresponde al Alcalde o, en su caso, al Presidente u órgano equivalente de las

Entidades urbanísticas que pudieran tener atribuidas competencias de inspección y fiscalización.

2. La competencia para imponer sanciones por infracciones urbanísticas graves y muy graves corresponde al Ayuntamiento Pleno. Las sanciones por infracciones leves son competencia del Alcalde.

3. En el caso de competencias autonómicas en materia sancionadora será competente para incoar y resolver el órgano autonómico que en cada caso disponga el Gobierno.

TÍTULO VI
INSTRUMENTOS DE INTERVENCIÓN EN EL MERCADO DEL SUELO

CAPÍTULO I
Patrimonios públicos del suelo

Artículo 229. Constitución.

1. Los Ayuntamientos de más de 5.000 habitantes deberán constituir un patrimonio municipal del suelo con la finalidad de obtener reservas para actuaciones de iniciativa pública, regular el mercado de terrenos y facilitar la ejecución del planeamiento.

2. Los bienes del patrimonio municipal del suelo constituyen un patrimonio diferenciado de los restantes bienes municipales.

3. Los ingresos obtenidos por la enajenación de los terrenos que constituyen el patrimonio municipal del suelo se destinarán a los mismos fines previstos en el artículo 233 de esta Ley y, en particular, a la conservación y ampliación de dicho patrimonio.

⇒ V. arts. 276.1, 276.2 y 280.1 del TRLS/1992 (§2).
V. Jurisprudencia en art. 89 y concordantes del TRLS/1976 (§3).

Artículo 230. Bienes que integran el patrimonio municipal del suelo.

1. Integrarán el patrimonio municipal del suelo los siguientes bienes de titularidad municipal:

a) Los que resulten clasificados como suelo urbano o urbanizable.

b) Los obtenidos como consecuencia de cesiones, tanto de terrenos como en metálico.

c) Los que sean adquiridos con la finalidad de ser incorporados al patrimonio municipal del suelo.

d) Los terrenos procedentes del ejercicio del derecho de tanteo y retracto.

e) Los terrenos obtenidos como consecuencia de expropiaciones urbanísticas.

2. Se integran también en el patrimonio municipal del suelo los fondos públicos consignados con la finalidad de conservar, ampliar o gestionar los

bienes a los que se refiere el apartado anterior, así como los intereses generados por dichos fondos.

Artículo 231. Consignación de créditos en los Presupuestos municipales para el patrimonio municipal del suelo.

Los Ayuntamientos de más de 5.000 habitantes consignarán en sus presupuestos ordinarios una cantidad equivalente, al menos, al diez por ciento del total consignado en los capítulos I y II de ingresos con destino al patrimonio municipal del suelo.

Artículo 232. Reservas de terrenos.

1. Los Planes Generales podrán establecer reservas de terrenos de posible adquisición sobre suelos clasificados como urbanizables no delimitados para la constitución o ampliación del patrimonio municipal del suelo.

La delimitación de un terreno como reserva para los expresados fines implicará la declaración de utilidad pública y la necesidad de ocupación a efectos expropiatorios, por un plazo máximo de cuatro años.

2. El procedimiento para efectuar reservas de terrenos no previstos en el Plan General incluirá una aprobación inicial que realizará el Alcalde, un trámite de información pública por plazo no inferior a veinte días y una aprobación definitiva que corresponderá al Pleno.

⇒ V. arts. 276.1 y 2 y 280.1 del TRLS/1992 (§2).
V. Jurisprudencia en art. 90 y concordantes del TRLS/1976 (§3).

Artículo 233. Destino.

1. Los bienes y fondos integrantes del patrimonio municipal del suelo deberán ser destinados a las siguientes finalidades:

a) Construcción de viviendas sujetas a algún régimen de protección pública.

b) Urbanización y ejecución de dotaciones y equipamientos públicos, incluidos los sistemas generales.

c) Compensación a propietarios a los que les corresponda un aprovechamiento superior al permitido por el planeamiento, así como a aquellos otros cuyos terrenos hayan sido objeto de ocupación directa o expropiación, previa valoración de dichos terrenos y su plasmación en el correspondiente convenio.

d) Conservación, gestión o ampliación del propio patrimonio municipal del suelo.

e) Otros fines y usos de interés social, de acuerdo con el planeamiento urbanístico vigente.

2. Cuando el planeamiento atribuya a los terrenos integrantes del patrimonio municipal del suelo una clasificación o calificación urbanística incompatible con los fines señalados en el apartado anterior, la Administración podrá enajenar dichos terrenos mediante subasta por precio no inferior al que resulte de su tasación previa conforme a los criterios de la legislación del

Estado. Los ingresos obtenidos se destinarán a los fines a que se refiere este artículo.

3. La Administración podrá permutar los bienes integrantes del patrimonio municipal del suelo por otros inmuebles de análogo valor, previa tasación y de acuerdo con la legislación vigente en materia de bienes.

⇒ V. art. 238 de la presente Ley.
V. art. 280.1 del TRLS/1992 (§2).
V. Jurisprudencia en art. 93 y concordantes del TRLS/1976 (§3).

Artículo 234. Cesiones onerosas.

1. Los terrenos pertenecientes al patrimonio municipal del suelo con calificación adecuada a los fines establecidos en el párrafo a) del apartado 1 del artículo anterior podrán ser enajenados por los Ayuntamientos. La enajenación se llevará a cabo en virtud de concurso y por precio no inferior al valor que, de conformidad con los criterios de la legislación del Estado, les corresponda. El pliego de condiciones fijará plazos máximos para la realización de las obras de urbanización y edificación, o sólo de estas últimas si el terreno mereciera ya la calificación de solar. El pliego de condiciones fijará asimismo los precios máximos de venta o arrendamiento de las edificaciones resultantes de la actuación y las demás condiciones que fueran procedentes.

2. Si el concurso quedare desierto, el Ayuntamiento podrá enajenar directamente los terrenos dentro del plazo máximo de un año y con arreglo a lo dispuesto en el mismo pliego de condiciones.

⇒ V. Jurisprudencia en art. 92 y concordantes del TRLS/1976 (§3).

Artículo 235. Cesiones gratuitas.

1. En casos justificadamente motivados, los Ayuntamientos podrán ceder terrenos del patrimonio municipal del suelo por precio inferior al del valor que legalmente les corresponda, o incluso gratuitamente, para ser destinados a viviendas de protección pública. La cesión se llevará a cabo mediante concurso cuyo pliego establecerá las condiciones señaladas en el artículo anterior.

2. Podrán también los Ayuntamientos ceder directamente terrenos del patrimonio municipal del suelo por precio inferior al de su valor, o con carácter gratuito, a favor de entidades privadas de interés público sin ánimo de lucro que vayan a destinarlos a usos de interés social que redunden en beneficio manifiesto de los respectivos municipios.

⇒ V. Jurisprudencia en art. 92 y concordantes del TRLS/1976 (§3).

Artículo 236. Cesiones entre Administraciones.

Los Ayuntamientos, la Comunidad Autónoma y sus respectivas entidades instrumentales, incluidas las sociedades de capital público, podrán permutar o transmitirse directamente, incluso a título gratuito, terrenos de los respectivos patrimonios del suelo con fines de promoción pública de viviendas, construcción de equipamientos comunitarios y otras instalaciones o edificaciones de uso público e interés social. La Administración General del Estado y las demás Administraciones Públicas podrán también beneficiarse de estas cesiones.

Artículo 237. Competencia.

La competencia para acordar las permutas, enajenaciones y cesiones de terrenos del patrimonio municipal del suelo a que se refieren los artículos 233 a 236, corresponderá al órgano municipal que, en cada caso, establezca la legislación de Régimen Local.

Artículo 238. Patrimonio regional del suelo.

1. La Comunidad Autónoma deberá constituir, mantener y gestionar su propio patrimonio de suelo, a tal efecto en los Presupuestos Generales de la Comunidad Autónoma se consignarán las partidas económicas suficientes para su adecuada dotación. La constitución de dicho patrimonio tiene por finalidad encauzar y desarrollar la ordenación del territorio, obtener reservas de suelo para actuaciones de interés autonómico y apoyar las acciones urbanísticas legalmente asignadas a los patrimonios municipales del suelo, en especial en lo que se refiere a los pequeños municipios poniendo a su disposición el suelo preciso para la realización de los fines previstos en el artículo 233 de esta Ley. Los Presupuestos de la Comunidad Autónoma consignarán las partidas económicas suficientes para la dotación del patrimonio regional.

2. El patrimonio regional del suelo estará integrado por aquellos terrenos de titularidad pública que la Comunidad Autónoma adquiera por expropiación o por cualquier otro procedimiento para su incorporación formal y expresa a dicho patrimonio y finalidad.

3. Serán de aplicación, en lo que proceda, las demás reglas establecidas en esta Ley para los patrimonios municipales del suelo.

CAPÍTULO II

Derecho de superficie

Artículo 239. Derecho de superficie.

1. Las Administraciones públicas y demás entidades dependientes de ellas podrán constituir derechos de superficie sobre terrenos de su propiedad con destino a la construcción de viviendas de protección pública, instalación de industrias o a otros fines de interés social.

2. Sin perjuicio de la regulación del derecho de superficie establecido en la legislación del Estado, el procedimiento de su constitución y el carácter oneroso o gratuito del mismo, se regirá, en función de la naturaleza del superficiario, por lo dispuesto en el Capítulo anterior.

⇒ V. Jurisprudencia en arts. 171 y concordantes del TRLS/1976 (§3).

CAPÍTULO III
Derechos de tanteo y retracto

Artículo 240. Derechos de tanteo y retracto.

1. A efectos de intervenir y regular el mercado inmobiliario, coadyuvar al cumplimiento de las limitaciones de precio en las compraventas de viviendas de protección pública y, en general, para contribuir a los fines asignados al patrimonio municipal del suelo, los municipios podrán delimitar áreas de suelo urbano o urbanizable en las que todas o algunas de las transmisiones onerosas de terrenos o construcciones a que se refiere el apartado 2 de este artículo queden sujetas al ejercicio de los derechos de tanteo y retracto por el Ayuntamiento.

2. El ejercicio de los derechos previstos en el apartado anterior sólo podrá establecerse en relación con todas o algunas de las siguientes transmisiones:

a) Terrenos sin edificar.

b) Terrenos con edificaciones declaradas en ruina o fuera de ordenación.

c) Terrenos destinados a la construcción de viviendas de protección pública sin ejecutar.

d) Viviendas sometidas a algún régimen de protección pública.

3. El plazo máximo de sujeción de las transmisiones al ejercicio de los derechos previstos en este artículo será de diez años a contar desde la delimitación del área, salvo que en ese momento se fije otro menor.

⇒ V. arts. 83 y concordantes del RD 1093/1997, de 4 julio (§2.1).

Artículo 241. Delimitación de áreas.

1. La delimitación de las áreas de tanteo y retracto podrá efectuarse en el propio Plan General o mediante acuerdo independiente. En este segundo caso, los trámites incluirán una aprobación inicial que podrá realizar el Alcalde, un trámite de información pública por plazo no inferior a veinte días y una aprobación definitiva que corresponderá al Pleno.

2. En cualquier caso, la delimitación de áreas requerirá la justificación de su necesidad en la Memoria del Plan o en documento específicamente elaborado a tal fin, la identificación concreta de los objetivos a conseguir, la fijación del ámbito material y la relación de transmisiones, bienes y propietarios afectados.

3. Del acuerdo de delimitación se dará traslado al Registro de la Propiedad. Se acompañará con copia certificada del contenido del acuerdo y relación de transmisiones o bienes afectados.

Artículo 242. Ejercicio del derecho de tanteo.

A efectos del ejercicio del derecho de tanteo, los propietarios de bienes afectados incluidos en las áreas a que se refiere el artículo anterior deberán comunicar al Ayuntamiento la decisión de enajenarlos, con expresión del precio y demás condiciones esenciales de la transmisión. El Ayuntamiento podrá ejercitar el derecho de tanteo en el plazo de dos meses a contar desde el día siguiente al de la recepción formal de dicha comunicación.

Artículo 243. Ejercicio del derecho de retracto.

1. El Ayuntamiento podrá ejercer el derecho de retracto cuando no se le hubiere hecho la comunicación a que se refiere el artículo anterior o si las condiciones de la transmisión hubieran resultado menos onerosas que las indicadas en ella.

2. A efectos del ejercicio del derecho de retracto, todos los adquirentes de bienes afectados incluidos en áreas de tanteo y retracto deberán comunicar al Ayuntamiento la transmisión efectuada mediante entrega de copia de la escritura o documento en el que aquélla se haya formalizado. El Ayuntamiento podrá ejercitar el derecho de retracto en el plazo de dos meses contados desde el día siguiente al de la recepción formal de la comunicación. Dicho plazo será de un año cuando no se hubiera realizado la comunicación de la compraventa o si las condiciones de la transmisión hubieran resultado menos onerosas que las indicadas en ella.

Artículo 244. Pago.

1. El pago del bien adquirido deberá realizarse en un plazo de tres meses desde el ejercicio de los derechos de tanteo o retracto, transcurrido el cual caducará el derecho sin que pueda volver a ejercitarse. En el caso del retracto la cantidad adeudada devengará el interés legal desde la fecha en que la Administración lo ejercitó.

2. El pago se realizará en metálico. Si mediara acuerdo con el transmitente el pago podrá efectuarse también mediante la adjudicación de terrenos o conforme a cualquier otra figura admitida en Derecho.

3. En el supuesto de viviendas acogidas a un régimen de protección pública, en ningún caso se podrá superar el precio máximo fijado en la normativa de protección.

Artículo 245. Adjudicación de viviendas.

Las viviendas de protección pública adquiridas en el ejercicio de los derechos de tanteo y retracto serán adjudicadas entre quienes reúnan los requisitos establecidos por la normativa de protección y de acuerdo con ella.

CAPÍTULO IV
Edificación forzosa

Artículo 246. Obligación de edificar.

1. El propietario de solares sin edificar y construcciones en ruina deberá emprender la edificación dentro del plazo fijado en el planeamiento o, en su defecto, en el de tres años contados desde que la parcela merezca la calificación de solar o desde la declaración administrativa de ruina.

2. Una vez iniciada la edificación ésta deberá finalizar en el plazo esta-

blecido en la correspondiente licencia y, en su defecto, en el de dos años desde el inicio de las obras.

3. El Ayuntamiento podrá prorrogar los plazos a que se refieren los apartados anteriores por un período que no exceda de la mitad de los mismos siempre que medie causa que lo justifique.

⇒ V. art. 131 de la presente Ley.
V. arts. 14.2 f) y 18.7 de la Ley 6/1998, de 13 abril, sobre Régimen del Suelo y Valoraciones (§1).
V. Jurisprudencia en arts. 154 y concordantes del TRLS/1976 (§3).

Artículo 247. Registro de solares.

1. Los municipios con población superior a 5.000 habitantes podrán crear un Registro de Solares en el que se incluirán los solares sin edificar y las construcciones en ruina una vez hayan transcurrido los plazos de inicio o finalización de la edificación establecidos en el artículo anterior.

2. La inclusión de un bien en el Registro supone la imposibilidad del propietario para continuar la urbanización y edificación e implica también la declaración de utilidad pública y necesidad de ocupación a efectos expropiatorios.

3. El Registro será público y podrá ser consultado libremente por cualquier persona, que podrá asimismo proponer al Ayuntamiento la inclusión en él de los bienes que, no estando registrados, considere que deban serlo de conformidad con lo previsto en este artículo.

⇒ V. Jurisprudencia en arts. 154 y concordantes del TRLS/1976 (§3).

Artículo 248. Inclusión de bienes en el Registro.

1. Cuando se den las circunstancias del artículo anterior el Ayuntamiento, de oficio o a instancia de parte, iniciará el procedimiento de inclusión del bien en el Registro de Solares, previa notificación al interesado.

2. El acuerdo de inclusión de un bien en el Registro será adoptado por el Ayuntamiento Pleno e incluirá la descripción del bien y su valoración, con indicación separada del valor del bien y, en su caso, de las obras no acabadas.

3. Del acuerdo se dará traslado al Registro de la Propiedad.

Artículo 249. Venta forzosa.

1. El Ayuntamiento, en el plazo máximo de un año desde la inclusión del inmueble en el Registro de Solares, lo sacará a subasta pública, con el tipo de licitación que resulte de la inicial valoración global del inmueble y, en su caso, de las obras.

2. La convocatoria de la subasta se publicará en el «Boletín Oficial de Cantabria» y en, al menos, un diario de difusión regional, con indicación de las características del inmueble, valoración, condiciones para su adjudicación y obligaciones del adjudicatario.

3. Si la subasta fuera declarada desierta se convocará de nuevo en el plazo de seis meses.

4. Si la segunda subasta también quedara desierta, el Ayuntamiento podrá enajenar directamente el inmueble por el precio del último tipo de licitación.

5. El precio obtenido en la subasta por el máximo de la valoración inicial, una vez deducidos los gastos ocasionados y, en su caso, las sanciones aplicables, se entregará al propietario. El exceso obtenido en su caso se integrará en el patrimonio municipal del suelo.

⇒ V. Jurisprudencia en arts. 154 y concordantes del TRLS/1976 (§3).

Artículo 250. Cese de efectos de la inclusión en el Registro.

Transcurridos los plazos establecidos en el artículo anterior sin que el Ayuntamiento haya realizado los trámites correspondientes, quedará sin efecto la inclusión del inmueble en el Registro de Solares y todas sus consecuencias.

Artículo 251. Obligaciones del adquirente.

1. El adquirente de solares y construcciones incluidos en el Registro a que se refiere este capítulo, quedará obligado a iniciar o reanudar las obras de edificación en el plazo de un año a partir de la fecha de toma de posesión de la finca. Las obras deberán quedar terminadas en el plazo a que se refiere el apartado 2 del artículo 246.

2. El incumplimiento por el adquirente de las anteriores obligaciones determinará de nuevo la inclusión del inmueble en el Registro de Solares.

⇒ V. Jurisprudencia en arts. 154 y concordantes del TRLS/1976 (§3).

Artículo 252. Expropiación forzosa.

Sin perjuicio de lo dispuesto en los artículos anteriores y en los mismos supuestos, los Ayuntamientos podrán también expropiar los bienes a que se refiere este Capítulo por incumplimiento de la función social de la propiedad. En tal caso, el justiprecio expropiatorio se calculará siempre conforme a los criterios y pautas de la legislación del Estado.

TÍTULO VII
ORGANIZACIÓN ADMINISTRATIVA Y RÉGIMEN JURÍDICO

CAPÍTULO I
La Comisión Regional de Ordenación del Territorio

Artículo 253. Comisión Regional de Ordenación del Territorio.

1. La Comisión Regional de Ordenación del Territorio es el órgano consultivo y de gestión en las materias de ordenación del territorio a que se refiere la presente Ley.

2. La Comisión actuará en Pleno y en Comisión Permanente. El Reglamento interno podrá crear, además, las Secciones o Ponencias que considere oportunas.

3. Con carácter general, el Pleno de la Comisión será competente para

conocer, informar y llevar a cabo cuantas funciones relacionadas con el planeamiento territorial le sean expresamente atribuidas por ésta y otras Leyes. La Comisión Permanente asume todas las demás funciones de la Comisión relacionadas con los informes, autorizaciones y demás intervenciones en el ámbito de la ejecución, gestión y aplicación del planeamiento territorial. Las funciones de la Comisión Permanente podrán ser avocadas por el Pleno en los términos que reglamentariamente se determinen.

4. La Comisión Regional de Ordenación del Territorio estará presidida por el Consejero competente en materia de ordenación del territorio y estará integrada por un mínimo de 16 miembros en representación de las distintas Consejerías de la Administración de la Comunidad Autónoma, la Administración General del Estado, Corporaciones Locales, Colegios Profesionales y personas de acreditada competencia en la materia, de acuerdo con lo que reglamentariamente se determine.

5. La Comisión Permanente estará integrada por un máximo de 8 miembros en representación de las distintas Consejerías de la Administración de la Comunidad Autónoma, la Administración General del Estado, Corporaciones Locales, Colegios Profesionales o personas de acreditada competencia en la materia, en los términos que reglamentariamente se determinen.

6. Podrán participar en la Comisión, como ponentes, con voz pero sin voto, funcionarios técnicos adscritos a la Consejería competente en materia de ordenación del territorio. Asimismo, el Presidente podrá invitar a participar, con voz pero sin voto, a las personas que considere oportuno para el mejor asesoramiento de la Comisión.

⇒ V. disp. transit. 7ª.1 de la presente Ley.
V. DD. 9/2000, de 8 marzo y 52/2001, de 24 julio, que modifican el Decreto 53/1998, de 9 junio, relativo a la estructura orgánica de la Consejería de Obras Públicas, Vivienda y Urbanismo.
V. D. 24/1996, de 28 marzo, que regula la estructura orgánica de la Consejería de Medio Ambiente y Ordenación del Territorio de Cantabria.

CAPÍTULO II
La Comisión Regional de Urbanismo

Artículo 254. Comisión Regional de Urbanismo.

1. La Comisión Regional de Urbanismo es el órgano consultivo y de gestión en las materias de urbanismo a que se refiere la presente Ley.

2. La Comisión actuará en Pleno y en Comisión Permanente. El Reglamento interno podrá crear, además, las Secciones o Ponencias que considere oportunas.

3. Con carácter general, el Pleno de la Comisión será competente para conocer, informar y llevar a cabo cuantas funciones relacionadas con el planeamiento urbanístico le sean expresamente atribuidas por ésta y otras Leyes. La Comisión Permanente asume todas las demás funciones de la Comisión relacionadas con los informes, autorizaciones y demás intervenciones en el ámbito de la ejecución, gestión y aplicación del planeamiento urbanístico.

Las funciones de la Comisión Permanente podrán ser avocadas por el Pleno en los términos que reglamentariamente se determinen.

4. La Comisión Regional de Urbanismo estará presidida por el Consejero competente en materia de urbanismo y estará integrada por un máximo de 16 miembros en representación de las distintas Consejerías de la Administración de la Comunidad Autónoma, la Administración General del Estado, Corporaciones Locales, Colegios Profesionales y personas de acreditada competencia en la materia, de acuerdo con lo que reglamentariamente se determine.

5. La Comisión Permanente estará integrada por un máximo de 8 miembros en representación de las distintas Consejerías de la Administración de la Comunidad Autónoma, la Administración General del Estado, Corporaciones Locales, Colegios Profesionales o personas de acreditada competencia en la materia, en los términos que reglamentariamente se determinen.

6. Podrán participar en la Comisión, como ponentes, con voz pero sin voto, funcionarios técnicos adscritos a la Consejería competente en materia de urbanismo. Asimismo, el Presidente podrá invitar a participar, con voz pero sin voto, a las personas que considere oportuno para el mejor asesoramiento de la Comisión.

⇒ V. disp. transit. 7ª.1 de la presente Ley.

V. D. 71/1983, de 26 noviembre, sobre composición y funcionamiento de la Comisión Regional de Urbanismo, modificado a su vez por D. 62/1991, de 21 marzo y D. 145/1991, de 1 octubre.

V. D. 24/1996, de 28 marzo, que regula la estructura orgánica de la Consejería de Medio Ambiente y Ordenación del Territorio de Cantabria.

CAPÍTULO III

Acciones y recursos administrativos

Artículo 255. Vía de apremio.

Cuando los Ayuntamientos utilicen la vía de apremio para exigir a los propietarios el cumplimiento de sus deberes urbanísticos se dirigirán contra los bienes de las personas que no hubieren cumplido sus obligaciones y, en caso de insolvencia, frente a la asociación administrativa de propietarios que pudiera existir.

Artículo 256. Acción pública.

1. Será pública la acción para exigir ante las Administraciones Públicas y, en su caso, los órganos de la jurisdicción contencioso-administrativa la observancia de la legislación urbanística y de ordenación territorial, así como los Planes, Normas y Ordenanzas a que se refiere esta Ley.

2. De conformidad con lo dispuesto en la legislación del Estado, si dicha acción está motivada por la ejecución de obras que se consideren ilegales, podrá ejercitarse durante la ejecución de las mismas y hasta el transcurso de los plazos establecidos en esta Ley para la adopción de las medidas de protec-

ción de la legalidad urbanística o de la prescripción de las correspondientes infracciones.

⇒ V. art. 304 del TRLS/1992 (§2).
V. Jurisprudencia en arts. 235 y concordantes del TRLS/1976 (§3).

Artículo 257. Acciones civiles.

De conformidad con la legislación del Estado, los propietarios y titulares de derechos reales podrán exigir también ante los Tribunales ordinarios la indemnización de los daños y perjuicios que hubieran podido sufrir como consecuencia de una infracción urbanística. La indemnización podrá ser exigida, con carácter solidario, de cualquiera de los infractores. Asimismo, los interesados podrán exigir ante la misma jurisdicción la demolición de las obras e instalaciones que afecten a las relaciones de vecindad o vulneren las normas de distancia entre construcciones, así como las relativas a usos insalubres, incómodos, nocivos o peligrosos que estuvieren directamente encaminadas a tutelar el uso de las demás fincas.

Artículo 258. Registro de la Propiedad.

Serán inscribibles en el Registro de la Propiedad los actos y resoluciones, administrativas o judiciales, a que se refiere la legislación del Estado. A tal efecto, cuando proceda, la Administración expedirá la correspondiente certificación administrativa.

⇒ V. RD 1093/1997, de 4 julio (§2.1).

CAPÍTULO IV
Convenios urbanísticos

Artículo 259. Objeto y capacidad general.

1. Las Administraciones Públicas, en el ámbito de sus competencias, podrán celebrar los convenios urbanísticos que tengan por conveniente al objeto de colaborar en el mejor y más eficaz desarrollo de los fines y objetivos de esta Ley, siempre que no contraríen el Ordenamiento jurídico, el interés público o los principios de buena administración. La Administración deberá cumplir los convenios que celebre, sin perjuicio de las prerrogativas establecidas en la presente Ley.

2. Los convenios urbanísticos contendrán una memoria en la que expresarán sucintamente los motivos, causas y fines de interés público que los justifiquen.

3. El contenido de los convenios podrá determinar el régimen obligacional asumido por las partes y las indemnizaciones o compensaciones económicas que procedan por su resolución o incumplimiento.

4. La negociación, celebración y cumplimiento de los convenios urbanísticos se rigen por los principios de transparencia y publicidad.

5. Los convenios urbanísticos tendrán naturaleza jurídico-administrativa y las cuestiones relativas a su cumplimiento, interpretación, efectos y extinción serán competencia del orden jurisdiccional contencioso-administrativo.

Artículo 260. Límites.

1. Serán nulas de pleno derecho las estipulaciones de los convenios urbanísticos que contravengan normas imperativas legales o reglamentarias, incluidas las determinaciones del planeamiento territorial y urbanístico, sin perjuicio de poder incluir entre sus objetivos la revisión o modificación de dicho planeamiento.

2. Los convenios urbanísticos no podrán, en ningún caso, conculcar los estándares de planeamiento, ni las normas de aplicación directa. Tampoco podrán dispensar del régimen de cesiones urbanísticas previsto en esta Ley.

3. Los convenios urbanísticos no podrán excluir o limitar el ejercicio de las competencias atribuidas por ésta u otras Leyes a la Administración.

4. Serán nulos los convenios urbanísticos en cuyas estipulaciones se contengan instrumentos de legalización.

Artículo 261. Convenios de planeamiento.

1. Se consideran convenios de planeamiento aquellos que tengan por objeto la aprobación o modificación del planeamiento urbanístico. Podrán también referirse a la ejecución del planeamiento en los términos establecidos en el artículo siguiente.

2. La competencia para aprobar estos convenios en el ámbito municipal será del Ayuntamiento Pleno, previa apertura de un período de información pública por plazo no inferior a un mes sobre el proyecto de convenio.

3. Cuando la negociación de un convenio coincida con la tramitación del procedimiento para aprobar un instrumento de planeamiento con el que aquél guarde directa relación se incluirá el texto del convenio en la documentación sometida a información pública, sustituyendo ésta a la prevista en el apartado anterior.

4. El Ayuntamiento estará obligado a tramitar la aprobación o modificación del planeamiento urbanístico a que se haya comprometido, pero conservará la plenitud de su potestad de planeamiento. La ausencia de aprobación definitiva del cambio de planeamiento determinará la automática resolución del convenio, sin perjuicio de las indemnizaciones que fueran procedentes.

Artículo 262. Convenios de gestión.

1. Se consideran convenios de gestión urbanística aquellos que tengan por objeto exclusivamente fijar los términos y condiciones de la concreta ejecución del planeamiento, sin que de su cumplimiento pueda derivarse ninguna alteración o modificación de aquél.

2. Los convenios en los que se acuerde el cumplimiento del deber legal de cesión de aprovechamiento urbanístico mediante el pago de cantidad sustitutoria en metálico deberán incluir la pertinente valoración pericial realizada por técnico municipal competente.

3. Cuando los particulares que suscriban el convenio, con la conformidad de todos los propietarios afectados, asuman la completa responsabilidad del desarrollo y urbanización de un Sector, o de una o varias unidades de

actuación, podrán definir su gestión en todos los detalles, apartándose incluso de los sistemas de actuación regulados en esta Ley.

4. El convenio que tenga por objeto el desarrollo del suelo urbanizable residual deberá indicar las obras que hayan de realizar a su costa los particulares para asegurar la conexión con los sistemas generales exteriores a la actuación, así como las garantías para el cumplimiento de los compromisos asumidos por las partes.

5. La competencia para aprobar estos convenios en el ámbito municipal corresponde al Ayuntamiento Pleno, previa apertura de un período de información pública por plazo no inferior a veinte días sobre el proyecto de convenio.

Artículo 263. Responsabilidad por incumplimiento.

1. La resolución de un convenio por causas imputables al incumplimiento de una de las partes dará lugar a las responsabilidades fijadas en sus estipulaciones.

2. En defecto de previsión específica en el texto del convenio, en caso de incumplimiento del particular, la Administración actuante tendrá derecho a ser resarcida de los daños y perjuicios imputables a aquel que se puedan pericialmente probar. Si el incumplimiento fuera debido a la Administración, se estará a lo dispuesto en la legislación estatal sobre la responsabilidad patrimonial de las Administraciones Públicas.

Artículo 264. Publicidad.

1. En los archivos administrativos municipales se anotarán las incidencias y contenidos de todos los convenios y se custodiará un ejemplar completo de su texto definitivo y de la documentación anexa de que pudiera constar.

2. En los términos de la legislación del procedimiento administrativo común y de conformidad también con esta Ley cualquier ciudadano tiene derecho a consultar los archivos municipales y a obtener certificación y copia de los convenios suscritos por la Administración, abonando las tasas a que hubiera lugar.

DISPOSICIONES ADICIONALES

Primera. Consejo de Ordenación del Territorio y Urbanismo.

1. Se crea, adscrito a la Presidencia del Gobierno, el Consejo de Ordenación del Territorio y Urbanismo como órgano consultivo y de participación en materia de ordenación territorial y urbanismo.

2. Son funciones del Consejo evacuar los informes que el Presidente someta a su consideración y, en particular, los proyectos de reglamentos de desarrollo de esta Ley y los Planes y Normas de Ordenación Territorial.

3. El Consejo de Ordenación del Territorio y Urbanismo estará presidido por el Presidente del Gobierno o el miembro del Gobierno en quien delegue y estará integrado por un máximo de 35 miembros en representación

de las distintas Consejerías de la Administración de la Comunidad Autónoma, la Administración General del Estado, las Corporaciones Locales, la Universidad de Cantabria, Colegios Profesionales, Cámaras, Sindicatos, Asociaciones empresariales, Fundaciones, asociaciones sin ánimo de lucro y personas de acreditada competencia en la materia, de acuerdo con lo que reglamentariamente se determine.

4. El Presidente podrá convocar a las reuniones, con voz pero sin voto, a las personas que estime conveniente para el mejor asesoramiento del Consejo.

5. El Consejo se reunirá al menos una vez al año.

6. El Consejo elaborará su propio Reglamento interno, que será aprobado por Decreto.

⇒ V. D. 24/1996, de 28 marzo, que regula la estructura orgánica de la Consejería de Medio Ambiente y Ordenación del Territorio de Cantabria.

Segunda. Comisión Mixta Interdepartamental.

1. Se crea la Comisión Mixta Interdepartamental de la Consejería de Obras Públicas, Vivienda y Urbanismo y de la Consejería de Medio Ambiente y Ordenación del Territorio. Dicha Comisión será la encargada de coordinar la gestión de ambos Departamentos en las materias que los afecten de forma común.

2. La Comisión Mixta propondrá la solución que considere adecuada y las normas de actuación coordinada en el ámbito de sus respectivas competencias, emitiendo al respecto los informes que le interesen cualesquiera de los dos Consejeros sobre asuntos relacionados con las materias comunes.

3. La Comisión Mixta a que se refieren los apartados anteriores estará integrada por los dos Consejeros y tres representantes de cada Consejería en los términos que reglamentariamente se establezcan. Asistirá a las reuniones un Letrado, que actuará como Secretario sin voto.

4. La Comisión Mixta se constituirá provisionalmente en el plazo de ocho días desde la entrada en vigor de esta Ley y asumirá desde ese momento las funciones a que se refieren los apartados anteriores.

⇒ V. DD. 9/2000, de 8 marzo y 52/2001, de 24 julio, que modifican el Decreto 53/1998, de 9 junio, relativo a la estructura orgánica de la Consejería de Obras Públicas, Vivienda y Urbanismo.

V. D. 24/1996, de 28 marzo, que regula la estructura orgánica de la Consejería de Medio Ambiente y Ordenación del Territorio de Cantabria.

Tercera. Contravalor en euros de las sanciones y actualización de cuantías.

1. Las sanciones previstas en esta Ley cuya cuantía se enuncia en pesetas se entienden asimismo por su contravalor en euros sin necesidad de adaptación normativa alguna.

2. *Se autoriza al Gobierno* a la actualización de las cuantías de las sanciones previstas en la presente Ley, teniendo en cuenta la variación de los índices de precios al consumo. Dicha actualización se llevará a cabo por

Decreto cada cinco años a partir de la entrada en vigor de la Ley y del mismo se dará expresamente cuenta al Parlamento de Cantabria.

Comisión Mixta Interdepartamental.

Cuarta. Plan de Ordenación del Litoral.

1. En atención a las peculiaridades y especial singularidad de la zona costera, y con la finalidad de una protección efectiva e integral de la misma, el Gobierno elaborará un Plan de Ordenación del Litoral que queda equiparado a todos los efectos al Plan Regional de Ordenación Territorial previsto en el artículo 11 de esta Ley y que se elaborará de acuerdo con el procedimiento del artículo 16 de la misma. A dicho Plan le serán especialmente aplicable lo dispuesto en los artículos 15, 17 y 18 de la presente Ley y podrá ser desarrollado, en su caso, en los términos del apartado 1 de su artículo 59.

2. Son funciones del Plan de Ordenación del Litoral fijar las directrices para la ordenación territorial de la zona costera de la Comunidad Autónoma y, en particular:

a) Mejorar el conocimiento específico del litoral.

b) Establecer criterios para la protección de los elementos naturales, de las playas y, en general, del paisaje litoral.

c) Señalar los criterios globales para la ordenación de los usos del suelo y la regulación de actividades en el ámbito afectado.

d) Fijar los criterios generales de protección del medio litoral, orientar las futuras estrategias de crecimiento urbanístico y de la implantación de infraestructuras y proponer actuaciones para la conservación y restauración, en su caso, del espacio costero.

e) Definir una zonificación del ámbito litoral para la aplicación de los criterios de ordenación, ampliando, en su caso, la zona de servidumbre de protección.

f) Establecer pautas y directrices para una eficaz coordinación administrativa.

3. El Plan de Ordenación del Litoral tendrá el siguiente contenido:

a) Definición de su ámbito de aplicación.

b) Análisis de las características del medio biofísico y socioeconómico de la zona afectada, del planeamiento urbanístico y de los problemas existentes en relación con los citados medios respecto de los recursos naturales y los asentamientos humanos.

c) Formulación de los objetivos de ordenación y definición de su marco general y sus diferentes categorías.

d) Fijación de las normas específicas de regulación de usos y actividades aplicables a las diferentes categorías de ordenación.

e) Elaboración de propuestas generales de actuación.

4. El Plan de Ordenación del Litoral contendrá los documentos que en cada caso sean necesarios para reflejar las funciones y contenidos de los

apartados anteriores. Constará, como mínimo, de los enumerados en el artículo 13 de esta Ley, debiendo contener la Memoria una especial atención al diagnóstico y análisis de la situación de los medios biofísico y socioeconómico que confluyen en la zona litoral. La documentación gráfica definirá el grado de conservación de la zona y plasmará las normas o criterios de ordenación.

5. El ámbito del Plan de Ordenación del Litoral será el territorio correspondiente a los 37 municipios costeros existentes en la Comunidad Autónoma, excluyéndose del mismo los suelos clasificados como urbanos o urbanizables con Plan Parcial aprobado definitivamente, así como aquellos otros que gocen ya de algún instrumento especial de protección por corresponder a zonas declaradas Espacios Naturales Protegidos o que dispongan de Planes de Ordenación de los Recursos Naturales en vigor.

DISPOSICIONES TRANSITORIAS

Primera. Normativa aplicable y adaptación de Planes anteriores.

1. Con carácter general serán de directa aplicación desde la entrada en vigor de esta Ley todas aquellas disposiciones que puedan aplicarse sin necesidad de la previa existencia o intermediación de un Plan General de Ordenación adaptado a la misma. En particular, serán inmediatamente aplicables las normas contenidas en los artículos 32 a 37 y en los Títulos IV a VII de esta Ley.

2. Los Planes o Normas Subsidiarias aprobados con anterioridad conservarán su vigencia hasta su revisión o adaptación a las previsiones de esta Ley, sin perjuicio de lo previsto en el apartado 1 anterior y en las restantes Disposiciones Transitorias.

3. Los municipios que tengan en vigor Planes Generales de Ordenación Urbana o Normas Subsidiarias adaptarán sus instrumentos de planeamiento a lo dispuesto en esta Ley en el plazo de cuatro años y, en todo caso, con ocasión de la primera modificación que se tramite después de dicho plazo. Asimismo dichos municipios deberán adaptar sus instrumentos de planeamiento a lo dispuesto en esta Ley, aun sin haber transcurrido el referido plazo de cuatro años, cuando tramiten cualquier modificación de los mismos que implique una alteración de la clasificación del suelo.

4. No obstante, durante el plazo referido en el apartado anterior, podrán realizarse modificaciones de los Planes o Normas consistentes en la calificación del suelo no urbanizable en cualquiera de las categorías del suelo rústico a que esta Ley se refiere o en la transformación del suelo clasificado como no urbanizable ordinario, no sometido a especial protección, en suelo urbanizable residual, dichas modificaciones se podrán llevar a cabo mediante el procedimiento de aprobación previsto en el apartado 3 del artículo 83 de esta Ley.

5. La adaptación o revisión podrá contemplar todas las determinaciones

de los artículos 44 a 50 de esta Ley o limitarse a las determinaciones mínimas previstas en el artículo 44.

6. La adaptación se llevará a cabo de acuerdo con el procedimiento previsto para la aprobación de los Planes en el Capítulo IV del Título I de esta Ley.

7. Transcurridos cinco años desde la entrada en vigor de la Ley, el Consejero competente en materia de urbanismo podrá requerir al Ayuntamiento para que éste inicie el procedimiento de adaptación de los Planes y Normas preexistentes. Dicho requerimiento motivará las razones e intereses de ámbito supramunicipal que justifiquen tal pretensión y otorgará un plazo, no inferior a tres meses, para iniciar la adaptación. Transcurrido dicho plazo la Comunidad Autónoma podrá subrogarse, a todos los efectos, en la competencia municipal.

8. El Consejero competente en materia de ordenación del territorio podrá efectuar el mismo requerimiento previsto en el apartado anterior cuando exista un Plan de Ordenación Territorial que imponga la referida adaptación.

Segunda. Planes aprobados con anterioridad.

1. Mientras no tenga lugar la adaptación de los Planes y Normas preexistentes, el régimen jurídico del suelo urbano en los municipios con Plan General o Normas Subsidiarias será el que se derive de las determinaciones de dicho planeamiento y de las Leyes 6/1998, de 13 de abril, de Régimen del Suelo y Valoraciones y Ley de Cantabria 1/1997, de 25 de abril, de Medidas Urgentes en Materia de Régimen del Suelo y Ordenación Urbana.

Se considerará suelo urbano consolidado el clasificado conforme al Plan que cumpla las condiciones del párrafo a) del apartado 1 del artículo 95 y no esté afectado por las circunstancias previstas en el apartado 1 del artículo 96.

2. Los núcleos rurales así calificados por el planeamiento conforme a lo dispuesto en la Ley de Cantabria 9/1994, de 29 de septiembre, Reguladora de los Usos del Medio Rural, tendrán la consideración de suelo urbano, aplicándoseles el régimen de los pequeños municipios previsto en el Capítulo VII del Título III de esta Ley.

3. El suelo urbanizable se regirá por las disposiciones de esta Ley, aplicándose el régimen del suelo urbanizable delimitado al suelo urbanizable programado o apto para la edificación. El resto del suelo urbanizable tendrá la consideración de suelo urbanizable residual.

En el suelo urbanizable que siga el régimen del suelo urbanizable delimitado el aprovechamiento medio será el aprovechamiento tipo que resulte del planeamiento vigente.

4. En el suelo urbanizable que tenga la consideración de suelo urbanizable residual no se admitirá la presentación de Planes Parciales de iniciativa particular conforme a lo dispuesto en el artículo 75 de esta Ley hasta que no estén fijados los criterios a que se refiere el artículo 49. A tal efecto, el Ayuntamiento Pleno podrá modificar el Plan vigente, y si dicha modificación

se limita a completar lo dispuesto en el citado artículo 49 el procedimiento de aprobación seguirá únicamente los trámites previstos en el apartado 3 del artículo 83 de esta Ley.

5. El suelo no urbanizable se regirá por las disposiciones de esta Ley aplicándosele el régimen del suelo rústico de protección ordinaria, salvo cuando dicho suelo esté sometido a un régimen especial de protección conforme a lo dispuesto en el planeamiento preexistente o en la correspondiente normativa sectorial, en cuyo caso se regirá por las disposiciones previstas en esta Ley para el suelo rústico de especial protección.

6. En los municipios con planes no adaptados la competencia a que se refiere el párrafo a) del apartado 2 del artículo 115 de esta Ley para autorizar construcciones en el suelo rústico será ejercida por la Comisión Regional de Urbanismo.

⇒ V. art. 254 y disp. derog. única de la presente Ley.

Tercera. Instrumentos urbanísticos en ejecución.

1. Los instrumentos de gestión urbanística en curso de ejecución a la entrada en vigor de esta Ley continuarán aplicándose conforme a la legislación anterior, salvo que por incumplimiento de los plazos previstos en ellos o a instancia de todos los propietarios incluidos en el ámbito de actuación considerado, el Ayuntamiento acuerde de forma expresa su sujeción al régimen establecido por esta Ley en cualquiera de sus modalidades.

A estos efectos se entenderá que están en curso de ejecución:

a) En el sistema de compensación cuando se hayan aprobado los Estatutos de la Junta de Compensación y las Bases de Actuación.

b) En el sistema de cooperación cuando se haya aprobado inicialmente el proyecto de reparcelación o se haya declarado su innecesariedad.

c) En el sistema de expropiación desde la aprobación de la relación de propietarios y descripción de los bienes y derechos afectados.

2. Los instrumentos de gestión urbanística que no estuvieran en curso de ejecución se desarrollarán conforme a las previsiones de esta Ley, con sujeción en todo caso a lo previsto en la Disposición Transitoria Sexta.

3. En los municipios en los que concurran las condiciones del artículo 89 de esta Ley serán de aplicación inmediata los artículos 181 y 182. Será igualmente aplicable, como mínimo, ese mismo régimen a los demás municipios que a la entrada en vigor de la Ley tengan aprobado un Proyecto de Delimitación de Suelo Urbano.

Cuarta. Instrumentos urbanísticos en tramitación.

Los Planes y demás instrumentos urbanísticos en tramitación que no hubieran sido aprobados provisionalmente a la entrada en vigor de esta Ley deberán adaptarse a sus contenidos y determinaciones, pero podrán continuar su tramitación conforme al procedimiento establecido en la legislación anterior. En el caso de Planes Parciales de iniciativa particular se tendrá en cuenta lo establecido en el apartado 4 de la Disposición Transitoria Segunda.

Quinta. Otorgamiento de licencias y autorizaciones.

Los procedimientos de obtención de licencias y autorizaciones no concluidos a la entrada en vigor de esta Ley serán resueltos conforme a las previsiones de la misma. A estos efectos, los plazos para resolver se computarán también a partir de la entrada en vigor de la presente Ley.

Sexta. Cesiones de aprovechamiento.

En tanto no se proceda a la revisión o adaptación del planeamiento anterior el régimen de cesiones y aprovechamientos privados será el previsto en los artículos 100, 106 y 126 de esta Ley aplicado al aprovechamiento que corresponda a cada parcela según dicho planeamiento y conforme a la normativa preexistente.

Séptima. Comisiones Regionales de Ordenación del Territorio y Urbanismo.

1. En el plazo de tres meses desde la entrada en vigor de la presente Ley el Gobierno regulará por Decreto la composición y el funcionamiento de la Comisión Regional de Ordenación del Territorio y de la Comisión Regional de Urbanismo a que se refieren los artículos 253 y 254 de esta Ley. Ambas Comisiones se constituirán en el plazo de dos meses desde la entrada en vigor de los citados Reglamentos.

2. Hasta tanto no se haya aprobado el Reglamento a que alude al apartado anterior en materia de urbanismo continuará actuando la Comisión Regional de Urbanismo regulada en el Decreto 62/1991, de 21 de marzo, que modifica el Decreto 71/1983, de 25 de noviembre, de Composición y Funcionamiento de la Comisión Regional de Urbanismo.

Octava. Suspensión de licencias comerciales.

En el plazo de un año desde la entrada en vigor de la presente Ley, el Gobierno de Cantabria presentará ante el Parlamento el Proyecto de Ley de Estructuras Comerciales, quedando en suspenso, hasta su aprobación y entrada en vigor, los expedientes de concesión de nuevas licencias comerciales específicas para la apertura de Grandes Establecimientos Comerciales, los cuales deberán cumplir cuanto en aquella Ley se establezca.

Novena. Construcciones en suelo no urbanizable o rústico.

1. Hasta la aprobación del Plan Regional de Ordenación del Territorio y a los efectos de lo previsto en el apartado 2 del artículo 113 de esta Ley, se autoriza al Gobierno a aprobar uno o varios planes especiales de protección del medio rural a los que refiere el párrafo g) del apartado 1 del artículo 59.

2. En tanto se aprueben el Plan o los planes mencionados en el apartado anterior quedan prohibidas cualesquiera construcciones de viviendas unifamiliares e instalaciones vinculadas a actividades de ocio y turismo rural en el actual suelo rústico o no urbanizable, a excepción de las viviendas contempladas en el párrafo a) del apartado 3 del artículo 112.

Décima. Medidas cautelares en ámbito del litoral.

1. Hasta tanto se produzca la aprobación del Plan de Ordenación del Litoral a que se refiere la Disposición Adicional Cuarta y, en todo caso, durante el plazo máximo de un año, en los municipios comprendidos en el apartado 2 de esta Disposición y en un ámbito de quinientos metros medidos a partir del límite interior de la ribera del mar y de las rías, se adoptan las siguientes medidas cautelares:

a) Quedan suspendidas todas las licencias de construcción de obras mayores de edificaciones destinadas a residencia o habitación en el suelo no urbanizable, urbanizable o apto para urbanizar sin Plan Parcial definitivamente aprobado.

b) Queda suspendida la aprobación definitiva de Planes Parciales.

2. Los municipios comprendidos en el ámbito de protección son: Val de San Vicente, San Vicente de la Barquera, Valdáliga, Comillas, Ruiloba, Alfoz de Lloredo, Santillana del Mar, Suances, Torrelavega, Polanco, Miengo, Piélagos, Santa Cruz de Bezana, Santander, Camargo, Villaescusa, El Astillero, Marina de Cudeyo, Medio Cudeyo, Ribamontán al Mar, Ribamontán al Monte, Bareyo, Meruelo, Arnuero, Noja, Argoños, Santoña, Escalante, Bárcena de Cicero, Voto, Colindres, Laredo, Limpias, Ampuero, Liendo, Guriezo y Castro Urdiales.

3. Se autoriza al Gobierno a modular o dejar sin efecto, total o parcialmente, las medidas cautelares previstas en esta Disposición de forma motivada y en atención a circunstancias relevantes de interés regional.

DISPOSICIÓN DEROGATORIA

Única.

1. Quedan expresamente derogadas las siguientes Leyes de Cantabria:

Ley 7/1990, de 30 de marzo, de Ordenación Territorial.

Ley 4/1992, de 24 de marzo, sobre Constitución de Reservas Regionales de Suelo y otras Actuaciones Urbanísticas Prioritarias.

Ley 9/1994, de 29 de septiembre, de Usos del Suelo en el Medio Rural.

Ley 1/1997, de 25 de abril, de Medidas Urgentes en Materia de Régimen del Suelo y Ordenación Urbana.

2. Quedan asimismo derogados los artículos 26 y 27 de la Ley 4/2000, de 13 de noviembre, de Modernización y Desarrollo Agrario.

3. Quedan, igualmente, derogadas todas las demás normas y disposiciones de igual o inferior rango que se opongan a lo establecido en la presente Ley.

⇒ V. disp. transit. 2ª de la presente Ley.

DISPOSICIONES FINALES

Primera. Plazos de aprobación de los instrumentos de planificación territorial.

La aprobación inicial del Plan de Ordenación del Litoral, del Plan Regional de Ordenación del Territorio y de las Normas Urbanísticas Regionales se producirá respectivamente en el plazo de seis, nueve y doce meses desde la entrada en vigor de la presente Ley.

Segunda. Normas reglamentarias.

1. Sin perjuicio de la aplicabilidad directa o supletoria de los Reglamentos del Estado hasta ahora en vigor según resulte del sistema de distribución competencial, se entiende que dichos Reglamentos conservan su vigencia y son de aplicación en todo lo que no se opongan a la presente Ley y en tanto no se aprueben por el Gobierno Autónomo el o los Reglamentos de desarrollo de ella.

2. En particular, y en los mismos términos del apartado anterior, serán de aplicación en el ámbito territorial de Cantabria, de forma directa o supletoria, según los casos, los siguientes reglamentos estatales:

a) Reglamento de Edificación Forzosa y Registro Municipal de Solares, aprobado por Decreto 635/1964, de 5 de marzo.

b) Reglamento de Reparcelaciones de suelo afectado por Planes de Ordenación Urbana, aprobado por Decreto 1006/1966, de 7 de abril.

c) Reglamento de Planeamiento, aprobado por Real Decreto 2159/1978, de 23 de junio.

d) Reglamento de Disciplina Urbanística, aprobado por Real Decreto 2187/1978, de 23 de junio.

e) Reglamento de Gestión Urbanística, aprobado por Real Decreto 3288/1978, de 25 de agosto.

Tercera. Autorización de desarrollo reglamentario.

Se autoriza al Gobierno a aprobar las normas precisas para el desarrollo reglamentario de la presente Ley.

Cuarta. Entrada en vigor.

La presente Ley entrará en vigor a los dos meses de su publicación en el «Boletín Oficial de Cantabria» excepto las Disposiciones Transitorias Novena y Décima que entrarán en vigor al día siguiente de la citada publicación.

Castilla y León

§ 25 LEY 5/1999, DE 8 ABRIL. NORMAS REGULADORAS DE URBANISMO DE CASTILLA Y LEÓN

(BOE núm. 134, de 5 junio y BOCyL núm. 70, de 15 abril [RCL 1999, 1520 y LCyL 1999, 106])

EXPOSICIÓN DE MOTIVOS

I

El artículo 26.1 del Estatuto de Autonomía de Castilla y León atribuyó a la Comunidad Autónoma la competencia exclusiva en materia de urbanismo, desarrollando así la previsión contenida en el artículo 148.1.3ª de la Constitución Española.

Esta asunción estatutaria no supuso una ruptura del marco jurídico urbanístico, ya que se mantuvo la vigencia del Texto Refundido de la Ley sobre el Régimen del Suelo y Ordenación Urbana, aprobado por Decreto 1346/1976, de 9 de abril; norma heredera de la Ley de 1956, que fue la que, ya entonces, definió los dos principios que aún rigen el urbanismo español: respeto de la propiedad privada del suelo, y decisión pública sobre su destino, a fin de que éste sea conforme con el interés general. Hoy en día, la validez de tales principios ha quedado firmemente asentada tanto por su reconocimiento en la Constitución, como por su aceptación unánime en los países con sistemas económicos y políticos similares a los nuestros.

Dicha base normativa, completada con los reglamentos y otras disposiciones aprobados entre 1978 y 1981, resultó válida durante los primeros años de ejercicio de las competencias asumidas. De hecho, casi todos los Municipios de cierto tamaño abordaron procesos de ordenación orientados a transformar la ciudad heredada, con resultados estimables, producto de una afortunada combinación de oportunidad en el tiempo, calidad y moderación en su contenido y voluntad política para su aplicación. Es cierto que el panorama no estaba exento de sombras, como las dificultades en la gestión urbanística, la ausencia de planeamiento en gran número de Municipios y sobre todo el escaso respeto de la normativa en extensos ámbitos periurbanos y rurales.

Pese a ello, para cuando a fines de la pasada década la Administración del Estado planteó una nueva reforma, en Castilla y León se estaba consolidando una práctica urbanística rigurosa y prometedora.

La Ley 8/1990, de 25 de julio, de Reforma del Régimen Urbanístico y Valoraciones del Suelo, introdujo importantes novedades en el marco jurídico del urbanismo. Pero aunque afirmaba su intención de atenerse al orden constitucional de competencias, en la práctica establecía un nuevo sistema, por cierto singular en el derecho comparado, que fue entendido en nuestra Comunidad como vulneración del citado orden competencial; por ello la Junta de Castilla y León estuvo entre las instituciones que la impugnaron. Aprobado en 1992 el texto que refundió dicha Ley con el ordenamiento anterior, fue éste el objeto final de la Sentencia del Tribunal Constitucional 61/1997, de 20 de marzo, que anuló la mayor parte de sus preceptos. Recuperó entonces su vigor el Texto Legal de 1976, pero en ardua coexistencia con los preceptos no anulados de 1992, con una abundante legislación sectorial posterior a la Constitución, y con las últimas reformas estatales en la materia: Real Decreto-ley 5/1996, de 7 de junio y Ley 7/1997, de 14 de abril, ambos de Medidas Liberalizadoras, y Ley 6/1998, de 13 de abril, de Reforma del Régimen del Suelo y Valoraciones, en la que el Estado ejerce sus competencias para definir el contenido básico de la propiedad del suelo.

Tal situación implica una llamada al legislador autonómico, tanto para aclarar la notoria complejidad normativa, como para ejercer su propia competencia urbanística, una vez excluida la posibilidad de una legislación estatal supletoria. A fin de ganar tiempo para la reflexión y el debate necesarios, las Cortes de Castilla y León aprobaron la Ley 9/1997, de 13 de octubre, de Medidas Transitorias en Materia de Urbanismo, cuyo limitado pero importante objeto fue rehabilitar la cobertura legal de algunos mecanismos de participación pública en las plusvalías urbanísticas, y la Junta de Castilla y León ha tramitado separadamente el Proyecto de Ley de Ordenación del Territorio, en el que se regulan los instrumentos de intervención en ámbitos supramunicipales y se aborda sin más espera la tan necesaria coordinación de las actuaciones con incidencia territorial.

II

Suficientemente justificada la conveniencia y oportunidad de esta Ley, su elaboración parte de la expresa aceptación de los principios del ordenamiento urbanístico consolidados en España a partir de 1956, habida cuenta del reconocimiento general de que gozan; y por tanto se recogen los preceptos de 1976 ó 1992 que mantienen su utilidad. Pero al mismo tiempo se ofrecen soluciones nuevas para nuestros problemas específicos, obtenidas tanto de la experiencia y la práctica urbanísticas como del debate teórico reciente; de hecho, no pocas provienen del llamado Documento de Salamanca, que en 1994 recogió las recomendaciones de la comisión de expertos sobre urbanismo, y otras muchas del amplio proceso de participación realizado antes de la aprobación del Proyecto de Ley, cuyo éxito constituye una garantía de seguridad para su aplicación futura.

Cuatro son los objetivos principales que la Ley persigue. El primero es reducir la complejidad normativa, codificando dentro del aclarado marco competencial, el conjunto de preceptos reguladores del urbanismo. Por ello esta Ley desarrolla la legislación básica del Estado, constituida por la citada Ley 6/1998 y por los artículos subsistentes del Texto Refundido de 1992, y sustituye a las normas de carácter supletorio: el Texto Refundido de 1976 y las demás disposiciones aprobadas hasta 1981; si bien los Reglamentos urbanísticos habrán de seguir aplicándose hasta que se apruebe el correspondiente desarrollo de esta Ley, en lo que no se opongan a la misma.

Ahora bien, son indisponibles para el legislador autonómico las materias de competencia exclusiva del Estado, algunas tan relevantes para el urbanismo como el procedimiento expropiatorio, las valoraciones del suelo y la normativa sobre Registros de la Propiedad, transmisión y reparcelación de fincas (en relación con los deberes urbanísticos, extinción o transformación de derechos y cargas, régimen fiscal...), derecho de superficie, declaración de obra nueva, nulidad de licencias en zonas verdes o espacios libres, y en general el régimen jurídico de las Administraciones públicas. Ello sin perjuicio de que la citada relación con el urbanismo justifique el esfuerzo realizado para engarzar con precisión los instrumentos correspondientes, e imponga la necesidad de numerosas referencias.

Como segundo objetivo se busca adaptar la normativa urbanística a las características y problemas particulares de Castilla y León: entre ellos, la debilidad demográfica y la fragmentación administrativa, responsables de que no siempre puedan ser razonablemente satisfechos objetivos elementales de la actividad urbanística pública; pero también de la relevancia que ha de darse al tratamiento del suelo rústico y de los pequeños Municipios. En efecto, Castilla y León es una Comunidad singular por su tamaño y por la estructura de su poblamiento: aquí lo que no es urbano no puede ser concebido como simple no urbanizable, y lo urbanizable futuro no puede ser hegemónico sobre un espacio rural con valores propios. Tampoco puede ignorarse el escaso grado de urbanización, apenas el uno por ciento del territorio, a pesar de la profunda herencia urbana de origen medieval; y desde luego, la falta del tamaño suficiente dificulta la eficacia de los servicios, muy vinculada al grado de concentración de la población servida.

Todo ello impone la necesidad de adaptar los instrumentos legales a nuestras peculiaridades, entre las que destaca el protagonismo de la Administración local, que se reconoce mediante la atribución general de la competencia urbanística a los Municipios. Tal decisión es hoy posible, una vez deslindados el urbanismo y la ordenación del territorio, siendo esta última el campo de actuación propio de la Administración de la Comunidad Autónoma.

El tercer objetivo es incorporar a la actividad urbanística principios exigidos con fuerza por la sociedad, como la transparencia administrativa (el acceso a la información), el fomento de la cohesión social y la protección del medio ambiente y del patrimonio, llamados a compartir en forma creciente el peso de las decisiones de ordenación urbanística con los históricos valores de abaratamiento del suelo y dotación de servicios. No es fácil traducir en legislación estas intenciones, cuando el contexto social aún identifica desarrollo económico con urbanización, progreso social con producción y consumo de usos urbanos. Sin embargo esta Ley aborda con especial interés la relación entre urbanismo, desarrollo sostenible y cohesión social, y asumiendo los principios recogidos en los Títulos XIV y XVI del Tratado de la Unión Europea y en otros documentos como la Declaración de Río, el Libro Verde del Medio Ambiente Urbano o la Carta Europea de las Ciudades Sostenibles, considera que el suelo, el territorio, es un patrimonio colectivo que ha de ser utilizado de forma equilibrada y sostenible para legarlo a las generaciones futuras. Y asimismo, que debe la Administración matizar la acción del mercado, generadora al tiempo de riqueza y desigualdad, asegurando dotaciones urbanísticas suficientes y adecuadas.

Por fin, el cuarto objetivo de esta Ley ha de ser recuperar o, si se prefiere, afirmar la finalidad central de la actividad urbanística. En el sistema de 1990, el ideal de equidistribución económica entre los propietarios de suelo era sin duda justo en su intención; pero convertido en primordial objeto de la actividad urbanística, y concretado en tan complejos mecanismos, en la práctica obstruyó tanto la ejecución de los planes como la aprobación de otros nuevos, perjudicando incluso la normal utilización de los elementos valiosos de la reforma. Mientras tanto, el intento de transformar el derecho de propiedad en deber de incorporarse al proceso urbanizador no pudo impedir que el precio del suelo siguiera dificultando el acceso de la población a la vivienda, y aun la creación de empleo industrial y terciario. Por todo ello se intenta ahora eludir la imposición de decisiones particulares más propias de la política ejecutiva: dicho de otro modo, esta Ley se limita a regular la actividad urbanística, proporcionando los instrumentos y técnicas para que la Administración competente, en primera línea la municipal, pueda desarrollar el modelo urbanístico que se ajuste a su propia experiencia y necesidades.

En suma, esta Ley acude a los principios constitucionales de la política económica y social, y concluye de ellos que el principal propósito del urbanismo ha de ser que el uso del suelo se realice conforme al interés general, con el objetivo de mejorar la calidad de vida y la cohesión social de la población, en especial mediante su acceso a una vivienda digna y a las dotaciones urbanísticas adecuadas, y de forma compatible con la protección del medio ambiente y del patrimonio cultural.

Con tales criterios se dicta esta Ley, estructurada en siete Títulos, precedidos por uno preliminar y completados por cuatro disposiciones adicionales, siete transitorias, una derogatoria y tres finales.

III

El Título Preliminar establece como objeto de la Ley la regulación de la actividad urbanística; actividad cuyos diferentes aspectos justifican la sucesión de títulos: planeamiento, gestión, intervención en el uso del suelo, intervención en el mercado del suelo, organización administrativa e información urbanística.

Se desarrollan a continuación sus principios rectores: concebida la actividad urbanística como función pública, corresponde su dirección a la Administración, que ha de procurar la satisfacción de los citados principios constitucionales de la política económica y social. Ahora bien, la condición de función pública no implica necesariamente la gestión directa por la Administración, ya que las propias características del urbanismo, como típica actividad empresarial en su fase de ejecución, demandan el fomento de la iniciativa privada. Es más, no se restringe dicha iniciativa a los propietarios del suelo, aunque se les garantiza el reparto equitativo de los beneficios de la actividad urbanística. Por último se insiste en la importancia de la participación social, lo que obliga a las Administraciones a garantizar los derechos de información e iniciativa, en especial los de aquellos directamente afectados por la actividad urbanística.

IV

En el Título Primero se regula el régimen del suelo en el marco de la nueva legislación estatal. Por tanto, se asume la división del suelo en las tres clases básicas de urbano, urbanizable y no urbanizable, con su definición fijada por el Estado. Sin embargo, es posible desarrollar en cierta medida los criterios de clasificación para adaptarlos a la realidad regional: así se hace en cuanto al suelo no urbanizable, denominado de nuevo suelo rústico, tanto para manifestar su carácter no subordinado al urbano, como para reconocer la pervivencia real del concepto.

Procede en este sentido incorporar a la Ley la reflexión sobre el modelo territorial deseable para Castilla y León: hoy en día existen en su interior más de 6.500 núcleos de población, que forman un sistema de asentamientos humanos bien afianzado en el territorio. Dotar a estos núcleos de servicios urbanos ha costado y cuesta aún un notable esfuerzo de inversión pública, esfuerzo que habrá de mantenerse en el futuro para su ineludible conservación y mejora. Parece por ello lo más racional propugnar que las nuevas construcciones se realicen como norma general en los núcleos existentes, tanto para rentabilizar las inversiones públicas como para mantener la estructura territorial y demográfica, ya muy debilitada en extensas áreas de la región.

En la regulación del suelo urbano, el criterio de la existencia de servicios, que obviaba a menudo su insuficiencia para la edificación futura, se subordina al citado modelo territorial de la Comunidad, exigiéndose que los terrenos formen parte de un núcleo de población. Además se reconoce la variedad de situaciones, distinción ya conocida en la práctica pero no bien reflejada en las leyes: así, será suelo urbano consolidado el que haya culminado el proceso de urbanización; es decir, donde no sea preciso delimitar ámbitos para una posterior ordenación detallada ni para el cumplimiento conjunto de deberes urbanísticos. Normalmente este suelo tendrá la consideración de solar, aunque no cabe excluir del mismo parcelas que puedan alcanzar dicha condición mediante actuaciones aisladas para completar los servicios urbanos y regularizar las vías públicas existentes. De hecho, como se verá al hablar de la gestión urbanística, las actuaciones aisladas en suelo consolidado se diseñan como instrumento ordinario para la mayor parte de las situaciones comunes en los pequeños municipios. El resto del suelo urbano se considerará suelo urbano no consolidado; pero además de su definición negativa, se insiste en sus características propias: así en nuestra concreta realidad esta figura se adapta a los suelos deficientemente urbanizados de las periferias y a los suelos en transformación donde se plantea una ordenación sustancialmente diferente de la existente.

Conforme a la legislación del Estado, el suelo urbanizable será el que no se clasifique como urbano o rústico. La Administración podrá utilizarlo para orientar el crecimiento urbano, delimitando los sectores cuyo desarrollo se considere más oportuno: será el suelo urbanizable delimitado. En el resto, el carácter imprevisto de una eventual actuación justifica mayores exigencias en cuanto a urbanización y procedimiento, incluyendo la necesaria evaluación de impacto ambiental.

En cuanto a los derechos y deberes en suelo urbano y urbanizable, se desarrolla el sistema definido en la legislación estatal (derechos a urbanizar y a edificar, y deberes de urbanización, cesión, equidistribución y edificación) haciendo uso de la facultad otorgada a la legislación autonómica para modular las cesiones de aprovechamiento: éstas se exigirán, en su cuantía máxima, en todo el suelo urbanizable, y también en el suelo urbano de los Municipios mayores de 20.000 habitantes o que cuenten con Plan General de Ordenación Urbana; de forma que los Municipios menores puedan en uso de su autonomía acceder a un más complejo régimen urbanístico, asumiendo los compromisos que conlleva un Plan General. Es también importante la previsión de plazos para cumplir los deberes urbanísticos, relacionados con los supuestos indemnizatorios: implican una obligación para la iniciativa privada (de actuar en el plazo) pero también un compromiso para la Administración (de respetar la ordenación en tanto no se incumplan).

Se aborda por último y con especial interés el régimen del suelo rústico, buscando aproximar la regulación legal a la realidad regional. Por de pronto, se establece que cuando las características de los terrenos desaconsejen su urbanización, éstos habrán de ser necesariamente clasificados como suelo rústico: es decir, se hace una delimitación positiva que se impone sobre la discrecionalidad municipal. Además los terrenos, según los valores que los caractericen, se incluirán en la más adecuada de las categorías de protección que la Ley propone. Varias de ellas se integran por terrenos afectados por legislación sectorial (aguas, infraestructuras, espacios naturales, patrimonio) y de forma complementaria por los que se considere necesario someter a un régimen similar. Otras categorías son específicamente urbanísticas, como las previstas para la protección de los entornos urbanos y de las formas de asentamiento tradicional que aún perviven en nuestra Comunidad, espacios en los que se manifiesta una relación singular entre hombre y naturaleza. A cada una de las categorías de suelo rústico corresponde un régimen especial, en el que los usos del suelo se definen como permitidos (por ser característicos, sometidos sólo a la obtención de la licencia municipal y las autorizaciones sectoriales que procedan), prohibidos (los incompatibles con la protección) o autorizables, para los que se arbitra un procedimiento, previo a la licencia municipal, que permitirá valorar las circunstancias de interés público que justifiquen su autorización, con las cautelas oportunas en cada caso.

La Ley concede especial importancia a las históricas normas de aplicación directa, ubicándolas como principios generales de aplicación en toda clase de suelo: a las clásicas normas que prescriben la adaptación de las construcciones al ambiente y su adecuada conservación, se añaden la obligación de resolver la dotación de los servicios necesarios y la prohibición de construir en zonas de riesgos naturales, así como en suelo rústico la protección general de las vías públicas.

Por último, se ha separado en un capítulo independiente el régimen del suelo en los Municipios sin planeamiento, especificándose los criterios de clasificación del suelo y el régimen de derechos y deberes de los propietarios, de forma que la normativa aplicable en estos casos presente una estructura sencilla y de fácil comprensión.

V

El Título Segundo se ocupa del sistema de planeamiento urbanístico, cuyas características, bien asentadas en la práctica administrativa y profesional, se mantienen en lo esencial. Se pretende no obstante paliar sus deficiencias, cuya expresión más evidente es la alternancia entre excesivas demoras e irreflexivos apresuramientos en la aprobación y modificación de los planes.

Como novedad singular se definen criterios a observar por todos los instrumentos de planeamiento urbanístico, sobre orientación del crecimiento urbano, delimitación de sectores, sostenibilidad, protección del medio ambiente y del patrimonio cultural, calidad urbana, cohesión social y equidistribución.

Se ha dicho con razón que el reto del urbanismo futuro será su transformación en sentido ecológico; por ello esta Ley establece densidades máximas de población y edificación, e introduce estándares de sostenibilidad, como el índice de permeabilidad, porcentaje de suelo que deberá estar cubierto de vegetación a fin de contribuir al equilibrio de la atmósfera y las aguas subterráneas. En cuanto a la cohesión social, el planeamiento habrá de propiciarla por dos vías: asegurando niveles mínimos de calidad urbana, mediante la exigencia de reservas para dotaciones urbanísticas, y favoreciendo la mezcla equilibrada de usos, para lo que se regula un índice de variedad urbana. Se propone, en resumen, mantener el papel del planeamiento como instrumento para la decisión pública sobre el uso racional del suelo; e incluso afirmarlo, exigiendo la previsión de la ordenación general para todo el territorio, como soporte necesario para cualesquiera actuaciones de detalle, y regulando mecanismos de modificación que permitan mantener su vigencia frente a las contingencias de la evolución social.

En cuanto al sistema en sí, debe tenerse presente que los instrumentos de ámbito supramunicipal (regional, provincial, comarcal...) que sólo se esbozaban en las anteriores leyes del suelo, han sido recogidos, fortalecidos y estructurados de forma coherente en la legislación de ordenación del territorio. Esta Ley se ciñe por tanto al ámbito propiamente urbanístico, el municipal, donde la fragmentación administrativa de la Comunidad desaconseja la unificación del planeamiento general planteada en otras regiones. Se ha preferido por ello conservar para los Municipios de cierta complejidad la aquilatada figura del Plan General de Ordenación Urbana, y regular para los demás las Normas Urbanísticas Municipales, refundición de las normas subsidiarias (demasiado próximas a los planes generales) y las delimitaciones de suelo urbano (cuyas limitaciones legales, incluso para la más elemental protección del suelo rústico, hacían cuestionable su utilidad práctica). En cuanto a los Municipios sin iniciativa, la Comunidad asumirá la responsabilidad de sustituirla con los instrumentos de la legislación de ordenación del territorio, sucesores de las vigentes Normas Provinciales.

En el planeamiento general, una novedad importante es la sistematización de contenidos en torno a los conceptos de ordenación general (heredero de la «estructura general y orgánica del territorio») y ordenación detallada. El planeamiento general debe establecer la primera para todo el término municipal; la segunda, tan sólo en suelo urbano consolidado, aunque será posible hacerlo también en los sectores de suelo urbano no consolidado y urbanizable en los que se considere oportuno, ahorrando así el planeamiento de desarrollo. Esta sistematización permitirá asegurar el control sobre las cuestiones esenciales y agilizar la eventual modificación de las restantes.

Otras novedades están en el desdoblamiento de los usos disconformes con el planeamiento (se reserva el régimen más estricto para los declarados expresamente fuera de ordenación), en la coordinación con la normativa de patrimonio, y en el nuevo tratamiento de la programación: mientras con la legislación anterior las actuaciones se programaban al clasificar el suelo, generando inmediatas rentas de monopolio y obstrucciones en caso de incumplimiento, ahora no habrá programación vinculante en tanto no se concreten compromisos efectivos en la fase de gestión. Ahora bien, se mantiene la capacidad pública para dirigir el crecimiento urbano, señalando plazos para cumplir los deberes urbanísticos.

En el planeamiento de desarrollo se refuerzan como figuras ordinarias las bien conocidas del Plan Parcial, en suelo urbanizable, y el Estudio de Detalle, en suelo urbano; esta última se constituye de hecho en la figura típica de esta clase de suelo, útil tanto para su tradicional misión de ajustar las determinaciones del planeamiento en el suelo consolidado, como para la más novedosa, aunque ya habitual en la práctica, de establecer la ordenación detallada en los ámbitos no consolidados. Y en cuanto a los Planes Especiales, sin perjuicio de mantener abiertos sus posibles objetivos, se resaltan por su importancia en nuestras ciudades los de reforma interior y los de protección de conjuntos históricos. Ya fuera del sistema de planeamiento, se prevé que algunas materias se regulen a nivel regional, mediante reglamentos vinculantes o instrucciones orientativas, a los cuales podrá remitirse el planeamiento, aligerando así su contenido.

En materia de procedimiento los objetivos son agilización y protagonismo municipal. Así se acotan las competencias autonómicas, recogiendo el asentado criterio jurisprudencial según el cual el urbanismo tiene una dimensión supralocal cuyo control ha de ejercerse por la Comunidad, pero es por lo demás de competencia municipal: por tanto sólo serán de aprobación autonómica el planeamiento general y el planeamiento de desarrollo no previsto por aquél, a fin de asegurar la integración de las actuaciones en su entorno y su coordinación con la política sectorial. También se resuelven otros viejos problemas prácticos: se identifican las «normas urbanísticas» que han de publicarse, con los documentos normativos escritos; se acota la exigencia de repetir la información pública; y se simplifican las modificaciones reduciendo plazos y atribuyendo su aprobación al Municipio cuando no afecten a la ordenación general.

VI

El Título Tercero aborda la gestión urbanística, es decir, el conjunto de procedimientos para la ejecución del planeamiento. Intenta aquí la ley, reconociendo la gran variedad de las formas del desarrollo urbanístico, eludir un diseño que las predetermine, como ha sido habitual en la legislación anterior. Por ello se despliega a disposición de las Administraciones una pluralidad de sistemas, a fin de que no sea la rigidez procedimental un obstáculo a la ejecución del planeamiento, objetivo éste preferible a la simetría de los mecanismos administrativos.

Las formas de gestión que la ley propone pueden agruparse en dos grandes conjuntos: para el suelo urbano consolidado, las actuaciones aisladas, de sencilla ejecución; y para el suelo urbano no consolidado y el suelo urbanizable, las actuaciones integradas.

El objeto de las actuaciones aisladas es completar la urbanización de las parcelas de suelo consolidado para que alcancen la condición de solar. Es decir, corresponden a las actuaciones asistemáticas de la Ley de 1992, pero a diferencia de aquéllas no se conciben como instrumento de uso excepcional y dificultoso, sino al contrario general y simplificado, reconociendo así la realidad de los pequeños Municipios, y aun dentro de los grandes, de la ciudad construida. Y aunque lo habitual será sin duda la materialización del aprovechamiento sobre la propia parcela, sin más requisito que la obtención de licencia, es posible también la normalización de fincas, para ajustar linderos sin recurrir al más complejo régimen de las actuaciones integradas. Asimismo se habilita la ejecución de dotaciones urbanísticas mediante actuaciones aisladas, con los conocidos sistemas de expropiación y contribuciones especiales, regulados en la legislación específica.

En cuanto a las actuaciones integradas, llamadas sistemáticas en la terminología de 1992, tendrán por objeto la urbanización de los terrenos de suelo urbano no consolidado y urbanizable.

A tal efecto los sectores, que son los ámbitos de planeamiento, se dividirán en ámbitos de gestión denominados unidades de actuación (aunque lógicamente sector y unidad de actuación pueden ser coincidentes). La gestión de las actuaciones integradas podrá ser pública o privada, pero en tanto la Administración no adopte iniciativas, estará abierta la posibilidad de proponer su desarrollo mediante alguno de los sistemas regulados en la Ley. Es decir, valorando la importancia de adecuar la gestión a las circunstancias de cada caso, se ha querido que sólo la delimitación de la unidad venga prevista en el planeamiento (por lo demás su modificación es sencilla), mientras que el sistema de actuación no quedará fijado hasta la aprobación del denominado Proyecto de Actuación, figura que refunde la antes dispersa nomenclatura de los instrumentos de gestión.

Como instrumento para la gestión de actuaciones integradas, el Proyecto de Actuación establecerá sus bases técnicas y económicas (reparcelación, obras, plazos, etc.) así como los compromisos que correspondan a los propietarios del suelo y al promotor, que puede ser alguno de los propietarios, una entidad de Derecho público, o bien un tercero. La aprobación del Proyecto de Actuación, siempre municipal, requiere el compromiso del promotor para desarrollarlo en determinadas condiciones; y a la vez, convierte a dicho promotor en urbanizador. Por lo demás, se abren como posibilidades: que la aprobación de los Proyectos de Actuación sea simultánea a la del planeamiento; que sean de iniciativa pública o privada, con independencia de la propiedad de los terrenos; y que ante el silencio municipal, pueda promoverse su exposición pública por iniciativa privada, e incluso obtenerse la aprobación por silencio.

En cuanto a los sistemas, se introducen ajustes en los tradicionales de compensación (se rebaja al 50 por 100 la superficie habilitante y se simplifica su normativa), cooperación (se admite la iniciativa tanto municipal, como de los propietarios que reúnan el 25 por 100 de la superficie, y se otorgan nuevas facultades al Ayuntamiento, en su condición de urbanizador), y expropiación, en el que, a fin de flexibilizar en lo posible sus de por sí rígidos mecanismos, se habilita como urbanizador-expropiante a cualquier entidad de Derecho público a la que se le encomiende la actuación, o bien a un concesionario.

Como nuevos sistemas se regulan dos: el concierto, disponible cuando se garantice la actuación solidaria de la propiedad (por ejemplo cuando haya un único propietario), y la concurrencia, en el que la empresa privada puede sustituir a una eventualmente renuente propiedad, a iniciativa del Ayuntamiento o de cualquier particular, pero en todo caso a través de un procedimiento selectivo, a cuyo término se adjudicará la ejecución de la actuación. El adjudicatario, que obtiene la condición de urbanizador, no está obligado a ser ni a convertirse en propietario; se prefiere así fomentar la inversión en infraestructuras que forzar a la empresa privada a consumir sus recursos adquiriendo suelo. La propiedad, con la ejecución de la actuación, obtendrá solares urbanizados en función no sólo de su aportación original, sino también de que haya contribuido a financiar la actuación; de forma simétrica, podrá retribuirse al urbanizador con solares urbanizados o en metálico.

Como formas complementarias de gestión, se regulan el sistema de ocupación directa para la obtención de dotaciones urbanísticas públicas, los Proyectos de Urbanización para la ejecución material del planeamiento urbanístico, y la celebración de convenios, figura cuya reglamentación incorpora elementos de seguridad jurídica como la definición de sus limitaciones o la publicidad, pero sobre la que no se ha querido normar en exceso para conservar su principal virtud, que es la flexibilidad. Por fin, son figuras de nueva presencia el canon y la garantía de urbanización, que amplían las opciones municipales para la ejecución del planeamiento.

VII

Los cuatro últimos Títulos se refieren a las diferentes formas de intervención administrativa en la actividad urbanística, materias en las que no han sido necesarias profundas reformas, sino tan sólo ajustes e innovaciones para facilitar la aplicación de preceptos bien conocidos.

Así el Título Cuarto se ocupa de la intervención administrativa en el uso del suelo, cuyo principal instrumento, la licencia urbanística, incorpora entre otras novedades: su carácter preceptivo para todo acto de uso del suelo que exceda de la normal utilización de los recursos naturales; la coordinación con las licencias de actividad y con las autorizaciones en suelo rústico; su exigibilidad para la celebración de contratos de servicios; la publicidad en el lugar de ejecución; la competencia municipal para someter a venta forzosa los bienes afectados por una licencia caducada y no renovada; un procedimiento especial en supuestos de interés general; y las especiales cautelas para las parcelaciones, dado que su trascendencia como inicio del proceso urbanístico suele quedar enmascarada por su poco aparente materialización en obras concretas. En cuanto a conservación y rehabilitación, se regulan nuevos mecanismos como la inspección técnica de construcciones, pero sobre todo se desarrollan los ya existentes: las órdenes de ejecución, el régimen de venta forzosa (el antiguo registro municipal de solares) o la declaración de ruina, en la que, para fomentar la rehabilitación frente al derribo, se unifican los conceptos de ruina física y económica y se propone como parámetro el límite del deber legal de conservación, entendido como la mitad del coste de reposición. Se aborda también la protección de la legalidad urbanística, aclarando las competencias, regulando la inspección urbanística y unificando en lo posible el procedimiento sancionador y el de restauración de la legalidad, al objeto de facilitar la actuación administrativa en tan delicada materia. Aunque se trata de una competencia básicamente municipal, se reclama la colaboración de la Diputación y se habilita la actuación de la Comunidad Autónoma frente a actos no autorizados en suelo rústico. El Título se completa con la adaptación del régimen sancionador a la nueva legislación sobre procedimiento administrativo.

En el Título Quinto se recogen y desarrollan los instrumentos de intervención en el mercado del suelo presentes en el Texto Refundido de 1992: patrimonios públicos de suelo, derechos de tanteo y retracto y cesión del derecho de superficie; también se regulan instrumentos complementarios, como la delimitación de reservas sobre suelo urbanizable para su incorporación a los patrimonios públicos, y la elaboración de Programas Municipales de Suelo.

En el Sexto Título se atribuyen a los Municipios todas las competencias no reservadas de forma expresa a otras Administraciones, reconociendo así su protagonismo en la actividad urbanística, y se regulan los instrumentos para la coordinación administrativa, como el Consejo de Urbanismo y Ordenación del Territorio de Castilla y León, las Comisiones Territoriales de Urbanismo y las Comisiones Territoriales de Valoración, así como normas sobre información recíproca.

Por último, el Título Séptimo regula el derecho a la información urbanística y a la participación social, incorporando normas para los procedimientos de información pública y audiencia a los propietarios, incluida la posibilidad de promoverlos por iniciativa privada, y para la consulta urbanística en los niveles municipal, provincial y regional.

La Ley se cierra con un exhaustivo régimen transitorio, comprensivo de las normas para la adaptación a la ley del planeamiento vigente, y para su aplicación en tanto no se produzca dicha adaptación, graduando la exigencia según el tipo de Municipio y la clase y categoría de suelo, de forma coherente con el reiterado criterio de atender la variedad urbanística de la región.

En consecuencia, de acuerdo con la atribución competencial efectuada en la Constitución y en el Estatuto de Autonomía de Castilla y León, se dicta esta Ley.

TÍTULO PRELIMINAR
OBJETO Y PRINCIPIOS GENERALES

Artículo 1. Objeto de la Ley.

Esta Ley tiene por objeto regular la actividad urbanística en la Comunidad de Castilla y León.

⇒ V. art. 1 de la Ley 6/1998, de 13 abril (§1).

Artículo 2. Objeto y aspectos de la actividad urbanística.

1. La actividad urbanística es una función pública que tiene por objeto la ordenación, la transformación, la conservación y el control del uso del suelo, incluidos el subsuelo y el vuelo, y en especial su urbanización y edificación.

2. La actividad urbanística comprende los siguientes aspectos:

a) Planeamiento urbanístico.

b) Gestión urbanística.

c) Intervención en el uso del suelo.

d) Intervención en el mercado de suelo.

e) Organización y coordinación administrativa.

f) Información urbanística y participación social.

⇒ V. art. 2 de la Ley 6/1998, de 13 abril (§1).

Artículo 3. Gestión y dirección de la actividad urbanística.

1. La dirección y el control de la actividad urbanística corresponden a la Comunidad Autónoma y a los Municipios de Castilla y León, dentro de sus respectivas competencias, sin perjuicio de la participación de las restantes Administraciones públicas y de la iniciativa privada, en las formas previstas en esta Ley.

2. La actividad urbanística podrá gestionarse directamente por la Administración competente o bien de forma indirecta, a excepción de la aprobación de los instrumentos de planeamiento y gestión urbanística y, en general, de las actividades que impliquen el ejercicio de autoridad, que sólo podrán desarrollarse mediante gestión directa.

Artículo 4. Actividad urbanística pública.

En aplicación de los principios constitucionales de la política económica y social, la actividad urbanística pública se orientará a la consecución de los siguientes objetivos:

a) Asegurar que el uso del suelo se realice conforme al interés general, en las condiciones establecidas en las leyes y en el planeamiento urbanístico.

b) Establecer una ordenación urbanística para los Municipios de Castilla y León que favorezca su desarrollo equilibrado y sostenible, la calidad de vida y la cohesión social de la población, la protección del medio ambiente y del patrimonio natural y cultural, y especialmente la consecución del derecho constitucional a disfrutar de una vivienda digna.

c) Garantizar la participación de la comunidad en las plusvalías que genere la propia actividad urbanística pública, así como el reparto equitativo de los beneficios y las cargas derivados de cualquier forma de actividad urbanística.

d) Promover la ejecución coordinada de las competencias administrativas legalmente atribuidas para la gestión de los intereses públicos, tanto de ámbito sectorial como local, que requieran la ordenación, la transformación, la conservación o el uso del suelo.

Artículo 5. Iniciativa privada.

1. La iniciativa privada para el ejercicio de la actividad urbanística no tendrá más limitaciones que las establecidas en las leyes y en el planeamiento urbanístico.

2. Las Administraciones públicas, dentro de sus respectivas competen-

cias, promoverán y facilitarán la participación y colaboración de la iniciativa privada en la actividad urbanística, y en especial la incorporación a la misma de los propietarios del suelo.

⇒ V. art. 4 de la Ley 6/1998, de 13 abril (§1).
V. art. 104.3 del TRLS/1992 (§2).
V. Jurisprudencia en arts. 4 y concordantes del TRLS/1976 (§3).

Artículo 6. Participación social.

Las Administraciones públicas procurarán que la actividad urbanística se desarrolle conforme a las necesidades y aspiraciones de la sociedad de Castilla y León, promoviendo la más amplia participación social y garantizando los derechos de información e iniciativa de los particulares y de las entidades constituidas para la defensa de sus intereses.

TÍTULO I
RÉGIMEN DEL SUELO

CAPÍTULO I
Disposiciones generales

Artículo 7. Facultades del derecho de propiedad.

1. Las facultades urbanísticas del derecho de propiedad, entendidas como las relativas al uso del suelo, incluidos el subsuelo y el vuelo, y en especial su urbanización y edificación, se ejercerán dentro de los límites y con el cumplimiento de los deberes establecidos en las leyes y en el planeamiento urbanístico. En ningún caso se entenderán adquiridas por silencio administrativo facultades urbanísticas en contra de lo dispuesto en las leyes o en el planeamiento urbanístico.

2. Las condiciones de uso del suelo establecidas en el planeamiento urbanístico no conferirán derecho a los propietarios a exigir indemnización, salvo en los siguientes supuestos:

a) La aprobación de revisiones o modificaciones del planeamiento urbanístico antes de transcurridos los plazos establecidos en el mismo para cumplir los deberes urbanísticos exigibles, o bien si transcurridos tales plazos el incumplimiento fuese imputable a la Administración, cuando produzcan una reducción del aprovechamiento que corresponda a los propietarios o hagan inservibles gastos efectuados en cumplimiento de los citados deberes.

b) La aprobación de limitaciones o vinculaciones singulares en orden a la conservación de bienes inmuebles, cuando excedan de los deberes urbanísticos exigibles o produzcan una reducción del aprovechamiento que no pueda ser objeto de equidistribución.

⇒ V. arts. 2, 41, 42, 43 y 44 de la Ley 6/1998, de 13 abril (§1).
V. Jurisprudencia en arts. 76, 87 y concordantes del TRLS/1976 (§3).

Artículo 8. Deberes de uso y conservación.

1. Sin perjuicio de los deberes urbanísticos establecidos para cada clase de suelo, los propietarios de terrenos y demás bienes inmuebles deberán:

a) Destinarlos a usos que no estén prohibidos por las leyes o el planeamiento urbanístico.

b) Mantenerlos en condiciones de seguridad, salubridad, ornato público y habitabilidad según su destino, realizando los trabajos precisos para conservar o reponer dichas condiciones.

c) Resolver la dotación de los servicios que resulten necesarios o exigibles conforme al uso y demás características del bien y a las determinaciones del planeamiento urbanístico y sectorial.

d) Cumplir las demás prescripciones de la normativa sectorial vigente.

2. El coste de las obras que se deriven de las obligaciones establecidas en este artículo corresponderá a los propietarios, salvo cuando la normativa sectorial aplicable disponga que sea sufragado por la Administración pública o por las empresas concesionarias de servicios públicos; y en el supuesto del apartado 1 b), corresponderá a los propietarios sólo hasta el límite del deber legal de conservación, entendido como la mitad del coste de reposición del bien, excluido el valor del suelo.

⇒ V. art. 24 de la presente Ley.
V. art. 19 de la Ley 6/1998, de 13 abril (§1).
V. art. 3 de la Ley 38/1999, de 5 noviembre, de Ordenación de la Edificación (§1.1).
V. Jurisprudencia en arts. 181 y concordantes del TRLS/1976 (§3).

Artículo 9. Deberes de adaptación al ambiente.

El uso del suelo, y en especial su urbanización y edificación, deberá adaptarse a las características naturales y culturales de su ambiente. A tal efecto se establecen con carácter general y con independencia de la clasificación de los terrenos, las siguientes normas de aplicación directa:

a) Las construcciones e instalaciones de nueva planta, así como la reforma, rehabilitación o ampliación de las existentes, y asimismo los elementos de cualquier tipo destinados a la seguridad, la publicidad y la decoración, deberán ser coherentes con las características naturales y culturales de su entorno inmediato y del paisaje circundante.

b) En áreas de manifiesto valor natural o cultural, en especial en el interior o en el entorno de los Espacios Naturales Protegidos y de los inmuebles declarados como Bien de Interés Cultural, no se permitirá que las construcciones e instalaciones de nueva planta, o la reforma, rehabilitación o ampliación de las existentes, o las instalaciones de suministro de servicios, degraden la armonía del paisaje o impidan la contemplación del mismo. A tal efecto se exigirá que todas ellas armonicen con su entorno inmediato y con el paisaje circundante en cuanto a situación, uso, altura, volumen, color, composición, materiales y demás características, tanto propias como de sus elementos complementarios.

c) En áreas amenazadas por riesgos naturales o tecnológicos, tales como inundación, erosión, hundimiento, incendio, contaminación u otros análogos, no se permitirá ninguna construcción, instalación ni cualquier otro uso del suelo que resulte incompatible con tales riesgos.

⇒ V. art. 24 de la presente Ley.
V. art. 138 b) del TRLS/1992 (§2).
V. arts. 9 y 19 de la Ley 6/1998, de 13 abril (§1).
V. Ley 8/1991, de 10 mayo, de Espacios Naturales Protegidos en Castilla y León.
V. Jurisprudencia en arts. 73 y concordantes del TRLS/1976 (§3).

CAPÍTULO II
Clasificación del suelo

Artículo 10. Clasificación del suelo.

1. El territorio de Castilla y León se clasificará en las siguientes clases de suelo: suelo urbano, suelo urbanizable y suelo rústico.

2. La clasificación del suelo se realizará, para todo el término municipal, por el instrumento de planeamiento general de cada Municipio o por los instrumentos de ordenación del territorio habilitados para ello en su legislación específica.

⇒ V. art. 7 de la Ley 6/1998, de 13 abril (§1).
V. Jurisprudencia en arts. 77 y concordantes del TRLS/1976 (§3).

Artículo 11. Suelo urbano.

Tendrán la condición de suelo urbano los terrenos que, formando parte de un núcleo de población, cumplan alguna de las siguientes condiciones:

a) Los terrenos que cuenten con acceso rodado integrado en la malla urbana, abastecimiento de agua, saneamiento y suministro de energía eléctrica, en condiciones suficientes y adecuadas para servir a las construcciones e instalaciones que sobre ellos permita el planeamiento urbanístico.

b) Los terrenos que estén ocupados por la edificación en al menos la mitad de los espacios aptos para la misma, conforme a la ordenación que establezca el planeamiento urbanístico.

c) Los terrenos urbanizados conforme al planeamiento urbanístico.

⇒ V. art. 8 de la Ley 6/1998, de 13 abril (§1).
V. Jurisprudencia en arts. 78 y concordantes del TRLS/1976 (§3).

Artículo 12. Categorías de suelo urbano.

En el suelo urbano, el planeamiento general podrá distinguir las siguientes categorías:

a) Suelo urbano consolidado, constituido por los solares y demás terrenos aptos para su uso inmediato conforme a las determinaciones del planeamiento urbanístico, así como por los terrenos que puedan alcanzar dicha aptitud mediante actuaciones aisladas.

b) Suelo urbano no consolidado, constituido por los demás terrenos que se puedan clasificar como suelo urbano, y que a efectos de su consolidación se agruparán en ámbitos denominados sectores. En particular, se incluirán en esta categoría los terrenos urbanos en los que sean precisas actuaciones de urbanización, reforma interior u obtención de dotaciones urbanísticas, que deban ser objeto de equidistribución entre los afectados, así como aquellos sobre los que el planeamiento urbanístico prevea una ordenación sustancialmente diferente de la existente.

⇒ V. art. 8 de la Ley 6/1998, de 13 abril (§1).
V. Jurisprudencia en arts. 78 y concordantes del TRLS/1976 (§3).

Artículo 13. Suelo urbanizable.

Tendrán la condición de suelo urbanizable los terrenos que no puedan ser considerados como suelo urbano o como suelo rústico.

⇒ V. art. 10 de la Ley 6/1998, de 13 abril (§1).
V. Jurisprudencia en arts. 79 y concordantes del TRLS/1976 (§3).

Artículo 14. Categorías de suelo urbanizable.

En el suelo urbanizable, el planeamiento general podrá distinguir las siguientes categorías:

a) Suelo urbanizable delimitado, constituido por los terrenos cuya transformación en suelo urbano se considere adecuada a las previsiones del planeamiento urbanístico, y que a tal efecto se agruparán en ámbitos denominados sectores.

b) Suelo urbanizable no delimitado, constituido por los demás terrenos que se clasifiquen como suelo urbanizable.

⇒ V. art. 10 de la Ley 6/1998, de 13 abril (§1).
V. Jurisprudencia en arts. 79 y concordantes del TRLS/1976 (§3).

Artículo 15. Suelo rústico.

Tendrán la condición de suelo rústico los terrenos que deban ser preservados de su urbanización, entendiendo como tales los siguientes:

a) Los terrenos sometidos a algún régimen especial de protección incompatible con su urbanización, conforme a la legislación de ordenación del territorio o a la normativa sectorial.

b) Los terrenos que presenten manifiestos valores naturales, culturales o productivos, entendiendo incluidos los ecológicos, ambientales, paisajísticos, históricos, arqueológicos, científicos, educativos, recreativos u otros que justifiquen la necesidad de protección o de limitaciones de aprovechamiento, así como los terrenos que, habiendo presentado dichos valores en el pasado, deban protegerse para facilitar su recuperación.

c) Los terrenos amenazados por riesgos naturales o tecnológicos incompatibles con su urbanización, tales como inundación, erosión, hundimiento, incendio, contaminación o cualquier otro tipo de perturbación del medio ambiente o de la seguridad y salud públicas.

d) Los terrenos inadecuados para su urbanización, conforme a los criterios señalados en esta Ley y los que se determinen reglamentariamente.

⇒ V. Ley 8/1991, de 10 mayo, de Espacios Naturales Protegidos en Castilla y León.

V. arts. 9 y 20 de la Ley 6/1998, de 13 abril (§1).
V. art. 28 del D. 307/1999, de 9 diciembre, que aprobó el Reglamento General de Ordenación de los recursos agropecuarios locales.
V. Jurisprudencia en arts. 80 y concordantes del TRLS/1976 (§3).

Artículo 16. Categorías de suelo rústico.

1. En el suelo rústico, el planeamiento general podrá distinguir las siguientes categorías, a fin de adecuar el régimen de protección a las características específicas de los terrenos:

a) Suelo rústico común, constituido por los terrenos que no se incluyan en ninguna de las otras categorías, conforme a los criterios señalados en los siguientes apartados.

b) Suelo rústico de entorno urbano, constituido por los terrenos contiguos a los núcleos de población que el planeamiento estime necesario proteger para no comprometer su desarrollo futuro, o para preservar el paisaje y las perspectivas tradicionales.

c) Suelo rústico con asentamiento tradicional, constituido por los terrenos que el planeamiento estime necesario proteger para preservar formas tradicionales de ocupación humana del territorio.

d) Suelo rústico con protección agropecuaria, constituido por los terrenos que el planeamiento estime necesario proteger por su interés, calidad u otras características agrícolas o ganaderas.

e) Suelo rústico con protección de infraestructuras, constituido por los terrenos ocupados o a ocupar por infraestructuras y sus zonas de defensa no susceptibles de urbanización, conforme a las previsiones del planeamiento sectorial y urbanístico.

f) Suelo rústico con protección cultural, constituido por los terrenos ocupados por inmuebles declarados como Bien de Interés Cultural o catalogados por el planeamiento, o próximos a los mismos, así como por los terrenos que el planeamiento estime necesario proteger por sus valores culturales.

g) Suelo rústico con protección natural, constituido por los terrenos calificados como zonas de reserva o de uso limitado de los Espacios Naturales Protegidos, así como por los terrenos definidos en la normativa de aguas como cauces naturales, riberas y márgenes, lecho o fondo de las lagunas y embalses, zonas húmedas y sus zonas de protección, e igualmente por los terrenos que el planeamiento estime necesario proteger por sus valores naturales presentes o pasados, o bien a fin de proteger el suelo, las aguas subterráneas, la fauna o la flora.

h) Suelo rústico con protección especial, constituido por los terrenos amenazados por riesgos naturales o tecnológicos incompatibles con su urbanización, así como por los terrenos que el planeamiento estime necesario proteger por cualesquiera otras razones justificadas.

2. Cuando un terreno, por sus características presentes o pasadas, o por las previsiones del planeamiento urbanístico o sectorial, pueda corresponder a varias categorías de suelo rústico, se optará entre incluirlo en la categoría

que otorgue mayor protección, o bien incluirlo en varias categorías, cuyos regímenes se aplicarán de forma complementaria; en este caso, si se produce contradicción entre dichos regímenes, se aplicará el que otorgue mayor protección.

⇒ V. Ley 8/1991, de 10 mayo, de Espacios Naturales Protegidos en Castilla y León.
V. art. 28 del D. 307/1999, de 9 diciembre, que aprobó el Reglamento General de Ordenación de los recursos agropecuarios locales.

CAPÍTULO III
Régimen del suelo urbano y urbanizable

Artículo 17. Derechos en suelo urbano.

1. Los propietarios de terrenos clasificados como suelo urbano tendrán el derecho a completar su urbanización para que alcancen la condición de solares y a edificar éstos en las condiciones que en cada caso establezca esta Ley y el planeamiento urbanístico.

2. A tal efecto los propietarios podrán materializar el aprovechamiento que les corresponda respecto del permitido por el planeamiento urbanístico, y que será:

a) En suelo urbano consolidado, el aprovechamiento real, resultante de aplicar directamente a la parcela las determinaciones del planeamiento urbanístico.

b) En el suelo urbano no consolidado de los Municipios con población igual o superior a 20.000 habitantes o que cuenten con Plan General de Ordenación Urbana:

1º En sectores incluidos en conjuntos históricos declarados como Bien de Interés Cultural, el que resulte de aplicar a los terrenos el aprovechamiento medio del sector.

2º En los demás sectores, el que resulte de aplicar a los terrenos el 90 por 100 del aprovechamiento medio del sector.

c) En el suelo urbano no consolidado de los demás Municipios, el que resulte de aplicar a los terrenos el aprovechamiento medio del sector.

3. En suelo urbano consolidado, los propietarios materializarán su aprovechamiento directamente sobre sus parcelas o previa normalización de fincas; y en suelo urbano no consolidado, sobre las parcelas que resulten de la nueva ordenación, o mediante compensación económica.

4. El ejercicio de los derechos definidos en este artículo requiere la previa aprobación del instrumento de planeamiento urbanístico que establezca la ordenación detallada de los terrenos y, en su caso, del instrumento de gestión urbanística exigible, así como la obtención de la licencia urbanística correspondiente.

⇒ V. arts. 5, 8, 13 y 14 de la Ley 6/1998, de 13 abril (§1).
V. Jurisprudencia en arts. 83 y concordantes del TRLS/1976 (§3).
V. arts. 29 y concordantes del RD 1093/1997, de 4 julio (§2.1).

Artículo 18. Deberes y limitaciones en suelo urbano.

1. Los propietarios de terrenos clasificados como suelo urbano tendrán la obligación de cumplir los deberes definidos en este artículo.

2. En suelo urbano consolidado, los propietarios deberán completar a su costa la urbanización necesaria para que los terrenos alcancen la condición de solar. A tal efecto deberán costear los gastos de urbanización precisos para completar los servicios urbanos y regularizar las vías públicas, ejecutar en su caso las obras correspondientes, y ceder gratuitamente al Ayuntamiento los terrenos exteriores a las alineaciones señaladas en el planeamiento. Asimismo deberán edificar los solares en las condiciones que señalen el planeamiento y la licencia urbanísticos.

3. En suelo urbano no consolidado, los propietarios deberán:

a) Costear la totalidad de los gastos de urbanización necesarios para que las parcelas resultantes de la nueva ordenación alcancen la condición de solar, a excepción de los correspondientes a sistemas generales, y en su caso, ejecutar las obras correspondientes.

b) Ceder gratuitamente al Ayuntamiento los terrenos reservados en el planeamiento para dotaciones urbanísticas públicas, incluidos los destinados a sistemas generales, en su caso, así como los terrenos aptos para materializar el aprovechamiento que exceda del correspondiente a los propietarios, ya urbanizados.

c) Proceder a la equidistribución o reparto equitativo de los beneficios y cargas derivados del planeamiento, con anterioridad al inicio de la ejecución material del mismo.

d) Edificar los solares en las condiciones que señalen el planeamiento y la licencia urbanísticos.

4. Los terrenos clasificados como suelo urbano no podrán ser destinados a los usos permitidos por el planeamiento hasta haber alcanzado la condición de solar, salvo que se autorice la ejecución simultánea de la urbanización, con las correspondientes garantías. En los mismos términos podrá autorizarse la ejecución de la urbanización por fases.

⇒V. arts. 5, 8, 13 y 14 de la Ley 6/1998, de 13 abril (§1).
V. Jurisprudencia en arts. 83 y concordantes del TRLS/1976 (§3).
V. arts. 29 y concordantes del RD 1093/1997, de 4 julio (§2.1).

Artículo 19. Derechos en suelo urbanizable.

1. Los propietarios de terrenos clasificados como suelo urbanizable tendrán los derechos definidos en este artículo.

2. En suelo urbanizable delimitado, con ordenación detallada establecida directamente por el planeamiento general, los propietarios tendrán los derechos definidos en el artículo 17 para el suelo urbano no consolidado, si bien el aprovechamiento que les corresponda será en todo caso el que resulte de aplicar a los terrenos el 90 por 100 del aprovechamiento medio del sector.

3. En suelo urbanizable delimitado, sin ordenación detallada establecida directamente por el planeamiento general, los propietarios tendrán derecho:

a) A promover la urbanización de sus terrenos, presentando al Ayuntamiento un Plan Parcial que establezca la ordenación detallada del sector, cuya aprobación les otorgará los derechos señalados en el número anterior, en las mismas condiciones.

b) En tanto no se apruebe el citado Plan Parcial, a usar, disfrutar y disponer de sus terrenos conforme a su naturaleza rústica. Excepcionalmente podrán autorizarse usos provisionales que no estén prohibidos en el planeamiento urbanístico y sectorial, que habrán de cesar, con demolición de las obras vinculadas a los mismos y sin indemnización alguna, cuando lo acuerde el Ayuntamiento. La autorización se tramitará según el procedimiento regulado en el artículo 25 y, bajo las indicadas condiciones aceptadas por el propietario, se hará constar en el Registro de la Propiedad.

4. En suelo urbanizable no delimitado, los propietarios tendrán derecho:

a) A usar, disfrutar y disponer de sus terrenos conforme a la naturaleza rústica de los mismos, en las condiciones establecidas en los artículos 23 a 26 para el suelo rústico común.

b) A promover la urbanización de sus terrenos, presentando al Ayuntamiento un Plan Parcial que establezca su ordenación detallada, cuya aprobación les otorgará los derechos señalados en el número dos, en las mismas condiciones.

⇒ V. arts. 258.2, 258.3 y 259.3 del TRLS/1992 (§2).
V. arts. 5, 10, 15, 16 y 18 de la Ley 6/1998, de 13 abril (§1).
V. arts. 29 y concordantes del RD 1093/1997, de 4 julio (§2.1).
V. Jurisprudencia en arts. 84 y concordantes del TRLS/1976 (§3).

Artículo 20. Deberes y limitaciones en suelo urbanizable.

1. Los propietarios de terrenos clasificados como suelo urbanizable tendrán la obligación de cumplir los deberes definidos en este artículo.

2. En suelo urbanizable delimitado, los propietarios tendrán la obligación de cumplir los deberes definidos en el artículo 18 para el suelo urbano no consolidado, en las mismas condiciones, pero los deberes de urbanización y cesión se extenderán también a los gastos y terrenos necesarios para la conexión del sector con los sistemas generales existentes, así como para su ampliación o refuerzo, de forma que se asegure su correcto funcionamiento, en función de las características del sector y de las condiciones establecidas en el planeamiento urbanístico.

3. En suelo urbanizable no delimitado, los propietarios tendrán la obligación de cumplir los deberes y respetar las limitaciones establecidas en los artículos 24 y siguientes para el suelo rústico, en sus mismas condiciones. La aprobación del instrumento de planeamiento urbanístico que establezca la ordenación detallada del sector implicará la caducidad de dichos deberes y determinará para los propietarios la obligación de cumplir los deberes defini-

dos en el artículo 18 para el suelo urbano no consolidado, con las salvedades señaladas en el número anterior.

⇒ V. arts. 258.2, 258.3 y 259.3 del TRLS/1992 (§2).
V. arts. 5, 10, 15, 16 y 18 de la Ley 6/1998, de 13 abril (§1).
V. arts. 29 y concordantes del RD 1093/1997, de 4 julio (§2.1).
V. Jurisprudencia en arts. 84 y concordantes del TRLS/1976 (§3).

Artículo 21. Plazos para el cumplimiento de deberes urbanísticos.

1. El instrumento de planeamiento urbanístico que establezca la ordenación detallada de los terrenos podrá señalar plazos para el cumplimiento de los deberes definidos en los artículos 18 y 20; en su defecto, el plazo será de ocho años desde la aprobación definitiva del instrumento.

2. En caso de incumplimiento de los plazos, si concurren causas justificadas no imputables al propietario, el Ayuntamiento concederá una prórroga de duración no superior al plazo incumplido. Si la prórroga no se concede, o si transcurrida se mantiene el incumplimiento, el Ayuntamiento podrá acordar la venta forzosa de los terrenos o su expropiación por incumplimiento de la función social de la propiedad. En tanto no se notifique la incoación del correspondiente procedimiento, los propietarios podrán iniciar o proseguir el ejercicio de sus derechos.

3. Cuando el incumplimiento de deberes urbanísticos lesione o amenace intereses de carácter supramunicipal, si el Ayuntamiento no ejercitara las potestades previstas en el número anterior en el plazo de un año desde la fecha de incumplimiento, la Administración de la Comunidad Autónoma podrá subrogarse en el ejercicio de dichas potestades durante el año siguiente a la citada fecha, previo apercibimiento al Ayuntamiento.

Artículo 22. Condición de solar.

1. Tendrán la condición de solar las superficies de suelo urbano legalmente divididas, aptas para su uso inmediato conforme a las determinaciones del planeamiento urbanístico, urbanizadas con arreglo a las alineaciones, rasantes y normas técnicas establecidas en aquél, y que cuenten con acceso por vía pavimentada abierta al uso público y servicios urbanos de abastecimiento de agua potable, evacuación de aguas residuales a red de saneamiento, suministro de energía eléctrica, alumbrado público, así como con aquellos otros que exija el planeamiento urbanístico, en condiciones de caudal y potencia adecuadas a los usos permitidos.

2. Los terrenos incluidos en suelo urbano no consolidado y en suelo urbanizable sólo podrán alcanzar la condición de solar una vez se hayan ejecutado, conforme al planeamiento urbanístico, las obras de urbanización exigibles para la conexión de su sector con los sistemas generales existentes, y para la ampliación o el refuerzo de éstos, en su caso.

⇒ V. arts. 8, 13 y 14 de la Ley 6/1998, de 13 abril (§1).
V. Jurisprudencia en arts. 82 y concordantes del TRLS/1976 (§3).

CAPÍTULO IV
Régimen del suelo rústico

Artículo 23. Derechos en suelo rústico.

1. Los propietarios de terrenos clasificados como suelo rústico tendrán derecho a usar, disfrutar y disponer de ellos conforme a su naturaleza rústica, pudiendo destinarlos a usos agrícolas, ganaderos, forestales, cinegéticos u otros análogos vinculados a la utilización racional de los recursos naturales.

2. Asimismo, en suelo rústico podrán autorizarse los siguientes usos excepcionales, a través del procedimiento regulado en el artículo 25 y con las condiciones establecidas en los artículos 26 a 29 para cada categoría de suelo, atendiendo a su interés público y a su conformidad con la naturaleza rústica de los terrenos:

a) Construcciones e instalaciones vinculadas a explotaciones agrícolas, ganaderas, forestales, cinegéticas y otras análogas vinculadas a la utilización racional de los recursos naturales.

b) Actividades extractivas, incluida la explotación minera, las canteras y la extracción de áridos o tierras, así como las construcciones e instalaciones vinculadas a las mismas.

c) Obras públicas e infraestructuras en general, así como las construcciones e instalaciones vinculadas a su ejecución, conservación y servicio.

d) Construcciones e instalaciones propias de los asentamientos tradicionales.

e) Construcciones destinadas a vivienda unifamiliar aislada y que no formen núcleo de población.

f) Obras de rehabilitación, reforma y ampliación de las construcciones e instalaciones existentes que no estén declaradas fuera de ordenación.

g) Otros usos que puedan considerarse de interés público, por estar vinculados a cualquier forma del servicio público, o porque se aprecie la necesidad de su ubicación en suelo rústico, a causa de sus específicos requerimientos o de su incompatibilidad con los usos urbanos.

⇒ V. art. 25 de la presente Ley.
V. Ley 8/1991, de 10 mayo, de Espacios Naturales Protegidos en Castilla y León.
V. arts. 9 y 20 de la Ley 6/1998, de 13 abril (§1).
V. art. 4 del D. 189/1997, de 26 septiembre, que regula el procedimiento para la autorización de instalaciones de producción de electricidad.
V. Jurisprudencia en arts. 86 y concordantes del TRLS/1976 (§3).

Artículo 24. Deberes y limitaciones en suelo rústico.

1. Los propietarios de terrenos clasificados como suelo rústico, además de respetar lo dispuesto en los artículos 8 y 9, tendrán la obligación de cumplir los siguientes deberes:

a) Realizar o permitir realizar a la Administración competente los trabajos de defensa del suelo y la vegetación necesarios para su conservación y para evitar riesgos de inundación, erosión, incendio o cualquier otro tipo de perturbación del medio ambiente o de la seguridad y salud públicas.

b) Respetar el régimen mínimo de protección establecido en los artículos 26 a 29 para cada categoría de suelo, así como las demás condiciones que imponga la normativa sectorial o el planeamiento urbanístico, según las características específicas de cada uso o cada terreno.

2. En suelo rústico quedan prohibidas las parcelaciones urbanísticas, entendidas como división simultánea o sucesiva de terrenos en dos o más lotes, o cuotas indivisas de los mismos, con el fin manifiesto o implícito de urbanizarlos o edificarlos total o parcialmente, salvo que se deriven de la aplicación de la normativa sectorial o del planeamiento urbanístico. A tal efecto, en los supuestos en los que la legislación agraria permite divisiones o segregaciones sin respetar la unidad mínima de cultivo, con finalidad constructiva, ésta quedará subordinada al régimen establecido en esta Ley para mantener la naturaleza rústica de los terrenos, y no podrá dar lugar a la implantación de servicios urbanos o a la formación de nuevos núcleos de población.

3. En suelo rústico no se permitirá que las construcciones e instalaciones de nueva planta, o la ampliación de las existentes, o los cierres de parcela con materiales opacos, de altura superior a un metro y medio, se sitúen a menos de tres metros del límite exterior de los caminos, cañadas y demás vías públicas, o si dicho límite no estuviera definido, a menos de cuatro metros del eje de las citadas vías, sin perjuicio de las superiores limitaciones que establezca la legislación aplicable.

4. En suelo rústico las Administraciones públicas nunca sufragarán ni ejecutarán obras de urbanización, salvo que se deriven de la aplicación de la normativa sectorial o del planeamiento urbanístico.

⇒ V. art. 20 de la Ley 6/1998, de 13 abril (§1).
V. arts. 258.2, 258.3 y 259.3 del TRLS/1992 (§2).
V. arts. 9 a 15 de la Ley 14/1990, de 28 noviembre, sobre concentración parcelaria.
V. art. 28 del D. 307/1999, de 9 diciembre, que aprobó el Reglamento General de Ordenación de los recursos agropecuarios locales.
V. arts. 80 y concordantes del RD 1093/1997, de 4 julio (§2.1).

Artículo 25. Autorización de uso en suelo rústico.

1. Los usos excepcionales en suelo rústico relacionados en el artículo 23.2 se definen en los artículos siguientes, para cada categoría de suelo rústico, como:

a) Usos permitidos: los compatibles con la protección de cada categoría de suelo rústico; estos usos no precisan una autorización expresa, sin perjuicio de la exigibilidad de licencia urbanística y de las demás autorizaciones administrativas sectoriales que procedan.

b) Usos sujetos a autorización de la Administración de la Comunidad Autónoma, previa a la licencia urbanística: aquellos para los que deban valorarse en cada caso las circunstancias de interés público que justifiquen su autorización, con las cautelas que procedan.

c) Usos prohibidos: los incompatibles con la protección de cada categoría de suelo rústico, y en todo caso los que impliquen un riesgo relevante de erosión o deterioro ambiental.

2. El procedimiento para la autorización de los usos excepcionales en suelo rústico se integrará en el regulado en el artículo 99 para la obtención de las licencias urbanísticas, con las siguientes particularidades:

a) La documentación exigible, que se detallará reglamentariamente, será la suficiente para conocer las características esenciales del emplazamiento y del uso propuestos y de las obras necesarias para su ejecución, conservación y servicio, así como sus repercusiones ambientales.

b) Será preceptivo un período de información pública de quince días, que deberá anunciarse en el «Boletín Oficial de la Provincia» y en un diario de los de mayor difusión en la Provincia. Si transcurrido un mes desde la solicitud el Ayuntamiento no hubiera publicado dichos anuncios, podrá promoverse la información pública por iniciativa privada.

c) Concluida la información pública, el Ayuntamiento, en los Municipios con población igual o superior a 20.000 habitantes o que cuenten con Plan General de Ordenación Urbana, o la Comisión Territorial de Urbanismo, en los demás Municipios, examinará la adecuación de la solicitud a esta Ley, al planeamiento, a la legislación sectorial y a los instrumentos de ordenación territorial, y resolverá concediendo la autorización simplemente o con condiciones, o bien denegándola motivadamente.

3. Para que puedan ser autorizados por el procedimiento regulado en el número anterior, los promotores de usos excepcionales en suelo rústico deberán cumplir las siguientes condiciones, y las que en su desarrollo señale el planeamiento urbanístico para asegurar el carácter aislado de las construcciones y el mantenimiento de la naturaleza rústica de los terrenos:

a) Respetar la superficie mínima de parcela, la ocupación máxima de parcela, y las distancias mínimas al dominio público, a las parcelas colindantes y a otros hitos geográficos.

b) Resolver la dotación de los servicios que precise, así como las repercusiones que produzca en la capacidad y funcionalidad de las redes de servicios e infraestructuras existentes.

c) Vincular el terreno al uso autorizado, haciendo constar en el Registro de la Propiedad su condición de indivisible y las limitaciones impuestas por la autorización.

⇒ V. D. 146/2000, de 29 junio, que regula las Comisiones Territoriales de Urbanismo.
V. art. 81 del RD 1093/1997, de 4 julio (§2.1).

Artículo 26. Suelo rústico común.

En los terrenos que el planeamiento urbanístico delimite como suelo rústico común se aplicará el siguiente régimen mínimo de protección, sin perjuicio de las superiores limitaciones que establezca el propio planeamiento:

a) Estarán permitidas:

1º Las construcciones e instalaciones vinculadas a explotaciones agrícolas, ganaderas, forestales, cinegéticas y otras análogas.

2º Las obras públicas e infraestructuras en general, así como las construcciones e instalaciones vinculadas a su ejecución, conservación y servicio, cuando estén previstas en el planeamiento urbanístico o sectorial o en un instrumento de ordenación del territorio.

b) Estarán sujetos a autorización los demás usos relacionados en el artículo 23.2.

⇒ V. art. 24 de la presente Ley.
V. arts. 9 y 20 de la Ley 6/1998, de 13 abril (§1).
V. Jurisprudencia en arts. 86 y concordantes del TRLS/1976 (§3).

Artículo 27. Suelo rústico de entorno urbano.

En los terrenos que el planeamiento urbanístico delimite como suelo rústico de entorno urbano se aplicará el siguiente régimen mínimo de protección, sin perjuicio de las superiores limitaciones que establezca el propio planeamiento:

a) Estarán permitidas las obras públicas e infraestructuras en general, y las construcciones e instalaciones vinculadas a su ejecución, conservación y servicio, cuando estén previstas en el planeamiento urbanístico o sectorial o en un instrumento de ordenación del territorio.

b) Estarán prohibidos:

1º Las actividades extractivas, incluida la explotación minera, las canteras y la extracción de áridos o tierras, así como las construcciones e instalaciones vinculadas a las mismas.

2º Los usos industriales, comerciales y de almacenamiento, así como las construcciones e instalaciones vinculados a los mismos.

3º Las construcciones destinadas a vivienda unifamiliar aislada.

c) Estarán sujetos a autorización los demás usos relacionados en el artículo 23.2.

⇒ V. art. 24 de la presente Ley.

Artículo 28. Suelo rústico de asentamiento tradicional.

En los terrenos que el planeamiento urbanístico delimite como suelo rústico de asentamiento tradicional, el propio planeamiento establecerá el régimen de protección adecuado, señalando los usos permitidos, que serán los característicos y tradicionales del asentamiento, los usos sujetos a autorización, que serán los que guarden directa relación con las necesidades de la población residente, así como los usos prohibidos y las demás limitaciones que procedan. En todo caso se exigirá la adaptación de las construcciones e instalaciones a las características particulares del asentamiento.

⇒ V. art. 24 de la presente Ley.

Artículo 29. Suelo rústico con protección.

1. En los terrenos que el planeamiento urbanístico incluya en las catego-

rías de suelo rústico con protección, por estar sometidos a algún régimen de protección especial conforme a la legislación sectorial o a la de ordenación del territorio, se aplicará lo establecido en dicha normativa y en los instrumentos de planificación sectorial o de ordenación del territorio aplicables.

2. En los demás terrenos que el planeamiento urbanístico delimite como suelo rústico con protección, el propio planeamiento señalará el régimen adecuado a sus características concretas, indicando los usos permitidos, sujetos a autorización o prohibidos y demás limitaciones que procedan, conforme a las siguientes reglas:

a) Estarán prohibidos:

1° Las actividades extractivas, incluida la explotación minera, las canteras y la extracción de áridos o tierras, así como las construcciones e instalaciones vinculadas a las mismas.

2° Los usos industriales, comerciales y de almacenamiento, así como las construcciones e instalaciones vinculadas a los mismos.

3° Las construcciones destinadas a vivienda unifamiliar aislada.

b) Estarán sujetos a autorización los demás usos relacionados en el artículo 23.2.

⇒ V. Ley 10/1998, de 5 diciembre, de Ordenación del Territorio (§26).
V. Ley 8/1991, de 10 mayo, de Espacios Naturales Protegidos en Castilla y León.
V. arts. 9 y 20 de la Ley 6/1998, de 13 abril (§1).

Jurisprudencia

«La petición de autorización de uso de vivienda familiar afecta a un suelo no urbanizable especialmente protegido "por su excepcional valor ecológico natural o paisajístico" por lo que el uso pretendido es incompatible con "el valor específico que se quiere proteger", a tenor de lo dispuesto en el art. 17 del Texto Refundido de la Ley del Suelo de 1992. En este sentido la Sentencia del Tribunal Supremo de 27 de octubre de 1997 (RJ 1997, 7634) señala que en suelo no urbanizable de especial protección se prohíbe toda dedicación o utilización que "implique transformación de su naturaleza, aunque sea mínima, o lesione el valor específico que se quiere proteger"». **(STS 29 junio 2000 [RJCA 2000, 1680]).**

⇒ V. Jurisprudencia en arts. 86 y concordantes del TRLS/1976 (§3).

CAPÍTULO V

Régimen del suelo en municipios sin planeamiento urbanístico

Artículo 30. Clasificación del suelo.

En los Municipios sin planeamiento urbanístico, el suelo se considerará como urbano o rústico de acuerdo a los siguientes criterios:

a) Tendrán la condición de suelo urbano los terrenos que formen parte de un núcleo de población y cuenten con acceso rodado, abastecimiento de agua, saneamiento y suministro de energía eléctrica, así como los terrenos consolidados por la edificación en al menos la mitad de los espacios no ocupados por vías públicas o espacios libres existentes.

b) Tendrán la condición de suelo rústico los demás terrenos del término municipal.

⇒ V. art. 11 de la Ley 6/1998, de 13 abril (§1).
V. Jurisprudencia en arts. 81 y concordantes del TRLS/1976 (§3).

Artículo 31. Régimen del suelo urbano.

1. En los Municipios sin planeamiento urbanístico, los terrenos que tengan la condición de suelo urbano se considerarán suelo urbano consolidado, y sus propietarios tendrán derecho a edificarlos previa obtención de licencia urbanística, cumpliendo las siguientes condiciones:

a) Completar la urbanización de los terrenos para que alcancen la condición de solar, incluida la conexión con los servicios urbanos y la regularización de las vías públicas existentes.

b) Ceder gratuitamente al Ayuntamiento los terrenos necesarios para regularizar las vías públicas existentes.

2. En estos Municipios, tendrán la condición de solar las parcelas legalmente divididas, adecuadas para su uso conforme a las normas establecidas en el número siguiente, y que cuenten con acceso por vía pública, abastecimiento de agua potable, evacuación de aguas residuales a red de saneamiento y suministro de energía eléctrica.

3. En estos Municipios, las construcciones e instalaciones de nueva planta, así como la reforma, rehabilitación o ampliación de las existentes, deberán respetar las siguientes normas, además de las dispuestas en los artículos 8 y 9:

a) La altura máxima será la media de las ya existentes en el Municipio que se hayan edificado conforme a la normativa vigente en su momento, sin superar nunca tres plantas.

b) Las alineaciones existentes en el núcleo de población se mantendrán sin más retranqueos que los que sean necesarios en calles y plazas porticadas para mantener su continuidad.

c) No se permitirá ninguna construcción de uso residencial cuyas características no sean afines a las tradicionales en el Municipio, a causa de su altura, volumen, color, composición o materiales exteriores. En particular, se prohíben los edificios de vivienda colectiva, entendidos como aquellos que dispongan de acceso y servicios comunes para más de dos viviendas.

Artículo 32. Régimen del suelo rústico.

1. En los Municipios sin planeamiento urbanístico, los terrenos que tengan la condición de suelo rústico se considerarán suelo rústico común, salvo que estén sometidos a algún régimen de protección, en cuyo caso se considerarán adscritos a la categoría de suelo rústico más adecuada al mismo, conforme al artículo 16. En particular, los terrenos situados en el entorno de protección de inmuebles declarados como Bien de Interés Cultural, o en su defecto dentro de una banda de 50 metros desde su límite exterior, se considerarán suelo rústico con protección del patrimonio cultural.

2. Los propietarios tendrán los derechos, deberes y limitaciones previstos en el Capítulo anterior, y deberán respetar además las siguientes normas:

a) La altura máxima será de dos plantas, salvo para las construcciones e instalaciones que justifiquen la necesidad técnica de superarla.

b) Se exigirá la adaptación a las características del entorno inmediato y del paisaje circundante, en cuanto situación, uso, altura, volumen, color, composición, materiales y demás características, así como el respeto de la vegetación y de los perfiles naturales del terreno.

⇒ V. arts. 9 y 20 de la Ley 6/1998, de 13 abril (§1).

TÍTULO II
PLANEAMIENTO URBANÍSTICO

CAPÍTULO I
Disposiciones generales

Artículo 33. Concepto e instrumentos de planeamiento urbanístico.

1. El planeamiento urbanístico es el conjunto de instrumentos establecidos en esta Ley para la ordenación del uso del suelo y el establecimiento de las condiciones para su transformación o conservación. Según su objeto y su ámbito de aplicación, se distinguen el planeamiento general y el planeamiento de desarrollo.

2. Los instrumentos de planeamiento general tienen como principal objeto la ordenación general de términos municipales completos:

a) Planes Generales de Ordenación Urbana, cuya elaboración es obligatoria en los Municipios con población igual o superior a 20.000 habitantes y en los que se determine reglamentariamente por su función de centro comarcal, su situación en entornos urbanos u otras circunstancias de especial complejidad urbanística, y potestativa en los demás Municipios.

b) Normas Urbanísticas Municipales, cuya elaboración es obligatoria en los Municipios que no cuenten con Plan General de Ordenación Urbana.

3. Los instrumentos de planeamiento de desarrollo tienen como principal objeto la ordenación detallada de los sectores u otros ámbitos a los que se apliquen:

a) Estudios de Detalle, de aplicación en suelo urbano.

b) Planes Parciales, de aplicación en suelo urbanizable.

c) Planes Especiales, de aplicación en cualquier clase de suelo, según su objeto específico.

4. En tanto los Municipios no cumplan lo dispuesto en el número dos, la ordenación general será establecida por el procedimiento de subrogación regulado en el artículo 59, o bien mediante los instrumentos de ordenación del territorio habilitados para ello en su legislación específica. Dichos instrumentos podrán también establecer la ordenación detallada de forma subsidiaria en ausencia de planeamiento municipal, o bien en los supuestos excepcio-

nales de interés regional previstos en la legislación sobre ordenación del territorio.

⇒ V. art. 12 de la Ley 6/1998, de 13 abril (§1).
V. arts. 9 y 10 de la Ley 2/1996, de 18 junio, sobre Equipamientos Comerciales en Castilla y León, transcrita en este artículo.
V. art. 9 de la Ley 10/1998, de 5 diciembre, de Ordenación del Territorio en Castilla y León (§26).
V. art. 113.2 del TRLS/1992 (§2).
V. Jurisprudencia en arts. 6 y concordantes del TRLS/1976 (§3).
V. Ley 2/1996, de 18 junio, de equipamientos comerciales en Castilla y León.

Artículo 34. Ordenación urbana.

1. El planeamiento urbanístico tendrá como objetivo resolver las necesidades de suelo residencial, dotacional, industrial; y de servicios que se deriven de las características específicas del propio Municipio. No obstante, podrá preverse un crecimiento superior al necesario para la demanda propia del Municipio, de conformidad con las previsiones de los instrumentos de ordenación del territorio y con la situación del Municipio en:

a) Áreas de influencia de centros comarcales que precisen la previsión ordenada en su entorno de suelo residencial, dotacional, industrial o de servicios.

b) Áreas susceptibles de desarrollo económico que precisen la previsión ordenada de suelo industrial o de servicios.

c) Áreas de atracción turística que precisen la previsión ordenada de suelo para segunda residencia y usos vinculados al ocio.

2. El planeamiento orientará el crecimiento de los núcleos de población a completar las tramas urbanas existentes y a solucionar los problemas urbanísticos de las áreas degradadas favoreciendo la reconversión y reutilización de los inmuebles abandonados, con preferencia a los procesos de extensión discontinua o exterior a los núcleos.

3. El planeamiento podrá establecer determinaciones diferentes sobre terrenos de características similares, a fin de impedir una inadecuada concentración de usos o actividades o la abusiva repetición de soluciones urbanísticas.

⇒ V. art. 4 del D. 189/1997, de 26 septiembre, que regula el procedimiento para la autorización de instalaciones de producción de electricidad.

Artículo 35. Sectores.

1. Los sectores son los ámbitos delimitados para la ordenación detallada del suelo urbano no consolidado y del suelo urbanizable.

2. En suelo urbano no consolidado y suelo urbanizable delimitado, los sectores se definirán en el instrumento de planeamiento general. En suelo urbanizable no delimitado, los sectores se definirán por los propios Planes Parciales que los desarrollen, conforme a los criterios señalados al efecto en el planeamiento general.

3. La delimitación de sectores se efectuará atendiendo a la racionalidad

y calidad de la ordenación urbanística, utilizando preferentemente como límites sistemas generales, terrenos de dominio público u otros elementos geográficos determinantes. En suelo urbano no consolidado los sectores podrán ser discontinuos. En suelo urbanizable los sectores también podrán ser discontinuos, si bien a los solos efectos de incluir terrenos destinados a sistemas generales.

Artículo 36. Sostenibilidad y protección del medio ambiente.

1. El planeamiento urbanístico tendrá como objetivo la mejora de la calidad de vida de la población mediante el control de la densidad humana y edificatoria, y a tal efecto se atendrá a los siguientes criterios y normas:

a) En suelo urbano consolidado, el aprovechamiento de las parcelas y sus parámetros, tales como la altura, el volumen o el fondo edificable, no superarán los niveles que sean característicos de la edificación y construida legalmente en su entorno.

b) En suelo urbano consolidado, cuando ya existan más de 100 viviendas o 15.000 metros cuadrados construidos por hectárea, el planeamiento no podrá contener determinaciones de las que resulte un aumento del aprovechamiento o de la densidad de población totales.

c) En los sectores de suelo urbano no consolidado y suelo urbanizable, el planeamiento no podrá contener determinaciones de las que resulte una densidad superior a:

1º 70 viviendas o 10.000 metros cuadrados por hectárea, en los Municipios con población igual o superior a 20.000 habitantes.

2º 50 viviendas o 7.500 metros cuadrados por hectárea, en los Municipios con población inferior a 20.000 habitantes que cuenten con Plan General de Ordenación Urbana.

3º 30 viviendas o 5.000 metros cuadrados por hectárea, en los demás Municipios con población inferior a 20.000 habitantes.

d) En sectores con uso predominante industrial o de servicios, no se permitirá una ocupación del terreno por las construcciones superior a dos tercios de la superficie del sector.

e) Para la aplicación de las normas anteriores se excluirán de las superficies de referencia los terrenos reservados para sistemas generales, y se expresará la superficie construible en metros cuadrados en el uso predominante, previa ponderación al mismo de los demás usos.

2. Asimismo, el planeamiento asumirá como objetivo la protección del medio ambiente y a tal efecto incluirá las determinaciones necesarias para la conservación y en su caso recuperación de condiciones ambientales adecuadas:

a) En suelo urbano y urbanizable la red de vías públicas se diseñará de acuerdo con las necesidades del transporte público y los recorridos peatonales, procurando reducir el impacto contaminante del tráfico motorizado.

Igualmente se establecerán las medidas precisas para la depuración de aguas residuales y el tratamiento de los residuos sólidos.

b) En suelo urbanizable se integrarán en la nueva ordenación los elementos valiosos del paisaje y de la vegetación.

c) En suelo rústico se establecerán las medidas necesarias para la conservación, y en su caso recuperación, de los espacios naturales y de la fauna y la flora silvestres.

⇒ V. Ley 3/1998, de 24 junio, de accesibilidad y supresión de barreras, cuyos arts. 45, 46 y disp. final 1ª han sido modificados por la Ley 11/2000, de 28 diciembre.

Artículo 37. Protección del patrimonio cultural.

El planeamiento urbanístico tendrá como objetivo la protección del patrimonio cultural, y a tal efecto incluirá las determinaciones necesarias para que:

a) Se favorezca la conservación y recuperación del patrimonio arqueológico, los espacios urbanos relevantes, los elementos y tipos arquitectónicos singulares y las formas tradicionales de ocupación humana del territorio, conforme a las peculiaridades locales.

b) En suelo urbano, se mantenga la trama urbana, las alineaciones y las rasantes existentes, salvo en los ámbitos que se delimiten para realizar actuaciones de reforma interior orientadas a su descongestión, a la mejora de las condiciones de habitabilidad, a la rehabilitación de las construcciones, o a la obtención de suelo para dotaciones urbanísticas.

c) En las áreas de manifiesto valor cultural, y en especial en los conjuntos históricos declarados como Bien de Interés Cultural, se asegure que las construcciones de nueva planta y la reforma, rehabilitación y ampliación de las existentes sean coherentes con las constantes y tipos arquitectónicos, en particular en cuanto a altura, volumen, color, composición y materiales exteriores.

Artículo 38. Calidad urbana y cohesión social.

1. El planeamiento urbanístico tendrá como objetivo la mejora de la calidad de vida y la cohesión social de la población, y con tal fin señalará reservas de suelo para las siguientes dotaciones urbanísticas, respetando los módulos y criterios que se señalen reglamentariamente:

a) Vías públicas: sistema de espacios destinados a la estancia y desplazamiento de la población, definidos por sus alineaciones y rasantes.

b) Servicios urbanos: sistema de instalaciones y espacios asociados, destinados a la prestación de los servicios de abastecimiento de agua, saneamiento y depuración, suministro de energía eléctrica, recogida y tratamiento de residuos y otros que sean necesarios.

c) Espacios libres públicos: sistema de espacios destinados a parques, jardines, áreas de ocio, expansión y recreo de la población e incluso zonas deportivas de uso no privativo: en sectores con uso predominante residencial, se distribuirán en áreas adecuadas para su uso, evitando las zonas residuales;

en sectores con uso predominante industrial, se destinarán preferentemente a arbolado perimetral; en todo caso el índice de permeabilidad, o porcentaje de superficie que haya de destinarse a la plantación de especies vegetales, no será inferior al 50 por 100.

d) Equipamientos: sistema de construcciones, instalaciones y espacios asociados, destinados a la prestación de servicios sanitarios, asistenciales, educativos, culturales, deportivos, comerciales y otros que sean necesarios.

2. A fin de fomentar la cohesión social, el planeamiento procurará la mezcla equilibrada de grupos sociales, usos y actividades. En los Municipios con población igual o superior a 20.000 habitantes, el planeamiento fijará un índice de variedad urbana para los sectores de suelo urbano no consolidado y urbanizable, consistente en una reserva de suelo para usos no predominantes, cuyos mínimos se determinarán reglamentariamente según el tipo de Municipio y de sector.

3. Asimismo el planeamiento procurará mejorar la calidad urbana, y a tal efecto se respetarán las siguientes normas de diseño urbano:

a) Se prohíbe el uso residencial en sótanos y semisótanos.

b) En suelo urbano no consolidado y suelo urbanizable, el aprovechamiento del subsuelo no superará un 20 por 100 del permitido sobre rasante, salvo para aparcamiento o instalaciones.

c) En suelo urbanizable, la altura máxima de cada fachada de un nuevo edificio no podrá ser superior a tres medios de la distancia a la fachada más próxima.

⇒ V. Ley 2/1996, de 18 junio, de Equipamientos Comerciales en Castilla y León, transcrita en art. 33.

Artículo 39. Equidistribución.

1. El planeamiento urbanístico tendrá como objetivo el reparto equitativo de los beneficios y cargas de la actividad urbanística, utilizando para ello el aprovechamiento medio, coeficiente que se establecerá en suelo urbano no consolidado y en suelo urbanizable.

2. El aprovechamiento medio de cada sector de suelo urbano no consolidado y suelo urbanizable delimitado se obtendrá dividiendo el aprovechamiento lucrativo total del sector por su superficie total, conforme a las siguientes reglas:

a) El aprovechamiento lucrativo total del sector se obtendrá sumando todos los aprovechamientos lucrativos que el planeamiento permita, incluyendo las dotaciones urbanísticas privadas, y excluyendo las públicas.

b) Los aprovechamientos se expresarán siempre en metros cuadrados construibles en el uso predominante, y para ello el planeamiento fijará los coeficientes de ponderación entre dicho uso y los demás que se permitan, en función de las circunstancias del Municipio y del sector.

c) De la superficie total del sector se deducirá la superficie ocupada por dotaciones urbanísticas públicas ya existentes, tanto de carácter general como local, salvo las que hayan sido adquiridas por las Administraciones públicas por expropiación u otras formas onerosas.

3. El aprovechamiento medio de los sectores que carezcan de aprovechamiento lucrativo por estar íntegramente constituidos por sistemas generales, será el promedio de los que se hubieran fijado para los sectores con aprovechamiento lucrativo.

4. En suelo urbanizable no delimitado, el aprovechamiento medio no podrá exceder del promedio de los que se hubieran fijado para los sectores de suelo urbanizable delimitado.

⇒ V. arts. 4 y 5 de la Ley 6/1998, de 13 abril (§1).
V. Jurisprudencia en arts. 117 y concordantes del TRLS/1976 (§3).

CAPÍTULO II
Plan General de Ordenación Urbana

Artículo 40. Objeto.

El Plan General de Ordenación Urbana tiene por objeto establecer la ordenación general para todo el término municipal, y la ordenación detallada en todo el suelo urbano consolidado, así como en los sectores de suelo urbano no consolidado y suelo urbanizable delimitado en los que se considere oportuno habilitar su ejecución directa sin necesidad de planeamiento de desarrollo.

⇒ V. Jurisprudencia en arts. 10 y concordantes del TRLS/1976 (§3).

Artículo 41. Determinaciones de ordenación general.

El Plan General de Ordenación Urbana establecerá las siguientes determinaciones de ordenación general:

a) Formulación, a partir del análisis y diagnóstico de las circunstancias urbanísticas del Municipio, de sus propios objetivos y propuestas generales, que habrán de ser compatibles con la normativa sectorial, los instrumentos de ordenación del territorio y el planeamiento de los Municipios limítrofes.

b) Clasificación de todo el término municipal en todas o algunas de las clases y categorías de suelo definidas en los artículos 11 a 16, según las características del territorio.

c) Previsión de los siguientes sistemas generales, o conjunto de dotaciones urbanísticas públicas al servicio de toda la población, indicando al menos para cada uno de sus elementos no existentes sus criterios de diseño y ejecución y el sistema de obtención de los terrenos:

1º Sistema general de vías públicas.

2º Sistema general de servicios urbanos.

3º Sistema general de espacios libres públicos, con superficie no inferior a 5 metros cuadrados por habitante, sin incluir en el cómputo sistemas locales ni espacios naturales.

4º Sistema general de equipamientos, con superficie no inferior a 5 metros cuadrados por habitante.

d) Catálogo de los elementos que por sus valores naturales o culturales, o por su relación con el dominio público, deban ser conservados o recuperados, con las medidas de protección que procedan.

e) En suelo urbano no consolidado y suelo urbanizable delimitado, delimitación de sectores, indicando su aprovechamiento medio máximo, la densidad máxima, los usos predominantes, compatibles y prohibidos, y los sistemas generales y otras dotaciones urbanísticas incluidos.

f) En suelo urbanizable no delimitado, establecimiento cuando proceda de reservas para su incorporación a los patrimonios públicos de suelo, y definición de condiciones para la aprobación de Planes Parciales, indicando los criterios para delimitar los sectores, regular sus parámetros y determinar los sistemas generales y otras dotaciones urbanísticas necesarias, incluida la conexión con los sistemas generales existentes, y la ampliación o el refuerzo de éstos, en su caso.

g) En suelo rústico, las normas de protección que procedan en cada categoría para mantener la naturaleza rústica del suelo, proteger el medio natural y asegurar el carácter aislado de las construcciones.

⇒ V. art. 12 de la Ley 6/1998, de 13 abril (§1).
V. Jurisprudencia en arts. 12 y concordantes del TRLS/1976 (§3).

Artículo 42. Determinaciones de ordenación detallada.

1. El Plan General de Ordenación Urbana establecerá las siguientes determinaciones de ordenación detallada para todo el suelo urbano consolidado:

a) Calificación, entendida como la asignación pormenorizada de uso, intensidad de uso y tipología edificatoria, para cada parcela, o bien por manzanas u otras áreas homogéneas.

b) Regulación detallada del uso, la intensidad de uso y la tipología edificatoria asignados, así como de las demás condiciones, características y parámetros de la urbanización y la edificación.

c) Previsión de los sistemas locales, o conjunto de dotaciones urbanísticas al servicio de los ámbitos objeto de ordenación detallada, indicando al menos para cada uno de sus elementos no existentes su carácter público o privado, sus criterios de diseño y ejecución y el sistema de obtención de los terrenos para los de carácter público.

d) Relación de los usos del suelo y en especial las construcciones e instalaciones que se declaren fuera de ordenación por su disconformidad con las determinaciones del Plan General.

e) Señalamiento de plazos para el cumplimiento de deberes urbanísticos.

f) Delimitación, cuando proceda, de áreas de tanteo y retracto.

2. El Plan General podrá también establecer las determinaciones de ordenación detallada citadas en el número anterior en los sectores de suelo urbano no consolidado y suelo urbanizable delimitado, con las siguientes particularidades:

a) En los sistemas locales de espacios libres públicos y equipamientos se preverán al menos 15 y 20 metros cuadrados por cada 100 metros cuadrados construibles en el uso predominante, en suelo urbano no consolidado y suelo urbanizable delimitado, respectivamente.

b) Se preverán dos plazas de aparcamiento, al menos una de ellas de uso público, por cada 100 metros cuadrados construibles en el uso predominante.

c) Se delimitarán las unidades de actuación para la gestión urbanística en el ámbito de cada sector, señalando de forma indicativa el sistema de actuación más adecuado.

⇒ V. arts. 13, 14 y 19 de la Ley 6/1998, de 13 abril (§1).

Jurisprudencia

«No ofrece duda que la concreta calificación y uso asignado por el Plan General a las tres parcelas en cuestión es una facultad discrecional del Ayuntamiento de Soria que ha elaborado el planeamiento municipal impugnado y como se expresa en la STS de 21 de febrero de 1994 (RJ 1994, 1455), respecto a los aspectos discrecionales del plan no son admisibles revisiones de pura oportunidad, ya que en este terreno ha de prevalecer el modelo físico que dibuja el Municipio con la legitimación democrática de que le dota la participación ciudadana que se produce en el curso del procedimiento; por el contrario sí son viables controles tendentes a evitar la vulneración de las exigencias del principio de interdicción de la arbitrariedad de los poderes públicos.

Conforme al criterio jurisprudencial expuesto el carácter discrecional de la cuestión suscitada en este recurso, la revisión de la calificación y uso asignado a las parcelas de la recurrente en el Plan General, excluye el conocimiento del control de los criterios de oportunidad, pero no el control de legalidad, en concreto en lo atinente al principio de interdicción de la arbitrariedad de los poderes públicos art. 9.3º de la Constitución, en los dos aspectos concretos, ya mencionados, sobre los que la parte recurrente articula su pretensión anulatoria de la Orden impugnada». **(STS 30 mayo 2000 [RJCA 2000, 1676]).**

⇒ V. Jurisprudencia en arts. 11 y concordantes del TRLS/1976 (§3).

CAPÍTULO III
Normas Urbanísticas Municipales

Artículo 43. Objeto.

Las Normas Urbanísticas Municipales tienen por objeto establecer la ordenación general para todo el término municipal, y la ordenación detallada en todo el suelo urbano consolidado, así como en los sectores de suelo urbano no consolidado y suelo urbanizable delimitado en los que se considere oportuno habilitar su ejecución directa sin necesidad de planeamiento de desarrollo.

Artículo 44. Determinaciones.

1. Las Normas Urbanísticas Municipales podrán limitarse a establecer las siguientes determinaciones:

a) Clasificación de todo el término municipal en todas o algunas de las clases y categorías de suelo definidas en los artículos 11 a 16, según las características del territorio.

b) Previsión de las dotaciones urbanísticas públicas al servicio de toda la población: vías públicas, servicios urbanos, espacios libres públicos y equipamientos.

c) Catálogo de los elementos que deban ser conservados o recuperados, con las medidas de protección que procedan en cada caso.

d) En suelo urbano consolidado, calificación de las parcelas, entendida como la asignación de uso, intensidad de uso, tipología edificatoria y condiciones de urbanización y edificación.

2. Las Normas podrán incluir también, cuando proceda, las siguientes determinaciones:

a) Relación de los usos del suelo que se declaren fuera de ordenación.

b) Señalamiento de plazos para el cumplimiento de deberes urbanísticos.

c) En los conjuntos históricos y otros ámbitos declarados como Bien de Interés Cultural, el régimen de protección exigible según la legislación sobre patrimonio histórico.

d) En suelo rústico, las normas de protección que procedan en cada categoría para mantener la naturaleza rústica del suelo y asegurar el carácter aislado de las construcciones.

e) Cuando las Normas incluyan las categorías de suelo urbano no consolidado y suelo urbanizable delimitado, delimitación de sectores, indicando su aprovechamiento medio máximo y demás parámetros, así como las dotaciones urbanísticas incluidas.

f) Cuando las Normas incluyan la categoría de suelo urbanizable no delimitado, condiciones para la aprobación de Planes Parciales, indicando los criterios para delimitar los sectores, regular sus parámetros y determinar las dotaciones urbanísticas necesarias, incluida la conexión con las ya existentes y la ampliación o el refuerzo de éstas, en su caso.

3. Asimismo, las Normas podrán establecer determinaciones de ordenación detallada en los sectores de suelo urbano no consolidado y suelo urbanizable delimitado: calificación de las parcelas, condiciones de urbanización y edificación, delimitación de unidades de actuación y previsión de las vías públicas, servicios urbanos, espacios libres públicos y equipamientos al servicio del sector, con las siguientes particularidades:

a) Con destino tanto a espacios libres públicos como a equipamientos, se preverán al menos 10 y 20 metros cuadrados por cada 100 metros cuadrados construibles en el uso predominante, en suelo urbano no consolidado y suelo urbanizable delimitado, respectivamente.

b) Se preverá al menos una plaza de aparcamiento de uso público por cada 100 metros cuadrados construibles en el uso predominante.

⇒ V. art. 7 de la Ley 2/1996, de 18 junio, sobre Equipamientos Comerciales en Castilla y León.

CAPÍTULO IV
Planeamiento de Desarrollo

Artículo 45. Estudios de Detalle.

1. Los Estudios de Detalle pueden tener por objeto:

a) En suelo urbano consolidado, modificar la ordenación detallada ya establecida por el planeamiento general, o bien simplemente completarla ordenando los volúmenes edificables.

b) En los sectores de suelo urbano no consolidado, establecer la ordenación detallada, o bien modificar o completar la que hubiera ya establecido el planeamiento general, en su caso.

2. Los Estudios de Detalle no pueden aprobarse en ausencia de planeamiento general, ni modificar la ordenación general establecida por éste. Las modificaciones que introduzcan respecto de la ordenación detallada ya establecida se justificarán adecuadamente.

3. Los Estudios de Detalle establecerán las determinaciones de ordenación detallada conforme a lo dispuesto en los artículos 42 ó 44, según el instrumento de planeamiento general del Municipio. Sin embargo, cuando ya estuviera establecida la ordenación detallada, podrán limitar su contenido a las determinaciones estrictamente necesarias para modificarla o completarla.

⇒ V. art. 12 de la Ley 6/1998, de 13 abril (§1).
V. Jurisprudencia en arts. 14 y concordantes del TRLS/1976 (§3).

Artículo 46. Planes Parciales.

1. Los Planes Parciales pueden tener por objeto:

a) En los sectores de suelo urbanizable delimitado, establecer la ordenación detallada, o bien modificar o completar la que hubiera ya establecido el planeamiento general, en su caso.

b) En suelo urbanizable no delimitado, establecer la ordenación detallada de sectores que delimiten los propios Planes Parciales, según los criterios señalados en el planeamiento general.

2. Los Planes Parciales no pueden aprobarse en ausencia de planeamiento general, ni modificar la ordenación general establecida por éste. Las modificaciones que introduzcan respecto de la ordenación detallada ya establecida se justificarán adecuadamente.

3. Los Planes Parciales establecerán las determinaciones de ordenación detallada conforme a lo dispuesto en los artículos 42 ó 44, según el instrumento de planeamiento general del Municipio.

4. Además de las anteriores, los Planes Parciales en suelo urbanizable no delimitado deberán justificar expresamente la conveniencia de desarrollar el sector y definir con precisión los sistemas generales y demás dotaciones urbanísticas necesarias para su desarrollo, incluidas las obras de conexión con las ya existentes, y las de ampliación o refuerzo de éstas que sean precisas para asegurar su correcto funcionamiento. Asimismo incluirán las medidas

necesarias para la integración del sector en su entorno, de forma compatible con la protección del medio ambiente.

⇒ V. art. 12 de la Ley 6/1998, de 13 abril (§1).
V. art. 9 de la Ley 2/1996, de 18 junio, sobre Equipamientos Comerciales en Castilla y León.
V. Jurisprudencia en arts. 13 y concordantes del TRLS/1976 (§3).

Artículo 47. Planes Especiales.

1. Los Planes Especiales pueden tener por objeto desarrollar, completar e incluso de forma excepcional sustituir las determinaciones del planeamiento general, a fin de proteger ámbitos singulares, llevar a cabo operaciones de reforma interior, coordinar la ejecución de dotaciones urbanísticas, u otras finalidades que se determinen reglamentariamente.

2. Los Planes Especiales pueden aprobarse incluso en ausencia de planeamiento general, pero no pueden sustituirlo en su función de establecer la ordenación general; tampoco pueden modificar la ordenación general que estuviera vigente. Las modificaciones que introduzcan respecto de la ordenación detallada ya establecida por el planeamiento general o por otros instrumentos de planeamiento de desarrollo se justificarán adecuadamente.

3. Los Planes Especiales contendrán las determinaciones adecuadas a su finalidad específica, incluyendo al menos la justificación de su propia conveniencia y de su conformidad con los instrumentos de ordenación del territorio y con la ordenación general del Municipio.

⇒ V. arts. 9 y 19 de la Ley 6/1998, de 13 abril (§1).
V. art. 9 de la Ley 2/1996, de 18 junio, sobre Equipamientos Comerciales en Castilla y León.
V. Jurisprudencia en arts. 17 y concordantes del TRLS/1976 (§3).

Artículo 48. Planes Especiales de Protección.

1. Los Planes Especiales de Protección tienen por objeto preservar el medio ambiente, el patrimonio cultural, el paisaje u otros valores socialmente reconocidos. Con tal fin pueden aplicarse sobre cualquier clase de suelo, e incluso extenderse sobre varios términos municipales, a fin de abarcar ámbitos de protección completos.

2. Los Planes Especiales de Protección contendrán las determinaciones adecuadas a su finalidad protectora y además, cuando no estuviera establecida la ordenación detallada o fuera necesario modificar la ya establecida, las determinaciones señaladas para los Estudios de Detalle.

3. En particular, los Planes Especiales de Conjuntos Históricos, Sitios Históricos o Zonas Arqueológicas tienen por objeto preservar los ámbitos del territorio declarados como Bien de Interés Cultural, y contendrán las determinaciones exigidas por la legislación sobre patrimonio histórico, y entre ellas un catálogo de los elementos que deban ser conservados, mejorados o recuperados, así como las medidas de protección de los mismos.

⇒ V. art. 9 de la Ley 6/1998, de 13 abril (§1).
V. Jurisprudencia en arts. 18 y concordantes del TRLS/1976 (§3).

Artículo 49. Planes Especiales de Reforma Interior.

1. Los Planes Especiales de Reforma Interior tienen por objeto la ejecución de operaciones de reforma interior para la descongestión del suelo urbano, la mejora de las condiciones de habitabilidad, la rehabilitación, la obtención de dotaciones urbanísticas u otros fines análogos. Con tal fin pueden aplicarse tanto en suelo urbano consolidado como no consolidado.

2. Los Planes Especiales de Reforma Interior contendrán las determinaciones adecuadas a su finalidad y además, cuando no estuviera establecida la ordenación detallada o fuera necesario modificar la ya establecida, las determinaciones señaladas para los Estudios de Detalle.

⇒ V. Jurisprudencia en arts. 23 y concordantes del TRLS/1976 (§3).

CAPÍTULO V

Elaboración y aprobación del planeamiento urbanístico

Artículo 50. Elaboración y avances.

1. El planeamiento urbanístico podrá ser elaborado por las Administraciones públicas y por los particulares, pero la competencia para su aprobación corresponderá exclusivamente a las primeras.

2. Las entidades de Derecho público y los concesionarios de servicios públicos colaborarán en la elaboración del planeamiento facilitando la información necesaria.

3. Para la elaboración del planeamiento podrán efectuarse ocupaciones temporales de fincas conforme a la legislación sobre expropiación forzosa.

4. Durante la elaboración del planeamiento el Ayuntamiento podrá disponer la exposición al público de Avances expresivos de sus objetivos y propuestas generales.

⇒ V. Jurisprudencia en arts. 28 y concordantes del TRLS/1976 (§3).

Artículo 51. Documentación.

Los instrumentos de planeamiento urbanístico contendrán los documentos necesarios para reflejar adecuadamente sus determinaciones, que se especificarán reglamentariamente. En todo caso, la documentación incluirá una Memoria de carácter vinculante, comprensiva de los objetivos y propuestas generales del instrumento.

Jurisprudencia

«La contradicción apreciada entre la Memoria de las Normas Subsidiarias y la regulación contenida en los arts. 83 y 86, en relación con el art. 85, de la normativa urbanística respecto de las explotaciones mineras en la zona denominada "laderas pronunciadas", lleva a la anulación, con el alcance que luego se dirá, de esa regulación, toda vez que la Memoria, como elemento integrante del planeamiento urbanístico que es, tanto del Plan General arts. 37 y 38 del Reglamento de Planeamiento como de las Normas Subsidiarias Municipales –art. 97 del mismo–, exterioriza las razones que justifican el modelo territorial elegido y, por consecuencia, las determinaciones del planeamiento (STS de 13 de febrero de 1992 [RJ 1992, 2828]). De esta manera, se impone al intérprete la necesidad de que cualquier situación conflictiva o dudosa haya de ser resuelta conforme a las previsiones que del contexto de la Memoria sean deducibles, como se señala en la Sentencia del Tribunal Supremo de 16 de junio de 1977 (RJ 1977, 3502), en la que se hace referencia al carácter vinculante de ese documento, lo que ahora se contiene en el art. 51 de la reciente Ley de Urbanismo de Castilla y León 5/1999, de 8 de abril». **(STS 30 mayo 2000 [RJCA 2000, 1675]).**

Artículo 52. Aprobación inicial e información pública.

1. Corresponde al Ayuntamiento acordar la aprobación inicial de los instrumentos de planeamiento urbanístico, debiendo abrir inmediatamente un período de información pública, que se desarrollará conforme a lo dispuesto en el artículo 142.

2. A tal efecto el Ayuntamiento publicará anuncios en los «Boletines Oficiales de Castilla y León y de la Provincia» y en al menos uno de los diarios de mayor difusión en la provincia. La duración mínima del período será de un mes, y la máxima de tres meses.

3. Cuando se trate de instrumentos elaborados por particulares o por otras Administraciones públicas, el Ayuntamiento deberá resolver sobre la aprobación inicial antes de tres meses desde la presentación del instrumento con su documentación completa, transcurridos los cuales podrá promoverse la información pública por iniciativa privada.

4. Además de lo prescrito en la legislación del Estado, una vez aprobados inicialmente los instrumentos de planeamiento urbanístico se remitirán a las Administraciones del Estado y de la Comunidad Autónoma, a la Diputación Provincial y al Registro de la Propiedad, para su conocimiento y emisión de los informes que procedan. En todo caso deberá emitir informe la Comisión Territorial de Urbanismo, que será vinculante en lo relativo al modelo territorial de Castilla y León, definido por los instrumentos de ordenación del territorio vigentes. En defecto de regulación sectorial, los informes se entenderán favorables si no se comunica la resolución al Ayuntamiento antes de tres meses desde la recepción del instrumento.

5. Concluida la información pública, cuando los cambios que procedan signifiquen una alteración sustancial de la ordenación general, sin que pueda entenderse como tal la simple alteración de una o varias determinaciones de la misma, se abrirá un nuevo período de información pública de un mes de duración, en el que no se aplicará lo dispuesto en el número anterior. En otro caso, bastará la simple notificación a los afectados por los cambios.

⇒ V. D. 146/2000, de 29 junio, que regula las Comisiones Territoriales de Urbanismo.

V. Jurisprudencia en arts. 28 y concordantes del TRLS/1976 (§3).

Artículo 53. Suspensión de licencias.

1. El acuerdo de aprobación inicial de los instrumentos de planeamiento determinará la suspensión del otorgamiento de las licencias urbanísticas señaladas en los apartados a), b), c) y j) del artículo 97.1, y de las demás que se estime procedente, en las áreas donde se proponga la modificación del régimen urbanístico vigente, y que deberán indicarse expresamente. Dicho acuerdo se notificará a quienes hubieran solicitado licencias con anterioridad

al mismo, indicando su derecho a indemnización por los gastos realizados en concepto de proyectos y tasas.

2. La suspensión de licencias se mantendrá hasta la aprobación definitiva del instrumento, o como máximo durante uno o dos años, según se trate de planeamiento de desarrollo o general, y una vez finalizada no se repetirá por el mismo motivo hasta pasados cuatro años.

Jurisprudencia

«En cuanto a la primera indemnización solicitada por gastos realizados en ejecución del planeamiento anterior, devengados inútiles tras la modificación del PGOU de Soria de 21 de abril de 1994, es un hecho incuestionado, que el art. 121.2 del RPU establece los derechos indemnizatorios, para los gastos efectuados con solicitudes presentadas con anterioridad a la aprobación de un plan, que lleve aparejada la suspensión de licencias, dando lugar a la indemnización del coste de los proyectos y de las tasas municipales abonadas. En este caso el informe pericial es explícito: El proyecto para nave industrial, ya visado con fecha 14 de julio de 1992 hubiera sido tramitado por el Ayuntamiento concediéndose licencia de obras condicionada a la presentación del Proyecto de Ejecución, en caso de que cumpliera la normativa en vigor, extremo que el perito considera afirmativo. Por ello no es razón denegatoria de la indemnización, la falta de adecuación al nuevo planeamiento, pues es ésta precisamente la causa que genera la inutilidad del gasto y su conveniente resarcimiento». **(STS 16 marzo 1999 [RJCA 1999, 2411]).**

⇒ V. Jurisprudencia en arts. 27 y concordantes del TRLS/1976 (§3).

Artículo 54. Aprobación del planeamiento general.

1. A la vista del resultado de la información pública, y antes de doce meses desde la publicación del acuerdo de aprobación inicial del Plan General de Ordenación Urbana o las Normas Urbanísticas Municipales, el Ayuntamiento acordará su aprobación provisional, señalando los cambios que procedan respecto de lo aprobado inicialmente.

2. El Ayuntamiento elevará el Plan General o las Normas a la Administración de la Comunidad Autónoma, la cual examinará tanto su legalidad como los aspectos relacionados con su ámbito competencial, y resolverá sobre su aprobación definitiva antes de tres meses desde la recepción del instrumento, transcurridos los cuales podrá entenderse aprobado conforme a la legislación sobre procedimiento administrativo. Cuando se observen deficiencias, según su naturaleza y gravedad se optará entre:

a) Su directa subsanación, mediante la introducción de las correcciones, modificaciones o innovaciones necesarias, que se señalarán en el acuerdo de aprobación.

b) La suspensión de la aprobación, para que el Ayuntamiento subsane las deficiencias y eleve de nuevo el expediente, antes de tres meses desde la recepción del acuerdo.

c) La suspensión parcial de la aprobación, cuando las deficiencias sólo afecten a una parte del Plan General o de las Normas, pudiendo aprobarse definitivamente el resto; en tal caso se fijará un plazo para la nueva presentación de la parte no aprobada.

⇒ V. D. 146/2000, de 29 junio, que regula las Comisiones Territoriales de Urbanismo.

V. D. 145/2000, de 29 junio, de regulación del Consejo de Urbanismo y Ordenación del Territorio.

Artículo 55. Aprobación del planeamiento de desarrollo.

1. La aprobación definitiva de los Estudios de Detalle corresponde al Ayuntamiento, que deberá resolver sobre la misma antes de doce meses desde la publicación del acuerdo de aprobación inicial, señalando los cambios que procedan respecto de lo aprobado inicialmente.

2. La aprobación definitiva de los Planes Parciales que desarrollen sectores de suelo urbanizable delimitado y de los Planes Especiales previstos en el planeamiento general corresponde:

a) En los Municipios con población igual o superior a 20.000 habitantes o que cuenten con Plan General de Ordenación Urbana, al Ayuntamiento, que deberá resolver sobre la misma antes de doce meses desde la publicación del acuerdo de aprobación inicial, señalando los cambios que procedan respecto de lo aprobado inicialmente.

b) En los demás Municipios, a la Administración de la Comunidad Autónoma, conforme al procedimiento regulado en el artículo anterior.

3. La aprobación definitiva de los Planes Parciales en suelo urbanizable no delimitado y de los Planes Especiales no previstos en el planeamiento general corresponde a la Administración de la Comunidad Autónoma, conforme al procedimiento regulado en el artículo anterior, si bien:

a) Los Planes Parciales en suelo urbanizable no delimitado deberán someterse, previamente a su aprobación definitiva, al procedimiento de evaluación de impacto ambiental.

b) Los Planes Especiales que afecten a varios términos municipales, seguirán el procedimiento previsto en la legislación de ordenación del territorio para la aprobación de los Planes Regionales.

4. Los instrumentos de planeamiento de desarrollo elaborados por particulares o por otras Administraciones públicas podrán entenderse aprobados definitivamente conforme a la legislación sobre procedimiento administrativo, una vez transcurridos doce meses desde la publicación del acuerdo de aprobación inicial, siempre que se haya realizado la información pública.

⇒ V. DLeg 1/2000, de 18 mayo, que aprueba el Texto Refundido de la Ley de Evaluación de Impacto Ambiental y Auditorías Ambientales de Castilla y León.

V. Ley 6/2001, de 8 mayo, de modificación del RDLeg 1302/1986, de 28 junio, de evaluación de impacto ambiental.

V. Ley 10/1998, de 5 diciembre, de Ordenación del territorio (§26).

Jurisprudencia

«Con relación a la falta de estudio de Evaluación del impacto ambiental teniendo en cuenta lo establecido disposición transitoria de la Ley 8/1994, de 24 de junio, de Evaluación de Impacto Ambiental y Auditorías Ambientales de Castilla y León: Se someterán a Evaluación Simplificada de Impacto Ambiental los proyectos de infraestructura de polígonos industriales y los de urbanización en zonas seminaturales o naturales, en el caso de que se encontraran aprobados los respectivos Planes Parciales a la entrada en vigor de la presente Ley.

A lo que hay que añadir que según el artículo 10 de la citada Ley, el Estudio de Impacto Ambiental por razón de la localización se establece con relación a un régimen especial para aquellas zonas denominadas Áreas de Sensibilidad Ecológica, sobre las que, por sus características naturales, los proyectos o actividades pueden tener una mayor incidencia ecológica.

A estos efectos, son Áreas de Sensibilidad Ecológica los Espacios Naturales declarados protegidos en la actualidad, aquellos que lo sean en lo sucesivo de acuerdo con la legislación de Espacios Naturales; y las zonas Húmedas y Riberas, catalogadas como Zonas naturales de Interés Especial. Asimismo son Áreas de Sensibilidad Ecológica las Áreas resultantes como de máxima protección una vez aprobado el Plan de Recuperación de las especies catalogadas en peligro de extinción; las Áreas Especiales de Conservación de la Directiva 92/43/CEE (LCEur 1992, 2415), relativa a la conservación de los hábitats naturales y semi-naturales y de la flora y fauna silvestres y las zonas de especial protección para las aves de la Directiva 79/409/CEE (LCEur 1979, 135), relativa a la conservación de las aves silvestres.

2. Se someterán a evaluación ordinaria de impacto ambiental los proyectos de las actividades relacionadas tanto en el anexo I como en el II, que vayan a realizarse en Áreas de Sensibilidad Ecológica.

Pero sin que conste que en el presente caso el Plan Parcial afecte a un área de las citadas». **(STS 28 abril 2000 [RJCA 2000, 1490]).**

Artículo 56. Vigencia.

1. El planeamiento urbanístico tendrá vigencia indefinida. No obstante, la Administración pública competente podrá proceder en cualquier momento a alterar sus determinaciones mediante los procedimientos de revisión o modificación regulados en los artículos siguientes.

2. En casos excepcionales, la Consejería competente en materia de urbanismo, previo informe del Consejo de Urbanismo y Ordenación del Territorio de Castilla y León, podrá suspender total o parcialmente la vigencia de los instrumentos de planeamiento, previa audiencia a los municipios afectados, para su revisión o modificación en los plazos que se señalen al efecto, indicando la normativa que haya de aplicarse transitoriamente.

⇒ V. D. 222/1999, de 5 agosto, que regula la estructura orgánica de la Consejería de Fomento, desarrollado por O. 23 diciembre 1999, modificada por O. 30 noviembre 2000.
V. D. 145/2000, de 29 junio, de regulación del Consejo de Urbanismo y Ordenación del Territorio.
V. Jurisprudencia en arts. 45 y concordantes del TRLS/1976 (§3).

Artículo 57. Revisión.

Se entiende por Revisión del Plan General de Ordenación Urbana o las Normas Urbanísticas Municipales la total reconsideración de la ordenación general en ellos establecida. Su aprobación definitiva producirá la sustitución del instrumento revisado. En cuanto a determinaciones y procedimiento, se ajustará a lo dispuesto en los artículos anteriores para los propios Plan General o Normas.

⇒ V. Jurisprudencia en arts. 48 y concordantes del TRLS/1976 (§3).

Artículo 58. Modificaciones.

1. Los cambios en los instrumentos de planeamiento general, si no im-

plican su revisión, se considerarán como modificación de los mismos. Los cambios en los instrumentos de planeamiento de desarrollo se considerarán siempre como modificación de los mismos.

2. Las modificaciones del planeamiento contendrán las determinaciones y documentación necesarias para su finalidad específica, que se especificarán reglamentariamente, incluyendo al menos su propia justificación y el análisis de su influencia sobre la ordenación general del Municipio.

3. Las modificaciones del planeamiento se ajustarán al procedimiento establecido para su primera aprobación, con las siguientes excepciones:

a) En los Municipios que cuenten con Plan General de Ordenación Urbana, corresponde al Ayuntamiento la aprobación definitiva de las modificaciones del Plan General que no afecten a la ordenación general, así como de todas las modificaciones de Planes Parciales que desarrollen suelo urbanizable delimitado y Planes Especiales previstos en el Plan General de Ordenación Urbana, conforme al procedimiento regulado en el artículo 55.2 a).

b) En todos los Municipios, corresponde al Ayuntamiento la aprobación definitiva de las modificaciones de planeamiento de cualquier tipo cuyo único objeto sea alterar la delimitación de las unidades de actuación o los plazos para el cumplimiento de deberes urbanísticos; además, para estas modificaciones no será preceptivo lo dispuesto en los artículos 52.4 y 53.

c) Las modificaciones de planeamiento de cualquier tipo que tengan por objeto una diferente zonificación o uso urbanístico de las zonas verdes o espacios libres existentes o previstos en el planeamiento, deberán ser aprobadas por Decreto de la Junta de Castilla y León, previo informe favorable del Consejero competente por razón de la materia y del Consejo Consultivo de la Comunidad Autónoma.

d) Para la aprobación de las modificaciones de planeamiento de cualquier tipo que produzcan un aumento del volumen edificable o de la densidad de población, se requerirá un incremento proporcional de los espacios libres públicos y dotaciones situados en el entorno próximo.

⇒ V. art. 9.4 de la Ley 2/1996, de 18 junio, sobre Equipamientos Comerciales en Castilla y León, transcrita en art. 33.

V. D. 146/2000, de 29 junio, que regula las Comisiones Territoriales de Urbanismo.

V. D. 145/2000, de 29 junio, de regulación del Consejo de Urbanismo y Ordenación del Territorio.

V. Jurisprudencia en arts. 49 y concordantes del TRLS/1976 (§3).

Artículo 59. Subrogación.

Procederá la subrogación de la Comunidad Autónoma en las competencias municipales de elaboración y aprobación del planeamiento urbanístico, de oficio o a instancia de quienes se sientan perjudicados por la inactividad administrativa, una vez transcurridos los plazos previstos en los artículos 52, 54, 55 y 56, así como los que la Consejería competente en materia de urbanismo resuelva otorgar para el cumplimiento de lo dispuesto en el artículo 33.2.

⇒ V. D. 222/1999, de 5 agosto, que regula la estructura orgánica de la Consejería de Fomento, desarrollado por O. 23 diciembre 1999, modificada por O. 30 noviembre 2000.

V. D. 146/2000, de 29 junio, que regula las Comisiones Territoriales de Urbanismo.

CAPÍTULO VI
Efectos del planeamiento urbanístico

Artículo 60. Ejecutividad.

Los instrumentos de planeamiento urbanístico serán ejecutivos y entrarán plenamente en vigor al día siguiente de la publicación de su acuerdo de aprobación definitiva en el «Boletín Oficial de la Provincia», con los requisitos establecidos en el artículo siguiente.

⇒ V. art. 6 de la Ley 6/1998, de 13 abril (§1).

V. arts. 124.1, 124.3, 133 y 134 del TRLS/1992 (§2).

V. art. 70.2 de la LBRL.

Jurisprudencia

«Es reiterada la doctrina jurisprudencial (Sentencias de 12 de noviembre de 1997 [RJ 1997, 8165], de 10 de abril de 1996 [RJ 1996, 2941], de 7 de marzo de 1994 [RJ 1994, 1702], de 22 de septiembre de 1992 [RJ 1992, 6974], de 11 de julio de 1991 [RJ 1991, 6352] y de 10 de abril de 1990 [RJ 1990, 3593], entre otras) que afirma que la entrada en vigor de los Planes requiere la íntegra publicación de sus Ordenanzas y normas urbanísticas, no siendo suficiente la publicación del Acuerdo de aprobación definitiva. Todo ello por exigencia de los principios constitucionales de publicidad de las normas y de seguridad jurídica (art. 9.3 de la Constitución) que se conectan al art. 70.2 de la Ley 7/1985 –en la redacción vigente entonces–, con independencia de que el acuerdo de aprobación provenga o no de un órgano autonómico». **(STS 23 noviembre 1999 [RJCA 1999, 4900]).**

⇒ V. Jurisprudencia en arts. 56 y concordantes del TRLS/1976 (§3).

Artículo 61. Publicación.

1. El acuerdo de aprobación definitiva de los instrumentos de planeamiento urbanístico se notificará a la Administración del Estado, a la Diputación Provincial, al Registro de la Propiedad y a quienes se personaran durante el período de información pública. Cuando la aprobación definitiva corresponda al Ayuntamiento, éste notificará el acuerdo a la Administración de la Comunidad Autónoma, adjuntando un ejemplar del instrumento aprobado.

2. El acuerdo de aprobación definitiva deberá publicarse en los «Boletines Oficiales de Castilla y León y de la Provincia», correspondiendo esta obligación a la Administración competente para dicha aprobación. Como anexo al acuerdo, en el «Boletín Oficial de la Provincia» se publicarán la memoria vinculante y las normas urbanísticas del instrumento aprobado, entendiendo como tales exclusivamente los documentos escritos de carácter

normativo; asimismo se publicará una relación de todos los demás documentos, tanto escritos como gráficos, que integren el instrumento aprobado.

⇒ V. art. 6 de la Ley 6/1998, de 13 abril (§1).
V. arts. 124.1, 124.3, 133 y 134 del TRLS/1992 (§2).
V. art. 70.2 de la LBRL.
V. Jurisprudencia en arts. 55 y concordantes del TRLS/1976 (§3).

Artículo 62. Vinculación.

1. El planeamiento urbanístico será vinculante para las Administraciones públicas y para los particulares, todos los cuales estarán obligados a su cumplimiento, sin perjuicio de la prevalencia, en su caso, de los instrumentos de ordenación del territorio y de la planificación sectorial.

2. Las determinaciones del planeamiento urbanístico servirán de base para los trabajos catastrales, para la planificación sectorial y, en general, para la programación de los recursos económicos de las Administraciones públicas.

3. Serán nulas de pleno derecho las reservas de dispensación que se contuvieran en el planeamiento urbanístico, así como las que se concedieran con independencia del mismo, en lo relativo a las materias reguladas en esta Ley.

⇒ V. art. 2 de la Ley 6/1998, de 13 abril (§1).
V. art. 134 del TRLS/1992 (§2).
V. Jurisprudencia en arts. 57 y concordantes del TRLS/1976 (§3).

Artículo 63. Declaración de utilidad pública.

La aprobación definitiva de los instrumentos de planeamiento urbanístico implicará la declaración de utilidad pública e interés social de las obras previstas en ellos y la necesidad de ocupación de los bienes y derechos necesarios para su ejecución, a efectos de su expropiación forzosa, ocupación temporal o imposición de servidumbres. Entre dichos bienes se entenderán incluidos tanto los que deban ser materialmente ocupados por las obras, como los necesarios para asegurar su pleno valor y rendimiento y la protección del medio ambiente, y en concreto las zonas laterales de influencia y los enlaces y conexiones con las infraestructuras previstas en el planeamiento sectorial.

⇒ V. art. 33 y concordantes de la Ley 6/1998, de 13 abril (§1).
V. art. 211 del TRLS/1992 (§2).
V. Jurisprudencia en arts. 64 y concordantes del TRLS/1976 (§3).

Artículo 64. Declaración de fuera de ordenación.

1. Los usos del suelo, incluidas las construcciones e instalaciones, que siendo anteriores a la aprobación definitiva del planeamiento urbanístico, resultaran disconformes con las determinaciones del mismo, podrán ser expresamente declarados fuera de ordenación. En particular, se declararán siempre fuera de ordenación aquellos usos emplazados en terrenos que en virtud del nuevo planeamiento urbanístico deban ser objeto de cesión o expropiación, o en construcciones o instalaciones para las que se haya dispuesto expresamente su demolición.

2. En los terrenos que sustenten usos declarados fuera de ordenación, no podrá autorizarse ninguna obra, salvo las necesarias para la ejecución del planeamiento urbanístico, y en tanto éstas no se acometan, las reparaciones estrictamente exigibles para la seguridad y la salubridad de los inmuebles. No obstante, podrán autorizarse excepcionalmente obras parciales de consolidación, cuando falten más de ocho años para que expire el plazo fijado para la expropiación o demolición del inmueble, o cuando no se hubiera fijado dicho plazo. Cualesquiera otras obras serán ilegales, y ni ellas ni las autorizables podrán producir incremento del valor de la expropiación.

3. Los usos del suelo citados en el número uno y que no se declaren expresamente fuera de ordenación, se considerarán usos disconformes con el planeamiento urbanístico. En los terrenos que sustenten estos usos, podrán autorizarse obras de consolidación, así como los aumentos de volumen y cambios de uso que permitan las determinaciones del nuevo planeamiento.

⇒ V. art. 137.5 del TRLS/1992 (§2).

V. Jurisprudencia en arts. 60, 61 y concordantes del TRLS/1976 (§3).

TÍTULO III
GESTIÓN URBANÍSTICA

CAPÍTULO I
Disposiciones generales

Artículo 65. Concepto y modalidad de gestión urbanística.

1. La gestión urbanística es el conjunto de procedimientos establecidos en esta Ley para la transformación del uso del suelo, y en especial para su urbanización y edificación, en ejecución del planeamiento urbanístico.

2. En suelo urbano consolidado la gestión urbanística podrá efectuarse mediante actuaciones aisladas sobre las parcelas existentes o previa normalización de sus linderos.

3. En suelo urbano no consolidado y en suelo urbanizable la gestión urbanística se efectuará mediante actuaciones integradas, sobre ámbitos denominados unidades de actuación, a desarrollar mediante alguno de los sistemas regulados en esta Ley.

4. No obstante lo dispuesto en los números anteriores, la iniciativa pública podrá efectuar actuaciones aisladas en cualquier clase de suelo, para la ejecución de los sistemas generales y demás dotaciones urbanísticas públicas, así como para ampliar los patrimonios públicos de suelo.

Artículo 66. Obtención de dotaciones urbanísticas.

Los terrenos reservados en el planeamiento para sistemas generales y demás dotaciones urbanísticas públicas, podrán ser obtenidos:

a) Por cesión gratuita mediante alguno de los sistemas de actuación previstos en este Título.

b) Mediante expropiación forzosa, conforme a la legislación del Estado.

c) Mediante ocupación directa, conforme a lo previsto en el artículo 93.

⇒ V. arts. 4, 5 y 34 de la Ley 6/1998, de 13 abril (§1).

Jurisprudencia

«El Ayuntamiento no viene obligado a adscribir necesariamente los terrenos previstos para sistemas generales a un Plan Parcial con exceso de aprovechamiento, ya que esos terrenos pueden también ser adquiridos por expropiación [art. 134.2 del Texto Refundido de la Ley sobre Régimen del Suelo y Ordenación Urbana aprobado por RD 1346/1976, de 9 de abril –en adelante, Ley del Suelo de 1976–, al que hay que referirse ahora en virtud de la STC 61/1997 (RTC 1997, 61) que anuló, entre otros, el art. 206 c) del Texto Refundido de esa Ley, aprobado por Real Decreto Legislativo 1/1992 –en adelante Ley del Suelo de 1992–], en cuyo caso la superficie del suelo edificable correspondiente al exceso de aprovechamiento del sector se atribuirá al municipio respectivo, como resulta del art. 46.3 b) del Reglamento de Gestión Urbanística, aprobado por RD 3288/1978». **(STS 31 mayo 2000 [RJCA 2000, 1677]).**

⇒ V. Jurisprudencia en arts. 117 y concordantes del TRLS/1976 (§3).

Artículo 67. Entidades para la gestión urbanística.

1. Las Administraciones públicas y las entidades de Derecho público dependientes de ellas podrán constituir mancomunidades, gerencias, consorcios y sociedades mercantiles para la gestión urbanística, conforme a lo dispuesto en su legislación reguladora. A los consorcios y sociedades mercantiles podrán incorporarse los particulares y las entidades de Derecho privado.

2. Los propietarios afectados por actuaciones urbanísticas podrán participar en su gestión mediante entidades urbanísticas colaboradoras, como las juntas de compensación, las asociaciones de propietarios en los sistemas de cooperación, concurrencia y expropiación y las destinadas a la conservación y mantenimiento de la urbanización, las cuales:

a) Tendrán carácter administrativo y dependerán en este orden del Ayuntamiento; asimismo se regirán por el Derecho público en lo relativo a organización, formación de voluntad de sus órganos y relaciones con el Ayuntamiento.

b) Su constitución y estatutos deberán ser aprobados por el Ayuntamiento, y adquirirán personalidad jurídica con su inscripción en el correspondiente registro de la Administración de la Comunidad Autónoma.

c) Deberán reconocer el derecho de los propietarios afectados por la actuación urbanística a la que estén vinculadas, a incorporarse en las mismas condiciones y con análogos derechos que los miembros fundadores.

d) La afección de una finca a los fines y obligaciones de una entidad urbanística colaboradora tendrá carácter real, y a tal efecto su constitución y estatutos se harán constar en el Registro de la Propiedad.

Jurisprudencia

«El artículo 67 del Reglamento de Gestión prevé la obligación, a cargo de la Administración, de la conservación de las obras de urbanización, y el mantenimiento de las dotaciones e instalaciones de los servicios públicos, una vez efectuada la cesión de aquéllos; es decir, la cesión constituye el hecho que señala el momento a partir del cual las obras son de cargo de la Administración. Ahora bien, y como expresamente prevé el artículo 68, esa obligación de conservación no surge para la Administración, cuando son los propietarios los obligados a la conservación. Así textualmente el artículo 67 establece que: la conservación de las obras de urbanización y el mantenimiento de las dotaciones e instalaciones de los servicios públicos serán de cargo de la Administración actuante, una vez que se haya efectuado la cesión de aquéllas. Pero el artículo 68 añade que: 1. No obstante lo dispuesto en el artículo anterior, quedarán sujetos los propietarios de los terrenos comprendidos en el polígono o unidad de actuación a dicha obligación, cuando así se imponga por el plan de ordenación o por las bases de un programa de actuación urbanística o resulte expresamente de disposiciones legales. Y en el 2. En el supuesto del número anterior, los propietarios habrán de integrarse en una entidad de conservación corolario irremediable de lo anterior es el de que si la obligación de conservación recae sobre los propietarios del polígono o unidad de actuación, la cesión a que se refiere el artículo 67 no puede tener lugar pues ello imposibilitaría el ejercicio de las actividades que la conservación comporta (todo ello sin perjuicio de las facultades de policía y de todo orden que sobre el dominio público corresponde a la Administración)». **(STS 24 septiembre 1999 [RJCA 1999, 3119]).**

Artículo 68. Gastos de urbanización.

1. A los efectos de esta Ley, se entienden como gastos de urbanización todos aquellos gastos que precise la gestión urbanística, y al menos los siguientes:

a) La ejecución o regularización de las vías públicas, incluidas la pavimentación de calzadas y aceras y la plantación de arbolado y demás especies vegetales.

b) La ejecución o compleción de los servicios urbanos, exigibles conforme al planeamiento urbanístico, y al menos los siguientes:

1º Abastecimiento de agua potable, incluidos su captación, depósito, tratamiento y distribución, así como las instalaciones de riego y los hidrantes contra incendios.

2º Saneamiento, incluidas las conducciones y colectores de evacuación, los sumideros para la recogida de aguas pluviales y las instalaciones de depuración.

3º Suministro de energía eléctrica, incluidas las instalaciones de conducción, distribución y alumbrado público.

4º Canalización e instalación de los demás servicios exigidos por el planeamiento.

c) La ejecución de los espacios libres públicos, incluidos el mobiliario urbano, la jardinería y la plantación de arbolado y demás especies vegetales.

d) La elaboración de los instrumentos de planeamiento y gestión urbanísticos.

e) Las indemnizaciones a propietarios y arrendatarios y demás gastos que procedan para la extinción de servidumbres y derechos de arrendamiento, la destrucción de construcciones, instalaciones y plantaciones y el cese de actividades, incluso gastos de traslado, cuando cualquiera de ellos sea incompatible con el planeamiento urbanístico o su ejecución, así como para satisfacer los derechos de realojo y retorno, conforme a la disposición adicional primera.

2. Los gastos de urbanización corresponden a los propietarios, conforme a lo dispuesto en los artículos 18 y 20, a excepción de los gastos de instalación de servicios públicos que no sean exigibles a los usuarios, y que corresponderán a sus entidades titulares o concesionarias.

3. Los gastos de urbanización podrán satisfacerse total o parcialmente mediante la cesión de terrenos edificables de valor urbanístico equivalente.

⇒ V. Jurisprudencia en arts. 122 y concordantes del TRLS/1976 (§3).

CAPÍTULO II
Gestión de actuaciones aisladas

Artículo 69. Actuaciones aisladas.

1. Las actuaciones aisladas pueden tener por objeto:

a) Completar la urbanización de las parcelas de suelo urbano consolidado, a fin de que alcancen la condición de solar, si aún no la tuvieran.

b) Ejecutar los sistemas generales y demás dotaciones urbanísticas públicas, así como ampliar los patrimonios públicos de suelo, en cualquier clase de suelo.

2. La gestión de las actuaciones aisladas puede ser:

a) Pública, con cualquiera de las finalidades previstas en el número anterior, mediante los sistemas de expropiación o de contribuciones especiales previstos en su legislación específica.

b) Privada, con la finalidad prevista en el apartado a) del número anterior, directamente sobre las parcelas de suelo urbano consolidado o previa normalización de fincas.

Artículo 70. Actuación sobre la propia parcela.

Las actuaciones aisladas privadas pueden ejecutarse por los propietarios de suelo urbano consolidado sobre sus propias parcelas, sin más requisito que la obtención de la licencia urbanística correspondiente, en la que se impondrán las condiciones necesarias para asegurar que las parcelas alcancen la condición de solar, de entre las siguientes:

a) Costear los gastos de urbanización y, en su caso, ejecutar las obras necesarias para completar los servicios urbanos y para regularizar las vías públicas existentes.

b) Ceder gratuitamente al Ayuntamiento los terrenos exteriores a las alineaciones señaladas en el planeamiento.

c) Asumir el compromiso de no utilizar las construcciones o instalaciones hasta la conclusión de las obras de urbanización.

Artículo 71. Normalización de fincas.

1. La normalización de fincas tiene por objeto la adaptación de la configuración física de las parcelas de suelo urbano consolidado a las determinaciones del planeamiento urbanístico.

2. La normalización se limitará a definir los nuevos linderos de las fin-

cas afectadas, y no podrá afectar a las construcciones existentes no declaradas fuera de ordenación. Las variaciones en el valor de las fincas, en su caso, se compensarán en metálico. De forma complementaria se aplicarán las normas sobre reparcelación establecidas en el artículo 75.

3. La normalización se aprobará por el Ayuntamiento, de oficio o a instancia de alguno de los afectados, previa notificación a todos los afectados otorgándoles un plazo de audiencia de quince días, y se hará constar en el Registro de la Propiedad.

⇒ V. art. 310 del TRLS/1992 (§2).
V. arts. 13 y concordantes del RD 1093/1997, de 4 julio (§2.1).

CAPÍTULO III
Gestión de actuaciones integradas

Sección 1ª Disposiciones generales

Artículo 72. Actuaciones integradas.

1. Las actuaciones integradas tienen por objeto la urbanización de los terrenos clasificados como suelo urbano no consolidado y suelo urbanizable, a fin de que alcancen la condición de solar, cumpliendo los deberes urbanísticos establecidos en el Título Primero.

2. La gestión de las actuaciones integradas podrá ser pública o privada. La aprobación del instrumento de planeamiento urbanístico que establezca la ordenación detallada del sector, habilita la presentación de iniciativas para desarrollar la actuación mediante alguno de los sistemas regulados en este capítulo.

3. La gestión de las actuaciones integradas se desarrollará sobre áreas interiores al sector o coincidentes con el mismo, denominadas unidades de actuación, utilizándose como instrumento el Proyecto de Actuación.

4. Con las especialidades señaladas para cada sistema de actuación, el urbanizador será el responsable de ejecutar la actuación, asumiendo las obligaciones establecidas en el Proyecto de Actuación, elaborando los Proyectos de Reparcelación y de Urbanización cuando no estén contenidos en aquél, y financiando los gastos de urbanización que procedan, sin perjuicio de la obligación de los propietarios de costearlos.

Artículo 73. Unidades de actuación.

1. Las unidades de actuación son superficies acotadas de terrenos, interiores a los sectores de suelo urbano no consolidado y suelo urbanizable, o coincidentes con ellos, que delimitan el ámbito completo de una actuación integrada.

2. La delimitación de las unidades se realizará en el instrumento de *planeamiento urbanístico* que establezca la ordenación detallada del sector, y podrá modificarse según lo previsto en el artículo 58.3 b). Las unidades se delimitarán de forma que permitan la ejecución de las determinaciones del

planeamiento urbanístico y el cumplimiento conjunto de los deberes de urbanización, cesión y equidistribución, respetando, además las siguientes reglas:

a) Se incluirán en la unidad todos los terrenos reservados en el planeamiento urbanístico para dotaciones urbanísticas públicas que resulten necesarios para desarrollar la actuación, así como las parcelas edificables que como consecuencia de ella se transformen en solares.

b) En suelo urbano no consolidado las unidades podrán ser discontinuas. En suelo urbanizable también, si bien a los solos efectos de incluir terrenos destinados a sistemas generales.

c) En los Municipios con población superior a 20.000 habitantes o que cuenten con Plan General, el aprovechamiento lucrativo total de una unidad no podrá ser superior ni inferior en más de un 25 por 100, al que resulte de aplicar a su superficie el aprovechamiento medio del sector.

3. Cuando en la unidad existan bienes de uso y dominio público adquiridos de forma onerosa, el aprovechamiento correspondiente a su superficie pertenecerá a su Administración titular. Para los no adquiridos de forma onerosa, cuando su superficie total fuera igual o inferior a la superficie de los bienes de uso y dominio público que resulten del planeamiento urbanístico, se entenderán sustituidos unos por otros, y si fuera superior, la Administración citada tendrá derecho al aprovechamiento correspondiente al exceso.

4. Cuando el aprovechamiento lucrativo total permitido por el planeamiento en una unidad exceda del aprovechamiento que corresponda a sus propietarios, los excesos corresponderán al Ayuntamiento y se incorporarán al Patrimonio Municipal de Suelo.

5. Cuando el aprovechamiento lucrativo total permitido por el planeamiento en una unidad sea inferior al aprovechamiento que corresponda a sus propietarios, el Ayuntamiento compensará la diferencia en metálico, o bien en unidades de actuación que se encuentren en situación inversa, conforme al artículo 127, o bien asumiendo gastos de urbanización por valor equivalente, o mediante cualquier combinación de dichas posibilidades.

⇒ V. arts. 4 y 5 de la Ley 6/1998, de 13 abril (§1).
V. Jurisprudencia en arts. 117 y concordantes del TRLS/1976 (§3).

Artículo 74. Sistemas de actuación.

1. Las actuaciones integradas se desarrollarán mediante alguno de los siguientes sistemas:

a) Sistema de concierto.

b) Sistema de compensación.

c) Sistema de cooperación.

d) Sistema de concurrencia.

e) Sistema de expropiación.

2. Aprobado definitivamente el instrumento de planeamiento urbanístico que establezca la ordenación detallada del sector en el que se delimita la unidad de actuación, podrán presentarse Proyectos de Actuación en el Ayun-

tamiento, conforme a lo establecido en los artículos 75 y siguientes, por quienes estén habilitados para optar a la condición de urbanizador según el sistema de actuación que se proponga. Una vez presentado en el Ayuntamiento un Proyecto de Actuación, no podrá aprobarse definitivamente ningún otro que afecte a la misma unidad, hasta que el Ayuntamiento no resuelva, en su caso, denegar la aprobación del primero.

3. Aprobado un Proyecto de actuación conforme al procedimiento regulado en el artículo 76, se entenderá elegido el sistema de actuación que proponga.

4. El Ayuntamiento acordará el cambio de sistema en caso de incumplimiento de los plazos señalados en el Proyecto de Actuación, o bien si el urbanizador perdiera las condiciones que le habilitaban para serlo, previa tramitación de procedimiento conforme a las siguientes reglas:

a) Si previamente al acuerdo de cambio de sistema, los afectados ofrecen garantizar los gastos de urbanización pendientes, y formalizan dichas garantías en la cuantía y plazo, no inferior a tres meses, que el Ayuntamiento acuerde, conservarán sus derechos para iniciar o proseguir la actuación durante el nuevo plazo que se señale, de duración no superior al plazo incumplido.

b) Se garantizarán a los propietarios no responsables del incumplimiento los derechos vinculados a la gestión urbanística. Si el nuevo sistema fuese el de expropiación, se les aplicará el régimen previsto en esta Ley sobre liberación de expropiaciones.

c) El acuerdo de cambio de sistema especificará si se mantiene la vigencia del Proyecto de Actuación, siquiera parcial, o si el mismo queda derogado, debiendo aprobarse otro nuevo.

⇒ V. arts. 6 y concordantes del RD 1093/1997, de 4 julio (§2.1).
V. Jurisprudencia en arts. 119 y concordantes del TRLS/1976 (§3).

Artículo 75. Proyectos de actuación.

1. Los Proyectos de Actuación son instrumentos de gestión urbanística que tienen por objeto establecer las bases técnicas y económicas de las actuaciones integradas, y cuyo ámbito abarcará una o varias unidades de actuación completas del mismo sector.

2. No podrán aprobarse Proyectos de Actuación en ausencia de planeamiento urbanístico, ni tampoco podrán modificar las determinaciones del mismo que estuvieran vigentes, sin perjuicio de las adaptaciones materiales exigidas por la realidad física de los terrenos.

3. Sin perjuicio de las especialidades que se determinen para cada sistema de actuación, los Proyectos de Actuación contendrán:

a) Identificación del urbanizador propuesto, y relación de los propietarios que consten en el Registro de la Propiedad y de los titulares que consten en el Catastro.

b) Reparcelación de las fincas, con determinación de las cesiones al

Ayuntamiento y, en su caso, adjudicación de las parcelas resultantes a los propietarios, conforme a las siguientes reglas:

1ª Los propietarios recibirán parcelas aptas para materializar el aprovechamiento que les corresponda, en proporción a sus derechos, y en lo posible sobre sus fincas originales.

2ª Cuando el aprovechamiento que corresponda a los propietarios no alcance o exceda de lo necesario para la adjudicación de parcelas completas, los restos se satisfarán en metálico o bien mediante la adjudicación de parcelas en proindiviso.

3ª No serán objeto de nueva adjudicación, sin perjuicio de la normalización de linderos y las compensaciones en metálico que procedan, los terrenos con construcciones o instalaciones conformes con el planeamiento, ni tampoco aquéllos con construcciones o instalaciones disconformes, cuando su uso sí sea conforme, y el aprovechamiento permitido no sea superior ni inferior en más de un 15 por 100 al que corresponda a su propietario.

4ª No podrán adjudicarse como parcelas independientes superficies inferiores a la parcela mínima edificable o que no sean adecuadas para su uso conforme al planeamiento.

c) Definición técnica y económica de las obras necesarias para la ejecución material de las determinaciones del planeamiento urbanístico, incluyendo el detalle de los gastos de urbanización a realizar de entre los citados en el artículo 68, de forma que pueda estimarse su coste, y distribución del mismo en proporción al aprovechamiento correspondiente.

d) Plazos para la ejecución de la actuación, que no podrán exceder de los señalados en el planeamiento urbanístico para el cumplimiento de los deberes urbanísticos exigibles.

e) Garantías que aseguren la ejecución de la actuación, mediante crédito comprometido con cargo a fondos públicos, o mediante prestación de aval o fianza por el urbanizador, en la forma que se determine reglamentariamente.

f) En su caso, compromisos complementarios del urbanizador en cuanto a edificación, ejecución de dotaciones urbanísticas, afección de inmuebles a fines sociales u otras prestaciones.

4. Las determinaciones sobre reparcelación y urbanización citadas en los apartados b) y c) del número anterior podrán limitarse a sus bases, lo que implicará la necesidad de aprobar más adelante los correspondientes Proyectos de Reparcelación y Urbanización, en ambos casos conforme al procedimiento señalado en el artículo 95.

Artículo 76. Elaboración y aprobación de los proyectos de actuación.

1. Los Proyectos de Actuación podrán ser elaborados por el Ayuntamiento, por cualquier otra Administración pública o por los particulares. El Ayuntamiento podrá autorizar la ocupación temporal de terrenos para obtener información, conforme a la legislación expropiatoria.

2. Los Proyectos de Actuación podrán aprobarse y modificarse conjun-

tamente con el instrumento de planeamiento urbanístico que establezca la ordenación detallada de los terrenos; en tal caso durante la tramitación procederá la notificación a los propietarios que consten en el Registro de la Propiedad y a los titulares que consten en el Catastro.

3. Asimismo los Proyectos de Actuación podrán aprobarse y modificarse por separado, siguiendo las siguientes reglas, con las especialidades señaladas para cada sistema de actuación:

a) Corresponde al Ayuntamiento la aprobación inicial y la apertura de un período de información pública de un mes como mínimo, que se notificará a los propietarios que consten en el Registro de la Propiedad y a los titulares que consten en el Catastro, y se anunciará en el «Boletín Oficial» de la provincia. Asimismo el Ayuntamiento solicitará del Registro de la Propiedad certificación de dominio y cargas de las fincas, la práctica de los asientos que correspondan y el depósito de los estatutos de las entidades urbanísticas colaboradoras constituidas, en su caso.

b) Concluida la información pública, corresponderá al Ayuntamiento acordar la aprobación definitiva, señalando los cambios respecto de lo aprobado inicialmente, lo que se notificará a los propietarios que consten en el Registro de la Propiedad, a los titulares que consten en el Catastro y a quienes hubieran presentado alegaciones, y se publicará en el «Boletín Oficial» de la provincia.

c) Cuando se trate de Proyectos elaborados por particulares u otras Administraciones públicas, el Ayuntamiento deberá resolver sobre su aprobación inicial antes de tres meses desde su presentación, transcurridos los cuales podrá promoverse la información pública y notificación a propietarios por iniciativa privada. Asimismo, siempre que se hubiera realizado la información pública, el Ayuntamiento deberá resolver sobre la aprobación definitiva antes de seis meses desde la aprobación inicial, transcurridos los cuales podrá entenderse aprobado el Proyecto, conforme a la legislación sobre procedimiento administrativo.

d) Una vez firme en vía administrativa el acuerdo de aprobación, en un plazo de tres meses el urbanizador depositará el Proyecto en el Registro de la Propiedad, para su publicidad y la práctica de los asientos que correspondan. No obstante, cuando el Proyecto no contenga la reparcelación, este trámite se realizará tras la aprobación del correspondiente Proyecto de Reparcelación.

Artículo 77. Efectos de los proyectos de actuación.

1. La aprobación del Proyecto de Actuación otorga la condición de urbanizador a su promotor, quedando éste obligado a ejecutar la actuación en las condiciones establecidas en dicho Proyecto de Actuación, así como en los Proyectos de Reparcelación y Urbanización, cuando éstos no se contuvieran *en el primero.*

2. Además de lo establecido en la legislación del Estado en cuanto a extinción de derechos reales y cargas constituidos sobre las fincas originales

y exenciones fiscales para la adjudicación de nuevas fincas, la aprobación del Proyecto de Actuación, cuando contenga la reparcelación, producirá los siguientes efectos inmediatos, que en caso contrario se derivarán de la ulterior aprobación del Proyecto de Reparcelación correspondiente:

a) Transmisión al Ayuntamiento, en pleno dominio y libres de cargas, gravámenes y ocupantes, de los terrenos que deban ser objeto de cesión, para su afectación a los usos previstos en el planeamiento y su incorporación al Patrimonio Municipal de Suelo, en su caso.

b) Subrogación, con plena eficacia real, de las antiguas fincas por las nuevas, siempre que quede establecida su correspondencia.

c) Afectación real de las parcelas adjudicadas al cumplimiento de las cargas y al pago de los gastos inherentes al sistema de actuación correspondiente.

Sección 2ª Sistema de concierto

Artículo 78. Características del sistema.

1. El sistema de concierto podrá utilizarse cuando todos los terrenos de la unidad de actuación, excepto los de uso y dominio público, en su caso, pertenezcan a un único propietario, o bien cuando todos los propietarios de la unidad garanticen solidariamente la actuación.

2. En el sistema de concierto asumirá el papel de urbanizador el propietario único, o bien el conjunto de propietarios que garanticen solidariamente la actuación.

Artículo 79. Especialidades del proyecto de actuación.

En el sistema de concierto, además de lo establecido en los artículos 75 a 77, se aplicarán las siguientes reglas:

a) El Proyecto de Actuación deberá acreditar que los terrenos de la unidad, excepto los de uso y dominio público, son propiedad de sus promotores; cuando existan varios propietarios, se incluirá el convenio en el que garanticen solidariamente la actuación y designen un representante.

b) No serán de obligado cumplimiento las reglas sobre reparcelación del artículo 75.

c) El período de información pública tendrá una duración de un mes, y no será preceptiva la aprobación definitiva expresa si no se presentasen alegaciones durante dicho período.

Sección 3ª Sistema de compensación

Artículo 80. Características del sistema.

1. El sistema de compensación podrá utilizarse a iniciativa del propietario o los propietarios a los que corresponda al menos el 50 por 100 del aprovechamiento de la unidad de actuación.

2. En el sistema de compensación los propietarios asumirán el papel de

urbanizador, constituidos en Junta de Compensación, y representados por el órgano directivo de la misma, en el que estará representado el Ayuntamiento.

⇒ V. art. 4 de la Ley 6/1998, de 13 abril (§1).
V. arts. 6 y concordantes del RD 1093/1997, de 4 julio (§2.1).
V. Jurisprudencia en arts. 126 y concordantes del TRLS/1976 (§3).

Artículo 81. Junta de Compensación.

1. La Junta de Compensación se constituirá de acuerdo a las siguientes reglas:

a) Presentados sus Estatutos por los propietarios habilitados para ello en el artículo anterior, el Ayuntamiento los notificará a los propietarios que consten en el Registro de la Propiedad y a los titulares que consten en el Catastro, otorgándoles un plazo de audiencia de quince días.

b) Finalizado dicho plazo, el Ayuntamiento resolverá sobre la aprobación de los Estatutos, introduciendo las modificaciones que procedan. Este acuerdo se notificará a los propietarios que consten en el Registro de la Propiedad y a los titulares que consten en el Catastro, y se publicará en el «Boletín Oficial» de la provincia. Asimismo el Ayuntamiento solicitará del Registro de la Propiedad certificación de dominio y cargas de las fincas, la práctica de los asientos que correspondan y el depósito de los estatutos.

c) El Ayuntamiento deberá efectuar la notificación prevista en el apartado a) antes de un mes desde la presentación de los Estatutos, transcurrido el cual podrá promoverse la notificación a los propietarios por iniciativa privada. Asimismo, siempre que se hubiera efectuado la notificación a los propietarios, el Ayuntamiento deberá resolver sobre la aprobación de los Estatutos antes de tres meses desde su presentación, transcurridos los cuales podrán entenderse aprobados conforme a la legislación sobre procedimiento administrativo.

d) Publicada la aprobación de los Estatutos, todos los terrenos de la unidad quedarán vinculados a la actuación, y sus propietarios obligados a constituir la Junta de Compensación, mediante otorgamiento de escritura pública, antes de tres meses desde la publicación.

e) A partir de la publicación, los propietarios que no deseen formar parte de la Junta podrán, sin perjuicio de la libre transmisión de sus terrenos, solicitar la expropiación de sus bienes y derechos afectados en beneficio de la Junta, quedando inmediatamente excluidos de la misma. Asimismo la Junta podrá instar la expropiación de los bienes y derechos de los propietarios que incumplan la obligación establecida en el apartado anterior. En ambos casos, el Ayuntamiento deberá iniciar el procedimiento de expropiación antes de seis meses desde la solicitud.

2. La Junta de Compensación tendrá naturaleza administrativa, personalidad jurídica y plena capacidad para el cumplimiento de sus fines. Contra sus acuerdos podrá interponerse recurso ordinario ante el Ayuntamiento.

3. La Junta de Compensación actuará como fiduciaria con pleno poder dispositivo sobre las fincas de sus miembros, sin más limitaciones que las

señaladas en los Estatutos. La constitución de la Junta supone la vinculación de los terrenos de sus miembros al pago de los gastos de urbanización que les correspondan. Cuando algún miembro incumpla sus obligaciones, el Ayuntamiento podrá exigir el pago de las cantidades adeudadas por vía de apremio y en último extremo expropiar sus derechos en beneficio de la Junta.

4. No podrá acordarse la disolución de la Junta de Compensación hasta que ésta no haya cumplido todos sus compromisos de gestión urbanística.

⇒ V. Jurisprudencia en arts. 126 y concordantes del TRLS/1976 (§3).

Artículo 82. Especialidades del proyecto de actuación.

1. Constituida la Junta de Compensación, ésta elaborará el Proyecto de Actuación y lo presentará en el Ayuntamiento antes de seis meses desde la aprobación de los Estatutos, para su tramitación conforme al procedimiento regulado en el artículo 76.

2. Asimismo podrá presentarse y aprobarse el Proyecto de Actuación conjuntamente con los Estatutos, cumpliendo las exigencias procedimentales establecidas en los artículos 76 y 81.

3. En el sistema de compensación, no serán de obligado cumplimiento las reglas sobre reparcelación 1ª, 2ª y 3ª del artículo 75, por acuerdo unánime de la Junta, o bien del Ayuntamiento a instancia del propietario o los propietarios a los que corresponda al menos el 50 por 100 del aprovechamiento de la unidad de actuación.

Jurisprudencia

«Es cierto que no se ha publicado el texto íntegro del Proyecto de Estatuto y Bases de Actuación del Plan Parcial, pero también, lo es que dado el profundo análisis del mismo que realiza la recurrente es evidente que era conocedora de su íntegro contenido, que además sus alegaciones tuvieron su oportuno pronunciamiento en vía administrativa y que ningún atisbo de indefensión parece haberse producido». **(STS 21 julio 2000 [RJCA 2000, 1460]).**

⇒ V. Jurisprudencia en arts. 126 y concordantes del TRLS/1976 (§3).

Sección 4ª Sistema de cooperación

Artículo 83. Características del sistema.

1. El sistema de cooperación podrá utilizarse a iniciativa del Ayuntamiento o del propietario o los propietarios a los que corresponda al menos el 25 por 100 del aprovechamiento de la unidad de actuación.

2. En el sistema de cooperación actuará como urbanizador el Ayuntamiento.

3. Los propietarios podrán constituir asociaciones con carácter de entidad urbanística colaboradora, si bien ello no afectará a sus derechos y obligaciones como tales propietarios. El Ayuntamiento podrá delegar en las asociaciones la elaboración del Proyecto de Actuación así como cualquier otra tarea para la ejecución total o parcial de la actuación.

⇒ V. arts. 168.1, 169 y 170.1 del TRLS/1992 (§2).
V. art. 5 de la Ley 6/1998, de 13 abril (§1).

V. arts. 6 y concordantes del RD 1093/1997, de 4 julio (§2.1).
V. Jurisprudencia en arts. 131 y concordantes del TRLS/1976 (§3).

Artículo 84. Especialidades del proyecto de actuación.

1. En el sistema de cooperación, el Proyecto de Actuación podrá ser elaborado por el Ayuntamiento o por una asociación de propietarios en la que aquél delegue, y no será preceptiva la aprobación definitiva expresa si no se presentasen alegaciones durante la información pública.

2. El Proyecto de Actuación, además de lo dispuesto en el artículo 75, podrá efectuar una reserva de terrenos edificables a fin de sufragar total o parcialmente con su aprovechamiento los gastos de urbanización previstos, así como para hacer frente en la liquidación a eventuales desajustes entre gastos previstos y reales o cambios en las valoraciones. Asimismo podrá imponer cánones o garantías de urbanización sin necesidad de un procedimiento separado.

Artículo 85. Ejecución de la actuación.

Aprobado el Proyecto de Actuación, el Ayuntamiento acordará la ocupación inmediata de los terrenos. Una vez ejecutada la actuación, los terrenos que resten de la reserva prevista en el número dos del artículo anterior se adjudicarán a los propietarios en proporción al aprovechamiento que les corresponda, deduciendo los gastos de urbanización cuando se trate de propietarios que no hayan contribuido a los mismos; dichos terrenos podrán también enajenarse mediante subasta, abonándose el resultado a los propietarios en la misma proporción.

Sección 5ª Sistema de concurrencia

Artículo 86. Características del sistema.

1. El sistema de concurrencia podrá utilizarse a iniciativa de:

a) Un particular que, reuniendo los requisitos establecidos reglamentariamente, presente un Proyecto de Actuación al Ayuntamiento; en tal caso éste deberá convocar un concurso para la selección del urbanizador, simultáneo a la información pública.

b) El Ayuntamiento que, cuando concurran circunstancias de urgencia o manifiesta inactividad de la iniciativa privada, elaborará y aprobará inicialmente un Proyecto de Actuación y convocará un concurso para la selección del urbanizador, simultáneo a la información pública.

2. En el sistema de concurrencia actuará como urbanizador el adjudicatario del concurso de selección citado en el número anterior.

3. Los propietarios podrán constituir asociaciones con carácter de entidad urbanística colaboradoras, si bien ello no afectará a sus derechos y obligaciones como tales propietarios.

Artículo 87. Especialidades del proyecto de actuación.

1. En el sistema de concurrencia el Proyecto de Actuación podrá ser

elaborado por el Ayuntamiento o por un particular, conforme a lo dispuesto en el artículo anterior.

2. Mediante el acuerdo de aprobación inicial del Proyecto, el Ayuntamiento convocará un concurso para la selección del urbanizador, señalando bases para su adjudicación, vinculadas a las condiciones económicas y de colaboración de los propietarios y a la idoneidad de los terrenos de cesión, obras de urbanización y demás contenidos del Proyecto.

3. Durante el período de información pública, que será como mínimo de un mes, podrán presentarse tanto las alegaciones y sugerencias ordinarias como alternativas al Proyecto, e igualmente proposiciones jurídico-económicas para la ejecución de la actuación, en plica cerrada. La apertura de plicas tendrá lugar dentro de los cinco días hábiles siguientes al final del período.

4. El Ayuntamiento, al aprobar el Proyecto, y sin perjuicio de su potestad para introducir los cambios que procedan, adjudicará su ejecución y por tanto la condición de urbanizador, a quien presentara la mejor propuesta conforme a las bases publicadas, ya sea una proposición jurídico-económica sobre el Proyecto original, o una alternativa al Proyecto con su propia proposición.

5. El Ayuntamiento decidirá sobre la aprobación y adjudicación del Proyecto de Actuación en el plazo señalado en el artículo 76, excepto cuando exista un único concursante, quien podrá instar al Ayuntamiento para que resuelva antes de un mes desde la apertura de plicas.

6. Cuando no resulte adjudicatario el promotor de la iniciativa, el Ayuntamiento garantizará el reembolso, por cuenta del urbanizador, de los gastos justificados de elaboración del Proyecto.

Artículo 88. Ejecución de la actuación.

1. El adjudicatario del Proyecto de Actuación, para acceder a la condición de urbanizador, debe suscribir los compromisos, asumir las obligaciones y prestar las garantías que se establezcan en el planeamiento, en el Proyecto aprobado y en el acuerdo de adjudicación, y podrá renunciar a la adjudicación cuando ésta suponga compromisos distintos de los que ofreció.

2. Ejecutada la actuación, los propietarios recibirán solares urbanizados en proporción al aprovechamiento que les corresponda, y retribuirán al urbanizador cediéndole parte de los mismos, o bien en metálico mediante cuotas de urbanización, que se considerarán gastos de urbanización. Asimismo los propietarios podrán solicitar la expropiación de sus bienes y derechos afectados en beneficio del urbanizador o del Ayuntamiento, e igualmente el urbanizador podrá instar la expropiación cuando los propietarios incumplan sus obligaciones. En ambos casos, el Ayuntamiento deberá iniciar el procedimiento de expropiación antes de seis meses desde la solicitud.

3. Al urbanizador corresponde ejecutar la actuación, elaborando los Proyectos de Reparcelación y Urbanización, cuando no se contuvieran en el Proyecto de Actuación, y financiando los gastos de urbanización, que le serán

retribuidos por los propietarios mediante la cesión de solares urbanizados, o bien en metálico mediante cuotas de urbanización:

a) La retribución mediante solares se efectuará al término de la actuación. Una vez aprobado el Proyecto de Actuación, las fincas quedarán afectas a tal fin y al pago de los demás gastos de urbanización, como carga real por importe cautelar estipulado en cuenta de liquidación provisional para cada propietario. Las variaciones en los gastos de urbanización, aprobadas y no imputables al urbanizador, se saldarán mediante compensaciones en metálico.

b) La retribución mediante cuotas de urbanización se realizará conforme a lo dispuesto al efecto en el Proyecto de Actuación o, en su caso el de Reparcelación, o en su defecto, previa aprobación separada de las cuotas por el Ayuntamiento, con audiencia a los propietarios. Asimismo el Ayuntamiento podrá, a instancia del urbanizador, imponer un canon o una garantía de urbanización para el abono de las cuotas, así como, en caso de impago, proceder a su ejecución forzosa, con los intereses de demora correspondientes.

4. Las relaciones entre el urbanizador y los propietarios se atendrán a las determinaciones del planeamiento y del Proyecto de Actuación, así como las siguientes reglas:

a) El urbanizador responderá de los daños causados por la actuación, salvo cuando se deban al cumplimiento de las determinaciones de los instrumentos de planeamiento y gestión urbanísticos, o de instrucciones escritas del Ayuntamiento.

b) Los propietarios tendrán los siguientes derechos:

1º A recibir en todo momento información sobre el desarrollo de la actuación, y en especial sobre los gastos de urbanización que deban asumir.

2º A presentar al Ayuntamiento y al urbanizador sugerencias relativas a los Proyectos de Reparcelación y Urbanización, y en general al desarrollo de la actuación.

3º A exigir del urbanizador la correcta ejecución del Proyecto de Actuación y al Ayuntamiento la efectiva tutela de la misma.

4º A manifestar discrepancias respecto de los gastos de urbanización previstos, que el Ayuntamiento resolverá previo dictamen pericial, que se considerará gasto de urbanización.

5º A oponerse a la retribución al urbanizador en solares, antes de la aprobación del Proyecto de Reparcelación, solicitando retribuirle en metálico y acompañando al efecto las garantías necesarias para asegurar dicha retribución y el resto de compromisos que el urbanizador hubiera contraído en relación con el destino de los solares que habría de percibir.

c) El urbanizador tendrá los siguientes derechos, conforme a la legislación de contratación administrativa:

1º A ser informado del otorgamiento de licencias en la unidad de actuación, a partir de la aprobación del Proyecto de Actuación y hasta su pleno cumplimiento.

2º A proponer la modificación de los gastos de urbanización previstos, por causas objetivas no previsibles en el Proyecto de Actuación.

3º A ceder total o parcialmente su condición en favor de tercero que se subrogue en sus obligaciones, previa autorización del Ayuntamiento.

4º A ser compensado cuando el ejercicio de las potestades administrativas impida o modifique el normal desarrollo de la actuación; y cuando por estas causas se altere en más de un 20 por 100 el coste de sus compromisos y obligaciones, a la resolución de la adjudicación.

5. En caso de incumplimiento de los plazos señalados en el Proyecto de Actuación, si el mismo se debe a causas no imputables al urbanizador, el Ayuntamiento concederá una prórroga de duración no superior al plazo incumplido. Si la prórroga no se concede, o si transcurrida se mantiene el incumplimiento, el Ayuntamiento declarará la caducidad de la adjudicación. Sin perjuicio de las responsabilidades que procedan, podrá también acordarse el cambio del sistema de actuación y el inicio del procedimiento para incluir en el suelo urbano consolidado los terrenos en los que pueda concluirse la urbanización mediante actuaciones aisladas.

6. Todos los conflictos en materia de interpretación, ejecución y régimen de responsabilidad en las relaciones entre el urbanizador, los propietarios y el Ayuntamiento, serán competencia del Orden jurisdiccional contencioso-administrativo.

Sección 6ª Sistema de expropiación

Artículo 89. Características del sistema.

1. El sistema de expropiación podrá utilizarse a iniciativa del Ayuntamiento o de otra Administración pública que ejerza la potestad expropiatoria, y especialmente cuando:

a) Lo justifiquen especiales razones de urgencia, necesidad o dificultad en la gestión urbanística.

b) Se incumplan los plazos señalados en los instrumentos de planeamiento y gestión urbanísticos para el desarrollo de actuaciones integradas mediante otros sistemas de actuación, o cuando en cualquiera de ellos el urbanizador perdiera las condiciones que habilitaban para serlo.

2. En el sistema de expropiación, podrán actuar como urbanizador el propio Ayuntamiento u otra Administración pública que ejerza la potestad expropiatoria. Sin perjuicio de que las mismas mantengan en todo caso la condición de Administración actuante, también podrán actuar como urbanizador las entidades de Derecho público, consorcios o sociedades urbanísticas a los que se encomiende la actuación, o bien un particular al que se otorgue la condición de concesionario, conforme a lo dispuesto en el artículo siguiente.

3. Los propietarios podrán constituir asociaciones con carácter de enti-

dad urbanística colaboradoras, si bien ello no afectará a sus derechos y obligaciones como tales propietarios.

4. Con carácter general se aplicará el procedimiento de tasación conjunta, y si ello no fuera posible o conveniente, el regulado en la legislación del Estado para la expropiación individual. Para el desarrollo de la actuación, además de lo previsto en la legislación del Estado en cuanto a pago del justiprecio, efectos de la aprobación del Proyecto de Actuación, ocupación de los terrenos, adquisición libre de cargas e inscripción de los mismos en el Registro de la Propiedad, derechos de terceros no tenidos en cuenta y supuestos de reversión, se aplicarán las disposiciones complementarias establecidas en los siguientes artículos.

⇒ Téngase en cuenta que los arts. 54 y 55 de la LEF han sido modificados por la disp. adic. 5ª de la Ley 38/1999, de 5 noviembre, de Ordenación de la Edificación.
V. arts. 33 a 40 de la Ley 6/1998, de 13 abril (§1).
V. arts. 22 y concordantes del RD 1093/1997, de 4 julio (§2.1).
V. Jurisprudencia en arts. 134 y concordantes del TRLS/1976 (§3).

Artículo 90. Concesión.

En el sistema de expropiación, la condición de urbanizador podrá ser objeto de concesión mediante concurso, cuyas bases determinarán los compromisos que deba asumir el adjudicatario. En la resolución del concurso tendrán preferencia las asociaciones de propietarios que representen conjuntamente al menos el 25 por 100 de la superficie de la unidad, siempre que su oferta no sea inferior en más de un 10 por 100 a la media de las presentadas. El concesionario podrá incorporar a la gestión a los propietarios de la unidad, en las condiciones que libremente pacten, previa liberación de sus terrenos conforme a lo dispuesto en el artículo siguiente.

Artículo 91. Liberación.

La Administración expropiante podrá acordar, de oficio o a instancia del urbanizador o de los propietarios afectados, la liberación justificada de determinados bienes, siempre que no estén reservados para dotaciones urbanísticas públicas y que ello no afecte a la ejecución de la actuación. El acuerdo de liberación se publicará en el «Boletín Oficial» de la provincia, e impondrá las condiciones que resulten necesarias para la vinculación del propietario liberado a la gestión urbanística, de forma que se garantice el cumplimiento de los deberes urbanísticos exigibles. El incumplimiento de dichos deberes o de las condiciones fijadas en el acuerdo determinará su ejecución forzosa o la expropiación por incumplimiento de la función social de la propiedad.

Artículo 92. Especialidades del proyecto de actuación.

1. Además de lo exigido en la legislación del Estado en cuanto a relación de propietarios, descripción de bienes y derechos afectados, fijación de precios y hojas de justiprecio, el Proyecto deberá contener las determinaciones señaladas en los apartados a), c) y d) del artículo 75.3.

2. Cuando en la unidad de actuación existan bienes de dominio público para los que el planeamiento urbanístico determine un uso diferente del que

motivó su afectación o adscripción al uso general o a los servicios públicos, se seguirá el procedimiento previsto en la legislación reguladora del bien correspondiente para la mutación demanial o desafectación, según proceda. Las vías públicas y caminos rurales se entenderán de propiedad municipal salvo prueba en contrario, y cuando sea necesaria su desaparición se entenderán transmitidas de pleno derecho a la Administración expropiante y subrogadas por las nuevas que resulten del planeamiento.

3. Durante el procedimiento de aprobación del Proyecto, la notificación a los propietarios incluirá la correspondiente hoja de aprecio. Una vez notificada la aprobación del Proyecto, si los interesados, dentro de los veinte días siguientes, manifiestan por escrito su disconformidad con la valoración, la Administración expropiante trasladará el expediente a la Comisión Territorial de Valoración. El silencio del interesado se considerará como aceptación de la valoración fijada por el Proyecto, entendiéndose determinado definitivamente el justiprecio.

⇒ V. arts. 33 a 40 de la Ley 6/1998, de 13 abril (§1).
V. arts. 22 y concordantes del RD 1093/1997, de 4 julio (§2.1).
V. Jurisprudencia en arts. 135 y concordantes del TRLS/1976 (§3).

CAPÍTULO IV
Formas complementarias de gestión urbanística

Artículo 93. Ocupación directa.

1. Se entiende por ocupación directa la obtención de terrenos reservados en el planeamiento para dotaciones urbanísticas públicas, mediante el reconocimiento a su propietario del derecho a integrarse en una unidad de actuación en la que el aprovechamiento lucrativo total permitido por el planeamiento exceda del aprovechamiento que corresponda a sus propietarios.

2. La ocupación directa requiere que esté aprobada la ordenación detallada, tanto de los terrenos a ocupar, con determinación del aprovechamiento que corresponda a su propietario, como de la unidad de actuación en la que haya de integrarse.

3. El procedimiento de ocupación directa se ajustará a las siguientes reglas:

a) La relación de terrenos a ocupar, sus propietarios, el aprovechamiento que les corresponda y las unidades de actuación en las que hayan de integrarse, se publicará en el «Boletín Oficial» de la provincia y se notificará a dichos propietarios, otorgándoles un plazo de audiencia de quince días. Asimismo se notificará al Registro de la Propiedad, solicitando del mismo certificación de dominio y cargas de las fincas afectadas y la práctica de los asientos que correspondan.

b) Terminado dicho plazo se levantará acta de ocupación, haciendo constar el lugar y fecha, las características de los terrenos y su situación registral, la identificación de los propietarios, del aprovechamiento que les corresponda y de la unidad de actuación en la que hayan de integrarse.

c) Cuando existan propietarios desconocidos, no comparecientes, incapacitados, sin persona que los represente o cuando se trate de propiedad litigiosa, las actuaciones señaladas se practicarán con intervención del Ministerio Fiscal.

4. El Ayuntamiento expedirá a favor de cada propietario certificación de los extremos señalados en el acta de ocupación, y remitirá copia al Registro de la Propiedad para inscribir a su favor la superficie ocupada.

5. Los propietarios afectados por estas ocupaciones tendrán derecho a la indemnización por ocupación temporal, en los términos establecidos en la legislación del Estado.

6. Transcurridos cuatro años sin que se haya aprobado el Proyecto de Actuación de la unidad en la que se hayan integrado, los propietarios podrán advertir al Ayuntamiento de su propósito de iniciar el expediente de justiprecio, que se llevará a cabo por ministerio de la ley una vez transcurridos seis meses desde dicha advertencia.

⇒ El sistema de ocupación directa se reguló por el art. 203 del TRLS/1992 (§2), derogado por la disp. derog. única de la Ley 6/1998, de 13 abril (§1).
V. arts. 42 y concordantes del RD 1093/1997, de 4 julio (§2.1).

Artículo 94. Convenios urbanísticos.

1. Las Administraciones públicas, las entidades de Derecho público de ellas dependientes, así como los consorcios y sociedades urbanísticos, podrán suscribir convenios entre sí o con particulares, con la finalidad de establecer condiciones detalladas para la ejecución del planeamiento urbanístico, o bien para la aprobación, revisión o modificación de éste.

2. Los convenios urbanísticos no podrán limitar el ejercicio de las competencias de la Administración pública, ni dispensar del cumplimiento de los deberes urbanísticos exigidos en esta Ley. Serán nulas de pleno derecho las estipulaciones de los convenios urbanísticos que contravengan lo establecido en esta Ley o en el planeamiento, sin perjuicio de que puedan incluir entre sus objetivos la revisión o modificación de éste.

3. Las normas para la negociación, tramitación, celebración, cumplimiento y vigencia de los convenios urbanísticos se establecerán reglamentariamente, ajustándose a los principios de transparencia y publicidad, e incluyendo entre ellas las siguientes:

a) El Ayuntamiento publicará los convenios en el «Boletín Oficial» de la provincia, en el plazo de un mes desde su celebración, y los mantendrá en régimen de consulta pública, conforme a lo dispuesto en el artículo 144.

b) Los convenios en los que establezcan condiciones para la aprobación, revisión o modificación de los instrumentos de planeamiento se incorporarán a los correspondientes expedientes desde el mismo inicio del procedimiento.

c) Los convenios en los que se establezcan condiciones para el cumplimiento del deber legal de cesión del aprovechamiento correspondiente al Ayuntamiento se atendrán a lo dispuesto en los artículos 125 y 127 en cuanto a destino y transmisión de los patrimonios públicos de suelo, e incluirán la valoración pertinente practicada por técnicos municipales competentes.

4. Los convenios urbanísticos tendrán a todos los efectos naturaleza y carácter jurídico-administrativo, y las cuestiones relativas a su cumplimiento, interpretación, efectos y extinción serán competencia del Orden jurisdiccional contencioso-administrativo.

⇒ V. art. 303 del TRLS/1992 (§2).

Jurisprudencia

«El convenio urbanístico no es un mero contrato privado cuyo contenido puedan convenir las partes a su libre arbitrio sin más limitaciones que las señaladas en el artículo 1255 del Código Civil, sino que nos encontramos ante supuestos de colaboración de los particulares en la gestión urbanística y que si bien en algunos supuestos se puede admitir como convenios atípicos aquellos en los que el particular se compromete a realizar cesiones al Ayuntamiento por encima de los mínimos legalmente exigidos, en todos ellos como señala la doctrina Bustillo Bolado en su obra sobre los convenios urbanísticos entre las administraciones locales y los particulares, para que el supuesto sea admisible se exige un mantenimiento del equilibrio de las prestaciones, es decir que a cambio de la cesión mayor a la exigida legalmente exista una compensación por igual valor del Ayuntamiento, así las Sentencias del TS de 18 de junio de 1991 (RJ 1991, 5186), 27 de marzo de 1990 (RJ 1990, 2678) y específicamente la sentencia del TS de 15 de febrero de 1994 (RJ 1994, 1448), Pte.: Barrio Iglesias, que se refiere a un supuesto en que se reclama la responsabilidad contractual del Ayuntamiento de P. y ésta se construye por la actora al amparo de los arts. 1101, 1124 y 1258 CC, como ya hemos apuntado, sobre la base de un cumplimiento por su parte del convenio plasmado en la escritura pública de 23 marzo 1979 y un incumplimiento de él por el Ayuntamiento, al haber hecho la misma las cesiones a que se comprometió, que era más de las exigibles legalmente y no haber mantenido el segundo la edificabilidad de 18.813 metros cuadrados, con altura de 8 plantas, que asumió». **(STS 14 abril 2000 [RJCA 2000, 845]).**

Artículo 95. Proyectos de Urbanización.

1. Los Proyectos de Urbanización tienen por objeto definir técnica y económicamente las obras necesarias para la ejecución material de las determinaciones del planeamiento urbanístico, conforme se detalle reglamentariamente.

2. Los Proyectos de Urbanización no podrán contener determinaciones propias del planeamiento urbanístico, ni modificar las que estuvieran vigentes, sin perjuicio de las adaptaciones exigidas por la ejecución material de las obras.

3. Los Proyectos de Urbanización podrán estar contenidos en los instrumentos de planeamiento y gestión urbanísticos que los prevean, o aprobarse conjuntamente con ellos, o bien aprobarse por separado, conforme al procedimiento que reglamentariamente se establezca que incluirá un trámite de información pública de un mes. Cuando se trate de Proyectos elaborados por particulares u otras Administraciones públicas, el Ayuntamiento deberá resolver sobre su aprobación inicial y definitiva, si procede, antes de tres y seis meses desde su presentación, respectivamente, transcurridos los cuales se

podrán entender otorgadas las aprobaciones conforme a la legislación sobre procedimiento administrativo.

⇒ V. art. 11 de la Ley 6/1998, de 13 abril (§1).
V. Jurisprudencia en arts. 15 y concordantes del TRLS/1976 (§3).

Artículo 96. Canon y garantía de urbanización.

1. Cuando sea conveniente anticipar o diferir determinadas obras de urbanización respecto de la total ejecución de una actuación urbanística, el Ayuntamiento podrá imponer la prestación de, respectivamente, un canon o una garantía que asegure la ejecución de dichas obras.

2. El canon o la garantía de urbanización se afectarán a la ejecución de las obras que justifiquen su imposición, y se establecerán sobre la totalidad de las fincas integrantes del ámbito de la actuación urbanística. Si estuviera aprobada la ordenación detallada, se devengarán en proporción al aprovechamiento que corresponda a los afectados, y en caso contrario, en proporción a la superficie de los terrenos. La garantía podrá prestarse mediante las formas admitidas en Derecho, y se cancelará una vez efectuadas las obras.

TÍTULO IV
INTERVENCIÓN EN EL USO DEL SUELO

CAPÍTULO I
Licencia urbanística

Artículo 97. Actos sujetos a licencia.

1. Requieren la obtención de licencia urbanística, sin perjuicio de las demás intervenciones públicas que procedan, los actos de uso del suelo que excedan de la normal utilización de los recursos naturales, y al menos los siguientes:

a) Construcciones e instalaciones de todas clases de nueva planta.

b) Ampliación de construcciones e instalaciones de todas clases.

c) Demolición de construcciones e instalaciones, salvo en caso de ruina inminente.

d) Modificación, rehabilitación o reforma de construcciones e instalaciones.

e) Primera ocupación o utilización de construcciones e instalaciones.

f) Segregaciones, divisiones y parcelaciones de terrenos.

g) Actividades mineras y extractivas en general, incluidas canteras, graveras y análogas.

h) Construcción de presas, balsas y obras de defensa y corrección de cauces públicos.

i) Desmontes, excavaciones y movimientos de tierra en general.

j) Cambio de uso de construcciones e instalaciones.

k) Cerramientos y vallados.

l) Corta de arbolado y de vegetación arbustiva en suelo urbano y urbanizable.

m) Vallas y carteles publicitarios visibles de la vía pública.

n) Construcciones e instalaciones móviles o provisionales, salvo en ámbitos autorizados.

ñ) Otros usos del suelo que al efecto señale el planeamiento urbanístico.

2. No obstante, no requerirán licencia urbanística municipal:

a) Las obras públicas eximidas expresamente por la legislación sectorial y de ordenación del territorio.

b) Los actos amparados por órdenes de ejecución.

c) Los actos promovidos por el Ayuntamiento en su propio término municipal.

3. Las órdenes de ejecución y los acuerdos municipales a los que hace referencia el apartado anterior tendrán el mismo alcance que los actos de otorgamiento de licencia urbanística.

⇒ V. art. 2 de la Ley 6/1998, de 13 abril (§1).
V. art. 3 de la Ley 2/1996, de 18 junio, sobre Equipamientos Comerciales en Castilla y León, transcrita en art. 33.

Jurisprudencia

«La exigencia de someter a previa licencia municipal esas plantaciones que se contiene en la Ordenanza no puede considerarse conforme a Derecho, pues ni el artículo 591 CC ni ninguna de las Leyes que se mencionan en el artículo 2 de la Ordenanza como fundamento legal de la misma autorizan a la imposición de esa obligación de que los titulares que deseen realizar alguna de las plantaciones mencionadas deban pedir previa licencia al Ayuntamiento». **(STS 9 julio 1998 [RJCA 1998, 2806]).**

«La doctrina jurisprudencial relacionada con la aplicación de la normativa en cuestión, reconoce que los ingenieros técnicos puedan elaborar proyectos enmarcados en el ámbito de su especialidad y que en su actuación profesional puedan actuar con plenitud de sus facultades con independencia de los ingenieros o Arquitectos superiores, pero sin que ello suponga aumento de sus particulares atribuciones en detrimento de las que en orden a la edificación corresponden a los arquitectos. CUARTO.–Como quiera que resulta probado que el planeamiento urbanístico, que conlleva una clara incidencia en aspectos de edificación tan puntuales como el aprovechamiento urbanístico, que no se encuentra entre las facultades y competencias profesionales de los Ingenieros Técnicos de Obras Públicas». **(STS 31 marzo 2000 [RJCA 2000, 1488]).**

«La licencia urbanística es un acto administrativo de autorización, en virtud del cual se lleva a cabo un control previo de la actuación proyectada por el administrado, verificándose si se ajusta o no a las exigencias del interés público tal y como han quedado plasmadas en la ordenación urbanística aplicable al concreto supuesto proyectado, siendo en todo caso la licencia de naturaleza reglada por lo que constituye un acto debido en cuanto que necesariamente ha de otorgarse y denegarse según que la actuación pretendida se ajuste o no a la ordenación urbanística aplicable». **(STS 29 junio 2000 [RJCA 2000, 1681]).**

⇒ V. Jurisprudencia en arts. 178 y concordantes del TRLS/1976 (§3).

Artículo 98. Régimen.

1. Las licencias urbanísticas se otorgarán conforme a lo dispuesto en la

legislación y en el planeamiento urbanístico vigentes en el momento de la resolución, siempre que ésta se produzca dentro del plazo reglamentariamente establecido.

2. Las licencias urbanísticas se otorgarán dejando a salvo el derecho de propiedad y sin perjuicio de terceros, salvo que afecten al dominio público o suelos patrimoniales.

3. El otorgamiento o la denegación de las licencias urbanísticas deberán ser adecuadamente motivadas, indicando las normas que los justifiquen. En particular el Ayuntamiento, en ejercicio de su potestad de defensa de los bienes públicos, denegará las licencias urbanísticas cuyo otorgamiento produzca la ocupación ilegal del dominio público.

⇒ V. art. 243.2 del TRLS/1992 (§2).

V. Jurisprudencia en arts. 178 y concordantes del TRLS/1976 (§3).

Artículo 99. Competencia y procedimiento.

1. Además de lo dispuesto en materia de competencia y procedimiento por la legislación de régimen local, las licencias urbanísticas se otorgarán conforme a las siguientes reglas:

a) Las solicitudes se acompañarán de la documentación necesaria para valorarlas, que se determinará reglamentariamente.

b) Los servicios jurídicos y técnicos municipales, o en su defecto de la Diputación Provincial, emitirán informe sobre la conformidad de la solicitud a la legislación y al planeamiento aplicables.

c) Cuando sean preceptivos informes o autorizaciones de otras Administraciones públicas, el Ayuntamiento les remitirá el expediente para que resuelvan en el plazo máximo de dos meses, transcurrido el cual los informes se entenderán favorables y las autorizaciones concedidas, salvo cuando la legislación del Estado establezca un procedimiento diferente.

d) Cuando además de licencia urbanística se requiera licencia de actividad, ambas serán objeto de resolución única, sin perjuicio de la tramitación de piezas separadas. La propuesta de resolución de la licencia de actividad tendrá prioridad, por lo que si procediera denegarla, se notificará sin necesidad de resolver sobre la licencia urbanística; en cambio, si procediera otorgar la licencia de actividad, se pasará a resolver sobre la urbanística, notificándose en forma unitaria.

e) Reglamentariamente se establecerán las condiciones para otorgar licencias parciales, que deberán exigir que las fases autorizadas resulten técnica y funcionalmente autónomas.

f) Cuando la licencia urbanística imponga condiciones especiales que hayan de cumplirse en la finca a la que afectan, podrán hacerse constar en el Registro de la Propiedad.

2. Las solicitudes de licencia citadas en los apartados a) a h) del artículo 97.1, se resolverán en el plazo de tres meses, y las demás en el plazo de un

mes, salvo que el acto solicitado requiera también licencia de actividad, y sin perjuicio de la interrupción de dichos plazos en los siguientes supuestos:

a) Requerimiento municipal para la subsanación de deficiencias en la solicitud.

b) Períodos preceptivos de información pública e informe de otras Administraciones públicas.

c) Suspensión de licencias.

3. Transcurridos los plazos señalados en el número anterior sin que se haya resuelto la solicitud, podrá entenderse otorgada la licencia conforme a la legislación sobre procedimiento administrativo, excepto cuando el acto solicitado afecte a elementos catalogados o protegidos o al dominio público. No obstante, en ningún caso podrán entenderse otorgadas por silencio administrativo licencias contrarias o disconformes con la legislación o con el planeamiento urbanístico.

⇒ V. art. 25 de la presente Ley.
V. art. 4 de la Ley 38/1999, de ordenación de la edificación (§1.1).

Artículo 100. Publicidad.

1. Será requisito imprescindible en todas las obras de urbanización y edificación disponer a pie de obra de copia autorizada de la licencia urbanística, o en su caso de documentación acreditativa de su obtención por silencio administrativo.

2. Reglamentariamente se regulará la obligación del titular de la licencia urbanística de situar en lugar visible desde la vía pública anuncio que informe sobre sus características esenciales.

Artículo 101. Efectos.

La concesión de licencia urbanística de conformidad con lo dispuesto en esta Ley y en el planeamiento urbanístico producirá, además de los efectos previstos en la legislación del Estado en cuanto a su exigibilidad para la autorización o inscripción de escrituras de declaración de obra nueva, los siguientes:

a) El solicitante quedará legitimado para realizar los actos de uso del suelo solicitados, en las condiciones establecidas en la legislación, en el planeamiento y en la propia licencia.

b) Las empresas suministradoras de agua, energía eléctrica, gas, telefonía y demás servicios urbanos no podrán contratar sus respectivos servicios sin la acreditación de la licencia urbanística correspondiente.

c) Si a la entrada en vigor de una modificación o revisión del planeamiento urbanístico se hubiera obtenido licencia urbanística, pero aún no se hubiera iniciado la realización de los actos que ampare, se declarará extinguida su eficacia en cuanto sea disconforme con las nuevas determinaciones, previa tramitación de procedimiento en el que se fijará la indemnización por la reducción o extinción de aprovechamiento, en su caso, así como por los perjuicios que justificadamente se acrediten conforme a la legislación sobre expropiación forzosa; si se hubiera iniciado la ejecución de los actos amparados por la licencia, el Ayuntamiento podrá modificarla o revocarla, fijándose la indemnización de igual forma.

⇒ V. arts. 74 y concordantes del RD 1093/1997, de 4 julio (§2.1).

Jurisprudencia

«Para la resolución del presente proceso ha de precisarse, en primer lugar, que para que pueda prosperar la pretensión anulatoria de un acto declarado lesivo no basta la consideración de que el mantenimiento del mismo produce un perjuicio para los intereses municipales –en este caso el perjuicio de impedir la alineación de la calle Portal de Belén que con mayor anchura figura en el Plan General de Ordenación Urbana que entró en vigor en el año 1993, que resultaría imposible si se ejecuta la licencia de obras impugnada–, sino que es preciso que el acto declarativo de derechos y declarado lesivo suponga una infracción del ordenamiento jurídico, pues sólo en este caso el Tribunal puede acceder a la anulación pretendida (art. 83 de la Ley Reguladora de esta Jurisdicción del año 1956, aplicable por razones cronológicas). Así se deduce con claridad del art. 103.2 de la Ley 30/1992, que cita la Administración demandante, en el que se señala –dentro del epígrafe "Revisión de actos anulables"–, que la anulación de los actos declarativos de derechos requerirá la declaración previa de lesividad para el interés público y la ulterior impugnación ante el orden Jurisdiccional Contencioso-Administrativo, lo que comporta que en esos actos –en los que no concurren las circunstancias previstas en los arts. 102 y 103.1 de dicha Ley 30/1992– la Administración no puede por sí anular el acto declarativo de derechos, sino que, previa declaración de lesividad, ha de impugnarlo ante este orden jurisdiccional, pero tratándose siempre de actos anulables, esto es, que incurran en "cualquier infracción del ordenamiento jurídico" (art. 63 de dicha Ley)». **(STS 3 febrero 2000 [RJCA 2000, 247]).**

Artículo 102. Plazos de ejercicio.

Los actos de uso del suelo amparados por licencia urbanística deberán realizarse dentro de los plazos de inicio, interrupción máxima y finalización señalados en el planeamiento urbanístico y en la propia licencia, o en su defecto en los plazos que se determinen reglamentariamente. Todos ellos serán prorrogables por el Ayuntamiento, por un plazo acumulado no superior al inicialmente concedido, y siempre que permanezca vigente el planeamiento urbanístico conforme al cual se otorgó la licencia. La prórroga de los plazos de inicio e interrupción máxima implicará por sí sola la del plazo de finalización, por el mismo tiempo por el que se concedan.

⇒ V. art. 14 de la Ley 6/1998, de 13 abril (§1).

Artículo 103. Caducidad.

1. Incumplidos los plazos señalados en el artículo anterior se iniciará expediente de caducidad de la licencia urbanística y de la extinción de sus efectos. En tanto no se notifique a los afectados la incoacción del mismo, podrán continuar la realización de los actos de uso del suelo para los que fue concedida la licencia.

2. Una vez notificada la caducidad de la licencia, para comenzar o terminar los actos de uso del suelo para los que fue concedida, será preciso solicitar y obtener una nueva licencia. En tanto ésta no sea concedida, no se podrán realizar más obras que las estrictamente necesarias para garantizar la seguridad de las personas y bienes, y el valor de lo ya realizado.

3. Si no se solicita nueva licencia antes de seis meses desde la notificación de caducidad de la anterior, o en su caso desde el levantamiento de la suspensión de licencias, e igualmente si solicitada nueva licencia, hubiera de ser denegada, el Ayuntamiento podrá acordar la sujeción de los terrenos y obras realizadas al régimen de venta forzosa.

⇒ V. Jurisprudencia en arts. 178, 179, 180 y concordantes del TRLS/1976 (§3).

Artículo 104. Limitaciones a las licencias de parcelación.

1. Serán en todo caso indivisibles, y por tanto no se podrán conceder licencias urbanísticas para su segregación, división o parcelación:

a) Las parcelas de superficie igual o inferior a la mínima establecida en el planeamiento urbanístico, salvo si los lotes resultantes se adquieren simultáneamente por los propietarios de terrenos colindantes, con el fin de agruparlos con ellos y formar una nueva finca.

b) Las parcelas de superficie inferior al doble de la mínima establecida en el planeamiento urbanístico, salvo que el exceso sobre dicho mínimo pueda segregarse con el fin indicado en el apartado anterior.

c) Las parcelas edificables con arreglo a una determinada relación entre superficie de suelo y superficie construible, cuando se edificara la correspondiente a toda la superficie de suelo, o, en el supuesto de que se edificara la correspondiente a sólo una parte de ella, la restante, si fuera inferior a la parcela mínima, con las salvedades indicadas en el apartado anterior.

2. En suelo rústico, cuando el planeamiento no señale una parcela mínima, lo dispuesto en los apartados a) y b) del número anterior se aplicará en relación a la unidad mínima de cultivo.

3. No se podrán conceder licencias de segregación, división o parcelación que tengan por objeto manifiesto o implícito una parcelación urbanística, según se define en el artículo 24.2:

a) En suelo rústico, en ningún caso.

b) En suelo urbano y urbanizable, en tanto no se apruebe el instrumento de planeamiento urbanístico que establezca la ordenación detallada de los terrenos.

4. En ningún caso se considerarán solares ni se permitirá edificar los lotes resultantes de parcelaciones o reparcelaciones efectuadas con infracción de lo dispuesto en este artículo.

⇒ V. art. 20.2 de la Ley 6/1998, de 13 abril (§1).
V. arts. 258.2, 258.3 y 259.3 del TRLS/1992 (§2).
V. arts. 78 y concordantes del RD 1093/1997, de 4 julio (§2.1).
V. arts. 9 a 15 de la Ley 14/1990, de 28 noviembre, sobre concentración parcelaria.
V. arts. 80 y concordantes del RD 1093/1997, de 4 julio (§2.1).
V. Jurisprudencia en arts. 94 y concordantes del TRLS/1976 (§3).

Artículo 105. Supuestos de interés general.

1. En casos excepcionales y justificados en razones de interés general, el Ayuntamiento podrá conceder licencia urbanística para la implantación de

usos industriales o de servicios, previamente al cumplimiento íntegro de los deberes urbanísticos, siempre que:

a) Esté aprobado el instrumento de planeamiento urbanístico que establezca la ordenación detallada de los terrenos.

b) El uso propuesto sea el previsto en el planeamiento urbanístico.

c) El promotor haya presentado en el Ayuntamiento compromiso del íntegro cumplimiento de los deberes urbanísticos, garantizado conforme a lo previsto en el artículo 96.

2. Las licencias otorgadas conforme a este artículo deberán fundamentar expresamente el supuesto de interés general que las justifique, y las condiciones especiales que incluyan se harán constar en el Registro de la Propiedad.

CAPÍTULO II

Fomento de la edificación, conservación y rehabilitación

Artículo 106. Órdenes de ejecución.

1. El Ayuntamiento, de oficio o a instancia de cualquier interesado, podrá dictar órdenes de ejecución que obligarán a los propietarios de bienes inmuebles a realizar:

a) Las obras necesarias para conservar o reponer en los bienes inmuebles las condiciones derivadas de los deberes de uso y conservación establecidos en el artículo 8.

b) Las obras necesarias para adaptar los bienes inmuebles a las condiciones del ambiente, según lo previsto en el artículo 9, tales como la conservación y reforma de fachadas o espacios visibles desde las vías públicas, la limpieza y vallado de solares, la retirada de carteles u otros elementos impropios de los inmuebles, o la eliminación de construcciones e instalaciones que impliquen un riesgo de deterioro del medio ambiente, el patrimonio natural y cultural o el paisaje.

2. Las órdenes de ejecución deberán detallar con precisión las obras a ejecutar y el plazo para realizarlas; durante dicho plazo, los propietarios podrán proponer alternativas técnicas, instar razonadamente una prórroga, así como solicitar las ayudas económicas a las que tenga derecho.

3. Las obras señaladas en una orden de ejecución se realizarán a costa de los propietarios hasta el límite del deber legal de conservación definido en el artículo 8.2, y con cargo al presupuesto municipal en lo que excedan del mismo.

4. El incumplimiento de una orden de ejecución faculta al Ayuntamiento para proceder a su ejecución subsidiaria, o para imponer multas coercitivas, hasta un máximo de diez sucesivas, con periodicidad mínima mensual, en ambos casos hasta el límite citado en el número anterior.

⇒ V. art. 19 de la Ley 6/1998, de 13 abril (§1).
V. arts. 245.1 y 246. 2 del TRLS/1992 (§2).

Jurisprudencia

«Lo que no es correcto, es requerir de obras de reparación inespecíficas, pues entonces se dejaría el cumplimiento de las mismas al arbitrio del obligado, lo que resulta inadmisible. O de otra manera, se vulneraría el principio de seguridad jurídica, si se dejara a criterio de los servicios técnicos municipales (que han de inspeccionar el cumplimiento) la conformidad de las obras realizadas, sin que previamente se especificara las que hubieran de realizarse. Además sería imposible fijar el plazo de cumplimiento a que se refiere el art. 10.3 del Reglamento de Disciplina Urbanística, si no se determinara la magnitud de las mismas. Por ello toda la jurisprudencia coincide en la necesidad de expediente previo, en donde se justifique y precise el alcance de las obras a realizar por el titular del edificio, y teniendo en cuenta que se requiere expediente, es claro que con el acto impugnado se ha producido una vulneración del art. 84 de la Ley 30/1992 al haberse prescindido del trámite de audiencia antes de adoptarse la resolución impugnada». **(STSJ Burgos 12 abril 2000 [RJCA 2000, 1489]).**

⇒ V. Jurisprudencia en arts. 181, 182 y concordantes del TRLS/1976 (§3).

Artículo 107. Declaración de ruina.

1. El Ayuntamiento declarará la ruina total o parcial de un inmueble, cuando el coste de las obras necesarias para mantener o reponer las condiciones adecuadas de seguridad y estabilidad exceda del límite del deber legal de conservación definido en el artículo 8.2, y asimismo cuando dichas obras no puedan autorizarse por estar declarado el inmueble fuera de ordenación.

2. La declaración de ruina se producirá de oficio o a instancia de cualquier interesado, previa tramitación de procedimiento con audiencia al propietario, a los ocupantes y a los demás titulares de derechos, así como a la Administración competente en materia de defensa del Patrimonio Histórico.

3. La declaración de ruina detallará las medidas necesarias para asegurar la integridad física de los ocupantes y de terceras personas, y los plazos para la rehabilitación o demolición del inmueble, salvo que se trate de un inmueble declarado como Monumento o de otros elementos catalogados por el planeamiento, en cuyo caso sólo procederán obras de conservación o rehabilitación.

4. En caso de incumplimiento de los plazos señalados en la declaración de ruina, el Ayuntamiento podrá proceder a la ejecución subsidiaria de las medidas dispuestas en ella, o bien resolver la sujeción del inmueble al régimen de venta forzosa, salvo si la demora implicase peligro, en cuyo caso se aplicará lo dispuesto en el artículo siguiente.

⇒ V. art. 19 de la Ley 6/1998, de 13 abril (§1).
V. arts. 245.1 y 246. 2 del TRLS/1992 (§2).

Jurisprudencia

«La jurisprudencia (SSTS de 19 de marzo y 28 de diciembre de 1994 [RJ 1994, 10398] y 27 de octubre de 1998 [RJ 1998, 8449], entre otras) ha indicado que la declaración de ruina de un inmueble no hace más que proclamar o reconocer una situación puramente de hecho, meramente objetiva, independientemente de las causas o motivos que la pudieran haber originado, sean o no fortuitos o culposos, y que para esa declaración han de valorarse las pruebas practicadas de acuerdo con los criterios establecidos en el art. 632 de la Ley de Enjuiciamiento Civil, partiendo de que gozan de una mayor presunción de imparcialidad los dictámenes de los técnicos municipales o los practicados en la fase probatoria del proceso con todas las garantías a él inherentes (SSTS de 18 y 25 de marzo de 1994, y la citada de 27 de octubre de

1998), aunque también estos informes de los técnicos municipales y de los peritos procesales están sometidos a las reglas de la sana crítica». **(STS 20 septiembre 1995 [RJ 1995, 6686]).**

⇒ V. Jurisprudencia en arts. 183 y concordantes del TRLS/1976 (§3).

Artículo 108. Ruina inminente.

1. Cuando la amenaza de ruina inminente ponga en peligro la seguridad pública o la integridad de un inmueble afectado por declaración de Bien de Interés Cultural, el Ayuntamiento podrá ordenar el inmediato desalojo y apuntalamiento del inmueble, y las demás medidas necesarias para evitar daños a las personas y a los bienes públicos; entre ellas sólo se incluirá la demolición parcial cuando sea imprescindible, y en ningún caso cuando afecte a un inmueble declarado Monumento.

2. El Ayuntamiento será responsable de las consecuencias de las medidas citadas en el número anterior, sin que ello exima al propietario de su responsabilidad en la conservación del inmueble, incluida la obligación de costear los gastos realizados por el Ayuntamiento, hasta el límite del deber legal de conservación definido en el artículo 8.2.

Artículo 109. Venta forzosa.

1. Los Municipios con población igual o superior a 20.000 habitantes o que cuenten con Plan General de Ordenación Urbana formarán y mantendrán en condiciones de pública consulta un Registro de Inmuebles en Venta Forzosa. Los demás Municipios podrán encomendar a la Diputación Provincial la formación y mantenimiento de dicho Registro.

2. El Ayuntamiento podrá acordar la inclusión en este Registro cuando se superen los plazos señalados en el planeamiento, en las licencias, en las declaraciones de ruina o las prórrogas concedidas respecto de cualquiera de ellos, previa tramitación del correspondiente procedimiento.

3. El acuerdo de inclusión contendrá la valoración del bien inmueble, e implicará la imposibilidad para su propietario de proseguir el proceso urbanizador y edificatorio, así como la declaración de utilidad pública y necesidad de ocupación a efectos expropiatorios; del acuerdo se dará traslado al Registro de la Propiedad, haciendo constar su notificación al propietario.

4. Acordada la inclusión de un bien inmueble en el Registro de Inmuebles en Venta Forzosa, el Ayuntamiento convocará antes de doce meses un concurso para su adjudicación, conforme a las siguientes reglas:

a) La convocatoria se publicará en el «Boletín Oficial» de la provincia y en al menos uno de los diarios de mayor difusión en el Municipio, indicando las características del inmueble y las condiciones para su adjudicación: precio mínimo, que coincidirá con la valoración recogida en el Registro, plazo para la realización de las obras de urbanización y edificación y, en su caso, precios máximos de venta o arrendamiento de las edificaciones resultantes.

b) Si el concurso quedara desierto, la Administración podrá optar por la expropiación del inmueble o por su enajenación directa respetando las condiciones señaladas en la convocatoria, si bien el precio podrá rebajarse hasta en un 25 por 100.

c) La cantidad obtenida se entregará al propietario, excepto en lo que exceda de la valoración recogida en el Registro, que se dividirá entre el propietario y el Ayuntamiento a partes iguales.

5. El adjudicatario del concurso tendrá la condición de beneficiario de la expropiación. En caso de incumplimiento de los plazos señalados en la adjudicación o de las prórrogas que se acordasen, procederá la expropiación del inmueble por el precio mínimo señalado en la convocatoria, valorándose aparte las obras ya terminadas.

6. En tanto no se publique la convocatoria regulada en el número cuatro, podrán presentarse Proyectos de Actuación cuyo ámbito sea el inmueble, solicitando la aplicación del sistema de concurrencia. En tal caso las alternativas que se presenten para la selección del urbanizador versarán sobre el precio de adquisición, las condiciones de edificación o rehabilitación y la participación del propietario, que podrá consistir en la adjudicación de partes de la obra.

7. Transcurridos dos años desde el acuerdo de inclusión en el Registro de Inmuebles en Venta Forzosa sin que se hubieran iniciado los procedimientos regulados en este artículo, el mismo quedará sin efecto. En tal caso el Ayuntamiento no podrá acordar la expropiación ni una nueva inclusión hasta pasados dos años.

⇒ V. art. 14 de la Ley 6/1998, de 13 abril (§1).
V. Jurisprudencia en arts. 156 y concordantes del TRLS/1976 (§3).
V. arts. 87, 88, 89, 90, 91 y concordantes del RD 1093/1997, de 4 julio (§2.1).

Artículo 110. Inspección técnica de construcciones.

En los Municipios con población igual o superior a 20.000 habitantes o que tengan Plan General de Ordenación Urbana, los propietarios de construcciones deberán promover su inspección por facultativo competente, para supervisar su estado de conservación y su adecuación a las condiciones establecidas en el artículo 8, con la periodicidad y demás condiciones que se establezcan reglamentariamente. El resultado de la inspección se consignará en un certificado, indicando los desperfectos apreciados y las medidas precisas para subsanarlos. El Ayuntamiento podrá exigir a los propietarios la exhibición del último certificado, y en su ausencia realizar la inspección de oficio, a su costa.

CAPÍTULO III
Protección de la legalidad

Artículo 111. Competencias.

1. Corresponden al Municipio las siguientes competencias de protección de la legalidad urbanística en su término municipal:

a) La inspección urbanística.

b) La adopción de medidas de protección y restauración de la legalidad urbanística.

c) La imposición de sanciones a las infracciones urbanísticas.

2. Cuando el Ayuntamiento no ejerza dichas competencias conforme a lo dispuesto en este Capítulo, las mismas corresponderán a la Diputación Provincial, que podrá ejercerlas directamente o bien aportando los medios técnicos y económicos de los que careciera el Ayuntamiento.

3. La Administración de la Comunidad Autónoma ejercerá competencias de protección de la legalidad urbanística en cuanto afecte a intereses supramunicipales, en especial en cuanto a las parcelaciones urbanísticas y demás usos del suelo rústico prohibidos o sujetos a autorización.

Artículo 112. Inspección urbanística.

1. Son competencias de inspección urbanística la investigación y comprobación del cumplimiento de la legislación y el planeamiento urbanísticos, y la propuesta de adopción de medidas provisionales y definitivas de protección y en su caso de restauración de la legalidad urbanística, así como de incoacción de expedientes sancionadores por infracción urbanística.

2. La Administración competente para la inspección urbanística está autorizada para recabar la exhibición de la documentación urbanística obrante en poder de los particulares y organismos públicos y privados, y para entrar y permanecer en fincas, construcciones e instalaciones, excepto cuando se trate de domicilios, en cuyo caso se requerirá autorización judicial.

3. Las actas y diligencias que se extiendan en ejercicio de las competencias de inspección urbanística tendrán naturaleza de documentos públicos y constituirán prueba de los hechos que motiven su formalización, salvo que se acredite lo contrario.

Artículo 113. Protección de la legalidad frente a actos en ejecución.

1. Cuando se esté ejecutando algún acto que requiera licencia urbanística, sin que haya sido otorgada dicha licencia o en su caso una orden de ejecución, o bien sin respetar las condiciones de la licencia u orden, el Ayuntamiento dispondrá:

a) La paralización de los actos en ejecución, con carácter inmediatamente ejecutivo.

b) La incoación de procedimiento sancionador de la infracción urbanística y de restauración de la legalidad.

2. Los acuerdos señalados en el número anterior se notificarán al promotor de los actos o a sus causahabientes, y en su caso al constructor, al técnico director de las obras y al propietario de los terrenos, cuando no coincidan con el primero.

3. Cuando se acuerde la paralización de actos en ejecución, su promotor deberá retirar los materiales y maquinaria preparados para ser utilizados, antes de cinco días desde la notificación del acuerdo. Si transcurrido el plazo no se hubieran cumplido tales obligaciones, así como cuando no se hubiera

procedido a la propia paralización de los actos, el Ayuntamiento adoptará las siguientes medidas cautelares para garantizar la total interrupción de los actos en ejecución:

a) Precintar las instalaciones y retirar los materiales y maquinaria que se consideren necesarios, a costa del promotor.

b) Ordenar a las empresas correspondientes la suspensión del suministro de agua, energía y telefonía a los terrenos, que deberá mantenerse desde que se cumplan cinco días de la recepción de la orden, hasta que se les notifique el otorgamiento de la licencia urbanística, en su caso.

⇒ Téngase en cuenta arts. 8 y concordantes de la Ley 38/1999, de 5 noviembre, de Ordenación de la Edificación (§1.1).

V. Jurisprudencia en arts. 184 y concordantes del TRLS/1976 (§3).

Artículo 114. Protección de la legalidad frente a actos concluidos.

1. Cuando haya concluido la ejecución de algún acto que requiera licencia urbanística, sin que haya sido otorgada dicha licencia o en su caso una orden de ejecución, o bien sin respetar las condiciones de la licencia u orden, el Ayuntamiento dispondrá la incoación de procedimiento sancionador de la infracción urbanística y de restauración de la legalidad, lo que se notificará al promotor de los actos o a sus causahabientes, y en su caso al constructor, al técnico director de las obras y al propietario de los terrenos, cuando no coincidan con el primero.

2. Las medidas señaladas en el número anterior se adoptarán dentro del plazo de prescripción establecido en el artículo 121. A tal efecto los actos se entenderán concluidos desde el momento en que los terrenos o las construcciones o instalaciones ejecutadas queden dispuestos para su destino sin necesidad de ninguna actuación material posterior.

⇒ Téngase en cuenta arts. 8 y concordantes de la Ley 38/1999, de 5 noviembre, de Ordenación de la Edificación (§1.1).

V. Jurisprudencia en arts. 185 y concordantes del TRLS/1976 (§3).

Artículo 115. Infracciones urbanísticas.

1. Son infracciones urbanísticas las acciones u omisiones que vulneren lo establecido en la legislación urbanística o en el planeamiento urbanístico, tipificadas y sancionadas en este Capítulo conforme a la siguiente calificación:

a) Constituyen infracciones urbanísticas muy graves la demolición de inmuebles catalogados en el planeamiento urbanístico, y además las acciones calificadas como infracción grave en el apartado siguiente, cuando se realicen sobre bienes de dominio público, terrenos reservados para dotaciones urbanísticas públicas o suelo rústico con protección.

b) Constituyen infracciones urbanísticas graves:

1° La realización de parcelaciones urbanísticas en suelo rústico.

2° La realización de parcelaciones urbanísticas y obras de urbanización antes de la aprobación de los instrumentos de planeamiento y gestión urbanísticos exigibles.

3º La realización de construcciones o instalaciones que vulneren lo establecido en esta Ley o en el planeamiento en materia de uso del suelo, aprovechamiento, densidad y altura, volumen y situación de las construcciones e instalaciones, salvo que se demuestre la escasa entidad del daño producido o del riesgo creado.

4º El incumplimiento de los compromisos suscritos por el urbanizador para la ejecución del Proyecto de Actuación, salvo que se demuestre la escasa entidad del daño causado.

c) Constituyen infracciones urbanísticas leves las acciones u omisiones que vulneren lo establecido en esta Ley o en el planeamiento urbanístico y que no puedan ser calificadas como muy graves o graves, y además las siguientes:

1º La realización de actos que requieran licencia urbanística en ausencia de la misma o de orden de ejecución, cuando sean conformes con lo establecido en esta Ley y en el planeamiento urbanístico.

2º El incumplimiento por las empresas suministradoras de servicios de las obligaciones establecidas en los artículos 101 y 113.

3º Las acciones u omisiones que impidan o dificulten la inspección urbanística.

4º El incumplimiento de las órdenes de paralización de actos en ejecución.

5º El incumplimiento de las normas sobre publicidad privada en materia de urbanismo.

2. Toda infracción urbanística conllevará la imposición de sanciones a sus responsables, y asimismo la obligación para éstos de adoptar las medidas necesarias para restaurar la legalidad urbanística, así como resarcir los daños e indemnizar los perjuicios que la infracción cause.

⇒ V. Jurisprudencia en arts. 225 y concordantes del TRLS/1976 (§3).

Artículo 116. Responsables.

1. En los actos de uso del suelo que se ejecuten sin licencia urbanística ni orden de ejecución o sin respetar sus condiciones, serán responsables el propietario de los terrenos, el promotor y, en su caso, el constructor, los técnicos que dirijan las obras y las empresas suministradoras de servicios, cuando incumplan las obligaciones establecidas en el artículo 114; y además:

a) En las infracciones urbanísticas graves o muy graves amparadas por licencia urbanística u orden de ejecución, serán también responsables el Alcalde que la hubiera otorgado y los miembros de la Corporación que hubiesen votado a favor del otorgamiento, cuando los informes previos exigibles no existieran o fueran desfavorables en razón de la infracción; o bien, si dichos informes fueran favorables, los técnicos que los suscribieron.

b) En las parcelaciones urbanísticas ilegales serán también responsables los propietarios iniciales de los terrenos y los agentes que ejerzan como intermediarios.

2. Las personas jurídicas serán sancionadas por las infracciones cometidas por sus órganos o agentes y asumirán el coste de las medidas de protección y restauración de la legalidad y de las indemnizaciones por daños y perjuicios a terceros que procedan.

3. Quienes sufran daños o perjuicios a consecuencia de una infracción urbanística, podrán exigir de cualquiera de los responsables su resarcimiento e indemnización, con carácter solidario.

⇒ V. Jurisprudencia en arts. 228 y concordantes del TRLS/1976 (§3).

Artículo 117. Sanciones.

1. Las infracciones urbanísticas se sancionarán de la siguiente forma:

a) Las muy graves, con multa de 50.000.001 pesetas a 300.000.000 de pesetas.

b) Las graves, con multa de 1.000.001 pesetas a 50.000.000 de pesetas.

c) Las leves, con multa de 25.000 pesetas a 1.000.000 de pesetas.

2. La sanción habrá de ser proporcionada a la gravedad de los hechos constitutivos de infracción, conforme a la legislación sobre procedimiento administrativo. A tal efecto:

a) Se considerarán como circunstancias agravantes el incumplimiento de los requerimientos de paralización y legalización, así como la reincidencia en la infracción.

b) Se considerarán como circunstancias atenuantes la ejecución de obras que hayan reparado o disminuido el daño causado antes de la incoación del procedimiento sancionador.

c) Se considerarán como circunstancias agravantes o atenuantes, según el caso, la magnitud física de la infracción, el beneficio económico obtenido y la dificultad para restaurar la legalidad.

3. Se podrá aplicar una reducción del 50 por 100 en la cuantía de la sanción, y eximir de las medidas accesorias previstas en el apartado seis, cuando el responsable se comprometa a legalizar los actos sancionados, si éstos fueran compatibles con el planeamiento urbanístico, o en caso contrario a restaurar la legalidad urbanística, garantizando dichos compromisos por el 50 por 100 del importe de las actuaciones necesarias.

4. En ningún caso la infracción urbanística puede suponer un beneficio económico para el responsable. Cuando la suma de la sanción imponible y del coste de las medidas de restauración de la legalidad sea inferior al importe del beneficio, se incrementará la cuantía de la multa hasta alcanzar dicho importe, teniendo en cuenta el valor en venta de las parcelas, construcciones e instalaciones resultantes de los actos sancionados conforme a las normas establecidas en la legislación del Estado.

5. Además de las reglas generales de procedimiento administrativo san-

cionador establecidas en la legislación de la Comunidad Autónoma en la materia, se aplicarán las siguientes:

a) El plazo para resolver los procedimientos será de seis meses desde su incoación, prorrogable por otros tres meses. Transcurridos dichos plazos sin que se hubiera dictado resolución, se entenderá caducado el procedimiento, y si la infracción no hubiera prescrito, deberá iniciarse uno nuevo.

b) Cuando se instruya un procedimiento por varias infracciones entre las que exista conexión de causa a efecto, se impondrá una sola sanción, correspondiente al resultado final perseguido; en otro caso, a los responsables de varias infracciones se les impondrá una sanción por cada una de las infracciones. Cuando existan varios responsables de una misma infracción, se les impondrán sanciones independientes.

6. A los responsables de infracciones graves y muy graves, cuando los actos constitutivos de la infracción resulten incompatibles con esta Ley o con el planeamiento urbanístico, así como en caso de incumplimiento de los compromisos suscritos por el urbanizador para la ejecución del Proyecto de Actuación, se les podrán imponer las siguientes medidas accesorias:

a) Inhabilitación durante un plazo de hasta cuatro años para obtener subvenciones públicas, incentivos fiscales o crédito oficial.

b) Prohibición durante un plazo de hasta cuatro años de celebrar contratos de cualquier clase con la Administración de la Comunidad Autónoma, las Diputaciones Provinciales, los Municipios y las demás entidades locales de Castilla y León.

7. El importe de las sanciones corresponderá a la Administración que tramite el correspondiente expediente sancionador.

Sin embargo, si el expediente lo tramitara directamente la Diputación Provincial, al amparo de lo dispuesto en el número 2 del artículo 111 de esta Ley, solamente le corresponderá el importe de la sanción a ésta, si, requerido el Ayuntamiento para que ejercite esta competencia, no lo hiciere.

⇒ V. Jurisprudencia en arts. 228 y concordantes del TRLS/1976 (§3).

Artículo 118. Restauración de la legalidad.

1. Con independencia de las sanciones, el Ayuntamiento resolverá:

a) Si los actos sancionados fueran incompatibles con el planeamiento urbanístico: su definitiva suspensión, con demolición o reconstrucción de las construcciones e instalaciones que se hubieran ejecutado o demolido, respectivamente, a costa de los responsables.

b) Si los actos sancionados fueran compatibles con el planeamiento urbanístico y no estuvieran amparados por licencia u orden de ejecución: el requerimiento a los responsables para que en un plazo de tres meses soliciten la licencia urbanística correspondiente, manteniéndose la paralización mientras no sea otorgada. Si transcurrido dicho plazo no se solicita la licencia, o si solicitada ésta fuera denegada, el Ayuntamiento procederá conforme al apartado anterior.

c) Si los actos sancionados fueran compatibles con el planeamiento urbanístico y existiera licencia u orden de ejecución: el requerimiento a los responsables para que se ajusten a las condiciones de la licencia u orden en el plazo que se señale, que será como mínimo tres meses, y como máximo el que indicara la licencia u orden para la terminación de las obras. Si transcurrido dicho plazo no se cumple lo ordenado, el Ayuntamiento procederá conforme al apartado a).

2. De incumplirse las resoluciones citadas en el número anterior, el Ayuntamiento podrá proceder a su ejecución subsidiaria a costa de los responsables, o imponer, sin perjuicio de las sanciones por infracción urbanística, multas coercitivas, hasta un máximo de diez sucesivas, con periodicidad mínima mensual y por un importe, cada vez, equivalente al mayor de los siguientes: 10 por 100 del coste estimado de las actuaciones necesarias para restaurar la legalidad urbanística, 10 por 100 del valor de las obras que hayan de demolerse, o 100.000 pesetas.

Jurisprudencia

«La jurisprudencia tiene declarado –sirva como ejemplo la STS de 9-4-1999 (RJ 1999, 3277)– la innecesariedad del plazo de dos meses para pedir la licencia que el art. 184 de la Ley del Suelo de 1976, que es el aplicable al haberse anulado –como se ha dicho– el art. 248 de la Ley del Suelo de 1992, contempla cuando la licencia a solicitar es imposible que sea concedida por impedirlo el planeamiento, como sucede en este caso según resulta acreditado por lo que a continuación se va a exponer». **(STS 13 diciembre 1999 [RJCA 1999, 4902]).**

«No hay duplicidad en la actuación municipal al haber acordado, por una parte, medidas de restauración de la legalidad, en orden a la demolición de las obras realizadas, que fueron impugnadas ante esta Sala en el recurso contencioso-administrativo núm. 2633/1994, y por otra, en virtud del acto aquí impugnado, la correspondiente sanción, ya que ambas actuaciones son compatibles a tenor de lo dispuesto en el art. 225 de la Ley sobre Régimen del Suelo y Ordenación Urbana». **(STS 16 mayo 2000 [RJCA 2000, 1673]).**

⇒ V. Jurisprudencia en arts. 184, 185 y concordantes del TRLS/1976 (§3).

Artículo 119. Suspensión y revisión de licencias.

1. El Ayuntamiento deberá suspender los efectos de las licencias urbanísticas y órdenes de ejecución cuyo contenido constituya manifiestamente una infracción urbanística grave o muy grave, y, en consecuencia, ordenar la paralización inmediata de los actos que se estén ejecutando a su amparo. Este acuerdo se trasladará al Órgano judicial competente, a los efectos previstos en la legislación reguladora de la Jurisdicción Contencioso-Administrativa.

2. El Ayuntamiento deberá disponer la revisión de oficio de las licencias urbanísticas y órdenes de ejecución cuyo contenido constituya una infracción urbanística grave o muy grave, dentro del plazo de prescripción establecido en el artículo 121, conforme al procedimiento previsto en la legislación sobre procedimiento administrativo.

⇒ V. Jurisprudencia en arts. 187 y concordantes del TRLS/1976 (§3).

Artículo 120. Otras medidas de protección de la legalidad.

1. El Ayuntamiento podrá comunicar la incoación de los procedimientos sancionadores de infracción urbanística y de restauración de la legalidad al Registro de la Propiedad, para su publicidad y práctica de los asientos que correspondan.

2. En el visado de proyectos técnicos, los Colegios profesionales harán constar las discrepancias que observen respecto de la normativa aplicable o del planeamiento urbanístico.

3. La resolución de los expedientes sancionadores por infracciones en suelo rústico con protección se comunicará a las Consejerías competentes sobre el objeto de protección, a fin de que se excluya al infractor de las subvenciones y demás ayudas que pudieran corresponderle.

4. Una vez firme la resolución que declare una parcelación urbanística como infracción muy grave, podrá aplicarse la expropiación de los terrenos por incumplimiento de la función social de la propiedad, en cuyo caso se deducirá del justiprecio el importe de la sanción impuesta.

⇒ V. arts. 56 y concordantes del RD 1093/1997, de 4 julio (§2.1).

Artículo 121. Prescripción.

1. El plazo de prescripción para las infracciones graves y muy graves será de cuatro años, y para las infracciones leves de un año.

2. La acción administrativa para la protección y restauración de la legalidad sobre terrenos de dominio público y espacios libres públicos existentes o previstos no estará sujeta a prescripción.

3. El cómputo de los plazos de prescripción se iniciará:

a) En general, en la fecha en la que aparezcan signos físicos externos que permitan conocer los hechos constitutivos de la infracción, según se determine reglamentariamente.

b) Cuando se trate de infracciones derivadas de una actividad continuada, en la fecha de finalización de la actividad o del último acto con el que la infracción se consuma.

c) Cuando se trate de infracciones autorizadas por resoluciones u otros actos administrativos, en la fecha en la que se anulen dichos actos.

4. Las construcciones e instalaciones realizadas mediante actos constitutivos de infracción urbanística grave o muy grave, pero prescrita, quedarán sujetas al régimen establecido para los usos del suelo declarados fuera de ordenación.

Jurisprudencia

«Para poder aplicar el plazo de prescripción de 4 años, para las obras ejecutadas sin licencia, previsto en el artículo 230.1 en relación con el artículo 185.1 del RD 1346/1976, y lo dispuesto en el artículo 9 del RD 16/1981, de 16 de octubre, se iniciará el cómputo del mismo desde la fecha en que la infracción se hubiera cometido o si ésta fuere desconocida desde la fecha en que hubiera podido incoarse el procedimiento sancionador cuando aparezcan signos externos que permitan conocer los hechos constitutivos de la infracción. En las infracciones derivadas de una actividad continuada, la fecha inicial del cómputo será la finalización de la actividad o la del último acto con el que la infracción se consuma, artículo 92 del Reglamento de Disciplina Urbanística». **(STSJ Burgos 23 marzo 2000 [RJCA 2000, 427]).**

«Ha de estarse a la aparición de signos externos que permitan conocer los hechos constitutivos de la infracción, signos que vistas las características de la construcción de autos habitación en la azotea de la planta cuarta de un edificio no cabe diferir al momento pretendido por el Ayuntamiento demandado». **(STSJ Burgos 12 abril 2000 [RJCA 2000, 1489]).**

⇒ V. Jurisprudencia en arts. 230 y concordantes del TRLS/1976 (§3).

Artículo 122. Infracciones constitutivas de delito o falta.

Cuando en la instrucción de los procedimientos sancionadores y de restauración de la legalidad aparezcan indicios de delito o falta, el órgano competente para imponer la sanción lo pondrá en conocimiento del Ministerio Fiscal, absteniéndose de proseguir el procedimiento mientras la autoridad judicial no se pronuncie. La sanción penal excluirá la imposición de sanción administrativa, pero no la adopción de las medidas de restauración de la legalidad.

TÍTULO V
INTERVENCIÓN EN EL MERCADO DEL SUELO

CAPÍTULO I
Patrimonios públicos de suelo

Artículo 123. Objeto.

1. *La Comunidad Autónoma de Castilla y León* gestionará el *Patrimonio de Suelo de Castilla y León*, con la finalidad de facilitar la ejecución de los instrumentos de ordenación del territorio, obtener reservas de suelo para actuaciones de interés regional y contribuir a la consecución de los fines de los demás patrimonios públicos de suelo.

2. Los Municipios con población igual o superior a 20.000 habitantes o que cuenten con Plan General de Ordenación Urbana, gestionarán su propio Patrimonio Municipal de Suelo, con la finalidad de facilitar la ejecución del planeamiento urbanístico, obtener reservas de suelo para actuaciones previstas en aquél, y contribuir a la regulación del mercado inmobiliario.

3. Las Diputaciones Provinciales y los Municipios con población inferior a 20.000 habitantes que dispongan de Normas Urbanísticas Municipales, podrán constituir y gestionar su propio Patrimonio Público de Suelo, con las finalidades señaladas en el número anterior.

⇒ V. arts. 276.1, 276.2 y 280.1 del TRLS/1992 (§2).
V. Jurisprudencia en arts. 89 y concordantes del TRLS/1976 (§3).

Artículo 124. Bienes integrantes.

1. Integrarán el Patrimonio Público de Suelo que proceda, según cual sea su Administración titular, los siguientes terrenos:

a) Los que teniendo ya naturaleza patrimonial sean clasificados por el planeamiento urbanístico como suelo urbano o suelo urbanizable.

b) Los obtenidos por cesiones y expropiaciones urbanísticas, ejercicio de los derechos de tanteo y retracto y, en general, por la ejecución del planeamiento urbanístico o de los instrumentos de ordenación del territorio, incluido siempre el aprovechamiento que exceda del que corresponda a los propietarios de suelo urbano y urbanizable.

c) Los adquiridos con la finalidad de incorporarlos a los propios patrimonios públicos de suelo.

2. Serán fondos adscritos a los patrimonios públicos de suelo los créditos que tengan como garantía hipotecaria los bienes incluidos en ellos, los intereses o beneficios de sociedades o entidades en las que se aporten como capital público bienes de dichos patrimonios, así como las transferencias y consignaciones presupuestarias cuyo fin sea la conservación, ampliación o gestión de los mismos.

Artículo 125. Destino.

1. Los bienes de los patrimonios públicos de suelo, los fondos adscritos a los mismos, así como los ingresos obtenidos por su enajenación, deberán destinarse necesariamente a alguno de los siguientes fines de interés social previstos en el planeamiento urbanístico:

a) Conservación, gestión o ampliación de los propios patrimonios públicos de suelo.

b) Construcción de viviendas acogidas a algún régimen de protección pública.

c) Ejecución de dotaciones urbanísticas públicas, incluidos los sistemas generales.

d) Compensación a propietarios a los que corresponda un aprovechamiento superior al permitido por el planeamiento en la unidad de actuación en la que estén incluidos sus terrenos, así como a propietarios cuyos terrenos hayan sido objeto de ocupación directa.

e) Otros fines de interés social previstos en el planeamiento urbanístico o vinculados a su ejecución, de la forma que se determine reglamentariamente.

2. Cuando el planeamiento urbanístico establezca determinaciones para los bienes de los patrimonios públicos de suelo que resulten incompatibles con los fines señalados en el número anterior, su Administración titular deberá enajenarlos por precio no inferior al valor de su aprovechamiento, destinando los ingresos obtenidos a los citados fines.

⇒ V. art. 280.1 del TRLS/1992 (§2).
V. Jurisprudencia en arts. 93 y concordantes del TRLS/1976 (§3).

Artículo 126. Gestión.

1. La gestión de los patrimonios públicos de suelo podrá ejercerse directamente por su Administración titular, o encomendarse a otras Administracio-

nes públicas, entidades de Derecho público dependientes de ellas, o a mancomunidades, consorcios o sociedades urbanísticas.

2. Para la constitución y ampliación de los patrimonios públicos de suelo podrá utilizarse la expropiación forzosa.

Artículo 127. Transmisión.

1. La transmisión de los bienes de los patrimonios públicos de suelo podrá realizarse mediante cesión gratuita o enajenación por precio inferior al valor de su aprovechamiento:

a) A favor de Administraciones públicas, entidades de Derecho público dependientes de ellas, mancomunidades o consorcios, siempre que se comprometan a destinarlos a alguno de los fines señalados en el artículo anterior.

b) A favor de entidades privadas de interés público sin ánimo de lucro, siempre que se comprometan a destinarlos a la construcción de viviendas con protección pública o a otros usos de interés social que redunden en manifiesto beneficio del Municipio.

2. Asimismo, los bienes de los patrimonios públicos de suelo podrán transmitirse mediante enajenación o permuta por precio no inferior al valor de su aprovechamiento, de forma directa:

a) A favor de propietarios a los que corresponda un aprovechamiento superior al permitido por el planeamiento en la unidad de actuación en la que estén incluidos sus terrenos.

b) A favor de propietarios a los que corresponda un aprovechamiento inferior al permitido por el planeamiento en la unidad de actuación en la que estén incluidos sus terrenos, únicamente cuando se trate de transmitirles dicho exceso de aprovechamiento.

3. En otro caso, los bienes de los patrimonios públicos de suelo sólo podrán transmitirse mediante enajenación o permuta por precio no inferior al valor de su aprovechamiento, previo concurso público, cuyo pliego de condiciones señalará, según los casos, plazos de urbanización y edificación, precios máximos de venta o arrendamiento de las edificaciones, y demás condiciones que procedan; si el concurso quedara desierto, los terrenos podrán enajenarse directamente antes de un año conforme al mismo pliego.

⇒ V. Jurisprudencia en arts. 92 y concordantes del TRLS/1976 (§3).

Artículo 128. Reservas de terrenos.

El Plan General de Ordenación Urbana, así como los instrumentos de ordenación del territorio habilitados para ello en su legislación específica, podrán delimitar reservas de terrenos sobre suelo urbanizable no delimitado, para su incorporación al correspondiente Patrimonio Público de Suelo. En tal caso la aprobación de los citados instrumentos implicará:

a) La declaración de utilidad pública y la necesidad de ocupación de los terrenos incluidos en la reserva, a efectos expropiatorios, por un plazo máximo de cuatro años.

b) La sujeción de todas las transmisiones que se efectúen en las reservas a los derechos de tanteo y retracto previstos en el capítulo siguiente, a favor de la Administración correspondiente.

CAPÍTULO II

Otros instrumentos de intervención en el mercado de suelo

Artículo 129. Programas Municipales de Suelo.

1. Los Municipios con población igual o superior a 20.000 habitantes o que cuenten con Plan General de Ordenación Urbana podrán elaborar Programas Municipales de Suelo, con la finalidad de concretar y facilitar la ejecución de las determinaciones del planeamiento urbanístico que se consideren prioritarias y, en general, contribuir a la regulación del mercado inmobiliario.

2. Los Programas Municipales de Suelo no podrán contener determinaciones propias del planeamiento urbanístico, ni modificar las que estuvieran vigentes, sino que se limitarán a establecer previsiones técnicas, económicas y temporales para la ejecución de los sistemas generales y otras dotaciones urbanísticas públicas previstas en el planeamiento urbanístico, así como para el desarrollo de los sectores de suelo urbano no consolidado y suelo urbanizable delimitado cuya incorporación al mercado de suelo se considere prioritaria. A tal efecto podrán vincular expresamente a los presupuestos municipales de su período de vigencia, así como incorporar convenios con otras Administraciones públicas.

3. Los Programas Municipales de Suelo podrán aprobarse y modificarse conjuntamente con el Plan General de Ordenación Urbana o bien de forma independiente, en cuyo caso se aprobarán por el Ayuntamiento una vez concluido un período de información pública de un mes. Con independencia del momento en el que se aprueben, su período de vigencia no podrá exceder del mandato de la Corporación municipal que lo aprobara.

Artículo 130. Derecho de superficie.

1. Las Administraciones públicas, las entidades de Derecho público dependientes de ellas, los consorcios y las sociedades urbanísticas podrán constituir el derecho de superficie sobre terrenos de su propiedad o integrantes de patrimonios públicos de suelo cuya gestión les corresponda, con destino a la construcción de viviendas con protección pública o a otros usos de interés social previstos en el planeamiento urbanístico o vinculados a su ejecución.

2. Al régimen del derecho de superficie establecido en la legislación del Estado, se aplicarán de forma complementaria las siguientes reglas:

a) El procedimiento de constitución del derecho de superficie y el carácter oneroso o gratuito del mismo se regirán por lo dispuesto en el artículo 127, en función de la naturaleza del superficiario.

b) El derecho de superficie gozará de los beneficios derivados de la normativa de viviendas con protección pública, siempre que se cumplan los requisitos en ella establecidos.

⇒ V. arts. 287.2, 287.3, 288.2, 288.3, 289.1, 289.2, 289.3, 289.4 y 289.5 del TRLS/1992 (§2).
V. Jurisprudencia en arts. 173 y concordantes del TRLS/1976 (§3).

Artículo 131. Derechos de tanteo y retracto.

1. Los Municipios con población igual o superior a 20.000 habitantes o que cuenten con Plan General de Ordenación Urbana, podrán delimitar áreas de suelo urbano o urbanizable en las que las transmisiones onerosas de terrenos y demás bienes inmuebles quedarán sujetas al ejercicio de los derechos de tanteo y retracto, a fin de facilitar la ejecución del planeamiento urbanístico, ampliar el Patrimonio Municipal de Suelo, garantizar el régimen de las viviendas acogidas a protección pública y, en general, contribuir a la regulación del mercado inmobiliario.

2. La delimitación de las áreas de tanteo y retracto se efectuará en el Plan General de Ordenación Urbana, y para su efectividad se requerirá:

a) Que en la memoria del Plan General se incluyan las causas que justifiquen su necesidad y el ámbito concreto delimitado, así como la relación de bienes y propietarios afectados.

b) Que durante el período de información pública del Plan General se realice notificación personal a los propietarios afectados.

c) Que se remita al Registro de la Propiedad correspondiente copia certificada del acuerdo de aprobación del Plan General que incluya la delimitación del área y de los planos que la reflejen, así como relación de los bienes y propietarios afectados.

3. Dentro de las áreas de tanteo y retracto, el ejercicio de tales derechos no podrá extenderse a todas las transmisiones de bienes inmuebles, sino que se limitará a los siguientes supuestos:

a) Terrenos sin edificar o en construcción.

b) Terrenos con edificación declarada en ruina o fuera de ordenación.

c) Terrenos destinados a la construcción de viviendas con protección pública.

d) Viviendas con protección pública.

4. En terrenos comprendidos en Áreas de Rehabilitación Integrada, el ejercicio de los derechos de tanteo y retracto podrá extenderse a las transmisiones onerosas de todo tipo de bienes inmuebles, incluso parcialmente en caso de fincas en régimen de propiedad horizontal.

5. El plazo máximo de sujeción de las transmisiones al ejercicio de los derechos de tanteo y retracto será de ocho años, salvo que al delimitarse el área respectiva se fijara otro menor.

6. A efectos del ejercicio del derecho de tanteo, los propietarios de los bienes incluidos en áreas de tanteo y retracto deberán notificar al Ayuntamiento su decisión de enajenarlos o permutarlos, con expresión del precio o

contraprestación y demás condiciones esenciales de la transmisión. El Ayuntamiento podrá ejercitar el derecho de tanteo en un plazo de sesenta días naturales desde la recepción de dicha notificación.

7. A efectos del ejercicio del derecho de retracto, los adquirentes de los bienes incluidos en áreas de tanteo y retracto deberán notificar al Ayuntamiento la transmisión efectuada, mediante entrega de copia de la escritura o documentos en que se formalizase. El Ayuntamiento podrá ejercer el derecho de retracto en un plazo de sesenta días naturales desde la recepción de la notificación del adquirente, cuando no se hubiera realizado correctamente la notificación prevista en el número anterior, o hubiera transcurrido más de un año desde la misma, o si las condiciones de la transmisión hubieran resultado menos onerosas que las indicadas en ella.

8. El pago del bien adquirido deberá realizarse en un plazo de tres meses desde el ejercicio del derecho de tanteo o retracto, transcurrido el cual caducará el derecho. El pago se realizará en metálico o, con el acuerdo del transmitente, mediante la adjudicación de terrenos exteriores al área. En los supuestos de los apartados 3 c) y 3 d) de este artículo, cuando el precio de enajenación supere el máximo legalmente fijado, el pago se hará por dicho precio máximo.

9. Las viviendas adquiridas en el ejercicio de los derechos de tanteo y retracto serán adjudicadas entre quienes reúnan los requisitos establecidos por la normativa reguladora del régimen de protección pública aplicable y de acuerdo con ella.

⇒ V. arts. 83 y concordantes del RD 1093/1997 (§2.1).

TÍTULO VI

ORGANIZACIÓN Y COORDINACIÓN ADMINISTRATIVA

Artículo 132. Competencias de los Municipios.

1. La actividad urbanística pública corresponde a los Municipios, sin perjuicio de las competencias que estuvieran expresamente atribuidas a otras Administraciones públicas en esta Ley o en las demás que resulten aplicables.

2. Los Municipios con población igual o superior a 20.000 habitantes o que cuenten con Plan General de Ordenación Urbana ejercerán también las competencias urbanísticas que la Administración de la Comunidad Autónoma les delegue por plazo determinado y prorrogable.

3. En particular, procederá la delegación de la competencia para la aprobación definitiva de los instrumentos de planeamiento urbanístico, cuando los criterios expresivos de los intereses de ámbito regional o supramunicipal se hubieran recogido en instrumentos de ordenación del territorio aprobados conforme a su legislación específica.

Artículo 133. Competencias de las Diputaciones Provinciales.

1. Son competencias urbanísticas propias de las Diputaciones Provinciales, además de las atribuidas expresamente en otros artículos de esta Ley, en

especial la emisión de los informes técnicos y jurídicos previstos en el artículo 99.1 b), la asistencia y la cooperación técnica, jurídica y económica con los Municipios, al objeto de facilitar el adecuado ejercicio de sus competencias, y en particular el cumplimiento de las determinaciones del planeamiento urbanístico.

2. En particular, las Diputaciones Provinciales contribuirán a la elaboración y financiación de los instrumentos de planeamiento y gestión urbanísticos, fomentando en la medida más amplia posible su homogeneidad y calidad técnica, y dispondrán de un servicio de gestión urbanística con la finalidad de asumir las tareas urbanísticas que dispone esta Ley.

3. Asimismo las Diputaciones Provinciales podrán ejercer las competencias urbanísticas que la Administración de la Comunidad Autónoma les delegue por un plazo determinado.

Artículo 134. Organización urbanística de la Administración Local.

1. Los Municipios y las Diputaciones Provinciales podrán establecer las formas de colaboración con otras entidades de Derecho público que resulten más convenientes para el ejercicio de sus competencias urbanísticas, conforme a la legislación de régimen local, incluida en el caso de los Municipios la constitución de Mancomunidades para la gestión de dichas competencias.

2. En virtud de su potestad organizativa, corresponde a los Municipios y Diputaciones Provinciales la creación de órganos desconcentrados o gerencias urbanísticas que tengan por objeto la gestión de sus competencias urbanísticas.

Artículo 135. Competencias de la Comunidad Autónoma.

Son competencias urbanísticas propias de la Comunidad Autónoma de Castilla y León, además de las atribuidas expresamente en otros artículos de esta Ley:

a) La dirección e impulso de la actividad urbanística, en especial en cuanto a la coordinación del planeamiento urbanístico municipal.

b) La elaboración y aprobación de los instrumentos de planeamiento y gestión urbanísticos previstos en los instrumentos de ordenación del territorio.

Artículo 136. Organización urbanística de la Comunidad Autónoma.

1. Son órganos urbanísticos de la Comunidad Autónoma:

a) La Consejería competente en materia de urbanismo.

b) El Consejo de Urbanismo y Ordenación del Territorio de Castilla y León.

c) Las Comisiones Territoriales de Urbanismo.

2. Las competencias urbanísticas atribuidas a la Administración de la Comunidad Autónoma, sin indicar el órgano que haya de ejercerlas, corresponderán a la Consejería competente en materia de urbanismo.

3. Los órganos urbanísticos de la Comunidad Autónoma podrán delegar el ejercicio de sus competencias, por plazo determinado y prorrogable, en

alguno de los órganos inferiores, conforme a la legislación reguladora de la Administración de la Comunidad Autónoma.

⇒ V. D. 222/1999, de 5 agosto, que regula la estructura orgánica de la Consejería de Fomento, desarrollado por O. 23 diciembre 1999, modificada por O. 30 noviembre 2000.

V. D. 145/2000, de 29 junio, de regulación del Consejo de Urbanismo y Ordenación del Territorio.

V. D. 146/2000, de 29 junio, que regula las Comisiones Territoriales de Urbanismo.

Artículo 137. Consejo de Urbanismo y Ordenación del Territorio de Castilla y León.

1. El Consejo de Urbanismo y Ordenación del Territorio de Castilla y León es el órgano permanente, de carácter deliberante y consultivo, destinado a asegurar la coordinación administrativa y la participación social en la elaboración, aprobación y ejecución del planeamiento urbanístico y, en general, en la actividad urbanística en Castilla y León.

2. Además de las asignadas anteriormente por esta Ley y por la legislación de ordenación del territorio, son funciones del Consejo:

a) La emisión de dictámenes de concertación y arbitraje para la resolución de las discrepancias que se susciten en materia de urbanismo y ordenación del territorio entre las Administraciones públicas, a instancia de cualquiera de ellas.

b) La emisión de informes requeridos por la Junta de Castilla y León o por la Consejería competente en materia de urbanismo.

3. En la composición del Consejo se asegurará la representación de las Administraciones públicas y de las instituciones y organizaciones sociales cuya aportación sea necesaria para alcanzar el mayor consenso en las materias relacionadas con la actividad urbanística de Castilla y León.

4. El Consejo desarrollará sus funciones integrado en la Consejería competente en materia de urbanismo y ordenación del territorio, y sus actos serán recurribles ante dicha Consejería.

⇒ V. D. 145/2000, de 29 junio, de regulación del Consejo de Urbanismo y Ordenación del Territorio.

Artículo 138. Comisiones Territoriales de Urbanismo.

1. Las Comisiones Territoriales de Urbanismo son órganos permanentes, de carácter deliberante, destinados a asegurar la coordinación administrativa y la participación social en la actividad urbanística.

2. Las funciones de las Comisiones Territoriales de Urbanismo son:

a) En Municipios con población inferior a 20.000 habitantes, las atribuidas a la Administración de la Comunidad Autónoma para:

1° La autorización de usos excepcionales en suelo rústico.

2° La aprobación definitiva de los instrumentos de planeamiento urbanístico.

3º La subrogación en las competencias municipales para la aprobación de los instrumentos de planeamiento y gestión urbanísticos.

b) La emisión de informe previo a la aprobación definitiva de todos los instrumentos de planeamiento urbanístico, así como de otros informes que sean requeridos por la Junta de Castilla y León o por la Consejería competente en materia de urbanismo.

c) La propuesta a la Consejería competente en materia de urbanismo para la adopción de las medidas de protección de la legalidad que sean de su competencia.

d) El mantenimiento del Registro de Entidades Urbanísticas Colaboradoras y del Registro de Urbanismo de Castilla y León.

e) El asesoramiento y coordinación en las materias relacionadas con la actividad urbanística, en especial en lo relativo a la elaboración, aprobación y ejecución del planeamiento urbanístico.

3. En la composición de las Comisiones se asegurará la representación suficiente de las Administraciones públicas y de las instituciones y organizaciones sociales cuya aportación sea necesaria en las materias relacionadas con la actividad urbanística.

4. Las Comisiones Territoriales de Urbanismo desarrollarán sus funciones integradas en la Consejería competente en materia de urbanismo, y sus actos serán recurribles ante dicha Consejería.

⇒ V. D. 146/2000, de 29 junio, que regula las Comisiones Territoriales de Urbanismo.

Artículo 139. Comisiones Territoriales de Valoración.

1. Las Comisiones Territoriales de Valoración son órganos administrativos adscritos a la Administración de la Comunidad Autónoma, a los que corresponde entender y decidir sobre los procedimientos de justiprecio en las expropiaciones que efectúen la Administración de la Comunidad Autónoma, las Diputaciones Provinciales, los Municipios y las demás entidades locales de Castilla y León.

2. Asimismo corresponderá a las Comisiones Territoriales de Valoración la emisión de informes en razón de su especialidad, así como en cuanto a los supuestos indemnizatorios previstos en esta Ley, y ejercer otras funciones que se les encomienden reglamentariamente.

3. La composición y el régimen del funcionamiento de las Comisiones Territoriales de Valoración se establecerán reglamentariamente, respetando las siguientes reglas:

a) En la composición de las Comisiones se asegurará su cualificación profesional y la representación adecuada de los intereses afectados.

b) Las Comisiones, a la vista de las hojas de aprecio formuladas por los propietarios y por la Administración, decidirán motivada y ejecutoriamente sobre el justo precio que corresponda a los bienes y derechos objeto de expropiación, en un plazo de un mes, prorrogable como máximo hasta tres cuando las características del procedimiento aconsejen una inspección detallada.

c) Las resoluciones de las Comisiones pondrán fin a la vía administrativa, y su fecha constituirá el término inicial para la caducidad de la valoración establecida en la legislación sobre expropiación forzosa.

Artículo 140. Coordinación administrativa.

1. Sin perjuicio de las competencias urbanísticas atribuidas a cada una de las Administraciones públicas afectadas por esta Ley, las relaciones entre ellas en materia de urbanismo se regirán por los principios de coordinación, cooperación, concertación e información recíproca, con el objetivo de garantizar la plena aplicación y eficacia del planeamiento urbanístico.

2. Las competencias urbanísticas se ejercerán en coordinación con las atribuidas por la legislación aplicable para la gestión de otros intereses públicos en cuyo desarrollo se requiera ordenar, transformar, conservar o controlar el uso del suelo, correspondiendo al planeamiento urbanístico facilitar la ejecución de tales actuaciones.

3. A tales efectos, se establecen las siguientes disposiciones para la información recíproca de acuerdos urbanísticos entre las Administraciones públicas:

a) Los órganos urbanísticos de la Comunidad Autónoma notificarán sus acuerdos a las demás Administraciones públicas afectadas, en el plazo de diez días desde su adopción. En particular, se notificarán a los Municipios afectados cuantos acuerdos se adopten en materia de planeamiento, gestión y protección de la legalidad urbanísticos.

b) Los Municipios remitirán a la Consejería competente en materia de urbanismo un ejemplar de cuantos instrumentos de planeamiento y gestión urbanísticos aprueben definitivamente, con todos sus planos y documentos debidamente diligenciados.

c) Los Municipios y las Diputaciones Provinciales colaborarán con la Administración de la Comunidad Autónoma para el cumplimiento de las obligaciones establecidas en el artículo 145 y en la disposición adicional cuarta, y a tal efecto aportarán a su requerimiento los datos e informaciones necesarias. Asimismo la Administración de la Comunidad Autónoma facilitará a los Municipios y Diputaciones cuantas informaciones haya podido recabar en cumplimiento de las citadas obligaciones.

⇒ V. D. 222/1999, de 5 agosto, que regula la estructura orgánica de la Consejería de Fomento, desarrollado por O. 23 diciembre 1999, modificada por O. 30 noviembre 2000.

TÍTULO VII

INFORMACIÓN URBANÍSTICA Y PARTICIPACIÓN SOCIAL

Artículo 141. Derecho a la información urbanística.

1. Las Administraciones públicas adoptarán las medidas necesarias para garantizar el acceso a la información urbanística de su competencia a todas

las personas, físicas y jurídicas, sin necesidad de que acrediten un interés determinado y con garantía de confidencialidad sobre su identidad.

2. Se reconocerá especial prioridad en el acceso a la información urbanística a los propietarios y demás afectados por cada actuación urbanística, así como a las entidades representativas de los intereses afectados por las mismas.

3. A los efectos de esta Ley, se entenderá por información urbanística toda información disponible por las Administraciones públicas bajo cualquier forma de expresión y en todo tipo de soporte material, referida a los instrumentos de planeamiento y gestión urbanísticos y a la situación urbanística de los terrenos, así como a las actividades y medidas que puedan afectar a la misma.

4. Sin perjuicio de lo dispuesto en los números anteriores, las Administraciones públicas podrán denegar información urbanística a quienes no tengan un interés directo, cuando afecte a expedientes sujetos a algún procedimiento judicial o administrativo sancionador, así como cuando afecte a datos personales, datos proporcionados por terceros que no estuvieran jurídicamente obligados a facilitarlos, documentos inconclusos, comunicaciones o deliberaciones internas de las Administraciones públicas, o bien cuando la solicitud sea manifiestamente abusiva o no sea posible determinar su objeto.

⇒ V. art. 6 de la Ley 6/1998, de 13 abril (§1).
V. Jurisprudencia en arts. 63 y concordantes del TRLS/1976 (§3).

Artículo 142. Reglas para la información pública.

1. Además de lo expresamente dispuesto en esta Ley para la aprobación y entrada en vigor de los instrumentos de planeamiento y gestión urbanísticos y para la autorización de usos excepcionales en suelo rústico, en los trámites de información pública se aplicarán las siguientes reglas:

a) La información pública se efectuará en las unidades administrativas más cercanas a los interesados, además de en los boletines oficiales, medios de comunicación y tablones de anuncios o edictos correspondientes.

b) Los anuncios de información pública indicarán claramente el instrumento o expediente objeto de la misma y la duración del período, así como el lugar y horarios dispuestos para la consulta.

c) Durante la información pública podrá consultarse toda la documentación relacionada con el instrumento o expediente objeto de la misma, y podrán presentarse tanto alegaciones como sugerencias, informes y documentos complementarios de cualquier tipo.

2. Reglamentariamente se establecerán medios de publicidad complementarios a lo dispuesto en este artículo, según las características del Municipio y del instrumento o expediente objeto de información pública, a fin de garantizar que la población reciba la información que haya de afectarle.

⇒ V. art. 4 de la Ley 6/1998, de 13 abril (§1).

Artículo 143. Información pública y audiencia a propietarios por iniciativa privada.

1. En los casos en los que esta Ley permite que los particulares promuevan la información pública por iniciativa privada, se aplicarán las siguientes reglas:

a) Los promotores publicarán los anuncios de información pública en los boletines oficiales en los que hubiera correspondido hacerlo a la Administración competente, precisando el carácter con el que actúan, los trámites realizados previamente y la identificación del Ayuntamiento donde haya de consultarse la documentación y presentarse las alegaciones y demás documentos que procedan; copia de los anuncios se remitirá al mismo Ayuntamiento.

b) El Ayuntamiento tendrá la obligación de disponer lo necesario para la pública consulta de la documentación obrante en sus dependencias durante el plazo aplicable, y de certificar las alegaciones presentadas, dando traslado de copia de éstas y de la certificación a los promotores.

c) Los promotores acreditarán la realización de la información pública por iniciativa privada mediante copia de los anuncios publicados y la certificación administrativa de las alegaciones presentadas, así como con copia de éstas, a las que podrán acompañar sus observaciones.

2. En los casos en los que esta Ley permite que los particulares promuevan la notificación a los propietarios por iniciativa privada, se aplicarán las reglas establecidas en el número anterior, con la salvedad de que los interesados podrán ser notificados por vía notarial, lo que se acreditará mediante el oportuno testimonio notarial.

⇒ V. art. 4 de la Ley 6/1998, de 13 abril (§1).
V. art. 104.3 del TRLS/1992 (§2).
V. Jurisprudencia en arts. 41 y concordantes del TRLS/1976 (§3).

Artículo 144. Publicidad de los instrumentos urbanísticos.

1. Los instrumentos de planeamiento y gestión urbanísticos serán públicos, y cualquier persona podrá, en todo momento, consultarlos e informarse de su contenido en el Ayuntamiento correspondiente, el cual deberá mantener un ejemplar exclusivamente a disposición del público.

2. Asimismo los Ayuntamientos deberán facilitar copias de dichos instrumentos, y disponer lo necesario para que los servicios técnicos municipales, o en su defecto los de la Diputación Provincial, puedan atender las consultas de los particulares al menos una vez a la semana.

3. Reglamentariamente se establecerán medios de difusión complementarios, según las características del Municipio y de los instrumentos urbanísticos concretos.

⇒ V. art. 6 de la Ley 6/1998, de 13 abril (§1).
V. arts. 124.1, 124.3, 133 y 134 del TRLS/1992 (§2).
V. art. 70.2 de la LBRL.
V. Jurisprudencia en arts. 55 y concordantes del TRLS/1976 (§3).

Artículo 145. Registro de Urbanismo de Castilla y León.

1. A fin de garantizar la publicidad de los instrumentos de planeamiento y gestión urbanísticos se crea el Registro de Urbanismo de Castilla y León, dependiente de la Consejería competente en materia de urbanismo e integrado en el Centro de Información Territorial de Castilla y León.

2. El Registro recogerá un ejemplar completo de los instrumentos de ordenación del territorio y de planeamiento y gestión urbanísticos, incluidos los convenios, que se aprueben en el ámbito de la Comunidad Autónoma, así como de los estatutos de los consorcios y sociedades urbanísticas y de las entidades urbanísticas colaboradoras que se constituyan.

3. El Registro será público, y reglamentariamente se establecerán las normas de consulta, obtención de copias, emisión de certificaciones y otras necesarias para su funcionamiento.

⇒ V. D. 222/1999, de 5 agosto, que regula la estructura orgánica de la Consejería de Fomento, desarrollado por O. 23 diciembre 1999, modificada por O. 30 noviembre 2000.

Artículo 146. Consulta urbanística.

1. Toda persona física o jurídica tendrá derecho a que el Ayuntamiento correspondiente le informe por escrito del régimen urbanístico aplicable a un terreno concreto, o bien al sector, unidad de actuación o ámbito de planeamiento o gestión urbanística equivalente en que se encuentre incluido.

2. Esta información deberá facilitarse por el Ayuntamiento en el plazo de dos meses desde que se presente la solicitud en el registro municipal, mediante certificación que expresará al menos:

a) Los instrumentos de planeamiento y gestión urbanísticos aplicables, indicando si alguno de ellos está en revisión o modificación y en tal caso si se ha acordado la suspensión de licencias.

b) La clasificación del suelo y las demás determinaciones urbanísticas significativas, en especial las referidas a sus posibilidades de urbanización y edificación.

c) Si el terreno tiene condición de solar y, en caso negativo, qué actuaciones urbanísticas son necesarias para alcanzarla, en particular en cuanto a los deberes urbanísticos exigibles.

3. Cuando el Municipio carezca de los medios necesarios para proporcionar el servicio de consulta urbanística, la obligación de facilitarlo corresponderá a la Diputación Provincial.

4. Las Administraciones públicas podrán convenir con los Registros de la Propiedad fórmulas de colaboración para facilitar el acceso a la información urbanística de la que disponen.

⇒ V. art. 6 de la Ley 6/1998, de 13 abril (§1).
V. Jurisprudencia en arts. 63 y concordantes del TRLS/1976 (§3).

Artículo 147. Cédula Urbanística.

A fin de facilitar el servicio de consulta urbanística regulado en el artículo anterior, los Municipios con población igual o superior a 20.000 habitantes o que cuenten con Plan General de Ordenación Urbana, deberán crear mediante ordenanza la Cédula Urbanística, documento normalizado acreditativo de las circunstancias urbanísticas de cada terreno, y que incluirá al menos, las señaladas en el artículo 146.2. La ordenanza por la que se regule la Cédula Urbanística determinará su plazo de validez, y podrá disponer su exigibilidad para la concesión de las licencias urbanísticas. Los demás Municipios podrán también crear la Cédula Urbanística.

Artículo 148. Consulta en suelo urbanizable no delimitado.

En suelo urbanizable no delimitado, cuando el Plan General de Ordenación Urbana o las Normas Urbanísticas Municipales incluyan entre sus determinaciones las previstas al respecto en los artículos 41 y 44.2 respectivamente, la consulta regulada en el artículo anterior habrá de efectuarse tanto al Ayuntamiento como a la Administración de la Comunidad Autónoma, conforme a las siguientes reglas:

a) En la consulta se indicarán las características básicas de la actuación, comprendidas al menos la delimitación del sector y los usos y aprovechamientos previstos.

b) El Ayuntamiento y la Administración de la Comunidad Autónoma emitirán informe expresivo de la conformidad de la propuesta con los instrumentos de ordenación del territorio y el planeamiento sectorial y urbanístico aplicable, en especial con la ordenación general establecida en el instrumento de planeamiento general, e igualmente de los términos y condiciones en los que habrían de cumplirse los deberes de urbanización, cesión, equidistribución y edificación, conforme a lo dispuesto en los artículos 18 y 20.

c) Los informes se emitirán en un plazo de tres meses, transcurrido el cual se entenderá obtenida la conformidad para presentar el correspondiente Plan Parcial, cuya aprobación no podrá ser denegada si, además de cumplir con las determinaciones legalmente establecidas, existe la debida correspondencia entre el mismo y el contenido de los informes.

d) Los informes mantendrán su validez en tanto permanezcan vigentes las determinaciones del planeamiento urbanístico conforme a las cuales se concedieran, y como máximo hasta pasado un año desde su emisión.

⇒ V. D. 146/2000, de 29 junio, que regula las Comisiones Territoriales de Urbanismo.
V. D. 145/2000, de 29 junio, de regulación del Consejo de Urbanismo y Ordenación del Territorio.

Artículo 149. Publicidad privada.

En la publicidad privada relativa a las transmisiones de suelo y demás bienes inmuebles no podrá incluirse indicación alguna contradictoria o disconforme con lo establecido en la legislación y en el planeamiento urbanístico.

Artículo 150. Acción pública.

1. Será pública la acción para exigir ante los Órganos administrativos y

los Tribunales Contencioso-Administrativos la observancia de la legislación urbanística y de los Planes, Programas, Proyectos, Normas y Ordenanzas.

2. Si dicha acción está motivada por la ejecución de obras que se consideren ilegales, podrá ejercitarse durante la ejecución de las mismas y hasta el transcurso de los plazos establecidos para la adopción de las medidas de protección de la legalidad urbanística.

⇒ V. art. 304.1 y 304.2 del TRLS/1992 (§2).
V. Jurisprudencia en arts. 235 y concordantes del TRLS/1976 (§3).

DISPOSICIONES ADICIONALES

Primera. Derechos de realojo y retorno.

En las actuaciones urbanísticas que requieran el desalojo de los ocupantes legales de viviendas que constituyan su residencia habitual, se deberán garantizar sus derechos de realojo y retorno, conforme a las siguientes reglas:

a) En actuaciones por expropiación, la Administración expropiante, o en su caso el beneficiario de la expropiación, deberán poner a disposición de los ocupantes legales afectados, viviendas cuyas condiciones de superficie y precio de venta o alquiler sean conformes tanto a sus necesidades como a la normativa sobre viviendas con protección pública. Asimismo habrán de satisfacer los gastos de traslado y otros accesorios que recayesen sobre los ocupantes legales afectados.

b) En actuaciones integradas sin expropiación se aplicará también lo dispuesto en el apartado anterior, correspondiendo la obligación de hacer efectivo el derecho al urbanizador, respecto de los ocupantes legales afectados en régimen de propiedad, y al propietario, respecto de los ocupantes legales afectados en régimen de arrendamiento.

c) En actuaciones aisladas sin expropiación, los ocupantes legales de viviendas que constituyan su residencia habitual en régimen de alquiler, tendrán el derecho de retorno regulado en la legislación sobre arrendamientos, así como el de ser alojados provisionalmente en condiciones adecuadas hasta que sea posible el retorno, correspondiendo la obligación de hacer efectivos tales derechos al propietario de las viviendas.

Segunda. Adecuación de sanciones.

Se autoriza a la Junta de Castilla y León para adecuar periódicamente el importe de las sanciones establecidas en esta Ley a las variaciones que pueda experimentar el coste de la vida, conforme a los índices oficiales establecidos.

Tercera. Ayudas públicas.

1. Los Presupuestos anuales de Castilla y León contendrán las previsiones de gastos necesarias para promover y facilitar que los Municipios cumplan lo dispuesto en esta Ley, y en particular para la adaptación de los instrumentos de planeamiento y gestión urbanísticos.

2. Las medidas de fomento de la conservación y rehabilitación que adopten la Administración de la Comunidad Autónoma, las Diputaciones Pro-

vinciales, los Municipios y las demás entidades locales de Castilla y León darán prioridad, por este orden, a los inmuebles:

a) Declarados como Monumento.

b) Situados en conjuntos históricos declarados como Bien de Interés Cultural y que estén incluidos en catálogos.

c) Catalogados en el planeamiento urbanístico.

d) Situados en núcleos urbanos incluidos en Espacios Naturales Protegidos.

Cuarta. Información y cartografía urbanísticas.

Corresponderá a la Administración de la Comunidad Autónoma, a través de la Consejería competente en materia de urbanismo, producir, recopilar, coordinar, actualizar y divulgar la información y documentación escrita, fotográfica y cartográfica, sobre el territorio de la Comunidad Autónoma, adecuadamente normalizada, así como elaborar reglamentos, instrucciones, estudios y análisis que faciliten y orienten la elaboración y ejecución de los instrumentos de planeamiento y gestión urbanísticos, entre los que estarán los siguientes:

a) Normas técnicas urbanísticas, de rango reglamentario, que señalen los requisitos de calidad de los instrumentos de planeamiento y gestión urbanísticos, así como los criterios para la clasificación del suelo, la determinación de las reservas para sistemas generales y demás dotaciones urbanísticas y la autorización de usos excepcionales en suelo rústico.

b) Instrucciones técnicas urbanísticas, que ofrezcan modelos de ordenación para las situaciones más comunes en la práctica urbanística, así como criterios y soluciones para el diseño y ejecución de las obras de urbanización.

c) Censo del suelo que deba ser preservado de su urbanización, clasificándose como suelo rústico conforme a lo previsto en los artículos 15 y 16.

d) Censo del suelo urbanizable y urbanizado de Castilla y León, que permita conocer y estudiar la oferta y comportamiento de este mercado.

e) Estudio del mercado inmobiliario de Castilla y León, incluyendo la gestión urbanística y las características de la oferta y demanda de los productos inmobiliarios.

⇒ V. D. 222/1999, de 5 agosto, que regula la estructura orgánica de la Consejería de Fomento, desarrollado por O. 23 diciembre 1999, modificada por O. 30 noviembre 2000.

DISPOSICIONES TRANSITORIAS

Primera. Adaptación a la ley.

1. Los Municipios con población igual o superior a 20.000 habitantes deberán adaptarse a esta Ley cuando procedan a la Revisión de su Plan General de Ordenación Urbana, y en cualquier caso antes de cuatro años desde la entrada en vigor de la Ley. Asimismo podrán adaptarse mediante una modificación del Plan General.

2. Los Municipios con población inferior a 20.000 habitantes deberán adaptarse a esta Ley cuando procedan a la elaboración o revisión de su instrumento de planeamiento general.

3. Los Municipios con población igual o superior a 5.000 habitantes sin planeamiento general vigente, deberán contar con Normas Urbanísticas Municipales antes de dos años desde la entrada en vigor de la Ley. En tanto no se aprueben, toda construcción, ampliación o demolición de edificios en dichos Municipios requerirá autorización de la Comisión Territorial de Urbanismo previa al otorgamiento de licencia urbanística, según el procedimiento regulado en el artículo 25.

4. Los Municipios con población inferior a 5.000 habitantes sin planeamiento general vigente a la entrada en vigor de esta Ley, se adaptarán a ella mediante la aprobación de Normas Urbanísticas Municipales, o bien mediante los instrumentos de ordenación del territorio habilitados para ello en su legislación específica.

5. El incumplimiento de los plazos fijados en los números 1 y 3 de este artículo justificará la subrogación de la Comunidad Autónoma conforme a lo previsto en el artículo 59.

⇒ V. D. 146/2000, de 29 junio, que regula las Comisiones Territoriales de Urbanismo.

Segunda. Vigencia de las normas provinciales.

Conforme a la legislación sobre ordenación del territorio, en tanto no se aprueben Directrices de Ordenación de ámbito subregional sobre su ámbito de aplicación, las Normas Subsidiarias de Planeamiento Municipal con ámbito provincial y los Planes de Conjunto aprobados con anterioridad a la entrada en vigor de esta Ley continuarán vigentes, y podrán ser modificados para adaptarlos a circunstancias sobrevenidas, mediante el procedimiento previsto en la legislación sobre ordenación del territorio para modificar las Directrices de Ordenación de ámbito subregional. Cuando proceda su Revisión, se llevará a efecto por el procedimiento establecido en dicha legislación para la aprobación de Directrices de Ordenación de ámbito subregional.

Tercera. Vigencia de los planes generales de ordenación urbana y de las normas subsidiarias de planeamiento municipal.

1. En los Municipios con planeamiento general vigente a la entrada en vigor de esta Ley, y en tanto no se adapten a ella conforme a la disposición transitoria primera, el régimen urbanístico aplicable será el establecido en esta Ley, con las siguientes particularidades:

a) En el suelo urbano no incluido en unidades de actuación, unidades de ejecución, o ámbitos equivalentes, se aplicará el régimen establecido en esta Ley para el suelo urbano consolidado, con la salvedad de que el aprovechamiento correspondiente a los propietarios de terrenos reservados para dotaciones urbanísticas públicas, en su caso, será la media ponderada de los aprovechamientos correspondientes a los propietarios de los terrenos servidos por la dotación, calculada conforme a lo dispuesto en la legislación del Estado.

b) En el suelo urbano incluido en unidades de actuación, unidades de ejecución, o ámbitos equivalentes, se aplicará el régimen establecido en esta Ley para el suelo urbano no consolidado, con la salvedad de que para determinar el aprovechamiento correspondiente a los propietarios de terrenos incluidos en áreas de reparto, las referencias al aprovechamiento medio del sector se entenderán hechas al aprovechamiento tipo del área de reparto.

c) En el suelo urbanizable programado, en todo caso, en el suelo urbanizable no programado con Programa de Actuación Urbanística aprobado, y en el suelo apto para urbanizar con sectores delimitados y con aprovechamiento medio o índice equivalente, se aplicará el régimen establecido en esta Ley para el suelo urbanizable delimitado, con la salvedad señalada en el apartado anterior.

d) En el suelo urbanizable no programado, y en el suelo apto para urbanizar que no cumpla las condiciones señaladas en el apartado anterior, se aplicará el régimen establecido en esta Ley para el suelo urbanizable no delimitado, con la salvedad señalada en el apartado b).

e) En el suelo no urbanizable común, suelo no urbanizable genérico o denominación equivalente que implique la inexistencia de una protección especial, se aplicará el régimen establecido en esta Ley para el suelo rústico común, con la salvedad de que, en tanto el Plan General no se adapte a esta Ley, el Ayuntamiento no podrá ejercer la competencia para la autorización de los usos excepcionales en suelo rústico.

f) En el suelo no urbanizable protegido, especialmente protegido, o denominación equivalente que implique una protección especial, se aplicará el régimen establecido en el planeamiento urbanístico, si bien se aplicará lo previsto en el artículo 25 para la autorización de usos excepcionales, con la salvedad señalada en el apartado anterior.

g) No obstante lo dispuesto en los dos apartados anteriores, en el suelo no urbanizable situado en el entorno de protección de los bienes inmuebles de interés cultural, o en defecto de éste dentro de una banda de 50 metros desde el límite exterior de dichos bienes, se aplicará el régimen establecido en esta Ley para el suelo rústico con protección del patrimonio cultural.

2. Las modificaciones de los Planes Generales de Ordenación Urbana y de las Normas Subsidiarias de Planeamiento Municipal vigentes a la entrada en vigor de esta Ley se ajustarán a lo dispuesto en ella. Sin embargo, en tanto el Plan General no se adapte a esta Ley, distinguiendo con claridad las determinaciones de ordenación general, el Ayuntamiento no podrá ejercer la competencia para la aprobación de las modificaciones que no afecten a la ordenación general.

3. En los Municipios con población inferior a 20.000 habitantes y que cuenten con Plan General de Ordenación Urbana aprobado definitivamente a la entrada en vigor de esta Ley, y en tanto no se adapten a la misma, no será

de aplicación lo dispuesto en los artículos 17, 25, 36, 55, 58, 109, 123, 129, 131, 132 y 147 en cuanto a la equiparación o aproximación de su régimen urbanístico al de los Municipios con población igual o superior a 20.000 habitantes, aplicándose hasta su adaptación a esta Ley el régimen de los demás Municipios con población inferior a 20.000 habitantes.

Cuarta. Vigencia de los Proyectos de Delimitación del Suelo Urbano.

1. En los Municipios con Proyecto de Delimitación del Suelo Urbano vigente a la entrada en vigor de esta Ley, y en tanto no se adapten a ella según lo previsto en la disposición transitoria primera, el régimen urbanístico aplicable será el establecido en esta Ley, con las siguientes particularidades:

a) En los terrenos incluidos en la delimitación de suelo urbano, se aplicará el régimen establecido en esta Ley para el suelo urbano en Municipios sin planeamiento urbanístico.

b) En los terrenos excluidos de la delimitación de suelo urbano, se aplicará el régimen establecido en esta Ley para el suelo rústico en Municipios sin planeamiento urbanístico.

2. Las modificaciones de los Proyectos de Delimitación del Suelo Urbano se aprobarán por el procedimiento previsto para las modificaciones de las Normas Urbanísticas Municipales, y las determinaciones resultantes deberán ajustarse a lo previsto en esta Ley.

⇒ V. art. 11 de la Ley 6/1998, de 13 abril (§1).
V. Jurisprudencia en arts. 81 y concordantes del TRLS/1976 (§3).

Quinta. Vigencia de los demás instrumentos urbanísticos.

Los demás instrumentos de planeamiento urbanístico vigentes a la entrada en vigor de esta Ley, se ejecutarán conforme a lo dispuesto en la disposición transitoria tercera y a sus propias determinaciones.

Sexta. Instrumentos y procedimientos urbanísticos en tramitación.

1. Los instrumentos de planeamiento y gestión urbanísticos aprobados inicialmente a la entrada en vigor de esta Ley, podrán continuar tramitándose de acuerdo a la legislación anterior, como máximo hasta pasado un año desde dicho momento. En tal caso su régimen de vigencia será el previsto en las disposiciones transitorias anteriores.

2. Los procedimientos para la concesión de licencias, autorización de usos excepcionales en suelo no urbanizable, declaración de incumplimiento de deberes urbanísticos, declaración de ruina, inclusión en el Registro Municipal de Solares, recaudación de cuotas de urbanización y demás procedimientos urbanísticos ya iniciados a la entrada en vigor de esta Ley, se resolverán de acuerdo con la legislación anterior, como máximo hasta pasado un año desde dicho momento. A tal efecto se considerarán iniciados los procedimientos con aprobación inicial, o de no existir dicho trámite cuando se hubiera publicado anuncio de información pública, o de no existir ninguno de dichos trámites cuando se haya presentado solicitud con su documentación exigible completa.

3. A partir de la entrada en vigor de esta Ley, no podrán aprobarse inicialmente Planes Generales de Ordenación Urbana, Estudios de Detalle, Planes Parciales, Planes Especiales, Proyectos de Reparcelación o Proyectos de Urbanización que no se ajusten a lo previsto en esta Ley para dichos instrumentos. Asimismo no podrán aprobarse inicialmente, en ningún caso, nuevos Proyectos de Delimitación de Suelo Urbano, Programas de Actuación Urbanística, Normas Subsidiarias, Normas Complementarias o Proyectos de Compensación.

Séptima. Instrumentos urbanísticos en ejecución.

Los instrumentos de gestión urbanística en ejecución a la entrada en vigor de esta Ley se terminarán de ejecutar conforme a la legislación anterior, salvo que incumplidos los plazos aplicables, el Ayuntamiento acuerde su sujeción al régimen establecido en esta Ley para las actuaciones integradas. A tal efecto se entenderá que están en ejecución:

a) En el sistema de compensación, desde la aprobación de las bases y estatutos de la Junta de Compensación.

b) En el sistema de cooperación, desde la aprobación del proyecto de reparcelación o la declaración de su innecesariedad.

c) En el sistema de expropiación, desde la aprobación de la relación de propietarios y la descripción de los bienes y derechos.

DISPOSICIÓN DEROGATORIA

Quedan derogadas la Ley 9/1997, de 13 de octubre, de medidas transitorias en materia de Urbanismo, y cuantas disposiciones de igual o inferior rango se opongan a lo previsto en esta Ley.

DISPOSICIONES FINALES

Primera. Aplicación de los reglamentos urbanísticos.

En tanto esta Ley no sea objeto de desarrollo reglamentario, continuarán aplicándose en Castilla y León los artículos de los Reglamentos de Planeamiento, Gestión, Disciplina Urbanística, Edificación Forzosa y Reparcelaciones que resulten compatibles con lo previsto en esta Ley. A tal efecto la Junta de Castilla y León aprobará en un plazo de tres meses desde la entrada en vigor de esta Ley la relación de preceptos de estos Reglamentos que sean de aplicación.

⇒ V. D. 223/1999, de 5 agosto, que aprueba la tabla de preceptos de los Reglamentos Urbanísticos que resultan aplicables en relación con la Ley 5/1999, de 8 abril.

Segunda. Legislación de ordenación del territorio.

1. En lo no previsto por esta Ley, las relaciones entre los instrumentos de planeamiento y gestión urbanísticos y los instrumentos de ordenación del territorio se regirán por lo dispuesto en la legislación de ordenación del territorio de Castilla y León.

2. Cuando los instrumentos de ordenación del territorio, en los supues-

tos excepcionales de interés regional previstos en su legislación específica, incluyan entre sus determinaciones las que procedan de entre las previstas en el Título II de esta Ley, tendrán la consideración de planeamiento urbanístico a los efectos de lo dispuesto en esta Ley. En tales supuestos, corresponderán a la Comunidad Autónoma las competencias propias de los Municipios, sin más limitación que la obligada justificación del interés regional que habilite el ejercicio directo de la actividad urbanística por la Comunidad Autónoma, así como el respeto a las competencias municipales en la materia.

⇒ V. Ley 10/1998, de 5 diciembre, de Ordenación del Territorio en Castilla y León (§26).

Tercera. Desarrollo reglamentario.

Se autoriza a la Junta de Castilla y León para dictar cuantas disposiciones sean necesarias para el desarrollo y aplicación de esta Ley.

§ 25.1 DECRETO 223/1999, DE 5 AGOSTO. APRUEBA LA TABLA DE PRECEPTOS DE LOS REGLAMENTOS URBANÍSTICOS QUE RESULTAN APLICABLES EN RELACIÓN CON LA LEY 5/1999, DE 8 ABRIL, DE NORMAS REGULADORAS DE URBANISMO DE CASTILLA Y LEÓN

(BOCyL núm. 153, de 10 agosto; rect. BOCyL núm. 166, de 27 agosto [LCyL 1999, 243])

La disposición final primera de la Ley 5/1999, de 8 de abril, de Urbanismo de Castilla y León, establece que «En tanto esta Ley no sea objeto de desarrollo reglamentario, continuarán aplicándose en Castilla y León los artículos de los Reglamentos de Planeamiento, Gestión, Disciplina Urbanística, Edificación Forzosa y Reparcelaciones que resulten compatibles con lo previsto en esta Ley. A tal efecto la Junta de Castilla y León aprobará en un plazo de tres meses desde la entrada en vigor de esta Ley la relación de preceptos de estos Reglamentos que sean de aplicación».

Este mandato tiene su origen en la complejidad del anterior marco normativo del urbanismo, situación que la nueva Ley 5/1999 no podía desconocer. En tal sentido su Exposición de Motivos señala que «esta Ley desarrolla la legislación básica del Estado, constituida por la citada Ley 6/1998 y por los artículos subsistentes del Texto Refundido de 1992, y sustituye a las normas de carácter supletorio: el Texto Refundido de 1976 y las demás disposiciones aprobadas hasta 1981; si bien los Reglamentos urbanísticos habrán de seguir aplicándose hasta que no se apruebe el correspondiente desarrollo de esta Ley, en lo que no se opongan a la misma».

En efecto, la nueva Ley de Urbanismo de Castilla y León no agota la regulación de las materias relacionadas con la actividad urbanística. Tampoco lo hacían sus precedentes, los Textos Refundidos de la Ley sobre el Régimen del Suelo y Ordenación Urbana aprobados en 1976 y 1992. Y ello a pesar de la notoria extensión y complejidad de aquellas normas, rasgos a menudo citados como corresponsables de la rigidez y burocratización de nuestro sistema urbanístico. Precisamente la nueva Ley de Castilla y León, consciente de la demanda social de una norma más sencilla y accesible, ha realizado un importante esfuerzo de concisión y simplificación.

Siendo claro que los efectos beneficiosos de dicha opción legislativa sobrepasan a sus inconvenientes, no puede obviarse que entre estos últimos destaca la situación de ambigüedad que produce el escaso detalle de la Ley en muchos aspectos. Surge por tanto la clara necesidad de proceder a un rápido desarrollo reglamentario de la Ley 5/1999. Y al mismo tiempo, de mantener de forma provisional la vigencia supletoria de los Reglamentos urbanísticos del Estado, en lo que no se opongan a la nueva Ley.

Ha de advertirse que en este caso, la compleja relación entre ley y reglamento adquiere especial dificultad, al tratarse de una Ley autonómica y de unos Reglamentos estatales. Dificultad aumentada por el hecho de que, si bien la mayor parte de dichos Reglamentos tiene carácter de Derecho supletorio, pueden encontrarse sin dificultad numerosos preceptos correspondientes a competencias exclusivas del Estado, en especial en el Reglamento de Gestión. Dichos preceptos son indisponibles para la Comunidad Autónoma, y por tanto su inclusión en este Decreto no implica una declaración de vigencia, para la cual la Junta de Castilla y León no es competente, sino tan sólo el obligado reconocimiento de su aplicabilidad.

En cuanto al resto del articulado, su carácter supletorio permite comprobar su adecuación a la Ley de Urbanismo de Castilla y León, operación de cuyo resultado positivo se deducirá su aplicabilidad y consiguiente inclusión en este Decreto. Es más, siendo los Reglamentos más de viente años anteriores a la Ley 5/1999, tal operación adquiere más importancia y se hace incluso imprescindible, al implicar directamente la seguridad jurídica y la adecuada aplicación de la nueva Ley. En este sentido, el criterio esencial ha de ser la plena aplicabilidad y eficacia directa de la nueva Ley, una vez que ha entrado en vigor a los veinte días de su publicación, el 5 de mayo de 1999.

Otro elemento a valorar es la Tabla de Vigencias aprobada por Real Decreto 304/1993, de 26 de febrero, que señaló las derogaciones producidas por el Texto Refundido de 1992 en los Reglamentos urbanísticos. Sobre los efectos que para esa Tabla tuvo la Sentencia 61/1997, de 20 de marzo, del Tribunal Constitucional, se pronunció la Circular de 30 de mayo de 1997, de la Consejería de Medio Ambiente y Ordenación del Territorio, interpretando que el Real Decreto 304/1993 únicamente habría venido a aclarar, en aras de la seguridad jurídica, las derogaciones ya producidas realmente por el Texto Refundido de 1992, y que por tanto, anulados los artículos de dicho Texto incompatibles con los Reglamentos, éstos recuperaban su vigencia, junto al texto que originalmente desarrollaron, es decir, el Texto Refundido de 1976.

Por último, deben tenerse en cuenta otras normas que afectan a los Reglamentos urbanísticos: la Ley 6/1998, de 13 de abril, sobre Régimen del Suelo y Valoraciones, que junto con los preceptos subsistentes del Texto Refundido de 1992, invalida entre otras las referencias a determinadas categorías de suelo. Igualmente el Real Decreto 1093/1997, de 4 de julio, por el que se aprueba el Reglamento sobre Inscripción en el Registro de la Propiedad de Actos de Naturaleza Urbanística ha producido importantes derogaciones sobre los Reglamentos de Gestión y Edificación Forzosa, así como sobre el de Reparcelaciones, del cual no resulta ya aplicable ningún precepto. Finalmente la Ley 10/1998, de 5 de diciembre, de Ordenación del Territorio de Castilla y León, que afecta claramente al Reglamento de Planeamiento.

En su virtud, a propuesta del Consejero de Fomento, y previa deliberación de la Junta de Castilla y León en su reunión del día 5 de agosto de 1999, dispongo:

Artículo 1. Aplicación de los Reglamentos Urbanísticos.

En tanto no se apruebe el desarrollo reglamentario de la Ley 5/1999, de 8 de abril, de Urbanismo de Castilla y León, serán aplicables en la Comunidad Autónoma de Castilla y León los preceptos de los Reglamentos urbanísticos del Estado que se relacionan en los artículos siguientes.

Artículo 2. Reglamento de Planeamiento.

1. Del Reglamento de Planeamiento Urbanístico, aprobado por Real Decreto 2159/1978, de 23 de junio, serán aplicables los siguientes artículos: 14.2º, 18, 19.2º, 19.3º, 20.1º, 20.3º, 20.4º, 25.1º [apartados b), c), d)], 25.2º, 26.1º, 26.2º, 27, 29.2º, 29.3º, 36, 37.1º, 37.2º, 37.3º, 37.5º, 38.1º, 38.2º [apartados a), b), c), d), e), f), g), h), i)], 38.3º, 38.4º, 38.5º, 38.6º, 39.1º, 39.2º [apartados A), E)], 40.1º, 40.5º, 42.1º (hasta «... estructura general y orgánica del territorio»), 42.2º, 42.3º, 43.2º, 46, 48.1º, 48.2º, 48.3º, 49, 50, 51, 52.1º, 52.2º, 53.2º, 53.3º, 53.4º, 53.5º, 53.6º, 54, 55, 57, 58, 59, 60, 61, 62, 63.1º, 64, 66.1º, 66.2º (hasta «... Estudio de Detalle»), 66.3º, 67.2º, 67.3º, 67.4º, 67.5º, 68, 69.1º, 70, 77.2º, 77.3º, 78, 79, 80, 81, 82, 83, 84, 85, 86.1º, 87, 98.2º, 115.1º, 115.3º, 116, 120, 121, 127, 128.1º, 128.5º, 129, 130, 131.5º, 133.2º, 133.3º, 136.1º, 140.1º, 164, 165 y 168.2º.

2. Asimismo serán aplicables los siguientes artículos del Anexo al Reglamento de Planeamiento sobre reservas de suelo para dotaciones en Planes Parciales: 1, 2, 3, 4, 7 [apartados a), b), c)] y 8.

Artículo 3. Reglamento de Gestión.

Del Reglamento de Gestión Urbanística, aprobado por Real Decreto 3288/1978, de 25 de agosto, serán aplicables los siguientes artículos: 6.2º, 7.1º, 7.3º, 8, 10.1º [apartado c)], 10.2º, 11, 12, 13, 14, 15.2º, 15.3º, 15.4º, 18.3º, 19, 20, 21, 22, 23, 24, 25, 26, 27, 28, 29, 30, 39.1º, 40, 41, 47, 49.2º, 53.1 º [apartados a), b), d), e), f), i), j)], 53.2º, 54, 55, 58, 59, 60, 61, 62, 65, 67, 68, 69, 70, 71.1º, 71.3º, 71.4º, 72, 75.1º, 76, 80.1º, 82.1º, 82.3º, 83, 84, 85.2º, 85.3º, 86.1º, 86.3º, 87, 88.1º, 89, 90, 91, 92, 93, 94, 95, 96, 97, 98, 99, 100, 117, 118, 119, 120, 121.1º, 121.2º, 122, 123, 124, 125, 126, 127, 128, 129, 130, 157.1º, 157.2º, 166, 168.1º, 168.2º (primer párrafo), 169, 170, 171, 175, 176, 177, 178, 181.1º, 181.2º, 181.3º. 181.4º, 182, 185, 186.1º, 188, 189, 190, 191, 192, 193, 196, 197, 198, 199, 200, 202, 203, 204, 205, 206, 207, 208, 209, 210 y 212.

Artículo 4. Reglamento de Disciplina.

Del Reglamento de Disciplina Urbanística, aprobado por Decreto 2187/1978, de 23 de junio, serán aplicables los siguientes artículos: 1 (apartados 1, 2, 3, 4, 5, 7, 8, 9, 10, 12, 13, 14, 15, 16, 17 y 18), 2, 3.2º, 4.1º, 5, 8, 9, 10, 17, 18, 19, 20, 21, 22, 23, 24, 26, 27, 28, 32, 33, 35, 38, 39, 41, 45, 47, 50.2º, 51, 52, 58, 59, 60 y 62.

Artículo 5. Reglamento de Edificación Forzosa.

Del Reglamento de Edificación Forzosa y Registro Municipal de Solares, aprobado por Decreto 635/1964, de 5 de marzo, serán aplicables los siguientes artículos: 10.1º [apartados a), b), c), d), e), f), g), i)], 12.1º, 13 y 14.

Artículo 6. Reglamento de Reparcelaciones.

Del Reglamento de Reparcelaciones de Suelo afectado por Planes de Ordenación Urbana, aprobado por Decreto 1006/1966, de 7 de abril, no será aplicable ningún artículo.

DISPOSICIÓN ADICIONAL

Única. Criterios de equivalencia.

Los preceptos de los Reglamentos urbanísticos que resultan aplicables conforme a lo señalado en este Decreto, habrán de interpretarse conforme a los siguientes criterios de equivalencia:

a) Las referencias a órganos de la Administración del Estado se entenderán hechas a los órganos correspondientes de la Administración de la Comunidad Autónoma.

b) Las referencias a la «Ley del Suelo» se entenderán hechas a la Ley 5/1999, de 8 de abril, de Urbanismo de Castilla y León. En particular, las referencias a los artículos 86, 99.3 y 122.2 «de la Ley del Suelo» se entenderán hechas respectivamente a los artículos 23 a 29, 75.3 y 68.3 de la citada Ley 5/1999.

c) Las referencias a los términos legales «suelo no urbanizable», «estructura general y orgánica del territorio», «polígonos», «Plan General Municipal de Ordenación» y «Proyecto de Compensación» se entenderán hechas respectivamente a los términos legales «suelo rústico», «ordenación general», «unidades de actuación», «Plan General de Ordenación Urbana» y «Proyecto de Actuación».

§ 26 LEY 10/1998, DE 5 DICIEMBRE. ORDENACIÓN DEL TERRITORIO EN CASTILLA Y LEÓN

(BOE núm. 16, de 19 enero 1999 y BOCyL núm. 236, de 10 diciembre; rect. BOCyL núm. 223, de 18 noviembre 1999 [RCL 1999, 150; LCyL 1998, 387 y LCyL 1999, 338])

EXPOSICIÓN DE MOTIVOS

I. La Constitución Española, en su artículo 148.1.3ª, permite a las Comunidades Autónomas asumir competencias en materia de Ordenación del Territorio. A su vez, el artículo 26.1.2º del Estatuto de Autonomía de Castilla y León desarrolla esta previsión al afirmar la exclusiva competencia de la Comunidad en la materia, sin perjuicio de lo establecido en el artículo 149 de la Constitución.

Utilizando dicha atribución, se dicta esta Ley a fin de establecer los principios y objetivos de la Ordenación del Territorio en la Comunidad de Castilla y León, así como de regular los instrumentos necesarios para el ejercicio por la Junta de Castilla y León de su competencia en la materia.

Esta iniciativa legal se fundamenta, en primer lugar, en la experiencia acumulada por la Administración regional, de la que se concluye que los requisitos de eficacia, celeridad y austeridad del servicio público exigen como premisa un mayor esfuerzo de coordinación y planificación administrativa.

Pero son también las singularidades territoriales de Castilla y León (gran extensión, fragmentación administrativa municipal, debilidad demográfica, sistema urbano poco estructurado...) las que justifican un tratamiento integrador de las perspectivas sectoriales que supere su inherente parcialidad. Además, aun admitiendo que el territorio se ha configurado históricamente como resultado de complejos procesos sociales, resulta hoy difícil aceptar que su articulación continúe derivándose de la yuxtaposición aleatoria de actuaciones sectoriales y locales que, aunque puedan ser coherentes en sí mismas, carecen de un marco de referencia global.

No obstante, estas limitaciones se ven compensadas por valores endógenos como la riqueza de sus espacios naturales y de su patrimonio cultural, lo que permite apoyar en ellos la ordenación territorial de Castilla y León, frente a la usual concepción economicista orientada a la simple distribución de las actividades económicas en el espacio.

II. La Ordenación del Territorio ha sido definida en la Carta Europea de 1983 como «la expresión espacial de la política económica, social, cultural y ecológica de toda sociedad», teniendo como objetivos: el desarrollo socioeconómico equilibrado y sostenible; la mejora de la calidad de vida de la población, a través de su acceso al uso de los servicios e infraestructuras públicas y del patrimonio natural y cultural; la gestión responsable de los recursos naturales y la protección del medio ambiente, de forma compatible con la satisfacción de las necesidades crecientes de recursos, así como con el respeto a las peculiaridades locales; y la utilización racional y equilibrada del territorio, mediante la definición de los usos aceptables o a fomentar para cada tipo de suelo, la creación de las adecuadas redes de infraestructuras e incluso el fomento de las actuaciones que mejor persigan el fortalecimiento del espíritu comunitario.

Asumiendo la Comunidad Autónoma estos objetivos, parece clara la necesidad de articular una política pública capaz de satisfacerlos. Por ello la Ley atribuye a la Junta de Castilla y León la competencia para desarrollar una política de Ordenación del Territorio (sin perjuicio de la participación de las restantes Administraciones públicas y de la iniciativa privada); y aplicando a la realidad de Castilla y León las capacidades disciplinares de la Ordenación del Territorio, determina una triple finalidad para dicha política:

a) En primer lugar, la definición de un modelo territorial para Castilla y León, capaz de favorecer el desarrollo equilibrado y sostenible de la Comunidad, así como la articulación e integración de su territorio y su conexión con el exterior.

b) En segundo lugar, la compatibilización entre los procesos de desarrollo del sistema productivo y de la urbanización con la protección del medio ambiente y del patrimonio cultural de la Comunidad.

c) Y por último, el establecimiento de los criterios y procedimientos necesarios para asegurar la coordinación de las actuaciones con incidencia sobre el territorio.

III. Tales fines justifican la elaboración de una normativa que configure instrumentos para su consecución. Así pues, el contenido fundamental de la Ley es la definición de un sistema de instrumentos de planeamiento territorial que solucione las insuficiencias de los planes de ordenación urbanística y de la planificación sectorial, en especial en cuanto al tratamiento de los problemas de ámbito supramunicipal y a las dificultades para coordinar adecuadamente las actuaciones con incidencia territorial.

Este sistema, elaborado en línea con la legislación comparada, adopta como premisas la participación pública, que se asegura en todo caso, y el respeto a la autonomía de las Administraciones públicas. De dichas premisas se derivan, a su vez, los principios que presiden la redacción de la ley: la coordinación administrativa y la participación social.

En atención a estos principios la ley se concibe desde una perspectiva territorial, teniendo presente, pero no interfiriendo, las políticas económica (sin prejuzgar una vinculación presupuestaria), administrativa (sin condicionar la formalización de comarcas u otros entes supramunicipales), y ambiental (reconociendo la sustantividad de dicho ámbito).

Una característica imprescindible para el funcionamiento del sistema es la vinculación que los instrumentos de ordenación del territorio establecerán sobre los planes y programas con incidencia territorial, y en especial sobre los urbanísticos. No obstante, esta vinculación presenta dos cautelas: la primera, que los instrumentos territoriales deberán precisar en cada caso qué aspectos de los planes o programas vigentes han de modificarse. Y además, que sus propias determinaciones deberán calificarse en función de su alcance, como de aplicación plena (determinaciones vinculantes, que modifican directamente los planes y programas vigentes a los que resulten contrarias), de aplicación básica (también vinculantes, pero sólo en cuanto a sus fines) o bien de aplicación orientativa (con carácter de recomendaciones).

IV. La primera figura del sistema, las Directrices de Ordenación del Territorio de Castilla y León, se concibe como el instrumento para sintetizar y orientar la política territorial de la Comunidad, de acuerdo con las políticas sociales, económicas y culturales vigentes.

Por su flexibilidad conceptual, documental y de contenido, se han preferido unas directrices a un plan omnicomprensivo. Así, entre las funciones de estas Directrices regionales destaca la definición de los objetivos y estrategias de la política territorial, y a partir de ella, de los criterios para la implantación de usos y actividades en el territorio y de las orientaciones para los planes y programas con incidencia territorial.

Dos mandatos resultan trascendentales para su eficacia: el primero, que sus determinaciones orientarán a los planes y programas económicos de la Comunidad, a nivel evidentemente más estratégico que de detalle; y el segundo, lógica consecuencia del anterior, la necesaria periodicidad en su revisión, que garantice su adecuación a las necesidades sociales de cada momento. Si bien a tal efecto el marco cuatrienal de la legislatura autonómica resultaría idóneo, permitiendo plantear las Directrices como la expresión de la voluntad democrática en forma de proyecto territorial, la complejidad del proceso de elaboración aconseja como período normal de vigencia el de ocho años.

V. Como instrumento ordinario de ordenación territorial, se definen las Directrices de Ordenación de ámbito subregional, figura destinada a la consideración integrada de los recursos naturales, las infraestructuras o los equipamientos de los ámbitos geográficos que así lo precisen. Entre sus funciones destaca la definición de un modelo flexible de utilización racional del territorio, que optimice sus aptitudes para el desarrollo sostenible, y el establecimiento de mecanismos de coordinación entre los planes y programas con incidencia territorial.

Cualidad fundamental de esta figura es la flexibilidad de su delimitación, en función de las características o perspectivas geográficas o funcionales del ámbito. Esta flexibilidad, vinculada a su iniciativa, permitirá atender a las exigencias de la realidad territorial y sus problemas y oportunidades, según emerjan en cada momento; ello sin perjuicio de que las Directrices regionales establezcan una delimitación de referencia. Ciertamente la comarca, por su funcional dimensión, y sobre todo la provincia, bien consolidada social y administrativamente, son ámbitos idóneos para la articulación territorial; pero no se quieren prejuzgar las necesidades de ordenación futuras, ya que los problemas territoriales difícilmente se adaptan a los límites administrativos.

Posibilidad también importante, y en cierto modo estratégica, es la de incluir normas urbanísticas subsidiarias de los planes municipales. Con ello se pretende suplir la inexistencia de ordenación urbanística a nivel municipal, uno de los más graves problemas territoriales que se presentan en nuestra región, y que lo es en especial en la periferia de las grandes ciudades. Estas normas permitirán ordenar los usos del suelo en estos Municipios, sin que por ello se interfiera en la autonomía local, ya que su exigibilidad se deriva de los intereses supramunicipales, pero su vigencia se extinguirá cuando el Municipio disponga de planeamiento propio.

VI. Una innovación parcial en nuestra Comunidad, los Planes y Proyectos Regionales son figuras ya experimentadas, con diversa denominación, en varias legislaciones autonómicas, y que se adaptan a las necesidades de Castilla y León, para servir como instrumentos de intervención directa en la ordenación de su territorio.

Entre los Planes Regionales se distinguen en primer lugar los destinados a la planificación de actividades sectoriales sobre el conjunto o partes de la región, ya existentes en cierto número con variada nomenclatura, pero sin cobertura legal que garantice una efectividad mayor que la mera programación administrativa, salvo algún caso concreto con legislación «ad hoc».

Otros Planes Regionales son los de ámbito territorial, que circunscriben su actuación a la ordenación de un ámbito concreto, para la ejecución de actuaciones industriales, residenciales, dotacionales, etc., que se consideren de interés o alcance regional.

Por último, los Proyectos Regionales tienen por objeto planificar y proyectar la ejecución de las infraestructuras, servicios, dotaciones, instalaciones o equipamientos de utilidad pública o interés social, que sean considerados de interés o alcance regional.

Para todos ellos la ley plantea una regulación mínima de contenidos y procedimiento, centrada en su aprobación como tales Planes y Proyectos Regionales, potestad de la Junta de Castilla y León que se justificará por la incidencia supramunicipal del Plan o Proyecto, con efectos como la innecesariedad de ordenación urbanística previa, la vinculación sobre otros planes y programas y la simplificación de trámites.

VII. A la última figura recogida en la ley, los Planes de Ordenación de los Recursos Naturales, se le reconoce explícitamente tanto su carácter de instrumento de Ordenación del Territorio, como su especial prevalencia en los espacios protegidos, aun cuando no precisa de nuevo tratamiento al disponer ya de una regulación vigente.

VIII. El último Título se ocupa de los mecanismos de coordinación administrativa y participación social, imprescindibles para el éxito de cualquier política con incidencia territorial. Entre ellos, el Consejo de Urbanismo y Ordenación del Territorio de Castilla y León que será el órgano donde las Administraciones públicas y las instituciones sociales relevantes participarán en la elaboración de la política territorial de la Comunidad.

TÍTULO I
DE LA ORDENACIÓN DEL TERRITORIO

Artículo 1. Objeto de la ley.

Esta ley tiene por objeto establecer los principios y los objetivos de la Ordenación del Territorio en la Comunidad Autónoma de Castilla y León, y regular los instrumentos necesarios para el ejercicio por la Junta de Castilla y León de su competencia en la materia.

⇒ V. art. 1 de la Ley 6/1998, de 13 abril (§1).

Artículo 2. Principios y objetivos de la Ordenación del Territorio.

1. La Ordenación del Territorio en la Comunidad de Castilla y León se regirá por los principios de coordinación y cooperación administrativa, orientados a asegurar la coherencia en la actuación de las Administraciones públicas y la participación social, ambos deberán garantizarse en la elaboración y ejecución de los instrumentos regulados en esta Ley.

2. Serán objetivos generales de la Ordenación del Territorio en la Comunidad de Castilla y León la promoción de su desarrollo equilibrado y sostenible, el aumento de la cohesión económica y social y la mejora de la calidad de vida de sus habitantes, así como la gestión responsable de los recursos naturales y la protección del medio ambiente y del patrimonio cultural.

3. Para alcanzar los objetivos generales enunciados en el número anterior, la actividad de la Junta de Castilla y León en materia de Ordenación del Territorio se concretará en los instrumentos regulados en esta Ley, destinados, mediante la ordenación y gestión racional de los usos y actividades sobre el territorio, a la consecución de los siguientes objetivos concretos:

a) Definir un modelo territorial para Castilla y León, capaz de favorecer la articulación e integración de su territorio y su conexión con el exterior de la Comunidad, con especial atención a los núcleos que por sus características y posibilidades puedan constituirse en centros de desarrollo comarcal.

b) Mejorar la compatibilidad entre los procesos de desarrollo del sistema productivo y de la urbanización, y la protección del medio ambiente y del patrimonio cultural de la Comunidad.

c) Establecer los criterios y procedimientos necesarios para asegurar la coordinación de las actuaciones con incidencia territorial, desde una visión global de los problemas de la Comunidad Autónoma.

4. Los objetivos mencionados tendrán carácter enunciativo y no limita-

tivo, y la competencia en las materias relacionadas con la Ordenación del Territorio comprenderá cuantas otras fueren congruentes con los mismos.

Artículo 3. Competencia.

La titularidad de la competencia administrativa en materia de Ordenación del Territorio corresponde a la Junta de Castilla y León, que la desarrollará con respeto de las que son propias de otras Administraciones públicas, y promoviendo la colaboración con éstas y la participación de la iniciativa privada, en los términos previstos en esta Ley.

Artículo 4. Participación social.

La Junta de Castilla y León promoverá la participación de la sociedad en la Ordenación del Territorio de la Comunidad Autónoma. A tal efecto, los instrumentos de ordenación del territorio previstos en esta Ley serán sometidos a los trámites de información pública y audiencia a las Administraciones públicas afectadas.

TÍTULO II
DE LOS INSTRUMENTOS DE ORDENACIÓN DEL TERRITORIO

CAPÍTULO I
Disposiciones comunes

Artículo 5. Instrumentos de Ordenación del Territorio.

La actividad de la Junta de Castilla y León en materia de Ordenación del Territorio se ejercerá a través de los siguientes instrumentos:

a) Directrices de Ordenación del Territorio de Castilla y León.
b) Directrices de Ordenación de ámbito subregional.
c) Planes y Proyectos Regionales.
d) Planes de Ordenación de los Recursos Naturales.

Artículo 6. Grado de aplicación.

1. Los instrumentos de ordenación del territorio mencionados en el artículo anterior son complementarios y no excluyentes de los planes, programas de actuación y demás instrumentos destinados a la regulación de las actividades con incidencia en el territorio, establecidos en la legislación específica correspondiente.

2. Sin perjuicio de lo dispuesto en el número anterior, las determinaciones de los instrumentos de ordenación del territorio previstos en esta Ley serán vinculantes para los planes, programas de actuación y proyectos de las Administraciones públicas y de los particulares, de forma congruente con su carácter directriz.

3. A tal efecto, las determinaciones de los instrumentos de ordenación del territorio deberán expresar en cada caso y de forma clara su grado de aplicación, calificándose como de aplicación plena, básica u orientativa:

a) Las determinaciones de aplicación plena serán siempre vinculantes, por lo que modificarán directamente los planes, programas de actuación y proyectos vigentes a los que resulten contrarias.

b) Las determinaciones de aplicación básica serán vinculantes en cuanto a sus fines, correspondiendo a las Administraciones competentes en cada caso establecer y aplicar las medidas concretas para su consecución.

c) Las determinaciones de aplicación orientativa tendrán carácter de recomendaciones dirigidas a las Administraciones públicas, que podrán apartarse de ellas justificando la compatibilidad de su decisión con los principios y objetivos de la Ordenación del Territorio establecidos en el artículo 2 de esta Ley.

⇒ V. art. 9 de la presente ley.

Artículo 7. Ejecutividad y vigencia.

Los instrumentos de ordenación del territorio previstos en esta Ley entrarán en vigor y serán ejecutivas desde la fecha que se indique en su aprobación, y su vigencia será indefinida, excepto en los casos en los que esta Ley regula su caducidad.

CAPÍTULO II

Directrices de Ordenación del Territorio de Castilla y León

Artículo 8. Naturaleza y objetivos.

1. Las Directrices de Ordenación del Territorio de Castilla y León son el instrumento para la ordenación del conjunto de la Comunidad, y tendrán como objetivos fundamentales definir el modelo territorial de la misma, establecer el marco de referencia para los demás instrumentos regulados en esta Ley y orientar la política territorial de la Junta de Castilla y León, para alcanzar los objetivos generales y específicos que se definen en el artículo 2 y en especial los del Plan de Desarrollo Regional.

2. A tal efecto las Directrices de Ordenación del Territorio de Castilla y León cumplirán al menos las siguientes funciones:

a) Definir, a partir de un diagnóstico territorial, los objetivos y estrategias de la política territorial de la Junta de Castilla y León, comprensiva de las prioridades de ámbito general y de las necesidades locales.

b) Formular los criterios y normas que regulen la implantación de usos y actividades en el territorio, orientados hacia la consecución del desarrollo sostenible y el equilibrio territorial de Castilla y León.

c) Constituir un marco de referencia y orientación para los planes, programas de actuación y proyectos de las Administraciones públicas y de los particulares, tanto de carácter sectorial como local, con incidencia sobre el territorio de la Comunidad Autónoma, y en especial para los restantes instrumentos de ordenación del territorio así como para los planes de ordenación urbanística.

d) Proponer y programar actuaciones de alcance o interés para la Comunidad, estableciendo bases para la cooperación entre las Administraciones públicas competentes para su ejecución.

Artículo 9. Vinculación.

1. Las determinaciones de las Directrices de Ordenación del Territorio de Castilla y León serán vinculantes para los planes, programas de actuación y proyectos de las Administraciones públicas y de los particulares, en la forma prevista en el artículo 6.3 de esta Ley.

2. Las determinaciones de las Directrices de Ordenación del Territorio de Castilla y León se utilizarán como referencia para la formulación de las políticas sectoriales y para la programación de los recursos económicos de las Administraciones públicas, en el ámbito de la Comunidad Autónoma.

⇒ V. art. 33 de la Ley 5/1999, de 8 abril, de Urbanismo de Castilla y León (§25).

Artículo 10. Determinaciones.

1. Las Directrices de Ordenación del Territorio de Castilla y León contendrán al menos las siguientes determinaciones:

a) Análisis y diagnóstico de los problemas, oportunidades y perspectivas territoriales de la Comunidad, en relación con los objetivos y propuestas de las propias Directrices.

b) Formulación, a partir del diagnóstico territorial y de las políticas sectoriales vigentes, de los objetivos, estrategias y propuestas de ordenación y gestión que orienten las actividades con incidencia en el territorio.

c) Delimitación de los ámbitos geográficos funcionales de Castilla y León, como unidades elementales para la Ordenación del Territorio, y criterios para la delimitación de otros ámbitos de planificación subregional.

d) Criterios para la cuantificación, localización, diseño y ejecución de los siguientes sistemas regionales de estructuración territorial, considerando las previsiones de los planes de ordenación urbanística y de la planificación sectorial:

1. Infraestructuras de transporte, comunicaciones y telecomunicaciones.
2. Infraestructuras de producción, almacenamiento, transporte y distribución de energía.
3. Infraestructuras hidráulicas y de calidad ambiental.
4. Suelo para implantación de actividades productivas.
5. Vivienda, con especial referencia a las modalidades de protección pública y a los programas de rehabilitación.
6. Dotaciones, equipamientos y servicios de salud, asistencia social, educación, cultura, comercio, administración, justicia, deportes y ocio.

e) Criterios para el desarrollo urbanístico de los núcleos de población y para la implantación de nuevos usos y actividades, en función de las disponi*bilidades de recursos*, de los riesgos naturales y tecnológicos, y de su incidencia sobre el territorio.

f) Criterios para la preservación de los recursos naturales y culturales y su compatibilización con el desarrollo económico y urbanístico, con delimitación de áreas de protección y planificación especial.

g) Criterios de actuación en áreas desfavorecidas por declive económico o demográfico, por situaciones de incomunicación u otras desventajas objetivas, o por existencia de riesgos naturales o tecnológicos.

h) Criterios de coordinación y compatibilización de los planes de ordenación urbanística y de la planificación sectorial con incidencia sobre el territorio, entre sí y con las propias Directrices de Ordenación del Territorio de Castilla y León.

i) Programa de Actuación, con evaluación de la coherencia de las Directrices con la política económica de la Comunidad y con los programas de las restantes Administraciones públicas y de la Unión Europea.

2. Las citadas determinaciones tendrán carácter enunciativo y no limitativo, por lo que las Directrices de Ordenación del Territorio de Castilla y León podrán contener cuantas determinaciones resulten coherentes con los objetivos y funciones enunciados en el artículo 8.

Artículo 11. Documentación.

1. Las Directrices de Ordenación del Territorio de Castilla y León contendrán los documentos que se determinen reglamentariamente.

2. La documentación de las Directrices incluirá un informe ambiental, con el contenido que se establezca en la normativa sobre evaluación de impacto ambiental de Castilla y León, a efectos de su evaluación estratégica previa.

3. Para su tramitación y aprobación, las Directrices se formalizarán en dos documentos diferenciados, destinados a adquirir respectivamente rango legal y reglamentario, según el procedimiento previsto en el artículo siguiente:

a) Las directrices esenciales, en todo caso de aplicación plena, comprensivas de los objetivos y criterios que definan el modelo territorial de Castilla y León, destinadas a constituir los principios informadores del conjunto de políticas de la Comunidad Autónoma con incidencia territorial.

b) Las directrices complementarias, comprensivas del resto de las determinaciones, a su vez calificadas como de aplicación plena, básica u orientativa, según lo previsto en el artículo 6.3 de esta Ley, a fin de expresar su grado de vinculación para los planes, programas de actuación y proyectos de las Administraciones públicas y de los particulares.

⇒ V. DLeg 1/2000, de 18 mayo, que aprueba el Texto Refundido de la Ley de Evaluación de Impacto Ambiental y Auditorías Ambientales de Castilla y León.

V. Ley 6/2001, de 8 mayo, de modificación del RDLeg 1302/1986, de 28 junio, de evaluación de impacto ambiental.

Artículo 12. Elaboración y aprobación.

1. Corresponde a la Junta de Castilla y León iniciar el procedimiento de elaboración de las Directrices de Ordenación del Territorio de Castilla y

León, mediante Acuerdo que se publicará en el «Boletín Oficial de Castilla y León», y que señalará objetivos, plazos, otras condiciones para su elaboración y los departamentos de la Administración que deban prestar su colaboración y ayuda.

2. A partir de la publicación del Acuerdo de iniciación en el Boletín Oficial, la Consejería competente en materia de Ordenación del Territorio elaborará la documentación de las Directrices. A tal efecto podrá recabar de las Administraciones públicas, instituciones y entidades que se estime conveniente, datos e informes sobre las materias de su competencia o interés.

3. Una vez elaboradas las Directrices, la Consejería dispondrá la apertura de un período de información pública y audiencia a las Administraciones públicas, no inferior a tres meses contados a partir de la recepción del documento, que se anunciará mediante publicación en el «Boletín Oficial de Castilla y León» y en al menos los periódicos de más difusión de cada provincia. La documentación completa se podrá consultar en todas las capitales de provincia y en las de comarcas legalmente reconocidas.

4. Durante dicho período de información pública las Consejerías de la Junta de Castilla y León emitirán informe sobre la incidencia de las Directrices en las materias de su competencia, y las restantes Administraciones públicas y los particulares podrán presentar sus informes, alegaciones y sugerencias.

5. Finalizado el período de información pública, la Consejería recabará los siguientes dictámenes: de la Asesoría Jurídica General de la Junta de Castilla y León; del Consejo de Urbanismo y Ordenación del Territorio de Castilla y León; del Consejo Económico y Social; de la Federación de Municipios y Provincias; de la Consejería de Economía y Hacienda sobre la adecuación al Plan de Desarrollo Regional; y el dictamen ambiental de evaluación estratégica previa regulado en la normativa sobre evaluación de impacto ambiental.

6. A la vista de los informes, alegaciones y sugerencias presentados durante el período de información pública, así como de los dictámenes citados en el número anterior, la Consejería realizará las modificaciones que procedan, y elevará las Directrices a la Junta de Castilla y León.

7. La Junta de Castilla y León aprobará como Proyecto de Ley, si procede, el documento de directrices esenciales previsto en el artículo 11.3 a) de esta Ley, y lo remitirá a las Cortes de Castilla y León para su tramitación parlamentaria.

8. Una vez publicada la Ley de aprobación de las Directrices de Ordenación del Territorio de Castilla y León, la Junta de Castilla y León aprobará mediante Decreto las directrices complementarias previstas en el artículo 11.3 b).

⇒ V. Ac. 4 febrero 1999, de la Consejería de Medio Ambiente y Ordenación del Territorio de Castilla y León, que inicia el procedimiento de elaboración de las directrices.

V. D. 222/1999, de 5 agosto, que regula la estructura orgánica de la Consejería de Fomento, desarrollado por O. 23 diciembre 1999, modificada por O. 30 noviembre 2000.

V. D. 145/2000, de 29 junio, de regulación del Consejo de Urbanismo y Ordenación del Territorio.

V. DLeg 1/2000, de 18 mayo, que aprueba el Texto Refundido de la Ley de Evaluación de Impacto Ambiental y Auditorías Ambientales de Castilla y León.

V. Ley 6/2001, de 8 mayo, de modificación del RDLeg 1302/1986, de 28 junio, de evaluación de impacto ambiental.

Artículo 13. Seguimiento, revisión y modificación.

1. La Junta de Castilla y León, a través de la Consejería competente en materia de Ordenación del Territorio, informará anualmente a las Cortes de Castilla y León sobre la aplicación de las Directrices de Ordenación del Territorio de Castilla y León, dando cuenta del cumplimiento de sus previsiones.

2. La Revisión de las Directrices de Ordenación del Territorio de Castilla y León deberá iniciarse antes de que transcurran ocho años desde su entrada en vigor, sin perjuicio de que otras circunstancias la exigieran anticipadamente, y se someterá al procedimiento establecido en el artículo anterior para su primera aprobación.

3. Las modificaciones de las Directrices de Ordenación del Territorio de Castilla y León que no afecten a las directrices esenciales, se aprobarán por Decreto de la Junta de Castilla y León, a propuesta de la Consejería competente en materia de Ordenación del Territorio, previos trámites de información pública durante un mes, dictamen del Consejo de Urbanismo y Ordenación del Territorio de Castilla y León y, de ser necesarios por la naturaleza de la modificación, evaluación estratégica previa e informe de las Consejerías con competencias en la materia. En caso contrario, se someterán al procedimiento establecido en el artículo anterior.

⇒ V. D. 222/1999, de 5 agosto, que regula la estructura orgánica de la Consejería de Fomento, desarrollado por O. 23 diciembre 1999, modificada por O. 30 noviembre 2000.

V. D. 145/2000, de 29 junio, de regulación del Consejo de Urbanismo y Ordenación del Territorio.

CAPÍTULO III

Directrices de Ordenación de ámbito subregional

Artículo 14. Naturaleza y objetivos.

1. Las Directrices de Ordenación de ámbito subregional tendrán como objetivo la planificación de las áreas de la Comunidad que precisen una consideración conjunta y coordinada de sus problemas territoriales, en especial en lo relativo a sus recursos, infraestructuras y equipamientos.

2. A tal efecto las Directrices de Ordenación de ámbito subregional cumplirán todas o algunas de las siguientes funciones:

a) Proponer un modelo flexible para la utilización racional del territorio, que optimice sus aptitudes para la localización de actividades susceptibles de propiciar su desarrollo equilibrado y sostenible.

b) Establecer mecanismos de coordinación que permitan una gestión responsable de los recursos, de forma compatible con la protección del medio ambiente y la satisfacción de las necesidades sociales.

c) Definir un marco de referencia, orientación y compatibilización para los planes, programas de actuación y proyectos, tanto sectoriales como locales, con incidencia sobre su ámbito, en especial para los planes de ordenación urbanística y demás actuaciones de las Administraciones públicas.

d) Concretar la ordenación urbanística de los Municipios sin plan de ordenación propio, clasificando el suelo según lo previsto en la legislación urbanística, y estableciendo cuando sea necesario la normativa sobre uso del suelo.

Artículo 15. Vinculación.

1. Las Directrices de Ordenación de ámbito subregional serán coherentes con los objetivos y criterios de las Directrices de Ordenación del Territorio de Castilla y León.

2. Las determinaciones de las Directrices de Ordenación de ámbito subregional serán vinculantes, en su ámbito de aplicación, para los planes, programas de actuación y proyectos de las Administraciones públicas y de los particulares, en la forma prevista en el artículo 6.3 de esta Ley.

3. Las determinaciones de las Directrices de Ordenación de ámbito subregional servirán de referencia y orientación, en su ámbito de aplicación, para la formulación de las políticas sectoriales y para la programación de los recursos económicos de las Administraciones públicas.

Artículo 16. Otros efectos.

1. La Orden por la que se disponga la información pública de las Directrices de Ordenación de ámbito subregional podrá suspender el otorgamiento de licencias para determinadas actividades y obras que puedan resultar afectadas por las nuevas determinaciones, durante un plazo no superior a dos años. En tal caso la Orden determinará específicamente las actividades y obras afectadas, así como el ámbito de aplicación de la suspensión.

2. La aprobación de las Directrices de Ordenación de ámbito subregional comportará la declaración de utilidad pública e interés social y la necesidad de ocupación de los bienes y derechos que resulten necesarios para la ejecución de sus determinaciones, a efectos de su expropiación forzosa, ocupación temporal o modificación de servidumbres.

3. Las normas urbanísticas subsidiarias establecidas en el artículo 17 h) serán de aplicación en los Municipios sin planes de ordenación urbanística, hasta la aprobación definitiva de los mismos. Asimismo se aplicarán en los restantes municipios, para los aspectos no previstos en sus planes.

Artículo 17. Determinaciones y documentación.

1. Las Directrices de Ordenación de ámbito subregional contendrán los documentos que reflejen adecuadamente todas o algunas de las siguientes determinaciones:

a) Delimitación del ámbito geográfico objeto de ordenación, con justificación de las razones que avalen su concreta selección, en especial cuando no se atenga a límites provinciales o comarcales establecidos, y cuando afecte a áreas en las que ya existan Directrices en vigor.

b) Análisis y diagnóstico pormenorizado de los problemas y las oportunidades de naturaleza territorial del ámbito delimitado, en relación con los objetivos y propuestas de las propias Directrices.

c) Formulación, a partir del diagnóstico territorial y de las políticas sectoriales, de los objetivos, estrategias y propuestas de ordenación que regulen las actuaciones con incidencia en el territorio.

d) Cuantificación, localización y criterios de diseño y ejecución de los siguientes sistemas de estructuración territorial de interés común para el ámbito, considerando las previsiones de los planes de ordenación urbanística y de la planificación sectorial:

1) Infraestructuras de transporte y comunicaciones.

2) Infraestructuras de producción y transporte de energía.

3) Infraestructuras hidráulicas y de calidad ambiental.

4) Suelo para implantación de actividades económicas.

5) Vivienda, con especial referencia a las modalidades de protección pública y a los programas de rehabilitación.

6) Dotaciones, equipamientos y servicios de salud, asistencia social, educación, cultura, comercio, administración, justicia, deportes y ocio.

e) Criterios y normas para el desarrollo urbanístico y para la implantación de nuevos usos y actividades sobre el territorio, en función de las disponibilidades de recursos, de los riesgos naturales y tecnológicos y de su incidencia territorial.

f) Criterios y normas de protección de los recursos naturales y culturales y su compatibilización con el desarrollo económico y urbanístico, con delimitación de áreas de protección y planificación especial.

g) Criterios y normas de coordinación de la planificación local y sectorial con incidencia sobre el territorio, y en especial de la urbanística.

h) Normas urbanísticas subsidiarias que definan la ordenación urbanística en los Municipios sin planes de ordenación propios, clasificando el suelo según lo dispuesto en la legislación urbanística, estableciendo en los casos necesarios la normativa sobre uso del suelo, en especial en lo relativo a la urbanización y edificación en suelo urbano y a la protección del suelo rústico.

i) Programa de Actuación, con evaluación de la coherencia de las Directrices con las políticas y programas de actuación de las Administraciones públicas y de la Unión Europea, y con priorización de las actuaciones relacionadas con los sistemas de estructuración territorial definidos en la letra d).

j) Señalamiento de las determinaciones u otros aspectos concretos de Planes o Programas de Actuación vigentes que se vean directamente modificados por la aprobación de las Directrices.

2. Las citadas determinaciones tendrán carácter enunciativo y no limitativo, por lo que las Directrices de Ordenación de ámbito subregional podrán contener las determinaciones que resulten coherentes con sus propios objetivos y funciones, conforme al artículo 14.

3. La documentación de las Directrices incluirá un informe ambiental, con el contenido citado en la normativa sobre evaluación de impacto ambiental de Castilla y León, a efectos de su evaluación estratégica previa.

⇒ V. DLeg 1/2000, de 18 mayo, que aprueba el Texto Refundido de la Ley de Evaluación de Impacto Ambiental y Auditorías Ambientales de Castilla y León.

V. Ley 6/2001, de 8 mayo, de modificación del RDLeg 1302/1986, de 28 junio, de evaluación de impacto ambiental.

Artículo 18. Elaboración y aprobación.

1. Podrán formularse Directrices de Ordenación de ámbito subregional por iniciativa de la Junta de Castilla y León, a través de la Consejería competente en materia de Ordenación del Territorio, de las Diputaciones y Consejos Comarcales en su ámbito territorial y de los Ayuntamientos que representen más de un cincuenta por ciento de la población y superficie del ámbito propuesto por ellos mismos.

2. Corresponde a la Consejería competente en materia de Ordenación del Territorio, iniciar el procedimiento de aprobación de las Directrices de Ordenación de ámbito subregional, de oficio o a instancia de las Entidades citadas en el número anterior, disponiendo la apertura de un período de información pública y audiencia a las Administraciones públicas, no inferior a tres meses, que se anunciará en el «Boletín Oficial de Castilla y León» y en uno de los periódicos de mayor difusión del ámbito.

3. Finalizado el período de información pública, la Consejería someterá las Directrices a los siguientes trámites, cuyo resultado se entenderá favorable si no se produce una resolución expresa en el plazo de tres meses:

a) Informe del Consejo de Urbanismo y Ordenación del Territorio de Castilla y León.

b) Informe de los Municipios afectados por las Directrices, así como de la Delegación del Gobierno, de la Diputación Provincial y del Consejo Comarcal, en su caso, salvo que sean los promotores de las Directrices.

c) Dictamen ambiental de evaluación estratégica previa.

4. A la vista de los informes, alegaciones y sugerencias presentados durante el período de información pública, así como del resultado de los trámites citados en el número anterior, la Consejería realizará las modificaciones que procedan y elevará las Directrices a la Junta de Castilla y León.

5. La Junta de Castilla y León aprobará las Directrices de Ordenación de ámbito subregional, si procede, mediante Decreto que se publicará en el «Boletín Oficial de Castilla y León» y se notificará a la Delegación del Gobierno en la Comunidad Autónoma y a las Diputaciones Provinciales, Consejos Comarcales, en su caso, y Municipios afectados.

⇒ V. D. 222/1999, de 5 agosto, que regula la estructura orgánica de la Consejería de Fomento, desarrollado por O. 23 diciembre 1999, modificada por O. 30 noviembre 2000.
V. D. 145/2000, de 29 junio, de regulación del Consejo de Urbanismo y Ordenación del Territorio.

Artículo 19. Seguimiento, revisión y modificación.

1. La Junta de Castilla y León, a través de la Consejería competente en materia de Ordenación del Territorio, presentará un informe anual a las Cortes de Castilla y León sobre la aplicación de las Directrices de Ordenación de ámbito subregional, dando cuenta del cumplimiento de sus previsiones y de las modificaciones realizadas.

2. La Revisión de las Directrices de Ordenación de ámbito subregional deberá iniciarse en los plazos y circunstancias indicados por las propias Directrices, sin perjuicio de que otras circunstancias la exigieran anticipadamente, y se someterá al procedimiento establecido en el artículo anterior para su primera aprobación.

3. Las modificaciones de las Directrices de Ordenación de ámbito subregional se someterán al procedimiento establecido en el artículo anterior, si bien el período de información pública y audiencia a las Administraciones públicas será de un mes.

CAPÍTULO IV
Planes y Proyectos Regionales

Artículo 20. Naturaleza y objetivos.

1. Los Planes y Proyectos Regionales son los instrumentos de intervención directa en la Ordenación del Territorio de la Comunidad, distinguiéndose, en función de su naturaleza y objeto, los siguientes:

a) Planes Regionales de ámbito sectorial, que tienen por objeto ordenar y regular las actividades sectoriales sobre el conjunto o partes de la Comunidad.

b) Planes Regionales de ámbito territorial, que tienen por objeto planificar la ejecución de actuaciones industriales, residenciales, terciarias, dotacionales o de implantación de infraestructuras, que se consideren de interés para la Comunidad.

c) Proyectos Regionales, que tienen por objeto planificar y proyectar la ejecución inmediata de las infraestructuras, servicios, dotaciones e instalaciones de utilidad pública o interés social, que se consideren de interés para la Comunidad.

2. Corresponde a la Junta de Castilla y León la aprobación de los Planes y Proyectos Regionales. Esta aprobación se justificará por el interés general del sector afectado o de las actuaciones previstas, o bien porque a causa de su magnitud o características, la influencia del Plan o Proyecto trasciendа claramente el ámbito local.

3. Los Planes Regionales sólo pueden ser promovidos por la iniciativa

pública, entendiendo como tal a las Administraciones públicas, las Entidades de Derecho Público de ellas dependientes, las Sociedades con capital que les pertenezca íntegra o mayoritariamente y los Consorcios con participación de alguna de las anteriores. Los Proyectos Regionales podrán ser promovidos indistintamente por la iniciativa pública o por la iniciativa privada.

Artículo 21. Vinculación.

1. Los Planes y Proyectos Regionales se ajustarán a las determinaciones de los instrumentos de ordenación del territorio definidas en esta Ley que resulten aplicables, debiendo ser revisados y adaptados en caso contrario.

2. Las determinaciones de los Planes y Proyectos Regionales serán vinculantes en su ámbito de aplicación para los planes, programas de actuación y proyectos de las Administraciones públicas y de los particulares, en la forma prevista en el artículo 6.3 de esta Ley.

⇒ V. art. 9 de la presente Ley.

Artículo 22. Otros efectos.

1. La Orden por la que se disponga la información pública de los Planes y Proyectos Regionales podrá suspender el otorgamiento de licencias para determinadas actividades y obras que se estime puedan resultar afectadas por las nuevas determinaciones, durante un plazo no superior a dos años. En tal caso la Orden determinará específicamente las actividades y obras afectadas, así como el ámbito de aplicación de la suspensión.

2. La aprobación de los Planes y Proyectos Regionales comportará la declaración de utilidad pública e interés social y la necesidad de ocupación de los bienes y derechos que resulten necesarios para la ejecución del Plan o Proyecto, incluidos los enlaces y conexiones con las redes de infraestructura previstas en los planes de ordenación urbanística o en la planificación sectorial, en su caso, a efectos de su expropiación forzosa, ocupación temporal o modificación de servidumbres.

3. La aprobación de los Planes Regionales de ámbito territorial y de los Proyectos Regionales determinará la sujeción de sus promotores y de los propietarios de los terrenos al régimen de derechos y deberes urbanísticos regulado en la legislación urbanística, siempre que definan sus determinaciones con la precisión equivalente, al menos, al planeamiento urbanístico preciso en cada caso.

4. Las licencias y otras autorizaciones que fueran exigibles a las obras y actividades derivadas de la ejecución de los Planes y Proyectos Regionales, se tramitarán por los procedimientos de urgencia que prevea la legislación aplicable, o, en su defecto, con aplicación de criterios de prioridad y urgencia. En concreto, en la tramitación de las evaluaciones de impacto ambiental y licencias de actividades clasificadas exigibles a los Planes y Proyectos Regionales, los trámites de información pública correspondientes se entenderán cumplidos con los realizados conforme al procedimiento descrito en el artículo 24 de esta Ley.

5. No obstante lo dispuesto en el número anterior, la ejecución de las obras públicas e instalaciones complementarias definidas en los Planes y Proyectos Regionales no estará sometida a los actos de control preventivo municipal a que se refiere el artículo 84.1 b) de la Ley Reguladora de las Bases del Régimen Local.

6. Los promotores y los concesionarios de los Planes y Proyectos Regionales podrán ser beneficiarios de la expropiación forzosa.

Artículo 23. Determinaciones y documentación.

1. Los Planes y Proyectos Regionales contendrán los documentos que reflejen adecuadamente las siguientes determinaciones:

a) Organismo, Entidad o persona promotor del Plan o Proyecto.

b) Descripción de los objetivos y características funcionales, espaciales, temporales y económicas del Plan o Proyecto, con justificación de su utilidad pública o interés social y de su incidencia supramunicipal.

c) Adecuación del Plan o Proyecto a los instrumentos de ordenación del territorio vigentes, así como a otros planes, programas de actuación y proyectos que les afecten, y, en su caso, determinaciones u otros aspectos de estos últimos que se modifiquen directamente para permitir la ejecución del Plan o Proyecto.

d) Documentación necesaria para la realización del trámite ambiental aplicable en función de la naturaleza y características del Plan o Proyecto.

2. Los Planes Regionales de ámbito sectorial contendrán, además de los anteriores, los documentos que reflejen adecuadamente las determinaciones exigibles en virtud de la legislación sectorial correspondiente o de la Orden de iniciación de su procedimiento de aprobación.

3. Los Planes Regionales de ámbito territorial y los Proyectos Regionales contendrán, además de todos los anteriores, los documentos que reflejen adecuadamente las siguientes determinaciones:

a) Descripción del emplazamiento propuesto, evaluando la incidencia económica y ambiental del Plan o Proyecto sobre el entorno afectado, y las posibilidades y medios de corrección de los efectos negativos predecibles, en los términos exigidos por la legislación ambiental aplicable.

b) Ordenación del ámbito del Plan o Proyecto, incluyendo cuando proceda la clasificación del suelo y demás determinaciones reguladas en la legislación urbanística.

4. Los Proyectos Regionales de iniciativa privada contendrán, además de todos los anteriores, los compromisos del promotor en orden al cumplimiento de las obligaciones que se deriven del Proyecto, en particular las garantías que se determinen reglamentariamente, referidas a la evaluación económica del propio Proyecto.

5. Reglamentariamente podrán determinarse las condiciones específicas que deban reunir las diferentes clases de Planes y Proyectos Regionales, en función de su naturaleza y características.

Artículo 24. Elaboración y aprobación.

1. Corresponde a la Consejería competente por razón de la materia iniciar el procedimiento establecido de aprobación de los Planes y Proyectos Regionales, de oficio o a instancia de quien presente una propuesta. La Consejería podrá denegar la solicitud, o bien disponer la apertura de un período de información pública y audiencia de las Administraciones públicas, no inferior a un mes, que se anunciará en el «Boletín Oficial de Castilla y León» y en uno de los periódicos de mayor difusión del ámbito. Durante este período la documentación podrá consultarse en las Delegaciones Territoriales de la Junta de Castilla y León correspondientes al ámbito del Plan o Proyecto.

2. Transcurridos seis meses desde la presentación de un plan o proyecto para su aprobación como Plan o Proyecto Regional, sin que se haya dispuesto la apertura del período de información pública, se entenderá denegada la solicitud.

3. Finalizado el período de información pública, se someterá el plan o proyecto a los siguientes trámites, cuyo resultado se entenderá favorable si no se produce una resolución expresa en el plazo de tres meses:

a) Informe del Consejo de Urbanismo y Ordenación del Territorio de Castilla y León, en cuanto a la adecuación del plan o proyecto al modelo territorial de la Comunidad, definido por los instrumentos de ordenación del territorio vigentes.

b) Informe de los Municipios afectados por el plan o proyecto, salvo en el caso de los Planes Regionales de ámbito sectorial, en los que el informe corresponderá a la Federación Regional de Municipios y Provincias.

c) Trámite ambiental aplicable en función de su naturaleza y características.

4. A la vista de los informes, alegaciones y sugerencias presentados durante el período de información pública, así como del resultado de los trámites citados en el número anterior, la Consejería competente realizará las modificaciones que procedan y elevará el plan o proyecto a la Junta de Castilla y León.

5. La Junta de Castilla y León aprobará el Plan o Proyecto Regional, si procede, mediante Decreto que se publicará en el «Boletín Oficial de Castilla y León» y se notificará a las Administraciones públicas afectadas, con indicación, en su caso, de los compromisos que asume el promotor y de las condiciones específicas para la ejecución del Plan o Proyecto.

⇒ V. art. 22 de la presente ley.

V. D. 145/2000, de 29 junio, de regulación del Consejo de Urbanismo y Ordenación del Territorio.

V. DLeg 1/2000, de 18 mayo, que aprueba el Texto Refundido de la Ley de Evaluación de Impacto Ambiental y Auditorías Ambientales de Castilla y León.

V. Ley 6/2001, de 8 mayo, de modificación del RDLeg 1302/1986, de 28 junio, de evaluación de impacto ambiental.

Artículo 25. Concesión, revisión, modificación y caducidad.

1. Los Planes y Proyectos Regionales podrán ejecutarse a través de concesión administrativa, la cual se otorgará en todo caso mediante concurso, cuyas bases fijarán los derechos y obligaciones del concesionario y de la Administración.

2. La Revisión y las modificaciones de los Planes y Proyectos Regionales se ajustarán al procedimiento establecido para su aprobación.

3. El incumplimiento de las condiciones impuestas en el Decreto de aprobación de los Planes y Proyectos Regionales dará lugar a su caducidad, que se producirá mediante nuevo Decreto de la Junta de Castilla y León, a propuesta de la Consejería impulsora. Reglamentariamente se fijarán los plazos que determinen el inicio del procedimiento de caducidad, según la naturaleza y características de los diferentes tipos de Planes y Proyectos.

4. La declaración de caducidad de un Plan o Proyecto Regional habilitará a la Junta de Castilla y León para asumir directamente su gestión y ejecución.

CAPÍTULO V

Planes de Ordenación de los Recursos Naturales

Artículo 26. Naturaleza, objetivos y vinculación.

1. Los Planes de Ordenación de los Recursos Naturales, sin perjuicio de su carácter de instrumentos de ordenación del territorio, se regularán por lo establecido en la normativa específica sobre conservación de los espacios naturales y de la flora y fauna silvestre.

2. Los Planes de Ordenación de los Recursos Naturales serán vinculantes en su ámbito de aplicación para los planes, programas de actuación y proyectos de las Administraciones públicas de Castilla y León y de los particulares, y, en particular, prevalecerán sobre cualesquiera otros instrumentos de ordenación del territorio o de planificación sectorial en su materia especial, en la forma establecida en su normativa específica.

⇒ V. Ley 8/1991, de 10 mayo, de Espacios Naturales Protegidos en Castilla y León.

TÍTULO III

DE LA COORDINACIÓN ADMINISTRATIVA Y LA PARTICIPACIÓN SOCIAL

Artículo 27. Coordinación administrativa.

1. Las relaciones entre las Administraciones públicas afectadas por esta Ley se regirán por los principios de coordinación, cooperación y participación, y garantizarán la plena aplicación y eficacia de los instrumentos de ordenación del territorio, sin perjuicio de las competencias atribuidas a cada una de ellas.

2. La Junta de Castilla y León promoverá la participación de las Administraciones públicas y, en especial, de las Entidades Locales que resulten

directamente afectadas, en la elaboración, aprobación y ejecución de los instrumentos de ordenación del territorio regulados en esta Ley.

3. La legislación urbanística establecerá las condiciones para que el planeamiento urbanístico justifique su coherencia con los principios y objetivos de la Ordenación del Territorio definidos en el artículo 2 de esta Ley y, en su caso, con los instrumentos de ordenación del territorio que les afecten, y asimismo para que valore la incidencia de sus propias determinaciones sobre el territorio exterior al Municipio, en especial en cuanto a los servicios, infraestructuras y dotaciones de interés para su comarca o ámbito de influencia, así como a la protección del medio ambiente y del patrimonio cultural del mismo.

4. Los planes y programas promovidos por la Administración del Estado, sus organismos y las entidades de Derecho Público de ellos dependientes, que deban ser conocidos por la Comunidad Autónoma a causa de su incidencia sobre el modelo territorial de Castilla y León, serán sometidos a informe del Consejo de Urbanismo y Ordenación del Territorio de Castilla y León. Este informe versará sobre la coherencia del plan o programa examinado con el modelo territorial de la Comunidad Autónoma, definido por los instrumentos de ordenación del territorio vigentes, y se entenderá favorable por el transcurso de tres meses desde su solicitud sin que haya sido emitido.

5. Sin perjuicio de lo dispuesto en la legislación sectorial, las discrepancias entre los planes y programas promovidos por la Administración del Estado y los instrumentos de ordenación del territorio previstos en esta Ley se resolverán preferentemente por convenio o mediante la constitución de comisiones mixtas que propongan fórmulas de resolución de las mismas.

⇒ V. D. 145/2000, de 29 junio, de regulación del Consejo de Urbanismo y Ordenación del Territorio.

Artículo 28. Acción pública.

Será pública la acción para exigir ante los órganos competentes en materia de Ordenación del Territorio y ante los Tribunales Contencioso-Administrativos, la observancia de esta Ley y del contenido de los instrumentos de ordenación del territorio previstos en ella.

⇒ V. art. 304.1 y 304.2 del TRLS/1992 (§2).
V. Jurisprudencia en arts. 235 y concordantes del TRLS/1976 (§3).

Artículo 29. Consejo de Urbanismo y Ordenación del Territorio de Castilla y León.

1. El Consejo de Urbanismo y Ordenación del Territorio de Castilla y León es el órgano regional permanente, de carácter deliberante y consultivo, destinado a asegurar la coordinación administrativa y la participación social en los procesos de definición y desarrollo de la Ordenación del Territorio en la Comunidad Autónoma.

2. Además de las asignadas anteriormente por esta Ley, son funciones del Consejo el asesoramiento y la coordinación en las materias relacionadas con la Ordenación del Territorio.

3. En la composición del Consejo se asegurará la participación de las Administraciones públicas y de las instituciones sociales cuya aportación sea necesaria para alcanzar el mayor consenso en los procesos de definición y desarrollo de la Ordenación del Territorio en la Comunidad Autónoma.

4. El Consejo de Urbanismo y Ordenación del Territorio desarrollará sus funciones integrado en la Consejería competente en materia de Ordenación del Territorio.

⇒ V. D. 222/1999, de 5 agosto, que regula la estructura orgánica de la Consejería de Fomento, desarrollado por O. 23 diciembre 1999, modificada por O. 30 noviembre 2000.

Artículo 30. Centro de Información Territorial.

El Centro de Información Territorial, integrado en la Consejería competente en materia de Ordenación del Territorio, es el órgano encargado de producir, recopilar, actualizar y divulgar la información y documentación, escrita, fotográfica y cartográfica, sobre el territorio y el planeamiento de la Comunidad Autónoma, así como de llevar a cabo estadísticas, estudios y análisis territoriales. Reglamentariamente se establecerán su estructura y funciones.

⇒ V. D. 222/1999, de 5 agosto, que regula la estructura orgánica de la Consejería de Fomento, desarrollado por O. 23 diciembre 1999, modificada por O. 30 noviembre 2000.

DISPOSICIONES ADICIONALES

Primera.

Los instrumentos de ordenación del territorio establecidos en esta Ley sustituyen, en el ámbito de la Comunidad Autónoma de Castilla y León, a los Planes Directores Territoriales de Coordinación, a los Planes de Conjunto y a las Normas Subsidiarias de Planeamiento Municipal con ámbito provincial previstos en la legislación urbanística del Estado.

⇒ V. art. 113.2 del TRLS/1992 (§2).
V. Jurisprudencia en arts. 6, 17, 70 y concordantes del TRLS/1976 (§3).

Segunda.

En el plazo máximo de dos meses desde la entrada en vigor de esta Ley, la Junta de Castilla y León acordará iniciar el procedimiento de elaboración de las primeras Directrices de Ordenación del Territorio de Castilla y León, que se desarrollará según lo previsto en el artículo 12. En dicho Acuerdo se fijará un plazo no superior a un año, para que la Consejería competente en materia de Ordenación del Territorio elabore la documentación de las Directrices.

⇒ V. Ac. 4 febrero 1999, de la Consejería de Medio Ambiente y Ordenación del Territorio de Castilla y León, que inicia el procedimiento de elaboración de las directrices.
V. D. 222/1999, de 5 agosto, que regula la estructura orgánica de la Consejería de Fomento, desarrollado por O. 23 diciembre 1999, modificada por O.30 noviembre 2000.

Tercera.

En el plazo máximo de cinco años desde la entrada en vigor de esta Ley, la Consejería competente en materia de Ordenación del Territorio deberá elaborar la documentación necesaria para iniciar, conforme a lo establecido en los artículos 17 y 18, el procedimiento de aprobación de Directrices de Ordenación de ámbito subregional sobre todo el territorio de la Comunidad. A tal efecto se entenderá como ámbitos prioritarios la provincia y en especial los entornos de sus capitales, de forma que se asegure la existencia de una ordenación territorial de nivel subregional que oriente a la planificación sectorial y urbanística, así como a los instrumentos de ordenación del territorio más detallados que fueran necesarios para resolver problemas específicos.

Cuarta.

A partir de la entrada en vigor de esta Ley, la Comisión de Urbanismo de Castilla y León se denominará Consejo de Urbanismo y Ordenación del Territorio de Castilla y León, añadiendo a sus funciones las establecidas en esta Ley para dicho Consejo. Reglamentariamente podrán modificarse su composición y régimen de funcionamiento, en orden a garantizar el mejor cumplimiento de los fines previstos en el artículo 29.

⇒ V. D. 222/1999, de 5 agosto, que regula la estructura orgánica de la Consejería de Fomento, desarrollado por O. 23 diciembre 1999, modificada por O. 30 noviembre 2000.

V. D. 145/2000, de 29 junio, de regulación del Consejo de Urbanismo y Ordenación del Territorio.

DISPOSICIONES TRANSITORIAS

Primera.

Mientras no se aprueben las Directrices de Ordenación del Territorio de Castilla y León, podrán elaborarse y aprobarse Directrices de Ordenación de ámbito subregional, que deberán en todo caso respetar los principios y objetivos establecidos en esta Ley. En los mismos términos podrán promoverse y aprobarse Planes y Proyectos Regionales.

Segunda.

Mientras no se aprueben Directrices de Ordenación de ámbito subregional sobre su ámbito de aplicación, las Normas Subsidiarias de Planeamiento Municipal con ámbito provincial y los Planes de Conjunto aprobados con anterioridad a la entrada en vigor de esta Ley continuarán vigentes, y podrán ser objeto de modificación conforme a los procedimientos establecidos al efecto en la legislación urbanística. No obstante, cuando se produzcan circunstancias determinantes de su revisión, ésta se llevará a efecto por el procedimiento establecido para la elaboración y aprobación de Directrices de Ordenación de ámbito subregional.

Tercera.

Los Planes de Ordenación de los Recursos Naturales aprobados con anterioridad a la entrada en vigor de esta Ley continuarán vigentes y podrán ejecutarse sin necesidad de adaptarse a la misma.

DISPOSICIONES FINALES

Primera.

Se autoriza a la Junta de Castilla y León para dictar cuantas disposiciones sean necesarias para el desarrollo y aplicación de esta Ley, en especial las reformas oportunas para adaptar a ella la estructura y funcionamiento de la Administración de la Comunidad Autónoma, así como la fijación pormenorizada de las determinaciones, documentos y procedimientos necesarios para la aprobación de los instrumentos de ordenación del territorio en ella establecidos.

Segunda.

Esta Ley entrará en vigor al día siguiente de su publicación en el «Boletín Oficial de Castilla y León».

Castilla-La Mancha

§ 27 LEY 2/1998, DE 4 JUNIO. REGULA LA ORDENACIÓN DEL TERRITORIO Y LA UTILIZACIÓN DEL SUELO PARA SU APROVECHAMIENTO URBANÍSTICO EN CASTILLA-LA MANCHA

(BOE núm. 180, de 29 julio y DOCM núm. 28, de 19 junio [RCL 1998, 1891 y LCLM 1998, 143])

EXPOSICIÓN DE MOTIVOS

I

Desde la asunción de la competencia plena en materia de ordenación territorial y urbanística, tras su constitución, la Junta de Comunidades de Castilla-La Mancha ha venido formulando y ejecutando una política propia en dicha materia, bien es verdad que sobre la base y con arreglo a la legislación general sobre régimen del suelo y ordenación urbana. Ello era posible por las características del sistema de ordenación territorial y urbanística por ésta establecido, basado en una muy amplia remisión a los instrumentos de planeamiento y de ejecución de éste, y también porque el propio marco legal no contenía disposiciones que resultaran condicionantes, en forma contraproducente, de las decisiones a adoptar en función de las características de la Comunidad Autónoma.

La situación así sucintamente descrita, en la que no se hizo sentir la necesidad de una legislación propia y específica, ni siquiera tras la última de las reformas iniciada con la Ley 8/1990, de 25 de julio, y culminada con la aprobación por el Real Decreto Legislativo 1/1992, de 26 de junio, del Texto Refundido de la Ley sobre Régimen del Suelo y Ordenación Urbana, se ha visto radicalmente alterada por la Sentencia del Tribunal Constitucional 61/1997, de 20 de marzo, ya que este pronunciamiento del Alto Tribunal, no sólo ha afirmado la competencia legislativa autonómica en la materia, como era de todo punto lógico, sino que, además de precisar los límites de dicha competencia por relación a las posibilidades y los confines de intervención legislativa cruzada, es decir, desde títulos competenciales distintos, por parte de legislador general, ha negado a éste toda posibilidad de acción normativa en la materia y, en particular, la que pretenda basarse en la cláusula de supletoriedad del Derecho General o del Estado que contempla el artículo 149.3 de la Constitución.

Las consecuencias directas e inmediatas de la aludida sentencia, derivadas de las declaraciones de inconstitucionalidad por ella efectuadas y la recuperación, sólo parcial, de la vigencia del Texto Refundido de la Ley sobre Régimen del Suelo y Ordenación Urbana aprobado por Real Decreto Legislativo 1346/1976, de 9 de abril, ya fueron inmediatamente abordadas en esta Comunidad Autónoma mediante la elaboración, tramitación y aprobación de la Ley de las Cortes de Castilla-La Mancha 5/1997, de 10 de julio. Pero las consecuencias van más allá y tienen una trascendencia estructural mucho mayor, toda vez que la sentencia del Tribunal Constitucional, además de retrotraer el ordenamiento urbanístico general supletorio básicamente al del estado normativo de 1976, deja clara la imposibilidad de su evolución y, por tanto, actualización.

La nueva situación creada por la sentencia comentada coloca, pues, la gestión de los intereses propios de la Comunidad Autónoma en la materia en un contexto determinante de la caducidad del planeamiento ejecutivo que se había venido manteniendo, que obliga, como ya se avanzó con ocasión de la promulgación de la mencionada Ley Autonómica 5/1997, de 10 de julio, al diseño de la política territorial y urbanística propia, comprendiendo también la legislación como pieza capital programadora de la entera acción a desarrollar. Este es el objetivo central, pues, de esta Ley: la dotación a la aludida política de su base y marco legales formales, al propio tiempo, necesarios, suficientes y completos, en ejercicio pleno de la competencia que corresponde desde luego a la Comunidad Autónoma. Su formulación se produce en momento adecuado, toda vez que, paralelamente, se encuentra recién promulgada una nueva Ley sobre Régimen del Suelo y Valoraciones, planteada –según ella misma afirma– desde la perspectiva impuesta por la sentencia del Tribunal Constitucional, es decir, la de las condiciones básicas garantizadoras de la igualdad en el ejercicio de los derechos y en el cumplimiento de los deberes constitucionales; cuyas líneas esenciales, en todo caso, no pueden apartarse ni exceder de los criterios claramente establecidos por el citado Tribunal Constitucional, que son así los verdaderamente determinantes para el legislador autonómico.

El sistema que diseña y establece el texto legal responde a las siguientes coordenadas:

a) Pleno ejercicio de la competencia legislativa de la Comunidad Autónoma conforme al bloque de la constitucionalidad determinado por la Sentencia del Tribunal Constitucional 61/1997, de 20 de marzo, y, por tanto, teniendo en cuenta la regulación básica que pretende establecerse mediante la Ley 6/1998, de 13 de abril, sobre Régimen del Suelo y Valoraciones.

La Ley aborda, consecuentemente, todas las cuestiones que son de la competencia autonómica, pero sólo éstas. Se explica, así, que no contenga sino disposiciones secundarias y en algunos casos sólo referencias accesorias en extremos importantes, tales como la expropiación forzosa y la responsabilidad patrimonial de las Administraciones Públicas. Y también que dé por supuesta la regulación general del régimen jurídico de éstas y el procedimiento administrativo común.

b) Articulación de un conjunto coherente y trabado de institutos, mecanismos y técnicas, dotado de las siguientes características:

1ª Inspirado en y al servicio del orden constitucional pertinente, en particular de los artículos 45, 46 y 47 de la norma fundamental; interpretados en el contexto de ésta como unidad.

La Ley concede por ello especial relevancia a los valores medioambientales, desde una concepción amplia del medio ambiente (comprensiva del natural desde luego, pero también del cultural y, por tanto, urbano) para su compatibilización con el también imprescindible desarrollo económico-social, en la línea del que ya se ha acuñado internacionalmente y en el Derecho comunitario-europeo como desarrollo sostenible. Concibe y maneja, por ello, la ordenación territorial y urbanística como instrumento básico y fundamental de realización de tal modelo y, en particular, de obtención de una mejor calidad de vida.

En este contexto, la Ley realiza un especial esfuerzo para que la acción de los poderes públicos pueda crear las condiciones en las que no sólo sea posible un medio urbano y natural de calidad, sino que también sea realidad el derecho de todos a una vivienda digna y adecuada. Y en este sentido, y teniendo en cuenta las características de las principales ciudades de la Comunidad se explica la importancia concedida a la rehabilitación del patrimonio arquitectónico existente.

2ª Adecuado a las características de la Comunidad Autónoma: del territorio y sus recursos naturales; de la estructura socioeconómica; la organización del asentamiento poblacional y las tendencias del desarrollo urbano; y la construcción institucional, con especial atención a la capacidad de gestión de los Municipios, en modo alguno homogénea. La Ley procura la dotación del contenido que le es propio a la autonomía municipal, salvaguardando no obstante la funcionalidad de la política territorial. De ahí la modulación de los mecanismos, especialmente de los instrumentos de planeamiento, en función de la realidad municipal.

3ª Decididamente innovador, pero limitado a lo realmente necesario e inspirado en las experiencias recientes ya acreditadas, con simultánea conservación de los elementos que forman ya el acervo común de la cultura urbanística española que han demostrado su funcionalidad y utilidad.

Las innovaciones son muchas e importantes, como tendrá oportunidad de constatarse más adelante. Ilustrativa es, en todo caso, la disposición preliminar, indicativa del significado y alcance de los conceptos básicos utilizados en el texto legal, con la que se intenta tanto facilitar la comprensión e interpretación de éste, como también lograr la mayor homogeneidad y, por tanto, previsibilidad y seguridad en su aplicación.

II

La Ley tiene por objeto la regulación de la ordenación del territorio y de la ordenación de la actividad urbanística (la referida a la utilización del suelo para su aprovechamiento con tal finalidad), desde el entendimiento de ambas como una única y no dos materias distintas (aunque lo sean a los exclusivos efectos de la determinación constitucional de títulos competenciales). Como tiene declarado el Tribunal Constitucional, el gobierno del territorio exige una política, con entera independencia de la pluralidad de competencias que deban contribuir a hacer ésta posible. El gobierno del territorio se traduce, pues y desde la perspectiva de la dinámica de los poderes públicos, en una única función, por más que el desarrollo de ésta exija intervenciones desde perspectivas distintas, más estratégicas y organizativas unas y más concretas y de directa y detallada regulación e intervención otras.

De ahí que el texto legal establezca y defina, de manera diferenciada, el conjunto de instrumentos, de ordenación territorial y de ordenación de la actividad urbanística, a través de los cuales debe desarrollarse la aludida función y producirse, en definitiva, el gobierno del territorio, asignando paralelamente las competencias para su empleo y actuación bien a la Administración de la Junta de Comunidades, bien a los Municipios, conforme a la correspondiente ponderación de los intereses de las respectivas colectividades a las que una y otros sirven y asegurando en todo caso el contenido de la autonomía de estos últimos.

La actividad desarrollada por dichas Administraciones Públicas, en sus respectivas esferas competenciales, para el cumplimiento de la repetida función es, pues y así se califica por el texto legal, una verdadera función pública; calificación ésta, de otro lado, que constituye uno de los elementos de nuestra cultura urbanística establecida desde 1956 al menos. Esta actividad comprende, como es también ya tradición en nuestro Derecho urbanístico, todas las potestades y competencias que son necesarias para el cumplimiento de la expresada función y, en definitiva, para la entera sumisión del gobierno del territorio al Derecho.

Por ello mismo, la actividad administrativa aparece determinada por relación tanto a los bienes de rango constitucional, cuya tutela efectiva debe procurar, cuanto a los fines que de tales bienes cabe derivar, desde el punto de vista de la calidad de vida y la racional utilización del territorio, en particular del suelo. Ahora bien, por la índole misma de estos bienes y fines, los mismos se imponen más allá de la esfera urbanística a la total, incluso de naturaleza sectorial, de cualesquiera Administraciones, siempre que tenga relevancia e impactos territoriales.

La gestión de la actividad pública urbanística, teniendo por objeto ésta una función de características singulares, debe contar con mecanismos y procedimientos propios, que efectivamente establece la Ley, sin perjuicio de la supletoriedad de las formas de gestión aplicables con carácter general, por razón de su legislación reguladora, a las distintas Administraciones.

La participación es nota esencial de esa actividad pública. En este punto de la intervención de los ciudadanos, por el hecho de serlo, en la gestión de la entera ordenación territorial y urbanística hace especial hincapié el texto legal. Ello no significa en modo alguno desconocer los derechos de los propietarios de suelo, que se reconocen igualmente de forma diferenciada, con un planteamiento acorde con el respeto a las condiciones básicas garantizadoras de la igualdad en el ejercicio de los derechos y el cumplimiento de las obligaciones constitucionales.

III

Como ha venido proclamando la doctrina del Tribunal Constitucional la diversificación y separación de las competencias en que se traduce el pluralismo territorial del Estado definido por la Constitución debe tener como correlato, en la vertiente dinámica de su ejercicio, en la colaboración, cooperación y coordinación de todas ellas, sin renuncia a su independencia, cara a la producción de un resultado satisfactorio común. La exigencia que afecta al funcionamiento del Estado es especialmente importante en materia de ordenación territorial y urbanística. Pues no por consistir el Estado autonómico en una pluralidad de gobiernos sobre el territorio, el gobierno de su territorio puede dejar de ser único. La reducción a unidad de este gobierno del territorio sólo es posible a través de la confluencia de las diferentes competencias en una sola política territorial. A su vez esa reducción a unidad es estrictamente indispensable para la resolución adecuada de la dialéctica entre el interés público y los intereses privados, que obviamente se hacen presentes también en la utilización del territorio.

Este imperativo inherente al Estado autonómico en su conjunto vale para el interior de la Comunidad Autónoma, en cuanto construida ella también sobre la base de dos instancias territoriales autónomas entre sí: la propiamente autonómica y la local. En este sentido la Ley procede a redistribuir el actual marco competencial entre la Junta de Comunidades y los Municipios, reforzando el ámbito de decisión correspondiente a los Ayuntamientos sobre la base de un nuevo modelo de Plan de Ordenación. Con ello, no sólo se establece un favorable marco de concertación interadministrativa, sino que permite conferir un alto grado de agilización y de desburocratización a los vigentes procedimientos de tramitación urbanística.

En ausencia de un marco general definitorio del o de los mecanismos productores de la política territorial común del Estado autonómico, la Ley define el marco y los instrumentos –de orden principalmente procedimental– del gobierno del territorio por la interacción de las dos instancias específicas de gobierno y Administración sobre aquél existentes. La finalidad es justamente el logro de la definición concertada del interés público territorial, y el medio es la consulta interadministrativa con obligación de justificación de la propia posición (venga ésta determinada por el ejercicio de competencias de ordenación territorial o sectoriales con relevancia de este carácter) y la ponderación de todos los planteamientos de las que se hagan presentes de acuerdo con reglas derivadas del orden constitucional y análogas a las que rigen el conflicto y la colisión entre derechos constitucionales. La concertación interadministrativa no puede afectar, por su sola virtualidad, a la Administración General del Estado. Pero contando ésta con competencias importantes de gran relevancia e impacto territoriales, se contempla al menos su invitación a participar en ella voluntariamente.

En el mismo contexto ha de situarse la regulación general de la figura de los convenios urbanísticos. Esta se inspira en precedentes que se han revelado adecuados y define un régimen jurídico-marco basado en los siguientes principios:

a) Posibilidad de la suscripción de convenios urbanísticos por todas las personas públicas y privadas, pudiendo aquéllos ser tanto interadministrativos como ordinarios.

b) Sujeción de la negociación, formalización y cumplimiento a las reglas de la transparencia, la publicidad y, en su caso, la concurrencia. Debiendo destacarse la exigencia, de la sumisión en todo caso del proyecto de convenio a información pública como requisito para su firma y perfeccionamiento.

c) Salvaguarda de la integridad de la potestad de planeamiento, mediante la precisión de los efectos limitados que pueden desplegar los convenios que pretendan una alteración o innovación de la ordenación territorial y urbanística, hasta la ultimación del procedimiento legal de aprobación del correspondiente planeamiento, y la imposición de la sujeción del texto del convenio a información pública en el mismo trámite que el propio planeamiento.

d) Establecimiento de garantías para asegurar la regularidad de los que tengan por objeto la concreción de los términos del cumplimiento del deber de cesión del aprovechamiento, no susceptible de apropiación, mediante pago en metálico.

e) Concreción de los límites de los acuerdos «inter partes» mediante la determinación, conforme a la cual, los supuestos de infracción de la legalidad en general y de la ordenación territorial y urbanística en particular serán causantes de vicio de nulidad radical o insubsanable.

f) Fijación del procedimiento para su celebración y los términos de su perfeccionamiento.

IV

Tradicionalmente el esquema de la ordenación territorial y urbanística ha descansado en dos piezas: la integrada por el que cabría denominar el bloque de la legalidad (la propia Ley y sus Reglamentos de desarrollo) y la integrada por los instrumentos de planeamiento o planes.

Esta sustancial descarga del peso de la tarea de ordenación en la figura singular que son los planes ha determinado una progresiva complejización de estos instrumentos, en los que se viene entendiendo necesario introducir y dejar establecido todo lo que no dice el bloque de la legalidad. A ello ha contribuido también la indefinición de la relación entre las normas urbanísticas del planeamiento y las ordinarias Ordenanzas Municipales, de las que aquéllas traen causa. No puede sorprender, por ello, que actualmente se vea en el planeamiento un instrumento difícil de emplear, gestionar y ejecutar.

La Ley opta, de un lado, por un reparto más diversificado de la descarga inevitable de lo sustancial de la ordenación en instrumentos subordinados, con la simultánea reducción de la presión funcional que viene recayendo sobre el planeamiento. Se mantiene desde luego, como no podía ser de otra forma, el bloque de la legalidad, de suerte que el texto legal tiene su complemento reglamentario normal. Pero a este complemento se añaden, en virtud del mecanismo de remisión que al efecto se establece, dos nuevos instrumentos legales: las Normas y las Instrucciones Técnicas del Planeamiento. Las primeras están llamadas a contribuir a la actualización y modulación permanentes de los contenidos sustantivos y documentales precisamente de los planes, como también de los estándares de cumplimiento obligatorio por ellos y la concreción de conceptos tradicionalmente muy indeterminados, tales como la urbanización y la edificación. Las segundas están llamadas a precisar los objetivos y prioridades de los planes, a establecer soluciones-tipo que faciliten la formulación de éstos conforme a la experiencia práctica y diseños-guía para la concepción y la ejecución de las obras de urbanización, pero sobre todo a definir modelos de regulación de las diferentes zonas de ordenación urbanística más usuales en la práctica, con la finalidad precisa de descargar al planeamiento de la tarea de intervención en la elaboración de las ordenanzas de zona.

De otro lado, la Ley desagrega el contenido de las determinaciones de alcance normativo de los planes en dos niveles funcionales: el de la ordenación estructura y el de la detallada. La finalidad perseguida es doble. De una parte, se trata de reformular el contenido del plan, identificando las determinaciones integrantes de la estructura fundamental, con mayor vocación de continuidad, frente a las de ámbito más urbano concreto, sujetas a la dinámica evolutiva de la Ciudad. Y, de otra parte, se busca conseguir la redistribución competencial de las decisiones de ordenación entre la Junta de Comunidades y los Municipios; aspecto éste al que ya se ha hecho mención.

En la misma línea, al propio tiempo flexibilizadora y diversificadora, las Ordenanzas de la Edificación y de la Urbanización recuperan también su propia sustantividad. Aunque con un contenido diferente, determinado por su propio objeto, tienen la común finalidad de facilitar un marco estable regulador de las correspondientes actividades, al margen y como complemento del contenido contingente y estratégico de la planificación.

La planificación ve, de esta forma, aclarada su función dentro del sistema de ordenación territorial y urbanística. La Ley opta por la imbricación de las políticas de ordenación del territorio y la urbanística, mediante un sistema común de planificación en el que se integren el mayor número de intereses relativos al uso del espacio territorial. La integración resultante de esta amplia consideración se obtiene mediante la utilización de dos tipos de instrumentos: la planificación horizontal del espacio, encargada de la cohonestación de los distintos intereses en la utilización del mismo, y la vertical y sectorial, encargada de organizar y reflejar las concretas operaciones de transformación y uso del territorio. La interacción de estos dos tipos de planificación se encarna en un sistema de planeamiento caracterizado por:

1) El reconocimiento de un nivel de planificación supramunicipal constituido por los Planes de Ordenación del Territorio, encargado de velar por una ordenación y organización racional del territorio y los denominados Proyectos de Singular Interés. Estos últimos son instrumentos operativos que amparan la ejecución de actuaciones con una evidente proyección, física o funcional, supramunicipal.

2) La conservación de la impronta, fundamentalmente municipal, de la ordenación urbanística a través de Planes de Ordenación Municipal y los correspondientes instrumentos de desarrollo y complementarios. Este sistema se complementa con los Planes Especiales.

En este orden de cosas, la Ley dedica una atención especial a los pequeños Municipios con escasa capacidad de gestión. Se prevé para ellos una figura de planeamiento más sencilla: los Planes de Delimitación de Suelo Urbano, complementada con la introducción de mecanismos de gestión simplificados, acordes con la capacidad gestora de aquéllos.

De otro lado, el régimen jurídico se encuentra presidido por un especial compromiso con la calidad sustancial –urbanística y documental– de esta planificación. Al servicio de tales objetivos se regula pormenorizadamente el procedimiento de elaboración y aprobación de los distintos instrumentos –haciendo hincapié en los mecanismos de participación como instrumento de integración de los distintos intereses de uso del territorio–, y el diseño de la eficacia de los mismos. Dentro de este último aspecto, la Ley declara y especifica los efectos de los planes así como su suspensión y establece un régimen más claro y seguro, a la vez que flexible, de la alteración, por modificación o revisión, de dicho planeamiento.

V

Una de las principales consecuencias de la aprobación del planeamiento es la determinación de un estatuto jurídico objetivo, propio y peculiar del suelo, concretado en su clasificación. La regulación autonómica en esta materia se enfrenta con la dificultad de que a pesar de que dicho estatuto quede configurado, su concreción como contenido propio del derecho de propiedad, vía la función social de la misma, implica la concurrencia en esta materia de *la competencia estatal de definición* de regulación de las condiciones básicas garantizadoras de la igualdad de todos los españoles en el ejercicio de los derechos y el cumplimiento de los deberes derivados del derecho de propiedad del suelo previsto en el artículo 149.1.1ª CE y confirmado por la Sentencia del Tribunal Constitucional 61/1997, de 20 de marzo.

La Ley establece una regulación plenamente compatible con el régimen estatal adoptado en el marco de dicha competencia, si bien se alcanza un mayor detalle debido a que la competencia autonómica no está sujeta a las limitaciones que caracterizan, según la propia doctrina del Tribunal Constitucional, al título contenido en el artículo 149.1.1ª CE.

La propiedad del suelo, de acuerdo con la presente Ley, queda delimitada por las determinaciones contenidas en la ordenación territorial y urbanística. Esta operación implica su descomposición en un haz de derechos y deberes, que concretan su estatuto, y que constituye la plasmación del debido equilibrio entre el derecho particular de explotación económica de los propios bienes, y los deberes que se derivan precisamente de dichos derechos. Tal estatuto tiene un contenido común, pero también diferenciado por razón de su clasificación –en sus tres especies tradicionales de suelo urbano, suelo urbanizable y suelo rústico– y su calificación, por su relación, en ambos casos, con la función urbanística de los distintos terrenos dentro del sistema de ordenación territorial y urbanística. La definición de este contenido es desarrollada de forma muy pormenorizada en la Ley dada su importancia para el desarrollo de las funciones públicas de gestión del territorio y para los intereses de los particulares, persiguiendo la creación de un marco claro y preciso en el que se puedan desarrollar dichas funciones y derechos.

Es objeto de una especial atención en la presente Ley el suelo rústico, dada la creciente revalorización urbanística de este tipo de suelo y la necesidad de prever un régimen equilibrado entre los valores y bienes considerados para su clasificación como tal y los intereses de utilización de sus propietarios. En los suelos urbanos y urbanizables se definen los derechos de los titulares del suelo en relación con el proceso de urbanización, así como el régimen del aprovechamiento tipo como mecanismo específico al servicio de la distribución equitativa de los beneficios y cargas urbanísticas de los propietarios de tales terrenos en el ámbito territorial que, con arreglo a los criterios contenidos en la misma Ley, se definan.

La Ley prevé el régimen jurídico de la parcelación y reparcelación. La disciplina de un régimen condicionante del derecho de disposición del propietario se encuentra justificado por su incidencia en relación con el propio cumplimiento de las determinaciones del planeamiento, y por su función de fórmula de materialización del proceso de distribución de beneficios y cargas.

Ahora bien, junto con estos mecanismos de intervención limitadora de la propiedad, la Ley facilita otros instrumentos de intervención que, operando en el mercado inmobiliario, se encuentran destinados a facilitar el cumplimiento de las previsiones que se establezcan en el planeamiento. Tales son los Patrimonios Públicos del Suelo, cuya existencia la presente Ley ensancha a niveles de administración y gestión supramunicipales, a la vez que facilita y refuerza su régimen de incorporación de bienes y de gestión; del derecho de superficie y los derechos de tanteo y retracto.

VI

La Ley dedica una especial atención al régimen de gestión como pieza clave para cabal y plena satisfacción de los objetivos públicos perseguidos por la planificación. Constituye un principio tradicional en nuestra legislación urbanística la incorporación de la iniciativa privada a estas labores. Ahora bien, dicha colaboración no supone la posibilidad de sustitución de la actividad pública constitutiva de la función urbanística. Es por ello por lo que la Ley aborda la separación entre las esferas de actuación pública y privada con la finalidad de determinar el ámbito y los límites de la colaboración y participación de los particulares, garantizando la dirección, inspección y control público del conjunto de las actividades con relevancia territorial.

Sin perjuicio de los sistemas de ejecución simplificados apoyados en instrumentos más tradicionales (proyectos de obras ordinarias, contribuciones especiales, etc.) que se diseñan para los Municipios de dinámica urbanizadora y capacidad de gestión escasos, en el resto de los Municipios la ejecución se realiza conforme a la organización funcional establecida en el correspondiente planeamiento y precisa de la existencia de los instrumentos de planificación, programación –mediante el correspondiente Programa de Actuación Urbanística– y urbanización que en cada caso sea preciso.

Siendo la actividad de ejecución de carácter claramente operativo la Ley establece tipos fundamentales de operaciones: la realización de actuaciones urbanizadoras, consistentes en la realización material de las obras públicas para la dotación de los servicios previstos en la Ley a una o más parcelas –con dos variantes, la ejecución de actuaciones urbanísticas en sentido estricto y la urbanización mediante obras públicas ordinarias–; la ejecución de sistemas generales; y las actuaciones edificatorias.

Las actuaciones urbanizadoras en sentido estricto, se desarrollan mediante unidades de actuación definidas por el planeamiento. Los gastos de ejecución, incluidos los de promoción y el beneficio industrial del urbanizador, son de cuenta de los propietarios afectados. Estas actuaciones pueden realizarse bien por la propia Administración actuante, o bien de forma indirecta mediante un agente urbanizador privado. Esta figura ensayada con éxito en otras legislaciones autonómicas, constituye una de las principales innovaciones que se introduce en la presente Ley. Cumple la función principal de garantizar la ejecución del planeamiento eliminando la necesaria y tradicional dependencia de esta actividad respecto de los propietarios del suelo, con la falta de operatividad de éstos, tal y como la experiencia ha demostrado. Con la figura del urbanizador no se impide la ejecución por los propietarios –de hecho se les reconoce un régimen especial de adjudicación preferente– ni presupone la eliminación de los mismos, en cuanto que éstos pueden permanecer y apropiarse de las plusvalías derivadas de la legítima transformación del suelo. Por el contrario el agente urbanizador desarrolla un papel propio y diferenciado por asumir la ejecución material de la obra urbanizadora y recibir una retribución por ello.

Diferenciada así la ejecución de la urbanización, la selección del Agente, que ya no es necesariamente el propietario, debe sujetarse a un procedimiento en el que se garantice la mejor realización del interés público perseguido; y ello mediante el examen, en competencia, de las cualidades tanto del propio urbanizador, como de la propuesta de actuación que presenta. Por ello, la Ley establece una especial atención al régimen de selección de estos agentes, así como de la ejecución de los correspondientes programas, y de las relaciones de éstos con los particulares. En este punto la Ley establece un régimen equilibrado en el que facilitándose el fin público de la ejecución urbanística, no se produzca una lesión jurídica o patrimonial para los intereses de propietarios y urbanizadores: los primeros, en cuanto titulares de un derecho patrimonial constitucionalmente garantizado, y los segundos como colaboradores de la actividad pública de ejecución urbanística. Por lo demás, esta forma de ejecución resulta sumamente flexible ya que ofrece una amplia posibilidad de configuración de las relaciones entre los tres sujetos implicados: Administración actuante, Agente urbanizador y propietario.

Junto con la ejecución mediante unidades de actuación, la Ley, prevé regímenes específicos para la ejecución de sistemas generales –dirigida, principalmente a la previsión de las formas de obtención del suelo destinado a su realización–, ejecución mediante obra pública ordinaria, prevista para la realización de actuaciones aisladas o de complemento de la urbanización existente, y de edificación.

Respecto de esta última materia, se define un régimen específico de intervención en esta actividad cuya más importante novedad es la posibilidad de sustituir al propietario incumplidor de los plazos de edificación por otro sujeto que se comprometa a la materialización de acuerdo con el correspondiente Programa de Actuación Edificadora, régimen sustitutivo del tradicional de edificación forzosa. El procedimiento a seguir guarda gran analogía con el de los Programas de Actuación Urbanizadora. Se trata, al fin y al cabo, de introducir elementos de competencia bajo control público en la fase final de ejecución de la ciudad, propiciándose, de esta forma, la finalidad social y el cumplimiento del planeamiento mediante la institucionalización de procedimientos tradicionales, como el denominado de aportación y sin tener que acudir a acciones públicas difícilmente asumibles, como es la expropiación forzosa.

VII

La tutela de intereses públicos territoriales y urbanísticos no cesa con la ejecución de la obra urbanizadora. Originalmente la preocupación por la conservación de la obra urbanizadora y de construcción estuvo basada en aspectos de seguridad o de protección de valores arquitectónicos de especial relevancia. Con posterioridad se ha ido incorporando, junto con la progresiva percepción de la existencia de un patrimonio cultural inmobiliario que debe preservarse, otras perspectivas como es la necesidad de guardar una creciente atención a la preservación de estas obras; preocupación en la que están adquiriendo, en tiempos recientes, un peso decisivo consideraciones relativas a la preservación de la calidad de vida y el mantenimiento de ciudades sostenibles.

La conservación de las obras de urbanización corresponde hasta su recepción definitiva al urbanizador o agente encargado de su ejecución, siendo a partir de este momento por cuenta y cargo de la Administración competente.

Por su parte, es el propietario el sujeto al que corresponde la conservación de los edificios de su titularidad, que se extiende a la rehabilitación en los términos previstos en la Ley. Para garantizar el cumplimiento de este deber se habilita de forma específica a la Administración la realización de actuaciones inspectoras y la posibilidad de adoptar, en consecuencia, órdenes de ejecución de acuerdo con el estado de las edificaciones y construcciones. Para el caso de incumplimiento se define un sistema de ejecución sustitutoria basado en los Programas de Actuación Rehabilitadora y, cuando se trate de actuaciones dirigidas a la recuperación y revitalización social y económica del patrimonio inmobiliario, en las Areas de Rehabilitación Preferente.

VIII

La Ley acomete una regulación especial del régimen de expropiación forzosa por razones urbanísticas dentro del estrecho margen de competencias que le permite la reserva que el artículo 149.1.18ª CE reconoce al Estado sobre esta materia. Por ello, se establecen los supuestos de aplicación de la expropiación, la determinación de beneficiarios y propietarios, el régimen de los bienes de dominio público afectados por tales actuaciones, las modalidades de pago y algunas especialidades de su régimen de tramitación. A destacar, dentro de ese régimen, la previsión de una serie de bonificaciones para los propietarios que se avengan al justiprecio fijado y el establecimiento de un Jurado Regional de Valoraciones que sustituya a los obsoletos Jurados Provinciales de Expropiación, garantizando una más adecuada fijación de las indemnizaciones expropiatorias.

IX

La Ley también contiene un régimen propio de garantía y protección de la ordenación territorial y urbanística. La regulación prevista en el presente texto legal es consciente de la importancia de esta materia en la efectiva consecución de los fines y objetivos establecidos por la ordenación territorial y urbanística, a la vez que considera que las medidas de garantía y protección prevista no deben perder de vista su carácter instrumental al servicio de la satisfacción de tales fines y objetivos. Por ello la regulación de esta actividad debe ser eficaz sin que ello determine un desconocimiento de los derechos e intereses en presencia, ni un incremento injustificado de mecanismos de control que a la postre impliquen una obstaculización de la propia actividad.

Para ello, la Ley resalta el carácter de función pública de estas actividades de lo que se sigue su naturaleza pública y el carácter obligatorio de su ejercicio. Las medidas que componen este haz de funciones se agrupan en actividades de control, protección y disciplina.

Dentro de las primeras se ha tratado de definir un régimen adecuado, flexible y ágil pero completo. En este sentido todo acto con relevancia territorial está sujeto a comunicación previa. La licencia sólo es obligatoria en los casos previstos en la presente Ley. Por su parte en aquellas actuaciones en las que por su complejidad o por su carácter supramunicipal están exceptuadas de licencia, ésta queda sustituida por un informe emitido en el procedimiento mismo de elaboración y aprobación del instrumento que legitime su ejecución, asegurándose, así, un adecuado equilibrio entre el respeto de la legalidad urbanística con los intereses que justifican tan excepcional forma de intervención. El control también se extiende a la ejecución de operaciones con relevancia territorial y a las obras y construcciones surgidas de las mismas. Por ello, se contienen una detallada regulación de los instrumentos y procedimientos de inspección, así como de las potestades asociadas a la misma.

La apreciación de situaciones irregulares habilita a la Administración competente a la adopción de una serie de medidas tendentes, en lo posible, a evitar su continuación, y a restaurar el orden conculcado. A este respecto se regulan en su aspecto procedimental y de eficacia las diferentes órdenes de ejecución que puede dictar la Administración competente para detener y reparar el desorden producido por la irregularidad apreciada. En lo que se refiere a las operaciones de restauración, la Ley se inspira en los principios de preferencia de la recuperación física sobre la económica.

Un aspecto especialmente regulado, por su trascendencia jurídica y social, es el sancionador. La Ley prevé un sistema sancionador plenamente adecuado al régimen constitucional de garantías y a los principios básicos fijados por la Ley 30/1992, de 26 de noviembre, de Régimen Jurídico de las Administraciones Públicas y del Procedimiento Administrativo Común, superándose así uno de los aspectos más negativos de la legislación vigente hasta la fecha. Se prevé, además, un régimen detallado de las infracciones urbanísticas, distinguiendo los tipos genéricos de los concretos, una clasificación concreta de éstas en función de su gravedad, y la determinación concreta de las sanciones a aplicar. Se establece un régimen disciplinario específico, así como los preceptivos mecanismos de modulación y extinción de la responsabilidad.

X

La Ley prevé, en fin, el correspondiente régimen transitorio, en el que se ha pretendido minimizar el posible impacto de sus innovaciones, estableciendo, al efecto, un generoso régimen de derecho intertemporal.

DISPOSICIÓN PRELIMINAR

El significado y alcance de los conceptos urbanísticos básicos utilizados en la Ley.

Los conceptos utilizados por esta Ley que a continuación se enumeran deben ser utilizados, en la interpretación y aplicación de ésta, con el significado y el alcance siguientes:

1. Suelo: el recurso natural, tierra o terreno utilizado y el artificial, construido para la materialización del aprovechamiento urbanístico. En cuanto objeto de ordenación y aprovechamiento, el suelo comprende siempre, junto con la superficie, el suelo y el subsuelo precisos para realizar dicho aprovechamiento o proceder a su uso. Cuando la ordenación territorial y urbanística no atribuya aprovechamiento urbanístico al subsuelo, éste se presume público.

2. Unidades de suelo:

2.1. Unidad rústica apta para la edificación: el suelo, perteneciente a la clase de suelo rústico, de dimensiones y características mínimas determinadas por la ordenación territorial y urbanística vinculado a todos los efectos a la edificación, construcción o instalación permitida, conforme, en todo caso, a la legislación administrativa reguladora de la actividad a que se vaya a destinar la edificación, construcción o instalación.

2.2. Parcela: el suelo, perteneciente a las clases de suelo urbanizable o urbano, de dimensiones mínimas y características típicas, susceptible de ser soporte de aprovechamiento urbanístico en suelo urbano y urbanizable y vinculado dicho aprovechamiento a todos los efectos, conforme a la ordenación territorial y urbanística.

2.3. Solar: la parcela ya dotada con los servicios que determine la ordenación territorial y urbanística y, como mínimo, los siguientes:

1º Acceso por vía pavimentada, debiendo estar abiertas al uso público, en condiciones adecuadas, todas las vías que lo circunden.

No pueden considerarse vías a los efectos de la dotación de este servicio ni las vías perimetrales de los núcleos urbanos, respecto de las superficies de suelo colindantes con sus márgenes exteriores, ni las vías de comunicación de los núcleos entre sí o las carreteras, salvo los tramos de travesía y a partir del primer cruce de ésta con calle propia del núcleo urbano.

2º Suministro de agua potable y energía eléctrica con caudal y potencia suficientes para la edificación, construcción o instalación prevista.

3º Evacuación de aguas residuales a la red de alcantarillado o a un sistema de tratamiento con suficiente capacidad de servicio. Excepcionalmente, previa autorización del planeamiento, se permitirá la disposición de fosas sépticas por unidades constructivas o conjuntos de muy baja densidad de edificación.

4º Acceso peatonal, encintado de aceras y alumbrado público en, al menos, una de las vías que lo circunden.

2.4. Unidad final de aprovechamiento: categoría genérica comprensiva de las de unidad rústica apta para la edificación, parcela y solar.

2.5. Finca: la unidad de suelo a los exclusivos efectos jurídico-privados y del *Registro de la Propiedad*, referible, en su caso, a un solar, una parcela o una unidad rústica apta para la edificación.

3. Clases de aprovechamiento urbanístico:

3.1. Aprovechamiento urbanístico (o aprovechamiento real): la cantidad de metros cuadrados de construcción no destinada a dotaciones públicas, cuya materialización permite o exige el planeamiento en una superficie dada o, en su caso, un solar, una parcela o una unidad rústica apta para la edificación.

3.2. Aprovechamiento privativo (o aprovechamiento susceptible de apropiación): la cantidad de metros cuadrados edificables que expresa el contenido urbanístico lucrativo a que tiene derecho el propietario de un solar, una parcela o una unidad rústica apta para la edificación, cumpliendo los deberes legales y sufragando el coste de las obras de urbanización que correspondan. El aprovechamiento privativo es el porcentaje del aprovechamiento tipo que, para cada caso, determina esta Ley.

3.3. Aprovechamiento tipo: la edificabilidad unitaria que el planeamiento establece para todos los terrenos comprendidos en una misma área de reparto o ámbito espacial de referencia.

4. Excedente de aprovechamiento: la diferencia positiva que resulta al restar del aprovechamiento urbanístico el aprovechamiento privativo y el correspondiente a la Administración actuante.

5. Adquisición de un excedente de aprovechamiento: la operación jurídico-económica, de gestión urbanística, por la que el propietario de un solar o una parcela adquiere onerosamente el derecho al excedente de aprovechamiento que presenta su terreno para construirlo. Los excedentes de aprovechamiento se adquieren mediante transferencias de aprovechamiento entre propietarios o bien cediendo terrenos equivalentes, libres de cargas, a la Administración o abonándole su valor en metálico, en los términos dispuestos por esta Ley. Los particulares no pueden realizar un excedente de aprovechamiento sin haberlo adquirido previamente. Los ingresos públicos por este concepto quedarán afectos al patrimonio municipal de suelo.

6. Área de reparto: el área de suelo delimitado por el planeamiento para una justa distribución de cargas y beneficios y una racional gestión de la ejecución del mismo. El planeamiento determina su superficie y localización conforme a criterios objetivos que permitan configurar unidades urbanas constituidas por ámbitos funcionales, urbanísticos o, incluso, derivados de la propia clasificación, calificación o sectorización del suelo.

7. Unidad de actuación urbanizadora: son superficies acotadas de terrenos que delimitan el ámbito de una actuación urbanizadora o de una de sus fases, con la finalidad de la urbanización conjunta de dos o más parcelas, debiendo integrarse en ellas los suelos dotacionales precisos para su ejecución y, en su caso, las parcelas edificables que como consecuencia de ellas se transformen en solares.

8. Unidad de actuación edificatoria: son superficies acotadas los terrenos que delimitan unidades de suelo tal como se definen en el punto 2 anterior cuya finalidad es la edificación, construcción o instalación permitida por la ordenación territorial y urbanística a través de los procedimientos de ejecución de las actuaciones aisladas.

9. Calificación del suelo: la definición por la ordenación urbanística del destino y la utilización concretos del suelo.

10. Suelo dotacional: el suelo que, por su calificación, deba servir de soporte a usos y servicios públicos, colectivos o comunitarios, tales como infraestructuras y viales, plazas y espacios libres, parques y jardines o centros y equipamientos cualquiera que sea su finalidad.

11. Sistema general: dotación integrante de la ordenación estructural establecida por el planeamiento, compuesta por los elementos determinantes para el desarrollo urbanístico y, en particular, las dotaciones básicas de comunicaciones, espacios libres y equipamientos comunitarios, cuya funcionalidad y servicio abarcan más de una actuación urbanizadora o ámbito equivalente. Tienen siempre la condición de bienes de dominio público.

12. Sistema local: dotación complementaria de las definidas como generales e integrante de la ordenación detallada establecida en el planeamiento, que tiene igualmente la condición de bien de dominio público.

13. Niveles de densidad residencial:

13.1. Densidad muy baja: las unidades de actuación en las que dicha densidad sea inferior a diez viviendas por hectárea.

13.2. Densidad baja: las unidades de actuación en las que dicha densidad se sitúe entre las diez y las veinticinco viviendas.

13.3. Densidad media: las unidades de actuación en las que dicha densidad esté comprendida entre las veinticinco y las cuarenta y cinco viviendas por hectárea.

13.4. Densidad alta: las unidades de actuación en las que dicha densidad se sitúe entre las cuarenta y cinco y las setenta viviendas.

13.5. Densidad muy alta: las unidades de actuación en las que dicha densidad supera las setenta viviendas por hectárea.

TÍTULO I
DISPOSICIONES GENERALES

Artículo 1. Objeto de la Ley.

Es objeto de la presente Ley la regulación de la ordenación del territorio y de la utilización del suelo para su aprovechamiento urbanístico en Castilla-La Mancha.

⇒ V. art. 1 de la Ley 6/1998, de 13 abril (§1).

Artículo 2. La actividad urbanística.

1. La actividad administrativa de ordenación de la ocupación, transformación, uso y aprovechamiento del suelo es una función pública, cuyo cumplimiento corresponde a la Administración de la Junta de Comunidades y a los Municipios, en el marco de esta Ley y en las respectivas esferas de competencia que ella les asigna.

La actividad a que se refiere el párrafo anterior comprende:

a) La organización, dirección y control de la ocupación y utilización del suelo, así como de la transformación de éste mediante la urbanización y la edificación.

b) La delimitación del contenido del derecho de propiedad del suelo por razón de la función social de éste.

2. La función pública de ordenación urbanística supone la atribución a la Administración en cada caso competente de las potestades necesarias para su completo y eficaz desarrollo de acuerdo con sus fines y, en todo caso, de las siguientes:

a) Organización de la gestión de la actividad.

b) Formulación, aprobación y ejecución de instrumentos de planeamiento de ordenación territorial y urbanística.

c) Intervención para garantizar el cumplimiento del régimen urbanístico de la propiedad del suelo.

d) Ejecución de la urbanización prevista por el planeamiento y, en su caso, dirección y control de dicha ejecución.

e) Regulación del mercado del suelo.

f) Policía de la edificación y de uso y aprovechamiento del suelo.

g) Sanción de las infracciones.

3. Las actividades urbanísticas de transformación de solares, parcelas o unidades de suelo aptas para ello y, en especial, la de edificación, así como las de uso y aprovechamiento de las construcciones, edificaciones o instalaciones en ellas realizadas, corresponden a quien sea propietario o, en su caso, titular de un derecho suficiente sobre el bien inmueble correspondiente. Estas actividades deberán desarrollarse siempre de acuerdo con lo dispuesto en esta Ley, en las normas dictadas en su desarrollo y en los instrumentos de planeamiento.

⇒ V. art. 2 de la Ley 6/1998, de 13 abril (§1).

Artículo 3. Los bienes a cuya tutela sirve la actividad urbanística.

Todas las actividades urbanísticas deberán procurar la máxima tutela y realización práctica posible de los bienes que expresan los principios rectores de la política social y económica establecidos en los artículos 45, 46 y 47 de la Constitución.

Artículo 4. Los criterios de la actuación pública territorial.

1. Son criterios a los que debe responder toda actuación pública de ordenación del territorio y de la utilización o uso del suelo o que repercuta de forma relevante en una u otro:

a) El desarrollo racional y equilibrado de las actividades en el territorio, que, en todo caso, garantice la diversidad y complementariedad de éstas, impida el excesivo e injustificado predominio de unas sobre otras y asegure el óptimo aprovechamiento del recurso singular que representa el suelo.

b) La armonización de los requerimientos del desarrollo económico y social con la preservación y la mejora del medio ambiente urbano y natural, asegurando a todos una digna calidad de vida.

c) La promoción de la cohesión e integración sociales, así como de la solidaridad regional, intermunicipal y municipal.

2. Las decisiones adoptadas con motivo de la actuación a que se refiere el número anterior deberán basarse y justificarse en una suficiente identificación y determinación de todos los intereses, públicos y privados, relevantes, así como en una adecuada y objetiva ponderación recíproca de éstos a la luz del orden constitucional, teniendo en cuenta las circunstancias de tiempo y lugar y los costes de sustitución de los usos existentes e implantación de los seleccionados.

⇒ V. D. 58/1999, de 18 mayo, que regula el aprovechamiento, a través de parques eólicos.

Artículo 5. Los fines de la actuación pública territorial.

Toda actuación pública que tenga por objeto regular el uso, aprovechamiento o utilización del suelo deberá perseguir los siguientes fines:

a) Defender y proteger los espacios y recursos naturales, así como las riquezas, de suficiente relevancia ecológica, cualquiera que sea su titularidad.

b) Utilizar racionalmente los espacios de valor agrícola, ganadero, cinegético, forestal y piscícola, o de interés económico, social y ecológico, con especial consideración de las zonas de montaña.

c) Contribuir al uso racional de los recursos hidrológicos.

d) Asegurar la explotación y el aprovechamiento racional de las riquezas y recursos naturales y, en particular, de los mineros, extractivos y energéticos, mediante fórmulas compatibles con la preservación y la mejora del medio ambiente.

e) Preservar las riquezas del patrimonio cultural, histórico y artístico.

f) La protección del patrimonio arquitectónico, del ambiente y del paisaje urbano y rústico.

g) Promover el desarrollo económico y social a través del fomento de actividades productivas y generadoras de empleo estable.

h) Integrar y armonizar cuantos intereses públicos o privados, ya sean sectoriales o específicos que afecten de forma relevante al territorio en relación con los derechos constitucionales.

⇒ V. Ley 4/1990, de 30 mayo, de Patrimonio Histórico de Castilla-La Mancha.

Artículo 6. Los fines de la actividad pública urbanística.

1. Son fines de la actividad pública urbanística:

a) Subordinar los usos del suelo y de las construcciones, en sus distintas situaciones y sea cual fuere su titularidad, al interés general definido en la Ley y, *en su virtud*, en los instrumentos de planeamiento de ordenación territorial y urbanística.

b) Vincular positivamente la utilización del suelo, en congruencia con su utilidad pública y con la función social de la propiedad, a los destinos públicos o privados acordes con el medio ambiente urbano o natural adecuado.

c) Delimitar objetivamente el contenido del derecho de propiedad del suelo, así como el uso y las formas de aprovechamiento de éste.

d) Impedir la especulación con el suelo o la vivienda u otros usos de interés social.

e) Impedir la desigual atribución de beneficios en situaciones iguales, imponiendo la justa distribución proporcional de los mismos entre los que intervengan en la actividad transformadora de la utilización del suelo, asegurando en todos los casos la adecuada participación de la comunidad en las plusvalías generadas por la acción territorial y urbanística, la clasificación o calificación del suelo, y la ejecución de obras o actuaciones de los entes públicos que impliquen mejoras o repercusiones positivas para la propiedad privada.

2. La ordenación establecida por el planeamiento de ordenación territorial y urbanística tiene por objeto en todo caso:

a) La organización racional y conforme al interés general de la ocupación y el uso del suelo, mediante la calificación, a tenor, en su caso, de la clasificación, de éste y de las edificaciones, construcciones e instalaciones autorizadas en él.

b) La fijación de las condiciones de ejecución y, en su caso, programación de las actividades de urbanización y edificación, así como de cumplimiento de los deberes de conservación y rehabilitación de las edificaciones, construcciones e instalaciones.

c) La formalización de una política reguladora del mercado inmobiliario, especialmente mediante la constitución de patrimonios públicos de suelo, así como el fomento de la construcción de viviendas sujetas a algún régimen de protección pública o que implique la limitación de su precio en venta o su puesta en el mercado en régimen de alquiler con precio limitado y la calificación de suelo con tal destino.

d) La protección del paisaje natural y urbano y del patrimonio histórico, arquitectónico y cultural.

⇒ V. Ley 4/1990, de 30 mayo, de Patrimonio Histórico de Castilla-La Mancha.
V. Ley 9/1999, de 26 mayo, de conservación de la naturaleza.

Artículo 7. La gestión de la actividad administrativa urbanística.

1. La gestión de la actividad administrativa urbanística se desarrolla en las formas previstas en esta Ley y, además y en todo lo no expresamente previsto por ella, en cualquiera de las autorizadas por la legislación reguladora de la Administración actuante. Esta podrá ser tanto una Administración territorial, como una organización descentralizada de Derecho público dependiente de ella.

2. Deberán realizarse necesariamente de forma directa por la Administración actuante:

a) El procedimiento de aprobación de los instrumentos de planeamiento de ordenación territorial y urbanística y los de ejecución de éstos.

b) Las actuaciones que impliquen el ejercicio de potestades de policía, intervención, sanción y expropiación, así como, en general, poderes de declaración, constitución, modificación o extinción unilaterales de situaciones jurídicas.

Las actuaciones no comprendidas en el párrafo anterior, en especial las relativas a la urbanización, y las de mera gestión, así como las materiales, técnicas o reales podrán desarrollarse directamente por sí o a través de sociedades mercantiles cuyo capital pertenezca total o mayoritariamente a la Administración actuante o indirectamente mediante la colaboración de sujetos privados, sean o no propietarios de suelo, en los términos de esta Ley.

Artículo 8. La participación de los sujetos privados en la actividad administrativa urbanística.

1. En la gestión y el desarrollo de la actividad de ordenación territorial y urbanística, la Administración actuante deberá fomentar y, en todo caso, asegurar la participación de los ciudadanos y de las entidades por éstos constituidas para la defensa de sus intereses, así como velar por sus derechos de información e iniciativa.

2. Corresponden a todos, además de los reconocidos por la legislación general básica de Régimen Jurídico de las Administraciones Públicas y Procedimiento Administrativo Común, los siguientes derechos:

a) Comparecer y proponer soluciones y efectuar alegaciones en cualesquiera procedimientos de aprobación de instrumentos de planeamiento o de ejecución de éstos.

b) Formular y presentar a la Administración competente propuestas de instrumentos de planeamiento, salvo los de planeamiento municipal general.

c) Promover la urbanización, interesando la adjudicación de la ejecución de la misma en los términos de esta Ley, salvo que la Administración actuante opte por la gestión directa.

d) Exigir el cumplimiento de la legislación urbanística.

3. Corresponde asimismo a todos, en ejercicio de la libertad de empresa, el derecho a participar, en igualdad de condiciones, en los concursos para la adjudicación de la actividad de ejecución del planeamiento mediante la realización de las pertinentes obras de urbanización y, en su caso, edificación o rehabilitación de la existente.

4. Corresponden a los propietarios de suelo, además de los enunciados en los dos números anteriores, los derechos de:

a) Preferencia respecto de los no propietarios en los concursos para la adjudicación de la actividad de ejecución del planeamiento, en los términos dispuestos por esta Ley.

b) Edificación, cuando el planeamiento urbanístico autorice directamente la construcción en las unidades finales de aprovechamiento urbanístico, por tener éstas ya la condición de solares, o la edificación sea legítima, tras la ejecución de las obras de nueva urbanización o reforma de la existente, realizadas con arreglo al referido planeamiento y la materialización de la atribución del aprovechamiento correspondiente a la Administración actuante y de la transferencia de excedente que de éste prevea el planeamiento, en su caso.

c) Ejecución de las obras de urbanización, necesarias previa o simultáneamente a la edificación, para convertir la parcela en solar, siempre que el suelo no deba quedar sujeto a actuaciones urbanizadoras con arreglo a esta Ley, a las normas que la desarrollen y al planeamiento.

⇒ V. art. 4 de la Ley 6/1998, de 13 abril (§1).
V. art. 104.3 del TRLS/1992 (§2).
V. Jurisprudencia en arts. 4 y concordantes del TRLS/1976 (§3).

TÍTULO II
LA CONCERTACIÓN DE LA ACTUACIÓN PÚBLICA

CAPÍTULO I
La concertación interadministrativa

Artículo 9. El deber de concertación interadministrativa.

1. Las Administraciones Públicas con competencias en materia de ordenación territorial y urbanística o sectoriales con relevancia territorial o que impliquen ocupación o utilización del suelo deberán concertar sus actuaciones y, en especial, la aprobación de los instrumentos en que éstas se formalicen para su eficacia y, en su caso, la legitimación de su ejecución.

La Administración Pública a la que incumba la iniciativa de la concertación debe invitar a la Administración General del Estado para participar en ella, cuando el instrumento de planeamiento o proyecto en tramitación pueda incidir en las competencias con relevancia territorial de la misma.

2. El legítimo ejercicio de las competencias de elaboración, tramitación y aprobación de cualquiera de los instrumentos a que se refiere el número anterior requerirá:

a) La debida, suficiente y tempestiva información sobre su contenido a todas las Administraciones Públicas cuyas competencias propias puedan verse afectadas.

b) La armonización de las diversas competencias de la Administración actuante entre sí y con las competencias de ordenación urbanística o con relevancia territorial de las restantes Administraciones, de suerte que no resulte lesionado el contenido esencial, ni impedido o desproporcionadamente agravado el cumplimiento de los fines legales de cualquiera de las competencias implicadas.

⇒ V. art. 155 de la presente Ley.

Artículo 10. La concertación interadministrativa de instrumentos territoriales.

1. Quedan sujetos a la concertación interadministrativa:

a) Los instrumentos de planeamiento para la ordenación territorial y urbanística previstos en esta Ley, así como cualesquiera otros instrumentos de ordenación que afecten al uso del suelo contemplados por leyes especiales.

b) Cualesquiera proyectos de obras o servicios públicos de las Administraciones de la Junta de Comunidades, las Diputaciones y los Municipios que afecten, por razón de la localización o uso territoriales, a la instalación, funcionalidad o funcionamiento de obras o servicios de cualesquiera de dichas Administraciones Públicas.

c) Los proyectos de construcción, edificación o uso del suelo para obras o servicios públicos de la Administración de la Junta de Comunidades o las Diputaciones que afecten al territorio de uno o varios Municipios.

2. En todos los procedimientos administrativos que tengan por objeto la aprobación, modificación o revisión de alguno de los instrumentos o proyectos a que se refieren las letras a) y b) del número anterior deberá cumplirse, en el estado de su instrucción más temprano posible, el trámite de consulta a las Administraciones Públicas territoriales afectadas, sin que pueda prolongarse más allá del de información pública. Este último será preceptivo, tendrá una duración mínima de un mes y se celebrará a los efectos tanto de la ordenación territorial y urbanística, como de la evaluación del impacto ambiental.

El trámite de consulta será de cumplimiento preceptivo incluso en situación de urgencia. Se exceptúan de la regla anterior los procedimientos que tengan por objeto instrumentos o proyectos que constituyan desarrollo o ejecución de las determinaciones de otros previos en cuyo procedimiento de aprobación se hubiera cumplido dicho trámite, siempre que no impliquen afectaciones relevantes adicionales a las resultantes del instrumento o proyecto desarrollado o ejecutado. En esta excepción se entienden incluidos, en todo caso, los Planes a que se refiere el artículo 38.

3. El trámite de consulta deberá ser cumplido de forma que proporcione efectivamente:

a) A todas las Administraciones territoriales afectadas la posibilidad de exponer y hacer valer de manera adecuada suficiente y motivada, por sí mismas o a través de organizaciones públicas de ellas dependientes, las exigencias que, en orden al contenido del instrumento o proyecto en curso de aprobación, resulten de los intereses públicos cuya gestión les esté encomendada.

b) A todas las Administraciones anteriores y a la competente para la aprobación del instrumento o proyecto de que se trate, la ocasión de alcanzar un acuerdo sobre los términos de la determinación objetiva y definitiva del *interés general*.

Este trámite deberá practicarse como mínimo por el mismo tiempo y, a ser posible, de forma coordinada y simultánea con él o los que prevean alguna intervención o informe de la Administración de que se trate, conforme a la legislación que regule el procedimiento de aprobación del instrumento o proyecto en cuestión. En otro caso, tendrá una duración de un mes.

4. Si alguna de las Administraciones afectadas no hiciera uso del trámite de consulta se presumirá su conformidad con el instrumento o proyecto formulado. En todo caso, dicho instrumento o proyecto sólo podrá contener previsiones que comprometan la realización efectiva de acciones por parte de otras Administraciones, si éstas han prestado expresamente su conformidad.

5. La conclusión del trámite de consulta sin superación de las discrepancias manifestadas durante el mismo no impedirá la continuación y terminación del procedimiento, previa la adopción y notificación por la Administración actuante de resolución justificativa de los motivos que han impedido alcanzar, a su juicio, una definición acordada del interés público.

6. En los procedimientos administrativos que tengan por objeto los proyectos previstos en la letra c) del número 1, se estará a lo dispuesto en el artículo 173.

⇒ V. arts. 155 y 173 de la presente Ley.
V. Ley 5/1999, de 8 abril, de evaluación de impacto ambiental, cuyo Anejo 2 ha sido desarrollado por D. 118/2000, de 20 junio.

CAPÍTULO II
Los convenios urbanísticos

Artículo 11. El concepto, los principios, el objeto y los límites de los convenios.

1. La Comunidad Autónoma y los Municipios podrán suscribir, conjunta o separadamente, y siempre en el ámbito de sus respectivas esferas de competencias, convenios con personas públicas o privadas, tengan éstas o no la condición de propietarios de los terrenos correspondientes, para su colaboración en el mejor y más eficaz desarrollo de la actividad administrativa urbanística.

2. La negociación, la formalización y el cumplimiento de los convenios urbanísticos a que se refiere el número anterior se rigen por los principios de transparencia, publicidad y, cuando proceda, concurrencia.

3. Los convenios urbanísticos se diferenciarán, según tengan por objeto:

a) Los términos y las condiciones de la gestión y la ejecución del planeamiento en vigor en el momento de la celebración del convenio, exclusivamente, sin que de su cumplimiento pueda derivarse o resultar innovación de dicho planeamiento. A los compromisos asumidos por las partes del convenio les será de aplicación la subrogación legal de los terceros adquirentes de unidades aptas para la edificación, parcelas, solares o inmuebles.

b) La determinación, en su caso además del objeto anterior, del contenido de posibles innovaciones o alteraciones del planeamiento en vigor, bien directamente, bien por ser éstas precisas en todo caso para la viabilidad de lo estipulado.

4. Los convenios en los que se acuerde el cumplimiento del deber legal de cesión del aprovechamiento urbanístico no susceptible de apropiación mediante el pago de cantidad sustitutoria en metálico, deberán incluir, como anexo, la valoración pertinente, practicada por los servicios administrativos que tengan atribuida tal función, con carácter general, en la correspondiente Administración. En aquellos que, por su objeto, sean subsumibles en la letra b) del número anterior, deberán, además, cuantificarse todos los deberes legales de cesión y determinarse la forma en que éstos serán cumplidos.

5. Serán nulas de pleno derecho las estipulaciones de los convenios urbanísticos que contravengan, infrinjan, o defrauden objetivamente en cualquier forma normas imperativas legales o reglamentarias, incluidas las del planeamiento territorial o urbanístico, en especial las reguladoras del régimen urbanístico objetivo del suelo y del subjetivo de los propietarios de éste. Las estipulaciones previstas en la letra b) del número 3 anterior sólo tienen el efecto de vincular a las partes del convenio para la iniciativa y tramitación de los pertinentes procedimientos para la innovación del planeamiento sobre la base del acuerdo sobre la oportunidad, conveniencia y posibilidad de una nueva solución de ordenación. En ningún caso vincularán o condicionarán el ejercicio por la Administración Pública, incluso la firmante del convenio, de la potestad de planeamiento.

⇒ V. art. 303 del TRLS/1992 (§2).

V. Jurisprudencia en arts. 234 y concordantes del TRLS 76 (§3).

Artículo 12. El procedimiento para la celebración y el perfeccionamiento de los convenios.

1. Una vez negociados y suscritos, los convenios urbanísticos deberán someterse, mediante anuncio publicado en el «Diario Oficial de la Comunidad Autónoma» y en, al menos, uno de los periódicos de mayor difusión en ésta, a información pública por un período mínimo de veinte días.

2. Cuando la negociación de un convenio coincida con la tramitación del procedimiento de aprobación de un instrumento con el que guarde directa relación y, en todo caso, en el supuesto previsto en la letra b) del número 3 del artículo anterior, deberá incluirse el texto íntegro del convenio en la documentación sometida a información pública propia de dicho procedimiento, sustituyendo ésta a la prevista en el número precedente.

3. Tras la información pública, el órgano que hubiera negociado el convenio deberá, a la vista de las alegaciones, elaborar una propuesta de texto definitivo del convenio, de la que se dará vista a la persona o a las personas que hubieran negociado y suscrito el texto inicial para su aceptación, reparos o, en su caso, renuncia. El texto definitivo de los convenios deberá ratificarse:

a) Por el Consejero competente en materia de ordenación territorial y urbanística o, en su caso, el Consejo de Gobierno, previo informe de la Comisión Regional de Urbanismo, cuando se hayan suscrito inicialmente en representación de alguno de los órganos de la Junta de Comunidades.

b) Por el Ayuntamiento Pleno cuando se hayan suscrito inicialmente en nombre o representación del respectivo Municipio.

4. El convenio deberá firmarse dentro de los quince días siguientes a la notificación del texto definitivo a la persona o personas interesadas. Transcurrido dicho plazo sin que tal firma haya tenido lugar, se entenderá que renuncian a aquél.

Los convenios urbanísticos se perfeccionan y obligan desde su firma, tras la ratificación de su texto definitivo en la forma dispuesta en el número anterior.

⇒ V. D. 129/1985, de 20 diciembre, que modifica la composición y funcionamiento de la Comisión Regional de Urbanismo regulada por D. 33/1984, de 27 marzo.

Artículo 13. La naturaleza y la publicidad de los convenios.

Los convenios regulados en este Capítulo tendrán a todos los efectos carácter jurídico-administrativo. Una vez perfeccionados, cualquier ciudadano tendrá acceso a ellos en los términos establecidos en la legislación sobre régimen jurídico de las Administraciones Públicas.

TÍTULO III

LOS INSTRUMENTOS DE LA ORDENACIÓN TERRITORIAL Y URBANÍSTICA

CAPÍTULO I

Disposiciones generales

Artículo 14. Los instrumentos de la ordenación territorial y urbanística.

La ordenación territorial y urbanística se establece, en el marco de esta Ley y de las normas reglamentarias generales de desarrollo o en el de aquellas a que la misma remite, por los siguientes instrumentos:

a) Las Normas y las Instrucciones Técnicas del Planeamiento.

b) Las Ordenanzas Municipales de la Edificación y la Urbanización.

c) Los Planes de ordenación territorial y urbanística.

Artículo 15. Las Normas y las Instrucciones Técnicas del Planeamiento.

1. Las Normas Técnicas del Planeamiento tienen por objeto:

a) La determinación de los requisitos mínimos de calidad, sustantivos y documentales, que deben ser cumplidos por los distintos planes de ordenación territorial y urbanística.

b) La concreción y, en su caso, el aumento de los estándares mínimos de suelo para dotaciones públicas.

c) La precisión de los conceptos de urbanización y edificación.

Las Normas Técnicas del Planeamiento son aprobadas por decreto del Consejo de Gobierno a propuesta de la Consejería competente en materia de ordenación territorial y urbanística.

2. Las Instrucciones Técnicas del Planeamiento tienen por objeto la fijación de criterios y directrices sobre:

a) Objetivos y prioridades de los planes de ordenación territorial y urbanística.

b) Soluciones-tipo para las cuestiones de más frecuente planteamiento en la formulación del planeamiento, conforme a la experiencia práctica.

c) Diseño de guías y elementos para la ejecución de obras de urbanización.

d) Modelos de regulación de las diferentes zonas de ordenación urbanística más usuales en la práctica urbanística, con determinación para cada una de ellas de los elementos tipológicos definitorios de las construcciones en función de su destino y uso característicos. Los planes de ordenación territorial y urbanística podrán establecer el régimen urbanístico de las zonas resultantes de las operaciones de calificación que realicen por simple remisión al pertinente modelo de regulación.

Las Instrucciones Técnicas del Planeamiento son aprobadas por el Consejero competente en materia de ordenación territorial y urbanística, previo informe de la Comisión Regional de Urbanismo, y son vinculantes para la Administración de la Junta de Comunidades y los Municipios.

⇒ V. D. 74/2001, de 6 marzo, por el que se establece la estructura orgánica y las competencias de los distintos órganos de la Consejería de Obras Públicas.

V. D. 129/1985, de 20 diciembre, que modifica la composición y funcionamiento de la Comisión Regional de Urbanismo regulada por D. 33/1984, de 27 marzo.

Artículo 16. Las Ordenanzas Municipales de la Edificación y de la Urbanización.

1. Las Ordenanzas Municipales de la Edificación:

a) Tienen por objeto la regulación de todos los aspectos morfológicos, incluidos los estéticos, y cuantas otras condiciones, no definitorias directamente de la edificabilidad y destino del suelo, sean exigibles para la autorización de los actos de construcción, edificación y utilización de los inmuebles.

b) Deben ajustarse a las disposiciones relativas a la seguridad, salubridad, habitabilidad, accesibilidad y calidad de las construcciones y edificaciones y ser compatibles con los planes territoriales y urbanísticos y las medidas de protección del medio ambiente urbano y el patrimonio arquitectónico e histórico-artístico.

2. Las Ordenanzas Municipales de la Urbanización:

a) Tienen por objeto la regulación de todos los aspectos relativos a la proyectación, ejecución material, entrega y mantenimiento de las obras y los servicios de urbanización.

b) Deben ajustarse a las disposiciones sectoriales reguladoras de los distintos servicios públicos y, en su caso, a las Instrucciones Técnicas dictadas por la Consejería competente en materia de ordenación territorial y urbanística.

3. Las Ordenanzas Municipales de la Edificación y la Urbanización se aprueban y modifican de acuerdo con la legislación de régimen local y se adecuarán a lo establecido en la presente Ley.

El acuerdo municipal de aprobación, acompañado del texto íntegro de las Ordenanzas, debe comunicarse a la Consejería competente en materia de ordenación territorial y urbanística con carácter previo a su publicación.

⇒ V. Ley 1/1994, de 24 mayo, de Accesibilidad y Eliminación de Barreras.

V. Ley 4/1990, de 30 mayo, de Patrimonio Histórico de Castilla-La Mancha.

V. RD 1627/1997, de 24 octubre, que establece las disposiciones mínimas de seguridad y salud en las obras

V. D. 74/2001, de 6 marzo, por el que se establece la estructura orgánica y las competencias de los distintos órganos de la Consejeria de Obras Públicas.

Artículo 17. Los Planes de Ordenación Territorial y Urbanística.

Los Planes de Ordenación Territorial y Urbanística pueden ser:

A) Supramunicipales:

a) Los Planes de Ordenación del Territorio, de carácter integral o sectorial, que establecen directrices de coordinación territorial para la formulación de los diferentes instrumentos de ámbito espacial menor.

b) Los Proyectos de Singular Interés.

B) Municipales:

a) Los Planes de Ordenación Municipal, que definen la estrategia de utilización del territorio y su ordenación urbanística estructural, así como a ordenación detallada del suelo urbano y del urbanizable de ejecución prioritaria y la ordenación del suelo rústico conforme a su régimen propio, en los Municipios que deban contar con este tipo de Planes; y los Planes de Delimitación del Suelo Urbano, en los Municipios exentos del deber de formulación de los anteriores, que suplen la función propia de éstos.

b) Los Planes Parciales, que desarrollan o incluso modifican el correspondiente Plan de Ordenación Municipal estableciendo la ordenación detallada de sectores concretos de suelo urbanizable.

c) Los Catálogos de Bienes y Espacios Protegidos, que identifican y determinan el régimen de protección especial de determinados elementos inmuebles o espacios naturales que merezcan una valoración cultural y social relevante.

d) Los Estudios de Detalle, que complementan o adaptan determinaciones establecidas en el planeamiento urbanístico, en ámbitos especiales no superiores a una manzana o unidad urbana equivalente.

C) Especiales:

Los Planes Especiales desarrollan, complementan o, incluso, modifican el planeamiento territorial o urbanístico, cumpliendo diversos cometidos sectoriales de relevancia para la ordenación espacial.

⇒ V. Ley 9/1999, de 26 mayo, de conservación de la naturaleza.

CAPÍTULO II
Los planes supramunicipales

Artículo 18. Los Planes de Ordenación del Territorio.

1. Los Planes de Ordenación del Territorio son instrumentos que, abarcando la totalidad o parte del territorio de la Comunidad Autónoma, tienen por objeto bien la ordenación integral, bien la de una o varias cuestiones sectoriales del ámbito a que se refieran.

2. Los Planes de Ordenación del Territorio tienen como objetivo principal la organización racional y equilibrada del territorio y, en general, de los recursos naturales que procure la articulación, integración y cohesión tanto interna como con el resto de España de la Comunidad Autónoma, así como la disposición de las actividades y usos que optimice las condiciones de vida en colectividad y armonice el desarrollo económico-social con el medio ambiente en general, la preservación de la naturaleza y la protección del patrimonio arquitectónico y del histórico y cultural.

3. Los Planes de Ordenación del Territorio definen un modelo territorial que deberá cumplir alguna de las siguientes funciones:

a) Establecer los objetivos y criterios de coordinación general para la formulación del planeamiento municipal.

b) Determinar los objetivos de carácter territorial y los criterios de compatibilidad espacial que deban cumplir las actuaciones sectoriales de las diferentes Administraciones públicas.

c) Establecer las previsiones especiales precisas, incluso realizando reservas de suelo dotacional en cualquier clase de suelo, para actuaciones y proyectos de las Administraciones públicas o de interés regional.

4. El contenido de los Planes de Ordenación del Territorio deberá distinguir con precisión las determinaciones de aplicación directa de las directrices, orientativas o vinculantes, para la redacción de los planes municipales.

⇒ V. art. 113.2 del TRLS/1992 (§2).
V. Ley 4/1990, de 30 mayo, de Patrimonio Histórico de Castilla-La Mancha.
V. Ley 9/1999, de 26 mayo, de conservación de la naturaleza.
V. Jurisprudencia en arts. 8, 9 y concordantes del TRLS/1976 (§3).

Artículo 19. Los Proyectos de Singular Interés.

1. Los Proyectos de Singular Interés son proyectos que ordenan y diseñan, con carácter básico y para su inmediata ejecución, las obras a que se refieran, pudiendo comprender terrenos situados en uno o varios términos municipales y desarrollarse en cualquier clase de suelo. Su aprobación definitiva determinará, en su caso, la clasificación y la calificación urbanísticas de los terrenos a que afecten, conforme a los destinos para éstos en ellos previstos, quedando adscritos en todo caso los que se destinen a uso dotacional público a los sistemas generales de la ordenación establecida por el planeamiento municipal.

2. Los Proyectos de Singular Interés tienen cualquiera de los objetos siguientes:

a) Infraestructuras de cualquier tipo, comprendiendo las construcciones e instalaciones complementarias precisas o adecuadas a su más completa y eficaz gestión o explotación, destinadas a las comunicaciones terrestres y aéreas; las telecomunicaciones; la ejecución de planes y obras hidrológicos; la producción, la transformación, el almacenamiento y la distribución de gas; y la recogida, el almacenamiento, la conducción o el transporte, el tratamiento o el saneamiento, la depuración y la nueva utilización de aguas o de toda clase de residuos, incluidos los urbanos y los industriales.

b) Obras, construcciones o instalaciones, incluida la urbanización complementaria que precisen, que sirvan de soporte o sean precisas para la ejecución de la política o programación regional en materia de viviendas sujetas a algún régimen de protección pública, así como de dotaciones, equipamientos o establecimientos educativos, de ocio, salud, bienestar social, deporte o, en general, destinados a la provisión directa a los ciudadanos de bienes o prestaciones de naturaleza análoga.

c) Instalaciones para el desarrollo de actividades industriales y terciarias, que tengan por objeto la producción, la distribución o la comercialización de bienes y servicios que no tengan previsión y acomodo en el planeamiento vigente.

d) Obras o servicios públicos y actuaciones conjuntas, concertadas o convenidas entre las Administraciones Públicas o precisas, en todo caso, para el cumplimiento de tareas comunes o de competencias concurrentes, compartidas o complementarias.

3. Los Proyectos de Singular Interés deberán asegurar en todos los casos el adecuado funcionamiento de las obras e instalaciones que constituyan su objeto, mediante la realización de cuantas otras sean precisas tanto para la eficaz conexión de aquéllas a las redes generales correspondientes, como para la conservación, como mínimo, de la funcionalidad de las infraestructuras y los servicios ya existentes.

Artículo 20. Las determinaciones de los Proyectos de Singular Interés.

1. Los Proyectos de Singular Interés contendrán las siguientes determinaciones:

a) Justificación de su interés.

b) Fundamentación, en su caso, de la utilidad pública o el interés social, según proceda, de su objeto.

c) Localización de las obras a realizar, delimitación de su ámbito y descripción de los terrenos en él comprendidos, comprensiva del término o términos municipales en que se sitúen y de sus características, tanto físicas, incluyendo topografía, geología y vegetación, como jurídicas relativas a la estructura de la propiedad y los usos y aprovechamientos existentes.

d) Administración Pública, entidad o persona promotora del proyecto, con precisión, en su caso, de todos los datos necesarios para su plena identificación.

e) Memoria justificativa y descripción detallada de las características técnicas del Proyecto.

f) Plazos de inicio y terminación de las obras, con determinación, en su caso, de las fases en que se divida la ejecución.

g) Estudio económico-financiero justificativo de la viabilidad del Proyecto, con indicación de la consignación de partida suficiente en el capítulo de gasto del presupuesto correspondiente al primer año de la ejecución en el caso de promoción pública, así como, en todo caso, de los medios, propios y ajenos, a la disposición de la entidad o persona responsable de dicha ejecución para hacer frente al coste total.

h) Determinación de la forma de gestión a emplear para la ejecución.

i) Estudio o estudios de impacto ambiental en su caso.

j) Conformidad o no a la ordenación urbanística en vigor y aplicable a los terrenos comprendidos por el Proyecto, en punto a la clasificación y a la calificación del suelo, precisando en su caso, las previsiones de dicha ordenación que resultarán directamente alteradas por la aprobación definitiva del Proyecto.

Cuando la alteración o innovación prevista conforme al párrafo anterior, pueda comportar la necesidad de adaptación del planeamiento de ordenación territorial y urbanística vigente, se elaborará la documentación técnica y normativa precisa para la tramitación de la modificación, o en su caso, revisión del planeamiento vigente y un documento de refundición que refleje tanto las nuevas determinaciones como las que queden en vigor, a fin de reemplazar la antigua documentación.

Se incluirán, asimismo, las previsiones estrictamente indispensables para resolver las dificultades que pudieran presentarse en la correcta aplicación de la ordenación urbanística municipal en tanto se produce la adaptación prevista en el párrafo anterior. Estas previsiones formarán parte de la ordenación urbanística municipal, a título de normas transitorias complementarias, hasta que tenga lugar la adaptación de éstas.

k) Obligaciones asumidas por el promotor, que deberá incluir, en cualquier caso y como mínimo, las indemnizaciones correspondientes a los derechos existentes de conformidad con la ordenación urbanística vigente que se altere o modifique y la correspondiente a los deberes legales derivados del régimen de la clase de suelo correspondiente. En los proyectos contemplados en el apartado c) del número 2 del artículo anterior, además, las de estructuración del suelo en una única finca jurídico-civil acorde con la ordenación urbanística del Proyecto y afectación real de ella, con prohibición de su división en cualquier forma, al destino objetivo prescrito por dicha ordenación con *inscripción* registral de estas dos últimas obligaciones antes de la conclusión de la ejecución.

l) Garantías que, en su caso, se presten y constituyan, en cualquiera de las formas admitidas en Derecho, para asegurar el cumplimiento de las obligaciones a que se refiere la letra anterior en los plazos a que se refiere la letra f).

m) Cualesquiera otras determinaciones que vengan impuestas por disposiciones legales o reglamentarias.

2. Los Proyectos de Singular Interés comprenderán los documentos necesarios, incluidos planos, para formalizar con claridad y precisión las determinaciones a que se refiere el número anterior.

3. Por decreto acordado en Consejo de Gobierno a propuesta del Consejero competente en materia de ordenación territorial y urbanística, podrá concretarse el contenido mínimo en determinaciones y los documentos de que deben constar los Proyectos de Singular Interés y fijarse, en su caso y cuando las características peculiares del objeto de éstos así lo demande, el contenido complementario del general establecido en el número 1 que deba exigirse para su tramitación y aprobación.

⇒ V. Ley 5/1999, de 8 abril, de evaluación de impacto ambiental, cuyo Anejo 2 ha sido desarrollado por D. 118/2000, de 20 junio.

Artículo 21. La subrogación en la posición jurídica de la persona o entidad particular que tenga atribuida la ejecución.

1. La persona o entidad particular a la que el acto de aprobación definitiva atribuya la responsabilidad de la ejecución de un Proyecto de Singular Interés estará obligada a la completa realización de las obras e instalaciones previstas en éste.

2. Excepcionalmente, en virtud de circunstancias sobrevenidas, cuando sea indispensable para el aseguramiento de la conclusión de la ejecución y por acuerdo del Consejo de Gobierno adoptado a instancias del interesado, podrá autorizarse la sustitución, total o parcial, de éste en los derechos y las obligaciones derivados del acto de aprobación de un Proyecto de Singular Interés y relativos, por tanto, a su ejecución.

A los efectos de lo dispuesto en el párrafo anterior, deberá presentarse en la Consejería competente en materia de ordenación territorial y urbanística la correspondiente solicitud, acompañada de copia de la escritura pública del acuerdo suscrito entre las partes, en el que deberá identificarse la persona o personas que pretendan subrogarse, total o parcialmente, en la ejecución, expresarse todas y cada una de las condiciones en que se verificaría la subrogación y contenerse compromiso de la persona o personas que pretenda hacerse cargo de la ejecución de prestar garantías suficientes y, como mínimo, equivalentes a las ya constituidas.

3. El Consejo de Gobierno resolverá las solicitudes a que se refiere el número anterior dentro de los dos meses siguientes a su presentación, a propuesta del Consejero competente en materia de ordenación territorial y urbanística y previo informe de la Comisión Regional de Urbanismo de Castilla-La Mancha, atendiendo en todo caso a la persistencia del interés público en la ejecución del Proyecto de que se trate, el grado de cumplimiento por parte

del que pretenda ser sustituido en dicha ejecución, la situación de éste y de las obras y la solvencia económica, técnica y profesional de la persona o las personas que pretendan asumir, por subrogación, la ulterior realización del Proyecto. El transcurso de dicho plazo permitirá entender desestimada la solicitud. En todo caso, la autorización de dicha subrogación comportará la pérdida por el adjudicatario originario de la garantía que hubiere prestado ante la Comunidad Autónoma, en la proporción que, del total de las previstas, representen las obras pendientes de ejecución.

⇒ V. D. 74/2001, de 6 marzo, por el que se establece la estructura orgánica y las competencias de los distintos órganos de la Consejería de Obras Públicas.

V. D. 129/1985, de 20 diciembre, que modifica la composición y funcionamiento de la Comisión Regional de Urbanismo regulada por D. 33/1984, de 27 marzo.

Artículo 22. La ejecución de los Proyectos de Singular Interés.

1. La ejecución de los Proyectos de Singular Interés corresponderá a la Administración Pública o, en su caso, la persona privada que los hubiera promovido, que deberá ser determinada expresamente por el acto de aprobación definitiva.

2. La ejecución de los Proyectos de Singular Interés se realizará sobre la base y con arreglo al proyecto o los proyectos técnicos que concreten las obras e instalaciones, incluidas las de urbanización, que comprendan, con el grado de precisión necesario para su realización material bajo la dirección de técnico distinto al autor.

3. Los proyectos técnicos a que se refiere el número anterior se aprobarán por la Consejería competente en materia de ordenación territorial y urbanística cuando tengan por objeto la ejecución de Proyectos de Singular Interés de la propia Comunidad Autónoma o afectaren a más de un Municipio.

Dichos proyectos, que, sin perjuicio del cumplimiento de las obligaciones tributarias, no estarán sujetos a licencia municipal, serán trasladados a las Corporaciones Locales en cuyo territorio se vayan a realizar las obras, para su conocimiento e informe previo, en su caso.

⇒ V. D. 74/2001, de 6 marzo, por el que se establece la estructura orgánica y las competencias de los distintos órganos de la Consejeria de Obras Públicas.

Artículo 23. El incumplimiento en la ejecución de los Proyectos de Singular Interés; sus consecuencias.

1. El Consejo de Gobierno podrá declarar caducado un Proyecto de Singular Interés, con prohibición expresa de cualquier acto ulterior de ejecución del mismo y los demás pronunciamientos que procedan sobre la responsabilidad en que se hubiera podido incurrir, en los siguientes supuestos:

a) Incumplimiento de los plazos de inicio o terminación de la ejecución o interrupción de ésta por tiempo superior al autorizado o sin causa justificada.

b) Sustitución o subrogación de tercero en la posición jurídica de la persona o entidad responsable de la ejecución, sin autorización expresa previa.

c) Realización de la ejecución contraviniendo o apartándose en cualquier otra forma de las previsiones contenidas en el Proyecto de Singular Interés.

2. Para la declaración de la caducidad a que se refiere el número anterior deberá observarse el siguiente procedimiento:

a) Advertencia previa sobre el incumplimiento por parte del Consejero competente en materia de ordenación territorial y urbanística, con especificación del supuesto o de los supuestos en que descanse y las consecuencias que se entiendan procedentes deducir del incumplimiento, que deberá notificarse a la persona o personas interesadas y al Ayuntamiento del Municipio en cuyo territorio se desarrolle.

b) Práctica de las pruebas propuestas en el trámite de alegaciones y declaradas pertinentes por el Consejero competente en materia de ordenación territorial y urbanística, así como de cuantas otras disponga éste de oficio, en un período máximo de un mes.

c) Vista del expediente y alegaciones por plazo de veinte días.

d) Propuesta de resolución.

e) Resolución definitiva, por acuerdo del Consejo de Gobierno a propuesta del Consejero competente en materia de ordenación territorial y urbanística. Esta resolución podrá, cuando así proceda y no obstante la apreciación de la caducidad del Proyecto, disponer la rehabilitación de éste y la prórroga del plazo o los plazos para su ejecución, con imposición de los requisitos y las condiciones pertinentes y adecuadas para garantizar el puntual y correcto cumplimiento.

3. Dentro del mes siguiente a la declaración de la caducidad en los términos previstos en el número 1, la Administración actuante podrá decidir asumir directamente la gestión de la ejecución.

Desestimada esa asunción o, en todo caso, transcurrido el plazo para acordarla sin adopción de decisión expresa alguna, se producirán automáticamente los siguientes efectos:

a) Los terrenos comprendidos por el Proyecto de Singular Interés recuperarán, a todos los efectos, la clasificación y la calificación urbanísticas que tuvieran al tiempo de la aprobación de aquél.

b) La persona o entidad responsable de la ejecución del Proyecto de Singular Interés caducado deberá realizar los trabajos precisos para reponer los terrenos al estado que tuvieran antes del comienzo de dicha ejecución y, perderá, en su caso, la garantía que tuviera constituida.

c) Los titulares de los terrenos que hubieran sido objeto de expropiación para la ejecución del Proyecto podrán solicitar su reversión de acuerdo con los requisitos y el procedimiento previstos en la legislación general reguladora de la expropiación forzosa.

⇒ Téngase en cuenta que los arts. 54 y 55 de la LEF han sido modificados por la disp. adic. 5ª de la Ley 38/1999, de 5 noviembre, de Ordenación de la Edificación.

CAPÍTULO III
Los planes municipales

Sección 1ª Los planes generales

Artículo 24. Los Planes de Ordenación Municipal.

1. Los Planes de Ordenación Municipal comprenden uno o varios términos municipales completos, definiendo su ordenación estructural comprensiva de las siguientes determinaciones:

a) Establecimiento de las directrices que resulten del modelo de evolución urbana y de ocupación del territorio asumido, previendo la expansión urbana para los doce años siguientes, sin perjuicio de mayores plazos para la reserva de suelo con destino a dotaciones e infraestructuras públicas que así lo demandaren y justificando su adecuación a los Planes de Ordenación del Territorio.

b) Clasificación del suelo en urbano, urbanizable y rústico, dividiendo cada una de estas clases en las categorías que procedan y, en todo caso, en zonas de ordenación territorial y urbanística, con delimitación incluso de áreas sometidas a un régimen de especial protección sobre la base de los valores en ellos concurrentes.

c) Delimitación de sectores de planeamiento parcial o de reforma interior, determinando la secuencia lógica de su desarrollo a través de la definición concreta de las condiciones objetivas para posibilitar la incorporación de cada actuación de urbanización, fijando un orden básico de prioridades y regulando las condiciones que han de satisfacer para que sea posible su programación.

La delimitación geométrica de los sectores responderá a criterios de racionalidad acordes con la estructura urbana propuesta y su perímetro se determinará por relación al viario o a otros elementos definitorios que garanticen en todo caso la continuidad armónica con los suelos urbano o urbanizable contiguos y, en su caso, con el rústico, prohibiéndose, en consecuencia, su delimitación con el exclusivo propósito de ajustarse a límites de propiedad o límites de carácter administrativo.

d) Establecimiento de usos globales y compatibles y definición de las intensidades y densidades edificatorias máximas para las parcelas localizadas en cada zona de ordenación territorial y urbanística, así como delimitación de las áreas de reparto y fijación del aprovechamiento tipo que les corresponda en el suelo urbanizable y, en su caso, en el suelo urbano.

e) Señalamiento de los sistemas generales de comunicaciones y sus zonas de protección, así como de los de dotaciones y equipamientos comunitarios y el de espacios libres en proporción no inferior a mil metros cuadrados por cada doscientos habitantes.

Esta determinación deberá complementarse con la previsión de las infraestructuras viarias y espacios libres y dotaciones de cualquier titularidad y ámbito de servicio cuya localización y reserva convenga prefigurar por cumplir una función estructuradora relevante en la ordenación urbanística cumplida por el Plan.

f) Fijación de los objetivos a considerar en la formulación de los instrumentos de desarrollo del Plan y de los criterios que deben regir la ordenación del suelo rústico.

2. Asimismo, los Planes de Ordenación Municipal establecerán:

a) La ordenación urbanística detallada y el trazado pormenorizado de la trama urbana, sus espacios públicos, dotaciones comunitarias y de redes de infraestructuras para el suelo urbano, complementaria y conforme con la ordenación estructural.

b) La determinación de usos pormenorizados y ordenanzas tipológicas mediante definición propia o efectuada, en otro caso, por remisión a las correspondientes Instrucciones Técnicas del Planeamiento, legitimando de esta forma directamente la actividad de ejecución en suelo urbano sin necesidad de planeamientos adicionales, sin perjuicio de la posibilidad de diferir a Planes Especiales de Reforma Interior áreas concretas de suelo urbano con la finalidad de reestructurar su consolidación.

c) La ordenación urbanística detallada y el trazado pormenorizado de la trama urbana, sus espacios públicos, dotaciones comunitarias y de redes de infraestructuras, así como la determinación de usos y ordenanzas en los mismos términos previstos en la letra anterior, para los sectores de suelo urbanizable contiguos al suelo urbano y, como mínimo, los precisos para absorber la demanda inmobiliaria a corto y medio plazo, facilitando con dicha ordenación la pronta programación de los terrenos y excusando la ulterior exigencia de Planes Parciales.

d) El régimen de las construcciones y edificaciones preexistentes que queden en situación de fuera de ordenación a la entrada en vigor del planeamiento por total incompatibilidad con sus determinaciones, en las que sólo se podrán autorizar obras de mera conservación, así como el correspondiente a las sólo parcialmente incompatibles, en las que se podrá autorizar las obras de mejora o reforma que se determinen.

3. Los Planes de Ordenación Municipal de los Municipios superiores a los 20.000 habitantes de derecho deberán establecer las determinaciones precisas para garantizar que se destine a la construcción de viviendas sujetas a un régimen de protección pública que, cuando menos, habilite a la Administración para tasar su precio, el suelo suficiente para cubrir las necesidades previsibles en el primer decenio de vigencia del Plan. Estas determinaciones se justificarán en un análisis de las características de distribución de la demanda por niveles de ingresos de la unidad familiar y por tramos de edad en función del modelo de ciudad asumido por el Plan.

4. Por decreto del Consejo de Gobierno podrá extenderse la obligatoriedad de las determinaciones a que se refiere el número anterior a todos o algunos de los Municipios de menos de 20.000 habitantes de derecho, cuando

circunstancias de conurbación o recíproca influencia territorial entre términos municipales vecinos u otras causas análogas así lo aconsejen.

5. Los Municipios de menos de 5.000 habitantes de derecho estarán eximidos del deber de contar con Plan de Ordenación Municipal cuando no se haya superado en ellos en los últimos tres años ninguno de los siguientes límites máximos, computados por cada 1.000 habitantes:

1º Promoción de 10 viviendas de nueva planta.

2º Realización de 1.000 metros cuadrados de cualquier uso en construcciones de nueva planta.

3º Incoación de 10 procedimientos para el otorgamiento de licencia de obra mayor.

Reglamentariamente podrán actualizarse, reduciéndolos o incrementándolos, los límites máximos fijados en el párrafo anterior.

6. En los Municipios referidos en el punto anterior, el Consejero competente en materia de ordenación territorial y urbanística, a iniciativa del Municipio o Municipios interesados y previa audiencia, en todo caso, de éstos, podrá eximir del deber de contar con Plan de Ordenación Municipal, a los Municipios en los que, aun no dándose las circunstancias previstas en el número anterior, concurran circunstancias objetivas, debidamente justificadas, reveladoras del escaso dinamismo de su desarrollo urbano. La resolución deberá ser objeto de publicación en el «Diario Oficial de la Comunidad Autónoma».

La resolución de exención a que se refiere el párrafo anterior se revisará cuatrienalmente de oficio o a instancia del Municipio o Municipios interesados.

⇒ V. arts. 13, 14 y 19 de la Ley 6/1998, de 13 abril (§1).
V. Ley 1/1994, de 24 mayo, de Accesibilidad y Eliminación de Barreras.
V. Jurisprudencia en arts. 11, 12 y concordantes del TRLS/1976 (§3).

Artículo 25. Los Planes de Delimitación del Suelo Urbano.

1. Los Planes de Delimitación del Suelo Urbano comprenden términos municipales completos y tienen por objeto:

a) La clasificación del suelo, en urbano y rústico.

b) La definición de la ordenación estructural necesaria en función de las características del Municipio.

c) La ordenación detallada, incluyendo el trazado pormenorizado de la trama urbana, sus espacios públicos, dotaciones comunitarias y de redes de infraestructuras, así como la determinación de usos pormenorizados y ordenanzas tipológicas mediante definición propia o, en su caso, remisión a las correspondientes Instrucciones Técnicas del Planeamiento.

2. El objeto a que se refiere el apartado anterior respetará, en su caso, las determinaciones de las correspondientes Normas Técnicas del Planeamiento.

Sección 2ª Los planes de desarrollo y los complementarios

Artículo 26. Los Planes Parciales.

1. Los Planes Parciales tienen por objeto la ordenación detallada de sectores completos de suelo urbanizable que no se hubiera establecido ya en los Planes de Ordenación Municipal y el complemento y la mejora de la establecida en éstos, con el objeto de optimizar la calidad ambiental del espacio urbano o la capacidad de servicio de las dotaciones públicas, justificándose en las directrices garantes del modelo territorial establecido en el correspondiente Plan de Ordenación Municipal.

2. Los Planes Parciales contendrán las siguientes determinaciones:

a) El trazado de la red de comunicaciones propias del sector, detallando sus alineaciones y rasantes y las características de su enlace con el sistema general de comunicaciones previsto en el Plan de Ordenación, de acuerdo a la secuencia lógica de su desarrollo prevista en la letra c) del número 1 del artículo 24.

b) La división en zonas de ordenación urbanística, señalando los usos pormenorizados y ordenanzas tipológicas mediante definición propia o efectuada, en otro caso, por remisión a las correspondientes Instrucciones Técnicas del Planeamiento.

c) La división, en su caso, en unidades de actuación, señalando para las de urbanización las condiciones objetivas y funcionales que ordenen la eventual secuencia de la puesta en servicio de cada una de ellas.

d) La fijación de reservas para dotaciones públicas de acuerdo a los estándares mínimos establecidos en esta Ley.

e) La precisión de las características y el trazado de las galerías y redes de abastecimiento de agua, alcantarillado, energía eléctrica y de aquellos otros servicios que, en su caso, el Plan de Ordenación Municipal hubiera previsto, así como la resolución de su eventual enlace con las redes municipales existentes.

⇒ V. art. 12 de la Ley 6/1998, de 13 abril (§1).
V. Jurisprudencia en arts. 13 y concordantes del TRLS/1976 (§3).

Artículo 27. Los Catálogos de Bienes y Espacios Protegidos.

1. Los Catálogos de Bienes y Espacios Protegidos formalizarán las políticas públicas de conservación, rehabilitación o protección de los bienes inmuebles o de los espacios naturales de valor relevante.

2. La Consejería competente en materia de ordenación territorial y urbanística mantendrá un registro actualizado de todos los bienes y espacios catalogados, con información suficiente de su situación física y jurídica y expresión de las medidas y grado de protección a que estén sujetos según las categorías que reglamentariamente se establezcan.

El Reglamento de este registro administrativo dispensará un tratamiento específico y acorde con la legislación de patrimonio cultural o de medio ambiente, a aquellos bienes o espacios que están sujetos, además, a medidas dictadas al amparo de dicha legislación.

⇒ V. arts. 9 y 19 de la Ley 6/1998, de 13 abril (§1).
V. Ley 9/1999, de 26 mayo, de conservación de la naturaleza.
V. Ley 4/1990, de 30 mayo, de Patrimonio Histórico de Castilla-La Mancha.
V. D. 74/2001, de 6 marzo, por el que se establece la estructura orgánica y las competencias de los distintos órganos de la Consejería de Obras Públicas.
V. Jurisprudencia en arts. 25 y concordantes del TRLS/1976 (§3).

Artículo 28. Los Estudios de Detalle.

1. Los Estudios de Detalle se formularán para las áreas y en los supuestos previstos en los restantes planes municipales, debiendo comprender, como máximo, la manzana o unidad urbana equivalente completa.

2. Tendrán por objeto la previsión o el reajuste, según proceda, de:

a) Las alineaciones y las rasantes.

b) La ordenación de volúmenes de acuerdo a las especificaciones del plan correspondiente.

3. Los Estudios de Detalle no podrán alterar la calificación del suelo ni aumentar su aprovechamiento urbanístico, ni incumplir las normas que para su redacción haya previsto el planeamiento aplicable.

Podrán crear nuevos viales o dotaciones públicas, pero no podrán reducir la superficie de las previstas en el planeamiento aplicable.

⇒ V. art. 12 de la Ley 6/1998, de 13 abril (§1).
V. Jurisprudencia en arts. 14 y concordantes del TRLS/1976 (§3).

CAPÍTULO IV
Los planes especiales

Artículo 29. Los Planes Especiales.

1. En desarrollo, complemento o mejora de los Planes de Ordenación Municipal, podrán formularse Planes Especiales con cualquiera de las siguientes finalidades:

a) Crear o ampliar reservas de suelo dotacional.

b) Definir o proteger las infraestructuras, las vías de comunicación, el paisaje o el medio natural.

c) Adoptar medidas para la mejor conservación de los inmuebles, conjuntos o jardines de interés cultural o arquitectónico.

d) Concretar el funcionamiento de las redes de infraestructuras.

e) Vincular áreas o parcelas de suelo urbano o urbanizable a la construcción o rehabilitación de viviendas u otros usos sociales sometidos a algún régimen de protección oficial o pública.

2. Con las mismas finalidades señaladas en el número anterior podrán formularse Planes Especiales de Reforma Interior para áreas concretas de suelo urbano, debiendo diferenciar los terrenos que han de quedar sujetos al

régimen de actuaciones de urbanización de las que se sometan al régimen de actuaciones de edificación.

3. Los Planes Especiales deberán redactarse con el mismo grado de detalle y contendrán las mismas determinaciones que los instrumentos de planeamiento que complementen o modifiquen.

⇒ V. art. 113.2 del TRLS/1992 (§2).
V. Jurisprudencia en arts. 17 y concordantes del TRLS/1976 (§3).

CAPÍTULO V

La documentación, elaboración y aprobación de los planes

Artículo 30. La documentación de los planes.

Sin perjuicio de lo que dispongan las Normas Técnicas del Planeamiento, la documentación de los diferentes planes, deberá respetar las siguientes reglas mínimas:

1ª Incluirán una Memoria, que informará de la tutela de los bienes y del cumplimiento de los criterios y los fines previstos en el Título I y justificará, con eficacia normativa, las determinaciones correspondientes a los documentos gráficos o literarios, incluyendo, en su caso, el análisis y las consecuencias demográficos, sociológicos y ambientales que las determinaciones puedan conllevar.

Asimismo diferenciarán las determinaciones correspondientes a la ordenación estructural y detallada, identificándolas expresamente por relación a documentación escrita y gráfica.

2ª Los planes que establezcan determinaciones de desarrollo del régimen urbanístico del suelo, incluirán un documento de Normas Urbanísticas en las que se expresarán los diferentes criterios y elementos definitorios de los usos y aprovechamientos correspondientes a cada solar o parcela, así como las definitorias de las morfologías edificatorias, sin perjuicio de su remisión a las correspondientes Instrucciones Técnicas del Planeamiento.

3ª Cuando la finalidad del plan así lo aconseje y el desarrollo y la dinámica urbanísticos lo exigiera se deberá incluir en la Memoria, además, el análisis y las propuestas relativos a la ordenación del tráfico, la movilidad y el transporte colectivo.

4ª El estudio, informe o evaluación del impacto ambiental legalmente exigible, en su caso, vendrá desarrollado como parte de la Memoria.

5ª Los planes que prevean inversiones públicas y privadas para su ejecución, deberán incluir una evaluación analítica de las posibles implicaciones económicas y financieras en función de los agentes inversores previstos y de la lógica secuencial establecida para su ejecución y puesta en servicio.

6ª Los planos y la documentación gráfica correspondientes deberán definir con claridad la información y la ordenación que expresen y deberán confeccionarse a la escala y con el grado de definición adecuados a la finalidad que persigan.

Entre los planos a que se refiere el párrafo anterior deberán figurar, en su caso, planos de información catastral y topográfica, comprensivos de todos los factores físicos y jurídicos que condicionen o afecten la ordenación, así como los planos que reflejen gráficamente de forma adecuada y suficiente esta última.

⇒ V. Ley 5/1999, de 8 abril, de evaluación de impacto ambiental, cuyo Anejo 2 ha sido desarrollado por D. 118/2000, de 20 junio.

Artículo 31. Los estándares mínimos de calidad urbana de preceptiva observancia por los planes.

a) En el suelo urbano la edificabilidad no podrá superar 10.000 metros cuadrados de edificación residencial por hectárea.

En el suelo urbano consolidado en que se haya alcanzado o superado ya dicho límite máximo, no se podrá aumentar la edificabilidad respecto de las previsiones del planeamiento anterior y deberá procurarse que disminuya o, a lo sumo, se mantenga en su intensidad, el grado de consolidación característico del último medio siglo.

Cuando el planeamiento, por no encontrarse superado el límite máximo anterior, prevea un incremento de la edificabilidad sobre la realmente existente para zonas de ordenación concretas, deberá reservar los suelos dotacionales suficientes para alcanzar los estándares previstos en las letras c) y d) de este mismo número.

b) En suelo urbanizable, la edificabilidad y densidad residenciales máximas serán las adecuadas según el estudio, informe o evaluación de impacto ambiental y los análisis de viabilidad económica en función de las cargas de urbanización y demandas sociales, sin que en ningún caso pueda superar la edificabilidad máxima fijada para el suelo urbano.

c) En sectores de suelo urbanizable de uso residencial, se establecerán las siguientes reservas mínimas de suelo con destino dotacional público, sin computar el viario:

– Con destino específico de zonas verdes: el diez por ciento de la superficie total ordenada, si la edificabilidad es inferior a 6.000 metros cuadrados construibles por hectárea; y dieciocho metros cuadrados de suelo por cada cien metros cuadrados de edificación, si la edificabilidad es superior a la precedente.

– Con destino a la implantación de otras dotaciones: veinte metros cuadrados de suelo por cada cien metros cuadrados de edificación.

En sectores de uso industrial o terciario, la reserva de suelo dotacional será como mínimo el quince por ciento de la superficie total ordenada, destinándose dos tercios de dicha reserva a zonas verdes.

Reglamentariamente, se precisarán las dimensiones y características, así como, en su caso, el destino de las reservas de suelo dotacional público.

d) En zonas de uso global residencial, deberá preverse una plaza de aparcamiento, como mínimo, por cada 100 metros cuadrados de techo residencial. En zonas de uso global no residencial, la proporción se determinará reglamentariamente y nunca será menor de una plaza por cada 200 metros de techo potencialmente edificable del uso no residencial concreto previsto.

2. Mediante resolución motivada del Consejero competente en materia de ordenación territorial y urbanística, dictada previo informe favorable de la Comisión Regional de Urbanismo, los límites fijados en el número anterior podrán modularse para los Municipios exentos del deber de dotarse de Plan de Ordenación Municipal y minorarse para todos los Municipios siempre que se trate de sectores autónomos cuyo destino sea el turístico o de ocupación estacional, de tipología residencial unifamiliar y con muy baja densidad o el de complejos industriales aislados, siempre que queden provistos de servicios y dotaciones privadas de superficies equivalentes. La modulación de los límites en ningún caso podrá suponer una disminución de las reservas dotacionales públicas superior al 50%.

⇒ V. D. 87/1993, de 13 julio, que regula los catálogos de suelo de uso residencial.

V. Ley 1/1994, de 24 mayo, de Accesibilidad y Eliminación de Barreras.

V. Ley 5/1999, de 8 abril, de evaluación de impacto ambiental, cuyo Anejo 2 ha sido desarrollado por D. 118/2000, de 20 junio.

V. D. 129/1985, de 20 diciembre, que modifica la composición y funcionamiento de la Comisión Regional de Urbanismo regulada por D. 33/1984, de 27 marzo.

Artículo 32. La elaboración y aprobación de los Planes de Ordenación del Territorio.

1. La iniciativa y elaboración de los Planes de Ordenación del Territorio corresponderá a la Consejería competente en materia de ordenación territorial y urbanística, así como a los demás órganos y organismos de la Administración de la Junta de Comunidades y de otras Administraciones que se determinen reglamentariamente.

2. La tramitación y la propuesta de aprobación de los Planes de Ordenación del Territorio corresponderá a la Consejería competente en materia de ordenación territorial y urbanística, previo informe de la Comisión Regional de Urbanismo.

3. Reglamentariamente se determinará el procedimiento de aprobación de los Planes de Ordenación del Territorio, cuya aprobación definitiva corresponderá al Consejo de Gobierno. La ordenación del procedimiento deberá respetar en todo caso las reglas establecidas en esta Ley para la concertación interadministrativa.

⇒ V. D. 74/2001, de 6 marzo, por el que se establece la estructura orgánica y las competencias de los distintos órganos de la Consejería de Obras Públicas.

V. D. 129/1985, de 20 diciembre, que modifica la composición y funcionamiento de la Comisión Regional de Urbanismo regulada por D. 33/1984, de 27 marzo.

Artículo 33. La elaboración y aprobación de los Proyectos de Singular Interés.

1. Podrán elaborar y promover Proyectos de Singular Interés ante la Consejería competente en materia de ordenación territorial y urbanística:

a) Las Administraciones Públicas, sus Organismos Autónomos y cualesquiera otras organizaciones descentralizadas de ellas dependientes y las sociedades cuyo capital les pertenezca íntegra o mayoritariamente, siempre que, en este último caso, la urbanización y la edificación forme parte de su objeto social.

b) Las personas privadas, físicas o jurídicas.

2. Los Proyectos de Singular Interés elaborados y promovidos por personas o entidades particulares sólo podrán tramitarse, para su aprobación, una vez declarado su interés regional por el Consejo de Gobierno.

Las solicitudes de dicha declaración deberán presentarse en la Consejería competente en materia de ordenación territorial y urbanística y acompañarse de los documentos expresivos de las determinaciones previstas en los apartados a), b), c) y d) del número 1 del artículo 20.

El Consejo de Gobierno deberá resolver dentro de los dos meses siguientes a la solicitud, previa audiencia e informe del o de los Municipios afectados por plazo mínimo de treinta días. El transcurso de dicho plazo sin notificación de resolución expresa habilitará para entender desestimada la solicitud de declaración.

Los Proyectos de Singular Interés referidos al punto 2, apartado c) del artículo 19, requerirán informe favorable del Ayuntamiento en que se asienten.

3. La aprobación de los Proyectos de Singular Interés se ajustará al siguiente procedimiento:

a) Aprobación inicial, si procede, por la Consejería competente en materia de ordenación territorial y urbanística, con inmediato sometimiento a información pública y, simultáneamente, a audiencia e informe del Municipio o Municipios afectados, cuando éstos no sean los promotores del Proyecto, por plazo de un mes, a cuyo efecto deberá insertarse el pertinente anuncio en el «Diario Oficial de la Comunidad Autónoma» y en, al menos, uno de los periódicos de mayor difusión en ésta. Durante este doble trámite simultáneo deberá producirse la concertación interadministrativa prevista en esta Ley.

En todo el tiempo de duración del trámite de información pública y audiencia, la Consejería responsable del procedimiento podrá acordar y practicar, incluso de oficio, la realización de cuantas actuaciones de investigación y determinación de hechos y datos considere que pueden aportar elementos de juicio relevantes para la resolución.

b) Aprobación definitiva, si procede, por el Consejo de Gobierno, a la vista de las alegaciones e informes presentados en el período de información pública y audiencia y de las demás actuaciones practicadas, así como, en su caso, del resultado de la concertación interadministrativa, a propuesta del Consejero competente en materia de ordenación territorial y urbanística y previo informe de la Comisión Regional de Urbanismo.

El acuerdo de aprobación definitiva, que expresará el organismo, entidad o sociedad públicos a que se encomiende la ejecución o, en su caso, la persona o entidad particular promotora responsable de ella, deberá publicarse íntegramente en el «Diario Oficial de la Comunidad» y en, al menos, uno de los periódicos de mayor difusión en ésta.

⇒ V. D. 74/2001, de 6 marzo, por el que se establece la estructura orgánica y las competencias de los distintos órganos de la Consejería de Obras Públicas.

V. D. 129/1985, de 20 diciembre, que modifica la composición y funcionamiento de la Comisión Regional de Urbanismo regulada por D. 33/1984, de 27 marzo.

Artículo 34. La elaboración de los Planes de Ordenación Municipal y de los Planes de Delimitación del Suelo Urbano.

1. Corresponderá a los Municipios elaborar, modificar y revisar sus respectivos Planes de Ordenación Municipal o, en su caso, Planes de Delimitación del Suelo Urbano.

Cuando un Municipio carezca del plan de que deba estar dotado o éste haya sido suspendido o anulado, la Comisión Provincial de Urbanismo formulará al Alcalde requerimiento para que se proceda, en plazo determinado, al cumplimiento del deber legal de elaborarlo y, caso de no ser atendido o cumplido dicho requerimiento, podrá adoptar las medidas pertinentes para la elaboración omitida en sustitución del Municipio, si las circunstancias urbanísticas así lo aconsejaran.

En este último caso, los planes limitarán su contenido a las determinaciones indispensables para posibilitar el desarrollo urbanístico municipal a corto plazo y deberán ser reemplazados, a la mayor brevedad posible, por un nuevo plan de elaboración municipal.

2. Los Municipios deberán contar, en todo momento, con suficiente suelo ordenado con el grado de detalle previsto en el número 2 del artículo 24, debiendo promover las revisiones y modificaciones de planeamiento que sean precisas con ese fin, así como elaborar, de oficio, proyectos de urbanización que faciliten la programación de los terrenos.

3. Cuando circunstancias especiales de conurbación o recíproca influencia territorial entre términos municipales vecinos aconsejen la elaboración coordinada de su ordenación territorial y urbanística o la consideración conjunta de ella para sectores comunes, los Municipios afectados deberán concertar la elaboración de sus Planes de Ordenación Municipal. En defecto de acuerdo entre los Municipios, las determinaciones urbanísticas del área territorial objeto de desacuerdo, serán establecidas y aprobadas por la Consejería competente en materia de ordenación territorial y urbanística, con arreglo a lo dispuesto en el número 1.

4. *Cuando en un* Municipio que cuente con Plan de Delimitación del Suelo Urbano se suscite sobrevenidamente una actuación urbanizadora cuya localización y dimensión, así como las garantías procedentes para asegurar su ejecución, aconsejen la clasificación de los terrenos afectados como suelo urbanizable.

Podrán tramitarse conjuntamente el Plan de Ordenación Municipal y el Programa de Actuación Urbanizadora correspondiente a la actuación sobrevenida, si bien la ejecución de éste no podrá adjudicarse hasta la aprobación definitiva de aquél.

⇒ V. D. 74/2001, de 6 marzo, por el que se establece la estructura orgánica y las competencias de los distintos órganos de la Consejería de Obras Públicas.

V. D. 5/1993, de 16 febrero, sobre las Comisiones Provinciales de Urbanismo.

Artículo 35. La elaboración de los Planes Especiales y de los Catálogos de Bienes y Espacios Protegidos.

Los Planes Especiales y los Catálogos de Bienes y Espacios Protegidos podrán ser elaborados y promovidos tanto por los Municipios como por el resto de las Administraciones Públicas, cuando el ejercicio de sus respectivas competencias demande o requiera el establecimiento de nuevas determinaciones de ordenación territorial y urbanística.

Artículo 36. La tramitación, para la aprobación inicial, de los Planes de Ordenación Municipal, Planes de Delimitación del Suelo Urbano, Planes Especiales y Catálogos de Bienes y Espacios Protegidos.

1. Durante la redacción técnica de los planes, la Administración que los promueva realizará consultas con otras Administraciones o entidades representativas de los colectivos ciudadanos particularmente afectados, reflejando su resultado en el documento elaborado.

Tratándose de Planes de Ordenación Municipal, será preceptivo realizar, para la preparación de la concertación interadministrativa, consultas con los Municipios colindantes y con las Administraciones cuyas competencias y bienes demaniales resulten afectados y, en especial, cuando el estado de su instrucción permita identificar sus determinaciones básicas y estructurales con la Consejería competente en materia de ordenación territorial y urbanística para definir un modelo territorial municipal acorde con su contexto supramunicipal y, en su caso, con los Planes de Ordenación del Territorio en vigor.

2. Concluida la redacción técnica del Plan, la Administración promotora del mismo, lo someterá simultáneamente a:

A) Información pública por un período mínimo de un mes, anunciada en el «Diario Oficial de la Comunidad» y en uno de los periódicos de mayor difusión en ésta. Durante ella, el proyecto diligenciado del plan, deberá encontrarse depositado, para su consulta pública, en el Municipio o Municipios afectados por la ordenación a establecer.

No será preceptivo reiterar este trámite en un mismo procedimiento, ni aun cuando se introduzcan modificaciones sustanciales en el proyecto, bastando que el órgano que otorgue la aprobación inicial la publique en la forma establecida en el párrafo anterior y notifique ésta a los interesados personados en las actuaciones.

B) Informes de los distintos Departamentos y órganos competentes de las Administraciones exigidos por la legislación reguladora de sus respectivas competencias, salvo que, previamente, se hubieran alcanzado acuerdos interadministrativos.

C) Dictamen de los Municipios colindantes al que promueva el Plan de Ordenación Municipal o, si el Plan es promovido por Administración no municipal, de todos los Municipios afectados, salvo que se hubiera alcanzado con éstos previamente acuerdo sobre el contenido de la ordenación a establecer.

En los requerimientos de los informes y dictámenes se indicará expresamente que implican la apertura del trámite de consulta previsto en el artículo 10 para la concertación interadministrativa de las soluciones de ordenación durante todo el plazo previsto para la emisión de dichos informes y dictámenes.

El desacuerdo entre Municipios colindantes, respecto a las determinaciones previstas en el artículo 24 o entre aquéllos y otras Administraciones, se solventará en todo caso sobre bases de coordinación interadministrativa, establecidas por la Comisión Provincial de Urbanismo y, de persistir el desacuerdo, mediante resolución del órgano competente en el supuesto y los términos establecidos en el número 3 del artículo 34.

3. Concluidos los trámites anteriores, el Ayuntamiento-Pleno u órgano competente de la Administración promotora del plan, resolverá sobre su aprobación inicial, con introducción de las rectificaciones que estime oportunas, y podrá remitirlo a la Consejería competente en materia de ordenación territorial y urbanística interesando su aprobación definitiva.

⇒ V. D. 74/2001, de 6 marzo, por el que se establece la estructura orgánica y las competencias de los distintos órganos de la Consejería de Obras Públicas.

V. D. 5/1993, de 16 febrero, sobre las Comisiones Provinciales de Urbanismo.

Artículo 37. La tramitación para su aprobación definitiva de los Planes de Ordenación Municipal, Planes de Delimitación del Suelo Urbano, determinados Planes Especiales y los Catálogos de Bienes y Espacios Protegidos.

1. La Consejería competente en materia de ordenación territorial y urbanística, una vez recibida la solicitud de aprobación definitiva, iniciará un período consultivo y de análisis del Plan de Ordenación Municipal, Plan de Delimitación de Suelo Urbano, Plan Especial que afecte a elementos integrantes de la ordenación estructural o Catálogo de Bienes y Espacios Protegidos correspondientes con la Administración promotora y las demás Administraciones afectadas en los términos del artículo 10. Durante este período consultivo:

a) Recabará los informes oportunos.

b) Requerirá, si fuera preciso, a la Administración promotora del Plan para que complete el expediente, subsane los trámites que se echen en falta o motive y aclare formalmente las propuestas de formulación o finalidad imprecisas.

c) Ofrecerá alternativas técnicas de consenso interadministrativo.

d) Otorgará directamente la aprobación definitiva, obviando o abreviando el período consultivo, cuando el expediente sometido a su consideración así lo permita.

2. Atendidos los requerimientos previstos en el número anterior y transcurridos cuarenta días desde la solicitud de aprobación definitiva, la Administración promotora del Plan, si considera oportuna la inmediata conclusión del período consultivo, podrá solicitar que se resuelva sin más dilación. Transcurridos tres meses sin resolución expresa sobre esta nueva solicitud, el Municipio o la Administración promotores del Plan podrá requerir a la Consejería para que reconozca y publique la aprobación definitiva.

3. La resolución sobre la aprobación definitiva corresponde a la Consejería competente en materia de ordenación territorial y urbanística. En función de la figura de planeamiento correspondiente, esta resolución podrá formular objeciones a la aprobación definitiva con alguna de las siguientes finalidades:

a) Asegurar que el modelo de crecimiento asumido por el Municipio respeta el equilibrio urbanístico del territorio, sin agotar sus recursos, ni saturar las infraestructuras supramunicipales o desvirtuar la función que les es propia.

Si hubiera Plan de Ordenación del Territorio con previsiones aplicables al caso, la resolución autonómica se fundará en ellas.

b) Requerir en la ordenación estructural del Plan unas determinaciones con precisión suficiente para garantizar la correcta organización del desarrollo urbano y, con tal fin, recabar la creación, ampliación o mejora de reservas para espacios públicos y demás dotaciones, así como velar por la idoneidad de las previstas para servicios supramunicipales.

c) Garantizar que la urbanización se desarrolle de conformidad con lo dispuesto en la letra c) del número 1 del artículo 24, dando preferencia a su ejecución en régimen de actuaciones de urbanización de características adecuadas.

d) Coordinar la política urbanística municipal con las políticas autonómicas de conservación del patrimonio cultural, de vivienda y de protección del medio ambiente.

e) Evaluar la viabilidad económica del Plan en aquellas actuaciones que aumenten el gasto público en obras de competencia supramunicipal.

En ningún caso podrán aprobarse definitivamente los Planes que incurran en infracción de una disposición legal general o autonómica.

4. Las resoluciones sobre la aprobación definitiva nunca cuestionarán la interpretación del interés público local formulada por el Municipio desde la representatividad que le confiere su legitimación democrática, pudiendo fundarse, exclusivamente, en exigencias de la política territorial y urbanística de la Junta de Comunidades de Castilla-La Mancha concretadas en los términos de esta Ley. A este efecto, la resolución suspensiva o denegatoria de la aprobación definitiva deberá ser expresamente motivada y concretar la letra del número anterior en que se fundamente o el precepto legal que entienda infringido.

5. Cuando las objeciones a la aprobación definitiva afecten a áreas o determinaciones tan concretas que, prescindiendo de ellas, el Plan pueda aplicarse con coherencia, éste se aprobará definitivamente salvo en la parte objeto de reparos, que quedará en suspenso hasta su rectificación en los términos precisados por la resolución aprobatoria.

Si los reparos son de alcance limitado y pueden subsanarse con una corrección técnica específica consensuada con el Ayuntamiento, la aprobación definitiva se supeditará en su eficacia a la mera formalización documental de dicha corrección. La resolución aprobatoria podrá delegar en un órgano jerárquicamente subordinado, incluso unipersonal, la facultad de comprobar que la corrección se efectúa en los términos acordados y, verificada la corrección realizada, ordenar la publicación de la aprobación definitiva.

⇒ V. D. 74/2001, de 6 marzo, por el que se establece la estructura orgánica y las competencias de los distintos órganos de la Consejería de Obras Públicas.

Artículo 38. La elaboración, tramitación y aprobación de los Planes Parciales, determinados Planes Especiales y los Estudios de Detalle.

1. La elaboración y tramitación de los Planes Parciales, Planes Especiales que afecten a elementos integrantes de la ordenación detallada y Estudios de Detalle de iniciativa municipal o particular, se regirán por las siguientes reglas:

a) Los particulares podrán promover Planes Parciales y Especiales en desarrollo de un Programa de Actuación Urbanizadora del que sean adjudicatarios o compitiendo por su adjudicación para desarrollar, al menos, una de las unidades de actuación del Plan que promuevan. Sólo la Administración, de oficio, podrá promover y aprobar tales Planes con independencia y anterioridad a los Programas.

Por excepción a lo dispuesto en el párrafo anterior, los Estudios de Detalle en suelo urbano, previstos en el Plan de Ordenación, podrán ser promovidos por cualquier interesado.

b) Una vez redactados los Planes, la Administración actuante los someterá a información pública durante 20 días, mediante anuncio en el «Diario Oficial de la Comunidad» y uno de los periódicos de mayor difusión en la localidad. Cuando se tramiten junto con Programas de Actuación Urbanizadora, serán aplicables las reglas correspondientes a éstos.

En los Municipios menores a 20.000 habitantes de derecho, previamente a la aprobación definitiva, será preceptivo solicitar informe técnico de la Consejería competente en materia de ordenación territorial y urbanística sobre la adecuación del Plan a las determinaciones correspondientes de la ordenación estructural definidas en el número 1 del artículo 24, especialmente a las previstas en sus letras c) y f), salvo en los casos en que exista equipo técnico cualificado. No obstante, se comunicará la Comisión Provincial de Urbanismo. En los restantes Municipios la emisión de dicho informe corresponderá a los servicios técnicos municipales.

2. La aprobación definitiva de los Planes a que se refiere el número

anterior corresponderá al Ayuntamiento-Pleno. Cuando los Planes Parciales comporten modificación de la ordenación estructural establecida en el Plan de Ordenación Municipal, será preceptiva la emisión de informe previo y vinculante por la Consejería competente en materia de ordenación territorial y urbanística.

3. Los Planes Parciales, Especiales y Estudios de Detalle a que se refiere el número 1 de este artículo no requerirán de aprobación inicial previa al sometimiento al trámite de información pública. El plazo de la aprobación definitiva será de tres meses desde la entrada del expediente completo en el registro del órgano competente para su otorgamiento.

El plazo correspondiente a los diferentes trámites administrativos previos y necesarios para la conformación plena del expediente no podrá ser superior a un mes.

⇒ V. D. 74/2001, de 6 marzo, por el que se establece la estructura orgánica y las competencias de los distintos órganos de la Consejería de Obras Públicas.
V. D. 5/1993, de 16 febrero, sobre las Comisiones Provinciales de Urbanismo.

Artículo 39. El régimen de la innovación de la ordenación establecida por los Planes.

1. Cualquier innovación de las determinaciones de los Planes deberá ser establecida por la misma clase de Plan y observando el mismo procedimiento seguido para la aprobación de dichas determinaciones. Se exceptúan de esta regla las innovaciones derivadas de las modificaciones que pueden operar los Planes Parciales y Especiales, conforme a lo dispuesto en las letras B), b) y C) del artículo 17.

2. Toda innovación de la ordenación establecida por un Plan que aumente el aprovechamiento lucrativo privado de algún terreno o desafecte el suelo de un destino público, deberá contemplar las medidas compensatorias precisas para mantener la proporción y calidad de las dotaciones públicas previstas respecto al aprovechamiento, sin incrementar éste en detrimento de la mejor realización posible de los estándares legales de calidad de la ordenación.

3. La innovación de un Plan que comporte una diferente calificación o uso urbanístico de las zonas verdes o espacios libres anteriormente previstos, requerirá previo informe favorable de la Comisión Regional de Urbanismo.

4. Las alteraciones de los Planes que clasifiquen como suelo urbano o urbanizable el que previamente fuera rústico deberán cumplir lo dispuesto en los números 1 y 2 de este mismo artículo, previendo las obras de urbanización necesarias y las aportaciones al patrimonio municipal de suelo suplementarias para garantizar la especial participación pública en las plusvalías que generen.

5. La innovación de los Planes que legalice actuaciones urbanísticas irregulares deberá satisfacer los principios rectores de la actividad urbanística y cumplir los estándares legales de calidad de la ordenación, requiriendo en todo caso previo informe favorable de la Comisión Regional de Urbanismo.

6. Los Planes calificarán como suelo dotacional las parcelas cuyo des-

tino efectivo precedente haya sido el uso docente o sanitario, salvo que, previo informe de la Consejería competente por razón de la materia, se justifique la innecesariedad del destino del suelo a tal fin, en cuyo caso se destinará éste a otros usos públicos o de interés social.

7. La aprobación de Planes que alteren la ordenación establecida por otros que hayan sido aprobados por la Administración de la Junta de Comunidades sólo será posible si se cumplen las siguientes reglas:

a) Las nuevas soluciones propuestas para las infraestructuras, los servicios y las dotaciones correspondientes a la ordenación estructural han de mejorar su capacidad o funcionalidad, sin desvirtuar las opciones básicas de la ordenación originaria y deben cubrir y cumplir, con igual o mayor calidad y eficacia, las necesidades y los objetivos considerados en aquélla.

b) Son modificables, mediante Planes Parciales o Especiales de Reforma Interior de aprobación municipal, con las salvedades expresadas en el número 1 del artículo 38, las determinaciones correspondientes a la ordenación detallada previstas en el número 2 del artículo 24.

Son modificables mediante Plan Parcial o Especial de Reforma Interior las determinaciones correspondientes a la ordenación estructural contempladas en el número 1 del artículo 24, en la forma establecida en el número 2 del artículo 38.

c) La nueva ordenación debe justificar expresa y concretamente cuáles son sus mejoras para el bienestar de la población y fundarse en el mejor cumplimiento de los principios y fines de la actividad pública urbanística enunciados en el número 1 del artículo 6 y de los estándares legales de calidad.

8. Los Planes Parciales o Especiales de Reforma Interior modificatorios de los Planes de Ordenación Municipal deberán contener la documentación complementaria siguiente:

a) Justificación detallada de la modificación, en relación no sólo con el terreno directamente afectado, sino con el conjunto del sector y su entorno inmediato, con especial referencia a las infraestructuras y dotaciones correspondientes a la ordenación estructural.

b) Planos de la ordenación detallada del sector y de sus inmediaciones, que demuestren gráficamente la mejora de la ordenación en un contexto espacial más amplio.

Si la propuesta implica variaciones en las infraestructuras o dotaciones correspondientes a la ordenación estructural, además, nuevo plano de la ordenación, a igual escala que el del Plan de Ordenación Municipal y referido a la total superficie del núcleo de población, barrio o unidad geográfica urbana afectada, existente o en proyecto, sin excluir sus ensanches potenciales.

c) Estudio de impacto ambiental, si se pretende la reclasificación de suelo rústico.

9. Las modificaciones de cualquier Plan que afecten a la clasificación

del suelo o al destino público de éste, deberán comprender la documentación prevista en el número anterior.

Todo Plan que altere sólo parcialmente otro anterior deberá acompañar un documento de refundición que refleje tanto las nuevas determinaciones como las que queden en vigor, a fin de reemplazar la antigua documentación.

⇒ V. Ley 5/1999, de 8 abril, de evaluación de impacto ambiental, cuyo Anejo 2 ha sido desarrollado por D. 118/2000, de 20 de junio.

V. D. 74/2001, de 6 marzo, por el que se establece la estructura orgánica y las competencias de los distintos órganos de la Consejería de Obras Públicas.

V. D. 129/1985, de 20 diciembre, que modifica la composición y funcionamiento de la Comisión Regional de Urbanismo regulada por D. 33/1984, de 27 marzo.

Artículo 40. La revisión de los instrumentos de ordenación territorial y urbanística: concepto y procedencia.

1. La reconsideración total de la ordenación establecida por los instrumentos de planeamiento de ordenación territorial y urbanística o de los elementos fundamentales del modelo o solución a que responda aquella ordenación y, en todo caso, de la ordenación estructural de los Planes de Ordenación Municipal, da lugar y requiere la revisión de dichos instrumentos.

2. Los Planes se revisarán en los plazos que ellos establezcan.

No obstante lo dispuesto en el párrafo anterior y cuando razones de urgencia o de excepcional interés público exijan la adaptación de los Planes municipales a los supramunicipales, el Consejo de Gobierno, mediante decreto adoptado a propuesta del Consejero competente en la materia de ordenación territorial y urbanística y audiencia del o de los Municipios afectados, podrá disponer el deber de proceder a la revisión bien del Plan de Ordenación Municipal, bien de otros concretos planes urbanísticos, conforme proceda según las circunstancias, fijando a las entidades municipales plazos adecuados al efecto y para la adopción de cuantas medidas sean pertinentes, incluidas las de índole presupuestaria. El mero transcurso de los plazos así fijados sin que se hayan llegado a iniciar los correspondientes procedimientos habilitará a la Consejería competente en materia de ordenación territorial y urbanística para proceder a la revisión omitida, en sustitución de los Municipios correspondientes por incumplimiento de sus deberes, conforme a lo dispuesto en el artículo 60 de la Ley 7/1985, de 2 de abril, reguladora de las Bases del Régimen Local, y en los términos que se determinen reglamentariamente.

3. El importe de los proyectos de revisión que traigan causa de lo previsto en el párrafo segundo del número anterior podrá ser subvencionado por la Comunidad Autónoma atendiendo a las circunstancias del Municipio o Municipios.

⇒ V. D. 74/2001, de 6 marzo, por el que se establece la estructura orgánica y las competencias de los distintos órganos de la Consejeria de Obras Públicas.

V. Jurisprudencia en arts. 47 y concordantes del TRLS/1976 (§3).

Artículo 41. La modificación de los Planes: concepto, procedencia y límites.

1. Toda reconsideración de los elementos del contenido de los Planes no subsumible en el artículo anterior supondrá y requerirá su modificación.

2. El Plan de Ordenación Municipal deberá identificar y distinguir expresamente las determinaciones que, aun formando parte de su contenido propio, no correspondan a la función legal que dicho Plan tiene asignada en esta Ley, sino a la del planeamiento para su desarrollo. A efectos de su tramitación, la modificación de los elementos del contenido del Plan de Ordenación Municipal tendrá en cuenta dicha distinción, debiendo ajustarse a las reglas propias de la figura de planeamiento a que correspondan, por su rango o naturaleza, las determinaciones por ella afectadas.

3. La modificación podrá tener lugar en cualquier momento. No obstante, cuando se refiera a elementos propios del Plan de Ordenación Municipal deberá respetar las siguientes reglas:

a) Si el procedimiento se inicia antes de transcurrir un año desde la publicación del acuerdo de aprobación del Plan o de su última revisión, la modificación no podrá alterar ni la clasificación del suelo, ni la calificación de éste que implique el destino a parques, zonas verdes, espacios libres, zonas deportivas o de recreo y expansión o equipamientos colectivos.

b) No podrá tramitarse modificación alguna que afecte a determinación propia del Plan de Ordenación Municipal una vez expirado el plazo por éste señalado o del fijado en cualquier otra forma para su revisión.

4. Será aplicable a las modificaciones lo dispuesto en el párrafo segundo del número 2 y en el número 3 del artículo anterior.

⇒ V. Jurisprudencia en arts. 49 y concordantes del TRLS/1976 (§3).

CAPÍTULO VI

Los efectos de la aprobación, la publicación y la vigencia de los instrumentos de ordenación territorial y urbanística

Artículo 42. Los efectos de la aprobación de los Planes o, en su caso, de la resolución que ponga fin al correspondiente procedimiento, publicación y vigencia.

1. La aprobación de los Planes o, en su caso, la resolución que ponga fin al pertinente procedimiento producirá, de conformidad con su contenido:

a) La vinculación de los terrenos, las instalaciones, las construcciones y las edificaciones al destino que resulte de su clasificación y calificación y al régimen urbanístico que consecuentemente les sea de aplicación.

b) La declaración en situación de fuera de ordenación, con las consecuencias previstas en la letra d) del número 2 del artículo 24 y las demás que se determinen reglamentariamente, de las instalaciones, construcciones y edificaciones erigidas con anterioridad que resulten disconformes con la nueva ordenación.

c) La obligatoriedad del cumplimiento de sus disposiciones por todos los sujetos, públicos y privados, siendo nulas cualesquiera reservas de dispensación.

d) La ejecutividad de sus determinaciones a los efectos de la aplicación por la Administración Pública de cualesquiera medios de ejecución forzosa.

e) La declaración de la utilidad pública y la necesidad de ocupación de los terrenos, las instalaciones, las construcciones y las edificaciones correspondientes, cuando prevean obras públicas ordinarias cuya realización precise la expropiación forzosa o delimiten unidades de actuación a ejecutar por el sistema de expropiación. En el caso de los Proyectos de Singular Interés, en dichos terrenos se entenderán incluidos en todo caso los precisos para las conexiones exteriores con las redes, sistemas de infraestructuras y servicios generales. En este último caso, podrán ser beneficiarios de la expropiación tanto los organismos y entes públicos, incluso de carácter consorcial, así como las sociedades públicas que sean directamente promotores o reciban de la Administración promotora la encomienda de la ejecución, como los particulares promotores y las entidades urbanísticas colaboradoras constituidas entre éstos y la Administración actuante.

f) La publicidad de su entero contenido, teniendo derecho cualquier persona a consultar su documentación.

g) En el caso de los Proyectos de Singular Interés, además, la obligación de la inmediata realización y formalización de las cesiones de suelo y aprovechamiento urbanístico, así como del cumplimiento y, en su caso, el levantamiento de los demás deberes y cargas urbanísticos previos al comienzo de la ejecución a que los referidos Proyectos den lugar conforme a sus propias determinaciones. Todos estos deberes y cargas podrán cumplirse, si así lo acepta la Administración destinataria, mediante entrega de suelo o aprovechamiento urbanístico o compensación en metálico equivalente al correspondiente valor urbanístico.

Los Municipios serán beneficiarios, en todo caso y con cargo a los terrenos comprendidos en el ámbito del correspondiente Proyecto de Singular Interés, de cesiones de suelo y aprovechamiento urbanístico equivalentes a las previstas en el planeamiento municipal vigente al tiempo de la aprobación definitiva de dicho Proyecto o, en su defecto, las correspondientes al régimen legal urbanístico de la clase de suelo de que se trate, cuando y en la medida en que el Proyecto afecte a suelo previamente clasificado ya como urbano o urbanizable. De los demás deberes, cargas y cesiones será beneficiaria la Administración de la Junta de Comunidades, que deberá afectar los bienes así adquiridos a fines relacionados con la actividad urbanística.

2. Se publicará en el «Diario Oficial de la Comunidad Autónoma» o en el «Boletín Oficial de la Provincia», según corresponda, el contenido íntegro de:

a) Los acuerdos de aprobación, para su eficacia y la producción por los correspondientes Planes de los efectos previstos en el número anterior.

b) El contenido documental de los Planes de carácter normativo que se determine reglamentariamente, para la entrada en vigor de dichos instrumentos.

3. Los Planes tendrán vigencia indefinida.

⇒ V. arts. 6 y 33 de la Ley 6/1998, de 13 abril (§1).
V. arts. 124.1, 124.3, 133, 134, 137.5 y 211 del TRLS/1992 (§2).
V. art. 70.2 de la LBRL.
V. Jurisprudencia en arts. 55, 60, 61, 64 y concordantes del TRLS/1976 (§3).

Artículo 43. La suspensión de los Planes.

El Consejero competente en materia de ordenación territorial y urbanística, previo informe de la Comisión Regional de Urbanismo, y audiencia del Municipio o Municipios afectados, podrá suspender para su revisión o modificación, en todo o parte tanto de su contenido como de su ámbito territorial, cualquier Plan aprobado por la Comunidad Autónoma, en la forma, por el plazo y con los efectos que se determinen reglamentariamente, con dictado, en todo caso, de las normas sustantivas de ordenación aplicables transitoriamente en sustitución de las suspendidas.

⇒ V. D. 129/1985, de 20 diciembre, que modifica la composición y funcionamiento de la Comisión Regional de Urbanismo regulada por D. 33/1984, de 27 marzo.
V. Jurisprudencia en arts. 51 y concordantes del TRLS/1976 (§3).

TÍTULO IV
EL RÉGIMEN URBANÍSTICO DE LA PROPIEDAD DEL SUELO

CAPÍTULO I
La clasificación del suelo

Artículo 44. Las clases de suelo.

1. Unicamente el planeamiento puede clasificar el suelo. La totalidad del suelo del correspondiente término municipal deberá clasificarse en alguna de las clases de urbano, urbanizable y rústico, salvo en los Municipios exentos del deber de formulación de Plan de Ordenación Municipal. En estos últimos el suelo se clasificará mediante el Plan de Delimitación del Suelo Urbano en suelo urbano y rústico.

2. En los Municipios que carezcan de planeamiento urbanístico municipal tendrá la consideración de suelo urbano el que reúna las condiciones establecidas en el artículo 48.2 A) a), y de rústico el resto.

⇒ V. art. 7 de la Ley 6/1998, de 13 abril (§1).
V. Jurisprudencia en arts. 77 y concordantes del TRLS/1976 (§3).

Artículo 45. El suelo urbano en los Municipios con Plan de Ordenación Municipal.

1. Pertenecerán al suelo urbano:

A) Los terrenos que el planeamiento territorial y urbanístico adscriba a esta clase legal de suelo, mediante su clasificación, por:

a) Estar ya urbanizados, contando, como mínimo y en los términos que se precisen en las correspondientes Instrucciones Técnicas del Planeamiento, con los servicios legalmente precisos para la condición de solar.

b) Estar ya ocupados por la edificación al menos en las dos terceras partes del espacio servido efectiva y suficientemente por las redes de los servicios a que se refiere la letra anterior y delimitado en la forma que precisen las correspondientes Instrucciones Técnicas del Planeamiento.

B) Los terrenos que, reuniendo las condiciones exigidas a las parcelas, adquieran la condición de solares por haber sido urbanizados en ejecución del planeamiento territorial y urbanístico y de conformidad con sus determinaciones.

2. Se clasificarán como suelo urbano no consolidado, quedando sujetos al deber de urbanización en los términos que precise el planeamiento territorial y urbanístico en los siguientes supuestos:

A) Los terrenos a que se refiere el apartado A a) del número anterior, cuando:

a) La urbanización que justifique su clasificación no comprenda todos los servicios e infraestructuras previstos por el planeamiento territorial o urbanístico, que deberá precisar, en todo caso, los términos en que deba cumplirse el deber de completar o mejorar la urbanización existente, o, unos y otros no cumplan los requerimientos mínimos establecidos en las correspondientes Instrucciones Técnicas del Planeamiento.

b) El Planeamiento les atribuya un aprovechamiento objetivo superior al existente realmente, cuya materialización requerirá, en su caso, la delimitación previa de la pertinente unidad de actuación.

B) Los terrenos a que se refiere el apartado b) de la letra A) del número anterior.

⇒ V. art. 8 de la Ley 6/1998, de 13 abril (§1).
V. Jurisprudencia en arts. 78 y concordantes del TRLS/1976 (§3).

Artículo 46. El suelo urbanizable en los Municipios con Plan de Ordenación Municipal.

1. En los Municipios con Plan de Ordenación Municipal, pertenecerán al suelo urbanizable los terrenos que dicho Plan adscriba a esta clase legal de suelo, mediante su clasificación, por poder ser objeto de transformación, mediante su urbanización, en las condiciones y los términos que dicho planeamiento determine, de conformidad, en su caso, con las correspondientes Instrucciones Técnicas del Planeamiento.

2. Los Planes de Ordenación Municipal deberán delimitar los sectores en que se divida esta clase de suelo de acuerdo con lo establecido en la letra c) del número 1 del artículo 24 y proceder a la ordenación detallada que legitime la actividad de ejecución conforme a lo establecido en la letra c) del número 2 del artículo 24.

⇒ V. art. 10 de la Ley 6/1998, de 13 abril (§1).
V. Jurisprudencia en arts. 79 y concordantes del TRLS/1976 (§3).

Artículo 47. El suelo rústico en los Municipios con Plan de Ordenación Municipal.

1. En los Municipios con Plan de Ordenación Municipal, pertenecerán al suelo rústico los terrenos que dicho Plan adscriba a esta clase de suelo, por:

a) Tener la condición de bienes de dominio público natural.

b) Ser merecedores de algún régimen urbanístico de protección o, cuando menos, garante del mantenimiento de sus características por razón de los valores e intereses en ellos concurrentes de carácter ambiental, natural, paisajístico, cultural, científico, histórico o arqueológico.

c) Ser procedente su preservación del proceso urbanizador, además de por razón de los valores e intereses a que se refiere la letra anterior, por tener valor agrícola, forestal o ganadero o por contar con riquezas naturales.

d) Resultar objetiva y razonadamente inadecuado su destino para servir de soporte, previa urbanización, a aprovechamientos urbanos, bien sea por sus características físicas, bien sea por su innecesariedad para un desarrollo urbano racional de acuerdo con el modelo territorial adoptado por el planeamiento territorial y urbanístico y conforme, en todo caso, a los criterios establecidos en las correspondientes Instrucciones Técnicas del Planeamiento.

2. De conformidad con los criterios que se establezcan reglamentariamente, el Plan de Ordenación Municipal deberá diferenciar, dentro de esta clase de suelo, las categorías de suelo rústico protegido y de reserva.

Dentro del suelo rústico protegido deberá, a su vez, diferenciarse entre:

A) El suelo rústico de protección ambiental, natural, paisajística, cultural o de entorno, por razón de los valores, naturales o culturales, que en ellos se hagan presentes.

A este tipo de suelo se adscribirán en todo caso:

a) Los bienes de dominio público natural y sus zonas de protección, en la variedad específica de protección ambiental.

b) Los terrenos incluidos en parques y reservas naturales o figuras administrativas análogas, en la variedad específica de protección natural.

B) Suelo rústico de protección estructural, sea hidrológica, agrícola, ganadera, forestal, extractiva, por razón de su potencialidad para los expresados aprovechamientos.

C) Suelo rústico de protección de infraestructuras y equipamientos, por razón de la preservación de la funcionalidad de infraestructuras, equipamientos o instalaciones.

Se adscribirán al tipo de suelo rústico de reserva los terrenos cuya clasificación resulte de lo dispuesto en la letra d) del número anterior.

⇒ V. art. 9 de la Ley 6/1998, de 13 abril (§1).
V. Ley 9/1999, de 26 mayo, de conservación de la naturaleza.
V. Ley 4/1990, de 30 mayo, de Patrimonio Histórico de Castilla-La Mancha.
V. Jurisprudencia en art. 80 y concordantes del TRLS/1976 (§3).

Artículo 48. La clasificación del suelo en Municipios sin Plan de Ordenación Municipal.

1. En los Municipios que estén exentos del deber de contar con Plan de Ordenación Municipal, la adscripción de los terrenos a una clase de suelo se producirá mediante Plan de Delimitación del Suelo Urbano.

2. En estos Municipios deberá adscribirse:

A) Al suelo urbano:

a) Los terrenos de cualquiera de los núcleos de población existentes en el correspondiente término que estén ya urbanizados, contando, como mínimo y en los términos que se precisen en las correspondientes Instrucciones Técnicas del Planeamiento, con los servicios legalmente precisos para la condición de solar.

Estos terrenos se clasificarán como suelo urbano consolidado.

b) Los terrenos inmediatamente contiguos a los anteriores, que estén servidos por las redes de los servicios a que se refiere la letra anterior y queden comprendidos en áreas de tamaño análogo al medio de las manzanas del suelo urbano consolidado colindante, cuya delimitación, además de evitar en lo posible la formación de travesías en las carreteras, deberá ser proporcionada a la dinámica urbanística del Municipio que haya motivado su exención del deber de contar con Plan de Ordenación y especificar y localizar a través de la correspondiente ordenación detallada la reserva de al menos un tercio de su superficie para viario y dotaciones.

Estos terrenos deberán clasificarse como suelo urbano de reserva, quedando sujetos al deber de su urbanización, con sujeción al régimen establecido en el número 2 del artículo 69.

B) Al suelo rústico, todos los restantes terrenos.

A la clasificación de este suelo será de aplicación lo dispuesto en el número 2 del artículo anterior.

⇒ V. art. 11 de la Ley 6/1998, de 13 abril (§1).
V. Jurisprudencia en arts. 81 y concordantes del TRLS/1976 (§3).

CAPÍTULO II
El régimen de las distintas clases de suelo

Sección 1ª El contenido urbanístico de la propiedad del suelo

Artículo 49. La delimitación del contenido urbanístico del derecho de propiedad del suelo.

La clasificación y, en su caso, la calificación urbanísticas del suelo vinculan los terrenos y las construcciones o edificaciones a los correspondientes destinos y usos y definen la función social de los mismos, delimitando el contenido del derecho de propiedad.

⇒ V. art. 2 de la Ley 6/1998, de 13 abril (§1).
V. Jurisprudencia en arts. 76 y concordantes del TRLS/1976 (§3).

Artículo 50. El contenido urbanístico legal del derecho de propiedad del suelo: derechos.

1. Forman parte del contenido urbanístico del derecho de propiedad del suelo, sin perjuicio del régimen que sea de aplicación a éste por razón de su clasificación, los siguientes derechos:

1.1. El uso y disfrute y la explotación normales de la finca a tenor de su situación, características objetivas y destino, conformes o, en todo caso, no incompatibles con la legislación que le sea aplicable por razón de su naturaleza, situación y características, y en particular de la ordenación territorial y urbanística.

1.2. Cuando se trate de terrenos que pertenezcan al suelo rústico, los derechos anteriores comprenden:

a) Cualquiera que sea la categoría a la que estén adscritos, la realización de los actos no constructivos precisos para la utilización y explotación agrícola, ganadera, forestal, cinegética o análoga a la que estén efectivamente destinados, conforme a su naturaleza y mediante el empleo de medios técnicos e instalaciones adecuados y ordinarios, que no supongan ni tengan como consecuencia la transformación de dicho destino o el uso residencial o de vivienda, ni de las características de la explotación, y permitan la preservación, en todo caso, de las condiciones edafológicas y ecológicas, así como la prevención de riesgos de erosión, incendio o para la seguridad o salud públicas.

Los trabajos e instalaciones que se lleven a cabo en los terrenos estarán sujetos a las limitaciones impuestas por la legislación civil y la administrativa aplicable por razón de la materia y, cuando consistan en instalaciones o construcciones, deberán realizarse, además, de conformidad con la ordenación territorial y urbanística aplicable. En los terrenos adscritos a la categoría de suelo rústico de protección ambiental, esta facultad se entiende con el alcance que sea compatible con el régimen de protección a que el planeamiento territorial y urbanístico sujete los terrenos.

b) Con la excepción de los adscritos a la categoría de suelo rústico de protección ambiental, la realización de obras y construcciones y el desarrollo de usos y actividades que excedan de las previstas en la letra inmediatamente anterior y se legitimen expresamente por la ordenación territorial y urbanística en los términos previstos en esta Ley.

1.3. Cuando se trate de terrenos clasificados como suelo urbanizable, los derechos previstos en el apartado 1.1 comprenden los siguientes:

a) Competir, en la forma determinada en esta Ley y en unión con los restantes propietarios afectados cuando ésta así lo exija, por la adjudicación de la urbanización en régimen de gestión indirecta de la actuación y con preferencia sobre cualquier otra oferta formulada por no propietarios, siempre que ésta no sea, a su vez, preferible de conformidad con los criterios establecidos en el número 2 del artículo 122.

b) Participar, en unión forzosa con los restantes propietarios afectados y en la forma y condiciones determinados en esta Ley, en la gestión indirecta de la actuación en las condiciones libremente acordadas con el adjudicatario de la misma.

c) Ceder voluntariamente por su valor o percibir, en el caso de no participar en la ejecución de la urbanización, el correspondiente justiprecio.

1.4. Cuando se trate de terrenos clasificados como suelo urbano, que no cuenten con la urbanización necesaria o ésta deba ser reformada, los derechos del apartado 1.1 incluyen el derecho a ejecutar las obras de urbanización precisas, en su caso y en los términos prevenidos reglamentariamente con carácter simultáneo a la edificación, salvo que el planeamiento territorial y urbanístico no permita la realización de dichas obras en régimen de actuaciones edificatorias. En este último supuesto, los derechos serán idénticos a los reconocidos a los propietarios de suelo urbanizable.

1.5. Cuando se trate de terrenos que pertenezcan al suelo urbano, en virtud de su clasificación como tal por el planeamiento territorial y urbanístico o de su urbanización como consecuencia de la ejecución de éste, y tengan, además, la condición de solar, habiéndose cumplido respecto de ellos todos los deberes legales exigibles y permitiendo la ordenación territorial y urbanística su ejecución en régimen de actuaciones edificatorias, los derechos previstos en el apartado 1.1 incluyen los de materializar, mediante la edificación, el aprovechamiento urbanístico atribuido al suelo correspondiente y destinar las edificaciones realizadas a los usos autorizados por la referida ordenación, desarrollando en ellas las correspondientes actividades.

2. Los derechos a que se refiere el número anterior sólo alcanzan hasta donde llegue el interés efectivo del propietario y tienen como límites, en todo caso, el contenido legítimo de los derechos de terceros y las prescripciones medioambientales que tengan por objeto la protección del suelo, el agua, el aire, la flora y la fauna, así como las de protección de los espacios naturales y del patrimonio histórico.

⇒ V. arts. 2, 12, 13, 15, 16 y 20 de la Ley 6/1998, de 13 abril (§1).
V. Ley 9/1999, de 26 mayo, de conservación de la naturaleza.
V. Ley 4/1990, de 30 mayo, de Patrimonio Histórico de Castilla-La Mancha.
V. Jurisprudencia en arts. 76, 83, 84 y concordantes del TRLS/1976 (§3).

Artículo 51. El contenido urbanístico legal del derecho de propiedad del suelo: deberes.

1. Forman parte del contenido urbanístico del derecho de propiedad del suelo, sin perjuicio del régimen a que éste esté sujeto por razón de su clasificación, los siguientes deberes:

1.1. Con carácter general:

a) Destinar el suelo al uso previsto por la ordenación territorial y urbanística y conservar las construcciones e instalaciones existentes, así como, en su caso, levantar las cargas impuestas por la ordenación urbanística para el legítimo ejercicio de la facultad prevista en la letra b) del apartado 1.2 del número 1 del artículo anterior.

b) Conservar y mantener el suelo y, en su caso, su masa vegetal en las condiciones precisas para evitar riesgos de erosión y para la seguridad o salud públicas y daños o perjuicios a terceros o al interés general, incluido el ambiental, así como realizar el uso y la explotación de forma que no se produzca contaminación indebida de la tierra, el agua y el aire, ni tengan lugar inmisiones ilegítimas en bienes de terceros. En caso de incendio o agresión ambiental que produzcan la pérdida de masas forestales preexistentes, quedará prohibida la reclasificación como suelo urbano o urbanizable o su recalificación para cualquier uso incompatible con el forestal.

c) Realizar las plantaciones y los trabajos y obras de defensa del suelo y su vegetación que sean necesarios para mantener el equilibrio ecológico, preservar el suelo de la erosión, impedir la contaminación indebida del mismo y prevenir desastres naturales. En particular, proceder a la reforestación precisa para la reposición de la vegetación en toda la superficie que la haya perdido como consecuencia de incendio, desastre natural o acción humana no debidamente autorizada, en la forma y condiciones prevenidas en la legislación correspondiente y los planes o programas aprobados conforme a la misma.

d) Respetar las limitaciones que deriven de la legislación administrativa aplicable por razón de la colindancia con bienes que tengan la condición de dominio público natural, en los que estén establecidos obras o servicios públicos o en cuyo vuelo o subsuelo existan recursos naturales sujetos a explotación regulada.

e) Cumplir los planes y programas sectoriales aprobados conforme a la legislación administrativa reguladora de las actividades a que se refiere la letra c) precedente, así como los aprobados para la protección de los espacios naturales, la flora y la fauna.

f) Permitir la realización por la Administración Pública competente de los trabajos de plantación que sean necesarios para prevenir la erosión. Toda restricción por tales trabajos de usos reales y actuales desarrollados en los terrenos dará lugar a responsabilidad patrimonial de la Administración.

1.2. Cuando los terrenos pertenezcan a la clase de suelo urbanizable y urbano:

a) Solicitar y obtener las autorizaciones administrativas preceptivas y, en todo caso, la licencia municipal con carácter previo a cualquier acto de transformación o uso del suelo.

b) Realizar la edificación en las condiciones fijadas por la ordenación urbanística, una vez el suelo tenga la condición de solar y se haya legitimado, en la forma dispuesta en esta Ley, la materialización del aprovechamiento correspondiente a la Administración actuante y, en su caso, del excedente de aprovechamiento previsto por la ordenación urbanística.

c) Conservar y, en su caso, rehabilitar la edificación a fin de que ésta mantenga en todo momento las condiciones mínimas requeridas para el otorgamiento de autorización para su ocupación, siempre que el importe de las obras a realizar no supere la mitad del valor de una construcción de nueva planta, con similares características e igual superficie útil que la existente, que reúna las condiciones mínimas imprescindibles para obtener la referida autorización de primera ocupación.

d) Ceder obligatoria y gratuitamente a la Administración Municipal los terrenos destinados por la ordenación urbanística a dotaciones públicas.

✐ Letra suspendida de vigencia aplicación por Prov. 29 septiembre 1998, del TC. Posteriormente, el ATC 46/1999, de 25 febrero (RTC 1999, 46 AUTO) levanta la suspensión.

e) Ceder obligatoria y gratuitamente a la Administración Municipal los terrenos en que se localice la parte de aprovechamiento urbanístico que corresponda a dicha Administración en concepto de participación de la comunidad en las plusvalías.

✐ Letra suspendida de vigencia aplicación por Prov. 29 septiembre 1998, del TC. Posteriormente, el ATC 46/1999, de 25 febrero (RTC 1999, 46 AUTO) levanta la suspensión.

f) Costear y, en su caso, ejecutar la urbanización, incluyendo, en todo caso, la parte que proceda de las precisas para asegurar la conexión y la integridad de las redes generales de servicios y dotaciones públicas, siempre que la ordenación territorial y urbanística sujete los terrenos a una actuación urbanizadora.

g) Proceder, en su caso, a la distribución equitativa de beneficios y cargas derivados del planeamiento, con anterioridad al inicio de la ejecución material del mismo.

2. El cumplimiento de los deberes previstos en el número anterior es condición del legítimo ejercicio de los derechos enumerados en el artículo anterior.

⇒ V. arts. 2, 14, 18 y 19 de la Ley 6/1998, de 13 abril (§1).
V. Jurisprudencia en arts. 76, 83, 84 y concordantes del TRLS/1976 (§3).

Artículo 52. El carácter real de los deberes de la propiedad del suelo.

La enajenación del suelo y las construcciones no modifica la situación jurídica de su titular definida por esta Ley y, en virtud de ella, por los instrumentos de la ordenación territorial y urbanística y los actos que los ejecuten o apliquen, quedando el adquirente legalmente subrogado en el lugar y puesto del anterior propietario, en particular por lo que respecta a los deberes y, en su caso, compromisos de urbanización y edificación, sin perjuicio de la facultad de ejercitar contra el transmitente las acciones que procedan.

Artículo 53. Los principios generales del régimen urbanístico legal de la propiedad del suelo.

1. La ordenación del uso de los terrenos y construcciones no confiere a los propietarios de los mismos derechos indemnizatorios salvo en los supuestos definidos en la Ley.

Las ordenaciones que impusieran vinculaciones singulares en orden a la conservación de edificios, conferirán derechos indemnizatorios en cuanto exceden de los deberes legales y en la parte no compensada por los beneficios que resulten de aplicación.

Las ordenaciones que impusieran vinculaciones o limitaciones singulares que lleven consigo una restricción del aprovechamiento urbanístico del suelo que no pueda ser objeto de distribución equitativa entre los interesados, conferirán derecho a indemnización.

2. En suelo clasificado como urbano o urbanizable, la participación de la comunidad en el aprovechamiento generado por la ordenación territorial y urbanística y el reparto entre los propietarios afectados por ésta de los costes de la urbanización precisa para su materialización, así como del aprovechamiento susceptible de apropiación, se producirán en la forma y los términos establecidos en esta Ley.

En todo caso, el reparto:

a) Habrá de tener lugar en el seno de una comunidad de referencia, que, como mínimo y salvo para la edificación, deberá tener características y dimensiones suficientes en función de la actividad de ejecución de que se trate.

b) La distribución y recaudación de los costes de la urbanización corresponderá a la Administración en la forma legalmente determinada, debiendo quedar garantizados suficientemente los derechos de aquellos propietarios que no participen en la actividad de ejecución. La recaudación podrá tener beneficiario privado cuando la urbanización se realice por gestión indirecta.

c) Se verificará, en otro caso, mediante reparcelación, que puede ser o no en especie.

⇒ V. arts. 2, 41, 42, 43 y 44 de la Ley 6/1998, de 13 abril (§1).
V. Jurisprudencia en arts. 87 y concordantes del TRLS/1976 (§3).

Sección 2ª Régimen del suelo rústico

Artículo 54. El régimen del suelo rústico.

1. En los terrenos clasificados como suelo rústico de reserva podrán realizarse los siguientes actos:

A) En todo caso y en los términos que reglamentariamente se precisen, los enumerados en la letra a) del apartado 1.2 del número 1 del artículo 50, que no estén prohibidos o excluidos expresamente por el planeamiento territorial y urbanístico.

Además de los que sean excluidos por los instrumentos de ordenación territorial y urbanística, no podrán ejecutarse, ni legitimarse por acto administrativo alguno los actos de transformación del estado del suelo que comporten un riesgo significativo, directo o indirecto, para la integridad de cualesquiera de los valores objeto de protección en un espacio natural, así como de erosión o pérdida de calidad del suelo, afección de zonas húmedas o masas vegetales, abandono o quema de objetos y vertidos contaminantes.

B) Los expresamente permitidos por el planeamiento territorial y urbanístico, de entre los siguientes actos:

a) Los que comporten la división de fincas o la segregación de terrenos, siempre que cumplan los requisitos mínimos establecidos por la ordenación territorial y urbanística y, en todo caso, los de la legislación agraria.

b) Los relativos a instalaciones desmontables para la mejora del cultivo o de la producción agropecuaria, que no impliquen movimiento de tierras.

c) Los vallados realizados exclusivamente con setos o malla y soportes metálicos.

d) La reposición de muros previamente existentes y la reforma o rehabilitación de edificaciones existentes, que no afecten a elementos estructurales o de fachada o cubierta, así como la reposición de sus elementos de carpintería o cubierta y acabados exteriores.

e) La vivienda familiar aislada en áreas territoriales donde no exista peligro de formación de núcleo urbano, ni pueda presumirse finalidad urbanizadora, por no existir instalaciones o servicios necesarios para la finalidad de aprovechamiento urbanístico.

2. El propietario de suelo clasificado como rústico de reserva tendrá, una vez obtenida la calificación urbanística preceptiva y cuando la ordenación territorial y urbanística no prohíba el uso en edificación no vinculado a la explotación agrícola, pecuaria o forestal, el derecho a materializar éste en las condiciones determinadas por dicha ordenación, previo cumplimiento de los específicos deberes y el levantamiento de las cargas que ésta determine y, en todo caso, el pago de un canon urbanístico, cuya fijación corresponderá a los Municipios, por cuantía mínima del dos por ciento del importe total de la inversión a realizar para la ejecución de las obras, construcciones e instalaciones e implantación de las actividades y los usos correspondientes, que podrá ser satisfecho en especie mediante cesión de suelo por valor equivalente. El uso en edificación que otorgue la calificación urbanística podrá tener una duración limitada, aunque renovable, que no será inferior en ningún caso al tiempo que sea indispensable para la amortización de toda la inversión que requiera su materialización.

3. Las condiciones que determine la ordenación territorial y urbanística para la materialización del uso en edificación que prevea en suelo rústico de reserva deberán:

a) Asegurar, como mínimo, la preservación del carácter rural de esta clase de suelo y la no formación en él de nuevos núcleos de población, así como la adopción de las medidas que sean precisas para proteger el medio ambiente y asegurar el mantenimiento de la calidad y funcionalidad de las infraestructuras y los servicios públicos correspondientes.

Existe riesgo de formación de nuevo núcleo de población desde que surge una estructura de la propiedad del suelo consistente en más de tres unidades rústicas aptas para la edificación que pueda dar lugar a la demanda de los servicios o infraestructuras colectivas innecesarias para la actividad de explotación rústica o de carácter específicamente urbano.

b) Garantizar la restauración de las condiciones ambientales de los terrenos y de su entorno inmediato.

⇒ V. arts. 9 y 20 de la Ley 6/1998, de 13 abril (§1).
V. Ley 9/1999, de 26 mayo, de conservación de la naturaleza.
V. Jurisprudencia en arts. 86 y concordantes del TRLS/1976 (§3).

Artículo 55. Las determinaciones de ordenación de directa aplicación y las de carácter subsidiario.

1. Todos los actos de aprovechamiento y uso del suelo rústico deberán ajustarse, en todo caso, a las siguientes reglas:

a) No podrán, en los lugares de paisaje abierto, ni limitar el campo visual, ni romper el paisaje, así como tampoco desfigurar, en particular, las perspectivas de los núcleos e inmediaciones de las carreteras y los caminos.

b) No podrán realizarse ningún tipo de construcciones en terrenos de riesgo natural.

c) No podrán suponer la construcción con características tipológicas o soluciones estéticas propias de las zonas urbanas, en particular, de viviendas colectivas, naves y edificios que presenten paredes medianeras vistas.

d) Se prohíbe la colocación y el mantenimiento de anuncios, carteles, vallas publicitarias o instalaciones de características similares, salvo los oficiales y los que reúnan las características fijadas por la Administración en cada caso competente que se sitúen en carreteras o edificios y construcciones y no sobresalgan, en este último supuesto, del plano de la fachada.

e) Las construcciones deberán armonizar con el entorno inmediato, así como con los invariantes característicos de la arquitectura rural o tradicional.

f) Las construcciones deberán presentar todos sus paramentos exteriores y cubiertas totalmente terminados, con empleo en ellos de las formas y los materiales que menor impacto produzcan, así como de los colores tradicionales en la zona o, en todo caso, los que favorezcan en mayor medida la integración en el entorno inmediato y en el paisaje.

2. En defecto de determinaciones expresas distintas del planeamiento territorial y urbanístico, las construcciones y edificaciones deberán observar las siguientes reglas:

a) Ser adecuadas al uso y la explotación a los que se vinculen y guardar estricta proporción con las necesidades de los mismos.

b) Tener el carácter de aisladas.

c) Retranquearse, como mínimo, cinco metros a linderos y quince metros al eje de caminos o vías de acceso.

d) No tener ni más de dos plantas, ni una altura a cumbrera superior a ocho metros y medio, medidos en cada punto del terreno natural original, salvo que las características específicas derivadas de su uso hicieran imprescindible superarlas en alguno de sus puntos.

⇒ V. art. 194.1 c) de la presente Ley.
V. art. 138 b) del TRLS/1992 (§2).

V. Ley 9/1990, de 28 diciembre, de Carreteras y Caminos en Castilla-La Mancha.
V. Jurisprudencia en arts. 73 y concordantes del TRLS/1976 (§3).

Artículo 56. El contenido, alcance y requisitos de los usos y las actividades y construcciones permisibles o autorizables.

1. En los usos y actividades que se legitimen y autoricen en suelo rústico, así como en las construcciones e instalaciones que les deban otorgar soporte, se entenderán siempre incluidos cuantos de carácter accesorio sean imprescindibles de acuerdo con la legislación de seguridad, protección civil, laboral o sectorial que sea de pertinente aplicación.

2. Todas las construcciones e instalaciones que se ejecuten para establecer y desarrollar usos y actividades en suelo rústico deberán comprender la totalidad de las correspondientes a cuantos servicios demanden y para su adecuada conexión con las correspondientes redes generales. En particular, las viviendas y las explotaciones ganaderas deberán disponer de depuradoras o, en todo caso, fosas sépticas individuales.

3. Reglamentariamente se precisarán las condiciones urbanísticas de los diferentes usos y actividades, así como de sus construcciones e instalaciones, y se definirán los requisitos sustantivos y documentales que deberán cumplir, en cada caso, los correspondientes proyectos técnicos y los estudios de impacto territorial que se exijan para su viabilidad.

⇒ V. RD 1627/1997, de 24 octubre, que establece las disposiciones mínimas de seguridad y salud en las obras.

Artículo 57. Las condiciones de realización de los actos de aprovechamiento legitimados por la correspondiente calificación urbanística.

Todas las obras, construcciones e instalaciones que se realicen y todos los usos que se desarrollen en suelo clasificado como rústico deberán serlo con estricta sujeción a la legislación sectorial que en cada caso los regule y cumplimiento, además, de las condiciones, los requisitos y las limitaciones establecidas por esta Ley o, en virtud de la misma, por el planeamiento territorial y urbanístico.

Artículo 58. La formalización e inscripción de los deberes y las cargas urbanísticos.

Los deberes y las cargas previstos en esta Ley en relación con los usos y aprovechamientos urbanísticos en el suelo rústico, así como los que, además, resulten de las condiciones legítimas de las calificaciones acordadas y las licencias otorgadas para la realización o el desarrollo de aquéllos, deberán hacerse constar en el Registro de la Propiedad conforme a la legislación pertinente.

⇒ V. arts. 307, 308, 309 y 310 del TRLS/1992 (§2).
V. RD 1093/1997, de 4 julio (§2.1).

Artículo 59. La invalidez de los actos de calificación y autorización.

Son nulas de pleno derecho las calificaciones urbanísticas y las licencias municipales que, respectivamente, otorguen y autoricen, en suelo rústico y para la realización de los actos y las actividades correspondientes, la ejecución de obras, construcciones o instalaciones que no cumplan los requisitos sustantivos y administrativos pertinentes conforme a esta Ley.

Artículo 60. La calificación urbanística del suelo rústico de reserva.

El suelo rústico de reserva podrá ser calificado, a los efectos de lo dispuesto en el número 2 del artículo 54, para la legitimación de la ejecución de obras, construcciones o instalaciones destinadas al desarrollo de actividades y usos que, siendo compatibles con el medio rural, tengan cualquiera de los objetos siguientes:

a) La realización de construcciones e instalaciones en explotaciones de naturaleza agrícola, forestal, ganadera, cinegética o análoga, que vengan requeridas por éstas o sirvan para su mejora.

b) La extracción o explotación de recursos y la primera transformación, sobre el terreno y al descubierto, de las materias primas extraídas.

c) El depósito de materiales y residuos, el almacenamiento de maquinaria y el estacionamiento de vehículos, siempre que se realicen enteramente al aire libre, no requieran instalaciones o construcciones de carácter permanente y respeten la normativa medioambiental.

d) Las actividades necesarias, conforme en todo caso a la legislación sectorial aplicable por razón de la materia, para el establecimiento, el funcionamiento, la conservación o el mantenimiento y la mejora de infraestructuras o servicios públicos estatales, autonómicos o locales, incluidas las estaciones para el suministro de carburantes.

e) Los servicios integrados en áreas de servicio de toda clase de carreteras, con sujeción a las condiciones y limitaciones establecidas en la legislación reguladora de éstas.

f) La implantación y el funcionamiento de cualquier clase de equipamiento colectivo, así como de instalaciones o establecimientos de carácter industrial o terciario, incluidos los objetos de clasificación por la legislación sectorial correspondiente y que en aplicación de ésta deban emplazarse en el medio rural, siempre que, en todos los casos y con cargo exclusivo a la correspondiente actuación, resuelvan satisfactoriamente las infraestructuras y los servicios precisos para su funcionamiento interno, así como la conexión de los mismos con las redes de infraestructuras y servicios exteriores y la incidencia que supongan en la capacidad y la funcionalidad de éstas.

g) La vivienda familiar aislada en áreas territoriales donde no exista peligro de formación de núcleo urbano, ni pueda presumirse finalidad urbanizadora, por no existir instalaciones o servicios necesarios para la finalidad de aprovechamiento urbanístico.

⇒ V. arts. 9 y 20 de la Ley 6/1998, de 13 abril (§1).

V. Ley 9/1990, de 28 diciembre, de Carreteras y Caminos en Castilla-La Mancha.

V. Jurisprudencia en arts. 86 y concordantes del TRLS/1976 (§3).

Artículo 61. La calificación urbanística del suelo rústico de protección.

En el suelo rústico de protección ambiental sólo podrán producirse las calificaciones urbanísticas que sean congruentes con los aprovechamientos que expresamente permita el planeamiento territorial y urbanístico. En ningún caso serán posibles calificaciones que permitan la autorización de actos que tengan por objeto cualquiera de los contemplados en las letras b), c) y f) del artículo anterior, cuando el planeamiento territorial y urbanístico considere que éstos son incompatibles con el régimen de protección que establezca.

⇒ V. arts. 9 y 20 de la Ley 6/1998, de 13 abril (§1).
V. Ley 9/1999, de 26 mayo, de conservación de la naturaleza.
V. Jurisprudencia en arts. 86 y concordantes del TRLS/1976 (§3).

Artículo 62. El concurso sobre localización y características para la legitimación de ciertos actos de iniciativa particular.

Cuando las actividades clasificadas o los equipamientos colectivos y las instalaciones y los establecimientos de carácter industrial o terciario contemplados en la letra f) del artículo 60 sean promovidos por particulares y, por sus características, puedan limitar, dificultar o impedir el desarrollo de ulteriores iniciativas, particulares o públicas, con el mismo o análogo objeto, o simplemente condicionar la implantación o localización de éstas en áreas de extensión apreciable, la Consejería competente en materia de ordenación territorial y urbanística, antes de proceder a la tramitación del procedimiento pertinente conforme al Título siguiente, podrá convocar y celebrar concurso público de iniciativas, que versará sobre la localización y características de los usos y actividades posibles.

⇒ V. D. 74/2001, de 6 marzo, por el que se establece la estructura orgánica y las competencias de los distintos órganos de la Consejería de Obras Públicas.

Artículo 63. Requisitos de los actos de uso y aprovechamiento urbanísticos.

1. Las obras, las construcciones y las instalaciones previstas en el artículo 54, así como los usos y las actividades a los que se destinen, deberán cumplir los siguientes requisitos:

A) Sustantivos:

Realizarse sobre finca que tenga las características y superficie mínimas siguientes:

a) Las dispuestas por la ordenación territorial y urbanística para la autorización de viviendas familiares en zonas homogéneas delimitadas por el planeamiento territorial y urbanístico, cuya densidad no podrá alcanzar la de una vivienda por cada dos hectáreas y sin que la finca vinculada a la vivienda pueda ser, en ningún caso, inferior a hectárea y media.

En el caso de obras, construcciones e instalaciones vinculadas a explotaciones agrícolas, ganaderas, forestales, cinegéticas o análogas se estará a este efecto a lo dispuesto en la legislación agraria para la unidad mínima de cultivo.

b) La funcionalmente indispensable para las construcciones e instalaciones correspondientes, que nunca podrá ser inferior a la prescrita para vivienda familiar, en todos los restantes casos.

La finca a que se refiere el párrafo anterior quedará en todo caso vinculada legalmente a las obras, construcciones e instalaciones y sus correspondientes actividades o usos. Esta vinculación legal implicará la afectación real de la finca a las obras, las construcciones, las dotaciones, los equipamientos, las instalaciones o los establecimientos legitimados por la calificación urbanística y la licencia municipal pertinentes. Mientras éstas permanezcan vigentes, la finca no podrá ser objeto de acto alguno que tenga por objeto o consecuencia su parcelación, división, segregación o fraccionamiento. La inscripción registral de esta afectación real deberá acreditarse ante la Administración competente como requisito para el otorgamiento de la preceptiva licencia.

B) Requisitos administrativos:

a) La acreditación del otorgamiento, previo a la concesión de la calificación y la licencia, de cualesquiera concesiones o autorizaciones administrativas, u otras que fueran necesarias conforme a la legislación administrativa aplicable.

b) La calificación urbanística es previa a la licencia municipal y su concesión corresponde a la Consejería competente en materia de ordenación territorial y urbanística para todos los actos previstos en el artículo 54 que pretendan ejecutarse en suelo rústico de protección de cualquier Municipio y rústico de reserva en Municipios de menos de 20.000 habitantes de derecho.

En los restantes supuestos la concesión de la calificación urbanística corresponde a los Municipios, que se pronunciarán sobre ella en el procedimiento de otorgamiento de licencia y con motivo de la resolución del mismo.

c) El afianzamiento del cumplimiento de las condiciones legítimas de las correspondientes calificación y licencia.

A este efecto, los interesados deberán, una vez otorgada la licencia municipal, prestar garantía, en cualquiera de las formas admitidas por la legislación aplicable a la Administración Municipal, por importe mínimo del tres por ciento del coste de la totalidad de las obras o los trabajos a realizar, sin cuyo requisito no podrá darse comienzo a la ejecución de las obras, ni serán eficaces los actos de calificación y licencia que legitimen éstas.

C) La cobertura formal y material por licencia en vigor, determinando la caducidad de ésta la de la calificación urbanística previa.

⇒ V. D. 74/2001, de 6 marzo, por el que se establece la estructura orgánica y las competencias de los distintos órganos de la Consejeria de Obras Públicas.
V. arts. 80 y concordantes del RD 1093/1997, de 4 julio (§2.1).

Artículo 64. El contenido y el procedimiento de otorgamiento de la calificación urbanística para actos promovidos por particulares.

1. La calificación urbanística precisa para la legitimación de actos de construcción, uso y aprovechamiento del suelo promovidos por particulares deberá:

1º Determinar exactamente las características del aprovechamiento que otorgue y legitime, así como las condiciones para su materialización, de conformidad con la declaración de impacto ambiental cuando ésta sea legalmente exigible.

2º Fijar la parte proporcional de los terrenos que deba ser objeto de reforestación para preservar los valores naturales de éstos y de su entorno; superficie que no podrá ser inferior a la mitad de la total de la finca en los casos de depósito de materiales, almacenamiento de maquinaria, estacionamiento de vehículos y de equipamientos colectivos e instalaciones o establecimientos industriales o terciarios.

3º Establecer el plan de restauración o de obras y trabajos para la corrección de los efectos derivados de las actividades o usos desarrollados y la reposición de los terrenos a determinado estado, que deberá ser ejecutado al término de dichas actividades o usos y, en todo caso, una vez caducada la licencia municipal y la calificación que le sirva de soporte. Este contenido sólo procederá en los casos de instalaciones y actividades extractivas y mineras; depósito de materiales, almacenamiento de maquinaria y estacionamiento de vehículos; y equipamientos colectivos e instalaciones o establecimientos industriales y terciarios.

4º Concretar la cesión gratuita de los terrenos que correspondan al Municipio en concepto de participación en el aprovechamiento urbanístico otorgado por la calificación o, en otro caso y cuando así lo haya aceptado dicho Municipio, el importe del canon sustitutivo a satisfacer al mismo. Este contenido sólo procederá en los casos a que se refiere el apartado 3º anterior y en el de obras, construcciones e instalaciones complementarias al servicio de las carreteras que no formen parte de áreas de servicio integradas.

La cuantía del canon será como mínimo del dos por ciento del importe total de la inversión a realizar para la ejecución de las obras, construcciones e instalaciones e implantación de las actividades y los usos correspondientes. Y la de la entrega alternativa será igual a una superficie del diez por ciento de la de la finca vinculada a la obra, construcción o instalación de que se trate.

La materialización y formalización de la cesión, en la forma que en cada caso proceda, será requisito indispensable para la eficacia de la licencia y el comienzo de las obras.

2. La calificación se interesará de la Consejería competente en materia de ordenación territorial y urbanística por el Municipio ante el que se hubiera solicitado la licencia urbanística pertinente y antes de proceder a instrucción municipal alguna, mediante la remisión de una copia de la solicitud y de un ejemplar del proyecto técnico y la restante documentación reglamentariamente exigible. El requerimiento municipal de la calificación suspenderá el transcurso del plazo máximo legal para el otorgamiento expreso de la licencia durante los tres meses siguientes a su registro de entrada en la Consejería competente o hasta la comunicación de resolución expresa si ésta fuera anterior. El transcurso del indicado plazo sin notificación de resolución alguna

sólo podrá entenderse, tanto por el interesado como por el Municipio del que penda el procedimiento de otorgamiento de la licencia, en sentido desestimatorio de la calificación interesada.

Reglamentariamente se precisará la ordenación del procedimiento para la calificación urbanística, que en todo caso deberá integrar la evaluación del impacto ambiental que sea preceptiva y comprender el trámite de información pública por plazo de veinte días.

⇒ V. Ley 5/1999, de 8 abril, de evaluación de impacto ambiental, cuyo Anejo 2 ha sido desarrollado por D. 118/2000, de 20 junio.

V. D. 74/2001, de 6 marzo, por el que se establece la estructura orgánica y las competencias de los distintos órganos de la Consejería de Obras Públicas.

Artículo 65. La calificación urbanística para actos promovidos por las Administraciones públicas o los usos correspondientes a áreas de servicios de carreteras.

1. En la aprobación de los proyectos de obras y servicios públicos se entenderá implícita la concesión de la calificación urbanística del suelo a que afecten.

2. En el caso de las obras, construcciones e instalaciones para usos integrados en áreas de servicio de toda clase de carreteras, que deban ser ejecutados o desarrollados por particulares, la calificación se otorgará mediante informe preceptivo y vinculante de la Consejería competente en materia de ordenación territorial y urbanística, que deberá ser requerido por la Administración o el órgano administrativo responsable de la correspondiente carretera.

⇒ V. D. 74/2001, de 6 marzo, por el que se establece la estructura orgánica y las competencias de los distintos órganos de la Consejería de Obras Públicas.

V. Ley 9/1990, de 28 diciembre, de Carreteras y Caminos en Castilla-La Mancha.

Artículo 66. Las condiciones legales mínimas y la vigencia y caducidad de las licencias municipales.

1. El contenido de las calificaciones urbanísticas previas integrará el de las correspondientes licencias municipales a título de condiciones legales mínimas.

2. Las licencias municipales se otorgarán:

a) Por plazo indefinido, las relativas a vivienda familiar, obras, construcciones e instalaciones y sus respectivos usos o actividades, vinculadas a explotaciones agrícolas, ganaderas, forestales, cinegéticas o análogas.

b) Por el plazo que proceda conforme a la legislación sectorial correspondiente, las relativas a las obras, construcciones e instalaciones, y sus usos o actividades correspondientes, vinculadas a la extracción o explotación de recursos o la primera transformación de éstos, así como las que descansen en concesiones demaniales o de servicio público.

c) Por plazo determinado fijado en función del tiempo preciso para la amortización de la inversión inicial, en todos los restantes casos.

Cuando las licencias, debiendo fijarlo, no contengan determinación del plazo de su vigencia, éste será de diez años.

El plazo de vigencia de la licencia podrá ser prorrogado sucesivamente, siempre antes del vencimiento del que estuviera corriendo. La primera prórroga no podrá exceder de diez años y las sucesivas no podrán superar, cada una de ellas, los cinco años.

3. Las licencias municipales caducarán:

a) Por incumplimiento de las condiciones de la calificación urbanística o de las demás impuestas en las licencias, así como de cualesquiera otras determinaciones sustantivas de la ordenación territorial y urbanística.

b) Por el transcurso del plazo en ellas otorgado y, en su caso, de sus prórrogas, sin necesidad de trámite o declaración administrativa alguna.

4. La caducidad de la licencia municipal supondrá la de la calificación urbanística presupuesto de la misma, implicará el cese de la actividad o el uso legitimado por una y otra y determinará, sin necesidad de requerimiento u orden de ejecución algunos, el comienzo del cómputo de los plazos de ejecución previstos en el correspondiente plan de restauración o de trabajos de reposición de los terrenos a determinado estado para el cumplimiento de esta obligación.

⇒ V. art. 14 de la Ley 6/1998, de 13 abril (§1).
V. Jurisprudencia en arts. 154 y concordantes del TRLS/1976 (§3).

Sección 3ª El régimen del suelo urbano y urbanizable

Artículo 67. El régimen del suelo urbanizable sin programar.

En el suelo urbanizable, en tanto no se haya aprobado el correspondiente Programa de Actuación Urbanizadora, será aplicable el régimen propio del suelo rústico de reserva.

En el suelo urbanizable a que se refiere el párrafo anterior sólo podrán autorizarse:

a) Las obras correspondientes a infraestructuras y sistemas generales.

b) Las obras provisionales respecto de las que se haya asumido, con inscripción en el Registro de la Propiedad, la obligación de su demolición, sin derecho a indemnización, en el momento en que así lo requiera la Administración actuante.

⇒ V. arts. 15, 16 y 18 de la Ley 6/1998, de 13 abril (§1).
V. Jurisprudencia en arts. 85 y concordantes del TRLS/1976 (§3).

Artículo 68. El régimen del suelo urbanizable con Programa de Actuación Urbanizadora.

La aprobación por la Administración del correspondiente Programa de Actuación Urbanizadora determina:

a) La identificación del ámbito espacial concreto que delimita la actuación y la vinculación legal de los terrenos al pertinente proceso urbanizador y edificatorio del sector y en el marco de la correspondiente unidad de actuación.

b) La afectación legal de los terrenos al cumplimiento, en los términos de la forma de gestión de la actividad de ejecución, a la distribución justa de los beneficios y cargas entre los propietarios y el cumplimiento por éstos de los deberes enumerados en el artículo 51, tal como resulten precisados por el planeamiento territorial y urbanístico y el Programa de Actuación Urbanizadora correspondiente.

Las cesiones de terrenos destinados a dotaciones públicas y patrimonios públicos del suelo comprenden:

1) La superficie total de los viales, parques y jardines públicos, zonas deportivas y de recreo y expansión públicos, equipamientos culturales y docentes públicos y los precisos para la instalación y el funcionamiento de los restantes servicios públicos previstos.

Cuando la superficie total de los terrenos destinados a dotaciones y servicios públicos de carácter urbanístico previamente existentes sea igual o superior a la que resulte de la ejecución del planeamiento territorial y urbanístico, se entenderá sustituida una por otra, percibiendo la Administración el exceso, si lo hubiera y en la proporción que corresponda, en terrenos con aprovechamiento lucrativo.

2) La superficie de suelo urbanizado con aprovechamiento lucrativo, capaz para materializar el diez por ciento del aprovechamiento tipo del área de reparto.

En los supuestos previstos en esta Ley, esta cesión puede sustituirse por el abono en dinero a la Administración Municipal de su valor, tasado por ésta en aplicación de las reglas legales pertinentes.

3) La superficie de suelo con aprovechamiento lucrativo que corresponda a la diferencia entre el aprovechamiento tipo del sector y el aprovechamiento tipo del área de reparto en la que se integra.

Esta cesión se realizará, con carácter provisional y a reserva de liquidación final, cuando el exceso de aprovechamiento deba destinarse a la compensación de propietarios de terrenos afectados por sistemas generales que no deban obtenerse o no se obtengan por expropiación. A este último efecto compensatorio, para los sectores a los que el planeamiento territorial y urbanístico atribuya un aprovechamiento tipo superior al del área de reparto en la que se encuentren integrados, no podrán aprobarse Planes Parciales de Ordenación que no contengan su división en unidades de actuación. Estos Planes deberán cuantificar siempre el exceso que sobre el aprovechamiento tipo del área de reparto atribuyan, a los efectos de la participación bien de los propietarios afectados por sistemas generales, bien de la Administración Municipal en las operaciones pertinentes para la justa distribución de beneficios y cargas en el seno de las correspondientes unidades de actuación.

Cuando el aprovechamiento tipo del sector sea inferior al del área de reparto, la Administración actuante podrá autorizar, sin modificar las determinaciones del planeamiento, una reducción de la contribución de los propietarios o una compensación económica a cargo de la misma, procurando equiparar los costes de la actuación a las de otras análogas que hayan resultado viables.

c) El derecho de los propietarios al aprovechamiento urbanístico resultante de la aplicación a la superficie de sus fincas respectivas del noventa por ciento del aprovechamiento tipo del área de reparto y la posibilidad del ejercicio de los derechos determinados en el artículo 50.

Antes de la ultimación de las obras de urbanización no será posible, con carácter general, la realización de otros actos edificatorios o de implantación de usos que los previstos en el párrafo segundo del artículo anterior. Sin embargo, en los supuestos que se precisen reglamentariamente, podrá autorizarse la edificación vinculada a la simultánea ultimación de la urbanización, en las mismas condiciones que en el suelo urbano.

d) La afectación legal de los terrenos obtenidos por la Administración Municipal en virtud de cesión obligatoria y gratuita por cualquier concepto a los destinos previstos por el planeamiento territorial y urbanístico.

⇒ V. arts. 258.2, 258.3 y 259.3 del TRLS/1992 (§2).
V. arts. 5, 10, 15, 16 y 18 de la Ley 6/1998, de 13 abril (§1).
V. arts. 29 y concordantes del RD 1093/1997, de 4 julio (§2.1).
V. Jurisprudencia en arts. 84 y concordantes del TRLS/1976 (§3).

Artículo 69. El régimen del suelo urbano.

1. El régimen urbanístico del suelo urbano para el que el planeamiento territorial y urbanístico establezca o prevea, a efectos de su ejecución, la delimitación de unidades de actuación, es el propio del suelo urbanizable en los mismos términos que el artículo anterior. No obstante, a los efectos de su valoración, se tasará como suelo urbano aun antes de ser programado.

2. El régimen del restante suelo urbano será el siguiente:

a) Los terrenos estarán legalmente vinculados a la edificación y al uso previsto por la ordenación territorial y urbanística, así como, en su caso, afectados al cumplimiento por sus propietarios de los deberes pendientes de entre los enumerados en el artículo 51, tal como resulten precisados por el planeamiento urbanístico.

A los efectos del párrafo anterior, las cesiones de suelo serán:

1) Las necesarias para obtener la condición de solar de entre las prescritas para el suelo urbanizable en el apartado 1) de la letra b) del artículo anterior.

2) La prevista en el apartado 2) de la misma letra b) del artículo anterior, calculada sobre la diferencia entre el aprovechamiento urbanístico permitido por el nuevo plan y el preexistente lícitamente realizado.

3) La parte proporcional de suelo dotacional a que se refiere el número 3 del artículo 71.

b) Los propietarios tendrán derecho al aprovechamiento urbanístico lucrativo de que sea susceptible su parcela o solar, minorado, en su caso, en la cuantía de la cesión a que se refiere el apartado anterior.

A los efectos de la materialización del aprovechamiento a que alude el párrafo anterior, podrá autorizarse la edificación aun cuando la parcela correspondiente no tenga todavía la condición de solar, siempre que quede debidamente garantizada la simultánea y completa urbanización.

c) Los terrenos obtenidos por la Administración Municipal en virtud de cesión obligatoria y gratuita por cualquier concepto quedarán afectados a los destinos previstos por el planeamiento territorial y urbanístico.

✐ El ap. 2 fue suspendido de vigencia y aplicación por Prov. 29 septiembre 1998, del TC. Posteriormente, el ATC 46/1999, de 25 febrero (RTC 1999, 46 AUTO) levantó dicha suspensión.

⇒ V. arts. 5, 8, 13 y 14 de la Ley 6/1998, de 13 abril (§1).
V. Jurisprudencia en arts. 83 y concordantes del TRLS/1976 (§3).
V. arts. 29 y concordantes del RD 1093/1997, de 4 julio (§2.1).

Sección 4ª Las áreas de reparto y los aprovechamientos tipo

Artículo 70. La delimitación de áreas de reparto.

1. Las áreas de reparto en suelo urbanizable deben comprender:

a) Uno o varios sectores completos; y

b) Los sistemas generales no incluidos en ningún sector.

La superficie de estos sistemas se adscribirá a las distintas áreas de reparto en la proporción adecuada y debidamente calculada para que éstas tengan un aprovechamiento tipo similar.

2. Las áreas de reparto en unidades de actuación en suelo urbano clasificado en virtud de lo dispuesto en la letra A b) del número 1 del artículo 45, se delimitarán de manera análoga a las correspondientes al suelo urbanizable, sin que en este caso sea obligada la adscripción de sistemas generales a aquéllas.

3. En suelo urbano ya urbanizado a que se refiere la letra A a) del número 1 del artículo 45, no procede la delimitación de áreas de reparto, constituyendo cada solar el ámbito espacial de atribución del aprovechamiento, conformado en este caso como aprovechamiento tipo.

4. Los suelos urbanos con destino dotacional público, no incluidos en unidades de actuación, para los cuales el planeamiento no haya atribuido aprovechamiento urbanístico diferente, tendrán un aprovechamiento tipo de un metro cuadrado construible por cada metro cuadrado de suelo, referido al uso predominante del polígono fiscal en el que resulten incluidos.

⇒ V. arts. 33 a 44 y concordantes del RD 1093/1997, de 4 julio (§2.1).
V. Jurisprudencia en arts. 84 y concordantes del TRLS/1976 (§3).

Artículo 71. La determinación y el cálculo del aprovechamiento tipo.

1. El Plan de Ordenación Municipal fijará, mediante coeficientes unitarios de edificabilidad, el aprovechamiento tipo correspondiente a cada área de reparto que explícitamente delimite.

2. Para calcular el aprovechamiento tipo se dividirá el aprovechamiento urbanístico total del área de reparto entre la superficie de ésta, excluida la del terreno dotacional público existente ya afectado a su destino.

3. Cuando el área de reparto quede establecida por aplicación del número 3 del artículo 70, el Plan podrá disponer que el aprovechamiento privativo se calcule aplicando a la edificabilidad objetivamente materializable sobre cada parcela un coeficiente reductor, igual o menor que la unidad.

Dicho coeficiente reductor será igual para todos los terrenos con edificabilidad lucrativa ubicados en una o varias zonas de ordenación urbanística y se aplicará a cada uno de aquéllos para determinar un común y homogéneo porcentaje de cesión, resultante de la minoración porcentual que, al aplicar el coeficiente reductor al aprovechamiento urbanístico, se producirá tanto en el aprovechamiento tipo como en el aprovechamiento privativo. La reducción resultante tendrá por objeto la contribución por cada parcela o solar, en idéntica proporción a su aprovechamiento urbanístico y mediante transferencias de aprovechamiento, a la obtención administrativa gratuita de suelos dotacionales.

El cálculo del referido coeficiente reductor y del consiguiente porcentaje de cesión se hará por aproximación estadística rigurosa. Se determinará deduciendo de la unidad la relación entre la superficie de terrenos de cesión, a que se refiere el número 4 del artículo anterior, y la cantidad total de aprovechamiento urbanístico asimismo prevista en la zona o zonas correspondientes, expresado en metros cuadrados edificables con independencia de su uso.

✐ El ap. 3 fue suspendido de vigencia y aplicación por Prov. 29 septiembre 1998, del TC. Posteriormente, el ATC 46/1999, de 25 febrero (RTC 1999, 46 AUTO) levanta dicha suspensión.

⇒ V. arts. 33 a 44 y concordantes del RD 1093/1997, de 4 julio (§2.1).
V. Jurisprudencia en arts. 84 y concordantes del TRLS/1976 (§3).

Artículo 72. Los coeficientes correctores de uso y tipología.

1. Cuando la ordenación urbanística prevea, dentro de un área de reparto, usos tipológicamente diferenciados que puedan dar lugar, por unidad de edificación, a rendimientos económicos muy diferentes, en el cálculo del aprovechamiento tipo podrán utilizarse coeficientes correctores de ponderación, a fin de compensar con más metros de aprovechamiento privativo la menor rentabilidad unitaria de éste.

2. A falta de coeficientes diferenciados se utilizarán los valores relativos de repercusión de los terrenos para lograr la finalidad equidistributiva que la fijación de coeficientes debe perseguir.

3. El plan podrá, asimismo, establecer coeficientes correctores al objeto de bonificar aquellas parcelas en las que se realicen actos de edificación acogidos a medidas administrativas de fomento social de la vivienda o de otros usos de interés público objeto de incentivos administrativos.

Artículo 73. Las transferencias de aprovechamiento.

1. Los propietarios de una parcela o solar pueden transferir su correspondiente aprovechamiento privativo a otras parcelas o solares que cuenten

con excedentes de aprovechamiento. Estos son adquiridos en virtud de aquella transferencia, que legitimará la posterior edificación de los mismos.

2. La transferencia de aprovechamiento deberá ser aprobada por el Municipio, según propuesta suscrita por los interesados y formalizada en escritura pública, con planos adjuntos expresivos de la localización y dimensiones de las parcelas o solares implicados.

Dicha transferencia, así como la incorporación de terrenos al patrimonio municipal de suelo que conlleve, deberá ser objeto de inscripción en el Registro de la Propiedad.

3. La validez de toda transferencia exigirá la cesión gratuita al Municipio, libre de cargas y en pleno dominio, de los terrenos cuyo aprovechamiento privativo sea transferido y la paridad, en términos de valor urbanístico, entre dicho aprovechamiento privativo y el excedente de aprovechamiento urbanístico que es objeto de adquisición con la transferencia.

4. Las reparcelaciones voluntarias, concertadas entre los afectados para la concreción del cumplimiento de sus deberes y obligaciones urbanísticos en los términos más acordes con sus preferencias, se tramitarán y aprobarán por la Administración actuante conforme a lo dispuesto en los números anteriores.

⇒ V. arts. 33 a 44 y concordantes del RD 1093/1997, de 4 julio (§2.1).

Artículo 74. Las reservas de aprovechamiento.

1. Con motivo de la transmisión al dominio público de terrenos con destino dotacional se podrá hacer reserva del aprovechamiento privativo correspondiente a ellos, para su posterior transferencia.

Según se trate de una transmisión a título oneroso o gratuito, podrá hacer la reserva, en su favor:

a) El propietario del terreno cedido gratuitamente a la Administración competente.

Procederá la reserva de aprovechamiento, con motivo de una cesión de terrenos, cuando no dé lugar, directa e inmediatamente, a la adquisición de un excedente de aprovechamiento urbanístico. No podrá, por tanto, reservarse el aprovechamiento para ulterior transferencia, quien efectúe la cesión como consecuencia de inmediata transferencia o de una reparcelación.

b) La Administración o el urbanizador que sufrague el precio del terreno dotacional, cuando éste se adquiera para su destino público en virtud de una transmisión onerosa, voluntaria o forzosa.

No habrá lugar a la reserva de aprovechamiento si la adquisición onerosa del terreno dotacional público va acompañada, por expropiación conjunta tasada a un precio medio, con la de otros terrenos con excedentes de aprovechamiento urbanístico equivalentes al terreno dotacional público.

La reserva de aprovechamiento deberá ser aprobada por el Municipio o Administración expropiante y se anotará en el Registro de la Propiedad al margen de la transmisión de la que traiga su causa. La reserva se cancelará, de igual forma, cuando se transfiera su aprovechamiento. El municipio no podrá denegar la aprobación si, en su día, aceptó la cesión que motivó la reserva. Podrá oponerse a la aprobación el urbanizador, cuando se pretenda adquirir así excedentes de aprovechamiento urbanístico radicados en el ámbito de la correspondiente actuación urbanizadora.

2. Cuando el aprovechamiento privativo que, en conjunto, corresponda a los propietarios afectados por un Programa de Actuación Urbanizadora sea inferior al total aprovechamiento urbanístico de los terrenos comprendidos por éste, el urbanizador que financie la diferencia podrá reservarse el aprovechamiento que corresponda a la diferencia.

3. El titular de una reserva de aprovechamiento podrá solicitar su expropiación, cuando hayan transcurrido más de tres años desde la constitución de la reserva o el menor plazo que resulte de la aplicación del artículo 127.

⇒ V. arts. 33 a 44 y concordantes del RD 1093/1997, de 4 julio (§2.1).

Artículo 75. Las compensaciones monetarias sustitutivas.

1. Los Municipios podrán, por razones de interés público local, transmitir, directamente y en metálico, el excedente de aprovechamiento urbanístico radicado sobre parcelas o solares urbanos, con motivo de la solicitud de licencia de edificación. Esta solicitud se acompañará de una oferta de venta al patrimonio municipal de suelo de la propia parcela o solar para la que se solicite licencia, por precio unitario que mejore el propuesto por el solicitante como valor de adquisición de aquel excedente. La solicitud hará constar la justificación de gastos habidos con motivo de la petición de licencia, incluidos los del proyecto técnico. La oferta de venta deberá ser suscrita por quien ostente la propiedad o facultad de disposición suficiente sobre la parcela o el solar.

El Municipio podrá aceptar la oferta de venta pagando, por metro cuadrado de aprovechamiento privativo, un precio superior en un veinte por cien al que el oferente hubiera propuesto satisfacer por metro cuadrado de excedente de aprovechamiento urbanístico e indemnizándole, además, los gastos justificados que hubiera acreditado.

El Municipio deberá resolver sobre la adquisición dentro de los dos meses siguientes al momento en que el ofertante deposite o avale el importe que ofrezca pagar por el excedente de aprovechamiento urbanístico. Dentro del mismo plazo, el Municipio podrá inadmitir la oferta de adquisición en metálico o condicionarla a distinta valoración del aprovechamiento urbanístico. Transcurrido el plazo sin resolución expresa alguna se entenderá adquirido el aprovechamiento por el precio depositado.

2. Los Municipios podrán aprobar un cuadro indicativo de valores de repercusión de suelo expresivo de los precios máximos que el Municipio prevé pagar por la adquisición o expropiación de suelo para el patrimonio municipal de suelo. Dichos valores se calcularán de conformidad con la normativa técnica de valoración catastral, previo informe de la Administración tributaria competente. Si esta informara de la existencia de una ponencia de valores vigente y aplicable a los efectos de la gestión y valoración urbanística,

no procederá aprobar el referido cuadro, pudiendo el Alcalde ordenar la utilización de la ponencia con los fines expresados.

Los valores se revisarán de inmediato para adaptarlos a las resoluciones administrativas o judiciales que determinen justiprecios expropiatorios. La vigencia máxima e improrrogable del cuadro será de tres años.

3. No será preciso formular la oferta de venta de la parcela a la que se refiere el número 1 cuando quien oferte la adquisición de excedente de aprovechamiento urbanístico, pague un precio superior en un veinte por ciento al que resultaría del cuadro indicativo.

4. El pago por el excedente de aprovechamiento deberá ser previo o simultáneo a la obtención de la licencia de obras.

5. La adquisición de excedentes de aprovechamiento urbanístico en metálico tendrá carácter subsidiario respecto de la regulada en los dos artículos precedentes.

CAPÍTULO III
La intervención pública en el mercado inmobiliario

Sección 1ª Los patrimonios públicos de suelo

Artículo 76. La constitución con el carácter de patrimonios separados y su gestión.

1. La Administración de la Junta de Comunidades y los Municipios, de forma independiente o mancomunada o consorciada, deberán constituir sus respectivos patrimonios públicos de suelo con la finalidad de crear reservas para actuaciones públicas y de facilitar el planeamiento territorial y urbanístico y su ejecución en el marco de sus correspondientes competencias.

A los efectos del párrafo anterior los presupuestos anuales de las correspondientes Administraciones deberán consignar una cantidad equivalente, como mínimo, al 5 por 100 del presupuesto de inversiones.

2. Cada patrimonio público de suelo integrará un patrimonio independiente, separado del restante patrimonio de la Administración titular.

Los ingresos obtenidos mediante enajenación de terrenos incluidos en los patrimonios públicos de suelo o sustitución por su equivalente económico de la cesión relativa a la parte de aprovechamiento urbanístico perteneciente a la Administración deberán aplicarse a la conservación y ampliación de dichos patrimonios.

3. Las Administraciones titulares de patrimonios públicos de suelo deberán documentar, en los términos que se precisen reglamentariamente, los bienes integrantes y depósitos en metálico, las enajenaciones de bienes y el destino final de éstos. La gestión anual de la explotación se acompañará a la liquidación de las cuentas correspondiente a la ejecución de los presupuestos anuales y será objeto de control en los mismos términos que dicha liquidación.

4. Los patrimonios públicos de suelo constituirán el medio principal

para el desarrollo del servicio público de intervención en el mercado de suelo y de la política de vivienda.

Las Administraciones titulares podrán gestionar dicho servicio en cualquiera de las formas permitidas por su legislación reguladora y la de la contratación de las Administraciones públicas.

⇒ V. arts. 276.1, 276.2 y 280.1 del TRLS/1992 (§2).
V. Jurisprudencia en arts. 89 y concordantes del TRLS/1976 (§3).

Artículo 77. Los bienes integrantes de los patrimonios.

Integran los patrimonios públicos de suelo:

a) Los bienes patrimoniales de la Administración correspondientes a los que el planeamiento territorial y urbanístico asigne expresamente tal destino.

b) Los terrenos y construcciones obtenidos en virtud de las cesiones correspondientes a la participación de la Administración en el aprovechamiento urbanístico y los adquiridos con los ingresos derivados de la sustitución de tales cesiones con pagos en dinero.

c) Los derechos de aprovechamiento urbanístico, los terrenos y construcciones adquiridos, en virtud de cualquier título y, en especial, mediante expropiación, por la Administración titular con el fin de su incorporación al correspondiente patrimonio de suelo y, en todo caso, los que lo sean como consecuencia del ejercicio de los derechos de tanteo y retracto previstos en esta Ley.

⇒ V. arts. 276.1, 276.2 y 280.1 del TRLS/1992 (§2).
V. Jurisprudencia en arts. 89 y concordantes del TRLS/1976 (§3).

Artículo 78. Las reservas de terrenos.

1. El planeamiento territorial y urbanístico podrá establecer, en el suelo urbanizable y rústico de reserva, áreas reservadas de terrenos de posible adquisición para la constitución o ampliación por la Administración correspondiente de su patrimonio público de suelo.

2. El establecimiento o la delimitación de las reservas de terrenos con la finalidad expresada en el número 1 comportará:

a) La declaración de la utilidad pública y la necesidad de la ocupación a efectos de expropiación forzosa por un tiempo máximo de cinco años, prorrogable una sola vez por otros dos. La prórroga deberá fundarse en causa justificada y acordarse por el procedimiento de delimitación de las unidades de actuación.

b) La sujeción de todas las transmisiones que se efectúen en las reservas a los derechos de tanteo y retracto previstos en esta Ley en favor de la Administración correspondiente.

Artículo 79. El destino de los bienes integrantes de los patrimonios públicos de suelo.

1. Los bienes de los patrimonios públicos de suelo, una vez incorporados al proceso urbanizador o edificatorio, deberán ser destinados a:

a) La construcción o rehabilitación de viviendas sujetas a algún régimen de protección pública o destinadas a ser alquiladas por precio tasado e, incluso, subvencionado, con derecho a acceder a la propiedad, en los términos que se determinen reglamentariamente.

b) Usos de conservación o mejora del medio ambiente.

c) Usos de interés social.

2. Los bienes de los patrimonios públicos de suelo podrán ser:

a) Enajenados mediante cualquiera de los procedimientos de adjudicación de contratos previstos en la legislación reguladora de los contratos de las Administraciones Públicas. El precio a satisfacer por el adjudicatario no podrá ser nunca inferior al valor del aprovechamiento que tenga ya atribuido el terreno.

b) Cedidos gratuitamente o por precio fijado para el fomento de viviendas sujetas a cualquier régimen de protección pública o la realización de programas de conservación o mejora medioambiental, bien a cualquiera de las otras Administraciones públicas territoriales o a entidades públicas mediante convenio suscrito a tal fin, bien a entidades cooperativas o de carácter benéfico o social sin ánimo de lucro mediante concurso.

Cuando los procedimientos a que se refiere la letra a) o los concursos previstos en la letra b) queden desiertos, la Administración actuante podrá enajenar directamente los bienes, con sujeción a los pliegos o bases de unos y otros.

c) Cedidos gratuitamente, mediante convenio suscrito a tal fin, a cualesquiera de las restantes Administraciones territoriales o de las entidades públicas de ellas dependientes o adscritas, para la ejecución de equipamientos públicos o de otras instalaciones de utilidad pública o interés social.

En todo caso, la enajenación o cesión de los bienes de los patrimonios públicos de suelo deberá efectuarse en condiciones que aseguren, cuando proceda, los plazos máximos de urbanización y edificación y los precios finales de las viviendas e impidan, en todo caso, a los adquirentes tanto de aquéllos como de éstas la ulterior enajenación por precio superior al de adquisición con el incremento derivado de los índices pertinentes, salvo que previamente se devuelva a la Administración el total importe, actualizado, de la inversión a ésta imputable.

⇒ V. Jurisprudencia en arts. 92 y concordantes del TRLS/1976 (§3).

Sección 2ª Los derechos de superficie

Artículo 80. La finalidad y características del derecho de superficie.

La Administración de la Junta de Comunidades y los Municipios podrán constituir el derecho de superficie en terrenos de su propiedad o integrantes del patrimonio público del suelo con destino a la construcción de viviendas sujetas a algún régimen de protección pública o con precio tasado, así como a otros usos de interés social, cuyo derecho corresponderá al superficiario.

⇒ V. arts. 287.2, 287.3, 288.2, 288.3 y 289.1, 289.2, 289.3, 289.4 y 289.5 del TRLS/1992 (§2).
V. Jurisprudencia en arts. 171 y concordantes del TRLS/1976 (§3).

Artículo 81. La concesión del derecho de superficie.

La concesión del derecho de superficie, así como su carácter oneroso, se regirán por las mismas reglas establecidas en la Sección anterior para los patrimonios públicos de suelo.

⇒ V. Jurisprudencia en arts. 172 y concordantes del TRLS/1976 (§3).

Artículo 82. Los beneficios del derecho de superficie.

La concesión del derecho de superficie por la Administración y demás personas públicas y su constitución por los particulares gozará de los beneficios derivados de la legislación de viviendas de protección pública, siempre que se cumplan los requisitos en ella establecidos.

Sección 3ª Los derechos de tanteo y retracto sobre suelo y edificaciones

Artículo 83. Los bienes sujetos a los derechos de tanteo y retracto y las Administraciones titulares de éstos.

1. Estarán sujetos al derecho de tanteo y, en su caso, de retracto por la Junta de Comunidades de Castilla-La Mancha, las transmisiones onerosas de los bienes inmuebles, sean terrenos o edificaciones, siguientes:

a) Los comprendidos en Proyectos de Singular Interés formulados para la ejecución de programas de vivienda.

b) Las viviendas de promoción pública autonómica, las sujetas a un régimen de protección pública o de precio tasado y las resultantes de operaciones de rehabilitación promovidas por las administraciones públicas o entidades públicas dependientes de ellas.

c) Los que tengan la condición de bienes de interés cultural o estén situados en conjuntos de interés histórico o artístico.

2. Los Municipios, en el planeamiento territorial y urbanístico o por el procedimiento establecido en el número 3 del artículo 111, podrán delimitar zonas en las que las transmisiones onerosas de bienes inmuebles estén sujetas, en su favor, al derecho de tanteo y, en su caso, al de retracto.

Dichas zonas únicamente podrán comprender:

a) Terrenos que tengan la condición de suelo urbanizable o rústico.

b) Terrenos destinados por el planeamiento territorial y urbanístico, en virtud de su calificación, para la construcción de viviendas sometidas a un régimen de protección pública o a otros usos de interés público y social.

c) Terrenos *sujetos expresamente* por el planeamiento territorial y urbanístico a actuaciones de rehabilitación.

3. Estos derechos tendrán vigencia mientras permanezca la declaración

cultural o la afectación al correspondiente régimen en los supuestos de las letras b) y c) del número 1 y máxima de diez años a contar desde la aprobación del Proyecto de Singular Interés o la delimitación de la zona correspondiente. Su ejercicio se regirá por esta Ley y sus normas de desarrollo y, en todo lo no previsto en ellas, por la legislación general de pertinente aplicación.

⇒ V. Ley 4/1990, de 30 mayo, de Patrimonio Histórico de Castilla-La Mancha.
V. arts. 83, 84, 85, 86 y concordantes del RD 1093/1997, de 4 julio (§2.1).

Artículo 84. El registro administrativo de bienes sujetos a los derechos de tanteo y retracto; su relación con las funciones públicas notarial, registral, hipotecaria y mercantil.

1. En la Consejería competente en materia de ordenación territorial y urbanística y en los Municipios que hayan delimitado zonas conforme a lo previsto en el número 2 del artículo anterior y que así lo acuerden funcionará un registro, organizado por zonas, de las transmisiones onerosas de que sean objeto los bienes sujetos en dichas zonas a los derechos de tanteo y retracto.

Reglamentariamente se determinará la organización y el funcionamiento del registro a que se refiere el párrafo anterior.

2. El registro establecido en la Consejería competente en materia de ordenación territorial y urbanística actuará también como registro municipal respecto de los términos de todos los Municipios que no tuvieran constituido registro propio. A los efectos de la gestión urbanística municipal, el contenido correspondiente del primero estará a la disposición de los segundos en la forma que se determine reglamentariamente.

En el supuesto previsto en el párrafo anterior, las notificaciones a los Municipios en tanto que titulares de los derechos de tanteo y retracto deberán practicarse en el registro de la Consejería competente en materia de ordenación territorial y urbanística.

3. El registro administrativo de bienes inmuebles sujetos a los derechos de tanteo y retracto por razón urbanística deberá, de oficio y para la debida efectividad de estos derechos, comunicar todo su contenido y sus actualizaciones periódicas, en la forma que reglamentariamente se determine, a los Colegios Notariales del Territorio y al Colegio de Registradores de Castilla-La Mancha.

⇒ V. D. 74/2001, de 6 marzo, por el que se establece la estructura orgánica y las competencias de los distintos órganos de la Consejería de Obras Públicas.
V. arts. 83, 84, 85, 86 y concordantes del RD 1093/1997, de 4 julio (§2.1).

Artículo 85. La notificación al registro administrativo de bienes sujetos a los derechos de tanteo y retracto de los propósitos de transmisión.

1. Los propietarios de terrenos o edificaciones sujetos a los derechos de tanteo y retracto que pretendan transmitir onerosamente dichos bienes, deberán notificar al registro administrativo de la Administración titular de los derechos de tanteo y retracto, en debida forma, su propósito de efectuar aquella transmisión.

En el supuesto de la aplicación de la ejecución por sustitución del propietario, la publicación del correspondiente edicto o anuncio en el «Diario Oficial» que proceda producirá los efectos propios de la notificación a que se refiere el párrafo anterior.

2. La transmisión onerosa de más del cincuenta por ciento de las acciones o participaciones sociales de sociedades mercantiles cuyo activo esté constituido en más del ochenta por ciento por terrenos o edificaciones sujetos a los derechos de tanteo o retracto tendrá la consideración de transmisión onerosa a los efectos de lo dispuesto en esta Sección.

⇒ V. arts. 83, 84, 85, 86 y concordantes del RD 1093/1997, de 4 julio (§2.1).

Artículo 86. La caducidad de los efectos del ejercicio de los derechos de tanteo y retracto y la resolución de la transmisión por incumplimiento.

1. Los efectos derivados del ejercicio de los derechos de tanteo y retracto caducarán, recuperando el propietario la plena disposición sobre el bien correspondiente, por el mero transcurso del plazo de tres meses, a contar desde la adopción de la correspondiente resolución de adquisición, sin que la Administración haya hecho efectivo el precio en la forma convenida.

2. Cuando el precio deba abonarse en distintos plazos, el incumplimiento por la Administración de cualquiera de ellos dará derecho al acreedor a instar la resolución de la transmisión realizada en favor de aquélla.

3. El precio podrá pagarse en metálico o mediante la entrega de terrenos de valor equivalente, si las partes así lo convienen. En el caso de pago mediante entrega de terrenos no regirá el plazo de tres meses establecido en el número 1, sino el que fijen de mutuo acuerdo las partes.

Artículo 87. El tanteo y el retracto ejercidos sobre transmisión consistente en permuta.

Cuando la transmisión que haya motivado el ejercicio por la Administración del derecho de tanteo o el de retracto consista en una permuta de terrenos con o sin edificaciones por una edificación nueva o parte de ella, a construir en dichos terrenos, aquélla quedará igualmente obligada a la entrega de la edificación nueva, en la cantidad y las condiciones acordadas por las partes.

Artículo 88. El destino de los bienes adquiridos.

1. La Administración Pública que haya adquirido un bien como consecuencia del ejercicio del derecho de tanteo o el de retracto estará obligada a incorporar el bien al correspondiente patrimonio público de suelo o, en todo caso, dar al mismo un destino conforme a las finalidades legales de la intervención pública en el mercado inmobiliario.

2. El apartamiento manifiesto del destino a que se refiere el número anterior otorgará derecho al transmitente a instar la resolución de la transmisión realizada en favor de la Administración.

CAPÍTULO IV
Las parcelaciones y las reparcelaciones

Artículo 89. La parcelación urbanística.

1. Se considera a cualesquiera efectos parcelación urbanística toda división simultánea o sucesiva de terrenos o fincas en dos o más lotes, parcelas o fincas nuevas independientes:

a) En suelo urbano o urbanizable, en todos los casos.

b) En suelo rústico, cuando uno o varios de los lotes o fincas a que dé lugar sean susceptibles de actos de construcción o edificación y dispongan o vayan a disponer de infraestructuras o servicios colectivos innecesarios para las actividades a que se refiere el número 2 del artículo 54 o, en todo caso, de carácter específicamente urbano.

2. Es nula toda parcelación urbanística que sea contraria a la ordenación territorial o urbanística en vigor o infrinja lo dispuesto en los dos artículos siguientes.

⇒ V. arts. 258.2, 258.3 y 259.3 del TRLS/1992 (§2).
V. arts. 78 y concordantes del RD 1093/1997, de 4 julio (§2.1).
V. Jurisprudencia en arts. 94 y concordantes del TRLS/1976 (§3).

Artículo 90. La indivisibilidad de fincas y parcelas.

1. Son indivisibles las siguientes fincas y parcelas:

a) Las que tengan unas dimensiones inferiores o iguales a las determinadas como mínimas, salvo que los lotes resultantes se adquieran simultáneamente por los propietarios de fincas o parcelas colindantes con la finalidad de agruparlos y formar una nueva finca o parcela con las dimensiones mínimas exigibles.

b) Las de dimensiones inferiores al doble de las requeridas como mínimas, salvo que el exceso sobre éstas pueda segregarse con el mismo fin señalado en la letra anterior.

c) Las que tengan asignada una edificabilidad en función de la superficie, cuando se materialice toda la correspondiente a ésta.

d) Las vinculadas o afectadas legalmente a las construcciones o edificaciones autorizadas sobre ellas.

⇒ V. arts. 258.2, 258.3 y 259.3 del TRLS/1992 (§2).
V. art. 20 de la Ley 6/1998, de 13 abril (§1).
V. Jurisprudencia en arts. 95 y concordantes del TRLS/1976 (§3).

Artículo 91. El régimen de las parcelaciones urbanísticas.

1. No se podrán efectuar parcelaciones urbanísticas en suelo urbano mientras no se haya aprobado el correspondiente Plan de Ordenación Municipal o, en su caso, Plan de Delimitación del Suelo Urbano y en Suelo Urbanizable mientras no se encuentre aprobado el correspondiente Programa de Actuación Urbanizadora.

2. En suelo rústico quedan prohibidas las parcelaciones urbanísticas.

3. Toda parcelación urbanística estará sujeta a licencia municipal.

⇒ V. art. 20 de la Ley 6/1998, de 13 abril (§1).
V. Jurisprudencia en arts. 96 y concordantes del TRLS/1976 (§3).

Artículo 92. La reparcelación.

1. Se entiende por reparcelación la operación urbanística consistente en la agrupación de fincas o parcelas existentes en el ámbito de una unidad de actuación, delimitada para la ejecución del planeamiento urbanístico, para su nueva división ajustada a éste, con adjudicación de las nuevas parcelas o fincas a los interesados, en proporción a sus respectivos derechos.

2. La reparcelación puede tener cualquiera de los siguientes objetos:

a) La justa distribución de los beneficios y las cargas derivados de la ordenación urbanística, incluidos los gastos de urbanización y gestión.

b) La regularización de las fincas o parcelas existentes.

c) La localización del aprovechamiento urbanístico en suelo apto para la edificación conforme al planeamiento.

d) La adjudicación a la Administración Municipal de los terrenos de cesión, así como, en su caso, al urbanizador de los edificables, que legalmente correspondan.

e) La adjudicación de solares resultantes a la Administración actuante o, en su caso, al urbanizador, en pago de su gestión y de la urbanización.

f) La sustitución en el patrimonio de los propietarios, en su caso forzosa y en función de los derechos de éstos, de las fincas originarias por solares resultantes de la ejecución.

3. La sustitución que se refiere la letra f) del número anterior se produce mediante adjudicación de solar o solares resultantes y, con arreglo a los criterios empleados para la reparcelación, en cualquiera de los siguientes términos:

a) El solar o los solares precisos para servir de soporte al entero aprovechamiento urbanístico a que tenga derecho el propietario, quedando aquéllos afectos al pago de los costes de urbanización y gestión.

b) El solar o los solares precisos para servir de soporte al entero aprovechamiento urbanístico correspondiente al propietario que reste una vez deducido el correspondiente al valor de los costes de urbanización y gestión.

c) El solar o los solares precisos para servir de soporte al entero aprovechamiento urbanístico correspondiente a los propietarios de suelo de sistemas generales adscritos a la unidad de actuación.

4. La delimitación de la unidad de actuación coloca a los terrenos en situación de reparcelación en la que queda prohibido el otorgamiento de licencias de parcelación y edificación hasta la firmeza en vía administrativa de la operación reparcelatoria. La reparcelación puede llevarse a cabo de forma voluntaria y forzosa. El proyecto de reparcelación forzosa podrá ser formulado a iniciativa del urbanizador o de oficio por la Administración actuante.

El área reparcelable, que podrá ser discontinua, se definirá en el propio proyecto de reparcelación y no tendrá que coincidir necesariamente con la unidad de actuación.

5. Reglamentariamente se determinará:

a) Los supuestos en que es innecesaria la reparcelación y en los que no se produce, por tanto, la situación a que se refiere el número anterior.

b) La iniciativa y el contenido sustantivo y documental de la reparcelación.

c) El procedimiento de aprobación de la reparcelación, que, en todo caso, habrá de ajustarse a las siguientes reglas:

1ª Información pública por plazo mínimo de veinte días.

2ª Acreditación de la titularidad y situación de las fincas originarias mediante certificación del Registro de la Propiedad de dominio y cargas.

3ª Los titulares registrales no tenidos en cuenta en la elaboración del proyecto de reparcelación y aquellos que resulten afectados por modificaciones acordadas tras el período de información pública, deberán ser oídos por plazo de diez días, sin necesidad de nuevo trámite de información.

⇒ V. arts. 4 y ss. del RD 1093/1997, de 4 julio (§2.1).
V. Jurisprudencia en arts. 97 y concordantes del TRLS/1976 (§3).

Artículo 93. Los criterios para la reparcelación.

Los proyectos de reparcelación deberán ajustarse a los siguientes criterios:

a) Para la valoración de los bienes y derechos se aplicarán, en defecto de los voluntariamente establecidos por la mayoría absoluta de los afectados por la reparcelación, siempre que a su vez representen la propiedad sobre los dos tercios de la superficie parcelable, los criterios previstos por la legislación general para las valoraciones por razón de urbanismo, en los términos que se precisen reglamentariamente en desarrollo de esta Ley.

Los criterios voluntariamente establecidos no podrán ser ni contrarios a la ley o a la ordenación territorial y urbanística aplicable, ni lesivos de derechos de terceros o del interés público.

b) El aprovechamiento urbanístico objetivo susceptible de ser materializado en el solar resultante adjudicado a un propietario habrá de ser proporcional al aprovechamiento al que subjetivamente éste tenga derecho por razón de la superficie de su finca originaria.

c) El solar o los solares adjudicados deberán tener la misma localización que la de las correspondientes fincas originarias o, de no ser ello posible, la más cercana posible a esta última. Cuando la localización sea distinta, la adjudicación podrá corregirse mediante ponderación de los valores, según su localización, de las fincas originarias y los solares resultantes, siempre que la diferencia entre ellos sea apreciable y así lo justifique.

d) Se adjudicarán a la Administración actuante, además de los terrenos y solares correspondientes a las cesiones obligatorias y gratuitas, los solares resultantes que procedan en función del exceso de aprovechamiento urbanístico objetivo de la unidad de actuación. No obstante, en las actuaciones en que se opere mediante urbanizador, podrá preverse, siempre que lo acepte la Administración actuante, la adquisición en metálico a ésta del excedente y, por tanto, de los correspondientes solares, en especial cuando se ofrezca la construcción de viviendas sujetas a algún régimen de protección pública o con precio de venta o alquiler tasado. A este efecto, si la aceptación de la Administración no se ha recabado antes de la formulación del proyecto, ésta podrá interesarse formalmente durante el período de información pública.

e) En ningún caso, podrá procederse a la adjudicación como solares y fincas independientes de superficies que no tengan ni la dimensión ni las características exigidas a la parcela mínima edificable.

f) Cuando la cuantía del derecho de un propietario no alcance o supere la necesaria para la adjudicación de uno o varios solares resultantes como fincas independientes, el defecto o el exceso en la adjudicación podrán satisfacerse en dinero. La adjudicación se producirá en todo caso en exceso cuando se trate de mantener la situación del propietario de finca en la que existan construcciones compatibles con el planeamiento en ejecución.

Los propietarios y el urbanizador, cuando sea distinto a éstos, así como unos y otros y la Administración actuante podrán formularse requerimientos fehacientes para determinar a quien corresponde pagar o percibir las indemnizaciones sustitutorias de defectos o excesos en la adjudicación, en la forma prevista en el párrafo anterior.

g) Será indemnizable el valor de las plantaciones, instalaciones y construcciones existentes en las fincas originarias o iniciales que sean incompatibles con el planeamiento en ejecución.

h) Será preceptivo el reflejo de la totalidad de las operaciones reparcelatorias en una cuenta de liquidación provisional individualizada respecto de cada propietario. De resultar éste acreedor neto, su finca inicial sólo podrá ser ocupada previo pago de la indemnización que proceda y a reserva de la liquidación definitiva.

⇒ V. Jurisprudencia en arts. 99 y concordantes del TRLS/1976 (§3).

Artículo 94. La reparcelación económica.

1. La reparcelación podrá ser económica:

a) Cuando las circunstancias de edificación, construcción o de índole similar concurrentes en la unidad de actuación hagan impracticable o de muy difícil realización la reparcelación material en todo o en al menos el veinticinco por ciento de la superficie total de aquélla.

b) Cuando aun no concurriendo las circunstancias a que se refiere la letra anterior, así lo acepten los propietarios que representen los dos tercios de la superficie total de la unidad de actuación.

2. La reparcelación económica se limitará a:

a) La redistribución material de los terrenos en que no concurran las circunstancias justificativas de su carácter económico y a establecer las indemnizaciones sustitutorias entre los afectados, en el supuesto previsto en la letra a) del número anterior.

b) El establecimiento de las indemnizaciones sustitutorias, con las rectificaciones en la configuración y linderos de las fincas iniciales, que sean pertinentes y las adjudicaciones en favor del urbanizador, si es distinto de los propietarios, y de la Administración actuante que procedan.

⇒ V. art. 116 del RGU (§3.2).
V. Jurisprudencia en arts. 125.2 y concordantes del TRLS/1976 (§3).

Artículo 95. La reparcelación voluntaria y la forzosa.

1. La reparcelación podrá ser voluntaria y forzosa.

2. La propuesta de reparcelación que, de común acuerdo y formalizada en escritura pública, presenten al Municipio los propietarios y, en su caso, éstos en unión del urbanizador, será sometida a información pública por veinte días e informada por los servicios competentes.

Recaída la aprobación municipal, para la inscripción de la reparcelación en el Registro de la Propiedad bastará con la presentación en éste de la correspondiente escritura pública en unión de certificación del acuerdo municipal aprobatorio.

3. La reparcelación será forzosa cuando el Municipio la imponga por ser necesaria para la ejecución del planeamiento. La voluntaria gozará en todo caso de preferencia.

⇒ V. art. 78.3 del RGU (§3.2).

TÍTULO V

LA EJECUCIÓN DEL PLANEAMIENTO DE ORDENACIÓN TERRITORIAL Y URBANÍSTICA

CAPÍTULO I

Disposiciones generales

Sección 1ª La ejecución y la inspección

Artículo 96. Las esferas de actuación pública y privada.

1. Corresponderá a las Administraciones públicas, en todo caso y dentro de sus respectivos ámbitos de competencia:

a) La actividad de ejecución del planeamiento territorial y urbanístico en régimen de actuaciones urbanizadoras y de obras públicas ordinarias.

b) La intervención de la actividad de ejecución de los propietarios en régimen de actuaciones edificatorias.

2. La actividad administrativa de ejecución podrá gestionarse de forma directa e indirecta, mediante concesión a un urbanizador.

Artículo 97. El contenido y desarrollo de la actividad administrativa de ejecución.

1. La ejecución del planeamiento territorial y urbanístico comprende:

a) La determinación por la Administración actuante de la forma de gestión de su propia actividad y la tramitación y aprobación de los pertinentes Programas de Actuación Urbanizadora.

b) La organización temporal de la ejecución y la fijación del orden de las actuaciones, cuando dichas determinaciones no se contengan ya en el planeamiento territorial y urbanístico o proceda modificarlas.

c) La delimitación de la unidad de actuación, cuando ésta sea urbanizadora o deba realizarse mediante obras públicas ordinarias.

La unidad de actuación opera simultáneamente como ámbito para el desarrollo de la totalidad de las operaciones jurídicas y materiales precisas para la ejecución integral del planeamiento y de la comunidad de referencia para la justa distribución de beneficios y cargas. En suelo urbano las unidades de actuación podrán ser discontinuas.

Los sistemas generales se exceptúan de las unidades de actuación, aunque podrán ser incluidos o adscribirse a ellas y realizarse en el contexto de las mismas.

d) La conservación de las obras de urbanización y de la edificación.

2. Las Administraciones públicas ejecutarán, en sus respectivas esferas de competencia, los planes de ordenación territorial y urbanística, con arreglo a esta Ley.

Artículo 98. La dirección, inspección y control de la actividad privada de ejecución.

Las Administraciones públicas, en sus respectivas esferas de competencia, dirigirán, inspeccionarán y controlarán la actividad privada de ejecución para exigir y asegurar que ésta se produce de conformidad con los planes de ordenación territorial y urbanística y los demás instrumentos y acuerdos aprobados o adoptados para la ejecución de éstos, así como, en su caso, los correspondientes proyectos técnicos de obras.

Artículo 99. Las actuaciones urbanizadoras.

1. Son actuaciones urbanizadoras las que supongan la realización material de obras públicas para la urbanización conjunta de dos o más parcelas, desarrollada de una sola vez o por fases conforme a una única programación.

2. Será preceptiva la ejecución mediante la realización previa e integrada de las precisas obras de urbanización cuando el planeamiento territorial y urbanístico prevea la nueva urbanización de terrenos o la reforma de la existente, cuya conexión a las redes de servicios existentes vaya a dar lugar a dos o más solares mediante la transformación de suelo que aún carezca de tales servicios o aquellos con los que cuente sean inadecuados.

El planeamiento territorial y urbanístico podrá sujetar en todo caso su ejecución al régimen de actuaciones urbanizadoras, cuando la realización previa e integrada de ésta sea conveniente para asegurar la homogeneidad y calidad adecuada de las correspondientes obras.

3. Las parcelas objeto de una actuación urbanizadora no adquirirán la condición de solares hasta que, además de estar efectivamente dotadas y servidas por los correspondientes servicios, estén ejecutadas y entregadas a la Administración actuante las infraestructuras mínimas de integración y conexión con el entorno de la entera unidad objeto de la actuación, establecidas en la programación de esta última.

Artículo 100. Las actuaciones de urbanización mediante obras públicas ordinarias.

Las obras de urbanización podrán realizarse mediante la ejecución directa en virtud de lo establecido en el artículo 129 por la Administración actuante de las obras públicas y la percepción por ésta, con cargo a los propietarios del ámbito al que sirvan, de las pertinentes cuotas de urbanización, en los siguientes supuestos:

a) En el suelo urbano de los Municipios exentos del deber de contar con Plan de Ordenación Municipal.

b) En el suelo urbano de los restantes Municipios en el que no sea posible la delimitación de las correspondientes unidades de actuación ni la de carácter discontinuo sea idónea para garantizar una adecuada ejecución del planeamiento territorial y urbanístico.

Artículo 101. La ejecución de los sistemas generales.

La ejecución de los sistemas generales comprenderá las obras de urbanización y edificación que sean adecuadas en cada caso.

⇒ V. Jurisprudencia en arts. 134.2 y concordantes del TRLS/1976 (§3).

Artículo 102. Las actuaciones edificatorias.

1. Son actuaciones edificatorias las que tienen por objeto un único solar o una sola parcela para su edificación, con previa o simultánea realización de las obras de urbanización precisas para su conversión en solar y conexión con las redes de infraestructuras y servicios existentes e inmediatas, cuando proceda.

2. Las actuaciones a que se refiere el número anterior sólo serán posibles en el suelo urbano que no esté, ni deba quedar sujeto al régimen propio de las actuaciones urbanizadoras conforme a la ordenación territorial y urbanística.

Sección 2ª La organización y el orden del desarrollo de la ejecución

Artículo 103. La organización temporal de la ejecución del planeamiento.

1. Los planes urbanísticos determinarán la secuencia lógica de su desarrollo mediante la fijación de las condiciones objetivas que definan un orden básico de prioridades para la ejecución de las diferentes actuaciones urbanizadoras. Asimismo los planes podrán fijar plazos máximos para la edificación de los solares o, en su caso, parcelas y la rehabilitación de la edificación existente.

2. En defecto de determinaciones del planeamiento territorial y urbanístico sobre plazos, éstos podrán fijarse por el Municipio para unidades de actuación o, en todo caso, áreas en suelo urbano y sectores o unidades de actuación de acuerdo a expresos criterios de prioridad en el fomento de la edificación.

Artículo 104. El incumplimiento de los plazos máximos.

El incumplimiento de los plazos máximos para edificar o rehabilitar establecidos conforme al artículo anterior determinará la posibilidad de la expropiación o de la ejecución forzosa por sustitución de acuerdo con el procedimiento establecido en esta Ley.

⇒ V. Jurisprudencia en arts. 154 y concordantes del TRLS/1976 (§3).

Sección 3ª Las formas de gestión de la actividad administrativa de ejecución

Artículo 105. La gestión directa, propia y cooperativa.

1. La Junta de Comunidades de Castilla-La Mancha y los Municipios, con la cooperación con éstos, en su caso, de las Diputaciones provinciales, podrán utilizar, para la gestión directa de la actividad de ejecución que sea de su respectiva competencia todas las formas o modalidades admitidas por la legislación de régimen jurídico y de contratación de las Administraciones Públicas y de Régimen Local. En particular, todas ellas estarán habilitadas para crear Organismos Autónomos y entidades mercantiles de capital íntegramente público o mixto, de duración limitada o por tiempo indefinido y con carácter general o sólo para determinadas actuaciones.

2. Para el desarrollo cooperativo de la actividad de ejecución y conforme a la misma legislación a que se refiere el número anterior, dichas Administraciones podrán, además:

a) Constituir, por mutuo acuerdo, consorcios urbanísticos.

b) Delegar competencias propias en otras Administraciones, organismos de ellas dependientes o entidades por ellas fundadas o controladas.

Artículo 106. Los convenios interadministrativos de colaboración.

1. Las Administraciones Públicas y sus organismos dependientes o adscritos, los consorcios y las entidades mercantiles creadas por aquéllas o cualesquiera de éstos podrán suscribir convenios, con fines de colaboración, en los términos autorizados por la legislación de régimen jurídico de las Administraciones Públicas y de Régimen Local.

Cuando su objeto principal sea urbanístico deberán ajustarse a lo dispuesto en el Capítulo II del Título II.

2. Los convenios a que se refiere el número anterior podrán tener por objeto la contribución al sostenimiento económico de órganos u organismos de ámbito comarcal creados por la Junta de Comunidades de Castilla-La

Mancha para la prestación de asistencia técnica y administrativa a los Municipios en materia de ordenación urbanística.

⇒ V. art. 57 de la LBRL.
V. art. 6 de la LRJ-PAC.

Artículo 107. Los consorcios urbanísticos.

1. El objeto de los consorcios no podrá comprender funciones y actividades que excedan de la esfera de competencias de las Administraciones consorciadas.

2. A los consorcios podrán incorporarse personas privadas, cuando ello sea necesario para el cumplimiento de sus fines y previa suscripción de convenio en el que se especifiquen las bases de su participación. En ningún caso la participación de personas privadas podrá ser mayoritaria, ni dar lugar a que éstas controlen o tengan una posición decisiva en el funcionamiento del consorcio.

3. La aprobación de los estatutos del consorcio en la forma definida legalmente determinará la atribución de las competencias administrativas, pertenecientes a las Administraciones consorciadas, que en dichos estatutos se especifiquen. En ningún caso podrá atribuirse a los consorcios:

a) La competencia para establecer o determinar impuestos, pero sí la de su gestión y recaudación, así como la del establecimiento de tasas y precios públicos y su percepción.

b) La competencia para expropiar, pero sí la gestión administrativa de todas las operaciones expropiatorias.

4. Los consorcios podrán crear entidades mercantiles de capital íntegramente público y mixto.

5. La creación de los consorcios y sus estatutos se publicarán, para su eficacia, en el «Diario Oficial de Castilla-La Mancha».

⇒ V. art. 7 de la LRJ-PAC.

Artículo 108. La delegación intersubjetiva de competencias.

1. Toda delegación entre Administraciones de competencias habilitará para el pleno ejercicio de éstas, mientras no se produzca la publicación de su revocación. La delegación precisará, para su eficacia, la publicación en el «Diario Oficial de Castilla-La Mancha».

2. Podrán ser beneficiarios de delegaciones intersubjetivas, además de las Administraciones territoriales, los organismos autónomos por éstas creados y los consorcios.

3. Los actos dictados en ejercicio de la delegación se imputarán jurídicamente al delegado, sin perjuicio de que éste y la entidad delegante respondan patrimonialmente de forma solidaria por las lesiones que puedan derivarse de dichos actos.

⇒ V. art. 13 de la LRJ-PAC.

Sección 4ª Los presupuestos de cualquier actividad de ejecución

Artículo 109. La plenitud de la ordenación, la programación de la gestión y la proyectación de la urbanización.

El desarrollo de la actividad de ejecución, cualquiera que sea el sujeto legitimado, requerirá la aprobación o autorización, con carácter previo y respecto de la totalidad de los terrenos integrantes de la unidad o las unidades de actuación a ejecutar, de:

a) El planeamiento territorial y urbanístico idóneo conforme a esta Ley para establecer la ordenación detallada en la clase de suelo de que se trate, en todo caso.

b) El Programa de Actuación Urbanizadora, en el caso de las unidades a ejecutar mediante actuaciones urbanizadoras, con excepción de las actuaciones que deban verificarse en ejecución de Proyectos de Singular Interés y en régimen de obras públicas ordinarias.

c) El proyecto de urbanización, en todos los supuestos, incluidas las actuaciones edificatorias con previa o simultánea urbanización, con la sola excepción de las actuaciones legitimadas por Proyectos de Singular Interés.

⇒ V. Jurisprudencia en arts. 116 y concordantes del TRLS/1976 (§3).

Artículo 110. Los Programas de Actuación Urbanizadora.

1. Los Programas de Actuación Urbanizadora determinan y organizan la actividad de ejecución, fijando la forma de gestión de ésta.

2. Los Programas de Actuación Urbanizadora deberán abarcar una o varias unidades de actuación completas y satisfacer los siguientes objetivos funcionales básicos:

a) Conectar e integrar adecuadamente la urbanización a que se refieran con las redes de infraestructuras, comunicaciones y servicios públicos existentes.

b) Suplementar las infraestructuras y dotaciones públicas en lo necesario para no disminuir sus niveles de calidad o capacidad de servicio existentes o deseables.

c) Urbanizar completamente la unidad o unidades de actuación que constituyan su objeto y realizar las obras públicas complementarias que se precisen para cumplir lo dispuesto en las letras anteriores, haciendo todo ello con sujeción a plazos pormenorizados.

d) Obtener gratuitamente en favor de la Administración las infraestructuras y los suelos dotacionales públicos del ámbito de la actuación.

e) Obtener gratuitamente en favor de la Administración actuante el aprovechamiento que exceda del susceptible de apropiación por los propietarios de los terrenos, con destino al patrimonio público de suelo.

El coste de las inversiones necesarias para cumplir estos objetivos podrá repercutirse en los propietarios de los terrenos para el cumplimiento del régimen urbanístico de la propiedad.

3. Los Programas de Actuación Urbanizadora:

a) Describirán las obras de urbanización a realizar y, en su caso, las de edificación con el grado de detalle, al menos, de anteproyecto.

b) Preverán el inicio de su ejecución material dentro de su primer año de vigencia y la conclusión de la urbanización antes de los cinco años desde su inicio.

Por causas excepcionales y previo informe favorable de la Comisión Regional de Urbanismo podrán aprobarse, no obstante, Programas de Actuación Urbanizadora con plazos más amplios o prórrogas de éstos.

c) Determinarán el calendario de su desarrollo en sus distintas fases, trabajos y gestiones que integran la actuación.

d) Asegurarán el cumplimiento de sus previsiones, mediante crédito retenido con cargo al presupuesto de una Administración, en el caso de que tengan por objeto actuaciones a desarrollar por gestión directa, y garantía, financiera o real, prestada y mantenida por el adjudicatario seleccionado como urbanizador, por el importe mínimo que reglamentariamente se determine, que nunca podrá ser inferior al siete por ciento del coste previsto de las obras de urbanización, en el caso de que se refieran a actuaciones a ejecutar por gestión indirecta.

4. Los Programas de Actuación Urbanizadora contendrán los siguientes documentos:

4.1. Una alternativa técnica conformada por:

a) Documento expresivo de la asunción de la ordenación detallada incluida en el Plan de Ordenación Municipal o bien una propuesta de Plan Parcial que ordene detalladamente el sector o modifique la incluida en el Plan.

b) Anteproyecto de urbanización con los siguientes contenidos mínimos:

1) Definición y esquema de las obras de urbanización, describiendo, como mínimo, los elementos significativos y relevantes que permitan determinar su coste total.

2) Memoria de calidades, relativa, al menos, a las principales obras y elementos de urbanización a ejecutar.

3) Definición de los recursos disponibles para los abastecimientos básicos, modo de obtención y financiación.

4) Características básicas de la red de evacuación de aguas que se prevé diseñar, indicando su carácter separativo o no; su capacidad de drenaje, dimensionándola con el potencial aproximado de efluentes a soportar, tanto pluviales como residuales, ya tengan su origen en el ámbito del Programa o bien en posibles aportes exteriores; punto o puntos de vertido y calidad de éste, en relación con su depuración e impacto ambiental.

5) Capacidad portante de la red viaria y las directrices para la implantación de los demás servicios de urbanización.

4.2. En el caso de gestión indirecta, se formulará una propuesta de convenio urbanístico a suscribir entre el adjudicatario, la Administración actuante y los propietarios afectados, donde se harán constar los compromisos, plazos, garantías y penalizaciones que regularán la adjudicación. En caso de gestión directa, el convenio se sustituirá por una relación precisa de los compromisos asumidos.

4.3. Una proposición jurídico-económica comprensiva de los siguientes aspectos:

a) Desarrollo de las relaciones entre el urbanizador y los propietarios justificando en su caso la disponibilidad de aquél sobre los terrenos de éstos, los acuerdos ya alcanzados y las disposiciones relativas al modo de retribución del urbanizador.

b) Estimación de la totalidad de los gastos de urbanización, de acuerdo con lo establecido en el artículo 115.

c) Proporción o parte de los solares resultantes de la actuación constitutiva de la retribución del urbanizador o definición de las cuotas cuando se prevea el pago en metálico, expresándose si le corresponde recibir algún recargo sobre la estimación de gastos de urbanización en concepto de beneficio o retribución de la gestión.

d) Incidencia económica de los compromisos que interese adquirir el urbanizador para edificar, con fines de interés social, los terrenos que hayan de adjudicársele tanto en la valoración de éstos como en su cuantificación y modo de adquisición.

5. Podrán formular y promover Programas de Actuación Urbanizadora:

a) Los Municipios o cualquiera de los organismos o entidades de ellos dependientes o de los que formen parte, para la ejecución del planeamiento municipal.

Cuando la entidad promotora no cuente con la potestad expropiatoria, se tendrá como Administración actuante al Municipio.

b) La Junta de Comunidades de Castilla-La Mancha o cualquiera de los organismos o entidades, públicos o privados, de ella dependientes o adscritos a la misma o de los que forme parte, para el desarrollo de las competencias propias con relevancia territorial y, en todo caso, la promoción de suelo con destino a dotaciones públicas o a actuaciones urbanizadoras que fomenten la industrialización o la vivienda social, de promoción pública o sujeta a cualquier régimen de protección pública.

En este caso, su tramitación y aprobación se sujetará a las reglas establecidas para los Planes Especiales. En la ejecución de los Programas de Actuación Urbanizadora así aprobados se tendrá como Administración actuante a la de la Junta de Comunidades de Castilla-La Mancha.

c) Las restantes Administraciones públicas, para el ejercicio de sus competencias mediante la realización de actuaciones urbanizadoras.

En este caso, la Administración que promueva el Programa podrá optar por que se tramite, apruebe y ejecute conforme a lo dispuesto en la letra b) anterior.

d) Los particulares, sean o no propietarios de los terrenos.

Podrán entablar consultas con cualquier Administración Pública, sobre el contenido de los Programas de Actuación Urbanizadora a elaborar, así como solicitar y obtener de las Administraciones completa información sobre las resoluciones y previsiones oficiales que condicionen el desarrollo de cada actuación.

Cualquier persona que pretenda elaborar una propuesta de Programa de Actuación Urbanizadora podrá ser autorizada por el Municipio para ocupar temporalmente terrenos a fin de obtener la información precisa, en los términos dispuestos por la legislación expropiatoria. Asimismo, tendrá acceso a la información y documentación que obre en los registros y archivos de las Administraciones Públicas conforme a la legislación general sobre régimen jurídico de éstas.

e) Los propietarios de terrenos afectados por una iniciativa urbanizadora podrán asociarse como agrupación de interés urbanístico siempre que cumplan los siguientes requisitos:

1º Tener por objeto competir por la adjudicación de un Programa o colaborar con su urbanizador legal de forma convenida con él.

2º Asociar a los propietarios de terrenos que representen más de la mitad de superficie afectada por la iniciativa.

3º Contar con poder dispositivo sobre los terrenos referidos en el apartado anterior. La afección de una finca a los fines y obligaciones de una agrupación de interés urbanístico podrá ser inscrita en el Registro de la Propiedad.

4º Haber reconocido el derecho a adherirse como asociado a favor de los terceros propietarios afectados por la iniciativa en las mismas condiciones y análogos derechos a los propietarios fundadores.

La constitución de agrupaciones de interés urbanístico se otorgará en escritura pública a la que se incorporarán sus estatutos y deberá inscribirse en el Registro de Programas de Actuaciones de Interés Urbanístico dependiente de la Consejería competente en materia de ordenación territorial y urbanística.

⇒ V. Ley 5/1999, de 8 abril, de evaluación de impacto ambiental, cuyo Anejo 2 ha sido desarrollado por D. 118/2000, de 20 junio.

V. D. 74/2001, de 6 marzo, por el que se establece la estructura orgánica y las competencias de los distintos órganos de la Consejería de Obras Públicas.

V. D. 129/1985, de 20 diciembre, que modifica la composición y funcionamiento de la Comisión Regional de Urbanismo regulada por D. 33/1984, de 27 marzo.

Artículo 111. Los Proyectos de Urbanización.

1. Los Proyectos de Urbanización son proyectos de obras que definen los detalles técnicos de las obras públicas previstas por los Planes. Se redactarán con precisión suficiente para poder ser ejecutados, eventualmente, bajo la dirección de técnico distinto a su redactor. Toda obra pública de urbaniza-

ción, sea ejecutada en régimen de actuación urbanizadora o edificatoria, requerirá la elaboración de un Proyecto de Urbanización, su aprobación administrativa y la previa publicación de ésta en el «Boletín Oficial de la Provincia».

2. Los proyectos a que se refiere el número anterior contendrán una Memoria descriptiva de las características de las obras, planos de proyecto y de detalle, mediciones, cuadro de precios, presupuesto y pliego de condiciones de las obras y servicios.

3. Los Proyectos de Urbanización para actuaciones urbanizadoras se someterán al procedimiento de aprobación propio de los Programas de Actuación Urbanizadora, salvo en lo relativo a la competencia entre iniciativas, y, en su defecto, al previsto para los Planes Parciales. Será innecesaria la información pública separada cuando se tramiten junto con Planes o Programas de Actuación Urbanizadora.

Los Proyectos de Urbanización precisos para las actuaciones edificatorias se aprobarán por el Municipio por el procedimiento que dispongan las Ordenanzas Municipales.

Cuando se trate de proyectos de obra pública ordinaria para la mera reparación, renovación o introducción de mejoras ordinarias en obras o servicios ya existentes, sin alterar el destino urbanístico del suelo, será innecesaria la exposición al público previa a su aprobación administrativa.

⇒ V. Jurisprudencia en arts. 15 y concordantes del TRLS/1976 (§3).

Artículo 112. Los sujetos legitimados.

1. Los actos jurídicos y materiales de ejecución del planeamiento en unidades en las que la ejecución deba tener lugar en régimen de actuación urbanizadora, cumplida, en su caso, mediante obras públicas ordinarias, sólo podrán ser realizados por los sujetos públicos y, en su caso, privados legitimados para ello conforme a esta Ley.

2. Los actos de edificación, junto con los de previa o simultánea urbanización en parcelas y solares sólo podrán ser realizados por sus propietarios o los titulares de derechos suficientes al efecto.

CAPÍTULO II
La ejecución mediante actuaciones urbanizadoras

Sección 1ª Disposiciones generales

Artículo 113. Las características y los requisitos de las unidades de actuación.

1. Las unidades de actuación delimitan el ámbito espacial de una actuación urbanizadora o de una de sus fases. Deberán incluirse en ellas los suelos dotacionales precisos para su ejecución racional y las parcelas edificables que como consecuencia de ella se transformen en solares.

2. En suelo urbano las unidades de actuación podrán ser discontinuas y su delimitación voluntaria.

3. En el suelo urbanizable el Plan Parcial incluirá en una o varias unidades de actuación todos los terrenos del sector, salvo, en su caso, los destinados a sistemas generales.

⇒ V. arts. 4 y 5 de la Ley 6/1998, de 13 abril (§1).
V. Jurisprudencia en arts. 117 y concordantes del TRLS/1976 (§3).

Artículo 114. La delimitación de las unidades de actuación.

1. La delimitación de las unidades de actuación se contendrá en los planes territoriales y urbanísticos y en los Programas de Actuación Urbanizadora. Para favorecer la actividad urbanizadora, se procurará diversificar la extensión de sus superficies.

2. Los Programas podrán volver a delimitar el ámbito de las unidades de actuación previstas en los Planes, adecuándolo a condiciones más idóneas para el desarrollo de la correspondiente actuación, pudiendo ésta extenderse a cuantos terrenos sean necesarios para la conexión a las redes de servicio existentes en el momento de programar la actuación.

3. Las unidades de actuación podrán delimitarse en los proyectos de urbanización, en el caso de actuaciones a realizar en el régimen de obras públicas ordinarias.

⇒ V. Jurisprudencia en arts. 118 y concordantes del TRLS/1976 (§3).

Artículo 115. Los gastos de urbanización.

1. Los gastos de urbanización que corren a cargo de los propietarios de los terrenos comprendidos en una unidad de actuación son todos los correspondientes a los siguientes conceptos:

a) Obras de vialidad, comprensivas en todo caso de las de explanación, afirmado y pavimentación de calzadas; construcción y encintado de aceras; y construcción de las canalizaciones para servicios en el subsuelo de las vías o de las aceras.

b) Obras de saneamiento, inclusivas de las de construcción de colectores generales y parciales, acometidas, alcantarillas, ramales, sumideros y atarjeas para aguas pluviales y estaciones depuradoras, en la proporción que corresponda a la unidad de actuación.

c) Obras para la instalación y el funcionamiento de los servicios públicos de suministro de agua, incluyendo las de captación de ésta cuando sean necesarias y las de distribución domiciliaria de agua potable, de riego y de hidrantes contra incendios; de suministro de energía eléctrica, comprendiendo la conducción y la distribución, así como el alumbrado público, comunicación telefónica y cualquiera otra que estuvieran previstas por el planeamiento.

d) Obras de ajardinamiento y arbolado, así como de amueblamiento urbano, de parques y jardines y vías públicas.

e) Redacción técnica y anuncios preceptivos en la tramitación administrativa de los diferentes instrumentos de planeamiento de desarrollo precisos para la ordenación detallada y de los proyectos de urbanización y de reparcelación.

f) Gastos de promoción y gestión de la actuación urbanizadora, incluyendo el beneficio o la retribución empresarial del urbanizador.

g) Indemnizaciones que procedan en favor de propietarios o titulares de derechos, incluidos los de arrendamiento, referidos a edificios y construcciones que deban ser demolidos con motivo de la ejecución del planeamiento, así como de plantaciones, obras e instalaciones que deban desaparecer por resultar incompatibles con éste.

h) Cuando así se prevea expresamente en el planeamiento a ejecutar o en el Programa de Actuación, además, las obras de infraestructura y servicios exteriores a la unidad de actuación que sean precisas tanto para la conexión adecuada de las redes de la unidad a las generales municipales o supramunicipales, como para el mantenimiento de la funcionalidad de éstas, así como cualesquiera otras cargas suplementarias que se impongan a los terrenos.

2. Los gastos de conservación de la urbanización que corresponden al urbanizador y a los propietarios de los solares resultantes hasta la recepción por la Administración de las obras realizadas, son los correspondientes al mantenimiento de todas las obras y los servicios previstos en el número anterior.

3. Los propietarios de los solares resultantes y el urbanizador tendrán derecho a resarcirse, con cargo a las entidades concesionarias o prestadoras de los correspondientes servicios, de los gastos correspondientes a las obras precisas para el primer establecimiento y el mantenimiento de los servicios de abastecimiento de agua potable, suministro de energía eléctrica y, en su caso, telefonía, en la parte que, conforme a la reglamentación o las condiciones de prestación de éstos no deba ser asumida por los usuarios. Los costes de establecimiento y de conservación se acreditan mediante certificación expedida por la Administración actuante.

4. El Municipio podrá aprobar, previa audiencia de los propietarios, la modificación de la previsión inicial de gastos de urbanización en el caso de aparición de circunstancias técnicas objetivas, cuya previsión por el urbanizador no hubiera sido posible con ocasión de la elaboración del proyecto de urbanización. La retasación de los costes no podrá suponer modificación o incremento en la cuantía del beneficio empresarial del urbanizador.

⇒ V. Jurisprudencia en arts. 122 y concordantes del TRLS/1976 (§3).

Sección 2ª La gestión directa de la actuación urbanizadora

Artículo 116. Las formas de la actividad administrativa para la ejecución de las actuaciones urbanizadoras.

1. Cuando se haya adoptado la forma de gestión directa, la Administración actuante podrá optar, motivadamente y a la vista tanto de las características de la unidad en la que deba realizarse una actuación urbanizadora como

de las exigencias del interés público en la ejecución, entre la reparcelación y la expropiación.

2. La reparcelación se impondrá forzosamente, aunque el procedimiento a tal fin podrá terminarse por acto consensual bajo la forma de convenio urbanístico.

3. Tanto cuando se proceda mediante reparcelación, como cuando se aplique instrumentalmente la expropiación para la ejecución del planeamiento, la Administración actuante podrá desarrollar la gestión utilizando las alternativas organizativas previstas en la Sección 3ª del Capítulo I de este Título, sin perjuicio de la contratación por el sujeto público gestor, cuando proceda y conforme a la legislación de contratos de las Administraciones Públicas, de las distintas obras de urbanización que comprenda la actuación.

Sección 3ª La gestión indirecta de la actuación urbanizadora

Artículo 117. El urbanizador como agente gestor por adjudicación de la ejecución de un Programa de Actuación Urbanizadora.

1. El urbanizador, que podrá ser o no propietario de suelo, es el agente responsable de ejecutar la correspondiente actuación urbanizadora por cuenta de la Administración actuante y según el convenio estipulado, seleccionado en pública competencia al aprobar el correspondiente Programa de Actuación Urbanizadora.

2. El urbanizador podrá en cualquier momento y en escritura pública y previa autorización, ceder su condición en favor de tercero que se subrogue en todas sus obligaciones ante la Administración actuante. Esta podrá denegar la autorización por razón de menoscabo del interés general o defraudación de la pública competencia en la adjudicación, debiendo en tal caso acordar simultáneamente la prosecución de la actuación por gestión directa o proceder a nueva licitación. La cesión parcial, para tramo o porción minoritaria de la actuación, requerirá que entre cedente y adquirente asuman, solidaria o mancomunadamente, una programación debidamente coordinada y un conjunto de compromisos que satisfagan las exigencias de la programación originaria.

3. Para que el urbanizador particular pueda contratar prestaciones accesorias de su gestión con tercero, sin transmitirle sus responsabilidades ante la Administración actuante, bastará que dé cuenta de ello a ésta.

Artículo 118. Relaciones entre el urbanizador y los propietarios.

1. Cuando se refiera a actuaciones urbanizadoras a realizar en régimen de gestión indirecta, el Programa de Actuación Urbanizadora, además de lo previsto en el artículo 110, deberá regular las relaciones entre el urbanizador y los propietarios afectados, desarrollando las siguientes bases:

a) El urbanizador deberá soportar la totalidad de los gastos derivados de la urbanización, en la medida en que le sean compensados mediante retribución en terrenos edificables o en metálico por los propietarios de terrenos edificables resultantes de la actuación urbanizadora.

b) Los propietarios podrán cooperar con el urbanizador mediante la aportación de sus fincas originarias sin urbanizar y con arreglo a las dos modalidades genéricas siguientes:

1ª Abonando en metálico y como retribución en favor del urbanizador su cuota parte de las cargas de la urbanización y garantizando esta deuda, para recibir a cambio las parcelas urbanizadas que le correspondan de acuerdo con el Programa.

2ª Contribuyendo proporcionadamente a los gastos de urbanización mediante cesión de terrenos edificables. En este caso les corresponderá recibir, libre de cargas, menor superficie de solar que en la modalidad anterior, constituyendo la diferencia la retribución del urbanizador.

2. Los propietarios que expresamente declinen cooperar, por entender inconveniente o imprudente el desarrollo urbanístico de sus terrenos, podrán renunciar a ello si piden, mediante solicitud formalizada en documento público y presentada antes del acuerdo aprobatorio del Programa de Actuación Urbanizadora, la expropiación y el pago según el valor que corresponda legalmente al suelo, conforme a la legislación aplicable, sin consideración del aprovechamiento urbanístico patrimonializable en virtud de la ejecución del planeamiento de que se trate. En este caso el acuerdo aprobatorio del Programa de Actuación Urbanística determinará la incoación del expediente de determinación del justiprecio para la finca correspondiente.

✐ El inciso «sin consideración del aprovechamiento urbanístico patrionalizable en virtud de la ejecución del planeamiento de que se trate» fue suspendido de vigencia y de aplicación por Prov. 29 septiembre 1998, del TC. Posteriormente, el ATC 46/1999, de 25 febrero (RTC 1999, 46 AUTO) levantó dicha suspensión.

3. El urbanizador podrá ejercer las siguientes prerrogativas y facultades:

a) Someter a aprobación administrativa proyectos de urbanización, presupuestos de cargas de urbanización y, a falta de acuerdo con los afectados, uno o varios proyectos de reparcelación forzosa dentro del ámbito de la actuación, así como ser oído, antes de dicha aprobación.

b) Oponerse a la parcelación y a la edificación en el ámbito de la actuación, hasta el pleno cumplimiento de las previsiones del Programa. El otorgamiento de las licencias precisas para tales actos requerirá la previa audiencia del urbanizador.

No podrán otorgarse licencias de parcelación o edificación en las unidades de actuación o para terrenos sometidos a actuaciones urbanizadoras hasta que, una vez aprobado el correspondiente Programa, se cumplan las condiciones legales previstas para ello, debiendo el titular de la parcela haber contribuido proporcionadamente a las cargas de la actuación y haber quedado garantizada la urbanización de dicha parcela simultánea, al menos, a su edificación.

c) Exigir que los propietarios le retribuyan pagándole cuotas de urbani*zación o c*ediendo en su favor terrenos edificables de los que han de ser urbanizados en desarrollo de la actuación.

El urbanizador podrá optar por la retribución mediante la cesión de terrenos edificables cuando asuma el compromiso de promover, sobre los terrenos que reciba en pago de su retribución, viviendas sujetas a un régimen de protección pública u otros usos de interés social, siempre que estos destinos atribuyan a los terrenos un valor máximo legal que permita determinar con objetividad su equivalencia con los gastos de urbanización.

d) Solicitar la ocupación directa de los terrenos sujetos a reparcelación y necesarios para desarrollar las infraestructuras de urbanización, en los términos previstos por la legislación general.

4. El urbanizador, para percibir de los propietarios sus retribuciones, ha de ir asegurando, ante la Administración actuante, su obligación específica de convertir en solar las parcelas de quienes deban retribuirle, mediante garantías que:

a) Se irán constituyendo, con independencia de las previstas en la letra d) del número 3 del artículo 110, al aprobarse la reparcelación forzosa o expediente de gestión urbanística de efectos análogos en cuya virtud se adjudiquen al urbanizador terrenos en concepto de retribución y, en todo caso, antes de la liquidación administrativa de la cuota de urbanización.

b) Se prestarán por valor igual al de la retribución que las motive y, en su caso, por el superior que resulte de aplicar el interés legal del dinero en función del tiempo que previsiblemente vaya a mediar entre la percepción de la retribución y el inicio efectivo de las obras correspondientes.

c) Consistirán en primera hipoteca sobre los terrenos adjudicados al urbanizador o en garantía financiera prestada con los requisitos exigidos por la legislación reguladora de la contratación de las Administraciones Públicas.

d) Serán canceladas, previa resolución de la Administración actuante, a medida que se realicen, en plazo, cada una de las obras que sean el objeto de la correspondiente obligación garantizada. Procede la cancelación parcial según el precio de la obra realizada conforme al presupuesto de cargas aprobado administrativamente.

5. Sin perjuicio de las demás medidas procedentes, el urbanizador que incumpla la obligación expresada en el número anterior adeudará a la Administración actuante:

a) En caso de resolución del Programa, el valor de las retribuciones ya percibidas, previo descuento del de las obras realizadas; y

b) Cuando incurra en mora en su obligación de urbanizar, los intereses de la cantidad que resulten conforme a la letra anterior, según el tipo de interés legal.

La deuda será declarada mediante resolución de la Administración actuante previa audiencia del interesado y, en caso de impago, podrá ser recaudada por vía de apremio. Las cantidades así recaudadas se destinarán preferentemente a garantizar o sufragar la total ejecución de las obras o, subsidiariamente, a compensar a los propietarios por los perjuicios sufridos.

6. Lo dispuesto en los dos números anteriores no será de aplicación en los casos de gestión directa a cargo de la propia Administración Pública y en

los de gestión indirecta en los que el urbanizador y el propietario así lo hubieran convenido, a reserva de las acciones civiles que les asistan, así como en aquellos en los que se haya declarado resuelta la adjudicación del Programa, mientras la retribución del urbanizador se encuentre depositada a disposición de la Administración actuante o sujeta a afección real que impida al urbanizador disponer libremente del terreno con que se le haya retribuido y bajo condición resolutoria que asegure su retorno al dueño inicial. Esta última afección se establecerá en la resolución aprobatoria de la reparcelación, siempre que el urbanizador así lo solicite, y se cancelará, a instancia de la Administración actuante, tan pronto aquél asuma el régimen de responsabilidades y garantías regulado en los números 4 y 5 anteriores.

7. El urbanizador será responsable de los daños causados a los propietarios o a otras personas como consecuencia de su actividad o por falta de diligencia en el cumplimiento de sus obligaciones, salvo cuando aquéllos tuvieran su origen en una orden directa de la Administración actuante o en el cumplimiento de una condición impuesta por ella.

8. Los propietarios tendrán derecho a recibir, en todo momento, información debidamente documentada sobre los gastos de urbanización que hayan de asumir y a cooperar en la actuación en los términos establecidos por la Ley y el Programa, siempre que asuman las cargas y los riesgos de su desarrollo. Podrán, asimismo y para la mejor ejecución de dicho Programa, someter a consideración de la Administración actuante sugerencias y enmiendas para la elaboración, corrección o modificación de los proyectos y presupuestos expresados en la letra a) del número 3, siempre que las pongan también en conocimiento del urbanizador.

El propietario que contribuya a los gastos de la urbanización podrá exigir que el urbanizador la ejecute con la diligencia de un buen empresario y que la Administración actuante supervise la ejecución de la actuación en los términos previstos por la Ley.

El derecho de los propietarios afectados por la actuación se determinará en función de su aprovechamiento privativo.

9. Cuando el Programa se desarrolle por gestión directa de la Administración, ésta puede optar por la expropiación forzosa, con pago en metálico, como excepción a lo anteriormente dispuesto.

La misma regla será aplicable cuando se trate de actuaciones excepcionales de singular rentabilidad por su gran aprovechamiento o por el destino lucrativo atribuido a los terrenos por el Plan de Ordenación, que éste deberá identificar al efecto. El urbanizador, cuando sea beneficiario legal de la expropiación de terrenos, deberá compensar al erario público por el mayor aprovechamiento urbanístico que éstos presenten respecto al valorable para fijar el justiprecio.

10. En lo no dispuesto por esta Ley, las relaciones entre el urbanizador y los propietarios se regirán por lo que libremente convengan, con sujeción a la ordenación territorial y urbanística y la programación aprobada.

Artículo 119. El pago mediante cuotas de urbanización.

1. Salvo en el caso de que el urbanizador asuma el compromiso de promover viviendas sujetas a un régimen de protección pública o uso de interés social, procederá la retribución en metálico de la actuación urbanizadora:

a) Cuando así se determine en la adjudicación del Programa de Actuación Urbanizadora correspondiente.

b) Cuando, habiéndose determinado la retribución en terrenos edificables, algún propietario exprese su disconformidad con la proporción de terrenos que le corresponda ceder.

En este supuesto, el propietario podrá solicitar el pago en metálico por conducto notarial dirigido al urbanizador y al Municipio dentro de los diez días siguientes a la aprobación del Programa de Actuación Urbanizadora, asegurando dicho pago mediante la prestación de garantía financiera o real proporcional a la prestada por el urbanizador de conformidad con lo dispuesto en la letra d) del número 3 del artículo 110.

c) Cuando, tras la aprobación del proyecto de reparcelación, se produzcan variaciones en los gastos de urbanización debidas a cambios en el proyecto de urbanización no imputables al urbanizador.

En este supuesto, las diferencias se aprobarán por la Administración actuante y se saldarán mediante compensaciones en metálico, pudiendo procederse a su recaudación mediante cuotas de urbanización cuando sean positivas.

En el caso de que los propietarios formulen oposición, justificada en informe técnico, a la previsión de gastos del correspondiente proyecto de urbanización, la Administración actuante deberá solicitar de la Consejería competente en materia de ordenación territorial y urbanística la emisión de un informe sobre la corrección de dichos gastos.

2. La retribución mediante cuotas de urbanización se adecuará a las reglas siguientes:

a) El importe de las cuotas y la forma de su liquidación serán aprobados por la Administración actuante, sobre la base de una memoria y una cuenta detallada y justificada y previa audiencia de los interesados. El importe deberá corresponderse con la previsión inicial de gastos de urbanización o, en su caso, con la modificada aprobada por la Administración actuante, de conformidad con lo dispuesto en el número 4 del artículo 115.

La aprobación deberá tener lugar en el plazo máximo de un mes, transcurrido el cual sin efecto podrá entenderse producida por acto presunto, cuya acreditación surtirá efectos para la reclamación por el urbanizador de las correspondientes cuotas líquidas en vía judicial civil.

b) La tramitación del procedimiento correspondiente podrá hacerse conjuntamente con la del proyecto de reparcelación.

En todo caso, una vez aprobado el proyecto de reparcelación:

1) El urbanizador podrá exigir también, en su caso, el desembolso de las indemnizaciones sustitutivas a que se refiere la letra f) del artículo 93.

2) Las parcelas sujetas a pagos de cuotas de urbanización y de las indemnizaciones a que se refiere el número anterior se afectarán a dichos pagos, como carga real que deberá inscribirse en el Registro de la Propiedad conforme a lo dispuesto en la legislación hipotecaria, por el importe cautelar estipulado en la cuenta de liquidación provisional. El urbanizador podrá solicitar, en cualquier momento posterior, que se practique nueva afección en la cuantía que apruebe la Administración actuante, hasta cubrir el importe total adeudado con cargo a cada parcela, con excepción de los débitos que sus dueños tengan afianzados o avalados.

c) Podrá reclamarse el pago anticipado de las inversiones previstas para los seis meses siguientes a los propietarios de las parcelas directamente servidas por las obras correspondientes, así como también a los de las indirectamente afectadas por éstas, en este último caso en proporción estimada a dicha afectación. Las liquidaciones que así se giren se entenderán practicadas con carácter provisional, a reserva de la liquidación definitiva a tramitar conforme a lo dispuesto en la letra a).

d) Sin perjuicio de lo establecido en la letra a), el impago de las cuotas dará lugar a su recaudación mediante apremio sobre la finca correspondiente por la Administración actuante y en beneficio del urbanizador. La demora en el pago devengará el interés legal del dinero en favor del urbanizador. Incurrirá en mora la cuota impagada al mes de la notificación de la resolución que autorice su cobro inmediato.

e) El urbanizador podrá convenir con los propietarios obligados un aplazamiento en el pago de las cuotas de urbanización, sin que pueda postergarse al inicio de la edificación, salvo fianza o aval que garantice dicho pago.

3. El importe final de las cuotas devengadas por cada parcela se determinará repartiendo entre todas las resultantes de la actuación, en directa proporción a su aprovechamiento urbanístico, las cargas totales del Programa o unidad de ejecución, aunque excepcionalmente podrá corregirse este criterio de reparto según reglas objetivas y generales, estipuladas en el Programa o al aprobarse el proyecto de urbanización o de reparcelación, para compensar las situaciones diferenciales que reporten para determinadas parcelas su proximidad respecto de equipamientos o servicios comunes u otras circunstancias urbanísticas que se determinen reglamentariamente.

4. También podrá imponer y liquidar las cuotas de urbanización reguladas en el presente artículo la Administración que ejecute cualquier obra de infraestructura que dote de los servicios propios de la condición de solar a parcelas determinadas. Si las obras así financiadas sirvieran para una posterior actuación urbanizadora, los propietarios que las hubieran sufragado tendrán derecho a que se les compense en el marco de ésta por el valor actual de

aquéllas. Igual derecho tendrán los propietarios afectados por programaciones sucesivas conforme al artículo 125.

⇒ V. D. 74/2001, de 6 marzo, por el que se establece la estructura orgánica y las competencias de los distintos órganos de la Consejería de Obras Públicas.

Artículo 120. La tramitación de Programas de Actuación Urbanizadora de iniciativa particular o a desarrollar en régimen de gestión indirecta.

1. Cualquiera podrá solicitar del Alcalde que someta a información pública una alternativa técnica de Programa de Actuación Urbanizadora comprensiva de los documentos expresados en el apartado 4.1 del artículo 110.

2. El Alcalde podrá:

a) Elevar al Pleno del Ayuntamiento propuesta motivada de desestimación de la solicitud. El Pleno podrá desestimarla o, en su caso, establecer unas bases orientativas para la selección del urbanizador, acordando lo dispuesto en la siguiente letra.

b) Someter la alternativa a información pública, junto con las observaciones o alternativas que, en su caso, estime convenientes.

Durante la información pública se admitirán tanto alegaciones como alternativas técnicas a la expuesta al público y, tras la conclusión de la información pública, quienes tengan interés por competir y ser seleccionados como adjudicatarios del correspondiente Programa de Actuación Urbanística, podrán presentar proposiciones jurídico-económicas.

3. Las alternativas técnicas se presentarán a la vista, con la documentación expresada en el apartado 4.1 del artículo 110, acompañada, en su caso, de proyectos complementarios. Las proposiciones jurídico-económicas y la propuesta de convenio se presentarán en plica cerrada con la documentación prevista en los apartados 4.2 y 4.3 del artículo 110.

4. La información pública se anunciará mediante edicto publicado en el «Diario Oficial de Castilla-La Mancha» y, posterior o simultáneamente, en uno de los periódicos de mayor difusión en la localidad, advirtiendo de la posibilidad de formular alegaciones, proposiciones jurídico-económicas en competencia y alternativas técnicas. No será preceptiva la notificación formal e individual a los propietarios afectados, pero, antes de la publicación del edicto, habrá de remitirse aviso, con su contenido, al domicilio fiscal de quienes consten en el Catastro como titulares de derechos afectados por la actuación urbanizadora propuesta.

5. Durante todo el procedimiento podrán ser objeto de pública consulta, en el Municipio, las alegaciones y alternativas técnicas que se vayan presentando ante éste. El Alcalde y el Secretario de la Corporación o funcionario a quien corresponda, deberán dar inmediato conocimiento de dichas alternativas al órgano municipal correspondiente a medida que las mismas sean presentadas. Se podrán presentar alternativas técnicas y alegaciones durante veinte días contados desde la última publicación del edicto. Las proposiciones jurídico-económicas se presentarán durante los diez días siguientes al vencimiento del plazo anterior.

Si durante los primeros diez días de información pública, alguna persona se comprometiera a presentar una alternativa técnica sustancialmente distinta a la inicial y prestara caución de ello en la cuantía que reglamentariamente se determine y como mínimo la fijada en la letra d) del número tres del artículo 110, los plazos anteriores quedarán prorrogados por veinte días adicionales con el exclusivo e improrrogable objeto de la presentación de alternativas en competencia.

Sin embargo, con la estricta finalidad de igualar la duración del plazo de información pública para cada una de las eventuales alternativas concurrentes y con ese exclusivo objeto, tras la presentación de la última alternativa se suplementará el período de información pública en los días necesarios hasta alcanzar un mínimo para ella de veinte días.

La prórroga se hará constar en el expediente, se anunciará en el tablón de anuncios del Municipio y se comunicará a quienes, por desconocerla, presenten plicas prematuramente. Asimismo también se les comunicará la presentación de las eventuales alternativas en competencia que se presenten durante la prórroga establecida.

6. El acto de apertura de plicas se celebrará en la siguiente fecha hábil a la conclusión del último plazo de información pública. De su desarrollo y resultado se levantará acta, bajo fe pública y ante dos testigos. Todas las actuaciones podrán ser objeto de consulta y alegación por los interesados durante los diez días siguientes al de apertura de plicas. Los competidores, durante este período, podrán asociarse uniendo sus proposiciones.

Artículo 121. La simplificación del procedimiento de aprobación de Programas de Actuación Urbanizadora de iniciativa particular.

1. Los particulares que formulen una alternativa técnica de Programa de Actuación Urbanizadora y pretendan su ejecución, podrán obviar las actuaciones reguladas en el artículo anterior dando cumplimiento a lo siguiente:

a) Depositarán una copia de la alternativa en el Municipio, acompañada, en su caso, de los proyectos de planeamiento y gestión urbanística que la complementen.

b) Protocolizarán la alternativa y los proyectos que la acompañen mediante acta autorizada por Notario con competencia territorial en el Municipio afectado.

c) La expondrán al público por sus propios medios, publicando anuncios en la forma exigida para los edictos municipales por el artículo anterior, si bien, antes de ello, deberán remitir los avisos regulados en ese mismo precepto. Estos y aquéllos expresarán claramente: el objeto y las características esenciales de su iniciativa; la Notaría donde estén protocolizados los documentos que la comprenden; los datos que permitan identificar el ejemplar depositado en el Municipio; la advertencia de que, dentro del plazo de veinte días contados desde la publicación del último anuncio, cualquier persona podrá comparecer en dicha Notaría para obtener copia del acta a que se refiere la precedente letra b) o solicitar que se le exhiba la misma. Asimismo se hará constar la posibilidad de consultar en el Municipio las actuaciones derivadas de la documentación depositada en éste y de presentar en él, para su incorporación a las mismas, tanto alegaciones como alternativas técnicas que pretendan competir con la expuesta al público, así como proposiciones jurídico-económicas para ejecutar cualquiera de las alternativas.

2. Será de aplicación todo lo dispuesto en los números 4 y 6 del artículo anterior, con la salvedad de que el acto de apertura de plicas no tendrá lugar hasta que, una vez concluido el plazo para presentarlas, se acredite ante el Municipio el cumplimiento de lo dispuesto en la letra c) del número anterior.

3. Si durante la exposición al público de una primera iniciativa de Programa de Actuación Urbanizadora, alguien hubiera iniciado una segunda exposición de otra en competencia con aquélla, procederá la prórroga de plazos regulada en el número 5 del artículo anterior.

Artículo 122. La aprobación y la adjudicación de los Programas de Actuación Urbanizadora de iniciativa particular o a desarrollar en régimen de gestión indirecta.

1. Concluidas las anteriores actuaciones, el Ayuntamiento-Pleno podrá aprobar un Programa de Actuación Urbanizadora definiendo sus contenidos por elección de una alternativa técnica y una proposición jurídico-económica entre las presentadas, con las modificaciones parciales que estime oportunas.

En los Municipios de menos de 20.000 habitantes de derecho, previamente a la aprobación definitiva, será preceptivo solicitar informe técnico a la Consejería competente en materia de ordenación territorial y urbanística sobre la adecuación del expediente a las determinaciones de esta última ordenación.

2. El acuerdo aprobatorio podrá adjudicar, motivadamente, la ejecución del Programa de Actuación Urbanizadora aprobado en favor de quien hubiera formulado la proposición jurídico-económica y asumido la alternativa técnica más adecuada para ejecutar la actuación.

Se preferirá la alternativa que proponga un ámbito de actuación más idóneo u obras de urbanización más convenientes; la que concrete y asuma las más adecuadas calidades de obra para su ejecución; así como la proposición que se obligue a plazos de desarrollo más breves o a compromisos más rigurosos; la que preste mayores garantías efectivas de cumplimiento; la que comprometa su realización asumiendo, expresa y razonadamente, un beneficio empresarial más proporcionado por la promoción y gestión de la actuación; o la que prevea justificadamente, para unas mismas obras, un menor precio máximo para efectuarlas sin mengua de su calidad. Complementariamente se preferirá la proposición que oferte más incentivos, garantías o posibilidades de colaboración de los propietarios afectados por la actuación, para facilitar o asegurar su desarrollo, salvo que aquéllos se pretendan arbitrar a costa del interés público.

3. La idoneidad de las obras de urbanización para el servicio público, las garantías y plazos de su ejecución, la proporcionalidad de la retribución

del urbanizador y, complementariamente, la facilidad o celeridad con que éste pueda disponer del terreno necesario para urbanizar, serán los criterios en los que habrá de fundarse toda decisión pública sobre la programación, tanto la relativa a la modalidad gestión directa o indirecta, como a la elección del urbanizador y a la oportunidad misma de la Programación de Actuación Urbanizadora.

4. El Ayuntamiento-Pleno podrá rechazar razonadamente todas las iniciativas para ejecutar la actuación urbanizadora por considerar que ninguna de ellas ofrece base adecuada para ello, resolviendo la no programación del terreno, convocar concurso sobre la base de unas condiciones urbanísticas definidas o proceder a la ejecución mediante gestión directa cuando ésta sea viable y preferible para los intereses públicos municipales.

Los acuerdos municipales en materia de programación deberán ser siempre expresamente motivados y concretarán, razonadamente, las prioridades públicas expresadas en los números anteriores, atemperándolas a las circunstancias propias de cada Actuación. En todo caso, dichos acuerdos habrán de ser congruentes con las previsiones y actuaciones que se hubieran comunicado previamente a los proponentes, según la letra c) del número 5 del artículo 110 y la letra b) del número 2 del artículo 120, cuando las mismas hubieran suscitado la presentación de iniciativas particulares o hubieran servido de bases orientativas con vistas a la selección entre iniciativas en competencia.

5. Cuando no resulte adjudicataria la persona que formuló alternativas, estudios o proyectos técnicos que, total o parcialmente, se incorporen al Programa de Actuación Urbanizadora aprobado o sean útiles para su ejecución, el Municipio garantizará el reembolso, por cuenta del urbanizador, de los gastos justificados de redacción de dichas alternativas, proyectos o estudios en favor de quien los realizó y aportó.

Asimismo, en el caso que el promotor de la alternativa técnica que sirva de base para la aprobación del Programa de Actuación Urbanizadora no resulte adjudicatario del mismo, siempre que sea una alternativa propia y original, podrá subrogarse en el lugar y puesto del adjudicatario particular elegido, asumiendo y garantizando los mismos compromisos, garantías y obligaciones impuestos a éste. La subrogación deberá solicitarla al Ayuntamiento dentro de los diez días siguientes a la notificación del acuerdo de adjudicación, entendiéndose ésta, entretanto, otorgada a título provisional.

No será de aplicación lo dispuesto en el párrafo anterior cuando el primer adjudicatario haya sido seleccionado atendiendo a las mayores posibilidades de colaboración de los propietarios afectados que hubiera ofrecido y garantizado.

6. El adjudicatario deberá suscribir los compromisos, asumir las obligaciones y prestar las garantías correspondientes. No obstante, podrá renunciar a la adjudicación si ésta supone compromisos distintos de los que él ofreció. La renuncia por otras causas, no justificadas, conllevará, en su caso, la pér-

dida de las garantías provisionales reguladas en el número 4 del artículo 118 y la selección de un nuevo adjudicatario.

7. El plazo para que el Ayuntamiento-Pleno resuelva sobre la aprobación y adjudicación de un Programa de Actuación Urbanizadora será de cuarenta días desde la fecha en que fuera posible adoptar el acuerdo correspondiente.

Aprobado el Programa de Actuación Urbanizadora por el Municipio, se dará traslado de él a la Consejería competente en materia de ordenación territorial y urbanística.

El derecho a ejecutar un Programa de Actuación Urbanizadora se adquiere, por los particulares, en virtud de acto expreso, que deberá ser publicado. No obstante, cuando se presente una sola proposición particular solicitando la adjudicación, formalizada con todas las condiciones legalmente exigibles y transcurra el plazo sin resolución expresa, el proponerte podrá requerir al Municipio para que proceda directamente según lo dispuesto en los dos números anteriores.

8. Los Programas podrán aprobarse condicionados a la efectiva realización de determinaciones propias de otras actuaciones previa o simultáneamente programadas, siempre que esté suficientemente garantizado el cumplimiento de aquellas condiciones conexas y se prevea una adecuada coordinación entre las respectivas actuaciones. La adjudicación así condicionada impondrá las obligaciones económicas precisas para compensar a los afectados por la actuación más costosa con cargo a los de otras que se beneficien de aquélla por concentrarse en la misma obras o sobrecostes de común utilidad.

El incumplimiento por el urbanizador principal de las condiciones que afecten al desarrollo de otra actuación conexa podrá dar lugar a la suspensión de ambos Programas de Actuación Urbanizadora. El adjudicatario de un Programa de Actuación Urbanizadora condicionado deberá comprometerse a asumir a su riesgo y ventura esa eventualidad, aunque podrá hacer reserva del derecho a subrogarse, llegado el caso, en el puesto del urbanizador principal, con los requisitos establecidos en el número 2 del artículo 117.

9. La adjudicación de la ejecución del Programa de Actuación Urbanizadora se formalizará mediante convenio urbanístico a suscribir, de una parte, por el urbanizador y, de otro, tanto por la Administración actuante como, en su caso, por aquellas otras que hubieran asumido compromisos en dicha ejecución. En él se harán constar las condiciones, los compromisos y los plazos para la ejecución del Programa, las garantías que el urbanizador presta para asegurar su cumplimiento y las penalizaciones a que se somete por incumplimiento.

Al convenio urbanístico a que se refiere el párrafo anterior será de aplicación lo dispuesto en el número 2 del artículo 12 a efectos de evitar la reiteración del trámite de información pública cuando la aprobación del Programa de Actuación Urbanizadora y la adjudicación de su ejecución se haya producido en una misma resolución.

⇒ V. D. 74/2001, de 6 marzo, por el que se establece la estructura orgánica y las competencias de los distintos órganos de la Consejería de Obras Públicas.

Artículo 123. La adjudicación preferente.

1. El régimen de adjudicación preferente tiene por objeto fomentar la elaboración de iniciativas de Programas de Actuación Urbanizadora por los particulares e incentivar su inmediata ejecución. Para su aplicación será imprescindible que quien solicite su aplicación haya presentado una alternativa técnica de Programa de Actuación Urbanizadora propia y original y ofrecido su ejecución en plazo inferior a tres años.

2. Se podrá solicitar la adjudicación preferente en favor de:

a) La proposición que se acompañe de alternativa técnica con proyecto de reparcelación, en condiciones de ser aprobado junto con el Programa de Actuación Urbanizadora, para todos los terrenos afectados, suscrito por sus propietarios.

b) La proposición acompañada de Proyecto de Urbanización, susceptible de aprobarse junto con el Programa de Actuación Urbanizadora y refrendada o concertada con una Agrupación de Interés Urbanístico, cuyos estatutos y acuerdos sociales serán expuestos al público junto con la correspondiente alternativa.

3. Las iniciativas de Programa de Actuación Urbanizadora que satisfagan los requisitos de los números anteriores tendrán preferencia en la adjudicación respecto de las que, sin cumplirlos, pretendan competir con ellas. Si concurrieran varias iniciativas que reclamaran fundadamente la adjudicación preferente, se preferirá la que se promueva para una sola unidad de actuación, según delimitación establecida por el planeamiento ya previamente vigente, a la que pretenda abarcar un ámbito distinto o mayor. No obstante, si la alternativa de Programa de Actuación Urbanizadora que reclame la adjudicación preferente conlleva propuestas complementarias de aprobación de otros Planes o de modificación de los vigentes, se podrá adjudicar el Programa a tercero que propugne desarrollar mejor alternativa de planeamiento.

Lo dispuesto en el párrafo anterior se entiende sin perjuicio de la potestad municipal de disponer las correcciones técnicas oportunas en el Programa de Actuación Urbanizadora que se apruebe y de la obligación del adjudicatario de garantizar que quedarán realizadas, con cargo a la actuación si fuera preciso, las obras de acometida y extensión imprescindibles para conectar aquélla, en lo que sea necesario, a las redes exteriores de infraestructuras de servicio.

4. No procederá la adjudicación preferente en aquellos ámbitos concretos de actuación para los que el planeamiento excluya la posibilidad de aplicar ese régimen, por haber reservado los terrenos para la gestión directa por la Administración o con el fin de suscitar necesariamente la competencia entre iniciativas que asuman la realización de mejoras especiales en la urbanización

o mayores aportaciones al patrimonio municipal de suelo, para compensar proporcionadamente el mayor y singular aprovechamiento de los terrenos.

Artículo 124. El registro administrativo de Programas de Actuación Urbanizadora y de Agrupaciones de Interés Urbanístico.

1. Se establece el registro de Programas de Actuación Urbanizadora y Agrupaciones de Interés Urbanístico, que funcionará en la Consejería competente en materia de ordenación territorial y urbanística.

2. La publicación de la aprobación definitiva de los Programas de Actuación Urbanizadora requerirá su previa presentación en este registro. Si el Programa de Actuación Urbanizadora es de aprobación municipal, determinará los efectos previstos en el artículo 56 de la Ley general 7/1985, de 2 de abril, reguladora de las Bases del Régimen Local.

⇒ V. D. 74/2001, de 6 marzo, por el que se establece la estructura orgánica y las competencias de los distintos órganos de la Consejería de Obras Públicas.

Artículo 125. La ejecución por urbanizador de los Programas de Actuación Urbanizadora.

Las relaciones derivadas de la adjudicación del Programa de Actuación Urbanizadora se regirán por lo dispuesto en esta Ley y, en el marco de la misma, en los Planes, el propio Programa y los actos adoptados para su cumplimiento, así como, supletoriamente, por las reglas del contrato de gestión de servicios públicos de la legislación reguladora de la contratación de las Administraciones Públicas. La resolución de la adjudicación se acordará por la Administración actuante, previo dictamen de la Comisión Regional de Urbanismo, que podrá ser instado también por el urbanizador. Sin perjuicio de las responsabilidades económicas que procedan, la resolución determinará la cancelación de la programación. El correspondiente acuerdo deberá, además y cuando proceda:

a) Declarar, de conformidad con el referido dictamen, la edificabilidad de aquellos terrenos que hubieren alcanzado la condición de solar y cuyo propietario haya contribuido suficientemente a las cargas de urbanización.

b) Iniciar el procedimiento para la reclasificación de aquellos terrenos en los que, dado lo avanzado de las obras de urbanización, sea posible concluirlas en el régimen propio de las actuaciones edificatorias.

c) Incoar, si se estima oportuno, el procedimiento pertinente para acordar una nueva programación del terreno en la que un nuevo urbanizador asuma las obligaciones del antiguo, afectando los bienes y recursos resultantes de la liquidación de la programación cancelada a ejecutar la que la sustituya o, en otro caso, y salvo perjuicio para el interés público o tercero sin culpa, disponer:

1º La devolución de las contribuciones a los gastos de urbanización, efectivamente satisfechas y no aplicadas a su destino, a los propietarios de terrenos en los que no se vaya a acometer una nueva programación, previa modificación por el mismo procedimiento seguido para su adopción de los correspondientes actos administrativos dictados para la ejecución del Programa cancelado; o

2º La compensación que sea pertinente a los propietarios que hayan contribuido a los gastos de urbanización con cargo a la ejecución de las garantías prestadas por el antiguo urbanizador, cuando ésta proceda.

d) Comenzar, en su caso, la tramitación de los procedimientos declarativos del incumplimiento de deberes urbanísticos que sean pertinentes.

⇒ V. D. 129/1985, de 20 diciembre, que modifica la composición y funcionamiento de la Comisión Regional de Urbanismo regulada por D. 33/1984, de 27 marzo.

CAPÍTULO III
La ejecución de los sistemas generales

Artículo 126. Las formas de ejecución.

1. El suelo destinado a sistemas generales se obtendrá:

a) Cuando estén incluidos en o adscritos a sectores o unidades de actuación, mediante cesión obligatoria y gratuita y por los procedimientos previstos para el desarrollo de la actividad de ejecución en unidades de actuación urbanizadora, así como, en su defecto, por expropiación u ocupación directa.

b) En los restantes supuestos, mediante expropiación u ocupación directa.

2. Las obras correspondientes a sistemas generales se realizarán conforme a las determinaciones sustantivas, temporales y de gestión del planeamiento de ordenación territorial y urbanística:

a) Conjuntamente con las restantes obras de urbanización, en el supuesto previsto en la letra a) del número anterior o, en su defecto, como obras públicas ordinarias.

b) Como obras públicas ordinarias, en todos los restantes casos.

⇒ V. Jurisprudencia en arts. 83, 84 y concordantes del TRLS/1976 (§3).

Artículo 127. La ocupación y expropiación de los terrenos destinados a sistemas generales.

1. La expropiación u ocupación directa de los sistemas generales incluidos en o adscritos a un sector o unidad de actuación deberá tener lugar dentro de los cuatro años siguientes a la aprobación del planeamiento territorial o urbanístico que legitime la actividad de ejecución.

2. Transcurrido sin efecto el plazo previsto en el número anterior, el procedimiento de expropiación forzosa se entenderá incoado por ministerio de la ley si, efectuado requerimiento a tal fin por el propietario afectado o sus causahabientes, transcurre un año desde dicho requerimiento sin que la incoación se produzca.

Desde que se entienda legalmente incoado el procedimiento expropiatorio, el propietario interesado podrá formular hoja de aprecio, así como, transcurridos dos meses sin notificación de resolución alguna, dirigirse al Jurado Regional de Valoración a los efectos de la fijación definitiva del justiprecio.

La valoración se entenderá referida al momento de la incoación del procedimiento por ministerio de la ley y el devengo de intereses se producirá desde la formulación por el interesado de hoja de aprecio.

3. En el supuesto de sistemas generales incluidos o adscritos a sectores o unidades de actuación urbanizadora en suelo urbanizable, la Administración expropiante se incorporará a la comunidad de referencia para la distribución de beneficios y cargas en la unidad de actuación que corresponda y por la superficie en cada caso expropiada.

⇒ El sistema de ocupación directa se reguló por el art. 203 del TRLS/1992 (§2), derogado por la disp. derog. única de la Ley 6/1998, de 13 abril (§1).

V. arts. 42 y concordantes del RD 1093/1997, de 4 julio (§2.1).

V. Jurisprudencia en arts. 122 y concordantes del TRLS/1976 (§3).

Artículo 128. La ocupación directa de los terrenos destinados a sistemas generales.

1. Los terrenos destinados a sistemas generales podrán obtenerse mediante su ocupación directa a cambio del reconocimiento a su titular del derecho a integrarse en una unidad de actuación con exceso de aprovechamiento urbanístico objetivo o real.

La ocupación directa requerirá la determinación:

a) Del aprovechamiento urbanístico que corresponda al propietario afectado.

b) De la unidad de actuación en la que deba hacerse efectivo el aprovechamiento anterior.

2. La ocupación directa se producirá por el procedimiento reglamentariamente establecido, que deberá respetar las siguientes reglas:

a) Serán preceptivas la publicación de la relación de terrenos y propietarios afectados, con indicación de los aprovechamientos urbanísticos correspondientes a éstos y de las unidades de actuación en las que deben hacerse efectivos, y la notificación personal a los propietarios, con un mes de antelación, de la ocupación prevista y las demás circunstancias relevantes que en ella concurran.

b) En el momento de la ocupación deberá levantarse acta haciendo constar el lugar y la fecha de otorgamiento y la Administración actuante; la identificación de los titulares de los terrenos ocupados y la situación registral de éstos; la superficie ocupada y los aprovechamientos urbanísticos que les correspondan; y la unidad de ejecución en la que deben ser éstos hechos efectivos.

c) Las actuaciones deberán entenderse con el Ministerio Fiscal en lo que se refiere a propietarios desconocidos, no comparecientes, incapacitados sin representación y propiedades litigiosas.

d) Los propietarios afectados por la ocupación tendrán derecho a la expedición de certificación administrativa acreditativa de todos los extremos del acta levantada.

e) La Administración actuante remitirá al Registro de la Propiedad certificación del acta levantada a los efectos de la inscripción que proceda de conformidad con la legislación estatal aplicable.

⇒ V. art. 42 del RD 1093/1997, de 4 julio (§2.1).

CAPÍTULO IV
Otras formas de ejecución

Sección 1ª La ejecución mediante obras públicas ordinarias

Artículo 129. La ejecución de actuaciones urbanizadoras en régimen de obras públicas ordinarias.

1. Para la ejecución de la ordenación detallada del suelo urbano en Municipios que no cuenten con Plan de Ordenación Municipal y, con carácter general, cuando no esté prevista en el planeamiento de ordenación territorial y urbanística, ni sea precisa ni conveniente la delimitación de unidades de actuación urbanizadora, la actividad de ejecución de aquél se llevará a cabo mediante obras públicas ordinarias, de acuerdo con la legislación que sea aplicable por razón de la Administración Pública actuante.

2. El suelo preciso para las dotaciones se obtendrá en el supuesto previsto en el número anterior por:

a) Cesión obligatoria y gratuita, en virtud, en su caso, de reparcelación.

b) Cesión en virtud de convenio urbanístico.

c) Expropiación.

3. El coste de las obras públicas que sean de urbanización conforme a esta Ley se sufragará por los propietarios mediante pago de las correspondientes cuotas de urbanización, cuya cuantía deberá ser fijada en la reparcelación o convenio urbanístico o, en su defecto, en el Proyecto de Urbanización.

Las fincas o parcelas correspondientes quedarán afectas, con carácter real, al pago de las cuotas a que se refiere el párrafo anterior.

Los Municipios podrán disponer el pago aplazado de las cuotas de urbanización, con fraccionamiento de éstas en cuotas anuales, hasta un período máximo de diez años.

Alternativamente, el coste de la urbanización podrá financiarse mediante la imposición de contribuciones especiales con arreglo a la legislación de las haciendas locales.

Sección 2ª La ejecución en actuaciones edificatorias

Artículo 130. La edificación de parcelas y solares.

1. La ejecución del planeamiento de ordenación territorial y urbanística tendrá lugar mediante la directa realización, en las correspondientes parcelas o solares, de las obras de edificación precisas para la materialización del aprovechamiento *previsto por aquél*, cuando dicha ejecución no deba tener lugar en unidades de actuación urbanizadora delimitadas a tal fin.

2. Las parcelas y los solares deberán edificarse en los plazos máximos

que fije el planeamiento de ordenación territorial y urbanística pertinente o, en su defecto, el Municipio al establecer, conforme a esta Ley, la precisa orden de ejecución. Dichos plazos no podrán superar los veinticuatro meses desde que fuera posible solicitar la licencia municipal.

3. El derecho y el deber de edificar corresponderán a quien sea su propietario. La transferencia del derecho implica legalmente la del deber.

Artículo 131. Los presupuestos de la edificación.

1. La edificación de parcelas y solares requerirá:

a) El establecimiento de la ordenación detallada del suelo y el cumplimiento de los deberes legales de la propiedad de éste, en todo caso.

b) La previa ejecución de las obras de urbanización o, en su caso, el cumplimiento de los requisitos exigibles para simultanear aquéllas y las de edificación.

2. La edificación de parcelas sólo será posible con simultánea ejecución de las obras de urbanización que resten aún para transformar aquéllas en solares.

⇒ V. arts. 5, 8, 13 y 14 de la Ley 6/1998, de 13 abril (§1).
V. Jurisprudencia en arts. 83 y concordantes del TRLS/1976 (§3).
V. arts. 29 y concordantes del RD 1093/1997, de 4 julio (§2.1).

Artículo 132. La expropiación y la ejecución mediante sustitución por incumplimiento del deber de edificar.

1. El incumplimiento del deber de edificar habilitará a la Administración actuante para expropiar la parcela o solar o proceder a la ejecución del planeamiento mediante sustitución del propietario.

2. La declaración de una parcela o solar en situación de ejecución por sustitución tendrá como presupuesto la del incumplimiento del deber de edificar en procedimiento dirigido a tal fin, que podrá iniciarse de oficio o a instancia de cualquier persona y en el que deberá darse audiencia al propietario afectado. Una y otra declaración podrán tener lugar en una misma resolución.

3. La solicitud de interesado para la iniciación del procedimiento previsto en el número anterior deberá reunir los requisitos sustantivos y documentales que se establezcan reglamentariamente y, como mínimo, los siguientes:

a) Fundamentar, en su caso, el incumplimiento del deber de edificar por el propietario de la parcela o del solar.

b) Acompañarse, como mínimo, de una memoria valorada de las obras de edificación, comprensiva, en su caso, de las obras de urbanización precisas y de documento acreditativo de la constitución de garantía de ejecución de éstas en la forma y por el importe que se determinen reglamentariamente, sin que este último pueda ser inferior al siete por ciento del total de las obras.

4. La declaración de la situación de ejecución por sustitución contenida en resolución que agote la vía administrativa:

a) Deberá ser comunicada, a los efectos que procedan conforme a la legislación aplicable, mediante certificación, al Registro de la Propiedad para la práctica de nota marginal a la inscripción de la correspondiente finca.

b) Habilitará para la convocatoria de concurso bien por un particular bien por la Administración actuante dirigido a la ejecución por sustitución por persona que se comprometa a la edificación en condiciones y plazo determinados.

5. En caso de inactividad de la Administración actuante, la Consejería competente en materia de ordenación territorial y urbanística podrá declarar la situación de ejecución por sustitución en el plazo y en la forma que reglamentariamente se determine.

⇒ V. D. 74/2001, de 6 marzo, por el que se establece la estructura orgánica y las competencias de los distintos órganos de la Consejería de Obras Públicas.

Artículo 133. El concurso para la sustitución del propietario incumplidor.

1. El concurso para la sustitución del propietario incumplidor se hará de oficio o a instancia de interesado, de conformidad con las siguientes reglas:

A) Convocatoria por la Administración actuante:

a) El concurso para la sustitución del propietario incumplidor deberá convocarse dentro de los seis meses siguientes a la declaración de la situación de ejecución por sustitución. El transcurso de dicho plazo sin que la convocatoria haya tenido lugar dejará ésta sin efecto por ministerio de la ley y sin necesidad de trámite o requisito alguno, no pudiendo la Administración volver a acordar la expropiación o la referida situación dentro de los dos años siguientes, salvo por cambio de las circunstancias que tenga reflejo en la ordenación urbanística de aplicación.

b) La convocatoria del concurso deberá expresar las condiciones pertinentes, entre las que habrán de figurar, en todo caso y como mínimo, las siguientes:

1) Precio a satisfacer por el adjudicatario, que en ningún caso podrá ser inferior al cincuenta por ciento del valor del aprovechamiento urbanístico atribuido a la parcela o el solar.

2) Plazo máximo para la ejecución de la edificación y, en su caso, las obras de urbanización.

3) Precios máximos de venta o arrendamiento de la edificación resultante.

4) Garantía definitiva del cumplimiento del deber de edificar.

5) Alternativamente al pago en metálico establecido en el punto 1, propuesta de pago del solar y, en su caso, de las obras correspondientes con partes determinadas de la edificación resultante formalizadas en régimen de propiedad horizontal.

c) *La diferencia* entre el precio fijado en la convocatoria y el efectivamente resultante de la adjudicación corresponderá a la Administración actuante, que deberá aplicarlo al patrimonio público de suelo.

d) La certificación municipal del acuerdo de adjudicación producirá la trasmisión forzosa de la propiedad.

e) En caso de quedar desierto el concurso, el Municipio podrá optar, dentro de los dos meses siguientes, entre la convocatoria de nuevo concurso o la adquisición, asimismo forzosa y por el precio fijado en aquel primero, de la parcela o solar con destino al patrimonio municipal de suelo. En la convocatoria del segundo concurso, el precio de licitación se incrementará en los gastos habidos en el primero.

B) Convocatoria a instancia de interesado:

a) Cualquier persona podrá formular un Programa para la edificación conforme al procedimiento previsto en los artículos 120, 121 y 122, contando el adjudicatario con las prerrogativas y obligaciones del adjudicatario de un Programa de Actuación Urbanizadora.

b) El Programa de Actuación Edificadora se adaptará a las especificidades de su condición edificatoria señaladas en el artículo 131.

La alternativa técnica estará formada por:

1) Proyecto básico de edificación acompañado, en su caso, de anteproyecto de urbanización para completar las obras precisas para la condición de solar. Ambos documentos contendrán una memoria de calidades, tanto de las obras de edificación como de las de urbanización, describiendo, como mínimo, los elementos significativos y relevantes que permitan determinar el coste total de la actuación. Deberá contener cesión, condicionada al pago de su coste, de los derechos sobre el proyecto técnico acompañado para su ejecución por la persona que resulte adjudicataria y los compromisos de cumplimiento de los deberes legales aún pendientes, de abono del precio de la adjudicación y de ejecución de la edificación proyectada en determinado plazo.

2) Propuesta de convenio urbanístico a suscribir entre el adjudicatario, Administración actuante y propietarios afectados, en la que se harán constar los compromisos, plazos, garantías y penalizaciones que regularán la adjudicación.

En el caso de gestión directa, dicha propuesta de convenio se sustituirá por una relación precisa de los compromisos asumidos.

3) Proposición jurídico-económica, que deberá regular los siguientes aspectos:

3.1) Desarrollo de las relaciones entre el adjudicatario y la propiedad de la finca, expresando, en su caso, los eventuales acuerdos ya alcanzados y las disposiciones relativas al modo de financiación de la actuación y retribución del adjudicatario.

3.2) Estimación de la totalidad de los costes de ejecución de la actuación.

3.3) Propuesta de precio de adquisición del inmueble o propuesta de pago del solar y de los costes de promoción y ejecución, mediante la atribución al adjudicatario de partes determinadas de la edificación resultantes de valor equivalente a aquéllos, formalizadas en régimen de propiedad horizontal.

Cuando en la edificación se prevean usos heterogéneos o el valor de sus diversas partes, por razón de su localización en planta, orientación u otros análogos, resulten muy diferentes, se aplicarán coeficientes correctores de uso y localización, justificándolos en función de sus valores relativos de repercusión, con la finalidad de lograr una homogeneización ponderada de la retribución en partes de la edificación.

2. El régimen de garantías y de relaciones entre Administración, adjudicatario y propiedad, será el establecido para los de Actuación Urbanizadora, si bien adaptado a las especificidades derivadas de su consideración constructiva.

En el supuesto de opción por pago en edificación resultante, el adjudicatario podrá, de no aceptar el propietario la oferta formulada, solicitar del Municipio su imposición forzosa. Este deberá resolver, en el plazo máximo de un mes, previa audiencia del propietario, pudiendo introducir modificaciones en la propuesta. La aprobación administrativa producirá, para la parcela o solar, los efectos de la reparcelación y, en particular:

a) La adjudicación de la parcela o solar en proindiviso y en la proporción resultante al adjudicatario junto con el propietario o propietarios.

b) La ocupación de la parcela o solar por el adjudicatario del concurso a los efectos de la realización de las obras.

En caso de inexistencia de alternativas en competencia, el transcurso del plazo máximo para resolver expresamente habilitará para entender estimada la solicitud a todos los efectos.

Artículo 134. El incumplimiento del adjudicatario del concurso.

La ejecución por sustitución será de aplicación al incumplimiento de las condiciones de la adjudicación del concurso, si bien en tal caso el precio de referencia será, a los efectos de lo previsto en el apartado 1 de la letra A b) del número 1 del artículo anterior, el del valor del entero aprovechamiento urbanístico de la parcela o solar, sin perjuicio de las consecuencias económicas que deban seguirse del incumplimiento en los términos que se determinen reglamentariamente.

CAPÍTULO V

La conservación de obras y construcciones

Sección 1ª Las obras de urbanización

Artículo 135. El deber de conservación de las obras de urbanización.

1. La conservación de las obras de urbanización, incluyendo el mantenimiento de las dotaciones y los servicios públicos correspondientes, incumbe a la Administración actuante, salvo en el caso de actuaciones urbanizadoras autónomas de uso turístico o residencial de baja densidad de carácter aislado

o complejos industriales o terciarios de similar carácter, en cuyo caso se podrán constituir entidades urbanísticas de conservación integradas por los propietarios de las mismas, de manera voluntaria u obligatoria, en los términos que reglamentariamente se determinen.

2. En las obras de urbanización realizadas por gestión indirecta o por privados, el deber previsto en el número anterior comenzará desde el momento de la recepción definitiva por la Administración actuante de las correspondientes obras, salvo lo dispuesto en el número siguiente.

Artículo 136. La recepción de las obras de urbanización.

1. La recepción de las obras de urbanización corresponderá siempre al Municipio, de oficio o a instancia de la persona responsable de la ejecución, conservación y entrega de dichas obras.

2. La recepción definitiva, cuando en ella se hayan observado deficiencias, deberá determinarlas y fijar un plazo determinado para su subsanación. Mientras no se tenga por producida esta última, de lo cual se levantará acta, la recepción definitiva no producirá los efectos que le son propios.

3. Incumbirá la entrega de las obras de urbanización a:

a) La persona o entidad, pública o privada, responsable de la actuación, incluida la Administración actuante si es distinta de la municipal, cuando se trate de obras resultantes de una unidad de actuación.

b) La persona que materialmente las haya ejecutado, en otro caso.

4. Reglamentariamente se establecerá el procedimiento para la recepción definitiva, incluso para el caso de que la persona responsable no sea localizable. El plazo máximo para resolver sobre la recepción no puede ser superior a tres meses, aunque será prorrogable por la mitad de ese tiempo por razones justificadas en las necesarias comprobaciones del estado de las obras, construcciones e instalaciones. El transcurso de dicho plazo autorizará para entender producida la recepción.

Las recepciones se documentarán mediante el otorgamiento de acta.

Sección 2ª Las obras de edificación y en bienes inmuebles en general

Artículo 137. El deber de conservación y rehabilitación.

1. Los propietarios de terrenos, construcciones y edificios tienen el deber de mantenerlos en condiciones de seguridad, salubridad, ornato público y decoro, realizando los trabajos y obras precisos para conservarlos o rehabilitarlos, a fin, en todo caso, de mantener en todo momento las condiciones requeridas para la habitabilidad o el uso efectivo.

2. El deber de los propietarios de edificios alcanza hasta el importe de los trabajos y obras que no rebase el límite del contenido normal de aquél, representado por la mitad del valor de una construcción de nueva planta, con similares características e igual superficie útil o, en su caso, de idénticas dimensiones que la preexistente, realizada con las condiciones necesarias para

que su ocupación sea autorizable o, en su caso, quede en condiciones de ser legalmente destinada al uso que le sea propio.

Cuando la Administración ordene o imponga al propietario la ejecución de obras de conservación o rehabilitación que excedan del referido límite, éste podrá requerir de aquélla que sufrague el exceso. En todo caso, la Administración podrá establecer:

a) Ayudas públicas, en las condiciones que estime oportunas, pero mediante convenio, en el que podrá contemplarse la explotación conjunta del inmueble.

b) Bonificaciones sobre las tasas por expedición de licencias.

⇒ V. art. 19 de la Ley 6/1998, de 13 abril (§1).
V. art. 3 de la Ley 38/1999, de 5 de noviembre, de Ordenación de la Edificación (§1.1).
V. Jurisprudencia en arts. 181 y concordantes del TRLS/1976 (§3).

Artículo 138. La inspección periódica de construcciones y edificaciones.

1. Los propietarios de toda construcción o edificación catalogada o protegida, así como, en cualquier caso, superior a cincuenta años deberán encomendar a un técnico facultativo competente, cada cinco años, la realización de una inspección dirigida a determinar el estado de conservación.

2. Los informes técnicos que se emitan a resultas de las inspecciones deberán consignar el resultado de la inspección, con descripción de:

a) Los desperfectos y las deficiencias apreciados, sus posibles causas y las medidas recomendadas, en su caso priorizadas, para asegurar la estabilidad, la seguridad, la estanqueidad y la consolidación estructurales, así como para mantener o recuperar las condiciones de habitabilidad o de uso efectivo según el destino propio de la construcción o edificación.

b) El grado de ejecución y efectividad de las medidas adoptadas y de los trabajos y obras realizados para cumplimentar las recomendaciones contenidas en él o, en su caso, los informes técnicos de las inspecciones anteriores.

La eficacia, a efectos administrativos, de los informes técnicos requerirá el visado colegial y la presentación temporánea de copia de los mismos en el Municipio.

Los Municipios podrán requerir de los propietarios la exhibición de los informes técnicos resultantes de las inspecciones periódicas y, caso de comprobar que éstas no se han realizado, ordenar su práctica o realizarlas en sustitución y a costa de los obligados.

Artículo 139. La situación legal de ruina.

1. Procederá la declaración de la situación legal de ruina urbanística de una construcción o edificación en los siguientes supuestos:

a) Cuando el coste de las reparaciones necesarias para devolver a la que esté en situación de manifiesto deterioro la estabilidad, seguridad, estanqueidad y *consolidación estructurales* o para restaurar en ella las condiciones mínimas para hacer posible su uso efectivo legítimo, supere el límite del deber normal de conservación.

b) Cuando, acreditando el propietario el cumplimiento puntual y adecuado de las recomendaciones de al menos los informes técnicos correspondientes a las dos últimas inspecciones periódicas, el coste de los trabajos y obras realizados como consecuencia de esas dos inspecciones, sumado al de las que deban ejecutarse a los efectos señalados en la letra anterior, supere el límite del deber normal de conservación, con comprobación de una tendencia constante y progresiva en el tiempo al incremento de las inversiones precisas para la conservación del edificio.

2. Corresponderá al Municipio la declaración de la situación legal de ruina, previo procedimiento determinado reglamentariamente, en el que, en todo caso, deberá darse audiencia al propietario interesado y los demás titulares de derechos afectados.

3. La declaración de la situación legal de ruina urbanística:

A) Deberá disponer las medidas necesarias para evitar daños a personas y bienes y pronunciarse sobre el incumplimiento o no del deber de conservación de la construcción o edificación.

En ningún caso será posible la apreciación de dicho incumplimiento, cuando la ruina sea causada por fuerza mayor, hecho fortuito o culpa de tercero, así como cuando el propietario haya sido diligente en el mantenimiento y uso del inmueble.

B) Constituirá al propietario en la obligación:

a) De proceder, a su elección, a la completa rehabilitación o a la demolición, cuanto se trate de una construcción o edificación no catalogada, ni protegida, ni sujeta a procedimiento alguno dirigido a la catalogación o al establecimiento de un régimen de protección integral.

b) De adoptar las medidas urgentes y realizar los trabajos y las obras necesarios para mantener y, en su caso, recuperar la estabilidad y la seguridad, en los restantes supuestos. En este caso, la Administración podrá convenir con el propietario los términos de la rehabilitación definitiva. De no alcanzarse acuerdo, la Administración podrá optar entre ordenar las obras de rehabilitación necesarias, con otorgamiento simultáneo de ayuda económica adecuada, o proceder a la sustitución del propietario incumplidor aplicando la ejecución forzosa en los términos dispuestos por esta Ley.

⇒ V. art. 176 de la presente Ley.
V. art. 19 de la Ley 6/1998, de 13 abril (§1).
V. arts. 245.1 y 246.2 del TRLS/1992 (§2).
V. Jurisprudencia en arts. 183 y concordantes del TRLS/1976 (§3).

Artículo 140. Las órdenes de ejecución de obras de conservación y obras de intervención.

1. Los Municipios, y el órgano de la Junta de Comunidades de Castilla-La Mancha competente en materia de patrimonio cultural en el caso de edificios declarados de interés cultural, deberán dictar órdenes de ejecución de obras de reparación, conservación y rehabilitación de edificios y construcciones deteriorados o en condiciones deficientes para su uso efectivo legítimo.

Los Municipios estarán habilitados, además, para dictar órdenes de ejecución de obras de mejora en toda clase de edificios para su adaptación al ambiente, urbano o natural. Los trabajos y las obras ordenados deberán referirse a elementos ornamentales y secundarios del inmueble de que se trate, pretender la restitución de su aspecto originario o coadyuvar a su mejor conservación, debiendo fijarse plazo y condiciones para su ejecución.

2. El incumplimiento injustificado de las órdenes de ejecución habilitará a la Administración actuante para adoptar cualquiera de estas medidas:

a) Ejecución subsidiaria a costa del obligado y hasta el límite del deber normal de conservación.

b) Imposición de hasta diez multas coercitivas con periodicidad mínima mensual, por valor máximo, cada una de ellas, del diez por ciento del coste estimado de las obras ordenadas. El importe de las multas coercitivas impuestas quedará afectado a la cobertura de los gastos que genere efectivamente la ejecución subsidiaria de la orden incumplida, sin perjuicio de la repercusión del coste de las obras en el incumplidor.

c) Sustitución del propietario incumplidor mediante la formulación de Programas de Actuación Rehabilitadora de acuerdo con el procedimiento establecido en los artículos 132 a 134.

⇒ V. art. 19 de la Ley 6/1998, de 13 abril (§1).
V. arts. 245.1 y 246.2 del TRLS/1992 (§2).
V. Jurisprudencia en arts. 182 y concordantes del TRLS/1976 (§3).

Artículo 141. Las Áreas de Rehabilitación Preferente.

1. Los Municipios y la Junta de Comunidades podrán establecer Áreas de Rehabilitación Preferente con la finalidad de su recuperación patrimonial y su revitalización social y económica.

2. Cuando la delimitación de las Áreas de Rehabilitación Preferente no se contenga en el planeamiento urbanístico vigente, podrán aprobarse por el procedimiento previsto en el artículo 37 para determinados Planes Especiales. El ámbito de las áreas estará formado por conjuntos o zonas de suelo urbano de relevante interés cultural, que estén sometidos a un progresivo deterioro de la edificación, de sus espacios libres o de sus infraestructuras; o bien por otras áreas urbanas que, con independencia de los valores que en ellas concurran, presenten deficiencias y carencias sociales de especial gravedad. En ambos supuestos la áreas deberán abarcar como mínimo una manzana.

3. La gestión de las Áreas de Rehabilitación Preferente se determinará y organizará mediante Actuaciones de Rehabilitación Integrada, acompañadas, en su caso, de Planes Especiales de Reforma Interior, que deberán complementar y especificar la información, el análisis y las soluciones del planeamiento urbanístico en todo lo referente al desarrollo temporal de las actuaciones públicas y la colaboración de la iniciativa privada.

4. La gestión de las Áreas de Rehabilitación Preferente podrá adoptar cualquiera de las formas previstas en esta Ley y, en particular, alguna o algunas de las siguientes:

a) La Actuación de Rehabilitación Integrada podrá instrumentarse mediante concertación entre las diversas Administraciones Públicas interesadas, en cuyo caso se formalizará como convenio interadministrativo a iniciativa, indistintamente, de la Junta de Comunidades o del Municipio. Las restantes Administraciones Públicas también podrán ser parte de dicho convenio.

En el caso a que se refiere el párrafo anterior podrá constituirse para la gestión un consorcio, que tendrá la consideración de Administración actuante.

b) La Actuación de Rehabilitación Integrada podrá también formularse a iniciativa de un particular y, en su caso, en el mismo acto de su aprobación adjudicarse a éste las obras para su ejecución.

c) En caso de preverse la ejecución mediante obras de urbanización, la Administración actuante podrá convocar concursos para la gestión indirecta de la actividad urbanizadora.

d) La Administración actuante podrá convocar concursos para la sustitución de propietarios. Dichos concursos podrán convocarse y adjudicarse conjuntamente con los mencionados en la letra c) o separadamente de ellos.

5. La aprobación de una Actuación de Rehabilitación Integrada comporta los siguientes efectos para los terrenos y edificios incluidos en su ámbito:

a) La necesidad de la ocupación a efectos de la aplicación de la expropiación forzosa y la declaración de urgencia cuando así lo determine la resolución o el acuerdo aprobatorios.

b) El otorgamiento a la Administración actuante de los derechos de tanteo y retracto en los términos establecidos en la Sección 3ª del Capítulo III del Título IV.

c) La declaración de la situación de ejecución por sustitución de las obras de edificación y conservación o rehabilitación, a los efectos de lo dispuesto en los artículos 132, 133 y 140, número 2, letra c), sin necesidad de observar plazos o trámites adicionales ni de dictar órdenes de ejecución al efecto.

6. Reglamentariamente se precisará el régimen de la formulación, tramitación, aprobación y publicación de las Actuaciones de Rehabilitación Integrada.

Artículo 142. La ruina física inminente.

1. Cuando una construcción o edificación amenace con arruinarse de modo inminente, con peligro para la seguridad pública o la integridad del patrimonio arquitectónico catalogado o declarado de interés histórico o artístico, el Alcalde estará habilitado para disponer todas las medidas que sean precisas, incluido el apuntalamiento de la construcción o edificación y su desalojo. Dichas medidas sólo excepcionalmente, pero nunca si se trata de patrimonio catalogado o declarado de interés histórico o artístico, podrán extenderse a la demolición que sea estrictamente indispensable para proteger

adecuadamente valores superiores y, desde luego, la integridad física de las personas.

2. El Municipio será responsable de los daños y perjuicios que resulten de las medidas a que se refiere el número anterior, sin que ello suponga exención de la responsabilidad que incumbe al propietario. Las indemnizaciones que satisfaga el Municipio deberán repercutirse en el propietario hasta el límite del deber normal de conservación.

3. La adopción de las medidas previstas en este artículo no presupondrá, ni implicará la declaración de la situación legal de ruina urbanística.

⇒ V. art. 19 de la Ley 6/1998, de 13 abril (§1).
V. arts. 245.1 y 246.2 del TRLS/1992 (§2).
V. Ley 4/1990, de 30 mayo, de Patrimonio Histórico de Castilla-La Mancha.
V. Jurisprudencia en arts. 183 y concordantes del TRLS/1976 (§3).

TÍTULO VI
LA EXPROPIACIÓN FORZOSA

Artículo 143. Los supuestos expropiatorios.

1. Sin perjuicio de su aplicación instrumental para la ejecución del planeamiento territorial y urbanístico en los términos de esta Ley, la expropiación forzosa por razón de urbanismo podrá proceder, además de en los supuestos previstos por la legislación estatal pertinente, en los siguientes, cuya concurrencia determinará por sí misma la utilidad pública de aquélla:

a) El destino de los terrenos, por su calificación urbanística, al dominio público de uso o servicio públicos, siempre que deban ser adquiridos forzosamente por la Administración actuante, bien por no ser objeto del deber legal de cesión obligatoria y gratuita, bien por existir, en todo caso, necesidad urgente de anticipar su adquisición.

A los efectos de la expropiación se considerarán incluidos en estos terrenos los colindantes que fueran imprescindibles para realizar las obras o establecer los servicios públicos previstos en el planeamiento o que resulten especialmente beneficiados por tales obras o servicios.

b) La constitución o dotación, conforme a esta Ley, de los patrimonios públicos de suelo.

c) La declaración, definitiva en vía administrativa, del incumplimiento de los deberes legales urbanísticos del propietario, cuando la declaración esté motivada por:

1) La realización de actos de parcelación o reparcelación, uso de suelo o edificación legalmente merecedores de la calificación de infracción urbanística grave.

2) *La inobservancia* de los plazos fijados para la ejecución total del planeamiento, incluido el deber de edificar, o de alguna de las fases en que aquélla haya quedado dividida.

3) La inobservancia de los deberes de conservación y mantenimiento de los inmuebles legalmente exigibles.

d) La inadecuación de los inmuebles a las condiciones mínimas de salubridad y habitabilidad legalmente establecidas.

e) La declaración o catalogación administrativas formales, conforme a la legislación urbanística o la sectorial aplicable, del valor cultural, histórico-artístico o medioambiental de terrenos o edificios que los haga merecedores de su preservación o especial protección.

f) La obtención de terrenos destinados en el planeamiento territorial y urbanístico a la construcción de viviendas sujetas a algún régimen de protección pública, así como a usos declarados de interés social.

2. La delimitación de la unidad de actuación o de las zonas o áreas en los supuestos previstos en las letras a) y f) y la aprobación del catálogo o de la medida de preservación o protección en los contemplados en la letra e) del número anterior, así como de la relación y descripción concretas e individualizadas, con indicación de los titulares de los bienes y derechos objeto de expropiación en todos los restantes incluidos en dicho número, determinarán la declaración de la necesidad de ocupación y el inicio de los correspondientes expedientes expropiatorios.

⇒ V. arts. 33 a 40 de la Ley 6/1998, de 13 abril (§1).
V. arts. 22 y concordantes del RD 1093/1997, de 4 julio (§2.1).
V. Ley 4/1990, de 30 mayo, de Patrimonio Histórico de Castilla-La Mancha.
V. Jurisprudencia en arts. 134 y concordantes del TRLS/1976 (§3).

Artículo 144. Los beneficiarios de la expropiación.

1. En la ejecución del planeamiento territorial y urbanístico por unidades mediante actuaciones urbanizadoras desarrolladas en régimen de gestión indirecta, el urbanizador tendrá en todo caso la condición de beneficiario de las expropiaciones que sea necesario llevar a cabo.

2. En la ejecución de los Proyectos de Singular Interés, podrán ser beneficiarios de la expropiación:

a) Los organismos y entes públicos, incluso de carácter consorcial, así como las sociedades públicas que sean directamente promotores o reciban de la Administración promotora la encomienda de la ejecución.

b) Los particulares, promotores y las entidades urbanísticas colaboradoras constituidas entre éstos y la Administración actuante.

⇒ V. Jurisprudencia en arts. 130.3 y concordantes del TRLS/1976 (§3).

Artículo 145. La relación de propietarios y la descripción de bienes y derechos.

1. La delimitación de unidades de actuación urbanizadora a realizar en régimen de gestión directa deberá ir acompañada, cuando requiera la expropiación del suelo, de una relación de propietarios y una descripción de bienes y derechos, redactadas con arreglo a lo dispuesto en la legislación de expropiación forzosa.

2. Los bienes de dominio público se identificarán, relacionarán y describirán de forma separada e independiente a los efectos de lo dispuesto en el artículo siguiente.

⇒ V. arts. 33 a 40 de la Ley 6/1998, de 13 abril (§1).
V. arts. 22 y concordantes del RD 1093/1997, de 4 julio (§2.1).
V. Jurisprudencia en arts. 135 y concordantes del TRLS/1976 (§3).

Artículo 146. Los bienes de dominio público.

1. Cuando en la unidad de actuación para cuya ejecución sea precisa la expropiación de los terrenos correspondientes existan bienes de dominio público y el destino urbanístico de éstos sea distinto del fin al que estén afectados, la Administración actuante deberá proceder a tramitar y resolver o, en su caso, a instar ante la competente el procedimiento que legalmente corresponda para la mutación demanial o la desafectación, según proceda.

2. Las vías no urbanas que queden comprendidas en el ámbito de la unidad de actuación se entenderán de propiedad municipal, salvo prueba en contrario.

3. Las vías urbanas comprendidas en la unidad de actuación que deban desaparecer se entenderán sustituidas por las nuevas previstas por el planeamiento en ejecución y transmitidas de pleno derecho a la Administración actuante.

⇒ V. art. 210.1 y 210.2 del TRLS/1992 (§2).
V. arts. 33 a 40 de la Ley 6/1998, de 13 abril (§1).

Artículo 147. El justiprecio y su pago en especie; el órgano competente para su fijación.

1. El justiprecio de los bienes y derechos se determinará mediante aplicación de los criterios establecidos por la legislación estatal para la valoración por razón de urbanismo.

2. El pago del justiprecio podrá producirse, de acuerdo con el expropiado, mediante permuta con otras fincas, parcelas o solares, no necesariamente localizados en la unidad de actuación, pertenecientes al beneficiario de la expropiación.

El solo desacuerdo en la valoración de la finca, parcela o solar ofrecida en pago del justiprecio no impedirá la permuta de un bien por otro, si bien el expropiado podrá acudir al Jurado Regional de Valoraciones para que fije con carácter definitivo el valor de la adjudicada en pago. La diferencia en más que suponga el valor que fije dicho Jurado se pagará siempre en dinero.

3. El justiprecio se fijará por mutuo acuerdo o, en su caso y con carácter definitivo, por el Jurado Regional de Valoraciones.

El mutuo acuerdo será posible en cualquier momento anterior a la fijación definitiva en vía administrativa del justiprecio y deberá respetar los criterios de valoración a que se refiere el número 1.

Artículo 148. La liberación de la expropiación, sus requisitos y las consecuencias del incumplimiento.

1. A solicitud del interesado, la Administración actuante podrá, excepcionalmente y previo trámite de información pública por veinte días, liberar de la expropiación determinados bienes o derechos, mediante la imposición de las condiciones urbanísticas que procedan para asegurar la ejecución del planeamiento.

2. La resolución estimatoria de la solicitud de liberación, cuya eficacia requerirá la aceptación expresa de las condiciones en ella impuestas al beneficiario, deberá precisar, para su validez, los bienes y derechos afectados por la liberación; los términos y condiciones en que dichos bienes y derechos quedan vinculados al proceso urbanizador y edificatorio; y las garantías a prestar por el beneficiario para asegurar el cumplimiento de tales términos y demás condiciones impuestas. La resolución liberatoria de la expropiación conllevará, en su caso, la reversión del bien o derecho a su titular.

3. El incumplimiento de las obligaciones derivadas de los términos y las condiciones establecidos en la resolución liberatoria de la expropiación supondrá, a elección de la Administración actuante y en función de las circunstancias concurrentes, la ejecución forzosa con realización de las garantías prestadas o la expropiación por incumplimiento de la función social de la propiedad, con pérdida en favor de la Administración de las aludidas garantías en ambos casos.

⇒ Téngase en cuenta que los arts. 54 y 55 de la LEF han sido modificados por la disp. adic. 5ª de la Ley 38/1999, de 5 noviembre, de Ordenación de la Edificación.

Artículo 149. El procedimiento.

1. Para la expropiación podrá aplicarse tanto el procedimiento individualizado como el de tasación conjunta, conforme a la legislación estatal de pertinente aplicación.

2. De aplicarse el procedimiento de tasación conjunta, la resolución correspondiente de la Administración implicará la declaración de urgencia o el cumplimiento del requisito a que la legislación estatal aplicable condicione la ocupación del bien o derecho previo pago o depósito del justiprecio fijado por aquélla.

⇒ V. arts. 33 a 40 de la Ley 6/1998, de 13 abril (§1).
V. Jurisprudencia en arts. 138 y concordantes del TRLS/1976 (§3).

Artículo 150. El procedimiento de urgencia en la ocupación: requisitos.

1. Cuando se aplique el procedimiento de tasación conjunta, la ocupación de los bienes y derechos afectados se realizará en la forma prescrita por esta Ley.

2. Cuando se siga el procedimiento de tasación individualizada, la declaración de urgencia en la ocupación a que se refiere el artículo 52 de la Ley de Expropiación Forzosa deberá acompañarse de memoria justificativa de las razones particulares que motiven la urgencia.

Artículo 151. La avenencia: bonificaciones.

1. Durante la tramitación del expediente expropiatorio y antes del acto

por el que se fije definitivamente en vía administrativa el justo precio, la Administración actuante y los titulares de los bienes y los derechos objeto de aquel expediente podrán determinar dicho justo precio por mutuo acuerdo, de conformidad con la legislación reguladora, con carácter general, de la expropiación forzosa.

2. La aceptación por los expropiados en el plazo concedido al efecto del precio ofrecido por la Administración en el expediente de justiprecio, les dará derecho a percibir dicho precio incrementado en un cinco por ciento.

3. El pago del justiprecio de los bienes y derechos expropiados podrá efectuarse, previo acuerdo con los afectados, mediante adjudicación de parcelas resultantes de la propia actuación o de cualesquiera otras de las que sea titular la Administración actuante o, en su caso, de determinado aprovechamiento en unas u otras, estableciendo en cada caso las obligaciones referentes al abono de costes de urbanización correspondientes.

En estos supuestos no será de aplicación lo dispuesto en el número 2.

Artículo 152. El Jurado Regional de Valoraciones: carácter, función y composición.

1. El Jurado Regional de Valoraciones es el órgano de la Administración de la Junta de Comunidades especializado en materia de expropiación forzosa y de responsabilidad patrimonial, cuando esta última proceda por razón de la ordenación territorial y urbanística. Estará adscrito a la Consejería competente en materia de economía y hacienda, que le facilitará toda la infraestructura administrativa para su adecuado funcionamiento, y actuará en el cumplimiento de sus funciones con plena autonomía funcional.

2. El Jurado Regional de Valoraciones actuará con competencia resolutoria definitiva, poniendo sus actos fin a la vía administrativa, para la fijación del justo precio en las expropiaciones, cuando la Administración expropiante sea la de la Junta de Comunidades o cualquiera de las Diputaciones o los Municipios. En materia de responsabilidad patrimonial por razón de la ordenación territorial y urbanística operará como órgano consultivo de la Comunidad Autónoma, así como, si así lo solicitan, de las Diputaciones y los Municipios.

3. El Jurado Regional de Valoraciones se compondrá de los siguientes miembros, designados por el Consejo de Gobierno:

a) Presidente: un Magistrado de la Sala de lo Contencioso-Administrativo del Tribunal Superior de Justicia de Castilla-La Mancha, elegido por dicho Tribunal.

✐ Mantenida suspensión de vigencia y aplicación, art. 152.3 a) por ATC 46/1999, 25 febrero (RTC 1999, 46 AUTO).

b) Vocales:

– Dos Letrados de la Comunidad Autónoma.

– Dos técnicos facultativos superiores, de cualquier especialidad, así como uno de la especialidad correspondiente a la naturaleza del bien objeto de expropiación, al servicio, en todos los casos, de la Comunidad Autónoma.

– Tres técnicos facultativos elegidos por la Federación de Municipios y Provincias.

– Un profesional libre colegiado en representación de los Colegios Oficiales de Arquitectos o Ingenieros Superiores, dependiendo de la naturaleza de los bienes o derechos a expropiar.

– Cuando se trate de expropiaciones provinciales o municipales, un representante de la Corporación local interesada, con voz pero sin voto.

c) Secretario: actuará como Secretario del Jurado un funcionario de la Comunidad Autónoma de cuerpo para cuyo ingreso se requiera titulación superior, con voz pero sin voto.

4. Podrán actuar de ponentes a los efectos de la preparación de las propuestas de acuerdo o dictamen e interviniendo en las deliberaciones del Jurado con voz, pero sin voto, cualesquiera funcionarios técnicos facultativos al servicio de la Comunidad Autónoma, las Diputaciones provinciales y los Municipios.

5. El Jurado podrá reunirse en pleno o secciones.

6. Reglamentariamente se determinará la organización y el funcionamiento del Jurado.

Artículo 153. La motivación y la notificación de los acuerdos del Jurado Regional de Valoraciones.

1. Los acuerdos del Jurado Regional de Valoraciones serán siempre motivados, debiendo contener, en su caso, expresa justificación de los criterios empleados para la valoración a efectos de justiprecio o indemnización, con relación a lo dispuesto en la legislación general del Estado y, en su caso, en esta Ley.

2. Los acuerdos del Jurado deberán ser inmediatamente notificados tanto a la Administración expropiante o, en su caso, responsable, como a los interesados en los correspondientes procedimientos administrativos. Los de fijación del justo precio en las expropiaciones pondrán fin a la vía administrativa.

⇒ V. art. 35 de la LEF.

TÍTULO VII

GARANTÍAS Y PROTECCIÓN DE LA ORDENACIÓN TERRITORIAL Y URBANÍSTICA

CAPÍTULO I

Principios generales

Artículo 154. Las funciones de garantía, protección de la ordenación territorial y urbanística.

1. Corresponde a la Junta de Comunidades y a los Municipios, a través de los órganos con competencia en materia de ordenación territorial y urbanística, velar por el cumplimiento de las disposiciones de la presente Ley y de las normas y demás instrumentos que la complementan o desarrollan para

cumplir las finalidades y promover los bienes jurídicos proclamados en los artículos 3 a 6, ambos inclusive.

2. El ejercicio de estas potestades es inexcusable. A tal efecto, las autoridades y los funcionarios están obligados a iniciar y tramitar, en los plazos previstos en cada caso, los procedimientos establecidos para el ejercicio de tales potestades. El incumplimiento de este deber podrá dar lugar a responsabilidad disciplinaria.

3. La Administración de la Junta de Comunidades auxiliará a los Municipios en el ejercicio de sus potestades con el fin de garantizar el efectivo cumplimiento de la ordenación territorial y urbanística y el respeto a los fines, valores y bienes que la inspiran.

4. Se declaran de interés regional las funciones de control, verificación, disciplina y sanción en su caso, de las actividades reguladas por la ordenación territorial y urbanística. La Junta de Comunidades podrá aprobar medidas de coordinación del desarrollo de dichas funciones, previa autorización de las Cortes en los términos del artículo 59 de la Ley General 7/1985, de 2 de abril, Reguladora de las Bases del Régimen Local.

Artículo 155. La colaboración en el ejercicio de las funciones de control, protección y disciplina.

1. Todos tienen el deber de colaborar en desarrollo de las funciones de control, protección y disciplina que la presente Ley atribuye a las Administraciones con competencia en materia de ordenación territorial y urbanística.

2. Los particulares facilitarán a la Administración la información veraz y suficiente que ésta les requiera.

3. Las Administraciones Públicas colaborarán en el cumplimiento de estas funciones en el marco de lo previsto en los artículos 9 y 10.

4. Los Municipios que no cuenten con Plan de Ordenación Municipal podrán delegar el ejercicio de las competencias que les atribuye el presente Título en la Consejería competente en materia de ordenación territorial y urbanística.

⇒ V. D. 74/2001, de 6 marzo, por el que se establece la estructura orgánica y las competencias de los distintos órganos de la Consejería de Obras Públicas.

CAPÍTULO II

El control de las actividades objeto de la ordenación territorial y urbanística

Artículo 156. El régimen de control de las actividades y los actos regulados por la ordenación territorial y urbanística.

1. Sin perjuicio de cualesquiera otros requisitos administrativos impuestos expresamente por esta Ley, las actividades y los actos de transformación y aprovechamiento del suelo objeto de ordenación territorial y urbanística *quedarán sujetos* en todo caso a control de su legalidad a través de:

a) Las licencias, su autorización y el deber de comunicación previa, o los informes sustitutivos de éstas.

b) La inspección urbanística.

2. En las respectivas esferas de competencia y a los efectos de lo dispuesto en el número anterior, la Administración de la Junta de Comunidades y los Municipios ostentarán respecto de cualesquiera actividades o actos de urbanización y edificación, además de las facultades legitimadas por actos consensuales o unilaterales, las siguientes potestades:

a) De inspección, verificación y control así como ensayo de las actuaciones, obras o instalaciones sobre cumplimiento de normas o condiciones técnicas.

b) De imposición, en caso de incumplimiento, de los compromisos adquiridos en virtud del acto o convenio para la realización de operaciones o actividades urbanísticas.

c) De interpretación, modificación, resolución o rescate en los términos previstos en la normativa de contratación de las Administraciones públicas cuando sea aplicable.

Sección 1ª Las actividades sujetas a comunicación previa

Artículo 157. El régimen de comunicación previa.

Quedan sujetos al régimen de comunicación previa al Municipio los actos de aprovechamiento y uso del suelo no incluidos en el ámbito de aplicación del artículo 165.

Artículo 158. El procedimiento de comunicación previa.

1. El promotor de las actividades a las que sea aplicable el artículo anterior, deberá comunicarlas al menos quince días naturales antes del comienzo de las mismas. La comunicación deberá ir acompañada de una descripción suficiente del acto, la operación o la actividad y de fotocopia de los permisos y autorizaciones que requiera el acto, la operación o la actividad de conformidad con la restante normativa que sea aplicable.

2. Transcurridos los quince días naturales a los que se refiere el número anterior, el promotor podrá realizar el acto, ejecutar la operación o desarrollar libremente la actividad. La inactividad de la Administración no implicará la subsanación de los defectos o irregularidades que presente el acto, la operación o la actividad objeto de comunicación.

3. Dentro de los quince días naturales siguientes a la comunicación el Municipio podrá:

a) Señalar al interesado la necesidad de solicitar una licencia o autorización urbanística en los términos que se regulan en la Sección siguiente.

b) Requerir del interesado ampliación de la información facilitada, en cuyo caso, se interrumpirá el cómputo del plazo, reiniciándose una vez cumplimentado el requerimiento.

4. El Municipio informará a las Administraciones competentes, de las comunicaciones cuyo objeto les afecte.

Artículo 159. Los efectos del incumplimiento del régimen de comunicación previa.

La realización de los actos, las operaciones y las actividades a las que se refiere el artículo 157 sin comunicación previa al Municipio se considerarán clandestinas a los efectos de la presente Ley.

Sección 2ª Las licencias urbanísticas

Subsección 1ª Los principios generales comunes a las licencias urbanísticas

Artículo 160. La competencia para el otorgamiento de la licencia urbanística.

1. Los Municipios controlan, mediante la pertinente intervención previa, la legalidad de los actos y las actividades sometidos a licencia urbanística.

2. La competencia para otorgar licencia urbanística corresponderá al órgano municipal determinado conforme a la legislación de régimen local.

⇒ V. arts. 242.6 y 243 del TRLS/1992 (§2).
V. art. 84 de la LBRL.

Artículo 161. El procedimiento general de otorgamiento de licencia urbanística.

1. La iniciación, instrucción y resolución del procedimiento para el otorgamiento de la licencia urbanística se regularán por las correspondientes Ordenanzas Municipales, de acuerdo con lo dispuesto en los dos números siguientes.

Sin perjuicio de lo previsto en el párrafo anterior, la Comunidad Autónoma aprobará la ordenación de un procedimiento, que regirá en defecto de Ordenanza Municipal aplicable y se aplicará, en todo caso, con carácter supletorio.

2. El procedimiento se iniciará a instancia del interesado, a cuya solicitud deberá acompañarse:

a) Acreditación de derecho bastante para realizar la construcción, edificación o uso del suelo pretendido.

b) Memoria descriptiva de las actividades sujetas a licencia o de los proyectos técnicos correspondientes.

c) La autorización o las autorizaciones concurrentes exigidas por la legislación en cada caso aplicable, así como de la concesión o concesiones correspondientes cuando el acto pretendido suponga la ocupación o utilización de dominio público del que sea titular Administración distinta.

3. La resolución denegatoria deberá ser motivada, con explícita referencia a la norma o normas de la ordenación territorial y urbanística con las que *esté en contradicción* el acto pretendido.

El mero transcurso del plazo de dos meses desde la presentación de la solicitud habilitará para entender estimada ésta. El cómputo de dicho plazo máximo para resolver expresamente sólo se podrá interrumpir una sola vez mediante requerimiento de subsanación de deficiencias o de mejora de la solicitud formulada.

Presentada solicitud de certificación para la acreditación del acto presunto estimatorio, se solicitará informe de los Servicios de la Corporación sobre la adecuación del proyecto a las normas de ordenación urbanística y territorial que resulten aplicables, así como el cumplimento de las condiciones de seguridad de la edificación, si aquél no hubiera sido evacuado previamente, en el plazo máximo de veinte días.

En el caso de informe en el sentido de incumplimiento de la normativa territorial o urbanística aplicable, se comunicará así al interesado con expresión de las deficiencias observadas y dándole un plazo suficiente para su subsanación, durante el cual quedará en suspenso el plazo máximo legal para la expedición de la certificación. Si las deficiencias se considerasen insubsanables o el interesado no procediera a su subsanación, se denegará la expedición de la certificación.

Transcurrido sin efecto el plazo para la expedición de dicha certificación, el acto presunto se acreditará mediante copia de la solicitud correspondiente.

⇒ V. art. 9 del RSCL.

V. art. 4 de la Ley 38/1999, sobre Ordenación de la Edificación (§1.1).

Artículo 162. Los efectos de la licencia urbanística.

1. La obtención de la licencia urbanística legitima la ejecución de los actos y la implantación y el desarrollo de los usos y actividades correspondientes.

En ningún caso podrán adquirirse facultades o derechos en contra de la ordenación territorial o urbanística.

2. Cuando las licencias urbanísticas resulten sobrevenidamente disconformes con el planeamiento de ordenación territorial y urbanística, en virtud de la aprobación de un nuevo instrumento prevalente o de la innovación del vigente al tiempo de aquéllas y las obras no hayan aún concluido, el Municipio y, en caso de inactividad de éste, el órgano autonómico competente:

a) Declarará, motivadamente, la disconformidad y acordará, como medida cautelar, la suspensión inmediata de las obras o de los usos por plazo que no puede ser superior a cuatro meses.

b) Dentro del período de vigencia de la medida cautelar y previa audiencia del interesado, revocará la licencia en todo o en parte, determinando, en su caso, los términos y condiciones en que las obras ya iniciadas o los usos que venían desarrollándose pueden ser terminadas o continuar desarrollándose, respectivamente, con fijación de la indemnización a que haya lugar por los daños y perjuicios causados.

⇒ V. arts. 74 y concordantes del RD 1093/1997, de 4 julio (§2.1).

V. Jurisprudencia en arts. 178 y concordantes del TRLS/1976 (§3).

Artículo 163. Integración del régimen urbanístico y el de actividades clasificadas o sujetas a evaluación de impacto ambiental.

1. La licencia urbanística llevará implícita la concesión de las restantes licencias municipales y especialmente, la de actividades molestas, insalubres, nocivas y peligrosas y la de actividades industriales.

Cuando la licencia urbanística se refiera a actos, operaciones o actividades que requieran otras licencias o autorizaciones municipales, el procedimiento previsto para éstas se integrará en el procedimiento de otorgamiento de aquéllas.

2. En el supuesto de que los actos, las operaciones y las actividades sujetas a licencia requirieran la evaluación de impacto ambiental, ésta se tramitará en el seno del procedimiento de otorgamiento de la licencia. No se podrá otorgar la licencia cuando la declaración de impacto hubiera sido negativa o se incumplieran las medidas de corrección determinadas en ella.

3. Las licencias urbanísticas podrán denegarse por los motivos previstos en la legislación específica que regule las autorizaciones o licencias a que se refiere el párrafo segundo del número 1 y quedarán sujetas al régimen de verificación, inspección y, en su caso, sanción previsto en dicha legislación.

⇒ V. art. 22.3 del RSCL.
V. Ley 5/1999, de 8 abril, de evaluación de impacto ambiental, cuyo Anejo 2 ha sido desarrollado por D. 118/2000, de 20 junio.
V. Jurisprudencia en arts. 178 y concordantes del TRLS/1976 (§3).

Artículo 164. La prestación de servicios por las compañías suministradoras.

1. Las empresas suministradoras de energía eléctrica, agua, gas y telefonía exigirán para la contratación provisional, en su caso, de los respectivos servicios la acreditación de la licencia urbanística, fijando como plazo máximo de duración del contrato el establecido en ella para la ejecución de las obras, transcurrido el cual no podrá continuar la prestación del servicio.

2. Las empresas citadas en el número anterior exigirán, para la contratación definitiva de los suministros respectivos, la siguiente documentación:

a) La licencia de actividad cuando la edificación fuera nueva o se hubieran realizado actos u operaciones sujetas a ella.

b) Calificación definitiva cuando se trate de viviendas de protección oficial y licencia municipal de primera utilización o la autorización autonómica en los demás supuestos.

c) En suelo rústico, el acuerdo de aprobación del Proyecto de Singular Interés o el de calificación urbanística o, en su caso, certificación municipal acreditativa de no ser exigible ni uno ni otra.

Subsección 2ª La licencia de obras, edificación e instalación

Artículo 165. Los actos sujetos a licencia urbanística.

1. Están sujetos a la obtención de licencia urbanística, sin perjuicio de las demás autorizaciones que sean procedentes con arreglo a la legislación

sectorial aplicable, los siguientes actos de construcción y edificación y de uso del suelo y, en particular:

a) Las parcelaciones o cualesquiera otros actos de división de fincas o predios en cualquier clase de suelo, no incluidas en proyectos de reparcelación.

b) Las obras de construcción, edificación e implantación de instalaciones de toda clase de nueva planta.

c) Las obras de ampliación de construcciones, edificios e instalaciones de toda clase existentes.

d) Las obras de modificación o reforma que afecten a la estructura o al aspecto exterior de las construcciones, los edificios y las instalaciones de todas clases.

e) Las obras que modifiquen la disposición interior de las edificaciones, cualquiera que sea su uso.

f) Las obras y los usos que hayan de realizarse con carácter provisional.

g) La demolición de las construcciones, salvo en los casos declarados de ruina inminente.

h) La modificación del uso de las construcciones, edificaciones e instalaciones.

i) Los movimientos de tierra y las obras de desmonte y explanación en cualquier clase de suelo y los de abancalamiento y sorriba para la preparación de parcelas de cultivos, sin que los simples surcos para labores agrícolas tengan tal consideración.

j) La extracción de áridos y la explotación de canteras.

k) La acumulación de vertidos y el depósito de materiales ajenos a las características propias del paisaje natural que contribuyan al deterioro o degradación del mismo.

l) El cerramiento de fincas, muros y vallados.

m) La apertura de caminos, así como su modificación o pavimentación.

n) La ubicación de casas prefabricadas e instalaciones similares, provisionales o permanentes.

ñ) La instalación de invernaderos.

o) La colocación de carteles y vallas de propaganda visibles desde la vía pública.

p) Las instalaciones que afecten al subsuelo.

q) La instalación de tendidos eléctricos, telefónicos u otros similares y la colocación de antenas de cualquier clase.

r) La construcción de presas, balsas, obras de defensa y corrección de cauces públicos, vías públicas o privadas y, en general, cualquier tipo de obras o usos que afecten a la configuración del territorio.

s) Los actos de construcción y edificación en estaciones destinadas al transporte terrestre, así como en sus zonas de servicio.

t) Los demás actos que señalen los instrumentos de planeamiento de ordenación territorial y urbanística.

2. Están también sujetos a licencia los actos de construcción, edificación y uso del suelo que realicen los particulares en terrenos de dominio público, sin perjuicio de las autorizaciones o concesiones que otorgue el ente titular del dominio público.

3. Cuando los actos de construcción, edificación y uso del suelo sean promovidos por los Municipios en su propio término municipal, el acuerdo que los autorice o apruebe está sujeto a los mismos requisitos y produce los mismos efectos que la licencia urbanística a los efectos de esta Ley, sin perjuicio de lo dispuesto en la legislación de régimen local.

⇒ V. art. 157 de la presente Ley.
V. arts. 242.6 y 243 del TRLS/1992 (§2).
V. Jurisprudencia en arts. 178 y concordantes del TRLS/1976 (§3).

Artículo 166. El procedimiento específico de otorgamiento de la licencia de obras.

1. El procedimiento se iniciará a instancia del interesado, a cuya solicitud deberá acompañar:

a) Memoria indicativa de la finalidad y el uso de las obras proyectadas, con acreditación, en su caso y a los efectos de lo previsto en el párrafo segundo de la letra a) del número 2 del artículo 69, del aprovechamiento preexistente, justificando su realización lícita en ejecución de la ordenación urbanística vigente.

b) Proyecto suscrito, en su caso, por técnico competente, comprensivo de los planos y prescripciones necesarias para comprobar la adecuación de lo proyectado a la normativa que resulte aplicable.

2. En los casos en que el acto cuya autorización se solicita tenga la consideración de obra mayor, en la memoria deberá justificarse expresamente la adecuación de la misma a las circunstancias y a la ordenación territorial y urbanística y sectorial que sea de aplicación y, en el proyecto, el plano de situación a escala mínima de 1:5000 ó 1:2000, según se trate, respectivamente, de terrenos rústicos o de otra clase, y demás soportes gráficos necesarios para informar el proyecto, con expresa indicación de la clasificación del suelo y de la ordenación que le es aplicable.

En las restantes obras, los documentos que sean legalmente exigibles de acuerdo con la normativa profesional y de edificación que resulte aplicable.

3. Sin perjuicio de los trámites que se determinen en las Ordenanzas municipales reguladoras de este procedimiento, deberán cumplimentarse los siguientes trámites:

a) Comunicación a las Administraciones afectadas para que en el plazo de un mes emitan informe sobre los aspectos de su competencia.

b) Informe o informes técnicos, previstos en las correspondientes Ordenanzas o en la legislación sectorial aplicable, que en todo caso deberán considerar la adecuación del proyecto a la legalidad urbanística, a las normas de edificación y construcción, con especial consideración de las relativas a reducción del impacto ambiental de las operaciones y de conservación energética.

c) Informe jurídico.

d) Los demás trámites y diligencias que sean necesarios o convenientes en función del emplazamiento, la naturaleza de los actos o las operaciones o de sus efectos.

4. La resolución sobre la solicitud deberá notificarse al interesado dentro del plazo máximo de tramitación que sea de aplicación en cada caso, que deberá ser determinado en las Ordenanzas municipales, sin que en ningún caso pueda ser superior a dos meses. En defecto de previsión expresa en las correspondientes Ordenanzas Municipales, regirá este último.

Los plazos máximos para resolver establecidos con carácter supletorio e, incluso, en las Ordenanzas municipales podrán ser ampliados por decreto del Consejo de Gobierno hasta el quíntuplo de su duración ordinaria para los supuestos que requieran estudios de impacto ambiental.

⇒ Téngase en cuenta arts. 4 y concordantes de la Ley 38/1999, de 5 noviembre, de Ordenación de la Edificación (§1.1).

V. art. 9 del RSCL.

V. Ley 5/1999, de 8 abril, de evaluación de impacto ambiental, cuyo Anejo 2 ha sido desarrollado por D. 118/2000, de 20 junio.

V. RD 1627/1997, de 24 octubre, que establece las disposiciones mínimas de seguridad y salud en las obras.

V. Jurisprudencia en arts. 178 y concordantes del TRLS/1976 (§3).

Artículo 167. El contenido de las licencias.

1. Sin perjuicio de los demás extremos pertinentes conforme a lo dispuesto en el artículo 66 para el suelo rústico, las licencias contendrán en sus determinaciones el plazo de iniciación, el plazo máximo de ejecución y el período máximo en que puede estar interrumpida la ejecución de las obras por causa imputable al promotor de la obra. Al efecto de fijar la fecha máxima de finalización, el proyecto que acompañe a la solicitud de licencia deberá contener indicación del plazo normal de ejecución de la obra.

2. En el caso de que no estén previstos expresamente en la licencia, se entenderá que los plazos son los siguientes:

a) Tres meses contados a partir de la recepción de la notificación de la concesión de licencia para iniciar las obras.

b) Las obras no podrán estar suspendidas por un plazo superior a 1 mes, ni acumuladamente más del 20% del tiempo total previsto para la ejecución de la obra.

c) El plazo final de duración será el previsto en proyecto presentado ante la Administración, contado a partir de la finalización de los tres meses que tiene el promotor para iniciar la obra. Si no figurase plazo en el proyecto, será de quince meses a partir de la notificación de la concesión de la licencia.

3. El propietario podrá pedir la ampliación de los plazos de la licencia, que será preceptiva si la paralización se debe a causas no imputables al promotor de la obra. En otro caso, el Municipio podrá ampliar el plazo cuando entienda que se encuentra suficientemente garantizada la terminación de la obra en el plazo que se concede.

4. Con las mismas garantías el Municipio, siempre que no proceda otra modalidad de edificación, podrá acordar la rehabilitación de la licencia caducada que, sin embargo, podrá dar lugar al cobro de las tasas correspondientes a la tramitación por concesión de licencia.

⇒ V. Jurisprudencia en arts. 178 y concordantes del TRLS/1976 (§3).

Artículo 168. Las medidas de agilización de la legitimación de las operaciones sujetas a licencia urbanística.

1. Mediante reglamento se determinarán aquellas operaciones sometidas a licencia que por sus especiales características pueden ser objeto de autorización parcial o sujeta a condición. Estas modalidades sólo serán aplicables a las operaciones que tengan la consideración de obras mayores.

En cualquier caso el Municipio podrá otorgar licencias parciales que autoricen la realización de fases concretas del proyecto, a reserva de la subsanación o suplemento de ésta en aspectos menores y complementarios pendientes de autorización administrativa.

2. La concesión de este tipo de licencias se producirá a solicitud de los interesados, los cuales expresarán las operaciones o partes del proyecto para las que solicitan la licencia provisional o parcial, con el compromiso expreso de adecuarse a las determinaciones y condiciones que figuren en el acto de otorgamiento.

Para el cumplimiento de las anteriores obligaciones, los Municipios podrán exigir la constitución de una garantía equivalente al diez por ciento del proyecto. La constitución de dicha garantía seguirá el régimen fijado en la legislación básica de contratación de las Administraciones Públicas.

3. En el supuesto de que las operaciones sujetas a licencias estuvieran sometidas al régimen de actividades clasificadas o fuera necesaria la evaluación de su impacto ambiental, el interesado lo hará constar, acompañando al proyecto los documentos que sean necesarios para la obtención de las autorizaciones o la declaración de impacto ambiental.

El Municipio no podrá conceder la licencia de construcción sin el informe favorable del órgano autonómico competente en materia de actividades clasificadas o sin la declaración de impacto ambiental favorable a las operaciones para las que se pide la licencia.

⇒ V. arts. 74 y concordantes del RD 1093/1997, de 4 julio (§2.1).

V. Ley 5/1999, de 8 abril, de evaluación de impacto ambiental, cuyo Anejo 2 ha sido desarrollado por D. 118/2000, de 20 junio.

Subsección 3ª Las licencias de usos y actividades

Artículo 169. Licencia de usos y actividades.

1. Están sujetos a la obtención de licencia de usos y actividades, sin perjuicio de las demás autorizaciones que sean procedentes con arreglo a la legislación sectorial aplicable, las siguientes obras o actos de uso del suelo:

a) La primera utilización y ocupación de los edificios e instalaciones en general, y la modificación del uso de las construcciones, edificaciones e instalaciones.

b) La tala de masas arbóreas, de vegetación arbustiva o de árboles aislados que, por sus características, puedan afectar al paisaje o estén protegidos por la legislación sectorial correspondiente.

c) Los demás actos que señalen los instrumentos de planeamiento de ordenación territorial y urbanística.

2. El procedimiento se iniciará a instancia del interesado, a cuya solicitud deberá acompañar, sin perjuicio de los documentos legalmente exigibles para el desarrollo de la actividad sujeta a autorización:

a) Si la actividad sujeta a autorización fuera la primera ocupación de una edificación, construcción o instalación previamente autorizada, la licencia de obras pertinente.

b) Si la actividad estuviera sujeta al régimen de actividades clasificadas o a evaluación de impacto ambiental, la documentación necesaria para la tramitación de la correspondiente licencia o procedimiento.

3. El plazo máximo para la resolución sobre las solicitudes será determinado en las Ordenanzas Municipales, pero en ningún caso podrá superar el plazo de 6 meses. En defecto de previsión expresa en las correspondientes Ordenanzas Municipales el plazo de resolución del expediente del otorgamiento de licencia será de 3 meses.

4. Sin perjuicio de los trámites que se determinen en las Ordenanzas Municipales reguladoras de este procedimiento, deberán cumplimentarse los siguientes trámites:

a) Comunicación a las Administraciones afectadas para que en el plazo de 10 días emitan informe sobre los aspectos de su competencia.

b) Informe o informes técnicos que se prevean en las correspondientes Ordenanzas, o en la legislación sectorial aplicable, que en todo caso deberá considerar la adecuación del proyecto a la legalidad urbanística, a las normas de edificación y construcción, con especial consideración a las relativas a reducción del impacto ambiental de las operaciones y conservación energética.

c) Informe jurídico.

d) Los demás trámites e informaciones que sean necesarios en función del emplazamiento, la naturaleza de las operaciones o sus efectos.

e) Inspección para la verificación del cumplimiento de las medidas que se impongan en la licencia o correspondan en función de la actividad de que se trate.

5. La concesión de la licencia deberá notificarse al particular dentro del plazo máximo de tramitación que sea de aplicación en cada caso.

Los plazos indicados podrán ser ampliados por decreto del Consejo de Gobierno hasta 1 año de plazo total para aquellas operaciones que por requerir estudios de impacto ambiental, el tiempo de tramitación de tales estudios superen los plazos máximos previstos en las Ordenanzas Locales o en la presente Ley.

⇒ V. art. 22.3 del RSCL.

V. Ley 5/1999, de 8 abril, de evaluación de impacto ambiental, cuyo Anejo 2 ha sido desarrollado por D. 118/2000, de 20 junio.

V. Jurisprudencia en arts. 178 y concordantes del TRLS/1976 (§3).

Artículo 170. El contenido de las licencias.

Las licencias podrán contener en sus determinaciones las siguientes condiciones especiales:

a) Si se refirieren a actividades sujetas al régimen de actividades clasificadas, las medidas de corrección y procedimientos de verificación de la eficacia de tales medidas que puedan imponerse en virtud de dicha normativa.

b) Las actividades sujetas a evaluación de impacto ambiental, las medidas de minoración y evaluación que se prevean en la declaración de impacto.

⇒ V. Ley 5/1999, de 8 abril, de evaluación de impacto ambiental, cuyo Anejo 2 ha sido desarrollado por D. 118/2000, de 20 junio.

V. Jurisprudencia en arts. 178 y concordantes del TRLS/1976 (§3).

Artículo 171. La responsabilidad de los técnicos redactores de proyectos.

El profesional autor de la documentación técnica en que se fundamente la solicitud de licencia responderá a los efectos que procedan legalmente, de la exactitud y veracidad de los datos de carácter técnico consignados en ella.

⇒ Téngase en cuenta arts. 8 y concordantes de la Ley 38/1999, de 5 noviembre, de Ordenación de la Edificación (§1.1).

Sección 3ª La autorización de actividades provisionales

Artículo 172. El régimen de autorización provisional de actividades.

1. Cuando no dificultaren la ejecución de los Planes, podrán autorizarse en suelo urbanizable o rústico, previo informe favorable de la Comisión Provincial de Urbanismo, usos u obras justificadas de carácter desmontable, que habrán de desmontarse o, en su caso, demolerse sin derecho a indemnización cuando lo acordare el Ayuntamiento.

2. La autorización se tramitará de conformidad con lo previsto en las licencias de obra.

⇒ V. art. 17 de la Ley 6/1998, de 13 abril (§1).

V. arts. 134.1 y 136.2 del TRLS/1992 (§2).

V. art. 76 y concordantes del RD 1093/1997, de 4 julio (§2.1).

V. D. 5/1993, de 16 febrero, sobre las Comisiones Provinciales de Urbanismo.
V. Jurisprudencia en arts. 58, 178 y concordantes del TRLS/1976 (§3).

Sección 4ª El trámite de consulta

Artículo 173. El trámite de consulta sustitutorio de la licencia de obras.

1. La licencia de obras podrá ser sustituida por el trámite de consulta previsto en el número 2 del artículo 10 en los siguientes casos:

a) En las obras públicas promovidas por la Administración de la Junta de Comunidades y las Diputaciones siempre que:

1º Tengan por objeto el mantenimiento, la conservación, la reparación o la reforma de infraestructuras básicas tales como carreteras, obras hidráulicas o la producción o distribución de sistemas energéticos y de comunicaciones;

2º El correspondiente proyecto esté incluido en planes sectoriales aprobados por la Comunidad Autónoma o en programas de inversiones de los Presupuestos Generales de la Comunidad Autónoma, y

3º No impliquen un aumento de la superficie ocupada, o se precise la realización de estudios de impacto ambiental o equivalentes.

b) Las referidas a Proyectos de Singular Interés.

c) Los restantes actos de construcción, edificación y uso del suelo promovidos por la Administración de la Junta de Comunidades, cuando razones de urgencia o excepcional interés público así lo exijan.

2. Serán operaciones integradas a los efectos del presente artículo aquellas que por su determinación puedan contener las determinaciones de ordenación y ejecución suficientes para verificar el control urbanístico. Las operaciones integradas podrán estar legitimadas por la planificación sectorial prevista para la implantación de infraestructuras o Proyectos de Singular Interés, o en el planeamiento municipal, en el que se hayan seguido los procedimientos de concertación previstos en la presente Ley.

La aprobación del proyecto integrado implicará la de las determinaciones urbanísticas que les sean aplicables así como de las obras de urbanización pertinentes.

3. El plazo máximo para la contestación a dicha consulta será de un mes a partir de la entrada en el Registro del Ayuntamiento de la documentación necesaria para su emisión. El Municipio podrá solicitar una ampliación en el plazo hasta tres meses cuando se trate de operaciones sujetas al régimen de actividades clasificadas, sea necesaria la evaluación de impacto ambiental, o afecte a edificios declarados de interés cultural.

En el caso de que las operaciones hubiesen sido declaradas de urgencia, el plazo será de diez días. En el caso de que tales actos fueran contrarios al planeamiento urbanístico en vigor, en el plazo más breve posible se procederá a tramitar el correspondiente expediente de suspensión de dicho planeamiento conforme al artículo 43.

4. La disconformidad no impedirá la continuación y terminación del procedimiento. A estos efectos, la Administración actuante puede adoptar y notifi-

car resolución justificativa de los motivos que han impedido alcanzar, a su juicio, una definición acordada del interés público y remitir el expediente a la Consejería competente en materia de ordenación territorial y urbanística para que, previo informe de la Comisión Regional de Urbanismo, e informe contradictorio de la corporación local afectada, lo eleve al Consejo de Gobierno, a quien compete resolver su aprobación definitiva y disponer lo necesario para su ejecución, determinando, en su caso, la incoación del procedimiento de modificación o revisión del planeamiento de ordenación territorial y urbanística.

⇒ V. Ley 5/1999, de 8 abril, de evaluación de impacto ambiental, cuyo Anejo 2 ha sido desarrollado por D. 118/2000, de 20 junio.

V. D. 74/2001, de 6 marzo, por el que se establece la estructura orgánica y las competencias de los distintos órganos de la Consejería de Obras Públicas.

V. D. 129/1985, de 20 diciembre que modifica la composición y funcionamiento de la Comisión Regional de Urbanismo regulada por D. 33/1984, de 27 marzo.

CAPÍTULO III

La inspección urbanística

Artículo 174. La función inspectora.

1. La función inspectora sobre las actividades territoriales y urbanísticas corresponde a los Municipios dentro de su término municipal y subsidiariamente a la Junta de Comunidades.

2. En particular, la función inspectora:

a) Vela por el cumplimiento de los fines, objetivos y bienes proclamados en los artículos 2 a 6 de esta Ley y las disposiciones e instrumentos que la desarrollan y complementan.

b) Vigila e investiga las actividades que pudieran vulnerar la normativa señalada en el apartado anterior.

c) Denuncia cuantas anomalías observe en la aplicación de los instrumentos para la ordenación ambiental, territorial y urbanística.

d) Informa y propone a las Administraciones y autoridades competentes sobre la adopción de las medidas cautelares, correctivas y sancionadoras que juzgue convenientes para la conservación ambiental y el cumplimiento de la ordenación territorial.

e) Instruye los expedientes sancionadores que se le encomienden.

f) Colabora con los Tribunales de Justicia y las Administraciones competentes en materia ambiental y de ordenación territorial y urbanística.

g) Desempeña cuantas otras funciones asesoras, inspectoras y de control le sean encomendadas.

3. El ejercicio de la función inspectora comprende las siguientes potestades y facultades:

a) Investigación y acceso a registros y archivos para el ejercicio de sus funciones.

b) Levantar actas de inspección que gozarán de presunción de veracidad respecto de los hechos que en ellas se consignen, cuando se hubieren realizado de acuerdo con las formalidades que se determinen reglamentariamente.

c) Facultad para requerir el auxilio de la fuerza pública cuando fuera necesario.

4. Todos tienen el deber de colaborar en el ejercicio de las funciones inspectoras facilitando los documentos y la información que les soliciten los funcionarios y autoridades que las ejerzan.

Artículo 175. El personal de inspección.

1. Los Municipios de más de 20.000 habitantes de derecho y la Junta de Comunidades deberán contar con una unidad administrativa destinada a la función inspectora regulada en este Capítulo.

2. Al personal de la Comunidad Autónoma que realice funciones de inspección se le denomina Inspectores Territoriales. El Inspector Territorial tiene, en el ejercicio de sus funciones, la consideración de Agente de la Autoridad y goza de autonomía en el desarrollo de las mismas, estando facultado para requerir y examinar toda clase de documentos relativos al planeamiento y su ejecución, comprobar la adecuación de los actos de edificación y uso del suelo a la normativa ambiental y urbanística aplicable y obtener la información necesaria para el cumplimiento de sus funciones, que están obligados a suministrarle los órganos competentes y los particulares.

3. El Inspector Territorial estará provisto de un documento oficial que acredita esta condición ante autoridades, Organismos, Entidades urbanísticas colaboradoras, promotores, empresarios de obras, técnicos directores de obras, trabajadores y particulares en general.

4. En las dependencias de la Inspección se llevará un Libro de Visitas y un registro correlativo de las actas que se hayan extendido.

CAPÍTULO IV

Las órdenes de ejecución

Artículo 176. El concepto y régimen de la orden de ejecución.

1. La Administración urbanística podrá dictar órdenes de ejecución de actividades reguladas por la ordenación territorial y urbanística con el fin de preservar las disposiciones, principios y valores contenidos en dicha ordenación.

2. Las órdenes de ejecución tienen carácter ejecutivo. La Administración podrá suplir la actividad del destinatario mediante los medios de ejecución forzosa previstos en la legislación de Régimen Jurídico de las Administraciones Públicas y el Procedimiento Administrativo Común.

3. La Administración urbanística podrá dictar órdenes de ejecución en los siguientes supuestos:

a) Por incumplimiento del deber de conservación que consistirá en las operaciones de reparación o restauración legalmente exigibles, salvo que por motivo de la falta del cumplimiento de este deber haya sobrevenido la ruina, en cuyo caso se estará a lo dispuesto en el artículo 139.

b) Para la restauración o minoración del impacto de actividades no previstas o contrarias al orden de valores, los principios y disposiciones contenidas en la presente Ley o la normativa que la desarrolla o complementa.

4. Las órdenes de ejecución implicarán operaciones de reparación, demolición o de medidas de corrección del impacto que se juzguen imprescindibles para la preservación de los valores, los principios y disposiciones contenidas en la presente Ley o la normativa que la desarrolla o complementa.

5. La Administración, apreciada la concurrencia de alguno de los supuestos previstos en el número 3 anterior, comunicará al particular la orden de ejecución que deberá reunir los siguientes requisitos:

a) Identificación del motivo o motivos que justifican la adopción de la orden de ejecución.

b) Relación de actividades que se integran en la orden de ejecución.

c) Plazo para su ejecución y advertencia de la posibilidad de la utilización de los medios de ejecución forzosa antes indicados.

d) En su caso, invitación a formular el correspondiente proyecto técnico cuando éste sea necesario para la realización de las indicadas operaciones.

El particular recibida la comunicación tendrá un plazo de quince días para la formulación de las alegaciones y aportación de documentos y, en su caso, del proyecto técnico. Reglamentariamente se podrá prever un plazo superior al indicado en el presente apartado.

Simultáneamente a este trámite se dará información a las Administraciones afectadas bien por las actividades que motivaron la adopción de la orden de ejecución, bien por la ejecución de la misma.

A la vista de las alegaciones e informes que se aporten al procedimiento la Administración resolverá el contenido y condiciones de la orden de ejecución.

6. En la determinación de las operaciones constitutivas de la orden de ejecución se contemplarán los principios de igualdad, proporcionalidad, congruencia con los fines, principios y valores consagrados en la presente Ley y la menor restricción a la esfera de los particulares, y los demás intereses generales que pudieran verse afectados por los motivos que justificaron la adopción de esta medida, o por las consecuencias de su ejecución.

7. La orden de ejecución legitima respecto del ordenamiento territorial y urbanístico las operaciones que en ella se contemplan.

8. El destinatario de la orden de ejecución deberá abonar los gastos de elaboración de proyecto, las tasas que sean legalmente exigibles por su tramitación, y las operaciones de ejecución material de la orden. La Administración podrá recaudar las anteriores cantidades por los procedimientos de ejecución previstos en la legislación general del Estado.

9. La Administración Pública podrá acordar de plano las medidas nece-

sarias para salvaguardar la integridad física de las personas o sus bienes, así como los principios y valores proclamados en la presente Ley respecto de los riesgos inminentes derivados del estado de obras, construcciones, instalaciones o terrenos. Las anteriores actuaciones se realizarán por la propia Administración que los acuerden la cual podrá recabar, si ello fuera posible, la colaboración de los titulares de los terrenos, instalaciones, edificaciones o construcciones. Adoptadas las medidas imprescindibles para la salvaguarda de tales bienes jurídicos se procederá a tramitar el correspondiente expediente de orden de ejecución de acuerdo con lo previsto en la presente disposición.

10. El incumplimiento de la orden de ejecución habilita a la Administración Pública para expropiar el inmueble bajo cualquiera de las modalidades previstas en la presente Ley.

⇒ V. arts. 181 y 182 de la presente Ley
V. art. 19 de la Ley 6/1998, de 13 abril (§1).
V. art. 3 de la Ley 38/1999, de 5 noviembre, de Ordenación de la Edificación (§1.1).
V. arts. 96 y concordantes de la LRJ-PAC.
V. Jurisprudencia en arts. 181 y concordantes del TRLS/1976 (§3).

CAPÍTULO V
La disciplina territorial y urbanística

Sección 1ª El régimen de las edificaciones, construcciones e instalaciones y demás operaciones y actividades reguladas por la ordenación territorial y urbanística clandestinas

Artículo 177. Las edificaciones, construcciones e instalaciones y las operaciones y actividades reguladas por la ordenación territorial y urbanística clandestinas.

Se consideran actuaciones clandestinas las edificaciones, construcciones e instalaciones, y demás operaciones y actividades reguladas por la ordenación territorial y urbanística realizadas, total o parcialmente, sin contar con los correspondientes actos legitimadores previstos en la presente Ley o al margen o en contravención de dichos actos.

⇒ V. art. 159 de la presente Ley.

Artículo 178. El régimen de legalización de las actuaciones clandestinas.

1. Cuando cualquiera de las restantes Administraciones, en el ejercicio de sus funciones, aprecien la existencia de actuaciones clandestinas deberán ponerlo en conocimiento del Municipio o Municipios en cuyo término se estén o se hallen realizando las mismas.

Igualmente, deberán notificar a la persona o personas que consten como interesados en los registros de la entidad denunciante la comunicación a la Administración urbanística competente.

2. Recibida la denuncia o apreciada por los correspondientes servicios municipales la existencia o realización de una actuación clandestina procederán a notificar a quien figure como propietario del inmueble en el catastro,

ordenando la suspensión de las obras y emplazando para que en un plazo de dos meses presente proyecto de legalización de la referida actuación regulada por la ordenación territorial y urbanística en el caso de que la actuación sea legalizable. A la notificación se acompañará la información urbanística que deba tener en cuenta el propietario para la elaboración del proyecto.

El proyecto de legalización deberá acompañar, los instrumentos de ordenación, proyectos técnicos y demás documentos precisos para la verificación del tipo de control urbanístico que sea aplicable en cada caso. En el proyecto se deberán incluir las operaciones de adaptación de la actuación a la ordenación urbanística y de reducción del impacto ambiental o cultural, si ello fuera procedente.

3. La Administración Municipal, dentro de los tres meses siguientes a la presentación de la solicitud de legalización, resolverá sobre el carácter legalizable o no de la actuación.

En el caso de proceder la legalización de la actuación se seguirán los procedimientos y plazos previstos en la presente Ley para la realización de los actos de control que en cada caso sean aplicables. Cuando a juicio de la Administración Municipal no procediera la legalización, se ordenará la demolición del edificio sin más trámite.

Podrá otorgarse un acto de legalización parcial o sujeto a condición, en el plazo de un mes, con las condiciones y requisitos previstos para las licencias parciales o sujetas a condición reguladas en el artículo 168, previa verificación de los instrumentos de ordenación, proyectos técnicos y demás documentos a que se refiere el número dos de este artículo.

Deberá comunicarse al denunciante, la incoación del expediente así como el acto de resolución del mismo.

4. La Administración podrá acordar en cualquier momento las siguientes medidas cautelares para garantizar la efectividad del requerimiento de legalización:

a) Cuando se refieran a operaciones en curso de ejecución, su suspensión, precinto de los inmuebles y maquinaria, o cuando ésta fuera susceptible de ello el depósito de las mismas bajo custodia de la Administración Local.

b) En todo caso, la suspensión del suministro de los servicios de gas, agua y electricidad.

c) Desalojo y precinto de los inmuebles, salvo aquellos que tuvieran la condición legal de domicilio.

5. La legalización de operaciones urbanísticas clandestinas no extingue la responsabilidad de los propietarios, promotores, técnicos o funcionarios que hayan participado en las mismas.

6. La resolución que ponga fin al procedimiento de legalización indicará además las indemnizaciones que procedan derivadas de la realización de la operación o actividad clandestina y de su legalización.

⇒ Téngase en cuenta arts. 8 y concordantes de la Ley 38/1999, de 5 noviembre, de Ordenación de la Edificación (§1.1).

V. arts. 56 y concordantes del RD 1093/1997, de 4 julio (§2.1).
V. Ley 5/1999, de 8 abril, de evaluación de impacto ambiental, cuyo Anejo 2 ha sido desarrollado por D. 118/2000, de 20 junio.
V. Jurisprudencia en arts. 184 y concordantes del TRLS/1976 (§3).

Artículo 179. Las actuaciones ilegales.

1. Las actuaciones que no se adecuen a la ordenación territorial y urbanística tendrán la consideración de actuaciones ilegales.

2. Las actuaciones ilegales estarán sujetas al procedimiento de legalización regulado en el artículo anterior, con las siguientes peculiaridades:

a) El requerimiento de legalización implicará la simultánea apertura del correspondiente procedimiento sancionador.

b) En ningún caso podrán legalizarse:

1) Las actuaciones ilegales realizadas en suelo rústico de protección, zonas verdes, espacios públicos o bienes de dominio público, servicio público o en bienes comunales.

2) Las realizadas en terrenos forestales protegidos o en espacios naturales, así como en terrenos rústicos que hayan perdido su masa arbórea en virtud de talas ilegales.

3. La existencia de acto administrativo legitimador de operaciones y actividades no será obstáculo para la adopción de las medidas previstas en la presente Sección. En este caso, también podrá la Administración urbanística competente adoptar las medidas cautelares previstas en el número 4 del artículo 178.

Cuando el acto legitimador fuera una licencia o autorización urbanística, en el trámite de formulación del correspondiente proyecto de legalización el particular podrá alegar las razones o motivos y aportar las pruebas que justifiquen la correspondiente licencia o autorización urbanística. Recibidas dichas alegaciones no podrá resolverse el expediente sino tras la emisión del informe del Consejo Consultivo de Castilla-La Mancha.

Recibido el correspondiente informe, la Administración resolverá sobre las alegaciones de la legalidad de la respectiva licencia o autorización urbanística, y la continuación, en su caso del expediente de legalización. La tramitación del incidente de revisión no suspende la tramitación del procedimiento de legalización.

⇒ V. arts. 56 y concordantes del RD 1093/1997, de 4 julio (§2.1).
V. Jurisprudencia en arts. 184, 185 y concordantes del TRLS/1976 (§3).

Artículo 180. La intervención de la Administración de la Junta de Comunidades.

Las actuaciones previstas en este Capítulo tienen, para los Municipios, el carácter de obligaciones legales de cumplimiento inexcusable. La inactividad municipal podrá dar lugar a la intervención de la Administración de la Junta de Comunidades, en sustitución de la municipal y en los términos dispuestos en el artículo 60 de la Ley general 7/1985, de 2 de abril, reguladora de las Bases del Régimen Local.

Artículo 181. Las operaciones de ejecución.

1. La innovación del planeamiento no implicará la legalización automática de las operaciones clandestinas o ilegales realizadas bajo un planeamiento anterior. La legalización de las actuaciones realizadas de forma clandestina requerirá la tramitación y aprobación del expediente al que se refiere el número anterior.

En ningún caso, la legalización podrá significar la vulneración de los principios, valores y bienes constitucionales proclamados en la presente Ley.

2. La Administración actuante podrá:

a) Exigir hasta un quince por ciento del precio total de las obras legalizadas o realizadas para la legalización de obras clandestinas o ilegales.

b) Dictar las correspondientes órdenes de ejecución respecto de las operaciones y obras precisas para la legalización de operaciones y actividades clandestinas o ilegales. Las órdenes de ejecución se regirán por lo previsto en el artículo 176.

⇒ V. art. 137.5 del TRLS/1992 (§2).
V. Jurisprudencia en arts. 60, 61 y concordantes del TRLS/1976 (§3).

Sección 2ª Las operaciones de restauración de la ordenación territorial y urbanística

Artículo 182. Las operaciones de restauración de la ordenación territorial y urbanística.

1. Las operaciones de restauración o recuperación de la ordenación territorial y urbanística derivadas de operaciones o actuaciones clandestinas serán determinadas en la resolución del expediente de legalización tramitado de conformidad con lo previsto en el artículo anterior, o en la orden de ejecución que se adopte al efecto. En la resolución del expediente se señalarán los plazos.

2. En la determinación de tales operaciones deberán tenerse en cuenta los principios y valores consagrados en la presente Ley.

3. Las operaciones de restauración o recuperación del orden territorial y urbanístico derivadas de actuaciones clandestinas o ilegales correrán de cuenta de los propietarios de los terrenos, inmuebles o actividades, responsables de los mismos. La Administración podrá ordenar la ejecución de tales obras con los efectos previstos en el artículo 176 para las órdenes de ejecución.

4. Transcurridos cuatro años desde la terminación de la operación o cese de las actividades clandestinas o ilegales, la Administración no podrá ordenar la demolición de las edificaciones, instalaciones o construcciones derivadas de las mismas.

No obstante, dichas edificaciones quedarán sujetas al régimen de fuera de ordenación y cualquier operación que implique aumento de volumen o consolidación requerirá la previa aprobación de un proyecto de legalización. En dicho proyecto, se contemplarán el conjunto de medidas necesarias para la reducción o eliminación del impacto de la actuación en los servicios urbanísticos, dotación de espacios públicos u otras análogas. La Administración podrá aprobar dichos planes de oficio.

5. El plazo de cuatro años a que se refiere el apartado anterior no rige para las parcelaciones que se realicen en suelo rústico protegido ni para los actos de construcción, edificación o uso del suelo:

a) ejecutados sin licencia, autorización previa o calificación territorial o contraviniendo las determinaciones de ellas, cuando sean preceptivas, sobre terrenos calificados en el planeamiento como sistemas generales o clasificados como suelo rústico de protección ambiental por la ordenación territorial y urbanística,

b) ejecutados en dominio público o en las zonas de servidumbre del mismo, o

c) que afecten a bienes catalogados o declarados de interés cultural en los términos de la legislación sobre el patrimonio histórico, cultural y artístico.

6. La no ejecución de las órdenes de restablecimiento de la realidad física da lugar a sucesivas multas coercitivas por plazos de un mes e importe del diez por ciento del valor de la operación o actuación clandestina o ilegal, así como el traslado del expediente de legalización al Ministerio Fiscal.

⇒ V. Ley 4/1990, de 30 mayo, de Patrimonio Histórico de Castilla-La Mancha.
V. Jurisprudencia en arts. 60, 61, 185 y concordantes del TRLS/1976 (§3).

CAPÍTULO VI
Las infracciones y sanciones urbanísticas

Sección 1ª El régimen general

Artículo 183. Las infracciones territoriales y urbanísticas.

1. Son infracciones muy graves:

a) Las infracciones tipificadas como graves que afecten a suelos ordenados como sistemas generales o que estén calificados como suelos rústicos de protección ambiental o tengan la consideración de dominio público conforme a la legislación sectorial correspondiente o se ubique en las zonas de servidumbre del mismo.

b) La destrucción de bienes catalogados o declarados de interés cultural en los términos de la legislación sobre el patrimonio histórico, cultural y artístico y las parcelaciones que se realicen en suelo rústico protegido por planeamiento general o especial.

c) La comisión de una o más infracciones graves por persona a la que se haya impuesto con anterioridad una sanción firme por haber cometido alguna o algunas de las infracciones tipificadas en esta Ley.

2. Son infracciones graves:

a) Las que constituyen incumplimiento de las normas sobre parcelación, uso del suelo, altura, superficie y volumen edificable, densidad residencial y situación de las edificaciones y ocupación permitida de la superficie de parcelas, salvo que en el expediente sancionador se demuestre la escasa entidad del daño producido a los intereses generales, o del riesgo creado en relación a los mismos, que se consideran como infracciones leves.

b) La realización de obras mayores no amparadas por licencia o, en su caso, calificación territorial o autorización correspondiente de la Administración Autonómica, salvo que por la escasa alteración del paisaje urbano, rural o natural merezcan la consideración de leves.

c) Los usos no amparados por licencia e incompatibles con la ordenación territorial y urbanística aplicable.

d) Los incumplimientos en materia de gestión salvo que se subsanen tras el primer requerimiento de la Administración, en cuyo caso se consideran como infracciones leves.

e) En todo caso, los movimientos de tierra y extracciones en el subsuelo no amparados por licencia o, en su caso, calificación territorial o autorización de la Administración competente cuando proceda.

f) La colocación de artículos de propaganda, vertido de escombros u otros residuos, así como el depósito de materiales que por ser ajenos al paisaje natural o rural deterioren el mismo, salvo que por su escaso impacto al paisaje merezcan la consideración de leves.

g) La obstaculización de la labor inspectora.

h) La comisión de una o más infracciones leves por persona a la que se haya impuesto con anterioridad una sanción firme por haber cometido alguna o algunas de las infracciones tipificadas en esta Ley.

3. Son infracciones leves las operaciones y actividades sobre el territorio realizadas sin contar o, en disconformidad con el preceptivo proyecto de urbanización, licencia, autorización o informe urbanístico.

4. Incurren en infracción urbanística las autoridades con competencia en materia territorial y urbanística y el personal que de ellas dependan cuando otorguen o voten favorablemente el otorgamiento de licencia urbanística, autorización u otro acto legitimador de actividades reguladas por la ordenación territorial y urbanística, en contra de dicha ordenación, o cuando toleren, o dejen de ejercer las potestades de inspección, legalización, reparación, y sanción de las infracciones urbanísticas que se definen en la presente Ley. La condición de falta muy grave, grave o leve se determinará en función de la calidad de la infracción tolerada o consentida.

⇒ V. arts. 258.2, 258.3 y 259.3 del TRLS/1992 (§2).
V. Ley 4/1990, de 30 mayo, de Patrimonio Histórico de Castilla-La Mancha.
V. Jurisprudencia en arts. 225, 226 y concordantes del TRLS/1976 (§3).

Artículo 184. Las sanciones urbanísticas.

1. Las infracciones definidas en el artículo anterior podrán sancionarse con:

a) Multa,

b) Inhabilitación para ser urbanizador o desarrollar actividades con relevancia urbanística,

c) Publicidad de la infracción, sanción y medidas de legalización,

d) Confiscación del beneficio y

e) Expropiación de los terrenos, edificaciones, instalaciones o construcciones resultantes de la infracción.

2. Las infracciones anteriormente tipificadas están sancionadas con las siguientes multas:

a) Infracciones leves: Multa de 100.000 a 1.000.000 de pesetas.

b) Infracciones graves: Multa de 1.000.001 a 25.000.000 de pesetas.

c) Infracciones muy graves: Multa de más de 25.000.000 de pesetas.

3. En el caso de infracciones relacionadas con la ejecución de obras urbanizadoras podrá imponerse, además de la multa que corresponde la sanción de inhabilitación por un período de hasta tres años para la realización de este tipo de obras.

4. En cualquier caso, la Administración competente deberá ordenar la publicación en un «Diario Oficial de la Comunidad Autónoma», y en uno de los periódicos de mayor circulación de los de la Provincia en la que se haya producido la infracción, la sanción impuesta y las medidas de legalización y restauración del orden territorial y urbanístico. Los gastos derivados de la publicación del acuerdo sancionador serán por cuenta de aquellos que hayan sido declarados responsables del mismo.

5. En ningún caso la infracción puede suponer un beneficio económico para el infractor. Cuando la suma de la multa impuesta y del coste de las actuaciones de reposición de bienes y situaciones en su primitivo estado arroje una cifra inferior o igual a dicho beneficio, la diferencia se atribuirá a la Administración en concepto de indemnización.

6. Sin perjuicio de las medidas señaladas en los apartados anteriores, la Administración actuante podrá expropiar los terrenos con una reducción del veinticinco por ciento de su valor en los supuestos de reincidencia, incumplimiento de la sanción propuesta o insolvencia del responsable o responsables de la infracción, así como de las infracciones referidas a operaciones de reparcelación.

En este supuesto sólo podrán ser indemnizadas aquellas obras útiles y que sean conformes con la ordenación territorial urbanística que resulte aplicable.

La propiedad del suelo pasará a ser de titularidad municipal. En el supuesto de que en la finca existan terceros adquirentes de viviendas, locales o titulares de derechos reales sobre cosa ajena, serán mantenidos en su derecho pero la Administración tendrá derecho de tanteo y retracto sobre dichas viviendas, locales o titulares de derechos, sobre la primera y sucesivas transmisiones que se den sobre dichos inmuebles.

Los terrenos, locales y viviendas deberán dedicarse al patrimonio público del suelo para la promoción del alquiler en cualquiera de las modalidades de gestión previstas en la legislación general y específica de régimen jurídico y de contratación.

7. El personal dependiente de la Administración Pública que en el ejercicio de sus funciones realice o colabore en la ejecución de cualquiera de las infracciones a las que se refiere la presente Ley deberá ser sancionado de acuerdo con la legislación disciplinaria que le sea aplicable. La sanción disciplinaria se determinará de acuerdo con los criterios de graduación de la responsabilidad contenidos en la presente Ley.

Artículo 185. Los sujetos responsables de las infracciones urbanísticas.

1. En las obras o usos del suelo que se ejecutan sin licencia o con inobservancia de sus condiciones o, en su caso, sin comunicación previa o autorización preceptiva, es responsable el promotor, el empresario de las obras y, en su caso, el técnico director de las mismas. También son responsables en esos casos las autoridades o funcionarios que hayan infringido las normas en vigor en el ejercicio de sus respectivas competencias en materia de policía territorial.

2. En las obras amparadas en un acuerdo municipal legitimador de operaciones y actividades urbanísticas, cuyo contenido u otorgamiento constituya manifiestamente una vulneración del ordenamiento territorial y urbanístico, serán responsables, además de las personas señaladas en el apartado anterior, el facultativo que haya informado favorablemente el proyecto, el Secretario de la Corporación y los fedatarios y funcionarios públicos que no hubiesen advertido de la omisión del preceptivo informe técnico, y los miembros de la corporación que hubiesen votado a favor del otorgamiento de la licencia sin el informe técnico previo o cuando éste fuera desfavorable, en razón de aquella infracción.

3. A los efectos de responsabilidad por infracciones, se considera también como promotor el propietario del suelo en el cual se comete o se ha cometido la infracción cuando el mismo ha tenido conocimiento de las obras infractoras. Se presume, salvo prueba en contrario, que el titular del suelo tiene conocimiento de las obras infractoras cuando por cualquier acto ha cedido el uso del mismo al sujeto responsable directo de la infracción, incluida la mera tolerancia.

4. Las personas jurídicas son responsables de las infracciones cometidas por sus órganos o agentes y asumen el coste de las medidas de reparación del orden vulnerado, sin perjuicio de las indemnizaciones por daños y perjuicios a terceros a que haya lugar.

5. Si en el expediente aparecen como presuntos responsables, en el ejercicio de sus respectivas competencias en materia de policía territorial, autoridades o funcionarios municipales, la competencia para su tramitación o resolución corresponde al Director General o autoridad municipal correspondiente.

Si los presuntos responsables son autoridades o funcionarios de la Comunidad Autónoma, la competencia corresponde al Consejero competente, salvo que se trate de autoridad de este rango, en cuyo caso lo es el Consejo de Gobierno.

⇒ Téngase en cuenta arts. 8 y concordantes de la Ley 38/1999, de 5 noviembre, de Ordenación de la Edificación (§1.1).
V. Jurisprudencia en arts. 228 y concordantes del TRLS/1976 (§3).

Artículo 186. Las sanciones al personal al servicio de las Administraciones urbanísticas.

En el supuesto de que la infracción se realizara por personal al servicio de la Administración urbanística en el ejercicio de sus funciones no se le impondrá la sanción de multa, le será de aplicación la sanción disciplinaria procedente en función de la gravedad de la infracción cometida.

Artículo 187. La prescripción de las infracciones.

1. Las infracciones prescriben en los siguientes plazos:

a) Las muy graves a los cinco años.

b) Las graves en un plazo de tres años.

c) Las leves en un año.

2. El plazo de prescripción empezará a contar, en el caso de infracciones referidas a operaciones clandestinas, desde el momento en que se den las condiciones para que puedan ser conocidas por la Administración competente. En el resto de los supuestos el cómputo del plazo comenzará con la terminación o cese de la operación o actividad urbanística considerada como infracción.

En el caso de infracciones continuadas el plazo de prescripción comenzará a partir del cese efectivo de la misma. Se considera infracción continuada todas las infracciones reiteradas, que no hayan sido sancionadas, que respondan al mismo tipo y que se produzcan dentro del plazo de prescripción que en cada caso corresponda.

3. La prescripción de la infracción se interrumpe con la notificación de la incoación del correspondiente expediente sancionador.

⇒ V. Jurisprudencia en arts. 230 y concordantes del TRLS/1976 (§3).

Artículo 188. La prescripción de la sanción.

1. Las sanciones muy graves prescriben a los cinco años, las graves a los tres años y las leves al año.

2. El cómputo del plazo se iniciará a partir de la fecha de la notificación de la resolución sancionadora a los responsables.

Artículo 189. La graduación de la responsabilidad.

1. Son circunstancias que agravan la responsabilidad de los culpables de una infracción:

a) Haberse prevalido, para cometerla, de la titularidad de un oficio o cargo público, salvo que el hecho constitutivo de la infracción haya sido realizado, precisamente, en el ejercicio del deber funcional propio del cargo u oficio.

b) Utilizar violencia o cualquier otro tipo de coacción sobre la autoridad o funcionario público encargado del cumplimiento de la legalidad urbanística, o mediante soborno.

c) Alterar los supuestos de hecho que presuntamente legitiman la actuación, o falsificar los documentos en que se acredita el fundamento legal de la actuación.

d) Realizarla aprovechándose o explotando en su beneficio una grave necesidad pública o del particular o particulares que resultaron perjudicados.

e) Resistirse a las órdenes emanadas de la autoridad relativas a la defensa de la legalidad urbanística o su cumplimiento defectuoso.

f) Iniciación de las obras sin orden escrita del técnico director y las modificaciones que aquél introdujere en la ejecución del proyecto sin instrucciones expresas de dicho técnico cuando tales variaciones comporten una infracción urbanística, quedando exento de responsabilidad el empresario constructor en todos aquellos casos en que justifique suficientemente haberse atenido a las instrucciones recibidas de la dirección facultativa de obra.

g) La comisión de una infracción muy grave por persona a la que se haya impuesto con anterioridad una sanción firme por haber cometido alguna o algunas de las infracciones tipificadas en esta Ley.

h) No haber procedido a la suspensión de las obras tras la inspección y pertinente advertencia del agente de la autoridad.

2. Son circunstancias cuya concurrencia atenúa la responsabilidad de los culpables de una infracción urbanística:

a) Demostrar la falta de intencionalidad en la gravedad del daño a los intereses públicos o privados afectados por la operación o actuación ilegal.

b) Proceder a la reparación o adoptar medidas que disminuyan el daño causado, antes de la iniciación de las actuaciones sancionadoras.

c) Proceder a la suspensión de las obras tras la inspección y pertinente advertencia del agente de la autoridad.

3. Son circunstancias que, según cada caso, atenúan o agravan la responsabilidad:

a) El grado de conocimiento técnico de los pormenores de la actuación, de acuerdo con la profesión o actividad habitual del culpable.

b) El beneficio obtenido de la infracción, o, en su caso, el haberla realizado sin consideración ninguna al posible beneficio económico que de la misma se derivare.

4. Cuando en el expediente se aprecie alguna circunstancia agravante o atenuante, la multa debe imponerse, respectivamente, en su mitad superior o inferior, estableciéndose la cuantía en función de la ponderación que la Administración efectúe respecto a la incidencia de dichas circunstancias en la valoración global de la infracción. Las mismas reglas se observan según

los casos cuando concurran alguna o ambas de las circunstancias mixtas establecidas en el apartado anterior.

⇒ V. Jurisprudencia en arts. 228 y concordantes del TRLS/1976 (§3).

Artículo 190. La determinación de la sanción.

Cuando en aplicación de los preceptos de la presente Ley se instruya expediente sancionador por dos o más infracciones tipificadas entre las que existe relación de causa efecto, se impondrá la sanción que corresponda a la más grave en su cuantía máxima. En los demás casos, se impondrán a los responsables de dos o más infracciones las multas correspondientes a cada una de las diversas infracciones cometidas.

Artículo 191. Las reglas especiales correspondientes a la determinación de la multa.

1. Las multas por infracciones se imponen con independencia de las demás medidas previstas en esta Ley.

2. Las multas que se imponen a los distintos responsables por una misma infracción tienen entre sí carácter independiente.

3. Si el promotor insta la legalización de la actuación antes de la resolución del expediente de expropiación, puede solicitar el archivo del expediente mediante el pago del veinticinco por ciento del importe de la multa propuesta en el expediente sancionador.

4. Si el restablecimiento de la realidad física alterada se ejecuta por el infractor dentro del plazo establecido al efecto, la multa se reduce en un setenta y cinco por ciento.

⇒ V. Jurisprudencia en arts. 225 y concordantes del TRLS/1976 (§3).

Sección 2ª Las infracciones y sanciones específicas en materia de gestión, parcelación, edificación y medio ambiente

Artículo 192. Las infracciones y sanciones en materia de gestión urbanística.

1. Las obras de urbanización e implantación de servicios de carácter clandestino que se realicen en suelo rústico o urbanizable siempre que en este último caso no exista programa aprobado que lo desarrolle o no se ajusten a las determinaciones de éste, se sancionarán con multa equivalente al importe de las mismas. La cuantía mínima de estas sanciones es, en todo caso, de 500.000 pesetas.

En suelo urbano o urbanizable con programa aprobado, la sanción será del veinte al veinticinco por ciento del valor de la obra ejecutada sin autorización o sin ajustarse a las condiciones de ésta, salvo que estas obras fueran susceptibles de legalización, en cuyo caso la sanción será del cinco por ciento del valor de la obra ejecutada.

2. El incumplimiento de los compromisos contraídos con relación al planeamiento, gestión y ejecución se sanciona con multa de 100.000 a 10.000.000 de pesetas.

3. Las entidades de conservación legalmente constituidas que incumplan la obligación de conservar, mantener y entretener las obras de urbanización e instalaciones, serán sancionadas con multa de 100.000 a 10.000.000 de pesetas. La cuantía de la multa será proporcional al grado de deterioro o abandono de las obligaciones asumidas.

4. Las infracciones tipificadas y sanciones establecidas en este artículo prescribirán a los dos años.

Artículo 193. Las infracciones y sanciones en materia de parcelación y equidistribución.

1. La parcelación en suelo urbano realizada que contravenga lo dispuesto en la ordenación territorial y urbanística aplicable se sancionará con multa del diez al quince por ciento del valor en venta de los terrenos afectados.

Cuando la parcelación se realice en suelo urbanizable que carezca de los instrumentos de ordenación necesarios para su desarrollo la multa será del diez al quince por ciento del valor en venta de los terrenos afectados.

La parcelación que se realice en suelo rústico se sancionará con multa del veinte al veinticinco por ciento del valor de los terrenos afectados.

2. Las parcelaciones o división de parcelas consideradas como indivisibles o que den lugar a lotes inferiores a la parcela mínima se sancionarán con multa del diez al quince por ciento del valor en venta de los terrenos afectados en las operaciones de parcelación o división.

3. La parcelación o división de parcelas clandestina será sancionada con multa del cinco por ciento del valor en venta de los terrenos.

4. Las infracciones tipificadas y sanciones establecidas en esta Sección prescriben a los cinco años.

⇒ V. arts. 258.2, 258.3 y 259.3 del TRLS/1992 (§2).
V. Jurisprudencia en arts. 226 y concordantes del TRLS/1976 (§3).

Artículo 194. Las infracciones y sanciones en materia de edificación.

1. Se impondrá multa del cincuenta por ciento del valor de la obra ejecutada a quienes realizan o han realizado obras de edificación en las siguientes condiciones:

a) Que no corresponden al uso del suelo en el que se ejecutan o han ejecutado.

b) Que superan la altura, superficie y volumen edificable, número de habitantes, ocupación o contravengan retranqueos permitidos por el plan.

c) Que no respeten, en suelo rústico, las reglas establecidas en el número 2 del artículo 55.

d) Las que consisten en obras de modernización, consolidación o aumento de volumen en edificios fuera de ordenación.

e) Cuando no han sido paralizadas las obras ilegales no obstante haberlo requerido la Administración actuante.

Para la imposición de multas a quienes realizan obras de edificación, ha de tenerse en cuenta el valor de la obra ejecutada, que se calcula en función del valor en venta del bien inmueble objeto de infracción, en relación con otros similares en características y emplazamiento, fijados por la Administración, previo informe técnico y audiencia del interesado.

2. Se sancionará con multa del cien al doscientos por cien del valor del suelo afectado o de las obras ejecutadas a quienes realizan, con independencia de su legalización o no, en terrenos destinados por el planeamiento a sistemas generales, espacios naturales protegidos y sus zonas periféricas de protección, obras, instalaciones o acciones que impiden o perturban dichos usos o condiciones. Cuando la infracción se realice sobre bienes no susceptibles de valoración, por estar excluidos de modo permanente y total del tráfico jurídico, la multa podrá oscilar entre las 100.000 y los 10.000.000 de pesetas.

3. La alteración del uso del edificio, planta, local o dependencia a que están destinados por los planes u ordenanzas será sancionada con el veinticinco al cincuenta por ciento del valor de lo alterado.

4. Se sanciona con multa de 25.000 a 500.000 pesetas a quienes colocan carteles de propaganda sin licencia. La sanción se graduará en función de la localización, tamaño o incidencia en el medio físico y en el entorno. La sanción se aplicará en su grado máximo cuando se incumpla la resolución de la Administración requiriendo la retirada del cartel instalado sin la pertinente autorización.

5. Las infracciones tipificadas y sanciones establecidas en los números 1, 2 y 3 prescribirán a los cuatro años. Las infracciones tipificadas en el número 4 prescribirán al año.

Artículo 195. Las infracciones y sanciones en materia de medio ambiente cultural y natural.

1. Se sanciona con multa del doscientos al trescientos por cien del valor de lo destruido a quienes derriban o desmontan total o parcialmente edificaciones, construcciones o instalaciones que son objeto de protección especial por el planeamiento, por su carácter monumental, histórico, artístico, arqueológico, cultural, típico o tradicional.

2. Se sanciona con multa del setenta y cinco por ciento del valor de la obra ejecutada la realización de construcciones en lugares inmediatos o que forman parte de un grupo de edificios de carácter histórico-artístico, arqueológico, típico o tradicional que infringen las correspondientes normas o régimen jurídico de protección, quebrantan la armonía del grupo, o producen el mismo efecto en relación con algún edificio de gran importancia o calidad de los caracteres indicados. La graduación de la multa se realiza en atención al carácter grave o leve de la discordancia producida.

3. Asimismo se sanciona con multa del setenta y cinco por ciento del valor de la obra ejecutada, las que se realizan afectando a lugares de paisaje abierto y natural, sea rural o a las perspectivas que ofrezcan los conjuntos urbanos de características histórico-artísticas, típicos o tradicionales y a las

inmediaciones de las carreteras y caminos de trayecto pintoresco, cuando la situación, masa, altura de los edificios, muros y cierres, o la instalación de otros elementos limitan el campo visual para contemplar las bellezas naturales, rompen o desfiguran la armonía del paisaje o la perspectiva propia del mismo e infringen el planeamiento vigente.

4. Las talas y los derribos de árboles que infringen las disposiciones de aplicación en terrenos que el plan de ordenación haya clasificado como espacio boscoso, bosque forestal, arboleda que deba conservarse, proteger o cerrar, estén o no sometidos al régimen forestal especial, son sancionadas con una multa de 10.000 a 1.000.000 de pesetas. La multa se gradúa en función de la mayor o menor trascendencia que tiene la infracción en relación con el uso previsto. El propietario está además obligado a restaurar la realidad física alterada. No puede ser autorizada ninguna urbanización hasta que no se realiza la correspondiente repoblación forestal, según el plan establecido por el órgano competente.

5. Las infracciones tipificadas y sanciones establecidas en esta Sección prescriben a los tres años.

⇒ V. Ley 9/1990, de 28 diciembre, de Carreteras y Caminos en Castilla-La Mancha.
V. Ley 4/1990, de 30 mayo, de Patrimonio Histórico de Castilla-La Mancha.

Sección 3ª La competencia y el procedimiento

Artículo 196. Las competencias.

Cuando por razón de la infracción o la inactividad de la Administración Municipal competente correspondiera la competencia a la Comunidad Autónoma, la resolución será adoptada:

a) Para las infracciones a las que corresponda una multa de hasta 100.000.000 de pesetas, por el Consejero competente en materia de ordenación territorial y urbanística.

b) Para las infracciones en las que el importe de la multa excede de 100.000.001 pesetas, por el Consejo de Gobierno, a propuesta del Consejero competente en materia de ordenación territorial y urbanística.

Artículo 197. El procedimiento.

1. La incoación y tramitación del expediente sancionador se realizará por los órganos reglamentariamente previstos.

Se tramitarán simultáneamente los expedientes de legalización, restauración y de recuperación y el sancionador.

2. El importe de las multas impuestas se recauda en la forma que reglamentariamente se determine.

3. Los ingresos en concepto de sanciones se destinarán al patrimonio público de suelo y actuaciones de restauración del medio ambiente y del territorio.

Artículo 198. La prejudicialidad.

Cuando con ocasión de los expedientes administrativos que se instruyan por infracción urbanística se presuma que de los documentos aportados o de la propia infracción se desprenden indicios del carácter de delito o falta del hecho, el órgano competente para imponer la sanción, por sí o a propuesta del instructor del expediente, lo pondrá en conocimiento del Ministerio Fiscal, a los efectos de exigencia de las responsabilidades de orden penal en que hayan podido incurrir los infractores, absteniéndose aquél de proseguir el procedimiento sancionador mientras la autoridad judicial no se haya pronunciado. La sanción penal excluirá la imposición de sanción administrativa sin perjuicio de la adopción de medidas de reposición a la situación anterior a la comisión de la infracción.

CAPÍTULO VII
El régimen jurídico

Artículo 199. Infracciones graves o muy graves.

Cuando las infracciones contempladas en esta Sección 2ª se tipificaran como graves o muy graves, las sanciones y plazos de prescripción aplicables nunca podrán ser inferiores a las establecidas en el régimen general sancionador.

⇒ V. art. 132 de la LRJ-PAC.

Artículo 200. La anulación del acto administrativo de autorización.

1. Cuando las actividades constitutivas de infracción según esta Ley se realicen al amparo de una licencia u orden de ejecución y de acuerdo con sus determinaciones, no se puede imponer sanción en tanto no se proceda a la anulación del acto administrativo que las autoriza.

2. Si la anulación de la licencia es consecuencia de la anulación del instrumento de planeamiento del que trae causa, no ha lugar a la imposición de sanciones a quienes actúan al amparo de dichas licencias a no ser que sean los promotores del Plan declarado nulo y dicha nulidad sea consecuencia de actuaciones de los mismos.

⇒ V. Jurisprudencia en arts. 178, 179, 180, 187 y concordantes del TRLS/1976 (§3).

CAPÍTULO VIII
Las medidas de garantía y publicidad de la observancia de la ordenación territorial y urbanística

Artículo 201. La publicidad en obras de construcción, edificación y urbanización.

1. En toda obra de construcción, edificación o urbanización será preceptiva la colocación de un cartel, con las dimensiones y características que se determinen reglamentariamente, visible desde la vía pública e indicativo del número y la fecha de la licencia urbanística u orden de ejecución o, tratándose de una obra pública exenta de ésta, del acuerdo de aprobación del correspondiente proyecto.

2. La restante publicidad estática que se haga en el propio lugar de la

obra no podrá contener indicación alguna ni disconforme con la ordenación territorial y urbanística pertinente, ni, en cualquier caso, susceptible de inducir a error en los adquirentes de parcelas o solares sobre las cargas de urbanización y las restantes condiciones de aplicación.

DISPOSICIÓN ADICIONAL

Única. El urbanizador.

A los efectos de lo dispuesto en el número 4 del artículo 159 del Real Decreto Legislativo 1/1992, de 26 de junio, por el que se aprueba el Texto Refundido de la Ley sobre el Régimen del Suelo y Ordenación Urbana, el urbanizador en cuanto perceptor de la retribución contemplada en esta Ley, tendrá la consideración legal de Junta de Compensación.

DISPOSICIONES TRANSITORIAS

Primera. Las disposiciones de inmediata aplicación.

1. Desde la entrada en vigor de esta Ley serán de aplicación inmediata y directa:

a) El régimen urbanístico del suelo urbano y urbanizable en ella contenido.

b) Las disposiciones relativas a las condiciones y los requisitos de los actos de aprovechamiento y uso del suelo rústico, así como a la preceptividad de la calificación urbanística previa de los terrenos correspondientes.

2. Hasta que los planes de urbanismo no se adapten a esta Ley, el régimen urbanístico del subsuelo será el que resulte de la ordenación por ellos establecida.

3. En tanto se produce el desarrollo reglamentario de lo dispuesto en el artículo 31 de esta Ley, se estará a lo establecido en el Anexo del Reglamento de Planeamiento aprobado por Decreto 2159/1978, de 23 de junio, a fin de dimensionar las reservas dotacionales de uso escolar.

Segunda. Los planes e instrumentos de ordenación vigentes en el momento de la entrada en vigor de esta Ley.

1. Todos los planes y los instrumentos de ordenación aprobados definitivamente con anterioridad a la entrada en vigor de esta Ley conservarán su vigencia hasta su revisión o total cumplimiento; si bien se ejecutarán de conformidad con las previsiones de esta Ley.

2. No obstante lo dispuesto en el número anterior, los Municipios podrán formular y aprobar adaptaciones de los planes y restantes instrumentos, que podrán ser totales o parciales. La Consejería competente en materia de ordenación territorial y urbanística podrá aprobar instrucciones orientativas sobre el contenido y alcance de dichas adaptaciones.

3. Las Normas Subsidiarias del Planeamiento con ámbito provincial vigentes a la entrada en vigor de esta Ley prolongarán su vigencia conforme al régimen legal que les es aplicable hasta que todos los Municipios incluidos

en su ámbito territorial de aplicación tengan aprobado y en vigor el instrumento de planeamiento general que proceda conforme a lo dispuesto en esta Ley. No obstante, la Junta de Comunidades podrá alterar el contenido de dichas Normas por el mismo procedimiento que se siguió para su aprobación.

⇒ V. D. 74/2001, de 6 marzo, por el que se establece la estructura orgánica y las competencias de los distintos órganos de la Consejería de Obras Públicas.

Tercera. Los planes e instrumentos en curso de ejecución.

1. Los planes y restantes instrumentos de ordenación comprendidos en el número uno de la disposición transitoria anterior que al momento de entrada en vigor de esta Ley estuvieran en curso de ejecución, por tener definitivamente aprobados los instrumentos de distribución de beneficios y cargas, podrán continuar ejecutándose hasta la completa materialización de sus previsiones con arreglo a la legislación vigente en la fecha de aprobación definitiva de dichos instrumentos de gestión urbanística, salvo que se declare el incumplimiento de aquellas previsiones, conforme a la legislación aplicable.

2. El incumplimiento previsto en el número anterior se declarará previo procedimiento en el que se oirá a todos los interesados, cuya resolución determinará la caducidad del plan o instrumento correspondiente a los efectos de legitimar la actividad de ejecución.

Cuarta. Los planes e instrumentos en curso de aprobación en el momento de entrada en vigor de esta Ley.

1. Los procedimientos relativos a los planes y restantes instrumentos urbanísticos en los que, al momento de entrada en vigor de esta Ley haya recaído ya aprobación inicial, continuarán tramitándose conforme a la ordenación de dichos procedimientos y de las competencias administrativas contenidas en la legislación sobre régimen del suelo y ordenación urbana, general y autonómica, vigente en el referido momento.

2. Las determinaciones de los planes y restantes instrumentos urbanísticos a que se refiere el número anterior deberán ajustarse plenamente a la presente Ley en lo que se refiere al régimen urbanístico del suelo y la actividad de ejecución.

Quinta. Los restantes planes e instrumentos.

Los procedimientos relativos a los planes y restantes instrumentos urbanísticos en los que, al momento de entrada en vigor de esta Ley, no hubiera recaído aún el acuerdo a que se refiere el número uno de la disposición transitoria anterior deberán tramitarse y aprobarse por el procedimiento y con el contenido prescritos en esta Ley.

Sexta. La adaptación de los planes e instrumentos a esta Ley.

No obstante lo dispuesto en las disposiciones transitorias anteriores, las personas o entidades habilitadas o competentes para formular o, en su caso, ejecutar los planes e instrumentos urbanísticos, podrán promover su adaptación a esta Ley desde el momento de entrada en vigor de la misma, con independencia del grado de tramitación o ejecución en que aquéllos se encuentren.

Séptima. La conservación de urbanizaciones.

Las obras y los servicios de urbanización cuya conservación se encuentre encomendada, a la entrada en vigor de esta Ley, a entidades urbanísticas con tal finalidad u objeto continuarán siendo conservadas con arreglo al mismo régimen, sin que les sea de aplicación lo dispuesto en el número 1 del artículo 135.

DISPOSICIÓN DEROGATORIA

Única.

1. Quedan derogadas las siguientes normas de rango legal: Ley 5/1997, de 10 de julio, de Medidas Urgentes en Materia de Suelo y Ordenación Urbana de Castilla-La Mancha.

2. Asimismo, quedan derogadas las demás disposiciones de carácter general que se opongan a lo establecido en esta Ley.

DISPOSICIONES FINALES

Primera. La modificación de la cuantía de las multas pecuniarias.

1. Se habilita al Consejo de Gobierno para que reglamentariamente actualice la cuantía de las multas previstas en esta Ley.

2. Transcurrido un año desde la entrada en vigor de esta Ley o de la última actualización reglamentaria a que se refiere el número anterior, los importes de las multas se actualizarán automáticamente por aplicación del índice de precios de la construcción.

Segunda. Habilitación reglamentaria.

Se habilita al Consejo de Gobierno para aprobar las disposiciones reglamentarias que sean necesarias para la mejor ejecución de esta Ley y de la restante legislación en materia de urbanismo aplicable en el territorio de la Comunidad Autónoma.

Tercera. Entrada en vigor.

La presente Ley entrará en vigor al día siguiente de su publicación en el «Diario Oficial de Castilla-La Mancha».

Cataluña

§ 28 DECRETO LEGISLATIVO 1/1990, DE 12 JULIO. APRUEBA EL TEXTO REFUNDIDO DE LEGISLACIÓN VIGENTE EN MATERIA DE URBANISMO DE CATALUÑA

(DOGC núm. 1317, de 13 julio [RCL 1990, 2759 ccaa y LCAT 1990, 266])

El artículo 1 de la Ley 12/1990, de 5 de julio, por la que se autoriza la refundición de los textos legales vigentes en Cataluña en materia urbanística, confirió la autorización al Gobierno de la Generalidad para refundir en un texto único la Ley 9/1981, de 18 de noviembre, sobre Protección de la Legalidad Urbanística, la Ley 3/1984, de 9 de enero, de Medidas de Adecuación del Ordenamiento Urbanístico en Cataluña y la legislación urbanística vigente en Cataluña por imperativo de la disposición final de ambos textos legales. La autorización para refundir se extendía también a la aclaración, la regularización y la armonización de los textos legales referenciados y también a la incorporación de las adiciones o modificaciones posteriores contenidas en las disposiciones aprobadas por el Parlamento de Cataluña que afecten la materia objeto de la refundición, detalladas en el anexo de la propia Ley.

En ejercicio de esta delegación, se ha redactado el presente texto refundido, que se sistematiza en un solo título preliminar y seis títulos, referentes a los órganos urbanísticos, el planeamiento urbanístico del territorio, el régimen urbanístico del suelo, la ejecución de los planes de ordenación, el ejercicio de las facultades relativas al uso del suelo y edificación y régimen jurídico.

Por tanto, en ejercicio de la delegación otorgada por la Ley 12/1990, de 5 de julio, a propuesta del conseller de Política Territorial y Obras Públicas, de conformidad con el dictamen emitido por la Comisión Jurídica Asesora y de acuerdo con el Consejo Ejecutivo, decreto:

Artículo único.

Se aprueba el Texto Refundido, que se inserta a continuación, de la legislación vigente en Cataluña en materia urbanística.

DISPOSICIÓN FINAL

Este Decreto Legislativo entrará en vigor el mismo día de su publicación en el «Diari Oficial de la Generalitat de Catalunya».

TEXTO REFUNDIDO
DE LA LEGISLACIÓN VIGENTE EN CATALUÑA EN MATERIA URBANÍSTICA

⇒ V. Ley 12/1990, de 5 julio, que autorizó la refundición de los textos legales vigentes en Cataluña.

TÍTULO PRELIMINAR

Artículo 1.

Es objeto de esta Ley la regularización de la materia urbanística en el territorio de Cataluña.

⇒ V. art. 1 de la Ley 6/1998, de 13 abril (§1).

Artículo 2.

La actividad urbanística se referirá a los siguientes aspectos:

a) Planeamiento urbanístico.

b) Régimen urbanístico del suelo.

c) Ejecución de la obra urbanizadora.

d) Fomento e intervención del ejercicio de las facultades dominicales relativas al uso del suelo y edificación.

⇒ V. art. 2 de la Ley 6/1998, de 13 abril (§1).

Artículo 3.

1. La competencia urbanística concerniente al planeamiento comprenderá las siguientes facultades:

a) Formular el Plan Territorial General y los Territoriales Parciales.

b) Formular Planes Directores Territoriales de Coordinación, Planes Generales Municipales y Normas Complementarias y Subsidiarias de planeamiento.

c) Emplazar los centros de producción y de residencia de manera más conveniente para la mejor distribución de la población en el territorio.

d) Dividir el territorio municipal en áreas de suelo urbano, urbanizable y no urbanizable.

e) Establecer zonas diferentes de utilización según la densidad de la población que haya de habitarlas, porcentajes de terreno que pueda ser ocupado por construcciones, volumen, forma, número de plantas, clase y destino de los edificios, con criterios de ordenación generales uniformes para cada zona.

f) Formular el trazado de las vías públicas y medios de transporte.

g) Establecer espacios libres para parques y jardines públicos en proporción adecuada a las necesidades colectivas, en los términos establecidos en esta Ley.

h) Señalar el emplazamiento y características de los centros y servicios de interés público y social, centros docentes, aeropuertos y lugares análogos.

i) Determinar la configuración de las parcelas edificables.

j) Limitar el uso del suelo y de las edificaciones.

k) Orientar la composición arquitectónica de las edificaciones y regular, en los casos que fuera necesario, sus características estéticas.

2. La competencia urbanística en orden a régimen del suelo comprenderá las siguientes funciones:

a) Procurar que el suelo se utilice en congruencia con la utilidad pública y la función social de la propiedad.

b) Impedir la desigual atribución de los beneficios y cargas del planeamiento entre los propietarios afectados imponiendo la justa distribución.

c) Regular el mercado de terrenos urbanos y urbanizables como garantía del derecho constitucional de vivienda digna.

d) Afectar el aumento del valor del suelo originado por el planeamiento al pago de los gastos de urbanización.

⇒ Téngase en cuenta lo establecido en los arts. 24 a 33 del D. 303/1997, de 25 noviembre, que aprobó el Reglamento sobre medidas para facilitar la ejecución urbanística (§28.1).

e) Asegurar el uso racional del suelo en cuanto al mantenimiento de una densidad adecuada al bienestar de la población.

f) Adquirir terrenos y construcciones para constituir patrimonios de suelo.

3. La competencia urbanística en lo que se refiere a la ejecución de la obra urbanizadora confiere las siguientes facultades:

a) Canalizar, dirigir, realizar, conceder y fiscalizar la ejecución de las obras de urbanización.

b) Expropiar los terrenos y construcciones necesarias para efectuar las obras y cuantas actuaciones convengan a la economía de la urbanización.

4. La competencia urbanística en orden al fomento e intervención en el ejercicio de las facultades dominicales relativas al uso del suelo y de la edificación incluirá las siguientes facultades:

a) Ceder terrenos edificables y derechos de superficies.

b) Intervenir la parcelación.

c) Exigir a los propietarios que edifiquen en plazos prefijados.

d) Imponer la enajenación cuando no se edificaren en el tiempo o forma previstos.

e) Prohibir los usos que no se ajusten al Planeamiento.

f) Intervenir en la construcción y uso de las fincas.

g) Promover la posibilidad de que se faciliten a los propietarios los medios necesarios para cumplir las obligaciones impuestas por esta Ley.

5. Las citadas facultades tendrán carácter enunciativo y no limitativo. La competencia urbanística incluirá cuantas otras fueren congruentes para ser ejercidas de acuerdo con esta Ley.

⇒ V. arts. 2, 3, 4 y 5 de la Ley 6/1998, de 13 abril (§1).
V. arts. 276.1, 276.2 y 280.1 del TRLS/1992 (§2).

Jurisprudencia

«La competencia urbanística en materia de planeamiento está configurada en el art. 3 del Decret Legislatiu 1/1990, de 12-7, Texto Refundido de las disposiciones legales vigentes en Cataluña en materia de urbanismo, competencia que se distribuye entre los órganos urbanísticos de la Generalitat y los entes locales (art. 5 de la citada Ley) y en la que no se incluye la determinación de la propiedad de los terrenos en los ámbitos objeto de planeamiento urbanístico». **(STSJ Cataluña 25 febrero 2000 [RJCA 2000, 1722]).**

⇒ V. Jurisprudencia en arts. 3 y concordantes del TRLS/1976 (§3).

Artículo 4.

1. La gestión urbanística podrá encomendarse a organismos de carácter público, a la iniciativa privada y a entidades mixtas.

2. La gestión pública suscitará, en la medida más amplia posible, la iniciativa privada y la sustituirá, cuando ésta no llegase a cumplir los objetivos necesarios, con las compensaciones que esta Ley establece. En la formulación, tramitación y gestión del planeamiento urbanístico los órganos competentes deberán asegurar la mayor participación de los interesados y, en particular, los derechos de iniciativa e información por parte de las corporaciones, asociaciones y particulares.

⇒ V. art. 4 de la Ley 6/1998, de 13 abril (§1).
V. art. 104.3 del TRLS/1992 (§2).
V. Jurisprudencia en arts. 4 y concordantes del TRLS/1976 (§3).

TÍTULO I
ÓRGANOS DIRECTIVOS Y GESTORES
CAPÍTULO I
Disposiciones generales

Artículo 5.

1. Son órganos urbanísticos de la Generalidad:

a) El Consejero de Política Territorial y Obras Públicas.

b) La Comisión de Urbanismo de Cataluña.

c) Las Comisiones de Urbanismo.

2. Es organismo autónomo de la Generalidad con competencias urbanísticas, el Instituto Catalán del Suelo, que se rige por su legislación específica.

3. Sin perjuicio de la competencia urbanística atribuida al Gobierno de la Generalidad, la actividad urbanística se desarrollará bajo la dirección de la Consejería de Política Territorial y Obras Públicas.

4. Los órganos urbanísticos de la Consejería de Política Territorial y Obras Públicas coordinan sus atribuciones con las de los otros departamentos.

5. Las entidades locales ejercerán su competencia en materia urbanística en los términos previstos en esta Ley y en la legislación de régimen local.

6. La Generalidad fomentará la acción de las Entidades Locales, cooperarán en el ejercicio de la competencia que les confiere su legislación y se subrogarán cuando no la ejercieren adecuadamente, o su cometido exceda de sus posibilidades, de acuerdo con la legislación de régimen local.

⇒ V. D. 83/1998, de 31 marzo, de reestructuración del Departamento de Política Territorial y Obras Públicas, modificado por D. 217/2000, de 26 junio; por D. 3/2000, de 10 enero y por D. 125/1999, de 4 mayo.

V. D. 27 septiembre 1978, de creación de la Comisión de Urbanismo de Cataluña, cuyo art. 2.2 e), fue dearrollado por D. 4 diciembre 1979 y cuyo art. 2.2 a) ha sido modificado por D. 90/2000, de 22 febrero.

V. Ley 27/1979, de 19 octubre, y RD 519/1979, de 20 febrero, que regulan, respectivamente, la composición de la Comisión de Urbanismo de Barcelona y la de las comisiones de urbanismo de Girona, Lleida y Tarragona, así como el D. 415/2000, de 27 diciembre, por el que se designa vicepresidente de las comisiones de urbanismo de Barcelona, Girona, Lleida y Tarragona.

Artículo 6.

1. Los órganos urbanísticos de la Consejería de Política Territorial y Obras Públicas ejercerán sus respectivas funciones en un orden jerárquico.

2. Los órganos urbanísticos podrán delegar en el inmediato de inferior jerarquía, por un plazo determinado y renovable, el ejercicio de las facultades que consideren convenientes para la mayor eficacia de los servicios.

3. También podrá cualquier órgano superior recabar el conocimiento del asunto que compete a los inferiores jerárquicos y revisar la actuación de éstos.

Artículo 7.

La competencia que regulan los artículos 48, 51.2, 52, 251, 252 y 261 de esta Ley se ejercerá indistintamente por cualquiera de los organismos a que se refiere cada uno de dichos preceptos.

CAPÍTULO II

Órganos urbanísticos de la Generalidad

Artículo 8.

La Comisión de Urbanismo de Cataluña, creada por Decreto de 27 de septiembre de 1978, encuadrada en el Departamento de Política Territorial y Obras Públicas, es el órgano superior de carácter consultivo en materia de planeamiento y urbanismo, en el ámbito territorial de la Generalidad de Cataluña. Su competencia se determinará reglamentariamente.

⇒ V. D. 217/2000 de 26 junio, sobre reestructuración del Departamento Política Territorial i Obres Públiques, y O. 30 junio 2000, que lo desarrolla.

V. D. 27 septiembre 1978, de creación de la Comisión de Urbanismo de Cataluña, cuyo art. 2.2 e), fue desarrollado por D. 4 diciembre 1979 y cuyo art. 2.2 a) ha sido modificado por D. 90/2000, de 22 febrero.

Artículo 9.

1. La Comisión de Urbanismo de Cataluña informará preceptivamente con carácter previo a la aprobación del planeamiento de municipios de más de 50.000 habitantes y siempre que se requiera su informe para cualquier disposición legal o reglamentaria.

2. El consejero de Política Territorial y Obras Públicas podrá someter igualmente a consulta de la Comisión de Urbanismo de Cataluña cuantos asuntos relacionados con su competencia tenga por convenientes.

3. Cuando el consejero de Política Territorial y Obras Públicas disienta del informe preceptivo de la Comisión de Urbanismo de Cataluña, la resolución del asunto corresponderá al Gobierno de la Generalidad.

⇒ V. D. 217/2000 de 26 junio, sobre reestructuración del Departamento Política Territorial I Obres Públiques, y O. 30 junio 2000, que lo desarrolla.

V. D. de 27 septiembre de 1978, de creación de la Comisión de Urbanismo de Cataluña, cuyo art. 2.2 e), fue dearrollado por D. 4 diciembre 1979 y cuyo art. 2.2 a) ha sido modificado por D. 90/2000, de 22 de febrero.

Artículo 10.

La Dirección General de Urbanismo actuará como órgano permanente encargado de la preparación de los asuntos de la Comisión de Urbanismo de Cataluña y de la gestión y ejecución de los acuerdos de la Consejería de Política Territorial y Obras Públicas.

⇒ V. D. 217/2000 de 26 junio, sobre reestructuración del Departamento Política Territorial i Obres Públiques, y O. 30 junio 2000, que lo desarrolla.

V. D. 27 septiembre 1978, de creación de la Comisión de Urbanismo de Cataluña, cuyo art. 2.2 e), fue desarrollado por D. 4 diciembre 1979 y cuyo art. 2.2 a) ha sido modificado por D. 90/2000, de 22 febrero.

Artículo 11.

1. Las Comisiones de Urbanismo estarán presididas por el consejero de Política Territorial y Obras Públicas y tendrán representación las corporaciones locales y los departamentos del Estado y la Generalidad, de acuerdo con sus respectivos regímenes de competencias.

2. Además de las competencias que les corresponden por esta Ley y las derivadas por la legislación específica de la Generalidad de Cataluña, las facultades de las comisiones de Urbanismo serán de carácter informativo, gestor,

resolutorio y de fiscalización y se dirigirán a orientar, fomentar e inspeccionar el planeamiento y la realización de las obras necesarias para el desarrollo urbano.

⇒ V. Ley 27/1979, de 19 octubre, y RD 519/1979, de 20 febrero, que regulan, respectivamente, la composición de la Comisión de Urbanismo de Barcelona y la de las comisiones de urbanismo de Girona, Lleida y Tarragona, así como el D. 415/2000, de 27 diciembre, por el que se designa vicepresidente de las comisiones de urbanismo de Barcelona, Girona, Lleida y Tarragona.

CAPÍTULO III
Entidades Locales

Artículo 12.

La competencia urbanística de los Ayuntamientos comprenderá todas las facultades que siendo de ámbito local no hubiesen estado expresamente atribuidas por esta Ley a otros organismos.

Artículo 13.

1. Los Ayuntamientos podrán instituir gerencias urbanísticas para estudiar, orientar, dirigir, ejecutar e inspeccionar el planeamiento.

2. Para promover la Gerencia urbanística se formulará una memoria justificativa de la propuesta, con exposición de los planes, régimen funcional y recursos económicos proyectados.

3. La Resolución que constituya la Gerencia determinará sus facultades.

Artículo 14.

1. Los municipios podrán constituir mancomunidades voluntarias para el desarrollo de su competencia urbanística, de conformidad con lo que establece la legislación de régimen local.

2. Constituida la Mancomunidad, las facultades municipales correspondientes se ejercerán a través de la organización común, que velará para que en el desarrollo de las que se hubiesen reservado o delegado en los Ayuntamientos separadamente se observen puntualmente las disposiciones de esta Ley y del planeamiento urbanístico vigente.

Artículo 15.

Si algún Ayuntamiento incumpliese gravemente las obligaciones que se deriven de esta Ley o del planeamiento urbanístico vigente, o actuase en general con notoria negligencia, el Consejero de Gobernación, a propuesta del de Política Territorial y Obras Públicas, podrá designar un Gerente o transferir las necesarias atribuciones de la Corporación Municipal a la Comisión de Urbanismo, que lo ejercerá mediante una Comisión especial en la que tendrá representación el Ayuntamiento.

✐ La STC 159/2001, de 5 julio de 2001 (RTC 2001, 159), declara que el presente art. 15 es inconstitucional y por tanto nulo.

Artículo 16.

La comarca, de acuerdo con la Ley de Organización Comarcal de Cataluña, ejerce las competencias que le atribuyen las leyes del Parlamento, las cuales, en cualquier caso, han de otorgar competencias sobre las siguientes materias:

a) La ordenación del territorio y el urbanismo.

b) La seguridad pública y el medio.

⇒ V. Ley 23/1983, de 21 noviembre, de Política Territorial (§29).

TÍTULO II
PLANEAMIENTO URBANÍSTICO DEL TERRITORIO

CAPÍTULO I
Clases de Planes de Ordenación

Artículo 17.

1. El planeamiento territorial se desarrollará a través del Plan Territorial General, los Planes Territoriales Parciales y los Planes Territoriales Sectoriales, en los términos que prevé la Ley 23/1983, de 21 de noviembre de Política Territorial.

2. El Planeamiento urbanístico del territorio se desarrollará a través de Planes Directores Territoriales de Coordinación, Planes Generales Municipales y Normas Complementarias y Subsidiarias de Planeamiento.

3. Los Planes Generales Municipales se desarrollarán a través de Planes Parciales, Planes Especiales, Programas de Actuación Urbanística y Estudios de Detalle.

⇒ V. art. 12 de la Ley 6/1998, de 13 abril (§1).
V. art. 113.2 del TRLS/1992 (§2).
V. Ley 23/1983, de 21 noviembre, de Política Territorial (§29).
V. D. 248/1993, de 28 septiembre, de redacción y aprobación de planes de ordenación de playas y de usos de temporada.

Jurisprudencia

«El principio de jerarquía normativa se concreta en el ámbito urbanístico catalán en el art. 17 del Decreto Legislativo 1/1990, que enumera los instrumentos de ordenación urbana, disponiendo en su apartado tercero la primacía de los planes generales municipales sobre los estudios de detalle, estando absolutamente sometidos al contenido y determinaciones de los planes superiores, tal y como ha declarado el Tribunal Supremo en Sentencias de 17 junio 1989 (RJ 1989, 4730) y 6 febrero 1995 (RJ 1995, 1071), entre otras muchas». **(STSJ Cataluña 19 marzo 1999 [RJCA 1999, 2356]).**

⇒ V. Jurisprudencia en arts. 6 y concordantes del TRLS/1976 (§3).

Artículo 18.

Los Planes de ordenación urbanística han de ser coherentes con las determinaciones del Plan Territorial General y de los Planes Territoriales Parciales, facilitando su cumplimiento.

Artículo 19.

1. Los Planes Directores de Coordinación establecerán de conformidad con los principios del Plan Territorial General y las exigencias del desarrollo regional, las directrices para la coordinación de la ordenación urbanística del territorio.

2. Los Planes contendrán las siguientes determinaciones:

a) El esquema para la distribución geográfica de los usos y actividades públicas y privadas a que haya de destinarse prioritariamente el suelo dentro del sistema urbano amplio.

b) El señalamiento de las áreas en que se hayan de establecer limitaciones por exigencias de la legislación específica u otras razones de interés público.

c) Las medidas de protección a adoptar en orden a la conservación del suelo, de los otros recursos naturales y la defensa, mejora, desarrollo o renovación del medio ambiente natural y del patrimonio histórico-artístico.

d) El señalamiento y localización de las infraestructuras básicas relativas a las comunicaciones terrestres, marítimas y aéreas, abastecimiento de agua, saneamiento, suministro de energía y otros de análogos.

3. Los Planes Directores de Coordinación comprenderán los estudios que justifiquen la elección de modelo territorial, los planes, normas y programas que requiera su realización y las bases técnicas y económicas para el desarrollo y la ejecución del propio Plan.

⇒ V. art. 113.2 del TRLS/1992 (§2).
V. Ley 23/1983, de 21 noviembre, de Política Territorial (§29).
V. Ley 12/1985, de 13 junio, de Espacios Naturales Protegidos en Cataluña.
V. Ley 3/1998, de 27 febrero, de Intervención integral de la Administración ambiental.
V. Jurisprudencia en arts. 8 y concordantes del TRLS/1976 (§3).

Artículo 20.

1. Las determinaciones de los Planes Directores Territoriales de Coordinación, vincularán a la Administración y a los particulares. Las acciones que se prevén se llevarán a cabo por cada uno de los Departamentos afectados en las materias de sus respectivas competencias de acuerdo con las prescripciones establecidas en el Decreto de su aprobación.

2. Las Entidades Locales cuyo territorio esté afectado, totalmente o parcialmente, por un Plan Director de Coordinación, sin perjuicio de la inmediata entrada en vigor de éste, tendrán que adaptarse, en el plazo máximo de un año, a sus determinaciones, mediante la oportuna revisión de su planeamiento general.

⇒ V. art. 113.2 del TRLS/1992 (§2).
V. Jurisprudencia en arts. 9 y concordantes del TRLS/1976 (§3).

Artículo 21.

1. Los Planes Generales Municipales de Ordenación, como instrumento de ordenación integral del territorio, comprenderán uno o varios términos

municipales completos. Clasificarán el suelo para el establecimiento del régimen jurídico correspondiente, definirán los elementos fundamentales de la estructura general adoptada para la ordenación urbanística del territorio o establecerán el programa para su desarrollo y ejecución, así como el plazo mínimo de su vigencia.

⇒ V. Jurisprudencia en arts. 10 y concordantes del TRLS/1976 (§3).

Artículo 22.

1. En el suelo urbano, los Planes Generales Municipales tienen por objeto: completar la ordenación mediante la regulación detallada del uso de los terrenos y de la edificación; señalar la renovación o reforma interior que resultase procedente; definir los elementos de la estructura general del plan correspondiente a esta clase de terreno y proponer los programas y medidas concretas de actuación para su ejecución.

2. En el suelo urbanizable, los Planes Generales Municipales tienen por objeto: definir los elementos fundamentales de la estructura general de la ordenación urbanística del territorio; establecer, según sus categorías, una regulación genérica de los diferentes usos globales y niveles de intensidad y fijar los programas de desarrollo a corto y medio plazo referidos a un conjunto de actuaciones públicas y privadas.

Asimismo regularán la forma y condiciones en que podrán incorporarse al desarrollo urbano aquellas actuaciones no programadas mediante los correspondientes Programas de Actuación Urbanística para la realización de ámbitos urbanísticos integrados.

3. Los Planes Generales Municipales tienen por objeto específico, en el suelo no urbanizable, preservar dicho suelo del proceso de desarrollo urbano y establecer, en su caso, medidas de protección del territorio y del paisaje.

⇒ V. arts. 64, 65 y 66 Ley 22/1998, de 30 diciembre, que aprueba la Carta Municipal de Barcelona, parcialmente transcrita en art. 50.
V. arts. 13, 14 y 19 de la Ley 6/1998, de 13 abril (§1).
V. Ley 23/1983, de 21 noviembre, de Política Territorial (§29).
V. Ley 12/1985, de 13 junio, de Espacios Naturales Protegidos en Cataluña.
V. Jurisprudencia en arts. 11 y concordantes del TRLS/1976 (§3).

Artículo 23.

1. Los Planes Generales Municipales de Ordenación contienen las determinaciones de carácter general siguientes:

a) Clasificación del suelo con expresión de las superficies asignadas a cada uno de los tipos y categorías de suelo adoptados.

b) Estructura general y orgánica del territorio integrada por los elementos determinantes del desarrollo urbano y, en particular, por los sistemas de comunicación y sus zonas de protección, el equipamiento comunitario, centros públicos y espacios libres destinados a parques públicos y zonas verdes. Estos últimos en proporción no inferior a cinco metros cuadrados por habitante, sin perjuicio de las previsiones para jardines que hacen los artículos

120.3.1°, cuando el planeamiento haga uso de la facultad del artículo 122.4 sobre el señalamiento de sistemas para Planes Parciales. En cualquier caso se justificará el emplazamiento de los sistemas en cada clase de régimen jurídico del suelo.

c) Programación en dos etapas de cuatro años el desarrollo del Plan en orden a coordinar las actuaciones e inversiones públicas y privadas, y de acuerdo con los planes y programas de los diferentes Departamentos.

d) Medidas para la protección del medio ambiente, conservación de la naturaleza y defensa del paisaje, elementos naturales y conjuntos urbanos e histórico-artísticos, de conformidad, en su caso, con la legislación específica que sea de aplicación en cada supuesto.

e) Señalamiento de las circunstancias de acuerdo con las cuales sea procedente, en su momento, la revisión del Plan, en función de la población total y su índice de crecimiento, recursos, usos e intensidad de ocupación y otros elementos que justificaren la clasificación del suelo inicialmente adoptada.

2. Además de las determinaciones de carácter general, los Planes Generales tendrán que contener las siguientes:

2.1. En suelo urbano:

a) Delimitación de su perímetro con señalamiento, en su caso, del ámbito de las operaciones de reforma interior que se estimen necesarias.

b) Asignación de usos pormenorizados correspondientes a las diferentes zonas.

c) Delimitación de los espacios libres y zonas verdes destinadas a parques y jardines públicos, así como las zonas deportivas, de recreo y expansión.

d) Emplazamientos reservados para templos, centros docentes, públicos o privados, asistenciales y sanitarios y demás servicios de interés público y social.

e) Trazado y características de la red viaria y previsión de aparcamientos con señalamiento de alineaciones y rasantes para la totalidad o parte de este suelo.

f) Reglamentación detallada del uso pormenorizado volumen y condiciones higiénico-sanitarias de los terrenos y construcciones, así como de las características estéticas.

g) Características y trazado de las galerías y redes de servicios, para el abastecimiento de agua, gas, energía eléctrica, de alcantarillado y de aquellos otros servicios, que en su caso, prevea el Plan.

h) Evaluación económica de la implantación de los servicios y de la ejecución de las obras de urbanización.

i) Delimitación de las unidades de actuación a efectos de la cesión obligatoria y gratuita de suelos con destino a jardines, plazas, centros docentes y asistenciales. En estas determinaciones se expresarán las que conserven, modifiquen y perfeccionen la ordenación existente. Las dotaciones de los apartados c) y d) se establecerán en función de las características socio-económicas de la población y cumpliendo lo establecido en la legislación específica sobre la materia.

2.2 En suelo urbanizable programado:

a) Desarrollo de los sistemas de la estructura general de la ordenación urbanística del territorio y, en su caso, de los otros sistemas que el planeamiento general adscriba a un sector de planeamiento, con la precisión suficiente para permitir la redacción de Planes Parciales.

b) Determinación del aprovechamiento medio de cada uno de los sectores de planeamiento parcial.

c) Trazado de las redes fundamentales de abastecimiento de agua, gas, energía eléctrica, servicio telefónico, alcantarillado y otros servicios que en su caso prevea el Plan.

d) División del territorio en sectores para el desarrollo en Planes Parciales con fijación de la densidad máxima de vivienda por hectárea.

e) Justificación de la máxima adscripción de sistemas a sectores de acuerdo con el artículo 25.

El contenido del Plan General incorporará a esta categoría de suelo las determinaciones de Plan General contenidas, si procede, en los Planes Parciales que respete.

2.3. En suelo urbanizable no programado:

a) Señalamiento de usos incompatibles con los previstos en las diferentes clases de suelo y con la estructura general.

b) Establecimiento de las características técnicas y magnitudes mínimas que han de reunir las actuaciones de esta categoría de suelo, en función de los diferentes usos, y las dotaciones, servicios y equipamientos que les correspondan.

c) Fijación de las densidades máximas de viviendas por hectárea.

2.4. En el suelo no urbanizable, el Plan General establecerá las medidas y condiciones que sean precisas para la conservación y protección de todos y cada uno de sus elementos naturales, bien sea suelo, flora, fauna o paisaje, a fin de evitar su degradación, y de las edificaciones y parajes que por sus características especiales lo aconsejen, con el ámbito de aplicación que en cada caso sea necesario.

3. Las determinaciones a que hace referencia este artículo se desarrollarán en los siguientes documentos:

Memoria y estudios complementarios.

Planos y planes de información y de ordenación urbanística del territorio.

Normas urbanísticas.

Programa de actuación.

Estudio económico y financiero.

⇒ V. arts. 64, 65 y 66 Ley 22/1998, de 30 diciembre, que aprueba la Carta Municipal de Barcelona, parcialmente transcrita en art. 50.
V. art. 12 de la Ley 6/1998, de 13 abril (§1).
Téngase en cuenta lo establecido en los arts. 37 a 41 del D. 303/1997, de 25 noviembre, que aprobó el Reglamento sobre medidas para facilitar la ejecución urbanística (§28.1).
V. Ley 12/1985, de 13 junio, de Espacios Naturales Protegidos en Cataluña.

Jurisprudencia

«Nos encontramos ante una ordenación del territorio, variante de una carretera nacional, cuya competencia conforme a la Ley de Carreteras de 29 de julio de 1988 corresponde al Estado. Y que, conforme al artículo 32 del RD 1812/1994, de 2 de septiembre, la aprobación provisional y la definitiva de los estudios de carreteras se atribuye a la Dirección General de Carreteras, excepto cuando el expediente haya sido sometido al trámite de información pública, en cuyo caso la aprobación definitiva corresponde al Ministro de Obras Públicas, Transportes y Medio Ambiente (hoy de fomento), y que conforme a lo dispuesto en el art. 33 del Reglamento una vez aprobados tales estudios procederá la adaptación de los Planes Generales de Ordenación ya aprobados (apartado primero) o su inclusión en los instrumentos de planeamiento que se aprobaren o revisaren con posterioridad (apartados segundo y tercero).

Esta regulación es acorde a la contenida en el TR vigente en Catalunya en materia urbanística aprobado por Dley 1/1990, de 12 de julio, y en cuya virtud [art. 23.1 b)] los Planes Generales de Ordenación contendrán la "estructura general y orgánica del territorio integrada por los elementos determinantes del desarrollo urbano, y, en particular, por los sistemas de comunicación y sus zonas de protección...", elementos de desarrollo urbano que no incluyen las carreteras de ámbito superior, y más concretamente las integrantes de la Red de Carreteras del Estado, sin perjuicio naturalmente de la necesidad de coordinación que se hace patente en el ámbito de la ordenación del territorio y a la que ya hace referencia la Ley y Reglamento anteriormente citados, coordinación que no altera la competencia para su aprobación y posterior recepción en los planes urbanísticos». **(STSJ Cataluña 25 mayo 1999 [RJCA 1999, 2286]).**

⇒ V. Jurisprudencia en arts. 12 y concordantes del TRLS/1976 (§3).

Artículo 24.

1. Asimismo los Planes Generales han de prever las reservas de suelo necesarias para el equipamiento comercial público, y otros de grandes centros comerciales de interés social, en función de las necesidades de la población actual y potencial.

2. Estas reservas lo son con independencia de las regulaciones que para techo comercial prevean los Planes Parciales en desarrollo del suelo urbanizable.

3. Las reservas comerciales considerarán, en los emplazamientos, la cantidad del servicio y la capacidad adquisitiva de la población.

4. Los aspectos que, como mínimo, ha de contemplar el planeamiento urbanístico, a fin de garantizar la adecuada implantación, son los siguientes:

a) La localización de los establecimientos comerciales responderá a criterios de proximidad, accesibilidad y comodidad para facilitar las compras cotidianas o frecuentes.

b) Para los otros tipos de bienes y servicios responderá a criterios de concentración para garantizar una oferta amplia (arts. 3, 4 y 5 de la Ley de Equipamientos Comerciales).

⇒ V. art. 12 de la Ley 6/1998, de 13 abril (§1).

V. la Ley 17/2000, de 29 diciembre, de Equipamientos Comerciales, de Cataluña, cuya disp. derog. única deroga la Ley 1/1997, de 24 marzo, de equipamientos comerciales y, en todo aquello que no se oponga a lo establecido en la nueva ley, se mantiene la vigencia de las normas de despliegue de dicha ley en tanto no se hayan dictado las normas que las deben sustituir.

Téngase en cuenta, sobre equipamientos comerciales, el D. 244/1997, de 16 setiembre y el D. 245/1997, de 16 septiembre, que aprobó el Plan territorial sectorial de equipamientos comerciales, afectado por Res. 28 diciembre 1999.

V. D. 135/1995, de 24 marzo, que desarrolla Ley 20/1991, de 25 noviembre, de promoción de la accesibilidad y supresión de barreras arquitectónicas y aprueba el código de accesibilidad, modificado por D. 204/1999, de 27 julio.

V. O. 8 julio 1998, del Departament Industria, Comerc i Turisme sobre programas de orientación de equipamientos comerciales.

Artículo 25.

1. Los Planes Parciales de Ordenación tienen por objeto en el suelo clasificado como urbanizable programado, desarrollar, mediante la ordenación detallada de una parte de su ámbito territorial, el Plan General, y, en su caso, las Normas Complementarias y Subsidiarias del Planeamiento, y en el suelo clasificado como urbanizable no programado, el desarrollo de los Programas de Actuación Urbanística.

No podrán redactarse Planes Parciales sin Plan General previo o Normas Complementarias y Subsidiarias de Planeamiento; y, en ningún caso, podrán modificar las determinaciones de unos y otros.

2. Sin perjuicio de lo que dispone el artículo 112 de esta Ley, los Planes Parciales de Ordenación contendrán estas determinaciones:

a) Asignación de usos y delimitación de las zonas en que se divide el territorio planeado por razón de éstos y, si procede, la división en polígonos.

b) De acuerdo con el número máximo de viviendas previstas, los Planes Parciales con fines residenciales han de reservar los suelos de cesión obligatoria y gratuita para atender los fines y destinos siguientes:

Señalamiento de reservas de terrenos para parques y jardines, zonas deportivas y de entretenimiento públicas en proporción adecuada a las necesidades colectivas. La superficie destinada a la citada reserva será como mínimo de dieciocho metros cuadrados por habitante. Esta reserva no podrá ser inferior al diez por ciento de la superficie total ordenada.

Fijación de reservas de terrenos para centros culturales y docentes públicos y privados, en la proporción mínima de diez metros cuadrados por habitante, agrupados según los módulos necesarios para formar unidades escolares completas.

Emplazamientos reservados para templos, centros asistenciales y sanitarios, deportivos y otros servicios de interés público y social, en superficie mínima de seis metros cuadrados por vivienda sin que en ningún caso esta superficie de suelo pueda ser inferior al cuatro por ciento de la superficie.

Trazado y características de las redes de comunicaciones propias del sector y de su enlace con el sistema general de comunicaciones previstas en el Plan General de Ordenación, con señalamiento de alineaciones, rasantes y, en su caso, zonas de protección de la red viaria, así como la previsión de aparcamientos, en proporción mínima de una plaza por cada cien metros cuadrados de edificación.

Cuando se trate de zonas que el planeamiento destina en exclusiva a usos comerciales, de oficina, industriales y de almacén no será necesario hacer previsión de suelo destinado a centros docentes. En este caso, la reserva para otros servicios de interés público y social será del 4% de la superficie de la zona o sector.

Por razones de interés público, la suma de superficies mínimas de cesión obligatoria y de cesión gratuita previstas por este artículo podrá ser afectada por los ayuntamientos, en cada sector, a un único o diversos de estos destinos siempre que así lo regule el Plan General para el conjunto de los sectores de un mismo cuatrienio. El programa de actuación ha de garantizar que al final del cuatrienio las superficies resultantes para cada uno de los fines serán idénticas a las que resultarían de la aplicación individualizada de las cesiones anteriormente expuestas en cada sector.

c) Características y trazado de las galerías y redes de abastecimiento de agua, alcantarillado, energía eléctrica, gas y aquellos otros servicios que, si fuera necesario, prevea el plan.

d) Evaluación económica de la implantación de los servicios y de la ejecución de las obras de urbanización.

e) Plan de etapas para la ejecución de las obras de urbanización y si fuera preciso de edificación.

f) Determinación del número máximo de viviendas.

g) Cálculo del aprovechamiento medio sectorial en el supuesto de que el ámbito de planeamiento comprenda zonas de calificación diferente o cuando el planeamiento general prevea, dentro del ámbito del sector, reservas de terrenos para sistemas.

Los Planes Parciales comprenderán los planos de información, incluido el catastral, y los estudios justificativos de sus determinaciones, así como los planos de proyecto, determinación de los servicios y ordenanzas reguladoras necesarias para su ejecución, y, si procede, los que se fijen reglamentariamente.

⇒ V. art. 122 del presente Texto Refundido.

V. art. 12 de la Ley 6/1998, de 13 abril (§1).

Téngase en cuenta lo establecido en los arts. 37, 38, 39, 40 y 41 del D. 303/1997, de 25 noviembre, que aprobó el Reglamento sobre medidas para facilitar la ejecución urbanística, incluido en §28.1.

V. Jurisprudencia en arts. 13 y concordantes del TRLS/1976 (§3).

Artículo 26.

1. Los Estudios de Detalle podrán formularse cuando fuera necesario para completar o, en su caso, adaptar determinaciones establecidas en los Planes Generales para el suelo urbano y en los Planes Parciales.

2. Su contenido tendrá por finalidad prever o reajustar, según los casos:

a) El señalamiento de alineaciones y rasantes; y/o

b) La ordenación de los volúmenes de acuerdo con las especificaciones del Plan.

3. Los Estudios de Detalle mantendrán las determinaciones fundamentales del Plan, sin alterar el aprovechamiento que corresponda a los terrenos comprendidos en el Estudio.

En ningún caso podrán ocasionar perjuicio ni afectar las condiciones de la ordenación de los predios que limitan.

4. También podrán formularse Estudios de Detalle cuando fueran precisos para completar el señalamiento de alineaciones y rasantes, respecto a las Normas Complementarias y Subsidiarias de Planeamiento.

5. Los Estudios de Detalle comprenderán los documentos justificativos de los extremos señalados en el número 2.

⇒ V. art. 12 de la Ley 6/1998, de 13 abril (§1).

Jurisprudencia

«Los estudios de detalle son figuras complementarias que tienen como finalidad completar un determinado planeamiento previo, adaptando o reajustando dichas determinaciones preexistentes. Esa naturaleza complementaria y subordinada de los estudios de detalle obliga a la Administración Urbanística a respetar las limitaciones a que están sometidos, esos instrumentos de concreción y reajuste. Esas amplias limitacionesson las siguientes: mantenimiento de las líneas fundamentales del Plan complementado, la inalterabilidad del aprovechamiento urbanístico de los terrenos, la prohibición de ocasionar perjuicios o modificar las condiciones de ordenación de los predios colindantes y la prohibición de invadir ámbitos de ordenación reservados al Plan General, Normas Complementarias y Subsidiarias del Planeamiento y Plan Parcial (en análogo sentido, se expresa el artículo 65 del Reglamento de Planeamiento). Así, las determinaciones puramente sustantivas quedan al margen de los estudios de detalle.

De ese modo; los estudios de detalle no pueden cumplir otras funciones distintas a las previstas legalmente, quedándoles vedada la modificación del planeamiento a que se refieren, originando aumentos de volúmenes, alturas, incrementando densidades o alterando los usos preestablecidos. En definitiva, no pueden suplantar a los planes generales o parciales y las normas complementarias y subsidiarias incluyendo lo que sólo es propio de aquéllos o éstas».

El principio de jerarquía normativa se concreta en el ámbito urbanístico catalán en el art. 17 del Decreto Legislativo 1/1990, que enumera los instrumentos de ordenación urbana, disponiendo en su apartado tercero la primacía de los planes generales municipales sobre los estudios de detalle, estando absolutamente sometidos al contenido y determinaciones de los planes superiores, tal y como ha declarado el Tribunal Supremo en Sentencias de 17 junio 1989 (RJ 1989, 4730) y 6 febrero 1995 (RJ 1995, 1071), entre otras muchas». **(STSJ Cataluña 19 marzo 1999 [RJCA 1999, 2356]).**

«En consecuencia, se ha vulnerado el PGO, atendido el contenido del artículo 26 del DLeg 1/1990, de 12 de julio, que permite al estudio de detalle completar o, en su caso, adaptar determinaciones establecidas en los planes generales para el suelo urbano y en los planes parciales, teniendo por finalidad, en lo que aquí nos interesa, prever o reajustar, según los casos, el señalamiento de alineaciones y rasantes.

Y, por ello, prevista una alineación en el PGO, al estudio de detalle sólo le es dable reajustarla, pero no prever una nueva alineación, que, valga la redundancia, ya está prevista y no se ha revelado siquiera incoherente, dado que la incoherencia en el enlace del sector deviene precisamente con la modificación que del Plan General efectúa el Plan Parcial. Y sin que a ello pueda oponerse que el mencionado estudio de detalle encuentra apoyo en el Plan Parcial del sector, en virtud de lo dispuesto en el artículo 17.3 que atiende al principio de jerarquía normativa». **(STSJ Cataluña 1 diciembre 1999 [RJCA 1999, 4236]).**

⇒ V. Jurisprudencia en arts. 14 y concordantes del TRLS/1976 (§3).

Artículo 27.

1. Los Proyectos de Urbanización son proyectos de obras que tienen por finalidad llevar a la práctica los Planes Generales Municipales en el suelo urbano, los Planes Parciales y, en su caso, las Normas Complementarias y Subsidiarias de Planeamiento. No podrán contener determinaciones sobre ordenación ni régimen del suelo y de la edificación, y tendrán que detallar y programar las obras que comprendan con la precisión necesaria para que puedan ser ejecutadas por técnico distinto del autor del proyecto.

2. Los Proyectos de Urbanización no podrán modificar las previsiones del Plan que desarrollan, sin perjuicio de poder efectuar las adaptaciones exigidas para la ejecución material de las obras.

3. Los Proyectos de Urbanización comprenderán una Memoria descriptiva de las características de las obras, plano de situación en relación con el conjunto urbano y planos de proyecto y de detalle, mediciones, cuadros de precios, presupuesto y pliego de condiciones de las obras y servicios.

⇒ V. art. 11 de la Ley 6/1998, de 13 abril (§1).

Jurisprudencia

«Conocida es, y reiterada, la doctrina del Tribunal Supremo que viene a señalar cómo el proyecto de urbanización es un mero proyecto de obras cuya funcionalidad se produce en el campo de la ejecución (SSTS 2 octubre 1990 [RJ 1990, 7833] y 18 marzo 1991 [RJ 1991, 2002]), instrumento técnico de ejecución del planeamiento, cuya función es concretar técnicamente la ejecución de obras determinadas con sujeción estricta a lo previsto en los Planes Generales en los Planes Parciales y, en su caso en las Normas Complementarias y Subsidiarias de Planeamiento (SSTS 3 marzo 1994 y 15 julio 1995 [RJ 1995, 7203]), cuyo contenido ha de ser únicamente el necesario *para hacer posible la realización material* de las obras adecuadas para la ejecución del correspondiente Plan al que está subordinado el Proyecto. De donde, como razona la Sentencia del Alto Tribunal de 24 febrero 1997 (RJ 1997, 1287) "los proyectos de urbanización están absolutamente subordinados y han de ajustarse estrictamente a todos los instrumentos de planeamiento, respetando en un todo lo que en el correspondiente Plan hubiera sido previsto" para concluir que "el proyecto de urbanización ni puede modificar las determinaciones del Plan ni puede contener las propias del mismo"». **(STSJ Cataluña 13 octubre 1998 [RJCA 1998, 3593]).**

⇒ V. Jurisprudencia en arts. 15 y concordantes del TRLS/1976 (§3).

Artículo 28.

1. La ordenación y urbanización de terrenos clasificados como suelo urbanizable no programado se efectuará, de conformidad con el Plan General Municipal respectivo, mediante Programas de Actuación Urbanística para la realización de ámbitos urbanísticos integrados.

2. Los Programas de Actuación Urbanística contendrán las siguientes determinaciones:

a) Desarrollo de los sistemas de estructura general de la ordenación urbanística del territorio, con indicación de los sistemas de actuación adecuados para hacer efectivas las reservas de suelo incluidas en cada actuación.

b) Señalamiento de usos y niveles de intensidad, con expresión del aprovechamiento medio en todo su ámbito.

c) Trazado de las redes fundamentales de abastecimiento de agua, alcantarillado, teléfono, energía eléctrica, comunicaciones y otros servicios que se prevean.

d) División del territorio para su desarrollo en etapas.

Estas determinaciones se completarán para cada etapa con los correspondientes Planes Parciales y los Proyectos de Urbanización. En las promociones privadas se incluirán además los programas de edificación.

3. Los Programas de Actuación Urbanística comprenderán los estudios y planos de información justificativos de sus determinaciones, incluido el análisis de su relación con las previsiones del Plan General Municipal y los documentos y planos de ordenación y de proyecto necesarios para su ejecución.

⇒ V. arts. 10 y 15 de la Ley 6/1998, de 13 abril (§1).
V. Jurisprudencia en arts. 16 y concordantes del TRLS/1976 (§3).

Artículo 29.

1. En desarrollo de las previsiones contenidas en el Plan Territorial Sectorial, Planes Directores de Coordinación, Planes Generales de Ordenación Urbana, y en las Normas Complementarias y Subsidiarias del Planeamiento se podrán redactar, si fuera preciso, Planes Especiales para la ordenación de recintos y conjuntos artísticos, protección del paisaje y de las vías de comunicación, conservación de determinados ámbitos del medio rural, reforma interior, equipamientos comerciales, saneamiento de poblaciones y cualquier otra finalidad análoga, sin que en ningún caso puedan sustituir a los Planes Generales Municipales como instrumentos de ordenación integral del territorio.

2. También podrán redactarse Planes Especiales para la ejecución directa de obras correspondientes a la infraestructura del territorio o a los elementos determinantes del desarrollo urbano así como referidos al señalamiento y localización de las infraestructuras básicas relativas a las comunicaciones terrestres, marítimas y aéreas, al abastecimiento de agua, saneamiento, suministro de energía y otras de análogas, y de las contenidas en el número 1 párrafo b) del artículo 23 de esta Ley.

3. Los Planes Especiales contendrán las determinaciones previstas en el planeamiento territorial o de ordenación urbana correspondiente, y en su defecto, las propias de su naturaleza y finalidad, debidamente justificadas y desarrolladas en los estudios, planos y normas correspondientes.

⇒ V. arts. 67 y 68 de la Ley 22/1998, de 30 diciembre, que aprueba la Carta Municipal de Barcelona, parcialmente transcrita en art. 50.

V. arts. 9 y 19 de la Ley 6/1998, de 13 abril (§1).

V. art. 113.2 del TRLS/1992 (§2).

V. la Ley 17/2000, de 29 diciembre, de Equipamientos Comerciales, de Cataluña, cuya Disposición Derogatoria Única deroga la Ley 1/1997, de 24 marzo, de equipamientos comerciales y, en todo aquello que no se oponga a lo establecido en la nueva ley, se mantiene la vigencia de las normas de despliegue de dicha ley en tanto no se hayan dictado las normas que las deben sustituir.

Téngase en cuenta, sobre equipamientos comerciales, el D. 244/1997, de 16 setiembre y el D. 245/1997, de 16 septiembre, que aprobó el Plan territorial sectorial de equipamientos comerciales, afectado por Res. 28 diciembre 1999.

V. O. 8 julio 1998, del Departament Industria, Comerc i Turisme sobre programas de orientación de equipamientos comerciales.

V. Jurisprudencia en arts. 17 y concordantes del TRLS/1976 (§3).

Artículo 30.

1. La conservación y valoración del Patrimonio histórico y artístico y bellezas naturales, objeto de planeamiento especial, comprenderá, entre otros, estos aspectos:

a) Elementos naturales y urbanos, el conjunto del cual contribuye a caracterizar el panorama.

b) Plazas, calles y edificios de interés.

c) Jardines de carácter histórico, artístico o botánico.

d) Realce de construcciones significativas.

e) Composición y detalles de los edificios situados en emplazamientos que hayan de ser objeto de medidas especiales de protección.

f) Uso y destino de edificaciones antiguas y modernas.

2. A los efectos expresados se podrán dictar normas especiales para la conservación, restauración y mejora de los edificios y elementos naturales y urbanísticos, sin perjuicio, en su caso, de la aplicación de la normativa específica.

⇒ V. art. 9 de la Ley 6/1998, de 13 abril (§1).

V. Ley 12/1985, de 13 junio, de Espacios Naturales Protegidos en Cataluña.

V. Jurisprudencia en arts. 18 y concordantes del TRLS/1976 (§3).

Artículo 31.

El planeamiento especial para la protección del paisaje, cuando tenga por objeto preservar determinados lugares o perspectivas panorámicas del territorio de Cataluña, se referirá, entre otros, a los siguientes aspectos:

a) Bellezas naturales, panorámicas o perspectivas del territorio que convenga mantener para el fomento del turismo.

b) Predios rústicos o de pintoresca situación, amenidad, singularidad geográfica o recuerdo histórico.

c) Edificios aislados que se distingan por su emplazamiento o belleza arquitectónica y parques y jardines destacados por su belleza, disposición artística, trascendencia histórica o importancia de las especies botánicas que haya.

d) Perímetros edificados que formen un conjunto de valor para sus elementos tradicionales arquitectónicos o estéticos.

⇒ V. Ley 12/1985, de 13 junio, de Espacios Naturales Protegidos en Cataluña.

V. Ley 2/1989, de 16 febrero, reguladora de los Centros Recreativos Turísticos, modificada en su art. 5.2, por la Ley 6/1994, de 19 mayo.

V. art. 9 de la Ley 6/1998, de 13 abril (§1).

V. Jurisprudencia en arts. 19 y concordantes del TRLS/1976 (§3).

Artículo 32.

La protección en el orden urbanístico de las vías de comunicación, en lo que se refiere a la restricción del destino y del uso de los terrenos que lindan permitirá:

a) Dividir los terrenos en zonas de utilización, edificación, vegetación y panorámicas.

b) Prohibir o limitar, de acuerdo con la legislación vigente, el acceso directo a las fincas de la carretera.

c) Señalar distancias mínimas para la desembocadura de otras vías.

d) Disponer el retranqueo de las edificaciones como previsión de futuras ampliaciones y el establecimiento de calzadas de servicio.

e) Ordenar los estacionamientos y los lugares de aprovisionamiento y descanso.

f) Mantener y mejorar la estética de las vías y zonas adyacentes.

⇒ V. art. 9 de la Ley 6/1998, de 13 abril (§1).

V. Ley 7/1993, de 30 septiembre, de Carreteras en Cataluña.

V. Jurisprudencia en arts. 20 y concordantes del TRLS/1976 (§3).

Artículo 33.

El planeamiento urbanístico especial podrá afectar, con fines de protección, a huertos y espacios forestales, mediante restricciones de uso apropiadas para impedir su desaparición o alteración.

⇒ V. art. 9 de la Ley 6/1998, de 13 abril (§1).

V. Ley 6/1988, de 30 marzo, de Ordenación forestal y Ley 7/1999, de 30 julio, de creación del Centro de La Propiedad Forestal.

V. Jurisprudencia en arts. 21 y concordantes del TRLS/1976 (§3).

Artículo 34.

La mejora del medio urbano o rural y de los suburbios de las ciudades podrá ser objeto de Planes Especiales encaminados a estas finalidades:

a) Modificar el aspecto exterior de las edificaciones, su carácter arquitectónico y su estado de conservación.

b) Alterar determinados elementos vegetales, jardines o arbolado.

c) Prohibir construcciones y usos perjudiciales.

d) Someter a normas urbanísticas el acoplamiento de las edificaciones.

⇒ V. art. 9 de la Ley 6/1998, de 13 abril (§1).

Jurisprudencia

«Un Plan Especial cuyo objeto, como expone su Memoria, es la regulación urbanística completa de la fachada marítima de la Barceloneta, entre el Paseo Nacional y el Paseo Marítimo de Barcelona y cuyos objetos concretos son abrir la Barceloneta al mar, conectar el Paseo Marítimo y el Paseo Nacional, redefinir el frente edificado, crear nuevas viviendas de promoción pública, concretas la edificabilidad del sector y urbanizar el nuevo paseo de la Barceloneta, es evidente que precisa de un Plan de Etapas (o, si se hace en una única, una previsión de inicio y terminación), de la concreción del número de viviendas a construir, de la definición de infraestructura y redes de servicio necesarias, y de la delimitación de las alineaciones y rasantes del nuevo paseo. Por otro lado, parece extraño que un Plan Especial de Mejora Urbana (PEMU) contemple la expropiación como sistema de actuación dado su limitado campo de acción, ceñido por el art. 34 del TR autonómico 1/1990 a las siguientes finalidades: a) modificar el aspecto exterior de las edificaciones, su carácter arquitectónico y su estado de conservación; b) alterar determinados elementos vegetales, jardines y arbolado; c) prohibir construcciones y usos perjudiciales y d) someter a normas urbanísticas el acoplamiento de las edificaciones. De hecho, podríamos oponer el Plan como principal objeción a añadir a las expuestas por la parte demandante, que su contenido, habida cuenta de su objeto, objetivos y propuestas, excede con mucho al propio de un PEMU entrando de lleno en el propio de un Plan Especial de Reforma Interior (PERI) de los previstos en el art. 35 del texto urbanístico citado (entre cuyos objetivos se encuentran el saneamiento de barrios insalubres, la resolución de los problemas de circulación o de estética y otros fines análogos)». **(STSJ Cataluña 23 abril 1998 [RJCA 1998, 1202]).**

Artículo 35.

1. Los Planes Especiales de reforma interior tienen por objeto la realización en suelo urbano de operaciones encaminadas a la descongestión, creación de dotaciones urbanísticas y equipamientos comunitarios, saneamiento de barrios insalubres, resolución de problemas de circulación o de estética y mejora del medio ambiente o de los servicios públicos u otros fines análogos.

2. Los Planes Especiales de reforma interior contendrán las determinaciones y documentos adecuados a los objetivos perseguidos y como mínimo los que prevé el artículo 17 de esta Ley, excepto que alguno de ellos no fuera necesario por no guardar relación con la reforma.

3. Cuando se trate de operaciones de reforma interior no previstas en el Plan General, el Plan Especial no podrá modificar la estructura fundamental de aquél; a este efecto se acompañará de un estudio que justifique su necesidad o conveniencia, su coherencia con el Plan General y la incidencia sobre el mismo.

Jurisprudencia

«La solicitud de exclusión de las fincas de los recurrentes del Plan Especial de mejora urbana en cuestión, basada en la invocada condición de solares de tales fincas, carece de fundamento, pues no se trata de un Plan Parcial, sino de un Plan al que le es de aplicación lo dispuesto en el artículo 35.1 del Decreto Legislativo de Cataluña 1/1990, de 12 de julio, por el que se aprueba el Texto Refundido de la legislación vigente en materia de urbanismo, a cuyo tenor "Los Planes Especiales de reforma interior tienen por objeto la realización en suelo urbano de operaciones encaminadas a la descongestión, creación de dotaciones urbanísticas y equipamientos comunitarios, saneamiento de barrios insalubres, resolución de problemas de circulación o de estética y mejora del medio ambiente o de los servicios públicos u otros fines análogos", de forma que el presupuesto mismo del plan especial de mejora urbana es actuar sobre suelo urbano para las finalidades descritas en la norma aplicable». **(STSJ Cataluña 20 diciembre 1999 [RJCA 1999, 4980]).**

⇒ V. Jurisprudencia en arts. 23 y concordantes del TRLS/1976 (§3).

Artículo 36.

La Administración actuante y los particulares pueden elaborar Planes Especiales para realizar los equipamientos comerciales públicos y los otros centros comerciales previstos en las reservas de suelo del planeamiento general. La tramitación de los citados Planes Especiales, requiere el preceptivo informe de la Comisión Territorial de Equipamientos Comerciales.

⇒ V. art. 4 de la Ley 6/1998, de 13 abril (§1).

V. la Ley 17/2000, de 29 diciembre, de Equipamientos Comerciales, de Cataluña, cuya disp. derog. única deroga la Ley 1/1997, de 24 marzo, de equipamientos comerciales y, en todo aquello que no se oponga a lo establecido en la nueva ley, se mantiene la vigencia de las normas de despliegue de dicha ley en tanto no se hayan dictado las normas que las deben sustituir.

Téngase en cuenta, sobre equipamientos comerciales, el D. 244/1997, de 16 setiembre y el D. 245/1997, de 16 septiembre, que aprobó el Plan territorial sectorial de equipamientos comerciales, afectado por Res. 28 diciembre 1999, del Departamento de Industria, Comercio y Turismo.

V. O. 8 julio 1998, del Departament Industria, Comerç i Turisme sobre programas de orientación de equipamientos comerciales.

Artículo 37.

1. Se conceptuarán como Planes y proyectos de saneamiento los que se refieren a obras en el suelo y subsuelo para mejorar las condiciones de salubridad, higiene y seguridad.

2. Estos Planes y proyectos comprenderán las obras de abastecimiento de aguas potables, depuración y aprovechamiento de las residuales, instalación de alcantarillado, drenajes, fuentes, abrevaderos, lavaderos, recogida y tratamiento de basuras.

3. También se considerarán como Planes y proyectos de saneamiento urbano los de abastecimiento de aguas de edificios y establecimientos de servicio público pertenecientes al Estado, Generalidad de Cataluña, Municipio y Provincia, y otros organismos públicos competentes en la materia, ya cuenten con instalación propia o se abastezcan de otros conductos.

⇒ V. art. 19 de la Ley 6/1998, de 13 abril (§1).

V. Jurisprudencia en arts. 24 y concordantes del TRLS/1976 (§3).

Artículo 38.

La protección a que los Planes Especiales se refieren, cuando se trate de conservar o mejorar monumentos, jardines, parques naturales o paisajes, requerirá su inclusión en catálogos aprobados por la Consejería de Política Territorial y Obras Públicas o la Comisión de Urbanismo, de oficio o a propuesta de otros órganos o particulares.

⇒ V. arts. 9 y 19 de la Ley 6/1998, de 13 abril (§1).
V. Ley 12/1985, de 13 junio, de Espacios Naturales Protegidos en Cataluña.
V. Jurisprudencia en arts. 25 y concordantes del TRLS/1976 (§3).

CAPÍTULO II
Formación y aprobación de los planes

Sección 1ª Actos preparatorios

Artículo 39.

Los Organismos Públicos, los concesionarios de servicios públicos y los particulares prestarán su concurso a la redacción de Planes de Ordenación y, al efecto, facilitarán a las Entidades Locales, Comisiones de Urbanismo, Dirección General de Urbanismo y otros organismos competentes, los documentos e informaciones necesarios.

⇒ V. art. 104.3 del TRLS/1992 (§2).
V. art. 4 de la Ley 6/1998, de 13 abril (§1).
V. D. 83/1998, de 31 marzo, de reestructuración del Departamento de Política Territorial y Obras Públicas, modificado por D. 217/2000, de 26 junio, por D. 3/2000, de 10 enero y por D. 125/1999, de 4 mayo.

Artículo 40.

1. Los órganos competentes para la aprobación inicial de los instrumentos de planeamiento general, especial, parcial o de los estudios de detalle pueden acordar, con la finalidad de estudiar la formación o bien la reforma, la suspensión del otorgamiento de licencias de parcelación de terrenos, de edificación y del derribo, en ámbitos determinados.

2. Los efectos de esta suspensión no pueden durar más de un año.

3. Este acuerdo se publicará en el «Diari Oficial de la Generalitat de Catalunya» o en el «Boletín Oficial de la Provincia», si procede.

⇒ V. Jurisprudencia en arts. 27 y concordantes del TRLS/1976 (§3).

Artículo 41.

1. La aprobación inicial de los instrumentos de planeamiento citados en el artículo anterior obliga a la administración actuante a acordar la suspensión del otorgamiento de licencias de parcelación, de edificación y de derribo en los ámbitos para los cuales las nuevas determinaciones comporten modificación del régimen urbanístico.

2. Constituyen modificación del régimen urbanístico las determinaciones que comporten:

a) Cambio de la clasificación del suelo.

b) Afectación de terrenos a sistemas.

c) Modificación de los usos globales admitidos en un sector.

d) Modificación del coeficiente de edificabilidad neta de una zona.

3. Además, en el momento de la aprobación inicial, la administración actuante puede acordar la suspensión del otorgamiento de las licencias citadas en el punto 1 de este artículo en los ámbitos para los cuales se pretenda conseguir objetivos urbanísticos concretos, que han de ser explicitados y justificados.

4. La iniciación del expediente de reparcelación comporta, sin que sea necesaria declaración expresa, la suspensión del otorgamiento de licencias de parcelación y de edificación en el ámbito del polígono o de la unidad de actuación hasta que el acuerdo aprobatorio de la reparcelación sea firme en vía administrativa.

⇒ V. Jurisprudencia en arts. 27 y concordantes del TRLS/1976 (§3).

Artículo 42.

1. En los casos previstos en los dos artículos precedentes, además de adoptarse los acuerdo de suspensión con las formalidades previstas por reglamento, es necesario delimitar explícitamente los ámbitos afectados, confeccionando un «Plano de delimitación de los ámbitos sujetos a suspensión de licencias», en el cual se han de grafiar a escala adecuada y con detalle y claridad suficiente todos estos ámbitos.

2. Si antes de finalizar el plazo de un año previsto por el artículo 40.2 se hubiese producido el acuerdo de aprobación inicial, la administración actuante podrá hacer uso de lo que establece el artículo 41, y sus efectos se extinguirán definitivamente una vez transcurridos dos años desde la vigencia del acuerdo de suspensión adoptado para estudiar el plan o la reforma de éste.

3. Si la aprobación inicial se produce una vez transcurrido el plazo de un año previsto en el artículo 40.2, la suspensión decidida con motivo de la aprobación inicial tendrá también la duración máxima de un año contado desde la publicación del acuerdo de suspensión.

4. Si con anterioridad al acuerdo de aprobación inicial no se hubiese suspendido el otorgamiento de licencias conforme a lo que dispone el artículo 30.1, la suspensión que se decidiese con motivo de la aprobación inicial tendrá una duración máxima de dos años.

5. En cualquier caso los efectos de la suspensión se extinguirán con la entrada en vigor del instrumento de planeamiento de que se trate, por razón de la aprobación definitiva de éste.

6. Una vez extinguidos los efectos de la suspensión en cualquiera de los casos previstos por este artículo y por los precedentes, no se podrán

acordar nuevas suspensiones en aquellos ámbitos por idéntica finalidad dentro de los cinco años siguientes.

⇒ V. Jurisprudencia en arts. 27 y concordantes del TRLS/1976 (§3).

Artículo 43.

Los peticionarios de licencias solicitadas con anterioridad a la publicación de la suspensión tendrán derecho a ser indemnizados del coste oficial de los proyectos y a la devolución, si procede, de las tasas municipales.

⇒ V. Jurisprudencia en arts. 27 y concordantes del TRLS/1976 (§3).

Artículo 44.

1. Las Entidades y Organismos interesados podrán formular avances de Plan y anteproyectos parciales que sirvan de orientación a la redacción de los Planes sobre bases aceptadas en principio.

2. Los avances y anteproyectos se podrán remitir al Ayuntamiento, a la Comisión de Urbanismo o al Departamento de Política Territorial y Obras Públicas sin información pública.

3. La aprobación sólo tendrá efectos administrativos internos preparatorios de la redacción de los Planes y proyectos definitivos.

⇒ V. D. 217/2000 de 26 junio, sobre reestructuración del Departamento Política Territorial i Obres Públiques, y O. 30 junio 2000, que lo desarrolla.
V. Jurisprudencia en arts. 28 y concordantes del TRLS/1976 (§3).

Sección 2ª Competencias

Artículo 45.

1. Los Planes Directores de Coordinación serán formulados por los organismos o entidades que, a propuesta del Consejero de Política Territorial y Obras Públicas y previo informe de la Comisión de Urbanismo de Cataluña, determine el Consejo Ejecutivo, el cual señalará, además, los Organismos o Entidades que hayan de intervenir en su elaboración, su ámbito territorial y el plazo en el que han de redactarse. La propuesta del Departamento de Política Territorial y Obras Públicas se hará por propia iniciativa o de otro Departamento de la Generalidad, o a instancia de una Entidad Local o de una Entidad Urbanística Especial competente. Todo ello, sin perjuicio de las competencias de redacción que tengan atribuidas por ley otros organismos públicos.

2. En la elaboración de los Planes Directores Territoriales de Coordinación intervendrán directamente el Departamento de Política Territorial y Obras Públicas y estarán representadas las Entidades Locales comprendidas por razón del ámbito del Plan y las Entidades Urbanísticas especiales competentes para su redacción.

⇒ V. D. 217/2000 de 26 junio, sobre reestructuración del Departamento Política Territorial i Obres Públiques, y O. 30 junio 2000, que lo desarrolla.

V. D. 27 septiembre 1978, de creación de la Comisión de Urbanismo de Cataluña, cuyo art. 2.2 e), fue desarrollado por D. 4 diciembre 1979 y cuyo art. 2.2 a) ha sido modificado por D. 90/2000, de 22 febrero.
V. art. 113.2 del TRLS/1992 (§2).

Artículo 46.

1. Los Planes Municipales serán formulados por los Ayuntamientos. No obstante, podrán éstos encargar su formulación a la respectiva Comisión de Urbanismo o a otros entes locales.

2. En cualquier caso, la redacción podrá encargarse a los técnicos de la Corporación o Comisión o a los que se designaren, libremente o por concurso, entre facultativos competentes con título oficial reconocido.

⇒ V. Jurisprudencia en arts. 31 y concordantes del TRLS/1976 (§3).

Artículo 47.

1. Si las necesidades urbanísticas de un Municipio aconsejaren la extensión del planeamiento a otros términos municipales vecinos, se podrá disponer la formulación de un Plan de conjunto, de oficio o a instancia del Municipio.

El organismo competente para adoptar el acuerdo será la Comisión de Urbanismo cuando se trate de municipios incluidos en el ámbito territorial de su competencia. En los demás supuestos, el acuerdo lo adoptará el Consejero de Política Territorial y Obras Públicas.

2. El Consejero o la Comisión determinarán la extensión territorial de los Planes, el Ayuntamiento u Organismo que deba redactarlos y la proporción en que los municipios afectados han de contribuir a los gastos.

3. Los Ayuntamientos comprendidos en el Plan asumirán las obligaciones que de éste se derivaren.

✐ La STC 159/2001, de 5 julio 2001 (RTC 2001, 159), declara que el art. 47 del RDLeg 1/1990, de 12 julio, de la Generalidad de Cataluña, sólo es constitucional si se interpreta en el sentido de que la facultad de la Comunidad Autónoma de Cataluña de formular Planes de Conjunto únicamente puede llevarse a cabo «en defecto de acuerdo entre las Corporaciones Locales afectadas».

⇒ V. D. 217/2000 de 26 junio, sobre reestructuración del Departamento Política Territorial i Obres Públiques, y O. 30 junio 2000, que lo desarrolla.
V. Jurisprudencia en arts. 32 y concordantes del TRLS/1976 (§3).

Artículo 48.

1. En el caso que los Planes Municipales no se formulen en el plazo que señalan los artículos 51 y 52 de esta Ley, el Consejero de Política Territorial y Obras Públicas podrá disponer que se redacten por la Dirección General de Urbanismo o por la Comisión de Urbanismo. Asimismo, la Comisión de Urbanismo podrá acordar que se redacten por la propia Comisión.

2. Los gastos de redacción de los Planes Municipales serán sufragados por las respectivas Entidades Locales, excepto circunstancias especiales y justificadas en expediente instruido al efecto.

⇒ V. Jurisprudencia en arts. 33 y concordantes del TRLS/1976 (§3).

Artículo 49.

1. Los Planes Especiales podrán ser formulados por las Entidades locales, entidades Urbanísticas especiales y órganos competentes en el orden urbanístico de acuerdo con esta Ley.

La formulación de los Planes especiales a que se refiere el artículo 29.2 de esta Ley se podrá realizar por quien tenga a su cargo la ejecución directa de las obras correspondientes a la infraestructura del territorio o a los elementos determinantes del desarrollo urbano.

2. Los Programas de Actuación Urbanística se formularán por las Entidades Locales y, si procede, por las Urbanísticas competentes o por los adjudicatarios correspondientes, conforme a lo que dispone el Capítulo VII del Título IV de esta Ley.

⇒ V. Jurisprudencia en arts. 34 y concordantes del TRLS/1976 (§3).

Artículo 50.

1. La competencia para aprobar definitivamente los planes y proyectos de ordenación urbana corresponde:

a) Al Gobierno de la Generalidad, los Planes Directores de Coordinación.

b) Al Consejero de Política Territorial y Obras Públicas, los Planes, Programas de Actuación Urbanística, Normas Complementarias y Subsidiarias de Planeamiento que se refieran a los Municipios de Barcelona, Tarragona, Lleida y Girona y a poblaciones de más de 50.000 habitantes así como, en cualquier caso, los que afecten a diversos municipios. Se exceptúa de lo anterior la aprobación definitiva de los planes parciales correspondientes a sectores de urbanización prioritaria.

c) A las Comisiones de Urbanismo, los Planes, excepto los parciales que desarrollen sectores de urbanización prioritaria y Programas de Actuación Urbanística y Normas Complementarias y Subsidiarias de planeamiento, en los restantes casos.

d) A las Corporaciones Municipales competentes, los planes parciales que desarrollen sectores de urbanización prioritaria, los estudios de detalle y los proyectos de urbanización, dando cuenta de todos ellos a la Comisión de Urbanismo.

2. Cuando la iniciativa de los Planes Especiales se deba a Entidades Locales o Urbanísticas especiales, su aprobación definitiva corresponderá:

a) Con carácter general a los órganos competentes para aprobar los Planes Parciales.

b) En los demás casos al Consejero de Política Territorial y Obras Públicas.

En los supuestos de los Planes Especiales previstos en el artículo 29.2 corresponderá al Consejero de Política Territorial y Obras Públicas.

⇒ V. D. 217/2000 de 26 junio, sobre reestructuración del Departamento Política Territorial i Obres Públiques, y O. 30 junio 2000, que lo desarrolla.

Se transcribe parcialmente a continuación el texto de la Ley 22/1998, de 30 diciembre, que aprueba la Carta Municipal de Barcelona.

[...]

CAPÍTULO II

Urbanismo

Artículo 64.

El Ayuntamiento de Barcelona participa en la ordenación del territorio, mediante:

a) El informe preceptivo de los proyectos de Plan territorial general, de los planes territoriales sectoriales y de sus revisiones o modificaciones.

b) La intervención directa en la elaboración de los planes territoriales parciales, territoriales sectoriales y directores de coordinación que afectan el municipio de Barcelona, así como sus revisiones y modificaciones. Esta intervención debe llevarse a cabo mediante el nombramiento de representantes en los órganos de seguimiento y en los órganos técnicos encargados de la redacción de los planes.

Artículo 65.

1. El Plan general de ordenación municipal o supramunicipal, en el ámbito del término municipal de Barcelona, contiene las siguientes determinaciones:

a) La clasificación del suelo con expresión de las superficies asignadas a cada uno de los tipos y categorías de suelo adoptadas.

b) La estructura general y orgánica del territorio, integrada por los elementos determinantes del desarrollo urbano y, en particular, por los espacios libres destinados a parques públicos y zonas verdes, y por los equipamientos comunitarios y para centros públicos.

c) Los sistemas generales de comunicación y sus zonas de protección, cuando transcurran por suelo urbano.

d) Las medidas para la protección del medio ambiente, la conservación de la naturaleza y la defensa del paisaje, los elementos naturales y los conjuntos urbanos históricos y artísticos.

2. Además de las determinaciones de carácter general, los planes generales, en suelo urbano, deben contener las siguientes:

a) Delimitación del perímetro y señalamiento, si procede, del ámbito de las operaciones de reforma interior, mejora urbana, rehabilitación o protección que se estimen necesarias.

b) Asignación de usos detallados del suelo, vuelo y subsuelo correspondientes a distintas zonas.

c) Delimitación de los espacios libres y zonas verdes destinados a parques y jardines públicos y zonas deportivas, de ocio y recreo.

d) Las ubicaciones reservadas para centros docentes, públicos y privados, asistenciales y sanitarios, templos, grandes instalaciones hoteleras, gasolineras, equipamientos de medio ambiente y otros servicios o actividades públicas o privadas para las que sea necesario reservar suelo por razones de desarrollo económico-social, cultural, de ocio, u otras de interés general. Asimismo, se pueden reservar suelo y edificaciones para uso exclusivo de viviendas sometidas a alguno de los regímenes vigentes de protección pública o a las nuevas modalidades de promoción que puedan definirse para Barcelona.

e) Trazado y características de la red vial y previsión de aparcamientos con señalamiento de alineaciones y rasantes para la totalidad o parte de este suelo, garantizando la accesibilidad al transporte público.

f) Reglamentación detallada del uso del vuelo y subsuelo, volumen y condiciones higiénico-sanitarias de los terrenos y construcciones, así como de las características estéticas de la ordenación, la edificación y su entorno.

g) Ordenación y racionalización del uso del subsuelo público, características y trazado de las galerías y redes de abastecimiento de agua, alcantarillado, energía eléctrica, residuos sólidos urbanos, recogida neumática y, si procede, otros servicios que establezca el Plan.

h) Evaluación económica de la implantación de los servicios y la ejecución de las obras de urbanización.

3. Corresponde al Ayuntamiento de Barcelona la delimitación de las unidades de actuación a efectos de la cesión obligatoria y gratuita del suelo con destino a espacio vial, jardines, plazas, centros docentes y asistenciales. Los acuerdos correspondientes deben remitirse a la Subcomisión de Urbanismo de Barcelona, para su conocimiento.

4. Corresponden al Ayuntamiento de Barcelona la elaboración y aprobación inicial y provisional del Plan general de ordenación, en el ámbito de su término municipal.

Artículo 66.

1. Se crea la Subcomisión de Urbanismo del Municipio de Barcelona, presidida por el presidente o presidenta de la Comisión de Urbanismo de Barcelona e integrada por diez vocales designados, por mitad, por el consejero o consejera de la Generalidad de Cataluña competente por razón de la materia y por el alcalde o alcaldesa de Barcelona.

2. A las sesiones de la Subcomisión de Urbanismo de Barcelona puede asistir un representante del Estado con voz y sin voto, que debe ser designado por el delegado o delegada del Gobierno en Cataluña.

3. Corresponde a la Subcomisión de Urbanismo de Barcelona la aprobación definitiva del planeamiento general, así como de la correspondiente revisión o modificación, en el ámbito del término municipal de Barcelona. Las aprobaciones inicial y provisional, en el mismo caso, corresponden al Ayuntamiento de Barcelona.

4. En el trámite de aprobación definitiva cuando la Subcomisión de Urbanismo imponga modificaciones al Plan provisional aprobado por el Ayuntamiento de Barcelona, éstas deben seguirse en lo que afecte los intereses supralocales y, en lo que se refiere a los intereses locales, cuando se trate de aspectos reglados del Plan y cuando las modificaciones se deriven de las exigencias del principio constitucional de interdicción de la arbitrariedad de los poderes públicos.

5. La aprobación definitiva de planes que suponga una modificación de zonas verdes o espacios libres corresponde a la Subcomisión de Urbanismo de Barcelona, previo informe de la Comisión de Urbanismo de Cataluña y de la Comisión Jurídica Asesora de la Generalidad que, en este último caso, tiene carácter vinculante. No se entienden como modificación de zonas verdes o espacios libres los ajustes en su delimitación que no alteren su funcionalidad, su superficie ni su localización en el territorio, siempre y cuando se justifique en la memoria del Plan.

⇒ V. D. 220/1999, de 27 julio, que regula la Subcomisión de Urbanismo.

Artículo 67.

1. La tipología de planes especiales es la establecida en la normativa vigente. Además, se admiten los planes de usos, integrales, de reforma interior, mejora urbana, protección, rehabilitación, subsuelo y telecomunicaciones.

2. Los planes especiales de usos tienen como objetivo ordenar la incidencia y los efectos urbanísticos, medioambientales y sobre el patrimonio urbano que las actividades producen en el territorio, mediante la regulación de su intensidad y las condiciones físicas de su desarrollo en función de las distancias, el tipo de vía urbana y circunstancias análogas.

3. Se pueden aprobar planes especiales integrales, entendidos como los planes especiales que definen y comprenden operaciones desarrolladas a escala de proyecto arquitectónico y también de regulación de usos en operaciones de rehabilitación integral.

Artículo 68.

1. Para la aprobación de los planes parciales y especiales y los estudios de detalle debe seguirse el siguiente procedimiento:

a) Aprobación inicial por el alcalde o alcaldesa.

b) Información pública durante el período de un mes.

c) Aprobación definitiva por el Consejo Municipal.

2. La competencia del Ayuntamiento de Barcelona para la aprobación de planes se extiende a los ámbitos territoriales del término municipal, cuya administración y gestión corresponde a otras administraciones públicas. Con esta finalidad, en el período de información pública, el Plan debe someterse a informe de las administraciones afectadas. Cuando los planes incluyan infraestructuras del Estado o de la Generalidad, el informe es vinculante en lo que afecte directamente la infraestructura, sin perjuicio de los requisitos más específicos que pueda establecer, si procede, la correspondiente legislación sectorial. En caso de actuaciones no previstas en el planeamiento general son aplicables las previsiones generales establecidas por la normativa urbanística.

3. Para cada uno de los planes aprobados definitivamente por el Ayuntamiento de Barcelona puede crearse una comisión de seguimiento de su ejecución, con la participación de las entidades y organizaciones cívicas, económicas, sociales y profesionales de la ciudad.

4. Los instrumentos de ordenación aprobados definitivamente por el Ayuntamiento de Barcelona son inmediatamente ejecutivos desde el momento de su publicación. Los acuerdos de aprobación deben enviarse a la Generalidad de Cataluña, de acuerdo con el régimen de comunicación de los acuerdos establecidos en el artículo 130 de la Ley Municipal y de Régimen Local de Cataluña.

5. Los órganos competentes para la aprobación inicial de los instrumentos de planeamiento pueden acordar, con el fin de estudiar su formación o bien su reforma, la suspensión del otorgamiento de licencias de parcelación de los terrenos, de edificación, reforma o rehabilitación, de derribo, instalación o ampliación de actividades o de usos concretos. El acuerdo que se adopte debe determinar el alcance de la suspensión.

Artículo 69.

1. La aprobación de los proyectos de urbanización corresponde a la Comisión de Gobierno. Es potestativo someter a información pública estos proyectos, salvo los que supongan expropiación, así como los que determinen las normas invocadas en el artículo 70.

2. La aprobación de los proyectos de obras ordinarias corresponde al alcalde o alcaldesa.

3. Es obligatorio, en cualquier tipo de proyectos, la elaboración de una memoria que justifique la ejecución de las obras y un estudio detallado sobre la movilidad de la zona afectada.

Artículo 70.

En la elaboración de los instrumentos de ordenación y los proyectos de urbanización de obras debe fomentarse la participación ciudadana por medio de los procedimientos regulados en el Título IV. El Reglamento del Consejo Municipal debe establecer los supuestos en que sea obligatorio, además del trámite de información pública, en su caso, el seguimiento de otros procedimientos de participación ciudadana.

Artículo 71.

La autorización de instalación y apertura de actividades, industrias y establecimientos de cualquier tipo requiere, en cualquier caso, la autorización del Ayuntamiento de Barcelona. Este debe asumir también, por delegación, el trámite de calificación y el informe de la actividad.

Artículo 72.

Corresponde al Ayuntamiento de Barcelona la declaración de ocupación urgente de los bienes y derechos afectados en los supuestos de expropiaciones por razones urbanísticas de iniciativa municipal.

Artículo 73.

1. Para la gestión urbanística en general y, en particular, para el reparto de las cargas urbanísticas, se admite la reparcelación discontinua de parcelas urbanas. En este caso, es necesaria la aprobación de un plan especial que lo justifique sin perjuicio de lo dispuesto en el artículo 66.4.

2. La transferencia de techo edificable entre varias parcelas no puede incrementar la edificabilidad global del municipio de Barcelona ni reducir los espacios destinados por el planeamiento a parques y jardines urbanos y a equipamientos en cada uno de los distritos municipales.

Artículo 74.

1. El Patrimonio Municipal de Urbanismo debe incluir un fondo de suelo o económico que reciba las aportaciones de las cargas o cesiones urbanísticas.

2. El Patrimonio Municipal de Urbanismo puede ser gestionado por todas las formas admitidas en el ámbito del derecho público. La transmisión o constitución de cualquier derecho real puede realizarse mediante concurso.

3. En el desarrollo del planeamiento urbanístico en el suelo urbano de la ciudad, el Ayuntamiento puede delimitar polígonos y unidades de actuación destinadas a la formación de patrimonio municipal. Para su gestión puede utilizarse cualquiera de los sistemas establecidos en la normativa vigente.

Artículo 75.

A efectos de la declaración de determinadas zonas de la ciudad como zonas turísticas u otras con un tratamiento equivalente desde los puntos de vista fiscal, urbanístico, comercial u otros, el municipio de Barcelona no debe ser considerado como una unidad de actuación integral. El Ayuntamiento es competente para hacer dichas declaraciones.

Artículo 76.

La ordenación del subsuelo se realiza mediante planes especiales específicos que deben fijar, en cualquier caso, el aprovechamiento urbanístico de que es susceptible, atendiendo a las determinaciones que haya establecido, si procede, el Plan general.

Artículo 77.

La cesión de bienes inmuebles propiedad del Ayuntamiento de Barcelona a otras administraciones públicas debe realizarse bajo la condición de reversión en favor del Ayuntamiento cuando se desafecten del uso o servicio que sea causa de la cesión.

Artículo 78.

1. Los propietarios de las correspondientes superficies de suelo tienen, en los términos de la legislación urbanística aplicable, los aprovechamientos urbanísticos que el planeamiento urbanístico municipal atribuye al subsuelo.

2. El subsuelo que tenga atribuido aprovechamiento urbanístico susceptible de apropiación privada está sometido a las servidumbres administrativas necesarias para la prestación de servicios públicos o de interés público, siempre y cuando esta utilización sea compatible con el uso del inmueble privado sirviente. En caso de que no sea compatible, debe procederse a la expropiación, de acuerdo con las determinaciones del planeamiento.

3. La realización de obras, materialización de aprovechamientos y desarrollo de usos o actividades en el subsuelo requieren la previa ordenación de éste por el pertinente plan especial.

Artículo 79.

1. Las compañías de servicios públicos cuyas instalaciones estén ubicadas total o parcialmente en el subsuelo deben elaborar y entregar al Ayuntamiento, si éste lo pide, un plano de situación de las citadas instalaciones, que debe actualizarse regularmente.

2. El Ayuntamiento debe determinar los supuestos en los que los distintos servicios deben instalarse obligatoriamente en galerías de utilización conjunta por las distintas compañías suministradoras.

Artículo 80.

Con carácter general, las instalaciones de las compañías de servicios públicos son subterráneas en todo el término municipal y transcurren por el lugar establecido por el Plan u otras disposiciones urbanísticas o municipales. Sólo pueden transcurrir en superficie previa autorización expresa del Ayuntamiento.

Artículo 81.

Para la ejecución forzosa de los actos administrativos en materia de intervención y uso del suelo se admite la imposición de multas coercitivas reiteradas por un importe máximo, cada una, de cien mil pesetas.

Artículo 82.

Los propietarios de edificios, además de las obligaciones que les atribuyen las normas aplicables, deben mantener las fachadas visibles desde el dominio público en buen estado de conservación, tanto para mantener su buena imagen como para evitar cualquier peligro para los usuarios de las vías públicas. Las ordenanzas municipales pueden regular estas obligaciones, incluida la de acreditar, periódicamente, la seguridad del inmueble y la existencia de una póliza de seguro del edificio que sea suficiente para cubrir estas contingencias. El Ayuntamiento de Barcelona debe velar por el cumplimiento de las normas establecidas sobre conservación y rehabilitación de los inmuebles.

Artículo 83.

La potestad sancionadora del alcalde o alcaldesa, en lo que se refiere a la cuantía de las multas, puede llegar al máximo permitido por las normas aplicables relativas a las infracciones urbanísticas.

Artículo 84.

Corresponde al Consejo Municipal actualizar las cuantías de las sanciones y las multas coercitivas.

[...]

Sección 3ª Plazos

Artículo 51.

1. Los Planes Generales Municipales de Ordenación de poblaciones de más de cincuenta mil habitantes deberán ser formulados en el plazo que señale el Consejero de Política Territorial y Obras Públicas.

2. Los Planes Generales de Ordenación de los otros municipios se redactarán en los plazos que fije el Consejero de Política Territorial y Obras Públicas o las Comisiones de Urbanismo.

Artículo 52.

Los Planes Parciales se formularán en los plazos previstos en el Plan General, en el Programa de Actuación Urbanística, si procede, o en los plazos que determinen el Consejero de Política Territorial y Obras Públicas o la Comisión de Urbanismo.

⇒ V. D. 217/2000, de 26 junio, sobre reestructuración del Departamento Política Territorial Obres Públiques, y O. 30 junio 2000, que lo desarrolla.

Artículo 53.

Los Proyectos de Urbanización se redactarán con la antelación necesaria para que las obras a que se refieren se puedan realizar de acuerdo con los plazos previstos en el correspondiente programa de actuación.

⇒ V. arts. 69 y 70 de la Ley 22/1998, de 30 diciembre, que aprueba la Carta Municipal de Barcelona, parcialmente transcrita en art. 50.

Sección 4ª Procedimiento

Artículo 54.

1. El Consejero de Política Territorial y Obras Públicas someterá los Planes Directores de Coordinación al trámite de información pública e informe de las Corporaciones Locales del territorio que afecten previsto en el art. 59 de esta Ley, así como a informe de los Departamentos que no hubieran intervenido en su elaboración y a los que interese por razón de su competencia. Los informes se entenderán favorables si no fuesen emitidos en el plazo de dos meses.

2. La aprobación de los Planes Directores de Coordinación corresponde al Consejo Ejecutivo a propuesta del Consejero de Política Territorial y Obras Públicas previo informe de la Comisión de Urbanismo de Cataluña.

⇒ V. D. 217/2000 de 26 junio, sobre reestructuración del Departamento Política Territorial i Obres Públiques, y O. 30 junio 2000, que lo desarrolla.

V. D. 27 septiembre 1978, de creación de la Comisión de Urbanismo de Cataluña, cuyo art. 2.2 e), fue desarrollado por D. 4 diciembre 1979 y cuyo art. 2.2 a) ha sido modificado por D. 90/2000, de 22 febrero.

V. art. 113.2 del TRLS/1992 (§2).

Artículo 55.

Los Planes Generales Municipales de Ordenación se tramitarán de acuerdo con el procedimiento establecido en el artículo 59 de esta Ley con las especialidades siguientes:

a) La aprobación inicial y provisional corresponde al Ayuntamiento cuando se refieran a un único municipio, y a la Entidad Local competente cuando se extienda a más de un término municipal.

b) La aprobación definitiva de los Planes de poblaciones de más de 50.000 habitantes es competencia del Consejero de Política Territorial y Obras Públicas, previo informe de la Comisión de Urbanismo de Cataluña y de las Comisiones de Urbanismo correspondientes, informes que se entenderán favorables si no se emiten en el plazo de un mes.

⇒ V. D. 217/2000 de 26 junio, sobre reestructuración del Departamento Política Territorial i Obres Públiques, y O. 30 junio 2000, que lo desarrolla.

V. D. 27 septiembre 1978, de creación de la Comisión de Urbanismo de Cataluña, cuyo art. 2.2 e), fue desarrollado por D. 4 diciembre 1979 y cuyo art. 2.2 a) ha sido modificado por D. 90/2000, de 22 febrero.

V. Ley 27/1979, de 19 octubre, y RD 519/1979, de 20 febrero, que regulan, respectivamente, la composición de la Comisión de Urbanismo de Barcelona y la de las comisiones de urbanismo de Girona, Lleida y Tarragona, así como el D. 415/2000, de 27 diciembre, por el que se designa vicepresidente de las comisiones de urbanismo de Barcelona, Girona, Lleida y Tarragona.

V. Jurisprudencia en arts. 40 y concordantes del TRLS/1976 (§3).

Artículo 56.

Para facilitar la participación de los ciudadanos y de las instituciones en el planeamiento durante los trabajos previos de elaboración del Plan General se dará amplia información pública a través de los medios de comunicación locales y generales, y se presentarán con propuestas y soluciones alternativas adecuadamente explicitadas.

⇒ V. art. 4 de la Ley 6/1998, de 13 abril (§1).

V. Jurisprudencia en arts. 27, 41 y concordantes del TRLS/1976 (§3).

Artículo 57.

1. En la tramitación de Planes Generales, de Normas Subsidiarias y de Planes Parciales y Especiales, una vez aprobados inicialmente, se solicitará un informe a los organismos siguientes:

a) La Demarcación de Carreteras del Estado en Cataluña.

b) Los Servicios Territoriales de las Direcciones Generales de Carreteras, de Transportes, de Puertos y Costas y de Obras Hidráulicas del Departamento de Política Territorial y Obras Públicas de la Generalidad de Cataluña.

c) La Red Nacional de Ferrocarriles Españoles y los Ferrocarriles de la Generalidad de Cataluña.

d) Los demás a quienes sea preceptivo solicitarlos.

2. En el transcurso de la tramitación de los Planes Generales o de las Normas Subsidiarias, de acuerdo con la exigencia de participación establecida por la Ley, se ha de comunicar a las corporaciones locales limítrofes el acuerdo de aprobación inicial.

3. Los informes se han de evacuar en el plazo de diez días, salvo que una disposición autorice otro más largo, que en ningún caso será superior a dos meses. Estos informes se han de incluir en el expediente, y las determinaciones que se incorporen se han de hacer constar en el acuerdo de aprobación provisional.

4. Si el informe no se recibe en el plazo señalado, se seguirán las actuaciones, sin perjuicio de la responsabilidad en que hubiese incurrido el funcionario o bien la autoridad causantes del retraso.

Jurisprudencia

«El artículo 57.2 del citado texto legal dispone: "En el transcurso de la tramitación de los Planes Generales o de las Normas Subsidiarias, de acuerdo con la exigencia de participación establecida por la Ley, se ha de comunicar a las corporaciones locales limítrofes el acuerdo de aprobación inicial". De esta norma se infiere que tan sólo es preceptiva la comunicación a las corporaciones locales limítrofes, cuando se trata de Planes Generales o de Normas Subsidiarias.» **(STSJ Cataluña 24 marzo 2000 [RJCA 2000, 588]).**

Artículo 58.

1. En la tramitación del planeamiento general, las normas subsidiarias, los planes parciales, los planes especiales y los programas de actuación urbanística, y en la de sus modificaciones, los ayuntamientos o la correspondiente comisión de urbanismo, si es el órgano competente para su tramitación, deben solicitar informe al departamento competente en materia de comercio con respecto a las reservas de suelo para usos comerciales, cuando éstas posibiliten la implantación de grandes establecimientos comerciales. Dicho informe tiene carácter vinculante, si es desfavorable.

2. De acuerdo con la Ley 6/1988, de 30 de mayo, debe solicitarse informe preceptivo de la administración forestal en lo que se refiere a la delimitación, calificación y regulación normativa de los terrenos forestales.

✐ Este artículo fue modificado por la disp. adic. 1ª de la Ley 1/1997, de 24 marzo, de Equipamientos Comerciales en Cataluña.

⇒ V. la Ley 17/2000, de 29 diciembre, de Equipamientos Comerciales, de Cataluña, cuya disp. derog. única deroga la Ley 1/1997, de 24 marzo, de equipamientos comerciales y, en todo aquello que no se oponga a lo establecido en la nueva ley, se mantiene la vigencia de las normas de despliegue de dicha ley en tanto no se hayan dictado las normas que las deben sustituir.

Téngase en cuenta, sobre equipamientos comerciales, el D. 244/1997, de 16 setiembre y el D. 245/1997, de 16 septiembre, que aprobó el Plan territorial sectorial de equipamientos comerciales, afectado por Res. 28 diciembre 1999, del Departamento de Industria, Comercio y Turismo.

V. O. 8 julio 1998, del Departament Industria, Comerc i Turisme sobre programas de orientación de equipamientos comerciales.

V. Ley 6/1988, de 30 marzo, de Ordenación Forestal y Ley 7/1999, de 30 julio, de creación del Centro de la Propiedad Forestal.

Artículo 59.

1. Aprobado inicialmente el Plan General Municipal o el Programa de Actuación Urbanística o el planeamiento especial del artículo 29.2 de esta Ley y sus programas de actuación por la Corporación u Organismo que lo hubiera redactado, éste lo someterá a información pública durante un mes y, transcurrido este plazo, si el Plan no hubiere sido redactado por el Ayuntamiento respectivo, se abrirá otro período de igual duración para dar audiencia a las Corporaciones Locales a cuyo territorio afecten.

2. La Comisión u Organismo que hubiera aprobado inicialmente el Plan, en vista del resultado de la información pública lo aprobará provisionalmente con las modificaciones que procediesen y lo someterá a la Autoridad u órgano competente que deba otorgar la aprobación definitiva, a fin de que lo examine en todos sus aspectos y decida en el plazo de seis meses desde el ingreso del expediente en el Registro, transcurrido el cual sin comunicar la resolución se entenderá aprobado por silencio administrativo.

3. Si la Autoridad u órgano a quien corresponde la aprobación definitiva no la otorgara, señalará las deficiencias de orden técnico y subsiguientes

modificaciones que procediera introducir para que, una vez subsanadas por la Corporación u Organismo que hubiere efectuado la aprobación provisional, se eleve nuevamente a la citada aprobación definitiva, excepto que hubiese estado relevada de hacerlo por la escasa importancia de las rectificaciones.

4. Los Planes Especiales referenciados en el artículo 29 de esta Ley, se ajustarán a las prescripciones siguientes:

a) El plazo para proceder a la aprobación provisional no podrá exceder de un año, contado a partir de la aprobación inicial.

b) Transcurrido este plazo, y un mes más tarde desde la denuncia de mora por el organismo interesado, la Comisión de Urbanismo o, si procede, el Consejero de Política Territorial y Obras Públicas, quedará automáticamente subrogado en las competencias del Ayuntamiento en orden a la tramitación, y en su caso, aprobación del Plan.

c) El plazo para proceder a la aprobación definitiva de estos planes no podrá exceder de tres meses contados a partir del ingreso del expediente en el registro correspondiente. Transcurrido el citado plazo sin comunicar la resolución correspondiente se entenderá otorgada la aprobación definitiva por silencio administrativo.

5. En el supuesto de acuerdos que requieran la presentación de un texto refundido o de nueva documentación, el órgano competente para resolver dispondrá del mismo plazo que la ley fija para resolver el instrumento de planeamiento de que se trate para adoptar el pronunciamiento correspondiente.

Una vez transcurrido dicho plazo sin que se haya dictado un acto expreso, se entenderá aprobado el texto refundido por silencio administrativo o cumplimentado el expediente con la documentación aportada, a todos los efectos.

✐ El DLeg 16/1994, de 26 julio, en su art. 3.1 incluye un nuevo ap.5 en este artículo.

⇒ V. D. 217/2000 de 26 junio, sobre reestructuración del Departamento Política Territorial i Obres Públiques, y O. 30 junio 2000, que lo desarrolla.
V. Jurisprudencia en arts. 41 y concordantes del TRLS/1976 (§3).

Artículo 60.

1. Los planes parciales de iniciativa particular y todos los especiales que se redacten para desarrollar el planeamiento general y sus programas de actuación se tramitarán según el procedimiento siguiente:

La corporación municipal o bien el órgano competente ha de acordar inicialmente la resolución que corresponda dentro de los sesenta días siguientes a la entrada del expediente en su registro general.

El informe de los servicios técnicos y jurídicos se ha de referir exclusivamente al análisis del cumplimiento de las disposiciones legales y reglamentarias, al desarrollo del plan general, a los criterios de ordenación física propuestos, con atención especial a la ordenación aprobada de los sectores adyacentes a las previsiones de suelo de cesión obligatoria y gratuita y a las previsiones para agilizar la gestión.

2. Los acuerdos de suspensión o de denegación han de ser motivados y

no son posibles la inadmisión a trámite ni el rechazo por falta de documentos, circunstancia ésta que, si se produjera, habrá de constar en el acuerdo de suspensión.

Los acuerdos de suspensión han de señalar las deficiencias que sea necesario subsanar, y, una vez subsanadas éstas, el acuerdo de aprobación inicial deberá ser adoptado dentro de los treinta días siguientes al de la nueva presentación en el registro general del proyecto corregido, y no puede ser adoptado un segundo acuerdo suspensivo, salvo que las directrices municipales, aunque respetando el planeamiento general vigente en el momento de esta presentación, concreten una ordenación física diferente de la propuesta por el proyecto, en cuyo caso se podrá tomar un último acuerdo suspensivo que explicite las mencionadas directrices.

Si, una vez transcurridos tres meses desde la devolución de un plan parcial de iniciativa particular o bien uno especial cuya aprobación inicial hubiera sido suspendida, éstos no hubiesen sido devueltos debidamente corregidos, se entenderá caducado el expediente a los efectos administrativos, sin perjuicio de una ulterior incoación.

A tal efecto, la Administración actuante en la notificación del acuerdo de suspensión hará el advertimiento de caducidad. Consumido este plazo sin que el particular requerido realice las actividades necesarias para reanudar la tramitación, la Administración acordará el archivo de las actuaciones, notificándolo al interesado con indicación de los recursos pertinentes.

✐ El párr. 3º del ap. 2 de este artículo ha sido redactado por el art. 3.2 del DLeg 16/1994, de 26 julio.

3. Una vez aprobados inicialmente, los planes parciales y los especiales han de someterse a información pública durante un mes, y el edicto se ha de remitir para su publicación reglamentaria en el plazo máximo de los diez días siguientes a la adopción del acuerdo.

4. La corporación o el organismo que ha aprobado inicialmente el plan, una vez emitido el informe de las alegaciones presentadas en el plazo de información pública, lo aprobará provisionalmente con las modificaciones procedentes dentro de los tres meses siguientes a la fecha de la publicación del acuerdo de aprobación inicial o de la publicación del acuerdo de prórroga del plazo de información pública, si se adopta.

A continuación, en el plazo máximo de un mes el proyecto ha de ser sometido a la autoridad o bien al organismo competente para que lo apruebe definitivamente, salvo en los sectores declarados de urbanización prioritaria y regulados en el Capítulo VI del Título IV de esta Ley, en cuyo caso, independientemente del tamaño de las poblaciones, la aprobación definitiva de los planes parciales corresponderá al Ayuntamiento. El proyecto ha de ir en forma de texto refundido y ha de incluir las correcciones aceptadas, a fin de que sea examinado en todos los aspectos y resuelto dentro de los tres meses siguientes al ingreso del expediente en el registro general; si una vez transcurrido este plazo, la resolución que corresponda no se ha comunicado, el proyecto se entenderá aprobado por silencio administrativo.

5. Cuando el expediente esté formalmente completo, la Administración competente podrá adoptar alguna de estas decisiones:

a) Aprobar pura y simplemente el plan.

b) Suspender la aprobación del plan por deficiencias que deben subsanarse por la corporación o por el organismo que hubiere otorgado la aprobación provisional.

Si dentro de los tres meses siguientes a la notificación del acuerdo el organismo competente no subsana las deficiencias del plan, podrá subrogarse la comisión de urbanismo competente.

c) Denegar motivadamente la aprobación definitiva del plan, por razón de la alteración sustancial del planeamiento general, incumplimiento de las determinaciones legales o reglamentarias o defectos no subsanados en la tramitación.

Hay alteración sustancial del planeamiento general por incremento del aprovechamiento urbanístico o de la intensidad de los usos privados, por incumplimiento de la previsión de las reservas para suelos de cesión gratuita y obligatoria fijadas por aquél y por esta Ley o por alteración de los usos globales previstos.

6. En los supuestos de acuerdos que requieran la presentación de un texto refundido se estará a lo que dispone el artículo 59.5.

✐ El DLeg 16/1994, de 26 julio, en su art. 3.3. añadió un nuevo ap. 6 a este artículo.

⇒ V. arts. 67 y 68 de la Ley 22/1998, de 30 diciembre, que aprueba la Carta Municipal de Barcelona, parcialmente transcrita en art. 50.
V. art. 4 de la Ley 6/1998, de 13 abril (§1).
V. art. 104.3 del TRLS/1992 (§2).

Jurisprudencia

«El administrado, el ciudadano goza del derecho a la tramitación por la Administración de aquel procedimiento que la norma oportuna ha previsto para arribar a la resolución que ha de dar respuesta administrativa a su pretensión. Esto, que podría llamarse derecho al trámite, es lo que aparece confusamente insatisfecho en el presente caso por la Administración municipal demandada; la cual al responder al administrado que "el Ayuntamiento no ha dado continuidad en la tramitación administrativa del expediente", no ha hecho sino hurtarle al administrado, a la entidad actora, aquel procedimiento específico que el artículo 60 del Decreto Legislativo 1/1990, de 12 julio, por el que se aprueba el Texto Refundido de las disposiciones legales vigentes en Cataluña en materia urbanística, ha previsto para la tramitación de los planes parciales de iniciativa particular hasta su aprobación o desaprobación por las Administraciones con competencia de ordenación territorial». **(STSJ Cataluña 10 noviembre 1998 [RJCA 1998, 4255]).**

«La simple lectura del acuerdo municipal impugnado permite apreciar cómo, al tratarse de la aprobación provisional de un Plan Parcial, su naturaleza de acto de mero trámite en el seno del procedimiento bifásico –local y autonómico– por la Ley –Decreto Legislativo 1/1990, por el que se aprueba el Texto Refundido de las disposiciones legales vigentes en Cataluña en materia de urbanismo– previsto para la aprobación *de tales instrumentos* de planeamiento aparece clara» **(STSJ Cataluña 22 enero 1999 [RJCA 1999, 24]).**

⇒ V. Jurisprudencia en arts. 41 y concordantes del TRLS/1976 (§3).

Artículo 61.

1. Si habiendo transcurrido el plazo de sesenta días a que se refiere el segundo párrafo del artículo 60.1 de esta Ley, la corporación o bien el organismo competente no han comunicado la aprobación, la suspensión o denegación inicial del plan parcial o bien del especial, el promotor podrá presentar la solicitud, acompañada de toda la documentación, a la comisión de urbanismo competente, que se subrogará en lugar del organismo competente para realizar la aprobación inicial. La Comisión de Urbanismo dispondrá de sesenta días para adoptar el pronunciamiento inicial y de cuatro meses, contados desde la fecha de publicación de apertura de la información pública, para la aprobación que corresponda, y no será necesario la provisional si resulta competente para la aprobación definitiva. En el mencionado primer plazo, la comisión dará audiencia de diez días al Ayuntamiento correspondiente. Si habiendo transcurrido el plazo anterior y habiéndose producido la información pública, la resolución no se notificare al Ayuntamiento y al promotor, el plan se entenderá aprobado definitivamente por silencio administrativo.

2. Si, habiendo transcurrido el plazo de tres meses a que se refiere el artículo 60.4 de esta Ley, la corporación o bien el organismo competente no han aprobado provisionalmente el plan, o no se hubiere publicado el edicto de apertura del plazo de información pública, el promotor podrá presentar la solicitud, acompañada de toda la documentación, ante la Comisión de Urbanismo.

3. En el primer caso previsto en el punto precedente la Comisión de Urbanismo ha de requerir al Ayuntamiento o bien al organismo que hubiere aprobado inicialmente el plan para que le entregue las alegaciones producidas a lo largo del plazo de información pública, y a partir de entonces dispondrá de cuatro meses para acordar la resolución definitiva y sin necesidad de la provisional, si resulta competente. Si, una vez transcurrido este plazo, la resolución no ha sido notificada se entenderá que el plan está aprobado definitivamente por silencio administrativo. Si la entrega de las alegaciones no se produce dentro de los quince días siguientes al requerimiento, la Comisión de Urbanismo abrirá el período de información pública y se procederá en la forma antes establecida hasta la resolución definitiva.

4. En el segundo caso previsto en el punto 2 la Comisión de Urbanismo abrirá el período de información pública y, si resulta competente, procederá a dar la aprobación definitiva, sin necesidad de la provisional, tal y como establece el punto precedente.

⇒ V. D. 217/2000 de 26 junio, sobre reestructuración del Departamento Política Territorial i Obres Públiques, y O. 30 junio 2000, que lo desarrolla.
V. Jurisprudencia en arts. 41 y concordantes del TRLS/1976 (§3).

Artículo 62.

1. En cualquier caso, si la promoción del Plan parcial es de la Administración pública o bien de empresas mixtas, la aprobación inicial deberá resolverse dentro de los cuarenta y cinco días siguientes a la presentación; el plazo

de información pública puede reducirse a veinte días, con la declaración previa de urgencia del gobierno de la Generalitat. El resto de la tramitación, la aprobación provisional y la definitiva, seguirá el procedimiento y los plazos fijados con carácter general por el artículo 60 de esta Ley.

✐ El ap.1 de este artículo fue redactado por el art. 4 del DLeg 16/1994, de 26 julio.

2. En estos supuestos se han de aplicar las previsiones del artículo 61, con las modificaciones siguientes: en el caso de subrogarse porque no se ha producido la aprobación inicial, la Comisión de Urbanismo dispondrá del mismo plazo que el Ayuntamiento o bien que el órgano competente para adoptarla; si la subrogación tiene lugar porque la aprobación provisional no se ha producido, la Comisión dispondrá de tres meses para adoptar la resolución definitiva, si resulta competente y no ha de abrir el período de información pública, o bien, de cuatro meses contados desde la fecha de la publicación del edicto correspondiente en el «Diari Oficial de la Generalitat de Catalunya» si se ha de hacer la cobertura del mencionado trámite.

⇒ V. D. 217/2000 de 26 junio, sobre reestructuración del Departamento Política Territorial i Obres Públiques, y O. 30 junio 2000, que lo desarrolla.
V. Jurisprudencia en arts. 41 y concordantes del TRLS/1976 (§3).

Artículo 63.

1. Los sectores de planeamiento parcial establecidos por Planes Generales de Ordenación o bien por Normas Subsidiarias de planeamiento pueden ser objeto de desarrollo parcial por subsectores, siempre que se cumplan las condiciones siguientes:

a) Que el plan parcial se presente a trámite con un avance del plan referido a todo el sector que justifique la conveniencia y la oportunidad de la promoción, la coherencia de las redes viarias y del emplazamiento de jardines, plazas, dotaciones y centros de interés público con el conjunto de todo el sector y el enlace con las redes generales y viarias que haya en funcionamiento. La iniciativa de particular en la tramitación del plan ha de mantener las mismas condiciones de publicidad que esta Ley establece para el ámbito del sector.

b) Que la edificabilidad propuesta no supere la que les corresponda para el aprovechamiento medio de los sectores que son objeto de actuación y se garantice la distribución equitativa de las cargas y de los beneficios del planeamiento.

c) Que dispongan de terrenos de cesión obligatoria y gratuita, en la proporción exigida por el planeamiento general y por esta Ley, en relación con la superficie del subsector y de su aprovechamiento. Cuando no se puedan hacer efectivos estos suelos debido a las previsiones del avance, la cesión gratuita exigida podrá ser sustituida por la cesión de terrenos edificables, a cuenta de la posterior reparcelación, con la obligación de incorporar estos suelos, con esa concreta finalidad, al Patrimonio Municipal del Suelo.

2. En ningún caso podrán aprobarse planes parciales de subsectores que comporten cesiones gratuitas proporcionalmente inferiores a las correspon-

dientes para sectores enteros, según la normativa urbanística vigente y el punto anterior.

3. La aprobación del avance del plan parcial para el conjunto del sector, una vez sometido a información pública, tiene los efectos que establece el artículo 44.3 de esta Ley.

4. La memoria del plan parcial se ha de complementar con un anexo específico, demostrativo de la conveniencia y viabilidad técnica, jurídica y económica de la actuación, y referido a las letras b) y c) del punto 1.

5. Los terrenos a los cuales se refiere la letra c) del punto 1 han de ser cedidos a la administración inmediatamente después de la aprobación definitiva del plan parcial, y la publicación del edicto de este acuerdo no se hará hasta que se haya acreditado al organismo competente la adscripción de los bienes al Patrimonio Municipal del suelo y a aquel fin.

⇒ Téngase en cuenta lo establecido en los arts. 24 a 33 del D. 303/1997, de 25 noviembre, que aprobó el Reglamento sobre medidas para facilitar la ejecución urbanística (§28.1).

Artículo 64.

1. La tramitación de los proyectos de urbanización se sujetará a las reglas siguientes:

a) El acuerdo de aprobación inicial se ha de tomar dentro de los treinta días siguientes a la presentación del proyecto. El acuerdo se remitirá antes de diez días contados desde la fecha de la adopción al «Diari Oficial de la Generalitat de Catalunya» o al «Boletín Oficial» de la provincia, si procede.

b) La información pública es de veinte días.

✐ La letra b) del ap.1 de este artículo fue redactada por el art. 5 del DLeg 16/1994, de 26 julio.

c) Se podrá solicitar facultativamente el informe previo al Servicio Territorial de Urbanismo de la Generalidad que corresponda, que se entenderá emitido por el transcurso del plazo de un mes contado desde la entrada de un ejemplar del proyecto completo en dicho Servicio.

d) La aprobación definitiva, sin necesidad del trámite de aprobación provisional, será acordada por la administración urbanística actuante que ha otorgado la aprobación inicial, dentro de los tres meses siguientes a la fecha de la publicación; si, habiendo transcurrido este plazo, la resolución no ha sido comunicada, el proyecto se entenderá que está aprobado definitivamente por silencio administrativo.

e) Una vez aprobado definitivamente el proyecto, la Administración aprobante tramitará, dentro de los diez días siguientes, un ejemplar de éste y una copia del expediente administrativo, ambos completos, a la comisión de urbanismo competente.

2. Los proyectos de urbanización deberán cumplir los pliegos generales de condiciones técnicas aprobados con carácter general por el Consejero de

Política Territorial y Obras Públicas y, mínimamente, los criterios que éstos contengan.

Artículo 65.

1. Si transcurrido el plazo de treinta días, a que se refiere el artículo 64.1 a), la administración competente no ha tomado ningún acuerdo inicial, el promotor podrá presentar la solicitud, acompañada de toda la documentación, a la comisión de urbanismo competente que por subrogación tramitará el proyecto hasta que esté aprobado definitivamente.

2. Si, transcurrido el plazo de tres meses a que se refiere el artículo 64.1 d), la administración competente no ha convocado la información pública, el promotor podrá presentar la solicitud, acompañada de toda la documentación, a la comisión de urbanismo competente que por subrogación lo aprobará definitivamente, previa apertura de la información pública, dentro de los tres meses siguientes a la fecha de la publicación del edicto correspondiente; se producirá silencio administrativo positivo si, una vez transcurrido este plazo, la resolución no ha sido comunicada.

3. En ambos supuestos de este artículo la comisión dará una audiencia de diez días al Ayuntamiento correspondiente.

Artículo 66.

Los Estudios de Detalle se tramitarán de acuerdo con lo previsto en los artículos 64 y 65 de esta Ley, salvo lo que establece el artículo 70.

Artículo 67.

1. Las Normas y Ordenanzas sobre uso del suelo y edificación, y los catálogos a que se refiere el artículo 38, se tramitarán de acuerdo con el procedimiento que para los Planes se señala en el artículo 59 de esta Ley.

⇒ V. Jurisprudencia en arts. 42 y concordantes del TRLS/1976 (§3).

Artículo 68.

Cuando se trate de planes especiales definidos en el artículo 29 de esta Ley cuya finalidad fuese mejorar las condiciones urbanísticas y especialmente las estéticas de pueblos de una comarca o ruta turística, y que no comporten en el planeamiento modificación de alineaciones ni supongan destrucción de edificios, la tramitación se reducirá a la aprobación previa del conseller de Política Territorial i Obres Públiques o por la Comisión de Urbanismo, información pública durante veinte días en los servicios territoriales correspondientes, comunicación a los ayuntamientos afectados y aprobación definitiva de los citados órganos

✐ Este artículo fue redactado por el art. 6 del DLeg 16/1994, de 26 julio.

⇒ V. Ley 2/1989, de 16 febrero, reguladora de los Centros Recreativos Turísticos, modificada en su art. 5.2 por la Ley 6/1994, de 19 mayo.
V. D. 217/2000 de 26 junio, sobre reestructuración del Departamento Política Territorial i Obres Públiques, y O. 30 junio 2000, que lo desarrolla.

Artículo 69.

1. Cuando los planes parciales se presenten con la escritura de constitución de la junta, las bases de compensación, los estatutos, el proyecto de compensación y los proyectos de urbanización, se tramitarán todos ellos de manera simultánea, pero en expedientes separados, de acuerdo con los artículos 60 y 61 de esta Ley. En este caso, los acuerdos de aprobación definitiva correspondientes a las corporaciones locales se supeditarán en su ejecutividad a la aprobación definitiva del plan parcial, salvo que la misma corporación fuese competente por el hecho de tratarse de sectores de urbanización prioritaria.

2. En estos casos será necesaria la aceptación expresa de las dos terceras partes como mínimo de los propietarios que representen por lo menos el 60% de la propiedad del sector.

3. Una vez aprobado definitivamente el plan parcial, si el proyecto de urbanización se presenta con las bases de compensación, los estatutos y el proyecto de compensación, se tramitarán todos de forma simultánea de acuerdo con el artículo 64 de esta Ley.

Artículo 70.

Para la eficacia de la aprobación definitiva por silencio administrativo los interesados o la propia Administración tendrán que acreditar los actos presuntos mediante certificación emitida por el órgano competente que tenía que resolver expresamente el procedimiento, el cual deberá emitirlo inexcusablemente en el plazo de 20 días desde que le fue solicitada salvo que en este plazo haya dictado una resolución expresa y sin que se pueda delegar esta competencia específica.

La certificación de los actos presuntos de los órganos colegiados se emitirá por sus secretarios o por las personas que tengan atribuidas sus funciones.

En los supuestos en que tenga lugar la aprobación definitiva del planeamiento por silencio administrativo positivo, previa solicitud de certificación del acto presunto, la Administración ha de ordenar la publicación y la notificación reglamentaria del acto presunto.

✐ Este artículo fue redactado por el art. 7 del DLeg 16/1994, de 26 julio.

Artículo 71.

Los acuerdos del Consejo Ejecutivo, Consejero de Política Territorial y Obras Públicas y Comisiones de Urbanismo que aprueben Planes, Programas de Actuación, Normas Complementarias y Subsidiarias, Estudios, Proyectos o Normas, Ordenanzas o Catálogos, se publicarán en el «Diari Oficial de la Generalitat de Catalunya».

⇒ V. art. 70.2 de la LBRL.

Jurisprudencia

«Hay que significar que el no cumplimiento de lo establecido en el art. 70.2 de la Ley 7/1985, no obsta a la validez de las Normas de Planeamiento, porque la publicación completa de las mismas en los términos expresados en dicho precepto constituye únicamente una condición de eficacia de dicha normativa, no afectante a su validez». **(STS 20 enero 1998 [RJ 1998, 568]).**

«El artículo 70.2 de la LBRL aunque referido literalmente a los acuerdos de las Corporaciones Locales, es sin duda también aplicable a los Planes aprobados por las Comunidades Autónomas, porque la exigencia de la publicidad de las normas, a través de su publicación, es una exigencia constitucional (artículo 9.3 de la CE)... Esta exigencia de publicación es también aplicable a Cataluña, y así lo hemos dicho en sentencia de 9 de febrero de 2000 (RJ 2000, 595)». **(STS 20 septiembre 2000 [RJ 2000, 7320]).**

«Con independencia de lo anterior, proceder señalar que este Tribunal desde su sentencia 563, de 7 de julio de 1994 (RJCA 1994, 295) viene manteniendo que la publicación limitada de los Planes de ordenación el Diario oficial de la Generalidad, a que se refiere el art. 71 del Decreto Legislativo 1/1990, no es lesiva del principio constitucional de publicidad no acogiendo, en consecuencia la doctrina del Tribunal Supremo establecida en su sentencia de 11 de julio de 1991 (RJ 1991, 6352), en aras a la competencia urbanística de la administración autonómica (art. 9.9 EAC). En definitiva, habiéndose publicado los acuerdos impugnados en el DOGC de 27 de enero de 1995 se ha colmado la previsión contenida en el art. 71 del TR de 12 de julio de 1990 (Ley del Suelo de Cataluña) respecto de la necesidad de publicación de los acuerdos impugnados, procedentes de la Comisión de Urbanismo de Girona». **(STSJ Cataluña 15 mayo 2000 [RJCA 2000, 777]).**

Sección 5ª Vigencia y revisión de los planes

Artículo 72.

Los Planes de Ordenación y los Proyectos de Urbanización tendrán vigencia indefinida.

⇒ V. Jurisprudencia en arts. 45 y concordantes del TRLS/1976 (§3).

Artículo 73.

1. Los Planes Generales Municipales de Ordenación se revisarán en el plazo que en los mismos se señale y, en todo caso, cuando se presenten las circunstancias que se establecen en el epígrafe e) del número 1 del artículo 23 de esta Ley.

2. Cuando las circunstancias lo exijan, el Consejero de Política Territorial y Obras Públicas, previo informe de la Comisión de Urbanismo de Cataluña, podrá ordenar la revisión de los Planes Generales de Ordenación, previa audiencia de las Entidades Locales afectadas, o acordarla a instancia de las mismas o de las Entidades Urbanísticas especiales o de los Departamentos interesados.

3. La revisión del planeamiento general, cualquiera que sea el instrumento que sea su objeto, se ha de hacer mediante la tramitación y aprobación de un plan general o de una norma subsidiaria, según la figura oportuna para las condiciones urbanísticas del ámbito territorial.

⇒ V. D. 217/2000 de 26 junio, sobre reestructuración del Departamento Política Territorial i Obres Públiques, y O. 30 junio 2000, que lo desarrolla.

V. D. 27 septiembre 1978, de creación de la Comisión de Urbanismo de Cataluña, cuyo art. 2.2 e), fue desarrollado por D. 4 diciembre 1979 y cuyo art. 2.2 a) ha sido modificado por D. 90/2000, de 22 febrero.

V. Jurisprudencia en arts. 47 y concordantes del TRLS/1976 (§3).

Artículo 74.

1. Los Ayuntamientos revisarán cada cuatro años el programa de actuación contenido en el Plan General.

2. Si como consecuencia de esta revisión se modificara el suelo clasificado de urbanizable programado, la revisión del programa se completará con las determinaciones y documentos exigidos para el citado suelo y se sujetará a las disposiciones enunciadas para la formación de los Planes, conforme a lo que dispone el artículo 75 de esta Ley.

⇒ V. Jurisprudencia en arts. 48 y concordantes del TRLS/1976 (§3).

Artículo 75.

1. Las modificaciones de cualquiera de los elementos de los Planes, proyectos, programas y ordenanzas se sujetarán a las mismas disposiciones enunciadas para su formación.

2. No obstante, cuando la modificación tendiere a incrementar el volumen edificable de una zona, se requerirá para aprobarla la previsión de los mayores espacios libres que requiera el aumento de la densidad de población, y el voto favorable de la Corporación con el quórum establecido por el artículo 112.3 k) de la Ley Municipal y de Régimen Local de Cataluña y, en su caso, el voto favorable de los dos tercios de los miembros de la Comisión de Urbanismo que hubieren de acordar la aprobación.

3. El mismo quórum se precisará cuando la modificación suscitase oposición del 25% de los propietarios del sector afectado o de los de las fincas emplazadas en el mismo.

⇒ V. la Ley 17/2000, de 29 diciembre, de Equipamientos Comerciales, de Cataluña, cuya disp. derog. única deroga la Ley 1/1997, de 24 marzo, de equipamientos comerciales y, en todo aquello que no se oponga a lo establecido en la nueva ley, se mantiene la vigencia de las normas de despliegue de dicha ley en tanto no se hayan dictado las normas que las deben sustituir.

Téngase en cuenta, sobre equipamientos comerciales, el D. 244/1997, de 16 setiembre y el D. 245/1997, de 16 septiembre, que aprobó el Plan territorial sectorial de equipamientos comerciales, afectado por Res. 28 diciembre 1999, del Departamento de Industria, Comercio y Turismo.

V. O. 8 julio 1998, del Departament Industria, Comerc i Turisme sobre programas de orientación de equipamientos comerciales.

Jurisprudencia

«El instrumento de planeamiento impugnado no constituye la revisión del Plan General de Ordenación Urbana del municipio de Girona instado, de conformidad con el artículo 75 de la Ley Urbanística de Cataluña, sino que tiene por objeto exclusivamente *la modificación* de sus elementos, lo que provoca que tenga un alcance más limitado, al no poder incorporar determinaciones urbanísticas que contraviene el diseño global y orgánico del Plan General matriz». **(STSJ Cataluña 19 febrero 1998 [RJCA 1998, 404]).**

«En cuanto al inciso último del apartado segundo de la disposición final de la Ordenanza reguladora de los usos recreativos y hotelero en el Plan Especial del Centro de Lleida, que determina la competencia del Alcalde de Lleida para modificar los aspectos técnicos y numéricos de su Anexo IV, deberá declararse nulo como se interesa en el recurso, por su contradicción con el artículo 50.1, letra b), del Decreto Legislativo 1/

1990, del 12 de julio de la Generalidad de Cataluña, en relación con su artículo 75.1 que confiere la competencia para su aprobación definitiva al Consejero de Política Territorial; y con su art. 55, letra a), en relación con el mismo precepto 75.1, que previene la competencia de los Ayuntamientos para la aprobación inicial y provisional de los Planes Generales. El redactado del inciso no permite entender, como sugieren las Administraciones demandadas, que se refiera a una mera facultad de iniciativa o propuesta de la modificación del Anexo de la Ordenanza, puesto que otorga competencias para su aprobación al Alcalde que, como se ha dicho, carece de competencia conforme al Texto Legal Urbanístico de Cataluña para aprobar ya sea inicial, provisional o definitivamente cualquier modificación del planeamiento general del municipio». **(STSJ Cataluña 29 marzo 1999 [RJCA 1999, 2358]).**

⇒ V. Jurisprudencia en arts. 49 y concordantes del TRLS/1976 (§3).

Artículo 76.

Si la modificación de los Planes, Normas Complementarias y Subsidiarias y Programas de Actuación tuviera por objeto una diferente zonificación o uso urbanístico de las zonas verdes o espacios libres, zonas deportivas o espacios destinados a equipamientos deportivos previstos en el Plan, deberá ser aprobada por el Consejo Ejecutivo, previos los informes favorables de la Comisión Jurídica Asesora y del Consejero de Política Territorial y Obras Públicas y acuerdos de la Corporación Local interesada, adoptados con el quórum del artículo 112.3 k) de la Ley Municipal y de Régimen Local de Cataluña.

La Administración que haya aprobado provisionalmente el expediente que comporte modificación de zonas verdes lo remitirá a la Comisión de Urbanismo correspondiente, la cual dispondrá de un plazo de tres meses para emitir su informe, que tiene carácter preceptivo. Una vez emitido el informe citado, la Comisión de Urbanismo competente dará traslado del expediente a la Comisión de Urbanismo de Catalunya. Esta dispondrá de un plazo de dos meses para emitir su informe, el cual tiene carácter preceptivo y vinculante.

Una vez emitido el informe de la Comisión de Urbanismo de Catalunya, se enviará el expediente al conseller de Política Territorial i Obres Públiques, el cual dispondrá de un plazo de dos meses para emitir su informe preceptivo. Caso que el informe se emita en sentido desfavorable, se entenderá finalizado el expediente y se notificará con indicación de los recursos pertinentes. Cuando el informe sea favorable, el conseller ha de remitir el expediente a la Comisión Jurídica Asesora para que emita informe en el plazo fijado en su normativa reguladora. Una vez recibido el informe de la Comisión Jurídica Asesora, el conseller de Política Territorial i Obres Públiques elevará la correspondiente propuesta de resolución al Gobierno de la Generalitat.

El plazo para la resolución definitiva por parte del Gobierno de la Generalitat será de tres meses desde la recepción del informe de la Comisión Jurídica Asesora. Transcurrido este plazo sin que se haya adoptado resolución expresa se entenderá denegada la modificación.

✐ El DLeg 16/1994, de 26 julio, en su art. 8, añadió tres nuevos párrafos finales a este artículo.

⇒ V. D. 217/2000 de 26 junio, sobre reestructuración del Departamento Política Territorial i Obres Públiques, y O. 30 junio 2000, que lo desarrolla.
V. Jurisprudencia en arts. 50 y concordantes del TRLS/1976 (§3).

Artículo 77.

El Consejo Ejecutivo, por Decreto, a propuesta del Consejero de Política Territorial y Obras Públicas o, si procede, a propuesta de éste y del titular o titulares de otros Departamentos interesados y previo informe de la Comisión de Urbanismo de Cataluña y audiencia de las Entidades Locales interesadas, podrá suspender la vigencia de los Planes en la forma, plazos y efectos señalados en los artículos 40 al 42 de esta Ley, en todo o parte de su ámbito, para acordar su revisión. En tanto no se apruebe el Plan revisado, se dictarán Normas Complementarias y Subsidiarias del Planeamiento en el plazo máximo de seis meses a partir del acuerdo de suspensión.

⇒ V. D. 217/2000 de 26 junio, sobre reestructuración del Departamento Política Territorial i Obres Públiques, y O. 30 junio 2000, que lo desarrolla.

V. D. 27 septiembre 1978, de creación de la Comisión de Urbanismo de Cataluña, cuyo art. 2.2 e), fue desarrollado por D. 4 diciembre 1979 y cuyo art. 2.2 a) ha sido modificado por D. 90/2000, de 22 febrero.

V. Jurisprudencia en arts. 51 y concordantes del TRLS/1976 (§3).

Sección 6ª Iniciativa y colaboración particular

Artículo 78.

1. Las personas privadas podrán formular Planes Municipales, Especiales y Proyectos de Urbanización.

2. Si hubieren obtenido la previa autorización del Ayuntamiento, les serán facilitados por los organismos públicos cuantos elementos informativos precisaren para llevar a cabo la redacción y podrán efectuar en fincas particulares las ocupaciones necesarias para la ejecución del Plan, de acuerdo con la Ley de Expropiación Forzosa.

⇒ V. art. 4 de la Ley 6/1998, de 13 abril (§1).

V. art. 104.3 del TRLS/1992 (§2).

V. Jurisprudencia en arts. 52 y concordantes del TRLS/1976 (§3).

Artículo 79.

1. Los Planes y proyectos redactados por particulares deberán contener los documentos que para cada clase indica el Capítulo Primero.

2. Cuando se refieran a urbanizaciones de iniciativa particular, deberán consignar además los datos siguientes:

a) Memoria justificativa de la necesidad o conveniencia de la urbanización.

b) Nombre, apellidos y dirección de los propietarios afectados.

c) Modo de ejecución de las obras de urbanización y previsión sobre su conservación futura.

d) Compromisos que se hubieren de contraer entre el urbanizador y el Ayuntamiento, y entre aquél y los futuros propietarios de solares.

e) Garantías del exacto cumplimiento de los compromisos citados.

f) Medios económicos de toda índole.

⇒ V. art. 4 de la Ley 6/1998, de 13 abril (§1).
V. art. 104.3 del TRLS/1992 (§2).
V. Jurisprudencia en arts. 53 y concordantes del TRLS/1976 (§3).

Artículo 80.

1. En los planes parciales que tienen por objeto urbanizaciones de iniciativa particular, los compromisos que adquieran los propietarios han de expresar, además de las determinaciones establecidas en el artículo anterior, lo siguiente:

a) Que no se procederá a parcelación urbanística, ni mediante documento privado ni mediante documento público, traslativo de dominio, en el ámbito del plan parcial, hasta que no se haya obtenido la licencia de parcelación.

b) Que una vez obtenida la licencia de parcelación, tanto en los documentos públicos como en los privados, traslativos de dominio de las parcelas resultantes, se hará constar la existencia de la junta de compensación, o conservación, cuando proceda, y la adhesión del adquirente a sus estatutos.

c) Que el promotor deberá consignar en la documentación del plan, además de las determinaciones previstas en la legislación vigente, la justificación de su potencial suficiencia en relación con la evaluación económica de la ejecución de las obras de urbanización y de implantación de servicios.

2. Previamente a la aprobación de estos planes de promoción privada, se ha de formalizar el compromiso del promotor de ejecutar y, cuando proceda, de conservar la urbanización según el plan, así como las garantías reales u obligacionales que aseguren el cumplimiento, de acuerdo con lo que dispone la legislación urbanística.

3. El incumplimiento del promotor de las obligaciones contraídas y de la realización de la urbanización con sujeción al plan de etapas del plan parcial facultará a la Administración, según la entidad y la trascendencia de este incumplimiento, para adoptar alguna o algunas de las medidas siguientes:

a) imposición de sanciones pecuniarias;

b) realización de las garantías;

c) suspensión de los efectos del plan, y

d) subrogación de la Administración en la ejecución, con indemnización de la cantidad estricta del valor del suelo, según la calificación inmediata anterior a la aprobación del plan, y de la obra útil realizada.

4. La Administración podrá expropiar los terrenos comprendidos en el ámbito del plan no cumplido sujetos a lo que dispone el artículo 174.3 de esta Ley.

⇒ V. arts. 258.2, 258.3 y 259.3 del TRLS/1992 (§2).
Téngase en cuenta lo establecido en los arts. 24 a 33 y 47 del D. 303/1997, de 25 noviembre, que aprobó el Reglamento sobre medidas para facilitar la ejecución urbanística (§28.1).
V. Jurisprudencia en arts. 53 y concordantes del TRLS/1976 (§3).

Artículo 81.

1. A fin de asegurar la obligación de urbanizar, se ha de constituir una garantía equivalente al 12% del presupuesto del proyecto de urbanización. Sin este requisito no se puede iniciar ningún trabajo en el sector objeto de actuación.

2. La garantía para asegurar la obligación de urbanizar podrá constituirse:

a) en metálico;

b) mediante hipoteca de los terrenos susceptibles de edificación privada y comprendidos en el sector objeto de urbanización, a excepción del suelo objeto de cesión del 10% del aprovechamiento medio. Esta hipoteca se ha de posponer automáticamente a cualquier otra que se constituya a fin de garantizar créditos destinados a financiar las obras de urbanización;

c) en títulos de deuda pública del Estado o la Generalidad, o de cualquier ente local, en cuyo territorio se lleve a cabo la actuación urbanística particular;

d) mediante aval, que ha de estar otorgado por un banco oficial o privado, inscrito en el Registro general de bancos y banqueros, o por una caja de ahorros que pertenezca a las cajas confederadas o por una entidad aseguradora, o

e) mediante hipoteca de terrenos dentro del mismo término municipal susceptibles de edificación privada situados fuera del sector objeto de urbanización, por un valor suficiente para cubrir el importe de la garantía.

3. La constitución de la garantía ha de hacerse en el plazo de un mes, contado desde el día siguiente de la notificación del requerimiento que con esta finalidad formule la Administración actuante, una vez adoptado el acuerdo de aprobación definitiva del plan, y siempre será requisito previo a la ejecución de cualquier obra de urbanización y a la publicación del acuerdo de aprobación definitiva.

⇒ V. art. 265 de la presente Ley.

4. En caso de subrogación de una entidad pública en el lugar de la inicialmente actuante, la subrogada tendrá, respecto a la garantía constituida, la facultad de disposición que hubiese correspondido a la primera.

5. Cuando por variación de precios o modificación del proyecto de urbanización se aumente el presupuesto de las obras de urbanización, deberá complementarse la garantía inicialmente constituida. La actuación por variación de precios podrá pedirse cada año como máximo, previo informe de los servicios técnicos municipales o de la Generalidad.

⇒ Téngase en cuenta lo establecido en los arts. 24 a 33 del D. 303/1997, de 25 noviembre, que aprobó el Reglamento sobre medidas para facilitar la ejecución urbanística. (§28.1).

V. Jurisprudencia en arts. 53 y concordantes del TRLS/1976 (§3).

Artículo 82.

La garantía se ha de constituir en la depositaría de fondos de la entidad pública correspondiente a disposición del alcalde o del órgano competente.

Artículo 83.

Las fianzas prestadas por personas o entidades diferentes del promotor de la urbanización están sujetas en todos los casos a las mismas responsabilidades que si fuesen constituidas por el mismo promotor. En este supuesto, incluso cuando la fianza se haga mediante aval, no podrá utilizarse el beneficio de excusión a que se refiere a los artículos 1830 y concordantes del Código Civil.

Artículo 84.

Se establecerá por reglamento:

a) La forma de depositar los títulos de deuda pública o los avales.

b) La formalización de las variaciones que experimenten las fianzas.

c) El modelo de aval y los requisitos de su autorización.

d) El procedimiento para actuar contra una garantía prestada mediante aval.

e) Cualquier otra norma complementaria de lo que establecen los artículos precedentes.

Artículo 85.

1. Las multas que se impongan en materia de ejecución de obras de urbanización y las indemnizaciones que corresponda satisfacer se efectuarán a costa de la fianza. El promotor estará obligado a reponer la fianza.

2. Cuando la fianza no sea suficiente para satisfacer las responsabilidades a que se refiere el párrafo anterior, la Administración procederá a cobrar la diferencia, mediante la ejecución sobre el patrimonio del promotor.

Artículo 86.

1. El promotor de un plan o proyecto de urbanización de iniciativa privada quedará liberado de la obligación de ejecución, por la comprobación en el acta de entrega, de lo que corresponda a la entidad local otorgante.

2. De la obligación de conservación, se le liberará por la conversión en carga real que corresponda a cada parcela, como estatuto de su propiedad.

3. Todo ello se entiende sin perjuicio de lo que establece el artículo 177.4 de esta Ley.

4. Las garantías constituidas por el promotor se cancelarán o se devolverán cuando en el expediente se acredite la entrega de todos los terrenos que sean de cesión, las obras de urbanización, instalaciones y dotaciones cuya ejecución estuviese prevista en el plan y en el proyecto de urbanización. Si es sustituido en sus obligaciones por una entidad urbanística colaboradora de compensación o conservación, no se cancelarán ni se devolverán las garantías

hasta que la mencionada entidad no las haya constituido de manera conveniente.

⇒ Téngase en cuenta lo establecido en los arts. 45, 46 y 47 del D. 303/1997, de 25 noviembre, que aprobó el Reglamento sobre medidas para facilitar la ejecución urbanística (§28.1).

Artículo 87.

1. Los planes y proyectos de iniciativa particular se tramitarán de acuerdo con lo previsto en esta Ley, con citación personal para la información pública de los propietarios de los terrenos que comprenden.

2. Si afectasen a varios municipios, se presentarán en la Entidad Local competente y seguirán el procedimiento a que se refiere el apartado anterior.

3. El acta de aprobación podrá imponer las condiciones, modalidades y plazos que fueren convenientes.

⇒ V. art. 4 de la Ley 6/1998, de 13 abril (§1).
V. Jurisprudencia en arts. 54 y concordantes del TRLS/1976 (§3).

CAPÍTULO III
Efectos de la aprobación de los planes

Sección 1ª Publicidad, ejecutividad y obligatoriedad

Artículo 88.

1. Los Planes, Normas Complementarias y Subsidiarias, Programas de Actuación Urbanística, Estudios de Detalle y proyectos, con sus normas, ordenanzas y catálogos, serán públicos, y cualquier persona podrá consultarlos en todo momento e informarse de los mismos en el Ayuntamiento del término correspondiente.

2. Todo administrado tendrá derecho a que el Ayuntamiento le informe por escrito, en el plazo de un mes a contar desde la solicitud del régimen urbanístico aplicable a una finca o sector.

3. La publicidad relativa a urbanizaciones de iniciativa particular deberá expresar la fecha de aprobación del correspondiente Plan y no podrá contener ninguna indicación en pugna con sus cláusulas.

⇒ V. art. 6 de la Ley 6/1998, de 13 abril (§1).
V. arts. 124.1, 124.3, 133 y 134 del TRLS/1992 (§2).
V. art. 70.2 de la LBRL.

Jurisprudencia

«*Debe "prima facie"* advertirse, que el derecho de información que confiere a todo administrado el artículo 88 de la Ley Urbanística de Cataluña, aprobado su texto refundido por Decreto Legislativo del Gobierno de la Generalidad 1/1990, de 12 de julio, con el objeto de que el Ayuntamiento le comunique por escrito el régimen urbanístico aplicable a una finca o sector, que es inherente al principio de publicidad de los planes y demás instrumentos de ordenación urbanística, es extensible a las peticiones que puedan dirigir las Corporaciones locales a los órganos urbanísticos de la Comunidad Autónoma». **(STSJ Cataluña 16 marzo 2000 [RJCA 2000, 584]).**

⇒ V. Jurisprudencia en arts. 55 y concordantes del TRLS/1976 (§3).

Artículo 89.

Los Planes, Normas Complementarias y Subsidiarias, Programas de Actuación Urbanística, Estudios de Detalle, proyectos, normas, ordenanzas y catálogos serán inmediatamente ejecutivos, una vez publicada su aprobación definitiva, y si se otorgasen a reserva de subsanación de deficiencias, mientras no se efectúe, les faltará ejecutoriedad para el sector correspondiente.

⇒ V. art. 6 de la Ley 6/1998, de 13 abril (§1).
V. arts. 124.1, 124.3, 133 y 134 del TRLS/1992 (§2).
V. art. 70.2 de la LBRL.
V. Jurisprudencia en arts. 56 y concordantes del TRLS/1976 (§3).

Artículo 90.

1. Los particulares, al igual que la Administración, quedarán obligados al cumplimiento de las disposiciones sobre ordenación urbana contenidas en esta Ley y en los Planes, Programas de Actuación Urbanística, Estudios de Detalle, proyectos, normas y ordenanzas aprobados de acuerdo con la misma.

2. La aprobación de los Planes no limitará las facultades que correspondan a los diferentes Departamentos para el ejercicio, de acuerdo con las previsiones del Plan, de sus competencias, según la legislación aplicable por razón de la materia.

Los Planes redactados al amparo de la legislación sectorial disconformes con las determinaciones de un Plan Director de Coordinación deberán adaptarse a las directrices contenidas en el mismo en el plazo de un año.

3. Serán nulas de pleno derecho las reservas de dispensación que se contuvieren en los Planes u ordenanzas, así como las que con independencia de ellos se concediesen.

⇒ V. art. 2 de la Ley 6/1998, de 13 abril (§1).
V. art. 134 del TRLS/1992 (§2).

Jurisprudencia

«Este artículo en su apartado primero recoge la obligación tanto de la Administración como de los particulares de cumplir las disposiciones contenidas en planes y otros instrumentos urbanísticos; siendo nulas de pleno derecho (párrafo tercero) las reservas de dispensación que en ellos se contuviesen, es decir, los tratos de favor consistentes en la exención de su observancia, y en nuestro caso concurre claramente pues expresamente indica el acuerdo de la CUB de 11 de octubre de 1994 que, no obstante la modificación que se aprueba, "teniendo en cuenta que se afecta la zona de maniobra, de las instalaciones de la empresa Hergón, SA, cuyo acceso se efectúa desde la c/ Bages, se considera conveniente posponer la ejecución del vial lateral en el tramo propuesto, mientras se mantenga la actividad industrial existente. En el caso de producirse el cese, cambio o fraccionamiento de la actividad existente, se podrá materializar la ejecución de la nombrada vía".

En suma, se deja el cumplimiento de una normativa urbanística a la única y mera voluntad de aquella empresa, por lo que concurre el supuesto denunciado y procede su anulación». **(STSJ Cataluña 25 febrero 2000 [RJCA 2000, 1721]).**

⇒ V. Jurisprudencia en arts. 57 y concordantes del TRLS/1976 (§3).

Artículo 91.

1. La obligatoriedad de observancia de los Planes comportará las limitaciones siguientes:

El uso de los predios no podrá apartarse del destino previsto, ni cabrá efectuar explotaciones de yacimientos, fijación de rótulos de propaganda, movimientos de tierra, talas de arbolado o cualquier otro uso análogo en pugna con su calificación urbanística, su legislación especial o de modo distinto a lo regulado en el Plan.

Las nuevas construcciones se ajustarán a la ordenación aprobada.

Cuando el descubrimiento de usos no previstos al aprobar los Planes fuese de tal importancia que alterare sustancialmente el destino del suelo, se procederá a la revisión de oficio o a instancia de parte para ajustarlos a la nueva situación.

2. No obstante, si no hubieren de dificultar la ejecución de los Planes, podrán autorizarse sobre los terrenos, previo informe favorable de la Comisión de Urbanismo, usos u obras justificadas de carácter provisional, que se habrán de demoler cuando lo acordare el Ayuntamiento, sin derecho a indemnización, y la autorización aceptada por el propietario deberá inscribirse, bajo las indicadas condiciones, en el Registro de la Propiedad.

El plazo para evacuar el citado informe es de dos meses.

✐ El Dleg 16/1994, de 26 julio, en su art. 9 añadió un párrafo final al ap. 2 de este artículo.

⇒ V. arts. 76 y concordantes del RD 1093/1997, de 4 julio (§2.1).

3. El arrendamiento y el derecho de superficie de los terrenos a que se refiere el párrafo anterior, o de las construcciones provisionales que se levanten, estarán excluidos del régimen especial de arrendamientos rústicos y urbanos y, en todo caso, finalizarán automáticamente con la orden del Ayuntamiento acordando la demolición o el desalojo para ejecutar los proyectos de urbanización.

⇒ V. art. 2 de la Ley 6/1998, de 13 abril (§1).
V. arts. 134.1 y 136.2 del TRLS/1992 (§2).

Jurisprudencia

«Las instalaciones son por sus propias características provisionales, no se acredita que vayan a dificultar la ejecución del planeamiento cuando se acuerde tal ejecución, y consta la renuncia a toda indemnización. Por consiguiente la solicitud debatida se ajusta a la norma del art. 91.2 del Texto Refundido de las disposiciones legales vigentes en Cataluña en materia de urbanismo, aprobado por Decreto Legislativo 1/1990, de 12-7. La licencia provisional o a precario es reglada: Cumplidos los requisitos exigidos en la norma procede concederla». **(STSJ Cataluña 24 junio 1999 [RJCA 1999, 5016]).**

⇒ V. Jurisprudencia en arts. 58 y concordantes del TRLS/1976 (§3).

Artículo 92.

En la valoración del suelo a efectos tributarios, se tendrá en cuenta la clasificación del suelo, y las limitaciones de toda clase en el uso y aprovechamiento impuestas por los planes, programas, normas, ordenanzas y catálogos, para la protección del paisaje urbano y rural.

⇒ V. arts. 23 y ss. de la Ley 6/1998, de 13 abril (§1).

Artículo 93.

1. Cuando los edificios e instalaciones anteriores a la aprobación del planeamiento estén sujetos, por razón del mismo, a expropiación, cesión gratuita o demolición del edificio, quedarán en situación de fuera de ordenación de acuerdo con las limitaciones señaladas en el párrafo siguiente.

2. En los edificios e instalaciones fuera de ordenación, no se podrán realizar obras de consolidación, aumento de volumen, modernización o incremento de su valor de expropiación, pero sí las pequeñas reparaciones que exigieren la higiene, ornato y conservación del inmueble.

No obstante, cuando no esté prevista la expropiación, cesión gratuita o demolición de la finca en el plazo de quince años, a contar desde la fecha en que se pretendan realizar, se podrán autorizar obras parciales y circunstanciales de consolidación.

3. Cuando las determinaciones del planeamiento no tuvieren que dar lugar a la situación de fuera de ordenación, se autorizarán, en los edificios e instalaciones con volumen disconforme, todas las obras de consolidación y cambios de uso de acuerdo con las condiciones básicas del nuevo plan.

A los aumentos de volumen se les aplicarán las determinaciones del nuevo planeamiento.

4. En cuanto al uso, mientras no sea incompatible con el nuevo planeamiento, se podrá mantener el existente, si bien, en caso que éste fuera industrial, deberá adaptarse a los límites de molestia, nocividad, insalubridad y peligro que para cada zona establece la nueva reglamentación.

5. Cuando la disconformidad con el plan no impida la edificación en el mismo solar que ocupa el edificio, el propietario podrá demolerlo sometiéndose al Plan de ordenación, y se entenderá comprendido el caso dentro del número 2 del artículo 68, Sección 3 del Capítulo VIII de la Ley de Arrendamientos Urbanos, o normas que lo sustituyan, sin que sea exigible el compromiso de edificar una tercera parte más de las viviendas cuando lo prohíba el citado Plan.

6. En todo los casos las disposiciones transitorias del nuevo planeamiento han de contener las previsiones oportunas para resolver todas las cuestiones que las determinaciones urbanísticas planteen en relación con las preexistencias, y de acuerdo con este artículo.

⇒ V. art. 137.5 del TRLS/1992 (§2).

V. D. 158/1997, de 8 julio, que regula el Libro del Edificio de las viviendas existentes y crea el Programa para la revisión del estado de conservación de los edificios de viviendas, desarrollado en su art. 6 por Orden 9 septiembre 1997. Téngase en cuenta así mismo el D. 206/1992, de 1 septiembre, que regula el Libro del Edificio.

Jurisprudencia

«Nos encontramos ante un edificio que por su volumen, edificabilidad y ocupación incumple los parámetros permitidos en la zona por el Plan General Metropolitano de Barcelona de 1976, por lo que está en situación de disconforme con el planeamiento, regulada en el art. 93.3 del Texto Refundido Autonómico en materia de urbanismo aprobado por Dley 1/1990 y en el art. 222.6 y 7 de las NN UU de aquel Plan General, que permiten obras de consolidación, modernización, rehabilitación y cambio de uso de acuerdo con las condiciones básicas del plan y aumentos de volumen conforme a las determinaciones del mismo, es decir, siempre que el edificio no haya agotado ya el volumen, techo edificable y ocupación máxima permitidos.

En el presente caso no se discuten las obras interiores del piso sino el cerramiento de dos terrazas, de 11,40 y 29,94 m^2 respectivamente, cerramiento que ya existía con anterioridad pero que se ha quitado dado su estado de deterioro, poniendo otro en su mismo lugar con nuevos y mejores materiales. A esta actuación no se le puede llamar de rehabilitación, modernización y consolidación de lo preexistente porque previamente ha precisado su **total retirada** y su sustitución por los actuales elementos que, a todos los efectos, son una obra nueva y esta obra nueva que implica una mayor ocupación, un mayor volumen y un aumento del techo edificable respecto del original del edificio no es admisible conforme a los parámetros del Plan General tal como hemos dicho por lo que se trata de una construcción no legalizable y que por tanto debe ser derruida, sin que sea óbice para ello el contar con permiso de la Comunidad de Propietarios o de los vecinos directamente afectados, pues una cosa es el consentimiento de aquélla o éstos basado en el derecho civil y otra la autorización administrativa en que consiste la licencia municipal de obras, fundada en Derecho urbanístico». **(STSJ Cataluña 11 octubre 1999 [RJCA 1999, 3284]).**

⇒ V. Jurisprudencia en arts. 60, 61 y concordantes del TRLS/1976 (§3).

Artículo 94.

1. Quien enajenare terrenos no susceptibles de edificación según el Plan, o edificios e industrias fuera de ordenación deberá hacer constar expresamente estas calificaciones en el correspondiente título de enajenación.

2. En las enajenaciones de terrenos de urbanizaciones de iniciativa particular, deberá hacerse constar la fecha del acto de su aprobación y las cláusulas que se refieran a la disposición de las parcelas y compromisos con los adquirentes.

3. En los actos de enajenación de terrenos en proceso de urbanización, deberán consignarse los compromisos que el propietario hubiese asumido en orden a la misma cuyo cumplimiento esté pendiente.

4. La infracción de cualquiera de estas disposiciones facultará al adquirente para rescindir el contrato, en el plazo de un año a contar desde la fecha de su otorgamiento, y exigir la indemnización de los daños y perjuicios que se hubieren irrogado.

⇒ V. art. 137.5 del TRLS/1992 (§2).
V. art. 21 de la Ley 6/1998, de 13 abril (§1).
V. Jurisprudencia en arts. 62 y concordantes del TRLS/1976 (§3).

Artículo 95.

1. Los Ayuntamientos podrán crear en la correspondiente ordenanza un documento acreditativo de las circunstancias urbanísticas que concurran en las fincas comprendidas en el término municipal.

2. Este documento se denominará Cédula urbanística de terreno o del edificio, según el carácter de la finca a que se refiera, y los Ayuntamientos podrán exigirlo para la parcelación, edificación y cualquier utilización de los predios.

3. Será obligatoria la creación de la citada Cédula para las fincas comprendidas en polígonos en las que se aplique cualquiera de los sistemas de actuación señalados en esta Ley.

⇒ V. art. 6 de la Ley 6/1998, de 13 abril (§1).
V. arts. 258.2, 258.3 y 259.3 del TRLS/1992 (§2).
V. Jurisprudencia en arts. 63 y concordantes del TRLS/1976 (§3).

Artículo 96.

1. En los municipios con planeamiento general los particulares podrán solicitar informes de aprovechamiento urbanísticos, referidos a una finca concreta, presentando la solicitud en el Registro General del Ayuntamiento.

2. Esta información se establecerá además de las restantes medidas de publicidad de los planes.

3. Los Ayuntamientos expedirán los Certificados de estos informes en el plazo de un mes, contando desde el registro de la solicitud, al objeto de no incurrir en los supuestos de negligencia a que se refiere el artículo 15. Estos Certificados serán emitidos por el secretario general de la corporación y por orden y con el visto bueno de la alcaldía.

⇒ V. art. 6 de la Ley 6/1998, de 13 abril (§1).
V. arts. 33 y concordantes del RD 1093/1997, de 4 julio (§2.1).
V. Jurisprudencia en arts. 63 y concordantes del TRLS/1976 (§3).

Artículo 97.

1. Los Certificados de aprovechamiento urbanístico se han de referir necesariamente a los aspectos siguientes, respecto a la finca de que se trate:

a) Si el suelo es urbano, urbanizable o no urbanizable.

b) El uso del suelo, la altura, el volumen y la situación de la edificación, la ocupación máxima de la parcela y el aprovechamiento del subsuelo.

c) Si es solar o no y, si procede, los servicios que faltan para serlo.

d) El planeamiento general, el especial y el parcial y el estudio de detalle, a cuyas determinaciones estuviera sujeta la finca, con expresión del polígono o de la unidad de actuación, si procede, y de su falta o no de proyecto de urbanización.

e) Si hay suspensión del otorgamiento de licencias, bien como consecuencia de ser necesario un proyecto de reparcelación o de compensación, bien por haber estado acordada expresamente.

f) Si es posible o no obtener licencia ajustada a los parámetros de la letra b), condicionada o no a la ejecución simultánea de obras de urbanización.

g) Si la revisión del planeamiento está en curso.

2. En caso de que el informe se solicite acompañado de documentación gráfica, éste habrá de referirse a ella.

3. Si del certificado de aprovechamiento urbanístico resultase que la finca es edificable, dentro de los cuatro meses siguientes a la notificación al interesado será preceptivo conceder licencia sobre proyecto ajustado al certificado, en caso que la devolución del proyecto no fuera procedente y que la licencia fuera pedida dentro de este plazo; lo dicho anteriormente será válido aun cuando con posterioridad a la notificación del certificado se hubiera aprobado definitivamente una nueva ordenación urbanística o se hubiera acordado la suspensión de la concesión de licencias.

4. El requerimiento para subsanar deficiencias, previsto en la reglamentación de servicios de las corporaciones locales, únicamente podrá ser formulado una vez, y no impedirá la aplicación de lo establecido cuando la subsanación se haya producido dentro de los quince días siguientes al requerimiento.

⇒ V. art. 6 de la Ley 6/1998, de 13 abril (§1).
V. arts. 33 y concordantes del RD 1093/1997, de 4 julio (§2.1).

Sección 2ª Legitimación de expropiaciones

Artículo 98.

1. La aprobación de Planes de ordenación urbana y de polígonos de expropiación implicará la declaración de utilidad pública de las obras y la necesidad de ocupación de los terrenos y edificios correspondientes a los fines de expropiación o imposición de servidumbres.

2. Los beneficios de la expropiación podrán extenderse a las personas naturales o jurídicas subrogadas en las facultades de los organismos competentes para la ejecución de Planes u obras determinadas.

3. El procedimiento para determinar el valor de los terrenos será el fijado en la Ley de Expropiación Forzosa, excepto lo dispuesto en el artículo 189 de esta Ley. Los criterios de valoración serán en todo caso los establecidos en esta Ley.

⇒ V. arts. 33 y concordantes de la Ley 6/1998, de 13 abril (§1).
V. art. 211 del TRLS/1992 (§2).
V. Jurisprudencia en arts. 64 y concordantes del TRLS/1976 (§3).

Artículo 99.

1. En los planes o proyectos se estimarán comprendidos, a los efectos expropiatorios, además de las superficies que hubieran de ser materialmente ocupadas por las obras previstas, todas las que fueran necesarias para asegurar pleno valor y rendimiento de aquéllas.

2. Se considerarán superficies expropiables las zonas laterales de influencia e incluso los sectores completos señalados en el Plan.

3. Serán expropiables los terrenos y edificios destinados en el Plan al establecimiento de servicios públicos o a la construcción de templos, merca-

dos, centros culturales, docentes, asistenciales y sanitarios, zonas deportivas y otros análogos con fines no lucrativos.

4. Si para la regulación o formación de manzanas o espacios libres conviniese suprimir algún patio, calle o plaza o porción de éstas, se expropiarán las fincas con fachada o luces directas sobre aquéllas, a solicitud de los propietarios.

⇒ V. arts. 33 y concordantes de la Ley 6/1998, de 13 abril (§1).
V. Jurisprudencia en arts. 65 y concordantes del TRLS/1976 (§3).

Artículo 100.

En el caso que los propietarios de inmuebles no realizasen las obras de adaptación requeridas por planes, normas o proyectos de carácter histórico o artístico, se podrá expropiar total o parcialmente el edificio o sólo su fachada.

⇒ V. Jurisprudencia en arts. 66 y concordantes del TRLS/1976 (§3).

Artículo 101.

Los terrenos de cualquier clase que se expropien por razones urbanísticas habrán de ser destinados al fin específico que se estableciera en el Plan correspondiente.

Si se pretendiera modificar su afectación o se agotase la vigencia del Plan sin haberse cumplido el destino a que se afectaron, procederá la reversión de los terrenos de acuerdo con lo que dispone la Ley de Expropiación Forzosa.

⇒ Téngase en cuenta que los arts. 54 y 55 de la LEF han sido modificados por la disp. adic. 5ª de la Ley 38/1999, de 5 noviembre, de Ordenación de la Edificación (§1.1).
V. arts. 40 y concordantes de la Ley 6/1998, de 13 abril (§1).
V. Jurisprudencia en arts. 67 y concordantes del TRLS/1976 (§3).

Artículo 102.

1. Cuando para la ejecución de un Plan no fuera necesaria la expropiación del dominio y hubiera suficiente con la constitución de alguna servidumbre sobre el mismo, prevista por el Derecho privado o administrativo, se podrá imponer, si no se obtuviese convenio con el propietario, de acuerdo con el procedimiento de la Ley de Expropiación Forzosa, mediante los requisitos que a continuación se expresan:

a) Autorización de la Comisión de Urbanismo. El plazo para su emisión es de tres meses, a contar desde la fecha de presentación de la solicitud. Transcurrido el plazo sin que se haya producido, se entenderá otorgada la autorización por silencio administrativo positivo.

✐ La letra a) de ap.1 fue modificada por el art. 10 del DLeg 16/1994, de 26 julio.

b) No exceder la indemnización que procediese abonar a la mitad del importe de lo que correspondería satisfacer por la expropiación absoluta.

2. Cuando se hubiesen de modificar o suprimir servidumbres privadas por estar en contradicción con las disposiciones del Plan, se podrán expropiar de acuerdo con el procedimiento de la mencionada Ley.

3. Los actos administrativos de constitución, modificación o extinción

forzosa de servidumbre serán inscribibles en el Registro de la Propiedad, en la forma prevista para los actos de expropiación.

⇒ V. arts. 33 y concordantes de la Ley 6/1998, de 13 abril (§1).
V. art. 211 del TRLS/1992 (§2).
V. arts. 22 y concordantes del RD 1093/1997, de 4 julio (§2.1).
V. Jurisprudencia en arts. 68 y concordantes del TRLS/1976 (§3).

Artículo 103.

1. Cuando transcurran cinco años desde la entrada en vigor del Plan o Programa de Actuación Urbanística sin que se haya llevado a efecto la expropiación de los terrenos que, de acuerdo con su calificación urbanística, no sean edificables para sus propietarios, ni hayan de ser objeto de cesión obligatoria por no resultar posible la justa distribución de los beneficios y cargas en el polígono o unidad de actuación, el titular de los bienes o sus causahabientes advertirán a la Administración competente de su propósito de iniciar el expediente de justiprecio, que se podrá llevar a cabo por ministerio de la ley, si transcurrieran otros dos años desde el momento de efectuar la advertencia.

A tal efecto, el propietario podrá presentar la correspondiente hoja de aprecio, y si transcurriesen tres meses sin que la Administración la acepte, podrá dirigirse al Jurado provincial de Expropiación, que fijará el justiprecio conforme a los criterios de esta Ley y de acuerdo con el procedimiento establecido en los artículos 31 y siguientes de la Ley de Expropiación Forzosa.

2. A los efectos de lo que establece el párrafo anterior, la valoración se entenderá referida al momento de la iniciación del expediente de justiprecio por ministerio de la ley y los intereses de demora se devengarán desde la presentación por el propietario de la correspondiente tasación.

⇒ V. arts. 33 y concordantes de la Ley 6/1998, de 13 abril (§1).
V. arts. 222.1, 222.2, 222.3 y 224.1 a 5 del TRLS/1992 (§2).
Téngase en cuenta la Ley 6/1995, de 28 junio, del Jurado de Expropiación de Cataluña (§31).
V. art. 8 y concordantes del D. 202/2000, de 13 junio, que aprueba el Reglamento del Jurado de Expropiación de Cataluña.
V. Jurisprudencia en arts. 69 y concordantes del TRLS/1976 (§3).

CAPÍTULO IV

Normas de ordenación complementarias y subsidiarias del Planeamiento

Artículo 104.

1. La Consejería de Política Territorial y Obras Públicas podrá dictar Normas Complementarias y Subsidiarias del Planeamiento.

2. Las Entidades Locales, las Comisiones de Urbanismo y otros Organismos competentes para formular Planes Generales Municipales podrán redactar o proponer Normas de igual carácter para todo o parte del territorio sobre el que ejerzan su competencia, cuando las particulares características de éste lo justifiquen.

3. En uno y otro caso, se tramitarán de acuerdo con el procedimiento establecido por el artículo 59, excepto que por razones de urgencia apreciadas por el Consejo Ejecutivo y previo informe favorable de la Comisión de Urbanismo de Cataluña, y oídas las Entidades Locales afectadas, el Consejero de Política Territorial y Obras Públicas acuerde su entrada en vigor sin necesidad de esta tramitación.

4. Las Normas Subsidiarias se desarrollarán, en todo caso, dentro de los límites señalados por esta Ley para los planes de ordenación y contendrán, en su caso, los supuestos en virtud de los cuales sea procedente su revisión o sustitución por un Plan.

⇒ V. D. 217/2000 de 26 junio, sobre reestructuración del Departamento Política Territorial i Obres Públiques, y O. 30 junio 2000, que lo desarrolla.

V. D. 27 septiembre 1978, de creación de la Comisión de Urbanismo de Cataluña, cuyo art. 2.2 e), fue desarrollado por D. 4 diciembre 1979 y cuyo art. 2.2 a) ha sido modificado por D. 90/2000, de 22 febrero.

V. Ley 27/1979, de 19 octubre, y RD 519/1979, de 20 febrero, que regulan, respectivamente, la composición de la Comisión de Urbanismo de Barcelona y la de las comisiones de urbanismo de Girona, Lleida y Tarragona, así como el D. 415/2000, de 27 diciembre, por el que se designa vicepresidente de las comisiones de urbanismo de Barcelona, Girona, Lleida y Tarragona.

V. Jurisprudencia en arts. 70 y concordantes del TRLS/1976 (§3).

Artículo 105.

1. En los municipios o parte de ellos donde no hubiese Plan de Ordenación regirán las Normas promulgadas de acuerdo con el artículo 104 de esta Ley.

2. Las propias Normas se aplicarán para regular aspectos no previstos en el Plan de Ordenación.

3. Las Normas Complementarias y Subsidiarias del Planeamiento contendrán las siguientes determinaciones:

a) Fines y objetivos de su promulgación.

b) Delimitación de los territorios y núcleos urbanos que constituyen el ámbito de su aplicación.

c) Relaciones e incidencias con el planeamiento que complementen, en su caso.

d) Normas urbanísticas mínimas de la ordenación que establezcan.

e) Previsiones mínimas para edificios y servicios públicos y para fines de interés general o comunitario, justificando su emplazamiento en cada clase de suelo.

f) Delimitación, en el suelo urbano, de las Unidades de Actuación que sean necesarias.

g) Delimitación, en el suelo apto para ser urbanizado, de los sectores de planeamiento, determinando las prioridades para desarrollarlos.

h) Adscribir sistemas a sectores determinantes, justificando el cumplimiento de las condiciones previstas en el artículo 123 de esta Ley.

i) Definir la densidad máxima de viviendas por hectárea a cada sector sin superar los límites fijados por esta Ley.

4. Para la urbanización y edificaciones al amparo de las Normas Complementarias y Subsidiarias, éstas habrán de prever, además de las determinaciones señaladas en el apartado anterior, los siguientes extremos:

a) Proyección, dimensiones y características del desarrollo previsible.

b) Esquema indicativo de infraestructuras y servicios urbanos.

c) Señalamiento de las zonas en que se pueda urbanizar de acuerdo con las prescripciones contenidas en las propias Normas. El desarrollo de estas determinaciones se llevará a cabo a través de los correspondientes Planes Parciales.

5. Las Normas estarán compuestas por los documentos necesarios para justificar las determinaciones y extremos que comprendan y la función para la que se dicten, y se redactarán con el grado de precisión adecuado a la clase de Plan al que suplan o complementen y de conformidad con los correspondientes preceptos de esta Ley.

⇒ V. Jurisprudencia en arts. 71 y concordantes del TRLS/1976 (§3).

Artículo 106.

1. No podrán levantarse construcciones en lugares próximos a las carreteras sino de acuerdo con lo que, además de lo que en esta Ley se dispone, establezca la legislación específicamente aplicable.

2. De acuerdo con lo establecido por la Ley 16/1985, de 11 de julio, se definen las limitaciones siguientes en las fincas próximas a las vías de comunicación:

a) La zona de afectación de las carreteras alcanza una distancia de cincuenta metros en las de la red básica de Cataluña, de cien metros en las autopistas y las autovías y de treinta metros en el resto de carreteras.

b) La línea de edificación se ha de situar a veinticinco metros en las carreteras de la red básica de Cataluña, a cincuenta metros en las autopistas y las autovías y a dieciocho metros en el resto de las carreteras.

⇒ V. arts. 9 y 19 de la Ley 6/1998, de 13 abril (§1).
V. Jurisprudencia en arts. 72 y concordantes del TRLS/1976 (§3).

Artículo 107.

Las construcciones tendrán que adaptarse, básicamente, al ambiente donde estuviesen situadas, y a tal efecto:

a) Las construcciones en lugares inmediatos o que formen parte de un grupo de edificios de carácter artístico, histórico, arqueológico, típico o tradicional deberán armonizarse con el mismo, o cuando, sin existir conjunto de edificios, hubiese alguno de gran importancia o calidad de los caracteres indicados.

b) En los lugares de paisaje abierto y natural, sea rural o marítimo, o en las perspectivas que ofrecen los conjuntos urbanos de características histórico-artísticas, típicas o tradicionales o en las inmediaciones de las carreteras y caminos de trayecto pintoresco, no se permitirá que la situación, masa, altura de los edificios, muros y vallas, o la instalación de otros elementos, limiten el campo visual para contemplar las bellezas naturales, romper la armonía del paisaje o desfigurar la perspectiva propia.

⇒ V. art. 138 b) del TRLS/1992 (§2).
V. arts. 9 y 19 de la Ley 6/1998, de 13 abril (§1).
V. Ley 12/1985, de 13 junio, de Espacios Naturales Protegidos en Cataluña.
V. Jurisprudencia en arts. 73 y concordantes del TRLS/1976 (§3).

Artículo 108.

Los espacios naturales y las tierras agrícolas calificados de especial protección en los planes territoriales parciales no podrán ser dedicados a utilizaciones que impliquen transformación de su destino o naturaleza o bien que lesionen el valor específico que se quiera proteger, de conformidad con lo que establece la Ley 23/1983, de 21 de noviembre.

⇒ V. arts. 9 y 19 de la Ley 6/1998, de 13 abril (§1).
V. Ley 12/1985, de 13 junio, de Espacios Naturales Protegidos en Cataluña.
V. Jurisprudencia en arts. 86 y concordantes del TRLS/1976 (§3).

Artículo 109.

Las normas adicionales de protección de espacios naturales afectos a actividades extractivas previstos en la Ley 12/1981, de 24 de diciembre, no son aplicables en los espacios naturales que disfruten de un régimen específico de protección al amparo de esta Ley o de la Ley de Espacios Naturales, pero se aplicarán supletoriamente cuando impliquen una mayor protección en relación con el régimen de que se trate.

⇒ V. arts. 9 y 19 de la Ley 6/1998, de 13 abril (§1).
V. Ley 12/1985, de 13 junio, de Espacios Naturales Protegidos en Cataluña.
V. Jurisprudencia en arts. 86 y concordantes del TRLS/1976 (§3).

Artículo 110.

De acuerdo con la Ley 6/1988, de 30 de marzo, los terrenos forestales han de tener el tratamiento siguiente:

1. Los terrenos forestales no sujetos a procesos de consolidación y de expansión de estructuras urbanas se clasificarán como suelo no urbanizable.

2. Los terrenos forestales declarados de utilidad pública o protectores han de ser calificados por los instrumentos de planeamiento urbanístico como suelo no urbanizable de especial protección.

3. Las fincas forestales de extensión igual o inferior a la superficie de la unidad mínima de producción forestal, fijada por el Consejo Ejecutivo, tienen la condición de indivisibles.

⇒ V. arts. 9 y 20 de la Ley 6/1998, de 13 abril (§1).
V. Ley 6/1988, de 30 marzo, de Ordenación forestal y Ley 7/1999, de 30 julio, de creación del Centro de la Propiedad Forestal.
V. D. 35/1990, de 23 enero, sobre unidad mínima forestal.
V. Ley 12/1985, de 13 junio, de Espacios Naturales Protegidos en Cataluña.

Artículo 111.

Mientras no haya Plan o norma urbanística que lo autorice no podrá edificarse en una altura superior a tres plantas medidas en cada punto del terreno, sin perjuicio de las otras limitaciones que sean aplicables.

Cuando se trate de solares enclavados en núcleos o manzanas edificadas en más de sus dos terceras partes, los Ayuntamientos podrán autorizar alturas que lleguen a la media de los edificios ya construidos.

En suelo no urbanizable se estará a lo dispuesto en el número 1 del artículo 128 de esta Ley.

⇒ V. Jurisprudencia en arts. 74 y concordantes del TRLS/1976 (§3).

Artículo 112.

En los Planes Parciales deberá fijarse una densidad que no podrá ser superior a 75 viviendas por hectárea, en función del tipo de población, usos pormenorizados y otras características que se determinen reglamentariamente.

En casos excepcionales, el Consejo Ejecutivo, previo dictamen de la Comisión de Urbanismo de Cataluña, podrá autorizar densidades de hasta 100 viviendas por hectárea, cuando las circunstancias urbanísticas de la localidad lo exijan.

⇒ V. D. 217/2000 de 26 junio, sobre reestructuración del Departamento Política Territorial i Obres Públiques, y O. 30 junio 2000, que lo desarrolla.
V. D. 27 septiembre 1978, de creación de la Comisión de Urbanismo de Cataluña, cuyo art. 2.2 e), fue desarrollado por D. 4 diciembre 1979 y cuyo art. 2.2 a) ha sido modificado por D. 90/2000, de 22 febrero.
V. Jurisprudencia en arts. 75 y concordantes del TRLS/1976 (§3).

TÍTULO III
RÉGIMEN URBANÍSTICO DEL SUELO

CAPÍTULO I
Clasificación del suelo

Artículo 113.

Las facultades del derecho de propiedad se ejercerán dentro de los límites y con el cumplimiento de los deberes establecidos en esta Ley, o en virtud de la misma, por los Planes de Ordenación, de acuerdo con la clasificación urbanística de los predios.

⇒ V. art. 2 de la Ley 6/1998, de 13 abril (§1).
V. Jurisprudencia en arts. 76 y concordantes del TRLS/1976 (§3).

Artículo 114.

El territorio de los municipios en que existiese Plan General Municipal de Ordenación se clasificará en todos o algunos de los siguientes tipos: suelo urbano, urbanizable y no urbanizable.

⇒ V. art. 7 de la Ley 6/1998, de 13 abril (§1).
V. Jurisprudencia en arts. 77 y concordantes del TRLS/1976 (§3).

Artículo 115.

Constituirán el suelo urbano:

a) Los terrenos a los que el Plan de forma expresa incluye en esta clase por contar con acceso rodado, abastecimiento de agua, evacuación de aguas y suministro de energía eléctrica, o por estar comprendidos en áreas consolidadas por la edificación al menos en dos terceras partes de su superficie, en la forma que aquél determine.

b) Los que en ejecución del Plan lleguen a disponer de los mismos elementos de urbanización a que se refiere el párrafo anterior.

⇒ V. art. 8 de la Ley 6/1998, de 13 abril (§1).

Jurisprudencia

«El debate se centra en si la total finca de la actora, antes dicha, está dotada de los servicios urbanísticos que se exigen en los arts. 115 del Texto Refundido de las disposiciones legales vigentes en Cataluña en materia del urbanismo (Decreto Legislativo 1/1990, de 12 julio) y 21 del Reglamento de Planeamiento (Real Decreto 2159/1978, de 23 junio), para merecer la clasificación como suelo urbano y, como la vía aquí invocada, es la de urbanización efectiva, esto es, que la total finca está dotada de los servicios exigidos en los indicados preceptos para constituir suelo urbano, la cuestión tiene que resolverse en el terreno de la prueba para concretar si la total finca está dotada de aquellos servicios, prueba cuya carga corresponde a la actora, de conformidad con las reglas que regulan la carga de la prueba (art. 1214 del Código Civil). Sin embargo, "esta doctrina ha de ser matizada, en aplicación del 11.1 de la Ley Orgánica del Poder Judicial, con el criterio de la facilidad: existen datos cuya prueba resulta fácil para una parte y difícil para la otra, lo que puede matizar y hasta alterar los resultados de la regla general" (Tribunal Supremo 3ª, Sentencia de 29 noviembre 1991, Rec. 2683/1990 [RJ 1991, 9383])». **(STSJ Cataluña 16 octubre 1998 [RJCA 1998, 4020]).**

«El artículo 115, letra "a)", del Decreto Legislativo 1/1990, de 12 de julio, que aprobó el texto refundido de disposiciones legales vigentes en Cataluña dispone que "constituirán suelo urbano: a) los terrenos a los que el Plan de forma expresa incluye en esta clase por contar con acceso rodado, abastecimiento de agua, evacuación de aguas y suministro de energía eléctrica, o por estar comprendidos en áreas consolidadas por la edificación al menos en dos terceras partes de superficie, en la forma que aquél determine". Y conforme a una constante Jurisprudencia de nuestro Tribunal Supremo la clasificación de un terreno como suelo urbano constituye un imperativo legal que no queda al arbitrio del planificador, sino que debe ser definido en función de la realidad de los hechos. La Sentencia de 21 de julio de 1992 (RJ 1992, 6166), refiriendo la anterior que en la misma se reitera, afirma que la Administración se ha de limitar a constatar la realidad física para declarar urbano el terreno que reúne los caracteres para ello, sin que sea necesario que además el Plan lo diga o así lo reconozca». **(STSJ Cataluña 4 octubre 1999 [RJCA 1999, 3278]).**

⇒ V. Jurisprudencia en arts. 78 y concordantes del TRLS/1976 (§3).

Artículo 116.

1. Constituirán el suelo urbanizable, los terrenos a que el Plan General Municipal declare aptos, en principio, para ser urbanizados.

2. Dentro del suelo urbanizable, el Plan establecerá todas o alguna de las siguientes categorías:

a) Suelo programado, constituido por aquel que debe ser urbanizado según el programa del propio Plan.

b) Suelo no programado, integrado por el que pueda ser objeto de urbanización mediante la aprobación de Programas de Actuación Urbanística.

⇒ V. art. 10 de la Ley 6/1998, de 13 abril (§1).
V. Jurisprudencia en arts. 79 y concordantes del TRLS/1976 (§3).

Artículo 117.

Constituirán el suelo no urbanizable:

a) Los que el Plan no incluya en alguno de los tipos de suelo a que se refieren los artículos anteriores.

b) Los espacios que el Plan determine para otorgarles una especial protección, a los efectos de esta Ley, en razón de su excepcional valor agrícola, forestal o ganadero, de las posibilidades de explotación de sus recursos naturales, de sus valores paisajísticos, históricos o culturales o para la defensa de la fauna, la flora o el equilibrio ecológico.

⇒ V. art. 9 de la Ley 6/1998, de 13 abril (§1).
V. Ley 12/1985, de 13 junio, de Espacios Naturales Protegidos en Cataluña.
V. Jurisprudencia en arts. 80 y concordantes del TRLS/1976 (§3).

Artículo 118.

1. En los municipios que no tuviesen Plan General Municipal de Ordenación, el territorio se clasificará en suelo urbano y suelo no urbanizable.

2. Constituirán el suelo urbano los terrenos que por contar con acceso rodado, abastecimiento de agua, evacuación de aguas y suministro de energía eléctrica o por estar comprendidos en áreas consolidadas por la edificación al menos en la mitad de su superficie, se incluyan en un Proyecto de delimitación, que, tramitado por el Ayuntamiento de acuerdo con el artículo 59 de esta Ley, será aprobado por la Comisión de Urbanismo, previo informe de la Entidad Local competente.

3. Constituirán el suelo no urbanizable los otros espacios del término municipal.

⇒ V. art. 11 de la Ley 6/1998, de 13 abril (§1).
V. Jurisprudencia en arts. 81 y concordantes del TRLS/1976 (§3).

Artículo 119.

A los efectos de esta Ley, tendrán la consideración de solares las superficies de suelo urbano aptas para la edificación que reúnan los siguientes requisitos:

Que estén urbanizadas de acuerdo con las normas mínimas establecidas en cada caso por el Plan, y si éste no existiera o no las concretara, se precisará que además de contar con los servicios señalados con los artículos 115 y

118.2, la vía a que la parcela de frente tenga pavimentada la calzada y encintado de aceras.

Que tengan señaladas alineaciones y rasantes si existiera Plan de Ordenación.

⇒V. arts. 8, 13 y 14 de la Ley 6/1998, de 13 abril (§1).
V. Jurisprudencia en arts. 82 y concordantes del TRLS/1976 (§3).

Artículo 120.

1. El suelo urbano, además de las limitaciones específicas que le imponga el planeamiento, estará sujeto a la de no poder ser edificado hasta que la respectiva parcela merezca la calificación de solar, excepto que se asegure la ejecución simultánea de la urbanización y de la edificación mediante las garantías que reglamentariamente se determinen.

2. Sin embargo podrán autorizarse construcciones destinadas a fines industriales en las zonas permitidas, cuando la seguridad, salubridad y no contaminación quedaren suficientemente atendidas y el propietario asumiera las obligaciones establecidas en el párrafo 1° del apartado siguiente mediante inscripción en el Registro de la Propiedad.

3. Los propietarios del suelo urbano deberán:

a) Ceder gratuita y obligatoriamente a los Ayuntamientos respectivos los terrenos que, reservados por los planes de urbanismo tanto al servicio general de toda la población, como del distrito polígono o unidad de actuación, estén destinados a jardines, plazas y centros docentes y asistenciales, siempre que estos suelos vengan reservados por los Planes en el marco de una unidad de actuación delimitada expresamente en el planeamiento.

Igualmente la cesión para calles y viales es gratuita y obligatoria y ha de ser ejecutada previamente a la edificación.

La apertura y ensanchamiento de viales sobre solares o edificios en núcleos urbanos comporta idéntica cesión cuando ésta es compensada por las condiciones de edificación diferenciales previstas por los planes.

b) Costear la urbanización.

c) Edificar los solares cuando el Plan así lo establezca dentro del plazo que éste señale, o, en su defecto, en los plazos fijados en esta Ley.

4. La distribución equitativa de las cargas referidas en el párrafo 3.1 cuando las diferencias de aprovechamiento urbanístico entre fincas sobrepasen el 15% del aprovechamiento medio en la unidad de actuación y se haga declaración expresa de esta lesión, se efectuarán mediante la reparcelación. Se establecerá igualmente idéntico procedimiento para la apertura y el ensanchamiento de viales cuando aquella lesión se produzca, y se delimitarán las unidades de actuación que sea preciso.

5. En todos los otros supuestos, o en las reservas para otros fines, la adquisición se efectuará mediante la expropiación. El justiprecio de la expropiación podrá, si es conveniente, ser resarcido por la parte que se estime de interés directo, según lo que dispone el artículo 196 de esta Ley, por contribu-

ciones especiales, una vez delimitado previamente el ámbito urbano beneficiario de la mejora.

⇒ V. arts. 5, 8, 13 y 14 de la Ley 6/1998, de 13 abril (§1).

Jurisprudencia

«Las únicas cesiones obligatorias imponibles gratuitamente a los propietarios de suelo urbano son las de los terrenos destinados a viales, parques, jardines públicos y centros docentes y asistenciales con las condiciones y requisitos del art. 120, del repetido Texto Refundido lo que no es factible a través de un Plan Parcial, por lo que al no ser posible la cesión en las condiciones establecidas en el instrumento cuestionado, tampoco lo es, la posibilidad de un uso predeterminado de construcción de plazas de aparcamiento mediante concesión administrativa al no tener la Administración la titularidad del terreno cuestionado». **(STSJ Cataluña 6 octubre 1998 [RJCA 1998, 3866]).**

⇒ V. Jurisprudencia en arts. 83 y concordantes del TRLS/1976 (§3).
V. arts. 29 y concordantes del RD 1093/1997, de 4 julio (§2.1).

Artículo 121.

1. El suelo urbanizable programado y el suelo apto para ser urbanizado estará sujeto a la limitación de no poder ser urbanizado hasta que se apruebe el correspondiente Plan Parcial. Entre tanto, no se podrán realizar en él obras o instalaciones excepto aquellas que se hayan de ejecutar mediante la redacción de los Planes Especiales a que se refiere el artículo 29.2 de esta Ley así como las de carácter provisional previstas en el artículo 91.2, ni podrán destinarse los terrenos a usos o aprovechamientos diferentes de los que señale el Plan General.

2. A los efectos de la gestión urbanística, se determinará:

a) El aprovechamiento medio de cada uno de los sectores en que se divide el suelo urbanizable programado.

b) El aprovechamiento de cada finca, refiriendo a su superficie el aprovechamiento medio del sector en que se encuentra enclavada, sin que tenga relevancia al respecto su calificación concreta en el Plan.

3. Los propietarios del suelo urbanizable programado y el suelo apto para ser urbanizado deberán:

a) Ceder obligatoria y gratuitamente a favor del Ayuntamiento o, en su caso, órgano urbanístico actuante, los terrenos que se destinen con carácter permanente a viales, accesos y estacionamientos adyacentes a la vía pública, parques y jardines públicos, zonas deportivas públicas y de recreo y expansión, centros culturales y docentes y demás servicios públicos necesarios.

b) Ceder a la administración actuante suelo donde se pueda edificar el techo correspondiente al 10% del aprovechamiento medio del sector.

c) Costear la urbanización.

d) Edificar los solares, cuando el Plan, así lo establezca y en el término que el mismo señale o, en su caso, en los plazos fijados en esta Ley.

Los terrenos que, en virtud de este artículo, se incorporen al Patrimonio Municipal del Suelo se destinarán preferentemente a los fines previstos en los artículos 234 y 235 de esta Ley.

4. Cuando el aprovechamiento real de una finca, según la calificación establecida por el Plan General, no alcance el 90 por 100 del aprovechamiento que le corresponda, deberá compensarse, por adjudicación de terrenos edificables en el sector, en áreas de situación y condiciones similares. Si este defecto fuera inferior a un 15 por 100 del correspondiente a la finca, la adjudicación podrá sustituirse, a criterio de la Administración competente, por una indemnización en metálico.

⇒ V. arts. 258.2, 258.3 y 259.3 del TRLS/1992 (§2).

V. arts. 5, 10, 15, 16 y 18 de la Ley 6/1998, de 13 abril (§1).

Téngase en cuenta lo establecido en los arts. 24 a 33 del D. 303/1997, de 25 noviembre, que aprobó el Reglamento sobre medidas para facilitar la ejecución urbanística (§28.1).

V. arts. 29 y concordantes del RD 1093/1997, de 4 julio (§2.1).

V. Jurisprudencia en arts. 84 y concordantes del TRLS/1976 (§3).

Artículo 122.

1. Los suelos reservados para todos los fines enunciados en el párrafo 2 del artículo 25 computan a los efectos de la edificabilidad sectorial establecida por el Plan General o por las Normas Subsidiarias, y se determinarán en función del número máximo de viviendas de cada sector.

2. En el suelo urbanizable, los sistemas incluidos por el planeamiento general en los sectores de planeamiento parcial están sujetos al régimen de gestión siguiente:

Se les aplicará la cesión gratuita cuando se les otorgue el aprovechamiento medio del sector. Este aprovechamiento se acumulará al aprovechamiento urbanístico de las zonas, y se determinará según la edificabilidad zonal ponderada cuando comprenda varias zonas de calificación diferente; esta ponderación se hará teniendo en cuenta la proporción de las superficies de estas zonas en el sector y su valoración relativa, con las limitaciones establecidas por el artículo 123.

Los polígonos que se delimiten incorporarán la parte de estos sistemas que les corresponda, a los efectos de su cesión.

Los suelos para estos sistemas pueden ser, en todos los casos, objeto de actuaciones aisladas mediante la expropiación; entonces no se aplicará lo que establece el punto 4 de este artículo.

3. Respecto a los suelos aptos para ser urbanizados según las Normas Subsidiarias, los propietarios de suelos afectados por sistemas pueden ofrecer la cesión gratuita de estos terrenos una vez incorporados en sectores del Plan Parcial, con las mismas condiciones de aprovechamiento previstas para los suelos urbanizables programados de Plan General. A tal objeto se delimitarán en las Normas Subsidiarias sectores de planeamiento y se determinarán las prioridades para desarrollarlas.

4. Los suelos ocupados por sistemas generales que se adscriban a un sector determinado se sumarán al suelo de éste al objeto de incrementar las reservas mínimas para dotaciones exigidas por este artículo, con las limitaciones establecidas por el artículo 123, siempre que así lo regule el planeamiento general. Los polígonos que se delimiten han de incorporar la parte de los sistemas adscritos a un sector que les corresponda a los efectos del presente artículo.

⇒ V. arts. 5, 10, 15, 16 y 18 de la Ley 6/1998, de 13 abril (§1).

V. Jurisprudencia en arts. 84 y concordantes del TRLS/1976 (§3).

Artículo 123.

1. La inclusión en los sectores de sistemas previstos por el artículo 122 ha de quedar limitada de forma tal que la intensidad neta de edificación en cada zona del Plan Parcial, referida al suelo de aprovechamiento privado, no exceda en dos veces y media la edificabilidad zonal, una vez desarrollada la ordenación física prevista.

2. La cesión no se aplicará a los suelos destinados a sistemas cuyo cómputo determine intensidades netas que sobrepasen los máximos establecidos. En este supuesto la Administración actuante expropiará estos sistemas y podrá hacer efectivo el justiprecio de la expropiación bien con cargo al 10% del aprovechamiento medio del sector, bien en efectivo.

3. En el cálculo del techo edificable de una zona, a los efectos de determinar la edificabilidad neta, se ha de considerar, además de la edificabilidad propia de la zona, la añadida en compensación de la cesión de sistemas.

4. Los estudios económicos-financieros de los planes justificarán las previsiones adoptadas en relación a la forma de obtención de los sistemas, y en los supuestos de expropiación las previsiones de inversión municipal o de los organismos competentes correspondientes a lo largo del plazo de previsión de planeamiento.

⇒ V. Jurisprudencia en arts. 84 y concordantes del TRLS/1976 (§3).

Artículo 124.

1. La determinación del aprovechamiento medio referente al suelo urbanizable programado se ha de efectuar al redactarse el Plan General para cada uno de los sectores de planeamiento.

2. El aprovechamiento de un sector comprende el aprovechamiento del conjunto de las zonas y el atribuido a los sistemas incluidos dentro del sector, de acuerdo con lo que dispone el artículo 122 de esta Ley.

3. La cesión a la administración actuante del 10% del aprovechamiento medio de un sector se ha de hacer en suelo edificable de cada una de las zonas del sector, de acuerdo con lo que determina el artículo 122 de esta Ley.

4. El aprovechamiento de cada finca será el 90% del aprovechamiento medio del sector donde se localice referido a su extensión superficial.

⇒ V. Jurisprudencia en arts. 84 y concordantes del TRLS/1976 (§3).

Artículo 125.

1. Para calcular el valor del aprovechamiento medio de un sector se debe considerar el valor relativo de cada una de las zonas incluidas en el Plan Parcial en el momento de redactarlo.

Para los sectores delimitados que incluyen zonas diferentes, la relación de valor entre éstas se ha de hacer considerando: a) la intensidad de los usos admitidos, b) la rigidez de la demanda del uso de cada zona en el momento de la tramitación del plan y c) las repercusiones admisibles del valor del suelo y de la urbanización. No se han de considerar las revalorizaciones que se generen debido a la ubicación urbana diferencial de las fincas dentro de una misma zona.

2. El aprovechamiento medio para el conjunto de las zonas incluidas en un sector será el resultado de ponderar, respecto a la superficie total de las zonas, los valores relativos de cada una por su extensión.

⇒ V. Jurisprudencia en arts. 84 y concordantes del TRLS/1976 (§3).

Artículo 126.

El aprovechamiento correspondiente a los sistemas incluidos por el Planeamiento General en los sectores se ha de distribuir entre las zonas de éstos, según usos e intensidades de usos, en función de la extensión de cada una y de su valor relativo. Este aprovechamiento se ha de añadir al atribuido a cada zona según su calificación.

⇒ V. Jurisprudencia en arts. 84 y concordantes del TRLS/1976 (§3).

Artículo 127.

1. Mientras no se aprueben Programas de Actuación Urbanística, los terrenos clasificados con suelo urbanizable no programado estarán sujetos a las siguientes limitaciones, además de las que resulten aplicables en virtud de otras leyes:

a) Deberán respetarse las incompatibilidades de usos señaladas en el Plan General.

b) No se podrán realizar otras construcciones que las destinadas a explotaciones agrícolas que guarden relación con la naturaleza y destino de la finca y se ajusten en su caso a los planes o normas del Departament d'Agricultura, Ramaderia i Pesca, así como las construcciones e instalaciones vinculadas a la ejecución, mantenimiento y servicio de las obras públicas. Sin embargo, podrán autorizarse, siguiendo el procedimiento previsto en el artículo 68 de esta Ley, edificaciones e instalaciones de utilidad pública o interés social que hayan de emplazarse en el medio rural, así como edificios aislados destinados a vivienda familiar donde no exista la posibilidad de formación de un núcleo de población. En este supuesto, en el momento de la autorización, se tendrán en consideración los efectos sobre el medio y las explotaciones rurales y forestales. La competencia para resolver las solicitudes corresponde a la Comisión de Urbanismo competente, la cual tendrá que resolver en el plazo de cuatro meses desde la entrada del expediente en el Registro. Transcurrido este plazo sin que se haya dictado resolución expresa, se entenderá denegada la autorización.

✐ La letra b) del ap.1 ha sido modificada por el art. 11 del DLeg 16/1994, de 26 julio.

c) Los tipos de las construcciones habrán de ser adecuados a su condición y situación aislada, conforme a las normas que el plan establezca, quedando prohibidas las edificaciones características de las zonas urbanas.

d) En las transferencias de propiedad, divisiones y segregaciones de terrenos rústicos no podrán efectuarse fraccionamientos en contra de lo dispuesto en la legislación agraria y forestal.

2. Aprobado un Programa de Actuación Urbanística, se estará a lo dispuesto en los números 2, 3 y 4 del artículo 121 de esta Ley, sin perjuicio de las obligaciones, limitaciones y cargas adicionales que se establezcan en el Programa y en el acuerdo de aprobación.

3. Para los suelos urbanizables no programados los programas de actuación urbanística han de proponer los sistemas de actuación adecuados para la efectividad de las reservas de suelo incluidas en cada actuación.

⇒ V. arts. 15, 16 y 18 de la Ley 6/1998, de 13 abril (§1).
V. Ley 6/1988, de 30 marzo, de Ordenación forestal y Ley 7/1999, de 30 julio, de creación del Centro de la Propiedad Forestal.
V. Jurisprudencia en arts. 85 y concordantes del TRLS/1976 (§3).

Artículo 128.

1. Los terrenos que se clasifiquen como suelo no urbanizable en el Plan General o por aplicación del artículo 118 estarán sujetos a las limitaciones que se establecen en el artículo 127 de esta Ley.

2. Los espacios que por sus características según el Plan General deban de ser objeto de una especial protección a los efectos de esta Ley, no podrán ser dedicados a utilizaciones que impliquen transformación de su destino o naturaleza o lesionen el valor específico que se quiera proteger.

⇒ V. arts. 9 y 20 de la Ley 6/1998, de 13 abril (§1).
V. Ley 12/1985, de 13 junio, de Espacios Naturales Protegidos en Cataluña.
V. Jurisprudencia en arts. 86 y concordantes del TRLS/1976 (§3).

Artículo 129.

1. La ordenación del uso de los terrenos y construcciones enunciada en los artículos precedentes no conferirá derecho a los propietarios a exigir indemnización, por implicar meras limitaciones y deberes que definen el contenido normal de la propiedad según su calificación urbanística. Los afectados tendrán, no obstante, derecho a la distribución equitativa de los beneficios y cargas del planeamiento en los términos previstos en esta Ley.

2. La modificación o revisión de la ordenación de los terrenos y cons-

trucciones establecidas por los Planes Parciales, por los Planes Especiales y por los Programas de Actuación urbanística sólo podrá dar lugar a indemnización si se produce antes de transcurrir los plazos previstos para la ejecución de los respectivos Planes o Programas, o transcurridos aquéllos si la ejecución no se hubiera llevado a efecto por causas imputables a la Administración.

3. Las ordenaciones que impusieran vinculaciones o limitaciones singulares que lleven consigo una restricción del aprovechamiento urbanístico del suelo que no pueda ser objeto de distribución equitativa entre los interesados conferirán derecho a indemnización.

⇒ V. arts. 2 y 41 a 44 de la Ley 6/1998, de 13 abril (§1).
V. Jurisprudencia en arts. 87 y concordantes del TRLS/1976 (§3).

Artículo 130.

La enajenación de fincas no modificará la situación de su titular en orden a las limitaciones y deberes instituidos por esta Ley o impuestos, en virtud de la misma, por los actos de ejecución de sus preceptos y el adquirente quedará subrogado en el lugar y puesto del anterior propietario en los compromisos que hubiere contraído con las Corporaciones Públicas respecto a la urbanización y edificación.

⇒ V. art. 21 de la Ley 6/1998, de 13 abril (§1).

Jurisprudencia

«Resulta evidente que si dichas tierras y muro son de propiedad particular, su no adaptación al proyecto de obras en su día aprobado o su ilegalidad debe afrontarlas su propietario, sin perjuicio de la repercusión de acciones contra el promotor o urbanizador si fuese el responsable de las presuntas irregularidades (art. 130 del TR autonómico en materia de urbanismo aprobado por Decreto Legislativo 1/1990)». **(STSJ Cataluña 11 junio 1999 [RJCA 1999, 4887]).**

⇒ V. Jurisprudencia en arts. 88 y concordantes del TRLS/1976 (§3).

CAPÍTULO II
Patrimonio municipal del suelo

Artículo 131.

1. Los Ayuntamientos con población superior a 50.000 habitantes, los que voluntariamente lo acuerden y los demás que señale el Consejero de Política Territorial y Obras Públicas, constituirán su respectivo Patrimonio Municipal del suelo.

2. El Patrimonio Municipal del Suelo tendrá por finalidad prevenir, encauzar y desarrollar técnica y económicamente la expansión de las poblaciones, y se adscribirá a la gestión urbanística para la inmediata preparación y enajenación de solares edificables y reserva de terrenos de futura utilización.

⇒ V. arts. 276.1, 276.2 y 280.1 del TRLS/1992 (§2).
V. Jurisprudencia en arts. 89 y concordantes del TRLS/1976 (§3).

Artículo 132.

1. La adquisición de terrenos para constituir el Patrimonio se verificará conforme al programa de actuación del Plan General Municipal de Ordenación Urbana, si estuviera aprobado.

2. La adquisición de terrenos para formar reservas de suelo se podrá efectuar mediante expropiación, previa aprobación por la Comisión de Urbanismo de un proyecto integrado por Memoria justificativa y plano delimitador de la superficie correspondiente.

3. Cuando resultaran incluidos en el Plan bienes de propios, quedarán afectados al Patrimonio municipal del suelo.

4. El volumen patrimonial se atemperará a las necesidades del Plan General y a los medios económicos de cada Ayuntamiento.

⇒ V. arts. 276.1, 276.2 y 280.1 del TRLS/1992 (§2).
V. Jurisprudencia en arts. 90 y concordantes del TRLS/1976 (§3).

Artículo 133.

Los Ayuntamientos que tuvieran reconocido un ámbito de planeamiento urbanístico singular, según el artículo 47 de esta Ley, podrán extender su Patrimonio de suelo a los términos municipales que comprenda.

⇒ V. Jurisprudencia en arts. 91 y concordantes del TRLS/1976 (§3).

Artículo 134.

Las enajenaciones de terrenos del Patrimonio estarán supeditadas a la conveniencia de edificarlos o al cumplimiento del Plan General, dentro de los plazos que, en uno y otro caso, se señalaren.

⇒ V. Jurisprudencia en arts. 92 y concordantes del TRLS/1976 (§3).

Artículo 135.

Los ingresos obtenidos por la gestión urbanística mediante enajenación de terrenos del Patrimonio se destinarán a la conservación y ampliación del mismo.

⇒ V. art. 280.1 del TRLS/1992 (§2).
V. Jurisprudencia en arts. 93 y concordantes del TRLS/1976 (§3).

Artículo 136.

En todo caso se tendrá en cuenta la regulación específica que respecto al patrimonio municipal del suelo se establece en el régimen previsto para la actuación *por subsectores*.

Artículo 137.

Los Ayuntamientos a los que se refiere el artículo 131 de esta Ley, han de prever específicamente en sus presupuestos las partidas para la constitución, conservación y ampliación del patrimonio municipal del suelo. La cuantía del gasto no puede ser inferior al 5% del total consignada en los capítulos I y II del presupuesto.

CAPÍTULO III
Parcelaciones y reparcelaciones

⇒ Téngase en cuenta lo establecido en los arts. 2 a 18 del D. 303/1997, de 25 noviembre, que aprobó el Reglamento sobre medidas para facilitar la ejecución urbanística (§28.1).

Artículo 138.

La parcelación urbanística y las obras de urbanización, así como la edificación, han de estar precedidas por la formulación, la tramitación y la aprobación reglamentarias de su planeamiento, con las excepciones que esta Ley establece.

⇒ V. art. 20 de la Ley 6/1998, de 13 abril (§1).

Artículo 139.

1. Se considerará parcelación urbanística la división simultánea o sucesiva de terrenos en dos o más lotes cuando pueda dar lugar a la constitución de un núcleo de población.

2. Se considerará ilegal, a efectos urbanísticos, toda parcelación que sea contraria a lo establecido en el Plan, Programa o Norma Urbanística que les sea de aplicación o que infrinja lo dispuesto en el artículo 141.1 de esta Ley.

3. Se define como núcleo de población el asentamiento urbano generador de requerimientos o de necesidades asistenciales de servicios urbanos.

4. Las condiciones objetivas que pueden dar lugar a la constitución de un núcleo de población serán objeto de enumeración en los Planes Generales o Normas Subsidiarias en función de las peculiaridades que concurran en cada ámbito municipal o supramunicipal.

⇒ V. arts. 258.2, 258.3 y 259.3 del TRLS/1992 (§2).

Téngase en cuenta lo establecido en los arts. 42, 43 y 44 del D. 303/1997, de 25 noviembre, que aprobó el Reglamento sobre medidas para facilitar la ejecución urbanística (§28.1).

V. arts. 78 y concordantes del RD 1093/1997, de 4 julio (§2.1).

Jurisprudencia

«Dada la prohibición de parcelación urbanística en suelo no urbanizable no resulta extraño que la legislación autonómica catalana en materia de urbanismo, Decreto Legislativo 1/1990 defina en su artículo 139, apartado primero, cuándo se considera existente una parcelación urbanística, y en el apartado segundo, cuándo, a efectos urbanísticos, se considerará ilegal. Mas es significativo que el mencionado artículo realiza también la definición de núcleo de población como el asentamiento urbano generador de requerimientos o de necesidades asistenciales y de servicios urbanos al tiempo que fija que *Las condiciones objetivas que pueden dar lugar a la constitución de un núcleo de población serán objeto de enumeración en los Planes Generales o Normas Subsidiarias en función de las peculiaridades que concurran en cada ámbito municipal o supramunicipal*». **(STSJ Cataluña 8 octubre 1999 [RJCA 1999, 5014]).**

⇒ V. Jurisprudencia en arts. 94 y concordantes del TRLS/1976 (§3).

Artículo 140.

1. Serán indivisibles:

a) Las parcelas determinadas como mínimas en el correspondiente Plan o Norma, a fin de constituir fincas independientes.

b) Las parcelas cuyas dimensiones sean iguales o menores a las determinadas como mínimas en el Plan, excepto si los lotes resultantes se adquieren simultáneamente por los propietarios de terrenos colindantes, con el fin de agruparlos y formar una nueva finca.

c) Las parcelas cuyas dimensiones sean menores que el doble de la superficie determinada como mínima en el Plan, salvo que el exceso sobre dicho mínimo pueda segregarse con el fin indicado en el apartado anterior.

d) Las parcelas edificables en una proporción de volumen en relación con su área cuando se constituyere el correspondiente a toda la superficie, o, en el supuesto de que se edificare en proporción menor, la porción de exceso, con las salvedades indicadas en el apartado anterior.

e) Las fincas en el suelo no urbanizable cuyas dimensiones sean inferiores al doble de las mínimas de cultivo o de producción forestal definidas para cada ámbito territorial.

2. Los Notarios y Registradores harán constar en la descripción de las fincas la cualidad de «indivisible» de las que se encontraren en cualquiera de los casos expresados.

3. Al otorgarse licencia de edificación sobre una parcela comprendida en el apartado d) del párrafo 1, se comunicará al Registro de la Propiedad para su constancia en la inscripción de la finca.

⇒ V. arts. 258.2, 258.3 y 259.3 del TRLS/1992 (§2).
V. art. 20 de la Ley 6/1998, de 13 abril (§1).
V. Ley 6/1988, de 30 marzo, de Ordenación forestal y Ley 7/1999, de 30 julio, de creación del Centro de la Propiedad Forestal.
V. D. 169/1983, que establece las unidades mínimas de cultivo, modificado por D. 97/1997, de 15 abril.
V. arts. 81 y concordantes del RD 1093/1997, de 4 julio (§2.1).
V. Jurisprudencia en arts. 95 y concordantes del TRLS/1976 (§3).

Artículo 141.

1. No se podrá efectuar ninguna parcelación urbanística y consecuentemente no se podrá otorgar licencia de parcelación sin que previamente haya sido aprobado un Plan General o, si procede, un Plan Especial que lo desarrolle cuando afecte a suelo urbano, o sin la previa aprobación del Plan Parcial del sector correspondiente para el suelo urbanizable. En suelo no urbanizable no se podrán realizar parcelaciones urbanísticas.

2. Los Notarios y Registradores de la Propiedad exigirán para autorizar e inscribir, respectivamente, escrituras de división de terrenos, que se acredite el otorgamiento de la licencia, que los primeros tendrán que testimoniar en el documento.

3. Toda parcelación urbanística quedará sujeta a licencia.

4. En ningún caso se considerarán solares ni se permitirá edificar los lotes resultantes de una parcelación o reparcelación efectuadas con infracción de las disposiciones de este artículo o del anterior.

⇒ V. art. 20 de la Ley 6/1998, de 13 abril (§1).
Téngase en cuenta lo establecido en los arts. 42, 43 y 44 del D. 303/1997, de 25 noviembre, que aprobó el Reglamento sobre medidas para facilitar la ejecución urbanística (§28.1).
V. arts. 78 y ss. del RD 1093/1997, de 4 julio (§2.1).
V. Jurisprudencia en arts. 96 y concordantes del TRLS/1976 (§3).

Artículo 142.

1. Cualquier licencia de parcelación se otorgará previa presentación del proyecto correspondiente, que ha de constar de los siguientes documentos:

a) Memoria justificativa de la procedencia, sobre la base del Plan General previo o Plan Parcial, de las dimensiones de las parcelas o de los lotes para cada zona.

b) El plano parcelario a escala adecuada que detalle tanto las parcelas divisibles como las indivisibles e indique la ubicación de zonas verdes, espacios libres, dotaciones, equipamientos y servicios y del suelo correspondiente al 10% de aprovechamiento medio del sector o de los polígonos de actuación del plan, si procede.

2. Cuando alguno de los puntos exigidos en los documentos a los que se refiere el número anterior conste en los instrumentos de planeamiento aprobados con carácter definitivo, su inclusión podrá ser sustituida por la certificación del órgano competente de la cual resulten las necesarias indicaciones, que con esta finalidad acompañará el proyecto de parcelación.

⇒ V. art. 2 de la Ley 6/1998, de 13 abril (§1).
Téngase en cuenta lo establecido en los arts. 42, 43 y 44 del D. 303/1997, de 25 noviembre, que aprobó el Reglamento sobre medidas para facilitar la ejecución urbanística (§28.1).
V. arts. 78 y concordantes del RD 1093/1997, de 4 julio (§2.1).

Artículo 143.

No se puede hacer uso de la facultad de otorgar licencia de edificación condicionada a la realización simultánea de las obras y servicios de urbanización sin la previa aprobación definitiva del proyecto correspondiente de urbanización y de la constitución de la garantía prevista en el artículo 81 de esta Ley.

⇒ V. art. 13 de la Ley 6/1998, de 13 abril (§1).

Artículo 144.

1. El notario debe exigir al otorgante, en las escrituras de división y de segregación de fincas, la aportación de la licencia de parcelación correspondiente a la operación urbanística a que esta escritura haga referencia.

2. La licencia se puede justificar mediante certificación del acuerdo municipal de concesión o mediante copia del plano parcelario, en la cual se exprese, por diligencia del Secretario del Ayuntamiento, que es reproducción

fiel y exacta del que figura en el expediente de parcelación de que se trate, así como la fecha de concesión.

3. El notario debe testimoniar en la escritura la acreditación del otorgamiento de la licencia y, en todo caso, en un apartado correspondiente a la situación urbanística de la finca, hará las advertencias pertinentes sobre las responsabilidades de todo tipo en que pudieran incurrir los otorgantes por carecer de las licencias urbanísticas adecuadas para la actuación que pretendan sobre los terrenos correspondientes a las fincas objeto del instrumento público.

⇒ V. art. 20 de la Ley 6/1998, de 13 abril (§1).
V. arts. 258.2, 258.3 y 259.3 del TRLS/1992 (§2).
Téngase en cuenta lo establecido en los arts. 42, 43 y 44 del D. 303/1997, de 25 noviembre, que aprobó el Reglamento sobre medidas para facilitar la ejecución urbanística (§28.1).
V. art. 20 de la Ley 6/1998, de 13 abril (§1).

Artículo 145.

1. Presentada la escritura de división o segregación de fincas en el Registro de la Propiedad, el Registrador, a la vista de las circunstancias descriptivas de la finca o fincas o, si procede, del número de segregaciones practicadas de la misma matriz, debe advertir al instante de la necesidad de aportar la licencia de parcelación, excepto que la mencionada aportación resulte del mismo título presentado en los términos previstos en el artículo anterior.

2. Si se aportara la licencia o la certificación de su innecesariedad, el Registrador de la Propiedad la archivará y, en su caso, pondrá una nota al margen de la inscripción practicada haciendo constar en ella las circunstancias concurrentes.

⇒ V. arts. 258.2, 258.3 y 259.3 del TRLS/1992 (§2).
Téngase en cuenta lo establecido en los arts. 42, 43 y 44 del D. 303/1997, de 25 noviembre, que aprobó el Reglamento sobre medidas para facilitar la ejecución urbanística (§28.1).
V. arts. 78 y concordantes del RD 1093/1997, de 4 julio (§2.1).

Artículo 146.

La protocolización hecha por el notario del plano al cual hace referencia el apartado 2 del artículo 144 de esta Ley y su archivo realizado por el registrador de la propiedad, se entenderá que es suficiente para que ambos consideren que ha sido aportada la licencia respecto a fraccionamientos posteriores que se acomoden. En todo caso se entenderá que hay acomodación en las circunstancias descriptivas de las nuevas fincas respecto a la descripción gráfica que haga el plano, aunque haya diferencias en la extensión superficial que no sobrepasen el 3%.

Artículo 147.

1. Se entenderá por reparcelación la agrupación de fincas comprendidas en el polígono o unidad de actuación para su nueva división ajustada al Plan,

con adjudicación de las parcelas resultantes a los interesados, en proporción a sus respectivos derechos.

2. La reparcelación tiene por objeto distribuir justamente los beneficios y cargas de la ordenación urbanística, regularizar la configuración de las fincas y situar su aprovechamiento en zonas aptas para la edificación con arreglo al Plan.

3. Toda reparcelación queda sujeta a la aprobación del correspondiente proyecto.

4. Los proyectos de reparcelación se tramitarán de acuerdo con lo previsto en los artículos 64 y 65 de esta Ley excepto lo que establece el artículo 70.

⇒ V. art. 73 de la Ley 22/1998, de 30 diciembre, que aprueba la Carta Municipal de Barcelona, parcialmente transcrita en art. 50.

V. Jurisprudencia en arts. 97 y concordantes del TRLS/1976 (§3).

Artículo 148.

1. El expediente de reparcelación se entenderá iniciado al aprobarse la delimitación del polígono o unidad de actuación, excepto en los casos siguientes:

a) Que la reparcelación se haya tramitado y aprobado conjuntamente con la mencionada aprobación.

b) Que se haya aprobado expresamente la actuación por el sistema de expropiación o sea innecesaria en virtud del acuerdo aprobatorio en el sistema de compensación.

2. La iniciación del expediente de reparcelación comportará, sin necesidad de declaración expresa, la suspensión del otorgamiento de licencias de parcelación y edificación en el ámbito del polígono o unidad de actuación hasta que sea firme en vía administrativa el acuerdo aprobatorio de la reparcelación.

Los peticionarios de licencias solicitadas con anterioridad a la fecha de iniciación del expediente de reparcelación tendrán derecho a ser resarcidos en la forma que señala el artículo 43 de esta Ley.

La Entidad Local podrá dejar sin efecto, previa la indemnización de daños y perjuicios que corresponda, las licencias concedidas con anterioridad a la fecha de iniciación del expediente que sea incompatible con la ejecución del planeamiento.

3. El proyecto de reparcelación se formulará:

a) Por los dos tercios de los propietarios interesados que representen como mínimo el 80 por 100 de la superficie reparcelable, dentro de los tres meses siguientes a la aprobación de la delimitación de un polígono o unidad de actuación.

b) Por la Entidad Local o urbanística actuante, de oficio o a instancia de alguno de los propietarios afectados, cuando éstos no hubieran hecho uso de su derecho o no hubieran subsanado dentro del plazo que se les marcare los defectos que se hubieran apreciado en el proyecto que formularen.

Los proyectos redactados de oficio procurarán atenerse a los criterios expresamente manifestados por los interesados en los tres meses siguientes a la aprobación de la delimitación del polígono o unidad de actuación.

Los proyectos se someterán a información pública durante un mes, con citación personal de los interesados, y serán aprobados por el Ayuntamiento o, si cabe, por el órgano urbanístico que se subrogue en las competencias municipales, excepto en el supuesto de que el planeamiento esté adaptado a la Ley del Suelo, caso en el que el plazo de información pública será de veinte días.

✐ El párr. 3º de la letra b) del ap. 3 fue redactada por el art. 12 del DLeg 16/1994, de 26 julio.

4. En los casos de iniciativa pública, cuando el proyecto de reparcelación se presente juntamente con el plan parcial y el proyecto de urbanización, se tramitarán todos de forma simultánea, de acuerdo con el artículo 62 de esta Ley, y las aprobaciones se condicionarán a lo establecido en el apartado siguiente.

Cuando se presente el proyecto de reparcelación juntamente con el proyecto de urbanización, se procederá en la forma prevista en el punto 3 del artículo 69.

5. En el primer supuesto previsto en el apartado anterior los acuerdos de aprobación definitiva correspondientes a las Corporaciones Locales supeditarán su ejecutividad a la aprobación definitiva del plan parcial, excepto que la misma Corporación fuera competente por el hecho de tratarse de sectores de urbanización prioritaria.

✐ V. art. 2 del D. 303/1997, de 25 noviembre, que aprueba el Reglamento sobre Medidas para Facilitar la Ejecución Urbanística (§28.1).

⇒ V. Jurisprudencia en arts. 98 y concordantes del TRLS/1976 (§3).

Artículo 149.

1. En todo caso el proyecto de reparcelación tendrá en cuenta los criterios siguientes:

a) El derecho de los propietarios será proporcional a la superficie de las parcelas respectivas en el momento de la aprobación de delimitación del polígono.

b) Los solares resultantes se valorarán con criterios objetivos y generales para todo el polígono con arreglo a su uso y volumen edificable y en función de su situación, características, grado de urbanización y destino de las edificaciones.

c) Se procurará, siempre que sea posible, que las fincas adjudicadas estén situadas en lugar próximo al de las antiguas propiedades de los mismos titulares.

d) Cuando la escasa cuantía de los derechos de algunos propietarios no permita que se les adjudiquen fincas independientes a todos ellos, los solares resultantes se adjudicarán, en pro indiviso a tales propietarios. No obstante, si la cuantía de esos derechos no alcanzase el 15 por 100 de la parcela mínima edificable, la adjudicación podrá sustituirse por una indemnización en metálico.

e) En todo caso, las diferencias de adjudicación, serán objeto de compensación económica entre los interesados, valorándose el precio medio de los solares resultantes.

f) Las plantaciones, obras, edificaciones, instalaciones y mejoras que no puedan conservarse se valorarán con independencia del suelo y su importe se abonará al propietario interesado, con cargo al proyecto en concepto de gastos de urbanización.

2. En ningún caso podrán adjudicarse como fincas independientes superficies inferiores a la parcela mínima edificable o que no reúnan la configuración y características adecuadas para su edificación conforme al planeamiento.

3. No serán objeto de nueva adjudicación, conservándose las propiedades primitivas, sin perjuicio de la regularización de linderos cuando fuere necesaria y de las compensaciones económicas que procedan:

a) Los terrenos edificados con arreglo al planeamiento.

b) Las fincas no edificadas con arreglo al planeamiento, cuando la diferencia en más o en menos, entre el aprovechamiento que les corresponda conforme al Plan y el que correspondería al propietario en proporción a su derecho en la reparcelación, sea inferior al 15 por 100 de este último.

4. En el suelo urbano, los derechos de los propietarios en la reparcelación se regularán por el valor de sus respectivas parcelas en la fecha de aprobación del Plan que motivare la reparcelación de acuerdo con lo que dispone el artículo 158 de esta Ley.

⇒ V. art. 2 del D. 303/1997, de 25 noviembre, que aprueba el Reglamento sobre medidas para facilitar la ejecución urbanística (§28.1).

Jurisprudencia

«Según el art. 149.1 a), relativo a la reparcelación, será criterio a tener en cuenta en todo proyecto de compensación que el derecho de los propietarios será proporcional a la superficie de las parcelas respectivas en el momento de la aprobación de la delimitación del polígono. Pero no es menos cierto que en el mismo art. 149, apartado 4, se establece una norma específica para el suelo urbano –que es el supuesto de autos– según la que, en suelo urbano, los derechos de los propietarios en la reparcelación se regularan por el valor de sus respectivas parcelas en la fecha de aprobación del Plan que motive la reparcelación, de conformidad con la norma del art. 158, en virtud de que los terrenos clasificados como suelo urbano se valorarán conforme al valor urbanístico. De lo que se infiere que el criterio de valoración establecido por las personas presentantes de los proyectos de Estatutos y Bases de Actuación de la Junta de Compensación, en el art. 12 de los Estatutos y en la base 1 de las de actuación, consistente en la valoración de las fincas aportadas por su valor urbanístico, conforme a los arts. 149.4 y 158 del texto refundido de las disposiciones legales vigentes en Cataluña en materia de urbanismo, aprobado por Decreto Legislativo 1/1990, de 12-7, se ajusta a la normativa de aplicación». **(STSJ Cataluña 6 mayo 1999 [RJCA 1999, 3358]).**

⇒ V. Jurisprudencia en arts. 99 y concordantes del TRLS/1976 (§3).

Artículo 150.

El acuerdo aprobatorio del proyecto de reparcelación producirá los siguientes efectos:

a) Cesión de derecho al municipio en que se actúe en pleno dominio y libre de cargas de todos los terrenos de cesión obligatoria para su incorporación al Patrimonio de suelo o su afectación conforme a los usos previstos en el Plan.

b) Subrogación, con plena eficacia real, de las antiguas por las nuevas parcelas.

c) Afectación real de las parcelas adjudicadas al cumplimiento de las cargas y pago de los gastos inherentes al sistema de actuación correspondiente.

⇒ V. arts. 4 y ss. del RD 1093/1997, de 4 julio (§2.1).

V. Jurisprudencia en arts. 100 y concordantes del TRLS/1976 (§3).

Artículo 151.

1. El Organismo que hubiera aprobado el proyecto de reparcelación expedirá documento con las solemnidades y requisitos dispuestos por las actas de sus acuerdos, en el que se relacionen las propiedades antiguas y sus propietarios, según los títulos aportados o, en defecto de éstos, por descripción de las fincas e indicación de sus propietarios, si resultasen conocidos, y descripción de las nuevas parcelas con adjudicación de cada una al respectivo titular. Este documento administrativo se protocolizará notarialmente, sin perjuicio de que también se pueda otorgar escritura pública, en los casos y forma que se señalen reglamentariamente.

2. La situación física y jurídica de las fincas o derechos afectados por la reparcelación y la de los resultantes de ellas se reflejará en el Registro de la Propiedad, de acuerdo con lo dispuesto en la legislación hipotecaria en la forma que reglamentariamente se determine.

3. Si alguna carga resultare incompatible con la nueva situación o característica de la finca, el Registrador se limitará a hacerlo constar en el correspondiente asiento, y las partes interesadas podrán ir al Juzgado competente para solicitar la declaración de compatibilidad e incompatibilidad de las cargas o gravámenes sobre las fincas nuevas y, en este último supuesto, su transformación en un derecho de crédito con garantía hipotecaria sobre la finca nueva en la cuantía en que la carga fuera justipreciada.

⇒ V. arts. 6 y concordantes del RD 1093/1997, de 4 julio (§2.1).

V. Jurisprudencia en arts. 101 y concordantes del TRLS/1976 (§3).

Artículo 152.

1. Las adjudicaciones de terrenos a que dé lugar la reparcelación cuando se efectúen en favor de los propietarios comprendidos en el correspondiente polígono o unidad de actuación y en proporción de sus respectivos derechos, estarán exentas, con carácter permanente, del Impuesto General sobre Transmisiones Patrimoniales y Actos Jurídicos Documentados, y no tendrán la consideración de transmisiones de dominio a los efectos de la exacción del arbitrio sobre el incremento del valor de los terrenos. Cuando el valor de los solares adjudicados a un propietario exceda del que proporcionalmente corresponda a los terrenos aportados por el mismo, se girarán las liquidaciones procedentes en cuanto al exceso.

2. Se aplicarán supletoriamente a la reparcelación las normas de la expropiación forzosa.

⇒ V. Jurisprudencia en arts. 102 y concordantes del TRLS/1976 (§3).

CAPÍTULO IV
Valoraciones

Artículo 153.

Las valoraciones de terrenos se efectuarán de acuerdo con los criterios establecidos en esta Ley.

⇒ V. arts. 23 a 32 de la Ley 6/1998, de 13 abril (§1).

Artículo 154.

1. El valor inicial de un predio o unidad de cultivo, a efectos de esta Ley, se determinará:

a) Por el rendimiento bruto que le correspondiera en la explotación rústica efectiva o del que fuera naturalmente susceptible.

b) Por su valor medio en venta a efecto de su explotación agrícola.

En ningún caso se podrán tomar en consideración valores o rendimientos que tengan relación directa o indirecta con la posible utilización urbana de los terrenos.

2. En el rendimiento rústico se estimarán comprendidos el agrícola, forestal, ganadero, cinegético y cualquier otro parecido.

3. Entre los rendimientos de los que una heredad sea susceptible de forma natural, se podrán estimar los resultados de transformaciones que se puedan operar con medios normales, tanto mecánicos como técnicos o de capital, existentes para el desarrollo de la explotación agraria y que conducen al máximo aprovechamiento de la fertilidad de la tierra, pero no los hipotéticamente resultantes de una supuesta aplicación de medios extraordinarios.

4. En las unidades de cultivo directamente explotadas por los propietarios, se establecerá, además, el premio de afección que les será atribuido en el supuesto de expropiación forzosa.

5. Cuando el valor inicial a que se llegue por aplicación de los criterios

anteriores sea inferior al que constará en valoraciones catastrales, índices municipales u otras estimaciones públicas aprobadas, prevalecerá la superior de las que concurran sobre el terreno.

⇒ V. arts. 23 a 32 de la Ley 6/1998, de 13 abril (§1).
V. Ley 6/1988, de 30 marzo, de Ordenación forestal y Ley 7/1999, de 30 julio, de creación del Centro de la Propiedad Forestal.
V. Jurisprudencia en arts. 104 y concordantes del TRLS/1976 (§3).

Artículo 155.

1. El valor urbanístico se determinará en función del aprovechamiento que corresponda a los terrenos según su situación, conforme al rendimiento que al citado aprovechamiento se atribuya a efectos fiscales al iniciarse el expediente de valoración.

2. El aprovechamiento que, en todo caso, servirá de base para la determinación del valor urbanístico, una vez deducidos los terrenos de cesión obligatoria que afecten a aquél, será el que establecen los preceptos siguientes:

a) En el suelo urbano será el permitido por el Plan o, si es necesario, el aprovechamiento medio fijado en las unidades de actuación sujetas a reparcelación y en defecto del Plan, tres metros cúbicos por metro cuadrado, referidos a cualquier uso.

b) Por lo que se refiere a los suelos urbanizables o aptos para ser urbanizados, el aprovechamiento que ha de servir de base para determinar el valor urbanístico es el siguiente:

El correspondiente al aprovechamiento medio del sector para sus zonas y sistemas incluidos.

El correspondiente al 90% del aprovechamiento medio dentro del suelo urbanizable, a determinar en el expediente de justiprecio de la expropiación, para los sistemas no incluidos dentro de ningún sector.

En el suelo urbanizable no programado será el resultado de su uso e intensidad de ocupación, determinado en el Plan General.

3. El valor urbanístico que se determine en función de estos criterios se podrá aumentar o disminuir en un 15 por 100 como máximo en consideración del grado de urbanización y de las particularidades específicas de los terrenos de que se trate.

La citada corrección se aplicará con independencia de las que, por conceptos análogos, procediesen de acuerdo con la legislación tributaria.

⇒ V. arts. 23 a 32 de la Ley 6/1998, de 13 abril (§1).
V. arts. 8 y concordantes del D. 202/2000, de 13 junio, que aprueba el Reglamento del Jurado de Expropiación de Cataluña.
V. Jurisprudencia en arts. 105 y concordantes del TRLS/1976 (§3).

Artículo 156.

1. Las plantaciones, obras, edificaciones e instalaciones que existan en el suelo se apreciarán con independencia del mismo e incrementarán con su

cuantía el valor total del inmueble, exceptuando que, por su carácter de mejoras permanentes, hayan sido tenidas en cuenta en la determinación del valor inicial o del urbanístico según el artículo anterior.

2. Las indemnizaciones a favor de los arrendatarios rústicos y urbanos se fijarán de acuerdo con lo previsto en la Ley de Expropiación Forzosa.

⇒ V. arts. 23 a 32 de la Ley 6/1998, de 13 abril (§1).
V. Jurisprudencia en arts. 106 y concordantes del TRLS/1976 (§3).

Artículo 157.

1. Se tasarán conforme al valor inicial los terrenos clasificados como suelo no urbanizable.

2. En los sistemas previstos en suelo no urbanizable se les aplicará el valor inicial.

⇒ V. arts. 23 a 32 de la Ley 6/1998, de 13 abril (§1).

Artículo 158.

Se tasarán conforme al valor urbanístico los terrenos clasificados como suelo urbano o urbanizable en todas sus categorías.

Las tasaciones tendrán como límite el valor inicial, que prevalecerá sobre el urbanístico cuando éste fuera inferior.

⇒ V. arts. 23 a 32 de la Ley 6/1998, de 13 abril (§1).

Artículo 159.

Cuando corresponda aplicar a la tasación de los terrenos el valor inicial o urbanístico, no se tendrá en cuenta el precio consignado en los títulos de adquisición o de constitución de gravámenes, posteriores a la promulgación de la Ley sobre Régimen del Suelo y Ordenación Urbana de 1975.

⇒ V. arts. 23 a 32 de la Ley 6/1998, de 13 abril (§1).

Artículo 160.

Siempre que el valor asignado a una parcela en la que el propietario hubiera costeado algunas obras de urbanización, no contrapuestas a Planes vigentes en el momento de ejecutarlas, fuera inferior a la suma del valor inicial y de la parte proporcional del valor actual de las obras, se completará hasta cubrir el importe de ambos sumandos.

⇒ V. arts. 23 a 32 de la Ley 6/1998, de 13 abril (§1).

Artículo 161.

1. La valoración de los derechos reales sobre inmuebles, a los efectos de su constitución, modificación o extinción, se efectuará de acuerdo con las disposiciones sobre expropiación que específicamente determinen el justiprecio de los mismos, subsidiariamente, según las normas del Derecho Administrativo o Civil que regule la institución y, en su defecto, por las establecidas para los Impuestos de Sucesiones, Transmisiones Patrimoniales y Actos Jurídicos Documentados.

2. Al expropiar una finca gravada con cargas, la Corporación u organismo que efectuara dicha expropiación podrá escoger entre valorar cada uno de los derechos que en ella concurren con el de dominio para distribuirlo entre los titulares de cada uno de ellos, o bien valorar el inmueble en su conjunto y consignar su importe en poder del Juzgado, para que éste fije y distribuya, por el trámite de incidentes, la proporción que corresponda a los respectivos interesados.

⇒ V. arts. 23 a 32 de la Ley 6/1998, de 13 abril (§1).

Artículo 162.

1. Las valoraciones tendrán vigencia durante diez años.

2. Cuando las circunstancias reales y ajenas a especulaciones originasen notables variaciones en el mercado de terrenos o en la situación económica general, se revisarán los justiprecios, de oficio o a petición de cualquier propietario afectado.

3. Servirá de base para la revisión, sin perjuicio de otros factores, el índice general ponderado de precios al por mayor publicado por el Instituto Catalán de Estadística.

⇒ V. arts. 23 a 32 de la Ley 6/1998, de 13 abril (§1).

Artículo 163.

El pago del justiprecio en las expropiaciones se podrá verificar en efectivo o, de acuerdo con el expropiado, por permuta con otras parcelas del beneficiario de la expropiación teniendo en cuenta la especialidad establecida en el artículo 207 de esta Ley.

⇒ V. art. 37 de la Ley 6/1998, de 13 abril (§1).

TÍTULO IV

EJECUCIÓN DE LOS PLANES DE ORDENACIÓN

CAPÍTULO I

Disposiciones generales

Artículo 164.

1. La ejecución de los planes de ordenación corresponde a la Generalidad, a las entidades locales y a las entidades urbanísticas especiales en sus respectivas esferas de actuación, sin perjuicio de la participación de los particulares en la citada ejecución en los términos establecidos en el presente Título.

2. La ejecución de los planes mediante el sistema de expropiación puede ser objeto de concesión administrativa que se otorgará mediante concurso, en cuyas bases se fijarán los derechos y obligaciones del concesionario.

⇒ V. arts. 4 y 34 de la Ley 6/1998, de 13 abril (§1).

Artículo 165.

La Generalidad y las Entidades Locales podrán constituir Sociedades Anónimas o Empresas de Economía Mixta, de acuerdo con la legislación aplicable en cada caso para la ejecución de los Planes de Ordenación.

Artículo 166.

1. Las actuaciones en suelo urbanizable programado requieren la previa aprobación del Plan Parcial del sector correspondiente.

2. En el suelo urbanizable no programado solamente se podrá actuar mediante la aprobación del Programa de Actuación Urbanística y de los correspondientes Planes Parciales para su ejecución.

3. Se exceptúa de lo dispuesto en este artículo la ejecución de los sistemas de ordenación urbanística del territorio previstos en los Planes territoriales o en los planes generales o la de alguno de los elementos de los citados sistemas.

⇒ V. Jurisprudencia en arts. 116 y concordantes del TRLS/1976 (§3).

Artículo 167.

1. La ejecución de los Planes y de los Programas de Actuación Urbanística se realizará por polígonos completos, excepto cuando se trate de ejecutar directamente los sistemas generales o alguno de sus elementos mediante actuaciones aisladas.

2. Los polígonos se delimitarán teniendo en cuenta los siguientes requisitos:

a) Que por sus dimensiones y características de ordenación sean susceptibles de asumir las cesiones de suelo derivadas de las exigencias del Plan y de los Programas de Actuación Urbanística.

b) Que hagan posible la equitativa distribución de beneficios y cargas de la urbanización.

c) Que tengan entidad suficiente para justificar técnica y económicamente la autonomía de la actuación.

3. En suelo urbano, cuando no sea posible la determinación por el planeamiento de un polígono con los requisitos establecidos en el número anterior, ni se trate de actuaciones aisladas, las operaciones urbanísticas se podrán llevar a cabo mediante la delimitación por el propio Plan de unidades de actuación que permitan, al menos, la justa distribución entre los propietarios de los beneficios y cargas derivado del planeamiento.

En los supuestos a que se refiere el artículo 120.3 a) de esta Ley la unidad de actuación tendrá que estar expresamente delimitada en el planeamiento.

4. No se podrán delimitar polígonos inmediatos a terrenos de cesión obligatoria y gratuita sin incluir en los referidos polígonos y unidades la parte correspondiente de los indicados terrenos.

No será necesaria la delimitación previa de unidades de actuación por el planeamiento cuando se trate de la obtención de calles y vías, en cuyo caso la delimitación de la Unidad de Actuación se podrá realizar por el procedimiento previsto en el artículo 168 de esta Ley.

⇒ V. arts. 4 y 5 de la Ley 6/1998, de 13 abril(§1).

Téngase en cuenta lo establecido en los arts. 37, 38, 39, 40 y 41 del D. 303/1997, de 25 noviembre, que aprobó el Reglamento sobre medidas para facilitar la ejecución urbanística (§28.1).

V. Jurisprudencia en arts. 117 y concordantes del TRLS/1976 (§3).

Artículo 168.

1. La delimitación de polígonos y unidades de actuación si no se contuviera en los planes, se acordará, de oficio o a petición de los particulares interesados, por las Entidades Local o Urbanística especial actuante, de acuerdo con el procedimiento establecido en los artículos 64 y 65 de esta Ley, excepto lo establecido en el artículo 70.

2. No obstante, ninguna reclamación o recurso que se funde en errores u omisiones no denunciados en la fase de información pública podrá dar lugar a la retroacción de actuaciones.

Jurisprudencia

«La norma aplicable a los casos de delimitación de Unidad de Actuación en ejecución del planeamiento, que en el presente caso es el Plan General Metropolitano de Barcelona en cuanto prevé la prolongación de la calle Industria, es la contenida en el art. 168 del Texto Refundido de las disposiciones legales vigentes en Cataluña en materia de urbanismo, aprobado por Decreto Legislativo 1/1990, de 12 julio, según ha declarado reiteradamente este Tribunal en anteriores sentencias. De conformidad con la doctrina en ellas sentada, la delimitación de Unidades de Actuación pertenece al ámbito de la ejecución del planeamiento urbanístico, sin perjuicio de que la delimitación pueda ya establecerse en figuras de planeamiento, tal como se regula en el art. 168 del Texto Refundido de las disposiciones legales vigentes en Cataluña en materia de urbanismo, aprobado por Decreto Legislativo 1/1990, de 12 julio, en virtud del cual la delimitación de Unidad de Actuación se acordará por la entidad local actuante, "si no es contingués en els plans". La atribución competencial es clara, y a la luz de la misma deben interpretarse los incisos del precepto anterior, o sea, del art. 167, cuando se refieren a la delimitación de Unidades de Actuación por el Plan; este último precepto regula la ejecución de los planes y de los programas de actuación urbanística, de lo que se infiere que su contenido se refiere propiamente al ámbito de la ejecución del planeamiento, ámbito en el que se sitúa la delimitación de Unidades de Actuación». **(STSJ Cataluña 6 octubre 1998 [RJCA 1998, 4123]).**

⇒ V. Jurisprudencia en arts. 118 y concordantes del TRLS/1976 (§3).

CAPÍTULO II
Sistemas de actuación

Artículo 169.

1. La ejecución de los polígonos o unidades de actuación se realizará mediante cualquiera de los sistemas de actuación siguientes:

a) Compensación.

b) Cooperación.

c) Expropiación.

2. La Administración actuante escogerá el sistema de actuación aplicable según las necesidades, medios económico-financieros con que cuente, colaboración de la iniciativa privada y otras circunstancias que concurran, dando preferencia a los sistemas de compensación y cooperación, salvo que razones de urgencia o necesidad exijan la expropiación.

3. No obstante lo expuesto en el apartado anterior, los planes parciales de iniciativa particular se ejecutarán siempre por el sistema de compensación.

4. Cuando el Plan de Ordenación o Programa de Actuación Urbanística no precisaran el sistema, su determinación se llevará a cabo mediante el procedimiento previsto para la delimitación de polígonos o unidades de actuación. Si los propietarios que representan el 60% de la superficie total del polígono o unidad de actuación solicitaran en el trámite de información pública del procedimiento para su delimitación la aplicación del sistema de compensación, la administración lo acordará previa audiencia de los otros propietarios del polígono o unidad de actuación, siempre que no aprecie la concurrencia de las razones de urgencia no necesidad de acuerdo con lo que establece el apartado siguiente de este artículo.

5. En todo caso procederá la aplicación del sistema de expropiación cuando la Junta de Compensación, o en su caso, el propietario único de todos los terrenos del polígono o unidad de actuación incumplan las obligaciones inherentes al sistema de compensación.

⇒ Téngase en cuenta lo establecido en los arts. 2 a 33 del D. 303/1997, de 25 noviembre, que aprobó el Reglamento sobre medidas para facilitar la ejecución urbanística (§28.1).

V. arts. 6 y concordantes del RD 1093/1997, de 4 julio (§2.1).

V. Jurisprudencia en arts. 119 y concordantes del TRLS/1976 (§3).

Artículo 170.

1. Los propietarios de los terrenos afectados por una actuación urbanística están sujetos al cumplimiento de las cargas siguientes:

a) Efectuar las cesiones de terrenos que se establecen en esta Ley.

b) Sufragar los gastos de la urbanización.

2. La Administración estará obligada a afectar el suelo procedente de las cesiones al destino previsto en los planes, y eventualmente al Patrimonio Municipal del suelo, y a realizar la urbanización en los plazos previstos.

⇒ V. arts. 14, 18 y 19 de la Ley 6/1998, de 13 abril (§1).

Téngase en cuenta lo establecido en los arts. 24 a 33 del D. 303/1997, de 25 noviembre, que aprobó el Reglamento sobre medidas para facilitar la ejecución urbanística (§28.1).

V. arts. 2, 19 y 34 del D. 303/1997, de 25 noviembre, que aprueba el Reglamento sobre medidas para facilitar la ejecución urbanística (§28.1).

Jurisprudencia

«Los arts. 89 a 92 del Reglamento de Gestión Urbanística al referirse a las compensaciones económicas parten de la base de que los propietarios de las parcelas objeto de la reparcelación están sujetos a las cargas urbanísticas como así lo pone de manifiesto el art. 170 del TR de 1990, sobre normas urbanísticas vigentes en Cataluña; así pues, es evidente que en el supuesto de un propietario que no tenga superficie para la cesión de terrenos debe percibir una indemnización sustitutoria, por lo que para llevar a cabo la reparcelación es necesario, ante todo, valorar las aportaciones y, como cada propietario aportará el suelo, y, con él, las plantaciones, obras, instalaciones y mejoras, es necesario valorar unos y otros elementos, valoración que ha de referirse a la fecha de iniciación del procedimiento de reparcelación (art. 86 RGU) y, cuando existen elementos como los citados que resulten afectados y que no puedan conservarse, en este supuesto, se valorarán con independencia del suelo y su importe se satisfará a los propietarios o titulares interesados, con cargo al proyecto, en concepto de gastos de urbanización. La tasación de estos elementos se efectuará en el propio proyecto de reparcelación, con arreglo a las normas que rigen la expropiación forzosa aplicando los criterios de dicha Ley para hallar el valor real (arts. 38 y 43 de la LEF). Las indemnizaciones resultantes serán objeto de compensación, en la cuenta de liquidación provisional, con las cantidades de las que resulte deudor el interesado por diferencias de adjudicación o por gastos de urbanización o de proyecto (art. 98 del RGU), es decir, que una vez tasados los derechos, edificaciones, construcciones y plantaciones que deban extinguirse o destruirse para la ejecución del Plan, ha de establecerse la cuenta de liquidación provisional comprensiva de las indemnizaciones sustitutorias por diferencias de adjudicación y de la distribución a prorrata de los gastos de urbanización y de los proyectos inicialmente previstos (art. 100 del RGU)». **(STSJ Cataluña 16 febrero 1999 [RJCA 1999, 436]).**

⇒ V. Jurisprudencia en arts. 120 y concordantes del TRLS/1976 (§3).

Artículo 171.

Cuando la actuación en determinados polígonos o unidades de actuación no sea presumiblemente rentable, por resultar excesivas las cargas en relación con el escaso aprovechamiento previsto para las zonas edificables, el Consejo Ejecutivo, a propuesta del Consejero de Política Territorial y Obras Públicas, y previo dictamen de la Comisión Jurídica Asesora, con audiencia o, si es necesario, a instancia de los Ayuntamientos interesados, podrá autorizar, sin modificar las determinaciones del Plan, una reducción de la contribución de los propietarios en las mismas o una compensación económica a cargo de la Administración, procurando equiparar los costes de la actuación a los de otros análogos que hayan resultado viables.

⇒ V. Jurisprudencia en arts. 121 y concordantes del TRLS/1976 (§3).

Artículo 172.

1. En los gastos de urbanización que tengan que ser sufragados por los propietarios afectados se comprenden los siguientes conceptos:

a) Las obras de vialidad, saneamiento, suministro de agua y energía eléctrica, alumbrado público, arbolado y jardinería, que estén previstas en los Planes y Proyectos y sean de interés para el sector o área de actuación, sin perjuicio del derecho a reintegrarse de los gastos de instalación de las redes de suministro de agua y energía eléctrica con cargo a las empresas que presten los servicios, salvo la parte con la que han de contribuir los usuarios de acuerdo con la reglamentación de aquéllos.

b) Las indemnizaciones procedentes por la demolición de construcciones, destrucción de plantaciones, obras e instalaciones que exija la ejecución de los Planes.

c) El coste de los Planes Parciales y de los Proyectos de Urbanización y reparcelación.

2. El pago de estos costes se podrá realizar, previo acuerdo con los propietarios interesados, cediendo éstos, gratuitamente y libres de cargas, terrenos edificables en la proporción que se estime suficiente para compensarlos.

⇒ V. Jurisprudencia en arts. 122 y concordantes del TRLS/1976 (§3).

Artículo 173.

Los propietarios de suelo urbanizable no programado, que sea objeto de un Programa de Actuación Urbanística, tendrán que colaborar en la ejecución o suplemento de las obras exteriores de infraestructura sobre las que se apoye la actuación urbanística sin perjuicio del cumplimiento de las cargas a que se refiere el número 2 del artículo 127 de esta Ley.

⇒ V. Jurisprudencia en arts. 123 y concordantes del TRLS/1976 (§3).

Artículo 174.

1. Las obligaciones y cargas de los propietarios del suelo a que se refiere este Capítulo serán objeto de justa distribución entre los mismos, junto con los beneficios derivados del planeamiento, en la forma que libremente convengan mediante compensación o reparcelación.

2. En suelo urbano, cuando las diferencias de aprovechamiento urbanístico entre fincas que no superen el 15% del aprovechamiento medio de la unidad de actuación, o superándolo no se hiciera declaración expresa de la lesión, no será precisa la reparcelación física, con independencia de las compensaciones económicas que procediesen.

3. El incumplimiento de las obligaciones y cargas impuestas por esta Ley habilitará a las Administraciones competentes para expropiar los terrenos afectados.

⇒ V. art. 34 de la Ley 6/1998, de 13 abril (§1).

Jurisprudencia

«El procedimiento de reparcelación constituye el elemento central del sistema de cooperación, estableciendo el artículo 182.2 de la Ley del Suelo catalana que "La aplicación del sistema de cooperación exige la reparcelación de los terrenos comprendidos en el polígono o unidad de actuación, salvo que ésta sea innecesaria por resultar suficientemente equitativa la distribución de beneficios y cargas" (en análogo sentido artículos 131.2 del Texto Refundido de la Ley del Suelo de 9 abril 1976 y 183.3 del Reglamento de Gestión Urbanística de 25 agosto 1978). Junto al procedimiento ordinario existen tres procedimientos abreviados de la reparcelación: reparcelación voluntaria (art. 115 RGU); reparcelación simplemente económica (artículo 116 RGU) y la normalización de fincas (arts. 117 y 121 RGU), procedimiento cuestionado en el presente proceso.

Instrumento equivalente al proyecto de reparcelación en el sistema de compensación es el proyecto de compensación, figura donde se concretan los derechos y obligaciones de los propietarios. Los sistemas de compensación y reparcelación –también el de expropiación, aunque sin participación activa de los propietarios– tratan de hacer efectivo el principio de justa distribución de los beneficios y cargas del planeamiento, tal y como establece el artículo 174.1 de la Ley urbanística catalana; sin embargo, cada uno de los instrumentos previstos en el ordenamiento urbanístico, así como sus procedimientos abreviados correspondientes, deben ser utilizados en función del sistema de actuación previsto para la gestión de cada sector concreto». **(STSJ Cataluña 16 noviembre 1999 [RJCA 1999, 5023]).**

⇒ V. Jurisprudencia en arts. 124 y concordantes del TRLS/1976 (§3).

Artículo 175.

Procederá la indemnización sustitutoria entre los afectados cuando por las circunstancias de edificación en una actuación urbanística no fuera posible llevar a cabo la reparcelación material de los terrenos de toda o parte de la misma superior a un 50 por 100 de la superficie afectada.

⇒ V. Jurisprudencia en arts. 125 y concordantes del TRLS/1976 (§3).

CAPÍTULO III
Sistema de compensación

⇒ Téngase en cuenta lo establecido en los arts. 19 a 33 del D. 303/1997, de 25 noviembre, que aprobó el Reglamento sobre medidas para facilitar la ejecución urbanística (§28.1).

Artículo 176.

1. En el sistema de compensación, los propietarios aportan los terrenos de cesión obligatoria, realizan a su cargo la urbanización en los términos y condiciones que se determinan en el Plan o Programa de Actuación Urbanística o en el acuerdo aprobatorio del sistema y se constituyen en Junta de Compensación, excepto en el caso en que todos los terrenos pertenezcan a un único titular.

2. Las bases de actuación y los Estatutos de la Junta de Compensación serán tramitados y aprobados de acuerdo con el procedimiento previsto en los arts. 64 y 65 con la excepción prevista en el art. 70 de esta Ley. A tal efecto, los propietarios que representen al menos el 60 por 100 de la superficie total del polígono o unidad de actuación presentarán a la administración actuante los correspondientes proyectos de Bases y Estatutos. Con anterioridad a la resolución que se adopte, se dará audiencia a los otros propietarios.

3. Los acuerdos de aprobación de la constitución de las juntas de compensación se han de adoptar dentro de los treinta días siguientes a la entrada de la documentación completa en el registro de la Administración actuante.

Si, transcurrido este plazo, no se ha producido el acuerdo de aprobación de la constitución, se entenderá que la aprobación ha sido otorgada por silencio administrativo positivo y su ejecutividad quedará supeditada a la aprobación definitiva del proyecto de bases y de los estatutos de la Junta.

✐ El ap.3 fue redactado por el art. 13 del DLeg 16/1994, de 26 julio.

⇒ V. art. 4 de la Ley 6/1998, de 13 abril (§1).
V. arts. 6 y concordantes del RD 1093/1997, de 4 julio (§2.1).
V. art. 19 del D. 303/1997, de 25 noviembre, que aprueba el Reglamento sobre medidas para facilitar la ejecución urbanística (§28.1).
V. Jurisprudencia en arts. 126 y concordantes del TRLS/1976 (§3).

Artículo 177.

1. Para llevar a cabo la urbanización del polígono o unidad de actuación, será necesario que se constituya la junta de compensación, excepto en el caso en que todos los terrenos pertenezcan a un único propietario y esta situación se mantenga mientras duren las obras de urbanización. No obstante, si el propietario y promotor fueran personas distintas, será obligatoria la constitución de la junta, a la que se incorporará el promotor como empresa urbanizadora.

2. No podrá iniciarse ninguna obra de urbanización ni podrán enajenarse parcelas sin que se haya cumplido lo dispuesto en el párrafo 2 del artículo anterior.

3. Las relaciones con el Ayuntamiento o con la Administración actuante se mantendrán únicamente por el presidente o por el representante legal de la junta de compensación o del único propietario de los terrenos, sin perjuicio, en el primer caso, de la facultad del Ayuntamiento o de la Administración actuante de exigir a los propietarios, por la vía de apremio, el cumplimiento de sus deberes.

4. El promotor no quedará liberado de ninguna forma de sus obligaciones, aunque inicialmente hubiera sido único propietario, si previamente no se ha constituido una junta de compensación, por mucho que sus objetivos se limiten a la ejecución de las obras de urbanización, a las instalaciones y dotaciones o, si es preciso, a su conservación.

5. No podrá acordarse la disolución de la junta de compensación hasta que ésta no haya suscrito con la Administración actuante las actas en las que se formalicen las cesiones de obras, instalaciones y dotaciones.

⇒ V. Jurisprudencia en arts. 126 y concordantes del TRLS/1976 (§3).

Artículo 178.

1. Los propietarios del polígono o unidad de actuación que no hubieran solicitado el sistema podrán incorporarse con igualdad de derechos y obligaciones a la Junta de Compensación, si no lo hubieran hecho anteriormente, durante el plazo de un mes a partir de la notificación del acuerdo de aprobación de los Estatutos de la Junta. Si no lo hicieran, sus fincas serán expropiadas a favor de la Junta de Compensación, que tendrá la condición jurídica de beneficiaria.

2. También podrán incorporarse a la Junta las Empresas urbanizadoras que hayan de participar con los propietarios en la gestión del polígono o unidad de actuación.

3. La Junta de Compensación tendrá naturaleza administrativa, personalidad jurídica propia y plena capacidad para el cumplimiento de sus fines.

4. Formará parte del órgano rector de la Junta un representante de la administración actuante.

5. Los acuerdos de la Junta de Compensación serán recurribles mediante recurso ordinario ante la Administración actuante.

✐ El ap.5 fue redactado por el art. 14 del DLeg 16/1994, de 26 julio.

⇒ V. art. 34 de la Ley 6/1998, de 13 abril (§1).
V. Jurisprudencia en arts. 127 y concordantes del TRLS/1976 (§3).

Artículo 179.

La transmisión al municipio correspondiente, en pleno dominio y libre de cargas, de todos los terrenos de cesión obligatoria y de las obras o instalaciones que hayan de ejecutar a su costa los propietarios tendrá lugar por ministerio de la ley en las condiciones que reglamentariamente se determinen.

⇒ V. Jurisprudencia en arts. 128 y concordantes del TRLS/1976 (§3).

Artículo 180.

1. La incorporación de los propietarios a la Junta de Compensación no supone, salvo que los Estatutos dispusieran otra cosa, la transmisión a la misma de los inmuebles afectos a los resultados de la gestión común. En todo caso, los terrenos quedarán directamente afectados al cumplimiento de las obligaciones inherentes al sistema con anotación en el Registro de la Propiedad en la forma en que se indique reglamentariamente.

2. Las Juntas de Compensación actuarán como fiduciarias con pleno poder de disposición sobre las fincas pertenecientes a los propietarios miembros de aquéllas, sin más limitaciones que las establecidas en los Estatutos.

3. Las transmisiones de terrenos que se realicen como consecuencia de la constitución de la Junta de Compensación por aportación de los propietarios del polígono o unidad de actuación, en el caso de que así lo dispusieran los estatutos, o en virtud de expropiación forzosa, y las adjudicaciones de solares que se efectúen a favor de los propietarios miembros de las citadas Juntas y en proporción a los terrenos incorporados por aquéllos, estarán exentos, con carácter permanente, del Impuesto General sobre Transmisiones Patrimoniales y del de Actos Jurídicos Documentados, y no tendrán la consideración de transmisiones de dominio a los efectos de la exacción del arbitrio sobre el incremento del valor de los terrenos. Cuando el valor de los solares adjudicados a un propietario exceda del que proporcionalmente corresponda a los terrenos aportados por el mismo, se girarán las liquidaciones procedentes en cuanto al exceso.

⇒ V. art. 159.4 del TRLS/1992 (§2).
V. arts. 6 y concordantes del RD 1093/1997, de 4 julio (§2.1).
V. art. 2 del D. 303/1997, de 25 noviembre, que aprueba el Reglamento sobre Medidas para Facilitar la Ejecución Urbanística (§28.1).
V. Jurisprudencia en arts. 129 y concordantes del TRLS/1976 (§3).

Artículo 181.

1. La Junta de Compensación será responsable directamente, ante la Administración competente, de la urbanización completa del polígono o uni-

dad de actuación y, si es preciso, de la edificación de los solares resultantes, cuando así se hubiera establecido.

2. Las cantidades adeudadas a la Junta de Compensación por sus miembros serán exigibles por vía de apremio mediante petición de la Junta a la administración actuante.

3. El incumplimiento por los miembros de la Junta de Compensación de las obligaciones y cargas impuestas por esta Ley habilitará a la administración actuante para expropiar sus respectivos derechos a favor del de la Junta de Compensación, que tendrá la condición jurídica de beneficiaria.

⇒ V. art. 34 de la Ley 6/1998, de 13 abril (§1).

V. Jurisprudencia en arts. 130 y concordantes del TRLS/1976 (§3).

CAPÍTULO IV
Sistema de cooperación

Artículo 182.

1. En el sistema de cooperación, los propietarios aportan el suelo de cesión obligatoria y la administración ejecuta las obras de urbanización con cargo a los mismos.

2. La aplicación del sistema de cooperación exige la reparcelación de los terrenos comprendidos en el polígono o unidad de actuación, salvo que ésta sea innecesaria por resultar suficientemente equitativa la distribución de beneficios y cargas.

3. Se podrán constituir asociaciones administrativas de propietarios, bien a iniciativa de éstos o por acuerdo del Ayuntamiento, con la finalidad de colaborar en la ejecución de las obras de urbanización.

⇒ V. arts. 168.1, 169 y 170.1 del TRLS/1992 (§2).

V. art. 5 de la Ley 6/1998, de 13 abril (§1).

Téngase en cuenta lo establecido en los arts. 2 a 33 del D. 303/1997, de 25 noviembre, que aprobó el Reglamento sobre medidas para facilitar la ejecución urbanística (§28.1).

V. arts. 6 y concordantes del RD 1093/1997, de 4 julio (§2.1).

Jurisprudencia

«Para poder adaptar el plan parcial originario al régimen legal y reglamentario vigente a fin de poder aplicar a una distribución de cuotas de urbanización al principio de justo equilibrio de beneficios y cargas es insustituible una reparcelación antecedente o la declaración de su innecesariedad. La dejación por parte del ayuntamiento de estas vías legales y reglamentarias obviando todos los supuestos de derecho transitorio que se han ido sucediendo a lo largo de la vigencia del plan parcial sin ulterior desarrollo, con el pretexto de que la urbanización estaba más o menos consolidada suponen una vulneración tanto del art. 182.2 del TR/1990, sobre normas urbanísticas vigentes en *Cataluña, como* de los artículos 72 a 74, 116, 183.2 y 188.2 del Reglamento de Gestión Urbanística». **(STSJ Cataluña 6 julio 1999 [RJCA 1999, 3724]).**

⇒ V. Jurisprudencia en arts. 131 y concordantes del TRLS/1976 (§3).

Artículo 183.

1. Las cargas de la urbanización se distribuirán entre sus propietarios en proporción al valor de las fincas que les hayan sido adjudicadas en la reparcelación.

2. La administración actuante podrá exigir a los propietarios afectados el pago de cantidades a cuenta de los gastos de urbanización. Estas cantidades no podrán exceder el importe de las inversiones previstas en los seis meses siguientes.

3. La administración actuante podrá, cuando las circunstancias lo aconsejen, conceder a los propietarios afectados un aplazamiento en el pago de los gastos de urbanización.

⇒ V. arts. 168.1, 169 y 170.1 del TRLS/1992 (§2).
V. art. 5 de la Ley 6/1998, de 13 abril (§1).
V. Jurisprudencia en arts. 132 y concordantes del TRLS/1976 (§3).

Artículo 184.

En el sistema de cooperación no se podrán conceder licencias de edificación hasta que no sea firme en vía administrativa el acuerdo de aprobación de la reparcelación del polígono o unidad de actuación, cuando aquélla sea procedente, sin perjuicio del régimen específico previsto para la ejecución de planes de ordenación por sectores de urbanización prioritaria.

⇒ V. Jurisprudencia en arts. 133 y concordantes del TRLS/1976 (§3).

CAPÍTULO V
Sistema de expropiación

⇒ Téngase en cuenta lo establecido en los arts. 34, 35 y 36 del D. 303/1997, de 25 noviembre, que aprobó el Reglamento sobre medidas para facilitar la ejecución urbanística (§28.1).

Artículo 185.

1. El sistema de expropiación se aplicará por polígonos o unidades de actuación completos y comprenderá todos los bienes y derechos incluidos en los mismos.

2. Sin perjuicio de lo dispuesto en el número anterior, la expropiación forzosa se podrá aplicar para la ejecución de los sistemas de ordenación urbanística del territorio o la de alguno de sus elementos, o para realizar actuaciones aisladas.

⇒ V. arts. 33 a 40 de la Ley 6/1998, de 13 abril (§1).
V. arts. 22 y concordantes del RD 1093/1997, de 4 julio (§2.1).
V. Jurisprudencia en arts. 134 y concordantes del TRLS/1976 (§3).

Artículo 186.

1. Cuando la ejecución de los Planes se realice por el sistema de expropiación, la delimitación de los polígonos o unidades de actuación deberá acompañarse de una relación de propietarios y de una descripción de los

bienes o derechos afectados, redactados de acuerdo con lo dispuesto en la Ley de Expropiación Forzosa.

2. Si no se actúa por polígonos o unidades de actuación completos, la aplicación de la expropiación forzosa para la ejecución de los sistemas o de alguno de sus elementos como actuaciones aisladas exigirá la formulación de la relación de propietarios y descripción de bienes y derechos a que se refiere el artículo anterior, que deberá ser aprobada por el Organismo expropiante, previa la apertura de un período de información pública por un plazo de quince días.

⇒ V. arts. 33 a 40 de la Ley 6/1998, de 13 abril (§1).
V. arts. 22 y concordantes del RD 1093/1997, de 4 julio (§2.1).
V. Jurisprudencia en arts. 135 y concordantes del TRLS/1976 (§3).

Artículo 187.

1. Cuando en la superficie delimitada existan bienes de dominio público y el destino de los mismos según el planeamiento sea diferente del que motivó su afectación o adscripción al uso general o a los servicios públicos, se seguirá el procedimiento previsto en la legislación de Patrimonio del Estado, de la Generalidad, o, si es preciso, en la legislación de Régimen Local.

2. Las vías rurales que se encuentren comprendidas en la superficie delimitada se entenderán de propiedad municipal, salvo prueba en contrario. Las vías urbanas que desaparezcan se entenderán transmitidas de pleno derecho al organismo expropiamente y subrogadas por las nuevas que resulten del planeamiento.

⇒ V. art. 210.1 y 210.2 del TRLS/1992 (§2).
V. arts. 33 a 40 de la Ley 6/1998, de 13 abril (§1).

Artículo 188.

Sobre la superficie comprendida en el área delimitada a efectos expropiatorios no se podrá realizar ninguna construcción ni modificar las existentes, salvo casos concretos y excepcionales, previa autorización expresa del organismo expropiante, que, de no ser el Ayuntamiento, lo comunicará a éste a efectos de la concesión de la oportuna licencia.

⇒ V. arts. 33 a 40 de la Ley 6/1998, de 13 abril (§1).
V. Jurisprudencia en arts. 137 y concordantes del TRLS/1976 (§3).

Artículo 189.

El expropiante podrá optar entre seguir la expropiación individualmente para cada finca o aplicar el procedimiento de tasación conjunta de acuerdo con lo dispuesto a continuación:

1. El proyecto de expropiación será expuesto al público durante el plazo de un mes, al objeto de que los interesados, a quienes deberán notificarse las correspondientes hojas de aprecio, puedan formular las observaciones y reclamaciones concernientes a la titularidad o valoración de sus respectivos derechos.

2. Una vez informadas por la Administración actuante, se elevará el expediente a la Comisión de Urbanismo para su resolución.

3. La resolución será notificada individualmente a los titulares de bienes y derechos afectados. Si los interesados, dentro de los veinte días siguientes, manifiestan por escrito su disconformidad con la valoración establecida por la Comisión de Urbanismo, con alegación, si es preciso, de cuanto estimen pertinente a su derecho, la Comisión de Urbanismo dará traslado del expediente al Jurado Provincial de Expropiación Forzosa para la fijación del justiprecio conforme a los criterios de valoración establecidos por esta Ley.

En caso contrario, el silencio del interesado se considerará como aceptación de la valoración fijada por la Comisión de Urbanismo, entendiéndose determinado definitivamente el justiprecio.

4. La resolución de la Comisión de Urbanismo implicará la declaración de urgencia de ocupación de los bienes o derechos afectados, y el pago o depósito del importe de la valoración establecida por la misma producirá los efectos previstos en los números 6, 7 y 8 del artículo 52 de la Ley de Expropiación Forzosa.

⇒ V. arts. 33 a 40 de la Ley 6/1998, de 13 abril (§1).

Téngase en cuenta la Ley 6/1995, de 28 junio, del Jurado de Expropiación de Cataluña (§31).

V. D. 202/2000, de 13 junio, que aprueba el Reglamento del Jurado de Expropiación de Cataluña.

V. Jurisprudencia en arts. 138 y concordantes del TRLS/1976 (§3).

Artículo 190.

1. Sin perjuicio de lo dispuesto en el apartado siguiente, las actuaciones del expediente expropiatorio se seguirán con quienes figuren como interesados en el proyecto de delimitación, redactado conforme a la Ley de Expropiación Forzosa, o acrediten, de forma legal, ser los verdaderos titulares de los bienes o derechos en contra de lo que diga el proyecto. En el procedimiento de tasación conjunta, los errores no denunciados y justificados en el plazo señalado en el punto 1 del artículo anterior no darán lugar a la nulidad o reposición de actuaciones, conservando, no obstante, los interesados su derecho a ser indemnizados de la forma que corresponda.

2. Llegado el momento del pago del justiprecio, únicamente se procederá a hacerlo efectivo, consignándose en caso contrario, a aquellos interesados *que aporten certificación* registral a su favor, en la que conste la anotación del artículo 32 del Reglamento Hipotecario, o, en su defecto, los títulos justificativos de su derecho, completados con certificaciones negativas del Registro de la Propiedad referidas a la misma finca descrita en los títulos. Si existiesen cargas tendrán que comparecer también los titulares de las mismas.

3. Cuando haya pronunciamientos registrales contrarios a la realidad se podrá pagar el justiprecio a quien haya rectificado o desvirtuado mediante

cualquiera de los medios señalados en la legislación hipotecaria o con acta de notoriedad tramitada conforme al Reglamento Notarial.

⇒ V. arts. 33 a 40 de la Ley 6/1998, de 13 abril (§1).
V. arts. 22 y concordantes del RD 1093/1997, de 4 julio (§2.1).

Artículo 191.

1. Una vez efectuado el pago o consignación podrán levantarse una o más actas de ocupación e inscribir, como una o diversas fincas registrales, la totalidad o parte de la superficie objeto de su actuación, sin que sea necesaria la previa inscripción de todas y cada una de las fincas expropiadas. El hecho de que alguna de estas fincas no estuviera inmatriculada no será obstáculo para que pueda practicarse directamente aquella inscripción. Al margen de la inscripción de las fincas agrupadas, y con efectos de transferencia, se extenderá la oportuna nota.

2. Será título inscribible el acta o actas de ocupación acompañadas de las actas de pago o los justificantes de consignación del justiprecio de todas las fincas ocupadas, que deberán ser descritas conforme a la legislación hipotecaria. El citado título, así como los que sean necesarios para practicar la inscripción a que se refiere el artículo siguiente, deberán ir acompañados, si es preciso, de los respectivos planos, una de cuyas copias se archivará en el Registro.

3. Si al procederse a la inscripción surgieran dudas fundadas relativas a si dentro de la superficie ocupada existiera alguna finca registral que no hubiese sido tenida en cuenta en el expediente expropiatorio, sin perjuicio de practicarse la inscripción, se pondrá tal circunstancia, a los efectos del artículo siguiente, en conocimiento del Organismo expropiante.

⇒ V. arts. 33 a 40 de la Ley 6/1998, de 13 abril (§1).

Artículo 192.

1. Tramitado el procedimiento expropiatorio de la forma establecida en los artículos anteriores y levantada acta o actas de ocupación, se entenderá adquirida libre de cargas la totalidad de las fincas comprendidas en las mismas por la Administración expropiante, que mantendrá su adquisición una vez haya inscrito su derecho, sin que quepa ejercitar ninguna acción real o interdictal contra la misma, incluso cuando posteriormente aparezcan terceros interesados no tenidos en cuenta en el expediente, quienes, no obstante, conservarán y podrán ejercitar cuantas acciones personales les pudiera corresponder para percibir el justiprecio o las indemnizaciones expropiatorias y discutir su cuantía.

2. Si con posterioridad a la inscripción del acta conjunta de ocupación apareciesen fincas o derechos anteriormente inscritos que no se tuvieron en cuenta en el expediente expropiatorio, la administración expropiante, de oficio o a instancia de parte interesada o del propio Registrador, solicitará a éste

que practique la cancelación correspondiente, sin perjuicio de lo dispuesto en el número anterior.

⇒ V. arts. 33 a 40 de la Ley 6/1998, de 13 abril (§1).
V. arts. 222.1, 222.2, 222.3 y 224.1, 224.2, 224.3, 224.4 y 224.5 del TRLS/1992 (§2).

Artículo 193.

1. En el caso de actuaciones urbanísticas de promoción pública en nuevos polígonos para la creación de suelo urbanizable, el pago del justiprecio de los bienes y derechos expropiados se podrá efectuar por la administración actuante, de acuerdo con los expropiados, con parcelas resultantes de la propia urbanización.

2. La valoración de los bienes y derechos expropiados y de las parcelas resultantes se hará de acuerdo con los criterios establecidos en esta Ley, teniendo en cuenta los costes de la urbanización correspondiente al plan según lo dispuesto en el artículo 172 y conforme al procedimiento establecido en la Ley de Expropiación Forzosa, todo ello en la forma y condiciones que reglamentariamente se determinen.

⇒ V. arts. 33 a 40 de la Ley 6/1998, de 13 abril (§1).

Artículo 194.

En lo que no estuviere previsto expresamente en esta Ley, se aplicará la legislación general de expropiación forzosa.

⇒ V. arts. 33 a 40 de la Ley 6/1998, de 13 abril (§1).

Artículo 195.

En los supuestos de expropiación previstos en el artículo 186.2 de esta Ley se aplicará siempre el procedimiento de la Ley de Expropiación Forzosa sin perjuicio de que la tasación de los terrenos se realice de acuerdo con los criterios de valoración de esta Ley.

⇒ V. arts. 33 a 40 de la Ley 6/1998, de 13 abril (§1).

Artículo 196.

El coste de las expropiaciones a que se refiere el artículo anterior podrá ser repercutido sobre los propietarios que resulten especialmente beneficiados por la actuación urbanística, mediante la imposición de contribuciones especiales.

CAPÍTULO VI

Ejecución de Planes de Ordenación por sectores de urbanización prioritaria

Artículo 197.

1. Serán sectores de urbanización prioritaria los suelos urbanizables programados de los planes generales o aquellos suelos aptos para ser urbanizados según normas subsidiarias, para usos residenciales, industriales u otros, que sean objeto de esta declaración y delimitación. Esta actuación urbanizadora

inmediata se justifica por la concurrencia de especiales circunstancias urbanísticas de emplazamiento y de contigüidad a los grandes sistemas urbanos de Cataluña, de presión urbanizadora o demográfica o de proximidad a explotaciones extractivas, industriales y otras análogas.

2. La declaración de sector de urbanización prioritaria será acordada por el Consejero de Política Territorial y Obras Públicas a propuesta de las corporaciones municipales interesadas o de la Dirección General de Urbanismo, visto el informe de la Comisión de Urbanismo o de la entidad metropolitana correspondiente. Cuando la iniciativa sea de la Dirección General de Urbanismo, se dará audiencia de un mes a la corporación municipal y, si es preciso, a la entidad metropolitana.

3. La declaración del sector de urbanización prioritaria ha de determinar cuál será la administración actuante que tramitará los proyectos oportunos.

Artículo 198.

1. La propuesta de delimitación de los sectores de urbanización prioritaria será expuesta al público durante el plazo de un mes y posteriormente se someterá a la Comisión de Urbanismo de la Generalidad o a la entidad metropolitana correspondiente.

2. La documentación del expediente de declaración de sector de urbanización prioritaria ha de contener:

a) El plano de emplazamiento a escala 1:5000.

b) La delimitación del ámbito sobre un plano topográfico a escala 1:1000 como mínimo, con la representación gráfica del estado físico de los terrenos y la delimitación de las fincas.

c) La relación de los propietarios incluidos en la delimitación.

d) La descripción de los bienes y de los derechos dentro del ámbito delimitado.

e) La determinación de la Administración actuante.

f) La memoria justificativa de la actuación.

3. El acuerdo de declaración de ámbito de sector de urbanización prioritaria comportará la notificación e inscripción de aquél en el Registro de la Propiedad, a los efectos previstos por el artículo 284 de esta Ley, y la notificación de la declaración a los particulares propietarios de las fincas incluidas en la delimitación, a los efectos previstos por el artículo 211.

Artículo 199.

1. Para que los terrenos puedan ser declarados de urbanización prioritaria han de reunir las siguientes condiciones específicas:

a) Que se trate de suelos clasificados de urbanizables programados o aptos para ser urbanizados para usos residenciales e industriales.

b) Que no dispongan de obra urbanizadora ya ejecutada al amparo del planeamiento parcial.

c) Que las edificaciones existentes, por su importancia, por el estado de ocupación y por el uso, no obstaculicen la gestión inmediata del sector.

2. En un mismo municipio no se podrán desarrollar simultáneamente dos o más sectores de urbanización prioritaria del mismo uso (residencial o industrial). Para proceder en un municipio a posteriores declaraciones será condición indispensable que las obras de urbanización del sector del mismo uso ya declarado estén totalmente ejecutadas. No obstante, las Entidades Locales supramunicipales podrán desarrollar simultáneamente tantos sectores de urbanización prioritaria como municipios comprendan.

3. La extensión de las actuaciones de urbanización prioritaria será como mínimo de 3 ha y en ningún caso podrá sobrepasar la superficie necesaria para absorber el 30% de las necesidades del decenio en materia de vivienda. Estas necesidades de vivienda se calcularán en función de la estructura de edades y con independencia de las viviendas construidas.

Artículo 200.

La declaración de sectores de urbanización prioritaria tiene por efecto específico la aplicación del régimen de gestión urbanística regulado por esta Ley y lleva implícita la declaración de interés inmediato de edificación en el plazo máximo de tres años contados a partir de la firmeza en vía administrativa del proyecto de reparcelación. Significa también el interés inmediato de la ejecución de las obras de urbanización a partir de la aprobación definitiva del proyecto de urbanización, en los plazos que se señalen reglamentariamente.

Artículo 201.

1. En los sectores de urbanización prioritaria la redacción y la aprobación inicial del plan parcial y de los proyectos de urbanización necesaria para la ejecución de la obra urbanizadora se efectuarán en el plazo de seis meses contados desde la fecha de la publicación de la declaración en el DOGC, y el edicto de información pública se enviará dentro de los diez días siguientes a la adopción del acuerdo.

2. La tramitación de estos planes parciales y proyectos de urbanización se sujeta a lo establecido en los artículos 60, 61, 62, 64 y 65 de esta Ley bien entendido que no es necesaria la aprobación provisional prevista en el artículo 60.4, ya que corresponde al Ayuntamiento la aprobación definitiva después de la información pública. La subrogación por la Comisión de Urbanismo competente se producirá de oficio en los supuestos que transcurra el plazo indicado en el punto anterior y los plazos previstos en esta Ley sin que se hayan producido los correspondientes actos administrativos. Transcurrido el plazo de tres meses sin resolución expresa por parte de la Comisión de Urbanismo competente, se considerarán aprobados por silencio administrativo.

✐ El ap. 2 fue redactado por el art.15 del DLeg 16/1994, de 26 julio.

3. Una vez aprobados definitivamente el Plan Parcial y los Proyectos de Urbanización de sectores de urbanización prioritaria, el Ayuntamiento re-

mitirá un ejemplar de cada uno y una copia del expediente administrativo, todos completos, a la Comisión de Urbanismo competente, dentro de los diez días siguientes a la aprobación definitiva.

Artículo 202.

1. El sistema de actuación en los sectores de urbanización prioritaria será el de cooperación.

2. Las actuaciones en sectores de urbanización prioritaria requieren la reparcelación de las fincas, salvo en los casos de renuncia expresa de los particulares o del propietario único.

3. El proyecto de reparcelación, redactado de oficio por la administración actuante, se aprobará definitivamente antes de los meses de la aprobación definitiva del Plan Parcial o bien de la fecha de publicación en el «Diario Oficial de la Generalitat de Catalunya» de la declaración de sector de urbanización prioritaria, si el Plan ya estuviese aprobado antes de la fecha de la declaración.

⇒ V. arts. 168.1, 169 y 170.1 del TRLS/1992 (§2).

Artículo 203.

1. Los ámbitos de los sectores de urbanización prioritaria constituirán un único polígono de actuación.

2. Si el Plan Parcial está aprobado y contiene más de un polígono de actuación, la declaración del sector de urbanización prioritaria comportará la modificación de esta división, a los efectos de lo previsto en el punto anterior.

3. La ocupación de los terrenos destinados a viales y a servicios técnicos antes de la aprobación definitiva del proyecto de reparcelación dará lugar a la indemnización reglamentaria por el período comprendido entre la ocupación y la aprobación definitiva del proyecto de reparcelación.

Artículo 204.

1. La administración actuante formalizará en el plazo de tres meses, a partir de la descripción de los bienes y de los derechos anexa a la declaración, el Registro de Suelos de Urbanización Prioritaria. Simultáneamente se ha de redactar un proyecto de tasación conjunta de los terrenos sujetos a la declaración anterior que incluya los valores urbanísticos de los mismos y la valoración de los bienes y derechos distintos de los del suelo que exista en cada finca y que sea presumiblemente incompatibles con su destino urbanístico en la reparcelación. Estas valoraciones han de incluirse en el citado registro.

2. El proyecto de tasación conjunta se someterá, después del período de información pública, a la Comisión de Urbanismo, que lo aprobará o modificará, sin perjuicio de la intervención del Jurado Provincial de Expropiación, de acuerdo con el artículo 189 de esta Ley. Las modificaciones de las valoraciones propuestas por el proyecto de tasación conjunta, hechas durante la tramitación o bien como consecuencia de recursos, alterarán las valoraciones establecidas en el Registro de Suelos de Urbanización Prioritaria.

3. Estas valoraciones constituyen el punto de partida del proyecto de reparcelación en el momento de la definición de derechos y fundamentan la valoración a inscribir en el Registro Municipal de Solares, que de forma obligatoria ha de abrirse para aquellos ámbitos.

⇒ V. arts. 23 a 40 de la Ley 6/1998, de 13 abril (§1).

Téngase en cuenta la Ley 6/1995, de 28 junio, del Jurado de Expropiación de Cataluña (§31).

Artículo 205.

El proyecto de tasación conjunta aprobado por la Comisión de Urbanismo competente causa los efectos expropiatorios previstos por esta Ley, a partir de la declaración de incumplimiento de las obligaciones de urbanización o edificación; podrá procederse a la ocupación urgente de los terrenos, habiéndose hecho el depósito establecido por el artículo 189 de esta Ley.

⇒ V. arts. 23 a 40 de la Ley 6/1998, de 13 abril (§1).

Artículo 206.

1. Durante el plazo citado en el punto 1 del artículo 204 de esta Ley, siempre que ya esté aprobado definitivamente el Plan Parcial, los propietarios incorporados podrán proponer a la Administración actuante -Ayuntamiento, Instituto Catalán del Suelo– o a las empresas mixtas que se constituyen con fines de urbanización la sustitución de la obligación de pago de los gastos de urbanización por la cesión de terrenos edificables dentro del mismo sector. La base de valoración del suelo y de la urbanización no puede superar el porcentaje máximo, admitido como valor protegible del suelo y de la urbanización a los efectos del régimen de viviendas de protección oficial y según el módulo vigente en el momento del acuerdo. El valor de la urbanización ha de ser el que se determine en el expediente según el coste de los proyectos de urbanización. La determinación de los solares edificables correspondientes a la administración se realizará sin incluir las superficies de suelo de cesión obligatoria y gratuita del polígono objeto del Plan parcial que le correspondiera por la parte cedida en compensación.

2. Los solares obtenidos por la administración mediante la aplicación de estos artículos son edificables aunque la reparcelación no esté aprobada definitivamente.

⇒ V. arts. 23 a 40 de la Ley 6/1998, de 13 abril (§1).

Téngase en cuenta lo establecido en los arts. 37, 38, 39, 40 y 41 del D. 303/1997, de *25 noviembre*, que aprobó el Reglamento sobre medidas para facilitar la ejecución urbanística (§28.1).

Artículo 207.

No pueden acogerse a lo dispuesto en el artículo anterior los propietarios a los que las afectaciones de terrenos por cesión obligatoria y gratuita superen en quince puntos el porcentaje medio de suelos de cesión del sector.

Artículo 208.

1. Las obras de urbanización deben realizarse por la administración actuante. Los propietarios de terrenos o las empresas u organismos que costeen las obras de urbanización están obligados a depositar, en el plazo de un mes contado desde la fecha del requerimiento, las cantidades a cuenta de la obra urbanizadora a efectuar en los seis meses siguientes, sin perjuicio de las medidas especiales sobre créditos a la urbanización que se establezcan.

2. La administración urbanística actuante ha de contribuir a costear la obra urbanizadora en un porcentaje igual al 10%.

3. Podrán ser objeto de expropiación las fincas de los particulares que en el plazo fijado en el punto 1 de este artículo no hayan realizado el depósito necesario para costear la urbanización que les corresponda o que no hayan ofrecido a la administración actuante o a los organismos y a las empresas citadas en el artículo 206 los solares que les correspondan en pago de su coste.

Artículo 209.

1. Se determinará por reglamento el plazo para la ejecución total de las obras de saneamiento, de compactación y nivelación de terrenos, viales, colocación de aceras en las calles, red de suministro y distribución de agua y red de distribución eléctrica, a partir de la aprobación definitiva del proyecto de urbanización. Si el plan parcial y el proyecto de urbanización estuvieren aprobados en el momento de la declaración de ámbito de urbanización prioritaria, esta declaración podrá modificar los plazos de ejecución, que contarán a partir de su publicación. El resto de la obra urbanizadora podrá ejecutarse simultáneamente a la edificación.

2. En el caso de distinguir etapas de ejecución el plazo reglamentario se aplicará desde la aprobación del proyecto de urbanización, y las obras se llevarán a cabo cumpliendo las previsiones del Plan de etapas del Plan parcial.

Artículo 210.

1. La inejecución de la obra urbanizadora básica en los plazos reglamentarios o el hecho de que los propietarios no depositen en el plazo de un mes alguna cantidad a cuenta solicitada por la administración para ejecutar la urbanización darán lugar a la declaración de incumplimiento de la obligación de urbanizar.

Si la obra urbanizadora está suficientemente avanzada y se prevé su finalización dentro de los seis meses siguientes, el período de urbanización básica se podrá prorrogar por estos seis meses. Esta prórroga ha de ser otorgada por la Dirección General de Urbanismo siempre que se le solicite antes del vencimiento del plazo y previo informe de los servicios técnicos municipales y de la comisión de urbanismo competente. Finalizado este plazo, no procederán más prórrogas.

2. La declaración del incumplimiento de la obligación de los particula-

res de costear la urbanización en los plazos fijados, debe realizarla la administración actuante, y, si ésta no lo hace, la Dirección General de Urbanismo.

3. La declaración de incumplimiento cuando la administración actuante es el Ayuntamiento, ha de hacerla la Comisión de Urbanismo. En este caso la Dirección General de Urbanismo, el Instituto Catalán del Suelo o bien el ente local competente se subrogarán en la ejecución de la urbanización.

⇒ Téngase en cuenta lo establecido en los arts. 24 a 33 del D. 303/1997, de 25 noviembre, que aprobó el Reglamento sobre medidas para facilitar la ejecución urbanística (§28.1).

Artículo 211.

La declaración de incumplimiento del deber de costear la urbanización tiene los siguientes efectos:

a) Legitima a la Administración para proceder a la expropiación de los terrenos. El valor de expropiación es el que se ha inscrito en el Registro Municipal de Solares o el previsto por el artículo 204.1, incrementado en ambos supuestos por los costes de urbanización que los particulares acrediten haber abonado.

b) Si dentro de dos meses la administración no opta por la expropiación iniciará los trámites para la adjudicación de los terrenos mediante enajenación forzosa de conformidad con la valoración indicada en la letra a). En la subasta pública los propietarios del sector disponen de derecho preferente para su adjudicación.

⇒ V. art. 34 de la Ley 6/1998, de 13 abril (§1).

Artículo 212.

1. La administración urbanística actuante, en primer lugar, y el Instituto Catalán del Suelo, en segundo lugar, tienen derecho de adquisición preferente en las subastas de terrenos afectados por el incumplimiento de las obligaciones.

2. A esta subasta, a la que no puede concurrir el propietario de los terrenos que haya incumplido la obligación de urbanizar, se puede presentar cualquier persona física o jurídica.

El adjudicatario de la subasta ha de iniciar las obras de edificación dentro de los seis meses siguientes a la fecha de adjudicación definitiva de los terrenos. En caso de incumplimiento de esta obligación, la administración actuante y el Instituto Catalán del Suelo procederán a la expropiación de la finca por un valor igual al establecido en el Registro Municipal de Solares.

⇒ Téngase en cuenta la Ley 4/1980, de 16 diciembre, de Creación del Instituto Catalán del Suelo.

Artículo 213.

Si los planes parciales que desarrollan los sectores de urbanización prioritaria incorporan los planos con las envolventes de las edificaciones que se proyecten susceptibles de aprovechamiento privado y el plano parcelario, la aprobación definitiva del plan parcial y la del proyecto de reparcelación, cuando fuera necesario, comportará el otorgamiento de las licencias de parcelación y de edificación correspondientes, que serán ejecutivas desde la publicación del acuerdo de aprobación definitiva del proyecto de urbanización, una vez se hayan presentado los proyectos de ejecución ante el Ayuntamiento, momento en que se producirá el devengo de las tasas preceptivas.

Las edificaciones han de realizarse en los plazos de edificación previstos por el artículo siguiente.

El ejercicio por los órganos correspondientes de las competencias sobre protección de la legalidad urbanística es inexcusable en los casos en que o bien los proyectos o bien las obras no se ajusten a las condiciones de edificación y de uso del suelo previstas por el plan parcial y esta inadecuación constituyera una infracción urbanística grave y manifiesta.

Artículo 214.

El plazo para iniciar la edificación es de tres años a partir del momento en que el acto aprobatorio del proyecto de reparcelación sea firme en vía administrativa, aunque no esté finalizada o en ejecución la obra urbanizadora básica, salvo lo que dispone el artículo 212.2. Cuando sea necesario, la licencia se otorgará condicionada a las garantías sobre las cuotas de urbanización que correspondan y a otras condiciones establecidas reglamentariamente.

CAPÍTULO VII

Ejecución de los Programas de Actuación Urbanística

Artículo 215.

1. Las Entidades Locales y, en su caso, las urbanísticas especiales competentes, de oficio o a instancia de parte, podrán convocar concursos para la tramitación y ejecución de Programas de Actuación Urbanística, de conformidad con las determinaciones y los criterios que a este efecto señale el Plan General.

2. Las bases del concurso señalarán las zonas aptas para la localización de las actuaciones, la magnitud de las superficies urbanizables, las exigencias mínimas de planeamiento en relación con las determinaciones y criterios que a estos efectos establece el Plan General, con indicación de los usos generales a que se destine la actuación, la obligación de los promotores de construir un porcentaje de edificación en los plazos señalados, las garantías y sanciones en caso de incumplimiento y las demás circunstancias que configuren la referida obligación.

3. En las bases se concretarán, asimismo, las restantes obligaciones que han de asumir los adjudicatarios, que comprenderán, al menos, las siguientes:

a) Cesión gratuita a la Entidad Local, o, si es preciso, a la Urbanística especial competente, de los terrenos destinados a viales, parques y jardines públicos y otros servicios y dotaciones de interés general, que en ningún caso, podrán ser inferiores a las establecidas en esta Ley.

b) Construcción de la red viaria completa de la zona de actuación y de las redes de abastecimiento de agua y energía eléctrica, saneamiento, alumbrado público y otros servicios que, en su caso, se prevean.

c) Construcción de las conexiones necesarias en el exterior de la zona de actuación, con las redes indicadas en el siguiente apartado.

d) Previsión y ejecución del equipamiento adecuado a las dimensiones y finalidad de la actuación que, cuando se trate de uso residencial, consistirá como mínimo en la creación de espacios verdes públicos y en la construcción de centros docentes, sociales y comerciales.

4. La cesión del 10 por 100 del aprovechamiento medio podrá sustituirse por mayores obligaciones que, a tal efecto, establezcan las bases.

5. Las bases podrán establecer también los precios máximos de venta o alquiler de las edificaciones.

⇒ V. art. 4 de la Ley 6/1998, de 13 abril (§1).
V. la Ley 17/2000, de 29 diciembre, de Equipamientos Comerciales, de Cataluña, cuya disp. derog. única deroga la Ley 1/1997, de 24 marzo, de equipamientos comerciales y, en todo aquello que no se oponga a lo establecido en la nueva ley, se mantiene la vigencia de las normas de despliegue de dicha ley en tanto no se hayan dictado las normas que las deben sustituir.
Téngase en cuenta, sobre equipamientos comerciales, el D. 244/1997, de 16 setiembre y el D. 245/1997, de 16 septiembre, que aprobó el Plan territorial sectorial de equipamientos comerciales, afectado por Res. 28 diciembre 1999.
V. O. 8 julio 1998, del Departament Indústria, Comerç i Turisme sobre programas de orientación de equipamientos comerciales.
V. Jurisprudencia en arts. 146 y concordantes del TRLS/1976 (§3).

Artículo 216.

1. Las bases se redactarán por la Entidad que convoque el concurso y se aprobarán por el órgano competente para aprobación del Programa de Actuación.

2. Los concursantes, al formular sus ofertas, presentarán avances de planeamiento.

3. La adjudicación del concurso se otorgará por la misma Entidad que lo convocó.

4. En el acto de adjudicación del concurso se determinará el sistema de actuación aplicable y se aprobará el avance del planeamiento presentado por el concursante seleccionando a los efectos del artículo 44 de esta Ley, con las modificaciones que, en su caso, procediesen.

5. En cualquier caso la presentación del avance del planeamiento no limitará las facultades de la Administración respecto a la aprobación del Programa de Actuación Urbanística y Planes Parciales que lo desarrollen.

⇒ V. art. 4 de la Ley 6/1998, de 13 abril (§1).
V. Jurisprudencia en arts. 147 y concordantes del TRLS/1976 (§3).

Artículo 217.

Adjudicado el concurso se procederá por el concursante seleccionado a formular el correspondiente Programa de Actuación de acuerdo con el avance del planeamiento aprobado, si no se hubiera realizado anteriormente, con sujeción a las determinaciones previstas en el artículo 28 de esta Ley y a la tramitación establecida por los Planes Parciales.

⇒ V. Jurisprudencia en arts. 148 y concordantes del TRLS/1976 (§3).

Artículo 218.

1. De acuerdo con las previsiones del Plan General y sin perjuicio de lo que establezcan los programas, las Entidades Locales y, en su caso, las Urbanísticas especiales competentes podrán tramitar y ejecutar directamente Programas de Actuación Urbanística sin que sea necesario en este supuesto la convocatoria de concurso.

2. Asimismo, se podrán tramitar y ejecutar Programas de Actuación urbanística sin previa convocatoria de concurso, cuando se trate de la urbanización de terrenos destinados a instalaciones de actividades productivas relevantes o de especial importancia, así como para la formación de polígonos industriales, y así lo acuerde el Consejo Ejecutivo mediante Decreto, a propuesta del Consejero de Política Territorial y Obras Públicas y del competente por razón de la materia, previo informe de las Corporaciones Locales interesadas y de la Comisión de Urbanismo de Cataluña, y dictamen de la Comisión Jurídica Asesora. En el Decreto se determinarán las obligaciones que debe cumplir el adjudicatario en relación con lo establecido en el apartado 3 del artículo 215 de esta Ley.

⇒ V. D. 217/2000 de 26 junio, sobre reestructuración del Departamento Política Territorial i Obres Públiques, y O. 30 junio 2000, que lo desarrolla.

V. D. 27 septiembre 1978, de creación de la Comisión de Urbanismo de Cataluña, cuyo art. 2.2 e), fue desarrollado por D. 4 diciembre 1979 y cuyo art. 2.2 a) ha sido modificado por D. 90/2000, de 22 febrero.

V. Jurisprudencia en arts. 149 y concordantes del TRLS/1976 (§3).

Artículo 219.

En el supuesto de tramitación de Programas de Actuación Urbanística por las Entidades Locales y, en su caso, por las Urbanísticas especiales, éstas podrán convocar concursos para la ejecución y desarrollo de los mismos, con sujeción a las Leyes y disposiciones que regulan sus respectivas competencias.

⇒ V. Jurisprudencia en arts. 150 y concordantes del TRLS/1976 (§3).

Artículo 220.

Los Programas de Actuación Urbanística se ejecutarán por los sistemas de compensación, cooperación o expropiación. La determinación del sistema se efectuará por la Administración de la forma prevista en esta Ley.

⇒ V. Jurisprudencia en arts. 151 y concordantes del TRLS/1976 (§3).

Artículo 221.

En todo caso, la aprobación del Programa de Actuación Urbanística implicará la declaración de utilidad pública y la necesidad de ocupación a efectos de expropiación forzosa de los terrenos necesarios para el enlace de la zona de actuación con los correspondientes elementos de los sistemas existentes en el exterior.

⇒ V. arts. 34 y concordantes de la Ley 6/1998, de 13 abril (§1).
V. Jurisprudencia en arts. 152 y concordantes del TRLS/1976 (§3).

Artículo 222.

El incumplimiento de las obligaciones contraídas por el adjudicatario dará lugar, en su caso, a la resolución del convenio y a la caducidad del programa de actuación urbanística respecto de la parte pendiente de ejecución, sin perjuicio de las sanciones que procedan.

⇒ V. Jurisprudencia en arts. 153 y concordantes del TRLS/1976 (§3).

TÍTULO V

EJERCICIO DE LAS FACULTADES RELATIVAS AL USO Y EDIFICACIÓN DEL SUELO

CAPÍTULO I

Fomento de la edificación

Sección 1ª Plazos de edificación y alineación forzosa de propiedades

Artículo 223.

1. El propietario de solares, según el artículo 119 de esta Ley, deberá emprender la edificación dentro del plazo fijado en el Plan o Programa de Actuación Urbanística o en los determinados para la ejecución de planes de ordenación por sectores de urbanización prioritaria.

2. Si no estuviera determinado, el plazo será el siguiente:

a) De dos años, contados desde que la parcela, que merezca la calificación de solar, esté comprendida en áreas consolidadas por la edificación al menos en dos terceras partes de su superficie, si el propietario de la parcela hubiere cedido los terrenos y costeado la urbanización.

b) De tres años, a contar de la recepción provisional de las obras de urbanización a que se refiere el artículo 119 de esta Ley en los demás casos.

3. A los efectos de esta Sección, tendrán también la consideración de solares las fincas en las que existieren construcciones paralizadas, ruinosas, derruidas o inadecuadas en el lugar en que radiquen, cuyos propietarios deberán emprender la edificación dentro del plazo señalado en el párrafo 2 del artículo 225 de esta Ley.

⇒ V. art. 14 de la Ley 6/1998, de 13 abril (§1).
V. Jurisprudencia en arts. 154 y concordantes del TRLS/1976 (§3).

Artículo 224.

1. Los plazos señalados para la edificación no se alterarán aunque durante los mismos se efectuaren diversas transmisiones de dominio.

2. Dichos plazos serán prorrogables por un año, si lo acordare el Ayuntamiento mediante causa justa; por dos años, en virtud de resolución motivada de la Comisión de Urbanismo, y por más tiempo, mediante acuerdo del Consejero de Política Territorial y Obras Públicas fundado en el exceso de solares edificables.

3. Las Corporaciones públicas y las Empresas industriales que poseyeran o adquirieren solares para ampliaciones o futuras necesidades justificadas podrán retenerlos sin edificar por plazos superiores a los previstos en el artículo anterior, previo acuerdo del Ayuntamiento, oído el correspondiente Servicio Territorial del Departamento de Industria y Energía y aprobado por el Consejero de Política Territorial y Obras Públicas.

⇒ V. art. 14 de la Ley 6/1998, de 13 abril (§1).
V. Jurisprudencia en arts. 155 y concordantes del TRLS/1976 (§3).

Artículo 225.

1. Transcurrido el plazo correspondiente y el de prórroga, en su caso, sin que el propietario hubiere emprendido y seguido a ritmo normal la edificación de un solar, ajustada al Plan, la parcela quedará inmediatamente en venta forzosa y será individualizada e inscrita por el Ayuntamiento, de oficio o a instancia de cualquier persona, en el Registro Municipal de Solares.

2. Las fincas a las que se refiere el párrafo 3 del artículo 223 deberá ser, previo expediente tramitado de oficio o a instancia de parte, incluidas en el Registro de Solares, pero no pasarán a la situación de venta forzosa hasta que haya transcurrido el plazo de dos años, a contar desde aquella inclusión, sin que durante este plazo se hubieren iniciado o continuado por el propietario las obras de edificación, o después no las ejecutara con ritmo normal.

⇒ V. art. 14 de la Ley 6/1998, de 13 abril (§1).
V. Jurisprudencia en arts. 156 y concordantes del TRLS/1976 (§3).
V. arts. 87, 88, 89, 90 y 91 y concordantes del RD 1093/1997, de 4 julio (§2.1).

Artículo 226.

1. La inclusión de un solar o finca en el Registro implicará la iniciación del expediente de valoración, cuyo resultado final se hará constar en el mismo Registro.

2. El justiprecio de los solares, edificados o no, se fundará en su valor urbanístico, según la presente Ley.

3. En el justiprecio se tendrán en cuenta, en su caso, las indemnizaciones que hayan de abonarse a los titulares de derecho de arrendamiento u otros análogos al extinguirse los mismos.

⇒ V. arts. 23 a 32 de la Ley 6/1998, de 13 abril (§1).
V. Jurisprudencia en arts. 157 y concordantes del TRLS/1976 (§3).

Artículo 227.

1. Cualquier persona podrá adquirir, transcurridos los plazos de retención por el propietario, señalados en los artículos 223 y párrafo 2 del 225 de

esta Ley, un solar o finca incluida en el Registro y solicitar del Ayuntamiento que lo expropie y se lo adjudique íntegramente con arreglo a la valoración aludida en el artículo anterior, siempre que el peticionario asuma los compromisos de edificar según Plan e ingresar en la Depositaría de Fondos Municipales, con quince días de antelación al pago del justiprecio la cantidad necesaria para abonarlo.

2. El Ayuntamiento podrá expropiar de oficio los solares y fincas en situación de venta forzosa para edificarlos.

3. Las Entidades Locales o la Comisión de Urbanismo podrán formular y aplicar el régimen de polígonos de expropiación a todos o parte de los solares y fincas incluidos en el Registro.

4. El adquirente de los terrenos o fincas expropiadas podrá elegir entre la continuación o la extinción de los derechos reales que no fueren incompatibles con la finalidad de la expropiación; y si no formulase manifestación alguna, se entenderá que opta por la expropiación absoluta.

⇒ V. arts. 33 y ss. de la Ley 6/1998, de 13 abril (§1).

V. Jurisprudencia en arts. 158 y concordantes del TRLS/1976 (§3).

Artículo 228.

1. El Ayuntamiento, al transcurrir dos años sin que se hubiere ejercitado alguna de las facultades reguladas por el artículo anterior, sacará a subasta el inmueble, bajo el tipo de licitación que resultare del justiprecio efectuado según el artículo 226 y con la cláusula de que el adquirente habrá de edificar según el Plan.

2. Sin perjuicio de lo que establece el artículo 191 en los supuestos del incumplimiento de la obligación de costear la urbanización en los sectores de urbanización prioritaria, la subasta se desarrollará con arreglo a los preceptos que regulan la contratación de las Corporaciones Locales, pero a solicitud del propietario, antes de la celebración de la misma, podrá acordarse que se admitan licitaciones al alza.

3. Si resultase precio superior al tipo de licitación, la diferencia quedará a beneficio del propietario expropiado.

4. Si la subasta fuere declarada desierta, se convocará de nuevo, en el plazo de seis meses, con rebaja del precio tipo en un 25 por 100.

5. *Si la segunda* subasta quedare también desierta, el Ayuntamiento, en el plazo de los seis meses siguientes, podrá adquirir el inmueble por el precio mínimo licitario y con destino a la edificación conforme al Plan.

6. En el caso de que el Ayuntamiento no ejercitare la facultad a que se refiere el párrafo anterior, el estado de venta forzosa del inmueble quedará en suspenso por un año, durante el cual el propietario podrá emprender y continuar la edificación a ritmo normal.

7. Caducado el plazo sin que el propietario lo hubiere efectuado, el inmueble volverá a estar en situación permanente de venta forzosa, con arreglo al tipo de valoración resultante de la última subasta.

⇒ V. Jurisprudencia en arts. 159 y concordantes del TRLS/1976 (§3).

Artículo 229.

1. El propietario de inmuebles en situación de venta forzosa podrá, en tanto subsista, excluirlos de dicha situación, enajenándolos directamente, mediante el otorgamiento de escritura pública en la que el adquirente se someta expresamente a la obligación de edificar según el Plan y dentro de los plazos señalados en el artículo 223, salvo que con anterioridad se hubieren solicitado la adquisición directa o la expropiación prevista en el artículo 227 de esta Ley.

2. El propietario de inmuebles en situación de subasta prevista en el artículo anterior podrá excluirlos de aquélla antes del acuerdo de su convocatoria, conforme a estos requisitos:

a) Ofrecimiento al público de venta del inmueble, mediante anuncio inserto una vez al año en el BOP y en los dos diarios de mayor circulación en la población, en el cual se detalle el emplazamiento, superficie, precios según la valoración en el Registro y número de inscripción en el mismo, con indicación de que la oferta se formule a los efectos del presente artículo.

b) Colocación en el inmueble de un cartel legible desde la vía pública con la expresión «Solar en venta» y número del Registro municipal.

c) Otorgamiento de escritura de mandato a favor del Consejero o funcionario municipal que designe el alcalde para que pueda enajenar la finca a cualquier persona que contraiga el compromiso de edificar según el Plan y abone al contado el precio en que se hubiere valorado el inmueble, cuyo precio se concretará en el documento.

d) Entrega al Ayuntamiento de una copia auténtica de la escritura y de los títulos de propiedad, mediante resguardo de recepción.

3. La oferta tendrá vigencia mientras no se notificare formalmente la revocación del mandato y se publicaren los anuncios a que se refiere el apartado a) del párrafo anterior.

4. En vigor la oferta, cualquier persona podrá aceptarla, para lo cual habrá de comunicarlo a la Alcaldía con expresión de haber constituido en poder del Notario que designe, o en las Arcas municipales, en concepto de arras, un depósito equivalente al 5 por 100 del precio y a cuenta de éste.

5. El Regidor o funcionario apoderado otorgará escritura pública de venta ante el Notario designado por el comprador, en el plazo de quince días hábiles siguientes a la fecha en que reciba la notificación de la aceptación, y el precio lo ingresará en la Depositaría de Fondos Municipales a disposición del propietario enajenante.

⇒ V. Jurisprudencia en arts. 160 y concordantes del TRLS/1976 (§3).

Artículo 230.

1. La enajenación de una finca incluida en el Registro, efectuada con arreglo a los artículos 227, 228 y 229, producirá la definitiva extinción de los arrendatarios y demás derechos personales constituidos por cualquier título sin que repercutan de ningún modo en la nueva construcción ni hayan de reservarse en ella locales o habitaciones a los antiguos ocupantes.

2. Si fuere el propietario quien se propusiere acometer o terminar la edificación, producirá el mismo efecto el otorgamiento de la licencia, aunque la solicitare transcurrido el plazo dispuesto por los artículos 223 y 224, pero antes de existir solicitud de adquisición por un tercero.

3. Si procediere por razón de la naturaleza de la obligación, los aludidos derechos serán indemnizados a cargo del propietario por su valor real, de acuerdo con el procedimiento establecido en la Ley de Expropiación Forzosa y lo previsto en su artículo 43. En cualquier caso, el pago o depósito de la indemnización será previo al desalojo.

⇒ V. Jurisprudencia en arts. 161 y concordantes del TRLS/1976 (§3).

Artículo 231.

1. Los adquirentes de los solares y construcciones a que se refiere este Capítulo quedarán obligados a iniciar o reanudar las obras de edificación en el plazo de un año, a partir de la fecha de toma de posesión de la finca, e imprimirles el desarrollo adecuado para su normal terminación.

2. La misma obligación recaerá sobre el propietario que hubiere ejercido la facultad del apartado 2 del artículo anterior.

3. En circunstancias excepcionales y justificadas, los Ayuntamientos podrán prorrogar por otro año como máximo el cumplimiento de la mencionada obligación.

⇒ V. art. 21 de la Ley 6/1998, de 13 abril (§1).
V. Jurisprudencia en arts. 162 y concordantes del TRLS/1976 (§3).

Artículo 232.

1. Si el adquirente no cumpliere sus obligaciones en orden a la de edificación, el Ayuntamiento lo declarará así, de oficio o a instancia de cualquier interesado.

2. Dentro de los dos meses siguientes a esta declaración el propietario expropiado podrá ejercitar el derecho de reversión si se comprometiere a iniciar o seguir la construcción en el plazo de seis meses desde que tomare posesión.

3. Como pago de la reversión se abonará el 75 por 100 del precio satisfecho por la adquisición, incrementado con el valor de las construcciones aprovechables.

4. Si el antiguo propietario no ejercitare en tiempo y forma el derecho a reversión, el Ayuntamiento podrá expropiar en iguales condiciones.

5. Si el propietario o la Corporación ejercitantes de ese derecho no co-

menzaran las obras en el plazo de los seis meses ni las siguieran al ritmo adecuado, el inmueble pasará de nuevo a la situación de venta forzosa.

⇒ Téngase en cuenta que los arts. 54 y 55 de la LEF han sido modificados por la disp. adic. 5ª de la Ley 38/1999, de 5 noviembre, de Ordenación de la Edificación (§1.1).
V. art. 21 de la Ley 6/1998, de 13 abril (§1).
V. Jurisprudencia en arts. 163 y concordantes del TRLS/1976 (§3).

Artículo 233.

Los Ayuntamientos, previa autorización del Consejero de Política Territorial y Obras Públicas, o éste, con audiencia de éstos, podrán dejar sin efecto el régimen general de la edificación forzosa en todo el término municipal o en alguna parte del mismo en los siguientes casos:

1. Cuando en el ámbito territorial afectado por la suspensión el Plan General determine la necesidad o conveniencia de realizar operaciones de reforma interior o se apruebe inicialmente un Plan especial de esa naturaleza.

2. Cuando concurran densidades de edificación u otras circunstancias de carácter urbanístico, económico o social que así lo aconsejen, en tanto subsistan tales circunstancias.

⇒ V. Jurisprudencia en arts. 164 y concordantes del TRLS/1976 (§3).

Sección 2ª Cesión de terrenos

Artículo 234.

1. Los Ayuntamientos podrán ceder terrenos del Patrimonio municipal del suelo para ser edificados o destinados, en general, a los fines previstos en el Plan de ordenación.

2. La cesión de terrenos a que se refiere el apartado 1 se ajustará a los requisitos establecidos en la legislación de régimen local con observancia de las peculiaridades derivadas de la finalidad urbanística.

⇒ V. arts. 276.1, 276.2 y 280.1 del TRLS/1992 (§2).
V. Jurisprudencia en arts. 165 y concordantes del TRLS/1976 (§3).

Artículo 235.

Toda cesión de terrenos a título gratuito o por precio inferior al de coste precisará que sean destinados para atender necesidades de viviendas de carácter social en las condiciones y con las formalidades establecidas reglamentariamente.

⇒ V. Jurisprudencia en arts. 166 y concordantes del TRLS/1976 (§3).

Artículo 236.

Cuando la permanencia de los usos a que se destinen los terrenos lo requiera, las Entidades Locales podrán ceder directamente, por precio inferior al de coste o con carácter gratuito, el dominio de terrenos en favor de Entidades o Instituciones Públicas para destinarlos a fines que redunden en beneficio manifiesto de los respectivos municipios.

⇒ V. Jurisprudencia en arts. 167 y concordantes del TRLS/1976 (§3).

Artículo 237.

1. La enajenación de terrenos pertenecientes a las Entidades Locales requerirá subasta pública, cuyo tipo de licitación será el valor urbanístico o, si excediere de éste, el que resulte de sumar al importe de adquisición la parte proporcional de las obras y servicios establecidos, gastos complementarios de gestión o preparación, alojamiento para familias o Empresas radicadas e indemnizaciones satisfechas.

2. Si la subasta quedare desierta, la Corporación podrá enajenar directamente dentro del plazo máximo de un año, con arreglo al precio tipo de licitación y estableciendo la obligación de comenzar la edificación en el plazo de seis meses y terminarla en otro adecuado a la importancia de la misma.

⇒ V. Jurisprudencia en arts. 168 y concordantes del TRLS/1976 (§3).

Artículo 238.

1. No obstante la enajenación de terrenos del Patrimonio municipal del suelo podrá efectuarse directamente para los siguientes fines:

a) Edificios públicos destinados a Organismos oficiales.

b) Edificios de servicio público, de propiedad pública o particular, que requieran un emplazamiento determinado sin propósito especulativo, como centros parroquiales, culturales, sanitarios o instalaciones deportivas.

c) Construcción de viviendas por Organismos oficiales.

2. La enajenación se realizará por el precio que correspondiera en caso de subasta.

⇒ V. arts. 276.1, 276.2 y 280.1 del TRLS/1992 (§2).
V. Jurisprudencia en arts. 169 y concordantes del TRLS/1976 (§3).

Artículo 239.

1. Con los mismos requisitos señalados en el artículo anterior y los demás que se previenen en el presente, también podrán enajenarse directamente terrenos para edificar viviendas a los peticionarios siguientes:

a) Entidades de carácter benéfico y social que sean promotoras de viviendas de protección oficial.

b) Personas económicamente débiles, en operaciones de conjunto aprobadas por la administración competente, a iniciativa propia, o de las Corporaciones Locales.

2. En el supuesto del apartado b) que antecede, los Planes y pliegos de condiciones, con fijación del precio, se expondrán al público en la Casa Consistorial durante dos meses.

3. Dentro de este plazo, las personas a quienes interesare adquirir parcelas dirigirán sus solicitudes al Ayuntamiento, con los documentos justificativos de su situación familiar y económica.

⇒ V. arts. 276.1, 276.2 y 280.1 del TRLS/1992 (§2).
V. Jurisprudencia en arts. 170 y concordantes del TRLS/1976 (§3).

Sección 3ª Cesión de derechos de superficie

Artículo 240.

1. La Generalidad de Cataluña, las Entidades Locales y urbanísticas especiales y demás personas públicas, dentro del ámbito de su competencia, así como los particulares podrán constituir el derecho de superficie en terrenos de su propiedad con destino a la construcción de viviendas, servicios complementarios, instalaciones industriales y comerciales u otras edificaciones determinadas en los Planes de ordenación, cuyo derecho corresponderá al superficiario.

2. El derecho de superficie será transmisible y susceptible de gravamen con las limitaciones que se hubieren fijado al constituirlo y se regirá por las disposiciones contenidas en esta sección, por el título constitutivo del derecho, y subsidiariamente, por las normas del Derecho privado.

⇒ V. Jurisprudencia en arts. 171 y concordantes del TRLS/1976 (§3).

Artículo 241.

1. La concesión del derecho de la superficie por la Generalidad y demás personas públicas se efectuará por subasta o por adjudicación directa o como consecuencia de haberse procedido a una expropiación parcial del dominio de suelo, por así permitirlo la ejecución del Plan. La adjudicación directa podrá hacerse gratuitamente o por precio inferior al coste, siempre que los terrenos sean destinados a atender necesidades de viviendas de carácter social y a los fines previstos en los artículos 235 y 238 de esta Ley.

2. La constitución del derecho de superficie deberá de ser en todo caso formalizada en escritura pública, y, como requisito constitutivo de su eficacia, inscribirse en el Registro de la Propiedad.

3. Cuando se constituyere a título oneroso, la contraprestación del superficiario podrá consistir en el pago de una suma alzada por la concesión o de un canon periódico, o la adjudicación en viviendas o en locales o en derechos de arrendamiento de unas u otros o en varias de estas modalidades a la vez, sin perjuicio de la reversión total de lo edificado al finalizar el plazo que se hubiera pactado al constituir el derecho de superficie.

⇒ Téngase en cuenta que los arts. 54 y 55 de la LEF han sido modificados por la disp. adic. 5ª de la Ley 38/1999, de 5 noviembre, de Ordenación de la Edificación (§1.1).
V. Jurisprudencia en arts. 172 y concordantes del TRLS/1976 (§3).

Artículo 242.

1. El derecho de superficie se extinguirá si no se edifica en el plazo previsto en el Plan o en el convenio, si fuera menor, o por el transcurso del plazo que se hubiera pactado al constituirlo, que no podrá exceder de setenta y cinco años en el concedido por la Generalidad y demás personas públicas, ni de noventa y nueve en el convenido entre particulares.

2. Cuando se extinga el derecho de superficie por haber transcurrido el plazo, el dueño del suelo hará suya la propiedad de lo edificado, sin que deba

satisfacer indemnización alguna cualquiera que sea el título en virtud del cual se hubiere constituido aquel derecho.

3. La extinción del derecho de superficie de curso del término provocará la de toda clase de derechos reales o personales impuestos por el superficiario.

4. Si por cualquier otra causa se reunieran en la misma persona los derechos de propiedad del suelo y los del superficiario, las cargas que recayeren sobre uno y otro derecho continuarán gravándolos separadamente.

⇒ V. arts. 287.2, 287.3, 288.2, 288.3 y 289.1, 289.2, 289.3, 289.4 y 289.5 del TRLS/1992 (§2).
V. Jurisprudencia en arts. 173 y concordantes del TRLS/1976 (§3).

Artículo 243.

La concesión del derecho de superficie por la Generalidad y demás personas públicas y su constitución por los particulares gozará de las ventajas que se establezcan reglamentariamente en la concesión de calificaciones, préstamos y ayudas previstas en la legislación protectora de viviendas.

⇒ V. arts. 287.2, 287.3, 288.2, 288.3, 289.1, 289.2, 289.3, 289.4 y 289.5 del TRLS/1992 (§2).
V. Jurisprudencia en arts. 174 y concordantes del TRLS/1976 (§3).

Sección 4ª Enajenación de bienes inmuebles del instituto Catalán del suelo

Artículo 244.

1. Los terrenos enajenados por el Instituto Catalán del Suelo han de ser edificados en el plazo fijado en el acto de enajenación y no son susceptibles de ser transmitidos independientemente de las viviendas que se construyan, las cuales han de ser utilizadas durante diez años como domicilio permanente.

2. El incumplimiento de lo que dispone el punto anterior determinará la aplicación de la expropiación forzosa por causa de interés social, de acuerdo con lo que prevén los artículos 71 a 75, ambos inclusive, de la Ley de Expropiación Forzosa, del 16 de diciembre de 1954.

3. Los Ayuntamientos en cuyo término municipal radican los bienes han de cuidar del cumplimiento de la función señalada en el punto 1 de este artículo, y en cuanto haya indicios racionales de incumplimiento de los propietarios, han de informar al Instituto, a los elementos de lo que prevé el punto anterior y sin perjuicio de las funciones que legalmente le corresponden.

4. El Instituto Catalán del Suelo ha de informar anualmente a los Ayuntamientos sobre los terrenos enajenados a los cuales se refiere el punto anterior y sobre las condiciones incluidas en los actos de enajenación.

⇒ Téngase en cuenta la Ley 4/1980, de 16 diciembre, de Creación del Instituto Catalán del Suelo.

CAPÍTULO II
Intervención en la edificación y uso del suelo

Sección 1ª Disposiciones generales

Artículo 245.

La intervención administrativa en el uso del suelo y en la edificación, las medidas de protección de la legalidad urbanística y las relativas al procedimiento sancionador son ejercicio inexcusable para conseguir los objetivos enunciados en esta Ley.

⇒ V. arts. 56 y concordantes del RD 1093/1997, de 4 julio (§2.1).
V. art. 2 de la Ley 6/1998, de 13 abril (§1).

Artículo 246.

1. La Administración de la Generalidad y las Entidades Locales, en el ámbito territorial de Cataluña y en sus respectivas esferas de competencia, han de velar por el cumplimiento del planeamiento urbanístico ejerciendo las potestades legales que les incumbieren.

2. La Administración de la Generalidad ha de facilitar a las entidades locales, y éstas han de facilitar a aquélla, la información y colaboración que soliciten para la protección de la legalidad urbanística y la adopción de las medidas disciplinarias necesarias.

⇒ V. art. 2 de la Ley 6/1998, de 13 abril (§1).

Sección 2ª Licencias

Artículo 247.

1. Estarán sujetos a previa licencia, a los efectos de esta Ley los actos de edificación y uso del suelo, como las parcelaciones urbanas, los movimientos de tierra, las obras de nueva planta, modificación de estructura o aspecto exterior de las edificaciones existentes, la primera utilización de los edificios y la modificación del uso de los mismos, la demolición de construcciones, la colocación de carteles de propaganda visibles desde la vía pública y los demás actos que señalaren los Planes. Cuando los actos de edificación y uso del suelo se realizaren por particulares en terrenos de dominio público, se exigirá también licencia, sin perjuicio de las autorizaciones o concesiones que sea pertinente otorgar por parte del ente titular del dominio público.

2. Las licencias se concederán de acuerdo con las previsiones de esta Ley, de los Planes de ordenación urbana de los Programas de Actuación Urbanística y, en su caso, de las Normas Complementarias y Subsidiarias del planeamiento y otras figuras de planeamiento.

3. *El procedimiento* de otorgamiento de las licencias se ajustará a lo prevenido en la Legislación de Régimen Local. En ningún caso se entenderán adquiridas por silencio administrativo, facultades en contra de las prescripcio-

nes de esta Ley, de los Planes, Proyectos, Programas y, en su caso, de las Normas Complementarias y Subsidiarias de Planeamiento.

⇒ V. art. 2 de la Ley 6/1998, de 13 abril (§1).

V. art. 24 de la Ley 3/1998, de 27 febrero, de Intervención integral de la Administración ambiental.

V. arts. 71 y ss. D.179/1995, de 13 junio, que aprueba el Reglamento de obras, actividades y servicios de las Entidades locales.

V. art. 4 de la Ley 38/1999, de Ordenación de la edificación (§1.1).

Jurisprudencia

«Constituye doctrina jurisprudencial reiterada (sentencias del Tribunal Supremo de 20 de junio de 1988 [RJ 1988, 4401], 10 y 16 de mayo de 1990 [RJ 1990, 4060 y RJ 1990, 10025], 17 de febrero, 11 de mayo, 8 de octubre y 5 de diciembre de 1995 [RJ 1995, 1066, 4171 y 8994]) que la obtención de licencia por silencio positivo requiere el cumplimiento de los requisitos formales contemplados en el art. 9 del Reglamento de Servicios de las Corporaciones Locales de 17 de junio de 1955 en relación con el art. 247.3 Decreto Legislativo 1/1990. Significa no sólo que la solicitud de licencia ha de mostrar plena conformidad con el planeamiento urbanístico sino que han de haber transcurrido los plazos establecidos en el artículo 9 del Reglamento de Servicios de las Corporaciones Locales. De similar tenor, aunque más prolija, la regulación actual en los arts. 75, 81, 82 y 79 del Reglamento de Obras, Actividades y Servicios de los Entes Locales aprobado por Decreto 179/1995, de 13 de junio, de la Generalidad de Cataluña». **(STSJ Cataluña 30 marzo 2000 [RJCA 2000, 412]).**

⇒ V. Jurisprudencia en arts. 178 y concordantes del TRLS/1976 (§3).

Artículo 248.

1. La competencia para otorgar las licencias corresponderá al Ayuntamiento, salvo en los casos previstos por la presente Ley.

2. Toda denegación de licencia deberá ser motivada.

⇒ V. art. 243.2 del TRLS/1992 (§2).

V. Jurisprudencia en arts. 179 y concordantes del TRLS/1976 (§3).

Artículo 249.

1. Todas las licencias habrán de prever un plazo para comenzar las obras proyectadas y otro para acabarlas.

2. La caducidad de la licencia se producirá por transcurso de ambos plazos sin haber comenzado las obras o bien sin haberlas acabado, una vez advertido el titular por la Administración actuante antes de uno o tres meses de la conclusión de los plazos mencionados, respectivamente, salvo que la licencia ya contenga explícitamente esta advertencia.

3. La caducidad de la licencia será declarada por el organismo competente para conceder las licencias y determinará el archivo de las actuaciones.

4. Una vez caducada la licencia, las obras no se podrán iniciar ni proseguir si no se solicita y se obtiene una nueva licencia ajustada a la ordenación urbanística en vigor, salvo en los casos en que se haya acordado la suspensión de su otorgamiento.

5. Las prórrogas de ambos plazos, con solicitud previa del titular de la licencia antes de dos o cinco meses de la conclusión de los previstos para el

comienzo y para la finalización de las obras, respectivamente, se entenderá que son concedidas «ope legis» por la mitad del plazo de que se trate, será válida la ordenación vigente en el momento en que la licencia fue concedida, aunque se hubiera acordado la suspensión de la concesión de licencias en casos de prórroga del plazo de finalización de las obras. La prórroga de las licencias no podrá ser válidamente solicitada si no ha transcurrido al menos la mitad del plazo a que se refiere la solicitud. La solicitud y la consiguiente obtención de la prórroga del plazo para comenzar las obras no comportan, por sí mismas, la prórroga del plazo para acabarlas. La prórroga para acabar las obras sólo podrá ser solicitada y obtenida si se ha hecho la cobertura de aguas del edificio.

6. Si, una vez transcurridos los plazos de prórroga «ope legis», las obras no han sido comenzadas o acabadas, la licencia caducará sin necesidad de previo aviso y, para comenzarlas o acabarlas, será preciso solicitar y obtener una nueva licencia, ajustada a la ordenación en vigor, salvo en los casos en que se hubiera acordado la suspensión de la concesión de licencias.

7. Los plazos para la ejecución de las obras enunciadas en el artículo 247 de esta Ley, en caso de que las normas urbanísticas, las ordenanzas de edificación o la reglamentación análoga de las figuras de planeamiento no los determinasen, serán los siguientes:

a) Un año para empezar las obras, y

b) Tres años para acabarlas. En ambos casos los plazos se contarán desde la fecha de notificación de la licencia al promotor de ésta. En el caso previsto por el artículo 213 de esta Ley ambos plazos se contarán desde la fecha del pago de las tasas preceptivas.

⇒ V. art. 14 de la Ley 6/1998, de 13 abril (§1).

V. arts. 74 y concordantes del RD 1093/1997, de 4 julio (§2.1).

Jurisprudencia

«Admitida la validez de la cláusula de caducidad es preciso analizar el procedimiento a seguir, y a tal respecto la Jurisprudencia ha destacado que la extinción por caducidad de la licencia de obras precisa de un acto de declaración formal dictado tras la instrucción del procedimiento correspondiente, instrucción que básicamente tiene por objeto dar audiencia al titular de la licencia, en cuanto afectado. No obstante, también ha matizado que la caducidad puede entenderse producida cuando los actos de su titular demuestran inequívocamente el reconocimiento de esta situación (STS 1-7-1991 [RJ 1991, 5967]). Asimismo ha declarado que, entrada en vigor la norma que regula el instituto de la caducidad, basta el transcurso del tiempo para dar por caducada la licencia sin necesidad de acuerdo formal (STS de 13-10-1993 [RJ 1993, 7362]), pronunciamiento análogo que cabe hacer a la vista de la Ley de Adecuación Catalana 3/1884, de 9 de enero, cuyo artículo 43 reproduce exactamente el artículo 249 del DLeg 1/1990, de 12 de julio, que sólo exige la advertencia del titular cuando *el plazo de caducidad* no se ha expresado en la propia licencia». **(STSJ Cataluña 8 octubre 1999 [RJCA 1999, 3279]).**

⇒ V. Jurisprudencia en arts. 178, 179 y 180 y concordantes del TRLS/1976 (§3).

Artículo 250.

1. Los actos relacionados en el artículo 247 que se promuevan por Órganos del Estado, de la Generalidad o Entidades de Derecho público que administren bienes estatales estarán igualmente sujetos a licencia municipal.

2. Cuando razones de urgencia o excepcional interés lo exijan, el Consejero competente por razón de la materia podrá acordar la remisión al Ayuntamiento correspondiente del proyecto de que se trate, para que en el plazo de un mes notifique la conformidad o disconformidad del mismo con el planeamiento urbanístico en vigor. En caso de disconformidad, el expediente se remitirá por el Departamento interesado al Consejero de Política Territorial y Obras Públicas, quien lo elevará al Consejo Ejecutivo, previo informe de la Comisión de Urbanismo de Cataluña. El Consejo Ejecutivo decidirá si procede ejecutar el proyecto, y en este caso ordenará la iniciación del procedimiento de modificación o revisión del planeamiento, conforme a la tramitación establecida en esta Ley.

3. El Ayuntamiento podrá, en todo caso, acordar la suspensión de las obras a las que se refiere el número 1 de este artículo, cuando se pretendiese llevar a cabo en ausencia o en contradicción con la notificación de conformidad con el planeamiento que se establece en el número anterior, comunicando dicha suspensión al Órgano redactor del proyecto y al Consejero de Política Territorial y Obras Públicas, a los efectos prevenidos en el mismo. Igualmente se exceptúan de esta facultad las obras que se ejecuten al amparo de la legislación sectorial cuando ésta así lo prevea directamente a la defensa, para cuya suspensión deberá mediar acuerdo del Consejo de Ministros, previa propuesta del Ministro de Obras Públicas y Urbanismo a solicitud del Ayuntamiento competente y de los informes del Consejero de Política Territorial y Obras Públicas y del Ministro de la Defensa.

⇒ V. arts. 242.1, 244.2, 244.3 y 244.4 del TRLS/1992 (§2).

V. D. 217/2000 de 26 junio, sobre reestructuración del Departamento Política Territorial i Obres Públiques, y O. 30 junio 2000, que lo desarrolla.

V. D. 27 septiembre 1978, de creación de la Comisión de Urbanismo de Cataluña, cuyo art. 2.2 e), fue desarrollado por D. 4 diciembre 1979 y cuyo art. 2.2 a) ha sido modificado por D. 90/2000, de 22 febrero.

V. Jurisprudencia en arts. 180 y concordantes del TRLS/1976 (§3).

Sección 3ª Órdenes de ejecución o suspensión de obras u otros usos

Artículo 251.

1. Los propietarios de terrenos, urbanizaciones de iniciativa particular, edificaciones y carteles deberán mantenerlos en condiciones de seguridad, salubridad y ornato públicos.

2. Los Ayuntamientos y, en su caso, los demás Organismos competentes, ordenarán, de oficio o a instancia de cualquier interesado, la ejecución de las obras necesarias para conservar aquellas condiciones.

⇒ V. art. 82 de la Ley 22/1998, de 30 diciembre, que aprueba la Carta Municipal de Barcelona, parcialmente transcrita en art. 50.

V. art. 19 de la Ley 6/1998, de 13 abril (§1).
V. art. 3 de la Ley 38/1999. Ordenación de la Edificación (§1.1).
V. D. 158/1997, de 8 julio, que regula el Libro del Edificio de las viviendas existentes y crea el Programa para la revisión del estado de conservación de los edificios de viviendas, desarrollado en su art. 6 por O. 9 septiembre 1997. Téngase en cuenta así mismo el D. 206/1992, de 1 septiembre, que regula el Libro del Edificio.

Jurisprudencia

«El artículo 251 del Decreto Legislativo 1/1990 de la Generalidad de Cataluña por el que se sanciona a la entidad actora se refiere a las obligaciones de los propietarios de terrenos y edificaciones; por ello, advertido por la Administración en cualquier momento de la tramitación del expediente que el propietario del terreno es un tercero distinto del requerido, procede que en tal caso se siga el procedimiento contra el mismo y contra todos aquellos que puedan aparecer como responsables, sin perjuicio de lo que definitivamente se resuelva en el expediente a la vista de lo alegado y probado por los interesados en el procedimiento sancionador y de restauración de la disciplina urbanística seguido». **(STSJ Cataluña 20 septiembre 1999 [RJCA 1999, 3066]).**

«La orden de ejecución recurrida, dada su relevancia sobre el total de cuestiones planteadas por el recurrente, y dictada con base a lo dispuesto en el artículo 251.1 del Dley 1/1990, de 12 de julio, en cuya virtud los propietarios de terrenos deberán mantenerlos en condiciones de seguridad, salubridad y ornato público.

Esta disposición, que no admite matizaciones, ha de ser interpretada sin embargo en sus justos términos, y así de la documental aportada en autos se deduce que:

1. La finca se halla junto al vertedero municipal.

2. El mencionado vertedero se halla en un tozal y la montaña de basuras supera la cota del altozano.

3. Los desechos que se le imputan son básicamente y así se recoge en la Resolución recurrida urbanos. Por el contrario la ocupación del actor, según manifestaciones no contradichas, es la de agricultor.

4. Hasta fechas recientes (el informe habla de fechas recientes y se emite en septiembre de 1996) el vertedero no disponía de vigilancia. Al Ayuntamiento de Lleida le consta que en el vertedero ha habido entrada ilegal de personas desconocidas que se llevaban lo que podían aprovechar. También, que en días de viento se han recibido quejas sobre papeles y plásticos esparcidos en las fincas vecinas.

Todo ello conlleva a afirmar que la obligación impuesta excede del contenido normal del deber impuesto en la norma citada, dado que concurren circunstancias externas cuya responsabilidad cabe atribuir a la propia administración municipal». **(STSJ Cataluña 17 octubre 1999 [RJCA 1999, 3281]).**

⇒ V. Jurisprudencia en arts. 181 y concordantes del TRLS/1976 (§3).

Artículo 252.

1. Las Entidades Locales y las Comisiones de Urbanismo podrán también ordenar, por motivos de interés turístico o estético, la ejecución de obras de conservación y de reforma en fachadas o espacios visibles desde la vía pública, sin que estén previamente incluidas en Plan alguno de ordenación.

2. Las obras se ejecutarán a costa de los propietarios si se contuvieren en el límite del deber de conservación que les corresponde, y con cargo a fondos de la Entidad que las ordene cuando rebasaren este límite para obtener mejoras de interés general.

3. Los propietarios de bienes incluidos en los catálogos a los que se

refiere el artículo 38 de esta Ley podrán recabar, para conservarlos, la cooperación de las Entidades Locales, que la prestarán en condiciones adecuadas.

⇒ V. art. 19 de la Ley 6/1998, de 13 abril (§1).
V. arts. 245.1 y 246.2 del TRLS/1992 (§2).
V. Jurisprudencia en arts. 182 y concordantes del TRLS/1976 (§3).

Artículo 253.

1. Cuando alguna construcción o parte de ella estuviese en estado ruinoso, el Ayuntamiento, de oficio o a instancia de cualquier interesado, declarará y acordará la total o parcial demolición, previa audiencia del propietario y de los moradores, salvo inminente peligro que lo impidiera.

2. Se declarará el estado ruinoso en los siguientes supuestos:

a) Daño no reparable técnicamente por los medios normales.

b) Coste de la reparación superior al 50 por 100 del valor actual del edificio o plantas afectadas.

c) Circunstancias urbanísticas que aconsejaren la demolición del inmueble.

3. Si el propietario no cumpliere lo acordado por el Ayuntamiento, lo ejecutará éste a cargo del obligado.

4. Si existiere urgencia y peligro en la demora, el Ayuntamiento o Alcalde, bajo su responsabilidad, por motivos de seguridad, dispondrá lo necesario respecto a la habitabilidad del inmueble y de desalojo de sus ocupantes.

5. Las mismas disposiciones establecidas por esta Ley regirán en el supuesto de que las deficiencias de la construcción afectaran a la salubridad.

⇒ V. art. 19 de la Ley 6/1998, de 13 abril (§1).
V. arts. 245.1 y 246. 2 del TRLS/1992 (§2).
V. D. 158/1997, de 8 julio, que regula el Libro del Edificio de las viviendas existentes y crea el Programa para la revisión del estado de conservación de los edificios de viviendas, desarrollado en su art. 6 por Orden 9 septiembre 1997. Téngase en cuenta así mismo el D. 206/1992, de 1 septiembre, que regula el Libro del Edificio.

Jurisprudencia

«La competencia municipal debe ceñirse a constatar si se dan o no las circunstancias reseñadas en la normativa urbanística, art. 253.4 Decreto Legislativo 1/1990, para declarar la situación de ruina en su función tuteladora de la seguridad pública disponiendo lo necesario respecto al desalojo de los ocupantes del inmueble. Declarada la ruina cesa para el titular dominical la obligación de conservación del inmueble, art. 253.2 Decreto Legislativo 1/1990 produciéndose una de las causas de extinción de los contratos arrendaticios tanto en la normativa vigente al tiempo de la presumible suscripción del contrato, art. 114.10 LAU, como en la actualmente vigente, art. 28 b) *LAU 29/1994*». **(STSJ Cataluña 12 marzo 1999 [RJCA 1999, 2553]).**

⇒ V. Jurisprudencia en arts. 183 y concordantes del TRLS/1976 (§3).

Artículo 254.

1. Cuando los actos de edificación o uso del suelo relacionados con el artículo 247 se efectuasen sin licencia u orden de ejecución o sin ajustarse a las condiciones señaladas en las mismas, el Alcalde o el Consejero de Política

Territorial y Obras Públicas, de oficio o a instancia del Director General de Urbanismo, dispondrá la suspensión inmediata de dichos actos. El acuerdo de suspensión se comunicará al Ayuntamiento en el plazo de tres días si aquél no hubiese sido adoptado por el Alcalde.

2. En el plazo de dos meses contados desde la notificación de la suspensión, el interesado habrá de solicitar la oportuna licencia o, en su caso, ajustar las obras a la licencia u orden de ejecución.

3. No obstante, cuando, una vez concedida una licencia, en el curso de la ejecución de las obras se modificase la estructura o la disposición interior o el aspecto exterior, por razón de higiene, de salubridad y de habitabilidad de las viviendas, las obras no serán suspendidas durante la tramitación administrativa de la solicitud de modificación del proyecto si la solicitud correspondiente va acompañada de un anexo comprensivo de la justificación y de la certificación correspondientes del arquitecto director de las obras, responsabilizándose de la legalidad de las alteraciones que se introduzcan, y de un aval bancario equivalente al 3% del presupuesto inicial, para garantizar la ejecución de las medidas de protección de la legalidad urbanística en caso de que la modificación no fuese legalmente autorizable.

4. No se aplicará lo previsto en el número precedente si la modificación tiene por objeto aumentar el número de viviendas autorizadas o bien comporta alteración de las normas sobre uso del suelo, altura, volumen, situación de las edificaciones y ocupación máxima permitida de las parcelas.

Jurisprudencia

«La regla general en materia de realización de obras sin licencia o sin ajustarse a la licencia concedida, presupuesto en el que tiene perfecta cabida el caso de que se trata, determina la necesidad de sujetarse a un procedimiento, regulado para Cataluña en los artículos 254 y siguientes del Texto Refundido de su legislación vigente en materia urbanística, Decreto Legislativo 1/1990, de 12 de julio, procedimiento que se desarrolla en tres fases sucesivas, una primera tendente a acreditar el dato de puro hecho de la realización de obras sin licencia o excediéndose de la licencia concedida, que sin necesidad de trámite de audiencia debe conducir a la Administración a requerir de legalización y ordenar la suspensión de las obras; la segunda, relativa al transcurso del plazo de legalización y actuación o inactividad del interesado; y una tercera fase, relativa a la demolición, cuando proceda. Incluso la misma Jurisprudencia excepciona del previo expediente de legalización aquellos supuestos en los que aparece clara la ilegalidad y, de tal manera, improcedente y manifiestamente ilegalizable la obra cuya demolición se ordena, pues carecería de sentido abrir un trámite de legalización de aquello que de modo manifiesto y a través de lo actuado no puede legalizarse por contravenir el Plan o el Ordenamiento Urbanístico». **(STSJ Cataluña 2 diciembre 1999 [RJCA 1999, 4238]).**

«Sabido es que cualquier acto que constituya edificación o, sencillamente uso del suelo en cualquier forma, está sujeto al control previo de la licencia. El art. 254 del TR/1990 sobre materia urbanística aplicable a Cataluña, establece el plazo de dos meses para que el interesado solicite licencia y si el particular incoa procedimiento solicitando licencia, habrá de estar al resultado del mismo pues será éste el que conduzca a la legalización de las obras o a su demolición. El Acuerdo municipal de 4 de enero de 1996, requiriendo al recurrente para que en plazo de dos meses solicitara la legalización de las obras ejecutadas excediéndose de la licencia concedida ya contenía la decisión municipal de **demoler la obra**, siquiera su ejecución se condicionaba a que en el citado plazo no se solicitara la licencia o la misma fuera denegada, por lo que cumplida aquella condición, la demolición, como expresa reiteradamente el TS, es consecuencia legalmente insoslayable, no sólo cuando transcurra el referido plazo sin atender al requerimiento, sino también cuando, como en el supuesto de autos, después de solicitada la legalización no proceda, como ocurrió al dictarse la Resolución denegatoria de 1 de julio de 1996, sin que el recurrente la impugnase por lo que devino **firme y consentida**». **(STSJ Cataluña 7 diciembre 1999 [RJCA 1999, 4444]).**

⇒ V. Jurisprudencia en arts. 184 y concordantes del TRLS/1976 (§3).

Artículo 255.

1. Transcurrido el plazo de dos meses establecido por el artículo 254.2 de esta Ley sin haber instado la expresada licencia, o sin haberse ajustado las obras a las condiciones señaladas, el Ayuntamiento acordará la demolición de las obras a costa del interesado y procederá a impedir definitivamente los usos a los que diera lugar. De igual manera procederá si la licencia fuere denegada por ser su otorgamiento contrario a las prescripciones del Plan o de las Ordenanzas.

2. Si el Ayuntamiento no procediera a la demolición en el plazo de un mes contado desde la expiración del plazo a que se refiere el número precedente o desde que la licencia fuese denegada por los motivos expresados, el Alcalde o el Consejero de Política Territorial y Obras Públicas dispondrá directamente dicha demolición, a costa, asimismo, del interesado.

Jurisprudencia

«Basando la recurrente su pretensión en alegaciones dirigidas a demostrar que su actuación era legalizable, y que la denegación de la licencia es incongruente y desproporcionada, cuando dejó pasar tal oportunidad al consentir la resolución de 11 de abril de 1996, dictada conforme a la preceptiva del art. 254 del repetido ordenamiento urbanístico, es llano que la restauración de la realidad física alterada deviene fatal e insoslayable, conforme a lo establecido en el art. 255 en relación con el 274, por lo que la resolución dictada al amparo de los citados preceptos es ajustada a Derecho». **(STSJ Cataluña 4 mayo 1999 [RJCA 1999, 1262]).**

⇒ V. Jurisprudencia en arts. 184 y concordantes del TRLS/1976 (§3).

Artículo 256.

1. Siempre que no hubiesen transcurrido más de cuatro años desde la total terminación de las obras realizadas sin licencia u orden de ejecución o sin ajustarse a las condiciones señaladas en las mismas, las autoridades a que se refiere el artículo 254 de esta Ley requerirán al promotor de las obras o a sus causahabientes para que soliciten, en el plazo de dos meses, la oportuna licencia. El requerimiento se comunicará al Alcalde, en el plazo de tres días, si aquélla no hubiera sido formulada por el mismo.

2. Si el interesado no solicita la licencia en el plazo de dos meses, o si la licencia fuese denegada por ser su otorgamiento contrario a las prescripciones del Plan o de las ordenanzas, se procederá conforme a lo dispuesto en el artículo 254.

3. Lo dispuesto en los anteriores artículos se entenderá con independencia de las facultades que correspondan a las autoridades competentes, en

virtud del régimen específico de autorización o concesión a que están sometidos determinados actos de edificación o uso del suelo.

Jurisprudencia

«La prescripción a que hace referencia el artículo 256 del Texto Refundido de las disposiciones legales vigentes en Cataluña en materia urbanística, de 12 julio 1990, según constante Jurisprudencia, es una circunstancia que debe ser probada en forma indubitada por quien la alega». **(STSJ Cataluña 27 noviembre 1998 [RJCA 1998, 4390]).**

«Desde la perspectiva del debido restablecimiento de la legalidad urbanística –a ejercitar en el plazo de cuatro años desde la finalización de las obras según dispone el artículo 256 del mismo Texto Legal– que es lo verdaderamente decisivo, de lo actuado todo lleva a concluir que cuando se notificó la Resolución impugnada a 28 febrero 1996 –según se acepta por la parte actora– ya había transcurrido el plazo cuatrienal establecido legalmente, por lo que no procedía y debe anularse la demolición actuada». **(STSJ Cataluña 27 noviembre 1998 [RJCA 1998, 4386]).**

«Resulta claro el contenido del art. 256 del Decreto Legislativo 1/1990 en el sentido de exigir el requerimiento de legalización de obras realizadas sin licencia, siempre que no hubiesen transcurrido más de cuatro años desde la total terminación de las obras más la suspensión de actos de edificación, art. 254 Decreto Legislativo, sólo cabe respecto a obras materiales en curso pues es obvio que no cabe suspender lo ya terminado. Aquel requerimiento de legalización es el que abre el camino a que, de resultar legalizables las obras en cuestión se conceda la licencia, mientras que si no lo son por vulnerar el Ordenamiento abre el camino al ulterior expediente de demolición para restaurar la legalidad jurídica infringida cuya advertencia se formula también en el acto impugnado». **(STSJ Cataluña 7 mayo 1999 [RJCA 1999, 3389]).**

⇒ V. Jurisprudencia en arts. 185 y concordantes del TRLS/1976 (§3).

Artículo 257.

1. El Alcalde dispondrá la suspensión de los efectos de una licencia u orden de ejecución y, consecuentemente, la paralización inmediata de las obras iniciadas a su amparo, cuando el contenido de dichos actos administrativos constituya manifiestamente una infracción urbanística grave.

2. Si el Consejero de Política Territorial y Obras Públicas, de oficio o a instancia del Director General de Urbanismo, apreciare que las obras que se realizan al amparo de una licencia u orden de ejecución constituyen ese mismo tipo de infracción urbanística, lo pondrá en conocimiento de la Corporación Municipal, a fin de que su Presidente proceda según lo prevenido en el número anterior. Si en el plazo de diez días el Presidente de la Corporación Municipal no adoptase las medidas expresadas en dicho número, el Consejero de Política Territorial y Obras Públicas, de oficio, acordará la suspensión de los efectos de la licencia u orden de ejecución y la inmediata paralización de las obras.

3. En todo caso, la Autoridad que acuerde la suspensión procederá, en el plazo de tres días, a dar traslado directo de dicho acuerdo a la Sala de lo Contencioso-Administrativo competente, a los efectos prevenidos en los números 2 y siguientes del artículo 118 de la Ley de la Jurisdicción Contencioso-Administrativa.

⇒ V. Jurisprudencia en arts. 186 y concordantes del TRLS/1976 (§3).

Artículo 258.

1. Las licencias u órdenes de ejecución cuyo contenido constituya alguna de las infracciones urbanísticas graves definidas en esta Ley deberán ser revisadas dentro de los cuatro años desde la fecha de su expedición por la corporación municipal que las otorgó a través de alguno de los procedimientos del artículo 103 de la Ley 30/1992, bien de oficio o a instancia del conseller de Política Territorial i Obres Públiques a propuesta, en su caso, del director general de Urbanismo, o bien a instancia de los interesados.

La corporación deberá acordar, cuando proceda, la demolición de las obras realizadas, todo ello sin perjuicio de las responsabilidades que sean exigibles conforme a lo dispuesto en esta Ley.

✐ El ap. 1 fue redactado por el art. 16 del DLeg 16/1994, de 26 julio.

2. Si la Corporación municipal no procediese a la adopción de los acuerdos anteriores, en el plazo de un mes desde la comunicación del Consejero de Política Territorial y Obras Públicas, éste dará cuenta a la Comisión de Urbanismo correspondiente a los efectos previstos en el número 6 del artículo 5 de esta Ley.

⇒ V. Jurisprudencia en arts. 178 a 180, 187 y concordantes del TRLS/1976 (§3).

Artículo 259.

El transcurso del plazo de cuatro años sin ejercer las facultades que regula el artículo 256 no impedirá a la Administración actuante proceder a la revisión del acto tácito de legalización de la obra, según el artículo 258 de esta misma Ley, en aquellos casos en que haya infracción manifiesta de las normas urbanísticas relativas a parcelación, uso del suelo, altura, volumen y situación de las edificaciones y ocupación de parcela.

⇒ V. arts. 258.2, 258.3 y 259.3 del TRLS/1992 (§2).
Téngase en cuenta lo establecido en los arts. 42, 43 y 44 del D. 303/1997, de 25 noviembre, que aprobó el Reglamento sobre medidas para facilitar la ejecución urbanística (§28.1).
V. art. 62.1 f) de la LRJ-PAC.
V. Jurisprudencia en arts. 178, 179, 180, 185 y concordantes del TRLS/1976 (§3).

Artículo 260.

1. Los actos de edificación o uso del suelo relacionados en el artículo 247 de esta Ley que se realicen sin licencia u orden de ejecución sobre terrenos calificados en el planeamiento como zonas verdes o espacios libres serán nulos de pleno derecho y quedarán sujetos al régimen jurídico establecido en los artículos 251, 254 y 255 de esta Ley mientras estuvieren en curso de ejecución; y al régimen previsto en el artículo 256 cuando se hubieren consumado, sin que tenga aplicación la limitación de plazo que establece dicho artículo.

2. Las licencias u órdenes que se otorgaren con infracción de la zonificación o uso urbanístico de las zonas verdes o espacios libres previstos en los planes serán nulas de pleno derecho. Mientras las obras estuviesen en

curso de ejecución, se procederá por la corporación municipal a la suspensión de los efectos de la licencia y a la adopción de las medidas previstas en el artículo 257 de esta Ley. Si las obras estuviesen acabadas, se procederá a su anulación de oficio por los trámites previstos en el artículo 102 de la Ley 30/1992, de 26 de noviembre.

✐ El ap. 2 fue redactado por el art. 17 del DLeg 16/1994, de 26 julio.

3. Si el Alcalde o la Corporación Municipal no adoptaren las medidas establecidas en los preceptos precedentes, cuando se produzca alguno de los supuestos previstos en los números anteriores, el Director General de Urbanismo dará conocimiento de la situación creada por los mismos al titular del Departamento de Política Territorial y Obras Públicas, el cual podrá ejercitar las facultades y adoptar las medidas correspondientes previstas en los citados preceptos.

⇒ V. art. 255.2 del TRLS/1992 (§2).
V. Jurisprudencia en arts. 178, 179, 180, 187 y concordantes del TRLS/1976 (§3).

Sección 4ª Inspección urbanística

Artículo 261.

1. La inspección urbanística se ejercerá por la Administración de la Generalidad, y por los órganos de la Administración Local, dentro de sus respectivas competencias y de acuerdo con la legislación vigente.

2. Las corporaciones locales carentes de medios técnicos y de gestión adecuados para la inspección y sanción podrán solicitar a la Generalidad o a otras Entidades locales competentes la cooperación para hacer efectivos los servicios municipales por medio de sus órganos competentes.

3. La actuación de la Generalidad ha de encaminarse preferentemente a impedir actividades de parcelación o urbanización que sean ilegales, a proteger los sistemas generales y a defender el orden jurídico de interés supramunicipal.

4. Los informes resultantes de las inspecciones urbanísticas que realicen organismos de la Generalidad u otros entes locales deberán ser comunicados en todo caso a los ayuntamientos de los municipios donde aquéllas se realicen.

⇒ Téngase en cuenta lo establecido en los arts. 42, 43 y 44 del D. 303/1997, de 25 noviembre, que aprobó el Reglamento sobre medidas para facilitar la ejecución urbanística (§28.1).

Sección 5ª Infracciones urbanísticas y sanciones

Artículo 262.

1. Constituye infracción urbanística toda vulneración de las prescripciones contenidas en esta Ley o en los Planes, Programas, Normas y Ordenanzas de conformidad con lo que determinan esta Ley y el Reglamento de Disciplina Urbanística y de acuerdo con la tipificación que las citadas disposiciones legales y reglamentarias establezcan.

2. Las infracciones urbanísticas comportan la imposición de sanciones a los responsables, así como la obligación de resarcimiento de daños e indemnizaciones de los perjuicios a cargo de los mismos, todo ello con independencia de las medidas de protección de la legalidad urbanística previstas en esta Ley.

⇒ V. Jurisprudencia en arts. 225 y concordantes del TRLS/1976 (§3).

Artículo 263.

1. Las infracciones urbanísticas se clasificarán en graves y leves en la forma que se determine en esta Ley y en las disposiciones reglamentarias.

2. Tendrán, en principio, carácter de graves las infracciones que constituyan incumplimiento de las normas relativas a parcelaciones, uso del suelo, alzada, volumen y situación de las edificaciones y ocupación permitida de la superficie de las parcelas.

3. Las infracciones urbanísticas se sancionarán de acuerdo con el procedimiento legal o reglamentario establecido.

✐ El ap. 3 fue redactado por el art. 18 del DLeg 16/1994, de 26 julio.

⇒ V. arts. 258.2, 258.3 y 259.3 del TRLS/1992 (§2).
V. Jurisprudencia en arts. 226 y concordantes del TRLS/1976 (§3).

Artículo 264.

Se considerará infracción urbanística de parcelación el fraccionamiento simultáneo o sucesivo de terrenos, aunque sólo sea para su arrendamiento, cuando pueda dar lugar a la constitución de un núcleo de población y vulnere las previsiones del planteamiento que le afecte.

⇒ V. arts. 258.2, 258.3 y 259.3 del TRLS/1992 (§2).
Téngase en cuenta lo establecido en los arts. 42, 43 y 44 del D. 303/1997, de 25 noviembre, que aprobó el Reglamento sobre medidas para facilitar la ejecución urbanística (§28.1).
V. Jurisprudencia en arts. 94 y concordantes del TRLS/1976 (§3).

Artículo 265.

Cualquier actuación urbanizadora que contravenga lo dispuesto en el artículo 81.3 será considerada infracción urbanística grave y sancionada con una multa del 5% del valor urbanístico de los terrenos.

Artículo 266.

1. Las talas y abatimientos de árboles que infrinjan las disposiciones de aplicación en terrenos que constituyen masa arbórea o que el plan de ordenación haya clasificado como espacio boscoso, bosque forestal, arboleda o parque que se ha de conservar, proteger o crear, estén o no sometidos al régimen forestal especial, serán sancionados con una multa de 10.000 a 1.000.000 de pesetas. La multa se graduará en función de la mayor o menor trascendencia que la infracción tenga en relación con el uso previsto. Se podrá imponer una multa superior a 1.000.000 de pesetas en los casos en que el beneficio obtenido haya sido superior, multa que podrá llegar a la cuantía de éste.

2. El propietario está obligado a restaurar la realidad física alterada. No se autorizará ninguna urbanización hasta que no se haya realizado la correspondiente repoblación forestal, según el plan establecido por el órgano urbanístico competente.

3. Los funcionarios de los servicios hidráulicos y de conservación de la naturaleza deben denunciar las infracciones urbanísticas contra las disposiciones relativas a la protección urbanística de los espacios boscosos.

⇒ V. Ley 6/1988, de 30 de marzo, de Ordenación forestal y Ley 7/1999, de 30 julio, de creación del Centro de la Propiedad Forestal.

Artículo 267.

1. Los anuncios, los carteles, las vallas publicitarias y los folletos de propaganda de urbanizaciones deben indicar la fecha en que han sido aprobadas definitivamente por la Comisión Provincial de Urbanismo o, en su caso, por el órgano competente del Plan que legitime la actuación, y han de recordar que el proyecto autorizado puede ser consultado en el Ayuntamiento o en la Comisión Provincial de Urbanismo correspondiente.

En un lugar preminente de la urbanización se debe fijar un cartel con los datos fundamentales del Plan y su fecha de aprobación.

2. La publicidad no puede llevar ninguna indicación disconforme con las prescripciones del acuerdo de aprobación definitiva del plan o susceptible de inducir a error a los adquirentes de las parcelas sobre las cargas de urbanización y condiciones a las que ha de sujetarse la aprobación.

3. Toda infracción de las disposiciones del presente artículo será sancionada con una multa de 50.000 a 5.000.000 de pesetas.

4. El contenido de los anuncios, carteles, vallas publicitarias y folletos de propaganda han de ser objeto de comunicación previa al Ayuntamiento del municipio en el que se encuentren situadas las urbanizaciones.

Artículo 268.

1. En las obras que se ejecutasen sin licencia o con inobservancia de sus cláusulas, serán sancionados con multas en la cuantía determinada en esta Ley el promotor, el empresario de las obras y el director técnico de las mismas.

2. A los efectos de responsabilidad por infracción urbanística se considerará también como promotor al propietario del suelo sobre o bajo el cual se efectúa o ha sido efectuada la infracción, así como también su agente, gestor o impulsor.

3. En las obras amparadas en una licencia cuyo contenido sea manifiestamente constitutivo de una infracción urbanística grave serán igualmente sancionados con multas: el facultativo que hubiera informado favorablemente el proyecto y los miembros de la Corporación que hubieran votado a favor del otorgamiento de la licencia sin el informe técnico previo, o cuando éste es desfavorable por razón de aquella infracción.

4. Las multas que se impongan a los diferentes sujetos como consecuencia de una misma infracción tendrán entre sí carácter independiente, excepto en el supuesto de que la obligación prevista legalmente, corresponda a diversas personas conjuntamente, las cuales responderán de forma solidaria de las infracciones que cometan y de las sanciones que se impongan.

✐ El ap. 4 fue redactado por el art. 19 del DLeg 16/1994, de 26 julio.

5. Para graduar las multas se atenderá primordialmente a la gravedad de la materia, a la entidad económica de los hechos constitutivos de la infracción, a su reiteración por parte de la persona responsable y al grado de culpabilidad de cada uno de los infractores.

⇒ Téngase en cuenta arts. 8 y concordantes de la Ley 38/1999, de 5 noviembre, de Ordenación de la Edificación (§1.1).
V. Jurisprudencia en arts. 228 y concordantes del TRLS/1976 (§3).

Artículo 269.

1. Cuando el beneficio que resultase de una infracción urbanística fuese superior a la sanción que corresponda, ésta podrá incrementarse en la cuantía equivalente al beneficio obtenido.

2. En las parcelaciones ilegales, el importe de la multa se podrá ampliar a una cantidad igual a todo el beneficio obtenido más los daños y perjuicios ocasionados, y la cuantía de la sanción no será nunca inferior a la diferencia entre el valor inicial y el de venta de la parcela correspondiente.

⇒ V. arts. 258.2, 258.3 y 259.3 del TRLS/1992 (§2).
Téngase en cuenta lo establecido en el art. 42 del D. 303/1997, de 25 noviembre, que aprobó el Reglamento sobre medidas para facilitar la ejecución urbanística (§28.1).
V. Jurisprudencia en arts. 94, 231 y concordantes del TRLS/1976 (§3).

Artículo 270.

1. Las autoridades competentes para imponer las multas y sus máximas cuantías son, en el territorio de Cataluña, las siguientes:

a) Los Alcaldes, en los municipios que no excedan de los diez mil habitantes, cien mil pesetas; en los que no excedan de los cincuenta mil habitantes, quinientas mil pesetas; en los que no excedan de los cien mil habitantes, un millón de pesetas; en los que no excedan de los quinientos mil habitantes, cinco millones de pesetas, y en los de más de quinientos mil habitantes, de diez millones de pesetas.

b) La Dirección General de Urbanismo, previo informe de las Comisiones de Urbanismo, hasta veinticinco millones de pesetas.

c) El Consejero de Política Territorial y Obras Públicas, previo informe de la Comisión de Urbanismo de Cataluña, hasta cincuenta millones de pesetas.

d) El Gobierno de la Generalidad, a propuesta del Consejero de Política Territorial y Obras Públicas y previo informe de la Comisión de Urbanismo de Cataluña, hasta cien millones de pesetas, e incluso más si fuese superior el beneficio obtenido como consecuencia de la infracción.

2. Cuando la administración actuante sea un ente metropolitano, una comarca o una agrupación municipal, la cantidad máxima de la multa que su correspondiente presidente tendrá competencia para imponer, se determinará según lo que se ha previsto en el párrafo anterior para los alcaldes, pero teniendo en cuenta, como cifra de habitantes, la población de toda la correspondiente comarca, ente metropolitano o agrupación municipal.

⇒ V. D. 217/2000 de 26 junio, sobre reestructuración del Departamento Política Territorial i Obres Públiques, y O. 30 junio 2000, que lo desarrolla.

V. D. 27 septiembre 1978, de creación de la Comisión de Urbanismo de Cataluña, cuyo art. 2.2 e), fue desarrollado por D. 4 diciembre 1979 y cuyo art. 2.2 a) ha sido modificado por D. 90/2000, de 22 febrero.

V. Ley 27/1979, de 19 octubre, y RD 519/1979, de 20 febrero, que regulan, respectivamente, la composición de la Comisión de Urbanismo de Barcelona y la de las comisiones de urbanismo de Girona, Lleida y Tarragona, así como el D. 415/2000, de 27 diciembre, por el que se designa vicepresidente de las comisiones de urbanismo de Barcelona, Girona, Lleida y Tarragona.

Artículo 271.

1. El importe de las multas impuestas por las autoridades locales por infracciones urbanísticas será percibido por las Entidades Locales actuantes.

2. Cuando, iniciado el procedimiento sancionador por la administración local, por el hecho de incluir en su propuesta de resolución una multa de una cantidad superior a la que sea de competencia del órgano que tramitó el expediente, la propuesta se hubiera elevado a la autoridad competente por razón de su cuantía, y ésta hubiera acordado la sanción correspondiente, el importe de la multa será asignado a la correspondiente entidad local.

3. Si un Ayuntamiento fuese advertido por la Administración de la Generalidad del hecho determinante de una sanción, o éste no iniciara el procedimiento sancionador, en el plazo de un mes, la multa que se impusiera, como resultado del expediente instruido con esta finalidad por la Generalidad, será percibida por ésta.

Artículo 272.

1. La interposición de recursos no suspenderá la ejecución del acto de imposición de multa, salvo que el interesado garantice, debidamente, el importe de la multa.

2. Cuando se ingrese el importe de la multa, tras haberse desestimado el recurso interpuesto, se pagarán intereses de demora en la cuantía del interés básico o de redescuento fijado por el Banco de España, incrementado en dos puntos, por todo el tiempo que hubiese durado la suspensión, más una sanción del 5% de la multa, en los casos en que el Tribunal hubiese apreciado mala fe o temeridad.

3. El importe de la multa, aunque no se hubiera dado la suspensión prevista en los párrafos anteriores, acreditará, desde su imposición hasta que sea totalmente satisfecha, a favor de la entidad urbanística actuante, el interés básico o de redescuento fijado por el Banco de España.

4. En los casos en que, interpuesto recurso por vía gubernativa o conten-

cioso-administrativa, fuese anulado parcialmente el acto de imposición de la multa, el devengo de interés se producirá en relación con la cuantía de la multa definitivamente fijada.

⇒ V. arts. 111 de la LRJ-PAC y 129, 130, 131 y 132 de la LJCA.

Artículo 273.

Si la Administración de la Generalidad de Cataluña u otros entes locales, dentro de su ámbito territorial, detectaran indicios de que se hubiera cometido una infracción urbanística, lo pondrán en conocimiento de la Alcaldía competente, que, en el plazo de los ocho días siguientes a la notificación, deberá elevarle su parecer negativo sobre el asunto o bien informarle de la incoación de los correspondientes expedientes.

Artículo 274.

1. Cualquier actuación que contravenga las normas o el planteamiento urbanístico en vigor dará lugar a que la Administración competente adopte las medidas necesarias para que se proceda a la restauración del orden jurídico infringido y la realidad física alterada o transformada como consecuencia de la actuación ilegal.

2. En ningún caso la Administración puede dejar de adoptar las medidas tendentes a reponer los bienes afectados al estado anterior a la producción de la situación ilegal.

3. Las sanciones por las infracciones urbanísticas que se aprecien, se impondrán con independencia de las medidas a las que hacen referencia los apartados anteriores.

4. Instruido el expediente de restauración del orden jurídico infringido e, inmediatamente antes de redactar la propuesta de resolución, se comunicará a los interesados al objeto de que, en un plazo no inferior a diez días ni superior a quince, aleguen y presenten los documentos y los justificantes que estimen pertinentes.

5. Al margen de lo previsto en este artículo, la Administración que instruya el procedimiento sancionador aplicará la legislación común y la que le sea específica.

⇒ V. Jurisprudencia en arts. 184, 185, 225 y concordantes del TRLS/1976 (§3).

Artículo 275.

1. Cuando un órgano competente haya adoptado una resolución que implique la suspensión de los actos de uso del suelo o de edificación o de los efectos de las licencias u órdenes de ejecución, aquélla tendrá efectos inmediatos a partir del momento en que haya sido notificada a cada interesado.

2. Las propuestas de resolución que hayan de adoptar las autoridades urbanísticas de la Generalidad u otras Corporaciones competentes supramunicipales deberán ser comunicadas al Ayuntamiento o Ayuntamientos de los términos municipales a que se refieren. Asimismo, se les debe de conceder

un plazo de audiencia no inferior a cinco días en caso de extrema urgencia y de quince días en todos los demás casos.

3. Comprobado el incumplimiento de una de las resoluciones a las que hace referencia el apartado 1 de este artículo, el órgano que la haya adoptado, por sí mismo o a propuesta del instructor del expediente, lo comunicará a los Tribunales de Justicia, a los efectos de la exigencia de las responsabilidades de orden penal en que hayan podido incurrir los infractores.

⇒ V. art. 274 del TRLS/1992 (§2).
V. Jurisprudencia en arts. 184 y concordantes del TRLS/1976 (§3).

Artículo 276.

Acordada la suspensión de las obras por la autoridad competente, el Alcalde adoptará las medidas necesarias para asegurar la total interrupción de los trabajos y hasta podrá retirar, si se trata de obras que se ejecutan sin licencia, los materiales preparados para ser utilizados en la obra o la maquinaria aprovechable cuando el interesado no lo haya hecho en el plazo de cuarenta y ocho horas siguientes a la notificación del acuerdo de suspensión y haya riesgo de incumplimiento de lo ordenado. Los gastos de transporte y custodia correrán a cargo del infractor.

⇒ V. Jurisprudencia en arts. 184 y concordantes del TRLS/1976 (§3).

Artículo 277.

1. En los supuestos de flagrante infracción urbanística grave, apreciada en virtud de expediente sumario, comprensivo al menos de informe técnico y jurídico, el Consejero de Política Territorial y Obras Públicas o, por delegación, el Director General de Urbanismo, podrá aplicar, previa audiencia del interesado, siempre que no perjudique la tramitación urgente del caso, las medidas previstas en los artículos 254, 255, 256, 257 y 260 de esta Ley, con carácter de medidas provisionales oportunas para asegurar la eficacia de la resolución que pudiese recaer y durante el plazo de tres meses.

2. ...

✐ El ap. 2 fue suprimido por el art. 20 del DLeg 16/1994, de 26 julio.

Artículo 278.

Los que, como consecuencia de una infracción urbanística, sufriesen daño o perjuicio, podrán exigir de cualquiera de los infractores, con carácter solidario, el resarcimiento e indemnización.

⇒ V. Jurisprudencia en arts. 229 y concordantes del TRLS/1976 (§3).

Artículo 279.

1. Las infracciones urbanísticas prescriben a los cuatro años de haberse cometido.

2. El plazo de prescripción comenzará a computarse desde el día en que se haya cometido la infracción

✐ El ap. 2 fue redactado por el art. 21 del DLeg 16/1994, de 26 julio.

⇒ V. Jurisprudencia en arts. 230 y concordantes del TRLS 76 (§3).

Artículo 280.

Todo el que en calidad de funcionario público o en virtud de contrato concertado con una entidad pública haga trabajos o estudios para la redacción de planes o proyectos de ordenación urbana tiene la obligación de guardar secreto profesional. En el plazo de dos años las mismas personas tampoco podrán intervenir en los proyectos y la dirección de obras particulares relacionadas con la urbanización en la que hayan intervenido.

Artículo 281.

Los colegios profesionales que tuvieran encomendado el visado de los proyectos técnicos precisos para la obtención de licencias, conforme a lo que dispone el artículo 247, denegarán el citado visado a los que contengan alguna de las infracciones previstas en el artículo 264.2 de esta Ley.

TÍTULO VI
RÉGIMEN JURÍDICO

CAPÍTULO I
Peticiones, actos y acuerdos

Artículo 282.

Las Corporaciones Locales y Organismos urbanísticos deberán resolver las peticiones fundamentadas que se les dirijan de acuerdo con esta Ley o declarar las razones que hubiese para no hacerlo.

⇒ V. art. 299 del TRLS/1992 (§2).

Artículo 283.

Las decisiones que adoptasen el Consejero de Política Territorial y Obras Públicas, las Comisiones de Urbanismo mediante justificada subrogación en el ejercicio de la competencia municipal se considerarán como actos de la Corporación titular, a los únicos efectos de los recursos admisibles.

⇒ V. art. 300 del TRLS/1992 (§2).

Artículo 284.

1. Los actos administrativos que se produjesen en el ejercicio de las funciones reguladas en esta Ley podrán ser anotados o inscritos en el Registro de la Propiedad, conforme a lo establecido en la legislación hipotecaria, según proceda, por acuerdo de la Comisión de Urbanismo, de oficio o a propuesta de la Corporación encargada de la urbanización.

2. Lo dispuesto en el párrafo anterior se entenderá sin perjuicio de los

casos previstos por otros preceptos de esta Ley, en los que no será necesaria la intervención de la Comisión de Urbanismo.

⇒ V. arts. 307, 308, 309 y 310 del TRLS/1992 (§2).
V. RD 1093/1997, de 4 julio (§2.1).

Artículo 285.

1. El Registro de la Propiedad en su función de instrumento de publicidad de las relaciones jurídico-inmobiliarias debe reforzar la eficacia de los actos administrativos en materia de urbanismo y ser un medio idóneo de información y garantía de la actividad controladora y sancionadora de la Administración, tal como se establece en esta Ley.

2. Todo ello se entiende sin perjuicio de las funciones que el ordenamiento jurídico reconoce a los notarios y registradores, y en ningún caso se limitará la facultad calificadora.

⇒ V. arts. 307, 308, 309 y 310 del TRLS/1992 (§2).
V. RD 1093/1997, de 4 julio (§2.1).

Artículo 286.

1. En virtud de los artículos 284 y 285 de esta Ley, podrán ser objeto de anotación en el Registro de la Propiedad, de acuerdo con lo que establece la legislación hipotecaria, los siguientes actos administrativos:

a) La suspensión de actos de edificación o uso del suelo efectuados sin licencia u orden de ejecución, o bien sin ajustarse a las condiciones que se establecen.

b) La suspensión de los efectos de una licencia o de una orden de ejecución y la paralización de las obras iniciadas a su amparo.

c) La declaración de lesividad de una licencia o de una orden de ejecución.

d) La anulación administrativa de una licencia o de una orden de ejecución o la resolución administrativa dictada en ejecución de una sentencia que haya declarado la anulación.

e) El acuerdo de reposición del suelo en el estado anterior a la ejecución de las obras constitutivas de la infracción.

f) La orden de demolición de las obras a que hace referencia el artículo 91.3 de esta Ley.

g) La resolución que, para fincas hipotecarias determinadas, concrete la calificación como fuera de ordenación de los edificios o instalaciones.

2. Los efectos de la anotación se limitarán a dar publicidad a cualquier interesado de la situación administrativa que afecte la superficie o la edificación que integra una finca hipotecaria determinada.

⇒ V. art. 137.5 del TRLS/1992 (§2).
V. arts. 307, 308, 309 y 310 del TRLS/1992 (§2).
V. arts. 56 y concordantes del RD 1093/1997, de 4 julio (§2.1).

Artículo 287.

1. También podrá ser objeto de anotación la resolución con imposición de una sanción económica, que ponga fin al expediente sancionador, así como la de incoación del expediente cuando la presunta infracción se refiera a la realización de parcelaciones y obras de urbanización sobre suelo no urbanizable o de edificaciones sobre terrenos destinados por el planeamiento a zonas verdes o espacios libres, ejecución de sistemas generales o equipamiento comunitario público.

2. Si para ejecutar la sanción impuesta fuese decretado embargo por la autoridad competente, esta resolución podrá ser objeto de anotación, de acuerdo con lo que se establece en la legislación tributaria.

⇒ V. arts. 258.2, 258.3, 259.3, 307, 308, 309 y 310 del TRLS/1992 (§2).
V. RD 1093/1997, de 4 julio (§2.1).

Artículo 288.

Podrá ser objeto de anotación la orden de ejecución forzosa dimanante de un expediente de ejecución subsidiaria de las obras de urbanización o de las necesarias para su conservación, a fin de dar publicidad a la situación administrativa en que se encuentra la finca y de garantizar a la Administración la posibilidad de ocupación de la finca ante acciones del titular registral, basadas en el procedimiento interdictal ordinario, o en lo específico que prevé el artículo 41 de la Ley Hipotecaria.

⇒ V. arts. 307, 308, 309 y 310 del TRLS/1992 (§2).
V. RD 1093/1997, de 4 julio (§2.1).

Artículo 289.

1. Pueden ser objeto de nota marginal en la inscripción de la finca o fincas hipotecarias correspondientes al terreno o terrenos sobre los que se proyecte la obra o instalación las condiciones impuestas en la concesión de licencias de obras, al amparo de lo que está establecido en los artículos 39, 40, 41, 42 y 43 del Reglamento de Gestión Urbanística.

2. La nota se ha de tomar en virtud de la certificación del acuerdo municipal de concesión de licencia, acompañada de instancia firmada por el titular registral de los terrenos, cuya firma debe ser legitimada notarialmente.

3. En la solicitud ha de describirse la finca, según lo que dispone la legislación hipotecaria, y deben hacerse constar las circunstancias de identificación registral de ésta.

⇒ V. arts. 307, 308, 309 y 310 del TRLS/1992 (§2).
V. RD 1093/1997, de 4 julio (§2.1).

Artículo 290.

Los títulos para la práctica de los asentamientos a que se refieren los artículos anteriores son los siguientes:

a) Certificación del acuerdo o de la resolución correspondiente si el órgano o la autoridad que lo hubiere adoptado fuese el Consejo Ejecutivo, el

Consejero de Política Territorial y Obras Públicas, el Director General de Urbanismo o las Comisiones Provinciales de Urbanismo.

b) Certificación del acuerdo de la Comisión de Urbanismo correspondiente, a instancia propia o de la corporación local afectada, cuando el origen del expediente resulte de una decisión de ésta.

⇒ V. arts. 307, 308, 309 y 310 del TRLS/1992 (§2).
V. RD 1093/1997, de 4 julio (§2.1).

Artículo 291.

1. Los Ayuntamientos podrán utilizar la ejecución forzosa y la vía de apremio, para exigir el cumplimiento de los correspondientes deberes y compromisos a los propietarios, individuales o asociados, y a las Empresas urbanizadoras.

2. Los procedimientos de ejecución y apremio se dirigirán ante todo contra los bienes de las personas que no hubiesen cumplido sus obligaciones, y sólo en caso de insolvencia, ante la Asociación administrativa de propietarios.

3. También podrán ejercer las mismas facultades, a petición de la Asociación, contra los propietarios que incumplieren los compromisos que se hubieren contraído.

⇒ V. art. 301.1 y 301.3 del TRLS/1992 (§2).
V. art. 4 de la LBRL.

Artículo 292.

Las entidades locales podrán revisar de oficio sus actos y acuerdos en materia de urbanismo, de acuerdo con lo que disponen los artículos 102 y siguientes de la Ley 30/1992, de 26 de noviembre.

✐ Este artículo fue redactado por el art. 22 del DLeg 16/1994, de 26 julio.
⇒ V. art. 302 del TRLS/1992 (§2).
V. arts. 102, 103, 104, 105 y 106 de la LRJ-PAC.

CAPÍTULO II
Responsabilidad de la Administración

Artículo 293.

La procedencia de indemnización por causa de anulación de una licencia en vía administrativa o contencioso-administrativa se determinará de acuerdo con las Normas que regulan con carácter general la responsabilidad de la Administración. En ningún caso habrá lugar a indemnización si hubiese dolo, culpa o negligencia graves imputables al perjudicado.

⇒ V. art. 44 de la Ley 6/1998, de 13 abril (§1).
V. art. 106 de la CE.
V. art. 54 de la LBRL.
V. arts. 139 y ss. de la LRJ-PAC.
V. Jurisprudencia en arts. 232 y concordantes del TRLS/1976 (§3).

CAPÍTULO III
Acciones y recursos

Artículo 294.

Contra los actos y acuerdos, expresos y presuntos, de las comisiones de urbanismo y del director general de Urbanismo se puede interponer recurso ordinario ante el conseller de Política Territorial i Obres Públiques.

✐ Este artículo fue redactado por el art. 23 del DLeg 16/1994, de 26 julio.

Artículo 295.

Tendrán carácter jurídico-administrativo todas las cuestiones que se susciten con ocasión o como consecuencia de los actos y convenios regulados en esta Ley entre el Departamento de Política Territorial y Obras Públicas o las Corporaciones Locales y los propietarios, individuales o asociados, o Empresas urbanizadoras, incluso las relativas a cesiones de terrenos para urbanizar o edificar.

⇒ V. art. 303 del TRLS/1992 (§2).

Artículo 296.

1. Será pública la acción para exigir ante los órganos administrativos y los Tribunales Contencioso-Administrativos la observancia de la legislación urbanística y de los Planes, Programas, Proyectos, Normas y Ordenanzas.

2. Si la citada acción está motivada por la ejecución de obras que se consideren ilegales, podrá ejercerse durante su ejecución y hasta cuatro años después de su finalización.

⇒ V. art. 304.1 y 304.2 del TRLS/1992 (§2).
V. Jurisprudencia en arts. 235 y concordantes del TRLS/1976 (§3).

Artículo 297.

Los propietarios y titulares de derechos reales, además de lo previsto en los artículos 296 y 277 de esta Ley, podrán exigir ante los Tribunales Ordinarios el derribo de las obras e instalaciones que vulneren lo establecido respecto a la distancia entre construcciones, pozos, cisternas o fosas, comunidad de elementos constructivos u otros urbanos, así como las disposiciones relativas a usos incómodos, insalubres o peligrosos, que estuviesen directamente orientadas a tutelar el uso de las demás fincas.

⇒ V. art. 305 del TRLS/1992 (§2).

Artículo 298.

1. Se podrá recurrir contra los actos de las Entidades Locales, cualquiera que sea su objeto, que ponga fin a la vía administrativa directamente ante la Jurisdicción Contencioso-Administrativa.

2. Los actos de aprobación definitiva de Planes de Ordenación y proyectos de urbanización serán impugnados ante la jurisdicción contencioso-admi-

nistrativa en los términos establecidos en el artículo 29 de la Ley reguladora de la mencionada jurisdicción.

⇒ V. art. 306 del TRLS/1992 (§2).

DISPOSICIONES ADICIONALES

Primera.

1. El régimen urbanístico de los espacios naturales de protección especial, declarados al amparo de la Ley 12/1985, de 13 junio, de Espacios Naturales, tendrán el régimen urbanístico que fije la Ley o Decreto de declaración, las normas que lo desarrollen y los planes especiales correspondientes.

2. Los Centros Recreativos Turísticos se regirán por la Ley 2/1989, de 16 de febrero del Parlamento de Cataluña.

3. Los Planes Comarcales de Montaña se regirán por la Ley de Alta Montaña, y contendrán como mínimo, entre otros aspectos, las directrices urbanísticas en el ámbito comarcal.

4. Los terrenos forestales no afectados por procesos de consolidación y de expansión de estructuras urbanas y que no formen parte de una explotación agraria deben ser calificados por los instrumentos de planeamiento urbanístico como suelo no urbanizable.

⇒ V. Ley 6/1988, de 30 marzo, de Ordenación forestal y Ley 7/1999, de 30 de julio, de creación del Centro de la Propiedad Forestal.

Segunda.

Los planes de ordenación urbanística de los municipios, cuando se revisen, deberán adaptarse a las prescripciones de la Ley 22/1983, de 21 de noviembre, de Protección del Ambiente Atmosférico.

⇒ V. Ley 3/1998, de 27 febrero. Intervención integral de la Administración ambiental.

Tercera.

Los municipios han de elaborar un plano refundido, referido a todo el término municipal, de escala adecuada, en el que se representen todas las clasificaciones urbanísticas, la estructura orgánica del territorio, la división en sectores en el suelo urbanizable, la zonificación y la ubicación de usos y, específicamente para el suelo urbano, indicación de las normas y de las ordenanzas básicas de aplicación según las zonas, dentro del plazo de seis meses.

Cuarta.

Las ejecuciones y beneficios que prevé la legislación urbanística se aplicarán de acuerdo con las determinaciones de la Ley 39/1988, de 28 de diciembre reguladora de las Haciendas Locales.

Quinta.

De conformidad con lo que establece la Ley 7/1987, de 4 de abril, en el marco de las determinaciones del Plan Territorial Parcial, corresponde a los ayuntamientos y, en su caso, a las comarcas, la elaboración de los Planes generales de ordenación urbana y la aprobación inicial y provisional, sin perjuicio de las medidas de intervención subsidiaria establecidas en esta Ley.

DISPOSICIONES TRANSITORIAS

Primera.

1. Los Planes Generales de ordenación que hubieren sido adaptados a la Ley 3/1984, de 9 de enero, de Cataluña, se deberán adaptar a esta Ley al ser revisados cuatrienalmente sus programas de actuación.

2. Las Normas subsidiarias de planeamiento que no hubieren sido, a la entrada en vigor de esta Ley, adaptadas a la Ley 3/1984, de 9 de enero, de Cataluña, deberán adaptarse al ser revisadas.

Segunda.

Las disposiciones contenidas en los artículos 73.3, 56 y 57 de esta Ley y los referentes a la ejecución de planes de ordenación para sectores de urbanización prioritaria y el desarrollo por subsectores, han de aplicarse con independencia de las adaptaciones previstas en la Disposición Transitoria Primera de esta Ley.

Tercera.

Los órganos que tienen atribuida la competencia para aprobar definitivamente el Plan general o la Norma subsidiaria de planeamiento municipal pueden señalar un plazo no inferior a un año para formular las figuras de planeamiento general o bien para revisarlas y adaptarlas a esta Ley, y en caso de incumplimiento pueden subrogarse sin ningún otro trámite en las competencias municipales para formular y tramitar los proyectos correspondientes.

Cuarta.

En tanto el Consejero de Política Territorial y Obras Públicas no hubiere aprobado los criterios y los pliegos generales de condiciones técnicas de los proyectos de urbanización, será preceptivo el informe previo del Servicio Territorial de Urbanismo de la Generalidad que corresponda, antes de la aprobación definitiva de los proyectos por los Ayuntamientos, cuando les corresponda, según lo previsto en el artículo 64 de esta Ley. El informe se entenderá que es emitido en el transcurso del plazo de un mes contado desde la entrada de un ejemplar de proyecto completo en el mencionado Servicio.

Quinta.

Los proyectos de urbanización que se promuevan en términos municipales carentes de planeamiento deberán tramitarse de acuerdo con lo previsto en los artículos 60, 61 y 62 de esta Ley.

Sexta.

En tanto los ayuntamientos de más de 12.000 habitantes no dispongan de sectores de urbanización prioritaria en ejecución, en distribución suficiente según el Plan Territorial General para afrontar las exigencias del proceso urbanizador inmediato, la declaración de sector de urbanización prioritaria hecha por el Consejero para los Ayuntamientos de menos de 12.000 habitantes tendrá carácter excepcional. En este supuesto, la iniciativa corresponderá exclusivamente a la Dirección General de Urbanismo previa audiencia de un mes de la Corporación Municipal y de un informe de la Comisión de Urbanismo o ente metropolitano competente.

Séptima.

1. El Ayuntamiento, previa audiencia de los afectados, podrá disponer que los propietarios de los terrenos comprendidos en el polígono o unidad de actuación delimitados con anterioridad a la entrada en vigor de la Ley 9/1981, de 18 de noviembre, queden sujetos a la obligación de conservar las obras de urbanización y al mantenimiento de las dotaciones e instalaciones, aunque no se haya previsto, al aprobar el correspondiente Plan, cuando, concurriendo las circunstancias que se enuncian a continuación, el interés público lo reclame.

2. A fin de imponer la obligación de conservación y mantenimiento será necesario:

a) Que las obras de urbanización, aunque estén aparentemente acabadas, no se hayan hecho de acuerdo con las prescripciones del proyecto de urbanización y no fuese posible exigir lo que corresponde al promotor.

b) Que, por el hecho de que el polígono o unidad de actuación no tengan consolidada la edificación, como mínimo, de las dos terceras partes de la superficie o por el hecho de que sea desproporcionada su extensión en relación con la total del término municipal, se pueda considerar que hay desequilibrio no justificado entre los tributos que gravan la propiedad y el coste de conservación y mantenimiento.

3. La obligación de conservar y de mantener la urbanización que se imponga a los propietarios durará el tiempo que se establezca, que no podrá ser superior a cinco años. Dentro de este tiempo, el ayuntamiento adoptará las medidas de fomento de la edificación o tributarias necesarias para poder asumir, en adelante, la carga impuesta transitoriamente a los propietarios.

4. En el supuesto previsto en esta Disposición, acabada la urbanización, los propietarios del polígono o unidad de actuación deberán integrarse en una entidad de conservación.

Jurisprudencia

«No se observa vulneración de la disposición transitoria séptima de la Ley Urbanística de Cataluña de 12 de julio de 1990, que prescribe la obligación de los propietarios de conservar y mantener la urbanización durante el tiempo que se establezca que no podrá ser superior a cinco años, al no constar el presupuesto de hecho determinante de haberse concluido la urbanización, con arreglo a los elementos requeridos en el artículo 59 del Reglamento de Gestión Urbanística, y haberse realizado su cesión formal a la Administración, demostrativa de que las obras de urbanización se realizaron conforme al proyecto, que determina la extinción de la entidad de conservación, cuya constitución es obligatoria de conformidad con el artículo 253 del referido Reglamento Urbanístico, siempre que el deber de conservación recaiga en los propietarios en virtud de las determinaciones del plan de ordenación o resulte expresamente de disposiciones legales (STS de 26 de marzo de 1990 [RJ 1990, 2674])». **(STSJ Cataluña 7 abril 1999 (RJCA 1999, 3145).**

Octava.

De conformidad con la Ley 7/1987, de 4 de abril, en tanto no se apruebe el Plan Territorial parcial del ámbito de las comarcas del Barcelonès, el Baix Llobregat, el Maresme, el Vallès Occidental y el Vallès Oriental, la iniciativa de la modificación del Plan General Metropolitano y de la Revisión del Programa de actuaciones corresponde a la Comisión de Urbanismo de Barcelona. Si la modificación del Plan afecta a elementos con una incidencia territorial limitada a un término municipal o a una comarca, la iniciativa corresponderá a los entes locales interesados.

DISPOSICIONES FINALES

Primera.

Quedan derogadas cuantas disposiciones se opongan a lo que establece esta Ley.

Segunda.

1. El Gobierno, cuando las circunstancias lo aconsejen, podrá elevar, por Decreto, previo dictamen de la Comisión Jurídica Asesora, las cuantías de las reservas y las previsiones a que se refieren los artículos 23.1 b) y 25.2 b). Estas cuantías únicamente podrán disminuirse cuando circunstancias excepcionales lo aconsejen, previo dictamen favorable de la Comisión Jurídica Asesora. Asimismo, el Gobierno podrá establecer otras reservas y previsiones de naturaleza análoga a propuesta del Consejero de Política Territorial y Obras Públicas y, si procede, del titular de este Departamento y del Consejero competente, por razón de la materia.

2. Se autoriza al Gobierno para establecer mediante Decreto los criterios de acuerdo con los cuales los Planes Generales deben fijar la cuantía de las reservas y previsiones aplicables al suelo urbano o, en su caso, para determinar su cuantía directamente, según las circunstancias urbanísticas de las poblaciones afectadas.

3. El Gobierno, por Decreto, a propuesta del Consejero de Política Territorial y Obras Públicas, fijará las condiciones y proporción en que pueda adscribirse a la construcción de viviendas de carácter social, la superficie edificable resultante de actuaciones públicas para la construcción de suelo urbanizado, correspondiente al aprovechamiento al que se refieren los artículos 121.3 y 127.2, así como su cesión a precio de coste o inferior, cuando las viviendas se promuevan por Entidades públicas o sin ánimo de lucro.

Tercera.

Se autoriza al Gobierno para adaptar por Decreto, a propuesta del Consejero de Política Territorial y Obras Públicas, la cuantía de las multas establecidas en el artículo 374, a la evolución de las circunstancias socio-económicas en función del índice general ponderado de precios al mayor publicado por el Instituto Catalán de Estadística.

§ 28.1 DECRETO 303/1997, DE 25 NOVIEMBRE. APRUEBA EL REGLAMENTO SOBRE MEDIDAS PARA FACILITAR LA EJECUCIÓN URBANÍSTICA DE CATALUÑA

(DOGC núm. 2531, de 3 diciembre [LCAT 1997, 575])

Artículo único.

Se aprueba el Reglamento sobre medidas para facilitar la ejecución urbanística, que se adjunta como Anexo.

ANEXO

REGLAMENTO SOBRE MEDIDAS PARA FACILITAR LA EJECUCIÓN URBANÍSTICA

CAPÍTULO I

Objeto del Reglamento

Artículo 1. Definición.

El objeto de este Reglamento es desarrollar y complementar la regulación urbanística, en aquellas materias que afectan a los procesos de ejecución del planeamiento, a fin de agilizar su gestión.

CAPÍTULO II

Proyecto de reparcelación

Artículo 2. Disposición general.

El proyecto de reparcelación contendrá la documentación y las determinaciones previstas en la legislación urbanística y, en todo caso, como mínimo, las señaladas en los artículos siguientes.

⇒ V. arts. 148 y 149 del DLeg 1/1990, de 12 julio, que aprueba el Texto Refundido de legislación vigente en materia de urbanismo (§28).

Artículo 3. Contenido de la memoria.

En la memoria se hará constar:

a) El planeamiento que es objeto de ejecución.

b) La identificación y superficie de la unidad reparcelable.

c) Los criterios aplicados en orden a la valoración de las fincas y la distribución de beneficios y cargas.

d) La justificación de la cuenta de liquidación provisional de la reparcelación con especificación de las siguientes partidas:

El presupuesto provisional de gastos de urbanización.

Los gastos generados por la redacción del proyecto, y, en su caso, del planeamiento que se ejecuta y del proyecto de urbanización, así como cualquier otro gasto previsto con especificación de su causa.

La previsión de los gastos necesarios para la formalización e inscripción del proyecto de reparcelación.

La cuantía de las indemnizaciones en metálico por cancelación de cargas y otros derechos a satisfacer a sus titulares, las correspondientes a los titulares de derechos externos al ámbito por ocupaciones temporales requeridas para la ejecución de la obra urbanizadora, así como la de las indemnizaciones a satisfacer a determinados propietarios a los cuales no se adjudica suelo o se les adjudica en menor proporción a su aportación, y la de los titulares de restos de fincas existentes en el sector en razón de su reducida superficie.

e) Identificación de los elementos que no se han de indemnizar porque se pueden conservar provisionalmente, ya sea por no ser radicalmente incompatibles con la ordenación, por no ser necesaria su eliminación para realizar las obras de urbanización previstas en el Plan, o por estar situados en una superficie que haya que adjudicar íntegramente a su propietario.

f) Existencia de derechos de arrendamiento y, de ser el caso, de los consiguientes derechos de retorno o realojamiento.

g) La justificación, en su caso, de la tramitación simultánea del proyecto con la del Plan que es objeto de ejecución.

Artículo 4. Interesados en el expediente.

El proyecto contendrá la enumeración de los afectados por la reparcelación, bien por su carácter de propietarios de las fincas aportadas, bien en concepto de titulares de otros derechos, y especificará sus circunstancias personales, conforme a lo establecido en la legislación hipotecaria.

Artículo 5. Circunstancias de las fincas aportadas.

En la relación de las fincas aportadas se hará constar, respecto de cada una de ellas, lo siguiente:

a) Su descripción de acuerdo con la realidad física y con las especificaciones requeridas por la legislación hipotecaria. Si la descripción de la finca en el Registro no coincidiera con la real, por razón de su extensión superficial, linderos o edificaciones que hayan de mantenerse, se hará constar así en el proyecto, con el fin de que se lleve a efecto la rectificación registral que proceda en cada caso.

b) Su titular dominical, con especificación del título de adquisición. En caso de que la finca incluida se hallase inscrita en el Registro de la Propiedad, en el proyecto se tendrá en cuenta como aportante al titular registral, salvo en el caso de que fuese procedente la reanudación del trato registral interrumpido, tramitada en el expediente urbanístico conforme a lo establecido en la legislación aplicable.

c) En el supuesto de que alguna de las fincas se incluya sólo parcialmente en la unidad reparcelable, la descripción de la porción afectada por la actuación. A tal efecto, se especificará el linde por donde se practica la segregación respecto de la finca matriz, así como la reducción de la cabida de ésta y la solicitud de su segregación. Cuando el resto de finca matriz situado fuera del perímetro de la unidad reparcelable no cumpliera con la dimensión mínima exigida, se podrá optar, razonada y justificadamente, por alguna de las alternativas siguientes: a) Indemnización de los terrenos por razón de su reducida superficie; b) Equiparación, por causa sobrevenida, del resto de la finca con la superficie de parcela o unidad mínima establecida en el planeamiento urbanístico; y c) Incorporación a la Unidad reparcelable, siempre que la superficie incorporada no altere de forma sustancial los derechos del conjunto de propietarios del ámbito.

d) En el caso de que por los servicios técnicos del órgano actuante se aprecie la existencia de conflictos de titularidad sobre fincas no inscritas, o de supuestos de doble inmatriculación, dicha situación se reflejará en el proyecto.

e) Cuando se trate de fincas previamente inscritas, el proyecto sólo tendrá en cuenta situaciones litigiosas cuando se acredite ante el órgano actuante la existencia de anotación preventiva de la demanda correspondiente.

f) Si las fincas incluidas en la unidad reparcelable, cualquiera que sea su titularidad pública o privada, no constasen inscritas, el proyecto lo hará constar así, a efectos de su inmatriculación. El proyecto también hará constar las fincas de propietario desconocido y, en este caso, la inmatriculación se practicará, de conformidad con lo establecido en la normativa hipotecaria.

Artículo 6. Definición y adjudicación de fincas resultantes.

En cuanto a la definición y adjudicación de las fincas resultantes el proyecto hará constar las siguientes circunstancias:

a) Su descripción, de acuerdo con las exigencias de la legislación hipotecaria. Cuando se tratase de fincas destinadas a dominio y uso público se formarán tantas fincas como porciones de suelo no colindantes entre sí y con el mismo destino urbanístico.

b) El título de adjudicación, según se realice por subrogación real con las fincas o participaciones aportadas por el adjudicatario, o a título de adquisición originaria respecto de las cesiones que se realicen a favor del órgano actuante o de las que tengan lugar en los supuestos regulados en el artículo 17.

c) La titularidad individual o en proindiviso del adjudicatario o adjudicatarios de cada finca resultante, con especificación, en su caso, de su régimen económico matrimonial.

d) En el caso de que se aporten al proyecto fincas en régimen de comunidad de bienes, los aportantes podrán solicitar, mediante la alegación correspondiente en el período de información pública, que la adjudicación a cada uno de los partícipes tenga lugar mediante la atribución de parcelas independientes, siempre que éstas cumplan con las determinaciones sobre parcela mínima y consientan en la adjudicación propuesta los titulares de otros derechos o cargas preexistentes sobre la finca aportada.

e) La descripción de las edificaciones que se mantienen sobre las fincas resultantes.

f) Si sobre la edificación existente en la finca aportada se hubiese constituido régimen de propiedad horizontal y dicha edificación hubiese de derribarse por ser incompatible con las determinaciones del Plan que es objeto de ejecución, la adjudicación de la finca resultante se efectuará en régimen de comunidad de bienes, fijándose las participaciones de acuerdo con las cuotas que correspondían a los propietarios en la propiedad horizontal extinguida. Dicha adjudicación se entenderá sin perjuicio de las indemnizaciones que pudieran corresponder a alguno de los propietarios por razón del cese en el uso o explotación de los pisos o locales.

g) En la descripción de las fincas resultantes, se hará constar la obligación de conservar y mantener la urbanización a cargo de los propietarios, cuando así lo determine el Plan que se ejecuta.

⇒ V. arts. 4 y concordantes del RD 1093/1997, de 4 julio (§2.1).

Artículo 7. Cargas preexistentes.

A efectos del traslado de cargas a título de subrogación real entre las fincas aportadas y adjudicadas, el proyecto deberá precisar los aspectos siguientes:

a) Se especificará cada una de las que resulten incompatibles con las determinaciones del planeamiento que se ejecuta, la razón de su incompatibilidad, la indemnización que en su caso se haya de satisfacer a su titular y el pago o consignación, de dicha indemnización. A efectos de dicho pago o consignación el órgano actuante podrá exigir a los titulares de las fincas adjudicadas, con carácter inmediato a la aprobación definitiva del proyecto, el importe de las mismas en la proporción que corresponda.

b) Respecto de cada una de las cargas compatibles, el proyecto deberá especificar la finca a que se traslada en los términos previstos por la legislación hipotecaria. Cuando se diese el acuerdo unánime sobre el traslado de tales cargas entre diferentes fincas aportadas y adjudicadas, éste podrá hacerse constar en el proyecto mediante comparecencia conjunta o sucesiva de los interesados, de la que se extenderá la correspondiente diligencia. A fin de facilitar este consentimiento, el órgano actuante deberá comunicar a los interesados la posibilidad del mismo, en los términos que señala la legislación aplicable.

c) A efectos de determinación de la cuota, cuando, a una única finca adjudicada, hubiera de trasladarse varias cargas compatibles procedentes de distintas fincas aportadas, dicha cuota se calculará en función del valor que se haya tenido en cuenta en el proyecto a efectos de fijación de derechos.

d) En el supuesto de que el órgano actuante tuviera conocimiento de la carga durante la redacción del proyecto y antes de la terminación del plazo establecido para la información pública, será obligatoria la fijación de la cuota.

Artículo 8. Cuenta de liquidación provisional.

En la determinación de la cuenta de liquidación provisional de la reparcelación, se especificará la responsabilidad que corresponda a cada finca resultante por razón de los gastos de urbanización y los demás gastos del proyecto a que hace referencia el artículo 3 d).

Artículo 9. Fincas de propietario desconocido y titulares con paradero desconocido.

1. Cuando en la unidad reparcelable se incluyan fincas de propietario desconocido, las resultantes que correspondan a aquéllas por subrogación real se adjudicarán, de conformidad con la normativa hipotecaria, en concepto de titular fiduciario, al Órgano actuante, que se limitará a poner el hecho en conocimiento de la Dirección General de Patrimonio de la Generalidad de Cataluña para que por parte de ésta se proceda a la adjudicación que corresponda de acuerdo con las normas aplicables a los bienes abandonados. Una vez firme la resolución pertinente, el Órgano actuante adjudicará la finca a quien corresponda, previa percepción de los gastos que se hubiesen originado como consecuencia de la ejecución de la unidad y de sus intereses legales.

2. En cuanto a titulares con paradero desconocido, se estará a lo que dispone la normativa hipotecaria.

Artículo 10. Bienes de dominio público.

Los inmuebles de pertenencia pública incluidos en la unidad reparcelable participarán en la distribución de beneficios y cargas, si bien con aplicación de las normas especiales siguientes:

a) Los caminos y vías de comunicación adquiridos por la Administración de forma no onerosa y que hayan de ser sustituidos por los previstos en el plan que se ejecute no darán lugar a la atribución de aprovechamiento.

b) Tampoco darán lugar a la atribución de aprovechamiento los demás bienes de dominio público cuando hubiesen sido adquiridos a título de cesión gratuita a la Administración como consecuencia de procesos urbanísticos. No obstante si la extensión superficial de los terrenos de dominio público incluidos en la unidad fuese superior a la total superficie prevista en el Plan objeto de ejecución para cesión gratuita y obligatoria con destino a dominio público, dicho exceso formará parte de la comunidad reparcelatoria.

Artículo 11. Bienes susceptibles de exclusión.

La exclusión de determinados bienes de la comunidad reparcelatoria se ajustará a lo dispuesto en las siguientes reglas:

a) Las edificaciones e instalaciones preexistentes compatibles con las determinaciones del Plan de ordenación que sea objeto de ejecución podrán ser justificadamente excluidas del sistema de reparto y de la comunidad reparcelatoria sin necesidad de alterar la delimitación de la unidad reparcelable, siempre que se demuestre una diferencia sustancial en la proporción de beneficios y cargas respecto del conjunto de la actuación y de tal forma que el suelo que se excluya sea el indispensable en relación con las previsiones del Plan sobre parcelas mínimas o la funcionalidad de las edificaciones que se mantienen.

b) Cuando en la unidad reparcelable se hubieren incluido superficies de dominio público, así calificadas por determinación de la legislación sectorial aplicable sobre vías pecuarias, cauces, carreteras u otras, cuyas características y usos no se modifiquen o vengan sustituidas como consecuencia de las previsiones de planeamiento, el proyecto podrá excluirlas de la comunidad reparcelatoria siempre que se mantenga su superficie y situación física y se justifique expresamente su sustitución y exclusión.

Artículo 12. Contenido de la certificación del proyecto.

En la certificación del Órgano actuante expresiva de la aprobación definitiva del proyecto de reparcelación deberán hacerse constar los siguientes extremos:

a) Las determinaciones previstas en la legislación urbanística e hipotecaria y, en todo caso, las contenidas en los artículos anteriores.

b) La especificación de que todos y cada uno de los titulares interesados en la reparcelación han sido notificados reglamentariamente. En los casos de titulares de derechos y cargas no dominicales, a falta del acuerdo unánime a que se refiere el artículo 7 b), la notificación deberá expresar que la finca sobre la que recaen dichos derechos se sustituye a título de subrogación real por varias parcelas resultantes o que, con otras del mismo titular, se sustituyen por una única parcela.

c) La expresión de la firmeza en vía administrativa de la aprobación definitiva del proyecto.

Artículo 13. Errores materiales.

Los errores materiales contenidos en la certificación a que se refiere el artículo anterior, cuando consistan en la omisión de circunstancias descriptivas de las fincas aportadas o resultantes, o de datos correspondientes a los nombres, domicilio, identificación fiscal o régimen matrimonial de las personas físicas, así como de datos de identificación de las personas jurídicas interesadas en el expediente, siempre que estos datos consten en el proyecto, podrán subsanarse mediante nueva certificación.

Artículo 14. Operaciones jurídicas complementarias.

El expediente de operaciones jurídicas complementarias de la reparcelación se tramitará con aplicación de las siguientes reglas:

a) Cuando tenga por objeto la formalización del acuerdo unánime a que se refiere el artículo 7 b), la tramitación se limitará a la comparecencia de los interesados y a reflejar el acuerdo adoptado en el acto de aprobación.

b) Cuando tenga por objeto la rectificación de circunstancias descriptivas de las fincas aportadas o resultantes, siempre que tales aspectos no afecten a la participación de los titulares de fincas aportadas en la comunidad reparcelatoria o a la cuantificación del aprovechamiento urbanístico atribuido a las fincas resultantes, la tramitación del expediente se limitará a la aprobación del órgano actuante, previa comparecencia de los titulares interesados o, en otro caso, siempre que hubiesen sido notificados del contenido de la rectificación, con fijación del plazo de veinte días para presentar las alegaciones que estimen oportunas.

c) Cuando la rectificación consista en la realización de alguna notificación omitida en el proyecto, se aplicará lo dispuesto en el párrafo anterior, limitándose la certificación a especificar que la notificación ha sido realizada y, en su caso, el contenido del acuerdo o resolución adoptado sobre las alegaciones formuladas.

d) Cuando la rectificación tenga por objeto la distribución entre todas o alguna de las fincas resultantes de su responsabilidad provisional por el pago de los gastos de urbanización y los demás del proyecto o la alteración de su cuantía, la tramitación del expediente se limitará a la notificación a los interesados por razón de su titularidad en las fincas de origen o a los afectados por la distribución, sin que sea necesario someter el acuerdo a nueva información pública.

e) Cuando, en el caso previsto en el artículo 7 d), el expediente tenga por objeto la determinación de la cuota a que se refiere el apartado c) del precepto citado, bastará con la comparecencia o notificación de los titulares activos y pasivos de las cargas y derechos no dominicales que hubiesen sido objeto de traslado.

f) Cuando la rectificación excediese de los aspectos a que se refieren los párrafos anteriores, su tramitación se sujetará a lo previsto para el propio proyecto que se complementa.

g) En todo caso, se certificará la firmeza en vía administrativa del acto de aprobación de la operación jurídica complementaria.

Artículo 15. Propietario único.

En el caso de que los terrenos incluidos en la unidad reparcelable pertenezcan a un propietario único o varios en proindiviso, tanto si las cuotas de participación son iguales como si son diferentes, el proyecto de reparcelación se limitará a especificar las fincas resultantes que han de ser cedidas al órgano actuante, las demás que han de ser adjudicadas al propietario único o a los titulares de la comunidad y la afección a los gastos de urbanización y los demás del proyecto.

Artículo 16. Obligación de urbanizar de la Administración.

Las Administraciones públicas adjudicatarias de terrenos destinados a la materialización de aprovechamiento urbanístico quedarán sujetas proporcionalmente a la obligación de costear la urbanización de la unidad reparcelable y los demás gastos del proyecto.

Artículo 17. Pago de la urbanización mediante entrega de terrenos.

Por consentimiento formalizado mediante comparecencia en el expediente, podrán incluirse en el proyecto de reparcelación, como una más de las operaciones realizadas, las que tengan por objeto las cesiones de fincas resultantes a favor del Órgano actuante en pago de gastos de urbanización, o las que, con esa misma causa, tengan lugar a favor de organismos de derecho público cuya finalidad sea la gestión, urbanización o edificación.

Artículo 18. Sectores de urbanización prioritaria.

La resolución por la que se declare el ámbito de un sector de urbanización prioritario, podrá hacerse constar por nota con los efectos de publicidad a que se refiere la legislación hipotecaria. La práctica de esta nota no excluye la prevista en el momento de la expedición de la certificación de cargas establecida para la iniciación del expediente de reparcelación.

CAPÍTULO III
Proyecto de compensación

Artículo 19. Disposición general.

Las normas previstas en los artículos 2 al 14 y 16, sobre proyectos de reparcelación, serán aplicables a los proyectos de compensación, si bien se entenderán adjudicadas a título de adquisición originaria, además de las fincas de cesión obligatoria las que se atribuyan a las empresas urbanizadoras que se incorporen a la Junta, así como las fincas resultantes que ésta se reserve con el fin de financiar la obra de urbanización.

⇒ V. arts. 176 y ss. del DLeg 1/1990, de 12 julio, que aprueba el Texto Refundido de legislación vigente en materia de urbanismo (§28).

Artículo 20. Adhesión a la Junta.

Una vez transcurrido el plazo legalmente establecido para la adhesión de los propietarios, la administración actuante podrá dejar sin efecto, previo acuerdo de la Junta de Compensación el expediente de expropiación iniciado al propietario no adherido, cuando éste haya solicitado su adhesión y satisfecho la parte proporcional de los gastos realizados con los intereses legales correspondientes, así como los que se hubieran devengado durante la tramitación del proyecto de expropiación, siempre que no se haya levantado aún el acta de ocupación.

Artículo 21. Expropiación.

1. El expediente de expropiación que ha de seguirse sobre las fincas de los propietarios que no se adhieren al sistema de compensación en el plazo de un mes desde la notificación de la aprobación definitiva de las bases y estatutos de la Junta, se podrá tramitar por el procedimiento de expropiación ordinaria o el de tasación conjunta.

2. En caso de que se opte por el procedimiento de tasación conjunta, se seguirán las reglas siguientes:

a) El órgano actuante fijará la tasación de la finca, de acuerdo con los criterios de las bases o previsiones del proyecto de compensación.

b) La aprobación del expediente por la Comisión de Urbanismo implicará la declaración de urgencia de la expropiación incoada, y legitimará al órgano actuante para levantar el acta de ocupación y solicitar la práctica de la anotación preventiva correspondiente, previo pago o el depósito del importe de la tasación aprobada.

c) A la expropiación efectuada por no adherirse el propietario de la finca a la Junta de compensación le serán aplicables las reglas previstas en la legislación urbanística e hipotecaria para la inscripción registral de los expedientes de expropiación por tasación conjunta.

d) Practicada la anotación preventiva a que se refiere el apartado b) que antecede, el proyecto de compensación se tramitará y concluirá en forma ordinaria. En este caso, una vez aprobado definitivamente dicho proyecto, la finca o fincas resultantes que correspondan por subrogación real a la ocupada se adjudicarán a la Junta de Compensación los efectos previstos en la legislación hipotecaria.

Artículo 22. Solicitud de la nota marginal de iniciación del expediente.

Para la práctica de la nota marginal en el Registro de la Propiedad, acreditativa de la expedición de la certificación de la titularidad y cargas de las fincas incluidas en la unidad a solicitud del presidente de la Junta de Compensación, bastará, según lo que prevé la normativa hipotecaria, que haya sido otorgada la escritura pública de constitución de la entidad.

⇒ V. arts. 73 a 77 del RD 1093/1997, de 4 julio (§2.1).

Artículo 23. Publicidad de la Junta.

En los casos en los que la Junta de Compensación realizase actos de adquisición o de disposición o gravamen de inmuebles, distintos de los previstos como propios de las operaciones de compensación contenidas en el proyecto correspondiente, la certificación de la inscripción de la Junta de Compensación en el Registro de Entidades Urbanísticas Colaboradoras podrá acceder al Registro Mercantil, cuando se estime conveniente para mejor seguridad jurídica y publicidad, de conformidad con su legislación reguladora.

CAPÍTULO IV

Afección real de las fincas a la realización de la urbanización

Artículo 24. Obligación de urbanizar y afección al saldo de las liquidaciones.

1. Quedarán afectos al cumplimiento de la obligación de urbanizar todos los titulares del dominio u otros derechos reales que constasen inscritos con anterioridad a la aprobación del proyecto.

2. Las fincas resultantes de los proyectos de reparcelación y compensa-

ción, de acuerdo con la legislación urbanística, quedarán afectadas al pago de:

a) El saldo de la liquidación definitiva.

b) El importe que les corresponda en el saldo de la cuenta de liquidación provisional de la reparcelación, de acuerdo con lo dispuesto en el artículo 8.

c) La cuota de participación que se les atribuya en el pago de la liquidación definitiva por los gastos de urbanización y los demás del proyecto, sin perjuicio de la compensación procedente por razón de las indemnizaciones que pudiesen tener lugar.

3. Esta afección se inscribirá de acuerdo con la normativa hipotecaria.

⇒ V. arts. 4 y concordantes del RD 1093/1997, de 4 julio (§2.1).

Artículo 25. Vigencia de la afección.

De acuerdo con la legislación aplicable, la afección caducará, en cualquier caso, a los siete años de su inscripción. No obstante, si durante su vigencia se hubiera elevado a definitiva la cuenta provisional de liquidación del proyecto de reparcelación o compensación, dicha caducidad se producirá a los dos años a contar desde la fecha de la constatación en el Registro de la Propiedad del saldo definitivo. En la determinación del saldo definitivo de la cuenta, deberá hacerse constar el conjunto de modificaciones que se originasen, en su caso, de la adaptación específica de las determinaciones del proyecto de urbanización o de los cambios de planeamiento en relación a los usos o sus intensidades sobre alguna de las fincas resultantes.

Artículo 26. Excepciones a la afección.

El Estado y la Generalidad de Cataluña estarán exentos de la afección en cuanto a los créditos de naturaleza tributaria, vencidos y no satisfechos, que constasen anotados en el Registro de la Propiedad con anterioridad a la práctica de la afección.

Artículo 27. Solicitud de cancelación de la afección.

Se podrá solicitar la cancelación de la afección de acuerdo con la legislación aplicable antes de su fecha de caducidad, de acuerdo con lo que sigue:

a) En caso de reparcelación, a instancia de cualquiera de los titulares del dominio u otros derechos sujetos a la misma, acompañando, a la solicitud, certificación del órgano actuante expresiva de haber sido satisfecha la cuenta de la liquidación definitiva referente a la finca de que se trate, en metálico o mediante la dación en pago de fincas resultantes del proyecto.

b) En caso de compensación, cuando a la instancia del titular se acompañe certificación del Órgano actuante expresiva de haber sido recibida la obra de urbanización en los términos previstos en este Reglamento y, además, cuando se hubiese constituido Junta de Compensación, certificación de la misma acreditativa del pago de la obligación a favor de la entidad urbanística.

c) En los casos de concentración de responsabilidad previstos en el artículo 31, respecto de las fincas liberadas.

⇒ V. art. 20 del RD 1093/1997, de 4 julio (§2.1).

Artículo 28. Innecesariedad de la afección.

No será necesaria la práctica de la afección cuando del proyecto de compensación o reparcelación resulte que la obra de urbanización ha sido realizada y pagada o que la obligación de urbanizar se ha asegurado mediante cualquiera de los medios a que se refiere el artículo 81 del Decreto Legislativo 1/1990, de 12 de julio.

Artículo 29. Exención de la afección.

En el sistema de cooperación, la afección no se hará constar sobre las fincas de resultantes adjudicadas al Órgano actuante en concepto de cesiones destinadas a la materialización del aprovechamiento correspondiente a la Administración.

Artículo 30. Incumplimiento de la obligación de urbanizar.

En caso de incumplimiento de la obligación de pago resultante de la liquidación de los gastos de urbanización, si la Administración optase por su cobro por la vía de apremio el procedimiento se dirigirá contra el titular o titulares del dominio y se notificará a los demás que lo sean de otros derechos inscritos o anotados sujetos a la afección. En caso de pago por cualquiera de estos últimos del importe de la obligación urbanística, el que la satisfaga podrá repetir contra el propietario que la incumpla.

Artículo 31. Concentración de responsabilidad.

1. El órgano actuante podrá aprobar la concentración de la responsabilidad a que estuvieran sujetas determinadas fincas en otras fincas resultantes del proyecto, siempre que se cumplan los siguientes requisitos:

a) Que las condiciones que posibiliten la concentración estén previstas en el proyecto.

b) Que, no dándose la anterior circunstancia, la finca sobre la que se pretenda la concentración esté valorada en cuantía suficiente para soportar su propia responsabilidad y la de la finca liberada y que consientan en la concentración todos sus titulares, tanto del dominio como de otros derechos o cargas.

2. Mediante la certificación de la aprobación, se solicitará la inscripción de la nueva responsabilidad sobre las fincas en que ésta se concentre.

Artículo 32. Hipotecas en garantía de obras.

En el proyecto, podrá establecerse que la afección no surta efectos respecto de acreedores hipotecarios cuando la hipoteca tuviera por finalidad asegurar créditos concedidos para financiar la realización de obras de urbanización o de edificación, siempre que, en este último caso, la obra de urbanización esté garantizada en su totalidad.

Artículo 33. Sustitución de garantías.

Cuando el proyecto de compensación y en su caso, el de reparcelación, tuviesen por objeto la ejecución de una unidad comprendida en el ámbito territorial de un Plan de ordenación de iniciativa particular, la aprobación definitiva del proyecto en el que se haga constar la afección de las fincas resultantes al pago del saldo de la liquidación definitiva de los gastos de urbanización y los demás gastos del proyecto, o la presentación de garantía en los términos señalados en el artículo 28 de este Reglamento, implicará la cancelación de las prestadas a los efectos previstos en el artículo 81 del Decreto Legislativo 1/1990, de 12 de julio.

CAPÍTULO V
Disposiciones específicas sobre expropiación forzosa

Artículo 34. Disposición general.

En todas las expropiaciones de naturaleza urbanística el órgano actuante podrá acordar que su tramitación se efectúe según el procedimiento de tasación conjunta.

⇒ V. arts. 33 a 39 de la Ley 6/1998, de 13 abril (§1).

Artículo 35. Enmienda de las actas de ocupación.

El órgano actuante podrá solicitar al Registrador de la Propiedad que informe sobre la forma más conveniente para subsanar los defectos que éste haya advertido en las actas de ocupación.

Artículo 36. Tasación conjunta.

En los expedientes de expropiación que se tramiten por el procedimiento de tasación conjunta, si no se produjese acuerdo entre la Administración expropiante y el expropiado sobre la cuantía del justiprecio, bastará para solicitar la inscripción del proyecto, en los términos previstos en la legislación hipotecaria, a favor de la Administración actuante o del beneficiario de la expropiación, que se haga constar el ofrecimiento de pago, el pago o la constitución del depósito a favor del expropiado del importe de la tasación fijada por la Administración urbanística competente en cada caso, sin perjuicio de los recursos de que sea susceptible tal tasación ante otros órganos de la Administración o, en su caso, ante los tribunales competentes.

⇒ V. art. 38 de la Ley 6/1998, de 13 abril (§1).

CAPÍTULO VI
Cesiones de suelo

Artículo 37. Disposición general.

Sin perjuicio del régimen de cesiones resultantes de los expedientes de reparcelación o compensación, la cesión obligatoria y gratuita a favor del

Ayuntamiento de terrenos previstos como viales o de otros destinados a dominio público se sujetará a lo dispuesto en el presente capítulo.

⇒ V. arts. 170 y ss. del DLeg 1/1990, de 12 julio, que aprueba el Texto Refundido de legislación vigente en materia de urbanismo (§28).

Artículo 38. Supuestos de cesión urbanística.

1. Se considerará cesión urbanística la que se refiera a terrenos calificados por el Plan de ordenación como viales, zonas verdes o superficies destinadas a la titularidad pública, en concepto de bienes de dominio público, tanto de uso como de servicio público. Tales cesiones cuando no provengan de proyectos de reparcelación o compensación definitivamente aprobados, exigirán para su validez la aceptación del Ayuntamiento.

2. También se considerarán cesiones urbanísticas las cesiones de suelo realizadas directamente a favor de empresas instaladoras y suministradoras de redes de servicios de los terrenos necesarios para estos fines, siempre que estén previstas en el Plan de ordenación. Tales cesiones deberán formalizarse en escritura pública.

Artículo 39. Libertad de cargas.

En cualquier caso, las cesiones urbanísticas tendrán que realizarse con carácter gratuito y los terrenos tendrán que estar libres de toda carga o gravamen, a excepción de las constituidas con la finalidad de permitir la instalación o subsistencia de redes de servicio público.

Artículo 40. Cesiones anticipadas.

La cesión de terrenos incluidos en una unidad sometida a ejecución por los sistemas de cooperación o compensación podrá realizarse con carácter anticipado a la aprobación definitiva del proyecto correspondiente, de acuerdo con las siguientes reglas:

a) Deberán consentir en la cesión los titulares del dominio y de otros derechos o cargas de los terrenos de que se trate.

b) Las fincas objeto de cesión deberán estar libres de cargas o gravámenes, en virtud de su cancelación previa o de su traslado al folio registral a que se refiere el apartado e) de este artículo.

c) En el acuerdo de cesión, se especificará la cuantía del aprovechamiento correspondiente a las fincas cedidas en la comunidad reparcelatoria de la unidad en la que se encuentren incluidos los terrenos cedidos.

d) La certificación del acuerdo de cesión contendrá las circunstancias previstas para las actas de ocupación en caso de expropiación forzosa.

e) De acuerdo con la normativa hipotecaria, mediante certificación, se solicitará la inscripción de las superficies cedidas a favor del órgano actuante y la inscripción del aprovechamiento que corresponda al cedente en la comunidad reparcelatoria de la unidad.

f) En la certificación, se especificará el traslado de cargas preexistentes sobre la finca cedida que no hayan sido objeto de previa cancelación.

Artículo 41. Ocupación de terrenos para obras de urbanización.

Sin perjuicio de la cesión anticipada a que se refiere el artículo anterior, el órgano actuante, en los supuestos previstos en la legislación urbanística, una vez aprobado inicialmente el proyecto de reparcelación o compensación, podrá ocupar las superficies de la unidad destinadas a sistemas de la misma, con el fin de realizar las obras de urbanización pertinentes. En estos casos, la indemnización que proceda, como consecuencia de los daños y perjuicios ocasionados, se considerará gasto común del proyecto y el órgano actuante podrá solicitar que la ocupación se haga constar en el Registro de la Propiedad mediante nota marginal.

CAPÍTULO VI
Fraccionamiento de fincas

Artículo 42. Parcelaciones ilegales.

Se considerará parcelación ilegal la división simultánea o la segregación sucesiva de fincas, cuando del resultado de una u otra pudiera surgir un núcleo de población destinado a usos residenciales o a cualquier otro, en los términos que señala el artículo 32 del Decreto 308/1982, de 26 de agosto, o cuando la finca matriz tuviese el carácter de indivisible por resultar así de las previsiones de planeamiento o de la circunstancia de haberse agotado su aprovechamiento urbanístico. También tendrá la consideración de parcelación ilegal, la transmisión de derechos sobre fincas en la que se den las circunstancias previstas en el artículo 41 del Decreto antes citado.

⇒ V. arts. 139 y ss. del DLeg 1/1990, de 12 julio, que aprueba el Texto Refundido de legislación vigente en materia de urbanismo (§28).

Artículo 43. Aportación de licencia de parcelación.

Cuando la división o segregación sucesiva de fincas estuviere comprendida en algunos de los casos a que se refiere el artículo anterior, se aplicarán las siguientes reglas:

1. Los notarios y los registradores de la propiedad actuarán de acuerdo con lo dispuesto en el Capítulo II del Título IV del Decreto 308/1982, de 26 de agosto.

2. Si no se aportarse la licencia de parcelación, el Registrador notificará la operación realizada al Ayuntamiento correspondiente y a la Dirección General de Ordenación del Territorio y Urbanismo, con especificación de la cabida de las fincas resultantes de la segregación, o de la división, así como de la finca matriz de que procedan, en el primero de los casos.

Artículo 44. Supuestos especiales.

Lo dispuesto en los artículos anteriores no será de aplicación:

a) En los casos de división o segregación de fincas en suelo urbano o urbanizable programado, cuando con el título presentado se acompañase licencia de parcelación o certificado de su innecesariedad, en los términos previstos en los artículos 28, 29 y 55 del Decreto 308/1982, de 26 de agosto.

b) En el supuesto previsto en el apartado a) que antecede, cuando la segregación o división constituyese operación previa a la declaración de obra nueva legalmente inscribible sobre la totalidad de las nuevas fincas resultantes de la división o segregación, incluido, en su caso, el resto de la finca matriz. Este criterio será aplicable tanto en el caso de que dicha declaración se realizare en el mismo título por el que se lleva a efecto la formación de la nueva finca como en otro presentado simultáneamente o posteriormente.

c) Cuando la incorporación de parte de una finca determinada a un expediente de compensación o reparcelación exigiese su segregación, aun cuando la finca matriz situada fuera del perímetro de la unidad no cumpliese con la dimensión mínima exigida.

d) Cuando la segregación o división se produjese como consecuencia de operaciones destinadas a la creación o incremento de patrimonios públicos.

e) En suelo clasificado como urbano, respecto de la división o segregación de fincas ya edificadas cuya obra nueva conste declarada en el Registro de la Propiedad, siempre que la formación de nuevas fincas susceptibles de dominio exclusivo se lleve a efecto mediante la constitución de régimen de propiedad horizontal o de conjunto inmobiliario sobre la totalidad del inmueble, de tal forma que el suelo, al menos, tenga el carácter de elemento común.

CAPÍTULO VIII

Entrega y recepción de las obras de urbanización

Artículo 45. Procedimiento.

La recepción de las obras de urbanización cuando la ejecución de éstas hubiese de llevarse a cabo por los particulares o por otra entidad distinta del Ayuntamiento, se sujetará a las siguientes reglas:

a) Concluida la obra se notificará tal hecho en forma fehaciente al Ayuntamiento, con solicitud de que se incoe el expediente de recepción de aquélla.

b) Lo dispuesto en el número anterior será aplicable a la urbanización realizada sobre fases determinadas previstas en el proyecto de urbanización o a servicios completos, aunque no se hubiesen ejecutado las obras correspondientes a la totalidad de la obra prevista.

c) A la solicitud, se acompañará en su caso copia de las actas de recepción de la obra realizada por el contratista de que se trate y descripción de los servicios a que se refiere.

A estos efectos, también se acompañará: a) Documentación gráfica donde se precise la obra realmente ejecutada con memoria justificativa de las posibles modificaciones que se hayan tenido que realizar respecto del proyecto aprobado, y b) Valoración económica de los diferentes servicios a ceder al Ayuntamiento.

d) El Ayuntamiento comprobará en el plazo de tres meses que la obra realizada ha sido ejecutada conforme al proyecto de urbanización y, en su caso, notificará al solicitante la totalidad de las deficiencias observadas en relación con el contenido del proyecto citado, para que las subsane en el término que se señale.

e) Subsanadas las deficiencias, se procederá conforme a lo establecido en las normas anteriores, sin que el Ayuntamiento en esta fase pueda señalar otras distintas de las contempladas en la notificación a que se refiere el número anterior.

Artículo 46. Efectos de la falta de resolución expresa.

Si el órgano actuante no resuelve expresamente sobre la recepción de las obras en el plazo de tres meses, se entenderá estimada la petición y el solicitante podrá actuar de acuerdo con lo que se dispone en la normativa sobre actos administrativos presuntos.

Artículo 47. Conservación de la urbanización.

A partir de la recepción de las obras de urbanización por el Ayuntamiento, correrán a cargo de éste los gastos de su conservación, salvo que de las determinaciones del Plan o de la normativa urbanística resultase que la obligación de conservar ha de recaer sobre otros sujetos.

DISPOSICIÓN DEROGATORIA

Quedan derogadas todas las disposiciones que se opongan a lo previsto en este Reglamento.

§ 29 LEY 23/1983, DE 21 NOVIEMBRE. POLÍTICA TERRITORIAL DE CATALUÑA

(BOE núm. 18, de 21 enero 1984 y DOGC núm. 385, de 30 noviembre [RCL 1984, 190 y LCAT 1983, 1968])

El desarrollo económico moderno ha estado ligado a cambios profundos en la distribución de la población y de las actividades en el territorio. El aumento de la importancia relativa de la industria y de los servicios ha comportado un rápido crecimiento de las zonas del litoral y del prelitoral, especialmente de los núcleos urbanos, así como un proceso de despoblación de una gran parte de la Cataluña interior.

Actualmente esta tendencia a la despoblación no se ha detenido, si bien es necesario subrayar que una parte significativa de la misma no se puede atribuir a la desviación del trabajo desde el sector agrícola hacia otros sectores –como en general se deriva de los progresos técnicos–, sino que responde a la existencia de unos niveles de renta y de calidad de vida que a menudo se muestran inadecuados al mundo rural y al dinamismo real –pero insuficiente– de los núcleos urbanos de la Cataluña interior.

Por otra parte, determinadas zonas de la Cataluña litoral padecen problemas de congestión, con el consiguiente impacto negativo sobre la calidad de la vida y sobre la eficacia de las actividades económicas.

Por ello, es necesario emprender una política equilibradora que favorezca la extensión, por todo el territorio, de los niveles de renta y de calidad de vida adecuados y que, impulsando el aprovechamiento racional de los recursos locales disponibles, corrija la tendencia que conduce al debilitamiento y al desaprovechamiento del territorio, de una parte, y a la excesiva concentración de población y actividades, de otra.

Los objetivos de esta Ley son, pues, diversos. En primer lugar, fomentar una distribución equilibrada del crecimiento a fin de alcanzar unos niveles de renta adecuados en todo el territorio. En segundo lugar, promover un crecimiento ordenado desde el punto de vista de las implantaciones sobre el territorio para favorecer una mayor eficacia de las actividades económicas y una mejor calidad de vida. En tercer lugar, favorecer el crecimiento económico de Cataluña y luchar contra el paro.

Los instrumentos que crea esta Ley, en concordancia con los citados objetivos, están destinados a potenciar y a ordenar el crecimiento. En este último ámbito, los instrumentos previstos constituyen un marco para la aplicación de la legislación urbanística mediante la cual se ha de llegar a la oportuna calificación del suelo.

El artículo 40 de la Constitución Española, determina que los poderes públicos han de promover las condiciones favorables para el progreso social y económico y para una distribución más equitativa de las rentas regionales y personales. El artículo 45 determina que los poderes públicos han de velar por la utilización racional de todos los recursos naturales a fin de proteger y mejorar la calidad de la vida, y defender y restablecer el medio ambiente. Es conveniente, en consecuencia, que la Generalidad de Cataluña desarrolle una política territorial que asuma el objetivo de alcanzar unos niveles adecuados de renta y de calidad de vida en todo el territorio, de acuerdo con lo que define la Constitución, haciendo uso de las competencias que le atribuye el Estatuto de Cataluña, especialmente en su artículo 9.9.

CAPÍTULO I

Disposiciones generales

Artículo 1.

1. La presente Ley tiene por objeto establecer las directrices de ordenación del territorio catalán y de las acciones administrativas con incidencia territorial en Cataluña, a fin de corregir los desequilibrios que se producen y de alcanzar un mayor bienestar de la población.

2. Las medidas de acción territorial se han de poner en práctica de conformidad con los diversos instrumentos de planificación y con la presente Ley.

⇒ V. D. 4/2000, de 10 enero, sobre creación del Programa para el planeamiento territorial y su implantación.

Artículo 2.

1. La Administración de la Generalidad, en aplicación de las prescripciones de esta Ley, adoptará las medidas necesarias para asegurar la utilización adecuada del territorio y para promover el desarrollo socioeconómico con criterios de equilibrio social y territorial.

2. Las entidades locales participarán en la consecución de los objetivos de la presente Ley mediante el ejercicio de las competencias que les sean propias.

3. En las actuaciones reguladas por la presente Ley deben observarse también las prescripciones de la legislación especial de aplicación a los diversos sectores implicados.

Artículo 3.

Las medidas que ha de adoptar la Administración de la Generalidad en el marco de la presente Ley han de ser las adecuadas para:

a) Fomentar el crecimiento económico, el aumento del nivel de vida y la mejora de la calidad de vida especialmente en las zonas del territorio que sufren problemas de despoblación, regresión o estancamiento.

b) Regular el crecimiento económico y de actividades en las zonas que sufren problemas de congestión, a fin de mejorar en ellas la calidad de vida.

c) Fomentar una calidad de vida mejor en todo el territorio.

⇒ V. D. 4/2000, de 10 enero, sobre creación del Programa para el planeamiento territorial y su implantación.

CAPÍTULO II

El Plan Territorial General

⇒ V. Ley 1/1995, de 16 marzo, que aprobó el Plan Territorial General (§30).

Artículo 4.

1. El Plan Territorial General definirá los objetivos de equilibrio territorial de interés general para Cataluña y será el marco orientador de las acciones que se emprendan a fin de crear las condiciones adecuadas para atraer la actividad económica a los espacios territoriales idóneos.

2. El Plan Territorial General tendrá por ámbito de aplicación todo el territorio de Cataluña.

Artículo 5.

1. El Plan Territorial General ha de incluir las siguientes determinaciones:

a) La definición de las zonas del territorio con características homogéneas por razón del potencial de desarrollo y de la situación socioeconómica.

b) La indicación de los núcleos de población que, por sus características, habrán de ejercer una función impulsora y reequilibradora.

c) La determinación de los espacios y de los elementos naturales que es necesario conservar por razón del interés general referido a todo el territorio.

d) La definición de las tierras de uso agrícola o forestal de especial interés que es necesario conservar o ampliar por sus características de extensión, situación y fertilidad.

e) La previsión del emplazamiento de grandes infraestructuras, especialmente de comunicaciones, de saneamiento y energéticas y de equipamientos de interés general.

f) La indicación de las áreas del territorio en las que es necesario promover usos específicos.

g) La definición de los ámbitos de aplicación de los planes territoriales parciales que habrán de adecuarse a los ámbitos establecidos en la división territorial de Cataluña; se podrán agrupar unidades comarcales, pero en ningún caso éstas podrán dividirse.

2. Las determinaciones del Plan Territorial General se han de establecer en los siguientes documentos:

a) Estudios de información, con los planos correspondientes.

b) Memoria explicativa del Plan, con enumeración de las medidas previstas y de los objetivos.

c) Expresión gráfica del Plan.

d) Estudio económico y financiero.

Artículo 6.

En la definición de las zonas a que se refiere el artículo 5.1 a) se establecerán como mínimo las siguientes categorías:

a) Zonas deprimidas: territorios con nivel de renta relativamente bajo, con tendencia a la despoblación o con problemas de estancamiento económico.

b) Zonas de desarrollo: territorios en los que el crecimiento se produce espontáneamente y que tienen capacidad de continuar creciendo ordenadamente.

c) Zonas congestionadas: territorios en los que la elevada densidad de población y de actividades crea deseconomías y problemas crecientes de calidad de vida.

Artículo 7.

A los efectos previstos en el artículo 5.1 b), se diferenciarán como mínimo, los siguientes tipos de núcleo de población:

a) Núcleos con capacidad de crecimiento situados en zonas de desarrollo y con capacidad de favorecer la concentración de actividades y de economías externas.

b) Núcleos de concentración situados en zonas deprimidas.

c) Núcleos especialmente aptos para establecer en ellos equipamientos de ámbito supramunicipal.

d) Núcleos que pueden tener una función de reequilibrio y de descentralización en el ámbito de zonas fuertemente congestionadas.

Artículo 8.

1. El Consejo Ejecutivo, previo informe de la Comisión de Coordinación de Política Territorial y después de un análisis ponderado de las diversas alternativas posibles, adoptará un acuerdo en el que concretará las finalidades y los objetivos políticos del proyecto del Plan Territorial General. El acuerdo ha de indicar también los plazos de iniciación y de realización de los trabajos y se ha de publicar en el «Diari Oficial de la Generalitat».

2. La elaboración del proyecto del Plan Territorial General corresponde al Departamento de Política Territorial y Obras Públicas, de acuerdo con los demás Departamentos.

3. En el procedimiento de formulación del Plan Territorial General se tendrán en cuenta las previsiones de la Administración del Estado en las materias de su competencia.

4. El proyecto del Plan Territorial General se someterá a la consideración de las siguientes instituciones y organismos:

a) La Administración del Estado, mediante la Delegación General del Gobierno.

b) Las Entidades locales supramunicipales con finalidades generales.

c) Los municipios.

5. Se crea la Comisión de Coordinación de la Política Territorial, formada por los representantes de los Departamentos de la Administración de la Generalidad que determine el Gobierno, quien, además, debe fijar sus normas de funcionamiento.

✐ Ap. 5 redactado por la disp. adic. 7ª de Ley 15/2000, de 29 diciembre.

6. El Departamento de Política Territorial y Obras Públicas remitirá el proyecto del Plan Territorial General a la Comisión de Coordinación de la Política Territorial, que elaborará un dictamen para el Consejo Ejecutivo.

7. El Consejo Ejecutivo, mediante el proyecto de ley correspondiente, propondrá al Parlamento la aprobación del Plan Territorial General.

⇒ V. D. 83/1998, de 31 marzo, de reestructuración del Departamento de Política Territorial y Obras Públicas, modificado por D. 217/2000, de 26 junio; por D. 3/2000, de 10 enero y por D. 125/1999, de 4 mayo.

V. D. 4/2000, de 10 enero, sobre creación del Programa para el planeamiento territorial y su implantación.

Artículo 9.

1. Corresponde al Parlamento la aprobación del Plan Territorial General, así como la de los proyectos de modificación si son considerados como tales por el propio Parlamento.

2. Cada dos años el Consejo Ejecutivo redactará una memoria sobre la aplicación del Plan Territorial General y dará cuenta al Parlamento del cumplimiento de las previsiones del Plan y de su desarrollo en planes territoriales parciales.

3. El Consejo Ejecutivo redactará un programa anual o plurianual para la realización de las determinaciones principales del Plan Territorial General de Cataluña, programa que se incorporará a los Presupuestos de la Generalidad y que será aprobado por el Parlamento conjuntamente con éstos.

✐ Artículo derogado por la disp. derogatoria de la Ley 1/1995, de 16 marzo (§30).

Artículo 10.

Al inicio de cada legislatura se revisarán y modificarán en su caso, las bases de actuación señaladas inicialmente y los objetivos.

✐ Artículo derogado por la disp. derogatoria de la Ley 1/1995, de 16 marzo (§30).

Artículo 11.

1. El Plan Territorial General define el marco de coherencia de todos los planes, programas o acciones con incidencia territorial, los cuales han de tener en cuenta sus orientaciones.

2. Particularmente, los planes territoriales parciales desarrollarán las determinaciones del Plan Territorial General de Cataluña, precisando su alcance pero no alterando sus prescripciones.

3. Los planes sectoriales previstos en la presente Ley se adaptarán a las orientaciones de los planes territoriales, lo que se habrá de justificar expresamente.

4. Los planes de ordenación urbanística serán coherentes en las determinaciones del Plan Territorial General y de los planes territoriales parciales y facilitarán su cumplimiento.

CAPÍTULO III
Los planes territoriales parciales

Artículo 12.

1. Los planes territoriales parciales definen los objetivos de equilibrio de una parte del territorio de Cataluña y son el marco orientador de las acciones que se emprendan.

2. El ámbito de los planes territoriales parciales es, como mínimo, de extensión comarcal y puede agrupar las unidades comarcales establecidas en la división territorial de Cataluña, pero en ningún caso puede dividirlas.

3. Los planes territoriales parciales se adaptarán al Plan Territorial General de Cataluña y constituirán su desarrollo en la parte del territorio a que afecten.

4. Sólo se formularán planes territoriales parciales cuando lo prevea expresamente el Plan Territorial General o cuando lo determine el Consejo Ejecutivo.

Artículo 13.

1. Los planes territoriales parciales han de incluir como mínimo:

a) La definición de los núcleos especialmente aptos para incluir equipamientos de interés comarcal.

b) La determinación de los espacios de interés natural.

c) La definición de las tierras de uso agrícola o forestal de especial interés que es necesario conservar o ampliar por sus características de extensión de situación y de fertilidad.

d) El emplazamiento de infraestructuras.

e) Las áreas de protección de construcciones y de espacios naturales de interés histórico-artístico.

f) Las previsiones de desarrollo socioeconómico.

g) Las determinaciones para la planificación urbanística.

2. Las determinaciones de los planes territoriales parciales se han de concretar en los siguientes documentos:

a) Estudios y planos de información.

b) Memoria explicativa del plan, con la definición de las acciones territoriales prioritarias en relación con los objetivos.

c) Estudio económico y financiero de valoración de las acciones territoriales prioritarias.

d) Planos y normas de ordenación.

Artículo 14.

1. El acuerdo de formulación de planes territoriales parciales será adoptado por el Consejo Ejecutivo a propuesta del Departamento de Política Territorial y Obras Públicas o, en su caso, a iniciativa de las entidades locales incluidas en uno de los ámbitos definidos por el Plan Territorial General.

Para que las entidades locales puedan ejercer esta iniciativa será necesario como mínimo el acuerdo de los dos tercios de los municipios afectados y que éstos representen los dos tercios de la población del citado ámbito.

2. La elaboración de los planes territoriales parciales corresponde al Departamento de Política Territorial de la Generalidad o a los entes locales de la zona afectada, en la forma establecida por Reglamento. En cualquier caso se garantizará la participación de los Departamentos de la Generalidad y de las entidades locales afectadas. Se consultará, en su caso, a la Administración del Estado. El proyecto de plan se someterá a información pública.

3. La aprobación inicial y provisional de los planes territoriales parciales corresponde al Departamento de Política Territorial o a las entidades locales que lo hayan elaborado, según el procedimiento que se establezca por Reglamento. La aprobación definitiva de los planes parciales corresponde al Consejo Ejecutivo, previo dictamen de la Comisión de Coordinación de la Política Territorial.

⇒ V. la Ley 17/2000, de 29 diciembre, de Equipamientos Comerciales, de Cataluña, cuya disp. derog. única deroga la Ley 1/1997, de 24 marzo, de equipamientos comerciales y, en todo aquello que no se oponga a lo establecido en la nueva ley, se mantiene la vigencia de las normas de despliegue de dicha ley en tanto no se hayan dictado las normas que las deben sustituir.

Téngase en cuenta, sobre equipamientos comerciales, el D. 244/1997, de 16 septiembre y el D. 245/1997, de 16 septiembre, que aprobó el Plan territorial sectorial de equipamientos comerciales, afectado por Res. 28 diciembre 1999, del Departamento de Industria, Comercio y *Turismo*.

V. O. 8 julio 1998, del Departament Indústria, Comerç i Turisme sobre programas de orientación de equipamientos comerciales.

V. art. 8.5 de la presente ley.

Artículo 15.

1. En la modificación de los planes territoriales parciales se observarán los mismos trámites previstos para su elaboración.

2. Si el Plan Territorial General sufre modificaciones, los planes territoriales parciales se habrán de adaptar a la redacción definitiva de aquél.

Artículo 16.

1. Los espacios naturales y las tierras agrícolas calificadas de especial protección en los planes territoriales parciales no podrán ser dedicados a utilizaciones que impliquen transformación de su destino o naturaleza o que lesionen el valor específico que se quiera proteger.

2. Los suelos en los que se prevea situar infraestructuras quedarán afectados a la finalidad correspondiente.

CAPÍTULO IV
Los planes territoriales sectoriales

Artículo 17.

Los planes de incidencia territorial que elaboren los Departamentos de la Generalidad tendrán el carácter de planes territoriales sectoriales y se formularán cuando el Consejo Ejecutivo lo determine.

Artículo 18.

1. Los planes territoriales sectoriales contendrán una estimación de los recursos disponibles, de las necesidades y de los déficit territorializados en el sector correspondiente. También contendrán la determinación de las prioridades de actuación y la definición de estándars y normas de distribución territorial.

2. Los planes territoriales sectoriales tendrán como ámbito de aplicación todo el territorio de Cataluña.

Artículo 19.

1. La aprobación de los planes territoriales sectoriales corresponde al Consejo Ejecutivo.

2. Corresponde a cada Departamento:

a) Elaborar los planes territoriales sectoriales de su competencia.

b) Consultar a los organismos adecuados sobre la idoneidad de los planes.

c) Proponer al Consejo Ejecutivo la aprobación de los planes.

3. El Departamento de Política Territorial y Obras Públicas colaborará con el Departamento responsable en la elaboración del plan sectorial y emitirá sobre éste un informe preceptivo.

CAPÍTULO V
Actuación pública

Artículo 20.

1. Corresponde a cada Departamento de la Generalidad realizar las inversiones y las actuaciones de su competencia en la ejecución de los planes territoriales.

2. Las entidades locales realizarán las inversiones y las actuaciones correspondientes en el ámbito de sus competencias.

Artículo 21.

El Consejo Ejecutivo previo informe de la Comisión creada en el párrafo 5 del artículo 8, establecerá las pertinentes medidas de coordinación con los planes y con los programas de colaboración de la Generalidad con las corporaciones locales, así como con los planes y con los programas gestionados por las entidades locales supramunicipales.

Artículo 22.

Si no hubiere ninguna entidad local con competencia sobre toda la zona afectada para llevar a cabo los planes territoriales parciales se promoverá, en su caso, la constitución de una mancomunidad o una agrupación de municipios o de comarcas.

Artículo 23.

Las actuaciones que tengan por objeto contribuir al reequilibrio territorial se adoptarán en función de un diagnóstico de los déficit y de las potencialidades de la zona y siempre de conformidad con los planes aprobados.

Artículo 24.

El Consejo Ejecutivo adoptará las medidas necesarias para que las empresas y los servicios públicos ajusten sus actuaciones a las determinaciones del Plan Territorial General, de los planes parciales y de los planes sectoriales.

CAPÍTULO VI
Instrumentos de fomento y de orientación

Artículo 25.

1. Se podrán conceder subvenciones y estímulos fiscales para ampliar o crear actividades privadas de carácter industrial, artesanal, turístico, agrícola, ganadero y forestal y para mejorar la productividad de explotaciones existentes de carácter agrícola, ganadero y forestal.

2. También se podrán conceder subvenciones y estímulos fiscales para el traslado de industrias de zonas congestionadas a zonas deprimidas o a núcleos con capacidad de crecimiento situados en zonas de desarrollo.

3. Las subvenciones y los estímulos fiscales se concederán de acuerdo con los principios de publicidad, de igualdad y de especificidad.

4. Tendrán prioridad las actividades que se ajusten en mayor medida a los objetivos de la presente Ley y a las determinaciones de los planes territoriales.

5. En todos los casos será requisito imprescindible la viabilidad económica a medio plazo de las ampliaciones o de las nuevas actividades o bien la viabilidad de los proyectos de mejora, que serán examinados expresamente, y la comprobación de que la subvención o el estímulo fiscal se aplican al fin para el que han sido concebidos.

6. Las subvenciones y los estímulos fiscales podrán tener importes variables según el tipo de zona y de actividad, dentro de los límites determinados por Reglamento.

Artículo 26.

1. Especialmente se podrán conceder subvenciones o estímulos fiscales a actividades nuevas o a ampliaciones de las actuales, si se localizan en zonas deprimidas. Como factor fundamental se considerará el número de puestos de trabajo permanentes creados y se valorará su capacidad de creación indirecta.

2. Las subvenciones o los estímulos fiscales para la mejora de la productividad de las explotaciones agrícolas, ganaderas y forestales se concederán preferentemente si aquéllas se localizan en zonas deprimidas y tienen un significado estratégico en la estructura económica de un área del territorio y también en el caso de que la actividad esté sometida a desventajas relativas. Serán asimismo preferentes las que, aumentando la productividad, incrementen la ocupación de mano de obra.

Artículo 27.

1. Las emisiones de valores de empresas destinadas a financiar inversiones de primer establecimiento o de ampliación de instalaciones en zonas deprimidas o de desarrollo podrán ser calificadas como computables en el coeficiente de inversión obligatoria de las Cajas de Ahorro.

2. Asimismo, los préstamos podrán ser calificados de regulación especial en relación al subcoeficiente correspondiente de inversiones obligatorias de las Cajas de Ahorro.

Artículo 28.

Las nuevas actividades industriales y comerciales promovidas en zonas muy congestionadas que contribuyan a agravar la congestión podrán ser sometidas a gravámenes especiales. Una Ley del Parlamento regulará las condiciones de éstos.

⇒ V. la Ley 17/2000, de 29 diciembre, de Equipamientos Comerciales, de Cataluña, cuya disp. derog. única deroga la Ley 1/1997, de 24 marzo, de equipamientos comerciales y, en todo aquello que no se oponga a lo establecido en la nueva ley, se mantiene la vigencia de las normas de despliegue de dicha ley en tanto no se hayan dictado las normas que las deben sustituir.

Téngase en cuenta, sobre equipamientos comerciales, el D. 244/1997, de 16 septiembre y el D. 245/1997, de 16 septiembre, que aprobó el Plan territorial sectorial de equipamientos comerciales, afectado por Res. 28 diciembre 1999, del Departamento de Industria, Comercio y Turismo.

V. O. 8 julio 1998, del Departament Indústria, Comerç i Turisme sobre programas de orientación de equipamientos comerciales.

DISPOSICIÓN TRANSITORIA

En lo que respecta al ámbito comarcal a que se refiere la presente Ley, se entenderá que el espacio geográfico ocupado por cada comarca es el establecido en la división comarcal decretada el 23 de diciembre de 1936, mientras no dispongan otra cosa la Ley de División Territorial de Cataluña prevista en el artículo 5.3 del Estatuto y la legislación que en materia de régimen local elabore el Parlamento en uso de la competencia que le atribuye el artículo 9.8 del Estatuto.

DISPOSICIONES FINALES

Primera.

Se autoriza al Consejo Ejecutivo a dictar las disposiciones necesarias para el desarrollo y aplicación de la presente Ley.

Segunda.

En el ámbito de las competencias de la Generalidad, quedan sin efecto las disposiciones que se opongan a lo que establece la presente Ley. Antes de seis meses el Consejo Ejecutivo ha de publicar un decreto en el que se precise el alcance de esta disposición.

§ 30 LEY 1/1995, DE 16 MARZO. APRUEBA EL PLAN TERRITORIAL GENERAL DE CATALUÑA

(BOE núm. 125, de 26 mayo y DOGC núm. 2032, de 31 marzo [RCL 1995, 1579 y LCAT 1995, 166])

La Ley 23/1983, de 21 de noviembre, de Política Territorial, crea instrumentos flexibles de planeamiento y establece los objetivos y los criterios para la elaboración del Plan territorial general, que pueden resumirse en los siguientes:

a) Fomentar una distribución equilibrada del crecimiento para alcanzar niveles de renta adecuados en todo el territorio.

b) Promover un crecimiento ordenado de las implantaciones sobre el territorio para incrementar la eficacia de las actividades económicas y conseguir una mejor calidad de vida.

c) Favorecer el crecimiento económico de Cataluña y la lucha contra el paro.

El Plan territorial general debe ser el instrumento que defina los objetivos de equilibrio territorial de interés general para Cataluña y, a su vez, debe ser el marco orientador de las acciones que emprendan los poderes públicos para crear las condiciones adecuadas para atraer la actividad económica a los espacios territoriales idóneos y para conseguir que los ciudadanos de Cataluña tengan unos niveles de calidad de vida similares con independencia del ámbito territorial en donde vivan. El Plan debe ser también el instrumento que defina los objetivos para conseguir el desarrollo sostenible de Cataluña, el equilibrio territorial y la preservación del medio ambiente.

Las propuestas y determinaciones del Plan territorial general deben favorecer la concreción y especialización de las políticas sectoriales y al mismo tiempo establecer un marco global de referencia y coordinación para estas políticas. Estas directrices deben ser concretadas por los planes de ámbito territorial menor. Así, el Plan territorial general establece una serie de determinaciones que deben contener los planes territoriales parciales: por un lado, la propuesta de modelos de asentamiento, con la finalidad de conseguir el objetivo de equilibrio territorial, y, por otro, una serie de directrices en virtud de las cuales será precisa la formulación, o bien la revisión, de planes territoriales sectoriales.

Los trabajos de elaboración del Plan territorial general han tenido presentes también dos hechos: la gran importancia de la región del arco mediterráneo como ámbito principal de las relaciones de Cataluña con los países de su entorno y el fenómeno creciente de la inmigración procedente de otros países, con sus necesidades de servicios de todo tipo. Es preciso, pues, que en el desarrollo de los planes territoriales parciales y sectoriales estos dos hechos se tengan en cuenta.

Por otro lado, la elaboración y el seguimiento del conjunto de la planificación en desarrollo del Plan territorial general deben realizarse de conformidad con lo dispuesto en la presente Ley y en la Ley 23/1983, de 21 de noviembre, de Política Territorial.

Formalmente, las determinaciones del Plan cumplen lo prescrito en la citada Ley 23/1983, cuyo artículo 8.7 establece que corresponde al Gobierno de la Generalidad proponer al Parlamento, mediante el correspondiente proyecto de ley, la aprobación del Plan.

Artículo 1.

Se aprueba el Plan territorial general de Cataluña, formulado por el Gobierno de la Generalidad, de conformidad con la Ley 23/1983, de 21 de noviembre, de Política Territorial.

⇒ V. Ley 23/1983, de 21 noviembre (§29).

Artículo 2.

1. El Plan territorial general tiene como ámbito de aplicación todo el territorio de Cataluña.

2. Se fijan los siguientes ámbitos de aplicación de los planes territoriales parciales, a efectos de lo establecido en el artículo 12 de la Ley 23/1983:

a) Ámbito Metropolitano: Alt Penedès, Baix Llobregat, Barcelonès, Garraf, Maresme, Vallès Occidental y Vallès Oriental.

b) Ámbito de las Comarcas de Girona: Alt Empordà, Baix Empordà, Garrotxa, Gironès, Pla de l'Estany, Ripollès y Selva.

c) Ámbito del Camp de Tarragona: Alt Camp, Baix Camp, Baix Penedès, Conca de Barberà Priorat y Tarragonès.

d) Ámbito de las Terres de l'Ebre: Baix Ebre, Montsià, Ribera d'Ebre y Terra Alta.

e) Ámbito de Ponent: Alta Ribagorça, Alt Urgell, Garrigues, Noguera, Pallars Jussà, Pallars Sobirà, Pla d'Urgell, Segarra, Segrià, Urgell y Val d'Aran.

f) Ámbito de las Comarcas Centrales: Anoia, Bages, Berguedà, Cerdanya, Osona y Solsonès.

Artículo 3.

1. Los sistemas de propuesta establecidos en el Plan territorial general para la aplicación de las estrategias territoriales y la consecución del modelo de asentamientos deben ser tenidos especialmente en cuenta por los planes territoriales parciales, así como por los demás instrumentos de planeamiento con incidencia en el territorio de Cataluña.

2. Los planes territoriales parciales deben cuantificar, para cada sistema de propuesta, los parámetros urbanísticos básicos necesarios para dar acogida al crecimiento de población previsto, entre los cuales, como mínimo, el número de viviendas, el techo industrial y terciario y el suelo para equipamientos.

3. Los planes territoriales parciales deben definir el esquema de cada uno de los sistemas de propuesta a partir de los siguientes elementos territoriales:

a) Los suelos destinados a acoger los diferentes usos.

b) Las infraestructuras básicas de transporte, de servicios, de telecomunicaciones y medioambientales.

c) Los equipamientos de nivel comarcal y supracomarcal.

d) Los espacios objeto de protección en función de su interés especial y de su valor de situación.

Artículo 4.

1. Los planes territoriales parciales y sectoriales y las actuaciones con incidencia territorial deben fomentar las siguientes estrategias:

a) Potenciar la representatividad del sistema urbano de Barcelona, en cuanto capital de Cataluña.

b) Fortalecer el carácter policéntrico del ámbito metropolitano, consolidando los sistemas urbanos de las ciudades intermedias.

c) Tender al reequilibrio territorial global de Cataluña.

2. Las estrategias a que se refiere el apartado 1 deben aplicarse a los sistemas urbanos como áreas territoriales articuladas alrededor de un núcleo urbano generador de cohesión y de influencia.

3. El desarrollo del Plan territorial general mediante planes territoriales parciales y sectoriales debe hacerse considerando los siguientes objetivos de preservación del medio ambiente:

a) Fomentar el desarrollo sostenible del país.

b) Respetar las tierras de uso agrícola o forestal de especial interés, ya sea por su extensión, por su ubicación o por su fertilidad.

c) Incentivar el uso eficiente de los recursos energéticos e hidráulicos.

d) Salvaguardar los espacios naturales de especial interés.

e) Favorecer el mínimo impacto ambiental de las actuaciones con incidencia territorial.

⇒ V. Ley 3/1998, de 27 febrero, de Intervención integral de la Administración ambiental.

Artículo 5.

1. Los planes territoriales parciales y sectoriales deben justificar de forma expresa su grado de adecuación a las directrices del Plan territorial general.

2. Los planes territoriales parciales despliegan las determinaciones del

Plan territorial general en los correspondientes ámbitos de aplicación, definidos en el artículo 2.2. No obstante, en la redacción de los planes territoriales parciales debe tenerse en cuenta su continuidad con el territorio de las comarcas de ámbitos contiguos con mayor grado de interrelación, además de las demás determinaciones especificadas en la presente Ley.

3. En el supuesto de que en la formulación de los planes territoriales parciales se aprecie la existencia de sistemas de propuesta situados en dos ámbitos de aplicación de los planes, debe considerarse la globalidad del sistema de propuesta y definir su estructura general.

4. El planeamiento urbanístico debe justificar de forma expresa su coherencia con las determinaciones y las propuestas de los planes territoriales parciales y de los planes sectoriales, respetando la autonomía de los municipios en materia de planeamiento, en el marco de las competencias de los mismos.

5. En defecto de planeamiento territorial parcial y sectorial, el planeamiento urbanístico debe aplicar las directrices del Plan territorial general.

6. Las administraciones actuantes, de acuerdo con sus respectivas competencias, llevan a cabo las actuaciones reguladas por el Plan territorial general y por los planes territoriales parciales, respetando las determinaciones que en los mismos se establecen. Cada plan puede definir los instrumentos idóneos para su aplicación. Para ejecutar dichos planes pueden establecerse fórmulas de colaboración y de cooperación o modalidades de gestión conjunta entre las distintas administraciones, para alcanzar dimensiones óptimas en estas actuaciones.

Artículo 6.

1. Las comarcas de montaña definidas como tales por la Ley 2/1983, de 9 de marzo, de Alta Montaña, pueden ser objeto de directrices estratégicas comunes de planificación. Estas directrices deben coordinar la corrección de los déficit de infraestructuras y de equipamientos de dichas comarcas, con la finalidad de evitar que la población que resida en las mismas no se vea obligada a abandonar sus núcleos de residencia.

2. Las comarcas especialmente afectadas por niveles de renta baja, tendencia a la despoblación y problemas de estancamiento económico pueden ser declaradas de reactivación por el Gobierno de la Generalidad y pueden ser objeto de medidas especiales para favorecer su desarrollo.

3. Puede redactarse un plan específico dedicado al estudio, la propuesta y la ejecución de medidas que faciliten el desarrollo de las comarcas de reactivación, con participación de las administraciones locales afectadas y de la Administración de la Generalidad. Este plan debe quedar reflejado cada año en los presupuestos de la Generalidad.

Artículo 7.

1. La planificación hidráulica elaborada por la Administración de la Generalidad, en el marco de la legislación especial que la regula, debe establecer

determinaciones específicas para el ámbito territorial de las cuencas internas de Cataluña.

2. Las determinaciones a que se refiere el apartado 1 deben incluir, como mínimo:

a) El inventario de los usos y las demandas existentes y el estudio de los que son previsibles.

b) Los criterios de prioridad y compatibilidad de usos y el orden de preferencia de los aprovechamientos.

c) La asignación y la reserva de recursos para los usos y las demandas existentes y previsibles.

d) Las infraestructuras hidráulicas básicas necesarias.

3. Las concesiones de aprovechamientos de aguas deben ajustarse al orden de preferencia fijado por los planes hidrológicos y pueden ser condicionadas a que los entes locales establezcan las fórmulas asociativas necesarias de acuerdo con lo dispuesto en la legislación estatal y la legislación autonómica en materia de aguas.

Artículo 8.

1. El Plan territorial general tiene vigencia indefinida.

2. La revisión del Plan territorial general se efectúa cuando, a criterio del Gobierno de la Generalidad, se producen variaciones relevantes de las circunstancias socio-económicas, medioambientales o funcionales del país, o también cuando lo acuerde el Parlamento. En cualquier caso, el Plan debe ser revisado como mínimo cada diez años.

3. El inicio de los trabajos para la revisión del Plan debe determinarse por decreto, previo informe de la Comisión de Coordinación de Política Territorial. El decreto debe definir los objetivos de la revisión y el papel de los diferentes organismos que deban intervenir en los mismos.

4. El Plan revisado es aprobado por el Parlamento mediante ley.

⇒ V. art. 8.5 de Ley 23/1983, de 21 noviembre, de Política Territorial (§29).

Artículo 9.

1. El Gobierno de la Generalidad, a través del Departamento de Política Territorial y Obras Públicas, debe elaborar cada dos años una memoria que valore el cumplimiento de las directrices del Plan territorial general, la cual, una vez aprobada por la Comisión de Coordinación de Política Territorial, debe ser presentada al Parlamento, para que siga la tramitación que éste determine.

2. Los diferentes niveles del Plan territorial general deben ser objeto de seguimiento, para analizar su grado de cumplimiento y establecer las oportunas correcciones.

⇒ V. art. 8.5 de Ley 23/1983, de 21 noviembre, de Política Territorial (§29).

Artículo 10.

El Plan territorial general es público, y puede consultarse y obtener información del mismo en la sede del Departamento de Política Territorial y Obras Públicas, en las delegaciones territoriales del Gobierno de la Generalidad y en las sedes de los consejos comarcales, de los ayuntamientos de las capitales de comarca y de los ayuntamientos de los municipios de más de cinco mil habitantes.

DISPOSICIONES ADICIONALES

Primera.

Los proyectos de presupuestos de la Generalidad de cada año deben especificar de forma explícita las inversiones más significativas que incorporan en relación a las determinaciones más importantes del Plan territorial general.

Segunda.

A efectos de lo establecido en el artículo 6 de la Ley 7/1987, de 4 de abril, por la que se establecen y regulan actuaciones públicas especiales en la conurbación de Barcelona y en las comarcas comprendidas en su zona de influencia directa, deben añadirse al ámbito territorial definido en el artículo 3 a) de dicha Ley las comarcas de Alt Penedès y de Garraf.

DISPOSICIONES TRANSITORIAS

Primera.

Los planes territoriales sectoriales vigentes a la entrada en vigor de la presente Ley deben ser adaptados, si procede, a las directrices formuladas en el Plan territorial general.

Segunda.

Mientras no se legisle sobre la división de Cataluña en regiones, el Gobierno de la Generalidad debe tener en cuenta subsidiariamente los ámbitos funcionales territoriales definidos por la presente Ley en lo que se refiere a la planificación de sus servicios.

DISPOSICIÓN DEROGATORIA

Quedan derogados los artículos 9 y 10 de la Ley 23/1983, de 21 de noviembre, y cualquier disposición de rango igual o inferior que se oponga a lo establecido en la presente Ley.

DISPOSICIONES FINALES

Primera.

Se faculta al *Gobierno* de la Generalidad y al consejero de Política Territorial y Obras Públicas a dictar las disposiciones necesarias para la aplicación de la presente Ley.

Segunda.

La presente Ley entra en vigor al día siguiente de su publicación en el «Diari Oficial de la Generalitat de Catalunya».

§ 31 LEY 6/1995, DE 28 JUNIO. CREA EL JURADO DE EXPROPIACIÓN DE CATALUÑA

(BOE núm. 190, de 10 agosto y DOGC núm. 2073, de 10 julio [RCL 1995, 2365 y LCAT 1995, 379])

La vigente Ley de Expropiación Forzosa y su Reglamento regulan la figura del Jurado Provincial de Expropiación y atribuyen a este órgano naturaleza administrativa. La composición de dicho Jurado, con mayoría de funcionarios públicos, las atribuciones que tiene conferidas y el carácter de acto administrativo de las resoluciones que dicta, que agotan la vía administrativa, confirman su naturaleza administrativa, y así lo ha ratificado reiteradamente la jurisprudencia.

La Generalidad dispone de la potestad de autoorganización y de la competencia exclusiva para regular las normas de procedimiento administrativo derivadas de la especialidad de su organización, de conformidad con el artículo 9.3 del Estatuto de Autonomía de Cataluña. Asimismo, los artículos 9.8 y 10.1.2 del propio Estatuto otorgan a la Generalidad, respectivamente, competencia exclusiva en materia de régimen local y competencia de desarrollo legislativo en materia de expropiación forzosa.

La potestad expropiatoria es un instrumento indispensable para el ejercicio de diferentes políticas sectoriales estatutarias en relación con las cuales la Generalidad tiene competencia exclusiva, en especial en materia de ordenación del territorio y obras públicas.

En consecuencia, es necesario adecuar a la estructura territorial del Estado, instaurada por la Constitución y por el Estatuto de Autonomía, y a la organización propia de la Generalidad la figura del Jurado de Expropiación como órgano administrativo, mediante la creación de un órgano colegiado que ejerza las funciones de tasación, peritaje y determinación del justiprecio en los expedientes expropiatorios de la Administración de la Generalidad y de las corporaciones locales del ámbito de Cataluña.

Artículo 1. Naturaleza y funciones.

1. Se crea el Jurado de Expropiación de Cataluña, órgano colegiado permanente de naturaleza administrativa, con funciones de tasación, peritaje y fijación del justiprecio en los procedimientos expropiatorios que lleven a cabo, en el ámbito territorial de Cataluña, la Administración de la Generalidad de Cataluña, los organismos autónomos y otros organismos dependientes

de la misma, así como los procedimientos expropiatorios que lleven a cabo los entes locales de Cataluña que tienen atribuida potestad expropiatoria.

2. El Jurado de Expropiación ejerce sus funciones de conformidad con las leyes y el resto del ordenamiento jurídico, y, en este sentido, sus resoluciones deben ser necesariamente motivadas y fundamentadas en lo que se refiere a los criterios de valoración seguidos para cada uno de los casos en concreto.

⇒ V. D. 202/2000, de 13 junio, que aprueba el Reglamento del Jurado de Expropiación de Cataluña.

Artículo 2. Composición.

1. El Jurado de Expropiación funciona en cuatro Secciones, cuya demarcación corresponde, respectivamente, a los territorios de las provincias actuales de Barcelona, Girona, Lleida y Tarragona.

2. Cada Sección del Jurado de Expropiación se compone de los siguientes miembros:

a) Un presidente y su suplente, que deben ser Magistrados, designados por el presidente del Tribunal Superior de Justicia de Cataluña.

⇒ V. SSTC 127/1999, de 1 julio (RTC 1999, 127) y 150/1998, de 2 julio (RTC 1998, 150) y ATC 46/1999, de 25 febrero (RTC 1999, 46 AUTO).

b) Los cuatro vocales siguientes:

Un Letrado al servicio de la Administración de la Generalidad, designado por el Departamento de la Presidencia.

Un técnico superior, designado por el departamento de la Generalidad que corresponda en función de la naturaleza del bien expropiado. En el caso de las corporaciones locales dicho técnico debe ser designado por la corporación local interesada.

Un representante de las cámaras, los colegios, las organizaciones empresariales o las asociaciones representativas de la propiedad en función del bien expropiado designado por la cámara, el colegio, la organización o la asociación.

Un notario, designado por el colegio notarial correspondiente.

c) Un secretario, que debe ser funcionario, designado por el Departamento de la Presidencia.

3. El Departamento de la Presidencia debe prestar al Jurado de Expropiación el apoyo administrativo necesario para su funcionamiento.

⇒ V. arts. 1 a 7 del D. 202/2000, de 13 junio, que aprueba el Reglamento del Jurado de Expropiación de Cataluña.

Artículo 3. Funcionamiento.

1. El quórum necesario para la constitución del Jurado de Expropiación requiere la presencia, en primera convocatoria, de todos sus miembros y, en segunda, al menos del presidente y dos vocales, uno de los cuales debe ser el técnico superior y el otro el representante de las entidades o bien el notario, determinados por el artículo 2.2 b). En cualquier caso, se requiere la presencia

del secretario o de quien le sustituya, de acuerdo con la normativa aplicable a los órganos colegiados.

2. Los acuerdos del Jurado de Expropiación deben ser adoptados por mayoría de votos, y si hay empate dirime el voto del presidente. El secretario tiene voz pero no voto.

3. Los miembros del Jurado de Expropiación se rigen por el régimen de incompatibilidades que les es aplicable y no pueden conocer de los asuntos en que han intervenido por razón del cargo que ocupan.

4. En todo aquello no previsto por la presente Ley y la normativa general aplicable, el Jurado de Expropiación de Cataluña se rige por la normativa reguladora del funcionamiento de los órganos colegiados de la Administración de la Generalidad de Cataluña.

⇒ V. arts. 7 a 12 del D. 202/2000, de 13 junio, que aprueba el Reglamento del Jurado de Expropiación de Cataluña.

Artículo 4. Procedimiento.

1. El procedimiento ante el Jurado de Expropiación se inicia mediante la remisión del expediente del justiprecio por la administración expropiante, en el caso que el propietario del bien o del derecho objeto de expropiación no haya aceptado el precio ofrecido por la Administración.

2. A la vista de las hojas de valoración formuladas por los propietarios, por la Administración o por el beneficiario de la expropiación, el Jurado de Expropiación de Cataluña adoptará su acuerdo.

3. El Jurado de Expropiación dispone de un plazo máximo de dos meses para la adopción del acuerdo, a contar desde el día siguiente al del registro de entrada del expediente de justiprecio. Excepcionalmente, dicho plazo puede ser prorrogado hasta un máximo de cuatro meses si la naturaleza de los asuntos a considerar en el expediente expropiatorio aconseja que el Jurado inspeccione personalmente sobre el terreno los bienes o derechos expropiables o bien si la complejidad del asunto lo requiere.

⇒ V. arts. 11, 17 y concordantes del D. 202/2000, de 13 junio, que aprueba el Reglamento del Jurado de Expropiación de Cataluña.

Artículo 5. Acuerdos.

Los acuerdos del Jurado de Expropiación, que deben notificarse a la Administración expropiante y al expropiado, tienen naturaleza administrativa y pueden ser objeto de recurso de la forma que establece la normativa general aplicable en esta materia.

⇒ V. art. 12 D. 202/2000, de 13 junio, que aprueba el Reglamento del Jurado de Expropiación de Cataluña.

Artículo 6. Comisión Técnica de Valoraciones.

1. Las Secciones Territoriales del Jurado de Expropiación de Cataluña deben constituir de entre sus miembros, y de acuerdo con lo que se determine por vía reglamentaria, una Comisión Técnica de Valoraciones, con las siguientes funciones:

a) Analizar las principales cuestiones que se planteen en aplicación de los criterios legales para la valoración de los bienes y derechos objeto de expropiación.

b) Recoger las observaciones necesarias para el funcionamiento de las distintas administraciones públicas en lo que se refiere a la aplicación de las legislaciones que afectan y, si procede, definen las valoraciones de los bienes y derechos.

c) Contrastar y formar criterios uniformes para llevar a cabo las tasaciones de bienes y derechos.

d) Sugerir la aprobación de las disposiciones generales y la adopción de medidas a adoptar para el mejor funcionamiento de las administraciones en cuanto a lo que menciona el apartado b).

2. La Comisión Técnica de Valoraciones debe elaborar anualmente un informe, que debe presentarse a las distintas administraciones que hayan actuado como órganos expropiantes dentro del período a que se refiere el informe en el que deben recogerse de forma sintetizada y ordenada los problemas, observaciones, criterios y sugerencias que constituyen las materias objeto de los trabajos de la Comisión.

3. La Comisión Técnica de Valoraciones puede solicitar la inclusión entre sus miembros de expertos en las materias relacionadas con la valoración de bienes y derechos, que deben ser designados en la forma que se determine por vía reglamentaria.

⇒ V. arts. 13, 14, 15 y 16 del D. 202/2000, de 13 junio, que aprueba el Reglamento del Jurado de Expropiación de Cataluña.

DISPOSICIONES ADICIONALES

Primera.

Todas las referencias que efectúa la normativa sectorial a los Jurados Provinciales de Expropiación se entienden hechas al Jurado de Expropiación de Cataluña.

Segunda.

El Jurado de Expropiación de Cataluña regulado en esta Ley conocerá y decidirá sobre los expedientes de justiprecio que se susciten en las expropiaciones que lleve a cabo la Administración del Estado en el territorio de Cataluña, de acuerdo con lo que disponga la normativa aplicable.

Tercera.

El funcionamiento en Secciones del Jurado de Expropiación de Cataluña que establece el artículo 2.1 de la presente Ley debe adaptarse a la legislación que se apruebe sobre organización territorial.

DISPOSICIONES FINALES

Primera.

Los órganos activos de la Administración de la Generalidad y los entes locales de Cataluña, a partir de la entrada en vigor de la presente Ley, deben remitir al Jurado de Expropiación los expedientes expropiatorios que se inicien.

Segunda.

El Gobierno de la Generalidad debe acordar las dotaciones presupuestarias necesarias para la implantación del Jurado de Expropiación de Cataluña y para que éste pueda ejercer sus funciones.

Tercera.

Se faculta al Gobierno de la Generalidad y al titular del Departamento de la Presidencia para que dicten las normas necesarias para desarrollar y aplicar la presente Ley.

Ceuta

§ 31.1 REAL DECRETO 2495/1996, DE 5 DICIEMBRE. TRASPASA FUNCIONES Y SERVICIOS DE LA ADMINISTRACIÓN DEL ESTADO EN MATERIA DE ORDENACIÓN DEL TERRITORIO Y URBANISMO A LA CIUDAD DE CEUTA

(BOE núm. 13, de 15 enero 1997 [RCL 1997, 89])

Artículo 1.

Se aprueba el Acuerdo de la Comisión Mixta de Transferencias prevista en la disposición transitoria segunda del Estatuto de Autonomía de Ceuta, por el que se traspasan las funciones y servicios de la Administración del Estado a la Ciudad de Ceuta en materia de ordenación del territorio y urbanismo, adoptado por el Pleno de dicha Comisión en su sesión del día 28 de octubre de 1996, y que se transcribe como Anexo al presente Real Decreto.

⇒ El art. 21 de la LO 1/1995, de 13 marzo, del Estatuto de Autonomía de Ceuta, establece:

«1. La ciudad de Ceuta ejercerá competencias sobre las materias que a continuación se relacionan, con el alcance previsto en el apartado 2 de este artículo: 1ª Ordenación del territorio, urbanismo y vivienda...».

Téngase en cuenta la nueva redacción dada a la disp. adic. 3ª de la Ley 6/1998, de 13 abril (§1) por la Ley 55/1999, de 29 diciembre, en su art. 68.

Artículo 2.

En consecuencia, quedan traspasados a la Ciudad de Ceuta las funciones y servicios de la Administración del Estado, establecidos en el Acuerdo de la Comisión Mixta que figura como Anexo del presente Real Decreto, en los términos y en las condiciones que allí se especifican.

Artículo 3.

Los traspasos a que se refiere este Real Decreto tendrán efectividad a partir del día señalado en el propio Acuerdo de la mencionada Comisión Mixta, sin perjuicio de que los Ministerios de Fomento y de Medio Ambiente produzcan, hasta la entrada en vigor de este Real Decreto, en su caso, los actos administrativos necesarios para el mantenimiento de los servicios en el mismo régimen y nivel de funcionamiento que tuvieran en el momento de la adopción del Acuerdo.

DISPOSICIÓN FINAL

Única.

El presente Real Decreto entrará en vigor el día siguiente al de su publicación en el «Boletín Oficial del Estado».

ANEXO

..., Secretarios de la Comisión Mixta de Transferencias prevista en la disposición transitoria segunda del Estatuto de Autonomía de Ceuta,

CERTIFICAN

Que en la sesión plenaria de la Comisión Mixta, celebrada el día 28 de octubre de 1996, se adoptó un Acuerdo sobre traspaso a la Ciudad de Ceuta de las funciones y servicios de la Administración del Estado en materia de ordenación del territorio y urbanismo, en los términos que a continuación se expresan:

A) Referencia a normas constitucionales y estatutarias en que se ampara el traspaso.

La Constitución, en el artículo 149.1, reserva al Estado la competencia exclusiva en las materias enumeradas en los apartados 13º y 24º.

Por su parte, el Estatuto de Autonomía de Ceuta, aprobado por Ley Orgánica 1/1995, de 13 de marzo, establece en su artículo 21.1.1ª que corresponde a la Ciudad de Ceuta el ejercicio de competencias en materia de ordenación del territorio, urbanismo y vivienda, con el alcance previsto en el apartado 2 del mismo artículo.

El Texto Refundido de la Ley sobre Régimen del Suelo y Ordenación Urbana, aprobado por Real Decreto Legislativo 1/1992, de 26 de junio, y demás disposiciones complementarias, como son, entre otras, los Reglamentos de Planeamiento, Disciplina Urbanística y Gestión Urbanística, así como la Ley 22/1988, de 28 de julio, de Costas, y su Reglamento, aprobado por Real Decreto 1471/1989, de 1 de diciembre, y modificado mediante Real Decreto 1112/1992, de 18 de septiembre, atribuyen a órganos de la Administración del Estado determinadas competencias con finalidades relativas a la actividad urbanística, así como en materia de ordenación del litoral.

Finalmente, la disposición transitoria segunda del Estatuto de Autonomía de Ceuta y el Real Decreto 1411/1995, de 4 de agosto, establecen las bases a que ha de ajustarse el traspaso de los medios personales, materiales y presupuestarios correspondientes a las funciones y servicios que asume la Ciudad de Ceuta, así como de funcionamiento de la Comisión Mixta sobre Transferencias.

Sobre la base de estas previsiones normativas, procede realizar el traspaso de funciones y servicios en materia de ordenación del territorio y urbanismo a la Ciudad de Ceuta.

B) Funciones que asume la Ciudad de Ceuta e identificación de los servicios que se traspasan.

En materia de ordenación del territorio y urbanismo, y al amparo del artículo 21.1.1ª del Estatuto de Autonomía de Ceuta, la Ciudad de Ceuta asume, dentro de su ámbito territorial, en los términos del presente Acuerdo y demás normas que lo hagan efectivo y se publiquen en el «Boletín Oficial del Estado», las funciones de aprobación de planes de ordenación y las demás de orden normativo-reglamentario que establezca la legislación general del Estado, resolutivo, de gestión, consultivo, de tutela y fiscalización, salvo las reservadas a la Administración del Estado en el apartado C) de este Acuerdo.

C) Funciones y servicios que se reserva la Administración del Estado.

En consecuencia, con la relación de funciones traspasadas permanecerán en la Administración del Estado y seguirán siendo ejercidas por los Ministerios de Fomento y de Medio Ambiente o por los Departamentos a los que en cada caso correspondan, por razón de la materia, las que atribuye al Estado la legislación vigente, y en particular, la Ley de Costas y el Reglamento para su ejecución.

D) Funciones en que han de concurrir la Administración del Estado y la de la Ciudad de Ceuta y forma de cooperación.

Se desarrollarán coordinadamente entre los Ministerios de Fomento y de Medio Ambiente y la Ciudad de Ceuta las siguientes funciones:

a) La investigación y el estudio en materia de ordenación del territorio y urbanismo.

b) La ayuda y la cooperación económica, técnica y de personal con las Administraciones Públicas competentes en las mismas materias.

E) Bienes, derechos y obligaciones que se traspasan.

Los bienes, derechos y obligaciones adscritos a los servicios que se traspasan mediante este Acuerdo se incluyen en la relación de bienes correspondientes al Acuerdo de traspaso en materia de patrimonio arquitectónico, control de la calidad de la edificación y vivienda.

F) Personal adscrito a los servicios que se traspasan.

El personal adscrito a los servicios que se traspasan mediante este Acuerdo se incluye en la relación de personal correspondiente al Acuerdo de traspaso en materia de patrimonio arquitectónico, control de la calidad de la edificación y vivienda.

G) Valoración de las cargas financieras de los servicios traspasados.

La valoración de las cargas financieras de los servicios que se traspasan mediante este Acuerdo se incluye en la correspondiente al Acuerdo de traspaso en materia de patrimonio arquitectónico, control de la calidad de la edificación y vivienda.

H) Documentación y expedientes de los servicios que se traspasan.

La entrega de la documentación y expedientes de los servicios traspasados se realizará en el plazo de un mes desde la publicación del Real Decreto por el que se apruebe este Acuerdo, y de conformidad con lo establecido en el artículo 8 del Real Decreto 1411/1995, de 4 de agosto.

I) Fecha de efectividad del traspaso.

El traspaso de funciones y servicios objeto de este Acuerdo tendrá efectividad a partir del 1 de enero de 1997.

Y para que conste, se expide la presente certificación en Ceuta a 28 de octubre de 1996.

Extremadura

§ 32 LEY 13/1997, DE 23 DICIEMBRE. REGULA LA ACTIVIDAD URBANÍSTICA DE EXTREMADURA

(BOE núm. 65, de 17 marzo 1998 y DOE núm. 22, de 24 febrero 1998; rect. DOE núm. 24, de 28 febrero 1998 [RCL 1998, 711 y LEXT 1998, 45])

⇒ V. Ley 3/2001, de 26 abril, de la Calidad, Promoción y Acceso a la Vivienda de Extremadura.

EXPOSICIÓN DE MOTIVOS

El 20 de marzo de 1997 fue dada en Madrid la Sentencia 61/1997 (BOE número 99, de 25 de abril) del Pleno del Tribunal Constitucional sobre los recursos de inconstitucionalidad interpuestos por el Parlamento de Navarra, el Consejo de Gobierno de la Diputación Regional de Cantabria, el Consejo Ejecutivo de la Generalidad de Cataluña, la Diputación General de Aragón, la Junta de Castilla y León y el Gobierno de Canarias contra la Ley 8/1990, de 25 de julio, sobre Reformas del Régimen Urbanístico y Valoraciones del Suelo. A estos recursos se acumulan los interpuestos por el Consejo de Gobierno de la Comunidad Autónoma de las Islas Baleares, la Diputación General de Aragón y el Consejo Ejecutivo de la Generalidad de Cataluña frente al Texto Refundido de la Ley sobre el Régimen del Suelo y Ordenación Urbana, aprobado por Real Decreto Legislativo 1/1992, de 26 de junio.

El Fallo del Tribunal Constitucional afirma la competencia plena de las Comunidades Autónomas en las materias enunciadas en el artículo 148.1.3 de la Constitución Española, declarando nula e inconstitucional la mayor parte de los preceptos del TRLS/1992 a la par que rehabilita con rango supletorio el contenido del TRLS/1976 y los Reales Decretos-leyes 3/1980 y 16/1981.

Extremadura carece, en propiedad, de legislación autonómica reguladora del régimen urbanístico del suelo. Su acción se ha venido ajustando al marco estatal, condicionando la calidad de las opciones de planificación a la bondad y eficacia del aspecto normativo y de gestión.

No obstante el desarrollo verificado en los últimos años a causa de la inversión en infraestructura, el crecimiento de los sectores de actividad, el impulso a la política medioambiental, y la lectura del modelo regional en el contexto transfronterizo e interior de la Unión Europea, han indicado la necesidad de concretar las exigencias de ordenación de este escenario a través de una imagen legislativa adaptada a nuestra realidad y vocación.

Urge impulsar, en consecuencia, una iniciativa legislativa que afiance el marco de gestión urbanística de los planes. El fondo inspirador de esta iniciativa debe responder al contenido del Texto Refundido de la Ley sobre el Régimen del Suelo y Ordenación Urbana, aprobado por Real Decreto Legislativo 1/1992, de 26 de junio, completando la necesaria integridad de un sistema cuya plena operatividad ha de restituirse.

Tiene la presente Ley, en consecuencia, la voluntad de consolidación del marco legal, sin perjuicio de las iniciativas tendentes a la inmediata regulación del régimen urbanístico del suelo de Extremadura, acorde con sus necesidades y características propias de su territorio. De ahí su carácter transitorio, cuya vigencia habrá de culminar en la más breve presentación de aquéllas ante la Asamblea de Extremadura.

Artículo único.

El régimen jurídico-urbanístico de la propiedad del suelo y la regulación de la actividad administrativa en materia de urbanismo en Extremadura se regirá por lo dispuesto en la legislación básica estatal y por el contenido de los siguientes preceptos del Texto Refundido de la Ley sobre Régimen del Suelo y Ordenación Urbana, aprobado por Real Decreto Legislativo 1/1992, de 26 de junio, declarados nulos e inconstitucionales por incompetencia estatal a la entrada en vigor de la presente Ley: artículos 2, 3.2 a), 3.2 b), 3.2 d) a 3.2 k), 3.3 a 3.6, 4.2, 4.3, 9.2, 10 a 14, 16.3, 18, 20.1 b) en su inciso «a los Ayuntamientos», 24.2, 27, 28.2 a 28.4, 29, 30.1, 30.2, 30.3 en su segundo inciso «El Ayuntamiento decidirá sobre la expropiación o sujeción al régimen de venta forzosa de los correspondientes terrenos, cuyo valor se determinará, en todo caso con arreglo a la señalada reducción del aprovechamiento urbanístico», 30.4, 30.5, 31, 32, 33.2, 34, 35.1, 36.2, 38.2, 38.3, 39 en su inciso «mediante solicitud de la correspondiente licencia en el plazo que establezca la legislación urbanística aplicable o, en su defecto, en el de dos meses a contar desde el oportuno requerimiento, si ya se hubiese adquirido el derecho al aprovechamiento urbanístico. Si faltase sólo para la adquisición del mencionado derecho la realización de la urbanización, la legalización exigirá también el cumplimiento de dicho deber», 40.3, 42.1, 42.2, 42.3, en su segundo inciso «con la particularidad de que el aprovechamiento susceptible de apropiación se reducirá en un cincuenta por ciento, cuando no se hubiera adquirido ese derecho en el momento de la notificación del incumplimiento», 42.4, 42.5, 43.2, 44, 45.5, 59 a 62, 65.3 a 65.6, 70 a 95, 96.1, 96.3, 97.1 a 97.3, 98, 99, 101 a 103, 104.1, 104.2, 105, 106, 109 a 111, 114 a 117, 118.3, 118.4, 119 a 123, 124.2, 125, 126.3, 126.4, 127 a 131, 134.2, 136.1, 137.1 a 137.4, 138 a), 139, 141 a 149, 151 a 153, 154.2, 155 a 158, 159.1 a 159.3,

160.1, 160.2, 161 a 167, 170.2, 171, 172, 174 a 179, 180.1, 181, 182, 184.1, 185 a 202, 205.2, 205.3, 206.1 a) a 206.1 e), 206.1 g), 206.2, 207 a 209, 211.1, 211.2, 212, 220.1, 221, 227.1 en su primer párrafo: «En los supuestos de incumplimiento de deberes urbanísticos contemplados en la presente Ley, cuando la Administración actuante no opte por la expropiación, acordará la aplicación del régimen de venta forzosa del terreno», 227.2, 228.1, 228.2, 228.3 en su inciso «según el aprovechamiento tipo vigente al tiempo de la tasación», 229 a 231, 233, 234, 236, 242.2 a 242.5, 242.7, 243.3, 244.1, 244.5, 245.2, 246.1, 246.3, 247 a 252, 253.1, 253.2, 254.1, 254.3, 255.1, 256, 257, 258.1, 259.1, 259.2, 259.4, 260 a 273, 275, 277 a 279, 280.2, 281 a 286, 287.1, 288.1, 290 a 295, 297, 298, 299 en su inciso final: «Con arreglo a esta Ley», disposiciones adicionales primera a tercera, disposición adicional cuarta, regla 2ª, disposición transitoria primera, apartados 2 y 4, disposiciones transitorias segunda a cuarta, disposición transitoria quinta, apartado 2, último inciso: «En todo caso, como valor mínimo del suelo, se entenderá el resultante de la aplicación del 85 por 100 del aprovechamiento tipo vigente al tiempo de la valoración», y disposiciones transitorias sexta a octava.

⇒ V. TRLS/1992 (§2).

Téngase en cuenta el D. 76/1998, de 2 junio, de desarrollo de la Ley 13/1997, de 23 diciembre, Reguladora de la Actividad Urbanística (§32.1).

Téngase en cuenta, para el suelo no urbanizable, la Ley 8/1998, de 26 junio, de Conservación de la Naturaleza y de Espacios Naturales en Extremadura.

V. D. 170/1999, de 19 octubre, de regulación de los campamentos públicos de turismo, privados y zonas de acampada municipal.

V. D. 45/1991, de 16 abril, de medidas de protección del ecosistema. Convalidado por D. 25/1993, de 24 febrero.

Téngase en cuenta, en lo relativo a obras y actividades en la proximidad de las carreteras o travesías, la Ley 7/1995, de 27 abril, de Carreteras de Extremadura.

Téngase en cuenta, respecto de su catalogación y conservación, la Ley 2/1999, de 29 marzo, del Patrimonio Histórico y Cultural de Extremadura

Téngase en cuenta, para las dotaciones urbanas y la edificación, la Ley 8/1997, de 18 junio, de Promoción de la Accesibilidad en Extremadura; así como D. 153/1997, de 22 diciembre, que la desarrolla.

Téngase en cuenta la Ley 9/1998, de 26 junio, Reguladora del Impuesto sobre Suelo Sin Edificar y Edificaciones Ruinosas en Extremadura, desarrollada por el D. 22/2001, de 5 febrero, por el que se aprueba el Reglamento del Impuesto sobre el Suelo sin Edificar y Edificaciones Ruinosas.

Téngase en cuenta la O. 1 agosto 1996, que regula la licencia comercial específica, modificada por O. 20 marzo 2000.

Téngase en cuenta el D. 187/1995, de 14 noviembre, sobre atribuciones de los órganos urbanísticos y de ordenación del territorio y organización y funcionamiento de la Comisión de Urbanismo y Ordenación del Territorio.

Téngase en cuenta la O. 18 junio 1999, de la Consejería Medio Ambiente, Urbanismo y Turismo de Extremadura, sobre avocación de funciones de la Comisión de Urbanismo y Ordenación del Territorio.

V. D. 89/1999, de 29 julio. Estructura Orgánica de la Consejería de Medio Ambiente.

Téngase en cuenta el D. 91/1999, de 29 julio, que regula la estructura orgánica de la Consejería de Vivienda, Urbanismo y Transportes, de Extremadura, modificado por D. 223/2000, de 7 noviembre.

V. D. 46/1997, de 22 abril, sobre Unidades Mínimas de Cultivo: Extensión.

V. D. 21/2001, de 5 febrero, de Valoraciones Fiscales.

DISPOSICIONES ADICIONALES

Primera.

En el Suelo Urbano de los municipios en que no se apliquen las disposiciones sobre áreas de reparto y aprovechamiento tipo, o que no hubieran adaptado su planeamiento a estas disposiciones, el aprovechamiento susceptible de apropiación en áreas sistemáticas será del 85 por 100 del aprovechamiento medio resultante en la unidad de ejecución respectiva.

Segunda.

Se faculta al Consejo de Gobierno para dictar cuantas disposiciones sean necesarias para el desarrollo y aplicación de la presente Ley.

Tercera.

Dejarán de ser de aplicación en la Comunidad Autónoma de Extremadura los preceptos de la legislación urbanística estatal que se opongan a lo establecido en la presente Ley.

Cuarta.

Quedan derogadas cuantas disposiciones legales o reglamentarias aprobadas por la Comunidad Autónoma de Extremadura se opongan a lo dispuesto en la presente Ley.

Quinta.

Todos los Ingenieros, Ingenieros Técnicos, Arquitectos y Arquitectos Técnicos, los Secretarios de las Corporaciones Locales y los Licenciados en Derecho adscritos a los servicios de urbanismo, funcionarios y contratados al servicio de las Administraciones Municipales de la Comunidad Autónoma de Extremadura, deberán hacer una declaración de intereses relacionados con las materias comprendidas en la presente Ley, según se regule reglamentariamente.

⇒ Téngase en cuenta el D. 154/1998, de 22 diciembre, que regula el Registro de Intereses Urbanísticos.

DISPOSICIÓN FINAL

En el plazo máximo de un año a contar desde la vigencia del texto presente, la Junta de Extremadura presentará a la Asamblea de Extremadura un Proyecto de Ley reguladora del Régimen Urbanístico del Suelo y de Ordenación del Territorio de la Comunidad Autónoma.

La presente Ley entrará en vigor el mismo día de la publicación de su *texto en el* «Diario Oficial de Extremadura».

Por tanto, ordeno a todos los ciudadanos que sea de aplicación esta Ley que cooperen a su cumplimiento, y a los Tribunales y Autoridades que corresponda la hagan cumplir.

⇒ V. SSTS 21 marzo 2000 (RJ 2000, 3685); 21 marzo 2000 (RJ 2000, 3686); y 21 marzo 2000 (RJ 2000, 3689) en disp. final 3ª de la Ley 1/1997, de 18 junio, de Adopción con carácter urgente y transitorio de disposiciones en materia de régimen de suelo y ordenación urbana en Andalucía (§5).

§ 32.1 DECRETO 76/1998, DE 2 JUNIO. DESARROLLA LA LEY 13/1997, DE 23 DICIEMBRE, QUE REGULA LA ACTIVIDAD URBANÍSTICA DE EXTREMADURA

(DOE núm. 65, de 9 junio [LEXT 1998, 123])

La Sentencia del Tribunal Constitucional 61/1997, de 20 de marzo, tuvo por efecto la declaración de inconstitucionalidad y nulidad por motivos competenciales de gran parte del articulado del Texto Refundido de la Ley sobre Régimen del Suelo y Ordenación Urbana, aprobado por Real Decreto Legislativo 1/1992, de 26 de junio. Dicho articulado ha sido aprobado e incorporado como legislación de esta Comunidad Autónoma de Extremadura por la Ley 13/1997, de 23 de diciembre, Reguladora de la Actividad Urbanística de la Comunidad Autónoma de Extremadura.

Debe completarse esta acción a través del contenido del presente Decreto, con el objeto de disponer de una legislación urbanística completa hasta la promulgación y entrada en vigor de la Ley Reguladora del Régimen Urbanístico del Suelo y Ordenación del Territorio de la Comunidad Autónoma de Extremadura, prevista por el párrafo primero de la disposición final de la mencionada Ley 13/1997.

Finalmente, y una vez promulgada la Ley 6/1998, de 13 de abril, sobre Régimen del Suelo y Valoraciones, debe atender, el desarrollo reglamentario que se pretende, a las disposiciones de carácter básico que residen en el ámbito competencial del Estado, con el fin de garantizar la necesaria seguridad jurídica que ha de presidir la aplicación del régimen urbanístico del suelo en la Comunidad Autónoma de Extremadura.

En su virtud, a propuesta del Consejero de Medio Ambiente, Urbanismo y Turismo, previa deliberación del Consejo de Gobierno de la Junta de Extremadura, en su sesión del día 2 de junio de 1998, dispongo:

⇒ V. STC 61/1997, de 20 marzo (RTC 1997, 61).

Artículo 1. Alteración del planeamiento.

1. La alteración de las determinaciones de los instrumentos de planeamiento urbanístico que no conlleve la adopción de nuevos criterios respecto de la estructura general y orgánica del territorio o de la clasificación del suelo, se considerará como modificación de los mismos, aun cuando dicha alteración lleve consigo cambios aislados en la clasificación o calificación del suelo, o impongan la procedencia de revisar la programación del Plan General.

2. Cuando las circunstancias lo exigieren, el Consejero de Medio Ambiente, Urbanismo y Turismo podrá ordenar motivadamente la revisión de los Planes Generales y Normas Subsidiarias, previa audiencia de las Entidades Locales afectadas, acordando lo procedente en cuanto a la redacción.

⇒ V. art. único de la Ley 13/1997, de 23 diciembre, Reguladora de la Actividad Urbanística en Extremadura (§32).
V. arts. 126, 237 y concordantes del TRLS/1992 (§2).
V. D. 89/1999, de 29 julio, de Estructura Orgánica de la Consejería de Medio Ambiente.

Artículo 2. Plazo para la solicitud de nueva licencia en caso de licencias ilegales.

El propietario que hubiera edificado al amparo de licencia posteriormente declarada ilegal por contravenir la ordenación urbanística aplicable y tenga adquirido el derecho al aprovechamiento urbanístico, deberá solicitar nueva licencia en el plazo de un año a contar desde el requerimiento que a tal efecto se formule.

⇒ V. art. único de la Ley 13/1997, de 23 diciembre, Reguladora de la Actividad Urbanística en Extremadura (§32).
V. arts. 26, 248 y concordantes del TRLS/1992 (§2).

Artículo 3. Junta de Compensación y ejecución forzosa.

De conformidad con la naturaleza administrativa de la Junta de Compensación, las cantidades que le adeuden sus miembros podrán ser exigidas por vía de apremio, previa petición de dicha Junta a la Administración actuante.

⇒ V. art. único de la Ley 13/1997, de 23 diciembre, Reguladora de la Actividad Urbanística en Extremadura (§32).
V. art. 160 del TRLS/1992 (§2).

Artículo 4. Adjudicación sin concurso de determinados programas de actuación urbanística.

1. Los propietarios del suelo afectado podrán formular y ejecutar, por alguno de los sistemas de ejecución previstos en la legislación urbanística, programas de actuación urbanística para el desarrollo del suelo urbanizable no programado.

2. En los demás casos podrán formularse y ejecutarse programas de actuación urbanística sin previa convocatoria de concurso cuando se trate de la urbanización de terrenos destinados a instalaciones de actividades relevantes o de especial importancia económica y social, y así lo acuerde el Consejo de Gobierno de la Junta de Extremadura a propuesta conjunta de la Consejería de Medio Ambiente, Urbanismo y Turismo y de la Consejería de Economía, Industria y Hacienda, así como de cualquier otra que resulte afectada previo informe de las Entidades Locales interesadas y dictamen del Consejo de Estado u órgano autonómico equivalente que pueda constituirse. En el acuerdo se determinarán las obligaciones que debe cumplir el adjudicatario respecto a la ejecución del programa, de acuerdo con lo dispuesto en el artículo 177.3 del Texto Refundido de la Ley sobre Régimen del Suelo y Ordenación Urbana, aprobado como precepto de ley autonómica por la Ley 13/1997, de

23 de diciembre, Reguladora de la Actividad Urbanística de la Comunidad Autónoma de Extremadura.

⇒ V. art. único de la Ley 13/1997, de 23 diciembre, Reguladora de la Actividad Urbanística en Extremadura (§32).
V. art. 177.3 del TRLS/1992 (§2).

Artículo 5. Suspensión de licencias u órdenes de ejecución y sanciones.

Cuando el contenido de una licencia u orden de ejecución constituya manifiestamente una infracción urbanística grave, la suspensión administrativa de sus efectos y la consiguiente paralización de las obras iniciadas a su amparo, o la anulación judicial de la licencia, se declararán y ejecutarán sin perjuicio de las sanciones procedentes.

⇒ V. art. único de la Ley 13/1997, de 23 diciembre, Reguladora de la Actividad Urbanística en Extremadura (§32).
V. art. 254 del TRLS/1992 (§2).

DISPOSICIÓN ADICIONAL

De conformidad con lo dispuesto en los artículos 14.2 y 18.4 de la Ley 6/1998, de 13 de abril, sobre Régimen del Suelo y Valoraciones, el aprovechamiento urbanístico susceptible de apropiación por el propietario de un terreno, establecido en el artículo 27 del Texto Refundido de la Ley sobre Régimen del Suelo y Ordenación Urbana, aprobado como precepto de ley autonómica por la Ley 13/1997, de 23 de diciembre, Reguladora de la Actividad Urbanística de la Comunidad Autónoma de Extremadura, no podrá ser nunca inferior al resultante de ceder obligatoria y gratuitamente a la Administración actuante el suelo libre de cargas de urbanización correspondiente al diez por ciento del aprovechamiento del correspondiente ámbito.

⇒ V. arts. 14.2 y 18.4 de la LS 6/1998, de 13 abril (§1).
V. art. 27 del TRLS/1992 (§2).

DISPOSICIÓN FINAL

Desarrollo y entrada en vigor.

1. Se faculta al Consejero de Medio Ambiente, Urbanismo y Turismo para dictar cuantas normas sean necesarias para el desarrollo y ejecución de este Decreto.

2. El presente Decreto entrará en vigor el día de su publicación en el «Diario Oficial de Extremadura».

⇒ V. D. 89/1999, de 29 julio, de Estructura orgánica de la Consejería de Medio Ambiente.

§ 32.2 DECRETO 115/1993, DE 13 OCTUBRE. ADAPTA LOS PLANES GENERALES A LAS NORMAS DEL TEXTO REFUNDIDO DE LA LEY SOBRE RÉGIMEN DEL SUELO Y ORDENACIÓN URBANA, APROBADA POR EL REAL DECRETO 1/1992, DE 26 JUNIO, RELATIVAS A DELIMITACIÓN DE ÁREAS DE REPARTO, CÁLCULO DEL APROVECHAMIENTO TIPO Y DEFINICIÓN DE APROVECHAMIENTO SUSCEPTIBLE DE APROPIACIÓN EN EXTREMADURA

(DOE núm. 121, de 19 octubre [LEXT 1993, 169])

El Texto Refundido de la Ley sobre el Régimen del Suelo y Ordenación Urbana, aprobado por el Real Decreto Legislativo 1/1992, de 26 de junio, establece en su disposición transitoria séptima la obligación de adaptar los Planes Generales a dicha Ley en un plazo máximo de tres años, para aquellos municipios en que la aplicación de la Ley debe realizarse en su plenitud.

Los municipios extremeños afectados plenamente por dicha disposición se han encontrado a lo largo de los tres años transcurridos desde la entrada en vigor de la Ley 8/1990, de 25 de julio, sobre Reforma del Régimen Urbanístico y Valoración del Suelo, en distintas fases de revisión y adecuación de sus planes, que han imposibilitado el cumplimiento de la disposición mencionada.

A fin de posibilitar el cumplimiento de la Ley, y facilitar que los Ayuntamientos completen su proceso planificador con la necesaria prudencia, sin verse apremiados por el cumplimiento de un plazo preceptivo, se establecen las exclusiones previstas en la disposición adicional primera número 2, y se concreta un nuevo plazo más amplio que permitirá la mejor adecuación del planeamiento a la legalidad vigente.

En virtud de lo expuesto, y de conformidad con el artículo 54.2 de la Ley 2/1984, de 7 de junio, del Gobierno y de la Administración de la Junta de Extremadura, a propuesta del Consejero de Obras Públicas, Urbanismo y Medio Ambiente y previa deliberación del Consejo de Gobierno de la Comunidad Autónoma de Extremadura, en su sesión de 13 de octubre del presente año, dispone:

Artículo 1.

Las normas contenidas en el Texto Refundido de la Ley sobre Régimen del Suelo y Ordenación Urbana aprobado por RDLeg 1/1992, de 26 de junio, relativas a delimitación de áreas de reparto, cálculo del aprovechamiento tipo y definición del aprovechamiento susceptible de apropiación de conformidad con lo dispuesto en el artículo 27.1 y 2 serán de aplicación únicamente en las ciudades de Mérida, Badajoz y Cáceres.

⇒ V. art. único de la Ley 13/1997, de 23 diciembre, Reguladora de la Actividad Urbanística (§32).

Artículo 2.

Los municipios de Plasencia, Don Benito y Almendralejo quedan excluidos de las obligaciones a que se refiere el artículo anterior, pudiendo no obstante aplicarlas en el momento en que se apruebe la revisión de sus respectivos Planes Generales de Ordenación Urbana.

Artículo 3.

Los municipios de Mérida, Badajoz y Cáceres deberán adaptar sus Planes Generales al Texto Refundido en un plazo máximo de cinco años, y en todo caso cuando se produzca la revisión de los respectivos Planes Generales.

DISPOSICIÓN FINAL

El presente Decreto entrará en vigor el día de su publicación en el «Diario Oficial de Extremadura».

§ 32.3 DECRETO 112/1997, DE 9 SEPTIEMBRE. APRUEBA EL PROCEDIMIENTO DE APROBACIÓN DE FIGURAS DE PLANEAMIENTO URBANÍSTICO GENERAL DE EXTREMADURA

(DOE núm. 108, de 16 septiembre [LEXT 1997, 163])

Artículo 1. Tramitación de Planes Generales y Normas Subsidiarias Municipales: redacción y revisión de documentos integrales de ordenación.

1. Los Ayuntamientos de Municipios que sean capital de provincia o autonómica, o cuya población supere los veinticinco mil habitantes, adecuarán la fase de elaboración de su planeamiento urbanístico general a lo siguiente:

a) En el momento en que los trabajos de elaboración del Plan General o Normas Subsidiarias hayan adquirido el suficiente grado de desarrollo que permita formular los criterios, objetivos y soluciones generales del planeamiento, el órgano competente para su formulación deberá anunciar en el «Diario Oficial de Extremadura», y en uno de los periódicos de mayor difusión en la Comunidad Autónoma, la exposición al público de los trabajos, al objeto de que durante el plazo mínimo de un mes puedan manifestarse sugerencias y, en su caso, otras alternativas de planeamiento.

b) Los servicios técnicos de este órgano, así como los facultativos a quienes se hubiese encomendado la redacción del planeamiento, estudiarán las sugerencias y alternativas que hayan podido presentarse y propondrán la confirmación o rectificación de los criterios y soluciones generales del planeamiento.

c) El órgano competente para la formulación del planeamiento, a la vista del resultado de la exposición al público y de los estudios técnicos realizados, acordará lo procedente en cuanto a los criterios y soluciones generales, con arreglo a los cuales hayan de culminarse los trabajos de elaboración del Plan.

d) Terminada la fase de elaboración del Plan o Norma, el órgano competente para su formulación procederá a su aprobación inicial, sometiendo a información pública el documento mediante anuncio en el «Diario Oficial de Extremadura» y en uno de los periódicos de mayor difusión en la Comunidad Autónoma.

e) El trámite de información pública tendrá una duración mínima de un mes, y durante dicho período quedará el expediente a disposición de cualquiera que quiera examinarlo, a fin de recabar las pertinentes alegaciones.

f) En todos los planos y demás documentos que se sometan a información pública el Secretario de la Entidad Local extenderá la oportuna diligencia, en la que se haga constar que dichos planos y documentos son los aprobados inicialmente.

2. Los Ayuntamientos de los Municipios restantes podrán dar por concluida la fase de elaboración del Plan o Norma sin exigencia previa de exposición al público de los trabajos, acordando directamente la aprobación inicial del documento una vez se haya finalizado su redacción conforme al contenido dispuesto legalmente.

⇒ V. art. único de la Ley 13/1997, de 23 diciembre, Reguladora de la Actividad Urbanística (§32).

Artículo 2. Tramitación de Planes Generales y Normas Subsidiarias Municipales: expedientes de modificación.

Los expedientes de modificación en ningún caso quedarán sujetos a la exigencia previa de exposición pública de los trabajos, acordándose directamente la aprobación inicial del documento una vez se haya finalizado su redacción conforme al contenido dispuesto legalmente.

Artículo 3. Disposiciones comunes a los actos preparatorios y a la tramitación.

Los demás aspectos relativos a los actos preparatorios y a la tramitación se regirán de acuerdo a lo dispuesto por el régimen legal vigente del suelo en todo aquello que no contravenga lo determinado por el presente Decreto.

DISPOSICIONES FINALES

Primera.

Se faculta al Consejero de Medio Ambiente, Urbanismo y Turismo para dictar cuantas normas sean necesarias en desarrollo y ejecución de este Decreto.

⇒ V. D. 89/1999, de 29 julio, de estructura orgánica de la Consejería de Medio Ambiente.

Segunda.

El presente Decreto entrará en vigor el día de su publicación en el «Diario Oficial de Extremadura».

Galicia

§ 33 LEY 1/1997, DE 24 MARZO. NORMAS REGULADORAS DEL SUELO DE GALICIA

(BOE núm. 103, de 30 abril y DOG núm. 59, de 26 marzo [RCL 1997, 1059 y LG 1997, 120])

1

JUSTIFICACIÓN Y PRINCIPIOS INSPIRADORES

El marco legislativo vigente en Galicia hasta la entrada en vigor de la Ley 8/1990, de 25 de julio, sobre reforma del régimen urbanístico y valoraciones del suelo, que estaba integrado por la Ley 11/1985, de 22 de agosto, de adaptación de la del suelo a Galicia, por una parte, y, por otra, por el Texto Refundido de la Ley sobre Régimen del Suelo y Ordenación Urbana, de 9 de abril de 1976, y los reglamentos de planeamiento, disciplina y gestión urbanística, se vio profundamente afectado por la nueva regulación estatal que vino a modificar una legislación que, en lo no derogado por la normativa emanada de la Comunidad Autónoma, ésta había aceptado que se integrase en su propio ordenamiento jurídico. La situación resultó acentuada por la promulgación del Texto Refundido aprobado por el Real Decreto Legislativo 1/1992, de 26 de junio.

La nueva regulación estatal tiene una fuerte incidencia sobre el marco legal descrito, entre otras, por las siguientes razones:

1ª Porque la base que utiliza el Texto Refundido de la Ley del Régimen del Suelo y Ordenación Urbana, de 26 de junio de 1992, para regular el régimen urbanístico del suelo, es la clasificación de este último según la Ley de 9 de abril de 1976. Pero las clases de suelo, además de ser el soporte estatutario del derecho de propiedad, constituyen un conjunto de piezas integrantes del planeamiento general. Como consecuencia de esta técnica se consolida un modelo de plan que, sin perjuicio de sus valores, no puede considerarse único e invariable. El planeamiento urbanístico es la expresión instrumental más genuina de la competencia urbanística.

2ª Porque la unificación del régimen urbanístico de los suelos urbano y urbanizable, sin tener en cuenta las diferencias evidentes que existen entre ambos, ni las que dentro del propio suelo urbano distinguen el suelo consolidado para la edificación del que aún no alcanzó ese estado, crea una situación legal de confusión e incongruencia que puede llegar a bloquear el régimen del suelo urbano o a favorecer la aplicación de soluciones contradictorias y casuísticas, incompatibles con el principio de igualdad ante la ley.

3ª Igualmente resulta afectado negativamente el régimen urbanístico del suelo urbano de los municipios en los que el Texto Refundido aprobado por el Real Decreto Legislativo 1/1992 no se aplica íntegramente debido a la indeterminación que sobre estos supuestos –que constituyen mayoría en Galicia– presenta dicho texto.

4ª Porque los sistemas de distribución de beneficios y cargas de la legislación general, confirmados en Galicia por la Ley de 22 de agosto de 1985, quedan en situación de abierta indeterminación con la aparición de instrumentos tales como las transferencias de aprovechamientos urbanísticos y las actuaciones sistemáticas, que, sin alterar en esencia el clásico mecanismo de la reparcelación o la compensación, plantean dudas sobre su naturaleza y operatividad y dificultan los procesos edificatorios.

5ª Asimismo, el régimen de plazos para la urbanización y, especialmente, para la edificación tienen una regulación genérica que no puede aplicarse al margen de los problemas y circunstancias concretas de cada municipio y de cada caso.

6ª Por último, quedan afectados por la nueva regulación del Estado extremos tan determinantes como el régimen de adquisición y pérdida de facultades urbanísticas, las valoraciones del suelo y las expropiaciones, el patrimonio municipal del suelo, el régimen de indemnizaciones por causa de alteración del planeamiento, o aparecen nuevas materias objeto de regulación, como son los derechos de tanteo y retracto, a lo que se añade la complejidad de una graduación de los niveles de vinculación y exclusividad de la normativa estatal por su carácter básico, pleno o supletorio.

Todo ello justifica una reconsideración completa del bloque de la legalidad urbanística de Galicia. La complejidad legislativa que originan estos contenidos de la regulación del Estado exige que la Xunta de Galicia se plantee la conveniencia de formular una regulación legal de la materia urbanística que debe constituir un bloque normativo completo.

El reconocimiento por el artículo 148.1.3º de la Constitución de que las comunidades autónomas podrán asumir competencias en materia de ordenación del territorio y urbanismo, complementado por la formulación del Estatuto de Autonomía, que en su artículo 27.3º proclama como competencia exclusiva de la Comunidad Autónoma la citada materia constituyen los títulos que legitiman la elaboración de un texto legal para regular de manera integral la actividad urbanística de Galicia.

Su elaboración se afrontó con el rigor y la decisión que su propia naturaleza e importancia requieren, tanto para asumir cuanto de aceptable y adecuado a la realidad gallega tiene la regulación del Estado como para ofrecer las soluciones que su singularidad requiere o aconseja la posición autonómica en relación con la gestión urbanística y el papel de los distintos operadores que intervienen en la misma.

Desde este planteamiento se formuló el texto legal que, en relación con la legislación anterior, arranca de los siguientes criterios:

1º Se parte del expreso reconocimiento y aceptación de los principios resultantes del ordenamiento urbanístico que se consolidó en España a partir de la Ley del Suelo de 1956.

Por ello, todas aquellas formulaciones de preceptos procedentes del Texto Refundido de 1976 o del nuevo de 1992 que se estimen adecuadas para regular la problemática actual se recogen sin reparos. Obviamente, este mismo planteamiento comporta la necesidad de ofrecer soluciones nuevas para los problemas específicos que plantea la realidad en este preciso momento, así como para dar respuesta legal adecuada a los aspectos diferenciales que existen en Galicia, que ya habían sido detectados por la Ley de adaptación de la del suelo a Galicia, cuya orientación se ha tenido muy en cuenta, fundamentalmente en lo que hace referencia a la regulación del suelo rústico y del sistema de núcleos de población.

2º En otro sentido, es conveniente advertir que las disposiciones que en el Texto Refundido de 1992 se califican como de «aplicación plena», respecto a las cuales la Comunidad Autónoma carece de competencia para su regulación, se excluyen de esta Ley, por esa misma razón, aunque se incorporen disposiciones aisladas de este carácter, en lo que hace referencia, fundamentalmente, a las normas que regulan el régimen de valoraciones, expropiación y régimen jurídico.

3º Distinta problemática plantean las normas que se declaran «básicas», lo que presupone una concurrencia de competencias «ratione materiae», sin apoyo real en una reserva expresa de competencias a favor del Estado de base constitucional o estatutaria.

No obstante, partiendo de una voluntad de cooperación –que no puede desconocer o mermar las competencias exclusivas recogidas en nuestro Estatuto de Autonomía–, la específica regulación de esta Ley del Suelo de Galicia se incardina en el marco básico de la legislación estatal.

La Ley del Suelo de Galicia se desarrolla en: Título Preliminar: Principios generales. Título I: Planeamiento urbanístico. Título II: Régimen urbanístico del suelo. Título III: Distribución de cargas y beneficios. Título IV: Ejecución de los planes de ordenación. Título V: Instrumentos de intervención en el mercado del suelo. Título VI: Intervención en la edificación y uso del suelo y disciplina urbanística. Título VII: Organización. Seis disposiciones adicionales. Cuatro disposiciones transitorias. Una disposición derogatoria. Y una disposición final.

2

TÍTULO PRELIMINAR
PRINCIPIOS GENERALES

La regulación de la actividad urbanística de Galicia en sus distintas manifestaciones es el objeto de la presente Ley, con la finalidad de que el suelo se utilice teniendo presentes las exigencias del interés general y de la función social de la propiedad.

Si se tiene en cuenta el contenido de este Título se comprende que no vayan a existir grandes diferencias con la legislación del Estado, al mantenerse sus principios generales, sin perjuicio de reforzar la necesidad de incorporar a la gestión pública la iniciativa de los particulares.

3

TÍTULO I
PLANEAMIENTO URBANÍSTICO

1. Clases de planes.

Teniendo en cuenta que, como se ha señalado, se partió de la conveniencia de aceptar los principios que han ido consolidándose en el derecho urbanístico español, resultaría tentador reproducir el esquema de la legislación del Estado y limitarse a adaptar la formulación de los distintos tipos de instrumentos y esquemas de planeamiento que se contienen en aquélla. Sin embargo, una reflexión rigurosa sobre las clases de planeamiento territorial y general que debe ser reconocido llevó a la conclusión de que es necesario racionalizarlo, clarificarlo y adaptarlo a Galicia, lo cual ha conducido a establecer un sistema de planeamiento general único, integrado y adecuado a las características de los diferentes tipos de asentamientos existentes.

El sistema distingue los ámbitos provincial, supramunicipal y municipal, en los cuales operan las normas provinciales de planeamiento, las directrices de ordenación del territorio, los planes generales de ordenación municipal y los proyectos de ordenación del medio rural.

Las directrices de ordenación del territorio se prevén en este proyecto aunque su regulación se remite a su legislación específica.

A las normas provinciales de planeamiento les corresponde suplir y complementar el planeamiento municipal, estableciéndose una relación de complementariedad con los proyectos de ordenación del medio rural.

El plan general de ordenación municipal pasa a ser el único instrumento que habilita para la ordenación integral de uno o varios municipios; puede tener una finalidad y contenido diversos, determinados por la complejidad urbanística existente en el territorio respectivo, que aconsejará la opción más adecuada para cada específica situación. Así, un plan general de ordenación municipal podrá incorporar la totalidad de los medios de ordenación y gestión que ofrece la legislación urbanística u optar por una alternativa reducida, que prescinda de las exigencias que comporta la programación.

Para municipios con limitada complejidad urbanística, se arbitra la posibilidad de que se formulen proyectos de ordenación del medio rural, que se limitan a efectuar un estudio del medio rural y a realizar el reconocimiento y ordenación básica de todos los núcleos rurales y de suelo urbano existentes en el término municipal, y que pueden ser complementados por las disposiciones y ordenanzas contenidas en las normas provinciales del planeamiento para permitir el desarrollo normal de la construcción en el ámbito de los núcleos.

El planeamiento de desarrollo sigue estando constituido por los mismos instrumentos contemplados en la legislación urbanística anterior, a excepción de los programas de actuación urbanística, que ahora se suprimen como consecuencia de la eliminación de la categoría del suelo urbanizable no programado que a continuación se analizará.

2. Clasificación y tratamiento de los distintos tipos de suelo en el planeamiento general.

Los planes generales podrán clasificar el suelo del territorio municipal en suelo urbano, de núcleo rural, urbanizable y rústico. Los proyectos de ordenación del medio rural podrán clasificarlo únicamente en suelo urbano, de núcleo rural y rústico.

El suelo urbano sigue siendo aquel que es consecuencia de la existencia de determinados servicios urbanísticos básicos o de la edificación. No obstante, se distinguen dos categorías de suelo urbano: el consolidado, por no resultar necesario el desarrollo de actuaciones de ejecución integral; y el no consolidado, que son aquellos terrenos que sí exigen esta ejecución. Es el planeamiento general el que debe establecer esta importante diferenciación que se basa en el hecho de que el suelo consolidado es el que llegó al final del proceso de desarrollo urbanístico.

Aparece un nuevo tipo de suelo, el suelo de núcleo rural, que corresponde al fenómeno característico de los asentamientos de población de Galicia.

En cuanto al suelo urbanizable, se supera la diferenciación entre el programado y el no programado. La programación del desarrollo del plan en el suelo urbanizable, que pasa a configurarse como categoría única, dependerá de sus propias previsiones en relación con las actuaciones públicas previstas y las de los particulares que quedarán suficientemente garantizadas. El plan general podrá establecer un sistema de prioridades en sustitución de la programación clásica determinando, en todo caso, los plazos y condiciones en que tengan que ser ejecutadas las actuaciones concertadas con los particulares.

En el suelo rústico se distinguen dos categorías: el protegido y el rústico común. El plan realizará un estudio riguroso del medio rural y del sistema de núcleos, atendiendo a la preocupación especial que merece en Galicia el suelo rústico y a su peculiar sistema de poblamiento, acentuándose la línea que ya inició la Ley de adaptación de la del suelo a Galicia.

El estudio profundo del suelo rústico, categoría de suelo al que se devuelve su genuina denominación, permite que puedan incorporarse al proceso de desarrollo urbanístico áreas de suelo rústico común que presenten las condiciones de aptitud objetiva para ser soportes de tal desarrollo, con lo que se evita así la excesiva clasificación de suelo urbanizable cuando aún no está asegurada la existencia de iniciativas públicas o privadas para su desarrollo.

3. El planeamiento de desarrollo.

Sin perjuicio de mantener los planes tradicionales para el desarrollo del planeamiento general, a excepción de los programas de actuación urbanística, que se suprimen como consecuencia de la eliminación del suelo urbanizable no programado, se da un tratamiento específico a los planes parciales que incorporen al proceso de desarrollo urbanístico las áreas de suelo rústico común, así como a los planes especiales de mejora de los núcleos rurales y a los planes especiales de mejora del medio rural.

4. Simplificación de los procedimientos.

Se establece una nueva regulación del procedimiento para la aprobación de los instrumentos de planeamiento urbanístico dirigida a lograr una mayor celeridad y eficacia, para lo que se unifican los distintos procedimientos, sin perjuicio de las especialidades propias de cada caso, simplificando la tramitación, reduciendo los plazos y adaptándose al nuevo régimen de distribución de competencias establecido.

La intervención de la Administración autonómica en el procedimiento de aprobación del planeamiento tiene por finalidad garantizar el cumplimiento de la legalidad y el adecuado tratamiento de los intereses supralocales afectados, y se instrumenta a través de la resolución sobre la aprobación definitiva o, en su caso, de la emisión de un informe preceptivo y vinculante, con el mismo alcance definido hoy por la jurisprudencia del Tribunal Supremo.

4

TÍTULO II

RÉGIMEN URBANÍSTICO DEL SUELO

1. Clasificación del suelo.

Se mantiene el sistema de clasificación del suelo, introduciendo la distinción de dos categorías en el suelo urbano, como ya se ha dicho anteriormente: el consolidado y el no consolidado. Esta distinción responde a las dos situaciones en que puede encontrarse este tipo de suelo desde el punto de vista de la gestión urbanística. El nuevo concepto de la consolidación no debe confundirse con la consolidación de la edificación a que se refieren los artículos 11 y 13 del Texto Refundido de la Ley del Suelo aprobado por el Real Decreto Legislativo de 26 de junio de 1992. El suelo urbano consolidado debe ser *aquel en el que, por determinación* del planeamiento general, no es necesario realizar operaciones o actuaciones de ejecución integral, es decir, no es preciso delimitar un polígono y aplicar un sistema de actuación para llevar a cabo las cesiones, la distribución de cargas y beneficios y la ejecución de la urbanización. Es el suelo en el que se culminó el proceso de su conversión en urbano, aunque no se hubiera edificado. Normalmente este suelo tendrá la calificación jurídica de solar, aunque no cabe excluir de esta categoría de suelo parcelas en las que aún haya de efectuarse alguna obra parcial de urbanización para alcanzar aquella calificación mediante simples proyectos de obras. La frontera entre el suelo urbano consolidado y el no consolidado se encuentra, pues, en el límite entre el suelo que no requiere un proceso completo y complejo de gestión urbanística, comprensivo de cesiones, distribución de cargas y beneficios y urbanización completa, aunque precise de alguna aislada de urbanización; y el que, siendo urbano por reunir o estar bajo la influencia de los servicios urbanísticos básicos, debe aún someterse al proceso descrito.

Las dos situaciones en que puede encontrarse el suelo urbano no han tenido adecuado reflejo en la regulación legal del régimen urbanístico del suelo urbano. Esta laguna legal, menos trascendente en la Ley del Suelo de 1976, adquiere un mayor relieve ante la Ley 8/1990 y su Texto Refundido, que, pese a la formal unificación del suelo urbano y del urbanizable, reconoce, en el artículo 31.1 del Texto Refundido, la existencia diferenciada del suelo urbano no incluido en unidades de ejecución que, por esta causa, alcanzó el derecho al aprovechamiento urbanístico.

El reconocimiento expreso de las dos categorías de suelo urbano exige que se extraigan las consecuencias lógicas en el plano de sus respectivos regímenes urbanísticos. Encontrándose el suelo urbano consolidado reconocido por el planeamiento al final de su proceso de formación, no cabe exigirle nuevas cesiones; al contrario, éstas serán procedentes en el suelo que, por requerir la finalización del proceso descrito, se integra en unidades de ejecución integral porque no ha alcanzado aquel grado de consolidación. Esta es la conclusión a que conduce el sistema de adquisición de facultades urbanísticas creado por la Ley 8/1990, que, así, resuelve con toda facilidad la contradicción en que se incurriría si se impusiese la obligación de cesión de aprovechamiento, por motivos de participación pública en la plusvalía creada por la clasificación del suelo, cuando esta clasificación no viene otorgada por el planeamiento, sino que está simplemente reconocida por ser anterior al propio planeamiento que se ejecuta y que, en consecuencia, no comporta ningún tipo de plusvalía.

En cuanto a las restantes clases y categorías de suelo, ya se ha anticipado que quedan constituidas por el suelo de los núcleos rurales, el suelo urbanizable y el suelo rústico, dentro del que se distinguen las dos categorías de suelo rústico protegido y rústico común.

2. El suelo de núcleo rural.

Para dar una respuesta adecuada a uno de los aspectos más característicos de la realidad urbanística de Galicia, se considera necesario definir una categoría específica de suelo para el que se integra en el ámbito de la delimitación de los núcleos rurales, básicamente equivalente al que en la Ley 11/1985, de adaptación de la del suelo a Galicia, se configuraba como suelo no urbanizable de núcleo rural tradicional, pero con un sentido más amplio y con una denominación más coherente: «suelo de núcleo rural», que tiene una significación propia y determina un régimen jurídico también característico, claramente diferenciable del que debe establecerse para las otras clases de suelo.

3. El suelo rústico.

La ley aspira a que se reserve para su utilización característica, preservándolo de la utilización urbanística incontrolada o abusiva. Sin embargo, resulta inevitable tener en cuenta algunos factores:

– Galicia cuenta con más de 30.000 entidades de población, de las cuales la mayoría pueden ser reconocidas como núcleo de población a efectos urbanísticos, y constituyen una clara expresión del modelo de asentamiento tradicional, que debe ser considerado como adecuado para la mayoría de los municipios rurales de Galicia.

– Muchas de estas entidades no cuentan con los más elementales servicios públicos; abastecimiento de agua, saneamiento, recogida de residuos, teléfono, etc., son carencias notorias.

– Por motivos económicos resulta imposible el establecimiento generalizado de estos servicios, su coste resulta inasumible por la dispersión de los asentamientos. Esta situación se ve agravada por la actual tendencia a acentuar también la dispersión de las edificaciones.

– Es necesario establecer los presupuestos que permitan rentabilizar las inversiones en servicios públicos. Ello sólo puede conseguirse si se propugna una tendencia a que las construcciones se realicen en el ámbito que se defina para los núcleos de población.

– Además, por supuesto, es necesario proteger todos los valores intrínsecos, medioambientales, paisajísticos, productivos, etc., del suelo rústico.

A estas finalidades atiende la regulación específica del suelo rústico, en el que, partiendo de las categorías básicas de «protegido» y «común», se trata de evitar cualquier tipo de agresión al protegido y se disciplina el uso del común, suprimiendo su utilización ordinaria para usos residenciales muy vinculados a las explotaciones de las fincas e imponiendo un mayor rigor en el empleo de los parámetros de la «utilidad pública» e «interés social», que se han utilizado para hacer posible la instalación de otro tipo de edificaciones en suelo rústico, con más que dudosa justificación.

Como ya se ha señalado anteriormente, la ley admite la transformación en suelo urbanizable de aquellas partes de suelo rústico común que permitan los planes de acuerdo con sus previsiones.

4. Plazos.

Respetando el régimen de adquisición de las facultades urbanísticas, merecen no obstante regulación especial los plazos para el cumplimiento de los deberes urbanísticos, de acuerdo con la remisión que, en esta materia, contiene el texto refundido en favor de la legislación de las comunidades autónomas. Los planes señalarán los plazos de ejecución de las obras de urbanización y de cumplimiento de los deberes de cesión y equidistribución, con un plazo supletorio de cuatro años desde la aprobación del polígono. Los plazos de edificación serán fijados por los planes, siendo impropio, por su rigidez y desconocimiento de la realidad concreta, que se establezcan por ley. Sin embargo, aparece como solución óptima facultar a la Xunta para que ésta, en función de circunstancias y necesidades sociales objetivas, establezca o modifique los plazos. De esta manera, se evitará la injustificada aplicación de unos plazos establecidos por la ley sin atención a las circunstancias diferentes de tiempo y lugar.

5. Determinación del aprovechamiento susceptible de apropiación en los ayuntamientos de aplicación limitada.

Por último, es necesario solventar el grave problema de la definición precisa del régimen del aprovechamiento susceptible de apropiación en los ayuntamientos en que el Texto Refundido de la Ley del Suelo no es de aplicación íntegra. Si la Comunidad Autónoma tiene competencia para ampliar la aplicación íntegra a los municipios menores de 25.000 habitantes, así como para liberar de dicha aplicación a los municipios no capitales de provincia con población entre 25.000 y 50.000 habitantes, con mayor razón debe aceptarse su competencia para normalizar la aplicación de dicho régimen, especialmente, a la vista del apartado 4 del artículo 27 del Texto Refundido de la Ley del Suelo, que admite la cesión del 15% del aprovechamiento urbanístico en los ayuntamientos sometidos al régimen de aplicación parcial bajo la extraña fórmula de garantizar al propietario del suelo un mínimo de aprovechamiento.

El principio de igualdad exige que el régimen de cesiones y de apropiación de aprovechamientos sea el mismo en todos los municipios. La cesión del 15%, basada en la plusvalía creada por la clasificación del suelo, sólo está justificada en las áreas de nueva urbanización y en los terrenos urbanos que no hayan culminado el proceso de conversión por el cumplimiento de las obligaciones de cesión, equidistribución y urbanización, en congruencia con las dos categorías de suelo urbano que en realidad existen.

5

TÍTULO III
DISTRIBUCIÓN DE CARGAS, Y BENEFICIOS

Se regula de manera sistemática y diferenciada la distribución de cargas y beneficios en los niveles de planeamiento general y parcial.

Las áreas de reparto se adecuan al sistema de planeamiento general de la ley, así como a la definición del aprovechamiento tipo.

La distribución de cargas y beneficios se articula, siempre, a través de la reparcelación en sus distintas modalidades: ordinaria, voluntaria, mediante transferencias de aprovechamiento urbanístico y normalización de fincas. Toda la gama de posibles mecanismos de distribución de cargas y beneficios, tanto en el caso de actuaciones integrales como aisladas, queda recogida y unificada bajo la naturaleza del acto reparcelatorio, alcanzándose la mayor simplificación posible de estos procesos siempre difíciles.

6

TÍTULO IV
EJECUCIÓN DE LOS PLANES DE ORDENACIÓN

Sistemas de ejecución.

Se simplifican los procedimientos de gestión y ejecución, sin menoscabo de la seguridad jurídica, pero estimulando y apoyando la iniciativa de los particulares de forma tal que el propietario que se decida a promover iniciativas de gestión tenga la evidencia de que la legislación y la práctica administrativa van a apoyar ese proceso.

Se mantienen los tres sistemas de actuación: de compensación, cooperación y expropiación, pero potenciando la iniciativa y colaboración de los particulares para la ejecución del planeamiento. Y así, en el sistema de compensación se reduce el quórum de propiedad necesario para la aplicación del sistema a más del 50% y se prevé para el supuesto de que algún propietario no se hubiera incorporado a la Junta de Compensación la facultad de ésta de instar a la expropiación de las fincas, o bien a la ocupación de las mismas a fin de posibilitar la ejecución de las obras de urbanización previstas, sin perjuicio del reconocimiento a sus titulares del derecho a la adjudicación de terrenos edificables en la proporción que corresponda. En el sistema de cooperación se prevé la colaboración concertada entre la Administración actuante y los propietarios que representen, al menos, el 25% de la superficie del polígono.

En el sistema de expropiación se admite la exclusión de propietarios que se comprometan a participar en el proceso de ejecución de acuerdo con las condiciones que establezca la Administración.

Asimismo, se perfila la regulación de los terrenos destinados a sistemas generales y a dotaciones públicas locales, estableciendo un procedimiento para la ocupación directa en el que quedan garantizadas la efectividad y la seguridad jurídica de modo que las compensaciones al propietario no resulten indefinidamente demoradas.

En general, se pretende estimular la colaboración de los particulares, haciéndolos partícipes del resultado de la ejecución del planeamiento, cuando asuman el compromiso de compartir la responsabilidad de facilitar el proceso de gestión del planeamiento, pero, al mismo tiempo, introduciendo procedimientos que eviten las actitudes orientadas al entorpecimiento.

7

TÍTULO V
INSTRUMENTOS DE INTERVENCIÓN EN EL MERCADO DEL SUELO

Es objeto de este título la regulación del patrimonio municipal del suelo, del derecho de superficie y de los derechos de tanteo y retracto, sobre la base de la regulación general anterior, que se perfecciona para mejorar su efectividad. La adecuada utilización de estos mecanismos posibilitará a los ayuntamientos alcanzar una capacidad de actuación muy importante en el mercado del suelo.

8

TÍTULO VI
INTERVENCIÓN EN LA EDIFICACIÓN Y USO DEL SUELO Y DISCIPLINA URBANÍSTICA

El Capítulo I de este Título regula la intervención en la edificación y uso del suelo, cuya finalidad primordial es hacer efectiva la ordenación urbanística establecida por el planeamiento, mediante el control preventivo que la Administración ejerce a través del tradicional mecanismo de las licencias, a las que se somete toda actividad que suponga una transformación física del suelo.

También se regula en este mismo Capítulo el deber de conservación de los terrenos, urbanizaciones y edificaciones, que recae sobre los propietarios de los mismos, así como el régimen de parcelaciones urbanísticas.

En el Capítulo II se establece una nueva regulación de la disciplina urbanística, previéndose los mecanismos necesarios para el restablecimiento de la legalidad, diferenciando su tratamiento según se trate de obras o usos sin licencia en curso de ejecución, de obras terminadas sin licencia o de obras y usos amparados en licencias ilegales. Asimismo, se establece un nuevo régimen de infracciones y sanciones, distinguiendo entre infracciones muy graves, graves y leves.

Una especial consideración merece en la nueva regulación la protección de la legalidad cuando la actividad ilícita no estuviese amparada en licencia y afectase a zonas verdes, espacios libres, dotaciones y equipamientos comunitarios y suelo rústico con especial protección. En estos casos la competencia para adoptar las medidas necesarias en orden a la restauración de la legalidad y para sancionar a los responsables de las infracciones es de la Administración autonómica. En los demás supuestos, la competencia corresponde al Ayuntamiento, sin perjuicio de los requerimientos procedentes que la Consellería competente en la materia puede dirigir a la entidad local cuando ésta incumpliese sus obligaciones o no adoptase las medidas necesarias para restablecer la legalidad urbanística vulnerada.

9

TÍTULO VII
ORGANIZACIÓN

Supuesta la competencia exclusiva de la Comunidad Autónoma para establecer el marco legislativo de la actividad urbanística, no cabe duda de que en su desarrollo tienen que intervenir, junto con los órganos propios de la misma que asuman competencias en la materia, las entidades locales, básicamente los municipios, compartiendo la responsabilidad del ejercicio de estas competencias. Es evidente que cada una de estas administraciones públicas actuará con plenitud dentro de su propio ámbito y partiendo del expreso reconocimiento de la autonomía local pero sin ignorar que en la actividad urbanística existen destacados aspectos de interés supramunicipal que necesariamente han de ser atendidos por la Administración autonómica.

Este planteamiento hace perfectamente compatibles los principios de autonomía y descentralización con el de coordinación, todos ellos proclamados por el artículo 103 de la Constitución.

En este Título se regulan las competencias urbanísticas de la Comunidad Autónoma, a la que corresponden la dirección de la política urbanística, el establecimiento de directrices de ordenación y la aprobación de instrumentos de ordenación urbanística en los supuestos establecidos, el control de la actividad urbanística local y el desarrollo reglamentario.

Se reconoce la competencia urbanística municipal y la posibilidad de establecer formas de colaboración interadministrativa, así como la de constituir consorcios o sociedades urbanísticas.

Por último, se atribuye carta de naturaleza a la colaboración de las diputaciones provinciales en materia urbanística, en armonía con las funciones de asistencia y cooperación que a las mismas atribuye la legislación de régimen local.

10

DISPOSICIONES ADICIONALES, TRANSITORIAS, DEROGATORIA Y FINAL

En las disposiciones adicionales, seis en total, se regula, entre otros extremos, el régimen de aplicación a los municipios que carezcan de cualquier instrumento de planeamiento general y se asigna a los ayuntamientos, en régimen de competencia delegada, la competencia para la aprobación definitiva de los planes generales de ordenación municipal y de los proyectos de ordenación del medio rural. En las transitorias se contempla, especialmente, la situación del planeamiento en tanto no se adapte a las previsiones de la *nueva ley, sin que los* procesos de adaptación supongan alteración de los procesos urbanísticos. La disposición final habilita al Consello de la Xunta de Galicia para dictar las disposiciones de desarrollo que sean necesarias para la ejecución de la presente Ley y, anteriormente, la derogatoria deja sin efecto la Ley 11/1985, de 22 de agosto, de adaptación de la del suelo a Galicia.

Por todo lo expuesto, el Parlamento de Galicia aprobó y yo, de conformidad con el artículo 13.2º del Estatuto de Galicia y con el artículo 24 de la Ley 1/1983, de 23 de febrero, Reguladora de la Xunta y de su presidente, promulgo en nombre del Rey, la Ley del Suelo de Galicia.

⇒ Téngase en cuenta que según establece la disp. transit. 3ª de esta Ley, «La Xunta de Galicia, en el plazo máximo de dieciocho meses, aprobará el desarrollo reglamentario de esta Ley, siendo de aplicación hasta entonces las disposiciones que se contienen en los reglamentos de planeamiento urbanístico, gestión urbanística, disciplina urbanística y edificación forzosa y registro municipal de solares, según la tabla de vigencias aprobada por el Real Decreto 304/1993, de 26 febrero, en todo lo que no se opongan a la presente Ley o resulten afectadas por la misma».

Por D. 28/1999, de 21 enero, fue aprobado el Reglamento de Disciplina Urbanística para el desarrollo y aplicación de la Ley del Suelo de Galicia (§35).

TÍTULO PRELIMINAR
PRINCIPIOS GENERALES

Artículo 1. Objeto de la Ley.

1. Es objeto de la presente Ley la ordenación urbanística en todo el territorio de Galicia.

2. El régimen urbanístico del suelo y la regulación de la actividad administrativa con él relacionada vendrán determinados por lo establecido en la presente Ley o, en su virtud, por los instrumentos de ordenación previstos en la misma.

⇒ V. arts. 1, 7 y concordantes de la Ley 6/1998, de 13 abril (§1).

Artículo 2. Aspectos de la función urbanística.

La actividad urbanística se referirá a los siguientes aspectos:

a) Planeamiento urbanístico.

b) Régimen urbanístico del suelo.

c) Distribución de cargas y beneficios.

d) Ejecución del planeamiento.

e) Instrumentos de intervención en el mercado del suelo.

f) Intervención en la edificación y uso del suelo y disciplina urbanística.

g) Organización y competencias en materia urbanística.

Artículo 3. Ámbito de la competencia urbanística.

1. La competencia urbanística concerniente al planeamiento comprenderá las siguientes facultades:

a) Formular los planes e instrumentos de ordenación urbanística previstos en la presente Ley.

b) Emplazar las infraestructuras, equipamientos, centros de producción y residenciales del modo más conveniente para la población.

c) Dividir el territorio municipal en áreas de suelo urbano, de núcleo rural, urbanizable y rústico.

d) Establecer zonas de distinta utilización según la densidad de la población que haya de habitarlas, porcentaje de terreno que pueda ser ocupado por construcciones, volumen, forma, número de plantas, clase y destino de los edificios, con sujeción a ordenaciones generales uniformes para cada especie de los mismos en toda la zona.

e) Formular el trazado de las vías públicas y medios de comunicación.

f) Establecer espacios libres para parques y jardines públicos en proporción adecuada a las necesidades colectivas.

g) Señalar el emplazamiento y características de los centros y servicios de interés público y social, centros docentes y análogos.

h) Calificar terrenos para la construcción de viviendas sujetas a los diferentes regímenes de protección pública.

i) Determinar la configuración y dimensiones de las parcelas edificables.

j) Determinar el uso del suelo, del subsuelo y de las edificaciones.

k) Orientar la composición arquitectónica de las edificaciones y regular, en los casos en que fuera necesario, sus características estéticas.

2. La acción urbanística sobre el régimen del suelo atenderá a las siguientes finalidades:

a) Procurar que el suelo se utilice en congruencia con la utilidad pública y la función social de la propiedad, garantizando el cumplimiento de las obligaciones y cargas legalmente establecidas.

b) Impedir la desigual atribución de los beneficios y cargas del planeamiento entre los propietarios afectados e imponer la justa distribución de los mismos.

c) Asegurar la participación de la comunidad en las plusvalías que genere la acción urbanística de los entes públicos.

3. La competencia urbanística, en lo que atañe a la ejecución del planeamiento, confiere las siguientes facultades:

a) Realizar, conceder y controlar la ejecución de las obras de urbanización.

b) Fomentar la iniciativa de los particulares, apoyando y promoviendo su participación en los procesos de ejecución.

c) Determinar la prioridad de los sistemas de ejecución de iniciativa privada y admitir que, cuando se opte por el sistema de expropiación y el tipo de actuación lo permita, se arbitren procedimientos orientados a excluir *de la expropiación* a los propietarios de terrenos que cumplan los requisitos que establezca la Administración actuante y acepten las condiciones en que deberán vincularse a la gestión urbanística a desarrollar.

d) Expropiar los terrenos y construcciones necesarios para efectuar las obras y cuantos convengan a la economía de la urbanización proyectada.

4. La competencia urbanística en orden a la intervención en el ejercicio de las facultades dominicales relativas al uso del suelo y edificación comprenderá las siguientes facultades:

a) Intervenir la parcelación de terrenos.

b) Someter a previa licencia la construcción y uso de las fincas.

c) Prohibir los usos que no se ajusten a la ordenación urbanística.

d) Exigir a los propietarios el cumplimiento de las obligaciones impuestas por esta Ley.

5. La competencia urbanística en lo que se refiere a la intervención en la regulación del mercado del suelo confiere las siguientes facultades:

a) Transmitir terrenos edificables y establecer derechos de superficie sobre los mismos.

b) Constituir y gestionar patrimonios públicos de suelo.

c) Ejercitar los derechos de tanteo y retracto.

d) Regular los terrenos urbanos y urbanizables como garantía de derecho a una vivienda digna.

6. La competencia en orden a la protección de la legalidad urbanística comprenderá las siguientes funciones:

a) Inspeccionar las obras, edificaciones y usos del suelo, para comprobar el cumplimiento de la legalidad urbanística.

b) Adoptar las medidas necesarias para la restauración del orden urbanístico vulnerado y reponer los bienes afectados al estado anterior a la producción de la situación ilegal.

c) Sancionar a los responsables de las infracciones urbanísticas.

7. Las mencionadas facultades tendrán carácter enunciativo y no limitativo, y la competencia urbanística comprenderá cuantas otras fueran congruentes con la misma, para ser ejercidas con arreglo a la presente Ley y las demás que resulten de aplicación.

8. La gestión pública canalizará y fomentará, en la medida más amplia posible, la iniciativa privada y la sustituirá, cuando ésta no alcanzase a cumplir los objetivos necesarios, con las compensaciones que la presente Ley establece.

⇒ V. Ley 7/1995, de 29 junio, Reguladora de la Delegación y Distribución de Competencias en Urbanismo, en Galicia (§36).

V. art. 5 de la Ley 8/1997, de 20 agosto, de Accesibilidad y Supresión de Barreras, en Galicia.

V. arts. 2, 3, 4, 5, 6 de la Ley 6/1998, de 13 abril (§1).

Artículo 4. Dirección de la actividad urbanística.

1. La dirección y control de la gestión urbanística corresponde, en todo caso, a la Administración urbanística competente.

2. La gestión de la actividad urbanística puede desarrollarse directamente por aquélla o a través de las formas previstas por esta Ley y de las autorizadas por la legislación reguladora de la Administración actuante. En todo caso, las facultades que impliquen el ejercicio de autoridad sólo podrán desarrollarse a través de una forma de gestión directa y en régimen de derecho público.

3. Cuando el mejor cumplimiento de los fines y objetivos del planeamiento urbanístico así lo aconseje, se suscitará la iniciativa privada en la medida más amplia posible, a través de los sistemas de actuación o, en su caso, mediante concesión.

4. En la formulación, tramitación y gestión del planeamiento urbanístico, las administraciones urbanísticas competentes deberán asegurar la participación de los interesados y, en particular, los derechos de iniciativa e información por parte de las entidades representativas de los intereses que resulten afectados y de los particulares.

⇒ V. art. 4 de la Ley 6/1998, de 13 abril (§1).

TÍTULO I
PLANEAMIENTO URBANÍSTICO

CAPÍTULO I
Clases de instrumentos de ordenación

Sección 1ª Disposiciones generales

Artículo 5. Instrumentos de ordenación.

1. La ordenación urbanística y del territorio se llevará a cabo, en ámbitos supramunicipales, a través de normas provinciales de planeamiento y directrices de ordenación del territorio, y, en el ámbito municipal, a través de planes generales de ordenación municipal y de proyectos de ordenación del medio rural.

2. En todo caso, estos instrumentos de planeamiento urbanístico habrán de estar en consonancia con la ordenación territorial fijada por las directrices de ordenación del territorio.

3. Cuando las necesidades urbanísticas así lo aconsejen, los planes generales de ordenación municipal podrán abarcar más de un término municipal.

4. Los planes generales de ordenación municipal se desarrollarán a través de los instrumentos urbanísticos previstos en las Secciones 6ª y 7ª. Se tendrán en cuenta las especiales características de Galicia en lo referente a su asentamiento poblacional, su organización parroquial y la estructura comarcal.

⇒ V. art. 2 de la Ley 6/1998, de 13 abril (§1).
V. Ley 10/1995, de 23 noviembre, de Ordenación del Territorio (§34).
V. art. 5.4 del D. 80/2000, de 23 marzo, que regula los planes y proyectos sectoriales de incidencia supramunicipal.

V. D. 38/1999, de 5 febrero, por el que se establece la estructura orgánica de la Consellería de Política Territorial, Obras Públicas y Vivienda, modificado por D. 74/2000, de 23 marzo.

Sección 2ª De las normas provinciales de planeamiento

Artículo 6. Objeto y contenido.

1. Las normas provinciales de planeamiento establecerán las disposiciones que habrán de ser aplicadas en los municipios que carezcan de planeamiento general y que únicamente cuenten con proyectos de ordenación del medio rural sin ordenanzas de edificación y uso del suelo.

2. Asimismo, serán de aplicación, con carácter complementario, para suplir las indeterminaciones y lagunas del planeamiento municipal vigente, sin modificar la calificación del suelo ni alterar las determinaciones del planeamiento que desarrollan.

3. Las normas provinciales de planeamiento contendrán las siguientes determinaciones:

a) Fines y objetivos de su promulgación.

b) Indicación de los términos municipales que constituyan su ámbito de aplicación.

c) Relaciones e incidencias con las directrices de ordenación territorial.

d) Normas urbanísticas reguladoras de la protección, usos y aprovechamientos del suelo y la edificación.

e) Criterios para la redacción del planeamiento municipal.

f) Medidas de protección urbanística del medio natural histórico y cultural.

g) Delimitación de sectores de suelo urbanizable con destino a la creación de suelo empresarial público o a la construcción de viviendas de promoción pública.

4. Las normas provinciales incluirán los siguientes documentos:

a) Memoria justificativa de sus fines, objetivos y determinaciones.

b) Planos de información.

c) Ordenanzas de edificación y uso del suelo urbano.

d) Ordenanzas de edificación y uso del suelo de los núcleos rurales existentes.

e) Ordenanzas de protección para el suelo rústico.

f) Cualesquiera otros documentos que sean procedentes para el cumplimiento de las determinaciones de las propias normas.

⇒ V. art. 6 de la Ley 3/1996, de 10 mayo, de Protección de los Caminos de Santiago en Galicia.

V. Ley 8/1995, de 30 octubre, de Patrimonio Cultural de Galicia.

Sección 3ª De las directrices de ordenación del territorio

Artículo 7. Configuración.

1. Las directrices de ordenación del territorio determinarán las orientaciones que sean adecuadas a la ordenación del territorio con la finalidad de establecer las pautas especiales de asentamiento de las actividades, de acuerdo con las políticas sociales, económicas y culturales de la Comunidad Autónoma.

2. El objeto y las determinaciones de las directrices de ordenación del territorio se desarrollarán según su legislación específica y deberán fijar la incidencia de aquéllas en los instrumentos urbanísticos que define esta Ley.

⇒ V. Ley 10/1995, de 23 noviembre, de Ordenación del Territorio (§34).

Sección 4ª Del plan general de ordenación municipal

Artículo 8. Consideraciones generales.

1. Los planes generales de ordenación municipal, como instrumentos urbanísticos de ordenación integral del término municipal, clasificarán el suelo para el establecimiento del régimen jurídico correspondiente, definirán los elementos fundamentales de la estructura general adoptada para la ordenación urbanística del territorio y establecerán las determinaciones orientadas a promover su desarrollo y ejecución.

2. El contenido de los planes generales de ordenación municipal deberá ser congruente con los fines que en el mismo se definan y adaptarse a las características y complejidad urbanística del territorio que sea objeto de la ordenación, garantizando la coordinación de los elementos fundamentales de los respectivos sistemas generales.

⇒ V. Jurisprudencia en arts. 10, 11, 12 y concordantes del TRLS/1976 (§3).

Artículo 9. Objeto.

Los planes generales de ordenación municipal tienen por objeto específico:

1. En suelo urbano, completar la ordenación mediante la regulación detallada del uso de los terrenos y de la edificación, señalar la renovación o reforma interior que resulte procedente, definir aquellas partes de la estructura general del plan correspondiente a esta clase de terrenos y proponer, en su caso, los programas y medidas concretas de actuación para su ejecución.

2. En suelo urbanizable, definir los elementos fundamentales de la estructura general de la ordenación urbanística del territorio, establecer la regulación genérica de los diferentes usos globales y niveles de intensidad y, en su caso, fijar los programas de desarrollo a corto y medio plazo, referidos al conjunto de actuaciones públicas y privadas concertadas.

3. En suelo de núcleo rural, efectuar su delimitación y establecer las condiciones básicas para la regulación del uso de los terrenos y de la edificación, con expresa determinación de los supuestos en que resultase procedente la formulación de un plan especial de mejora del núcleo.

4. En suelo rústico, realizar un estudio del medio rural y establecer medidas de protección urbanística del territorio, las áreas productivas y el paisaje.

Asimismo, regularán la forma y condiciones con que podrán incorporarse al desarrollo urbanístico superficies de suelo rústico común aptas para este fin, mediante los correspondientes planes parciales para la realización de unidades urbanísticas integradas.

⇒ V. arts. 27, 28, y 63 a 69 de la presente Ley.
V. arts. 7, 8, 9, 10 y 11 de la Ley 6/1998, de 13 abril (§1).
V. Jurisprudencia en arts. 10, 11, 12, 77 a 86 y concordantes del TRLS/1976 (§3).

Artículo 10. Determinaciones generales.

Los planes generales de ordenación municipal contendrán las siguientes determinaciones de carácter general:

a) Clasificación y calificación urbanística del suelo.

b) Delimitación de áreas de reparto de cargas y beneficios y fijación de los aprovechamientos tipo en suelo urbanizable y, en su caso, en suelo urbano, de conformidad con lo establecido en esta Ley.

c) Estructura general y orgánica del territorio, que estará integrada por los elementos determinantes del desarrollo urbano y, en particular, por los sistemas generales de comunicación y sus zonas de protección, de espacios libres destinados a parques y zonas verdes públicas, en proporción no inferior a 5 metros cuadrados por habitante, de equipamiento comunitario e infraestructuras y por el sistema de núcleos de población.

d) Estudio del medio rural que sirva de base para el establecimiento de las medidas tendentes a la conservación y mejora de sus potencialidades intrínsecas y, en particular, para la protección de los valores ecológicos, medioambientales, paisajísticos, históricos, etnográficos, culturales o con potencialidad productiva, de conformidad, en su caso, con la legislación específica que sea de aplicación en cada supuesto.

e) Análisis del modelo de asentamiento poblacional, al objeto de determinar las medidas a adoptar para su preservación y mejora, definiendo los elementos que lo constituyan, destacando, cuando menos, el marco comarcal, la división parroquial, el sistema de núcleos de población existentes y su relación con el medio natural o productivo. En este análisis se hará referencia a los indicadores que puedan determinar la necesidad de formular planes especiales de mejora del núcleo rural, como consecuencia de la aparición de situaciones de complejidad urbanística.

f) Carácter público o privado de las dotaciones.

g) Determinación, en su caso, de los plazos para la aprobación del planeamiento de desarrollo y, en general, para el cumplimiento de los deberes urbanísticos.

h) Señalamiento de las circunstancias con arreglo a las cuales sea procedente, en su momento, la revisión del plan, en función de la población total y su índice de crecimiento, de los recursos, usos e intensidad de ocupación, del modelo de desarrollo adoptado y de los demás elementos que justificaron la clasificación del suelo inicialmente adoptada.

⇒ V. art. 6 de la Ley 3/1996, de 10 mayo, de Protección de los Caminos de Santiago en Galicia.
V. Ley 8/1995, de 30 octubre, de Patrimonio Cultural de Galicia.
V. arts. 7, 8, 9, 10 y 11 de la Ley 6/1998, de 13 abril (§1).
V. Jurisprudencia en arts. 10, 12, 77 a 86 y concordantes del TRLS/1976 (§3).

Artículo 11. Determinaciones en suelo urbano.

1. Los planes generales de ordenación municipal contendrán en suelo urbano las siguientes determinaciones:

a) Delimitación de su perímetro.

b) Asignación de usos y tipologías pormenorizadas y niveles de intensidad correspondientes a las diferentes zonas. Para los sectores remitidos a planeamiento especial deberán establecerse usos globales, niveles de intensidad, estándares y densidad, que, en suelo no consolidado, no podrá ser superior a 100 viviendas por hectárea, con una superficie edificada máxima de 8.250 metros cuadrados.

c) Delimitación de los espacios libres y zonas verdes destinados a parques y jardines públicos, zonas deportivas, de recreo y expansión, públicas y privadas.

d) Emplazamientos reservados para dotaciones, equipamientos y demás servicios de interés social, señalando su carácter público o privado.

e) Reglamentación detallada del uso pormenorizado, volumen y condiciones higiénico-sanitarias de los terrenos y construcciones, así como de las características estéticas de la ordenación, la edificación y su entorno.

f) Trazado y características de la red viaria pública, con señalamiento de alineaciones y rasantes para el suelo urbano no sujeto a plan especial, y previsión de aparcamientos públicos y privados, que podrán localizarse incluso en el subsuelo de los sistemas viario y de espacios libres siempre que no se menoscabe el uso de estos sistemas.

g) Características y trazado de las redes de abastecimiento de agua, alcantarillado, energía eléctrica y de aquellos otros servicios que, en su caso, prevea el plan.

h) Evaluación económica de la implantación de los servicios y de la ejecución de las obras de urbanización.

2. Al objeto de abordar el problema de la sobredensificación de los suelos consolidados causa del deterioro ambiental y destrucción del patrimonio arquitectónico, reglamentariamente se adoptarán medidas tendentes a la congelación del incremento edificatorio en los ámbitos que sobrepasen el *límite señalado* en esta Ley.

⇒ V. art. 5 de la Ley 8/1997, de 20 agosto, de Accesibilidad y Supresión de Barreras, en Galicia.

V. art. 14.3 del D. 28/1999, de 21 enero, que aprueba el Reglamento de Disciplina Urbanística para el desarrollo y aplicación de la Ley del Suelo de Galicia (§35).
V. arts. 7, 8, 9, 10 y 11 de la Ley 6/1998, de 13 abril (§1).
V. arts. 29 y concordantes del RPU (§3.1).
V. Jurisprudencia en arts. 10, 11, 78, 83 y concordantes del TRLS/1976 (§3).

Artículo 12. Determinaciones en suelo urbanizable.

Los planes generales de ordenación municipal contendrán en suelo urbanizable las siguientes determinaciones:

a) Delimitación de su ámbito.

b) Desarrollo de los sistemas de la estructura general de la ordenación urbanística del territorio con la precisión suficiente para permitir la redacción de planes parciales o especiales.

c) Asignación de intensidades y usos globales a las diferentes zonas que se establezcan.

d) Trazados de las redes fundamentales de abastecimiento de aguas, alcantarillado, energía eléctrica y demás servicios que, en su caso, prevea el plan.

e) División del territorio en sectores para el desarrollo en planes parciales.

⇒ V. arts. 7, 8, 9, 10 y 11 de la Ley 6/1998, de 13 abril (§1).
V. arts. 30, 31, 32, 33 y concordantes del RPU (§3.1).
V. Jurisprudencia en arts. 10, 12, 79, 84, 85, 86 y concordantes del TRLS/1976 (§3).

Artículo 13. Determinaciones en suelo de núcleo rural.

Los planes generales de ordenación municipal contendrán en suelo de núcleo rural las siguientes determinaciones:

a) Delimitación de su perímetro.

b) Asignación de usos y tipologías pormenorizadas congruentes con las características y naturaleza del núcleo rural.

c) En su caso, emplazamiento reservado para dotaciones y equipamientos, señalando su carácter público o privado.

d) En su caso, trazado y características de la red viaria pública, con señalamiento de alineaciones y rasantes.

e) Reglamentación del uso pormenorizado de los terrenos y construcciones, así como de las características estéticas de la edificación, que deberán adaptarse al entorno en que estén ubicadas.

f) Fijación de los indicadores que darán lugar a la necesidad de redactar un plan especial de mejora del núcleo para hacer frente a la complejidad urbanística sobrevenida.

⇒ V. arts. 7, 8, 9, 10 y 11 de la Ley 6/1998, de 13 abril (§1).

Artículo 14. Determinaciones en suelo rústico.

Los planes generales de ordenación municipal, en consecuencia con el estudio realizado sobre el medio rural, contendrán en el suelo rústico las siguientes determinaciones:

a) Delimitación de su ámbito, que estará constituido, por exclusión, por la parte del término municipal que no esté incluida en alguna de las restantes clases de suelo.

b) Medidas tendentes a la conservación, protección y mejora de sus potencialidades intrínsecas y de los elementos naturales, ya sea suelo, flora, fauna o paisaje, a fin de evitar su degradación, y de las edificaciones y parajes que, por sus características especiales, lo aconsejen.

c) Identificación de los espacios o elementos que por sus valores ecológicos, medioambientales, paisajísticos, históricos, etnográficos, culturales o con potencialidad productiva hayan de ser conservados, protegidos o mejorados.

d) Determinación de las superficies de suelo rústico común que, por su aptitud, puedan llegar a ser incorporadas al proceso de desarrollo urbanístico, a través del procedimiento señalado en la presente Ley. En este caso, el plan general deberá especificar los usos compatibles y elementos determinantes de la estrategia del plan.

⇒ V. arts. 78 y 79 de la presente Ley.
V. arts. 7, 8, 9, 10 y 11 de la Ley 6/1998, de 13 abril (§1).
V. Jurisprudencia en arts. 10, 11, 78, 83 y concordantes del TRLS/1976 (§3).
V. arts. 36 y concordantes del RPU (§3.1).

Artículo 15. Programación.

1. Los planes generales de ordenación municipal establecerán una programación para determinar la estrategia de su desarrollo a medio y largo plazo, con arreglo a lo previsto en el artículo 8.2 de la presente Ley.

2. En la programación se detallarán las actuaciones de iniciativa y responsabilidad pública, fundamentalmente las que hacen referencia a la realización de los sistemas generales y al desarrollo de las previsiones del plan en suelo urbano y urbanizable por los sistemas de cooperación o expropiación.

3. Asimismo, la programación determinará los plazos y condiciones en que tengan que ser ejecutadas las actuaciones concertadas con los particulares, en suelo urbano no consolidado o en suelo urbanizable.

4. En los supuestos en que no incorporen dicha programación, los planes generales deberán establecer, en todo caso, el orden de prioridades para el desarrollo de los sistemas generales y de las actuaciones de iniciativa pública y determinar los plazos y condiciones previstos en el apartado anterior.

5. La programación tendrá una duración de cuatro años y su revisión se hará durante el último año para el siguiente cuatrienio.

⇒ V. art. 49 de la presente Ley.

Artículo 16. Estudio económico-financiero.

1. El plan general de ordenación municipal contendrá una evaluación del coste de ejecución de los sistemas generales y de las actuaciones previs-

tas, con indicación del carácter público o privado de la iniciativa de financiación, justificando las previsiones que hayan de realizarse con recursos propios del Ayuntamiento.

2. En el supuesto de que se atribuya la financiación a administraciones o entidades públicas distintas del Municipio, deberá acreditarse la conformidad de las mismas.

⇒ V. art. 10 de la presente Ley.
V. arts. 37 a 42 del RPU (§3.1).
V. Jurisprudencia en arts. 12 y concordantes del TRLS/1976 (§3).

Artículo 17. Documentos que debe contener.

Las determinaciones del plan general de ordenación municipal a que se hace referencia en esta Sección se desarrollarán en los siguientes documentos, con el contenido y normas que se fijen reglamentariamente:

a) Memoria justificativa de sus fines y objetivos, así como de sus determinaciones.

b) Estudio del medio rural, análisis del modelo de asentamiento poblacional y otros estudios complementarios.

c) Planos de información.

d) Planos de ordenación urbanística del territorio.

e) Normas urbanísticas.

f) Programa de actuación o, en su caso, orden de prioridades.

g) Estudio económico y financiero.

⇒ V. art. 10 de la presente Ley.
V. arts. 37 a 42 del RPU (§3.1).
V. Jurisprudencia en arts. 12 y concordantes del TRLS/1976 (§3).

Sección 5ª De los proyectos de ordenación del medio rural

Artículo 18. Objeto.

1. Los proyectos de ordenación del medio rural son instrumentos de planeamiento aplicables en municipios que, siendo de baja complejidad urbanística, no opten por la realización de un plan general de ordenación municipal, y tienen por finalidad realizar el estudio del medio rural y del sistema de núcleos de población, de naturaleza urbana o rural.

2. Estos proyectos tienen por objeto específico hacer posible que todos los ayuntamientos cuenten con un instrumento que establezca las determinaciones básicas de la ordenación urbanística, orientadas a establecer las medidas de protección del territorio y el paisaje, hacer posible la actividad edificatoria dentro de los núcleos de población sin desnaturalizar su carácter y mejorar, en su caso, las condiciones de vida en los mismos a través de planes especiales de mejora del núcleo o del medio rural.

⇒ V. arts. 27 y 28 de la presente Ley.
V. Jurisprudencia en arts. 81.2 y concordantes del TRLS/1976 (§3).

Artículo 19. Determinaciones.

Los proyectos de ordenación del medio rural contendrán las siguientes determinaciones:

a) Estudio del medio rural, al objeto de establecer medidas tendentes a la conservación, protección y mejora de sus potencialidades intrínsecas y de los elementos naturales, ya sea del suelo, flora, fauna o paisaje, a fin de evitar su degradación, y de las edificaciones y parajes que, por sus características especiales, lo aconsejen.

b) Estudio del sistema de los núcleos de población existentes y de su relación con el medio natural o productivo.

c) Delimitación del suelo urbano del término municipal y de los núcleos rurales existentes.

d) Determinación, en su caso, de las ordenanzas reguladoras del uso del suelo y la edificación dentro de los núcleos rurales y del suelo urbano. En los supuestos en que se incorporen tales ordenanzas, éstas habrán de ser congruentes con las características y naturaleza de los núcleos a que hayan de aplicarse.

e) Medidas de protección urbanística del medio natural y del patrimonio histórico y cultural.

⇒ V. art. 6 de la Ley 3/1996, de 10 mayo, de Protección de los Caminos de Santiago en Galicia.
V. Ley 8/1995, de 30 octubre, de Patrimonio Cultural de Galicia.
V. arts. 27 y 28 de la presente Ley.

Artículo 20. Documentos.

Las determinaciones del proyecto de ordenación del medio rural se desarrollarán en los siguientes documentos, con el contenido que se fije reglamentariamente:

a) Memoria, que contendrá un estudio del medio rural y del sistema de núcleos de población y de las áreas de especial protección, con expresión de los criterios seguidos para la delimitación de los núcleos rurales y, en su caso, del suelo urbano del término municipal.

b) Planos a escala adecuada, en los que se reflejarán la delimitación de los núcleos rurales y la clasificación del suelo.

c) En su caso, ordenanzas reguladoras del uso del suelo y la edificación.

⇒ V. arts. 27 y 28 de la presente Ley.

Sección 6ª Del planeamiento de desarrollo

Subsección 1ª De los planes parciales

Artículo 21. Planes parciales: objeto.

1. Los planes parciales tienen por objeto, en suelo clasificado como urbanizable, desarrollar el plan general mediante la ordenación detallada de una parte de su ámbito territorial.

2. En el supuesto de que el plan general delimitase áreas de suelo rústico que sean aptas para urbanizar, éstas podrán ser incorporadas al proceso de desarrollo urbanístico mediante la formulación de un plan parcial, cuya aprobación determinará la clasificación como suelo urbanizable del área afectada.

3. No podrán aprobarse planes parciales sin que previa o simultáneamente, pero en expediente separado, se haya aprobado definitivamente el plan general de ordenación municipal.

⇒ V. Jurisprudencia en arts. 13 y concordantes del TRLS/1976 (§3).
V. arts. 43 y ss. del RPU (§3.1).

Artículo 22. Determinaciones de los planes parciales.

1. Los planes parciales contendrán en todo caso las siguientes determinaciones:

a) Delimitación del ámbito de planeamiento, que abarcará un sector definido por el plan general.

b) Asignación y ponderación relativa de los usos pormenorizados y tipologías edificatorias.

c) Delimitación de las zonas en que se divide el territorio ordenado por razón de los usos y tipologías edificatorias.

d) Señalamiento de reservas de terrenos para parques y jardines, zonas deportivas y de recreo de titularidad pública, en proporción adecuada a las necesidades colectivas. La superficie destinada a dichas reservas será como mínimo de 18 metros cuadrados por vivienda o por cada 100 metros cuadrados de edificación residencial, si no estuviera fijado expresamente el número de viviendas que pudieran construirse. Esta reserva no podrá ser inferior al 10% de la total superficie ordenada, cualquiera que sea el uso a que se destinen los terrenos y la edificación, y habrá de establecerse con independencia de las superficies destinadas en el plan general a espacios libres o zonas verdes para parques. Las superficies mínimas señaladas en este apartado deberán ser de dominio y uso público.

e) Fijación de reservas de terrenos para equipamientos y servicios de titularidad pública, con las dimensiones y características que se determinen reglamentariamente, incluyendo centros culturales y docentes en la proporción mínima de 10 metros cuadrados por vivienda o por cada 100 metros cuadrados de edificación residencial si no se hubiera determinado expresamente el número de viviendas a construir y que como mínimo serán equivalentes a los necesarios para el establecimiento y las instalaciones de las unidades escolares completas.

f) Emplazamientos reservados para centros asistenciales y sanitarios y para dotaciones de interés público y social en proporción a la edificabilidad permitida.

g) Trazado y características de la red de comunicaciones propias del sector y de su enlace con el sistema general de comunicaciones previsto en el plan general, con señalamiento de alineaciones, rasantes y zonas de protección de toda la red viaria, y previsión de aparcamientos en la proporción mínima de una plaza por cada vivienda u 80 metros cuadrados de edificación, que podrán localizarse incluso en el subsuelo de los sistemas viario y de espacios libres siempre que no se menoscabe el uso de estos sistemas.

h) Características y trazado de las redes de abastecimiento de agua, alcantarillado, energía eléctrica y de aquellos otros servicios que, en su caso, prevea el plan.

i) Evaluación económica de la implantación de los servicios y de la ejecución de las obras de urbanización.

j) Plan de etapas para el desarrollo de las determinaciones del plan, en el que se incluya la fijación de los plazos para dar cumplimiento a los deberes de cesión, distribución de cargas y beneficios y urbanización en los polígonos que comprenda el sector y, en su caso, de solicitar licencia de edificación, una vez adquirido el derecho al aprovechamiento urbanístico.

2. En todo caso, para las letras d), e) y f) se expresará su carácter público o privado con la observancia de los mínimos públicos requeridos.

⇒ V. art. 5 de la Ley 8/1997, de 20 agosto, de Accesibilidad y Supresión de Barreras, en Galicia.
V. arts. 43 y ss. del RPU (§3.1).
V. Jurisprudencia en arts. 13 y concordantes del TRLS/1976 (§3).

Artículo 23. Incorporación de áreas de suelo rústico.

En el supuesto de que se trate de planes parciales que incorporen al proceso de desarrollo urbanístico áreas de suelo rústico común, de acuerdo con lo previsto en el artículo 21.2, deberán, además:

a) Justificar la viabilidad de la iniciativa planteada y su coherencia con la estrategia del plan general y la estructura general del territorio.

b) Determinar los elementos y redes exteriores de infraestructuras sobre los que se apoye la actuación, debiendo garantizarse un adecuado enlace con las redes viarias y de servicios integrantes de la estructura del municipio.

c) Adoptar las medidas necesarias para la integración de la iniciativa propuesta en el ámbito del suelo rústico en que se plantea y prever las actuaciones a desarrollar para mejorar las condiciones y equipamientos de los núcleos rurales del entorno.

d) Establecer las garantías del exacto cumplimiento de las obligaciones y compromisos a que se refieren los apartados anteriores, sin perjuicio de que las empresas suministradoras de los servicios de abastecimiento de agua, energía eléctrica, teléfono y similares que puedan establecerse contribuyan a su financiación en la parte que corresponda. Las garantías podrán prestarse en metálico, en valores públicos o mediante aval bancario.

Artículo 24. Densidad máxima.

1. La densidad máxima en los planes parciales será de 75 viviendas por hectárea.

2. Podrán establecerse densidades de hasta 100 viviendas por hectárea

siempre que la superficie total construida no supere la de 8.250 metros cuadrados por hectárea. En estos casos, las cesiones obligatorias, dotaciones y equipamientos se determinarán en proporción al número de viviendas autorizadas.

Artículo 25. Documentación de los planes parciales.

Los planes parciales comprenderán planos de información, incluido el catastral, y los estudios justificativos de sus determinaciones, así como los planos de proyecto, determinación de los servicios y ordenanzas reguladoras necesarias para su ejecución y los que se fijen reglamentariamente.

⇒ V. arts. 57 y ss. del RPU (§3.1).

Subsección 2ª De los planes especiales

Artículo 26. Finalidades de los planes especiales.

1. En desarrollo de las previsiones contenidas en las normas provinciales de planeamiento, podrán formularse y aprobarse planes especiales con las siguientes finalidades:

a) Desarrollo de las infraestructuras básicas relativas a las comunicaciones terrestres, marítimas y aéreas, al abastecimiento de aguas, saneamiento, suministro de energías y otras análogas.

b) Protección de recintos y conjuntos histórico-artísticos y protección del paisaje, de las vías de comunicación, del suelo y subsuelo del medio urbano, rural y natural, para su conservación y mejora.

c) Cualesquiera otras finalidades análogas.

2. En desarrollo de las previsiones contenidas en los planes generales de ordenación municipal, podrán formularse y aprobarse planes especiales con las siguientes finalidades:

a) Desarrollo del sistema general de comunicaciones y sus zonas de protección, del sistema de espacios libres destinados a parques públicos y zonas verdes, de los sistemas generales de infraestructuras y del sistema de equipamiento comunitario para centros y servicios de interés público y social a nivel de plan general.

b) Ordenación y protección de recintos y conjuntos arquitectónicos, históricos y artísticos.

c) Reforma interior en suelo urbano para llevar a cabo actuaciones aisladas que, conservando la estructura fundamental de la ordenación anterior, se encaminen a la descongestión, creación de dotaciones urbanísticas y equipamientos comunitarios, saneamiento de barrios insalubres, resolución de problemas de circulación o de estética y mejora del medio ambiente o de los servicios públicos u otros fines análogos. Con los fines señalados podrán realizarse, asimismo, operaciones integradas de reforma interior.

Si las operaciones de reforma interior estuviesen previstas en el plan general, habrán de ajustarse a sus determinaciones. Cuando se trate de operaciones de reforma interior no previstas en el plan general, el plan especial no podrá modificar la estructura fundamental de aquél, ni los usos globales y niveles de intensidad, lo que se acreditará con un estudio justificativo en el que se demostrará su necesidad o conveniencia, su coherencia con el plan general y la incidencia sobre el mismo.

d) Cualesquiera otras finalidades análogas.

3. En ausencia de planeamiento, y en las áreas que constituyan una unidad que lo justifique, podrán redactarse planes especiales para el establecimiento y coordinación de las infraestructuras básicas relativas al sistema de comunicaciones, al equipamiento comunitario, a centros públicos de notorio interés general, al abastecimiento de agua y saneamiento y a las instalaciones y redes necesarias para suministro de energía, siempre que estas determinaciones no exijan la previa definición de un modelo territorial.

4. Los planes especiales contendrán las determinaciones necesarias para el desarrollo del planeamiento correspondiente y, en todo caso, las propias de su naturaleza y finalidad debidamente justificadas y desarrolladas en los estudios, planos y normas correspondientes.

5. En ningún caso los planes especiales podrán sustituir a los planes generales, en su función de instrumentos de ordenación integral del territorio, por lo que no podrán clasificar suelo, sin perjuicio de las limitaciones de uso que puedan establecerse.

⇒ V. art. 5 de la Ley 8/1997, de 20 agosto, de Accesibilidad y Supresión de Barreras, en Galicia.

V. art. 6 de la Ley 3/1996, de 10 mayo, de Protección de los Caminos de Santiago en Galicia.

V. art. 9 de la Ley 6/1998, de 13 abril (§1).

V. art. 5.4 del D. 80/2000, de 23 marzo, que regula los planes y proyectos sectoriales de incidencia supramunicipal.

V. Jurisprudencia en arts. 17 y concordantes del TRLS/1976 (§3).

V. arts. 76, 77 y 78 del RPU (§3.1).

Artículo 27. Planes especiales de mejora de los núcleos rurales.

1. Los planes especiales de mejora de los núcleos rurales tendrán como finalidad el establecimiento de una ordenación urbanística pormenorizada en el ámbito de los núcleos rurales de población delimitados por el plan general de ordenación municipal o por el proyecto de ordenación del medio rural.

Estos planes especiales habrán de redactarse obligatoriamente en los supuestos en que se produzcan en los núcleos rurales los indicadores que acrediten la existencia de una situación de complejidad urbanística en el núcleo rural, de acuerdo con las previsiones de los instrumentos citados. Asimismo, podrán redactarse estos planes especiales cuando las circunstancias urbanísticas así lo aconsejen.

2. También podrán redactarse planes especiales de mejora de los núcleos rurales al objeto de desarrollar una actuación integral sobre una parte del núcleo rural. En este supuesto será de aplicación el régimen previsto en el artículo 76.5 de la presente Ley, la densidad máxima será de 25 viviendas

por hectárea y la tipología de las edificaciones será congruente con la existente en el núcleo.

3. Los planes especiales de mejora de los núcleos rurales contendrán las siguientes determinaciones:

a) Justificación de la procedencia de su formulación, teniendo en cuenta las previsiones del plan general de ordenación municipal o de los proyectos de ordenación del medio rural.

b) Determinación, en su caso, de las áreas de actuación integral que sea conveniente establecer.

c) Dotaciones urbanísticas y equipamientos e infraestructuras comunitarias adecuadas a las necesidades de la población.

d) Medidas encaminadas a la conservación y mejora del medio ambiente y de las características tradicionales del núcleo y las edificaciones.

e) Condiciones mínimas de urbanización.

f) En su caso, programa de actuaciones concertadas con los particulares y de las comprometidas con las administraciones públicas.

⇒ V. art. 82 del RPU (§3.1).

Artículo 28. Planes especiales de mejora del medio rural.

1. Para la ejecución de obras de dotación de servicios urbanísticos en áreas de suelo rústico, fuera de los núcleos rurales, será necesario aprobar previamente un plan especial de mejora del medio rural, o el proyecto de obras que proceda en aplicación de la legislación específica, a través de los que pueda acreditarse la conveniencia de esta actuación, la evidencia de que con la misma no se favorecerá una transformación de hecho de la clasificación urbanística del suelo y la demostración de que los núcleos rurales del entorno cuentan con servicios de esta naturaleza en un nivel suficiente.

2. También podrán formularse planes especiales de mejora del medio rural para la creación de infraestructuras, servicios y equipamientos de interés municipal, cualquiera que sea la clase de suelo en que vayan a establecerse.

3. La aprobación de estos planes y la ejecución de sus previsiones no modificarán la clasificación del suelo, ni, en consecuencia, su régimen urbanístico.

4. Los planes especiales de mejora del medio rural contendrán las determinaciones y documentos adecuados a los objetivos que se persigan.

⇒ V. art. 82 del RPU (§3.1).

Artículo 29. Planes especiales de protección del paisaje.

La protección del paisaje, para conservar determinados lugares o perspectivas del territorio gallego en cuanto constituyen objeto del planeamiento especial, se referirá, entre otros, a estos aspectos:

a) Áreas naturales de interés paisajístico.

b) Predios rústicos de pintoresca situación, amenidad, singularidad topográfica o recuerdo histórico.

c) Edificios aislados que se distinguen por su emplazamiento o belleza arquitectónica y parques y jardines destacados por su hermosura, disposición artística, trascendencia histórica o importancia de las especies botánicas que en ellos existan.

d) Perímetros edificados que formen un conjunto de valores tradicionales o estéticos.

⇒ V. art. 6 de la Ley 3/1996, de 10 mayo, de Protección de los Caminos de Santiago en Galicia.
V. arts. 9 y concordantes de la Ley 6/1998, de 13 abril (§1).
V. Jurisprudencia en arts. 25 y concordantes del TRLS/1976 (§3).

Sección 7ª De otros instrumentos

Artículo 30. Estudios de detalle.

1. Los estudios de detalle podrán formularse cuando fuese preciso completar o, en su caso, adaptar determinaciones establecidas en los planes generales, para el suelo urbano, y en los planes parciales.

2. Su contenido tendrá por finalidad establecer o reajustar, según los casos:

a) El señalamiento de alineaciones o rasantes.

b) La ordenación de los volúmenes de acuerdo con las especificaciones del planeamiento.

3. Los estudios de detalle mantendrán las determinaciones del planeamiento, sin alterar el aprovechamiento que corresponde a los terrenos comprendidos en el estudio.

En ningún caso podrán ocasionar perjuicio ni alterar las condiciones de la ordenación de los predios colindantes.

4. Los estudios de detalle comprenderán los documentos justificativos de su contenido y con el grado de precisión adecuado a sus funciones.

⇒ V. Jurisprudencia en arts. 14 y concordantes del TRLS/1976 (§3).
V. arts. 65 y 66 del RPU (§3.1).

Artículo 31. Proyectos de urbanización.

1. Los proyectos de urbanización son proyectos de obras que tienen por finalidad ejecutar los servicios y dotaciones establecidos en el planeamiento.

2. Los proyectos de urbanización no podrán modificar las previsiones del planeamiento que desarrollan, sin perjuicio de que puedan efectuar las adaptaciones exigidas por la ejecución material de las obras.

3. Los proyectos de urbanización comprenderán una memoria descriptiva de las características de las obras, plano de situación debidamente referenciado y planos de proyecto y de detalle, pliego de prescripciones técnicas, *mediciones*, cuadros de precios y presupuesto.

⇒ V. Jurisprudencia en arts. 15 y concordantes del TRLS/1976 (§3).
V. art. 89 del RPU (§3.1).

Artículo 32. Catálogos.

La protección a que el planeamiento se refiere, cuando se trate de conservar o mejorar monumentos, jardines, parques naturales o paisajes, requerirá la inclusión de los mismos en catálogos, cuya aprobación se efectuará simultáneamente con la de aquél. No obstante, los bienes inmuebles declarados de interés cultural, así como los espacios naturales, se regirán por su legislación específica.

⇒ V. Ley 4/1989, de 27 marzo, de Conservación de los Espacios Naturales y de Flora y Fauna Silvestres.
V. art. 19 de la Ley 6/1998, de 13 abril (§1).
V. art. 6 de la Ley 3/1996, de 10 mayo, de Protección de los Caminos de Santiago en Galicia.
V. Ley 8/1995, de 30 octubre, de Patrimonio cultural de Galicia.
V. Ley 16/1985, de 25 junio, de Patrimonio Histórico Español.
V. Jurisprudencia en arts. 25 y concordantes del TRLS/1976 (§3).
V. arts. 86 y 87 del RPU (§3.1).

CAPÍTULO II

Elaboración y aprobación de los instrumentos de ordenación

Sección 1ª De los actos preparatorios

Artículo 33. Apoyo a la redacción del plan.

Los organismos públicos, los concesionarios de servicios públicos y los particulares prestarán su concurso a la redacción de los planes de ordenación y, al efecto, facilitarán a los organismos encargados de su redacción los documentos e informaciones necesarias.

⇒ V. art. 4 de la Ley 6/1998, de 13 abril (§1).
V. art. 116 del RPU (§3.1).

Artículo 34. Suspensión de licencias.

1. Los órganos competentes para la aprobación inicial de los planes generales de ordenación municipal, proyectos de ordenación del medio rural, planes parciales, especiales o estudios de detalle podrán acordar la suspensión del procedimiento de otorgamiento de licencias de parcelación de terrenos, edificación y demolición para áreas o usos determinados, a fin de estudiar su formación o reforma.

Dicho acuerdo habrá de publicarse en el BOP, en el «Diario Oficial de Galicia» y en uno de los periódicos de mayor difusión de ella.

2. El acuerdo de aprobación inicial de los instrumentos de ordenación enumerados en el apartado anterior determinará, por sí solo, la suspensión del procedimiento de otorgamiento de licencias en aquellas zonas del territorio objeto de planeamiento cuyas nuevas determinaciones supongan modificación del régimen urbanístico vigente; a estos efectos, determinará expresamente las áreas afectadas por la suspensión.

3. La suspensión a que se refiere el número 1 anterior se extinguirá, en todo caso, en el plazo de un año. Si dentro de este plazo se hubiera producido

el acuerdo de aprobación inicial, la suspensión se mantendrá para las áreas cuyas nuevas determinaciones de planeamiento supongan modificación de la ordenación urbanística, y sus efectos se extinguirán definitivamente transcurrido un año desde la adopción del acuerdo de aprobación inicial. Si ésta se produce una vez transcurrido el plazo del año, la suspensión derivada de esta aprobación inicial tendrá también la duración máxima de un año.

Si con anterioridad al acuerdo de aprobación inicial no se hubiese suspendido el otorgamiento de licencias conforme a lo dispuesto en el número 1 de este artículo, la suspensión determinada por dicha aprobación inicial tendrá una duración máxima de un año.

En cualquier caso, la suspensión se extingue con la aprobación definitiva del planeamiento.

4. Extinguidos los efectos de la suspensión, en cualquiera de los supuestos previstos, no podrán acordarse nuevas suspensiones en el plazo de cinco años por idéntica finalidad.

5. Los peticionarios de licencias solicitadas con anterioridad a la publicación de la suspensión tendrán derecho a ser indemnizados del coste oficial de los proyectos y a la devolución, en su caso, de los tributos municipales, siempre que su otorgamiento no sea posible, por resultar incompatible con la nueva ordenación establecida.

⇒ V. Ley 7/1995, de 29 junio, Reguladora de la Delegación y Distribución de Competencias en Urbanismo, en Galicia (§36).
V. Jurisprudencia en arts. 27 y concordantes del TRLS/1976 (§3).

Artículo 35. Propuestas de planeamiento.

1. Las entidades, organismos y particulares interesados podrán formular propuestas de planeamiento y anteproyectos parciales que sirvan de orientación para su redacción sobre bases aceptadas en principio.

2. Las propuestas y anteproyectos podrán remitirse al Ayuntamiento y al órgano competente para su aprobación definitiva.

3. La aceptación del anteproyecto por el órgano al que corresponda la aprobación definitiva del planeamiento sólo tendrá efectos administrativos internos, preparatorios de la redacción del proyecto definitivo.

⇒ V. Ley 7/1995, de 29 junio, Reguladora de la Delegación y Distribución de Competencias en Urbanismo, en Galicia (§36).
V. art. 4 de la Ley 6/1998, de 13 abril (§1).
V. Jurisprudencia en arts. 28 y concordantes del TRLS/1976 (§3).

Sección 2ª De la iniciativa y colaboración en el planeamiento

Artículo 36. Planes de iniciativa particular.

1. Las entidades públicas y los particulares podrán redactar y elevar a la Administración competente para su tramitación los instrumentos de desarrollo del plan general.

2. Los propietarios afectados deberán presentar dichos instrumentos

cuando así se contemplase en el plan general, dentro de los plazos establecidos al efecto.

3. Si hubiesen obtenido la previa autorización del Ayuntamiento, les serán facilitados por los organismos públicos cuantos elementos informativos precisasen para llevar a cabo la redacción y podrán efectuar en fincas particulares las ocupaciones necesarias para la redacción del plan, con arreglo a la Ley de Expropiación Forzosa.

4. Reglamentariamente se determinarán los documentos exigibles y las obligaciones que hayan de asumir los particulares.

⇒ V. art. 4 de la Ley 6/1998, de 13 abril (§1).
V. Ley 7/1995, de 29 junio, Reguladora de la Delegación y Distribución de Competencias en Urbanismo, en Galicia (§36).
V. Jurisprudencia en arts. 52, 53, 54 y concordantes del TRLS/1976 (§3).

Sección 3ª De la competencia para su formulación

Artículo 37. Formulación de las normas provinciales de planeamiento.

Las normas provinciales de planeamiento podrán ser formuladas por el conselleiro de Política Territorial, Obras Públicas y Vivienda o por las diputaciones provinciales.

⇒ V. D. 38/1999, de 5 febrero, por el que se establece la estructura orgánica de la Consellería de Política Territorial, Obras Públicas y Vivienda, modificado por D. 74/2000, de 23 marzo.
V. Ley 7/1995, de 29 junio, Reguladora de la Delegación y Distribución de Competencias en Urbanismo, en Galicia (§36).
V. arts. 123 y concordantes del RPU (§3.1).

Artículo 38. Formulación del planeamiento integral.

1. Los planes generales de ordenación municipal y los proyectos de ordenación del medio rural serán formulados por los ayuntamientos respectivos.

2. En los supuestos en que algún Ayuntamiento no llegara a formular y aprobar el instrumento de ordenación integral que corresponda a sus características, el conselleiro de Política Territorial, Obras Públicas y Vivienda podrá requerir la formulación del que corresponda, señalando el plazo máximo para iniciar la tramitación. En el supuesto de que no se cumpla este requerimiento, podrá el conselleiro disponer que se proceda, por subrogación, a la formulación de un proyecto de ordenación del medio rural por el órgano de la Administración autonómica que corresponda. En este caso, la tramitación se realizará dando audiencia al Ayuntamiento respectivo, por plazo de dos meses, antes de la aprobación inicial y de la aprobación definitiva.

⇒ V. D. 38/1999, de 5 febrero, por el que se establece la estructura orgánica de la Consellería de Política Territorial, Obras Públicas y Vivienda, modificado por D. 74/2000, de 23 marzo.
V. arts. 123 y concordantes del RPU (§3.1).

Artículo 39. Ordenación urbanística común a varios municipios.

1. Si las necesidades urbanísticas de un territorio que integre a varios

municipios aconsejasen la ordenación conjunta del mismo, el conselleiro de Política Territorial, Obras Públicas y Vivienda podrá declarar su procedencia, a petición de todos o de alguno de los municipios afectados.

2. Igual medida será de aplicación cuando resultase procedente ordenar urbanísticamente alguna comarca.

3. En ambos supuestos, el conselleiro de Política Territorial, Obras Públicas y Vivienda resolverá sobre la procedencia de la actuación propuesta y determinará su ámbito.

4. En estos casos corresponderá la formulación a las diputaciones provinciales, al conselleiro de Política Territorial, Obras Públicas y Vivienda o a los ayuntamientos afectados.

5. Los ayuntamientos interesados participarán activamente en el proceso de elaboración y tramitación del plan y solidariamente en la financiación de los costes en la forma en que determine la resolución del conselleiro de Política Territorial, Obras Públicas y Vivienda que autorice la actuación.

⇒ V. D. 38/1999, de 5 febrero, por el que se establece la estructura orgánica de la Consellería de Política Territorial, Obras Públicas y Vivienda, modificado por D. 74/2000, de 23 marzo.

Artículo 40. Formulación de planes parciales, planes especiales, estudios de detalle y proyectos de urbanización.

Los planes parciales, planes especiales y estudios de detalle podrán ser formulados por los ayuntamientos, por otros órganos competentes en el orden urbanístico y por los particulares legitimados para hacerlo.

⇒ V. arts. 123 y concordantes del RPU (§3.1).

Sección 4ª Del procedimiento para la aprobación de los instrumentos de planeamiento

Subsección 1ª De la elaboración del planeamiento

Artículo 41. Elaboración del planeamiento municipal.

1. Acordada la redacción de cualquier instrumento de ordenación urbanística, se formulará un avance del plan que sirva de orientación a su redacción, en el que se contengan la estrategia, directrices y objetivos generales del plan, que será sometido a conocimiento del Pleno del Ayuntamiento. A continuación se abrirá un período de información pública por plazo mínimo de un mes, mediante anuncio que se publicará en el «Diario Oficial de Galicia» y en uno de los periódicos de mayor circulación de la provincia, durante el cual las entidades y los particulares podrán sugerir lo que estimen oportuno y presentar propuestas y convenios urbanísticos que estimen procedentes.

Al mismo tiempo se remitirá un ejemplar a la Delegación del Gobierno en Galicia, a la Consellería de Política Territorial, Obras Públicas y Vivienda y a los municipios limítrofes, a fin de que, en el mismo plazo, la Administración aporte cuantos documentos e informaciones hayan de ser tenidos en cuenta para la redacción del instrumento de ordenación urbanística de que se trate.

2. La formulación del avance previsto en el número anterior sólo será preceptiva para la elaboración del plan general de ordenación municipal y del plan especial de reforma interior cuando aborde operaciones integradas en suelo urbano consolidado. En los demás supuestos, la formulación del avance tendrá carácter facultativo.

3. Concluida la elaboración del planeamiento e inmediatamente antes de su aprobación inicial, el expediente completo será remitido para su informe al conselleiro de Política Territorial, Obras Públicas y Vivienda, que habrá de emitirlo en el plazo de un mes.

⇒ V. D. 38/1999, de 5 febrero, por el que se establece la estructura orgánica de la Consellería de Política Territorial, Obras Públicas y Vivienda, modificado por D. 74/2000, de 23 marzo.
V. O. 30 diciembre 1999, sobre delegación de competencias en el Director General de Urbanismo.

Subsección 2ª De la tramitación del planeamiento

Artículo 42. Procedimiento de aprobación del planeamiento municipal.

1. Terminada la fase de elaboración del planeamiento, el Ayuntamiento que lo formuló procederá a su aprobación inicial y acordará la apertura del trámite de información pública, como mínimo durante un mes, mediante anuncio que se publicará en el «Diario Oficial de Galicia» y en uno de los periódicos de mayor circulación en la provincia.

2. El Ayuntamiento, a la vista del resultado de la información pública, lo aprobará provisionalmente con las modificaciones que procediesen, expresamente detalladas y motivadas.

3. Cumplidos estos trámites, el Ayuntamiento someterá el plan, con el expediente completo, al órgano autonómico competente que haya de otorgar la aprobación definitiva, a fin de que resuelva motivadamente sobre dicha aprobación, examinando el cumplimiento de la legalidad y valorando el tratamiento de los intereses supralocales afectados.

Si no procede otorgar la aprobación definitiva, el órgano competente señalará las deficiencias y subsiguientes modificaciones que procede introducir, al objeto de que, una vez subsanadas y aprobadas por el Ayuntamiento, se eleve de nuevo el documento para su aprobación definitiva, salvo que hubiese quedado relevado de hacerlo por la escasa importancia de las modificaciones.

4. Se entenderá otorgada la aprobación definitiva por acto presunto, en los términos establecidos en los artículos 43 y 44 de la Ley 30/1992, de 26 de noviembre, si transcurren tres meses desde la entrada del expediente completo en el Registro del órgano competente sin que éste hubiera comunicado la resolución, siempre que el plan contenga los documentos y determinaciones preceptivos.

5. En caso de que la aprobación definitiva del instrumento urbanístico corresponda al Ayuntamiento, se prescindirá de la aprobación provisional, y

se procederá directamente a la aprobación definitiva previo informe preceptivo y vinculante del conselleiro de Política Territorial, Obras Públicas y Vivienda. A estos efectos, concluida la tramitación del planeamiento e inmediatamente antes de la aprobación definitiva, el Ayuntamiento dará traslado del contenido íntegro de aquél junto con el expediente completo tramitado, para que en el plazo de tres meses se pronuncie sobre el mismo. Se entenderá emitido en sentido favorable el informe si no se evacua en el citado plazo de tres meses, a contar desde la fecha de recepción del expediente completo en la Consellería de Política Territorial, Obras Públicas y Vivienda.

6. En la tramitación de instrumentos de planeamiento de iniciativa particular, el trámite de información pública se notificará individualmente a los propietarios de los terrenos afectados.

Asimismo, en el supuesto de que los planes parciales o planes especiales contuviesen la delimitación de polígonos, deberá notificarse individualmente dicho trámite a los propietarios afectados.

Cuando los propietarios sean desconocidos, se ignore el lugar de notificación o intentada la notificación no pudiera practicarse, la notificación se hará por medio de anuncios en el tablón de edictos del Ayuntamiento y en el «Diario Oficial de Galicia».

⇒ V. Ley 7/1995, de 29 junio, Reguladora de la Delegación y Distribución de Competencias en Urbanismo, en Galicia (§36).

V. D. 38/1999, de 5 febrero, por el que se establece la estructura orgánica de la Consellería de Política Territorial, Obras Públicas y Vivienda, modificado por D. 74/2000, de 23 marzo.

V. O. 30 diciembre 1999, sobre delegación de competencias en el Director General de Urbanismo.

V. arts. 110 y ss. del RPU (§3.1).

Artículo 43. Introducción de modificaciones sustanciales.

En caso de que pretenda introducirse modificaciones que signifiquen un cambio sustancial del documento inicialmente aprobado, por la adopción de nuevos criterios respecto a la clasificación y calificación del suelo, o en relación con la estructura general y orgánica del territorio, se abrirá un nuevo período de información pública antes de otorgar la aprobación provisional. De igual modo se procederá cuando la aprobación definitiva corresponda al Ayuntamiento.

⇒ V. arts. 110 y ss. del RPU (§3.1).

Artículo 44. Especialidades en la tramitación de los instrumentos de planeamiento.

1. Los instrumentos de ordenación urbanística supramunicipal serán tramitados por la Administración autonómica o por la Diputación Provincial que los hubiera formulado, siguiendo el procedimiento previsto en los artículos anteriores. En todo caso, antes de la aprobación inicial, primero, y simultáneamente al trámite de información pública, después, se dará traslado del documento elaborado a los ayuntamientos afectados a fin de que puedan

examinarlo y pronunciarse sobre el mismo mediante acuerdo adoptado por el Pleno de la Corporación en el plazo máximo de dos meses.

2. Cuando se trate de planes generales de ordenación municipal, previa aprobación inicial y simultáneamente al trámite de información pública, el Ayuntamiento solicitará informe de la Diputación Provincial, que se entenderá favorable si no se emitiese en el plazo de un mes.

3. Los estudios de detalle y los proyectos de urbanización serán aprobados inicialmente por el Ayuntamiento competente y sometidos después a información pública durante un mes mediante anuncio que se publicará en el «Diario Oficial de Galicia» y en uno de los periódicos de mayor circulación en la provincia. A la vista del resultado de la información pública, el Ayuntamiento los aprobará definitivamente con las modificaciones que resulten pertinentes.

⇒ V. art. 70.2 de la LBRL.

Sección 5ª Otras disposiciones

Artículo 45. Competencia para la aprobación definitiva.

1. Corresponde al conselleiro de Política Territorial, Obras Públicas y Vivienda la aprobación definitiva de las normas provinciales de planeamiento, planes generales de ordenación municipal y proyectos de ordenación del medio rural, previo informe, en su caso, de la Comisión Superior de Urbanismo de Galicia, sin perjuicio de los supuestos previstos en la ley en que corresponda a los ayuntamientos respectivos en régimen de competencia delegada.

2. Los planes especiales que se ajusten al planeamiento superior del que sean desarrollo, planes parciales, estudios de detalle y proyectos de urbanización serán aprobados definitivamente por los ayuntamientos respectivos. Se estará a lo dispuesto en el número anterior en los supuestos en que el planeamiento especial no esté previsto en el superior.

3. En todo caso, los instrumentos de planeamiento que afecten a varios municipios serán aprobados definitivamente por el conselleiro de Política Territorial, Obras Públicas y Vivienda.

⇒ V. Ley 7/1995, de 29 junio, Reguladora de la Delegación y Distribución de Competencias en Urbanismo, en Galicia (§36).
D. 119/1998, de 16 abril, que regula la composición y funcionamiento de la Comisión Superior de Urbanismo de Galicia.
V. D. 38/1999, de 5 febrero, por el que se establece la estructura orgánica de la Consellería de Política Territorial, Obras Públicas y Vivienda, modificado por D. 74/2000, de 23 marzo.

Artículo 46. Plazos para la aprobación definitiva de instrumentos de planeamiento de desarrollo de iniciativa particular.

1. El plazo para resolver sobre la aprobación inicial de planes de desarrollo del plan general, estudios de detalle y proyectos de urbanización de iniciativa particular será de tres meses, contado a partir de su presentación en el Registro General del Ayuntamiento.

2. El plazo para la aprobación definitiva por el Ayuntamiento de planes de desarrollo de los planes generales, estudios de detalle y proyectos de urbanización de iniciativa privada será de tres meses, contado desde el acuerdo de aprobación inicial. Transcurrido este plazo sin que se hubiera procedido a la notificación de la resolución, se entenderá aprobado por acto presunto, en los términos establecidos en los artículos 43 y 44 de la Ley 30/1992, de 26 de noviembre, siempre que se hubiera realizado el trámite de información pública y se hubieran evacuado los informes preceptivos y aquéllos contengan todas las determinaciones y documentos preceptivos ajustándose al ordenamiento urbanístico vigente.

3. No se aplicará el silencio administrativo positivo cuando los planes o instrumentos contuviesen determinaciones contrarias a la ley, a los planes de superior jerarquía o a las directrices de ordenación del territorio de Galicia.

Artículo 47. Regla especial de tramitación.

1. Si los planes de desarrollo del plan general, estudios de detalle y proyectos de urbanización son tramitados a iniciativa de otras administraciones públicas o de empresas con capital exclusivo o mayoritariamente público cuyo fin principal sea la urbanización, la creación de suelo o la construcción de viviendas de promoción pública, serán de aplicación los plazos establecidos en el artículo anterior.

2. El Consello de la Xunta de Galicia podrá acordar la declaración de urgencia en la tramitación de los instrumentos a que se refiere el número anterior y, en este caso, se reducirán los plazos a dos meses para la aprobación inicial y a otros dos meses para la aprobación definitiva, computados según dispone el artículo anterior. Transcurrido cualquiera de estos plazos sin que el Ayuntamiento hubiera comunicado la resolución procedente, el conselleiro de Política Territorial, Obras Públicas y Vivienda actuará por subrogación, y la tramitación del expediente proseguirá hasta su aprobación definitiva, siendo de aplicación lo dispuesto en el artículo anterior.

⇒ V. D. 38/1999, de 5 febrero, por el que se establece la estructura orgánica de la Consellería de Política Territorial, Obras Públicas y Vivienda, modificado por D. 74/2000, de 23 marzo.

Sección 6ª De la vigencia y revisión de los planes

Artículo 48. Vigencia de los planes.

1. Los planes de ordenación tendrán vigencia indefinida.

2. La aprobación definitiva del planeamiento deberá publicarse en el «Diario Oficial de Galicia» y en el BOP. Asimismo, deberá publicarse en el BOP el documento que contenga la normativa y las ordenanzas. Cuando ésta tenga lugar en virtud de acto presunto, la obligación de su publicación correrá a cargo de la Administración a la que competa su aprobación por acto expreso.

3. Cuando la competencia para la aprobación definitiva corresponda al Ayuntamiento, ésta será comunicada al conselleiro de Política Territorial,

Obras Públicas y Vivienda, a la vez que se le dará traslado de una copia autenticada del expediente administrativo completo y de dos ejemplares del instrumento aprobado definitivamente con todos los planos y documentos que integran el plan sobre los que hubiera recaído el acuerdo de aprobación definitiva, debidamente diligenciados por el secretario del Ayuntamiento, haciendo constar dicho extremo.

4. La eficacia del acto de aprobación definitiva y la entrada en vigor del plan aprobado quedan condicionadas al cumplimiento de lo dispuesto en este artículo y a lo que disponga al efecto la legislación reguladora de la Administración actuante.

⇒ V. art. 53 de la presente Ley.
V. art. 133 del TRLS/1992 (§2).
V. art. 70.2 de la LBRL.
V. Jurisprudencia en arts. 45 a 51 y concordantes TRLS/1976 (§3).
V. arts. 154 a 163 del RPU (§3.1).

Artículo 49. Revisión del planeamiento.

1. La alteración del contenido de los instrumentos de planeamiento urbanístico podrá llevarse a cabo mediante la revisión de los mismos o la modificación de alguno o algunos de los elementos que los constituyan.

2. Se entiende por revisión del planeamiento general la adopción de nuevos criterios respecto a la estructura general y orgánica del territorio o a la clasificación del suelo, motivada por la elección de un modelo territorial distinto o por la aparición de circunstancias sobrevenidas, de carácter demográfico o económico, que incidan sustancialmente sobre la ordenación, o por el agotamiento de su capacidad. La revisión podrá determinar la sustitución del instrumento de planeamiento existente y se observarán las mismas disposiciones enunciadas para su tramitación y aprobación.

3. En los demás supuestos, la alteración de las determinaciones del plan se considerará como modificación del mismo, aun cuando dicha alteración conlleve cambios aislados en la clasificación o calificación del suelo.

4. Cuando las circunstancias lo exigiesen, el órgano competente de la Comunidad Autónoma podrá ordenar motivadamente la revisión de los planes generales, previa audiencia de las entidades locales afectadas.

⇒ V. Jurisprudencia en arts. 45 a 51 y concordantes TRLS/1976 (§3).
V. arts. 154 a 163 del RPU (§3.1).

Artículo 50. Modificación de los planes.

1. Las modificaciones de cualquiera de los elementos de los planes, proyectos, normas y ordenanzas se sujetarán a las mismas disposiciones enunciadas para su tramitación y aprobación, con exclusión de la formulación del avance, sin perjuicio de lo dispuesto en el artículo 52.

2. Sin embargo, cuando la modificación tendiera a incrementar la intensidad del uso de una zona, se requerirá para aprobarla la previsión de los mayores espacios libres, dotaciones y equipamientos que requiera la actuación propuesta.

3. No se considerarán modificaciones del planeamiento de rango superior los reajustes de las determinaciones que introduzca el planeamiento de desarrollo que sean consecuencia del estudio preciso de la ordenación más detallada, siempre que se cumplan los siguientes requisitos:

a) Que no afecten a la estructura fundamental del planeamiento superior ni a los usos globales y niveles de intensidad fijados en el mismo.

b) Que no supongan un distinto emplazamiento o una disminución de las superficies de terreno destinadas a zonas verdes y espacios libres de dominio y uso público ni de equipamientos y dotaciones.

c) Que no impliquen aumento del aprovechamiento urbanístico ni de la densidad de viviendas o edificaciones.

4. No se considerarán modificaciones del planeamiento los reajustes en las delimitaciones de los ámbitos del planeamiento o de los polígonos delimitados, siempre que no afecten a más de un 15% de la superficie del ámbito delimitado por el planeamiento superior. En este caso, será necesario el consentimiento de los propietarios directamente afectados.

⇒ V. Jurisprudencia en arts. 45 a 51 y concordantes TRLS/1976 (§3).
V. arts. 154 a 163 del RPU (§3.1).

Artículo 51. Modificación de zonas verdes o espacios libres.

Si la modificación de los planes afectase al uso urbanístico de las zonas verdes o espacios libres previsto por el plan, deberá ser aprobada previo informe favorable de la Comisión Superior de Urbanismo de Galicia.

⇒ V. Jurisprudencia en arts. 50 y concordantes del TRLS/1976 (§3).
V. D. 119/1998, de 16 abril, que regula la composición y funcionamiento de la Comisión Superior de Urbanismo de Galicia.
V. D. 38/1999, de 5 febrero, por el que se establece la estructura orgánica de la Consellería de Política Territorial, Obras Públicas y Vivienda, modificado por D. 74/2000, de 23 marzo.
V. art. 162 del RPU (§3.1).

Artículo 52. Suspensión del planeamiento.

El Consello de la Xunta, a instancia del conselleiro de Política Territorial, Obras Públicas y Vivienda y previa audiencia de las entidades locales interesadas, podrá suspender para su revisión, en todo o en parte del ámbito a que se refieran, la vigencia de los instrumentos de ordenación urbanística, en la forma, en los plazos y con los efectos señalados para la suspensión de licencias. El acuerdo de suspensión determinará la entrada en vigor de la ordenación provisional elaborada y propuesta por el conselleiro, sin necesidad de seguirse la tramitación ordinaria.

Dicha ordenación tendrá un carácter transitorio hasta la entrada en vigor de un nuevo planeamiento y su duración no podrá ser superior a los nueve meses.

⇒ V. Jurisprudencia en arts. 51 y concordantes TRLS/1976 (§3).
V. art. 163 del RPU (§3.1).

CAPÍTULO III
Efectos de la aprobación de los planes

Artículo 53. Ejecutividad del planeamiento.

Los instrumentos de ordenación urbanística serán inmediatamente ejecutivos tras su entrada en vigor según lo previsto en el artículo 48.

⇒ V. art. 134.1 del TRLS/1992 (§2).
V. Jurisprudencia en arts. 55 y concordantes TRLS/1976 (§3).
V. art. 164 del RPU (§3.1).

Artículo 54. Declaración de utilidad pública.

1. La aprobación de los instrumentos de ordenación urbanística y de delimitación de polígonos a desarrollar por el sistema de expropiación implicará la declaración de utilidad pública y la necesidad de ocupación de los bienes afectados, a los fines de expropiación o imposición de servidumbres.

2. Cuando para la ejecución del planeamiento no fuese necesaria la expropiación del dominio y bastase la constitución de alguna servidumbre sobre el mismo, prevista por el derecho privado o administrativo, podrá imponerse, si no se alcanzase acuerdo con el propietario, con arreglo al procedimiento de la Ley de Expropiación Forzosa.

Asimismo, cuando hayan de modificarse o suprimirse servidumbres privadas por estar en contradicción con las determinaciones del planeamiento, podrá expropiarse con arreglo al procedimiento de la citada Ley.

⇒ V. art. 33 de la Ley 6/1998, de 13 abril (§1).
V. Jurisprudencia y concordancias en arts. 64 a 69 y concordantes TRLS/1976 (§3).
V. arts. 103 y ss. del RPU (§3.1).

Artículo 55. Publicidad.

1. Los instrumentos de ordenación urbana, con todos sus documentos, serán públicos y cualquier persona podrá, en todo momento, consultarlos y solicitar información sobre los mismos en el Ayuntamiento correspondiente.

2. En los municipios de más de 50.000 habitantes los ayuntamientos deberán regular, mediante la correspondiente ordenanza, la cédula urbanística de los terrenos o edificios existentes en suelo urbano y urbanizable.

Al expedir la cédula, si el plan estuviese en proceso de modificación o revisión, se hará constar expresamente esta circunstancia en la misma.

⇒ V. art. 70. 2 de la LBRL.
V. arts. 124.1, 124.3 y 133 del TRLS/1992 (§2).
V. Jurisprudencia en arts. 55 y concordantes del TRLS/1976 (§3).

Artículo 56. Obligatoriedad.

1. Los particulares, al igual que la Administración, quedarán obligados al cumplimiento de las disposiciones sobre ordenación urbana contenidas en esta Ley y en las demás normas aplicables y en los instrumentos de ordenación aprobados con arreglo a la misma.

2. Serán nulas de pleno derecho las reservas de dispensación que se

contuviesen en los planes u ordenanzas, así como las que, con independencia de ellos, se concediesen.

⇒ V. art. 134.1 del TRLS/1992 (§2).
V. Jurisprudencia en arts. 56, 57 y concordantes del TRLS/1976 (§3).

Artículo 57. Usos y obras provisionales.

No obstante la obligatoriedad de la observancia de los planes, si no hubiesen de dificultar su ejecución, podrán autorizarse sobre los terrenos o edificaciones usos y obras justificadas de carácter provisional, que habrán de demolerse cuando lo acordase el Ayuntamiento, sin derecho a indemnización. La autorización aceptada por el propietario deberá inscribirse bajo las indicadas condiciones en el Registro de la Propiedad.

⇒ V. art. 136.2 del TRLS/1992 (§2).
V. arts. 76 y concordantes del RD 1093/1997, de 4 julio (§2.1).
V. Jurisprudencia en arts. 58 y concordantes del TRLS/1976 (§3).

Artículo 58. Edificios fuera de ordenación.

1. Los edificios e instalaciones erigidos con anterioridad a la aprobación definitiva del planeamiento urbanístico que resultasen disconformes con el mismo serán calificados como fuera de ordenación.

2. Salvo que en el propio planeamiento se dispusiera otro régimen, no podrán realizarse en ellos obras de consolidación, aumento de volumen, modernización o incremento de su valor de expropiación, pero sí las pequeñas reparaciones que exigiesen la higiene, ornato y conservación del inmueble.

3. Sin embargo, en casos excepcionales, podrán autorizarse obras parciales y circunstanciales de consolidación, cuando no estuviese prevista la expropiación o demolición de la finca en el plazo de quince años, a contar desde la fecha en que se pretendiese su realización.

⇒ V. art. 137.5 del TRLS/1992 (§2).
V. Jurisprudencia en arts. 60 y concordantes del TRLS/1976 (§3).

CAPÍTULO IV
Normas de aplicación directa

Artículo 59. Adaptación al ambiente.

1. Las construcciones habrán de adaptarse, en lo básico, al ambiente en que estuvieran situadas y, a tal efecto:

a) Las construcciones en lugares inmediatos o que formen parte de un grupo de edificios de carácter artístico, histórico, arqueológico, típico o tradicional habrán de armonizar con el mismo. Igualmente, cuando sin existir un conjunto de edificios hubiera alguno de gran importancia o calidad de los caracteres indicados.

b) En los lugares de paisaje abierto o natural, sea rural o marítimo, o *en las perspectivas* que ofrezcan los conjuntos urbanos de características histórico-artísticas, típicos o tradicionales y en las inmediaciones de las carreteras y caminos de trayecto pintoresco, no se permitirá que la situación, masa, altura de los edificios, muros y cierres, o la instalación de otros elementos, limite el campo visual para contemplar las bellezas naturales, rompa la armonía del paisaje o desfigure la perspectiva propia del mismo.

c) La tipología de las construcciones habrá de ser congruente con las características del entorno, y los materiales empleados para la renovación y acabado de fachadas, cubiertas y cierres de parcelas habrán de armonizar con el paisaje en que vayan a emplazarse.

2. Las mismas condiciones anteriores serán de aplicación a las obras de rehabilitación, modernización o conservación de los inmuebles.

⇒ V. arts. 14.3, 31.1 y 94.1 del D. 28/1999, de 21 enero, que aprueba el Reglamento de Disciplina Urbanística para el desarrollo y aplicación de la Ley del Suelo de Galicia (§35).
V. Ley 4/1994, de 14 septiembre, de Carreteras en Galicia.
V. art. 6 de la Ley 3/1996, de 10 mayo, de Protección de los Caminos de Santiago en Galicia.
V. art. 138 b) del TRLS/1992 (§2).
V. Jurisprudencia en arts. 73 y concordantes del TRLS/1976 (§3).

Artículo 60. Alturas.

1. En defecto de plan general de ordenación municipal que lo autorice, en los terrenos enclavados en suelos o manzanas edificados en más de sus dos terceras partes, no podrá edificarse con una altura superior a la media de las edificaciones ya construidas y sin superar, en todo caso, las tres plantas, medidas en cada punto del terreno. En los demás supuestos, la altura de las edificaciones no superará las dos plantas medidas del mismo modo. Todo ello sin perjuicio de las demás limitaciones que sean de aplicación.

2. Para la aplicación de lo dispuesto en el número anterior, el Ayuntamiento deberá fijar, con carácter previo al otorgamiento de licencias de edificación, la altura media de edificios ya construidos en la manzana o tramo de fachada siguiendo el procedimiento establecido para la aprobación de los estudios de detalle. La altura así determinada se mantendrá inalterada hasta que se apruebe el plan general de ordenación municipal.

⇒ V. Jurisprudencia en arts. 74 y concordantes del TRLS/1976 (§3).

Artículo 61. Distancia a las vías de circulación.

Las construcciones y cierres que se construyan con obras de fábrica, vegetación ornamental u otros elementos permanentes, en zonas no consolidadas por la edificación, tendrán que desplazarse un mínimo de 4 metros del eje de la vía pública a que den frente, salvo que el instrumento de ordenación establezca una distancia superior.

Unicamente se excluye de esta obligación la colocación de mojones o cierres de postes y alambre destinados a delimitar la propiedad rústica.

En todo caso, se estará a lo dispuesto en la legislación de carreteras.

⇒ V. Ley 4/1994, de 14 septiembre, de Carreteras en Galicia.
V. art. 16 de la Ley 3/1996, de 10 mayo, de Protección de los Caminos de Santiago en Galicia.
V. Jurisprudencia en arts. 73 y concordantes del TRLS/1976 (§3).

TÍTULO II
RÉGIMEN URBANÍSTICO DEL SUELO

CAPÍTULO I
Clasificación del suelo

Artículo 62. Régimen de la propiedad.

1. Las facultades del derecho de propiedad se ejercerán en el marco de la legislación básica del Estado y de su función social, dentro de los límites y con el cumplimiento de los deberes establecidos en esta Ley o, en virtud de la misma, por los planes de ordenación, con arreglo a la clasificación urbanística de las fincas.

2. La ordenación del uso de los terrenos y construcciones enunciadas en esta Ley no conferirá derechos indemnizatorios, por implicar meras limitaciones y deberes que definen el contenido normal de la propiedad según su calificación urbanística. Los afectados tendrán, sin embargo, derecho a la distribución equitativa de los beneficios y cargas del planeamiento en los términos previstos en la presente Ley.

⇒ V. arts. 1, 7 y concordantes de la Ley 6/1998, de 13 abril (§1).

V. Instr. 17/1998, de 24 julio, de la Consellería de Política Territorial, Obras Públicas y Viviendas sobre la aplicación de la Ley del Suelo de Galicia en el marco de la nueva legislación estatal, transcrita en el art. 5 de la Ley 7/1995, de 29 junio, que regula la delegación y distribución de competencias en materia de urbanismo (§36).

V. D. 38/1999, de 5 febrero, por el que se establece la estructura orgánica de la Consellería de Política Territorial, Obras Públicas y Vivienda, modificado por D. 74/2000, de 23 marzo.

V. Jurisprudencia en arts. 76, 87 y concordantes del TRLS/1976 (§3).

Artículo 63. Clasificación del suelo.

1. Los planes generales de ordenación municipal deberán clasificar el territorio municipal en todos o algunos de los siguientes tipos de suelo: urbano, de núcleo rural, urbanizable y rústico.

2. Los proyectos de ordenación del medio rural podrán clasificar el territorio municipal en suelo urbano, suelo de núcleo rural y suelo rústico.

⇒ V. arts. 1, 7 y concordantes de la Ley 6/1998, de 13 abril (§1).

V. Jurisprudencia en arts. 76, 77 y concordantes del TRLS/1976 (§3).

Artículo 64. Suelo urbano.

1. Constituirán el suelo urbano:

a) Los terrenos que el plan general o el proyecto de ordenación del medio rural incluyan en esta clase por contar con acceso rodado, abastecimiento de agua, evacuación de aguas y suministro de energía eléctrica, debiendo tener estos servicios características adecuadas para servir a la edificación que sobre ellos exista o vaya a construirse. También se considerarán urbanos los terrenos que tengan su ordenación consolidada por ocupar la edificación al menos dos terceras partes de los espacios aptos para la misma, según la ordenación que el plan general o el proyecto de ordenación del medio rural establezcan.

b) Los que en ejecución del planeamiento lleguen a disponer efectivamente de los mismos elementos de urbanización a que se refiere el párrafo anterior.

2. A los efectos de la aplicación del régimen urbanístico, el planeamiento general podrá distinguir las categorías de suelo urbano consolidado y suelo urbano no consolidado.

⇒ V. arts. 8 y concordantes de la Ley 6/1998, de 13 abril (§1).
V. Jurisprudencia en arts. 78 y concordantes del TRLS/1976 (§3).

Artículo 65. Categorías de suelo urbano.

1. Tendrán la consideración de suelo urbano consolidado los terrenos pertenecientes a esta clase de suelo a los que el planeamiento general reconozca este carácter por no resultar necesario el desarrollo de actuaciones de ejecución integral.

2. Se considerarán suelo urbano no consolidado los terrenos pertenecientes a esta clase de suelo que hayan de someterse a un proceso de ejecución integral. En todo caso se someterán a dicho proceso las áreas del territorio de reciente urbanización, surgida sin planeamiento previo o al margen del mismo.

⇒ V. art. 87 de la presente Ley.
V. arts. 8 y concordantes de la Ley 6/1998, de 13 abril (§1).
V. Jurisprudencia en arts. 78 y concordantes del TRLS/1976 (§3).

Artículo 66. Suelo de núcleo rural.

Se clasificarán como suelo de núcleo rural los terrenos que se incluyan en el ámbito de los núcleos rurales delimitados por el planeamiento.

⇒ V. arts. 8 y concordantes de la Ley 6/1998, de 13 abril (§1).
V. Jurisprudencia en arts. 81.2 y concordantes del TRLS/1976 (§3).

Artículo 67. Suelo urbanizable.

Constituirán el suelo urbanizable los terrenos que el plan general de ordenación municipal o las normas provinciales de planeamiento incorporen al proceso de desarrollo urbano en consecuencia con las actuaciones públicas programadas o privadas concertadas.

⇒ V. arts. 10 y concordantes de la Ley 6/1998, de 13 abril (§1).
V. Jurisprudencia en arts. 79 y concordantes del TRLS/1976 (§3).

Artículo 68. Suelo rústico.

1. Constituirán el suelo rústico los terrenos que el planeamiento general no incluya en ninguna de las clases de suelo anteriores; en particular, los espacios o elementos existentes que dicho planeamiento determine para otorgarles una especial protección, por sus valores ecológicos, medioambientales, paisajísticos, históricos, etnográficos y culturales, o con potencialidad productiva.

2. En el suelo rústico el planeamiento general deberá distinguir dos categorías: rústico común y rústico de especial protección.

3. También constituirán el suelo rústico aquellas áreas delimitadas por el plan general de acuerdo con lo previsto en los artículos 14 d) y 21.2 de la presente Ley en tanto no sean incorporadas al proceso de desarrollo urbanístico mediante la aprobación del correspondiente plan parcial.

⇒ V. art. 6 de la Ley 3/1996, de 10 mayo, de Protección de los Caminos de Santiago en Galicia.
V. Ley 8/1995, de 30 octubre, de Patrimonio Cultural de Galicia.
V. arts. 9, 20 y concordantes de la Ley 6/1998, de 13 abril (§1).
V. Jurisprudencia en arts. 80 y concordantes del TRLS/1976 (§3).

Artículo 69. Solares.

A los efectos de la presente Ley, tendrán la consideración de solares las superficies de suelo urbano aptas para la edificación que reúnan, además, los siguientes requisitos:

a) Que estén urbanizadas conforme a las normas mínimas establecidas en cada caso por el planeamiento, y, si éste no existiese o no las concretase, se precisará que, además de contar con las señaladas en el artículo 64.1 a), la vía a que la parcela dé frente tenga pavimentada la calzada.

b) Que tengan señaladas alineaciones y rasantes, si existiese dicho planeamiento.

⇒ V. arts. 14 y concordantes de la Ley 6/1998, de 13 abril (§1).
V. Jurisprudencia en arts. 82 y concordantes del TRLS/1976 (§3).

CAPÍTULO II
Régimen de las distintas clases y categorías de suelo

Sección 1ª Del suelo urbano

Artículo 70. Régimen del suelo urbano.

1. El suelo urbano, además de las limitaciones específicas que le imponga el planeamiento, estará sujeto a la de no poder ser edificado hasta que la respectiva parcela merezca la condición de solar, salvo que se asegure la ejecución simultánea de la urbanización y la edificación mediante las garantías reglamentariamente establecidas.

2. Los propietarios de suelo urbano deberán:

a) Ceder gratuitamente a los ayuntamientos respectivos los terrenos destinados a viales, parques, jardines públicos y demás dotaciones públicas establecidas por el planeamiento, siempre que sea posible el reparto equitativo de las cargas y beneficios entre los propietarios afectados. Los terrenos destinados a sistemas generales que se incluyan en áreas de reparto serán de cesión obligatoria y gratuita.

b) Ceder el terreno necesario para situar el 15% del aprovechamiento tipo que corresponda a los terrenos incluidos en las áreas de reparto que se definan por el planeamiento en suelo urbano no consolidado.

c) Costear la parte que les corresponda del importe de la urbanización, o ejecutarla en los polígonos que se gestionen por el sistema de compensación de acuerdo con los plazos previstos.

d) Solicitar la licencia de edificación y edificar los solares cuando el plan así lo establezca y en los plazos que el mismo señale.

e) Ceder los terrenos en que se localice el aprovechamiento correspondiente al Ayuntamiento, por exceder del susceptible de apropiación privada.

⇒ V. arts. 286 y ss. de la Ley 5/1997, de 22 julio, de Administración Local en Galicia.
V. arts. 13, 14 y 19 de la Ley 6/1998, de 13 abril (§1).
V. Jurisprudencia en arts. 83 y concordantes del TRLS/1976 (§3).

Artículo 71. Aprovechamiento urbanístico de la propiedad.

1. El aprovechamiento urbanístico de la propiedad en suelo urbano será:

a) En los terrenos situados en zonas de suelo urbano consolidado y no incluidos por el planeamiento en áreas de reparto, el aprovechamiento real, sin perjuicio del derecho de los propietarios al equitativo reparto de cargas y beneficios.

El aprovechamiento real será el que resulte de la aplicación directa de las ordenanzas o normas urbanísticas a la parcela.

b) En los terrenos a que se refiere el apartado anterior, pero incluidos por el plan general en áreas de reparto, el aprovechamiento tipo fijado para el área.

c) En los terrenos situados en áreas no consolidadas y, por tanto, incluidos o a incluir por el planeamiento en un polígono para ser objeto de ejecución integral, el 85% del aprovechamiento tipo del área de reparto correspondiente.

2. A los efectos señalados en este artículo, el plan general podrá establecer distintas áreas de reparto.

⇒ V. arts. 33 y concordantes del RD 1093/1997, de 4 julio (§2.1).

Sección 2ª Del suelo urbanizable

Artículo 72. Régimen del suelo urbanizable.

1. El suelo urbanizable estará sujeto a la limitación de no poder ser urbanizado hasta que se apruebe el correspondiente plan parcial. Entre tanto, no podrán realizarse en él obras o instalaciones, salvo las que vayan a ejecutarse mediante la redacción de planes especiales para obras de infraestructura y las de carácter provisional previstas en el artículo 57, ni podrán destinarse a otros usos o aprovechamientos distintos de los que señale el plan general.

2. Los propietarios de suelo urbanizable deberán:

a) Ceder los terrenos destinados por el plan general a sistemas generales de dominio público, incluidos en este tipo de suelo o adscritos al mismo.

b) Ceder gratuita y obligatoriamente a favor del Ayuntamiento los terrenos destinados a viales, zonas verdes y espacios libres públicos, dotaciones y demás servicios a los que el plan parcial atribuya el carácter de bienes de dominio público. Tendrán este carácter, en todo caso, el sistema viario de interés general y las reservas mínimas legalmente establecidas para el sistema de zonas verdes y espacios libres, para dotaciones y aparcamientos.

c) Ceder obligatoria y gratuitamente el terreno necesario para situar el 15% del aprovechamiento tipo del área de reparto en que se encuentre la finca.

d) Costear y, en su caso, ejecutar las obras de urbanización en los plazos previstos por el planeamiento, en proporción al 85% del aprovechamiento tipo.

e) Solicitar la licencia de edificación y edificar los solares cuando el plan así lo establezca y en los plazos que el mismo señale.

f) Ceder los terrenos en que se localice el aprovechamiento correspondiente al Ayuntamiento, por exceder del susceptible de apropiación privada.

⇒ V. arts. 286 y ss. de la Ley 5/1997, de 22 julio, de Administración Local en Galicia.
V. arts. 15, 18 y concordantes de la Ley 6/1998, de 13 abril (§1).
V. Jurisprudencia en arts. 84, 85 y concordantes del TRLS/1976 (§3).

Artículo 73. Aprovechamiento urbanístico.

El aprovechamiento urbanístico que corresponde a cada finca será el 85% del aprovechamiento tipo del área de reparto en que se encuentre enclavada, sin que tenga relevancia al respecto su calificación concreta en el plan.

⇒ V. art. 5 de la Ley 6/1998, de 13 abril (§1).
V. arts. 33 y concordantes del RD 1093/1997, de 4 julio (§2.1).
V. Jurisprudencia en arts. 84.3 b) y concordantes del TRLS/1976 (§3).

Artículo 74. Reparto de cargas y beneficios.

El reparto equitativo de las cargas y beneficios, que se deriven de la aplicación de los artículos precedentes se efectuará a través de las operaciones de reparcelación o compensación que procedan.

⇒ V. art. 5 de la Ley 6/1998, de 13 abril (§1).
V. arts. 4 y concordantes del RD 1093/1997, de 4 julio (§2.1).
V. Jurisprudencia en arts. 83.4 y concordantes del TRLS/1976 (§3).

Sección 3ª Del suelo de los nucleos rurales de población

Artículo 75. Concepto de núcleo rural.

1. Tendrán el carácter de núcleos rurales las áreas del territorio que, por existir agrupaciones de viviendas y surgir relaciones propias de la vida comunitaria, constituyan un asentamiento de población singularizado por un topónimo, diferenciado en los censos y padrones oficiales e identificado como tal por la población residente y por la práctica administrativa local, que se caracterizasen por su especial vinculación con las actividades del sector primario de carácter agrícola, ganadero, forestal, pesquero o análogas.

2. Con arreglo a los parámetros señalados en el número precedente y en función de la división de la propiedad de los terrenos, condiciones topográ-

ficas, elementos naturales e infraestructura existente, el planeamiento delimitará gráficamente los núcleos rurales comprendidos en el territorio.

Artículo 76. Régimen del suelo de núcleos rurales.

1. Los terrenos que los planes generales o los proyectos de ordenación del medio rural incluyan en las áreas delimitadas como núcleos rurales de población serán destinados a los usos relacionados con las actividades propias del medio rural y con las necesidades de la población residente en dichos núcleos.

2. No podrá autorizarse ninguna clase de edificaciones si no estuviese resuelta la disponibilidad, al menos, de los servicios de acceso rodado, saneamiento, abastecimiento de agua y energía eléctrica. Cuando el uso a que se destine la edificación o el terreno lo requiera, se exigirá la dotación de aparcamiento suficiente.

3. Cuando se pretenda construir nuevas edificaciones, o sustituir las existentes, los propietarios deberán ceder gratuitamente al Ayuntamiento los terrenos necesarios para la apertura o regularización del viario preciso y ejecutar, a su costa, la conexión con los servicios existentes en el núcleo. A estos efectos, cuando sea necesario proceder a la apertura de vías de acceso en áreas no consolidadas por la edificación, éstas habrán de tener un ancho mínimo de 8 metros.

4. Los tipos de construcciones deberán ser adecuados a su condición de edificaciones propias del medio rural en el que se emplazan, quedando prohibidas las características de las zonas urbanas.

5. En el supuesto de ejecución de planes especiales de mejora de los núcleos rurales previstos en el artículo 27.2 de la presente Ley, los propietarios de suelo están obligados a:

a) Ceder gratuitamente a los ayuntamientos los terrenos destinados a viales, equipamientos y dotaciones públicas.

b) Ceder el terreno necesario para situar el 15% del aprovechamiento correspondiente al Ayuntamiento.

c) Costear y ejecutar las obras de urbanización previstas en el plan especial.

d) Solicitar la licencia de edificación y edificar cuando el plan especial así lo establezca.

En este caso, el aprovechamiento urbanístico de los propietarios de los terrenos será el 85% del aprovechamiento que resulte de lo establecido en el correspondiente plan especial de mejora del núcleo rural.

⇒ V. arts. 286 y ss. de la Ley 5/1997, de 22 julio, de Administración Local en Galicia.

Instr. 17/1998, de 24 julio 1998, de la Consellería de Política Territorial, Obras Públicas y Vivienda, sobre la aplicación de la Ley del Suelo de Galicia en el marco de la nueva legislación estatal, transcrita en el art. 5 de la Ley 7/1995, de 29 junio, que regula la delegación y distribución de competencias en materia de urbanismo (§36).

V. D. 38/1999, de 5 febrero, por el que se establece la estructura orgánica de la Consellería de Política Territorial, Obras Públicas y Vivienda, modificado por D. 74/2000, de 23 marzo.

Sección 4ª Del suelo rústico

Artículo 77. Régimen del suelo rústico.

1. Los terrenos clasificados como suelo rústico común, en tanto mantengan este carácter, sólo podrán ser destinados a usos característicos del medio rural, vinculados a la utilización racional de los recursos naturales.

En todo caso, deberán respetarse las determinaciones contenidas en los instrumentos de planeamiento previstos en la Ley 4/1989, de 27 de marzo, de Conservación de los Espacios Naturales y de la Flora y Fauna Silvestres.

2. En los terrenos situados en esta categoría de suelo, podrán realizarse construcciones destinadas a actividades agrícolas, forestales, ganaderas u otras que guarden relación con la naturaleza, extensión y destino de la finca o con la explotación de recursos naturales, así como construcciones e instalaciones vinculadas a la ejecución, mantenimiento y servicio de las obras públicas.

3. Podrán autorizarse construcciones e instalaciones para fines de interés general que tengan que emplazarse en el medio rural, o aquellas cuya ubicación venga determinada por las características y exigencias de la actividad.

4. En los supuestos señalados en el número 3 de este artículo, antes del otorgamiento de la licencia municipal se requerirá autorización del órgano autonómico competente, previa información pública por plazo de veinte días.

5. Los tipos de construcciones habrán de ser adecuados a su condición de aisladas, y adecuados al medio rural en que se emplazan, quedando prohibidas las edificaciones características de las zonas urbanas y las viviendas y usos residenciales.

6. El plan general podrá permitir en suelo rústico que no sea objeto de especial protección la construcción de viviendas unifamiliares aisladas. En este supuesto, el plan general deberá determinar las condiciones de aislamiento de las viviendas regulando, al menos, la superficie mínima de la parcela y la distancia mínima a lindes y vías públicas, y establecer los indicadores o límites a partir de los cuales no podrán autorizarse nuevas viviendas. En todo caso, la excepción prevista en este número habrá de guardar estricta congruencia con el estudio del medio rural y con el sistema de núcleos de población que el plan general configure.

7. En las transferencias de propiedad, divisiones y segregaciones de terrenos en esta clase de suelo, no podrán efectuarse fraccionamientos en contra de lo dispuesto en la legislación agraria.

8. En todo caso, la parcela mínima edificable no será inferior a la unidad mínima de cultivo establecida por la legislación agraria para cada municipio.

9. No podrá autorizarse clase alguna de edificación en este suelo si no estuviesen resueltos, a costa del propietario, los servicios urbanísticos previstos en el artículo 76.2.

⇒ V. D. 330/1999, de 9 diciembre, que establece unidades mínimas de cultivo.
V. arts. 80 y concordantes del RD 1093/1997, de 4 julio (§2.1).
V. arts. 9, 20 y 21 de la Ley 6/1998, de 13 abril (§1).

V. O. 30 diciembre 1999, sobre delegación de competencias en el Director General de Urbanismo.

V. Jurisprudencia en arts. 86 y concordantes del TRLS/1976 (§3).

Artículo 78. Incorporación al proceso de desarrollo urbanístico.

1. En las áreas delimitadas por el plan general de ordenación municipal de conformidad con lo dispuesto en el artículo 14 d), podrán incorporarse al proceso de desarrollo urbanístico superficies de suelo rústico común mediante la aprobación de los planes parciales a que se refiere el artículo 23 de la presente Ley.

2. El régimen urbanístico aplicable a las actuaciones anteriores será el correspondiente al suelo urbanizable, y su aprovechamiento urbanístico estará sujeto a la limitación de no poder superar la densidad media proyectada por el plan general para el suelo urbanizable del término municipal.

⇒ V. art. 15 de la Ley 6/1998, de 13 abril (§1).

V. Jurisprudencia en arts. 83, 84 y concordantes del TRLS/1976 (§3).

Artículo 79. Protecciones especiales en el suelo rústico.

1. El planeamiento general deberá delimitar aquellos espacios o elementos existentes en el suelo rústico que por sus valores ecológicos, medioambientales, paisajísticos, históricos, etnográficos y culturales o con potencialidad productiva hayan de ser objeto de especial protección urbanística.

2. En estas áreas, además de las limitaciones establecidas con carácter general para el suelo rústico común, está prohibida cualquier utilización que implique transformación de su destino o naturaleza o lesione el valor específico que quiera protegerse.

⇒ V. Ley 1/1995, de 2 enero, de Protección medioambiental.

V. Ley 6/2001, de 8 mayo, de modificación del Real Decreto Legislativo 1302/1986, de 28 junio, de evaluación de impacto ambiental.

V. art. 6 de la Ley 3/1996, de 10 mayo, de Protección de los Caminos de Santiago en Galicia.

V. Ley 8/1995, de 30 octubre, de Patrimonio Cultural de Galicia.

V. art. 20 de la Ley 6/1998, de 13 abril (§1).

V. Jurisprudencia en arts. 86 y concordantes del TRLS/1976 (§3).

Sección 5ª De la subrogación en los deberes y derechos urbanísticos

Artículo 80. Subrogación por razón de enajenación.

La enajenación de fincas no modificará la situación de su titular en orden a las limitaciones y deberes instituidos por la legislación urbanística. El adquirente quedará subrogado en el lugar y puesto del anterior propietario en los derechos y deberes vinculados al proceso de urbanización y edificación, así como en los compromisos que, como consecuencia de dicho proceso, hubiese contraído con la Administración urbanística competente.

⇒ V. art. 21 de la Ley 6/1998, de 13 abril (§1).

V. RD 1093/1997, de 4 julio (§2.1).

V. Jurisprudencia en arts. 62, 88 y concordantes del TRLS/1976 (§3).

CAPÍTULO III
Plazos para el cumplimiento de los deberes urbanísticos

Sección 1ª De los plazos para el cumplimiento de los deberes de cesión, de distribución de cargas y beneficios y de urbanización

Artículo 81. Fijación de plazos.

1. Los plazos para el cumplimiento de los deberes urbanísticos de cesión, de distribución de cargas y beneficios y de urbanización se establecerán, en su caso, en los programas de los planes generales y en los planes de etapas de los planes especiales, en suelo urbano, y de los planes parciales, en suelo urbanizable.

2. En su defecto, el plazo para el cumplimiento de los deberes a que se refiere el apartado anterior será de cuatro años desde la aprobación definitiva de la delimitación del polígono o, en su caso, de la unidad reparcelable.

⇒ V. art. 14 de la Ley 6/1998, de 13 abril (§1).
V. Jurisprudencia en arts. 83.3, 84.3, 154 a 164 y concordantes del TRLS/1976 (§3).

Artículo 82. Cumplimiento de deberes.

Se considerarán cumplidos los deberes urbanísticos señalados en el artículo anterior en los siguientes supuestos:

a) Los deberes de cesión y de distribución de cargas y beneficios, con la aprobación definitiva de la reparcelación o, en su caso, del proyecto de compensación.

b) Los de ejecución de la urbanización, con la recepción por el Ayuntamiento de las obras previstas en los correspondientes proyectos, en los términos que reglamentariamente se establezcan.

⇒ V. art. 14 de la Ley 6/1998, de 13 abril (§1).
V. arts. 6 y concordantes del RD 1093/1997, de 4 julio (§2.1).
V. Jurisprudencia en arts. 83, 84, 119 y concordantes del TRLS/1976 (§3).

Sección 2ª De los plazos de edificación

Artículo 83. Fijación de los plazos.

1. Los propietarios de solares deberán solicitar la licencia de edificación dentro del plazo fijado en el plan que se ejecute.

2. El Consello de la Xunta, a propuesta del conselleiro de Política Territorial, Obras Públicas y Vivienda, podrá establecer plazos para la edificación o modificar directamente los que estuviesen señalados por el planeamiento, en casos justificados por razones de interés social.

⇒ V. arts. 286 y ss. de la Ley 5/1997, de 22 julio, de Administración Local en Galicia.
V. art. 14 de la Ley 6/1998, de 13 abril (§1).
V. Jurisprudencia en arts. 82 y concordantes del TRLS/1976 (§3).

Artículo 84. Modificación de los plazos.

1. Los planes generales, especiales y parciales podrán establecer las cir-

cunstancias que determinen la procedencia de la modificación de los plazos previstos para la urbanización y, en su caso, para la edificación.

2. La modificación de los plazos fijados por el planeamiento será resuelta definitivamente por el Ayuntamiento, previa aprobación inicial e información pública por plazo de un mes y con informe favorable del conselleiro de Política Territorial, Obras Públicas y Vivienda, al que se dará cuenta de la aprobación definitiva, si la misma procediese.

⇒ V. D. 38/1999, de 5 febrero, por el que se establece la estructura orgánica de la Consellería de Política Territorial, Obras Públicas y Vivienda, modificado por D. 74/2000, de 23 marzo.
V. art. 14 de la Ley 6/1998, de 13 abril (§1).

Artículo 85. Incumplimiento de los plazos.

1. En los supuestos de actuaciones urbanísticas de iniciativa privada, el incumplimiento injustificado de los deberes de cesión, de distribución de cargas y beneficios y de urbanización en los plazos establecidos dará lugar a la pérdida de las correspondientes facultades urbanísticas.

2. Dará lugar a las mismas consecuencias el incumplimiento injustificado del plazo de edificación.

3. La pérdida de las facultades urbanísticas a que se refieren los apartados anteriores se producirá a partir del momento en que se notifique a los propietarios afectados la resolución declarativa del incumplimiento de los deberes urbanísticos, dictada previa audiencia del interesado. Hasta ese momento podrán los propietarios iniciar o proseguir el proceso de urbanización y edificación.

⇒ V. art. 34 de la Ley 6/1998, de 13 abril (§1).

Sección 3ª De la caducidad de las licencias

Artículo 86. Fijación de plazos.

Los planes generales fijarán los plazos de caducidad de las licencias de edificación por razón de demora en la iniciación y finalización de las obras, así como por causa de interrupción de las mismas.

⇒ V. Jurisprudencia sobre caducidad de las licencias urbanísticas en arts. 178 y concordantes del TRLS/1976 (§3).

TÍTULO III
DISTRIBUCIÓN DE CARGAS Y BENEFICIOS

CAPÍTULO I
Áreas de reparto

Sección 1ª De las áreas de reparto en suelo urbano

Artículo 87. Determinación.

1. Será obligatorio el establecimiento de áreas de reparto cuando los planes generales reconozcan áreas de suelo urbano no consolidado a que se refiere el artículo 65.2 de la presente Ley.

2. En suelo urbano consolidado, los planes generales podrán definir áreas de reparto, fijando los correspondientes aprovechamientos tipo a los solos efectos de facilitar la distribución de los nuevos beneficios y cargas que el plan establezca y de determinar el aprovechamiento atribuible a los propietarios de terrenos que, por su destino público, hayan de ser objeto de cesión o de expropiación. En ningún caso entrará en el reparto el aprovechamiento de la edificación existente que el plan mantenga.

⇒ V. art. 5 de la Ley 6/1998, de 13 abril (§1).
V. Jurisprudencia en arts. 117 y concordantes del TRLS/1976 (§3).

Artículo 88. Reglas para la inclusión.

1. Cuando el plan general establezca áreas de reparto, cada una de éstas incluirá los terrenos comprendidos en su ámbito que, en virtud de las determinaciones del plan, tengan aprovechamiento lucrativo, incluido el dotacional privado, así como los que estén destinados, también por el plan, a zonas verdes, espacios libres públicos y demás dotaciones públicas, con exclusión de los existentes.

2. Serán incluidos en las áreas de reparto los terrenos destinados a sistemas generales, salvo cuando su propia magnitud determine la improcedencia de que sean obtenidos a través de los sistemas de reparto de cargas y beneficios.

Artículo 89. Delimitación de polígonos.

Dentro de cada área de reparto, y cuando se trate de actuaciones de carácter integral en suelo urbano no consolidado, deberán delimitarse polígonos que permitan el cumplimiento del conjunto de los deberes de cesión, de distribución de cargas y beneficios y de urbanización que fueran procedentes.

⇒ V. art. 5 de la Ley 6/1998, de 13 abril (§1).
V. Jurisprudencia en arts. 117 y concordantes del TRLS/1976 (§3).

Sección 2ª De las áreas de reparto en suelo urbanizable

Artículo 90. Determinación.

1. Cuando los planes generales establezcan la programación de varios sectores en suelo urbanizable, el conjunto de los mismos y los sistemas generales pertenecientes o adscritos a dichos sectores para su gestión integrarán una sola área de reparto.

2. Cuando los planes generales no hubiesen previsto la programación a que se refiere el número anterior, cada área de reparto se integrará por uno o varios sectores y los sistemas generales pertenecientes o adscritos a los mismos, según se determine justificadamente por el plan general.

3. En caso de incorporación al proceso de desarrollo urbanístico a que se refiere el artículo 78 de esta Ley, las áreas de reparto coincidirán con los sectores que se delimiten con ocasión de la redacción de los planes parciales.

⇒ V. art. 5 de la Ley 6/1998, de 13 abril (§1).
V. Jurisprudencia en arts. 117 y concordantes del TRLS/1976 (§3).

CAPÍTULO II
El aprovechamiento tipo

Sección 1ª De su determinación en suelo urbano

Artículo 91. Cálculo.

1. En suelo urbano, el aprovechamiento tipo de cada área de reparto se obtendrá dividiendo el aprovechamiento lucrativo total, incluido el dotacional privado correspondiente a la misma, expresado siempre en metros cuadrados construibles del uso y tipología edificatoria característicos, por su superficie total, excluidos los terrenos afectos a dotaciones públicas, de carácter general o local, ya existentes, así como los sistemas generales, en el supuesto del artículo 88.2 de esta Ley. El resultado reflejará siempre, unitariamente, la superficie construible del uso y tipología característicos por cada metro cuadrado de suelo del área respectiva.

2. En los supuestos en que el plan general no establezca la edificabilidad por medio de un coeficiente, éste habrá de deducirse de la edificabilidad resultante por aplicación de las condiciones generales de la edificación establecidas por el propio planeamiento, al objeto de determinar el aprovechamiento tipo del área de reparto en que se encuentre incluida la zona correspondiente.

3. Para que el aprovechamiento tipo pueda expresarse por referencia al uso y tipología edificatoria característicos, el planeamiento fijará justificadamente los coeficientes de ponderación relativa entre dicho uso y tipología, al que siempre se le asignará el valor de la unidad, y los restantes, a los que corresponderán valores superiores o inferiores, en función de las circunstancias concretas del municipio y área de reparto.

⇒ V. art. 5 de la Ley 6/1998, de 13 abril (§1).
V. arts. 33 y concordantes del RD 1093/1997, de 4 julio (§2.1).
V. Jurisprudencia en arts. 84.2 y concordantes del TRLS/1976 (§3).

Artículo 92. De sistemas generales.

El aprovechamiento tipo aplicable a los terrenos destinados a sistemas generales no incluidos en áreas de reparto será el promedio de los aprovechamientos tipo de las áreas de reparto existentes en esta clase de suelo, referido al uso residencial.

⇒ V. art. 5 de la Ley 6/1998, de 13 abril (§1).
V. art. 5.4 del D. 80/2000, de 23 marzo, que regula los planes y proyectos sectoriales de incidencia supramunicipal.
V. Jurisprudencia en arts. 84.3 y concordantes del TRLS/1976 (§3).

Sección 2ª De su determinación en suelo urbanizable

Artículo 93. Con división en sectores.

1. En suelo urbanizable el aprovechamiento tipo de cada área de reparto se determinará dividiendo el aprovechamiento lucrativo total de las zonas incluidas en las mismas, expresado en metros cuadrados construibles del uso

característico, por la superficie total del área, incluyendo los sistemas generales pertenecientes o adscritos a la misma.

2. Cuando dentro de un área de reparto se incluyan varias zonas, el plan general fijará, justificándolos debidamente, coeficientes de ponderación relativa entre las diferentes zonas en la forma establecida en el artículo 91.3.

Artículo 94. Sin división en sectores en suelo rústico apto para urbanizar.

Cuando los planes generales de ordenación municipal, de conformidad con el artículo 14 d), clasifiquen suelo rústico apto para ser incorporado al proceso de desarrollo urbanístico, el aprovechamiento tipo de los sectores se determinará en los respectivos planes parciales, en la forma establecida en el artículo anterior.

⇒ V. art. 5 de la Ley 6/1998, de 13 abril (§1).
V. Jurisprudencia en arts. 84.2 y concordantes del TRLS/1976 (§3).

CAPÍTULO III
Instrumentos para la distribución de cargas y beneficios

Sección 1ª Disposiciones generales

Artículo 95. Clases.

1. En suelo urbano no consolidado y en el suelo urbanizable, la distribución de cargas y beneficios se realizará, en sistema de cooperación, mediante la reparcelación y, en el sistema de compensación, a través del proyecto del mismo nombre.

2. En suelo urbano consolidado, la sola distribución de cargas y beneficios se llevará a cabo a través de la reparcelación, en sus distintas modalidades.

⇒ V. art. 5 de la Ley 6/1998, de 13 abril (§1).
V. arts. 4 y concordantes del RD 1093/1997, de 4 julio (§2.1).
V. Jurisprudencia en arts. 117 y concordantes del TRLS/1976 (§3).

Artículo 96. En suelo urbano.

1. En las superficies comprendidas en áreas de reparto de suelo urbano, con anterioridad a la petición de licencia de edificación deberán realizarse las correspondientes operaciones de distribución de cargas y beneficios, para ajustar el aprovechamiento apropiable y el aprovechamiento real.

2. Si las determinaciones del planeamiento no lo impidiesen, podrán otorgarse licencias de edificación de terrenos situados en áreas de reparto de suelo urbano, siempre que el aprovechamiento solicitado no sea superior al aprovechamiento tipo y no concurran supuestos de distribución obligatoria de cargas y beneficios.

3. No podrán otorgarse licencias para terrenos incluidos en las citadas áreas de reparto cuando se soliciten aprovechamientos superiores al tipo sin cumplir la exigencia establecida en el apartado 1 de este artículo.

⇒ V. arts. 87, 88, 89, 90 y 91 de la presente Ley.

V. art. 5 de la Ley 6/1998, de 13 abril (§1).
V. Jurisprudencia en arts. 117 y concordantes del TRLS/1976 (§3).

Artículo 97. En suelo urbanizable.

En suelo urbanizable, la distribución de cargas y beneficios se realizará mediante la aplicación de los instrumentos propios del sistema de actuación que se utilice en cada caso.

⇒ V. art. 93 de la presente Ley.
V. art. 5 de la Ley 6/1998, de 13 abril (§1).
V. Jurisprudencia en arts. 117 y concordantes del TRLS/1976 (§3).

Sección 2ª De la reparcelación. Normas generales

Artículo 98. Objeto.

1. Se entenderá por reparcelación la agrupación de fincas comprendidas en el polígono o unidad reparcelable para su nueva división ajustada al planeamiento, con adjudicación de las parcelas resultantes a los interesados en proporción a sus respectivos derechos.

2. La reparcelación tiene por objeto distribuir justamente las cargas y beneficios de la ordenación urbanística, regularizar la configuración de las fincas, situar su aprovechamiento en zonas aptas para la edificación con arreglo al planeamiento y localizar sobre parcelas determinadas y en esas mismas zonas el aprovechamiento que, en su caso, corresponda a la Administración actuante.

3. La reparcelación comprende también la determinación de las indemnizaciones o compensaciones necesarias para que quede plenamente cumplido, dentro de la unidad reparcelable, el principio de la justa distribución entre los interesados de las cargas y beneficios de la ordenación urbanística.

4. La distribución justa de las cargas y beneficios de la ordenación será necesaria siempre que el plan asigne desigualmente a las fincas afectadas el volumen o superficie edificable, los usos urbanísticos o las limitaciones y cargas de la propiedad.

⇒ V. art. 5 de la Ley 6/1998, de 13 abril (§1).
V. arts. 71 y ss. del RGU (§3.2).
V. arts. 168 a 170 del TRLS/1992 (§2).
V. Jurisprudencia en arts. 94 a 102 y concordantes del TRLS/1976 (§3).

Artículo 99. Competencias.

La competencia para tramitar y resolver los expedientes de reparcelación corresponde a los ayuntamientos, sin perjuicio de las fórmulas de subrogación que se regulan por esta Ley.

⇒ V. art. 75.1 del RGU (§3.2).

Sección 3ª De la reparcelación ordinaria

Artículo 100. Iniciativa.

El proyecto de reparcelación será formulado de oficio, por el Ayuntamiento, o por propietarios que representen, al menos, el 25% de la superficie del polígono o unidad reparcelable.

⇒ V. arts. 168 a 170 del TRLS/1992 (§2).
V. arts. 71 y ss. del RGU (§3.2).
V. Jurisprudencia en arts. 94 a 102 y concordantes del TRLS/1976 (§3).

Artículo 101. Contenido.

1. El proyecto de reparcelación tendrá en cuenta los siguientes criterios:

a) El derecho de los propietarios será proporcional a la superficie de las parcelas respectivas en el momento de la aprobación de la delimitación del polígono o unidad reparcelable. No obstante, los propietarios, por unanimidad, podrán adoptar un criterio distinto.

b) Para la determinación del valor de las parcelas resultantes se considerará el básico de repercusión con las correcciones, cuando proceda, derivadas de la situación y características de cada parcela en el polígono o unidad reparcelable, determinadas en la forma que señale la normativa sobre fijación de valores catastrales.

Si el valor básico de repercusión no estuviese fijado por la Administración tributaria conforme a las determinaciones del plan en ejecución, se calculará con las mismas reglas que se utilizan para su fijación por la citada Administración tributaria.

c) Las plantaciones, obras, edificaciones, instalaciones y mejoras que no puedan conservarse se valorarán con independencia del suelo, y su importe se satisfará al propietario interesado con cargo al proyecto, en concepto de gastos de urbanización.

d) Las obras de urbanización no contrarias al planeamiento vigente al tiempo de su realización que resulten útiles para la ejecución del nuevo plan serán consideradas igualmente como obras de urbanización con cargo al proyecto, y se satisfará su importe al titular del terreno sobre el que se hubieran realizado.

e) Toda la superficie susceptible de aprovechamiento privado del polígono no destinada a un uso dotacional público deberá ser objeto de adjudicación entre los propietarios afectados, en proporción a sus respectivos derechos en la reparcelación.

Las compensaciones económicas sustitutivas o complementarias por diferencias de adjudicación que, en su caso, procedan se fijarán atendiendo al precio medio en venta de las parcelas resultantes, sin incluir los costes de urbanización.

f) Se procurará, siempre que sea posible, que las fincas adjudicadas estén situadas en lugar próximo al de las antiguas propiedades de los mismos titulares.

g) Cuando la escasa cuantía de los derechos de algunos propietarios no permita que se adjudiquen fincas independientes a todos ellos, los solares resultantes se adjudicarán en «pro indiviso» a tales propietarios. No obstante, si la cuantía de esos derechos no alcanzase el 15% de la parcela mínima edificable, la adjudicación podrá sustituirse por una indemnización en metálico.

2. En ningún caso podrán adjudicarse como fincas independientes superficies inferiores a la parcela mínima edificable, o que no reúnan la configuración y características adecuadas para su edificación con arreglo al planeamiento.

3. No serán objeto de nueva adjudicación, conservándose las propiedades primitivas, sin perjuicio, cuando fuese necesario, de la regularización de lindes y de las compensaciones económicas que procedan:

a) Los terrenos edificados con arreglo al planeamiento.

b) Los terrenos con edificación no ajustada al planeamiento, cuando la diferencia, en más o en menos, entre el aprovechamiento que le corresponda con arreglo al plan y el que correspondería al propietario en proporción a su derecho en la reparcelación sea inferior al 15% de este último, siempre que no estuvieran destinados a usos incompatibles con la ordenación urbanística.

c) Los terrenos con edificaciones destinadas a usos no incompatibles con el planeamiento, cuando el coste de su eliminación resulte desproporcionado a la economía de la actuación.

d) Los inmuebles que hubieran iniciado expediente de declaración de bien de interés cultural o estén incluidos en los catálogos a que se refiere el artículo 32.

⇒ V. art. 5 de la Ley 6/1998, de 13 abril (§1).
V. arts. 71 y ss. del RGU (§3.2).
V. arts. 168 a 170 del TRLS/1992 (§2).
V. Ley 8/1995, de 30 octubre, de Patrimonio Cultural de Galicia.
V. Jurisprudencia en arts. 94 a 102 y concordantes del TRLS/1976 (§3).

Artículo 102. Procedimiento.

1. El expediente de reparcelación se entenderá iniciado al aprobarse la delimitación del polígono o unidad reparcelable.

2. La iniciación del expediente de reparcelación conllevará, sin necesidad de declaración expresa, la suspensión del otorgamiento de licencias de parcelación y edificación en el ámbito del polígono o unidad reparcelable.

3. Los proyectos serán aprobados inicialmente por el Ayuntamiento en el plazo de tres meses desde la presentación de la documentación completa. Transcurrido este plazo sin que recaiga el acuerdo pertinente, el conselleiro de Política Territorial, Obras Públicas y Vivienda actuará por subrogación, cuando así lo soliciten los interesados, siendo el plazo de aprobación inicial el mismo que el señalado para la Administración municipal, a contar desde la presentación de la solicitud ante la Consellería.

4. Una vez aprobado inicialmente, se someterá el proyecto a información pública por plazo mínimo de veinte días, con citación personal de los interesados y a través de la correspondiente publicación en el «Diario Oficial de Galicia».

En caso de actuación por subrogación del conselleiro de Política Territorial, Obras Públicas y Vivienda, una vez finalizada la tramitación del proyecto, se devolverá el mismo al Ayuntamiento para su aprobación definitiva.

5. El proyecto se entenderá aprobado definitivamente por acto presunto si transcurrieran tres meses desde que hubiera finalizado el trámite de información pública sin que se hubiera comunicado resolución expresa sobre tal aprobación, en los términos previstos en los artículos 43 y 44 de la Ley 30/1992, de 26 de noviembre, de Régimen Jurídico de las Administraciones Públicas y del Procedimiento Administrativo Común.

En el supuesto de subrogación previsto en el número anterior, dicho plazo se contará a partir de la recepción por el Ayuntamiento del expediente tramitado, que habrá de serle remitido en el plazo máximo de un mes desde que hubiera finalizado el trámite de información pública. En todo caso, transcurrido el plazo para la devolución del expediente al Ayuntamiento, comenzará el cómputo de tres meses para entender aprobado el proyecto por acto presunto.

⇒ V. art. 5 de la Ley 6/1998, de 13 abril (§1).
V. arts. 168 a 170 del TRLS/1992 (§2).
V. arts. 71 y ss. del RGU (§3.2).
V. O. 30 diciembre 1999, sobre delegación de competencias en el Director General de Urbanismo.
V. Jurisprudencia en arts. 94 a 102 y concordantes del TRLS/1976 (§3).

Artículo 103. Reparcelación voluntaria.

1. Los propietarios de terrenos que tengan que ser sometidos a un proceso de distribución de cargas y beneficios podrán utilizar el procedimiento abreviado de la reparcelación voluntaria.

2. En estos casos, la propuesta de reparcelación formulada por los propietarios afectados y formalizada en escritura pública, en la que harán constar la aceptación de todos ellos, será sometida a información pública durante veinte días e informada por los servicios municipales correspondientes, y será elevada al Ayuntamiento para que se pronuncie sobre la aprobación definitiva.

3. Cuando recaiga la aprobación definitiva no será necesaria ninguna nueva formalización, bastando, para la inscripción en el Registro de la Propiedad, con la presentación de la citada escritura y de la certificación del acuerdo de su aprobación.

⇒ V. arts. 168, 169 y 170 del TRLS/1992 (§2).
V. art. 115 del RGU (§3.2).
V. Jurisprudencia en arts. 94 a 102 y concordantes del TRLS/1976 (§3).

Artículo 104. Efectos.

El acuerdo aprobatorio del proyecto de reparcelación producirá los siguientes efectos:

a) Transmisión al Ayuntamiento, en pleno dominio y libre de cargas, de todos los terrenos de cesión obligatoria para su incorporación al patrimonio del suelo o su afectación a los usos previstos en el planeamiento.

b) Subrogación, con plena eficacia real, de las antiguas por las nuevas parcelas, siempre que quede establecida su correspondencia.

c) Afectación real de las parcelas adjudicadas al cumplimiento de las cargas y pago de los gastos inherentes al sistema de actuación correspondiente.

⇒ V. arts. 168, 169 y 170 del TRLS/1992 (§2).
V. arts. 4 y concordantes del RD 1093/1997, de 4 julio (§2.1).
V. arts. 71 y ss. del RGU (§3.2).
V. Jurisprudencia en arts. 94 a 102 y concordantes del TRLS/1976 (§3).

Artículo 105. Extinción o transformación de derechos y cargas.

1. Cuando no tenga lugar la subrogación real, el acuerdo aprobatorio de la reparcelación producirá la extinción de los derechos reales y cargas constituidos sobre la finca aportada, corriendo a cargo del propietario que la aportó la indemnización correspondiente, fijándose su importe en el mencionado acuerdo.

2. En los supuestos de subrogación real, si existiesen derechos reales o cargas que se estimen incompatibles con el planeamiento, el acuerdo aprobatorio de la reparcelación declarará su extinción y fijará la indemnización correspondiente a cargo del propietario respectivo.

3. Existiendo subrogación real y compatibilidad con el planeamiento urbanístico, si la situación y características de la nueva finca fuesen incompatibles con la subsistencia de los derechos reales o cargas que habrían de recaer sobre ellas, las personas a que estos derechos o cargas favorecieran podrán obtener su transformación en un derecho de crédito con garantía hipotecaria sobre la nueva finca, en la cuantía en que la carga se valorara. El registrador de la propiedad que aprecie tal incompatibilidad lo hará constar así en el asiento respectivo. En defecto de acuerdo entre las partes interesadas, cualquiera de ellas podrá acudir al Juzgado competente del orden civil para obtener una resolución declarativa de la compatibilidad o incompatibilidad y, en este último caso, para fijar la valoración de la carga y la constitución de la mencionada garantía hipotecaria.

4. No obstante lo dispuesto en los números 1 y 2, las indemnizaciones por la extinción de servidumbres o derechos de arrendamiento incompatibles con el planeamiento o su ejecución se considerarán gastos de urbanización, correspondiendo a los propietarios en proporción a la superficie de sus respectivos terrenos.

⇒ V. arts. 168, 169 y 170 del TRLS/1992 (§2).
V. arts. 12 y concordantes del RD 1093/1997, de 4 julio (§2.1).
V. arts. 71 y ss. del RGU (§3.2).
V. Jurisprudencia en arts. 94 a 102 y concordantes del TRLS/1976 (§3).

Artículo 106. Inscripción.

Una vez firme en vía administrativa el acuerdo de aprobación definitiva de la reparcelación, se procederá a su inscripción en el Registro de la Propiedad, en la forma que se establece en la legislación aplicable.

⇒ V. arts. 168, 169 y 170 del TRLS/1992 (§2).
V. arts. 6 y concordantes del RD 1093/1997, de 4 julio (§2.1).
V. arts. 71 y ss. del RGU (§3.2).
V. Jurisprudencia en arts. 94 a 102 y concordantes del TRLS/1976 (§3).

Artículo 107. Efectos tributarios y supletoriedad de las normas de expropiación forzosa.

1. Las adjudicaciones de terrenos a que dé lugar la reparcelación, cuando se efectúan en favor de los propietarios comprendidos en el correspondiente ámbito de actuación y en proporción a sus respectivos derechos, gozarán de todas las exenciones tributarias que establezca la legislación aplicable. Respecto a la incidencia de estas transmisiones en el Impuesto sobre el Incremento del Valor de los Terrenos de naturaleza urbana se estará a lo dispuesto en la normativa estatal.

2. Supletoriamente se aplicarán a la reparcelación las normas de la expropiación forzosa.

⇒ V. arts. 168, 169 y 170 del TRLS/1992 (§2).
V. arts. 71 y ss. del RGU (§3.2).

Sección 4ª De las transferencias de aprovechamiento urbanístico

Artículo 108. Disposición general.

En suelo urbano, cuando no se actúe a través de polígonos y el planeamiento previese la delimitación de áreas de reparto y fijase el aprovechamiento tipo, el ajuste entre los aprovechamientos susceptibles de apropiación y los reales permitidos por el planeamiento, y el consiguiente reparto de cargas y beneficios, se realizará a través de las transferencias de aprovechamiento urbanístico.

⇒ V. arts. 77, 78 y 79 del RGU (§3.2).

Artículo 109. Naturaleza.

Las transferencias de aprovechamientos urbanísticos se configuran como operaciones reparcelatorias cuya finalidad es hacer posible el reparto de cargas y beneficios del planeamiento, el ajuste entre los aprovechamientos susceptibles de apropiación y los reales permitidos por la ordenación urbanística y la obtención de los terrenos destinados a viales, zonas verdes, espacios libres públicos y demás dotaciones de carácter público o privado.

Artículo 110. Forma.

1. Por su condición de operaciones reparcelatorias, las transferencias de aprovechamientos urbanísticos podrán adoptar la forma de:

a) Reparcelación discontinua, que se caracteriza por afectar a terrenos integrados en unidades reparcelables discontinuas o parcelas aisladas. Las compensaciones entre propietarios podrán realizarse tanto en terrenos como en metálico.

b) Reparcelación económica, mediante la cual el promotor de la iniciativa urbanística abona a la Administración una cantidad equivalente al valor urbanístico del terreno del cual se obtiene el aprovechamiento necesario para alcanzar el permitido por la ordenación, que tendrá el carácter de cuota sustitutoria.

2. En ambos supuestos, la propuesta de reparcelación, que incluirá la delimitación de la unidad reparcelable, será definitivamente aprobada por el órgano municipal competente, previa audiencia de los propietarios afectados.

⇒ V. arts. 77, 78, 79 y 116 del RGU (§3.2).

Artículo 111. Extinción del aprovechamiento.

Teniendo en cuenta las finalidades estrictamente urbanísticas que se persiguen mediante la utilización de estos instrumentos reparcelatorios, las transferencias de aprovechamientos urbanísticos deberán referirse, necesariamente, a terrenos determinados. De éstos, los que estuvieran destinados por el planeamiento al uso o servicio público extinguirán su aprovechamiento lucrativo generado una vez que se utilicen en una operación de esta naturaleza y quedarán afectos a la finalidad prevista por el planeamiento.

Artículo 112. Registro de Transferencias de Aprovechamientos.

La aplicación del régimen de transferencias requerirá la creación por el Ayuntamiento de un Registro de Transferencias de Aprovechamientos, en el que se inscribirán, al menos, los siguientes actos:

a) Las operaciones de reparcelación discontinua.

b) Las operaciones de reparcelación económica.

⇒ V. arts. 77, 78, 79 y 116 del RGU (§3.2).

Artículo 113. Inscripción.

1. No podrá inscribirse en el Registro de la Propiedad acto o acuerdo alguno de transferencia de aprovechamientos urbanísticos sin que se acredite, mediante la oportuna certificación expedida al efecto, su previa inscripción en el Registro de Transferencias de Aprovechamientos.

2. En todo caso, para la inscripción en el Registro de Transferencias de Aprovechamientos será preciso acreditar la titularidad registral de la parcela o parcelas a que la transferencia se refiera, exigiéndose, en caso de existencia de cargas, la conformidad de los titulares de éstas.

⇒ V. RD 1093/1997, de 4 julio (§2.1).

Artículo 114. Obtención de aprovechamiento por expropiación.

Los ayuntamientos podrán desarrollar actuaciones expropiatorias de terrenos que, por determinación del planeamiento, vayan a ser destinados al uso, servicio o equipamiento públicos, al objeto de hacer efectiva su afectación a estos fines y disponer del aprovechamiento urbanístico que pueda ser obtenido por los particulares interesados.

⇒ V. art. 34 de la Ley 6/1998, de 13 abril (§1).

Artículo 115. Ajustes de aprovechamientos.

El planeamiento podrá imponer las transferencias de aprovechamientos cuando establezca unas condiciones urbanísticas de volumen o altura con el carácter de mínimas obligatorias y coincidan el aprovechamiento susceptible de apropiación y el señalado en la ordenación.

Sección 5ª De la normalización de fincas

Artículo 116. Objeto.

1. La normalización de fincas se aplicará siempre que no sea necesaria la redistribución de las cargas y beneficios de la ordenación entre los propietarios afectados, pero sea preciso regularizar la configuración física de las fincas para adaptarla a las exigencias del planeamiento.

2. Podrá acordarse en cualquier momento, de oficio o a instancia de parte interesada.

⇒ V. arts. 117 a 130 del RGU (§3.2).

TÍTULO IV
EJECUCIÓN DE LOS PLANES DE ORDENACIÓN

CAPÍTULO I
Disposiciones generales

Artículo 117. Finalidad.

1. Las normas que regulan la gestión urbanística tienen como finalidad garantizar la ejecución de las previsiones del planeamiento, el reparto equitativo de las cargas y beneficios derivados del mismo y establecer los cauces para garantizar que la Comunidad participe en las plusvalías que genera la habilitación de suelo para usos urbanísticos.

2. La ejecución del planeamiento se desarrollará por los procedimientos establecidos en la presente Ley.

⇒ V. arts. 3 y 5 de la Ley 6/1998, de 13 abril (§1).
V. arts. 24 a 30 del RGU (§3.2).
V. Jurisprudencia en arts. 114 y concordantes del TRLS/1976 (§3).

Artículo 118. Competencias.

1. La ejecución de los planes de ordenación urbanística corresponde a los ayuntamientos, sin perjuicio de la atribución de competencias a órganos específicos del Estado o de la Comunidad Autónoma.

2. Los órganos de la Administración autonómica podrán subrogarse en las competencias municipales en los supuestos previstos por la Ley.

3. La ejecución de los planes por el sistema de expropiación puede ser objeto de concesión administrativa, o ser asumida por los órganos o entidades de la Administración autonómica o del Estado, en desarrollo de convenios que se suscriban con el respectivo Ayuntamiento.

4. Los particulares podrán participar en la ejecución del planeamiento a través de los procedimientos previstos por la presente Ley.

⇒ V. arts. 24 a 30 del RGU (§3.2).
V. O. 30 diciembre de 1999, sobre delegación de competencias en el Director General de Urbanismo.
V. Jurisprudencia en arts. 114, 115 y concordantes del TRLS/1976 (§3).

Artículo 119. Presupuestos de la ejecución.

1. La ejecución del planeamiento requiere la aprobación del planeamiento pormenorizado exigible según la clase de suelo de que se trate.

2. En suelo urbano será suficiente la aprobación del planeamiento general, si éste contuviera su ordenación pormenorizada. En su defecto, se precisará la aprobación del correspondiente plan especial de reforma interior o estudio de detalle, de acuerdo con lo que se establezca en el planeamiento general.

3. En suelo de núcleo rural, cuando se trate de desarrollar actuaciones integrales, será necesario aprobar previamente un plan especial de mejora del núcleo.

4. En suelo urbanizable se requerirá la previa aprobación del plan parcial del sector correspondiente.

5. La ejecución de los sistemas generales, cuando requiera una actuación expropiatoria, exigirá la aprobación previa de un plan especial.

⇒ V. arts. 24 a 30 del RGU (§3.2).
V. Jurisprudencia en arts. 116 y concordantes del TRLS/1976 (§3).

Artículo 120. Polígonos.

1. Los polígonos se configuran como los ámbitos territoriales que comportan la ejecución integral del planeamiento y serán delimitados de forma que permitan el cumplimiento del conjunto de los deberes de cesión, de urbanización y de justa distribución de cargas y beneficios en la totalidad de su superficie.

En suelo urbano consolidado, los polígonos podrán ser discontinuos. En suelo urbano no consolidado, en el suelo de núcleo rural en el supuesto previsto en el artículo 76.5 y en el suelo urbanizable, todos los terrenos, salvo los sistemas generales, en su caso, quedarán incluidos en polígonos.

2. La ejecución del planeamiento se realizará por polígonos completos, salvo cuando se trate de ejecutar directamente los sistemas generales, de operaciones simplemente reparcelatorias que no impliquen un proceso de ejecución integral o de realizar actuaciones aisladas en suelo urbano.

3. No podrán delimitarse polígonos que tengan entre sí una diferencia de aprovechamiento superior al 15% del aprovechamiento tipo del área de reparto correspondiente.

⇒ V. arts. 36, 37 y 38 del RGU (§3.2).
V. Jurisprudencia en arts. 117 y concordantes del TRLS/1976 (§3).

Artículo 121. Procedimiento para la delimitación de polígonos.

1. La delimitación de polígonos será aprobada de oficio por el Ayunta-

miento o a instancia de los particulares interesados, previa información pública por plazo de veinte días, con citación personal de los propietarios afectados.

Cuando los propietarios sean desconocidos, se ignore el lugar de notificación o intentada la notificación no pudiera practicarse, la notificación se hará por medio de anuncios en el tablón de edictos del Ayuntamiento y en el «Diario Oficial de Galicia».

2. El expediente de delimitación del polígono deberá contener la relación de los propietarios y bienes inmuebles afectados.

3. La delimitación de polígonos podrá determinarse en la ordenación pormenorizada de los planes generales y, en su defecto, se realizará mediante el procedimiento previsto en este artículo. Se sujetará a esta misma tramitación la modificación, cuando proceda, de los polígonos ya delimitados.

4. En la tramitación de los procedimientos de delimitación de polígonos se observarán las reglas sobre plazos, subrogación y aprobación por acto presunto previstas en el artículo 102 de la presente Ley.

⇒ V. arts. 36, 37 y 38 del RGU (§3.2).
V. Jurisprudencia en arts. 118 y concordantes del TRLS/1976 (§3).

Artículo 122. Actuaciones aisladas.

La Administración actuante podrá promover actuaciones aisladas en suelo urbano para hacer posible la ejecución de elementos concretos previstos por el planeamiento. La obtención de los terrenos necesarios se realizará mediante la aplicación de la expropiación forzosa o, en su caso, de las transferencias de aprovechamientos urbanísticos.

⇒ V. arts. 36, 37 y 38 del RGU (§3.2).
V. Jurisprudencia en arts. 117.3 y concordantes del TRLS/1976 (§3).

Artículo 123. Sociedades mercantiles para la ejecución del planeamiento.

1. Las entidades locales y demás administraciones públicas podrán constituir sociedades mercantiles cuyo capital social pertenezca íntegra o parcialmente a las mismas, con arreglo a la legislación aplicable, para la ejecución de los planes de ordenación.

2. La Administración podrá ofrecer la suscripción de una parte del capital de la sociedad a constituir a todos los propietarios afectados sin licitación. La distribución de dicha parte del capital entre los propietarios que aceptasen participar en la sociedad se hará en proporción a la superficie de sus terrenos.

CAPÍTULO II
Sistemas de actuación

Sección 1ª Disposiciones generales

Artículo 124. Clases de sistemas de actuación.

1. Los polígonos se desarrollarán por el sistema de actuación que la Administración determine en cada caso.

2. Los sistemas de actuación son los siguientes:

a) Compensación.

b) Cooperación.

c) Expropiación.

3. La expropiación forzosa podrá aplicarse, además, a la ejecución de los sistemas generales de la ordenación urbanística del territorio o a la de alguno de sus elementos, o para realizar actuaciones aisladas en suelo urbano.

⇒ V. arts. 152, 153, 154, 155 y 156 del RGU (§3.2).
V. Jurisprudencia en arts. 119 y concordantes del TRLS/1976 (§3).

Artículo 125. Elección del sistema de actuación.

La Administración actuante determinará el sistema de actuación aplicable, teniendo en cuenta las actuaciones concertadas, las características y complejidades de la iniciativa a desarrollar, los medios con que cuente, la colaboración de la iniciativa privada y las demás circunstancias que concurran, dando preferencia a los sistemas de compensación y cooperación, siempre que se garantice suficientemente su operatividad y no existan razones de urgencia o necesidad que exijan la expropiación.

⇒ V. arts. 152, 153, 154, 155 y 156 del RGU (§3.2).
V. Jurisprudencia en arts. 119 y concordantes del TRLS/1976 (§3).

Artículo 126. Procedimiento para su determinación.

La determinación o modificación de los sistemas de actuación se sujetará a lo previsto en el artículo 121 de esta Ley para el procedimiento de delimitación de los polígonos.

⇒ V. arts. 152, 153, 154, 155 y 156 del RGU (§3.2).
V. Jurisprudencia en arts. 119 y concordantes del TRLS/1976 (§3).

Artículo 127. Cumplimiento de las previsiones establecidas.

1. Las previsiones contenidas en la programación del planeamiento y las concertadas con los particulares deberán ser desarrolladas en los plazos establecidos al efecto.

2. El incumplimiento de esta obligación, cuando se aplique el sistema de compensación, dará lugar a que la Administración pueda sustituir de oficio el sistema de actuación y optar por el de cooperación o el de expropiación, con independencia de las restantes consecuencias que, en su caso, pudieran derivarse del incumplimiento.

3. Los propietarios que antes de finalizar el plazo establecido manifiesten su interés en desarrollar la actuación y garanticen el cumplimiento de sus deberes mediante los correspondientes compromisos y garantías ante la Administración actuante conservarán con plenitud sus derechos y se integrarán en el proceso de ejecución que se desarrolle.

4. Si la falta de ejecución del plan fuese imputable a la Administración, los propietarios afectados conservarán sus derechos a iniciar o proseguir el proceso urbanizador y edificatorio.

Artículo 128. Polígonos con exceso de aprovechamiento real.

1. Cuando los aprovechamientos permitidos por el planeamiento en un polígono excedan de los susceptibles de apropiación por el conjunto de propietarios incluidos en el mismo, los excesos corresponderán al Ayuntamiento.

2. Dichos excesos podrán destinarse a compensar a propietarios de terrenos no incluidos en polígonos afectos a dotaciones locales o sistemas generales. También podrán destinarse dichos excesos a compensar a propietarios con aprovechamiento real inferior al susceptible de apropiación en el área de reparto en que se encuentren.

3. La Administración y los propietarios señalados en el número anterior participarán en los costes de urbanización del polígono respectivo en proporción a los aprovechamientos que les correspondan.

4. No obstante lo dispuesto en el número 2, cuando exista conformidad entre todos los propietarios del polígono, la Administración actuante podrá transmitirles el exceso de aprovechamiento real por el precio resultante de su valor urbanístico, cuando el uso de los terrenos en el polígono no sea adecuado a los fines del patrimonio municipal del suelo. En este caso, también será posible transmitir dicho exceso por permuta con terrenos situados fuera del polígono con uso adecuado a los mencionados fines.

⇒ Instr. 17/1998, de 24 julio 1998, de la Consellería de Política Territorial, Obras Públicas y Vivienda, sobre la aplicación de la Ley del Suelo de Galicia en el marco de la nueva legislación estatal, transcrita en el art. 5 de la Ley 7/1995, de 29 junio, que regula la delegación y distribución de competencias en materia de urbanismo (§36).

Artículo 129. Polígonos con aprovechamiento real inferior al susceptible de apropiación.

1. Cuando los aprovechamientos permitidos por el planeamiento fueran inferiores a los susceptibles de apropiación por el conjunto de los propietarios, se disminuirá la carga de urbanizar en cuantía igual al valor del aprovechamiento no materializable, sufragando la Administración actuante la diferencia resultante.

2. Si mediante esta reducción no pudiera compensarse íntegramente el valor de los aprovechamientos no materializables, la diferencia se hará efectiva en otros polígonos que se encuentren en situación inversa incluidos en la misma área de reparto, o mediante el abono en metálico de su valor urbanístico, a elección de la Administración actuante.

Artículo 130. Compensación de cargas.

Cuando en suelo urbano consolidado y no incluido en áreas de reparto la actuación en un polígono determinado no sea presumiblemente rentable, por resultar excesivas las cargas, en relación con el escaso aprovechamiento previsto para las zonas edificables, el Ayuntamiento podrá autorizar, sin modificar las determinaciones del plan, una reducción de la contribución de los propietarios a las mismas, o una compensación a cargo de la Administración, procurando equiparar los costes de la actuación a los de otras análogas que han resultado viables.

⇒ V. art. 64 del RGU (§3.2).
V. Jurisprudencia en arts. 121 y concordantes del TRLS/1976 (§3).

Artículo 131. Distribución justa de cargas y beneficios.

1. Los deberes y cargas inherentes a la ejecución serán objeto de distribución justa entre los propietarios afectados, juntamente con los beneficios derivados del planeamiento, en la forma prevista en la presente Ley.

2. Cuando en el polígono existan bienes de dominio y uso público no obtenidos por cesión gratuita, el aprovechamiento urbanístico correspondiente a su superficie pertenecerá a la Administración titular de aquéllos.

En el supuesto de su obtención por cesión gratuita, cuando las superficies de los bienes de dominio y uso público anteriormente existentes fuesen iguales o inferiores a las que resulten como consecuencia de la ejecución del plan, se entenderán sustituidas unas por otras. Si tales superficies fuesen superiores, la Administración percibirá el exceso, en la proporción que corresponda, en terrenos edificables.

⇒ V. art. 5 de la Ley 6/1998, de 13 abril (§1).
V. arts. 36, 37 y 38 del RGU (§3.2).
V. Jurisprudencia en arts. 87, 117.3 y concordantes del TRLS/1976 (§3).

Artículo 132. Gastos de urbanización.

1. Los gastos de urbanización y los generales de la gestión serán asumidos por los particulares y los ayuntamientos en proporción a los aprovechamientos que respectivamente les correspondan.

2. En los gastos se comprenderán los siguientes conceptos:

a) El coste de las obras de infraestructuras, servicios y mobiliario urbano que estén previstos en los planes y proyectos y sean de interés para el polígono, sin perjuicio del derecho a reintegrarse de los gastos de instalación de las redes de suministros con cargo a las entidades, titulares o concesionarias, que prestasen sus servicios, salvo en la parte en que hayan de contribuir los propietarios según la reglamentación de aquéllos.

b) Las indemnizaciones procedentes por el cese de actividades, traslados, derribo de construcciones, destrucción de plantaciones, obras e instalaciones que exijan la ejecución de los planes.

c) El coste de los planes parciales y de los proyectos de urbanización y los gastos originados por la compensación y reparcelación.

3. El pago de estos gastos podrá realizarse, previo acuerdo con los propietarios interesados, cediendo éstos, gratuitamente y libres de cargas, terrenos edificables en la proporción que se estime suficiente para compensarlos.

⇒ V. art. 5 de la Ley 6/1998, de 13 abril (§1).
V. art. 59 del RGU (§3.2).
V. Jurisprudencia en arts. 122 y concordantes del TRLS/1976 (§3).

Sección 2ª Del sistema de compensación

Artículo 133. Determinaciones generales.

1. En el sistema de compensación, los propietarios aportan los terrenos de cesión obligatoria, realizan a su costa la urbanización en los términos y condiciones que se determinen en el plan y se constituyen en Junta de Compensación, salvo que todos los terrenos pertenezcan a un solo titular.

2. Cuando el sistema de compensación venga establecido en el planeamiento para un determinado polígono, su efectiva aplicación requerirá que los propietarios que representen más del 50% de la superficie del mismo presenten el proyecto de estatutos y de bases de actuación, debiendo la Administración sustituir el sistema, en otro caso.

3. Cuando el mencionado sistema no venga establecido en el planeamiento, será requisito para la adopción del mismo que igual porcentaje de propietarios lo soliciten en el trámite de información pública del procedimiento para determinar el sistema de actuación. Dicha solicitud, no obstante, no vinculará a la Administración, que resolverá, en todo caso, según se establece en el artículo 125.

4. Los estatutos y las bases de actuación de la Junta de Compensación serán aprobados por el Ayuntamiento. A estos efectos, los propietarios que representen más del 50% de la superficie total del polígono, constituidos en Comisión Gestora, presentarán a la Administración actuante los correspondientes proyectos de estatutos y bases. En la tramitación de los estatutos y bases se seguirá el procedimiento previsto en el artículo 102 de la presente Ley.

5. La Junta de Compensación deberá constituirse en el plazo máximo de tres meses, desde que sea firme en vía administrativa el acto de aprobación de los estatutos y bases de actuación.

6. Con sujeción a lo establecido en las bases de actuación la Junta de Compensación formulará el correspondiente proyecto de compensación. Para la definición de derechos aportados, valoración de las fincas resultantes, reglas de adjudicación, aprobación, efectos del acuerdo aprobatorio e inscripción en el Registro de la Propiedad del mencionado proyecto se estará a lo dispuesto para la reparcelación. No obstante lo anterior, por acuerdo unánime de todos los afectados pueden adoptarse criterios diferentes, siempre que no sean contrarios a la ley o al planeamiento aplicable, ni lesivos para el interés público o de terceros.

7. Será de aplicación lo dispuesto en el artículo 105, debiendo establecerse en el proyecto de compensación la valoración y correspondiente indemnización de los derechos que se extingan. Podrá acudirse ante el Jurado Provincial de Expropiación Forzosa en caso de discrepancia con la valoración aprobada en el proyecto de compensación. Sin embargo, la aprobación definitiva del proyecto de compensación constituirá título suficiente para la ocupación de los inmuebles que correspondan, una vez que se constituya en depósito o se efectúe el pago de las indemnizaciones a que se refiere este número.

8. Para la aprobación del proyecto de compensación se seguirá el procedimiento previsto en el artículo 102, con la salvedad de que su aprobación inicial corresponderá a la Junta de Compensación y la aprobación definitiva al Ayuntamiento, sin posibilidad de subrogación por la Comunidad Autónoma.

⇒ V. arts. 157 y ss. del RGU (§3.2).
V. arts. 6 y concordantes del RD 1093/1997, de 4 julio (§2.1).
V. Jurisprudencia en arts. 126, 127, 128, 129, 130 y concordantes del TRLS/1976 (§3).

Artículo 134. Incorporación de propietarios a la Junta de Compensación.

1. Los propietarios del polígono que no hubiesen solicitado el sistema podrán incorporarse con igualdad de derechos y obligaciones a la Junta de Compensación, si no lo hubieran hecho en un momento anterior, dentro del plazo de un mes, a partir de la notificación del acuerdo de aprobación definitiva de los estatutos y bases de actuación de la Junta de Compensación. Transcurrido dicho plazo, la incorporación sólo será posible si no entorpece el desarrollo del proceso y lo aprueba la Junta de Compensación.

Si algunos propietarios del polígono no se hubieran incorporado a la Junta de Compensación, ésta podrá solicitar de la Administración actuante o bien la expropiación de dichas fincas teniendo la condición de beneficiaria de la misma, o bien la ocupación de dichas fincas en favor de la Junta de Compensación a fin de posibilitar la ejecución de las obras de urbanización previstas, reconociéndose a sus titulares el derecho a la adjudicación de terrenos edificables en proporción a la superficie aportada con la reducción adecuada para compensar los gastos de urbanización correspondientes.

En este último caso, aun cuando los terrenos hubieran quedado directamente afectados al cumplimiento de las obligaciones inherentes al sistema, la Junta de Compensación sólo actuará como fiduciaria con pleno poder dispositivo sobre las fincas que pertenezcan a los propietarios incorporados voluntariamente a la misma.

En todo caso, si los propietarios afectados por la ocupación hubieran demostrado que sus terrenos constituyen la única o predominante fuente de ingresos con que cuentan, tendrán derecho a percibir una indemnización equivalente a la rentabilidad demostrada, durante el período que medie entre la ocupación efectiva y la adjudicación que les corresponda, o a la expropiación de su derecho.

2. Podrán también incorporarse a la Junta de Compensación empresas urbanizadoras que vayan a participar con los propietarios en la gestión del polígono.

3. La Junta de Compensación tendrá naturaleza administrativa, personalidad jurídica propia y plena capacidad para el cumplimiento de sus fines.

4. Un representante de la Administración actuante formará parte del órgano rector de la Junta de Compensación, en todo caso.

5. Los acuerdos de la Junta de Compensación se adoptarán por mayoría simple de las cuotas de participación, salvo el de aprobación del proyecto de

compensación, que requerirá la mayoría absoluta de cuotas, y aquellos otros para los cuales los estatutos exijan una mayoría cualificada.

Los acuerdos de la Junta de Compensación serán recurribles ante el Ayuntamiento.

⇒ V. arts. 157 y ss. del RGU (§3.2).
V. Jurisprudencia en arts. 126, 127, 128, 129, 130 y concordantes del TRLS/1976 (§3).

Artículo 135. Junta de Compensación y transmisión de terrenos.

1. La incorporación de los propietarios a la Junta de Compensación no presupone, salvo que los estatutos dispusieran otra cosa, la transmisión a la misma de los inmuebles afectados a los resultados de la gestión común. En todo caso, los terrenos quedarán directamente afectados al cumplimiento de las obligaciones inherentes al sistema, con anotación en el Registro de la Propiedad en la forma que determina la legislación estatal.

2. Las juntas de compensación actuarán como fiduciarias con pleno poder dispositivo sobre las fincas pertenecientes a los propietarios miembros de aquéllas, sin más limitaciones que las establecidas en los estatutos.

3. La transmisión a la Administración correspondiente de todos los terrenos de cesión obligatoria, en pleno dominio y libre de cargas, tendrá lugar por ministerio de la ley con la aprobación definitiva del proyecto de compensación.

4. A las transmisiones de terrenos que se realicen como consecuencia de la constitución de la Junta de Compensación por aportación de los propietarios del polígono, en caso de que así lo dispusieran los estatutos, y a las adjudicaciones de solares que se realicen a favor de los propietarios en proporción a los terrenos incorporados por aquéllos, se les aplicarán las exenciones tributarias que establece la legislación estatal o autonómica correspondiente, en especial, las previstas en el artículo 159.4 del Real Decreto Legislativo 1/1992, de 26 de junio.

⇒ V. arts. 157 y ss. del RGU (§3.2).
V. arts. 6 y concordantes del RD 1093/1997, de 4 julio (§2.1).
V. Jurisprudencia en arts. 126, 127, 128, 129, 130 y concordantes del TRLS/1976 (§3).

Artículo 136. Responsabilidad de la Junta de Compensación y obligaciones de sus miembros.

1. La Junta de Compensación será directamente responsable, frente a la Administración competente, de la urbanización completa del polígono y, en su caso, de la edificación de los solares resultantes, cuando así se hubiese establecido.

2. El incumplimiento por los miembros de la Junta de Compensación de las obligaciones y cargas impuestas por la presente Ley habilitará a la Administración actuante para expropiar sus respectivos derechos en favor de la Junta de Compensación, que tendrá la condición jurídica de beneficiaria.

3. En el supuesto del número anterior, el valor correspondiente a los terrenos será el inicial, salvo que se trate de suelo urbano, en cuyo caso se

aplicarán los criterios de valoración de esta clase de suelo en los casos de incumplimiento.

4. Las cantidades adeudadas a la Junta de Compensación por sus miembros podrán ser exigidas por vía de apremio, previa petición de la Junta de Compensación a la Administración actuante.

⇒ V. arts. 157 y ss. del RGU (§3.2).
V. Jurisprudencia en arts. 126, 127, 128, 129, 130 y concordantes del TRLS/1976 (§3).

Artículo 137. Procedimiento abreviado.

Los propietarios incluidos en un polígono, por acuerdo unánime, podrán presentar conjuntamente a tramitación los proyectos de estatutos, bases de actuación y de compensación y, en su caso, proyecto de urbanización.

Artículo 138. Sustitución del sistema de compensación.

1. En el supuesto de que no se consiga la participación voluntaria de propietarios, que representen la superficie requerida para la determinación del sistema de compensación y aprobación de estatutos, bases de actuación y del proyecto de compensación, quienes estén dispuestos a promover la ejecución podrán solicitar de la Administración actuante la sustitución del sistema por el de cooperación o expropiación.

2. Los propietarios que formulen esta petición y se comprometan a hacer efectivas sus obligaciones conservarán la plenitud de sus derechos y podrán realizar las operaciones de colaboración previstas en el sistema de cooperación, en su caso, y ser excluidos del sistema de expropiación, siempre que cumplan las condiciones establecidas para cada supuesto.

⇒ V. arts. 157 y ss. del RGU (§3.2).
V. Jurisprudencia en arts. 126, 127, 128, 129, 130 y concordantes del TRLS/1976 (§3).

Sección 3ª Del sistema de cooperación

Artículo 139. Determinaciones generales.

1. En el sistema de cooperación los propietarios aportan el suelo de cesión obligatoria y la Administración ejecuta las obras de urbanización con cargo a los mismos.

2. La aplicación del sistema de cooperación exige la reparcelación de los terrenos comprendidos en el polígono, salvo que ésta sea innecesaria por resultar suficientemente equitativa la distribución de las cargas y beneficios.

3. Podrán constituirse asociaciones administrativas de propietarios, bien a iniciativa de éstos o del propio Ayuntamiento, con la finalidad de colaborar en la ejecución de las obras de urbanización.

4. El procedimiento, contenido y demás normativa aplicable a la reparcelación se ajustará a lo dispuesto en los artículos 98 y siguientes de la presente Ley.

⇒ V. arts. 186 a 193 del RGU (§3.2).
V. arts. 6 y concordantes del RD 1093/1997, de 4 julio (§2.1).
V. Jurisprudencia en arts. 131, 132, 133 y concordantes del TRLS/1976 (§3).

Artículo 140. Gastos de urbanización.

1. Los gastos de urbanización se distribuirán entre los propietarios en proporción a la superficie de sus respectivos terrenos. No obstante lo anterior, la distribución de los costes de urbanización se hará en proporción al valor de las fincas que les sean adjudicadas en la reparcelación o, en caso de innecesariedad de ésta, en proporción al aprovechamiento de sus respectivas fincas.

2. La Administración actuante podrá exigir a los propietarios afectados el pago de cantidades a cuenta de los gastos de urbanización. Estas cantidades no podrán exceder del importe de las inversiones previstas para los próximos seis meses.

3. La Administración actuante podrá, asimismo, cuando las circunstancias lo aconsejen, convenir con los propietarios afectados un aplazamiento en el pago de los gastos de urbanización.

⇒ V. arts. 186 a 193 del RGU (§3.2).
V. Jurisprudencia en arts. 131, 132, 133 y concordantes del TRLS/1976 (§3).

Artículo 141. Colaboración de los propietarios.

1. Los propietarios que representen, al menos, el 25% de la superficie total del polígono podrán ofrecer su colaboración a la Administración actuante, que se concretará en la entrega de planos, documentos y cualquier tipo de antecedentes, así como en la elaboración y presentación del proyecto de reparcelación, con el alcance que se determine en el compromiso que se formalice al efecto de conformidad con el artículo 88.1 de la Ley 30/1992, de 26 de noviembre, de Régimen Jurídico de las Administraciones Públicas y del Procedimiento Administrativo Común.

2. En el supuesto de que los propietarios llegasen a presentar el proyecto de reparcelación, el Ayuntamiento estará obligado a efectuar su tramitación de acuerdo con las reglas establecidas al efecto por la presente Ley.

⇒ V. arts. 186 a 193 del RGU (§3.2).
V. Jurisprudencia en arts. 131, 132, 133 y concordantes del TRLS/1976 (§3).

Sección 4ª Del sistema de expropiación

Artículo 142. Determinaciones generales.

1. La Administración actuante podrá optar por utilizar el sistema de expropiación cuando razones de urgencia o necesidad lo justifiquen.

También podrá elegirse este sistema cuando exista una situación objetiva que origine una grave dificultad para la ejecución del plan mediante los sistemas de compensación o cooperación, derivada de la existencia de un elevado número de propietarios con intereses contradictorios, excesiva fragmentación del parcelario u otras similares. En este supuesto, la Administración actuante deberá aplicar el régimen de exclusión que se determina en los artículos 148 y siguientes.

2. La expropiación se aplicará por polígonos completos y comprenderá

todos los bienes y derechos incluidos en los mismos, sin perjuicio de lo señalado en el número anterior.

⇒ V. arts. 33 a 40 de la Ley 6/1998, de 13 abril (§1).
V. arts. 22 y concordantes del RD 1093/1997, de 4 julio (§2.1).
V. arts. 210.1, 210.2, 211.3, 213.1, 213.2, 213.3 y concordantes del TRLS/1992 (§2).

Artículo 143. Formas de gestión.

Cuando se fije la expropiación como sistema de actuación para un polígono, podrán utilizarse las formas de gestión que permita la legislación correspondiente a la Administración actuante y resulten más adecuadas a los fines de urbanización y edificación previstos en el planeamiento.

Artículo 144. Justiprecio.

1. El justiprecio expropiatorio de los terrenos incluidos en un polígono a desarrollar por el sistema de expropiación se determinará en función del valor urbanístico, sin deducción o adición alguna.

2. La Administración actuante podrá aplicar el procedimiento de tasación conjunta o seguir la expropiación individualmente.

⇒ V. arts. 23 y ss. de la Ley 6/1998, de 13 abril (§1).
V. arts. 210.1, 210.2, 211.3, 213.1, 213.2, 213.3, 222.1, 222.2, 222.3 y concordantes del TRLS/1992 (§2).

Artículo 145. Tasación conjunta.

1. En los supuestos del procedimiento de tasación conjunta, el expediente contendrá los siguientes documentos:

a) Determinación del ámbito territorial, con los documentos que lo identifiquen en cuanto a situación, superficie y linderos.

b) Fijación de precios con la valoración razonada del suelo, según su calificación urbanística.

c) Hojas de justiprecio individualizado de cada finca, en las que se contendrá no sólo el valor del suelo, sino también el correspondiente a las edificaciones, obras, instalaciones y plantaciones.

d) Hojas de justiprecio que correspondan a otras indemnizaciones.

2. El proyecto de expropiación con los documentos señalados será expuesto al público por plazo de un mes, para que quienes puedan resultar interesados formulen las observaciones y reclamaciones que estimen convenientes, en particular en lo que concierne a la titularidad o valoración de sus respectivos derechos.

3. La información pública se efectuará mediante la inserción de anuncios en el «Diario Oficial de Galicia» y en un periódico de los de mayor circulación de la provincia.

4. Asimismo, las tasaciones se notificarán individualmente a los que aparezcan como titulares de bienes o derechos en el expediente, mediante traslado literal de la correspondiente hoja de aprecio y de la propuesta de

fijación de los criterios de valoración, para que puedan formular alegaciones en el plazo de un mes, contado a partir de la fecha de notificación.

5. Cuando el órgano expropiante no sea el Ayuntamiento, se oirá a éste por igual plazo de un mes. El período de audiencia a la Administración municipal podrá coincidir en todo o en parte con el de los interesados.

6. Informadas las alegaciones, se someterá el expediente a la aprobación del conselleiro de Política Territorial, Obras Públicas y Vivienda.

7. La resolución aprobatoria del expediente se notificará a los interesados titulares de bienes y derechos que figuran en el mismo, confiriéndoles un plazo de veinte días, durante el cual podrán manifestar por escrito ante el conselleiro su disconformidad con la valoración establecida en el expediente aprobado.

En tal caso, la Consellería dará traslado del expediente y la hoja de aprecio impugnada al Jurado de Expropiación Forzosa que tenga competencia en el ámbito territorial a que la expropiación se refiera, a efectos de fijar el justiprecio, que, en todo caso, se hará de acuerdo con los criterios de valoración establecidos en la legislación vigente.

8. Si los interesados no formulasen oposición a la valoración en el citado plazo de veinte días, se entenderá aceptada la que se fijó en el acto aprobatorio del expediente, entendiéndose determinado el justiprecio definitivamente y de conformidad.

9. Los errores no denunciados y justificados en el plazo señalado en el número 2 de este artículo no darán lugar a la nulidad o reposición de actuaciones, sin perjuicio de que los interesados conserven su derecho a ser indemnizados en la forma que corresponda.

⇒ V. arts. 33 a 40 de la Ley 6/1998, de 13 abril (§1).
V. arts. 22 y concordantes del RD 1093/1997, de 4 julio (§2.1).
V. arts. 210.1, 210.2, 211.3, 213.1, 213.2, 213.3 y concordantes del TRLS/1992 (§2).
V. O. 30 diciembre 1999, sobre delegación de competencias en el Director General de Urbanismo.
V. D. 38/1999, de 5 febrero, por el que se establece la estructura orgánica de la Consellería de Política Territorial, Obras Públicas y Vivienda, modificado por D. 74/2000, de 23 marzo.

Artículo 146. Aprobación y efectos del procedimiento de tasación conjunta.

1. El acuerdo de aprobación definitiva del expediente de tasación conjunta implicará la declaración de urgencia de la ocupación de los bienes y derechos afectados.

2. El pago o depósito del importe de la valoración establecida producirá los efectos previstos en los números 6, 7 y 8 del artículo 52 de la Ley de Expropiación Forzosa, sin perjuicio de que continúe la tramitación del procedimiento para la definitiva fijación del justiprecio.

3. El pago del justiprecio sólo se hará efectivo, consignándose en caso contrario su importe, a los interesados que acrediten fehacientemente su titularidad.

⇒ V. arts. 33 a 40 de la Ley 6/1998, de 13 abril (§1).
V. arts. 210.1, 210.2, 211.3, 213.1, 213.2, 213.3 y concordantes del TRLS/1992 (§2).

Artículo 147. Procedimiento de expropiación individual.

En caso de que no se utilice el procedimiento de tasación conjunta, se seguirá el que establece la legislación del Estado para la expropiación individual.

⇒ V. arts. 33 a 40 de la Ley 6/1998, de 13 abril (§1).
V. arts. 210.1, 210.2, 211.3, 213.1, 213.2, 213.3 y concordantes del TRLS/1992 (§2).

Artículo 148. Exclusión de la expropiación.

1. En la aplicación del sistema de expropiación la Administración actuante podrá excluir de la misma determinados bienes, a petición de sus titulares, cuando esta determinación no dificulte los objetivos de la actuación y el propietario se comprometa a participar en el proceso de ejecución del plan, observando las condiciones que establezca la Administración.

2. En ningún caso podrá acordarse la liberación si la expropiación viene motivada por el incumplimiento de deberes urbanísticos.

3. En los supuestos previstos en el artículo 150, será requisito imprescindible para que pueda acordarse la exclusión de la expropiación la presentación de la escritura de reparcelación voluntaria.

⇒ V. arts. 33 a 40 de la Ley 6/1998, de 13 abril (§1).
V. arts. 210.1, 210.2, 211.3, 213.1, 213.2, 213.3 y concordantes del TRLS/1992 (§2).

Artículo 149. Requisitos.

1. Para resolver la petición de exclusión, la Administración deberá tener especialmente en cuenta que las características de los terrenos no entorpezcan el proceso de ejecución. A este fin, podrá exigirse una superficie mínima que permita la realización de una actuación edificatoria independiente.

2. Si la Administración estimase justificada la petición de exclusión y que es posible acceder a la misma, señalará al propietario de los bienes afectados las condiciones, términos y proporción en que el mismo habrá de vincularse a la gestión urbanística. Se fijarán, asimismo, las garantías para el supuesto de incumplimiento. En todo caso, el beneficiario quedará sujeto al cumplimiento de los deberes urbanísticos básicos establecidos por esta Ley.

3. Aceptadas por el propietario las condiciones fijadas, el órgano expropiante, previa apertura de un período de información pública de veinte días, dictará la correspondiente resolución, que se publicará en el BOP.

Artículo 150. Adjudicación de parcelas excluidas de la expropiación.

Cuando en los terrenos a excluir de la expropiación resulte necesario efectuar una nueva distribución de parcelas para, en el ámbito excluido, hacer posible el reparto de cargas y beneficios, se utilizará el procedimiento de la reparcelación voluntaria, en el que en ningún caso podrán incluirse bienes o derechos no excluidos de aquélla.

Artículo 151. Incumplimiento del propietario de bienes excluidos.

El incumplimiento de los deberes establecidos en la resolución por parte de los propietarios de los bienes excluidos determinará la expropiación por el incumplimiento de la función social de la propiedad o, en su caso, el ejercicio de la vía de apremio.

CAPÍTULO III
Obtención de terrenos de sistemas generales y dotacionales públicos

Artículo 152. Obtención de terrenos destinados a sistemas generales.

1. Los terrenos destinados a sistemas generales podrán ser obtenidos mediante expropiación forzosa u ocupación directa, en todo caso, o en virtud de cesión obligatoria y gratuita siempre que estén incluidos o adscritos en áreas de reparto.

2. La cesión gratuita se realizará, siempre que sea posible, mediante la aplicación de alguno de los instrumentos de distribución de cargas y beneficios previstos en la presente Ley.

⇒ V. arts. 29 y concordantes del RD 1093/1997, de 4 julio (§2.1).
V. art. 5.4 del D. 80/2000, de 23 marzo, que regula los planes y proyectos sectoriales de incidencia supramunicipal.
V. Jurisprudencia en arts. 83.3, 84.3, 134 y concordantes del TRLS/1976 (§3).

Artículo 153. Obtención de terrenos destinados a dotaciones públicas locales.

1. Los terrenos destinados a dotaciones públicas de carácter local serán obtenidos por los ayuntamientos mediante cesión obligatoria y gratuita, si estuviesen incluidos en un polígono para su ejecución por el sistema de compensación o de cooperación.

2. Si no se incluyesen en un polígono serán objeto de cesión gratuita siempre que pueda aplicarse alguno de los instrumentos de distribución de cargas y beneficios previstos en la presente Ley. En su defecto, serán objeto de expropiación u ocupación directa.

⇒ V. arts. 29 y concordantes del RD 1093/1997, de 4 julio (§2.1).
V. Jurisprudencia en arts. 83.3, 84.3, 134 y concordantes del TRLS/1976 (§3).

Artículo 154. Ocupación directa.

1. Se entiende por ocupación directa la obtención de terrenos afectos por el planeamiento a dotaciones públicas, mediante el reconocimiento a su titular del derecho a integrarse en un polígono con exceso de aprovechamiento real.

2. La ocupación directa requerirá la previa determinación por el Ayuntamiento de los aprovechamientos que correspondan al titular del terreno a ocupar y la aprobación de la delimitación del polígono en el que, por exceder su aprovechamiento real del apropiable por el conjunto de propietarios inicialmente incluidos en el mismo, vayan a hacerse efectivos tales aprovechamientos.

3. La aplicación de esta modalidad de obtención de terrenos dotacionales deberá ajustarse al procedimiento que se determine reglamentariamente *y, en todo caso, a las* siguientes reglas:

1ª) Se publicará la relación de los terrenos y propietarios afectados, aprovechamientos urbanísticos correspondientes a cada uno de éstos y polígono o polígonos donde habrán de hacerse efectivos sus derechos y se notificará a los propietarios afectados la ocupación prevista y las demás circunstancias concurrentes.

2ª) La ocupación sólo podrá llevarse a cabo transcurrido el plazo de un mes desde la notificación y en tal momento se levantará acta, en la que se hará constar, al menos:

a) Lugar y fecha de otorgamiento y determinación de la Administración actuante.

b) Identificación de los titulares de los terrenos ocupados y situación registral de éstos.

c) Superficie ocupada y aprovechamientos urbanísticos que les correspondan.

d) Polígono donde se harán efectivos estos aprovechamientos.

3ª) En caso de propietarios desconocidos, no comparecientes, incapacitados, sin persona que los represente o cuando se trate de propiedad litigiosa, las actuaciones señaladas se practicarán con intervención del Ministerio Fiscal.

4. El órgano actuante expedirá a favor de cada uno de los propietarios de terrenos ocupados certificación de los extremos señalados en la regla segunda anterior.

5. Una copia de dicha certificación, acompañada del correspondiente plano, se remitirá al Registro de la Propiedad para inscribir la superficie ocupada a favor de la Administración en los términos que reglamentariamente se establezcan.

6. Simultáneamente a la inscripción a que se refiere el número anterior, se abrirá folio registral independiente al aprovechamiento urbanístico correspondiente a la finca ocupada según la certificación, y a dicho folio se trasladarán las inscripciones de dominio y demás derechos reales vigentes sobre la finca con anterioridad a la ocupación.

⇒ V. arts. 42 y concordantes del RD 1093/1997, de 4 julio (§2.1).

TÍTULO V

INSTRUMENTOS DE INTERVENCIÓN EN EL MERCADO DEL SUELO

CAPÍTULO I

Patrimonio municipal del suelo

Artículo 155. Constitución.

1. Los ayuntamientos que dispongan de plan general de ordenación municipal deberán constituir el patrimonio municipal del suelo, con la finalidad de obtener reservas de suelo para actuaciones de iniciativa pública, facilitar la ejecución del plan y contribuir a la regulación del mercado de terrenos destinados al desarrollo urbanístico.

2. Los bienes del patrimonio municipal del suelo constituyen un patri-

monio diferenciado de los restantes bienes municipales y los ingresos obtenidos mediante la enajenación de parcelas o del aprovechamiento que corresponda a terrenos de titularidad municipal se destinarán a fines de carácter urbanístico previstos en el número anterior.

⇒ V. arts. 276.1, 276.2 y 280 del TRLS/1992 (§2).

V. Jurisprudencia en arts. 89, 90, 91, 92, 93, 165 y concordantes del TRLS/1976 (§3).

Artículo 156. Bienes que lo integran.

Integrarán el patrimonio municipal del suelo los bienes patrimoniales que resultasen clasificados por el planeamiento urbanístico como suelo urbano o urbanizable y, en todo caso, los obtenidos como consecuencia de cesiones y expropiaciones urbanísticas y del ejercicio del derecho de tanteo y retracto.

⇒ V. arts. 276.1, 276.2 y 280 del TRLS/1992 (§2).

V. Jurisprudencia en arts. 89, 90, 91, 92, 93 y concordantes del TRLS/1976 (§3).

Artículo 157. Destino.

1. Los bienes del patrimonio municipal del suelo deberán ser destinados a la construcción de viviendas sujetas a algún régimen de protección pública o a otros usos de interés social, de acuerdo con el planeamiento urbanístico vigente.

2. Siempre que exista demanda de viviendas sujetas a algún régimen de protección pública, los ayuntamientos deberán ofrecer al mercado los terrenos integrados en el patrimonio municipal del suelo aptos para esa finalidad, mediante su enajenación o permuta, para que sean destinados a la construcción de este tipo de viviendas.

Subsidiariamente, también podrán realizar directamente, o mediante convenio con el Instituto Gallego de la Vivienda y Suelo o con otras entidades públicas, esta iniciativa.

3. Cuando no exista demanda de viviendas de estas características, el Ayuntamiento podrá enajenar los terrenos incluidos en el patrimonio municipal del suelo, debiendo destinar necesariamente los recursos obtenidos a finalidades de naturaleza urbanística.

4. Los ayuntamientos podrán ceder gratuitamente los bienes incluidos en el patrimonio municipal del suelo, en los supuestos previstos en la legislación vigente y cumpliendo los requisitos establecidos en la misma.

5. Cuando el uso de los terrenos o las características del polígono o unidad reparcelable no resulten adecuados a los fines del patrimonio municipal del suelo, y exista conformidad de todos los propietarios afectados, la Administración actuante podrá transmitir el aprovechamiento urbanístico que les corresponda en el mismo, por el precio resultante de su valor urbanístico.

⇒ V. arts. 276.1, 276.2 y 280 del TRLS/1992 (§2).

V. Jurisprudencia en arts. 89, 90, 91, 92, 93, 165 a 170 y concordantes del TRLS/1976 (§3).

CAPÍTULO II
Derecho de superficie

Artículo 158. Derecho de superficie.

1. Las entidades locales y las demás personas públicas podrán constituir el derecho de superficie en terrenos de su propiedad o integrantes del patrimonio municipal del suelo, con destino a la construcción de viviendas sujetas a algún régimen de protección pública o a otros usos de interés social, cuyo derecho corresponderá al superficiario.

2. El mismo derecho asiste a los particulares, sin la limitación de destino prevista en el apartado anterior.

⇒ V. arts. 287.2, 287.3, 288.2, 288.3, 289.1, 289.2, 289.3, 289.4 y 289.5 del TRLS/1992 (§2).
V. Jurisprudencia en arts. 171, 172, 173, 174 y concordantes del TRLS/1976 (§3).

Artículo 159. Régimen jurídico.

En estos supuestos, se aplicará el régimen establecido en la legislación del Estado.

⇒ V. arts. 287.2, 287.3, 288.2, 288.3, 289.1, 289.2, 289.3, 289.4 y 289.5 del TRLS/1992 (§2).

CAPÍTULO III
Derechos de tanteo y retracto

Sección 1ª De la delimitación de áreas

Artículo 160. Delimitación de áreas.

1. A efectos de garantizar el cumplimiento de la programación del planeamiento, incrementar el patrimonio de suelo y, en general, facilitar el cumplimiento de los objetivos de aquél, los ayuntamientos podrán delimitar áreas en las que las transmisiones onerosas de terrenos quedarán sujetas al ejercicio de los derechos de tanteo y retracto por la Corporación respectiva.

2. Al delimitarse estas áreas deberá establecerse si las transmisiones de derechos sujetas al ejercicio de tales derechos son sólo las de terrenos sin edificar, tengan o no la condición de solares, o se incluyen también las de terrenos con edificación que no agote el aprovechamiento permitido por el plan, con edificación en construcción, ruinosa o disconforme con la ordenación aplicable.

3. Podrá igualmente disponerse en el acuerdo de delimitación de áreas la sujeción al ejercicio de los expresados derechos de las transmisiones de viviendas en construcción o construidas, siempre que el transmitente hubiera adquirido del promotor y, en el segundo caso, la transmisión se proyecte antes de transcurrido un año desde la terminación del edificio.

4. Si el ámbito delimitado estuviese previamente declarado, en todo o en parte, como área de rehabilitación integrada, podrá también establecerse en el correspondiente acuerdo que el ejercicio de los derechos de tanteo y

retracto abarcará incluso las fincas edificadas conforme a la ordenación aplicable, tanto en el supuesto de que la transmisión se proyecte o verifique en conjunto como fraccionadamente, en régimen o no de propiedad horizontal.

5. El plazo máximo de sujeción de las transmisiones al ejercicio de los derechos de tanteo y retracto será de diez años, salvo que, al delimitarse el área, se hubiera fijado otro menor.

⇒ V. arts. 83 y concordantes del RD 1093/1997, de 4 julio (§2.1).

Artículo 161. Procedimiento para la delimitación.

1. La delimitación de dichas áreas podrá efectuarse en el propio plan general o mediante el procedimiento de delimitación de polígonos.

2. En cualquier caso, entre la documentación específicamente relativa a la delimitación deberá figurar una memoria justificativa de la necesidad de someter las transmisiones a los derechos de tanteo y retracto, los objetivos a conseguir, la justificación del ámbito delimitado en relación con el conjunto del ámbito territorial no afectado y una relación de los bienes afectados y de sus propietarios, y será preceptiva la notificación a éstos previa a la apertura del trámite de información pública.

3. A los efectos previstos en el artículo 165, los ayuntamientos remitirán a los registros de la propiedad correspondientes copia certificada de los planos que reflejen la delimitación y relación detallada de las calles o sectores comprendidos en aquellas áreas y de los propietarios y bienes concretos afectados, mediante traslado de copia del acuerdo de delimitación.

Sección 2ª Del procedimiento y efectos

Artículo 162. Notificación de la transmisión.

Los propietarios de bienes afectados por estas delimitaciones deberán notificar al Ayuntamiento la decisión de enajenarlos, con expresión del precio y forma de pago proyectados y restantes condiciones esenciales de la transmisión, a efectos del posible ejercicio del derecho de tanteo, durante un plazo de sesenta días naturales, a contar desde el siguiente al de la notificación.

Artículo 163. Ejercicio del derecho de retracto.

1. El Ayuntamiento podrá ejercitar el derecho de retracto cuando no se le hubiese hecho la notificación prevenida en el artículo precedente, se omitiesen en ella cualesquiera de los requisitos exigidos o resultase inferior el precio efectivo de la transmisión o menos onerosas las restantes condiciones de ésta.

2. Este derecho habrá de ejercitarse en el plazo de sesenta días naturales, contados desde el siguiente al de la notificación de la transmisión efectuada, que el adquirente deberá hacer, en todo caso, al Ayuntamiento mediante entrega de copia de la escritura o documento en que se formalizase.

3. El derecho de retracto a que se refiere esta Ley tendrá carácter preferente a cualquier otro.

Artículo 164. Caducidad de la notificación.

1. Los efectos de la notificación para el ejercicio del derecho de tanteo caducarán a los cuatro meses siguientes a la misma.

2. La transmisión realizada transcurrido este plazo se entenderá efectuada sin dicha notificación, a los efectos del ejercicio del derecho de retracto.

Artículo 165. No inscripción registral.

No podrán inscribirse en el Registro de la Propiedad las transmisiones efectuadas sobre los inmuebles incluidos en las expresadas delimitaciones, si no aparece acreditada la realización de las notificaciones contempladas en los artículos precedentes.

⇒ V. arts. 307, 308, 309 y 310 del TRLS/1992 (§2).

V. arts. 83 y concordantes del RD 1093/1997, de 4 julio (§2.1).

Sección 3ª De las transmisiones de viviendas sujetas a protección pública

Artículo 166. Delimitación de áreas.

1. Al objeto de garantizar el cumplimiento efectivo de las limitaciones sobre precios máximos de venta de las viviendas sujetas a cualquier régimen de protección pública que imponga dicha vinculación, los ayuntamientos podrán delimitar áreas en las que tanto las primeras como las ulteriores transmisiones onerosas de aquéllas queden sujetas a las notificaciones prevenidas en los artículos 162 y 163, a efectos del posible ejercicio de los derechos de tanteo y retracto en los plazos establecidos en los mismos.

2. La falta de acreditación del cumplimiento de estos requisitos de notificación impedirá la inscripción en el Registro de la Propiedad de la transmisión efectuada.

3. La tramitación de la delimitación de estas áreas se ajustará a lo prevenido en el artículo 161.1 y 2, siendo aplicable también, a los efectos previstos en el número anterior, lo dispuesto en el apartado 3 del citado artículo.

4. La Comunidad Autónoma, subsidiariamente o por acuerdo del Ayuntamiento implicado, podrá ejercer la delimitación de áreas o el derecho de tanteo y retracto a que se refiere este artículo.

Artículo 167. Adjudicación de viviendas.

Las viviendas adquiridas en el ejercicio del tanteo y retracto por la Administración serán adjudicadas mediante concurso entre quienes, no poseyendo otra vivienda, reúnan los demás requisitos establecidos por el régimen de protección pública aplicable.

TÍTULO VI
INTERVENCIÓN EN LA EDIFICACIÓN Y USO DEL SUELO Y DISCIPLINA URBANÍSTICA

⇒ Desarrollado por D. 28/1999, de 21 enero, que aprueba el Reglamento de Disciplina Urbanística para el desarrollo y aplicación de la Ley del Suelo de Galicia (§35).

CAPÍTULO I
Intervención en la edificación y uso del suelo

Sección 1ª Licencias

Artículo 168. Actos sujetos a licencia.

1. Estarán sujetos a previa licencia municipal, sin perjuicio de las autorizaciones que fuesen procedentes de acuerdo con la legislación aplicable, los actos de edificación y uso del suelo, tales como las parcelaciones urbanísticas, los movimientos de tierra, las obras de nueva planta, la modificación de la estructura o aspecto exterior de las edificaciones existentes, la primera utilización de los edificios y la modificación del uso de los mismos, la demolición de construcciones, la colocación de carteles de propaganda visibles desde la vía pública, los cierres y vallados de fincas y los demás actos que señalasen los planes.

Cuando los actos de edificación y uso del suelo fuesen realizados por particulares en terrenos de dominio público, se exigirá también licencia, sin perjuicio de las autorizaciones o concesiones que sea pertinente otorgar por parte del ente titular del dominio público.

2. Las licencias se otorgarán de acuerdo con las previsiones de la legislación y planeamiento urbanísticos.

En ningún caso se entenderán adquiridas por acto presunto licencias en contra de la legislación o planeamiento urbanístico.

3. La competencia para otorgar las licencias corresponderá a los ayuntamientos según el procedimiento previsto en la legislación de régimen local. Para el otorgamiento de la licencia solicitada serán preceptivos los informes técnicos y jurídicos sobre su conformidad con la legalidad urbanística.

4. Las peticiones de licencia se resolverán en el plazo establecido al efecto y, en su defecto, en el plazo de tres meses, a contar desde la presentación de la solicitud con la documentación completa en el Registro del Ayuntamiento. Transcurrido dicho plazo sin haberse comunicado ningún acto, se entenderá otorgada por acto presunto, de conformidad con lo dispuesto en los artículos 43 y 44 de la Ley 30/1992, de 26 de noviembre, de Régimen Jurídico de las Administraciones Públicas y del Procedimiento Administrativo Común.

⇒ V. arts. 286 y ss. de la Ley 5/1997, de 22 julio, de Administración Local en Galicia.
V. arts. 242.1, 242.6, 243.1, 244.2, 244.3 y 244.4 del TRLS/1992 (§2).
V. art. 4 de la Ley 38/1999. Ordenación de la Edificación (§1.1).
V. arts. 9 a 23 del D. 28/1999, de 21 enero, que aprueba el Reglamento de Disciplina Urbanística para el desarrollo y aplicación de la Ley del Suelo de Galicia (§35).

V. arts. 74 y concordantes del RD 1093/1997, de 4 julio (§2.1).
V. Jurisprudencia en arts. 178, 179, 180 y concordantes del TRLS/1976 (§3).

Artículo 169. Actos promovidos por las administraciones públicas.

1. Los actos relacionados en el artículo 168 que promuevan órganos de las administraciones públicas o entidades de derecho público estarán igualmente sujetos a licencia municipal, salvo en los supuestos exceptuados por la legislación aplicable.

2. Cuando razones de urgencia o excepcional interés público lo exijan, el conselleiro competente por razón de la materia podrá acordar la remisión al Ayuntamiento correspondiente del proyecto de que se trate, para que en el plazo de un mes notifique la conformidad o disconformidad del mismo con el planeamiento urbanístico en vigor.

En caso de disconformidad, el expediente será remitido por la Consellería interesada al conselleiro de Política Territorial, Obras Públicas y Vivienda, quien lo elevará al Consello de la Xunta, previo informe de la Comisión Superior de Urbanismo de Galicia. El Consello de la Xunta decidirá si procede ejecutar el proyecto y, en su caso, ordenará la iniciación del procedimiento de modificación o revisión del planeamiento, conforme a la tramitación establecida en la presente Ley.

3. El Ayuntamiento podrá, en todo caso, acordar la suspensión de las obras a que se refiere el número 1 de este artículo cuando se pretendiesen llevar a cabo en ausencia o contradicción con la notificación de conformidad con el planeamiento y antes de la decisión de ejecutar la obra adoptada por el Consello de la Xunta, y comunicará dicha suspensión al órgano redactor del proyecto y al conselleiro de Política Territorial, Obras Públicas y Vivienda, a los efectos previstos en el mismo.

4. El mismo régimen será de aplicación a la Administración del Estado, con intervención de sus correspondientes órganos competentes.

⇒ V. arts. 242.1, 242.6, 243.1, 244.2, 244.3 y 244.4 del TRLS/1992 (§2).
V. arts. 9 a 23 del D. 28/1999, de 21 enero, que aprueba el Reglamento de Disciplina Urbanística para el desarrollo y aplicación de la Ley del Suelo de Galicia (§35).
V. D. 38/1999, de 5 febrero, por el que se establece la estructura orgánica de la Consellería de Política Territorial, Obras Públicas y Vivienda, modificado por D. 74/2000, de 23 marzo.
V. D. 119/1998, de 16 abril, que regula la composición y funcionamiento de la Comisión Superior de Urbanismo de Galicia.
V. Jurisprudencia en arts. 178, 179, 180 y concordantes del TRLS/1976 (§3).

Sección 2ª Deber de conservación y ruina

Artículo 170. Deber de conservación.

1. Los propietarios de terrenos, urbanizaciones de iniciativa particular y edificaciones deberán mantenerlos en condiciones de seguridad, salubridad y ornato público y con sujeción a las normas sobre protección del medio ambiente y del patrimonio histórico. Asimismo, los propietarios de las viviendas estarán obligados a mantenerlas en las condiciones de habitabilidad que se fijen reglamentariamente.

2. Los ayuntamientos ordenarán, de oficio o a instancia de cualquier interesado, la ejecución de las obras necesarias para conservar aquellas condiciones, con indicación del plazo de realización.

En caso de incumplimiento de la orden de ejecución de obras, la Administración municipal procederá a la ejecución subsidiaria de la misma o a la ejecución forzosa mediante la imposición de multas coercitivas de 50.000 a 500.000 pesetas, reiterables hasta lograr la ejecución de las obras ordenadas.

3. Los ayuntamientos también podrán ordenar, por motivos de interés turístico o estético, la ejecución de las obras de conservación, renovación o reforma en fachadas o espacios visibles desde la vía pública. Las obras se ejecutarán a costa de los propietarios si estuviesen dentro del límite de la obligación de conservación que les corresponde, y con cargo a los fondos de la entidad que la ordene cuando la rebasase para obtener mejoras de interés general.

⇒ V. art. 19 de la Ley 6/1998, de 13 abril (§1).
V. art. 3 de la Ley 38/1999, de 5 noviembre, de Ordenación de la Edificación (§1.1).
V. arts. 245.1 y 246.2 del TRLS/1992 (§2).
V. arts. 24 a 31 del D. 28/1999, de 21 enero, que aprueba el Reglamento de Disciplina Urbanística para el desarrollo y aplicación de la Ley del Suelo de Galicia (§35).
V. Jurisprudencia en arts. 181, 182, 183 y concordantes del TRLS/1976 (§3).

Artículo 171. Declaración de ruina.

1. Cuando alguna construcción o parte de ella estuviese en estado ruinoso, el Ayuntamiento, de oficio o a instancia de cualquier interesado, la declarará en situación de ruina y acordará la total o parcial demolición, previa tramitación del oportuno expediente contradictorio con audiencia del propietario y de los moradores, salvo inminente peligro que lo impidiera.

2. Se declarará el estado ruinoso en los siguientes supuestos:

a) Cuando el coste de las obras necesarias sea superior al 50% del valor actual del edificio o plantas afectadas, excluido el valor del terreno.

b) Cuando el edificio presente un agotamiento generalizado de sus elementos estructurales fundamentales.

c) Cuando se requiera la realización de obras que no pudieran ser autorizadas por encontrarse el edificio en situación de fuera de ordenación.

3. Si el propietario no cumpliese lo acordado por el Ayuntamiento, lo ejecutará éste a costa del obligado.

4. Si existiese urgencia y peligro en la demora, el alcalde, bajo su responsabilidad, por motivos de seguridad dispondrá lo necesario respecto a la habitabilidad del inmueble y desalojo de los ocupantes.

5. En los bienes declarados de interés cultural y en los núcleos históricos se estará a lo dispuesto en la legislación del patrimonio histórico aplicable.

⇒ V. art. 6 de la Ley 3/1996, de 10 mayo, de Protección de los Caminos de Santiago en Galicia.
V. Ley 8/1995, de 30 octubre, de Patrimonio Cultural de Galicia.

V. arts. 245.1 y 246.2 del TRLS/1992 (§2).
V. arts. 32 a 47 del D. 28/1999, de 21 enero, que aprueba el Reglamento de Disciplina Urbanística para el desarrollo y aplicación de la Ley del Suelo de Galicia (§35).
V. Jurisprudencia en arts. 181, 183 y concordantes del TRLS/1976 (§3).

Sección 3ª Parcelaciones

Artículo 172. Parcelaciones urbanísticas.

Se considerará parcelación urbanística, a los efectos de esta Ley, la división de terrenos en dos o más lotes o porciones a fin de su urbanización o edificación, ya sea en forma simultánea o sucesiva. Toda parcelación urbanística deberá acomodarse a lo dispuesto en esta Ley o, en virtud de la misma, en los planes de ordenación.

⇒ V. arts. 258. 2, 258.3, 259.3, 307, 308, 309 y 310 del TRLS/1992 (§2).
V. arts. 78 y concordantes del RD 1093/1997, de 4 julio (§2.1).
V. art. 10.23 del D. 28/1999, de 21 enero, que aprueba el Reglamento de Disciplina Urbanística para el desarrollo y aplicación de la Ley del Suelo de Galicia (§35).
V. Jurisprudencia en arts. 94, 95, 96 y concordantes del TRLS/1976 (§3).

Artículo 173. Indivisibilidad de parcelas.

1. Serán indivisibles:

a) Las parcelas determinadas como mínimas en el correspondiente planeamiento, a fin de constituir fincas independientes.

b) Las parcelas cuyas dimensiones sean iguales o menores a las determinadas como mínimas en el planeamiento, salvo si los lotes resultantes fueran adquiridos simultáneamente por los propietarios de terrenos colindantes, con el fin de agruparlos y formar una nueva finca.

c) Las parcelas cuyas dimensiones sean menores que el doble de la superficie determinada como mínima en el planeamiento, salvo que el exceso sobre dicho mínimo pueda segregarse con el fin indicado en el apartado anterior.

d) Las parcelas edificables con arreglo a una relación determinada entre superficie del suelo y superficie construible, cuando se edificase la correspondiente a toda la superficie del suelo, o, en el supuesto de que se edificase la correspondiente sólo a una parte de ella, la restante, si fuera inferior a la parcela mínima, con las salvedades indicadas en el apartado anterior.

2. Los notarios y registradores harán constar en la descripción de las fincas su cualidad de indivisibles, en su caso.

⇒ V. art. 20.2 de la Ley 6/1998, de 13 abril (§1).
V. arts. 258. 2, 258.3, 259.3, 307, 308, 309 y 310 del TRLS/1992 (§2).
V. art. 81 del RD 1093/1997, de 4 julio (§2.1).
V. art. 10.23 del D. 28/1999, de 21 enero, que aprueba el Reglamento de Disciplina Urbanística para el desarrollo y aplicación de la Ley del Suelo de Galicia (§35).
V. Jurisprudencia en arts. 94, 95, 96 y concordantes del TRLS/1976 (§3).

Artículo 174. Régimen de parcelaciones.

1. No podrá efectuarse ninguna parcelación urbanística sin que previamente haya sido aprobado el planeamiento urbanístico exigible según la clase

de suelo de que se trate. Queda prohibida en suelo rústico la realización de parcelaciones urbanísticas.

2. Toda parcelación urbanística quedará sujeta a licencia o a la aprobación del proyecto de compensación o reparcelación que la contenga.

3. En ningún caso se considerarán solares, ni se permitirá edificar en ellos, los lotes resultantes de una parcelación efectuada con infracción de las disposiciones de esta Ley.

⇒ V. arts. 258.2, 258.3, 259.3, 307, 308, 309 y 310 del TRLS/1992 (§2).
V. arts. 78 y concordantes del RD 1093/1997, de 4 julio (§2.1).
V. art. 10.23 del D. 28/1999, de 21 enero, que aprueba el Reglamento de Disciplina Urbanística para el desarrollo y aplicación de la Ley del Suelo de Galicia (§35).
V. Jurisprudencia en arts. 94, 95, 96 y concordantes del TRLS/1976 (§3).

CAPÍTULO II
Disciplina urbanística

Sección 1ª Protección de la legalidad urbanística

Artículo 175. Obras sin licencia en curso de ejecución.

1. Cuando los actos de edificación o de uso del suelo a que se refiere el artículo 168 de esta Ley se hubieran realizado sin licencia u orden de ejecución o sin ajustarse a las condiciones señaladas en las mismas, el alcalde dispondrá la suspensión inmediata de dichos actos y procederá a incoar el expediente de reposición de la legalidad, comunicándoselo al interesado.

2. Acordada la suspensión, se adoptarán las medidas necesarias para garantizar la total interrupción de la actividad. A estos efectos el alcalde podrá ordenar la retirada de los materiales preparados para ser utilizados en la obra o actividad suspendida y la maquinaria afecta a la misma, cuando el interesado no lo hiciese en el plazo de veinticuatro horas siguientes a la notificación del acuerdo de suspensión y hubiese incumplimiento de dicho acuerdo. En el supuesto de que el interesado no procediese a la retirada de los materiales y maquinaria, la autoridad que ordenó la suspensión podrá retirarlos o precintarlos. Los materiales o maquinaria retirados quedarán a disposición del interesado, quien satisfará los gastos de transporte y custodia.

3. Instruido el expediente de reposición de la legalidad de conformidad con lo dispuesto en la Ley 30/1992, de 26 de noviembre, y previa audiencia del interesado, se adoptará alguno de los siguientes acuerdos:

a) Si las obras no fueran legalizables por ser incompatibles con el ordenamiento urbanístico, se acordará su demolición a costa del interesado y se procederá a impedir definitivamente los usos a que diera lugar.

b) Si las obras fueran legalizables por ser compatibles con el ordenamiento urbanístico, se requerirá al interesado para que en el plazo de dos meses presente la solicitud de la oportuna licencia, mateniéndose la suspensión de las obras en tanto ésta no sea otorgada.

c) Si las obras no se ajustan a las condiciones señaladas en la licencia u orden de ejecución, se ordenará al interesado que las ajuste en el plazo de dos meses.

4. Si transcurrido el plazo de dos meses desde el requerimiento el interesado no solicitara la oportuna licencia o, en su caso, no ajustara las obras a las condiciones señaladas en la misma o en la orden de ejecución, el alcalde acordará la demolición de las obras a costa del interesado y procederá a impedir definitivamente los usos a que diera lugar. De igual modo se procederá en el supuesto de que la licencia fuese denegada por ser su otorgamiento contrario a la legalidad.

5. En caso de incumplimiento de la orden de demolición, la Administración municipal procederá a la ejecución subsidiaria de la misma o a la ejecución forzosa mediante la imposición de multas coercitivas, reiterables hasta lograr la ejecución por el sujeto obligado, en cuantía de 50.000 a 500.000 pesetas cada una.

⇒ V. arts. 54 y 55 del D. 28/1999, de 21 enero, que aprueba el Reglamento de Disciplina Urbanística para el desarrollo y aplicación de la Ley del Suelo de Galicia (§35).

V. arts. 56 y concordantes del RD 1093/1997, de 4 julio (§2.1).

V. O. 30 junio 1999, que regula la tarjeta acreditativa del personal de la Inspección y Vigilancia Urbanística.

Jurisprudencia

«Las obras realmente realizadas exceden notoriamente de las contempladas en aquella licencia, de manera que al margen incluso de la nulidad de esta última, es clara la ilegalidad cometida en la realización de unas obras en vulneración de la licencia concedida que reconocidamente suponen incluso un aumento de la altura del edificio y que afectan a diversas partes del inmueble no contempladas en dicha licencia, lo que debió llevar a la tramitación y resolución del expediente sancionador y a las actuaciones correspondientes en orden a la restauración de la legalidad urbanística y que aquí cabe concretar en la paralización de las obras, en relación con su exceso o falta de licencia, y en la apertura del plazo para la acomodación de las obras o para que fuera instada su legalización –artículo 50 Ley 11/1985, de 22 de agosto, de adaptación de la del Suelo a Galicia, y en la actualidad, artículo 175 de la Ley 1/1997, de 24 de marzo, de Suelo de Galicia–, de manera que si tal legalización fuera instada habría de recabarse necesariamente la intervención de la Administración Autonómica competente al resultar indiscutidamente las obras en Zona del Casco Histórico-Zona Z-1 A». **(STSJ Galicia 20 enero 2000 [RJCA 2000, 1001]).**

⇒ V. Jurisprudencia en arts. 184 y concordantes del TRLS/1976 (§3).

Artículo 176. Obras terminadas sin licencia.

Si se hubiese terminado una edificación sin licencia o incumpliendo las condiciones señaladas en la misma o en la orden de ejecución, el alcalde, dentro del plazo de cuatro años, contado desde la total terminación de las obras, *incoará* expediente de reposición de la legalidad, procediendo según lo dispuesto en los números 3, 4 y 5 del artículo anterior.

⇒ V. art. 56 del D. 28/1999, de 21 enero, que aprueba el Reglamento de Disciplina Urbanística para el desarrollo y aplicación de la Ley del Suelo de Galicia (§35).

V. Jurisprudencia en arts. 185 y concordantes del TRLS/1976 (§3).

Artículo 177. Otros actos sin licencia.

1. Cuando algún acto distinto de los regulados en el artículo anterior y

precisado de licencia se realizase sin ésta o en contra de sus determinaciones, el alcalde dispondrá la cesación inmediata de dicho acto e incoará expediente de reposición de la legalidad.

2. Instruido el expediente de reposición de la legalidad, y previa audiencia del interesado, se adoptará alguno de los siguientes acuerdos:

a) Si la actividad se realizara sin licencia o sin ajustarse a sus determinaciones, se requerirá al interesado para que solicite la oportuna licencia o ajuste la actividad a la ya concedida.

b) Si la actividad no fuera legalizable por ser incompatible con el ordenamiento urbanístico, se procederá a impedir definitivamente la actividad y a ordenar la reposición de los bienes afectados al estado anterior al incumplimiento de aquélla.

3. Si transcurrido el plazo de dos meses desde el requerimiento el interesado no solicitara la oportuna licencia o, en su caso, no ajustara la actividad a las condiciones señaladas en la misma, el alcalde adoptará el acuerdo previsto en el apartado b) del número anterior. De igual modo se procederá en el supuesto de que la licencia fuese denegada por ser su otorgamiento contrario a la legalidad.

4. Para la ejecución forzosa de las medidas adoptadas por el alcalde será de aplicación lo dispuesto en el artículo 175.5.

⇒ V. arts. 57, 58 y 59 del D. 28/1999, de 21 enero, que aprueba el Reglamento de Disciplina Urbanística para el desarrollo y aplicación de la Ley del Suelo de Galicia (§35).

V. Jurisprudencia en arts. 184 y concordantes del TRLS/1976 (§3).

Artículo 178. Suspensión de licencias.

1. El alcalde dispondrá la suspensión de los efectos de una licencia u orden de ejecución y consiguientemente la paralización inmediata de las obras iniciadas a su amparo cuando el contenido de dichos actos administrativos constituya manifiestamente una infracción urbanística grave o muy grave.

2. El alcalde procederá, en el plazo de tres días, a dar traslado directo de dicho acuerdo a la Sala de lo Contencioso-Administrativo del Tribunal Superior de Justicia de Galicia, a los efectos previstos en el artículo 118 de la Ley de la Jurisdicción Contencioso-Administrativa.

3. Lo dispuesto en los números anteriores se entiende sin perjuicio de las sanciones que pudiesen imponerse.

⇒ V. arts. 60, 61, 62 y 63 del D. 28/1999, de 21 enero, que aprueba el Reglamento de Disciplina Urbanística para el desarrollo y aplicación de la Ley del Suelo de Galicia (§35).

V. art. 127 de la LJCA.

V. Jurisprudencia en arts. 186 y concordantes del TRLS/1976 (§3).

Artículo 179. Revisión de licencias u órdenes de ejecución.

Cuando el contenido de las licencias u órdenes de ejecución constituya manifiestamente alguna de las infracciones urbanísticas graves o muy graves previstas en esta Ley, deberán ser revisadas dentro de los cuatro años desde la fecha de su expedición por el Ayuntamiento que la otorgó a través de alguno de los procedimientos de revisión de oficio contemplados en la Ley 30/1992, de 26 de noviembre.

⇒ V. arts. 286 y ss. de la Ley 5/1997, de 22 julio, de Administración Local en Galicia.
V. arts. 64, 65 y 66 del D. 28/1999, de 21 enero, que aprueba el Reglamento de Disciplina Urbanística para el desarrollo y aplicación de la Ley del Suelo de Galicia (§35).
V. Jurisprudencia en arts. 187 y concordantes del TRLS/1976 (§3).

Artículo 180. Protección de la legalidad en zonas verdes, espacios libres, dotaciones, equipamientos y suelo rústico con especial protección y otras medidas complementarias.

1. Los actos de edificación y uso del suelo relacionados en el artículo 168 que se realicen sin licencia u orden de ejecución sobre terrenos calificados por el planeamiento como zonas verdes, espacios libres, dotaciones, equipamientos o suelo rústico con especial protección quedarán sujetos al régimen establecido en el artículo 175 mientras estuviesen en curso de ejecución, y al régimen previsto en el artículo 176 cuando hubieran finalizado sin que tenga aplicación la limitación del plazo que establece dicho artículo. En estos supuestos, la competencia corresponderá al conselleiro de Política Territorial, Obras Públicas y Vivienda.

2. Las licencias u órdenes de ejecución que se otorgasen con infracción de la zonificación o uso urbanístico de las zonas verdes, espacios libres, dotaciones, equipamientos o suelo rústico con especial protección previstos en el planeamiento serán nulas de pleno derecho. En estos casos, el conselleiro de Política Territorial, Obras Públicas y Vivienda requerirá al alcalde para que proceda según lo dispuesto en los artículos 178 y 179 anteriores.

3. Las medidas que sobre la protección de la legalidad urbanística se contienen en esta sección lo son sin perjuicio de las que, con carácter complementario, estén previstas en la legislación básica del Estado.

⇒ V. arts. 58, 59 y 67 del D. 28/1999, de 21 enero, que aprueba el Reglamento de Disciplina Urbanística para el desarrollo y aplicación de la Ley del Suelo de Galicia (§35).
V. Jurisprudencia en arts. 188 y concordantes del TRLS/1976 (§3).

Sección 2ª Infracciones y sanciones

Artículo 181. Definición de las infracciones urbanísticas.

1. Son infracciones urbanísticas las acciones u omisiones que vulneren las prescripciones contenidas en la legislación y el planeamiento urbanísticos, tipificadas y sancionadas en aquélla.

2. Toda infracción urbanística conllevará la imposición de sanciones a los responsables, así como la obligación de resarcimiento de los daños e indemnización de los perjuicios a cargo de los mismos, todo ello con independencia de las medidas previstas en los artículos 175 a 180 de la presente Ley.

3. En ningún caso podrá la Administración dejar de adoptar las medidas

tendentes a restaurar el orden urbanístico vulnerado o a reponer los bienes afectados al estado anterior a la producción de la situación ilegal.

⇒ V. arts. 69, 70 y 71 del D. 28/1999, de 21 enero, que aprueba el Reglamento de Disciplina Urbanística para el desarrollo y aplicación de la Ley del Suelo de Galicia (§35).

V. Jurisprudencia en arts. 225 y concordantes del TRLS/1976 (§3).

Artículo 182. Tipificación de las infracciones urbanísticas.

1. Las infracciones urbanísticas se clasifican en muy graves, graves y leves.

2. Son infracciones muy graves las acciones y omisiones que constituyan incumplimiento de las normas relativas al uso y edificación que afecten a zonas verdes, espacios libres, dotaciones, equipamientos o suelo rústico con especial protección.

Constituirán asimismo infracciones muy graves la parcelación urbanística en suelo rústico y la realización de obras de urbanización sin la previa aprobación del planeamiento y proyecto de urbanización exigibles.

3. Son infracciones graves las acciones y omisiones que constituyan incumplimiento de las normas relativas a parcelaciones, aprovechamiento urbanístico, uso del suelo, altura, volumen, situación de las edificaciones y ocupación permitida de la superficie de las parcelas, salvo que se demuestre la escasa entidad del daño producido a los intereses generales.

4. Se considerarán infracciones leves las infracciones del ordenamiento urbanístico que no tengan el carácter de graves o muy graves y, en todo caso, la ejecución de obras o instalaciones realizadas sin licencia u orden de ejecución cuando sean legalizables por ser conformes con el ordenamiento.

5. En los supuestos en que se instruyese expediente sancionador por dos o más infracciones tipificadas entre las que exista conexión de causa a efecto, se impondrá una sola sanción, y será la correspondiente a las actuaciones que supongan el resultado final perseguido, en su cuantía máxima. En los demás casos, a los responsables de dos o más infracciones urbanísticas se les impondrán las multas correspondientes a cada una de ellas.

⇒ V. art. 20 de la Ley 6/1998, de 13 abril (§1).

V. art. 70 del D. 28/1999, de 21 enero, que aprueba el Reglamento de Disciplina Urbanística para el desarrollo y aplicación de la Ley del Suelo de Galicia (§35).

V. Jurisprudencia en arts. 225, 226 y concordantes del TRLS/1976 (§3).

Artículo 183. Prescripción.

Las infracciones urbanísticas muy graves prescribirán a los seis años, las graves a los cuatro años y las leves al año, a contar desde la finalización de las obras o de la actividad.

⇒ V. arts. 104, 105 y 106 del D. 28/1999, de 21 enero, que aprueba el Reglamento de Disciplina Urbanística para el desarrollo y aplicación de la Ley del Suelo de Galicia (§35).

V. Jurisprudencia en arts. 230 y concordantes del TRLS/1976 (§3).

Artículo 184. Personas responsables.

1. En las obras que se ejecutasen sin licencia o con inobservancia de sus condiciones serán sancionadas por infracción urbanística las personas físicas o jurídicas responsables de ellas en calidad de promotor, empresario de las obras y técnico director de las mismas.

2. En las obras amparadas en una licencia cuyo contenido sea manifiestamente constitutivo de infracción urbanística grave o muy grave serán igualmente sancionados el facultativo que hubiese informado favorablemente el proyecto y las autoridades o miembros de la Corporación que hubiesen resuelto o votado a favor del otorgamiento de la licencia sin los informes previos exigibles o cuando éstos fueran desfavorables en razón de aquella infracción.

3. Los que como consecuencia de una infracción urbanística sufriesen daños o perjuicios podrán exigir de cualquiera de los infractores, con carácter solidario, el resarcimiento y la indemnización.

4. Las sanciones que se impongan a los distintos sujetos por una misma infracción tendrán entre sí carácter independiente.

⇒ Téngase en cuenta arts. 8 y concordantes de la Ley 38/1999, de 5 noviembre, de Ordenación de la Edificación (§1.1).
V. arts. 72, 73, 74 y 75 del D. 28/1999, de 21 enero, que aprueba el Reglamento de Disciplina Urbanística para el desarrollo y aplicación de la Ley del Suelo de Galicia (§35).
V. Jurisprudencia en arts. 225 y concordantes del TRLS/1976 (§3).

Artículo 185. Reglas para determinar la cuantía de las sanciones.

1. Las infracciones urbanísticas serán sancionadas de la siguiente forma:

a) Las infracciones leves, con multa de hasta el 5% del valor de la obra, instalación o actuación realizada.

b) Las infracciones graves, con multa de hasta el 30% del valor de la obra, terrenos, exceso de edificación o actuación realizada.

c) Las infracciones muy graves, con multa de hasta el 50% del valor de la obra, terrenos, edificación o actuación realizada.

2. Para graduar las multas se atenderá primordialmente a la gravedad de la materia, a la entidad económica de los hechos constitutivos de infracción, a su reiteración por parte de la persona responsable y al grado de culpabilidad de cada uno de los infractores.

Se considerará como circunstancia atenuante haber corregido la situación creada por la comisión de la infracción y como circunstancia agravante el incumplimiento de los requerimientos efectuados por la Administración para la paralización de las obras y la restauración del orden urbanístico.

3. Cuando en el hecho concurra alguna circunstancia agravante, la sanción se impondrá siempre en su cuantía máxima. Si concurriese alguna circunstancia atenuante, la sanción se impondrá en su cuantía mínima.

4. En ningún caso la infracción urbanística puede suponer un beneficio económico para el infractor. Cuando la suma de la sanción impuesta y del

coste de las actuaciones de reposición de los bienes y situaciones a su primitivo estado arrojase una cifra inferior a dicho beneficio, se incrementará la cuantía de la multa hasta alcanzar el montante del mismo.

⇒ V. arts. 74 a 79 y 82 a 103 del D. 28/1999, de 21 enero, que aprueba el Reglamento de Disciplina Urbanística para el desarrollo y aplicación de la Ley del Suelo de Galicia (§35).

V. Jurisprudencia en arts. 225, 231 y concordantes del TRLS/1976 (§3).

Artículo 186. Órganos competentes.

Las autoridades competentes para la imposición de las sanciones serán:

a) Por faltas muy graves, a partir de 100 millones de pesetas, el Consello de la Xunta.

b) Por faltas muy graves, hasta 100 millones de pesetas, el conselleiro de Política Territorial, Obras Públicas y Vivienda.

c) Por faltas graves y leves, el alcalde.

⇒ V. D. 38/1999, de 5 febrero, por el que se establece la estructura orgánica de la Consellería de Política Territorial, Obras Públicas y Vivienda, modificado por D. 74/2000, de 23 marzo.

V. O. 30 junio 1999, que regula la tarjeta acreditativa del personal de la Inspección y Vigilancia Urbanística.

Artículo 187. Procedimiento sancionador.

1. La potestad sancionadora se ejercerá mediante el procedimiento establecido en la legislación del procedimiento administrativo.

2. El plazo para resolver el procedimiento sancionador será de seis meses a contar desde la fecha de su iniciación, ampliable, como máximo, por otros seis meses mediante acuerdo adoptado por el órgano competente para iniciar el procedimiento. Contra este acto de ampliación no habrá lugar a recurso alguno.

Transcurrido el plazo máximo para resolver sin que se dictase resolución, se entenderá caducado el procedimiento. En el supuesto de que la infracción no hubiera prescrito, deberá iniciarse un nuevo procedimiento sancionador.

⇒ V. arts. 80 y 81 del D. 28/1999, de 21 enero, que aprueba el Reglamento de Disciplina Urbanística para el desarrollo y aplicación de la Ley del Suelo de Galicia (§35).

V. Jurisprudencia en arts. 225 y concordantes del TRLS/1976 (§3).

TÍTULO VII
ORGANIZACIÓN

CAPÍTULO I
Disposición general

Artículo 188. Administraciones competentes.

En el desarrollo de las actividades reguladas en esta Ley entenderán específicamente órganos pertenecientes a la Administración de la Comunidad Autónoma y a las administraciones locales.

CAPÍTULO II
En el ámbito de la Comunidad Autónoma

Artículo 189. Órganos urbanísticos de la Comunidad Autónoma.

1. Son órganos de la Comunidad Autónoma con competencia urbanística:

a) El Consello de la Xunta.

b) El conselleiro de Política Territorial, Obras Públicas y Vivienda.

c) La Comisión Superior de Urbanismo de Galicia.

2. Es organismo autónomo con competencias en materia de gestión urbanística el Instituto Gallego de la Vivienda y Suelo.

3. Los órganos urbanísticos de la Xunta de Galicia podrán delegar el ejercicio de sus competencias en los términos previstos en los artículos 43 y 44 de la Ley 1/1983, de 22 de febrero, reguladora de la Xunta y su presidente.

⇒ V. D. 38/1999, de 5 febrero, por el que se establece la estructura orgánica de la Consellería de Política Territorial, Obras Públicas y Vivienda, modificado por D. 74/2000, de 23 marzo.
V. D. 119/1998, de 16 abril, que regula la composición y funcionamiento de la Comisión Superior de Urbanismo de Galicia.
V. O. 30 diciembre 1999, que delega atribuciones en materia de urbanismo.

Artículo 190. Competencias.

1. A los órganos de la Administración autonómica les corresponden la dirección de la política urbanística, el establecimiento de directrices de ordenación y la aprobación de los instrumentos de ordenación urbanística, en los supuestos establecidos en esta Ley.

2. También les corresponde ejercer el control de legalidad sobre la actividad urbanística y actuar por subrogación en los supuestos previstos en esta Ley, en los términos establecidos por la legislación del régimen local.

CAPÍTULO III
En el ámbito local

Artículo 191. Competencia de los municipios.

1. La competencia urbanística de los municipios comprenderá todas las facultades que, siendo de índole local, no estuvieran expresamente atribuidas por la presente Ley a otros organismos.

2. Los municipios podrán utilizar las distintas formas de gestión que establece la legislación del régimen local para el desarrollo de la actividad urbanística.

3. También podrán constituir mancomunidades y establecer formas de colaboración interadministrativa con otras entidades locales o con la Administración autonómica.

Específicamente, podrán constituir consorcios mediante convenio en el que podrán participar los órganos de la Administración autonómica, las diputaciones provinciales y los municipios, para el ejercicio en común de competencias urbanísticas, así como para la realización de obras o prestación de servicios públicos.

⇒ V. art. 303 del TRLS/1992 (§2).
V. Jurisprudencia en arts. 234 y concordantes del TRLS/1976 (§3).

Artículo 192. Sociedades urbanísticas.

1. Las entidades locales y los consorcios a que se refiere el artículo anterior podrán constituir sociedades mercantiles de capital íntegramente público o mixtas, exigiéndose en este último caso que el capital público represente al menos el 51%.

2. Estas sociedades podrán tener por objeto el estudio, la promoción, la gestión o la ejecución de cualquier tipo de actividad urbanística, siempre que no implique ejercicio de autoridad.

3. La creación de estas sociedades se realizará de acuerdo con la legislación mercantil y con observancia de las normas administrativas que reglamentariamente se determinen.

Artículo 193. Incumplimiento de obligaciones.

Cuando una entidad local incumpliese obligaciones que directamente le incumban por disposición de esta Ley o dejase de adoptar las medidas necesarias para la protección de la legalidad urbanística, el conselleiro de Política Territorial, Obras Públicas y Vivienda le requerirá su cumplimiento con indicación de plazo. Si transcurrido éste el incumplimiento persistiese, se estará a lo dispuesto en la legislación del régimen local y, en su caso, se pondrá en conocimiento del Ministerio Fiscal a los efectos de exigir las responsabilidades a que hubiera lugar.

⇒ V. D. 38/1999, de 5 febrero, por el que se establece la estructura orgánica de la Consellería de Política Territorial, Obras Públicas y Vivienda, modificado por D. 74/2000, de 23 marzo.

Artículo 194. Competencia de las diputaciones provinciales.

1. Las diputaciones provinciales, sin perjuicio de aquellas otras que específicamente les encomienda esta Ley, deberán ejercer funciones de asistencia y cooperación con los municipios de la provincia, especialmente con los de menor capacidad económica y de gestión, para colaborar en el cumplimiento de sus obligaciones urbanísticas.

2. También podrán participar en funciones de gestión urbanística en colaboración con el resto de las administraciones con incidencia en el territorio de su provincia.

DISPOSICIONES ADICIONALES

Primera.

Las materias que hacen referencia a derechos y deberes básicos de los propietarios, en lo no previsto por esta Ley, valoraciones, expropiaciones y régimen de venta forzosa, supuestos indemnizatorios y régimen jurídico se regularán por las normas establecidas por la legislación del Estado, con el carácter básico o pleno que, en cada caso, establezca dicha legislación.

⇒ V. Ley 6/1998, de 13 abril (§1).
V. arts. 76 y concordantes del RD 1093/1997, de 4 julio (§2.1).

Segunda.

Los estándares correspondientes a reservas de terrenos para parques y jardines, dotaciones y equipamientos de uso o servicio público serán fijados reglamentariamente.

Tercera.

1. En los ayuntamientos que carezcan de plan general de ordenación municipal o de proyecto de ordenación del medio rural, únicamente podrá edificarse en los terrenos que merezcan la condición de suelo urbano consolidado, por disponer de todos los servicios mínimos de urbanización o estar comprendidos en áreas consolidadas por la edificación con arreglo a lo dispuesto en el artículo 64.1 a) de esta Ley.

2. En caso de edificaciones que pretendan construirse en núcleos rurales preexistentes, previamente a la licencia municipal, será necesario obtener la autorización del conselleiro de Política Territorial, Obras Públicas y Vivienda en la que se justifique caso a caso la preexistencia del núcleo por el cumplimiento de las condiciones señaladas en el artículo 75 de la presente Ley.

3. Al resto de los terrenos del término municipal, salvo a los que estén sujetos a un régimen de especial protección, se les aplicará el régimen del suelo rústico previsto en el artículo 77 de esta ley.

⇒ V. O. 30 diciembre 1999, sobre delegación de competencias en el Director General de Urbanismo.

Cuarta.

La competencia para la aprobación definitiva de los planes generales de ordenación municipal y los proyectos de ordenación del medio rural queda asignada, en régimen de competencia delegada, a los ayuntamientos respectivos, en los términos y condiciones establecidos en la Ley de Delegación y Distribución de Competencias en Materia de Urbanismo.

Quinta.

Las relaciones entre los instrumentos de planificación urbanística y los de ordenación territorial se someterán a lo dispuesto en la Ley de Ordenación del Territorio de Galicia.

Sexta.

Será de aplicación a los núcleos rurales preexistentes de carácter tradicional contemplados en la Ley 11/1985, de 22 de agosto, de adaptación de la del suelo a Galicia, y al suelo del núcleo rural previsto en la presente Ley el régimen previsto en el número 3 de la disposición transitoria tercera de la Ley 22/1988, de 28 de julio, de Costas, así como lo establecido en el número

3 de la disposición transitoria séptima y en los números 1 y 3 de la disposición transitoria novena del Reglamento general para el desarrollo y ejecución de dicha Ley de Costas.

DISPOSICIONES TRANSITORIAS

Primera.

1. El planeamiento urbanístico vigente en la actualidad deberá adaptarse a lo dispuesto en esta Ley en cualquiera de los siguientes supuestos:

a) Cuando se proceda a su revisión.

b) Siempre que se proceda a la revisión de la programación de los planes generales.

c) Cuando así lo determine el conselleiro de Política Territorial, Obras Públicas y Vivienda, por concurrir circunstancias objetivas en el ayuntamiento afectado que lo aconsejen.

2. En todo caso, los ayuntamientos podrán adaptar sus planes generales o normas subsidiarias en cualquier momento.

Segunda.

En tanto no se adapten los planes generales y las normas subsidiarias actualmente vigentes a la presente Ley, el régimen urbanístico aplicable será el que resulte de la misma, con las siguientes singularidades:

1. Al suelo urbano se le aplicará el régimen del suelo urbano establecido en la presente Ley, y el aprovechamiento urbanístico que corresponde a los propietarios será:

a) En los terrenos situados en zonas consolidadas, el aprovechamiento real que resulte de la aplicación directa de las determinaciones del plan.

b) En los terrenos situados en las áreas no consolidadas a que se refiere el artículo 65.2 de esta Ley, y, por tanto, incluidos o a incluir en un polígono para ser objeto de ejecución integral, el 85% del aprovechamiento medio del polígono, que se calculará dividiendo la edificabilidad total, incluida la dotacional privada, por la superficie total del polígono excluidos los terrenos afectos a dotaciones públicas existentes.

2. Al suelo urbanizable programado se le aplicará el régimen del suelo urbanizable previsto en esta Ley, y el aprovechamiento urbanístico que corresponde a sus propietarios será el 85% del aprovechamiento medio del respectivo sector.

3. Al suelo urbanizable no programado y al suelo apto para urbanizar que no tenga aprobado planeamiento parcial se les aplicará el régimen del suelo rústico previsto en el artículo 77 de esta Ley. Estos terrenos podrán ser incorporados al proceso de desarrollo urbanístico mediante la aprobación de los correspondientes planes parciales, según lo previsto en el artículo 78 de esta Ley.

4. Al suelo no urbanizable se le aplicará el régimen del suelo rústico de esta Ley, con la salvedad de que no podrán incorporarse estos terrenos al desarrollo del suelo urbanizable en tanto no se proceda a la revisión del planeamiento.

5. A los suelos incluidos en las delimitaciones de los núcleos rurales tradicionales se les aplicará el régimen del suelo de los núcleos rurales previsto en el artículo 76 de esta Ley.

Tercera.

La Xunta de Galicia, en el plazo máximo de dieciocho meses, aprobará el desarrollo reglamentario de esta Ley, siendo de aplicación hasta entonces las disposiciones que se contienen en los reglamentos de planeamiento urbanístico, gestión urbanística, disciplina urbanística y edificación forzosa y registro municipal de solares, según la tabla de vigencias aprobada por el Real Decreto 304/1993, de 26 de febrero, en todo lo que no se opongan a la presente Ley o resulten afectadas por la misma.

Cuarta.

Los procedimientos en materia de planeamiento, gestión y disciplina urbanística en tramitación a la entrada en vigor de la presente Ley se regirán por lo dispuesto en la misma.

DISPOSICIÓN DEROGATORIA

Quedan derogadas la Ley 11/1985, de 22 de agosto, de adaptación de la del suelo a Galicia, y las demás disposiciones de igual e inferior rango que se opongan a lo establecido en la presente Ley.

DISPOSICIÓN FINAL

El Consello de la Xunta dictará las disposiciones de desarrollo que sean necesarias para la ejecución de esta Ley.

§ 34 LEY 10/1995, DE 23 NOVIEMBRE. REGULA LA ORDENACIÓN DEL TERRITORIO DE GALICIA

(BOE núm. 11, de 12 enero 1996 y DOG núm. 233, de 5 diciembre 1995 [RCL 1996, 107 y LG 1995, 330])

I. De acuerdo con lo dispuesto en los artículos 148.1.3ª de la Constitución Española y 27.3 del Estatuto de Autonomía de Galicia, corresponde en exclusiva a la Comunidad Autónoma gallega la competencia en materia de «ordenación del territorio y del litoral, urbanismo y vivienda».

II. La Carta Europea de 1983 conceptúa la ordenación del territorio como «la expresión espacial de la política económica, social, cultural y ecológica de toda sociedad» y establece los siguientes objetivos fundamentales de la política territorial:

a) El desarrollo socioeconómico equilibrado de las regiones, con una clara tendencia a la eliminación de las grandes diferencias en el nivel de vida.

b) La mejora de la calidad de vida, que, entre otras cosas, se concreta en una mayor accesibilidad de la población a los equipamientos colectivos de todo tipo en la mejora de las infraestructuras.

c) La gestión responsable de los recursos naturales y la protección del medio natural que haga compatible la satisfacción de las necesidades crecientes de recursos y su conservación, así como el respeto a las peculiaridades propias de cada comarca en cuanto a sus formas de vida.

d) La utilización racional y equilibrada del territorio, definiendo los usos aceptables o a potenciar para cada tipo de suelo, creando las adecuadas redes infraestructurales e incluso fomentando, con medidas incentivadoras, aquellas actuaciones que mejor persigan el fortalecimiento del espíritu comunitario.

III. Las actuaciones de las distintas Administraciones públicas sobre el territorio gallego habían venido caracterizándose por la acumulación de iniciativas carentes de un claro sentido territorial, que permitiese alcanzar una distribución espacial de actividades capaces de aprovechar las potencialidades propias de cada zona y, en consecuencia, la correspondiente mejora en el nivel de calidad de vida y en la calidad del medio natural gallego.

La falta endémica de una visión integradora y combinada de la actuación administrativa llevó a que por la Xunta de Galicia se adoptase un conjunto de medidas, integradas en los diferentes planes de acción sectorial acometidos, que se ha traducido en la superación de una situación caracterizada desde antiguo por el desequilibrio territorial, en la que la población, la actividad económica y las infraestructuras se habían concentrado en una parte relativamente reducida de la Comunidad, el corredor atlántico, dejando en peor condición a las restantes zonas, lo que incrementó las diferencias de calidad de vida existentes entre los habitantes de las zonas urbanas y de las rurales.

IV. La Constitución Española, en su artículo 40, establece que los poderes públicos habrán de procurar el progreso social y económico, así como una distribución de la renta regional y personal más equitativa. En el artículo 45, consagra el derecho de todos los ciudadanos a disfrutar de un medio natural adecuado para el desarrollo de la persona y de la calidad de vida, bienes ambos dependientes del mandato dirigido a los poderes públicos de la utilización racional de los recursos naturales.

A la ordenación del territorio, por la fuerza misma de los principios de que trae causa, le corresponden el papel integrador de las distintas perspectivas y la consecución de una visión superadora de la parcialidad inherente a éstas, determinando su carácter organizador de las funciones sectoriales, presidido por la idea central del principio de coordinación.

La globalidad del fin perseguido demanda primariamente la articulación de una política pública integrada capaz de darle satisfacción; y ello, en el marco de un ordenamiento jurídico complejo y de un Estado basado en el pluralismo territorial, exige la articulación de los procesos de decisión en un doble sentido: asegurando la necesaria integración de las políticas sectoriales en el seno de cada instancia territorial y estableciendo los ejes de interconexión de las distintas instancias territoriales entre sí.

V. Los tradicionales instrumentos de ordenación ofrecidos por la normativa urbanística se han mostrado –en la prácticainsuficientes a la hora de abordar la corrección de los desequilibrios territoriales de carácter socioeconómico o la coordinación de las actuaciones territoriales supramunicipales. Por ello se considera necesario completar el sistema de planificación urbanística con otro sistema –el de ordenación territorial– que venga a colmar las insuficiencias que al respecto ofrecía aquél.

La consecución de los objetivos señalados postula y justifica la elaboración de una normativa propia de la Comunidad Autónoma gallega que, basada en los principios de coordinación, cooperación interadministrativa, racionalidad y planificación, configure los instrumentos ordenadores que permitan obtener un marco territorial global y flexible, en el que se establezcan las referencias básicas, las pautas espaciales para el desarrollo económico y social, los criterios y mecanismos que posibiliten la armonización de los distintos elementos que conforman el territorio y la coordinación entre los distintos poderes y agentes económicos y sociales implicados. Y todo ello presidido por una idea central: la de la coordinación administrativa.

En definitiva, la presente Ley viene a colmar las insuficiencias que ofrecía el sistema de planificación urbanística creando otro sistema –el de ordenación territorial–, estableciendo para ello los diferentes instrumentos de ordenación del territorio, su contenido y relación de interdependencia así como los cauces procedimentales para su elaboración y el régimen de su vigencia, modificación y revisión. Para dicho fin crea y regula los siguientes instrumentos:

a) Directrices de ordenación del territorio.

b) Planes territoriales integrados.

c) Programas coordinados de actuación.

d) Planes y proyectos sectoriales de incidencia supramunicipal.

e) Planes de ordenación del medio físico.

Este catálogo de figuras, elaborado sobre la base del análisis comparado de la producción legislativa autonómica, permite la configuración de un marco territorial global y flexible, que dé cabida a actuaciones tanto de carácter sectorial como integradas, sin excluir la posibilidad de arbitrar soluciones puntuales allí en donde sea preciso. Al mismo tiempo, potencia la confluencia de la política territorial con la económica, a través de la coordinación de las decisiones inversoras que permita optimizar su operatividad para alcanzar un mayor y más equilibrado desarrollo socioeconómico.

Las directrices de ordenación del territorio se configuran como un instrumento de carácter global, expresión de la política territorial, que han de constituir el marco general de referencia, estableciendo las pautas espaciales de asentamiento de las actividades, de acuerdo con las políticas sociales, económicas y culturales emanadas de la Comunidad, integrando, en su caso, las emanadas desde el Estado así como las propuestas que surjan desde las entidades locales.

Los planes territoriales integrados están dirigidos a la organización de áreas geográficas supramunicipales de características homogéneas o a aquellas que, por su tamaño y relaciones funcionales, demanden una planificación infraestructural, de equipamientos de tipo comarcal y de carácter integrado. Estos planes, que se conciben como planes integrados, tendrán como objetivo propio la definición de un modelo territorial que haga compatible el desarrollo y la defensa del medio natural a fin de conseguir un crecimiento equilibrado y una mejora de la calidad de vida de sus habitantes.

Con la finalidad de integrar el conjunto de acciones procedentes de los distintos niveles de gobierno que actúan sobre un mismo territorio, se regulan los programas coordinados de actuación, destinados a la consecución de la coordinación y racionalidad presupuestaria y temporal, estableciendo prioridades y plazos para la realización de actuaciones concretas de inversión, así como las bases para los convenios de colaboración u otros mecanismos de concertación que permitan al instrumento ser referencia obligada para las distintas administraciones intervinientes.

Se conciben como un instrumento complementario de los planes territoriales integrados, a fin de asegurar la coordinación de las actuaciones no contempladas, inicialmente, en los mismos.

Los planes y proyectos sectoriales, de incidencia supramunicipal, tienen por objeto regular la implantación de determinadas actuaciones de indudable incidencia territorial en materia de infraestructuras, dotaciones u otras instalaciones, tanto de iniciativa pública como privada, que se asienten sobre varios términos municipales o de aquellas cuya incidencia trascienda el simple ámbito local por su magnitud, importancia o especiales características.

Por último, se regulan los planes de ordenación del medio físico, con la finalidad de establecer la ordenación integrada de ámbitos determinados en razón de sus especiales características naturales, ecológicas o paisajísticas, que compatibilice su protección con la más racional explotación de los recursos y establezca las complementariedades y relaciones recíprocas con los asentamientos de población.

Para cada uno de dichos instrumentos la Ley señala su funcionalidad y contenido, así como los procedimientos para su elaboración y aprobación.

Por todo lo expuesto, el Parlamento de Galicia aprobó y yo, de conformidad con el artículo 13.2 del Estatuto de Galicia y con el artículo 24 de la Ley 1/1983, de 23 de febrero, reguladora de la Xunta y de su presidente, promulgo en nombre del Rey, la Ley de Ordenación del Territorio de Galicia.

CAPÍTULO I
Disposiciones generales

Artículo 1. Finalidad de la Ley.

La presente Ley tiene como finalidad establecer los objetivos fundamentales y crear los instrumentos necesarios para la coordinación de la política territorial y la ordenación del espacio de la Comunidad Autónoma de Galicia, al objeto de favorecer la utilización racional del territorio gallego y proteger el medio natural, mejorar la calidad de vida y contribuir al equilibrio territorial.

Artículo 2. Contenido de la ordenación del territorio.

A los efectos de lo previsto en la presente Ley, se entiende por ordenación del territorio el conjunto de criterios expresamente formulados, que regulen las actuaciones y los asentamientos sobre el territorio, a fin de conseguir una adecuada interrelación entre población, actividades, servicios e infraestructuras con el territorio gallego en que se implantan, coordinando las actuaciones sobre el territorio de los distintos órganos y diferentes Administraciones públicas.

Artículo 3. Objetivos fundamentales.

Los instrumentos de ordenación del territorio regulados en la presente Ley estarán destinados a la consecución de los siguientes objetivos fundamentales:

a) Disposición de una adecuada estructura espacial tendente a conseguir un equilibrado desarrollo de la Comunidad Autónoma de Galicia procurando el máximo bienestar de su población al tiempo que se garantiza la protección y mejora del medio ambiente.

b) Definición de los criterios a seguir en los asentamientos favoreciendo la accesibilidad de la población al medio natural, mejorando sus condiciones de vida.

c) Compatibilización del proceso de desarrollo del sistema productivo, de la urbanización y de la ordenación turística con la racional utilización de los recursos naturales, sobre todo en lo referente al litoral, a los recursos hidráulicos y al paisaje.

d) Perfeccionamiento y corrección, en su caso, de la distribución espacial de las instalaciones productivas propias de los sectores primario y secundario mediante la utilización de procedimientos de fomento o disuasión en relación con las existentes o futuras.

e) Fijación de los núcleos de población que, por sus características y posibilidades, hayan de constituirse en impulsores del desarrollo socioeconómico de una zona.

f) Definición de las áreas territoriales que, por su idoneidad actual o potencial para la explotación agrícola, forestal o ganadera, o por su riqueza paisajística o ecológica, hayan de ser objeto de especial protección.

g) Adecuación de los planes sectoriales de infraestructuras, instalaciones o equipamientos y servicios a su función vertebradora de una política territorial, definiendo los criterios de diseño, características funcionales y localización, que garanticen la accesibilidad e inserción de la totalidad del territorio en una racional disponibilidad de dichos elementos estructurantes.

h) Establecimiento de los criterios y procedimientos necesarios para asegurar la coordinación de las acciones con la incidencia territorial que corresponda desarrollar a las diferentes administraciones públicas, así como de las diferentes políticas sectoriales de los diversos órganos de la Administración autonómica, que aseguren su integración en una visión de conjunto de los problemas territoriales.

i) Regulación de la participación de la sociedad en el proceso de ordenación territorial para conseguir que ésta sea auténticamente democrática y responda a las aspiraciones y necesidades de la población.

Artículo 4. Instrumentos de ordenación del territorio.

La ordenación territorial de Galicia se realizará a través de los siguientes instrumentos:

- Directrices de ordenación del territorio.
- Planes territoriales integrados.
- Programas coordinados de actuación.
- Planes y proyectos sectoriales.
- Planes de ordenación del medio físico.

⇒ V. art. 7 de la Ley 7/1996, de 10 julio, de desarrollo comarcal en Galicia.

Artículo 5. Aplicación de la Ley.

Los instrumentos previstos en la presente Ley son complementarios y no excluyentes de los que respecto a la ordenación urbanística del suelo se regulan en su legislación específica.

CAPÍTULO II
De las directrices de ordenación del territorio

Artículo 6. Funciones.

Con la finalidad de establecer las pautas espaciales de asentamiento de las actividades, de acuerdo con las políticas sociales, económicas y culturales demandadas de la Comunidad, corresponden a las directrices de ordenación del territorio las siguientes funciones:

a) Formular con carácter global e interrelacionado, y en el marco del Plan económico-social de la Comunidad Autónoma, el conjunto de criterios y normas que orienten y regulen los procesos de asentamiento en el territorio de las distintas actividades económicas y sociales de los agentes públicos y privados que operen en dicho territorio.

b) Construir un marco general de referencia para la formulación de los restantes instrumentos de ordenación territorial, así como de los planes de ordenación previstos en la legislación urbanística, y para la formulación y ejecución de las distintas políticas sectoriales de la Comunidad, al que habrán de acomodarse los planes, programas y acciones con incidencia en el territorio que puedan desarrollar las administraciones públicas de carácter autonómico o local, a fin de garantizar una adecuada coordinación y compatibilización de todas ellas.

c) Suministrar las previsiones y criterios básicos que vayan a actuar como marco de referencia para la formulación de las políticas sectoriales, así como para la programación de los recursos de las administraciones públicas que deban aplicarse en el territorio de la Comunidad Autónoma.

d) Proponer las acciones territoriales que requiera la actuación conjunta con otras Comunidades Autónomas y restantes administraciones públicas, ofreciendo las bases suficientes para celebrar los convenios o acuerdos de colaboración que resulten necesarios.

Artículo 7. Contenido.

1. Las directrices de ordenación del territorio tendrán el siguiente contenido:

a) Descripción e interpretación de las características propias del territorio de la Comunidad Autónoma, formulando un diagnóstico de los problemas existentes, en relación con los asentamientos urbanos y productivos, el medio físico y los recursos naturales y las pautas de desarrollo territorial manifestadas o previsibles.

b) Definición de los criterios a adoptar, en relación con los problemas objeto de diagnóstico, de acuerdo con los objetivos sociales, culturales y económicos diseñados por la Comunidad Autónoma.

c) Formulación, a partir de los distintos elementos de las políticas sectoriales, de propuestas de ordenación del territorio destinadas a reorientar o, en su caso, regular las actuaciones públicas y privadas en el ámbito comunitario, de acuerdo con los objetivos señalados en el apartado precedente, como marco de referencia pública para la actuación de los agentes sociales y económicos que operen en dicho ámbito.

d) Proposición de las relaciones entre las distintas administraciones y organismos públicos que intervengan en el territorio de la Comunidad Autónoma, formulando las propuestas relativas a los procedimientos e instancias a través de los que deban ser resueltos los conflictos que puedan surgir en la fijación o ejecución de las actividades a desarrollar, dejando a salvo en todo caso las facultades que al Estado reconoce la legislación urbanística vigente.

e) Señalamiento de las causas y supuestos que vayan a determinar la adaptación o modificación de las directrices de ordenación del territorio, en función de la aparición de necesidades no contempladas en las mismas o de los cambios introducidos en la política económica o social a desarrollar por las administraciones públicas implicadas.

f) Delimitación de las áreas de protección que queden sustraídas al desarrollo de las actividades urbanas, para ser destinadas a la preservación o explotación de los recursos naturales, atendiendo a su valor cultural, social o económico y estableciendo la prioridad de dicho destino.

g) Delimitación de áreas homogéneas de carácter supramunicipal, con arreglo a su potencial desarrollo y situación socioeconómica.

h) Fijación de los criterios para la localización y ejecución de las infraestructuras y equipamientos de carácter comunitario, regional o subregional. En el supuesto de que dichas infraestructuras y equipamientos tengan carácter reestructurante y su ejecución se programe a corto plazo, las directrices de ordenación territorial podrán definir su localización y los criterios para su diseño.

i) Señalamiento de las condiciones a que deban someterse las propuestas de desarrollo urbano, industrial, terciario o agrícola, en función de las disponibilidades de los recursos energéticos, hidráulicos y de saneamiento correspondientes.

j) Definición de los ámbitos en que sea necesario elaborar planes de ordenación del medio físico previstos en la presente Ley, con señalamiento, en su caso, de las condiciones y plazos a que deba someterse la formulación de los mismos.

k) Criterios para establecer las condiciones a que deberá sujetarse la localización de viviendas de protección oficial o de promoción pública directa o de las que se incorporen a programas de rehabilitación, tomando en consideración las previsiones que en este orden se contengan en el planeamiento local.

2. Las determinaciones previstas en el punto anterior tendrán carácter enunciativo y no limitativo, por lo que las directrices de ordenación del territorio podrán contener cuantas otras fuesen congruentes con las funciones

previstas en el artículo anterior. En todo caso, las directrices de ordenación del territorio respetarán la autonomía de las administraciones locales para la gestión de sus intereses propios.

Artículo 8. Documentación.

Las directrices de ordenación del territorio contendrán los documentos gráficos y escritos que reflejen adecuadamente los contenidos expuestos en el artículo anterior, con el grado de precisión apropiado a sus funciones.

Artículo 9. Eficacia.

Las determinaciones contenidas en las directrices de ordenación del territorio tendrán, en todo caso, la fuerza vinculante que sea congruente con su función de instrumento directriz. A este efecto, expresarán de forma clara e inequívoca el alcance concreto con que habrán de operar todas y cada una de sus determinaciones y que podrá manifestarse en cualquiera de las siguientes formas:

a) Excluyente de cualquier otro criterio, localización, uso o diseño territorial o urbanístico.

b) Alternativa entre varias propuestas contenidas dentro de las mismas directrices de ordenación del territorio.

c) Orientativa, debiendo la Administración competente concretar la propuesta contenida en las directrices de ordenación territorial.

Artículo 10. Procedimiento.

La formulación y aprobación de las directrices de ordenación del territorio se ajustará al siguiente procedimiento:

1) Corresponde al Consello de la Xunta de Galicia acordar la iniciación del procedimiento de su elaboración. El acuerdo, que habrá de ser publicado en el «Diario Oficial de Galicia», será motivado, señalará las causas que lo justifiquen y determinará el plazo de formulación del correspondiente avance.

2) Corresponde a la Consellería competente en materia de política territorial la dirección y preparación del avance de directrices de ordenación del territorio.

Las Consellerías con competencias de proyección territorial formularán las previsiones y determinaciones que les correspondan respecto a los contenidos sectoriales de las directrices descritos en el artículo 7 a los efectos de su integración efectiva en el avance. Dicha formulación se hará en el plazo de tres meses, a contar desde su petición por el departamento director del procedimiento.

Con la misma finalidad, se recabará de la Administración del Estado y de las administraciones locales informe sobre sus propias previsiones en las materias de su competencia, que evacuarán en el mismo plazo que el expresado en el párrafo anterior.

3) En cualquier caso, para la elaboración del avance de directrices, la Consellería directora del procedimiento recabará de los órganos y entidades

mencionados cuantos datos e informaciones sean necesarios para la más correcta redacción de dicho documento, que habrán de ser aportados en el plazo de dos meses a partir del momento en que sean solicitados.

Asimismo, dichos órganos y entidades podrán aportar cuantas informaciones y sugerencias estimen convenientes para los mismos fines.

4) El avance de las directrices será remitido, con los informes evacuados, a las administraciones citadas en los apartados anteriores y a las entidades públicas y privadas que se estimen interesadas, para que en el plazo de tres meses aporten cuantas observaciones, propuestas y alternativas estimen oportunas.

5) Analizadas las observaciones y sugerencias formuladas, la Consellería citada realizará las modificaciones que procediesen, en vista de lo cual, previo informe de la Consellería de Economía y Hacienda, aprobará inicialmente, si procediese, las directrices de ordenación del territorio.

6) El acuerdo de aprobación inicial será publicado en el «Diario Oficial de Galicia», en el «Boletín Oficial del Estado» y al menos, en dos periódicos de los de mayor circulación en la Comunidad Autónoma, y su texto íntegro será remitido a la Delegación del Gobierno en la Comunidad Autónoma y a las diputaciones provinciales, así como a los ayuntamientos.

Desde el momento de la publicación del acuerdo de aprobación inicial en el «Diario Oficial de Galicia» quedará abierto un plazo de audiencia de dos meses, dentro del cual las distintas administraciones y entidades públicas y privadas podrán exponer cuantas observaciones y sugerencias estimen convenientes, quedando expuesta la documentación de las directrices en los lugares que al efecto se señalen.

7) Concluido el plazo a que hace referencia el número anterior y a la vista del resultado del trámite de audiencia, se realizarán, en su caso, las modificaciones que procediesen, tras lo cual el consejero competente en la dirección del procedimiento procederá, previo informe de la Consellería de Economía y Hacienda, a otorgar la aprobación provisional a las directrices, que elevará al Consello de la Xunta de Galicia y de las que dará traslado al Parlamento de Galicia para su tramitación de acuerdo con lo dispuesto para los planes y programas remitidos por la Xunta en el Reglamento del Parlamento de Galicia.

8) Finalizado el procedimiento previsto en el artículo anterior, el Parlamento remitirá el documento a la Xunta de Galicia, que lo aprobará con la forma de Decreto y que será publicado en el «Diario Oficial de Galicia» y en el «Boletín Oficial del Estado».

9) Las modificaciones de las directrices de ordenación del territorio que no supongan revisión general o sustancial de tal instrumento tendrán lugar mediante el procedimiento que al efecto establezca el Consello de la Xunta. En todo caso, conservará los trámites establecidos para la aprobación inicial y definitiva, pudiéndose reducir los plazos previstos para los mismos.

10) Asimismo, por Decreto del Consello de la Xunta de Galicia se deter-

minará el procedimiento que regule el seguimiento y puesta al día de los objetivos y determinaciones de las directrices de ordenación del territorio.

Artículo 11. Control.

La Xunta de Galicia, una vez al año, presentará al Parlamento una memoria en la que se plasmará el estado en que se encuentran las directrices de ordenación del territorio.

CAPÍTULO III

De los planes territoriales integrados

Artículo 12. Funcionalidad.

1. En desarrollo de las directrices de ordenación del territorio podrán formularse planes territoriales integrados dirigidos a la organización de áreas geográficas supramunicipales de características homogéneas o de aquellas que, por su tamaño y relaciones funcionales, precisen de una planificación infraestructural, de equipamientos y recursos de ámbito comarcal, y de carácter integrado.

2. Cuando circunstancias no previstas en las directrices lo aconsejen, el Consello de la Xunta de Galicia podrá acordar la elaboración de un plan territorial integrado, señalando su ámbito territorial y los objetivos principales a alcanzar.

Artículo 13. Contenido.

Los planes territoriales integrados contendrán los documentos gráficos y escritos que sean necesarios para reflejar las siguientes determinaciones:

a) Diagnóstico territorial del área, en especial en lo referente a los recursos naturales, población, planeamiento vigente y situación socioeconómica.

b) Definición de los objetivos de la ordenación, con especial atención al estudio de las posibilidades de desarrollo socioeconómico.

c) Señalamiento de los espacios aptos para servir de soporte a las grandes infraestructuras, determinando la ubicación y características de aquellas que deban crearse o modificarse para potenciar el desarrollo socioeconómico comarcal.

d) Definición de la ubicación de los equipamientos de interés común para el área o zona objeto del plan.

e) Criterios, principios y normas generales que constituyan el referente para la ordenación urbanística municipal.

f) Recomendaciones y propuestas relativas a los espacios que deban ser objeto de remodelación, regeneración o rehabilitación, a fin de evitar su degradación o conseguir su recuperación para usos, total o parcialmente, distintos.

g) Estimación ponderada de las superficies de suelo que deban reservarse con destino a alguna de las siguientes finalidades:

– Construcción de viviendas de protección oficial, tanto de promoción pública como privada, o de cualesquiera otras que en el futuro pudiesen ser limitadas en su precio final mediante regulación específica.

– Promoción pública de suelo industrial al objeto de posibilitar la formación de polígonos urbanizados.

h) Determinación de aquellos servicios que deban o puedan crearse para común utilización de los municipios incluidos en el ámbito del plan.

i) Determinaciones tendentes a evitar desequilibrios funcionales en zonas limítrofes de distintos municipios.

j) Creación de medidas de apoyo encaminadas a incentivar actuaciones que favorezcan la consecución de los objetivos fijados en las directrices de ordenación del territorio y en el propio plan.

k) Criterios, normas y principios necesarios para el desarrollo de sus determinaciones.

Artículo 14. Eficacia.

1. Las determinaciones de los planes territoriales integrados tendrán, en todo caso, la fuerza vinculante que sea congruente con su funcionalidad y expresarán de forma clara e inequívoca el alcance con que habrán de operar.

2. Los planes de desarrollo comarcal se ajustarán a las directrices de ordenación del territorio y a los planes territoriales integrados que total o parcialmente les afecten y, en su caso, se revisarán para ajustar a éstos sus determinaciones en el plazo y mediante el procedimiento que reglamentariamente se establezca.

3. Cuando los planes territoriales integrados incidan sobre planes urbanísticos ya existentes, el acuerdo de aprobación definitiva de aquéllos precisará, necesariamente, los puntos concretos en los que éstos quedan modificados, sin perjuicio de que los municipios afectados puedan incoar los procedimientos precisos para adaptarlos a las determinaciones de aquéllos.

Artículo 15. Procedimiento.

1. Corresponde al Consello de la Xunta acordar la iniciación del procedimiento de su elaboración. El acuerdo será motivado, señalará las causas que lo justifiquen y determinará la Consellería competente para la elaboración y dirección del procedimiento, así como aquellos otros departamentos que tengan que participar en el mismo.

El acuerdo, que habrá de ser publicado en el «Diario Oficial de Galicia» y, al menos, en dos periódicos de los de mayor circulación en la Comunidad Autónoma, se notificará, además, a los ayuntamientos afectados y a la diputación provincial respectiva.

2. Redactado el plan territorial y antes de su aprobación inicial por el departamento director del procedimiento, se someterá a informe de las corporaciones locales referidas en el número anterior y de las entidades de carácter supramunicipal con incidencia en el área, que lo evacuarán en el plazo máximo de dos meses.

3. Con el acuerdo de aprobación inicial se adoptará el de apertura del trámite de información pública por un período de dos meses, y se solicitará informe de la Delegación del Gobierno, que habrá de evacuarlo en igual plazo.

4. La Consellería que hubiese otorgado su aprobación inicial, a la vista del resultado de la información pública y de los informes producidos, acordará la aprobación provisional con las modificaciones que, en su caso, procedan. Si con motivo de las alegaciones formuladas o de los informes evacuados tuviesen que introducirse modificaciones sustanciales en relación con el documento aprobado inicialmente, podrá disponer un nuevo período de información y consulta de igual duración que el anterior.

5. Después de la aprobación provisional, corresponde al departamento que la hubiese otorgado su elevación al Consello de la Xunta de Galicia para su aprobación definitiva mediante Decreto.

CAPÍTULO IV
De los programas coordinados de actuación

Artículo 16. Funciones.

Son funciones de los programas coordinados de actuación:

a) Formular un programa plurianual, referido a la totalidad del ámbito comunitario o a algunas de las áreas del mismo, de carácter sectorial o intersectorial, integrando las actuaciones propuestas por las distintas administraciones u organismos públicos que operen en el ámbito de la Comunidad Autónoma.

b) Determinar, conjuntamente y de acuerdo con el régimen de competencias establecido por la legislación vigente, las administraciones u organismos responsables de su ejecución y, en su caso, los criterios para establecer los necesarios acuerdos o convenios entre las administraciones públicas que deban proceder a su desarrollo conjunto.

Artículo 17. Relación con los planes de desarrollo comarcal.

Cuando los programas coordinados de actuación tengan por objeto un ámbito comarcal específico, su regulación y ejecución se llevará a cabo a través de planes de desarrollo comarcal, que se regirán por su legislación específica.

Artículo 18. Documentación y determinaciones.

1. Los programas coordinados de actuación constarán de los documentos escritos y gráficos necesarios para reflejar el siguiente contenido:

a) Objetivos que se persiguen en la formulación del programa.

b) Análisis de los aspectos sectoriales a que se refieran sus propuestas, formulando un diagnóstico sobre su eficacia en relación con el sistema general de asentamientos residenciales o productivos y con el medio natural.

c) Relación y localización de las obras y actuaciones integradas en los mismos.

d) Estimación ponderada de los costes de dichas obras y actuaciones.

e) Los recursos, directos o indirectos, con que se proyecte financiar dichas obras y actuaciones.

f) Prioridades para su ejecución y, en su caso, programación temporal para la iniciación de las obras y actuaciones incluidas en el programa.

g) Medidas de articulación, en su caso, entre los programas coordinados de actuación, las directrices de ordenación del territorio y demás instrumentos de ordenación urbanística y del territorio vigentes.

h) Relación con los planes o programas de obras de los distintos organismos públicos que intervienen en el territorio de la Comunidad Autónoma.

i) Causas y procedimientos para su actualización continua.

2. El contenido de los programas coordinados de actuación podrá, asimismo, referirse a la ejecución de infraestructuras básicas, instalaciones productivas, industriales o agrícolas, equipamientos y viviendas.

Artículo 19. Carácter.

1. Los programas coordinados de actuación, por su carácter de instrumento de programación plurianual, constituirán referencia para la actuación de las administraciones y organismos públicos a los que corresponda la ejecución y gestión de las obras y actuaciones incluidas en los mismos y, en consecuencia:

a) Servirán de marco de referencia para la elaboración, por el Consello de la Xunta de Galicia, de los proyectos de presupuestos de la Comunidad Autónoma.

b) Constituirán la base para la celebración de convenios y acuerdos de cooperación con las entidades locales y urbanísticas especiales.

c) Constituirán, asimismo, la base para la celebración de convenios y acuerdos con la Administración del Estado, en cuanto a las obras o actuaciones de su competencia que tengan que realizarse en el ámbito de la Comunidad Autónoma, así como con otras Comunidades Autónomas.

2. La formulación de estos contenidos respetará el ámbito de competencias municipales, teniendo en cuenta la autonomía municipal para la gestión de sus intereses propios.

Artículo 20. Eficacia.

1. Los programas coordinados de actuación no podrán modificar directamente las determinaciones de las figuras de planeamiento general reguladas en la legislación urbanística ni de los planes de ordenación del medio físico regulados en la presente Ley.

2. Cuando las obras o actuaciones de interés estatal o que afecten al conjunto de la Comunidad o a ámbitos supramunicipales de la misma previstas en un programa coordinado de actuación exijan una modificación de las

determinaciones de los planes generales o normas complementarias o subsidiarias de planeamiento y planes que los desarrollen y dicha modificación no haya sido incorporada como consecuencia de la adecuación del planeamiento a las directrices de ordenación territorial, se procederá, con carácter excepcional y una vez definida la obra o actuación de que se trate, a la adaptación de dichos planes al programa coordinado de actuación, en los plazos que se señalen en el mismo.

Artículo 21. Procedimiento.

1. La formulación y aprobación de los programas coordinados de actuación se ajustará al siguiente procedimiento:

a) Corresponde al Consello de la Xunta de Galicia, a propuesta de una o varias consellerías, que podrán actuar a instancia de una entidad local o urbanística especial o por propia iniciativa, acordar la formulación de un programa coordinado de actuación.

El acuerdo, que habrá de publicarse en el «Diario Oficial de Galicia», será motivado, señalará las causas que lo justifiquen y finalidades que se persigan, determinará la consellería encargada de su formulación y las consellerías, entidades u organismos que han de colaborar en la misma, así como el plazo dentro del cual habrá de ser redactado el documento a que se refiere el apartado siguiente.

b) Adoptado dicho acuerdo y dentro del plazo que en el mismo se señale, se procederá a la redacción de un documento previo, en el que se expongan los objetivos y propuestas básicas que haya de desarrollar el programa coordinado de actuación.

c) El documento previo será remitido por la consellería encargada de su elaboración a las corporaciones locales afectadas, que, dentro de los dos meses siguientes a su recepción, habrán de remitir los programas de actuación o actividades que desarrollen los instrumentos de ordenación general, al tiempo que podrán efectuar las propuestas de programación u observaciones y, en su caso, alternativas que estimen convenientes.

Igualmente, se remitirá a las corporaciones y organismos públicos así como a las empresas prestadoras de servicios públicos que se estime necesario para que, dentro de los dos meses siguientes a su recepción, aporten los proyectos o programas cuya ejecución tengan prevista.

d) La consellería que lo hubiese elaborado acordará, después de ello, la aprobación inicial del programa coordinado de actuación, que será publicado en el «Boletín Oficial del Estado», en el «Diario Oficial de Galicia» y en un periódico de los de mayor difusión en la Comunidad Autónoma, y se someterá a los trámites de información pública y audiencia de los ayuntamientos, entidades, corporaciones y organismos públicos afectados, por el plazo de dos meses.

e) A la vista del resultado del trámite de información pública y audiencia, procederá a su aprobación provisional incorporando las modificaciones que, en su caso, procediesen.

f) Después de la aprobación provisional, el programa coordinado de actuación será elevado por el departamento que la hubiese otorgado al Consello de la Xunta de Galicia, para su aprobación definitiva.

La aprobación definitiva revestirá la forma de Decreto y será objeto de publicación en el «Boletín Oficial del Estado» y en el «Diario Oficial de Galicia».

2. Cuando circunstancias no previsibles en el momento de la aprobación de un programa coordinado de actuación requieran la inclusión en el mismo de obras o actuaciones no previstas inicialmente, el Consello de la Xunta de Galicia, mediante Decreto, dispondrá la inclusión de éstas en el programa.

CAPÍTULO V
De los planes y proyectos sectoriales

Artículo 22. Finalidad.

1. Los planes y proyectos sectoriales de incidencia supramunicipal tienen por objeto regular la implantación territorial de las infraestructuras, dotaciones e instalaciones de interés público o utilidad social cuando su incidencia trascienda del término municipal en que se ubiquen, por su magnitud, importancia o especiales características, o que se asienten sobre varios términos.

2. A los efectos de lo previsto en el presente artículo, se consideran infraestructuras las construcciones y conducciones destinadas a las comunicaciones, la ejecución de la política hidráulica, la lucha contra la contaminación y protección de la naturaleza y la ejecución de la política energética; se consideran dotaciones las construcciones que sirvan de soporte a las actividades y servicios de carácter sanitario, asistencial, educativo, cultural, comercial, administrativo, de seguridad y protección civil, recreativo y deportivo; y se consideran instalaciones las destinadas a la realización de actividades económicas primarias, secundarias y terciarias que cumplan las condiciones señaladas en el número anterior.

3. Los planes y proyectos sectoriales de incidencia supramunicipal pueden ser promovidos y desarrollados por iniciativa pública o privada.

4. Corresponde al Consello de la Xunta de Galicia calificar, a efectos de lo previsto en la presente Ley, un plan o proyecto sectorial como de incidencia supramunicipal, así como la determinación de la consellería a la que corresponda su impulso y, en su caso, aquellas que tendrían que colaborar en el mismo.

Artículo 23. Documentación y determinaciones.

Los planes y proyectos sectoriales constarán de los documentos necesarios para reflejar con claridad y suficiencia las siguientes determinaciones:

1) Descripción del espacio en que se asiente la infraestructura, dotación o instalación objeto del plan o proyecto, y ámbito territorial de incidencia del mismo.

2) Organismo, entidad o persona jurídica o física promotor y titular de la infraestructura, dotación o instalación.

3) Justificación del interés público o utilidad social de la infraestructura, dotación o instalación.

4) Descripción, con la especificación suficiente de las características de la infraestructura, dotación o instalación objeto del plan o proyecto, duración temporal estimada de su ejecución y recursos económicos afectados a la misma.

5) Incidencia sobre el territorio físico, afecciones ambientales y medios de corrección o minimización de las mismas.

6) Adecuación con el planeamiento local vigente en el término o términos municipales en que se asiente la infraestructura, dotación o instalación, o, en su caso, determinaciones de dicho planeamiento local que han de ser modificadas como consecuencia de la aprobación del plan o proyecto sectorial, así como el plazo para realizar la correspondiente adecuación.

Artículo 24. Eficacia.

Las determinaciones contenidas en los planes y proyectos sectoriales de incidencia supramunicipal vincularán el planeamiento del ente o entes locales en que se asienten dichos planes o proyectos, que habrán de adaptarse a ellas dentro de los plazos que a tal efecto determinen.

Artículo 25. Procedimiento.

La formulación y aprobación de los planes y proyectos sectoriales de incidencia supramunicipal se ajustará al siguiente procedimiento:

1) El organismo o entidad que lo promueva lo remitirá a la consellería competente por razón del contenido del proyecto o plan de que se trate para su tramitación, si procediese, en los casos en que no correspondiese a ésta la iniciativa de su formulación.

2) El Consello de la Xunta de Galicia, a propuesta del conselleiro competente por razón de la materia, declarará dicho plan o proyecto como de incidencia supramunicipal a los efectos previstos en esta Ley.

3) Los planes o proyectos que el Consello de la Xunta declare como de incidencia supramunicipal se someterán por un plazo mínimo de un mes a los trámites de información pública mediante el correspondiente anuncio en el «Diario Oficial de Galicia», y de audiencia a las entidades locales sobre las que incida el plan o proyecto.

4) El Consello de la Xunta de Galicia, previo informe de la consellería competente sobre las alegaciones presentadas en el trámite de exposición pública y audiencia, aprobará definitivamente el plan o proyecto, y dicha aprobación se publicará en el «Diario Oficial de Galicia».

En la aprobación definitiva por el Consello de la Xunta de Galicia podrá acordarse, en su caso, la declaración de utilidad pública a los efectos expropiatorios.

CAPÍTULO VI

De los planes de ordenación del medio físico

Artículo 26. Funciones.

1. Los planes de ordenación del medio físico tienen por objeto desarrollar las directrices de ordenación del territorio en los ámbitos que aquéllas delimiten en función de sus características morfológicas, agrícolas, ganaderas, forestales, paisajísticas o ecológicas diferenciadas, que exijan una consideración y tratamiento unitarios, bajo presupuestos que excedan de los propios de cada uno de los términos municipales afectados por la ordenación.

2. Cuando circunstancias singulares no previstas en las directrices lo aconsejen, podrá el Consello de la Xunta de Galicia acordar la elaboración de un plan de ordenación del medio físico, señalando su ámbito territorial y los objetivos principales a alcanzar, previo informe de los ayuntamientos cuyos términos municipales estén incluidos, total o parcialmente, dentro del ámbito objeto del plan.

3. Las determinaciones de los planes de ordenación del medio físico que regulen las materias contempladas en la Ley 4/1989, de 27 de marzo, de Conservación de los Espacios Naturales y de la Flora y Fauna Silvestres, se ajustarán a lo dispuesto en la misma y, en su virtud, prevalecerán sobre los instrumentos de ordenación territorial o física existentes.

En todo caso, la regulación y gestión de los recursos naturales se regirán por su legislación específica.

Artículo 27. Contenido.

Los planes de ordenación del medio físico contendrán las siguientes determinaciones:

1) Descripción del ámbito objeto de ordenación y de sus características diferenciales destacando sus valores naturales y potencialidades como soporte de actividades de carácter agropecuario, forestal, ecológico, recreativo, cultural o científico.

2) Diagnóstico sobre los problemas suscitados por los usos existentes en el ámbito de ordenación y las tendencias previsibles de los mismos, analizando su adecuación o inadecuación a las exigencias de uso, protección o explotación de los recursos naturales.

3) Señalamiento de las zonas que presenten características homogéneas para su destino, exclusivo o compatible, a usos recreativos, científicos, agropecuarios, forestales u otros que se establezcan, y establecimiento de las relaciones de complementariedad recíproca entre las mismas y en relación con los asentamientos de desarrollo urbano comprendidos en su ámbito.

4) Establecimiento de las medidas y normas de protección y de las actuaciones públicas o privadas necesarias para la preservación, restauración o mejora de las diferentes zonas para su adecuación a las funciones y usos correspondientes, y evaluación de su incidencia ambiental.

5) Señalamiento de la localización, magnitudes y carácter de los asenta-

mientos vinculados al disfrute y explotación de los recursos naturales y definición de las infraestructuras y equipamientos vinculados al disfrute y explotación de los usos y actividades reguladas.

6) Normativa reguladora de las actividades productivas o recreativas, así como de la parcelación y construcciones vinculadas a la explotación, disfrute y estudio de los recursos naturales.

7) Estudio económico, en el que se analice la coherencia entre las normas y actuaciones propuestas y la disponibilidad de los recursos hidráulicos y energéticos, así como sus efectos sobre el sistema productivo, agrícola, ganadero, forestal y extractivo.

8) Formulación, en su caso, de los programas de inversiones públicas vinculados al desarrollo de las actuaciones de preservación, restauración o mejora de las diferentes zonas, estableciendo las prioridades de las distintas actuaciones previstas.

9) Análisis de la relación del contenido del plan con el planeamiento municipal vigente, exponiendo las posibles discrepancias y justificando las determinaciones que impliquen la necesaria modificación de dicho planeamiento.

10) Constitución de los órganos de gestión a los que se atribuya la tutela o fomento de las actividades propias de la totalidad del ámbito ordenado o de partes del mismo, así como el desarrollo de los programas correspondientes.

En dichos órganos de gestión estarán representados los ayuntamientos incluidos total o parcialmente en el ámbito objeto de ordenación.

Artículo 28. Documentación.

Los planes de ordenación del medio físico contendrán los documentos gráficos y escritos necesarios para reflejar los contenidos expuestos en el artículo anterior y, en todo caso, los siguientes:

– Memoria con análisis de la situación actual, descripción de problemas, objetivos y medidas de actuación.

– Documentación gráfica con planos de información y propuesta.

– Normativa que defina el grado de vinculación de cada contenido.

Artículo 29. Eficacia.

1. Las determinaciones contenidas en los planes de ordenación del medio físico vincularán el planeamiento local en sus propios términos, y a tal efecto el acuerdo de aprobación definitiva precisará los puntos concretos de dicho planeamiento que quedan modificados desde ese mismo momento, sin perjuicio de que las entidades afectadas puedan incoar los procedimientos precisos para incorporar dichas determinaciones.

2. Sin perjuicio de lo dispuesto en el artículo 26.3, los planes de ordenación del medio físico no podrán contener determinaciones para el suelo clasificado como urbano o urbanizable que esté en ejecución.

Artículo 30. Procedimiento.

La formulación y aprobación de los planes de ordenación del medio físico se ajustará al siguiente procedimiento:

1) Corresponde al Consello de la Xunta de Galicia acordar la iniciación del procedimiento de su elaboración. El acuerdo será motivado, señalará las causas que lo justifiquen y determinará la consellería competente para su elaboración y dirección del procedimiento, así como aquellos otros departamentos que tengan que participar en el mismo.

El acuerdo, que habrá de ser publicado en el «Diario Oficial de Galicia» y, al menos, en dos periódicos de los de mayor circulación en la Comunidad Autónoma, se notificará, además, a los ayuntamientos afectados y a la diputación provincial respectiva.

2) Redactado el plan y antes de su aprobación inicial por el departamento director del procedimiento, se someterá a informe de las corporaciones locales referidas en el número anterior y entidades de carácter supramunicipal con incidencia en el área, que evacuarán en el plazo máximo de dos meses.

3) Con el acuerdo de aprobación inicial se adoptará el de apertura del trámite de información pública por un período de dos meses, y se solicitará informe de la Delegación del Gobierno. Transcurrido el plazo de dos meses sin que éste se evacuase, podrán proseguir las actuaciones.

4) La consellería que hubiese otorgado su aprobación inicial, a la vista del resultado de la información pública y de los informes producidos, acordará la aprobación provisional con las modificaciones que, en su caso, procedan. Si con motivo de las alegaciones formuladas o de los informes evacuados tuviesen que introducirse modificaciones sustanciales en relación con el documento aprobado inicialmente, podrá disponer un nuevo período de información y consulta de igual duración que el anterior.

5) Después de la aprobación provisional, corresponde al departamento que la hubiese otorgado su elevación al Consello de la Xunta de Galicia para su aprobación definitiva mediante Decreto.

Artículo 31. Instituto de Estudios del Territorio.

Se creará el Instituto de Estudios del Territorio, con la naturaleza, fines y medios que se establezcan en su Ley reguladora.

DISPOSICIONES ADICIONALES

Primera.

La aprobación de los instrumentos de ordenación del territorio llevará implícita la declaración de utilidad pública de las obras, instalaciones y servicios previstos de forma concreta en los mismos.

Las obras públicas expresamente calificadas como de marcado carácter territorial en los citados instrumentos no estarán sometidas a los actos de control preventivo municipal a que se refiere el artículo 84.1 b) de la Ley 7/1985, de 2 de abril, reguladora de las Bases del Régimen Local.

No obstante, una vez aprobados los proyectos de las citadas obras públicas, la Administración competente lo pondrá en conocimiento de los ayuntamientos afectados.

Segunda.

El acuerdo de la Xunta de Galicia para iniciar el procedimiento recogido en el artículo 10.1 de la presente Ley se realizará dentro de los dos meses siguientes a la entrada en vigor de la misma.

DISPOSICIÓN DEROGATORIA

Quedan derogadas cuantas disposiciones se opongan a lo dispuesto en la presente Ley.

DISPOSICIÓN FINAL

Se autoriza al Consello de la Xunta de Galicia para dictar cuantas disposiciones sean necesarias para el desarrollo y aplicación de esta Ley.

§ 35 DECRETO 28/1999, DE 21 ENERO. APRUEBA EL REGLAMENTO DE DISCIPLINA URBANÍSTICA PARA EL DESARROLLO Y APLICACIÓN DE LA LEY 1/1997, DE 24 MARZO, REGULADORA DEL SUELO DE GALICIA

(DOG núm. 32, de 17 febrero [LG 1999, 52])

La Ley 1/1997, de 24 de marzo, del Suelo de Galicia, en su disposición transitoria tercera y disposición final, establece que en el plazo de dieciocho meses el Consello de la Xunta aprobará las normas de desarrollo reglamentario de esta ley y las que sean necesarias para su ejecución.

En cumplimiento de este mandato legal se han desarrollado los preceptos del Título VI de la Ley del Suelo de Galicia, regulando la intervención en la edificación y uso del suelo, la protección de la legalidad urbanística, las infracciones y sanciones y la función de inspección urbanística, con la finalidad primordial de asegurar la efectividad de la ordenación urbanística establecida en la legislación y el planeamiento.

Dado que este Reglamento regula por vez primera la disciplina urbanística en desarrollo de la nueva Ley del Suelo de Galicia, no produce la derogación de disposiciones autonómicas anteriores. Lo que sí produce es el desplazamiento de la normativa estatal –el Reglamento de Disciplina Urbanística aprobado por Real Decreto 2187/1978, de 23 de junio, modificado por el Real Decreto 304/1993, de 26 de febrero–, que como derecho supletorio era de aplicación hasta la fecha en Galicia, a falta de desarrollo normativo propio, al que expresamente se remitía la disposición transitoria tercera de la Ley del Suelo de Galicia.

En su virtud, de acuerdo con el dictamen del Consello Consultivo de Galicia, a propuesta del conselleiro de Política Territorial, Obras Públicas y Vivienda y previa deliberación del Consello de la Xunta de Galicia en su reunión del día veintiuno de enero de mil novecientos noventa y nueve, dispongo:

Artículo único.

Se aprueba el Reglamento de Disciplina Urbanística para el desarrollo y aplicación de la Ley del Suelo de Galicia, cuyo texto se inserta a continuación.

REGLAMENTO DE DISCIPLINA URBANÍSTICA PARA EL DESARROLLO Y APLICACIÓN DE LA LEY DEL SUELO DE GALICIA

TÍTULO PRELIMINAR
NATURALEZA, OBJETO Y FINALIDAD

Artículo 1.

El presente Reglamento tiene por objeto la regulación detallada de los instrumentos legitimadores de la actividad administrativa en materia de disciplina urbanística, las medidas de protección de la legalidad y, en su caso, las que resulten pertinentes para la restauración de la realidad física alterada.

TÍTULO I
DISPOSICIONES GENERALES

Artículo 2.

1. La Administración de la Xunta de Galicia y de las entidades locales, en sus respectivas esferas de competencia, han de velar por el cumplimiento de la legalidad urbanística, en ejercicio de las potestades legales que les incumban.

La intervención administrativa en el uso del suelo y en la edificación, las medidas de protección de la legalidad urbanística y las relativas al procedimiento sancionador son de ejercicio inexcusable para conseguir los objetivos enunciados en la Ley del Suelo de Galicia.

2. La Administración de la Xunta de Galicia facilitará a las entidades locales y éstas, a su vez, a aquélla la información y la colaboración que respectivamente soliciten para la protección de la legalidad y la adopción de las medidas de disciplina necesarias.

En todo caso, los ayuntamientos y la Comunidad Autónoma se notificarán mutuamente todas las resoluciones que pongan fin a los procedimientos sancionadores y de reposición de la legalidad urbanística.

3. Asimismo, los ayuntamientos podrán recabar de la correspondiente diputación provincial, de acuerdo con lo establecido en el artículo 194.1º de la Ley del Suelo de Galicia y en la Ley 5/1997, de 22 de julio, de Administración Local de Galicia, el asesoramiento y cooperación necesaria para el cumplimiento de sus obligaciones urbanísticas.

Artículo 3.

La actividad administrativa acerca de la protección de la legalidad urbanística comprenderá las siguientes funciones:

a) Inspeccionar las obras, edificaciones y usos del suelo para comprobar el cumplimiento de la legalidad urbanística.

b) Adoptar las medidas necesarias para la restauración del orden urbanístico vulnerado y reponer los bienes afectados al estado anterior a la producción de la situación ilegal.

c) Sancionar a los responsables de las infracciones urbanísticas.

Artículo 4.

1. Toda actuación que contradiga las normas o el planeamiento urbanístico en vigor podrá dar lugar a:

a) La adopción por parte de la Administración competente de las medidas precisas para que se proceda a la restauración del orden jurídico infringido y de la realidad física alterada o transformada como consecuencia de la actuación ilegal.

b) La iniciación de los procedimientos de suspensión y anulación de actos administrativos en los que presuntamente pudiera ampararse la actuación ilegal.

c) La imposición de sanciones a los responsables, previa tramitación del correspondiente expediente sancionador, sin perjuicio de las responsabilidades de orden penal en que hubieran podido incurrir.

d) La obligación de resarcimiento de daños e indemnización de los perjuicios a cargo de quienes sean declarados responsables.

2. Las actuaciones previstas en el número anterior se desarrollarán por los órganos y conforme al procedimiento establecido para cada una de ellas, sin perjuicio de las reglas de conexión y compatibilidad contenidas en el presente Reglamento.

Artículo 5.

En ningún caso podrá la Administración dejar de adoptar las medidas tendentes a restaurar el orden urbanístico vulnerado o a reponer los bienes afectados al estado anterior a la producción de la situación ilegal.

Artículo 6.

1. La parcelación urbanística y las obras de urbanización, así como la edificación requieren la previa aprobación del planeamiento pormenorizado exigible según la clase de suelo de que se trate, con las excepciones establecidas en la Ley del Suelo de Galicia.

2. La publicidad, realizada por cualquier medio, de parcelaciones urbanísticas, edificaciones, urbanizaciones o cualesquiera otras actuaciones urbanísticas deberá ajustarse fielmente al planeamiento urbanístico vigente.

Artículo 7.

1. Con la finalidad de reforzar la eficacia de los actos en materia de disciplina urbanística, las administraciones competentes procurarán la coordinación de su acción administrativa con el Registro de la Propiedad, mediante la utilización de los mecanismos establecidos en la legislación hipotecaria para la inscripción y anotación preventiva de actos de naturaleza urbanística.

2. Ello se entiende sin perjuicio de las funciones que el ordenamiento

jurídico reconoce a los notarios y a los registradores, y en ningún caso limitará su facultad calificadora.

Artículo 8.

La Administración urbanística no admitirá a trámite los proyectos de desarrollo, gestión, ejecución y edificación, promovidos por particulares, que hayan sido redactados por profesionales que a título individual o formando parte de personas jurídicas hayan intervenido en la redacción o modificación de instrumentos de planeamiento urbanístico de índole general, en tanto no haya transcurrido el plazo de dos años contados a partir de la entrada en vigor de estos últimos.

TÍTULO II
INTERVENCIÓN DE LA EDIFICACIÓN Y USO DEL SUELO

CAPÍTULO I
Licencias urbanísticas

Artículo 9.

La licencia urbanística tiene por finalidad comprobar que los actos de edificación y uso del suelo proyectados se ajustan al ordenamiento urbanístico vigente. Asimismo, para la concesión de la licencia se verificará si el aprovechamiento proyectado se ajusta al susceptible de apropiación y si las obras y usos proyectados reúnen las condiciones exigibles de seguridad, salubridad, habitabilidad y accesibilidad.

Sección 1ª Actos sujetos a licencia, competencia y procedimiento

Artículo 10.

Están sujetos a previa licencia, sin perjuicio de las autorizaciones, licencias o concesiones que fueren procedentes con arreglo a la legislación específica aplicable, los siguientes actos:

1. Las obras de construcción de edificaciones e instalaciones de todas clases de nueva planta.

2. Las obras de ampliación de edificios e instalaciones de todas clases existentes.

3. Las de modificación o reforma que afecten a la estructura de los edificios e instalaciones de todas clases existentes.

4. Las de modificación del aspecto exterior de los edificios e instalaciones de todas clases existentes.

5. Las obras que modifiquen la disposición interior de los edificios.

6. Las obras y los usos que se hayan de realizar con carácter provisional, a los que se refiere el artículo 57 de la Ley del Suelo de Galicia.

7. Los movimientos de tierra, tales como desmontes, explanaciones, excavaciones y terraplenes, las obras de instalación de servicios públicos y, en

general, las relacionadas con la urbanización, exceptuando que estos actos hayan sido detallados y programados como obras a ejecutar en un proyecto de urbanización definitivamente aprobado o de edificación que disponga de licencia otorgada.

8. La primera utilización u ocupación de los edificios e instalaciones en general.

9. La utilización del suelo para el desarrollo de actividades mercantiles, industriales, profesionales, de servicios u otras análogas.

10. El uso del vuelo sobre las edificaciones e instalaciones de todas clases existentes.

11. La modificación del uso de los edificios e instalaciones en general.

12. La demolición de las construcciones, salvo en los casos declarados de ruina inminente.

13. Las instalaciones subterráneas dedicadas a aparcamientos, actividades industriales, mercantiles o profesionales, servicios públicos o cualquier otro uso a que se destine el subsuelo.

14. La extracción de áridos y la explotación de canteras, aunque se produzca en terrenos de dominio público y estén sujetos a concesión o autorización administrativa.

15. Las actividades extractivas de minerales, líquidos, y de cualquier otra materia, así como las de vertidos en el subsuelo.

16. Las obras de construcción de infraestructura civil, excepto que estos actos hayan sido detallados y programados como obras a ejecutar en un plan especial o en un instrumento de ordenación territorial, sin perjuicio de lo dispuesto en la legislación sectorial aplicable.

Quedan excluidas de la preceptividad de la licencia las obras de mantenimiento de las obras públicas.

17. Las construcciones en las zonas de dominio público, sin perjuicio de lo dispuesto en la legislación sectorial aplicable.

18. La instalación o ubicación de casas prefabricadas e instalaciones similares, provisionales o permanentes, excepto que se efectúen dentro de campamentos legalmente autorizados y en las zonas expresamente previstas para dicha finalidad.

19. Las talas y los abatimientos de árboles que constituyan masa arbórea, espacio boscoso, arboleda o parque, haya o no planeamiento aprobado, a excepción de las autorizadas en suelo rústico por órganos competentes en materia agraria y/o forestal.

20. La instalación de invernaderos.

21. La colocación de carteles y vallas de propaganda visibles desde la vía pública, siempre que no estén en locales cerrados.

22. Los cierres y vallados de predios.

23. Las parcelaciones urbanísticas, salvo que estén contenidas en un proyecto de compensación o reparcelación aprobado.

24. Las obras de apertura de caminos y accesos a parcelas en suelo rústico, salvo las autorizadas por el organismo competente en materia agraria y/o forestal.

25. Las instalaciones y construcciones de carácter temporal destinadas a espectáculos y actividades recreativas.

26. Cualquier intervención en edificios declarados como bienes de interés cultural, catalogados o protegidos.

27. Y, en general, el resto de actos que señalen los planes, las normas o las ordenanzas.

⇒ V. art. 168 de la Ley 1/1997, de 24 marzo, del Suelo, de Galicia (§33).

Artículo 11.

1. Cuando los actos de edificación y uso del suelo fuesen realizados por particulares en terrenos de dominio público, se exigirá también licencia, sin perjuicio de las autorizaciones o concesiones que sea pertinente otorgar por parte del ente titular del dominio público.

2. La falta de autorización o concesión o su denegación impedirá al particular obtener la licencia y al órgano competente otorgarla.

3. Sin perjuicio del carácter reglado de las licencias urbanísticas, las entidades locales podrán denegar, en ejercicio de su potestad de defensa y recuperación de los bienes públicos, el otorgamiento de tales licencias si los terrenos o bienes afectados por la obra, instalación o actuación pertenecen al dominio público de forma indubitada.

⇒ V. art. 169 de la Ley 1/1997, de 24 marzo, del Suelo, de Galicia (§33).

Artículo 12.

1. Las licencias se otorgarán de acuerdo con las previsiones de la legislación y del planeamiento urbanísticos.

2. Para su otorgamiento, serán preceptivos los informes técnicos y jurídicos sobre su conformidad con la legalidad urbanística, emitidos por los servicios correspondientes de la entidad otorgante.

A los efectos de otorgamiento de licencia, queda suprimido en el ámbito de la Comunidad Autónoma la obligatoriedad del visado urbanístico colegial.

3. Toda resolución que deniegue licencia deberá de ser motivada con explícita referencia a las normas o determinaciones del planeamiento que se incumplan por el proyecto para el que se solicita.

⇒ V. art. 5 de la Ley 38/1999, de 5 noviembre, de Ordenación de la Edificación (§1.1).

Artículo 13.

1. La competencia para otorgar las licencias corresponderá a los ayuntamientos, según el procedimiento previsto en la legislación de régimen local.

2. No podrá concederse licencia sin que se acredite el otorgamiento de

la autorización de la Comunidad Autónoma en los supuestos previstos en el artículo 77 y disposición adicional tercera, apartado 2, de la Ley del Suelo de Galicia.

De igual forma, los ayuntamientos no podrán conceder licencia sin la aportación previa de las autorizaciones sectoriales preceptivas que deban otorgar otras Administraciones.

Artículo 14.

1. Las solicitudes de licencias que se refieran a ejecución de obras o instalaciones deberán acompañarse de proyecto técnico redactado por técnico competente, con ejemplares para cada uno de los organismos que deban informar la solicitud.

2. Se exceptúa de la necesidad de presentación de proyecto técnico la ejecución de obras o instalaciones menores. A estos efectos, se considerarán como menores aquellas obras e instalaciones de sencilla técnica y escasa entidad constructiva y económica que no supongan alteración del volumen, del uso, de las instalaciones y servicios de uso común o del número de viviendas y locales, ni afecten al diseño exterior, a la cimentación, a la estructura o a las condiciones de habitabilidad o seguridad de los edificios o instalaciones de todas clases.

En ningún caso se entenderán como tales las parcelaciones urbanísticas, los cierres de muro de fábrica de cualquier clase y las intervenciones en edificios declarados bienes de interés cultural o catalogados y los grandes movimientos de tierra.

3. Se entiende por proyecto técnico el conjunto de documentos que definan las actuaciones a realizar con el suficiente contenido y detalle para permitir a la Administración conocer el objeto de las mismas y decidir si se ajusta o no a la normativa urbanística aplicable y al resto de las condiciones señaladas en el artículo 9 de este Reglamento.

Dicho proyecto técnico contendrá una memoria urbanística, como documento específico e independiente, en la que se indicará la finalidad y uso de la construcción o actuación proyectada, razonándose su adecuación a la ordenación vigente e incluyendo la ordenanza que sea de aplicación.

La memoria desarrollará los argumentos necesarios para justificar el cumplimiento de lo preceptuado en el artículo 59 de la Ley del Suelo de Galicia y se acompañará de los correspondientes planos de situación a escala 1:10.000 ó 1:2.000 según se trate de terrenos rústicos o urbanos y de cualquier otra información gráfica que resulte precisa en orden a respaldar su contenido, con expresa indicación de la clasificación y calificación del suelo objeto de la actuación y de la normativa y ordenanzas aplicables al mismo.

Igualmente contendrá una memoria justificativa del cumplimiento de las condiciones previstas en la normativa autonómica de accesibilidad y supresión de barreras arquitectónicas.

4. Una vez presentado ante el ayuntamiento, el proyecto adquiere el

carácter de documento público y de la exactitud y veracidad de los datos técnicos consignados en el mismo responde su autor a todos los efectos.

⇒ V. art. 4 de la Ley 38/1999, de 5 noviembre, de Ordenación de la Edificación (§1.1).

Artículo 15.

La Administración municipal otorgará o denegará la licencia a la vista de cuantos datos e informes obren en el expediente administrativo, y contra su resolución se podrán interponer los recursos previstos en la legislación aplicable.

Artículo 16.

1. Las peticiones de licencia se resolverán en el plazo de tres meses, a contar desde la presentación de la solicitud con la documentación completa en el registro del ayuntamiento. En el caso de obras menores a las que se refiere el artículo 14.2 de este Reglamento, el plazo será de un mes.

Transcurridos dichos plazos sin haberse notificado ningún acto, se entenderá otorgada por silencio administrativo, de conformidad con lo dispuesto en los artículos 43 y 44 de la Ley 30/1992, de 26 de noviembre, de Régimen Jurídico de las Administraciones Públicas y del Procedimiento Administrativo Común.

2. En ningún caso se entenderán adquiridas por silencio positivo o acto presunto licencias en contra de la legislación o del planeamiento urbanístico.

3. Cuando, en el supuesto del número anterior, el peticionario de la licencia ejecute las determinaciones del proyecto, no habrá lugar a indemnización a su favor si se ordenare posteriormente la suspensión de actividades o la demolición de lo realizado.

4. Las licencias se otorgarán al amparo de la normativa vigente en el momento de su concesión por acto expreso o por silencio administrativo.

⇒ V. art. 168 de la Ley 1/1997, de 24 marzo, del Suelo, de Galicia (§33).

Artículo 17.

1. El acto por el que se otorgue la licencia deberá consignar expresamente, además de cualesquiera otras especificaciones requeridas por las disposiciones vigentes o que el órgano competente considere oportuno incluir, los siguientes extremos:

a) Clasificación y calificación urbanística del suelo objeto de la actuación.

b) Finalidad de la actuación y uso al que se destinará.

c) Altura, volúmenes y ocupación de parcela permitidos.

d) Cuantía en que se presupuestan las obras.

e) Situación y emplazamiento de las obras.

f) Nombre o razón social de promotor.

g) Técnico autor del proyecto y director de las obras.

h) Plazos para el inicio y terminación de las obras.

2. Concedida la licencia se sellarán y diligenciarán los distintos documentos y todos los planos que integran el proyecto técnico para la debida constancia del contenido de aquélla.

3. Será requisito indispensable en todas las obras disponer, junto a la obra, de copia autorizada de la licencia municipal, y en las mayores la colocación del cartel indicador en el que se haga constar el nombre y los apellidos de los técnicos directores y del contratista, ordenanza que se aplica, usos a los que se va a destinar la construcción, la fecha de expedición de la licencia, el plazo de ejecución de las obras, el número de plantas autorizadas y el número de expediente.

4. Las empresas o entidades suministradoras de energía eléctrica, agua, gas y telefonía exigirán al constructor y conservarán para la contratación de los respectivos servicios copia de la licencia de obra de los edificios e instalaciones generales sujetos a su obtención.

5. Las empresas o entidades suministradoras de energía eléctrica, agua, gas y telefonía exigirán a los contratantes y conservarán para la contratación de los respectivos servicios copia de la licencia de ocupación de los edificios e instalaciones generales sujetos a su obtención.

Artículo 18.

1. Toda licencia, de conformidad con la normativa urbanística municipal, deberá prever un plazo para comenzar las obras proyectadas y otro para terminarlas.

2. El planeamiento general fijará los plazos de caducidad de las licencias de edificación por razón de demora en la iniciación y finalización de las obras, así como por causa de su interrupción. En su defecto, el plazo de iniciación no podrá exceder de un año y el de terminación de tres, desde la fecha de su otorgamiento, no pudiendo interrumpirse las obras por tiempo superior a seis meses.

La caducidad deberá ser declarada de forma expresa, previo expediente contradictorio.

3. Una vez caducada la licencia, las obras no se podrán iniciar ni proseguir si no se solicita y obtiene nueva licencia ajustada a la ordenación urbanística en vigor.

⇒ V. art. 86 de la Ley 1/1997, de 24 marzo, del Suelo, de Galicia (§33).

Artículo 19.

1. Los plazos para la iniciación y finalización de las obras se computarán desde el día siguiente al de notificación al solicitante del otorgamiento de la licencia.

2. Los ayuntamientos, salvo precepto en contrario, podrán acordar, de oficio o a petición del titular de la licencia, una ampliación de los plazos

establecidos, que no exceda de la mitad de los mismos, si las circunstancias lo aconsejan y con ello no se perjudican derechos de tercero.

3. La ampliación de plazos no podrá ser válidamente solicitada por el titular de la licencia si no ha transcurrido, cuando menos, la mitad del plazo inicialmente fijado.

4. La obtención de prórroga del plazo para comenzar las obras no comporta, por sí misma, prórroga del plazo de terminación de aquéllas.

5. Unicamente podrá solicitarse y obtenerse prórroga para la terminación de las obras si está realizada la cobertura de aguas del edificio.

⇒ V. art. 86 de la Ley 1/1997, de 24 marzo, del Suelo, de Galicia (§33).

Sección 2ª Actos promovidos por Administraciones públicas

Artículo 20.

1. Los actos relacionados en el artículo 10 de este Reglamento, que promuevan órganos de las Administraciones públicas o entidades de derecho público, estarán igualmente sujetos a licencia municipal, salvo en los supuestos exceptuados por la legislación aplicable.

2. Si el proyecto afectare a varios municipios, la licencia habrá de solicitarse de todos ellos simultánea o sucesivamente.

⇒ V. art. 169 de la Ley 1/1997, de 24 marzo, del Suelo, de Galicia (§33).

Artículo 21.

1. Cuando razones de urgencia o excepcional interés público lo exijan, el conselleiro competente por razón de la materia podrá acordar la remisión al Ayuntamiento correspondiente del proyecto de que se trate, para que en el plazo de un mes notifique la conformidad o disconformidad del mismo con el planeamiento urbanístico en vigor.

2. Si en el antedicho plazo de un mes no se manifestara una disconformidad expresa, se considerará que existe conformidad respecto del proyecto por parte del ayuntamiento.

3. La notificación de la conformidad o el transcurso del plazo a que se refiere el apartado anterior habilitará, sin más, a la Administración interesada para la ejecución del proyecto de que se trate.

4. En caso de disconformidad, el expediente será remitido por la consellería interesada al conselleiro de Política Territorial, Obras Públicas y Vivienda, quien lo elevará al Consello de la Xunta, previo informe de la Comisión Superior de Urbanismo de Galicia. El Consello de la Xunta decidirá si procede ejecutar el proyecto y, en su caso, ordenará la iniciación del procedimiento de modificación o revisión del planeamiento, conforme a la tramitación establecida en la Ley del Suelo de Galicia.

Artículo 22.

El Ayuntamiento podrá, en todo caso, acordar la suspensión de las obras a que se refiere el artículo 10 de este Reglamento cuando se pretendiesen llevar a cabo en ausencia o contradicción con la notificación de disconformidad con el planeamiento y antes de la decisión de ejecutar la obra adoptada por el Consello de la Xunta, y comunicará dicha suspensión al órgano redactor del proyecto y al Conselleiro de Política Territorial, Obras Públicas y Vivienda, a los efectos previstos en el mismo.

Artículo 23.

El mismo régimen será de aplicación a la Administración del Estado, con intervención de sus correspondientes órganos competentes.

CAPÍTULO II
Deber de conservación y ruina

Sección 1ª Deber de conservación

Artículo 24.

Los propietarios de terrenos, urbanizaciones de iniciativa particular y edificaciones deberán destinarlos efectivamente al uso en cada caso establecido por el planeamiento urbanístico y deberán mantenerlos en condiciones de seguridad, salubridad y ornato público y con sujeción a las normas sobre protección del medio ambiente y del patrimonio histórico y arqueológico y sobre rehabilitación urbana. Asimismo, los propietarios de las viviendas estarán obligados a mantenerlas en las condiciones de habitabilidad fijadas en la normativa aplicable, el Decreto 311/1992, de 12 de noviembre, y los correspondientes instrumentos de planeamiento.

⇒ V. art. 170 de la Ley 1/1997, de 24 marzo, del Suelo, de Galicia (§33).
V. art. 19 de la Ley 6/1998, de 13 abril (§1).
V. art. 3 de la Ley 38/1999, de 5 noviembre, de Ordenación de la Edificación (§1.1).

Subsección A) Medidas

Artículo 25.

1. Las medidas a adoptar que este deber comporta tendrán como objetivo, con carácter general, conservar la estabilidad y el acabado de las construcciones en condiciones tales que no impliquen riesgo para las personas o los bienes; mantener los bienes de forma que no perturben la salubridad o la higiene; y conservar dichos bienes de tal modo que, respetando sus características estéticas, no incidan negativamente en la armonía del entorno.

2. Las medidas a adoptar para mantener las condiciones mínimas de habitabilidad de las viviendas atenderán en concreto a lo siguiente:

a) La estanquidad de la vivienda respecto de las inclemencias meteorológicas.

b) La resistencia y la indeformabilidad de los elementos estructurales y constructivos fundamentales de la edificación.

c) Mantenimiento de carpintería exterior.

d) La instalación de fontanería y saneamiento.

e) Existencia de suficiente ventilación y evacuación de humos y gases.

f) Instalaciones de electricidad.

g) Cualesquiera otras previstas en la legislación específica aplicable.

Subsección B) Órdenes de ejecución

Artículo 26.

Los ayuntamientos ordenarán, de oficio o a instancia de cualquier interesado, la ejecución de las obras necesarias para conservar las condiciones a que hace referencia el artículo 24 de este Reglamento, con indicación del plazo de realización.

No podrá dictarse orden de ejecución sin la previa autorización que resulte preceptiva por razón de los regímenes especiales de protección, vinculación o servidumbres legales que afecten al terreno o inmueble de que se trate, salvo las medidas excepcionales de protección cuando exista peligro inmediato de que puedan producirse daños a las personas o peligro inminente de derrumbe de la edificación.

⇒ V. art. 170 de la Ley 1/1997, de 24 marzo, del Suelo, de Galicia (§33).

Artículo 27.

1. Antes de dictar una orden de ejecución con los fines indicados, deberá emitirse un informe técnico y jurídico por los servicios municipales y darse audiencia al interesado.

2. Las órdenes de ejecución deberán fijar detalladamente las obras a realizar.

3. Las obras exigidas habrán de acordarse de la forma menos gravosa para el propietario.

4. Las órdenes de ejecución fijarán el plazo para el cumplimiento de lo ordenado en atención a la magnitud y complejidad de las obras a realizar.

Artículo 28.

1. Transcurridos los plazos a que se refiere el artículo anterior sin que los afectados realicen las obras, el alcalde procederá a la ejecución subsidiaria de las mismas o a la ejecución forzosa, previo apercibimiento, mediante la imposición de multas coercitivas cuya cuantía oscilará entre 50.000 y 500.000 pesetas, justificando su importe en función de las circunstancias concurrentes, todo ello sin perjuicio de la apertura, en su caso, del oportuno expediente sancionador.

2. La imposición de estas multas se reiterará hasta lograr la completa

ejecución de lo ordenado, salvo que la Administración opte en cualquier momento por la ejecución subsidiaria.

Artículo 29.

1. Los ayuntamientos también podrán ordenar, por motivos de interés turístico o estético, la ejecución de las obras de conservación, renovación o reforma en fachadas o espacios visibles desde la vía pública, sin que estén previamente incluidas en el planeamiento.

2. Las obras se ejecutarán a costa de los propietarios si estuviesen dentro del límite de la obligación de conservación que les corresponde y con cargo a los fondos de la entidad que las ordene para obtener mejoras de interés general, cuando rebase aquel límite.

3. En caso de incumplimiento por parte de los propietarios, se estará a lo dispuesto en el artículo 28 de este Reglamento.

⇒ V. art. 170 de la Ley 1/1997, de 24 marzo, del Suelo, de Galicia (§33).

Artículo 30.

Los propietarios de bienes incluidos en los catálogos de bienes a proteger de los instrumentos urbanísticos tendrán la obligación de conservarlos, pudiendo recabar a tal efecto la cooperación de las Administraciones competentes, que deberán prestarla en condiciones adecuadas cuando las obras necesarias excedan de los límites del deber de conservación.

⇒ V. art. 32 de la Ley 1/1997, de 24 marzo, del Suelo, de Galicia (§33).

Artículo 31.

1. El alcalde podrá acordar las obras necesarias para adaptar los inmuebles a las condiciones de su entorno, según lo previsto en el artículo 59 de la Ley del Suelo de Galicia, tales como la conservación y reforma de fachadas o espacios visibles desde las vías públicas, la limpieza y vallado de solares, la retirada de carteles u otros elementos impropios de los inmuebles.

2. El procedimiento para llevar a cabo las actuaciones a que se refiere el número anterior será el que determinan los artículos 27 y 28 del presente Reglamento.

3. Las obras señaladas en la orden de ejecución se realizarán a costa de los propietarios hasta el límite del deber legal de conservación.

Sección 2ª Declaración de ruina

Artículo 32.

Cuando alguna construcción o parte de ella estuviese en estado ruinoso, el ayuntamiento, de oficio o a instancia de cualquier interesado, la declarará en situación de ruina y acordará la total o parcial demolición, previa tramitación del oportuno expediente contradictorio con audiencia del propietario y de los moradores, salvo inminente peligro que lo impidiera.

⇒ V. art. 171 de la Ley 1/1997, de 24 marzo, del Suelo, de Galicia (§33).

Artículo 33.

Se declarará el estado ruinoso en los siguientes supuestos:

a) Cuando el coste de las obras de reparación necesarias sea superior al 50% del valor actual del edificio o plantas afectadas, excluido el valor del terreno.

b) Cuando el edificio presente un agotamiento generalizado de sus elementos estructurales fundamentales.

c) Cuando se requiera la realización de obras que no pudieran ser autorizadas por encontrarse el edificio en situación de fuera de ordenación.

Artículo 34.

En aquellos casos en los que el edificio estuviere constituido por dos o más cuerpos independientes o autónomos, arquitectónicamente separados y susceptibles de consideración aislada, podrá declararse la ruina parcial de los cuerpos constructivos afectados, siempre y cuando la misma no repercuta sobre el estado del resto de la edificación provocando su inclusión en alguno de los supuestos previstos en el artículo anterior.

Artículo 35.

1. El procedimiento de declaración de ruina podrá iniciarse de oficio o a instancia de cualquier interesado.

2. Se considerarán interesados, entre otros, para iniciar el procedimiento de declaración de ruina a toda persona, física o jurídica, que alegue daño o peligro de daños propios derivados de la situación actual de la construcción.

3. No obstante lo dispuesto en el número anterior, también podrán formular denuncias sobre la situación de ruina de una construcción cualquier persona física o jurídica, aunque no alegue la existencia de daños o peligros para sí o sus bienes o intereses legítimos.

Artículo 36.

1. La iniciación de oficio del procedimiento de declaración de ruina se acordará por el ayuntamiento, como consecuencia del correspondiente informe emitido por los servicios técnicos.

2. También podrá iniciarse de oficio el procedimiento como resultado de las comprobaciones efectuadas por la Administración municipal en virtud de las denuncias formuladas. A tal efecto, al recibir la denuncia sobre el supuesto de estado ruinoso de una construcción o parte de ella, se podrá acordar la instrucción de una información previa consistente en un informe que emitirán los servicios técnicos municipales, en razón del cual se decidirá la incoación del expediente o, en su caso, el archivo de las actuaciones.

Artículo 37.

1. Si el procedimiento se iniciara a instancia de los interesados, se harán constar en el escrito que éstos presenten los datos de identificación relativos al inmueble, el motivo o motivos en que se basa el estado de ruina y la

relación de los moradores, cualquiera que fuese el título de posesión, así como los titulares de derechos reales sobre el inmueble, si los hubiere.

2. Al escrito de iniciación se acompañará informe de facultativo competente, en el que se justifique la causa de instar la declaración de ruina, el estado físico del inmueble, y se acredite asimismo si en el momento de la petición el edificio reúne, a su juicio, condiciones de seguridad y habitabilidad suficientes que permitan a sus ocupantes la permanencia en él hasta que se adopte el acuerdo que proceda.

3. Si el que solicita la declaración de ruina es el propietario del inmueble, acreditará también su titularidad.

Artículo 38.

1. Iniciado el expediente, se pondrá de manifiesto al propietario, a los moradores y a los titulares de derechos reales sobre el inmueble, si los hubiese, dándoles traslado literal de los informes técnicos, para que, en un plazo no inferior a diez días ni superior a quince, prorrogable por la mitad del concedido, aleguen y presenten por escrito los documentos y justificaciones que estimen pertinentes en defensa de sus respectivos derechos.

2. Cuando en el informe técnico presentado por el interesado se alegue existencia de peligro inmediato que pueda producir daño a las personas, se ordenará a la mayor brevedad una inspección técnica y, a la vista de la misma, se acordará lo procedente respecto a la habitabilidad del inmueble, el desalojo de sus ocupantes y la demolición de las construcciones. La inspección podrá repetirse cuantas veces se estime oportuno durante la tramitación del expediente y, una vez finalizado, en su caso, hasta que conste la demolición del inmueble.

Artículo 39.

Transcurrido el plazo concedido, los servicios técnicos municipales evacuarán dictamen pericial en el plazo de diez días y previa inspección del inmueble.

Artículo 40.

1. Concluso el expediente, los servicios municipales competentes elevarán propuesta con todo lo actuado al órgano que tenga atribuida la competencia para la resolución definitiva.

2. La propuesta deberá redactarse en plazo de diez días desde que se incorporó al expediente el informe técnico municipal.

3. No podrá exceder de seis meses el tiempo que transcurra desde que se inicie el procedimiento de ruina hasta que se notifique la declaración pertinente.

Transcurrido este plazo, se entenderá desestimada la declaración de ruina instada por los interesados, en los términos señalados en la Ley 30/1992, de 26 de noviembre, de Régimen Jurídico de las Administraciones Públicas y del Procedimiento Administrativo Común.

Artículo 41.

1. La resolución del expediente habrá de contener alguno de los pronunciamientos siguientes:

a) Declarar el inmueble en estado de ruina, ordenando la demolición. Si existiera peligro en la demora, el alcalde acordará lo procedente respecto al desalojo de los ocupantes.

b) Declarar en estado de ruina parte del inmueble cuando esa parte tenga independencia constructiva del resto, ordenando, asimismo, su demolición.

c) Declarar que no hay situación de ruina, ordenando las medidas pertinentes destinadas a mantener la seguridad, salubridad y ornato públicos del inmueble de que se trate.

2. En los dos últimos casos del número anterior, el acuerdo determinará las obras necesarias que deba realizar el propietario.

Artículo 42.

1. La resolución del expediente se notificará a todos los que hubieran sido parte en el mismo y a todos los moradores del inmueble, aunque no se hubieren personado.

2. Cuando se hubiese acordado la ejecución de obras, se fijará el término dentro del cual hayan de llevarse a cabo. En caso de incumplimiento se estará a lo dispuesto en el artículo 28 de este Reglamento.

3. Si se acordase la demolición del inmueble, se fijará asimismo el plazo en que haya de realizarse, con la advertencia de que no hacerlo o de no llevarse a cabo las obras a ritmo normal, la Administración las llevará a cabo, pasando al obligado el cargo correspondiente. Si, además, hubiese peligro o riesgo inminente en la demora, la notificación dirigida a los ocupantes expresará el plazo para el desalojo del inmueble, con apercibimiento de desahucio por vía administrativa.

Artículo 43.

La declaración de ruina comportará la inscripción de oficio de la finca afectada en el Registro de Edificación Forzosa, cuando exista.

⇒ V. disp. transit. 3ª de la Ley 1/1997, de 24 marzo, del Suelo, de Galicia (§33).

Artículo 44.

1. Cuando, como consecuencia de comprobaciones realizadas por los servicios de la Administración, de oficio o en virtud de denuncia de particulares, o como consecuencia del escrito de iniciación del expediente de ruina, se estime que la situación de un inmueble o construcción ofrece tal deterioro que es urgente su demolición y existe peligro para las personas o bienes en la demora que supone la tramitación del expediente, el alcalde acordará el desalojo de los *ocupantes* y adoptará las medias referidas a la seguridad de la construcción.

2. A tal efecto, recibida la instancia solicitando declaración de ruina o

la denuncia de cualquier persona, se dispondrá con carácter de urgencia una visita de inspección, emitiéndose informe por los técnicos municipales. El informe versará sobre las condiciones de seguridad y habitabilidad del inmueble y riesgo de daños a terceros, proponiendo, en su caso, la adopción de medidas excepcionales de protección, tales como apeos o apuntalamientos, que hayan de aplicarse con carácter inmediato.

3. El alcalde adoptará la resolución que proceda en plazo de veinticuatro horas desde la recepción de los informes.

⇒ V. art. 171 de la Ley 1/1997, de 24 marzo, del Suelo, de Galicia (§33).

Artículo 45.

1. Si el dictamen técnico expresara la posibilidad de continuar ocupándose el inmueble, previa la adopción, si procediere, de medidas de apeo o apuntalamiento, se proseguirá el expediente por los trámites normales.

2. No obstante, se girarán las visitas de inspección que sean necesarias y, al menos, las que se hayan indicado en el informe técnico, por si variaran las circunstancias apreciadas al emitirlo, o aparecieran otras nuevas que aconsejaran una decisión distinta.

3. Finalizado el expediente, se mantendrá la vigilancia en los mismos términos que durante su tramitación, hasta el total desalojo del inmueble.

⇒ V. art. 170 de la Ley 1/1997, de 24 marzo, del Suelo, de Galicia (§33).

Artículo 46.

1. La declaración administrativa de ruina o la adopción de medidas de urgencia por la Administración no eximirá a los propietarios de las responsabilidades de todo orden que pudieran serles exigidas por negligencia en los deberes de conservación que les correspondan.

2. Para el reintegro de los gastos hechos por la Administración en la acción sustitutiva de la inactividad de los particulares, en supuestos de órdenes de conservación o de adopción de medidas de seguridad, se seguirá, en su caso, el procedimiento de apremio.

Artículo 47.

Los expedientes de ruina que afecten a bienes declarados de interés cultural y en los núcleos históricos se atendrán a lo dispuesto en la legislación del patrimonio histórico aplicable.

Sección 3ª Edificaciones fuera de ordenación

Artículo 48.

1. Los edificios e instalaciones erigidos con anterioridad a la aprobación definitiva del planeamiento urbanístico que resultasen disconformes con éste serán calificados como fuera de ordenación.

2. Excepto que en el propio planeamiento se dispusiera otro régimen, no podrán realizarse en ellos obras de consolidación, aumento de volumen,

modernización o incremento de su valor de expropiación, pero sí las pequeñas reparaciones que exigiesen la higiene, ornato y conservación del inmueble.

3. Sin embargo, en casos excepcionales, podrán autorizarse obras parciales y circunstanciales de consolidación, cuando no estuviese prevista la expropiación o demolición de la finca en el plazo de quince años, a contar desde la fecha en que se pretendiese su realización.

⇒ V. arts. 58 y 171 de la Ley 1/1997, de 24 marzo, del Suelo, de Galicia (§33).

TÍTULO III
LA PROTECCIÓN DE LA LEGALIDAD URBANÍSTICA

CAPÍTULO I
La suspensión de las actuaciones ilegales y sus medidas cautelares

Sección 1ª Expedientes de suspensión de actuaciones ilegales

Artículo 49.

Cuando los actos de edificación o uso del suelo, previstos en el artículo 10 de este Reglamento, que se encuentren en curso de ejecución, se efectuaren sin licencia u orden de ejecución, o sin ajustarse a las condiciones señaladas en ellas, el alcalde dispondrá la suspensión inmediata de dichos actos y la iniciación del procedimiento de reposición de la legalidad.

⇒ V. art. 175 de la Ley 1/1997, de 24 marzo, del Suelo, de Galicia (§33).

Artículo 50.

El acuerdo de suspensión de los actos de edificación o uso del suelo será inmediatamente ejecutivo y se notificará a los interesados. Si no se paralizase la actividad en el plazo de veinticuatro horas siguientes a la notificación, el alcalde procederá a la adopción de las medidas previstas en la Sección Segunda de este Capítulo.

Artículo 51.

El incumplimiento por el infractor de la orden de suspensión podrá dar lugar a que el alcalde ponga en conocimiento del Ministerio Fiscal para la depuración de las responsabilidades penales a que pudiese haber lugar, sin perjuicio de adoptar las medidas previstas en la Sección Segunda de este Capítulo.

Sección 2ª Medidas cautelares

Artículo 52.

En los supuestos en que se acuerde la suspensión de actos de edificación o uso del suelo, el alcalde deberá adoptar las medidas necesarias para garantizar la total interrupción de la actividad. Con dicha finalidad, el alcalde podrá ordenar la retirada de los materiales preparados para ser utilizados en la obra o actividad suspendida y la maquinaria afecta a ella, cuando el interesado no lo hiciese en el plazo de veinticuatro horas siguientes a la notificación del acuerdo de suspensión y hubiese incumplimiento de dicho acuerdo. En el supuesto de que el interesado no procediese a la retirada de los materiales y de la maquinaria, la autoridad que ordenó la suspensión podrá retirarlos o precintarlos. Los materiales y la maquinaria retirados quedarán a disposición del interesado, quien satisfará los gastos de transporte y custodia.

Artículo 53.

1. El alcalde impedirá o suspenderá el suministro de agua, energía eléctrica, gas y telefonía de aquellas actividades y usos cuya paralización se haya ordenado. Con este objetivo, se notificará la oportuna resolución a las empresas suministradoras, que deberán suspender su correspondiente suministro en el plazo improrrogable de cinco días.

2. El levantamiento de la suspensión sólo procederá cuando se haya notificado por el alcalde la legalización de las actuaciones o usos a las empresas suministradoras.

CAPÍTULO II
La restauración del orden jurídico infringido y la realidad física alterada

Sección 1ª Actos de edificación y uso del suelo en curso de ejecución que se realicen sin licencia u orden de ejecución o sin ajustarse a sus determinaciones

Artículo 54.

1. Instruido el expediente de reposición de la legalidad y previa audiencia del interesado, de conformidad con lo dispuesto en la Ley 30/1992, de 26 de noviembre, se adoptará uno de los siguientes acuerdos:

a) Si los actos de edificación y uso del suelo no fuesen legalizables por su incompatibilidad con el ordenamiento urbanístico, el alcalde decretará, en caso de obras, su demolición a costa del interesado y, en caso de usos, la reposición de los bienes afectados al estado anterior al incumplimiento de aquélla. En ambos supuestos se procederá a impedir definitivamente los usos a los que se diese lugar.

b) En el supuesto de que las obras fuesen legalizables por su compatibilidad con el ordenamiento urbanístico, se requerirá al interesado para que en el plazo de dos meses solicite la preceptiva licencia, manteniéndose la suspensión de las obras en tanto ésta no fuere otorgada.

c) Si las obras se realizasen sin ajustarse a las determinaciones previstas en la licencia u orden de ejecución otorgada, se requerirá al interesado para que en el plazo de dos meses ajuste las obras a las condiciones señaladas en la licencia. En el supuesto de que la complejidad técnica o envergadura de las obras a realizar hagan inviable, a tenor de los informes técnicos municipales, su acomodación a las previsiones de la licencia en el plazo previsto, el alcalde podrá conceder una ampliación del mismo, que en ningún caso excederá de la mitad de aquél.

2. Transcurrido el plazo otorgado sin que el interesado solicite la oportuna licencia o sin que proceda a ajustar las obras a las condiciones señaladas en ella o en la orden de ejecución, así como en los supuestos en los que la licencia fuese denegada por ser su otorgamiento contrario a la legalidad, el alcalde acordará, respectivamente, la demolición de las obras a costa del interesado o la reposición de los bienes afectados a la situación anterior al incumplimiento del ordenamiento vigente. En ambos supuestos impedirá definitivamente los usos a los que diese lugar.

3. En caso de incumplimiento de la orden de demolición o de reposición de los bienes al estado anterior al incumplimiento del ordenamiento urbanístico, la Administración actuante procederá a su ejecución subsidiaria o a su ejecución forzosa mediante la imposición de multas coercitivas, cuya cuantía oscilará entre las 50.000 y las 500.000 pesetas, en función de las circunstancias concurrentes y del coste estimado de las actuaciones necesarias para restaurar la legalidad.

La imposición de estas multas se reiterará hasta lograr la ejecución por el sujeto obligado, sin perjuicio de que, con objeto de evitar dilaciones innecesarias en el restablecimiento de la legalidad urbanística, el alcalde opte en cualquier momento por la ejecución subsidiaria a costa del interesado o sus causahabientes.

4. Si los actos de edificación fuesen promovidos por órganos de las Administraciones públicas o entidades de derecho público que administren bienes de aquéllas, se estará a lo dispuesto en la Sección Segunda del Capítulo I del Título II de este Reglamento.

⇒ V. art. 175 de la Ley 1/1997, de 24 marzo, del Suelo, de Galicia (§33).

Artículo 55.

1. Cuando la actividad ejecutada sin licencia consistiese en la demolición de un edificio o construcción, el alcalde decretará, si procediese, la reconstrucción de lo indebidamente demolido.

2. Si la demolición afectase a un edificio o construcción de valor histórico-artístico o arqueológico, incluidos en los catálogos previstos en el artículo 32 de la Ley del Suelo de Galicia o en planes especiales de protección, el alcalde ordenará la paralización inmediata de la actividad.

La reconstrucción, cuando proceda, deberá someterse a las normas establecidas para la conservación, restauración y mejora que le sean de aplicación en su legislación específica. Los costes de reconstrucción correrán a cargo del actor de la demolición practicada o sus causahabientes.

3. Cuando se paralice definitivamente la demolición de las edificaciones o construcciones a que se refiere el apartado 2 de este artículo, se adoptarán las medidas de seguridad que sean necesarias a costa del interesado.

Sección 2ª Obras ejecutadas realizadas sin licencia u orden de ejecución o sin ajustarse a sus determinaciones

Artículo 56.

1. Dentro del plazo de cuatro años desde la total terminación de las obras ejecutadas sin licencia u orden de ejecución o sin ajustarse a sus determinaciones, el alcalde incoará el correspondiente expediente de reposición de la legalidad procediendo de conformidad con lo dispuesto en la Sección anterior.

2. A los efectos de lo establecido en el apartado anterior, se considera que son obras totalmente terminadas aquellas que se encuentren dispuestas para servir al fin al que estuvieran destinadas y en condiciones de ser ocupadas sin necesidad de obra complementaria de ningún tipo, cuando así lo reconozca la autoridad que incoe el expediente, previo informe de los servicios técnicos municipales y con audiencia al promotor de las obras.

⇒ V. art. 176 de la Ley 1/1997, de 24 marzo, del Suelo, de Galicia (§33).

Sección 3ª Otros actos ejecutados sin licencia u orden de ejecución

Artículo 57.

1. Cuando algún acto distinto de los regulados en el artículo anterior y precisado de licencia se realizase sin ésta o en contra de sus determinaciones, el alcalde dispondrá la cesación inmediata de dicho acto e incoará expediente de reposición de la legalidad.

2. Instruido el expediente de reposición de la legalidad, y previa audiencia del interesado, se adoptará alguno de los siguientes acuerdos:

a) Si la actividad fuese legalizable y se realizara sin licencia o sin ajustarse a sus determinaciones, se requerirá al interesado para que solicite la oportuna licencia o ajuste la actividad a la ya concedida.

b) Si la actividad no fuera legalizable por ser incompatible con el ordenamiento urbanístico, se procederá a impedir definitivamente la actividad y a ordenar la reposición de los bienes afectados al estado anterior al incumplimiento de aquélla.

3. Si, transcurrido el plazo de dos meses desde el requerimiento, el interesado no solicitara la oportuna licencia o, en su caso, no ajustara la actividad a las condiciones señaladas en la misma, el alcalde adoptará el acuerdo previsto en el apartado b) del número anterior. De igual modo se procederá en el supuesto de que la licencia fuese denegada por ser su otorgamiento contrario a la legalidad.

4. Para la ejecución forzosa de las medidas adoptadas por el alcalde será de aplicación lo dispuesto en el artículo 54.3 de este Reglamento.

⇒ V. art. 177 de la Ley 1/1997, de 24 marzo, del Suelo, de Galicia (§33).

Sección 4ª Protección de la legalidad en zonas verdes, espacios libres, dotaciones, equipamientos y suelo rústico con especial protección y otras medidas complementarias

Artículo 58.

1. Los actos de edificación y uso del suelo relacionados en el artículo 10 de este Reglamento que se realicen sin licencia u orden de ejecución sobre terrenos calificados por el planeamiento vigente como zonas verdes, espacios libres, dotaciones, equipamientos o suelo rústico con especial protección, quedarán sujetos al régimen previsto en el Capítulo I del Título III y en la Sección Primera de este Capítulo.

2. En el supuesto de que los actos y usos aludidos en el punto anterior hubiesen sido ejecutados, el régimen aplicable será el previsto en la Sección Segunda de este Capítulo, con la particularidad de la inaplicación del plazo que establece el artículo 56.1 de este Reglamento.

3. En los procedimientos de reposición de la legalidad a que se refieren los apartados anteriores se solicitará informe preceptivo del ayuntamiento correspondiente, que deberá emitirse en el plazo máximo de 15 días.

⇒ V. art. 180 de la Ley 1/1997, de 24 marzo, del Suelo, de Galicia (§33).

Artículo 59.

1. La competencia para la adopción de las medidas de protección de la legalidad urbanística en los supuestos contemplados en el artículo anterior corresponderá al conselleiro de Política Territorial, Obras Públicas y Vivienda, quien podrá delegar el ejercicio de la competencia en los términos previstos en el artículo 189.3º de la Ley del Suelo de Galicia.

2. Sin perjuicio de lo dispuesto en el apartado anterior, los alcaldes ordenarán la suspensión o paralización inmediata de las actividades y adoptarán las medidas necesarias para garantizar su total interrupción, y sin dilación, darán traslado de las actuaciones a la Consellería de Política Territorial, Obras Públicas y Vivienda.

CAPÍTULO III

Suspensión y revisión de licencias y órdenes de ejecución

Sección 1ª La suspensión de las licencias y órdenes de ejecución

Artículo 60.

El alcalde decretará la suspensión de los efectos de una licencia u orden de ejecución y la paralización inmediata de los actos de edificación o uso del suelo que se ejecuten a su amparo en todos los supuestos en los que dichos actos constituyan, manifiestamente, una infracción urbanística tipificada como grave o muy grave.

⇒ V. art. 178 de la Ley 1/1997, de 24 marzo, del Suelo, de Galicia (§33).

Artículo 61.

El alcalde, en el plazo de tres días, deberá dar traslado directo del acto de suspensión al órgano competente de la jurisdicción contencioso-administrativa en la forma y con los efectos previstos en la legislación reguladora de la jurisdicción contencioso-administrativa.

⇒ V. art. 127 de la LJCA.

Artículo 62.

La facultad de suspensión de la licencia u orden de ejecución podrá ejercitarse en cualquier momento, en tanto que las obras continúen ejecutándose, sea cual fuere la fecha de otorgamiento del título habilitante.

Artículo 63.

1. Si el juzgado o tribunal de lo contencioso-administrativo, al dictar sentencia, anulase la licencia u orden de ejecución, el alcalde ordenará la demolición o cese de la actividad a costa del interesado, resultando de aplicación lo dispuesto en el artículo 54.3, sin perjuicio de las responsabilidades que sean exigibles conforme a lo dispuesto en la legislación aplicable.

2. Si la licencia u orden de ejecución suspendida hubiesen autorizado una demolición indebida, la autoridad que suspendió sus efectos ordenará al interesado la reconstrucción de lo demolido cuando se anule el acto administrativo en vía jurisdiccional.

Sección 2ª La revisión de las licencias y órdenes de ejecución

Artículo 64.

El alcalde, de oficio o a instancia de parte, deberá revisar, a través de alguno de los procedimientos previstos en la Ley 30/1992, de 26 de noviembre, de Régimen Jurídico de las Administraciones Públicas y del Procedimiento Administrativo Común, las licencias u órdenes de ejecución cuyo contenido constituya una infracción urbanística tipificada como falta grave o muy grave, y siempre que no hayan transcurrido más de cuatro años desde que fueron otorgadas.

⇒ V. art. 179 de la Ley 1/1997, de 24 marzo, del Suelo, de Galicia (§33).

Artículo 65.

1. Anulada la licencia u orden de ejecución, la edificación realizada a su amparo no quedará incorporada al patrimonio del propietario del terreno. El alcalde ordenará su demolición, siendo de aplicación lo dispuesto en el artículo 54.3, sin perjuicio de las responsabilidades que sean exigibles conforme a lo establecido en este Reglamento.

2. La resolución que contenga dicha declaración se notificará al Registro de la Propiedad para su debida constancia.

Artículo 66.

1. La procedencia de indemnización en los supuestos de anulación de licencia u orden de ejecución y la fijación de su cuantía se efectuará de acuerdo con lo previsto en el artículo 44.2º de la Ley 6/1998, de 13 de abril, sobre Régimen del Suelo y Valoraciones, y en los artículos 139 y siguientes de la Ley 30/1992, de 26 de noviembre, de Régimen Jurídico de las Administraciones Públicas y del Procedimiento Administrativo Común.

2. En ningún caso habrá lugar a indemnización si existe dolo, culpa o negligencia graves imputables al interesado.

Sección 3ª Suspensión y revisión de licencias en zonas verdes, espacios libres, dotaciones, equipamientos y suelo rústico con especial protección

Artículo 67.

Las licencias u órdenes de ejecución que se otorgasen con infracción de la zonificación o uso urbanístico de las zonas verdes, espacios libres, dotaciones, equipamientos o suelo rústico con especial protección previstos en el planeamiento serán nulas de pleno derecho. En estos casos, el conselleiro de Política Territorial, Obras Públicas y Vivienda requerirá al alcalde para que proceda según lo dispuesto en las Secciones Primera y Segunda de este Capítulo, sin la limitación de plazo establecida en el artículo 56.1 de este Reglamento.

⇒ V. art. 180 de la Ley 1/1997, de 24 marzo, del Suelo, de Galicia (§33).

CAPÍTULO IV
Control de la legalidad urbanística

Artículo 68.

1. De conformidad con lo establecido en el artículo 193 de la Ley del Suelo de Galicia y con las prescripciones específicas que se establecen en el Título V de este Reglamento, cuando una entidad local incumpliese las obligaciones que directamente le incumben, señaladas en este Título, o dejase de adoptar las medidas para la protección de la legalidad urbanística, el conselleiro de Política Territorial, Obras Públicas y Vivienda le requerirá a su cumplimiento con indicación de plazo.

2. Si, transcurrido el plazo, persistiese el incumplimiento se pondrá, en su caso, en conocimiento del Ministerio Fiscal a los efectos de exigir las responsabilidades a que hubiera lugar.

3. En todo caso, la denegación de información solicitada o la inobservancia de los requerimientos formulados por la Consellería de Política Territorial, Obras Públicas y Vivienda, podrá ser causa de revocación de las competencias urbanísticas delegadas en el ayuntamiento, de conformidad con lo dispuesto en el artículo 5 de la Ley 7/1995, de 29 de junio, de Delegación y Distribución de Competencias en Materia de Urbanismo.

TÍTULO IV
INFRACCIONES Y SANCIONES

CAPÍTULO I
Infracciones urbanísticas

Sección 1ª Concepto y tipificación

Artículo 69.

Son infracciones urbanísticas las acciones u omisiones que vulneren las prescripciones contenidas en la legislación y el planeamiento urbanísticos, tipificadas y sancionadas en aquélla.

⇒ V. art. 181 de la Ley 1/1997, de 24 marzo, del Suelo, de Galicia (§33).

Artículo 70.

1. Las infracciones urbanísticas se clasifican en muy graves, graves y leves.

2. Son infracciones muy graves las acciones y omisiones que constituyan incumplimiento de las normas relativas al uso y edificación que afecten a zonas verdes, espacios libres, dotaciones, equipamientos o suelo rústico con especial protección.

Son asimismo infracciones muy graves la parcelación urbanística en suelo rústico y la realización de obras de urbanización sin la previa aprobación del planeamiento y proyecto de urbanización exigibles.

3. Son infracciones graves las acciones y omisiones que constituyan incumplimiento de las normas relativas a parcelaciones, aprovechamiento urbanístico, uso del suelo, altura, volumen, situación de las edificaciones y ocupación permitida de la superficie de las parcelas, salvo que se demuestre la escasa entidad del daño producido a los intereses generales.

4. Se considerarán infracciones leves las infracciones del ordenamiento urbanístico que no tengan el carácter de graves o muy graves y, en todo caso, la ejecución de obras o instalaciones realizadas sin licencia u orden de ejecución cuando sean legalizables por ser conformes con el ordenamiento urbanístico.

⇒ V. art. 182 de la Ley 1/1997, de 24 marzo, del Suelo, de Galicia (§33).

Artículo 71.

1. Cuando con ocasión de la tramitación de los expedientes administrativos que se instruyan por infracción urbanística se desprendan indicios del carácter de ilícito penal del hecho, el órgano instructor del expediente, lo pondrá en conocimiento del Ministerio Fiscal, a los efectos de exigencia de las responsabilidades de orden penal en que hayan podido incurrir los infractores, suspendiendo la tramitación del expediente administrativo entre tanto no recaiga resolución del Ministerio Fiscal o resolución judicial firme.

2. Cuando, en cualquier fase de los procedimientos que se instruyan

como consecuencia de una infracción urbanística, los órganos competentes aprecien que hay indicios de la existencia de otra infracción administrativa para cuyo conocimiento no sean competentes, lo comunicarán al órgano que consideren competente.

Sección 2ª Personas responsables

Artículo 72.

1. En las obras que se ejecuten sin licencia o con inobservancia de sus condiciones serán sancionadas por infracción urbanística las personas físicas o jurídicas responsables de ellas en calidad de promotor, empresario de las obras y técnico director de las mismas.

2. Se considerará también como promotor al propietario del suelo sobre o bajo el cual se realiza o se ha realizado la infracción, salvo prueba en contrario.

3. En las obras amparadas en una licencia cuyo contenido sea constitutivo de infracción urbanística grave o muy grave serán igualmente sancionados el facultativo que hubiese informado favorablemente el proyecto y las autoridades o miembros de la corporación que hubiesen resuelto o votado a favor del otorgamiento de la licencia sin los informes previos exigibles o cuando éstos fueran desfavorables en razón de aquella infracción.

4. Los que, como consecuencia de una infracción urbanística sufriesen daños o perjuicios podrán exigir de cualquiera de los infractores, con carácter solidario, el resarcimiento y la indemnización que correspondan.

⇒ V. art. 184 de la Ley 1/1997, de 24 marzo, del Suelo, de Galicia (§33).

Artículo 73.

Las personas jurídicas serán sancionadas por las infracciones cometidas por sus órganos o agentes y asumirán el coste de las medidas de reparación del orden urbanístico vulnerado, sin perjuicio de las indemnizaciones por daños y perjuicios a terceros a que haya lugar.

CAPÍTULO II
Sanciones

Sección 1ª Reglas para la aplicación de las sanciones

Artículo 74.

Las sanciones que se impongan a los distintos sujetos por una misma infracción tendrán entre sí carácter independiente.

Artículo 75.

En los supuestos en que se instruyese expediente sancionador por dos o más infracciones tipificadas entre las que exista conexión de causa a efecto, se impondrá una sola sanción, y será la correspondiente a las actuaciones que supongan el resultado final perseguido, en su cuantía máxima. En los demás casos, a los responsables de dos o más infracciones urbanísticas se les impondrán las sanciones correspondientes a cada una de ellas.

Artículo 76.

Las sanciones por infracciones urbanísticas se impondrán con independencia de las demás medidas previstas en este Reglamento.

Artículo 77.

1. La base para el cálculo de las multas consistentes en un porcentaje del valor de la obra o instalación realizada estará integrada por el coste de los materiales o de la instalación y el de su ejecución o implantación, excluidos el beneficio empresarial, honorarios profesionales e impuestos.

2. En ningún caso la infracción urbanística puede suponer un beneficio económico para el infractor. Cuando la suma de la sanción impuesta y del coste de las actuaciones de reposición de los bienes y situaciones a su primitivo estado arrojase una cifra inferior a dicho beneficio, se incrementará la cuantía de la multa hasta alcanzar el montante del mismo.

⇒ V. art. 185 de la Ley 1/1997, de 24 marzo, del Suelo, de Galicia (§33).

Artículo 78.

1. Cuando en el hecho concurra alguna circunstancia agravante, la sanción se impondrá siempre en su cuantía máxima.

2. Si concurriese alguna circunstancia atenuante, la sanción se impondrá en su cuantía mínima.

3. Cuando concurriesen circunstancias atenuantes y agravantes, éstas se compensarán de forma racional para la determinación de la sanción, ponderando razonadamente la trascendencia de unas y otras.

4. Cuando no concurran circunstancias atenuantes ni agravantes, la Administración impondrá la sanción en su cuantía media.

Artículo 79.

1. Para graduar las multas se atenderá primordialmente a la gravedad de la materia, a la entidad económica de los hechos constitutivos de infracción, a su reiteración por parte de la persona responsable y al grado de culpabilidad de cada uno de los infractores.

2. Son circunstancias que agravan la responsabilidad de los culpables de una infracción urbanística:

a) El haberse prevalido, para cometerla, de la titularidad de un oficio o cargo público, salvo que el hecho constitutivo de la infracción haya sido realizado, precisamente, en el ejercicio del deber funcionarial propio del cargo u oficio.

b) La utilización de violencia o cualquier otro tipo de coacción sobre la autoridad o funcionario público encargado del cumplimiento de la legalidad urbanística o mediante soborno.

c) El haberla cometido alterando los supuestos de hecho que presuntamente legitimen la actuación, o mediante falsificación de los documentos en que se acreditase el fundamento legal de la actuación.

d) El incumplimiento de los requerimientos efectuados por la Administración en orden a la paralización de las obras y la restauración de la legalidad urbanística y la denegación de acceso a los terrenos o construcciones a los funcionarios encargados de la inspección urbanística.

e) El realizarla aprovechándose o explotando en beneficio propio una grave necesidad pública o del particular o particulares que resultasen perjudicados.

3. Son circunstancias cuya concurrencia atenúa la responsabilidad de los culpables de una infracción urbanística:

a) El no haber tenido intención de causar daño grave a los intereses públicos o privados afectados por el hecho ilegal.

b) El haber procedido el responsable a corregir la situación creada por la comisión de la infracción.

4. Son circunstancias que, según cada caso, pueden agravar o atenuar la responsabilidad:

a) El mayor o menor conocimiento técnico de los pormenores de la actuación, de acuerdo con la profesión o actividad habitual del responsable.

b) El mayor o menor beneficio obtenido de la infracción o, en su caso, el haberla realizado sin consideración alguna al posible beneficio económico que de la misma se derive.

c) La mayor o menor magnitud física del daño producido.

d) La mayor o menor dificultad técnica para devolver el terreno a su estado inicial.

5. Todo ello, sin perjuicio de las responsabilidades penales exigibles, en su caso, a los infractores.

Sección 2ª Competencia y procedimiento

Artículo 80.

1. Las autoridades competentes para la imposición de las sanciones serán:

a) Por faltas muy graves, a partir de 100 millones de pesetas, el Consello de la Xunta.

b) Por faltas muy graves, hasta 100 millones de pesetas, el conselleiro de Política Territorial, Obras Públicas y Vivienda, sin perjuicio de la posibilidad de desconcentración en los órganos de la citada Consellería.

c) Por faltas graves y leves, el alcalde.

2. Las resoluciones dictadas por los órganos autonómicos a que se refiere el apartado anterior, ponen fin a la vía administrativa a los efectos previstos en el artículo 109 de la Ley 30/1992, de 26 de noviembre, de Régi-

men Jurídico de las Administraciones Públicas y del Procedimiento Administrativo Común.

Artículo 81.

1. La potestad sancionadora se ejercerá de acuerdo con lo establecido en la legislación del procedimiento administrativo y en el Reglamento del procedimiento para el ejercicio de la potestad sancionadora, aprobado por Real Decreto 1398/1993, de 4 de agosto.

2. El plazo para resolver el procedimiento sancionador será de seis meses a contar desde la fecha de su iniciación, ampliable, como máximo, por otros seis meses mediante acuerdo adoptado en los términos de la Ley 30/1992, de 26 de noviembre, de Régimen Jurídico de las Administraciones Públicas y del Procedimiento Administrativo Común. Contra este acto de ampliación no habrá lugar a recurso alguno.

Transcurrido el plazo máximo para resolver sin que se dictase resolución, se entenderá caducado el procedimiento y se procederá al archivo de las actuaciones. En el cómputo deberán tenerse en cuenta las posibles interrupciones por causas imputables a los interesados o por la suspensión del procedimiento. En el supuesto de que la infracción no hubiera prescrito, deberá iniciarse un nuevo procedimiento sancionador.

Sección 3ª Sanciones por faltas muy graves

Artículo 82.

Serán sancionados con multa del 30 al 50 por 100 del valor de la obra, instalación, terrenos afectados, edificación o actuación realizada quienes incumplan las normas relativas al uso y a la edificación que afecten a zonas verdes, espacios libres, dotaciones, equipamientos o suelo rústico con especial protección.

Artículo 83.

1. Se sancionará con multa del 30 al 50 por 100 del valor de los terrenos afectados a quienes realicen parcelaciones urbanísticas en suelo rústico.

2. La sanción establecida en el número anterior se impondrá en su cuantía máxima si la división realizada lesiona el valor específico que, en su caso, proteja el ordenamiento urbanístico.

3. En ningún caso se considerarán solares, ni se permitirá edificar en ellos, los lotes resultantes de una parcelación efectuada con infracción de los artículos 173 y 174 de la Ley del Suelo de Galicia.

Artículo 84.

Quienes realicen obras de urbanización sin la previa aprobación del planeamiento y del proyecto de urbanización exigibles serán sancionados con multa del 30 al 50 por 100 del valor de la obra realizada.

Sección 4ª Sanciones por faltas graves

Artículo 85.

1. Serán sancionados con multa del 5 al 30 por 100 del valor de los terrenos y de las obras e instalaciones ejecutadas sobre aquéllos, quienes realicen parcelaciones urbanísticas incumpliendo lo dispuesto en los planes de ordenación y en los artículos 173 y 174 de la Ley del Suelo de Galicia.

2. En estos supuestos será de aplicación lo establecido en el artículo 83.3 de este Reglamento.

Artículo 86.

Quienes realicen acciones constructivas o no constructivas en contra del uso, destino y naturaleza que corresponda al suelo en el que se ejecuten, siempre que la infracción no estuviera calificada como muy grave, serán sancionados con multa del 5 al 30 por 100 del valor de la obra o instalación realizada o del terreno afectado por la actuación.

Artículo 87.

Será sancionada con multa del 5 al 30 por 100 de su valor la realización de edificaciones, construcciones o instalaciones sin la preceptiva autorización de la Comunidad Autónoma en los supuestos regulados en el artículo 77.4 y disposición adicional 3ª.2 de la Ley del Suelo de Galicia.

Artículo 88.

El incumplimiento del aprovechamiento urbanístico fijado en el planeamiento será sancionado con multa del 5 al 30 por 100 de valor del exceso en dicho aprovechamiento.

Artículo 89.

1. Se sancionará con multa del 15 al 30 por 100 de su valor el exceso de edificación sobre la edificabilidad permitida por el planeamiento.

2. La misma sanción se aplicará a quienes edificaren sótanos, semisótanos, áticos o entreplantas no permitidos por el planeamiento.

Artículo 90.

El exceso sobre la altura determinada en el planeamiento, siempre que dicho exceso no implicare aumento de la superficie construida permitida, se sancionará con multa del 5 al 15 por 100 del valor del exceso.

Artículo 91.

Se sancionará con multa del 5 al 30 por 100 del valor de lo realizado la ejecución de obras de consolidación, modernización o incremento de su valor de expropiación en edificios calificados como fuera de ordenación, según lo dispuesto en el artículo 58 de la Ley del Suelo, salvo los casos de excepción previstos en el apartado tercero del mismo artículo. Si dichas obras llevasen consigo aumentos de volumen o incremento de altura en relación con la situación existente, la sanción se impondrá en su porcentaje máximo.

Artículo 92.

Las infracciones por incumplimiento de las reglas de distancia de las edificaciones entre sí y en relación con las vías públicas, espacios libres y linderos se sancionarán con multa del 15 al 30 por 100 del importe de la obra que se sitúe fuera de los límites a los que deba ajustarse.

Artículo 93.

Los que edificaren en parcelas cuya superficie sea inferior a la establecida como mínima edificable serán sancionados con multa del 15 al 30 por 100 del valor de la obra realizada, graduando la multa en función de la mayor o menor desproporción que exista entre la superficie de la parcela edificada y la superficie de la parcela mínima según el plan.

Artículo 94.

1. Se sancionará con multa del 15 al 30 por 100 del valor de la obra realizada, la ejecución de construcciones, instalaciones o usos del suelo que vulneren las normas de protección de los elementos incluidos en catálogos o inventarios de los instrumentos de planeamiento. Igualmente se sancionarán los que vulneren lo dispuesto en el artículo 59 de la Ley del Suelo de Galicia.

2. Cuando se trate de actuaciones sobre bienes que tengan la condición de bienes de interés cultural, la sanción se impondrá en su porcentaje máximo.

Artículo 95.

1. Las talas y los abatimientos de árboles que constituyan masa arbórea, espacio boscoso, arboleda, parque y aquellos ejemplares aislados que por sus características específicas posean un interés botánico o ambiental especial que se realicen sin licencia, serán sancionados con multa del 15 al 30 por 100 del valor del bien afectado.

2. La multa se graduará en función de la mayor o menor trascendencia que tuviera la infracción en relación con el uso previsto, la irreversibilidad del deterioro causado en el valor intrínseco de la especie, del número de elementos dañados y de la antigüedad de los mismos.

3. El propietario quedará obligado a restaurar la realidad física alterada, sin que pueda autorizarse urbanización alguna hasta que sea realizada la correspondiente repoblación forestal según el plan establecido por el órgano competente.

Sección 5ª Sanciones por faltas leves

Artículo 96.

Las infracciones urbanísticas leves se sancionarán con multa del 1 al 5 por 100 del valor de la obra, instalación o actuación realizada.

Artículo 97.

La ejecución de obras o instalaciones realizadas sin licencia u orden de ejecución cuando sean legalizables por ser conformes con el ordenamiento urbanístico será sancionada con multa del 1 al 5 por 100 del valor de la obra o instalación.

Artículo 98.

1. Se sancionará con multa del 5 por 100 del coste de las obras y del valor de los terrenos a quienes realicen alguno de los actos a que se refieren los apartados 14, 15, 16 y 17 del artículo 10 de este Reglamento sin la preceptiva licencia, sin perjuicio de lo establecido en la legislación sectorial cuando carezcan asimismo de la correspondiente autorización o concesión.

2. Cuando las actividades señaladas en el número anterior no fueren legalizables, se aplicarán las sanciones previstas en este Reglamento para los tipos de infracción que en cada caso correspondan.

Artículo 99.

El incumplimiento de las órdenes de ejecución reguladas en la Sección Primera del Capítulo II del Título II serán sancionadas con multa del 1 al 5 por 100 del valor de las obras cuya realización haya sido ordenada.

Artículo 100.

1. La colocación sin licencia de carteles y vallas de propaganda visibles desde la vía pública se sancionará con multa del 1 al 5 por 100 del valor de su construcción e instalación.

2. La multa se graduará en función de la localización, tamaño e incidencia de tales elementos en el medio físico y en el entorno, aplicándose en su porcentaje máximo en los casos de incumplimiento del requerimiento de retirada de los mismos.

Artículo 101.

Serán sancionados con multa del 1 al 5 por 100 de su valor quienes lleven a cabo sin licencia cierres y vallados de fincas.

Artículo 102.

La realización de publicidad efectuada con incumplimiento de lo dispuesto en el artículo 6.2 se sancionará con multa de 50.000 a 500.000 pesetas en atención a las circunstancias concurrentes.

Artículo 103.

El incumplimiento de las obligaciones establecidas en los artículos 17.4 y 53.1 será sancionado con multa del tanto al quíntuplo del coste de la acometida.

CAPÍTULO III
Prescripción

Artículo 104.

1. Las infracciones urbanísticas muy graves prescribirán a los seis años, las graves a los cuatro años y las leves al año, a contar desde la finalización de las obras o de la actividad.

2. En las infracciones derivadas de una actividad continuada, la fecha inicial del cómputo será la de finalización de la actividad o la del último acto con el que la infracción se consuma.

3. Constituye infracción urbanística continuada la actividad consistente en la repetición de actos análogos cuando todos ellos tengan una unidad de objetivo dentro de un mismo ámbito territorial, definido registral o físicamente.

4. Se presume que las parcelaciones urbanísticas ilegales son, en todo caso, infracciones urbanísticas continuadas.

⇒ V. art. 183 de la Ley 1/1997, de 24 marzo, del Suelo, de Galicia (§33).

Artículo 105.

No obstante lo establecido en el artículo anterior, cuando existan actos de la Administración que autoricen actividades constitutivas de infracción urbanística, el plazo de prescripción comenzará a contar desde que se anularan los actos administrativos.

Artículo 106.

En los edificios e instalaciones construidos o realizados mediante actuaciones que, con arreglo a este Reglamento, hubieran sido declarados como infracción urbanística y respecto de los que hubiera prescrito la acción administrativa para la restauración del orden jurídico infringido y de la realidad física alterada, no se podrán realizar otras obras que las pequeñas reparaciones exigidas por razones de seguridad e higiene, y en ningún caso las de consolidación, aumento de valor, modernización, o cambio del uso existente, salvo aquellas necesarias para la adecuación a la legalidad urbanística vigente.

TÍTULO V
INSPECCIÓN URBANÍSTICA

CAPÍTULO I
Disposiciones generales

Artículo 107.

La inspección urbanística es la actividad que los órganos administrativos competentes en materia de edificación y uso del suelo han de realizar con la finalidad de comprobar que una y otro se ajustan a las especificaciones del ordenamiento urbanístico.

A estos efectos, corresponde a la inspección urbanística:

a) Vigilar y controlar la actuación de todos los implicados en el proceso constructivo y de utilización del suelo e informarlos y asesorarlos sobre los aspectos legales relativos a la actividad inspeccionada.

b) Constatar y denunciar todas las anomalías que se observen.

c) Informar sobre la adopción de medidas cautelares, correctivas y sancionadoras que se juzguen convenientes para el mantenimiento de la disciplina urbanística.

d) Cualesquiera otras funciones asesoras, inspectoras y de control urbanístico que le sean encomendadas por la autoridad de la que dependa.

Artículo 108.

1. La función inspectora de la legalidad urbanística será desarrollada en el ámbito de sus respectivas competencias por:

a) Los ayuntamientos.

b) Los órganos de la administración autonómica competentes en materia de urbanismo.

2. La inspección urbanística es una función de inexcusable ejercicio para las entidades y organismos a los que se atribuye.

3. La inspección urbanística se ejercerá con observancia del principio de colaboración entre las diversas Administraciones Públicas.

Artículo 109.

1. El alcalde ejercerá la inspección de las parcelaciones, obras, usos e instalaciones que se realicen en el término municipal para comprobar el cumplimiento de las condiciones exigibles.

2. La labor de inspección será desempeñada por el personal al que, con carácter permanente o accidental, se atribuya este cometido.

Artículo 110.

1. El ejercicio de la inspección urbanística que compete a la Comunidad Autónoma se ejercerá por funcionarios de la Consellería de Política Territorial, Obras Públicas y Vivienda, pertenecientes a los cuerpos generales o especiales de los grupos A o B, dependientes funcionalmente de la Dirección General de Urbanismo.

2. Son funciones de la Inspección Urbanística de la Comunidad Autónoma entre otras, con carácter fundamental y prioritario, las siguientes:

a) Ejercer el control de legalidad sobre la actividad urbanística.

b) Cuando las entidades locales incumplan las obligaciones que directamente les incumban por disposición de la Ley del Suelo de Galicia o de este Reglamento o dejasen de adoptar las medidas necesarias para la protección de la legalidad urbanística, proponer al conselleiro competente que requiera su cumplimiento con indicación de plazo.

c) Inspeccionar los actos de edificación y uso del suelo en los terrenos a que hace referencia el artículo 180 de la Ley del Suelo de Galicia y formular al órgano competente la propuesta de resolución que corresponda, conforme a lo señalado en el artículo 118 de este Reglamento.

Artículo 111.

1. El personal adscrito a la inspección y vigilancia urbanística, en el ejercicio de sus funciones, tendrá la consideración de agente de la autoridad y estará capacitado, con dicho carácter, para requerir y examinar toda clase de documentos relativos al planeamiento, para comprobar la adecuación de los actos de edificación y uso del suelo a la normativa urbanística aplicable y para recabar de todas las partes relacionadas con cualquier actuación urbanística y de los colegios profesionales y cualesquiera otros organismos oficiales con competencia en la materia cuanta información, documentación y ayuda material precise para el adecuado cumplimiento de sus funciones.

2. A tal efecto, por la autoridad competente se expedirá la acreditación oportuna, en la que conste de manera expresa y clara su condición de personal de inspección y vigilancia urbanística.

3. En sus actuaciones, previa acreditación oficial de su condición, tendrán libre acceso a los edificios o locales donde se realicen las obras o usos que pretenden inspeccionar y que no constituyan domicilio particular, de acuerdo con las disposiciones legales que sean de aplicación.

4. Las fuerzas y cuerpos de la seguridad de las diferentes Administraciones públicas, incluida la policía municipal, están obligados a prestar el suficiente auxilio administrativo en las funciones de inspección y vigilancia reconocidas en la Ley del Suelo de Galicia y en este Reglamento.

⇒ V. art. 8.5 de la LJCA.

Artículo 112.

1. Las actas levantadas por el personal de la inspección y vigilancia urbanística en el ejercicio de las competencias propias en materia de disciplina urbanística que cumplan los requisitos del artículo siguiente tendrán valor probatorio de los hechos que se reflejen en la misma y fueran comprobados personalmente por aquél, sin perjuicio de las pruebas que en defensa de los respectivos derechos o intereses puedan señalar o aportar los propios administrados.

2. Los hechos que figuren en las referidas actas darán lugar a la actuación de oficio del órgano urbanístico competente.

3. En el caso de no entenderse el acta con el afectado o su representante legal, se le dará traslado de ésta para que en el plazo de 10 días puedan alegar y presentar los documentos y justificaciones que estimen pertinentes, sin que en ningún caso se paralicen las actuaciones.

Artículo 113.

1. Las actas de inspección urbanística que documenten el resultado de la actividad inspectora contendrán, en todo caso, los siguientes datos:

a) El lugar y fecha de su formulación.

b) Identificación personal de los actuarios que las suscriban.

c) Descripción sucinta de los elementos esenciales de la infracción urbanística y de su atribución al causante, con expresión de los hechos y circunstancias con trascendencia en la infracción.

d) Nombre, apellidos, número de documento nacional de identidad y domicilio de la persona o personas con quien se entienden las actuaciones y el carácter de la representación con que intervienen, sean promotores, propietarios, constructores, técnicos, usuarios o representantes legales de los mismos.

2. Las actas deberán ser firmadas por el inspector o vigilante que las hubiera levantado y por la persona que, de entre las citadas en el número anterior, estuviese a cargo de la actividad inspeccionada. Cuando esta persona se negase a suscribirla, se hará constar dicha circunstancia.

3. La firma del acta de inspección urbanística por parte de las personas relacionadas en el número 1 d) de este artículo no implica aceptar su contenido. En todo caso, la negativa a firmarla no supondrá, en ningún caso, paralización o archivo de las posibles actuaciones siguientes motivadas por el contenido de la misma.

En ausencia de personas con las que puedan entenderse las actuaciones, se levantará el acta haciendo constar expresamente este extremo, dándoles posteriormente traslado a los afectados, en los términos indicados en el apartado 3 del artículo anterior.

4. Haya sido firmada o no el acta, se entregará copia de la misma al responsable con quien se entendieron las actuaciones. Si no estuviese presente en el lugar de actuación o se negara a recibirla, el acta se remitirá, con constancia de su recepción, al promotor y, de ser éste desconocido, al propietario de la finca, al constructor, al director técnico de la obra o la persona que estuviese a cargo de la actividad inspeccionada.

CAPÍTULO II
Procedimiento

Artículo 114.

La inspección urbanística iniciará sus actuaciones de oficio, por propia iniciativa en razón de la labor que tiene encomendada, como consecuencia de orden superior, a petición razonada de otros órganos o a solicitud de persona interesada.

Artículo 115.

Cuando los servicios de inspección urbanística tengan conocimiento de la existencia de hechos que puedan constituir infracción urbanística, por alguno de los medios reseñados en el artículo anterior, procederán a la apertura de un período de información previa.

Artículo 116.

1. La información recogerá los siguientes extremos:

a) Hechos que pueden ser constitutivos de infracción urbanística, a cuyo efecto será necesario disponer de los informes relativos a la descripción de las obras o usos y estado de ejecución en que se encuentren para conocer si se trata de actuaciones en curso u obras terminadas.

b) Personas que pudieran resultar responsables, con inclusión de los datos necesarios para su identificación y domicilio.

c) Concreción de la ubicación exacta sobre planos o cartografía adecuada, con identificación de la parcela.

d) Determinación del planeamiento y del concreto régimen jurídico aplicable a los terrenos afectados.

2. A estos efectos, cuando la inspección urbanística actuante sea la de la Comunidad Autónoma, recabará la colaboración del ayuntamiento, en especial para la obtención de los datos identificativos de los distintos participantes en los hechos presuntamente constitutivos de infracción urbanística y solicitará información sobre si existe o no licencia y, en su caso, el alcance de la misma a fin de poder comprobar el grado de ajuste de los hechos denunciados a los términos en que hubiere sido concedida. Asimismo solicitará información respecto del ejercicio, en su caso, de las potestades municipales en orden a la protección de la legalidad.

3. El resultado de la información previa deberá notificarse a los interesados, especialmente al denunciante.

Artículo 117.

Concluida la información previa, cuando la inspección urbanística actuante fuese la municipal, formulará propuesta de resolución al alcalde, en uno de los siguientes sentidos:

a) Archivo de actuaciones, cuando de los datos resultantes de la misma se deduzca que no existe infracción de la legalidad urbanística o, en su caso, que ha cesado y no resulta procedente la incoación de expediente sancionador.

b) Remisión de todo lo actuado a la Comunidad Autónoma, si los hechos afectan al ámbito señalado en el artículo 180 Ley del Suelo de Galicia.

c) Incoación del procedimiento de reposición de la legalidad urbanística, que se tramitará de conformidad con lo dispuesto en Título III de este Reglamento y, en su caso, del procedimiento sancionador, sin perjuicio de la remisión al Ministerio Fiscal si se apreciasen indicios de ilícito penal.

Artículo 118.

1. Cuando la inspección urbanística actuante fuera la de la Comunidad Autónoma, finalizado el trámite de información previa, deberá formular propuesta de resolución al órgano competente, con el siguiente contenido:

a) Archivo de actuaciones cuando no se aprecie infracción de la legalidad urbanística o, en su caso, hubiera cesado y no proceda incoación de expediente sancionador.

El archivo de actuaciones deberá notificarse a la entidad local y al denunciante y denunciado.

b) Requerimiento a la entidad local a fin de que cumpla sus obligaciones, cuando se constate que se ha producido alguna de las situaciones que llevan aparejada la obligación por parte de la misma de actuar las potestades que para la protección de la legalidad urbanística tiene atribuidas y no hubiere adoptado las medidas pertinentes.

c) En los supuestos en que en la información previa se constate que se producen infracciones urbanísticas en los terrenos a que hace referencia el artículo 180 de la Ley del Suelo de Galicia, cuando se trate de obras en curso que están siendo ejecutadas sin la preceptiva licencia municipal u orden de ejecución, o sin ajustarse a las mismas, se formulará propuesta de suspensión inmediata de las actuaciones y de incoación de expediente de reposición de la legalidad urbanística, conforme a lo dispuesto en el artículo 58.1 de este Reglamento.

Cuando se trate de obras terminadas sin licencia u orden de ejecución o sin ajustarse a la misma, se propondrá la incoación de expediente de reposición de la legalidad urbanística conforme a lo dispuesto en el artículo 58.2 de este Reglamento.

En ambos casos, se propondrá la iniciación del correspondiente expediente sancionador.

d) Requerimiento al alcalde, de conformidad con lo dispuesto en el artículo 67 de este Reglamento, cuando, como resultado de la información previa, se constate que ha sido otorgada licencia municipal o dictada orden de ejecución con infracción de la zonificación o del uso urbanístico de los terrenos a que hace referencia el artículo 180 de la Ley del Suelo de Galicia.

2. En todo caso, cuando de la información previa se deduzcan indicios de ilícito penal en el hecho que motivó las actuaciones, la inspección urbanística propondrá al órgano competente que tal circunstancia sea puesta en conocimiento del Ministerio Fiscal a los efectos de exigencia de las responsabilidades de aquella naturaleza en que hayan podido incurrir los infractores.

DISPOSICIÓN ADICIONAL

El personal adscrito a la inspección y vigilancia urbanística de la Comunidad Autónoma quedará integrado en la Consellería de Política Territorial, Obras Públicas y Vivienda, facultándose al conselleiro para dictar las órdenes y resoluciones oportunas referentes a la organización y funcionamiento de dicha inspección.

§ 36 LEY 7/1995, DE 29 JUNIO. REGULA LA DELEGACIÓN Y DISTRIBUCIÓN DE COMPETENCIAS EN MATERIA DE URBANISMO DE GALICIA

(BOE núm. 190, de 10 agosto y DOG núm. 134, de 13 julio [RCL 1995, 2368 y LG 1995, 230])

Con arreglo al artículo 27.3 de la Ley Orgánica 1/1981, de 6 de abril, por la que se aprobó el Estatuto de Autonomía para Galicia, corresponde a la comunidad autónoma la competencia exclusiva en materia de ordenación del territorio y del litoral, urbanismo y vivienda, en el marco del propio Estatuto y del artículo 148.1.3ª de la Constitución Española.

Sin embargo, el cabal entendimiento de esta atribución competencial ha de arrancar de una premisa previa: la proclamación por el artículo 137 de la Constitución del principio de autonomía de los municipios para la gestión de sus propios intereses.

En este sentido, la Constitución de 1978 y la promulgación de la Ley 7/1985, de 2 de abril, Reguladora de las Bases del Régimen Local, supusieron un punto de apoyo importante en nuestro marco institucional.

El urbanismo no puede dejarse al margen de todos los principios institucionales que cada vez lo sitúan con más fuerza en el seno de los municipios, porque social e institucionalmente el urbanismo aparece claramente arraigado en las entrañas municipales; es un hecho tan natural como inaplazable que los municipios asuman el protagonismo que les corresponde en este proceso y que se acuda a técnicas que reafirmen sus competencias naturales en el orden urbanístico, las consoliden y las doten de la necesaria operatividad.

El principio de subsidiariedad y la concepción de la Administración que postula evitar duplicidades de administraciones en el mismo territorio, en claro refuerzo del ente titular de la competencia en su propia demarcación territorial, responden a la cuestión planteada, pero son difícilmente compatibles con su ejecución por fases, y no sería menor la dificultad para su posible aplicación mediante legislación sectorial.

Sin embargo, la dimensión del urbanismo como consustancial a la esfera local aconseja establecer las bases que jurídicamente hagan viable que la actuación autonómica en los municipios pueda tener lugar a través de la propia Administración municipal; la técnica que esta Ley articula al efecto es la de la delegación de competencias en los municipios, en el marco establecido por el artículo 27 de la Ley 7/1985, de 2 de abril, Reguladora de las Bases del Régimen Local, para la aprobación definitiva de su planeamiento municipal. Asimismo, se consideró adecuado extender la delegación a la autorización de viviendas unifamiliares en nuestro medio rural. En cuanto a la cobertura de medios para el ejercicio de las competencias delegadas, al no ser apreciable la existencia de cargas conexas a la delegación, no resulta necesaria la transferencia de medios financieros.

Al tratarse de funciones o potestades delegadas –de las que sigue siendo titular, por ende, la comunidad autónoma de Galiciaes evidente que en todo caso ésta retiene las correspondientes facultades de supervisión y coordinación, y que ejercitará a través del instrumento de colaboración administrativa que por sí implica la emisión de informe previo, preceptivo y vinculante, cuyo ámbito será exactamente el mismo que define la jurisprudencia del Tribunal Supremo en relación con la intervención autonómica en la aprobación del planeamiento.

Esta delegación de competencias a favor de los municipios implica necesariamente que la ley aborde acto seguido una nueva definición de los órganos urbanísticos de la Xunta de Galicia y de sus funciones.

Se excluyen como tales las comisiones provinciales de urbanismo, concebidas y estructuradas por la legislación preconstitucional como órganos de estricta naturaleza local, y cuya pervivencia se hace hoy difícilmente explicable; exclusión que asimismo el nuevo papel que en la ley se asigna a la Administración municipal explicaría por sí solo.

La ley se ocupa también de establecer el mínimo de normas de procedimiento consideradas como imprescindibles para adecuar a la misma y al nuevo régimen de distribución de competencias los procedimientos existentes de aprobación de los instrumentos de planeamiento, que se aligeran del trámite de aprobación provisional sin merma alguna del principio democrático de la participación ciudadana, al reducir sustancialmente el plazo que la ley otorgaba a la intervención autonómica.

Por todo lo expuesto, el Parlamento de Galicia aprobó y yo, de conformidad con el artículo 13.2 del Estatuto de Galicia y con el artículo 24 de la Ley 1/1983, de 23 de febrero, reguladora de la Xunta y de su presidente, promulgo en nombre del Rey, la Ley de delegación y distribución de competencias en materia de urbanismo.

CAPÍTULO I
Objeto

Artículo 1.

La presente Ley tiene por objeto regular, en el ámbito de la comunidad autónoma de Galicia, el régimen de delegación de competencias urbanísticas en los municipios, la determinación de los órganos urbanísticos de la Xunta *de Galicia y sus competencias*, así como el establecimiento de las normas de procedimiento necesarias para adecuar los existentes a esta distribución competencial.

CAPÍTULO II
Delegación de competencias

Artículo 2.

La competencia para la aprobación definitiva de los proyectos, planes, normas o programas de ámbito municipal que la legislación urbanística vigente atribuye a la comunidad autónoma de Galicia queda asignada, en régimen de competencia delegada, a los municipios respectivos.

En ningún caso se entenderá incluida en la delegación prevista en el apartado anterior la competencia para la aprobación definitiva de los instrumentos de planeamiento que afecten a más de un término municipal.

Artículo 3.

Corresponde asimismo al Ayuntamiento respectivo, en régimen de competencia delegada, el otorgamiento de la autorización para la construcción de viviendas unifamiliares prevista en el artículo 42 de la Ley 11/1985, de 22 de agosto, de adaptación de la del suelo a Galicia, que se otorgará con sujeción al procedimiento que en el mismo se establece.

Artículo 4.

El ejercicio de las competencias delegadas se ajustará a lo dispuesto en la legislación urbanística vigente en Galicia.

Artículo 5.

1. De conformidad con lo dispuesto en la legislación de régimen local, en el régimen de delegación de competencias urbanísticas en los municipios, corresponden a la Xunta de Galicia, en todo caso, las siguientes facultades:

a) Establecer directrices generales que orienten la redacción y tramitación del planeamiento urbanístico municipal.

b) Recabar, en cualquier momento, información sobre la gestión municipal en materia de urbanismo, en cuanto a las competencias delegadas.

c) Formular los requerimientos pertinentes al Ayuntamiento para que sean subsanadas las deficiencias observadas en el ejercicio de las competencias delegadas y, en su caso, para que anule los actos o acuerdos municipales que incurran en infracción del ordenamiento jurídico vigente.

2. En caso de incumplimiento de las directrices, denegación de las informaciones solicitadas o inobservancia de los requerimientos formulados, el Consello de la Xunta, previa audiencia de la Corporación afectada, podrá revocar, en todo o en parte, la delegación otorgada.

⇒ Por su interés, se transcribe la Instr. 17/1998, de 24 julio, de la Consellería Política Territorial, Obras Públicas y Vivienda, sobre la aplicación de la Ley del suelo de Galicia en el marco de la nueva legislación estatal, dictada por la Consellería de Política Territorial, Obras Públicas y Vivienda en virtud de las atribuciones previstas en el presente art. 5.

De conformidad con el orden constitucional de competencias diseñado por los arts. 148 y 149 de la Constitución Española, las comunidades autónomas tienen atribuida, estatutariamente, la competencia exclusiva o plena en materia de urbanismo. Y así, el Estatuto de autonomía de Galicia, en su artículo 27.3º, atribuye a la comunidad autónoma gallega la competencia exclusiva en materia de «ordenación del territorio y del litoral, urbanismo y vivienda». Este carácter de exclusividad competencial implica el reconocimiento de un orden completo de potestades en manos de los poderes públicos gallegos: legislativa, reglamentaria y ejecutiva (artículo 37.2º del Estatuto de Autonomía).

El ámbito de la competencia sobre urbanismo asumida por las comunidades autónomas se define en la Sentencia del Tribunal Constitucional 61/1997, de 20 de marzo, como «la disciplina jurídica del hecho social o colectivo de los asentamientos de población en el espacio físico, lo que en el plano jurídico se traduce en la «ordenación urbanística» como objeto normativo de las leyes urbanísticas» [F. 6 a)].

El contenido de esta competencia consiste en concretas potestades, entre las que el Tribunal Constitucional incluye, a título meramente ejemplificativo, las relativas al planeamiento, la gestión o ejecución de instrumentos de planificación y la intervención administrativa en las facultades dominicales sobre el uso del suelo y la edificación, a cuyo servicio se arbitran técnicas jurídicas concretas. A ello ha de añadirse «la determinación, en lo pertinente, del régimen jurídico del suelo en tanto que soporte de la actividad transformadora que implica la urbanización y la edificación».

Este contenido competencial se traduce en la fijación de «políticas de ordenación de la ciudad, en tanto en cuanto mediante ellas se viene a determinar el cómo, cuándo y dónde deben surgir o desarrollarse los asentamientos humanos, y a cuyo servicio se disponen las técnicas e instrumentos urbanísticos precisos para lograr tal objetivo».

La Ley 1/1997, de 24 de marzo, del suelo de Galicia tiene por objeto la regulación completa del urbanismo en el ámbito de nuestra comunidad autónoma, complementada con la Ley 7/1995, de 29 de junio (LG 1995, 230), de delegación y distribución de competencias en materia de urbanismo que, junto con las normas reglamentarias para su desarrollo y ejecución, constituyen el derecho urbanístico propio de Galicia «aplicable en su territorio con preferencia a cualquier otro» (artículo 38.1º del Estatuto de Autonomía). No debe perderse de vista que en el reparto competencial efectuado por la Constitución Española es a las comunidades autónomas a las que se ha atribuido la competencia exclusiva sobre el urbanismo, y por ende, es a tales entes públicos a los que compete emanar normas que afecten a la ordenación urbanística, en el sentido expuesto en la Sentencia del Tribunal Constitucional 61/1997.

Ahora bien, no puede desconocerse que la competencia autonómica exclusiva en materia de urbanismo ha de coexistir con aquellas que el Estado ostenta en virtud del artículo 149.1º de la Constitución, cuyo ejercicio puede condicionar, lícitamente, la competencia de las comunidades autónomas sobre el urbanismo. El Estado tiene constitucionalmente atribuidas competencias, también exclusivas, para establecer las condiciones básicas que garanticen la igualdad de los españoles en el ejercicio de los derechos y en el cumplimiento de los deberes constitucionales, o la legislación sobre expropiación forzosa, o el sistema de responsabilidad, o el procedimiento administrativo común, por citar sólo algunos ejemplos de títulos competenciales con incidencia relevante sobre el urbanismo.

Pues bien, expuesto lo anterior, ha de afirmarse que la competencia autonómica exclusiva sobre urbanismo ha de integrarse sistemáticamente con aquellas otras estatales que, si bien en modo alguno pueden legitimar una regulación general del entero régimen jurídico del suelo, pueden propiciar, sin embargo, que se afecte puntualmente a la materia urbanística.

La Ley del Suelo de Galicia ha sido escrupulosamente respetuosa con el orden constitucional de distribución de competencias, y por ello, en su disposición adicional 1ª, se remite a la legislación estatal en lo que se refiere a la regulación de los derechos y deberes básicos de los propietarios de suelo, valoraciones, expropiaciones y régimen de venta forzosa, supuestos indemnizatorios y régimen jurídico; en estas materias el Estado ostenta competencias que el legislador autonómico está obligado a respetar y son precisamente las materias que regula la nueva Ley 6/1998, de 13 de abril, sobre régimen del suelo y valoraciones.

La entrada en vigor de la Ley estatal exigirá de las Administraciones Públicas y de los distintos operadores urbanísticos una labor hermenéutica de integración o articulación de la legislación urbanística gallega con el nuevo marco de la legislación estatal; labor que deberá realizarse con una visión sistemática, unitaria y coherente de ambos ordenamientos jurídicos, buscando la interpretación que permita la eficacia y plena aplicación de la legislación urbanística autonómica en cuanto resulte compatible con el nuevo marco de la legislación estatal.

Con la finalidad de facilitar esa labor hermenéutica y en virtud de las atribuciones previstas en el artículo 5 de la Ley 7/1995, de 29 de junio, de delegación y distribución de competencias en materia de urbanismo, se dicta la presente instrucción sobre la aplicación de la Ley del Suelo de Galicia en el marco de la nueva legislación estatal.

1. Criterios generales.

La nueva Ley 6/1998, de 13 de abril, sobre régimen del suelo y valoraciones, tiene por objeto definir el contenido básico del derecho de propiedad del suelo (artículo 1), y con esta finalidad establece una regulación básica sobre el régimen urbanístico de la propiedad, las valoraciones, las expropiaciones forzosas y los supuestos indemnizatorios.

El contenido más importante, por las novedades que incorpora en el ordenamiento jurídico, y por su relevante incidencia en la legislación urbanística autonómica, lo constituye el nuevo régimen básico de la propiedad del suelo establecido en ejercicio de las competencias constitucionalmente atribuidas al Estado en virtud del artículo 149.1.1º de la Constitución, título competencial cuyo alcance ha quedado precisado en la mencionada sentencia del Tribunal Constitucional [F. 7 a 11].

La Ley estatal se ha limitado a definir el estatuto jurídico básico de la propiedad del suelo, que constituye el marco dentro del cual los legisladores autonómicos pueden dictar también normas sobre el régimen de la propiedad del suelo. Al Estado le compete regular las condiciones básicas que garanticen la igualdad de todos los propietarios del suelo en el ejercicio de su derecho de propiedad urbana, es decir, la igualdad básica en lo que se refiere a las valoraciones y al régimen urbanístico de la propiedad del suelo [F. 8 de la Sentencia del Alto Tribunal]; hace referencia al contenido primario del derecho, a las posiciones jurídicas fundamentales, pero en ningún caso puede suponer una regulación completa y acabada de los derechos y deberes de los propietarios del suelo y, en consecuencia, es claro que a las comunidades autónomas corresponde regular el régimen jurídico de la propiedad del suelo respetando las condiciones básicas establecidas por el legislador estatal.

Ninguna dificultad ofrece la aplicación de la nueva Ley en lo relativo a los principios generales (título I), que ya estaban formulados con una redacción similar en la Ley del suelo de Galicia, tradicionales en el Derecho urbanístico que se consolidó en España desde la primera Ley del suelo de 1956.

La regulación estatal de las expropiaciones (título IV) tampoco presenta dificultades en su aplicación por cuanto que los preceptos de la Ley gallega sobre las expropiaciones urbanísticas son perfectamente compatibles con la nueva legislación estatal.

La regulación de los supuestos indemnizatorios (título V) no afecta a la Ley gallega, que no contiene ningún precepto sobre esta materia, limitándose a remitirse a la legislación estatal.

Por otra parte, debe recordarse que el marco de legislación estatal se completa con aquellos preceptos del texto refundido de la Ley sobre régimen del suelo y ordenación urbana, aprobado por Real Decreto Legislativo 1/1992, de 26 de junio, que la disposición derogatoria de la nueva Ley 6/1998 declara expresamente vigentes.

2. Clasificación del suelo.

La nueva Ley 6/1998 establece la clasificación del suelo como presupuesto mismo de la definición de las condiciones básicas del derecho de propiedad urbana, distinguiendo tres supuestos básicos: suelo transformado urbanísticamente (urbano), suelo apto para el proceso urbanizador (urbanizable) y suelo preservado de tal proceso (no urbanizable). Estos tres supuestos básicos se establecen por el legislador estatal a los solos efectos de anudar determinadas facultades dominicales y unos criterios de valoración a su vez básicos del derecho de propiedad urbana.

Pero esto no impide al legislador urbanístico autonómico el establecimiento de otras clases o categorías de suelo diferentes, siempre que pueda establecerse la equivalencia o correspondencia con las clases de suelo definidas por el legislador estatal a los solos efectos de aplicar el régimen jurídico fundamental que corresponda (artículo 7 de la Ley estatal).

En la Ley gallega la clasificación del suelo es diferente según se trate de municipios con plan general de ordenación municipal, proyecto de ordenación del medio rural o sin planeamiento.

a) En los municipios con plan general de ordenación municipal, el territorio municipal se clasificará en los siguientes tipos de suelo: urbano, de núcleo rural, urbanizable y rústico (artículo 63.1º de la Ley gallega).

b) En los municipios con proyecto de ordenación del medio rural, el territorio municipal se clasificará en: suelo urbano, suelo de núcleo rural y suelo rústico (artículo 63.2º de la Ley gallega).

c) En los municipios sin planeamiento, se aplicará el régimen jurídico del suelo urbano consolidado, del suelo de núcleo rural y del suelo rústico, según corresponda (disposición adicional 3ª de la Ley gallega).

A continuación se indican los criterios de aplicación para la clasificación del suelo de conformidad con la legislación urbanística gallega y con el nuevo marco de la legislación estatal.

2.1. Suelo urbano.

En la Ley gallega y en la Ley estatal la clasificación del suelo urbano es una potestad reglada que depende del hecho físico de la urbanización de los terrenos o de la consolidación edificatoria, de suerte que la Administración queda vinculada por una realidad que ha de reflejar en sus determinaciones clasificatorias.

El artículo 8 de la Ley estatal, tras establecer genéricamente los criterios indicados, se remite al legislador autonómico en cuanto a la determinación de la forma y condiciones para la clasificación del suelo urbano. Y es el legislador urbanístico autonómico el que establece en detalle los requisitos formales y objetivos de clasificación del suelo urbano, concretamente en el artículo 64.1º de la Ley del Suelo de Galicia cuyo contenido se acomoda perfectamente a los criterios generales establecidos en la Ley estatal.

Dentro del suelo urbano la Ley gallega diferencia dos categorías: el suelo urbano consolidado y el suelo urbano no consolidado (artículos 64.2º y 65). La misma distinción se deduce del artículo 14 de la Ley estatal al distinguir dos regímenes aplicables en el suelo urbano, uno para los terrenos consolidados por la urbanización y otro a los que carezcan de urbanización consolidada.

En ambas legislaciones el criterio determinante de la categoría de suelo urbano no consolidado se refiere a áreas de suelo urbano que deben aún someterse a un proceso de ejecución integral que comprende cesiones de suelo, ejecución de obras de urbanización y operaciones de distribución equitativa de cargas y beneficios derivados del planeamiento; todo ello con la finalidad de llevar a la realidad física la ordenación proyectada en el plan.

El suelo urbano consolidado, por el contrario, se refiere a las restantes áreas de suelo urbano en las que no resulta necesario un proceso completo y complejo de gestión urbanística; son terrenos que merecen la calificación de solar o que precisan de alguna obra aislada de urbanización.

2.2. Suelo de núcleo rural.

Esta nueva clase de suelo que introduce la Ley gallega pretende dar una respuesta adecuada a uno de los aspectos más características de los asentamientos de población en Galicia. Aunque el suelo de núcleo rural no tenga su correlativo en la nueva Ley estatal, se puede encontrar sin mayor dificultad su equivalencia con el suelo urbano a los efectos de determinar el régimen jurídico básico que resulta de aplicación.

El concepto de núcleo rural que define el artículo 76 de la Ley gallega tiene una evidente conexión con el de suelo urbano establecido en el artículo 8 de la Ley estatal. El hecho físico de la agrupación de viviendas –condición «sine qua non» para identificar un núcleo rural– puede reconducirse sin dificultad al criterio genérico de consolidación edificatoria que emplea el legislador estatal que, no olvidemos, se remite al legislador autonómico para determinar la forma y condiciones para la clasificación del suelo urbano. En definitiva, ambas clases de suelo sirven de soporte físico a un asentamiento de población y el régimen jurídico aplicable en ambas clases de suelo resulta análogo.

Para asegurar la aplicación coherente de los criterios de clasificación del suelo establecidos en la legislación urbanística gallega y en la legislación estatal, el planeamiento deberá incorporar en el contenido del preceptivo estudio del medio rural un análisis detallado del grado de consolidación edificatoria de cada núcleo rural justificando el ámbito delimitado.

2.3. Suelo urbanizable.

La nueva Ley estatal pretende facilitar el aumento de la oferta de suelo haciendo posible que todo el suelo que todavía no ha sido incorporado al proceso urbano, en el que no concurran razones para su preservación, sea considerado como susceptible de ser urbanizado (artículo 8). Debe clasificarse como suelo urbanizable todo el suelo que no deba ser clasificado como urbano o como no urbanizable.

Pero dentro del suelo urbanizable aún hay que distinguir dos supuestos básicos diferentes, para los que se prevén regímenes jurídicos y criterios de valoración también diferentes: por una parte, el suelo urbanizable comprendido en sectores o ámbitos delimitados para su desarrollo o para los que se hayan establecido las condiciones necesarias para su desarrollo urbanístico (artículos 16.1º, 17, párrafo 1º y 27.2º); y por otra parte, el resto del suelo urbanizable no comprendido en sectores (artículos 16.2º, 17, párrafo 2, y 27.1º).

La Ley gallega es más exigente para clasificar suelo urbanizable por cuanto que la hace depender de una actuación pública programada o privada concertada con la finalidad de incorporar inmediatamente los terrenos al proceso de desarrollo urbanístico (artículo 67). En este supuesto, el planeamiento general ha de contener el sector o ámbito de planeamiento de desarrollo y las condiciones necesarias para el desarrollo urbanístico de ese suelo (artículo 12). El suelo urbanizable definido en la Ley gallega se corresponde con el suelo urbanizable con el ámbito del sector delimitado y las condiciones para su desarrollo urbanístico determinadas en el planeamiento general, esto es, el suelo urbanizable al que hacen referencia *los artículos 16.1º, 17, párrafo* 1 y 27.2º de la Ley estatal.

El resto del suelo urbanizable no comprendido en sectores o ámbitos de planeamiento para su desarrollo inmediato (artículos 16.2º, 17, párrafo 2 y 27.1º de la Ley estatal) será clasificado por el plan general como suelo rústico común apto para urbanizar que se considera asimilado al suelo urbanizable no sectorizado de la Ley estatal.

2.4. Suelo rústico.

La Ley gallega, siguiendo el criterio tradicional de la legislación urbanística española, ha partido de una concepción residual del suelo rústico; éste comprende todos los terrenos que no estén clasificados como urbanos, de núcleo rural o urbanizables (artículo 68).

Este criterio residual no se corresponde con el del legislador estatal para la clasificación del suelo no urbanizable. La Ley estatal acude a conceptos jurídicos indeterminados tales como los valores ambientales, paisajísticos, históricos, arqueológicos, científicos, ambientales o culturales, de su riqueza agrícola, forestal, ganadera o de otra índole, o las razones justificadas que motiven la inadecuación de los terrenos para el desarrollo urbanístico (artículo 9). Sólo cuando se está en presencia de alguna de las circunstancias señaladas en el artículo 9 han de clasificarse los terrenos como suelo no urbanizable; en otro caso, deberán clasificarse como suelo urbanizable.

Para determinar las equivalencias entre las clases de suelo de la legislación gallega con las de la legislación estatal será necesario diferenciar entre las diferentes situaciones en que se puede encontrar el suelo rústico:

2.4.1. Suelo rústico de especial protección.

Comprende los espacios o elementos que el plan determine para otorgarles una especial protección en razón de sus valores ecológicos, medioambientales, paisajísticos, históricos, etnográficos, culturales o con especial potencialidad productiva (artículo 68.1º y 79.1º de la Ley gallega).

El suelo rústico de especial protección se corresponde exactamente con el suelo no urbanizable que, según dispone el artículo 9 de la Ley estatal, debe ser preservado del desarrollo urbanístico de acuerdo con el planeamiento urbanístico y territorial o la legislación sectorial, en razón de sus valores ambientales, paisajísticos, históricos, arqueológicos, científicos, ambientales o culturales, de su riqueza agrícola, forestal, ganadera o de otra índole.

2.4.2. Suelo rústico común.

Es el resto del suelo rústico que no merece ser objeto de especial protección (artículo 68.1º) que se corresponde con el suelo no urbanizable inadecuado para el desarrollo urbano (artículo 9.2º, «in fine», de la Ley estatal).

2.4.3. Suelo rústico común apto para urbanizar.

La Ley gallega habilita al plan general para delimitar, dentro del suelo rústico común, áreas aptas para urbanizar que pueden ser incorporadas al desarrollo urbanístico mediante la formulación de uno o varios planes parciales (artículo 68.3º). En estos casos, el planeamiento general únicamente debe determinar los usos compatibles [artículo 14, d)] pero no está obligado a delimitar el ámbito de cada sector a desarrollar mediante un plan parcial ni a determinar las condiciones de su desarrollo urbanístico, función que corresponde al futuro plan parcial (artículos 22 y 23). La aprobación del plan parcial determina la clasificación como suelo urbanizable del correspondiente sector (artículos 21.2º y 78.2º).

Estas áreas aptas para urbanizar delimitadas en el suelo rústico común deben considerarse englobadas en la amplia concepción del suelo urbanizable que recoge la nueva legislación estatal. Téngase en cuenta que la Ley estatal, en los artículos 16.2º, 17, párrafo 2 y 27.1º, alude a un suelo urbanizable para el cual el planeamiento general no ha determinado las condiciones de su desarrollo ni ha delimitado el sector o ámbito del planeamiento parcial de desarrollo.

Como quiera que la legislación estatal obliga a considerar como susceptible de ser urbanizado al suelo que todavía no ha sido incorporado al proceso urbano, en el que no concurran razones para ser objeto de una especial protección incompatible con su transformación (artículos 9 y 10 de la Ley estatal), el planificador estará obligado a considerar como apto para urbanizar la totalidad del suelo rústico común, salvo aquellos ámbitos que resulten inadecuados para el desarrollo urbanístico, lo que habrá de justificarse cumplidamente en el preceptivo estudio del medio rural que ha de contener el plan.

En los municipios de baja complejidad urbanística que justificadamente opten por la formulación de un proyecto de ordenación del medio rural, no podrán clasificarse suelos urbanizables ni delimitarse áreas aptas para urbanizar en suelo rústico común porque no lo permite la Ley gallega (artículos 63.2º, 67 y 68.3º de la Ley del Suelo de Galicia). En estos casos, no puede considerarse adecuada la previsión de nuevos desarrollos urbanos por razón de las características de baja complejidad urbanística de los municipios rurales que opten por este instrumento, así como por la propia naturaleza y función limitado de los proyectos de ordenación del medio rural que no contienen una ordenación urbanística completa e integral del término municipal.

3. Régimen jurídico y valoraciones del suelo.

El régimen jurídico aplicable a cada una de las clases de suelo deriva de la combinación del régimen básico establecido en la legislación del Estado y el régimen urbanístico previsto en la legislación gallega, teniendo en cuenta las correspondencias o equivalencias entre las clases del suelo con los criterios anteriormente señalados.

3.1. El aprovechamiento urbanístico en el suelo urbano y urbanizable.

La Ley 6/1998, en sus artículos 14.2º, c), respecto del suelo urbano no consolidado, y 18.4º, respecto del suelo urbanizable, establecen la obligación de ceder obligatoria y gratuitamente a la Administración el suelo correspondiente al 10 por 100 del aprovechamiento urbanístico del correspondiente ámbito; este porcentaje tiene el carácter de límite máximo permitiéndose su reducción por la legislación autonómica. De igual modo, se permite que la legislación autonómica reduzca la participación de la Administración en las cargas de urbanización que correspondan a dicho suelo de cesión.

La nueva Ley estatal se ampara en el artículo 149.1º.1 de la Constitución para definir el contenido básico o elemental del derecho de propiedad urbana, sin establecer el aprovechamiento urbanístico con carácter fijo ni acudir a concretas técnicas urbanísticas, de modo que se deja un margen al legislador autonómico para el ejercicio de sus competencias en materia de urbanismo, acomodándose de este modo a los fundamentos de la Sentencia del Tribunal Constitucional 61/1997.

La Ley del Suelo de Galicia, en sus artículos 70.2º, b) y 71.1º, c) y disposición transitoria 2ª, apartado 1 b), respecto del suelo urbano no consolidado, 72.2º, c) y 73, respecto del suelo urbanizable, y 76.5º, respecto del suelo de núcleo rural objeto de actuación integral, obligan a ceder a la Administración el suelo correspondiente al 15 por 100 del aprovechamiento tipo del área de reparto o, en su caso, del aprovechamiento medio del polígono. Este porcentaje excede del límite máximo del 10 por 100 establecido en la nueva legislación estatal. Como quiera que por exigencias del orden constitucional de distribución de competencias debe prevalecer el contenido básico del derecho de propiedad urbana definido por el legislador estatal, habrá que entender automáticamente reducido el porcentaje de cesión desde el momento de la entrada en vigor de la Ley 6/1998, en cuanto al exceso sobre el límite máximo, y en consecuencia, los preceptos autonómicos mencionados deben aplicarse, de acuerdo con el marco de la legislación estatal, en el sentido de que el aprovechamiento urbanístico que corresponde a los propietarios del suelo urbano no consolidado, del suelo urbanizable y del suelo de núcleo rural sometido a una actuación urbanística integral, será el 90 por 100 del aprovechamiento tipo del área de reparto o del que resulte de la ordenación, y únicamente deben ceder a la Administración el terreno necesario para situar el 10 por 100 del aprovechamiento tipo de la correspondiente área de reparto.

De igual modo, en los municipios con planeamiento general no adaptado a la Ley gallega, el aprovechamiento urbanístico de los propietarios de suelo incluidos en polígonos delimitados o por delimitar en áreas no consolidadas del suelo urbano será el 90 por 100 del aprovechamiento medio del polígono (disposición transitoria 2ª, apartado 1).

Los gastos de urbanización y los generales de la gestión serán asumidos por los propietarios y por el ayuntamiento en proporción a los aprovechamientos que respectivamente les correspondan [artículos 72.2º, d), 128.3º y 132.1º de la Ley gallega].

3.2. Régimen del suelo urbano.

El régimen urbanístico aplicable al suelo urbano es el que se establece en los artículos 70 y 71 de la Ley gallega, análogo al que recogen los artículos 13 y 14 de la Ley estatal, excepto en los siguientes aspectos: a) el aprovechamiento urbanístico de los propietarios en el suelo urbano no consolidado, cuestión anteriormente analizada; y b) los deberes de los propietarios del suelo urbano consolidado.

La Ley gallega regula conjuntamente los deberes de los propietarios del suelo urbano consolidado y no consolidado, con una única diferencia respecto del aprovechamiento urbanístico y la correspondiente cesión de suelo a la Administración. En cambio, en la nueva Ley estatal se establecen dos regímenes completamente diferentes. En virtud del artículo 14.1º, los propietarios del suelo urbano consolidado únicamente están obligados a completar a su costa la urbanización necesaria para que los terrenos alcancen –si aún no la tuvieran– la condición de solar, y edificarlos en plazo si se encontrasen en ámbitos para los que así se haya establecido por el planeamiento y de conformidad con el mismo; pero no están obligados a ceder obligatoria y gratuitamente a la Administración el suelo necesario para los viales, espacios libres, zonas verdes y dotaciones públicas de carácter local, ni los terrenos necesarios para la ejecución de los sistemas generales, ni a proceder a la distribución equitativa de los beneficios y cargas derivados del planeamiento.

La consecuencia que se deriva de este estatuto básico del suelo urbano consolidado es que en esta categoría de suelo no cabe la utilización de las técnicas o instrumentos de gestión urbanística previstos en la Ley del suelo de Galicia con la finalidad de obtener gratuitamente los terrenos destinados a sistemas generales o dotaciones públicas locales –como delimitación de polígonos, actuaciones sistemáticas, etc.–. La obtención de terrenos destinados a sistemas generales o dotaciones públicas locales podrá realizarse mediante expropiación (artículos 152 y 153 de la Ley gallega).

En consecuencia, resultarán inaplicables en el suelo urbano consolidado, en cuanto resultan incompatibles con el régimen básico definido en el artículo 14.1º de la Ley estatal, los preceptos relativos a los instrumentos de gestión contenidos en la Ley del Suelo de Galicia como polígonos, etcétera.

En el suelo urbano no consolidado, el régimen aplicable es el establecido en los artículos 70 y 71 de la Ley gallega, enteramente compatible con el de los artículos 13 y 14.2º de la nueva Ley estatal, salvo en lo referente al aprovechamiento urbanístico que corresponde a los propietarios de suelo, cuestión anteriormente analizada.

Los criterios de valoración del suelo urbano son los que establece la Ley estatal para esta clase de suelo.

3.3. Régimen del suelo de núcleo rural.

El régimen aplicable al suelo de núcleo rural es el contenido en los cuatro primeros apartados del artículo 76 de la Ley del suelo de Galicia, enteramente compatible con las condiciones básicas establecidas para el suelo urbano consolidado en los artículos 13 y 14.1º de la Ley estatal.

Para los ámbitos del núcleo rural objeto de las actuaciones integrales es aplicable el artículo 76.5º de la Ley gallega, y se corresponde con el régimen del suelo urbano no consolidado que regula el artículo 14.2º de la Ley estatal, salvo en lo que se refiere al aprovechamiento urbanístico, aspecto ya analizado.

Los criterios de valoración del suelo de núcleo rural son los que establece la Ley estatal para el suelo urbano.

3.4. Régimen del suelo urbanizable.

El régimen aplicable al suelo urbanizable es el que establecen los artículos 72, 73 y 74 de la Ley gallega, análogo al definido en los artículos 15, 16.1º, 17, párrafo 1, y 18 de la Ley estatal, con la única salvedad relativa a la determinación del aprovechamiento urbanístico de los propietarios de suelo, aspecto éste que ya ha sido analizado.

Para las áreas aptas para urbanizar delimitadas en suelo rústico común, coincidente con el suelo urbanizable es de aplicación el régimen establecido en los artículos 23 y 78 de la Ley gallega y 15, 16.2º, 17, párrafo 2 de la Ley estatal.

Los criterios aplicables para la valoración de esta clase de suelo son los que establece la Ley estatal para la valoración del suelo urbanizable que tiene su ámbito y condiciones de desarrollo determinadas por el planeamiento general (artículo 27.2º).

3.5. Régimen del suelo rústico.

Hay que distinguir tres supuestos a los efectos de determinar el régimen aplicable: suelo rústico de especial protección, suelo rústico común y áreas aptas para urbanizar en el ámbito del suelo rústico común.

En cuanto a la valoración del suelo rústico, en los tres supuestos serán de aplicación los criterios de valoración establecidos por la Ley estatal para el suelo no urbanizable, incluso en el supuesto de las áreas aptas para urbanizar dentro del suelo rústico común (artículo 27.1º).

3.5.1. Régimen del suelo rústico de especial protección.

Son de aplicación las limitaciones establecidas por el artículo 79 de la Ley del Suelo de Galicia, enteramente compatibles con el régimen básico del suelo no urbanizable que regula el artículo 20 de la Ley estatal. Los usos y edificaciones permitidas en este suelo son aquellos destinados a la conservación, protección y mejora de los valores o riquezas naturales objeto de protección.

3.5.2. Régimen del suelo rústico común.

El régimen del suelo rústico común establecido en el artículo 77 la Ley gallega es compatible con el régimen básico del suelo no urbanizable previsto en el artículo 20 de la Ley estatal.

La característica básica del suelo no urbanizable reside, sin duda, en su exclusión o preservación del proceso de desarrollo urbano. Este suelo sólo puede ser destinado a usos característicos del medio rural, vinculados a la utilización racional de los recursos naturales.

Excepcionalmente, podrán autorizarse construcciones e instalaciones de interés general en las condiciones establecidas en el artículo 77.3º, para las que se exige la autorización autonómica previa siguiendo el procedimiento previsto en el artículo 77.4º de la Ley gallega.

Aunque en la legislación estatal ha desaparecido la previsión de autorizar viviendas unifamiliares aisladas, la Ley gallega, en su artículo 77.6º, habilita a los instrumentos de planeamiento general para permitir la construcción de viviendas unifamiliares aisladas en suelo rústico común bajo estrictas condiciones que tienen por finalidad garantizar que este suelo no se transforme urbanísticamente. Esta habilitación legal debe considerarse compatible con la legislación estatal por cuanto que ésta se limita a establecer únicamente las condiciones básicas de las facultades dominicales, pero no agota la regulación del suelo rústico ni impide al legislador autonómico regular el régimen urbanístico aplicable a esta categoría de suelo sin vulnerar el marco de la legislación estatal. El legislador gallego parte del principio de prohibición en suelo rústico de las edificaciones características de las zonas urbanas y de las viviendas (artículo 77.5º) permitiendo excepcionalmente la construcción de viviendas unifamiliares aisladas en condiciones estrictas que garantizan el mantenimiento de la naturaleza rústica del suelo (artículo 77.6º).

3.5.3. Régimen aplicable a las áreas aptas para urbanizar delimitadas en el suelo rústico común.

Como se ha señalado anteriormente, en el suelo rústico común únicamente quedarán fuera del ámbito de las áreas aptas para urbanizar los terrenos que justificadamente se consideren inadecuados para el desarrollo urbanístico.

Este suelo está sometido al régimen del suelo rústico común que establece el artículo 77 de la Ley gallega, de modo análogo a lo que establece la Ley estatal para el suelo urbanizable que no está incluido en sectores o ámbitos delimitados con vistas a su desarrollo urbanístico, supuestos en los que se remite al régimen del suelo no urbanizable (artículo 17, párrafo 2).

La incorporación de terrenos incluidos en las áreas aptas para urbanizar delimitadas en el ámbito del suelo rústico común se producirá en las condiciones que establece el artículo 78 de la Ley gallega, mediante la formulación del correspondiente plan parcial previsto en los artículos 21.2º y 23 de la citada Ley, que se acomoda a lo dispuesto en el artículo 16.2º de la Ley estatal. La aprobación del plan parcial lleva consigo la clasificación automática como suelo urbanizable del área afectada y, consiguientemente, el cambio de régimen urbanístico de aplicación.

4. Régimen transitorio.

El legislador estatal establece reglas que regulan el régimen transitorio respecto a la clasificación del suelo, a régimen básico de la propiedad del suelo, al aprovechamiento urbanístico y a las valoraciones.

4.1. Clasificación del suelo.

Los nuevos criterios de clasificación del suelo no afectan a los instrumentos de planeamiento general vigentes o en tramitación (aprobados inicialmente) con anterioridad al momento de entrada en vigor de la nueva Ley, ni a las modificaciones puntuales de los planes vigentes (disposición transitoria 3ª).

Por el contrario, los instrumentos de planeamiento general de nueva planta o la revisión de los vigentes deberán adecuarse a los nuevos criterios legales de clasificación del suelo, en los términos recogidos en la presente instrucción (disposición transitoria 2ª).

4.2. Régimen del suelo.

El régimen del suelo establecido en la nueva Ley es de aplicación inmediata desde la entrada en vigor de la misma (disposición transitoria 1ª).

En cuanto al planeamiento aprobado y adaptado a la Ley del suelo de Galicia, el régimen jurídico de aplicación será el que establece la citada Ley gallega según la clase de suelo de que se trate.

Respecto al planeamiento vigente y aprobado con anterioridad a la entrada en vigor de la Ley del suelo de Galicia, y por tanto no adaptado a ella, el régimen aplicable a cada clase de suelo será el que corresponda de acuerdo a los criterios establecidos por el juego combinado de la disposición transitoria 1ª de la Ley estatal y disposición transitoria 2ª de la Ley gallega. De ello resulta:

1) A los terrenos clasificados como urbanos se les aplicará el régimen del suelo urbano de la Ley gallega y de la Ley estatal, con la siguiente especificación:

a) A los terrenos incluidos o por incluir en el ámbito de un polígono (unidad de actuación o unidad de ejecución en la terminología empleada por la legislación anterior) se les aplicará el régimen del suelo urbano no consolidado;

b) A los restantes terrenos clasificados como urbanos y, por tanto, no incluidos ni por incluir en el ámbito de un polígono, se les aplicará el régimen del suelo urbano consolidado.

2) A los terrenos clasificados como suelo urbanizable programado se les aplicará el régimen del suelo urbanizable de la Ley gallega y del suelo urbanizable regulado por los artículos 15, 16.1º, 17, párrafo 1 y 27.2º de la Ley estatal.

El mismo régimen será de aplicación a los suelos aptos para urbanizar que las normas subsidiarias de planeamiento hayan incluido en sectores o ámbitos para ser desarrollados mediante un plan parcial.

3) A los terrenos clasificados como suelo urbanizable no programado o suelo apto para urbanizar sin sectores delimitados se les aplicará el régimen del suelo rústico común, con la particularidad de que podrán ser incorporados al desarrollo urbanístico mediante la formulación del correspondiente plan parcial, de conformidad con lo dispuesto en el artículo 78 de la Ley gallega y en los artículos 16.2º, 17, párrafo 2 y 27.1º de la Ley estatal.

4) A los terrenos clasificados como suelo no urbanizable se les aplicará el

régimen del suelo rústico de la Ley gallega y del suelo no urbanizable de la Ley estatal.

5) A los terrenos incluidos en el ámbito de los núcleos rurales tradicionales delimitados al amparo de la derogada Ley 11/1985, de adaptación de la del suelo a Galicia, se les aplicará el régimen del suelo de núcleo rural establecido en la Ley gallega, equivalente al régimen básico del suelo urbano de la Ley estatal.

4.3. Aprovechamiento urbanístico.

El aprovechamiento urbanístico correspondiente a los propietarios de suelo y la correspondiente cesión obligatoria de suelo en que deba materializarse el aprovechamiento de la Administración será:

– El que determina la Ley del suelo de Galicia, en los supuestos en que el instrumento de distribución de beneficios y cargas (proyecto de compensación, proyecto de reparcelación; etc.) haya sido aprobado definitivamente al amparo de la Ley gallega y con anterioridad a la entrada en vigor de la nueva Ley estatal.

– El que determina la Ley gallega con los límites establecidos en la Ley estatal, en los supuestos en que el instrumento de distribución de beneficios y cargas sea aprobado definitivamente tras la entrada en vigor de la nueva Ley estatal (disposición transitoria 4ª).

4.4. Valoraciones.

En los expedientes expropiatorios serán aplicables los criterios de valoración contenidos en la nueva ley siempre que no se hayan alcanzado la fijación definitiva del justiprecio en vía administrativa (disposición transitoria 5ª).»

Artículo 6.

Los actos y acuerdos de los municipios adoptados en ejercicio de las competencias delegadas por la presente Ley pondrán fin a la vía administrativa, por lo que serán directamente recurribles ante la jurisdicción contencioso-administrativa.

CAPÍTULO III

Procedimiento de aprobación del planeamiento

Artículo 7.

1. La aprobación definitiva del planeamiento que la presente Ley atribuye a los municipios en régimen de competencia delegada requerirá informe previo favorable de la Consellería competente en materia urbanística.

Asimismo, el mencionado informe podrá aludir solamente a aspectos concretos, y podrá, en este caso, procederse a la aprobación parcial de todas aquellas cuestiones no afectadas por el informe y que han de constar en el mismo.

2. A estos efectos, concluida la tramitación del plan e inmediatamente antes de la aprobación definitiva, el Ayuntamiento dará traslado a la Consellería competente en materia urbanística del contenido íntegro de aquél junto con el expediente completo tramitado, para que en el plazo de tres meses se pronuncie sobre el mismo. Se entenderá emitido el informe en sentido favorable si no se evacua en el plazo de tres meses a partir de la recepción del expediente completo en el citado organismo.

Artículo 8.

Además de lo dispuesto en el artículo anterior, la tramitación de los instrumentos de planeamiento urbanístico contemplados en la presente Ley se ajustará al procedimiento señalado en la legislación urbanística vigente, con las siguientes particularidades:

a) Concluida la fase de formulación del planeamiento y antes de su aprobación inicial, el expediente completo será remitido para su informe a la Consellería competente en materia urbanística, que habrá de evacuarlo en el plazo de un mes, pasado el cual podrá el ayuntamiento seguir el procedimiento.

b) No estarán sujetos a la aprobación provisional y se procederá directamente a la aprobación definitiva una vez cumplimentado el informe preceptivo y vinculante previsto en el artículo 7 de esta Ley.

c) En ningún caso se entenderá aprobado el plan o norma por aplicación del silencio administrativo positivo.

d) El acto de aprobación definitiva se publicará en el «Diario Oficial de Galicia» y se comunicará a la Consellería competente en materia urbanística a la vez que se le dará traslado de una copia adverada del expediente administrativo completo y dos ejemplares del instrumento aprobado definitivamente con todos los planos y documentos que integran el plan sobre los que hubiese recaído el acuerdo de aprobación definitiva, debidamente diligenciados por el secretario del Ayuntamiento y en los que se hará constar dicho extremo.

La eficacia del acto de aprobación definitiva y la entrada en vigor del plan o norma aprobados quedan condicionadas a la recepción del expediente completo en la Consellería competente en materia urbanística y a la publicación de sus normas y ordenanzas con arreglo a lo establecido en la legislación del régimen local.

CAPÍTULO IV
Competencias de la comunidad autónoma

Artículo 9.

Las competencias que en materia de urbanismo corresponden a la comunidad autónoma de Galicia en virtud de su Estatuto de autonomía serán ejercidas por el Consello de la Xunta, el conselleiro competente en materia urbanística y la Comisión Superior de Urbanismo de Galicia.

Los órganos urbanísticos de la Xunta de Galicia podrán delegar el ejercicio de sus competencias en los términos previstos en los artículos 43 y 44 de *la Ley 1/1983*, de 22 de febrero, reguladora de la Xunta y su presidente.

⇒ V. D. 119/1998, de 16 abril, que regula la composición y funcionamiento de la Comisión Superior de Urbanismo de Galicia.

Artículo 10.

Corresponde al Consello de la Xunta:

a) Acordar la declaración de urgencia en la tramitación de planes parciales o especiales que desarrollen el planeamiento general, promovidos por administraciones urbanísticas o empresas con capital exclusivo o mayoritariamente público cuyo fin principal sea la urbanización, creación de suelo o construcción de viviendas de protección oficial.

b) Acordar la entrada en vigor de normas complementarias y subsidiarias del planeamiento sin necesidad de seguirse la tramitación ordinaria.

c) Suspender para su revisión, en todo o en parte del ámbito a que se refieran, la vigencia de los planes y normas urbanísticas, en los términos establecidos en la legislación urbanística vigente.

d) Resolver sobre la procedencia de la ejecución de los proyectos a que se refiere el artículo 244 del Real Decreto Legislativo 1/1992, de 26 de junio, cuando se promoviesen por órganos o entidades de derecho público de la comunidad autónoma, en el caso de disconformidad a que se refiere el apartado 2 de dicho precepto.

e) La imposición de multas por infracciones urbanísticas a partir de cien millones de pesetas.

f) La revocación total o parcial de la delegación de competencias urbanísticas en un municipio, en los supuestos contemplados en el artículo 5.2 de la presente Ley.

Artículo 11.

Corresponde al conselleiro competente en materia urbanística el ejercicio de las competencias que en materia de urbanismo corresponden a la comunidad autónoma y que por la presente Ley no se atribuyan expresamente a otros órganos urbanísticos.

Asimismo, en cuanto a la aprobación definitiva del planeamiento que en régimen de competencia delegada la presente Ley asigna a los municipios, le corresponde emitir el informe preceptivo y vinculante a que se refiere el artículo 7 de esta Ley.

Artículo 12.

La Comisión Superior de Urbanismo de Galicia, como órgano colegiado de carácter consultivo en materia de urbanismo, emitirá informe con carácter preceptivo sobre los asuntos que de acuerdo con la presente Ley haya de conocer el Consello de la Xunta y sobre los proyectos de modificación de planes, normas complementarias y subsidiarias y programas de actuación que tengan por objeto una diferente zonificación o uso urbanísticos de las zonas verdes o espacios libres previstos en el plan. Igualmente, emitirá informe en cuantos asuntos, dentro de su competencia, le sean sometidos a consulta por el conselleiro competente en materia urbanística.

La Comisión, a iniciativa propia, podrá elevar al conselleiro cuantas mociones, estudios, sugerencias y propuestas estime oportunas en materia urbanística.

⇒ V. D. 119/1998, de 16 abril, que regula la composición y funcionamiento de la Comisión Superior de Urbanismo de Galicia.

DISPOSICIONES ADICIONALES

Primera.

La aprobación definitiva del planeamiento que la legislación urbanística atribuye, como competencia propia, a los municipios requerirá informe previo del órgano urbanístico competente de la comunidad autónoma, en los mismos términos establecidos en el artículo 7 de la presente Ley.

Segunda.

Quedan suprimidas como órganos urbanísticos de la Xunta de Galicia las comisiones provinciales de urbanismo. El ejercicio de las competencias urbanísticas que corresponden a la comunidad autónoma queda remitido a los órganos urbanísticos previstos en esta Ley.

DISPOSICIONES TRANSITORIAS

Primera.

Los planes, proyectos, normas o programas de ámbito municipal en tramitación a la entrada en vigor de la presente Ley serán aprobados definitivamente por el Ayuntamiento respectivo, previo el informe preceptivo y vinculante contemplado en el artículo 7 de esta Ley.

Segunda.

Las solicitudes de autorización para la construcción de viviendas unifamiliares en el medio rural contempladas en el artículo 42 de la Ley 11/1985, de 22 de agosto, de adaptación de la del suelo a Galicia, que se encuentren en tramitación a la entrada en vigor de la presente Ley serán otorgadas por los ayuntamientos respectivos.

DISPOSICIÓN DEROGATORIA

Única.

Quedan derogados los correspondientes artículos de la Ley 11/1985, de 22 de agosto, en cuanto se opongan a lo contenido en la presente Ley, así como las demás disposiciones de igual o inferior rango que contradigan ésta.

DISPOSICIONES FINALES

Primera.

Se faculta al Consello de la Xunta para dictar las disposiciones necesarias para la ejecución y desarrollo de esta Ley.

Segunda.

La presente Ley entrará en vigor a los veinte días de su publicación en el «Diario Oficial de Galicia».

Madrid

§ 37 LEY 9/2001, DE 17 JULIO. SUELO DE LA COMUNIDAD DE MADRID

(BOE núm. 245, de 12 octubre y BOCM núm. 177, de 27 julio [RCL 2001, 2508 y LCM 2001, 385])

PREÁMBULO

I

La Comunidad de Madrid, nacida en el marco de la España de las Autonomías, es una Comunidad de carácter uniprovincial con una extensión de ocho mil treinta kilómetros cuadrados, situada geográficamente en el centro de la Península Ibérica y con una población superior a los cinco millones de habitantes asentados en el conjunto de sus municipios. En ella se encuentra localizada la capital de España. Son estas características propias que han de ser consideradas al regular su ordenamiento jurídico urbanístico.

La Comunidad de Madrid tiene una vocación clara de la defensa y conservación de su medio natural. Tiene también una clara y decidida vocación por el desarrollo económico y social. Estas afirmaciones se visualizan a través de sus espacios protegidos, de sus empresas, de la apuesta decidida por la tecnología punta, por la investigación y el desarrollo, que hacen de Madrid uno de los grandes motores de la economía española y europea. Una potente red de infraestructuras de transporte, armonizada con la defensa del medio ambiente, junto a la vivienda, entendida no sólo como un bien de primera necesidad, a la que todos los madrileños tengan acceso, son políticas prioritarias y necesarias para que la Comunidad de Madrid siga siendo un referente imprescindible al hablar de calidad de vida y desarrollo armónico. Es por ello, que la presente Ley quiere representar el marco adecuado donde todas estas prioridades puedan armonizarse con un resultado justo y eficaz.

II

La Comunidad de Madrid, con competencia exclusiva en materia de urbanismo, otorgada por el Estatuto de Autonomía, aprobado por Ley Orgánica

3/1983, de 25 de febrero, inició el ejercicio de esta incuestionable potestad legislativa con la Ley 4/1984, de 18 de febrero, de Medidas de Disciplina Urbanística; continuó con la Ley 10/1984, de 30 de mayo, de Ordenación Territorial; la Ley 8/1985, de 4 de diciembre, por la que quedaban sin aplicación las Delimitaciones de Suelo Urbano reguladas por el Real Decreto-ley 16/1981; la Ley 9/1985, de 4 de diciembre, Especial para el Tratamiento de Actuaciones Urbanísticas Ilegales; la Ley 9/1995, de 28 de marzo, de Medidas de Política Territorial, Suelo y Urbanismo y, por último, con la Ley 20/1997, de 15 de julio, de Medidas Urgentes en Materia de Suelo y Urbanismo.

La Comunidad de Madrid, en el ejercicio de aquella función, y dentro del marco normativo estatal vigente, aprobó la Ley 4/1984 para atender una serie de problemas planteados en nuestra realidad urbanística cuya trascendencia y gravedad no admitían demora, instrumentando para ello un conjunto de medidas normativas dotadas de eficacia suficiente para restaurar y mantener la necesaria disciplina que debe presidir el proceso urbanístico y dotando a los Ayuntamientos y a los órganos de la Comunidad de Madrid de las competencias necesarias. Sin embargo, la Ley 4/1984 no ha sido una Ley relativa a la disciplina urbanística únicamente, sino también con incidencia en las actividades de la iniciativa privada en el planeamiento de desarrollo en suelo urbanizable, en la gestión de la ejecución del planeamiento urbanístico y en la intervención en la edificación y uso del suelo.

La Ley 10/1984 estableció un marco de ordenación territorial de carácter supramunicipal, configurando las Directrices de Ordenación Territorial, con finalidad de establecer las pautas espaciales de asentamiento de las actividades, de acuerdo con las políticas sociales, económicas y culturales emanadas de la Comunidad de Madrid y los Programas Coordinados de Actuación, con la finalidad de integrar el conjunto de acciones e inversiones procedentes de los tres niveles de gobierno. Los Planes de Ordenación del Medio Físico completaron los instrumentos de ordenación territorial de la Comunidad de Madrid. La Ley 10/1984 pretendió regular a través de dichas figuras el conjunto de acciones, problemas y procesos que superan el estricto ámbito municipal en lo que a ordenación urbanística se refiere, para transformarse en problemas territoriales de toda la Comunidad Autónoma.

La Ley 8/1985, Ley de artículo único, dejó sin aplicación en la Comunidad de Madrid las Delimitaciones de Suelo Urbano reguladas por el Real Decreto-ley 16/1981, de 16 de octubre, de Adaptación de Planes Generales de Ordenación Urbana, porque lejos de fomentar el proceso de adaptación del planeamiento urbanístico general al Texto Refundido de la Ley del Suelo de 1976 supuso un inconveniente.

La Ley 9/1985 pretendió habilitar a la Comunidad de Madrid para adoptar toda una serie de medidas con carácter excepcional, tanto en cuanto a su ámbito de aplicación como a su vigencia temporal, en materia de disciplina urbanística, así como en orden al planeamiento y a la ejecución de las actuaciones regularizadas.

La Ley 9/1995 definió el marco específico y necesario de la política territorial y urbanística que las circunstancias y las peculiaridades de la región madrileña demandaban. La Ley 9/1995 no es sólo una Ley territorial sino también urbanística, en cuanto que regula el régimen urbanístico del suelo no urbanizable y del suelo urbanizable no programado y arbitra mecanismos de agilización del procedimiento de aprobación del planeamiento, ordenando el contenido y alcance de la competencia de la Comunidad de Madrid en la aprobación definitiva del planeamiento urbanístico municipal, con la doble finalidad de acotar la intervención autonómica y de incrementar la seguridad jurídica en punto a los papeles respectivos de la instancia municipal y la autonómica en el proceso del planeamiento urbanístico. Una Ley que destacó, entre otras aportaciones, por su novedosa regulación de los convenios urbanísticos.

Asimismo, la Ley 9/1995 incide en la gestión de la ejecución del planeamiento urbanístico a través de los sistemas de ejecución, en la expropiación forzosa por razón de urbanismo –creando además el Jurado Territorial de Expropiación Forzosa de la Comunidad de Madrid–, en la intervención pública en el mercado inmobiliario y en la vivienda, para terminar con una serie de medidas para el incremento de la eficacia de la actividad urbanística.

La Ley 20/1997, de 15 de julio, de Medidas Urgentes en Materia de Suelo y Urbanismo, tenía como finalidad, explicitada en su exposición de motivos, la de cubrir temporalmente la parcial quiebra de la cobertura legal de la ordenación urbanística y su gestión como consecuencia de la Sentencia del Tribunal Constitucional 61/1997, de 20 de marzo. Efectivamente, el ordenamiento urbanístico de la Comunidad de Madrid, presidido por la Ley 9/1995, vino presuponiendo para todo lo no previsto en ella, la vigencia y aplicabilidad directa de la regulación general-estatal contenida en el Real Decreto Legislativo 1/1992, de 26 de junio, por el que se aprobó el Texto Refundido de la Ley sobre Régimen del Suelo y Ordenación Urbana, declarado en su mayor parte inconstitucional.

Como consecuencia de esta situación, la Ley 20/1997 ya anunciaba la intención de la Comunidad de Madrid de establecer un marco normativo completo en materia urbanística, en ejercicio de las competencias exclusivas que al efecto le atribuye el Estatuto de Autonomía. Dos eran las condiciones que el legislador consideró necesarias para poder acometer esta tarea: la primera, que se despejase definitivamente el marco legal estatal con influencia en la legislación urbanística autonómica. Esta circunstancia se produjo con la aprobación de la Ley 6/1998, de 13 de abril, sobre Régimen del Suelo y Valoraciones. La segunda condición era disponer, desde ese momento, de un periodo suficiente de reflexión –con el que la Ley de Medidas Urgentes, por las especiales circunstancias en que se produjo su elaboración y promulgación, no pudo obviamente contar– para poder definir con la necesaria precisión el amplio marco normativo que ahora se aborda.

Es pretensión de la presente Ley que el marco jurídico que se establece, una a su carácter omnicomprensivo de la materia, la estabilidad que la misma demanda, ya que los procesos urbanísticos de ordenación y transformación del suelo en nuestra Región requieren un amplio consenso político y social. En efecto, los procesos urbanísticos de ordenación y transformación del suelo para dar soporte a los usos que el desarrollo de nuestra Región y de sus habitantes requiere, tienen una duración dilatada, que precisa de la necesaria estabilidad normativa y seguridad jurídica, en los últimos años ciertamente alterada. A este fin se encamina la Ley, no sólo creando los mecanismos que se entienden más adecuados para el desarrollo urbano en un territorio como el madrileño, sino buscando que tales mecanismos perduren en el tiempo, como elemento de seguridad que incentive la actividad de los agentes implicados en tan importantes procesos.

III

La Comunidad de Madrid con este importante acervo en la configuración de su ordenamiento jurídico urbanístico y consciente de la urgente necesidad de resolver el problema de la dispersión legislativa actualmente existente, afronta el reto de regular el marco jurídico del ordenamiento urbanístico con la presente Ley.

El ordenamiento jurídico urbanístico aplicable en el ámbito de la Comunidad de Madrid se encuentra integrado por una pluralidad de normas estatales, entre otras, los preceptos del Texto Refundido de la Ley del Suelo de 1992 no declarados inconstitucionales, el Texto Refundido de la Ley del Suelo de 1976 y sus Reglamentos de desarrollo, aplicables con carácter supletorio, los preceptos de aplicación del Real Decreto-ley 16/1981, la Ley 6/1998 y el Real Decreto-ley 4/2000, y de normas autonómicas, preceptos de aplicación de la Ley 4/1984, Ley 9/1995 y Ley 20/1997.

La Sentencia del Tribunal Constitucional ya mencionada, delimita con precisión el ámbito competencial que corresponde al legislador estatal y a los legisladores autonómicos en materia de urbanismo. La base de la decisión del Tribunal es la inequívoca atribución constitucional y la estatutaria a las Comunidades Autónomas de la competencia exclusiva en esta materia. Así aparece efectivamente recogido en el artículo 26.1.4 del Estatuto de Autonomía de la Comunidad de Madrid, sobre cuyo alcance no cabe duda alguna ya tras la decisión adoptada por el Tribunal Constitucional. Corresponde, pues, esta Ley al ejercicio de esta competencia autonómica plena en materia de ordenación del territorio, urbanismo y vivienda y, por ello, dispone la Comunidad de Madrid de título competencial bastante para regular, como en efecto se hace, la totalidad del régimen jurídico del urbanismo en la Región.

Son igualmente títulos competenciales exclusivos que justifican el contenido de esta Norma los relativos a organización, régimen y funcionamiento de las instituciones de autogobierno de la Comunidad de Madrid, procedimiento administrativo derivado de las especialidades de la organización propia, obras *públicas de interés* de la Comunidad, vías de comunicación regionales y patrimonio arquitectónico. Son títulos competenciales de desarrollo de la legislación básica estatal que justifican el contenido de la Ley, los relativos a régimen local, protección del medio ambiente y bienes de dominio público y patrimoniales cuya titularidad corresponde a la Comunidad de Madrid.

Estas competencias regionales se han ejercido cohonestándolas con las competencias estatales que, distintas de las urbanísticas, inciden no obstante en esta materia –como ha delimitado con precisión el Tribunal Constitucional–, como es la regulación de las condiciones básicas que garanticen la igualdad en el ejercicio del derecho de propiedad del suelo, la expropiación forzosa, las valoraciones, la responsabilidad de las administraciones públicas y el procedimiento administrativo común. Tales competencias, plasmadas en la Ley 6/1998, de 13 de abril, de Régimen del Suelo y Valoraciones, modificada por el Real Decreto-ley 4/2000, de 23 de junio, de Medidas Urgentes de Liberalización en el Sector Inmobiliario y Transportes, así como las restantes competencias estatales que, contenidas en otras diversas normas, tienen igualmente influencia en la ordenación urbanística, han sido respetas en la presente Ley, que contempla su contenido con el de la normativa estatal mencionada.

Igualmente se ha respetado el principio de autonomía municipal para la gestión de sus propios intereses, tal y como establece el artículo 137 de la Constitución Española.

Finalmente, la Ley garantiza el desarrollo sostenible y la cohesión social, respetando el principio de subordinación al interés general de toda la riqueza, cualquiera que sea su forma y titularidad.

IV

La Ley del Suelo de la Comunidad de Madrid se estructura en siete Títulos, disposiciones adicional, transitorias, derogatoria y finales. El Título Preliminar establece los objetivos y principios generales de la ordenación urbanística, el Título I, el Régimen Urbanístico del Suelo y el Título II, el Planeamiento Urbanístico. Estos tres Títulos constituyen la base de la Ley, completando y desarrollando en su totalidad la función social de la propiedad, punto de partida de la regulación que se establece para la gestión y ejecución del planeamiento urbanístico, donde la Comunidad de Madrid ejerce plenamente la potestad legislativa. Esta gestión y ejecución se desarrolla en los Títulos III a V, ambos inclusive. El Título III, Ejecución del Planeamiento, define los diferentes mecanismos de ejecución del planeamiento urbanístico, el Título IV, Intervención en el uso del suelo, en la edificación y en el mercado inmobiliario, culmina el proceso edificatorio regulando los procedimientos de otorgamiento de las licencias urbanísticas y el Título V, Disciplina Urbanística, cierra el ciclo de la transformación del suelo regulando la protección de la legalidad urbanística y las infracciones urbanísticas y su sanción. El Título VI, Organización y Cooperación Interadministrativa, establece los órganos de la Comunidad de Madrid con competencia en materia urbanística y las fórmulas y técnicas de cooperación interadministrativa. Las disposiciones transitorias y la disposición final 4ª cumplen el objetivo de posibilitar la aplicación paulatina de la nueva Ley, cuando sea aprobada por la Asamblea de Madrid, sin quiebra de la seguridad jurídica del administrado.

V

En el Título Preliminar se establece el objeto de la Ley, sus principios rectores y los fines de la ordenación urbanística que comprende las actividades de garantía de la efectividad del régimen urbanístico del suelo, del planeamiento urbanístico, de ejecución del planeamiento urbanístico y de intervención en el uso del suelo, en la edificación y en el mercado inmobiliario. La Ley concibe la actividad urbanística como una función pública cuya titularidad y responsabilidad corresponde a las Administraciones públicas. Igualmente, se establece el deber y la obligación de fomento de la participación ciudadana.

La condición de función pública del urbanismo no significa necesariamente la gestión directa por la Administración competente. Antes al contrario, por sus características el urbanismo demanda el fomento y la promoción, al máximo posible, de la iniciativa privada. Y ésta, a su vez, no se restringe a los privados que, además, tengan, con derecho bastante para ello (significativamente el de propiedad), la disposición del suelo, pues la actividad urbanística de transformación del suelo debe entenderse constitucionalmente comprendida en el ámbito de la libertad de iniciativa económica, es decir, de empresa. Sin perjuicio de ello, los propietarios y titulares de cualesquiera otros derechos suficientes sobre los correspondientes bienes intervienen en la actividad urbanística en los términos determinados en la presente Ley.

VI

En el Título I se define el contenido urbanístico del derecho de propiedad del suelo, los derechos y los deberes y los principios del régimen urbanístico generales y particulares para cada clase de suelo. Se establecen tres clases de suelo: urbano, urbanizable y no urbanizable de protección. La clasificación se ajusta a la legislación básica establecida por la Ley Estatal 6/1998, modificada por el Real Decreto-ley 4/2000.

Se clasifica como suelo urbano el que reúne las características físicas para ser incluido en esta clase de suelo por disponer de servicios urbanos o estar consolidado por la edificación en sus dos terceras partes. El suelo urbano se categoriza en suelo urbano consolidado y suelo urbano no consolidado.

Se clasifica como suelo no urbanizable de protección aquel que tenga algún valor que proteger por estar sometido a algún régimen especial, de acuerdo con la legislación sectorial o el planeamiento regional territorial, o algún valor que preservar, de conformidad con el planeamiento regional territorial o el planeamiento urbanístico. El planeamiento regional territorial clasificará directamente los terrenos que, en todo caso, deban pertenecer a esta clase de suelo. El establecimiento de dicha categoría encuentra su amparo en el desarrollo del artículo 45 de la Constitución Española que establece el derecho de todos, sin distinciones, a disfrutar de un medio ambiente adecuado, el deber de conservarlo y la obligación de los poderes públicos de velar por la «utilización racional de todos los recursos naturales con el fin de proteger y mejorar la calidad de vida y defender y restaurar el medio ambiente, apoyándose en la indispensable solidaridad colectiva».

Se clasifica como suelo urbanizable el resto del suelo del término municipal, es decir, el que no es suelo urbano ni suelo no urbanizable de protección. El suelo urbanizable se categoriza en sectorizado y no sectorizado. En el suelo urbanizable sectorizado se distingue aquel que tenga ordenación pormenorizada, que no tendrá que realizar Plan Parcial para su ejecución, del que carezca de ordenación pormenorizada, que sí tendrá que ejecutarlo. El suelo urbanizable no sectorizado se transformará en sectorizado mediante el correspondiente Plan de Sectorización.

VII

En el Título II la potestad de planeamiento de la ordenación urbanística municipal diferencia las determinaciones estructurantes, correspondientes al planeamiento general, y las determinaciones pormenorizadas, correspondientes al planeamiento de desarrollo. Son determinaciones estructurantes aquellas mediante las cuales se define el modelo de ocupación, utilización y preservación del suelo, así como los elementos fundamentales de la estructura urbana y territorial y de su desarrollo futuro. Son determinaciones pormenorizadas aquellas que tienen el grado de precisión suficiente para legitimar la realización de actos concretos de ejecución material.

Son una determinación estructurante del planeamiento los elementos de las redes públicas o redes de infraestructuras, equipamientos y servicios públicos que son susceptibles de distinguirse jerárquicamente en tres niveles: los que conforman la red supramunicipal, la red general y la red local. Este sistema de redes públicas se localiza sobre suelos de cesión obligatoria y gratuita por los promotores del suelo y se integra dentro de las reservas para dotaciones cuyos estándares se revisan y modifican radicalmente respecto de los establecidos por el Texto Refundido de la Ley de Suelo de 1976 y su Reglamento de Planeamiento de 1978, justificado este hecho en el cambio sustantivo de la realidad social y urbana de la Comunidad de Madrid desde entonces hasta nuestros días.

La división del suelo en áreas homogéneas, ámbitos de actuación o sectores, con el señalamiento para cada uno de ellos de sus criterios y condiciones básicas de ordenación, es también una determinación estructurante. La totalidad del suelo urbano consolidado deberá dividirse en áreas homogéneas atendiendo a criterios de homogeneidad tipológica y funcional en sí mismas y respecto al conjunto del núcleo urbano. Dentro de las áreas homogéneas se delimitarán los ámbitos de actuación en suelo urbano no consolidado que proceda, pudiendo constituir todo el área homogénea un único ámbito. Superado este límite, dejará de ser suelo urbano no consolidado y se estará ante un suelo urbanizable. Los sectores son los espacios del suelo urbanizable que han de ser objeto de desarrollo por su ordenación pormenorizada. Sobre estas divisiones del suelo urbano y urbanizable sectorizado, el planeamiento urbanístico municipal volcará las zonas urbanísticas de ordenación pormenorizada.

Son determinaciones estructurantes las edificabilidades y los aprovechamientos urbanísticos. En suelo urbano consolidado, la superficie edificable de cada solar o parcela vendrá definida según las condiciones de intensidad edificatoria establecidas por el planeamiento. En suelo urbano no consolidado, la distribución equitativa de beneficios y cargas derivados del planeamiento se producirá en cada ámbito de actuación delimitado al efecto.

Es una determinación estructurante, en relación con los usos del suelo, la asignación en el área de reparto en suelo urbanizable, como mínimo, del 50 por 100 de las viviendas edificables a viviendas sujetas a algún régimen de protección pública, de las cuales las viviendas de precio tasado no podrán superar el 25 por 100. En todo caso, se reserva a cada Ayuntamiento la facultad de determinar la tipología de las viviendas en el 10 por 100 de la superficie del suelo urbanizable.

Se unifican los instrumentos de planeamiento urbanístico de ámbito municipal en la figura del Plan General, que junto con la del Plan de Sectorización constituyen los instrumentos de planeamiento general. El Plan de Sectorización completa la ordenación estructurante del Plan General sobre el ámbito territorial de suelo urbanizable no sectorizado, que es objeto de una iniciativa de transformación urbanizadora.

El Plan General armoniza dos derechos constitucionales como son la ordenación urbanística, entendida como desarrollo económico y social, y la protección del medio ambiente. El Plan General deviene instrumento jurídico de protección del medio ambiente, siguiendo los criterios más recientes de la directiva europea en relación con la materia y de la Consejería de Medio Ambiente, exigiéndose en el documento de Avance del Plan un «Informe previo de Análisis Ambiental» y una vez superados los trámites de aprobación inicial y de información pública, un «Informe definitivo de Análisis Ambiental», previo a la aprobación provisional por el Pleno del Ayuntamiento del Plan General, que así aprobado será remitido a la Consejería de Obras Públicas, Urbanismo y Transportes para el trámite de su aprobación definitiva.

Mediante este procedimiento se quiere compatibilizar la protección del medio ambiente con la agilización del procedimiento y la seguridad jurídica de los administrados. Agilización del procedimiento porque no va a haber necesidad de nuevos informes medioambientales en el procedimiento administrativo para la tramitación del planeamiento de desarrollo y únicamente los relativos a las infraestructuras de saneamiento.

Se universaliza como planeamiento de desarrollo el Plan Parcial, utilizándose tanto en suelo urbano no consolidado como en suelo urbanizable sectorizado. Los Planes Especiales se destinan al desarrollo de las redes públicas en cualquiera de las clases de suelo y a actuaciones en suelo urbano en relación con el patrimonio histórico-artístico.

Finalidad importante de la presente Ley es la simplificación del procedimiento administrativo en la tramitación del planeamiento urbanístico. La aprobación inicial implicará el requerimiento de informe de todas las Administraciones previstas legalmente como preceptivas o que por razón de la posible afección de los intereses públicos por ellas gestionados deban considerarse determinantes en el procedimiento. Los informes preceptivos deberán ser emitidos en el plazo de un mes, coincidente con el período de información pública. Transcurrido el plazo de información pública, se suprime el otro periodo de igual duración que el anterior que el Texto Refundido de la Ley del Suelo de 1976 establecía para dar audiencia a los organismos.

VIII

Siguiendo las pautas de la cultura urbanística existente, en el Título III de la presente Ley se desprograma el planeamiento urbanístico y, por el contrario, se programa la gestión y ejecución urbanística. La finalidad de este cambio tiene por objeto evitar que el modelo de ordenación urbanística quede obsoleto por incumplimiento de los antiguos programas de actuación de la legislación urbanística, consiguiendo, por el contrario, que se desarrolle el suelo según las necesidades sociales mediante la creación de la figura del promotor.

La transformación del suelo se podrá llevar a cabo por los propietarios que cumplan con el programa de gestión, que consiste en la ejecución del planeamiento en el plazo de un año en suelo con ordenación pormenorizada, bien sea en suelo urbano no consolidado, bien en suelo urbanizable sectorizado, y de dos años en suelo sin ordenación pormenorizada de la clase que fuere, es decir, incluso en suelo urbanizable no sectorizado. Estos plazos comienzan a computar a partir de la ejecutividad del planeamiento que legitime la ordenación pormenorizada en cada caso. Transcurridos los plazos citados, los propietarios podrán seguir desarrollando su suelo pero con la posible competencia del promotor o promotores interesados en ese desarrollo. En todo caso, la adjudicación al promotor se hace previo concurso convocado al efecto.

Se agilizan los procedimientos de gestión urbanística, fundamentalmente, a través de los siguientes mecanismos:

1º) Reducción de trámites administrativos y simplificación del procedimiento en el sistema de compensación.

2º) Posibilidad de la Administración de sustituir automáticamente el sistema de compensación por el sistema de ejecución forzosa por incumplimiento de los propietarios.

La ejecución de la obra urbanizadora por iniciativa privada en los pequeños municipios se puede llevar a cabo por los propios Ayuntamientos por el mecanismo de obras públicas ordinarias resarciéndose de los costes mediante cuotas de urbanización, determinándose éstas mediante el procedimiento previsto en la legislación de régimen local para la imposición de contribuciones especiales.

La presente Ley prevé la cesión obligatoria y gratuita de suelo para redes públicas supramunicipales a la Comunidad de Madrid con objeto de afrontar los problemas sociales territoriales desde la perspectiva global de toda la Comunidad. Esta cesión se cuantifica en veinte metros cuadrados de suelo por cada cien metros cuadrados construidos de cualquier uso, de aplicación en todos los suelos urbanizables sectorizados de la Comunidad, es decir, en todos los Planes Parciales que se ejecuten y se concentra en aquellos emplazamientos que el Gobierno de la Comunidad de Madrid considere adecuados a su política regional a materializar por el planeamiento regional territorial o, en su defecto, por el planeamiento general.

En relación con el proceso de distribución de beneficios y cargas derivados del planeamiento en suelo urbanizable sectorizado, se consideran dos fases: una primera de equidistribución en el área de reparto y una segunda de reparcelación en los sectores o unidades de ejecución en que éstos hayan podido ser divididos. En suelo urbano no consolidado, únicamente la de reparcelación en el ámbito de actuación o unidades de ejecución en que haya podido ser dividido.

En relación al área de reparto ha de decirse que su delimitación únicamente se produce en suelos urbanizables sectorizados. En suelo urbano y en suelo urbanizable no sectorizado no existen áreas de reparto.

IX

El Título IV regula la intervención en el uso del suelo, en la edificación y en el mercado inmobiliario. El texto de la Ley regula la parcelación en las diversas clases de suelo y contempla las distintas modalidades de intervención de la Comunidad de Madrid, distinguiendo las calificaciones urbanísticas y los proyectos de actuación especial. Por otra parte, contempla la intervención de los ayuntamientos en actos de uso del suelo, construcción y edificación. Entre los supuestos de intervención municipal en los citados actos se hace una regulación pormenorizada de las licencias urbanísticas, recogiéndose con carácter general el silencio positivo y diversas modalidades de agilización de los procedimientos. Se contempla asimismo el supuesto extraordinario de ejecución sustitutoria o, en su caso, expropiación forzosa, en determinados supuestos de incumplimiento de la función social de la propiedad, a fin de impedir la especulación del suelo.

La Ley regula los deberes de conservación y rehabilitación de las construcciones, edificios e instalaciones, así como los supuestos de ruina legal y física. En relación con estos deberes, se incorpora la figura de la entidad de inspección técnica, que deberá ser homologada y registrada por la Consejería competente en materia de ordenación urbanística. Todo ello con independencia de las actuaciones que han de llevar a cabo los servicios técnicos municipales.

Especial consideración merece la previsión que efectúa la Ley en relación con las viviendas sometidas a algún régimen de protección pública. Así, se han establecido las cautelas de exigir por los ayuntamientos la calificación provisional en el acto de solicitud de la preceptiva licencia urbanística y de la calificación definitiva en el acto de solicitud de la licencia de primera ocupación. Asimismo, respecto de este tipo de viviendas, se introduce la posibilidad de que la Comunidad de Madrid pueda ejercer los derechos de tanteo y retracto tanto sobre el suelo cuyo destino, según el planeamiento, sea la construcción de viviendas en régimen de protección, como sobre las propias viviendas sometidas a este régimen.

En este Título se recogen los tradicionales instrumentos utilizados por las Administraciones públicas para incidir en el mercado inmobiliario; en concreto, los patrimonios públicos del Suelo, los derechos de superficie y los de tanteo y retracto. Especial consideración merece, por su novedad, la supresión de la subasta como procedimiento de adjudicación de las enajenaciones de los terrenos de los patrimonios públicos de suelo y la obligación de comunicar a la Comunidad de Madrid los precios de construcción, venta y arrendamiento de inmuebles, que serán consolidados y difundidos por un observatorio de precios en esta materia.

X

En el Título V se regula la inspección urbanística, la protección de la legalidad urbanística y las infracciones urbanísticas y su sanción. Se tipifica «ex novo» como infracción urbanística el fraude del régimen de protección pública a que estén sujetas este tipo de viviendas, incluido el precio del suelo donde se asienten o únicamente del solar en el caso de que no estuvieran edificadas. En atención a la próxima implantación del euro en España, la cuantía de las multas por infracciones urbanísticas se ha valorado en el texto de la presente Ley en euros, y en las disposiciones transitorias en pesetas para evitar la obsolescencia de la moneda considerada al poco tiempo de entrar en vigor este texto legal.

XI

La Organización y Cooperación Interadministrativa reguladas en el Título VI son los órganos de la Comunidad de Madrid ya existentes, Comisión de Urbanismo y Jurado Territorial de Expropiación, y las fórmulas y técnicas de cooperación, tales como la cooperación interadministrativa y los convenios urbanísticos.

XII

Por último, la *disposición adicional* única regula la homologación y el registro de entidades de inspección técnica. Dentro de las disposiciones transitorias, la primera de ellas se refiere al régimen urbanístico del suelo para su aplicación a los planes y normas vigentes en el momento de la entrada en vigor de la Ley; la Segunda, a las determinaciones estructurantes y pormenorizadas para ser aplicadas a los planes y normas vigentes a la promulgación de la presente Ley; la Tercera, a la conservación de instrumentos urbanísticos, destacando el hecho de que los Planes de Ordenación Urbanística deberán adaptarse a esta Ley en el plazo de dos años desde su vigencia; la Cuarta fija una serie de aspectos sobre el planeamiento en ejecución; la Quinta está referida a los procedimientos de protección de la legalidad urbanística y sancionadores; la Sexta al cálculo de la edificabilidad o del aprovechamiento urbanístico; la Séptima a las dotaciones o redes de infraestructuras, equipamientos y servicios públicos; la Octava y la Novena, establecen, respectivamente, la cuantía de las sanciones en pesetas y la competencia para resolver los procedimientos sancionadores en pesetas, de aplicación hasta la sustitución de la unidad monetaria por implantación del euro.

En cuanto a la disposición derogatoria única, deroga, en lo que se oponga a esta Ley, las disposiciones de la Asamblea y del Gobierno de la Comunidad de Madrid en esta materia, es decir, la Ley 4/1984, de Medidas de Disciplina Urbanística; la Ley 9/1995, de Medidas de Política Territorial, Suelo y Urbanismo; la Ley 20/1997, de Medidas Urgentes en Materia de Suelo y Urbanismo y la Ley 3/1998, de modificación parcial de la anterior, así como todas sus normas de desarrollo. Y respecto a las disposiciones finales, la primera se refiere a la actualización de las normas de organización y funcionamiento de la Comisión de Urbanismo de Madrid y del Jurado Territorial de Expropiación; la Segunda habilita al Gobierno Regional para la actualización anual del importe de las sanciones consistentes en multa mediante Decreto; la Tercera se refiere a normas de desarrollo y ejecución reglamentarias; y la Cuarta fija un período de un mes para su entrada en vigor, desde la publicación completa de la Ley en el «Boletín Oficial de la Comunidad de Madrid».

TÍTULO PRELIMINAR
OBJETO Y PRINCIPIOS GENERALES

Artículo 1. Objeto de la Ley.

La presente Ley tiene por objeto la ordenación urbanística del suelo en la Comunidad de Madrid.

Artículo 2. Objeto y contenido de la ordenación urbanística.

La ordenación urbanística regula la utilización del suelo; los procesos de transformación de éste mediante la urbanización, la edificación y la construcción en general o cualquiera de las otras formas previstas en la presente Ley; y el uso, la explotación, la conservación y la rehabilitación de las obras, los edificios, las construcciones y las instalaciones.

A los efectos de la ordenación urbanística del suelo se entiende comprendida la superficie del terreno, así como el vuelo y el subsuelo, tanto en su estado natural como transformado.

1. La ordenación urbanística comprende las siguientes actividades:

a) Garantía de la efectividad del régimen urbanístico del suelo.

b) Planeamiento urbanístico.

c) Ejecución del planeamiento urbanístico.

d) Intervención en el uso del suelo, en la edificación y en el mercado inmobiliario.

3. La actividad urbanística constituye una función pública cuya titularidad corresponde a las Administraciones públicas competentes, que la gestionarán y desarrollarán conforme a una equilibrada y equitativa ponderación de los bienes jurídicos relevantes protegidos por la Constitución y para la máxima realización posible en cada caso del orden por ésta definido.

⇒ V. arts. 4, 5, 6 y 7 de la presente ley.

Artículo 3. Principios rectores y fines de la ordenación urbanística.

1. Son principios rectores de la ordenación urbanística:

a) Los previstos en los artículos 45, 46 y 47 de la Constitución.

b) El de subordinación al interés general de toda la riqueza, cualquiera que sea su forma y titularidad, garantizando la utilización sostenible del territorio y la cohesión social.

c) Los de ejercicio de las potestades administrativas y los derechos subjetivos de forma tempestiva y conforme a las exigencias de la buena fe y de la confianza legítima, que obliga también a los sujetos privados respecto de las Administraciones urbanísticas.

d) El de participación ciudadana. En la formulación, gestión y ejecución de la actividad urbanística, la Comunidad de Madrid y los Ayuntamientos deberán fomentar e impulsar la participación, así como velar por los derechos de iniciativa e información de los ciudadanos y de las entidades que les representan.

A tal efecto, garantizarán el acceso de los ciudadanos, en los términos legalmente establecidos, a los documentos que integran los instrumentos de planeamiento y ejecución, durante el proceso de su redacción y con posterioridad a su aprobación.

2. Son fines de la ordenación urbanística:

a) El uso racional del recurso natural del suelo de acuerdo con las necesidades colectivas, públicas y privadas, presentes y futuras previsibles, y en el marco de la ordenación del territorio.

b) La configuración y organización espaciales de la vida individual y social de modo que proporcione a ésta, en condiciones de desarrollo sostenible, el medio ambiente urbano y rural más adecuado para su desenvolvimiento conforme al orden de derechos, intereses, valores y bienes jurídicos reconocidos y protegidos por la Constitución.

c) El aseguramiento, en el medio urbano, de la suficiencia y funcionalidad de los espacios, equipamientos, infraestructuras y servicios públicos y sociales en relación con las edificabilidades y los usos restantes; una densidad adecuada al bienestar individual y colectivo; una distribución territorial razonable de los usos y actividades, que permita un desarrollo armónico efectivo de las dimensiones de la vida humana relativas a la residencia, el trabajo, la educación, la cultura, la sanidad, el bienestar social, el ocio y el deporte y evite en todo caso las concentraciones que repercutan negativamente en la funcionalidad de los espacios, equipamientos, infraestructuras y servicios públicos y la fluida movilidad y comunicación.

d) La organización en suelo no urbanizable de protección de los usos, las edificaciones, las construcciones y las instalaciones que, excediendo de su utilización y explotación conforme a su naturaleza, sean autorizables en dicho suelo, de modo que contribuya en mayor medida a la preservación de su carácter rural.

e) La preservación de las características de los espacios naturales protegidos y del suelo excluido del proceso de urbanización.

f) La protección, rehabilitación y mejora del medio ambiente urbano y rural, así como del patrimonio histórico-artístico, cultural y arquitectónico.

g) Impedir la especulación con el suelo.

h) Asegurar siempre la adecuada participación de la comunidad en las plusvalías generadas por la acción urbanística de las Administraciones Públicas.

i) La orientación de las actuaciones públicas y privadas en orden a hacer efectivo el derecho de todos a una vivienda digna y adecuada, especialmente mediante la calificación de suelo para viviendas sujetas a algún régimen de protección pública y la constitución de patrimonios públicos de suelo.

⇒ V. arts. 2 a 6 de la Ley 6/1998, de 13 abril (§1).

V. art. 96 de la presente ley.

V. Ley 7/2000, de 19 junio, sobre Rehabilitación de Espacios Urbanos degradados y de Inmuebles que deben ser Objeto de Preservación.

V. Ley 10/1998, de 9 julio, de Patrimonio Histórico, de la Comunidad de Madrid.

V. Ley 16/1995, de 4 mayo, Forestal y de Protección de la Naturaleza de la Comunidad de Madrid.

V. Ley 3/1988, de 13 octubre, de la Asamblea de Madrid, modificada por la Ley 8/1989, de 8 junio, y la Ley 10/1991, de 4 abril, de Normas reguladoras para la Protección del Medio Ambiente.

Artículo 4. Actividad de garantía de la efectividad del régimen urbanístico del suelo.

1. La actividad de garantía de la efectividad del régimen urbanístico del suelo y de su propiedad es una potestad administrativa que corresponde al Municipio, salvo en los supuestos en que esta Ley la atribuye expresamente a otra Administración.

2. La potestad de garantía del cumplimiento del régimen urbanístico comprende las siguientes facultades:

a) Asegurar que el suelo y las construcciones, edificaciones e instalaciones se utilicen de acuerdo con la ordenación urbanística y, en todo caso, con el interés general y la función social de la propiedad.

b) Afectar el aumento del valor originado por el proceso urbanístico al cumplimiento de los deberes de la propiedad del suelo.

c) Asegurar el cumplimiento efectivo y pleno de los deberes legales inherentes a la propiedad del suelo con independencia del régimen de la gestión de la ejecución del planeamiento.

d) Garantizar la efectividad del principio de distribución equitativa de beneficios y cargas derivados de la ordenación urbanística entre los propietarios de suelo.

e) Hacer efectiva la participación de la comunidad en las plusvalías generadas por la ordenación urbanística.

⇒ V. arts. 2, 3, 4 y 5 de la Ley 6/1998, de 13 abril (§1).
V. arts. 82 y 96 de la presente ley.

Artículo 5. Actividad de planeamiento urbanístico.

1. La actividad de planeamiento urbanístico es una potestad administrativa, cuyo ejercicio corresponde a la Administración urbanística que la tenga atribuida en cada caso de conformidad con la presente Ley.

2. La potestad de planeamiento urbanístico comprende las siguientes facultades:

a) Elaborar, formular, tramitar y aprobar instrumentos de planeamiento urbanístico general y de desarrollo.

b) Establecer el destino y uso del suelo y su régimen urbanístico de utilización mediante su clasificación con arreglo a esta Ley.

c) Concretar, mediante su calificación, el régimen urbanístico del suelo con delimitación del contenido del derecho de propiedad.

d) Determinar las condiciones, organizar y programar la actividad de ejecución, tanto la de urbanización, como la de edificación y construcción en general, así como la de conservación del patrimonio urbano y arquitectónico existente y, en su caso, su rehabilitación.

3. La potestad de planeamiento urbanístico se ejerce en coordinación con las atribuidas por la Ley a otras Administraciones para la gestión de intereses públicos específicos cuya realización condicione o limite el destino o la utilización del suelo o requiera la transformación o la ocupación de éste, integrando espacialmente todas las acciones públicas relevantes territorialmente y articulando éstas con las privadas.

4. Los sujetos privados participan en el ejercicio de la potestad de planeamiento urbanístico mediante:

a) La formulación de iniciativas y propuestas, incluso en forma de proyectos de instrumentos de planeamiento, en los casos en que así esté expresamente previsto en la presente Ley.

b) La intervención en los procedimientos de aprobación de los instrumentos de planeamiento mediante sugerencias y alegaciones.

La formulación de iniciativas y propuestas, así como la de sugerencias y alegaciones, en ningún caso genera derecho a obtener su aprobación o estimación, pero sí a un pronunciamiento motivado sobre las mismas.

⇒ V. arts. 31 a 71 de la presente Ley.

Artículo 6. Actividad de ejecución del planeamiento urbanístico.

1. La actividad de ejecución del planeamiento urbanístico incluye las siguientes facultades:

a) La organización, determinación de las condiciones, programación, dirección y control de las acciones y los actos precisos para la materialización y efectividad de las determinaciones del planeamiento.

b) La determinación del régimen y sistema de la gestión.

c) La gestión de las acciones y los actos jurídicos y materiales precisos para la transformación del suelo y, en particular, la urbanización, la construcción y edificación, la explotación y el uso de construcciones, edificaciones e instalaciones, la conservación de éstas y su rehabilitación.

d) El control de legalidad de los actos de uso y transformación del suelo, la protección de la legalidad urbanística y la imposición de sanciones por la comisión de infracciones administrativas.

2. Las facultades a que se refieren las letras a), b) y d) del número anterior son potestades administrativas que corresponden a la Administración urbanística en cada caso competente de acuerdo con la presente Ley.

3. La facultad a que se refiere la letra c) del número 1 es, en el régimen público de gestión, una potestad administrativa que corresponde a la Administración urbanística competente de acuerdo con la presente Ley.

Los sujetos privados participan en la actividad administrativa de gestión en la forma determinada en la presente Ley.

4. La facultad a que se refiere la letra c) del número 1 corresponde, en el régimen privado de gestión, a los sujetos privados en los términos de la presente Ley.

La edificación o construcción en solares y, en su caso, parcelas es siempre una facultad del titular del derecho de propiedad en el momento de realización de las obras.

⇒ V. arts. 81.2 y 152.4 de la presente ley.

Artículo 7. Actividad de intervención en el uso del suelo, en la edificación y en el mercado inmobiliario.

1. La actividad de intervención en las acciones y los actos de transformación, utilización y materialización del aprovechamiento del suelo es una potestad administrativa que corresponde al Municipio en cuyo término se lleven a cabo tales acciones y actos.

2. La potestad a que se refiere el número anterior comprende las siguientes facultades:

a) Intervenir las acciones y los actos en la forma dispuesta en la presente Ley para asegurar su conformidad con la ordenación urbanística.

b) Proteger la legalidad urbanística para la reintegración del orden urbanístico conculcado, con reposición de las cosas a su debido estado.

c) Sancionar las infracciones administrativas urbanísticas.

3) La actividad de incidencia en el mercado inmobiliario es una potestad administrativa, cuyo ejercicio corresponde a la Administración urbanística competente en cada caso de conformidad con la presente Ley.

4. La potestad prevista en el número anterior comprende las siguientes facultades:

a) Constituir y administrar patrimonios públicos de suelo.

b) Fomentar la generación de suelo urbanizado, la construcción en general y la edificación residencial en particular, así como la conservación y rehabilitación de los espacios urbanos y naturales, y del patrimonio arquitectónico existente.

c) Ceder terrenos edificables y derechos de superficie sobre los mismos.

d) Sujetar las transmisiones de derechos reales sobre bienes inmuebles a los derechos de tanteo y retracto.

5) Establecer un sistema de publicidad de los precios en las operaciones inmobiliarias para procurar la transparencia del mercado.

⇒ V. arts. 143 a 191 de la presente ley.

V. Ley 7/2000, de 19 junio, sobre Rehabilitación de Espacios Urbanos Degradados y de Inmuebles que deben ser Objeto de Preservación.

V. Ley 10/1998, de 9 julio, de Patrimonio Histórico, de la Comunidad de Madrid.

Artículo 8. Administración pública y ordenación urbanística.

1. A las Administraciones públicas urbanísticas corresponde en todo caso, en la ordenación urbanística, el encauzamiento, la dirección y el control de las actividades y los actos de los sujetos públicos y privados.

2. Las potestades atribuidas y las competencias asignadas a las Administraciones públicas incluyen, además de las determinadas expresamente en la presente Ley, cuantas facultades sean congruentes con ellas para ser ejercidas con arreglo a la presente Ley.

⇒ V. O. 28 septiembre 2000, de la Consejería Obras Públicas, Urbanismo y Transportes de desarrollo de la estructura orgánica, modificada por O. 30 noviembre 2000, que desarrolla el D. 215/2000, de 21 septiembre, y el D. 270/1995, de 19 octubre.

Téngase en cuenta también la O. 28 marzo 2000, de la Consejería Obras Públicas, Urbanismo y Transportes, que modificó la Orden 19 noviembre 1997, que desarrolló su estructura orgánica y funcional.

V. arts. 238 y 239 de la presente ley.

V. también la Res. 30 mayo 2000, de la Secretaría General Técnica Consejería Obras Públicas, Urbanismo y Transportes, sobre delegación en el Secretario General Técnico, competencias en materia de recursos formulados contra acuerdos de la Comisión de Urbanismo de Madrid.

TÍTULO I
RÉGIMEN URBANÍSTICO DEL SUELO
CAPÍTULO I
Disposiciones generales

Artículo 9. Contenido urbanístico del derecho de propiedad del suelo.

1. La función social de la propiedad delimita el contenido de las facultades urbanísticas susceptibles de adquisición y condiciona su ejercicio. Los derechos y los deberes de la propiedad del suelo resultan de su clasificación y, en su caso, calificación urbanística.

2. El cumplimiento de los deberes es condición previa para el ejercicio de las facultades urbanísticas que se definen y regulan en la presente Ley. Tanto el cumplimiento de los deberes como el ejercicio de las facultades del derecho de propiedad deberán producirse en los términos dispuestos por esta Ley y, en virtud de la misma, por el planeamiento general, con arreglo al régimen de gestión de la actividad de ejecución por éste determinada.

3. La clasificación urbanística, la categoría del suelo y la calificación urbanística vinculan los terrenos, las construcciones y las edificaciones a los correspondientes destinos y usos y definen la función social de los mismos, completando la delimitación del contenido del derecho de propiedad.

4. La utilización del suelo, y en especial su urbanización y edificación, deberá producirse en la forma y con las limitaciones que la legislación de ordenación territorial y urbanística establezcan, de conformidad con la clasificación urbanística de los predios.

⇒ V. art. 2 de la Ley 6/1998, de 13 abril (§1).

Artículo 10. Principios generales del régimen urbanístico legal de la propiedad del suelo.

1. La ordenación urbanística de los terrenos, las edificaciones y las construcciones, así como de sus usos, no confiere a los propietarios afectados por ella derecho alguno a indemnización, salvo por infracción del principio de prohibición de las vinculaciones singulares y en las condiciones y supuestos determinados por la Ley.

2. Los deberes urbanísticos sobre terrenos, construcciones y edificaciones tienen carácter real. Las transmisiones realizadas por actos inter vivos o «mortis causa» no modificarán la situación jurídica del titular, quedando el adquirente subrogado en el lugar y puesto del transmitente, tanto en sus derechos y deberes urbanísticos, como en los compromisos que éste hubiera acordado con la Administración y hayan sido objeto de inscripción registral.

3. La participación de la comunidad en las plusvalías generadas por la acción urbanística de los entes públicos, y el reparto de los beneficios y cargas derivados de la ejecución del planeamiento urbanístico entre los afectados por la misma, se producirá en los términos fijados por esta Ley.

⇒ V. arts. 2, 21 y 41 a 44 de la Ley 6/1998, de 13 abril (§1).

Artículo 11. Derechos generales de la propiedad del suelo.

1. Forman parte en todo caso del contenido urbanístico del derecho de propiedad del suelo, con independencia de la clase de éste, las facultades reales y actuales de uso, disfrute y explotación normales del bien a tenor de su situación, características objetivas y destino, conformes o, en todo caso, no incompatibles ni contradictorios con la legislación administrativa que sea de aplicación y, en particular, de la ordenación del territorio y la ordenación urbanística.

2. Las facultades urbanísticas del derecho de propiedad se ejercerán dentro de los límites y con el cumplimiento de los deberes establecidos en las Leyes y en el planeamiento urbanístico.

⇒ V. arts. 2 de la Ley 6/1998, de 13 abril (§1).

Artículo 12. Deberes generales de la propiedad del suelo.

Forman parte del contenido urbanístico del derecho de propiedad del suelo, con independencia de la clase de éste, los siguientes deberes:

a) Destinar el suelo al uso previsto por la ordenación urbanística, levantando, en su caso, las cargas impuestas por ésta.

b) Conservar y mantener el suelo natural y, en su caso, su masa vegetal en las condiciones precisas para minimizar riesgos de erosión o incendio, o que afecten a la seguridad o salud pública, o que puedan producir daños o perjuicios a terceros o al interés general, incluido el ambiental. Este deber incluye, asimismo, el de usar y explotar el suelo de forma que no se produzca contaminación indebida de la tierra, el agua y el aire, ni tengan lugar emisiones ilegítimas en bienes de terceros.

c) Realizar las reforestaciones y los trabajos y obras de defensa del suelo y su vegetación que sean necesarios para mantener el equilibrio ecológico, minimizar los procesos erosivos, impedir la contaminación indebida del suelo y prevenir desastres naturales. En particular, proceder a la reposición de la vegetación en toda la superficie que la haya perdido como consecuencia de incendio, desastre natural o acción humana no debidamente autorizada, en la forma y condiciones prevenidas en la legislación correspondiente y en los planes y programas aprobados conforme a la misma.

d) Respetar las limitaciones que deriven de la colindancia con bienes que tengan la condición de dominio público natural, en los que estén establecidos obras o servicios públicos o en cuyo vuelo o subsuelo existan recursos naturales sujetos a explotación regulada.

e) Cumplir los planes y programas sectoriales aprobados conforme a la legislación administrativa reguladora de las actividades a que se refiere la letra c) precedente, así como los aprobados para la protección de los espacios naturales, la flora y la fauna.

f) Permitir la realización por la Administración pública competente de los trabajos de restauración o mejora ambiental que sean necesarios.

g) Respetar las limitaciones que para la utilización urbanística del suelo supone la determinación de superficies mínimas y características de unidades aptas para la edificación.

h) Conservar las edificaciones, las construcciones y las instalaciones existentes de modo que cumplan en todo momento los requerimientos mínimos exigibles para la autorización de su uso, procediendo a las obras y los trabajos de mantenimiento, reparación, saneamiento y, en su caso, rehabilitación. Quedarán sujetos igualmente al cumplimiento de las normas sobre protección de los patrimonios arquitectónicos y arqueológicos.

i) Solicitar y obtener en la forma dispuesta en la presente Ley las autorizaciones administrativas preceptivas para cualquier acto de transformación o uso del suelo, natural o construido.

⇒ V. art. 1 de la Ley 6/1998, de 13 abril (§1).

CAPÍTULO II
Clasificación del suelo

Artículo 13. Clases de suelo y categorías.

1. El planeamiento general clasifica el suelo del término municipal en todas o algunas de las siguientes clases:

a) Suelo urbano.

b) Suelo urbanizable.

c) Suelo no urbanizable de protección.

2. Lo dispuesto en el número anterior se entiende sin perjuicio de la capacidad del planeamiento territorial para clasificar directamente terrenos, con plena y directa eficacia, cuando así esté previsto expresamente por la Ley de ordenación del territorio de la Comunidad de Madrid. La clasificación así dispuesta vincula en todo caso al planeamiento urbanístico.

3. En las clases de suelo se distinguen categorías primarias y, en su caso, secundarias.

4. Las categorías primarias precisan el régimen propio de la clase de suelo correspondiente.

5. Las categorías secundarias complementan, cuando procedan, las primarias.

6. Reglamentariamente se establecerán las categorías secundarias en que puedan dividirse todas o alguna de las categorías primarias definidas en este artículo.

⇒ V. art. 7 de la Ley 6/1998, de 13 abril (§1).

Artículo 14. Suelo urbano.

1. Tendrán la condición de suelo urbano los terrenos que, formando parte de una trama urbana, cumplan alguna de las siguientes condiciones:

a) Que sean solares por ser aptos para la edificación o construcción y estar completamente urbanizados, estando pavimentadas las calzadas y soladas y encintadas las aceras de las vías urbanas municipales a que den frente y contando, como mínimo, con los servicios de abastecimiento de agua, evacuación de aguas residuales, suministro de energía eléctrica y alumbrado público conectados a las correspondientes redes públicas.

b) Que cuenten con urbanización idónea para la edificación o construcción a que deba otorgar soporte y realizada en grado suficiente, que proporcione, en todo caso, acceso rodado por vía urbana municipal, abastecimiento de agua, evacuación de aguas residuales y suministro de energía eléctrica y alumbrado público.

c) Que estén ocupados por la edificación o construcción al menos en las dos terceras partes de los espacios aptos para la misma, conforme a la ordenación que establezca el planeamiento urbanístico.

d) Que estén urbanizados en ejecución del planeamiento urbanístico y de conformidad con sus determinaciones.

2. El planeamiento general diferenciará en el suelo urbano, cuando proceda, todas o alguna de las siguientes categorías primarias:

a) Suelo urbano consolidado, integrado por los solares, así como las parcelas que, por su grado de urbanización efectiva y asumida por el planeamiento urbanístico, puedan adquirir la condición de solar, mediante obras accesorias y simultáneas a las de edificación o construcción.

b) Suelo urbano no consolidado, integrado por la restante superficie de suelo urbano y, en todo caso, la precisada de obras de urbanización a realizar en régimen de actuaciones integradas de ejecución del planeamiento, incluidas las de reforma interior, renovación, mejora urbana u obtención de dotaciones urbanísticas, que requieran de la distribución equitativa de beneficios y cargas.

3. Reglamentariamente se concretarán los criterios para valorar adecuadamente el grado de urbanización y de consolidación de los terrenos para la clasificación como suelo urbano, así como los criterios que sean de aplicación, en su caso, para distinguir entre las dos categorías establecidas.

⇒ V. art. 8 de la Ley 6/1998, de 13 abril (§1).

Artículo 15. Suelo urbanizable.

1. Tendrán la condición de suelo urbanizable los terrenos que el planeamiento general adscriba a esta clase de suelo, mediante su clasificación, por no proceder serlo a las clases de suelo urbano y no urbanizable de protección, y podrá ser objeto de transformación, mediante su urbanización o cualquiera de las otras formas previstas en la presente Ley, en las condiciones y los términos que dicho planeamiento determine, de conformidad con las Normas que reglamentariamente se establezcan.

2. El planeamiento general diferenciará en el suelo urbanizable, cuando proceda, todas o alguna de las siguientes categorías primarias:

a) Suelo urbanizable sectorizado, integrado por los terrenos que el planeamiento general prevea expresamente que deben transformarse en suelo urbano y que, a tales efectos, se dividen en recintos denominados sectores.

b) Suelo urbanizable no sectorizado, integrado por los restantes terrenos adscritos a la clase de suelo urbanizable.

⇒ V. arts. 9, 10 y 15 a 18 y de la Ley 6/1998, de 13 abril (§1).

Artículo 16. Suelo no urbanizable de protección.

1. Tendrán la condición de suelo no urbanizable de protección los terrenos en que concurran alguna de las circunstancias siguientes:

a) Que deban incluirse en esta clase de suelo por estar sometidos a algún régimen especial de protección incompatible con su transformación de acuerdo con el planeamiento regional territorial o la legislación sectorial, en razón de sus valores paisajísticos, históricos, arqueológicos, científicos, ambientales o culturales, de riesgos naturales acreditados en el planeamiento sectorial, o en función de su sujeción a limitaciones o servidumbres para la protección del dominio público.

b) Que el planeamiento regional territorial y el planeamiento urbanístico consideren necesario preservar por los valores a que se ha hecho referencia en el punto anterior, por sus valores agrícolas, forestales, ganaderos o por sus riquezas naturales.

2. El planeamiento regional territorial clasificará directamente los terrenos que, en todo caso, deban pertenecer a esta clase de suelo, que será completado, en su caso, por la clasificación realizada por el planeamiento general.

3. Si como consecuencia de incendio o agresión ambiental, sean cuales fueran sus causas, quedasen dañados el suelo, la vegetación y la fauna o sus hábitat, y los terrenos perdieran el valor que dio lugar a su protección, quedarán sujetos desde el mismo momento de la producción del daño a restitución medio ambiental. En todo caso, no podrá incluirse este suelo en ninguna otra clase, dentro de los 30 años siguientes al daño sufrido, salvo su previa autorización por Ley aprobada por la Asamblea de Madrid, en la que quede justificada la imposibilidad de dicha restitución medio ambiental.

⇒ V. art. 9 de la Ley 6/1998, de 13 abril (§1).
V. Ley 16/1995, de 4 mayo, Forestal y de Protección de la Naturaleza de la Comunidad de Madrid.

CAPÍTULO III

Régimen urbanístico del suelo urbano

Artículo 17. Derechos y deberes de la propiedad en suelo urbano consolidado.

El contenido urbanístico del derecho de propiedad en suelo urbano consolidado comprenderá, además de los generales, los siguientes derechos y deberes, cuyo ejercicio se verificará secuencialmente según proceda:

a) Realizar las obras ordinarias de carácter accesorio que resten para completar la urbanización de forma que la parcela adquiera la condición de solar con carácter previo o, en su caso y en las condiciones que se fijen, de forma simultánea a la edificación.

b) Edificar en el solar en las condiciones y, en su caso, plazos establecidos por el planeamiento.

c) Destinar la edificación a alguno de los usos legitimados por la ordenación urbanística en vigor.

d) Conservar y, en su caso, rehabilitar la edificación a fin de que ésta mantenga en todo momento las condiciones mínimas requeridas para la autorización de su ocupación.

⇒ V. arts. 12, 13 y 14 de la Ley 6/1998, de 13 abril (§1).

Artículo 18. Derechos y deberes de la propiedad en suelo urbano no consolidado.

1. El contenido urbanístico del derecho de propiedad en suelo urbano no consolidado comprenderá, además de los generales, los siguientes derechos y/o deberes, cuyo ejercicio se verificará secuencialmente según proceda:

a) Instar a la aprobación del pertinente planeamiento de desarrollo a fin de establecer la ordenación pormenorizada precisa para legitimar la actividad de ejecución del planeamiento.

b) Instar a la delimitación del correspondiente ámbito de actuación y al señalamiento del sistema de ejecución.

c) Llevar a cabo la actividad de ejecución o, en todo caso, intervenir y participar en ella con arreglo al principio de distribución equitativa de beneficios y cargas, y en los términos y condiciones determinados en el Título III de la presente Ley, salvo en los casos en que aquélla deba realizarse por un sistema público de ejecución.

d) Realojar a los ocupantes legales de inmuebles que constituyan su residencia habitual, en las actuaciones urbanísticas que exijan el desalojo de dichos ocupantes y en los supuestos, términos y condiciones establecidos por la legislación de pertinente aplicación.

2. Durante el proceso de ejecución del ámbito de actuación los propietarios de suelo urbano no consolidado tendrán, además de los generales, los siguientes deberes específicos:

a) Abstenerse de toda actuación en contra o al margen del sistema de ejecución que se haya determinado.

b) Efectuar a título gratuito, en la forma y cuantía dispuesta en la presente Ley y en el contexto del sistema de ejecución establecido, las cesiones de suelo reservado para las redes de infraestructuras, equipamientos y servicios públicos.

c) Ceder a título gratuito al Municipio, en solares, en la forma y cuantía dispuesta en la presente Ley, las superficies precisas para la materialización del 10 por 100 del producto del coeficiente de edificabilidad del ámbito de actuación, o unidades de ejecución en que se divida, por su superficie.

d) Costear y, en su caso, ejecutar en las condiciones y los plazos fijados a tal fin y en el contexto del sistema de ejecución establecido al efecto, la totalidad de las obras de urbanización, incluida la parte que proceda de las obras precisas para asegurar la conexión del ámbito de actuación a las redes generales y, en su caso, supramunicipales de infraestructuras, equipamientos y servicios de la ordenación estructurante del planeamiento general y la integridad y funcionalidad de éstas, así como para reforzar, mejorar o ampliar tales redes cuando sea necesario para compensar el impacto y la sobrecarga que suponga la puesta en uso del ámbito de actuación.

3. Culminado el proceso de ejecución del planeamiento, en la forma establecida en el artículo 71 de la presente Ley, los terrenos comprendidos en el correspondiente ámbito de actuación alcanzarán la categoría de suelo urbano consolidado y, en consecuencia, los derechos y deberes de la propiedad serán los establecidos en el artículo anterior.

⇒ V. arts. 12, 13 y 14 de la Ley 6/1998, de 13 abril (§1).

Artículo 19. Régimen del suelo urbano consolidado.

1. En suelo urbano consolidado, los terrenos estarán legalmente vinculados a los usos previstos por la ordenación urbanística y, en su caso, a la construcción o edificación, así como afectados por la carga de la ejecución y la financiación de todas las obras de urbanización que aún resten para que la parcela correspondiente adquiera la condición de solar, incluyendo, cuando proceda, la cesión a título gratuito de la superficie destinada a vial, y las infraestructuras de urbanización pendientes a todo lo largo del perímetro de la parcela, cuando ello fuera posible, y al pago de la cuota de urbanización correspondiente, en otro caso.

2. Cuando proceda, la realización de cualquier acto de edificación requerirá con carácter previo, la puesta a disposición del Municipio de la superficie a que se refiere el número anterior y la prestación de garantía suficiente para la realización de las obras de urbanización pendientes.

3. Para la materialización de la superficie edificable permitida podrá autorizarse la edificación, aún cuando la parcela correspondiente no tenga la condición de solar, siempre que se cumplan los siguientes requisitos:

a) Asunción expresa y formal por el propietario de los compromisos de proceder a la realización simultánea de toda la urbanización pendiente y la edificación y de formalización, en su caso, de la cesión de superficie de vial asimismo pendiente, así como de no ocupación ni utilización de la edificación hasta la total terminación de las obras, la materialización, en su caso, de la cesión y el efectivo funcionamiento de los servicios urbanos correspondientes.

b) El compromiso de no ocupación, ni utilización, incluirá el de consignación de condición, con idéntico contenido, en cuantos negocios jurídicos se celebren con terceros e impliquen el traslado a éstos de alguna facultad de uso, disfrute o disposición sobre la edificación o parte de ella.

c) Prestación de garantía en cuantía suficiente para cubrir el coste de ejecución de las obras de urbanización comprometidas.

⇒ V. arts. 12, 13 y 14 de la Ley 6/1998, de 13 abril (§1).

Artículo 20. Régimen del suelo urbano no consolidado.

1. En el suelo urbano no consolidado solo podrán realizarse, mientras no cuente con ordenación pormenorizada establecida directamente por el planeamiento general o, en desarrollo de éste, por el correspondiente planeamiento de desarrollo:

a) Las obras correspondientes a infraestructuras, equipamientos y servicios públicos de las redes definidas por la ordenación estructurante del planeamiento general, así como las de infraestructuras y servicios públicos de la competencia de cualquiera de las Administraciones públicas y los servicios públicos prestados por compañías suministradoras que sean compatibles con la ordenación establecida en el planeamiento.

b) Los usos, construcciones, edificaciones e instalaciones de carácter provisional que no estén expresamente prohibidas por la legislación sectorial ni por el planeamiento, los cuales habrán de cesar en todo caso y ser demolidas, sin indemnización alguna, cuando lo acordare la Administración urbanística. Las licencias o autorizaciones que se concedan con estas condiciones, deberán ser aceptadas expresamente por el propietario. La eficacia de las licencias quedará condicionada en todo caso a la prestación de garantía por importe mínimo de los costes de demolición y desmantelamiento, así como de inscripción en el Registro de la Propiedad del carácter precario de los usos, las obras y las instalaciones.

c) Las obras de mantenimiento y conservación de construcciones, edificios e instalaciones.

2. El establecimiento de la ordenación pormenorizada del suelo urbano no consolidado, sea directamente a través del planeamiento general o mediante el planeamiento de desarrollo, determina lo siguiente:

a) La vinculación legal de los terrenos al pertinente proceso urbanizador y edificatorio del ámbito de actuación o de las unidades de ejecución en las que se divida, en el contexto del sistema de ejecución determinado al efecto.

b) La afectación legal de los terrenos al cumplimiento, en los términos del sistema de ejecución que se fije al afecto, al cumplimiento de los deberes legales de la propiedad, tal como resulten precisados por el planeamiento urbanístico, así como, en su caso, a la distribución equitativa de los beneficios y cargas entre los propietarios. Cuando la superficie total de los terrenos con destino o uso públicos y carácter dotacional previamente existentes en la unidad de ejecución sea igual o superior a la que deba resultar de la ejecución del planeamiento urbanístico, se entiende sustituida una por otra, percibiendo la Administración el exceso, si lo hay y en la proporción que corresponda, en terrenos con edificabilidad.

c) La afección legal de los terrenos al cumplimiento de la cesión correspondiente al 10 por 100 del producto del coeficiente de edificabilidad del ámbito de actuación o de las unidades de ejecución en las que se divida, por la superficie del mismo, el cual se cederá urbanizado al Municipio.

d) El derecho de los propietarios a la adjudicación de solar o solares resultantes de la ejecución en proporción al valor del terreno por ellos aportado, salvo que no asuman la ejecución ni participen en ella.

e) La afectación legal de los terrenos obtenidos por la Administración en virtud de cesión a título gratuito y por cualquier concepto a los destinos previstos por esta Ley y, en virtud de la misma, por el planeamiento urbanístico.

3. Antes de la finalización de las obras de urbanización no es posible, con carácter general, la realización de otros actos edificatorios o de implantación de usos que los provisionales previstos en la letra b) del número 1 anterior. Sin embargo, podrá autorizarse la edificación vinculada a la simultánea terminación de las obras de urbanización inmediata a la parcela de que se trate, en las mismas condiciones que en el suelo urbano consolidado.

⇒ V. arts. 12, 13, 14 y 17 de la Ley 6/1998, de 13 abril (§1).

CAPÍTULO IV

Régimen urbanístico del suelo urbanizable

Artículo 21. Derechos y deberes de la propiedad en suelo urbanizable sectorizado.

1. El contenido urbanístico del derecho de propiedad en suelo urbanizable sectorizado comprenderá, además de los generales, los mismos derechos y deberes establecidos para el suelo urbano no consolidado en el artículo 18 de la presente Ley.

2. Siempre que se hubieran cumplido los deberes del número anterior, los terrenos de esta clase de suelo pasarán a tener la condición de suelo urbano consolidado, desde la recepción de las correspondientes obras de urbanización, en los términos del artículo 135 de la presente Ley.

⇒ V. arts. 15, 16, 17 y 18 de la Ley 6/1998, de 13 abril (§1).
V. art. 44 de la presente Ley.

Artículo 22. Derechos y deberes de la propiedad en suelo urbanizable no sectorizado.

1. El contenido de los derechos de la propiedad en el suelo urbanizable no sectorizado comprende, además de los generales y de los atribuidos en suelo no urbanizable de protección, los siguientes:

a) Promover la sectorización de sus terrenos y, para ello, el Plan de Sectorización, cuya aprobación supondrá la adscripción de los mismos al régimen urbanístico del suelo urbanizable sectorizado.

b) Solicitar y, en su caso, ejecutar en sus terrenos las obras, construcciones y edificaciones e implantar los usos y las actividades autorizables en esta categoría de suelo conforme a esta Ley.

c) En todo caso, consultar previamente al ejercicio de los anteriores derechos, a las Administraciones competentes, sobre la viabilidad de la sectorización y legislación sectorial aplicable, así como respecto de las obras de conexión con las redes exteriores a la actuación. El pronunciamiento administrativo será vinculante.

2. El contenido de los deberes de la propiedad en el suelo urbanizable no sectorizado comprende, además de los generales y de los atribuidos en suelo no urbanizable de protección, los siguientes:

a) Los establecidos para el suelo no urbanizable de protección, mientras no se apruebe ninguna de las actuaciones previstas en las letras a) y b) del número anterior.

b) El de solicitar y obtener la aprobación o autorización que corresponda para la realización de las actuaciones a que se refieren las letras a) y b) del número anterior.

c) El pago del canon municipal que proceda por la realización de actos legitimados por proyecto de actuación especial.

d) En el caso de que se apruebe el Plan de Sectorización, los propios del suelo urbanizable sectorizado y los asumidos en la propuesta de compromisos, así como, en todo caso, los de ejecutar y ceder a las Administraciones públicas que corresponda las obras exteriores al sector necesarias para la debida conexión de éste con las redes supramunicipales de infraestructuras, equipamientos y servicios públicos municipales, desde la aprobación del correspondiente Plan de Sectorización.

⇒ V. arts. 15, 16, 17 y 18 de la Ley 6/1998, de 13 abril (§1).

Artículo 23. Régimen del suelo urbanizable.

1. En el suelo urbanizable sectorizado será de aplicación el mismo régimen que se establece para el suelo urbano no consolidado en el artículo 20 de la presente Ley, distinguiendo según esté establecida o no la ordenación pormenorizada.

El derecho de los propietarios a la adjudicación de solar o solares resultantes de la ejecución será en proporción a la superficie de terreno aportado por los mismos.

2. Mientras no se produzca el cambio de categoría a que se refiere el artículo siguiente, en el suelo urbanizable no sectorizado será de aplicación el régimen del suelo no urbanizable de protección en todo lo no previsto en este Capítulo.

⇒ V. arts. 9, 10, 15, 16, 17 y 18 y de la Ley 6/1998, de 13 abril (§1).

Artículo 24. Actuaciones en suelo urbanizable no sectorizado que requieren cambio en la categoría del suelo.

1. En el suelo urbanizable no sectorizado podrán formularse iniciativas de desarrollo urbanístico mediante actuaciones urbanizadoras de transformación de los terrenos.

2. Las iniciativas de desarrollo urbanístico se formalizarán mediante solicitudes de tramitación y aprobación del correspondiente Plan de Sectorización.

3. Las determinaciones de ordenación y gestión de las actuaciones urbanizadoras que se legitimen por el correspondiente Plan de Sectorización deberán observar los criterios que sobre delimitación de sectores y su inserción en el modelo territorial se establezcan, en su caso, reglamentariamente, o los fijados por el planeamiento territorial y urbanístico de aplicación.

⇒ V. arts. 15, 16, 17 y 18 de la Ley 6/1998, de 13 abril (§1).

Artículo 25. Actuaciones en suelo urbanizable no sectorizado que no requieren cambio en la categoría del suelo.

En el suelo urbanizable no sectorizado podrán realizarse, en todo caso, en los términos y condiciones en cada caso prescritos en la presente Ley, los siguientes actos:

a) Las obras e instalaciones y los usos requeridos por las infraestructuras y los servicios públicos estatales, autonómicos o locales que precisen localizarse en terrenos con esta clasificación y categoría de suelo.

b) Los que se legitimen mediante calificación urbanística o proyecto de actuación especial.

Artículo 26. Actuaciones en suelo urbanizable no sectorizado que requieren calificación urbanística.

1. En el suelo urbanizable no sectorizado, en los términos que disponga el planeamiento urbanístico y, en su caso, el planeamiento territorial, podrá legitimarse, mediante la previa calificación urbanística, la realización de las siguientes construcciones, edificaciones e instalaciones con los usos y actividades correspondientes:

a) Las de carácter agrícola, ganadero, forestal, cinegético o análogo. Los usos agrícolas, ganaderos, forestales, cinegéticos o análogos, que deberán ser conformes, en todo caso, con su legislación específica, comprenderán las actividades, construcciones e instalaciones necesarias para las explotaciones de tal carácter, incluidas las de elaboración de productos del sector primario, y deberán guardar proporción con la extensión y características de dichas explotaciones, quedando vinculadas a ellas y a las superficies de suelo que les sirvan de soporte.

La calificación a que se refiere esta letra podrá legitimar también el uso accesorio de vivienda cuando ésta sea necesaria para el funcionamiento de cada explotación e instalación.

b) Las de carácter extractivo. El uso extractivo comprenderá las construcciones e instalaciones estrictamente indispensables para la investigación, obtención y primera transformación de los recursos minerales o hidrológicos. La superficie mínima de la finca soporte de la actividad será la funcionalmente indispensable.

c) Las de carácter de infraestructuras. El uso de infraestructuras comprenderá las actividades, construcciones e instalaciones, de carácter temporal o permanente, necesarios para la ejecución y el mantenimiento de obras y la prestación de servicios relacionados con el transporte por cualquier medio de personas y mercancías, así como de potabilización, transporte, abastecimiento, depuración y tratamiento de aguas; la generación, el transporte y la distribución de energía; las telecomunicaciones; y la recogida, la selección, el tratamiento y la valorización de residuos.

d) Las de carácter residencial. Para que se autorice el uso de vivienda familiar será necesario que se disponga aislada en el interior de la unidad, que por su localización no pueda presumirse finalidad urbanizadora por no existir instalaciones o servicios necesarios para la finalidad de aprovechamiento urbanístico, y que la finca cuente, cualquiera que sea su naturaleza, con la superficie mínima que se establece en la legislación forestal y agraria para los terrenos considerados monte.

e) Las instalaciones de dominio y uso público destinadas al ejercicio de actividades científicas, docentes y divulgativas relacionadas con los espacios naturales, incluyendo el alojamiento, si fuera preciso. En estos supuestos, la superficie mínima de la finca será la que funcionalmente sea indispensable.

f) Las actividades que favorezcan el desarrollo rural sostenible, incluyendo las de comercialización de productos agropecuarios y los servicios complementarios de dichas actividades.

g) Los establecimientos de turismo rural en edificaciones rurales tradicionales rehabilitadas al efecto, dentro de los límites superficiales y de capacidad que se determinen reglamentariamente.

h) La rehabilitación para su conservación, incluso con destino residencial, de edificios de valor etnográfico o arquitectónico, aun cuando se encontraran en situación de fuera de ordenación, pudiendo excepcionalmente incluir las obras de ampliación indispensables para el cumplimiento de las condiciones de habitabilidad.

2. Los requisitos de contenido y el procedimiento de tramitación y aprobación de las iniciativas de actuación sometidas a calificación urbanística se regulan en los artículos 147 y 148 de la presente Ley.

⇒ V. arts. 9, 10 y 15 a 18 de la Ley 6/1998, de 13 abril (§1).

V. Ley 16/1995, de 4 mayo, Forestal y de Protección de la Naturaleza de la Comunidad de Madrid.

V. D. 65/1989, de 11 mayo, sobre Unidades Mínimas de Cultivo, desarrollado por O. 701/1992, de 9 marzo.

Artículo 27. Actuaciones en suelo urbanizable no sectorizado que requieren proyecto de actuación especial.

1. Cuando justificadamente no sea factible su realización en suelo urbano o urbanizable sectorizado, y siempre que el planeamiento territorial y urbanístico no lo prohíba, podrá legitimarse mediante la aprobación de un proyecto de actuación especial, el establecimiento en suelo urbanizable no sectorizado de los siguientes usos y actividades con las construcciones, edificaciones e instalaciones que cada uno de ellos requiera, y siempre que no se trate de infraestructuras, instalaciones o servicios públicos:

a) Uso de equipamiento social, comprensivo, en las condiciones que fije el planeamiento general y, en su caso, el planeamiento territorial, de:

1º Establecimientos e instalaciones para la defensa o seguridad pública.

2º Actividades y servicios culturales, docentes, científicos, asistenciales, religiosos, funerarios y similares, y con carácter general, los de interés social.

3º Instalaciones deportivas, recreativas y de ocio y esparcimiento.

4º Actividades y servicios propios de las áreas de servicio de las carreteras.

b) Uso industrial, comprensivo, en las condiciones y con los requerimientos que establezca el planeamiento general y, en su caso, el planeamiento territorial, de:

1º Los depósitos de residuos inertes, materiales, maquinaria y vehículos.

2º Establecimientos industriales que, por los riesgos que comporten, precisen una localización aislada o que, por su vinculación con explotaciones extractivas, agropecuarias o forestales, deban ubicarse junto a éstas.

c) Uso turístico, comprensivo, en las condiciones y con los requisitos que establezca el planeamiento general y, en su caso, el planeamiento territorial, de los establecimientos destinados al alojamiento temporal de personas dotados de equipamiento complementario adecuado, concebidos para satisfacer una oferta turística especializada en el suelo rural.

2. El contenido y procedimiento de tramitación y aprobación del proyecto de actuación especial, en tanto instrumento de ejecución, se regula en los artículos 149 y 150 de la presente Ley.

⇒ V. arts. 9, 10, 15, 16, 17 y 18 de la Ley 6/1998, de 13 abril (§1).
V. Ley 3/1991, de 7 marzo, Reguladora de Carreteras en Madrid, cuyo art. 34 ha sido modificado por la Ley 18/2000, de 27 diciembre, de Medidas Fiscales y Administrativas.

CAPÍTULO V
Régimen urbanístico del suelo no urbanizable de protección

Artículo 28. Derechos y deberes de la propiedad en suelo no urbanizable de protección.

1. En el suelo no urbanizable de protección los derechos de la propiedad comprenden, además de los generales, los siguientes:

a) La realización de los actos precisos para la utilización y explotación agrícola, ganadera, forestal, cinegética o análoga a la que estén efectivamente destinados, conforme a su naturaleza y mediante el empleo de medios técnicos e instalaciones, compatibles con la preservación de los valores que motivan su inclusión en esta clasificación de suelo. Esta facultad comprende sólo los trabajos y las instalaciones que sean indispensables y estén permitidos o, en todo caso, no prohibidos por las ordenaciones territorial y urbanística, debiendo ejecutarse en los términos de éstas y con sujeción, además y, en todo caso, a las limitaciones impuestas por la legislación civil y la administrativa aplicable por razón de la materia.

b) La realización de obras, edificaciones y construcciones, y el desarrollo de usos y actividades que se legitimen expresamente en los términos dispuestos por esta Ley mediante calificación urbanística.

2. En el suelo no urbanizable de protección los deberes de la propiedad comprenden, además de los generales, los siguientes:

a) Los que establezcan la legislación sectorial y las ordenaciones territoriales y urbanísticas, en función de las condiciones que el planeamiento fije para realizar las intervenciones y los usos permitidos.

b) Los que voluntariamente asuma el propietario para la realización de usos e intervenciones opcionales compatibles con el específico régimen de protección a que estén sometidos los terrenos.

⇒ V. arts. 9 y 20 de la Ley 6/1998, de 13 abril (§1).

Artículo 29. Régimen de las actuaciones en suelo no urbanizable de protección.

1. En el suelo no urbanizable de protección, excepcionalmente, a través del procedimiento de calificación previsto en la presente Ley, podrán autorizarse actuaciones específicas, siempre que estén previstas en la legislación sectorial y expresamente permitidas por el planeamiento regional territorial o el planeamiento urbanístico.

2. Además, en el suelo no urbanizable de protección podrán realizarse e implantarse con las características resultantes de su función propia y de su legislación específicamente reguladora, las obras e instalaciones y los usos requeridos por las infraestructuras y servicios públicos estatales, autonómicos o locales que precisen localizarse en terrenos con esta clasificación. El régimen de aplicación sobre estas actuaciones será el mismo que se regula en los artículos 25 y 161 de la presente Ley.

3. Previa calificación urbanística y dentro de los límites del número 1 de este artículo, el planeamiento regional territorial o el planeamiento urbanístico podrán prever, en el suelo no urbanizable de protección de la letra b) del número 1 del artículo 16, las siguientes construcciones e instalaciones con los usos y actividades correspondientes:

a) Las de carácter agrícola, forestal, cinegético o análogos, así como las infraestructuras necesarias para el desarrollo y realización de las actividades correspondientes. Los usos agrícolas, forestales, cinegéticos o análogos, que deberán ser conformes en todo caso con su legislación específica, comprenderán las actividades, construcciones o instalaciones necesarias para las explotaciones de tal carácter, incluidas las de elaboración de productos del sector primario, y deberán guardar proporción con la extensión y características de dichas explotaciones, quedando vinculadas a ellas y a las superficies de suelo que les sirvan de soporte.

Los usos a que se refiere este número, podrán ser autorizados con el accesorio de vivienda, cuando ésta sea necesaria para el funcionamiento de cada explotación e instalación.

b) Las de carácter extractivo. El uso extractivo comprenderá las construcciones e instalaciones estrictamente indispensables para la investigación, obtención y primera transformación de los recursos minerales o hidrológicos. La superficie mínima de la finca soporte de la actividad será la funcionalmente indispensable.

c) Las instalaciones de dominio y uso público destinadas al ejercicio de actividades científicas, docentes y divulgativas relacionadas con los espacios naturales, incluyendo el alojamiento, si fuera preciso. En estos supuestos, la superficie mínima de la finca será la que funcionalmente sea indispensable.

d) Las actividades que favorezcan el desarrollo rural sostenible, incluyendo las de comercialización de productos agropecuarios y los servicios complementarios de dichas actividades.

e) Los establecimientos de turismo rural en edificaciones rurales tradicionales rehabilitadas al efecto, dentro de los límites superficiales y de capacidad que se determinen reglamentariamente.

f) La rehabilitación para su conservación, incluso con destino residencial, de edificios de valor arquitectónico, aun cuando se encontraran en situación de fuera de ordenación, pudiendo excepcionalmente incluir las obras de ampliación indispensables para el cumplimiento de las condiciones de habitabilidad.

⇒ V. arts. 9 y 20 de la Ley 6/1998, de 13 abril (§1).

TÍTULO II
PLANEAMIENTO URBANÍSTICO

CAPÍTULO I
Determinaciones legales y reglamentarias

Artículo 30. Determinaciones legales.

1. Se entienden por determinaciones legales de la ordenación urbanística, aquellas normas contenidas en la presente Ley, que establecen prescripciones sobre el uso del suelo o de las construcciones y son directamente aplicables exista o no planeamiento urbanístico, imponiéndose en su caso a las determinaciones de éste.

2. Los actos de uso, urbanización, instalación, construcción y edificación del suelo deberán respetar, en todo caso, exista o no un instrumento de planeamiento urbanístico, las siguientes reglas:

a) Ser conformes con el régimen urbanístico del suelo.

b) Realizarse en, sobre o bajo una superficie que reúna las características de unidad apta para la edificación, parcela mínima o solar.

c) No producir afecciones, perturbaciones o emisiones ilegítimas en otros inmuebles.

d) Adaptarse al ambiente en que se sitúen o emplacen y armonizar con los bienes declarados de interés cultural y los inmuebles sujetos a algún régimen de protección arquitectónica que se encuentren en su entorno.

e) No romper la armonía del paisaje urbano y rural tradicional, ni perturbar, ni desfigurar su contemplación desde los caminos, las carreteras y cualesquiera otras vías.

3. Cuando excepcionalmente, en virtud de resolución judicial, no exista planeamiento urbanístico aplicable, únicamente podrán autorizarse las obras necesarias para el cumplimiento de los deberes de conservación y las obras de construcción o edificación que:

a) En suelo no urbanizable de protección, apto para ello conforme a esta Ley, no tengan altura superior a dos plantas, medida en cada punto del suelo en su estado natural, sin perjuicio de las demás limitaciones aplicables.

b) En suelo urbano, no tengan una altura superior a dos plantas.

⇒ V. art. 138 b) del TRLS/1992 (§2).
V. arts. 9 y 19 de la Ley 6/1998, de 13 abril (§1).
V. Jurisprudencia en arts. 73 y concordantes del TRLS/1976 (§3).

Artículo 31. Determinaciones reglamentarias.

1. El Gobierno de la Comunidad de Madrid, a iniciativa y propuesta del Consejero competente en materia de ordenación urbanística, podrá aprobar, mediante Decreto, Normas reguladoras de aplicación sobre la totalidad de la Comunidad o sobre espacios territoriales inferiores a ésta, sobre las siguientes materias:

a) Requisitos mínimos de calidad, sustantivos y formales, de los instrumentos de planeamiento urbanístico.

b) Estándares mínimos de suelo para dotaciones públicas, para su modulación, precisión y actualización en función de las características de las actuaciones y de su localización.

c) Obras y servicios mínimos de urbanización y sus características técnicas.

d) Normalización de la información urbanística y de la cartografía.

2. El Consejero competente en materia de ordenación urbanística, previo informe de la Comisión de Urbanismo de Madrid, podrá aprobar, mediante Orden, Instrucciones técnicas sobre las siguientes materias:

a) Objetivos y prioridades de los instrumentos de planeamiento urbanístico y cuestiones y problemas más comunes o recurrentes que en ellos deban abordarse y resolverse.

b) Criterios para homogeneizar las zonas urbanísticas de ordenación pormenorizada, y en especial los conceptos de empleo más usual en el planeamiento urbanístico.

c) Criterios de medición y cálculo de los parámetros urbanísticos del planeamiento urbanístico, en especial los relativos a edificabilidades y aprovechamientos.

d) Cualesquiera otras cuestiones precisadas de orientación técnica en materia de planeamiento y gestión urbanística.

3. Las Instrucciones técnicas a que se refiere el número anterior:

a) Podrán integrar las determinaciones propias de los instrumentos de planeamiento urbanístico, cuando estos facultativamente remitan, total o parcialmente, a la normativa modelo establecida por ellas.

b) Tendrán carácter vinculante para la Administración de la Comunidad de Madrid y las entidades locales existentes en la misma.

c) En ningún caso, podrán condicionar el ejercicio de la potestad de planeamiento de los municipios ni el modelo urbanístico a adoptar por los mismos.

⇒ V. O. 28 septiembre 2000, de la Consejería Obras Públicas, Urbanismo y Transportes de desarrollo de la estructura orgánica, modificada por O. 30 noviembre 2000, que desarrolla el D. 215/2000, de 21 septiembre, y el D. 270/1995, de 19 octubre.

Téngase en cuenta también la O. 28 marzo 2000, de la Consejería Obras Públicas, Urbanismo y Transportes, que modificó la Orden 19 noviembre 1997, que desarrolló su estructura orgánica y funcional.

Artículo 32. Ordenanzas municipales.

1. Todos los municipios deberán contar con Ordenanzas municipales de urbanización, instalaciones, edificación y construcción, cuya aprobación, publicación y entrada en vigor se producirá conforme a la legislación de régimen local. En la publicación deberá hacerse constar expresamente el cumplimiento previo de la comunicación prevista en el número siguiente.

2. La puesta en conocimiento a la Comunidad de Madrid se hará mediante remisión a la Consejería competente en materia de ordenación urbanística, de certificación del acuerdo de aprobación y del texto íntegro de la correspondiente Ordenanza. Esta remisión se llevará a cabo con carácter previo a su publicación.

3. Las Ordenanzas municipales de urbanización deberán regular todos los aspectos relativos al proyecto, ejecución material, recepción y mantenimiento de obras y servicios de urbanización, así como normas para el control de calidad de la ejecución. Podrán también incluir criterios morfológicos y estéticos que deban respetarse en los proyectos.

4. Las Ordenanzas municipales de instalaciones, edificación y construcción regularán pormenorizadamente los aspectos morfológicos y estéticos, y cuantas otras condiciones no definitorias de la edificabilidad y destino del suelo, sean exigibles para la autorización de los actos de construcción, instalaciones y edificación, incluidas las actividades susceptibles de autorización en los inmuebles. En concreto:

a) Deberán regular los aspectos relativos a la seguridad, funcionalidad, *economía, armonía* y equilibrio medioambientales, estética, ornato, calidad, conservación y utilización de los edificios y demás construcciones e instalaciones, así como los requisitos y las condiciones de los proyectos y de la dirección, ejecución y recepción de edificaciones y restantes construcciones e instalaciones, de conformidad con la legislación reguladora de la edificación.

b) Podrán regular cuantos otros aspectos de la edificación y construcción no estén reservados por esta Ley al planeamiento urbanístico.

CAPÍTULO II
Determinaciones de la ordenación urbanística

Artículo 33. Potestad de planeamiento.

1. La potestad de planeamiento de la ordenación urbanística se ejercerá observando las siguientes reglas:

a) Operar a la vista de información suficiente sobre la realidad existente y sobre una valoración razonable de la previsible evolución de ésta.

b) Basarse en una ponderación de todos los intereses y las necesidades, públicos y privados, a la luz del orden constitucional y de los fines de la ordenación urbanística.

c) Expresarse en opciones y decisiones suficientemente motivadas y adecuadamente proporcionadas respecto de los objetivos perseguidos.

d) Diferenciar, en los términos de la presente Ley, las determinaciones estructurantes, correspondientes al planeamiento general, y las determinaciones pormenorizadas, correspondientes al planeamiento de desarrollo.

2. Sólo es legítimo el tratamiento urbanístico diferenciado de superficies en principio susceptibles de trato homogéneo cuando:

a) Sea conveniente para impedir una indebida o disfuncional concentración de usos y actividades.

b) Proceda evitar la abusiva reiteración de soluciones técnicas.

c) Sea pertinente para asegurar el cumplimiento de las determinaciones establecidas por la legislación ambiental.

d) Derive de un cambio razonado de criterio u orientación en las políticas de ordenación territorial y urbanística.

e) Resulte oportuno para la mejor protección del medio urbano o rural.

3. La satisfacción de situaciones jurídicas individualizadas existentes no compatibles con el interés general deberá tener lugar, en cualquiera de las formas admisibles en Derecho, sin interferencia del normal desarrollo de las actividades propias de la ordenación urbanística, ni desviación objetiva de los fines que le son legalmente propios.

Artículo 34. Ordenación urbanística municipal e instrumentos de planeamiento.

1. La ordenación urbanística municipal está constituida por el conjunto de determinaciones que, de acuerdo con la presente Ley, establezcan los instrumentos de planeamiento.

2. Los instrumentos de planeamiento a que se refiere el número anterior,

según su función y alcance en la integración de la ordenación urbanística municipal, se clasifican en dos grupos de Planes de Ordenación Urbanística:

a) De planeamiento general, que comprende los siguientes instrumentos:

1º Planes Generales.

2º Planes de Sectorización.

a) De planeamiento de desarrollo, que comprende los siguientes instrumentos:

1º Planes Parciales.

2º Planes Especiales.

3º Estudios de Detalle.

4º Catálogos de Bienes y Espacios Protegidos.

3. Las determinaciones de la ordenación urbanística municipal a que se refiere el número 1 son estructurantes o pormenorizadas. Las determinaciones estructurantes son las establecidas y alteradas por los instrumentos de planeamiento general. Las determinaciones pormenorizadas habrán de desarrollar, sin contradecirlas, las estructurantes que correspondan.

Artículo 35. Determinaciones estructurantes y determinaciones pormenorizadas.

1. Son determinaciones estructurantes de la ordenación urbanística aquellas mediante las cuales se define el modelo de ocupación, utilización y preservación del suelo objeto del planeamiento general, así como los elementos fundamentales de la estructura urbana y territorial y de su desarrollo futuro.

2. Sin perjuicio de una mayor concreción mediante desarrollos reglamentarios, son, en todo caso, determinaciones estructurantes de la ordenación urbanística:

a) El señalamiento de la clasificación y, en su caso, categoría del suelo.

b) La definición de los elementos estructurantes de los sistemas de redes públicas.

c) La división del suelo en áreas homogéneas, ámbitos de actuación o sectores, con el señalamiento para cada uno de sus criterios y condiciones básicas de ordenación: usos globales, áreas de reparto, edificabilidades y aprovechamientos urbanísticos.

d) El régimen de usos del suelo no urbanizable de protección.

3. Son determinaciones pormenorizadas de la ordenación urbanística aquellas que tienen el grado de precisión suficiente para legitimar la realización de actos concretos de ejecución material.

4. Sin perjuicio de una mayor concreción y mediante desarrollos reglamentarios, son, en todo caso, determinaciones pormenorizadas de la ordenación urbanística:

a) La definición detallada de la conformación espacial de cada área homogénea, ámbito de actuación o sector y, especialmente en suelos urbanos y urbanizables, de alineaciones y rasantes.

b) Las condiciones que regulan los actos sobre las parcelas y las que deben cumplir éstas para su ejecución material.

c) La regulación del tipo de obras admisibles y las condiciones que deben cumplir las edificaciones, las construcciones en general, las instalaciones y las urbanizaciones.

d) El régimen normativo de usos pormenorizados e intervenciones admisibles y prohibidas, así como las condiciones que deben cumplir para ser autorizadas.

e) La definición de los elementos de infraestructuras, equipamientos y servicios públicos que conforman las redes locales, completando las redes generales y supramunicipales pero sin considerarse parte de ellas.

f) La delimitación, cuando proceda, de unidades de ejecución y la asignación de los sistemas de ejecución.

g) Las que no estén expresamente calificadas por el planeamiento general como determinaciones estructurantes de la ordenación urbanística.

Artículo 36. Determinaciones sobre las redes públicas.

1. Se entiende por red pública el conjunto de los elementos de las redes de infraestructuras, equipamientos y servicios públicos que se relacionan entre sí con la finalidad de dar un servicio integral. Los elementos de cada red, aun estando integrados de forma unitaria en la misma, son susceptibles de distinguirse jerárquicamente en tres niveles:

a) Los que conforman la red supramunicipal, que son aquéllos cuya función, uso, servicio y/o gestión se puede considerar predominantemente de carácter supramunicipal y, por tanto, propia de las políticas de la Administración del Estado o de la Comunidad de Madrid.

b) Los que conforman la red general, que son aquéllos cuya función se limita al uso y servicio de los residentes en el municipio y gestión de su propio espacio, pero sin ser claramente adscribibles a ningún área homogénea, ámbito de actuación, sector o barrio urbano o rural concreto, ni tampoco al nivel supramunicipal.

c) Los que conforman la red local, que son aquéllos cuya función se puede limitar al uso, servicio y gestión predominante de los residentes en un área homogénea, ámbito de actuación, sector o barrio urbano o rural concreto.

2. El conjunto de los elementos de la red pública son susceptibles de distinguirse, a efectos de la presente Ley, desde el punto de vista funcional en los siguientes sistemas de redes:

a) Redes de infraestructuras, que comprenden, a su vez:

1° Red de comunicaciones, tales como viarias, ferroviarias, portuarias, aeroportuarias y telefónicas.

2º Red de infraestructuras sociales, tales como abastecimiento, saneamiento y depuración.

3º Red de infraestructuras energéticas, tales como eléctricas y gasísticas.

b) Redes de equipamientos, que comprenden, a su vez:

1º Red de zonas verdes y espacios libres, tales como espacios protegidos regionales, parques municipales y urbanos, jardines y plazas.

2º Red de equipamientos sociales, tales como educativos, culturales, sanitarios, asistenciales, deportivos, recreativos y administrativos.

c) Redes de servicios, que comprenden, a su vez:

1º Red de servicios urbanos, tales como suministro de agua, alcantarillado, suministro de energía eléctrica, alumbrado público, servicio telefónico, acceso rodado y aparcamientos.

2º Red de viviendas públicas o de integración social.

3. La definición de las redes públicas implica señalar expresamente todos aquellos de sus elementos necesarios para asegurar el funcionamiento correcto y adecuado a las necesidades previstas de la red correspondiente. A tal efecto, se establecen las siguientes precisiones:

a) Tendrán el carácter de determinaciones estructurantes todas aquellas que consistan en señalar las reservas y dimensiones de cualquier suelo que se prevea como elemento de una red pública supramunicipal o general.

b) Asimismo, tendrán el mismo carácter de determinaciones estructurantes las que definan las condiciones básicas de ordenación de cada uno de tales elementos, si bien el desarrollo detallado de los mismos se concretará a través de determinaciones pormenorizadas.

c) El señalamiento de los espacios destinados a elementos de las redes locales, así como de cualesquiera otros parámetros necesarios para su ordenación detallada, tendrán el carácter de determinaciones pormenorizadas. En cambio, serán determinaciones estructurantes las Instrucciones normativas al planeamiento de desarrollo sobre la localización y características de elementos de nivel local que resulten necesarias para asegurar la funcionalidad de la red correspondiente.

4. El sistema de redes supramunicipales sólo podrá ser establecido por el planeamiento regional territorial o, en su defecto, por el planeamiento general. En consecuencia, la definición de cualquier elemento de una red pública supramunicipal, localización, capacidad o cualesquiera otras características de los suelos que formen parte de las redes supramunicipales en un Municipio serán las que resulten de las determinaciones establecidas por estos planeamientos en suelos urbanizables.

5. El sistema de redes generales deberá definirse en la ordenación estructurante respecto al conjunto del Municipio, de forma que cada una tenga las dimensiones y características suficientes para satisfacer adecuadamente las necesidades sociales actuales y potenciales. A tales efectos, y por referencia a la capacidad total máxima de los suelos urbanos no consolidados y

urbanizables y respecto a un módulo de 100 metros cuadrados de superficie edificable de cualquier uso, deberán cumplirse como mínimo los siguientes estándares:

a) Para la red general de zonas verdes y espacios libres, 20 metros cuadrados de suelo por cada 100 metros cuadrados construidos. Cada uno de tales espacios libres, para admitirse como integrante de esta red, habrá de tener dimensión suficiente y emplazamiento adecuado a su función estructurante.

b) Para las redes generales de equipamientos sociales y servicios, 30 metros cuadrados de suelo por cada 100 metros cuadrados construidos. Los espacios resultantes habrán de tener espacio suficiente y emplazamiento adecuado a su función estructurante.

c) Para las redes generales de infraestructuras, 20 metros cuadrados de suelo por cada 100 metros cuadrados construidos, justificándose las dimensiones de cada una con base en el establecimiento de los pertinentes esquemas de funcionamiento.

6. El sistema de redes locales de un municipio se dimensionará respecto a cada ámbito de actuación o sector y/o unidad de ejecución atendiendo a las necesidades de la población prevista y de complementariedad respecto a las respectivas redes generales y supramunicipales. El planeamiento urbanístico podrá imponer condiciones de agrupación a las dotaciones locales de forma que se mejoren sus condiciones funcionales, sin que ello redunde en ningún caso en reducción de los estándares fijados en este artículo. En todo caso, en cada ámbito de suelo urbano no consolidado o sector y/o unidad de ejecución de suelo urbanizable se cumplirán las siguientes condiciones mínimas:

a) La superficie total en el ámbito o sector y/o unidad de ejecución de elementos de las redes locales de equipamientos y servicios públicos será de 30 metros cuadrados por cada 100 metros cuadrados construidos.

b) Del total de la reserva resultante de cumplir el apartado anterior, al menos el 50 por 100 deberá destinarse a espacios libres públicos arbolados.

c) Por cada 100 metros cuadrados edificables o fracción de cualquier uso deberá preverse, como mínimo, una plaza y media de aparcamiento, siempre en el interior de la parcela privada. La dotación mínima de plazas de aparcamiento deberá mantenerse aunque se modifique el uso.

d) Los estándares del apartado anterior sobre reservas de aparcamiento no serán de aplicación en los siguientes supuestos:

1º Cuando, por razones de congestión y densidad de los centros urbanos, el instrumento de planeamiento general establezca límites máximos a las plazas de aparcamiento privado o público para comercios, espectáculos y oficinas.

2º Cuando, por las condiciones de accesibilidad o las dimensiones de las manzanas o parcelas existentes, las Ordenanzas municipales eximan de la obligatoriedad de plaza de garaje en el propio edificio; en tal supuesto, los requerimiento de aparcamiento deberán suplirse en otro lugar.

7. Por Orden motivada del Consejero competente en materia de ordenación urbanística, dictada previo informe de la Administración responsable del servicio afectado y de la Comisión de Urbanismo de Madrid, podrán reducirse las dimensiones mínimas para las redes locales hasta alcanzar valores iguales o superiores al 80 por 100 de los estándares establecidos en este artículo, sobre sectores en los que concurra cualquiera de los supuestos siguientes:

a) Que tengan como uso característico el turístico, recreativo y/o residencial estacional, tipología edificatoria aislada y bajas densidad y edificabilidad, además de presentar autonomía suficiente respecto de cualesquiera otros. En tal caso, para admitirse la reducción de la superficie de redes locales, deberán preverse servicios y dotaciones privadas especialmente significativas o concurrir condiciones medioambientales excepcionales.

b) Que se corresponda con una actuación para el establecimiento de complejos industriales aislados, en cuyo caso se aplicarán las mismas condiciones que en el apartado anterior.

c) Que, por sus características y sin merma de la coherencia de la ordenación, requiera redes viarias de grandes dimensiones; en tales casos, el exceso de superficie viaria respecto a las proporciones normales en otros ámbitos o sectores podrá ser compensado reduciendo los mínimos exigidos en la presente Ley para cualesquiera de las otras redes, siempre que los valores finales no resulten inferiores al 90 por 100 de los estándares correspondientes.

8. Reglamentariamente podrán diferenciarse las dotaciones mínimas de suelo que, dentro de cada grupo de redes generales o locales hayan de destinarse a usos específicos, sean públicos o privados.

Artículo 37. Determinaciones sobre la división del suelo.

1. La totalidad del suelo urbano de un término municipal deberá dividirse en áreas homogéneas, siendo cada una de ellas la pieza de referencia respecto a la cual se señalan las condiciones de la ordenación estructurante. Las áreas homogéneas del suelo urbano deberán delimitarse atendiendo a criterios de homogeneidad tipológica y funcional en sí mismas y respecto al conjunto del núcleo urbano y el territorio municipal. Respetando tales criterios, se justificará que, en la medida de lo posible, cada área homogénea de suelo urbano coincida en la mayor parte de su extensión con barrios o unidades tradicionales de la ciudad consolidada, y que sus límites sean elementos estructurantes de la ordenación urbanística. Sobre estas divisiones de suelo se aplicarán las zonas urbanísticas de ordenación pormenorizada u Ordenanzas, establecidas en el artículo 40.

Dentro de las áreas homogéneas se delimitarán los ámbitos de actuación en suelo urbano no consolidado que proceda, pudiendo constituir todo el área homogénea un único ámbito.

En suelo urbano consolidado sólo se admitirá la delimitación de ámbitos de actuación en los que, al concurrir alguna de las circunstancias señaladas en la letra e) del número 6 del artículo 42 de la presente Ley, se prevea la necesidad de formular un instrumento urbanístico de desarrollo.

2. Los sectores son los espacios del suelo urbanizable que han de ser objeto del desarrollo de la ordenación pormenorizada. La delimitación sectorial procederá en los siguientes suelos:

a) Sobre la totalidad del suelo urbanizable sectorizado, con la excepción opcional de los suelos calificados como elementos de redes supramunicipales o municipales que podrán integrarse o no dentro de los sectores. En esta categoría primaria de suelo, los sectores deberán delimitarse de forma que tengan dimensiones y características adecuadas para ser espacios de desarrollo unitario de planeamiento y, en su caso, de gestión. Junto a tal exigencia, la sectorización se efectuará siempre del modo más idóneo para articular la utilización urbanística del territorio, considerando especialmente los trazados de los elementos de las redes públicas estructurantes.

b) En suelo urbanizable no sectorizado sólo podrá delimitarse cada sector en el momento de una iniciativa de transformación urbanizadora y a través del correspondiente Plan de Sectorización. Cada uno de tales sectores cumplirá las mismas condiciones que se señalan en la letra anterior.

3. Las áreas homogéneas, los ámbitos de actuación y los sectores son tanto delimitaciones de suelo respecto de los que se señalan las condiciones de la ordenación estructurante, como espacios de referencia para el desarrollo de la ordenación pormenorizada. Las áreas homogéneas, los ámbitos y los sectores podrán ser continuos o discontinuos.

4. La división del suelo en áreas homogéneas, ámbitos y sectores se complementará obligatoriamente con las siguientes determinaciones estructurantes de la ordenación urbanística:

a) Señalando, respecto a cada una de las áreas homogéneas, ámbitos y sectores, el uso global y el coeficiente de edificabilidad o aprovechamiento unitario que corresponda, de acuerdo con lo dispuesto en los artículos 38 y 39 de la presente Ley.

Estableciendo los criterios y objetivos que procedan respecto a la ordenación urbanística interior del área homogénea, del ámbito o del sector que habrán de ser respetados y concretados por el planeamiento de desarrollo.

b) Regulando las condiciones que fueran pertinentes sobre la sectorización de los suelos urbanizables no sectorizados, cuyo cumplimiento habrá de justificar el correspondiente Plan de Sectorización.

5. Reglamentariamente podrán establecerse condiciones específicas que habrán de ser cumplidas por el planeamiento urbanístico al establecer la división del suelo en áreas homogéneas, ámbitos y sectores.

Artículo 38. Determinaciones sobre los usos del suelo.

1. Se entiende por uso global de un suelo el destino funcional que el planeamiento urbanístico le atribuye en relación al conjunto del término municipal. Sobre cada área homogénea, ámbito de suelo urbano y sector de suelo

urbanizable deberá establecerse, con el carácter de determinación estructurante de la ordenación urbanística, el uso global, de forma que se caracterice sintéticamente el destino conjunto del correspondiente suelo.

2. El 10 por 100 de la superficie del área de reparto de suelo urbanizable sectorizado y de cada sector resultante en suelo urbanizable no sectorizado, será destinado a la tipología de viviendas que libremente determine cada Ayuntamiento.

En el 90 por 100 restante del área de reparto de suelo urbanizable sectorizado y de cada sector resultante en suelo urbanizable no sectorizado, deberá destinarse, como mínimo, el 50 por 100 de las viviendas edificables a viviendas sujetas a algún régimen de protección pública y de éstas sólo podrá destinarse, como máximo, un 25 por 100 a Viviendas de Precio Tasado o figuras similares que puedan aparecer en el futuro y aumenten los niveles de renta en la consideración de la protección pública.

La gestión de los planes aprobados deberá armonizar en el tiempo la construcción de viviendas libres y protegidas.

3. La ordenación pormenorizada de los usos en cada delimitación de suelo en que se haya dividido el término municipal comprende dos grupos de determinaciones:

a) La regulación de las condiciones de admisibilidad de cada uno de los distintos usos pormenorizados en la delimitación de suelo correspondiente.

b) El establecimiento para cada ámbito de suelo urbano no consolidado o sector en suelo urbanizable de los coeficientes que fijen las relaciones de ponderación u homogeneización entre todos los usos pormenorizados atendiendo a los objetivos urbanísticos perseguidos.

4. La determinación estructurante del uso global de un ámbito de suelo urbano no consolidado o de un sector en suelo urbanizable, carece en sí misma de efectos operativos directos ya que para alcanzarlos requiere el desarrollo de los dos grupos de determinaciones de ordenación pormenorizada a que se refiere el número anterior. Por ello, si motivadamente el planeamiento general advierte el riesgo de que las determinaciones de ordenación pormenorizada puedan desvirtuar el uso global de algún área homogénea, ámbito o sector, establecerá, con el carácter de determinaciones estructurantes, condiciones específicas a aquéllas, tales como la prohibición de usos concretos o parámetros cualitativos o cuantitativos para la admisibilidad de otros.

5. Además de lo señalado en el número anterior, en el desarrollo de las determinaciones pormenorizadas de la ordenación urbanística sobre los usos, se justificará expresamente el cumplimiento de las siguientes condiciones:

a) Que todos los usos admisibles resultan compatibles entre sí y, en especial, con los usos pormenorizados propios del uso global.

b) Que la asignación de los valores relativos de los coeficientes de ponderación u homogeneización no incentive transformaciones o localizaciones de usos que en la práctica supongan un cambio del uso global del ámbito de actuación o del sector.

6. Reglamentariamente podrán establecerse condiciones específicas que habrán de ser cumplidas por el planeamiento urbanístico al establecer determinaciones estructurantes o pormenorizadas en relación a los usos.

Artículo 39. Determinaciones sobre las edificabilidades y los aprovechamientos urbanísticos.

1. La determinación estructurante mediante la cual se establece el coeficiente de edificabilidad de cada área homogénea de suelo urbano consolidado consiste en señalar un valor numérico con la finalidad de definir la intensidad edificatoria.

2. Sin perjuicio de una mayor concreción mediante desarrollo reglamentario, para su obtención se respetará el siguiente procedimiento:

a) Se calculará la superficie edificada de cada solar o parcela, expresada en metros cuadrados construidos. La superficie edificada real del área homogénea será la suma de todas las superficies edificadas de todos los solares o parcelas existentes en el interior del área homogénea.

El coeficiente de edificabilidad real del área homogénea será el cociente de la superficie edificada real entre la superficie de suelo de todo el área, expresado en metros cuadrados construidos por metro cuadrado de suelo.

b) Al establecer la zona o zonas urbanísticas de ordenación pormenorizada, el planeamiento general calculará, sobre la superficie de suelo del área homogénea, la nueva superficie edificable, derivada de las condiciones de intensidad edificatoria establecidas por el planeamiento, a fin de compararla con la superficie edificada real y justificar, en su caso, las estrategias propuestas contemplando un escenario de evolución previsible del área homogénea con hipótesis razonables sobre la dinámica inmobiliaria.

El coeficiente de edificabilidad del área homogénea será el cociente de la nueva superficie edificable entre la superficie de suelo de todo el área, expresado en metros cuadrados construibles por metro cuadrado de suelo.

3. La determinación estructurante mediante la cual se establece el coeficiente de edificabilidad de cada ámbito de suelo urbano no consolidado, consiste en señalar un valor numérico con la doble finalidad de definir la intensidad edificatoria y la distribución equitativa de beneficios y cargas.

4. Sin perjuicio de una mayor concreción mediante desarrollo reglamentario, para su obtención se respetará el siguiente procedimiento:

a) El coeficiente de edificabilidad de cada uno de los ámbitos de suelo urbano no consolidado será igual al coeficiente de edificabilidad del área homogénea en que se encuentre, expresado en metros cuadrados construibles en el uso característico por metro cuadrado de suelo.

La superficie edificable de cada ámbito será la resultante de multiplicar el coeficiente de edificabilidad por la superficie de suelo de todo el ámbito, expresado en metros cuadrados construibles en el uso característico.

b) En el supuesto que el ámbito sea todo el área homogénea, la determinación del coeficiente de edificabilidad vendrá establecida discrecionalmente por el planeamiento general en función de las estrategias propuestas y por comparación con los coeficientes de edificabilidad de las áreas homogéneas colindantes, si las hubiera.

c) El planeamiento que establezca la ordenación pormenorizada de los ámbitos señalará los coeficientes que, de conformidad con las estrategias propuestas, fijen las relaciones de ponderación entre todos los usos pormenorizados que se consideren, al objeto de definir la superficie edificable de cada uso pormenorizado.

La superficie edificable de cada ámbito será la suma de las superficies edificables homogeneizadas de todos los usos pormenorizados.

5. La determinación estructurante mediante la cual se establece el aprovechamiento unitario de cada sector de suelo urbanizable, consiste en señalar un valor numérico, que será fijado discrecionalmente por el instrumento de planeamiento general correspondiente, con la doble finalidad de definir la intensidad edificatoria y la distribución equitativa de beneficios y cargas.

6. Al establecer la ordenación pormenorizada de un sector, el instrumento de planeamiento competente justificará que las condiciones establecidas de intensidad edificatoria y usos pormenorizados son compatibles con el aprovechamiento unitario.

7. Sin perjuicio de una mayor concreción mediante desarrollo reglamentario, tal justificación se realizará mediante el siguiente procedimiento:

a) Sobre cada zona urbanística de ordenación pormenorizada incluida en el sector se calculará la superficie edificable para cada uso pormenorizado según las condiciones del planeamiento.

b) Se homogeneizará cada superficie edificable multiplicándola por el coeficiente de ponderación del uso pormenorizado a que se destina con relación al uso característico del sector.

La suma de todas las superficies edificables homogeneizadas será la superficie edificable de cada zona urbanística de ordenación pormenorizada, expresada en metros cuadrados construibles en el uso característico.

c) El coeficiente de edificabilidad del sector será el cociente de la suma de las superficies edificables de todas las zonas urbanísticas de ordenación pormenorizada incluidas en el sector entre la superficie de suelo del sector y de las redes públicas a él adscritas.

El coeficiente de edificabilidad del sector deberá ser igual o inferior al aprovechamiento unitario del mismo.

El aprovechamiento urbanístico total del sector será el resultante de multiplicar el coeficiente de edificabilidad por la superficie de suelo del sector y de las redes públicas a él adscritas.

Artículo 40. Determinaciones sobre las zonas urbanísticas de ordenación *pormenorizada.*

1. Se entiende por zona urbanística de ordenación pormenorizada, o simplemente zona, el recinto espacial, en cualquier clase de suelo, caracteri-

zado porque sobre todas las parcelas, unidades mínimas de ejecución o unidades aptas para la edificación que puedan existir en su interior sean de aplicación, en un número suficientemente significativo de ellas, las mismas condiciones de ordenación pormenorizada.

La delimitación de zonas o zonificación implica definir recintos de suelo con ordenación pormenorizada para los cuales es de aplicación un mismo régimen normativo, en especial en lo relativo a las condiciones sobre las parcelas, la edificación y los usos e intervenciones admisibles.

2. Los instrumentos de planeamiento competentes para establecer la ordenación pormenorizada de un ámbito territorial, independientemente de su clasificación de suelo, podrán dividirlo en zonas como método práctico de sistematizar los principales parámetros normativos. En tales casos, en las normas urbanísticas del correspondiente instrumento, se destinará un apartado a la especificación de las condiciones de ordenación que caracterizan a cada una de las zonas empleadas.

3. Asimismo, en los casos en que el planeamiento haya cubierto toda la ordenación pormenorizada de un área homogénea, ámbito o sector mediante la asignación de zonas, de forma que a cada una le corresponda un modelo tipológico de la edificación y un uso pormenorizado característico, podrá establecer las relaciones de ponderación a que se refiere la letra b) del número 3 del artículo 38 de la presente Ley, entre las distintas zonas, o bien entre éstas y cada uno de los posibles usos pormenorizados.

4. En todo caso, reglamentariamente podrán regularse los parámetros normativos de ordenación pormenorizada que definen cada una de las zonas de mayor uso en la práctica del planeamiento.

CAPÍTULO III
Planeamiento urbanístico general

Sección 1ª Planes generales

Artículo 41. Función.

1 Los Planes Generales son los instrumentos básicos para formular las políticas urbanísticas municipales de conformidad con el planeamiento territorial. Abarcarán términos municipales completos.

2. Los Planes Generales tienen por objeto:

a) La clasificación del suelo.

b) Establecer las determinaciones de ordenación estructurante sobre la totalidad del suelo del Municipio, salvo aquellas que corresponden a los Planes de Sectorización en suelo urbanizable no sectorizado.

c) Establecer las determinaciones de ordenación pormenorizada que, según cada clase de suelo, se señalan en el artículo siguiente.

3. Para cumplir su función y objeto, el Plan General habrá de:

a) Fijar los objetivos y estrategias globales para el desarrollo sostenible del territorio municipal, de conformidad con el planeamiento de ordenación territorial y de forma concertada con el planeamiento general de los municipios colindantes.

b) Preservar los suelos no urbanizables de protección de su posible transformación mediante la urbanización y de su deterioro o degradación en cualquier otra forma.

c) Articular la ordenación urbanística necesaria y previsible en los espacios susceptibles de desarrollo urbanístico, indicando el esquema global de usos del suelo y de las redes públicas.

d) Precisar los ámbitos territoriales y las determinaciones concretas de ordenación pormenorizada cuya definición debe ser establecida por instrumentos de planeamiento de desarrollo, estableciendo, en su caso, las instrucciones pertinentes que deben respetarse en su formulación.

e) Ordenar los espacios urbanos teniendo en cuenta la complejidad de usos y actividades que caracteriza la ciudad y la estructura histórica y social de su patrimonio urbanístico, y prever las intervenciones de reforma, renovación o rehabilitación que precise el tejido urbano existente.

f) Organizar y programar la gestión de su ejecución.

⇒ V. Jurisprudencia en arts. 10, 12 y concordantes del TRLS/1976 (§3).

Artículo 42. Contenido sustantivo.

1. El Plan General establecerá sobre la totalidad del término municipal todas las determinaciones estructurantes de la ordenación urbanística que se enumeran y regulan en el Capítulo II de este Título, para lo cual cumplirán las siguientes precisiones:

a) La totalidad del suelo municipal estará adscrito a todas o algunas de las clases y categorías de suelo, incluyendo los espacios que califique como elementos integrantes de cualquier red pública de infraestructuras, equipamientos o servicios públicos.

b) Habrá de justificarse expresamente, para cada una de las redes públicas, la suficiencia y funcionalidad de los elementos que se califican como integrantes de la misma. Tal justificación se hará en relación con la densidad global máxima o techo de capacidad de carga sostenible del territorio en función del conjunto de los usos previstos y previsibles. Para ello:

1º No se podrán contabilizar los elementos básicos supramunicipales situados en el municipio a efectos de cubrir las necesidades de servicio de la red correspondiente, salvo en las proporciones en que expresamente sea establecido por el planeamiento territorial que define dicho elemento.

2º Deberá justificarse, en función de la dinámica y caracterización del municipio, la distinción entre los elementos de redes generales y de redes locales. Los elementos de carácter general serán los suficientes para satisfacer las necesidades a escala municipal y en ningún caso tendrán superficies inferiores a las resultantes de aplicar los estándares señalados en el número 5 del artículo 36 de la presente Ley.

c) Deberá justificar expresamente la idoneidad de las divisiones en áreas homogéneas, ámbitos de actuación y sectores resultantes tanto en los suelos urbanos como en los urbanizables sectorizados. El suelo no urbanizable de protección estará dividido en los espacios que, en función de sus características y requerimientos específicos, resulten necesarios a efectos del establecimiento de condiciones diferenciadas de ordenación. En ambos casos, se delimitarán específicamente aquellos que hayan de ser el ámbito de un Plan Especial a fin de completar la ordenación urbanística pormenorizada.

2. En el suelo no urbanizable de protección el Plan General establecerá, en principio, todas las determinaciones pormenorizadas de la ordenación urbanística necesarias para garantizar su desarrollo equilibrado, integral y sostenible conforme a las características del espacio rural y para preservar los valores que justifican su protección. En especial, al establecer las determinaciones señaladas en la letra d) del número 4 del artículo 35 de la presente Ley respecto a los usos e intervenciones admisibles, se fijarán las medidas y condiciones de los diversos grados de actividad e intensidad, tanto normales como excepcionales, en función de las capacidades de acogida de cada parte del territorio. En todo caso, en aquellos ámbitos territoriales que por su complejidad o la concurrencia de circunstancias singulares así lo requieran, el Plan General podrá remitir el establecimiento de algunas determinaciones pormenorizadas a un Plan Especial, señalando los criterios y objetivos que deben observarse en su formulación.

3. Tanto en los suelos clasificados como suelo no urbanizable de protección como suelo urbanizable no sectorizado, el Plan General enumerará las actuaciones que, siendo admisibles de acuerdo al régimen normativo general, hayan de autorizarse mediante calificación urbanística, estableciendo, en su caso, las condiciones complementarias que deben observarse en la tramitación de aquéllas. Asimismo, el Plan General contendrá análogas determinaciones respecto a las actuaciones que requieran para su autorización proyecto de actuación especial. En todo caso, la regulación específica del Plan General se atendrá a lo dispuesto en los artículos 26 y 27 de la presente Ley.

4. En el suelo urbanizable no sectorizado, el Plan General contendrá las siguientes determinaciones:

a) En lo que se refiere a la calificación de suelos como elementos integrantes de redes públicas, sólo podrán delimitarse expresamente aquellos que vengan definidos por el planeamiento territorial con carácter supramunicipal. Sin embargo, también con el carácter de determinaciones estructurantes, el Plan General podrá establecer, para el conjunto del suelo urbanizable no sectorizado o por áreas diferenciadas en que se divida éste, criterios en cuanto a la disposición de los elementos de las redes supramunicipales de infraestructuras, equipamientos o servicios públicos, así como estándares dimensionales de éstas que, en ningún caso, podrán ser inferiores a las que dispuestas en el número 5 del artículo 36 de la presente Ley.

b) Las condiciones que fueran pertinentes para delimitar sectores a través del correspondiente Plan de Sectorización. Tales condiciones, que tendrán el carácter de determinaciones estructurantes, podrán ser generales para todo el suelo urbanizable no sectorizado o diferenciadas para cada una de las zonas urbanísticas de ordenación pormenorizada en que, a estos u otros efectos, el Plan General lo haya dividido, y tendrán por finalidad, especialmente, asegurar la adecuada inserción de un nuevo sector urbanizable en la estructura de la ordenación urbanística municipal.

c) En cualquier caso, el Plan General establecerá en esta categoría de suelo la totalidad de las determinaciones de ordenación pormenorizada, en idénticos términos que en el suelo no urbanizable de protección, a fin de asegurar la eficacia del ejercicio de las facultades urbanísticas en tanto no se promuevan iniciativas de sectorización de los terrenos.

5. En el suelo urbanizable sectorizado, el Plan General contendrá las siguientes determinaciones:

a) División en uno o varios sectores, de forma que todos los terrenos correspondientes a esta categoría urbanística pertenezcan a alguno de ellos. Respecto de los elementos integrantes de las redes públicas generales de infraestructuras, equipamientos y servicios, el Plan General deberá optar entre integrarlos como parte de un sector o considerarlos no pertenecientes a ninguno, resultando, en cada caso, los efectos diferenciados de ordenación y gestión que se contemplan en la presente Ley. El Plan General habrá de justificar expresamente la idoneidad de la delimitación de cada uno de los sectores, de acuerdo a lo establecido en el artículo 37 de la presente Ley.

b) Delimitación del área de reparto de cargas y beneficios.

c) Señalamiento para cada sector, con el carácter de determinaciones estructurantes, del uso global y el aprovechamiento unitario. Asimismo, y con carácter igualmente estructurante, para cada sector en el que exista uso residencial, se deberá señalar el porcentaje de viviendas sujetas a protección pública. Todo ello de conformidad con lo dispuesto en los artículos 38 y 39.

d) Salvo cuando se establezca directamente la ordenación pormenorizada, podrán establecerse, también con el carácter de determinaciones estructurantes, condiciones específicas respecto a la regulación de los usos o de la edificación, así como criterios y objetivos para la formulación del correspondiente Plan Parcial.

e) Definición para cada sector de los coeficientes en que se fijen las relaciones de ponderación u homogeneización entre todos los usos pormenorizados posibles en el mismo. El Plan General deberá justificar expresamente las variaciones de coeficientes entre sectores distintos.

f) Cuando así proceda, se indicará el orden de prioridad y las condiciones temporales que deben observarse para la incorporación de cada sector al tejido urbano. Asimismo, en su caso, se señalarán los elementos de redes públicas generales que deben estar concluidos y en funcionamiento previamente al desarrollo de cada sector y cuya cesión y ejecución habrán de ser consideradas obligaciones inherentes al mismo.

g) Cuando convenga a los objetivos urbanísticos, el Plan General establecerá la completa ordenación pormenorizada de uno o varios de los sectores que delimite. En tales casos, deberá cumplir los requisitos de contenido exigidos para los Planes Parciales, sin que sea necesario formular este instrumento de planeamiento.

6. La totalidad del suelo urbano deberá ser dividida por el Plan General en áreas homogéneas, y ámbitos de actuación de acuerdo a lo establecido en el artículo 37 de la presente Ley. Dentro de cada área y ámbito, con base en los objetivos y criterios urbanísticos y por aplicación del artículo 14 de la presente Ley, el Plan General habrá de adscribir la totalidad de los terrenos a las categorías primarias de suelo urbano consolidado o suelo urbano no consolidado. Hecho esto, sobre cada área homogénea y ámbito se establecerán las siguientes determinaciones:

a) El señalamiento, con el carácter de determinación estructurante, del uso global y el coeficiente de edificabilidad, en cumplimiento de lo dispuesto, respectivamente, en los artículos 38 y 39 de la presente Ley.

b) Definición de los coeficientes en que se fijen las relaciones de ponderación u homogeneización entre todos los usos pormenorizados. El Plan General deberá justificar expresamente las variaciones de coeficientes entre áreas distintas.

c) La delimitación de todos aquellos elementos que sean necesarios para completar las redes públicas en la escala local. El Plan General habrá de justificar, con base en las limitaciones de la realidad urbanística existente en cada área, que se aproxima lo más posible a los estándares establecidos en el número 6 del artículo 36 de la presente Ley. En las áreas en que no se alcancen los estándares citados no podrán establecerse determinaciones de ordenación que supongan aumentos de edificabilidad respecto a las condiciones existentes previas al Plan.

d) La delimitación de los núcleos o áreas históricas tradicionales o características, sobre las que deba establecerse una normativa que excluya la sustitución o alteración indiscriminadas de la edificación y los usos e imponga que las nuevas edificaciones y usos armonicen con la tipología histórica o existente.

e) La totalidad de las determinaciones de ordenación pormenorizada necesarias para legitimar la ejecución de los actos e intervenciones, incluyendo, al menos, las enumeradas en el número 4 del artículo 35 de la presente Ley. No obstante, se admitirá que el Plan General no establezca la completa ordenación pormenorizada sobre los siguientes ámbitos de suelo urbano:

1° Aquellos conjuntos históricos o tradicionales sobre los que convenga formular un Plan Especial a fin de detallar la ordenación pormenorizada en aras a su protección patrimonial y recuperación funcional.

2° Piezas concretas de suelo urbano consolidado, sean manzanas o incluso solares individuales, sobre las que se propone una ordenación singular, de forma que, previamente a autorizar actos de ejecución en las mismas, sea necesario formular algún instrumento urbanístico de desarrollo al que se remite la fijación de alguna o varias de las determinaciones de ordenación pormenorizada.

3º Elementos calificados como integrantes de redes públicas supramunicipales o generales que, por tener notable dimensión y especial complejidad, requieran ser ordenados pormenorizadamente a través del Plan Especial correspondiente.

f) Cuando el Plan General no establezca la completa ordenación pormenorizada de un ámbito de suelo urbano, vendrá obligado a señalar sobre el mismo las siguientes determinaciones:

1º La delimitación del ámbito o ámbitos en que se divide, entendiendo cada uno de éstos como el ámbito objeto del correspondiente instrumento de planeamiento de desarrollo. Sobre cada uno de estos ámbitos será de aplicación el coeficiente de edificabilidad y el uso global correspondiente al área homogénea en que se localice, así como sus coeficientes de ponderación.

2º Optativamente, condiciones específicas respecto a la regulación de los usos o de la edificación, así como criterios y objetivos para la formulación del correspondiente instrumento de desarrollo; a tales efectos, podrán establecerse intervalos de edificabilidades, así como la prohibición de usos concretos o parámetros cuantitativos para la admisibilidad de otros.

3º Cuando así proceda, se indicará el orden de prioridad y las condiciones temporales que deben observarse para la incorporación de cada sector al tejido urbano.

4º Con carácter opcional, la delimitación de unidades de ejecución y el señalamiento del sistema de ejecución que proceda.

7. Además de las ya señaladas con carácter general y para cada clase de suelo, el Plan General deberá contener, cuando proceda, las siguientes determinaciones complementarias:

a) El tratamiento, conforme a su legislación reguladora, de los bienes de dominio público no municipal, así como de los espacios naturales protegidos comprendidos total o parcialmente en el territorio ordenado, respetando el régimen que para los mismos se haya establecido en sus respectivas declaraciones.

b) La ordenación precisa de los centros cívicos y los establecimientos comerciales, terciarios y de espectáculos que, por sus características o por las actividades a que se destinen, tengan un impacto específico en el tejido urbano, sean susceptibles de generar tráfico, generen demandas especiales de aparcamiento o creen riesgos para la seguridad pública, así como de los establecimientos e instalaciones que, por razón de las sustancias que almacenen, manipulen o procesen, comporten riesgo de accidentes mayores.

c) La catalogación de bienes inmuebles y el establecimiento de las medidas pertinentes de protección, de conformidad con la política de conservación del patrimonio cultural y arquitectónico.

d) La delimitación de reservas de terrenos de posible adquisición para la constitución o ampliación de patrimonios públicos de suelo.

e) La organización de la gestión y la ejecución de la ordenación estructurante, precisando como mínimo:

1º Los requisitos objetivos de preceptivo cumplimiento para la realización e incorporación al tejido urbano de nuevas actuaciones urbanizadoras.

2º Las condiciones que deba satisfacer toda actuación urbanizadora.

3º El orden de prioridades a observar en el desarrollo urbano.

⇒ V. Jurisprudencia en arts. 10, 12 y concordantes del TRLS/1976 (§3).

Artículo 43. Documentación.

Los Planes Generales formalizarán su contenido en los documentos necesarios para alcanzar la máxima operatividad de sus determinaciones y en función de la complejidad urbanística del territorio. En todo caso, entre los documentos necesarios se contarán, al menos, los siguientes:

a) Memoria: en la que deberá recogerse toda la información relevante para la adopción del modelo definido, exponerse el proceso seguido para la selección de alternativas y la toma de decisiones y justificarse la ordenación establecida, especialmente a la luz de su evaluación ambiental, que se unirá como anexo.

b) Estudio de viabilidad: en el que se justificará la sostenibilidad del modelo de utilización del territorio y desarrollo urbano adoptado, así como su viabilidad en función de las capacidades de iniciativa y gestión y las posibilidades económicas y financieras, públicas y privadas, en el término municipal.

c) Informe de análisis ambiental.

d) Planos conteniendo los recintos de la ordenación estructurante y de la ordenación pormenorizada, en su caso, así como los derivados de la legislación ambiental.

e) Normas urbanísticas, diferenciando las que correspondan a la ordenación pormenorizada que, en su caso, se establezca.

f) Catálogo de bienes y espacios protegidos. El Catálogo identificará los terrenos; los edificios, las construcciones y los conjuntos de unos y otras; los jardines y los restantes espacios ya sujetos a protección en virtud de la legislación reguladora del patrimonio histórico y artístico y los merecedores de protección en atención a sus valores y por razón urbanística, e incorporará, por remisión, el régimen de protección a que estén sujetos los primeros y establecerá el aplicable a los segundos para su preservación.

⇒ V. Ley 10/1998, de 9 julio, de Patrimonio Histórico, de la Comunidad de Madrid.
V. Jurisprudencia en arts. 10, 12 y concordantes del TRLS/1976 (§3).

Sección 2ª Planes de sectorización

Artículo 44. Función.

1. Los Planes de Sectorización son los instrumentos mediante los cuales se establecen las determinaciones estructurantes de la ordenación urbanística,

necesarias para valorar la procedencia de acometer la transformación urbanizadora de terrenos clasificados como suelo urbanizable no sectorizado.

2. Los Planes de Sectorización completan la ordenación estructurante del correspondiente Plan General sobre el ámbito de suelo urbanizable no sectorizado que es objeto de una iniciativa de transformación. Para cumplir su función y objeto, todo Plan de Sectorización deberá:

a) Ser coherente, en todas sus determinaciones, con las estrategias globales regionales y municipales para el desarrollo sostenible del territorio.

b) Resolver la adecuada integración de la nueva propuesta urbanística en la estructura de ordenación municipal definida por el correspondiente Plan General.

c) Vincular sus determinaciones propias de carácter estructurante a las pormenorizadas propias del Plan Parcial y de los instrumentos de gestión necesarios para la ejecución.

⇒ V. arts. 21 y 58 de la presente Ley.

Artículo 45. Contenido sustantivo.

1. El contenido sustantivo de un Plan de Sectorización cubre tres grupos de determinaciones estructurantes:

a) La delimitación del sector que será objeto de actuación urbanizadora, estableciendo para el mismo las pertinentes condiciones básicas de ordenación.

b) La calificación de los terrenos que deben formar parte de las redes públicas supramunicipales y generales, sean o no interiores al nuevo sector, de forma que se garantice su integración en la estructura municipal.

c) La concreción, en forma de compromisos, de las contribuciones a la Administración pública como contrapartida de la autorización de la transformación urbanizadora y garantías de sostenibilidad de la propuesta.

2. La delimitación sectorial y la fijación de las condiciones básicas de la ordenación urbanística cumplirá lo dispuesto para el Plan General respecto a los sectores de suelo urbanizable sectorizado en el número 5 del artículo 42 de la presente Ley, con las siguientes precisiones específicas:

a) Habrá de justificarse expresamente que el sector cumple las condiciones que, en su caso, hubiera establecido el Plan General, en virtud de lo dispuesto en la letra b) del número 4 del artículo 42 de la presente Ley.

b) Asimismo, también se justificará expresamente que las determinaciones estructurantes del aprovechamiento unitario de reparto, de uso global y cuantas otras fueran señaladas con este carácter son coherentes con las instrucciones que hubiera establecido el Plan General, con base en lo dispuesto en la letra c) del número 4 del artículo 42 de la presente Ley.

c) Las condiciones de temporalización del desarrollo señaladas en la letra f) del número 5 del artículo 42 de la presente Ley serán siempre contenido obligatorio de cualquier Plan de Sectorización.

d) El Plan de Sectorización podrá incluir como parte de su contenido la completa ordenación pormenorizada del sector correspondiente, cumpliendo los requisitos de contenido exigidos a los Planes Parciales. En todo caso, aunque la ordenación pormenorizada se contenga en un Plan Parcial independiente, siempre ambos documentos se formularán, conocerán y tramitarán de forma simultánea.

3. En la calificación de elementos integrantes de las redes públicas supramunicipales y generales, el Plan de Sectorización cumplirá los siguientes requisitos:

a) Considerará aquellos elementos supramunicipales que haya recogido el Plan General y que se encuentren interiores o adyacentes al sector.

b) En el interior del sector, calificará los elementos de nivel municipal de cada una de las redes públicas necesarios como resultado de la ampliación de actividades y/o población que supone la sectorización. En todo caso, las superficies de los suelos calificados como integrantes de las redes generales en el interior del sector no serán inferiores a las resultantes de la aplicación de los estándares de los números 5 y 6 del artículo 36 de la presente Ley.

c) Formarán asimismo parte del Plan de Sectorización aquellos elementos exteriores al sector e integrantes de las redes públicas de infraestructuras, equipamientos o servicios públicos que requieran definirse, ampliarse o reforzarse como consecuencia de la sectorización. A tales efectos, como criterio general el Plan de Sectorización optará preferentemente por establecer intervenciones de ampliación o mejora sobre elementos de redes generales ya definidos por el Plan General, antes que la calificación de nuevos suelos con tal destino; en todo caso, este criterio no eximirá al Plan de Sectorización de definir los nuevos elementos necesarios para asegurar las conexiones a las redes existentes, especialmente las de infraestructuras.

4. Entre los compromisos que deberán constar en el Plan de Sectorización estarán, al menos, los siguientes:

a) Prestación de garantía ante la Administración por importe mínimo del 10 por 100 del coste total de ejecución de las obras de urbanización del sector y de los elementos de las redes generales, tanto interiores como exteriores a aquél. Dicha garantía deberá cubrir, en todo caso, las responsabilidades derivadas de incumplimientos e infracciones, e incluso ser suficiente para acometer eventualmente las labores de restauración de los terrenos.

b) Certificaciones técnicas de los órganos competentes respecto a la suficiencia de las redes de infraestructuras para garantizar el abastecimiento de la demanda de los servicios públicos derivados de la propuesta. En especial, se aportarán suficientes garantías en cuanto a la autonomía del sistema de transporte, de forma que se asegure que no se produce sobrecongestión en ninguna de las distintas hipótesis probables.

c) Plazos vinculantes para la completa realización de todas y cada una de las actuaciones, estableciendo las sanciones o contraprestaciones asumidas en caso de incumplimiento.

d) Cuantas otras contraprestaciones asuma libremente el promotor a fin de aumentar la participación de la comunidad en las plusvalías del desarrollo urbanístico y mejorar, consiguientemente, el interés público de la iniciativa de sectorización.

5. Cuando el sector que se proponga delimitar se sitúe aislado respecto a los suelos urbanos y urbanizables sectorizados del municipio, el Plan de Sectorización incluirá una propuesta de ordenación estructurante de todos los terrenos intermedios con la clasificación de suelo urbanizable no sectorizado. Dicha propuesta de ordenación contendrá una hipótesis razonable del desarrollo urbanístico de todos los sectores que pudieran delimitarse en el futuro en tales terrenos intermedios, y tendrá por objeto mostrar, para su adecuada valoración por la Consejería competente en materia de ordenación urbanística de la Comunidad de Madrid, la racionalidad, funcionalidad y efectos de las eventuales ampliaciones de la iniciativa en curso, la integración de todas en el conjunto y la adecuada funcionalidad e interconexión de las redes públicas de infraestructuras, equipamientos y servicios. Esta propuesta de ordenación tendrá carácter indicativo; sin embargo, si así conviniera, algunas de sus determinaciones podrían incorporarse al Plan General, mediante la pertinente modificación del mismo con carácter previo o simultáneo a la aprobación del Plan de Sectorización.

Artículo 46. Documentación.

1. Los Planes de Sectorización formalizarán su contenido en la siguiente documentación:

a) Memoria: en la que se justificará el cumplimiento de las condiciones sobre la delimitación sectorial y sus condiciones básicas de ordenación que hubieran establecido el Plan General, el planeamiento territorial o disposiciones aplicables sectoriales. Además, se recogerá toda la información relevante para justificar la ordenación propuesta entre las distintas alternativas posibles.

b) Estudio de viabilidad: en el que se justificará la sostenibilidad del modelo de utilización del territorio y desarrollo urbano adoptado, así como su viabilidad en función de las capacidades de iniciativa y gestión y las posibilidades económicas y financieras, públicas y privadas, en el término municipal.

c) Estudios Sectoriales: referidos especialmente a los efectos que supone la sectorización sobre todas y cada una de las redes públicas de infraestructuras, equipamientos y servicios, a fin de determinar las necesidades de calificación de suelos con este destino y de ejecución de intervenciones de refuerzo o mejora.

d) Informe de análisis ambiental.

e) Planos conteniendo los recintos de aplicación de la ordenación estructurante y de la ordenación pormenorizada, en su caso, así como los derivados de la *legislación ambiental*.

f) Normas e instrucciones urbanísticas, diferenciando las que correspondan a la ordenación pormenorizada que, en su caso, se establezca.

g) Programa de Actuación y Compromisos: donde se recogerán las previsiones vinculantes de ejecución así como el resto de obligaciones que se hayan acordado entre la Administración y el promotor, tal como se señala en el número 4 del artículo anterior.

2. Si el Plan de Sectorización incluye entre sus determinaciones la completa ordenación pormenorizada, a los documentos anteriores añadirá los establecidos en el artículo 49 de la presente Ley para los Planes Parciales.

CAPÍTULO IV
Planeamiento urbanístico de desarrollo

Sección 1ª Planes parciales

Artículo 47. Función.

1. El Plan Parcial desarrolla el Plan General o el Plan de Sectorización para establecer la ordenación pormenorizada de ámbitos y sectores completos, tanto en suelo urbano no consolidado como en suelo urbanizable.

2. Cuando, en suelo urbano no consolidado, los Planes Parciales tengan por objeto operaciones de reurbanización, reforma, renovación o mejora urbanas se calificarán de reforma interior.

3. El Plan Parcial podrá modificar, para su mejora, cualesquiera determinaciones de ordenación pormenorizada establecidas por el Plan General sobre el ámbito o sector. Para que tales modificaciones sean admisibles, el Plan Parcial habrá de justificar expresamente que las mismas:

a) Tienen por objeto el incremento de la calidad ambiental de los espacios urbanos de uso colectivo o la mejora de las dotaciones públicas, sea mediante la ampliación de éstas o de la capacidad de servicio y funcionalidad de las ya previstas.

b) Sean congruentes con la ordenación estructurante del Plan General o del Plan de Sectorización.

⇒ V. Jurisprudencia en arts. 13 y concordantes del TRLS/1976 (§3).

Artículo 48. Contenido sustantivo.

1. El Plan Parcial establecerá sobre la totalidad del ámbito o sector todas las determinaciones pormenorizadas de ordenación urbanística que se enumeran y regulan en el Capítulo II de este Título. Para ello, respetarán las siguientes precisiones:

a) Las alineaciones y rasantes se definirán compatibilizando la mejor adecuación a los condicionantes del relieve de los terrenos, la integración del ámbito o sector en las tramas urbanas adyacentes o en el entorno rural y la coherencia y funcionalidad tipológica y urbanística.

b) Se deberán definir las condiciones que deben cumplir las parcelas para su ejecución material. A tales efectos, el Plan Parcial podrá incorporar la definición gráfica del parcelario, señalando expresamente el grado de vinculación normativa de la misma.

c) Para todo suelo edificable se establecerán las precisas condiciones sobre la edificación y sobre la admisibilidad de los usos que sean suficientes para determinar el aprovechamiento de cualquier parcela. Cumplida esta exigencia mínima, en los espacios edificables en que así se justifique, el Plan Parcial podrá remitir a Estudios de Detalle el completar la ordenación volumétrica de la edificación y la fijación de los parámetros normativos consiguientes.

d) Se localizarán las reservas de suelo destinadas a los elementos de las redes públicas locales, en posiciones tales que se optimice su nivel de servicio y, en el caso de los espacios dotacionales, contribuyan a la revalorización perceptual del espacio urbano.

e) Se delimitarán, en su caso, las unidades de ejecución que se juzguen convenientes para la mejor gestión de la ejecución, señalando a cada una el sistema de ejecución correspondiente.

2. Cuando se trate de un Plan Parcial en suelo urbanizable, además de las determinaciones contenidas en el número anterior, debe presentar para su aprobación inicial y posterior tramitación, los compromisos y garantías técnicas de sostenibilidad de las soluciones propuestas en los siguientes aspectos:

a) Los estudios específicos necesarios y suficientes para la adecuada conexión, ampliación o refuerzo de todas y cada una de las infraestructuras, equipamientos y servicios públicos municipales y supramunicipales cuya prestación haya de utilizar la población futura, integrando el supuesto de que llegue a ser residente permanente y, como mínimo, su integración en las redes escolar, educativa, asistencial, sanitaria, hospitalaria, deportiva, cultural, de ocio, comercio diario, servicios de seguridad interior, bomberos y los enlaces con las infraestructuras y servicios de carreteras o vías actuales, captación y depuración de agua, luz, teléfono, gas, residuos sólidos, correos, transportes públicos urbanos y regionales por carretera o ferrocarril.

b) Verificación técnica, con informe preceptivo y autorización escrita de cada órgano competente sobre su capacidad, límites y compromisos, o contratos necesarios para garantizar el abastecimiento de la demanda de los servicios públicos mínimos antes citados generada por la propuesta y, en su caso, las medidas adoptadas para satisfacerla sin sobrecostes públicos inasumibles por el órgano prestador del servicio.

c) Estudio relativo a las infraestructuras de la red de saneamiento.

d) Conexión y autonomía del sistema de transporte público garantizando la no sobrecongestión en caso límite de los transportes existentes, a partir de varias hipótesis de sobrecarga.

e) Planes de alarma, evacuación y seguridad civil en supuestos catastróficos.

3. Cuando un sector en suelo urbanizable sea un desarrollo urbanística*mente aislado,* el Plan Parcial incluirá además una propuesta de ordenación global indicativa del desarrollo de los sectores que previsiblemente puedan limitar por todos los lados con el propuesto, mostrando la racionalidad, fun-

cionalidad y efectos de su eventual futura ampliación integrada en dicho conjunto superior y de su conexión con las redes municipales y supramunicipales que, en relación con las previstas en el planeamiento general, estructuren y delimiten el mismo.

4. El Plan Parcial, además del sector, habrá de ordenar, en su caso, los siguientes suelos destinados por el planeamiento general a redes públicas supramunicipales o generales, salvo que la Administración competente manifieste su intención de acometer su ordenación a través de un Plan Especial:

a) Aquellos que se dispongan en el interior del sector.

b) Aquellos que, situados adyacentes al sector, sean adscritos al mismo como resultado de la equidistribución respecto al correspondiente área de reparto.

⇒ V. Jurisprudencia en arts. 13 y concordantes del TRLS/1976 (§3).

Artículo 49. Documentación.

Los Planes Parciales se formalizarán, al menos, en la siguiente documentación:

a) Memoria: en ella, de forma concisa, se describirá la ordenación establecida y se justificará su adecuación al planeamiento general, fundamentando, en su caso, las modificaciones introducidas en la ordenación pormenorizada previamente dispuesta por éste.

b) Informe previsto en la normativa reguladora de las infraestructuras de saneamiento.

c) Planos de ordenación pormenorizada.

d) Organización y gestión de la ejecución.

e) Normas urbanísticas.

f) Catálogo de bienes y espacios protegidos, cuando proceda.

Sección 2ª Planes especiales

Artículo 50. Función.

1. Los Planes Especiales tienen cualquiera de las siguientes funciones:

a) La definición, ampliación o protección de cualesquiera elementos integrantes de las redes públicas de infraestructuras, equipamientos y servicios, así como la complementación de sus condiciones de ordenación con carácter previo para legitimar su ejecución.

b) La conservación, protección y rehabilitación del patrimonio histórico-artístico, cultural, urbanístico y arquitectónico, de conformidad, en su caso, con la legislación de patrimonio histórico.

c) La conservación, la protección, la rehabilitación o la mejora del medio urbano y del medio rural.

d) La protección de ambientes, espacios, perspectivas y paisajes urbanos y naturales.

e) Otras que se determinen reglamentariamente.

2. El Plan Especial podrá modificar o mejorar la ordenación pormenorizada previamente establecida por cualquier otra figura de planeamiento urbanístico, debiendo justificar suficientemente en cualquier caso su coherencia con la ordenación estructurante.

⇒ V. Ley 7/2000, de 19 junio, sobre Rehabilitación de Espacios Urbanos Degradados y de Inmuebles que deben ser Objeto de Preservación.
V. Ley 10/1998, de 9 julio, de Patrimonio Histórico, de la Comunidad de Madrid.
V. Jurisprudencia en arts. 17 y concordantes del TRLS/1976 (§3).

Artículo 51. Contenido sustantivo.

1. Los Planes Especiales contendrán las determinaciones adecuadas a sus finalidades específicas, incluyendo la justificación de su propia conveniencia y de su conformidad con los instrumentos de ordenación del territorio y del planeamiento urbanístico vigentes sobre su ámbito de ordenación.

2. En todo caso, el Plan Especial contendrá, según proceda:

a) Las determinaciones propias del Plan Parcial que correspondan a su objeto específico, en su función de desarrollo del Plan General.

b) Las determinaciones propias del Plan Parcial, en su caso de reforma interior, incluidas las establecidas directamente por el Plan General, que complementen o modifiquen.

⇒ V. Jurisprudencia en arts. 17 y concordantes del TRLS/1976 (§3).

Artículo 52. Documentación.

El Plan Especial se formalizará en los documentos adecuados a sus fines concretos, incluyendo, cuando proceda, Catálogo de bienes y espacios protegidos e informe de los organismos afectados.

Sección 3ª Estudios de detalle

Artículo 53. Función y límites.

1. El Estudio de Detalle, que deberá comprender manzanas o unidades urbanas equivalentes completas, tiene por función, en las áreas y los supuestos previstos por los Planes Generales y, en su caso, los Planes Parciales, la concreta definición de los volúmenes edificables de acuerdo con las especificaciones del planeamiento y el señalamiento de alineaciones y rasantes.

2. En el cumplimiento de su función, los Estudios de Detalle:

a) Podrán delimitar espacios libres y/o viarios en los suelos edificables objeto de su ordenación como resultado de la disposición de los volúmenes, pero los mismos tendrán carácter de áreas interiores vinculadas a los suelos edificables, sin conformar espacios con uso pormenorizado propio.

b) En ningún caso podrán alterar el destino del suelo, incrementar la edificabilidad y desconocer o infringir las demás limitaciones que les imponga el correspondiente Plan General o Parcial.

c) En ningún caso podrán parcelar el suelo.

⇒ V. Jurisprudencia en arts. 14 y concordantes del TRLS/1976 (§3).

Artículo 54. Contenido y documentación.

El Estudio de Detalle establecerá las determinaciones y las formalizará en los documentos que sean adecuados a su objeto, todo ello con la precisión suficiente para cumplir éste.

Sección 4ª Catálogos de bienes y espacios protegidos

Artículo 55. Catálogos de bienes y espacios protegidos.

1. Sin perjuicio de los que deben formar parte de los Planes de Ordenación regulados en este Título, podrán formarse y aprobarse Catálogos de bienes y espacios protegidos, con el mismo contenido, si bien únicamente para complementar, precisar, actualizar o mejorar aquéllos.

2. El contenido de los Catálogos de bienes y espacios protegidos de los diversos Planes de Ordenación Urbanística y, los aprobados con carácter complementario o de actualización o mejora de éstos, integra un registro administrativo radicado en la Consejería competente en materia de ordenación urbanística.

3. La organización y el funcionamiento del registro administrativo a que se refiere el número anterior, que se regularán reglamentariamente, deberán asegurar que proporcione información suficiente sobre la situación, características físicas y jurídicas y régimen de protección a que estén sujetos los bienes y los espacios.

⇒ V. Jurisprudencia en arts. 25 y concordantes del TRLS/1976 (§3).

CAPÍTULO V
Formación, aprobación y efectos de los planes de ordenación urbanística

Sección 1ª Actos preparatorios

Artículo 56. Formación y avances del planeamiento.

1. El planeamiento urbanístico podrá ser formulado por las Administraciones públicas y por los particulares, salvo los Planes Generales, que sólo podrán serlo por las primeras.

2. Cuando los trabajos de elaboración de un instrumento de planeamiento hayan adquirido el suficiente grado de desarrollo que permita formular los criterios, objetivos y soluciones generales de la ordenación, podrán formalizarse con la denominación de avance, a los efectos que se regulan en este artículo. En todo caso, será preceptiva la formalización y posterior aprobación del correspondiente avance en el proceso de elaboración de los Planes Generales y de sus revisiones, así como de los Planes de Sectorización; en todos los demás casos el avance de planeamiento será facultativo.

3. El procedimiento de aprobación de avances de planeamiento estará sujeto a los trámites preceptivos de información pública por plazo mínimo de treinta días y de informe previo de análisis ambiental por la Consejería competente en materia de medio ambiente, debiendo emitirse este informe

en el plazo de tres meses. Reglamentariamente podrá, sin embargo, ordenarse dicho procedimiento en la medida necesaria para asegurar, cuando sean varias las Administraciones interesadas o afectadas, una suficiente y adecuada intervención de todas ellas.

4. La aprobación de los avances de planeamiento sólo tendrá efectos administrativos internos y en las relaciones entre las Administraciones públicas que hayan intervenido en su elaboración. Deberá expresar, en todo caso, el resultado de los trámites de información pública e informe de la Consejería competente en materia de medio ambiente y, en particular, la incidencia de éste en el contenido definitivo del avance.

⇒ V. Ley 3/1988, de 13 octubre, de la Asamblea de Madrid, modificada por la Ley 8/1989, de 8 junio, y la Ley 10/1991, de 4 abril. Normas reguladoras para la protección del medio ambiente.

V. RDLeg 1302/1986, de 28 junio, de Evaluación de Impacto Ambiental, modificado por el RDley 9/2000, de 6 octubre.

V. D. 323/1999, de 11 noviembre, de Estructura orgánica de la Consejería de Medio Ambiente.

Sección 2ª Procedimientos de aprobación de los planes

Artículo 57. Procedimiento de aprobación de los Planes Generales.

El procedimiento de aprobación de los Planes Generales y de sus modificaciones y revisiones se desarrollará conforme a las siguientes reglas:

a) El procedimiento se iniciará mediante acuerdo de aprobación inicial adoptado por el Pleno del Ayuntamiento, de oficio y a iniciativa propia o en virtud de moción deducida por cualquier otra Administración pública territorial. El acuerdo de aprobación inicial deberá expresar la adecuación o no de la documentación del Plan al avance previamente aprobado, indicando, en su caso y con precisión, las variaciones introducidas.

b) La aprobación inicial implicará el sometimiento de la documentación del Plan General a información pública por plazo no inferior a un mes y, simultáneamente, el requerimiento de los informes de los órganos y entidades públicas previstos legalmente como preceptivos o que, por razón de la posible afección de los intereses públicos por ellos gestionados, deban considerarse necesarios. La información pública deberá llevarse a cabo en la forma y condiciones que propicien una mayor participación efectiva de los titulares de derechos afectados y de los ciudadanos en general. Los informes deberán ser emitidos en el mismo plazo de la información al público.

c) A la vista del resultado de los trámites previstos en la letra anterior, el Pleno del Ayuntamiento resolverá sobre la procedencia de introducir en el documento las correcciones pertinentes. Si tales correcciones supusieran cambios sustantivos en la ordenación, el nuevo documento volverá a ser sometido a los trámites de información pública y requerimiento de informes, *tal como se regula en la letra anterior.*

d) Una vez superados los trámites anteriores, el Pleno del Ayuntamiento remitirá el documento técnico del Plan General a la Consejería competente en materia de medio ambiente, a efectos de que por la misma se emita en el plazo de dos meses el informe definitivo de análisis ambiental.

e) Aprobado provisionalmente el Plan General, el expediente completo derivado de la instrucción del procedimiento en fase municipal será remitido a la Consejería competente en materia de ordenación urbanística a los efectos de su aprobación definitiva, si procede, por el órgano competente.

⇒ V. Ley 3/1988, de 13 octubre, de la Asamblea de Madrid, modificada por la Ley 8/1989, de 8 junio, y la Ley 10/1991, de 4 abril, de normas reguladoras para la protección del medio ambiente.

V. RDLeg 1302/1986, de 28 junio, de Evaluación de Impacto Ambiental, modificado por el RDley 9/2000, de 6 octubre.

V. D. 323/1999, de 11 noviembre de la Estructura orgánica de la Consejería de Medio ambiente.

Artículo 58. Procedimiento de aprobación de los Planes de Sectorización.

1. El Plan de Sectorización se formulará y presentará en el Ayuntamiento para su aprobación conjuntamente con el correspondiente Plan Parcial y la documentación necesaria para establecer la delimitación de las unidades de ejecución y el señalamiento del sistema de ejecución.

2. El procedimiento para la aprobación del Plan de Sectorización se desarrollará según las reglas establecidas en los artículos 56 y 57, con la particularidad de que los acuerdos de aprobación inicial y provisional lo serán referidos a todos los documentos tramitados conjuntamente, de conformidad con lo señalado en el número anterior.

Artículo 59. Procedimiento de aprobación de los Planes Parciales y Especiales.

1. El procedimiento de aprobación de los Planes Parciales y Especiales se ajustará a las reglas dispuestas en el artículo 57 de la presente Ley, con las especialidades que diferenciadamente se señalan en este artículo.

2. Cuando se trate de Planes Parciales o Especiales formulados por el Municipio o por otra Administración pública, salvo en los del número siguiente:

a) La aprobación inicial corresponderá al Alcalde.

b) Sólo se requerirá de órganos y entidades administrativas los informes que estén legalmente previstos como preceptivos, por esta Ley o la legislación sectorial.

c) La aprobación provisional procederá sólo cuando el Municipio no sea competente para acordar la definitiva, correspondiendo en tal caso la aprobación provisional al Pleno del Ayuntamiento.

3. Cuando se trate de Planes Especiales de infraestructuras, equipamientos y servicios públicos de la Comunidad de Madrid, se aplicarán las mismas reglas del número anterior con las especialidades siguientes:

a) La aprobación inicial corresponderá a la Comisión de Urbanismo de Madrid.

b) Además de la apertura del período de información pública y el requerimiento de informes, la Comisión de Urbanismo trasladará el expediente a los municipios afectados para su conocimiento e informe, el cual se emitirá en el plazo máximo de un mes.

c) No habrá aprobación provisional. Una vez superados los trámites anteriores, la Consejería competente en materia de ordenación urbanística elevará expediente a la Comisión de Urbanismo de Madrid para su aprobación definitiva, si procede.

4. Cuando se trate de Planes Parciales o Especiales de iniciativa particular:

a) El Alcalde, motivadamente y dentro de los treinta días siguientes a la presentación de la solicitud, adoptará la que proceda de entre las siguientes resoluciones:

1º Admisión de la solicitud a trámite, con aprobación inicial del proyecto de Plan.

2º Admisión de la solicitud a trámite, con simultáneo requerimiento al solicitante para que subsane y, en su caso, mejore la documentación presentada en el plazo que se señale. Este requerimiento, que no podrá repetirse, suspenderá el transcurso del plazo máximo para resolver. Cumplimentado en forma el requerimiento, el Alcalde adoptará alguna de las resoluciones a que se refieren los apartados 1 y 3.

3º Inadmisión a trámite por razones de legalidad, incluidas las de ordenación territorial y urbanística. De esta resolución deberá darse cuenta al Pleno del Ayuntamiento en la primera sesión que celebre.

b) Aprobado inicialmente el Plan, la instrucción del procedimiento se desarrollará conforme a lo dispuesto en el número 2, salvo lo siguiente:

1º La aprobación inicial y la apertura del trámite de información pública deberá notificarse individualmente a todos los propietarios afectados.

2º De introducirse modificaciones con la aprobación provisional del proyecto del Plan, éstas deberán notificarse individualmente a todos los propietarios afectados, así como a los que hubieran intervenido en el procedimiento.

Artículo 60. Procedimiento de aprobación de los Estudios de Detalle y los Catálogos.

El procedimiento de aprobación de los Estudios de Detalle y los Catálogos de bienes y espacios protegidos elaborados con carácter independiente se sustanciará en la forma dispuesta en el artículo anterior, con las siguientes particularidades:

a) La información pública tendrá una duración de veinte días para los Estudios de Detalle y de treinta días para los Catálogos.

b) Serán preceptivos los siguientes informes: el informe de la Consejería competente en materia de patrimonio histórico-artístico, cuando se trate de Catálogos que afecten a bienes de su competencia, que será vinculante en los términos de la legislación reguladora de esta materia; el de la Consejería competente en materia de Catálogos de protección del patrimonio urbano y arquitectónico, cuando se trate de Catálogos de bienes no incluidos en el patrimonio histórico-artístico, que será vinculante, y el de la Consejería competente en materia de medio ambiente cuando se trate de Catálogos de espacios naturales protegidos.

c) La aprobación provisional de los Catálogos corresponderá al Pleno del Ayuntamiento, debiendo remitirse el expediente completo a la Consejería competente en materia de ordenación urbanística para su aprobación definitiva.

⇒ V. Ley 3/1988, de 13 octubre, de la Asamblea de Madrid, modificada por la Ley 8/1989, de 8 junio, y la Ley 10/1991, de 4 abril, de normas reguladoras para la protección del medio ambiente.
V. RDLeg 1302/1986, de 28 junio, de Evaluación de Impacto Ambiental, modificado por el RDley 9/2000, de 6 octubre.
V. D. 323/1999, de 11 noviembre de la Estructura orgánica de la Consejería de Medio ambiente.

Artículo 61. Órganos competentes para la aprobación definitiva.

1. El Gobierno de la Comunidad de Madrid, previo informe de la Comisión de Urbanismo, será el órgano competente para acordar la aprobación definitiva de los Planes Generales y de los Planes de Sectorización, así como sus modificaciones y revisiones, cuando supongan cualquier alteración de las determinaciones relativas a las redes supramunicipales de infraestructuras, equipamientos y servicios públicos, así como cuando se produzca una disminución dentro de un ámbito de actuación, sector, unidad de ejecución o en el término municipal de las zonas verdes o espacios libres.

2. Al Consejero competente en materia de ordenación urbanística, previo informe de la Comisión de Urbanismo, le corresponderá resolver sobre la aprobación definitiva de los Planes Generales y de los Planes de Sectorización, así como sus modificaciones o revisiones, cuando correspondan a municipios con población de derecho igual o superior a 50.000 habitantes, salvo en los supuestos reservados a la competencia del Gobierno de la Comunidad de Madrid.

3. La Comisión de Urbanismo de Madrid será el órgano competente para la aprobación definitiva de los siguientes instrumentos de planeamiento urbanísticos:

a) Los Planes Generales y los Planes de Sectorización, así como sus modificaciones o revisiones, cuando correspondan a municipios con población de derecho inferior a 50.000 habitantes, salvo los supuestos reservados a la competencia del Gobierno de la Comunidad de Madrid.

b) Los Planes Parciales y Especiales, así como sus modificaciones, en la medida en que no estén atribuidos a la competencia municipal.

c) Los Planes Especiales y sus modificaciones, que tengan por objeto la ordenación de infraestructuras, equipamientos y servicios públicos que corran a cargo de la Comunidad de Madrid.

d) Los Catálogos de bienes y espacios protegidos y sus modificaciones.

4. El Pleno del Ayuntamiento de los municipios con población de dere-

cho igual o superior a 15.000 habitantes, será el órgano competente para la aprobación definitiva de los Planes Parciales y Especiales, así como sus modificaciones. Cuando los Planes Parciales modifiquen la ordenación pormenorizada establecida por el Plan General, se requerirá informe previo de la Comisión de Urbanismo, el cual se emitirá respecto a las cuestiones estrictas de legalidad y a todo lo referente a localización, características y obtención de las redes supramunicipales de infraestructura, equipamientos y servicios públicos.

5. Corresponde al Pleno del Ayuntamiento de los municipios la aprobación definitiva de los Estudios de Detalle y sus modificaciones.

6. Corresponderá al órgano competente de la Comunidad de Madrid la tramitación y aprobación de los instrumentos de planeamiento que afecten a más de un término municipal.

⇒ V. O. 28 septiembre 2000, de la Consejería Obras Públicas, Urbanismo y Transportes de desarrollo de la estructura orgánica, modificada por O. 30 noviembre 2000, que desarrolla el D. 215/2000, de 21 septiembre, y el D. 270/1995, de 19 octubre.

Téngase en cuenta también la O. 28 marzo 2000, de la Consejería Obras Públicas, Urbanismo y Transportes, que modificó la Orden 19 noviembre 1997, que desarrolló su estructura orgánica y funcional.

V. arts. 238 y 239 de la presente ley.

Artículo 62. Aprobación definitiva de los Planes de Ordenación Urbanística.

1. Ultimada la tramitación previa precisa para la aprobación definitiva, deberá examinarse con carácter previo la integridad y corrección tanto del proyecto de Plan o de su modificación o revisión, como del expediente y de las actuaciones administrativas realizadas. De apreciarse la omisión o defectuosa celebración de algún trámite o la existencia de alguna deficiencia en el contenido sustantivo o la documentación del proyecto de Plan o de su modificación o revisión, el Alcalde, si la aprobación definitiva corresponde al Municipio, o, en otro caso, la Consejería competente en materia de ordenación urbanística deberán ordenar o, en su caso, requerir la subsanación de los defectos o las deficiencias observadas, fijando o concediendo plazo al efecto. La orden o el requerimiento suspenderán, hasta su cumplimiento efectivo, el plazo legal para la resolución sobre la aprobación definitiva.

2. El órgano competente para la aprobación definitiva podrá adoptar, motivadamente, alguna de estas decisiones:

a) Aprobar definitivamente el Plan o su modificación o revisión en sus propios términos.

b) Aplazar, motivadamente, en todo o en parte, la aprobación definitiva del Plan, hasta la subsanación de los reparos que hayan impedido ésta o, en su caso, de las precisiones o modificaciones de determinaciones que se estimen procedentes o las deficiencias técnicas que hayan sido apreciadas. Sólo podrá exceptuarse del aplazamiento y aprobarse definitivamente concreta o concretas partes del Plan que sean susceptibles de gestión, aplicación y ejecución autónomas.

c) Denegar motivadamente la aprobación definitiva del Plan.

Artículo 63. Plazos máximos para las aprobaciones de los Planes y sentido del silencio administrativo.

1. La aprobación definitiva de los Planes Generales y de los Planes de Sectorización, así como de sus modificaciones y revisiones, deberá resolverse en el plazo de cuatro meses a contar desde que el Municipio interesado presente el expediente completo, comprensivo del proyecto de Plan y las actuaciones practicadas en el procedimiento de aprobación municipal, en el registro de la Consejería competente en materia de ordenación urbanística.

2. El mero transcurso del plazo fijado en el número anterior sin notificación de acuerdo expreso alguno determinará la aprobación definitiva, por silencio administrativo positivo, del correspondiente Plan General o Plan de Sectorización de iniciativa pública, en los mismos términos de la provisional municipal. La eficacia de la aprobación definitiva por silencio administrativo, que sólo podrá hacerse valer por el Municipio interesado, quedará condicionada a su publicación por éste en la forma determinada por esta Ley.

3. Las aprobaciones de los Planes de Sectorización, Planes Parciales y Especiales, los Estudios de Detalle y los Catálogos de bienes y espacios protegidos de iniciativa privada deberán resolverse en los siguientes plazos:

a) Seis meses a contar desde la aprobación inicial, para la aprobación provisional por el Municipio, cuando la definitiva corresponda a la Comunidad de Madrid. Transcurrido este plazo sin que haya sido notificado al solicitante acuerdo expreso alguno, éste podrá:

1º Solicitar del Alcalde la expedición de copia autorizada del expediente íntegro formalizado a resultas de la tramitación del procedimiento, incluido el proyecto de Plan, o Catálogo. Desde que se formule esta solicitud no podrá el Municipio realizar actuación ulterior alguna en el procedimiento, debiendo expedir la copia interesada en el plazo de los diez días siguientes al ingreso de la solicitud en el registro municipal.

2º Formular solicitud de aprobación definitiva del proyecto de Plan o Catálogo de que se trate, acompañando la copia autorizada del expediente íntegro resultante del procedimiento ya instruido, ante el órgano de la Comunidad de Madrid competente para la aprobación definitiva.

b) Seis meses a contar desde la aprobación inicial, para la aprobación definitiva, cuando ésta corresponda al Municipio.

c) Tres meses para los Planes Parciales, Especiales y Catálogos, desde el ingreso del expediente completo o, en su caso, de la copia autorizada del mismo en el registro de la Consejería competente en materia de ordenación urbanística, cuando su aprobación definitiva corresponda a la Comunidad de Madrid.

Las aprobaciones de los Planes Parciales, Especiales y los Catálogos de bienes y espacios protegidos de iniciativa pública cuya aprobación definitiva corresponda a la Comunidad de Madrid, ésta deberá producirse en el plazo máximo de tres meses, desde el ingreso del expediente completo en el registro de la Consejería competente en materia de ordenación urbanística.

En los procedimientos a que se refiere el número anterior, el transcurso del plazo máximo para resolver sin notificación de acuerdo expreso alguno determinará la aprobación definitiva por silencio administrativo positivo de los Planes Parciales, de los Especiales y de los Estudios de Detalle. En todos los demás supuestos el incumplimiento de la obligación legal de resolver y notificar dentro del plazo máximo sólo habilitará a la persona interesada para entender desestimada su solicitud por silencio administrativo negativo.

Sección 3ª Efectos, publicación y vigencia de los planes

Artículo 64. Efectos de la entrada en vigor de los Planes.

La entrada en vigor de los Planes de Ordenación Urbanística producirá, de conformidad con su contenido, todos o algunos de los siguientes efectos:

a) La vinculación de los terrenos, las instalaciones, las construcciones y las edificaciones al destino que resulte de su clasificación y calificación y al régimen urbanístico que consecuentemente les sea de aplicación.

b) La declaración en situación de fuera de ordenación de las instalaciones, construcciones y edificaciones erigidas con anterioridad que resulten disconformes con la nueva ordenación, en los términos que disponga el Plan de Ordenación Urbanística de que se trate.

A los efectos de la situación de fuera de ordenación deberá distinguirse, en todo caso, entre las instalaciones, construcciones y edificaciones totalmente incompatibles con la nueva ordenación, en las que será de aplicación el régimen propio de dicha situación legal, y las que solo parcialmente sean incompatibles con aquélla, en las que se podrán autorizar, además, las obras de mejora o reforma que se determinen. Son siempre incompatibles con la nueva ordenación, debiendo ser identificadas en el Plan de Ordenación Urbanística, las instalaciones, construcciones y edificaciones que ocupen suelo dotacional o impidan la efectividad de su destino.

c) La obligatoriedad del cumplimiento de sus determinaciones por todos los sujetos, públicos y privados, siendo nulas cualesquiera reservas de dispensación.

d) La ejecutividad de sus determinaciones a los efectos de la aplicación por la Administración pública de cualesquiera medios de ejecución forzosa.

e) La declaración de la utilidad pública y la necesidad de ocupación de los terrenos, las instalaciones, las construcciones y las edificaciones correspondientes, cuando prevean obras públicas ordinarias o delimiten ámbitos de actuación, sectores o unidades de ejecución para cuya realización sea precisa la expropiación. Se entenderán incluidos en todo caso los precisos para las conexiones exteriores con las redes de infraestructuras, equipamientos y servicios públicos.

f) La publicidad de su contenido, teniendo derecho cualquier persona a consultarlo y a obtener certificaciones o cédulas urbanísticas respecto de los mismos.

⇒ V. art. 6 de la Ley 6/1998, de 13 abril (§1).
V. arts. 124.1, 124.3, 133 y 134 del TRLS/1992 (§2).
V. art. 70.2 de la LBRL.
V. Jurisprudencia en arts. 55 y concordantes del TRLS/1976 (§3).

Artículo 65. Registro de los Planes de Ordenación Urbanística.

1. A los efectos de garantizar la publicidad, en la Consejería competente en materia de ordenación urbanística existirá un registro administrativo de los Planes de Ordenación Urbanística.

El depósito de los Planes en el registro, incluidas sus modificaciones y revisiones, será condición legal para la publicación a que se refiere el artículo siguiente.

Las copias de los documentos de los Planes de Ordenación Urbanística expedidas por el registro, con los debidos requisitos legales, acreditan a todos los efectos legales el contenido de los mismos.

2. En todo caso, la Administración urbanística procurará facilitar al máximo el acceso y el conocimiento del contenido de los Planes de Ordenación Urbanística por medios y procedimientos informáticos y telemáticos, así como de ediciones convencionales.

Artículo 66. Publicación y vigencia de los Planes de Ordenación Urbanística.

1. Se publicarán en el Boletín Oficial de la Comunidad de Madrid, con indicación de haberse procedido previamente al depósito del correspondiente Plan de Ordenación Urbanística, o de su modificación o revisión, en el registro administrativo de la Consejería competente en materia de ordenación urbanística:

a) El acuerdo de aprobación definitiva, por disposición de la Administración que lo haya adoptado.

b) El contenido íntegro de la parte del Plan cuya publicación exija la legislación de régimen local, por disposición del Municipio o de la Comunidad de Madrid, cuando proceda.

2. Los Planes de Ordenación Urbanística entrarán en vigor el mismo día de su publicación en la forma señalada en el punto anterior.

3. Los Planes de Ordenación Urbanística tendrán vigencia indefinida.

⇒ V. arts. 124.1, 124.3, 133 y 134 del TRLS/1992 (§2).
V. art. 70.2 de la LBRL.
V. Jurisprudencia en arts. 55 y concordantes del TRLS/1976 (§3).

Sección 4ª Modificación y revisión de los planes

Artículo 67. Disposiciones comunes a cualquier alteración de los Planes de Ordenación Urbanística.

1. Cualquier alteración de las determinaciones de los Planes de Ordenación Urbanística deberá ser establecida por la misma clase de Plan y observando el mismo procedimiento seguido para su aprobación. Se exceptúan de esta regla las modificaciones para su mejora, en la ordenación pormenorizada establecida por los Planes Generales llevada a cabo por los Planes Parciales, de reforma interior, y los Planes Especiales, conforme a esta Ley.

2. Toda alteración de la ordenación establecida por un Plan de Ordenación Urbanística que aumente la edificabilidad, desafecte el suelo de un destino público o descalifique suelo destinado a viviendas sujetas a algún régimen de protección pública, deberá contemplar las medidas compensatorias precisas para mantener la cantidad y calidad de las dotaciones previstas respecto del aprovechamiento urbanístico del suelo, sin incrementar éste en detrimento de la proporción ya alcanzada entre unas y otro, así como las posibilidades de acceso real a la vivienda, y, en todo caso, asegurar la funcionalidad y el disfrute del sistema de redes de infraestructuras, equipamientos y servicios públicos. En ningún caso será posible la recalificación para otros usos de terrenos cuyo destino efectivo sea docente, sanitario o viviendas sujetas a algún régimen de protección pública o de integración social, salvo que, previo informe de la Consejería competente por razón de la materia, se justifique la innecesariedad de la permanencia de dicho destino, en cuyo caso el o los nuevos usos previstos deberán ser preferentemente públicos o de interés social.

3. Las alteraciones de cualquier Plan de Ordenación Urbanística que afecten a la clasificación del suelo o al destino público de éste, deberán actualizar completamente la documentación relativa a tales extremos. Todo proyecto de Plan de Ordenación Urbanística que altere sólo parcialmente otro anterior deberá acompañar un documento de refundición que refleje tanto las nuevas determinaciones como las que queden en vigor, a fin de reemplazar completamente la antigua documentación.

⇒ V. Jurisprudencia en arts. 47 y concordantes del TRLS/1976 (§3).

Artículo 68. Revisión de los Planes de Ordenación Urbanística.

1. Se entenderá por revisión de un instrumento de planeamiento la adopción de nuevos criterios que exijan su reconsideración global y supongan, en consecuencia, la formulación completa del correspondiente plan. Tendrán siempre el carácter de revisión las alteraciones que afecten a la coherencia conjunta de la ordenación desde la escala y el alcance propio del instrumento de que se trate y, en todo caso, las que varíen la clasificación del suelo o disminuyan las superficies reservadas a espacios libres públicos.

2. La revisión de un Plan de Ordenación Urbanística en vigor supone el ejercicio de nuevo, en plenitud, de la potestad de planeamiento.

3. El Plan General se revisará en los plazos que en él se dispongan y cuando se produzcan los supuestos y las circunstancias que el mismo defina, así como siempre que se pretenda introducir en él alteraciones de los elementos de la ordenación estructurante que supongan modificación del modelo

territorial adoptado. La revisión podrá acometerse de una sola vez o por fases referidas a partes del término municipal, cuya ordenación sea susceptible de gestión, aplicación y ejecución autónomas. En este último caso, el primer proyecto que se elabore deberá justificar el procedimiento escogido, determinar las fases y describir el proceso a desarrollar para culminar la revisión.

4. Sin perjuicio de lo dispuesto en el número anterior, cuando razones de urgencia exijan la adaptación de los Planes de Ordenación Urbanística a los de la ordenación del territorio o se hayan incumplido los plazos de revisión, el Gobierno de la Comunidad de Madrid, mediante Decreto adoptado a propuesta del Consejero competente en materia de ordenación urbanística y previo informe de la Comisión de Urbanismo y audiencia del o de los municipios afectados, podrá disponer el deber de proceder a la revisión bien del Plan General o Planes Generales vigentes, bien de otros concretos Planes, según proceda en atención a las circunstancias, fijando a los municipios plazos adecuados al efecto y para la adopción de cuantas medidas sean pertinentes, incluidas las de índole presupuestaria. El mero transcurso de los plazos así fijados sin que se haya llegado a iniciar el o los correspondientes procedimientos habilitará a la Consejería competente en materia de ordenación urbanística para proceder a la elaboración de la revisión omitida, en sustitución de los municipios correspondientes por incumplimiento de sus deberes legales.

5. Los restantes instrumentos de planeamiento se revisarán cuando las alteraciones que en ellos se pretendan introducir requieran la completa reconsideración de la ordenación por ellos establecida.

⇒ V. Jurisprudencia en arts. 48 y concordantes del TRLS/1976 (§3).

Artículo 69. Modificación de los Planes de Ordenación Urbanística.

1. Toda alteración del contenido de los Planes de Ordenación Urbanística no subsumible en el artículo anterior supondrá y requerirá su modificación.

2. La modificación de los Planes de Ordenación Urbanística no podrá:

a) Afectar ni a la clasificación del suelo, ni suponer la disminución de zonas verdes o espacios libres.

b) Iniciarse su tramitación, antes de transcurrido un año desde la aprobación definitiva del correspondiente Plan de Ordenación Urbanística o de su última revisión, ni después de expirado el plazo fijado en cualquier forma para que esta última tenga lugar.

⇒ V. Jurisprudencia en arts. 49 y concordantes del TRLS/1976 (§3).

Artículo 70. Suspensión cautelar de los Planes de Ordenación Urbanística.

1. El Gobierno de la Comunidad de Madrid en el caso de Planes Generales de municipios de más de 50.000 habitantes y el Consejero competente en materia de ordenación urbanística en los restantes supuestos podrán suspender cualquier Plan de Ordenación Urbanística en todo o parte de su contenido y ámbito territorial, previa audiencia del Municipio o municipios afecta-

dos, a fin de proceder a su revisión o modificación cuando la ejecución del mismo afecte negativamente al interés regional.

2. El acuerdo de suspensión se adoptará por el plazo y con los efectos señalados en el número 4 de este artículo y deberá ser publicado en el Boletín Oficial de la Comunidad de Madrid y en uno de los diarios de mayor circulación de la región.

En el mismo acuerdo de suspensión el Gobierno de la Comunidad de Madrid deberá establecer un plazo para que se lleve a cabo la revisión o modificación del planeamiento afectado por la suspensión.

3. En todo caso, en el plazo máximo de seis meses desde el acuerdo de suspensión, el órgano que dispuso la suspensión dictará las normas de ordenación aplicables transitoriamente en sustitución de las suspendidas. La aprobación de estas normas transitorias exigirá la previa audiencia del Municipio o municipios afectados y el sometimiento a información pública. Reglamentariamente se determinará el contenido de las normas de ordenación.

4. A los efectos de la elaboración, formación, tramitación y aprobación de todo tipo de instrumentos de planeamiento urbanístico y de sus modificaciones o revisiones e incluso en la fase de avance de planeamiento, podrá suspenderse la realización de actos de uso del suelo, de construcción y edificación y de ejecución de actividades. La aprobación inicial de un proyecto de Plan de Ordenación Urbanística o de su modificación o revisión comportará dicha suspensión. El período de vigencia total, continua o discontinua, de la medida cautelar de suspensión con motivo de un mismo procedimiento de aprobación de un Plan de Ordenación Urbanística o de su modificación o revisión no podrá exceder de un año. El expresado plazo será ampliable otro año cuando dentro de aquél se hubiere completado el periodo de información pública.

No será posible acordar nuevas suspensiones en la misma zona por idéntica finalidad hasta que transcurrieren cinco años, contados a partir del término de la suspensión.

⇒ V. Jurisprudencia en arts. 51 y concordantes del TRLS/1976 (§3).

TÍTULO III
EJECUCIÓN DEL PLANEAMIENTO

CAPÍTULO I
Actividad de ejecución

Sección 1ª Disposiciones generales

Artículo 71. Actividad de ejecución: contenido y formas de desarrollo.

1. La actividad de ejecución del planeamiento urbanístico comprende los procesos dirigidos a materializar sobre el terreno las determinaciones de los Planes de Ordenación Urbanística y, en especial, aquellos de urbanización

y edificación de los terrenos, destinándolos efectivamente a los usos previstos o permitidos.

2. La actividad de ejecución requiere, como presupuestos legales previos de la misma, la definición de la ordenación pormenorizada, de la modalidad de gestión urbanística y de los pertinentes instrumentos de ejecución material. Verificados tales requisitos, los procesos de ejecución del planeamiento comprenden:

a) La distribución equitativa de los beneficios y cargas derivados de la ordenación urbanística entre los afectados o equidistribución.

b) La obtención de terrenos, o su valor equivalente, a las Administraciones urbanísticas para redes públicas de infraestructuras, equipamientos y servicios, en la forma que corresponda a la modalidad de gestión urbanística.

c) La cesión en terrenos o equivalente, de la parte del aprovechamiento que corresponda a la participación del Municipio en las plusvalías urbanísticas.

d) La realización de las obras de urbanización necesarias para que todas las parcelas incluidas en el ámbito de que se trate alcancen la condición de solar.

e) La edificación de los solares según las condiciones del planeamiento urbanístico.

f) La implantación en cada solar o edificio de los usos permitidos o previstos en el planeamiento urbanístico.

g) La conservación de las obras de urbanización y de la edificación.

3. La actividad de ejecución del planeamiento se llevará a cabo, atendiendo al régimen jurídico urbanístico de cada clase de suelo y, en su caso, a lo que disponga el Plan de Ordenación Urbanística, a través de actuaciones aisladas o de actuaciones integradas.

Artículo 72. Sujetos que intervienen.

1. Corresponde a las Administraciones públicas, dentro de sus respectivos ámbitos de competencia:

a) La dirección, inspección y control, en los términos de la presente Ley, de toda actividad de ejecución, sea pública o privada, a fin de asegurar que se produzca de conformidad con la ordenación del territorio y la urbanística, así como, en su caso, según los correspondientes instrumentos de gestión y ejecución.

b) La ejecución propiamente dicha, sea a través de actuaciones aisladas o integradas, en aquellos supuestos en que así le corresponda, bien por aplicación directa de la presente Ley, bien por haberse establecido un sistema de ejecución público.

2. En los restantes supuestos las actividades de ejecución serán llevadas a cabo por los sujetos privados, sean o no propietarios de suelo, de acuerdo a los términos establecidos en la presente Ley.

Artículo 73. Incumplimiento de las obligaciones.

1. Cuando la actividad de ejecución sea privada, el incumplimiento de las obligaciones correspondientes en los plazos previstos según la forma y sistema de ejecución, legitimará el cambio del sistema de ejecución y, en su caso, la ejecución por sustitución, todo ello, sin perjuicio de la adopción por la Administración de las medidas disciplinarias que pudieran proceder.

2. Los incumplimientos de las obligaciones de ejecución de la Administración darán lugar, a petición de los afectados, a las pertinentes compensaciones o indemnizaciones, de acuerdo a lo previsto en la Ley.

Sección 2ª Formas de gestión de la actividad pública

Artículo 74. Gestión propia y en régimen de cooperación.

1. La Administración de la Comunidad de Madrid y los municipios podrán utilizar, para el desarrollo de la actividad de ejecución que sea de su respectiva competencia, todas las formas o modalidades de gestión admitidas por la legislación de régimen jurídico y de contratación de las Administraciones públicas y de régimen local.

2. Para el desarrollo cooperativo de la actividad de ejecución, las Administraciones previstas en el número 1 de este artículo podrán, además:

a) Constituir consorcios, atribuyendo a éstos competencias.

b) Crear Mancomunidades de municipios para la gestión de servicios urbanísticos.

c) Delegar competencias propias en otras Administraciones, organismos de ellas dependientes o entidades públicas por ellas fundadas o controladas.

d) Utilizar órganos de otras Administraciones o de los organismos dependientes o adscritos a ellas para la realización de tareas precisas para el ejercicio de competencias propias.

Artículo 75. Sociedades urbanísticas.

1. Las Administraciones a que se refiere el artículo anterior, las entidades públicas de ellas dependientes o a ellas adscritas y los consorcios por ellas creados podrán constituir sociedades mercantiles de capital íntegramente público o mixto con cualquiera de las finalidades siguientes:

a) Redacción, gestión y ejecución del planeamiento.

b) Consultoría y asistencia técnica.

c) Prestación de servicios.

d) Actividad urbanizadora, ejecución de equipamientos, gestión y explotación de las obras resultantes.

2. En ningún caso podrán las sociedades urbanísticas a que se refiere el número anterior proceder directamente a la ejecución material de las obras.

Artículo 76. Consorcios urbanísticos.

1. Son consorcios urbanísticos las entidades dotadas de personalidad propia, creadas mediante acuerdo o convenio de la Comunidad de Madrid y

la Administración General del Estado o uno o varios municipios o por éstos entre sí para el desarrollo de la actividad urbanística y para la gestión y ejecución de obras y servicios públicos. A los consorcios podrán incorporarse personas privadas, cuando ello sea necesario para el cumplimiento de sus fines y previa suscripción de convenio en el que se especifiquen las bases de su participación. Ésta en ningún caso podrá ser mayoritaria, ni dar lugar a que las personas privadas controlen o tengan una posición dominante en el funcionamiento del consorcio.

2. Los consorcios sólo podrán tener por objeto funciones y actividades que no excedan de la competencia de las Administraciones consorciadas.

3. Para la gestión de los servicios que se les encomienden, los consorcios urbanísticos podrán utilizar cualquiera de las formas previstas en la legislación aplicable a las Administraciones consorciadas.

4. Los consorcios se regirán por sus estatutos propios, que serán elaborados de común acuerdo por todas las Administraciones miembros y deberán ser aprobados por los órganos competentes de cada una de ellas, por la presente Ley y, supletoriamente, por la legislación sobre régimen jurídico de las Administraciones públicas y del procedimiento administrativo común. En todo caso, se aplicarán a los consorcios las siguientes reglas:

a) Podrán tener patrimonio propio, constituido por todos los bienes que las Administraciones miembros aporten y los adquiridos con recursos propios.

b) Tendrán presupuesto propio, en cuyo capítulo de ingresos deberá incluirse el rendimiento de la totalidad de sus recursos propios, que sólo podrá aplicarse a los conceptos que figuren en el capítulo de gastos.

c) Para la adjudicación de toda clase de contratos y la enajenación de bienes emplearán el procedimiento de concurso a resolver según criterios de capacidad técnica y solvencia económica y garantías de toda clase de cumplimiento exacto del planeamiento urbanístico, la urbanización y el destino de las parcelas o solares.

d) Podrán ser beneficiarios de las expropiaciones que deban realizarse para la ejecución del planeamiento urbanístico, verificando las operaciones técnico-jurídicas que las actuaciones expropiatorias requieran.

5. La aprobación de los estatutos del consorcio determinará la atribución a éste de las competencias administrativas, pertenecientes a las Administraciones consorciadas, que en dichos estatutos se especifiquen, incluyendo la gestión de tasas y precios públicos y su percepción. En ningún caso podrá atribuirse a los consorcios la competencia para establecer o determinar tributos, ni la potestad expropiatoria.

6. La creación de los consorcios y sus estatutos se publicarán, para su eficacia, en el Boletín Oficial de la Comunidad de Madrid.

Artículo 77. Delegación intersubjetiva de competencias.

1. Toda delegación de competencias entre Administraciones habilitará

para el pleno ejercicio de éstas, mientras no se produzca la publicación de su revocación. La delegación precisará, para su eficacia, la publicación en el Boletín Oficial de la Comunidad de Madrid.

2. Podrán ser beneficiarios de delegaciones intersubjetivas, además de las Administraciones territoriales, los organismos autónomos por éstas creados y los consorcios.

CAPÍTULO II
Presupuestos legales

Artículo 78. Ordenación pormenorizada.

1. El desarrollo de la actividad de ejecución, cualquiera que sea el sujeto legitimado y el ámbito territorial, requerirá que se haya aprobado definitivamente el planeamiento urbanístico idóneo conforme a esta Ley para establecer la ordenación pormenorizada en la clase de suelo de que se trate.

2. Los Planes de Ordenación Urbanística, al establecer la ordenación pormenorizada, fijarán plazos mínimos y máximos para:

a) La ordenación pormenorizada de los sectores.

b) La ejecución en los sectores que prevean y, en su caso, en las diferentes unidades de ejecución en que éstos se dividan o puedan resultar divididas al definir la modalidad de gestión.

c) La edificación de los solares y la rehabilitación y conservación de la edificación existente.

Artículo 79. Definición de la modalidad de gestión urbanística.

1. Previamente al inicio de la actividad de ejecución, deberá definirse la modalidad de gestión urbanística, o el preciso conjunto de procedimientos a través de los cuales ha de llevarse a cabo la transformación del suelo.

2. La ejecución del planeamiento se llevará a cabo, por regla general, a través de actuaciones integradas. La definición de la modalidad de gestión de una actuación integrada consistirá en la delimitación de la unidad de ejecución y la fijación del sistema de ejecución, todo ello según lo establecido en el Capítulo IV de este Título.

3. La ejecución del planeamiento podrá llevarse a cabo mediante actuaciones aisladas exclusivamente con las siguientes finalidades:

a) Para la obtención de suelo, urbanización, edificación y puesta en servicio de infraestructuras, equipamientos y servicios públicos de las Administraciones públicas ordenados a través del correspondiente Plan Especial.

b) Para la ejecución de obras públicas ordinarias.

c) Para la edificación en suelo urbano consolidado, incluso cuando se requieran obras accesorias de urbanización para dotar a las parcelas de la condición de solar, siempre que el planeamiento prevea su ejecución mediante dichas actuaciones.

Artículo 80. Proyectos técnicos de ejecución material.

1. Cuando la actividad de ejecución del planeamiento implique la realización de obras de urbanización, será necesaria la formulación y aprobación previa del correspondiente proyecto de urbanización, instrumento técnico que tiene por objeto el diseño y la organización de las obras precisas y necesarias para la ejecución material de:

a) La ordenación pormenorizada establecida directamente por los Planes de Ordenación Urbanística en actuaciones integradas.

b) Los elementos de las redes públicas de infraestructuras, equipamientos y servicios públicos de la ordenación estructurante en los Planes Generales y los Planes de Sectorización.

2. Los proyectos de urbanización:

a) No podrán contener determinaciones propias del planeamiento urbanístico, debiendo cumplir las previsiones y, en su caso, requerimientos que para ellos establezca dicho planeamiento y las normas reguladoras de las obras y los servicios mínimos de urbanización previstas en el artículo 97 de la presente Ley.

b) Deberán estar autorizados por técnico con habilitación legal suficiente y definir las obras que comprendan con la precisión suficiente para ser llevadas a cabo bajo la dirección de técnico distinto del autor del proyecto de que se trate.

c) Podrán ser formulados por cualquier persona, pública o privada, y se aprobarán por los municipios por el mismo procedimiento de aprobación de los Estudios de Detalle, salvo que se tramiten simultáneamente con el correspondiente planeamiento urbanístico o deban seguir el procedimiento prescrito para la aplicación del sistema de ejecución privada.

3. La ejecución del planeamiento mediante actos de uso del suelo y actuaciones edificatorias requerirá, como presupuesto legal previo para su legitimidad, la formulación y aprobación administrativa previa del correspondiente proyecto técnico de obras de construcción, edificación, instalación o rehabilitación en los supuestos previstos en la presente Ley o, en otro caso, por autorización municipal obtenida conforme a lo dispuesto en ella.

4. En todo caso, los proyectos técnicos a que se refiere el número anterior, según sea su objeto específico, cumplirán lo dispuesto en el Título IV de la presente Ley respecto a los actos de parcelación, uso del suelo y edificación.

Artículo 81. Legitimación.

1. Los actos jurídicos y materiales de la actividad de ejecución del planeamiento en unidades de ejecución sólo podrán ser realizados por los sujetos públicos o privados legitimados para ello conforme a esta Ley.

2. Los actos de edificación en solares y, en su caso, parcelas sólo podrán ser realizados por quienes sean titulares de la autorización o licencia urbanís-

tica pertinente, sin perjuicio de la legitimación que por razón de la titularidad de derechos al efecto sea precisa, además, conforme a la legislación civil.

3. Cuando promueva actos de uso del suelo y edificación, la Comunidad de Madrid quedará legitimada para su realización por la resolución que ponga fin al pertinente procedimiento conforme a esta Ley.

CAPÍTULO III
Distribución equitativa de beneficios y cargas

Sección 1ª Equidistribución

Artículo 82. Concepto y formas.

1. La equidistribución es aquella parte de la actividad de ejecución mediante la cual se produce, en los términos señalados en la presente Ley, el reparto de los aprovechamientos asignados por el planeamiento y la distribución equitativa de las cargas y beneficios derivados del mismo, entre los propietarios de suelo comprendidos en determinados ámbitos territoriales delimitados previamente.

2. La equidistribución se produce siempre entre terrenos adscritos a la misma clase y categoría de suelo, materializándose diferenciadamente según cada modalidad de gestión urbanística, de acuerdo a las siguientes condiciones:

a) Cuando la ejecución del planeamiento se lleve a cabo a través de actuaciones aisladas, la equidistribución se materializará, si procede, a través de reparcelación.

b) Cuando la ejecución del planeamiento se lleve a cabo a través de actuaciones integradas, la equidistribución se materializará siempre respecto a la totalidad de los terrenos incluidos en la correspondiente unidad de ejecución a través del pertinente sistema de actuación. En todo caso, si la unidad de ejecución se encontrara incluida en un área de reparto, previamente a la reparcelación interna se deberá proceder a materializar la equidistribución del aprovechamiento por referencia al área de reparto.

⇒ V. art. 5 de la Ley 6/1998, de 13 abril (§1).

Artículo 83. Usos y destino de los derechos, bienes y valores derivados de la equidistribución.

1. Los derechos, bienes y valores que obtenga la Administración urbanística derivados de procesos de equidistribución, sean de gestión por áreas de reparto o por unidades de ejecución, se integrarán en cada caso y en la proporción determinada por esta Ley, en los patrimonios públicos de suelo de los municipios correspondientes y de la Comunidad de Madrid, a efectos de su gestión para el cumplimiento de la equidistribución de beneficios y cargas.

2. Los derechos, bienes y valores así incorporados tendrán por finalidad la adquisición y urbanización de terrenos destinados por el planeamiento urbanístico a las redes de infraestructuras, equipamientos y servicios públicos,

así como también la compensación económica, cuando proceda, a quienes resulten con defecto de aprovechamiento.

3. Los derechos, bienes y valores así incorporados a dichos patrimonios sólo podrán ser enajenados en la forma establecida en el artículo 178 de la presente Ley. Los ingresos, en su caso, derivados de la enajenación deberán ser destinados a los fines señalados en el número anterior.

Sección 2ª Áreas de reparto

Artículo 84. Concepto, delimitación y edificabilidades y aprovechamientos urbanísticos.

1. Las áreas de reparto son los espacios físico-jurídicos, territorialmente continuos o discontinuos, delimitados por los Planes Generales para el suelo urbanizable sectorizado, cuyo objeto es materializar la equidistribución de aprovechamientos entre las propiedades afectadas por cada actuación urbanística.

2. Todo el suelo urbanizable sectorizado clasificado por el Plan General, integrado tanto por los sectores como por los suelos destinados a redes públicas exteriores a los mismos, conformarán una única área de reparto.

3. Al área de reparto le corresponderá un determinado valor de aprovechamiento unitario de reparto, que será la referencia para la equidistribución de todas las actuaciones de ejecución incluidas en dicha área.

El valor del aprovechamiento unitario de reparto será el cociente de dividir la suma de los aprovechamientos urbanísticos totales de los usos globales de todos los sectores entre la superficie total del área de reparto.

4. Al delimitar sectores en suelo urbanizable no sectorizado, el aprovechamiento unitario que establezca el Plan de Sectorización será el del área de reparto delimitada por el Plan General para el suelo urbanizable sectorizado.

Artículo 85. Gestión por áreas de reparto en sectores de suelo urbanizable.

1. Todo sector de suelo urbanizable sectorizado por el Plan General materializará la equidistribución respecto al área de reparto con base en las siguientes reglas:

a) Si el aprovechamiento unitario es mayor que el aprovechamiento unitario de reparto del conjunto del suelo urbanizable sectorizado, habrá de incorporarse a la actuación la superficie de terrenos de redes públicas necesaria para verificar la igualdad entre ambos valores. La incorporación de tales terrenos a la actuación podrá concretarse mediante las formas siguientes:

1º Preferentemente mediante la cesión al Municipio y/o a la Comunidad de Madrid de terrenos que estén destinados en el planeamiento vigente a redes públicas generales y/o supramunicipales y que tengan la clasificación de suelo urbanizable.

2º De resultar inviable o excesivamente complejo para el promotor la obtención de la superficie necesaria de terrenos urbanizables destinados a redes públicas, aquél podrá sustituir la parte no satisfecha de la cesión mediante la entrega a la Administración correspondiente de su equivalente económico.

b) Si el aprovechamiento unitario es igual al aprovechamiento unitario de reparto del conjunto del suelo urbanizable sectorizado, se considerará que el sector cumple la exigencia de equidistribución respecto al área de reparto, pudiendo proceder al desarrollo interno de la pertinente unidad o unidades de ejecución.

c) Si el aprovechamiento unitario es inferior al aprovechamiento unitario de reparto del conjunto del suelo urbanizable sectorizado, los promotores del sector podrán requerir del Municipio la contribución a los costes de urbanización en la cuantía económica equivalente al valor del defecto de aprovechamiento.

2. Todo sector de suelo urbanizable delimitado a través de un Plan de Sectorización materializará su equidistribución con base en las siguientes reglas:

a) Si el cociente del aprovechamiento urbanístico total del sector entre la superficie conjunta del sector y los terrenos exteriores destinados a redes públicas calificados por el Plan de Sectorización, resulta mayor que el aprovechamiento unitario del área de reparto de suelo urbanizable sectorizado delimitada por el Plan General, habrá de incorporarse a la actuación la superficie de terrenos de redes públicas necesaria para verificar la igualdad entre ambos valores. La incorporación de tales terrenos a la actuación podrá concretarse mediante las formas establecidas en el punto 1 de este artículo.

b) Si el cociente del aprovechamiento urbanístico total del sector entre la superficie conjunta del sector y los terrenos exteriores destinados a redes públicas calificados por el Plan de Sectorización, es igual al aprovechamiento unitario del área de reparto delimitada por el Plan General, se considerará que el nuevo sector cumple la exigencia de equidistribución mediante la cesión, a través del proceso reparcelatorio interno, de todos los terrenos con destino público vinculados al desarrollo de la actuación.

Sección 3ª Reparcelación

Artículo 86. Determinaciones generales.

1. Se entiende por reparcelación, la transformación con finalidad equidistributiva, de las fincas afectadas por una actuación urbanística y de los derechos sobre ellas, para adaptar unas y otros a las determinaciones del planeamiento urbanístico, aplicando el criterio de proporción directa de los valores aportados a la operación reparcelatoria.

2. El suelo objeto de cualquier reparcelación será siempre una unidad de ejecución completa. Así pues, salvo que sea innecesaria, la delimitación de la unidad de ejecución coloca los terrenos incluidos en la misma en situación de reparcelación, con prohibición de otorgamiento de licencias de parcelación, edificación y cambio de uso hasta la firmeza en vía administrativa de la operación reparcelatoria. La reparcelación tiene por objeto la equidistribu-

ción interna de la unidad de ejecución. Por tanto, en los casos en que así proceda, de forma simultánea a la delimitación de la unidad de ejecución deberá haberse resuelto la equidistribución de la misma respecto al área de reparto en que se incluya, de acuerdo a lo regulado en los artículos anteriores de esta Sección. En todo caso, la equidistribución previa respecto al área de reparto supondrá, cuando la unidad de ejecución resulte con exceso de aprovechamiento, alguno de los siguientes efectos a considerar en la reparcelación:

a) Si la equidistribución exterior se ha alcanzado total o parcialmente asignando a la unidad de ejecución terrenos destinados a redes públicas supramunicipales o generales, tales fincas habrán de formar parte del proyecto de reparcelación e integrarse en la unidad de ejecución.

b) Si la equidistribución exterior se ha alcanzado total o parcialmente mediante la determinación de un valor económico que debe abonarse a la Administración, tal cuantía habrá de considerarse como una carga a ser distribuida internamente a través de la reparcelación entre todas las fincas de la unidad de ejecución.

4. Procederá la reparcelación, con la consiguiente delimitación de la unidad de ejecución correspondiente, para alcanzar cualquiera de las siguientes finalidades:

a) La regularización de las fincas existentes.

b) La distribución equitativa entre los incluidos en la unidad de ejecución de los beneficios y las cargas derivados de la ordenación urbanística y de su ejecución.

c) La localización de la edificabilidad en suelo apto para la edificación conforme al planeamiento.

d) La adjudicación a la Administración urbanística de los terrenos de cesión a título gratuito y, en su caso, de fincas resultantes constitutivas de parcelas o solares.

e) La adjudicación de fincas resultantes, constitutivas de parcelas o solares, a intervinientes en la ejecución del planeamiento en la correspondiente unidad de ejecución y en función de su participación en la misma de acuerdo con el sistema de ejecución aplicado.

f) La subrogación en el patrimonio de los propietarios, en su caso forzosa y en función de los derechos de éstos, de las fincas iniciales por fincas resultantes de la ejecución, constitutivas de parcelas o solares, o por su valor económico sustitutorio.

5. No obstante, en las actuaciones aisladas o integradas cuya ejecución corresponde a un único sujeto, para alcanzar alguna o varias de las finalidades del número anterior podrá sustituirse la reparcelación por un convenio entre aquél y la Administración actuante.

6. La reparcelación podrá llevarse a cabo de forma voluntaria o forzosa. Si bien la reparcelación voluntaria gozará de preferencia, será forzosa cuando el Municipio la imponga, de oficio o a instancia de parte, por ser necesaria

para la ejecución del planeamiento con arreglo al sistema de ejecución aplicado. En todo caso, el carácter voluntario o forzoso de la reparcelación no enerva la obligación de cumplimiento de la equitativa distribución de beneficios y cargas en el interior de la correspondiente unidad de ejecución.

⇒ V. Jurisprudencia en arts. 97 y concordantes del TRLS/1976 (§3).

Artículo 87. Criterios.

1. Los proyectos de reparcelación deberán ajustarse a los siguientes criterios:

a) Para la valoración de los bienes y derechos aportados se aplicarán, en defecto de los voluntariamente establecidos por la mayoría de los afectados, los criterios previstos por la legislación general pertinente.

b) Los criterios voluntariamente establecidos no podrán ser contrarios a la Ley o a la ordenación urbanística aplicable, en especial el principio de distribución equitativa de beneficios y cargas, ni lesivos de derechos de terceros o del interés público.

c) La edificabilidad materializable en cada finca resultante, constitutiva de parcela o solar, habrá de ser proporcional al derecho o derechos de los adjudicatarios en función de sus aportaciones a la gestión y ejecución del planeamiento.

d) Las fincas resultantes se valorarán con criterios objetivos y generales para toda la unidad de ejecución con arreglo a edificabilidad y, en su caso, uso, en función de su situación, características, grado de urbanización y destino de las edificaciones.

e) Se procurará, siempre que sea posible, que las fincas adjudicadas estén situadas en un lugar próximo al de las antiguas propiedades de los mismos titulares.

f) Cuando la cuantía del derecho de un beneficiario de la reparcelación no alcance ni supere la necesaria para la adjudicación de una o varias fincas resultantes como tales fincas independientes, el defecto o el exceso en la adjudicación podrán satisfacerse en dinero.

g) La adjudicación se producirá en todo caso en exceso cuando se trate de mantener la situación del propietario de finca en la que existan construcciones compatibles con el planeamiento en ejecución.

h) Será indemnizable el valor de las plantaciones, instalaciones, construcciones y usos existentes en los terrenos originarios que tengan que desaparecer necesariamente para llevar a cabo la ejecución del planeamiento.

2. La adjudicación de fincas se producirá, con arreglo a los criterios señalados en el número anterior, en cualquiera de los siguientes términos:

a) La superficie precisa para servir de soporte a la entera edificabilidad o que cubra su valor de indemnización sustitutoria a que tenga derecho el propietario, quedando aquélla afecta al pago de las cargas de urbanización.

b) La superficie precisa para servir de soporte a la parte de la edificabilidad o del valor correspondiente al propietario que reste una vez deducida la correspondiente al valor de las cargas de urbanización.

Artículo 88. Procedimiento.

1. El procedimiento de aprobación de la reparcelación, que se iniciará de oficio o a instancia de interesado y sobre la base de la documentación técnica necesaria, se ajustará a las siguientes reglas:

1º Información pública por plazo mínimo de veinte días.

2º Acreditación de la titularidad y situación de las fincas iniciales mediante certificación del Registro de la Propiedad de dominio y cargas.

3º Audiencia por plazo de quince días, sin necesidad de nueva información pública, de los titulares registrales no tenidos en cuenta en la elaboración del proyecto de reparcelación y aquellos que resulten afectados por modificaciones acordadas tras el período de información pública.

4º Aprobación, cuando sea a iniciativa privada, dentro del plazo máximo de dos meses desde la presentación de la totalidad de la documentación exigible o, en su caso, desde el efectivo cumplimiento, del único requerimiento posible de subsanación de deficiencias de la aportada, que sólo podrá practicarse dentro de los quince días siguientes al de aquella presentación. La no notificación de resolución expresa dentro del indicado plazo máximo autorizará para entenderla aprobada por acto presunto, debiendo abstenerse la Administración de cualquier pronunciamiento expreso, distinto del confirmatorio del presunto, una vez producido éste.

2. En las reparcelaciones voluntarias, recaída la aprobación municipal o producida por silencio administrativo, para la inscripción de la reparcelación en el Registro de la Propiedad bastará con la presentación en éste de la escritura pública en unión de certificación del acuerdo municipal aprobatorio o, en su caso, de la acreditación del acto presunto en los términos dispuestos por la legislación de Régimen Jurídico de las Administraciones Públicas.

3. Las adjudicaciones de terrenos y las indemnizaciones sustitutorias a que dé lugar la reparcelación gozarán, cuando se efectúen en favor de los propietarios o titulares de otros derechos comprendidos en la unidad de ejecución correspondiente, de las exenciones y bonificaciones fiscales en los impuestos que graven, por cualquier concepto, los actos documentados y las transmisiones patrimoniales, previstas o autorizadas por Ley.

Artículo 89. Reparcelación económica.

1. La reparcelación podrá ser económica en los siguientes supuestos:

a) Cuando las circunstancias de edificación, construcción o de índole similar concurrentes en la unidad de ejecución hagan impracticable o de muy difícil realización la reparcelación material en todo o en al menos el 20 por 100 de la superficie total de aquélla.

b) Cuando aun no concurriendo las circunstancias a que se refiere la letra anterior, así lo acepten los propietarios que representen el 50 por 100 de la superficie total de la unidad de ejecución.

2. La reparcelación económica se limitará a establecer las indemnizaciones sustitutorias con las rectificaciones correspondientes en la configuración y linderos de las fincas iniciales y las adjudicaciones que procedan en favor de sus beneficiarios, incluida la Administración urbanística, así como, en el supuesto previsto en la letra a) del número anterior, a redistribuir los terrenos en que no concurran las circunstancias justificativas de su carácter económico.

Sección 4ª Obtención y ejecución de las redes públicas

Artículo 90. Condiciones generales respecto a la obtención de suelo público.

Los terrenos que el planeamiento urbanístico destine y reserve a elementos integrantes de las redes públicas de infraestructuras, equipamientos y servicios pasarán a titularidad pública por alguno de los siguientes procedimientos:

a) Mediante cesión libre, gratuita y, en su caso, urbanizada, sólo cuando formen parte de un ámbito de actuación, de un sector o unidad de ejecución y según lo dispuesto en el artículo siguiente.

b) Mediante ocupación directa.

c) Mediante permuta forzosa, expropiación o cualquier otra forma de adquisición de la propiedad por la Administración actuante.

Artículo 91. Obtención de los terrenos destinados para las redes públicas en actuaciones integradas.

1. El suelo que el Plan General, en cumplimiento de lo dispuesto en el número 6 del artículo 36 de la presente Ley, haya reservado para redes públicas locales en cada ámbito o sector, y/o unidad de ejecución en que se pueda dividir, deberá ser cedido gratuitamente al Municipio, libre de cargas y urbanizado.

2. Además de las cesiones de suelo para redes locales, todo sector, y/o unidades de ejecución en que se pueda dividir, deben contribuir a las externalidades del sistema integrado de redes generales, y en el suelo urbanizable supramunicipales, de infraestructuras, equipamientos y servicios públicos, cediendo con tal destino la correspondiente superficie de suelo.

3. A estos efectos, para el sistema de redes públicas supramunicipales, deberá cederse a la Comunidad de Madrid, gratuitamente y libre de cargas, terreno en la cuantía de 20 metros cuadrados de suelo por cada 100 metros cuadrados construidos de cualquier uso. Del total de cada cesión, deberá destinarse la tercera parte, como mínimo, a la red de viviendas públicas o de integración social.

Para cumplir tal cesión se respetarán, en su caso, las siguientes reglas:

a) *Si no se hubieran* adscrito al sector o en su caso, las unidades de ejecución en que se divida, terrenos destinados por el planeamiento territorial o, en su defecto, por el planeamiento general a redes públicas supramunicipales en superficie suficiente a este deber de cesión, el promotor podrá cumplir el mismo de cualquiera de las siguientes formas:

1º Adquiriendo y cediendo a la Comunidad de Madrid la superficie que falta de terreno con este destino que se sitúen en el mismo área de reparto.

2º Adquiriendo y cediendo a la Comunidad de Madrid terreno con este destino situados en otro sector e incluso en otro Municipio distinto a los del sector o unidad de ejecución, y cuyo valor económico sea equivalente al de la superficie de suelo que falta. En este supuesto, no podrá incluirse el porcentaje destinado a la red de viviendas públicas o de integración social.

3º Abonando a la Comunidad de Madrid el valor económico equivalente a la superficie que falta.

b) Si en el interior del sector o en su caso en las unidades de ejecución en que se divida el planeamiento territorial o, en su defecto, el planeamiento general localiza suelos con destino a redes públicas supramunicipales cuya cesión resulta obligatoria, con superficie superior a la que determina el deber de cesión, los promotores podrán requerir de la Comunidad de Madrid la contribución a los costes de urbanización en la cuantía equivalente al valor del exceso de la superficie dotacional a ceder.

4. Para el sistema de redes públicas generales, deberán cederse al Municipio, gratuitamente y libres de cargas, terrenos en la cuantía establecida en el número 5 del artículo 36.

Para cumplir tal cesión, el suelo urbanizable, se respetarán, en su caso, las siguientes reglas:

a) Si la cuantía de redes públicas generales exige más suelos que los adscritos al sector o unidades de ejecución en que se divida, la cesión se materializará preferentemente en terrenos reservados por el Plan General con ese destino en otro sector excedente. De resultar inviable o excesivamente compleja la obtención de la superficie necesaria de terrenos en tales condiciones, se podrá sustituir la parte no satisfecha de la cesión mediante la entrega al Municipio de su valor económico.

b) Si en el interior del sector o unidad de ejecución el Plan General localiza suelos con destino a redes públicas generales cuya cesión resulta obligatoria, con superficie superior a la que determina el deber de cesión y no se produce la compensación establecida en el apartado a) anterior, los promotores podrán requerir del Municipio la contribución a los costes de urbanización en la cuantía equivalente al valor del exceso de la superficie dotacional a ceder.

5. Cuando las cesiones a que se refieren los dos números anteriores se hubieran sustituido, total o parcialmente, por el pago de su equivalente económico, las Administraciones destinarán tales ingresos a la adquisición de los suelos correspondientes destinados por el planeamiento a redes públicas supramunicipales y generales. La adquisición efectiva de los mismos deberá realizarse antes de tres años del cumplimiento de la obligación de cesión, debiéndose notificar a los cedentes la localización exacta de los suelos obtenidos.

6. Los terrenos destinados por el planeamiento urbanístico a edificaciones o instalaciones para las redes públicas tendrán carácter dotacional, por lo que no serán tenidos en cuenta a efectos del cálculo de los aprovechamientos lucrativos.

Artículo 92. Ocupación directa para la obtención de terrenos destinados para las redes públicas.

1. Se entiende por ocupación directa la obtención de terrenos destinados por el planeamiento a redes públicas de infraestructuras, equipamientos y servicios públicos, mediante el reconocimiento a su titular del derecho a integrarse en un ámbito de actuación, sector o unidad de ejecución en el que el aprovechamiento urbanístico total permitido por el planeamiento exceda del aprovechamiento que corresponda a sus propietarios.

2. La ocupación directa requiere que esté aprobada la ordenación pormenorizada, tanto de los terrenos a ocupar, con determinación del aprovechamiento que corresponda a su propietario, como del sector o unidad de ejecución en la que haya de integrarse.

3. El procedimiento de ocupación directa se ajustará a las siguientes reglas:

a) Será preceptiva la publicación de la relación de los terrenos y propietarios afectados, con indicación de los aprovechamientos urbanísticos correspondientes a cada uno de éstos y sector o unidad de ejecución donde habrán de hacerse efectivos sus derechos.

b) La relación señalada en el apartado anterior deberá ser notificada a los propietarios afectados, comunicando la ocupación prevista.

c) En el momento de la ocupación se levantará acta en la que se hará constar:

1º Lugar y fecha de otorgamiento.

2º Administración actuante.

3º Identificación de los titulares de los terrenos ocupados y situación registral de éstos.

4º Superficie ocupada.

5º Aprovechamientos urbanísticos que correspondan.

6º Sector o unidad de ejecución donde habrán de hacerse efectivos los aprovechamientos.

d) Los propietarios afectados tendrán derecho a la expedición de certificación administrativa, acreditativa de todos los extremos del acta, que producirá los efectos propios de la reparcelación.

e) Cuando los propietarios fueran desconocidos, no comparecientes, incapacitados sin representación o cuando se trate de propiedades litigiosas, las actuaciones se llevarán a cabo con el Ministerio Fiscal.

f) La Administración actuante remitirá al Registro de la Propiedad certificación de acta levantada a los efectos de la práctica de las inscripciones procedentes.

Artículo 93. Permuta forzosa de los terrenos destinados para las redes públicas.

1. Los terrenos destinados a redes públicas de infraestructuras, equipamientos y servicios públicos podrán obtenerse mediante permuta forzosa con terrenos pertenecientes a un patrimonio público de suelo que se encuentre incluido en el ámbito de actuación o área de reparto y que sea de características adecuadas para servir de soporte al aprovechamiento urbanístico que corresponda subjetivamente a su propietario, salvo que por éste se acepte voluntariamente la entrega de terrenos que no cumplan este requisito.

2. La permuta forzosa de terrenos requiere que previamente se haya determinado:

a) El aprovechamiento urbanístico que corresponda al propietario afectado.

b) Los terrenos pertenecientes al patrimonio público de suelo que van a ser permutados.

c) De no poder ser materializada la totalidad del aprovechamiento, la indemnización a satisfacer en metálico por la parte de aprovechamiento no materializable en ellos.

3. La permuta forzosa de terrenos se llevará a cabo por el procedimiento previsto en el artículo anterior, debiendo incluirse en el acta los terrenos del patrimonio público de suelo objeto de la permuta y, en su caso, la indemnización complementaria y el momento de su abono.

Artículo 94. Expropiación de los terrenos destinados para las redes públicas.

1. Cuando proceda, la expropiación del suelo destinado a redes públicas de infraestructuras, equipamientos y servicios públicos deberá tener lugar dentro de los cinco años siguientes a la aprobación del planeamiento urbanístico que legitime la actividad de ejecución.

2. Transcurrido el plazo previsto en el número anterior sin que la expropiación haya tenido lugar, el propietario afectado o sus causahabientes podrán interesar de la Administración competente la incoación del procedimiento expropiatorio. Si un año después de dicha solicitud la incoación no se hubiera producido, se entenderá iniciado el procedimiento por ministerio de la Ley, pudiendo el propietario o sus causahabientes dirigirse directamente al Jurado Territorial de Expropiación a los efectos de la determinación definitiva del justiprecio.

Artículo 95. Ejecución de las redes públicas.

1. Será obligación de los propietarios y/o promotores de cada ámbito de actuación, sector o unidad de ejecución costear y, en su caso, ejecutar la urbanización de todos los suelos destinados por el planeamiento a redes públi-

cas de infraestructuras, equipamientos y servicios y que sean objeto de cesión obligatoria. A tales efectos, el deber de urbanizar comprenderá todas las obras señaladas en el artículo 97 de la presente Ley.

2. No obstante lo dispuesto en el número anterior, la Administración competente, cuando así convenga para la funcionalidad de la red de que se trate, podrá ejecutar directamente las obras de urbanización sobre los correspondientes suelos de cesión. La ejecución directa por la Administración no eximirá, en todo caso, a los propietarios y/o promotores de la obligación de costear las obras.

3. Las obras correspondientes a la urbanización de suelos destinados a redes públicas que no se obtengan en el contexto de actuaciones integradas se realizarán por la Administración en cada caso competente, conforme a las determinaciones sustantivas, temporales y de gestión del planeamiento urbanístico.

4. La ejecución de las obras de edificación así como aquellas otras que excedan de los límites de la urbanización en los suelos destinados a redes públicas serán siempre a cargo de la Administración competente, independientemente de la forma en que se hayan obtenido los terrenos.

Sección 5ª Cesión de la participación de la comunidad en las plusvalías

Artículo 96. Cesión de la participación de la comunidad en las plusvalías del planeamiento.

1. En los ámbitos de actuación, sectores o unidades de ejecución, como parte de la actividad de ejecución, habrá de cederse al Municipio libre y gratuitamente, terrenos urbanizados en los que se materialice la participación de la comunidad en las plusvalías generadas por el planeamiento urbanístico.

2. Tales terrenos tendrán las dimensiones y condiciones de ordenación adecuadas para albergar el 10 por 100 del producto del coeficiente de edificabilidad o del aprovechamiento unitario del área de reparto por la superficie del sector o unidad de ejecución correspondiente, según proceda, y se cederán en los términos que resulten de la gestión del sistema de ejecución.

3. Cuando no sea posible, previa aceptación de la Administración municipal, podrá sustituirse la cesión en terrenos edificables por su equivalente económico. En todo caso, el suelo cedido o su equivalente económico quedarán incorporados al patrimonio municipal de suelo.

Sección 6ª Obras y cargas de urbanización

Artículo 97. Obras y cargas de urbanización.

1. La ejecución del planeamiento urbanístico en un ámbito de actuación, sector o unidad de ejecución o de una actuación edificatoria que implique obras accesorias de urbanización impone legalmente a la propiedad del suelo, con carácter real, el deber de sufragar a su cargo los costes de las obras de urbanización.

2. Formarán parte de las obras de urbanización los siguientes conceptos:

a) Obras de vialidad, incluyéndose en ellas las de explanación, afirmado y pavimentación de calzadas, construcción y encintado de aceras y canalizaciones que deban construirse en el subsuelo de las vías públicas para todo tipo de servicios.

b) Obras de saneamiento, que comprenden las relativas a colectores generales y parciales, acometidas, sumideros y atarjeas para aguas pluviales y estaciones depuradoras, en la proporción que afecte a la unidad de ejecución.

c) Obras para el suministro de agua, en las que se incluyen las de captación cuando fueran necesarias, de distribución domiciliaria de agua potable, de riego y de hidrantes contra incendios.

d) Obras de suministro de energía eléctrica, comprensivas de la conducción y la distribución de ésta, de alumbrado público y demás servicios requeridos por el planeamiento urbanístico.

e) Obras de jardinería y arbolado, así como de amueblamiento necesario para el uso y disfrute de parques, jardines, plazas y vías públicas.

f) Las indemnizaciones que procedan en favor de propietarios o titulares de derechos, incluidos los de arrendamiento, referidos a edificios y construcciones que deban ser demolidos con motivo de la ejecución del planeamiento, así como de plantaciones, obras e instalaciones que deban desaparecer por resultar incompatibles con éste.

g) En su caso, las obras de infraestructura y servicios exteriores a la unidad de actuación que sean precisas.

h) El coste de la redacción técnica y los anuncios preceptivos en la tramitación administrativa del planeamiento de desarrollo preciso para la ordenación pormenorizada y del proyecto o proyectos de urbanización.

i) Los gastos de reparcelación o compensación y de gestión del sistema de ejecución.

j) Los gastos de control de calidad de la urbanización.

k) Cualesquiera otros expresamente asumidos.

3. Los propietarios y las restantes personas que asuman la realización de la urbanización tienen derecho a resarcirse, con cargo a las entidades concesionarias o prestadoras de los correspondientes servicios, de los gastos correspondientes a las obras precisas para el primer establecimiento y el mantenimiento de los servicios de abastecimiento de agua potable, suministro de *energía eléctrica* y, en su caso, de telecomunicaciones, en la parte que, conforme a la reglamentación o las condiciones de prestación de éstos no deba ser asumida por los usuarios.

4. Las obras de urbanización correspondientes a cada actuación se definirán detalladamente y se valorarán económicamente en el correspondiente proyecto de urbanización. En el caso de que se realicen en el marco de actuaciones integradas, el coste total de las mismas se distribuirá en el pro-

ceso de equidistribución del correspondiente ámbito de actuación, sector o unidad de ejecución mediante el proyecto de reparcelación.

⇒ V. Jurisprudencia en arts. 122 y concordantes del TRLS/1976 (§3).

CAPÍTULO IV
Gestión mediante unidades de ejecución

Sección 1ª Unidades de ejecución

Artículo 98. Disposiciones básicas.

1. Las unidades de ejecución son los suelos acotados en el interior de los ámbitos de actuación o sectores que se delimitan para llevar a cabo la actividad de ejecución del planeamiento bajo la modalidad de actuación integrada.

2. Se exceptúan de la regla del número anterior exclusivamente las siguientes actuaciones:

a) La ejecución de Planes Especiales de redes de infraestructuras, equipamientos y servicios públicos de la Comunidad de Madrid.

b) Las de ejecución de obras públicas ordinarias, previstas en el artículo 130 de la presente Ley.

c) Las actuaciones edificatorias en el suelo urbano consolidado, incluso cuando impliquen la realización de obras accesorias de urbanización para dotar a las parcelas de la condición de solar, siempre que el planeamiento urbanístico prevea su ejecución mediante dichas actuaciones.

d) La ejecución de los ámbitos de actuación y de los sectores cuando exista una única unidad de ejecución.

Artículo 99. Requisitos.

1. La delimitación de unidades de ejecución comprende las siguientes determinaciones:

a) El señalamiento preciso del perímetro correspondiente, de forma que se defina inequívocamente el suelo que queda sometido a la actividad de ejecución bajo la modalidad de actuación integrada.

b) La elección del sistema de ejecución mediante el cual ha de llevarse a cabo la actividad de ejecución del planeamiento.

2. Todo suelo delimitado como unidad de ejecución cumplirá los siguientes requisitos:

a) Formará un espacio cerrado continuo o discontinuo.

b) Todos los terrenos pertenecerán al mismo ámbito de actuación o al mismo sector.

c) En caso de existir más de una unidad de ejecución en un mismo ámbito de actuación o sector, la diferencia entre los aprovechamientos unitarios derivados de la ordenación entre cada una de ellas no podrá ser superior al 15 por 100.

d) Asegurará su idoneidad técnica y viabilidad económica, así como su capacidad para garantizar el realojo de los ocupantes legítimos de inmuebles que tengan derecho legalmente al mismo.

Artículo 100. Delimitación.

1. La delimitación de las unidades de ejecución es el acto administrativo a partir del cual se considera el inicio de la actividad de ejecución en la modalidad de actuación integrada.

2. Cuando no se contenga directamente en el planeamiento urbanístico, la delimitación de las unidades de ejecución y su modificación, incluso de la establecida directamente por el planeamiento, se acordará por los municipios, de oficio o a instancia de parte interesada, previos los trámites de aprobación inicial, notificación personal a los propietarios y titulares de derechos afectados e información pública por veinte días. El plazo máximo para resolver los procedimientos iniciados a instancia de parte será de cuatros meses, transcurridos el cual podrá entenderse desestimada la solicitud.

3. El acuerdo de aprobación definitiva de la delimitación de las unidades de ejecución y de su modificación deberá publicarse, para su eficacia, en el «Boletín Oficial de la Comunidad de Madrid».

Sección 2ª Sistemas de ejecución

Artículo 101. Sistemas de ejecución.

1. Para cada ámbito de actuación, sector o unidad de ejecución, el planeamiento urbanístico deberá optar expresamente, para el desarrollo de la actividad de ejecución, entre los sistemas de ejecución privada y pública, especificando el sistema elegido. Si el planeamiento no hubiera expresado el sistema de ejecución elegido, se llevará a cabo por la Administración al resolver sobre la delimitación de la correspondiente unidad de ejecución.

2. La ejecución privada del planeamiento en actuaciones integradas se llevará a cabo por el sistema de Compensación.

3. La ejecución pública del planeamiento en actuaciones integradas, salvo que deba tener por objeto sólo obras públicas ordinarias, se llevará a cabo por alguno de los sistemas:

a) Cooperación

b) Expropiación

c) Ejecución forzosa

Los propietarios de suelo, podrán participar en todo caso, en la gestión de los diferentes sistemas, mediante la constitución de Entidades, cuya naturaleza y funciones se determinarán reglamentariamente.

⇒ V. arts. 6 y concordantes del RD 1093/1997, de 4 julio (§2.1).
V. Jurisprudencia en arts. 119 y concordantes del TRLS/1976 (§3).

Artículo 102. Elección del sistema.

a) La elección del sistema de actuación se efectuará por la Administración actuante entre los diferentes previstos en la presente Ley, en coherencia con su política urbanística.

b) La Administración actuante para determinar el sistema que deba aplicarse para el desarrollo y la ejecución de una actuación urbanística, tendrá en cuenta la adecuada ponderación de todas las circunstancias concurrentes en el caso y, en particular, los objetivos a alcanzar con la actuación, las necesidades colectivas que ésta deba cubrir o satisfacer, los medios económicos disponibles y la capacidad de gestión de la Administración.

Artículo 103. Sustitución del sistema.

1. La sustitución del sistema de compensación conforme al que deba desarrollarse o esté desarrollándose la ejecución del planeamiento por un sistema de ejecución pública acordada de oficio o a instancia de cualquier persona interesada, podrá tener lugar:

a) Por desistimiento de la iniciativa beneficiaria de la ejecución. El desistimiento únicamente podrá formularse válidamente dentro de los dos meses siguientes a la notificación de la resolución municipal correspondiente.

b) Por el transcurso del doble de los plazos establecidos en el artículo siguiente sin que ni los propietarios de suelo ni personas privadas distintas hayan adoptado la iniciativa para acometer la ejecución del ámbito de actuación, sector o unidad de ejecución correspondiente. En este supuesto, la decisión de la Administración de proceder al cambio de sistema de ejecución deberá ser notificada a todos los propietarios y publicada en el «Boletín Oficial de la Comunidad de Madrid», y sólo será efectiva si tres meses después de publicada no se hubiera presentado ninguna iniciativa privada de ejecución.

c) Por incumplimiento de los deberes, obligaciones y compromisos inherentes al sistema de compensación que impida o dificulte apreciablemente la conclusión de la ejecución con perjuicio grave para el interés público o para los intereses legítimos de terceros. El incumplimiento deberá ser declarado en procedimiento dirigido a tal fin, en el que deberá darse audiencia a los interesados y celebrarse información pública por plazo mínimo de veinte días. El procedimiento podrá terminarse mediante convenio, en el que podrá preverse, en las condiciones que al efecto se precisen, la continuación en el proceso urbanizador y edificatorio de las personas habilitadas para la ejecución y de los propietarios de suelo intervinientes en el sistema sustituido que así lo deseen.

d) Por comisión, con motivo del desarrollo de la actividad de ejecución, de una infracción urbanística muy grave o de dos o más infracciones urbanísticas graves, declarada mediante resolución sancionadora firme.

2. La sustitución del sistema de compensación comportará en todos los supuestos previstos en el número anterior la pérdida en favor del Municipio de las garantías que hubieran sido constituidas.

Sección 3ª Sistema de compensación

Subsección 1ª Disposiciones generales

Artículo 104. Iniciativa para la aplicación y definición del sistema de compensación.

La iniciativa para la aplicación efectiva y la definición del sistema de compensación podrá ejercerse, una vez establecido dicho sistema por el planeamiento urbanístico o con ocasión de la delimitación de la unidad o unidades de ejecución correspondientes, por:

a) En el suelo urbano no consolidado y en el suelo urbanizable sectorizado durante el año siguiente a la publicación del acuerdo de aprobación definitiva del Plan General, por propietarios de terrenos incluidos en el ámbito de actuación, sector o la unidad de ejecución que representen al menos el 50 por 100 de la superficie total del ámbito de actuación, sector o de la unidad de ejecución.

b) En el suelo urbanizable no sectorizado durante los dos años siguientes a la publicación del acuerdo de aprobación definitiva del Plan General por los propietarios de terrenos que representen al menos el 50 por 100 de la superficie total del sector que se pretenda delimitar.

c) Transcurridos los plazos a que se refieren las letras anteriores, cualquier persona, aunque no sea propietaria de suelo en el sector o la unidad de ejecución o la Administración sustituyendo el sistema por el de cooperación.

⇒ V. art. 4 de la Ley 6/1998, de 13 abril (§1).
V. arts. 6 y concordantes del RD 1093/1997, de 4 julio (§2.1).
V. Jurisprudencia en arts. 126 y concordantes del TRLS/1976 (§3).

Artículo 105. Afectación real de los terrenos al cumplimiento de los deberes y obligaciones del sistema de compensación.

El establecimiento y la definición del sistema de compensación determinarán la afectación real de la totalidad de los terrenos incluidos en el ámbito de actuación, sector o la unidad o unidades de ejecución al cumplimiento de los deberes legales y las obligaciones inherentes al mismo, con inscripción en el Registro de la Propiedad mediante nota marginal.

Subsección 2ª Ejecución directa por los propietarios

Artículo 106. Formalización de la iniciativa.

1. La iniciativa de los propietarios de suelo, deberá formalizarse mediante la presentación en el Municipio de los siguientes documentos:

a) Acreditación de la representación por los propietarios que adopten la iniciativa de al menos el 50 por 100 de la superficie del ámbito de actuación, sector o unidad de actuación, acompañada de relación concreta e individualizada de los bienes y derechos comprendidos en el ámbito, sector o unidad de actuación, que deban quedar vinculados al sistema de ejecución para llevar a cabo ésta, con expresión de sus titulares e indicación de su residencia y domicilio de acuerdo con los datos del Registro de la Propiedad y, en su caso, del Catastro.

b) Plan de Sectorización y/o Plan Parcial del sector a que se refiera, cuando éstos sean necesarios, debiendo delimitar la unidad o unidades de ejecución en que se divide.

c) Proyecto de urbanización del ámbito, sector o unidad de ejecución.

d) Propuesta de estatutos y bases de actuación de la Junta o Juntas de Compensación.

e) Acreditación de haberse insertado anuncio de la iniciativa en el «Boletín Oficial de la Comunidad de Madrid» y en, al menos, uno de los diarios de mayor difusión en ella.

2. Cuando la iniciativa se formule por propietario único o haya conformidad de todos los propietarios de terrenos incluidos en el ámbito de actuación, sector o unidad de ejecución, la propuesta de estatutos y bases de actuación de la Junta de Compensación podrá ser sustituida por propuesta de convenio urbanístico con el contenido previsto en el artículo 246 de la presente Ley.

Artículo 107. Procedimiento para la aceptación de la iniciativa y aplicación del sistema.

1. Presentada una iniciativa en el Municipio, el Alcalde, dentro del mes siguiente, someterá al Pleno la adopción de uno de los dos acuerdos siguientes:

a) Desestimación de la iniciativa por cualquiera causa que la justifique, incluidas las referidas tanto al ejercicio de la potestad de planeamiento, cuando la iniciativa se formule simultáneamente con solicitud de aprobación del planeamiento preciso para legitimar la ejecución, como a la determinación por el planeamiento en vigor de un sistema de ejecución pública o, de no contener éste previsión expresa al respecto, la procedencia de la elección de uno de los sistemas de ejecución pública.

b) Estimación de la iniciativa.

2. Inmediatamente después de la adopción del citado acuerdo plenario por el que se estime la iniciativa, el órgano competente procederá a:

a) La aprobación inicial del proyecto del Plan de Sectorización y/o del Plan Parcial que se hubiera presentado conjuntamente con la iniciativa.

En este caso se observará en la ulterior tramitación el procedimiento prescrito para la aprobación de los Planes de Sectorización y Planes Parciales.

b) La aprobación inicial de la delimitación de la o las unidades de ejecución, si procede, y del proyecto o proyectos de urbanización, con apertura, por plazo mínimo de veinte días, del trámite de información pública y audiencia de los propietarios de todos los terrenos afectados, que deberán ser citados individualmente. Esta citación no procederá en el caso de que la iniciativa haya sido formulada por el propietario único de los terrenos o por acuerdo de todos los propietarios.

3. Con ocasión de la aprobación definitiva del Plan de Sectorización y/

o Plan Parcial presentado conjuntamente con la iniciativa o, en otro caso, una vez transcurrido el plazo del trámite de información pública y audiencia y a la vista del resultado del mismo, el órgano municipal competente deberá adoptar acuerdo sobre la aprobación definitiva de:

a) En su caso, la delimitación de las unidades de ejecución.

b) La aplicación del sistema de compensación.

c) Los estatutos y las bases de actuación de la Junta de Compensación o, en su caso, del convenio urbanístico, con las rectificaciones que fueran procedentes por razones de legalidad o a resultas de las alegaciones presentadas.

d) El o los proyectos de urbanización presentados.

Si en el proyecto o proyectos de urbanización presentados se apreciaran deficiencias o se considerara procedente, la emisión de informe o informes de organismos que, por razón de sus competencias, se estimen determinantes, podrá adoptarse, respecto de aquél o aquéllos, acuerdo de aplazamiento de la aprobación definitiva hasta la subsanación de las deficiencias observadas o la emisión de los informes necesarios.

4. El plazo máximo para resolver desde la aprobación definitiva del planeamiento será de tres meses y, los efectos del transcurso de éste sin adopción de resolución expresa serán los establecidos en la presente Ley para la aprobación de los Planes Parciales.

Artículo 108. Desarrollo del sistema de compensación.

1. La aprobación definitiva de la aplicación del sistema de compensación determinará:

a) La asunción por los propietarios de la actividad de ejecución en los términos y condiciones en que haya quedado definido el sistema para su desarrollo bajo la dirección, supervisión, intervención y control de la Administración municipal.

b) La obligación de la constitución de garantía de la correcta ejecución a favor del Municipio por importe mínimo del 10 por 100 del importe total previsto de las obras de urbanización con carácter previo al comienzo de éstas.

2. La gestión de la actividad de ejecución podrá llevarse a cabo:

a) En Junta de Compensación, cuya constitución será preceptiva cuando los propietarios cuya iniciativa haya dado lugar a la aplicación del sistema no representen la totalidad de la superficie de suelo del sector o unidad de ejecución.

La Junta de Compensación tendrá la consideración de ente corporativo de Derecho público, con personalidad jurídica propia y plena capacidad de obrar desde su inscripción administrativa y la de la constitución de sus órganos directivos.

b) Mediante sociedad mercantil constituida al efecto y en cuyo capital participen los propietarios de todos los terrenos afectados por el sistema de ejecución.

c) Directamente por el propietario único de los terrenos del ámbito de actuación, sector o unidad de ejecución.

3. En el caso de gestión en Junta de Compensación:

a) La Junta ejerce la actividad de ejecución del planeamiento por atribución legal y asume frente al Municipio la directa responsabilidad de la realización de las obras de urbanización y, en su caso, de edificación.

b) Los propietarios que no hubieran participado en la iniciativa deberán incorporarse a la Junta, si no lo hubieran hecho ya antes, dentro del mes siguiente a la notificación individualizada de la aprobación definitiva de los estatutos y las bases de actuación de aquélla. Transcurrido este plazo serán expropiados a favor de la Junta todos los propietarios que no se hubieran incorporado a ella.

Podrán incorporarse también a ella las empresas promotoras que deban participar en la ejecución.

c) El incumplimiento por los miembros de la Junta de sus deberes legales y demás obligaciones derivadas del sistema habilitará al Alcalde para disponer la expropiación de sus terrenos y derechos en favor de dicha entidad, que tendrá la condición de beneficiaria.

d) La Junta actuará como fiduciaria con pleno poder dispositivo sobre las fincas iniciales, pudiendo ocuparlas a los efectos de la realización de las obras de urbanización:

1º De los propietarios miembros, sin más limitaciones que las establecidas en los estatutos, desde el momento que se fije al efecto en las bases de actuación.

2º De los propietarios no adheridos al sistema, desde el pago o consignación del justiprecio, salvo que fuera urgente.

e) La Junta podrá recaudar de sus miembros, por delegación del Municipio, las cuotas de urbanización por la vía de apremio, pudiendo formularse contra las liquidaciones recurso de alzada ante el órgano competente del Ayuntamiento.

f) Del órgano máximo de gobierno de la Junta formará parte en todo caso un representante del Municipio.

g) Contra todos los acuerdos y decisiones de la Junta podrá deducirse, en todo caso, recurso de alzada ante el órgano competente del Ayuntamiento.

4. En caso de gestión mediante sociedad mercantil, todos los propietarios deberán aportar a la misma los terrenos, construcciones y edificaciones de que sean titulares en el ámbito de actuación, el sector o la unidad o unidades de ejecución.

Subsección 3ª Ejecución por adjudicatario en concurso

Artículo 109. Formalización de la iniciativa y de alternativas.

1. La iniciativa de propietarios o personas que no tengan tal condición a que se refiere la letra c) del artículo 104 de la presente Ley deberá formalizarse mediante la presentación en el Ayuntamiento de los siguientes documentos:

a) Si procede de propietarios de suelo, los exigidos en el artículo 106 de la presente Ley.

b) Si la iniciativa parte de persona o personas que no tengan la condición de propietario o que aun teniendo esta condición no alcancen a representar el 50 por 100 de la superficie del ámbito de actuación, sector o de la unidad o unidades de ejecución, además de los documentos exigidos en el artículo 106, excepto en su punto c), los siguientes:

1º Oferta, que deberá incluir las siguientes alternativas dirigidas a los propietarios de terrenos incluidos en el ámbito, sector o las unidades de ejecución:

1.1. Oferta de compra de los terrenos por precio determinado, fijado en función de los criterios de valoración establecidos en la legislación general aplicable.

1.2. Oferta de incorporación de los propietarios al proceso urbanizador, mediante aportación de suelo exclusivamente o asumiendo también los gastos de la ejecución en proporción a su aportación, con especificación de los derechos que les corresponden según la situación registral de las fincas que aporten, su superficie, la edificabilidad y el aprovechamiento derivado del planeamiento.

2º Cuaderno de compromisos asumidos voluntariamente, protocolizado notarialmente, en el que deberán figurar, en todo caso, alguno de los siguientes:

2.1. Efectuar aportaciones al patrimonio público de suelo del Municipio o de la Comunidad de Madrid.

2.2. Destinar solares resultantes a fines de utilidad pública o interés social.

2.3. Respetar precios máximos en las ventas a terceros de solares o edificios terminados, así como en los arrendamientos de viviendas o locales.

2. Las iniciativas formuladas por propietarios podrán incluir personas que no tengan tal condición, indicando la intervención y los derechos que les corresponden. Las iniciativas formuladas por no propietarios podrán incluir propietarios, con indicación de los derechos que les corresponden. Estas últimas no tendrán en ningún caso la condición de iniciativas formuladas por propietarios.

Artículo 110. Alternativas a la iniciativa.

1. Las alternativas que se presenten a las iniciativas a que se refiere el

artículo anterior, deberán reunir los requisitos documentales propios de éstas que procedan en función de sus proponentes, a excepción del anuncio y del proyecto de Plan Parcial y, en su caso, también del proyecto o proyectos de urbanización cuando la alternativa se apoye en los ya presentados.

2. En el caso de resultar beneficiaria de la ejecución y de la aplicación del sistema una alternativa distinta a la que hubiera formulado el proyecto de Plan de Sectorización y/o Plan Parcial y el proyecto o proyectos de urbanización, o cuando la aprobación definitiva haya recaído en Plan o proyectos distintos del que hubiera presentado el beneficiario, éste deberá abonar a la iniciativa o alternativa que hubiera aportado el Plan o el proyecto o proyectos todos los gastos efectuados para su redacción y elaboración. La acreditación del pago de estos gastos será condición necesaria para la eficacia de la resolución municipal que atribuya la ejecución y aplique y defina el sistema.

Artículo 111. Procedimiento para la adjudicación y aplicación del sistema.

1. Presentada una iniciativa acompañada de la documentación completa, se procederá en la forma prevista en los números 1 y 2 del artículo 107 de la presente Ley.

2. Durante el período de información pública podrán ser presentadas alternativas a la iniciativa inicialmente formulada.

3. Cualquier interesado en presentar una alternativa, podrá solicitar, durante los 10 primeros días de información pública, la prórroga del plazo para la presentación de la documentación, acompañando a la petición prestación de garantía en la cuantía que se determine reglamentariamente. En este supuesto, el período de información pública se ampliará en veinte días.

La no presentación en plazo de la alternativa anunciada determinará la pérdida de la garantía en favor del Municipio.

4. De no presentarse alternativas, el Municipio resolverá conforme a lo dispuesto en el número 3 del artículo 107 de la presente Ley, aprobando, además y en su caso, la oferta y los compromisos que procedan.

5. De presentarse alternativas, en la misma resolución el Municipio elegirá, además, entre la iniciativa y sus alternativas que considere más adecuadas al interés general urbanístico, observando las siguientes reglas:

a) En igualdad de condiciones, se atribuirá la ejecución a quien hubiera formulado la iniciativa.

b) Procederá la atribución preferente de la ejecución a la iniciativa o alternativa a que se hubieran adherido un número de propietarios que represente, al menos, el 50 por 100 de la totalidad de la superficie del ámbito de actuación, sector o la unidad o unidades de ejecución.

6. La resolución deberá adoptarse en acto público celebrado a tal fin y al que serán convocados el promotor de la iniciativa y cuantos hubieran presentado alternativas.

7. La resolución adoptada se comunicará, además de al promotor de la iniciativa y a cuantos hubieran presentado alternativas, a todos los propieta-

rios de los terrenos incluidos en el ámbito, el sector o la unidad o unidades de ejecución, publicándose en el «Boletín Oficial de la Comunidad de Madrid».

8. La adjudicación se formalizará mediante convenio urbanístico suscrito entre el Municipio y el adjudicatario.

Artículo 112. Atribución de la ejecución conjuntamente a dos o más promotores de iniciativas o alternativas.

En el procedimiento regulado en el artículo anterior, el Pleno podrá atribuir la ejecución del sistema y la definición del mismo, conjuntamente a más de un promotor, siempre que exista previo acuerdo entre ellos y se trate de las soluciones más ventajosas de entre las presentadas.

Artículo 113. Desarrollo del sistema en caso de adjudicatario no propietario.

1. Cuando la ejecución se atribuya a quien haya formulado iniciativa o alternativa sin tener la condición de propietario de suelo, el desarrollo del sistema se ajustará a las siguientes reglas:

a) El adjudicatario asume la ejecución urbanística, en calidad de promotor, conforme al convenio urbanístico y a la oferta efectuada a los propietarios del suelo.

b) Al Municipio le corresponde la dirección, supervisión y control de la ejecución.

c) La gestión de la actividad podrá llevarse a cabo:

1º Directamente por la persona física o jurídica a la que se haya atribuido la ejecución.

2º A través de entidad urbanística constituida al efecto, a la que podrán incorporarse los propietarios de suelo que lo deseen.

d) La atribución y definición del sistema determina la iniciación del procedimiento expropiatorio en beneficio del adjudicatario, respecto de los terrenos de aquellos propietarios que no acepten la oferta de compra, ni se incorporen al sistema.

2. El adjudicatario promotor estará habilitado para incorporar a la gestión, en cualquier momento y en las condiciones que libremente pacten entre sí, a cualquier propietario de suelo, previa solicitud a la Administración actuante de liberación del terreno de que se trate de la expropiación.

3. Cuando algunos propietarios de terrenos incluidos en el ámbito de actuación, el sector o la unidad o unidades de ejecución rechacen expresa o tácitamente las ofertas de compra y de incorporación al proceso urbanizador, el adjudicatario, a fin de poder ocupar los terrenos, podrá solicitar del Ayuntamiento la urgente ocupación de los mismos.

4. Cuando los propietarios se incorporen al sistema, la Administración actuante a instancia del adjudicatario levantará acta, en la que se especificará:

a) Lugar y fecha de otorgamiento.

b) Administración actuante.

c) Delimitación del suelo de que se trata.

d) Propietarios que se incorporen al sistema, terrenos y bienes incluidos en el ámbito de actuación, el sector o la unidad o unidades de ejecución que aportan, describiendo la situación registral, superficie y aprovechamiento urbanístico que corresponde a todos y cada uno de ellos y las parcelas o solares edificables resultantes en las que se hará efectivo dicho aprovechamiento.

El acta levantada se unirá al Proyecto de Reparcelación con el acuerdo de los propietarios procolizado notarialmente.

Subsección 4ª Procedimiento abreviado

Artículo 114. Procedimiento abreviado.

Las iniciativas y, en su caso, alternativas que cuenten con el respaldo de propietarios que representen, al menos, el 70 por 100 de la superficie total, podrán incluir el proyecto de reparcelación para su tramitación conjunta con la iniciativa o alternativa correspondiente. La resolución municipal que apruebe definitivamente la iniciativa o adjudique ésta incluirá la aprobación del proyecto de reparcelación.

Sección 4ª Sistema de cooperación

Artículo 115. Características del sistema de cooperación.

1. En el sistema de ejecución por cooperación los propietarios aportan la totalidad de los terrenos de cesión obligatoria y gratuita, soportando la ocupación de cualesquiera otros terrenos necesarios para la ejecución de las obras de urbanización, y la Administración ejecuta las obras de urbanización por cuenta y cargo de los mismos.

2. El sistema de cooperación comporta, de ser necesaria, la reparcelación forzosa para la equitativa distribución entre los propietarios de los beneficios y las cargas, incluidos los costes de urbanización y de gestión del sistema. No será necesaria la reparcelación en los supuestos de propietario único de la totalidad de los terrenos.

3. Cuando exista un solo propietario o todos los propietarios presten su conformidad, las bases del sistema podrán establecerse mediante convenio urbanístico.

4. Los propietarios podrán participar, en todo caso, en la gestión del sistema, con el alcance que se determine reglamentariamente, mediante la constitución de una entidad urbanística.

⇒ V. arts. 168.1, 169 y 170.1 del TRLS/1992 (§2).
V. art. 5 de la Ley 6/1998, de 13 abril (§1).
V. arts. 6 y concordantes del RD 1093/1997, de 4 julio (§2.1).
V. Jurisprudencia en arts. 131 y concordantes del TRLS/1976 (§3).

Artículo 116. Gestión del sistema de cooperación.

1. La Administración actuante desarrollará la actividad de ejecución di-

rectamente, actuando sin órgano diferenciado, a través de organismo público o mediante sociedad mercantil de capital íntegramente público o mixto.

2. La atribución legal de la gestión del sistema a sociedad mercantil podrá hacerse a entidad de capital íntegramente público, aunque éste pertenezca a otra Administración pública, o la de capital mixto que se cree exclusivamente con tal finalidad. En este último supuesto los propietarios de terrenos incluidos en el ámbito de actuación, el sector o la unidad o unidades de ejecución podrán participar en su capital, incluso si su participación se limita a la aportación de los terrenos y las construcciones y edificaciones de que sean titulares.

Sección 5ª Sistema de expropiación

Artículo 117. Características del sistema de expropiación.

1. En el sistema de expropiación la Administración actuante aplica la expropiación a la totalidad de los bienes y derechos incluidos en el ámbito de actuación, sector o la unidad o unidades de ejecución y realiza las obras de urbanización y, en su caso, de edificación.

2. La delimitación de unidades de ejecución a realizar por el sistema de expropiación deberá ir acompañada de una relación de propietarios y una descripción de bienes y derechos, redactadas con arreglo a lo dispuesto en la legislación de expropiación forzosa y conforme a los datos que resulten de los registros públicos.

3. Los bienes de dominio público se identificarán, relacionarán y describirán de forma separada e independiente.

⇒ V. arts. 33 a 40 de la Ley 6/1998, de 13 abril (§1).
V. arts. 22 y concordantes del RD 1093/1997, de 4 julio (§2.1).
V. Jurisprudencia en arts. 134 y concordantes del TRLS/1976 (§3).

Artículo 118. Gestión del sistema de expropiación.

1. La resolución que determine el sistema de expropiación deberá fijar la forma de gestión de éste.

2. La Administración actuante, para desarrollar la actividad de ejecución, podrá optar entre:

a) La gestión directa e indiferenciada.

b) La gestión a través de una entidad de Derecho público de ella dependiente o a ella adscrita.

c) La encomienda, previa suscripción de convenio de colaboración, a otra Administración pública territorial o a una entidad de Derecho público dependiente o adscrita a ella.

d) La atribución a concesionario.

Artículo 119. Gestión del sistema de expropiación por concesionario.

1. La concesión de la gestión del sistema de expropiación se otorgará mediante concurso, convocado sobre la base de pliego de condiciones que

determine, con precisión y con arreglo al planeamiento urbanístico que legitime la actividad de ejecución, las características técnicas, jurídicas y económicas de la actuación a ejecutar, así como los compromisos y las obligaciones, sustantivas y temporales, a asumir por el adjudicatario en su condición de urbanizador. El concurso se tramitará y resolverá conforme a la legislación reguladora de la Administración actuante, con las especialidades establecidas en esta Sección.

2. En el concurso previsto en el número anterior podrán participar, agrupados en entidad urbanística de urbanización, constituida o en fase de constitución, los propietarios afectados por la actuación que representen, como mínimo, el 50 por 100 de la total superficie de ésta, teniendo derecho preferente a la adjudicación del concurso siempre que su oferta iguale la más ventajosa de entre las restantes ofertas presentadas.

3. Las entidades urbanísticas a que se refiere el número anterior, tendrán la condición de entidades urbanísticas colaboradoras. En ellas podrán participar, además de los propietarios, terceras personas que contribuyan a la financiación de la urbanización o asuman la realización de las obras en calidad de contratistas.

4. El concurso podrá adjudicarse, previo acuerdo entre los correspondientes ofertantes y aceptación de la Administración actuante, conjuntamente a dos o más de ellos, incluidos los propietarios a que se refiere el número anterior, siempre que se trate de las ofertas más ventajosas de entre las presentadas.

5. La concesión se formalizará en convenio urbanístico.

6. El concesionario, que tendrá la condición de promotor, podrá incorporar a la gestión urbanística, en cualquier momento y en las condiciones que libremente pacten entre sí, a cualquiera de los propietarios de suelo, previa solicitud a la Administración actuante y resolución favorable de ésta, de liberación del bien o de los bienes correspondientes de la expropiación. Los pactos entre promotor y propietario de suelo no alterarán las condiciones de la concesión.

Artículo 120. Ejecución de la urbanización en el sistema de expropiación.

1. La Administración actuante o la entidad que tenga asumida la gestión del sistema por encomienda de ésta, así como, en su caso, el concesionario promotor, deberán ejecutar la urbanización en los plazos previstos en el planeamiento legitimador de aquélla.

2. Inmediatamente después de finalizada la expropiación y sin perjuicio del deber de urbanización, deberá ponerse a disposición del Municipio y de la Comunidad de Madrid, libres de cargas, gravámenes y ocupantes, los terrenos de cesión obligatoria y gratuita, conforme al planeamiento urbanístico en ejecución.

3. *La edificación* de las parcelas resultantes conforme al planeamiento urbanístico en ejecución podrá efectuarse antes de la ultimación del conjunto de las obras de urbanización, siempre y cuando se asegure, como mínimo, la

realización simultánea de las que sean necesarias para que cada parcela adquiera la condición de solar.

Artículo 121. Reglas sobre el justiprecio y pago en especie.

1. El justiprecio de los bienes y derechos se determinará mediante aplicación de los criterios establecidos por la legislación de expropiación forzosa.

2. El pago del justiprecio podrá producirse, de acuerdo con el expropiado, mediante adjudicación de otras fincas, parcelas o solares, no necesariamente localizadas en la unidad de ejecución, pertenecientes al beneficiario de la expropiación.

3. El desacuerdo en la valoración de la finca, parcela o solar ofrecida en pago del justiprecio no impedirá la adjudicación de un bien por otro, si bien el expropiado podrá acudir al Jurado Territorial de Expropiación para que fije con carácter definitivo el valor de la adjudicada en pago. La diferencia en más que suponga el valor que establezca dicho Jurado se pagará siempre en dinero.

4. El justiprecio podrá fijarse por mutuo acuerdo entre la Administración actuante y el expropiado. El mutuo acuerdo será posible en cualquier momento anterior a la fijación definitiva en vía administrativa del justiprecio y deberá respetar los criterios de valoración a que se refiere el número 1 de este artículo.

Artículo 122. Liberación de la expropiación.

1. La Administración podrá acordar, en cualquier momento y a solicitud del interesado o, en su caso, del concesionario promotor, liberar de la expropiación determinados bienes o derechos, mediante la imposición de las condiciones urbanísticas que procedan para asegurar la ejecución del planeamiento.

2. La solicitud de liberación deberá contener:

a) La exposición razonada de los motivos en que se fundamente y, en particular, la justificación de la compatibilidad entre el mantenimiento del bien o bienes inmuebles o de los derechos sobre ellos de que se trate, de un lado, y la ordenación urbanística aplicable y su ejecución, de otro.

b) La especificación de los deberes legales vinculados al proceso urbanizador y a los que estén afectados los bienes y derechos que estén aún pendientes de cumplimiento, así como las condiciones resolutorias de la liberación en caso de incumplimiento de los términos de ésta y las garantías a prestar para asegurar el cumplimiento de los mismos.

3. La resolución estimatoria de la solicitud de liberación, cuya eficacia requerirá la aceptación expresa de las condiciones en ella impuestas y su inscripción en el Registro de la Propiedad, deberá precisar, para su validez, los bienes y derechos afectados por la liberación; los términos y condiciones de la vinculación de dichos bienes y derechos al proceso urbanizador y edificatorio y las garantías a prestar por el beneficiario para asegurar el cumplimiento de tales términos y demás condiciones impuestas.

4. El incumplimiento de las obligaciones derivadas de los términos y

las condiciones establecidos en la resolución liberatoria de la expropiación supondrá, a elección de la Administración o entidad pública actuante y en función de las circunstancias concurrentes, la aplicación del régimen de sustitución o la expropiación por incumplimiento de la función social de la propiedad, con pérdida en favor de la Administración de las garantías en todo caso.

Artículo 123. Procedimiento para el desarrollo del sistema de expropiación.

Para la expropiación podrá aplicarse tanto el procedimiento individualizado como el de tasación conjunta, conforme a la legislación de expropiación forzosa.

Artículo 124. Disposición anticipada de parcelas.

La Administración o la entidad pública actuante y el concesionario promotor, previa autorización de una u otra, podrán ceder, permutar o enajenar las parcelas resultantes en cualquier momento a partir de la conclusión del procedimiento expropiatorio, siempre que quede suficientemente garantizada la total ejecución por el adquirente, en los plazos y las condiciones establecidos por el planeamiento urbanístico, de las obras de urbanización y las de edificación aún pendientes, incluso en la forma de realización de las primeras de forma simultánea a las segundas.

Sección 6ª Sistema de ejecución forzosa

Artículo 125. Características del sistema de ejecución forzosa.

1. En el sistema de ejecución forzosa la Administración actuante culmina subsidiariamente la actividad de ejecución aún pendiente, en sustitución, por cuenta y cargo de la entidad o persona directamente responsables de dicha ejecución hasta el momento de la aplicación de dicho sistema.

2. La aplicación del sistema de ejecución forzosa requerirá la declaración del incumplimiento de cualquiera de los deberes legales y las obligaciones inherentes del sistema de compensación sustituido, incluso los referidos a plazos, previo procedimiento en el que deberá oírse a la entidad o persona responsable y, en todo caso, a los propietarios.

3. La declaración a que se refiere el número anterior, con fijación del sistema de ejecución forzosa, supondrá la afectación legal de todos los terrenos, construcciones y edificaciones, así como de los derechos, al cumplimiento de dicho sistema, siendo inscribible en el Registro de la Propiedad, a cuyo efecto deberá comunicarse a éste para que se haga constar mediante nota marginal.

Artículo 126. Gestión del sistema de ejecución forzosa.

1. El sistema de ejecución forzosa se gestionará siempre de forma directa por la Administración mediante encomienda bien a sociedad mercantil de capital público propio o perteneciente a cualquiera de las otras Administraciones públicas de la Comunidad de Madrid o de la que se constituya, en otro caso, con esta exclusiva finalidad. En este último caso la sociedad podrá ser de capital mixto, pudiendo participar en él los propietarios de terrenos

incluidos en el ámbito de actuación, sector o la unidad o unidades de ejecución que habiendo cumplido sus deberes soliciten su incorporación a la gestión.

2. La sociedad que asuma la encomienda de la gestión, que tendrá la consideración de entidad gestora, contratará con empresarios privados la realización de las obras de urbanización y edificación precisas.

Artículo 127. Contenido y efectos de la resolución por la que se determina el sistema de ejecución forzosa.

1. La resolución que determine la aplicación del sistema de ejecución forzosa por incumplimiento de los deberes inherentes al de compensación deberá ser motivada y establecer con toda precisión:

a) Los incumplimientos apreciados.

b) El contenido y el alcance de los deberes y las restantes obligaciones pendientes de cumplimiento.

c) Los instrumentos de ejecución del planeamiento y los proyectos cuya formulación sea aún necesaria para ultimar la ejecución de la actuación.

d) Las obras de urbanización y, en su caso, de edificación pendientes de ejecución, el coste previsto de ésta y de la gestión del sistema y el plazo en que se estime puedan ser llevadas a cabo.

e) El suelo edificable necesario para sufragar, de un lado, los costes del sistema y, de otro lado, los de las obras de urbanización.

2. La resolución a que se refiere el número anterior podrá adoptarse mediante:

a) Convenio o acuerdo con los propietarios y personas responsables de la ejecución que, no obstante la sustitución del sistema de compensación, deseen continuar incorporados al proceso de ejecución.

b) Convenio o acuerdo suscrito con todos los propietarios afectados y las demás personas incorporadas o responsables de la gestión del sistema de ejecución sustituido.

3. La determinación del sistema de ejecución forzosa habilitará a la Administración actuante, sin más trámites ni requisitos ulteriores, para:

a) Proceder inmediatamente a la ocupación de los terrenos y demás bienes que, por su calificación urbanística, deban ser objeto de cesión obligatoria y gratuita.

b) Localizar los terrenos precisos para el cumplimiento de la cesión correspondiente a la participación de la Administración en el aprovechamiento urbanístico y proceder a la ocupación de los mismos.

c) Formular y, en su caso, ejecutar los instrumentos de ordenación complementarios que sean precisos, así como el o los proyectos de urbanización y, en su caso, edificación pertinentes.

d) Formular y, si procede, ejecutar el o los proyectos de reparcelación forzosa, en su caso complementarios o de modificación de los que se hubieran ya formulado, necesarios para la distribución equitativa de beneficios y cargas, incluyendo el suelo que se reserve para sufragar los costes del sistema y, entre ellos, los de gestión de éste que no podrán superar el 10 por 100 del total de los de la cuenta final de liquidación del sistema.

Artículo 128. Ocupación y disposición de bienes y ejecución de las obras de urbanización.

1. Desde la aprobación del proyecto de reparcelación:

a) El Alcalde, a propuesta de la entidad gestora, podrá acordar, en favor de ésta, la ocupación inmediata de todos o parte de los bienes y el ejercicio de la facultad de disposición de éstos en calidad de titular fiduciario de ellos.

b) Será posible la inscripción en el Registro de la Propiedad, en favor del Municipio, del suelo de cesión gratuita, conforme a la determinación que de éste se haga en el proyecto de reparcelación.

c) La entidad gestora podrá, hasta la finalización de la ejecución, enajenar suelo edificable reservado para sufragar los costes cuantificados en el proyecto de reparcelación.

2. La entidad gestora podrá, al contratar la ejecución de las obras con empresas urbanizadoras, convenir el pago del precio mediante:

a) El importe de la enajenación de suelo edificable.

b) La adjudicación a la empresa promotora de determinada edificabilidad o concretos solares resultantes de la urbanización. Esta modalidad de pago requerirá la aprobación del Ayuntamiento Pleno.

Artículo 129. Liquidación de la actuación en el sistema de ejecución forzosa.

1. Concluidas las obras de urbanización y recibida ésta definitivamente por el Alcalde, la entidad gestora elaborará y presentará la cuenta de liquidación de la actuación. Recibida la cuenta de liquidación, el Municipio deberá poner a disposición de los propietarios que no hayan resultado adjudicatarios de solares, ni hayan sido ya indemnizados de cualquier otra forma, la edificabilidad aún restante, habida cuenta los gastos efectivamente habidos en la gestión y ejecución, en la proporción que les corresponda según sus respectivas fincas originarias o iniciales.

2. Los propietarios a que se refiere el número anterior podrán formular reclamación ante el Alcalde, basada en la lesión del valor económico de sus derechos, dentro del plazo de un mes, que deberá ser resuelta en el mismo plazo de un mes previo informe de la entidad gestora. En caso de estimación de la reclamación, la diferencia que se reconozca será satisfecha en metálico por la entidad gestora con cargo a la cuenta de liquidación.

3. A los efectos de lo dispuesto en el número anterior y, en general, de la cobertura de las diferencias entre costes previstos y reales, la entidad gestora podrá enajenar el suelo de que disponga fiduciariamente. De restar aún suelo en su disposición, deberá proceder a su enajenación y posterior distribu-

ción proporcional del importe de la misma entre los propietarios con derecho a aquélla.

CAPÍTULO V
Otras formas de ejecución

Sección 1ª Obras públicas ordinarias

Artículo 130. Actuaciones urbanísticas no integradas en unidades de ejecución.

1. En los municipios de menos de 5.000 habitantes se podrá llevar a cabo la ejecución del suelo urbano no consolidado por el propio ayuntamiento mediante obras públicas ordinarias.

2. El suelo correspondiente a dotaciones con destino público se obtendrá en el supuesto previsto en el número anterior por:

a) Cesión, en virtud, en su caso, de reparcelación.

b) Cesión en virtud de convenio urbanístico.

3. Cuando las obras públicas sean de urbanización, el Municipio impondrá a los propietarios de terrenos afectados el pago de las cuotas que les correspondan, determinándose éstas mediante el procedimiento previsto en la legislación de régimen local para la imposición de contribuciones especiales.

Sección 2ª Áreas de rehabilitación concertada

Artículo 131. Concepto.

1. El planeamiento urbanístico podrá delimitar, en suelo urbano, áreas de rehabilitación concertada, para la ejecución por varias Administraciones públicas de Programas de Rehabilitación Concertada de organización conjunta de acciones de reforma, renovación o revitalización social y económica que complementen la gestión urbanística con actuaciones públicas de vivienda y cualesquiera otras sectoriales en:

a) Conjuntos o zonas de interés histórico con graves deficiencias urbanas y ambientales, significativo deterioro o decadencia funcional de sus infraestructuras, equipamientos o servicios de cualquier clase o de la edificación.

b) Ámbitos urbanos que presenten disfunciones o carencias de especial gravedad.

2. Cuando el planeamiento urbanístico en vigor no contenga las previsiones necesarias, los Programas de Rehabilitación Concertada exigirán la formulación y aprobación de un Plan Especial por el Municipio correspondiente. En todo caso requerirán un Estudio de Rehabilitación Integrada, aprobado en la forma que reglamentariamente se determine, que complemente y especifique la información, el análisis y las soluciones del planeamiento urbanístico en todo lo referente a la programación temporal de las actuaciones públicas y el fomento y la colaboración de la iniciativa privada.

Artículo 132. Gestión.

Los Programas de Rehabilitación Concertada se formalizarán y regularán en la forma establecida por la legislación sobre Rehabilitación de Espacios Urbanos.

⇒ V. Ley 7/2000, de 19 junio, sobre rehabilitación de espacios urbanos degradados y de inmuebles que deben ser objeto de preservación.

Artículo 133. Efectos de la delimitación.

La delimitación de áreas de rehabilitación concertada producirá los siguientes efectos:

a) La constitución del Municipio o municipios interesados en la obligación legal de adoptar todas las medidas precisas, incluidas las patrimoniales y presupuestarias, para la organización consorcial con la Administración de la Comunidad de Madrid y, en su caso, la Administración General del Estado, de la gestión del área de que se trate, cuando así se prevea expresamente en el planeamiento urbanístico correspondiente.

b) La obligación de la Administración de la Comunidad de Madrid y el o los municipios, en todo caso, de cooperar entre sí y de coordinar el ejercicio de sus competencias al servicio de la consecución de los objetivos fijados para el área de que se trate.

c) La habilitación para el establecimiento y la recaudación de tasas o precios públicos por la prestación de servicios y la utilización tanto de los bienes que hayan sido aportados al consorcio o estén adscritos o sean administrados por él, como de las infraestructuras y los equipamientos y los servicios por el mismo construidos.

d) El sometimiento de todas las transmisiones de la propiedad en el área correspondiente y en favor de la organización consorcial a los derechos de tanteo y retracto regulados en la presente Ley por el plazo máximo de seis años.

e) La declaración de la urgencia en la ocupación a efectos de la expropiación forzosa.

Artículo 134. Formas de actuación.

La actividad de ejecución que sea en cada caso precisa en las áreas de rehabilitación concertada se desarrollará, según proceda, mediante:

a) La delimitación de una o varias unidades de ejecución y con aplicación en ellas de los sistemas de ejecución previstos en la presente Ley.

b) La realización de obras públicas ordinarias, incluso concertadas con la iniciativa privada a través de la suscripción de los oportunos convenios urbanísticos.

CAPÍTULO VI

Conservación de la urbanización

Artículo 135. Recepción de las obras de urbanización.

1. La recepción de las obras de urbanización corresponde al Ayuntamiento, de oficio o a instancia de la persona responsable de la ejecución, conservación y entrega de dichas obras.

2. De la recepción de las obras se levantará acta, firmada por el funcionario técnico facultativo designado por el Alcalde, el facultativo encargado de la dirección de las obras y la persona o entidad, pública o privada, responsable de la ejecución y el Alcalde o el Concejal en que delegue al efecto. La documentación del programa de control de calidad establecido para la obra se adjuntará al acta y en la misma se hará constar su cumplimiento.

3. Si en el momento de la recepción las obras se encontraran en buen estado y hubieran sido ejecutadas con arreglo a las prescripciones previstas, el funcionario técnico designado por el Alcalde las dará por recibidas, haciéndolo constar en acta levantada al efecto, comenzando desde la fecha de éste el plazo de garantía que no podrá ser inferior a un año.

4. Cuando las obras no se hallen en estado de ser recibidas, se hará constar así en el acta, señalando los defectos observados y detallando las instrucciones precisas para remediarlos, para lo cual se dará un plazo.

5. La entrega de las obras de urbanización deberá realizarse por:

a) La persona o entidad, pública o privada, responsable de la ejecución según el sistema aplicado para la misma, incluida la Administración actuante, si es distinta de la municipal, cuando se trate de obras resultantes de una unidad de ejecución.

b) La persona, entidad o Administración que materialmente las haya ejecutado, en otro caso.

6. Levantada el acta, se remitirá al Registro de la Propiedad certificación administrativa de ella a los efectos de la práctica de las inscripciones procedentes conforme a la legislación hipotecaria.

7. Las obras de urbanización podrán ser objeto de recepción parcial cuando sean susceptibles de ser ejecutadas por fases independientes capaces de prestar el uso o servicio públicos correspondientes.

8. En el caso de que la Administración no resolviera sobre la recepción de las obras de urbanización en el plazo previsto en el planeamiento u ordenanza municipal o, en su defecto, en el de tres meses, bastará el ofrecimiento formal de cesión de las mismas por la persona responsable de la ejecución, a los efectos de entender recepcionadas las obras.

Artículo 136. Deber de conservación de las obras de urbanización.

1. La conservación de la urbanización es competencia del Ayuntamiento.

2. El planeamiento urbanístico y, en defecto de éste, las condiciones en las que se defina el sistema de ejecución elegido para su ejecución podrán

prever la obligación de los propietarios de los solares resultantes de dicha ejecución de constituirse en entidad urbanística de conservación, en cuyo caso la conservación de la urbanización corresponderá a ésta.

3. La atribución de la conservación a los propietarios agrupados en entidad urbanística de conservación en los términos del número anterior comportará para el Ayuntamiento la obligación legal de subvencionar dicha entidad.

Artículo 137. Entidades urbanísticas de conservación.

1. Las entidades urbanísticas de conservación son entidades de Derecho público, de adscripción obligatoria y personalidad y capacidad jurídicas propias para el cumplimiento de sus fines.

2. Se rigen por sus estatutos en el marco de la presente Ley y sus normas reglamentarias y adquieren personalidad jurídica desde su inscripción en el registro administrativo correspondiente de la Consejería competente en materia de ordenación urbanística.

3. Las cuotas de conservación que corresponda satisfacer a los miembros de la entidad urbanística de conservación serán exigibles por la vía de apremio.

4. La participación de los propietarios en los gastos de conservación se determinará:

a) Con arreglo a la que les haya correspondido en el sistema de ejecución de la unidad de ejecución correspondiente.

b) Conforme a la que les esté asignada en la comunidad de propietarios, si se ha constituido una en régimen de propiedad horizontal.

c) En su defecto, a tenor de lo que dispongan los estatutos de la entidad urbanística de conservación.

5. Contra los acuerdos de la entidad urbanística de conservación cabrá formular recurso de alzada ante el órgano competente del Ayuntamiento.

CAPÍTULO VII
Expropiación forzosa

Artículo 138. Supuestos expropiatorios.

1. Sin perjuicio de su juego como consecuencia de la aplicación del sistema de expropiación para la ejecución del planeamiento urbanístico y en el seno de los restantes sistemas de ejecución en los supuestos previstos en la presente Ley, la expropiación forzosa por razón de urbanismo procederá, además de en los supuestos previstos por la legislación general pertinente en los siguientes, cuya concurrencia determinará por sí misma la utilidad pública de aquélla:

a) El destino de los terrenos, por su calificación urbanística, al dominio público de uso o servicio públicos, siempre que deban ser adquiridos forzosamente por la Administración actuante, bien por no deber ser objeto del deber legal de cesión obligatoria y gratuita, bien por existir, en todo caso, necesidad urgente de anticipar la obtención de los terrenos.

A los efectos de la expropiación se considerarán incluidos en los terrenos necesarios los colindantes que fueran imprescindibles para realizar las obras o establecer los servicios públicos previstos en el planeamiento urbanístico o que resulten especialmente beneficiados por tales obras o servicios.

b) La constitución o dotación, conforme a esta Ley, de los patrimonios públicos de suelo.

c) La declaración, definitiva en vía administrativa, del incumplimiento de los deberes legales urbanísticos del propietario, cuando la declaración esté motivada por:

1º La realización de actos de parcelación o reparcelación, uso del suelo o edificación constitutivos legalmente de infracción urbanística.

2º La inobservancia de los plazos fijados para la formulación, tramitación o aprobación de cualquiera de los instrumentos previstos en la presente Ley para la ejecución del planeamiento urbanístico.

3º El incumplimiento sustantivo o temporal de los deberes y las obligaciones legales o asumidos vinculados a la ejecución del planeamiento urbanístico.

4º El incumplimiento de los deberes de conservación, mantenimiento y, en su caso, rehabilitación de los inmuebles legalmente exigibles.

d) La inadecuación de los inmuebles a las condiciones mínimas legalmente establecidas para su dedicación al uso en ellos establecido.

e) La declaración o catalogación administrativas formales, conforme a la legislación urbanística o sectorial aplicable, del valor cultural, arquitectónico, urbanístico, histórico-artístico o medioambiental de terrenos o edificios que los haga merecedores de su preservación o especial protección.

f) La obtención de terrenos destinados en el planeamiento a la construcción de viviendas sujetas a algún régimen de protección pública, así como a usos declarados de interés social.

2. La delimitación del ámbito de actuación, sector o unidad de ejecución en los supuestos previstos en las letras a) y b) y la aprobación del catálogo o de la medida de preservación o protección en los contemplados en la letra e) del número anterior, así como de la relación y descripción concretas e individualizadas, con indicación de los titulares de los bienes y derechos objeto de expropiación en todos los restantes incluidos en dicho número, determinan la declaración de la necesidad de ocupación y el inicio de los correspondientes expedientes expropiatorios.

⇒ V. art. 34 de la Ley 6/1998, de 13 abril (§1).

Artículo 139. Urgencia en la ocupación: requisitos.

Cuando se siga el procedimiento de tasación individualizada, la declaración de urgencia en la ocupación prevista en la legislación general de expropiación forzosa deberá acompañarse de memoria justificativa de las razones particulares que motiven la urgencia.

Artículo 140. Fijación definitiva en vía administrativa del justiprecio.

En caso de discrepancia de los propietarios y restantes titulares de derechos con la hoja de aprecio formulada por la Administración expropiante, la fijación definitiva del justiprecio corresponderá al Jurado de Expropiación competente.

Artículo 141. Mutuo acuerdo: bonificaciones.

1. Durante la tramitación del procedimiento expropiatorio y antes del acto por el que se fije definitivamente en vía administrativa el justiprecio, la Administración actuante y los titulares de los bienes y los derechos objeto de aquel procedimiento podrán determinar dicho justo precio por mutuo acuerdo, de conformidad con la legislación reguladora, con carácter general, de la expropiación forzosa.

2. La aceptación por los expropiados, en el plazo concedido al efecto, del precio ofrecido por la Administración en el expediente de justiprecio, les dará derecho a percibir dicho precio incrementado en un 10 por 100.

Artículo 142. Pago del justiprecio en especie.

El pago del justiprecio de los bienes y derechos expropiados podrá efectuarse, previo acuerdo con los afectados, mediante adjudicación de parcelas resultantes de la propia actuación o de cualesquiera otras de las que sea titular la Administración actuante o, en su caso, con determinada edificabilidad en unas u otras, estableciendo en cada caso las obligaciones referentes al abono de costes de urbanización correspondientes. En estos supuestos no será de aplicación lo dispuesto en el número 2 del artículo anterior.

TÍTULO IV

INTERVENCIÓN EN EL USO DEL SUELO, EN LA EDIFICACIÓN Y EN EL MERCADO INMOBILIARIO

CAPÍTULO I

Parcelación

Artículo 143. Actos de parcelación.

1. Tendrán la consideración de actos de parcelación con independencia de su finalidad concreta y de la clase de suelo, cualesquiera que supongan la modificación de la forma, superficie o lindes de una o varias fincas.

2. Cualquier acto de parcelación precisará licencia urbanística previa. No podrá autorizarse ni inscribirse escritura pública alguna en la que se documente un acto de parcelación con independencia de su naturaleza, o del que resulte o derive ésta, sin la aportación de la preceptiva licencia urbanística, que los Notarios deberán testimoniar íntegramente en aquélla.

⇒ V. arts. 258.2, 258.3 y 259.3 del TRLS/1992 (§2).
V. art. 20 de la Ley 6/1998, de 13 abril (§1).
V. arts. 78 y concordantes del RD 1093/1997, de 4 julio (§2.1).
V. Jurisprudencia en arts. 94 y concordantes del TRLS/1976 (§3).

Artículo 144. Actos de parcelación rústica.

1. Tienen la consideración legal de actos de parcelación rústica, todos aquellos que se produzcan en suelo no urbanizable de protección o suelo urbanizable no sectorizado en que no se haya aprobado definitivamente el Plan de Sectorización.

2. Las fincas resultantes de los actos de parcelación rústica habrán de cumplir las dimensiones y características mínimas fijadas en la legislación agraria, forestal o de similar naturaleza.

3. En suelo no urbanizable de protección y en suelo urbanizable no sectorizado quedan prohibidas las parcelaciones urbanísticas.

4. La licencia urbanística para actos de parcelación rústica requerirá informe previo y vinculante en caso de ser desfavorable, de la Consejería competente en materia de agricultura.

⇒ V. arts. 258.2, 258.3 y 259.3 del TRLS/1992 (§2).
V. art. 20 de la Ley 6/1998, de 13 abril (§1).
V. arts. 78 y concordantes del RD 1093/1997, de 4 julio (§2.1).
V. Jurisprudencia en arts. 95 y concordantes del TRLS/1976 (§3).
V. D. 65/1989, de 11 mayo, sobre Unidades Mínimas de Cultivo, desarrollado por O. 701/1992 de 9 marzo 1992.
V. Ley 16/1995, de 4 mayo, Forestal y de Protección de la Naturaleza de la Comunidad de Madrid.

Artículo 145. Actos de parcelación urbanística.

1. Tiene la consideración legal de actos de parcelación urbanística, cualquier división o parcelación de terreno que se lleve a cabo en suelo urbano y urbanizable, salvo en el urbanizable no sectorizado en el que no se haya aprobado Plan de Sectorización.

2. Es nula toda parcelación urbanística que sea contraria a la ordenación urbanística o infrinja lo dispuesto.

3. No se podrán efectuar actos de parcelación urbanística en el suelo urbano no consolidado, ni en el suelo urbanizable sectorizado, mientras uno y otro no cuenten con la correspondiente ordenación pormenorizada.

⇒ V. arts. 258.2, 258.3 y 259.3 del TRLS/1992 (§2).
V. art. 20 de la Ley 6/1998, de 13 abril (§1).
V. arts. 78 y concordantes del RD 1093/1997, de 4 julio (§2.1).
V. Jurisprudencia en arts. 94 y concordantes del TRLS/1976 (§3).

Artículo 146. Indivisibilidad de fincas, parcelas y solares.

Serán indivisibles los terrenos siguientes:

a) Los que tengan unas dimensiones inferiores o iguales a las determinadas como mínimas en el planeamiento urbanístico, salvo que se adquieran simultáneamente con la finalidad de agruparlos y formar una nueva finca con las dimensiones mínimas exigibles.

b) Los de dimensiones inferiores al doble de las requeridas como mínimas, salvo que el exceso sobre éstas se agrupe en el mismo acto a terrenos colindantes para formar una finca independiente que tenga las dimensiones mínimas exigibles.

c) Los que tengan asignada una edificabilidad en función de la superficie, cuando se materialice toda la correspondiente a ésta.

d) Los vinculados o afectados legalmente a las construcciones o edificaciones autorizadas sobre ellos.

⇒ V. arts. 258.2, 258.3 y 259.3 del TRLS/1992 (§2).
V. art. 20 de la Ley 6/1998, de 13 abril (§1).
V. arts. 78 y concordantes del RD 1093/1997, de 4 julio (§2.1).
V. Jurisprudencia en arts. 95 y concordantes del TRLS/1976 (§3).

CAPÍTULO II
Intervención de la Comunidad de Madrid en actos de uso del suelo, construcción y edificación

Sección 1ª Calificaciones urbanísticas

Artículo 147. Objeto.

La calificación urbanística completa el régimen urbanístico definido por el planeamiento general y, en su caso, el o los planes de desarrollo, complementando la ordenación por éstos establecida, para una o varias parcelas o unidades mínimas, y autorizando, en su caso, un proyecto de edificación o uso del suelo conforme a lo establecido en la presente Ley, cuando estos actos pretendan llevarse a cabo en el suelo no urbanizable de protección y en el suelo urbanizable no sectorizado.

Artículo 148. Órgano competente y procedimiento.

1. La calificación urbanística corresponde:

a) Al Consejero competente en materia de ordenación urbanística cuando se trate de las calificaciones previstas en el número 1 del artículo 29 de la presente Ley.

b) A la Comisión de Urbanismo de Madrid en el resto.

2. El procedimiento para la calificación urbanística se ajustará a las siguientes reglas:

a) Sólo podrá iniciarse a instancia de interesado acompañada de documentación acreditativa, como mínimo, de la identidad del solicitante, la titularidad de derecho bastante sobre la o las unidades mínimas y completas correspondientes, la justificación de la viabilidad, incluso por razón de su impacto territorial y ambiental, y la determinación de las características del aprovechamiento pretendido y de las técnicas de las obras a realizar.

b) La solicitud se presentará siempre en el Municipio correspondiente, para su informe y elevación del expediente a la Consejería competente en materia de ordenación urbanística en el plazo máximo de un mes. Transcurrido *dicho plazo podrá* reproducirse la solicitud, acompañando la documentación preceptiva, ante la citada Consejería, entendiéndose evacuado el informe municipal en sentido positivo, sin perjuicio de que pueda remitirse el que se emita efectivamente durante la instrucción de la fase autonómica del procedimiento.

c) Elevado el expediente tramitado por el Municipio o reproducida la solicitud ante la Consejería competente en materia de ordenación urbanística, ésta practicará simultáneamente los trámites de informes preceptivos o convenientes de todos los Organismos y Administraciones con competencia afectada por el objeto del procedimiento y, en su caso, información pública por plazo mínimo de un mes.

d) La resolución definitiva deberá producirse y notificarse dentro del plazo máximo de seis meses, de celebrarse información pública, o de tres meses, en los restantes supuestos, a contar desde la entrada del expediente o la solicitud reiterando la deducida en sede municipal en el registro de la Consejería competente en materia de ordenación urbanística o, en su caso, desde la subsanación o mejora de la documentación de uno u otra, caso de haberse practicado requerimiento al efecto dentro de los quince días siguientes a dicha entrada. El transcurso del plazo máximo sin notificación de resolución autorizará para entender desestimada la solicitud.

3. Si las obras y los usos o actividades de que se trate requieren declaración de impacto ambiental o, en su caso, informe o calificación ambientales, no podrá resolverse sobre la calificación urbanística hasta que no se haya producido el correspondiente pronunciamiento ambiental, quedando suspendido entre tanto el plazo para resolver.

4. La calificación urbanística legitima las obras de construcción o edificación y los usos o las actividades correspondientes, sin perjuicio de la necesidad de licencia urbanística en los términos de la presente Ley y de cualesquiera otras autorizaciones administrativas que, conforme a la legislación sectorial aplicable, sean igualmente preceptivas.

5. Las calificaciones urbanísticas caducan, cesando su efecto legitimador de las obras y usos, por cualquiera de las causas siguientes:

a) El transcurso de un año desde su otorgamiento sin que se hubiera solicitado la licencia urbanística y las restantes autorizaciones administrativas que fueran preceptivas.

b) El transcurso de un año desde el otorgamiento de la licencia urbanística para las obras de construcción o edificación sin que se hubiera dado comienzo a éstas.

c) El transcurso de tres años desde el otorgamiento de la licencia urbanística procedente sin que se hayan concluido las obras de construcción o edificación.

d) El transcurso del plazo de vigencia que se hubiera fijado en la propia calificación urbanística.

6. La caducidad por transcurso del plazo de vigencia de la calificación urbanística se entenderá sin perjuicio de la posibilidad de la prórroga del mismo.

Sección 2ª Proyectos de actuación especial

Artículo 149. Objeto.

1. Los proyectos de actuación especial deberán definir con toda precisión el o los usos correspondientes y las obras e instalaciones precisas para su establecimiento y desarrollo en una o varias unidades mínimas completas, cuando estos actos pretendan llevarse a cabo en suelo urbanizable no sectorizado.

2. La aprobación del proyecto de actuación especial requerirá:

a) El estudio de las previsibles repercusiones socioeconómicas, territoriales y ambientales, directas e indirectas, y la declaración de su carácter asumible de acuerdo con la organización del espacio rural establecida por el planeamiento general, con determinación, en su caso, de las condiciones que deban imponerse a tal efecto. Cuando, por su objeto, el proyecto esté sujeto a evaluación del impacto ambiental, el estudio incluirá esta evaluación y la correspondiente declaración de impacto ambiental.

b) La apreciación positiva del interés general de su objeto, que sólo podrá serlo cuando se estime precisa la localización del uso o usos en suelo urbanizable no sectorizado y compatible dicho uso con los objetivos de la política o políticas públicas sectoriales correspondientes.

c) La satisfactoria solución, con cargo al promotor, del funcionamiento de las instalaciones, construcciones y edificaciones mediante su adecuada conexión a las redes supramunicipales y generales de infraestructuras, dotaciones y servicios públicos de la ordenación estructural del planeamiento general, de modo tal que, en cualquier caso, quede garantizado el mantenimiento de la capacidad, funcionalidad y calidad de servicio de los preexistentes.

d) La asunción del levantamiento de las cargas y del cumplimiento de los restantes compromisos previstos por la legislación o la ordenación urbanísticas o, en su caso, asumidos voluntariamente y, en todo caso, de los de restauración de los terrenos al término de la vigencia del uso o los usos y conforme al plan definido a tal fin, así como del pago del canon pertinente, cuya fijación y percepción corresponde al Municipio.

El canon tendrá una cuantía mínima del 5 por 100 y una máxima del 10 por 100 del presupuesto total de ejecución de las obras, construcciones, edificaciones e instalaciones a realizar, y podrá satisfacerse mediante cesión de terrenos de valor equivalente con destino al patrimonio municipal de suelo.

e) Cuando proceda, la fijación justificada del plazo de vigencia del uso o los usos atribuidos.

f) La prestación de garantía ante la Comunidad de Madrid por importe del 10 por 100 del coste total de ejecución de las obras a realizar para cubrir, *en su caso*, las responsabilidades derivadas de incumplimientos e infracciones, incluso del plan de restauración de los terrenos. En atención a las características específicas del proyecto, el Gobierno de la Comunidad de Madrid podrá elevar el importe mínimo de la garantía a prestar hasta el 20 por 100 del coste total de las obras previstas.

⇒ V. Ley 3/1988, de 13 octubre, de la Asamblea de Madrid, modificada por la Ley 8/1989, de 8 junio, y la Ley 10/1991, de 4 abril, normas reguladoras para la protección del medio ambiente.

V. RDLeg 1302/1986, de 28 junio, de Evaluación de Impacto Ambiental, modificado por el RDley 9/2000, de 6 octubre.

V. D. 323/1999, de 11 noviembre, estructura orgánica de la Consejería de Medio ambiente.

Artículo 150. Procedimiento, aprobación y eficacia.

1. Los proyectos de actuación especial se aprobarán previa instrucción de procedimiento que se iniciará ante la Consejería competente en materia de ordenación urbanística a instancia de cualquier Administración o persona pública o privada, acompañando la documentación necesaria conforme a lo dispuesto en el número 1 y la letra a) del número 2 del artículo anterior, y deberá responder a las siguientes reglas:

a) Fase previa de viabilidad:

1° Solicitada la aprobación del proyecto, se someterá a información pública por plazo de un mes y, simultáneamente, se otorgará audiencia al Municipio o municipios interesados, así como a los propietarios de terrenos afectados y de los inmediatamente colindantes con ellos, que podrán presentar, durante el plazo del trámite, alternativas en competencia, y se requerirá informe de las Consejerías y Ministerios de la Administración General del Estado que proceda en función del objeto del proyecto y, en todo caso, en materia medioambiental, salvo que se haya incluido ya la declaración de impacto ambiental.

2° Evacuados los anteriores trámites, el Consejero competente en materia de ordenación urbanística resolverá sobre el interés general del proyecto, previamente seleccionado de entre los que se hubieran presentado en competencia, desde el punto de vista urbanístico. Transcurridos cuatro meses desde la presentación de la solicitud sin notificación de resolución alguna, aquélla podrá entenderse desestimada.

b) Fase de aprobación:

1° Declarado el proyecto de interés general, la Comisión de Urbanismo de Madrid resolverá sobre la aprobación del proyecto, previa celebración, cuando el procedimiento tenga por objeto proyectos promovidos por personas privadas cuya implantación y desarrollo no requieran concesión administrativa alguna, de concurso para la consideración de posibles alternativas.

2° La resolución de la Comisión de Urbanismo, incorporará la declaración de impacto ambiental cuando proceda e implicará, caso de ser positiva, la atribución a los terrenos del aprovechamiento urbanístico que resulte del proyecto efectivamente aprobado, debiendo incluir pronunciamiento expreso sobre las cargas a levantar por el promotor y los compromisos asumidos voluntariamente por éste, así como el carácter temporal o no de la atribución del aprovechamiento urbanístico. La resolución deberá producirse en el plazo máximo de seis meses desde la declaración del interés general. El transcurso de este plazo sin notificación de resolución alguna autorizará para entender desestimada la correspondiente solicitud.

3º La resolución estimatoria se comunicará al Registro de la Propiedad para la práctica de la anotación o inscripción que proceda.

2. La aprobación del proyecto de actuaciones especiales legitimará la implantación del uso o usos a que se refiera, con las instalaciones, construcciones y edificaciones correspondientes, sin perjuicio de la necesidad de la licencia urbanística procedente y de cualesquiera otras autorizaciones administrativas preceptivas conforme a la legislación sectorial que sea de aplicación.

3. Los proyectos de actuación especial caducarán, cesando la legitimación del o de los usos correspondientes, por cualquiera de las siguientes causas:

a) El mero transcurso de un año desde su aprobación sin haberse solicitado licencia urbanística, así como, en su caso, todas y cada de las autorizaciones administrativas sectoriales preceptivas.

b) El hecho del no comienzo o la no terminación de las obras que requiera la ejecución, respectivamente, dentro del plazo de uno y tres años siguientes al otorgamiento de la licencia urbanística y, en su caso, la última de las restantes autorizaciones administrativas preceptivas para el comienzo y la ejecución de las obras.

c) El transcurso del plazo de vigencia que, en su caso, se hubiera señalado en la aprobación del proyecto.

CAPÍTULO III
Intervención municipal en actos de uso del suelo, construcción y edificación

Sección 1ª Requisitos de la construcción y edificación y uso del suelo

Artículo 151. Actos sujetos a intervención municipal.

1. Están sujetos a licencia urbanística, en los términos de la presente Ley y sin perjuicio de las demás autorizaciones que sean procedentes con arreglo a la legislación sectorial aplicable, todos los actos de uso del suelo, construcción y edificación para la implantación y el desarrollo de actividades y, en particular, los siguientes:

a) Las parcelaciones, segregaciones o cualesquiera otros actos de división de fincas o predios en cualquier clase de suelo, no incluidos en proyectos de reparcelación.

b) Las obras de edificación, así como las de construcción e implantación de instalaciones de toda clase de nueva planta.

c) Las obras de ampliación, reforma, modificación o rehabilitación de edificios, construcciones e instalaciones ya existentes, cualquiera que sea su alcance, finalidad y destino.

d) Las obras y los usos que hayan de realizarse con carácter provisional.

e) La demolición de las construcciones y los edificios, salvo en los casos declarados de ruina física inminente.

f) La primera utilización y ocupación de los edificios e instalaciones en general.

g) El cambio objetivo, total o parcial, del uso de las construcciones, edificaciones e instalaciones.

h) Los movimientos de tierra y las obras de desmonte y explanación en cualquier clase de suelo.

i) La extracción de áridos y la explotación de canteras.

j) La acumulación de vertidos y el depósito de materiales ajenos a las características propias del paisaje natural que contribuyan al deterioro o degradación del mismo.

k) El cerramiento de fincas, muros y vallados.

l) La apertura de caminos, así como su modificación o pavimentación.

m) La ubicación de casas prefabricadas e instalaciones similares, provisionales o permanentes.

n) La instalación de invernaderos o instalaciones similares.

ñ) La tala de masas arbóreas, de vegetación arbustiva o de árboles aislados que, por sus características, puedan afectar al paisaje o estén protegidos por la legislación sectorial correspondiente.

o) La colocación de carteles y vallas de propaganda visibles desde la vía pública.

p) Las instalaciones que afecten al subsuelo.

q) La instalación de tendidos eléctricos, telefónicos u otros similares y la colocación de antenas o dispositivos de telecomunicaciones de cualquier clase.

r) La construcción de presas, balsas, obras de defensa y corrección de cauces públicos, vías públicas o privadas y, en general, cualquier tipo de obras o usos que afecten a la configuración del territorio.

s) Los actos de construcción, edificación e intervención consistente en ampliación, mejora, reforma, modificación o rehabilitación de las instalaciones existentes, en los aeropuertos y estaciones destinadas al transporte terrestre, salvo lo dispuesto por la legislación estatal.

t) Los demás actos que señalen los instrumentos de planeamiento urbanístico.

2. Están también sujetos a licencia urbanística los actos de uso del suelo, construcción y edificación que realicen los particulares en terrenos de dominio público, sin perjuicio de las autorizaciones o concesiones que deba otorgar el ente titular de dicho dominio.

3. No están sujetas a licencia urbanística las obras de urbanización pre-

vistas en los correspondientes proyectos debidamente aprobados y cuantas otras sean objeto de órdenes de ejecución.

4. Cuando los actos de uso del suelo, construcción y edificación sean promovidos por los Ayuntamientos en su propio término municipal, el acuerdo municipal que los autorice o apruebe estará sujeto a los mismos requisitos y producirá los mismos efectos que la licencia urbanística a los efectos de la presente Ley, sin perjuicio de lo dispuesto en la legislación de régimen local.

⇒ V. art. 2 de la Ley 6/1998, de 13 abril (§1).

V. art. 4 de la Ley 38/1999, de ordenación de la edificación (§1.1).

V. Ley 3/1991, de 7 marzo, Reguladora de Carreteras en Madrid, cuyo art. 34 ha sido modificado por la Ley 18/2000, de 27 diciembre, de Medidas Fiscales y Administrativas.

Jurisprudencia

«El hecho de que la actora deba obtener otras licencias o autorizaciones de tipo sectorial no le exime del deber de obtener licencia municipal, según lo previsto en el art. 16 de la Ley 4/1984, de Disciplina Urbanística de Madrid. Y aunque se tratase de obras temporales o provisionales, como pretende la actora, el apartado 4 de dicha norma dispone también la sujeción a licencia. No constando, por otra parte, obstáculo alguno para la procedencia de la licencia de actividad solicitada, es lo procedente dada la interdependencia con la de obras, declarar el derecho de la actora a su otorgamiento, previa la tramitación correspondiente y el cumplimiento de todos los requisitos legales. OCTAVO.–Por lo expuesto procede la estimación del recurso, pero con alcance menor al pretendido por la actora. El acto administrativo denegatorio de las licencias debe ser anulado. Debe declararse el derecho de la recurrente a obtener las licencias solicitadas con el carácter de provisionales, según lo previsto en el art. 136 del TR de la Ley del Suelo de 1992 y con el alcance que dicha norma y las concordantes anteriormente citadas disponen». **(STSJ Madrid 14 septiembre 2000 [RJCA 2000, 1804]).**

⇒ V. Jurisprudencia en arts. 178 y concordantes del TRLS/1976 (§3).

Artículo 152. Contenido y alcance de la intervención municipal.

La intervención municipal derivada de lo dispuesto en el artículo anterior:

a) Se circunscribe estrictamente a la comprobación de la integridad formal y la suficiencia legal del proyecto técnico con arreglo al cual deban ser ejecutadas las obras, así como de la habilitación legal del autor o los autores de dicho proyecto y de la conformidad o no de lo proyectado o pretendido a la ordenación urbanística vigente de pertinente aplicación.

b) Cuando en el procedimiento de concesión de licencia sea necesario solicitar informes de distintos departamentos del Ayuntamiento o de otros organismos públicos, éstos se solicitarán simultáneamente en un solo acto y por una sola vez. Su emisión estará sujeta a la legislación sobre Régimen Jurídico de las Administraciones Públicas y del Procedimiento Administrativo Común.

c) La falta de resolución expresa y notificación dentro de plazo tendrá efectos estimatorios, salvo en los supuestos expresamente previstos en la presente Ley.

d) Se produce sin perjuicio del derecho de propiedad sobre el bien inmueble afectado y de los derechos de terceros.

Sección 2ª Intervención municipal en actos de construcción y edificación y uso del suelo

Artículo 153. Intervención de actos no precisados de proyecto técnico de obras de edificación.

Cuando se trate de obras de nueva planta o de ampliación, reforma, modificación o rehabilitación de construcciones o edificios ya existentes, de carácter provisional o permanente, con o sin previa demolición de aquéllos, que, conforme a la legislación general de ordenación de la edificación, no precisen de proyecto de obras de edificación, la intervención municipal se producirá conforme a las siguientes reglas:

1º La solicitud de licencia por el promotor comportará automáticamente, una vez transcurridos dos meses sin práctica por el Ayuntamiento de requerimiento de subsanación o mejora de la documentación presentada o cumplimentado el requerimiento que en tal sentido se haya formulado, la licencia urbanística provisional para la ejecución bajo las condiciones legales siguientes:

a) Supervisión y comprobación de las obras por los servicios técnicos municipales.

b) Responsabilidad solidaria del promotor, el constructor, el técnico o los técnicos integrantes de la dirección de las obras y de su ejecución, respecto de la conformidad de las obras con la ordenación urbanística de aplicación y su adecuación al proyecto presentado.

2º Para surtir los efectos a que se refiere la regla anterior, la solicitud deberá presentarse acompañada de:

a) Proyecto técnico exigible legalmente.

b) Declaración del técnico o los técnicos facultativos que autoricen el proyecto de que éste cumple en todos sus extremos con la ordenación urbanística de aplicación.

c) Copia de las restantes autorizaciones y, en su caso, concesiones administrativas cuando sean legalmente exigibles al solicitante o acreditación de haberse solicitado su otorgamiento.

d) Declaración de haberse colocado en el lugar en el que se pretendan llevar a cabo las obras cartel anunciando la solicitud y describiendo las características de las obras para las que se solicita licencia.

e) Declaración de impacto ambiental, en caso de requerirla el uso al que vayan destinadas las obras.

3º Durante la ejecución de las obras deberán subsanarse los reparos de legalidad que formulen por escrito los servicios municipales como consecuencia de las inspecciones que practiquen.

4º Comunicada al Ayuntamiento la certificación final de las obras, lo que deberá hacerse antes de la recepción de las obras por el promotor, se practicará por los servicios municipales una inspección final, en el plazo máximo de un mes desde la comunicación, con declaración de la conformidad o no de las obras ejecutadas y del uso a que vayan a ser destinadas a la ordenación urbanística aplicable.

5º La declaración de conformidad efectuada por los servicios municipales bastará para el otorgamiento por el Ayuntamiento de licencia urbanística definitiva, que incluirá la de la primera ocupación.

6º El plazo para la resolución sobre la licencia será de un mes desde el levantamiento de acta de inspección de conformidad, que se interrumpirá en todo caso hasta que se produzca, de ser necesaria, la calificación ambiental. Esta interrupción no podrá ser superior a tres meses.

7º La licencia urbanística definitiva, caso de no haberse acreditado aún todas las restantes autorizaciones y, en su caso, concesiones administrativas exigibles, se otorgará sin perjuicio y a reserva de las que estén aún pendientes, no adquiriendo eficacia sino tras la obtención de todas ellas.

Artículo 154. Intervención de actos precisados de proyecto técnico de obras de edificación.

Cuando se trate de obras de nueva planta o de ampliación, reforma, modificación o rehabilitación en edificios ya existentes, de carácter provisional o permanente, con o sin previa demolición de aquéllos, que, conforme a la legislación general de ordenación de la edificación, precisen de proyecto de obras de edificación, la intervención municipal se producirá conforme a las siguientes reglas:

1º Sólo podrá comenzarse la ejecución de las obras previa licencia urbanística, solicitada con aportación de los siguientes documentos:

a) Proyecto técnico de obras de edificación redactado por técnico competente.

b) Declaración del técnico o los técnicos autores sobre su conformidad a la ordenación urbanística aplicable.

c) Copia de las restantes autorizaciones y, en su caso, concesiones administrativas cuando sean legalmente exigibles al solicitante o acreditación de haber sido solicitadas.

d) Declaración de haberse colocado en el lugar en el que se pretendan llevar a cabo las obras cartel anunciando la solicitud de licencia y las características de las obras para las que ésta se pretende.

e) Restante documentación técnica exigible conforme a la legislación general de ordenación de la edificación.

f) Si las obras de nueva planta que se pretendan llevar a cabo consisten en la construcción de viviendas en régimen de protección, a los documentos anteriores se añade el de la petición al órgano competente de la Comunidad de Madrid de calificación provisional de las viviendas.

g) Declaración de impacto ambiental cuando el uso al que se vayan a destinar las obras lo requiera.

2º Cuando junto con el proyecto de obras de edificación se presenten proyectos parciales o documentos técnicos relativos a elementos autónomos de las obras o instalaciones específicas, podrá otorgarse, si ello fuera factible técnicamente, licencia para el primero a reserva de la integración sucesiva en la misma por las aprobaciones separadas de los segundos.

3º Cuando las obras presenten suficiente complejidad, pero sea clara su viabilidad urbanística en conjunto, podrá también convenirse en el seno del procedimiento y para la preparación de la resolución sobre la licencia, un programa de autorización por partes autónomas de las obras, todas cuyas autorizaciones se entenderán otorgadas bajo la condición legal resolutoria de la licencia definitiva. Las autorizaciones parciales legitimarán la ejecución de las obras a que se refieran, si así lo especifican.

4º El Ayuntamiento sólo podrá formular a la solicitud un único requerimiento de subsanación de deficiencias y, en su caso, mejora, que deberá notificarse dentro del mes siguiente a la presentación de aquélla.

5º Transcurridos tres meses desde la presentación de la solicitud de licencia sin notificación de requerimiento o resolución municipales, o un mes desde el cumplimiento del requerimiento de subsanación de deficiencias o mejora de la solicitud que hubiera podido ser formulada, se entenderá otorgada la licencia por silencio positivo en los términos resultantes del correspondiente proyecto de obras de edificación.

6º Serán aplicables a estas obras las reglas 4ª, 5ª, 6ª y 7ª del artículo anterior, que se entenderán referidas en este caso exclusivamente a la licencia de primera ocupación.

7º Si las obras ejecutadas consisten en la construcción de viviendas en régimen de protección, la licencia de primera ocupación no podrá concederse sin que se acredite la calificación definitiva de las mismas por el órgano competente de la Comunidad de Madrid, a cuyo efecto no será aplicable la regla 7ª del artículo anterior y, la no acreditación implicará la denegación de la licencia.

Artículo 155. Intervención de usos.

Cuando se trate de actos de implantación de usos o de modificación de los ya establecidos para el desarrollo de actividades en terrenos, edificios, construcciones o instalaciones o partes de los mismos, sin ejecución de obras de clase alguna, la licencia urbanística se producirá conforme a las siguientes reglas:

1º La solicitud de licencia deberá acompañarse de los siguientes documentos:

a) Documentación técnica exigible.

b) Consulta previa al Ayuntamiento sobre la legitimidad del uso o usos.

c) Copia de las restantes autorizaciones y, en su caso, concesiones, administrativas cuando sean legalmente exigibles al solicitante o acreditación de haber sido solicitadas.

d) Declaración del impacto ambiental cuando el uso al que vayan a destinar las obras lo requiera.

2º La mera presentación de la solicitud, con todos los documentos exigibles, comportará automáticamente la autorización provisional para la implantación y el desarrollo del uso o usos de que se trate de acuerdo y en los términos de la normativa que en todo momento los regule.

3º El Ayuntamiento deberá resolver sobre la solicitud en el plazo de un mes desde su presentación. Este plazo se suspenderá, como máximo por tres meses mientras se produce la calificación ambiental del uso, en caso de estar sujeto legalmente a la misma. El transcurso del plazo máximo para resolver sólo podrá interrumpirse una sola vez por requerimiento de subsanación de deficiencias o mejora de la solicitud. La ausencia de notificación dentro del plazo de resolución expresa, comportará la concesión de la licencia.

4º No obstante y pese a su autorización mediante licencia expresa o presunta, los usos mientras persistan estarán sujetos a inspección municipal, pudiendo los servicios técnicos correspondientes formular por escrito los reparos de legalidad, seguridad o salubridad, sobrevenida incluso, que procedan, que deberán ser cumplimentados. Estos reparos podrán dar lugar, si procede, a la incoación de procedimientos de protección de la legalidad urbanística y de sanción de su infracción, si transcurridos los plazos otorgados para cumplimentar los reparos no se hubieran llevado a debido efecto.

⇒ V. Ley 3/1988, de 13 octubre, de la Asamblea de Madrid, modificada por la Ley 8/1989, de 8 junio, y la Ley 10/1991, de 4 abril, de normas reguladoras para la protección del medio ambiente.

V. RDLeg 1302/1986, de 28 junio, de Evaluación de Impacto Ambiental, modificado por el RDley 9/2000, de 6 octubre.

V. D. 323/1999, de 11 noviembre, estructura orgánica de la Consejería de Medio ambiente.

Artículo 156. Intervención de los restantes actos sujetos a licencia urbanística.

Cuando se trate de actos sujetos a intervención municipal no contemplados en los artículos 153, 154 y 155 de la presente Ley, dicha intervención se producirá conforme a las siguientes reglas:

1º Para legitimar su ejecución bastará con comunicar al Ayuntamiento la intención de llevar a cabo el acto con una antelación mínima de quince días hábiles a la fecha en que pretenda llevarse a cabo o comenzar su ejecución.

2º La comunicación deberá ir acompañada de:

a) Descripción suficiente de las características del acto de que se trate.

b) Declaración de técnico facultativo habilitado legalmente de su conformidad a la ordenación urbanística aplicable.

c) Copia de las restantes autorizaciones y, en su caso, concesiones, cuando sean legalmente exigibles al solicitante.

d) En el supuesto de parcelaciones en suelo no urbanizable de protección y suelo urbanizable no sectorizado además, el informe a que se refiere el artículo 144 de la presente Ley.

3º Transcurrido el plazo a que se refiere la regla 1ª la comunicación practicada con los requisitos de la regla 2ª producirá los efectos de la licencia urbanística, salvo que tengan lugar las actuaciones municipales previstas en las reglas siguientes.

4º Dentro de los quince días siguientes a la comunicación el Ayuntamiento podrá adoptar, motivadamente, las medidas provisionales que entienda oportunas para evitar toda alteración de la realidad en contra de la ordenación urbanística aplicable, comunicándolas al interesado por cualquier medio que permita acreditar su recepción.

5º El Ayuntamiento deberá dictar la orden de ejecución que proceda para garantizar la plena adecuación del acto o los actos a la ordenación urbanística dentro de los quince días siguientes a la adopción de cualquier medida provisional. La orden que se dicte producirá los efectos propios de la licencia urbanística.

Artículo 157. Competencia y procedimiento de otorgamiento de las licencias urbanísticas.

1. Será competente para la adopción de cuantas resoluciones se deriven del ejercicio de la potestad de intervención municipal regulada en esta Sección, incluidos los de otorgamiento de licencias urbanísticas, el Alcalde u órgano municipal en que delegue.

2. El procedimiento de otorgamiento de las licencias urbanísticas se determinará en el Reglamento Orgánico del Municipio.

En todo caso en la ordenación del procedimiento deberán respetarse las siguientes reglas:

1ª La ordenación deberá prever los siguientes actos de instrucción:

a) Los informes de cualquier otra Administración pública que sean legalmente preceptivos.

b) Los informes técnico y jurídico sobre la conformidad del acto o el uso pretendidos con la ordenación urbanística aplicable, emitidos por los correspondientes Servicios municipales o, en su caso, los de la organización pública establecida a efectos de cooperación conforme a esta Ley.

2º La resolución expresa denegatoria, así como, cuando proceda, la orden de ejecución deberá ser motivada, con explícita referencia a la norma o normas de la ordenación urbanística con las que esté en contradicción el acto o el uso pretendidos o que justifiquen la orden, respectivamente.

⇒ V. D. 47/1999, de 8 abril, que regula el procedimiento para la solicitud de licencias de grandes establecimientos.

Artículo 158. Eficacia temporal y caducidad de las licencias urbanísticas.

1. Todas las licencias se otorgarán por un plazo determinado tanto para iniciar, como para terminar las obras, salvo las referidas a usos, que tendrán

vigencia indefinida sin perjuicio de la obligación legal de adaptación de los establecidos a las normas que en cada momento los regulen.

De haberse otorgado por acto presunto o no contener la licencia indicación expresa sobre dichos plazos, se entenderá otorgada bajo la condición legal de la observancia de los de un año para iniciar las obras y tres años para la terminación de éstas.

2. Los Ayuntamientos podrán conceder prórrogas de los plazos de la licencia por una sola vez y por un nuevo plazo no superior al inicialmente acordado, previa solicitud expresa formulada antes de la conclusión de los plazos previstos para el comienzo y para la finalización de las obras, siempre que la licencia sea conforme con la ordenación urbanística vigente en el momento de su otorgamiento.

El órgano competente para conceder la licencia declarará, de oficio o a instancia de cualquier persona, la caducidad de las licencias, previa audiencia del interesado, una vez transcurridos e incumplidos cualesquiera de los plazos a que se refiere el número 1.

3. La declaración de caducidad extinguirá la licencia, no pudiéndose iniciar ni proseguir las obras si no se solicita y obtiene una nueva ajustada a la ordenación urbanística que esté en vigor. Transcurrido el plazo de dos meses desde la notificación de la declaración de caducidad sin que se haya solicitado la licencia o desestimada la solicitud que haya sido deducida, se podrá aplicar el régimen de ejecución sustitutoria o, en su caso, la expropiación forzosa en los términos del artículo 162 y siguientes de la presente Ley y sin necesidad de la inclusión de la parcela o solar en área delimitada al efecto.

⇒ V. art. 14 de la Ley 6/1998, de 13 abril (§1).
V. arts. 74 y concordantes del RD 1093/1997, de 4 julio (§2.1).

Jurisprudencia

«El art. 17 de la Ley 4/1984, de 10 febrero, de Medidas de Disciplina Urbanística en la Comunidad de Madrid, regula la caducidad de las licencias que amparen obras cuya ejecución no hubiere comenzado dentro de los seis meses siguientes a la fecha de su otorgamiento, y prevé la posibilidad de que puedan ser prorrogadas, por causa justificada, previa solicitud por una sola vez y por otros seis meses. El art. 46 del Plan General Municipal de Ordenación Urbana de San Fernando (publicado en el BOCM el 8 de agosto de 1988 y en el BOE de 15 de agosto de 1988) se redactó en el mismo sentido, matizando que la prórroga deberá de solicitarse antes del vencimiento establecido en la licencia. En el caso presente, el tiempo previsto para la ejecución de la obra eran diez meses, con lo que su vencimiento se produjo el 29 de agosto de 1993 y la solicitud de prórroga se produjo transcurridos ocho meses desde tal fecha, habiendo transcurrido incluso desde el vencimiento más de los cinco meses por los que la licencia podía ser prorrogada (la mitad del tiempo de la concesión según el art. 46 del PGOU de San Fernando), así como el plazo de seis meses previsto en el art. 17 de la Ley 4/1984. En tal situación la denegación de la prórroga de una licencia que ampara obras no iniciadas, que incumplió la condición de presentar el proyecto de ejecución y que se solicita 18 meses después de su concesión y ocho meses después de la expiración del plazo para el que fue concedida, no puede estimarse contraria a Derecho, por lo que el recurso debe de ser desestimado». **(STSJ Madrid 23 octubre 1997 [RJCA 1997, 2091]).**

⇒ V. Jurisprudencia en arts. 178, 179 y 180 y concordantes del TRLS/1976 (§3).

Artículo 159. Licencias disconformes sobrevenidamente con el planeamiento urbanístico.

Cuando las licencias urbanísticas resulten sobrevenidamente disconformes con el planeamiento urbanístico, en virtud de la aprobación de un nuevo Plan de Ordenación Urbanística o de la revisión o modificación del vigente al tiempo del otorgamiento de aquéllas, y las obras no hubieran aún concluido, el Ayuntamiento, de oficio o a petición de la Consejería competente en materia de ordenación urbanística:

a) Declarará, motivadamente, la disconformidad; declaración, que conllevará la inmediata suspensión de las obras o de los usos por plazo máximo de dos meses.

b) Dentro del periodo de vigencia de la suspensión legal y previa audiencia del interesado o interesados, revocará la licencia en todo o en parte, determinando, en su caso, los términos y condiciones en que las obras ya iniciadas o los usos que venían desarrollándose puedan ser terminadas o continuar desarrollándose, respectivamente, con fijación, en su caso, de la indemnización a que por los daños y perjuicios causados hubiera lugar.

⇒ V. Jurisprudencia en arts. 185 a 187 y concordantes del TRLS/1976 (§3).

Artículo 160. Contratación de los servicios por las empresas suministradoras.

1. Las empresas suministradoras de energía eléctrica, agua, gas y telefonía exigirán para la contratación provisional, en su caso, de los respectivos servicios la acreditación de la licencia municipal, fijando como plazo máximo de duración del contrato el establecido en la licencia para la ejecución de las obras, transcurrido el cual no podrá continuar prestándose el servicio.

2. Las empresas citadas en el número anterior y las de telecomunicaciones exigirán para la contratación definitiva de los suministros o servicios respectivos en edificios o construcciones de nueva planta u objeto de obras de ampliación, reforma, modificación o rehabilitación la acreditación de la licencia municipal, conforme a esta Ley, de la primera ocupación.

Artículo 161. Actos promovidos por las Administraciones públicas.

1. Los proyectos de obras y servicios públicos y los de construcción y edificación y de uso del suelo, incluidos los de viviendas de promoción pública, que formulen en ejecución de sus políticas regionales la Administración de la Comunidad de Madrid y las entidades por ella creadas, de ella dependientes o adscritas a la misma, y sean urgentes o de excepcional interés público, se sujetarán al procedimiento previsto en este artículo, cuya resolución, en cualquiera de las formas previstas en los números siguientes, producirá los efectos propios de la licencia municipal.

2. Los proyectos a que se refiere el número anterior serán sometidos al Ayuntamiento interesado para informe. A tal efecto se otorgará un plazo adecuado en función de las características de los proyectos y nunca inferior a un mes.

En caso de urgencia, debidamente motivada, dicho plazo podrá reducirse a la mitad y si aquélla fuera extraordinaria, a diez días.

3. El informe positivo sobre la conformidad del proyecto con la ordenación urbanística aplicable implicará la declaración municipal definitiva de su viabilidad urbanística, haciendo innecesarios cualesquiera ulteriores trámites.

El mero transcurso, sin efecto, del plazo otorgado para su evacuación producirá legalmente todos los efectos propios de la emisión expresa del informe en sentido positivo.

4. La comunicación por el Ayuntamiento, de disconformidad del proyecto con la ordenación urbanística de aplicación dará lugar, en todo caso, a la apertura de los trámites siguientes:

a) La Administración titular del proyecto adaptará su contenido si es posible a la ordenación urbanística aplicable, comunicando las rectificaciones hechas al Ayuntamiento.

b) De no ser posible la adaptación del proyecto a la ordenación urbanística, la Administración titular motivará la urgencia o el interés general de la ejecución del proyecto, comunicándolo al Ayuntamiento y a la Consejería competente en materia de ordenación urbanística.

5. En el caso previsto en el apartado b) del número anterior, la Consejería competente en materia de ordenación urbanística lo elevará al Gobierno de la Comunidad de Madrid, el cual, apreciados los motivos de urgencia o interés general que exige la ejecución del proyecto, lo aprobará, precisando los términos de la ejecución y determinando la procedencia, en su caso, de la incoación de procedimiento de modificación o revisión del planeamiento urbanístico. El importe de los proyectos de revisión o de modificación será subvencionado por la Comunidad de Madrid, atendiendo a las circunstancias del municipio.

6. La Administración General del Estado podrá aplicar, para la realización de las obras y los servicios de su competencia, el procedimiento previsto en este artículo.

⇒ V. arts. 242.1, 244.2, 244.3 y 244.4 del TRLS/1992 (§2).
V. Jurisprudencia en arts. 180 y concordantes del TRLS/1976 (§3).

Sección 3ª Ejecución sustitutoria en la construcción y edificación por incumplimiento de la función social de la propiedad

Artículo 162. Ejecución de la construcción o edificación mediante sustitución del propietario y, en su caso, expropiación.

1. Transcurrido un año desde la aprobación del Plan General en suelo urbano consolidado o de la recepción de la urbanización en suelo urbano no consolidado o en suelo urbanizable, el Ayuntamiento, de oficio o a instancia de cualquier persona, podrá delimitar áreas en las que los solares y las parcelas susceptibles de edificación con realización simultánea de la urbanización pendiente quedan sujetos al régimen de ejecución mediante sustitución del

propietario y, en su caso, a la expropiación por incumplimiento de la función social de la propiedad.

La aplicación efectiva a una parcela o solar del régimen de ejecución sustitutoria dentro de las áreas delimitadas al efecto requerirá la previa declaración del incumplimiento del deber de edificar, en procedimiento instruido con audiencia del propietario o propietarios afectados.

2. El procedimiento de delimitación de las áreas a que se refiere el número anterior se ajustará a las siguientes reglas:

a) Aprobación inicial por el Alcalde.

b) Información pública por plazo de veinte días.

c) Aprobación definitiva por el Pleno, cuyo acuerdo deberá motivarse en necesidades de ejecución del planeamiento urbanístico o el cumplimiento de los objetivos de éste o de algunos de los fines propios, según esta Ley, de los patrimonios públicos de suelo y ser publicado en el «Boletín Oficial de la Comunidad de Madrid».

3. La delimitación de las áreas habilitará para aplicar a parcelas o solares concretos el régimen de ejecución sustitutoria, salvo que la Administración acuerde su expropiación para la promoción pública de viviendas o la implantación de usos o servicios públicos.

Artículo 163. Procedimiento para la aplicación del régimen de ejecución sustitutoria en la construcción o edificación.

El procedimiento para la aplicación del régimen de ejecución sustitutoria en la construcción o edificación a una o más parcelas o solares deberá responder a las siguientes reglas:

a) Podrá iniciarse de oficio o a instancia de cualquier persona.

b) Deberá darse audiencia, en todo caso, al propietario o los propietarios afectados.

c) La solicitud que se formule deberá reunir, como mínimo, los siguientes requisitos:

1º Localización dentro de área delimitada al efecto e identificación de todos y cada uno de los solares o parcelas a que se refiera y de sus propietarios.

2º Proyecto de obras de edificación a realizar o compromiso de presentarlo en el plazo correspondiente, acompañado en este último supuesto de aval por valor del 5 por 100 del coste calculado de las obras.

3º Compromiso, en su caso, de ejecución simultánea de las obras de urbanización aún precisas de forma simultánea a las de edificación.

4º Compromiso de cesión, condicionado al pago de su coste, de los derechos sobre el proyecto de obras de edificación presentado, a la persona que resulte adjudicataria en el concurso.

5º Compromiso de cumplimiento de las cargas y los deberes legales urbanísticos aún pendientes y de abono al propietario sustituido del precio de la adjudicación, en defecto de acuerdo con dicho propietario.

6º Compromiso de ejecutar las obras de edificación proyectadas en determinado plazo.

d) El plazo máximo en el que el Alcalde u órgano en que delegue deberá resolver sobre la solicitud será de dos meses, transcurrido el cual podrá entenderse estimada la solicitud por acto presunto.

e) La resolución expresa deberá ser comunicada, mediante certificación administrativa, al Registro de la Propiedad para la práctica de nota marginal a la inscripción de la correspondiente finca. En caso de resolución presunta por silencio positivo, la comunicación al Registro de la Propiedad podrá ser efectuada por el interesado, acreditando aquélla en cualquiera de las formas admitidas por la legislación sobre régimen jurídico de las Administraciones públicas y procedimiento administrativo común.

f) La resolución expresa o presunta implicará la convocatoria de concurso público dirigido a la adjudicación de la parcela o solar a persona que se comprometa a la edificación en plazo determinado conforme al proyecto presentado u otro alternativo.

Artículo 164. Concurso público para la sustitución del propietario a efectos de construcción o edificación.

1. El concurso público para la sustitución del propietario deberá anunciarse dentro del mes siguiente a la resolución de aplicación del régimen de ejecución sustitutoria.

2. Transcurrido el plazo previsto en el número anterior sin que se hubiera producido el anuncio, la Consejería competente en materia de ordenación urbanística sustituirá al Ayuntamiento, de oficio o a instancia de interesado.

3. La Consejería competente en materia de ordenación urbanística dispondrá de un plazo de dos meses para la convocatoria del concurso. Transcurrido este plazo sin que el anuncio haya tenido lugar, quedará la resolución de aplicación del régimen de ejecución sustitutoria sin efecto alguno por ministerio de la Ley y sin necesidad de trámite o requisito alguno, no pudiendo la Administración volver a declarar dicha situación dentro de los dos años siguientes, salvo por cambio de las circunstancias que tenga reflejo en la ordenación urbanística de aplicación.

Artículo 165. Convocatoria del concurso.

1. La convocatoria del concurso deberá expresar las condiciones pertinentes y, como mínimo, las siguientes:

a) Precio a satisfacer por el adjudicatario, cuyo importe será determinado por el valor de la parcela o el solar fijado en aplicación de las reglas de valoración establecidas por la legislación general, para el caso de no alcanzarse un acuerdo con el propietario o propietarios sobre dicho precio.

b) Plazo máximo para la ejecución de la edificación y, en su caso, las obras de simultánea urbanización.

c) Precios máximos de venta o arrendamiento de la edificación resultante.

d) Garantía definitiva del cumplimiento de los deberes resultantes de la adjudicación.

2. De haberse convocado el concurso a instancia de interesado, los restantes concursantes podrán no presentar proyecto de obras de edificación, siempre que asuman el presentado a efectos de la aplicación del régimen de ejecución sustitutoria. De resultar éstos adjudicatarios deberán abonar a la persona que presentó el proyecto los gastos habidos para su elaboración, sin cuyo requisito no será eficaz la adjudicación.

Artículo 166. Concurso y adjudicación.

1. Las ofertas de los participantes en el concurso podrán incluir la dirigida al propietario o propietarios de acuerdo de pago en especie y, concretamente en locales, viviendas o metros cuadrados construidos en la construcción o edificación a ejecutar. Si se presentara alguna oferta en estos términos, no podrá resolverse sobre la adjudicación sin otorgar audiencia al propietario o propietarios para que puedan manifestar su aceptación a alguna de las ofertas que le hubieran sido formuladas o rechazarlas todas. Transcurrido sin efecto el trámite de audiencia o habiendo rechazado el propietario o propietarios todas las ofertas, se procederá sin más trámites a la adjudicación del concurso, con abono del precio en dinero.

2. En el caso de que el propietario o propietarios aceptaran alguna de las ofertas formuladas, deberán presentar, por sí mismos o a través del correspondiente concursante y dentro del período de audiencia, convenio urbanístico, suscrito con dicho concursante y protocolizado notarialmente, preparatorio de la resolución del concurso.

3. De presentarse convenio, el Alcalde o, en su caso, la Consejería competente en materia de ordenación urbanística dictará, si procede, resolución aprobándolo, que implicará la adjudicación en favor del concursante firmante del convenio.

4. La aprobación administrativa del convenio producirá, para cada parcela o solar, los efectos de la reparcelación y, en particular:

a) La adjudicación de la parcela o solar en proindiviso y en la proporción resultante del convenio al adjudicatario del concurso junto con el propietario o propietarios.

b) La ocupación de la parcela o solar por el adjudicatario del concurso a los efectos de la realización de las obras.

c) La atribución al adjudicatario del concurso, con carácter fiduciario, de la facultad de disposición sobre la parte del proindiviso de la que sea titular el propietario o propietarios originarios a los exclusivos efectos de la constitución de garantías para la obtención de préstamos precisos para la financiación de las obras.

5. Salvo en el caso previsto en el número 2, la adjudicación del concurso se hará a favor de la oferta que, en conjunto, sea más ventajosa para el interés general, correspondiendo a la Administración convocante la diferencia entre el precio fijado en la convocatoria y el efectivamente resultante de la adjudicación, que deberá ser aplicada al patrimonio público de suelo.

6. La certificación administrativa de la resolución del concurso, acompañada, en su caso, de la escritura pública del convenio aprobado administrativamente, servirá como título para la inscripción de la transmisión forzosa en el Registro de la Propiedad.

7. En caso de quedar desierto el concurso, el Ayuntamiento podrá optar, dentro de los dos meses siguientes, entre la convocatoria de nuevo concurso público o la adquisición, asimismo forzosa y por el precio fijado en el primer concurso, de la parcela o solar con destino al patrimonio público de suelo.

8. En la convocatoria del segundo concurso, el precio de licitación se incrementará en los gastos habidos en el primero.

Artículo 167. Incumplimiento del adjudicatario del concurso.

1. El incumplimiento de las condiciones de adjudicación de los concursos a que se refiere el artículo anterior dará lugar a la expropiación de la parcela o el solar o a nueva resolución de aplicación del régimen de ejecución sustitutoria.

2. El incumplimiento del adjudicatario, que supondrá siempre la pérdida de las garantías constituidas, deberá ser declarado en procedimiento en el que deberá oírse a los interesados.

CAPÍTULO IV
Conservación y rehabilitación de terrenos, construcciones y edificios

Sección 1ª Conservación y rehabilitación

Artículo 168. Deber de conservación y rehabilitación.

1. Los propietarios de terrenos, construcciones y edificios tienen el deber de mantenerlos en condiciones de seguridad, salubridad, ornato público y decoro, realizando los trabajos y obras precisas para conservarlos o rehabilitarlos, a fin, de mantener en todo momento las condiciones requeridas para la habitabilidad o el uso efectivo.

2. El deber de los propietarios de construcciones y edificios alcanza hasta el importe de los trabajos y obras que no rebase el límite del contenido normal de aquél, representado por la mitad del valor de un edificio o construcción de nueva planta, con similares características e igual superficie útil o, en su caso, de idénticas dimensiones que la preexistente, realizada con las condiciones necesarias para que su ocupación sea autorizable o, en su caso, quede en condiciones de ser legalmente destinada al uso que le sea propio.

3. Cuando el Ayuntamiento ordene o imponga al propietario la ejecución de obras de conservación o rehabilitación que excedan del referido límite, éste podrá requerir de aquella que sufrague el exceso.

4. En todo caso, el Ayuntamiento podrá establecer:

a) Ayudas públicas, en las condiciones que estime oportunas, mediante convenio, en el que podrá disponerse la explotación conjunta del inmueble.

b) Bonificaciones sobre las tasas por expedición de licencias.

⇒ V. Ley 7/2000, de 19 junio, sobre rehabilitación de espacios urbanos degradados y de inmuebles que deben ser objeto de preservación.

V. Ley 10/1998, de 9 julio, de Patrimonio Histórico, de la Comunidad de Madrid.

V. art. 3 de la Ley 38/1999, de 5 noviembre, de Ordenación de la Edificación (§1.1).

V. Jurisprudencia en arts. 181 y concordantes del TRLS/1976 (§3).

Artículo 169. Inspección periódica de edificios y construcciones.

1. Los propietarios de construcciones y edificios de antigüedad superior a treinta años deberán encomendar a un técnico facultativo competente o, en su caso, a entidades de inspección técnica homologadas y registradas por la Consejería competente en materia de ordenación urbanística, cada diez años, la realización de una inspección dirigida a determinar el estado de conservación y las obras de conservación o, en su caso, rehabilitación que fueran precisas. Estos plazos podrán revisarse por Decreto del Gobierno de la Comunidad de Madrid.

2. Los informes de las entidades de inspección técnica a que se refiere el número anterior deberán estar autorizados por técnico legalmente habilitado para ello.

3. Los informes técnicos que se emitan a resultas de las inspecciones deberán consignar el resultado de la inspección, con descripción de:

a) Los desperfectos y las deficiencias apreciados, sus posibles causas y las medidas recomendadas, en su caso priorizadas, para asegurar la estabilidad, la seguridad, la estanqueidad y la consolidación estructurales, así como para mantener o recuperar las condiciones de habitabilidad o de uso efectivo según el destino propio de la construcción o edificación.

b) El grado de ejecución y efectividad de las medidas adoptadas y de los trabajos y obras realizados para cumplimentar las recomendaciones contenidas en el o, en su caso, los informes técnicos de las inspecciones anteriores.

4. La eficacia, a efectos administrativos, de los informes técnicos requerirá la presentación de copia de los mismos en el Ayuntamiento dentro del mes siguiente al vencimiento del período quinquenal correspondiente.

5. Los Ayuntamientos podrán requerir de los propietarios la exhibición de los informes técnicos resultantes de las inspecciones periódicas y, caso de comprobar que éstas no se han realizado, ordenar su práctica o realizarlas en sustitución y a costa de los obligados.

6. Los informes técnicos a que se refiere este artículo podrán servir de base para el dictado de órdenes de ejecución de obras.

⇒ V. Ley 7/2000, de 19 junio, sobre rehabilitación de espacios urbanos degradados y de inmuebles que deben ser objeto de preservación.

Artículo 170. Órdenes de ejecución de obras de conservación o rehabilitación.

1. Los Ayuntamientos deberán dictar órdenes de ejecución de obras de reparación o conservación y rehabilitación de edificios y construcciones deterioradas o en condiciones deficientes para su uso efectivo legítimo. En los supuestos de edificios o construcciones catalogados o declarados de interés histórico-artístico, el órgano de la Comunidad de Madrid competente en materia de patrimonio histórico-artístico también deberá dictar órdenes de ejecución de obras de reparación, conservación o rehabilitación de estas edificaciones o construcciones.

Los Ayuntamientos estarán habilitados, además, para dictar órdenes de ejecución de obras de mejora en toda clase de edificios para su adaptación al ambiente. Los trabajos y las obras ordenados deberán referirse a elementos ornamentales y secundarios del inmueble de que se trate, pretender la restitución de su aspecto originario o coadyuvar a su mejor conservación.

Si la orden de ejecución afecta a bienes regulados en la legislación de patrimonio histórico-artístico, deberán ser autorizadas las obras por la Consejería competente en esta materia.

2. El incumplimiento injustificado de las órdenes de ejecución habilitará a la Administración actuante para adoptar cualquiera de estas medidas:

a) Ejecución subsidiaria a costa del obligado y hasta el límite del deber normal de conservación.

b) Imposición de las sanciones previstas en la presente Ley.

c) Subsidiariamente, la Administración actuante podrá declarar en situación de ejecución por sustitución el inmueble correspondiente, sin necesidad de su inclusión en área delimitada al efecto, para la aplicación del régimen previsto en los artículos 162 y siguientes de la presente Ley.

d) Expropiación por incumplimiento de la función social de la propiedad.

⇒ V. Jurisprudencia en arts. 181 y concordantes del TRLS/1976 (§3).
V. Ley 10/1998, de 9 julio, de Patrimonio Histórico, de la Comunidad de Madrid.

Sección 2ª Ruina legal y ruina física

Artículo 171. Situación legal de ruina.

1. Procederá la declaración de la situación legal de ruina urbanística de una construcción o edificación en los siguientes supuestos:

a) Cuando el coste de las reparaciones necesarias para devolver a la construcción o edificación la estabilidad, seguridad, estanqueidad y consolidación estructurales o para restaurar en ella las condiciones mínimas para hacer posible su uso efectivo legítimo, supere la mitad del valor de un edificio o construcción de nueva planta con similares características e igual superficie útil que la existente, excluido el valor del suelo.

b) Cuando, acreditando el propietario el cumplimiento puntual y adecuado de las recomendaciones de al menos los informes técnicos correspondientes a las dos últimas inspecciones periódicas, el coste de los trabajos y obras realizados como consecuencia de esas dos inspecciones, sumado al de las que deban ejecutarse a los efectos señalados en la letra anterior, supere el límite del deber normal de conservación, con comprobación de una tendencia constante y progresiva en el tiempo al incremento de las inversiones precisas para la conservación del edificio o la construcción.

2. Corresponderá al Alcalde la declaración de la situación legal de ruina, previo procedimiento en el que, en todo caso, deberá darse audiencia al propietario o propietarios interesados y los demás titulares de derechos afectados.

3. La declaración de la situación legal de ruina urbanística:

a) Deberá incluir las medidas necesarias para evitar daños a personas y bienes y pronunciarse sobre el incumplimiento o no del deber de conservación de la construcción o el edificio.

b) En ningún caso cabrá la apreciación de dicho incumplimiento, cuando la ruina sea causada por fuerza mayor, hecho fortuito o culpa de tercero, así como cuando el propietario o propietarios hayan sido diligentes en el mantenimiento y uso del inmueble.

c) Constituirá al propietario o propietarios en la obligación:

1º De proceder, a su elección, a la completa rehabilitación o a la demolición, cuando se trate de una construcción o un edificio no catalogado, ni protegido, ni sujeto a procedimiento alguno dirigido a la catalogación o al establecimiento de un régimen de protección integral.

2º De adoptar las medidas urgentes y realizar los trabajos y las obras necesarios para mantener y, en su caso, recuperar la estabilidad y la seguridad, en los restantes supuestos. En este caso, el Ayuntamiento podrá convenir con el propietario los términos de la rehabilitación definitiva. De no alcanzarse acuerdo, el Ayuntamiento podrá optar entre ordenar las obras de rehabilitación necesarias, con otorgamiento simultáneo de ayuda económica adecuada, o proceder a la sustitución del propietario incumplidor aplicando el régimen establecido en el artículo 162 y siguientes de la presente Ley, sin necesidad de que la finca afectada esté incluida en área delimitada a tal fin.

⇒ V. Jurisprudencia en arts. 183 y concordantes del TRLS/1976 (§3).

Artículo 172. Ruina física inminente.

1. Cuando una construcción o un edificio amenace ruina inminente, con peligro para la seguridad pública o la integridad del patrimonio arquitectónico catalogado o declarado de interés histórico o artístico, el Alcalde estará habilitado para disponer todas las medidas que sean precisas, incluido el apuntalamiento de la construcción o el edificio y su desalojo. Dichas medidas podrán

extenderse, excepcionalmente, a la demolición que sea estrictamente indispensable para proteger adecuadamente valores superiores y, desde luego, la integridad física de las personas.

2. La adopción de las medidas previstas en este artículo no presupondrá, ni implicará la declaración de la situación legal de ruina urbanística.

3. Todos los gastos en que incurra el Ayuntamiento por razón de las medidas adoptadas serán repercutibles en el propietario o propietarios, en vía administrativa y hasta el límite del deber normal de conservación.

⇒ V. Jurisprudencia en arts. 183 y concordantes del TRLS/1976 (§3).

CAPÍTULO V

Instrumentos de incidencia en el mercado inmobiliario

Sección 1ª Patrimonios públicos de suelo

Artículo 173. Constitución y naturaleza.

1. La Comunidad de Madrid y los municipios deberán constituir, mantener y gestionar sus respectivos patrimonios públicos de suelo con la finalidad de crear reservas de suelo para actuaciones públicas y facilitar el cumplimiento de los fines de la ordenación urbanística.

2. El patrimonio público de suelo tendrá carácter de patrimonio separado del restante patrimonio de la Administración titular, quedando vinculado a sus fines específicos. A los efectos del régimen aplicable a los actos de disposición, los bienes integrantes del patrimonio público de suelo se considerarán como bienes patrimoniales.

⇒ V. arts. 276.1, 276.2 y 280.1 del TRLS/1992 (§2).
V. Jurisprudencia en arts. 89 a 93 y concordantes del TRLS/1976 (§3).

Artículo 174. Bienes integrantes de los patrimonios públicos de suelo.

1. Integran el patrimonio público de suelo:

a) Los bienes patrimoniales de la Administración correspondiente, a los que el planeamiento urbanístico, o por acto expreso de la Administración, le asigne tal destino.

b) Los terrenos, construcciones y edificaciones no afectos a un uso o servicio público adquiridos al ejecutar el planeamiento, incluidos los adquiridos mediante convenios urbanísticos.

c) Los terrenos, construcciones y edificaciones adquiridos en virtud de las cesiones correspondientes a la participación de los municipios en el aprovechamiento urbanístico de los sectores o unidades de ejecución.

d) Los derechos correspondientes sobre los terrenos a obtener por cesión en la equidistribución reparcelatoria de beneficios y cargas con destino a dotaciones para redes locales y supramunicipales en cualquier clase de suelo, en virtud del valor económico de la diferencia entre las edificabilidades objetivas y las normales establecidas por el planeamiento urbanístico.

e) Los terrenos, construcciones y edificaciones adquiridos por la Administración titular, en virtud de cualquier título y, en especial, mediante expropiación, con el fin de su incorporación al correspondiente patrimonio de suelo.

f) Los terrenos, las construcciones y las edificaciones que los municipios y la Comunidad de Madrid se cedan entre sí con carácter gratuito, para su incorporación al patrimonio de suelo de la Administración cesionaria y su aplicación, en su caso, a una finalidad específica.

g) Las cesiones que se obtengan en especie o en metálico para infraestructuras, equipamientos y servicios públicos, distintas de las derivadas del cumplimiento de deberes u obligaciones, legales o voluntarios, asumidas en convenios o concursos públicos celebrados en aplicación de la ordenación urbanística.

h) Los terrenos que reciban los Ayuntamientos como consecuencia del pago del canon que prevé esta Ley respecto de los proyectos de actuación especial.

i) Los demás bienes inmuebles que legalmente deban incorporarse al patrimonio público de suelo.

j) Los demás ingresos que legalmente deban incorporarse al patrimonio público de suelo.

2. Son fondos adscritos al patrimonio público de suelo:

a) Los ingresos obtenidos en la gestión y disposición del patrimonio público de suelo.

b) Los créditos que tengan como garantía hipotecaria los bienes incluidos en el patrimonio público de suelo.

c) Los beneficios de sociedades públicas o mixtas, cuando la aportación de capital público consista en bienes integrantes del patrimonio público de suelo.

d) Las transferencias presupuestarias que tengan como finalidad específica la adquisición de bienes para el patrimonio público de suelo.

e) Los ingresos que perciban los Ayuntamientos como consecuencia del pago del canon que prevé esta Ley respecto de los proyectos de actuación especial.

Artículo 175. Reserva de terrenos.

1. Los instrumentos de la ordenación del territorio y los Planes Generales y Sectoriales podrán establecer, en cualquier clase de suelo, reservas de terrenos, construidos o no, de posible adquisición para la constitución o ampliación de los patrimonios públicos de suelo.

2. El establecimiento o la delimitación de las reservas de terrenos con la finalidad expresada en el número 1 comporta:

a) La declaración de la utilidad pública y la necesidad de la ocupación a efectos de expropiación forzosa por un tiempo máximo de dos años, prorrogable una sola vez por otros dos años mediante declaración expresa fundada en causa justificada.

b) La sujeción de todas las transmisiones que se efectúen en las reservas a los derechos de tanteo y retracto previstos en la presente Ley en favor de la Administración correspondiente.

3. Las reservas de terrenos a que se refiere el número 1 podrán ser comunes para los patrimonios públicos de suelo de la Comunidad de Madrid y de los municipios, siempre que exista un convenio de cooperación entre aquélla y éstos sobre la gestión de la o las correspondientes reservas y los programas o las actuaciones conjuntas a los que deban aplicarse los terrenos, las construcciones y las edificaciones adquiridos.

4. La Comunidad de Madrid deberá destinar anualmente a la adquisición de patrimonio regional de suelo una cantidad no inferior al 0,5 por 100 del capítulo de ingresos. Se tendrán en cuenta para alcanzar dicho porcentaje las adquisiciones que a tal efecto realicen los organismos autónomos y empresas dependientes de la Comunidad de Madrid y los consorcios urbanísticos en los que ésta participe.

Artículo 176. Destino de los bienes integrantes de los patrimonios públicos de suelo.

Los bienes integrantes de los patrimonios públicos de suelo, una vez incorporados al proceso urbanizador o edificatorio, se destinarán, de conformidad con las técnicas y los procedimientos establecidos en la presente Ley, a cualquiera de los siguientes fines:

a) Construcción, rehabilitación o mejora de viviendas sujetas a algún régimen de protección pública o de integración social, en el marco de las políticas o programas establecidos por las Administraciones públicas.

b) Conservación o mejora del medio ambiente, o la protección del patrimonio histórico-artístico.

c) Actuaciones públicas para la obtención de terrenos y ejecución, en su caso, de las redes de infraestructuras, equipamientos y servicios públicos.

d) Actuaciones declaradas de interés social.

e) Conservación y ampliación de los patrimonios públicos de suelo.

f) A la propia gestión urbanística, con cualquiera de las siguientes finalidades:

1º Incidir en el mercado inmobiliario, preparando y enajenando suelo edificable.

2º Pagar en especie, mediante permuta, suelo destinado a redes públicas.

3º Compensar, cuando proceda, a quienes resulten con defecto de aprovechamiento, como consecuencia de operaciones de equidistribución, o de la *imposición de limitaciones* singulares.

⇒ V. art. 280.1 del TRLS/1992 (§2).

V. Jurisprudencia en arts. 89 a 93 y concordantes del TRLS/1976 (§3).

Artículo 177. Gestión de los patrimonios públicos de suelo.

1. Las Administraciones públicas titulares de patrimonios públicos de suelo llevarán un Registro de Explotación de éstos.

2. En el Registro de Explotación deberá hacerse constar en todo caso:

a) Los bienes integrantes del correspondiente patrimonio público de suelo.

b) Los depósitos e ingresos en metálico.

c) Las enajenaciones, permutas y adquisiciones de bienes.

d) El destino final de los bienes.

3. A la liquidación de las cuentas de los presupuestos anuales se deberá acompañar un informe de gestión de la explotación del patrimonio público de suelo, que será objeto de control en los mismos términos que aquélla.

Artículo 178. Disposición de los bienes de los patrimonios públicos de suelo.

1. Los bienes de los patrimonios públicos de suelo, así como los restantes bienes de la Comunidad de Madrid y de los municipios clasificados como suelo urbano y urbanizable pueden ser:

a) Enajenados mediante concurso por el procedimiento abierto o restringido, en la forma prevista en la legislación reguladora de los contratos de las Administraciones públicas. El precio a satisfacer por el adjudicatario no podrá ser el único criterio determinante de la adjudicación, ni éste podrá ser inferior al valor que corresponda al bien conforme a la legislación general aplicable.

b) Cedidos, por precio fijado en convenio interadministartivo suscrito al efecto, a cualquier Administración pública o entidades de ellas dependientes o a ellas adscritas para el fomento de viviendas sujetas a cualquier régimen de protección pública o la realización de programas de conservación o mejora medioambiental.

c) Adjudicados, por el precio fijado al efecto, o, en su caso, cedidos gratuitamente, en uno y otro caso por concurso, a entidades cooperativas o de carácter benéfico o social sin ánimo de lucro para la construcción de viviendas sujetas a cualquier régimen de protección pública o la realización de fines de interés social.

d) Cedidos gratuitamente, mediante convenio suscrito a tal fin, a cualquier Administración Pública o entidad de ella dependiente o adscrita, para la ejecución de dotaciones públicas o promoción de viviendas sujetas a algún régimen de protección pública o de integración social.

e) Permutados por terrenos destinados a infraestructuras, equipamientos y servicios públicos.

2. Cuando los procedimientos a que se refiere la letra a) del número anterior, o los concursos previstos en la letra c) queden desiertos, la Administración actuante podrá enajenar directamente los bienes, dentro del año siguiente, con sujeción a los pliegos o bases de unos y otros.

Sección 2ª Derecho de superficie

Artículo 179. Derecho de superficie.

La Administración de la Comunidad de Madrid y los municipios podrán constituir el derecho de superficie en terrenos de su propiedad o integrantes del patrimonio público del suelo con destino a la construcción de viviendas sujetas a algún régimen de protección pública o de integración social, equipamientos, así como a otros usos de interés social, cuyo derecho corresponderá al superficiario.

⇒ V. arts. 287.2, 287.3, 288.2, 288.3, 289.1, 289.2, 289.3, 289.4 y 289.5 del TRLS/1992 (§2).
V. Jurisprudencia en arts. 89 a 93 y concordantes del TRLS/1976 (§3).

Artículo 180. Plazo.

El plazo del derecho de superficie concedido por las Administraciones, no podrá exceder de 75 años.

Artículo 181. Beneficios.

La concesión del derecho de superficie por la Administración y demás personas públicas y su constitución por los particulares gozará de los beneficios derivados de la legislación de viviendas de protección pública, siempre que se cumplan los requisitos en ella establecidos.

Sección 3ª Derechos de tanteo y retracto

Artículo 182. Bienes sujetos a derechos de tanteo y retracto y Administraciones titulares de éstos.

1. Estarán sujetos al derecho de tanteo y, en su caso, retracto:

a) En favor de la Comunidad de Madrid y de los municipios, las transmisiones onerosas de bienes inmuebles, sean terrenos, construcciones o edificaciones, así como la constitución y transmisión igualmente onerosas de derechos reales sobre los mismos, que se realicen:

1º En las reservas de terrenos para el patrimonio público de suelo delimitadas por los instrumentos de ordenación del territorio y el planeamiento urbanístico.

2º En ámbitos o terrenos sujetos por el planeamiento urbanístico a actuaciones de rehabilitación del patrimonio arquitectónico con finalidad residencial.

3º En Espacios Naturales Protegidos.

4º En las zonas de suelo no urbanizable de protección o urbanizable no sectorizado que se delimiten a tal fin por los instrumentos de la ordenación del territorio y el planeamiento urbanístico o, en su defecto, por acuerdo municipal o resolución de la Consejería competente en materia de ordenación urbanística, previa información pública por plazo de veinte días.

5º En los demás casos previstos por la legislación sectorial.

b) En favor de la Comunidad de Madrid, las transmisiones onerosas de bienes inmuebles, sean terrenos, construcciones o edificaciones, así como la constitución y transmisión igualmente onerosas, de derechos reales sobre los mismos, que se realicen en los terrenos y edificaciones que, por su calificación urbanística, deban destinarse a la construcción de viviendas sujetas a algún régimen de protección pública.

A estos efectos la delimitación de los suelos sometidos a derecho de tanteo y retracto se llevará a cabo por los instrumentos de la ordenación del territorio, por el planeamiento urbanístico, o por Resolución de la Consejería competente por razón de la materia, previa información pública por plazo de 20 días.

2. Los derechos de tanteo y retracto a que se refiere la letra a) del número anterior podrán ser ejercidos indistintamente por cualquiera de dichas Administraciones, ordenándose tal ejercicio por la regla de la prioridad temporal.

3. El plazo máximo de sujeción de las transmisiones al ejercicio de los derechos de tanteo y retracto será de ocho años, a contar desde la aprobación de la correspondiente delimitación. En los espacios naturales protegidos tendrán, no obstante, vigencia indefinida, en tanto subsista la declaración de aquéllos.

4. Su ejercicio se rige por esta Ley y sus normas de desarrollo y, en todo lo no previsto en ellas, por la legislación general de pertinente aplicación.

Artículo 183. Registro administrativo de bienes sujetos a los derechos de tanteo y retracto.

1. En la Consejería competente en materia de ordenación urbanística y en los municipios de más de 15.000 habitantes, así como todos aquellos que lo acuerden, funcionará un registro, organizado por reservas o zonas, de los actos jurídicos de que sean objeto los bienes sujetos a los derechos de tanteo y retracto.

2. El registro establecido en la Consejería competente en materia de ordenación urbanística actuará como registro municipal respecto de aquellos municipios que no tengan constituido registro propio.

A los efectos de lo dispuesto en el párrafo anterior, los municipios que deban o decidan crear su propio Registro, así como las Consejerías que delimiten suelos sometidos a estos derechos, deberán comunicar a la Consejería competente en materia de ordenación urbanística, los actos de delimitación de los bienes, la creación de los Registros, cuando proceda, así como los datos, que se actualizarán cada seis meses.

3. El registro administrativo de actos sujetos a los derechos de tanteo y retracto por razón urbanística deberá, de oficio y para la debida efectividad de estos derechos, comunicar su contenido y sus actualizaciones periódicas al Colegio Notarial de Madrid y a los Registros de la Propiedad y, en su caso, Mercantil existentes en la Comunidad de Madrid.

Artículo 184. Notificación al registro administrativo de bienes sujetos a los derechos de tanteo y retracto.

1. Los propietarios de terrenos, construcciones y edificaciones sujetos a los derechos de tanteo y retracto, que pretendan realizar actos jurídicos sujetos a estos derechos, deberán notificar su propósito de llevarlos a cabo al registro administrativo de la Administración titular de los mismos, en debida forma.

La notificación a los Ayuntamientos que carezcan de registro propio se practicará en el de la Consejería competente en materia de ordenación urbanística.

2. La transmisión onerosa de más del 50 por 100 de las acciones o participaciones sociales de sociedades mercantiles cuyo activo esté constituido en más del 60 por 100 por terrenos, construcciones o edificaciones sujetos a los derechos de tanteo o retracto tiene la consideración de transmisión onerosa a los efectos de lo dispuesto en esta Sección.

Artículo 185. Caducidad de los efectos del ejercicio de los derechos de tanteo y retracto.

1. Los efectos derivados del ejercicio de los derechos de tanteo y retracto caducarán, recuperando el propietario la plena disposición sobre el bien correspondiente, por el mero transcurso del plazo de tres meses, a contar desde la adopción de la correspondiente resolución de adquisición, sin que la Administración haya hecho efectivo el precio en la forma convenida.

2. Cuando el precio deba abonarse en distintos plazos, el incumplimiento por la Administración de cualquiera de ellos dará derecho al acreedor a instar la resolución de la transmisión realizada en favor de aquélla.

3. El precio podrá pagarse en metálico o mediante la entrega de terrenos de valor equivalente, si las partes así lo convienen. En el caso de pago mediante entrega de terrenos no regirá el plazo de tres meses establecido en el número 1, sino el que fijen de mutuo acuerdo las partes.

Artículo 186. Tanteo y retracto ejercidos sobre transmisión consistente en permuta.

Cuando la transmisión que haya motivado el ejercicio por la Administración del derecho de tanteo o el de retracto consista en una permuta de terrenos con o sin construcciones o edificaciones por una edificación o construcción nueva o parte de ella, a construir en dichos terrenos, aquélla quedará igualmente obligada a la entrega de la edificación o construcción nueva, en la cantidad y las condiciones acordadas por las partes.

Artículo 187. Destino de los bienes adquiridos.

1. La Administración pública que haya adquirido como consecuencia del ejercicio del derecho de tanteo o el de retracto estará obligada a incorporar el bien al correspondiente patrimonio público de suelo o, en todo caso, dar al mismo un destino conforme a la causa que motivó la sujeción a dichos derechos.

2. El cumplimiento de la obligación durante, al menos, los 8 años siguientes al ejercicio de los derechos de tanteo o retracto, impedirá al transmitente a instar la resolución de la transmisión realizada a favor de la Administración.

Sección 4ª Información y publicidad de precios del suelo

Artículo 188. Obligación de comunicación de precios de construcción, venta y arrendamiento.

Los profesionales y las empresas, individuales y societarias, que se dediquen habitualmente en el territorio de la Comunidad de Madrid a la promoción, construcción, administración o venta, arrendamiento o comercialización, incluso a título de intermediación o en cualquier otra forma, de suelo, urbanizado o no, y de construcciones o edificaciones, cualquiera que sea su uso, estarán obligados a formular trimestralmente al registro administrativo de la Consejería competente en materia de ordenación urbanística previsto en el artículo 183 una declaración, por zonas y tipos de usos, de los precios medios de las operaciones de compraventa o arrendamiento efectuadas en el trimestre correspondiente y de los de venta o arrendamiento que mantengan en oferta.

Artículo 189. Observatorio de precios inmobiliarios.

1. En el registro administrativo de la Consejería competente en materia de ordenación urbanística contemplado en el artículo 183 de la presente Ley funcionará un observatorio de precios de suelo, que sistematizará y mantendrá actualizados los datos que obtenga por información propia y, en todo caso, los que resulten tanto de los justiprecios acordados por el Jurado Territorial de expropiación forzosa como de las notificaciones por razón del juego de los derechos de tanteo y retracto en favor de las Administraciones públicas regulados en la sección precedente y de las comunicaciones practicadas en cumplimiento de lo dispuesto en el artículo anterior.

2. Los datos incorporados al observatorio de precios de suelo excluirán todas las referencias que permitan la identificación de informaciones subjetivas o que se refieran a circunstancias específicas de las operaciones de las que resulten. Serán en todo caso públicos, debiéndose utilizar los medios técnicos, incluso informáticos y telemáticos, que permitan una mayor difusión y un más fácil acceso por todos los ciudadanos.

TÍTULO V
DISCIPLINA URBANÍSTICA

CAPÍTULO I
Inspección urbanística

Artículo 190. Funciones de inspección.

1. La inspección urbanística es una potestad de ejercicio inexcusable, dirigida a comprobar que los actos privados o públicos de ocupación, cons-

trucción, edificación y uso del suelo, así como cualesquiera otras actividades que supongan utilización de éste, se ajustan a la legalidad aplicable y, en particular, a lo dispuesto en la presente Ley y, en su virtud, al planeamiento urbanístico.

2. Las tareas de vigilancia y comprobación preventivas y, sobre la base de los datos obtenidos, de información, asesoramiento y corrección cooperativa son, en la inspección urbanística, preferentes respecto de las referidas a la sanción de conductas.

3. En especial, la inspección:

a) Vela por el cumplimiento de la ordenación urbanística y, en general, de las normas protectoras del medio ambiente, informando sobre el contenido de aquélla y éstas a las personas que deban cumplirlas y asesorándoles para el más correcto desarrollo de sus actos y actividades.

b) Vigila, investiga y controla la actuación de todos los implicados en la actividad de ejecución regulada en la presente Ley, tanto en la realización material de obras, como en el desarrollo de actividades o usos.

c) Denuncia cuantas anomalías observe en la ejecución o aplicación de los instrumentos para la ordenación urbanística.

d) Informa a las Administraciones y autoridades competentes sobre la adopción de las medidas cautelares y definitivas que juzgue convenientes para el cumplimiento de la ordenación urbanística y, en general, de las normas de protección ambiental.

e) Colabora con las Administraciones competentes y auxilia al Ministerio Fiscal y los Tribunales de Justicia en materia de ordenación urbanística y de protección ambiental.

f) Desempeña cuantas otras funciones asesoras, inspectoras y de control le sean encomendadas.

4. En el ejercicio de sus funciones, los inspectores gozarán de plena autonomía y tendrán, a todos los efectos, la condición de agentes de la autoridad, estando facultados para requerir y examinar toda clase de documentos relativos al planeamiento y su ejecución, comprobar la adecuación de los actos de transformación, construcción, edificación y uso del suelo a la normativa de ordenación urbanística aplicable y obtener la información necesaria para el cumplimiento de su cometido. Las Administraciones, así como los particulares, estarán obligados a prestarles la colaboración que precisen.

5. Los inspectores ejercerán siempre sus funciones provistos de un documento oficial que acredite su condición.

Artículo 191. Servicios de inspección.

1. La Comunidad de Madrid y los municipios tienen plena competencia, en materia de inspección urbanística, debiendo cooperar y, en su caso, coordinarse para el desarrollo de las tareas de inspección.

2. Los servicios de inspección urbanística de la Comunidad de Madrid

están adscritos a la Consejería competente en materia de ordenación urbanística.

3. Todos los Ayuntamientos deberán contar con al menos una unidad administrativa dedicada exclusivamente al ejercicio de funciones inspectoras. Cuando no tengan capacidad para contar con una propia deberán asegurar el desarrollo de la función inspectora mediante cualesquiera de las fórmulas de cooperación con la Consejería competente en materia de ordenación urbanística previstas en la presente Ley.

Artículo 192. Visitas y actas de inspección.

1. Concedida licencia urbanística, las obras que se realicen a su amparo o iniciadas éstas, deberán ser visitadas a efectos de su inspección al menos dos veces: una con motivo del inicio o acta de replanteo de las obras y otra con ocasión de la terminación de éstas. Cuando de las actuaciones de inspección se desprendan indicios de la comisión de una posible infracción urbanística o, incluso, de un posible ilícito penal, deberá efectuarse propuesta de adopción de cuantas medidas se consideren pertinentes, con remisión, en su caso, de copia del acta levantada al Ministerio Fiscal y, como mínimo, la incoación del procedimiento sancionador.

2. De cada visita de inspección se levantará acta, en la que deberá dejarse constancia suficiente de los datos identificativos de todas las personas intervinientes y de la calidad en la que respectivamente lo hagan y de los hechos, circunstancias, datos y resultados de la actuación que se practique. El acta tendrá la consideración de documento público administrativo.

El acta deberá ser firmada por el inspector o los inspectores actuantes y por la persona que esté, en el momento de realizarse la inspección, a cargo de la obra o actividad objeto de ésta. Si dicha persona se negara a suscribirla, se hará constar tal circunstancia. En todo caso, se le hará entrega de copia del acta y, caso de no encontrarse presente o de negarse a recibirla, se remitirá por medio que permita dejar constancia de su recepción, al promotor, al constructor y al director o directores de la obra o actividad o, de ser éstos desconocidos, al propietario del bien inmueble en el que tenga lugar la obra o actividad objeto de inspección.

3. En su caso, el inspector o inspectores actuantes deberán advertir a las personas mencionadas en el párrafo segundo del número anterior y, en su defecto, a cualquiera otra presente que esté relacionada con la obra o actividad objeto de inspección que el desarrollo de una u otra sin la cobertura de los pertinentes títulos administrativos pudiera constituir presuntamente una infracción urbanística o, en su caso, un ilícito penal, dejando constancia de dicha advertencia en el acta.

4. Las actas de la inspección gozan de presunción de veracidad, que sólo cede cuando en el procedimiento que se instruya como consecuencia de las mismas se pruebe su inexactitud o falta de certeza, o se aporten pruebas de mayor convencimiento que la contradigan.

5. Asimismo, la inspección urbanística llevará a cabo todas aquellas

visitas que fueran precisas para velar e informar sobre la correcta aplicación de las normas y el planeamiento urbanístico.

CAPÍTULO II

Protección de la legalidad urbanística

Sección 1ª Medidas de protección sobre obras, construcciones y usos sin licencia u orden de ejecución

Subsección 1ª Suspensión de los efectos de las licencias u órdenes de ejecución

Artículo 193. Medida cautelar de suspensión de actos de edificación o uso del suelo realizados sin licencia u orden de ejecución.

1. Cuando un acto de construcción, edificación o uso del suelo sujetos a intervención municipal se realizase sin licencia u orden de ejecución conforme a esta Ley o sin ajustarse a las condiciones señaladas en una u otra, el Alcalde dispondrá la suspensión inmediata del acto, practicando simultáneamente comunicación de esta medida a la Consejería competente en materia de ordenación urbanística y al interesado.

2. La Consejería competente en materia de ordenación urbanística, desde que tenga conocimiento de la realización de obras o usos del suelo sin licencia u orden de ejecución se dirigirá al Alcalde requiriendo la adopción de la medida prevista en el número anterior. Si transcurridos diez días desde la recepción de este requerimiento el Alcalde no comunicara haber adoptado la medida de suspensión, ésta se acordará directamente por el Consejero competente en materia de ordenación urbanística, sin perjuicio de la competencia municipal para la legalización conforme al artículo siguiente.

3. Cuando por razón de las circunstancias así proceda y, en todo caso, de no cumplirse voluntariamente la orden de suspensión, el Alcalde o, en su caso, el Consejero competente en materia de ordenación urbanística deberá disponer, como medidas provisionales complementarias, el precinto de las obras o del local y la retirada de la maquinaria y los materiales que estuvieran empleándose en las obras a que se refiere el número anterior para su depósito en el lugar que todos los Ayuntamientos deberán habilitar al efecto, los gastos que origine la retirada y el depósito deberán ser satisfechos solidariamente por el promotor, constructor y propietario.

4. El incumplimiento de la orden de suspensión podrá dar lugar, mientras persista, a la imposición de multas coercitivas por períodos de diez días y cuantía, en cada ocasión, de 150 euros o del 5 por 100 del valor de las obras, si éste fuese superior. Del incumplimiento se dará cuenta en todo caso al Ministerio Fiscal a los efectos de la exigencia de la responsabilidad penal que proceda.

⇒ V. art. 255.2 del TRLS/1992 (§2).
V. Jurisprudencia en arts. 184 y concordantes del TRLS/1976 (§3).

Artículo 194. Legalización de actos de edificación o uso del suelo en curso de ejecución.

1. En el plazo de dos meses, contados desde la notificación de la suspensión regulada en el número 1 del artículo anterior, el interesado deberá solicitar la legalización o, en su caso, ajustar las obras o los usos a la licencia u orden de ejecución.

2. Si transcurrido el plazo de dos meses el interesado no hubiere presentado la solicitud de legalización o, en su caso, no hubiese ajustado las obras a las condiciones señaladas en la licencia u orden de ejecución, la Comisión de Gobierno o, en los municipios en que ésta no exista, el Ayuntamiento Pleno acordará la demolición de las obras a costa del interesado y procederá a impedir definitivamente los usos a los que diera lugar. De igual manera procederá si la legalización fuera denegada por ser la autorización de las obras o los usos contraria a las prescripciones del planeamiento urbanístico o de las Ordenanzas aplicables. El acuerdo municipal deberá ser notificado a la Consejería competente en materia de ordenación urbanística.

3. Cuando el acto en curso de ejecución sin licencia u orden de ejecución o contraviniendo las condiciones del existente consistiera en la demolición de una construcción o edificio, la Comisión de Gobierno o, en los municipios en que ésta no exista, el Ayuntamiento Pleno ordenará, si así procede, la reconstrucción de lo indebidamente demolido. El acuerdo municipal deberá ser notificado a la Consejería competente en materia de ordenación urbanística.

4. Si se tratara de un edificio o una construcción de valor histórico-artístico o incluido en Catálogos de Planes de Ordenación Urbanística, se ordenará el cese definitivo del acto, con adopción de las medidas de seguridad procedentes a costa del interesado. La reconstrucción, en su caso, deberá someterse a las normas establecidas para conservación y restauración que le sean de aplicación.

5. En todo caso, los costes de la reconstrucción quedarán sujetos al régimen señalado en el número 2 anterior para el supuesto de demolición.

6. De no procederse a la ejecución de los acuerdos municipales a que se refieren los números 2 y 3 dentro de los dos meses siguientes a su adopción, el Consejero, previo requerimiento al Alcalde para que se proceda a la ejecución en plazo determinado, podrá proceder a disponer la demolición a costa del interesado y en los términos de este artículo.

7. El plazo máximo de notificación de la resolución del procedimiento regulado en este artículo será de diez meses.

⇒ V. arts. 56 y concordantes del RD 1093/1997, de 4 julio (§2.1).

V. O. 28 septiembre 2000, de la Consejería Obras Públicas, Urbanismo Y Transportes de desarrollo de la estructura orgánica, modificada por O. 30 noviembre 2000, que desarrolla el D. 215/2000, de 21 septiembre, y el D. 270/1995, de 19 octubre.

Téngase en cuenta también la O. 28 marzo 2000, de la Consejería Obras Públicas, Urbanismo Y Transportes, que modificó la O. 19 noviembre 1997, que desarrolló su estructura orgánica y funcional.

V. también la Res. 30 mayo 2000, de la Secretaría General Técnica Consejería Obras

Públicas, Urbanismo y Transportes, sobre delegación en el Secretario General Técnico competencias en materia de recursos formulados contra acuerdos de la Comisión de Urbanismo de Madrid.

V. Jurisprudencia en arts. 184 y concordantes del TRLS/1976 (§3).

Subsección 2ª Medidas sobre obras, construcciones y usos terminados

Artículo 195. Actos de edificación o uso del suelo ya finalizados, sin licencia u orden de ejecución o sin ajustarse a las condiciones señaladas en ellas.

1. Siempre que no hubieren transcurrido más de cuatro años desde la total terminación de las obras realizadas sin licencia u orden de ejecución o sin ajustarse a las condiciones señaladas en ellas, el Alcalde requerirá al promotor y al propietario de las obras o a sus causahabientes para que soliciten en el plazo de dos meses la legalización o ajusten las obras a las condiciones de la licencia u orden de ejecución, practicando simultáneamente comunicación de esta medida a la Consejería competente en materia de ordenación urbanística y al interesado.

2. La Consejería competente en materia de ordenación urbanística, desde que tenga conocimiento de obras realizadas sin licencia u orden de ejecución podrá dirigirse al Alcalde a los efectos de la adopción de la medida prevista en el número anterior. Si transcurridos diez días desde la recepción de este requerimiento el Alcalde no comunicara haber adoptado la medida pertinente, ésta se acordará directamente por el Consejero competente en materia de ordenación urbanística, sin perjuicio de la competencia municipal para la legalización.

3. Si el interesado no solicitara la legalización en el plazo de dos meses, o si ésta fuese denegada por ser la autorización de las obras contraria a las prescripciones del Plan de Ordenación Urbanística o de las Ordenanzas aplicables, se procederá conforme a lo dispuesto en los números 1 y 2, así como, en su caso, en el número 6 del artículo anterior

4. El plazo máximo de notificación de la resolución del procedimiento regulado en este artículo será de diez meses.

Jurisprudencia

«La normativa urbanística –los citados preceptos de la Ley 4/1984 y la entonces vigente Ley del Suelo de 1976, en sus arts. 185 y concordantes– dispone lo que la jurisprudencia ha denominado derecho a la legalización». **(STS 25 abril 1988 [RJ 1988, 3201]).**

«Ha de darse la oportunidad al que construyó sin licencia para que pueda legalizar las obras. Ésta es la audiencia específicamente prevista por la legislación urbanística para estos supuestos (en sentido análogo el Texto Refundido de la Ley del Suelo de 1992, cuyo art. 249 exige sólo la tramitación de expediente con audiencia del interesado)». **(STSJ Madrid 9 mayo 1996 [RJCA 1996, 637]).**

«El requerimiento para la legalización de unas obras efectuadas sin licencia no prejuzga la legalidad de las obras realizadas y en tal sentido es un acto de trámite en relación con el definitivo de otorgamiento o denegación de la licencia solicitada; sin embargo es presupuesto para que ese mecanismo se ponga en marcha que no hubieran transcurrido más de cuatro años desde la terminación de las obras en cuestión, o, en su caso, desde que la acción pudiera ser ejercitada, porque independientemente de que procediera o no la licencia, el Ayuntamiento sólo puede verificar la conformidad de las obras ejecutadas con la legalidad urbanística aplicable si no hubiera transcurrido el citado plazo». **(STSJ Madrid 25 mayo 2000 [RJCA 2000, 1797]).**

«Si bien es cierto que, según el artículo 178 del TR de la Ley sobre Régimen del Suelo y Ordenación Urbana, de 9-4-1976, los artículos 1, 3, 4 y 6 del Reglamento de Disciplina Urbanística, de 23 de junio de 1978 y los artículos 16 y 20 de la Ley 4/1984, de 10 de febrero, de la Asamblea de Madrid, la ejecución de las obras realizadas está sujeta a la obtención de previa licencia municipal, también lo es que en los supuestos de obras sin licencia, tanto si se están ejecutando como si ya han sido totalmente ejecutadas, se encuentran contemplados y regulados en los artículos 184 y 185 de la Ley del Suelo de 1976, 29 y 31 del Reglamento de Disciplina Urbanística y 21 y 23 de la Ley 4/1984 de la Comunidad de Madrid, conforme a los cuales, cuando los actos de edificación o uso del suelo se estuviesen efectuando sin licencia u orden de ejecución o sin ajustarse a las condiciones señaladas en las mismas y no hubiesen finalizado aún en su integridad, se dispondrá la suspensión inmediata de dichos actos y en el plazo de dos meses, contados desde la notificación de la suspensión, el interesado habrá de solicitar la oportuna licencia o, en su caso, ajustar las obras a la licencia u orden de ejecución». **(STSJ Madrid 13 julio 2000 [RJCA 2000, 1803]).**

⇒ V. Jurisprudencia en arts. 185 y concordantes del TRLS/1976 (§3).

Artículo 196. Finalización de las obras.

A los efectos de la presente Ley se presume que unas obras realizadas sin título habilitante están totalmente terminadas a partir del momento en que estén dispuestas para servir al fin o el uso previstos, sin necesidad de ninguna actuación material posterior.

⇒ V. Jurisprudencia en arts. 185 y concordantes del TRLS/1976 (§3).

Sección 2ª Medidas de protección sobre obras, construcciones y usos con licencia u orden de ejecución

Subsección 1ª Suspensión de las licencias u órdenes de ejecución

Artículo 197. Suspensión de las licencias u órdenes de ejecución.

1. El Alcalde dispondrá la suspensión de la eficacia de una licencia u orden de ejecución y, consiguientemente, la paralización o el cese inmediato de los actos de edificación o usos del suelo iniciados o desarrollados a su amparo, cuando el contenido de aquellos actos administrativos constituya manifiestamente una infracción urbanística grave o muy grave.

La Consejería competente en materia de ordenación urbanística, desde que tenga conocimiento del supuesto previsto en el párrafo anterior, podrá requerir al Alcalde para la adopción de la medida de suspensión en los términos establecidos en la legislación de régimen local.

2. El Alcalde procederá a dar traslado directo de la resolución de suspensión en el plazo de 10 días al órgano competente del orden jurisdiccional contencioso-administrativo, en los términos y a los efectos previstos en la legislación reguladora de la jurisdicción contencioso-administrativa.

3. Las actuaciones a que se refiere este artículo se entenderán sin perjuicio de las de carácter sancionador.

4. Las medidas a que se refieren los números 1 y 2 de este artículo, podrán acordarse mientras las obras o usos del suelo estén realizándose, cualquiera que sea la fecha de otorgamiento de la licencia o de la orden de ejecución.

⇒ V. art. 127 de la LJCA
V. Jurisprudencia en arts. 186 y concordantes del TRLS/1976 (§3).

Artículo 198. Restablecimiento de la legalidad urbanística.

1. Si el Tribunal de la Jurisdicción ContenciosoAdministrativa, al dictar sentencia anulase la licencia u orden de ejecución, el órgano municipal que suspendió sus efectos ordenará la incoación de expediente sancionador al objeto de imponer, si procediera, las multas correspondientes a los responsables y adoptar las demás medidas previstas en la presente Ley.

2. Hasta tanto el Tribunal no dicte sentencia, continuará, en su caso, la paralización de las obras que serán demolidas cuando la autoridad competente lo acuerde, si la sentencia anulase la licencia u orden de ejecución.

3. Tratándose de licencia u orden de ejecución que autorizase una demolición indebida, anulado el acto administrativo en vía jurisdiccional, la autoridad que suspendió sus efectos ordenará que se proceda a la reconstrucción de lo demolido.

Subsección 2ª Revisión de licencias u órdenes de ejecución

Artículo 199. Revisión de licencias u órdenes de ejecución.

1. Si las obras estuvieran terminadas, las licencias u órdenes de ejecución cuyo contenido constituya o legitime alguna de las infracciones graves o muy graves definidas en la presente Ley deberán ser revisadas por el órgano municipal correspondiente en los términos y condiciones y por los procedimientos previstos al efecto en la legislación reguladora del régimen jurídico de las Administraciones públicas y del procedimiento administrativo común.

2. Los procedimientos de revisión a que se refiere el número anterior serán independientes a todos los efectos de los de carácter sancionador.

⇒ V. Jurisprudencia en arts. 178, 187 y concordantes del TRLS/1976 (§3).

Sección 3ª Medidas sobre obras, construcciones y usos en zonas verdes y espacios libres

Artículo 200. Actos de edificación y uso del suelo en zonas verdes y espacios libres.

1. Los actos de construcción, edificación o uso del suelo que se realicen sin licencia u orden de ejecución en terrenos calificados por el planeamiento urbanístico como zona verde o espacio libre quedarán sujetos al régimen jurídico establecido en este Capítulo sin que sea de aplicación limitación de plazo alguna para el ejercicio de las potestades de protección de la legalidad urbanística.

2. Son nulas de pleno derecho, a los efectos de lo dispuesto en el nú-

mero 1 del artículo 199 las licencias que legitimen y las órdenes de ejecución que impongan actos o usos que constituyan, de acuerdo con la presente Ley, infracciones urbanísticas muy graves y, en todo caso, las que afecten a zonas verdes y espacios libres.

⇒ V. arts. 255.2 y 274 del TRLS/1992 (§2).

CAPÍTULO III
Infracciones urbanísticas y su sanción

Sección 1ª Régimen general

Artículo 201. Concepto de infracción.

Son infracciones urbanísticas las acciones y omisiones que vulneren o contravengan esta Ley, los Planes y las Ordenanzas, y estén sujetas a sanción y tipificadas en la presente Ley.

⇒ V. Jurisprudencia en arts. 225 y concordantes del TRLS/1976 (§3).
V. D. 71/1999, de 20 mayo, que aprueba el Reglamento de desarrollo del régimen sancionador en materia de promoción de la accesibilidad y supresión de barreras arquitectónicas, y desarrolla la Ley 8/1993, de 22 junio.

Artículo 202. Consecuencias legales de las infracciones.

1. Toda acción u omisión tipificada como infracción urbanística en la presente Ley podrá dar lugar a la adopción de las medidas siguientes:

a) La restauración del orden jurídico infringido y de la realidad física alterada o transformada como consecuencia de la actuación ilegal, a través de las medidas reguladas en la presente Ley.

b) La iniciación de los procedimientos de suspensión y revocación o anulación de los actos administrativos en los que presuntamente pudiera ampararse la actuación ilegal.

c) Las que procedan para la exigencia de la responsabilidad sancionadora, así como, en su caso, penal.

d) La exigencia de resarcimiento de daños e indemnización de los perjuicios a cargo de quienes sean declarados responsables.

2. En ningún caso podrá la Administración dejar de adoptar las medidas tendentes a reponer los bienes afectados al estado anterior a la producción de la situación ilegal.

Artículo 203. Restablecimiento de la legalidad y sanción de las infracciones.

Las medidas de restablecimiento de la legalidad urbanística son independientes de las sanciones cuya imposición proceda por razón de la comisión de infracciones tipificadas en la presente Ley.

⇒ V. Jurisprudencia en arts. 184, 185, 225 y concordantes del TRLS/1976 (§3).

Artículo 204. Clases de infracciones y tipos legales.

1. Las infracciones urbanísticas se clasifican en muy graves, graves y leves.

2. Son infracciones muy graves:

a) La tipificadas como graves, cuando afecten a terrenos clasificados como suelo no urbanizable de protección o calificados como elementos de las redes supramunicipales o municipales de infraestructuras, equipamientos y servicios públicos y a los que tengan la consideración de dominio público por estar comprendidos en zonas de protección o servidumbre, por declaración urbanística o sectorial.

b) El incumplimiento total o parcial de las obligaciones impuestas por medidas provisionales o cautelares adoptadas con motivo del ejercicio de la potestad de protección de la legalidad y de restablecimiento del orden jurídico perturbado.

c) La destrucción o el deterioro de bienes catalogados por la ordenación urbanística o declarados de interés cultural conforme a la legislación sobre el patrimonio histórico, cultural y artístico, así como las parcelaciones en suelo no urbanizable de protección.

3. Son infracciones graves:

a) La realización de actos y actividades de transformación del suelo mediante la realización de obras, construcciones, edificaciones o instalaciones sin la cobertura formal de las aprobaciones, calificaciones, autorizaciones, licencias u órdenes de ejecución preceptivas o contraviniendo las condiciones de las otorgadas, salvo que se trate de obras menores, no precisadas legalmente de proyecto técnico alguno y con escasa repercusión en el ambiente urbano, rural o natural. De darse esta última salvedad, la infracción tendrá carácter de leve. Tendrán en todo caso la condición de infracciones graves los actos consistentes en movimientos de tierras y extracciones de minerales.

b) La implantación y el desarrollo de usos incompatibles con la ordenación urbanística aplicable.

c) Los incumplimientos, con ocasión de la ejecución del planeamiento urbanístico, de deberes y obligaciones impuestos por esta Ley y, en virtud de la misma, por los instrumentos de planeamiento, gestión y ejecución o asumidos voluntariamente mediante convenio, salvo que se subsanen voluntariamente tras el primer requerimiento formulado al efecto por la Administración, en cuyo caso tendrán la consideración de leves.

d) La negativa u obstrucción de la labor inspectora.

4. Son infracciones leves las acciones u omisiones no comprendidas en los números anteriores.

⇒ V. Ley 10/1998, de 9 de julio, de Patrimonio Histórico, de la Comunidad de Madrid.

Artículo 205. Personas responsables.

1. Serán responsables de las infracciones a todos los efectos:

a) En las obras, instalaciones, construcciones, edificaciones, actividades o usos del suelo ejecutados o desarrollados sin concurrencia de los presupuestos legales para su legitimidad o contraviniendo sus condiciones:

1º Los técnicos facultativos autores de los proyectos o documentos técnicos, así como los técnicos facultativos, si las obras proyectadas fueran incompatibles con el planeamiento urbanístico.

2º Los promotores y constructores de las obras o instalaciones y los titulares, directores o explotadores de los establecimientos, las actividades o los usos, así como los técnicos directores de las obras y de su ejecución y los directores de las instalaciones.

b) En las obras, instalaciones, construcciones, edificaciones, actividades o usos del suelo ejecutados o desarrollados al amparo de actos administrativos ilegales:

1º Las personas enumeradas en los dos apartados de la letra anterior.

2º El titular del órgano administrativo unipersonal que haya otorgado las aprobaciones, autorizaciones o licencias sin los preceptivos informes o en contra de los emitidos en sentido desfavorable por razón de la infracción, los miembros de los órganos colegiados que hayan votado a favor de dichas aprobaciones, autorizaciones o licencias en idénticas condiciones y el Secretario del Ayuntamiento que no haya advertido de la omisión de alguno de los preceptivos informes técnico y jurídico, así como el o los funcionarios facultativos que hayan informado favorablemente con conocimiento de la vulneración del orden jurídico.

2. A los efectos de la responsabilidad por la comisión de infracciones, se considerará también como promotor al propietario del suelo en el cual se cometa o se ha cometido la infracción cuando haya tenido conocimiento de las obras, instalaciones, construcciones, edificaciones, actividades o usos infractores. Salvo prueba en contrario, se presumirá ese conocimiento cuando por cualquier acto haya cedido el uso del suelo, para los expresados fines, al responsable directo o material de la infracción.

3. Las personas jurídicas serán responsables de las infracciones cometidas por sus órganos o agentes y asumirán el coste de las medidas de restablecimiento del orden jurídico perturbado y de las indemnizaciones por daños y perjuicios a terceros a que haya lugar.

⇒ V. arts. 8 y concordantes de la Ley 38/1999, de 5 noviembre, de Ordenación de la Edificación (§1.1).
V. D. 349/1999, de 30 diciembre, que regula el Libro del Edificio; Desarrollado por O. 17 mayo 2000.

Jurisprudencia

«Conforme al art. 41.1 antes indicado, "en las obras o usos del suelo que se ejecutasen sin licencia serán responsables el promotor, el empresario de las obras y el técnico director de las mismas". Y a tenor del también referido art. 57.1, "en las obras que se ejecutasen sin licencia o con inobservancia de sus cláusulas serán sancionados por infracciones urbanísticas el promotor, el empresario de las obras y el técnico director de las mismas". Pero el problema a que ahora nos referimos fundamentalmente se plantea porque el art. 228.4 del Texto Refundido de la Ley del Suelo dice que "las multas que se impongan a los distintos sujetos como consecuencia de una misma infracción tendrán entre sí carácter independiente", y el art. 44 de la Ley 4/1984 de la Comunidad de Madrid, establece igualmente que "las multas que se impongan a los distintos responsables por una misma infracción tendrán entre sí carácter independiente". Interesa también indicar que el art. 228.1 del Texto Refundido de la Ley del

Suelo dispone que «en las obras que se ejecutasen sin licencia o con inobservancia de sus cláusulas, serán sancionados con multa en la cuantía determinada en esta Ley, el promotor, el empresario de las obras y el técnico director de las mismas». SÉPTIMO.–El problema que se viene analizando ha sido resuelto por este Tribunal en su S. 13-2-1989 (RJ 1989, 1112), cuya doctrina se reitera en la presente resolución. En la indicada sentencia el problema fue enjuiciado en relación con los párrs. 1 y 4 del art. 228 del Texto Refundido de la Ley del Suelo y art. 59 del Reglamento de Disciplina Urbanística, que reitera lo establecido en dicho ap. 4. Se señala en la sentencia a la que ahora nos referimos que los referidos arts. 228.4 y 59 no se plantean el hecho de que los tres grupos, o alguno de ellos, de posibles sancionados enumerados en el art. 228.1 (promotor, empresario de las obras y técnico director de las mismas) esté integrado por dos o más personas, ya que su finalidad es la de evitar que se imponga una sola sanción a los tres grupos mencionados. Ahora bien, el que ello sea así no supone, según argumenta la referida sentencia, que "se pueda atribuir más extensión a esa norma sancionadora que la que resulta de su propia dicción y de su hermenéutica coordinada, hallándose, por lo tanto, vedado dar a la misma una interpretación expansiva (...) máxime teniendo en cuenta que todos los preceptos punitivos deben ser interpretados restrictivamente y en sus términos más justos o limitados"». **(STS 19 febrero 1992 [RJ 1992, 2969]).**

Artículo 206. Circunstancias modificativas de la responsabilidad.

1. Son circunstancias que agravan la responsabilidad de los culpables de una infracción urbanística sin perjuicio de pasar el tanto de culpa a los Tribunales:

a) Prevalerse, para cometer la infracción, de la titularidad de un oficio o cargo público.

b) Emplear la violencia o cualquier otro tipo de coacción sobre la autoridad o funcionario público encargado de cumplimiento de la legalidad urbanística o mediando soborno.

c) Cometer la infracción alterando los supuestos de hecho que presuntamente legitimasen la actuación o mediante falsificación de los documentos en que se acreditasen el fundamento legal de la actuación.

d) Aprovechar o explotar en beneficio propio una grave necesidad pública o del particular o particulares que resultaren perjudicados.

e) Ofrecer resistencia a las órdenes emanadas de la Administración relativas a la protección de la legalidad o su cumplimiento defectuoso.

f) Iniciar las obras sin orden escrita del titulado técnico director y las modificaciones en la ejecución del proyecto sin instrucciones expresas de dicho técnico, quedando exento de responsabilidad el empresario constructor en todos aquellos casos en que justifique suficientemente haberse atenido a las instrucciones recibidas de la dirección facultativa de obras.

g) Cometer la infracción habiendo sido sancionado con anterioridad, mediante sanción firme, por la comisión de cualesquiera infracciones previstas en la presente Ley.

h) *Persistir en la infracción* tras la inspección y pertinente advertencia del agente de la autoridad de acuerdo con lo establecido en el número 3 del artículo 192 de la presente Ley.

2. Son circunstancias cuya concurrencia atenúa la responsabilidad sancionadora:

a) La ausencia de intención de causar un daño tan grave a los intereses públicos o privados afectados.

b) La reparación voluntaria y espontánea del daño causado antes del inicio de cualquier actuación administrativa sancionadora.

c) La paralización de las obras o el cese en la actividad o uso, de modo voluntario, tras la inspección y la pertinente advertencia del agente de la autoridad de acuerdo con lo establecido en el número 3 del artículo 192 de la presente Ley.

3. Son circunstancias que, según cada caso, pueden agravar o atenuar la responsabilidad.

a) El mayor o menor conocimiento técnico de los pormenores de la actuación, de acuerdo con la profesión o actividad habitual del culpable.

b) El mayor o menor beneficio obtenido de la infracción o, en su caso, el haberla realizado sin consideración ninguna al posible beneficio económico que de la misma se derivase.

Jurisprudencia

«También alegan los actores que al no existir resoluciones sancionadoras firmes contra ellos no procedía agravación de su responsabilidad, sino atenuación de la misma dados sus escasos conocimientos técnicos y menor beneficio económico al ser destinadas las naves a uso propio. Invocan al efecto el art. 43.3 a) y b) de la Ley Territorial 4/1984, solicitando resolución de la sanción al grado mínimo. QUINTO.–La sanción impuesta al amparo del art. 62 en relación con el 40.2 de la Ley 4/1984, debe considerarse correcta. Las obras realizadas sin licencia lo fueron en contra del uso urbanístico previsto para los terrenos en que se asienta. La cuantía de la multa es del 20 por 100 de la valoración municipal, grado máximo que ha de considerarse también ajustado a derecho porque los actores son reincidentes, ya que son diversos los expedientes administrativos sancionadores contra ellos iniciados algunos de ellos firmes (según afirma la Administración demandada y no ha sido desvirtuado por los demandantes), además, el hecho de que hayan construido varias naves no pone de manifiesto su falta de dedicación y conocimiento en la materia, sino precisamente su práctica como promotores de obras. Y, desde luego, sin descartar su pretensión de obtener un claro beneficio económico. Por lo tanto, ajustándose a derecho la actuación administrativa recurrida, excepto lo relativo a la cuantía de la multa, debe con este alcance declararlo, anulando parcialmente la actuación administrativa recurrida». **(STSJ Madrid 27 mayo 1996 [RJCA 1996, 744]).**

Artículo 207. Cuantía de las sanciones.

Las infracciones serán sancionadas con las siguientes multas:

a) Infracciones leves: multa de 600 a 30.000 euros.

b) Infracciones graves: multa de 30.001 a 600.000 euros.

c) Infracciones muy graves: multa de 600.001 a 3.000.000 euros.

Artículo 208. Graduación de las sanciones.

1. Cuando en el hecho concurra alguna circunstancia agravante, la multa se impondrá siempre en su grado máximo. Si concurriere alguna circunstancia atenuante, la multa se impondrá en su grado mínimo. Las mismas reglas se

observarán según los casos cuando concurra alguna o algunas de las circunstancias mixtas.

2. En las parcelaciones ilegales el importe de la multa podrá ampliarse a una cuantía igual a todo el beneficio obtenido más los daños y perjuicios ocasionados. La cuantía de la multa no será nunca inferior a la diferencia entre el valor inicial y el de venta de la parcela correspondiente.

Artículo 209. Carácter independiente de las sanciones.

Las multas que se impongan a los distintos responsables por una misma infracción tendrán entre sí carácter independiente.

Jurisprudencia

«El art. 44 de la Ley 4/1984 de la Comunidad de Madrid, establece igualmente que "las multas que se impongan a los distintos responsables por una misma infracción tendrán entre sí carácter independiente". Interesa también indicar que el art. 228.1 del Texto Refundido de la Ley del Suelo dispone que "en las obras que se ejecutasen sin licencia o con inobservancia de sus cláusulas, serán sancionados con multa en la cuantía determinada en esta Ley, el promotor, el empresario de las obras y el técnico director de las mismas". SÉPTIMO.–El problema que se viene analizando ha sido resuelto por este Tribunal en su S. 13-2-1989 (RJ 1989, 1112), cuya doctrina se reitera en la presente resolución. En la indicada sentencia el problema fue enjuiciado en relación con los párrs. 1 y 4 del art. 228 del Texto Refundido de la Ley del Suelo y art. 59 del Reglamento de Disciplina Urbanística, que reitera lo establecido en dicho ap. 4. Se señala en la sentencia a la que ahora nos referimos que los referidos arts. 228.4 y 59 no se plantean el hecho de que los tres grupos, o alguno de ellos, de posibles sancionados enumerados en el art. 228.1 (promotor, empresario de las obras y técnico director de las mismas) esté integrado por dos o más personas, ya que su finalidad es la de evitar que se imponga una sola sanción a los tres grupos mencionados. Ahora bien, el que ello sea así no supone, según argumenta la referida sentencia, que "se pueda atribuir más extensión a esa norma sancionadora que la que resulta de su propia dicción y de su hermenéutica coordinada, hallándose, por lo tanto, vedado dar a la misma una interpretación expansiva (...) máxime teniendo en cuenta que todos los preceptos punitivos deben ser interpretados restrictivamente y en sus términos más justos o limitados"». **(STS 19 febrero 1992 [RJ 1992, 2969]).**

⇒ V. Jurisprudencia en art. 228 y concordantes del TRLS/1976 (§3).

Artículo 210. Infracciones conexas.

1. En el caso de que en aplicación de los preceptos de la presente Ley se instruyera expediente sancionador por dos o más infracciones tipificadas entre las que exista conexión de causa a efecto, se impondrá una sola sanción y será la correspondiente a las actuaciones que supongan el resultado final perseguido en su cuantía máxima.

2. En los demás casos, a los responsables de dos o más infracciones urbanísticas se les impondrán las multas correspondientes a cada una de las diversas infracciones cometidas.

Artículo 211. Concurso de infracciones y de leyes.

1. Las infracciones previstas en el régimen específico se sancionarán con carácter preferente respecto a las previstas en el régimen general.

2. Cuando un mismo hecho pueda ser calificado como infracción por

esta y otras leyes sectoriales, se aplicará el precepto que prevea una sanción más grave, incluyendo en la cuantificación de las infracciones urbanísticas lo previsto en el artículo siguiente.

Artículo 212. Exclusión de beneficio económico.

1. En ningún caso la infracción urbanística puede suponer un beneficio económico para el infractor. Cuando la suma de la multa impuesta y del coste de las actuaciones de reposición de los bienes y situaciones a su primitivo estado arrojase una cifra inferior a dicho beneficio, se incrementará la cuantía de la multa hasta alcanzar el montante del mismo.

2. En los casos en que la restauración del orden urbanístico infringido no exigiere actuación material alguna ni existan terceros perjudicados, la multa que se imponga al infractor no podrá ser inferior al beneficio obtenido con la actividad ilegal.

Jurisprudencia

«Ha de señalarse que la cuantía de la sanción se determina para absorber el supuesto beneficio económico a obtener por el recurrente. El beneficio económico puede actuar en materia sancionadora, como límite ampliatorio de la cuantía de la sanción, para evitar que la infracción urbanística beneficie al infractor, así lo establece el artículo 46 de la Ley de Madrid 4/1984, de 10 de febrero, sobre Medidas de Disciplina Urbanística cuando señala que en ningún caso la infracción urbanística puede suponer un beneficio económico para el infractor. Cuando la suma de la multa impuesta y del coste de las actuaciones de reposición de los bienes y situaciones a su primitivo estado arrojase una cifra inferior a dicho beneficio, se incrementará la cuantía de la multa hasta alcanzar el montante del mismo. En estos casos la cuantía del beneficio ha de estar determinada». **(STSJ Madrid 10 diciembre 1999 [RJCA 1999, 5051]).**

Sección 2ª Régimen específico

Subsección 1ª En materia de parcelación

Artículo 213. Parcelación en suelo no urbanizable de protección.

1. Serán sancionados con multa del 20 al 25 por 100 del valor de los terrenos afectados, calculado conforme a la legislación vigente en cada caso, quienes realicen parcelaciones sobre suelo no urbanizable de protección.

2. La sanción establecida en el número anterior se podrá incrementar hasta el 30 por 100 del valor del suelo si la división realizada lesiona el valor específico que, en su caso, proteja el ordenamiento urbanístico.

Artículo 214. Parcelación en suelo urbanizable.

Se sancionará con multa del 10 al 15 por 100 del valor en venta de los terrenos afectados a quienes realicen parcelaciones urbanísticas en suelo clasificado como urbanizable que no sean consecuencia de la ejecución del correspondiente planeamiento general o de desarrollo, ni se verifiquen en el contexto del pertinente sistema de ejecución.

Artículo 215. Parcelación en suelo urbano.

Se sancionará con multa del 10 al 15 por 100 del valor en venta de los terrenos afectados a quienes realicen parcelaciones urbanísticas de suelo urbano que contradigan las determinaciones de la ordenación urbanística.

Artículo 216. Restantes parcelaciones.

1. Serán sancionados con multa del 10 al 15 por 100 del valor de los terrenos afectados las operaciones de parcelación o división de terrenos que den lugar a lotes inferiores a la parcela establecida como mínima. En la misma sanción incurrirán quienes dividieren o segregaren parcelas que tengan la condición de indivisibles.

2. Se sancionarán con multa del 5 por 100 del valor en venta de los terrenos las operaciones de parcelación que, sin contradecir el planeamiento en vigor, se realicen sin la pertinente licencia urbanística.

Subsección 2ª En materia de uso del suelo y edificación

Artículo 217. Obras de urbanización o edificación en contra del uso del suelo.

1. Quienes realicen obras de urbanización, construcción, edificación o instalación en contra del uso que corresponda al suelo en el que se ejecuten, serán sancionados con multa del 15 al 25 por 100 del valor de la obra proyectada, calculado por los correspondientes servicios técnicos de la Administración que instruya el expediente.

2. La sanción se impondrá en su grado máximo cuando la actuación se refiere a suelo destinado a viales, parques y jardines públicos, zonas deportivas, de recreo y expansión o equipamiento comunitario.

Jurisprudencia

«La valoración de las obras realizadas por la Administración demandada y que aparece en el folio 41 del expediente suscrita por el arquitecto municipal tasó las seis naves construidas en 21.600.000 pesetas, aplicando el valor de 30.000 pesetas/metro cuadrado con las correcciones que constan en dicho informe, lo que dio lugar a considerar un precio mínimo de 18.000 pesetas por metro cuadrado. Dicha valoración municipal se debe entender desvirtuada por la más completa y detallada del Perito nombrado por la Sala y cuyo dictamen obra en autos. Dicha pericial distingue dos tipos de edificaciones (Tipo "A" y Tipo "B") y tiene en cuenta su calidad constructiva. Así se llega a fijar su precio en 14.851.200 pesetas, cantidad que se considera por la Sala ha de ser la base de la cuantía pecuniaria de la multa que, en su caso, proceda. En este punto, pues, la actuación administrativa recurrida debe ser anulada. QUINTO.–La sanción impuesta al amparo del art. 62 en relación con el 40.2 de la Ley 4/1984, debe considerarse correcta. Las obras realizadas sin licencia lo fueron en contra del uso urbanístico previsto para los terrenos en que se asienta. La cuantía de la multa es del 20 por 100 de la valoración municipal, grado máximo que ha de considerarse también ajustado a derecho porque los actores son reincidentes, ya que son diversos los expedientes administrativos sancionadores contra ellos iniciados algunos de ellos firmes (según afirma la Administración demandada y no ha sido desvirtuado por los demandantes), además, el hecho de que hayan construido varias naves no pone de manifiesto su falta de dedicación y conocimiento en la materia, sino precisamente su práctica como promotores de obras. Y, desde luego, sin descartar su pretensión de obtener un claro beneficio económico. Por lo tanto, ajustándose a derecho la actuación administrativa recurrida, excepto lo relativo a la cuantía de la multa, debe con este alcance declararlo, anulando parcialmente la actuación administrativa recurrida». **(STSJ Madrid 27 mayo 1996 [RJCA 1996, 744]).**

Artículo 218. Actividades que impiden o perturban el uso público.

1. Quienes realicen, en terrenos destinados por el planeamiento a uso público de interés general o común, actos, actividades o instalaciones que impidan o perturben gravemente dicho uso, serán sancionados:

a) Con multa del 15 al 25 por 100 del valor del suelo afectado, cuando el hecho que impida el uso o produzca la perturbación origine una situación permanente.

b) Con multa del 5 al 10 por 100 de dicho valor, cuando se realicen con carácter meramente ocasional, o las instalaciones o actividades puedan ser objeto de legalización por el órgano administrativo competente.

2. Cuando la infracción se realice sobre bienes no susceptibles de valoración por estar excluidos de modo permanente y total del tráfico jurídico, la multa podrá oscilar entre 600 y 30.000 euros, graduándose en función de la mayor o menor trascendencia que la perturbación ocasione al uso público.

Artículo 219. Alteración o defraudación objetiva del uso.

Serán sancionados con multa del 10 al 15 por 100 del valor del edificio, planta, local o dependencia, calculado conforme a la legislación vigente en cada caso, quienes:

a) Alteren el uso a que estuvieran destinados por el planeamiento urbanístico.

b) Defrauden por cualquier procedimiento, incluido el precio de venta, el régimen de protección a que estuvieran sujetos los destinados a vivienda.

Artículo 220. Exceso sobre la edificabilidad.

Se sancionará con multa del 15 al 25 por 100 de su valor el exceso de edificación sobre la edificabilidad permitida por el planeamiento.

Artículo 221. Obras en edificios fuera de ordenación.

Se sancionará con multa del 10 al 15 por 100 del valor de lo realizado, la ejecución de obras de consolidación, aumento de volumen, modernización o incremento de su valor de expropiación en edificios calificados como fuera de ordenación, exceptuado las que sean parcialmente compatibles, de conformidad con el artículo 64.1.2º de la presente Ley.

Artículo 222. Edificación en parcela inferior a la mínima edificable.

Los que construyeran o edificaren en parcelas cuya superficie sea inferior a la establecida como mínima edificable, serán sancionados con multa del 15 al 25 por 100 del valor de la obra proyectada, graduando la multa en función de la mayor o menor desproporción que exista entre la superficie de la parcela edificada y la superficie de la parcela mínima según el Plan de Ordenación Urbanística.

Artículo 223. Incumplimiento de las reglas de distancia.

El incumplimiento de las reglas de distancia de las edificaciones entre sí y en relación con las vías públicas, espacios libres y linderos, se sancionarán con multa del 15 al 25 por 100 del importe de la obra que se sitúa fuera de los límites a los que deba ajustarse.

⇒ V. Ley 3/1991, de 7 marzo, reguladora de Carreteras en Madrid, cuyo art. 34 ha sido modificado por la ley 18/2000, de 27 diciembre, de Medidas Fiscales y Administrativas.

Artículo 224. Obras en edificios catalogados.

1. Quienes derriben o desmonten total o parcialmente edificaciones, construcciones o instalaciones que sean objeto de una protección especial por su carácter monumental, histórico, artístico, arqueológico, cultural, típico o tradicional, incluidos en Catálogos serán sancionados con multa equivalente al doble del valor de lo destruido.

2. Se sancionará con multa del 75 al 100 por 100 del valor de la obra proyectada la realización de construcciones en lugares inmediatos o que formen parte de un grupo de edificios de carácter histórico-artístico, arqueológico, típico o tradicional, que, infringiendo las correspondientes normas o régimen jurídico de protección, quebranten la armonía del grupo, o cuando produzcan el mismo efecto en relación con algún edificio de gran importancia o calidad de los caracteres indicados. La graduación de la multa se realizará en atención al carácter grave o leve de la discordancia producida.

⇒ V. Ley 10/1998, de 9 julio, de Patrimonio Histórico, de Madrid.

Artículo 225. Infracción de normas higiénico-sanitarias y estéticas.

Serán sancionados con multa del 15 al 25 por 100 del valor de las obras complementarias que fuere necesario realizar para subsanar las deficiencias correspondientes, quienes infringieren las normas sobre condiciones higiénico-sanitarias y estéticas. En la misma sanción incurrirán quienes vulneren otras determinaciones de las Ordenanzas municipales o del proyecto de urbanización cuando causen un perjuicio o pongan en situación de riesgo la normalidad del uso de la edificación, construcción, instalación o servicio o la salud de los usuarios.

Jurisprudencia

«La sanción que menciona el art. 10.3 del Reglamento de Disciplina Urbanística no es la que se regula en el art. 88 del mismo reglamento o el art. 74 de la Ley de Madrid 4/1984. Las infracciones urbanísticas que aparecen reguladas en la legislación del suelo generalmente implican una acción del infractor: ejecución de obras sin o contra licencia, alteración de usos, etc. Sin embargo, el deber de conservación de los edificios e instalaciones remite a los conceptos jurídicos de seguridad, salubridad y ornato público, que han de definirse y concretarse en cada caso. Es la orden de ejecución lo que constituye en el específico deber, por eso debe ser concreta y por eso, porque la orden debe definir para cada situación el concepto jurídico de seguridad o salubridad u ornato público, no es esta desobediencia una infracción de las tipificadas en el Reglamento de Disciplina Urbanística, las cuales hacen referencia a infracciones del Planeamiento o la Ley y no a desacato de órdenes emanadas de la autoridad administrativa constitutivas de un deber, aunque se trate de un deber urbanístico. El art. 88 del Reglamento de Disciplina Urbanística y el art. 74 de la Ley 4/1984 de Madrid hacen referencia a infracciones de las normas sobre condiciones higiénico sanitarias y estéticas, y dado el texto de la norma, ha de entenderse que en este caso la vulneración debe ser mediante acción del infractor, no por omisión, porque si son necesarias obras complementarias para subsanar las deficiencias causadas, es debido a que mediante una actuación ilegal es como se produjeron las deficiencias subsanables. Y éste no es el caso de desobediencia a una orden de ejecución por razones de seguridad, salubridad u ornato público, pues no se entiende la complementariedad de las obras ni cabe hablar de las deficiencias causadas por actuaciones contrarias a las normas higiénicosanitarias y estéticas. Además, este art. 88 del Reglamento de Disciplina Urbanística no menciona las obras por motivos de seguridad.

De lo expuesto ha de concluirse que la sanción mencionada en el art. 10.3 del Reglamento de Disciplina Urbanística no hace referencia a una de las típicas infracciones urbanísticas. Es, aunque relacionada con el urbanismo y por tanto corresponda su conocimiento a un órgano urbanístico, una sanción por desobediencia a la autoridad, que según lo dispuesto en el art. 59 del Real Decreto Legislativo de 18 de abril de 1986 (Texto Refundido de Régimen Local) no podría ser sancionada más que como máximo con multa de 25.000 pesetas». **(STSJ Madrid 13 julio 2000 [RJCA 2000, 1802]).**

Artículo 226. Tala y derribo de árboles.

1. Se sancionará con multa de 600 a 30.000 euros las talas y los abatimientos de árboles que constituyan masa arbórea, espacio boscoso, arboleda, parque y aquellos ejemplares aislados que por sus características específicas posean un interés botánico o ambiental especial y se realicen sin la preceptiva licencia.

2. La cuantía de la multa se establecerá en cada caso, en función del grado de irreversibilidad del deterioro causado del valor intrínseco de la especie, del número de elementos dañados y de la antigüedad de los mismos.

Artículo 227. Carteles y otros soportes de publicidad.

Se sancionará con multa de 600 a 30.000 euros la colocación de carteles de publicidad sin licencia, que se graduará en función de la localización, tamaño e incidencia en el medio físico y en el entorno.

Artículo 228. Instalación de casas prefabricadas o similares.

Se sancionará con multa del 10 al 15 por 100 de su valor, la instalación o ubicación de casas prefabricadas e instalaciones similares, provisionales o permanentes, sin licencia.

Subsección 3ª En materia de incumplimiento del planeamiento

Artículo 229. Obras y usos realizados sin la cobertura de los actos administrativos que deban legitimarlos.

1. Se sancionará con multa equivalente al importe de las obras de urbanización e implantación de servicios, a quienes las realicen sin la cobertura del o de los actos administrativos precisos para su legitimación en suelo no urbanizable de protección y en suelo urbanizable no sectorizado, siempre que en este último caso el suelo no cuente con ordenación pormenorizada o las obras sean disconformes con la que exista. La sanción que se imponga nunca podrá ser inferior a 3.000 euros.

2. Cuando las obras a que se refiere el número anterior se realicen en suelo urbano o urbanizable sectorizado con ordenación pormenorizada, se sancionarán con multa por importe del 20 al 25 por 100 del valor de las efectivamente ejecutadas, salvo que fueran susceptibles de legalización, en cuyo caso la multa será del 5 por 100 de dicho valor.

Artículo 230. Incumplimiento de las obligaciones de conservación de obras de urbanización.

1. Se sancionará con multa de 6.000 a 300.000 euros el incumplimiento de las obligaciones asumidas de conservar y mantener las obras de urbanización y sus instalaciones.

2. La cuantía de la multa será proporcional al grado de deterioro o abandono de los elementos de la urbanización producido por el incumplimiento.

Sección 3ª Competencia y procedimiento

Artículo 231. Competencia para incoar e instruir procedimientos sancionadores.

1. Los municipios y la Comunidad de Madrid son competentes, para incoar e instruir los procedimientos para la sanción de infracciones urbanísticas.

2. La incoación acordada por una de las dos Administraciones a que se refiere el número anterior deberá ser notificada a la otra. Si resultare que ambas han incoado procedimiento, la Comunidad de Madrid se abstendrá de continuar, archivando las actuaciones.

Artículo 232. Competencia para resolver procedimientos sancionadores.

1. Serán competentes para resolver los procedimientos sancionadores:

a) El Alcalde, para la imposición de sanciones que no superen las siguientes cuantías:

1º En los municipios hasta 5.000 habitantes de derecho, hasta 150.000 euros.

2º En los municipios comprendidos entre 5.001 y 50.000 habitantes de derecho, hasta 600.000 euros.

3º En los municipios comprendidos entre 50.001 y 500.000 habitantes de derecho, hasta 1.200.000 euros.

4º En los de más de 500.000 habitantes de derecho, hasta 1.500.000 euros.

b) El Consejero competente en materia de ordenación urbanística, para la imposición de sanciones que no superen la cantidad de 1.800.000 euros.

c) El Gobierno de la Comunidad de Madrid, en los restantes casos.

2. Cuando la propuesta de resolución incluya una multa en cantidad superior a la que sea de la competencia de los órganos correspondientes a la Administración que tramitó el expediente sancionador, dicha propuesta con todo lo actuado se elevará a la autoridad que sea competente por razón de la

cuantía, según las reglas establecidas en el punto anterior, la que acordará la imposición de la multa correspondiente.

⇒ V. O. 28 septiembre 2000, de la Consejería Obras Públicas, Urbanismo y Transportes de desarrollo de la estructura orgánica, modificada por O. 30 noviembre 2000, que desarrolla el D. 215/2000, de 21 septiembre, y el D. 270/1995, de 19 octubre.

Téngase en cuenta también la O. 28 marzo 2000, de la Consejería Obras Públicas, Urbanismo y Transportes, que modificó la O. 19 noviembre 1997, que desarrolló su estructura orgánica y funcional.

V. también la Res. 30 mayo 2000, de la Secretaría General Técnica Consejería Obras Públicas, Urbanismo Y Transportes, sobre delegación en el Secretario General Técnico competencias en materia de recursos formulados contra acuerdos de la Comisión de Urbanismo de Madrid.

V. arts. 66 y concordantes del RD 1093/1997, de 4 julio (§2.1).

Artículo 233. Procedimiento.

La potestad sancionadora se ejercerá observando el procedimiento establecido al efecto por la legislación general del procedimiento administrativo común y la legislación de la Comunidad de Madrid.

Jurisprudencia

«Que si no hubiera recaído resolución transcurridos seis meses desde la iniciación, teniendo en cuenta las posibles interrupciones de su cómputo por causas imputables a los interesados o por la suspensión del procedimiento a que se refieren los artículos 5 y 7 del mismo, procedimientos concurrentes comunitarios o penales, se iniciará el plazo del cómputo de caducidad establecido en el artículo 43.4 de la Ley 30/1992 de Régimen Jurídico de las Administraciones Públicas y del Procedimiento Administrativo Común. Transcurrido el plazo de caducidad, el órgano competente emitirá, a solicitud del interesado, certificación en que conste que ha caducado el procedimiento y se ha procedido al archivo de las actuaciones». **(STSJ Madrid 25 enero 2000 [RJCA 2000, 1157]).**

Artículo 234. Destino de las multas.

1. El importe de las multas impuestas como consecuencia de las infracciones se recaudará en la forma legalmente prevista por la Administración que hubiera instruido el procedimiento.

2. Los ingresos en concepto de sanciones se destinarán al patrimonio público de suelo de la Administración que las hubiera impuesto para la realización de actuaciones de restauración del suelo en el Municipio en el que se hubieran cometido las infracciones, una vez descontado el coste de la actividad administrativa sancionadora que reglamentariamente se establezca.

3. El importe de las multas impuestas por procedimientos incoados por la Administración municipal, corresponderá a los Ayuntamientos aunque la sanción se imponga por razón de la cuantía por la Administración de la Comunidad de Madrid.

Artículo 235. Anulación del acto o actos administrativos habilitantes.

1. Cuando los actos y las actividades constitutivas de infracción según esta Ley se realizaran al amparo de una licencia u orden de ejecución y de acuerdo con sus determinaciones, no se podrá imponer sanción en tanto no se proceda a la anulación del acto administrativo que las autorice.

2. Si la anulación de la licencia fuese consecuencia de la anulación del instrumento de planeamiento urbanístico del que trae causa, no habrá lugar a imposición de sanciones a quienes actúen al amparo de dichas licencias, a menos que fuesen los promotores del Plan de Ordenación Urbanística declarado nulo y dicha nulidad sea consecuencia de actuaciones de los mismos.

Sección 4ª Prescripción

Artículo 236. Plazo de prescripción de infracciones y sanciones.

1. La prescripción de las infracciones urbanísticas se producirá por el transcurso de cuatro años, salvo las que afecten a zonas verdes y espacios libres que no tienen plazo de prescripción.

2. La prescripción de las sanciones por la comisión de infracciones urbanísticas se producirá por el transcurso de cuatro años.

⇒ V. Jurisprudencia en arts. 230 y concordantes del TRLS/1976 (§3).

Artículo 237. Inicio del cómputo de la prescripción de infracciones y sanciones.

1. El plazo de prescripción de las infracciones comenzará a correr desde el día en que la infracción se haya cometido o, en su caso, desde aquel en que hubiera podido incoarse el procedimiento sancionador. A este último efecto, se entenderá posible la incoación del procedimiento sancionador desde el momento de la aparición de signos externos que permitan conocer los hechos constitutivos de la infracción.

Cuando la infracción se haya cometido con ocasión de la ejecución de obras o el desarrollo de usos, el plazo de la prescripción de aquélla nunca comenzará a correr antes de la total terminación de las primeras o el cese definitivo en los segundos.

En las infracciones derivadas de una actividad continuada, la fecha inicial del cómputo será la de la finalización de la actividad o la del último acto con el que la infracción se consuma.

2. El plazo de prescripción de las sanciones comenzará a correr desde el día siguiente a aquel en que adquiera firmeza, la resolución por la que se imponga la sanción.

TÍTULO VI
ORGANIZACIÓN Y COOPERACIÓN INTERADMINISTRATIVA

CAPÍTULO I
Órganos de la Comunidad de Madrid

Sección 1ª Comisión de Urbanismo de Madrid

Artículo 238. Comisión de Urbanismo de Madrid.

1. La Comisión de Urbanismo de Madrid es el órgano colegiado máximo de deliberación, consulta y decisión de la Comunidad de Madrid en la

materia objeto de la presente Ley. Forma parte de la estructura orgánica de la Consejería competente en materia de ordenación urbanística a la que corresponde facilitar la infraestructura y los medios necesarios para su funcionamiento, y adopta sus acuerdos sobre la base de las propuestas formuladas por la Dirección General competente.

2. Son funciones de la Comisión de Urbanismo de Madrid:

a) El ejercicio de la potestad de planeamiento urbanístico en los términos de la presente Ley.

b) La emisión de los informes previstos en la presente Ley y cuantos otros le sean solicitados por o a través del Consejero competente en materia de ordenación urbanística sobre cuestiones objeto de regulación en la misma.

c) El otorgamiento de las calificaciones urbanísticas que procedan de conformidad con la presente Ley y los proyectos de actuación especial.

d) La formulación de propuestas y sugerencias en materia de ordenación urbanística al Consejero competente en la misma.

e) El seguimiento y la evaluación de la política urbanística.

f) Cuantas otras se le atribuyan en la presente Ley o por norma legal o reglamentaria.

Artículo 239. Composición y funcionamiento.

551. Integran la Comisión de Urbanismo de Madrid:

a) El Presidente, que lo será el Consejero competente en materia de ordenación urbanística.

b) El Vicepresidente, que lo será el Viceconsejero competente en materia de ordenación urbanística.

c) Los Vocales que se determinen al establecer su organización y funcionamiento, entre los que deberán figurar, en todo caso, un representante por cada una de las Consejerías de la Comunidad con nivel orgánico de Viceconsejero o Director General; diez miembros electos en representación de los municipios, designados por el Gobierno a propuesta de la Federación de Municipios de Madrid; y cuatro miembros de libre designación nombrados por el Gobierno a propuesta del Consejero competente en materia de ordenación urbanística de entre personas con acreditada competencia en los asuntos propios de la Comisión.

d) El Secretario de la Comisión será el Secretario General Técnico de la Consejería competente en materia de ordenación urbanística, y actuará con voz y sin voto.

2. El Presidente de la Comisión tendrá competencia para adoptar cuantos actos sean procedentes para asegurar la efectividad y ejecución de los acuerdos adoptados por la Comisión.

3. La preparación de los asuntos que deban ser sometidos a la Comisión, incluida la elaboración de las propuestas de acuerdos, corresponderá a la Ponencia Técnica, integrada por todos los Directores Generales de la Conse-

jería competente en materia de ordenación urbanística, presidida por el que sea responsable del planeamiento urbanístico y asistida, en calidad de Secretario, por el Secretario General Técnico de la misma Consejería.

4. La Ponencia Técnica podrá:

a) Adoptar cuantos actos de trámite sean pertinentes para garantizar la corrección y regularidad de la documentación de los asuntos sometidos a la consideración de la Comisión.

b) En relación con los procedimientos de aprobación definitiva de Planes de Ordenación Urbanística, formular, por razones de estricta legalidad y una sola vez, requerimientos de subsanación de deficiencias de orden jurídico o técnico, que suspenderán el plazo máximo legal para la adopción de la resolución definitiva por la Comisión.

5. Sin perjuicio de lo dispuesto en el número anterior, la Comisión podrá acordar la constitución, en su seno y para asuntos concretos, de Ponencias Especiales.

6. Reglamentariamente se determinarán la composición, la organización y el funcionamiento de la Comisión.

Sección 2ª Jurado territorial de expropiación

Artículo 240. Jurado Territorial de Expropiación.

1. El Jurado Territorial de Expropiación es el órgano de la Administración de la Comunidad de Madrid especializado en materia de expropiación forzosa. Está adscrito a la Consejería competente en materia de ordenación urbanística, que le facilita toda la infraestructura administrativa para su adecuado funcionamiento, y actúa en el cumplimiento de sus funciones con plena autonomía funcional.

2. El Jurado Territorial de Expropiación actuará con competencia resolutoria definitiva, poniendo sus actos fin a la vía administrativa, para la fijación del justiprecio en todas las expropiaciones, sean o no por razón de la ordenación urbanística, cuando la Administración expropiante sea la de la Comunidad de Madrid o uno de los municipios de la misma.

3. El Jurado Territorial de Expropiación dispondrá de un plazo máximo de 4 meses para notificar los acuerdos que adopte, a contar desde el día siguiente al de la entrada del expediente completo en el registro.

4. El Jurado Territorial de Expropiación se compone de los siguientes miembros, designados por el Gobierno de la Comunidad de Madrid:

a) Presidente: un jurista de reconocido prestigio, con más de quince años de experiencia profesional en el sector público o privado o en el ejercicio libre de la profesión.

La designación de Presidente se hará para un mandato de seis años, renovable por una sola vez, no pudiendo ser cesado sino por causas objetivas y tasadas fijadas reglamentariamente.

b) Vocales:

1º Un Letrado de la Comunidad de Madrid, designado por el Gobierno de la Comunidad de Madrid.

2º Cuatro técnicos facultativos superiores al servicio de la Comunidad de Madrid, dependiendo de la naturaleza del bien o derecho objeto de la expropiación.

3º Dos técnicos facultativos elegidos por la Federación de Municipios de Madrid.

4º Dos profesionales libres colegiados, en representación de los Colegios Oficiales de Arquitectos o Ingenieros, dependiendo de la naturaleza de los bienes o derechos a expropiar.

5º Cuando se trate de expropiaciones municipales, un representante técnico del Ayuntamiento interesado.

c) Secretario: actuará como Secretario del Jurado un funcionario de la Comunidad de Madrid y perteneciente al cuerpo de técnicos superiores-rama jurídica.

5. Además de los miembros del Jurado, podrán actuar de ponentes a los efectos de la preparación de las propuestas de acuerdo o dictamen e interviniendo en las deliberaciones con voz, pero sin voto, cualesquiera funcionarios técnicos facultativos al servicio de la Comunidad de Madrid o de los municipios.

6. El Jurado Territorial de Expropiación podrá funcionar en pleno o secciones.

7. Reglamentariamente se determinará la organización y el funcionamiento del Jurado Territorial de Expropiación.

Artículo 241. Motivación y notificación de los acuerdos del Jurado.

1. Los acuerdos del Jurado Territorial de Expropiación serán siempre motivados, debiendo contener, en su caso, expresa justificación de los criterios empleados para la valoración a efectos de justiprecio o indemnización, con relación a lo dispuesto en la legislación general y, en su caso, en la presente Ley.

2. Los acuerdos del Jurado deberán ser inmediatamente notificados tanto a la Administración expropiante, como a los interesados en los correspondientes procedimientos administrativos.

CAPÍTULO II
Fórmulas y técnicas de cooperación

Sección 1ª Cooperación interadministrativa

Artículo 242. Cooperación interadministrativa.

1. Para asegurar, de acuerdo con su respectiva capacidad de gestión, el pleno y eficaz ejercicio por todos los municipios de la Comunidad de Madrid de las competencias que esta Ley les asigna, aquéllos entre sí y con la Administración de la Comunidad y ésta en ejercicio de las competencias que otorga

la legislación de régimen local podrán hacer uso de todos los instrumentos funcionales de cooperación voluntaria y de asistencia técnica, económica y jurídica, respectivamente, previstos por dicha legislación y la general de régimen jurídico de las Administraciones públicas.

2. A los mismos efectos y además de lo dispuesto en el número anterior, los municipios podrán:

1º Delegar en la Comunidad de Madrid el ejercicio de competencias y efectuar encomiendas de gestión.

2º Delegarse entre sí el ejercicio de competencias y efectuarse encomiendas de gestión.

3º Constituir las entidades asociativas previstas por la legislación de régimen local.

4º Constituir entre sí y con la Administración de la Comunidad de Madrid consorcios, transfiriendo a éstos competencias.

3. La Administración de la Comunidad de Madrid podrá constituir con los municipios consorcios para el ejercicio de determinadas competencias de éstos.

Sección 2ª Convenios urbanísticos

Artículo 243. Concepto, alcance y naturaleza.

1. La Comunidad de Madrid y los municipios, así como sus organizaciones adscritas y dependientes y las demás organizaciones por ellos creadas conforme a esta Ley, podrán suscribir, conjunta o separadamente, y siempre en el ámbito de sus respectivas esferas de competencias, convenios urbanísticos entre sí y con personas públicas o privadas, tengan éstas o no la condición de propietarios de los terrenos, construcciones o edificaciones correspondientes, para su colaboración y más eficaz desarrollo de la actividad urbanística.

2. La negociación, la celebración y el cumplimiento de los convenios urbanísticos a que se refiere el número anterior se regirán por los principios de transparencia y publicidad.

3. Serán nulas de pleno derecho las estipulaciones de los convenios que contravengan, infrinjan o defrauden objetivamente, en cualquier forma, normas imperativas legales o reglamentarias, incluidas las del planeamiento urbanístico, en especial las reguladoras del régimen urbanístico del suelo y de los deberes de los propietarios de éste.

4. Los convenios regulados en esta Sección tendrán a todos los efectos carácter jurídico-administrativo.

Artículo 244. Objeto.

Los convenios urbanísticos se diferenciarán por su contenido y finalidad en:

a) Convenios urbanísticos de planeamiento: aquellos que incluyan o puedan tener como consecuencia o resultado posibles modificaciones del planeamiento urbanístico, bien directamente, bien por ser éstas precisas en todo caso para la viabilidad de lo estipulado.

b) Convenios urbanísticos para la ejecución del planeamiento: aquellos que no afectando en absoluto a la ordenación urbanística, se limiten a la determinación de los términos y las condiciones de la gestión y la ejecución del planeamiento y demás instrumentos existentes en el momento de su celebración. Del cumplimiento de estos convenios en ningún caso podrá derivarse o resultar modificación, alteración, excepción o dispensa del planeamiento.

Artículo 245. Convenios urbanísticos de planeamiento.

1. La Comunidad de Madrid y los municipios, así como los organismos adscritos o dependientes de una y otros, podrán suscribir entre sí y con otras Administraciones convenios para definir de común acuerdo y en el ámbito de sus respectivas competencias:

a) Los criterios de ordenación a los que deba ajustarse el planeamiento urbanístico y sus modificaciones y revisiones.

b) Los términos en que deba preverse en el planeamiento urbanístico, o sus modificaciones o revisiones, la realización de los intereses públicos que gestionen.

2. Cuando se tramiten los procedimientos de aprobación de los Planes de Ordenación Urbanística o de sus modificaciones o revisiones a los que se refieran los convenios previstos en el número anterior, éstos deberán ser incluidos, para conocimiento general, como anexo a la memoria del proyecto o entre la documentación sometida al preceptivo trámite de información pública, si son posteriores a la aprobación inicial.

3. Con ocasión del ejercicio de la potestad de planeamiento, la Comunidad de Madrid y los municipios, en el ámbito de sus respectivas competencias y conjunta o separadamente, podrán suscribir con cualesquiera personas, públicas o privadas, sean o no propietarios de suelo, convenios urbanísticos relativos a la formación, modificación o revisión de un Plan de Ordenación Urbanística.

4. Los convenios a que se refiere el número anterior:

a) Sólo podrán negociarse y suscribirse con el carácter de preparatorios de la resolución y hasta el momento en que el procedimiento de aprobación del planeamiento o, en su caso, de su modificación o revisión sea sometido al preceptivo trámite de información pública.

b) Sus estipulaciones sólo tendrán, en esta fase, el efecto de vincular a las partes para la iniciativa y tramitación del pertinente procedimiento sobre la base del acuerdo respecto de la oportunidad, conveniencia y posibilidad de concreta o concretas soluciones de ordenación. En ningún caso vincularán o condicionarán en cualquier otra forma el ejercicio por las Administraciones públicas, incluidas las que sean parte en ellos, de la potestad de planeamiento.

c) Deberá incluirse, entre sus estipulaciones, la cuantificación de todos los deberes legales de cesión y determinarse la forma en que éstos serán cumplidos.

Artículo 246. Convenios urbanísticos para la ejecución del planeamiento.

1. La Comunidad de Madrid y los municipios, así como las entidades públicas adscritas o dependientes de una y otros y los consorcios creados por tales Administraciones, podrán suscribir, en el ámbito de sus respectivas competencias y conjunta o separadamente, convenios con personas públicas y privadas, tengan éstas o no la condición de propietarios de los terrenos afectados, para determinar las condiciones y los términos de la gestión y ejecución del planeamiento urbanístico en vigor en el momento de la celebración del convenio.

2. Cuando las personas firmantes con las Administraciones públicas, sus entidades dependientes o adscritas o los consorcios por ellas creados asuman la total iniciativa y responsabilidad de la gestión urbanística en la ejecución del planeamiento, los convenios podrán definir en todos sus detalles el régimen de dicha ejecución, apartándose incluso de los sistemas de ejecución previstos en la presente Ley.

3. Los convenios urbanísticos deberán determinar:

a) Las bases de actuación urbanística a desarrollar, incluyendo la programación temporal de la urbanización y, en su caso, de la edificación.

b) Los estatutos y el acuerdo de creación de la sociedad mercantil a que se refiere el Título III de la presente Ley, cuando proceda.

c) Las garantías ofrecidas para asegurar la correcta ejecución de la actuación, que no podrán ser inferiores al 10 por 100 del valor del coste de ejecución material previsto para las obras de urbanización.

d) La cuantificación de todos los deberes legales de cesión y determinación de la forma en que éstos serán cumplidos.

e) Procedimiento de liquidación final de la actuación.

f) Forma de conservación de la urbanización, una vez ejecutada.

g) Previsiones y compromisos sobre la edificación.

h) Compromisos voluntariamente asumidos.

4. Los convenios en los que se acuerden los términos del cumplimiento de deberes legales de cesión por su sustitución por el pago de cantidad en metálico, deberán incluir, como anexo, la valoración pertinente, practicada por los servicios administrativos que tengan atribuida tal función, con carácter general ante la correspondiente Administración.

Artículo 247. Celebración y perfeccionamiento.

1. Una vez negociados y suscritos, los convenios se someterán al trámite de información pública, mediante anuncio publicado en el Boletín Oficial de la Comunidad de Madrid y en al menos uno de los periódicos de mayor difusión en ésta, por un período mínimo de veinte días.

2. Cuando la negociación de un convenio coincida con la tramitación

del procedimiento de aprobación del instrumento de planeamiento con el que guarde directa relación, deberá incluirse el texto íntegro del convenio en la documentación sometida a información pública propia de dicho procedimiento, sustituyendo ésta a la prevista en el número anterior.

3. Tras la información pública, el órgano que hubiera negociado el convenio deberá, a la vista de las alegaciones, elaborar una propuesta de texto definitivo del convenio, de la que se dará vista a la persona o las personas que hubieran negociado y suscrito el texto inicial para su aceptación, reparos o, en su caso, renuncia.

4. El texto definitivo de los convenios deberá ratificarse:

a) Por el Gobierno de la Comunidad de Madrid, previo informe en todo caso de la Comisión de Urbanismo de Madrid, cuando hayan sido suscritos inicialmente por cualquiera de los órganos de la Comunidad.

b) Por el Ayuntamiento Pleno cuando se hayan suscrito inicialmente en nombre o representación del Municipio.

c) Por el máximo órgano colegiado de la organización pública de que se trate.

5. El convenio deberá firmarse dentro de los quince días siguientes a la notificación de la aprobación del texto definitivo por la persona o personas interesadas, privadas o públicas. Transcurrido dicho plazo sin que tal firma haya tenido lugar, se entenderá que renuncian a aquél. En el supuesto de convenios urbanísticos de planeamiento, la firma del texto definitivo se llevará a cabo, en el mismo plazo, tras la aprobación definitiva del planeamiento y remitiéndose el texto de éste a los términos de la aprobación definitiva recaida.

6. Los convenios se perfeccionan y obligan desde su firma, en su caso, tras la aprobación de su texto definitivo en la forma dispuesta en el número anterior.

Artículo 248. Publicidad.

1. En la Consejería competente en materia de ordenación urbanística, y en todos los Ayuntamientos, existirá un registro y un archivo administrativos de convenios urbanísticos, en los que se anotarán éstos y se custodiará un ejemplar completo de su texto definitivo y, en su caso, de la documentación anexa al mismo.

2. El ejemplar custodiado en los archivos a que se refiere el número anterior dará fe, a todos los efectos legales, del contenido de los convenios.

3. Cualquier ciudadano tiene derecho a consultar los registros y los archivos a que se refiere este artículo, así como a obtener, abonando el precio del servicio, certificaciones y copias de las anotaciones y de los documentos en ellos practicadas y custodiados.

DISPOSICIÓN ADICIONAL

Única. Homologación de entidades de inspección técnica.

1. La homologación y el registro de las entidades de inspección técnica a que se refiere esta Ley corresponderá a la Consejería competente en materia de ordenación urbanística.

2. Podrán ser homologadas como entidades de inspección técnica:

a) Los profesionales titulados, inscritos como ejercientes en el correspondiente Colegio Profesional, individualmente o asociados en las formas que autoricen las normas profesionales de este último, para actuar en el ámbito de competencias profesionales que les confiera legalmente el título que ostenten.

b) Toda clase de personas jurídicas legalmente constituidas que no dependan, ni estén vinculadas a entidades o empresas de la construcción o de la promoción inmobiliaria, entre cuyos fines o en cuyo objeto no figuren la promoción inmobiliaria, la construcción, la administración de inmuebles o la intermediación en el sector inmobiliario.

3. La homologación requerirá acreditar:

a) Cuando se trate de profesionales:

1º Una colegiación como ejerciente por más de cinco años consecutivos como mínimo.

2º No estar suspendido o tener prohibido el ejercicio profesional en virtud de resolución administrativa firme o Sentencia ejecutiva.

3º Contar con una experiencia profesional efectiva plasmada en trabajos relativos a proyectos o dirección de obras o de informe o dictamen técnicos sobre construcciones, edificaciones o instalaciones.

4º Tener suscrita póliza de cobertura de los riesgos por responsabilidad profesional en los términos que se precisen reglamentariamente.

b) Cuando se trate de entidades:

1º Contar con al menos dos profesionales titulados legalmente habilitados para proyectar y dirigir por cada uno de los tipos legales de obras, construcciones y edificaciones respecto de las cuales pretenda ejercer su actividad, los cuales deberán reunir las condiciones establecidas en la letra a) anterior.

2º Tener suscrita y en vigor póliza de cobertura de los riesgos por responsabilidad profesional en los términos que se determinen reglamentariamente.

4. La homologación sólo podrá denegarse por razones de legalidad, debiendo resolverse sobre ella dentro del mes siguiente a la presentación de la correspondiente solicitud, que deberá determinar con toda precisión la actividad de inspección técnica para la que se interesa la homologación. Transcurrido aquel plazo sin notificación de resolución expresa podrá entenderse desestimada la solicitud.

La homologación comportará la inscripción en el registro de entidades de inspección técnica que deberá llevar la Consejería competente en materia de ordenación urbanística.

5. La pérdida sobrevenida de cualesquiera de los requisitos exigidos en esta disposición así como el incumplimiento grave o reiterado de las obligaciones previstas en el artículo 169 determinará la pérdida de la homologación, previa tramitación del oportuno expediente contradictorio, que podrá ser acordado de oficio por la Administración o a instancia de parte, practicándose la oportuna anotación en el Registro.

DISPOSICIONES TRANSITORIAS

Primera. Régimen urbanístico del suelo.

La clasificación del suelo y el régimen urbanístico de la propiedad de éste regulados en la presente Ley serán de aplicación, desde su entrada en vigor, a los planes y normas vigentes en dicho momento, teniendo en cuenta las siguientes reglas:

a) A los terrenos clasificados como suelo urbano que se encuentren en la situación de urbanización prevista por el artículo 14.2 a), se les aplicará el régimen establecido en la presente Ley para el suelo urbano consolidado. A los restantes terrenos clasificados como suelo urbano y, en todo caso, a los incluidos en unidades de ejecución, se les aplicará el régimen establecido en la presente Ley para el suelo urbano no consolidado.

b) Al suelo urbanizable programado y al suelo apto para urbanizar se les aplicará el régimen establecido en la presente Ley para el suelo urbanizable sectorizado.

c) Al suelo urbanizable no programado y al suelo no urbanizable común se les aplicará el régimen establecido en la presente Ley para el suelo urbanizable no sectorizado.

A estos efectos, en tanto no se adapte el planeamiento general, el aprovechamiento unitario aplicable al nuevo sector será la media ponderada de los aprovechamientos tipo de las áreas de reparto en suelo urbanizable existentes o, en su defecto, el aprovechamiento medio del suelo urbanizable o apto para urbanizar del Municipio. En caso de no existir suelo clasificado como urbanizable o apto para urbanizar, no podrán promoverse Planes de Sectorización hasta que el planeamiento general se adapte a esta Ley.

No se podrán promover ni aprobar, en todo caso, Planes de Sectorización en terrenos que, al momento de entrada en vigor de la presente Ley, tengan la clasificación de suelo no urbanizable común cuando dichos terrenos, de conformidad con la legislación sectorial aplicable, deban estar clasificados como suelo no urbanizable de protección.

d) Al suelo no urbanizable especialmente protegido se le aplicará el régimen establecido en la presente Ley para el suelo no urbanizable de protección.

Segunda. Determinaciones estructurantes y determinaciones pormenorizadas.

La regulación establecida en la presente Ley sobre determinaciones estructurantes y determinaciones pormenorizadas será de aplicación desde la entrada en vigor de la misma a los planes y normas vigentes en dicho momento.

Tercera. Conservación de instrumentos urbanísticos.

1. Todos los Planes de Ordenación Urbanística y los proyectos técnicos para su ejecución material aprobados definitivamente al momento de entrada en vigor de la presente Ley mantendrán su vigencia, sin perjuicio de lo establecido en las disposiciones transitorias de la presente Ley.

2. Los proyectos de Planes Generales de Ordenación Urbana o de Normas Subsidiarias del Planeamiento Municipal así como sus modificaciones o revisiones, que en el momento de entrada en vigor de la presente Ley, habiendo cumplido los trámites exigidos por la legislación aplicable, estuvieran ya aprobados provisionalmente y estuvieran pendientes únicamente de su aprobación definitiva, podrán ser objeto de ésta conforme a la legislación a tenor de la cual fueron elaborados, siéndoles de aplicación, una vez aprobados, la regla del número anterior.

3. Los instrumentos de planeamiento de desarrollo que a la entrada en vigor de la presente Ley estuvieran en trámite y contaran con la aprobación inicial, mantendrán su tramitación y se resolverán conforme a la legislación a tenor de la cual fueron elaborados.

4. Los proyectos de Planes de Ordenación Urbanística o de modificación o revisión de los mismos, cuyo procedimiento de aprobación, estando en tramitación, no hubieran alcanzado al tiempo de entrada en vigor de la presente Ley el estado a que se refiere el número anterior, solo podrán aprobarse definitivamente una vez adaptados en los términos del número siguiente.

5. No obstante lo dispuesto en los dos primeros números, los Planes de Ordenación Urbanística en ellos previstos deberán adaptarse a esta Ley en el plazo de dos años a contar desde su entrada en vigor. La adaptación podrá limitarse a la clasificación y, en su caso, calificación del suelo, determinación de los coeficientes de edificabilidad, aprovechamientos urbanísticos unitarios y usos admisibles y delimitación de áreas homogéneas, ámbitos de actuación o sectores para el desarrollo urbanístico, así como fijación de los requisitos y condiciones de dicho desarrollo. Transcurridos los dos años, el Gobierno de la Comunidad de Madrid, previo requerimiento al Ayuntamiento concediendo un nuevo e improrrogable plazo de dos meses para que adopte acuerdo de formulación del Plan General, podrá sustituir al Ayuntamiento para elaborar, tramitar y aprobar la adaptación, por cuenta de este último.

Cuarta. Planeamiento en ejecución.

1. Las disposiciones de la presente Ley sobre las cesiones a efectuar en cada clase de suelo serán aplicables de conformidad con las siguientes reglas:

a) En suelo urbanizable programado serán exigibles las cesiones previstas por esta Ley cuando al momento de su entrada en vigor no se hubiera aprobado inicialmente y sometido a información pública el correspondiente Plan Parcial. En este caso, el Plan Parcial establecerá las cesiones que fija esta Ley, cualesquiera que sean las previsiones del Plan General al respecto y sin necesidad de modificar éste.

b) En suelo urbanizable no programado serán exigibles las cesiones previstas por esta Ley cuando al momento de su entrada en vigor no se hubiera aprobado inicialmente y sometido a información pública el correspondiente Programa de Actuación Urbanística. En este caso, el Programa establecerá las cesiones que fija esta Ley, sin que en ningún caso puedan minorarse las establecidas por el Plan General.

c) En suelo urbano no serán exigibles las cesiones previstas en la presente Ley en tanto no se adapte el planeamiento general a la misma.

2. Las disposiciones de la presente Ley sobre los sistemas de ejecución del planeamiento serán aplicables desde su entrada en vigor, salvo en los ámbitos que tengan fijado el sistema de compensación y ya hubiesen sido aprobados los Estatutos y Bases de Actuación de la correspondiente Junta, en los que será de aplicación el régimen anterior a esta Ley.

Quinta. Procedimientos en tramitación.

1. Los procedimientos de protección de la legalidad urbanística y sancionadores que, al momento de entrada en vigor de la presente Ley, estuvieran ya iniciados, se tramitarán y resolverán con arreglo a la normativa en vigor en el momento de dicha iniciación.

2. Los procedimientos de concesión de autorizaciones urbanísticas, incluyendo los de calificación e informes autonómicos en suelo no urbanizable, que estuvieran ya iniciados al momento de entrada en vigor de la presente Ley, se tramitarán y resolverán con arreglo a la normativa en vigor en el momento de dicha iniciación.

Sexta. Cálculo de la edificabilidad o del aprovechamiento urbanístico.

Los terrenos efectivamente afectos al tiempo de entrada en vigor de la presente Ley a dotaciones o infraestructuras, equipamientos y servicios públicos que hubieran sido adquiridos, sea o no en ejecución de Planes de Ordenación Urbanística, mediante expropiación forzosa o por cualquier otro título oneroso, podrán computarse a efectos del cálculo, conforme a esta Ley, de los coeficientes de edificabilidad de los ámbitos de actuación o del aprovechamiento urbanístico unitario de los sectores en los que queden comprendidos. En tal supuesto, los terrenos o solares resultantes en los que deba localizarse el 90 por 100 del aprovechamiento imputable a dichos terrenos o solares, se adjudicarán a la Administración titular de las dotaciones o infraestructuras, equipamientos y servicios públicos.

Séptima. Dotaciones o redes de infraestructuras, equipamientos y servicios públicos.

Mientras no se produzca la primera formulación conforme a esta Ley o, en su caso, la revisión o la adaptación de los Planes Generales y Normas Subsidiarias, las reservas de suelo para infraestructuras, equipamientos y servicios a que se refiere el artículo 36 de la presente Ley podrán determinarse por el procedimiento prescrito por esta Ley para la delimitación de unidades de ejecución.

Octava. Cuantía de las sanciones en pesetas.

En tanto se mantenga la unidad monetaria en pesetas, las infracciones tipificadas por esta Ley, se sancionarán con las siguientes multas:

a) La prevista en el artículo 193.4, la multa coercitiva nunca podrá ser inferior a 24.958 pesetas.

b) Las previstas en el artículo 207 como infracciones leves con multa de 99.831 a 4.991.580 pesetas, las previstas como graves, con multa de 4.991.746 a 99.831.600 pesetas y las previstas como muy graves, con multa de 99.831.766 a 499.158.000 pesetas.

c) La prevista en el artículo 218.2 para las infracciones que se realicen sobre bienes no susceptibles de valoración, se sancionará con multa que podrá oscilar entre 99.831 y 4.991.580 pesetas, graduándose en función de la mayor o menor trascendencia que la perturbación ocasione al uso público.

d) La prevista en los artículos 226.1 y 227, se sancionará con multa de 99.831 a 4.991.580 pesetas.

e) La prevista en el artículo 229.1, la sanción nunca podrá ser inferior a 499.198 pesetas.

f) La prevista en el artículo 230.1, se sancionará con multa de 998.316 a 49.915.800 pesetas.

Novena. Competencia para resolver procedimientos sancionadores en pesetas.

Serán competentes para resolver los procedimientos sancionadores, mientras se mantenga la unidad monetaria en pesetas:

a) El Alcalde para la imposición de sanciones que no superen las siguientes cuantías:

1º En los municipios de hasta 5.000 habitantes de derecho, hasta 24.957.900 pesetas.

2º En los municipios comprendidos entre 5.001 y 50.000 habitantes de derecho, hasta 99.831.600 pesetas.

3º En los municipios comprendidos entre 50.001 y 500.000 habitantes de derecho, hasta 199.663.200 pesetas.

4º En los de más de 500.000 habitantes de derecho, hasta 249.579.000 pesetas.

b) El Consejero competente en materia de ordenación urbanística, para la imposición de sanciones que no superen la cantidad de 299.494.800 pesetas.

c) El Gobierno de la Comunidad de Madrid, en los restantes casos.

DISPOSICIÓN DEROGATORIA

Única.

Quedan derogadas de forma expresa y por sustitución las siguientes disposiciones de la Asamblea de Madrid y del Gobierno de la Comunidad de Madrid:

a) La Ley 4/1984, de 10 de febrero, sobre medidas de disciplina urbanística.

b) La Ley 9/1995, de 28 de marzo, de medidas de política territorial, suelo y urbanismo, salvo los Títulos II, III y IV, que continuarán en vigor en su integridad.

c) La Ley 20/1997, de 15 de julio, de medidas urgentes en materia de suelo y urbanismo.

d) La Ley 3/1998, de 17 de marzo, por la que se modifica la disposición adicional cuarta de la Ley 20/1997, de 15 de julio, de medidas urgentes en materia de suelo y urbanismo.

e) Todas las normas reglamentarias dictadas por el Gobierno en desarrollo, para la ejecución o al amparo de cualquiera de las disposiciones legales anteriores, en cuanto se opongan o contradigan los preceptos de la presente Ley.

DISPOSICIONES FINALES

Primera. Actualización de los órganos previstos en la presente Ley.

Sin perjuicio de la inmediata entrada en vigor de lo previsto en la presente Ley sobre la Comisión de Urbanismo de Madrid y el Jurado Territorial de Expropiación, el Gobierno de la Comunidad de Madrid, mediante Decreto aprobado a propuesta del Consejero competente en materia de ordenación urbanística, aprobará, dentro de los seis meses siguientes a la entrada en vigor de la presente Ley, las normas de organización y funcionamiento de dichos órganos, mediante actualización, en su caso, de las que estén en vigor.

Segunda. Actualización de las sanciones consistentes en multas.

Se habilita al Gobierno de la Comunidad de Madrid para la actualización anual, mediante Decreto adoptado a propuesta del Consejero competente en materia de ordenación urbanística, de las multas previstas en la presente Ley para la sanción de las infracciones urbanísticas.

Tercera. Desarrollo y ejecución reglamentarios.

Se habilita al Gobierno de la Comunidad de Madrid para, mediante Decreto aprobado a propuesta del Consejero competente en materia de ordenación urbanística, dictar cuantas normas reglamentarias sean precisas para el desarrollo, la ejecución o la efectividad de la presente Ley.

Cuarta. Entrada en vigor.

Esta Ley entrará en vigor al mes de su íntegra publicación en el «Boletín Oficial de la Comunidad de Madrid».

§ 38 LEY 9/1995, DE 28 MARZO. MEDIDAS DE POLÍTICA TERRITORIAL, SUELO Y URBANISMO DE LA COMUNIDAD DE MADRID

(BOE núm. 186, de 5 agosto y BOCM núm. 86, de 11 abril; rect. BOCM núm. 152, de 28 junio [RCL 1995, 2317 y LCM 1995, 120 y 229])

✐ La disp. derog. única de la Ley del Suelo de la Comunidad de Madrid (§39) ha derogado de forma expresa y por sustitución la Ley 9/1995, de 28 marzo, de medidas de política territorial, suelo y urbanismo, salvo los Títs. II, III y IV, que continúan en vigor en su integridad.

[...]

TÍTULO II
CONCERTACIÓN EN LA GESTIÓN DE LOS INTERESES PÚBLICOS CON RELEVANCIA TERRITORIAL

CAPÍTULO I
Concertación interadministrativa

Artículo 6. Objeto.

1. La concertación interadministrativa tiene por objeto:

a) Asegurar la correcta valoración y ponderación de todos los intereses públicos implicados en la definición y ejecución de la ordenación del territorio y del urbanismo mediante la activa participación de las Administraciones territoriales responsables.

b) Integrar y compatibilizar en la Ordenación del Territorio y el Urbanismo los requerimientos de cualesquiera intereses públicos con relevancia territorial, gestionados por las Administraciones municipal y autonómica.

c) Promover la colaboración interadministrativa en el ejercicio de las competencias referidas al uso del suelo y de los recursos naturales.

d) Favorecer la solución acordada de los conflictos interadministrativos que se produzcan en el desarrollo de la acción territorial y de la actividad urbanística.

2. La concertación en la forma prevista en este Capítulo se entiende sin perjuicio de la utilización de cualesquiera otros procedimientos de colaboración y cooperación interadministrativos admitidos por la Ley en supuestos y para finalidades distintos a los previstos en el artículo siguiente.

3. La Comunidad de Madrid y los Municipios promoverán, en el ejerci-

cio de sus respectivas competencias, la concertación de sus respectivas actividades de ordenación territorial y urbanística.

La Comunidad de Madrid invitará a la Administración General del Estado a participar en la concertación interadministrativa regulada en este Capítulo, cuando considere que su esfera competencial pueda llegar a verse afectada.

⇒ V. arts. 10 y 55 de la LBRL.

Artículo 7. Comisión de Concertación de la Acción Territorial.

1. La Comisión de Concertación de la acción territorial es el órgano regional permanente, de carácter deliberante y consultivo, que asegura la colaboración y la concertación en la gestión de los intereses públicos con relevancia territorial entre la Comunidad de Madrid y los Municipios, y, en particular, la resolución acordada de cuantas diferencias y conflictos se susciten con ocasión de la gestión de las actividades de ordenación territorial y urbanística.

2. La emisión de dictámenes por la Comisión se producirá siempre a instancia de parte, dejando siempre a salvo la autonomía y las competencias de las Administraciones en ella representadas.

3. La Comisión dictaminará específicamente en los siguientes supuestos:

a) Cuando en la aprobación o ejecución de cualquier instrumento de ordenación del territorio que no tenga rango de ley se formalicen discrepancias entre la Comunidad de Madrid y el o los Municipios afectados sobre la concurrencia y los términos del interés regional, y se solicite formalmente por los mismos.

b) Cuando en cualquiera de los instrumentos de ordenación o en su ejecución se formalicen discrepancias entre la Comunidad de Madrid y el o los Municipios afectados y se solicite formalmente por los mismos.

c) Cuando en los instrumentos de planeamiento o de gestión y ejecución urbanística surjan conflictos entre dos o más municipios o entre algún municipio y la Comunidad Autónoma de Madrid por motivo distinto del previsto en la letra a) y al menos uno de ellos solicite formalmente que la cuestión sea tratada en la Comisión.

4. Es preceptivo y vinculante el dictamen de la Comisión de Concertación de la Acción Territorial cuando el supuesto contemplado en la letra a) del párrafo anterior se refiera a los Proyectos de Alcance Regional.

⇒ V. art. 37 de la presente Ley.
V. D. 129/1996, de 5 septiembre, que aprueba el Reglamento de organización y funcionamiento de la Comisión de Concentración de la Acción Territorial y del Consejo de Política Territorial.

Artículo 8. Contenido y alcance de la intervención de la Comisión.

1. *La Comisión* de Concertación de la Acción Territorial delibera y dictamina sobre los asuntos y cuestiones que se formulen expresamente. Sus deliberaciones y dictámenes tienen por objeto obtener o conseguir el acuerdo

de las Administraciones interesadas acerca del interés público que objetivamente debe prevalecer.

2. En el ejercicio de sus funciones la Comisión de Concertación de la Acción Territorial velará, en todo caso, por el respeto de los principios que rigen las relaciones entre las Administraciones Públicas y la armonización, en su ejercicio, de las competencias legalmente atribuidas a éstas.

Artículo 9. Composición y funcionamiento de la Comisión de Concertación de la Acción Territorial.

1. La Comisión de Concertación de la Acción Territorial estará compuesta, bajo la Presidencia del Consejero competente en materia de Ordenación del Territorio y Urbanismo, por un número igual de representantes de la Comunidad de Madrid y de los Municipios.

2. En todo caso, la representación de la Comunidad será designada por la Asamblea de Madrid en atención a la representación proporcional de los Grupos Parlamentarios que la formen y la de los Municipios deberá corresponder a miembros electos de éstos, designados por la Federación Madrileña de Municipios, de entre los cuales al menos uno habrá de ser del Municipio de Madrid.

Podrá asistir con voz y voto a la sesión en la que deba tratarse el asunto correspondiente un representante del Municipio y de la Consejería competente en materia de ordenación del territorio y urbanismo. Las Consejerías directamente afectadas podrán asistir con voz, pero sin voto.

3. La Comisión se reúne previa convocatoria de su Presidente, cada vez que sea requerida su intervención por Administración legitimada para ello.

El Presidente de la Comisión será el portavoz de la representación de la Comunidad. El portavoz de la de los Municipios designado por ésta, será su Vicepresidente.

4. Los acuerdos se adoptan por unanimidad entre las dos representaciones que componen la Comisión. El portavoz expresa la voluntad de la correspondiente representación.

No obstante, la aprobación de informes requerirá la mayoría absoluta de los miembros que componen la Comisión, que suponga, además, la mayoría simple en el seno de cada una de las representaciones.

5. Reglamentariamente se determinarán la composición, la organización y el funcionamiento de la Comisión.

⇒ V. D. 129/1996, de 5 septiembre, que aprueba el Reglamento de Organización y Funcionamiento de la Comisión de Concertación de la Acción Territorial y del Consejo de Política Territorial.

CAPÍTULO II
Concertación Social

Artículo 10. Objeto.

La concertación social tiene por objeto asegurar la consideración y adecuada valoración por las políticas públicas correspondientes de las necesidades y aspiraciones de los sectores de la vida económico-social más relacionados con la Ordenación del Territorio y el Urbanismo. Se cumple mediante la información de dichos sectores sobre las líneas básicas de las referidas políticas y la participación activa de aquéllos en su formulación y evolución, en la forma dispuesta en este Capítulo.

Artículo 11. Consejo de Política Territorial.

El Consejo de Política Territorial es el órgano regional, de carácter informativo y deliberante, para el cumplimiento de las funciones que el artículo anterior asigna a la concertación social. Conoce, en todo caso, de cuantos estudios, programas, directrices, estrategias o, en general, líneas de actuación establezcan las Administraciones Públicas de la Comunidad de Madrid y los Municipios en las materias de Ordenación del Territorio, Urbanismo, Vivienda y, en general, racional utilización de los recursos naturales.

Su intervención se produce a iniciativa de la Consejería competente en materia de Ordenación del Territorio y Urbanismo y se manifiesta siempre en documentos de análisis de las cuestiones que sean sometidas a su consideración, que podrán contener propuestas no vinculantes a las Administraciones Públicas.

⇒ V. D. 129/1996, de 5 septiembre, que aprueba el Reglamento de organización y funcionamiento de la Comisión de Concertación de la Acción Territorial y del Consejo de Política Territorial.

Artículo 12. Organización y funcionamiento del Consejo.

1. El Consejo de Política Territorial estará compuesto, bajo la presidencia del Consejero competente en materia de Ordenación del Territorio y Urbanismo por representantes de la Administración de la Comunidad Autónoma; los Municipios; las organizaciones empresariales y sindicales; las Universidades; las Corporaciones de Derecho público representativas de intereses profesionales y económicos; las asociaciones de vecinos y consumidores; las asociaciones para la defensa de valores y bienes relacionados con la protección de la naturaleza, el medio ambiente natural y urbano y el patrimonio histórico; y las organizaciones no gubernamentales cuya actividad se relacione con la política territorial; así como por personas del mundo académico, cultural y profesional de relevante prestigio en la materia.

2. Reglamentariamente se determinará la composición, la organización y el funcionamiento del Consejo de Política Territorial, que deberá reunirse al menos una vez cada seis meses.

⇒ V. D. 129/1996, de 5 septiembre, que aprueba el Reglamento de organización y funcionamiento de la Comisión de Concentración de la Acción Territorial y del Consejo de Política Territorial.

V. O. 28 septiembre 2000, de la Consejería de Obras Públicas, Urbanismo y Transportes de desarrollo de la estructura orgánica, modificada por O. 30 noviembre 2000, que desarrolla el Decreto 215/2000, de 21 septiembre y el Decreto 270/1995, de 19 octubre.

Téngase en cuenta también la O. 28 marzo 2000, de la Consejería de Obras Públicas,

Urbanismo Y Transportes, que modificó la O. 19 noviembre 1997, que desarrolló su estructura orgánica y funcional.
V. también la Res. 30 mayo 2000, de la Secretaría General Técnica Consejería de Obras Públicas, Urbanismo Y Transportes, sobre delegación en el Secretario General Técnico de competencias en materia de recursos formulados contra acuerdos de la Comisión de Urbanismo de Madrid.

TÍTULO III

ORDENACIÓN DEL TERRITORIO Y PLANES QUE LA DEFINEN

Artículo 13. Objetivos de la Ordenación del Territorio.

1. La Ordenación del Territorio es una función pública de gobierno del territorio para la organización racional y equilibrada de su utilización y, en general, de los recursos naturales, que propicie la cohesión e integración social de la Comunidad de Madrid. Tiene como objetivos principales:

a) La más idónea articulación territorial de la Comunidad de Madrid y de ésta con el resto de España.

b) Las determinaciones de ámbito regional dirigidas a mejorar las condiciones de vida en colectividad y a armonizar el desarrollo económico-social con el medio ambiente en general, la preservación de la naturaleza y la protección del patrimonio histórico y cultural.

c) La coordinación de la acción territorial entre las Administraciones Públicas y de sus programas de infraestructuras estableciendo las reservas de suelo necesarias para su ejecución.

⇒ V. Ley 10/1998, de 9 julio, de Patrimonio Histórico, de Madrid.
V. Ley 7/2000, de 19 junio, sobre Rehabilitación de Espacios Urbanos Degradados y de Inmuebles que deben ser Objeto de Preservación.

Artículo 14. Instrumentos o Planes de la Ordenación del Territorio.

1. La Ordenación del Territorio de la Comunidad de Madrid se establece a través de los siguientes instrumentos:

a) El Plan Regional de Estrategia Territorial.

b) Los Programas Coordinados de la Acción Territorial.

c) Los Planes de Ordenación del Medio Natural y Rural.

2. El Plan Regional de Estrategia Territorial establece los elementos básicos para la organización y estructura del conjunto del territorio de la Comunidad de Madrid, sus objetivos estratégicos y define el marco de referencia de todos los demás instrumentos o planes de ordenación del territorio.

3. Los Programas de Coordinación de la Acción Territorial establecerán, en el marco de las determinaciones del Plan Regional de Estrategia Territorial, la articulación de las acciones de las Administraciones Públicas que requieran la ocupación o uso del suelo y tengan una relevante repercusión territorial.

4. Los Planes de Ordenación del Medio Natural y Rural tienen por objeto la protección, conservación y mejora de ámbitos territoriales supramunicipales de manifiesto interés por su valor y características geográficas, morfo-

lógicas, agrícolas, ganaderas, forestales, paisajísticas o ecológicas, en desarrollo de las determinaciones medio-ambientales del Plan Regional de Estrategia Territorial.

5. Los instrumentos de Ordenación del Territorio a que se refiere este artículo pueden desarrollarse a través de Actuaciones de Interés Regional y de Planes Urbanísticos. En todo caso vinculan a unas y otros, cualquiera que sea su iniciativa.

Artículo 15. Objetivos del Plan Regional de Estrategia Territorial.

En el marco de la política económica general y autonómica, el Plan Regional de Estrategia Territorial tendrá los siguientes objetivos:

a) La determinación de los objetivos y de la estrategia relativos a la organización y estructura del territorio de la Comunidad de Madrid.

b) La ordenación de la actividad urbanística directa y propia de la Comunidad de Madrid necesaria para la efectividad de la estrategia a que se refiere la letra anterior.

c) Las directrices para la armonización y compatibilización del planeamiento municipal y los planes, programas y acciones sectoriales con incidencia territorial.

Artículo 16. Contenido y formalización documental del Plan Regional de Estrategia Territorial.

1. El Plan Regional de Estrategia Territorial tendrá el siguiente contenido:

a) Diagnóstico de los problemas y las oportunidades territoriales, en función y con relación a los objetivos estratégicos y las propuestas del propio Plan.

b) Ordenación de los sistemas de ámbito o función regional o supramunicipales y, en general, de los estructurantes del territorio, contemplando, al menos, los siguientes aspectos:

1) Esquema de articulación territorial, integrado por el sistema de asentamientos e infraestructuras y por la estructura espacial de las actividades económicas.

2) Delimitación de los espacios naturales y rurales que deban ser preservados del proceso de urbanización.

3) Esquema de movilidad.

4) Política regional de vivienda.

5) Infraestructuras regionales básicas, incluidas las correspondientes al sistema de telecomunicaciones, los pasillos para líneas de alta tensión, oleoductos y gaseoductos.

⇒ V. Ley 1/1987, de 5 marzo, de cementerios supramunicipales de la Comunidad de Madrid.

V. D. 131/1997, de 16 octubre, sobre requisitos que han de cumplir las actuaciones urbanísticas en relación con las infraestructuras eléctricas.

6) Dotaciones, equipamientos y servicios.

7) Conjuntos de interés arquitectónico y cultural sujetos a protección.

c) Localización de las Zonas de Interés Regional y especificación de los objetivos territoriales y contenido urbanístico básico de cada una de ellas, así como su clase por razón de la programación de su ejecución en el tiempo.

d) Directrices de coordinación del planeamiento municipal con el Plan de Estrategia Territorial, al menos en los siguientes aspectos:

1) Magnitudes de referencia para el crecimiento poblacional y la ocupación del suelo en relación con la programación de infraestructuras y servicios.

2) Criterios de solidaridad y compatibilidad en la distribución de vivienda social, actividades económicas, infraestructuras, equipamientos y servicios entre los diversos Municipios, en atención a la estrategia territorial regional prevista.

3) Orientaciones sobre los modos de desarrollo de los asentamientos en función de las características y de los valores ambientales de los diversos sistemas territoriales.

e) Determinación de las áreas o los sectores para los que deban formularse, con carácter prioritario, Programas de Coordinación de la Acción Territorial o Planes de Ordenación del Medio Natural y Rural.

2. El Plan Regional de Estrategia Territorial contendrá cuantas determinaciones sean necesarias para cumplir su función, expresándose en los documentos gráficos y escritos adecuados para definir éstas con precisión. Estas determinaciones se formalizarán en dos documentos diferenciados, comprensivos respectivamente de:

a) Las determinaciones básicas o esenciales que deban tener carácter normativo y las de ordenación sustantiva de aplicación directa, incluyéndose, en todo caso, las relativas a:

1) Los criterios de solidaridad y compatibilidad territorial.

2) El esquema de articulación territorial.

3) La delimitación de los espacios naturales y rurales protegidos.

4) La localización, objetivos y contenido urbanístico básico de las Zonas de Interés Regional.

5) Los sistemas regionales de infraestructuras básicas y de transporte.

b) Todas las restantes determinaciones, clasificando expresamente las mismas como normas, directrices o recomendaciones y precisando en cada caso el grado de vinculación que impliquen para los planes de las distintas Administraciones Públicas y la adaptación que de éstos demanden.

Reglamentariamente podrá fijarse el contenido y los documentos del Plan, sin perjuicio de lo que resulte en cada caso de la Ley de la Asamblea de Madrid por la que se apruebe o modifique el contenido del mismo a que se refiere la letra a) del párrafo anterior.

⇒ V. D. 131/1997, de 16 octubre, que fija los requisitos que han de cumplir las actuaciones urbanísticas en relación con las infraestructuras eléctricas.

Artículo 17. Efectos del Plan Regional.

Sin perjuicio del carácter legal formal de las determinaciones del Plan Regional aprobadas por la Asamblea de Madrid, que prevalecerán en cualquier caso sobre cualesquiera otras de la planificación territorial o urbanística, todas las restantes tendrán la eficacia propia de las disposiciones reglamentarias, con el alcance concreto que en ellas se determine conforme a lo dispuesto en la letra b) del número 2 del artículo 16. De estas últimas sólo las relativas a las Zonas de Interés Regional podrán producir la directa modificación de las determinaciones del planeamiento urbanístico municipal.

Artículo 18. Elaboración, tramitación y aprobación del Plan Regional de Estrategia Territorial.

La formulación y aprobación del Plan Regional de Estrategia Territorial, se ajustarán al siguiente procedimiento:

1. Decidida la formulación del Plan Regional de Estrategia Territorial, bien por propia iniciativa, bien por acuerdo adoptado al efecto por la Asamblea de Madrid, el Consejo de Gobierno, a propuesta del Consejero competente en materia de ordenación del territorio y urbanismo, someterá a dicha Asamblea de Madrid el Documento de Bases, de conformidad con lo establecido en el artículo 16, para el desarrollo de los correspondientes trabajos, en el que se incluirán necesariamente la organización y los plazos previstos del proceso de formulación y los objetivos básicos del futuro Plan, o en su caso, de su modificación, así como la fijación de criterios para la misma.

2. Debatido y aprobado por acuerdo de la Asamblea de Madrid el Documento de Bases, la Consejería competente en materia de ordenación del territorio y urbanismo realizará los trabajos precisos, con la participación que fuera procedente de las restantes Consejerías, de la Agencia de Medio Ambiente, de los Municipios y de la Administración General del Estado, así como de las personas, entidades y organizaciones sociales que por su especialización, importancia o relevancia sean expresamente invitadas a tal fin.

3. El proyecto de Plan, una vez elaborado, será sometido por el Consejero competente en materia de ordenación del territorio a la Comisión de Urbanismo para su aprobación inicial. Este acuerdo deberá ser publicado en el «Boletín Oficial del Estado», en el «Boletín Oficial de la Comunidad de Madrid» y al menos en uno de los periódicos de mayor difusión en ésta, con indicación expresa del sometimiento del proyecto a información pública por plazo no inferior a dos meses, así como, por igual plazo, a trámite de audiencia, que podrá ser simultáneo al anterior, de las instituciones, corporaciones, entidades y organismos enumerados en el punto anterior.

4. A la vista del resultado de los trámites a que se refiere el punto anterior, la Consejería competente en materia de ordenación del territorio y urbanismo procederá a la elaboración del proyecto definitivo, que elevará al Consejo de Gobierno para su aprobación provisional, previo informe de la Comisión de Urbanismo.

5. La aprobación definitiva del Plan Regional de Estrategia Territorial

se hará por Ley de la Asamblea de Madrid y Decreto del Consejo de Gobierno, en los términos previstos en los párrafos siguientes.

Aprobado provisionalmente el Plan, el Consejo de Gobierno lo remitirá a la Asamblea de Madrid, presentando bajo la forma del proyecto de ley el documento previsto en la letra a) del número 2 del artículo 16 y de anexo a su memoria el documento contemplado en la letra b) del mismo precepto legal.

Publicada la Ley de la Asamblea de Madrid, el Consejo de Gobierno aprobará mediante Decreto el resto del Plan, que deberá publicarse en el «Boletín Oficial de la Comunidad de Madrid», y en al menos uno de los periódicos de mayor difusión de ésta.

6. La revisión del Plan Regional de Estrategia Territorial o la modificación sustancial del contenido de alguno de sus dos documentos se ajustarán al procedimiento establecido para su aprobación. La revisión deberá afectar necesariamente a la totalidad del Plan. Cuando la modificación afecte a uno sólo de los documentos del Plan, será aprobada definitivamente por Ley de la Asamblea de Madrid o Decreto del Consejo de Gobierno, según corresponda.

Los ajustes que sea necesario introducir y que no merezcan la consideración de modificación sustancial serán aprobados definitivamente por Decreto del Consejo de Gobierno, adoptado a propuesta del Consejero competente en materia de ordenación del territorio y urbanismo, con audiencia previa de cuantas instituciones, corporaciones o entidades y organismos estuvieren afectados. El Consejo de Gobierno dará cuenta a la Asamblea de dichos ajustes.

⇒ V. O. 28 septiembre 2000, de la Consejería de Obras Públicas, Urbanismo y Transportes de desarrollo de la estructura orgánica, modificada por O. 30 noviembre 2000, que desarrolla el D. 215/2000, de 21 septiembre y el D. 270/1995, de 19 octubre.

Téngase en cuenta también la O. 28 marzo 2000, de la Consejería de Obras Públicas, Urbanismo y Transportes, que modificó la O. 19 noviembre 1997, que desarrolló su estructura orgánica y funcional.

V. también la Res. 30 mayo 2000, de la Secretaría General Técnica Consejería de Obras Públicas, Urbanismo Y Transportes, sobre delegación en el Secretario General Técnico de competencias en materia de recursos formulados contra acuerdos de la Comisión de Urbanismo de Madrid.

V. D. 323/1999, de 11 noviembre. Estructura orgánica Consejería de Medio Ambiente.

TÍTULO IV
ACTUACIONES DE INTERÉS REGIONAL

CAPÍTULO I
Disposiciones generales

Artículo 19. Definición.

1. La actividad urbanística directa y propia de la Comunidad de Madrid se realiza mediante actuaciones de interés regional.

2. Las actuaciones de interés regional tienen por objeto el desarrollo y

la ejecución de las políticas territoriales formuladas en el Plan Regional de Estrategia Territorial y demás planes de Ordenación del Territorio.

3. El interés regional es aquel que tiene incidencia en la totalidad o en gran parte del territorio de la Comunidad de Madrid, y cuyo contenido implica el ejercicio de competencias propias de la Comunidad de conformidad con el Estatuto de Autonomía.

Artículo 20. Clases.

Las actuaciones de interés regional se concretan en Zonas de Interés Regional y en Proyectos de Alcance Regional.

CAPÍTULO II

Zonas de Interés Regional

Sección 1ª Disposiciones generales

Artículo 21. Definición y objeto.

1. Son Zonas de Interés Regional las áreas previstas en el Plan Regional de Estrategia Territorial por su idoneidad para servir de soporte a operaciones urbanísticas que definidas en los términos del número 2 del artículo 19, tengan cualquiera de las finalidades siguientes:

a) La ordenación y gestión estratégicas del territorio.

b) El despliegue ordenado, integrado y armónico del desarrollo económico y social de la región, la superación de situaciones de crisis o de transformación de sectores económicos o la corrección de desequilibrios intrarregionales en materia de vivienda, infraestructuras, dotaciones, equipamientos y servicios.

2. Las Zonas de Interés Regional pueden ser de Actuación Inmediata y de Actuación Diferida, según que su finalidad sea, respectivamente, constituir el soporte de operaciones urbanísticas regionales cuyo inicio de ejecución se programe en los siguientes cuatro años, o constituir reservas estratégicas de suelo para el desarrollo de operaciones urbanísticas regionales no programadas.

Artículo 22. Procedimiento para la delimitación de declaración de Zonas de Interés Regional.

1. El Plan Regional de Estrategia Territorial contendrá la localización, objetivos territoriales y contenido urbanístico básico de todas las Zonas de Interés Regional previstas en el mismo, pudiendo contener incluso la delimitación precisa del ámbito de cada una de ellas.

2. La delimitación del ámbito de las Zonas de Interés Regional, de conformidad con su localización, cuando no se contenga ya directamente en el Plan Regional de Estrategia Territorial o cuando se pretenda su modificación, se ajustará al siguiente procedimiento:

a) Aprobación inicial por el Consejo de Gobierno de la Comunidad de Madrid, a propuesta del Consejero competente en materia de Ordenación del Territorio y Urbanismo y previo informe de la Comisión de Urbanismo.

b) Información pública y, simultáneamente, informe del Municipio o los Municipios afectados, así como del órgano u organismo correspondiente de la Administración General del Estado por plazo de un mes, o asimismo, en caso de formalizarse por el o los Municipios discrepancia en punto a la concurrencia de interés general o de su extensión o alcance, dictamen de la Comisión de Concertación de la Acción Territorial.

c) Aprobación definitiva por el Consejo de Gobierno de la Comunidad de Madrid, bajo la forma de Decreto adoptado a propuesta del Consejero competente en materia de Ordenación del Territorio y Urbanismo y previo informe de la Comisión de Urbanismo, teniendo en cuenta las alegaciones formuladas y los informes aportados en el período de información pública, así como, en su caso, el dictamen de la Comisión de Concertación de la Acción Territorial.

Los acuerdos de aprobación inicial y definitiva, deberán ser publicados en el «Boletín Oficial de la Comunidad de Madrid» y en al menos uno de los periódicos de mayor difusión en ésta.

⇒ V. O. 28 septiembre 2000, de la Consejería de Obras Públicas, Urbanismo y Transportes de desarrollo de la estructura orgánica, modificada por O. 30 noviembre 2000, que desarrolla el D. 215/2000, de 21 septiembre y el D. 270/1995, de 19 octubre.

Téngase en cuenta también la O. 28 marzo 2000, de la Consejería Obras Públicas, Urbanismo y Transportes, que modificó la O. 19 noviembre 1997, que desarrolló su estructura orgánica y funcional.

V. también la Res. 30 mayo 2000, de la Secretaría General Técnica Consejería de Obras Públicas, Urbanismo Y Transportes, sobre delegación en el Secretario General Técnico de competencias en materia de recursos formulados contra acuerdos de la Comisión de Urbanismo de Madrid.

Artículo 23. Gestión de las Zonas de Interés Regional.

Las Zonas de Interés Regional se gestionarán siempre por el sistema de expropiación.

Artículo 24. Administración actuante.

1. La Comunidad de Madrid tendrá a todos los efectos la condición de Administración actuante en el desarrollo de las actuaciones públicas que le competen, pudiendo conceder a otras Administraciones u Organismos Públicos el desarrollo de la gestión y ejecución; sin perjuicio de los mecanismos de concertación que se establezcan.

2. Las obras, construcciones e instalaciones de las Zonas de Interés Regional estarán sujetas a licencia municipal, conforme a la legislación aplicable.

Sección 2ª Zonas de Interés Regional de Actuación Inmediata

Artículo 25. Concepto.

Son Zonas de Interés Regional de Actuación Inmediata aquellas cuya programación prevea la aprobación definitiva de los pertinentes Planes o instrumentos urbanísticos de ordenación y la iniciación de las obras de urbanización a que deban éstos dar lugar dentro de los cuatro años siguientes a la aprobación definitiva de la delimitación y declaración de las mismas.

Artículo 26. Asociación de otras Administraciones.

Mediante convenios de colaboración y, en su caso, constitución de consorcios, sobre la base de un contrato-programa y en función de las respectivas aportaciones efectivas, la Comunidad de Madrid, por acuerdo de su Consejo de Gobierno, podrá asociar a la gestión de una Zona de Interés Regional de actuación inmediata a la Administración General del Estado y asociará a ella, en todo caso, a los Municipios cuyos términos se vean afectados por la delimitación de la Zona correspondiente, que invoquen intereses municipales compatibles con el regional perseguido y participen en las inversiones necesarias para el desarrollo de la actuación.

Artículo 27. Contenido y documentos de las propuestas de delimitación y declaración.

Las propuestas de delimitación de Zonas de Actuación Inmediata contendrán las siguientes determinaciones:

a) Justificación del interés regional y de la adecuación de la zona a las determinaciones del Plan Regional de Estrategia Territorial en cuanto a la localización, objetivos territoriales y contenido urbanístico básico de la Zona.

b) Descripción y delimitación, escritas y gráficas, de los terrenos comprendidos por la Zona, con referencia al término municipal, polígono y parcela catastrales y, en su caso, sector, polígono y calle en que se sitúe cada terreno o finca; así como también, en su caso, de las superficies, exteriores a la misma, que habrán de constituir el soporte físico de las conexiones de las infraestructuras y los servicios propios de las actuaciones urbanísticas que se realicen en la Zona con las redes generales correspondientes.

c) Memoria descriptiva de la operación u operaciones urbanísticas a desarrollar en la Zona.

d) Descripción gráfica y escrita de la clasificación urbanística del suelo, para la totalidad de la Zona, vigente en el momento de elaboración de la propuesta.

e) Fijación y precisión, gráficas y escritas, de la clasificación, calificación y determinaciones de ordenación resultantes de la delimitación y declaración de la Zona.

f) Programas de actuación y plan de etapas para el desarrollo de la Zona.

g) Análisis económico y previsiones financieras necesarias para el desarrollo de la actuación.

h) Evaluación de impacto ambiental y territorial.

⇒ V. Ley 3/1988, de 13 octubre, de la Asamblea de Madrid.

V. RDLeg 1302/1986, de 28 junio, de Evaluación de Impacto Ambiental, modificado por el RDley 9/2000, de 6 octubre.

V. D. 323/1999, de 11 noviembre, estructura orgánica de la Consejería de Medio Ambiente.

Artículo 28. Alcance y efectos de la delimitación y declaración.

1. Las Zonas de Interés Regional de Actuación Inmediata comprenden terrenos clasificados como suelo no urbanizable o urbanizable no programado. Excepcionalmente y para conseguir una adecuada integración con los sistemas y redes existentes o previstas en el resto del suelo podrán comprender también terrenos destinados a sistemas generales adscritos o incluidos en otras clases de suelo, pero sin que ello pueda significar alteración de las previsiones del planeamiento municipal en cuanto a la distribución de beneficios y cargas. En ningún caso, podrán afectar a suelo no urbanizable sujeto a protección especial, salvo que tengan por objeto su específica protección.

2. Su delimitación y declaración tendrán los siguientes efectos:

a) La declaración de la utilidad pública y de la necesidad de la ocupación, a efectos de expropiación forzosa, de los terrenos incluidos en la delimitación de la Zona y de los externos a ella a que se refiere la letra b) del artículo anterior.

b) La clasificación del suelo no urbanizable como urbanizable no programado. Las restantes clases de suelo mantendrán su clasificación urbanística.

⇒ V. arts. 9 y 20 de la Ley 6/1998, de 13 abril (§1).

Artículo 29. Instrumentos urbanísticos de ordenación y ejecución.

1. La ordenación urbanística de las Zonas reguladas en esta Sección y la ejecución de dicha ordenación se llevarán a efecto, para toda o parte de la superficie que dichas Zonas comprendan, mediante Planes Especiales, Programas de Actuación Urbanística y Proyectos de Alcance Regional, según proceda, formulados de conformidad con la legislación aplicable.

2. La elaboración, tramitación y aprobación de los Programas de Actuación Urbanística y de los Planes Especiales previstos en el número anterior corresponderá a la Comunidad de Madrid, ajustándose al siguiente procedimiento:

a) Aprobación inicial por la Comisión de Urbanismo de Madrid, con simultánea apertura de los trámites previstos en la letra siguiente.

b) Información pública y, simultáneamente, informe de los Municipios afectados, por plazo no inferior a un mes.

c) Aprobación definitiva por el Consejero competente en materia de Ordenación del Territorio y Urbanismo, previo informe de la Comisión de Urbanismo de Madrid y de la Comisión de Concertación de la Acción Territorial emitido a la vista de las alegaciones presentadas y los informes formulados.

Los acuerdos de aprobación inicial y definitiva se publicarán íntegramente en el «Boletín Oficial de la Comunidad de Madrid» y en uno de los periódicos de mayor difusión de ésta.

⇒ V. O. 28 septiembre 2000, de la Consejería de Obras Públicas, Urbanismo y Transportes de desarrollo de la estructura orgánica, modificada por O. 30 noviembre 2000, que desarrolla el D. 215/2000, de 21 septiembre y el D. 270/1995, de 19 octubre.

Téngase en cuenta también la O. 28 marzo 2000, de la Consejería Obras Públicas, Urbanismo y Transportes, que modificó la O. 19 noviembre 1997, que desarrolló su estructura orgánica y funcional.

V. también la Res. 30 mayo 2000, de la Secretaría General Técnica Consejería de Obras Públicas, Urbanismo y Transportes, sobre delegación en el Secretario General Técnico competencias en materia de recursos formulados contra acuerdos de la Comisión de Urbanismo de Madrid.

V. D. 68/1983, de 30 junio, de creación y Reglamento de la Comisión de Urbanismo de Madrid, cuyo art. 3.3 fue modificado por los arts. 1 y 2 del D. 122/1987, de 3 septiembre; el art. 5 fue modificado por D. 32/1987, de 23 abril; y los arts. 3 y 13.1, por D. 113/1985, de 21 noviembre.

Sección 3ª Zonas de Interés Regional de Actuación Diferida

Artículo 30. Concepto y alcance.

1. Son Zonas de Interés Regional de Actuación Diferida aquellas que tienen por finalidad la creación de reservas de suelo idóneas para el desarrollo y la ejecución de la política territorial de la Comunidad de Madrid mediante las operaciones urbanísticas a que se refiere el número 1 del artículo 21 que se concreten a partir de la correspondiente delimitación y declaración.

Su período de vigencia será de seis años, debiéndose producir dentro de dicho plazo su transformación en Zonas de Interés Regional de Actuación Inmediata, conforme al procedimiento establecido en el artículo 32.

2. Dichas delimitaciones deberán estar justificadas por las necesidades estratégicas de reequilibrio territorial para la implantación de actividades de interés o desarrollo regional o de protección medio-ambiental.

3. Estas zonas sólo pueden comprender suelo clasificado como urbanizable no programado y no urbanizable.

Artículo 31. Contenido y documentos de las propuestas de delimitación y declaración.

1. Las propuestas de delimitación y declaración de las Zonas a que se refiere esta Sección contendrán las determinaciones y se formalizarán en los documentos previstos en los apartados a), b), c) y d) del artículo 27 de esta Ley.

2. Las transmisiones onerosas de los terrenos y edificaciones incluidos en el ámbito de las Zonas reguladas en esta Sección quedarán sujetas al derecho de tanteo y, en su caso, al de retracto en favor de la Comunidad de Madrid, durante el plazo de ocho años a partir de la aprobación definitiva de la delimitación y declaración correspondientes.

Artículo 32. Transformación en Zonas de Interés Regional de Actuación Inmediata.

Las Zonas de Interés Regional de Actuación Diferida podrán transformarse, en todo o en parte, en Zonas de Interés Regional de Actuación Inmediata mediante declaración formal aprobada, sobre la base de una propuesta justificativa y comprensiva de los extremos especificados en las letras e), f),

g) y h) del artículo 27, por el Consejero competente en materia de Ordenación del Territorio y Urbanismo, previa información pública y audiencia del Municipio o Municipios interesados por plazo de quince días e informe de la Comisión de Urbanismo de Madrid. La realización en ellas de cualquier actuación urbanística exigirá en todo caso dicha transformación.

CAPÍTULO IV
Proyectos de Alcance Regional

Artículo 33. Concepto, objeto y requisitos.

1. Los Proyectos de Alcance Regional son actuaciones territoriales concretas que en desarrollo del Plan Regional de Estrategia Territorial y demás instrumentos de Ordenación del Territorio aplicables o cuando razones de urgencia y excepcional interés público así lo exijan, ordenan y diseñan, con carácter básico y para su inmediata ejecución, obras e instalaciones de carácter regional.

Pueden tener cualquiera de los objetos siguientes:

a) Infraestructuras regionales de cualquier tipo, comprendiendo las construcciones e instalaciones complementarias precisas.

b) Obras, construcciones o instalaciones, incluida la urbanización complementaria que precisen, que sirvan de soporte a vivienda pública de emergencia, servicios públicos, dotaciones y equipamientos.

c) Instalaciones para el desarrollo de actividades económicas que tengan por objeto, la investigación, la producción, la distribución y la comercialización de bienes y servicios.

2. Los Proyectos de Alcance Regional deberán asegurar en todos los casos el adecuado funcionamiento de las obras e instalaciones que constituyan su objeto, mediante la realización de cuantas sean precisas tanto para la eficaz conexión de aquéllas a las redes generales correspondientes, como para la conservación, como mínimo, de la funcionalidad de las infraestructuras y los servicios ya existentes, de conformidad con lo establecido en el Plan Regional, Planes Zonales de Carreteras, Catálogo viario de la Comunidad de Madrid, y demás planes sectoriales.

3. Los Proyectos de Alcance Regional pueden tener también por objeto obras y servicios públicos de interés común y actuaciones conjuntas de las Administraciones General del Estado y de la Comunidad de Madrid y los Municipios, siempre que éstas suscriban los convenios de colaboración al efecto o su objeto se inscriba en uno de los convenios previamente suscritos por las Administraciones interesadas para el cumplimiento de competencias concurrentes, compartidas o complementarias.

⇒ V. Ley 3/1991, de 7 marzo, Reguladora de Carreteras en Madrid, cuyo art. 34 ha sido modificado por la Ley 18/2000, de 27 diciembre, de Medidas Fiscales y Administrativas.

V. art. 41 de la presente Ley.

Artículo 34. Función urbanística de ordenación.

1. Los Proyectos de Alcance Regional pueden comprender terrenos situados en uno o varios términos municipales y desarrollarse en suelo no urbanizable y urbanizable no programado. En ningún caso podrán afectar a suelo no urbanizable sujeto a protección especial, salvo que tengan por objeto garantizar el objeto de la protección.

2. El suelo que en los Proyectos a que se refiere el número anterior se destine a uso dotacional público tendrá la calificación urbanística y pasará en todo caso a integrarse en los sistemas generales de la ordenación establecida por el planeamiento urbanístico municipal.

⇒ V. arts. 9 y 20 de la Ley 6/1998, de 13 abril (§1).

Artículo 35. Elaboración, promoción y ejecución.

Pueden elaborar, promover y ejecutar ante la Comunidad de Madrid, Proyectos de Alcance Regional:

a) Las Administraciones Públicas, las entidades de Derecho Público de ellas dependientes y las sociedades cuyo capital les pertenezca íntegra o mayoritariamente, siempre que, en este último caso, la urbanización y la edificación forme parte de su objeto social.

b) Las personas privadas, físicas o jurídicas.

Artículo 36. Determinaciones.

1. Los Proyectos de Alcance Regional contendrán las determinaciones y los documentos siguientes:

a) Justificación de su alcance regional.

b) Fundamentación, en su caso, de la utilidad pública o el interés social, según proceda, de su objeto.

c) Localización de las obras a realizar, delimitación de su ámbito y descripción de los terrenos en él incluidos comprensiva del término o términos municipales en que se sitúen y de sus características, tanto físicas –incluyendo las topográficas, geológicas y de la vegetación–, como jurídicas relativas a la estructura de la propiedad y los usos y aprovechamientos existentes.

d) Administración Pública, entidad o persona promotora del proyecto, con precisión, en su caso, de todos los datos necesarios para su plena identificación.

e) Memoria justificativa y descripción detallada de la ordenación y de las características técnicas del Proyecto.

f) Plazos de inicio y terminación de las obras, con determinación, en su caso, de las fases en que se divida la ejecución.

g) Estudio económico-financiero justificativo de la viabilidad del Proyecto por relación al coste total previsto, con indicación de la consignación de partida suficiente en el capítulo de gastos del presupuesto correspondiente al primer año de la ejecución en el caso de promoción pública, así como, en todo caso, de los medios, propios y ajenos, en la disposición de la entidad o persona responsables de dicha ejecución para hacer frente al referido coste.

h) Definición de la forma de gestión a emplear para la ejecución.

i) Estudio o estudios y, en su caso, especificaciones legalmente preceptivas para la declaración de impacto ambiental y territorial.

j) Conformidad o no a la ordenación urbanística en vigor y aplicable a los terrenos comprendidos por el Proyecto, en punto a la clasificación y la calificación del suelo; precisión, en su caso, de las previsiones de dicha ordenación que resultarán directamente incompatibles con el contenido del Proyecto a los efectos del artículo 39.3.

k) Obligaciones asumidas por el promotor, que deberán incluir, en cualquier caso y como mínimo, las correspondientes a los deberes legales derivados del régimen de la clase de suelo resultante del Proyecto y las de estructuración del suelo en una única finca jurídico-civil acorde con la ordenación urbanística del Proyecto y afectación real de ella, con prohibición de su división en cualquier forma, al destino objetivo prescrito por dicha ordenación, con inscripción registral de estas dos últimas obligaciones antes de la conclusión de la ejecución.

l) Garantías que, en su caso, se prestan y constituyen, en cualquiera de las formas admitidas en Derecho, para asegurar el cumplimiento de las obligaciones establecidas en la letra anterior en los plazos a que se refiere la letra f).

m) Cualesquiera otras determinaciones que vengan impuestas por disposiciones legales o reglamentarias.

2. Los Proyectos de Alcance Regional comprenderán los documentos necesarios, incluidos planos, para formalizar con claridad y precisión las determinaciones a que se refiere el número anterior.

3. Por Decreto acordado en Consejo de Gobierno de la Comunidad de Madrid, a propuesta del Consejero competente en materia de Ordenación del Territorio y Urbanismo, podrá concretarse el contenido mínimo en determinaciones y los documentos de que deben constar los Proyectos de Alcance Regional y fijarse, en su caso y cuando las características peculiares del objeto de éstos así lo demande, el contenido complementario del general establecido en el número 1 que deba exigirse desde luego para su tramitación y aprobación.

⇒ V. D. 323/1999, de 11 noviembre, estructura orgánica de la Consejería de Medio Ambiente.
V. RD 1093/1997, de 4 julio (§2.1).

Artículo 37. Declaración previa de viabilidad en principio.

Los promotores privados de Proyectos de Alcance Regional podrán solicitar, con carácter previo a la tramitación de éstos una declaración de viabilidad en principio, que no condicionará las facultades de los órganos competentes para informar y resolver en los correspondientes procedimientos de aprobación.

Las solicitudes de la declaración prevista en el párrafo anterior deberán presentarse en la Consejería competente en materia de Ordenación del Territorio y Urbanismo y acompañarse de los documentos expresivos de las determinaciones previstas en los apartados a), b), c) y d) del número 1 del artículo anterior.

El Consejero competente en materia de Ordenación del Territorio y Urbanismo deberá resolver dentro de los dos meses siguientes a la solicitud, previa audiencia del Municipio o Municipios interesados por plazo mínimo de veinte días, así como de las Consejerías con competencias ambientales o sectoriales por razón de la materia. Asimismo será preceptivo y vinculante el Dictamen previo de la Comisión de Concertación de la Acción Territorial conforme a lo previsto en el artículo 7.3 a). En caso de no notificación de resolución expresa dentro de dicho plazo, la solicitud podrá entenderse desestimada.

⇒ V. D. 129/1996, de 5 septiembre, que aprueba el Reglamento de organización y funcionamiento de la Comisión de Concertación de la Acción Territorial y del Consejo de Política Territorial.

V. D. 323/1999, de 11 noviembre, estructura orgánica de la Consejería de Medio Ambiente.

Artículo 38. Procedimiento de aprobación.

La aprobación de los Proyectos de Alcance Regional supone la declaración formal de su interés regional, y se ajustará al siguiente procedimiento:

a) Solicitud del interesado o, en su caso, iniciativa de la Administración o entidad de Derecho Público, cuando el Proyecto no sea de iniciativa de la propia Comunidad en la Consejería competente en materia de Ordenación del Territorio y Urbanismo.

b) Aprobación inicial, si procede, por la Comisión de Urbanismo de Madrid, con inmediato sometimiento a información pública y, simultáneamente, a audiencia del Municipio o Municipios afectados, cuando éstos no sean los promotores del Proyecto, por plazo de un mes, a cuyo efecto deberá insertarse el pertinente anuncio en el «Boletín Oficial de la Comunidad de Madrid» y en, al menos, uno de los periódicos de mayor difusión en ésta.

En todo el tiempo de duración del trámite de información pública y audiencia, la Consejería competente en materia de Ordenación del Territorio y Urbanismo podrá acordar y practicar, incluso de oficio, la realización de cuantas actuaciones de investigación y determinación de hechos y datos considere que pueden aportar elementos de juicio relevantes para la resolución del procedimiento, así como solicitar los informes que estime convenientes.

Cuando fuere preceptivo conforme a la legislación ambiental, tras el período de información pública, el órgano ambiental formulará la pertinente Declaración de Impacto Ambiental o el correspondiente informe.

c) Informe de la Comisión de Urbanismo de Madrid.

d) Aprobación definitiva, si procede, por el Consejo de Gobierno de la Comunidad de Madrid, a la vista de las alegaciones e informes presentados en el período de información pública y audiencia, incluido el dictamen de la

Comisión de Concertación, si se hubiese solicitado su intervención, y de las demás actuaciones, en su caso, practicadas.

El acuerdo de aprobación definitiva, que expresará el organismo, entidad o sociedad públicos a que se encomiende la ejecución o, en su caso, la persona o entidad particular promotora responsable de ella, deberá publicarse íntegramente en el «Boletín Oficial de la Comunidad de Madrid» y en, al menos, uno de los periódicos de mayor difusión en ésta.

La ausencia de resolución expresa en el plazo máximo que se fije reglamentariamente autorizará para entender denegada la aprobación definitiva.

⇒ V. D. 69/1993, de 30 junio, de distribución de competencias entre los órganos de la Comunidad, cuyo art. 10 fue modificado por D. 51/1989, de 6 abril.

V. D. 68/1983, de 30 junio, de creación y Reglamento de la Comisión de Urbanismo de Madrid, cuyo art. 3.3 fue modificado por los arts. 1 y 2 del D. 122/1987, de 3 septiembre; el art. 5 fue modificado por D. 32/1987, de 23 abril; y los arts. 3 y 13.1, por D. 113/1985, de 21 noviembre.

V. O. 28 septiembre 2000, de la Consejería de Obras Públicas, Urbanismo y Transportes de desarrollo de la estructura orgánica, modificada por O. 30 noviembre 2000, que desarrolla el D. 215/2000, de 21 septiembre y el D. 270/1995, de 19 octubre.

Téngase en cuenta también la O. 28 marzo 2000, de la Consejería de Obras Públicas, Urbanismo y Transportes, que modificó la O. 19 noviembre 1997, que desarrolló su estructura orgánica y funcional.

V. también la Res. 30 mayo 2000, de la Secretaría General Técnica Consejería de Obras Públicas, Urbanismo y Transportes, sobre delegación en el Secretario General Técnico de competencias en materia de recursos formulados contra acuerdos de la Comisión de Urbanismo de Madrid.

Artículo 39. Efectos de la aprobación.

1. La aprobación definitiva de los Proyectos de Alcance Regional llevará implícita la declaración de la utilidad pública o, en su caso, el interés social y de la necesidad de la ocupación para la expropiación de los bienes y derechos que resulten afectados y sean necesarios para su ejecución, incluida la de las conexiones exteriores con las redes, sistemas de infraestructuras y servicios generales, de acuerdo con lo establecido en los Planes de Carreteras de la Comunidad de Madrid o en el Catálogo viario, así como en el resto de la planificación y legislación sectorial y ambiental.

2. Cuando tengan encomendada o sean responsables de la ejecución de los Proyectos de Alcance Regional, podrán ser beneficiarios de la expropiación:

a) Las entidades de Derecho Público, incluso de carácter consorcial, así como las sociedades públicas que sean directamente promotores o reciban de la Administración promotora la encomienda de la ejecución.

b) Los particulares promotores y las entidades urbanísticas colaboradoras constituidas entre éstos y la Administración actuante.

3. Cuando los Proyectos de Alcance Regional no sean compatibles con la ordenación urbanística municipal y contengan las previsiones a que se refiere el párrafo segundo de la letra j) del número 1 del artículo 36, su aprobación permitirá la inmediata ejecución del proyecto, con el alcance que resulte de las determinaciones de éste cualquiera que fuera la ordenación

aplicable. En todo caso, la incompatibilidad con la ordenación urbanística se entenderá a los exclusivos efectos de la referida ejecución y sin perjuicio de la adecuación ulterior a las determinaciones resultantes de la referida ordenación urbanística municipal por el procedimiento de pertinente aplicación.

4. La Comunidad de Madrid promoverá, a través de la Consejería competente en materia de ordenación del territorio y urbanismo, líneas de ayuda a los Municipios cuya ordenación deba ser adaptada como consecuencia de la aprobación de un Proyecto de Alcance Regional, para la elaboración de los instrumentos precisos para la modificación o, en su caso, revisión del planeamiento general en ellos vigente.

Por Decreto del Consejo de Gobierno de la Comunidad de Madrid se determinarán las condiciones, modalidades, límites y criterios del otorgamiento de las ayudas a que se refiere el párrafo anterior.

5. La aprobación definitiva de los Proyectos de Alcance Regional determinará el régimen de derechos y deberes aplicable para su ejecución de conformidad con la clase de suelo que aquéllos delimiten.

Los deberes y cargas correspondientes podrán cumplirse mediante la entrega de suelo o aprovechamiento urbanístico o compensación en metálico equivalente al correspondiente valor urbanístico.

Los Municipios serán beneficiarios de las cesiones de suelo y aprovechamiento urbanístico que se deriven de la ejecución de Proyectos de Alcance Regional, conforme a la legislación urbanística aplicable.

⇒ V. art. 33 de la Ley 6/1998, de 13 abril (§1).

Artículo 40. Subrogación en la posición jurídica de la persona o entidad particular que tenga atribuida la ejecución.

1. La persona o entidad particular a la que el acto de aprobación definitiva atribuya la responsabilidad de la ejecución de un Proyecto de Alcance Regional estará obligada a la completa realización de las obras e instalaciones previstas en éste.

2. Excepcionalmente, en virtud de circunstancias sobrevenidas, cuando sea indispensable para el aseguramiento de la conclusión de la ejecución y por acuerdo del Consejo de Gobierno de la Comunidad de Madrid adoptado a instancia del interesado, podrá autorizarse la sustitución, total o parcial, de éste por otra persona o entidad en los derechos y las obligaciones derivados del acto de aprobación de un Proyecto de Alcance Regional y relativos, por tanto, a su ejecución.

Artículo 41. Ejecución.

Los actos de edificación, instalación o uso del suelo en que se concreten los Proyectos de Alcance Regional, estarán sujetos a la previa obtención de licencia municipal, con excepción de los precisos para la ejecución de las infraestructuras a que se refiere la letra a) del artículo 33, cuyos proyectos, no obstante, se remitirán, para conocimiento, al Municipio afectado, con carácter previo al comienzo de las obras.

Artículo 42. Incumplimiento de la ejecución. Consecuencias.

1. Los Proyectos de Alcance Regional caducarán, mediante declaración previa del Consejo de Gobierno, con prohibición expresa de cualquier acto ulterior de ejecución del mismo y los demás pronunciamientos que procedan sobre la responsabilidad en que se hubiera podido incurrir, en los siguientes supuestos:

a) Incumplimiento de los plazos de inicio o terminación de la ejecución o interrupción de ésta por tiempo superior al autorizado o sin causa justificada.

b) Sustitución o subrogación de tercero en la posición jurídica de la persona o entidad responsable de la ejecución, sin autorización expresa previa.

c) Realización de la ejecución contraviniendo gravemente o apartándose en cualquier otra forma de las previsiones contenidas en el Proyecto de Alcance Regional.

2. Para la declaración de la caducidad a que se refiere el número anterior deberá observarse el siguiente procedimiento:

a) Advertencia previa por parte del Consejero competente en materia de Ordenación del Territorio y Urbanismo sobre el incumplimiento, con especificación del supuesto o de los supuestos en que descanse y las consecuencias que se entienda procedente deducir del incumplimiento, que deberá notificarse a la persona o personas interesadas.

b) Vista del expediente y alegaciones por plazo de veinte días, dando audiencia al Municipio o Municipios afectados.

c) Práctica de las pruebas propuestas en el trámite de alegaciones y declaradas pertinentes por el Consejero competente en materia de Ordenación del Territorio y Urbanismo, así como de cuantas otras disponga éste de oficio, en un período máximo de un mes.

d) Resolución definitiva, por acuerdo del Consejo de Gobierno de la Comunidad de Madrid, a propuesta del Consejero competente en materia de Ordenación del Territorio y Urbanismo. Esta resolución podrá, cuando así proceda y no obstante la apreciación de la caducidad del Proyecto, disponer la rehabilitación de éste y la prórroga del plazo o los plazos para su ejecución, con imposición de los requisitos y las condiciones pertinentes y adecuadas para garantizar el puntual y correcto cumplimiento.

3. Dentro del mes siguiente a la declaración de la caducidad en los términos previstos en el número l, la Administración actuante podrá asumir directamente la gestión de la ejecución mediante los sistemas legalmente establecidos en la legislación vigente.

Desestimada esa asunción o, en todo caso, transcurrido el plazo para acordarla sin adopción de decisión expresa alguna, se producirán automáticamente los siguientes efectos:

a) Los terrenos afectados por el Proyecto de Alcance Regional, tendrán la clasificación y la calificación urbanística que prevea el planeamiento urbanístico en vigor, sin perjuicio de que el municipio pueda ejercer la potestad de planeamiento, para que los referidos terrenos recuperen su clasificación y calificación originaria.

b) La persona o entidad responsable de la ejecución del Proyecto del Alcance Regional caducado deberá realizar los trabajos precisos para reponer los terrenos al estado que tuvieran antes del comienzo de dicha ejecución y, perderá, en su caso, la garantía que tuviera constituida.

c) Los titulares de los terrenos que hubieran sido objeto de expropiación para la ejecución del Proyecto podrán solicitar su reversión de acuerdo con los requisitos y el procedimiento previstos en la vigente Ley de Expropiación Forzosa.

4. La declaración de caducidad no dará lugar, por sí sola, a indemnización alguna.

⇒ Téngase en cuenta que los arts. 54 y 55 de la LEF han sido modificados por la disp. adic. 5ª de la Ley 38/1999, de 5 noviembre.

La disp. derog. única de la Ley del Suelo de la Comunidad de Madrid ha derogado de forma expresa y por sustitución la Ley 9/1995, de 28 de marzo, de Medidas de Política Territorial, suelo y urbanismo, salvo los Títs. II, III y IV, que continuan en vigor en su integridad.

[...]

Melilla

§ 39 REAL DECRETO 1413/1995, DE 4 AGOSTO. TRASPASO DE FUNCIONES Y SERVICIOS DE LA ADMINISTRACIÓN DEL ESTADO EN MATERIA DE URBANISMO A LA CIUDAD DE MELILLA

(BOE núm. 213, de 6 septiembre [RCL 1995, 2523])

Artículo 1.

Se aprueba el Acuerdo de la Comisión Mixta de Transferencias Administración del Estado-Ciudad de Melilla, prevista en la disposición transitoria segunda del Estatuto de Autonomía de Melilla, por el que se traspasan las funciones y servicios de la Administración del Estado a la Ciudad de Melilla en materia de urbanismo, adoptado por el Pleno de dicha Comisión en su sesión del día 24 de julio de 1995 y que se transcribe como Anexo al presente Real Decreto.

⇒ El art. 21 de la LO 2/1995, de 13 marzo, del Estatuto de Autonomía de Melilla, establece:

«1. La Ciudad de Ceuta ejercerá competencias sobre las materias que a continuación se relacionan, con el alcance previsto en el apartado 2 de este artículo: 1ª Ordenación del territorio, urbanismo y vivienda».

V. O. 31 julio 2000, sobre Directrices básicas para la aplicación de la Ley 6/1998, de 13 abril, sobre Régimen del Suelo y Valoraciones, y Modificación de Elementos del Plan General de Ordenación Urbana de Melilla para adaptación de normas.

Téngase en cuenta la disp. adic. 3ª de la Ley 6/1998, de 13 abril, en la nueva redacción dada por la Ley 55/1999, de 29 diciembre, en su art. 68.

Artículo 2.

En consecuencia, quedan traspasados a la Ciudad de Melilla las funciones y servicios de la Administración del Estado, establecidos en el Acuerdo de la Comisión Mixta que figura como Anexo del presente Real Decreto, en los términos y en las condiciones que allí se especifican.

Artículo 3.

Los traspasos a que se refiere este Real Decreto tendrán efectividad a partir del día señalado en el propio Acuerdo de la mencionada Comisión

Mixta, sin perjuicio de que el Ministerio de Obras Públicas, Transportes y Medio Ambiente produzca, hasta la entrada en vigor de este Real Decreto, en su caso, los actos administrativos necesarios para el mantenimiento de los servicios en el mismo régimen y nivel de funcionamiento que tuvieran en el momento de la adopción del Acuerdo.

DISPOSICIÓN FINAL

Única

El presente Real Decreto entrará en vigor el día siguiente al de su publicación en el «Boletín Oficial del Estado».

ANEXO

..., Secretarios de la Comisión Mixta de Transferencias prevista en la disposición transitoria segunda del Estatuto de Autonomía de Melilla,

CERTIFICAN:

Que en la sesión plenaria de la Comisión Mixta celebrada el día 24 de julio de 1995, se adoptó un Acuerdo sobre el traspaso a la Ciudad de Melilla de las funciones y servicios de la Administración del Estado en materia de urbanismo, en los términos que a continuación se expresan:

A) Referencia a normas constitucionales y estatutarias en que se ampara el traspaso.

La Constitución, en el artículo 148.1.3ª establece que las Comunidades Autónomas podrán asumir competencias en materia de ordenación del territorio, urbanismo y vivienda, y en el artículo 149 reserva al Estado la competencia exclusiva sobre diversas materias relacionadas con aquéllas.

Por su parte, el Estatuto de Autonomía de Melilla, aprobado por Ley Orgánica 2/1995, de 13 de marzo, establece en su artículo 21.1.1ª que corresponde a la Ciudad de Melilla el ejercicio de competencias en materia de ordenación del territorio, urbanismo y vivienda, con el alcance previsto en el apartado 2 del mismo artículo.

El Texto Refundido de la Ley sobre Régimen del Suelo y Ordenación Urbana, aprobado por Real Decreto Legislativo 1/1992, de 26 de junio, y demás disposiciones complementarias, como son, entre otras, los Reglamentos de Planeamiento, Disciplina Urbanística y Gestión Urbanística, atribuyen a órganos de la Administración del Estado determinadas competencias con finalidades relativas a la actividad urbanística.

Finalmente, la disposición transitoria segunda del Estatuto de Autonomía de Melilla establece las bases a que ha de ajustarse el traspaso de los medios personales, materiales y presupuestarios correspondientes a las competencias que asume la Ciudad de Melilla, así como de funcionamiento de la Comisión Mixta de Transferencias.

Sobre la base de estas previsiones normativas, procede realizar el traspaso de funciones y servicios, en materia de urbanismo, a la Ciudad de Melilla.

B) Funciones que asume la Ciudad de Melilla e identificación de los servicios que se traspasan.

En materia de urbanismo y al amparo de los artículos 21.1.1ª del Estatuto de Autonomía de Melilla y 148.1.3ª, de la Constitución, la Ciudad de Melilla asume, dentro de su ámbito territorial, en los términos del presente Acuerdo y de los Decretos y demás normas que lo hagan efectivo y se publiquen en el «Boletín Oficial del Estado», las funciones de aprobación de planes de ordenación y las demás de orden normativo-reglamentario que establezca la legislación general del Estado, resolutivo, de gestión, consultivo, de tutela y fiscalización, salvo las reservadas a la Administración del Estado en el apartado C) de este Acuerdo.

C) Funciones y servicios que se reserva la Administración del Estado.

En consecuencia con la relación de funciones traspasadas permanecerán en la Administración del Estado y seguirán siendo ejercidas por el Ministerio de Obras Públicas, Transportes y Medio Ambiente o por los Departamentos a los que en cada caso correspondan, por razón de la materia, las que atribuye al Estado la Constitución y en particular los artículos 131, 138 y 149 de la misma, así como las disposiciones que se dicten en su desarrollo.

D) Funciones en que han de concurrir la Administración del Estado y la de la Ciudad de Melilla y forma de cooperación.

Se desarrollarán coordinadamente entre el Ministerio de Obras Públicas, Transportes y Medio Ambiente y la Ciudad de Melilla las siguientes funciones:

a) La investigación y el estudio en materia de urbanismo.

b) La ayuda y la cooperación económica, técnica y de personal con las Administraciones Autónoma y Local en las mismas materias.

E) Bienes, derechos y obligaciones que se traspasan.

La identificación e inclusión de los bienes, derechos y obligaciones relativos a este traspaso se realizará en los correspondientes a ordenación del territorio y vivienda.

F) Personal adscrito a los servicios que se traspasan.

La identificación e inclusión del personal relativo a este traspaso se realizará en los correspondientes a ordenación del territorio y vivienda.

G) Valoración de las cargas financieras de los servicios traspasados.

La valoración de las cargas financieras relativas a este traspaso se realizará en los correspondientes a ordenación del territorio y vivienda.

H) Documentación y expedientes de los servicios que se traspasan.

La entrega de la documentación y expedientes de los servicios traspasados se realizará en el plazo de un mes desde la publicación del Real Decreto por el que se apruebe este Acuerdo.

I) Fecha de efectividad del traspaso.

El traspaso de funciones y servicios objeto de este Acuerdo tendrá efectividad a partir del día 16 de agosto de 1995.

Y para que conste, expedimos la presente certificación en Melilla, a 24 de julio de 1995.

§ 40 REAL DECRETO 341/1996, DE 23 FEBRERO. TRASPASO DE FUNCIONES Y SERVICIOS DE LA ADMINISTRACIÓN DEL ESTADO EN MATERIA DE ORDENACIÓN DEL TERRITORIO A LA CIUDAD DE MELILLA

(BOE núm. 70, de 21 marzo [RCL 1996, 1046])

Artículo 1.

Se aprueba el Acuerdo de la Comisión Mixta prevista en la disposición transitoria segunda del Estatuto de Autonomía de Melilla, por el que se traspasan las funciones y servicios de la Administración del Estado a la Ciudad de Melilla en materia de ordenación del territorio, adoptado por el Pleno de dicha Comisión, en su sesión del día 8 de febrero de 1996, y que se transcribe como Anexo al presente Real Decreto.

⇒ El art. 21 de la LO 2/1995, de 13 marzo, del Estatuto de Autonomía de Melilla, establece:

«1. La Ciudad de Ceuta ejercerá competencias sobre las materias que a continuación se relacionan, con el alcance previsto en el apartado 2 de este artículo: 1ª Ordenación del territorio, urbanismo y vivienda».

V. O. 31 julio 2000, del Ministerio de Fomento sobre Directrices básicas para la aplicación de la Ley 6/1998, de 13 abril, sobre Régimen del Suelo y Valoraciones, y Modificación de Elementos del Plan General de Ordenación Urbana de Melilla para adaptación de normas.

Téngase en cuenta la disp. adic. 3ª de la Ley 6/1998, de 13 abril, según redacción dada por la Ley 55/1999, de 29 diciembre, en su art. 68.

Artículo 2.

En consecuencia, quedan traspasados a la ciudad de Melilla las funciones y servicios de la Administración del Estado, establecidos en el Acuerdo de la Comisión Mixta que figura como Anexo del presente Real Decreto, en los términos y en las condiciones que allí se especifican.

Artículo 3.

El traspaso a que se refiere este Real Decreto tendrá efectividad a partir del día señalado en el propio Acuerdo de la mencionada Comisión Mixta, sin perjuicio de que el Ministerio de Obras Públicas, Transportes y Medio Ambiente produzca, hasta la entrada en vigor de este Real Decreto, en su caso, los actos administrativos necesarios para el mantenimiento de los servicios en el mismo régimen y nivel de funcionamiento que tuvieran en el momento de la adopción del Acuerdo.

DISPOSICIÓN FINAL

Única

El presente Real Decreto entrará en vigor el día siguiente al de su publicación en el «Boletín Oficial del Estado».

ANEXO

Don ... y don ..., Secretarios de la Comisión Mixta de Trasferencias prevista en la disposición transitoria segunda del Estatuto de Autonomía de Melilla,

CERTIFICAN

Que en la sesión plenaria de la Comisión Mixta celebrada el día 8 de febrero de 1996, se adoptó un Acuerdo sobre el traspaso a la Ciudad de Melilla de las funciones y servicios de la Administración del Estado en materia de ordenación del territorio, en los términos que a continuación se expresan:

A) *Referencia a normas constitucionales y estatutarias en que se ampara el traspaso.*

La Constitución en el artículo 149.1.13ª y 24ª reserva al Estado la competencia exclusiva sobre las bases y coordinación de la planificación general de la actividad económica, así como sobre las obras públicas de interés general o cuya realización afecte a más de una comunidad autónoma.

Por su parte el Estatuto de Autonomía de Melilla, aprobado por Ley Orgánica 2/1995, de 13 de marzo, establece en su artículo 21.1.1ª que corresponde a la Ciudad de Melilla el ejercicio de competencias en materia de ordenación del territorio, urbanismo y vivienda con el alcance previsto en el apartado 2 del mismo artículo.

La Ley 22/1988, de 28 de julio, de Costas y su Reglamento aprobado por Real Decreto 1471/1989, de 1 de diciembre, atribuyen a órganos de la Administración del Estado determinadas competencias en materia de ordenación del litoral.

Finalmente, la disposición transitoria segunda del Estatuto de Autonomía de Melilla y el Real Decreto 1412/1995, de 4 de agosto, establecen las normas que regulan la forma y condiciones a las que han de ajustarse los traspasos de funciones y servicios de la Administración del Estado a la Ciudad de Melilla, así como el funcionamiento de la Comisión Mixta de Transferencias.

Sobre la base de estas previsiones normativas, procede realizar el traspaso de funciones y servicios, en materia de ordenación del territorio, a la Ciudad de Melilla.

B) *Funciones que asume la Ciudad de Melilla e identificación de los servicios que se traspasan.*

En materia de ordenación del territorio y al amparo del artículo 21.1.1ª del Estatuto de Autonomía de Melilla y 148.1.3ª, de la Constitución, la Ciudad de

Melilla asume, dentro de su ámbito territorial, en los términos del presente Acuerdo y de los Decretos y demás normas que lo hagan efectivo y se publiquen en el «Boletín Oficial del Estado», las funciones de orden normativo-reglamentario que establezcan la legislación general del Estado, resolutivo, de gestión, consultivo, de tutela y fiscalización, salvo las reservadas a la Administración del Estado en el apartado C) de este Acuerdo.

C) Funciones y servicios que se reserva la Administración del Estado.

En consecuencia con la relación de funciones traspasadas permanecerán en la Administración del Estado y seguirán siendo ejercidas por el Ministerio de Obras Públicas, Transportes y Medio Ambiente o por los Departamentos a los que en cada caso correspondan, por razón de la materia, las que atribuye al Estado la legislación vigente, y en particular, la Ley de Costas y el Reglamento para su ejecución.

D) Funciones en que han de concurrir la Administración del Estado y la de la Ciudad de Melilla y forma de cooperación.

Se desarrollarán coordinadamente entre el Ministerio de Obras Públicas, Transportes y Medio Ambiente y la Ciudad de Melilla las siguientes funciones:

a) La investigación y el estudio en materia de ordenación del territorio.

b) La ayuda y la cooperación económica, técnica y de personal con las Administraciones públicas competentes en la misma materia.

E) Bienes, derechos y obligaciones que se traspasan.

Los bienes, derechos y obligaciones adscritos a los servicios que se traspasan mediante este Acuerdo, se incluyen en la relación de bienes correspondientes al Acuerdo de traspaso en materia de patrimonio arquitectónico, control de la calidad de la edificación y vivienda.

F) Personal adscrito a los servicios que se traspasan.

El personal adscrito a los servicios que se traspasan mediante este Acuerdo, se incluye en la relación de personal correspondientes al Acuerdo de traspaso en materia de patrimonio arquitectónico, control de la calidad de la edificación y vivienda.

G) Valoración de las cargas financieras de los servicios traspasados.

La valoración de las cargas financieras de los servicios que se traspasan mediante este Acuerdo, se incluye en la correspondiente al Acuerdo de traspaso en materia de patrimonio arquitectónico, control de la calidad de la edificación y vivienda.

H) Documentación y expedientes de los servicios que se traspasan.

La entrega de la documentación y expedientes de los servicios traspasados se realizará en el plazo de un mes desde la publicación del Real Decreto por el que se apruebe este Acuerdo, y de conformidad con lo establecido en el artículo 8 del Real Decreto 1412/1995, de 4 de agosto.

I) Fecha de efectividad del traspaso.

El traspaso de funciones y servicios objeto de este Acuerdo tendrá efectividad a partir del 1 de marzo de 1996.

Y para que conste, expedimos la presente certificación en Madrid, a 8 de febrero de 1996.

Murcia

§ 41 LEY 1/2001, DE 24 ABRIL. SUELO DE LA REGIÓN DE MURCIA

(BOE núm. 243, de 10 octubre y BORM núm. 113, de 17 mayo [RCL 2001, 2486 y LRM 2001, 164])

EXPOSICIÓN DE MOTIVOS

Uno

«La evolución de las ciudades debe ser el resultado de la combinación de las distintas fuerzas sociales y de las acciones de los principales representantes de la vida cívica», pregona la Nueva Carta de Atenas de 1998, corolario de la evolución en los últimos cincuenta años de las inquietudes en el desarrollo urbanístico, que ha tenido diversas manifestaciones precedentes en el ámbito de la Unión Europea. Es obligación de los poderes públicos dar cauce a dicha evolución, estableciendo los marcos legislativos en los que se debe desarrollar la ordenación del territorio y la planificación urbanística, entendidos en el escenario de la globalidad y del desarrollo sostenible como, en definición del informe Brundtland, «la satisfacción de las necesidades de la presente generación sin poner en peligro la posibilidad de que las futuras generaciones satisfagan las suyas». El artículo 10.Uno.2 del Estatuto de Autonomía para la Región de Murcia, Ley Orgánica 4/1982, de 9 de junio, según redacción de la Ley Orgánica 1/1998, de 15 de junio, otorga a aquélla la competencia exclusiva en materia de ordenación del territorio y litoral, urbanismo y vivienda, señalando en el número dos que, en ejercicio de estas competencias, corresponde a la Región la potestad legislativa, la reglamentaria y la función ejecutiva con respeto a la Constitución.

Dos

Hasta la fecha han sido varias las manifestaciones legislativas que la Comunidad Autónoma ha tenido en materia de ordenación del territorio y urbanismo, si bien en todas las ocasiones, con carácter parcial y, en algunos casos, meramente de distribución competencial. Es llegado el momento de abordar en un solo cuerpo legal la regulación de toda la materia, una vez que ha quedado clarificado el ámbito de actuación, tras la Sentencia del Tribunal Constitucional de 20 de marzo de 1997, y la Ley 6/1998, de 13 de abril, sobre Régimen de Suelo y Valoraciones. Desde la asunción de competencias en esta materia se han aprobado por la Comunidad Autónoma distintos textos legislativos, algunos ya derogados, que han cumplido su función y han servido de marco de relación para regular actuaciones en materia de ordenación del territorio y urbanismo, en conjunción con la legislación estatal. La actual regulación autonómica de estas materias viene dada por las siguientes disposiciones: Ley 12/1986, de 20 de diciembre, de Medidas para la Protección de la Legalidad Urbanística, Ley 4/1992, de 30 de julio, de Ordenación y Protección del Territorio de la Región; y la Ley 10/1995, de 24 de abril, de Modificación de las Atribuciones de los Órganos de la Comunidad Autónoma en materia de urbanismo. Estas disposiciones van a quedar derogadas por la presente Ley, salvo aquella parte de la Ley 4/1992 que se ocupa de los espacios protegidos y su regulación así como el catálogo de los distintos tipos de espacios clasificados en la Región.

Tres

La Sentencia del Tribunal Constitucional de 20 de marzo de 1997 trajo consigo la anulación de más de doscientos artículos del Real Decreto Legislativo 1/1992, de 26 de junio, Texto Refundido de la Ley sobre Régimen del Suelo y Ordenación Urbana, y por ende, la derogación del sistema más complicado sobre equidistribución de beneficios y cargas que ha existido, no sólo en nuestro país, sino también en el Derecho comparado, al tiempo que recuperaba su vigencia el Real Decreto 1346/1976, de 9 de abril, Texto Refundido de la Modificación de la Ley del Suelo de 2 de mayo de 1975, que a pesar de su carácter preconstitucional ha supuesto, en reconocimiento de la doctrina, el modelo más adecuado para resolver los problemas derivados de la planificación urbanística. Buena prueba de ello es que gran parte de las legislaciones autonómicas son tributarias de los conceptos de dicha Ley. En comunidades autónomas que no tenían desarrollo legislativo completo, tras la citada sentencia del Tribunal Constitucional, la legislación urbanística venía conformada por la aplicación del Texto Refundido de 1976 y los artículos que quedaban vigentes del Texto Refundido de 1992 y la legislación autonómica antes citada. Fijado por la sentencia del Tribunal Constitucional el marco de actuación de la legislación estatal, se aprobó la Ley 6/1998, de 13 de abril, de Reforma del Régimen del Suelo y Valoraciones, que establece el contenido básico de la propiedad del suelo, y que ha supuesto la incorporación de un nuevo concepto en el régimen y tipos de suelo, en una clara evolución y modernización de nuestro Derecho, más adecuado a las exigencias de liberalización del mercado del suelo, que nos vienen impuestas por mor de la globalización y de nuestra integración europea.

Cuatro

La justificación, pues, de la conveniencia y oportunidad de esta Ley es más que evidente, no sólo por el marco legislativo de aplicación, que debe acomodarse a las circunstancias actuales, sino también por la necesidad de incorporar a la legislación los principios exigidos por la sociedad. Tales principios ponen especial énfasis en la relación entre urbanismo, cohesión social, desarrollo sostenible y protección del medio ambiente y del patrimonio, y están recogidos tanto en los Títulos XVII y XIX del Tratado de la Unión Europea, como en la ya citada Nueva Carta de Atenas de 1998, en Desarrollo Sostenible de las Ciudades Europeas de 1996 y en Perspectiva Europea de Ordenación del Territorio de 1997.

Estos principios informan esta legislación de la Comunidad Autónoma, aunque no sería justo dejar de mencionar otros documentos de los últimos años que, sin duda, han influido a la hora de establecer los principios en que se desarrolla esta materia y cuyas conclusiones también tienen reflejo en el texto normativo, cuales son: el Informe de la Comisión de Expertos sobre Urbanismo, el llamado Documento de Salamanca y el Informe del Tribunal de Defensa de la Competencia sobre Remedios Políticos que pueden favorecer la libre competencia en los servicios y atajar el daño creado por los monopolios. Competencia en el mercado del Suelo.

Cinco

Como principios básicos inspiradores de la Ley, con independencia de los ya señalados, y en lo que se refiere a la instrumentación de los distintos institutos, hemos de señalar, en primer lugar, el reconocimiento de la autonomía municipal, otorgándole a los ayuntamientos las competencias en materia de urbanismo, quedando reservadas para la Comunidad Autónoma exclusivamente las que se refieren al control de legalidad y al interés supramunicipal; manteniendo así la doctrina fijada tanto por el Tribunal Supremo como por el Tribunal Constitucional, haciendo desaparecer también la distinción entre ayuntamientos con más o menos población a la hora del reconocimiento de sus facultades.

En segundo lugar, es una Ley que establece instrumentos y mecanismos, tanto de ordenación del territorio como de planeamiento urbanístico municipal, que son flexibles y adaptables en cualquier momento a las circunstancias que el interés público demande. Frente a la rigidez del modelo establecido por la Ley 8/1990, se establece una mayor capacidad de adaptación de la política urbanística y del planeamiento a las coyunturas económicas; propugnando, al tiempo, una tramitación simple lo que sin duda redunda en una mayor seguridad jurídica, tanto para los propietarios de suelo como para las administraciones. Se pone especial énfasis en los instrumentos de ordenación y de planificación, y en la protección medioambiental y del patrimonio, puesto que la necesidad de crear una ciudad, un ámbito de relación y convivencia más sostenible, es uno de los mayores retos del siglo XXI. Respecto a las competencias medioambientales, se tiene especial cuidado en que los distintos instrumentos garanticen el respeto al medio físico, al medio ambiente y al patrimonio histórico y cultural de la sociedad murciana. Trata al propio tiempo de solventar los problemas concretos que la Comunidad Autónoma de Murcia tiene y de acomodarse a las tensiones y tendencias legítimas de la población.

Supone, en fin, una importante liberalización del mercado de suelo y se incentiva expresamente la participación de la iniciativa privada en los modos de gestión urbanística, impidiendo la posibilidad de monopolizar los suelos capaces de asumir el crecimiento urbano.

Seis

La Ley dispone de un Título preliminar en el que se relacionan el objeto, ámbito, finalidades y competencias en materia de ordenación del territorio y urbanismo, que alcanzan la globalidad, tanto de unas como de otras, que son necesarias para el eficaz ejercicio de la potestad otorgada en el Estatuto de Autonomía.

Siete

El Título primero distribuye las competencias urbanísticas y de ordenación del territorio; siendo la Comunidad Autónoma la que ejerce las relativas a esta última materia y los ayuntamientos los que van a ejercer las mayores competencias urbanísticas. Cabe destacar que, por primera vez, no se hace distinción alguna de ayuntamientos en razón a su superficie o población y que, con respeto al mandato constitucional, se residencian en ellos las competencias en materia urbanística, reservándose únicamente la Comunidad Autónoma las relativas al control de legalidad y al interés supramunicipal, para aquellas actuaciones cuyo ámbito o influencia sea mayor que el del municipio donde se ubiquen, o que, siendo municipales, tengan influencia en otro u otros municipios. Es, por tanto, una Ley de clara vocación municipalista.

En cuanto a los órganos urbanísticos y territoriales, destaca la creación de la Comisión de Coordinación de Política Territorial como órgano de colaboración y coordinación interadministrativa, que impulsará la agilización de los informes sectoriales en los instrumentos de ordenación y planeamiento urbanístico; también se crea el Consejo Social de Política Territorial como órgano de carácter participativo de los agentes sociales y económicos de la Región.

Ocho

El Título segundo se dedica a la regulación del contenido y tramitación de los instrumentos de ordenación del territorio, entre los que figuran, como ordinarios, las Directrices y los Planes de Ordenación Territorial, junto con los Programas de Actuación Territorial, que de forma jerarquizada, van a establecer respectivamente los objetivos, la planificación y coordinación de actuaciones y la ejecución de las políticas urbanísticas y sectoriales con incidencia territorial, regional o comarcal. Vienen a sustituir a las figuras reguladas en la ya obsoleta Ley 4/1992, de Ordenación y Protección del Territorio de la Región de Murcia; debiéndose destacar el carácter dinámico y polivalente de las mismas, así como el procedimiento de formulación y aprobación que regulan, que pretenden acercar los momentos de iniciación y entrada en vigor de los mismos y evitar así las disfunciones que se pueden producir por la diferencia entre el momento analizado a la hora de la formulación y el momento de la aprobación y entrada en vigor, cuyas dinámicas sociales y económicas no tienen necesariamente por qué coincidir.

Además, se regulan como instrumentos excepcionales, las Actuaciones de Interés Regional, para aquellas iniciativas cuyas características trasciendan el ámbito municipal y hayan de beneficiar a la Región de Murcia en el ámbito de los servicios públicos, la economía, la conservación del medio ambiente o la mejora de la calidad de vida.

Como instrumentos complementarios se establece el Estudio de Impacto Territorial, que habrá de acompañar a los instrumentos de ordenación y planeamiento que la Ley señala y que, junto con el Estudio de Impacto Ambiental, valorará, de forma objetiva, la incidencia que sobre la población, la situación económica, el medio ambiente y las infraestructuras genera el instrumento al que acompaña. Y, por otro lado, se crea el Sistema Territorial de referencia, para disponer de la información global y sectorial necesaria para la mejor toma de decisiones en los correspondientes instrumentos de ordenación.

Nueve

El Título Tercero regula el régimen urbanístico de la propiedad del suelo, partiendo del nuevo régimen acuñado por la legislación estatal. Se divide el suelo en las tres clases básicas de urbano, no urbanizable y urbanizable y, de acuerdo con la legislación estatal, se desarrollan para adaptarlos a la realidad regional. Aun no siendo la Región de Murcia extensa en su territorio, sí ofrece peculiaridades en sus asentamientos tradicionales a los que la Ley no puede ser ajena, ya que la primera finalidad de una Ley con vocación de perdurabilidad es la regulación de las circunstancias y situaciones que son específicas del territorio al que afectan.

En este sentido el texto contiene una específica regulación de la Huerta Tradicional de la Región de Murcia, adecuando su realidad a las diferentes clases y categorías de suelo previstas en esta Ley.

En el suelo urbano se establecen cuatro categorías y, junto al suelo urbano consolidado y sin consolidar, se definen las categorías de suelo urbano de núcleo rural, correspondiendo a aquellos asentamientos de población tradicional, vinculados al sector primario con relaciones de vida comunitaria y un mínimo de infraestructuras, que son frecuentes en los municipios de la Región. Y también se crea el suelo urbano especial para aquellos terrenos que constituyan un asentamiento frente a camino público tradicional, aun careciendo de alguno de los requisitos del suelo urbano común.

En el suelo urbano se desarrolla también el sistema estatal de derechos y deberes, y se establece la inexistencia de cesión de aprovechamiento en los suelos urbanos consolidados, núcleos rural y especial y la posibilidad de que en el suelo urbano sin consolidar la cesión, que en principio se establece, pueda modularse en función de las cargas.

El suelo no urbanizable se trata con especial interés, desarrollando la doble categorización de la Ley estatal. En este sentido, los suelos que estén sujetos a algún régimen de especial protección por la legislación sectorial o porque el planeamiento justificadamente así los clasifique, constituyen los dos tipos de suelo no urbanizable.

El suelo urbanizable se configura en la doble condición de sectorizado y sin sectorizar, si bien no se establece ninguna preferencia entre ellos a la hora de su gestión, salvo la delimitación para su desarrollo posterior, que también podrá ser modificada durante la vida del planeamiento. Las cesiones del aprovechamiento se generalizan en el 10 por 100, graduándose la participación pública en los costes de urbanización de dicha cesión, en función de la iniciativa pública, concertada o privada de la actuación. Para la adecuación a las necesidades y realidad regionales se fija la categoría de suelo urbanizable especial referida a los suelos de un entorno ambiental propio y con urbanización parcial, para los que se establece un régimen de protección ambiental a través de planeamiento de desarrollo especial.

En cuanto al régimen de edificación, se establece un régimen excepcional para el suelo no urbanizable, previa autorización en todo caso de la Comunidad Autónoma y con unos usos muy restringidos, incluyendo la posibilidad de vivienda vinculada, a la actividad principal del suelo de que se trate. Y para el suelo urbanizable, se establece la posibilidad de usos permitidos que precisarán autorización municipal y otros usos excepcionales, que en todo caso necesitarán la previa autorización de la Administración Regional; estableciéndose asimismo la suspensión de este régimen transitorio cuando las circunstancias así lo demanden.

Diez

El Título IV regula el planeamiento urbanístico municipal, estableciendo el Plan General de Ordenación como instrumento único de la ordenación global municipal, que tendrá mayor o menor contenido y desarrollo en función de las necesidades propias del término municipal. Responde a criterios generalmente aceptados, tanto por la sociedad como por los profesionales y la Administración, y trata de mejorar las deficiencias acusadas a lo largo de los últimos años.

Se pone especial énfasis en el desarrollo sostenible, fijando la obligatoriedad también del sometimiento a Evaluación de Impacto Ambiental y protección del patrimonio histórico y cultural; fijando unos niveles mínimos de calidad urbana, junto con un régimen de dotaciones de acuerdo con las necesidades concretas de cada sector.

Por lo que respecta a los criterios de aprovechamiento y cesiones del suelo urbanizable, se establecen cinco categorías en cuanto a los aprovechamientos, que dan lugar a un porcentaje de cesiones para zonas verdes y equipamientos que se incrementa conforme aumentan los índices de aprovechamiento; cesiones, en cuanto a los equipamientos, que tienen el carácter de genéricas para que el plan de desarrollo fije los destinos necesarios para la mejor puesta en servicio del sector.

Los aprovechamientos, en los que como ya se ha dicho, se fija una cesión del 10 por 100 a favor de la Administración actuante, se definen como de referencia con una doble finalidad; en primer lugar, para justificar la coherencia intrínseca del planeamiento en la fijación de distintos aprovechamientos a distintos sectores y a distintos usos; y, en segundo lugar, para permitir una flexibilización de hasta un 10 por 100 en el planeamiento concreto del sector con incidencia en el régimen de cesiones.

Los sistemas generales se adscribirán o vincularán a los sectores, en cuyo caso, los propietarios obtendrán en ellos su aprovechamiento y, en el caso de no adscribirse a ningún sector, su obtención considerada no preferente se hará por expropiación o por adscripción posterior. De igual forma, no se establece una programación económica en tanto no se concreten los compromisos efectivos por parte de la Administración o de los particulares.

Se establece el Plan Parcial y los Planes Especiales como instrumentos genéricos de desarrollo, debiendo hacerse especial mención a esta última categoría, ya que se catalogan hasta diez tipos distintos de planeamiento especial que van a tratar de desarrollar y dar cumplida satisfacción a las necesidades peculiares de distintos usos y situaciones específicas que se dan en la Región de Murcia; debiendo destacarse, entre ellos, junto a los de reforma interior y rehabilitación, los de ordenación de núcleos rurales, los de ordenación de la fachada marítima, los de adecuación urbanística y los de especial trascendencia turística.

En materia de procedimiento se ha apostado por la flexibilidad y la polivalencia, y son los ayuntamientos los que van a aprobar definitivamente la mayor parte de los instrumentos urbanísticos, reservándose la Comunidad Autónoma sólo la aprobación definitiva de los Planes Generales, revisiones y modificaciones de los mismos que afectan a la estructura general y orgánica del territorio; siendo de aprobación exclusivamente municipal todo el planeamiento de desarrollo y el planeamiento especial.

Once

El Título V se refiere a la gestión urbanística y a los patrimonios públicos de suelo. En cuanto a la gestión urbanística se hace un amplio desarrollo de todas las posibilidades de gestión, tanto en actuaciones aisladas como en actuaciones integradas, recogiendo, entre las primeras, dos sistemas que han dado mucho juego en la ejecución del planeamiento a lo largo de los años, como son la cesión de viales y la normalización de fincas.

Especial mención merecen las actuaciones integradas, bien sean de iniciativa privada o de iniciativa pública. En ambas y con las excepciones y especificidades que la Ley determina, se establecen dos instrumentos en torno a los que pivota todo el sistema de gestión de unidades de actuación. Por un lado, el Programa de Actuación, para establecer todo el régimen de garantías, compromisos, inversiones y plazos a que se compromete el urbanizador de forma fehaciente y que tiene como finalidad la eficacia de tales determinaciones, queriéndose conseguir con ello que no queden sin contenido real los compromisos ofrecidos y que han sido determinantes de la aprobación administrativa. Así, el Programa de Actuación podrá elaborarse tanto por la Administración como por los particulares y en varios momentos de la tramitación administrativa, incluso sin planeamiento, pudiendo tramitarse conjuntamente, tanto con instrumentos de planeamiento como de gestión.

El segundo instrumento es el proyecto de reparcelación, que se utiliza, tanto en el sistema de compensación como en el de cooperación y concurrencia, en su caso, y que se ha acreditado a lo largo de los años como el más conveniente para garantizar la física equidistribución de los beneficios y cargas.

Se propicia la intervención de los particulares, ya que sólo deberá actuar la Administración en casos especialmente dificultosos o ante la inexistencia de la iniciativa privada.

Los ayuntamientos, ante la inexistencia de iniciativa privada o en circunstancias de urgencia, podrán convocar concursos mediante el sistema de concurrencia en los que no hará falta ostentar la condición de propietario del suelo, fijando unas condiciones especiales a través de la utilización del ya referido Programa de Actuación; cabe significar que es un sistema de iniciativa pública y que no depende de la voluntad exclusiva del que pretenda ser urbanizador, en aras a establecer un equilibrio con los derechos inherentes a la propiedad del suelo.

Se fijan también los sistemas de expropiación y de ocupación directa, completando el espectro de actuaciones públicas a semejanza de otras Comunidades Autónomas.

En cuanto a la intervención pública en el mercado del suelo se regulan, tanto los patrimonios públicos de suelo, como los derechos de superficie y de tanteo y retracto, así como el régimen de edificación forzosa y el Registro Municipal de Solares, que deben ser instrumentos a potenciar en la gestión municipal.

Doce

El Título sexto y último se ocupa de la intervención administrativa y de la disciplina urbanística, regulando, por un lado, la licencia en sus distintas modalidades, como instrumento fundamental de control de los actos de edificación y uso del suelo, y estableciendo su coordinación con otras licencias y con las previas autorizaciones de otras administraciones.

Singular referencia merece el establecimiento de un expediente sancionador único, en el que se incardinan tanto la suspensión de actuaciones ilegales como el restablecimiento de la legalidad infringida con la sanción económica que tales actuaciones merezca, poniendo especial énfasis en los controles por parte de la Administración y en el alcance de todos los sujetos e intervinientes en el proceso.

Trece

Las disposiciones adicionales transitorias, derogatoria y final contienen un exhaustivo tratamiento de los objetivos que le son propios; debiéndose significar especialmente la adicional segunda que fija las normas, por otro lado ya establecidas en la Ley 10/1995, de distribución de competencias regionales en materia de urbanismo, a las que se han de someter los instrumentos de ordenación del territorio y planificación urbanística, en orden a la aplicación de la legislación medio ambiental.

TÍTULO PRELIMINAR

OBJETO Y FINALIDADES DE LA LEY

Artículo 1. Objeto.

La presente Ley tiene por objeto la regulación de la ordenación del territorio y de la actividad urbanística en la Región de Murcia para garantizar, en el ámbito de un desarrollo sostenible, el derecho a disfrutar de un medio ambiente adecuado para el desarrollo de la persona y la protección de la naturaleza, el derecho a disfrutar de una vivienda digna y adecuada y la protección del patrimonio cultural.

Artículo 2. Ámbito competencial.

1. Las competencias en materia de ordenación territorial abarcan los siguientes aspectos:

a) Instrumentos de planificación territorial.

b) Modos de desarrollo.

c) Coordinación con el planeamiento urbanístico y medioambiental y planificación sectorial.

d) Los procedimientos de concertación interadministrativa.

2. La regulación de la actividad urbanística abarca los siguientes aspectos:

a) Régimen urbanístico del suelo.

b) Planeamiento urbanístico.

c) Gestión y ejecución del planeamiento.

d) Intervención en los mercados de suelo y patrimonios públicos de suelo.

e) Intervención en el ejercicio de las facultades dominicales relativas al uso del suelo y edificación.

f) Protección de la legalidad urbanística.

Artículo 3. Finalidades de la actividad administrativa en ordenación del territorio.

La actividad administrativa en materia de ordenación del territorio se orienta, entre otras, a la consecución de las siguientes finalidades:

1. Promover el desarrollo equilibrado y armónico de la Región para la consecución de unos niveles adecuados en la calidad de vida de sus habitantes.

2. Lograr la utilización racional del territorio, de acuerdo con los intereses generales, la preservación y conservación del patrimonio histórico-artístico y la gestión eficaz de los recursos naturales, energéticos y del medio ambiente.

3. Garantizar la coordinación interadministrativa y la participación activa en la ordenación del territorio para asegurar una objetiva ponderación de los intereses públicos.

4. Posibilitar y encauzar las iniciativas públicas y privadas de singular importancia.

Artículo 4. Finalidades de la actividad administrativa en materia urbanística.

La actividad administrativa en materia de urbanismo tendrá, entre otras, las siguientes finalidades:

1. La utilización del suelo en congruencia con la función social de la propiedad, garantizando el cumplimiento de las obligaciones y cargas derivadas de la presente Ley y del planeamiento que la desarrolle.

2. La articulación de la ciudad como generadora de desarrollo de las actividades humanas y de sus potencialidades.

3. La consecución del principio de la justa distribución de beneficios y cargas en toda actuación urbanística.

4. La participación de la comunidad en las plusvalías que genere la acción urbanística de los entes públicos.

5. El acceso de todos a una vivienda digna y adecuada.

6. La implantación de las actividades económicas en el territorio, respetando los suelos merecedores de protección.

7. Garantizar la participación ciudadana en los procesos de la actividad urbanística.

8. La calidad de los asentamientos, potenciando sus peculiares características constructivas.

Artículo 5. Las competencias de la Administración en materia de ordenación del territorio.

Corresponden a la Administración en materia de ordenación del territorio las siguientes competencias:

1. Formular, tramitar, aprobar y desarrollar los instrumentos de ordenación del territorio.

2. Requerir y/o subrogarse en la adaptación del planeamiento municipal para su adecuación a los instrumentos de ordenación del territorio.

3. Establecer la distribución de usos globales en el territorio.

4. Definir los elementos vertebradores de la estructura territorial.

5. Fijar el marco territorial para las políticas sectoriales y urbanísticas.

6. Señalar las bases de gestión y concertación interadministrativa.

7. Promover actuaciones de interés regional.

8. Evaluar las actuaciones con incidencia territorial.

Artículo 6. Las competencias urbanísticas de la Administración.

Corresponden a la Administración las siguientes competencias.

1. En materia de planeamiento:

a) Formular los planes e instrumentos de ordenación previstos en esta Ley.

b) Clasificar el territorio municipal en suelo urbano, urbanizable y no urbanizable.

c) Calificar las distintas zonas según la regulación de usos del suelo y edificación.

d) Establecer espacios libres para parques y jardines públicos en proporción adecuada a las necesidades colectivas.

e) Señalar el emplazamiento y características de los centros, servicios de interés público y social y restantes dotaciones al servicio de la población.

f) Diseñar el trazado de las vías públicas, redes de comunicación, infraestructuras y servicios.

g) Determinar la configuración y dimensiones de las parcelas edificables.

h) Regular el uso del suelo y subsuelo y de las edificaciones.

i) Orientar la composición arquitectónica de las edificaciones y regular, en los casos en que fuera necesario, sus características estéticas.

2. En materia de gestión y ejecución de planeamiento:

a) Establecer los sistemas de gestión, suscitando la iniciativa privada en la medida más amplia posible, respetando el interés general.

b) Dirigir, realizar, conceder, impulsar y supervisar la ejecución de las obras de urbanización.

c) Expropiar los terrenos y construcciones necesarias para efectuar las obras y cuanto convenga a la ejecución del planeamiento.

3. En materia de intervención en el ejercicio de las facultades dominicales, relativas al uso del suelo y edificación:

a) Intervenir la parcelación y la construcción y uso de las fincas.

b) Regular los usos y construcciones conforme a la ordenación urbanística.

c) Requerir a los propietarios, cuando lo establezca el planeamiento, para la urbanización y edificación en los plazos previstos.

4. En materia de protección de la legalidad urbanística:

a) Adoptar y divulgar medidas preventivas para impedir la realización de actos ilegales.

b) Paralizar los actos de edificación y uso del suelo que no se ajusten al planeamiento.

c) Revisar los actos administrativos que incumplan la normativa urbanística.

d) Adoptar las medidas necesarias para el restablecimiento del orden jurídico infringido y la realidad física alterada.

e) Imponer las sanciones que correspondan.

5. En materia de intervención en el mercado de suelo:

a) Constituir y gestionar los patrimonios públicos de suelo.

b) Ceder terrenos edificables y derechos de superficie sobre los mismos.

c) Ejercitar los derechos de tanteo y retracto en los supuestos previstos por esta Ley.

d) Promover la constitución de organismos o empresas públicas para la gestión y ejecución de actividades urbanísticas.

Artículo 7. Alcance de las competencias administrativas.

Las competencias que se enumeran en los artículos precedentes tienen un carácter meramente enunciativo, correspondiendo a la Administración cuantas otras fueren necesarias para su ejercicio con arreglo a la presente Ley y demás que resulten aplicables.

Las entidades públicas y privadas y los particulares tienen el deber de colaborar en el desarrollo de las funciones que esta Ley atribuye a las administraciones públicas, regional y municipal.

El ejercicio de las competencias y potestades otorgadas en esta Ley y en el planeamiento será inexcusable para las Administraciones Públicas.

TÍTULO I
DE LAS COMPETENCIAS URBANÍSTICAS Y DE ORDENACIÓN DEL TERRITORIO Y SU ORGANIZACIÓN

CAPÍTULO I
De las competencias autonómicas y locales

Artículo 8. Distribución de competencias.

Las competencias en materia de ordenación del territorio corresponden a la Comunidad Autónoma, sin perjuicio de la participación de los ayuntamientos mediante el ejercicio de las competencias que les sean propias y la coordinación con las competencias estatales recogidas en las leyes sectoriales.

Los ayuntamientos ostentan las competencias en materia de urbanismo, salvo las expresamente atribuidas en esta Ley a la Administración regional.

Las competencias de la Administración regional, en urbanismo se extienden: en materia de planeamiento, a aspectos de legalidad y ordenación supramunicipal; en materia de gestión, a las actuaciones demandadas por los ayuntamientos y, en materia de disciplina, a una actuación subsidiaria, en el supuesto de infracciones graves y muy graves y a una actuación directa, en los supuestos que esta Ley sujeta a autorización de dicha Administración.

Artículo 9. Participación ciudadana.

La dirección de la acción urbanística corresponde a los poderes públicos y la gestión urbanística puede corresponder a la Administración urbanística actuante, a la iniciativa privada y a entidades mixtas. La gestión pública, a través de la acción urbanizadora, ejecutará las políticas de suelo y suscitará en la medida más amplia posible la iniciativa privada.

En la formulación y tramitación de los planes y en su gestión, los órganos competentes deberán asegurar la mayor participación de los ciudadanos y, en particular, los derechos de iniciativa e información por parte de las entidades representativas de los intereses que resulten afectados y de los particulares.

⇒ V. art. 153 de la presente Ley.
V. art. 6 de la Ley 6/1998, de 13 abril (§1).

Artículo 10. Cláusula competencial.

Las competencias en materia de urbanismo y de ordenación del territorio que correspondan a la Administración regional y que no se hayan atribuido expresamente a un órgano, serán ejercidas por la consejería competente por razón de la materia.

CAPÍTULO II

De los órganos urbanísticos y territoriales

Artículo 11. Órganos urbanísticos y territoriales de la Comunidad Autónoma.

Las competencias administrativas en materia de urbanismo y de ordenación del territorio serán ejercidas por los siguientes órganos, en los términos que se establecen en la presente Ley:

a) El Consejo de Gobierno.
b) El Consejero competente en ordenación del territorio y urbanismo.
c) El Director General competente en las mismas materias.
d) La Comisión de Coordinación de Política Territorial.
e) El Consejo Social de Política Territorial.

⇒ Por D. 69/2000, de 1 junio, se da nueva denominación a la Consejería de Política Territorial y Obras Públicas que pasa a llamarse de Obras Públicas y Ordenación del Territorio. Por D. 72/2000, de 7 junio, se establecen los órganos directivos de este Departamento, desapareciendo la antigua Dirección General de Ordenación del Territorio y Vivienda. Y la O. 12 junio establece medidas provisionales en ejecución del

Decreto 72/2000, de 7 junio 2000, de órganos directivos. Mediante O. 21 julio 1997 hace público el texto único de las Estructuras Orgánicas de las Consejerías de esta Administración Pública Regional.

Artículo 12. La Comisión de Coordinación de Política Territorial.

1. La Comisión de Coordinación de Política Territorial es el órgano regional, de carácter consultivo, que asegura la colaboración y coordinación interadministrativa en materia de ordenación del territorio y urbanismo y asegura la participación en la elaboración y el seguimiento de los instrumentos de ordenación territorial.

2. Estará presidido por el consejero competente en ordenación del territorio y urbanismo y estará formado por representantes de todas las consejerías, de la Federación de Municipios de la Región de Murcia y de la Administración del Estado.

3. Serán funciones de la Comisión de Coordinación de la Política Territorial:

a) Informar la revisión del planeamiento general, su adaptación a la Ley y a los instrumentos de ordenación territorial y las modificaciones estructurales del mismo.

b) Informar los planes y actuaciones con incidencia territorial, así como los instrumentos de ordenación del territorio previstos en la presente Ley.

c) Conocer e informar sobre criterios básicos para el Sistema Territorial de Referencia y aportar la información necesaria para su elaboración.

d) Participar en la elaboración de los instrumentos de ordenación del territorio, aportando cuantos informes y medios técnicos resulten necesarios, a petición del órgano u órganos encargados de su elaboración.

e) Informar sobre proyectos de normativa urbanística y de ordenación del territorio.

f) Emitir informes o cualesquiera otras funciones consultivas que pudiera encomendarle el Consejo de Gobierno, en materia de urbanismo y ordenación del territorio.

4. Para el ejercicio de sus competencias deberá constituirse una Comisión técnica que elabore las ponencias de la Comisión.

Artículo 13. El Consejo Social de Política Territorial.

1. El Consejo Social de Política Territorial es el órgano regional de carácter participativo y deliberante para lograr la concertación social.

2. Conocerá de los estudios, programas, planes, directrices y, en general, las líneas de actuación que establezcan las administraciones públicas en materia de política territorial y que sean sometidas a su consideración para la formulación de propuestas o informes.

3. Su composición, que se regulará mediante decreto, deberá asegurar la participación de los agentes sociales y económicos, Colegios Profesionales y expertos de relevante prestigio en la materia.

Artículo 14. Órganos urbanísticos municipales.

1. La atribución de facultades en materia de urbanismo a los diferentes órganos municipales se realizará de conformidad con lo previsto en la legislación de Régimen Local.

2. Tales facultades podrán ser ejercidas por los ayuntamientos a través de sus órganos de gobierno ordinarios o constituir gerencias u otros órganos, sociedades o entidades con este objetivo.

3. Los ayuntamientos podrán, si lo estiman oportuno, crear consejos asesores municipales para que conozcan e informen su planeamiento.

Artículo 15. De la concertación entre administraciones.

La concertación interadministrativa en la ordenación del territorio y urbanismo tendrá por objeto:

1. Asegurar la correcta valoración y ponderación de todos los intereses públicos en la definición y ejecución de la ordenación del territorio y del urbanismo, mediante la activa participación de las distintas administraciones.

2. Coordinar los objetivos y requerimientos de éstas, en defensa de los intereses generales de la población.

3. Promover su colaboración y su participación activa en la elaboración y seguimiento de los instrumentos de ordenación del territorio.

4. Favorecer el acuerdo entre las administraciones, resolviendo las discrepancias que pudieran producirse en el desarrollo de la acción territorial y urbanística.

TÍTULO II
INSTRUMENTOS DE ORDENACIÓN DEL TERRITORIO

CAPÍTULO I
Disposiciones generales

Artículo 16. Concepto.

La ordenación del territorio constituye la expresión espacial de las políticas económicas, sociales, culturales y medioambientales con incidencia territorial, formulada mediante los instrumentos oportunos definidos en la presente Ley.

Artículo 17. Clases de instrumentos.

1. Se establecen los siguientes instrumentos de ordenación del territorio, relacionados según su orden de prevalencia:

Las Directrices de Ordenación Territorial.

Los Planes de Ordenación Territorial.

Los Programas de Actuación Territorial.

Los Planes de Ordenación del Litoral.

Las Actuaciones de Interés Regional.

2. Las Directrices y Planes de Ordenación Territorial así como los Programas de Actuación Territorial y Planes de Ordenación del Litoral que los desarrollan, constituyen los instrumentos ordinarios de planificación, teniendo las Actuaciones de Interés Regional carácter excepcional.

Artículo 18. Instrumentos complementarios.

Tendrán la consideración de instrumentos complementarios para la ordenación territorial los Estudios de Impacto Territorial y el Sistema Territorial de Referencia.

Artículo 19. Ejecutividad y efectos.

Las determinaciones de los instrumentos de ordenación del territorio vincularán a todas las administraciones públicas y a los particulares, en los términos establecidos en los mismos, prevaleciendo siempre sobre las determinaciones del instrumento de rango inferior y sobre los planes urbanísticos municipales que, en caso de contradicción, deberán adaptarse en plazo y contenido a lo dispuesto en aquéllos.

CAPÍTULO II

De las Directrices de Ordenación Territorial

Artículo 20. Fines y objetivos.

Las Directrices de Ordenación Territorial son instrumentos directores que tienen como finalidad la regulación de actividades y la coordinación de políticas urbanísticas y sectoriales con incidencia territorial regional, pudiendo abarcar un ámbito territorial determinado o sector o sectores específicos.

Artículo 21. Contenido y documentación.

1. Las Directrices de Ordenación Territorial contendrán, como mínimo, las siguientes determinaciones:

a) Análisis-diagnóstico territorial, que comprenderá:

–Justificación de la delimitación del área o sector de actividad sujeta a ordenación.

–Diagnóstico territorial o sectorial, especialmente en lo que se refiere a los problemas y oportunidades de la estructura territorial y ordenación de los sistemas de ámbito subregional o supramunicipal.

–Definición de objetivos y criterios de ordenación e intervención.

–Justificación de las directrices establecidas y de su incidencia territorial, ambiental, social, cultural y de patrimonio histórico.

b) Directrices reguladoras.

Se formularán directrices reguladoras del área o sector correspondiente, que señalarán, en su caso, las condiciones para su desarrollo mediante Planes de Ordenación Territorial y Programas de Actuación.

2. Las Directrices de Ordenación Territorial contendrán la documentación necesaria para definir su contenido.

Artículo 22. Elaboración y aprobación.

1. La elaboración de las Directrices de Ordenación Territorial corresponde a la Consejería en donde radiquen las competencias objeto de regulación, en coordinación con la Consejería competente en materia de ordenación del territorio y con los restantes departamentos de la Administración Regional y de otras Administraciones Públicas interesadas.

2. Elaborado el proyecto de Directrices se someterá a informe de la Comisión de Coordinación de Política Territorial con carácter previo a la aprobación inicial por el consejero competente en materia de ordenación del territorio.

3. Aprobadas inicialmente las Directrices se someterán a información pública por plazo de un mes, mediante la publicación del acuerdo de aprobación en el «Boletín Oficial de la Región» y en dos de los diarios de mayor difusión regional.

Al mismo tiempo, y por idéntico plazo, se realizará un trámite de audiencia a los ayuntamientos, departamentos y organismos de las administraciones públicas afectadas.

4. Finalizado el plazo anterior, a la vista del resultado del trámite de información pública y de audiencia, y atendidas las modificaciones que, en su caso, resultaran procedentes introducir, previo informe de la Consejería que formuló las Directrices, se elaborará el Proyecto definitivo, que se elevará para su aprobación, si procede, al Consejo de Gobierno por el Consejero competente en materia de ordenación del territorio, oído el Consejo Social de Política Territorial.

5. Si las modificaciones fueran sustanciales, el proyecto se someterá a nueva información pública, por el mismo plazo, con carácter previo a su elevación al Consejo de Gobierno.

6. El acuerdo de aprobación definitiva adoptará la forma de Decreto, y el texto íntegro de las Directrices de Ordenación Territorial se publicará en el «Boletín Oficial de la Región» para general conocimiento.

Artículo 23. Revisión y modificación.

1. Las Directrices de Ordenación Territorial tendrán vigencia indefinida, salvo que expresamente se especifique un plazo o las circunstancias para su revisión.

2. La revisión o modificación se sujetará a los mismos trámites señalados para su elaboración.

Ello no obstante, si se tratara únicamente de cambiar algún aspecto no sustancial de las Directrices o de su actualización, sin afectar de forma esencial a su contenido, se procederá a su modificación mediante tramitación abreviada, que precisará aprobación inicial, exposición pública durante 20 días y aprobación definitiva por el Consejo de Gobierno, debiéndose dar cuenta de esta aprobación al Consejo Social de Política Territorial.

CAPÍTULO III
De los Planes de Ordenación Territorial

Artículo 24. Definición.

Los Planes de Ordenación Territorial son instrumentos directores y operativos para la regulación de la política territorial en un ámbito espacial determinado o sector de actividad específica, en desarrollo de las Directrices de Ordenación Territorial, o de forma autónoma.

Artículo 25. Funciones.

Los Planes de Ordenación Territorial tienen por objeto:

a) La ordenación integrada de ámbitos subregionales, comarcales o supramunicipales, mediante la coordinación de las políticas sectoriales y urbanísticas de interés regional, para un desarrollo equilibrado y sostenible del territorio y la ejecución de infraestructuras generales.

b) También tienen por objeto la planificación de sectores de actividad específica que por tener incidencia territorial requieren un instrumento técnico de apoyo para la expresión y formulación de sus políticas sectoriales.

Artículo 26. Contenido.

Los Planes de Ordenación Territorial contendrán las siguientes determinaciones:

1. Proyecto de Análisis y Diagnóstico Territorial.

a) Justificación de la delimitación del área o sector de actividad sujeta a ordenación.

b) Diagnóstico territorial o sectorial, especialmente en lo que se refiere a los problemas y oportunidades de la estructura territorial y la ordenación de los sistemas de ámbito subregional o supramunicipal.

c) Definición de objetivos y criterios de ordenación e intervención.

d) Justificación de las propuestas establecidas y de su incidencia territorial, ambiental, social, cultural y de patrimonio histórico, mediante técnicas de análisis multicriterio de las distintas alternativas que, en su caso, se puedan plantear.

2. Estructura Territorial.

Para la definición de la estructura territorial, los Planes podrán contener, entre otras, las siguientes determinaciones:

a) Esquema de la estructura territorial, con la distribución, localización y función de los distintos núcleos del asentamiento poblacional; la distribución geográfica de usos y actividades a que debe destinarse prioritariamente el suelo; y las infraestructuras, equipamientos y servicios.

b) *Delimitación* de las zonas a proteger por su interés natural, ecológico, ambiental, paisajístico, histórico, turístico, cultural o económico, con indicación de su régimen de protección y explotación.

c) Delimitación y justificación de las zonas a proteger y potenciar, por sus valores productivos, con indicación del régimen de protección y fomento.

d) Establecimiento de zonas territoriales y núcleos para la localización de actividades, equipamientos y servicios, junto a las actuaciones que se consideren necesarias para la cohesión social y territorial del área ordenada.

e) Señalamiento, localización y reservas de espacio para las infraestructuras básicas del territorio.

3. Coordinación del planeamiento municipal.

Para la adecuada coordinación con las determinaciones de los planeamientos urbanísticos municipales, los Planes de Ordenación Territorial podrán señalar:

a) Los criterios básicos de actuación urbanística en orden a un desarrollo urbanístico racional coherente con el modelo de ocupación y usos del territorio.

b) Los criterios urbanísticos básicos de localización y dimensionamiento de áreas industriales, usos terciarios, dotaciones y distribución de actividades.

c) Densidades e intensidades de referencia, conformes con los objetivos de ordenación territorial y las políticas espaciales señaladas.

d) Estimación de reservas de suelo con destino a promoción pública de suelo industrial y del necesario para el desarrollo de la política regional de vivienda.

e) Determinaciones y criterios tendentes a evitar desequilibrios funcionales en las zonas limítrofes de los municipios.

f) Criterios de homogeneización de los suelos no urbanizables de interés y criterios generales para su uso y protección.

Artículo 27. Documentación.

Los Planes de Ordenación Territorial contendrán la documentación gráfica y escrita necesaria para definir su contenido, con el grado de precisión suficiente para su aplicación directa o para su desarrollo por Programas de Actuación, según los casos.

Formará parte del Plan el Estudio de Impacto Territorial a que se refieren los artículos 48 y 49 de esta Ley.

Artículo 28. Desarrollo.

1. Los Planes de Ordenación Territorial establecerán la relación de proyectos y acciones de carácter sectorial que, junto a las actuaciones urbanísticas de interés supramunicipal y a los mecanismos de concertación administrativa, posibiliten el desarrollo territorial previsto y la culminación de los objetivos señalados.

2. La gestión de estas intervenciones podrá llevarse a cabo, total o parcialmente, de forma directa por los propios Planes o mediante la elaboración

de Programas de Actuación Territorial y Actuaciones de Interés Regional, según las prioridades de programación temporal que aquéllos establezcan.

Las actuaciones urbanísticas e inversiones que se programen directamente precisarán de un análisis económico-financiero, que garantice su viabilidad y, en cuanto a la imputación de costes entre administraciones, organismos públicos y particulares, deberán disponer las bases para los mecanismos de concertación y cooperación que hagan viables convenios y acuerdos entre ellos.

Artículo 29. Elaboración y aprobación.

1. La elaboración de los Planes de Ordenación Territorial corresponde a la Consejería en la que radiquen las competencias en las materias objeto de regulación, en coordinación con la Consejería competente en materia de ordenación del territorio y los restantes departamentos de la Administración Regional y de otras Administraciones Públicas interesadas.

2. La tramitación seguirá el mismo procedimiento y plazos señalados para las Directrices de Ordenación Territorial.

3. El acuerdo de aprobación definitiva por el Consejo de Gobierno adoptará la forma de decreto y el texto íntegro del Plan se publicará en el «Boletín Oficial de la Región» para general conocimiento, incluyendo los documentos gráficos del mismo.

Artículo 30. Revisión y modificación.

1. Los Planes de Ordenación Territorial tendrán vigencia indefinida, salvo que expresamente se especifique un plazo o las circunstancias para su revisión.

2. La revisión o modificación de los Planes se sujetará a las mismas disposiciones y trámites señalados para su elaboración.

Ello, no obstante, si se tratara únicamente de cambiar algún aspecto no sustancial, sin afectar de forma esencial a su contenido, se procederá a su modificación mediante tramitación abreviada, que precisará aprobación inicial, exposición pública durante 20 días y aprobación definitiva por el Consejo de Gobierno, debiéndose dar cuenta de esta aprobación al Consejo Social de Política Territorial.

CAPÍTULO IV
De los Programas de Actuación Territorial

Artículo 31. Definición.

Los Programas de Actuación Territorial son instrumentos de carácter ejecutivo y de programación a corto plazo de las previsiones de los Planes de Ordenación Territorial y, en su caso, de las Directrices de Ordenación Territorial.

Artículo 32. Funciones.

Los Programas de Actuación Territorial tienen por objeto:

a) Concretar y programar las actuaciones de incidencia territorial previstas en los instrumentos de ordenación territorial de rango superior, aunque en casos excepcionales, debidamente justificados, puedan plantearse de forma autónoma.

b) Concretar, con las distintas administraciones y organismos implicados los compromisos económicos específicos que les corresponden y su distribución temporal, en coherencia con las previsiones presupuestarias de los mismos.

c) Señalar plazos y calendario de desarrollo de proyectos y obras a ejecutar.

Artículo 33. Contenido y documentación.

1. Los Programas de Actuación Territorial incluirán las siguientes determinaciones:

a) Delimitación de su ámbito territorial y funcional.

b) Relación de actuaciones previstas, con indicación de plazos, costos y organismos comprometidos para su realización.

c) Justificación del cumplimiento de las determinaciones de las Directrices y Planes que desarrollen.

d) Análisis económico, financiero y presupuestario de las inversiones previstas.

e) Previsiones para la celebración de convenios y acuerdos entre administraciones o particulares para hacer viable la ejecución de las actuaciones.

2. Los Programas de Actuación Territorial contendrán la documentación gráfica y escrita necesaria para definir su contenido, incorporando como documento complementario el Estudio de Impacto Territorial.

Artículo 34. Desarrollo.

1. Los Programas de Actuación Territorial podrán desarrollarse directamente mediante proyectos de ejecución o mediante instrumentos de planeamiento urbanístico de desarrollo, cuando se trate de actuaciones urbanísticas en sentido propio.

2. Las actuaciones y costos previstos en los Programas se incorporarán a los presupuestos de las distintas administraciones públicas comprometidas y a otros instrumentos de planificación económica regional.

3. El planeamiento urbanístico municipal deberá respetar las previsiones de los Programas de Actuación Territorial, incorporando sus determinaciones.

Artículo 35. Elaboración y aprobación.

1. La elaboración de los Programas de Actuación Territorial corresponde a la Consejería en la que radiquen las competencias en las materias objeto de regulación, en coordinación con la Consejería competente en materia de ordenación del territorio, y con los demás departamentos de la Administración Regional y de otras Administraciones Públicas interesadas.

2. Una vez elaborado el Programa se someterá a informe de la Comisión

de Coordinación de Política Territorial y a información pública durante el plazo de 20 días, así como a informe de los ayuntamientos y organismos afectados por el mismo plazo.

3. El acuerdo de aprobación definitiva corresponde al consejero que formuló el Programa o, caso de comprometer presupuestariamente a otras consejerías, al Consejo de Gobierno, y se publicará en el «Boletín Oficial de la Región» para general conocimiento.

4. Los Programas de Actuación Territorial que no sean desarrollo de Directrices o Planes de Ordenación Territorial se someterán a evaluación de impacto ambiental.

Artículo 36. Revisión y modificación.

1. La revisión o modificación de los Programas se sujetará a las mismas disposiciones y trámites señalados para su formulación.

2. Ello, no obstante, si se tratara únicamente de cambiar algún aspecto no sustancial, sin afectar de forma esencial a su contenido, se someterá a previo informe de la Comisión de Coordinación de Política Territorial y se aprobará definitivamente por el órgano que hubiera otorgado la aprobación definitiva.

Artículo 37. Objetivos y clases.

Los Planes de Ordenación del Litoral tienen por finalidad la ordenación de las playas y fachadas marítimas en orden a su homogeneización, subdividiéndose los mismos en Planes de Ordenación de Playas y de Ordenación de fachadas marítimas.

Artículo 38. Contenido y documentación.

1. Los Planes de Ordenación de Playas contendrán como mínimo las siguientes determinaciones:

A) Memoria que deberá incluir:

–Delimitación del área de ordenación.

–Asignación pormenorizada de usos en el área de ordenación.

–Señalamiento de reservas para dotaciones y servicios capaces de garantizar la higiene, seguridad, salvamento y asistencia sanitaria para los usuarios de la playa respectiva, así como equipamientos públicos de libre uso.

–Emplazamientos necesarios reservados para instalaciones y servicios suficientes que permitan garantizar la confortabilidad de los usuarios de la playa, como equipamientos de tipo asistencial y social, científico y cultural, hostelero, escuelas de vela y otros de esa naturaleza permitidos en las distintas zonas del área de ordenación.

–Determinación del trazado y características de la red de accesos a la playa, peatonales y rodados, y de las reservas de terrenos para aparcamientos públicos.

–Trazados y principales características de las redes de infraestructura y sus conexiones a las redes que prestan su servicio a las playas.

–Distribución en las distintas zonas de las áreas destinadas a servicios y otros usos permanentes o de temporada.

–Ordenación de las zonas de baños para su balizamiento provisional y permanente.

B) Planos de ordenación y de información

2. Los Planes de Ordenación de Fachadas Marítimas contendrán como mínimo las siguientes determinaciones:

–Memoria informativa y justificativa de la ordenación y sus determinaciones.

–Planos de información y de ordenación.

–Normas y ordenanzas reguladoras.

–Señalamiento de alineaciones y rasantes.

–Fijación de alturas y volúmenes para proporcionar un tratamiento homogéneo al conjunto de la fachada marítima.

–Desarrollo de la red viaria: accesos rodados y peatonales y previsiones de aparcamientos.

Artículo 39. Elaboración y aprobación.

1. La elaboración de los Planes de Ordenación del Litoral corresponderá a la Consejería competente en materia de Ordenación del Territorio.

2. Una vez elaborado el Plan correspondiente, deberá ser enviado a la Administración del Estado competente, para que ésta emita, en el plazo de un mes, informe comprensivo de las sugerencias y observaciones que estime convenientes y se someterá asimismo a informe de los Ayuntamientos afectados y de la Comisión de Coordinación de Política Territorial, con carácter previo a su aprobación inicial por el Director General competente en materia de Ordenación del Territorio.

3. Aprobado inicialmente el Plan, se someterá a información pública mediante la publicación de la Resolución en el «Boletín Oficial de la Región de Murcia», y en dos de los Diarios de mayor difusión regional, durante el plazo de 20 días, dando, asimismo audiencia a los Ayuntamientos y Organismos afectados, durante igual plazo.

4. Concluida la tramitación del plan o normas de que se trate e inmediatamente antes de la aprobación definitiva, se dará traslado a la Administración del Estado, del contenido de aquél para que, en el plazo de dos meses, se pronuncie sobre el mismo.

5. Finalizado el plazo anterior, y atendidas las modificaciones, que en su caso, hubiera que incorporar, se tomará el acuerdo de aprobación definitiva por el Consejero competente en materia de ordenación del territorio, publicándose el mismo en el «Boletín Oficial de la Región de Murcia», para general conocimiento.

Artículo 40. Revisión y modificación.

1. Los Planes de Ordenación del Litoral tendrán vigencia indefinida,

salvo que expresamente se especifique un plazo o las circunstancias para su revisión.

2. La revisión o modificación de los Planes se ajustará al mismo procedimiento señalado para su aprobación.

Ello, no obstante, si se tratara únicamente de cambiar algún aspecto no sustancial, sin afectar de forma esencial su contenido, se procederá a su modificación de forma abreviada, que precisará aprobación inicial, exposición pública durante 20 días y aprobación definitiva por el Consejero competente en materia de ordenación del territorio.

CAPÍTULO V
Actuaciones de Interés Regional

Artículo 41. Definición.

1. Se considerarán Actuaciones de Interés Regional aquellas que hayan de beneficiar a la Región en el ámbito de los servicios públicos, la economía, la conservación del medio ambiente y del patrimonio histórico y la mejora de la calidad de vida y en general las encaminadas al logro de los objetivos generales de la ordenación del territorio, y que por su magnitud, importancia o especiales características trascienda el ámbito municipal. El interés regional se declarará por el Consejo de Gobierno.

2. La actividad territorial y urbanística directa y propia de la Comunidad Autónoma de Murcia se podrá realizar de forma excepcional mediante las Actuaciones de Interés Regional, aunque la forma ordinaria será el desarrollo de planes y programas o el planeamiento urbanístico.

3. Las Actuaciones de Interés Regional podrán promoverse y desarrollarse por iniciativa pública o privada.

Artículo 42. Objeto.

1. Podrán ser objeto de declaración como Actuación de Interés Regional las siguientes actividades:

a) La ordenación y gestión de zonas del territorio para facilitar el desarrollo económico y social de la Región, mediante actuaciones en materia de vivienda, actividades económicas, infraestructuras, dotaciones, equipamientos y servicios.

b) La implantación territorial de proyectos de infraestructuras, dotaciones e instalaciones de interés comunitario y alcance supramunicipal.

2. Las Actuaciones de Interés Regional podrán realizarse en desarrollo de las previsiones de las Directrices y Planes de Ordenación o de forma autónoma, con la justificación y documentación correspondiente.

3. Las Actuaciones de Interés Regional podrán tener carácter inmediato o diferido, según lo disponga su propia declaración. Se considerarán que son actuaciones inmediatas las que su inicio de ejecución esté previsto en los siguientes dos años desde su declaración, y diferidas las que supongan reservas estratégicas para actuaciones territoriales y urbanísticas no programadas.

4. Las Actuaciones de Interés Regional promovidas por las administraciones públicas podrán desarrollarse directamente o a través de concursos públicos que al efecto se convoquen.

5. Mediante convenios de colaboración y, en su caso, constitución de consorcios, podrán asociarse para la gestión de una Actuación de Interés Regional las distintas Administraciones públicas y particulares interesados.

Artículo 43. Contenido y documentación de las propuestas de Actuaciones de Interés Regional.

Las propuestas de Actuaciones de Interés Regional deberán contener las determinaciones y documentación necesarias para acreditar su justificación, ámbito territorial, alcance y contenido, afección de terrenos exteriores, plazos, inversiones comprometidas y su acreditación, obligaciones que asume el promotor y, en su caso, garantías que se le exijan del cumplimiento de obligaciones y plazos. Incorporarán el Estudio de Impacto Territorial regulado en los artículos 48 y 49 de esta Ley.

Artículo 44. Informe previo de viabilidad.

1. Los promotores o entidades que pretendan llevar a cabo Actuaciones de Interés Regional podrán solicitar, con carácter previo a su tramitación, un informe de viabilidad, que no condicionará las facultades de declaración del órgano competente.

2. A estos efectos, deberá aportarse a la consejería competente en materia de ordenación del territorio la documentación necesaria para el conocimiento de la Actuación a desarrollar, comprensiva de las principales características de la misma, incidencia territorial y ambiental y plazos y compromisos generales.

3. El consejero competente en la materia resolverá, previa audiencia de los ayuntamientos y consejerías afectadas. En caso de no recaer resolución expresa en un plazo de cuatro meses, se entenderá que la actuación es viable, y facultará al promotor a formular formalmente la propuesta.

Artículo 45. Tramitación.

1. Los órganos de la Administración, entidades o particulares interesados que pretendan llevar a cabo Actuaciones de Interés Regional presentarán a la consejería competente en materia de ordenación del territorio la solicitud correspondiente, acompañada de la documentación señalada en esta Ley.

2. La aprobación inicial corresponde al consejero competente en materia de ordenación del territorio, previo informe de la Comisión de Coordinación Territorial, sometiéndose a información pública y, simultáneamente, a audiencia a los ayuntamientos, consejerías y organismos de la Administración del Estado afectados y, en particular, al órgano ambiental, en el plazo de un mes, a cuyo efecto deberá insertarse anuncio en el «Boletín Oficial de la Región de Murcia» y en dos de los diarios de mayor difusión regional.

En este período el órgano ambiental formulará el informe específico que le corresponda sobre los aspectos ambientales en los supuestos previstos en la legislación ambiental.

3. Recibidas las alegaciones y los informes institucionales se formalizará la propuesta del consejero para su declaración como Actuación de Interés Regional, si procede, por el Consejo de Gobierno, oído el Consejo Social de Política Territorial.

4. El acuerdo de declaración deberá publicarse íntegramente en el «Boletín Oficial de la Región de Murcia».

Artículo 46. Efectos de la declaración de Actuación de Interés Regional.

1. Las determinaciones contenidas en las Actuaciones de Interés Regional vincularán a los instrumentos de ordenación del territorio y al planeamiento urbanístico municipal, produciendo su modificación automática desde el momento de su declaración.

2. Las Actuaciones de Interés Regional no podrán afectar a suelo no urbanizable de protección específica, salvo que su objeto sea garantizar esa protección, o sea compatible con ella.

3. La declaración de una Actuación de Interés Regional podrá llevar aparejado, en su caso, la declaración de utilidad pública y la necesidad de ocupación para la expropiación de los bienes y derechos que resulten afectados, incluida la de las conexiones exteriores con las redes de infraestructuras y servicios generales.

4. La declaración de Actuación de Interés Regional de carácter diferido, tendrá una vigencia de cinco años. Durante ese período las transmisiones onerosas de terrenos y edificaciones quedarán sometidas al derecho de tanteo y retracto a favor de la Comunidad Autónoma de la Región de Murcia, en los términos fijados en el artículo 202 de esta Ley.

Artículo 47. Ejecución.

1. Los actos de edificación y urbanización en que se concreten las Actuaciones de Interés Regional estarán sujetos a la previa obtención de licencia municipal o autorización administrativa, respectivamente.

2. Las Actuaciones de Interés Regional caducarán mediante declaración expresa del Consejo de Gobierno, previa tramitación del correspondiente procedimiento, con audiencia al interesado y ayuntamientos afectados, en los siguientes supuestos:

a) Incumplimiento de los plazos de ejecución sin causa justificada.

b) Subrogación de tercero sin autorización expresa.

c) Realización de la ejecución contraviniendo las previsiones contenidas en la declaración.

3. Declarada la caducidad, la Administración podrá asumir directamente la gestión de la ejecución mediante cualquiera de los sistemas de actuación pública o, indirectamente, mediante concesión, previo procedimiento en el que se promueva la concurrencia.

4. Si la Administración decide no asumir la gestión, se producirán automáticamente los siguientes efectos:

a) Los terrenos afectados recuperarán su clasificación y calificación originaria.

b) La persona física o jurídica responsable de la ejecución de la Actuación de Interés Regional deberá reponer los terrenos al estado que tuvieran antes del inicio de la actuación y perderá, en su caso, la garantía que tuviera constituida.

c) Los titulares de los terrenos que hubieran sido objeto de expropiación para la ejecución de la Actuación, podrán solicitar su reversión.

5. La declaración de caducidad no dará lugar, por sí sola, a indemnización alguna.

CAPÍTULO VI
Instrumentos complementarios

Sección 1ª Estudio de Impacto Territorial

Artículo 48. Definición del Estudio de Impacto Territorial.

1. El Estudio de Impacto Territorial es un documento técnico complementario de todos los instrumentos de ordenación territorial y de los de planeamiento para los que así se prevea en esta Ley.

2. El Estudio de Impacto Territorial comprenderá los estudios y análisis encaminados a predecir, valorar y adecuar el posible impacto sobre la estructura territorial y los impactos sectoriales sobre:

a) La población y su situación socioeconómica.

b) El medio ambiente y los recursos naturales.

c) El sistema de núcleos de población y localización de actividades económicas.

d) Las infraestructuras, dotaciones, equipamientos y servicios.

e) El patrimonio histórico.

3. El Estudio de Impacto Territorial, cuando sea exigible, debe formularse coordinadamente con el instrumento a que se refiera e integrado en el mismo.

Artículo 49. Contenido del Estudio de Impacto Territorial.

1. El Estudio de Impacto Territorial contendrá, con el alcance necesario, los siguientes extremos:

a) Análisis del medio físico y natural, socioeconómico, patrimonio histórico, sistema urbano y de infraestructuras y dotaciones, e identificación y diagnóstico de las acciones más conflictivas con dichos elementos del territorio.

b) Análisis multicriterio del Plan o Actuación de que se trate.

c) Análisis de sus repercusiones en relación con los instrumentos de ordenación del territorio o, en su defecto, con la información y criterios del Sistema Territorial de Referencia.

d) Criterios y objetivos para la correcta implantación territorial de la Actuación, con análisis de las posibles alternativas técnicamente viables y justificación de la solución propuesta e incorporada al proyecto.

2. El Estudio de Impacto Territorial podrá incluir Estudio de Impacto Ambiental cuando sea exigido por su legislación específica, con el grado de detalle determinado por dicha normativa, para su declaración por el órgano competente en medio ambiente.

Sección 2ª Sistema Territorial de Referencia

Artículo 50. Objeto del Sistema Territorial de Referencia.

A los efectos de disponer de la información suficiente para formular los instrumentos de ordenación territorial y de orientar la toma de decisiones sobre política territorial, la consejería competente en ordenación del territorio procederá a la elaboración y actualización permanente del Sistema Territorial de Referencia de la Región de Murcia.

Artículo 51. Contenido.

El Sistema Territorial de Referencia contendrá información y análisis sobre las variables que en su conjunto configuran la organización territorial de la Región, sobre sus tendencias y sobre los Planes que las regulen.

Artículo 52. Actualización.

1. El Sistema Territorial de Referencia se actualizará permanentemente como consecuencia de la aprobación de nuevos instrumentos de ordenación territorial y urbanísticos o de los Planes y Actuaciones con incidencia en el territorio.

2. A estos efectos, el órgano competente en materia de ordenación del territorio dispondrá de un Sistema de Información Territorial, que integrará la documentación técnica y las bases de datos precisas para la configuración del sistema territorial.

Artículo 53. Deber de información.

Los distintos departamentos de las administraciones y organismos públicos con proyección territorial deberán facilitar al órgano gestor del Sistema Territorial de Referencia la información disponible que se solicite para su inclusión en el mismo, en el plazo de dos meses desde dicha petición.

Artículo 54. Difusión.

El órgano gestor dará la máxima difusión del Sistema Territorial de Referencia, poniéndolo a disposición de los distintos departamentos regionales, instancias públicas de la Administración central y ayuntamientos, así como del público en general.

Artículo 55. Finalidad.

El Sistema Territorial de Referencia conformará la base de datos para la elaboración de la planificación territorial y urbanística y la formulación de las diferentes políticas sectoriales con incidencia territorial.

TÍTULO III
RÉGIMEN URBANÍSTICO DEL SUELO

CAPÍTULO I
Disposiciones generales

Artículo 56. Función social de la propiedad.

1. La regulación por esta Ley del régimen urbanístico del suelo, desarrolla el contenido básico del derecho de propiedad regulado por la legislación estatal, de acuerdo con su función social.

2. Las facultades urbanísticas del derecho de propiedad se ejercerán dentro de los límites y con el cumplimiento de los deberes establecidos en las leyes o, en virtud de la misma, por el planeamiento, con arreglo a la clasificación y calificación urbanística de los predios.

⇒ V. art. 6 de la Ley 6/1998, de 13 abril (§1).

Artículo 57. Utilización del suelo conforme a la ordenación urbanística.

1. La utilización del suelo deberá producirse en la forma que establece esta Ley y, por remisión a ella, el planeamiento, de conformidad con su clasificación y calificación urbanística.

2. Las nuevas construcciones se ajustarán a la ordenación aprobada, sin perjuicio de la regulación que se establezca sobre las edificaciones construidas con anterioridad y los usos y obras provisionales regulados en esta Ley.

⇒ V. art. 2 de la Ley 6/1998, de 13 abril (§1).

Artículo 58. Indemnización por la ordenación.

La ordenación establecida en el planeamiento no confiere derechos indemnizatorios a los propietarios, salvo en los supuestos establecidos en la legislación estatal.

⇒ V. arts. 41 a 44 de la Ley 6/1998, de 13 abril (§1).

Artículo 59. Reparto equitativo de beneficios y cargas.

Los propietarios y demás titulares de derechos incluidos en cada actuación urbanística tendrán derecho a la distribución equitativa de los beneficios y cargas derivados del planeamiento, en los términos previstos por la presente Ley.

⇒ V. art. 5 de la Ley 6/1998, de 13 abril (§1).

Artículo 60. Participación de la comunidad en las plusvalías.

La participación de la comunidad en las plusvalías generadas por la acción urbanística de los entes públicos se producirá en los términos fijados por esta Ley.

⇒ V. art. 3 de la Ley 6/1998, de 13 abril (§1).

CAPÍTULO II
Clasificación del Suelo

Artículo 61. Clases de suelo.

1. El Plan General Municipal de Ordenación clasificará el territorio municipal en suelo urbano, no urbanizable y urbanizable.

2. Los terrenos destinados a sistemas generales, podrán o no ser objeto de clasificación, sin perjuicio de que se adscriban a las diferentes clases de suelo a efectos de su valoración y obtención.

⇒ V. arts. 7 y 11 de la Ley 6/1998, de 13 abril (§1).

Artículo 62. Suelo urbano.

1. Constituirán el suelo urbano las áreas ya transformadas que el planeamiento urbanístico general clasifique como tal por:

a) Disponer de acceso rodado y de los servicios de abastecimiento y evacuación de aguas y suministro de energía eléctrica, debiendo tener estos servicios características adecuadas para servir a la edificación existente o prevista por el Plan.

b) Estar consolidadas por la edificación en cuantía superior a las dos terceras partes de la superficie apta para la misma, según la ordenación establecida por el Plan.

2. También tendrán la consideración de suelo urbano los sectores que, en ejecución del planeamiento, sean urbanizados de acuerdo con el mismo.

3. El propio planeamiento urbanístico general establecerá los requisitos mínimos que han de reunir los servicios urbanísticos que menciona el apartado 1 a) de este artículo para que puedan considerarse suficientes en relación con la ordenación prevista, así como la forma de computar el grado de consolidación a que se refiere el apartado 1 b), atendiendo especialmente a las particularidades de las categorías definidas en el artículo siguiente.

⇒ V. art. 8 de la Ley 6/1998, de 13 abril (§1).

Artículo 63. Categorías del suelo urbano.

1. Tendrán la consideración de suelo urbano consolidado por la urbanización los terrenos en que no resulte necesario el desarrollo de mecanismos de equidistribución de beneficios y cargas.

2. Tendrán la consideración de suelo urbano sin consolidar los terrenos que el planeamiento delimite como Unidades de Actuación para su ejecución como unidad integrada, entendiendo como tal la que requiera mecanismos de equitativa distribución de beneficios y cargas y ejecución de proyectos de urbanización.

3. No obstante lo dispuesto en el apartado 1, en el suelo urbano consoli-

dado podrán delimitarse Unidades de Actuación para llevar a cabo operaciones de renovación o mejora urbana.

4. Tendrán la consideración de suelo urbano de núcleo rural los terrenos, incluidos los de la huerta tradicional de la Región de Murcia, en los que, por existir agrupaciones de viviendas con viario e infraestructura común y relaciones propias de la vida comunitaria, constituyan un asentamiento de población tradicional reconocido oficialmente por un topónimo y especialmente vinculado a las actividades del sector primario.

5. Tendrán la consideración de suelo urbano especial los terrenos, incluidos los de la Huerta tradicional de la Región de Murcia, que, careciendo de alguno de los requisitos del apartado anterior, constituyan un asentamiento con frente a camino público tradicional.

⇒ V. art. 8 de la Ley 6/1998, de 13 abril (§1).

Artículo 64. Solar.

Tendrán la consideración de solares las superficies de suelo urbano aptas para la edificación que reúnan los siguientes requisitos:

a) Que tengan fijada por el planeamiento urbanístico su ordenación, alineaciones y rasantes respecto de la vía pública a que afronten o, si se trata de suelo urbano de núcleos rurales o urbano especial, que estén consolidados de hecho, conforme a lo que se establece en el artículo 63.4 y 5, respectivamente, de esta Ley.

b) Que estén urbanizados con arreglo a los requisitos que se establezcan por el planeamiento urbanístico general o, en su defecto, que, además de los señalados anteriormente para su consideración como urbanos, dispongan de pavimentación de calzadas, encintado de aceras, alumbrado público y otros servicios legalmente exigibles.

Artículo 65. Suelo no urbanizable.

1. Constituirán el suelo no urbanizable, con la categoría de suelo no urbanizable de protección específica, los terrenos, incluidos los de la Huerta tradicional de la Región de Murcia, que deben preservarse del proceso urbanizador, por estar sujetos a algún régimen específico de protección incompatible con su transformación urbanística, de conformidad con los instrumentos de ordenación territorial, los instrumentos de ordenación de recursos naturales y la legislación sectorial, en razón de sus valores paisajísticos, históricos, arqueológicos, científicos, ambientales o culturales, para la prevención de riesgos naturales acreditados en el planeamiento sectorial, o en función de su sujeción a limitaciones o servidumbres para la protección del dominio público.

2. También tendrán esta clasificación, con la categoría de suelo no urbanizable protegido por el planeamiento, los terrenos, incluidos los de la Huerta tradicional de la Región de Murcia, que el Plan General justificadamente así clasifique por sus propios valores de carácter agrícola, forestal, ganadero,

minero, paisajístico o por otras riquezas naturales, así como aquellos que se reserven para la implantación de infraestructuras o servicios públicos.

⇒ V. art. 9 de la Ley 6/1998, de 13 abril (§1).

Artículo 66. Suelo urbanizable.

1. Constituirán el suelo urbanizable los terrenos que no tengan reconocido por el planeamiento la condición de suelo urbano o de suelo no urbanizable.

2. En esta clase de suelo se podrá establecer la categoría de suelo urbanizable especial para aquellos terrenos específicos, incluidos los de la Huerta tradicional de la Región de Murcia, con peculiares características de asentamientos existentes, con urbanización parcial y especial entorno ambiental, que tendrán el régimen legalmente previsto para su protección ambiental.

3. En esta clase de suelo, tendrá la condición de suelo urbanizable sectorizado el integrado por los terrenos que así se delimiten para su urbanización, según el modelo y estrategia de desarrollo del planeamiento urbanístico.

4. El resto de suelo urbanizable tendrá la condición de suelo urbanizable sin sectorizar.

⇒ V. art. 10 de la Ley 6/1998, de 13 abril (§1).

V. Ley 1/1995, de 8 marzo, Protección ambiental, parcialmente derogada por la presente ley.

CAPÍTULO III

Régimen del suelo urbano

Artículo 67. Derechos de los propietarios de suelo urbano.

Los propietarios de suelo urbano tienen el derecho a completar la urbanización de los terrenos para que adquieran la condición de solar y a edificar éstos en las condiciones establecidas en el planeamiento, así como, en su caso, a promover el planeamiento de desarrollo y los instrumentos de gestión y urbanización que resulten necesarios.

⇒ V. art. 13 de la Ley 6/1998, de 13 abril (§1).

Artículo 68. Deberes de los propietarios de suelo urbano consolidado.

1. Los propietarios de terrenos en suelo urbano consolidado deberán completar a su costa la urbanización necesaria para alcanzar la condición de solar y edificarlos de conformidad con las determinaciones y, en su caso, plazos establecidos en el planeamiento.

2. Cuando se trate de terrenos que se incluyan en Unidades de Actuación para llevar a cabo operaciones aisladas de renovación o mejora urbana, sus propietarios estarán sujetos a la cesión de viales y dotaciones públicas previstas en el Plan.

⇒ V. art. 14 de la Ley 6/1998, de 13 abril (§1).

Artículo 69. Deberes de los propietarios de suelo urbano sin consolidar.

1. Los propietarios de suelo urbano sin consolidar incluidos en Unidades de Actuación, deberán:

a) Ceder gratuitamente al Ayuntamiento los terrenos destinados a viales, zonas verdes y dotaciones públicas, de carácter local o general, establecidas o adscritas por el planeamiento.

b) Ceder los terrenos en que se localice el 10 por 100 del aprovechamiento de la Unidad de Actuación o adquirir, a requerimiento de la Administración actuante, dicho aprovechamiento por el valor establecido en la legislación vigente para su cesión a aquélla. La cesión será del 5 por 100 en aquellos casos que el planeamiento lo justifique por ser necesario para la viabilidad de la actuación.

c) Costear la urbanización de la unidad de actuación en la misma proporción de aprovechamiento urbanístico que les corresponda, y ejecutarla en los plazos previstos por el planeamiento cuando se gestionen por un sistema de iniciativa privada.

d) Edificar los solares conforme a lo que el planeamiento establezca y en los plazos que, en su caso, fije.

2. En los sistemas de iniciativa privada los propietarios deberán promover los instrumentos de planeamiento de desarrollo, gestión y urbanización en los plazos previstos por el Plan y costearlos en la proporción que les corresponda.

⇒ V. art. 14 de la Ley 6/1998, de 13 abril (§1).

Artículo 70. Deberes de los propietarios de suelo urbano de núcleo rural y de suelo urbano especial.

1. Los propietarios de terrenos incluidos en estas categorías de suelo urbano están obligados a costear los servicios requeridos por el Plan General y ceder gratuitamente los terrenos necesarios para la regularización del viario cuando así lo prevea el mismo.

2. En su caso, deberán incorporarse al proceso urbanizador y edificatorio a partir del momento de la aprobación del correspondiente planeamiento de desarrollo, asumiendo los deberes señalados para el suelo urbano consolidado o sin consolidar, según el caso.

⇒ V. art. 14 de la Ley 6/1998, de 13 abril (§1).

Artículo 71. Régimen general de edificación en suelo urbano.

1. El suelo urbano podrá edificarse cuando los terrenos adquieran la condición de solar, o bien cuando se asegure la ejecución simultánea de la urbanización y la edificación mediante las garantías señaladas en los artículos 162 y 211 de esta Ley.

2. Podrán implantarse en las áreas donde el uso esté permitido, actividades económicas o dotaciones con anterioridad a la aprobación de los instrumentos de gestión y urbanización, siempre que respeten la ordenación seña-

lada en el planeamiento, con las condiciones y garantías señaladas en el artículo 162 de esta Ley.

3. Cuando la ordenación no estuviera totalmente definida por estar remitida a planeamiento de desarrollo, sólo podrán autorizarse los usos y obras provisionales contemplados en esta Ley.

⇒ V. arts. 13 y 14 de la Ley 6/1998, de 13 abril (§1).

Artículo 72. Régimen especial de edificación en suelo urbano de núcleo rural.

1. Hasta tanto se apruebe el correspondiente planeamiento específico, en esta categoría de suelo podrá edificarse cuando los terrenos tengan acceso a vía publica y las construcciones se destinen a usos relacionados con las actividades propias del medio rural, o a vivienda para las necesidades de la población residente en dichos núcleos.

2. Las construcciones deberán ser adecuadas a las condiciones que señale el planeamiento, conforme a las tipologías tradicionales características del núcleo.

⇒ V. arts. 13 y 14 de la Ley 6/1998, de 13 abril (§1).

Artículo 73. Régimen especial de edificación en suelo urbano especial.

Los terrenos incluidos en esta categoría podrán edificarse cuando el planeamiento general de desarrollo defina los parámetros y condiciones de edificación y siempre que dé frente a camino público preexistente. En otro caso, sólo podrán autorizarse los usos y obras provisionales contemplados en esta Ley.

⇒ V. arts. 13 y 14 de la Ley 6/1998, de 13 abril (§1).

CAPÍTULO IV
Régimen del suelo no urbanizable

Artículo 74. Derechos de los propietarios del suelo no urbanizable.

Los propietarios de suelo clasificado como no urbanizable tendrán derecho a usar, disfrutar y disponer de sus terrenos conforme a la naturaleza de los mismos, siempre que no suponga la transformación de su estado o características esenciales.

Artículo 75. Deberes de los propietarios de suelo no urbanizable.

Constituyen deberes de los propietarios de suelo no urbanizable, los siguientes:

1. Destinar el suelo y edificaciones a los usos agrícolas, forestales, ganaderos, cinegéticos, mineros u otros vinculados a la utilización racional de los recursos naturales, dentro de los límites que establezcan las normas sectoriales que les afecten y el planeamiento urbanístico.

2. Conservar y mantener el suelo y su masa vegetal en las condiciones precisas para salvaguardar el equilibrio ecológico, preservar el suelo de la

erosión, impedir la contaminación medioambiental, restaurar los espacios naturales cuando venga exigido por la legislación y prevenir riesgos naturales.

⇒ V. D. 40/1997, de 6 junio, que establece la unidad mínima de cultivo.
V. arts. 9 y 20 de la Ley 6/1998, de 13 abril (§1).

Artículo 76. Régimen excepcional de edificación en suelo no urbanizable de protección específica.

1. En esta categoría de suelo no podrá realizarse ningún tipo de construcción o instalación, excepto las expresamente previstas en el planeamiento específico de protección, que se podrán autorizar mediante licencia municipal, sin perjuicio de las ordenaciones sectoriales correspondientes.

2. En defecto de planeamiento específico o instrumentos de ordenación del territorio, sólo se podrán autorizar por la Administración regional, excepcionalmente, previo informe favorable del organismo competente en razón de la materia, los usos provisionales previstos en esta Ley, así como las instalaciones necesarias para el establecimiento, funcionamiento y conservación de las infraestructuras y servicios públicos.

⇒ V. arts. 9 y 20 de la Ley 6/1998, de 13 abril (§1).

Artículo 77. Régimen excepcional de edificación en suelo no urbanizable protegido por el planeamiento.

1. Se podrán autorizar, mediante licencia municipal, los usos permitidos por el Plan que sean estrictamente necesarios para el normal funcionamiento de las actividades propias de cada una de las zonas delimitadas en función de sus valores a proteger.

2. Además de los usos provisionales, excepcionalmente y de conformidad con la legislación urbanística, podrán autorizarse, por la Administración regional actuaciones específicas de interés público y el uso de vivienda unifamiliar, cuando se acredite fehacientemente la vinculación de la actividad principal del titular a la explotación.

A estos efectos, la superficie mínima de la explotación, entendida como agrupación de predios que constituyan una unidad funcional, será al menos de 20.000 metros cuadrados.

3. En los suelos reservados por el Plan General para sistemas generales de infraestructuras o servicios públicos, y hasta tanto no se ordenen o se ejecuten, sólo podrán autorizarse las construcciones estrictamente necesarias para el normal funcionamiento de las explotaciones existentes con anterioridad a la aprobación del Plan, así como los usos provisionales previstos en esta Ley.

Una vez ejecutada la infraestructura, los terrenos no afectados al sistema general quedarán sujetos al régimen correspondiente a la categoría de suelo colindante o a la que el planeamiento prevea.

⇒ V. arts. 9 y 20 de la Ley 6/1998, de 13 abril (§1).

CAPÍTULO V
Régimen del suelo urbanizable
Sección 1ª Derechos y deberes

Artículo 78. Derechos de los propietarios de suelo urbanizable.

1. Los propietarios de suelo clasificado como urbanizable tendrán derecho a usar, disfrutar y disponer de sus terrenos conforme a la naturaleza de los mismos y a promover su transformación urbanística instando la aprobación del correspondiente planeamiento de desarrollo al Ayuntamiento, de conformidad con las determinaciones del Plan General Municipal de Ordenación.

2. En suelo urbanizable sectorizado, para promover su transformación urbanística, bastará con la presentación ante el Ayuntamiento del correspondiente Plan Parcial, o, en su caso, Especial.

3. En suelo urbanizable sin sectorizar, para promover la transformación urbanística de determinados terrenos, se podrá recabar del Ayuntamiento, con carácter previo a la presentación del instrumento de desarrollo, cédula de urbanización sobre su adecuación al planeamiento urbanístico y a otros instrumentos de ordenación territorial o sectorial. Dicha cédula tendrá una vigencia máxima de dos años, salvo que durante este período se produzca una modificación del planeamiento que pudiera afectar al contenido de la cédula.

⇒ V. art. 131 de la presente Ley.
V. arts. 15, 16 y 18 de la Ley 6/1998, de 13 abril (§1).

Artículo 79. Deberes de los propietarios de suelo urbanizable.

1. En tanto no se apruebe el correspondiente planeamiento de desarrollo, los propietarios del suelo urbanizable deberán respetar las incompatibilidades de uso señaladas en el Plan General Municipal de Ordenación.

2. En el suelo urbanizable sectorizado, cuyo desarrollo prevea el Plan General por iniciativa privada, los propietarios deberán, además, formular el planeamiento de desarrollo en los plazos que en su caso se establezcan.

⇒ V. arts. 15, 16 y 18 de la Ley 6/1998, de 13 abril (§1).

Artículo 80. Deberes vinculados a la transformación urbanística.

Aprobado el correspondiente instrumento de planeamiento, los propietarios de suelo urbanizable sectorizado estarán sujetos a los deberes siguientes:

a) Proceder a la efectiva equidistribución de beneficios y cargas derivados del planeamiento, debiendo promover, en caso de iniciativa privada, los instrumentos de gestión y urbanización en los plazos previstos por el Plan y Programa de Actuación y costearlos en la proporción que les corresponda.

b) Obtener y ceder gratuitamente los terrenos destinados a sistemas generales vinculados o adscritos al sector.

c) Ceder gratuitamente al Ayuntamiento el suelo destinado a viales, espacios libres, zonas verdes y equipamientos públicos de carácter local establecidos por el planeamiento, de conformidad con los estándares que se determinan en la presente Ley.

d) Ceder al Ayuntamiento los terrenos en que se localice el 10 por 100 del aprovechamiento del sector o adquirir, a requerimiento de la Administración actuante, dicho aprovechamiento por el valor establecido en la legislación vigente.

La Administración asumirá las cargas de urbanización que correspondan a dicho aprovechamiento, salvo en los planes de iniciativa particular, en que corresponde al urbanizador. No obstante, en los sistemas de actuación de concurrencia y concertación indirecta, la Administración podrá fijar como elemento de concurso el grado de participación en dichas cargas. Excepcionalmente, cuando resulten excesivas las cargas de urbanización para los propietarios afectados, en relación con el aprovechamiento previsto, podrá aumentarse la contribución de la Administración a dichas cargas, hasta el límite que represente el citado aprovechamiento.

e) Costear y, en su caso, ejecutar las infraestructuras de conexión con los sistemas generales y las obras de ampliación o refuerzo requeridas por la dimensión y características del sector, de conformidad con los requisitos y condiciones que establezca el planeamiento general, o, en su caso, la cédula de urbanización o Programa de Actuación.

f) Costear, conforme a lo establecido en esta Ley y, en su caso, ejecutar las obras de urbanización del sector, de conformidad con el planeamiento o el programa de actuación, en los plazos previstos.

g) Solicitar la licencia de edificación y edificar los solares cuando el Plan así lo establezca, en los plazos que se fijen en éste y en la preceptiva licencia municipal.

⇒ V. art. 131 de la presente Ley.
V. arts. 15, 16 y 18 de la Ley 6/1998, de 13 abril (§1).

Artículo 81. Régimen de edificación en suelo urbanizable ya ordenado.

Aprobada su ordenación pormenorizada el suelo urbanizable podrá edificarse una vez se haya urbanizado con arreglo a las prescripciones del planeamiento correspondiente, con las condiciones y excepciones establecidas en esta Ley para el suelo urbano.

Sección 2ª Régimen transitorio de edificación y uso

Artículo 82. Régimen transitorio de edificación y uso en suelo urbanizable sectorizado.

1. Hasta tanto se apruebe el correspondiente planeamiento de desarrollo, en el suelo urbanizable sectorizado no podrán realizarse obras o instalaciones, salvo los sistemas generales que puedan ejecutarse mediante Planes Especiales y las de carácter provisional previstas en esta Ley.

2. No obstante, y en el supuesto de que el Plan General expresamente así lo prevea y establezca una preordenación básica del sector, podrán admi-

tirse construcciones aisladas destinadas a industrias, actividades terciarias o dotaciones compatibles con su uso global, siempre que no dificulten la ejecución del planeamiento de desarrollo, con las condiciones y garantías que se establecen en el artículo 162 de esta Ley.

En suelo urbanizable especial, y cuando se den las mismas condiciones y con las mismas garantías, podrán admitirse usos y actividades vinculadas al sector primario, incluido el uso de vivienda ligada a dichas actividades, fijándose como parcela mínima 2.500 metros cuadrados.

3. El régimen transitorio del apartado anterior quedará suspendido cuando se alcance el grado de colmatación determinado a estos efectos, mediante indicadores objetivos, por el Plan General.

Artículo 83. Régimen transitorio de edificación y uso en suelo urbanizable sin sectorizar.

1. Hasta tanto se apruebe el correspondiente planeamiento de desarrollo, en el suelo urbanizable sin sectorizar podrán realizarse obras o instalaciones de carácter provisional previstas en esta Ley, y aquellos sistemas generales que puedan ejecutarse mediante Planes Especiales, quedando el resto de los usos y construcciones sujetos al régimen de edificación de este artículo, con las condiciones señaladas en los artículos siguientes.

2. Se respetarán las incompatibilidades de uso y las condiciones específicas señaladas por el Plan General para cada una de las zonas que, en su caso, establezca, así como las normas sectoriales que les sean de aplicación.

3. Se podrán autorizar, mediante licencia municipal y con las limitaciones establecidas en la presente Ley, las siguientes construcciones ligadas a la utilización racional de los recursos naturales:

a) Construcciones e instalaciones vinculadas a explotaciones de naturaleza agrícola, ganadera o del sector primario.

b) Instalaciones necesarias para el establecimiento, funcionamiento y conservación de las infraestructuras y servicios públicos.

c) Áreas e instalaciones de servicio vinculadas funcionalmente a las carreteras.

d) Vivienda unifamiliar ligada a las actividades anteriores.

4. Excepcionalmente, podrán admitirse, previa autorización del órgano autonómico competente, actuaciones específicas de interés público, siempre que se justifiquen las razones para su localización fuera del suelo urbano o urbanizable sectorizado, se inserten adecuadamente en la estructura territorial y se resuelvan satisfactoriamente las infraestructuras precisas para su funcionamiento. Podrán incluirse en este supuesto las siguientes construcciones e instalaciones:

a) Construcciones destinadas a dotaciones y equipamientos colectivos y alojamientos para grupos específicos.

b) Establecimientos turísticos.

c) Establecimientos comerciales.

d) Actividades industriales y productivas.

e) Instalaciones de depósito y aparcamientos al aire libre de gran extensión.

5. Este régimen transitorio deberá suspenderse por el Ayuntamiento o por el consejero competente en materia de urbanismo, previa audiencia del Ayuntamiento, en las áreas en las que, individualmente consideradas, se alcancen circunstancias de transformación o consolidación determinadas conforme a indicadores objetivos fijados en el Plan General.

⇒ V. art. 17 de la Ley 6/1998, de 13 abril (§1).

Artículo 84. Condiciones particulares de los usos permitidos en suelo urbanizable sin sectorizar.

A) Construcciones e instalaciones vinculadas a explotaciones de naturaleza agrícola, ganadera o del sector primario.

1. Las instalaciones precisas para la adecuada explotación agrícola, tales como invernaderos, viveros, almacenes de aperos o de productos agrarios, deberán tener carácter aislado y adecuado al ambiente donde se ubiquen y guardarán proporción con la superficie y naturaleza agraria de la explotación.

2. Las explotaciones ganaderas, además, respetarán las distancias mínimas y otras condiciones que imponga la normativa aplicable en función de su carácter molesto o de su riesgo sanitario o medioambiental.

No se entenderán incluidas en este apartado aquellas actividades de transformación de productos agropecuarios cuyas materias primas excedan de la capacidad y orientación productiva de la explotación, conforme a la normativa aplicable.

3. Las construcciones e instalaciones relacionadas con explotaciones mineras, canteras, extracción y trituración de áridos podrán ser admitidas siempre que la finca correspondiente tenga la superficie adecuada a sus requerimientos funcionales y las características exigidas por su propia normativa.

4. La licencia urbanística se otorgará siempre con sujeción a las condiciones impuestas por las autorizaciones sectoriales pertinentes.

B) Instalaciones necesarias para el establecimiento, funcionamiento y conservación de las infraestructuras y servicios públicos.

Las obras e instalaciones necesarias para el establecimiento, funcionamiento y conservación de las infraestructuras y servicios públicos, deberán tener la superficie adecuada a sus requerimientos funcionales y las características exigidas por su propia normativa.

C) Áreas e instalaciones de servicio vinculadas funcionalmente a las carreteras.

1. Las construcciones e instalaciones vinculadas funcionalmente al servicio de las carreteras, estarán sujetas a las condiciones y procedimiento de la legislación que resulte de aplicación en función de la titularidad de la vía, y se integrarán en las áreas de servicio definidas a tal fin por el planeamiento general o especial, o por su planificación sectorial.

2. No obstante, se permitirá, previo informe del órgano titular de la carretera, la implantación aislada de estaciones de suministro de carburante y servicios complementarios, que deberán tener la superficie adecuada a sus requerimientos funcionales y cumplir las características exigidas por su propia legislación sectorial.

D) Vivienda unifamiliar ligada a las actividades anteriores.

1. Habrán de respetarse los parámetros edificatorios que fije el Plan General, debiendo ser la parcela mínima superior a 5.000 metros cuadrados.

2. En suelo urbanizable especial la parcela mínima podrá ser de 2.500 metros cuadrados siempre que la misma tuviera constancia oficial antes de la entrada en vigor de la Ley Estatal 6/1998, de 13 de abril, sobre Régimen del suelo y valoraciones. También podrá formarse dicha parcela mínima por agrupación de otras existentes en que concurran los mismos requisitos.

A los propietarios les alcanzarán los siguientes deberes:

– Cesión de terrenos para ensanchamiento y mejora viaria y adecuado tratamiento de los espacios cedidos, conforme a las previsiones del Plan General.

– Costear la implantación de servicios requeridos para la edificación con arreglo a las previsiones del Plan General.

– Realizar la aportación económica precisa para financiar la obtención de suelo destinado a dotaciones a razón de 25 m^2 por cada 100 m^2 de edificación permitida.

3. La construcción tendrá carácter aislado y tipología arquitectónica adecuada, quedando prohibidas en todo caso las viviendas colectivas o plurifamiliares. Además, se ubicará minimizando su impacto paisajístico, con observancia de las distancias señaladas en el planeamiento o en las legislaciones sectoriales que fueran de aplicación, por colindancia a bienes de dominio público.

4. La propiedad acometerá a su cargo las infraestructuras precisas para la habitabilidad de la vivienda, debiendo asumir el compromiso de contribuir a las cargas que conlleve el desarrollo urbanístico, con las garantías económicas que se establecen en el artículo 162.2 de esta Ley.

⇒ V. art. 16 de la Ley 6/1998, de 13 abril (§1).

Artículo 85. Condiciones comunes de los usos autorizables excepcionalmente en suelo urbanizable sin sectorizar.

1. Las construcciones e instalaciones deberán tener la superficie adecuada a sus requerimientos funcionales y las características exigidas por la legislación sectorial correspondiente.

2. La construcción tendrá carácter aislado y se ubicará minimizando su impacto paisajístico, con observancia de las distancias señaladas en el planeamiento o en las legislaciones sectoriales que fueran de aplicación por colindancia a bienes de dominio público.

3. La propiedad llevará a efecto satisfactoriamente la ordenación inte-

rior de la parcela, previendo los aparcamientos necesarios y el tratamiento del resto de la parcela con arbolado, cultivos o jardinería y asumirá el compromiso de contribuir a las cargas que conlleve el futuro desarrollo urbanístico, con las garantías económicas que se fijan en el artículo 162, salvo las que sean de titularidad pública o estén declaradas de utilidad pública por su carácter no lucrativo.

4. Cuando las actuaciones, por su carácter extensivo o complejidad, requieran una ordenación integral, se señalará expresamente en la autorización la necesidad de formular un Plan Especial, tramitado conforme al procedimiento abreviado señalado en el artículo 141.

5. En todo caso deberá justificarse la adecuación de las construcciones e instalaciones a la legislación sectorial correspondiente.

⇒ V. art. 16 de la Ley 6/1998, de 13 abril (§1).

Artículo 86. Procedimiento de autorización excepcional.

Para la autorización por el órgano competente de la Comunidad Autónoma de los usos, y construcciones excepcionales, previstos en este Título, se seguirá el siguiente procedimiento:

1° La solicitud se presentará en el Ayuntamiento correspondiente, acompañada de la documentación necesaria para justificar el cumplimiento de los requisitos fijados para cada caso.

2° El Ayuntamiento la someterá a exposición pública como mínimo durante veinte días en el «Boletín Oficial de la Región», finalizada la cual remitirá el expediente completo, debidamente informado por la Corporación, a la Comunidad Autónoma, que recabará los informes preceptivos. Transcurridos cuatro meses desde la presentación de la solicitud sin que haya sido notificada resolución expresa, se entenderá desestimada.

CAPÍTULO VI

Parcelaciones

Artículo 87. Parcelaciones.

1. Se considerará parcelación urbanística la división simultánea o sucesiva de terrenos en dos o más lotes para su incorporación al proceso urbanizador en la forma determinada por el planeamiento, o que pueda dar lugar a la transformación urbanística del suelo o a la formación de núcleo urbano.

2. Todo acto de división, segregación o fraccionamiento de terrenos o parcelación queda sujeto a licencia conforme a lo dispuesto en el artículo 221 de esta Ley.

3. Los notarios y registradores de la propiedad exigirán, para autorizar e inscribir, respectivamente, escrituras de división de terrenos, que se acredite el otorgamiento de licencia o la declaración municipal de innecesariedad de la misma, de conformidad con la legislación estatal aplicable. Los notarios

testimoniarán, conforme a la legislación notarial, el documento administrativo correspondiente.

⇒ V. arts. 78 y concordantes del RD 1093/1997, de 4 julio (§2.1).
V. D. 40/1997, de 6 junio, que establece la unidad mínima de cultivo.

Artículo 88. Indivisibilidad de las parcelas.

1. A efectos urbanísticos, serán indivisibles:

a) Las parcelas cuyas dimensiones sean menores del doble de la superficie determinada como mínima en el planeamiento, salvo que el exceso sobre dicho mínimo se adquiera simultáneamente por los propietarios de terrenos colindantes, con el fin de agruparlos y formar una nueva finca de superficie superior a la mínima.

b) Las parcelas que hayan agotado las posibilidades edificatorias otorgadas por el planeamiento.

c) Las parcelas en suelo urbanizable cuando las resultantes no reúnan los requisitos del artículo 90.1 de esta Ley.

2. Los notarios y registradores de la propiedad harán constar en la descripción de las fincas su cualidad de indivisibles, en su caso.

3. Al otorgarse licencia de edificación sobre una parcela comprendida en el apartado 1 b) de este artículo, el Ayuntamiento lo comunicará al Registro de la Propiedad para su constancia en la inscripción de la finca.

⇒ V. art. 20.2 de la Ley 6/1998, de 13 abril (§1).
V. arts. 258.2, 258.3 y 259.3 del TRLS/1992 (§2).
V. arts. 78 y concordantes del RD 1093/1997, de 4 julio (§2.1).
V. D. 40/1997, de 6 junio, que establece la unidad mínima de cultivo.

Artículo 89. Régimen de parcelación en suelo no urbanizable.

1. En suelo no urbanizable quedan prohibidas las parcelaciones urbanísticas.

2. No se admitirán divisiones, segregaciones o fraccionamientos de cualquier tipo en contra de lo dispuesto en la legislación agraria, forestal o de similar naturaleza. Tampoco se admitirán, por razones paisajísticas objeto de protección específica conforme a la legislación aplicable, parcelaciones rústicas que conlleven modificaciones sustanciales en la configuración del territorio o la apertura de nuevos viales de uso público no previstos en los Planes Especiales o por el organismo competente en agricultura.

⇒ V. art. 20.2 de la Ley 6/1998, de 13 abril (§1).
V. arts. 258.2, 258.3 y 259.3 del TRLS/1992 (§2).
V. arts. 78 y concordantes del RD 1093/1997, de 4 julio (§2.1).
V. D. 40/1997, de 6 junio, que establece la unidad mínima de cultivo.

Artículo 90. Régimen de parcelación en suelo urbanizable.

1. Hasta tanto se apruebe el correspondiente planeamiento de desarrollo, no podrán realizarse parcelaciones urbanísticas en esta clase de suelo.

No obstante, se podrán segregar terrenos cuando, además de respetar las unidades mínimas de cultivo, las parcelas resultantes den frente a vías públicas preexistentes con un frente mínimo de 50 metros, prohibiéndose la apertura de nuevos caminos públicos; en todo caso sin perjuicio de lo establecido en la legislación agraria estatal para usos con fines agrícolas.

2. Aprobado el planeamiento urbanístico de desarrollo, las parcelaciones se ajustarán a lo dispuesto en aquél.

⇒ V. art. 15 de la Ley 6/1998, de 13 abril (§1).
V. D. 40/1997, de 6 junio, que establece la unidad mínima de cultivo.

Artículo 91. Régimen de parcelación en suelo urbano.

En suelo urbano será posible la división o segregación de terrenos con arreglo a lo dispuesto en esta Ley y en el planeamiento urbanístico.

CAPÍTULO VII
Otras disposiciones generales

Artículo 92. Deberes legales de uso, conservación y rehabilitación.

1. Los propietarios de toda clase de terrenos y construcciones deberán destinarlos a usos que no resulten incompatibles con el planeamiento urbanístico y mantenerlos en condiciones de seguridad, salubridad y ornato públicos. Quedarán sujetos igualmente al cumplimiento de las normas sobre protección del medio ambiente y de los patrimonios arquitectónicos y arqueológicos y sobre rehabilitación urbana.

2. El coste de las obras necesarias en virtud de lo dispuesto en el apartado anterior se sufragará por los propietarios o por la Administración, en los términos establecidos en la normativa aplicable.

⇒ V. art. 19 de la Ley 6/1998, de 13 abril (§1).
V. art. 3 de la Ley 38/1999, de 5 noviembre, de Ordenación de la Edificación (§1.1).
V. Ley 1/1995, de 8 marzo. Protección ambiental, parcialmente derogada por la presente Ley.
V. art. 225 de la presente Ley.

Artículo 93. Usos y obras provisionales.

1. Sin perjuicio de lo dispuesto en este Título para cada clase y categoría de suelo, podrán admitirse, en los supuestos señalados, usos, obras o instalaciones de carácter provisional que no estén expresamente prohibidos por el planeamiento urbanístico, ni puedan dificultar su ejecución, y siempre que se justifique su necesidad y su carácter no permanente, atendidas las características técnicas de las mismas o la temporalidad de su régimen de titularidad o explotación.

2. El titular deberá comprometerse a la suspensión del uso o demolición de las obras e instalaciones cuando el Ayuntamiento, motivadamente, lo solicite, renunciando expresamente a ser indemnizado. En la licencia municipal se hará constar el carácter provisional de la misma, y, en su caso, el plazo señalado para su caducidad, lo que se inscribirá en el Registro de la Propiedad, de conformidad con lo establecido en la legislación hipotecaria.

3. Para asegurar el cumplimiento de esta limitación y garantizar la repo-

sición del suelo a su estado anterior u original, se exigirá depósito o aval en cuantía suficiente.

⇒ V. art. 19 de la Ley 6/1998, de 13 abril (§1).

Artículo 94. Régimen de fuera de ordenación.

1. Los edificios e instalaciones erigidos con anterioridad a la aprobación del planeamiento urbanístico que resultaren sustancialmente disconformes con las determinaciones del mismo, serán considerados fuera de ordenación.

2. El planeamiento señalará aquellos supuestos en que será de aplicación este régimen de fuera de ordenación, y fijará los márgenes de tolerancia precisos para ajustar su alcance a las edificaciones incompatibles con la ordenación.

3. No podrán realizarse en ellas obras de consolidación, aumento de volumen, modernización o que supongan un incremento de su valor de expropiación, aunque sí las reparaciones requeridas para el mantenimiento de la actividad legítimamente establecida, con independencia de la obligación genérica que se impone en el artículo 92 de esta Ley.

4. No obstante, cuando no se dificulte la ejecución de las determinaciones previstas en el planeamiento, podrán admitirse usos, obras o instalaciones de carácter provisional, de conformidad con lo dispuesto en el artículo anterior.

⇒ V. arts. 21.2 y 41.2 de la Ley 6/1998, de 13 abril (§1).

TÍTULO IV
PLANEAMIENTO URBANÍSTICO MUNICIPAL

CAPÍTULO I
Clases

Sección 1ª Disposiciones generales

Artículo 95. Instrumentos de planeamiento.

1. La ordenación urbanística de los municipios se establecerá a través de Planes Generales Municipales de Ordenación, que son instrumentos de ordenación de un término municipal completo.

A petición de los ayuntamientos afectados, podrán formularse planes generales que comprendan varios términos municipales completos.

2. Los Planes Generales Municipales se desarrollarán, según los casos, mediante Planes Parciales, Planes Especiales y Estudios de Detalle.

Asimismo podrán elaborarse estos instrumentos, aunque no estén previstos en el planeamiento general municipal, para las finalidades que se prevén en la presente Ley.

3. Se podrán redactar Normas Complementarias del planeamiento general municipal en los aspectos no previstos o insuficientemente desarrollados por éste.

Sección 2ª Plan General Municipal de Ordenación

Artículo 96. Definición.

1. El Plan General Municipal de Ordenación, como instrumento de ordenación integral de un municipio, tiene por objeto la clasificación del suelo para el establecimiento del régimen jurídico correspondiente, la definición de los elementos esenciales de la estructura general y orgánica del territorio, el modelo de ciudad y de los asentamientos urbanos, los criterios para su desarrollo y la determinación de los espacios y elementos de especial protección.

2. Cuando existan aprobados instrumentos de ordenación previstos en esta Ley, el Plan General deberá adaptarse a las determinaciones y directrices contenidas en aquéllos, mediante su modificación o revisión, según proceda.

Artículo 97. Objeto.

El Plan General Municipal tiene como objeto específico, en cada clase de suelo, lo siguiente:

1. En suelo urbano, completar su ordenación mediante la regulación detallada del uso de los terrenos y de la edificación, señalar la renovación, mejora o reforma interior que resultaran procedentes; y definir aquellas partes de la estructura general del Plan correspondiente a esta clase de suelo, y las medidas concretas de actuación para su ejecución.

2. En suelo no urbanizable, preservar dicho suelo del proceso de desarrollo urbano y establecer medidas adecuadas de protección del territorio y del paisaje.

3. En suelo urbanizable, establecer la regulación genérica de los usos globales y niveles de intensidad, la definición de los elementos fundamentales de la estructura general de la ordenación urbanística del territorio, el carácter público o privado de las actuaciones previstas y los compromisos para su desarrollo en las actuaciones concertadas, así como establecer sectores de planeamiento y la forma y condiciones en que podrán delimitarse e incorporarse al desarrollo urbano.

Los Planes Generales podrán establecer una ordenación básica del suelo urbanizable sectorizado u ordenar pormenorizadamente el mismo sin necesidad, en este último caso, de la posterior tramitación de un plan de desarrollo.

⇒ V. Jurisprudencia en arts. 10 y concordantes del TRLS/1976 (§3).

Artículo 98. Determinaciones generales.

El Plan General Municipal de Ordenación definirá el modelo de desarrollo urbano y territorial, conteniendo las siguientes determinaciones de carácter general:

a) Clasificación del suelo en los distintos tipos y categorías definidos en esta Ley, usos globales, cuantificando las superficies y porcentajes de cada una de ellas y ellos en relación con la superficie total del municipio.

b) Estructura general y orgánica del territorio integrada por los sistemas generales determinantes del desarrollo previsto: comunicaciones, infraestructuras, espacios libres y equipamiento comunitario.

–El sistema general de comunicaciones comprenderá las infraestructuras viarias y de transporte público integrado, en sus distintas modalidades, incluidas las previsiones, en su caso, para la implantación de carriles bici.

–El sistema general de infraestructuras incluirá las diferentes redes de servicios públicos.

–El sistema general de espacios libres estará constituido por parques y jardines públicos con una dotación mínima de 5 m^2/habitante en relación a la población prevista por el Plan para el suelo urbano y urbanizable sectorizado.

–El sistema general de equipamiento comunitario estará constituido por las diferentes instalaciones colectivas al servicio general de la población, incluyendo las de especial incidencia territorial, que deben ser objeto de autorización sectorial específica.

c) Catálogos con las medidas necesarias para la protección y rehabilitación de espacios, conjuntos, construcciones o elementos que participen de valores naturales, históricos, culturales o ambientales, de conformidad con la legislación específica que sea de aplicación en cada supuesto.

d) Determinación de las circunstancias que exijan la revisión del planeamiento, por incidir sustancialmente en la configuración del modelo elegido, estableciendo para ello los indicadores objetivos necesarios.

e) Determinación de los plazos para el cumplimiento de los deberes urbanísticos establecidos en esta Ley, así como para la elaboración, en su caso, del planeamiento de desarrollo.

f) Régimen aplicable a las construcciones existentes que resultaren disconformes con el planeamiento urbanístico e identificación de aquellos supuestos que resulten incompatibles con su ejecución.

g) El Plan delimitará reservas de terrenos destinadas a los patrimonios públicos de suelo para usos de interés público. Asimismo, podrá establecer la delimitación de áreas sujetas a los derechos de tanteo y retracto por parte de la Administración con el fin de facilitar los objetivos y la programación del Plan.

h) El Plan señalará el carácter indicativo de aquellas determinaciones que puedan ajustarse o alterarse mediante el desarrollo del mismo sin necesidad de modificación de dicho Plan, sin que pueda referirse a sistemas generales o a estructuras general y orgánica.

Asimismo, contendrá aquellas otras determinaciones que el planeamiento deba recoger por indicación expresa de la propia Ley, en particular los supuestos en que será preceptiva la evaluación de impacto ambiental y las medidas de prevención y protección del medio ambiente frente al ruido, conforme a su normativa específica.

⇒ V. Ley 1/1995, de 8 de marzo, Protección ambiental, parcialmente derogada por la presente ley.
V. Jurisprudencia en arts. 12 y concordantes del TRLS/1976 (§3).

Artículo 99. Determinaciones en suelo urbano.

De forma específica, los Planes Generales Municipales de Ordenación deberán contener las siguientes determinaciones en suelo urbano:

a) Delimitación de su perímetro, distinguiendo y justificando las diferentes categorías de suelo urbano conforme a lo establecido en esta Ley, así como aquellos ámbitos sujetos a planeamiento de desarrollo.

b) Zonificación, mediante asignación de usos, tipologías pormenorizadas y niveles de intensidad correspondientes a las diferentes zonas.

c) Reglamentación detallada de usos, volumen, y condiciones higiénico-sanitarias de los terrenos y construcciones, así como las características estéticas de la edificación y su entorno. Cuando se trate de conjuntos históricos y bienes de interés cultural se estará a lo establecido por la legislación de protección del patrimonio histórico.

d) Delimitación pormenorizada de las zonas verdes destinadas a parques y jardines públicos en cuantía adecuada para satisfacer las necesidades de la población.

e) Calificación del suelo necesario para localización de los equipamientos colectivos para el establecimiento de servicios de carácter docente, asistencial, sanitario, cultural, deportivo, administrativo, para infraestructuras y demás servicios de interés público y social, distinguiendo la titularidad pública o privada. Las reservas a establecer se fijarán en función de las características socioeconómicas de la población y de conformidad con las previsiones y requisitos de la legislación específica.

f) Delimitación de las Unidades de Actuación con los criterios señalados en esta Ley, a efectos de la obtención de los terrenos de cesión obligatoria y gratuita destinados a viales, espacios libres y zonas verdes y dotaciones públicas; así como aquellas Unidades de Actuación que tengan por objeto las operaciones de reforma interior. En la delimitación de Unidades de Actuación se expresará el aprovechamiento y el porcentaje de cesión en aplicación de los artículos 69.1 b) y 170 de esta Ley, en relación con el apartado g) siguiente.

g) Cuantificación comparativa del aprovechamiento de todas las Unidades de Actuación, evaluando su edificabilidad expresada en m^2/m^2 y el porcentaje de suelo neto edificable en m^2/m^2, así como el producto de ambos coeficientes, que se utilizará como parámetro de referencia, para justificar adecuadamente las diferencias dentro de cada una de las áreas urbanas homogéneas que se delimitarán a estos efectos.

h) Justificación de la reducción de cesión de aprovechamiento que pueda establecerse en las Unidades de Actuación, en función de las cargas e indemnizaciones que soporten, por tratarse de áreas de reforma o renovación urbana, a que se refiere el artículo 69.

i) Trazado y características de la red viaria y previsión de aparcamientos públicos, con señalamiento de alineaciones y rasantes para la totalidad del suelo urbano, excepto en las áreas sujetas a Plan Especial; todo ello con sujeción a las determinaciones establecidas sobre accesibilidad y supresión de barreras arquitectónicas por la normativa específica.

j) Características y trazado de las galerías y redes de abastecimiento de agua, alcantarillado, energía eléctrica, alumbrado y aquellos otros servicios que, en su caso, establezca el Plan de conformidad con la legislación específica, distinguiendo los existentes de los previstos.

k) Evaluación económica de la implantación de los servicios, actuaciones aisladas y ejecución de las obras de urbanización a desarrollar por iniciativa pública.

⇒ V. arts. 13, 14 y 19 de la Ley 6/1998, de 13 abril (§1).
V. Jurisprudencia en arts. 11 y concordantes del TRLS/1976 (§3).

Artículo 100. Determinaciones en suelo no urbanizable.

El Plan General Municipal de Ordenación contendrá las siguientes determinaciones en relación con el suelo no urbanizable:

a) Delimitación de las áreas así clasificadas, de conformidad con los criterios recogidos en esta Ley, justificando las razones de su inclusión en cada una de las categorías.

b) Delimitación de los ámbitos sujetos a planeamiento específico, con las medidas de protección, mejora y conservación.

c) Medidas, condiciones y limitaciones para cada una de las categorías en razón de los valores a proteger, dirigidas a evitar la formación de núcleos urbanos, de conformidad con el régimen urbanístico establecido en esta Ley.

d) Normativa a la que deban sujetarse las construcciones para su adaptación al ambiente rural y al paisaje en que se sitúen.

Artículo 101. Determinaciones en suelo urbanizable.

1. El Plan General contendrá, en relación con el suelo urbanizable sectorizado, las siguientes determinaciones:

a) Delimitación de las áreas de suelo urbanizable sectorizado para su desarrollo urbanístico a las que se vincularán los sistemas generales necesarios para su ejecución.

b) Asignación de usos globales y aprovechamientos de referencia a los distintos sectores delimitados que, sin perjuicio de lo establecido en el artículo 106 d) de esta Ley, deberán adscribirse a alguna de las siguientes categorías, según el uso preferente:

–Residencial de alta densidad: más de 0,75 a 1 m^2/m^2 inclusive.
–Residencial de media densidad: más de 0,50 a 0,75 m^2/m^2 inclusive.
–Residencial de baja densidad: más de 0,25 a 0,50 m^2/m^2 inclusive.
–Residencial de mínima densidad: hasta 0,25 m^2/m^2 inclusive.
–De actividades económicas: hasta 0,75 m^2/m^2 inclusive.

c) La vinculación o adscripción de sistemas generales y la inclusión de cada sector a una de las categorías anteriores deberá justificarse en relación a su coherencia con el modelo territorial y al principio de la equidistribución de beneficios y cargas.

d) Cuando el Plan General ordene pormenorizadamente el suelo urbanizable sectorizado, recogerá las previsiones fijadas en esta Ley para el planeamiento parcial, suprimiéndose, en este caso, la necesidad de planeamiento de desarrollo. No obstante, se podrá modificar dicha ordenación, sin afectar a los sistemas generales previstos, mediante la tramitación posterior de planeamiento parcial sin necesidad de proceder, en este supuesto, a la modificación del Plan General.

2. El Plan General Municipal de Ordenación señalará para el suelo urbanizable sin sectorizar las siguientes determinaciones:

a) Criterios para la delimitación de los sectores, de forma que se garantice su adecuada inserción en la estructura general establecida por el Plan y constituyan una unidad geográfica y urbanística integrada.

b) Características técnicas y magnitudes mínimas que han de reunir las actuaciones en esta categoría de suelo, en función de los distintos usos preferentes e incompatibles y dotaciones, servicios y equipamientos que les correspondan como sistemas generales, que será como mínimo de 5 m^2/habitante para el sistema general de espacios libres.

c) Aprovechamiento global de referencia, establecido en función de los usos admisibles que, en ningún caso, podrá superar el señalado para las distintas categorías establecidas para el suelo urbanizable sectorizado.

3. Otras determinaciones en suelo urbanizable:

a) El Plan General Municipal de Ordenación podrá establecer, para el suelo urbanizable especial y para aquellas áreas singulares que requieran tratamiento específico, la necesidad de formular un Plan Especial, debiendo señalar los criterios de ordenación, estándares y cesiones y las medidas de adecuación a los fines que justifiquen dicho planeamiento especial.

También podrán señalarse las condiciones a que deben ajustarse los Planes Especiales definidos en esta Ley, que puedan plantearse sin estar previstos en el Plan General.

b) El Plan General determinará las condiciones y requisitos para la aplicación del régimen transitorio de edificación y usos en suelo urbanizable sectorizado y sin sectorizar establecido en la presente Ley y las circunstancias de transformación o consolidación que motivarían la suspensión de este régimen.

c) Se grafiará el trazado de los elementos generales de infraestructura y redes fundamentales de servicios que prevea el Plan, de conformidad con la legislación específica, distinguiendo los existentes de los previstos, debiendo señalarse las conexiones de infraestructuras para el suelo urbanizable sectorizado.

⇒ V. art. 12 de la Ley 6/1998, de 13 abril (§1).
V. Jurisprudencia en arts. 12 y concordantes del TRLS/1976 (§3).

Artículo 102. Determinaciones para los sistemas generales.

1. A los sistemas generales se les atribuirá el mismo aprovechamiento de referencia que al sector al que se vinculen o adscriban, para su obtención obligatoria y gratuita.

2. El Plan General podrá distinguir entre sistemas generales vinculados a un sector específico para su obtención y ejecución conjunta, y sistemas generales adscritos al suelo urbanizable sectorizado, aunque no se especifique de forma singularizada.

3. Los sistemas generales que se califiquen como preferentes, por ser necesarios y prioritarios para lograr los objetivos del Plan, podrán obtenerse por el sistema de ocupación directa.

Los sistemas generales que se califiquen como diferidos podrán obtenerse por adscripción al suelo urbanizable sin sectorizar o por expropiación.

4. El Plan General fijará el porcentaje máximo de sistemas generales vinculados o adscritos al suelo urbanizable sectorizado, que no podrá superar el 25 por 100 de la superficie total de cada sector.

Sección 3ª Normas Complementarias del Planeamiento General

Artículo 103. Objeto.

Las Normas Complementarias tienen por objeto regular aspectos no previstos por el Plan General o insuficientemente desarrollados por éste o su modificación no sustancial, y su rango jerárquico será el mismo que el del Plan General al que complementen.

Artículo 104. Determinaciones.

Las Normas Complementarias contendrán las siguientes determinaciones:

a) Fines y objetivos de su promulgación expresando su conveniencia y oportunidad.

b) Ámbito de aplicación.

c) Relación con el Plan General.

d) Disposiciones que complementen o suplan la normativa del Plan.

⇒ V. Jurisprudencia en arts. 70 y concordantes del TRLS/1976 (§3).

Sección 4ª Planes Parciales

Artículo 105. Objeto.

1. Los Planes Parciales, como instrumentos de desarrollo, tienen por objeto la ordenación detallada del suelo urbanizable en los sectores que se delimiten en el Plan General Municipal de Ordenación o en aquellos otros que se determinen de acuerdo con los criterios que se recojan en el mismo.

2. *Cuando el* planeamiento general haya ordenado pormenorizadamente un sector de suelo urbanizable, podrá modificarse su ordenación a través de un Plan Parcial, sin necesidad de modificar previamente el Plan General,

siempre que no se altere la estructura general establecida por éste, y se justifique adecuadamente su conveniencia y oportunidad.

⇒ V. art. 12 de la Ley 6/1998, de 13 abril (§1).
V. Jurisprudencia en arts. 13 y concordantes del TRLS/1976 (§3).

Artículo 106. Determinaciones.

Los Planes Parciales contendrán las siguientes determinaciones:

a) Delimitación de su ámbito, abarcando un sector previsto en el Plan General y, en su defecto, cuando no estuviera delimitado, su justificación de acuerdo con los criterios del mismo.

b) Ordenación pormenorizada del sector, estableciendo su zonificación con la asignación de usos y tipologías edificatorias y, en su caso, la delimitación de Unidades de Actuación, con las normas establecidas en esta Ley.

c) Reglamentación del uso, aprovechamiento y condiciones higiénico-sanitarias de los terrenos y construcciones, así como de las condiciones estéticas de la edificación.

d) Justificación del aprovechamiento del sector en relación al aprovechamiento de referencia determinado por el Plan General para dicho sector, pudiendo incrementar o disminuir éste en una cuantía máxima de un 10 por 100, modificándose en la misma cuantía el porcentaje de cesiones y dotaciones previsto en los apartados siguientes. En ningún caso puede reducirse la cesión de aprovechamiento lucrativo al Ayuntamiento que será, como mínimo, del 10 por 100 del aprovechamiento de referencia, y que se podrá incrementar, en su caso, hasta el 10 por 100 del aprovechamiento del sector.

e) Señalamiento de las reservas de terrenos para parques, jardines y zonas de recreo, de dominio y uso público, que habrán de establecerse con independencia de la fijada en el Plan como sistema general de espacios libres. Esta superficie no podrá ser inferior al 10 por 100 de la superficie total ordenada, cualquiera que sea el uso global del sector. No obstante, en las categorías residenciales de baja y mínima densidad, podrá compensarse hasta la mitad de esta superficie por el doble de zona verde de titularidad privada así calificada.

f) Fijación de las reservas para equipamientos de dominio y uso público en función del uso global del sector, en las siguientes cuantías y para los destinos que se indican, debiendo contenerse una justificación pormenorizada de las necesidades específicas:

1. Uso global residencial: reserva de suelo con destino a centros educativos, docentes, culturales, sanitarios, administrativos, deportivos y sociales en la proporción adecuada a las necesidades propias del sector, en un porcentaje mínimo del suelo ordenado en relación a la categoría de suelo en que se sitúa el sector por su aprovechamiento:

Residencial de alta densidad: mínimo del 20 por 100.

Residencial de media densidad: mínimo del 15 por 100.

Residencial de baja densidad: mínimo del 10 por 100.

Residencial de mínima densidad: mínimo del 5 por 100.

En el caso de que la actuación suponga la construcción de más de 4.000 unidades residenciales, la reserva de suelo para equipamientos se incrementará en cinco puntos porcentuales. Este incremento dotacional podrá ser de titularidad privada, cuando así se proponga y se comprometa su ejecución.

2. Uso global de actividad económica: reserva mínima del 5 por 100 de la superficie del sector con destino a usos deportivos y sociales, en la proporción adecuada a las necesidades propias del sector.

g) La edificabilidad destinada a equipamientos públicos no computará en el aprovechamiento del sector. Con independencia de estas reservas, el planeamiento parcial podrá fijar equipamientos de titularidad privada, computando su edificabilidad en el aprovechamiento del mismo.

h) Trazado y características de la red de comunicaciones propias del sector y de su enlace con el sistema general de comunicaciones previsto en el Plan General, con señalamiento de alineaciones, rasantes y zonas de protección de la red viaria, que deberán adecuarse a las determinaciones establecidas sobre accesibilidad y supresión de barreras arquitectónicas por la normativa específica.

Asimismo, contendrán la previsión de aparcamientos públicos, en la proporción adecuada a la demanda específica y como mínimo uno por cada 100 m^2 construidos, con independencia de los que en la misma proporción se prevean para aparcamientos privados vinculados a la edificación. Los aparcamientos podrán localizarse incluso en el subsuelo de los sistemas viarios, áreas peatonales y espacios libres, siempre que no se menoscabe el uso de los mismos y sin perjuicio del régimen jurídico aplicable.

i) Características y trazado de las galerías y redes de abastecimiento de agua, alcantarillado, energía eléctrica, alumbrado y de aquellos otros servicios que, en su caso, establezca el Plan, de conformidad con su legislación específica, justificando adecuadamente sus determinaciones y su conexión a las redes generales.

j) Evaluación económica estimativa de la ejecución de las obras de urbanización y de la implantación de los equipamientos y servicios, debiendo contener un análisis económico-financiero de sus costos para justificar su viabilidad.

k) Plan de actuación para el desarrollo de su gestión, ejecución de las obras de urbanización y plazos de edificación.

Sección 5ª Planes Especiales

Artículo 107. Definición.

El Plan Especial es el instrumento adecuado para la implantación de usos y actuaciones urbanísticas especiales en las distintas clases y categorías de *suelo, en desarrollo* del planeamiento general o, en el caso de no estar previsto en el mismo, cuando se justifique su procedencia.

⇒ V. Jurisprudencia en arts. 17 y concordantes del TRLS/1976 (§3).

Artículo 108. Finalidad.

1. En desarrollo de las previsiones contenidas en el planeamiento general municipal, los Planes Especiales podrán tener por finalidad la ordenación sectorial de un territorio, la realización de actuaciones urbanísticas específicas o el establecimiento de determinadas medidas de protección, según proceda de acuerdo con su objeto.

2. Los Planes Especiales no podrán sustituir a los Planes Generales en su función de instrumentos de ordenación integral del territorio, por lo que, en ningún caso, podrán clasificar suelo, aunque sí introducir modificaciones y limitaciones a los usos previstos.

Artículo 109. Objeto de los Planes Especiales.

Con carácter meramente enunciativo, los Planes Especiales podrán tener por objeto:

a) El desarrollo de los sistemas generales de comunicaciones, infraestructuras, espacios libres y equipamiento comunitario.

b) La protección de vías de comunicación, vías verdes e itinerarios de especial singularidad.

c) Obras y servicios de saneamiento.

d) La reforma interior y rehabilitación urbana.

e) La ordenación y protección de conjuntos históricos, sitios históricos, zonas arqueológicas o áreas declaradas Bien de Interés Cultural.

f) La ordenación de núcleos rurales.

g) La adecuación urbanística de áreas de especiales características.

h) La protección del paisaje.

i) Complejos e instalaciones turísticas.

j) Cualesquiera otras finalidades análogas.

Artículo 110. Contenidos generales.

1. Los Planes Especiales se elaborarán con el grado de precisión correspondiente a los Planes Parciales en lo que se refiere a las determinaciones que constituyen sus fines e incorporarán la previsión de obras a realizar, la determinación del sistema de actuación, cuando la naturaleza de la obra requiera su ejecución, y la delimitación, en tal caso, de Unidades de Actuación.

2. Las determinaciones específicas serán las que dimanen de su naturaleza, del Plan General o de la aplicación de la legislación sectorial.

⇒ V. Jurisprudencia en art. 17 y concordantes del TRLS/1976 (§3).

Artículo 111. Plan Especial para desarrollar los sistemas generales de comunicaciones, infraestructuras, espacios libres y equipamiento comunitario.

Las determinaciones establecidas en los Planes Especiales para desarrollar los sistemas generales de comunicaciones, infraestructuras, espacios libres y equipamiento comunitario habrán de adecuarse a la legislación y planificación sectorial correspondiente, incorporando una adecuada justificación.

⇒ V. Jurisprudencia en art. 20 y concordantes del TRLS/1976 (§3).

Artículo 112. Plan Especial de protección de vías de comunicación, vías verdes e itinerarios de especial singularidad.

El objeto específico y determinaciones de los Planes Especiales de protección de vías de comunicación, vías verdes e itinerarios de especial singularidad será:

a) Ordenar de forma integrada las vías de comunicación rodada y peatonal e itinerarios verdes de carácter lúdico-turístico y sus zonas de protección, así como las áreas de servicio y equipamiento vinculadas a los mismos.

b) Regular, de conformidad con la legislación sectorial, los accesos a fincas colindantes o a otras vías de comunicación, señalando las condiciones de protección y servidumbre.

c) Establecer las condiciones estéticas de las edificaciones situadas en su zona de influencia.

⇒ V. Jurisprudencia en art. 20 y concordantes del TRLS/1976 (§3).

Artículo 113. Planes de saneamiento.

Podrán ser objeto de Planes Especiales de saneamiento las obras en el suelo y subsuelo que tengan por objeto mejorar las condiciones de salubridad, higiene, y seguridad. Estos Planes comprenderán las obras de abastecimiento de aguas potables, depuración y aprovechamiento de las residuales, instalación de alcantarillado, drenajes, fuentes, abrevaderos, lavaderos y recogida y tratamiento de basuras y residuos.

⇒ V. Jurisprudencia en arts. 23, 24 y concordantes del TRLS/1976 (§3).

Artículo 114. Planes Especiales de reforma interior y rehabilitación.

1. Los Planes Especiales de reforma interior y rehabilitación en suelo urbano podrán tener por objeto llevar a cabo actuaciones aisladas para la descongestión del suelo urbano, creación de actuaciones urbanísticas y equipamiento comunitario, saneamiento de barrios, resolución de problemas de accesibilidad, circulación o de estética y mejora del medio ambiente o de los servicios públicos y otros fines análogos.

2. Cuando se trate de operaciones de reforma interior no previstas en el Plan General, el Plan Especial no podrá modificar la estructura fundamental de aquél, debiendo justificar su incidencia y coherencia con el mismo.

⇒ V. Jurisprudencia en art. 23 y concordantes del TRLS/1976 (§3).

Artículo 115. Planes Especiales de ordenación y protección de conjuntos históricos, sitios históricos o zonas arqueológicas declaradas Bien de Interés Cultural.

1. De conformidad con lo previsto en la legislación de Patrimonio Histórico, se formularán Planes Especiales para la protección de las distintas

áreas o elementos declarados Bien de Interés Cultural, que contendrán las determinaciones legalmente establecidas.

2. También podrán elaborarse para la ordenación y protección de aquellos conjuntos y áreas que sean merecedoras de un tratamiento urbanístico especial, para su posible declaración.

3. Estos Planes Especiales podrán cumplir asimismo otras finalidades, con objeto de lograr la revitalización física, económica y social y la preservación y puesta en valor de sus elementos históricos representativos.

4. Deberán contener, en todo caso, una información exhaustiva sobre aquellos aspectos que permitan formular un diagnóstico claro de su problemática, así como un catálogo de todos los elementos a proteger, propuestas de intervención, medidas de conservación y modo de gestión y financiación.

⇒ V. Jurisprudencia en arts. 18 y concordantes del TRLS/1976 (§3).

Artículo 116. Planes Especiales de ordenación de núcleos rurales.

1. Los Planes Especiales de ordenación de núcleos rurales tendrán por objeto el establecimiento de una ordenación urbanística pormenorizada para los núcleos rurales cuando las circunstancias urbanísticas así lo requieran.

2. Contendrán las siguientes determinaciones específicas:

a) Justificación y conveniencia de su formulación.

b) Ordenación viaria, regulación de los usos y condiciones de edificación.

c) Dotaciones urbanísticas y equipamientos en proporción adecuada a las necesidades de población.

d) Medidas encaminadas a la conservación del medio ambiente y de las características tradicionales del núcleo y sus tipologías arquitectónicas.

e) Delimitación, en su caso, de Unidades de Actuación y/o actuaciones aisladas.

f) Exigencias mínimas de urbanización adecuadas a las características del núcleo.

g) Actuaciones destinadas al fomento y desarrollo del turismo rural.

Artículo 117. Planes Especiales de adecuación urbanística.

1. Los Planes Especiales de adecuación urbanística tendrán por objeto adecuar la actuación urbanística en áreas específicas con incipiente urbanización y peculiares características de su entorno ambiental, clasificadas como suelo urbano especial o urbanizable especial, para encauzar un desarrollo urbanístico sostenible.

2. Las determinaciones de estos planes serán las necesarias para sus fines, señalándose específicamente las siguientes:

a) Completar la red de infraestructuras de servicios y comunicaciones optimizando las redes existentes.

b) Previsión de los equipamientos y espacios libres públicos en proporción adecuada a las características específicas del área y a la edificabilidad establecida en el propio Plan Especial. La superficie mínima destinada para estas reservas será de 25 m^2 de suelo por cada 100 m^2 de superficie construida, determinando el Plan la distribución y uso específico entre equipamientos y espacios libres en función de las necesidades.

c) Regulación del régimen de parcelación, usos del suelo y de la edificación, tipologías y aprovechamientos edificatorios, sin que pueda sobrepasarse el aprovechamiento de referencia señalado para la categoría residencial de mínima densidad.

d) Establecimiento de medidas encaminadas a la conservación y mejora del medio ambiente, así como la regulación del aspecto exterior de las edificaciones, su carácter arquitectónico y conservación de elementos vegetales, huertos y arbolado para impedir su desaparición o destrucción.

e) Establecimiento del sistema de gestión, de acuerdo con sus características peculiares.

Artículo 118. Planes Especiales de protección del paisaje.

1. La protección del paisaje, para conservar determinados lugares o perspectivas del territorio regional, en cuanto constituye objeto de planeamiento especial, se referirá entre otros, a estos aspectos:

a) Áreas de interés paisajístico.

b) Predios rústicos de pintoresca situación, singularidad topográfica o recuerdo histórico.

c) Edificios aislados que se distingan por su emplazamiento o belleza arquitectónica y parques y jardines destacados por su valor artístico, trascendencia histórica o importancia de las especies botánicas que en ellos existan.

d) Agrupaciones de edificaciones que integren un conjunto de valores tradicionales o estéticos.

2. Contendrán las determinaciones necesarias para la puesta en valor de los elementos a proteger, estableciendo los mecanismos y normativas precisos para su eficacia.

⇒ V. Jurisprudencia en arts. 19 y concordantes del TRLS/1976 (§3).

Artículo 119. Planes Especiales de complejos e instalaciones turísticas.

1. Los Planes Especiales de complejos e instalaciones turísticas tendrán por objeto la ordenación de los complejos e instalaciones turísticas que, por su carácter extensivo, complejidad o multiplicidad de usos, requieran un instrumento de ordenación urbanística, con las determinaciones y aprovechamientos fijados en el Plan General o, en su defecto, en el propio Plan Especial, sin que el aprovechamiento global sobrepase el señalado para la categoría residencial de mínima densidad cuando se actúe sobre suelo no urbanizable.

2. En suelo urbanizable, siempre que se justifique su innecesariedad, las cesiones de suelo para dotaciones podrán compensarse por otra superficie

equivalente exterior al sector o por su valor económico, conforme a la legislación vigente, para su incorporación al patrimonio público de suelo.

3. La calificación y régimen de explotación de la actividad que constituya su objeto habrá de ajustarse a lo previsto en la legislación turística debiendo justificar su adecuada integración territorial y ambiental, así como establecerse las conexiones con los sistemas generales de infraestructura.

Sección 6ª Otros instrumentos de ordenación

Artículo 120. Estudios de Detalle.

1. Los Estudios de Detalle podrán formularse cuando fuere preciso completar o, en su caso, adaptar determinaciones establecidas en los Planes Generales para el suelo urbano y urbanizable ordenado directamente y en los Planes Parciales y Especiales.

2. Su contenido tendrá por finalidad:

a) Adaptar y reajustar las alineaciones y rasantes señaladas en el planeamiento.

b) La ordenación de los volúmenes de acuerdo con las especificaciones del planeamiento, pudiendo crearse vías interiores de carácter privado para el acceso a la edificación desde el viario público.

3. Los Estudios de Detalle respetarán las determinaciones del planeamiento que desarrollan, sin sobrepasar la edificabilidad que corresponde a los terrenos comprendidos en su ámbito, ni las alturas máximas establecidas, ni alterar el uso exclusivo o predominante asignado por aquél, ni reducir la superficie de uso y dominio público.

En ningún caso podrán ocasionar perjuicio ni alterar las condiciones de ordenación de los predios colindantes, debiendo contener a estos efectos el ámbito de influencia identificando los predios afectados.

⇒ V. Jurisprudencia en art. 14 del TRLS/1976 (§3).

CAPÍTULO II
Documentación de los Planes

Artículo 121. Documentos del Plan General.

Las determinaciones de los Planes Generales Municipales de Ordenación se desarrollarán en, al menos, los siguientes documentos:

a) Memoria, que establecerá la conveniencia y oportunidad, los objetivos del Plan referidos al municipio, señalará las conclusiones de la información urbanística y justificará el modelo de desarrollo urbano y territorial y las determinaciones de carácter general, definirá los elementos estructurales del Plan y justificará las delimitaciones de las distintas clases y categorías de suelo.

Comprenderá una memoria informativa, una memoria justificativa y una memoria de ordenación, así como estudios complementarios precisos, y en particular los estudios de impacto territorial y ambiental, conforme a la legislación aplicable.

b) Planos de información, reflejando la situación inicial del municipio, características del suelo y la edificación e infraestructuras existentes, como base para justificar las clasificaciones y calificaciones propuestas.

c) Planos de ordenación, que establecerán la estructura orgánica del territorio, identificando sus elementos estructurales, la clasificación del suelo, usos globales, sistemas de gestión y elementos protegidos.

Los planos se grafiarán a escala adecuada a su objeto, distinguiendo la escala territorial y urbana, con referencia a la cartografía básica regional.

d) Normas Urbanísticas aplicables a los distintos tipos de suelo, distinguiendo entre: Normas Generales, Normas de Protección, Normas de Gestión, Normas de Urbanización, Normas de Edificación y Normas Transitorias.

e) Catálogo de construcciones y elementos naturales, históricos, artísticos o ambientales a proteger.

f) Programa de Actuación de los objetivos, directrices y estrategia de desarrollo a corto, medio y largo plazo y la previsión de obtención y ejecución de los sistemas generales y actuaciones de iniciativa pública.

g) Estudio económico-financiero y evaluación económica de las inversiones públicas que se comprometan para la ejecución de sus determinaciones.

Artículo 122. Documentos de las Normas Complementarias.

Las determinaciones de las Normas Complementarias se desarrollarán en, al menos, los siguientes documentos:

a) Memoria justificativa de la conveniencia y oportunidad y de sus fines y objetivos.

b) Planos de información y ordenación, si fueren requeridos por el contenido de las Normas, con el grado de precisión y escala adecuados al Plan General que complementen.

c) Regulación, según los casos, de las determinaciones que constituyan el objeto de las Normas.

d) Los demás documentos que requieran sus específicos objetivos.

Artículo 123. Documentos de los Planes Parciales.

Las determinaciones de los Planes Parciales se desarrollarán en, al menos, los siguientes documentos:

a) Memoria justificativa de la conveniencia y oportunidad, de los fines, objetivos y determinaciones, que deberá comprender: memoria informativa de las circunstancias que concurren en el sector que sean relevantes para su ordenación; memoria justificativa de sus determinaciones con relación al Plan General y a la legislación urbanística y sectorial aplicable y memoria de ordenación de los datos de superficies, aprovechamientos y cesiones que definan la ordenación.

b) Planos de información, reflejando la situación y delimitación en el plan General, el estado físico de los terrenos, características y usos y la estructura de la propiedad.

c) Planos de ordenación, a escala mínima 1:1000, distinguiendo al menos los siguientes:

–Zonificación, señalando pormenorizadamente la calificación del suelo, dotaciones públicas y privadas, red viaria y parcelas edificables.

–Estructura viaria, definiendo sus dimensiones, alineaciones y rasantes, áreas peatonales y plazas de aparcamiento, analizando la circulación rodada.

–Esquema de infraestructura hidráulica, saneamiento y depuración de aguas, en su caso, abastecimiento, riego e hidrantes, en su caso.

–Esquema de redes de infraestructura energética, alumbrado público, distribución de energía eléctrica y gas, cuando proceda.

–Esquema de redes de infraestructuras de comunicación, telefonía y fibra óptica, cuando proceda.

–Gestión, delimitando Unidades de Actuación y fases de ejecución de las obras de urbanización.

d) Normas Urbanísticas, que reglamentarán de forma precisa el uso y condiciones urbanísticas de los terrenos y edificaciones de su ámbito, distinguiendo entre:

Normas Generales, conceptos y terminología.

Normas de Protección, de valores culturales y ambientales.

Normas de Gestión, sistemas y plazos de actuación.

Normas de Urbanización, condiciones y niveles de calidad.

Normas de Edificación de cada zona, señalando condiciones y estándares de calidad.

e) Plan de Actuación, relativo a la gestión del Plan, plazos de edificación y construcción de las dotaciones públicas y privadas, fases de urbanización y modo de conservación de instalaciones y servicios.

f) Estudio económico, que contendrá la cuantificación del costo de ejecución de las obras de urbanización y servicios, así como de las dotaciones cuya ejecución corresponda al promotor del Plan.

Se incluirán en la valoración, de forma separada, los costos de conexión con las infraestructuras generales o las de ampliación y refuerzo requeridas por la dimensión y características del sector.

g) Los Planes Parciales de iniciativa particular irán acompañados, como documento independiente, del Programa de Actuación regulado en el Capítulo 3, del Título V de esta Ley.

h) En los casos señalados en esta Ley incorporarán además los Estudios de Impacto Territorial y Ambiental.

Artículo 124. Documentos de los Planes Especiales.

Los Planes Especiales deberán contener los documentos necesarios para recoger las determinaciones propias de su naturaleza y finalidad, con el grado de precisión adecuado a sus fines, que se concretarán en los documentos siguientes:

a) Memoria descriptiva y justificativa de la conveniencia y oportunidad del Plan Especial de que se trate.

b) Estudios complementarios, que deberán incorporar estudios de impacto ambiental en los supuestos previstos en la disposición adicional segunda.1 e), de esta Ley.

c) Planos de información y de ordenación a escala adecuada.

d) Normas específicas.

e) Plan de Actuación.

f) Catálogo de bienes y espacios protegidos, en su caso.

g) Estudio económico.

Artículo 125. Documentos de los Estudios de Detalle.

1. Los Estudios de Detalle contendrán los siguientes documentos:

1) Memoria justificativa de la conveniencia de las soluciones adoptadas.

2) Planos a escala adecuada que expresen las determinaciones que se completan, adaptan o reajustan, con referencias precisas a la nueva ordenación y su relación con la anteriormente existente.

2. Cuando la finalidad del Estudio de Detalle sea la reordenación de volúmenes, deberá analizar su influencia sobre el entorno afectado.

CAPÍTULO III
Elaboración y tramitación de los Planes

Sección 1ª Elaboración de los Planes

Artículo 126. Planes Generales Municipales de Ordenación.

1. Todo municipio debe disponer de Plan General Municipal de Ordenación y revisarlo cuando las circunstancias lo requieran y adaptarlo a la legislación urbanística y a los instrumentos de ordenación territorial que apruebe la Comunidad Autónoma de la Región de Murcia.

2. Los Planes Generales Municipales de Ordenación, sus revisiones y modificaciones, así como las Normas Complementarias, serán elaboradas por los ayuntamientos, salvo que soliciten su formación al órgano competente de la Comunidad Autónoma.

3. En el caso excepcional de que el Ayuntamiento no formulara el planeamiento general, su revisión o adaptación en el plazo señalado en esta Ley, el Consejo de Gobierno, previa audiencia al Ayuntamiento, podrá acordar la subrogación de la Consejería competente en materia de urbanismo, conforme a lo establecido en el artículo 60 de la Ley 7/1985, de 2 de abril, Reguladora

de las Bases de Régimen Local, para su elaboración y tramitación en los términos previstos en el artículo 144 de esta Ley.

4. Cuando las necesidades urbanísticas requieran la extensión de un Plan General a más de un municipio, en defecto de acuerdo entre las corporaciones locales, la consejería competente por razón de la materia dispondrá su formación y extensión territorial, el ayuntamiento u organismo que habrá de redactarlo y la proporción en que los municipios afectados deben contribuir a los gastos.

Artículo 127. Planes Parciales y Especiales y Estudios de Detalle.

1. Los Planes Parciales y Especiales y Estudios de Detalle podrán ser elaborados por los Ayuntamientos, particulares y demás organismos competentes en el orden urbanístico.

2. Los Planes Especiales podrán también ser elaborados por los organismos que tengan competencias en virtud de las distintas legislaciones sectoriales.

3. En todos los casos, la aprobación definitiva corresponderá a los Ayuntamientos competentes.

Artículo 128. Planes de iniciativa particular.

1. Los particulares podrán elaborar, y elevar a la Administración competente para su tramitación, los instrumentos de desarrollo del planeamiento general, así como las modificaciones de éste que no afecten a los elementos estructurales del mismo.

2. Los propietarios incluidos en alguna actuación urbanística deberán presentar los instrumentos de desarrollo en los plazos que, en su caso, establezca el planeamiento general.

3. Si hubieren obtenido la previa autorización del Ayuntamiento, les serán facilitados por los organismos públicos cuantos elementos informativos precisaren para llevar a cabo la redacción y podrán efectuar en fincas particulares las ocupaciones temporales necesarias para la redacción del Plan con arreglo a la Ley de Expropiación Forzosa.

Artículo 129. Instrumentos de planeamiento de desarrollo que afecten a varios municipios.

Los instrumentos de planeamiento de desarrollo que afecten a más de un municipio podrán ser elaborados por los ayuntamientos correspondientes de común acuerdo o, en su defecto, por la Dirección General competente por razón de la materia, a solicitud de los mismos.

Sección 2ª Procedimiento

Subsección 1ª Actos Preparatorios

Artículo 130. Apoyo a la redacción de Planes.

Los organismos públicos, las empresas de distribución y suministro, los concesionarios de servicios públicos y los particulares prestarán su apoyo a la redacción de Planes de Ordenación y, a tal efecto, facilitarán a los organismos y particulares encargados de su redacción los documentos e informaciones necesarias.

Artículo 131. Cédula de urbanización.

1. La cédula de urbanización es el documento acreditativo de las condiciones requeridas para el desarrollo de una actuación urbanística y su correcta implantación territorial.

2. Se expedirá por el Ayuntamiento a petición de cualquier propietario incluido en el ámbito de la actuación, acompañando un avance de planeamiento del sector a desarrollar.

3. En suelo urbanizable sin sectorizar será preceptiva la solicitud de informe de la Dirección General competente en materia de urbanismo, que deberá emitirse en el plazo de un mes.

4. La cédula de urbanización contendrá las condiciones y requisitos exigidos por el planeamiento urbanístico y la ordenación territorial, así como las posibilidades o alternativas de conexión a las infraestructuras existentes o previstas del municipio, sin perjuicio de otras determinaciones legalmente establecidas.

5. También podrá solicitarse dicha cédula para suelo urbanizable sectorizado, a fin de concretar los requisitos a exigir en el planeamiento de desarrollo.

6. La cédula de urbanización vinculará a la Administración actuante respecto de la tramitación ulterior del planeamiento de desarrollo.

7. La cédula caducará a los dos años de su emisión y, en todo caso, por modificación del planeamiento que le afecte.

⇒ V. arts. 78, 80 y 132 de la presente Ley.

Artículo 132. Avances de planeamiento.

1. La Administración y los particulares legitimados para la formulación de planes podrán realizar avances de planeamiento, debiendo definir su ámbito, estructura general y zonificación básica.

2. El avance de planeamiento será preceptivo para la formulación del planeamiento general y su revisión, así como en los supuestos sometidos a evaluación de impacto ambiental.

3. Será preceptiva la presentación de un avance de Plan con la solicitud de la cédula de urbanización para iniciar el desarrollo urbanístico de un suelo urbanizable sin sectorizar, o con la presentación de un Programa de Actuación en los procedimientos de gestión urbanística en que se promueva la concurrencia.

4. Los acuerdos sobre los avances sólo tendrán efectos administrativos internos preparatorios de la redacción del planeamiento definitivo, salvo en los aspectos de delimitación y ordenación que recoja la cédula de urbanización, o la aprobación del Programa de Actuación, que vincularán a la Admi-

nistración actuante en relación con la tramitación ulterior del planeamiento de desarrollo.

⇒ V. art. 131 de la presente Ley.

Artículo 133. Consultas previas.

1. Los ayuntamientos podrán someter a consulta previa de la Dirección General competente en materia de urbanismo el avance de cualquier instrumento de planeamiento antes de su elaboración, sobre cuestiones de su competencia.

2. Será preceptiva la consulta previa ante el órgano medioambiental para el inicio del procedimiento de evaluación de impacto ambiental, conforme a lo dispuesto en la legislación específica y la disposición adicional segunda de esta Ley.

3. Se solicitarán informes previos de todos aquellos organismos competentes afectados por las determinaciones del Plan, cuando así lo exija la legislación sectorial, los cuales se emitirán en los plazos señalados en la misma o en su defecto en el plazo de un mes.

Artículo 134. Suspensión del otorgamiento de licencias.

1. El órgano competente para iniciar la tramitación de los Planes podrá acordar la suspensión voluntaria de licencias de parcelación de terrenos, edificación y demolición para áreas o usos determinados, con la finalidad de estudiar su formación o reforma.

Dicho acuerdo, que habrá de recoger expresamente las áreas o usos a los que afecta, deberá publicarse en el «Boletín Oficial de la Región de Murcia» y en dos diarios de mayor difusión regional.

2. El acuerdo de aprobación inicial de los Planes o el acuerdo de suspensión de aprobación definitiva que lleve consigo la sumisión a un trámite de información pública, determinará la suspensión del otorgamiento de licencias en aquellas áreas del territorio objeto del planeamiento cuyas nuevas determinaciones supongan modificación del régimen urbanístico vigente, debiendo señalar expresamente las áreas afectadas por la suspensión.

3. La suspensión a que se refiere el apartado 1 de este artículo, se extinguirá en el plazo de un año. Si se hubiera producido dentro de ese plazo el acuerdo de aprobación inicial, la suspensión se mantendrá para las áreas cuyas nuevas determinaciones de planeamiento supongan modificación de la ordenación urbanística y sus efectos se extinguirán definitivamente transcurridos dos años desde el acuerdo de suspensión adoptado para estudiar el planeamiento o su reforma. Si la aprobación inicial se produce una vez transcurrido el plazo del año, la suspensión derivada de esta aprobación inicial tendrá también la duración máxima de un año. Si con anterioridad al acuerdo de aprobación inicial no se hubiese suspendido voluntariamente el otorgamiento de licencias conforme a lo dispuesto en el apartado 1 de este artículo, la suspensión determinada por dicha aprobación tendrá una duración máxima de dos años.

4. La suspensión se extinguirá, en todo caso, con la aprobación definitiva del planeamiento.

Extinguidos los efectos de la suspensión de licencias en cualquiera de los supuestos previstos, no podrán acordarse nuevas suspensiones en el plazo de cuatro años, por idéntica finalidad.

5. Los peticionarios de licencias solicitadas con anterioridad a la publicación de la suspensión, habrán de ser notificados de la interrupción del procedimiento de otorgamiento de licencias y tendrán derecho a ser indemnizados del coste de los proyectos y a la devolución de los tributos satisfechos si, una vez aprobado definitivamente el Plan, se demuestra la incompatibilidad del proyecto con sus determinaciones.

⇒ V. Jurisprudencia en arts. 27 y concordantes del TRLS/1976 (§3).

Subsección 2ª Tramitación

Artículo 135. Tramitación municipal del Plan General de Ordenación Municipal.

1. Cuando los trabajos de elaboración del Plan General hayan adquirido el suficiente grado de desarrollo que permita formular un Avance con los criterios, objetivos y soluciones generales, el Ayuntamiento lo someterá a información pública en el «Boletín Oficial de la Región» y en dos de los diarios de mayor difusión regional, durante un mes para la presentación de alternativas y sugerencias.

Simultáneamente, se podrá someter a consulta previa de la Dirección General competente en materia de urbanismo de la Administración regional.

A la vista del resultado de las consultas e informes que procedan, el Ayuntamiento dispondrá lo conveniente para la elaboración del Plan.

2. Terminada la fase de elaboración del Plan, el Ayuntamiento podrá acordar la aprobación inicial y lo someterá a información pública como mínimo durante dos meses, mediante anuncio en el «Boletín Oficial de la Región» y publicación en dos de los diarios de mayor difusión regional, para la presentación de alegaciones.

Simultáneamente se solicitarán de las distintas administraciones y organismos públicos aquellos informes que sean preceptivos por disposiciones legales y los que se juzguen necesarios, otorgando un trámite de audiencia a los ayuntamientos limítrofes y a la Dirección General competente en materia de urbanismo.

Los informes habrán de evacuarse en el plazo de dos meses, cuando no esté fijado un plazo expreso mayor en la legislación sectorial de aplicación.

3. A la vista del resultado de la información pública y previo informe de las alegaciones presentadas y de los informes emitidos, el Ayuntamiento lo aprobará provisionalmente con las modificaciones que procedieren. Si dichas modificaciones significaran un cambio sustancial del plan inicialmente aprobado, se abrirá un nuevo período de información pública, de un solo mes de duración, antes de elevarlo a aprobación definitiva.

A estos efectos, se entenderá por cambio sustancial la alteración del modelo de desarrollo urbano y territorial, pero no las alteraciones puntuales de los elementos integrantes del mismo.

4. El Ayuntamiento podrá someter de forma parcial a nueva información pública las modificaciones introducidas en el acuerdo de aprobación provisional en las áreas que se delimiten.

5. Cumplidos estos trámites, el Ayuntamiento remitirá el Plan con copia del expediente completo a la consejería competente en materia de urbanismo para que resuelva sobre su aprobación definitiva.

Artículo 136. Resolución definitiva del Plan General.

1. Recibido el expediente, la Dirección General competente en la materia dictaminará previamente sobre la documentación presentada y, si faltare alguno de los trámites o documentos preceptivos, lo pondrá en conocimiento del Ayuntamiento en el plazo máximo de un mes para su subsanación, quedando mientras tanto suspendida la tramitación.

2. El consejero competente, previo informe de la Comisión de Coordinación Territorial, resolverá sobre su aprobación en el plazo máximo de tres meses desde la recepción del expediente, transcurridos los cuales sin que se notifique la resolución podrá entenderse aprobado definitivamente el Plan por silencio administrativo, pudiendo, en consecuencia, proceder el Ayuntamiento a la publicación de la aprobación definitiva.

Artículo 137. Modalidades de resolución.

El órgano a quien corresponde la aprobación definitiva, adoptará alguna de las siguientes decisiones:

a) Aprobación definitiva del Plan.

b) Aprobación definitiva, a reserva de subsanación de deficiencias, cuando las modificaciones a introducir sean de escasa relevancia, careciendo de ejecutividad en aquellos sectores o zonas afectadas hasta tanto se subsanen por acuerdo del órgano competente municipal.

c) Aprobación definitiva parcial del Plan, suspendiendo sus efectos en algunas áreas determinadas y siempre que el Plan aprobado tenga coherencia, cualquiera que sea la solución que se dé a las áreas que no se aprueben.

d) Suspender la aprobación por deficiencias expresamente señaladas, por incumplimiento de la legalidad vigente o por razones de oportunidad territorial o que afecten al modelo territorial del Plan, que deberá subsanar el Ayuntamiento, sometiéndolo, en su caso, a nueva información pública conforme a lo señalado para la tramitación municipal del Plan.

e) Denegar la aprobación del Plan cuando contenga determinaciones contrarias a la legislación urbanística o sectorial o a los instrumentos de ordenación territorial, que, en todo caso, no puedan ser objeto de subsanación.

Artículo 138. Modificaciones afectantes a elementos estructurales del Plan General.

Las modificaciones que afecten a los elementos estructurales del Plan General o a los sistemas generales, y sin perjuicio de lo establecido en el artículo 149 de la presente Ley, se sujetarán al mismo procedimiento enunciado anteriormente para la formulación del Plan, aunque en este caso el plazo de información pública e informes preceptivos será de un mes, salvo que lo amplíe el Ayuntamiento o lo disponga la legislación sectorial, quedando reducido el plazo para resolución definitiva a dos meses.

Artículo 139. Modificaciones no afectantes a elementos estructurales del Plan General y Normas Complementarias.

Las modificaciones que no afecten a los elementos estructurales del Plan General y las Normas Complementarias se tramitarán con arreglo al siguiente procedimiento:

a) Será potestativa la formulación de avance y su información pública.

b) Aprobado inicialmente y sometido a la preceptiva información pública, se solicitará informe a los organismos afectados y a la Dirección General competente en materia de urbanismo, el cual será vinculante en materia de legalidad y naturaleza de la modificación, otorgándose en todos los casos un plazo de dos meses, cuando no esté recogido otro mayor en la legislación sectorial aplicable que, para la Administración regional, se reducirá a uno si se hubiera efectuado la consulta previa ante la referida Dirección General, contemplada en el artículo 133 de la presente Ley.

c) Será preceptiva la notificación a los titulares que consten en el Catastro, que resulten incluidos en el ámbito de la modificación cuando ésta sea de iniciativa particular.

d) Corresponde al Ayuntamiento la aprobación definitiva, de la que se dará cuenta a la consejería competente en materia de urbanismo y a todos los interesados que consten en el expediente.

Artículo 140. Tramitación de Planes Parciales y Especiales previstos en el planeamiento general.

La tramitación de los Planes Parciales y Especiales se sujetará a las siguientes reglas:

a) La aprobación inicial se otorgará por el Ayuntamiento, sometiéndolo a información pública durante un mes mediante anuncio en el «Boletín Oficial de la Región» y en dos diarios de mayor difusión regional.

Cuando se trate de planes de iniciativa particular el acuerdo habrá de notificarse individualmente a los titulares que consten en el Catastro, para que, en el mismo plazo, puedan alegar lo que a su derecho convenga.

Simultáneamente el Plan se someterá a informe de la Dirección General competente en materia de urbanismo, sobre aspectos de legalidad y oportunidad territorial, y de todos los organismos que resulten afectados conforme a la legislación sectorial específica; informes que deberán emitirse en el plazo de un mes.

La denegación de la aprobación inicial de los Planes de iniciativa particular sólo podrá producirse cuando presenten defectos que no sean subsanables a lo largo del procedimiento o cuando sean manifiestamente contrarios a la ordenación urbanística.

b) A la vista del resultado de la información pública, y previo informe de las alegaciones y de los informes emitidos, el Ayuntamiento acordará sobre su aprobación definitiva.

c) El Plan aprobado y copia del expediente completo se remitirán a la Dirección General competente para su conocimiento y efectos oportunos, notificándose a todos los interesados que consten en el expediente.

Artículo 141. Tramitación de Planes Parciales y Especiales no previstos en el planeamiento general.

La tramitación de los Planes de desarrollo no previstos expresamente en el Plan General se ajustará al procedimiento regulado en el artículo anterior, con la peculiaridad de que el período de información pública, tras la aprobación inicial y el trámite de audiencia a organismos competentes, será de dos meses, cuando no esté recogido un plazo mayor en la legislación sectorial aplicable.

Artículo 142. Tramitación de Estudios de Detalle.

1. Corresponde a los ayuntamientos la aprobación inicial de los Estudios de Detalle, sometiéndolos a información pública durante veinte días para que puedan ser examinados y presentadas las alegaciones correspondientes, mediante anuncio en el «Boletín Oficial de la Región» y publicación en dos diarios de mayor difusión regional.

2. El acuerdo se notificará individualizadamente a los propietarios y titulares de derechos incluidos en su ámbito y que consten en el Catastro, o, en su caso, en el Registro de la Propiedad, otorgándose un plazo de quince días para presentación de alegaciones.

3. A la vista del resultado de la información pública, y previo informe de las alegaciones presentadas, el Ayuntamiento acordará sobre su aprobación definitiva, con las modificaciones que resultaran procedentes.

4. El acuerdo definitivo se publicará en el «Boletín Oficial de la Región» y se notificará a los interesados que consten en el expediente, así como a la Dirección General competente en materia de urbanismo, remitiendo un ejemplar debidamente diligenciado para su conocimiento y efectos.

Artículo 143. Tramitación de los instrumentos de planeamiento que afecten a más de un municipio.

1. La Dirección General competente por razón de la materia tramitará los instrumentos de planeamiento que afecten a más de un municipio, a petición de los ayuntamientos interesados, incluida la aprobación inicial, la infor-

mación pública en el «Boletín Oficial de la Región» y publicación en dos diarios de mayor difusión regional y, en su caso, la aprobación provisional, previa audiencia de los ayuntamientos afectados.

2. Corresponderá en todo caso al consejero competente en materia de urbanismo la aprobación definitiva de los instrumentos de planeamiento que afecten a más de un municipio.

Artículo 144. Tramitación por la Comunidad Autónoma de instrumentos de planeamiento municipales.

1. La consejería competente por razón de la materia podrá elaborar, tramitar y aprobar los instrumentos de planeamiento de aquellos municipios que, por no disponer de suficientes medios técnicos, así lo soliciten, previo acuerdo municipal.

2. A la Dirección General competente corresponderá la tramitación del procedimiento y acordar sobre la aprobación inicial, previa audiencia del Ayuntamiento, y sobre la provisional, en su caso, así como la aprobación definitiva, salvo en el supuesto de Planes Generales y modificaciones estructurales del mismo, en que esta última resolución corresponde al consejero.

Artículo 145. Plazos para resolución de Planes y proyectos de iniciativa particular.

1. El plazo para acordar sobre la aprobación inicial de los Planes y proyectos de iniciativa particular no podrá exceder de dos meses desde la presentación de la documentación completa en el Registro municipal, si se trata de Planes de Desarrollo previstos en el Plan General, y de tres meses en otro caso.

2. En todos los supuestos, la aprobación definitiva se producirá por silencio administrativo positivo cuando transcurran seis meses desde la presentación del Plan o proyecto sin comunicar la pertinente resolución, siempre que no contuvieran determinaciones contrarias a la legislación vigente o al planeamiento de rango superior que hubieran sido puestas de manifiesto en los informes preceptivos emitidos por los organismos competentes. Será también condición necesaria que se haya producido el trámite de información pública, que podrá efectuarse por iniciativa de quien promueva el planeamiento.

Artículo 146. Plazo para expedir la cédula de urbanización.

1. La cédula de urbanización se expedirá por el Ayuntamiento en el plazo máximo de un mes, si se trata de suelo urbanizable ya sectorizado y de tres meses en suelo urbanizable sin sectorizar.

2. Obtenida la cédula o transcurrido el plazo señalado para su emisión, se entenderá habilitado el solicitante para la presentación del planeamiento de desarrollo, siendo indemnizables por el Ayuntamiento los costos del mismo, en el supuesto de no alcanzar la aprobación definitiva por causas no imputables al promotor.

⇒ V. art. 131 de la presente Ley.

CAPÍTULO IV
Efectos de la aprobación de los Planes

Artículo 147. Vigencia de los Planes.

Los Planes de Ordenación tendrán vigencia indefinida, hasta tanto se produzca su revisión o modificación.

⇒ V. Jurisprudencia en arts. 45 y concordantes del TRLS/1976 (§3).

Artículo 148. Revisión de los Planes.

1. Se entenderá por revisión del planeamiento la adopción de nuevos criterios respecto al modelo de desarrollo urbano y territorial que den lugar a un nuevo Plan sustitutorio del anterior. Ésta se producirá por las causas previstas en dicho Plan o por circunstancias sobrevenidas, debiendo de ajustarse al procedimiento establecido para su tramitación y aprobación.

2. El Consejo de Gobierno de la Comunidad Autónoma podrá requerir motivadamente a los ayuntamientos para que procedan a revisar, en todo o parte del ámbito a que se refieran, los planes municipales, señalándoles al efecto un plazo no inferior a dos meses. En caso de incumplimiento, la Administración Regional se subrogará en la competencia municipal, ajustándose al procedimiento previsto en esta Ley, para la tramitación por la misma de los instrumentos municipales, de conformidad con lo dispuesto en el artículo 60 de la Ley 7/1985, de 2 de abril, Reguladora de las Bases del Régimen Local.

⇒ V. Jurisprudencia en arts. 47 y concordantes del TRLS/1976 (§3).

Artículo 149. Modificación de los Planes.

1. Se considera modificación la alteración de las determinaciones del Plan, tanto gráficas como normativas, distinguiéndose entre modificaciones estructurales y modificaciones no estructurales según afecten o no a los sistemas generales.

2. Cuando la modificación tendiera a incrementar el volumen edificable de una zona residencial, se precisará para aprobarla la previsión de mayores dotaciones que requiera el aumento de la densidad de población, en la misma proporción fijada por el planeamiento.

3. Si las modificaciones de los instrumentos de planeamiento tuvieren por objeto una diferente zonificación o uso urbanístico de los espacios libres públicos previstos en aquéllos, deberá justificarse el interés público y su compensación con igual superficie en situación adecuada, analizando las afecciones resultantes para su posible indemnización, y someterse a informe de la Dirección de los Servicios Jurídicos, previa a su aprobación definitiva por el Consejo de Gobierno.

4. No podrán aprobarse modificaciones de Plan General para cambiar la clasificación o calificación de suelo no urbanizable protegido que se motive en la eliminación de los valores que justificaron aquéllas, salvo por razones fundamentadas de interés público.

5. No podrán tramitarse modificaciones de Plan para ampliación de

suelo urbano por aplicación del criterio de consolidación previsto en el artículo 62.1 b) de esta Ley.

⇒ V. Jurisprudencia en arts. 49 y concordantes del TRLS/1976 (§3).

Artículo 150. Documento refundido.

Cualquier instrumento de planeamiento que modifique parcialmente las determinaciones de otro anterior deberá complementarse de un documento refundido que recoja las determinaciones resultantes tras su aprobación definitiva, diligenciándose por el órgano competente, que deberá invalidar simultáneamente los documentos anteriores que resulten modificados.

Artículo 151. Obligatoriedad y ejecutividad del planeamiento.

1. Los particulares, igual que la Administración, quedarán obligados al cumplimiento de lo dispuesto en la legislación urbanística y en los Planes que la desarrollan.

2. Los instrumentos de planeamiento serán inmediatamente ejecutivos tras la publicación de su aprobación definitiva en el «Boletín Oficial de la Región». Una vez diligenciado el documento refundido por el órgano competente para su aprobación, se remitirá en el plazo de un mes al «Boletín Oficial de la Región» para la publicación íntegra del texto normativo y el índice de documentos del Plan.

3. Los Planes Generales aprobados definitivamente serán objeto de edición, que incluirá al menos la memoria, las Normas Urbanísticas y los planos de ordenación.

⇒ V. art. 6 de la Ley 6/1998, de 13 abril (§1).
V. arts. 124.1, 124.3, 133 y 134 del TRLS/1992 (§2).
V. art. 70.2 de la LBRL.
V. Jurisprudencia en arts. 56 y concordantes del TRLS/1976 (§3).

Artículo 152. Declaración de utilidad pública.

La aprobación de los Planes urbanísticos y la delimitación de Unidades de Actuación que afecten a sectores a desarrollar por el sistema de expropiación implicará la declaración de utilidad pública y la necesidad de ocupación de los terrenos y edificios correspondientes, a los fines de expropiación o imposición de servidumbres.

⇒ V. art. 33 de la Ley 6/1998, de 13 abril (§1).

Artículo 153. Publicidad de los Planes. Cédula urbanística y cédula de edificación.

1. Los Planes y Proyectos urbanísticos serán públicos y cualquier persona podrá, en los períodos de información pública y tras su aprobación definitiva, consultarlos e informarse de los mismos en el Ayuntamiento del término a que se refieran. También podrá consultarse la información urbanística disponible en la Administración regional.

2. Todo administrado tiene derecho a que el Ayuntamiento le informe por escrito del régimen urbanístico aplicable a una finca o sector. A tal efecto,

los ayuntamientos deberán crear un documento acreditativo, denominado cédula urbanística.

3. Los ayuntamientos deberán crear un documento específico, denominado cédula de edificación, para la determinación de las condiciones técnicas de edificación de un solar determinado, que sirva de base para la redacción del proyecto correspondiente.

4. Ambas cédulas deberán expedirse a solicitud de cualquier administrado en el plazo máximo de un mes desde su solicitud, aportando a tal efecto aquél los datos necesarios para la identificación de la finca o sector de que se trate.

⇒ V. art. 9 de la presente Ley.
V. art. 6 de la Ley 6/1998, de 13 abril (§1).
V. art. 70.2 de la LBRL.
V. jurisprudencia en arts. 63 y concordantes del TRLS/1976 (§3).

Artículo 154. Publicidad de las urbanizaciones.

1. La publicidad de las urbanizaciones deberá expresar la fecha de aprobación del Plan correspondiente y no podrá contener indicaciones en contra de lo dispuesto en el citado Plan.

2. En las enajenaciones de parcelas urbanizables deberá hacerse constar la fecha del acto de su aprobación y las cláusulas que se refieran a los compromisos entre las partes. La infracción de las disposiciones contenidas en el apartado anterior facultará al adquirente para resolver el contrato, en el plazo de un año a contar desde su otorgamiento, y exigir la indemnización de los daños y perjuicios que se le hubieren irrogado.

TÍTULO V
GESTIÓN URBANÍSTICA Y PATRIMONIOS PÚBLICOS DE SUELO

CAPÍTULO I
Disposiciones generales

Artículo 155. Concepto y modalidades de gestión urbanística.

1. La gestión urbanística es el conjunto de actuaciones y procedimientos establecidos legalmente para la transformación del suelo, y, en especial, para su urbanización y edificación en ejecución del planeamiento urbanístico.

2. En suelo urbano consolidado, núcleos rurales y suelo urbano especial, la gestión urbanística se efectuará mediante actuaciones aisladas sobre las parcelas existentes, previa normalización de fincas y cesión de viales o expropiación, en su caso.

3. En suelo urbano no consolidado y en suelo urbanizable, la gestión urbanística se efectuará mediante actuaciones integradas sobre áreas delimitadas como Unidades de Actuación, a desarrollar mediante alguno de los sistemas regulados en esta Ley.

4. Excepcionalmente, en casos debidamente justificados podrá efectuarse la gestión urbanística tanto por actuaciones aisladas como integradas en cualquiera de las categorías y clases de suelo señaladas en los apartados anteriores.

Artículo 156. Obtención de dotaciones urbanísticas.

Los terrenos reservados en el planeamiento para sistemas generales y demás dotaciones urbanísticas públicas, podrán ser adquiridos:

a) Por cesión gratuita a la Administración actuante, mediante alguno de los sistemas de actuación previstos en este Título.

b) Mediante expropiación forzosa, conforme a la legislación específica en esta materia.

c) Mediante ocupación directa, en el caso de sistemas y dotaciones urbanísticas generales o locales, conforme a lo previsto en esta Ley.

Artículo 157. Órganos de gestión urbanística.

Son órganos de gestión urbanística:

1. Las administraciones públicas competentes y las entidades de Derecho público dependientes de ellas podrán constituir mancomunidades, gerencias, consorcios y sociedades mercantiles para la gestión urbanística, conforme a lo dispuesto en su legislación reguladora. A los consorcios y sociedades mercantiles podrán incorporarse los particulares y las entidades de Derecho privado.

2. Los propietarios afectados por actuaciones urbanísticas podrán participar en su gestión mediante entidades urbanísticas colaboradoras, como las juntas de compensación, las asociaciones de propietarios en los sistemas de cooperación, concurrencia y expropiación y las destinadas a la conservación y mantenimiento de la urbanización. A dichas entidades les afectarán las siguientes prescripciones:

a) Tendrán carácter administrativo, dependerán en este orden del Ayuntamiento; y se regirán por el Derecho público en lo relativo a organización, formación de voluntad de sus órganos y relaciones con el Ayuntamiento.

b) Su constitución y estatutos deberán ser aprobados por el Ayuntamiento, y adquirirán personalidad jurídica con su inscripción en el correspondiente Registro Municipal de Entidades Colaboradoras.

c) Deberán reconocer el derecho de los propietarios afectados a incorporarse en las mismas condiciones y con análogos derechos que los miembros fundadores.

3. El urbanizador, que será la persona física o jurídica, pública o privada que, sin necesidad de ser propietaria de los terrenos, realice las actuaciones urbanísticas tendentes a la urbanización y edificación en los términos definidos en la presente Ley.

En los supuestos de gestión pública indirecta, el régimen jurídico del urbanizador tendrá naturaleza contractual, sometido a la legislación sobre contratos de las administraciones públicas, sin perjuicio de lo establecido en esta Ley y en sus normas de desarrollo.

Artículo 158. Convenios urbanísticos.

1. Las administraciones públicas y las entidades de Derecho público de ellas dependientes, así como los consorcios y sociedades urbanísticas, podrán suscribir convenios entre sí o con particulares, con la finalidad de establecer condiciones detalladas para la ejecución del planeamiento urbanístico, o bien para la formulación o modificación de éste.

2. Los convenios urbanísticos no podrán limitar el ejercicio de las competencias de la Administración pública, ni dispensar del cumplimiento de los deberes urbanísticos exigidos en esta Ley. Serán nulas de pleno derecho las estipulaciones de los convenios urbanísticos que contravengan lo establecido en esta Ley o en el planeamiento, sin perjuicio de que puedan incluir, entre sus objetivos, la revisión o modificación de éste.

3. La negociación, tramitación y celebración de los convenios urbanísticos se atendrán a los principios de transparencia y publicidad, conforme a las siguientes normas:

a) El Ayuntamiento publicará los convenios en el «Boletín Oficial de la Región», en el plazo de un mes desde su celebración y los mantendrá en régimen de consulta pública.

b) Los convenios en los que establezcan condiciones para la formulación o modificación de los instrumentos de planeamiento se incorporarán a los correspondientes expedientes desde el mismo inicio del procedimiento.

c) Los convenios en los que se establezcan condiciones para el cumplimiento del deber legal de cesión del aprovechamiento correspondiente al Ayuntamiento, o de la participación de éste en los gastos de urbanización en el planeamiento de iniciativa particular, se atendrán a lo dispuesto en esta Ley en cuanto al destino y transmisión de los patrimonios públicos de suelo, e incluirán la valoración pertinente.

4. Los convenios urbanísticos tendrán, a todos los efectos, naturaleza y carácter jurídico-administrativo.

Artículo 159. Proyectos de urbanización.

1. Los Proyectos de Urbanización tienen por objeto la ejecución integrada de las obras de urbanización incluidas en sectores o Unidades de Actuación en desarrollo de las previsiones fijadas en el planeamiento, conteniendo la supresión de barreras arquitectónicas y garantizando la accesibilidad.

2. Los proyectos de urbanización no podrán modificar las previsiones del planeamiento que desarrollan, sin perjuicio de que puedan efectuar las adaptaciones exigidas por el desarrollo y ejecución material de las obras.

3. Los proyectos de urbanización comprenderán todos los documentos necesarios para la completa definición y ejecución de las obras comprendidas en su ámbito, incluyendo una memoria y anexos necesarios, plano de situación en relación con el planeamiento y planos de proyecto y de detalle, medi-

ciones, cuadros de precios, presupuesto y pliego de condiciones de ejecución de las obras y servicios.

4. Los proyectos de urbanización serán elaborados por los propietarios, por el urbanizador o de oficio por la Administración actuante, según proceda.

5. La tramitación de los proyectos de urbanización se sujetará al procedimiento regulado en el artículo 142 de esta Ley.

⇒ V. Jurisprudencia en arts. 15 y concordantes del TRLS/1976 (§3).

Artículo 160. Gastos de urbanización.

1. A los efectos de esta Ley, tienen la consideración de gastos de urbanización todos aquellos requeridos por el planeamiento y, como mínimo, los siguientes:

a) Ejecución o acondicionamiento de las vías públicas, incluida la pavimentación de calzadas y aceras, señalización y jardinería.

b) Ejecución o adecuación de los servicios urbanos exigibles conforme al planeamiento urbanístico y, al menos, los siguientes:

1º Abastecimiento de agua potable, incluida su captación, depósito, tratamiento y distribución, así como las instalaciones de riego y los hidrantes contra incendios.

2º Saneamiento, incluidas las conducciones y colectores de evacuación, los sumideros para la recogida de aguas pluviales y las instalaciones de depuración.

3º Suministro de energía eléctrica, incluidas las instalaciones de conducción, transformación, distribución y alumbrado público.

4º Canalización e instalación de gas y de los demás servicios exigidos en cada caso por el planeamiento.

c) Ejecución de los espacios libres públicos, incluidos el mobiliario urbano, la jardinería y la plantación de arbolado y demás especies vegetales.

d) Redacción y tramitación de Planes y proyectos, y todo tipo de honorarios facultativos que conlleve el proceso de urbanización y aquellos otros gastos justificados e imputables a tal fin.

e) Las indemnizaciones a propietarios y arrendatarios y demás gastos que procedan para la extinción de servidumbres y derechos de arrendamiento, la destrucción de construcciones, instalaciones y plantaciones y el cese de actividades, incluso gastos de traslado, cuando cualquiera de ellos sea incompatible con el planeamiento urbanístico o su ejecución, así como para satisfacer los derechos de realojo y retorno, cuando sean procedentes.

2. Los gastos de urbanización corresponden a los propietarios o titulares de derechos patrimoniales, según el régimen aplicable a cada clase y categoría de suelo. Corresponden a las empresas concesionarias o titulares de los servicios los gastos de las instalaciones y obras necesarias para el suministro y servicios energéticos, de telecomunicación o nuevas tecnologías de sectores liberalizados por la legislación estatal. Los propietarios de suelo o promotores

tendrán derecho a ser reintegrados de los gastos anticipados por estos conceptos.

3. Los gastos de urbanización podrán satisfacerse total o parcialmente mediante la cesión de terrenos edificables de valor urbanístico equivalente.

4. Los gastos de infraestructuras de conexión a los sistemas generales exteriores al sector, que excedan de los requeridos para el mismo, serán repercutidos por la Administración actuante, en la cuantía que corresponda, sobre los propietarios que resulten beneficiados, según se determine en el Programa de Actuación.

⇒ V. arts. 14, 18 y 19 de la Ley 6/1998, de 13 abril (§1).

V. Jurisprudencia en arts. 120 y concordantes del TRLS/1976 (§3).

Artículo 161. Participación de la Administración en los gastos de urbanización.

1. La Administración participará en los gastos de urbanización en la proporción de aprovechamiento que le corresponda por cesión obligatoria, salvo en los sistemas de concurrencia y concertación indirecta en que se podrá fijar como elemento del concurso el grado de participación en dichas cargas.

2. En Unidades de Actuación en suelo urbano, cuando resulten excesivas las cargas de urbanización, la Administración podrá aumentar su contribución en los gastos de aquélla, equiparando la repercusión de los costes a los de otras actuaciones análogas, que hayan resultado viables.

⇒ V. Jurisprudencia en arts. 120 y concordantes del TRLS/1976 (§3).

Artículo 162. Garantía de urbanización.

1. Con el fin de asegurar el cumplimiento del deber de urbanizar, el urbanizador o el promotor de urbanizaciones de iniciativa particular deberá constituir una garantía equivalente al 10 por 100 de la evaluación económica de los costes de urbanización de cada unidad, una vez recaída la aprobación definitiva del programa de actuación y como requisito para su efectividad.

2. Cuando sea conveniente anticipar o diferir determinadas obras de urbanización y edificación respecto de la total ejecución de una actuación urbanística, el Ayuntamiento impondrá a la prestación una garantía que asegure la ejecución de dichas obras, de conformidad con el planeamiento y su adecuación a la gestión posterior.

Esta garantía se establecerá en un porcentaje correspondiente a su superficie sobre el valor estimado de las obras de la Unidad de Actuación. Si ésta no estuviera delimitada se aplicará un porcentaje equivalente al 5 por 100 del precio máximo vigente de vivienda de protección oficial por cada metro cuadrado de edificación.

3. En los supuestos de ejecución simultánea de urbanización y edificación se estará a lo dispuesto en el artículo 211 de esta Ley.

Artículo 163. Recepción de obras de urbanización.

1. Una vez terminadas las obras de urbanización e instalaciones y dotaciones, en su caso, el urbanizador o los propietarios lo pondrán en conocimiento del Ayuntamiento para su cesión.

2. El Ayuntamiento, en el plazo de tres meses desde la recepción de la comunicación, deberá resolver, señalando fecha para formalizar el acta de cesión o bien requerir, la subsanación de las deficiencias advertidas que deban corregirse.

Transcurrido el plazo anterior sin que se hubiera notificado resolución expresa del Ayuntamiento, se considerará aceptada la cesión por silencio administrativo.

3. La recepción de las obras cedidas tendrá carácter provisional durante un año a contar desde el día siguiente de la formalización del acta de cesión o de la fecha en que se hubiera producido la aprobación por silencio administrativo.

Transcurrido el plazo del año sin notificación alguna del Ayuntamiento la recepción adquirirá carácter definitivo.

4. Con la recepción definitiva procederá la devolución de los avales o garantías constituidos y el reintegro, en su caso, de los gastos anticipados.

CAPÍTULO II

Delimitación de Unidades de Actuación y actuaciones aisladas

Artículo 164. Unidades de Actuación.

1. Los proyectos de delimitación de Unidades de Actuación tienen por objeto la determinación de los límites de las Unidades de Actuación cuando no vengan establecidas en el planeamiento o para su modificación o reajuste, conforme a los criterios señalados en esta Ley.

2. El proyecto deberá contener los documentos y planos, a escala adecuada, necesarios para definir su objeto, justificando el cumplimiento de lo señalado para las Unidades de Actuación en esta Ley.

3. Los Proyectos de delimitación de Unidades de Actuación serán elaborados por los propietarios, por el urbanizador o de oficio por la Administración actuante, según proceda.

4. La tramitación de los proyectos de delimitación de Unidades de Actuación se sujetará al procedimiento regulado en el artículo 142 de esta Ley.

Artículo 165. Actuaciones aisladas.

1. Las actuaciones aisladas pueden tener por objeto:

a) Completar la urbanización de las parcelas de suelo urbano consolidado, a fin de que alcancen la condición de solar, si aún no la tuvieran.

b) Ejecutar los sistemas generales y demás dotaciones urbanísticas públicas, así como ampliar los patrimonios públicos de suelo, en cualquier clase de suelo.

c) Regularizar la configuración de los predios conforme a la ordenación urbanística.

2. La gestión de las actuaciones aisladas puede ser:

a) Pública, con cualquiera de las finalidades previstas en el número anterior, mediante expropiación, cesión de viales o normalización de fincas.

b) Privada, mediante cesión de viales o normalización de fincas.

Artículo 166. Edificación directa.

1. En suelo urbano consolidado y donde no proceda la delimitación de una Unidad de Actuación, podrá edificarse directamente, sin más requisito que la obtención de la licencia urbanística correspondiente, en la que se impondrán, en su caso, las condiciones necesarias para asegurar que el suelo alcance la condición de solar, debiendo asumir en este supuesto el promotor los gastos que conlleve, y depositar los avales y garantías que correspondan, con arreglo a la legislación de régimen local.

2. Las obras de urbanización u ordinarias que el Ayuntamiento lleve a cabo serán financiadas, cuando proceda, mediante contribuciones especiales, conforme a la normativa de régimen local.

Artículo 167. Cesión de viales.

1. Cuando sea preciso regularizar la alineación de una parcela conforme al planeamiento, se podrá establecer de forma directa la cesión gratuita de los terrenos calificados como viales públicos y, además, el compromiso de su urbanización como requisito previo a la obtención de licencia para edificar.

2. Cuando la cesión de terrenos suponga más de un 20 por 100 de la parcela o quede ésta como inedificable, el propietario tendrá derecho a la delimitación de una Unidad de Actuación para la justa compensación de cargas o a su indemnización a cargo de la administración actuante.

Artículo 168. Normalización de fincas.

1. La normalización de fincas tiene por objeto adaptar la configuración física de las parcelas de suelo urbano consolidado, urbano especial y de núcleos rurales a las determinaciones del planeamiento urbanístico.

2. La normalización se limitará a definir los nuevos linderos de las fincas afectadas, siempre que no incida en el valor de las mismas en proporción superior al 15 por 100 ni a las construcciones existentes no declaradas fuera de ordenación. Si se apreciase una diferencia superior al 15 por 100 del valor de las fincas resultantes, se acudirá a un sistema de actuación integrada. Las variaciones en el valor de las fincas, en su caso, se compensarán económicamente.

3. La normalización se aprobará por el Ayuntamiento, de oficio o a instancia de alguno de los afectados, previa notificación a todos ellos, otorgándoles un plazo de audiencia de quince días, y el acuerdo municipal tendrá acceso al Registro de la Propiedad, conforme a la legislación registral.

CAPÍTULO III
Gestión de actuaciones integradas

Sección 1ª Disposiciones generales

Artículo 169. Actuaciones integradas.

1. Las actuaciones integradas tienen por objeto la urbanización completa de los terrenos clasificados como suelo urbano y como suelo urbanizable, cumpliendo los deberes urbanísticos establecidos para cada clase y categoría de suelo, mediante la aprobación, en su caso, de un programa de actuación.

2. La gestión de las actuaciones integradas se desarrollará sobre Unidades de Actuación completas utilizándose como instrumento el proyecto de reparcelación, cuando sea necesario, o el de expropiación, en su caso.

3. Con las especialidades señaladas para cada sistema de actuación, el urbanizador será el responsable de ejecutar la actuación, elaborando el proyecto de reparcelación así como el de urbanización, y financiando los gastos de urbanización que procedan, sin perjuicio de la obligación de los propietarios de costearlos.

Artículo 170. Unidades de Actuación.

1. Las Unidades de Actuación son ámbitos delimitados en el planeamiento o mediante procedimiento específico, en sectores de suelo urbano no consolidado y de suelo urbanizable sectorizado, para su ejecución integrada y completa.

2. La delimitación de las Unidades se realizará en el instrumento de planeamiento urbanístico que establezca la ordenación detallada del sector, aunque también podrá delimitarse y modificarse mediante proyecto de delimitación de Unidad de Actuación.

3. Las Unidades de Actuación se delimitarán de forma que permitan la ejecución de las determinaciones del planeamiento urbanístico y el cumplimiento conjunto de los deberes de urbanización, cesión y equidistribución, respetando además las siguientes reglas:

a) Se incluirán todos los terrenos reservados en el planeamiento urbanístico para dotaciones urbanísticas públicas que sean necesarios para desarrollar la actuación.

b) En suelo urbano no consolidado las Unidades podrán ser discontinuas, y su aprovechamiento total no podrá desviarse en más de un 15 por 100 de la media de aprovechamientos de todas las unidades incluidas en la misma área urbana homogénea.

c) En suelo urbanizable sectorizado las Unidades también podrán ser discontinuas, si bien a los solos efectos de incluir terrenos destinados a sistemas generales, y su aprovechamiento será el de referencia del sector al que se vinculen.

4. Cuando en la Unidad existan bienes de uso y dominio publico adqui-

ridos de forma onerosa, el aprovechamiento correspondiente a su superficie pertenecerá a su Administración titular. Para los no adquiridos de forma onerosa, cuando su superficie total fuera igual o inferior a la superficie de los bienes de uso y dominio público que resulten del planeamiento urbanístico, se entenderán sustituidos unos por otros, y si fuera superior, la Administración citada tendrá derecho al aprovechamiento correspondiente al exceso.

Artículo 171. Sistemas de actuación integrada.

Las actuaciones integradas se desarrollarán mediante alguno de los siguientes sistemas:

1. De iniciativa privada:

a) Sistema de concertación directa.

b) Sistema de concertación indirecta.

c) Sistema de compensación.

2. De iniciativa pública:

a) Sistema de cooperación.

b) Sistema de concurrencia.

c) Sistema de expropiación.

d) Sistema de ocupación directa.

Corresponde a la Administración actuante establecer el sistema de actuación aplicable según las necesidades, medios económico-financieros con que cuente, colaboración de la iniciativa privada y demás circunstancias que concurran, dando preferencia a los sistemas de iniciativa privada, salvo que razones de interés público demanden los sistemas de iniciativa pública.

No obstante, el sistema adoptado podrá ser objeto de modificación, de oficio o a solicitud de los interesados, mediante el procedimiento establecido en el artículo 142 de esta Ley.

Artículo 172. Programas de Actuación.

1. Los Programas de Actuación son instrumentos de gestión urbanística que tienen por objeto establecer las bases técnicas y económicas de las actuaciones en los sistemas de concertación, compensación, cooperación y concurrencia.

2. Sin perjuicio de las especialidades que se determinen para cada sistema de actuación, los Programas de Actuación contendrán:

a) Identificación del promotor, y relación de los propietarios y de los titulares que consten en el Catastro y, en su caso, en el Registro de la Propiedad.

b) Justificación del ámbito territorial y sistema de actuación propuesto conforme al planeamiento vigente, o, en su caso, al Avance de planeamiento que se acompañe como anexo.

c) Estimación de los gastos de urbanización, programa de trabajo y distribución de inversiones, conforme a lo señalado en el artículo 160 de esta Ley.

d) Plazos para la ejecución de la actuación, que no podrán exceder de los señalados en el planeamiento urbanístico para el cumplimiento de los deberes urbanísticos exigibles.

e) Garantías que aseguren la ejecución de la actuación, mediante crédito comprometido con cargo a fondos públicos, o la planificación y compromiso financiero de la inversión con fondos cuyo origen deberá acreditarse.

f) Compromiso de prestación de aval o fianza por el urbanizador previstos en cuantía del 10 por 100 de los gastos de urbanización previstos.

g) En su caso, compromisos complementarios del urbanizador en cuanto a edificación, cesiones, ejecución de dotaciones urbanísticas, afección de inmuebles a fines sociales u otras prestaciones.

Artículo 173. Elaboración y aprobación de los Programas de Actuación.

1. Los Programas de Actuación podrán ser elaborados por los particulares, por el Ayuntamiento o por cualquier otra Administración pública. El Ayuntamiento podrá autorizar la ocupación temporal de terrenos para obtener información, conforme a la legislación expropiatoria.

2. Los Programas de Actuación podrán aprobarse y modificarse conjuntamente con el instrumento de planeamiento urbanístico que establezca la ordenación de los terrenos; en tal caso durante la tramitación procederá la notificación a los propietarios y titulares afectados.

3. Asimismo los Programas de Actuación podrán tramitarse por separado, siguiendo las siguientes reglas, con las especialidades señaladas para cada sistema de actuación:

a) Corresponde al Ayuntamiento la aprobación inicial y la apertura de un período de información pública de veinte días como mínimo, que se notificará a los propietarios y titulares que consten en el Catastro, y, en su caso, en el Registro de la Propiedad, y se anunciará en el «Boletín Oficial de la Región» y en dos de los diarios de mayor difusión regional.

b) Concluida la información pública, corresponderá al Ayuntamiento acordar la aprobación definitiva, señalando los cambios respecto de lo aprobado inicialmente, lo que se notificará a los propietarios y a los titulares afectados y a quienes hubieran presentado alegaciones, y se publicará en el «Boletín Oficial de la Región».

c) Cuando se trate de Programas elaborados por particulares u otras Administraciones públicas, el Ayuntamiento deberá resolver sobre su aprobación inicial antes de dos meses desde su presentación, transcurridos los cuales podrá promoverse la información pública y notificación a propietarios por iniciativa privada. Asimismo, siempre que se hubiera realizado la información pública, el Ayuntamiento deberá resolver sobre la aprobación definitiva antes de cuatro meses desde la aprobación inicial, transcurridos los cuales sin notificación expresa podrá entenderse aprobado el Programa por silencio administrativo.

Artículo 174. Efectos de los Programas de Actuación.

La aprobación del Programa de Actuación otorga la condición de urbanizador a su promotor, quedando éste obligado a ejecutar la actuación en las condiciones establecidas en el Programa y, en su caso, en el planeamiento urbanístico.

Artículo 175. Proyecto de reparcelación.

1. El proyecto de reparcelación tiene por objeto formalizar la gestión urbanística mediante la integración de todas las fincas comprendidas en una Unidad de Actuación, la determinación de las parcelas resultantes con sus parámetros urbanísticos y la concreción de los derechos y deberes de los propietarios originarios y de la Administración en cuanto al cumplimiento de la equidistribución de beneficios y cargas.

2. El proyecto de reparcelación tendrá en cuenta los siguientes criterios:

a) El derecho de los propietarios será proporcional a la superficie de las parcelas respectivas en el momento de aprobación de la delimitación de la Unidad de Actuación. No obstante los propietarios, por unanimidad, podrán adoptar un criterio distinto.

b) La valoración de las parcelas resultantes tendrá en cuenta el volumen edificable, el uso asignado por el Plan, la situación y cualquier otra característica diferencial, de conformidad con lo establecido en la legislación estatal.

c) Las plantaciones, obras, edificaciones e instalaciones que no puedan conservarse se valorarán con independencia del suelo, y su importe se computará como gasto de urbanización.

d) Las obras de urbanización compatibles con la ejecución del Plan serán consideradas como obras con cargo al proyecto, compensándose al propietario por su valor.

e) Se procurará que las fincas adjudicadas estén situadas en lugar próximo al de las parcelas originarias del correspondiente propietario.

f) No podrán adjudicarse como finca independiente superficies inferiores a la parcela mínima edificable o que no reúnan la configuración y características adecuadas para su edificación conforme al planeamiento.

g) Cuando la escasa cuantía de los derechos de algunos propietarios no permita que se les adjudiquen fincas independientes a todos ellos, las parcelas resultantes se adjudicarán en pro indiviso a tales propietarios. No obstante, en estos casos y a solicitud de los propietarios, la adjudicación podrá sustituirse por una indemnización económica.

h) No será objeto de adjudicación, conservándose las propiedades originarias, sin perjuicio de las compensaciones económicas que procedan, los terrenos edificados con arreglo al planeamiento.

i) En la cuenta de liquidación del proyecto se incluirán las indemnizaciones que correspondan a las diferencias de adjudicación que se hayan producido, tanto por defecto como por exceso, valorándose al precio medio de las parcelas resultantes.

j) El costo de las obras de urbanización se calculará con arreglo al presupuesto del proyecto de urbanización o mediante una cifra estimativa que establecerá razonadamente el propio proyecto de reparcelación.

3. El proyecto de reparcelación contendrá los siguientes documentos:

a) Memoria descriptiva de las circunstancias y ámbito, y justificativa del cumplimiento de los criterios de valoración y adjudicación señalados en esta Ley.

b) Relación de propietarios y titulares de derechos incluidos en su ámbito, con expresión de la naturaleza y cuantía de éstos, distinguiendo los que deben extinguirse con la ejecución del plan.

c) Propuesta de adjudicación de fincas resultantes, con designación nominal de los adjudicatarios y expresión del aprovechamiento urbanístico correspondiente.

d) Cuenta de liquidación provisional.

e) Planos, a escala adecuada, de información, ordenación, parcelación originaria y resultante de la adjudicación.

⇒ V. art. 5 de la Ley 6/1998, de 13 abril (§1).
V. arts. 6 y concordantes del RD 1093/1997, de 4 julio (§2.1).

Artículo 176. Elaboración y aprobación del proyecto de reparcelación.

1. El proyecto de reparcelación podrá tramitarse y aprobarse junto con el Programa de Actuación.

2. Cuando se tramite independientemente, se elaborará por quien corresponda según el sistema de actuación elegido y se aprobará inicialmente por el Ayuntamiento en el plazo máximo de dos meses desde la presentación del documento completo.

3. Aprobado inicialmente, el expediente se someterá a información pública durante veinte días como mínimo, mediante anuncio inserto en el «Boletín Oficial de la Región» y en dos de los diarios de mayor difusión regional, y se notificará individualizadamente a los titulares que consten en el proyecto.

4. La resolución definitiva deberá producirse en el plazo de tres meses desde la aprobación inicial y deberá ser notificada a todos los interesados y publicada en la forma prevista en el párrafo anterior.

5. En el caso de actuaciones por iniciativa privada, el transcurso del plazo fijado en el párrafo anterior sin que el promotor haya recibido la notificación del acto se entenderá recaída la aprobación definitiva.

Artículo 177. Efectos y formalización del proyecto de reparcelación.

1. Además de lo establecido en la legislación del Estado en cuanto a extinción de derechos reales y cargas constituidos sobre las fincas originales

y exenciones fiscales para la adjudicación de nuevas fincas, la aprobación del proyecto de reparcelación producirá los siguientes efectos inmediatos:

a) Transmisión al Ayuntamiento, en pleno dominio y libres de cargas, gravámenes y ocupantes, de los terrenos que deban ser objeto de cesión, para su afectación a los usos previstos en el planeamiento y su incorporación al Patrimonio Municipal de Suelo, en su caso.

b) Subrogación, con plena eficacia real, de las antiguas fincas por las nuevas siempre que quede establecida su correspondencia.

c) Afectación real de las parcelas adjudicadas al cumplimiento de las cargas y al pago de los gastos inherentes al sistema de actuación correspondiente.

2. Una vez firme en vía administrativa la aprobación definitiva de la reparcelación se procederá a otorgar escritura pública con las formalidades necesarias para su inscripción registral, de acuerdo con la normativa estatal.

Sección 2ª Sistemas de iniciativa privada

Subsección 1ª Sistemas de concertación

Artículo 178. Sistema de concertación directa.

1. El sistema de concertación directa podrá utilizarse cuando todos los terrenos de la Unidad de Actuación, excepto los de uso y dominio público, en su caso, pertenezcan a un único propietario, o bien cuando todos los propietarios de la Unidad garanticen solidariamente la actuación.

2. En el sistema de concertación directa asumirá el papel de urbanizador el propietario único, o bien el conjunto de propietarios, de forma solidaria.

3. El Programa de Actuación deberá acreditar que los terrenos de la Unidad, excepto los de uso y dominio público, son propiedad de sus promotores, que deberán suscribir el oportuno convenio de colaboración, mediante cualquiera de las formas jurídicas conformes a Derecho, pudiendo declararse innecesaria la reparcelación.

Artículo 179. Sistema de concertación indirecta.

1. Podrá utilizarse este sistema a solicitud de alguno de los propietarios que representen al menos el 25 por 100 de la superficie de la Unidad de Actuación, descontados los terrenos de dominio y uso público, en su caso, cuando no estuviera previsto el sistema de compensación o no se alcanzara acuerdo con el porcentaje de propietarios requerido para este sistema.

2. Recibida la solicitud, el Ayuntamiento iniciará el procedimiento en el que se promueva la concurrencia entre los propietarios incluidos dentro de la Unidad de Actuación, otorgando un plazo de tres meses para la presentación de Programas de Actuación, conforme a las bases del concurso y criterios de adjudicación fijados por la Administración.

3. El Programa que resulte seleccionado será objeto de la tramitación correspondiente, conforme al artículo 173 de esta Ley, ostentando el adjudi-

catario del concurso la condición de urbanizador y siendo de aplicación las determinaciones del sistema de concurrencia regulado en esta Ley.

Subsección 2ª Sistema de Compensación

Artículo 180. Características del sistema de compensación.

1. El sistema de compensación podrá utilizarse a iniciativa del propietario o los propietarios que representen al menos el 50 por 100 de la superficie de la Unidad de Actuación, descontados los terrenos de uso y dominio público, en su caso.

2. En el sistema de compensación los citados propietarios asumirán el papel de urbanizador, constituidos en Junta de Compensación, en cuyos órganos plenario y de dirección estará representado el Ayuntamiento.

⇒ V. art. 4 de la Ley 6/1998, de 13 abril (§1).
V. arts. 6 y concordantes del RD 1093/1997, de 4 julio (§2.1).
V. Jurisprudencia en arts. 126 y concordantes del TRLS/1976 (§3).

Artículo 181. Junta de Compensación.

1. La Junta de Compensación se constituirá de acuerdo a las siguientes reglas:

a) Presentados los Proyectos de Estatutos y de Programas de Actuación, con el contenido fijado en el artículo 172, por los propietarios habilitados para ello conforme al artículo anterior, el Ayuntamiento los aprobará inicialmente, los someterá a información pública por término de veinte días y los notificará a los propietarios, otorgándoles un plazo de audiencia de quince días, en el cual podrán adherirse a la Junta los propietarios no integrados inicialmente en la misma. Asimismo el Ayuntamiento solicitará del Registro de la Propiedad certificación de dominio y cargas de las fincas y la práctica de los asientos que correspondan.

b) Finalizado este último plazo, el Ayuntamiento resolverá sobre la aprobación definitiva de los Estatutos y Programa de Actuación, introduciendo las modificaciones que procedan. Este acuerdo se notificará a los propietarios y se publicará en el «Boletín Oficial de la Región».

c) El Ayuntamiento deberá efectuar la aprobación inicial prevista en el apartado a) antes de dos meses desde la presentación de los Estatutos y Programa de Actuación, transcurrido el cual podrá promoverse la notificación a los propietarios por iniciativa privada. Asimismo, siempre que se hubiera efectuado la notificación a los propietarios, el Ayuntamiento deberá resolver sobre la aprobación definitiva de los Estatutos y Programa de Actuación antes de tres meses desde su presentación, transcurridos los cuales sin que se hubiera notificado resolución expresa podrán entenderse aprobados por silencio administrativo.

d) Publicada la aprobación definitiva de los Estatutos y Programa de Actuación, todos los propietarios de la Unidad quedarán vinculados a la actuación en proporción a sus respectivos derechos y obligaciones, incluida la Administración actuante, y obligados a constituir la Junta de Compensación, mediante otorgamiento de escritura pública, antes de dos meses desde la publicación.

e) A partir de la publicación, los propietarios que no deseen formar parte de la Junta podrán, sin perjuicio de la libre transmisión de sus terrenos, solicitar la expropiación de sus bienes y derechos afectados en beneficio de la Junta, quedando inmediatamente excluidos de la misma.

Todos los propietarios no excluidos serán citados fehacientemente al acto de constitución de la Junta, siendo asimismo motivo de exclusión la no asistencia a dicho acto, quedando sujetos sus bienes y derechos a expropiación, salvo que realicen su incorporación posteriormente en documento notarial de adhesión dentro del plazo de un mes a partir de la notificación de la constitución formal de la Junta. El Ayuntamiento deberá iniciar el procedimiento de expropiación antes de un mes a partir del vencimiento del plazo anterior o, en su defecto, desde la constitución de la Junta.

2. La Junta de Compensación tendrá naturaleza administrativa, personalidad jurídica propia y plena capacidad para el cumplimiento de sus fines. Contra sus acuerdos podrá interponerse recurso de alzada ante el Ayuntamiento.

3. La incorporación de los propietarios a la Junta de Compensación no presupone, salvo que los Estatutos dispusieran otra cosa, la transmisión a la misma de los inmuebles afectados a los resultados de la gestión común. En todo caso, los terrenos quedarán directamente afectos al cumplimiento de las obligaciones inherentes al sistema, con anotación en el Registro de la Propiedad en la forma establecida en la legislación estatal.

La Junta de Compensación actuará como fiduciaria con pleno poder dispositivo sobre las fincas afectadas pertenecientes a sus miembros, sin más limitaciones que las establecidas en los Estatutos.

El incumplimiento por los miembros de la Junta de Compensación de las obligaciones y cargas inherentes al sistema, habilitará al Ayuntamiento, previa petición de la Junta, para exigir su pago por la vía de apremio, cuando se trate de cantidades adecuadas a la misma y, en su caso y en último extremo, a expropiar los derechos de aquéllos a favor de la Junta, que tendrá la condición jurídica de beneficiaria.

4. No podrá acordarse la disolución de la Junta de Compensación hasta que ésta no haya cumplido todos sus compromisos de gestión urbanística.

Artículo 182. Peculiaridades del proyecto de reparcelación.

1. Constituida la Junta de Compensación, ésta elaborará el proyecto de reparcelación, y lo presentará en el Ayuntamiento antes de seis meses para su tramitación.

2. En el sistema de compensación, por acuerdo unánime de la Junta, podrán fijarse criterios de reparcelación distintos de los establecidos en el artículo 175.2 de esta Ley, siempre que no sean contrarios a la ley o al planeamiento, ni lesivos para los intereses públicos o de terceros.

Sección 3ª Sistemas de iniciativa pública

Subsección 1ª Sistema de cooperación

Artículo 183. Características del sistema de cooperación.

1. El sistema de cooperación podrá utilizarse a iniciativa del Ayuntamiento o siempre que lo solicite el propietario o los propietarios que representen conjuntamente al menos el 65 por 100 de la superficie de la unidad de actuación, descontados los terrenos de uso y dominio público existentes, en su caso.

2. En el sistema de cooperación actuará como urbanizador el Ayuntamiento.

3. Los propietarios podrán constituir asociaciones con carácter de entidad urbanística colaboradora, si bien ello no afectará a sus derechos y obligaciones como tales propietarios. El Ayuntamiento podrá delegar en la asociación la elaboración de un Programa de Actuación, así como cualquier otra tarea para la ejecución total o parcial de la actuación.

Artículo 184. Peculiaridades del proyecto de reparcelación.

El Ayuntamiento elaborará y aprobará el proyecto de reparcelación, en el que se podrá efectuar una reserva de terrenos edificables a fin de sufragar total o parcialmente con su aprovechamiento los gastos de urbanización previstos, así como para hacer frente en la liquidación a eventuales desajustes entre gastos previstos y reales o cambios en las valoraciones.

⇒ V. Jurisprudencia en arts. 131 y concordantes del TRLS/1976 (§3).

Artículo 185. Ejecución de la actuación.

1. Aprobado definitivamente el proyecto de reparcelación, el Ayuntamiento acordará la ocupación inmediata de los terrenos.

2. Una vez ejecutada la actuación, los terrenos que resten de la reserva prevista en el artículo anterior se adjudicarán a los propietarios en proporción al aprovechamiento que les corresponda, deduciendo los gastos de urbanización cuando se trate de propietarios que no hayan contribuido a los mismos. Dichos terrenos podrán también enajenarse mediante subasta, abonándose el resultado a los propietarios, en la misma proporción.

Subsección 2ª Sistema de concurrencia

Artículo 186. Características del sistema de concurrencia.

1. El sistema de concurrencia podrá utilizarse a iniciativa del Ayuntamiento, que, cuando existan circunstancias de urgencia, demanda de suelo o manifiesta inactividad de la iniciativa privada, elaborará y aprobará inicialmente un Programa de Actuación y convocará un concurso para la selección del urbanizador, *simultáneo* a la información pública.

2. En el sistema de concurrencia actuará como urbanizador el adjudicatario del concurso de selección citado en el apartado anterior.

3. Los propietarios podrán constituir asociaciones con carácter de entidad urbanística colaboradora, si bien ello no afectará a sus derechos y obligaciones como tales propietarios.

Artículo 187. Peculiaridades del Programa de Actuación.

1. En el sistema de concurrencia el Programa de Actuación será elaborado por el Ayuntamiento, conforme a lo dispuesto en el artículo anterior.

2. Mediante el acuerdo de aprobación inicial del Programa, el Ayuntamiento convocará un concurso para la selección del urbanizador, señalando, en su caso, el avance de planeamiento, y fijando criterios para su adjudicación, vinculados a las condiciones económicas y de colaboración de los propietarios y a la idoneidad de los terrenos de cesión, obras de urbanización y demás contenidos del Programa.

3. Durante el período de información pública, que será como mínimo de un mes, podrán presentarse tanto las alegaciones y sugerencias ordinarias, como alternativas al Programa, e igualmente proposiciones jurídico-económicas para la ejecución de la actuación, en plica cerrada.

4. La aprobación definitiva del Programa llevará aparejada la adjudicación y, por tanto, la condición de urbanizador, a quien presente la mejor propuesta, ya sea una proposición jurídico-económica sobre el Programa original o una alternativa con su propia proposición.

Artículo 188. Ejecución de la actuación.

1. El adjudicatario del Programa de Actuación, para acceder a la condición de urbanizador, debe suscribir los compromisos, asumir los deberes y prestar las garantías que se establezcan en el planeamiento, en el Programa aprobado y en el acuerdo de adjudicación, y podrá renunciar a la adjudicación cuando ésta suponga compromisos distintos de los que ofreció, con derecho, en este caso, a la devolución de las garantías prestadas.

2. Al urbanizador corresponde ejecutar la actuación, elaborando y tramitando, en su caso, el planeamiento de desarrollo y los proyectos de reparcelación y de urbanización, cuando no se contuvieran en el Programa de Actuación, así como financiar los gastos de urbanización, que le serán retribuidos por los propietarios mediante la cesión de solares urbanizados, o bien en metálico mediante cuotas de urbanización.

La retribución mediante solares se efectuará al término de la actuación, si bien cada propietario deberá decidir este modo de retribución en el período de información pública del proyecto de reparcelación. Una vez aprobado el proyecto de reparcelación, las fincas quedarán afectas a tal fin y al pago de los demás gastos de urbanización como carga real por importe cautelar estipulado en cuenta de liquidación provisional para cada propietario. Las variaciones en los gastos de urbanización, aprobadas y no imputables al urbanizador, se saldarán mediante compensaciones en metálico.

La retribución mediante cuotas de urbanización se realizará conforme a lo dispuesto al efecto en el Programa de Actuación o, en su caso, en el proyecto de reparcelación, o, en su defecto, previa aprobación separada de las cuotas por el Ayuntamiento, con audiencia a los propietarios. Asimismo el Ayuntamiento podrá, a instancia del urbanizador, imponer a los propietarios un canon o una garantía de urbanización para el abono de las cuotas, así como, en caso de impago, proceder a su ejecución forzosa con los intereses de demora correspondientes.

3. Ejecutada la actuación, los propietarios recibirán solares en proporción al aprovechamiento que les corresponda, y retribuirán al urbanizador cediéndole parte de los mismos, o bien en metálico mediante cuotas de urbanización, que se considerarán gastos de urbanización. Asimismo los propietarios podrán solicitar la expropiación de sus bienes y derechos afectados en beneficio del urbanizador, e igualmente el urbanizador podrá instar la expropiación cuando los propietarios incumplan sus obligaciones. En ambos casos, el Ayuntamiento iniciará el procedimiento de expropiación antes de un mes desde la solicitud.

4. Las relaciones entre el urbanizador y los propietarios se atendrán a las determinaciones del planeamiento, del Programa de Actuación y del proyecto de reparcelación, respondiendo el urbanizador de los daños causados por la actuación, salvo cuando se deban al cumplimiento de las determinaciones de los instrumentos de planeamiento y gestión urbanísticos, o deriven de instrucciones adicionales del Ayuntamiento.

Artículo 189. Derechos de los propietarios.

Los propietarios tendrán los siguientes derechos:

1. A recibir las parcelas resultantes o la compensación en metálico en proporción al derecho que les corresponda.

2. A recibir en todo momento información sobre el desarrollo de la actuación y, en especial, sobre los gastos de urbanización que deban asumir.

3. A presentar al Ayuntamiento y al urbanizador sugerencias relativas a los proyectos de reparcelación y urbanización y, en general, al desarrollo de la actuación.

4. A exigir del urbanizador la correcta ejecución del Programa de Actuación y proyectos de reparcelación y urbanización, y al Ayuntamiento la efectiva tutela de la misma.

5. A manifestar discrepancias respecto de los gastos de urbanización previstos, que el Ayuntamiento resolverá.

6. A oponerse a la retribución al urbanizador en solares, antes de la aprobación del proyecto de reparcelación, solicitando retribuirle en metálico y acompañando al efecto las garantías necesarias para asegurar dicha retribución.

Artículo 190. Derechos del urbanizador.

1. Sin perjuicio de lo señalado en los artículos anteriores, el urbanizador tendrá los siguientes derechos:

a) A ocupar los terrenos destinados a dominio público para la ejecución de las obras de urbanización.

b) A ser informado del otorgamiento de licencias en la Unidad de Actuación, a partir de la aprobación del Programa de Actuación y hasta su pleno cumplimiento.

c) A proponer la modificación de los gastos de urbanización previstos, por causas objetivas no contempladas en el Programa de Actuación.

d) A ceder total o parcialmente su condición en favor de tercero que se subrogue en sus deberes, previa autorización del Ayuntamiento.

e) A ser compensado cuando el ejercicio de las potestades administrativas impida o modifique el normal desarrollo de la actuación; y cuando, por estas causas, se altere en más de un 20 por 100 el coste de sus compromisos y deberes, a la resolución de la adjudicación, sin perjuicio de las indemnizaciones que procedan.

2. En caso de incumplimiento de los plazos señalados en el Programa de Actuación, si el mismo se debe a causas no imputables al urbanizador, el Ayuntamiento le concederá una prórroga de duración no superior al plazo incumplido. Si la prórroga no se concede o, si transcurrida, se mantiene el incumplimiento, el Ayuntamiento declarará la caducidad de la adjudicación.

Subsección 3ª Sistema de expropiación

Artículo 191. Características del sistema de expropiación.

1. El sistema de expropiación podrá utilizarse a iniciativa del Ayuntamiento o de otra Administración pública que ejerza la potestad expropiatoria, y especialmente cuando:

a) Lo justifiquen especiales razones de urgencia, necesidad o dificultad en la gestión urbanística mediante los demás sistemas, a causa de la existencia de propietarios con intereses contradictorios, excesiva fragmentación de la propiedad o circunstancias análogas.

b) Se incumplan los plazos señalados en los instrumentos de planeamiento y gestión urbanísticos para el desarrollo de actuaciones integradas mediante otros sistemas de actuación, o cuando en cualquiera de ellos el urbanizador perdiera las condiciones que le habilitaban para serlo.

2. En el sistema de expropiación podrá actuar como urbanizador el propio Ayuntamiento u otra Administración pública que ejerza la potestad expropiatoria. Sin perjuicio de que las mismas mantengan en todo caso la condición de Administración actuante, también podrán actuar como urbanizador, en su condición de beneficiarias de la expropiación, las entidades de Derecho público, consorcios o sociedades urbanísticas a los que se encomiende la actuación, o bien un particular al que se otorgue la condición de concesionario, conforme a lo dispuesto en el artículo siguiente.

3. Los propietarios podrán constituir asociaciones con carácter de entidad urbanística colaboradora, si bien ello no afectará a sus derechos y obligaciones como tales propietarios.

4. La Administración expropiante podrá optar por aplicar el procedimiento de tasación conjunta o el regulado en la legislación del Estado para la expropiación individual. Para el desarrollo de la actuación, además de lo previsto en la legislación del Estado en cuanto a pago del justiprecio, a efectos de la aprobación del procedimiento de tasación conjunta, ocupación e inscripción en el Registro de la propiedad y supuestos de reversión, se aplicarán las disposiciones complementarias establecidas en los artículos siguientes.

5. La aprobación de proyectos de expropiación aplicando el procedimiento de tasación conjunta también corresponderá al Ayuntamiento.

6. Las vías públicas y caminos rurales se entenderán de propiedad municipal salvo prueba en contrario, y cuando sea necesaria su desaparición se entenderán transmitidas de pleno derecho a la Administración expropiante y subrogadas por las nuevas que resulten del planeamiento.

⇒ V. arts. 33 a 40 de la Ley 6/1998, de 13 abril (§1).
V. arts. 22 y concordantes del RD 1093/1997, de 4 julio (§2.1).
V. Jurisprudencia en arts. 134 y concordantes del TRLS/1976 (§3).

Artículo 192. Atribución de la condición de urbanizador.

En el sistema de expropiación la condición de urbanizador podrá ser objeto de concesión mediante concurso, cuyas bases determinarán los compromisos que deba asumir el adjudicatario. En la resolución del concurso tendrán preferencia las asociaciones de propietarios que representen conjuntamente al menos el 25 por 100 de la superficie de la Unidad. El concesionario podrá incorporar a la gestión a los propietarios de la Unidad, en las condiciones que libremente pacten, previa liberación de sus terrenos conforme a lo dispuesto en el artículo siguiente.

Artículo 193. Liberación de propiedades.

1. La Administración expropiante podrá acordar, de oficio o a instancia del urbanizador o de los propietarios afectados, la liberación justificada de determinados bienes, siempre que no estén reservados para dotaciones urbanísticas públicas y que su exclusión no afecte a la ejecución de la actuación.

2. El acuerdo de liberación se publicará en el «Boletín Oficial de la Región» e impondrá las condiciones que resulten necesarias para la vinculación del propietario afectado a la gestión urbanística, de forma que se garantice el cumplimiento de los deberes urbanísticos exigibles.

3. El incumplimiento de dichos deberes o de las condiciones fijadas en el acuerdo, determinará su ejecución forzosa o la expropiación por incumplimiento de la función social de la propiedad.

Subsección 4ª Ocupación directa

Artículo 194. Características del sistema de ocupación directa.

1. Podrán ser objeto de obtención por ocupación directa los terrenos reservados en el planeamiento para sistemas generales, mediante el reconoci-

miento formal a sus propietarios del derecho al aprovechamiento en la Unidad de Actuación a la que se vinculan.

2. La ocupación directa requiere que esté aprobada la ordenación pormenorizada, tanto de los terrenos a ocupar, con determinación del aprovechamiento que corresponda a sus propietarios, como de la Unidad de Actuación en la que hayan de integrarse.

Artículo 195. Procedimiento de ocupación.

1. El procedimiento de ocupación directa se ajustará a las siguientes reglas:

a) La relación de terrenos a ocupar, sus propietarios, el aprovechamiento que les corresponda y las Unidades de Actuación en las que hayan de integrarse, se publicarán en el Boletín Oficial de la Región y se notificará a dichos propietarios, otorgándoles un plazo de audiencia de quince días. Asimismo se notificará al Registro de la Propiedad, solicitando del mismo certificación de dominio y cargas de las fincas afectadas y la práctica de los asientos que correspondan.

b) Terminado dicho plazo, se resolverán las alegaciones que se hayan presentado y se aprobará la correspondiente relación, levantándose posteriormente acta de ocupación, haciendo constar el lugar y fecha, las características de los terrenos y la descripción y cargas de los mismos, la identificación de los propietarios, el aprovechamiento que les corresponda y la Unidad de Actuación en la que hayan de integrarse.

c) Cuando existan propietarios desconocidos, no comparecientes e incapacitados sin persona que los represente, o cuando se trate de propiedad litigiosa, las actuaciones señaladas se practicarán con intervención del Ministerio Fiscal.

2. El Ayuntamiento expedirá a favor de cada propietario certificación de los extremos señalados en el acta de ocupación, y remitirá copia al Registro de la Propiedad para inscribir a su favor la superficie ocupada.

3. Los propietarios afectados por estas ocupaciones tendrán derecho a indemnización por ocupación temporal, en los términos establecidos en la legislación del Estado.

4. Transcurridos cuatro años sin que se haya aprobado definitivamente el Proyecto de Reparcelación de la Unidad en la que se hayan integrado, los propietarios podrán advertir al Ayuntamiento de su propósito de iniciar el expediente de justiprecio, que se llevará a cabo por ministerio de la Ley, una vez transcurridos seis meses desde dicha advertencia. En tal caso, el Ayuntamiento podrá hacer efectivo el justiprecio mediante la adjudicación de terrenos del Patrimonio Municipal de Suelo.

⇒ El sistema de ocupación directa se reguló por el art. 203 del TRLS/1992 (§2), derogado por la disp. derog. única de la Ley 6/1998, de 13 abril (§1).

V. arts. 42 y concordantes del RD 1093/1997, de 4 julio (§2.1).

V. Jurisprudencia en arts. 12 y concordantes del TRLS/1976 (§3).

CAPÍTULO IV
Intervención pública en el mercado del suelo

Sección 1ª Patrimonios Públicos de Suelo

Artículo 196. Objeto.

1. Los municipios gestionarán su propio Patrimonio Municipal de Suelo para facilitar la ejecución del planeamiento urbanístico, obtener reservas de suelo y contribuir a la regulación del mercado inmobiliario y a disminuir la repercusión del suelo sobre la vivienda.

2. Asimismo, con el fin de facilitar la ejecución de los instrumentos de ordenación territorial y obtener reservas de suelo con el mismo fin para actuaciones de interés supramunicipal, la Administración regional gestionará el Patrimonio Regional de Suelo.

⇒ V. arts. 276.1 y 2 y 280.1 del TRLS/1992 (§2).
V. Jurisprudencia en art. 89 y concordantes del TRLS/1976 (§3).

Artículo 197. Bienes integrantes.

Integran los patrimonios públicos de suelo:

a) Los bienes patrimoniales que se adscriban expresamente a los mismos.

b) Los terrenos y construcciones obtenidas por cesión del aprovechamiento urbanístico que corresponda a la Administración o por razón de gestión urbanística.

c) Los terrenos y construcciones adquiridos o expropiados con el fin de su incorporación a dicho patrimonio.

d) Las cesiones en metálico o en especie como consecuencia del cumplimiento de obligaciones o deberes asumidos en convenios o concursos públicos.

e) Los ingresos obtenidos por la enajenación de los bienes incluidos en el patrimonio público de suelo.

Artículo 198. Destino.

Los bienes integrantes de los patrimonios públicos de suelo, así como los ingresos obtenidos por su enajenación, se destinarán, de conformidad con los procedimientos establecidos en esta Ley, a los siguientes fines de interés social:

a) Construcción de viviendas sujetas a algún régimen de protección pública.

b) Conservación, gestión y ampliación de los patrimonios públicos de suelo.

c) Compensación a propietarios cuyos terrenos hayan sido objeto de ocupación directa en los términos fijados en esta Ley.

d) Ejecución de sistemas generales y dotaciones urbanísticas públicas.

e) Otros usos de interés social.

⇒ V. art. 280.1 del TRLS/1992 (§2).
V. Jurisprudencia en art. 93 y concordantes del TRLS/1976 (§3).

Artículo 199. Reservas de suelo.

1. El planeamiento podrá establecer, en suelo urbano y urbanizable, reservas de terrenos para la posible ampliación del patrimonio público de suelo, por plazo de dos y cuatro años, respectivamente, con posible prórroga por una sola vez, de la mitad de dichos plazos.

2. Dicha determinación del planeamiento implica:

a) La declaración de utilidad pública y la necesidad de ocupación de los terrenos a efectos de expropiación forzosa.

b) La sujeción de todas las transmisiones que se efectúen sobre dichos terrenos a los derechos de tanteo y retracto previstos en esta Ley a favor de la Administración.

⇒ V. arts. 276.1 y 2 y 280.1 del TRLS/1992, (§2).
V. Jurisprudencia en art. 90 y concordantes del TRLS/1976 (§3).

Artículo 200. Enajenación.

Los bienes de los patrimonios públicos de suelo podrán ser:

a) Enajenados por cualquiera de los procedimientos de adjudicación previstos en la legislación reguladora de los bienes y contratos de las administraciones públicas sin que el precio a satisfacer por el adjudicatario pueda ser nunca inferior al que corresponda por aplicación de la legislación estatal sobre valoraciones.

b) Cedidos gratuitamente o por precio fijado para el fomento de viviendas sujetas a cualquier régimen de protección pública, o para la realización de programas de conservación o mejora territorial.

c) Permutados directamente, en los casos de ocupación directa para la obtención de terrenos destinados a sistemas generales.

d) Cedidos gratuitamente a otras Administraciones o entidades públicas de ellas dependientes o adscritas para la ejecución de dotaciones y equipamientos públicos.

⇒ V. Jurisprudencia en art. 92 y concordantes del TRLS/1976 (§3).

Sección 2ª Derechos de superficie y de tanteo y retracto

Artículo 201. Derecho de superficie.

1. Las administraciones públicas, las entidades de Derecho público de ellas dependientes y las sociedades urbanísticas podrán constituir derechos de superficie sobre terrenos de su propiedad, con destino a la construcción de viviendas de naturaleza pública o a otros usos de interés social que prevea el planeamiento urbanístico.

2. El régimen aplicable será el establecido en la legislación del Estado y en las siguientes normas complementarias:

a) El procedimiento de constitución del derecho de superficie y su valoración serán los establecidos en la sección anterior.

b) El derecho de superficie gozará de los beneficios derivados de la normativa de viviendas de naturaleza pública, siempre que cumpla con sus requisitos.

⇒ V. Jurisprudencia en arts. 171 y concordantes del TRLS/1976 (§3).

Artículo 202. Derechos de tanteo y retracto.

1. Los instrumentos de ordenación territorial y los Planes Generales podrán delimitar áreas de suelo en las que las transmisiones onerosas de bienes inmuebles, tanto terrenos como construcciones, quedarán sujetas al ejercicio de los derechos de tanteo y retracto por parte de la Administración.

2. Se fijará la finalidad, que habrá de ser relevante para el interés público, y la justificación de su necesidad y ámbito de actuación, siendo obligatoria la notificación individualizada a los afectados en el período de información pública.

3. El plazo máximo de afección de un área a los derechos de tanteo y retracto será de cinco años.

4. La Administración podrá ejercitar el derecho de tanteo en el plazo de sesenta días desde la notificación a que viene obligado el propietario cuyo bien se encuentre sujeto a tanteo; y en el plazo de seis meses en el caso de retracto.

⇒ V. art. 46 de la presente Ley.
V. arts. 83 y concordantes del RD 1093/1997 (§2.1).

Sección 3ª Fomento de la edificación

Artículo 203. Edificación forzosa.

1. Los propietarios de parcelas y edificaciones en ruina, deberán proceder a su edificación en el plazo fijado por el planeamiento y, en su defecto, en el de dos años desde que la parcela merezca la condición de solar o desde la declaración firme de ruina.

2. El Ayuntamiento, por causa justificada, podrá prorrogar por otros dos años el plazo anterior.

⇒ V. arts. 14.2 f) y 18.7 de la Ley 6/1998, de 13 abril (§1).
V. Jurisprudencia en arts. 154 y concordantes del TRLS/1976 (§3).

Artículo 204. Registro de Solares.

Los ayuntamientos podrán constituir un Registro de Solares para incluir los solares y las edificaciones declaradas en ruina que incumplan los plazos señalados en el artículo anterior.

El acuerdo municipal para la inclusión de fincas en el Registro de Solares, contendrá la valoración de las mismas y supondrá la aplicación del régimen de venta forzosa.

⇒ V. Jurisprudencia en arts. 154 y concordantes del TRLS/1976 (§3).

Artículo 205. Venta forzosa.

1. El Ayuntamiento, en el plazo máximo de un año desde la inclusión del inmueble en el Registro de Solares, lo sacará a subasta pública con su valoración como tipo de licitación. El precio obtenido se entregará al propietario, una vez deducidos los gastos ocasionados y, en su caso, las sanciones aplicables.

2. Si la subasta se declarase desierta, se convocará de nuevo en el plazo de seis meses, con una rebaja del 25 por 100 del tipo.

3. Si también quedara desierta, el Ayuntamiento, en el plazo de seis meses, podrá adquirirla para el Patrimonio Municipal de Suelo.

4. Transcurridos los anteriores plazos sin que se haya producido la venta quedará sin efecto la inclusión en el Registro.

⇒ V. Jurisprudencia en arts. 154 y concordantes del TRLS/1976 (§3).

Artículo 206. Obligaciones del adquirente.

1. El adquirente de inmuebles a que se refieren los artículos precedentes quedará obligado a comenzar las obras en el plazo de seis meses a partir de la toma de posesión de la finca, y a edificarla en el plazo fijado en la licencia.

2. El incumplimiento por el adquirente de estos deberes determinará la nueva inclusión del inmueble en el Registro de Solares.

⇒ V. Jurisprudencia en arts. 154 y concordantes del TRLS/1976 (§3).

TÍTULO VI
LA INTERVENCIÓN ADMINISTRATIVA Y PROTECCIÓN DE LA LEGALIDAD

CAPÍTULO I
Disposiciones comunes

Artículo 207. Principios de la intervención administrativa en el uso del suelo y la edificación.

La legitimidad de la ejecución de los actos de parcelación, urbanización, construcción y edificación, así como de cualquier otro de transformación o uso del suelo y subsuelo presupone los siguientes requisitos esenciales:

–La vigencia de la ordenación conforme a esta Ley.

–La obtención de licencia, orden de ejecución o autorización administrativa del correspondiente proyecto técnico cuando sea exigible.

⇒ V. art. 221 de la presente Ley.

Artículo 208. Colaboración en el ejercicio de la función urbanística.

1. Los ayuntamientos que no dispongan de medios técnicos, jurídicos o materiales suficientes para el ejercicio eficaz de las potestades a que se refiere esta Ley, podrán recabar en forma individual o mancomunada la asistencia de la Comunidad Autónoma para el ejercicio de sus competencias, que se formalizará mediante el correspondiente convenio de colaboración.

2. Las empresas suministradoras, concesionarios de servicios públicos y los colegios profesionales de ámbito autonómico que tuviesen encomendado el visado de los proyectos técnicos colaborarán con los servicios de inspección urbanística de las diferentes administraciones públicas en el ejercicio de sus competencias de sanción, prevención y restitución de la legalidad urbanística, aportando a requerimiento de éstas la documentación e información que precisen.

Los colegios profesionales de ámbito autonómico, si observaren incumplimiento de la legislación urbanística, pondrán en conocimiento de la Administración competente de forma motivada dicha presunción.

3. La colaboración de los colegios profesionales de ámbito de actuación superior al autonómico en la protección de la legalidad urbanística se articulará a través del oportuno convenio.

Artículo 209. Actuación notarial y registral.

La autorización notarial y la inscripción registral de los actos de naturaleza urbanística se sujetarán a las previsiones de la legislación notarial, hipotecaria y urbanística estatal.

⇒ V. RD 1093/1997 (§2.1).

Artículo 210. Garantías de conservación y terminación de las urbanizaciones.

1. Cuando la obligación de conservar las urbanizaciones recaiga sobre el promotor de la misma o sobre los futuros adquirentes de parcelas, éstos deberán integrarse en la correspondiente entidad de conservación, sin que pueda cancelarse la garantía prestada por aquéllos para la ejecución de la urbanización, hasta tanto se constituya dicha entidad.

2. Para que el promotor pueda iniciar la venta de parcelas, antes de ultimar la urbanización del polígono o Unidad de Actuación, deberá suscribir un seguro que garantice a los adquirentes de dichas parcelas, las cantidades a cuenta entregadas hasta el momento en que se ultime la dotación de servicios urbanísticos de las parcelas y su entorno.

Artículo 211. Garantía adicional.

En el caso de ejecución simultánea de la urbanización y la edificación, el Ayuntamiento exigirá al promotor de ésta, garantía en la cuantía del coste de los servicios urbanísticos necesarios para asegurar que, al término de la edificación, la parcela va a tener la condición de solar, así como el compromiso de no utilizar aquélla hasta que esté terminada la urbanización y de fijar esta condición en las cesiones de dominio o de uso de todo o parte del edificio.

Artículo 212. Solicitudes y acciones.

1. Los órganos de las administraciones regional y municipal competentes en materia de ordenación del territorio y urbanismo tienen obligación

legal de resolver todas las peticiones y solicitudes que se les dirijan conforme a la Ley.

2. Es pública la acción para exigir la observancia de esta Ley y de los instrumentos de planeamiento aprobados en su aplicación.

3. Si la acción a que se refiere el párrafo anterior estuviera motivada por la realización de obras, podrá ejercitarse durante el transcurso de éstas y hasta cuatro años después de su terminación.

⇒ V. art. 304 del TRLS/1992 (§2).
V. Jurisprudencia en arts. 235 y concordantes del TRLS/1976 (§3).

Artículo 213. Recursos.

1. Tienen carácter jurídico-administrativo todas las cuestiones que se susciten en relación con el desarrollo de la actividad urbanística.

2. Las resoluciones del Director General competente en materia de ordenación del territorio y de urbanismo son susceptibles de recurso de alzada ante el Consejero competente en la misma materia.

CAPÍTULO II
Licencias y autorizaciones

Sección 1ª Licencias municipales

Artículo 214. Modalidades de licencia.

Dentro de las licencias municipales se distinguen las siguientes modalidades:

a) La licencia urbanística, que se exigirá para todo acto de construcción, reforma o demolición de edificios o instalaciones que se realicen en el suelo o en el subsuelo, conforme a lo previsto en esta Ley y en los planes urbanísticos.

b) La licencia de actividad, que se exigirá para cualquier actividad mercantil o industrial que se pretenda desarrollar, tanto en el interior de edificaciones como en espacios libres. También se exigirá para cualquier modificación que se pretenda realizar de los usos existentes, así como para los usos de carácter provisional.

c) La licencia de primera ocupación, que se exigirá para el uso de las edificaciones una vez terminada su construcción, rehabilitación o reforma. Habrá de acreditarse para su otorgamiento que la obra realizada se ajusta a la licencia urbanística concedida, así como que reúne las condiciones técnicas de seguridad, salubridad y accesibilidad y que puede habilitarse para el uso al que se destina y, en su caso, que el constructor ha cumplido el compromiso de realización simultánea de la urbanización.

⇒ V. Jurisprudencia en arts. 178 y concordantes del TRLS/1976 (§3).

Artículo 215. Obras mayores y menores.

1. A efectos de esta Ley se conceptuarán como obras menores aquellas de sencilla técnica y que no precisen elementos estructurales, salvo aquellas

que se encuentren tipificadas como invernaderos en la calificación del Registro Catastral, y aquéllas de reforma que no supongan alteración del volumen, del uso principal de las instalaciones y servicios de uso común o del número de viviendas y locales, ni afecten a la composición exterior, a la estructura o a las condiciones de habitabilidad o seguridad. En ningún caso se entenderán como obras menores las intervenciones en edificios declarados Bien de Interés Cultural o catalogados por el planeamiento, los grandes movimientos de tierras y la tala masiva de arbolado.

2. En otro caso se considerarán obras mayores.

⇒ V. Jurisprudencia en arts. 178 y concordantes del TRLS/1976 (§3).

Artículo 216. Condiciones y requisitos.

1. Los interesados habrán de solicitar licencia urbanística en los plazos establecidos en el planeamiento.

2. Las licencias se otorgarán dejando a salvo el derecho de propiedad y sin perjuicio de tercero y de acuerdo con las previsiones de la legislación y el planeamiento urbanístico vigentes, sin perjuicio de las autorizaciones previstas en la legislación sectorial correspondiente.

3. Los períodos de vigencia de las licencias deberán ser regulados por los correspondientes ayuntamientos.

4. Cuando los actos de edificación y uso del suelo y aquellos otros previstos en esta Ley o sus disposiciones reglamentarias se realizaren en terrenos de dominio público o sus zonas de afección, se exigirá también licencia, sin perjuicio de las autorizaciones o concesiones que sea pertinente otorgar por parte del ente titular del dominio público o de quien ostente las competencias, que serán, en todo caso, emitidas con carácter previo a la licencia.

5. Se podrán otorgar licencias parciales para fases de una construcción que resulten técnica y funcionalmente independientes.

⇒ V. Jurisprudencia en arts. 178 y concordantes del TRLS/1976 (§3).

Artículo 217. Competencia y procedimiento para la concesión de licencia.

1. La competencia para otorgar las licencias corresponderá a los órganos competentes de la Administración Local, de acuerdo con su legislación aplicable.

2. Toda denegación de licencia deberá ser motivada con explícita referencia a la norma o planeamiento con los que la solicitud esté en contradicción.

3. El otorgamiento de las licencias se ajustará a los siguientes requisitos:

–Para el caso de las obras mayores, dicho otorgamiento irá precedido de los correspondientes informes técnicos y jurídicos, sobre la conformidad de la solicitud a la legalidad urbanística. La solicitud deberá acompañarse de proyecto suscrito por técnico competente, visado por el Colegio Profesional correspondiente, cuando así lo exijan sus Estatutos, con expresión del técnico director de la obra.

–Para el supuesto de las obras menores la solicitud deberá expresar el alcance de las mismas y acompañarse del correspondiente presupuesto de ejecución material.

4. El plazo máximo para resolver sobre el otorgamiento de licencia para obras menores será de un mes desde su solicitud ante el Ayuntamiento y para las restantes será de tres meses. Transcurridos dichos plazos sin haberse notificado acto alguno, se entenderán otorgadas las licencias por silencio administrativo, salvo si afectaran a bienes de dominio público o declarados de interés cultural (BIC), así como a los espacios naturales protegidos por la legislación sectorial correspondiente, en cuyo caso se entenderán denegadas.

En los supuestos en que se precise autorización de otra Administración, previa a la licencia municipal, el cómputo del plazo para el otorgamiento de licencia se suspenderá hasta la acreditación ante el Ayuntamiento de la resolución que ponga fin al expediente tramitado por dicha Administración.

5. En ningún caso se entenderán adquiridas por silencio administrativo licencias en contra de la legislación o del planeamiento urbanístico.

Artículo 218. Resolución única.

1. En los supuestos en que sea preceptiva licencia de actividad y, además, licencia urbanística, serán objeto de una sola resolución sin perjuicio de la formación y tramitación simultánea de piezas separadas para cada intervención administrativa. El plazo máximo para dictar la resolución única de estos expedientes será de seis meses a los efectos del apartado 4 del artículo anterior.

2. La resolución de la licencia de actividad tendrá prioridad sobre la correspondiente a la licencia urbanística. Si procediera denegar la primera, se notificará así al interesado y se entenderá asimismo denegada la segunda.

Artículo 219. Comunicación de licencias a la Comunidad Autónoma.

La concesión de licencia de obra mayor deberá comunicarse en el plazo de quince días a la Dirección General competente en materia de urbanismo, a efectos de lo dispuesto en la legislación de régimen local. La comunicación deberá adjuntar al acuerdo municipal, el plano de situación sobre planeamiento vigente y condiciones de uso y aprovechamiento de la licencia concedida.

Artículo 220. Contratos de suministros.

Las empresas suministradoras de energía eléctrica, agua, gas y telecomunicaciones exigirán para la contratación definitiva de los respectivos servicios la acreditación de la licencia de primera ocupación y de actividad, en su caso, para la prestación del servicio. Para su contratación provisional, se exigirá la acreditación de la licencia urbanística, fijándose como plazo máximo de duración de dichos contratos el establecido en la licencia para la ejecución de las obras.

Artículo 221. Actos sujetos a licencia.

1. Todo acto de edificación y uso del suelo que conlleve su transformación está sujeto a licencia municipal.

2. Con carácter general, toda instalación u obra de construcción que se pretenda realizar en cualquier clase de suelo o subsuelo, sea de nueva planta, reforma, ampliación, acondicionamiento de locales para el desarrollo de cualquier actividad comercial o industrial o de cualquier otro tipo, precisará obtener, con carácter previo, la correspondiente licencia municipal, sin perjuicio de cualesquiera otras autorizaciones que fueran procedentes con arreglo a la legislación sectorial específica. También se exigirá para la demolición de edificaciones, salvo en los casos de ruina o peligro inminente. Se entenderá asimismo como construcciones las prefabricadas o instalaciones similares, provisionales o permanentes.

3. Expresamente, estarán sujetas a previa licencia municipal:

a) Las parcelaciones en suelo urbano y urbanizable, segregaciones o cualesquiera otros actos de división de fincas o predios en suelo no urbanizable, excepto cuando sean objeto de un proyecto sujeto a aprobación administrativa.

b) Las talas de masas arbóreas, de vegetación arbustiva o de árboles aislados que, por sus características, puedan afectar al paisaje, con excepción de las labores permitidas por la legislación agraria.

c) La colocación de carteles y vallas publicitarias visibles desde la vía pública.

d) Los movimientos de tierra, cuando supongan transformación paisajística, tales como desmontes, abancalamientos, explanación, excavación y terraplenado para la preparación de parcelas de cultivo o para uso urbanístico, salvo que tales actos estén incluidos en un proyecto de urbanización o de edificación aprobado.

e) La construcción de obras de infraestructura, tales como presas, balsas, obras de defensa y corrección de cauces públicos, vías privadas, puertos de abrigo, diques de protección y defensa del litoral, accesos a playas, bahías y radas, y, en general, cualquier tipo de obras o usos que afecten a la configuración del territorio, que en el supuesto de ubicarse en terrenos de uso y dominio público, no hayan sido promovidas por los órganos de las administraciones públicas o entidades de Derecho público que administren bienes de aquéllas.

f) Los actos de edificación en los puertos, aeropuertos y estaciones destinadas al transporte terrestre, así como en sus zonas de servicio.

g) La extracción de áridos y la explotación de canteras, aunque se produzcan en terrenos de titularidad pública y estén sujetos a concesión o autorización administrativa.

h) La instalación de invernaderos, cuando conlleve algún tipo de estructura portante.

i) La instalación de antenas, instalaciones de redes e infraestructuras eléctricas y de gas, instalaciones de telefonía, televisión por cable, telecomunicaciones u otros similares.

j) Las instalaciones subterráneas dedicadas a aparcamientos, actividades industriales, mercantiles o profesionales, servicios públicos, infraestructuras o cualquier otro uso a que se destine el subsuelo.

k) El cerramiento de fincas.

l) Los usos y obras de carácter provisional a que se refiere la presente Ley.

m) Y todos aquellos actos que impliquen obras o supongan un cambio del uso del suelo o del subsuelo, un uso privativo de éstos o una utilización anormal o diferente del destino natural de los terrenos.

⇒ V. art. 207 de la presente Ley.
V. Jurisprudencia en arts. 178 y concordantes del TRLS/1976 (§3).

Sección 2ª Autorizaciones e informes de la Administración

Artículo 222. Autorizaciones e informes preceptivos de la Administración regional.

1. Corresponde al consejero competente en materia de urbanismo autorizar los usos excepcionales en suelos no urbanizables y urbanizables sin sectorizar, en los supuestos previstos en esta Ley.

2. Las autorizaciones en suelo no urbanizable, excepto cuando sean de utilidad o titularidad pública, así como los usos y construcciones vinculados a la utilización rústica del suelo, incluidas las viviendas que tengan tal afección, estarán gravadas con un canon por el uso excepcional en cuantía del 1 por 100 del precio máximo de venta de vivienda de protección oficial vigente, por metro cuadrado de edificación, o del 1 por 100 del presupuesto cuando se trate de instalaciones.

Sección 3ª Otras actuaciones

Artículo 223. Actos promovidos por administraciones públicas.

1. Los actos relacionados en el artículo 221, promovidos por administraciones públicas distintas de la municipal o entidades de Derecho público, estarán sujetos a licencia, salvo lo señalado en el apartado siguiente.

2. No estará sujeta a licencia municipal la ejecución de obras promovidas por los órganos de las administraciones públicas o entidades de Derecho público que administren bienes de aquéllas, siempre que tengan por objeto la construcción o acondicionamiento de infraestructuras básicas de uso y dominio público, tales como carreteras, puertos u obras hidráulicas y de transportes. No obstante, el Ayuntamiento dispondrá del plazo de dos meses para informar tales proyectos y actuaciones con relación al planeamiento vigente. Transcurrido dicho plazo sin que se evacue el informe se entenderá otorgada la conformidad al proyecto.

3. En caso de disconformidad se elevará el proyecto a la consejería competente en materia de ordenación del territorio, para su tramitación conforme a lo dispuesto en esta Ley para las actuaciones de interés regional o al

Consejo de Ministros en los casos previstos en el artículo 244 del Real Decreto Legislativo 1/1992, de 26 de junio.

⇒ V. Jurisprudencia en arts. 178 y concordantes del TRLS/1976 (§3).

Sección 4ª Declaración de ruina y órdenes de ejecución

Artículo 224. Declaración de ruina.

1. Cuando alguna construcción o parte de ella estuviere en estado ruinoso, el Ayuntamiento, de oficio o a instancia de cualquier interesado, declarará esta situación y adoptará, previa audiencia del propietario y de los moradores y, en su caso, de conformidad con las previsiones del planeamiento, las medidas necesarias para asegurar la integridad física de los ocupantes y de terceras personas.

2. Se declarará el estado ruinoso en los siguientes supuestos:

a) Cuando el coste de las obras necesarias para mantener o restablecer las condiciones establecidas en el artículo 225.1 y 2 de esta Ley, sea superior al 50 por 100 del valor actual del edificio o plantas afectadas, excluido el valor del terreno.

b) Cuando la construcción presente un agotamiento generalizado de sus elementos estructurales o fundamentales.

c) Cuando sea necesario la realización de obras que no puedan ser autorizadas por encontrarse la construcción en situación expresa de fuera de ordenación.

3. Si el propietario no cumpliere lo acordado por el Ayuntamiento, lo ejecutará éste a costa del obligado.

4. Si existiere urgencia y peligro en la demora, el Ayuntamiento, por motivos de seguridad, dispondrá lo necesario para asegurar la integridad física de los ocupantes y de terceras personas.

5. Las edificaciones declaradas en ruina deberán ser sustituidas o, en su caso, rehabilitadas conforme a las previsiones del planeamiento en los plazos establecido por éste, o, en su defecto, por la declaración de ruina.

Agotados dichos plazos sin que el particular solicite licencia para la actuación correspondiente, la Administración sancionará el retraso con arreglo a las previsiones de la presente Ley.

⇒ V. Jurisprudencia en arts. 183 y concordantes del TRLS/1976 (§3).

Artículo 225. Órdenes de ejecución.

1. Los ayuntamientos y, en su caso, los demás organismos competentes, ordenarán, de oficio o a instancia de cualquier interesado, en exigencia de los deberes señalados en el artículo 92 de esta Ley, la ejecución de las obras necesarias para mantener las condiciones de seguridad, salubridad y ornato públicos, con indicación del plazo de realización.

2. Los ayuntamientos podrán también ordenar, por motivos de interés público, la ejecución de obras de conservación y de reforma en fachadas o

espacios visibles desde la vía pública, sin que estén previamente incluidas en ningún plan de ordenación.

3. Los propietarios de bienes incluidos en los catálogos a que se refiere esta Ley podrán recabar, para conservarlos, la cooperación de las administraciones competentes, que habrán de prestarla en condiciones adecuadas cuando tales obras excedieran de los límites del deber de conservación.

⇒ V. art. 20.2 de la Ley 6/1998, de 13 abril (§1).
V. art. 92 de la presente Ley.
V. Jurisprudencia en arts. 181, 183 y concordantes del TRLS/1976 (§3).

CAPÍTULO III
Protección de la legalidad urbanística

Sección 1ª Expediente único

Artículo 226. Incoación de expediente sancionador con piezas separadas de suspensión y restablecimiento de la legalidad urbanística.

La vulneración de las prescripciones contenidas en la legislación urbanística y en los instrumentos de ordenación territorial y urbanísticos, dará lugar necesariamente a la incoación del correspondiente expediente sancionador, en cuyo procedimiento se incardinarán, en su caso, las piezas separadas de suspensión de actuaciones ilegales y de restablecimiento del orden infringido. La pieza separada de restablecimiento del orden infringido, con declaración sobre la legalidad material de los hechos constitutivos de la infracción, se resolverá con anterioridad a la propuesta de resolución sancionadora por el instructor del expediente, disponiéndose su ejecución en la resolución final del mismo.

Sección 2ª Suspensión de actuaciones ilegales

Artículo 227. Actuaciones en curso de ejecución sin licencia u orden de ejecución o incumpliendo sus determinaciones.

1. Cuando los actos de edificación o uso del suelo se efectuasen sin licencia u orden de ejecución o incumpliendo las condiciones de las mismas se dispondrá la suspensión inmediata de dichos actos como pieza separada del correspondiente expediente sancionador y sin perjuicio de la formalización de la pieza separada de restablecimiento del orden infringido regulado en esta Ley.

2. Una vez comprobada la carencia de licencia o el incumplimiento de sus condiciones, la suspensión será ordenada al infractor por el Ayuntamiento y, si éste no lo hiciera, en el plazo de 15 días, una vez requerido para ello por el Director General con competencias en materia de urbanismo, éste se subrogará en el ejercicio de dicha facultad, dando cuenta de la orden de suspensión al Ayuntamiento correspondiente.

3. Simultáneamente, se podrá ordenar al infractor, entre otras medidas tendentes a la efectiva paralización de las obras, la retirada de materiales, útiles y maquinaria, y el precinto de los accesos al local. Si en el plazo de

cuatro días no lo hiciere el interesado, la autoridad que ordenó la suspensión podrá retirar dichos materiales, útiles o maquinaria, o proceder al precintado de los accesos. En este caso, los elementos retirados quedarán a disposición del infractor, que satisfará los gastos de dicha operación así como los de transporte o custodia.

4. Si el infractor no cumpliera la orden de suspensión, por el órgano actuante se deberá pasar necesariamente el tanto de culpa al Juzgado de Instrucción para la determinación de la responsabilidad penal a que hubiere lugar.

5. Si la infracción consistiera en actos de parcelación sin licencia municipal o vulnerara las condiciones de ésta, la Administración actuante lo notificará al Registro de la Propiedad a efectos de lo previsto en el Real Decreto 1093/ 1997, de 4 de julio.

⇒ V. art. 255.2 del TRLS/1992 (§2).
V. Jurisprudencia en arts. 184 y concordantes del TRLS/1976 (§3).

Sección 3ª Restablecimiento del orden infringido

Artículo 228. Actuaciones concluidas sin licencia u orden de ejecución o incumpliendo sus determinaciones.

1. Cuando los actos de edificación o uso del suelo se hubiesen efectuado sin licencia u orden de ejecución o sin ajustarse a las condiciones señaladas en las mismas, el Ayuntamiento o, en su caso, el director general competente en materia de urbanismo, dispondrá la incoación del correspondiente expediente sancionador, con la pieza separada de restablecimiento del orden infringido.

2. En el plazo de dos meses, contados desde la notificación de la incoación del expediente, el interesado deberá ajustar las obras a la licencia u orden de ejecución preexistente, o solicitar la concesión de la oportuna licencia o su modificación.

El mismo requerimiento se efectuará cuando no hubiesen transcurrido más de cuatro años desde la total terminación de las obras o uso de suelo realizados sin licencia u orden de ejecución o sin ajustarse a sus condiciones.

El mero transcurso del plazo de cuatro años señalado anteriormente no conllevará la legalización de las obras realizadas, que quedarán sujetas al régimen de fuera de ordenación previsto en el artículo 94.3 de esta Ley.

3. Si la licencia no hubiera sido solicitada o fuera denegada por ser su otorgamiento contrario a las prescripciones del Plan o de las ordenanzas, una vez recaída resolución o acuerdo determinando la imposibilidad de legalización de los actos de edificación o usos del suelo realizados, se procederá a dictar orden de ejecución de las operaciones necesarias para restaurar físicamente los terrenos a su estado anterior a la infracción, fijando plazos de iniciación y de terminación, y comunicando el coste presupuestado de las operaciones de restitución, para el supuesto de que la Administración las hubiera de ejecutar subsidiariamente. Asimismo, se comunicará al Registro de la Propiedad la orden de ejecución dictada para su debida anotación por

nota marginal junto al asiento de inscripción de las fincas afectadas, anotación que será cancelada cuando se haya producido el restablecimiento del orden infringido de acuerdo con lo previsto en el Real Decreto 1093/1997, de 4 de julio.

4. La vulneración de cualquiera de los plazos fijados o la paralización de los trabajos comenzados dará lugar a la ejecución subsidiaria por la Administración actuante, a costa del infractor.

Una vez comenzada la ejecución subsidiaria no habrá opción para el infractor de continuarla por sí mismo.

5. También podrá la Administración imponer multas coercitivas hasta lograr la ejecución por el obligado de las medidas de restablecimiento, multas que se podrán imponer por períodos no inferiores a dos meses y por un importe máximo del 25 por 100 del valor estimado del deber impuesto, sin que en ningún caso el importe total de las multas, derivado de su repetición, pueda rebasar el 150 por 100 de aquel importe.

⇒ V. Jurisprudencia en arts. 185 y concordantes del TRLS/1976 (§3).

Artículo 229. Restablecimiento de la legalidad en parcelaciones.

En las parcelaciones ilegales las operaciones de restauración de los terrenos consistirán en la roturación de caminos, desmonte o destrucción de servicios, demolición de vallados y cualesquiera otras que resulten necesarias para el pleno restablecimiento de la realidad física alterada.

Artículo 230. Restablecimiento de la legalidad en edificaciones.

1. En caso de obras de edificación ilegales las operaciones de restauración consistirán en la demolición de las edificaciones realizadas ilegalmente. Simultáneamente a la orden de ejecución de la demolición, se dictará otra a las compañías suministradoras de servicios para que los retiren definitivamente.

2. En los supuestos de demolición indebida la restauración consistirá en la reconstrucción de lo demolido. Cuando se tratare de una construcción catalogada o de Bienes de Interés Cultural, la reconstrucción se realizará conforme a los criterios que determine la consejería competente en materia de protección del patrimonio histórico-artístico, sin perjuicio de las sanciones a que hubiere lugar.

Artículo 231. Restablecimiento de la legalidad en otros supuestos.

1. Las operaciones de restablecimiento de la legalidad en los demás actos sujetos a licencia consistirán en el desmontaje y retirada en el caso de carteles y vallas publicitarias y en la reposición de la configuración de los terrenos a su estado anterior en el caso de movimiento de tierras.

2. En el caso de talas e incendios de masas arbóreas el restablecimiento consistirá en su reposición en especies, cuantía y porte similares, en lo posible, a las especies dañadas, salvo que, por el órgano administrativo compe-

tente en la materia de la Comunidad Autónoma, se determine otro modo de restablecimiento.

3. No procederá el establecimiento de la situación anterior cuando conlleve consecuencias más perjudiciales para el orden conculcado que su mantenimiento.

Sección 4ª Revisión de actos

Artículo 232. Revisión de actuaciones que constituyan infracción urbanística.

1. Cuando los actos de edificación o uso del suelo estuvieren amparados en licencia u orden de ejecución que de forma grave o muy grave infrinjan la normativa urbanística en vigor, en el momento de su concesión o adopción, se dispondrá su revisión por el Ayuntamiento, de oficio o a instancia de parte. De igual manera se actuará frente a los planes urbanísticos o instrumentos de ejecución ilegales.

En supuestos de nulidad se procederá en los términos del artículo 102 de la Ley 30/1992, de 26 de noviembre, de Régimen Jurídico de las Administraciones Públicas y del Procedimiento Administrativo Común, previo dictamen favorable del Consejo Jurídico de la Región de Murcia. Se podrá suspender la ejecución del acto, cuando ésta pudiera causar perjuicios de imposible o difícil reparación.

En el supuesto de actos anulables se actuará de conformidad con el artículo 103 de la citada Ley, procediendo a su previa declaración de lesividad para los intereses públicos y a la suspensión, en su caso, de la ejecución de aquéllos.

2. Si los órganos urbanísticos de la Comunidad Autónoma tuviesen conocimiento del otorgamiento de una licencia de obras u orden de ejecución que constituya una infracción urbanística, podrán promover el requerimiento de revisión y la acción impugnatoria previstos en los artículos 65 y 66 de la Ley 7/1985, de 2 de abril, Reguladora de las Bases del Régimen Local.

3. Concluido el procedimiento de revisión de las licencias u órdenes de ejecución acordadas o dictadas que constituyan infracción urbanística grave o muy grave, y anulados dichos actos, la Corporación Local, acordará las medidas de restablecimiento previstas anteriormente. Dicho acuerdo se comunicará al interesado, indicándole plazo para llevar a cabo las medidas acordadas, todo ello sin perjuicio de las indemnizaciones que procedan.

Finalizado dicho plazo sin que el interesado haya ejecutado voluntariamente el acuerdo antes referido, será ejecutado por el Ayuntamiento.

4. Si la Corporación municipal no procediese a la adopción y ejecución de los acuerdos anteriores en el plazo de dos meses desde el requerimiento efectivo para ello por parte del Director General competente en materia urbanística, éste quedará subrogado en la competencia municipal para su efectivo ejercicio.

⇒ V. Jurisprudencia en arts. 178, 187 y concordantes del TRLS/1976 (§3).

CAPÍTULO IV

Del régimen de las infracciones urbanísticas y su sanción

Sección 1ª Disposiciones generales

Artículo 233. Definición de infracciones urbanísticas.

1. Constituye infracción urbanística toda acción u omisión que vulnere las prescripciones contenidas en la ordenación territorial y urbanística, tipificadas y sancionadas en la presente Ley.

2. Las infracciones urbanísticas comportan la imposición de sanciones a los responsables, así como la obligación de resarcimiento por los daños y perjuicios causados a los bienes de la Administración, todo ello sin perjuicio de las medidas de protección de la legalidad urbanística reguladas en esta Ley.

Artículo 234. Sujetos responsables de la infracción.

1. De las infracciones urbanísticas serán responsables:

a) Los promotores de actos de edificación o usos del suelo que constituyan infracción urbanística. Asimismo, los que incumplan las obligaciones que les afecten en cuanto a ejecución de obras de urbanización o conservación de las mismas, y compromisos adquiridos para la ejecución del planeamiento de desarrollo.

A los efectos de responsabilidad por infracciones urbanísticas, se considerará también promotor al propietario del suelo en el cual se efectúe o se haya efectuado la infracción cuando el mismo haya tenido conocimiento de las obras objeto de la infracción. Se presumirá, salvo prueba en contrario, que el titular del suelo tiene conocimiento de tales obras cuando por cualquier acto haya cedido el uso del mismo al sujeto responsable directo de la infracción, incluida la mera tolerancia.

b) Los que hubieren dispuesto o acordado actos administrativos que supongan infracción de la legalidad urbanística, sin los preceptivos informes previos técnico y jurídico o cuando alguno de ellos fuera desfavorable. En su caso, serán responsables los técnicos al servicio de la Administración que hubieren informado favorablemente, y los miembros de la Corporación que hubiesen votado a favor del otorgamiento de la licencia sin los citados informes o cuando éstos fueran desfavorables.

Si en el expediente apareciesen como presuntos responsables funcionarios municipales o autonómicos, la competencia para su tramitación o resolución corresponderá, respectivamente al alcalde del Ayuntamiento o consejero competente en materia de urbanismo. En el supuesto de autoridades lo será el Consejo de Gobierno de la Comunidad Autónoma.

c) Las personas jurídicas responderán económicamente de las infracciones urbanísticas cometidas por sus órganos o agentes y asumirán el coste de las medidas de reparación del orden urbanístico vulnerado, así como de las indemnizaciones por daños y perjuicios causados a los bienes de la Administración.

d) La autoridad pública obligada a la ejecución de los actos y acuerdos en materia de disciplina urbanística, que no adopte las medidas de suspensión y de restablecimiento del orden jurídico infringido y de la realidad física alterada, previstas en la presente Ley.

e) Las compañías suministradoras de servicios públicos que hubiesen incumplido deberes establecidos para ellas en la presente Ley.

2. Además de los enumerados en el apartado anterior, serán responsables, por el incumplimiento de sus respectivos deberes:

En materia de parcelaciones, el propietario de los terrenos, el adquirente de la parcela, los técnicos, asesores e intermediarios, y cualquier otro profesional que hubiera intervenido en la actuación.

En materia de edificaciones y urbanizaciones, el constructor y los técnicos directores de las obras.

En materia de uso del suelo y de instalaciones, el titular de la actividad y el director de la instalación.

En cuanto a los restantes actos sujetos a licencia, el propietario de los terrenos donde se realicen las actuaciones ilegales y la persona física o jurídica que las realice materialmente.

⇒ V. Jurisprudencia en arts. 228 y concordantes del TRLS/1976 (§3).

Artículo 235. Infracciones independientes o conexas.

1. Las multas que se impongan a los distintos sujetos por una misma infracción tendrán entre sí carácter independiente.

2. En los supuestos en que se instruyera expediente sancionador por dos o más infracciones entre las que exista conexión de causa a efecto o cuando un mismo hecho implique dos o más infracciones, se impondrá una sola sanción, y será la correspondiente a la de mayor entidad y cuantía.

3. En los demás casos, a los responsables de dos o más infracciones urbanísticas se les impondrán las multas correspondientes a cada una de las diversas infracciones cometidas.

Artículo 236. Prohibición de beneficio económico.

En ningún caso la infracción urbanística puede suponer un beneficio económico para el infractor, por lo que la sanción que se imponga a éste no puede ser inferior al beneficio obtenido por la actuación ilegal.

⇒ V. Jurisprudencia en arts. 231 y concordantes del TRLS/1976 (§3).

Sección 1ª Infracciones y sanciones

Artículo 237. Clases de infracciones.

Las infracciones se clasifican, en función del daño causado a los intereses generales, en muy graves, graves y leves.

1. Se consideran infracciones urbanísticas muy graves:

a) Las parcelaciones urbanísticas en terreno clasificado como no urbanizable, contraviniendo la ordenación territorial y urbanística aplicables.

b) Los cerramientos de parcelas en suelo no urbanizable, cuando la división o segregación se hubiera efectuado en contra de lo que dispuesto en esta Ley, la legislación sectorial o el planeamiento urbanístico.

c) Las actuaciones no autorizadas que supongan cualquier alteración en el suelo no urbanizable de protección específica.

d) La destrucción o deterioro de bienes catalogados. Tratándose de bienes de esta naturaleza que, además, sean Bienes de Interés Cultural, no procederá la sanción urbanística cuando la potestad sancionadora haya sido ejercida por la Administración competente en materia de protección del patrimonio histórico-artístico.

e) El incumplimiento de las normas relativas al uso y a la edificación que afecten a suelos ordenados como sistemas generales, zonas verdes, espacios libres públicos, viales, equipamientos comunitarios y espacios naturales protegidos.

f) La realización de obras de urbanización e implantación de servicios en suelo no urbanizable.

2. Se considerarán infracciones urbanísticas graves:

a) Las parcelaciones urbanísticas en suelo urbano y urbanizable que contradigan las determinaciones de esta Ley y de la ordenación y planeamiento urbanísticos.

b) La realización de obras de urbanización e implantación de servicios en suelo urbano o urbanizable sin la previa aprobación de los instrumentos exigibles.

c) El incumplimiento de las obligaciones legales o compromisos asumidos frente a la Administración para la ejecución del planeamiento.

d) El incumplimiento de las obligaciones asumidas de conservar y mantener las obras de urbanización y sus instalaciones.

e) La realización de obras de construcción, edificación o usos, sin disponer de la previa autorización de la Administración regional, licencia u orden de ejecución o en contra de su contenido.

f) Todo cambio, sin título habilitante, en el uso al que esté destinado un edificio, planta o local.

g) Los movimientos de tierra que supongan alteración del paisaje, sin título habilitante.

h) La ejecución, sin licencia o contraviniendo la misma, de obras de consolidación, modernización o incremento de su valor en edificaciones expresamente calificadas como de fuera de ordenación.

i) El incumplimiento por las compañías suministradoras de las obligaciones que, en orden a sus actividades, establece la presente Ley o la ordenación urbanística.

j) El incumplimiento de las normas relativas a uso y edificación que no se pueda considerar infracción muy grave.

k) El incumplimiento de las órdenes de paralización o de ejecución.

l) El incumplimiento por la autoridad pública de sus obligaciones en orden a la adopción y ejecución de las medidas de suspensión y restitución de la legalidad urbanística establecidas en esta Ley.

3. Se considerarán infracciones urbanísticas leves:

Las acciones y omisiones que constituyan infracción urbanística que no pueda ser calificada como muy grave y grave.

Artículo 238. Sanciones.

Las infracciones urbanísticas se sancionarán, en función de la clase de infracción de que se trate, con multa, en relación con el valor de lo realizado objeto de infracción, de acuerdo con los siguientes criterios:

a) Las infracciones muy graves se sancionarán con multa del 50 al 100 por 100 del valor de lo realizado.

b) Las infracciones graves se sancionarán con multa del 20 al 50 por 100 del valor de lo realizado.

c) Las infracciones leves se sancionarán con multa del 1 al 20 por 100 del valor de lo realizado.

Artículo 239. Valoración de obras e instalaciones.

A los efectos de lo regulado en la presente Sección el cómputo de la valoración de las obras e instalaciones se efectuará de la siguiente manera:

1. En materia de edificaciones se tendrá en cuenta el valor de la obra realizada, salvo en el supuesto de que el promotor no hubiera atendido el requerimiento de suspensión de las obras, en cuyo caso, se tendrá en cuenta la valoración de la obra proyectada. Para la aplicación de los tipos porcentuales correspondientes, dicho valor se calculará para viviendas, mediante la aplicación del precio máximo vigente en el momento de comisión de la infracción para las viviendas de protección oficial; y para otras edificaciones, instalaciones o locales comerciales por el valor fijado para esta clase de inmuebles por la consejería competente en materia de hacienda a efectos tributarios y, en su defecto, por el fijado por la Administración actuante, previo informe técnico y audiencia al interesado.

2. En materia de parcelaciones, por la diferencia entre el valor anterior y el de venta de los terrenos parcelados. Se calcularán, el primero de conformidad con las determinaciones relativas al valor del suelo de la legislación estatal y, el segundo, en función de los valores de mercado, que se fijarán por la Administración actuante, previo informe técnico motivado y audiencia del interesado.

3. Para otras obras, instalaciones o actuaciones no incluidas en los apartados anteriores, por el valor en venta de otras similares en características y

emplazamientos, fijado por la Administración actuante, previo informe técnico y audiencia al interesado.

Sección 3ª Graduación de las sanciones

Artículo 240. Concurrencia de circunstancias modificativas de la responsabilidad.

La concurrencia de circunstancias atenuantes y agravantes se tendrá en consideración para la fijación de los porcentajes aplicables para cada sanción.

Artículo 241. Circunstancias agravantes y atenuantes.

1. Son circunstancias que agravan la responsabilidad en una infracción urbanística:

a) La reincidencia. Existe reincidencia cuando se comete una infracción del mismo tipo que la que motivó una sanción anterior en el plazo de cuatro años siguientes a la notificación de ésta; en tal supuesto se requerirá que la resolución sancionadora haya adquirido firmeza.

b) La resistencia a las órdenes emanadas de la autoridad, relativas a la defensa de la legalidad urbanística o su cumplimiento defectuoso.

c) El inicio de las obras sin orden escrita del técnico director y la introducción de modificaciones en la ejecución del proyecto sin instrucciones expresas de dicho técnico.

2. Son circunstancias cuya concurrencia atenúa la responsabilidad de los culpables de una infracción urbanística:

a) El no haber tenido intención de causar un daño grave a los intereses públicos o privados afectados por el hecho ilegal.

b) El haber procedido el responsable a reparar o disminuir el daño causado antes de la iniciación de las actuaciones sancionadoras.

c) El que las obras ejecutadas sean legalizables y se hubieran adoptado por el infractor las medidas necesarias para tal legalización.

3. Son circunstancias que, según cada caso, pueden atenuar o agravar la responsabilidad:

a) El mayor o menor conocimiento técnico de los pormenores de la actuación, de acuerdo con la profesión o actividad habitual del responsable.

b) El mayor o menor beneficio obtenido de la infracción o, en su caso, el haberla realizado sin consideración ninguna al posible beneficio económico que de la misma se derive.

c) La mayor o menor magnitud física y económica del daño producido.

Artículo 242. Medidas sancionadoras accesorias.

1. La comisión de infracciones graves y muy graves, además de las multas, podrá dar lugar a la imposición de las siguientes sanciones accesorias:

a) Inhabilitación para ser beneficiario de subvenciones, incentivos fiscales y cualesquiera otras medidas de fomento de los actos y las actividades que, conforme a esta Ley, precisen de aprobaciones, autorizaciones, licencias y órdenes de ejecución, según la índole de la actividad con motivo de la cual haya sido cometida la infracción.

b) Prohibición de ejercicio del derecho de iniciativa para la atribución de la actividad de ejecución en Unidades de Actuación y de participación en cualquier otra forma en iniciativas o alternativas a estas formuladas por propietarios o terceros, si la infracción se ha producido por actividad en materia de gestión urbanística.

2. Las medidas a que se refiere el apartado anterior podrán ser impuestas por un tiempo máximo de dos años en las infracciones graves y de cuatro en las muy graves.

Artículo 243. Reconocimiento de responsabilidad y/o pago voluntario.

1. Iniciado un procedimiento sancionador, si el infractor reconoce su responsabilidad, se podrá resolver el procedimiento con la imposición de la sanción propuesta.

2. En los supuestos de infracción por realización de actividades, construcciones o usos legalizables la sanción se reducirá el 50 por 100 de su cuantía cuando se cumplan los siguientes requisitos:

a) Que el infractor muestre por escrito su conformidad con la sanción propuesta y abone el importe de la multa en el plazo máximo de un mes, contado a partir de la notificación de la sanción.

b) Que el infractor se comprometa a legalizar la actuación objeto del expediente sancionador en el plazo que establezca la Administración y garantice este compromiso mediante fianza del 50 por 100 del importe de las obras o actuaciones necesarias.

3. En los supuestos de infracción por realización de actividades, construcciones o usos no legalizables la sanción se reducirá en un 50 por 100 de su cuantía cuando se cumplan los siguientes requisitos:

a) Que el infractor muestre por escrito su conformidad con la sanción propuesta y abone el importe de la multa en el plazo máximo de un mes, contado a partir de la notificación de la sanción.

b) Que el infractor se comprometa a restaurar el orden infringido a su situación inicial en los plazos que le señale la Administración y garantice este compromiso mediante aval del 100 por 100 del importe de las obras o actuaciones necesarias.

Sección 4ª Competencia y procedimiento

Artículo 244. Competencias.

1. Corresponde con carácter general a los ayuntamientos sancionar las infracciones urbanísticas e imponer las multas a que hubiere lugar, y a la Administración regional en los supuestos específicos previstos en esta Ley.

2. No obstante, cuando la Administración Regional no actúe en uso de sus facultades de intervención directa, levantada acta por los Servicios de Inspección de la Comunidad Autónoma por infracción grave o muy grave,

dará traslado de la misma al Ayuntamiento respectivo para que, en plazo de 15 días desde su recibo, incoe expediente sancionador y lo comunique al órgano correspondiente de la Comunidad Autónoma. Transcurrido dicho plazo sin que el Ayuntamiento correspondiente comunique la apertura o existencia previa del expediente sancionador con remisión de copia del mismo, o, cuando lo mantuviera paralizado por más de dos meses, el Director General competente en materia urbanística se subrogará en dicha competencia, incoando y tramitando el procedimiento hasta su terminación.

3. Tanto en el caso de actuación directa por la Administración regional, como en el de subrogación, la resolución definitiva e imposición de la sanción pertinente corresponderá a los siguientes órganos:

a) Al Director General competente en materia de urbanismo, para las infracciones sancionadas con multa de hasta 50.000.000 de pesetas.

b) Al consejero competente en materia de urbanismo, para las infracciones sancionadas con multa de hasta 100.000.000 de pesetas.

c) Al Consejo de Gobierno, a propuesta del consejero competente en materia de urbanismo, para las infracciones sancionadas con multa que exceda de 100.000.000 de pesetas.

4. El importe de todas las multas corresponderá a los respectivos Ayuntamientos, salvo en los casos en que el órgano autonómico hubiera tramitado el expediente sancionador, en cuyo caso las multas las ingresará la Administración regional.

Artículo 245. Procedimiento.

Los expedientes sancionadores se tramitarán conforme a lo prevenido en el Título IX de la Ley 30/1992, de 26 de noviembre, de Régimen Jurídico de las Administraciones Públicas y del Procedimiento Administrativo Común, así como por el Real Decreto 1398/1993, de 4 de agosto, por el que se aprueba el Reglamento del Procedimiento para el Ejercicio de la Potestad Sancionadora, sin perjuicio de las particularidades procedimentales recogidas en la presente Ley.

Sección 5ª Prescripción y caducidad

Artículo 246. Prescripción de infracciones y sanciones.

1. Con carácter general las infracciones urbanísticas muy graves y graves prescribirán a los cuatro años y las leves al año.

2. Las infracciones que afecten a sistemas generales, zonas verdes, espacios libres, viales, equipamientos y espacios naturales especialmente protegidos por instrumentos de ordenación prescribirán a los ocho años, sin perjuicio de la imprescriptibilidad de las facultades de la Administración para exigir la restauración de la legalidad urbanística infringida y de la acción penal que pudiera ejercitarse.

3. El plazo de prescripción comenzará a computarse desde la fecha en que se hubiera cometido la infracción o, si ésta fuera desconocida, desde la

fecha en que hubiera podido incoarse el procedimiento sancionador cuando aparezcan signos exteriores que permitan conocer los hechos constitutivos de la infracción.

4. En las infracciones derivadas de una actividad continuada, la fecha inicial del cómputo será la de finalización de la actividad o la del último acto en que la infracción se consuma.

5. Se presume que los actos de parcelación ilegal son, en todo caso, infracciones continuadas.

6. A efectos de prescripción de infracciones relativas a obras de edificación el plazo comenzará a computarse desde que las obras estuvieran dispuestas para su destino.

7. Las sanciones impuestas por infracciones urbanísticas prescribirán a los cuatro años desde que sean firmes.

8. La Administración deberá proceder a la ejecución de las medidas de restablecimiento de la legalidad urbanística en el plazo de quince años desde que sea firme el acto que las ordena.

⇒ V. Jurisprudencia en arts. 230 y concordantes del TRLS/1976 (§3).

Artículo 247. Caducidad del procedimiento sancionador.

1. El plazo máximo en que debe notificarse la resolución expresa del procedimiento sancionador será de un año contado desde la fecha del acuerdo de iniciación, ampliable, como máximo, por tres meses, mediante acuerdo del órgano que inició el procedimiento. Contra este acuerdo de ampliación no cabrá recurso alguno.

2. Transcurridos los citados plazos, en sus respectivos casos, sin que se haya producido la notificación de la resolución, se producirá la caducidad del procedimiento.

CAPÍTULO V
La inspección urbanística

Sección 1ª Órganos de inspección urbanística

Artículo 248. Órganos competentes.

1. El ejercicio de la inspección urbanística, a los efectos de esta Ley, se encomienda, sin perjuicio de las competencias de otras autoridades, a los siguientes órganos:

a) A los ayuntamientos o, en su caso, la Gerencia Urbanística Municipal.

b) A la Dirección General competente en materia de ordenación del territorio y urbanismo.

2. La inspección urbanística se ejercerá por dichos órganos, dentro de sus respectivas competencias.

Sección 2ª Servicios de inspección urbanística

Artículo 249. Función inspectora.

Los servicios de inspección urbanística de la Comunidad Autónoma y los de los ayuntamientos, o, en su caso, de las Gerencias Urbanísticas Municipales, tienen por función específica comprobar, investigar e informar sobre el cumplimiento de la legalidad urbanística y de las condiciones de las licencias y órdenes de ejecución, en el caso de la inspección municipal.

Artículo 250. Ejercicio de la función inspectora.

Los miembros de dichos Servicios de Inspección, y en el ejercicio de sus funciones, tendrán la consideración de agentes de la autoridad y en dicho ejercicio estarán facultados para requerir y examinar toda clase de documentos relativos al planeamiento, comprobar la adecuación de los actos de edificación y uso del suelo a la normativa urbanística aplicable y obtener la información necesaria para el desarrollo de su actuación.

A estos efectos tendrán libre acceso a los edificios o locales donde se realicen las obras o usos que pretendan inspeccionar, de acuerdo con las disposiciones legales que sean de aplicación. De igual forma podrán recabar la exhibición de la documentación urbanística obrante en poder del interesado o de cualquier organismo público o privado.

Artículo 251. Actas y acción de oficio.

Las actas, partes de infracción o diligencias levantadas por los inspectores urbanísticos tienen la naturaleza de documentos públicos y constituyen prueba de los hechos que motiven su formalización, salvo que se acredite lo contrario, y darán lugar necesariamente a la actuación de oficio de los diferentes órganos urbanísticos competentes. Igual naturaleza y efectos tendrán las actas levantadas por el Servicio de Protección de la Naturaleza de la Guardia Civil cuando sean puestas en conocimiento de la Administración Regional o Local.

Artículo 252. Funciones de los Servicios de Inspección.

Los servicios de Inspección de la Comunidad Autónoma tendrán las más amplias funciones en el ejercicio de la labor inspectora y, entre otras, con carácter fundamental y prioritario, las siguientes:

a) Fiscalizar las actuaciones en suelo no urbanizable y urbanizable para impedir actividades de parcelación o urbanización que sean ilegales, movimientos y roturación de tierras, talas de arbolado ilegales, preservar los sistemas generales y a defender el orden jurídico de interés supramunicipal.

b) Velar por la aplicación de las normas urbanísticas y por la ejecución de las obras necesarias para el desarrollo urbano, al ritmo previsto en el planeamiento respectivo.

c) Realizar la inspección, investigación e información sobre la aplicación por los Ayuntamientos de los Planes Generales Municipales de Ordenación, Planes de Desarrollo, Normas Complementarias de planeamiento y Ordenanzas de Edificación y Uso del Suelo.

d) Proponer al órgano del que dependan la apertura de expedientes sancionadores y, dentro de ellos, la adopción de las piezas separadas de suspensión de actuaciones ilegales y/o de restablecimiento del orden infringido; así como el ejercicio de las acciones de revisión o impugnación de los actos que infrinjan el ordenamiento urbanístico.

e) Controlar de forma periódica si la licencia obtenida se ajusta al uso autorizado.

f) Emitir dictámenes e informes en materia de disciplina urbanística, a instancia de los órganos de inspección y de los instructores de expedientes sancionadores.

Artículo 253. Servicios Municipales de Inspección.

Cada Ayuntamiento deberá establecer su propio Servicio de Inspección Urbanística, salvo que mediante convenio con la Comunidad Autónoma u otros Ayuntamientos, se acuerde que el Servicio de Inspección constituido a tal fin, se encargue del ejercicio de las funciones inspectores en un determinado municipio.

DISPOSICIONES ADICIONALES

Primera.

Corresponde al Director General competente en la materia autorizar los usos e instalaciones en la servidumbre de protección del dominio público marítimo-terrestre, conforme a lo dispuesto en la legislación de costas. Esta competencia podrá delegarse en los Ayuntamientos cuando se disponga de adecuado instrumento de ordenación territorial o urbanístico y siempre que esté aprobado el correspondiente deslinde.

Asimismo, corresponde al Director General competente emitir informe en los procedimientos de deslinde, concesiones y demás supuestos previstos en la legislación de costas que atañan a la ordenación del litoral, así como recabar de otras Consejerías competentes en materias concurrentes y a los Ayuntamientos afectados la información precisa para el ejercicio de esta función.

Segunda.

1. Los instrumentos regulados en esta Ley estarán sujetos a las siguientes normas:

a) Los instrumentos de ordenación del territorio en cuya tramitación según esta Ley deba mediar informe preceptivo de la Consejería competente en materia de medio ambiente y cuya aprobación sea competencia del Consejo de Gobierno no estarán sometidos a evaluación de impacto ambiental.

b) Los programas de actuación territorial cuando se formulen autónomamente y no desarrollen Planes o Directrices de Ordenación Territorial, estarán sometidos a evaluación de impacto ambiental.

c) Los Planes Generales Municipales de Ordenación, así como las modificaciones de los mismos que supongan la reclasificación de suelo no urbanizable estarán sometidos a la evaluación de impacto ambiental.

d) Los Planes Parciales, de cualquier uso, cuando así lo exigiera expresamente el Plan General Municipal de Ordenación por actuar sobre áreas próximas a suelos no urbanizables protegidos, y los Planes Parciales de uso industrial que se formulen para suelo urbanizable sin sectorizar, estarán sometidos a evaluación de impacto ambiental.

e) Los Planes Especiales no previstos en el Plan General Municipal de Ordenación y los que, aun estando previstos, afecten al suelo no urbanizable de protección especial estarán sometidos a evaluación de impacto ambiental.

f) Los Proyectos de Urbanización, se someterán a evaluación de impacto ambiental cuando el planeamiento general o de desarrollo lo establezca expresamente.

2. El procedimiento específico de evaluación de impacto ambiental para los supuestos de instrumentos de ordenación territorial y de planeamiento urbanístico en que sea preceptivo, será el siguiente:

a) El avance de la ordenación, que será preceptivo en estos supuestos, acompañado de una memoria ambiental justificativa de las distintas alternativas, se someterá a consulta previa del órgano ambiental sobre los extremos del Plan que puedan tener incidencia medio ambiental. Esta consulta deberá ser evacuada en el plazo máximo de un mes.

b) El documento que se apruebe inicialmente, al que se acompañará como anexo el Estudio de Impacto Ambiental adecuado a su naturaleza y objeto, se remitirá al órgano ambiental, el cual, caso de considerarlo completo, lo someterá a exposición pública en el «Boletín Oficial de la Región de Murcia» por un plazo mínimo de un mes para presentación de alegaciones y, a la vista de éstas, resolverá sobre la declaración.

Tercera.

La colaboración de la Federación de Municipios de la Región de Murcia con los Ayuntamientos y la Administración Regional se efectuará de conformidad con lo establecido en los artículos 144 y 208 de esta Ley.

Cuarta.

Se crean los órganos previstos en los artículos 12 y 13 de esta Ley. El Gobierno de la Comunidad Autónoma adoptará las medidas precisas para la constitución y puesta en funcionamiento de los mencionados órganos dentro de los cuatro meses siguientes a la entrada en vigor de esta Ley.

Quinta.

Los instrumentos de planeamiento previstos en la Ley 3/1987, de 23 de abril, de Protección y Armonización de usos del Mar Menor, deberán adaptarse a lo dispuesto en la presente Ley para los instrumentos de ordenación del territorio.

Sexta.

La Consejería competente en materia de urbanismo remitirá a todos los Ayuntamientos los archivos de las entidades colaboradoras radicadas en cada término municipal a los efectos del artículo 157 de esta Ley.

Séptima.

Los Planes de espacios protegidos se coordinarán con los instrumentos de ordenación del territorio y prevalecerán sobre los de planeamiento urbanístico.

Octava.

Los límites de los Espacios Naturales Protegidos incluidos en la Disposición Adicional Tercera y Anexo de la Ley 4/1992, de 30 de julio, de Ordenación y Protección del Territorio de la Región de Murcia, se entenderán ajustados a los límites de los Lugares de Importancia Comunitaria a que se refiere el Acuerdo del Consejo de Gobierno de 28 de julio de 2000.

DISPOSICIONES TRANSITORIAS

Primera.

Las Unidades de Actuación o de ejecución delimitadas, mantendrán su delimitación y aprovechamientos, considerándose Unidades de Actuación a los efectos de la presente Ley.

Segunda.

Hasta tanto no se produzca la adaptación a esta Ley del planeamiento general, los aprovechamientos urbanísticos fijados en términos de aprovechamiento medio o de aprovechamiento tipo, se entenderán como aprovechamiento de referencia a los efectos previstos en esta Ley.

Tercera.

Los Planes de Ordenación Territorial y los Planes Generales de Ordenación Municipal que estén vigentes al tiempo de la entrada en vigor de esta Ley, mantendrán su vigencia, debiendo iniciarse su adaptación a la misma dentro de los dos años siguientes a su entrada en vigor. La adaptación podrá limitarse a la clasificación y, en su caso, calificación del suelo, determinación de los aprovechamientos de referencia, delimitación de sectores y, en su caso, Unidades de Actuación y fijación de sistemas de actuación.

Dichas adaptaciones se tramitarán por los procedimientos establecidos para su formulación y aprobación en la presente Ley.

Cuarta.

Las revisiones o modificaciones de instrumentos de planeamiento general que se encuentren en tramitación a la entrada en vigor de esta Ley y no hubieren alcanzado la aprobación provisional, deberán adaptar sus determinaciones a la misma. Cuando se hubiera alcanzado la aprobación provisional podrá adaptarse a esta Ley, sometiendo el Plan a nueva información pública por plazo de un mes, salvo cuando no varíe el régimen urbanístico aplicable a cada clase de suelo.

En todo caso, serán de aplicación a los procedimientos en trámite a la entrada en vigor de esta Ley, los preceptos de la misma referidos a la intervención administrativa y a la protección de la legalidad urbanística contenidos en el Título VI.

Quinta.

Los Planes de Desarrollo que estuvieran en curso de ejecución a la entrada en vigor de esta Ley, continuarán ejecutándose hasta la total conclusión de las obras en los plazos previstos en los mismos o, en su defecto, en el de tres años, conforme a sus propias previsiones.

Sexta.

Los municipios que en la actualidad tienen Normas Subsidiarias de Planeamiento en vigor deberán ajustarse a las determinaciones de la presente Ley, mediante la tramitación de Planes Generales, que habrá de iniciarse en el plazo de dos años siguientes a la entrada en vigor de la misma. Hasta tanto no se aprueben definitivamente los nuevos Planes Generales, se entenderán equiparadas las clases de suelo urbano y no urbanizable a los regulados en esta Ley; el suelo apto para urbanizar se equipara al suelo urbanizable sin sectorizar, excepto que estuviese expresamente delimitado como sector para su desarrollo mediante Plan Parcial o se proceda a su delimitación o a la definición de las condiciones para su desarrollo en virtud de un proyecto de delimitación o de planeamiento formulado por la iniciativa privada, en que se equipara a suelo urbanizable sectorizado.

DISPOSICIÓN DEROGATORIA

1. Quedan derogadas cuantas disposiciones, de igual o inferior rango, se opongan a lo establecido en la presente Ley.

2. Quedan derogadas expresamente las siguientes disposiciones:

a) Ley 12/1986, de 20 de diciembre, de Medidas para la Protección de la Legalidad Urbanística en la Región de Murcia.

b) La Ley 10/1995, de 24 de abril, de Modificación de las Atribuciones de los Órganos de la Comunidad Autónoma en Materia de Urbanismo.

c) El Título Preliminar y los Títulos I, II, III, IV y V y Disposición Adicional Segunda de la Ley 4/1992, de 30 de julio, de Ordenación y Protección del Territorio de la Región de Murcia.

d) El artículo 4.4 y los puntos 1 n) y 2.11 del Anexo I de la Ley 1/1995, de 8 de marzo, de Protección del Medio Ambiente de la Región de Murcia.

e) La Ley 3/1987, de 23 de abril, de Protección y Armonización de Usos del Mar Menor.

DISPOSICIONES FINALES

Primera.

La presente Ley entrará en vigor a los treinta días de su publicación en el «Boletín Oficial de la Región de Murcia».

Segunda.

Se faculta al Consejo de Gobierno de la Comunidad Autónoma de la Región de Murcia para dictar cuantas disposiciones sean necesarias para el desarrollo y ejecución de la presente Ley.

Tercera.

Hasta tanto no se aprueben las normas de desarrollo esta Ley se aplicarán el Reglamento de Planeamiento, aprobado por RD 2159/1978, de 23 de junio; el Reglamento de Gestión Urbanística, aprobado por RD 3288/1978, de 25 de agosto; y el Reglamento de Disciplina Urbanística, aprobado por RD 2187/1978, de 23 de junio, en lo que no se opongan a las prescripciones de aquélla.

§ 42 LEY 4/1992, DE 30 JULIO. REGULA LA ORDENACIÓN Y PROTECCIÓN DEL TERRITORIO DE LA REGIÓN DE MURCIA

(BOE núm. 22, de 26 enero 1993 y BORM núm. 189, de 14 agosto [RCL 1993, 239 y LRM 1992, 147])

EXPOSICIÓN DE MOTIVOS

El constante crecimiento de la población y de la actividad económica que la Región de Murcia ha mantenido en los últimos años, con los correspondientes cambios profundos en su distribución y características, somete a su territorio a un conjunto, cada vez mayor, de demandas sociales diferentes condicionadas por la multiplicidad de los distintos usos posibles del suelo.

Estos usos y demandas se han concentrado tradicionalmente en los espacios urbanos y periurbanos y han motivado que exista una regulación jurídica detallada del uso del espacio, entendido como suelo urbano o urbanizable al darse una conciencia generalmente aceptada de la necesidad de que el crecimiento urbano siga un modelo previamente planificado mediante criterios racionales.

Simultáneamente en el tiempo, surgió la necesidad de preservar ciertos espacios naturales para protegerlos de la influencia humana y conservar la naturaleza con la menor modificación posible producida por el hombre.

La preocupación ante las actividades contaminantes producidas por el desarrollo económico también tuvo como consecuencia una legislación abundante al respecto, referida principalmente a los espacios urbanos y a los espacios naturales de especial protección.

La Región de Murcia reúne, a pesar de su reducida extensión, una elevada riqueza de ambientes de gran calidad y singularidad natural, y espacios con un fuerte deterioro ambiental y ecológico.

Las serranías, tanto de interior como costeras, con sus valles, vegas y campos; el litoral de playas arenosas y acantilados, o las zonas húmedas, son ejemplos claros de esta diversidad de ecosistemas que, de forma secular, han servido como fuente de alimento, energía, construcción y esparcimiento a las diversas culturas que han ocupado estos territorios.

Si bien la problemática ambiental ha sido abordada por diferentes legislaciones promulgadas a nivel del Estado español, los mecanismos de tramitación y de gestión, en algunos casos, y las limitadas e insuficientes medidas de regulación y actuación, en otros, han puesto de manifiesto que cualquier medida dirigida a la protección de los valores naturales y los recursos del medio físico regional, requiere un tratamiento legal propio, con una visión integral de las causas y procesos que intervienen en su degradación y que esté basado en la ordenación y utilización racional de los recursos naturales en desarrollo social y económico de nuestro territorio.

A efectos legislativos y de ordenación, el resto del territorio, el espacio rural, con muchísima mayor dimensión, se define de forma insuficiente como exclusión de lo urbano y lo natural. Sin embargo, este espacio rural está sometido, cada vez en mayor grado, a usos y demandas escasamente reguladas, poco coordinadas y que, a veces, compiten de forma estéril entre sí.

Parece necesario integrar estos aspectos de lo rural, lo urbano y lo natural en un concepto más general del territorio que contemple conjuntamente la ordenación de los diferentes usos del suelo y los condicione al interés general, el uso racional y a la conservación del medioambiente.

La Carta Europea de Ordenación del Territorio conceptúa éste como la expresión especial de las políticas económicas, social, cultural y ecológica de toda la sociedad.

De otro lado, la gestión de la normativa de medioambiente europea y el uso de fondos europeos destinados al asentamiento de actividad en la zona rural y de montaña, posibilitan hoy superar las escasas oportunidades de planificación que el espacio natural ha tenido en la legislación urbanística.

En efecto, en el territorio así entendido, inciden aspectos como los asentamientos de población, más o menos concentrada y sus correspondientes servicios, las obras de infraestructura, la actividad agraria, los usos recreativos y el interés paisajístico, que necesitan normas y directrices para armonizar sus objetivos dentro de una política territorial unitaria.

Son importantes, en este sentido y como otro ejemplo de la necesidad de una ordenación general particularmente importante en la Región de Murcia, las actuaciones de prevención de desastres naturales, inundaciones, sequías o fenómenos sísmicos, cuyo nivel de riesgo es un efecto social con origen en las peculiares circunstancias del territorio murciano.

Por otra parte, en el territorio, entendido así de forma amplia, confluyen recursos económicos y naturales cuya aplicación debe ser asignada de forma racional, procurando el equilibrio en el desarrollo de las distintas comarcas en función de sus aptitudes y de unos niveles adecuados en la calidad de vida de todos sus habitantes, de la que es parte fundamental la prevención de riesgos del medio natural antes aludida.

Espacios como la huerta de Murcia, el litoral mediterráneo de la Región, el mar Menor o las zonas más despobladas del norte de Murcia, cuyos territorios exceden el ámbito municipal, precisan una ordenación de rango superior, que cuide de forma racional el uso del territorio, especialmente el espacio rural, de forma integradora y equilibrada.

Entre los principios que inspiran la promulgación de la presente Ley, es preciso destacar el respeto a la autonomía de los municipios para la gestión de sus respectivos intereses y, en concreto, el reconocimiento de la competencia municipal para la ordenación de su territorio en aquellas materias de interés puramente local o de ámbito municipal, sin perjuicio de que se dispongan los mecanismos precisos para la adaptación del planeamiento municipal al contenido de estos instrumentos de ordenación del territorio de carácter supramunicipal o de interés comunitario.

Para conseguir ordenar estos aspectos e integrar de forma adecuada el territorio en el desarrollo regional, se promulga esta Ley, que debe permitir sentar las bases en la forma de proceder de la administración con respecto a la ordenación del territorio.

Por consiguiente, los objetivos de esta Ley son diversos y se ajustan a unos principios de racionalidad, planificación y cooperación interadministrativa, con los que se pretende conseguir que las actuaciones territoriales se apoyen siempre en unos objetivos explícitamente formulados y en una valoración completa de sus consecuencias. Para conseguirlo, la Ley establece un procedimiento y crea unos instrumentos que abarcan toda la actuación administrativa, desde el momento de la planificación hasta el de la ejecución material, pasando por la programación temporal y presupuestaria.

Estos instrumentos son las directrices de ordenación territorial, los programas de actuación territorial y las actuaciones de interés regional.

El sistema territorial de referencia recogerá la información sobre los condicionantes físicos y jurídicos del territorio y será la base de la acción planificadora.

Las directrices de ordenación territorial fijarán en un ámbito previamente definido los objetivos de la planificación y las normas y medios para alcanzarlos. En particular se desarrollarán, a la mayor brevedad, las directrices de regulación, protección y usos del espacio rural, así como de ordenación de los recursos naturales.

Los programas de actuación territorial recogerán los compromisos de ejecución de las directrices, estableciendo los plazos y recursos necesarios para lograrlos.

Las actuaciones de interés regional son actuaciones concretas sobre el territorio, que, promovidas por entidades públicas o privadas, contribuyan a alcanzar los objetivos planteados por la política territorial.

Estos instrumentos que crea la Ley, en concordancia con sus objetivos, están destinados a potenciar el uso racional del suelo con perspectivas de futuro, respetando las condiciones medioambientales, y constituyen un marco, tanto para la aplicación de la legislación urbanística, como para lograr cubrir con su desarrollo el vacío normativo en la legislación vigente sobre la ordenación territorial del espacio rural.

La consideración de los problemas ambientales y de la conservación de la naturaleza está recogida a lo largo de toda la Ley, pero en especial se regulan las evaluaciones de impacto ambiental y evaluaciones de impacto territorial, a fin de prever con el mayor nivel de detalle los efectos de las actuaciones con incidencia ambiental o territorial incluyéndose, dentro de los supuestos de evaluación de impacto ambiental, de acuerdo con las tendencias actuales nacionales y europeas, a los planes o programas que pudieran tener incidencia ambiental.

Especial mención cabe realizar a que los planes de ordenación de recursos naturales se definen con carácter de directrices subregionales.

Por último el Título VI regula la protección de espacios naturales y en una disposición adicional se reclasifican y declaran protegidos los más significativos, así como sus límites en un Anexo específico.

✐ El Tít. Preliminar y los Títs. I, II, III, IV y V y disp. adic. 2ª de la presente Ley han sido derogados por la Ley 1/2001, de 24 abril, del Suelo de la Región de Murcia.

[...]

TÍTULO VI
PROTECCIÓN DE ESPACIOS NATURALES

CAPÍTULO I
De los planes de ordenación de los recursos naturales

Artículo 45.

De acuerdo con la Ley 4/1989, de 27 marzo, de conservación de espacios naturales y de la fauna y flora silvestres, los planes de ordenación de los recursos naturales son el principal instrumento de planificación y gestión de dichos recursos en la Región de Murcia y, en especial, de sus espacios naturales.

Artículo 46.

1. Los efectos de los planes de ordenación de los recursos naturales tendrán el alcance que establezcan sus propias normas de aprobación.

2. Los instrumentos de ordenación territorial o física existentes que resulten contradictorios con los planes de ordenación de los recursos naturales deberán adaptarse a éstos.

CAPÍTULO II
De la tramitación de los planes

Artículo 47.

1. El procedimiento de elaboración y aprobación de los planes de ordenación de los recursos naturales se ajustará a lo establecido en las siguientes normas:

a) *La iniciación* del procedimiento corresponde a la Agencia Regional para el Medio Ambiente y la Naturaleza, que, de oficio o a instancia de parte, redactará un documento previo al Plan en que se contendrán los objetos y directrices para la ordenación de los recursos naturales del ámbito territorial de que se trate.

El documento previo, una vez sometido a informe preceptivo del Consejo Asesor de Medio Ambiente, será el documento básico para la elaboración del plan de ordenación de recursos naturales.

b) La aprobación inicial de los planes de ordenación de recursos naturales corresponde al consejero competente en materia de medio ambiente, que acordará la apertura del trámite de información pública durante el plazo de dos meses, así como un trámite de audiencia a los ayuntamientos a cuyo territorio afecte, a los interesados y a las asociaciones cuyos fines persigan el logro de los objetivos del artículo 2 de la Ley 4/1989, de 27 marzo.

La información pública del plan se completará con campañas de divulgación de los contenidos del mismo.

c) La Agencia Regional para el Medio Ambiente y la Naturaleza elaborará, a la vista de las alegaciones y sugerencias presentadas, el correspondiente plan de ordenación de los recursos naturales que será aprobado definitivamente por el Consejo de Gobierno, mediante decreto, a propuesta del consejero competente en materia de medio ambiente, previo informe de los consejos asesores de medio ambiente y de ordenación del territorio y urbanismo.

2. Cuando el plan de ordenación de recursos naturales afecte a un bien de interés cultural deberá someterse a informe de la Consejería competente en materia de cultura, de conformidad con lo previsto en la legislación aplicable sobre patrimonio histórico español.

CAPÍTULO III

De los espacios naturales protegidos

Artículo 48.

1. Los espacios naturales de la Región de Murcia que en atención a sus valores, interés ecológico, científico, socioeconómico o cultural, necesiten de un régimen especial de protección y gestión, serán declarados en algunas de las siguientes categorías:

a) Parques regionales.

b) Reservas naturales.

c) Monumentos naturales.

d) Paisajes protegidos.

La definición y los efectos de la declaración de cada una de estas figuras son los que se especifican en la citada Ley 4/1989, de 27 marzo, siendo equivalente las categorías de parque a la de parques regionales.

2. La protección de un espacio natural mediante alguno de los regímenes especiales relacionados en el apartado anterior no excluye la posibilidad de que en determinadas áreas del mismo se constituyan otros núcleos de

protección, siempre que adopten alguna de las modalidades establecidas en esta Ley.

3. Se declararán por ley regional los parques regionales y las reservas naturales. Los monumentos naturales y los paisajes protegidos serán declarados por decreto de Consejo de Gobierno.

4. En ambos casos corresponderá a la Agencia Regional para el Medio Ambiente y la Naturaleza el impulso y la tramitación administrativa de los expedientes para la declaración como espacio natural protegido.

5. En el procedimiento de declaración, cuando no vaya precedido de la aprobación previa de un plan de ordenación de recursos naturales, deberá otorgarse un tramite de audiencia a los interesados y recabar los informes de las administraciones y organismos públicos afectados, en particular, de las entidades locales y de las entidades científicas, conservacionistas o ecologistas. En todo caso es preceptivo el informe del Consejo Asesor Regional para el Medio Ambiente y la Naturaleza.

6. La declaración de los parques y reservas exige la previa elaboración y aprobación del correspondiente plan de ordenación de los recursos naturales de la zona, salvo el supuesto excepcional previsto en el artículo 15, apartado segundo de la Ley 4/1989, de 27 marzo.

Artículo 49.

1. La Agencia Regional para el Medio Ambiente y la Naturaleza elaborará, en el plazo de un año a partir de la declaración correspondiente, los planes rectores de uso y gestión. Las administraciones competentes en materia urbanística informarán preceptivamente dichos planes antes de su aprobación por decreto de Consejo de Gobierno.

2. Los planes rectores de uso y gestión tendrán como objetivo la ordenación de los recursos del espacio natural protegido para hacer posible la armonización de la conservación de valores naturales con el fomento socioeconómico y la promoción social.

3. Los planes rectores prevalecerán sobre el planeamiento urbanístico o de ordenación del territorio en los términos que establece el artículo 19.2 de la Ley 4/1989, de 27 marzo.

4. En los monumentos naturales y paisajes protegidos, cuando razones de extensión, simplicidad de gestión u otras de similar índole lo aconsejen, mediante resolución de la Agencia Regional para el Medio Ambiente y la Naturaleza y previo informe del Consejo Asesor Regional del Medio Ambiente se podrá sustituir la elaboración de los planes rectores de uso y gestión, por aquellos planes o programas de actuación que se consideren necesarios para alcanzar las finalidades perseguidas en la declaración.

5. En los presupuestos generales de la comunidad autónoma se consignarán anualmente las cantidades necesarias para hacer frente al desarrollo de estos planes y programas de actuación.

6. Con el fin de contribuir al mantenimiento de los espacios naturales

protegidos y compensar a las poblaciones afectadas, en sus disposiciones reguladoras podrán establecerse áreas de influencia socioeconómica, con especificación del régimen económico y compensación adecuada al tipo de limitaciones, en los términos que establece el artículo 18 de la Ley 4/1989, de 27 marzo, para lo que la Administración Regional elaborará los correspondientes planes de actuación socioeconómica.

Artículo 50.

Los parques y reservas naturales protegidos deberán tener adscrito un director-conservador que asumirá la responsabilidad de dirigir y coordinar la gestión integral del espacio natural en colaboración con su equipo técnico.

Para colaborar en la gestión de los parques regionales y reservas naturales se constituirán como órganos de participación, patronatos o juntas rectoras cuya composición y funciones se determinarán en sus disposiciones reguladoras. En las demás figuras su constitución será facultativa.

CAPÍTULO IV
Del régimen sancionador

Artículo 51.

1. El régimen de infracciones y sanciones es el establecido en el Título VI de la Ley 4/1989, de 27 marzo, aplicándose en lo no previsto los arts. 133 a 137 de la Ley de Procedimiento Administrativo.

2. Asimismo, constituye infracción administrativa toda vulneración de las prescripciones contenidas en los planes de ordenación de recursos naturales y planes rectores de uso y gestión.

3. La competencia para sancionar las infracciones leves y menos graves corresponde al Director de la Agencia Regional para el Medio Ambiente y la Naturaleza; las infracciones graves serán sancionadas por el consejero competente en materia de medio ambiente, correspondiendo al Consejo de Gobierno la competencia para sancionar las infracciones muy graves.

DISPOSICIONES TRANSITORIAS

Primera.

El Consejo de Gobierno, a propuesta de la Consejería de Política Territorial, Obras Públicas y Medio Ambiente, aprobará el Reglamento de estructura y funcionamiento del Consejo Asesor de Ordenación del Territorio y Urbanismo.

En tanto no se produzca su regulación reglamentaria, la composición, efectivos y medios del Consejo Asesor de Ordenación del Territorio y Urbanismo de la Región de Murcia, serán los que actualmente corresponden al Consejo Asesor Regional de Urbanismo de Murcia.

Segunda.

En el plazo de cinco años el Consejo de Gobierno desarrollará los instrumentos de ordenación del territorio previstos en esta Ley, dando cuenta anualmente a la Asamblea Regional.

DISPOSICIONES ADICIONALES

Primera.

Se modifica el párrafo primero del artículo 1, párrafo primero del artículo 8, el artículo 10, y el artículo 13 de la Ley 10/1986, de 19 diciembre, de la Agencia Regional del Medio Ambiente y la Naturaleza, que quedarán como sigue:

Artículo 1, párrafo primero.

Se crea la Agencia Regional para el Medio Ambiente y la Naturaleza como organismo autónomo de carácter administrativo, adscrito a la Consejería competente en la protección del medio ambiente, correspondiendo a su titular la adecuación de la política de este organismo autónomo a la general del Gobierno de la Región.

Artículo 8, párrafo primero.

1. El Consejo Asesor de Medio Ambiente estará constituido por un presidente, un vicepresidente, los vocales y un secretario.

La presidencia la ostentará el titular de la Consejería correspondiente, y la vicepresidencia el director de la Agencia.

El vicepresidente del Consejo sustituirá al presidente en los casos de vacante o ausencia.

Los vocales, cuyo número estará comprendido entre un mínimo de 15 y un máximo de 25, representarán a otros órganos de la comunidad autónoma, Universidad, Consejo Superior de Investigaciones Científicas, organizaciones sindicales, empresariales y ecologistas, entidades locales y personas y entidades de reconocida cualificación en temas medioambientales.

Como Secretario del Consejo actuará con voz y sin voto un funcionario, licenciado en Derecho, perteneciente a la Agencia, designado por el Presidente.

Artículo 10.

El director de la Agencia será nombrado por decreto, a propuesta del titular de la Consejería correspondiente.

Artículo 13.

Contra los actos dictados por el director de la Agencia procederá el recurso de alzada ante el consejero competente en materia de protección del medio ambiente.

Segunda. ...

Tercera.

Uno. De conformidad con lo previsto en el Título III de la Ley 4/1989, de 27 marzo, de conservación de los Espacios Naturales y de la Flora y Fauna Silvestres, y en concordancia con el título VI de la presente Ley, se reclasifican y declaran protegidos los siguientes espacios naturales de la Región de Murcia:

a) Se reclasifican con la categoría de parques los siguientes espacios con los límites y superficies que se señalan:

1. «Sierra Espuña», creado por Real Decreto 3157/1978, de 10 noviembre, con una superficie de 9.961 ha, situado en los términos municipales de Alhama de Murcia y Totana.

2. «Carrascoy y El Valle», integrados por el Parque natural «Monte El Valle», término municipal de Murcia, creado por Real Decreto 2611/1979, de 7 septiembre, y por el Plan Especial de Protección «Sierras de Carrascoy y del Puerto», términos municipales de Murcia, Fuente Alamo y Alhama de Murcia, aprobado definitivamente por Resolución de la Consejería de Política Territorial y Obras Públicas de 5-6-1985. Los límites y superficies son los establecidos en el citado Real Decreto y en el Plan Especial de Protección.

3. «Sierra de la Pila», en los términos municipales de Fortuna, Blanca, Abarán y Molina de Segura, con la superficie y límites previstos en el Plan Especial de Protección, aprobado definitivamente por Resolución de la Consejería de Política Territorial y Obras Públicas, de 6-5-1985.

4. «Salinas y arenales de San Pedro del Pinatar», términos municipales de San Pedro del Pinatar y San Javier, con la misma superficie y límites contemplados en el Plan Especial de Protección denominado «Salinas de San Pedro del Pinatar, Coto de las Palomas y de la Llana y el Mojón», aprobado definitivamente por Resolución de la Consejería de Política Territorial y Obras Públicas de 24-5-1985.

5. «Calblanque, Monte de las Cenizas y Peña del Aguila», término municipal de Cartagena y La Unión, afectado por el Plan Especial de Calblanque, aprobado definitivamente por Resolución de la Consejería de Política Territorial y Obras Públicas de 21-3-1987.

La superficie y los límites son los previstos en el Plan General Municipal de Ordenación de Cartagena de especial protección para el área de Peña del Aguila, vertientes al mar Mediterráneo de Atamaría y ámbito del Plan Especial de Calblanque. En el municipio de La Unión, la zona definida de especial protección de Peña del Aguila, sujeto a especial protección según las Normas Subsidiarias del planeamiento del término municipal.

El plan de ordenación de los recursos naturales delimitará, con precisión, el ámbito de Peña del Aguila y Monte de las Cenizas que afecta a los dos términos municipales.

Dos. De conformidad con lo establecido en el artículo 21.1 de la Ley 4/1989, de 27 marzo, y teniendo en cuenta que no se precisa previa elaboración de planes de ordenación de los recursos naturales, según lo dispuesto en su artículo 15.1 y sin perjuicio de su posterior elaboración si procede, se declaran los siguientes paisajes, conforme a los límites que se indican en el Anexo a la presente Ley:

1. Humedal del Ajauque y Rambla Salada.
2. Cuatro Calas.
3. Espacios abiertos e Islas del Mar Menor.
4. Sierra de las Moreras.

Tres. De conformidad con el artículo 21.1 de la Ley 4/1989, de 27 marzo, y teniendo en cuenta lo establecido en el artículo 15.2 se declaran los espacios siguientes como parque y reserva natural, respectivamente, conforme a los límites que se indican en el Anexo a la presente Ley, considerándose excepcional en cuanto a la previa elaboración y aprobación de los correspondientes planes de ordenación de los recursos naturales, dada la urgencia en la adopción de las medidas tendentes a su protección:

1. Calnegre y Cabo Cope.
2. Sotos y bosques de ribera de Cañaverosa.

Cuatro. Los espacios naturales siguientes deberán tener iniciado el trámite para la aprobación de los correspondientes planes de ordenación de los recursos naturales, en el plazo de un año a partir de la entrada en vigor de la presente Ley:

1. La Muela y Cabo Tiñoso.
2. Cañón de los Almadenes.
3. Sierra de «El Carche».
4. Islas e islotes del litoral mediterráneo.
5. Saladares del Guadalentín.
6. Barrancos de Gébar.
7. Cabezo Gordo.
8. Sierra Salinas.

Cinco. Los decretos por los que se aprueban definitivamente los planes de ordenación de los recursos naturales, podrán, previo informe del Consejo Asesor Regional del Medio Ambiente y la Naturaleza, proponer el reajuste, en detalle, de las delimitaciones de los espacios naturales protegidos, a través del correspondiente procedimiento de declaración.

✐ El art. único de la Ley 6/1995, de 21 abril, dispone:

«Se modifican los límites del Parque Regional de Sierra Espuña, a que se refiere la disposición adicional tercera de la Ley 4/1992, de 30 de julio, de Ordenación y Protección del Territorio de la Región de Murcia, conforme se indica a continuación, con lo que pasa a tener una superficie de 17.804 hectáreas, afectando a los términos municipales de Alhama de Murcia, Totana y Mula.

– Norte: Límites exteriores del monte número 79 del Catálogo de Utilidad Pública (CUP) denominado «Umbría de la Sierra de Espuña», de la pertenencia y término municipal de Mula, entre el mojón denominado «de Mula, Lorca y Totana» y el mojón 248 (252), sito en el límite con el término municipal de Alhama de Murcia y con el monte número 28 del CUP, pertenencia de la comunidad autónoma de la Región de Murcia.

Se excluyen del parque regional los terrenos privados, mayoritariamente agrícolas (Hoya, Noguera y El Berro), así como el propio núcleo rural de El Berro, que quedan entre los montes número 79 y 28 del CUP (términos municipales de Mula y Alhama de Murcia).

– Este: Continúa por el límite exterior del monte núm. 28, incluyendo los terrenos privados de Las Majadas que se identifican con las parcelas catastrales 53, 54, 55, 57 y 58 del polígono 2, y la parcela 50-a del polígono 3. También se incluyen los terrenos públicos del Cabezo Salaoso y terrenos forestales privados del Pico Moriana, situados por encima del canal del trasvase, hasta contactar con el monte número 29 del CUP, pertenencia de la Comunidad Autónoma, ya en el término municipal de Totana.

– Sur: Sigue la linde exterior del citado monte número 29, incorporando el monte número 83 del CUP, denominado Coto de Santa Eulalia, pertenencia y término municipal de Totana.

– Oeste: Continúa otra vez por el monte número 29 y sigue por la carretera MU-503, de Aledo a la C-5, excluyendo los terrenos agrícolas contiguos de los parajes de El Purgatorio, La Fragua y El Puntal, hasta el límite municipal entre Lorca y Totana y, desde aquí, excluyendo terrenos agrícolas, hasta el mojón de los tres municipios».

Cuarta. ...

✐ Disposición derogada por Ley 1/1995, de 8 marzo.

DISPOSICIÓN FINAL

Se autoriza al Consejo de Gobierno de la Comunidad Autónoma de Murcia para dictar cuantas disposiciones sean necesarias para desarrollar y aplicar el contenido de esta Ley, especialmente las reformas oportunas en la estructura y funciones de la Administración Regional para adaptarlas al cumplimiento de esta Ley.

DISPOSICIÓN DEROGATORIA

Quedan derogadas cuantas disposiciones se opongan a lo establecido en la presente Ley.

ANEXO

LÍMITES DEL PAISAJE PROTEGIDO DEL HUMEDAL DEL AJAUQUE Y RAMBLA SALADA

El paisaje protegido de Rambla Salada y Ajauque queda constituido por los cauces de dichas ramblas y los cien metros de zona de policía medidos a partir del cauce de máximo caudal, a ambos lados de las mismas, además de los humedales asociados a ellas.

Rambla Salada:

Se protege el tramo comprendido entre el canal del Trasvase Tajo-Segura y la cola del pantano de Santomera.

Rambla de Ajauque:

Este tramo queda delimitado desde la confluencia de las ramblas de Ajauque y el Cantalar hasta la cola del pantano de Santomera.

LÍMITES DEL PAISAJE PROTEGIDO DE CUATRO CALAS

Sureste: Ribera del mar Mediterráneo, desde el límite con la provincia de Almería hasta la playa de Calarreona.

Norte: Desde la playa de Calarreona, rodeando por el Oeste el suelo urbanizable del entorno de Calarreona hasta los depósitos de agua situados en cota 39 metros, y, desde allí al km 3 de dicha carretera, alcanzando el camino que rodea al Cabezo Alto.

Suroeste: Continúa por este camino hasta el límite provincial a la altura del Cabezo de Calacerrada y desde aquí por este límite hasta la línea de costa.

LÍMITES DE LOS PAISAJES PROTEGIDOS DE LOS ESPACIOS ABIERTOS E ISLAS DEL MAR MENOR

A. Playa de la Hita.

Situado al Noroeste del mar Menor, entre los límites municipales de San Javier y Los Alcázares.

Sur: Límite del suelo urbanizable del término municipal de Los Alcázares.

Oeste: Camino que comunica la urbanización «Estrella de Mar» con la valla del aeropuerto de San Javier.

Norte: Continúa por este camino hasta llegar al límite del camino del camping «Mar Menor».

Este: Ribera del mar Menor.

B. Cabezo y Marinas del Carmolí.

Está situado al Suroeste del mar Menor, en el término municipal de Cartagena.

Norte: Desde la confluencia de la Rambla del Albujón con la carretera nacional 332 hasta el camino rural que en dirección Sur sale en el punto kilométrico 9,400 de dicha carretera.

Oeste: Continúa por dicho camino rural en dirección a la urbanización del Carmolí, hasta contactar con el suelo no urbanizable de protección forestal (SNUPF) del Cabezo del Carmolí.

Sur: Bordea el Cabezo por el SNUPF.

Este: Continúa por el SNUPF, excluyendo el suelo urbano residencial del Carmolí, hasta llegar al Mar Menor.

C. Saladar de Lo Poyo.

Situado en la porción meridional del mar Menor (término municipal de Cartagena).

Norte: Límite que divide el suelo no urbanizable de protección del mar Menor del PGOU de Cartagena con el plan parcial «Perla de Levante» hasta la carretera local que comunica Los Urrutias con Los Nietos.

Oeste: Carretera Los Urrutias-Los Nietos.

Sur: Continúa por la rambla que delimita el suelo urbano de Los Nietos.

Este: Ribera del mar Menor.

D. Salinas de Marchamalo y Playa de Las Amoladeras.

Norte: Límite del suelo no urbanizable de protección del mar Menor del PGOU de Cartagena, que desde las Salinas de Marchamalo en el mar Menor llega hasta la ribera del mar Mediterráneo.

Este: Ribera del mar Mediterráneo.

Sur: Límite con el suelo urbano de Cabo de Palos hasta contactar con el nuevo acceso de La Manga, y siguiendo éste por la carretera de El Algar a Cabo de Palos hasta el límite del suelo no urbanizable de protección del mar Menor.

Oeste: Desde el punto anterior bordea los planes parciales del «Playa Honda» y «Playa Paraíso», delimitando todo el sector del suelo no urbanizable del mar Menor.

E. Cabezo del Sabinar.

Localizado en las proximidades de Los Belones (término municipal de Cartagena).

Norte y Este: Límite del suelo no urbanizable de protección forestal (SNUPF) que desde la carretera de El Algar-Cabo de Palos bordea el Cabezo.

Sur: Continúa por dichos límites del SNUPF.

Oeste: Sigue esta línea hasta llegar a un pequeño collado; a continuación pasa el suelo no urbanizable minero por el barranco que nace en el collado, para coger la senda que rodea el Cabezo y que llega hasta la carretera de El Algar-Cabo de Palos.

F. Cabezo de San Ginés.

Localizado en las proximidades de El Estrecho (término municipal de Cartagena).

Norte: En la carretera de El Algar-Cabo de Palos, desde la rambla de El Beal hasta el camino de tierra que pasada la ermita de San Ginés de la Jara bordea el Cabezo.

Este: Sigue este camino de tierra que bordea al Cabezo hasta contactar con el SNUPF.

Oeste: Sigue por esta línea hasta contactar con el camino de tierra que tras pasar por Casa Petrica llega a la rambla de El Beal, y por esta rambla hasta la carretera de El Algar-Cabo de Palos.

G. Islas del Mar Menor.

De las cinco islas del mar Menor, la isla del Sujeto. La isla del Ciervo y la isla Redonda pertenecen al término municipal de Cartagena, y las islas Perdiguera, isla Mayor y del Barón, al término municipal de San Javier.

LÍMITES DEL PAISAJE PROTEGIDO DE LA SIERRA DE LAS MORERAS

Sur: Ribera del mar Mediterráneo desde la zona protegida del Calaleño, definida en el PGOU de Mazarrón, hasta el límite del suelo urbanizable del entorno de Bolnuevo (Punta vela, Trianamar, Playasol-2 y sector no programado 6A-3 del PGOU de Mazarrón).

Este: Rodea el límite del suelo urbanizable del entorno de Bolnuevo definido en el PGOU de Mazarrón hasta su contacto con la carretera que se dirige a Mazarrón; continúa por ésta hasta el núcleo de Las Moreras que es el límite Este hasta la carretera de Mazarrón-Aguilas a la altura del km 1.

Norte: Carretera Mazarrón-Aguilas desde el km 1 hasta el km 8.

Oeste: Desde el punto anterior continúa por el camino que se dirige a las casas del Rosarico o del Rosario y desde aquí, hasta la línea límite del sector urbanizable no programado de costa 6/A-3 del PGOU, cerrando con el área protegida de Calaleño, anteriormente citada.

LÍMITES DEL PARQUE REGIONAL COSTERO-LITORAL DE CABO COPE Y PUNTAS DE CALNEGRE

Norte: Desde la ribera del mar Mediterráneo toma por la línea de cumbres de la Panadera en dirección al pico de Lomo de Bas, hasta contactar con la carretera local que comunica las pedanías de Ramonete y el Garrobillo, entre los km 7 y 8.

Oeste: Continúa por esta carretera hasta el cruce con el camino que comunica con Casa de Pique, Escuela de Cope, Casa Asensio y El Cuartel, uniéndose al punto kilométrico 1 de la carretera que comunica Cope con Aguilas. A partir de ese punto, bordea el suelo urbanizable de Calabardina hasta la ribera del Mediterráneo.

De esta delimitación se excluirá el sector urbanizable no programado NPT del PGOU de Lorca, incorporando al espacio natural la franja litoral de 200 metros de ancho de protección de costa definida en el mismo Plan General.

LÍMITES DE LA RESERVA NATURAL DE LOS SOTOS Y BOSQUES DE LA RIBERA DE CAÑAVEROSA

El ámbito territorial de este espacio natural comprende el cauce y riberas del río Segura, así como sus márgenes en una anchura de cien metros en toda su extensión longitudinal, desde el Cortijo de las Hoyas hasta la Central Hidroeléctrica de Cañaverosa (términos municipales de Calasparra y Moratalla).

§ 43 LEY 4/1997, DE 24 JULIO. REGULA LA CONSTRUCCIÓN Y EXPLOTACIÓN DE INFRAESTRUCTURAS EN LA REGIÓN DE MURCIA

(BOE núm. 285, de 28 noviembre y BORM núm. 195, de 25 agosto [RCL 1997, 2831 y LRM 1997, 155]) (fragmento)

PREÁMBULO

La presente Ley tiene como objetivo fundamental proporcionar un marco jurídico estable, que permita abordar en los próximos años la promoción de una serie de proyectos de infraestructuras públicas en la Región de Murcia, así como la colaboración en aquellos otros que, sin estar localizados en nuestro ámbito territorial, sean necesarios para el desarrollo regional de nuestra comunidad.

Dichas infraestructuras son tanto las que genéricamente pueden denominarse como de transportes –carreteras, puertos, aeropuertos, etc.– como las dedicadas a la conservación y reutilización de bienes escasos y no renovables.

La Ley aborda, ante todo, la cuestión clave de la planificación de las infraestructuras. En esta materia es preciso evitar que la ordenación del territorio se vea sustituida por un cúmulo de proyectos parciales e inconexos, fruto a veces de decisiones apresuradas. De ahí que todo el primer título de la Ley se dedique a la coordinación de las infraestructuras con los instrumentos regionales de planificación, los mecanismos de articulación con el planeamiento urbanístico y la regulación, como fase previa a cualquier decisión de construir y explotar una infraestructura, de los estudios de viabilidad y aprobación de los proyectos.

Sin excluir las fórmulas de gestión directa de infraestructuras, que cuentan ya con una adecuada regulación en nuestro Derecho positivo –tanto a nivel estatal como autonómicola Ley dedica una especial atención al desarrollo de fórmulas de gestión indirecta, aspecto éste en el que también el Estado ha adoptado recientemente una serie de medidas legislativas en orden a alentar la participación de la iniciativa privada en este tipo de proyectos.

A tal efecto, se lleva a cabo, en primer lugar, la previsión de la figura de la concesión de obras públicas, asumiendo lo dispuesto en la normativa básica estatal, y poniendo especial énfasis en la participación de la pequeña y mediana empresa a través del mecanismo de la cesión obligatoria a terceros; precisando el régimen económico-financiero de la misma en orden a garantizar el principio del equilibrio financiero de la concesión, ya que no es, en ningún caso, intención de la presente Norma incidir en la regulación de la contratación administrativa, sino en posibilitar otras formas de financiación. Dentro de este aspecto, se regula, como una fórmula posible a contemplar en determinados casos, la técnica –ampliamente utilizada en otros países de la Unión Europea– del denominado canon de demanda, en el que la participación del sector privado se vincula a la generación de flujos de caja previsibles, que no se repercuten en el usuario a través del peaje, asumiendo la Administración la garantía del pago en función de unas tarifas predefinidas según las expectativas de uso de la infraestructura.

Se ha previsto también la posibilidad de utilizar el mecanismo de la concesión demanial como instrumento de fomento e incentivación de la iniciativa privada en la construcción y explotación de estas infraestructuras. Trata de combinar la utilización de bienes de dominio público y las facultades de control de la Administración sobre la infraestructura vocacionalmente destinada al uso y servicio de los ciudadanos, con la capacidad de ordenación y gestión de la actividad empresarial y de la disposición sobre sus activos. Sin embargo, se establece un límite temporal en la explotación de las infraestructuras, coherente con la finalidad a que se afecta y con el programa cronológico de retribuciones en favor del concesionario diseñado por la Administración, a partir del cual las obras, terrenos, infraestructuras y derechos revierten a la comunidad autónoma sin cargas ni retribución alguna.

En todo caso, se garantiza que al final del período de la concesión se hayan cubierto los costes reales, la amortización de los activos y la normal rentabilidad de la inversión, para lo cual la Ley diseña mecanismos de garantías presupuestarias que generen la confianza necesaria en los mercados a fin de financiar la infraestructura.

Este modelo permite distintas fórmulas de financiación, que se contemplan en la Ley: tarifas por parte de los usuarios –con o sin utilización de infraestructuras existentes de apoyo de la comunidad autónoma–, o arrendamiento a ésta, con transferencia de la propiedad a la terminación del período concesional.

Se recoge expresamente la aplicación en la comunidad autónoma del contrato de obra bajo la modalidad de abono total del precio, recogido en la Ley del Estado 13/1996; así como la posibilidad de aplazar el pago hasta un máximo de diez años desde la recepción de la obra, y la eventualidad de construir viviendas de titularidad pública bajo cualquiera de los sistemas regulados en la Ley.

La Ley dedica su Título III a regular una serie de disposiciones comunes sobre régimen económico-financiero, destinadas a asegurar la viabilidad y rentabilidad de las inversiones. La Ley pone especial énfasis en la transparencia y control que por parte del legislativo debe existir de las inversiones de esta naturaleza, por lo que se vinculan presupuestariamente las obligaciones asumidas. Así, la Ley de Presupuestos de cada ejercicio consignará, dentro de la Sección presupuestaria correspondiente a la Consejería de Economía y Hacienda, una partida presupuestaria denominada «Fondo de Atención y

Conservación de las infraestructuras construidas»; el crédito de esta partida será la cantidad máxima que deba pagar la Administración a los concesionarios, en función de las previsiones de uso de las infraestructuras construidas que se contengan en los títulos concesionales.

Parece importante destacar la regulación de la colaboración con el Estado y demás comunidades autónomas, ya que se pretende dar carácter legal a las posibles actuaciones fuera del ámbito territorial de la comunidad autónoma pero que tengan una indudable trascendencia para el progreso de la misma, ya que no podemos olvidar la interconexión de nuestro régimen político y administrativo territorial, y ello lógicamente dentro del sistema de convenios previstos por la Ley Estatal y nuestro Estatuto de Autonomía.

TÍTULO I

PLANIFICACIÓN

CAPÍTULO I

Coordinación con los instrumentos de planificación de la Región de Murcia

Artículo 1. Ámbito de aplicación.

1. La comunidad autónoma de Murcia podrá construir y explotar las infraestructuras de las que es titular, de acuerdo con lo establecido en la presente Ley.

Se consideran infraestructuras, a los efectos de esta Ley, las redes viarias, instalaciones afectas al transporte, redes de saneamiento, depuradoras, redes de abastecimiento de aguas, desaladoras, aeropuertos, puertos, y cualesquiera otras obras e instalaciones destinadas a un uso o servicio público, complementarias o no de las anteriores, de características análogas.

2. La construcción e implantación de estas infraestructuras deberán estar previstas en los correspondientes instrumentos de ordenación del territorio y planificación urbanística de la comunidad y/o de los ayuntamientos afectados.

Artículo 2. Inclusión en la red viaria autonómica.

1. Se podrán construir y financiar con base en la presente Ley aquellas carreteras o vías que se integran en la Red de Primer Nivel de la Región de Murcia y en el Programa de Actuación en Carreteras de la Región de Murcia a que se refiere el Título II de la Ley 9/1990, de 27 de agosto, de Carreteras de la Región de Murcia.

2. Excepcionalmente, y siempre que se justifique suficientemente, podrán construirse y explotarse tramos e itinerarios intercomarcales incluidos en la Red de Segundo Nivel.

CAPÍTULO II
De los mecanismos de articulación con el planeamiento urbanístico

Artículo 3. Consideración como sistema general.

1. Los instrumentos generales de ordenación urbanística deberán tener prevista la implantación de las infraestructuras definidas en el artículo 1 de esta Ley como Sistema General.

2. El desarrollo y ordenación concreta del Sistema General se podrá realizar a través de un Plan Especial de Infraestructuras de los previstos en la legislación urbanística.

3. El Plan Especial deberá incluir entre sus determinaciones las medidas y previsiones necesarias que garanticen las conexiones necesarias con el resto de infraestructuras, en su caso; y las obras referidas a los Sistemas Generales viarios o de transporte garantizarán la adecuada comunicación con los núcleos de población afectados.

⇒ La disp. adic. 2ª de la Ley 2/2000, de 12 julio, declara expresamente aplicables los mecanismos regulados en esta Ley para financiar la construcción de instalaciones deportivas.

Artículo 4. Procedimiento de integración en el planeamiento urbanístico.

1. Si la infraestructura no estuviera prevista en el planeamiento urbanístico vigente de los núcleos de población a que afecten, la Consejería competente por razón de la materia deberá remitir el proyecto o estudio informativo correspondiente a los municipios afectados, a fin de que lo examinen y formulen cuantas sugerencias u observaciones consideren convenientes para sus intereses, por plazo de un mes. Transcurrido dicho plazo y un mes más sin que las Corporaciones Locales afectadas informen al respecto, se entenderá que están conformes con la propuesta formulada.

2. En caso de disconformidad, que habrá de ser motivada, el expediente será elevado al Consejo de Gobierno, que decidirá si procede ejecutar el proyecto y, en ese caso, ordenará la modificación o revisión del planeamiento urbanístico afectado, que deberá acomodarse a las determinaciones del proyecto o estudio informativo en el plazo de un año desde su aprobación.

3. En los municipios que carecieran de planeamiento urbanístico, la aprobación de los proyectos o estudios informativos a que se refiere el número 1 de este artículo comportará la inclusión de la nueva infraestructura en los instrumentos de planeamiento que se elaboren con posterioridad.

⇒ Por D. 69/2000, de 1 junio, se da nueva denominación a la Consejería de Política Territorial y Obras Públicas que pasa a llamarse de Obras Públicas y Ordenación del Territorio. Por D. 72/2000, de 7 junio, se establecen los órganos directivos de este Departamento, desapareciendo la antigua Dirección General de Ordenación del Territorio y Vivienda. Y la O. 12 junio 2000 establece medidas provisionales en ejecución del D. 72/2000, de 7 junio, de órganos directivos. Mediante O. 21 julio 1997 hace público el texto único de las Estructuras Orgánicas de las Consejerías de esta Administración Pública Regional.

[...]

Navarra

§ 44 LEY FORAL 10/1994, DE 4 JULIO. REGULA LA ORDENACIÓN DEL TERRITORIO Y URBANISMO DE LA COMUNIDAD FORAL DE NAVARRA

(BOE núm. 209, de 1 septiembre y BON núm. 84, de 15 julio; rect. BON núm. 112, de 16 septiembre [RCL 1994, 2526 y LNA 1994, 186 y 227])

EXPOSICIÓN DE MOTIVOS

Desde que asumiera sus competencias exclusivas en las materias de ordenación del territorio y urbanismo, en virtud del artículo 44.1 de la Ley Orgánica 13/1982, de 10 de agosto, de Reintegración y Amejoramiento del Régimen Foral de Navarra, la Comunidad Foral de Navarra viene desarrollando una considerable iniciativa normativa dirigida a adecuar la legislación reguladora de las actividades territoriales y urbanísticas a la realidad social imperante en el ámbito navarro.

La primera Ley Foral promulgada, la 12/1986, de 11 de noviembre, de Ordenación del Territorio, supuso ya una primera innovación en el ordenamiento jurídico foral, al crear «ex novo» cinco instrumentos de planificación espacial, estableciendo su objetivo y función, contenido, efectos y procedimiento de formación y aprobación, además de incorporar medidas complementarias relativas a la formación del planeamiento municipal.

Un segundo texto legal en la materia fue la Ley Foral 6/1987, de 10 de abril, de Normas Urbanísticas Regionales para protección y uso del territorio. Esta Ley, lejos de configurarse como un instrumento de planificación territorial, como así lo catalogaba en su inicio la Ley Foral de Ordenación del Territorio, constituye una auténtica disposición general que ha permitido: a) establecer la normativa básica para una adecuada protección del suelo no urbanizable, posibilitando una racional utilización del suelo compatible con la preservación de este recurso natural digno de la mayor protección; y b) regular de un modo más congruente y ordenado el crecimiento urbanístico de los núcleos de población, impartiendo pautas de comportamiento y criterios de ordenación territorial materializables a través del planeamiento urbanístico municipal.

Más tarde, la Ley Foral 7/1989, de 8 de junio, de medidas de intervención en materia de suelo y vivienda, adelantó al ámbito navarro una nueva delimitación conceptual del contenido del derecho a la propiedad inmobiliaria, acorde con la función social que este derecho subjetivo está llamado a desempeñar. La Ley Foral permitió la agilización del planeamiento urbanístico de desarrollo; simplificó la tramitación en el otorgamiento de licencias y de autorizaciones administrativas sobre el suelo no urbanizable, reduciendo los plazos para su concesión e incorporando el silencio administrativo positivo; otorgó a la Administración un haz de poderosas facultades e instrumentos administrativos (los derechos de tanteo y retracto sobre suelo y vivienda) para combatir la especulación inmobiliaria; creó un nuevo sistema de ejecución del planeamiento urbanístico, el de ejecución forzosa, con el fin de coadyuvar a la realización de los planes de ordenación urbana por cauces celéricos y eficaces; definió nuevos supuestos expropiatorios, precisando criterios generales de tasación de los terrenos; e incluyó medidas relativas a las viviendas de protección oficial, entre ellas el deber de prever suelo para viviendas de protección oficial en el planeamiento de Municipios de más de 2.000 habitantes.

La Ley Foral 6/1990, de 2 de julio, de la Administración Local de Navarra, se ha consolidado como el broche que cierra hasta ahora la cadena de disposiciones forales sobre la ordenación del territorio y urbanismo en Navarra. Esta Ley Foral ha operado a su vez una microordenación del territorio, al reorganizar y reducir la cantidad ingente de poderes locales que incidían competencialmente sobre el mismo. Y al mismo tiempo, ha perfilado las bases del deslinde competencial entre Municipios y Concejos en la materia urbanística.

Las anteriores Leyes Forales han regulado la ordenación del territorio y el urbanismo desde 1985, año en que se produjo el traspaso de servicios y funciones de la Administración del Estado a la Administración de la Comunidad Foral de Navarra, de modo fundamentalmente complementario, respecto de la legislación estatal nucleada en torno al Texto Refundido de la Ley sobre Régimen del Suelo y Ordenación Urbana, aprobado por Real Decreto 1346/1976, de 9 de abril, sobre todo las de contenido eminentemente más urbanístico. Junto con este texto estatal, sus modificaciones ulteriores a través de los Reales Decretos-leyes 3/1980, de 14 de marzo y 16/1981, de 16 de octubre, y los reglamentos de desarrollo (planeamiento, gestión y disciplina), las leyes navarras amalgamaron un ordenamiento urbanístico armonizado y homogéneo, válido en líneas generales para afrontar la ordenación del territorio navarro en los primeros años de ejercicio de las competencias asumidas.

No obstante, ha de reconocerse que este primigenio ordenamiento urbanístico vigente en Navarra, se ha visto impactado últimamente por la aparición de ulteriores leyes emanadas del Estado. Así, la Ley 4/1989, de 27 de marzo, de Conservación de los Espacios Naturales y de la Flora y Fauna Silvestres, ha establecido los Planes de Ordenación de los Recursos Naturales como un instrumento básico y obligatorio para la planificación de los recursos naturales, previo y preceptivo a la declaración de un área como Espacio Natural. Un año más tarde, la promulgación de la Ley 8/1990, de 25 de julio, sobre Reforma del Régimen Urbanístico y Valoraciones del Suelo, introdujo importantísimas y trascendentales innovaciones en el ámbito jurídico-administrativo, al punto de configurar un novedoso régimen jurídico del suelo urbano y urbanizable, vertebrado sobre la sucesiva y gradual adquisición de cuatro facultades urbanísticas integradoras del contenido de la propiedad inmobiliaria. La Ley estatal modificó los criterios de valoración del suelo a efectos expropiatorios, reformó la institución expropiatoria e introdujo nuevas técnicas para la adquisición de terrenos con destino a reservas públicas de suelo. En último término, la Ley 30/1992, de 26 de noviembre, de Régimen Jurídico de las Administraciones Públicas y del Procedimiento Administrativo Común, ha efectuado una reforma del procedimiento administrativo común y que, lógicamente, afecta a los procedimientos urbanísticos.

La trascendencia para el ordenamiento urbanístico general que supuso la Ley 8/1990, de 25 de julio, ha dado lugar a la aparición de un nuevo Texto Refundido de la Ley sobre Régimen del Suelo y Ordenación Urbana, aprobado por Real Decreto Legislativo 1/1992, de 26 de junio, en el que se recogen, armonizan y aclaran las hasta entonces vigentes disposiciones estatales sobre suelo y ordenación urbanística.

Y es, precisamente, la necesidad de acomodar este nuevo Texto Refundido a las particularidades navarras, el principal motivo para impulsar la oportuna iniciativa legislativa que promueva la revisión global del ordenamiento urbanístico aplicable en esta Comunidad.

Esta revisión que ahora se postula persigue tres objetivos generales. El primero, ya se ha señalado, es el de adecuar a Navarra las disposiciones normativas establecidas en la nueva legislación estatal, ejercitando la Comunidad Foral sus competencias exclusivas sobre la ordenación del territorio y el urbanismo y desarrollando la legislación básica estatal en aquellos aspectos que se considere menester. En la consecución de este objetivo, se ha optado por partir del mismo esquema en que se estructura el texto estatal, con lo que se ratifican y mantienen las líneas vertebradoras del sistema jurídico existente desde que en 1956 se aprobara la Ley del Suelo, habida cuenta de la validez, eficacia y conocimiento de esta norma por quienes se relacionan con las materias urbanísticas.

El segundo objetivo persigue codificar y armonizar en un solo cuerpo normativo, en la mayor medida posible, el conjunto hoy disperso de preceptos legales reguladores de la ordenación del territorio y el urbanismo. Para alcanzar este objetivo se han refundido en un único texto legal las disposiciones con rango formal de ley provenientes de la Comunidad Foral de Navarra y que atañen a estas dos materias, junto con los preceptos de alcance supletorio contenidos en la normativa estatal, acudiéndose en casos puntuales, pero necesarios al desarrollo de la legislación básica del Estado en otras materias, pero partiendo siempre del pleno respeto al reparto competencial que, entre el Estado y Navarra, ha operado la Constitución.

El tercer objetivo busca incorporar al ámbito urbanístico y de la ordenación del territorio los principios de celeridad y eficacia que deben presidir toda actividad de la Administración Pública y, para ello, se apuesta por la reforma y simplificación de distintos procedimientos administrativos tanto en la formación de los planes urbanísticos, como en la gestión del planeamiento y en los actos administrativos autorizatorios.

Con estas tres principales finalidades, la Ley Foral se estructura en nueve Títulos.

El Título Preliminar establece el objeto y finalidades de la Ley, que no es otro que regular, desde las competencias exclusivas de la Comunidad Foral de Navarra asumidas en virtud de la Ley Orgánica 13/1982, de 10 de agosto, de Reintegración y Amejoramiento del Régimen Foral de Navarra, la actividad administrativa y de los particulares en las materias de ordenación del territorio y urbanismo. Actividad que comprende la clásica división de potestades administrativas de ordenación, ejecución, gestión y disciplina, todas ellas ejercitables desde la concepción de la ordenación del territorio y urbanismo como auténticas funciones públicas atribuidas a la competencia originaria de los poderes públicos.

El Título I se ocupa del régimen urbanístico del suelo, si bien aquí la Ley Foral parte del debido respeto a las condiciones básicas que establece la legislación estatal en orden a garantizar la igualdad de todos los ciudadanos en el ejercicio del derecho de propiedad inmobiliaria y en el cumplimiento de los deberes constitucionales que esta propiedad implica.

En la regulación de este régimen del suelo destacan las siguientes aportaciones: la definición legal del suelo urbano vinculada a la suficiencia de los servicios urbanísticos previstos por el Plan, con lo que el criterio de la realidad fáctica del suelo urbano queda subordinado a la finalidad urbanística prevista «pro futuro» por el Plan, y no, como hasta ahora, a la constatación de la existencia de unos pretendidos servicios cuya insuficiencia para atender las posteriores necesidades urbanísticas pretendidas era más que notable; la limitación de la potestad de clasificar suelo urbanizable no programado a los Municipios de más de 10.000 habitantes, los más aptos para prever el desarrollo de este tipo de suelo; la posibilidad de autorizar viviendas familiares aisladas en suelo no urbanizable de mediana productividad agrícola y genérico en las condiciones y zonas que reglamentariamente se determinen posibilitando con ello el mantenimiento de un tradicional «modus vivendi» en la zona norte de Navarra; la fijación supletoria de plazos para el cumplimiento de los deberes urbanísticos por los propietarios de suelo urbano y urbanizable, en defecto de previsión expresa por el planeamiento; la simplificación del procedimiento administrativo para edificar, mediante la regulación de los plazos de edificación y de un procedimiento excepcional que permite la implantación directa de industrias o actividades terciarias en suelo urbano o urbanizable, en supuestos justificados de interés general; y la adaptación de los límites máximos de densidad de la edificación residencial o industrial a los estándares más propios de la población navarra, alejados de los máximos fijados supletoriamente en la legislación del Estado.

El Título II regula los instrumentos de ordenación del territorio. La nueva Ley Foral incorpora las previsiones de la Ley Foral de Ordenación del Territorio, a la vez que la modifica puntualmente en algunos de sus preceptos.

El transcurso del tiempo ha permitido demostrar la necesidad, más que conveniencia, de proceder a una reforma parcial de dicho texto, con la finalidad de simplificar los procedimientos administrativos de elaboración de instrumentos de ordenación del territorio, especialmente en el caso de las Normas Urbanísticas Comarcales; procedimientos complejos y sinuosos capaces de disuadir y entorpecer la voluntad de la Administración a la hora de promover la planificación territorial. También se entiende conveniente remitir a la legislación específica que se dicte sobre conservación de los espacios naturales la regulación de los Planes de Ordenación de los Recursos Naturales, establecidos por la legislación básica del Estado, y que «de facto» han venido a sustituir, cuando no a anular, la validez de los anteriores Planes de Ordenación del Medio Físico regulados por la Ley Foral de Ordenación del Territorio. Por otro lado, la existencia de algunas lagunas jurídicas suscitadas alrededor de la ejecución de los Planes y Proyectos Sectoriales de Incidencia Supramunicipal se configura como un motivo añadido para promover una modificación legal que complete y desarrolle, engarzando con la escala de derechos y facultades urbanísticas, los extremos relacionados con el contenido y aplicación posterior de estos instrumentos.

En el campo del planeamiento urbanístico municipal, el Título III de la Ley Foral unifica en una sola figura, el Plan Municipal, los anteriores Planes Generales y Normas Subsidiarias, simplificación más metodológica que real, pues la Ley Foral 6/1987, de 10 de abril, ya había convertido las Normas Subsidiarias en el auténtico plan ordenador de los Municipios navarros de menos de 10.000 habitantes. Los nuevos Planes Municipales, cuyo contenido varía según la entidad y dinámica de crecimiento de cada Municipio, agregan además una importante novedad respecto al régimen común, cual es la de poder ordenar y regular directamente el suelo urbanizable, sin necesidad de remitirse a un Plan Parcial siempre que se recojan los contenidos propios de éste. El Plan Municipal puede desarrollarse mediante tres figuras ya existentes en la legislación precedente: el Plan Parcial, el Plan Especial y los Estudios de Detalle, y sus previsiones se materializan mediante los proyectos de urbanización. La Ley desarrolla igualmente algunos puntos relativos a las Áreas de Reparto y al Aprovechamiento tipo en consonancia con las disposiciones estatales.

En su afán por agilizar la tramitación administrativa, la Ley Foral reduce los pasos a dar en la elaboración y aprobación de los planes urbanísticos, ampliando la autonomía de las Entidades Locales promotoras del planeamiento, y reconoce a los ciudadanos la facultad de presentar propuestas de modificaciones puntuales del Plan Municipal, extremo ahora limitado por la normativa estatal urbanística.

La formación del Plan Municipal se centra en cuatro momentos: la aprobación inicial, la información pública y audiencia simultáneas, la aprobación provisional y la aprobación definitiva por el Consejero de Ordenación del Territorio y Medio Ambiente. En este último trámite, la Ley limita la discrecionalidad de la Administración Foral a la hora de examinar el Plan Municipal: la regla general será ahora la aprobación, y la excepción la denegación en los tasados supuestos en que el Plan no se ajuste al ordenamiento jurídico o no respete el orden competencial de las demás Administraciones Públicas territoriales. La potenciación de la autonomía municipal es más evidente todavía al atribuirse a cada Municipio la competencia para la aprobación definitiva de los planes urbanísticos de desarrollo, sin perjuicio de coordinar su actuación con los intereses forales mediante un informe preceptivo y vinculante de la Administración Foral en las materias reservadas a la competencia de la Comunidad Foral.

La Ley Foral delimita también las competencias entre los Municipios y la Administración Foral en materia de planeamiento urbanístico. A los Municipios les corresponde impulsar su propio planeamiento integral, y sólo en tres supuestos precisos esa facultad se residencia en la Administración Foral: a) cuando el plan afecte a más de un Municipio y en defecto de acuerdo expreso entre los Municipios afectados, b) en los supuestos de subrogación previstos en la legislación, por negligencia o incapacidad de la Entidad Local, y c) en supuestos específicos de necesidades constatadas de vivienda o suelo industrial que hagan necesaria la intervención de la Administración de la Comunidad Foral en sustitución de la Administración Local.

El Título IV regula la ejecución del planeamiento. Los aspectos más novedosos son la introducción de la ejecución por convenio con la iniciativa particular y la simplificación, al máximo admisible de la tramitación de los sistemas de actuación, en el que el proyecto de reparcelación adquiere las condiciones de instrumento clave en cualquier actuación privada. Los sistemas quedan configurados en cinco: compensación, cooperación, reparcelación voluntaria, en cuanto fórmula más simple de actuación, ejecución forzosa, sistema ya incorporado por la Ley Foral 7/1989, de 8 de junio, y expropiación.

En parecidos términos, el Título V matiza algunos aspectos puntuales de la normativa estatal sobre la expropiación y el régimen de venta forzosa. Entre sus novedades destacan la posibilidad de expropiar suelo urbano con destino al patrimonio público del suelo, y el derecho de adquisición preferente otorgado a la Administración de la Comunidad Foral de Navarra para que adquiera terrenos sujetos al régimen de venta forzosa con antelación al concurso municipal para la adjudicación del terreno.

El Título VI contempla, con una nueva visión, la intervención administrativa en los edificios y uso del suelo y la disciplina urbanística. A tal efecto, se precisan los actos sujetos a licencia urbanística. En materia de protección de la legalidad urbanística, se depositan en la Administración nuevas facultades tuitivas, algunas cautelares, para garantizar la restauración del orden infringido a su situación inicial. Se completa este Título con la adaptación del régimen disciplinario en la materia a los modernos principios del Derecho Administrativo sancionador proclamados por la Constitución, y recopilados en la reciente, y ya antes citada, Ley 30/1992, de 26 de noviembre, de Régimen Jurídico de las Administraciones Públicas y del Procedimiento Administrativo Común. De este modo, la Ley Foral clasifica las infracciones en muy graves, graves o leves, según el valor del bien jurídico protegido, y se revisan y, en su caso, actualizan las sanciones según la nueva concepción social de la gravedad del ilícito. La competencia para sancionar recae por regla general, en las Entidades Locales con competencia en materia de disciplina urbanística, salvo en casos tasados, en que la competencia se atribuye al Consejero de Ordenación del Territorio y Medio Ambiente.

El Título VII recoge todos los instrumentos de intervención en el mercado del suelo hoy vigentes: constitución de patrimonios públicos, derecho de superficie y derechos de tanteo y retracto. Entre sus novedades aparece la obligación de los Ayuntamientos de más de 2.000 habitantes de constituir su propio patrimonio municipal de suelo, en coherencia con la previsión de la Ley Foral 7/1989, de Medidas de Intervención en Materia de Suelo y Vivienda, que imponía a estos mismos Municipios el deber de reservar suelo para viviendas de protección oficial; así como la posibilidad, tanto por la Administración Foral como por los Ayuntamientos de Navarra, tengan o no planeamiento municipal, de establecer reservas de suelos sobre terrenos clasificados como no urbanizables o urbanizables no programados.

Finalmente, el Título VIII aborda, en el marco de la legislación sobre Administración Local, las relaciones interadministrativas, precisando la constitución por los Ayuntamientos de mancomunidades urbanísticas y reconociendo su facultad para desconcentrar y descentralizar sus funciones sin ningún tipo de control tutelante de la Administración Foral. La Ley Foral prevé la sustitución puntual de la actividad local por la Administración Foral en los supuestos excepcionales de incumplimiento de los deberes legales emanados de la legislación urbanística. Dentro de este Título, se crea la Comisión de Ordenación del Territorio, órgano consultivo y foro de encuentro entre las distintas Administraciones territoriales, tendente a dictaminar, en su proceso de formación, los principales instrumentos de planificación territorial. Asimismo, y como importante novedad conexa a la potenciación de la autonomía municipal, se prevé la facultad de delegar el ejercicio de competencias urbanísticas del Departamento de Ordenación del Territorio y Medio Ambiente en los Municipios.

TÍTULO PRELIMINAR

OBJETO Y FINALIDADES DE LA LEY FORAL

Artículo 1. Objeto de la Ley Foral.

Esta Ley Foral tiene por objeto la regulación de las materias de ordenación del territorio y urbanismo en el ámbito de la Comunidad Foral de Navarra.

⇒ V. art. 1 de la Ley 6/1998, de 13 abril (§1).
V. DF 85/1995, de 3 abril, que aprueba el Reglamento de desarrollo de la Ley Foral 10/1994, de 4 julio, de Ordenación del Territorio y Urbanismo (§45).

Artículo 2. Aspectos de las actividades administrativas en materia de ordenación del territorio y urbanismo.

1. La actividad administrativa en materia de ordenación del territorio se ejercerá a través de los instrumentos de ordenación territorial previstos en esta Ley Foral, con el alcance que en ésta se dispone.

2. La actividad administrativa en materia de urbanismo comprende los siguientes aspectos:

a) La ordenación urbanística de los Municipios a través del planeamiento.

b) La ejecución y la gestión del planeamiento.

c) La intervención del ejercicio de las facultades dominicales relativas al uso del suelo y edificación.

d) La protección de la legalidad urbanística.

e) La intervención en el mercado de suelo.

⇒ V. art. 2 de la Ley 6/1998, de 13 abril (§1).

Artículo 3. Finalidades y atribuciones de la actividad administrativa en materia de ordenación del territorio y urbanismo.

1. La competencia concerniente a la ordenación territorial y urbanística comprenderá, según sus respectivos ámbitos, las siguientes facultades:

a) Formular instrumentos de ordenación territorial y de planeamiento urbanístico.

b) Emplazar los centros de producción y residencia del modo más conveniente para la mejor distribución de la población.

c) Dividir el territorio en áreas de suelo urbano, urbanizable y no urbanizable.

d) Establecer zonas distintas de utilización según la densidad de la población que haya de habitarlas, porcentaje de terreno que pueda ser ocupado por construcciones, volumen, forma, número de plantas, clase y destino de los edificios, con sujeción a ordenaciones generales uniformes para cada especie de los mismos en toda la zona.

e) Establecer espacios libres para parques y jardines públicos en proporción adecuada a las necesidades colectivas.

f) Señalar el emplazamiento y características de los centros, servicios y equipamientos de interés público o social.

g) Calificar terrenos para la construcción de viviendas sujetas a algún régimen de protección pública.

h) Determinar la configuración y dimensiones de las parcelas edificables.

i) Limitar el uso del suelo y subsuelo y de las edificaciones.

j) Regular la composición arquitectónica de las edificaciones y sus características estéticas.

2. La competencia en lo que atañe a la ejecución y gestión del planeamiento confiere las siguientes facultades:

a) Encauzar, dirigir, realizar, conceder y fiscalizar la ejecución de las obras de urbanización.

b) Expropiar los terrenos y construcciones necesarios para efectuar las obras y cuantos convengan a la economía de la urbanización proyectada.

3. La competencia urbanística en orden a la intervención en el ejercicio de las facultades dominicales relativas al uso del suelo y edificación, comprenderá las siguientes facultades:

a) Intervenir la parcelación.

b) Intervenir la construcción y uso de las fincas.

c) Facilitar a los propietarios el cumplimiento de las obligaciones impuestas por la ley.

d) Exigir a los propietarios que edifiquen en plazos determinados.

4. Las competencias relativas a la protección de la legalidad urbanística comprenden las siguientes funciones:

a) Impedir los usos que no se ajusten a las leyes o a la ordenación prevista.

b) Sancionar a los responsables de las infracciones urbanísticas.

c) Ejercer inspecciones para comprobar la adecuación de la actividad de los particulares a la legalidad urbanística.

d) Suspender y revisar, cuando proceda, los actos administrativos.

e) Adoptar las medidas tendentes a reponer los bienes afectados al estado anterior a la producción de la situación ilegal.

5. La competencia urbanística en lo que se refiere a la intervención en el mercado del suelo confiere las siguientes facultades:

a) Adoptar las medidas necesarias para garantizar la subordinación de los terrenos a los fines previstos en el planeamiento.

b) Ceder terrenos edificables y derechos de superficie sobre los mismos.

c) Constituir y gestionar patrimonios públicos de suelo.

d) Ejercitar los derechos de tanteo y retracto sobre suelo en los términos establecidos en esta Ley Foral.

e) Promover la constitución de organismos y empresas públicas para la gestión urbanística, y establecer entre la iniciativa pública y la privada las adecuadas modalidades de gestión.

6. Las mencionadas facultades tendrán carácter enunciativo y no limitativo, y la competencia en las materias de ordenación del territorio y urbanismo comprenderá cuantas otras fueren congruentes con las mismas, para ser ejercidas con arreglo a esta Ley Foral y las demás que resulten aplicables.

⇒ V. arts. 2, 3, 4 y 5 de la Ley 6/1998, de 13 abril (§1).
V. arts. 276.1 y 2 y 280.1 del TRLS/1992 (§2).
V. Jurisprudencia en arts. 3 y concordantes del TRLS/1976 (§3).

Artículo 4. Funciones públicas e iniciativa privada.

1. La actividad administrativa en las materias de ordenación del territorio y de urbanismo es una función pública.

2. Cuando el mejor cumplimiento de los fines y objetivos de la ordenación del territorio o del urbanismo así lo aconsejen, se suscitará por la Administración la iniciativa privada conforme a lo previsto en esta Ley Foral.

3. En la formulación, tramitación y gestión del planeamiento, las Administraciones competentes deberán asegurar la participación de los interesados y, en particular, los derechos de iniciativas e información por parte de las entidades representativas de los intereses que resulten afectados y de los particulares.

En todo caso, cualquiera de los instrumentos de ordenación del territorio o urbanísticos contemplados en esta Ley Foral será sometido a un período no menor de quince días de participación ciudadana, mediante la exposición pública y, en su caso, audiencia a las entidades locales, previamente a su aprobación definitiva.

⇒ V. art. 4 de la Ley 6/1998, de 13 abril (§1).
V. art. 104.3 del TRLS/1992 (§2).
V. Jurisprudencia en arts. 4 y concordantes del TRLS/1976 (§3).

TÍTULO I
RÉGIMEN URBANÍSTICO DEL SUELO

CAPÍTULO I
Régimen legal y clasificación del suelo

Artículo 5. Régimen legal.

El régimen urbanístico del suelo es el establecido en la legislación básica del Estado, con las especificaciones de desarrollo y complementarias que se establecen en este Título I.

⇒ V. art. 7 y ss. de la Ley 6/1998, de 13 abril (§1).

Artículo 6. Clases de suelo.

1. *El suelo* se clasificará en urbano, urbanizable o no urbanizable.

2. Los terrenos destinados a sistemas generales no serán objeto de clasificación específica del suelo, sin perjuicio de que los de nueva creación pre-

vistos en el planeamiento se adscriban a las diferentes clases de suelo a los efectos de su valoración y obtención.

⇒ V. art. 10 del DF 85/1995, de 3 abril, que aprueba el Reglamento de desarrollo de la 10/1994, de 4 julio, de Ordenación del Territorio y Urbanismo (§45).
V. art. 7 de la Ley 6/1998, de 13 abril (§1).
V. Jurisprudencia en arts. 77 a 86 y concordantes del TRLS/1976 (§3).

Artículo 7. Suelo urbano.

1. Para que los terrenos se consideren jurídicamente como suelo urbano, deberán cumplirse simultáneamente los dos siguientes requisitos:

a) Que el planeamiento los clasifique como tal suelo urbano.

b) Que los terrenos cuenten con acceso rodado, abastecimiento de agua, evacuación de aguas y suministro de energía eléctrica, siempre que estos servicios resulten suficientes para servir a las edificaciones o instalaciones que sobre ellos prevea el planeamiento que establece la clasificación.

2. Asimismo, se considerarán suelo urbano aquellos terrenos que, una vez ejecutada la urbanización prevista en el planeamiento, dispongan efectivamente de los mismos servicios a que se refiere el apartado b) del número anterior.

3. Reglamentariamente se establecerán los requisitos mínimos que han de reunir los servicios urbanísticos a que se refiere el número 1, para que puedan considerarse suficientes en relación con la ordenación prevista.

⇒ V. art. 8 de la Ley 6/1998, de 13 abril (§1).
V. art. 2 del DF 85/1995, de 3 abril, que aprueba el Reglamento de desarrollo de la Ley Foral 10/1994, de 4 julio, de Ordenación del Territorio y Urbanismo (§45).
V. Jurisprudencia en arts. 78 y concordantes del TRLS/1976 (§3).

Artículo 8. Suelo urbanizable.

1. Constituirán suelo urbanizable los terrenos a los que el planeamiento clasifique como tales por considerarlos adecuados para ser urbanizados.

Asimismo, se clasificarán como suelo urbanizable aquellos terrenos que con anterioridad hubieran sido clasificados o pudieran considerarse como urbanos, cuando el nuevo planeamiento prevea para ellos una ordenación urbanística sustancialmente diferente de la precedente y requieran obras de urbanización en más de un 50 por 100 de la superficie del sector respecto a la situación preexistente.

2. Dentro del suelo urbanizable el Plan establecerá todas o alguna de las siguientes categorías:

a) Suelo programado, constituido por aquel cuyo planeamiento de ordenación del sector correspondiente deba ser aprobado en el plazo previsto o esté ya contenido en el propio Plan Municipal.

b) Suelo no programado, integrado por el que sólo pueda ser objeto de desarrollo urbanístico mediante la previa aprobación de programas de actuación urbanística.

3. El Plan Municipal de Municipios de población inferior a diez mil

habitantes de derecho no podrá incluir dentro de la clasificación de suelo urbanizable la categoría de suelo no programado. Esta prohibición no será de aplicación, no obstante, en los municipios que formen parte de la conurbación de Pamplona, incluidos en el ámbito que reglamentariamente se determine por Orden Foral.

⇒ V. art. 10 de la Ley 6/1998, de 13 abril (§1).

V. Jurisprudencia en arts. 79 y concordantes del TRLS/1976 (§3).

Artículo 9. Suelo no urbanizable.

1. Constituirán el suelo no urbanizable los terrenos que el planeamiento determine en razón de su valor agrícola, forestal, ganadero, naturalístico, paisajístico, histórico, cultural, ecológico o para la defensa de la fauna, flora o equilibrio ecológico y, en general, por sus características y vocación rústica.

Asimismo, se clasificarán como no urbanizables los terrenos, de entre los anteriores, necesitados de acciones de recuperación porque hayan sufrido incendios o devastaciones de otro tipo.

2. En ningún caso podrán ser suelos urbanos o urbanizables los terrenos señalados en el punto 1, salvo que el planeamiento así los clasifique.

3. También se clasificarán como no urbanizables aquellos terrenos que no sean incluidos en las otras clases de suelo.

⇒ V. art. 9 de la Ley 6/1998, de 13 abril (§1).

V. DF 84/1990, de 5 abril, que regula la implantación territorial de actividades industriales en suelo no urbanizable.

V. DF 128/1992, de 30 marzo, que regula las condiciones territoriales y urbanísticas para la implantación en la Comunidad Foral de campos de golf.

V. Jurisprudencia en arts. 80 y concordantes del TRLS/1976 (§3).

Artículo 10. Solar.

Tendrán la consideración de solares las superficies de suelo urbano aptas para la edificación que reúnan los siguientes requisitos:

1. Que estén urbanizadas con arreglo a las normas mínimas establecidas en cada caso por el planeamiento, y si éste no las concretare, se precisará que, además de contar con los servicios señalados en el artículo 7, la vía a que la parcela dé frente tenga pavimentada la calzada y encintado de aceras.

2. Que tengan señaladas alineaciones y rasantes.

3. Que, cuando fuese preciso, se haya realizado el reparto de cargas de la urbanización.

⇒ V. arts. 8, 13 y 14 de la Ley 6/1998, de 13 abril (§1).

V. art. 7 del DF 85/1995, de 3 abril, que aprueba el Reglamento de desarrollo de la Ley Foral 10/1994, de 4 julio, de Ordenación del Territorio y Urbanismo (§45).

V. Jurisprudencia en arts. 82 y concordantes del TRLS/1976 (§3).

CAPÍTULO II
Régimen del suelo urbano y urbanizable

Artículo 11. Adquisición del derecho a urbanizar.

El planeamiento que se requiere para poder adquirir el derecho a urbanizar será:

a) En suelo urbano: Plan Municipal y, en su caso, Plan Especial de Reforma Interior o Estudio de Detalle.

b) En suelo urbanizable programado: Plan Municipal y, en su caso, Plan Parcial.

c) En suelo urbanizable no programado: Plan Municipal, Programa de Actuación Urbanística y Plan Parcial.

⇒ V. arts. 5, 8, 13 y 14 de la Ley 6/1998, de 13 abril (§1).
V. Jurisprudencia en arts. 83 y concordantes del TRLS/1976 (§3).
V. arts. 29 y concordantes del RD 1093/1997, de 4 julio (§2.1).

Artículo 12. Extinción del derecho a urbanizar.

1. Si el planeamiento no lo previera, en cada unidad de ejecución, el plazo máximo para adquirir el derecho a urbanizar será de cuatro años, contados desde la publicación en el «Boletín Oficial de Navarra» del acuerdo de aprobación definitiva del planeamiento.

2. La extinción del derecho a urbanizar requerirá declaración expresa por la Administración competente mediante resolución notificada al efecto, que deberá dictarse previa audiencia del interesado por un período mínimo de quince días hábiles.

Artículo 13. Aprovechamiento urbanístico susceptible de apropiación.

1. En el suelo urbano el aprovechamiento urbanístico susceptible de apropiación será:

a) En terrenos incluidos en unidades de ejecución: El 90 por 100 del aprovechamiento correspondiente al área de reparto o, en su caso, a la unidad de ejecución.

b) En terrenos no incluidos en unidades de ejecución y que carezcan de urbanización consolidada, cuando no se trate de mera sustitución de la edificación existente y se dé incremento de aprovechamiento por el Plan: El 90 por 100 del incremento ocasionado por el planeamiento. En este supuesto, el 10 por 100 del aprovechamiento restante, correspondiente a la Administración, se compensará en metálico, de acuerdo con su valor urbanístico.

c) En terrenos no incluidos en unidades de ejecución y que carezcan de urbanización consolidada, cuando se trate de sustitución de la edificación existente sin incremento de aprovechamiento: El 100 por 100 del aprovechamiento permitido por el planeamiento, sin perjuicio del deber del propietario de asumir a su costa las cargas de urbanización que imponga el planeamiento.

d) En terrenos no incluidos en unidades de ejecución y que tengan la urbanización consolidada: El 100 por 100 del aprovechamiento permitido por el planeamiento.

e) En terrenos incluidos en los cascos históricos: El 100 por 100 del aprovechamiento permitido por el planeamiento.

2. En el suelo urbanizable el aprovechamiento susceptible de apropiación será el 90 por 100 del aprovechamiento definido por el planeamiento.

3. La cesión obligatoria y gratuita del 10 por 100 del aprovechamiento que se realice a la Administración actuante, tanto en suelo urbano como urbanizable, estará libre de cargas de urbanización, toda la cual será a cargo de los propietarios en proporción a sus aprovechamientos. Estas cargas de urbanización correspondientes al suelo cedido se considerarán integrantes del deber de costear la urbanización que corresponde a los propietarios afectados.

Artículo redactado por el art. 1 de la LF 24/1998, de 30 diciembre.

Jurisprudencia

«El aprovechamiento urbanístico susceptible de apropiación privada es manifestación de una de las facultades del derecho de propiedad, nos referimos al "ius aedificandi", y por afectar a ese derecho, tales contenidos deben ser regulados por normas con rango de ley (artículo 53.1, en relación al artículo 33 de la Constitución), no en vano y como ha dicho el Tribunal Constitucional en la Sentencia antes citada [FF. 9º y 10º], aquellas facultades integran el contenido básico del derecho de propiedad. Dicho esto, es fácil concluir que los instrumentos de ordenación urbanística no pueden establecer aprovechamientos susceptibles de apropiación privada inferiores a los mínimos garantizados por la Ley (consecuentemente, tampoco cesiones obligatorias que excedan del máximo legal)». **(STSJ Navarra 18 febrero 1999 [RJCA 1999, 1154]).**

Artículo 14. Derecho al aprovechamiento urbanístico en actuaciones sistemáticas.

1. Si el planeamiento no lo previera, el plazo máximo para adquirir el derecho de aprovechamiento urbanístico será de cuatro años, contados desde que se hubiese adquirido el derecho a urbanizar en virtud de la publicación en el «Boletín Oficial de Navarra» del acuerdo de aprobación definitiva del instrumento de ordenación más específico.

2. Acreditado por los propietarios el cumplimiento de los deberes de cesión, equidistribución y urbanización en los plazos fijados, la Administración actuante expedirá la certificación correspondiente a instancia de aquéllos. Por el transcurso de tres meses sin resolución expresa, se entenderá otorgada esta certificación.

3. A los solos efectos de lo establecido en el número anterior, en el caso de que la Administración no resolviera sobre la recepción de las obras de urbanización en el plazo previsto en el planeamiento o, en su defecto, en el de tres meses, bastará el ofrecimiento formal de cesión de las mismas.

Artículo 15. Plazo para la solicitud de licencia de edificación en las actuaciones sistemáticas.

En defecto de previsión expresa en el planeamiento, el plazo para la solicitud de licencia de edificación será de un año en Entidades Locales de más de 10.000 habitantes, y de dos años en Entidades Locales de menos de esa población, desde que se hubiera adquirido el derecho al aprovechamiento urbanístico.

Artículo 16. Plazo para la solicitud de edificación en las actuaciones asistemáticas.

En defecto de previsión expresa en el planeamiento, el plazo para la solicitud de licencia de edificación será de dos años en Entidades Locales de más de 10.000 habitantes, y de cuatro en Entidades Locales de menos de esa población, desde que se hubiera adquirido el derecho al aprovechamiento urbanístico.

Artículo 17. Urbanización y edificación simultáneas.

La Administración podrá autorizar la urbanización y edificación simultáneas, exigiendo para ello y, en todo caso, las garantías pertinentes mediante aval económico suficiente o cualquier otra garantía de las admitidas en Derecho.

Artículo 18. Plazos para la edificación.

1. Todas las licencias habrán de prever un plazo para comenzar las obras proyectadas y otro para acabarlas. En caso de que las licencias no especificaran un plazo de caducidad, se estará a lo dispuesto en el número 6 de este artículo.

2. Todas las licencias deberán indicar que su caducidad se producirá por el transcurso de cualquiera de ambos plazos sin haber comenzado las obras o bien sin haberlas acabado.

3. La caducidad de la licencia se declarará por la Administración competente para concederla, previa audiencia al interesado por período mínimo de quince días hábiles. La declaración determinará el archivo de las actuaciones y la extinción del derecho a edificar si se hubieran sobrepasado los plazos previstos.

4. Las Entidades Locales podrán conceder prórrogas de los plazos de la licencia, previa solicitud expresa de su titular antes de dos meses, respectivamente, de la conclusión de los previstos para el comienzo y para la finalización de las obras, siendo válida la ordenación vigente en el momento en que la licencia fue concedida. La prórroga de las licencias no podrá ser válidamente solicitada si no ha transcurrido al menos la mitad del plazo. La obtención de la prórroga del plazo para comenzar las obras comportará por sí misma la prórroga del plazo para acabarlas, debiendo señalarse expresamente la indicación de este último. La prórroga para acabar las obras sólo podrá ser solicitada y obtenida si se ha hecho la cobertura de aguas del edificio, según el proyecto técnico.

5. Caducada la licencia, para comenzar o acabar las obras será preciso solicitar y obtener una nueva licencia, ajustada a la ordenación en vigor, salvo

en los casos en que se hubiera acordado la suspensión de la concesión de licencias.

6. Los plazos mínimos para la ejecución de los actos de edificación y uso del suelo, en caso de que la licencia no los determinase, salvo que el planeamiento prevea otros distintos, serán los siguientes:

a) Un año para comenzar las obras, y

b) Tres años para acabarlas.

⇒ Téngase en cuenta arts. 4 y concordantes de la Ley 38/1999, de 5 noviembre, de Ordenación de la Edificación (§1.1).
V. art. 14 de la Ley 6/1998, de 13 abril (§1).
V. arts. 74 y concordantes del RD 1093/1997, de 4 julio (§2.1).

Jurisprudencia

«La caducidad de la licencia no opera nunca automáticamente, requiriéndose conforme al artículo 18.3 de la Ley Foral de Ordenación del Territorio y Urbanismo, Ley 10/1994, la previa audiencia al interesado». **(STSJ Navarra 13 enero 2000 [RJCA 2000, 268]).**

⇒ V. Jurisprudencia en arts. 178, 179, 180 y concordantes del TRLS/1976 (§3).

Artículo 19. Implantación directa en supuestos de interés general.

1. En supuestos justificados de interés general, y con carácter excepcional, las Entidades Locales podrán otorgar licencias de edificación para la implantación directa, en suelo urbano o urbanizable, de industrias o actividades terciarias, sin necesidad de esperar a la aprobación definitiva de los instrumentos de gestión o del Proyecto de Urbanización, siempre que concurran las siguientes condiciones:

a) Se haya adquirido el derecho a urbanizar.

b) No haya transcurrido el plazo previsto para adquirir el derecho al aprovechamiento urbanístico.

c) Exista en la Entidad Local, como mínimo, un proyecto de obras de urbanización referentes a la unidad de ejecución sobre la que pretende implantarse la actividad, susceptible de ser tramitado como Proyecto de Urbanización, que permita la ejecución de la obra urbanizadora precisa para el normal funcionamiento de la industria o actividad terciaria en las condiciones debidas y de acuerdo con las exigencias técnicas previsibles para el posterior desarrollo armónico del resto de dicha unidad.

d) Los terrenos se encuentren calificados para usos industriales o terciarios, según se trate de una u otra actividad.

e) Exista conformidad expresa de los propietarios de las parcelas afectadas por la implantación.

f) La superficie bruta de los terrenos afectados permita, de acuerdo con la edificabilidad prevista en el Plan, el aprovechamiento urbanístico susceptible de apropiación privada que se pretenda por el promotor de la edificación.

g) El promotor de la edificación garantice mediante fianza el importe del coste de las obras de urbanización que le correspondan a sus terrenos, referidas al presupuesto estimado en el Proyecto de obras de urbanización antes citado.

h) El promotor se comprometa expresamente, en escritura pública otorgada al efecto, al cumplimiento de los deberes legales de cesión obligatoria y gratuita de los terrenos que le correspondan.

i) La implantación de la actividad se ajuste a la ordenación y normativa previstas en el Plan.

2. Las licencias otorgadas al amparo de las condiciones señaladas en el número anterior deberán justificar expresamente en su texto el supuesto de interés general determinante de la aplicación de este procedimiento excepcional.

3. La incorporación al patrimonio de su titular de la edificación concluida al amparo de las autorizaciones reguladas en este artículo estará condicionada, en todo caso, al efectivo cumplimiento previo por los propietarios de los terrenos de los deberes de cesión, equidistribución y urbanización inherentes al derecho al aprovechamiento urbanístico.

4. Las condiciones especiales de concesión de licencias otorgadas al amparo de este artículo se inscribirán por el Ayuntamiento en el Registro de la Propiedad, a costa del interesado, de conformidad con la legislación estatal.

Artículo 20. Densidad máxima.

1. En los sectores de suelo urbanizable, excluidos los terrenos destinados a sistemas generales, y en las unidades de ejecución de suelo urbano, se aplicarán los siguientes límites máximos de densidad de edificación residencial por hectáreas:

a) 50 viviendas o, alternativamente, 5.500 metros cuadrados construidos, en Municipios de más de veinticinco mil habitantes de derecho.

b) 40 viviendas o, alternativamente, 4.500 metros cuadrados construidos, en Municipios de más de dos mil habitantes y menos de veinticinco mil habitantes, así como en los Municipios de más de 1.000 habitantes continuos a Pamplona.

c) 35 viviendas o, alternativamente, 4.500 metros cuadrados construidos, en el resto de Municipios.

2. Excepcionalmente, el Consejero de Ordenación del Territorio y Medio Ambiente podrá autorizar justificadamente, mediante Orden Foral que se publicará en el «Boletín Oficial de Navarra», la superación de los límites a que se refiere el número anterior cuando las circunstancias urbanísticas de la localidad así lo aconsejen, a propuesta del Ayuntamiento por mayoría absoluta del Pleno, con el límite máximo de 75 viviendas por hectárea en el supuesto del apartado a) del número anterior, y de 50 viviendas en los supuestos b) y c).

Asimismo, podrán superarse justificadamente los límites fijados en el número 1, en aquellas unidades de suelo urbano en las que se realicen operaciones de rehabilitación urbana o de reforma interior. En estas unidades el aprovechamiento y las condiciones tipológicas de la edificación serán análogas a las edificaciones del entorno.

3. La fijación de la concreta densidad de viviendas se efectuará en el planeamiento, dentro de los límites previstos en los números anteriores, en atención a la tipología habitual o predominante de la vivienda y a las características urbanas o rurales de cada Municipio.

4. En los polígonos industriales o de servicios el porcentaje máximo de ocupación por las edificaciones, incluidas las dotacionales que se determinen reglamentariamente, no podrá superar el 50 por 100 del total del terreno ordenado, excluidos los sistemas generales.

⇒ V. art. 10 del DF 85/1995, de 3 abril, que aprueba el Reglamento de desarrollo de la Ley 10/1994, de 4 julio, de Ordenación del Territorio y Urbanismo (§45).

Artículo 21. Cédula urbanística.

Los Ayuntamientos podrán crear en la correspondiente ordenanza un documento acreditativo de las principales condiciones urbanísticas que concurran en las fincas comprendidas en el término municipal, que se denominará Cédula urbanística de terreno o de edificio, según el carácter de la finca a que se refiera.

En todo caso, la ordenanza a que se refiere el párrafo anterior deberá ser dictada por los Ayuntamientos de Municipios de más de 10.000 habitantes.

⇒ V. art. 6 de la Ley 6/1998, de 13 abril (§1).
V. art. 8 del DF 85/1995, de 3 abril, que aprueba el Reglamento de desarrollo de la Ley 10/1994, de 4 julio, de Ordenación del Territorio y Urbanismo (§45).
V. art. 180 de la LF 6/1990, de 2 julio, de la Administración Local de Navarra.
V. Jurisprudencia en arts. 63 y concordantes del TRLS/1976 (§3).

CAPÍTULO III
Régimen del suelo no urbanizable

Sección 1ª Disposiciones generales

Artículo 22. Actividades y usos en suelo no urbanizable.

Las actividades y usos en suelo no urbanizable regulados por esta Ley Foral son los siguientes:

1. Actividades y usos no constructivos.

a) Acciones sobre el suelo o en el subsuelo que impliquen movimientos de tierra; tales como explotación minera, extracción de gravas y arenas, canteras, dragados, defensa de ríos y rectificación de cauces, apertura de pistas o caminos y abancalamientos.

b) Acciones sobre el suelo o en el subsuelo que no impliquen movimiento de tierras, tales como aprovechamientos agropecuarios, pastoreo, roturación y desecación, vallados con elementos naturales o setos.

c) Acciones sobre las masas arbóreas; tales como aprovechamiento de leña, aprovechamiento maderero, cortas a hecho, mejora de la masa forestal, otros aprovechamientos forestales, introducción de especies autóctonas y no autóctonas y tratamiento fitosanitario.

d) Actividades de ocio; tales como práctica de deportes organizados, acampada de un día, acampada prolongada y actividades comerciales ambulantes.

e) Actividades científicas y divulgativas.

2. Actividades y usos constructivos.

a) Vivienda.

b) Construcciones e instalaciones agrícolas; tales como las destinadas al apoyo de las explotaciones hortícolas o de la horticultura de ocio, almacenes agrícolas, viveros e invernaderos.

c) Construcciones e instalaciones destinadas al apoyo a la ganadería extensiva e intensiva, granjas, corrales domésticos, piscifactorías e instalaciones apícolas.

d) Construcciones e instalaciones forestales destinadas a la extracción de madera o a la gestión forestal.

e) Construcciones e instalaciones necesarias para la ejecución, entretenimiento y servicio de las obras públicas.

f) Construcciones e instalaciones para equipamiento, dotaciones o servicios que deban emplazarse en el suelo no urbanizable; tales como escuelas agrarias, centros de investigación y educación ambiental, puestos de salvamento y socorrismo, cementerios y construcciones e instalaciones deportivas y de ocio.

g) Construcciones e instalaciones vinculadas a actividades industriales, que deban emplazarse en el suelo no urbanizable o que no sean propias de los suelos urbano o urbanizable.

h) Infraestructuras.

i) Instalaciones para publicidad estática.

⇒ V. arts. 9 y 20 de la Ley 6/1998, de 13 abril (§1).
V. DF 84/1990, de 5 abril, que regula la implantación territorial de actividades industriales en suelo no urbanizable.
V. DF 128/1992, de 30 marzo, que regula las condiciones territoriales y urbanísticas para la implantación en la Comunidad Foral de campos de golf.
V. Jurisprudencia en arts. 86 y concordantes del TRLS/1976 (§3).

Artículo 23. Categoría del suelo no urbanizable.

Se distinguen las siguientes categorías de suelo no urbanizable:

1. Espacio natural, que se regirá por lo dispuesto en la legislación respectiva.
2. Suelo forestal.
3. Suelo de alta productividad agrícola.
4. Suelo de mediana productividad agrícola o ganadera.
5. Suelo genérico.

6. Suelo de afecciones específicas.

a) Infraestructuras existentes.

b) Infraestructuras previstas.

c) Aguas protegidas.

d) Entorno de núcleos de población.

e) Entorno de bienes inmuebles de interés cultural.

f) Itinerarios de interés.

⇒ V. Ley 9/1996, de 17 junio, reguladora de los espacios naturales en Navarra.

Artículo 24. Instrumentos para la incorporación y desafectación de terrenos a categorías.

La incorporación y desafectación de suelos a las categorías establecidas en el artículo anterior se llevará a cabo a través de los siguientes instrumentos:

– La de Espacios Naturales, conforme a la legislación específica aplicable.

– Las demás categorías, a través del planeamiento, de un instrumento de ordenación territorial o, en su caso, por el correspondiente Decreto Foral, cuyo contenido será sometido a información pública.

⇒ V. Ley 9/1996, de 17 junio, reguladora de los espacios naturales en Navarra.

Artículo 25. Actividades prohibidas e incompatibles.

1. La asimilación de actividades y usos, no enunciados de forma expresa, a los mencionados en esta Ley Foral se realizará teniendo en cuenta la compatibilidad de dicho uso o actividad con los objetivos del régimen de protección del espacio en que vayan a asentarse.

2. Quedan prohibidas las acciones u omisiones en el suelo no urbanizable que impliquen:

a) Incremento de la erosión y pérdida de calidad de los suelos.

b) Destrucción de masas vegetales, sin perjuicio de lo previsto en la vigente legislación sobre protección del patrimonio forestal.

c) Destrucción o contaminación de las zonas húmedas o de su entorno próximo, sin perjuicio de lo contemplado en la legislación de aguas.

d) Vertido o abandono de objetos, residuos u otros desperdicios fuera de los lugares autorizados, así como la quema no autorizada de los mismos.

e) Vertidos líquidos o sólidos que pueden degradar o contaminar la naturaleza o los acuíferos.

Artículo 26. Limitaciones mínimas y básicas.

Las limitaciones establecidas en los diferentes regímenes de protección del suelo no urbanizable regulados en esta Ley Foral tienen el carácter de mínimas y básicas, pudiendo el planeamiento establecer condiciones de protección superiores para algunas de las categorías de suelo, en razón de las específicas condiciones y características del territorio al que se refieran.

Artículo 27. No indemnización de limitaciones.

1. Las limitaciones generales establecidas por esta Ley Foral, así como las que en virtud de la misma se contengan en los instrumentos a los que se refiere el artículo 24 respecto de las actividades y usos existentes con anterioridad a su aprobación, no darán lugar a indemnización, salvo lo dispuesto en el apartado siguiente.

2. Las limitaciones singulares y efectivas que no resulten compatibles con el ejercicio de actividades y usos tradicionales y consolidados que ya estuvieran autorizados expresa o individualmente por la Administración, serán indemnizables por ésta, determinándose la cuantía de acuerdo con las normas que regulan la responsabilidad patrimonial de la Administración.

No obstante, podrán convenirse otras formas de indemnización, tales como el otorgamiento de ayudas, subvenciones u otros medios de fomento.

⇒ V. arts. 2 y 41, 42, 43 y 44 de la Ley 6/1998, de 13 abril (§1).
V. Jurisprudencia en arts. 87 y concordantes del TRLS/1976 (§3).

Artículo 28. Asignación de actividades y usos a categorías.

En el supuesto de que un mismo terreno pudiera ser asignable, en razón a sus características o usos previstos en el mismo, a diferentes categorías de suelo, se asignará a aquella categoría cuyo régimen de protección sea más restrictivo.

Las actividades y usos constructivos autorizables en las categorías del suelo de mediana productividad agrícola y genérico, se asentarán prioritariamente en este último.

Sección 2ª Régimen de protección de cada categoría de suelo no urbanizable

Artículo 29. Actividades permitidas, autorizables y prohibidas.

1. A los efectos de lo previsto en esta Ley Foral las actividades y usos en suelo no urbanizable podrán ser permitidos, autorizables y prohibidos.

2. Serán permitidos aquellos usos y actividades que por su propia naturaleza sean compatibles con los objetivos de protección de cada categoría de suelo; prohibidos, los que sean incompatibles; y autorizables, los que puedan ser compatibles en determinadas condiciones.

3. Los usos y actividades permitidos no precisarán autorización del Departamento de Ordenación del Territorio y Medio Ambiente, sin perjuicio de que deban ser objeto de licencia o autorización por otros órganos o Administraciones.

4. Los usos y actividades autorizables precisarán autorización del Consejero de Ordenación del Territorio y Medio Ambiente, sin perjuicio de que también deban ser objeto de licencia o autorización por otros órganos o Administraciones.

⇒ V. DF 428/1996, de 30 septiembre, de estructura orgánica del Departamento, complementado por DF 122/1998, de 30 marzo, modificado por DF 93/1998, de 23 marzo y por DF 321/1997, de 3 noviembre.

Artículo 30. Espacios Naturales.

El régimen de protección de los Espacios Naturales será el que establezca su legislación específica.

⇒ V. Ley 9/1996, de 17 junio, reguladora de los espacios naturales en Navarra.

Artículo 31. Suelo forestal.

1. Se incluyen en esta categoría aquellos terrenos que por ser soporte de masas forestales deben ser objeto de preservación, a fin de garantizar su mantenimiento en superficie y calidad, de manera que conserven sus funciones ecológica, protectora, productora, turístico-recreativa y de creación del paisaje. Asimismo se incluyen aquellas áreas cuya reforestación pueda resultar de interés en relación con los objetivos citados.

2. Régimen de protección.

a) Actividades no constructivas. Queda prohibido el pastoreo tradicional en las zonas señaladas expresamente y la quema de vegetación.

Podrán autorizarse la apertura de nuevas pistas o caminos, la roturación, los abancalamientos, la explotación minera, la extracción de gravas y arenas, las canteras y la corta a hecho en aquellas zonas en las que tradicionalmente se realiza y en las condiciones que se determinen.

El resto de actividades quedan permitidas.

b) Actividades constructivas. Se permiten las construcciones instalaciones forestales y apícolas.

Podrán autorizarse las construcciones e instalaciones necesarias para la ejecución, entretenimiento y servicio de las obras públicas, las destinadas a equipamientos o servicios que deban emplazarse en el suelo no urbanizable, las vinculadas a las actividades deportivas y de ocio que deban desarrollarse en el suelo no urbanizable y las infraestructuras.

Quedan prohibidas todas las demás.

Artículo 32. Suelo de alta productividad agrícola.

1. Esta categoría queda constituida por aquellos terrenos de elevada calidad agrícola, puesta de manifiesto por la existencia de explotaciones que la avalen o por las propias características edáficas. Deben ser objeto de preservación a fin de garantizar su mantenimiento en extensión y calidad.

2. Régimen de protección.

a) Actividades no constructivas. Podrá autorizarse la apertura de nuevas pistas, caminos y la quema de vegetación. Asimismo, podrá autorizarse la explotación minera, la extracción de gravas y arenas y las canteras cuando tales actividades resulten compatibles con las explotaciones que existen o con las características edáficas del terreno.

El resto de las actividades quedan permitidas.

b) Actividades constructivas. Se permiten las construcciones e instalaciones destinadas y vinculadas a las explotaciones agrícolas que guarden relación con la naturaleza, extensión y utilización de la finca, y los viveros e invernaderos.

Podrán autorizarse las infraestructuras.

Quedan prohibidas todas las demás.

Artículo 33. Suelo de mediana productividad agrícola o ganadera.

1. Esta categoría queda constituida por aquellos suelos de calidad agrícola media, así como por aquellos terrenos ocupados por praderas y pastos aprovechados por la ganadería extensiva.

2. Régimen de protección.

a) Actividades no constructivas. Podrá autorizarse la explotación minera, la extracción de gravas y arenas, las canteras, la apertura de nuevas pistas y caminos y quema de vegetación.

El resto de actividades quedan permitidas.

b) Actividades constructivas. Se permiten las construcciones e instalaciones de apoyo a la horticultura, los viveros e invernaderos, las construcciones destinadas a la ganadería extensiva, los corrales domésticos y las instalaciones apícolas.

Podrán autorizarse:

– Las construcciones e instalaciones destinadas exclusivamente a la horticultura de ocio, sin que pueda destinarse a usos residenciales.

– Las construcciones e instalaciones aisladas destinadas a la ganadería intensiva.

– Los almacenes agrícolas.

– Las granjas.

– Las construcciones e instalaciones necesarias para la ejecución, entretenimiento y servicio de las obras públicas.

– Las construcciones e instalaciones destinadas a equipamientos, dotaciones o servicios que deban emplazarse en el suelo no urbanizable.

– Las construcciones e instalaciones vinculadas a actividades deportivas o de ocio.

– Las actividades industriales que deban desarrollarse en suelo no urbanizable.

– Las infraestructuras.

– La vivienda unifamiliar aislada destinada a residencia habitual y permanente de su titular en las condiciones y zonas geográficas en las que tradicionalmente se dé esta forma de vida, fundamentalmente en la vertiente cantábrica, y que se establecerán reglamentariamente.

– Quedan prohibidas las demás.

Artículo 34. Suelo genérico.

1. Constituyen la categoría de suelo no urbanizable genérico aquellos terrenos no incluidos en el resto de categorías.

2. Régimen de protección.

a) Actividades no constructivas. Podrá autorizarse la explotación minera, la extracción de gravas y arenas, las canteras y la apertura de pistas y caminos.

El resto de actividades quedan permitidas.

b) Actividades constructivas. Se permiten las construcciones e instalaciones de apoyo a la horticultura, los viveros e invernaderos, las construcciones destinadas a la ganadería extensiva, los corrales domésticos y las instalaciones apícolas.

Podrán autorizarse:

– Las construcciones e instalaciones destinadas exclusivamente a la horticultura de ocio, sin que puedan destinarse a usos residenciales.

– Las construcciones e instalaciones aisladas destinadas a la ganadería intensiva.

– Los almacenes agrícolas.

– Las granjas.

– Las construcciones e instalaciones necesarias para la ejecución, entretenimiento y servicio de las obras públicas.

– Las construcciones e instalaciones destinadas a equipamientos, dotaciones o servicios que deban emplazarse en el suelo no urbanizable.

– Las construcciones e instalaciones vinculadas a actividades deportivas o de ocio.

– Las actividades agropecuarias.

– Las actividades industriales que deban desarrollarse en suelo no urbanizable.

– Las infraestructuras.

– Las instalaciones para publicidad estática.

– La vivienda unifamiliar aislada destinada a residencia habitual y permanente de su titular en las condiciones y zonas geográficas en las que tradicionalmente se dé esta forma de vida, fundamentalmente en la vertiente cantábrica, y que se establecerán reglamentariamente.

Quedan prohibidas todas las demás.

⇒ V. arts. 9 y 20 de la Ley 6/1998, de 13 abril (§1).

Artículo 35. Infraestructuras existentes.

1. Se incluyen dentro de esta categoría los espacios ocupados o afectados, de acuerdo con la legislación vigente en cada materia, por las conducciones y construcciones destinadas a las comunicaciones, a la ejecución de la política hidráulica, al abastecimiento de agua y saneamiento, a la lucha contra la contaminación, a la protección de la naturaleza y a la ejecución de la política energética.

2. Régimen de protección. El régimen de protección para los espacios

ocupados o afectados por infraestructuras existentes se ajustará a lo establecido en la legislación sectorial vigente, sin perjuicio de lo establecido en el número siguiente.

Podrán autorizarse aquellas actividades y usos constructivos y no constructivos compatibles con la infraestructura y que no supongan la mera conservación, entretenimiento y servicio de la misma. Estas últimas actividades de conservación, entretenimiento y servicio serán permitidas.

3. Caminos públicos. Se establece para los caminos públicos no sujetos al régimen de protección de la Ley Foral de Defensa de las Carreteras o al establecido para los Itinerarios de Interés, una zona de servidumbre de tres metros, medidos desde el borde exterior de dichos caminos, en la que se aplicará el siguiente régimen de protección:

a) Actividades no constructivas. Quedan prohibidas la explotación minera, la extracción de gravas y arenas, las canteras y la corta a hecho.

Podrán autorizarse el resto de actividades que impliquen movimientos de tierras.

El resto de actividades quedan permitidas.

b) Actividades constructivas. Podrán autorizarse las infraestructuras.

Quedan prohibidas todas las demás.

⇒ V. art. 17 de la Ley 19/1997, de 15 diciembre, del régimen jurídico de las vías pecuarias de Navarra.

Artículo 36. Infraestructuras previstas.

1. Son aquellos espacios necesarios para la implantación de infraestructuras e instalaciones y sus zonas de afección de acuerdo con las determinaciones del planeamiento urbanístico o los instrumentos de ordenación territorial previstos en esta Ley Foral.

2. Régimen de protección.

a) Actividades no constructivas.

Podrán autorizarse las acciones que impliquen movimientos de tierras.

Se permiten las demás actividades.

b) Actividades constructivas.

Podrán autorizarse las obras de ejecución de la infraestructura o instalación prevista en dicho espacio y las construcciones e instalaciones necesarias para su ejecución, entretenimiento y servicio.

Quedan prohibidas todas las demás.

Artículo 37. Aguas protegidas.

1. Aguas superficiales. Son los espacios definidos en la Ley de Aguas como cauces o álveos naturales, riberas y márgenes de las corrientes continuas o discontinuas de agua y como lecho o fondo de las lagunas y embalses, terrenos inundados y zonas húmedas.

2. Régimen de protección. Sin perjuicio de lo dispuesto en la legislación

de aguas, se establece para las corrientes de agua una zona de protección del cauce natural que se medirá a partir del límite del mismo y que tendrá, en cada margen, una dimensión igual a la del propio cauce natural medida en cada punto. No obstante lo anterior, dicha zona de protección no será inferior a 5 metros ni superior a 50 metros en cada uno de dichos márgenes.

En el caso de las lagunas, embalses, terrenos inundados y zonas húmedas, la zona de protección será de 50 metros a partir del límite de su lecho.

a) Actividades no constructivas.

Queda prohibida la corta a hecho y el aprovechamiento maderero en los cinco primero metros de la zona de protección y la quema de vegetación.

En las zonas de protección podrán autorizarse las acciones que impliquen movimientos de tierra y la roturación.

Quedan permitidas el resto de actividades.

b) Actividades constructivas.

En las zonas de protección se permiten los viveros e invernaderos y las instalaciones apícolas; son autorizables las piscifactorías, las construcciones e instalaciones vinculadas a actividades deportivas y de ocio relacionadas con el medio fluvial, construcciones e instalaciones para equipamientos, dotaciones o servicios vinculados al medio fluvial, las construcciones e instalaciones necesarias para la ejecución, entretenimiento y servicio de las obras públicas y las infraestructuras.

Quedan prohibidas todas las demás.

3. Aguas subterráneas. Sin perjuicio de las previsiones contenidas en la legislación de aguas, mediante Decreto Foral el Gobierno de Navarra, o los Ayuntamientos a través del planeamiento, podrán delimitar aquellos terrenos bajo los cuales existan aguas subterráneas cuya protección urbanística se haga necesaria por motivos de interés público o general. El Decreto Foral, o el planeamiento, establecerá el régimen de protección concreto de estas aguas, pudiendo contemplar limitaciones o prohibiciones al ejercicio de determinados usos y actividades constructivas o no constructivas en tales terrenos o aguas y, en su caso, someter estas actividades a autorización administrativa del Consejero de Ordenación del Territorio y Medio Ambiente.

Dicha delimitación se llevará a cabo obligatoriamente siempre que lo soliciten las Entidades Locales o sus órganos o sociedades de gestión que tengan encomendada la prestación del servicio de abastecimiento de aguas, incluso aunque afecte ámbitos territoriales diferentes al propio. A tal efecto, dichas Entidades, órganos o sociedades están legitimados expresamente para instar la modificación del planeamiento correspondiente. En el supuesto de que el Ayuntamiento competente para tramitar la modificación del planeamiento no acordara la aprobación inicial de la modificación en el plazo de tres meses desde la solicitud y la aprobación provisional en el plazo de seis meses desde la aprobación inicial, la Entidad, órgano o sociedad que haya instado la modificación, podrá dirigirse al Gobierno de Navarra, que se subrogará en la tramitación de la misma.

⇒ V. art. 4 del DF 4/1997, de 13 enero, que crea el Inventario de Zonas Húmedas de Navarra.
V. art. 6.4 del DF 76/1995, de 27 marzo, de regulación de los campamentos de turismo.

Artículo 38. Entorno de núcleos de población.

1. Son aquellos terrenos que por ser colindantes con dichos núcleos deben preservarse en orden a no comprometer el crecimiento futuro, la estructura o la imagen de los mismos.

La delimitación del entorno a núcleos de población se establecerá en el planeamiento.

2. Régimen de protección.

a) Actividades no constructivas.

Se prohíben las actividades extractivas.

Se podrá autorizar el resto de acciones que impliquen movimientos de tierras.

El resto de actividades quedan permitidas.

b) Actividades constructivas.

En el entorno de los núcleos urbanos podrán autorizarse por el Consejero de Ordenación del Territorio y Medio Ambiente las infraestructuras de interés público y la ejecución de obras e instalaciones de carácter provisional. Estas últimas habrán de demolerse o modificarse a cargo del interesado, sin derecho a indemnización, con carácter previo a la ejecución del planeamiento. Para la autorización de las obras provisionales será necesario que el promotor presente fianza u otra forma de garantía por el veinte por ciento del coste de las obras que figure en el proyecto técnico de ejecución. Quedan prohibidas todas las demás actividades constructivas.

En el entorno de los núcleos rurales podrán autorizarse las infraestructuras y las obras provisionales en los términos del párrafo anterior. Asimismo, podrán autorizarse las edificaciones que expresamente prevea el planeamiento siempre que no condicionen el desarrollo futuro de la trama urbana y se adapten al carácter tradicional del núcleo de población. Quedan prohibidas todas las demás.

Las edificaciones preexistentes no declaradas fuera de ordenación por el planeamiento podrán rehabilitarse, sin que comporte aumento de superficie, con destino a usos autorizados en el suelo urbano.

⇒ Téngase en cuenta arts. 4 y concordantes de la Ley 38/1999, de 5 noviembre, de Ordenación de la Edificación (§1.1).

Artículo 39. Entorno de bienes inmuebles de interés cultural.

1. Son aquellos terrenos que por ser colindantes a bienes inmuebles de interés cultural deben preservarse en orden a no comprometer la imagen y perspectivas de los mismos.

Tendrán la condición de bienes inmuebles de interés cultural los que se declaren como tales de conformidad con la legislación sobre patrimonio histórico.

La delimitación de dichos terrenos se establecerá en el planeamiento territorial o urbanístico.

2. Régimen de protección.

a) Actividades no constructivas.

Se prohíbe la corta a hecho.

Podrán autorizarse aquellas acciones que impliquen movimientos de tierras, la roturación, la quema de vegetación, aprovechamiento maderero y de leña.

El resto de actividades quedan permitidas.

b) Actividades constructivas.

Podrán autorizarse las infraestructuras y las instalaciones vinculadas a la conservación, mejora y disfrute del propio monumento y su entorno.

Quedan prohibidas todas las demás.

El régimen de protección establecido en esta Ley Foral lo es sin perjuicio de lo dispuesto en la legislación sobre patrimonio histórico.

Artículo 40. Itinerarios de interés.

1. Son los espacios ocupados por las cañadas, el Camino de Santiago y otras rutas de interés.

2. Régimen de protección. El régimen de protección para los itinerarios de interés será como mínimo el establecido para los caminos públicos en el artículo 35.3 de esta Ley Foral, y sin perjuicio de lo dispuesto en la legislación sobre patrimonio histórico. El Decreto Foral que defina y fije los espacios ocupados por un itinerario de interés podrá reforzar el régimen de protección.

Artículo 41. Protección de los hábitat naturales.

Los instrumentos de ordenación territorial y urbanística asegurarán la preservación, mantenimiento y recuperación de los biotipos y hábitat de las especies protegidas y, en particular, de las autóctonas en estado silvestre, y, a tal efecto, contendrán la categorización de los suelos no urbanizables incluidos en el ámbito del territorio objeto de ordenación y su régimen de protección, e incorporarán, en su caso, entre sus determinaciones, la delimitación de las Areas de Protección de la Fauna Silvestre con referencia expresa al régimen de protección que les sea aplicable.

⇒ V. Ley 9/1996, de 17 junio, reguladora de los espacios naturales en Navarra.

Sección 3ª Régimen de autorizaciones

Artículo 42. Procedimiento de autorización de actividades autorizables.

1. La autorización de actividades y usos autorizables en suelo no urbanizable se ajustará al siguiente procedimiento:

a) El promotor presentará ante el Ayuntamiento competente en cuyo ámbito se va a implantar o desarrollar la actividad, la correspondiente solicitud, acompañada de la documentación necesaria y, en su caso, del estudio de afecciones ambientales a que se refiere el artículo 33.5 de la Ley Foral 2/1993, de 5 de marzo, de Protección y Gestión de la Fauna Silvestre y sus Hábitats.

b) El Ayuntamiento incorporará al expediente informe en relación con la solicitud presentada, con indicación de si ésta se ajusta al planeamiento correspondiente, remitiendo el expediente al Departamento de Ordenación del Territorio y Medio Ambiente en el plazo de dos meses desde que se hubiera presentado la solicitud. Transcurrido este plazo sin haberse remitido al citado Departamento la documentación, el interesado podrá solicitar directamente la autorización ante el Departamento de Ordenación del Territorio y Medio Ambiente.

Si se tratara de un uso o actividad clasificada para la protección del medio ambiente, el Ayuntamiento remitirá conjuntamente el expediente a que se refiere este precepto y el tramitado conforme con la normativa vigente en materia de tales actividades.

c) El Consejero de Ordenación del Territorio y Medio Ambiente resolverá respecto a la autorización o prohibición de la actividad o uso solicitado, notificando dicha resolución al Ayuntamiento, al promotor, y, en su caso, al Concejo cuando se afectase al territorio de éste. La resolución autorizando la actividad podrá establecer las medidas correctoras necesarias, incluidas las que den cumplimiento a la normativa de actividades clasificadas para la protección del medio ambiente.

2. Transcurridos dos meses sin que se hubiera comunicado acto alguno al Ayuntamiento por el Departamento de Ordenación del Territorio y Medio Ambiente, se podrá entender otorgada la autorización por acto presunto, cuya eficacia se regirá por lo dispuesto en la legislación sobre procedimiento administrativo común.

3. Las autorizaciones deberán ejercitarse en el plazo máximo de dos años desde que se otorgaran, transcurrido el cual agotarán sus efectos, previa declaración por el Departamento de Ordenación del Territorio y Medio Ambiente y audiencia al interesado, y devendrán ineficaces, salvo que se prorroguen expresamente a través del mismo procedimiento establecido en este artículo para su otorgamiento.

4. La licencia urbanística para la ejecución de las obras de la actividad o uso sólo podrá solicitarse con posterioridad a que haya recaído la autorización.

5. Las peticiones de licencias de actividad correspondientes a actividades clasificadas que no se hubieran resuelto en el plazo de un mes desde que se hubiera notificado la autorización al Ayuntamiento, se entenderán otorga-

das por acto presunto con excepción de aquellas actividades para las que la legislación vigente disponga otro plazo y otros efectos.

⇒ V. DF 428/1996, de 30 septiembre, de estructura orgánica del Departamento, complementado por DF 122/1998, de 30 marzo, modificado por DF 93/1998, de 23 marzo y por DF 321/1997, de 3 noviembre.
V. art. 19 de la Ley 19/1997, de 15 diciembre, del régimen jurídico de las vías pecuarias de Navarra.
V. art. 6 y disp. adic. 1ª del DF 125/1996, de 26 febrero por el que se regula la implantación de los parques eólicos, afectado por DF 685/1996, de 24 diciembre.
V. arts. 13, 16 y 17 del DF 76/1995, de 27 marzo, de regulación de los campamentos de turismo.
V. OF 1324/2000, de 27 noviembre, del Consejero de Medio Ambiente, Ordenación del Territorio y Vivienda, por la que se regula el procedimiento para la utilización compartida de Estaciones Base de telecomunicaciones.

Jurisprudencia

«Al respecto ha de decirse que el procedimiento de aprobación de licencias o autorizaciones previsto en el artículo 42 de la Ley Foral de Ordenación del Territorio y Urbanismo, Ley 10/1994, ha de ponerse en relación con el artículo 29.4 que respecto a las actividades clasificadas como autorizables exige "autorización del Consejero de Ordenación del Territorio y Medio Ambiente, sin perjuicio de que también deban ser objeto de licencia o autorización por otros órganos o administraciones". El artículo 42, por su parte, establece que el proyecto de obras se presentará ante el Ayuntamiento, que es quien finalmente ha de resolver la cuestión planteada, en todos los aspectos sometidos a fiscalización, sin perjuicio de que se encuentre vinculado por la previa decisión del órgano autonómico de control en los aspectos medioambientales, o en general en el aspecto de la competencia sobre el que deba pronunciarse el órgano autonómico. Se trata, en definitiva, de un supuesto, similar al procedimiento de otorgamiento de licencias de las actividades clasificadas que ya preveía el Reglamento de Actividades Molestas, Insalubres, Nocivas y Peligrosas de 30 de noviembre de 1961, conforme al cual sin merma de la competencia final municipal para pronunciarse con plenitud sobre todos los aspectos planteados, existe una vinculación de esta decisión final, mediante la técnica de fiscalización a través de informes vinculantes, o si quiere como lo denomina la Ley Foral autorización previa por la Administración Autonómica, a la decisión de esta decisión autonómica. De esta forma la decisión final, el acto definitivo en todas las actividades clasificadas, es el municipal, las decisiones, informes vinculantes o autorizaciones de la Administración Autonómica no entrañan tal resolución final, ya que se trata como en todas las licencias urbanísticas de una decisión reservada al Ayuntamiento, sin perjuicio de que se concilie esta resolución con el ejercicio de la fiscalización autonómica. De lo expuesto se colige que, con carácter general, el acto objeto de impugnación por cuanto en el mismo se condesa la voluntad administrativa final, sin perjuicio de que en la misma hayan intervenido diversas administraciones públicas, es el municipal, y éste debiera ser el acto fiscalizable, salvo que el acto de autorización de la Administración Autonómica, denegara el ejercicio de la actividad, en cuyo caso pudiera entenderse que, siendo vinculante este previo pronunciamiento municipal, cabría la posibilidad de impugnación autónoma del acto denegatorio de la Administración Autonómica». **(STSJ Navarra 17 noviembre 1999 [RJCA 1999, 4394]).**

Artículo 43. Procedimiento especial.

En los casos en que las actividades y usos sean objeto de un Plan o Proyecto Sectorial de Incidencia Supramunicipal o de un Plan Especial, no *será de aplicación* para su autorización el procedimiento regulado en el artículo anterior, sino el previsto para la aprobación de estos instrumentos de ordenación.

Artículo 44. Documentación técnica.

Las solicitudes para autorización de actividades y usos en las diferentes categorías del suelo no urbanizable deberá acompañarse de la documentación técnica suficiente que permita, según las características de la actividad y uso a desarrollar, conocer sus características, su ubicación y las obras a realizar, conteniéndose en dicha documentación todas o algunas de las siguientes determinaciones:

– Actividad y uso a desarrollar y categoría de suelo en la que se va a implantar.

– Cabida y límites de la parcela y titularidad dominical de la misma.

– Acceso rodado existente y previsto.

– Servicios de abastecimiento de aguas, saneamiento y depuración, tratamiento de residuos sólidos y energía eléctrica existentes y previstos.

– Sistema de alumbrado y contra incendios, existentes y previstos.

– Aparcamientos interiores, jardinería y arbolado y cerramiento de parcela.

– Características formales de la edificación, almacenamiento exterior y publicidad.

– En los supuestos a que se refiere el artículo 33.5 de la Ley Foral 2/1993, de 5 de marzo, de Protección y Gestión de la Fauna Silvestre y sus Hábitats, el estudio de afecciones ambientales mencionado en ese precepto.

CAPÍTULO IV

Régimen del suelo urbanizable no programado

Artículo 45. Suelo urbanizable no programado.

1. En tanto no se aprueben Programas de Actuación Urbanística, los terrenos clasificados como suelo urbanizable no programado estarán sujetos al régimen previsto en esta Ley Foral para el suelo no urbanizable de entorno de núcleo urbano de población. Además, deberán respetarse las incompatibilidades de usos señaladas en el planeamiento, no dificultando las actuaciones que se permitan sobre el mismo la consecución de los objetivos de dicho planeamiento.

2. Aprobado un programa de actuación urbanística, se estará a las limitaciones, obligaciones y cargas establecidas en él, en su acuerdo aprobatorio y en las bases del correspondiente concurso para su ejecución, que no podrán ser inferiores a las fijadas para el suelo urbanizable programado.

⇒ V. arts. 15, 16 y 18 de la Ley 6/1998, de 13 abril (§1).

V. Jurisprudencia en arts. 85 y concordantes del TRLS/1976 (§3).

TÍTULO II
INSTRUMENTOS DE ORDENACIÓN DEL TERRITORIO

CAPÍTULO I
Disposiciones generales

Artículo 46. Concepto.

Se entiende por ordenación del territorio, a los efectos de lo previsto en esta Ley Foral, el conjunto de criterios expresamente formulados, normas y planes que regulen las actuaciones y asentamientos sobre el territorio, en función del objetivo de conseguir una adecuada relación entre territorio, población, actividades, servicios e infraestructuras.

Artículo 47. Instrumentos de ordenación del territorio.

1. Son instrumentos de ordenación del territorio de la Comunidad Foral de Navarra:

a) Las Directrices de Ordenación Territorial.

b) Las Normas Urbanísticas Comarcales.

c) Los Planes y Proyectos Sectoriales de Incidencia Supramunicipal.

d) Los Planes de Ordenación de los Recursos Naturales.

2. No obstante su condición de instrumentos de ordenación del territorio, los Planes de Ordenación de los Recursos Naturales se regirán por lo dispuesto en la legislación sobre conservación de Espacios Naturales.

⇒ V. Ley 9/1996, de 17 junio, reguladora de los espacios naturales en Navarra.
V. DF 80/1999, de 22 marzo, que aprueba definitivamente las Normas Urbanísticas Comarcales de la Comarca de Pamplona.

Artículo 48. Ejecutividad y desarrollo de los instrumentos de ordenación del territorio.

1. Los instrumentos de ordenación del territorio previstos en esta Ley Foral serán ejecutivos desde la fecha de publicación de su aprobación definitiva en el «Boletín Oficial de Navarra».

2. Las determinaciones contenidas en los instrumentos de ordenación del territorio vincularán al planeamiento local, modificándolo en aquellos aspectos que resulten contrarios a dichos instrumentos de ordenación del territorio.

CAPÍTULO II
Directrices de Ordenación Territorial

Artículo 49. Funciones.

Son funciones de las Directrices de Ordenación Territorial:

1. Formular, con carácter global e interrelacionado y de acuerdo con la política o planes económicos de la Comunidad Foral, para todo el ámbito de la misma, el conjunto de criterios y normas que orienten y regulen los proce-

sos de asentamiento en el territorio de las distintas actividades económicas y sociales de los agentes públicos y privados que operen en dicho ámbito.

2. Establecer un marco de referencia para la formulación y ejecución de las distintas políticas sectoriales del Gobierno de Navarra y para la actividad urbanística de los Municipios de la misma, a fin de garantizar una adecuada coordinación y compatibilidad de las decisiones municipales con las de la Administración de la Comunidad Foral.

3. Suministrar las previsiones y los criterios básicos para la formulación de las políticas sectoriales y para la programación de los recursos de la Administración del Estado que deban aplicarse en el territorio de la Comunidad Foral de Navarra.

4. Proponer las acciones territoriales que requiera la actuación conjunta con otras Comunidades Autónomas, ofreciendo las bases suficientes para celebrar los convenios o acuerdos de cooperación que resulten necesarios.

Artículo 50. Contenido.

Las Directrices de Ordenación Territorial tendrán el siguiente contenido:

a) Descripción e interpretación de las características propias del territorio de la Comunidad Foral de Navarra formulando un diagnóstico de los problemas existentes, en relación con los asentamientos urbanos y productivos, el medio físico y los recursos naturales y las pautas de desarrollo territorial manifestadas o previsibles.

b) Señalamiento de los criterios adoptados, en relación con los problemas objeto de diagnóstico, de acuerdo con los objetivos sociales, culturales y económicos emanados del Gobierno de Navarra.

c) Formulación conjunta de los distintos elementos de política sectorial y territorial destinados a orientar, o en su caso, regular las actuaciones públicas y privadas en el ámbito comunitario, de acuerdo con los objetivos señalados en el apartado precedente, como marco de referencia pública para la actuación de los agentes sociales y económicos que operen en dicho ámbito.

d) Señalamiento de las causas y supuestos que hayan de determinar la adaptación o modificación de las Directrices de Ordenación Territorial, en un proceso de seguimiento y actualización continua de las mismas, en función de la aparición de necesidades no contempladas en ellas o de los cambios introducidos en la política económica o social a desarrollar por las Administraciones Públicas implicadas.

e) Delimitación de las áreas de protección que queden sustraídas al desarrollo de las actividades urbanas, para ser destinadas a la preservación o explotación de los recursos naturales, atendiendo a su valor cultural, social o económico y estableciendo la prioridad de dicho destino.

f) Fijación de los criterios para la localización y ejecución de las infraestructuras y equipamientos de carácter regional o subregional.

g) Proposición de las relaciones entre las distintas Administraciones y Organismos Públicos que intervengan en el territorio de la Comunidad Foral de Navarra, así como de los sistemas de información entre los mismos, a fin de que dispongan de los datos precisos para la elaboración de programas de actuación que desarrollen las distintas políticas sectoriales formuladas en las Directrices de Ordenación Territorial.

Artículo 51. Documentación.

Las Directrices de Ordenación Territorial contendrán los documentos gráficos y escritos que sean necesarios para reflejar los contenidos expuestos en el artículo anterior.

Artículo 52. Procedimiento de elaboración.

La formulación y aprobación de las Directrices de Ordenación Territorial se ajustarán al siguiente procedimiento:

1. Corresponde al Gobierno de Navarra decidir sobre la oportunidad de formular las Directrices de Ordenación Territorial.

El acuerdo del Gobierno por el que se disponga la iniciación del procedimiento de elaboración de las Directrices de Ordenación Territorial deberá ser motivado, señalando las causas que justifiquen dicha elaboración, las finalidades pretendidas con ella y los Departamentos a los que quede encomendada, así como los plazos de redacción de dichas Directrices.

El acuerdo deberá ser publicado en el «Boletín Oficial de Navarra».

2. Recaído el acuerdo del Gobierno, y dentro del plazo señalado en el mismo, se procederá a la elaboración del Proyecto de Directrices por el Departamento de Ordenación del Territorio y Medio Ambiente, en coordinación con los demás Departamentos.

3. El Proyecto de Directrices se someterá a información publica, así como a audiencia de las Entidades Locales de la Comunidad Foral y mancomunidades, asociaciones o federaciones de Municipios y Concejos en que estén representadas, por plazo de dos meses.

4. El Gobierno de Navarra propondrá al Parlamento la aprobación de las Directrices de Ordenación Territorial mediante un proyecto de ley foral.

5. Sin perjuicio de los mecanismos de control previstos en el Reglamento del Parlamento, el Gobierno de Navarra remitirá cada dos años una Memoria sobre la aplicación de las Directrices de Ordenación Territorial y dará cuenta al Parlamento del cumplimiento de las previsiones contenidas en ellas y de su desarrollo.

⇒ V. DF 428/1996, de 30 septiembre, de estructura orgánica del Departamento, complementado por DF 122/1998, de 30 marzo, modificado por DF 93/1998, de 23 marzo y por DF 321/1997, de 3 noviembre.

Artículo 53. Directrices subregionales.

Con las mismas funciones, contenido y procedimiento establecido para las Directrices de Ordenación Territorial de ámbito regional, podrán formarse y aprobarse Directrices de Ordenación Territorial para ámbitos subregionales.

CAPÍTULO III
Normas Urbanísticas Comarcales

Artículo 54. Objeto.

Las Normas Urbanísticas Comarcales tienen por objeto ordenar el territorio de zonas de Navarra superiores en su ámbito al de un Municipio, cuyas características o perspectivas hagan conveniente su regulación coordinada a través de un ordenamiento común.

Siempre que sea posible, las Normas Urbanísticas Comarcales respetarán, en su ámbito, el territorio completo de los términos municipales que regulen.

Artículo 55. Efectividad.

1. Las determinaciones de las Normas Urbanísticas Comarcales afectarán al territorio objeto de ordenación de la siguiente forma:

a) Directamente al suelo no clasificado por ningún planeamiento urbanístico.

b) Directamente al suelo clasificado como no urbanizable y urbanizable no programado por un planeamiento urbanístico.

c) Según sus propias determinaciones, al suelo clasificado como urbano y urbanizable programado.

2. El planeamiento urbanístico que se realice en el futuro deberá respetar las determinaciones de las Normas Urbanísticas Comarcales que afecten al Ayuntamiento respectivo.

⇒ V. DF 80/1999, de 22 marzo, que aprueba definitivamente las Normas Urbanísticas Comarcales de la Comarca de Pamplona.

Artículo 56. Contenido.

Las Normas Urbanísticas Comarcales contendrán las siguientes determinaciones:

a) Ámbito geográfico afectado, con señalamiento de los Municipios cuyos términos se incluyen total o parcialmente.

b) Diagnóstico sobre los problemas suscitados por las actividades existentes en el ámbito de ordenación.

c) Evolución y crecimiento poblacional y residencial previsible y óptimo de cada Municipio, señalando básicamente los criterios de actuación urbanística y las áreas de futura expansión residencial.

d) Localización de las áreas industriales.

e) La zonificación de los suelos no urbanizables a proteger y criterios generales para su uso y protección.

f) Una relación de bienes inmuebles de interés cultural y artístico a proteger por el planeamiento.

Artículo 57. Documentación.

Las Normas Urbanísticas Comarcales contendrán los documentos gráficos y escritos necesarios para reflejar los contenidos expuestos en el artículo anterior y en todo caso los siguientes:

– Memoria con análisis de la situación actual y descripción de problemas objetivos y medidas de actuación.

– Documentación gráfica con planos de información y propuesta.

– Normativa que defina el grado de vinculación de cada contenido.

Artículo 58. Iniciativa.

1. Las Normas Urbanísticas Comarcales se formarán para un determinado ámbito territorial por Decreto Foral del Gobierno de Navarra, a propuesta del Consejero de Ordenación del Territorio y Medio Ambiente o de los Municipios que representen más de la mitad de la población y del territorio del ámbito propuesto.

2. El Decreto Foral de formación determinará el ámbito territorial de las Normas Urbanísticas Comarcales y la constitución de la Comisión de Seguimiento que, en todo caso, estará presidida por el Consejero de Ordenación del Territorio y Medio Ambiente y compuesta por representantes de la Administración de la Comunidad Foral, que serán designados en la forma que determine el propio Decreto Foral, y por representantes de los Municipios con competencias urbanísticas afectadas.

Artículo 59. Procedimiento de elaboración.

1. La formación y aprobación de las Normas Urbanísticas Comarcales se ajustarán al siguiente procedimiento:

a) La elaboración corresponde al Departamento de Ordenación del Territorio y Medio Ambiente, quien someterá el documento antes de su aprobación inicial a informe de la Comisión de Seguimiento.

b) La aprobación inicial corresponde al Gobierno de Navarra. El acuerdo de aprobación inicial se publicará en el «Boletín Oficial de Navarra», abriéndose simultáneamente un período de información pública y de audiencia a las Entidades Locales afectadas por un plazo mínimo de dos meses.

c) Informadas las alegaciones por el Departamento de Ordenación del Territorio y Medio Ambiente y la Comisión de Seguimiento, se someterá el expediente a informe de la Comisión de Ordenación del Territorio.

d) A la vista de los informes, y con las modificaciones que proceda el Consejero de Ordenación del Territorio y Medio Ambiente elevará el documento al Gobierno de Navarra para su aprobación definitiva, que revestirá la forma de Decreto Foral y se publicará en el «Boletín Oficial de Navarra». Si se introducen modificaciones sustanciales en el texto será necesario someterlo de nuevo a trámite de información pública y de audiencia.

2. Las modificaciones puntuales de las Normas se someterán a procedimiento establecido en el número anterior, si bien el plazo de información pública y de audiencia a los Municipios será de un mes.

⇒ V. DF 428/1996, de 30 septiembre, de estructura orgánica del Departamento, complementado por DF 122/1998, de 30 marzo, modificado por DF 93/1998, de 23 marzo y por DF 321/1997, de 3 noviembre.

V. DF 224/1994, de 14 noviembre, que aprobó el Reglamento de organización y funcionamiento de la Comisión de Ordenación del Territorio, modificado por DF 85/2000, de 21 febrero y por DF 272/1995, de 4 septiembre.

Artículo 60. Suspensión de licencias.

1. El Consejero de Ordenación del Territorio y Medio Ambiente podrá disponer la suspensión de licencias de parcelación de terrenos de edificación y de demolición en áreas o usos determinados, con el fin de estudiar la formación o reforma de las Normas Urbanísticas Comarcales.

2. Asimismo, el órgano competente para la aprobación inicial podrá acordar la suspensión de licencias por el plazo máximo de un año, prorrogable por otro más.

3. La suspensión de licencias se ajustará a lo dispuesto para la suspensión de licencias en la formación del planeamiento urbanístico.

⇒ V. Jurisprudencia en arts. 27 y concordantes del TRLS/1976 (§3).

CAPÍTULO IV

Planes y Proyectos Sectoriales de Incidencia Supramunicipal

Artículo 61. Objetivos.

1. Los Planes Sectoriales de Incidencia Supramunicipal tienen por objeto ordenar determinados ámbitos delimitados por ellos mismos en los que se pretendan desarrollar actuaciones industriales, residenciales, dotacionales o relativas a infraestructuras siempre que el Plan afecte a más de un término municipal, o el Gobierno de Navarra considere que el interés general de la actuación a proponer trasciende, por su magnitud, importancia o especiales características, el ámbito del Municipio sobre el que se asiente el Plan.

2. Los Proyectos Sectoriales de Incidencia Supramunicipal tienen por objeto regular la implantación territorial de las infraestructuras, dotaciones e instalaciones de interés social o utilidad pública que se asienten sobre más de un término municipal o las que, asentadas en un término municipal, su incidencia trascienda al mismo por su magnitud, importancia o especiales características.

A los efectos de lo previsto en el párrafo anterior, se consideran infraestructuras las construcciones y conducciones destinadas a las comunicaciones, la ejecución de la política hidráulica, la lucha contra la contaminación y protección de la naturaleza, y la ejecución de la política energética; se consideran dotaciones las construcciones que sirvan de soporte a las actividades y servicios de carácter sanitario, asistencial, educativo, cultural, administrativo, de seguridad y protección civil, recreativo y deportivo; y se consideran instalaciones las destinadas a la realización de actividades económicas primarias, secundarias y terciarias que cumplan las condiciones señaladas en el párrafo primero de este número.

3. Los Planes Sectoriales se promoverán y desarrollarán por la iniciativa

pública, y sólo podrán promoverse por la iniciativa privada cuando ésta gestione servicios públicos.

Los Proyectos Sectoriales podrán promoverse y desarrollarse por la iniciativa pública o privada.

4. Corresponde al Gobierno de Navarra calificar, a los efectos de lo previsto en la presente Ley Foral, un Plan o Proyecto Sectorial como de Incidencia Supramunicipal.

⇒ V. Ley 9/1996, de 17 junio, reguladora de los espacios naturales en Navarra.

Artículo 62. Efectos.

1. Las determinaciones contenidas en los Planes o Proyectos Sectoriales de Incidencia Supramunicipal vincularán al planeamiento del ente o entes locales a los que afecte, que deberá adaptarse a aquéllas en la primera modificación o revisión del Plan Urbanístico.

2. Los Planes Sectoriales de Incidencia Supramunicipal constituirán, en su caso, el instrumento de planeamiento específico para adquirir el derecho a urbanizar en cualquier clase de suelo, siempre que definan, con la precisión equivalente a la de un Plan Parcial, las determinaciones necesarias para redactar un Proyecto de Urbanización.

3. Los Planes Sectoriales de Incidencia Supramunicipal clasificarán el suelo comprendido en su ámbito, y respecto del suelo que clasifiquen como suelo urbano o urbanizable lo calificarán, conteniéndose además en ellos para estos suelos, las determinaciones con el grado de precisión de los Planes Parciales y, específicamente, la previsión del 10 por 100 de la cesión del aprovechamiento tipo en favor del municipio o municipios afectados por su ámbito territorial.

✏ Ap. 3 modificado por el art. 2 de la LF 24/1998, de 30 diciembre.

Artículo 63. Desarrollo.

Los Planes Sectoriales podrán desarrollarse:

a) En suelo clasificado por ellos mismos como urbano y urbanizable, mediante Estudios de Detalle y Proyectos de Urbanización.

b) En suelo clasificado como no urbanizable, mediante Planes Especiales.

Artículo 64. Contenido.

1. Los Planes y Proyectos Sectoriales de Incidencia Supramunicipal contendrán, como mínimo, las siguientes determinaciones:

a) Descripción del espacio en el que se asienta la infraestructura, dotación o instalación objeto del Plan o Proyecto y ámbito territorial de incidencia del mismo.

b) Organismo, entidad o persona jurídica o física promotor y titular de la *infraestructura*, dotación o instalación.

c) Justificación del interés público, utilidad social de la infraestructura, dotación o instalación.

d) Descripción, con la especificación suficiente, de las características de la infraestructura, dotación o instalación objeto del Plan o Proyecto, duración temporal estimada de su ejecución, recursos económicos afectados a la misma y, en su caso, clasificación que se adopta del suelo.

e) Incidencia sobre el territorio físico, afecciones ambientales y medios de corrección o minimización de las mismas. En los supuestos legalmente establecidos de obras que requieran de Evaluación de Impacto Ambiental, las determinaciones a que se refiere este párrafo se recogerán en un Estudio de Impacto Ambiental.

f) Referencia al planeamiento urbanístico vigente en el término o términos municipales en los que se asiente la infraestructura, dotación o instalación.

2. Los Planes Sectoriales de Incidencia Supramunicipal fijarán el aprovechamiento tipo para todo su ámbito y las ponderaciones relativas de los usos pormenorizados y tipologías edificatorias, de acuerdo con las reglas previstas en esta Ley Foral.

3. Los Planes y Proyectos Sectoriales constarán de los documentos necesarios para reflejar con claridad y suficiencia sus determinaciones.

4. En el caso de actuaciones de iniciativa particular, el Departamento de Ordenación del Territorio y Medio Ambiente requerirá del promotor la constitución de una garantía por importe mínimo del 6 por 100 del coste que resulte para la implantación de los servicios y ejecución de las obras de urbanización, según la evaluación económica del propio Plan o Proyecto.

⇒ V. DF 237/1999, de 21 junio, regula la evaluación de impacto ambiental en los procesos de concentración parcelaria.

V. DF 229/1993, de 19 julio, regula los estudios sobre afecciones medioambientales de los planes y proyectos de obras a realizar en el medio natural, modificado por DF 85/1995, de 3 abril.

V. DF 580/1995, de 4 diciembre, asigna funciones relativas a la evaluación de impacto ambiental.

V. DF 428/1996, de 30 septiembre, de estructura orgánica del Departamento, complementado por DF 122/1998, de 30 marzo, modificado por DF 93/1998, de 23 marzo y por DF 321/1997, de 3 noviembre.

V. art. 7 del DF 125/1996, de 26 febrero, por el que se regula la implantación de los parques eólicos, afectado por DF 685/1996, de 24 diciembre.

V. OF 1324/2000, de 27 noviembre, del Consejero de Medio Ambiente, Ordenación del Territorio y Vivienda, por la que se regula el procedimiento para la utilización compartida de Estaciones Base de telecomunicaciones.

Artículo 65. Procedimiento de elaboración y aprobación.

1. La formulación y aprobación de los Planes o Proyectos Sectoriales de Incidencia Supramunicipal se ajustarán al siguiente procedimiento:

a) El organismo, entidad, persona jurídica o física que promueva un Plan o Proyecto Sectorial de Incidencia Supramunicipal lo someterá a la consideración del Gobierno de Navarra.

b) El Gobierno de Navarra, a propuesta del Consejero de Ordenación del Territorio y Medio Ambiente, y previo informe de la Comisión de Ordenación del Territorio, declarará si así lo estima conveniente, dicho Plan o Proyecto como de Incidencia Supramunicipal, a los efectos de lo previsto en esta Ley Foral.

c) El Acuerdo del Gobierno de Navarra declarando el Plan o Proyecto como de Incidencia Supramunicipal se publicará en el «Boletín Oficial de Navarra», y se someterá el expediente por plazo mínimo de un mes a los trámites simultáneos de información pública y de audiencia a los Ayuntamientos sobre los que incida el Plan o Proyecto.

d) Informadas las alegaciones por el Departamento de Ordenación del Territorio y Medio Ambiente, se someterá a informe de la Comisión de Ordenación del Territorio.

e) El Gobierno de Navarra, a propuesta del Consejero de Ordenación del Territorio y Medio Ambiente acordará, si procede, la aprobación, pudiendo establecer las medidas correctoras necesarias para una mejor ordenación y supeditar la publicación del acuerdo de aprobación en el «Boletín Oficial de Navarra» a la presentación de un texto que refunda las modificaciones sufridas por el documento durante su tramitación.

2. Se entenderán desestimadas las solicitudes de aprobación de Planes y Proyectos Sectoriales promovidos por la iniciativa privada, cuando, transcurrido el plazo de seis meses desde el ingreso del expediente completo en el registro, no haya recaído resolución expresa.

3. En la aprobación definitiva por el Gobierno de Navarra se podrá acordar, en su caso, la declaración de utilidad pública, a efectos expropiatorios.

⇒ V. DF 428/1996, de 30 septiembre, de estructura orgánica del Departamento, complementado por DF 122/1998, de 30 marzo, modificado por DF 93/1998, de 23 marzo y por DF 321/1997, de 3 noviembre.

V. DF 224/1994, de 14 noviembre, que aprobó el Reglamento de organización y funcionamiento de la Comisión de Ordenación del Territorio, modificado por DF 85/2000, de 21 febrero y por DF 272/1995, de 4 septiembre.

V. art. 7 del DF 125/1996, de 26 febrero, por el que se regula la implantación de los parques eólicos, afectado por DF 685/1996, de 24 diciembre.

Artículo 66. Exención de controles locales.

1. La construcción y reparación de infraestructuras, dotaciones e instalaciones de carácter público, así como su puesta en funcionamiento, con independencia de la forma de gestión que se adopte para la realización de la obra o prestación del servicio, no estarán sujetas a licencia o cualquier otro control preventivo local, siempre que tales obras estén previstas en un Plan o Proyecto Sectorial de Incidencia Supramunicipal y sean declaradas de interés general por el Gobierno de Navarra.

La declaración de interés general podrá efectuarse en la aprobación definitiva del Plan o Proyecto Sectorial de Incidencia Supramunicipal o mediante Decreto Foral del Gobierno de Navarra publicado con posterioridad.

2. En estos supuestos de infraestructuras, dotaciones e instalaciones no

sujetas a control local, con carácter previo al inicio de las obras o a su puesta en funcionamiento, el promotor deberá:

a) Presentar en el Departamento de Ordenación del Territorio y Medio Ambiente una certificación expedida por técnico competente que acredite que el proyecto de ejecución se ajusta a las determinaciones del Plan o Proyecto Sectorial y de que cumple las exigencias fijadas por la normativa protectora del medio ambiente.

b) Notificar el inicio de la obra o la puesta en funcionamiento de la actividad a las entidades locales afectadas con, al menos, tres días naturales de antelación.

⇒ V. DF 428/1996, de 30 septiembre, de estructura orgánica del Departamento, complementado por DF 122/1998, de 30 marzo, modificado por DF 93/1998, de 23 marzo y por DF 321/1997, de 3 noviembre.

TÍTULO III
PLANEAMIENTO URBANÍSTICO MUNICIPAL

CAPÍTULO I
Disposiciones generales

Sección 1ª Tipos de planeamiento municipal

Artículo 67. Planes de ordenación urbanística.

1. La ordenación urbanística de los Municipios se realizará a través de Planes Municipales.

2. Los Planes Municipales se desarrollarán, según los casos, en Planes Parciales, Planes Especiales, Programas de Actuación Urbanística y Estudios de Detalle.

3. Asimismo, podrán formularse directamente Planes Especiales sin necesidad de que desarrollen el Plan Municipal, en los términos previstos en esta Ley Foral.

Sección 2ª Principios informadores del planeamiento municipal

Artículo 68. Tipos de núcleos.

1. El Plan Municipal determinará el carácter de núcleo urbano o núcleo rural de las agrupaciones de edificaciones existentes en su ámbito, definiendo y enumerando su tipología unitaria y compleja en el primer supuesto y compacto o disperso en el segundo.

2. El Plan Municipal clasificará el suelo de los núcleos de población como suelo urbano y, en su caso, como suelo urbanizable.

3. A efectos de lo dispuesto en esta Ley Foral, se definen los siguientes tipos de núcleos de población:

a) Núcleos urbanos, que podrán ser:

– Unitarios, que son los constituidos por aquellas agrupaciones de edificaciones que se asientan sobre el territorio formando un conjunto homogéneo con una sola trama, y sin partes o áreas diferenciadas, con características urbanas propias.

– Complejos, que son los constituidos por aquellas agrupaciones con características urbanas propias que, aun teniendo una denominación toponímica única y constituyendo una unidad a efectos administrativos, están constituidos en su conformación urbanística y en su asentamiento territorial por partes o elementos diferenciales y con trama propia tales como cascos viejos, ensanches, barrios, polígonos o urbanizaciones.

b) Núcleos rurales, que podrán ser:

– Compactos, que son los constituidos por aquellas agrupaciones de edificaciones que se asientan sobre el territorio formando un conjunto homogéneo con una sola trama, y sin partes o áreas diferenciadas con características rurales propias, de pequeño tamaño.

– Dispersos, que son los constituidos por aquellas agrupaciones de caseríos que se asientan sobre el territorio municipal de forma discontinua e interrelacionada, vinculados a formas de explotación agropecuaria tradicionales.

Artículo 69. Criterios de crecimiento y desarrollo urbanístico.

1. El Plan Municipal planteará los crecimientos necesarios para completar sus tramas urbanas y resolver las necesidades de suelo residencial e industrial que se deriven de las características intrínsecas del propio núcleo.

2. No obstante lo anterior, el Plan Municipal podrá prever justificadamente crecimientos superiores a los necesarios para satisfacer la demanda intrínseca del Municipio, atendiendo a:

a) La proximidad a núcleos comarcales de población que constituyan cabeceras de comarca.

b) Factores de orden industrial o de servicios que generen una dinámica de mayor previsión de suelo residencial que la deducida de la demanda intrínseca del Municipio, así como factores de orden turístico que hagan aconsejable la previsión ordenada de la segunda residencia.

3. El crecimiento de los núcleos se canalizará hacia procesos que completen la trama urbana preexistente, con preferencia a los procesos de extensión exterior de dicho núcleo.

Artículo 70. Equipamientos, zonas verdes y espacios libres.

1. El Plan Municipal contemplará los siguientes equipamientos:

– Sanitario y de bienestar social.

– Educativo.

– Sociocultural.

– Deportivo.

– Casas Consistoriales y Concejiles.

– Parques, jardines y espacios públicos singulares.

– Instalaciones necesarias para la depuración de aguas urbanas.

2. Los equipamientos a que se refiere el número anterior se fijarán en función de las necesidades del conjunto de la población a la que han de servir, sin perjuicio de las dotaciones propias del suelo urbanizable.

3. Las dotaciones, equipamientos públicos, espacios libres y zonas verdes públicas se ubicarán en los lugares más apropiados y acordes con el servicio que deban prestar. Igualmente, deberá valorarse en cada caso el interés de la dotación o equipamiento como parte formalizadora del pueblo o ciudad. Cuando sea posible, se aprovecharán para su ubicación edificios existentes y desocupados.

4. En todo caso, el planeamiento preverá la obtención de los terrenos necesarios para la implantación de los equipamientos de carácter público, de acuerdo con los módulos que se determinen reglamentariamente.

⇒ V. art. 16 del DF 85/1995, de 3 abril, que aprueba el Reglamento de desarrollo de la Ley 10/1994, de 4 julio, de Ordenación del Territorio y Urbanismo (§45).

Artículo 71. Protección del patrimonio de interés y de la trama urbana.

1. El planeamiento en su propia normativa deberá contener las determinaciones necesarias respecto a la trama urbana, tipologías edificatorias, tratamiento de elementos y ámbitos singulares del propio núcleo urbano y actividades y usos que aseguren la protección del patrimonio edificado de interés e impidan el deterioro ambiental de dicho núcleo.

2. Se evitarán las operaciones de modificación sustancial o sustitución de la trama urbana y alineaciones y rasantes preexistentes en los núcleos en los supuestos de espacios de interés ambiental o histórico.

3. No obstante, podrán preverse operaciones de modificación de dichos elementos cuando de ello se derive la mejora de las condiciones de habitabilidad, el fomento de las actuaciones de rehabilitación y la obtención o mejora de ámbitos y espacios públicos y dotaciones.

4. A los efectos previstos en los números precedentes, el planeamiento definirá con total precisión, las modificaciones respecto a la trama, alineaciones y rasantes y los sistemas de actuación para llevar a cabo dichas modificaciones.

5. En los núcleos urbanos cuyas tramas estén constituidas, en todo o en partes sustanciales del mismo, por tipos de parcela y edificatorios de interés, determinables e identificables por parámetros comunes, el planeamiento posibilitará el mantenimiento de dichos tipos, definiendo a tal efecto los parámetros comunes.

El planeamiento, en aquellas partes del núcleo que estén constituidas por tales tipos, establecerá las condiciones normativas y de ordenación para que las operaciones de rehabilitación o sustitución de edificios y elementos constructivos se acomoden a los preexistentes. Ello no obstante, podrán autorizarse, regulándolas en el planeamiento, operaciones de modificación puntual de la parcelación que faciliten la gestión del suelo y posibiliten la mejora de las condiciones higiénico-sanitarias y de habitabilidad de los edificios por medio de su rehabilitación o sustitución.

6. La normativa de construcción del planeamiento deberá tener en cuenta, respecto a nuevas construcciones o sustituciones de las existentes, las constantes de los tipos de parcela y edificatorios y, en particular, de la composición existente en los núcleos en materia de huecos de fachada y materiales de cubierta y fachada.

CAPÍTULO II
Módulos de reserva de terrenos

Sección 1ª Disposiciones generales

Artículo 72. Carácter mínimo y fijación.

1. Los módulos de terrenos a que se refiere este Capítulo tienen el carácter de mínimos, pudiendo ser ampliados por el Plan Municipal, para todo el Municipio o parte de él, en atención a las necesidades colectivas que se detecten.

2. La fijación concreta de estos módulos en los respectivos ámbitos corresponde:

a) Al Plan Municipal, cuando se trate de terrenos ordenados directamente por el mismo sin necesidad de planeamiento de desarrollo.

b) Al Plan Especial o al Plan Parcial, según se trate, respectivamente, de suelo urbano o urbanizable cuya ordenación requiera de este planeamiento de desarrollo, por preverlo así el Plan Municipal.

3. Asimismo, el planeamiento a que se refiere el número anterior determinará el carácter público o privado de la titularidad o del uso de los terrenos y de las dotaciones a los que se aplican los módulos de reserva, garantizándose en cuanto a las dotaciones de titularidad pública los mínimos a que se refieren los artículos 70, 73, 75 y 76 de esta Ley Foral.

Sección 2ª Módulos de reserva de terrenos comunes al suelo urbano y urbanizable

Artículo 73. Zonas verdes, espacios libres y arbolado.

1. El planeamiento preverá espacios libres destinados a parques y zonas verdes públicas en proporción no inferior a cinco metros cuadrados por habitante, y que integrarán el sistema general de espacios libres.

2. Los módulos de reservas de terrenos para la plantación, agrupada o dispersa, de arbolado no podrán ser en ningún caso inferiores al diez por cien del total de los terrenos comprendidos en el sector, cuando se trate de suelo urbanizable, o en el ámbito que prevea el planeamiento cuando se trate de suelo urbano de nueva ordenación y de urbanización diferente en más del setenta y cinco por cien de dicho ámbito.

Esta reserva de arbolado podrá situarse también en terrenos en los que se apliquen los módulos referidos a zonas verdes, espacios libres, jardines, parques o zonas deportivas de expansión de recreo.

⇒ V. DF 228/1993, de 19 julio, por el que se establecen los módulos de reservas de arbolado en el suelo urbano y urbanizable (§45.2).

Artículo 74. Viviendas de protección oficial.

1. Los Planes Municipales deberán incluir determinaciones para asegurar que, como mínimo, el quince por cien de la nueva capacidad residencial prevista se destine a la construcción de viviendas de protección oficial.

Quedan exentos de esta obligación, si bien podrán incluirlas entre las determinaciones de su planeamiento, los Ayuntamientos cuyo planeamiento municipal prevea una capacidad demográfica total inferior a 2.000 habitantes.

2. Las determinaciones a que se refiere el apartado anterior se establecerán para un período de al menos ocho años a partir de la aprobación definitiva del planeamiento.

Sección 3ª Módulos de reserva de terrenos en suelo urbanizable

Artículo 75. Parques, jardines y zonas de recreo.

1. La superficie en suelo urbanizable de reservas de terrenos para parques y jardines, zonas deportivas y de recreo y expansión en proporción adecuada a las necesidades colectivas, será, como mínimo, de dieciocho metros cuadrados por vivienda o por cada cien metros de edificación residencial.

Esta reserva no podrá ser inferior al diez por ciento de la superficie total ordenada cualquiera que sea el uso a que se destinen los terrenos y la edificación, y por su carácter de dotación local, habrá de establecerse con independencia de las superficies destinadas en el Plan Municipal al sistema general de espacios libres o zonas verdes para parques.

Las superficies mínimas señaladas en este número deberán ser de dominio y uso público, sin perjuicio de las fórmulas concertadas que se fijen con los particulares para su mantenimiento y conservación.

2. En polígonos industriales o de servicios, el diez por ciento del total del área a ordenar se destinará a áreas arboladas o grandes zonas verdes, cuya ubicación será coherente con el conjunto de la ordenación, propiciándose la creación de barreras forestales entre las vías de comunicación y la edificación, evitándose la acumulación de las áreas en zonas residuales y marginales.

⇒ V. art. 6 del DF 33/1995, de 13 febrero, por el que se aprueba el régimen urbanístico transitorio de los municipios de más de cincuenta mil habitantes que no cuenten con Plan General de Ordenación Urbana adaptado (§45.1).

Artículo 76. Centros culturales y docentes, y centros sanitarios.

1. La superficie mínima destinada para centros culturales y docentes en favor del Ayuntamiento será de diez metros cuadrados por vivienda o por cada cien metros cuadrados de edificación residencial, agrupadas según los módulos necesarios para formar unidades escolares completas. Reglamentariamente podrán fijarse módulos inferiores atendiendo a la entidad poblacio-

nal de los núcleos de población o a la magnitud de la calificación del suelo residencial y al carácter turístico o residencial permanente de las urbanizaciones.

2. La superficie mínima destinada para centros sanitarios será la que reglamentariamente se establezca en coherencia con la planificación sanitaria aprobada por el Gobierno de Navarra.

Artículo 77. Aparcamientos.

1. La previsión de aparcamientos para vehículos será, como mínimo, de una plaza por cada cincuenta metros cuadrados de edificación, localizable en espacios de uso público.

2. En polígonos industriales o de servicios, el Gobierno de Navarra, mediante Decreto Foral, podrá establecer, con carácter general, módulos más adecuados de aparcamientos cuando la ordenación posibilite usos que sean de carácter terciario o de servicios, en función de las necesidades que creen tales usos.

⇒ V. arts. 20 y ss. del DF 85/1995, de 3 abril, que aprueba el Reglamento de desarrollo de la Ley Foral 10/1994, de 4 julio, de Ordenación del Territorio y Urbanismo (§45).

CAPÍTULO III
Plan Municipal

Sección 1ª Objetivos del Plan Municipal

Artículo 78. Plan Municipal.

1. Los Planes Municipales abarcarán un término municipal completo y clasificarán el suelo para el establecimiento del régimen jurídico correspondiente, definirán los elementos fundamentales de la estructura general adoptada para la ordenación urbanística del término municipal y establecerán el programa para su desarrollo y ejecución.

2. Cuando existan instrumentos de ordenación territorial, los Planes Municipales deberán redactarse teniendo en cuenta las determinaciones y directrices establecidas en aquéllos.

⇒ V. arts. 29 y ss. del DF 85/1995, de 3 abril, que aprueba el Reglamento de desarrollo de la Ley Foral 10/1994, de 4 julio, de Ordenación del Territorio y Urbanismo (§45).
V. Jurisprudencia en arts. 10 y concordantes del TRLS/1976 (§3).

Artículo 79. Objeto del Plan Municipal.

1. Los Planes Municipales tienen por objeto específico en el suelo urbano completar su ordenación mediante la regulación detallada del uso de los terrenos y de la edificación, señalar la renovación o reforma interior que resulte procedente, definir aquellas partes de la estructura general del plan correspondiente a esta clase de terrenos y proponer los programas y medidas concretas de actuación para su ejecución.

2. Los Planes Municipales tienen por objeto específico mínimo en el suelo urbanizable definir los elementos fundamentales de la estructura general de la ordenación urbanística del territorio, establecer, según sus categorías,

una regulación genérica de los diferentes usos globales y niveles de intensidad y fijar los programas de desarrollo a corto y medio plazo, referidos a un conjunto de actuaciones públicas y privadas.

Asimismo, y conforme a lo previsto en esta Ley Foral, regularán la forma y condiciones con que podrán incorporarse al desarrollo urbano actuaciones no programadas mediante los correspondientes Programas de Actuación Urbanística.

3. Los Planes Municipales tienen por objeto específico en el suelo no urbanizable preservar dicho suelo del proceso de desarrollo urbano y establecer, en su caso, medidas de protección del territorio y del paisaje.

⇒ V. arts. 13, 14 y 19 de la Ley 6/1998, de 13 abril (§1).
V. Jurisprudencia en arts. 11 y concordantes del TRLS/1976 (§3).

Artículo 80. Regulación directa del suelo urbanizable.

1. Sin perjuicio de lo dispuesto en el número 2 del artículo anterior, los Planes Municipales podrán ordenar y regular directamente el suelo urbanizable sin necesidad de remitirse a un Plan Parcial.

2. Para que el Plan Municipal sea directamente aplicable deberá prever las unidades de ejecución del correspondiente sector, expresar el sistema de actuación, fijar el aprovechamiento urbanístico del sector y de cada unidad y, en general, recoger las demás determinaciones propias de un Plan Parcial y determinar expresamente dicha aplicabilidad directa en la normativa urbanística reguladora de las unidades de ejecución correspondientes.

3. En el supuesto a que se refiere este artículo, el Plan Municipal constituirá el planeamiento preciso para adquirir el derecho a urbanizar.

Sección 2ª Contenido y determinaciones del Plan Municipal

Artículo 81. Determinaciones de carácter general.

El Plan Municipal contendrá las siguientes determinaciones de carácter general:

a) Objetivos del Plan referidos al Municipio que ordenen.

b) Delimitación de las agrupaciones de edificaciones que se asienten sobre el territorio municipal conforme al artículo 68 de esta Ley Foral.

c) Clasificación y calificación urbanística del suelo, con expresión gráfica y numérica de las superficies asignadas a cada clase y tipo de suelo urbano y urbanizable.

d) Delimitación de áreas de reparto de cargas y beneficios y de los aprovechamientos tipo en suelo urbanizable programado y, en su caso, de suelo urbano.

e) Estructura general y orgánica del territorio, integrada por los elementos determinantes del desarrollo urbano adoptado y, en particular, por los sistemas generales de comunicación y sus zonas de protección, el equipamiento comunitario para centros de titularidad pública al servicio de toda la población y los espacios libres públicos destinados a parques, grandes zonas verdes y áreas públicas de ocio, expansión y recreo.

f) Relación de las dotaciones y señalamiento de las que tengan carácter público.

g) Medidas para la protección de aquellos edificios, espacios o elementos de interés, o parte de ellos, que participen de valores históricos, culturales o ambientales.

h) Categorías del suelo no urbanizable en desarrollo de las previsiones de esta Ley Foral.

i) Medidas para la conservación de la naturaleza, la protección del medio ambiente y la defensa del paisaje, de conformidad, en su caso, con la legislación específica que sea de aplicación.

j) Plazos para la adopción, en su caso, del planeamiento de desarrollo.

k) Señalamiento de las circunstancias con arreglo a las cuales sea procedente, en su momento, la revisión del Plan, en función de la población total y su índice de crecimiento, recursos, usos e intensidad de ocupación y demás elementos que justificaron la clasificación del suelo inicialmente adoptada.

⇒ V. Ley 9/1996, de 17 junio, reguladora de los espacios naturales en Navarra.
V. art. 29 del DF 85/1995, de 3 abril, que aprueba el Reglamento de desarrollo de la Ley Foral 10/1994, de 4 julio, de Ordenación del Territorio y Urbanismo (§45).

Jurisprudencia

«La parte actora no realiza prueba alguna sobre el carácter del colector que nos ocupa, efectuando tan sólo una subjetiva interpretación sobre el carácter de sistema general que a su juicio concurre en el colector cuyos costes son objeto de distribución, por entender que se realiza en beneficio de gran parte de la población.

No puede, por lo tanto, entenderse que nos encontremos ante un sistema general en el sentido de ser alguno de los expresados en el artículo 81 e) de la Ley 10/1994, que se refiere a Estructura general y orgánica del territorio, integrada por los elementos determinantes del desarrollo urbano adoptado y, en particular, por los sistemas generales de comunicación y sus zonas de protección, el equipamiento comunitario para centros de titularidad pública al servicio de toda la población y los espacios libres públicos destinados a parques, grandes zonas verdes y áreas públicas de ocio, expansión y recreo». **(STSJ Navarra 12 mayo 2000 [RJCA 2000, 1668]).**

⇒ V. Jurisprudencia en arts. 12 y concordantes del TRLS/1976 (§3).

Artículo 82. Determinaciones de carácter específico.

Además de las determinaciones generales establecidas en el artículo anterior, los Planes Municipales contendrán las siguientes determinaciones de carácter específico:

A) En suelo urbano.

a) Delimitación de su perímetro o perímetros, según que existan uno o varios núcleos de población en el ámbito del Plan.

b) Asignación de usos y tipologías pormenorizadas y niveles de intensidad correspondientes a las diferentes zonas. Para las áreas remitidas a planeamiento especial, en los supuestos de inaplicación del aprovechamiento tipo, bastará con el señalamiento de los usos y niveles de intensidad.

c) Delimitación de los espacios libres y zonas verdes destinados a parques y jardines públicos, zonas deportivas, de recreo y de expansión, públicas y privadas.

d) Emplazamientos reservados para los equipamientos sanitarios y de bienestar social, educativo, sociocultural, deportivo, casas consistoriales y concejiles, y demás servicios de interés público y social que formen parte del equipo urbano comunitario, señalando su carácter público o privado.

e) Trazado, características y zonas de dominio público, servidumbres y afecciones de la red viaria, con clasificación de la misma en función del tráfico previsto y señalamiento de alineaciones y rasantes referido a la totalidad o parte de este suelo, precisando en todo caso la anchura de los viales o definiendo los criterios para su fijación.

f) Previsión de aparcamientos públicos y privados, con señalamiento de alineaciones y rasantes para el suelo urbano no sujeto a Plan Especial.

g) Reglamentación detallada del uso pormenorizado, volumen y condiciones higiénico-sanitarias de los terrenos y construcciones, así como de las características estéticas de la ordenación, de la edificación y de su entorno.

h) Características y trazado de las galerías y redes de abastecimiento de agua, alcantarillado, energía eléctrica y de aquellos otros servicios que, en su caso, prevea el Plan.

i) Determinaciones en aplicación de la Ley Foral 4/1988, de 11 de julio, de supresión de barreras físicas y sensoriales, consistentes en la identificación de itinerarios viarios peatonales en que hayan sido suprimidas las barreras arquitectónicas y urbanísticas, con delimitación del área accesible desde la red viaria peatonal, concreción de los elementos de enlace que garanticen la continuidad de la red viaria peatonal y señalamiento de las actuaciones a llevar a cabo con objeto de crear itinerarios alternativos a los ya existentes.

Las dotaciones de los apartados c) y d) se establecerán en función de las características socio-económicas de la población y de acuerdo en todo caso, con la legislación específica sobre la materia.

B) En suelo urbanizable programado.

a) Desarrollo de los sistemas de la estructura general de ordenación urbanística del territorio, con la precisión suficiente para permitir la redacción de Planes Parciales, y definición de las zonas en las que, por razón de la legislación sectorial vigente, no es posible edificar en las proximidades de las vías de comunicación y de las demás infraestructuras.

b) Asignación de intensidades y usos globales a las diferentes zonas que se establezcan.

c) Trazado de las redes fundamentales de abastecimiento de agua, alcantarillado, energía eléctrica, servicio telefónico y demás servicios que, en su caso, prevea el Plan.

d) División del territorio en sectores para su desarrollo en Planes Parciales o mediante las determinaciones del propio Plan Municipal cuando se ordene tales terrenos directamente.

e) Áreas de reparto en que se delimita el suelo urbanizable, con fijación de su aprovechamiento tipo.

f) Criterios básicos para la ejecución, a través del propio Plan Municipal o Planes Parciales, de las previsiones contenidas en la Ley Foral 4/1988, de 11 de julio, de Supresión de Barreras Físicas y Sensoriales.

g) Fijación de los módulos de reserva para las dotaciones, que deberán respetar los mínimos establecidos en esta Ley Foral

C) En suelo no urbanizable.

a) Régimen de protección y uso de cada categoría con señalamiento de los usos y actividades permitidas, autorizables y prohibidas. El Plan Municipal podrá establecer condiciones de protección superiores a las establecidas en esta Ley Foral para algunas de las categorías del suelo, en razón de las específicas condiciones y características del territorio a que se refieran.

b) Construcciones e instalaciones erigidas con anterioridad a la entrada en vigor del Plan que quedan expresamente declaradas como fuera de ordenación por resultar disconformes con los regímenes de protección de las categorías de suelo no urbanizable.

c) Características y normativa a que deben sujetarse las construcciones para garantizar al ambiente y al paisaje en que se sitúan y las medidas que deban adoptarse para preservar los valores naturales del terreno afectado por las construcciones.

⇒ V. art. 29 del DF 85/1995, de 3 abril, que aprueba el Reglamento de desarrollo de la Ley Foral 10/1994, de 4 julio, de Ordenación del Territorio y Urbanismo (§45).
V. Ley Foral 4/1988, de 11 julio. Supresión de barreras físicas y sensoriales, desarrollada por DF 154/1989, de 29 junio.
V. Jurisprudencia en arts. 12 y concordantes del TRLS/1976 (§3).

Artículo 83. Catálogo de edificios históricos, culturales o ambientales.

1. A los efectos de establecer las medidas de protección de edificios o elementos históricos, culturales o ambientales, el Plan Municipal incluirá un catálogo comprensivo de tales edificios y elementos y las medidas de protección específicas y diferenciadas de los mismos, a fin de evitar su destrucción o modificación sustancial.

2. En todo caso, las determinaciones del planeamiento impedirán en el entorno de tales edificaciones, espacios y elementos, la realización de construcciones e instalaciones que los deterioren, o que modifiquen sustancialmente sus perspectivas visuales y su integración con el resto de la trama urbana.

⇒ V. arts. 9 y 19 de la Ley 6/1998, de 13 abril (§1).
V. Jurisprudencia en arts. 25 y concordantes del TRLS/1976 (§3).

Artículo 84. Definición de usos.

1. El Plan Municipal identificará en el núcleo urbano las actividades y

usos existentes y previsibles de carácter residencial, productivo, dotacional y de espacios libres.

2. A partir de tal identificación, el Plan Municipal señalará, de acuerdo con las características propias del núcleo urbano, de forma conjunta, o en su caso para las diferentes partes del mismo, la compatibilidad o incompatibilidad de tales usos entre sí, que se establecerá en función de las condiciones higiénico-sanitarias, ambientales y de conformación urbana.

3. En los supuestos de compatibilidad de usos, el Plan Municipal establecerá, en su normativa, las medidas y condiciones de regulación de los usos y actividades y las de corrección de sus posibles afecciones negativas.

4. El Plan Municipal, a partir de los criterios establecidos en los números anteriores, determinará con respecto al ámbito del suelo urbano o a las diferentes partes del mismo, qué usos y actividades son permitidos y prohibidos.

En el caso de los usos permitidos, se podrán establecer limitaciones o condiciones de implantación de los mismos en relación con otros usos también permitidos.

Sección 3ª Plan Municipal de Municipios de más de diez mil habitantes

Artículo 85. Determinaciones específicas.

Además de las establecidas en la Sección anterior, el Plan Municipal de Municipios con población de derecho superior a diez mil habitantes contendrá las siguientes determinaciones:

A) En suelo urbano, una evaluación económica de la implantación de los servicios y de la ejecución de las obras de urbanización.

B) En suelo urbanizable no programado, y en supuesto de que éste se prevea:

a) Señalamiento de usos incompatibles con los previstos en las distintas clases de suelo y con la estructura general.

b) Establecimiento de las características técnicas y de las magnitudes máximas y mínimas que han de reunir las actuaciones en esta categoría de suelo, en función de los distintos usos.

c) Sistemas de dotaciones, servicios y equipamientos que les correspondan, y su relación con los existentes o propuestos por el Plan Municipal.

Sección 4ª Plan Municipal de Municipios de menos de diez mil habitantes

Artículo 86. Objetivos y determinaciones específicas del Plan Municipal de Municipios de menos de diez mil habitantes.

1. Los Planes Municipales que ordenen Municipios con población de derecho inferior a los diez mil habitantes clasificarán el suelo en urbano y no urbanizable y, en su caso, urbanizable, determinando el ámbito territorial de cada una de las distintas clases de suelo, establecerán la ordenación detallada

del suelo urbano y la ordenación del suelo urbanizable y fijará el régimen de protección y uso del suelo no urbanizable.

2. En suelo urbano deberán contener, además, las siguientes determinaciones específicas:

a) Señalamiento de las alineaciones y rasantes tanto interiores como exteriores.

b) División del suelo urbano en unidades de ejecución, expresando el sistema de actuación y el aprovechamiento urbanístico que corresponda a cada una de ellas.

3. En estos Municipios, y con objeto de facilitar la gestión posterior del planeamiento, se evitará en lo posible la remisión del Plan Municipal a planes especiales o parciales y se procurará regular el territorio de modo directo con la suficiente precisión y detalle.

Sección 5ª Documentación del Plan Municipal

Artículo 87. Documentación.

1. Las determinaciones de los Planes Municipales se desarrollarán en los siguientes documentos, cuyo contenido se fijará reglamentariamente:

a) Memoria, que establecerá los objetivos del Plan referidos al Municipio, contendrá las conclusiones de la información urbanística condicionante de la ordenación y justificará el modelo elegido y las determinaciones de carácter general.

b) Planos de información, de ordenación del territorio y, en su caso, de gestión.

c) Normas urbanísticas aplicables a los distintos tipos de suelo y, en su caso, de gestión, así como la regulación de las condiciones y plazos de urbanización y edificación.

d) Catálogo de edificios y elementos históricos, artísticos o ambientales a proteger.

2. Los Municipios de más de diez mil habitantes de derecho añadirán además:

a) El Programa de Actuación.

b) Un estudio económico y financiero.

3. El Programa de Actuación establecerá:

a) Los objetivos, directrices y estrategia de su desarrollo a largo plazo para todo el territorio comprendido en su ámbito.

b) Las previsiones específicas concernientes a la realización de los sistemas generales.

c) Las etapas cuatrienales en que han de aprobarse los Planes Parciales en el suelo urbanizable programado.

d) En suelo urbano que no deba ser objeto de desarrollo de planeamiento de reforma interior, los plazos en que ha de darse cumplimiento a los deberes de cesión, equidistribución y urbanización y de solicitar licencia cuando se actúe sistemáticamente, así como los plazos para convertir la parcela en solar y solicitar licencia de edificación cuando se actúe asistemáticamente.

e) Para las áreas del suelo urbano remitidas a planeamiento de reforma interior, el plazo para su aprobación.

4. El estudio económico y financiero contendrá la evaluación económica estimativa de las inversiones públicas necesarias para la ejecución de las obras y servicios que se atribuyen al Municipio.

⇒ V. arts. 30 y 31 del DF 85/1995, de 3 abril, que aprueba el Reglamento de desarrollo de la Ley Foral 10/1994, de 4 julio, de Ordenación del Territorio y Urbanismo (§45).

CAPÍTULO IV
Planeamiento de desarrollo

Artículo 88. Programas de actuación urbanística.

1. La ordenación y urbanización de terrenos clasificados como suelo urbanizable no programado se efectuará, de conformidad con el Plan Municipal respectivo, mediante Programas de Actuación Urbanística.

2. Los Programas de Actuación Urbanística contendrán las siguientes determinaciones:

a) Desarrollo de los sistemas de la estructura general de la ordenación urbanística del territorio.

b) Señalamiento de usos y niveles de intensidad, con expresión del aprovechamiento tipo en todo su ámbito.

c) Trazado de las redes fundamentales de abastecimiento de agua, alcantarillado, teléfonos, energía eléctrica, gas, comunicaciones y demás servicios que se prevean.

d) División del territorio para el desarrollo en etapas.

Estas determinaciones se complementarán para cada etapa con los correspondientes Planes Parciales. En las promociones privadas se incluirán además los programas de edificación.

3. Los Programas de Actuación Urbanística constarán de los siguientes documentos:

a) Memoria que refleja la información urbanística utilizada.

b) Planos de información urbanística correspondientes a los terrenos objeto de actuación.

c) Planos de ordenación.

d) Normas urbanísticas para el desarrollo en Planes Parciales.

e) Plan de Etapas.

f) Estudio económico-financiero.

⇒ V. arts. 34 y ss. del DF 85/1995, de 3 abril, que aprueba el Reglamento de desarrollo de la Ley Foral 10/1994, de 4 julio, de Ordenación del Territorio y Urbanismo (§45).

V. arts. 10 y 15 de la Ley 6/1998, de 13 abril (§1).
V. Jurisprudencia en arts. 16 y concordantes del TRLS/1976 (§3).

Artículo 89. Planes Parciales: Objeto y determinaciones.

1. Los Planes Parciales tienen por objeto en el suelo clasificado como urbanizable programado desarrollar, mediante la ordenación detallada de una parte de su ámbito territorial, el Plan Municipal, y en el suelo clasificado como urbanizable no programado los Programas de Actuación Urbanística.

No podrán redactarse Planes Parciales sin que, previa o simultáneamente, se haya aprobado definitivamente el Plan Municipal. En ningún caso, los Planes Parciales podrán modificar las determinaciones que constituyan el contenido mínimo y obligatorio de éste o que afecten a la estructura orgánica del territorio establecida en el plan superior.

2. Los Planes Parciales contendrán las siguientes determinaciones:

a) Delimitación del área de planeamiento abarcando un sector definido en el Plan Municipal.

b) Asignación y ponderación relativa de los usos pormenorizados y tipologías edificatorias, definiendo de forma detallada y gráfica la específica ocupación de los terrenos incluidos en cada una de las zonas.

c) Delimitación de las zonas en que se divide el territorio ordenado por razón de los usos y tipologías edificatorias y, en su caso, la división en unidades de ejecución, expresando el sistema de actuación y el aprovechamiento urbanístico que correspondan a cada una de ellas.

d) Señalamiento de reservas de terrenos para parques y jardines, zonas deportivas y de recreo y expansión en proporción adecuada a las necesidades colectivas.

e) Fijación de reservas de terrenos para centros culturales y docentes.

f) Fijación de la densidad de viviendas por hectárea, con sujeción a los límites establecidos en esta Ley Foral.

g) Emplazamientos reservados para centros asistenciales y sanitarios y demás servicios de interés público y social.

h) Trazado y características de la red de comunicaciones propias del sector y de su enlace con el sistema general de comunicaciones previsto en el Plan Municipal, con señalamiento de alineaciones, rasantes y zonas de protección de toda la red viaria, y previsión de aparcamientos.

i) Características y trazado de las galerías y redes de abastecimiento de agua, alcantarillado, energía eléctrica y de aquellos otros servicios que, en su caso, prevea el plan.

j) Identificación de itinerarios viarios peatonales, exentos de barreras arquitectónicas y urbanísticas para personas con minusvalías físicas, y acreditación de que todos los equipamientos y servicios de carácter público resultan accesibles a personas minusválidas.

k) Evaluación económica estimativa de la implantación de los servicios y de la ejecución de las obras de urbanización.

l) Plan de etapas para el desarrollo de las determinaciones del Plan, en el que se incluya la fijación de los plazos para dar cumplimiento a los deberes de cesión, equidistribución y urbanización en las unidades de ejecución que comprenda el sector, y de solicitar licencia de edificación una vez adquirido el derecho al aprovechamiento urbanístico.

3. Respecto de las dotaciones señaladas en las letras d), e) y g) del número anterior, el Plan Parcial expresará su carácter público o privado, con observancia, en su caso, de los mínimos públicos requeridos.

4. Los niveles correspondientes a las reservas de suelo establecidas en la letra g) del número segundo de este artículo, las relaciones entre éstas y las correspondientes a la letra d) y e) del mismo número y la graduación de ambas, en las distintas unidades de población, podrán fijarse reglamentariamente.

5. Los Planes Parciales comprenderán los planos de información incluido el catastral, y los estudios justificativos de sus determinaciones, así como los planos de proyecto, determinación de los servicios y ordenanzas reguladoras necesarias para su ejecución y, en su caso, los que se fijen reglamentariamente.

⇒ V. art. 12 de la Ley 6/1998, de 13 abril (§1).

V. arts. 36 a 45 del DF 85/1995, de 3 abril, que aprueba el Reglamento de desarrollo de la Ley Foral 10/1994, de 4 julio, de Ordenación del Territorio y Urbanismo (§45).

V. art. 180 de la Ley Foral 6/1990, de 2 julio, de la Administración Local de Navarra.

V. Jurisprudencia en arts. 13 y concordantes del TRLS/1976 (§3).

Artículo 90. Planes Especiales. Clases.

1. En desarrollo de las previsiones contenidas en los Planes Municipales, podrán asimismo formularse Planes Especiales, sin necesidad de previa aprobación del Plan Parcial, con las siguientes finalidades:

a) Desarrollo del sistema general de comunicación y sus zonas de protección, del sistema de espacios libres destinados a parques públicos y zonas verdes y del sistema de equipamiento comunitario para centros y servicios públicos y sociales a nivel de Plan Municipal.

b) Ordenación y protección de recintos y conjuntos arquitectónicos, históricos y artísticos.

c) Reforma interior y rehabilitación urbana.

d) Protección de recintos y conjuntos histórico-artísticos y del paisaje, de las vías de comunicación, del suelo y del subsuelo, del medio urbano, rural y natural.

e) Saneamiento de las poblaciones.

f) Mejora de los medios urbano, rural y natural.

g) Cualesquiera otras finalidades análogas.

2. En ausencia de un instrumento de ordenación del territorio, de Plan Municipal, o cuando éstos no contuviesen las previsiones detalladas oportu-

nas, y en áreas que constituyan una unidad que así lo recomiende, podrán redactarse Planes Especiales con las siguientes finalidades:

a) Establecimiento y coordinación de las infraestructuras básicas relativas al sistema de comunicaciones, al equipamiento comunitario y centros públicos de notorio interés general, al abastecimiento de agua y saneamiento y a las instalaciones y redes necesarias para suministro de energía, siempre que estas determinaciones no exijan la previa definición de un modelo territorial.

b) Protección, catalogación, conservación y mejora de los espacios naturales, del paisaje y del medio físico rural, del medio urbano y de sus vías de comunicación.

3. Los Planes Especiales contendrán las determinaciones necesarias para el desarrollo del instrumento de ordenación territorial o del Plan Municipal correspondiente. En el caso de los Planes Especiales que no desarrollen otros instrumentos, contendrán las determinaciones propias de su naturaleza y finalidad debidamente justificadas y desarrolladas en los estudios, planos y normas correspondientes.

4. Los Planes Especiales de desarrollo no podrán modificar aquellas determinaciones del Plan Municipal que constituyan contenido mínimo y obligatorio de éste o que afecten a la estructura orgánica del territorio.

5. En ningún caso los Planes Especiales podrán clasificar suelo, sin perjuicio de las limitaciones de uso que puedan establecer.

⇒ V. Ley 9/1996, de 17 junio, reguladora de los espacios naturales en Navarra.
V. art. 47 del DF 85/1995, de 3 abril, que aprueba el Reglamento de desarrollo de la Ley Foral 10/1994, de 4 julio, de Ordenación del Territorio y Urbanismo (§45).
V. arts. 9 y 19 de la Ley 6/1998, de 13 abril (§1).
V. art. 113.2 del TRLS/1992 (§2).
V. art. 7 del DF 125/1996, de 26 febrero por el que se regula la implantación de los parques eólicos, afectado por DF 685/1996, de 24 diciembre.
V. Jurisprudencia en arts. 17 y concordantes del TRLS/1976 (§3).

Artículo 91. Planes Especiales de reforma interior.

1. Los Planes Especiales de reforma interior en suelo urbano podrán tener por objeto las siguientes finalidades:

a) Llevar a cabo actuaciones aisladas que, conservando la estructura fundamental de la ordenación anterior, se encaminen a la descongestión del suelo urbano, creación de dotaciones urbanísticas, y equipamiento comunitario, saneamiento de barrios insalubres, resolución de problemas de circulación o de estética y mejora del medio ambiente o de los servicios públicos y otros fines análogos.

b) Con los fines señalados en el párrafo anterior, realizar asimismo operaciones integradas de reforma interior.

2. Los Planes Especiales de reforma interior contendrán las determinaciones y documentos adecuados a los objetivos perseguidos por los mismos, y como mínimo los previstos para los Planes Parciales, salvo que alguno de ellos fuera innecesario por no guardar relación con la reforma. En todo caso,

los Planes Especiales de reforma interior a que se refiere la letra b) del número 1 de este artículo contendrán la delimitación de las unidades de ejecución, fijación de los plazos de ejecución y la elección del sistema de actuación para su desarrollo.

⇒ V. art. 47 del DF 85/1995, de 3 abril, que aprueba el Reglamento de desarrollo de la Ley Foral 10/1994, de 4 julio, de Ordenación del Territorio y Urbanismo (§45).
V. Jurisprudencia en arts. 23 y concordantes del TRLS/1976 (§3).

Artículo 92. Planes Especiales para la ordenación de recintos y conjuntos arquitectónicos, históricos y artísticos.

La declaración de un Conjunto Histórico, Sitio Histórico o Zona Arqueológica como bienes de interés cultural determinará la obligación para el Municipio o Municipios en que se encontraren de redactar un Plan Especial de protección del área afectada por la declaración, en aplicación de la legislación sobre patrimonio histórico. No obstante, no será preceptiva la formulación de este Plan cuando el Municipio acuerde incorporar directamente en el Plan Municipal las determinaciones propias de tales Planes Especiales.

⇒ V. art. 9 de la Ley 6/1998, de 13 abril (§1).
V. Jurisprudencia en arts. 18 y concordantes del TRLS/1976 (§3).

Artículo 93. Planes Especiales de protección del paisaje.

La protección del paisaje, para conservar determinados lugares o perspectivas del territorio en cuanto constituya objeto de planeamiento especial, se referirá entre otros, a estos aspectos:

a) Areas naturales de interés paisajístico.

b) Predios rústicos de pintoresca situación, amenidad, singularidad, topografía o recuerdo histórico.

c) Edificios aislados que se distinguen por su emplazamiento o belleza arquitectónica y parques y jardines destacados por la hermosura, disposición artística, trascendencia histórica o importancia de las especies botánicas que en ellos existan.

d) Perímetros edificados que formen un conjunto de valores tradicionales o estéticos.

e) Espacios afectados por transformación de su orografía o paisaje, previendo su restauración.

⇒ V. Ley 9/1996, de 17 junio, reguladora de los espacios naturales en Navarra.
V. art. 9 de la Ley 6/1998, de 13 abril (§1).
V. Jurisprudencia en arts. 19 y concordantes del TRLS/1976 (§3).

Artículo 94. Protección de vías de comunicación.

La protección en el orden urbanístico de las vías de comunicación, en cuanto se refiere a la restricción del destino y del uso de los terrenos marginales, permitirá:

a) Dividir los terrenos en zonas de utilización, edificación, vegetación y panorámicas.

b) Prohibir o limitar, de acuerdo con la legislación vigente, el acceso directo a las fincas desde la carretera.

c) Señalar distancias mínimas para la desembocadura de otras vías.

d) Disponer el retranqueo de las edificaciones como previsión de futuras ampliaciones y el establecimiento de calzadas de servicio.

e) Ordenar los estacionamientos y los lugares de aprovisionamiento y descanso.

f) Mantener y mejorar la estética de las vías y zonas adyacentes.

⇒ V. art. 9 de la Ley 6/1998, de 13 abril (§1).
V. LF 11/1986, de 10 octubre, de Defensa de las Carreteras, de Navarra.
V. Jurisprudencia en arts. 20 y concordantes del TRLS/1976 (§3).

Artículo 95. Protección de otros espacios.

El planeamiento urbanístico especial podrá afectar, con fines de protección, a huertas, cultivos y espacios forestales, mediante restricciones de uso apropiadas para impedir su desaparición o alteración.

⇒ V. art. 9 de la Ley 6/1998, de 13 abril (§1).
V. Jurisprudencia en arts. 21 y concordantes del TRLS/1976 (§3).

Artículo 96. Mejora del medio urbano o rural.

La mejora del medio urbano o rural podrá ser objeto de Planes Especiales encaminados a estas finalidades:

a) Modificar el aspecto exterior de las edificaciones, su carácter arquitectónico y su estado de conservación.

b) Alterar determinados elementos vegetales, jardines o arbolado.

c) Prohibir construcciones y usos perjudiciales.

d) Someter a normas urbanísticas el acoplamiento de las edificaciones.

⇒ V. art. 9 de la Ley 6/1998, de 13 abril (§1).

Artículo 97. Planes de saneamiento.

Podrán ser objeto de Planes Especiales de saneamiento los que se refieran a obras en el suelo y en el subsuelo para mejorar las condiciones de salubridad, higiene y seguridad. Estos Planes podrán comprender las obras de abastecimiento de aguas potables, depuración y aprovechamiento de las residuales, instalación de alcantarillado, drenajes, fuentes, abrevaderos, lavaderos, recogida y tratamiento de basuras.

⇒ V. art. 19 de la Ley 6/1998, de 13 abril (§1).
V. Jurisprudencia en arts. 24 y concordantes del TRLS/1976 (§3).

CAPÍTULO V
Otros instrumentos urbanísticos

Artículo 98. Estudios de *Detalle*.

1. Los Estudios de Detalle podrán formularse cuando fuere preciso completar o, en su caso, adaptar determinaciones establecidas en los Planes Muni-

cipales para el suelo urbano o urbanizable ordenado directamente por éstos, y en los Planes Parciales.

2. Su contenido exclusivo tendrá por finalidad prever, modificar o reajustar, según los casos:

a) El señalamiento de alineaciones y rasantes que no afecten a la estructura orgánica del territorio configurado por los sistemas generales.

b) La ordenación de los volúmenes de acuerdo con las especificaciones del planeamiento.

3. Los Estudios de Detalle no podrán incrementar el aprovechamiento que corresponde a los terrenos comprendidos en su ámbito.

En ningún caso podrán ocasionar perjuicio ni alterar las condiciones de la ordenación de los predios colindantes.

4. Los Estudios de Detalle comprenderán los documentos justificativos de los extremos señalados en el número 2.

⇒ V. art. 48 del DF 85/1995, de 3 abril, que aprueba el Reglamento de desarrollo de la Ley Foral 10/1994, de 4 julio, de Ordenación del Territorio y Urbanismo (§45).

V. art. 12 de la Ley 6/1998, de 13 abril (§1).

V. Jurisprudencia en arts. 14 y concordantes del TRLS/1976 (§3)

Artículo 99. Proyectos de Urbanización.

1. Los Proyectos de Urbanización son proyectos de obras que tienen por finalidad llevar a la práctica el planeamiento. No podrán contener determinaciones sobre ordenación ni régimen del suelo y de la edificación, y deberán detallar y programar las obras que comprendan con la precisión necesaria para que puedan ser ejecutadas por técnico distinto del autor del proyecto.

2. Los Proyectos de Urbanización no podrán modificar las previsiones del planeamiento que desarrollan, sin perjuicio de que puedan efectuar las adaptaciones exigidas por la ejecución material de las obras.

3. Los Proyectos de Urbanización comprenderán una memoria descriptiva de las características de las obras, plano de situación en relación con el conjunto urbano y planos de proyecto y de detalle, mediciones, cuadros de precios, presupuesto y pliego de condiciones de las obras y servicios.

4. Los Proyectos de Urbanización contendrán las determinaciones necesarias para dar cumplimiento a la Ley Foral 4/1988, de 11 de julio, en orden a la supresión de las barreras arquitectónicas y urbanísticas para las personas con minusvalías físicas.

5. La tramitación y aprobación del Proyecto de Urbanización será independiente de la aprobación de los instrumentos de gestión y reparcelación. No obstante lo anterior, no podrán iniciarse las obras de urbanización hasta que estén aprobados definitivamente los instrumentos de gestión, salvo que el promotor del Proyecto de Urbanización preste fianza en forma reglamenta-

ria por importe del 20 por 100 del costo de la urbanización y exista conformidad expresa de los propietarios registrales de las parcelas afectadas.

⇒ V. arts. 49, 50 y 51 del DF 85/1995, de 3 abril, que aprueba el Reglamento de desarrollo de la Ley Foral 10/1994, de 4 julio, de Ordenación del Territorio y Urbanismo (§45). V. art. 11 de la Ley 6/1998, de 13 abril (§1).

Jurisprudencia

«Un proyecto de obras no es un instrumento urbanístico por el que se puedan introducir edificaciones no previstas en el planeamiento, ni tampoco para recalificar el suelo de zona verde a suelo edificable». **(STSJ Navarra 31 marzo 2000 [RJCA 2000, 1585]).**

⇒ V. Jurisprudencia en arts. 15 y concordantes del TRLS/1976 (§3).

CAPÍTULO VI
Areas de reparto y aprovechamiento tipo

Artículo 100. Delimitación de áreas de reparto en suelo urbano.

1. Las áreas de reparto de beneficios y cargas que se delimiten dentro del suelo urbano estarán compuestas exclusivamente por terrenos que carezcan de urbanización consolidada, y por los sistemas generales incluidos en dichos ámbitos no consolidados que no existieran con anterioridad.

2. Los Planes Municipales podrán delimitar áreas de reparto en suelo urbano.

✎ Artículo modificado por el art. 3 de la Ley Foral 24/1998, de 30 diciembre.

⇒ V. arts. 1 y 2 del DF 33/1995, de 13 febrero, por el que se aprueba el régimen urbanístico transitorio de los municipios de más de cincuenta mil habitantes que no cuenten con Plan General de Ordenación Urbana adaptado (§45.2).
V. art. 10 del DF 85/1995, de 3 abril, que aprueba el Reglamento de desarrollo de la Ley Foral 10/1994, de 4 julio, de Ordenación del Territorio y Urbanismo (§45).

Artículo 101. Areas de reparto del suelo urbanizable.

Los Planes Municipales podrán delimitar dentro del suelo urbanizable áreas de reparto de cargas y beneficios. Estas agruparán sectores completos junto a los sistemas generales incluidos o adscritos a ellos, sin que puedan existir diferencias de aprovechamiento tipo superiores al 15 por 100 de la mayor, en el caso de existir varias. La incorporación de sectores y sistemas generales a un área de reparto deberá tener en cuenta la programación establecida, en su caso, en el Plan Municipal.

✎ Artículo modificado por el art. 4 de la Ley Foral 24/1998, de 30 diciembre.

Jurisprudencia

«La cuestión más relevante que se plantea es si el vial que ha sido descrito en el apartado primero precedente debió, según entiende el recurrente, configurarse como sistema general, por entender que afecta a la estructura general y orgánica del territorio, o como sistema local, por encontrarse al servicio de la concreta unidad de actuación, que aún no se encuentra definida al momento actual, por cuanto que las determinaciones del plan general para el suelo urbanizable, en lo que es objeto de debate y conocido por la Sala, sólo contiene la delimitación del sector y el establecimiento del área de reparto de que se trata, que es única para todo el suelo urbanizable. La cuestión tiene una mayor transcendencia aparente que real, por cuanto que afecta en la actualidad, básicamente, a determinar por quién deba ser gestionada la ejecución de los sistemas generales, que corresponde a la Administración Pública, tras ocupación directa o expropiación forzosa, en tanto que los sistemas locales, han de ser ejecutados, a través de la modalidad de actuación que proceda, y de ser de iniciativa particular, correspondería a los particulares sufragar la carga de urbanización inherente a dicha ejecución. Mas, con esta salvedad, que ciertamente no es baladí, en lo que afecta a la vulneración del principio de justa distribución de beneficios y cargas o equidistribución en terminología del Real Decreto Legislativo 1/1992, no tiene porqué tener transcendencia si se parte de que el aprovechamiento que corresponde a los propietarios afectados por la ordenación, siempre será el mismo, a partir del aprovechamiento tipo fijado por el plan, sin perjuicio de su materialización física en uno u otro espacio, ya que si la carga urbanizadora a soportar limitara tal aprovechamiento deberán ser compensados con el aprovechamiento de unidades con exceso. Por lo tanto ningún perjuicio puede dimanar "a priori" de una u otra configuración del vial que nos ocupa. Basta con citar al respecto que tales principios derivan en el ordenamiento foral, del artículo 101 de La Ley Foral 10/1994, de Ordenación del Territorio y Urbanismo, en aplicación del cual se ha fijado en el plan impugnado una única área de reparto para todo el suelo urbanizable y 150 y siguientes de la misma Ley, en cuanto que si al delimitarse las unidades de ejecución por la carga urbanística resultante de la ejecución del vial existiera defecto de aprovechamiento, debiera el propietario en esta situación ser objeto de las oportunas compensaciones». **(STSJ Navarra 19 noviembre 1999 [RJCA 1999, 3818]).**

Artículo 102. Áreas de reparto del suelo urbanizable no programado.

En suelo urbanizable no programado, los ámbitos de cada Programa de Actuación Urbanística, con los sistemas generales adscritos o incluidos en el sector o sectores que se delimiten, integrarán una sola área de reparto.

Artículo 103. Cálculo del aprovechamiento tipo en suelo urbano.

1. Los Planes Municipales de Municipios de más de cincuenta mil habitantes o de los que establecen áreas de reparto en suelo urbano definirán el aprovechamiento tipo para cada área de reparto.

El aprovechamiento tipo de cada área de reparto en suelo urbano se obtendrá dividiendo el aprovechamiento lucrativo total correspondiente a la ordenación urbanística prevista por el planeamiento para dicha área, incluido el dotacional privado, expresado siempre en metros cuadrados construibles del uso y tipología edificatoria característicos, por su superficie total, excluidos los terrenos afectados a dotaciones públicas, de carácter general o local, ya existentes.

2. A los Municipios con población inferior a cincuenta mil habitantes de derecho no les será de aplicación, para el suelo urbano, salvo que así lo determinen los propios Ayuntamientos en el Plan Municipal, las disposiciones relativas al aprovechamiento tipo.

En estos Municipios el aprovechamiento urbanístico susceptible de apropiación será el fijado en el artículo 13 de esta Ley Foral. El aprovechamiento medio de una unidad de ejecución se calculará dividiendo el aprovechamiento lucrativo, incluido el dotacional privado correspondiente a la misma, previamente homogeneizado con los coeficientes de ponderación relativa que se definan, por la superficie total de la unidad de ejecución, excluidos los terrenos afectados a dotaciones públicas, de carácter general o local, ya existentes.

3. El Plan Municipal podrá establecer justificadamente, para el suelo urbano, un sistema de cálculo del aprovechamiento lucrativo total por referencia al índice de edificabilidad, aplicación de condiciones edificativas zonales o cualquier otro procedimiento, debiendo siempre basarse en las determinaciones reales de la ordenación e incluir el aprovechamiento correspondiente al uso dotacional privado.

4. Igualmente, el Plan Municipal podrá considerar, como superficie a computar para el cálculo del aprovechamiento tipo en un área de reparto en suelo urbano, los terrenos afectos a dotaciones y equipamientos que, en ejecución de instrumentos generales en desarrollo de la Ley Estatal sobre Régimen del Suelo y Ordenación Urbana, no se hubieran obtenido mediante cesión gratuita y obligatoria.

⇒ V. art. 5 del DF 33/1995, de 13 febrero, por el que se aprueba el régimen urbanístico transitorio de los municipios de más de cincuenta mil habitantes que no cuenten con Plan General de Ordenación Urbana adaptado (§45.1).
V. art. 195 de la presente Ley.

Jurisprudencia

«La cuestión es si la técnica de las hipótesis de cálculo o de usos previstos en cada área utilizada en el PGOU encuentra amparo en la legislación urbanística, vigente en la fecha en que se aprobó la liquidación recurrida, esto es, la Ley Foral 10/1994, cuyo artículo 103.3 faculta a los Ayuntamientos para establecer el cálculo del aprovechamiento-tipo con arreglo a cualquier procedimiento **que respete las determinaciones reales de la ordenación**, y esta exigencia también se cumple con las llamadas hipótesis de cálculo o de aprovechamiento previsto para cada zona, pues tal determinación por incierta que sea (entiéndase su verificación) no deja de ser "real" si está justificada, y en lo que atañe al caso no ha acreditado la recurrente que el aprovechamiento realizado e implantado sea mayor que el calculado en función de los valores o coeficientes de usos previstos para cada zona, o si se quiere que los proyectos de edificación revelan unos usos mayores a los hipotéticamente establecidos para calcular el aprovechamiento tipo.

No hay, así, razones para pensar que esas estimaciones adolecen de sustento real, esto es, que no se ajustan al mercado, pues así como el aprovechamiento máximo posible no tiene por qué coincidir necesariamente con el real, el real bien puede coincidir con el previsto si las hipótesis de cálculo son acertadas, esto es, aparecen fundadas en los usos demandados por el mercado en cada zona o área de reparto. Se trata, así, de un mecanismo flexible que permite acomodar el aprovechamiento lucrativo del suelo a los usos razonablemente previstos, y así equidistribuir no un aprovechamiento teórico o irreal, sino el razonablemente previsible que salvo error no demostrado en el presente caso pese a la afirmación tajante de hipótesis artificial y equivocada en las hipótesis de cálculo, se debe ajustar mejor al aprovechamiento real. Desde esa perspectiva la fórmula de cálculo del aprovechamiento tipo utilizada en el PGOU de Tudela no choca con el principio de distribución equitativa de derechos y cargas entre los interesados como arguye el recurrente. Desde un punto de vista más general, o sea, el que atiende al interés global de la ordenación antes que al individual de cada propietario, no pueden desconocerse las mejores ventajas de aquel mecanismo en comparación con el basado en la determinación precisa y cierta de las distintas asignaciones de uso. Y por esa razón, sin duda, el legislador foral ha permitido a los Ayuntamientos introducir en sus Planes de Ordenación sistemas de cálculo del aprovechamiento lucrativo como el discutido en los presentes autos y lo que conforme al artículo 96.2 del Texto Refundido sobre Régimen del Suelo aprobado por Real Decreto 1/1992 era competencia de las Comunidades Autónomas». **(STSJ Navarra 29 marzo 2000 [RJCA 2000, 1052]).**

«Partiendo de la posibilidad en abstracto de efectuar estas transferencias de aprovechamiento por ser consustancial a la ejecución del planeamiento en el sistema instaurado en la Ley 8/1990, en ámbitos de actuación discontinuos en suelo urbano, sistema que se trasladaría a la Ley aplicable en el ámbito de esta Comunidad Foral, Ley Foral 10/1994 de 10 de julio (artículos 1991 y siguientes), y siendo un sistema, por lo demás, frente a las reticencias iniciales acogido por la jurisprudencia (Sentencia del Tribunal Supremo de 13 de marzo de 1999 [RJ 1999, 2340]), ha de analizarse exclusivamente cuál es el sistema de cálculo más correcto de la necesidad de adquisición del aprovechamiento susceptible de materializarse en la parcela sobre el que le corresponde al propietario del inmueble. Nos referimos a este sistema de actuaciones asistemáticas, pese a que aquí parece existir una unidad de actuación ordinaria, cuestión no tratada en la litis, por cuanto el sistema sería el mismo, ante la existencia de un exceso de aprovechamiento sobre el atribuido a la parcela, y por no tratarse por las partes lo relativo a las premisas de la unidad de actuación de la que sería plasmación el acuerdo recurrido.

Pues bien, entiende la Sala que el cálculo del aprovechamiento que efectivamente ha de atribuirse al inmueble ha de ser el real, por cuanto a lo que se obliga es precisamente a la adquisición del aprovechamiento del que no se es titular, pero que no obstante puede ser edificado o materializado sobre el inmueble... Todo el sistema se basa en la necesidad de que la diferencia entre el aprovechamiento real y el que corresponde al titular en función de la ordenación de los predios se adquiera si no se dispone del mismo, pero siempre considerando que el aprovechamiento real conforme a proyecto, no de un aprovechamiento hipotético que permitido por el plan –mas no ordenado por éste, ya que en este caso la licencia no sería concedible– no es el contemplado en dicho proyecto». **(STSJ Navarra 22 junio 2000 [RJCA 2000, 1517]).**

Artículo 104. Cálculo del aprovechamiento tipo en suelo urbanizable.

1. El Plan Municipal en el suelo urbanizable programado o el Programa de Actuación Urbanística en el no programado fijarán el aprovechamiento tipo de cada área de reparto dividiendo el aprovechamiento lucrativo total de las zonas incluidas en ella, expresado en metros cuadrados construibles del uso característico, por la superficie total del área.

2. Los Planes Parciales, respetando la ponderación fijada por el Plan Municipal para las zonas que incluyan, establecerán la ponderación relativa de los usos pormenorizados y tipologías edificatorias resultantes de la subzonificación que contengan, con referencia igualmente al uso y tipología edificatoria característicos.

⇒ V. art. 5 del DF 33/1995, de 13 febrero, por el que se aprueba el régimen urbanístico transitorio de los municipios de más de cincuenta mil habitantes que no cuenten con Plan General de Ordenación Urbana adaptado (§45.1).

CAPÍTULO VII

Elaboración y aprobación de los Planes Urbanísticos

Sección 1ª Actos preparatorios

Artículo 105. Apoyo a la redacción de Planes.

Los organismos públicos, los concesionarios de servicios públicos y los particulares prestarán su concurso a la redacción de instrumentos de ordenación territorial y urbanística y, al efecto, facilitarán a los organismos encargados de su redacción los documentos e informaciones necesarias.

⇒ V. art. 104.3 del TRLS/1992 (§2).

V. art. 4 de la Ley 6/1998, de 13 abril (§1).

Artículo 106. Suspensión del otorgamiento de licencias.

1. La Administración competente para la aprobación inicial de los planes urbanísticos podrá acordar con anterioridad a ésta la suspensión del otorgamiento de licencias de parcelación de terrenos, edificación y demolición en áreas o para usos determinados, con el fin de estudiar su formación o reforma, y definiendo con claridad suficiente estos ámbitos.

Dicho acuerdo habrá de publicarse en el «Boletín Oficial de Navarra» y, al menos, en los diarios editados en la Comunidad Foral.

2. El acuerdo de aprobación inicial de los planes urbanísticos determinará, por sí solo, la suspensión del otorgamiento de licencias en aquellas áreas del territorio objeto del planeamiento cuyas nuevas determinaciones supongan modificación del régimen urbanístico vigente, debiéndose señalar expresamente las áreas afectadas por la suspensión.

3. La suspensión a que se refiere el número 1, se extinguirá, en todo caso, en el plazo de un año. Si se hubiera producido dentro de ese plazo el acuerdo de aprobación inicial, la suspensión se mantendrá para las áreas cuyas nuevas determinaciones de planeamiento supongan modificación de la ordenación urbanística y sus efectos se extinguirán definitivamente transcurridos dos años desde el acuerdo de suspensión adoptado para estudiar el planeamiento o su reforma. Si la aprobación inicial se produce una vez transcurrido el plazo del año, la suspensión derivada de esta aprobación inicial tendrá también la duración máxima de un año.

Si con anterioridad al acuerdo de aprobación inicial no se hubiese suspendido el otorgamiento de licencias conforme a lo dispuesto en el número 1 de este artículo, la suspensión determinada por dicha aprobación inicial tendrá una duración máxima de dos años.

En cualquier caso, la suspensión se extingue con la aprobación definitiva del planeamiento.

4. Extinguidos los efectos de la suspensión en cualquiera de los supuestos previstos, no podrán acordarse nuevas suspensiones en el plazo de tres años por idéntica finalidad.

5. Acordada la suspensión de licencias o la aprobación inicial del Plan que lleve consigo este efecto suspensivo, la Administración competente ordenará la interrupción del procedimiento de otorgamiento de licencias y la notificación del acuerdo a quienes tuvieran presentadas solicitudes de licencia con anterioridad a la fecha de su adopción.

A dicho efecto, los Concejos remitirán certificación al Ayuntamiento en la que harán constar las solicitudes de licencia que se les hubiesen presentado con fecha anterior a la de los actos municipales determinantes de los efectos suspensivos.

6. Los peticionarios de licencias solicitadas con anterioridad a la publicación de la suspensión tendrán derecho a ser indemnizados del coste oficial de los proyectos y a la devolución, en su caso, de las tasas municipales.

⇒ V. Jurisprudencia en arts. 27 y concordantes del TRLS/1976 (§3).

Sección 2ª Iniciativa y colaboración en el planeamiento

Artículo 107. Planes y Proyectos de iniciativa particular.

1. Las Entidades públicas y los particulares podrán redactar y elevar a la Administración competente para su tramitación Programas de Actuación Urbanística, Planes Parciales, Planes Especiales, Estudios de Detalle y Proyectos de Urbanización.

2. Los propietarios afectados deberán presentar dichos instrumentos con sujeción a los plazos previstos en el planeamiento.

⇒ V. art. 53 del DF 85/1995, de 3 abril, que aprueba el Reglamento de desarrollo de la Ley Foral 10/1994, de 4 julio, de Ordenación del Territorio y Urbanismo (§45).
V. art. 4 de la Ley 6/1998, de 13 abril (§1).
V. art. 104.3 del TRLS/1992 (§2).
V. Jurisprudencia en arts. 52 y concordantes del TRLS/1976 (§3).

Artículo 108. Modificaciones del Plan Municipal, promovidas por la iniciativa particular.

1. Los particulares podrán presentar propuestas de modificaciones puntuales de los Planes Municipales.

2. Se entenderán desestimadas las solicitudes de tramitación y aprobación de modificaciones de Plan Municipal promovidas por la iniciativa particular, cuando, transcurrido el plazo de tres meses desde el ingreso del expediente completo en el registro, no haya recaído resolución expresa. En la tramitación de estos expedientes no procederá la subrogación por el Departamento de Ordenación del Territorio y Medio Ambiente.

⇒ V. DF 428/1996, de 30 septiembre, de estructura orgánica del Departamento, complementado por DF 122/1998, de 30 marzo, modificado por DF 93/1998, de 23 marzo y por DF 321/1997, de 3 noviembre.

Artículo 109. Documentos.

1. Los Planes redactados por particulares deberán contener los documentos que para cada clase indica el Capítulo III de este Título.

2. Cuando se refieran a urbanizaciones de iniciativa particular, se habrán de consignar además los siguientes datos:

a) Memoria justificativa de la necesidad o conveniencia de la urbanización.

b) Nombre, apellidos y dirección de los propietarios afectados.

c) Modo de ejecución de las obras de urbanización y previsión sobre la futura conservación de las mismas.

d) Convenio suscrito entre el urbanizador y el Ayuntamiento, en orden a la ejecución de las obras de urbanización y conservación de las mismas, así como a la implantación de los servicios y dotaciones comunitarios.

e) Compromiso expreso de los promotores referido a que ellos y con posterioridad los propietarios privados de los terrenos asumen la obligación de conservar a su costa la urbanización. A tal efecto, la Administración municipal podrá exigir las cantidades adeudadas por los conceptos de mantenimiento de la urbanización, a través de apremio, sin perjuicio de acudir a la vía judicial ordinaria.

f) Garantías del exacto cumplimiento de los Convenios y compromisos por el importe y condiciones que se establezcan reglamentariamente.

Las garantías constituidas por el promotor se cancelarán o se devolverán cuando se acredite la entrega de todos los terrenos que sean de cesión, las obras de urbanización, instalaciones y dotaciones cuya ejecución estuviese prevista en el plan y en el proyecto de urbanización. Si el promotor es sustituido en sus obligaciones por una entidad urbanística colaboradora de compensación o conservación, no se cancelarán ni se devolverán las garantías hasta que la mencionada entidad no las haya constituido de manera conveniente.

g) Medios económicos de toda índole con que cuente el promotor o promotores para llevar a cabo la actuación.

⇒ V. Jurisprudencia en arts. 53 y concordantes del TRLS/1976 (§3).

Artículo 110. Tramitación.

1. Los Planes a que se refiere el artículo anterior se elevarán al Ayuntamiento y serán tramitados conforme al procedimiento establecido en esta Ley Foral, con citación personal para la información pública de los propietarios de los terrenos comprendidos en aquéllos.

2. Si afectasen a varios Municipios, se presentarán ante el Departamento de Ordenación del Territorio y Medio Ambiente y seguirán el procedimiento a que se refiere el número anterior.

3. El acto de aprobación podrá imponer las condiciones, modalidades y plazos que fueren convenientes para una mejor ordenación y gestión urbanística.

⇒ V. DF 428/1996, de 30 septiembre, de estructura orgánica del Departamento, complementado por DF 122/1998, de 30 marzo, modificado por DF 93/1998, de 23 marzo y por DF 321/1997, de 3 noviembre.

Sección 3ª Competencia y procedimiento

Artículo 111. Formulación del Plan Municipal.

1. El Plan Municipal será formulado por el Municipio.

2. Corresponderá al Departamento de Ordenación del Territorio y Medio Ambiente la formulación, tramitación y aprobación en todas sus fases del

Plan Municipal, o de sus modificaciones, en los supuestos de subrogación previstos en esta Ley Foral.

3. En ningún caso los particulares podrán formular un Plan Municipal o su revisión.

⇒ V. DF 428/1996, de 30 septiembre, de estructura orgánica del Departamento, complementado por DF 122/1998, de 30 marzo, modificado por DF 93/1998, de 23 marzo y por DF 321/1997, de 3 noviembre.
V. Jurisprudencia en arts. 31 y concordantes del TRLS/1976 (§3).

Artículo 112. Plan de conjunto.

1. Si las necesidades urbanísticas de un Municipio aconsejasen la extensión de su zona de influencia a otro u otros, en defecto de acuerdo entre los Ayuntamientos afectados, el Consejero de Ordenación del Territorio y Medio Ambiente, a instancia del Municipio o de oficio, podrá disponer la formulación de un Plan de conjunto.

2. El Consejero de Ordenación del Territorio y Medio Ambiente determinará la extensión territorial de los Planes, el Ayuntamiento u organismo que hubiera de redactarlos y la proporción en que los Municipios afectados deben contribuir a los gastos.

3. Los Municipios comprendidos en el Plan asumirán las obligaciones que de éste se derivaren.

Artículo 113. Promoción de Planes Parciales, Especiales y Programas de Actuación Urbanística.

1. Los Planes Parciales, Especiales y Programas de Actuación Urbanística podrán ser promovidos por cualquier persona física o jurídica.

2. Los Programas de Actuación Urbanística podrán promoverse por los adjudicatarios correspondientes.

⇒ V. art. 4 de la Ley 6/1998, de 13 abril (§1).
V. art. 104.3 del TRLS/1992 (§2).
V. Jurisprudencia en arts. 52 y concordantes del TRLS/1976 (§3).

Artículo 114. Competencias del Consejero de Ordenación del Territorio y Medio Ambiente.

Corresponderá al Consejero de Ordenación del Territorio y Medio Ambiente la tramitación y aprobación en todas sus fases de los instrumentos de planeamiento distintos del Plan Municipal en los siguientes casos:

a) Cuando el instrumento afecte a dos o más Municipios y en defecto de acuerdo expreso entre ellos.

b) En los supuestos de subrogación previstos en esta Ley Foral.

Artículo 115. Tramitación del Plan Municipal. Avance, aprobación inicial y provisional.

1. Los Ayuntamientos de Municipios de más de diez mil habitantes de derecho deberán formular un Avance del Plan Municipal, preparatorio de la

redacción del plan definitivo, que permita debatir los criterios, objetivos y soluciones generales del planeamiento.

Para los demás Municipios de Navarra, el Avance no será obligatorio.

Previa su aprobación por el Municipio, el Avance se someterá a exposición pública, al objeto de que los interesados puedan formular, durante el plazo mínimo de un mes, sugerencias y en su caso, otras alternativas al modelo urbanístico propuesto por el Plan. La exposición pública se anunciará en el «Boletín Oficial de Navarra» y en los diarios editados en la Comunidad Foral de Navarra.

2. Terminada la fase de elaboración del Plan Municipal, el Municipio procederá a su aprobación inicial y lo someterá, conjuntamente con el trámite de audiencia a los Concejos a cuyo territorio pudieran afectar, a información pública durante un mes, mediante anuncio inserto en el «Boletín Oficial de Navarra» y publicado en los diarios editados en la Comunidad Foral de Navarra.

3. Asimismo, y conjuntamente con la información pública, se remitirá el Plan aprobado inicialmente a informe de los siguientes organismos:

a) Del Departamento de Obras Públicas, Transportes y Comunicaciones, en cuanto a la afección a las vías de comunicación.

b) Del Departamento de Agricultura, Ganadería y Montes, en cuanto a las afecciones al regadío y a los montes protegidos.

c) De la Mancomunidad a la que pertenezca el Municipio, respecto a los servicios mancomunados que resultan afectados por el planeamiento.

d) Del Departamento de Educación y Cultura, en cuanto a la protección del patrimonio histórico.

e) De la Administración con competencias en materia de medio ambiente, en cuanto a la protección de éste.

El plazo para la emisión del informe será de dos meses en el caso de la redacción y revisión del Plan Municipal y de un mes cuando se tramiten expedientes de modificación del mismo.

Transcurridos dos meses desde que se hubiera presentado la solicitud sin haberse comunicado acto alguno, se entenderá cumplido el trámite de informe.

4. El Ayuntamiento en vista de la información y, en su caso, de la audiencia, lo aprobará provisionalmente con las modificaciones que procedieran. Si dichas modificaciones significaran un cambio sustancial en la estructura orgánica conjunta del Plan inicialmente aprobado, se abrirá un nuevo período de información pública por un mes antes de otorgar la aprobación provisional.

5. Aprobado provisionalmente el Plan, se remitirá el expediente completo al Departamento de Ordenación del Territorio y Medio Ambiente para su aprobación definitiva.

⇒ V. DF 428/1996, de 30 septiembre, de estructura orgánica del Departamento, complementado por DF 122/1998, de 30 marzo, modificado por DF 93/1998, de 23 marzo y por DF 321/1997, de 3 noviembre.

Jurisprudencia

«Los actos de aprobación provisional no son con carácter general susceptibles de impugnación autónoma, por tratarse de actos de trámite, pudiendo impugnarse en los casos en que tales actos de trámite lo son con carácter general, o en supuestos de nulidad de pleno derecho, como exponentes de esta doctrina cabe aludir a la Sentencia del Tribunal Supremo de 17 de junio de 1992 (RJ 1992, 5163), para la cual la jurisprudencia de esta Sala –SS. 13 octubre 1986 (RJ 1986, 6423), 7 marzo 1987 (RJ 1987, 3508), 26 enero 1988 (RJ 1988, 428), 31 julio 1989 (RJ 1989, 6198), 30 abril 1990 (RJ 1990, 3624), 10 marzo 1992 (RJ 1992, 3260), etc.– que viene declarando que es la aprobación definitiva la verdadera resolución que culmina y pone término al procedimiento, de suerte que las precedentes aprobaciones inicial y provisional son meros actos de trámite y por tanto inimpugnables. No se desconoce con ello la competencia municipal en la materia –ya se ha dicho que se trata de una competencia compartida–: únicamente se afirma que sólo con la aprobación "definitiva" se obtiene el acto "definitivo" susceptible de impugnación con arreglo a lo dispuesto en los arts. 113.1º LPA y 37.1º LJCA». **(STSJ Navarra 29 octubre 1999 [RJCA 1999, 3268]).**

Artículo 116. Aprobación definitiva.

1. Entregado el expediente del Plan, si el Departamento de Ordenación del Territorio y Medio Ambiente observara la falta de documentos o la existencia de deficiencias de orden técnico, requerirá al Municipio para que subsane las deficiencias detectadas.

2. Una vez completo el expediente, el Departamento de Ordenación del Territorio y Medio Ambiente examinará el Plan, analizando su adecuación al marco legal vigente y a los instrumentos de ordenación territorial, así como la coordinación de las soluciones ofrecidas desde el punto de vista municipal con las competencias de la Administración de la Comunidad Foral de Navarra o de otras Administraciones Públicas.

3. Si el Plan se ajusta a lo establecido en el número precedente, el Consejero de Ordenación del Territorio y Medio Ambiente otorgará la aprobación definitiva, disponiendo la publicación de la resolución en el «Boletín Oficial de Navarra».

4. En el caso de que el Plan Municipal contuviera determinaciones manifiestamente contrarias a lo establecido en el número 2, se denegará la aprobación definitiva.

Si al recaer la denegación hubieran transcurrido los plazos para la redacción del planeamiento, la resolución podrá señalar un nuevo plazo para la presentación del expediente, transcurrido el cual podrá acordarse la subrogación del Departamento de Ordenación del Territorio y Medio Ambiente en la tramitación y aprobación del Plan.

5. En el caso de que el Plan Municipal no se ajustara en alguna de sus determinaciones a lo establecido en el número 2, podrá otorgarse la aprobación definitiva, condicionando la publicación del acto aprobatorio en el «Boletín Oficial de Navarra» a la previa incorporación por el Municipio de las determinaciones señaladas.

6. Se entenderá aprobado el Plan Municipal por acto presunto si, trans-

currido el plazo de cinco meses desde el ingreso del expediente completo en el Registro, no se hubiera comunicado resolución alguna al Ayuntamiento. A tal efecto el Ayuntamiento solicitará se emita por el Departamento competente certificación acreditativa del acto presunto de aprobación. En el plazo de un mes desde tal solicitud, se emitirá dicha certificación o bien se aprobará expresamente el planeamiento con las determinaciones de oficio que, en su caso, sean legalmente exigibles. Transcurrido dicho plazo de un mes, el Consejero se abstendrá de dictar acto expreso de aprobación.

7. Una vez aprobado definitivamente el Plan Municipal, el Ayuntamiento elaborará, cuando se hubieran producido modificaciones del texto, en un plazo máximo de tres meses un nuevo documento que recoja en su caso, las determinaciones de los acuerdos de aprobación provisional y definitiva, figurando en todos los textos y planos la denominación Texto Refundido.

⇒ V. DF 428/1996, de 30 septiembre, de estructura orgánica del Departamento, complementado por DF 122/1998, de 30 marzo, modificado por DF 93/1998, de 23 marzo y por DF 321/1997, de 3 noviembre.

Artículo 117. Tramitación de Planes Parciales y Planes Especiales de desarrollo.

1. La tramitación de Planes Parciales y Planes Especiales que desarrollen determinaciones de Planes Municipales se sujetará a las siguientes reglas:

a) La aprobación inicial se otorgará por el Ayuntamiento que lo hubiera formulado, sometiéndolo a continuación a información pública, como mínimo durante un mes, mediante anuncio en el «Boletín Oficial de Navarra» y publicado, al menos, en los diarios editados en Navarra.

El plazo para acordar sobre la aprobación inicial, o denegar, en los supuestos de planes de iniciativa particular, será de tres meses desde la presentación de la documentación completa en el Registro Municipal.

b) A la vista de la información pública, el Ayuntamiento lo aprobará provisionalmente con las modificaciones que procediesen. Si dichas modificaciones significaran un cambio sustancial del plan inicialmente aprobado, se abrirá un nuevo período de información pública antes de otorgar la aprobación provisional.

El plazo para acordar sobre la aprobación provisional de los planes de iniciativa pública y privada no podrá exceder de seis meses desde la aprobación inicial.

c) Una vez otorgada la aprobación provisional, corresponderá la aprobación definitiva al Ayuntamiento. No obstante, los Ayuntamientos de menos de 10.000 habitantes deberán solicitar, con anterioridad a dicha aprobación, un informe del Consejero de Ordenación del Territorio y Medio Ambiente.

2. El informe del Consejero de Ordenación del Territorio y Medio Ambiente, que será vinculante, se comunicará al Ayuntamiento en el plazo máximo de dos meses. El informe se entenderá favorable si no se traslada éste al Ayuntamiento en el plazo señalado, contado desde la recepción del expediente completo.

3. El informe del Consejero de Ordenación del Territorio y Medio Ambiente analizará el contenido del Plan desde el punto de vista de su adecuación a la normativa vigente y al Plan Municipal, y podrá contener propuestas en cuanto a la ordenación, que serán vinculantes cuando afecten a las competencias atribuidas legalmente a la Comunidad Foral de Navarra.

4. Recibido el informe o transcurrido el plazo para su comunicación sin haberse recibido, el Ayuntamiento acordará, en su caso, la aprobación definitiva, con las modificaciones que procedan, en el plazo máximo de un mes. Transcurrido este plazo, se entenderá aprobado el expediente por acto presunto. El acuerdo de aprobación definitiva se publicará en el «Boletín Oficial de Navarra».

Artículo 118. Tramitación de Programas de Actuación Urbanística y de Planes Especiales independientes.

1. La competencia para aprobar inicialmente Programas de Actuación Urbanística corresponde al Ayuntamiento.

2. La competencia para aprobar inicialmente Planes Especiales que no desarrollen determinaciones del Plan Municipal corresponde al Ayuntamiento o, en caso de competencias de la Administración de la Comunidad Foral de Navarra ejercitadas por órganos dependientes de ésta, al Departamento competente por razón de la materia.

3. Tanto los Programas como los Planes a que se refiere este artículo se tramitarán conforme a las reglas establecidas para los Planes Municipales, si bien no será preceptivo el Avance y el plazo para la aprobación definitiva será de tres meses.

Artículo 119. Tramitación de Estudios de Detalle y Proyectos de Urbanización.

1. Los Estudios de Detalle y los Proyectos de Urbanización de iniciativa particular serán aprobados inicialmente por los Ayuntamientos competentes en el plazo de tres meses.

2. Los Proyectos de Urbanización se redactarán con la antelación necesaria para que las obras a que se refieren puedan realizarse de acuerdo con los planes fijados en el planeamiento aplicable.

3. Una vez aprobados inicialmente, se someterán a información pública durante quince días, para que puedan ser examinados y presentadas las alegaciones procedentes, mediante anuncio en el «Boletín Oficial de Navarra» y publicación en uno de los diarios de mayor circulación de Navarra.

4. A la vista del resultado de la información pública, el Ayuntamiento los aprobará definitivamente, con las modificaciones que resulten pertinentes. El acuerdo de aprobación definitiva se publicará en el «Boletín Oficial de Navarra».

5. El plazo de aprobación definitiva de los proyectos de urbanización y Estudios de Detalle será de tres meses desde su aprobación inicial. Transcurrido este plazo sin comunicar la pertinente resolución se entenderá otorgada

la aprobación definitiva por acto presunto siempre que dentro de este plazo se haya concluido el trámite de información pública.

Artículo 120. Competencia para la aprobación definitiva.

1. La competencia para aprobar definitivamente corresponde:

a) En el caso de Planes Municipales, al Consejero de Ordenación del Territorio y Medio Ambiente.

b) En el caso de Programas de Actuación Urbanística y Planes Especiales que no desarrollen Planes Municipales, al Consejero de Ordenación del Territorio y Medio Ambiente.

c) En el caso de Planes Parciales y Planes Especiales que desarrollen y se ajusten a determinaciones del Plan Municipal, a los Ayuntamientos respectivos, salvo que afecten a varios Municipios, en cuyo caso la aprobación definitiva corresponderá al Consejero de Ordenación del Territorio y Medio Ambiente.

d) En el caso de Estudios de Detalle o Proyectos de Urbanización, al Ayuntamiento respectivo.

2. De los Planes o Programas que apruebe definitivamente el Ayuntamiento, se remitirá por éste un ejemplar del documento al Departamento de Ordenación del Territorio y Medio Ambiente en los quince días siguientes a la aprobación definitiva. De los Proyectos de Urbanización se dará traslado al Departamento de Ordenación del Territorio y Medio Ambiente del acuerdo de aprobación definitiva.

⇒ V. DF 428/1996, de 30 septiembre, de estructura orgánica del Departamento, complementado por DF 122/1998, de 30 marzo, modificado por DF 93/1998, de 23 marzo y por DF 321/1997, de 3 noviembre.

Artículo 121. Subrogación de la Comunidad Foral en planeamiento de desarrollo.

1. En los supuestos de incumplimiento de los plazos previstos en las letras a) y b) del artículo 117 en la tramitación de Planes Parciales y Planes Especiales que desarrollen determinaciones de planeamiento municipal y de los plazos previstos en el número 1 del artículo 119 en la tramitación de los Proyectos de Urbanización y Estudios de Detalle, y consiguiente información pública, el Consejero de Ordenación del Territorio y Medio Ambiente actuará por subrogación, previa petición de los interesados, aplicándose las siguientes reglas:

a) Recibida la petición, el Consejero de Ordenación del Territorio y Medio Ambiente recabará del Municipio correspondiente la emisión, en el plazo de quince días, de informe en relación con el posible incumplimiento denunciado y la subrogación interesada.

b) A la vista del informe municipal, y en todo caso si transcurrido el plazo señalado en la letra anterior no se hubiera recibido dicho informe, el Consejero de Ordenación del Territorio y Medio Ambiente deberá recordar al Municipio competente el cumplimiento de su obligación legal de tramitar el expediente de que se trate, concediéndole al efecto el plazo que se estime necesario, nunca inferior a un mes ni superior a tres meses.

c) Si, transcurrido el plazo otorgado a la entidad local, persistiera el incumplimiento, el Consejero de Ordenación del Territorio y Medio Ambiente dictará la oportuna resolución en orden a adoptar las medidas necesarias para el cumplimiento de la obligación municipal y en sustitución del Municipio. Esta resolución se notificará al solicitante y al Ayuntamiento interesado.

2. El plazo de aprobación inicial será, como mínimo, de tres meses contado desde que el Consejero de Ordenación del Territorio y Medio Ambiente hubiera dictado la resolución administrativa a que se refiere el apartado anterior.

3. Los Planes Parciales y Planes Especiales no estarán sujetos a aprobación provisional, sino que se entenderán aprobados definitivamente por acto presunto si no se comunicase resolución expresa en el plazo de un año contado desde la aprobación inicial, cuando ésta haya sido otorgada expresamente en virtud de subrogación por el Consejero de Ordenación del Territorio y Medio Ambiente, o de seis meses desde la presentación de la solicitud de subrogación correspondiente en el Registro, cuando el plan hubiese sido aprobado inicialmente por la Administración municipal y no hubiera habido acto alguno del mencionado Consejero, siempre que, en uno y otro caso, se hubiera cumplimentado el trámite de información pública.

4. Los Proyectos de Urbanización y Estudio de Detalle se entenderán aprobados definitivamente por acto presunto si transcurriesen tres meses desde su aprobación inicial expresa en virtud de subrogación por el Consejero de Ordenación del Territorio y Medio Ambiente, sin que se haya comunicado resolución expresa sobre la aprobación definitiva, siempre que dentro de tal plazo hubiera concluido el trámite de información pública.

5. El acuerdo de aprobación definitiva de estos planes se publicará en el «Boletín Oficial de Navarra».

Artículo 122. Regla especial de tramitación.

1. Si el expediente de Plan Parcial o Especial que desarrolle el planeamiento municipal se iniciase a instancia de Administraciones urbanísticas o Empresas con capital exclusivo o mayoritariamente público, cuyo fin principal sea la urbanización, la creación de suelo o la construcción de viviendas de protección oficial, y se declarase de reconocida urgencia por el Departamento de Ordenación del Territorio y Medio Ambiente, deberá resolverse sobre su aprobación inicial en el plazo de un mes contado a partir de su presentación. El período de información pública será de quince días y la resolución sobre la aprobación provisional se producirá en el plazo máximo de cuatro meses desde la presentación. Transcurrido cualquiera de estos plazos, operará la subrogación prevista en el artículo anterior, contándose los plazos ante el Departamento de Ordenación del Territorio y Medio Ambiente desde la solicitud de subrogación y entendiéndose sustituida la aprobación

provisional por la definitiva, con reducción del plazo de cuatro meses a dos meses, si la Administración titular hubiese otorgado la aprobación inicial.

2. Si la competencia para la aprobación definitiva corresponde al Consejero de Ordenación del Territorio y Medio Ambiente y no ha operado la subrogación, la aprobación definitiva y, en consecuencia, la aprobación por acto presunto, se producirán en el plazo de dos meses desde la recepción del expediente completo.

3. En el supuesto en que la competencia para la aprobación definitiva corresponda al Ayuntamiento, el plazo de informe por el Consejero de Ordenación del Territorio y Medio Ambiente será de quince días y el plazo para la aprobación definitiva expresamente o por acto presunto, será de dos meses a contar desde el acuerdo de aprobación provisional.

4. La aprobación definitiva, incluso por acto presunto, se subordina al cumplimiento del trámite de información pública.

⇒ V. DF 428/1996, de 30 septiembre, de estructura orgánica del Departamento, complementado por DF 122/1998, de 30 marzo, modificado por DF 93/1998, de 23 marzo y por DF 321/1997, de 3 noviembre.

Artículo 123. Tramitación especial del planeamiento en caso de interés social.

1. En supuestos específicos de necesidades constatadas de vivienda o de suelo industrial o de cualquier otra actuación de interés social, el Consejero de Ordenación del Territorio y Medio Ambiente podrá requerir a los Ayuntamientos la redacción o modificación del planeamiento urbanístico en un ámbito territorial determinado, estableciendo los siguientes requisitos:

a) Destino o destinos principales del área en que se actúe.

b) Instrumentos de planeamiento y de gestión necesarios.

c) Plazos en que ha de llevarse a cabo la tramitación del planeamiento y de sus instrumentos de gestión.

d) Condiciones básicas de ordenación del área.

e) Sistemas de actuación a seguir.

f) Régimen de financiación de la actuación y reparto de costes entre las distintas Administraciones.

2. Requerido el Ayuntamiento, éste podrá encomendar al Departamento de Ordenación del Territorio y Medio Ambiente la redacción del planeamiento y de las demás operaciones precisas para materializarlo.

3. El incumplimiento del requerimiento o el retraso en el cumplimiento de cualquiera de los plazos fijados en el apartado c) del número 1, podrá dar lugar a la subrogación del Consejero de Ordenación del Territorio y Medio Ambiente en la subsiguiente tramitación.

⇒ V. DF 428/1996, de 30 septiembre, de estructura orgánica del Departamento, complementado por DF 122/1998, de 30 marzo, modificado por DF 93/1998, de 23 marzo y por DF 321/1997, de 3 noviembre.

Sección 4ª Vigencia y revisión de los planes

Artículo 124. Vigencia de los Planes.

Los Planes Urbanísticos tendrán vigencia indefinida.

⇒ V. Jurisprudencia en arts. 45 y concordantes del TRLS/1976 (§3).

Artículo 125. Revisión del planteamiento.

1. La alteración del contenido de los instrumentos de planeamiento urbanístico podrá llevarse a cabo mediante la revisión de los mismos o la modificación de alguno o algunos de los elementos que los constituyan.

2. Se entiende por revisión del planeamiento la adopción de nuevos criterios respecto de la estructura general y orgánica del territorio, motivada por la elección de un modelo territorial distinto en su mayoría del antiguo, o por la aparición de circunstancias sobrevenidas, de carácter demográfico o económico, que incidan sustancialmente sobre la ordenación, o por el agotamiento de su capacidad. La revisión determinará la sustitución del instrumento de planeamiento revisado por el nuevo.

3. En los demás supuestos, la alteración de las determinaciones del Plan se considerará como modificación del mismo, aun cuando dicha alteración lleve consigo cambios en la clasificación o calificación del suelo, o impongan la procedencia de revisar la programación del Plan Municipal.

4. Cuando hubieran transcurrido más de diez años desde la aprobación definitiva del Plan Municipal, el Consejero de Ordenación del Territorio y Medio Ambiente podrá ordenar motivadamente la revisión de dicho Plan, previa audiencia del Municipio afectado, otorgando un plazo no superior a dos años para la aprobación provisional por el Ayuntamiento. El incumplimiento de los plazos fijados podrá dar lugar a la subrogación del Departamento de Ordenación del Territorio y Medio Ambiente en la tramitación del expediente de planeamiento, previo requerimiento al Municipio competente para que acuerde la aprobación provisional en el plazo de seis meses.

⇒ V. art. 52 del DF 85/1995, de 3 abril, que aprueba el Reglamento de desarrollo de la Ley Foral 10/1994, de 4 julio, de Ordenación del Territorio y Urbanismo (§45).

V. art. 6 del DF 33/1995, de 13 febrero, por el que se aprueba el régimen urbanístico transitorio de los municipios de más de cincuenta mil habitantes que no cuenten con Plan General de Ordenación Urbana adaptado (§45.1).

V. DF 428/1996, de 30 septiembre, de estructura orgánica del Departamento, complementado por DF 122/1998, de 30 marzo, modificado por DF 93/1998, de 23 marzo y por DF 321/1997, de 3 noviembre.

V. Jurisprudencia en arts. 47 y concordantes del TRLS/1976 (§3).

Artículo 126. Revisión del Programa de Actuación.

1. Corresponde a los Ayuntamientos la revisión y aprobación del Programa de Actuación contenido, en su caso, en el Plan Municipal. La revisión habrá de tener lugar cada cuatro años.

Salvo lo dispuesto en el número siguiente, la revisión del Programa de Actuación se aprobará por el Ayuntamiento interesado, previa información pública por plazo de un mes, que se anunciará en el «Boletín Oficial de Navarra».

2. Si como consecuencia de esta revisión se modificase el suelo clasificado como urbanizable programado, la revisión del Programa se completará con las determinaciones y documentos exigidos para el citado suelo y se sujetará a las disposiciones enunciadas para la modificación de los Planes, conforme a lo dispuesto en el artículo siguiente.

⇒ V. Jurisprudencia en arts. 48 y concordantes del TRLS/1976 (§3).

Artículo 127. Procedimiento.

1. Las revisiones y modificaciones de cualquiera de los elementos de los Planes, Proyectos o Programas se ajustarán a las mismas disposiciones enunciadas para su tramitación y aprobación con las siguientes excepciones:

a) No será preceptivo el avance para las modificaciones del Plan Municipal de Municipios de más de diez mil habitantes de derecho.

b) El plazo para la emisión de los informes a que se refiere el artículo 115.3 será de un mes.

2. No obstante lo señalado en el número anterior, corresponderá a los Municipios la aprobación definitiva de las modificaciones del Plan Municipal cuando afecten a los siguientes elementos o determinaciones:

a) Delimitación de las áreas de reparto y cálculo del aprovechamiento tipo.

b) Plazos para la redacción del planeamiento urbanístico de desarrollo.

c) Plazos de urbanización y edificación para la adquisición de las facultades urbanísticas.

d) Cambio de uso de las edificaciones existentes en suelo urbano, no declaradas fuera de ordenación y no incluidas en el Catálogo del Plan Municipal.

e) Declaración de edificios como fuera de ordenación o su adecuación al planeamiento.

f) Condiciones higiénico-sanitarias de los terrenos y construcciones.

g) Características estéticas de las edificaciones no incluidas en el Catálogo del Plan Municipal.

h) Ordenanzas relativas a las obras de urbanización y edificación y, en su caso, actividades clasificadas para la protección del medio ambiente.

i) Evaluación económica de la ejecución de las obras de urbanización.

j) Programa de Actuación o Estudio Económico-Financiero, en los Municipios de población superior a 10.000 habitantes.

⇒ V. art. 7 del DF 33/1995, de 13 febrero, por el que se aprueba el régimen urbanístico transitorio de los municipios de más de cincuenta mil habitantes que no cuenten con Plan General de Ordenación Urbana adaptado (§45.1).

V. art. 180 de la Ley Foral 6/1990, de 2 julio, de la Administración Local de Navarra.

V. Jurisprudencia en arts. 49 y concordantes del TRLS/1976 (§3).

Artículo 128. Modificación cualificada.

1. Las modificaciones del planeamiento que tiendan a aumentar la densidad de población en un ámbito requerirán para su aprobación la previsión de mayores espacios libres de uso público en la misma zona o en zonas próximas. Podrán exceptuarse de esta regla las actuaciones que se realicen en suelo urbano que se encuentre excluido de áreas de reparto o de unidades de ejecución, así como los aumentos de alturas en solares que tengan por objeto alcanzar la media de los edificios próximos y construidos.

2. Si la modificación de los Planes implica reducción de la superficie destinada a sistemas generales, a zonas verdes o a espacios libres públicos o privados previstos en el Plan, deberán justificarse en el expediente las causas de la modificación y preverse en superior cuantía otras superficies destinadas a los mismos fines, aun cuando sea en zonas colindantes o próximas, con objeto de mantener el equilibrio inicial de Plan.

⇒ V. art. 10 del DF 85/1995, de 3 abril, que aprueba el Reglamento de desarrollo de la Ley Foral 10/1994, de 4 julio, de Ordenación del Territorio y Urbanismo (§45).
V. Jurisprudencia en arts. 50 y concordantes del TRLS/1976 (§3).

Artículo 129. Indemnización.

Las indemnizaciones por alteración del planeamiento urbanístico se regirán por lo dispuesto en la legislación básica del Estado.

⇒ V. arts. 2, 41, 42, 43 y 44 de la Ley 6/1998, de 13 abril (§1).
V. Jurisprudencia en arts. 87 y concordantes del TRLS/1976 (§3).

CAPÍTULO VIII
Efectos de la aprobación de los Planes

Artículo 130. Declaración de utilidad pública.

La aprobación de planes urbanísticos y de delimitaciones de unidades de ejecución a desarrollar por el sistema de expropiación implicará la declaración de utilidad pública de las obras y la necesidad de ocupación de los terrenos y edificios correspondientes, a los fines de expropiación o imposición de servidumbres.

⇒ V. arts. 33 y concordantes de la Ley 6/1998, de 13 abril (§1).
V. art. 211 del TRLS/1992 (§2).
V. Jurisprudencia en arts. 64 y concordantes del TRLS/1976 (§3).

Artículo 131. Publicidad del planeamiento.

1. Los instrumentos de ordenación del territorio, planes urbanísticos, programas de actuación urbanística, estudios de detalle y proyectos serán públicos, y cualquier persona podrá, en todo momento, consultarlos e informarse de los mismos en la Administración donde se tramiten o hayan aprobado definitivamente.

2. A efectos de garantizar la publicidad de los instrumentos de ordenación del territorio y del planeamiento urbanístico, y de su normativa, se crea el Registro de planeamiento, dependiente del Departamento de Ordenación del Territorio y Medio Ambiente. En este Registro se centralizarán los instru-

mentos de ordenación del territorio y planes urbanísticos aprobados definitivamente por la Administración de la Comunidad Foral de Navarra, así como los que le remitan los Municipios de conformidad con el artículo 120.2 de esta Ley Foral.

3. El Registro de planeamiento es público. La publicidad se hará efectiva por certificación del contenido del planeamiento concreto, expedida por funcionario habilitado al efecto, o por simple nota informativa o copia de los documentos obrantes en el Registro, sin que su importe exceda del coste administrativo. La certificación será el único medio de acreditar fehacientemente el contenido del planeamiento.

⇒ V. art. 6 de la Ley 6/1998, de 13 abril (§1).
V. arts. 124.1 y 3, 133 y 134 del TRLS/1992 (§2).
V. art. 70.2 de la LBRL.
V. DF 428/1996, de 30 septiembre, de estructura orgánica del Departamento, complementado por DF 122/1998, de 30 marzo, modificado por DF 93/1998, de 23 marzo y por DF 321/1997, de 3 noviembre.
V. Jurisprudencia en arts. 55 y concordantes del TRLS/1976 (§3).

Artículo 132. Prohibición de dispensas.

Serán nulas de pleno derecho las reservas de dispensación que se contuvieren en los Planes, así como las que, con independencia de ellos, se concedieren.

⇒ V. art. 2 de la Ley 6/1998, de 13 abril (§1).
V. art. 134 del TRLS/1992 (§2).
V. Jurisprudencia en arts. 57 y concordantes del TRLS/1976 (§3).

Artículo 133. Usos y obras provisionales.

No obstante la obligatoriedad de observancia de los Planes, si no hubieran de dificultar su ejecución, podrán autorizarse por el Ayuntamiento sobre suelo urbano o urbanizable programado, usos y obras justificadas de carácter provisional, que habrán de demolerse cuando lo acordare el Ayuntamiento, sin derecho a indemnización. La autorización aceptada por el propietario deberá inscribirse, bajo las indicadas condiciones, en el Registro de la Propiedad.

⇒ V. art. 17 de la Ley 6/1998, de 13 abril (§1).
V. arts. 134.1 y 136.2 del TRLS/1992 (§2).
V. arts. 76 y concordantes del RD. 1093/1997, de 4 julio (§2.1).

Jurisprudencia

«En primer lugar es de destacar que la incompatibilidad de la obra pretendida no procede del Planeamiento Municipal (buena prueba del escaso interés del Ayuntamiento es que no ha comparecido en autos) sino de la aprobación por parte del Gobierno de Navarra de un Plan Sectorial de incidencia supramunicipal del Campus de la Universidad Pública de Navarra, que exige un cambio de titularidad de los terrenos de la actora y de otros muchos más, mediante la oportuna expropiación y con destino a una futura reserva para la UPNA. No obstante el Gobierno de Navarra no ha manifestado sus previsiones temporales para la ejecución en el futuro del PSIS y no lo ha hecho a pesar de que expresamente se le solicitó por la Sala en período de prueba. A la vista de ello y de la lógica y necesaria actividad de la empresa actora, de continuar sus actividades industriales, en tanto en cuanto no se le expropien sus terrenos para la futura expansión de la UPNA, no ve la Sala ningún obstáculo para la concesión de la licencia solicitada, pues se cumplen todos los requisitos: A) Es una obra justificada y necesaria para la actividad empresarial. B) No supone ningún obstáculo ni dificultad para el caso de que en el futuro el Gobierno de Navarra decida ejecutar su PSIS y proceda a expropiar los terrenos. C) No engendra ningún derecho a favor de la parte actora, ni incrementará el valor de los bienes expropiados. D) Deberá inscribirse la licencia en el Registro de la Propiedad para público conocimiento de terceros adquirentes». **(STSJ Navarra 16 marzo 1999 [RJCA 1999, 1157]).**

⇒ V. Jurisprudencia en arts. 58 y concordantes del TRLS/1976 (§3).

Artículo 134. Edificios fuera de ordenación.

1. El planeamiento deberá relacionar expresamente los edificios o instalaciones erigidos con anterioridad que quedan clasificados como fuera de ordenación por ser disconformes con el mismo.

2. No obstante lo señalado en el punto anterior, si algún edificio o instalación resultara disconforme con las previsiones del planeamiento y no apareciera en la relación expresa de edificios calificados fuera de ordenación, el Ayuntamiento resolverá expresamente, de oficio o a instancia de parte, sobre su situación jurídica, previa audiencia al interesado, bien declarando el edificio en régimen de fuera de ordenación o bien ordenando la modificación de las previsiones del planeamiento por el procedimiento correspondiente.

3. Salvo que en el propio planeamiento se dispusiera otro régimen, no podrán realizarse en los edificios o instalaciones declarados fuera de ordenación obras de consolidación, aumento de volumen, modernización o incremento de su valor de expropiación, pero sí las reparaciones que exijan la seguridad e higiene del inmueble.

4. Sin embargo, en casos excepcionales podrán autorizarse obras parciales y circunstanciales de consolidación cuando no estuviera prevista la expropiación o demolición de la finca en el plazo de quince años, a contar desde la fecha en que se pretendiese realizarlas.

5. Cuando la disconformidad con el planeamiento no impida la edificación en el mismo solar que ocupa el edificio, el propietario podrá demolerlo y reconstruirlo con sujeción a dicho planeamiento.

⇒ V. art. 137.5 del TRLS/1992 (§2).
V. Jurisprudencia en arts. 60, 61 y concordantes del TRLS/1976 (§3).

Jurisprudencia

«TERCERO.–Plantea el recurrente, como primera cuestión, que las Normas Subsidiarias a las que se refiere el presente pleito, no cumplen con lo previsto en el art. 134 de la Ley Foral 10/1994, de 4 julio, de Ordenación del Territorio y Urbanismo, en el que se señala la necesidad de que el planeamiento haga "una relación expresa de los edificios que se declaren fuera de ordenación"; y, como segunda cuestión, que, igualmente, no cumplen con lo previsto en el apartado 4º del citado artículo 134, en cuanto a la previsión de posible expropiación o demolición de esas fincas. Y, finalmente, señala que la declaración de fuera de ordenación no implica "ipso facto", como pretende el Ayuntamiento, ni su inmediata desaparición ni su condena como bien económico-social.

Ni la Ley del Suelo, ni las Normas Forales, ni las propias Normas Subsidiarias autorizan al Ayuntamiento a requerir el derribo de los edificios declarados fuera de ordenación, con lo que resulta que ese requerimiento es ilegal y contradice las previsiones del ya citado art. 134 de la Ley Foral 10/1994 y el 137 de la Ley del Suelo de 1992. CUARTO.–Ahora bien, no obstante lo inmediatamente anterior dicho, y por ello y allí razonado precisamente, no quiere decirse que el acuerdo del Ayuntamiento del Valle no esté viciado de nulidad. Efectivamente, con o sin licencia la edificación del actor –como las de otros tercerosha quedado fuera de ordenación, lo que en caso alguno justifica que dicho Ayuntamiento, según lo visto y razonado y por los mismos argumentos, pueda ordenar al titular o titulares de dicha(s) edificación(es) a demoler(-las) de forma directa e inmediata y a su costa precisamente, ya que tratándose de edificación consolidada por el transcurso del tiempo no viene avocado a tal destino y en cuanto así se ordena se opone frontalmente a tal consolidación según los preceptos ya citados, y en tal particular el acuerdo impugnado es contrario al Ordenamiento Jurídico. Ello no quiere decir que el Ayuntamiento y las normas quedan vetadas, limitadas e impedidas en su actuación, pues ello no tendría razón de ser, sino que será precisamente a través del instrumento o actuación urbanística correspondiente, o a través del medio legal de adquisición de suelo para creación de patrimonio municipal inmobiliario, por ejemplo, o bien por el método normativo que quepa podrá exigir la demolición, pero nunca podrá determinar, sin más, dicha demolición y a costa del titular por colmo por el hecho de quedar la edificación fuera de ordenación. Si se quiere acabar con la situación creada, lo lógico es que el Ayuntamiento, amparado en sus Normas Subsidiarias de planeamiento hubiera acudido a la expropiación en primer término, a través de los cauces procedimentales pertinentes, indemnizando por ello y acudiendo posteriormente a la demolición. En consecuencia, el punto segundo del acuerdo impugnado es nulo –en el punto primero es válido en cuanto nadie puede negar el derecho-deber del Ayuntamiento a ejecutar su planeamiento– y por ende también lo es el punto tercero al preverse la expropiación como consecuencia del anterior que se halla, insistimos, falto de ajuste al Ordenamiento Jurídico». **(STSJ Navarra 21 junio 1996 [RJCA 1996, 793].)**

«La declaración de fuera de ordenación en sí misma no hace sino constatar la contradicción de edificios o usos con las determinaciones del nuevo planeamiento lo que implica unas limitaciones a la actuación de los propietarios sobre los edificios o usos declarados fuera de ordenación y los somete a un régimen que conlleva en definitiva a su desaparición. Los edificios, instalaciones o usos fuera de ordenación siguen existiendo con las limitaciones impuestas por el art. 137 LS mientras no se ejecute el planeamiento que los declara fuera de ordenación». **(STSJ Navarra 23 julio 1998 [RJCA 1998, 2811]).**

CAPÍTULO IX

De las normas de aplicación directa

Artículo 135. Adaptación al ambiente.

Las construcciones habrán de adaptarse, en lo básico, al ambiente en que estuvieran situadas, y a tal efecto:

a) Las construcciones en lugares inmediatos o que formen parte de un grupo de edificios de carácter artístico, histórico, arqueológico, típico o tradicional habrán de armonizar con el mismo, o cuando, sin existir conjunto de edificios, hubiera alguno de gran importancia o calidad de los caracteres indicados.

b) En los lugares de paisaje abierto y natural, o en las perspectivas que ofrezcan los conjuntos urbanos de características histórico-artísticas, típicos o tradicionales, y en las inmediaciones de las carreteras y caminos de trayecto pintoresco, no se permitirá que la situación, masa, altura de los edificios, muros y cierres, o la instalación de otros elementos, limite el campo visual para contemplar las bellezas naturales, rompa la armonía del paisaje o desfigure la perspectiva propia del mismo.

⇒ V. art. 138 b) del TRLS/1992 (§2).
V. arts. 9 y 19 de la Ley 6/1998, de 13 abril (§1).
V. Ley 9/1996, de 17 junio, reguladora de los espacios naturales en Navarra.

Jurisprudencia

«La aplicabilidad estricta de tal precepto exige una prueba clara y contundente de los elementos fácticos que en cada caso concreto puedan integrarse en los supuestos legalmente previstos; y es que en este caso ninguna prueba existe de que la zona de actuación a que se refiere la solicitud (ya reseñada) merezca tal apreciación (el Acuerdo impugnado llega a la citada conclusión sin que la sostenga sobre datos fácticos acreditados por cualquier medio de prueba); antes al contrario la única prueba obrante en autos (y en el propio expediente folios 38 y siguientes) acredita que el impacto paisajístico (propio de las instalaciones que nos ocupan) al referirse a la parte baja de la parcela referida se vería correctamente corregido por las actuaciones que se prevén en el Proyecto presentado y en el estudio de afecciones medioambientales». **(STSJ Navarra 15 junio 2000 [RJCA 2000, 1807])**.

⇒ V. Jurisprudencia en arts. 73 y concordantes del TRLS/1976 (§3).

Artículo 136. Alturas.

Mientras no exista Plan que lo autorice, no podrá edificarse con una altura superior a tres plantas medidas en cada punto del terreno, sin perjuicio de las demás limitaciones que sean aplicables.

Cuando se trate de solares enclavados en núcleos o manzanas edificados en más de dos terceras partes, los Ayuntamientos podrán autorizar alturas que alcancen la media de los edificios ya construidos.

⇒ V. Jurisprudencia en arts. 74 y concordantes del TRLS/1976 (§3).

TÍTULO IV
EJECUCIÓN DEL PLANEAMIENTO

CAPÍTULO I
Disposiciones generales

Artículo 137. Ejecución del planeamiento.

La ejecución del planeamiento se desarrollará por los procedimientos establecidos en esta Ley Foral.

⇒ V. arts. 55 y ss. del DF 85/1995, de 3 abril, que aprueba el Reglamento de desarrollo de la Ley Foral 10/1994, de 4 julio, de Ordenación del Territorio y Urbanismo (§45).

Artículo 138. *Competencias.*

1. La ejecución de los planes de ordenación a que se refiere esta Ley Foral corresponde a la Administración de la Comunidad Foral y a los Ayuntamientos en sus respectivas esferas de actuación, sin perjuicio de la atribución de competencias a órganos específicos y de la participación de los particulares en dicha ejecución.

2. Corresponde al Consejero de Ordenación del Territorio y Medio Am-

biente, salvo que reglamentariamente se otorgue a otro órgano, la competencia para tramitar y, en su caso, aprobar los documentos de gestión urbanística en los siguientes supuestos:

a) Cuando se trate de actuaciones públicas promovidas por la Administración de la Comunidad Foral de Navarra o sus organismos.

b) En los supuestos de subrogación previstos en esta Ley Foral.

⇒ V. arts. 4 y 34 de la Ley 6/1998, de 13 abril (§1).

Artículo 139. Presupuestos de la ejecución.

1. La ejecución del planeamiento requiere la aprobación definitiva del instrumento más detallado exigible según la clase de suelo de que se trate.

2. En suelo urbano será suficiente la aprobación del Plan Municipal, si éste contuviera su ordenación detallada. En su defecto se precisará la aprobación del correspondiente Plan Especial de Reforma Interior o Estudio de Detalle.

3. En suelo urbanizable programado será suficiente la aprobación del Plan Municipal si éste contuviera la ordenación detallada propia de un Plan Parcial. En defecto de la ordenación detallada, se precisará la aprobación del correspondiente Plan Parcial del respectivo Sector.

4. En suelo urbanizable no programado sólo podrá actuarse mediante la aprobación de Programas de Actuación Urbanística y de los correspondientes Planes Parciales para su ejecución.

5. La ejecución de los sistemas generales se llevará a cabo bien directamente, bien mediante la aprobación de Planes Especiales.

⇒ V. Jurisprudencia en arts. 116 y concordantes del TRLS/1976 (§3).

Artículo 140. Concepto, principios, objeto y límites de los Convenios.

1. La Comunidad Foral de Navarra y los Municipios comprendidos en su territorio podrán suscribir, conjunta o separadamente, convenios con personas públicas o privadas, tengan éstas o no la condición de propietarios de los terrenos correspondientes, para su colaboración en el mejor y más eficaz desarrollo de la actividad urbanística.

2. La negociación, la celebración y el cumplimiento de los convenios urbanísticos a que se refiere el número anterior se rigen por los principios de transparencia y publicidad.

3. Los convenios urbanísticos se diferenciarán, atendiendo a su contenido y finalidad, según tengan por objeto:

a) Los términos y las condiciones de la gestión y la ejecución del planeamiento en vigor en el momento de la celebración del convenio, exclusivamente, sin que de su cumplimiento pueda derivarse o resultar modificación o alteración de dicho planeamiento. Estos convenios, cuando las personas firmantes con la Administración actuante asuman la total iniciativa y responsabilidad de la gestión urbanística en la ejecución del planeamiento, podrán definir en todos sus detalles el estatuto de aquella ejecución. A los compromisos asumidos por las referidas personas parte en el convenio les será de aplicación la subrogación legal en ellos de los terceros adquirentes de parcelas o inmuebles.

b) La determinación, además, en su caso, de lo anterior, del contenido de posibles modificaciones del planeamiento en vigor, bien directamente, bien por ser éstas precisas en todo caso para viabilidad de lo estipulado.

4. Los convenios en los que se acuerde el cumplimiento del deber legal de cesión del aprovechamiento urbanístico no susceptible de apropiación mediante el pago de cantidad sustitutoria en metálico, deberán incluir, como anexo, la valoración pertinente, practicada por los servicios administrativos que tengan atribuida tal función, con carácter general, en la correspondiente Administración. En aquellos que, por su objeto, sean subsumibles en la letra b) del número anterior, deberán, además, cuantificarse todos los deberes legales de cesión y determinarse la forma en que éstos serán cumplidos.

5. Serán nulas de pleno derecho las estipulaciones de los convenios urbanísticos que contravengan, infrinjan o defrauden objetivamente en cualquier forma normas imperativas legales o reglamentarias, incluidas las del planeamiento territorial o urbanístico, en especial las reguladoras del régimen urbanístico objetivo del suelo y del subjetivo de los propietarios de éste.

Las estipulaciones previstas en la letra b) del número 3 anterior sólo tienen el efecto de vincular a las partes del convenio para la iniciativa y tramitación de los pertinentes procedimientos para la modificación del planeamiento sobre la base del acuerdo sobre la oportunidad, conveniencia y posibilidad de una nueva solución de ordenación. En ningún caso vincularán o condicionarán el ejercicio por la Administración Pública, incluso la firmante del convenio, de la potestad del planeamiento.

⇒ V. art. 303 del TRLS/1992 (§2).

Artículo 141. Procedimiento para la celebración y el perfeccionamiento de los convenios.

1. Una vez negociados y suscritos, los convenios urbanísticos deberán someterse, mediante anuncio publicado en el «Boletín Oficial de Navarra» y en, al menos, uno de los periódicos de mayor difusión en la Comunidad Foral a información pública por un período mínimo de quince días.

2. Cuando la negociación de un convenio coincida con la tramitación del procedimiento de aprobación de un instrumento con el que guarde directa relación y, en todo caso, en el supuesto previsto en la letra b) del número 3 del artículo anterior, deberá incluirse el texto íntegro del convenio en la documentación sometida a la información pública propia de dicho procedimiento, sustituyendo ésta a la prevista en el número precedente.

3. Tras la información pública, el órgano que hubiera negociado el convenio deberá, a la vista de las alegaciones, elaborar una propuesta de texto definitivo del convenio, de la que se dará vista a la persona o a las personas que hubieran negociado y suscrito el texto inicial para su aceptación, reparos o, en su caso, renuncia.

El texto definitivo de los convenios deberá ratificarse:

a) Por el Gobierno de Navarra cuando se hayan suscrito inicialmente en representación de alguno de sus órganos.

b) Por el Ayuntamiento Pleno cuando se hayan suscrito inicialmente en nombre o representación del respectivo Municipio.

El convenio deberá firmarse dentro de los quince días siguientes a la notificación de la aprobación del texto definitivo a la persona o personas interesadas. Transcurrido dicho plazo sin que tal firma haya tenido lugar, se entenderá que renuncian a aquél.

4. Los convenios urbanísticos se perfeccionan y obligan desde su firma, tras la aprobación de su texto definitivo en la forma dispuesta en el número anterior.

Artículo 142. Publicidad de los convenios.

1. En todos los Municipios de Navarra existirá un registro y un archivo administrativo de convenios administrativos urbanísticos, en los que se anotarán éstos y se custodiará un ejemplar completo de su texto definitivo y, en su caso, de la documentación anexa al mismo.

2. El ejemplar custodiado en los archivos a que se refiere el número anterior dará fe, a todos los efectos legales, del contenido de los convenios.

3. Cualquier ciudadano tiene derecho a consultar los registros y los archivos a que se refiere este artículo, así como a obtener, abonando el precio del servicio, certificaciones y copias de las anotaciones y de los documentos en ellos practicadas y custodiadas.

⇒ V. art. 303 del TRLS/1992 (§2).

CAPÍTULO II
Unidades de ejecución

Artículo 143. Unidades de ejecución.

1. La ejecución del planeamiento urbanístico se realizará mediante las unidades de ejecución que se delimiten, salvo en los supuestos de actuaciones asistemáticas en suelo urbano y cuando se trate de ejecutar directamente los sistemas generales o alguno de sus elementos.

2. Las unidades de ejecución se delimitarán de forma que permitan, en todo caso, el cumplimiento conjunto de los deberes de cesión, equidistribución y urbanización de la totalidad de su superficie.

3. En suelo urbano, las unidades de ejecución podrán ser discontinuas. Cuando ni siquiera de esta forma puedan delimitarse en determinadas áreas unidades de ejecución que permitan el cumplimiento conjunto de los deberes urbanísticos básicos a que se refiere el número anterior, podrán excluirse de dicha delimitación, previa su justificación, terrenos con aprovechamiento lucrativo o destinados a dotaciones públicas de carácter local, cuyos titulares quedarán sujetos a las obligaciones establecidas en el Capítulo IV de este Título.

4. En suelo urbanizable programado todos los terrenos, salvo los sistemas generales, en su caso, quedarán incluidos en unidades de ejecución.

⇒ V. arts. 4 y 5 de la Ley 6/1998, de 13 abril (§1).
V. Jurisprudencia en arts. 117 y concordantes del TRLS/1976 (§3).

Artículo 144. Abono proporcional de las obras de urbanización.

Cuando así se estableciera por el planeamiento, todas las unidades de ejecución comprendidas en un ámbito fijado por el Plan deberán costear, proporcionalmente al aprovechamiento de cada una de ellas, las obras de urbanización y los servicios comunes a todas que no tengan la condición de sistema general, con independencia de las propias de cada unidad.

En tal supuesto se tramitará por la Administración actuante el correspondiente proyecto de distribución de los costes, que afectará únicamente a tales obras y servicios comunes a estas unidades. Dicho proyecto se expondrá al público por quince días y se notificará su aprobación inicial a cada propietario afectado.

La aprobación definitiva del proyecto de distribución de los costes facultará a la Administración actuante para la ocupación directa de los terrenos necesarios para la ejecución de la urbanización y servicios comunes de cesión obligatoria y gratuita.

Artículo 145. Requisitos para la delimitación de unidades de ejecución.

1. No podrán delimitarse unidades de ejecución en las que la diferencia entre el aprovechamiento lucrativo total de cada unidad y el resultante de la aplicación del aprovechamiento tipo, cuando exista, sobre su superficie, sea superior al quince por cien de este último, salvo, que, en el suelo urbano el planeamiento justifique la imposibilidad de respetar esta diferencia máxima.

2. No podrán delimitarse unidades de ejecución inmediatas a terrenos de cesión obligatoria y gratuita sin incluir en las referidas unidades la parte correspondiente de los indicados terrenos.

⇒ V. arts. 4 y 5 de la Ley 6/1998, de 13 abril (§1).
V. Jurisprudencia en arts. 117 y concordantes del TRLS/1976 (§3).

Artículo 146. Procedimiento para la delimitación de las unidades de ejecución.

1. Las unidades de ejecución podrán contenerse en el planeamiento o delimitarse mediante el procedimiento regulado en el número siguiente.

2. La delimitación de unidades de ejecución, si no se contuviera en los Planes, así como la modificación de las ya delimitadas por el planeamiento, se acordará, de oficio o a petición de los particulares interesados, por el Ayuntamiento, previos los trámites de aprobación inicial e información pública durante quince días.

En la tramitación de los proyectos de delimitación de unidades de ejecución se observarán las reglas sobre plazos, subrogación y aprobación por acto presunto previstas para los Estudios de Detalle.

⇒ V. Jurisprudencia en arts. 118 y concordantes del TRLS/1976 (§3).

CAPÍTULO III
Sistemas de actuación

Sección 1ª Disposiciones generales

Artículo 147. Sistemas de actuación.

1. Las unidades de ejecución se desarrollarán por el sistema de actuación que la Administración elija en cada caso.

2. Los sistemas de actuación son los siguientes:

a) Compensación.
b) Cooperación.
c) Reparcelación voluntaria.
d) Ejecución forzosa.
e) Expropiación.

⇒ V. arts. 6 y concordantes del RD 1093/1997, de 4 julio (§2.1).
V. Jurisprudencia en arts. 119 y concordantes del TRLS/1976 (§3).

Artículo 148. Elección del sistema de actuación.

1. La elección del sistema de actuación se llevará a cabo o en el planeamiento o, en su caso, con la delimitación de la unidad de ejecución. La modificación justificada del sistema elegido se tramitará de acuerdo con lo dispuesto para la delimitación de una unidad de ejecución.

2. Si el Plan no estableciera sistema de actuación se podrá entender que el sistema elegido es el de compensación o el de reparcelación voluntaria, sin perjuicio de su modificación por el procedimiento previsto para delimitación de unidades de ejecución.

⇒ V. arts. 6 y concordantes del RD 1093/1997, de 4 julio (§2.1).
V. Jurisprudencia en arts. 119 y concordantes del TRLS/1976 (§3).

Artículo 149. Sustitución de un sistema privado por incumplimiento de plazos.

Cuando un sistema de actuación privada no estuviese siendo desarrollado conforme a los plazos para el cumplimiento de los deberes de cesión, equidistribución y urbanización, sin que dicho cumplimiento se hubiera producido, el Ayuntamiento podrá acordar la sustitución del sistema de actuación por uno público y estará a las siguientes reglas:

a) Garantizará en todo caso a los propietarios no responsables del incumplimiento los derechos vinculados a la ejecución del planeamiento. Si el Ayuntamiento optase por el sistema de expropiación, a estos propietarios les será de aplicación el régimen establecido en esta Ley Foral sobre liberación de expropiaciones.

b) Los propietarios que antes de la finalización de los planes establecidos ofrezcan constituir depósito o prestar aval por un importe equivalente al veinticinco por cien de los gastos de urbanización y gestión aún pendientes y formalicen efectivamente las garantías en el plazo, nunca inferior a quince días, y cuantía que el Ayuntamiento les notifique, conservarán el derecho a adquirir el aprovechamiento urbanístico correspondiente hasta un máximo de dos años, transcurridos los cuales se estará a lo dispuesto en la letra siguiente.

Si el sistema sustitutorio elegido fuera el de expropiación, el valor urbanístico, a efectos de determinación del justiprecio de las parcelas cuyos propietarios conservaran el derecho a adquirir el aprovechamiento urbanístico, será el fijado por la legislación del Estado.

c) Respecto a los restantes propietarios para los que hubieran transcurrido los plazos y fueran responsables del incumplimiento, el Ayuntamiento podrá optar entre expropiarles los terrenos por el valor inicial, salvo que se trate de suelo urbano, en cuyo caso se estará a lo dispuesto en la legislación del Estado, o acordar la venta forzosa, atribuyendo, en este caso, a los propietarios el valor inicial y correspondiendo al Ayuntamiento la diferencia hasta el precio de venta.

Artículo 150. Unidades de ejecución con exceso de aprovechamiento.

1. Los excesos de aprovechamiento correspondientes a la Administración en una unidad de ejecución, podrán destinarse a compensar a propietarios de terrenos, no incluidos en unidades de ejecución, afectos a dotaciones locales o sistemas generales. También podrán destinarse dichos excesos a compensar a los propietarios con aprovechamiento real inferior al susceptible de apropiación al área de reparto en que se encuentren.

2. No obstante lo dispuesto en el número 1, la Administración actuante podrá transmitir a terceros el exceso de aprovechamiento real por el precio resultante de su valor urbanístico cuando el uso de los terrenos en la unidad de ejecución no se considere adecuado a los fines del Patrimonio Municipal del Suelo. En este caso, también será posible transmitir dicho exceso por permuta con terrenos situados fuera de la unidad de ejecución con uso adecuado a los mencionados fines.

Artículo 151. Unidades de ejecución con aprovechamiento real inferior al susceptible de apropiación.

1. Cuando los aprovechamientos permitidos por el planeamiento fueran inferiores a los susceptibles de apropiación por el conjunto de propietarios, se disminuirá la carga de urbanizar en cuantía igual al valor del aprovechamiento no materializable, sufragando la Administración actuante la diferencia resultante.

2. Si mediante esta reducción no pudieran compensarse íntegramente el valor de los aprovechamientos no materializables, la diferencia se hará efectiva en otras unidades de ejecución que se encuentren en situación inversa o incluidas en la misma área de reparto o mediante el abono en metálico de su valor urbanístico, a elección de la Administración actuante.

Artículo 152. Compensación en determinadas actuaciones.

En los Municipios en los que no se aplique el aprovechamiento tipo en suelo urbano, cuando la actuación en determinadas unidades de ejecución delimitadas en esta clase de suelo no sea presumiblemente rentable, por resultar excesivas las cargas en relación con el escaso aprovechamiento previsto para las zonas edificables, el Ayuntamiento, podrá autorizar, sin modificar las determinaciones del Plan, una reducción de la contribución de los propietarios a las mismas o una compensación a cargo de la Administración, procurando equiparar los costes de la actuación a los de otras análogas que hayan resultado viables.

⇒ V. Jurisprudencia en arts. 121 y concordantes del TRLS/1976 (§3).

Artículo 153. Gastos de urbanización.

1. En los gastos de urbanización que deban ser sufragados por los propietarios afectados se comprenden los siguientes conceptos:

a) El coste de las obras de vialidad, saneamiento, suministro de agua y energía eléctrica, alumbrado público, arbolado y jardinería, que estén previstas en los planes y proyectos y sean de interés para la unidad de ejecución, sin perjuicio del derecho a reintegrarse, de conformidad con la normativa vigente, de los gastos de instalación de las redes de suministro de agua y energía eléctrica con cargo a las empresas que prestasen los servicios.

b) Las indemnizaciones procedentes por el derribo de construcciones, destrucción de plantaciones, obras e instalaciones que exijan la ejecución de los planes.

c) El coste del planeamiento de desarrollo y de los proyectos de urbanización y gastos originados por la reparcelación.

2. El pago de estos gastos podrá realizarse, previo acuerdo con los propietarios interesados, cediendo éstos, gratuitamente y libres de cargas, terrenos edificables en la proporción que se estime suficiente para compensarlos.

⇒ V. Jurisprudencia en arts. 122 y concordantes del TRLS/1976 (§3).

Artículo 154. Cargas adicionales en el planeamiento a ejecutar mediante convenio.

Además de las limitaciones, obligaciones y cargas a que se refiere el artículo 140 de esta Ley Foral, los adjudicatarios de la ejecución del planeamiento por convenio habrán de costear las obras exteriores de infraestructura sobre las que se apoye la actuación, debiendo garantizarse un adecuado enlace con las redes viarias y servicios integrantes de la estructura del Municipio.

Sección 2ª Sistema de compensación

Artículo 155. Sistema de compensación.

1. En el sistema de compensación, los propietarios aportan los terrenos de cesión obligatoria, realizan a su costa la urbanización en los términos

y condiciones que se determinen en el Plan y se constituyen en Junta de Compensación, salvo que todos los terrenos pertenezcan a un solo titular.

2. En este sistema la Administración titular del aprovechamiento proveniente de la cesión obligatoria y gratuita no participará en los costes de la urbanización en la proporción correspondiente a dicho aprovechamiento, distribuyéndose tales costes entre los propietarios en proporción a sus aprovechamientos.

✐ Ap. 2 modificado por el art. 5 de la Ley Foral 24/1998, de 30 diciembre.

⇒ V. arts. 62, 63, 64 y 65 del DF 85/1995, de 3 abril, que aprueba el Reglamento de desarrollo de la Ley Foral 10/1994, de 4 julio, de Ordenación del Territorio y Urbanismo.
V. art. 4 de la Ley 6/1998, de 13 abril (§1).
V. arts. 6 y concordantes del RD 1093/1997, de 4 julio (§2.1).
V. Jurisprudencia en arts. 126 y concordantes del TRLS/1976 (§3).

Artículo 156. Tramitación de los Estatutos y constitución de la Junta.

1. El propietario o propietarios que representen más del 50 por 100 de la superficie de la unidad de ejecución presentarán, en el plazo máximo de seis meses desde la aprobación definitiva del instrumento de ordenación más específico o, en su caso, en el plazo que establezca éste, el proyecto de Estatutos de la Junta de Compensación ante el Ayuntamiento respectivo.

2. En el plazo máximo de tres meses desde su presentación, el Ayuntamiento acordará la aprobación inicial del Proyecto de Estatutos y su sometimiento a información pública por plazo de quince días. El acto de aprobación se publicará en el «Boletín Oficial de Navarra» y se notificará individualizadamente a todos los propietarios registrales afectados por el sistema de actuación, a efectos de audiencia por igual plazo desde la citación.

3. Transcurridos tres meses desde que se hubiera presentado el Proyecto sin haberse comunicado a los promotores del expediente el acuerdo municipal de aprobación inicial, éstos podrán solicitar del Departamento de Ordenación del Territorio y Medio Ambiente la subrogación en la tramitación del sistema, que se sustanciará conforme a las reglas previstas en esta Ley Foral para los Estudios de Detalle.

4. Vencidos los plazos de alegaciones, la Administración aprobará definitivamente en el plazo máximo de tres meses los Estatutos con las modificaciones que, en su caso, procedieran, designando su representante en el órgano rector de la Junta.

Finalizados los tres meses sin haberse comunicado resolución expresa, se entenderán aprobados los Estatutos por acto presunto.

5. En los casos en que se produzca la aprobación definitiva por acto presunto y en los de subrogación, la representación municipal en el órgano rector de la Junta recaerá en el Alcalde, quién podrá delegar a su vez esta representación.

6. El acto de aprobación definitiva de los Estatutos implica la incorporación automática de todos los propietarios al sistema de compensación, que-

dando vinculados en lo sucesivo por los acuerdos de la Junta y de la Administración actuante.

7. El acuerdo de aprobación definitiva se publicará en el «Boletín Oficial de Navarra» y se notificará individualmente a todos los propietarios afectados, otorgándose a éstos un plazo máximo de tres meses para constituir la Junta de Compensación mediante otorgamiento de escritura pública.

⇒ V. arts. 62 y 63 del DF 85/1995, de 3 abril, que aprueba el Reglamento de desarrollo de la Ley Foral 10/1994, de 4 julio, de Ordenación del Territorio y Urbanismo.

V. DF 428/1996, de 30 septiembre, de estructura orgánica del Departamento, complementado por DF 122/1998, de 30 marzo, modificado por DF 93/1998, de 23 marzo y por DF 321/1997, de 3 noviembre.

V. Jurisprudencia en arts. 126, 127 y concordantes del TRLS/1976 (§3).

Artículo 157. Exclusión del sistema.

Sin perjuicio de la libre transmisión de sus terrenos, los propietarios incorporados a la Junta que no deseen participar en el sistema, podrán dirigirse al Ayuntamiento antes de la fecha en que se apruebe el Proyecto de Reparcelación, solicitando la expropiación de sus bienes y derechos afectados en beneficio de la citada Junta, quedando excluidos de la misma, a todos los efectos, desde el día de la solicitud.

En este supuesto, el Ayuntamiento deberá iniciar el procedimiento de expropiación en el plazo máximo de tres meses.

Artículo 158. Proyecto de Reparcelación.

Constituida la Junta de Compensación, ésta formulará y aprobará, con el quórum de propietarios que representen más de 50 por 100 de la superficie de la unidad, el Proyecto de Reparcelación.

⇒ V. art. 64 del DF 85/1995, de 3 abril, que aprueba el Reglamento de desarrollo de la Ley Foral 10/1994, de 4 julio, de Ordenación del Territorio y Urbanismo.

V. Jurisprudencia en arts. 127 y concordantes del TRLS/1976 (§3).

Artículo 159. Reparcelación.

1. Se entiende por reparcelación la agrupación de fincas comprendidas en la unidad de ejecución para su nueva división ajustada al planeamiento, con adjudicación de las parcelas resultantes a los interesados en proporción a sus respectivos derechos.

2. La reparcelación tiene por objeto distribuir justamente los beneficios y cargas de la ordenación urbanística en proporción al aprovechamiento que corresponda, regularizar la configuración de las fincas, situar su aprovechamiento en zonas aptas para la edificación con arreglo al planeamiento y localizar sobre parcelas determinadas y en esas mismas zonas el aprovechamiento que, en su caso, corresponda a la Administración actuante.

3. Las reglas relativas a la reparcelación, fijadas en este artículo, en el artículo 160, y en los números 2, 3 y 4 del artículo 161, son de aplicación a los sistemas de cooperación, reparcelación voluntaria y ejecución forzosa.

⇒ V. Jurisprudencia en arts. 97 y concordantes del TRLS/1976 (§3).

Artículo 160. Criterios de formulación.

1. Para la formulación del proyecto de reparcelación se tendrán en cuenta los criterios establecidos en la legislación básica del Estado.

2. En ningún caso podrán adjudicarse como fincas independientes superficies inferiores a la parcela mínima edificable o que no reúnan la configuración y características adecuadas para su edificación conforme al planeamiento.

3. No serán objeto de nueva adjudicación, conservándose las propiedades primitivas, sin perjuicio de la regularización de linderos cuando fuere necesaria, y de las compensaciones económicas que procedan:

a) Los terrenos edificados con arreglo al planeamiento.

b) Los terrenos con edificación no ajustada al planeamiento, cuando la diferencia, en más o en menos, entre el aprovechamiento que le corresponda conforme al plan y el que le correspondería al propietario en proporción a su derecho en la reparcelación, sea inferior al 15 por 100 de este último, siempre que estuviesen destinadas a usos compatibles con la ordenación urbanística.

⇒ V. arts. 168.1, 169 y 170.1 del TRLS/1992 (§2).
V. art. 5 de la Ley 6/1998, de 13 abril (§1).
V. Jurisprudencia en arts. 99, 132 y concordantes del TRLS/1976 (§3).

Artículo 161. Tramitación del Proyecto.

1. El Proyecto de Reparcelación formulado por la Junta, se elevará dentro de los seis meses siguientes a que se hubiera constituido dicha Junta al Ayuntamiento, quien lo tramitará siguiendo las mismas reglas previstas para la aprobación de los Estatutos, siendo de aplicación las relativas a la subrogación del Departamento de Ordenación del Territorio y Medio Ambiente por el transcurso de los plazos sin que se hubiera comunicado acto municipal alguno.

2. Junto con la aprobación inicial del Proyecto de Reparcelación, podrá declararse la suspensión, en todo o parte, del otorgamiento de licencias de parcelación y edificación en el ámbito de la unidad de ejecución.

Los peticionarios de licencias a los que sea de aplicación la suspensión prevista en el párrafo anterior tendrán derecho a ser indemnizados del coste oficial de los proyectos y a la devolución, en su caso, de las tasas.

3. La aprobación definitiva por la administración urbanística competente del Proyecto de Reparcelación conllevará automáticamente el levantamiento de la suspensión de licencias que se hubiese establecido, pudiendo éstas ser otorgadas, incluso aunque el Proyecto fuese objeto de recurso administrativo de alzada.

4. Aprobado definitivamente el Proyecto de Reparcelación, la Junta procederá a otorgar escritura pública y a instar su inscripción en el Registro de la Propiedad.

5. No obstante, el Proyecto de Reparcelación será ejecutivo, a los efectos de lo establecido en el número 3 anterior, desde el momento de su aprobación definitiva, la cual deberá ser publicada en el «Boletín Oficial de Navarra».

⇒ V. art. 64 del DF 85/1995, de 3 abril, que aprueba el Reglamento de desarrollo de la Ley Foral 10/1994, de 4 julio, de Ordenación del Territorio y Urbanismo (§45).
V. DF 428/1996, de 30 septiembre, de estructura orgánica del Departamento, complementado por DF 122/1998, de 30 marzo, modificado por DF 93/1998, de 23 marzo y por DF 321/1997, de 3 noviembre.

Artículo 162. Régimen jurídico de la Junta de Compensación.

1. La Junta de Compensación tendrá naturaleza administrativa, personalidad jurídica y plena capacidad para el cumplimiento de sus fines.

2. Los cargos del órgano rector recaerán necesariamente en personas físicas.

3. Un representante de la Administración actuante formará parte del órgano rector de la Junta, en todo caso.

4. Contra los acuerdos de la Junta de Compensación podrá interponerse recurso ordinario ante la Administración actuante.

5. Podrán también incorporarse a la Junta empresas urbanizadoras que hayan de participar con los propietarios en la gestión de la unidad de ejecución.

⇒ V. art. 34 de la Ley 6/1998, de 13 abril (§1).
V. Jurisprudencia en arts. 127 y concordantes del TRLS/1976 (§3).

Artículo 163. Transmisión de los terrenos.

1. Las Juntas de Compensación actuarán como fiduciarias con pleno poder dispositivo sobre las fincas pertenecientes a los propietarios miembros de aquéllas, sin más limitaciones que las establecidas en los Estatutos.

2. La transmisión a la Administración correspondiente, en pleno dominio y libre de cargas, de todos los terrenos de cesión obligatoria tendrá lugar, por ministerio de la Ley, con la aprobación definitiva del proyecto de compensación.

⇒ V. art. 159.4 del TRLS/1992 (§2).
V. arts. 6 y concordantes del RD 1093/1997, de 4 julio (§2.1).
V. Jurisprudencia en arts. 128, 129 y concordantes del TRLS/1976 (§3).

Artículo 164. Responsabilidad de la Junta y obligaciones de sus miembros.

1. La Junta de Compensación será directamente responsable, frente a la Administración competente, de la urbanización completa de la unidad de ejecución y, en su caso, de la edificación de los solares resultantes, cuando así se hubiere establecido.

2. El incumplimiento por los miembros de la Junta de las obligaciones y cargas impuestas por la presente Ley Foral habilitará a la Administración actuante para expropiar sus respectivos derechos a solicitud y en favor de la Junta de Compensación, que tendrá la condición jurídica de beneficiaria.

3. Las cantidades adeudadas a la Junta de Compensación por sus miembros podrán ser exigidas también por vía de apremio, previa petición de la Junta a la Administración actuante.

⇒ V. Jurisprudencia en arts. 130 y concordantes del TRLS/1976 (§3).

Artículo 165. Vinculación directa de inmuebles.

La incorporación de los propietarios a la Junta de Compensación supone la vinculación directa de las parcelas adjudicadas a las cargas y pago de los gastos inherentes al sistema.

Sección 3ª Sistema de cooperación

Artículo 166. Sistema de cooperación.

1. En el sistema de cooperación, los propietarios aportan el suelo de cesión obligatoria y la Administración ejecuta las obras de urbanización con cargo a los mismos.

2. La aplicación del sistema de cooperación exige la reparcelación de los terrenos comprendidos en la unidad de ejecución, salvo que ésta sea innecesaria por resultar suficientemente equitativa la distribución de los beneficios y cargas.

3. Podrán constituirse asociaciones administrativas de propietarios, bien a iniciativa de éstos o del propio Ayuntamiento, con la finalidad de colaborar en la ejecución de las obras de urbanización.

⇒ V. arts. 168.1, 169 y 170.1 del TRLS/1992 (§2).
V. art. 5 de la Ley 6/1998, de 13 abril (§1).
V. arts. 6 y concordantes del RD 1093/1997, de 4 julio (§2.1).

Artículo 167. Gastos de urbanización.

1. Los gastos de urbanización se distribuirán entre los propietarios en proporción al aprovechamiento que les corresponda.

2. La Administración titular de la cesión obligatoria y gratuita del aprovechamiento que le corresponda no participará en dichos costes en esa proporción, distribuyéndose tales costes entre los propietarios en proporción a sus aprovechamientos.

✐ Ap. 2 modificado por el art. 6 de la Ley Foral 24/1998, de 30 diciembre.

3. La Administración actuante podrá exigir a los propietarios afectados el pago de cantidades a cuenta. Dicho pago deberá efectuarse en el plazo que se señale, nunca inferior a un mes, desde el requerimiento que se formule por la Administración. Transcurrido el referido plazo, la Administración procederá a la exacción de las cuotas por vía de apremio. Estas cantidades no podrán exceder del importe de las inversiones previstas para los próximos seis meses.

4. La Administración actuante podrá, no obstante, cuando las circunstancias lo aconsejen, convenir con los propietarios afectados un aplazamiento en el pago de los costes de urbanización.

⇒ V. arts. 168.1, 169 y 170.1 del TRLS/1992 (§2).

V. art. 5 de la Ley 6/1998, de 13 abril (§1).
V. Jurisprudencia en arts. 132 y concordantes del TRLS/1976 (§3).

Artículo 168. Formulación del proyecto de reparcelación.

1. El Proyecto de Reparcelación se formulará:

a) Por el Ayuntamiento, de oficio o a instancia de alguno de los propietarios afectados.

b) Por los propietarios que representen más del 50 por 100 de la superficie reparcelable.

2. El Proyecto de Reparcelación formulado por el Ayuntamiento se tramitará con arreglo al siguiente procedimiento:

a) El Ayuntamiento someterá el Proyecto de Reparcelación a información pública durante quince días desde la publicación en el «Boletín Oficial de Navarra» del acuerdo de aprobación inicial, con citación personal a los propietarios.

b) Concluido el trámite de información pública, el Ayuntamiento aprobará definitivamente el Proyecto en el plazo máximo de dos meses, transcurrido el cual sin resolución expresa se entenderá aprobado por acto presunto. El acuerdo de aprobación definitiva se publicará en el «Boletín Oficial de Navarra».

3. El Proyecto de Reparcelación formulado por los propietarios se tramitará conforme al procedimiento y plazos previstos en el sistema de compensación para la aprobación del Proyecto de Estatutos de la Junta de Compensación.

Sección 4ª Sistema de reparcelación voluntaria

Artículo 169. Sistema de reparcelación voluntaria.

1. Cuando estuvieran de común acuerdo la totalidad de los propietarios de los terrenos incluidos en una unidad de ejecución, los sistemas de compensación o cooperación podrán sustituirse directamente por la reparcelación voluntaria sin necesidad de declaración o procedimiento previo, pudiendo establecer el Ayuntamiento, en el acto de la aprobación inicial del Proyecto de Reparcelación, las garantías necesarias para el cumplimiento de las cargas derivadas de la ejecución de la unidad.

Este procedimiento será también de aplicación cuando la totalidad de los terrenos de la unidad de ejecución pertenezca a un solo propietario.

2. La reparcelación voluntaria se regirá por las siguientes reglas:

a) Se presentará un Proyecto de Reparcelación formulado por la totalidad de los propietarios afectados. Los propietarios afectados designarán un único representante en sus relaciones con la Administración actuante, a efectos de notificación de las sucesivas actuaciones administrativas que procedan.

b) Aprobado inicialmente por el Ayuntamiento en el plazo máximo de dos meses, a contar desde su presentación, se someterá el Proyecto, mediante anuncio inserto en el «Boletín Oficial de Navarra», a información pública por un plazo de quince días.

Transcurrido el plazo de dos meses sin haberse comunicado al representante de los propietarios el acuerdo municipal de aprobación inicial, éstos podrán solicitar del Consejero de Ordenación del Territorio y Medio Ambiente la subrogación en la tramitación del sistema, que se tramitará por idénticas reglas que las establecidas para la subrogación de los Estudios de Detalle, con excepción de los plazos, que serán los fijados en este artículo.

c) En el plazo máximo de dos meses desde la finalización del período de información pública, la Administración aprobará definitivamente el proyecto. El acuerdo de aprobación definitiva se publicará en el «Boletín Oficial de Navarra».

3. Transcurrido el plazo de dos meses fijado en el apartado anterior sin que la Administración hubiere resuelto expresamente, se entenderá aprobada definitivamente la reparcelación por acto presunto.

4. No será preceptiva la aprobación definitiva expresa por el Ayuntamiento cuando éste, en el mismo acto de aprobación inicial, acordase elevar dicha aprobación a definitiva si no se presentasen alegaciones al documento en la fase de información pública.

5. En el sistema de reparcelación voluntaria, la Administración titular de la cesión obligatoria y gratuita del aprovechamiento que le corresponda no participará en los costes de urbanización correspondientes a dicho aprovechamiento, distribuyéndose tales costes entre los propietarios en proporción a sus aprovechamientos.

✐ Ap. 5 modificado por el art. 7 de la Ley Foral 24/1998, de 30 diciembre.

6. El propietario o propietarios que incumplan sus obligaciones urbanísticas serán responsables directamente ante la Administración actuante, quien podrá expropiar sus terrenos o, en su caso, exigir las cantidades adeudadas por vía de apremio.

7. Junto con el Proyecto de Reparcelación podrá tramitarse conjuntamente y conforme a las mismas reglas que aquél, el Proyecto o Proyectos de Urbanización.

⇒ V. art. 66 del DF 85/1995, de 3 abril, que aprueba el Reglamento de desarrollo de la Ley Foral 10/1994, de 4 julio, de Ordenación del Territorio y Urbanismo (§45).

Artículo 170. Reparcelación económica y normalización de fincas.

1. La reparcelación económica podrá aplicarse, por el procedimiento previsto para la reparcelación voluntaria, cuando por las circunstancias de la edificación adecuada al Plan, en una actuación urbanística no fuera posible llevar a cabo la reparcelación material de los terrenos en un porcentaje superior a un cincuenta por cien de la superficie de la unidad de ejecución.

En este caso la reparcelación se limitará a la redistribución material de los terrenos restantes y a establecer las cesiones en favor de la Administración y las indemnizaciones entre los afectados, incluidos los titulares de las superficies edificadas conforme al planeamiento.

2. La normalización de fincas procederá siempre que no sea necesaria la redistribución de beneficios y cargas de la ordenación entre propietarios afectados, pero sea preciso regularizar la configuración física de la fincas para adaptarlas a las exigencias del planeamiento.

La normalización de fincas se limitará a definir los nuevos linderos de las fincas afectadas de conformidad con el planeamiento, siempre que no afecte el valor de las mismas en proporción superior al quince por cien ni a las edificaciones existentes. Las diferencias se compensarán en metálico.

La normalización se tramitará por el Ayuntamiento, de oficio o a instancia de todos o alguno de los propietarios, con trámite de audiencia de quince días y citación personal a los interesados.

3. En todo lo demás, la reparcelación en las modalidades económicas o de normalización de fincas se regularán reglamentariamente.

⇒ V. arts. 67 y 68 del DF 85/1995, de 3 abril, que aprueba el Reglamento de desarrollo de la Ley Foral 10/1994, de 4 julio, de Ordenación del Territorio y Urbanismo (§45).
V. Jurisprudencia en arts. 125 y concordantes del TRLS/1976 (§3).
V. art. 116 del RGU (§3.2).

Sección 5ª Sistema de ejecución forzosa

Artículo 171. Supuestos.

1. El sistema de ejecución forzosa podrá acordarse de oficio o a instancia de los propietarios de terrenos enclavados en la unidad de ejecución que representen, al menos, el veinticinco por cien de la superficie total, en cualquiera de los siguientes supuestos:

a) Cuando así se estableciera por la Administración como sistema de actuación.

b) Por no presentar los propietarios ante la Administración actuante el proyecto de Estatutos de la Junta de Compensación en el plazo máximo de seis meses desde la aprobación definitiva del Plan o, en su caso, en el plazo que establezca éste.

c) Por no constituirse la Junta de Compensación en el plazo de tres meses desde la aprobación definitiva de los Estatutos.

d) Por no presentar la Junta de Compensación ante la Administración actuante el Proyecto de Reparcelación en el plazo de seis meses desde que se hubiera constituido la Junta.

2. En los supuestos b), c) y d) del número anterior, cuando se acredite por los propietarios de terrenos enclavados en la unidad de ejecución que representen al menos el 25% de superficie total, la imposibilidad de haberse *procedido a la presentación* de Estatutos, constitución de la Junta o aprobación por ésta del Proyecto de Reparcelación en los plazos fijados; soliciten la aplicación del sistema de ejecución forzosa; y, aporten fianza equivalente

al valor urbanístico de los terrenos, la Administración actuante, mediante resolución motivada, deberá acordar la aplicación del mismo.

3. El sistema de ejecución forzosa sólo podrá ser sustituido por el de expropiación.

Artículo 172. Iniciativa de cooperativas y promotores de viviendas de protección oficial.

El sistema de ejecución forzosa podrá ser establecido a instancia de cooperativas u otros promotores de viviendas que se comprometan a la construcción de viviendas de protección oficial previstas por el planeamiento para un determinado sector o unidad de ejecución, siempre que se garantice la ejecución de, al menos, el cincuenta por cien de las viviendas de protección oficial contenidas en el ámbito correspondiente.

La Administración actuante aceptará la aplicación del sistema en este supuesto cuando los peticionarios aporten fianza equivalente al valor urbanístico de los terrenos.

Artículo 173. Iniciación del sistema.

El acuerdo de iniciación del sistema se notificará a los propietarios afectados para que, en un plazo de quince días, prorrogable por otro igual, manifiesten en su caso su voluntad de incorporarse a la gestión.

Artículo 174. Gastos del sistema.

1. El pago de los gastos derivados del planeamiento, gestión y urbanización se distribuirá proporcionalmente al porcentaje de los terrenos que se aporten respecto del total de la unidad. No obstante, la Administración titular de la cesión obligatoria y gratuita del aprovechamiento que le corresponda no participará en los costes de urbanización correspondientes a dicho aprovechamiento, distribuyéndose tales costes entre los propietarios en proporción al porcentaje de los terrenos que aporten.

✐ Ap. 1 modificado por el art. 8 de la Ley Foral 24/1998, de 30 diciembre.

2. Los propietarios no incorporados no participarán en el abono de dichos gastos, estando a lo dispuesto en el artículo 181 de esta Ley Foral.

Artículo 175. Ocupación de terrenos.

1. El acuerdo de aplicación del sistema de ejecución forzosa faculta a la Administración urbanística actuante para ocupar los terrenos afectados por los sistemas generales de la ordenación urbanística que, previstos en el planeamiento, resulten necesarios para la ejecución de la unidad de que se trate.

2. Esa ocupación no podrá tener lugar hasta que se inicie el procedimiento de reparcelación de la unidad donde los propietarios afectados por los sistemas generales hayan de hacer efectivos sus derechos si la Administración no hiciese uso de su potestad expropiatoria.

⇒ V. art. 10 del DF 85/1995, de 3 abril, que aprueba el Reglamento de desarrollo de la Ley Foral 10/1994, de 4 julio, de Ordenación del Territorio y Urbanismo (§45).

Artículo 176. Comisión gestora.

1. En el sistema de ejecución forzosa las funciones de gobierno y administración quedarán encomendadas a una Comisión gestora cuya naturaleza y facultades, excepto en las preceptuadas en la presente Ley Foral a favor de la Administración urbanística actuante, serán las mismas que las asignadas a las Juntas de Compensación.

2. La Administración actuante podrá designar a la mitad de los miembros de dicha Comisión gestora, siendo la otra mitad nombrada por los propietarios incorporados al sistema.

3. Los estatutos de dicha Comisión gestora se aprobarán de oficio por la Administración actuante al acordar el sistema. Las normas de régimen interior serán aprobadas por la propia Comisión.

Artículo 177. Proyecto de Reparcelación.

1. Una vez constituida la Comisión gestora, ésta acordará en su primera sesión la iniciación del Proyecto de Reparcelación, el cual podrá incluir además:

a) El suelo necesario para sufragar los costos previstos de planeamiento, gestión del sistema y urbanización.

b) El suelo necesario para hacer frente, en la liquidación del sistema, a posibles rectificaciones de valoraciones y desajustes en los costos reales y las previsiones del planeamiento, gestión y urbanización.

2. La Administración urbanística actuante, a propuesta de la Comisión gestora y a su favor, acordará la ocupación inmediata de los terrenos, lo que implicará el traspaso a la Comisión, como fiduciaria, de las facultades dispositivas de los propietarios afectados.

3. Si los propietarios afectados por la ocupación demostraran que sus terrenos constituyen la única o predominante fuente de ingresos con que cuentan, tendrán derecho a percibir una indemnización equivalente a la rentabilidad demostrada, durante el período que medie entre la ocupación efectiva y la adjudicación que les corresponda, o la expropiación de su derecho.

4. El Proyecto de Reparcelación se tramitará por la Administración conforme a las reglas previstas para los Proyectos de Reparcelación del sistema de compensación.

⇒ V. arts. 6 y concordantes del RD 1093/1997, de 4 julio (§2.1).

Artículo 178. Facultades de la Comisión gestora para la financiación del sistema.

1. La Comisión gestora podrá enajenar, mediante licitación pública, todos o parte de los terrenos a que se hace referencia en el apartado 1 a) del artículo anterior con la finalidad prevista en el mismo.

2. La Comisión gestora acordará la forma de realización de las obras y su financiación, con facultad para concertar créditos, incluso dando en garan-

tía los terrenos a que se hace referencia en los apartados a) y b) del número 1 del artículo anterior.

3. La ejecución de las obras podrá contratarse con empresas urbanizadoras y satisfacerse su precio, total o parcialmente, con el importe de la enajenación del suelo previsto a tal fin conforme al artículo anterior. Si hubiese asentimiento de los propietarios que representen más del cuarenta por cien de los terrenos afectados por la ejecución forzosa y de la empresa urbanizadora, las obras podrán pagarse en terrenos, edificabilidad o unidades de aprovechamiento.

4. En todo caso, la selección de la empresa urbanizadora se realizará por concurso público, con arreglo a las normas por las que se rija la Administración actuante. Su vinculación a la ejecución de las obras no supondrá necesariamente la adquisición de la condición de miembro de la Comisión gestora, salvo en el supuesto de que se le abone total o parcialmente en terrenos, edificabilidad o unidades de aprovechamiento.

Artículo 179. Programa de construcción.

La Comisión gestora podrá, al iniciar su actuación o en el curso de ella, acordar por mayoría absoluta un programa de construcción, respetando el derecho de los propietarios a edificar en las parcelas que les correspondan en proporción a sus aportaciones.

Su cumplimiento podrá encomendarse a los propietarios o adjudicarse a una empresa por los mismos trámites previstos para la adjudicación de las obras de urbanización.

Podrá, igualmente, adjudicar a un tiempo las obras de urbanización y de edificación, sin que dicha adjudicación lleve consigo necesariamente la adquisición de la condición de miembros de la Comisión por parte del adjudicatario.

Artículo 180. Control público sobre la Comisión gestora.

La Administración actuante ejercerá sobre la Comisión gestora las facultades de control que esta Ley Foral le otorga sobre las Juntas de Compensación y, además, las siguientes:

a) Resolver los recursos administrativos contra los acuerdos de la Comisión gestora.

b) Inspeccionar en cualquier momento su funcionamiento.

c) Aprobar la cuenta de liquidación final.

Artículo 181. Adjudicación de terrenos.

1. Terminada la obra urbanizadora y cubierta la diferencia que pudiera resultar entre costos reales y previstos de planeamiento, gestión y urbanización, los terrenos que no hayan sido objeto de cesión obligatoria o enajenación, a los fines de sufragar los gastos, se adjudicarán a los propietarios integrados en la gestión en proporción a su aportación inicial y contribución

a los gastos, adjudicando el resto entre los propietarios no integrados en proporción a sus aportaciones de terrenos.

La Comisión gestora podrá acordar por mayoría absoluta la enajenación por subasta pública de los terrenos resultantes una vez hecha la adjudicación a los propietarios integrados en la gestión, abonando el saldo resultante a los propietarios no integrados en proporción a su participación en la unidad.

2. En el supuesto de estimarse recursos contra los acuerdos de la Comisión gestora que lesionen derechos económicos, ésta podrá acordar la compensación económica de los mismos, sin modificar las adjudicaciones de terrenos.

Sección 6ª Sistema de expropiación

Artículo 182. Aplicación del sistema.

La aplicación del sistema de expropiación exigirá la formulación de la relación de propietarios y descripción de bienes y derechos afectados en la unidad de ejecución. Dicha relación habrá de ser aprobada definitivamente por la Administración expropiante, previa la apertura de un período de información pública por plazo de quince días.

⇒ V. arts. 33 a 40 de la Ley 6/1998, de 13 abril (§1).
V. arts. 22 y concordantes del RD 1093/1997, de 4 julio (§2.1).
V. Jurisprudencia en arts. 134, 135 y concordantes del TRLS/1976 (§3).

Artículo 183. Liberación de expropiaciones.

1. En la aplicación del sistema de expropiación, los órganos expropiantes podrán, excepcionalmente, liberar de la misma, mediante la imposición de las oportunas condiciones, a determinados bienes de propiedad privada o patrimoniales.

2. Si el órgano expropiante estimase justificada la petición de liberación, señalará al propietario de los bienes afectados por la liberación las condiciones, términos y proporción en que el mismo habrá de vincularse a la gestión urbanística. Se fijarán, asimismo, las garantías para el supuesto de incumplimiento. En todo caso, el liberado quedará sujeto al cumplimiento de los deberes básicos establecidos en la legislación.

3. Aceptadas por el propietario las condiciones fijadas, el órgano expropiante, previa apertura de un período de información pública de quince días, dictará la correspondiente resolución, que se publicará en el «Boletín Oficial de Navarra». Si esta resolución se dictara con posterioridad al pago y ocupación de los bienes objeto de liberación, deberá acordarse la previa reversión de tales bienes a favor de su titular.

4. Si el expropiante no fuera el Ayuntamiento, se oirá a éste.

5. El incumplimiento de los deberes urbanísticos básicos establecidos en la resolución liberatoria por parte de los propietarios de bienes liberados determinará la expropiación por incumplimiento de la función social de la propiedad o, en su caso, el ejercicio de la vía de apremio.

Artículo 183 bis. La Administración titular de la cesión obligatoria y gratuita del aprovechamiento que le corresponda no participará en los costes de urbanización correspondientes a dicho aprovechamiento, distribuyéndose estos costes entre los propietarios en proporción al porcentaje de los terrenos que aporten.

✐ Artículo añadido por el art. 9 de la Ley Foral 24/1998, de 30 diciembre.

⇒ Téngase en cuenta que los arts. 54 y 55 de la LEF han sido modificados por la disp. adic. 5ª de la Ley 38/1999, de 5 noviembre, de Ordenación de la Edificación (§1.1).

Sección 7ª Ejecución de los Programas de Actuación Urbanística

Artículo 184. Ejecución de los Programas de Actuación Urbanística.

De conformidad con las determinaciones y los criterios que señala el Plan Municipal, los Municipios podrán ejecutar y, en su caso, formular Programas de Actuación Urbanística:

a) Por sus propios medios.

b) Mediante concurso convocado al efecto.

c) Mediante convenio con, al menos, el 50% de propietarios del ámbito afectado, de acuerdo con lo previsto en el artículo 140 de esta Ley Foral.

⇒ V. art. 4 de la Ley 6/1998, de 13 abril (§1).
V. Jurisprudencia en arts. 146 y concordantes del TRLS/1976 (§3).

Artículo 185. Concursos para la formulación y la ejecución de Programas de Actuación Urbanística.

1. Los Municipios, de oficio o a instancia de parte, podrán convocar concursos para la formulación y ejecución de programas de actuación urbanística, de conformidad con las determinaciones y los criterios que, a este efecto, señale el Plan Municipal.

2. Las bases del concurso señalarán las zonas aptas para la localización de las actuaciones, la magnitud de las superficies urbanizables, las exigencias mínimas del planeamiento en relación con las determinaciones y criterios que a estos efectos establezca el Plan Municipal, con señalamiento de los usos generales a que se destine la actuación, las determinaciones sobre programación previstas en la presente Ley Foral, las garantías y sanciones en caso de incumplimiento y las demás circunstancias que configuren la referida actuación.

3. En las bases se concretarán, asimismo, las demás obligaciones que deben asumir los adjudicatarios respecto a la ejecución del programa, que comprenderán, cuando menos, las siguientes:

a) Cesión gratuita al Municipio de los terrenos destinados a dotaciones públicas.

b) Construcción de la red viaria completa de la zona de actuación y de las redes de abastecimiento de agua y energía eléctrica, saneamiento, alumbrado público y demás servicios que, en su caso, se prevean.

c) Construcción de las necesarias conexiones en el exterior de la zona de actuación, con las redes señaladas en el apartado anterior.

d) Previsión y ejecución de dotaciones adecuadas a las dimensiones y finalidad de la actuación que, cuando se trate de uso residencial, consistirán, como mínimo, en la creación de espacios verdes públicos y en la construcción de centros docentes, sociales y comerciales.

e) La cesión de los terrenos en los que se localice el aprovechamiento correspondiente a la Administración, que podrá ser superior al establecido con carácter general en la presente Ley Foral.

f) Los precios máximos de venta o alquiler de las edificaciones, cuando en las propias bases así se exija.

⇒ V. Jurisprudencia en arts. 147 y concordantes del TRLS/1976 (§3).

Artículo 186. Adjudicación.

1. Las bases serán redactadas y aprobadas por el Ayuntamiento que convoque el concurso.

2. La adjudicación del concurso se otorgará por la misma Entidad que lo convocó.

3. En el acto de adjudicación del concurso se determinará el sistema de actuación aplicable.

⇒ V. Jurisprudencia en arts. 147 y concordantes del TRLS/1976 (§3).

Artículo 187. Redacción del Programa de Actuación Urbanística.

Adjudicado el concurso, se procederá por el concursante seleccionado a redactar el correspondiente Programa de Actuación Urbanística de acuerdo con el planeamiento aprobado.

⇒ V. Jurisprudencia en arts. 148 y concordantes del TRLS/1976 (§3).

Artículo 188. Formulación directa y concurso para la ejecución.

De haberse formulado directamente Programas de Actuación Urbanística por los Ayuntamientos, éstos podrán convocar concursos para la ejecución y desarrollo de los mismos, con sujeción a las leyes y disposiciones que regulan sus respectivas competencias. Las bases del correspondiente concurso se ajustarán a lo dispuesto en esta Sección.

⇒ V. Jurisprudencia en arts. 149 y concordantes del TRLS/1976 (§3).

Artículo 189. Ejecución de los Programas de Actuación Urbanística por expropiación.

En la ejecución de los programas de actuación urbanística por expropiación, corresponderá al adjudicatario la condición jurídica de beneficiario. La determinación del sistema se efectuará por la Administración en la forma prevista por esta Ley Foral.

⇒ V. Jurisprudencia en arts. 151 y concordantes del TRLS/1976 (§3).

Artículo 190. Incumplimiento de las obligaciones por el adjudicatario.

El incumplimiento de las obligaciones contraídas por el adjudicatario facultará a la Administración para la resolución del Convenio y para declarar la caducidad del Programa de Actuación Urbanística respecto de la parte pendiente de ejecución, sin perjuicio de las medidas que procedan, establecidas en las bases del concurso.

⇒ V. Jurisprudencia en arts. 153 y concordantes del TRLS/1976 (§3).

CAPÍTULO IV
Actuaciones asistemáticas en suelo urbano

Sección 1ª Transferencias de aprovechamientos

Artículo 191. Ajuste de aprovechamientos.

1. En suelo urbano de Municipios con población superior a cincuenta mil habitantes de derecho y en aquellos Municipios en que sean de aplicación las disposiciones específicas relativas a la delimitación de áreas de reparto y cálculo del aprovechamiento tipo, cuando no se actúe a través de unidades de ejecución, el ajuste entre los aprovechamientos susceptibles de apropiación y los reales permitidos por el planeamiento se producirá en la forma regulada en los artículos siguientes de este Capítulo.

2. En los demás Municipios no incluidos en el número anterior, cuando no se actúe a través de unidades de ejecución, el aprovechamiento susceptible de apropiación en suelo urbano y el aprovechamiento permitido por el planeamiento serán iguales, sin perjuicio del deber del propietario de asumir, a su costa, las cargas de urbanización que le imponga dicho planeamiento.

⇒ V. art. 3 del DF 33/1995, de 13 febrero, por el que se aprueba el régimen urbanístico transitorio de los municipios de más de cincuenta mil habitantes que no cuenten con Plan General de Ordenación Urbana adaptado (§45.1).

Artículo 192. Plazos para la solicitud de licencia.

La solicitud de licencia de edificación deberá presentarse en los plazos a que se refiere el artículo 16, a partir de la adquisición del derecho al aprovechamiento urbanístico, salvo que el planeamiento estableciera otros. En el momento de la solicitud, la parcela correspondiente deberá tener la condición de solar o garantizarse su simultánea urbanización.

Artículo 193. Modalidades.

Si el aprovechamiento permitido sobre la parcela excediera del susceptible de apropiación por su titular, sólo podrá materializarse dicho exceso a través de alguno de los procedimientos siguientes:

a) El titular podrá adquirir, por medio de acuerdo de cesión, los aprovechamientos precisos de otro propietario cuyo aprovechamiento susceptible de apropiación sea superior al real asignado a su parcela no incluida en unidad de ejecución. También podrá adquirir dichos aprovechamientos el propietario cuyo terreno esté afecto a un uso dotacional público local y no incluido en una unidad de ejecución.

Asimismo, ambos propietarios podrán alcanzar un acuerdo de distribución de aprovechamientos en la parcela con exceso de aprovechamiento real.

b) El titular podrá comprar directamente a la Administración los aprovechamientos precisos.

c) El titular podrá ceder a la Administración otros terrenos de su propiedad afectos a sistemas generales o dotacionales locales no incluidos en unidades de ejecución.

Artículo 194. Parcela con aprovechamiento lucrativo nulo o inferior al patrimonializable.

1. Si el aprovechamiento lucrativo real de la parcela fuera nulo por estar afectado a uso dotacional público, el aprovechamiento susceptible de apropiación correspondiente podrá ser objeto de acuerdo de cesión o distribución con propietario que se encuentre en situación inversa o de venta directa a la Administración actuante.

2. Si el aprovechamiento lucrativo real de la parcela fuera inferior al aprovechamiento susceptible de apropiación correspondiente, la diferencia entre ambos podrá ser objeto de los acuerdos de cesión, distribución o venta a que se refiere el número anterior. En defecto de estos acuerdos, el aprovechamiento susceptible de apropiación no materializable deberá ser expropiado por la Administración antes de la siguiente revisión del programa de actuación del Plan Municipal, siempre que en dicho momento, en ejecución de este plan, se hubiera ya edificado la parcela correspondiente u obtenido la preceptiva licencia de edificación.

3. Si revisado el programa de actuación, no se hubiera llevado a efecto la expropiación, será aplicable lo dispuesto en la legislación estatal sobre inicio, por el titular de los bienes, del expediente de justiprecio por ministerio de la ley.

Artículo 195. Proyecto con aprovechamiento superior al patrimonializable.

1. Si el proyecto presentado para la obtención de licencia de edificación fuera conforme con la ordenación urbanística, pero el solicitante no dispusiera de los aprovechamientos urbanísticos precisos para agotar el aprovechamiento previsto en aquél, la Administración, con suspensión del plazo para resolver sobre su otorgamiento, notificará esta circunstancia al interesado, concediéndole un plazo de seis meses para que acredite haber alcanzado, mediante acuerdo de cesión, distribución o compra directa, los aprovechamientos necesarios.

2. Transcurrido dicho plazo sin que se acredite esta circunstancia, el solicitante deberá presentar nuevo proyecto ajustado al aprovechamiento a que tuviera derecho, en un nuevo plazo de seis meses.

3. Lo dispuesto en los número anteriores no regirá en los supuestos contemplados para el ajuste urbanístico en caso de condiciones mínimas de altura y volumen.

⇒ V. art. 103 de la presente Ley.

Artículo 196. Proyecto que no agota el aprovechamiento real.

1. Cuando, solicitada licencia de edificación, se compruebe que el proyecto es ajustado al aprovechamiento susceptible de apropiación, pero no agota el aprovechamiento urbanístico real de la parcela, la Administración comunicará esta circunstancia al interesado, concediéndole un plazo de seis meses para que, previos los acuerdos de cesión, distribución o compra directa de aprovechamientos, pueda presentar proyecto que agote dicho aprovechamiento.

2. Por renuncia expresa a la presentación del proyecto o transcurrido dicho plazo sin que ello se produzca, procederá el otorgamiento de la licencia conforme al proyecto inicialmente presentado.

3. Lo dispuesto en los números anteriores no regirá en los supuestos contemplados en el artículo siguiente.

Artículo 197. Ajuste en caso de condiciones mínimas de altura o volumen.

1. Cuando el planeamiento establezca, para una determinada zona, unas condiciones urbanísticas de volumen o alturas con el carácter de mínimas y el proyecto presentado para la obtención de licencia no las alcanzara o, alcanzándolas, excediera del aprovechamiento atribuible a la parcela del solicitante, sumados, en su caso, los adquiridos conforme al artículo 193, la Administración exigirá, en el primer caso, la presentación de nuevo proyecto ajustado a aquéllas, señalando los aprovechamientos urbanísticos que el solicitante ha de adquirir, y sólo esto último en el segundo.

2. Lo dispuesto en el número anterior se aplicará igualmente en aquellas zonas en las que el Ayuntamiento, tras constatar un notorio desajuste entre los aprovechamientos reales y los materializados por los solicitantes de licencias, así lo acuerde. Para la adopción de este acuerdo, deberá observarse el procedimiento de delimitación de unidades de ejecución.

Artículo 198. Imposición coactiva de la transferencia.

1. Si en los seis meses siguientes al requerimiento que a tal fin se practique no se acredita la adquisición de los aprovechamientos precisos ni se ingresa o afianza el importe fijado y, en su caso, se presenta el nuevo proyecto para obtención de la licencia, la Administración resolverá, en otro plazo de igual duración, sobre la imposición coactiva de la transferencia de aprovechamiento o la expropiación de la parcela por el valor urbanístico correspondiente al aprovechamiento susceptible de apropiación por su titular.

2. Procederá el afianzamiento cuando surja discrepancia sobre la cuantía de los aprovechamientos a adquirir o su valoración.

⇒ V. arts. 38 y concordantes del RD 1093/1997, de 4 julio (§2.1).

Artículo 199. Transferencias y localización de las parcelas.

1. En las transferencias de aprovechamientos en que intervenga la Administración deberá tenerse en cuenta el valor urbanístico correspondiente a la localización de la parcela de que se trate.

2. Cuando la transferencia tenga lugar entre distintas parcelas, deberá tenerse en cuenta el valor urbanístico, según su localización, de las parcelas de procedencia y de destino para establecer una adecuada correspondencia.

⇒ V. arts. 33 y concordantes del RD 1093/1997, de 4 julio (§2.1).

Sección 2ª Intervención mediadora de la Administración en las transferencias de aprovechamiento

Artículo 200. Adquisición de aprovechamientos por la Administración.

1. Al objeto de facilitar la ejecución del planeamiento, la Administración actuante podrá adquirir los aprovechamientos susceptibles de apropiación derivados de la titularidad de una parcela no susceptibles de materialización sobre la misma, por su valor urbanístico.

2. El pago podrá hacerse en metálico o, siempre que hubiere acuerdo con el interesado, en terrenos o mediante la atribución de aprovechamientos en parcelas determinadas.

Artículo 201. Transmisión de aprovechamientos.

Con la finalidad expresada en el artículo anterior, la Administración, a instancia de los propietarios de parcelas cuyo aprovechamiento real exceda del susceptible de adquisición, deberá transmitir los aprovechamientos precisos para su completa materialización al precio resultante de la aplicación del valor urbanístico regulado en la legislación básica del Estado.

⇒ V. arts. 33 y concordantes del RD 1093/1997, de 4 julio (§2.1).

Artículo 202. Ofrecimientos de adquisición o transmisión.

1. La Administración actuante, de conformidad con lo dispuesto en los artículos anteriores, podrá formular los ofrecimientos de adquisición o transmisión de aprovechamientos urbanísticos con la antelación suficiente para permitir que la edificación se produzca simultáneamente al reajuste entre aprovechamientos reales y susceptibles de apropiación.

2. Las transferencias de aprovechamientos podrán imponerse con carácter coactivo en los supuestos contemplados en el artículo 201.

Sección 3ª Registro de Transferencias de Aprovechamientos

Artículo 203. Registro de Transferencias y Registro de la Propiedad.

Los Ayuntamientos a los que sean de aplicación las disposiciones contenidas en este Capítulo deberán crear un Registro de Transferencias de Aprovechamientos en el que se inscribirán, al menos, los siguientes actos:

a) Los acuerdos de cesión o distribución de aprovechamientos urbanísticos celebrados entre particulares, que deberán constar en documento público.

b) Los acuerdos de compra, venta o cesión por cualquier título de aprovechamientos urbanísticos celebrados entre la Administración actuante y los particulares.

c) Las transferencias coactivas de aprovechamientos urbanísticos.

⇒ V. arts. 33 y concordantes del RD 1093/1997, de 4 julio (§2.1).

Artículo 204. Certificación previa a la inscripción en el Registro de la Propiedad.

1. No podrá inscribirse en el Registro de la Propiedad acto o acuerdo alguno de transferencia de aprovechamientos urbanísticos sin que se acredite, mediante la oportuna certificación municipal expedida al efecto, su previa inscripción en el Registro de Transferencias de Aprovechamientos.

2. Para la inscripción en el Registro de Transferencias de Aprovechamientos será preciso acreditar la titularidad registral de la parcela o parcelas a que la transferencia se refiera, exigiéndose, en caso de existencia de cargas, la conformidad de los titulares de éstas.

CAPÍTULO V
Obtención de terrenos dotacionales

Artículo 205. Suelo urbano con aprovechamiento tipo.

1. Los terrenos destinados a sistemas generales adscritos o en suelo urbano se obtendrán:

a) Cuando estén incluidos en áreas de reparto, mediante los procedimientos previstos en esta Ley Foral vinculados a la delimitación de integración en unidades de ejecución y, en su defecto, por expropiación u ocupación directa.

b) Cuando estén excluidos de dichas áreas, mediante expropiación u ocupación directa.

2. Los terrenos destinados a dotaciones públicas de carácter local no incluidos en unidades de ejecución se obtendrán:

a) Mediante transferencia, en virtud del correspondiente acuerdo de cesión, venta o distribución, de los aprovechamientos urbanísticos susceptibles de adquisición por su titular.

b) En defecto del anterior procedimiento o de un acuerdo que concrete el derecho de aprovechamiento urbanístico sobre la propia parcela o sobre otras parcelas urbanísticas incluidas en la misma área de reparto, mediante expropiación u ocupación directa.

⇒ V. arts. 29 y concordantes del RD 1093/1997, de 4 julio (§2.1).
V. art. 10 del DF 85/1995, de 3 abril, que aprueba el Reglamento de desarrollo de la Ley Foral 10/1994, de 4 julio, de Ordenación del Territorio y Urbanismo (§45).

Artículo 206. Suelo urbano sin aprovechamiento tipo.

En los Municipios donde no deban regir las disposiciones sobre delimitación de áreas de reparto y cálculo del aprovechamiento tipo en suelo urbano, los sistemas generales adscritos, o en suelo urbano y las dotaciones locales incluidas en éste y excluidas de las unidades de ejecución, se obtendrán por expropiación o por cesión gratuita a cuenta de unidades de ejecución con exceso de aprovechamiento.

Artículo 207. Suelo urbanizable programado.

La obtención de los terrenos destinados a sistemas generales adscritos, o en suelo urbanizable programado se producirá por ocupación directa o mediante expropiación.

Artículo 208. Expropiación y ocupación directa.

En el supuesto de expropiación de sistemas generales adscritos, o en suelo urbanizable, la Administración se integrará, con el carácter de subrogada, en las unidades de ejecución a las que se hubiera adscrito o se adscribiere la superficie correspondiente a efectos de gestión.

La obtención de terrenos dotacionales por el procedimiento de ocupación directa se regulará por lo dispuesto en la legislación básica del Estado.

⇒ V. arts. 42 y concordantes del RD 1093/1997, de 4 julio (§2.1).

TÍTULO V
EXPROPIACIONES Y RÉGIMEN DE VENTA FORZOSA

CAPÍTULO I
Expropiaciones

Artículo 209. Supuestos expropiatorios.

La expropiación se aplicará para los siguientes supuestos y finalidades:

a) Ejecución del planeamiento urbanístico para garantizar la disponibilidad de suelo urbanizado en lugar y tiempo adecuados y la promoción de viviendas o de usos industriales o terciarios.

b) Constitución de reservas de suelo para la promoción de viviendas o de usos industriales o terciarios en aquellas zonas delimitadas con arreglo a esta Ley Foral o en aquellas zonas previstas en el planeamiento comarcal o local.

c) Por incumplimiento de deberes urbanísticos en los siguientes casos:

1º Por haberse realizado actos de parcelación, usos de suelo o edificación que legalmente estén definidos como infracción urbanística grave o muy grave, ya sean realizados sin licencia o sin ajustarse a las condiciones de la misma cuando la hubiere. En estos casos se deducirá del justiprecio el importe de la multa que procediera.

2º Por no tramitar el planeamiento parcial, así como los proyectos de urbanización, de reparcelación y los documentos de constitución de la Junta de Compensación, en los plazos respectivamente establecidos.

3º Por no colaborar en las obligaciones que le correspondan como miembro de la Junta de Compensación para ejecutar el planeamiento. En este caso el beneficiario de la expropiación será la Junta de Compensación.

4º Por no realizar el propietario las cesiones, cargas y obligaciones a que se refiere esta Ley Foral, así como por no costear la urbanización.

5º Por incumplimiento de la función social de la propiedad, motivado por inobservancia de los plazos fijados para la urbanización de los terrenos y la edificación de los solares, o, en general, de los deberes básicos establecidos en esta Ley Foral.

d) Cuando se haya establecido este sistema para la unidad de ejecución correspondiente.

e) Para la realización de actuaciones aisladas en suelo urbano.

f) El establecimiento de sistemas generales, equipamientos y dotaciones que no deban ser objeto de cesión en la ejecución del planeamiento, o no puedan ser objeto de compensación por las fórmulas legales vigentes.

g) Para la obtención anticipada de suelo destinado a sistemas generales en suelo urbanizable.

h) Para la constitución o ampliación de patrimonios públicos de suelo.

i) Para la obtención de terrenos destinados en el planeamiento a la construcción de viviendas de protección oficial u otro de régimen de protección pública, o a la obtención de terrenos con destino a instalaciones o industrias, así como a otros usos declarados expresamente de interés social.

j) Para la adquisición de terrenos o edificios con características históricas, artísticas o ecológicas.

k) En los demás supuestos legalmente previstos.

⇒ V. arts. 33 y concordantes de la Ley 6/1998, de 13 abril (§1).
V. Jurisprudencia en arts. 64 y concordantes del TRLS/1976 (§3).

Artículo 210. Expropiación de reservas y otros fines.

La expropiación de terrenos para la constitución de reservas o de patrimonios públicos de suelo, o para la obtención de terrenos destinados a la construcción de viviendas de un régimen de protección pública o cualesquiera otros fines declarados expresamente de interés social, podrá llevarse a cabo en:

a) Suelo no urbanizable o urbanizable no programado, conforme a las reglas contenidas en esta Ley Foral para la constitución de patrimonios públicos de suelo.

b) Suelo urbanizable programado, si bien sólo será posible la expropiación antes de la aprobación del Plan Parcial y, en los supuestos de vivienda, requerirá su inclusión en el correspondiente programa de actuación pública.

c) Suelo urbano, si bien no será posible la expropiación cuando en ejecución del planeamiento y dentro de los plazos previstos en el mismo, se hayan cumplido los deberes de cesión, equidistribución y urbanización.

Artículo 211. Procedimiento previo a la expropiación por incumplimiento de deberes urbanísticos.

1. Previamente al inicio del procedimiento de expropiación por incumplimiento de los deberes urbanísticos, la Administración actuante notificará al propietario y promotor, en su caso, el supuesto de incumplimiento que concurra, otorgándole un plazo de quince días para formular alegaciones.

2. A la vista de las alegaciones formuladas, la Administración concederá un plazo no inferior a un mes ni superior a tres para subsanar las causas que motivaron el expediente en las condiciones que se señalen.

3. Transcurrido el plazo previsto en el apartado anterior sin que se hayan cumplimentado las condiciones de subsanación, se iniciará el correspondiente expediente expropiatorio.

4. Si se cumplieran las condiciones de subsanación, se procederá a la incoación del correspondiente expediente sancionador, sustitutorio de la expropiación.

Artículo 212. Expropiación por infracción urbanística.

En la expropiación por causa prevista como infracción urbanística muy grave o grave que no hubiera prescrito, la indemnización no contabilizará las obras, construcciones, usos o actividades determinantes de la infracción y, en cualquier caso, no podrá generar un beneficio para el responsable de la infracción.

Artículo 213. Ejecución de la edificación en los casos de expropiación por incumplimiento del deber de edificar.

1. En el plazo de seis meses desde la expropiación de parcelas por incumplimiento del deber de edificar, la Administración actuante deberá resolver sobre el modo de llevar a cabo la edificación. Esta deberá iniciarse en el plazo de un año desde la fecha de la citada resolución.

2. A tal efecto, se adoptarán preferentemente modalidades de gestión directa o consorciales y, siempre que el planeamiento urbanístico les hubiera atribuido un uso residencial, deberán designarse los correspondientes terrenos a la construcción de viviendas al amparo de algún régimen de protección pública.

3. El incumplimiento de los plazos establecidos en el número 1 determinará la sujeción del terreno al régimen de venta forzosa.

Artículo 214. Superficies expropiables.

1. Se considerarán superficies expropiables las zonas laterales de influencia e incluso los sectores completos señalados en el Plan.

2. Si para la regularización o formación de manzanas o espacios libres conviniere suprimir algún patio, calle o plaza o porción de éstas, se expropiarán las fincas con fachada o luces directas sobre aquéllas, a solicitud de los propietarios.

Artículo 215. Constitución de servidumbres.

1. Cuando para la ejecución de un Plan no fuere menester la expropiación del dominio y bastare la constitución de alguna servidumbre sobre el mismo, prevista por el Derecho Privado o Administrativo, podrá imponerse, si no se obtuviere convenio con el propietario, con arreglo al procedimiento de la legislación sobre expropiación forzosa, siempre que no exceda la indem-

nización que procediere abonar de la mitad del importe de la que correspondería satisfacer por la expropiación absoluta.

2. Cuando hubieran de modificarse o suprimirse servidumbres privadas por estar en contradicción con las disposiciones del Plan, podrán expropiarse con arreglo al procedimiento de la citada legislación.

⇒ V. arts. 33 y concordantes de la Ley 6/1998, de 13 abril (§1).
V. art. 211 del TRLS/1992 (§2).
V. arts. 22 y concordantes del RD 1093/1997, de 4 julio (§2.1).
V. Jurisprudencia en arts. 68 y concordantes del TRLS/1976 (§3).

Artículo 216. Prohibición de construcciones en terrenos a expropiar.

Sobre la superficie objeto de expropiación no se podrá realizar construcción alguna ni modificar las existentes, salvo en casos concretos y excepcionales, previa autorización expresa del Organismo expropiante, que, de no ser el Ayuntamiento, lo comunicará a éste a efectos de la concesión de la oportuna licencia.

⇒ V. arts. 33 a 40 de la Ley 6/1998, de 13 abril (§1).
V. Jurisprudencia en arts. 137 y concordantes del TRLS/1976 (§3).

Artículo 217. Beneficios de la expropiación.

Los beneficios de la expropiación podrán extenderse a personas naturales o jurídicas conforme a la legislación sobre expropiación forzosa.

Las asociaciones de carácter social que actúen sin ánimo de lucro podrán tener la condición de beneficiarios, a efectos expropiatorios.

CAPÍTULO II
Régimen de la venta forzosa

Sección 1ª Disposiciones generales

Artículo 218. Venta forzosa por incumplimiento de deberes urbanísticos.

En los supuestos de incumplimiento de deberes urbanísticos, cuando la Administración actuante acuerde la aplicación del régimen de venta forzosa, la venta se realizará a través del procedimiento que se determina en el artículo siguiente.

⇒ V. art. 14 de la Ley 6/1998, de 13 abril (§1).
V. Jurisprudencia en arts. 156 y concordantes del TRLS/1976 (§3).
V. arts. 87 a 91 y concordantes del RD 1093/1997, de 4 julio (§2.1).

Artículo 219. Procedimiento.

1. La venta forzosa se ajustará al siguiente procedimiento:

a) La Administración actuante, previa audiencia al interesado por un plazo de quince días hábiles, declarará expresa y concretamente el incumplimiento de los deberes urbanísticos, y en la misma resolución acordará de oficio la aplicación del régimen de venta forzosa. La Administración remitirá al Registro de la Propiedad certificación de aquélla, para su constancia, a los efectos previstos en la legislación estatal.

b) El acuerdo de aplicación del régimen de venta forzosa contendrá la valoración del terreno conforme al grado de adquisición de facultades urbanísticas por su titular y determinará para éste la imposibilidad de proseguir el proceso urbanizador y edificatorio.

c) Acordada la aplicación del régimen de venta forzosa, y si la Administración actuante fuese el Ayuntamiento, éste procederá a ofertar el terreno afectado al Departamento de Ordenación del Territorio y Medio Ambiente para que se pronuncie en el plazo máximo de un mes sobre su adquisición por el valor urbanístico del aprovechamiento real correspondiente al terreno. Si el mencionado Departamento declinase el ofrecimiento o no contestase al mismo en el plazo indicado, el Ayuntamiento procederá en los cuatro meses siguientes a la convocatoria del concurso para la adjudicación de los terrenos o solares.

d) La convocatoria del concurso, que se publicará en el «Boletín Oficial de Navarra» y en uno de los periódicos de mayor difusión, incluirá las siguientes determinaciones:

– Emplazamiento, superficie y aprovechamiento del terreno solar.

– Precio mínimo del terreno a satisfacer por el adjudicatario, que en ningún caso podrá ser inferior al valor urbanístico del aprovechamiento real correspondiente a aquél.

– Plazo máximo para la realización de las obras de urbanización y edificación, o sólo de estas últimas si el terreno ya mereciera la calificación de solar.

– Precios máximos de venta o arrendamiento de las edificaciones resultantes de la actuación.

– Sujeción de las edificaciones resultantes a un derecho de tanteo y retracto a favor de la Administración actuante durante un período mínimo de ocho años. El procedimiento para ejercitar el derecho de tanteo y retracto será el regulado para las viviendas de protección oficial.

e) Si el concurso quedara desierto, la Administración podrá optar por la expropiación del terreno o solar o por su enajenación directa respetando, en todo caso, las determinaciones de la convocatoria del concurso.

2. La diferencia entre la valoración del terreno y el precio de adjudicación, corresponderá a la Administración actuante, que deberá destinarla a inversión en materia de urbanismo y vivienda.

3. El incumplimiento por el adjudicatario del concurso o de la enajenación directa de los plazos señalados dará lugar a la expropiación del terreno o solar por el precio mínimo señalado en la convocatoria, valorándose las obras de urbanización en el solo caso de estar completamente terminadas.

4. Los plazos señalados al adjudicatario para la urbanización y edificación no se alterarán aunque durante los mismos se efectuaran varias transmisiones de dominio.

Dichos plazos serán prorrogables por un año por la Administración actuante si mediara justa causa.

5. El adjudicatario del concurso tendrá la consideración de beneficiario de la expropiación.

⇒ V. DF 428/1996, de 30 septiembre, de estructura orgánica del Departamento, complementado por DF 122/1998, de 30 marzo, modificado por DF 93/1998, de 23 marzo y por DF 321/1997, de 3 noviembre.

Artículo 220. Transcurso de un año.

Transcurrido más de un año desde que se hubiera acordado la aplicación del procedimiento de venta forzosa a un concreto terreno o edificación sin que se hubiera convocado el concurso para la adjudicación del terreno, quedará sin efecto el procedimiento de venta forzosa incoado, con la particularidad de que el aprovechamiento susceptible de apropiación se reducirá en un 50 por 100. En este supuesto, la Administración no podrá acordar la expropiación o sujeción al régimen de venta forzosa de dichos terrenos en el plazo de dos años.

TÍTULO VI

INTERVENCIÓN ADMINISTRATIVA EN LA EDIFICACIÓN Y USO DEL SUELO Y DISCIPLINA Urbanísticas

CAPÍTULO I

Intervención en la edificación y uso del suelo

Sección 1ª Licencias urbanísticas

Artículo 221. Actos sujetos a licencia.

1. Estarán sujetos a previa licencia, sin perjuicio de las demás autorizaciones urbanísticas que fueran procedentes con arreglo a esta Ley Foral y de aquellas otras autorizaciones que procedan con arreglo a la legislación específica aplicable, los siguientes actos:

a) Las obras de construcción de edificaciones e instalaciones de todas clases de nueva planta.

b) Las obras de ampliación de edificios e instalaciones de todas clases existentes.

c) Las obras de modificación o reforma que afecten a la estructura o al aspecto exterior de los edificios e instalaciones de otras clases.

d) Las obras que modifiquen la disposición interior de los edificios, cualquiera que sea su uso.

e) Las obras y los usos que hayan de realizarse con carácter provisional.

f) Las parcelaciones urbanísticas y las segregaciones y divisiones de fincas rústicas.

g) Los movimientos de tierra, tales como desmontes, explanación, excavación y terraplenado, salvo que tales actos estén detallados y programados como obras a ejecutar en un Proyecto de Urbanización o de Edificación aprobado.

h) La primera utilización u ocupación de los edificios e instalaciones en general.

i) La demolición de las construcciones, salvo en los casos declarados de ruina inminente.

j) Las instalaciones que afecten al subsuelo.

k) La corta de arbolado y de vegetación arbustiva que constituyan masa arbórea, espacio boscoso, arbolado o parque, exista o no planeamiento aprobado, con excepción de las labores autorizadas por la legislación agraria.

l) La colocación de carteles visibles desde la vía pública y siempre que no estén en locales cerrados.

m) La construcción de presas, balsas, obras de defensa y corrección de cauces públicos, siempre que no constituyan obras públicas de interés general.

n) La extracción de áridos y la explotación de canteras, aunque se produzcan en terrenos de dominio público y estén sujetas a concesión administrativa.

ñ) El cerramiento de fincas.

o) Y, en general, los actos que reglamentariamente se señalen, por implicar obras o por suponer una mayor intensidad del uso del suelo o del subsuelo, un uso privativo de éstos o una utilización anormal o diferente del destino agrícola o forestal de los terrenos.

2. Cuando los actos de edificación y uso del suelo se realizaran por particulares en terrenos de dominio público, se exigirá también licencia, sin perjuicio de las autorizaciones o concesiones que sea pertinente otorgar por parte del ente titular del dominio público.

⇒ V. art. 2 de la Ley 6/1998, de 13 abril (§1).
V. DF 205/1996, de 6 mayo, que establece las unidades mínimas de cultivo para el Territorio de la Comunidad Foral.
V. art. 104.1 b) de la Ley Foral 2/1995, de 10 marzo, de Haciendas Locales de Navarra.
V. Jurisprudencia en arts. 178 y concordantes del TRLS/1976 (§3).

Artículo 222. Sujeción a la Ley y al planeamiento.

1. Las licencias se otorgarán de acuerdo con las previsiones de la legislación y del planeamiento.

2. En las actuaciones asistemáticas en suelo urbano, la licencia habrá de verificar también si el aprovechamiento proyectado se ajusta al susceptible de apropiación, debiendo procederse, en caso contrario, conforme a lo previsto para las transferencias de aprovechamiento.

⇒ V. Jurisprudencia en arts. 178 y concordantes del TRLS/1976 (§3).

Artículo 223. Procedimiento de otorgamiento.

El procedimiento de otorgamiento de las licencias se ajustará a las siguientes normas:

1ª La competencia para otorgarlas corresponderá al presidente de la entidad local, a no ser que se establezca otra cosa en disposiciones especiales o en la Ordenanza respectiva.

2ª Las peticiones de licencias para actos de edificación y uso del suelo cuyo otorgamiento competa al Ayuntamiento se resolverán en el plazo máximo de dos meses desde que se presente la documentación completa en el Registro General. Transcurrido dicho plazo sin haberse comunicado acto alguno, se entenderá otorgada la licencia por acto presunto, cuya eficacia se regirá por lo dispuesto en la legislación estatal sobre procedimiento administrativo común.

3ª Las peticiones de licencias para actos de edificación y uso del suelo cuyo otorgamiento competa al Concejo se formularán ante éste, y en su tramitación y resolución se estará a lo previsto en la Ley Foral 6/1990, de 2 de julio, de la Administración Local de Navarra.

4ª En ningún caso se entenderán otorgadas por acto presunto licencias en contra de la legislación o planeamiento urbanístico.

5ª En los supuestos previstos en esta Ley Foral, en que se precise autorización favorable del Departamento de Ordenación del Territorio y Medio Ambiente previa a la licencia, ésta sólo podrá solicitarse con posterioridad a que haya recaído la referida autorización y así se haya comunicado la resolución al interesado por la entidad local respectiva.

6ª Con carácter previo al otorgamiento de la licencia, se emitirá por el Secretario de la Corporación o por los servicios jurídicos de la entidad local allí donde estos últimos existieran, informe preceptivo sobre la conformidad de la licencia solicitada a la legalidad urbanística.

7ª Previamente a la concesión de licencias de construcción de viviendas de nueva planta, las entidades locales requerirán del Departamento competente en materia de vivienda, informe previo de habitabilidad, cuyo contenido se referirá exclusivamente a si las viviendas cumplen las condiciones de habitabilidad y normas básicas de edificación legal y reglamentariamente previstas.

8ª Toda denegación de licencia deberá ser motivada.

9ª Sin perjuicio del carácter reglado de las licencias urbanísticas, las Entidades Locales podrán denegar, en ejercicio de su potestad de defensa y recuperación de los bienes públicos, el otorgamiento de tales licencias si los terrenos o bienes afectados por la obra, instalación o actuación pertenecen al *dominio público*.

⇒ V. art. 181 de la Ley Foral 6/1990, de 2 julio, de la Administración Local de Navarra.

V. arts. 3 y 4 de la Ley 38/1999, de 5 noviembre Ordenación de la Edificación (§1.1).

V. DF 428/1996, de 30 septiembre, de estructura orgánica del Departamento, complementado por DF 122/1998, de 30 marzo, modificado por DF 93/1998, de 23 marzo y por DF 321/1997, de 3 noviembre.

V. Jurisprudencia en arts. 178 y concordantes del TRLS/1976 (§3).

Sección 2ª Deber de conservación, órdenes de ejecución de obras y ruina

Artículo 224. Deber de conservación.

1. Los propietarios de terrenos, urbanizaciones de iniciativa particular y edificaciones deberán mantenerlos en las condiciones de seguridad, salubridad y ornato y con sujeción a las normas sobre protección del medio ambiente, protección del patrimonio y rehabilitación urbana.

2. Los Municipios y, en su caso, los demás organismos competentes, ordenarán, de oficio o a instancia de cualquier interesado, la ejecución de las obras necesarias para conservar aquellas condiciones, con indicación del plazo de realización.

⇒ V. art. 19 de la Ley 6/1998, de 13 abril (§1).
V. art. 3 de la Ley 38/1999, de 5 noviembre, de Ordenación de la Edificación (§1.1).
V. Jurisprudencia en arts. 181 y concordantes del TRLS/1976 (§3).

Artículo 225. Órdenes de ejecución por motivos turísticos o culturales.

1. Los Ayuntamientos podrán también ordenar, por motivos de interés turístico o estético, la ejecución de obras de conservación y de reforma en fachadas o espacios visibles desde la vía pública, sin que estén previamente incluidas en plan alguno de ordenación.

2. Los propietarios de bienes incluidos en los catálogos a que se refiere esta Ley podrán recabar, para conservarlos, la cooperación de las Administraciones competentes, que habrán de prestarla en condiciones adecuadas cuando tales obras excedieran de los límites del deber de conservación.

⇒ V. arts. 245.1 y 246.2 del TRLS/1992 (§2).
V. art. 3 de la Ley 38/1999, de 5 noviembre, de Ordenación de la Edificación (§1.1).
V. Jurisprudencia en arts. 182 y concordantes del TRLS/1976 (§3).

Artículo 226. Declaración de ruina y edificios inadecuados.

1. Cuando alguna construcción o parte de ella estuviere en estado ruinoso, el Ayuntamiento, de oficio o a instancia de cualquier interesado, declarará esta situación y adoptará, previa audiencia del propietario y de los moradores y, en su caso, de conformidad con las previsiones del planeamiento, las medidas necesarias para asegurar la integridad física de los ocupantes y de terceras personas.

2. Se declarará el estado ruinoso en los siguientes supuestos:

a) Cuando el coste de las obras necesarias sea superior al 50 por 100 del valor actual del edificio o plantas afectadas, excluido el valor del terreno.

b) Cuando el edificio presente un agotamiento generalizado de sus elementos estructurales o fundamentales.

c) Cuando se requiera la realización de obras que no pudieran ser autorizadas por encontrarse el edificio en situación de fuera de ordenación.

3. Si el propietario no cumpliere lo acordado por el Ayuntamiento, lo ejecutará éste a costa del obligado.

4. Si existiere urgencia y peligro en la demora, el Alcalde, bajo su res-

ponsabilidad, por motivos de seguridad, dispondrá lo necesario para asegurar la integridad física de los ocupantes y de terceras personas.

5. Las edificaciones declaradas en ruina deberán ser sustituidas o rehabilitadas conforme a las previsiones del planeamiento en el plazo establecido por éste.

Agotados dichos plazos sin que el particular solicite licencia para la actuación correspondiente, la Administración sancionará el retraso con arreglo a esta Ley Foral.

6. El apartado anterior se aplicará a las edificaciones inadecuadas, entendiendo por tales aquellas que están destinadas en más de un cincuenta por cien de la superficie construida a un uso urbanístico contrario al establecido en el planeamiento.

Para la declaración de las edificaciones como inadecuadas será preceptiva la resolución expresa con audiencia del interesado.

En el supuesto de terreno con edificación declarada inadecuada, se aplicarán los criterios de valoración contenidos en la legislación del Estado.

⇒ V. art. 19 de la Ley 6/1998, de 13 abril (§1).
V. arts. 245.1 y 246.2 del TRLS/1992 (§2).
V. Jurisprudencia en arts. 183 y concordantes del TRLS/1976 (§3).

Jurisprudencia

«El *art. 226 de la Ley Foral 10/1994, de 4 julio*, de Ordenación del Territorio y Urbanismo, debe ser interpretado, *cuando se trata de supuestos, como el presente, en el que no puede individualizarse una de sus plantas del resto del edificio*, no tratándose de cuerpos separados, de modo que conlleva la ruina de una planta la de la totalidad del edificio, por no poder subsistir el mismo si se mantiene la ruina de una de sus plantas, afectando la ruina a todo el edificio como consecuencia de proyectarse sobre él todo el estado de ruina de una planta; en tales supuestos es claro que, conforme al principio de unidad predial, y a efectos de determinar si existe o no ruina, *ha de valorarse el coste de las obras a realizar en relación con el valor total del edificio, al resultar todo él afectado por la ruina.* No podemos, por tanto, compartir el criterio del recurrente en el sentido de que sólo ha de atenderse al valor de las plantas de su propiedad, y no de todo el edificio a efectos de determinar si se alcanza o no el citado 50 por 100». **(SAP Navarra 5 febrero 1999 [AC 1999, 370].)**

Artículo 227. Elementos y construcciones innecesarios.

1. El Consejero de Ordenación del Territorio y Medio Ambiente o el Alcalde podrán acordar en el suelo no urbanizable, y con carácter sustitutorio de los titulares de los predios, la realización de aquellas actuaciones necesarias para la eliminación de elementos, construcciones o instalaciones que no cumplan una función directamente relacionada con el destino o características de la finca, ni sean soporte o medio necesario para una actividad económica, residencial, cultural o social y supongan un deterioro físico y paisajístico.

2. El procedimiento para llevar a cabo las actuaciones a que se refiere el número anterior, será el siguiente:

a) Se requerirá al titular de la finca o instalación, a fin de que proceda a su eliminación en un plazo no superior a tres meses.

b) En el supuesto de que transcurrido el plazo no hubieran sido eliminados, el Consejero o el Alcalde dispondrán la eliminación por la Administración de las construcciones o elementos.

3. Los costes derivados de la eliminación serán satisfechos por el titular de la finca o actividad, procediéndose, en caso de impago, por la vía de apremio.

Sección 3ª Protección de la legalidad urbanística por las Entidades Locales

Artículo 228. Obras de edificación sin licencia o sin ajustarse a sus determinaciones en curso de ejecución.

1. Cuando se estuvieran ejecutando obras sin licencia, la Entidad Local dispondrá la suspensión inmediata de dichos actos y, previa la tramitación del oportuno expediente, adoptará alguno de los acuerdos siguientes:

a) Si las obras fueran incompatibles con la ordenación vigente, se decretará su demolición a costa del interesado en todo caso, procediéndose a la expropiación o sujeción al régimen de venta forzosa del terreno si el propietario no hubiera adquirido el derecho al aprovechamiento urbanístico o hubiera transcurrido el plazo para solicitar licencia.

b) Si las obras fueran compatibles con la ordenación vigente y el interesado hubiera adquirido el derecho al aprovechamiento urbanístico, se le requerirá para que en el plazo que establezca la legislación aplicable o, en su defecto, en el de dos meses, solicite la preceptiva licencia. De no tener adquirido dicho derecho o no solicitarse licencia, se acordará la expropiación o sujeción al régimen de venta forzosa del terreno correspondiente, con las obras existentes al tiempo de la suspensión.

2. Cuando las obras de edificación se realizasen contraviniendo las condiciones señaladas en la licencia u orden de ejecución, la Entidad Local competente dispondrá la suspensión inmediata de las obras ilegales y requerirá al interesado el ajuste de las obras a la licencia u orden en el plazo que se le señale, que no podrá exceder del fijado en dichos actos para finalizar las obras. La falta de ajuste en el mencionado plazo determinará la facultad de la Entidad Local que resulte competente, para acordar la expropiación o sujeción al régimen de venta forzosa del terreno correspondiente y de las obras realizadas de conformidad con la licencia u orden que puedan mantenerse, deduciéndose del justiprecio los costes de demolición que sean precisos.

⇒ V. arts. 56 y concordantes del RD 1093/1997, de 4 julio (§2.1).

Jurisprudencia

«El artículo 184.4 de la LS/1976 atribuía al Alcalde y al Gobernador Civil la competencia para ordenar, en defecto del Ayuntamiento, la demolición procedente.

Pero la cuestión de competencia "Alcalde-Pleno" no se resuelve por aplicación de esos preceptos sino de las que integran el régimen de la Administración Local.

Pues bien, la remisión que hacen los artículos 4 y 8 de la Ley Foral 6/1990, de 2 de julio de la Administración Local de Navarra a la legislación general del Estado sin perjuicio de las particularidades que resultan del propio régimen foral nos lleva al examen y aplicación del régimen de organización municipal previsto por el Capítulo II del Título II de la Ley 7/1985, de 2 de abril, de Bases del Régimen Local conforme al cual se atribuye a los Alcaldes como presidentes de la corporación aquellas funciones propias de los municipios no atribuidas a otros órganos municipales por la legislación del Estado o de las Comunidades Autónomas [artículo 21.1 m)].

El artículo 22.2 de la Ley 7/1985 enumera las materias que son competencia del Pleno, no incluyendo entre ellas la orden de demolición de obras la que tampoco viene atribuida a ese órgano por virtud de otra norma. Debe así concluirse que dicha actuación corresponde al Alcalde». **(STSJ Navarra 3 mayo 1999 [RJCA 1999, 1436]).**

⇒ V. Jurisprudencia en arts. 184 y concordantes del TRLS/1976 (§3).

Artículo 229. Obras terminadas sin licencia o sin ajustarse a sus determinaciones.

1. Si se hubiera concluido una edificación sin licencia, la Entidad Local, dentro del plazo de cuatro años a contar desde la total terminación de las obras, adoptará, previa la tramitación del oportuno expediente, alguno de los acuerdos siguientes:

a) Si la edificación fuera conforme con el planeamiento, se requerirá al interesado para que en el plazo que establezca la legislación aplicable o, en su defecto, en el de dos meses solicite la oportuna licencia. Esta deberá otorgarse si se hubiera ya adquirido el derecho al aprovechamiento urbanístico. En otro caso, la licencia quedará condicionada a que, en el plazo que se fije, se cumpla o garantice el deber de urbanizar y se abone, en su caso, el aprovechamiento materializado en exceso sobre el susceptible de apropiación, por su valor urbanístico.

La Entidad Local que resulte competente procederá a la expropiación o venta forzosa del terreno con la edificación, en los casos en que no se solicite la licencia o se incumplan las referidas condiciones.

b) Si la edificación fuera disconforme con el planeamiento, se dispondrá su demolición.

La Entidad Local que resulte competente procederá a la expropiación o sujeción al régimen de venta forzosa del terreno cuando al tiempo de su terminación no se hubiera adquirido el derecho al aprovechamiento urbanístico o hubiera transcurrido el plazo para solicitar licencia. En otro caso, habrá de solicitarse en el plazo que se señale.

2. Si se hubiere concluido una edificación contraviniendo las condiciones señaladas en la licencia u orden de ejecución, la Entidad Local, dentro del plazo de cuatro años, previa la tramitación del oportuno expediente, requerirá al interesado para que ajuste la edificación a la licencia u orden de ejecución o en caso de ser conforme con la legislación urbanística aplicable, solicite la oportuna licencia en el plazo que establezca la legislación aplicable o, en su defecto, en el de dos meses. Desatendido el requerimiento, se dispondrá por la Entidad Local la expropiación o sujeción al régimen de venta forzosa del terreno correspondiente y las obras realizadas, de conformidad

con la licencia u orden de ejecución que puedan mantenerse, deduciéndose del justiprecio los costes de las demoliciones precisas.

⇒ V. arts. 56 y concordantes del RD 1093/1997, de 4 julio (§2.1).

Jurisprudencia

«El art. 229 de la Ley Foral 10/1994 distingue dos supuestos: el de obras terminadas sin licencia y el de obras que no se ajustan a sus determinaciones. En el primer caso se dispondrá la demolición si la obra fuere disconforme con el planeamiento –apartado 1 b)–; en el segundo caso la Entidad local sólo podrá acordar la demolición si el interesado desatiende el requerimiento previo para ajustar la edificación a la licencia (apartado 2 de la misma Norma). Cierto es que el Ayuntamiento del Valle de Bertizarana con fecha 28-1-1995 había acordado requerir al Departamento de Industria, Comercio, Turismo y Trabajo para que en el plazo de 10 días comunicase por escrito su intención de remodelar o derribar los boxes, contrarios a la normativa (hoja 23 de la relación de documentos presentados por el Departamento de Industria) pero tal requerimiento no cumple las exigencias del art. 229.2 de la Ley 10/1994 pues no fija las condiciones señaladas en la licencia que se hayan contravenido y a las que haya de ajustarse la edificación». **(STSJ Navarra 4 enero 1999 [RJCA 1999, 81]).**

⇒ V. Jurisprudencia en arts. 185 y concordantes del TRLS/1976 (§3).

Artículo 230. Otros actos sin licencia o sin ajustarse a sus determinaciones.

Cuando algún acto distinto de los regulados en el artículo anterior y precisado de licencia se realizase sin ésta o en contra de sus determinaciones, la Entidad Local dispondrá la cesación inmediata de dicho acto, debiendo el interesado solicitar licencia o ajustar la actividad a la ya concedida, en el plazo que establezca la legislación aplicable o, en su defecto, en el de dos meses.

En defecto de solicitud de licencia o cuando ésta no pueda concederse por disconformidad con la ordenación vigente, se procederá a impedir definitivamente dicha actividad y, en su caso, a ordenar la reposición de los bienes afectados al estado anterior al incumplimiento de aquélla.

⇒ V. Jurisprudencia en arts. 184 y concordantes del TRLS/1976 (§3).

Artículo 231. Sujeción a otros regímenes.

Lo dispuesto en los tres artículos anteriores se entenderá sin perjuicio de la imposición de las sanciones que procedan y de las facultades que correspondan a las autoridades competentes, en virtud del régimen específico de autorización o concesión a que estén sometidos determinados actos de edificación.

⇒ V. Jurisprudencia en arts. 185 y concordantes del TRLS/1976 (§3).

Artículo 232. Suspensión de licencias y paralización de obras.

1. El Presidente de la Entidad Local dispondrá la suspensión de los efectos de una licencia u orden de ejecución y consiguientemente la paralización inmediata de las obras iniciadas a su amparo, cuando el contenido de dichos actos administrativos constituya manifiestamente una infracción urbanística grave.

2. El Presidente de la Entidad Local procederá, en el plazo de tres días,

a dar traslado directo de dicho acuerdo a la Sala de lo Contencioso-Administrativo del Tribunal Superior de Justicia de Navarra, a los efectos previstos en la Ley Reguladora de la Jurisdicción Contencioso-Administrativa.

3. Si la Sentencia anulara la licencia se estará a lo dispuesto en la legislación básica.

4. Lo dispuesto en los números anteriores se entiende sin perjuicio de las sanciones procedentes.

⇒ V. Jurisprudencia en arts. 186 y concordantes del TRLS/1976 (§3).

Jurisprudencia

«La licencia referida no se ajustó a las determinaciones contenidas en el Plan General de Ordenación Urbana de Ansoáin y a las establecidas en desarrollo y ejecución de éste en el Proyecto de Reparcelación de la referida Unidad. Recuérdese, frente a las alegaciones de la empresa "Inmovest, SL" que tal y como preveía el art. 159 de la Ley Foral 10/1994, de 4 de julio, de Ordenación del Territorio y Urbanismo, la reparcelación tiene por objeto distribuir justamente los beneficios y cargas de la ordenación urbanística en proporción al aprovechamiento que corresponda, regularizar la configuración de las fincas, situar su aprovechamiento en zonas aptas para la edificación con arreglo al planeamiento, entre otras finalidades. Pues bien, a la vista de lo expuesto, procede en aplicación de lo dispuesto en el art. 232 de la Ley Foral 10/1994, de 4 de julio de Ordenación del Territorio y Urbanismo en relación con el art. 249.4 de la misma Ley Foral y el art. 118 de la Ley Reguladora de la Jurisdicción ContenciosoAdministrativa de 27-12-1956, la anulación del acto administrativo municipal al otorgamiento de la licencia por constituir su contenido manifiestamente una infracción urbanística grave». **(STSJ Navarra 19 enero 1999 [RJCA 1999, 316]).**

Artículo 233. Revisión de licencias u órdenes de ejecución.

1. La revisión de oficio de las licencias u órdenes de ejecución se regirá por lo dispuesto para la revisión de actos administrativos en la legislación estatal sobre procedimiento administrativo común.

2. Anulada la licencia, se estará a lo dispuesto en la legislación básica del Estado, sin perjuicio de las sanciones procedentes.

⇒ V. art. 102 de la LRJ-PAC.
V. Jurisprudencia en arts. 178, 179, 180, 187 y concordantes del TRLS/1976 (§3).

Artículo 234. Medios de restauración del orden urbanístico en zonas verdes, espacios libres o espacios naturales.

1. Los actos de edificación o uso del suelo que se realicen sin licencia o en contra de la previsiones expresas de la orden de ejecución sobre terrenos calificados en el planeamiento como zonas verdes, espacios libres o espacios naturales quedarán sujetos al régimen jurídico establecido en el artículo 228 mientras estuvieren en curso de ejecución, y al régimen previsto en el artículo 229 cuando se hubieren consumado, siéndoles de aplicación los plazos de prescripción fijados en el artículo 259 de esta Ley Foral.

2. Serán nulas de pleno derecho las licencias u órdenes que se otorgasen con infracción de la zonificación o uso urbanístico de las zonas verdes o espacios libres previstos en los planes.

⇒ V. arts. 239, 242, 261 y 262 de la presente Ley Foral.
V. Ley 9/1996, de 17 junio, reguladora de los espacios naturales en Navarra.

V. art. 255.2 del TRLS/1992 (§2).
V. Jurisprudencia en arts. 178, 180, 187 y concordantes del TRLS/1976 (§3).

CAPÍTULO II
Protección de la legalidad urbanística

Sección 1ª Medidas cautelares

Artículo 235. Suministros de energía, agua, gas y telefonía.

Las empresas o entidades suministradoras de energía eléctrica, agua, gas y telefonía, exigirán y conservarán para la contratación de los respectivos servicios copia de la licencia urbanística de los edificios e instalaciones generales sujetos a la obtención de las mismas.

Artículo 236. Retirada de maquinaria y materiales.

1. En todos los supuestos en que se acuerde la paralización de obras o actuaciones, el interesado deberá retirar los elementos, materiales o maquinaria preparados para ser utilizados, en el plazo de los dos días siguientes a la notificación de la orden de paralización.

2. El incumplimiento del deber de retirar los elementos, materiales o maquinaria, facultará a la autoridad que hubiera ordenado la paralización a la retirada de la maquinaria o a su precinto, a costa del interesado.

Artículo 237. Suspensión de suministro de agua o energía.

1. La Administración actuante impedirá o suspenderá el suministro de agua o de energía eléctrica de aquellas actividades y obras, a las que se haya ordenado su paralización.

Para ello, se notificará la oportuna resolución administrativa a las correspondientes empresas suministradoras de agua o de energía eléctrica, que deberán cumplir dicho mandato en el plazo máximo de cinco días.

2. La paralización en el suministro de agua o de energía eléctrica sólo podrá levantarse una vez se haya procedido a la legalización de las obras o actividades respectivas, mediante notificación expresa en tal sentido de la Administración actuante a las empresas suministradoras.

Artículo 238. Fianza.

Las Administraciones actuantes exigirán a los titulares de terrenos o promotores de actividades la prestación de una fianza que garantice la efectividad de las medidas cautelares impuestas. Reglamentariamente se establecerán la cuantía y condiciones de dichas fianzas.

⇒ V. art. 72 del DF 85/1995, de 3 abril (§45).

Sección 2ª Restauración del orden infringido

Artículo 239. Prescripción.

1. La acción de la Administración para restaurar el orden infringido cuando se trate de actuaciones ilegales sobre bienes de dominio público,

zonas verdes, espacios libres o bienes de interés cultural, todos ellos de titularidad pública, no estará sujeta a plazo alguno de prescripción.

2. Cuando se trate de actuaciones contrarias a esta Ley Foral que se realicen sobre los bienes de titularidad privada con las categorías señaladas en el número anterior, sobre suelo forestal o suelo de alta productividad agrícola de infraestructuras o itinerarios de interés, la acción prescribirá a los diez años.

3. En el resto de los casos, la acción prescribirá a los cuatro años.

⇒ V. arts. 234, 242, 261 y 262 de la presente Ley Foral.
V. Jurisprudencia en arts. 230 y concordantes del TRLS/1976 (§3).

Artículo 240. Ejecución de operaciones necesarias.

1. En los supuestos en que se ordene la restauración del orden infringido, se dispondrá la ejecución de las operaciones necesarias para devolver físicamente los terrenos, edificaciones o usos al estado anterior a la vulneración, fijando los plazos de iniciación y de terminación.

2. El incumplimiento de cualquiera de los plazos fijados o la paralización de los trabajos comenzados, dará lugar a la ejecución subsidiaria por la Administración actuante, bien por sus propios medios o por contratista interpuesto y, en todo caso, a costa del infractor. También podrá la Administración imponer multas coercitivas hasta lograr la ejecución por el sujeto obligado de las medidas de restablecimiento, multas que se podrán imponer por períodos de un mes y en cuantía de 100.000 a 500.000 pesetas, según sean las medidas previstas.

3. Igualmente, la Administración podrá exigir del sujeto responsable la presentación de una fianza que garantice la efectividad de las medidas dispuestas.

Sección 3ª Actividades sin autorización del Departamento de Ordenación del Territorio y Medio Ambiente

Artículo 241. Actividades ilegales en curso de ejecución.

Cuando se estuvieran ejecutando actividades o usos sin la preceptiva autorización del Departamento de Ordenación del Territorio y Medio Ambiente o en contra de las determinaciones de las mismas, el citado Departamento dispondrá la suspensión inmediata de dichos actos y, sin perjuicio de las competencias municipales, realizará alguna de las dos siguientes actuaciones:

A) Si las obras o usos fueran autorizables conforme a la normativa urbanística aplicable, se requerirá al interesado para que en el plazo de dos meses solicite la oportuna autorización a través del Ayuntamiento correspondiente.

En el caso de que no se solicite la autorización o se incumplan sus condiciones, el Departamento de Ordenación del Territorio y Medio Ambiente procederá a sancionar el incumplimiento del requerimiento con multa de hasta 500.000 pesetas, sin perjuicio de la sanción que proceda por la ejecución de la obra sin autorización.

Podrán imponerse multas coercitivas, reiteradas cada mes, en los términos de la legislación sobre procedimiento administrativo común, y cuya cuantía individual no excederá del 50 por 100 del importe de la multa a que se refiere el apartado anterior.

Una vez impuesta la tercera multa coercitiva, el Departamento de Ordenación del Territorio y Medio Ambiente podrá acordar la aplicación de la expropiación o de la venta forzosa.

B) Si las obras o usos estuvieran prohibidos por la normativa urbanística aplicable, se ordenará al afectado la demolición en el plazo de un mes. Transcurrido este plazo sin haberse procedido a la demolición, el Departamento de Ordenación del Territorio y Medio Ambiente podrá optar entre:

-Ejecutar subsidiariamente la demolición a costa del obligado, sin perjuicio de incoar el expediente sancionador que proceda o,

-Acudir al procedimiento de expropiación regulado en el artículo 243 de esta Ley Foral.

⇒ V. arts. 56 y concordantes del RD 1093/1997, de 4 julio (§2.1).
V. DF 428/1996, de 30 septiembre, de estructura orgánica del Departamento, complementado por DF 122/1998, de 30 marzo, modificado por DF 93/1998, de 23 marzo y por DF 321/1997, de 3 noviembre.

Artículo 242. Actividades ejecutadas ilegalmente.

Cuando se hubieran ejecutado actividades o usos sin la preceptiva autorización del Departamento de Ordenación del Territorio y Medio Ambiente o en contra de las determinaciones de ésta, y no hubiera transcurrido el plazo legal de prescripción para restaurar el orden vulnerado, el Departamento de Ordenación del Territorio y Medio Ambiente, sin perjuicio de las competencias municipales, adoptará alguna de las dos actuaciones a que se refiere el artículo anterior.

⇒ V. DF 428/1996, de 30 septiembre, de estructura orgánica del Departamento, complementado por DF 122/1998, de 30 marzo, modificado por DF 93/1998, de 23 marzo y por DF 321/1997, de 3 noviembre.
V. arts. 239, 261 y 262 de la presente Ley Foral.

Artículo 243. Expropiación.

1. El transcurso de los plazos fijados sin que el promotor hubiera realizado las labores de restauración, facultará a la Administración para acordar la expropiación de los terrenos, sin que proceda valorar las obras o actos determinantes de la ilegalidad, descontando del justiprecio el importe de la sanción correspondiente y los gastos que origine devolver el terreno al estado inicial.

2. El expediente de expropiación se iniciará mediante resolución administrativa, implicando ésta la declaración de interés social y la necesidad de ocupación. De la resolución se dará traslado al titular registral de los terrenos y a quienes puedan resultar interesados para que en el plazo de quince días aleguen lo que a su derecho convenga. Transcurrido dicho plazo, se convo-

cará el levantamiento de actas previas, continuándose el procedimiento conforme a lo establecido en la legislación sobre expropiación forzosa.

⇒ V. art. 34 de la Ley 6/1998, de 13 abril (§1).

CAPÍTULO IV
Régimen disciplinario

Sección 1ª Disposiciones generales

Artículo 244. Definición de infracciones urbanísticas.

1. Son infracciones urbanísticas las acciones u omisiones que vulneren las prescripciones contenidas en la legislación y el planeamiento urbanístico, tipificadas y sancionadas con arreglo a esta Ley Foral.

2. Toda infracción urbanística llevará consigo la imposición de sanciones a los responsables, así como la obligación de resarcimiento de daños e indemnización de los perjuicios a cargo de los mismos.

3. En ningún caso podrá la Administración dejar de adoptar las medidas tendentes a restaurar el orden urbanístico vulnerado, o reponer los bienes afectados al estado anterior a la producción de la situación ilegal.

⇒ V. arts. 56 y concordantes del RD 1093/1997, de 4 julio (§2.1).
V. Jurisprudencia en arts. 225 y concordantes del TRLS/1976 (§3).

Artículo 245. Personas responsables.

1. En las obras que se ejecuten sin licencia o con inobservancia de sus cláusulas, serán responsables solidariamente el promotor y el ejecutor de las obras, sin perjuicio de que éstos reclamen a terceras personas.

2. En las obras amparadas en una licencia cuyo contenido sea manifiestamente constitutivo de una infracción urbanística grave o muy grave será responsable quien la hubiera otorgado, sin perjuicio de la responsabilidad de quien hubiese omitido el deber de advertencia de ilegalidad debiendo haberla formulado.

La Entidad Local deberá, en este supuesto, adoptar la iniciativa para la anulación de la licencia y podrá instar la reclamación de responsabilidad que corresponda, sin perjuicio de la que proceda de oficio o a instancia de interesado o ejerciente de la acción pública.

3. Las personas jurídicas serán sancionadas por las infracciones cometidas por sus órganos o agentes y asumirán el coste de las medidas de reparación del orden urbanístico vulnerado, sin perjuicio de las indemnizaciones por daños y perjuicios a terceros a que haya lugar.

Jurisprudencia

«La Administración demandada, al seguir por la misma infracción dos expedientes separados, uno para cada responsable solidario, y dictar resolución imponiendo en cada uno de ellos al sujeto a que se contraía el pago de la multa que correspondía a la infracción, hizo una aplicación desviada de la solidaridad que proclama el artículo 245 de la Ley Foral 10/1994 cuando establece que “en las obras que se ejecuten sin licencia o con inobservancia de sus cláusulas, serán responsables solidariamente el promotor y el ejecutor de las obras, sin perjuicio de que éstos reclamen a terceras personas", pues la independencia de las resoluciones sancionadoras posibilita con su ejecución la exacción de la multa íntegra de los dos responsables sancionados, cuando la unidad de la infracción y la solidaridad en la responsabilidad tan sólo podía dar lugar a la imposición de una multa conjunta para los dos corresponsables que, por efecto de su solidaridad, podría hacerse efectiva procediendo tan sólo contra u otro, o contra los dos a la vez, pero tan sólo por el importe de la multa, única, impuesta a ambos». **(STSJ Navarra 21 mayo 1999 [RJCA 1999, 1486]).**

«En esta tipificación de las personas responsables no se encuentra el técnico-director de las obras por lo que no es sancionable (desde el punto de vista de la disciplina urbanística) y sin que haya lugar, por lo expuesto "ut supra", a aplicar con carácter supletorio la legislación estatal en su artículo 264 Ley del Suelo de 1992 (en relación a la disposición final única de la misma)». **(STSJ Navarra 7 diciembre 1999 [RJCA 1999, 4467]).**

«La existencia de una licencia de obra no impide la existencia de otros posibles responsables, ni la inexistencia de revisión de oficio previa es causa obstativa a la iniciación del procedimiento sancionador». **(STSJ Navarra 11 mayo 2000 [RJCA 2000, 1313]).**

⇒ V. Jurisprudencia en arts. 228 y concordantes del TRLS/1976 (§3).

Artículo 246. Infracciones independientes o conexas.

A los responsables de más de una infracción urbanística se les impondrá la sanción correspondiente a cada una de las diversas infracciones cometidas, salvo que exista conexión de causa a efecto entre las infracciones, en cuyo caso se impondrá una sola sanción y será la correspondiente, en su cuantía máxima, a las actuaciones que supongan el resultado final perseguido.

Sección 2ª Infracciones y sanciones

Artículo 247. Clasificación de infracciones.

Las infracciones urbanísticas se clasifican en leves, graves y muy graves.

Artículo 248. Infracciones leves.

Son infracciones leves:

1. La realización de parcelaciones urbanísticas que, no contradiciendo el planeamiento, se lleven a cabo sin licencia o sin los correspondientes proyectos de reparcelación definitivamente aprobados.

2. La realización de parcelaciones rústicas sin licencia.

3. El incumplimiento de las normas sobre condiciones higiénico-sanitarias y estéticas, así como otras determinaciones de las Ordenanzas de la edificación o del Proyecto de Urbanización.

4. La realización de obras sin el correspondiente Proyecto de Urbanización, cuando la aprobación de éste fuere preceptiva.

5. El incumplimiento de la obligación de conservar, mantener y reparar las obras de urbanización, edificación e instalaciones.

6. Las talas y los abatimientos de árboles que constituyan masa arbórea, espacio boscoso, arboleda, parque y aquellos ejemplares aislados que por sus características específicas posean un interés botánico o ambiental especial y se realicen sin la respectiva licencia.

7. La colocación de carteles sin licencia o autorización. La multa se graduará en función de la localización, tamaño e incidencia en el medio físico y en el entorno con agravamiento de la sanción en el caso de carteles en conjuntos histórico-artísticos, en espacios naturales o zonas verdes. Con independencia de la sanción, el Ayuntamiento ordenará la retirada del cartel o carteles a su titular o responsable, y si éste no fuera identificado o no lo retirara en el plazo de cuarenta y ocho horas desde que se le requiera a ello, se procederá a retirarlo por el Ayuntamiento a costa del responsable.

8. La instalación o ubicación sin licencia o autorización de casas móviles e instalaciones similares, provisionales o permanentes, no legalizables.

9. La vulneración de las determinaciones contenidas en los planes urbanísticos o en los instrumentos de ordenación territorial cuando la infracción no estuviera calificada legalmente de modo más grave.

10. La realización de alguna de las actividades a que se refiere esta Ley Foral, sin autorización o licencia u orden de ejecución, o incumpliendo las determinaciones que impongan éstas.

11. El incumplimiento por empresas, suministradoras de los deberes establecidos en los artículos 235 y 237 de esta Ley Foral.

12. Las autorizaciones e inscripciones de escrituras públicas por Notarios o Registradores de la Propiedad en los siguientes casos:

a) Cuando eleven a escritura pública o inscriban en el Registro de la Propiedad segregaciones o parcelaciones sin haberse hecho constar o acreditar la licencia de la Entidad Local o la aprobación definitiva del expediente de reparcelación.

b) Cuando eleven a escritura pública o inscriban en el Registro de la Propiedad bienes, terrenos y edificaciones sujetos a derecho de tanteo y retracto, sin haber hecho constar o acreditar debidamente la existencia de las notificaciones reguladas en el artículo 285 de esta Ley Foral.

c) Cuando autoricen o inscriban en el Registro de la Propiedad escritura pública de declaración de obra nueva terminada, sin haber hecho constar o acreditar el otorgamiento de la preceptiva licencia de edificación.

13. Las acciones y omisiones que perturben, retrasen o impidan el ejercicio de las funciones que, en orden a la vigilancia del cumplimiento de la legalidad urbanística, tienen encomendadas los funcionarios de las Administraciones Públicas actuantes.

14. El incumplimiento de las normas para la supresión de las barreras urbanísticas y arquitectónicas.

15. La no retirada en el plazo requerido por la Administración de los materiales o medios de ejecución de obras.

16. La publicidad relativa a actuaciones urbanísticas de iniciativa particular cuando aún no se hubiera aprobado su planeamiento más específico o dicha publicidad se realizara en contra de las determinaciones de éste.

Jurisprudencia

«Antes de entrar en el análisis del fondo del asunto, es necesario resolver una segunda cuestión relativa a la posible pérdida sobrevenida del objeto del recurso, y que fue puesta de manifiesto a las partes mediante Providencia de 14 de octubre de 1998.

En efecto, el art. 47.3 de la Ley impugnada ha sido parcialmente modificado como consecuencia de la promulgación de la Ley Foral 10/1994, de 4 de julio, de Ordenación del Territorio y Urbanismo, cuya disposición derogatoria primera, letra c) comprende, entre otros preceptos, el art. 47 de la Ley Foral 7/1989 "salvo en lo relativo a transmisiones de viviendas". Resulta así, que dos de los tres supuestos en los que era posible el ejercicio de los derechos de tanteo y retracto (a saber, el suelo previamente delimitado y el destinado a viviendas de protección oficial) han quedado derogados, incorporándose a los arts. 248.12 b) y 283 de la nueva Ley Foral 10/1994, mientras que el art. 47.3 de la Ley Foral 7/1989, objeto de impugnación, únicamente puede considerarse vigente en lo que se refiere a la transmisión de viviendas de protección oficial.

La anterior circunstancia es suficientemente indicativa de la pervivencia del recurso, habida cuenta del contenido –netamente competencial– configurador de la pretensión impugnatoria ejercitada por el recurrente, pues la derogación operada tan sólo ha afectado parcialmente a la norma que constituye el objeto de este proceso, subsistiendo –si bien con alcance más limitado– la obligación impuesta por la Ley autonómica a Notarios y Registradores de la Propiedad, cuando, según queda dicho, es precisamente la validez constitucional de la infracción vinculada al incumplimiento de esa obligación el único elemento sometido a discusión entre las partes... Ha de concluirse, por tanto, que el precepto legal objeto del conflicto competencial ahora enjuiciado se sustenta sobre un ilícito administrativo que, como hemos razonado, no se inserta en el ámbito de la regulación sobre ordenación del territorio, urbanismo y vivienda, en el que la Comunidad Foral de Navarra ostenta competencia exclusiva, en virtud del art. 44.1 LORAFNA, sino que pertenece a esfera diversa a la urbanística y a sus instrumentos o técnicas propios, como es la de las correcciones gubernativas o disciplinarias que puedan imponerse a Notarios y Registradores de la Propiedad cuando éstos incurran en incumplimiento de sus deberes profesionales y, específicamente, del deber de vigilancia de la legalidad aplicable al autorizar instrumentos públicos y al permitir su acceso, mediante la correspondiente inscripción, en el Registro inmobiliario, función disciplinaria que no puede ser asumida por la Comunidad Autónoma en cuyo territorio realicen sus funciones dichos profesionales, al carecer, según se ha razonado, de título competencial habilitante sobre dicha materia, integrante del estatuto regulador de dichos ejercientes de funciones públicas». **(STC 207/1999, de 11 noviembre [RTC 1999, 207]).**

Artículo 249. Infracciones graves.

Son infracciones graves:

1. La realización de parcelaciones urbanísticas en suelo urbano o urbanizable contrarias al planeamiento.

2. La realización de parcelaciones urbanísticas en suelo urbanizable sin Plan Parcial en vigor.

3. La realización de parcelaciones urbanísticas sobre suelo no urbanizable.

4. La realización de acciones constructivas o no constructivas en contra del uso que corresponda al suelo en el que se ejecuten, siempre que la infracción no estuviera calificada como más grave. En suelo no urbanizable, se entenderá que es contrario al uso que corresponde toda obra o uso que no esté permitido por la legislación vigente, aun cuando resulte autorizable.

5. El exceso de edificación sobre la edificabilidad permitida por el Plan, entendiéndose por la misma tanto la superficie construida como el volumen.

6. La edificación de sótanos, semisótanos, áticos o entreplantas, cualquiera que sea el uso a que se dedicaren, no permitidos por el Plan.

7. El exceso sobre la altura determinada por el Plan siempre que dicho exceso no implicare aumento de volumen o superficie construida permitida.

8. La ejecución de obras de consolidación, modernización o incremento de su valor, expropiación en edificios calificados como fuera de ordenación.

9. La edificación en parcelas cuya superficie sea inferior a la establecida como mínima edificable.

10. Incumplimiento de las reglas establecidas por la legislación o por el planeamiento sobre distancias de las edificaciones entre sí y en relación con las vías públicas, espacios libres y linderos.

11. La realización de construcciones en lugares inmediatos o que formen parte de un grupo de edificios de carácter artístico-histórico, arqueológico, típico o tradicional que, infringiendo la correspondiente normativa jurídica de protección, quebrante la armonía del grupo, o cuando produzcan el mismo efecto en relación con algún edificio de gran importancia o calidad de los caracteres indicados.

12. El incumplimiento de la obligación de conservar, mantener y reparar las obras de urbanización, edificación e instalaciones, cuando el grado de deterioro o abandono de las obligaciones asumidas sea considerable.

13. La realización de alguna de las actividades prohibidas o no autorizables a que se refiere esta Ley Foral, cuando no fueren legalizables.

14. El incumplimiento por los promotores, por causas imputables a ellos, de los plazos de ejecución previstos en el planeamiento o en esta Ley Foral.

15. El incumplimiento por los propietarios, por causas imputables a ellos, de los plazos para la obtención de licencia de edificación previstos en el Plan o, en su caso, en esta Ley Foral.

16. La no ejecución de las licencias municipales en los plazos señalados por las mismas.

17. La no paralización de obras en el plazo de setenta y dos horas, contado desde que se reciba el correspondiente requerimiento suspensivo de la Administración.

A partir del tercer requerimiento incumplido, la sanción se impondrá en su grado máximo. El cuarto requerimiento dará lugar al traslado de la conducta del desobediente al Ministerio Fiscal, por si tal actitud fuera constitutiva de delito.

18. La realización de obras sin el correspondiente planeamiento de desarrollo o sin los respectivos instrumentos de gestión definitivamente aprobados.

19. El incumplimiento de las normas sobre condiciones higiénico-sani-

tarias y estéticas, así como otras determinaciones de las Ordenanzas de la edificación o del Proyecto de Urbanización cuando causen un perjuicio o pongan en situación de riesgo la normalidad del uso de la edificación, construcción, instalación o servicio, o la salud de los usuarios.

Jurisprudencia

«En términos generales, la Jurisprudencia ha reputado la culpabilidad como elemento esencial de la infracción administrativa (SS. 24 enero y 9 mayo 1983 [RJ 1983, 364 y 2898] y 25 junio 1997 [RJ 1997, 5309], por todas), exigiendo la concurrencia de dolo o negligencia grave en el sujeto para que pueda serle impuesta la sanción correspondiente, sanción para cuya aplicación no basta la mera contravención, aun inconsciente, de una disposición legal. En el caso que nos ocupa, difícilmente podía ocultárseles a los recurrentes que las obras que acometían y ejecutaban carecían de amparo en la licencia municipal otorgada. No puede decirse lo mismo para la sanción del hecho como ejecución de "obras de consolidación, modernización o incremento de su valor de expropiación en edificios calificados como fuera de ordenación», conforme al artículo 249.8 de la Ley Foral 10/1994, que las resoluciones sancionadoras aplican, pues aunque las obras realizadas merezcan tal consideración, no es seguro, ni existe base suficiente para reputar probado, que su promotor y ejecutora las acometieran conociendo o pudiendo y debiendo conocer que las hacían en una parte del edificio calificada fuera de ordenación. No concurre pues el elemento culpabilístico requerido para la apreciación de la infracción tipificada en el artículo 249.8 de la Ley Foral 10/1994». **(STSJ Navarra 21 mayo 1999 [RJCA 1999, 1486]).**

Artículo 250. Infracciones muy graves.

Son infracciones muy graves:

1. La realización de parcelaciones urbanísticas en suelo urbano o urbanizable contrarias al planeamiento, cuando afecten a superficies destinadas a dominio público, equipamiento social y comunitario, sistemas generales, zonas verdes o espacios libres.

2. La realización de parcelaciones urbanísticas sobre suelo no urbanizable, cuando afecte a espacios naturales protegidos, suelo forestal, suelo de alta productividad agrícola, suelo de afecciones específicas o itinerarios de interés.

3. El incumplimiento de las normas sobre uso del suelo y edificaciones que afecten a sistemas generales, zonas de dominio público, viales, zonas verdes, parques y jardines públicos, zonas deportivas de recreo y expansión o equipamiento comunitario, espacios naturales protegidos, suelo forestal, suelo de alta productividad agrícola, suelo de afecciones específicas; itinerarios de interés o bienes protegidos por la legislación sobre patrimonio histórico.

⇒ V. Ley 9/1996, de 17 junio, reguladora de los espacios naturales en Navarra.
V. arts. 9 y 20 de la Ley 6/1998, de 13 abril (§1).

Artículo 251. Parcelaciones.

1. A los efectos de esta sección se consideran parcelaciones urbanísticas la división de terrenos con fines edificatorios de cualquier tipo, y parcelaciones rústicas la división de terrenos en suelo no urbanizable con fines no edificatorios.

2. En ningún caso se permitirá edificar en los lotes resultantes de la parcelación ilegal.

⇒ V. arts. 258.2, 258.3 y 259.3 del TRLS/1992 (§2).
V. Jurisprudencia en arts. 94 y concordantes del TRLS/1976 (§3).
V. arts. 78 y concordantes del RD 1093/1997, de 4 julio (§2.1).

Artículo 252. Demolición de edificaciones protegidas.

El derribo, desmonte o demolición total o parcial de edificaciones, construcciones o instalaciones que sean objeto de una protección especial por su carácter monumental, histórico, artístico, arqueológico, cultural, típico o tradicional, serán sancionados con arreglo a la legislación sobre patrimonio histórico.

Artículo 253. Sanciones.

Las infracciones se sancionarán en la siguiente forma:

a) Las leves, con multa de 50.000 a 1.000.000 de pesetas.

b) Las graves, con multa de 1.000.001 a 10.000.000 de pesetas.

c) Las muy graves, con multa de 10.000.001 a 50.000.000 de pesetas.

Sección 3ª Reglas para la aplicación de las sanciones

Artículo 254. Graduación de las sanciones.

1. Cuando en el hecho concurra alguna circunstancia agravante, la sanción se impondrá siempre en su grado máximo.

2. Si concurriese alguna circunstancia atenuante, la sanción se impondrá en su grado mínimo.

3. Cuando concurriesen circunstancias atenuantes y agravantes, éstas se compensarán racionalmente para la determinación de la sanción, graduando el valor de unas y otras.

4. Cuando no concurran circunstancias atenuantes ni agravantes, la Administración impondrá la sanción en su grado medio.

Artículo 255. Circunstancias agravantes o atenuantes de la responsabilidad.

1. Son circunstancias que agravan la responsabilidad de los culpables de una infracción urbanística:

a) El haberse prevalido, para cometerla, de la titularidad de un oficio o cargo público, salvo que el hecho constitutivo de la infracción haya sido realizado, precisamente, en el ejercicio del deber funcionarial propio del cargo u oficio.

b) La utilización de violencia o cualquier otro tipo de coacción sobre la autoridad o funcionario público encargado del cumplimiento de la legalidad urbanística, o mediante soborno.

c) El haberla cometido alterando los supuestos de hecho que presuntamente legitimen la actuación, o mediante falsificación de los documentos en que se acreditase el fundamento legal de la actuación.

d) El realizarla aprovechándose o explotando en su beneficio una grave necesidad pública o del particular o particulares que resultasen perjudicados.

e) La reincidencia. Existe reincidencia cuando se comete una infracción del mismo tipo que la que motivó una sanción anterior en el plazo de cuatro años siguientes a la notificación de ésta; en tal supuesto se requerirá que la resolución sancionadora haya adquirido firmeza.

2. Son circunstancias cuya concurrencia atenúa la responsabilidad de los culpables de una infracción urbanística:

a) El no haber tenido intención de causar un daño grave a los intereses públicos o privados afectados por el hecho ilegal.

b) El haber procedido el responsable a reparar o disminuir el daño causado antes de la iniciación de las actuaciones sancionadoras.

3. Son circunstancias que, según cada caso, pueden atenuar o agravar la responsabilidad:

a) El mayor o menor conocimiento técnico de los pormenores de la actuación, de acuerdo con la profesión o actividad habitual del responsable.

b) El mayor o menor beneficio obtenido de la infracción o, en su caso, el haberla realizado sin consideración ninguna al posible beneficio económico que de la misma se derive.

c) La mayor o menor magnitud física del daño producido.

d) La mayor o menor dificultad técnica para devolver el terreno a su estado inicial.

Jurisprudencia

«Resulta al parecer de la Sala, que el sancionado, hoy actor, actuó en la ejecución de las obras de cerramiento de la terraza de su vivienda hasta la fachada, sin intención de causar un daño grave a los intereses públicos o privados afectados por el hecho ilegal, tal y como se desprende tanto de la naturaleza y escasas dimensiones de las obras ejecutadas, como del contenido de las alegaciones formuladas por el sancionado en el expediente, reveladoras de su creencia de que con su obrar no dañaba en ningún caso interés público o privado alguno y, lógicamente, mucho menos en forma grave. Ello supone la apreciación de una circunstancia atenuante en la conducta del sancionado, concretamente la prevista en el art. 255.2 a) de la Ley Foral 10/1994, de 4 de julio, lo que, a su vez, determina la imposición de la sanción prevista en el art. 253 b) de la mencionada Ley en su grado mínimo, tal y como preceptúa el art. 254.2 de la referida Ley Foral». **(STSJ Navarra 17 marzo 1999 [RJCA 1999, 1158]).**

Artículo 256. Decomiso del beneficio.

Cuando el beneficio que resulte de una infracción urbanística sea superior a la sanción que corresponda, ésta deberá incrementarse en la cuantía equivalente al beneficio económico obtenido.

⇒ Téngase en cuenta arts. 8 y concordantes de la Ley 38/1999, de 5 noviembre, de Ordenación de la Edificación (§1.1).

V. Jurisprudencia en arts. 231 y concordantes del TRLS/1976 (§3).

Artículo 257. Sanciones accesorias.

1. Los sujetos responsables de infracciones muy graves y graves cuando

las acciones u omisiones que las motivaron no sean legalizables, podrán ser sancionados, según los casos, además de con las multas previstas en este Título, con las siguientes sanciones accesorias:

a) Pérdida durante un plazo de hasta cinco años de la posibilidad de obtener subvenciones públicas o crédito oficial, y del derecho a gozar de beneficios o incentivos fiscales.

b) Prohibición durante un plazo de hasta cinco años para celebrar contratos con la Administración de la Comunidad Foral de Navarra y con las Administraciones Locales de Navarra.

2. No serán de aplicación estas sanciones cuando el sujeto responsable de la infracción se acoja a la reducción de sanciones previstas en este Capítulo.

Artículo 258. Reducción de sanciones.

1. En los supuestos de infracción por realización de actividades, construcciones o usos legalizables, la sanción se reducirá en un treinta por cien de su cuantía cuando se cumplan los siguientes requisitos:

a) Se abone el resto de la multa en el plazo máximo de un mes contado a partir de la notificación de la sanción.

b) El infractor muestre por escrito su conformidad con la sanción impuesta y renuncie expresamente al ejercicio de toda acción de impugnación en el referido plazo.

c) El infractor se comprometa a legalizar la actuación sancionada en el plazo que establezca la Administración y garantice este compromiso mediante fianza por el cincuenta por cien del importe en las obras o actuaciones necesarias.

2. En los supuestos de infracción por realización de actividades, construcciones o usos no legalizables, la sanción se reducirá en un cincuenta por cien de su cuantía cuando se cumplan los siguientes requisitos:

a) Se abone el resto de la multa en el plazo máximo de un mes contado a partir de la notificación de la sanción.

b) El infractor muestre por escrito su conformidad con la sanción impuesta y renuncie expresamente al ejercicio de toda acción de impugnación en el referido plazo.

c) El infractor se comprometa a restaurar el orden infringido a su situación inicial en los plazos que le señale la Administración y garantice este compromiso mediante aval por el cien por cien del importe de las obras o actuaciones necesarias.

Sección 4ª Competencias y procedimiento

Artículo 259. Competencias.

1. Corresponde la potestad sancionatoria a las Entidades Locales que tengan atribuida, por la legislación sobre Administración Local, la competencia en materia de disciplina urbanística.

2. No obstante, corresponderá la potestad sancionadora al Departamento de Ordenación del Territorio y Medio Ambiente en los siguientes supuestos:

a) Cuando requerido el Ayuntamiento para que incoe el correspondiente expediente sancionador, no lo tramitara o lo mantuviera paralizado por más de dos meses.

b) Para sancionar acciones u omisiones realizadas en suelo no urbanizable sin las autorizaciones a que se refiere esta Ley Foral, o en contra de las determinaciones de tales autorizaciones.

c) En los casos de incumplimiento por los Notarios y Registradores de las obligaciones impuestas por esta Ley Foral. No obstante, el Departamento se abstendrá cuando la misma conducta sea objeto de sanción por otra autoridad distinta de la urbanística.

⇒ V. DF 428/1996, de 30 septiembre, de estructura orgánica del Departamento, complementado por DF 122/1998, de 30 marzo, modificado por DF 93/1998, de 23 marzo y por DF 321/1997, de 3 noviembre.

Artículo 260. Procedimiento.

La instrucción e imposición de sanciones por las infracciones previstas en esta Ley Foral, así como para la reducción de las mismas, se efectuará conforme al procedimiento administrativo sancionador que se establezca reglamentariamente.

⇒ V. art. 73 del DF 85/1995, de 3 abril (§45).
V. arts. 127 y ss. de la LRJ-PAC.

Sección 5ª Prescripción y caducidad

Artículo 261. Prescripción de infracciones y sanciones.

1. Las infracciones urbanísticas muy graves prescribirán a los cuatro años, las graves a los dos y las leves a los seis meses, desde la fecha en que se hubieran cometido o, si ésta fuera desconocida, desde el día en que hubiera podido incoarse el procedimiento sancionador por aparecer signos físicos exteriores que permitan los hechos constitutivos de la infracción.

2. En las infracciones derivadas de una actividad continuada, la fecha inicial para el cómputo de la prescripción será la de finalización de la actividad o la del último acto con el que la infracción se consuma.

3. Se presume que los actos de parcelación ilegal son, en todo caso, infracciones continuadas.

4. A efectos de prescripción de infracciones relativas a obras de edificación el plazo comenzará a computar desde que las obras estuvieran totalmente terminadas.

5. Las sanciones impuestas por infracciones muy graves prescribirán a los cuatro años, las impuestas por infracciones graves a los dos y por infracciones leves a los seis meses.

⇒ V. arts. 239, 242 y 262 de la presente Ley Foral.

Jurisprudencia

«Tal norma es aplicable al supuesto de hecho que nos ocupa, por cuanto es claramente beneficiosa para el recurrente, ya que su aplicación puede conllevar la extinción de responsabilidad por las posibles infracciones es que se hubieran cometido. No puede admitirse el argumento del representante de la Administración de que en su conjunto sería más beneficiosa la aplicación del Derecho supletorio estatal, y ello, prescindiendo de su posible aplicabilidad ante la declaración de nulidad de estos preceptos por la sentencia del Tribunal Constitucional, 61/1997, de 20 de marzo de 1997 (RTC 1997, 61), por cuanto de dicha aplicación se derivaría responsabilidad para el infractor, lo que no ocurra de la aplicación del precepto foral comentado.

Por ello el plazo de prescripción es el de dos años que deriva del aludido precepto foral, como norma más favorable al infractor, en base a la retroactividad de la norma sancionadora más favorable al infractor». **(STSJ Navarra 10 febrero 2000 [RJCA 2000, 180]).**

⇒ V. Jurisprudencia en arts. 230 y concordantes del TRLS/1976 (§3).

Artículo 262. Prescripción de infracciones urbanísticas amparadas por actos administrativos.

No obstante lo establecido en el artículo anterior, cuando existan actos de la Administración que autoricen actividades constitutivas de infracción urbanística, el plazo de prescripción comenzará a contar desde que se anularan los actos administrativos.

⇒ V. arts. 239, 242 y 261 de la presente Ley Foral.

Artículo 263. Sujeción al régimen de fuera de ordenación.

Los edificios e instalaciones realizados mediante actuaciones que con arreglo a las leyes hubieran sido declarados como infracción urbanística grave o muy grave y que ya hubiera prescrito, quedarán sujetos al régimen establecido para las construcciones y usos declarados fuera de ordenación, sin que puedan realizarse en ellos otras obras que las mínimas de seguridad e higiene, y en ningún caso de consolidación, aumento de valor o modernización.

⇒ V. art. 137.5 del TRLS/1992 (§2).
V. Jurisprudencia en arts. 60, 61 y concordantes del TRLS/1976 (§3).

Artículo 264. Caducidad del procedimiento sancionador.

1. El plazo máximo para resolver el procedimiento sancionador será de seis meses contados desde la fecha en que se adoptó la resolución de incoación del expediente sancionador, ampliable, como máximo, por otros seis meses mediante acto de órgano competente para iniciar el procedimiento, a instancia del Instructor. Contra este acto de ampliación no cabrá recurso alguno.

2. Transcurrido el plazo máximo para resolver el expediente sin que hubiera recaído resolución, se entenderá caducado el procedimiento y se archivarán las actuaciones. En el supuesto de que la infracción no hubiera prescrito, podrá incoarse un nuevo procedimiento sancionador, nombrando un Instructor distinto.

⇒ V. arts. 43.4 y concordantes de la LRJ-PAC.

TÍTULO VII
INSTRUMENTOS DE INTERVENCIÓN EN EL MERCADO DE SUELO

CAPÍTULO I
Patrimonios públicos del suelo

Sección 1ª Constitución, bienes integrantes y destino

Artículo 265. Constitución. Patrimonio separado.

1. La Administración de la Comunidad Foral de Navarra y los Ayuntamientos de más de dos mil habitantes de derecho deberán constituir su respectivo patrimonio público del suelo, con la finalidad de regular el mercado de terrenos, obtener reservas de suelo para actuaciones de iniciativa pública y facilitar la ejecución del planeamiento.

2. En todo caso, los ingresos obtenidos mediante enajenación de terrenos y sustitución del aprovechamiento correspondiente a la Administración por su equivalente metálico, se destinarán a la conservación y ampliación del patrimonio.

⇒ V. arts. 276.1, 276.2 y 280.1 del TRLS/1992 (§2).
V. Jurisprudencia en arts. 89 y concordantes del TRLS/1976 (§3).

Artículo 266. Expropiación de suelo para patrimonialización de suelo municipal y en supuestos de interés general.

1. Con el fin de constituir patrimonio municipal de suelo el Ayuntamiento podrá expropiar los terrenos urbanos, urbanizables y no urbanizables que sean necesarios, y estén incluidos con este fin en el planeamiento.

2. En supuestos que comporten la necesidad de la ocupación de suelos por interés general, incluida la edificación de viviendas de protección oficial, el Ayuntamiento y otras Administraciones que resultarán competentes procederán a la expropiación de los terrenos afectados, cualquiera que sea la clasificación o estado de los mismos.

⇒ V. arts. 276.1, 276.2 y 280.1 del TRLS/1992 (§2).
V. Jurisprudencia en arts. 90 y concordantes del TRLS/1976 (§3).

Artículo 267. Bienes integrantes.

1. Integrarán el patrimonio público del suelo los bienes patrimoniales que resultaren clasificados por el planeamiento urbanístico como suelo urbano o urbanizable programado y, en todo caso, los obtenidos como consecuencia de cesiones, ya sea en terrenos o en metálico, o de expropiaciones urbanísticas de cualquier clase, así como los procedentes del ejercicio del derecho de tanteo y retracto conforme a esta Ley Foral.

2. Igualmente se incorporarán al patrimonio público del suelo los terrenos clasificados como suelo urbanizable no programado o no urbanizable que se adquieran con dicha finalidad.

Artículo 268. Reservas de terreno por el Plan Municipal.

1. Los Planes municipales establecerán sobre suelo clasificado como urbanizable no programado o como no urbanizable no sujeto a especial protección, reservas de terreno de posible adquisición para constitución o ampliación de patrimonio público de suelo con los requisitos y efectos previstos en la legislación estatal.

2. Quedan exentos de este deber, si bien podrán incluirlos entre las determinaciones de su plan, los Municipios cuyo planeamiento prevea una capacidad demográfica total inferior a dos mil habitantes.

Artículo 269. Reservas de terreno por el procedimiento de delimitación de las unidades de ejecución.

Con el fin de adquirir terrenos para la constitución o ampliación de sus respectivos patrimonios públicos del suelo, los Ayuntamientos y el Consejero de Ordenación del Territorio y Medio Ambiente podrán establecer, por el procedimiento de delimitación de las unidades de ejecución, reservas sobre terrenos clasificados como suelo no urbanizable o urbanizable no programado.

Estos procedimientos tendrán los efectos expropiatorios que les dote la legislación estatal correspondiente.

Artículo 270. Regla especial de incorporación al proceso urbanizador de terrenos reservados.

A través de la redacción, revisión o modificación del planeamiento se podrán clasificar como suelo urbanizable los terrenos no urbanizables señalados en el artículo anterior, que por expropiación hubiesen pasado al patrimonio público del suelo.

Artículo 271. Destino.

1. Los bienes del patrimonio público del suelo, una vez incorporados al proceso de urbanización y edificación, deberán ser destinados a la construcción de viviendas sujetas a algún régimen de protección pública o a otros usos de interés social, de acuerdo con el planeamiento urbanístico.

2. Mientras no esté aprobada la ordenación detallada de los terrenos integrantes del Patrimonio, así como cuando ésta atribuya una clasificación urbanística incompatible con los fines señalados en el número anterior, la enajenación de aquéllas podrá llevarse a cabo mediante concurso o subasta. En ambos casos, el precio a satisfacer por el adjudicatario no podrá ser inferior al valor urbanístico del aprovechamiento real que tuviera ya atribuido el correspondiente terreno.

Sección 2ª Cesiones

Artículo 272. Gestión directa o cesión.

1. La urbanización y edificación de los terrenos del Patrimonio, una vez que el grado de desarrollo del planeamiento lo permita, podrá llevarse a cabo

por la Administración, utilizando la modalidad de gestión más adecuada en cada caso.

2. Los terrenos integrantes del Patrimonio también podrán ser cedidos para el cumplimiento de los fines previstos en este Capítulo.

⇒ V. Jurisprudencia en arts. 92 y concordantes del TRLS/1976 (§3).

Artículo 273. Cesiones onerosas. Concurso.

1. Los terrenos pertenecientes al patrimonio municipal del suelo con calificación adecuada a los fines del artículo 265.1 sólo podrán ser enajenados en virtud de concurso. Su precio no podrá ser inferior al valor urbanístico del aprovechamiento real que les corresponda. El pliego de condiciones fijará plazos máximos para la realización de las obras de urbanización y edificación, o sólo de estas últimas si el terreno mereciera la calificación de solar, así como precios máximos de venta o arrendamiento de las edificaciones resultantes de la actuación.

2. Si el concurso quedara desierto, el Ayuntamiento podrá enajenar directamente dentro del plazo máximo de un año, con arreglo al pliego de condiciones.

Artículo 274. Cesiones entre Administraciones.

Las Administraciones Públicas urbanísticas y entidades instrumentales de ésta podrán transmitirse directamente y a título gratuito terrenos con fines de promoción pública de viviendas, construcción de equipamiento comunitario u otras instalaciones de uso público o interés social.

CAPÍTULO II
Derecho de superficie

Artículo 275. Derecho de superficie.

1. La Administración de la Comunidad Foral de Navarra, los Ayuntamientos y las demás personas públicas podrán constituir el derecho de superficie en terrenos de su propiedad o integrantes del patrimonio público del suelo con destino a la construcción de viviendas sujetas a algún régimen de protección pública o a otros usos de interés social, cuyo derecho corresponderá al superficiario.

2. El procedimiento de constitución del derecho de superficie y el carácter oneroso o gratuito del mismo se regirán por lo dispuesto en el Capítulo anterior para los diversos supuestos.

⇒ V. arts. 287.2, 287.3, 288.2, 288.3, 289.1, 289.2, 289.3, 289.4 y 289.5 del TRLS/1992 (§2).
V. Jurisprudencia en arts. 171 y concordantes del TRLS/1976 (§3).

Artículo 276. Beneficios.

La concesión del derecho de superficie por las Administraciones y demás personas públicas y su constitución por los particulares gozará de los beneficios derivados de la legislación de viviendas de protección pública, siempre que se cumplan los requisitos en ella establecidos.

CAPÍTULO III

Derecho de tanteo y retracto sobre suelo y edificaciones

Sección 1ª Tanteo y retracto en zonas delimitadas y en suelo destinado a viviendas de protección oficial

Artículo 277. Tanteo y retracto en zonas delimitadas.

1. A los efectos de regularizar el mercado de suelo, constituir o ampliar patrimonio público o enjugar déficit dotacionales, el Gobierno de Navarra, de oficio o a instancia de los Ayuntamientos, procederá a realizar un proyecto de delimitación de las zonas en las que las transmisiones por compraventa o permuta de terrenos y de edificaciones estén sometidas a un derecho de tanteo y retracto a favor de la Administración de la Comunidad Foral y de los Ayuntamientos.

La delimitación de las zonas se aprobará por Ley Foral.

2. Las edificaciones a que se refiere el apartado anterior se destinarán a su rehabilitación o, en su caso, se derribarán cuando así venga exigido por el planeamiento o en cumplimiento de fines de interés social.

3. La Ley Foral de delimitación a que se refiere el apartado primero deberá especificar al menos:

a) La delimitación geográfica de la zona con referencia a calles, sectores o parcelas catastrales comprendidas.

b) Plazo durante el que podrá ejercitarse el derecho de tanteo o retracto, que no podrá ser superior a ocho años desde la entrada en vigor de la Ley Foral.

c) El destino o destinos urbanísticos de los suelos o edificaciones integrados en las zonas delimitadas.

4. Aprobada la Ley Foral de delimitación, el Departamento de Ordenación del Territorio y Medio Ambiente realizará ante los correspondientes Registros de la Propiedad las gestiones necesarias para asegurar el cumplimiento de las obligaciones de notificación establecidas en este Capítulo.

5. La aprobación de la delimitación implicará la declaración de utilidad pública a efectos expropiatorios.

⇒ V. arts. 83 y concordantes del RD 1093/1997, de 4 julio (§2.1).

V. DF 428/1996, de 30 septiembre, de estructura orgánica del Departamento, complementado por DF 122/1998, de 30 marzo, modificado por DF 93/1998, de 23 marzo y por DF 321/1997, de 3 noviembre.

Artículo 278. Tanteo y retracto sobre terrenos destinados a viviendas de protección oficial.

La Administración de la Comunidad Foral tendrá un derecho de tanteo y retracto en todos los supuestos de transmisiones por compraventa o permuta de suelo destinado por el planeamiento a la construcción de viviendas de protección oficial, por el precio máximo legalmente establecido para dichos terrenos.

Artículo 279. Notificación de la transmisión.

1. En las zonas delimitadas conforme a lo dispuesto en los dos artículos precedentes, todo propietario de terrenos no edificados o de edificaciones que tenga la intención de proceder a su transmisión, estará obligado a comunicar fehacientemente al Gobierno de Navarra el precio, las condiciones de pago de la transmisión y la identidad del adquirente.

2. El plazo para el ejercicio del tanteo será de un mes a partir de que al Departamento de Ordenación del Territorio y Medio Ambiente le sea notificada en forma fehaciente la intención de enajenar con indicación del precio y demás condiciones de la transmisión. Transcurrido ese plazo sin que la Administración haya notificado su acuerdo de adquirir, se podrá efectuar la enajenación libremente.

3. En el caso de falta de comunicación, el Departamento de Ordenación del Territorio y Medio Ambiente, podrá ejercitar el derecho de retracto en el plazo de un mes a partir de que hubiese tenido conocimiento de la enajenación. También podrá ejercitarse el derecho de retracto en los mismos plazos cuando la enajenación se hubiese realizado sin ajustarse a los precios y condiciones notificados.

⇒ V. DF 428/1996, de 30 septiembre, de estructura orgánica del Departamento, complementado por DF 122/1998, de 30 marzo, modificado por DF 93/1998, de 23 marzo y por DF 321/1997, de 3 noviembre.

Artículo 280. Permutas.

En el caso de que la transmisión revista la forma de permuta de terrenos y edificaciones por edificación o parte de ella a construir en los mismos, se estará a los dispuesto en el artículo anterior en cuanto a comunicaciones de la transmisión. En estos supuestos el ejercicio del derecho de tanteo y retracto consistirá en la asunción por el Departamento de Ordenación del Territorio y Medio Ambiente del compromiso de entregar las edificaciones a construir o parte de ellas, en las mismas condiciones que las pactadas entre las partes.

⇒ V. DF 428/1996, de 30 septiembre, de estructura orgánica del Departamento, complementado por DF 122/1998, de 30 marzo, modificado por DF 93/1998, de 23 marzo y por DF 321/1997, de 3 noviembre.

Artículo 281. Transmisiones de suelo destinado a viviendas de protección oficial.

En los supuestos de transmisiones por compraventa o permuta de suelo destinado a la construcción de viviendas de protección oficial cuando el precio de dicha compraventa o la estimación económica de la permuta supere el máximo fijado por la legislación vigente sobre viviendas de protección oficial, el Departamento de Ordenación del Territorio y Medio Ambiente, al ejercitar el derecho de tanteo o el de retracto sobre los terrenos transmitidos, lo hará por el precio máximo legalmente establecido.

⇒ V. DF 428/1996, de 30 septiembre, de estructura orgánica del Departamento, complementado por DF 122/1998, de 30 marzo, modificado por DF 93/1998, de 23 marzo y por DF 321/1997, de 3 noviembre.

Artículo 282. Ejercicio del derecho de tanteo o retracto.

1. El Departamento de Ordenación del Territorio y Medio Ambiente dispondrá de un plazo de tres meses desde el ejercicio del derecho de tanteo o retracto, para hacer efectiva la liquidación de la cantidad a satisfacer en las condiciones que correspondan. Transcurrido dicho plazo caducará el derecho de tanteo o retracto a su favor.

2. El pago del precio será en metálico, salvo que el transmitente y la Administración convengan mutuamente otra forma.

3. En todo caso cuando el Gobierno ejercite los derechos de tanteo o retracto deberá cumplir la finalidad que motivó la adquisición en el plazo de dos años desde el ejercicio del derecho.

⇒ V. DF 428/1996, de 30 septiembre, de estructura orgánica del Departamento, complementado por DF 122/1998, de 30 marzo, modificado por DF 93/1998, de 23 marzo y por DF 321/1997, de 3 noviembre.

Artículo 283. No elevación a escritura pública.

1. Los Notarios denegarán la formalización en escritura pública de las transmisiones de terrenos y edificaciones incluidas en las zonas delimitadas conforme a los artículos 277 y 278 de esta Ley Foral cuando no se les acredite debidamente la existencia de la comunicación regulada en el artículo 279 de la misma.

2. Igualmente, no tendrán acceso al Registro de la Propiedad las escrituras de compraventa o permuta de terrenos o edificaciones afectadas por el derecho de tanteo o de retracto, si en las mismas no aparece fehacientemente acreditado el cumplimiento de las obligaciones de comunicación establecidas en el artículo 279 de esta Ley Foral.

⇒ V. arts. 83 y concordantes del RD 1093/1997, de 4 julio (§2.1).

Artículo 284. Delegación de facultades a entidades locales.

El Gobierno de Navarra atribuirá, mediante Decreto Foral, a los Ayuntamientos que lo soliciten expresamente, el ejercicio de las facultades previstas en el artículo 277. Asimismo, podrán atribuirles el derecho previsto en el artículo 278.

Dicha atribución podrá realizarse bien de forma específica, atendiendo a la situación del planeamiento urbanístico y la capacidad técnica y económica de la entidad local, o bien en el marco de convenios más amplios en materia de suelo y vivienda que formalice el Ayuntamiento con el Gobierno de Navarra.

TÍTULO VIII
RELACIONES INTERADMINISTRATIVAS

Artículo 285. Mancomunación.

1. Los Municipios podrán mancomunarse con otros limítrofes para el desarrollo de todas o algunas de sus competencias urbanísticas.

2. El régimen jurídico de las Mancomunidades se acomodará a lo previsto en la legislación sobre la Administración Local de Navarra, estableciéndose en sus estatutos la atribución de funciones relativas a la formulación y gestión de los planes y al control de la legalidad urbanística.

Artículo 286. Creación de órganos de gestión locales.

En virtud de su potestad de autoorganización, corresponde a los Municipios la creación de órganos desconcentrados, gerencias y personas jurídicas descentralizadas para la gestión de las actividades urbanísticas.

Artículo 287. Subrogación por la Comunidad Foral de Navarra.

1. El incumplimiento por una Entidad Local de las obligaciones impuestas directamente por esta Ley Foral facultará al Consejero de Ordenación del Territorio y Medio Ambiente para adoptar las medidas necesarias para el cumplimiento de la obligación, a cuenta y en sustitución de la Entidad Local, conforme a la legislación básica de régimen local.

2. La competencia para subrogarse en el ejercicio de la potestad expropiatoria, en los supuestos de inactividad de la Administración municipal ante el incumplimiento de deberes urbanísticos, corresponderá al Consejero de Ordenación del Territorio y Medio Ambiente.

Artículo 288. Delegación del ejercicio de competencias urbanísticas en favor de los Municipios con Plan Municipal.

1. El Consejero de Ordenación del Territorio y Medio Ambiente podrá delegar en los Municipios que cuenten con Plan Municipal el ejercicio de competencias relativas a la autorización de actividades y usos autorizables.

2. La Orden Foral de delegación deberá determinar el alcance, contenidos y duración de ésta, así como el control que se reserva el Departamento de Ordenación del Territorio y Medio Ambiente. Dicha Orden Foral se publicará en el «Boletín Oficial de Navarra».

3. En todo caso, el Consejero de Ordenación del Territorio y Medio Ambiente podrá, para dirigir y controlar el ejercicio de las facultades delegadas, emanar instrucciones técnicas de carácter general y recabar, en cualquier momento, información sobre la gestión municipal, así como enviar comisionados y formular los requerimientos pertinentes para la subsanación de las deficiencias observadas. En caso de incumplimiento de las directrices, denegación de las informaciones solicitadas o inobservancia de los requerimientos formulados el Consejero podrá revocar la delegación.

4. Los actos del Municipio dictados en ejecución de competencias delegadas serán recurridos, en su caso, ante el Gobierno de Navarra, a través del recurso administrativo ordinario.

⇒ V. DF 428/1996, de 30 septiembre, de estructura orgánica del Departamento, complementado por DF 122/1998, de 30 marzo, modificado por DF 93/1998, de 23 marzo y por DF 321/1997, de 3 noviembre.

Artículo 289. Comisión de Ordenación del Territorio.

1. Se crea la Comisión de Ordenación del Territorio como órgano consultivo y de coordinación de la Administración de la Comunidad Foral de Navarra en materia de ordenación del territorio.

2. La Comisión de Ordenación del Territorio estará presidida por el Consejero de Ordenación del Territorio y Medio Ambiente y formarán parte de ella, además de los representantes de la Administración de la Comunidad Foral de Navarra que se designen, cuatro representantes de los Ayuntamientos de Navarra. Igualmente, podrán formar parte de ella un representante de la Administración del Estado y los representantes de aquellas organizaciones y asociaciones que reglamentariamente se determinen, así como las personas que por su conocimiento específico pueda requerir el Presidente de la Comisión.

3. Son funciones de la Comisión de Ordenación del Territorio:

a) Informar las Directrices de Ordenación Territorial antes de su remisión por el Gobierno de Navarra al Parlamento de Navarra.

b) Informar con carácter preceptivo y no vinculante, previamente a la aprobación definitiva, las Normas Urbanísticas Comarcales.

c) Informar con carácter preceptivo y no vinculante, previamente a la aprobación provisional y definitiva, los Planes y Proyectos Sectoriales de Incidencia Supramunicipal.

d) Emitir informe, de carácter consultivo y no vinculante, en los supuestos en que sea requerido para ello por el Gobierno de Navarra o por el Consejero de Ordenación del Territorio y Medio Ambiente.

e) Aprobar definitivamente los Planes Municipales cuando dicha competencia le hubiera sido atribuida expresamente por el Gobierno de Navarra mediante Decreto Foral. Esta función podrá encomendarse a una Subcomisión creada al efecto. Los acuerdos de la Comisión relativos al planeamiento municipal serán recurribles administrativamente ante el Gobierno de Navarra.

f) El ejercicio de cuantas competencias se le otorguen legalmente.

⇒ V. DF 224/1994, de 14 noviembre, que aprobó el Reglamento de organización y funcionamiento de la Comisión de Ordenación del Territorio, modificado por DF 85/2000, de 21 febrero y por DF 272/1995, de 4 septiembre.

DISPOSICIONES ADICIONALES

Primera.

1. Las disposiciones legales relativas al suelo no urbanizable tendrán el carácter de mínimas y básicas, siendo de directa aplicación a los suelos forestales, de alta productividad agrícola, mediana productividad agrícola o ganadera, genérico, de infraestructuras existentes, de aguas y de entorno de bienes inmuebles de interés cultural, hasta que el planeamiento las incorpore cuando se revise o modifique.

2. Las actividades y usos no constructivos existentes con anterioridad a

la entrada en vigor de la Ley Foral 6/1987, de 10 de abril, de Normas Urbanísticas Regionales para Protección y Uso del Territorio, podrán seguir desarrollándose en tanto el Plan de Uso y Gestión de dichos espacios no los prohíba por resultar incompatibles.

Segunda.

La expropiación o sujeción al régimen de venta forzosa por incumplimiento de los plazos para urbanizar o edificar no serán aplicables en los Municipios de población de derecho inferior a 25.000 habitantes, salvo que el Ayuntamiento, para la totalidad o parte del término municipal, acuerde su aplicación con carácter general. En cambio, sí podrán aplicarse las sanciones económicas previstas por incumplimiento de plazos.

Tercera.

En cumplimiento del deber de los poderes públicos de defender y restaurar el medio ambiente, establecido en el artículo 45.2 de la Constitución, no será de aplicación la indemnización a que se refiere el artículo 27 de esta Ley Foral, a las actividades y usos incompatibles con las limitaciones que establece esta Ley Foral, cuando tales actividades y usos se promuevan o se hubieran promovido por las Entidades Locales o por los organismos y sociedades dependientes de la Administración de la Comunidad Foral de Navarra.

Cuarta.

En ningún caso, a través de los actos presuntos provenientes de la inactividad de las Administraciones Públicas, se podrán adquirir facultades en contra de las prescripciones legales y de la normativa urbanística.

La eficacia de los actos presuntos estará supeditada al cumplimiento de los requisitos regulados en la legislación sobre procedimiento administrativo común.

⇒ V. Jurisprudencia en arts. 178 y concordantes del TRLS/1976 (§3).

Quinta.

1. En las expropiaciones urbanísticas en que se aplique el procedimiento de tasación conjunta, será competente para la aprobación del expediente de expropiación la misma Administración que hubiera expuesto dicho expediente al público.

2. En su caso, la resolución aprobatoria del órgano competente de la Administración de la Comunidad Foral de Navarra implicará la declaración de urgencia de la ocupación de los bienes y derechos afectados.

Sexta.

Las sanciones de cuantía fija establecidas en esta Ley Foral podrán ser actualizadas periódicamente por el Gobierno de Navarra, a propuesta del Consejero de Ordenación del Territorio y Medio Ambiente, teniendo en cuenta la variación de los índices de precios al consumo.

Séptima.

1. Las competencias urbanísticas no atribuidas expresamente a otros órganos de la Administración de la Comunidad Foral serán ejercidas por el Consejero de Ordenación del Territorio y Medio Ambiente.

2. Mediante Decreto Foral el Gobierno de Navarra podrá atribuir a otros órganos u organismos autónomos las competencias asignadas por esta Ley Foral al Departamento de Ordenación del Territorio y Medio Ambiente.

⇒ V. DF 428/1996, de 30 septiembre, de estructura orgánica del Departamento, complementado por DF 122/1998, de 30 marzo, modificado por DF 93/1998, de 23 marzo y por DF 321/1997, de 3 noviembre.

Octava.

El Gobierno de Navarra, mediante Decreto Foral, podrá encomendar la gestión de los derechos de tanteo y retracto a que esta Ley Foral se refiere a entidades dotadas de personalidad jurídica, creadas por él, para el desarrollo de la política de suelo y vivienda.

Novena.

En los demás aspectos no contemplados en esta Ley Foral, los derechos administrativos de tanteo y retracto se regirán por las prescripciones contenidas en la legislación civil de Navarra.

Décima.

1. El Jurado de Expropiación de Navarra entenderá y decidirá sobre los expedientes de justiprecio que se produzcan en las expropiaciones de cualquier clase que lleven a cabo las Administraciones Públicas de Navarra. En los expedientes de justiprecio que se susciten en las expropiaciones que lleve a cabo la Administración del Estado en el territorio de Navarra, el Jurado de Expropiación de Navarra conocerá cuando así se acuerde con aquella Administración.

2. El Jurado de Expropiación de Navarra, órgano administrativo adscrito al Gobierno de Navarra, estará formado por un Presidente, que lo será el Magistrado que designe el Presidente del Tribunal Superior de Justicia de Navarra, y los siguientes cuatro vocales:

a) Un asesor jurídico del Gobierno de Navarra.

b) Un funcionario especialista en valoraciones catastrales, titulado superior designado por el Consejero de Economía y Hacienda.

c) Un titulado superior, designado por el Gobierno de Navarra:

– A propuesta del Colegio Profesional competente cuando la expropiación se refiera a bienes en suelo urbano o urbanizable.

– A propuesta de la Cámara Agraria de Navarra cuando la expropiación se refiera a bienes en suelo no urbanizable.

✐ Letra modificada por la disp. adic. 26ª de la Ley Foral 18/1999, de 30 diciembre.

d) Un notario designado por el Decano del Colegio Notarial correspondiente.

Actuará como Secretario del Jurado un funcionario con título de Licenciado en Derecho, adscrito al Departamento de Economía y Hacienda, designado por el Consejero de este Departamento.

3. Para que el Jurado de Expropiación de Navarra pueda válidamente constituirse y adoptar acuerdos será preciso, en primera convocatoria, la asistencia de todos sus miembros, y en segunda la del Presidente y dos Vocales, uno de los cuales será el mencionado en el apartado a) o en el apartado b) del número anterior, y el otro, el del apartado c) o el d) de dicho artículo.

4. Las funciones administrativas y subalternas del Jurado de Expropiación de Navarra estarán a cargo del Servicio correspondiente del Departamento de Economía y Hacienda.

5. El Jurado de Expropiación de Navarra decidirá por mayoría de votos sobre los asuntos objeto de su competencia, dirimiendo los empates el voto del Presidente.

6. El Jurado de Expropiación de Navarra, a la vista de las hojas de aprecio formuladas por los propietarios y por la Administración, decidirá ejecutoriamente sobre el justo precio que corresponda a los bienes y derechos objeto de la expropiación en el plazo máximo de quince días. Excepcionalmente, podrá prorrogarse dicho plazo hasta un máximo de treinta días, cuando la importancia de los intereses en pugna en el expediente expropiatorio aconsejen la inspección personal sobre el terreno de los bienes o derechos expropiables, en la que necesariamente participarán los vocales señalados en los apartados a) y b) del número 2 de esta disposición adicional.

7. Las resoluciones del Jurado de Expropiación de Navarra serán necesariamente motivadas, razonándose los criterios de valoración seguidos por el mismo en relación con lo dispuesto en la legislación aplicable.

8. La resolución adoptada, que se notificará a la Administración y al expropiado, agotará la vía administrativa y contra la misma procederá el recurso contencioso-administrativo.

9. La fecha del acuerdo constituirá el término inicial para la caducidad de la valoración establecida en la legislación sobre expropiación forzosa.

10. Reglamentariamente se regulará el funcionamiento del Jurado y el régimen de incompatibilidades, excusas, asistencias, dietas y sustituciones de los integrantes del Jurado.

Undécima.

La titularidad y el ejercicio de las competencias urbanísticas atribuidas por esta Ley Foral al Consejero de Ordenación del Territorio y Medio Ambiente podrán ser desconcentrados en otros órganos administrativos del Departamento de Ordenación del Territorio y Medio Ambiente, jerárquicamente dependientes de aquél, en los términos y con los requisitos que prevean las propias normas de atribución de competencias.

⇒ V. DF 428/1996, de 30 septiembre, de estructura orgánica del Departamento, complementado por DF 122/1998, de 30 marzo, modificado por DF 93/1998, de 23 marzo y por DF 321/1997, de 3 noviembre.

Duodécima.

El Gobierno de Navarra, en el plazo de 3 meses desde la entrada en vigor de esta Ley Foral, establecerá reglamentariamente los requisitos y contenidos mínimos exigibles para la Cédula urbanística regulada en el artículo 21.

DISPOSICIÓNES TRANSITORIAS

Primera.

1. Los Municipios de más de 500 habitantes que no cuenten con Plan General o Normas Subsidiarias de ámbito municipal, deberán presentar ante el Departamento de Ordenación del Territorio y Medio Ambiente para la aprobación definitiva, su respectivo Plan Municipal en el plazo máximo de tres años, contado a partir de la entrada en vigor de esta Ley Foral.

2. El incumplimiento del plazo fijado en el apartado anterior facultará al Consejero de Ordenación del Territorio y Medio Ambiente para subrogarse en las competencias municipales en orden a la redacción, tramitación y aprobación del Plan.

⇒ V. DF 428/1996, de 30 septiembre, de estructura orgánica del Departamento, complementado por DF 122/1998, de 30 marzo, modificado por DF 93/1998, de 23 marzo y por DF 321/1997, de 3 noviembre.

Segunda.

Los Planes que se hubieran aprobado inicialmente con anterioridad a la entrada en vigor de esta Ley Foral continuarán su tramitación conforme a la legislación anterior.

Tercera.

Las modificaciones y revisiones de los Planes vigentes se ajustarán a lo dispuesto en esta Ley Foral.

Cuarta.

1. La limitación de densidad de viviendas y usos industriales por hectárea que se establece en el artículo 20 de esta Ley Foral no será de aplicación a los Planes ya vigentes.

2. No obstante, las modificaciones o revisiones de estos Planes que se tramiten deberán ajustarse a la densidad fijada en esta Ley Foral.

Quinta.

En tanto los instrumentos de ordenación territorial o el planeamiento urbanístico no delimiten los espacios a asignar a la categoría de entorno de bienes inmuebles de interés cultural, los terrenos a los que se aplicará el régimen de protección de dicha categoría serán los colindantes a los monumentos y elementos en un radio máximo de cincuenta metros contado desde el centro de los mismos.

Sexta.

1. A partir de la entrada en vigor de esta Ley Foral no podrán aprobarse inicialmente nuevos Proyectos de Delimitación de Suelo Urbano.

2. Los Proyectos de Delimitación de Suelo Urbano aprobados inicialmente con anterioridad a la presente Ley Foral podrán continuar su tramitación siempre que en su contenido figuren las alineaciones referidas al sistema viario y a las edificaciones existentes o previstas.

3. Las actuaciones urbanísticas de demolición o edificación en Municipios o Concejos que tuvieran vigente a la entrada en vigor de esta Ley Foral la figura del Proyecto de Delimitación de Suelo Urbano, sin que en su contenido figuren las alineaciones referidas al sistema viario y a las edificaciones existentes o previstas, exigirán la previa tramitación de un documento de alineaciones referidas al sistema viario y a las edificaciones existentes o previstas. Dicho documento, cuyo ámbito abarcará áreas geográficamente homogéneas determinadas por límites fácilmente identificables, se tramitará conforme al procedimiento previsto en la Ley sobre Régimen del Suelo y Ordenación Urbana para los Proyectos de Delimitación del Suelo Urbano, correspondiendo la aprobación inicial al Ayuntamiento competente y la definitiva al Consejero de Ordenación del Territorio y Medio Ambiente, y siendo el plazo de información pública de quince días hábiles, como mínimo.

4. A partir de la entrada en vigor de esta Ley Foral no se podrán tramitar Estudios de Detalle en desarrollo de Proyectos de Delimitación del Suelo Urbano.

Séptima.

1. En las Entidades Locales que carecieran de Plan Municipal o Proyecto de Delimitación de Suelo Urbano, constituirán suelo urbano los terrenos que cumplan con los requisitos previstos en la letra b) del artículo 7.1 de esta Ley Foral.

2. En estas Entidades Locales que carecieran de Plan Municipal o de Proyecto de Delimitación del Suelo Urbano, la construcción, rehabilitación o demolición de edificios, incluidas las modificaciones de fachadas y las alteraciones de volúmenes, requerirán en todo caso de autorización administrativa del Departamento de Ordenación del Territorio y Medio Ambiente, previa al otorgamiento de licencia, y que se tramitará conforme al procedimiento regulado en el artículo 42 de esta Ley Foral.

⇒ V. DF 428/1996, de 30 septiembre, de estructura orgánica del Departamento, complementado por DF 122/1998, de 30 marzo, modificado por DF 93/1998, de 23 marzo y por DF 321/1997, de 3 noviembre.

Octava.

Las unidades de actuación o polígonos que, a la entrada en vigor de esta Ley Foral, no tengan determinado el sistema de actuación, se ejecutarán por el sistema de compensación, sin perjuicio de su sustitución por otro, si así lo acordase la Administración competente.

Novena.

A la entrada en vigor de esta Ley Foral, se extinguirá automáticamente la Comisión de Urbanismo y Medio Ambiente de Navarra, quedando traspasadas sus funciones al Consejero de Ordenación del Territorio y Medio Ambiente, con excepción de las que se atribuyen por esta Ley Foral a la Comisión de Ordenación del Territorio.

V. DF 224/1994, de 14 noviembre, que aprobó el Reglamento de organización y funcionamiento de la Comisión de Ordenación del Territorio, modificado por DF 85/2000, de 21 febrero y por DF 272/1995, de 4 septiembre.

Décima.

Hasta en tanto no se promulgue la Ley Foral de los Espacios Naturales de Navarra, continuarán vigentes las disposiciones reguladoras de los espacios naturales de interés y de los parques naturales contenidas en la Ley Foral 6/1987, de 10 de abril, de Normas Urbanísticas Regionales para Protección y Uso del Territorio.

⇒ V. Ley 9/1996, de 17 junio, reguladora de los espacios naturales en Navarra.

DISPOSICIÓN DEROGATORIA

1. Quedan derogadas las siguientes disposiciones:

a) La Ley Foral 12/1986, de 11 de noviembre, de Ordenación del Territorio, en su totalidad.

b) De la Ley 6/1987, de 10 de abril, de Normas Urbanísticas Regionales para la Protección y Uso del Territorio, los artículos 1, salvo en lo relativo a los espacios y recursos naturales; 2, salvo el apartado segundo en lo relativo a Reserva Integral, Reserva Natural, Enclave Natural y Area Natural recreativa; 3; 4; 5, salvo el apartado primero; 6 en su último párrafo; 7 a 11; 15; 20 a 33; 35 a 38; 46 a 71; disposiciones adicionales tercera, quinta y sexta y disposición transitoria segunda.

c) De la Ley Foral 7/1989, de 8 de junio, de Medidas de Intervención en Materia de Suelo y Vivienda, los artículos 2, en su apartado a); 3 a 42; 47 y 48, salvo en lo relativo a transmisiones de viviendas; disposiciones adicionales; disposiciones transitorias y disposición final segunda, en su apartado 2.

d) La Ley Foral 8/1990, de 13 de noviembre, de modificación de la Ley Foral 7/1989, de 8 de junio, de Medidas de Intervención en Materia de Suelo y Vivienda, en su totalidad.

e) La Ley Foral 5/1992, de 14 de abril, por la que se modifica la Ley

Foral 12/1986, de 11 de noviembre, de Ordenación del Territorio, en su totalidad.

2. Asimismo, quedan derogadas cuantas disposiciones de igual o inferior rango se opongan a lo dispuesto en esta Ley Foral.

DISPOSICIÓN FINAL

Se autoriza al Gobierno de Navarra para dictar cuantas disposiciones reglamentarias sean precisas para el desarrollo y ejecución de esta Ley Foral.

§ 45 DECRETO FORAL 85/1995, DE 3 ABRIL. APRUEBA EL REGLAMENTO DE DESARROLLO DE LA LEY FORAL 10/1994, DE 4 JULIO, QUE REGULA LA ORDENACIÓN DEL TERRITORIO Y URBANISMO DE LA COMUNIDAD FORAL DE NAVARRA

(BON núm. 69, de 31 mayo [LNA 1995, 180])

Diversos artículos de la Ley Foral 10/1994, de 4 de julio, de Ordenación del Territorio y Urbanismo, hacen referencia expresa a la necesidad de su desarrollo reglamentario con el fin de completar sus efectos jurídicos y dar cumplimiento a sus previsiones.

El presente Reglamento se ha redactado en desarrollo de aquellos preceptos legales que así lo requieren expresamente para poder ser virtualmente eficaces, sin perjuicio de introducir algunas aclaraciones que la debida seguridad jurídica reclama.

La disposición final de la citada Ley Foral autoriza al Gobierno de Navarra a dictar cuantas disposiciones reglamentarias sean precisas para el desarrollo y ejecución de la misma.

Por otro lado, la global revisión del ordenamiento jurídico-urbanístico vigente hasta ahora que ha supuesto tanto la promulgación de la Ley Foral 10/1994, de 4 de julio, de Ordenación del Territorio y Urbanismo, como la aprobación de este Reglamento de desarrollo parcial de la citada Ley Foral, que desplaza al plano supletorio a los reglamentos estatales de planeamiento, gestión y disciplina urbanística, recomienda aprobar una tabla de las disposiciones reglamentarias de la Comunidad Foral que quedan derogadas o vigentes.

En su virtud, a propuesta del Consejero de Ordenación del Territorio y Medio Ambiente, y de conformidad con el Acuerdo adoptado por el Gobierno de Navarra en sesión celebrada el día tres de abril de mil novecientos noventa y cinco, decreto:

Artículo único.

Se aprueba el Reglamento de desarrollo de la Ley Foral 10/1994, de 4 de julio, de Ordenación del Territorio y Urbanismo, cuyo texto se inserta a continuación.

DISPOSICIÓN DEROGATORIA

1. Se aprueba la siguiente tabla de disposiciones derogadas por el Reglamento de desarrollo parcial de la Ley Foral 10/1994, de 4 de julio, de Ordenación del Territorio y Urbanismo, así como las que quedan vigentes:

A) Quedan derogados:

– El Decreto Foral 254/1987, de 10 de diciembre, de distribución de competencias en materia de ordenación del territorio y urbanismo entre los órganos de la Administración de la Comunidad Foral de Navarra.

– El Decreto Foral 191/1988, de 23 de junio, por el que se establecen medidas complementarias para la protección de la legalidad urbanística.

– El Decreto Foral 124/1989, de 1 de junio, sobre atribución del importe de las multas impuestas en expedientes sancionadores urbanísticos.

– El Decreto Foral 238/1989, de 26 de octubre, por el que se asigna al Consejero de Ordenación del Territorio y Medio Ambiente la competencia para aprobar definitivamente los Planes Especiales y Programas de Actuación Urbanísticos.

– El Decreto Foral 383/1992, de 16 de noviembre, por el que se atribuye a los Ayuntamientos la competencia para la aprobación de gerencias u otros órganos de gestión de servicios urbanísticos municipales.

– El Decreto Foral 227/1993, de 19 de julio, por el que se establece el procedimiento sancionador de las infracciones en materia de urbanismo y control de actividades clasificadas para la protección del medio ambiente, en todo lo referido al procedimiento sancionador por infracciones urbanísticas, quedando vigente en cuanto al resto.

– La disposición adicional del Decreto Foral 229/1993, de 19 de julio, por el que se regulan los Estudios sobre Afecciones Ambientales de los planes y proyectos de obras a realizar en el medio natural.

– El Decreto Foral 258/1993, de 6 de septiembre, de medidas para la agilización de la distribución y gestión del planeamiento urbanístico, con excepción del artículo 1 en cuanto sea de aplicación transitoriamente.

B) Continuarán vigentes:

– El Decreto Foral 290/1988, de 14 de diciembre, por el que se delimita definitivamente el Camino de Santiago a su paso por Navarra y se establece su régimen de protección.

– El Decreto Foral 84/1990, de 5 de abril, por el que se regula la implantación territorial de polígonos y actividades industriales en Navarra.

– El Decreto Foral 128/1992, de 30 de marzo, por el que se regulan las condiciones territoriales y urbanísticas para la implantación de campos de golf en el ámbito de la Comunidad Foral de Navarra.

– El Decreto Foral 154/1993, de 10 de mayo, por el que se regula la implantación territorial y urbanística de las instalaciones comerciales de gran superficie.

– El Decreto Foral 76/1995, de 27 de marzo, de regulación de los campamentos de turismo.

2. Quedan derogadas cuantas otras disposiciones de igual o inferior rango se opongan a lo dispuesto en el presente Decreto Foral.

DISPOSICIONES FINALES

Primera.

Se faculta al Consejero de Ordenación del Territorio y Medio Ambiente para dictar cuantas disposiciones sean necesarias para el desarrollo de este Decreto Foral.

Segunda.

El presente Decreto Foral entrará en vigor el día siguiente al de su publicación en el «Boletín Oficial de Navarra».

REGLAMENTO DE DESARROLLO DE LA LEY FORAL 10/1994, DE 4 DE JULIO, DE ORDENACIÓN DEL TERRITORIO Y URBANISMO

TÍTULO PRELIMINAR
OBJETO

Artículo 1.

El presente Reglamento desarrolla los siguientes aspectos de la Ley Foral 10/1994, de 4 de julio, de Ordenación del Territorio y Urbanismo:

A) Referidos al régimen urbanístico del suelo:

– Establecimiento de los requisitos mínimos que han de reunir los servicios urbanísticos básicos para que un suelo sea considerado como urbano.

– Determinación del aprovechamiento susceptible de apropiación privada en suelo urbano.

– Condiciones para la urbanización y edificación simultáneas.

– Requisitos y contenidos mínimos de la cédula urbanística.

– Condiciones necesarias para la autorización de la vivienda unifamiliar aislada en suelo no urbanizable.

– Regulación de los sistemas generales.

– Regulación de las dotaciones al servicio de un sector de suelo urbanizable.

– Módulos de arbolado en el suelo urbano y urbanizable.

B) Referidos al planeamiento urbanístico:

– Documentación de los Planes Municipales, Programas de Actuación Urbanística, Planes Parciales, Planes Especiales, Estudios de Detalle y Proyectos de Urbanización.

– Modificaciones puntuales del planeamiento urbanístico.

– Determinaciones relativas al planeamiento de iniciativa particular.

– Tramitación simultánea del planeamiento de desarrollo con el planeamiento municipal.

C) Referidos a la ejecución del planeamiento y sistemas de actuación:

– Régimen de las Entidades urbanísticas colaboradoras.

– Documentos de los sistemas de compensación y reparcelación voluntaria.

– Reparcelación económica.

– Normalización de fincas.

– Tramitación simultánea de instrumentos de gestión urbanística con el planeamiento que ejecutan.

D) Referidos a la protección de la legalidad urbanística:

– Condiciones y cuantía de la fianza como medida cautelar para la protección de la legalidad urbanística.

– Procedimiento sancionador de las infracciones urbanísticas.

TÍTULO I
RÉGIMEN URBANÍSTICO DEL SUELO

CAPÍTULO I
Servicios urbanísticos requeridos al suelo urbano

Artículo 2.

Los requisitos que, en todo caso y con carácter mínimo, han de reunir los servicios urbanísticos básicos para que un terreno pueda ser clasificado como suelo urbano son los siguientes:

1. Acceso rodado:

Se entenderá que un terreno cuenta con acceso rodado cuando sea accesible para vehículos automóviles de turismo a través de vías de titularidad pública y con un firme en condiciones idóneas para el tráfico de tales vehículos.

Asímismo, se entenderá que un terreno cuenta con acceso rodado cuando linde con suelo urbano y cuente con autorización de la autoridad competente en la materia para ejecutar el acceso rodado.

Los terrenos que no reúnan los requisitos indicados no se considerarán dotados de acceso rodado aunque linden con el margen exterior de una ronda perimetral del núcleo urbano o de una vía de comunicación entre dos núcleos urbanos.

✐ Apartado redactado por el art. único del DF 589/1999, de 22 noviembre.

2. *Abastecimiento de agua:*

Se entenderá que un terreno tiene el servicio de abastecimiento de agua con características suficientes, cuando se cumplan las siguientes condiciones:

– Exista conducción por el borde de dicho terreno o vial al que da frente.

– Tenga la garantía de suministro suficiente en todo su recorrido, tanto para la edificación existente como para la que pudiera llegar a construirse y, en su caso, para el riego de las zonas verdes y huertas previstas, todo ello con los necesarios coeficientes de punta y en las condiciones técnicas adecuadas de presión de servicio.

3. Evacuación de aguas:

A) Se entenderá que un terreno tiene el servicio de evacuación de aguas con características suficientes cuando cumpla las siguientes condiciones:

– Exista colector de aguas residuales, perteneciente a la red general o a red autorizada por la Administración competente, por el borde de dicho terreno.

– La canalización tenga capacidad de transporte suficiente en todo su recorrido, tanto para la edificación existente como para la que pudiera llegar a construirse, con los adecuados coeficientes de punta y para los caudales derivados de la recogida de aguas pluviales.

B) Cuando se trate de parcelas consolidadas por la edificación en las que las construcciones existentes cuenten con instalaciones individuales de saneamiento, éstas podrán considerarse como servicio de evacuación de aguas, a los efectos previstos de este número, siempre que sus características técnicas se ajusten a la normativa vigente y que la edificación no se declare fuera de ordenación.

4. Suministro de energía eléctrica:

Se entenderá que un terreno tiene suministro de energía eléctrica en condiciones suficientes cuando cumpla las siguientes condiciones:

– Exista red de suministro de energía eléctrica en baja tensión por el borde del terreno o vial al que dé frente.

– La red tenga potencia suficiente para los usos existentes y aquellos que puedan llegar a construirse.

⇒ V. art. 7 de la LF 10/1994, de 4 julio, de Ordenación del Territorio y Urbanismo (§44).

Artículo 3.

Para la clasificación del suelo como urbano, además de lo establecido en el artículo precedente, deberán tenerse en cuenta las siguientes reglas:

1. Los servicios de abastecimiento de agua, evacuación de aguas residuales y suministro de energía eléctrica, deberán estar ubicados a una distancia máxima de 50 metros de la parcela o unidad de ejecución, y tener capacidad suficiente para dar servicio en todo su recorrido tanto a las construcciones existentes como a las previstas por el planeamiento. Cuando se trate de parcelas consolidadas por la edificación en las que las construcciones existentes cuenten con instalaciones individuales de saneamiento, éstas podrán considerarse como servicio de evacuación de aguas, a los efectos previstos de este

número, siempre que sus características técnicas se ajusten a la normativa vigente y que la edificación no se declare fuera de ordenación.

2. En los terrenos que linden con una vía que cuente con todos los servicios antes señalados, se considerará suelo urbano la superficie correspondiente a un fondo edificable suficiente, que se justificará en relación con la tipología edificatoria del entorno próximo y, en cualquier caso, con la capacidad de los servicios conforme a lo establecido en el artículo 2 de este Reglamento.

3. No se considerará suficiente para clasificar un terreno como urbano el hecho de ser conlindante con carreteras, caminos u otras vías del núcleo urbano por cuyas márgenes discurran conducciones generales de servicios de abastecimiento, evacuación de aguas y suministro de energía eléctrica.

Redactado por el art. único del DF 589/1999, de 22 noviembre.

CAPÍTULO II
Determinación del aprovechamiento susceptible de apropiación privada en suelo urbano

Artículo 4.

1. En el suelo urbano de Municipios con población superior a cincuenta mil habitantes de derecho y en el de aquellos Municipios que apliquen, en virtud de su planeamiento, las disposiciones específicas relativas a la delimitación de áreas de reparto y cálculo del aprovechamiento tipo, el aprovechamiento susceptible de apropiación será el 85 por 100 del aprovechamiento tipo del área de reparto.

2. En el suelo urbano de los Municipios a que se refiere el número anterior, cuando no se actúe a través de unidades de ejecución, el ajuste entre los aprovechamientos susceptibles de apropiación y los reales permitidos por el planeamiento se producirá en la forma regulada en los artículos 192 a 204, inclusive, de la Ley Foral 10/1994, de 4 de julio, de Ordenación del Territorio y Urbanismo.

Artículo 5.

1. En el suelo urbano de los Municipios de más de dos mil habitantes y de los Municipios de Barañáin, Burlada, Villava, Huarte, Zizur Mayor, Cendea de Cizur, Egüés, Galar, Beriáin, Orcoyen, Aranguren, Noáin-Valle de Elorz, Ansoáin, Berriozar y Berrioplano, y salvo que el Plan Municipal incluya disposiciones específicas relativas a la delimitación del área de reparto y cálculo del aprovechamiento tipo en suelo urbano, el aprovechamiento urbanístico susceptible de apropiación en el suelo urbano será:

a) En terrenos incluidos en unidades de ejecución: el 85 por 100 del aprovechamiento medio de la unidad de ejecución respectiva.

b) *En terrenos* no incluidos en unidades de ejecución, cuando se trate de sustitución de la edificación existente sin incremento de aprovechamiento: el 100 por 100 del aprovechamiento permitido por el planeamiento.

c) En terrenos no incluidos en unidades de ejecución, cuando no se trate de la mera sustitución de la edificación existente y se dé incremento de aprovechamiento por el Plan: el 85 por 100 del incremento ocasionado por el planeamiento vigente respecto a la situación anterior y el 100 por 100 del aprovechamiento preexistente. En este supuesto, el aprovechamiento restante, correspondiente a la Administración se compensará al Municipio en metálico, de acuerdo con su valor urbanístico.

d) En terrenos incluidos en los cascos históricos, cuando no se actúe a través de unidades de ejecución: el 100 por 100 del aprovechamiento permitido por el planeamiento.

2. La exigencia de la cesión del aprovechamiento urbanístico en favor de los Municipios a que se refiere este artículo será directamente aplicable por ministerio de la Ley, sin que el planeamiento pueda establecer en ningún caso porcentaje inferior.

3. En todo caso, la adquisición del aprovechamiento susceptible de apropiación en los terrenos no incluidos en unidades de ejecución lo será sin perjuicio del deber del propietario de asumir, a su costa, las cargas que imponga el Plan.

Artículo 6.

En el suelo urbano de los Municipios de menos de dos mil habitantes de derecho, excepción hecha de los que pertenecen a la conurbación de Pamplona y que se mencionan en el número 1 del artículo precedente y de los que su Plan Municipal incluya disposiciones específicas relativas a la delimitación del área de reparto o cálculo del aprovechamiento tipo en suelo urbano, el aprovechamiento susceptible de apropiación será:

a) En terrenos incluidos en unidades de ejecución: el porcentaje que establezca el Plan Municipal, que será el mismo para todas las unidades de ejecución y que, en todo caso, no será inferior al 85 por 100 del aprovechamiento medio resultante en cada unidad de ejecución respectiva.

b) En terrenos no incluidos en una unidad de ejecución: el 100 por 100 del aprovechamiento permitido por el planeamiento, sin perjuicio del deber del propietario de asumir, a su costa, las cargas de urbanización que le imponga dicho planeamiento.

CAPÍTULO III

Urbanización y edificación simultáneas

Artículo 7.

1. Las Entidades Locales podrán autorizar la ejecución simultánea de la urbanización y de la edificación de terrenos que no tengan la condición de solar, exigiendo para ello, y en todo caso, como garantías de la realización de las obras de urbanización:

a) Que se preste aval bancario o cualquier otra garantía de las admitidas en Derecho con cuantía, como mínimo, del 20 por 100 de las obras de urbanización, en la parte que corresponda.

b) Que en el escrito de solicitud de licencia el solicitante se comprometa a no utilizar la construcción hasta tanto no esté concluida la obra de urbanización y a establecer tal condición en las cesiones del derecho de propiedad o de uso a que se lleven a efecto para todo o parte del edificio.

2. Cuando se trate de terrenos no incluidos en unidades de ejecución, el compromiso de urbanizar, de acuerdo con el correspondiente proyecto de obras de urbanización, alcanzará no sólo a las obras que afecten al frente de fachada o fachadas del terreno sobre el que se pretende construir, sino a todas las infraestructuras necesarias para que puedan prestarse los servicios públicos precisos, tales como red de abastecimiento de agua, saneamiento, alumbrado y pavimentación de calzada y acera o, en su caso, del espacio funcionalmente equivalente a la acera, hasta el punto de enlace con las redes generales que estén en funcionamiento.

3. En el supuesto de terrenos incluidos en unidades de ejecución, el compromiso de urbanizar se referirá a fases completas correspondientes a la edificación que se pretenda llevar a cabo y a aquellas infraestructuras necesarias para que puedan prestarse los servicios públicos precisos, y todo ello de acuerdo con el respectivo Proyecto de Urbanización definitivamente aprobado.

Las obras de urbanización no podrán iniciarse hasta que estén aprobados definitivamente los instrumentos de gestión, salvo que el promotor del Proyecto de Urbanización cumpla los siguientes requisitos:

a) Preste ante la Entidad Local la garantía a que se refiere el número 1 de este artículo, y

b) Acredite la conformidad expresa y por escrito de los propietarios registrales de las parcelas afectadas o sus causahabientes.

4. El incumplimiento del deber de urbanización simultáneo a la edificación comportará:

– La no adquisición legal de los derechos al aprovechamiento urbanístico, a edificar y de edificación.

– La improcedencia de derecho a la indemnización por cualquiera de los conceptos señalados en el apartado anterior.

– La prohibición de utilizar la edificación.

– La pérdida de la garantía económica a que se refiere el número 1 de este artículo.

⇒ V. art. 10 de la LF 10/1994, de 4 julio, de Ordenación del Territorio y Urbanismo (§44).

CAPÍTULO IV
Cédula urbanística

Artículo 8.

La cédula urbanística a que se refiere el artículo 21 de la Ley Foral 10/1994, de 4 de julio, de Ordenación del Territorio y Urbanismo, tendrá el siguiente contenido mínimo:

a) Situación de la finca con expresión gráfica de sus linderos y si está o no edificada, e indicación de su superficie.

b) Instrumento de ordenación territorial o planeamiento urbanístico por cuyas determinaciones se encuentra afectada la finca y fecha de aprobación definitiva del instrumento de que se trate.

c) Clase, categoría y calificación del suelo en que se halle enclavada.

d) Unidad de ejecución o sector de que se trate y, en su caso aprovechamiento tipo y/o medio correspondiente.

e) Uso, intensidad y edificabilidad que tenga atribuida por el planeamiento.

f) Plazos de gestión y grado de facultades urbanísticas adquiridas por el titular.

g) Sistema de actuación aplicable a la unidad de ejecución.

h) Sector o unidad de ejecución donde se hará efectivo el derecho del propietario al aprovechamiento tipo o medio, en los supuestos que proceda.

⇒ V. art. 21 de la LF 10/1994, de 4 julio, de Ordenación del Territorio y Urbanismo (§44).

CAPÍTULO V
Vivienda unifamiliar en suelo no urbanizable

Artículo 9.

1. El Departamento de Medio Ambiente, Ordenación del Territorio y Vivienda podrá autorizar la construcción de nuevas viviendas en suelo no urbanizable cuando se trate de vivienda unifamiliar aislada destinada residencia habitual y permanente de su titular en las condiciones y zonas geográficas que se establecen en este artículo.

2. Las peticiones de autorización deberán acompañarse de la documentación necesaria que justifique el cumplimiento de las siguientes determinaciones:

a) La vivienda se sitúe en suelo genérico o de mediana productividad agrícola o ganadera de alguno de los siguientes municipios: Araitz, Arano, Arantza, Areso, Basaburua, Baztan, Beintza-Labaien, Bera/Vera de Bidasoa, Bertizarana, Donamaria, Doneztebe/Santesteban, Elgorriaga, Eratsun, Etxalar, Ezkurra, Goizueta, Igantzi, Ituren, Leitza, Lesaka, Oitz, Saldias, Sunbilla, Urdazubi/Urdax, Urrotz, Zubieta y Zugarramurdi.

b) Las viviendas se destinen a residencia habitual y permanente de su titular, para lo cual éste acompañará a la solicitud de autorización declaración de que la vivienda se destina a ese fin, presentando, junto con la demás documentación, aval bancario de un millón de pesetas que garantice el cumplimiento de este deber legal de residencia durante los cinco primeros años. Estarán exentos de presentar aval quienes sean vecinos del municipio o de los municipios próximos de Navarra.

c) La superficie de la parcela vinculada a la edificación no sea inferior a 1.500 m y se utilice, al menos, el 66 por 100 de ella en actividades o usos agropecuarios o forestales no constructivos.

d) Se destine un 10 por 100 de la parcela a la plantación de arbolado, con plantaciones autóctonas o frutales.

e) La edificación se adapte, en lo básico, a la tipología edificatoria de la zona, sin que la altura pueda ser superior a tres plantas medidas en cada punto del terreno.

f) En ningún caso la edificación podrá situarse en crestas, cimas, miradores naturales, bordes de terrazas y otros lugares prominentes o singulares, ni en barrancos, lechos secos de ríos ni en los terrenos susceptibles de ser inundados o que puedan resultar insalubres o peligrosos.

g) No podrá edificarse en terrenos con pendientes naturales superiores al 10 por 100, salvo que en el expediente se justifique la incorporación de las medidas correctoras oportunas para impedir el deterioro o la erosión del terreno y el impacto paisajístico negativo.

h) La autorización de emplazamientos en el entorno de protección de bienes inmuebles de interés cultural, o a distancia inferior a treinta metros del Camino de Santiago y otros itinerarios de interés, requerirá informe favorable previo de la Dirección General de Cultura-Institución Príncipe de Viana.

i) No podrán alterarse las condiciones actuales de las cañadas ni cerrar parcelas con materiales de obra, quedando prohibido el uso de las cañadas como acceso rodado.

j) No se autorizarán las obras, instalaciones, movimientos de tierra o modificaciones de la parcelación que impliquen talas de arbolado con impacto paisajístico o ecológico. La construcción procurará respetar al máximo el arbolado preexistente, debiendo incorporar en el Proyecto correspondiente las medidas de preservación adecuadas a tal fin, y quedando prohibida la corta a hecho.

k) La edificación se situará a más de 200 metros de los lugares de captación de aguas potables para el abastecimiento de poblaciones.

3. A los efectos de este artículo, podrán considerarse viviendas unifamiliares aquellas edificaciones que engloben dos viviendas cuando entre sus titulares exista una relación de parentesco hasta el tercer grado de consanguinidad.

4. El *planeamiento* municipal de los municipios citados en la letra a) podrá prever condiciones diferentes a las que figuran en las letras a), en cuanto a parcela mínima, o g), en cuanto edificación en pendiente, estableci-

das en este Decreto Foral siempre que se garantice con ello una mayor protección del suelo no urbanizable.

✐ Artículo modificado por el art. único del DF 46/1996, de 22 enero.

CAPÍTULO VI
Sistemas generales

Artículo 10.

1. Tendrán la consideración de sistemas generales los siguientes elementos fundamentales de la estructura orgánica y funcional del territorio al servicio general de la población, siempre que su uso y la titularidad de los terrenos en que se sitúen sean públicos:

A) Las infraestructuras pertenecientes a la red general destinadas a:

– Comunicaciones, tanto urbanas como interurbanas y todas aquellas otras instalaciones vinculadas a las mismas como son las estaciones de ferrocarril y autobuses, aeropuertos y otras análogas.

– La ejecución de la política hidráulica, especialmente los embalses y las conducciones y construcciones que aseguren el abastecimiento de agua.

– La evacuación de aguas residuales y la depuración.

– El tratamiento y eliminación de residuos.

– La ejecución de la política energética, incluidos los centros de producción y las líneas de conducción y distribución.

– Las telecomunicaciones, en cualquiera de sus formas.

– La protección de la naturaleza y la lucha contra la contaminación.

B) El equipamiento comunitario, que comprenderá, en su caso, las dotaciones, gestionadas bien directamente por la Administración bien en forma indirecta, destinadas a los siguientes usos y servicios públicos:

– Sanitario.

– Salubridad pública.

– Asistencial y bienestar social.

– Protección civil.

– Educativo.

– Cultural.

– Administrativo.

– Seguridad ciudadana.

– Deportivo.

– Recreativo.

– Abastos.

C) Los espacios libres públicos, constituidos por parques urbanos, grandes zonas verdes, plazas, paseos y bulevares.

2. No tendrán la naturaleza de sistema general las dotaciones públicas

de carácter local al servicio de un sector, de una unidad o de más unidades de ejecución cuando, en este último caso, guarden una relación directa y preferente de servicio con ellas y no se observe un servicio de la dotación para toda o la mayor parte de la población del municipio.

⇒ V. arts. 6, 20, 81, 100, 175 y 205 de la LF 10/1994, de 4 julio, de Ordenación del Territorio y Urbanismo (§44).

Artículo 11.

1. El Plan Municipal garantizará las reservas de terrenos necesarios para la implantación de los sistemas generales. Dichas reservas se fijarán en proporción adecuada a las necesidades de la población, atendiendo a las previsiones sectoriales de las Administraciones Públicas y organismos competentes, respetando en todo caso:

– Las exigencias del artículo 26 de la Ley 7/1985, de 2 de abril, Reguladora de las Bases de Régimen Local.

– Los módulos establecidos por la Ley Foral 10/1994, de 4 de julio, de Ordenación del Territorio y Urbanismo, y, en su desarrollo, por este Reglamento.

2. Los sistemas generales se fijarán, además, sin perjuicio de las dotaciones propias para cada sector de suelo urbanizable.

Artículo 12.

La situación y el emplazamiento de los espacios libres públicos, de los equipamientos comunitarios y de aquellos otros servicios de interés público y social se determinarán estudiándolos en relación con la red viaria y de peatones, con el fin de garantizar su accesibilidad, y asegurando su integración en la estructura urbanística del Plan, de manera que no se localicen en zonas marginales o residuales.

Artículo 13.

1. La extensión total de la red de parques y zonas verdes públicas situadas en el suelo urbano y urbanizable del conjunto del término municipal pertenecientes al sistema general de espacios públicos, será, como mínimo, de cinco metros cuadrados por habitante, conforme a la población que proyecte el Plan.

2. En municipios no pertenecientes al continuo urbano de Pamplona, cuya población sea inferior a los 2.000 habitantes, podrán incluirse en la red de parques y zonas verdes públicas, a efectos del cómputo de los cinco metros cuadrados por habitante, los terrenos situados en suelo no urbanizable que cumplan las siguientes condiciones:

a) El Plan Municipal los clasifique como sistema general de espacio libre público.

b) Cumplan con la función urbanística característica de los parques y zonas verdes.

c) Su titularidad y uso sean públicos, bien con anterioridad o como resultado de la ejecución del planeamiento.

d) Su localización quede funcionalmente integrada con el núcleo de población al que sirvan.

3. En la composición de estas áreas se evitará el fraccionamiento que invalide su finalidad esencial, debiendo justificarse que constituye un sistema coherente.

4. En el interior de los espacios libres públicos podrán permitirse usos que resulten compatibles con su finalidad al servicio de la colectividad, sin que se puedan admitir utilizaciones privativas o anormales que excluyan o limiten el uso público o supongan un uso disconforme con dicha finalidad.

Artículo 14.

1. Los sistemas generales podrán desarrollarse y ejecutarse bien directamente por el Plan Municipal, cuando contenga las previsiones suficientes para ello, bien a través de planes parciales o planes especiales.

2. Cuando el desarrollo y ejecución de los sistemas generales se efectúe directamente o a través de planes especiales:

– En suelo urbanizable, no será necesario tramitar previamente un plan parcial.

– En cualquiera de las clases de suelo, no será preciso elaborar con posterioridad proyectos de urbanización o de ejecución, si el plan contuviera las determinaciones propias de éstos. A estos efectos, la aprobación definitiva de un plan especial de desarrollo y ejecución de sistemas generales en suelo no urbanizable sustituirá la autorización administrativa del Departamento de Ordenación del Territorio y Medio Ambiente prevista en el artículo 42 de la Ley Foral 10/1994, de 4 de julio, de Ordenación del Territorio y Urbanismo, sin perjuicio de la obtención de la licencia de actividad clasificada para la protección del medio ambiente.

⇒ V. DF 237/1999, de 21 junio, regula la evaluación de impacto ambiental en los procesos de concentración parcelaria.

V. DF 229/1993, de 19 julio, regula los estudios sobre afecciones medioambientales de los planes y proyectos de obras a realizar en el medio natural, modificado por DF 85/1995, de 3 abril.

V. DF 580/1995, de 4 diciembre, asigna funciones relativas a la evaluación de impacto ambiental.

CAPÍTULO VII
Dotaciones de un sector de suelo urbanizable

Sección 1ª Definición

Artículo 15.

1. Tendrán la consideración de dotaciones al servicio de un sector de suelo urbanizable los siguientes elementos:

A) Las redes de servicios propias del sector destinadas a:

– Comunicaciones viarias y peatonales.
– Aparcamientos.
– Abastecimiento de agua, riego e hidrantes contra incendios.
– Evacuación de aguas pluviales y residuales.
– Distribución de energía eléctrica y, en su caso, gas u otras.
– Alumbrado público.
– Canalización telefónica y demás telecomunicaciones.
– Transporte colectivo.

B) El equipamiento destinado a usos:
– Sanitarios.
– Asistenciales y de bienestar social.
– Docentes.
– Culturales.
– Deportivos.
– Recreativos.
– Comerciales.
– Administrativos u otros servicios públicos.
– Religiosos.

C) Los espacios libres de dominio y uso público, constituidos por zonas verdes, plazas peatonales, paseos y bulevares.

Sección 2ª Disposiciones generales

Artículo 16.

Las dotaciones al servicio del sector serán, salvo que el Plan Municipal disponga expresamente lo contrario, independientes de los sistemas generales y tendrán, por tanto, carácter complementario de éstos.

⇒ V. arts. 70, 81 y 89 de la LF 10/1994, de 4 julio, de Ordenación del Territorio y Urbanismo (§44).

Artículo 17.

La situación y emplazamiento de las dotaciones al servicio del sector y de aquellos otros servicios de interés social se determinarán estudiándolos en relación con la red viaria y peatonal, con el fin de asegurar su accesibilidad, y garantizando su integración en la estructura urbanística del sector, de manera que no se localicen en zonas marginales o residuales.

Artículo 18.

1. En la composición de los espacios libres y zonas verdes se evitará el fraccionamiento que invalide su finalidad esencial, debiendo justificarse que constituyen un elemento coherente y fundamental de la ordenación urbanística.

2. En el interior de los espacios libres públicos podrán permitirse usos

que resulten compatibles con su finalidad al servicio de la colectividad, sin que puedan admitirse utilizaciones privativas o anormales que excluyan o limiten el uso público o supongan un uso disconforme con dicha finalidad.

3. No obstante su naturaleza pública, el Municipio podrá acordar con los propietarios el régimen de mantenimiento de los espacios libres y zonas verdes públicas en las debidas condiciones de seguridad, salubridad y ornato.

Artículo 19.

1. La red de itinerarios peatonales establecida en el planeamiento deberá tener las características y extensión suficiente para garantizar las comunicaciones no motorizadas dentro del perímetro planeado, y hasta donde sea posible con las áreas colindantes, en especial facilitando el acceso al equipamiento comunitario.

2. La red de itinerarios peatonales se ajustará a las condiciones establecidas en el Decreto Foral 154/1989, de 29 de junio, que desarrolla la Ley Foral 4/1988, de 11 de julio, sobre Barreras Físicas y Sensoriales.

Artículo 20.

Las plazas de aparcamiento en superficie deberán cumplir las siguientes condiciones:

a) Las plazas de aparcamiento tendrán una superficie rectangular mínima de 2,20 por 4,50 metros.

b) La superficie de aparcamiento mínima por plaza, incluyendo la parte proporcional de accesos, no será nunca inferior a 20 metros cuadrados.

c) Se respetarán las determinaciones que para los aparcamientos establece el Reglamento para el desarrollo y aplicación de la Ley Foral 4/1988, de 11 de julio, sobre Barreras Físicas y Sensoriales aprobado por Decreto Foral 154/1989, de 29 de junio.

d) En las superficies destinadas a aparcamientos, se insertará una malla de arbolado, distribuida por toda su extensión, a razón, como mínimo, de un árbol por cada tres plazas de aparcamiento.

⇒ V. art. 77 de la LF 10/1994, de 4 julio, de Ordenación del Territorio y Urbanismo (§44).

Sección 3ª Dotaciones mínimas

Artículo 21.

1. Las dotaciones mínimas en cada sector, según el uso global de éste, serán las siguientes:

A) En sectores de uso residencial:

– Las redes de servicios propias, salvo el transporte colectivo y las telecomunicaciones distintas de la telefónica. Cuando no sea posible por razones técnicas la instalación de hidrantes contra incendios, podrán admitirse justificadamente otras soluciones alternativas.

– El equipamiento descrito en el artículo 15 de este Reglamento, salvo el sanitario, el administrativo o el religioso. La Administración Pública, cuando así lo requiera la elevada dimensión poblacional del sector, podrá exigir o prever la implantación de los servicios públicos que procedan.

– Los espacios libres de uso público.

B) En sectores de uso industrial y terciario:

– Las redes de servicios propias, salvo las relativas al transporte colectivo y a telecomunicaciones distintas de la telefónica. Cuando no sea posible por razones técnicas la instalación de hidrantes contra incendios, podrán admitirse justificadamente otras soluciones alternativas.

– Los espacios libres de uso público.

2. En los sectores de uso industrial y terciario se reservará, al menos, una parcela para usos polivalentes, de entre los relativos a equipamientos al servicio del sector.

Sección 4ª Módulos

Artículo 22.

Los terrenos que hayan de destinarse a dotaciones obligatorias al servicio del sector se fijarán de acuerdo con los módulos establecidos en esta Sección.

Artículo 23.

1. Los módulos mínimos de reserva en cada sector de uso global residencial serán los siguientes:

A) Aparcamientos: una plaza por cada 50 metros cuadrados de edificación, descontando los espacios dedicados a garajes y trasteros integrados en aquélla.

A estos efectos se computarán tanto las plazas de aparcamiento ubicadas en espacios de uso público como las situadas en espacios de uso privado. De dicho cómputo, el número total de plazas de aparcamiento de prever en espacios de uso público será como mínimo de 1 plaza por cada vivienda y 1 plaza por cada 100 metros cuadrados de usos comerciales o terciarios.

✐ Letra redactada por el art. único del DF 589/1999, de 22 noviembre.

B) Espacios libres de dominio y uso público: 15 metros cuadrados de suelo por vivienda, o por cada 100 metros cuadrados de uso residencial, debiendo destinarse, al menos, ocho metros cuadrados por vivienda a zonas verdes en los sectores de más de cien viviendas. En ningún caso la superficie de los espacios libres podrá ser inferior al 10 por 100 de la total superficie ordenada.

C) Equipamiento docente y cultural:

– En sectores de menos de 250 viviendas, se estará a lo dispuesto en el *número* 2 de este artículo.

– En sectores entre 250 y 2.000 viviendas, 11 metros cuadrados de suelo por vivienda.

– En sectores de más de 2.000 viviendas, 15 metros cuadrados de suelo por vivienda.

El planeamiento podrá establecer justificadamente módulos inferiores a los señalados en esta letra, atendiendo a la suficiencia del equipamiento educativo preexistente, en cuyo caso deberá incorporarse al expediente por el promotor del planeamiento un informe favorable del Departamento de Educación y Cultura.

Los espacios docentes resultantes de la ordenación deberán emplazarse adecuadamente, a fin de conseguir que la distancia a recorrer por la población escolar sea lo más reducida posible, debiéndose garantizar siempre el acceso a las mismas tanto desde la red viaria como desde la red peatonal.

D) Equipamiento deportivo:

– En sectores de menos de 250 viviendas, el módulo será voluntario.

– En sectores entre 250 y 1.000 viviendas, 6 metros cuadrados de suelo por vivienda.

– En sectores de más de 1.000 viviendas, 8 metros cuadrados de suelo por vivienda.

E) Areas de juego para niños y de recreo:

– En sectores de menos de 500 viviendas, 3 metros cuadrados de suelo por vivienda.

– En sectores de más de 500 viviendas, 6 metros cuadrados de suelo por vivienda.

Justificadamente, el planeamiento podrá excepcionar este módulo cuando el sector se destine a uso residencial en vivienda unifamiliar.

F) Equipamiento comercial:

– En sectores de menos de 50 viviendas, el módulo será voluntario.

– En sectores de menos de 500 viviendas, un metro cuadrado construido por vivienda.

– En sectores de más de 500 y menos de 1.000 viviendas, 2 metros cuadrados construidos por vivienda.

– En sectores de más de 1.000 y menos de 2.000 viviendas, 3 metros cuadrados construidos por vivienda.

– En sectores de más de 2.000 viviendas, 4 metros cuadrados construidos por vivienda.

G) Equipamiento polivalente, correspondiente al resto de los usos que se prevean en el planeamiento entre los del artículo 15 B) de este Reglamento.

– Para los sectores de menos de 250 viviendas, se estará a lo dispuesto en el número 2 de este artículo.

– En sectores entre 250 y 500 viviendas, 3 metros cuadrados construidos por vivienda.

– En sectores de más de 500 y menos de 1.000 viviendas, 4 metros cuadrados construidos por vivienda.

– En sectores de más de 1.000 viviendas, 6 metros cuadrados construidos por vivienda.

2. En los sectores de menos de 250 viviendas, se establecerán las reservas de suelo correspondientes a los usos culturales, docentes y al equipamiento polivalente, de acuerdo con el módulo conjunto de 10 metros cuadrados por vivienda, sin necesidad de distinguir entre ellos.

3. En los sectores de más de 1.000 viviendas, el planeamiento propondrá los usos concretos de la reserva destinada a equipamiento polivalente, distinguiendo los diversos usos que se planteen.

Artículo 24.

1. En sectores residenciales de más de cien viviendas se computarán como espacios libres de dominio y uso público, a los efectos del cumplimiento de los módulos mínimos de reserva que establecen en este Reglamento, aquellos elementos que respeten las siguientes condiciones mínimas:

A) Zonas verdes y plazas peatonales:

– Presentar una superficie no inferior a 1.000 metros cuadrados, en la que pueda inscribirse una circunferencia de 30 metros de diámetro mínimo, y la anchura en todos los puntos no será inferior a quince metros.

– Poseer condiciones apropiadas para la plantación de especies vegetales.

– Tener garantizado su adecuado soleamiento en relación con la posible edificación circundante.

B) Paseos y bulevares peatonales:

– Presentar una superficie no inferior a 1.000 metros cuadrados con una sección mínima constante igual a la altura de los edificios que conforman el paseo o bulevar y, en ningún caso, inferior a quince metros.

2. En sectores residenciales de menos de cien viviendas se computarán como espacios libres de dominio y uso público aquellos elementos que respeten las siguientes condiciones mínimas:

A) Zonas verdes y plazas peatonales:

– Presentar una superficie no inferior a 500 metros cuadrados, en la que pueda inscribirse una circunferencia de 20 metros cuadrados de diámetro mínimo.

– Poseer las condiciones apropiadas para la plantación de espacios vegetales.

– Tener garantizado su adecuado soleamiento en relación con la posible edificación circundante.

B) Paseos y bulevares peatonales:

– Presentar una sección mínima constante igual a la altura de los edificios que conforman el paseo o bulevar y, en ningún caso, inferior a diez metros.

Artículo 25.

1. En los sectores residenciales de más de cien viviendas se computarán como equipamiento recreativo las áreas de juego y recreo para niños cuando tengan una superficie superior a 200 metros cuadrados, y siempre que en ellas se pueda inscribir una circunferencia de doce metros de diámetro mínimo.

Corresponde al urbanizador equipar estas áreas con los elementos adecuados a la función que han de desempeñar.

2. En los sectores residenciales de menos de cien viviendas, las áreas de juego y recreo para niños se computarán cuando en su superficie se pueda inscribir una circunferencia de ocho metros de diámetro mínimo.

Artículo 26.

Los módulos mínimos de reserva en cada sector de uso global industrial o terciario serán los siguientes:

A) Espacios libres de dominio y uso público: el 10 por 100 de la superficie total del sector, que se destinará a áreas arboladas o grandes zonas verdes. Su ubicación será coherente con el conjunto de la ordenación. Se fomentará la creación de barreras forestales entre las vías de comunicación y la línea de edificabilidad. Se evitará la acumulación de espacios de dominio y uso público en zonas residuales o marginales. La anchura mínima de los espacios de dominio y uso público será de 15 metros.

B) Aparcamientos:

I) Zonas industriales divididas en parcelas de dimensión media inferior a 1.500 m: 1 plaza por cada 70 m de superficie construida en espacios de uso público.

II) Zonas industriales divididas en parcelas de dimensión media superior a 1.500 m e inferior a 3.000 m: 1 plaza por cada 100 m de superficie construida en espacios de uso público.

III) Zonas industriales divididas en parcelas de dimensión media superior a 3.000 m e inferior a 5.000 m: 1 plaza por cada 150 m de superficie construida en espacios de uso público.

IV) Zonas industriales divididas en parcelas de dimensión media superior a 5.000 m e inferior a 20.000 m: 1 plaza por cada 200 m de superficie construida en espacios de uso público.

V) Zonas industriales divididas en parcelas de dimensión media superior a 20.000 m: no será necesario prever plazas de aparcamiento ubicadas en espacio público.

VI) Zonas de actividad terciaria, excepto grandes establecimientos comerciales: 1 plaza por cada 50 m de superficie construida en espacios de uso público.

C) Grandes establecimientos comerciales: preverán el número, emplazamiento y disposición concretos de los aparcamientos necesarios para resolver las necesidades resultantes del funcionamiento combinado de las actividades de distinta naturaleza que se integren en los mismos, en condiciones de máxima intensidad de uso simultáneo. A tal efecto, los planes urbanísticos o Proyectos Sectoriales de Incidencia Supramunicipal que se promuevan para su autorización deberán contener el estudio justificativo de tales necesidades.

Los aspectos a tener en cuenta en la elaboración del mismo y para la obtención del número de aparcamientos necesario, serán los siguientes:

– Superficie comercial y de ocio proyectada.

– Tipología de la oferta comercial y, en su caso, de la no comercial (ocio).

– Localización, emplazamiento y condiciones de accesibilidad rodada.

– Amplitud del área de influencia.

– Visitantes estimados, estancia media del cliente y afluencia en horas punta según variaciones estacionales.

– Existencia de transporte público en el área.

– Otros datos socioeconómicos y urbanísticos que se estime oportuno considerar.

Se valorará la justificación y aplicación de los aspectos y criterios a tener en cuenta en la elaboración del citado estudio y la correspondiente propuesta. La mera presentación formal del estudio no puede considerarse suficiente para que la propuesta se considere admitida.

D) Equipamiento polivalente: el 4 por 100 de la superficie total ordenada.

✐ Artículo redactado por el art. único del DF 589/1999, de 22 noviembre.

Sección 5ª Cesiones obligatorias

Artículo 27.

1. Se cederán obligatoria y gratuitamente en favor del Municipio los terrenos destinados a las siguientes dotaciones al servicio del sector:

– Comunicaciones viarias y peatonales.

– Aparcamientos públicos.

– Espacios libres de dominio y uso público.

– Equipamiento deportivo.

– Equipamiento cultural y docente.

– Áreas de recreo y juego para niños.

– Equipamientos necesarios para la instalación y funcionamiento de servicios de prestación por la Administración Pública que se determinen en el Plan.

2. En todo caso, serán de cesión obligatoria y gratuita los terrenos destinados al equipamiento regulado en el número 2 del artículo 23 de este Reglamento.

CAPÍTULO VIII
Arbolado

Artículo 28.

1. El planeamiento garantizará la plantación, agrupada o dispersa, de arbolado en una superficie en ningún caso inferior al diez por ciento del total de terrenos comprendidos en el sector, cuando se trate de suelo urbanizable, o en el ámbito que prevea el planeamiento cuando se trate de suelo urbano de nueva ordenación y de urbanización diferente en más del setenta y cinco por ciento de dicho ámbito.

El arbolado deberá situarse preferentemente en los espacios libres, comunicaciones peatonales o en zonas deportivas, de expansión o de recreo, sean públicos o privados. A estos efectos, computará el arbolado plantado en terrenos de titularidad privada cuando su uso sea público.

2. Los Proyectos de Urbanización contendrán, entre su documentación, las previsiones descriptivas, gráficas y económicas necesarias para materializar la plantación de arbolado en las zonas que a tal efecto reserve el plan.

3. La plantación de arbolado constituye una obligación inherente a los deberes legales de urbanización a que se refiere la legislación básica del Estado.

4. El mantenimiento del arbolado corresponde a la Administración o a los particulares, según el terreno donde se encuentre el arbolado sea de titularidad pública o privada, sin perjuicio de lo dispuesto en el artículo 18.3 de este Reglamento.

5. Los deberes contenidos en este Reglamento serán igualmente exigibles a los Planes Sectoriales de Incidencia Supramunicipal y, en su caso, a los Proyectos Sectoriales de Incidencia Supramunicipal que tengan por objeto o impliquen la urbanización de los terrenos.

⇒ V. D. 228/1993, de 19 julio, que establece los módulos de reservas de arbolado en el urbano y urbanizable (§45.2).

TÍTULO II
PLANEAMIENTO URBANÍSTICO MUNICIPAL

CAPÍTULO I
Documentación del Plan Municipal

Artículo 29.

1. Las determinaciones del Plan Municipal se desarrollarán en los siguientes documentos:

a) Memoria.

b) Planos de información, de ordenación del territorio y, en su caso, de gestión.

c) Normativa urbanística.

d) Catálogo de edificios y elementos históricos, artísticos o ambientales a proteger.

2. Los municipios de más de diez mil habitantes de derecho añadirán además:

a) El programa de actuación.

b) Un estudio económico y financiero.

⇒ V. art. 87 de la LF 10/1994, de 4 julio, de Ordenación del Territorio y Urbanismo (§44).

Artículo 30.

La Memoria del Plan Municipal se referirá a los siguientes aspectos:

1. Información urbanística:

a) Planeamiento vigente con anterioridad e instrumentos de ordenación del territorio que incidan sobre el término municipal.

b) Somera descripción de los núcleos de población y de las características generales del territorio.

c) Características de la población asentada sobre el territorio y previsiones sobre su evolución para un período máximo de diez años.

d) Señalamiento de los valores paisajísticos, ecológicos, urbanos históricos y arquitectónicos, existentes en el ámbito territorial del Plan.

e) Análisis de las infraestructuras existentes o previstas con incidencia supramunicipal y su protección y conexión con las previsiones urbanísticas municipales.

2. Objetivos y criterios de la ordenación urbanística referidos al municipio que se ordene.

3. Descripción y justificación de la ordenación propuesta y de sus determinaciones fundamentales.

4. En los municipios en que se aplique, justificación de los criterios seguidos para la delimitación de las áreas de reparto y el cálculo de aprovechamiento tipo.

5. Señalamiento de las circunstancias con arreglo a las cuales sea procedente, en su momento, la revisión del Plan.

Artículo 31.

1. Los planos de información del Plan Municipal se redactarán a escala adecuada y reflejarán:

– La situación del territorio a que se refieran en orden a sus características naturales y usos del suelo.

– El estado actual del núcleo o núcleos de población existentes, comprendiendo la urbanización y las edificaciones existentes, así como, en su caso, la clasificación urbanística del planeamiento precedente.

– Las infraestructuras, servicios y equipamientos existentes.

2. Los planos de ordenación del Plan Municipal serán los siguientes:

A) Para todo el territorio comprendido en su ámbito, en cartografía a escala 1:5.000 ó 1:10.000, en base topográfica o parcelaria y hojas completas o división normalizada:

a) Planos de clasificación del suelo, con expresión de los usos globales previstos para los distintos tipos de suelo.

b) Planos de la estructura general, orgánica y funcional del territorio, con señalamiento de los sistemas generales.

B) Para el suelo urbano: planos redactados a escala 1:1.000, referidos a los extremos señalados en los apartados a), b), c), d), e), f), h) e i) del artículo 82 A) de la Ley Foral de Ordenación del Territorio y Urbanismo, así como, en su caso, a las áreas de reparto delimitadas con indicación, en todo caso, de los edificios que quedan fuera de ordenación cuando el Plan Municipal no prevea su desarrollo por Plan Especial.

En el supuesto de Municipios con población inferior de derecho a diez mil habitantes se incluirán, además, las determinaciones específicas del artículo 86 de la Ley Foral de Ordenación del Territorio y Urbanismo.

C) Para el suelo urbanizable ordenado directamente por el Plan Municipal: planos redactados a escala 1:1.000, referidos a los mismos extremos señalados en la letra anterior y, en todo caso, de conformidad con las determinaciones específicas del artículo 80.2 de la Ley Foral de Ordenación del Territorio y Urbanismo.

D) Para el suelo urbanizable programado: planos referidos a los extremos señalados en los apartados a), b), c), d) y e) del artículo 82 B) de la Ley Foral de Ordenación del Territorio y Urbanismo, a escala mínima 1:2.000.

E) Para suelo urbanizable no programado: plano de situación a escala adecuada en el que se reflejen las determinaciones del artículo 85 B) de la Ley Foral de Ordenación del Territorio y Urbanismo.

F) Para el suelo no urbanizable: plano a escala mínima 1:10.000, con expresión de las categorías en que se divide con arreglo a la Ley Foral 10/1994, de 4 de julio, de Ordenación del Territorio y Urbanismo, y de los espacios naturales y, en su caso, áreas de protección de la fauna silvestre, así como de los edificios que quedan fuera de ordenación.

3. Los planos de gestión que, en su caso, se incorporen, se grafiarán a la escala correspondiente de los planos de ordenación a que se refiere dicha gestión.

4. Los planos de ordenación del suelo urbano y urbanizable a que se refieren las letras B), C) y D) del número 2 de este artículo, se superpondrán con los planos catastrales, y la clasificación incorporará, en la medida de lo posible y cuando fuera conveniente, parcelas catastrales completas.

⇒ V. art. 87 de la LF 10/1994, de 4 julio, de Ordenación del Territorio y Urbanismo (§44).

Artículo 32.

1. La Normativa Urbanística del Plan Municipal diferenciará el tratamiento aplicable a las distintas clases y categorías de suelo.

2. La Normativa Urbanística del Plan Municipal expresará:

A) Para el suelo urbano y urbanizable ordenados directamente:

– El régimen pormenorizado de usos permitidos y prohibidos.

– El régimen de gestión con señalamiento de las condiciones de urbanización, del sistema de actuación en su caso, plazos, cesiones públicas y obligatorias y cualesquiera otras exigencias de orden urbanístico.

– Las condiciones de edificación, con expresión del volumen, altura, ocupación máxima, características estéticas y cualesquiera otros aspectos de edificación.

– La fijación del aprovechamiento tipo y/o medio, según proceda.

– La fijación de los módulos de reserva para dotaciones cuando sean superiores a los establecidos por la Ley Foral 10/1994, de 4 de julio, de Ordenación del Territorio y Urbanismo.

– El régimen de gestión para la obtención de los sistemas generales, con indicación de los plazos previstos para ello.

– Las exigencias y características técnicas de los sistemas generales y de los servicios urbanísticos básicos y de aquellos otros que prevea el Plan.

B) Para los suelos urbano y urbanizable programado necesitados de planeamiento de desarrollo:

– El régimen general de cada uno de los distintos usos globales del suelo y de la edificación.

– Los plazos para la aprobación del planeamiento de desarrollo.

– El régimen de gestión para la obtención de los sistemas generales, con señalamiento de los plazos correspondientes.

– Las exigencias y características técnicas mínimas de los sistemas generales y de los servicios urbanísticos básicos, a desarrollar por el planeamiento ulterior.

– La fijación del aprovechamiento tipo del suelo urbanizable programado, así como, en su caso, del suelo urbano.

C) Para el suelo urbanizable no programado:

– Los plazos para la aprobación de los Programas de Actuación Urbanística.

– El régimen de usos permitidos, autorizables y prohibidos con arreglo al artículo 45 de la Ley Foral 10/1994, de 4 de julio.

– Las características técnicas y magnitudes máximas y mínimas que han de reunir las actuaciones en esta categoría de suelo.

– Las exigencias mínimas de las dotaciones, servicios y equipamientos que les correspondan.

D) *Para el suelo no urbanizable.*

Contendrá la definición de las diversas categorías y el régimen general del uso y de la edificación, pudiendo establecer para ésta las condiciones constructivas, volumétricas y estéticas. Asimismo, se especificarán las limitaciones y servidumbres legales existentes.

Para cada categoría de suelo se definirán las actividades permitidas, autorizables y prohibidas, así como cuantas condiciones sean necesarias para garantizar la adecuada utilización del suelo y el desarrollo de las actividades propias de sus características.

Se especificarán las edificaciones que quedan declaradas fuera de ordenación, y se definirá el régimen de las preexistentes, pudiendo disponer, en su caso, su consolidación.

3. La Normativa Urbanística figurará como un título específico dentro de la documentación del Plan y se acompañará de un disquete en el que se recoja la parte articulada sujeta a proceso informatizado de textos.

⇒ V. arts. 81 y 82 de la LF 10/1994, de 4 julio, de Ordenación del Territorio y Urbanismo (§44).

Artículo 33.

1. El Catálogo contendrá:

a) Una relación de recintos y espacios libres, edificios, monumentos, jardines o elementos de interés, espacios naturales, o parte de ellos, que participen de valores históricos, culturales, ambientales, tradicionales u otros significativos.

b) El régimen de protección de los bienes inmuebles comprendidos, estableciendo el grado y características de intervención sobre los mismos, con inclusión de las medidas de protección específicas al objeto de evitar, en su caso, su destrucción o modificación, así como las determinaciones precisas para impedir en el entorno considerado la realización de construcciones e instalaciones que los deterioren o que modifiquen sustancialmente sus perspectivas visuales y su integración con la trama urbana o con el paisaje, de acuerdo con lo especificado en el artículo 71 de la Ley Foral de Ordenación del Territorio y Urbanismo.

2. El Catálogo se referirá a los valores existentes en cualquiera de las tres clases de suelo.

⇒ V. art. 83 de la LF 10/1994, de 4 julio, de Ordenación del Territorio y Urbanismo (§44).

Artículo 34.

El programa de actuación del Plan Municipal establecerá:

1. Los objetivos, directrices y estrategia de su desarrollo a largo plazo para todo el territorio comprendido en su ámbito.

2. Las previsiones específicas concernientes a la realización de los sistemas generales.

3. Las etapas cuatrienales u otros plazos de ejecución en que han de aprobarse los Planes Parciales en el suelo urbanizable programado.

4. El suelo urbano que no deba ser objeto de desarrollo mediante planeamiento de reforma interior, los plazos en que ha de darse cumplimiento a los

deberes de cesión, equidistribución y urbanización y de solicitud de licencia cuando se actúe sistemáticamente, así como los plazos para convertir la parcela en solar y solicitar licencia de edificación cuando se actúe asistemáticamente.

5. Para las áreas de suelo urbano remitidas a planeamiento de reforma interior, el plazo para su aprobación.

6. Los plazos que establezca el Plan para la iniciativa privada serán vinculantes, salvo que se indique expresamente lo contrario.

⇒ V. art. 88 de la LF 10/1994, de 4 julio, de Ordenación del Territorio y Urbanismo (§44).

Artículo 35.

El estudio económico-financiero del Plan Municipal, que no tendrá carácter vinculante, contendrá la evaluación económica estimativa de las inversiones necesarias para la ejecución de los sistemas generales y la implantación de los servicios urbanísticos básicos cuya ejecución corresponda al Municipio, referida al suelo urbano y urbanizable programado.

CAPÍTULO II
Planes Parciales

Sección 1ª Determinaciones de los planes parciales

Artículo 36.

1. Los Planes Parciales desarrollarán para su respectivo sector de ordenación las determinaciones fijadas en el artículo 89 de la Ley Foral de Ordenación del Territorio y Urbanismo.

2. El Plan Parcial expresará el destino público o privado de los terrenos que resulten edificables, de los que se destinen a dotaciones y de los correspondientes a espacios libres, así como los usos de las edificaciones e instalaciones previstas en estos últimos.

3. Si el Plan Parcial establece la división de su territorio en unidades de ejecución, habrá de expresarse con toda precisión la delimitación de las mismas, así como el sistema de actuación y plazos que a cada una corresponda.

⇒ V. art. 89 de la LF 10/1994, de 4 julio, de Ordenación del Territorio y Urbanismo (§44).

Artículo 37.

El Plan Parcial determinará el trazado y características de la red de comunicaciones propias del sector y su conexión con el sistema general de comunicaciones previsto en el Plan Municipal.

A tal efecto, se determinarán las alineaciones de toda la red viaria, incluida la peatonal, definiéndose geométricamente su trazado en planta y las rasantes definitivas, al menos en los puntos de cruce y en los cambios de dirección, si con estas determinaciones queda definida suficientemente la altimetría de la red de comunicaciones.

La definición del trazado y características de las redes viaria y peatonal se realizará suprimiendo las barreras urbanísticas que pudieran afectar a las personas impedidas y minusválidas, de acuerdo con la Ley Foral 4/1988, de 11 de julio, sobre Barreras Físicas y Sensoriales, y el Decreto Foral 154/1989, de 29 de junio, que desarrolla esta Ley Foral.

Artículo 38.

1. El Plan Parcial determinará los trazados de las redes y galerías de todos los servicios que en él se establezcan, desarrollando las previsiones del Plan Municipal o, en su caso, del Programa de Actuación Urbanística.

2. El Plan Parcial especificará el trazado y las principales características técnicas de las siguientes redes de servicios:

– Redes de abastecimiento de agua, riego e hidrantes contra incendios.

– Redes de evacuación de aguas pluviales y residuales, que habrán de ser separativas, salvo causa excepcional y justificada.

– Red de distribución de energía eléctrica.

– Red de alumbrado público.

– Red de canalización telefónica.

– Red de conducción de gas u otras redes que se estimen necesarias.

3. En la red de abastecimiento de agua se indicarán las fuentes de la misma y el caudal disponible.

4. Para el establecimiento de las redes de evacuación de aguas habrá de tenerse en cuenta la composición y el caudal de las aguas residuales de toda especie y el de las pluviales. Estas redes contendrán una especial referencia al vertido a la red general, capacidad de la misma y, si procediere, al sistema de depuración. En los casos de vertido a cauce público, se precisará informe favorable de la Confederación Hidrográfica correspondiente y del Departamento de Ordenación del Territorio y Medio Ambiente.

5. La red de distribución de energía eléctrica señalará la fuente de la misma, la capacidad de los centros de transformación y las líneas que los abastezcan, existentes o que se proyecten. En el caso de Planes Parciales de uso predominantemente residencial, la red de distribución será subterránea y los centros de transformación quedarán integrados en la edificación o serán subterráneos. En el caso excepcional, debidamente justificado, de que éstos tengan que realizarse en edificación exenta, el Plan Parcial deberá fijar las condiciones de volumen y estéticas exigibles.

6. Se determinará con exactitud la situación de los centros de servicio afectos a la infraestructura de las redes enunciadas en este artículo, habiendo de ser incluido su uso pormenorizado, con indicación de la naturaleza del dominio que corresponda.

Sección 2ª Documentación de los planes parciales

Artículo 39.

Las determinaciones de los Planes Parciales se desarrollarán en los siguientes documentos:

1. Memoria justificativa de la ordenación y de sus determinaciones generales.

2. Planos de información.

3. Planos de ordenación.

4. Normativa urbanística.

5. Plan de etapas.

6. Evaluación económica.

⇒ V. art. 89 de la LF 10/1994, de 4 julio, de Ordenación del Territorio y Urbanismo (§44).

Artículo 40.

1. La memoria de los Planes Parciales habrá de justificar la adecuación de la ordenación a las directrices y determinaciones del Plan Municipal que desarrolle.

2. La memoria de los Planes Parciales se referirá a los siguientes extremos:

a) Justificación de la procedencia de su formulación en relación con el programa del Plan Municipal o, en su caso, Programa de Actuación Urbanística que desarrollen.

b) Información urbanística, que deberá considerar, en todo caso, los siguientes aspectos:

1º Características naturales del territorio.

2º Usos, edificaciones e infraestructuras existentes.

3º Estudio de la estructura de la propiedad del suelo.

c) Objetivos y criterios que persigue el Plan Parcial para la ordenación del territorio.

d) Justificación de la ordenación propuesta, que habrá de acreditar su conexión funcional con las áreas colindantes mediante la adecuada relación con su estructura urbana.

e) Cuadros de características sobre superficies, módulos, usos cuantificados, edificabilidades y volúmenes y demás aspectos relevantes.

Artículo 41.

1. Los planos de información serán los siguientes:

a) De situación en relación con la estructura orgánica correspondiente al Plan Municipal.

b) De ordenación establecida en el Plan Municipal o, en su caso, Programa de Actuación Urbanística, para el ámbito territorial incluido en el Plan Parcial y su entorno.

c) Topográfico, con curvas de nivel de metro en metro.

d) Catastral.

e) De edificaciones, usos, infraestructuras y vegetación existentes.

2. Los planos a que se refieren las letras c), d) y e) del número anterior se redactarán, como mínimo, a escala 1:1.000.

Artículo 42.

1. Los planos de ordenación reflejarán, como mínimo, los siguientes aspectos:

– Asignación de usos pormenorizados, con expresión de alineaciones y alturas de las edificaciones.

– Espacios libres, zonas verdes y dotaciones, con expresión de la titularidad y usos públicos o privados de las mismas.

– Red viaria, definiendo de forma suficiente sus perfiles longitudinales y transversales y las rasantes.

– Red peatonal y de itinerarios exentos de barreras arquitectónicas y urbanísticas para personas con movilidad reducida.

– Esquema de las redes de abastecimiento de agua, riego e hidrantes contra incendios, evacuación de aguas, distribución de energía eléctrica, alumbrado público, telefonía y otras.

– Delimitación de unidades de ejecución, en su caso, en relación con el plano catastral.

– Plan de etapas.

2. El Plan Parcial incluirá, además, todos aquellos planos que se consideren necesarios para su mejor definición.

3. Los planos de ordenación se redactarán a escala 1 :1.000, sobre base topográfica y parcelaria.

Artículo 43.

1. La normativa urbanística contemplará, como mínimo, los siguientes apartados:

a) Régimen urbanístico del suelo, con referencia a:

– Calificación del suelo, con expresión detallada de sus usos pormenorizados.

– Configuración y dimensiones de las parcelas edificables.

– Urbanización.

– Sistemas de actuación.

– Plazos de ejecución, que serán vinculantes, salvo que el planeamiento establezca expresamente lo contrario.

b) Normas de Edificación, con referencia al volumen, ocupación, altura, usos, con expresión de los permitidos y prohibidos, y composición arquitectónica y estética de las edificaciones.

2. La normativa urbanística figurará como un título específico dentro de la documentación del Plan y se acompañará de un disquete en el que se recoja la parte articulada sujeta a proceso informatizado de texto.

Artículo 44.

1. El plan de etapas para la realización de las obras de urbanización justificará su coherencia con las restantes determinaciones del Plan, en especial con el desarrollo en el tiempo de la edificación prevista y sus dotaciones y de los elementos que componen las distintas redes de servicios, así como, en su caso, con los sistemas de actuación elegidos.

En cada etapa habrá de preverse:

a) Su duración, con referencia a la fecha de comienzo de los plazos que se establezcan.

b) Las obras de urbanización correspondientes.

c) La puesta en servicio de las reservas de suelo correspondientes a los equipamientos que deban establecerse a medida que se urbanice.

d) La determinación de los niveles correspondientes a los servicios de abastecimiento de agua, evacuación y suministro de energía eléctrica para que puedan ser utilizados los terrenos que se urbanicen sucesivamente.

2. El plan de etapas podrá prever, justificándola adecuadamente, una alteración de sus previsiones temporales y espaciales, siempre que se mantenga la coherencia del Plan, se cumplan las determinaciones que establezca y se garantice la ejecución y financiación del conjunto de sus previsiones.

3. En los supuestos en que sea necesario, el Plan Parcial podrá contener una previsión de etapas de edificación, que se acomodará a la urbanización y a las dotaciones que se vayan obteniendo.

4. El plan de etapas del Plan Parcial se redactará como documento separado de la evaluación económica y describirá el reflejado en el correspondiente plano de la documentación gráfica.

5. En la formulación del plan de etapas se atenderá a que la previsión de creación y utilización de suelo urbanizado para la edificación vaya acompañada de la creación de las correspondientes dotaciones.

Artículo 45.

1. La evaluación económica de la implantación de los servicios y de la ejecución de las obras de urbanización expresará su coste aproximado.

2. La evaluación, que no tendrá carácter vinculante, habrá de referirse, como mínimo, a las siguientes obras y servicios:

– Explanación, pavimentación, señalización, jardinería y arbolado.

– Redes de abastecimiento de agua, riego e hidrantes contra incendios.

– Red de evacuación de aguas.

– Redes de distribución de energía eléctrica y alumbrado público y telefonía.

– Otras redes o canalizaciones de servicios que prevea el Plan.

– Establecimiento de servicios públicos de transporte y recogida de basuras, si procede.

– Obras especiales como pasos a distinto nivel, desviación de redes de servicio existentes y otras.

– Indemnizaciones procedentes por el derribo de construcciones e instalaciones, por la destrucción de plantaciones y por otras actuaciones que exija la ejecución del Plan.

3. Si los Planes Parciales desarrollan un Programa de Actuación Urbanística, la evaluación económica contendrá las específicas obligaciones que correspondan al adjudicatario del Programa.

4. Cuando con ocasión de la ejecución de un Plan Parcial hayan de realizarse obras que correspondan a los sistemas de la estructura orgánica del Plan Municipal, la evaluación económica del Plan Parcial tendrá en cuenta el coste de las obras de urbanización, de interés para el sector, a cargo de los propietarios de éste.

5. Si para la ejecución del Plan Parcial se hubiera elegido el sistema de expropiación, la evaluación económica contendrá, además, el cálculo estimativo del coste de la expropiación, puesto en relación con la etapa en que se haya de realizar.

CAPÍTULO III
Documentación de los Programas de Actuación Urbanística

Artículo 46.

Los Programas de Actuación Urbanística contendrán los siguientes documentos:

a) Memoria que refleje la información urbanística utilizada, y en la que habrá de exponerse la relación de las previsiones del Programa con las del Plan Municipal.

La Memoria contendrá, en su caso, las obligaciones a asumir por los adjudicatarios y cuantas otras previsiones se deriven de la aplicación de la Ley Foral 10/1994, de 4 de julio, de Ordenación del Territorio y Urbanismo.

b) Planos de información urbanística correspondientes a los terrenos objeto de actuación, redactados a escala que permita localizar con precisión el territorio dentro del Plan Municipal, reflejando la situación del mismo en orden a sus características naturales y usos del suelo, así como las infraestructuras y servicios existentes, con indicación de su estado, capacidad y grado de utilización. Asimismo, recogerán, en su caso, el suelo ocupado por la edificación.

c) Planos de ordenación, que estarán constituidos por:

– Plano de relación de la ordenación propuesta con las previsiones del Plan Municipal, señalando la conexión con los sistemas generales de éste, a escala adecuada.

– Planos a escala mínima 1:2.000, referidos a las determinaciones sustantivas que establece el artículo 88.2 de la Ley Foral 10/1994, de 4 de julio, de

Ordenación del Territorio y Urbanismo, así como a la delimitación de áreas de reparto.

d) Normativa urbanística, que comprenderá:

– El régimen general de cada uno de los distintos usos globales del suelo y de la edificación.

– El régimen de gestión para la obtención de los sistemas generales, con señalamiento de los plazos correspondientes.

– Las exigencias y características técnicas mínimas de los sistemas generales y de los servicios urbanísticos mínimos a desarrollar por Planes Parciales.

– La fijación del aprovechamiento tipo.

– La fijación de los módulos de reserva para dotaciones cuando sean superiores a los establecidos por la Ley Foral 10/1994, de 4 de julio, de Ordenación del Territorio y Urbanismo.

e) Plan de etapas para el desarrollo de los planes parciales y de los sistemas generales, que será vinculante, salvo que el Programa de Actuación Urbanística establezca lo contrario.

f) Estudio económico-financiero que justifique la viabilidad del Programa de Actuación Urbanística en función de los recursos de financiación del adjudicatario o de la Administración urbanística actuante. Este estudio económico-financiero contendrá, además:

– La evaluación económica estimativa de la ejecución de las obras de urbanización correspondientes a la estructura general y orgánica del territorio.

– La determinación del carácter público o privado de las inversiones a realizar para la ejecución de las previsiones del Programa de Actuación Urbanística, con suficiente especificación de las obras y servicios que se atribuyen al sector público y privado e indicación en el primer caso de los Organismos o Entidades públicas que asumen el importe de la inversión.

⇒ V. art. 88 de la LF 10/1994, de 4 julio, de Ordenación del Territorio y Urbanismo (§44).

CAPÍTULO IV
Planes Especiales

Artículo 47.

1. Los Planes Especiales contendrán las determinaciones necesarias para el desarrollo de los instrumentos de ordenación del territorio o del Plan Municipal.

En los supuestos del número 2 del artículo 90 de la Ley Foral de Ordenación del Territorio y Urbanismo, los Planes Especiales deberán contener las determinaciones propias de su naturaleza y finalidad, debidamente justificadas y desarrolladas.

2. Las determinaciones a que se refiere el número anterior se concretarán en los documentos siguientes:

a) Memoria descriptiva y justificativa de la conveniencia y oportunidad del Plan Especial de que se trate, incluyendo los estudios que resulten precisos.

b) Planos de información y de ordenación a escala adecuada.

c) Normativa urbanística adecuada para asegurar su finalidad.

d) Evaluación económica.

3. El contenido de la documentación de los Planes Especiales tendrá el grado de precisión adecuado a sus fines, y aquélla será igual a la de los Planes Parciales cuando sean de reforma interior, salvo que alguno de los documentos de éste sea innecesario por no guardar relación con la reforma.

⇒ V. arts. 90 y ss. de la LF 10/1994, de 4 julio, de Ordenación del Territorio y Urbanismo (§44).

CAPÍTULO V
Estudios de Detalle

Artículo 48.

1. Los Estudios de Detalle contendrán los siguientes documentos:

a) Memoria justificada de su conveniencia y de la procedencia de las soluciones adoptadas.

b) Cuando se modifique la disposición de volúmenes se efectuará, además, un estudio comparativo de la edificabilidad resultante por aplicación de las determinaciones previstas en el Plan y de las que se obtienen en el Estudio de Detalle.

c) Planos a escala adecuada y, como mínimo, 1:500 que expresen las determinaciones que se completan, adaptan o reajustan, con referencias precisas a la nueva ordenación y su relación con la anteriormente existente.

2. Los Estudios de Detalle no podrán reducir la superficie destinada a equipamientos de cesión obligatoria, espacios públicos o anchuras de viales, ni podrán incrementar el aprovechamiento urbanístico ni alterar ni establecer determinaciones propias del Plan Municipal.

⇒ V. art. 98 de la LF 10/1994, de 4 julio, de Ordenación del Territorio y Urbanismo (§44).

CAPÍTULO VI
Proyectos de Urbanización

Artículo 49.

Los Proyectos de Urbanización comprenderán los siguientes documentos:

– Memoria descriptiva de las características de las obras.

– Planos de información y de situación en relación con el conjunto urbano.

– Planos de proyecto y de detalle.

– Pliego de condiciones técnicas y de condiciones económico-administrativas de las obras y servicios.

– Mediciones.

– Cuadros de precios descompuestos.

– Presupuestos.

⇒ V. art. 99 de la LF 10/1994, de 4 julio, de Ordenación del Territorio y Urbanismo (§44).

Artículo 50.

1. Las obras de urbanización a incluir en el Proyecto de Urbanización, que deberán ser desarrolladas en los documentos relacionados en el apartado 1 del artículo anterior, serán las siguientes:

– Pavimentación de calzada, aparcamientos, aceras, red peatonal y espacios libres.

– Eliminación de barreras físicas.

– Redes de distribución de agua potable, riego y de hidrantes contra incendios.

– Red de evacuación de aguas pluviales y residuales.

– Red de distribución de energía eléctrica y, en su caso, gas.

– Red de alumbrado público.

– Red de telefonía.

– Otras redes previstas.

– Jardinería y arbolado en el sistema de espacios libres.

2. Los Proyectos de Urbanización deberán resolver el enlace de los servicios urbanísticos con los generales del núcleo urbano y acreditar que tienen capacidad suficiente para atenderlos.

⇒ V. art. 99 de la LF 10/1994, de 4 julio, de Ordenación del Territorio y Urbanismo (§44).

Artículo 51.

1. Con independencia de lo dispuesto en el artículo 19 de la Ley Foral 10/1994, de 4 de julio, de Ordenación del Territorio y Urbanismo, el municipio correspondiente podrá autorizar, a solicitud del interesado, obras de urbanización con anterioridad a que estén aprobados definitivamente los instrumentos de gestión, siempre que el promotor preste ante el Municipio aval bancario o cualquier otra garantía de las admitidas en Derecho por importe del 20 por 100 del costo de la urbanización y escrito en el que quede constancia de la conformidad expresa de los propietarios registrales de las parcelas afectadas.

2. La petición de autorización municipal a que se refiere el número anterior deberá resolverse en el plazo máximo de dos meses, transcurrido el cual sin que se hubiera notificado acto alguno se podrá entender estimada la petición por acto presunto, siendo de aplicación, en todo lo demás, el artículo 44 de la Ley 30/1992, de 26 de noviembre, de Régimen Jurídico de las Administraciones Públicas y del Procedimiento Administrativo Común.

CAPÍTULO VII
Modificaciones puntuales del planeamiento

Artículo 52.

1. Las modificaciones puntuales del planeamiento urbanístico tendrán la siguiente documentación:

A) Justificación de las razones objetivas, técnicas y urbanísticas que motivan la modificación del planeamiento.

B) Descripción de las determinaciones y de la normativa urbanística a modificar, con reflejo, en su caso, en planos de información.

C) Determinaciones y normativa urbanística que se introducen con la modificación y sustituyen a la precedente, con su reflejo en planos de ordenación.

2. Los informes de los organismos públicos exigidos por el artículo 115.3 de la Ley Foral de Ordenación del Territorio y Urbanismo, se solicitarán únicamente cuando resulten afectados por la nueva ordenación las vías de comunicación, los regadíos, los montes protegidos, los servicios mancomunados, el patrimonio histórico o terrenos con notorios valores medioambientales declarados o protegidos.

El plazo para la emisión del informe por el organismo competente será de un mes como máximo, contado desde que se hubiera solicitado junto con la documentación completa de la modificación.

⇒ V. arts. 125 y ss. de la LF 10/1994, de 4 julio, de Ordenación del Territorio y Urbanismo (§44).

CAPÍTULO VIII
Planeamiento urbanístico de iniciativa particular

Artículo 53.

1. Los particulares podrán presentar ante la Administración propuestas de:

a) Modificaciones puntuales del Plan Municipal.

b) Planeamiento en desarrollo del Plan Municipal.

c) Planes Especiales no previstos en el Plan Municipal.

2. Las modificaciones del Plan Municipal que impliquen actuaciones urbanísticas en las que se prevea la creación de nuevos núcleos de población o de nuevas zonas industriales o terciarias, asentados sobre terrenos hasta entonces clasificados como suelo no urbanizable, y su gestión sea exclusivamente privada, deberán tramitarse por cualquiera de las dos siguientes vías:

a) Simultáneamente con el planeamiento de desarrollo necesario, en expedientes separados.

b) En un único expediente cuando la modificación del Plan Municipal incorpore las determinaciones propias del planeamiento de desarrollo correspondiente.

3. Las modificaciones del Plan Municipal a que se refiere el número anterior deberán contener, además de los documentos que establece el artículo 49 de este Reglamento y de la propia del planeamiento de desarrollo correspondiente, la siguiente documentación específica:

a) Justificación de la necesidad o conveniencia de la actuación urbanística.

b) Relación de propietarios afectados, con su nombre, apellidos y dirección.

c) Sistema de actuación.

d) Plazos de ejecución, que serán vinculantes en todo caso.

e) Compromisos que se hubieran de contraer entre el urbanizador y el Municipio, y entre aquél y los futuros propietarios, en orden a:

1º Plazos de ejecución de las obras de urbanización e implantación de los servicios, en su caso.

2º Construcción, en su caso, de edificios destinados a dotaciones comunitarias de la urbanización, no incluidas entre las obligaciones generales impuestas por la ley.

3º Conservación de la urbanización, expresando cuándo correrá a cargo de los futuros propietarios de parcelas o de los promotores, con indicación del período de tiempo al que se extenderá la obligación de conservación de cada uno de ellos.

f) Garantías del exacto cumplimiento de dichos compromisos por importe del 10 por 100 del coste que resulte para la implantación de los servicios y ejecución de las obras de urbanización, según la evaluación económica del propio Plan. Dicha garantía se exigirá preferentemente mediante aval bancario, sin perjuicio de que la Administración acepte sustitutivamente otras garantías de las admitidas en Derecho.

g) Medios económicos de toda índole con que cuente el promotor o promotores de la urbanización, indicando los recursos propios y las fuentes de financiación.

h) Anteproyecto de Estatutos de la Entidad de Conservación de constitución obligatoria, encargada de la conservación de las obras de urbanización a costa de sus beneficiarios, y a la que habrán de pertenecer todos los propietarios comprendidos en el ámbito territorial de la urbanización, especificándose en dicho Anteproyecto la composición, órganos, régimen de adopción de acuerdos, deberes y derechos de sus componentes y las funciones obligatorias de la Entidad para garantizar el mantenimiento de la urbanización.

4. *El planeamiento* especial o parcial en desarrollo del Plan Municipal que presente la iniciativa particular para la urbanización, por un sistema privado de actuación, de suelo urbano o urbanizable, deberá acompañarse, asi-

mismo, de la documentación específica relacionada en las letras b) a h) del número anterior.

⇒ V. arts. 107 y concordantes de la LF 10/1994, de 4 julio, de Ordenación del Territorio y Urbanismo (§44).

CAPÍTULO IX
Tramitación simultánea del planeamiento de desarrollo con el planeamiento municipal

Artículo 54.

1. Conjuntamente con el Plan Municipal o con sus modificaciones, podrán tramitarse, de manera simultánea, aunque en expedientes separados, programas de actuación urbanística, planes parciales, planes especiales, estudios de detalle y proyectos de urbanización.

2. La aprobación de los instrumentos de planeamiento de desarrollo y de los proyectos de urbanización estará subordinada, en todo caso, a la previa o simultánea aprobación del instrumento de planeamiento de rango superior.

TÍTULO III
EJECUCIÓN DEL PLANEAMIENTO

CAPÍTULO I
Entidades urbanísticas colaboradoras

Artículo 55.

1. Los interesados podrán participar en la gestión urbanística mediante la creación de Entidades urbanísticas colaboradoras.

2. Son Entidades urbanísticas colaboradoras:

a) Las Juntas de Compensación.

b) Las Asociaciones administrativas de propietarios en el sistema de cooperación.

c) Las Comisiones gestoras en el sistema de ejecución forzosa.

d) Las Entidades de conservación.

3. Las Entidades urbanísticas colaboradoras se regirán por sus Estatutos y por lo dispuesto por esta sección, sin perjuicio de la aplicación de los preceptos específicos contenidos en este Reglamento para las Juntas de Compensación, Asociaciones administrativas de propietarios en el sistema de cooperación y Comisiones gestoras en el sistema de ejecución forzosa y de las previsiones establecidas para la conservación de las obras de urbanización.

Artículo 56.

1. La constitución de las Juntas de Compensación, de las Asociaciones administrativas de propietarios en el sistema de cooperación y de las Comisiones gestoras en el sistema de ejecución forzosa se acomodarán a lo previsto en las disposiciones contenidas en los respectivos sistemas de actuación.

2. Las Entidades de conservación de las obras de urbanización podrán constituirse como consecuencia de la transformación de alguna Entidad preexistente de las enunciadas en el número anterior o, específicamente para dichos fines, sin que previamente se haya constituido una Entidad para la ejecución de las obras de urbanización.

3. Será obligatoria la constitución de una Entidad de conservación siempre que el deber de conservación de las obras de urbanización recaiga sobre los propietarios comprendidos en una unidad de ejecución en virtud de las determinaciones del Plan o resulte expresamente de disposiciones generales. En tales supuestos, la pertenencia a la Entidad de conservación será obligatoria para todos los propietarios comprendidos en su ámbito territorial.

Artículo 57.

1. Las Entidades urbanísticas colaboradoras tendrán carácter administrativo y dependerán en ese orden de la Administración urbanística actuante.

2. La personalidad jurídica de las Entidades urbanísticas colaboradoras se entenderá adquirida a partir del momento de la aprobación definitiva de sus Estatutos por la Administración actuante.

Artículo 58.

1. La constitución de las Entidades urbanísticas colaboradoras, así como sus Estatutos habrán de ser aprobados por la Administración urbanística actuante.

2. La modificación de los Estatutos requerirá aprobación de la Administración urbanística actuante.

Artículo 59.

La transmisión de la titularidad que determine la pertenencia a cualquiera de los tipos de Entidades urbanísticas colaboradoras llevará consigo la subrogación en los derechos y obligaciones del causante, entendiéndose incorporado el adquiriente a la Entidad a partir del momento de la transmisión.

Artículo 60.

Los acuerdos de las Entidades urbanísticas colaboradoras se adoptarán por mayoría simple de cuotas de participación, salvo que en los Estatutos o en otras normas se establezca un quórum especial para determinados supuestos. Dichos acuerdos podrán impugnarse mediante recurso ordinario ante la Administración urbanística actuante.

Artículo 61.

1. La disolución de las Entidades urbanísticas colaboradoras se producirá por el cumplimiento de los fines para los que fueron creadas y requerirá, en todo caso, acuerdo de la Administración urbanística actuante.

2. No procederá la aprobación de la disolución de la Entidad mientras no conste el cumplimiento de las obligaciones que estén pendientes.

CAPÍTULO II
Sistema de Compensación

Artículo 62.

Los estatutos de las Juntas de Compensación contendrán, cuando menos, las siguientes circunstancias:

a) Nombre, domicilio, objeto y fines.

b) Administración urbanística bajo cuya tutela se actúe.

c) Expresión de la unidad de ejecución que constituye su objeto.

d) Condiciones o requisitos para incorporarse a la Junta empresas urbanizadoras si expresamente se previera la posibilidad de su participación. Estas estarán representadas por una sola persona.

e) Órganos de gobierno y administración, forma de designarlos y facultades de cada uno de ellos.

f) Requisitos de la convocatoria de los órganos de gobierno y administración, requisitos y forma de la adopción de acuerdos, quórum mínimo y forma de computarse los votos, con expresión de los casos en que sean proporcionales al derecho o interés económico de cada miembro y aquellos otros en que el voto sea individualizado.

g) Derechos y obligaciones de sus miembros.

h) Medios económicos y reglas para la exacción de aportaciones que con carácter tanto ordinario o extraordinario pudieran acordarse.

i) Normas sobre su duración, disolución y liquidación.

⇒ V. art. 155 de la LF 10/1994, de 4 julio, de Ordenación del Territorio y Urbanismo (§44).

Artículo 63.

1. En la escritura pública de constitución de la Junta de Compensación deberá constar:

a) Relación de los propietarios y, en su caso, empresas urbanizadoras.

b) Relación de las fincas de las que son titulares.

c) Personas que hayan sido designadas para ocupar los cargos del órgano rector.

d) Acuerdo de constitución.

Artículo 64.

El Proyecto de Reparcelación comprenderá los siguientes datos:

a) Descripción de las propiedades antiguas, según los títulos aportados, con las correcciones procedentes, y, en defecto de títulos, según planos. Se expresarán las cargas y gravámenes, condiciones, sustituciones y demás derechos que las afecten, el respectivo propietario, si fuera conocido, la cuantía de su derecho en el proyecto de reparcelación, y el criterio utilizado para definirlo y cuantificarlo.

Cuando participen en el proyecto de reparcelación propietarios de suelo exterior al polígono, se describirán las fincas que les fueron ocupadas.

b) Descripción de las fincas resultantes, incluyendo, en su caso, las que corresponden al Municipio adjudicatario del porcentaje de aprovechamiento de cesión obligatoria y gratuita, titulares a quienes se adjudiquen y concepto en que lo fueren. Se expresará respecto de cada finca la antigua a la que corresponda o el derecho que da lugar a la adjudicación, así como las cargas y gravámenes, condiciones, sustituciones y demás derechos que las afecten, por ser compatibles con el planeamiento.

c) Localización de los terrenos de cesión obligatoria y de las reservas que establezca el plan.

d) Superficies o parcelas que la propia Junta se reserve, en su caso, para enajenarlas directamente, con el fin de sufragar los gastos previstos de la urbanización.

e) Compensaciones en metálico, si fuesen procedentes por diferencias en las adjudicaciones.

f) Cuantía del saldo de la cuantía de liquidación provisional en que queda gravada cada una de las fincas adjudicadas.

⇒ V. art. 158 de la LF 10/1994, de 4 julio, de Ordenación del Territorio y Urbanismo (§44).

Artículo 65.

1. Las anteriores determinaciones se reflejarán en la correspondiente Memoria, planos, cuenta de liquidación provisional y demás documentos que resulten necesarios.

2. La Memoria del proyecto deberá referirse, además, a los siguientes extremos:

a) Circunstancias o acuerdos que motiven la reparcelación y peculiaridades que en su caso concurran.

b) Descripción de la unidad reparcelable.

c) Criterios utilizados para definir y cuantificar los derechos de los afectados.

d) Criterios de valoración de las superficies adjudicadas.

e) Criterios de adjudicación de las fincas y derechos resultantes, con expresión del aprovechamiento urbanístico que a cada una corresponda y designación nominal de los adjudicatarios.

f) Criterios de valoración de los derechos, edificaciones, construcciones o plantaciones y demás elementos que deban extinguirse o destruirse para la ejecución del plan y de las cargas y gastos que correspondan a los adjudicatarios.

g) *Cualquier* otra circunstancia que contribuya a explicar los acuerdos que se propongan.

3. Los planos deberán redactarse en una escala de 1:500 ó 1:1.000 y, en

todo caso, con la claridad suficiente para que puedan percibirse los linderos y demás grafismos.

La simbología gráfica y la numeración de las parcelas debe ser uniforme y unívoca en todo el proyecto. No podrán utilizarse símbolos contrarios a los que sean comunes en la práctica usual ni que conduzcan a error o cuyo significado no se explique en debida forma.

Los planos serán:

a) Plano de situación y relación con la trama urbana.

b) Plano de delimitación e información, con expresión de los límites de la unidad reparcelable, linderos de las fincas afectadas, edificaciones y demás elementos existentes sobre el terreno.

c) Plano de ordenación, en el que se reproduzca, a la misma escala que el anterior, el correspondiente plano del Plan que se ejecute.

d) Plano de calificación y valoración de las superficies adjudicadas.

e) Plano de adjudicación, con expresión de los linderos de las fincas resultantes adjudicadas.

f) Plano superpuesto de los de información y adjudicación.

g) Cuando la reparcelación se refiera a suelo urbano y el derecho de los propietarios se determine por el valor urbanístico de sus respectivas fincas, se añadirá un plano de calificación y valoración de las fincas aportadas.

4. La documentación anterior podrá reducirse o ampliarse en congruencia con el contenido efectivo de la reparcelación en cada caso.

CAPÍTULO III
Sistema de reparcelación voluntaria

Artículo 66.

1. Cuando se actúe a través del sistema de reparcelación voluntaria, la documentación del Proyecto de Reparcelación contendrá:

– Memoria, en la que especifiquen las circunstancias de la reparcelación, la descripción de la unidad reparcelable, los criterios de adjudicación y valoración de derechos y parcelas y, en su caso, las compensaciones en metálico.

– Plano de situación de la unidad de ejecución en relación con su entorno.

– Plano de delimitación e información catastral.

– Plano de ordenación, en los que se localicen los terrenos de cesión obligatoria y las reservas que establezca el Plan, así como la localización los derechos y parcelas edificables, con señalamiento de aquellos terrenos en que se sitúe el porcentaje de aprovechamiento que corresponda al Municipio.

– Plano superpuesto de información catastral y adjudicación.

⇒ V. art. 169 de la LF 10/1994, de 4 julio, de Ordenación del Territorio y Urbanismo (§44).

CAPÍTULO IV
Reparcelación económica y normalización de fincas

Artículo 67.

La reparcelación económica y la normalización de fincas se tramitarán conforme a las reglas previstas para la reparcelación voluntaria.

Artículo 68.

El contenido de la reparcelación económica se concretará en un proyecto, que deberá constar de los siguientes documentos:

– Memoria justificativa.

– Relación de propietarios e interesados, con expresión de la naturaleza y cuantía de su derecho.

– Propuesta de adjudicación de las fincas resultantes, con expresión del aprovechamiento urbanístico que a cada una corresponda y designación nominal de los adjudicatarios.

– Plano de situación y relación con la trama urbana.

– Plano de delimitación e información, con expresión de los límites de la unidad reparcelable, linderos de las fincas afectadas, edificaciones y demás elementos existentes sobre el terreno.

– Plano de ordenación, en el que se reproduzca, a la misma escala que el anterior, el correspondiente plano del Plan que se ejecute.

⇒ V. art. 170 de la LF 10/1994, de 4 julio, de Ordenación del Territorio y Urbanismo (§44).

Artículo 69.

1. La normalización de fincas podrá hacerse por manzanas completas o parte de ellas.

2. Se limitará a definir los nuevos linderos de las fincas afectadas, de conformidad con el planeamiento, siempre que no afecte al valor de las mismas, en proporción superior al 15 por 100, ni a las edificaciones existentes.

3. El porcentaje de exceso o defecto que pueda representar la modificación de linderos se determinará por el valor urbanístico de las fincas.

4. Si se apreciase una diferencia superior al 15 por 100 del valor de las fincas resultantes, se decretará la conversión de las actuaciones en un procedimiento general de reparcelación.

5. Las diferencias no superiores al 15 por 100 se compensarán en metálico, con arreglo al valor urbanístico medio de las fincas afectadas.

Artículo 70.

1. El proyecto de normalización de fincas contendrá los siguientes documentos:

a) Memoria justificativa.

b) Relación de propietarios e interesados afectados.

c) Plano parcelario de información, a escala 1:500.

d) Plano de fincas normalizadas, a la misma escala.

e) Cuenta de compensaciones económicas, cuando procedan.

2. Al proyecto deberán acompañarse las oportunas certificaciones registrales de titularidad y cargas y, en caso de fincas no inmatriculadas, el testimonio de los títulos justificativos de las respectivas titularidades.

CAPÍTULO V
Tramitación simultánea de los instrumentos de gestión con el planeamiento

Artículo 71.

1. Conjuntamente con el planeamiento, podrán tramitarse, de manera simultánea, aunque en expedientes separados:

a) En el sistema de compensación, los Estatutos de la Junta de Compensación.

b) En los sistemas de cooperación, reparcelación voluntaria o ejecución forma, el Proyecto de Reparcelación.

2. La aprobación de los instrumentos de gestión a que se refiere el número anterior estará subordinada, en todo caso, a la previa o simultánea aprobación del instrumento de planeamiento que ejecuten.

TÍTULO IV
PROTECCIÓN DE LA LEGALIDAD URBANÍSTICA

CAPÍTULO I
La fianza como medida cautelar de la protección de la legalidad urbanística

Artículo 72.

1. La Administración actuante para la protección de la legalidad urbanística podrá exigir del presunto responsable de la vulneración del orden urbanístico la prestación de una fianza que garantice la efectividad de las medidas cautelares que en su caso se impongan.

2. Dicha fianza se exigirá preferentemente mediante aval bancario, sin perjuicio de que la Administración acepte sustitutoriamente otras garantías de las admitidas en Derecho.

3. El importe de la cuantía se fijará atendiendo a la gravedad de la vulneración o al coste estimado de reposición de la realidad alterada.

4. La fianza se regirá por las mismas reglas establecidas para las fianzas de la Administración de la Comunidad Foral de Navarra.

5. La cancelación de la fianza se acordará por la Administración cuando el obligado hubiera dado cumplimiento a las medidas cautelares que le hubiera fijado la Administración.

6. El incumplimiento de las medidas cautelares dará lugar a la incautación de la fianza, sin perjuicio de las responsabilidades en otro orden que pudieran derivarse.

⇒ V. art. 238 de la LF 10/1994, de 4 julio, de Ordenación del Territorio y Urbanismo (§44).

CAPÍTULO II

Procedimiento sancionador de las infracciones urbanísticas

Artículo 73.

1. El procedimiento sancionador de las infracciones urbanísticas se iniciará por resolución del órgano competente, en virtud de actuaciones practicadas de oficio o mediante denuncia.

2. Con carácter previo a la incoación del expediente podrá ordenarse la práctica de diligencias preliminares para el esclarecimiento de los hechos. Este período podrá tener carácter reservado y su duración no superará los quince días.

3. La resolución designará el correspondiente Instructor de actuaciones y será notificada al sujeto presuntamente responsable.

⇒ V. art. 260 de la LF 10/1994, de 4 julio, de Ordenación del Territorio y Urbanismo (§44).

Téngase en cuenta el artículo único del DF 319/1996, de 9 septiembre.

V. art. 23.3 de la Ley 19/1997, de 15 diciembre, del Régimen Jurídico de las Vías Pecuarias de Navarra.

V. DF 319/1996, de 9 septiembre, que establece el procedimiento sancionador de las infracciones administrativas a LF 9/1996, de 17 junio, de normas reguladoras.

Artículo 74.

1. El Instructor redactará un pliego de cargos con indicación de la infracción correspondiente a los hechos, la sanción que puede proceder y el órgano competente para imponerla, que será notificado al sujeto presuntamente responsable, quien dispondrá de un plazo de quince días para formular las alegaciones que estime pertinentes en defensa de su derecho.

2. En el pliego de cargos a que se refiere el número anterior se reflejarán:

a) Los hechos constatados por la Administración actuante, destacando los relevantes a efectos de la tipificación de la infracción y graduación de la sanción.

b) La infracción presuntamente cometida con expresión del precepto o preceptos vulnerados.

c) La sanción que en su caso proceda, su graduación y cuantificación.

d) Órgano que pudiera resultar competente para la resolución del procedimiento, y norma que le atribuye la competencia.

Artículo 75.

1. Transcurrido el plazo de alegaciones y, en su caso, de práctica de pruebas, y previas las diligencias que se estime necesarias el Instructor, si mantiene el pliego de cargos en los términos notificados elevará el expediente al órgano competente, quien dictará la resolución correspondiente o, en su caso, ordenará al Instructor la práctica de las diligencias complementarias que considere necesarias.

2. Si de las alegaciones y de la prueba practicada se derivasen nuevos o distintos hechos o calificación de mayor gravedad a la prevista en el pliego de cargos, el Instructor procederá a notificar al interesado un nuevo pliego de cargos con la sanción que proceda, a fin de que en el plazo de quince días alegue cuanto estime conveniente.

Artículo 76.

1. La resolución que ponga fin al procedimiento sancionador habrá de ser motivada y resolverá todas las cuestiones planteadas en el expediente.

2. En la resolución no se podrán aceptar hechos distintos de los determinados en el curso del procedimiento, con independencia de su diferente valoración jurídica.

3. En la resolución se adoptarán, en su caso, las disposiciones cautelares precisas para garantizar su eficacia en tanto no sea ejecutiva.

4. La resolución será ejecutiva cuando se haya puesto fin a la vía administrativa.

Artículo 77.

El plazo máximo para resolver el procedimiento sancionador será de seis meses contados desde la fecha en que se adoptó la resolución de incoación del expediente sancionador, ampliable, como máximo, por otros seis meses mediante acuerdo motivado.

Artículo 78.

Las actas de inspección que se extiendan por los miembros de la Administración estarán dotadas de presunción de certeza y valor probatorio respecto de los hechos reflejados en las mismas, salvo prueba en contrato.

DISPOSICIONES ADICIONALES

Primera.

Se suprime el Registro de Entidades Urbanísticas colaboradoras dependiente del Departamento de Ordenación del Territorio y Medio Ambiente.

Segunda.

1. Compete a la Subcomisión de Urbanismo la aprobación definitiva del planeamiento municipal de los municipios de Ansoáin, Aranguren, Barañáin, Beriáin, Berrioplano, Berriozar, Burlada, Cizur, Egüés, Elorz, Galar, Huarte, Villava y Zizur Mayor.

2. Las modificaciones del planeamiento urbanístico de los municipios citados en el número anterior, compete al Consejero de Ordenación del Territorio y Medio Ambiente.

Tercera.

El módulo mínimo de reserva para aparcamiento de vehículos cuando se trate de centros comerciales de gran superficie en suelo no urbanizable, será el de una plaza por cada seis metros cuadrados de superficie destinada a la venta.

Cuarta.

En todo lo no previsto en este Reglamento y que no sea contrario a la Ley Foral 10/1994, de 4 de julio, de Ordenación del Territorio y Urbanismo, serán de aplicación supletoria los Reglamentos de Planeamiento, Gestión y Disciplina Urbanística en desarrollo de la Ley sobre Régimen del Suelo y Ordenación Urbana.

DISPOSICIONES TRANSITORIAS

Primera.

En los Municipios citados en el artículo 9 de este Reglamento que no cuenten con Plan Municipal o figura de planeamiento equivalente de las previstas en la Ley estatal sobre Régimen del Suelo y Ordenación Urbana, no será de aplicación el apartado a) del número 2 de dicho artículo para la autorización de viviendas unifamiliares en suelo no urbanizable, siendo exigibles el resto de condiciones.

Segunda.

Las modificaciones y revisiones de planes vigentes aprobados inicialmente con anterioridad a la entrada en vigor de la Ley Foral 10/1994, de 4 de julio, de Ordenación del Territorio y Urbanismo, se ajustarán a la Ley sobre Régimen del Suelo y Ordenación Urbana.

Tercera.

Los instrumentos de gestión urbanística que se hubieran presentado ante los Municipios con anterioridad a la entrada en vigor de la Ley Foral 10/1994, de 4 de julio, continuarán su tramitación con arreglo a la Ley sobre Régimen del Suelo y Ordenación Urbana.

§ 45.1 DECRETO FORAL 33/1995, DE 13 FEBRERO. APRUEBA EL RÉGIMEN URBANÍSTICO TRANSITORIO DE LOS MUNICIPIOS DE MAS DE CINCUENTA MIL HABITANTES QUE NO CUENTEN CON PLAN GENERAL DE ORDENACIÓN URBANA ADAPTADO DE LA COMUNIDAD FORAL DE NAVARRA

(BON núm. 24, de 22 febrero [LNA 1995, 54])

La disposición transitoria séptima del Texto Refundido de la Ley sobre Régimen del Suelo y Ordenación Urbana, aprobado por Real Decreto Legislativo 1/1992, de 26 de junio, impone para todos los municipios superiores a 50.000 habitantes o que tengan la cualidad de capital de provincia, el deber básico de disponer de un Plan General adaptado a dicha Ley en el plazo máximo de tres años a contar desde la entrada en vigor de la Ley 8/1990, de 25 de julio.

En el ámbito de la Comunidad Foral de Navarra únicamente concurren en el municipio de Pamplona los requisitos exigidos a tales municipios de mayor cualificación. Por otro lado, el Ayuntamiento de Pamplona debía haber adaptado a la nueva legislación urbanística, antes de agosto de 1993, su Plan General de Ordenación Urbana y, en consecuencia, haber fijado los aprovechamientos tipo, delimitado las áreas de reparto y aplicado otras disposiciones relativas al aprovechamiento urbanístico susceptible de apropiación privada.

Con la finalidad de dotar de las imprescindibles seguridad y certeza jurídicas tanto a las actividades de las Administraciones municipal y foral como al conjunto de derechos y deberes de los promotores, propietarios y, en general, ciudadanos afectados por el planeamiento urbanístico, se hace tan necesario como urgente establecer con la claridad precisa el régimen urbanístico transitorio que ha de aplicarse en el municipio de Pamplona en su doble condición de municipio de más de 50.000 habitantes y de capital de provincia de Navarra, hasta el momento en que éste cuente con su respectivo planeamiento de ámbito municipal adaptado a la nueva normativa vigente.

Este régimen transitorio desarrolla los mandatos, en su mayor parte de naturaleza básica, de las disposiciones adicionales primera y segunda, y transitorias primera, sexta y séptima del Texto Refundido estatal de 1992, así como las previsiones de la Ley Foral 10/1994, de 4 de julio, de Ordenación del Territorio y Urbanismo, cuadro general más pensado para cuando el municipio de Pamplona contara con Plan Municipal adaptado a ella, que para el período transitorio que ineludiblemente ha de discurrir hasta la entrada en vigor de su respectivo Plan Municipal.

En su virtud, a propuesta del Consejero de Ordenación del Territorio y Medio Ambiente, y de conformidad con el Acuerdo adoptado por el Gobierno de Navarra en sesión celebrada el día trece de febrero de mil novecientos noventa y tres, decreto:

Artículo 1. Objeto.

En tanto el Municipio de Pamplona, en su doble condición de capital de Navarra y de único municipio de la Comunidad Foral con población superior a 50.000 habitantes, no cuente con un Plan Municipal aprobado definitivamente y adaptado íntegramente a la Ley Foral 10/1994, de 4 de julio, de Ordenación del Territorio y Urbanismo, y a la disposición adicional primera, de carácter básico, del Texto Refundido de la Ley sobre Régimen del Suelo y Ordenación Urbana, aprobado por Real Decreto Legislativo 1/1992, de 26 de junio, el régimen urbanístico aplicable en este Municipio será el fijado en este Decreto Foral, en desarrollo de las previsiones de la Ley Foral 10/1994, de 4 de julio, de Ordenación del Territorio y Urbanismo, para los municipios de menos de 50.000 habitantes.

Artículo 2. Aprovechamiento susceptible de apropiación privada en suelo urbano.

1. En tanto no se calcule el aprovechamiento tipo y se delimiten las respectivas áreas de reparto para la totalidad del suelo urbano de Pamplona, el aprovechamiento susceptible de apropiación privada por los particulares en suelo urbano será, única y exclusivamente, el siguiente:

a) En terrenos incluidos en unidades de actuación, polígonos o unidades de ejecución: El 85 por 100 del aprovechamiento medio resultante en la unidad o polígono respectivo.

b) En terrenos no incluidos en unidades de actuación, polígonos o unidades de ejecución, y cuando se trate de la mera sustitución de la edificación existente y el planeamiento no hubiera incrementado el aprovechamiento respecto a la situación preexistente, o en terrenos integrados en el casco histórico de Pamplona: El 100 por 100 del aprovechamiento permitido por el planeamiento.

c) En el resto de terrenos no incluidos en unidades de actuación, polígonos o unidades de ejecución, el propietario deberá ceder obligatoriamente y gratuitamente el 15 por 100 del incremento de aprovechamiento ocasionado por el planeamiento respecto a la situación preexistente.

2. El aprovechamiento medio a que se refiere la letra a) del número anterior se calculará dividiendo la edificabilidad total, incluida la dotacional privada correspondiente a la misma, previamente homogeneizadas con los *coeficientes de ponderación* relativa que se definan, por la superficie total de la unidad o polígono, excluidos los terrenos afectos a dotaciones públicas, de carácter general o local, ya existentes.

En ningún caso se podrán incluir para el cálculo del aprovechamiento medio, aprovechamientos derivados de sistemas generales de dominio y uso público, de bienes que tengan la condición de dominio público, o de viales, zonas verdes y libres o equipamiento y dotaciones de titularidad pública.

Asimismo, en ningún caso podrán formar parte de la unidad o del polígono, ni tampoco de unidades discontinuas, aquellos terrenos que merezcan, conforme al artículo 25 del Reglamento de Planeamiento Urbanístico, aprobado por Real Decreto 2159/1978, de 23 de junio, la calificación de sistemas generales de dominio y uso público, o que tengan la condición de bienes de dominio público y cuya sustitución no prevea el Plan.

Cuando al aplicar el presente artículo sobre una determinada superficie, el aprovechamiento susceptible de apropiación privada de la misma resulte distinto del calculado a partir del «aprovechamiento de propiedad» otorgado por el Plan de Ordenación Urbana de Pamplona, se delimitará una unidad que iguale dichos aprovechamientos mediante la inclusión en la misma de terrenos de equipamientos y dotaciones en la medida que lo permita la legislación urbanística aplicable.

✐ Párrs. 2 y 3 modificados por el art. único del DF 123/1996, de 19 febrero.

3. En los supuestos de las letras a) y c) del número 1 de este artículo, los propietarios afectados deberán asumir, a su costa, las cargas de urbanización que imponga el planeamiento.

4. La cesión del 15 por 100 de aprovechamiento a que se refiere la letra c) del número 1 de este artículo se compensará en metálico, de acuerdo con el valor urbanístico.

Artículo 3. Actuaciones asistemáticas en suelo urbano.

1. La actuación urbanística en solares o en terrenos que cuenten con un avanzado o completo grado de urbanización en suelo urbano y, por lo tanto, no deban ser incluidos en unidades o polígonos, se efectuará de forma asistemática, con arreglo a las reglas que se establecen en los números siguientes.

2. Cuando no proceda la cesión del 15 por 100 o ninguna otra cesión obligatoria y gratuita, el propietario solicitará la licencia ante el Ayuntamiento, el cual deberá resolver la petición en el plazo máximo de dos meses.

3. En ningún caso procederá la tramitación de reparcelaciones voluntarias, discontinuas o no, en las que se integren terrenos de propiedad municipal de uso público o bienes de dominio público, cuando se trate de actuaciones en los solares o en los terrenos citados en el número 1 de este artículo. Las actuaciones en parcelas de propietario único que merezcan la condición de solar se regirán por lo dispuesto en este artículo.

4. La participación del Ayuntamiento en las plusvalías que genere la acción urbanística no podrá extenderse al cambio de uso de locales situados en edificios consolidados del suelo urbano, ni, en consecuencia, condicionarse la obtención de licencias urbanísticas o de apertura al abono de importe económico por excesos de aprovechamiento urbanístico.

Artículo 4. Aprovechamiento susceptible de apropiación privada en suelo urbanizable.

En tanto no se calcule el aprovechamiento tipo y se delimiten las respectivas áreas de reparto para la totalidad del suelo urbanizable, el aprovechamiento susceptible de apropiación privada por los particulares en suelo urbanizable programado será, única y exclusivamente, el 85 por 100 del aprovechamiento del sector, previa deducción, en su caso, del exceso de aprovechamiento del sector respecto del medio del cuatrienio correspondiente, o del ámbito del Programa de Actuación Urbanística.

Artículo 5. Cálculo del aprovechamiento tipo y delimitación de las áreas de reparto.

1. A efectos de dar cumplimiento a la Ley Foral 10/1994, de 4 de julio, de Ordenación del Territorio y Urbanismo, y a la legislación estatal básica que resulte aplicable, el Ayuntamiento procederá a calcular el aprovechamiento tipo y delimitar las áreas de reparto de la totalidad del suelo urbano y urbanizable, previa información pública por un mes.

2. La aprobación definitiva del correspondiente expediente corresponderá al Ayuntamiento y se publicará, junto con la normativa urbanística, en el «Boletín Oficial de Navarra».

Artículo 6. Revisión del Plan General y adopción del Plan Municipal.

1. La revisión del actual Plan General de Ordenación Urbana se llevará a cabo mediante la adopción y aprobación de un Plan Municipal de municipios de más de 50.000 habitantes, adaptado a los artículos 78 a 85 de la Ley Foral 10/1994, de 4 de julio, de Ordenación del Territorio y Urbanismo, y a la legislación básica estatal.

2. La tramitación del Plan Municipal se efectuará con arreglo a los artículos 114 y siguientes de la Ley Foral 10/1994, de 4 de julio, de Ordenación del Territorio y Urbanismo.

Artículo 7. Modificaciones del Plan General.

La aprobación definitiva de los expedientes de modificación corresponderá:

a) Al Ayuntamiento de Pamplona cuando afecte a alguno de los elementos o determinaciones que se especifican en el artículo 127.2 de la Ley Foral 10/1994, de 4 de julio, de Ordenación del Territorio y Urbanismo.

b) Al Consejero de Ordenación del Territorio y Medio Ambiente en los demás casos, previo informe de los servicios jurídicos del Departamento de Ordenación del Territorio y Medio Ambiente.

DISPOSICIONES TRANSITORIAS

Primera.

Las prescripciones contenidas en el número 2 del artículo 2 serán de aplicación a todas las unidades y polígonos cuya delimitación o gestión no se hubiera aprobado definitivamente a la entrada en vigor de este Decreto Foral.

Segunda.

Las prescripciones contenidas en el artículo 7 b) serán de aplicación a los expedientes de modificación del Plan General de Ordenación Urbana de Pamplona en tramitación que, a la entrada en vigor de este Decreto Foral, no hubieran sido aprobados definitivamente por el Departamento de Ordenación del Territorio y Medio Ambiente.

DISPOSICIONES FINALES

Primera.

Se autoriza al Consejero de Ordenación del Territorio y Medio Ambiente para dictar cuantas disposiciones sean precisas para el desarrollo y ejecución de este Decreto Foral.

Segunda.

Quedan derogadas cuantas disposiciones de igual o inferior rango se opongan a lo establecido en este Decreto Foral.

Tercera.

Este Decreto Foral entrará en vigor al día siguiente de su publicación en el «Boletín Oficial de Navarra».

§ 45.2 DECRETO FORAL 228/1993, DE 19 JULIO. ESTABLECE LOS MÓDULOS DE RESERVAS DE ARBOLADO EN EL SUELO URBANO Y URBANIZABLE DE LA COMUNIDAD FORAL DE NAVARRA

(BON núm. 95, de 4 agosto [LNA 1993, 253])

La Ley Foral 13/1990, de 31 de diciembre, de Protección y Desarrollo del Patrimonio Forestal de Navarra, en su disposición adicional primera, establece que, reglamentariamente, se definirán los módulos de reservas de terrenos destinados a la plantación de arbolado en suelos clasificados por el planeamiento territorial o urbanístico como urbanizable o suelo urbano no consolidado. Añade la Ley Foral que tales reservas deberán ser superiores al diez por ciento del total de los terrenos comprendidos en el sector, cuando se trate de suelo urbanizable, o en el ámbito clasificado como suelo urbano no consolidado.

En cumplimiento de este mandato parlamentario, procede aprobar el correspondiente texto reglamentario que garantice la existencia de zonas insertas en la trama urbana, ocupadas por arbolado, como medio dirigido al incremento de la calidad de vida y de la estética de las ciudades y pueblos de nuestra Comunidad.

En su virtud, a propuesta del Consejero de Ordenación del Territorio y Medio Ambiente, y de conformidad con el Acuerdo adoptado por el Gobierno de Navarra en sesión celebrada el día diecinueve de julio de mil novecientos noventa y tres, decreto:

Artículo 1.

1. Es objeto de este Decreto Foral establecer en un diez por ciento el módulo mínimo de reserva de terrenos destinados a la plantación, agrupada o dispersa, de arbolado en el suelo clasificado por el planeamiento urbanístico como urbanizable o urbano no consolidado.

2. El porcentaje establecido en el número anterior se referirá al total de los terrenos comprendidos en un sector, cuando se trate de suelo urbanizable, o en el ámbito de ordenación que prevea el planeamiento cuando se trate de suelo urbano que merezca la consideración de no consolidado.

3. A los efectos de este Decreto Foral, tendrá la consideración de «no consolidado» el suelo urbano para el que el planeamiento prevea una ordenación nueva y una urbanización diferente en más del setenta y cinco por ciento del ámbito de ordenación de que se trate.

Artículo 2.

1. Corresponde al Plan Parcial de ordenación del correspondiente sector incorporar las determinaciones urbanísticas necesarias para garantizar la reserva del diez por ciento de arbolado.

2. Corresponde al Plan General o Normas Subsidiarias del Planeamiento Urbanístico y, en su caso, al Plan Especial de Reforma Interior, incorporar para el suelo urbano que merezca la consideración de «no consolidado» las determinaciones urbanísticas precisas que garanticen la reserva del diez por ciento de los terrenos incluidos en el ámbito de ordenación de que se trate.

Artículo 3.

1. Los Proyectos de Urbanización contendrán, entre su documentación, las previsiones descriptivas, gráficas y económicas necesarias para materializar la plantación de arbolado en las zonas que a tal efecto reserve el plan.

2. La plantación de arbolado constituye una obligación inherente a los deberes legales de urbanización a que se refiere el artículo 26 del Texto Refundido de la Ley sobre el Régimen del Suelo y Ordenación Urbana, aprobado por el Real Decreto Legislativo 1/1992, de 26 de junio. En consecuencia, no podrá adquirirse el derecho a la edificación en tanto no se haya cumplido el previo deber de reservar los módulos de terrenos destinados a la plantación de arbolado y no se haya garantizado su plantación.

Artículo 4.

1. El mantenimiento del arbolado corresponde a la Administración o a los particulares, según el terreno donde se encuentre el arbolado sea de titularidad pública o privada.

2. Cuando se trate de terrenos de propiedad particular, la Administración actuante podrá exigir las cantidades adeudadas por los conceptos de plantación o mantenimiento del arbolado a través de la vía de apremio, sin perjuicio de acudir a la vía judicial ordinaria.

Artículo 5.

Las Administraciones Públicas con competencias urbanísticas denegarán la aprobación inicial y, en su caso, la aprobación definitiva de los planes urbanísticos y de los proyectos de urbanización que no contengan alguna de las determinaciones urbanísticas reguladas en este Decreto Foral.

DISPOSICIÓN ADICIONAL

Los deberes contenidos en este Decreto Foral serán igualmente exigibles a los Planes Sectoriales de Incidencia Supramunicipal y, en su caso, a los Proyectos Sectoriales de Incidencia Supramunicipal que tengan por objeto o impliquen la urbanización de los terrenos.

DISPOSICIÓN TRANSITORIA

Sin perjuicio de su entrada en vigor, este Decreto Foral sólo será de aplicación a todo planeamiento territorial o urbanístico que se apruebe inicialmente a partir del 1 de octubre de 1993.

DISPOSICIONES FINALES

Primera.

Se faculta al Consejero de Ordenación del Territorio y Medio Ambiente para dictar las disposiciones que puedan ser necesarias para el desarrollo, eficacia y ejecución de este Decreto Foral.

Segunda.

Este Decreto Foral entrará en vigor el día siguiente al de su publicación en el «Boletín Oficial de Navarra».

País Vasco

§ 46 LEY 5/1998, DE 6 MARZO. MEDIDAS URGENTES EN MATERIA DE SUELO Y URBANISMO DEL PAÍS VASCO

(BOPV núm. 60, de 30 marzo [RCL 1998, 1106 y LPV 1998, 132])

EXPOSICIÓN DE MOTIVOS

Al haberse declarado a través de la Sentencia 61/1997 del Tribunal Constitucional la nulidad de una parte sustancial del articulado del Real Decreto Legislativo 1/1992, de 26 de junio, por el que se aprueba el Texto Refundido de la Ley sobre Régimen del Suelo y Ordenación Urbana, se hace preciso acometer con urgencia la regulación de los aspectos necesarios para dotar de seguridad jurídica los actos de las diversas Administraciones competentes en el orden urbanístico, y también regular otros temas puntuales que resultan conflictivos en su actual reglamentación. Por razones de coherencia del texto articulado se han reproducido diversos artículos vigentes del Texto Refundido de la Ley del Suelo de 1992.

Esta norma, al igual que la Ley 3/1997, de 25 de abril, por la que se determina la participación de la Comunidad en las plusvalías generadas por la acción urbanística, tiene el carácter de ley puente hasta tanto se eleve al Parlamento un texto global de toda la regulación en materia de régimen del suelo y ordenación urbana. El texto regulará los aspectos referidos a la clasificación y calificación de suelo como elemento fundamental del urbanismo, que la Sentencia 61/1997 del Tribunal Constitucional ha reafirmado como competencia de las Comunidades Autónomas.

La clasificación del suelo recogida en el Texto Refundido de 1976, actualmente en vigor, mantiene las tres clases de suelo tradicionales en nuestro urbanismo: urbano, urbanizable y no urbanizable. En esta última clase de suelo se regula la prohibición de edificación de vivienda unifamiliar no vinculada a usos agropecuarios, así como la regulación de los núcleos rurales o asentamientos tradicionales, que mantienen el régimen, tipología y características propias del ámbito rural y que ya venían siendo recogidos por el planeamiento municipal como ámbitos diferenciados, pero sin que hubiera hasta este momento una regulación legal sobre los mismos.

Se vuelve a reponer la posibilidad otorgada por el Texto Refundido de la Ley del Suelo de 1992 al planeamiento urbanístico de poder calificar suelo para viviendas de protección pública, por tratarse de una herramienta útil y necesaria para llevar a cabo la política de vivienda por las diferentes Administraciones públicas.

Por otra parte, se ha considerado conveniente refundir en un único texto legal la competencia para la aprobación del planeamiento de desarrollo que estaba dispersa en distintos cuerpos normativos: Texto Refundido de la Ley del Suelo de 1992 y Ley 5/1993, de 16 de julio, de Modificación de la Ley de Relaciones entre las Instituciones Comunes de la Comunidad Autónoma del País Vasco y los Órganos Forales de sus Territorios Históricos, así como en los decretos de traspasos de servicios de las instituciones comunes a los Órganos Forales en materia de urbanismo.

Por último, la Ley regula algunos aspectos de disciplina y gestión urbanística, cuya puesta en vigor se considera absolutamente imprescindible para un correcto funcionamiento de los planes urbanísticos vigentes.

Artículo 1. Suelo no urbanizable.

1. Se distinguen tres categorías de suelo no urbanizable:

a) Suelo no urbanizable protegido, que será el suelo al que el planeamiento otorgue esta calificación en razón de su excepcional valor agrícola, forestal o ganadero, de las posibilidades de explotación de sus recursos naturales, de sus valores paisajísticos, históricos o culturales, o para la defensa de la fauna, la flora o el equilibrio ecológico.

b) Suelo no urbanizable de núcleo rural, que será el suelo al que el planeamiento otorgue esta calificación por constituir agrupaciones de seis o más caseríos en torno a un espacio público que los aglutina y confiere su carácter.

c) Suelo no urbanizable común, que será el suelo no incluido en ninguna de las categorías anteriores, que se preserva del desarrollo urbano, y no susceptible de otros aprovechamientos que los agropecuarios o los relacionados con los mismos.

2. En las categorías de suelo no urbanizable protegido y no urbanizable común queda prohibida la construcción de nuevas edificaciones destinadas a vivienda no vinculada a explotación agropecuaria. No obstante, en estas categorías de suelo podrán autorizarse las construcciones o instalaciones vinculadas a la ejecución y entretenimiento de las obras públicas, así como las edificaciones o instalaciones de utilidad pública o interés social que requiera el suelo no urbanizable como requisito necesario para su desenvolvimiento.

3. En el suelo no urbanizable de núcleo rural:

a) Regirán las mismas reglas que las establecidas en el suelo urbano para las parcelaciones y obtención del suministro de servicios urbanísticos. Del mismo modo resultarán de aplicación para esta categoría de suelo las limitaciones y servidumbres para la protección del dominio público.

b) Los instrumentos de planeamiento general en los que se delimite deberán establecer la disposición de las parcelas vinculadas a la edificación, las parcelas susceptibles de ser construidas que deberán contar con acceso directo desde una vía pública, la superficie de parcela mínima, la edificabilidad, el número de alturas máximo y los parámetros de separación de la edificación a predios colindantes y viales.

c) El planeamiento no podrá originar en cada ámbito de suelo no urbanizable de núcleo rural un incremento del aprovechamiento urbanístico ni del número de viviendas superior al doble del ya existente. Así mismo, el número total de las viviendas existentes y previstas no podrá sobrepasar las treinta unidades.

d) No podrán definirse nuevos equipamientos o espacios libres ni vías públicas de nuevo trazado, posibilitándose únicamente regularizar los límites y las alineaciones de los existentes.

⇒ V. arts. 9 y 20 de la Ley 6/1998, de 13 abril (§1).
Téngase en cuenta la Ley 10/1998, de 8 abril, de Desarrollo Rural en el País Vasco.
V. Jurisprudencia en arts. 86 y concordantes del TRLS/1976 (§3).

Artículo 2. Calificación del suelo. Calificación para viviendas de protección pública.

El planeamiento urbanístico municipal podrá calificar terrenos para la construcción de viviendas sujetas a algún régimen de protección pública.

⇒ V. art. 98 del TRLS/1992 (§2).

Artículo 3. Iniciativa del planeamiento general.

1. Los planes generales municipales de ordenación urbana, las normas complementarias y subsidiarias de ámbito municipal y los proyectos de delimitación de suelo urbano y los programas de actuación urbanística, así como sus modificaciones, serán formulados por los Ayuntamientos.

2. En el caso de que el Ayuntamiento no formulara ningún instrumento de planeamiento general en el plazo señalado por la Diputación Foral correspondiente, ésta podrá disponer la formulación del que se estime adecuado, acordando lo procedente en cuanto a su redacción.

⇒ V. art. 9 de la Ley 4/1990, de 31 mayo, de Ordenación del Territorio del País Vasco (§48).
V. arts. 70 y ss. del TRLS/1992 (§2).
V. Jurisprudencia en arts. 31 y concordantes del TRLS/1976 (§3).

Artículo 4. Competencia para la aprobación de planes parciales y especiales que desarrollen planeamiento.

1. La competencia para la aprobación inicial y provisional de planes parciales y especiales que desarrollen determinaciones de planeamiento general corresponde a los Ayuntamientos, excepto en los supuestos contemplados en los números 2 y 3 de este artículo.

2. Cuando se trate de planes parciales y especiales de ámbito supramunicipal, la competencia para otorgar la aprobación inicial y provisional, de

no mediar acuerdo entre los municipios afectados, corresponde a la Diputación Foral correspondiente, excepto en el supuesto de que afecten a municipios de distintos territorios históricos, en cuyo caso la competencia corresponde al Gobierno Vasco. La aprobación definitiva corresponde, dependiendo de si afectan a uno o más territorios históricos, a la Diputación Foral correspondiente o al Gobierno Vasco, respectivamente.

3. La competencia para la aprobación inicial, provisional y definitiva de planes especiales que desarrollen determinaciones de planeamiento general y que se formulen en ejecución de competencias sectoriales atribuidas a las Diputaciones Forales o al Gobierno Vasco corresponde, respectivamente, a los mismos.

4. Los Ayuntamientos de capitales de los territorios históricos y municipios de más de cincuenta mil habitantes serán competentes para la aprobación definitiva de planes parciales y especiales que desarrollen y se ajusten a las determinaciones del planeamiento general.

Artículo 5. Actuación mediante unidades de ejecución. Sistemas de actuación.

1. La ejecución del planeamiento urbanístico se deberá realizar mediante unidades de ejecución, salvo en los supuestos de actuaciones asistemáticas en suelo urbano o cuando se trate de ejecutar directamente sistemas generales o algunos de sus elementos.

2. Las unidades de ejecución se delimitarán de forma que permitan el cumplimiento conjunto de los deberes de cesión, equidistribución y urbanización de toda su superficie.

3. En suelo urbano las unidades de ejecución pueden ser discontinuas.

4. Los polígonos o unidades de actuación delimitados conforme a lo previsto en el Texto Refundido de la Ley del Suelo aprobado mediante Decreto 1346/1976, de 9 de abril, serán equivalentes a todos los efectos a las unidades de ejecución de la legislación posterior.

5. Las unidades de ejecución se desarrollarán por el sistema de actuación que la Administración elija en cada caso, pudiendo optar indistintamente entre los sistemas de compensación, cooperación o expropiación.

⇒ V. arts. 4 y 5 de la Ley 6/1998, de 13 abril (§1).
V. Jurisprudencia en arts. 117 y concordantes del TRLS/1976 (§3).

Artículo 6. Actuaciones asistemáticas en suelo urbano.

Cuando en suelo urbano no puedan delimitarse unidades de ejecución que permitan el cumplimiento conjunto de los deberes urbanísticos, podrán excluirse de dicha delimitación, previa justificación, terrenos con aprovechamiento lucrativo o destinados a dotaciones públicas de carácter local.

Artículo 7. Supuestos expropiatorios.

La expropiación se aplicará:

a) Cuando se haya establecido este sistema para la unidad de ejecución correspondiente.

b) Para la ejecución de los sistemas generales adscritos, o en suelo urbano, así como de las dotaciones locales incluidas en éste y excluidas de unidades de ejecución cuando no se obtengan mediante las transferencias de aprovechamientos.

c) Para la obtención anticipada de suelo destinado a sistemas generales adscritos, o en suelo urbanizable.

d) Para la constitución o ampliación del patrimonio municipal del suelo u otros patrimonios públicos de suelo.

e) Para la obtención de terrenos destinados en el planeamiento a la construcción de viviendas de protección oficial u otro régimen de protección pública, así como a otros usos declarados expresamente de interés social.

f) Por incumplimiento de la función social de la propiedad.

g) En los demás supuestos legalmente previstos.

⇒ V. arts. 33 a 40 de la Ley 6/1998, de 13 abril (§1).
V. arts. 22 y concordantes del RD 1093/1997, de 4 julio (§2.1).
V. Jurisprudencia en arts. 134 y concordantes del TRLS/1976 (§3).

Artículo 8. Desarrollo y ejecución del planeamiento. Plazos.

1. El planeamiento de desarrollo deberá formularse y tramitarse en los plazos previstos en el planeamiento general.

2. El planeamiento fijará los plazos para el cumplimiento de los deberes de equidistribución de beneficios y cargas, cesión de terrenos y aprovechamientos y ejecución de la urbanización.

En ausencia de plazo fijado por el planeamiento, el cumplimiento de los deberes de equidistribución de beneficios y cargas, cesión de terrenos y aprovechamientos y ejecución de la urbanización habrá de realizarse en el plazo de cuatro años a partir de la fecha de aprobación definitiva del planeamiento preciso para cada clase de suelo.

3. El incumplimiento de estos plazos dará derecho a la Administración a la expropiación o venta forzosa de los terrenos o a la modificación del planeamiento sin derecho alguno de indemnización.

Artículo 9. Licencias. Plazo para su solicitud y ejecución.

1. Las licencias de edificación deberán solicitarse en el plazo máximo de dos años a partir de que la parcela adquiera la condición de solar o, tratándose de unidades de ejecución, a partir de que se haya dado cumplimiento a los deberes de distribución de beneficios y cargas, debiendo en este caso garantizarse la previa o simultánea ejecución de la urbanización.

2. El acto de otorgamiento de la licencia fijará los plazos de iniciación, interrupción máxima y finalización de las obras.

3. La ejecución de las obras autorizadas por la licencia deberá realizarse en los plazos establecidos en la misma.

4. El incumplimiento del deber de solicitar licencia o de ejecutarla en plazo dará derecho a la Administración a la expropiación o a la venta forzosa de las parcelas correspondientes, ello sin perjuicio de la caducidad de la licencia no ejecutada.

⇒ V. art. 14 de la Ley 6/1998, de 13 abril (§1).
V. arts. 87, 88, 89, 90, 91 y concordantes del RD 1093/1997, de 4 julio (§2.1).
V. Jurisprudencia en arts. 154 y concordantes del TRLS/1976 (§3).

Artículo 10. Disciplina urbanística. Prescripción de infracciones y sanciones.

1. Las infracciones graves prescribirán a los cuatro años y las leves a los dos años, a contar desde su comisión. Las sanciones impuestas por faltas graves prescribirán a los dos años, y las impuestas por faltas leves al año.

2. El plazo de prescripción de las infracciones comenzará a contarse desde el día en que la infracción se hubiera cometido o, en su caso, desde aquel en que hubiera debido incoarse el procedimiento.

Se entenderá que debe incoarse el procedimiento sancionador cuando aparezcan signos externos que permitan conocer los hechos constitutivos de la infracción.

3. En las infracciones derivadas de una actividad continuada, la fecha inicial del cómputo será la de finalización de la actividad o la del último acto con el que la infracción se consuma.

⇒ V. Jurisprudencia en arts. 230 y concordantes del TRLS/1976 (§3).

Artículo 11. Expedientes sancionadores. Órganos competentes.

1. Los Alcaldes son el órgano competente para la resolución de los expedientes sancionadores por infracciones urbanísticas así como para la imposición de las multas previstas en la legislación vigente, cualquiera que fuere su cuantía.

2. La Diputación Foral correspondiente conocedora de una infracción urbanística requerirá a los Alcaldes la tramitación del correspondiente expediente sancionador y, caso de no ser atendida, tramitarlo y resolverlo por sí misma.

DISPOSICIONES ADICIONALES

Primera. Actuación mediante unidades de ejecución.

I. Unidades de ejecución con exceso o defecto de aprovechamiento real.

Las unidades de ejecución con exceso o con defecto de aprovechamiento respecto al aprovechamiento tipo se regularán por lo dispuesto en esta disposición adicional.

II. Unidades de ejecución con exceso de aprovechamiento real.

1. Cuando los aprovechamientos permitidos por el planeamiento en una unidad de ejecución excedan de los susceptibles de apropiación por el con-

junto de propietarios incluidos en la misma, los excesos corresponderán a la Administración actuante.

2. Dichos excesos podrán destinarse a compensar a propietarios de terrenos no incluidos en unidades de ejecución afectos a dotaciones locales o sistemas generales. También podrán destinarse dichos excesos a compensar a propietarios con aprovechamiento real inferior al susceptible de apropiación del área de reparto en que se encuentren.

3. La Administración o los propietarios señalados en el número anterior participarán en los costes de urbanización de la unidad de ejecución respectiva en proporción a los aprovechamientos que les correspondan.

4. No obstante lo dispuesto en el número 2, cuando exista conformidad de todos los propietarios de la unidad de ejecución y el uso de los terrenos en la mencionada unidad no sea adecuado a los fines del patrimonio municipal del suelo, la Administración actuante podrá:

a) Como sistema general y preferente de actuación, transmitirles el exceso de aprovechamiento real por permuta con terrenos que estén situados fuera de la unidad de ejecución con un uso adecuado a los fines públicos antes referidos.

b) Subsidiariamente, en el caso de que la permuta no sea físicamente posible y/o económicamente viable, la Administración actuante podrá transmitirles el exceso de aprovechamiento real por el precio resultante de su valor urbanístico.

III. Unidades de ejecución con aprovechamiento real inferior al susceptible de apropiación.

1. Cuando los aprovechamientos permitidos por el planeamiento fueran inferiores a los susceptibles de apropiación por el conjunto de propietarios, se disminuirá la carga de urbanización en cuantía igual al valor del aprovechamiento no materializable, deduciéndose el coste de la urbanización precisa para materializar el aprovechamiento y no ejecutada, sufragando la Administración actuante la diferencia resultante.

2. Si mediante esta reducción no pudiera compensarse íntegramente el valor de los aprovechamientos no materializables, la diferencia se hará efectiva en otras unidades de ejecución que se encuentren en situación inversa e incluidas en la misma área de reparto o mediante el abono en metálico de su valor urbanístico, a elección de la Administración actuante.

IV. Distribución de beneficios y cargas.

1. Los deberes y cargas inherentes a la ejecución serán objeto de distribución justa entre los propietarios afectados, juntamente con los beneficios derivados del planeamiento.

2. Cuando en la unidad de ejecución existan bienes de dominio y uso público no obtenidos por cesión gratuita, el aprovechamiento urbanístico correspondiente a su superficie pertenecerá a la Administración titular de aquéllos.

En el supuesto de obtención por cesión gratuita, cuando las superficies de los bienes de dominio y uso público anteriormente existente fueren iguales o inferiores a las que resulten como consecuencia de la ejecución del plan, se entenderán sustituidas unas por otras. Si tales superficies fueran superiores, la Administración percibirá el exceso, en la proporción que corresponda, en terrenos edificables.

⇒ V. Ley 3/1997, de 25 abril, que determina la participación de la Comunidad Autónoma en las plusvalías generadas por la acción urbanística (§47).
V. arts. 95 y concordantes del TRLS/1992 (§2).
V. arts. 33 y concordantes del RD 1093/1997, de 4 julio (§2.1).
V. Jurisprudencia en arts. 117.2 b), 124 y concordantes del TRLS/1976 (§3).

Segunda. Actuaciones asistemáticas en suelo urbano. Transferencias de aprovechamientos.

I. Ajuste de aprovechamientos.

El ajuste entre los aprovechamientos susceptibles de apropiación y los reales permitidos por el planeamiento se producirá en la forma regulada en esta disposición adicional.

II. Modalidades.

Si el aprovechamiento permitido sobre la parcela excediera del susceptible de apropiación por su titular, sólo podrá materializarse dicho exceso a través de alguno de los procedimientos siguientes:

a) El titular podrá adquirir, por medio de acuerdo de cesión, los aprovechamientos precisos de otro propietario cuyo aprovechamiento susceptible de apropiación sea superior al real asignado a su parcela no incluida en unidad de ejecución. También podrá adquirir dichos aprovechamientos de propietario cuyo terreno esté afecto a un uso dotacional público local y no incluido en una unidad de ejecución.

Asimismo, ambos propietarios podrán alcanzar un acuerdo de distribución de aprovechamientos en la parcela con exceso de aprovechamiento.

b) El titular podrá comprar directamente a la Administración los aprovechamientos precisos.

c) El titular podrá ceder a la Administración otros terrenos de su propiedad afectos a sistemas generales o dotacionales locales no incluidos en unidades de ejecución.

III. Parcelas con aprovechamiento lucrativo nulo o inferior al patrimonializable.

1. Si el aprovechamiento lucrativo real de la parcela fuera nulo por estar afectado a uso dotacional público, el aprovechamiento susceptible de apropiación correspondiente podrá ser objeto de acuerdo de cesión o distribución con propietario que se encuentre en situación inversa o de venta directa a la Administración actuante.

2. Si el aprovechamiento lucrativo real de la parcela fuera inferior al aprovechamiento susceptible de apropiación correspondiente, la diferencia entre ambos podrá ser objeto de los acuerdos de cesión, distribución o venta.

En defecto de estos acuerdos, el aprovechamiento susceptible de apropiación no materializable deberá ser expropiado por la Administración antes de la siguiente revisión del programa de actuación del plan general, siempre que en dicho momento, en ejecución de este plan, se hubiera ya edificado la parcela correspondiente u obtenido la preceptiva licencia de edificación.

3. Si revisado el programa de actuación no se hubiese llevado a efecto la expropiación, el titular de los bienes o sus causahabientes advertirán a la Administración competente de su propósito de iniciar el expediente de justiprecio, que podrá llevarse a cabo por ministerio de la ley si transcurriesen otros dos años desde el momento de efectuar la advertencia.

A tal efecto, el propietario podrá presentar la correspondiente hoja de aprecio, y si transcurrieren tres meses sin que la Administración la acepte aquél podrá dirigirse al Jurado Territorial de Expropiación correspondiente, que fijará el justiprecio.

IV. Proyecto con aprovechamiento superior al patrimonializable.

1. Si el proyecto presentado para la obtención de licencia de edificación fuera conforme con la ordenación urbanística pero el solicitante no dispusiera de los aprovechamientos precisos para agotar el aprovechamiento previsto en aquél, la Administración, con suspensión del plazo para resolver sobre su otorgamiento, notificará esta circunstancia al interesado, concediéndole un plazo de seis meses para que acredite haber alcanzado, mediante acuerdo de cesión, distribución o compra directa, los aprovechamientos necesarios.

2. Transcurrido dicho plazo sin que se acredite esta circunstancia, el solicitante deberá presentar nuevo proyecto ajustado al aprovechamiento al que tuviera derecho, en un nuevo plazo de seis meses.

3. Lo dispuesto en los números anteriores no regirá en los supuestos contemplados en el apartado VI de esta disposición adicional.

V. Proyecto que no agota el aprovechamiento real.

1. Cuando, solicitada licencia de edificación, se compruebe que el proyecto es ajustado al aprovechamiento susceptible de apropiación pero no agota el aprovechamiento urbanístico real de la parcela, la Administración comunicará esta circunstancia al interesado, concediéndole un plazo de seis meses para que, previos los acuerdos de cesión, distribución o compra directa de aprovechamientos, pueda presentar proyecto que agote dicho aprovechamiento.

2. Por renuncia expresa a la presentación del proyecto, o transcurrido dicho plazo sin que ello se produzca, procederá el otorgamiento de la licencia conforme al proyecto inicialmente presentado.

3. Lo dispuesto en los números anteriores no regirá en los supuestos contemplados en el apartado siguiente.

VI. Ajuste en caso de condiciones mínimas de altura o volumen.

1. Cuando el planeamiento establezca para una determinada zona unas condiciones urbanísticas de volumen o alturas con el carácter de mínimas

y el proyecto presentado para la obtención de licencia no las alcanzara o, alcanzándolas, excediera del aprovechamiento atribuible a la parcela del solicitante, sumados en su caso los adquiridos conforme al apartado II de esta disposición adicional, la Administración exigirá, en el primer caso, la presentación de nuevo proyecto ajustado a aquéllas, señalando los aprovechamientos urbanísticos que el solicitante ha de adquirir, y sólo esto último en el segundo.

2. Lo dispuesto en el número anterior se aplicará igualmente en aquellas zonas en las que el Ayuntamiento, tras constatar un notorio desajuste entre los aprovechamientos reales y los materializados por los solicitantes de licencias, así lo acuerde. Para la adopción de este acuerdo deberá observarse el procedimiento de delimitación de unidades de ejecución.

VII. Imposición coactiva de la transferencia.

1. Si en los doce meses siguientes al requerimiento que a tal fin se practique no se acredita la adquisición de los aprovechamientos precisos ni se ingresa o afianza el importe fijado y, en su caso, se presenta el nuevo proyecto para obtención de la licencia, la Administración podrá imponer coactivamente la transferencia de aprovechamiento o la expropiación de la parcela por el valor urbanístico correspondiente al aprovechamiento susceptible de apropiación por su titular.

2. Procederá el afianzamiento cuando surja discrepancia sobre la cuantía de los aprovechamientos a adquirir o su valoración.

VIII. Transferencias y localización de las parcelas.

1. En las transferencias de aprovechamientos en que intervenga la Administración deberá tenerse en cuenta el valor urbanístico correspondiente a la localización de la parcela de que se trate.

2. Cuando la transferencia tenga lugar entre distintas parcelas deberá tenerse en cuenta el valor urbanístico, según su localización, de las parcelas de procedencia y de destino para establecer una adecuada correspondencia.

⇒ V. arts. 99 y concordantes del TRLS/1992 (§2).
V. arts. 33 y concordantes del RD 1093/1997, de 4 julio (§2.1).

DISPOSICIÓN FINAL

La presente Ley entrará en vigor al día siguiente al de su publicación en el «Boletín Oficial del País Vasco».

§ 47 LEY 3/1997, DE 25 ABRIL. DETERMINA LA PARTICIPACIÓN DE LA COMUNIDAD AUTÓNOMA DEL PAÍS VASCO EN LAS PLUSVALÍAS GENERADAS POR LA ACCIÓN URBANÍSTICA

(BOPV núm. 79, de 26 abril [RCL 1997, 1365 y LPV 1997, 188])

La Comunidad Autónoma del País Vasco estableció, mediante Ley 17/1994, de 30 de junio, de Medidas Urgentes en materia de vivienda y de tramitación de los instrumentos de planeamiento y gestión urbanística, la regulación del aprovechamiento urbanístico susceptible de apropiación por el propietario de suelo, en desarrollo de lo dispuesto en el Real Decreto Legislativo 1/1992, de 26 de junio, por el que se aprueba el Texto Refundido de la Ley sobre el Régimen del Suelo y Ordenación Urbana.

La Sentencia del Tribunal Constitucional, de 20 de marzo de 1997, ha declarado la nulidad de una parte sustancial del articulado del referido Real Decreto Legislativo, por ser contrario al orden constitucional de distribución de competencias. Ese pronunciamiento del Tribunal Constitucional no puede, como no podía ser de otro modo, sino revalidar la regulación contenida en la también antes citada Ley 17/1994, de 30 de junio, por resultar su contenido perfectamente congruente con el hoy ya indudable reconocimiento de la competencia del legislativo autonómico para regular la materia a que se refiere el artículo 11 de la meritada Ley.

En consecuencia, despejada toda duda razonable acerca de la competencia legislativa en materia de ordenación del territorio, urbanismo y vivienda, atribuida a la CAPV en virtud del artículo 148.1.3º del Texto Constitucional de 1978, y de lo prevenido en el artículo 10.31 del Estatuto de Autonomía, así como en base a lo establecido en la Ley 27/1983 de relaciones entre las instituciones comunes de la Comunidad Autónoma y los órganos forales de los Territorios Históricos, procede acometer una nueva regulación de la participación de la Comunidad en las plusvalías generadas por la acción urbanística.

Artículo único.

La participación de la Comunidad en las plusvalías generadas por la acción urbanística de los entes públicos se llevará a efecto en la siguiente forma:

1. Los propietarios de suelo urbano deberán ceder obligatoria y gratuitamente al Ayuntamiento el diez por ciento del aprovechamiento urbanístico lucrativo del ámbito correspondiente libre de cargas de urbanización.

En el supuesto de obras de rehabilitación, únicamente corresponderá al

Ayuntamiento el diez por ciento del incremento del aprovechamiento urbanístico sobre el anteriormente edificado.

2. Los propietarios de suelo urbanizable o apto para urbanizar deberán ceder obligatoria y gratuitamente al Ayuntamiento el suelo correspondiente al diez por ciento del aprovechamiento urbanístico lucrativo del sector o ámbito correspondiente libre de cargas de urbanización.

✐ Artículo redactado por el art. único de la Ley 11/1998, de 20 abril.

DISPOSICIÓN ADICIONAL

Única.

1. A los efectos de esta Ley se entiende por aprovechamiento urbanístico previsto en el planeamiento vigente:

1.1. En suelo urbano:

– en caso de terrenos incluidos en áreas de reparto, el aprovechamiento tipo.

– en caso de terrenos incluidos en unidades de ejecución no incluidas en áreas de reparto, el aprovechamiento medio.

– en caso de terrenos incluidos en unidades de actuación establecidas conforme a la legislación de 1976, el aprovechamiento total de la unidad dividido por su superficie.

– en caso de actuaciones no incluidas en los apartados anteriores, el aprovechamiento total de cada actuación.

1.2. En suelo urbanizable programado o apto para urbanizar:

– en caso de terrenos incluidos en áreas de reparto, el aprovechamiento tipo.

– en caso de terrenos no incluidos en áreas de reparto, el aprovechamiento medio del sector.

2. A los efectos de la delimitación de áreas de reparto y del cálculo de aprovechamientos tipo, se tendrán en cuenta las siguientes reglas:

I. Delimitación de áreas de reparto.

1. Los instrumentos de planeamiento general podrán delimitar en suelo urbano una o varias áreas de reparto de cargas y beneficios.

2. Todos los terrenos clasificados como suelo urbanizable o apto para urbanizar y los afectos a sistemas generales adscritos o en esta clase de suelo para su obtención, deberán quedar incluidos en áreas de reparto.

3. Para delimitar las áreas de reparto se aplicarán las siguientes reglas:

a) En suelo urbano quedarán excluidos de las áreas de reparto los terrenos destinados a sistemas generales adscritos o incluidos en él.

Cuando las circunstancias lo aconsejen podrá considerarse la totalidad de este suelo como una sola área de reparto.

b) En suelo urbanizable programado, los sectores cuyo planeamiento parcial deba aprobarse en un mismo cuatrienio y los sistemas generales adscritos o incluidos en aquéllos para su gestión, integrarán una sola área de reparto.

c) En suelo urbanizable no programado, los ámbitos de cada Programa de Actuación Urbanística con los sistemas generales adscritos o incluidos en el sector o sectores que se delimiten, integrarán una sola área de reparto.

d) En suelo apto para urbanizar, en la forma que establezcan las normas subsidiarias de planeamiento.

II. Aprovechamiento tipo.

Para cada área de reparto el Plan General, las Normas Subsidiarias o el Programa de Actuación Urbanística o instrumentos equivalentes, según los casos, definirán el aprovechamiento tipo respectivo, cuyo cálculo se realizará en la forma que se señala en los apartados siguientes.

III. Cálculo del aprovechamiento tipo en suelo urbano.

1. En suelo urbano, el aprovechamiento tipo de cada área de reparto se obtendrá dividiendo el aprovechamiento lucrativo total, incluido el dotacional privado, correspondiente a la misma, expresado siempre en metros cuadrados construibles del uso y tipología edificatoria característicos, por su superficie total excluidos los terrenos afectos a dotaciones públicas ya existentes.

El resultado reflejará siempre, unitariamente, la superficie construible de uso y tipología característicos por cada metro cuadrado de suelo del área respectiva.

2. Para que el aprovechamiento tipo pueda expresarse por referencia al uso y tipología edificatoria característicos, el planeamiento fijará justificadamente los coeficientes de ponderación relativa entre dicho uso y tipología, al que siempre se le asignará el valor de la unidad, y los restantes, a los que corresponderán valores superiores o inferiores, en función de las circunstancias concretas del municipio y área de reparto.

IV. Cálculo del aprovechamiento tipo en suelo urbanizable o apto para urbanizar.

1. El Plan General en el suelo urbanizable programado o el Programa de Actuación Urbanística en el no programado y las Normas Subsidiarias en el apto para urbanizar fijarán el aprovechamiento tipo de cada área de reparto dividiendo el aprovechamiento lucrativo total de las zonas incluidas en ella, expresado en metros cuadrados construibles del uso característico, por la superficie total del área.

2. La ponderación relativa de los usos de las diferentes zonas, en relación siempre con el característico se producirá en la forma señalada en el número dos del apartado III.

3. Los Planes Parciales, respetando la ponderación fijada por el Plan General para las zonas que incluyan, establecerán la ponderación relativa de los usos pormenorizados y tipologías edificatorias resultantes de la subzonifi-

cación que contengan, con referencia igualmente al uso y tipología edificatoria característicos.

V. Otras determinaciones.

1. Se considerará uso característico de cada área de reparto el predominante según la ordenación urbanística aplicable.

2. Los terrenos destinados por el planeamiento urbanístico a edificaciones o instalaciones de uso o servicio público tendrán carácter dotacional, por lo que no serán tenidos en cuenta a efectos del cálculo de los aprovechamientos lucrativos.

3. Si el planeamiento general calificara terrenos con destino a la construcción de viviendas de protección oficial u otro régimen de protección pública, considerará esta calificación como un uso específico, asignándosele el coeficiente de ponderación que, justificadamente y en coordinación con los criterios de valoración catastral exprese su valor en relación con el característico del área en que quede incluido.

VI. Aplicación del aprovechamiento tipo y de las transferencias de aprovechamiento.

La aplicación efectiva del aprovechamiento tipo correspondiente para la determinación del aprovechamiento susceptible de apropiación y de las transferencias de aprovechamiento vinculadas a éste, tendrá lugar, en los terrenos ya edificados no incluidos en unidades de ejecución, cuando se proceda a sustituir la edificación existente.

⇒ V. disps. adics. 1ª y 2ª de la Ley 5/1998, de 6 marzo, de Medidas Urgentes en Materia de Suelo y Urbanismo (§46).

DISPOSICIÓN DEROGATORIA

Quedan derogadas todas las disposiciones de carácter general que se opongan a lo establecido en esta Ley.

DISPOSICIÓN FINAL

La presente Ley entrará en vigor al día siguiente al de su publicación en el «Boletín Oficial del País Vasco».

Por consiguiente, ordeno a todos/as los/las ciudadanos/as de Euskadi, particulares y autoridades, que la guarden y hagan guardarla.

§ 48 LEY 4/1990, DE 31 MAYO. ORDENACIÓN DEL TERRITORIO DEL PAÍS VASCO

(BOPV núm. 131, de 3 julio [LPV 1990, 213])

I

De conformidad con la estructura competencial configurada por los artículos 148.1.3º de la Constitución Española de 27 de diciembre de 1978 y 10.31 del Estatuto de Autonomía para el País Vasco, así como por la Ley 27/1983 de 25 de noviembre, de Relaciones entre las Instituciones Comunes de la Comunidad Autónoma y los Órganos Forales de sus Territorios Históricos, corresponde íntegramente a la Comunidad Autónoma del País Vasco la capacidad legislativa en materia de Ordenación del Territorio y Urbanismo.

II

Dentro del concepto del Ordenación del Territorio se integran el conjunto de actuaciones diseñables y realizables en orden a conseguir la más racional utilización del suelo y de sus recursos, incluida la definición de las relaciones que han de establecerse entre las distintas instancias cuya actividad ha de incidir sobre los espacios territoriales.

A través de la política de Ordenación del Territorio se ha de perseguir, de manera inmediata, la definición de los usos aceptables o potenciables en función de cada tipo de suelo, y a través de tal definición, la consecución de las infraestructuras precisas, el acceso de la población a los equipamientos sanitarios, docentes, administrativos, comerciales, etc., la gestión responsable de los recursos naturales y la protección del medio ambiente.

Los objetivos últimos de la política de Ordenación del Territorio, a los que habrán de dirigirse las actuaciones anteriormente definidas, no son otros que el desarrollo socioeconómico equilibrado de las regiones y la mejora de la calidad de vida, con eliminación de las grandes diferencias existentes entre los diferentes sectores de población.

La competencia de Ordenación del Territorio ha de comprender, consecuentemente, el conjunto de facultades precisas para determinar la ubicación de los diversos usos sobre el territorio, definición que ha de estar fundamentada sobre la base de un criterio coordinador, tanto desde la óptica de las políticas sectoriales incidentes sobre el espacio físico, como desde la consideración competencial de los distintos Entes de naturaleza territorial.

III

La Comunidad Autónoma del País Vasco precisa, de manera inaplazable, la conformación de un marco jurídico propio que establezca las líneas maestras de lo que ha de ser la organización administrativa de Euskadi en materia de Ordenación del Territorio.

Y ello en base a un doble orden de razones. En primer lugar, para paliar los efectos que ha producido el incontrolado crecimiento urbano e industrial soportado por la Comunidad Autónoma del País Vasco fundamentalmente durante la segunda mitad del presente siglo, efectos que han conducido a una importante degradación del nivel de vida de la población ubicada en su territorio. Y en segundo lugar, porque el desarrollo del Estatuto de Autonomía para el País Vasco ha posibilitado la circunstancia de que una gran parte de las competencias atinentes a materias con incidencia sobre el territorio, hayan quedado residenciadas en el seno de la Comunidad Autónoma, y dentro de la misma, según el modelo distributivo establecido en la Ley 27/1983, de Territorios Históricos, originando una compleja situación de coincidencia competencial sobre un mismo territorio, de diversas instancias capacitadas territorial o sectorialmente.

IV

A las motivaciones y objetivos descritos responde la presente Ley, cuya aprobación no es sino la base habilitante para la formulación escalonada de una serie de instrumentos ordenadores que habrán de desarrollar, a partir del modelo elegido, la concreta configuración del territorio de la Comunidad Autónoma del País Vasco.

En este sentido, se ha buscado deliberadamente desde la propia Ley una sencillez sustancial en la configuración de los diversos instrumentos de ordenación territorial que se prevén en la misma, al objeto de promover la operatividad de dichos instrumentos, evitando caer en los defectos en que incurrían, como la experiencia ha demostrado, las figuras ordenadoras –Plan Nacional de Ordenación y Planes Directores Territorialesprevistas en la Ley sobre Régimen del Suelo y Ordenación Urbana, Texto Refundido de 1976.

V

Los instrumentos perfilados en la Ley con la finalidad de ordenar el Territorio de la Comunidad Autónoma del País Vasco son los siguientes:

a) Las Directrices de Ordenación Territorial.

b) Los Planes Territoriales Parciales.

c) Los Planes Territoriales Sectoriales.

Las Directrices de Ordenación Territorial del País Vasco han de constituir el marco general de referencia para la formulación de los restantes instrumentos de ordenación territoriales y urbanos. La Ley introduce la previsión de su desarrollo a través de los Planes Territoriales Parciales, que habrán de formularse para aquellos ámbitos concretos que, por razón de sus características y situación, requieran una ordenación más detallada, correspondiendo al Gobierno Vasco la apreciación de la concurrencia de tales factores.

En consecuencia, el ámbito objeto de los Planes Territoriales Parciales se definirá en base a parámetros que no obligatoriamente habrán de coincidir con las divisiones administrativas, debiendo tomarse en consideración las diversas circunstancias incidentes sobre un espacio físico determinado.

Bajo la denominación de Planes Territoriales Sectoriales se regulan los distintos instrumentos de ordenación sectorial con incidencia territorial elaborados por los Departamentos del Gobierno Vasco y por los Órganos Forales de los Territorios Históricos, en la configuración de los cuales, así como en la de los planes y proyectos que corresponda promover en el territorio de la Comunidad Autónoma a la Administración del Estado y a las entidades y organismos de ella dependientes, deberá prevalecer el carácter integrador y prevalente de la ordenación territorial y el respeto a las Directrices de Ordenación Territorial.

El desarrollo de los instrumentos de ordenación territorial requeridos en esta Ley se dispone sea realizado, en los términos que la misma establece, a través de las figuras de planeamiento general y especial previstas en la Ley sobre Régimen del Suelo y Ordenación Urbana, Texto Refundido de 1976, figuras que habrán de ajustarse a los instrumentos territoriales.

VI

Se regulan con especial detalle en la presente Ley los aspectos relativos a la participación de las diversas instancias afectadas en la elaboración de los instrumentos de ordenación del territorio, por un lado, y a la eficacia vinculante de dichos instrumentos sobre el planeamiento de desarrollo, por otro, prevaleciendo en todo caso los principios de eficacia y coordinación administrativa.

El articulado de la Ley resulta meditadamente reiterativo en orden a garantizar la salvaguarda de los intereses correspondientes a los distintos Entes –territorial y sectorialmente afectados–, en el procedimiento de elaboración de los instrumentos territoriales, pues no en vano la operatividad de los mismos, e incluso de la propia Ley, radica en la inmediata fuerza vinculante que su aprobación definitiva les ha de otorgar, debiendo hacerse valer «ex ante» la totalidad de los intereses concurrentes sobre el espacio físico objeto de regulación.

VII

Asimismo, se establecen una serie de medidas de intervención y control en materia de ordenación del territorio cuya finalidad es la de garantizar la virtualidad y eficacia de los instrumentos territoriales previstos en la Ley, en orden a la consecución de los objetivos perseguidos por la misma y a los que se ha hecho referencia en el apartado segundo de la presente Exposición de Motivos.

VIII

Finalmente el último Título se refiere a los órganos interinstitucionales de la ordenación del territorio de Euskadi. De un lado, se afirma el importante papel que corresponderá desarrollar a la Comisión de Ordenación del Territorio del País Vasco como organismo del que forman parte representantes de todas las Administraciones Públicas, y que posibilitará la imprescindible cooperación y coordinación de todas ellas para el cumplimiento efectivo en esta materia de los principios constitucionales derivados del complejo estado de las Autonomías. De otro lado, la creación del Consejo Asesor de Política Territorial del Gobierno Vasco supone la correcta interrelación funcional y administrativa en la formación y aprobación de los instrumentos de ordenación del territorio que la presente Ley crea.

TÍTULO I
DISPOSICIONES GENERALES

Artículo 1.

Es objeto de la presente Ley la definición y regulación de los instrumentos de ordenación territorial del País Vasco, así como el establecimiento de los criterios y procedimientos necesarios para asegurar la coordinación de las acciones con incidencia territorial que corresponda desarrollar a las diferentes Administraciones Públicas en ejercicio de sus respectivas competencias.

⇒ V. art. 1 de la Ley 6/1998, de 13 abril (§1).

Artículo 2.

1. La ordenación territorial del País Vasco se realizará a través de los siguientes instrumentos:

a) Las Directrices de Ordenación Territorial.

b) Planes Territoriales Parciales.

c) Planes Territoriales Sectoriales.

2. Los instrumentos de ordenación territorial a que se refiere el apartado anterior serán desarrollados, cuando sea preciso, a través de las figuras de planeamiento general y especial previstas en la legislación sobre régimen del suelo, que habrán de ajustarse a las determinaciones contenidas en aquéllos, en los términos que establece la presente Ley.

⇒ Téngase en cuenta la Ley 10/1998, de 8 abril, de Desarrollo Rural en el País Vasco.
V. art. 13 c) de la Ley 7/1994, de 27 mayo, Reguladora de la Actividad Comercial.
V. art. 48.1 de la Ley 6/1994, de 16 marzo, de Ordenación del Turismo.

Artículo 3.

1. El Gobierno Vasco, a propuesta del Consejero de Urbanismo, Vivienda y Medio Ambiente, o, en su caso, a propuesta de éste y del titular o titulares de los Departamentos interesados, y previo informe de la Comisión de Ordenación del Territorio y audiencia de las Diputaciones Forales y Ayuntamientos afectados por plazo de un mes, podrá acordar la suspensión de la

vigencia de los Planes de Ordenación previstos en la legislación sobre régimen del suelo y de las Directrices de Ordenación Territorial y Planes Territoriales Parciales y Sectoriales regulados en la presente, a fin de proceder a la formación o revisión de los instrumentos de ordenación territorial.

2. Las Diputaciones Forales podrán solicitar del Gobierno Vasco la adopción del acuerdo al que hace referencia el número anterior, con idénticos fines respecto de los instrumentos de ordenación del territorio de su competencia.

3. El acuerdo del Gobierno Vasco precisará el ámbito territorial concreto, las normas y las determinaciones a los que afecta la suspensión y se ajustará en cuanto a la forma, plazos y efectos a lo dispuesto en el artículo 27 de la Ley sobre Régimen del Suelo y Ordenación Urbana, Texto Refundido de 1976 o sus concordantes en normas legales que recojan las disposiciones vigentes sobre suelo y ordenación urbana.

4. En el plazo de seis meses contados a partir de la publicación del acuerdo de suspensión al que se refieren los apartados anteriores, el Gobierno Vasco dictará las Normas Subsidiarias correspondientes, que serán de aplicación en el territorio afectado en tanto no se apruebe el plan o instrumento de ordenación para cuya elaboración se dictó aquel acuerdo.

5. Si en el plazo de seis meses señalado en el apartado anterior, el Gobierno no aprobara el avance de las Normas Subsidiarias correspondientes, quedará automáticamente restablecida la vigencia del plan objeto de suspensión.

⇒ V. D. 263/1990, de 2 octubre, que regula la Comisión de Ordenación del Territorio, modificado por D. 277/1992, de 13 octubre, por D. 288/1995, de 16 mayo y por D. 397/1999, de 2 noviembre.

TÍTULO II

DE LOS INSTRUMENTOS DE ORDENACIÓN TERRITORIAL DEL PAÍS VASCO

CAPÍTULO I

De las Directrices de Ordenación Territorial

Artículo 4.

Las Directrices de Ordenación Territorial del País Vasco constituirán el marco general de referencia para la formulación de los restantes instrumentos de ordenación regulados en la presente Ley, así como de los planes de ordenación previstos en la legislación sobre régimen del suelo, al que en todo caso habrán de acomodarse los planes, programas y acciones con incidencia en el territorio que puedan desarrollar las diferentes Administraciones Públicas, de carácter autonómico, foral o local, en el ejercicio de sus respectivas competencias.

⇒ D. 28/1997, de 11 febrero, de aprobación definitiva de las Directrices de Ordenación Territorial.

Artículo 5.

Son funciones de las Directrices de Ordenación Territorial:

a) Formular con carácter global e interrelacionado y de acuerdo con la política y/o planes económicos de la Comunidad Autónoma del País Vasco, el conjunto de criterios y normas que orienten y regulen los procesos de asentamiento en el territorio de las distintas actividades económicas y sociales de los agentes públicos y privados que operen en dicho territorio a fin de garantizar el necesario equilibrio territorial de interés general para Euskadi y la creación de las condiciones adecuadas para atraer la actividad económica a los espacios territoriales idóneos.

b) Construir un marco de referencia en cuanto a la ordenación y al uso de los espacios y del territorio para la formulación y ejecución de las políticas sectoriales de las distintas Administraciones Públicas que hayan de actuar sobre el territorio de la Comunidad Autónoma así como para la actividad urbanística de las Diputaciones Forales y Ayuntamientos, a fin de garantizar una adecuada coordinación y compatibilización de todas ellas.

c) Prever las acciones territoriales que requieran la acción conjunta con el Estado u otras Comunidades Autónomas ofreciendo las bases suficientes para celebrar los convenios o acuerdos de cooperación que resulten necesarios.

Artículo 6.

Las Directrices de Ordenación Territorial, como instrumento de ordenación conjunta de la totalidad del territorio de la Comunidad Autónoma del País Vasco, se ajustarán a las funciones señaladas en el artículo anterior y contendrán, al menos, las siguientes determinaciones:

1. Un análisis detallado del territorio del País Vasco, que incluirá una definición precisa de los problemas existentes y una valoración de las diferentes posibilidades de tratamiento de los mismos.

2. El señalamiento de los criterios generales a los que habrá de acomodarse la acción de las diferentes Administraciones Públicas a fin de hacer frente a los problemas detectados.

3. La delimitación y definición precisa de las áreas o zonas que deban ser objeto de especial protección con el fin de preservar sus valores ecológicos, culturales o económicos y asegurar, en su caso, la explotación racional de los recursos naturales existentes en las mismas, de acuerdo con la legislación específica en cada caso aplicable.

4. La definición de los suelos que por su idoneidad actual o potencial para la explotación agraria hayan de ser objeto de protección o ampliación, de manera que se garantiza la adecuada proporción entre éstos y los del futuro desarrollo urbano.

5. La definición de las áreas o zonas que deban ser objeto de una ordenación pormenorizada a través de Planes Territoriales Parciales en razón de

su situación y estado actuales y de sus características peculiares, así como de los criterios específicos a los que habrá de ajustarse dicha ordenación.

6. La definición de las áreas más idóneas para servir de asentamiento a las grandes infraestructuras y equipamientos de los que depende la vertebración del territorio, así como a las relacionadas con la solución de los diferentes problemas ambientales.

7. Cuantificación de la necesidad de viviendas, especialmente de las de protección oficial, en las diferentes áreas o zonas del territorio y establecimiento de los criterios de localización de las mismas y de los parámetros a tener en cuenta por los instrumentos de ordenación urbanística, a efectos de asegurar la disponibilidad del suelo necesario para dicho fin.

8. Evaluación de los déficit de equipamiento en las diferentes áreas del territorio.

9. Estimación global de las necesidades de rehabilitación del patrimonio inmobiliario e histórico-artístico de igual naturaleza en las distintas áreas o zonas del territorio.

10. El establecimiento de los sistemas de información recíproca entre las distintas Administraciones y organismos públicos capaces de facilitar a unas y otros los datos necesarios para la correcta elaboración de sus planes y programas sectoriales y asegurar su coherencia con el marco territorial de referencia que las Directrices establecen.

11. El señalamiento de las causas y supuestos que habrán de determinar la adaptación o modificación de las propias Directrices a fin de garantizar la permanente adaptación de éstas a la evolución de las circunstancias y a la situación real del territorio que dicha evolución vaya perfilando.

⇒ V. Ley 3/1998, de 27 febrero, protección del medio ambiente. Desarrollada por D. 199/2000, de 10 octubre y D. 165/1999, de 9 marzo.

Artículo 7.

1. Las Directrices de Ordenación Territorial estarán integradas por los documentos siguientes:

1º Memoria.

2º Documentación gráfica, que conste de planos de información y ordenación.

3º Normas para la aplicación de sus determinaciones.

2. Las Directrices de Ordenación Territorial, podrán contener también otros documentos que se consideren necesarios y adecuados a sus fines y naturaleza.

Artículo 8.

1. Las Directrices de Ordenación Territorial tendrán en todo caso carácter vinculante para las Administraciones Públicas y para los particulares.

2. La eficacia vinculante de las Directrices tendrá carácter directo cuando éstas se expresen en normas concretas de aplicación general cuyo

objetivo sea disciplinar y encauzar el desarrollo de procesos que, por su propia naturaleza, afectan al conjunto del territorio vasco.

3. La eficacia vinculante de las Directrices será indirecta cuando éstas vayan específicamente dirigidas a las distintas Administraciones Públicas competentes en materia de planeamiento territorial y urbanístico y deban ser desarrolladas a través de las figuras e instrumentos que contemplan la legislación sobre régimen del suelo y la presente Ley.

4. La vinculación de las Directrices podrá expresarse a través de:

a) La imposición de criterios de ordenación y uso del espacio.

b) La exclusión de aquellos criterios que se consideren incompatibles con el análisis y valoraciones que las propias Directrices incorporan.

c) La definición de alternativas entre varios criterios considerados admisibles.

d) La simple recomendación de líneas de actuación. Cuando la Administración competente se apartase de ésta, vendrá obligada a justificar de forma expresa la decisión adoptada y su compatibilidad con los objetivos que en cada caso informan la recomendación de que se trata.

A los efectos de los apartados anteriores las Directrices expresarán de forma clara y sin equívocos el sentido concreto en el que habrán de operar todas y cada una de sus determinaciones.

Artículo 9.

1. Los Planes Generales y Especiales y las Normas Complementarias y Subsidiarias de Planeamiento habrán de ajustarse a las Directrices en los términos establecidos en los artículos anteriores.

2. A estos efectos las Directrices establecerán los plazos dentro de los cuales deberán adaptarse a las mismas los Planes y Normas preexistentes a que hace referencia el apartado anterior.

Las propuestas de adaptación de dichos Planes y Normas se tramitarán por el procedimiento previsto en el artículo 41 de la Ley sobre Régimen del Suelo y Ordenación Urbana, Texto Refundido de 1976 o sus concordantes en normas legales que recojan las disposiciones vigentes sobre suelo y ordenación urbana. Estas deberán ser sometidas, antes de su aprobación definitiva por la autoridad competente al efecto, a informe de la Comisión de Ordenación del Territorio del País Vasco.

El informe de la Comisión tendrá carácter vinculante siempre que exista disconformidad con las Directrices de los Planes o Normas de que se trate, que en tal caso habrán de ser corregidos en la forma que el informe indique antes de su aprobación definitiva.

3. En el supuesto de que los Planes y Normas no sean adaptados formalmente a las Directrices dentro del plazo establecido en éstas o sean aprobados definitivamente sin atenerse a los términos del informe emitido por la Comisión de Ordenación del Territorio cuando éste sea vinculante, el Gobierno Vasco, a propuesta del Consejero de Urbanismo, Vivienda y Medio Am-

biente, podrá hacer uso de la facultad que le concede el artículo 3 de la presente Ley.

4. En cualquier caso, las determinaciones de las Directrices que sean de aplicación directa en los términos previstos en el artículo 8.2 de la presente Ley o que impongan o excluyan criterios concretos de ordenación, localización, uso o diseño prevalecerán desde el mismo momento de su publicación sobre las determinaciones de los Planes y Normas municipales, se haya o no realizado la adaptación formal de éstos al contenido de aquéllas.

⇒ V. arts. 70 y ss. del TRLS/1992 (§2).
V. art. 3 de la Ley 5/1998, de 6 marzo, de Medidas Urgentes en Materia de Suelo y Urbanismo, del País Vasco (§46).
V. D. 263/1990, de 2 octubre, que regula la Comisión de Ordenación del Territorio, modificado por D. 277/1992, de 13 octubre, por D. 288/1995, de 16 mayo y por D. 397/1999, de 2 noviembre.

Artículo 10.

La formulación y aprobación de las Directrices se ajustarán al siguiente procedimiento:

1. Corresponde al Gobierno Vasco decidir acerca de la oportunidad de formular las Directrices de Ordenación Territorial o su reforma.

El acuerdo del Gobierno Vasco por el que se disponga la iniciación del procedimiento de elaboración de las Directrices será motivado, señalando las causas que lo justifiquen y precisará igualmente el plazo dentro del cual el Departamento de Urbanismo, Vivienda y Medio Ambiente habrá de preparar el correspondiente Avance.

El acuerdo habrá de ser publicado en el «Boletín Oficial del País Vasco» y en, al menos, dos periódicos de los de mayor circulación en la comunidad autónoma.

El acuerdo en cuestión se notificará, además, a los Ayuntamientos a través de las Asociaciones de Municipios, a las Diputaciones Forales y al Delegado del Gobierno en la comunidad autónoma del País Vasco.

2. La dirección y preparación del Avance de Directrices corresponde al Departamento de Urbanismo, Vivienda y Medio Ambiente.

Los Departamentos del Gobierno Vasco con competencias de proyección territorial formularán las previsiones y determinaciones que les correspondan respecto de los contenidos sectoriales de las Directrices descritos en el artículo 6 a efectos de su integración efectiva en el Avance. Dicha formulación se hará en el plazo de tres meses a contar desde su petición por el Departamento director del procedimiento.

Con la misma finalidad, se solicitará de la Administración del Estado y de las Diputaciones Forales, la comunicación necesaria sobre sus propias previsiones en las materias de su competencia, que habrán de materializar en igual plazo que el expresado en el párrafo anterior.

3. En cualquier caso para la elaboración del Avance de Directrices, el Departamento de Urbanismo, Vivienda y Medio Ambiente recabará de los

demás Departamentos del Gobierno Vasco, de los Organismos Forales de los Territorios Históricos y, en su caso, de los Ayuntamientos a través de las Asociaciones de Municipios, cuantos datos e informaciones sean necesarios para la más correcta redacción de dicho documento.

La contestación a la solicitud anterior deberá evacuarse por el órgano o entidad pública correspondiente en el plazo de 2 meses a partir del momento en que le sea solicitada.

No obstante los órganos y entidades públicas mencionados podrán igualmente hacer llegar al Departamento de Urbanismo, Vivienda y Medio Ambiente cuantas informaciones y sugerencias estimen convenientes a los mismos fines.

4. El Avance de Directrices será sometido a informe del Consejo Asesor de Política Territorial del Gobierno Vasco y de la Comisión de Ordenación del Territorio del País Vasco.

5. El Avance de las Directrices se remitirá con los informes evacuados a las Administraciones citadas en los apartados anteriores y a las entidades públicas y privadas que se estimen interesadas, para que en el plazo de 3 meses aporten cuantas observaciones, propuestas y alternativas estimen oportunas.

6. Analizadas las observaciones y sugerencias formuladas, el Departamento de Urbanismo, Vivienda y Medio Ambiente realizará las modificaciones que procedieren, o, en su caso, redactará un nuevo texto que se someterá a informe del Consejo Asesor de Política Territorial del Gobierno Vasco y de la Comisión de Ordenación del Territorio del País Vasco, a la vista de los cuales, aprobará inicialmente, si procede, las Directrices.

7. El acuerdo de aprobación inicial de las Directrices será publicado en el «Boletín Oficial del País Vasco», y asimismo en el «Boletín Oficial del Estado», y en, al menos, dos periódicos de los de mayor circulación en la Comunidad Autónoma, y el texto íntegro de las mismas será remitido a la Delegación del Gobierno en la Comunidad Autónoma, a las Diputaciones Forales y a los Ayuntamientos a través de las Asociaciones de Municipios.

Desde el momento de la publicación del acuerdo de aprobación inicial en el «Boletín Oficial del País Vasco» quedará abierto un plazo de audiencia de dos meses, dentro del cual las distintas Administraciones y Entidades Públicas y Privadas podrán exponer cuantas observaciones y sugerencias estimen convenientes, quedando expuesta la documentación de las Directrices en el lugar que al efecto se señale en cada uno de los Territorios Históricos.

8. Concluido el plazo a que hace referencia el número anterior y a la vista del resultado del trámite de audiencia, se realizarán, en su caso, las modificaciones que procedieren, tras lo cual el Consejero de Urbanismo, Vivienda y Medio Ambiente, previo informe del Consejo Asesor de Política Territorial y de la Comisión de Ordenación del Territorio, procederá a otorgar la aprobación provisional de las Directrices, que elevará al Consejo de Gobierno para su aprobación definitiva.

9. La aprobación definitiva revestirá la forma de Decreto y será publicada en el «Boletín Oficial del País Vasco», juntamente con las normas para aplicación de las determinaciones de las Directrices. Asimismo, el acuerdo de aprobación definitiva de las Directrices será publicado en el «Boletín Oficial del Estado» y en, al menos, dos periódicos de los de mayor circulación en la comunidad autónoma.

10. Las modificaciones de las Directrices de Ordenación del Territorio que no supongan revisión general o sustancial de tal instrumento tendrán lugar mediante el procedimiento que al efecto establezca el Gobierno Vasco.

Dicho procedimiento deberá, en todo caso, conservar los trámites establecidos para la aprobación inicial y definitiva, pudiéndose reducir los plazos previstos para los mismos.

11. Cada dos años el Gobierno elaborará una Memoria en la que se analice la situación y aplicación de las Directrices de Ordenación del Territorio.

⇒ V. D. 263/1990, de 2 octubre, que regula la Comisión de Ordenación del Territorio, modificado por D. 277/1992, de 13 octubre, por D. 288/1995, de 16 mayo y por D. 397/1999, de 2 noviembre.

CAPÍTULO II

De los Planes Territoriales Parciales

Artículo 11.

Los Planes Territoriales Parciales desarrollarán las Directrices de Ordenación Territorial en las áreas o zonas supramunicipales que éstas delimiten, concretando para cada una de ellas los criterios específicos de ordenación que las Directrices establezcan.

Artículo 12.

1. Los Planes Territoriales Parciales contendrán las siguientes determinaciones:

a) Definición de los objetivos de la ordenación a partir del análisis del estado actual del territorio, de la situación socioeconómica y de sus posibilidades de evolución.

b) Señalamiento de los espacios aptos para servir de soporte a las grandes infraestructuras, según sus características.

c) Definición de la ubicación de los equipamientos de interés común para el área o zona objeto del Plan.

d) Criterios, principios y normas generales a los que habrá de atenerse la ordenación urbanística.

e) Definición de los espacios que hayan de ser objeto de remodelación, regeneración o rehabilitación con el fin de evitar su degradación o de conseguir su recuperación para usos, total o parcialmente, distintos, así como de los programas a desarrollar a estos efectos y de las medidas de apoyo encaminadas a incentivar su realización.

f) Cuantificación de las superficies de suelo que hayan de reservarse en todo caso con destino a alguna de las siguientes finalidades:

– Construcción de viviendas de protección oficial, tanto de promoción pública como privada, o cualesquiera otras que en el futuro pudieran ser limitadas en su precio final mediante regulación específica.

– Promoción pública de suelo industrial al objeto de posibilitar la formación de polígonos urbanizados.

g) Criterios, normas y principios necesarios para el desarrollo de las determinaciones contenidas en las Directrices.

2. La formulación de las determinaciones a que se refiere el apartado anterior se realizará, en todo caso, respetando el ámbito competencial garantizado a las Entidades Locales.

3. Los Planes Territoriales Parciales concretarán sus determinaciones en los siguientes documentos:

a) Estudios y planos de información.

b) Memoria explicativa del Plan.

c) Estudio Económico-Financiero.

d) Programa de ejecución, desglosado en etapas de cuatro años.

e) Planos y normas de ordenación.

4. Los Planes Territoriales Parciales podrán contener también otros documentos que se consideren necesarios y adecuados a sus fines y naturaleza.

Artículo 13.

La formulación y aprobación de los Planes Territoriales Parciales se ajustarán al siguiente procedimiento:

1. La iniciativa para su formulación corresponderá indistintamente al Departamento de Urbanismo, Vivienda y Medio Ambiente del Gobierno Vasco y a las Diputaciones Forales, salvo que el Plan afecte a Municipios de diferentes Territorios Históricos en cuyo caso la iniciativa será ejercitada siempre por el citado Departamento, de oficio o a instancia de las Diputaciones Forales.

Los Municipios comprendidos en las áreas o zonas delimitadas a estos efectos por las Directrices de Ordenación Territorial podrán, mediante acuerdo motivado, instar el ejercicio de dicha iniciativa. Cuando tal acuerdo lo sea de al menos dos tercios de los municipios afectados que representen como mínimo la mitad de la población, tendrá carácter vinculante para las Administraciones competentes.

2. La Administración, autonómica o foral, que adopte la iniciativa recabará de la otra la información general que considere necesaria para la redacción del Plan, así como la específica que se refiera a sus previsiones y programas de actuación relativos a la zona afectada.

Asimismo recabarán de los Municipios afectados la información que consideren necesaria a los mismos efectos.

La información relativa a las previsiones y programas de actuación e inversiones de la Administración del Estado será solicitada a la Delegación del Gobierno en la Comunidad Autónoma a través en todo caso del Departamento de Urbanismo, Vivienda y Medio Ambiente del Gobierno Vasco.

3. El órgano que adopte la iniciativa para la formulación del Plan será competente para conducir el procedimiento y para aprobar aquél inicial y provisionalmente.

4. Antes de proceder a la aprobación inicial se elaborará un Avance, que será remitido a todas las Administraciones Públicas territoriales interesadas a los efectos de que en el plazo de dos meses puedan formular sus observaciones, sugerencias, alternativas y propuestas.

5. La propuesta de acuerdo de aprobación inicial del Plan será preceptivamente informada por la Comisión de Ordenación del Territorio.

6. El Plan inicialmente aprobado será sometido a un período de información pública por plazo de dos meses, contado a partir de la publicación del acuerdo en el «Boletín Oficial del País Vasco». Asimismo el acuerdo habrá de publicarse en el «Boletín Oficial del Estado», en el Boletín Oficial del Territorio Histórico correspondiente y en, al menos, dos periódicos de los de mayor circulación en la comunidad autónoma.

7. Simultáneamente al período de información pública se dará audiencia a todas las Administraciones Públicas territoriales interesadas a fin de que en el plazo de un mes puedan formular sus observaciones y sugerencias al Plan, que les será remitido a estos efectos.

8. A la vista del resultado de los trámites precedentes se adoptará el acuerdo de aprobación provisional del que se dará traslado, junto con el expediente, a la Comisión de Ordenación del Territorio para su preceptivo informe.

9. Evacuado éste, la Comisión remitirá el expediente con su informe al Departamento de Urbanismo, Vivienda y Medio Ambiente, que elevará la correspondiente propuesta al Gobierno Vasco para la aprobación definitiva del Plan.

10. La aprobación mediante Decreto del Gobierno Vasco se publicará en el «Boletín Oficial del País Vasco» juntamente con las Normas de Ordenación. Asimismo será publicada en el «Boletín Oficial del Estado», en el Boletín Oficial del Territorio Histórico correspondiente y en, al menos, dos periódicos de mayor circulación en la comunidad autónoma.

⇒ V. D. 160/2000, de 28 julio, que regula la estructura orgánica del Departamento de Ordenación del Territorio, Vivienda y Medio Ambiente.

V. D. 263/1990, de 2 octubre, que regula la Comisión de Ordenación del Territorio, modificado por D. 277/1992, de 13 octubre, por D. 288/1995, de 16 mayo y por D. 397/1999, de 2 noviembre.

Artículo 14.

Las modificaciones de los Planes Territoriales Parciales se atendrán a lo dispuesto en el artículo 10 apartado 10 de esta Ley.

Artículo 15.

1. Los Planes Territoriales Parciales vincularán en sus propios términos a los Planes urbanísticos regulados en la Ley del Suelo.

2. Cuando los Planes Territoriales Parciales incidan sobre planes urbanísticos ya existentes, el acuerdo de aprobación definitiva de aquéllos precisará los puntos concretos en los que éstos quedan modificados desde ese mismo momento, sin perjuicio de que los Ayuntamientos afectados puedan incoar los procedimientos precisos para incorporar dichas determinaciones.

CAPÍTULO III
De los Planes Territoriales Sectoriales

Artículo 16.

1. Los planes con incidencia territorial que elaboren los Departamentos del Gobierno Vasco tendrán el carácter de Planes Territoriales Sectoriales y se formularán cuando el Gobierno Vasco lo determine.

2. El mismo carácter tendrán, a los efectos de esta Ley, los planes con incidencia territorial que elaboren y aprueben los Órganos Forales de los Territorios Históricos.

Artículo 17.

1. A fin de garantizar desde el primer momento la correcta inserción de los Planes Territoriales Sectoriales en el marco territorial definido por las Directrices de Ordenación y de los Planes Territoriales Parciales que, en su caso, los desarrollen, los órganos de la Administración, autonómica o foral, competentes para su elaboración por razón de la materia consultarán previamente con el Departamento de Urbanismo, Vivienda y Medio Ambiente del Gobierno Vasco sobre las distintas alternativas, soluciones y posibilidades que la ordenación territorial vigente ofrezca para la localización de las obras, actividades o servicios que constituyan el objeto de la planificación sectorial.

2. La alternativa que en cada caso se elija habrá de justificar su compatibilidad con la ordenación territorial vigente.

3. Excepcionalmente, cuando no sea posible enmarcar en la ordenación territorial vigente ninguna de las alternativas y soluciones analizadas por el órgano competente para la elaboración del Plan Sectorial y el contenido de éste sea de excepcional interés público, dicho órgano podrá proponer al Gobierno Vasco la introducción de las rectificaciones que resulten imprescindibles en los instrumentos de ordenación territorial.

El Gobierno Vasco, oído el parecer de la Comisión de Ordenación del Territorio, y de las Administraciones afectadas, adoptará en cada caso la resolución que proceda.

4. Los planes urbanísticos regulados en la legislación sobre régimen del suelo, habrán de ajustarse a las rectificaciones introducidas en los instrumentos de ordenación territorial, en los plazos establecidos en los mismos, conforme al procedimiento señalado en el artículo 9 de la presente Ley.

5. Las contradicciones de los Planes Territoriales Sectoriales con las Directrices de Ordenación Territorial y, en su caso, con los Planes Territoriales Parciales, serán causa de nulidad de la parte o partes del Plan Sectorial que las contengan.

⇒ V. art. 21 de la presente Ley.

V. STC 149/1998, de 2 julio (RTC 1998, 149), recurso de inconstitucionalidad 2307/1990.

V. D. 160/2000, de 28 julio, que regula la estructura orgánica del Departamento de Ordenación del Territorio, Vivienda y Medio Ambiente.

V. D. 263/1990, de 2 octubre, que regula la Comisión de Ordenación del Territorio, modificado por D. 277/1992, de 13 octubre, por D. 288/1995, de 16 mayo y por D. 397/1999, de 2 noviembre.

Artículo 18.

1. Los Planes Territoriales Sectoriales que se formulen por los diferentes Departamentos del Gobierno Vasco habrán de ser preceptivamente informados por el Departamento de Urbanismo, Vivienda y Medio Ambiente y por la Comisión de Ordenación del Territorio y se elevarán al Consejo de Gobierno para su aprobación definitiva juntamente con dichos informes, a propuesta conjunta del titular del Departamento interesado y el titular del Departamento de Urbanismo, Vivienda y Medio Ambiente.

2. El acuerdo de aprobación definitiva, revestirá la forma de Decreto y se publicará en el «Boletín Oficial del País Vasco».

⇒ V. D. 160/2000, de 28 julio, que regula la estructura orgánica del departamento de Ordenación del Territorio, Vivienda y Medio Ambiente.

V. D. 263/1990, de 2 octubre, que regula la Comisión de Ordenación del Territorio, modificado por D. 277/1992, de 13 octubre, por D. 288/1995, de 16 mayo y por D. 397/1999, de 2 noviembre.

V. D. 250/1999, de 8 junio, de revisión del Plan General de Carreteras del País Vasco 1999-2010.

Artículo 19.

En el supuesto contemplado en el número 3 del artículo 17 la aprobación definitiva de los Planes Territoriales Sectoriales elaborados por los distintos Departamentos del Gobierno Vasco quedará supeditada a la aprobación por éste de las rectificaciones pertinentes de los instrumentos de ordenación territorial y carecerá de eficacia hasta ese momento.

Si concurrieran razones de urgencia, que corresponderá apreciar al Gobierno Vasco, éste podrá acordar que en la tramitación de las rectificaciones de los instrumentos de ordenación territorial se prescinda de la formulación del correspondiente Avance y se proceda directamente a la aprobación inicial, reduciéndose a la mitad los plazos de información pública y audiencia a que se refieren los artículos 10 y 13 de la presente Ley.

Artículo 20.

1. Los Planes Territoriales Sectoriales que se formulen por los Órganos forales de los Territorios Históricos en ejercicio de sus propias competencias se someterán, con carácter previo a su aprobación definitiva por dichos Órganos, al informe preceptivo de la Comisión de Ordenación del Territorio del País Vasco.

2. En el supuesto contemplado en el número 3 del artículo 17 no podrá iniciarse válidamente actividad alguna de ejecución de estos Planes hasta tanto el Gobierno Vasco apruebe definitivamente las rectificaciones que sea preciso introducir en los instrumentos de ordenación territorial con los que aquéllos sean incompatibles.

En estos casos podrá ser también de aplicación lo dispuesto en el párrafo segundo del artículo anterior.

⇒ V. D. 263/1990, de 2 octubre, que regula la Comisión de Ordenación del Territorio, modificado por D. 277/1992, de 13 octubre, por D. 288/1995, de 16 mayo y por D. 397/1999, de 2 noviembre.

Artículo 21.

Lo dispuesto en el artículo 17 de la presente Ley será de aplicación asimismo a los planes y proyectos que corresponda promover a la Administración del Estado y a las entidades y organismos de ella dependientes en el ejercicio de sus propias competencias.

En el supuesto de que el Gobierno Vasco acuerde la rectificación de los instrumentos de ordenación territorial, ésta se llevará a cabo por el procedimiento de urgencia previsto en el párrafo segundo del artículo 19.

✐ Este artículo fue declarado inconstitucional y nulo parcialmente, en cuanto se remite al párr. 2º del art. 17.3 por STC 149/1998, de 2 julio (RTC 1998, 149), recurso de inconstitucionalidad 2307/1990.

Artículo 22.

Los Planes Territoriales Sectoriales y los planes y proyectos a que se refiere el artículo anterior, que por su naturaleza trasciendan el ámbito o interés estrictamente municipal y se encuentren correctamente insertados en el marco territorial definido por las Directrices de Ordenación y Planes Territoriales Parciales que, en su caso, los desarrollen, vincularán con sus determinaciones a los planes urbanísticos regulados por la legislación sobre régimen de suelo, con los efectos establecidos en el artículo 15.2.

Artículo 23.

El Gobierno Vasco podrá suscribir conciertos con las distintas Administraciones Públicas en orden a la elaboración conjunta de Planes Territoriales o Sectoriales.

Los conciertos que, al efecto, se suscriban precisarán la forma y los términos de la cooperación entre las diversas Administraciones y establecerán las fórmulas precisas para asegurar la compatibilidad de esos planes con los instrumentos de ordenación territorial y urbana en los términos establecidos por la presente Ley.

TÍTULO III

DE OTRAS ACTUACIONES PUBLICAS DE CONTROL DE LA ORDENACIÓN DEL TERRITORIO

Artículo 24.

La Comisión de Ordenación del Territorio del País Vasco informará preceptivamente, en el plazo máximo de tres meses, con carácter previo a su aprobación definitiva, los Planes Generales de Ordenación Urbana, los Planes Especiales y las Normas Complementarias y Subsidiarias de Planeamiento regulados por la Legislación sobre Régimen del Suelo a fin de comprobar la adecuación de los mismos a los instrumentos de Ordenación del Territorio previstos en la presente Ley.

El informe de la Comisión será vinculante cuando aprecie la existencia de contradicción o disconformidad entre los Planes y Normas objeto del informe y los referidos instrumentos.

⇒ V. D. 263/1990, de 2 octubre, que regula la Comisión de Ordenación del Territorio, modificado por D. 277/1992, de 13 octubre, por D. 288/1995, de 16 mayo y por D. 397/1999, de 2 noviembre.

Artículo 25.

1. Los conflictos que pudieran plantearse a causa de la eventual contradicción con las determinaciones contenidas en los instrumentos de ordenación del territorio regulados por la presente Ley o en los planes urbanísticos previstos en la legislación sobre régimen del suelo de los proyectos de obras, actividades o servicios promovidos por la Administración del Estado o por los Organismos y Entidades de Derecho Público de ella dependientes, se resolverán con arreglo a lo establecido en el artículo 180 de la Ley sobre Régimen del Suelo y Ordenación Urbana.

2. Una vez autorizado el proyecto, el Gobierno Vasco, previa valoración de sus repercusiones en el territorio, ordenará la formulación de las modificaciones precisas en los instrumentos de ordenación del territorio y planes urbanísticos afectados.

⇒ V. STC 149/1998, de 2 julio, (RTC 1998, 149) recurso de inconstitucionalidad 2307/1990.

Artículo 26.

1. Corresponde al Gobierno Vasco:

a) Aprobar definitivamente los instrumentos de ordenación del territorio a que esta Ley se refiere, sin perjuicio de la competencia de los Organos forales respecto de sus Planes Territoriales Sectoriales.

b) Adoptar el acuerdo a que hace referencia el artículo 3 de la presente

Ley y aprobar, en su caso, las Normas Subsidiarias de Planeamiento que proceda elaborar de acuerdo con el mismo.

c) Autorizar, en casos excepcionales, y previo informe de la Comisión de Ordenación del Territorio, densidades de hasta 100 viviendas por hectárea. En todo caso, dicha previsión deberá contemplarse en los instrumentos de ordenación urbana correspondientes.

d) Elevar, cuando las circunstancias lo aconsejen, y previo informe de la Comisión de Ordenación del Territorio, las cuantías de las reservas y las previsiones a que se refiere la disposición final tercera de la Ley sobre Régimen del Suelo y Ordenación Urbana, Texto Refundido de 1976, o sus concordantes en normas legales que recojan las disposiciones vigentes sobre suelo y ordenación urbana; establecer otras reservas y previsiones, a propuesta del Consejero de Urbanismo, Vivienda y Medio Ambiente y, en su caso, del titular de este Departamento y el titular del Departamento competente por razón de la materia.

e) Decidir sobre la procedencia de la ejecución de los proyectos a que se refiere el artículo 180.2 de la Ley sobre Régimen del Suelo y Ordenación Urbana, en el caso de disconformidad con los planes de Ordenación Urbana o de Ordenación del Territorio regulados en la presente Ley, cuando hayan sido promovidos por órganos o entidades de derecho público dependientes de las Instituciones Comunes o de los Territorios Históricos del País Vasco.

f) Acordar la declaración de urgencia de la ocupación de los bienes y derechos afectados por la aplicación de la expropiación forzosa a polígonos o unidades de actuación completos, sistemas generales de la ordenación urbanística del territorio o la de alguno de sus elementos o para la realización de actuaciones aisladas en el suelo urbano.

2. Corresponde al Consejero de Urbanismo, Vivienda y Medio Ambiente elevar al Consejo de Gobierno las correspondientes propuestas en los supuestos enunciados en el número anterior, sin perjuicio de lo dispuesto en el artículo 18.

⇒ V. D. 263/1990, de 2 octubre, que regula la Comisión de Ordenación del Territorio, modificado por D. 277/1992, de 13 octubre, por D. 288/1995, de 16 mayo y por D. 397/1999, de 2 noviembre.

Artículo 27.

Será pública la acción para exigir el cumplimiento de lo dispuesto en la presente Ley y en los instrumentos de ordenación del territorio en ella regulados.

⇒ V. art. 304.1 y 304.2 del TRLS/1992 (§2).

V. Jurisprudencia en arts. 235 y concordantes del TRLS/1976 (§3).

TÍTULO IV

DE LA COORDINACIÓN Y EL ASESORAMIENTO

Artículo 28.

La Comisión de Ordenación del Territorio del País Vasco es el órgano consultivo y de coordinación de la Comunidad Autónoma del País Vasco en materia de Ordenación del Territorio y Urbanismo, con las competencias y funciones que se atribuyen en esta Ley, las que pueda asignarle cualquier otra disposición legal y las que reglamentariamente se determinen.

⇒ V. D. 263/1990, de 2 octubre, que regula la Comisión de Ordenación del Territorio, modificado por D. 277/1992, de 13 octubre, por D. 288/1995, de 16 mayo y por D. 397/1999, de 2 noviembre.

Artículo 29.

La Comisión de Ordenación del País Vasco estará presidida por el Consejero de Urbanismo, Vivienda y Medio Ambiente y formarán parte representantes de todas las Administraciones Públicas en la forma que reglamentariamente se establezca. La Secretaría Administrativa de esta Comisión estará adscrita a la Dirección competente, por razón de la materia, del Departamento de Urbanismo, Vivienda y Medio Ambiente.

⇒ V. D. 160/2000, de 28 julio, que regula la estructura orgánica del Departamento de Ordenación del Territorio, Vivienda y Medio Ambiente.

V. D. 263/1990, de 2 octubre, que regula la Comisión de Ordenación del Territorio, modificado por D. 277/1992, de 13 octubre, por D. 288/1995, de 16 mayo y por D. 397/1999, de 2 noviembre.

Artículo 30.

El Consejo Asesor de Política Territorial del Gobierno Vasco es el órgano de participación adscrito al Departamento de Urbanismo, Vivienda y Medio Ambiente que garantiza la necesaria coordinación de la política territorial del Gobierno Vasco y la implicación social en la ordenación del territorio de la comunidad autónoma. Estará compuesto por un representante de cada Departamento del Gobierno Vasco y otros tantos miembros, de entre aquellos ciudadanos que por su profesión o representación en la problemática relacionada con la ordenación del territorio sean considerados idóneos.

Serán nombrados por el Consejero de Urbanismo, Vivienda y Medio Ambiente a propuesta de los Departamentos del Gobierno Vasco y de la Comisión de Ordenación del Territorio, respectivamente.

Las funciones, composición y régimen de funcionamiento se establecerán reglamentariamente.

⇒ V. D. 160/2000, de 28 julio, que regula la estructura orgánica del Departamento de Ordenación del Territorio, Vivienda y Medio Ambiente.

V. D. 263/1990, de 2 octubre, que regula la Comisión de Ordenación del Territorio, modificado por D. 277/1992, de 13 octubre, por D. 288/1995, de 16 mayo y por D. 397/1999, de 2 noviembre.

Artículo 31.

Las Administraciones Públicas cuyas competencias hayan de incidir en la ordenación del territorio, ajustarán sus relaciones recíprocas a los deberes de información mutua, colaboración, coordinación y respeto entre ellas.

DISPOSICIONES ADICIONALES

Primera.

Sin perjuicio de lo dispuesto en el Capítulo III del Título II de esta Ley, los Planes Territoriales Sectoriales se formularán y prepararán por los órganos competentes con arreglo al procedimiento establecido en la legislación sectorial que sea aplicable, y en su defecto por la establecida en la presente Ley para los Planes Territoriales Parciales.

Segunda. ...

✐ Disposición declarada inconstitucional y nula por la STC 149/1998, de 2 julio (RTC 1998, 149).

⇒ V. art. 21 de la presente Ley.

Tercera.

Se autoriza al Gobierno Vasco para la ejecución de aquellos proyectos de obras que, desviándose de las determinaciones establecidas en los instrumentos de ordenación territorial o en los planes urbanísticos, tengan por finalidad prevenir o remediar situaciones de desastres naturales o de emergencia, sin perjuicio de su comunicación a los Ayuntamientos afectados.

Cuarta.

De conformidad con lo dispuesto en la disposición adicional segunda núms. 1 y 3 de la Ley 2/1989, de 30 de mayo, Reguladora del Plan General de Carreteras del País Vasco, la aprobación del Plan General de Carreteras del País Vasco conllevará la adaptación de los Planes Territoriales Parciales y Sectoriales así como de los instrumentos de planificación urbanística de los municipios o áreas urbanísticas afectadas cuando sean incompatibles con la ejecución de los proyectos en desarrollo del Plan. La aprobación de los citados proyectos facultará, en todo caso, para la inmediata ejecución de las obras previstas en los mismos.

Quinta.

Las obras públicas de marcado carácter territorial, previstas en los Planes Territoriales Sectoriales, y que así sean catalogadas por la Comisión de Ordenación del Territorio en el procedimiento de elaboración del Plan, no estarán sometidas a los actos de control preventivo municipal a que se refiere el *artículo 84.1 b)* de la Ley 7/1985, de 2 de abril, Reguladora de las Bases del Régimen Local.

No obstante la Administración competente pondrá en conocimiento de los Ayuntamientos afectados los proyectos de obras públicas en el momento de aprobación de los mismos.

⇒ V. D. 263/1990, de 2 octubre, que regula la Comisión de Ordenación del Territorio, modificado por D. 277/1992, de 13 octubre, por D. 288/1995, de 16 mayo y por D. 397/1999, de 2 noviembre.

Sexta.

Para el cumplimiento de las determinaciones establecidas en los artículos 6.7, 6.8 y 12.1 apartado f) de la presente Ley, los Ayuntamientos delimitarán las áreas o sectores de suelo urbano, urbanizable programado o apto para urbanizar en el Plan General Municipal de Ordenación Urbana o en las Normas Subsidiarias de Planeamiento Municipal, en los que deban cumplirse las previsiones que establezcan las Directrices de Ordenación Territorial y los Planes Territoriales Parciales, en materia de vivienda sometida a cualesquiera regímenes de Protección Oficial y de Suelo Industrial, de promoción pública, para lo que clasificarán y calificarán el suelo que resulte necesario.

La obtención de los terrenos destinados en el Planeamiento a la finalidad prevista en el apartado anterior, se realizará a través del sistema de actuación que la Administración Urbanística considere en cada caso más idóneo, de conformidad con lo dispuesto en la legislación sobre Régimen de Suelo y Ordenación Urbana.

DISPOSICIONES TRANSITORIAS

Primera.

En tanto no están aprobadas definitivamente las Directrices de Ordenación Territorial, las Administraciones Públicas competentes podrán elaborar y tramitar Planes Territoriales Sectoriales siempre que dichos Planes no contradigan los objetivos de la presente Ley, así como los objetivos contenidos en las Directrices de Ordenación Territorial cuando éstas hubieran sido aprobadas con carácter inicial.

Segunda.

Además de las atribuciones establecidas en el artículo 26 de la presente Ley, corresponde al Gobierno Vasco aprobar la delimitación de polígonos de actuación, el cuadro de precios máximos y mínimos y declarar la urgencia de las actuaciones que se desarrollen al amparo de la Ley 52/1962, de 21 de julio, sobre valoración de terrenos sujetos a expropiación en ejecución de los planes de vivienda y urbanismo, en los supuestos que la misma sea de aplicación de acuerdo con lo establecido en la disposición transitoria cuarta de la Ley sobre Régimen del Suelo y Ordenación Urbana, Texto Refundido de 1976.

Tercera.

Hasta tanto se regulen reglamentariamente las funciones, composición y régimen de funcionamiento de la Comisión de Ordenación del Territorio del

País Vasco, en lo que no se oponga a lo dispuesto en la presente Ley, continuará siéndole de aplicación el Decreto 278/1985, de 30 de julio.

⇒ V. D. 263/1990, de 2 octubre, que regula la Comisión de Ordenación del Territorio, modificado por D. 277/1992, de 13 octubre, por D. 288/1995, de 16 mayo y por D. 397/1999, de 2 noviembre.

Cuarta.

En tanto no estén aprobadas definitivamente las Directrices de Ordenación Territorial y los Planes Territoriales Parciales, la Comisión de Ordenación del Territorio del País Vasco podrá cuantificar la necesidad de viviendas de protección oficial o limitadas en su precio final, a los efectos de lo establecido en la disposición adicional sexta.

DISPOSICIONES FINALES

Primera.

En el plazo de un año a partir de la entrada en vigor de la presente Ley, el Gobierno Vasco, a propuesta del Consejero de Urbanismo, Vivienda y Medio Ambiente, aprobará el Reglamento de funciones, composición y régimen de funcionamiento de la Comisión de Ordenación del Territorio del País Vasco y del Consejo Asesor de la Política Territorial del Gobierno Vasco.

⇒ V. D. 263/1990, de 2 octubre, que regula la Comisión de Ordenación del Territorio, modificado por D. 277/1992, de 13 octubre, por D. 288/1995, de 16 mayo y por D. 397/1999, de 2 noviembre.

Segunda.

Se autoriza al Gobierno Vasco para dictar las disposiciones necesarias para el desarrollo y aplicación de la presente Ley.

Tercera.

Queda suprimida en el territorio de la Comunidad Autónoma del País Vasco la figura de los Planes Directores Territoriales de Coordinación previstos en el artículo 6 de la Ley sobre Régimen del Suelo y Ordenación Urbana, Texto Refundido aprobado por Real Decreto 1346/1976, de 9 de abril.

Cuarta.

Quedan sin efecto en el ámbito del País Vasco las disposiciones de igual o inferior rango que se opongan a lo que se establece en la presente Ley.

Quinta.

La presente Ley entrará en vigor al día siguiente de su publicación en el «Boletín Oficial del País Vasco».

§ 48.1 DECRETO 132/1994, DE 15 MARZO. APLICA EN LA COMUNIDAD AUTÓNOMA DEL PAÍS VASCO EL REAL DECRETO LEGISLATIVO 1/1992, DE 26 JUNIO, QUE APRUEBA EL TEXTO REFUNDIDO DE LA LEY SOBRE RÉGIMEN DEL SUELO Y ORDENACIÓN URBANA

(BOPV núm. 65, de 7 abril [LPV 1994, 140])

El peculiar sistema de articulación en el ejercicio de las competencias administrativas dentro de la Comunidad Autónoma que surge de la interpretación conjunta y sistemática del artículo 148.1.3º de la Constitución Española de 1978, artículo 10.31 del Estatuto de Autonomía para el País Vasco, Decretos de traspasos del Estado a la Comunidad Autónoma en materia de Ordenación del Territorio y Urbanismo, artículos 6 y 7 c) 5 de la Ley 27/1983, de Relaciones entre las Instituciones Comunes de la Comunidad Autónoma y los Órganos Forales de sus Territorios Históricos, y los Decretos 35, 44 y 54 de 1985, de traspaso de servicios de las Instituciones Comunes de la Comunidad Autónoma a los Territorios Históricos de Alava, Bizkaia y Gipuzkoa en materia de Urbanismo, ha dado lugar en lo que se refiere a la Ordenación del Territorio y al Urbanismo a un esquema según el cual la competencia para el desarrollo del Real Decreto Legislativo 1/1992, se residencia en las Instituciones Comunes de la comunidad autónoma.

Con la Ley 8/1990, y su posterior refundición en el Real Decreto Legislativo 1/1992, se pretende, entre otros objetivos, dotar a la Administración de los instrumentos necesarios para hacer frente al incumplimiento por los particulares de los plazos señalados para la ejecución de las tareas de urbanización y edificación; para incrementar los patrimonios públicos de suelo en medida suficiente para incidir en la regulación del mercado inmobiliario o para adscribir superficies de suelo urbanizable a la construcción de viviendas de protección oficial.

La disposición adicional primera del Real Decreto Legislativo 1/1992, de 26 de junio, por el que se aprueba el Texto Refundido de la Ley sobre Régimen del Suelo y Ordenación Urbana, dispone dos regímenes diferenciados para su aplicación. En su virtud, las normas que el mismo contempla relativas a delimitación de áreas de reparto, cálculo del aprovechamiento tipo y definición del aprovechamiento susceptible de apropiación de conformidad con el artículo 27.1 y 2 serán de aplicación en los siguientes supuestos: a) municipios superiores a 50.000 habitantes; b) capitales de provincia; c) municipios comprendidos en los entornos metropolitanos delimitados por la Comunidad

Autónoma correspondiente; d) municipios comprendidos entre 25.000 y 50.000 habitantes, salvo que las Comunidades Autónomas, cuando las circunstancias lo aconsejen, excluyan a municipios que no sean capitales de provincia y e) municipios de población inferior a 25.000 habitantes si las comunidades autónomas por sí o a instancia de los respectivos Ayuntamientos, así lo disponen.

Los municipios con población superior a 25.000 habitantes cuentan con Administraciones con medios personales y técnicos suficientes para poder aplicar el Real Decreto Legislativo 1/1992, en su totalidad, por lo que se ha considerado conveniente mantener, a través del presente Decreto, la aplicación íntegra de aquél a tales municipios.

También se prevé, a través de este Decreto, la aplicación íntegra del Real Decreto Legislativo de referencia para aquellos municipios incluidos en los entornos metropolitanos de Bilbao y de Donostia-San Sebastián, así como para aquellos municipios en los que, de conformidad con las previsiones contenidas en los instrumentos de ordenación territorial, se vayan a desarrollar operaciones específicas que proceda sean abordadas desde una aplicación íntegra de aquél. No obstante, los municipios incluidos en los entornos metropolitanos y cuya población no alcance los 25.000 habitantes podrán promover ante el Departamento de Urbanismo, Vivienda y Medio Ambiente la aplicación parcial del Real Decreto 1/1992.

En los municipios comprendidos entre 7.000 y 25.000 habitantes, según la población de derecho que conste en los censos o padrones últimos, los propios Ayuntamientos deben decidir la conveniencia de la aplicación íntegra o parcial del Real Decreto Legislativo de constante referencia, y por ello la fórmula que se prevé a través del presente Decreto es la de que estos Ayuntamientos adopten acuerdo plenario disponiendo la plena aplicación del Real Decreto Legislativo 1/1992.

Para aquellos municipios con población inferior a 7.000 habitantes, no singularizados o ubicados fuera de los entornos metropolitanos, se observa la conveniencia, ante la complejidad que supone el Plan General y su gestión, de que el Real Decreto Legislativo sea de aplicación parcial.

Por otro lado, ante las dudas surgidas respecto al cálculo del aprovechamiento susceptible de apropiación en el suelo urbano de los municipios a los que se refiere la letra d) del número dos de la disposición transitoria primera del Texto Refundido de la Ley, se considera conveniente confirmar el criterio contemplado en la Ley 8/1990, y ratificado por el Real Decreto Legislativo 1/1992, de que el aprovechamiento susceptible de apropiación en el suelo urbano de dichos municipios es el 85% del aprovechamiento correspondiente.

En su virtud, a propuesta del Departamento de Urbanismo, Vivienda y Medio Ambiente, de acuerdo con el Consejo de Estado y previa deliberación y aprobación del Consejo de Gobierno en su reunión del día 15 de marzo de 1994, dispongo:

Artículo 1.

Es de aplicación íntegra el Real Decreto Legislativo 1/1992, de 26 de junio, por el que se aprueba el Texto Refundido de la Ley sobre el Régimen del Suelo y Ordenación Urbana, en los siguientes municipios:

a) Bilbao, Donostia-San Sebastián y Vitoria-Gasteiz.

b) Municipios de más de 25.000 habitantes.

c) Municipios comprendidos en el Bilbao Metropolitano y en el Área Funcional de Donostia-San Sebastián.

d) Municipios en los que según las estrategias propuestas por las Directrices de Ordenación Territorial o Planes Territoriales Parciales se prevea que se desarrollen operaciones específicas que proceda sean abordadas desde una aplicación íntegra de la Ley. A tal efecto, los citados instrumentos señalarán expresamente esta determinación y su aprobación conllevará la adecuación del presente Decreto.

⇒ V. RDLeg 1/1992, de 26 junio, que aprueba el Texto Refundido de la Ley sobre el Régimen del Suelo y Ordenación (§2).
Téngase en cuenta la Ley 20/1997, de 4 diciembre, de Promoción de la Accesibilidad en el País Vasco; la Ley 10/1998, de 8 abril, de Desarrollo Rural en el País Vasco y la Ley 16/1994, de 30 junio, de Conservación de la Naturaleza.

Artículo 2.

Los municipios comprendidos en el Bilbao Metropolitano y en el Area Funcional de Donostia-San Sebastián son los siguientes:

a) Bilbao Metropolitano

- Abanto-Zierbena
- Alonsotegi
- Anteiglesia de San Esteban de Etxebarri
- Arrankudiaga
- Arrigorriaga
- Barakaldo
- Barrika
- Basauri
- Berango
- Bilbao
- Derio
- Erandio
- Galdakao
- Getxo
- Gorliz
- Larrabetzu
- Leioa
- Lemoiz

– Lezama
– Loiu
– Muskiz
– Ortuella
– Plentzia
– Portugalete
– Santurtzi
– Sestao
– Sondika
– Sopelana
– Ugao-Miraballes
– Urduliz
– Valle de Tragapa-Trapagaran
– Zamudio
– Zaratamo
– Zeberio
– Zierbena

b) Área Funcional de Donostia-San Sebastián

– Andoain
– Astigarraga
– Donostia-San Sebastián
– Hernani
– Hondarribia
– Irún
– Lasarte-Oria
– Lezo
– Orio
– Oiartzun
– Pasaia
– Rentería
– Urnieta
– Usurbil

Artículo 3.

En los municipios comprendidos entre 7.000 y 25.000 habitantes, según la población de derecho que conste en el último censo o padrón municipal, no incluidos en el artículo segundo, será de aplicación íntegra el Real Decreto Legislativo 1/1992, de 26 de junio, por el que se aprueba el Texto Refundido de la Ley sobre el Régimen del Suelo y Ordenación Urbana, siempre que así se disponga en acuerdo plenario adoptado por el Ayuntamiento correspondiente. Este acuerdo deberá ser publicado en los Boletines Oficiales del País Vasco y del Territorio Histórico correspondiente, debiéndose dar traslado del mismo al Departamento de Urbanismo, Vivienda y Medio Ambiente del Gobierno Vasco y al Departamento competente en materia de Urbanismo de la Diputación Foral correspondiente.

⇒ V. D. 160/2000, de 28 julio, que regula la estructura orgánica del Departamento de Ordenación del Territorio, Vivienda y Medio Ambiente.

Artículo 4.

Aquellos municipios con población inferior a 25.000 habitantes que se hallen incluidos en el artículo segundo de este Decreto, podrán solicitar, previa justificación razonada, la exclusión del régimen de aplicación íntegra ante el Departamento de Urbanismo, Vivienda y Medio Ambiente. Oído el órgano foral competente, el Consejero de Urbanismo, Vivienda y Medio Ambiente resolverá en el plazo de dos meses desde la presentación de la solicitud.

Transcurrido este plazo sin haber dictado resolución, se entenderá estimada la solicitud.

⇒ V. D. 160/2000, de 28 julio, que regula la estructura orgánica del Departamento de Ordenación del Territorio, Vivienda y Medio Ambiente.

Artículo 5.

1. En el suelo urbano de todos los municipios de la Comunidad Autónoma del País Vasco, el aprovechamiento susceptible de apropiación por el titular de un terreno mediante el cumplimiento de los deberes legalmente establecidos es el siguiente:

a) En los municipios que sea de aplicación íntegra el Real Decreto Legislativo 1/1992, de 26 de junio, el resultado de referir a su superficie el 85% del aprovechamiento tipo del área de reparto en la que se encuentre. Hasta que no sean adaptados a sus disposiciones, dicho aprovechamiento será el resultado de referir a su superficie el 85% del aprovechamiento medio de la unidad de ejecución, calculado de acuerdo con lo dispuesto en la disposición adicional segunda del Real Decreto Legislativo 1/1992, de 26 de junio.

b) En los municipios que no sea de aplicación íntegra el Real Decreto Legislativo 1/1992, de 26 de junio, el resultado de referir a su superficie el 85% del aprovechamiento medio de la unidad de ejecución, calculado de acuerdo con lo dispuesto en la disposición adicional segunda del Real Decreto Legislativo 1/1992, de 26 de junio.

2. En dicho suelo urbano, tanto en el caso de municipios en los que sea de aplicación plena el Real Decreto Legislativo citado y no adaptados al mismo, como en los que sea de aplicación parcial, cuando los terrenos no se encuentren incluidos en unidad de ejecución, el aprovechamiento susceptible de apropiación por el titular de un terreno es el 85% del aprovechamiento permitido por el planeamiento.

⇒ V. arts. 27 y 152 del RDLeg 1/1992, de 26 junio, que aprueba el Texto Refundido de la Ley sobre el Régimen del Suelo y Ordenación (§2).

DISPOSICIONES TRANSITORIAS

Primera.

Los Municipios a los que sea de aplicación íntegra, en virtud del presente Decreto, el Real Decreto Legislativo 1/1992, de 26 de junio, deberán adaptar su planeamiento vigente a lo dispuesto en el citado Real Decreto en el plazo de cuatro años a contar desde la entrada en vigor de este Decreto.

Segunda.

Hasta tanto se produzca la primera adaptación de su planeamiento general respectivo, las disposiciones sobre aplicación íntegra o parcial contenidas en los artículos primero al cuarto del presente Decreto y, en consecuencia, el deber de adaptación establecido en la disposición transitoria primera, no serán de aplicación a los municipios que no cuenten con planeamiento general adaptado al Texto Refundido de la Ley del Suelo de 1976.

DISPOSICIÓN FINAL

El presente Decreto entrará en vigor al día siguiente de su publicación en el «Boletín Oficial del País Vasco».

§ 49 LEY 9/1989, DE 17 NOVIEMBRE. VALORACIÓN DEL SUELO DE LA COMUNIDAD AUTÓNOMA DEL PAÍS VASCO

(BOPV núm. 230, de 5 diciembre [RCL 1989, 2827 y LPV 1989, 244])

La promulgación de la Constitución Española, impulsando un nuevo modelo de Estado basado en la organización autonómica, así como consagrando la función social de la propiedad, ha venido a incidir de forma decisiva en el marco legal del urbanismo.

El Texto Refundido de la Ley sobre Régimen del Suelo y Ordenación Urbana, Real Decreto 1346/1976, así como su desarrollo reglamentario, ha sido, en líneas generales, un instrumento eficaz de ordenación urbanística. Sin embargo, las peculiaridades que guiaron su redacción han venido provocando serias discrecionalidades que es preciso corregir.

La regulación de las valoraciones de los terrenos a efectos de la ejecución de planes urbanísticos es un elemento clave. La Ley de Régimen del Suelo y Ordenación Urbana procedió en su momento a determinar los criterios básicos de valoración. La determinación de los conceptos de valor inicial y urbanístico, cerrando el camino a la aplicación de otros tipos de valor, como los expectantes, representó una aportación esencial en el proceso de objetivación y racionalización de la valoración urbanística. Ello no obstante, algunos aspectos esenciales en la perspectiva de la gestión no fueron objeto de una regulación detallada ni en la propia Ley del Suelo ni en su Reglamento de Gestión, lo que ha provocado continuos conflictos interpretativos entre los distintos agentes involucrados en el proceso urbano, así como en la propia jurisprudencia.

Debe entenderse que no se trata de modificar los criterios básicos de tasación de la citada Ley, sino de desarrollarlos y concretarlos de forma que se potencie, tanto la eficacia de la gestión de los entes públicos en el ámbito de esta Comunidad Autónoma, como la seguridad jurídica de los particulares. Con la Ley sobre Régimen del Suelo y Ordenación Urbana se posibilitó la ordenación íntegra de todo el territorio de nuestra Comunidad Autónoma. No obstante, se han producido supuestos de valoración de expectativas urbanísticas en suelos que por definición o decisión del Planeamiento no pueden ser objeto de urbanización. Por ello urge reafirmar plenamente la orientación del artículo 103 de la Ley sobre Régimen del Suelo y Ordenación Urbana, sometiendo a las reglas de esta Ley de Valoración del Suelo de la Comunidad Autónoma del País Vasco, toda clase de terrenos clasificados, o no, urbanísticamente.

En coherencia con lo anterior, no se modifican, sino que al contrario se profundiza en los elementos determinantes de la regulación vigente: tasación del suelo en base a la legislación urbanística y evaluación de los terrenos en base a los criterios de valor inicial y urbanístico.

Se presenta con esta Ley de Valoración del Suelo de la Comunidad Autónoma del País Vasco, una regulación clara y meridiana de las valoraciones urbanísticas, evidenciando la universalidad de las reglas de valoración según los conceptos de la Ley sobre Régimen del Suelo y Ordenación Urbana, valor inicial y urbanístico, aplicables a todo tipo de situaciones, con independencia tanto del carácter rústico o urbano de los terrenos, como de la existencia o no de figuras de Planeamiento.

El primer aspecto que se aborda en esta Ley es el relativo a las disposiciones generales, que en todo caso habrán de entenderse subordinadas al mandato consagrado en la Constitución, de respeto al interés general e impedir la especulación.

Se reafirma de forma nítida el carácter antagónico entre el valor inicial, resultante del aprovechamiento real o potencial del suelo rústico, y el obtenible en base a presuntas expectativas urbanísticas. El valor inicial, en cuanto cuantificación del contenido mínimo, inderogable, del derecho de propiedad, ha de determinarse con independencia del derecho de urbanizar y edificar otorgado por el Planeamiento, debiendo despojarse, por tanto, de toda rentabilidad, valor expectante o coste de oportunidad de tipo urbano.

El derecho a la urbanización no es algo inherente a las facultades esenciales de la propiedad privada, sino algo otorgado, y como tal potencialmente aplicable, reducible o, incluso eliminable por la acción colectiva del Planeamiento. En este sentido, el suelo urbanizable no programado se asimila al suelo no urbanizable a los efectos de su valoración por aplicación del valor inicial. La presente Ley no hace sino confirmar lo ya implícito en la Ley sobre Régimen del Suelo y Ordenación Urbana, llevando a sus últimas consecuencias el sentido profundo de dicha clase de suelo: su identidad con el no urbanizable. Los criterios de valoración de suelo no programado, en tanto no se programe efectivamente, serán entonces congruentes con su régimen jurídico, eliminándose la grave contradicción que permanecía en la Ley del Suelo.

En congruencia con el concepto de valor inicial, la referencia a los valores administrativos de origen fiscal tendrá relevancia tan sólo si éstos no integran expectativas urbanísticas. El valor de origen fiscal prevalecerá, cuando fuese superior, sobre el valor determinado según el método de capitalización del rendimiento rústico neto.

Aun cuando el valor urbanístico debe garantizar la participación de la Comunidad en las plusvalías que genera la acción urbanística de los Entes Públicos, la presente Ley respeta íntegramente la concepción de valor urbanístico vigente, y muy particularmente su referencia obligada al valor fiscal del aprovechamiento urbanístico otorgado por los Planes.

Asimismo, se llena el enorme vacío que existía en el Reglamento de Gestión, por la identificación absoluta del valor urbanístico con el catastral de Contribución Urbana, lo que impedía conocer con exactitud cómo determinar el primero en el supuesto de que no se produjesen las condiciones de adecuación de los segundos al Planeamiento, o tuviesen éstos un desfase acentuado con la realidad debido al paso del tiempo. En este caso, la presente Ley, no hace sino ser necesariamente escrupulosa con el concepto básico inspirador de la valoración urbanística: su fundamento fiscal. En coherencia con dicho principio, si no son aplicables los valores catastrales, habrá que recurrir a los criterios de tasación contenidos en la normativa fiscal vigente sobre valoraciones catastrales en cada uno de los Territorios Históricos de la comunidad autónoma.

Se trata de unificar las reglas de valoración de la Administración Autonómica, puesto que es fácilmente comprensible, desde una perspectiva de equidad, que un ciudadano debe contribuir fiscalmente a la colectividad en función del valor que esta misma colectividad le otorgaría en caso de ser necesaria una valoración del suelo a efectos indemnizatorios o compensatorios. Y a la inversa, que el valor del suelo en todo caso respetará el valor que a la propiedad se reconoce a efectos tributarios, para evitar que valoraciones superiores a las fiscales determinen supuestos de fraude a la sociedad.

Por último, la segunda idea central que inspira la determinación del valor urbanístico consiste en la tasación de los aprovechamientos plenamente patrimonializados de forma privada, una vez deducidos los deberes inherentes a la función social de la propiedad que no hubiesen sido satisfechos por los propietarios.

CAPÍTULO I

Disposiciones generales

Sección 1ª Disposiciones comunes

Artículo 1.

Las valoraciones de terrenos, clasificados o no urbanísticamente, se efectuarán con arreglo a los criterios contenidos en la presente Ley.

⇒ V. arts. 23 a 32 de la Ley 6/1998, de 13 abril (§1).

V. Ley 8/1987, de 20 noviembre, de creación de los Jurados Territoriales de Expropiación Forzosa, y respecto de su art. 2, téngase en cuenta las SSTC 127/1999, de 1 julio (RTC 1999, 127) y 150/1998, de 2 julio (RTC 1998, 150) y ATC 46/1999 (RTC 1999, 46 AUTO).

Artículo 2.

Los terrenos se valorarán teniendo en cuenta únicamente los valores inicial y urbanístico, sin perjuicio de lo dispuesto en el Capítulo IV de la presente Ley.

⇒ V. arts. 23 a 32 de la Ley 6/1998, de 13 abril (§1).

Artículo 3.

Las valoraciones tendrán como límite mínimo el valor inicial, que prevalecerá sobre el urbanístico cuando fuese éste inferior.

⇒ V. arts. 23 a 32 de la Ley 6/1998, de 13 abril (§1).
V. Jurisprudencia en arts. 104 y concordantes del TRLS/1976 (§3).

Artículo 4.

Siempre que el valor urbanístico asignado a una parcela, en la que el dueño hubiera costeado algunas obras de urbanización no contrapuestas a Planes vigentes en el momento de ejecutarlas, fuese inferior a la suma del valor inicial y de la parte proporcional del valor actual de las obras, se completará aquél hasta cubrir el importe de ambos sumandos.

⇒ V. arts. 23 a 32 de la Ley 6/1998, de 13 abril (§1).
V. Jurisprudencia en arts. 105 y concordantes del TRLS/1976 (§3).

Artículo 5.

Cuando corresponda aplicar a la tasación de terrenos el valor inicial o urbanístico, no se tendrá en cuenta el precio consignado en los títulos de adquisición o de constitución de gravámenes posteriores a la promulgación de esta Ley.

⇒ V. arts. 23 a 32 de la Ley 6/1998, de 13 abril (§1).
V. Jurisprudencia en arts. 109 y concordantes del TRLS/1976 (§3).

Artículo 6.

1. Las valoraciones tendrán vigencia durante diez años y se revisarán cada año utilizando como base el índice general ponderado de precios al por mayor publicado por el Instituto Nacional de Estadística.

2. No obstante, cuando circunstancias reales y ajenas a especulaciones originen notorias variaciones en el mercado de terrenos o en la situación económica general, las valoraciones podrán revisarse utilizando además otros factores conforme a la legislación urbanística, bien de oficio, bien a petición de cualquier propietario afectado.

⇒ V. arts. 23 a 32 de la Ley 6/1998, de 13 abril (§1).

Sección 2ª Valoración de plantaciones, obras, edificaciones e instalaciones

Artículo 7.

1. Las plantaciones, obras, edificaciones e instalaciones que existan en el suelo, se valorarán con independencia del mismo y no modificarán el valor urbanístico o inicial de éste, salvo que, por su carácter de mejoras permanentes, hayan sido tenidas en cuenta en la determinación de aquél.

2. El valor de las plantaciones, obras, edificaciones e instalaciones que existan en el suelo se determinarán con arreglo a los criterios de la Ley de Expropiación Forzosa, e incrementarán con su cuantía el valor del inmueble,

siempre y cuando tales elementos no hayan constituido infracción urbanística, o la misma haya sido legalizada.

⇒ V. arts. 23 a 32 de la Ley 6/1998, de 13 abril (§1).
V. Jurisprudencia en arts. 106 y concordantes del TRLS/1976 (§3).

Sección 3ª Valoración de derechos reales y de los derechos del arrendatario derivados de un contrato de arrendamiento

Artículo 8.

1. La valoración de los derechos reales sobre inmuebles a los efectos de su constitución, modificación o extinción, se efectuará con arreglo a las disposiciones sobre expropiación que específicamente determinen el justiprecio de los mismos, subsidiariamente según las normas del Derecho Administrativo o Civil que regule la institución y, en su defecto, por las establecidas para los Impuestos de Sucesiones y Donaciones, sobre el Valor Añadido y de Transmisiones Patrimoniales y Actos Jurídicos Documentados.

2. Al expropiar una finca gravada con cargas, la Corporación u Organismo que la efectúe justipreciará cada uno de los derechos que concurran con el de dominio de forma que su conjunto sea equivalente al del inmueble libre de cargas, para distribuirlo entre los titulares de cada uno de ellos. En caso de desacuerdo de los titulares, se valorará el inmueble en su conjunto y se consignará su importe en poder del Juzgado, para que éste fije y distribuya, por el trámite de los incidentes, la proporción que corresponda a los respectivos interesados.

⇒ V. arts. 23 a 32 de la Ley 6/1998, de 13 abril (§1).

Artículo 9.

A los efectos de esta Ley, la valoración de los derechos a favor de los arrendatarios rústicos y urbanos se fijará de acuerdo con lo previsto en la Ley de Expropiación Forzosa.

⇒ V. arts. 23 a 32 de la Ley 6/1998, de 13 abril (§1).

CAPÍTULO II
Valor inicial

Artículo 10.

Se tasarán con arreglo al valor inicial los terrenos clasificados como suelo no urbanizable, así como urbanizable no programado o de reserva urbana.

⇒ V. arts. 23 a 32 de la Ley 6/1998, de 13 abril (§1).

Artículo 11.

El valor inicial de un predio o unidad de cultivo, a efectos de esta Ley, se determinará:

a) Por capitalización de rendimiento rústico neto.

b) Por su valor medio en venta, a efectos de su explotación agraria.

Artículo 12.

1. Para la estimación del rendimiento rústico neto tan sólo se podrán tomar en consideración aprovechamientos directamente relacionados con la explotación agraria de los predios. En el aprovechamiento agrario, se estimarán comprendidos el agrícola, el forestal, el ganadero, el cinegético y cualquiera otro semejante.

2. En ningún caso, a los efectos de la estimación del valor inicial, se considerarán integrantes del aprovechamiento agrario, expectativas, usos o edificabilidades, valores o rendimientos, vinculados directa o indirectamente con una posible utilización urbana del suelo.

Artículo 13.

1. La valoración por capitalización del rendimiento rústico neto será la más alta de las siguientes:

a) Capitalización del rendimiento neto del predio en su explotación actual rústica.

b) Capitalización del rendimiento neto relativo a la potencial explotación agraria de que fuere susceptible, con los medios normales, mecánicos, técnicos o de capital.

2. El rendimiento neto será el que se obtenga de deducir del valor del producto bruto medio real o potencial de los cinco años anteriores, las cantidades correspondientes a gastos directos o indirectos de explotación más el beneficio del empresario agrícola o cultivador de la tierra.

3. Los rendimientos netos obtenidos en virtud del apartado anterior se capitalizarán al tipo de interés legal del dinero, al objeto de obtener el valor en renta de la propiedad rústica.

4. En el supuesto recogido en el epígrafe b) del apartado primero de este artículo, al valor en renta resultante de la capitalización deberán descontarse los costes de infraestructuras, puesta en cultivo o adaptación, que fueran precisos con objeto de materializar la explotación potencial prevista.

Artículo 14.

1. Cuando el valor inicial a que se llegue por aplicación de los criterios anteriores sea inferior al que constara en valoraciones administrativas de carácter fiscal, prevalecerá la más alta de las que concurran sobre el terreno.

2. A estos efectos tendrán la consideración de valoraciones administrativas de carácter fiscal, únicamente las siguientes:

a) El valor catastral de los terrenos de naturaleza rústica.

b) Las valoraciones practicadas a los efectos de los Impuestos de Sucesiones y Donaciones y Transmisiones Patrimoniales y Actos Jurídicos Documentados, siempre y cuando sean realizadas con dos años de antelación como mínimo, al Plan o Proyecto que haya determinado en primera instancia la valoración.

3. Estas valoraciones serán de aplicación para la estimación del valor

inicial del suelo tan sólo si concurre en su determinación lo dispuesto en el artículo 12.

CAPÍTULO III
Valor urbanístico

Sección 1ª Disposiciones generales

Artículo 15.

Se tasará con arreglo al valor urbanístico los terrenos clasificados como suelo urbano, urbanizable programado por Plan General o Programa de Actuación Urbanística, así como apto para urbanizar por Normas Subsidiarias.

⇒ V. arts. 23 a 32 de la Ley 6/1998, de 13 abril (§1).
V. Jurisprudencia en arts. 105 y concordantes del TRLS/1976 (§3).

Artículo 16.

1. El valor urbanístico se determinará en función del aprovechamiento que corresponda a los terrenos según su clasificación y calificación urbanística.

2. La cuantificación económica del valor urbanístico relativo a dicho aprovechamiento se realizará de acuerdo a las reglas que se pormenorizan en la Sección Tercera de este Capítulo.

Sección 2ª Aprovechamientos evaluables

Artículo 17.

1. El valor urbanístico sólo podrá referirse a los aprovechamientos otorgados por el planeamiento vigente.

2. En ningún caso, fuera de lo dispuesto en el Capítulo IV de esta Ley, podrá autorizarse la consideración de aprovechamientos superiores o inferiores, anteriores o posteriores, a los referidos en el apartado anterior.

⇒ V. arts. 23 a 32 de la Ley 6/1998, de 13 abril (§1).
V. Jurisprudencia en arts. 105 y concordantes del TRLS/1976 (§3).

Artículo 18.

El aprovechamiento para la determinación del valor urbanístico será:

a) En el suelo urbano incluido en polígono o unidad de actuación urbanística, el aprovechamiento medio del polígono o unidad de actuación.

b) En el suelo urbano no incluido en polígono o unidad de actuación urbanística, el correspondiente a su calificación urbanística.

c) En el suelo urbanizable programado por Plan General o Programa de Actuación Urbanística, o apto para urbanizar por Norma Subsidiaria, el 90% del aprovechamiento medio del sector, una vez deducido, en su caso, el exceso sobre el aprovechamiento medio del suelo urbanizable.

Artículo 19.

A los únicos efectos de la determinación del valor urbanístico, el aprovechamiento de los terrenos destinados a sistemas generales será:

a) En el suelo urbano sujeto a actuaciones aisladas: el acordado en el planeamiento urbanístico, o subsidiariamente el 0,2 metros cuadrados de superficie construida o de techo de uso residencial por cada metro cuadrado de suelo.

b) En el suelo urbano incluido en polígonos o unidades de actuación urbanística, delimitados por el planeamiento o definidos con posterioridad al mismo, el aprovechamiento medio del polígono o unidad de actuación.

c) En el suelo incluido en sectores de planeamiento parcial, el aprovechamiento medio o tipo del sector al que se adscriban.

Artículo 20.

En los supuestos de terrenos en suelo urbano que deban ejecutarse mediante actuación aislada, en que la calificación urbanística hubiere asignado una edificabilidad bruta, inferior a 0,2 metros cuadrados de superficie construida o techo de uso residencial por cada metro cuadrado de suelo, y se procediese a la expropiación, se le reconocerá un aprovechamiento equivalente a dicho mínimo a los efectos de la determinación de su valor urbanístico.

Artículo 21.

En ausencia de planeamiento, el aprovechamiento de suelo urbano consolidado por la urbanización o edificación, será de un metro cuadrado de superficie construida o de techo de uso residencial por cada metro cuadrado de suelo en caso de solares, y de 0,2 metros cuadrados de superficie construida o de techo de uso residencial por cada metro cuadrado de suelo en caso de terrenos sin urbanizar.

Sección 3ª Estimación del valor urbanístico

Artículo 22.

1. El valor urbanístico de un terreno en relación a su aprovechamiento base determinado según lo dispuesto en el artículo 18, se fijará tomando como referencia el valor catastral establecido a efectos fiscales.

2. Será condición necesaria para la aplicación del valor catastral:

a) Que las condiciones de aprovechamiento consideradas para la determinación del mismo correspondan a las del aprovechamiento urbanístico vigente en el momento de fijarse la valoración, a cuyo efecto se solicitará certificación de estos extremos de la Diputación Foral del Territorio Histórico correspondiente.

b) Que desde la fecha de la valoración fiscal no hubiese transcurrido el plazo de ocho años.

⇒ V. arts. 23 a 32 de la Ley 6/1998, de 13 abril (§1).
V. Jurisprudencia en arts. 105 y concordantes del TRLS/1976 (§3).

Artículo 23.

En caso de no ser aplicable la estimación fiscal anteriormente expuesta, por no concurrir todos los requisitos necesarios, el valor urbanístico se determinará en su componente de cuantificación económica del aprovechamiento, de acuerdo a los criterios de tasación y normas técnicas contenidos en la normativa fiscal vigente sobre valoraciones catastrales en cada uno de los Territorios Históricos de la comunidad autónoma.

Artículo 24.

1. En todo caso, al valor obtenido según los artículos anteriores se le deducirá el valor económico de los deberes insatisfechos, si el propietario no hubiera materializado total o parcialmente las cesiones obligatorias y gratuitas de terrenos, así como los costes de la urbanización, y no hubiera sido ello tenido en cuenta en la estimación del aprovechamiento o del valor fiscal.

2. A tal efecto, si se tratase de solares o de terrenos no plenamente urbanizados, ubicados en suelo urbano, y no hubieran cumplido sus propietarios las obligaciones de cesión obligatorias y gratuitas de terrenos y costos de urbanización, se le descontará el valor urbanístico del aprovechamiento de los terrenos de cesión obligatoria y gratuita, así como, en su caso, los gastos de urbanización.

CAPÍTULO IV

La valoración de derechos plenamente patrimonializados

Artículo 25.

Se entenderá que existen derechos inmobiliarios plenamente patrimonializados si se producen simultáneamente las siguientes condiciones:

a) Que se haya edificado conforme al planeamiento.

b) Que se haya edificado según lo dispuesto en la licencia urbanística.

c) Que se hayan cumplimentado tanto las cesiones obligatorias y gratuitas de terrenos como de aprovechamiento, y el costeamiento y ejecución de la urbanización.

⇒ V. arts. 23 a 32 de la Ley 6/1998, de 13 abril (§1).
V. Jurisprudencia en arts. 105 y concordantes del TRLS/1976 (§3).

Artículo 26.

En caso de existir derechos plenamente patrimonializados sobre los inmuebles por haber sido edificados con anterioridad a modificaciones o revisiones del planeamiento que originaran disminuciones en las condiciones de aprovechamiento permitidas, la valoración del suelo será la que corresponda al valor inicial o urbanístico del aprovechamiento realmente materializado del predio según el planeamiento entonces vigente, con arreglo a los criterios de esta Ley, sin perjuicio del incremento que suponga la valoración de las plantaciones, obras, edificaciones o instalaciones a tenor de los criterios de la Ley de Expropiación Forzosa.

Artículo 27.

Para la obtención del valor del suelo según el valor urbanístico del aprovechamiento realmente materializado, deberá considerarse:

a) Si el uso existente difiriese del definido en el planeamiento vigente, se determinará un nuevo valor en virtud de las reglas establecidas en el Capítulo III de esta Ley.

b) Si la superficie construida fuese distinta a la actualmente permitida, se tomará como referencia la realmente materializada.

DISPOSICIÓN TRANSITORIA

Los criterios de valoración establecidos por la presente Ley serán únicamente aplicables a los procedimientos expropiatorios que se inicien a partir de su entrada en vigor.

DISPOSICIONES FINALES

Primera.

La presente Ley entrará en vigor al día siguiente de su publicación en el «Boletín Oficial del País Vasco».

Segunda.

No serán de aplicación en el ámbito de la Comunidad Autónoma del País Vasco aquellos preceptos contenidos en la vigente Ley del Suelo, Texto Refundido aprobado por Real Decreto 1346/1976, de 9 de abril, que contradigan, se opongan o resulten incompatibles con lo dispuesto en la presente Ley.

Tercera.

Se autoriza al Gobierno para que de acuerdo con lo dispuesto en la presente Ley, dicte las disposiciones que estime convenientes en desarrollo de la misma.

§ 50 LEY 17/1994, DE 30 JUNIO. MEDIDAS URGENTES EN MATERIA DE VIVIENDA Y TRAMITACIÓN DE INSTRUMENTOS DE PLANEAMIENTO Y GESTIÓN URBANÍSTICA DEL PAÍS VASCO

(BOPV núm. 145, de 1 agosto [RCL 1994, 3623 y LPV 1994, 335])

En virtud de los artículos 148.1.3º de la Constitución Española, de 27 de diciembre de 1978, y 10.31 del Estatuto de Autonomía para el País Vasco, así como la Ley 27/1983, de 25 de noviembre, de Relaciones entre las instituciones comunes de la comunidad autónoma y los órganos forales de los territorios históricos, corresponde a la comunidad autónoma del País Vasco la capacidad legislativa en materia de ordenación del territorio, urbanismo y vivienda.

En la comunidad autónoma del País Vasco la carestía de la vivienda en los últimos años constituye una problemática grave y generalizada a todos los municipios que provoca que, actualmente, un porcentaje muy elevado de la población no pueda acceder a una vivienda. Esta situación exige que los poderes públicos adopten medidas a fin de poder hacer realidad el principio consagrado en el artículo 47 de la Constitución Española de que toda persona tiene derecho a una vivienda digna.

La Ley 4/1990, de Ordenación del Territorio del País Vasco, contempla en su disposición adicional sexta la posibilidad de que los Ayuntamientos delimiten las áreas o sectores de suelo urbano, urbanizable programado o apto para urbanizar en el Plan General de Ordenación Urbana o en las Normas Subsidiarias de Planteamiento Municipal, en los que deban cumplirse las previsiones que establezcan las Directrices de Ordenación Territorial y los Planes Territoriales Parciales en materia de vivienda sometida a cualesquiera regímenes de protección oficial, para lo que clasificarán y calificarán el suelo que resulte necesario, disponiéndose en la disposición transitoria cuarta que, hasta la aprobación definitiva de los instrumentos de ordenación territorial citados, la Comisión de Ordenación del Territorio del País Vasco podrá cuantificar la necesidad de viviendas de protección oficial o limitadas en su precio final a los efectos previstos en la disposición adicional citada.

La Ley 8/1990, de 25 de julio, sobre Reforma del Régimen Urbanístico y Valoraciones del Suelo y su correspondiente Texto Refundido, aprobado mediante el Real Decreto Legislativo 1/1992, incorporan nuevos instrumentos al marco jurídico vigente para impedir la especulación del suelo y fomentar la construcción de viviendas sujetas a algún régimen de protección pública.

La presente Ley introduce una nueva herramienta para propiciar la construcción de viviendas de protección pública, consistente en imponer al planeamiento la obligación de calificar específicamente suelo con destino a la construcción de viviendas cuyo precio sea susceptible de ser tasado por la Administración.

El marco de actuación de esta Ley se extiende al suelo clasificado como urbano, urbanizable y apto para urbanizar por el planeamiento general, porque en el suelo clasificado como no urbanizable existen instrumentos suficientes en la legislación vigente para la creación de patrimonios municipales de suelo.

La Ley diferencia su intervención, teniendo en cuenta la población de los municipios. Se establece la aplicación general de la misma a los municipios con población superior a 7.000 habitantes, porque en éstos la problemática de la vivienda está más acentuada, mientras que para los de población inferior su carácter es potestativo, dado que la dinámica residencial es generalmente más escasa. En este sentido, se establece la obligación o sugerencia, según los casos, de que el planeamiento municipal califique un porcentaje del suelo residencial con destino a la construcción de viviendas de protección pública. Este porcentaje, que asciende al 20% en operaciones integradas de reforma interior que se ejecuten mediante unidades de ejecución en suelo urbano y al 65% en suelo urbanizable y apto para urbanizar, se entiende como mínimo y puede ser incrementado por los Ayuntamientos tras un análisis más exhaustivo de su situación.

El proceso de revisión del planeamiento es largo y complejo, por lo que, para evitar que la aplicación de esta Ley quede postergada al proceso de revisión y adaptación a la misma del planeamiento, se introduce la obligación de que las modificaciones que afecten sustancialmente a la Ordenación Residencial del planeamiento general, así como el de desarrollo se sometan a sus disposiciones.

La norma prevé, además, en aras a agilizar la tramitación de los instrumentos de planeamiento de desarrollo, así como de los instrumentos de gestión, una reducción considerable de los plazos previstos en la legislación urbanística vigente.

Por último, ante las dudas surgidas respecto al cálculo del aprovechamiento susceptible de apropiación en el suelo urbano de los municipios a los que se refiere la letra d) del número dos de la disposición transitoria primera del Texto Refundido de la Ley, se considera conveniente confirmar el criterio contemplado en la Ley 8/1990, y ratificado por el Real Decreto Legislativo 1/1992, de que el aprovechamiento susceptible de apropiación en el suelo urbano de dichos municipios es el 85% del aprovechamiento correspondiente.

Artículo 1.

Es objeto de la presente Ley:

1. El establecimiento de los estándares a adoptar por los municipios en

orden a la calificación en su planeamiento municipal de suelo con destino a la construcción de viviendas sujetas a cualquier régimen de protección pública.

2. La determinación de los plazos de aprobación de planeamiento urbanístico de desarrollo y de los instrumentos de gestión correspondientes.

3. La fijación del aprovechamiento urbanístico susceptible de apropiación.

⇒ Esta Ley ha sido desarrollada por el D.142/1997, de 17 junio (§50.1).
Téngase en cuenta la Ley 20/1997, de 4 diciembre, de Promoción de la Accesibilidad en el País Vasco.
V. art. 2 de la Ley 5/1998, de 6 marzo, de Medidas Urgentes en Materia de Suelo y Urbanismo (§46).

CAPÍTULO I
De los estándares de viviendas de protección pública

Artículo 2.

1. Los Planes Generales de Ordenación Urbana y las Normas Subsidiarias de Planeamiento de los municipios con población superior a 7.000 habitantes deberán calificar como suelo destinado a la construcción de viviendas sujetas a protección pública la superficie de terreno que resulte necesaria para materializar el aprovechamiento mínimo siguiente:

– En suelo urbano, el 20% del total residencial previsto en operaciones integradas de reforma interior que deban ser ejecutadas mediante unidades de ejecución, quedando excluidas las actuaciones asistemáticas a que se refiere el artículo 143 de la Ley de Régimen del Suelo y Ordenación Urbana Texto Refundido de 26 de junio de 1992.

– En suelo urbanizable programado, para cada uno de los cuatrienios, y en suelo apto para urbanizar, el 65% del total residencial previsto en esta clase de suelo.

2. En los municipios con población inferior a 7.000 habitantes no serán de aplicación obligatoria los estándares establecidos en el apartado anterior.

No obstante, el Consejero competente en materia de Urbanismo y Vivienda, previo informe de la Comisión de Ordenación del Territorio del País Vasco, podrá disponer su aplicación obligatoria a alguno de estos municipios por aconsejarlo así la ordenación territorial y la situación del mercado de la vivienda. La resolución correspondiente se aprobará previa audiencia por el plazo de un mes a los municipios y Diputación Foral afectados.

⇒ V. arts. 1, 2, 3 y 4 del D. 142/1997, de 17 junio (§50.1).
V. D. 263/1990, de 2 octubre, que regula la Comisión de Ordenación del Territorio, modificado por D. 277/1992, de 13 octubre, por D. 288/1995, de 16 mayo y por D. 397/1999, de 2 noviembre.

Artículo 3.

Los expedientes de modificación de planeamiento general de los municipios a los que sean de aplicación los estándares fijados en el artículo segundo, cuyas determinaciones afecten sustancialmente a la ordenación residencial contenida en dicho planeamiento, deberán acreditar su cumplimiento en los términos previstos en la presente Ley.

⇒ V. art. 5 del D. 142/1997, de 17 junio (§50.1).

Artículo 4.

Los Programas de Actuación Urbanística que se formulen y aprueben en desarrollo de los Planes Generales de Ordenación Urbana contendrán las determinaciones precisas para el cumplimiento del estándar mínimo establecido en el artículo segundo para el suelo urbanizable programado residencial.

Artículo 5.

1. Los Planes Generales y las Normas Subsidiarias para los ámbitos de suelo urbano afectados, los Planes Especiales de Reforma Interior para los ámbitos en que se actúe por unidades de ejecución y los Planes Parciales en suelo urbanizable programado o apto para urbanizar contendrán las determinaciones de localización de los estándares mínimos establecidos en el artículo segundo de la presente Ley.

2. Excepcionalmente, cuando las circunstancias urbanísticas de un municipio así lo requieran, el Consejero competente en materia de Urbanismo y Vivienda a instancia del Ayuntamiento afectado, previo informe de la Comisión de Ordenación del Territorio del País Vasco, podrá autorizar en los instrumentos de planeamiento a que se refiere el apartado anterior porcentajes inferiores a los establecidos en el artículo segundo, siempre que se acredite el cumplimiento global de los estándares mínimos.

La autorización o denegación de los citados porcentajes, inferiores a lo establecido para la generalidad en la presente Ley, se realizará a instancia del Ayuntamiento afectado, entendiéndose favorable la falta de respuesta del Consejero en el plazo de sesenta días.

⇒ V. art. 6 del D.142/1997, de 17 junio (§50.1).
V. D. 263/1990, de 2 octubre, que regula la Comisión de Ordenación del Territorio, modificado por D. 277/1992, de 13 octubre, por D. 288/1995, de 16 mayo y por D. 397/1999, de 2 noviembre.

CAPÍTULO II
De la tramitación del planeamiento urbanístico

Artículo 6.

La tramitación de los Planes Parciales y Especiales que desarrollen determinaciones de planeamiento general se sujetará a las siguientes reglas:

a) La aprobación inicial se otorgará por la Administración que lo hubiera formulado, sometiéndolo a continuación a información pública, como mínimo durante quince días, mediante anuncio en el «Boletín Oficial del Territorio Histórico» correspondiente y publicación en uno de los diarios de mayor circulación del mismo.

El plazo para acordar o denegar la aprobación inicial, en los supuestos de planes de iniciativa pública y particular, será de tres meses desde la presentación de la documentación completa en el Registro municipal.

b) En el supuesto de que el período de información pública no se presentase ninguna alegación, se entenderá aprobado provisionalmente, procediéndose de conformidad con lo dispuesto en la letra c).

En otro caso, a la vista de las alegaciones formuladas en el período de información pública, el Ayuntamiento lo aprobará provisionalmente con las modificaciones que procedieren. Si dichas modificaciones significaran un cambio sustancial del Plan inicialmente aprobado, se abrirá un nuevo período de información pública antes de otorgar la aprobación provisional.

El plazo para acordar sobre la aprobación inicial provisional de los Planes de iniciativa pública y privada no podrá exceder de seis meses desde la aprobación inicial.

c) Una vez otorgada la aprobación provisional, si el Plan hubiera de aprobarse definitivamente por la Diputación Foral, el Ayuntamiento elevará el expediente en el plazo de diez días al órgano foral competente para su resolución.

Los planes que deben aprobarse definitivamente por el Ayuntamiento no precisarán del informe no vinculante de la Diputación Foral. Será en el plazo de alegaciones cuando la Diputación Foral realice sus aportaciones si lo estima oportuno.

Artículo 7.

1. Los estudios de detalle y los proyectos de urbanización de iniciativa particular serán aprobados inicialmente por los Ayuntamientos competentes en el plazo de tres meses.

2. Una vez aprobados inicialmente, se someterán a información pública durante quince días, para que puedan ser examinados y presentadas las alegaciones procedentes, mediante anuncio en el «Boletín Oficial» del Territorio Histórico correspondiente y publicación en uno de los diarios de mayor circulación del mismo.

Artículo 8.

1. El plazo de aprobación definitiva de Planes Parciales y Especiales que desarrollen el planeamiento general será de dos meses desde la entrada del expediente completo en el Registro del órgano competente para su otorgamiento, transcurrido el cual se entenderá producida por silencio la aprobación definitiva.

2. Si se trata de Planes Parciales y Especiales cuya aprobación definitiva corresponde al Ayuntamiento, los plazos se contarán desde el acuerdo de aprobación provisional.

3. El plazo de aprobación definitiva de los proyectos de urbanización y estudios de detalle será de tres meses desde su aprobación inicial. Transcurrido ese plazo sin comunicar la pertinente resolución, se entenderá otorgada

la aprobación definitiva por silencio administrativo, siempre que dentro de este plazo se haya concluido el trámite de información pública.

Artículo 9.

En el procedimiento general de los expedientes de reparcelación, y en los procedimientos abreviados de reparcelación voluntaria y reparcelación simplemente económica, los trámites de información pública y de audiencia personal a los interesados serán de quince días.

Artículo 10.

1. En el sistema de compensación, el trámite de alegaciones y los plazos de solicitud de incorporación en el procedimiento general de constitución de la Junta, así como el plazo de audiencia a los afectados previo a la aprobación por la Junta del Proyecto de Compensación, serán de quince días.

2. En el procedimiento abreviado de tramitación de los proyectos de estatutos, bases de actuación y de compensación y, en su caso, proyecto de urbanización, el trámite de alegaciones y audiencia será de quince días. El mismo plazo, contado desde la notificación de acuerdo de aprobación definitiva de los citados proyectos, regirá para la constitución de la Junta.

CAPÍTULO III

Del aprovechamiento urbanístico

Artículo 11.

En el suelo urbano de todos los municipios de la Comunidad Autónoma del País Vasco, el aprovechamiento susceptible de apropiación por el titular de un terreno mediante el cumplimiento de los deberes legalmente establecidos será el siguiente:

a) En los municipios en los que sea de aplicación íntegra el Real Decreto Legislativo 1/1992, de 26 de junio, el resultado de referir a la superficie del terreno de su propiedad el 85% del aprovechamiento tipo del área de reparto en que esté comprendido, o, en su caso, y hasta tanto no se produzca en tales municipios la fijación de dicho aprovechamiento tipo, el resultado de referir a la misma superficie el 85% del aprovechamiento medio de la unidad de ejecución correspondiente, calculado en los términos de la disposición adicional segunda del citado Real Decreto Legislativo.

b) En los municipios en los que no sea de íntegra aplicación el Real Decreto Legislativo 1/1992, de 26 de junio, el resultado de referir a la superficie del terreno de su propiedad el 85% del aprovechamiento medio de la unidad de ejecución correspondiente, calculado en los términos de la disposición adicional segunda del citado Real Decreto Legislativo.

c) En cualquiera de los municipios comprendidos en las dos letras anteriores, y cuando el terreno de su propiedad no esté o no deba quedar incluido en una unidad de ejecución, el resultado de referir a la superficie del mismo el 85% de aprovechamiento permitido en él por el planeamiento en vigor.

⇒ V. disps. adics. 1ª y 2ª de la Ley 5/1998, de 6 marzo, de Medidas Urgentes en Materia de Suelo y Urbanismo (§46).

V. Ley 3/1997, de 25 abril, que determina la participación de la Comunidad Autónoma en las plusvalías generadas por la acción urbanística (§47).

V. arts. 95 y concordantes del TRLS/1992 (§2).

V. arts. 33 y concordantes del RD 1093/1997, de 4 julio (§2.1).

V. Jurisprudencia en arts. 117.2 b), 124 y concordantes del TRLS/1976 (§3).

DISPOSICIONES TRANSITORIAS

Primera.

Los procedimientos de formulación de Planes Generales de Ordenación Urbana y Normas Subsidiarias de Planeamiento, así como los de sus revisiones y modificaciones, en los que aún no se hubiera dado cumplimiento al trámite de exposición pública de los criterios, objetivos y soluciones generales de planeamiento al tiempo de la entrada en vigor de esta Ley, caducarán automáticamente a dicha entrada en vigor, aun cuando hubieran sido incoados a iniciativa privada. La formulación y aprobación de dichos Planes y Normas o de sus revisiones y modificaciones requerirá en todo caso su previa y plena adaptación a esta Ley.

2. Los Planes Generales de Ordenación Urbana y las Normas Subsidiarias, así como sus revisiones y modificaciones, no comprendidos en el número anterior, deberán adaptarse a lo dispuesto en esta Ley.

Segunda.

1. Hasta tanto no se lleve a cabo la adaptación prevista en el número 2 de la disposición transitoria anterior, todos los instrumentos de planeamiento que desarrollen los Planes Generales de Ordenación Urbana y las Normas Subsidiarias de Planeamiento deberán asegurar, mediante las determinaciones pertinentes, el cumplimiento y la efectividad de los estándares establecidos en esta Ley o, en su caso, justificar suficientemente dicho cumplimiento en los términos dispuestos en el artículo 5.2 de la misma.

2. Se exceptúan de lo dispuesto en el número anterior los instrumentos de ordenación en cuyos procedimientos de aprobación hubiera recaído aprobación inicial al tiempo de entrada en vigor de esta Ley.

Tercera.

Los procedimientos de aprobación de instrumentos de planeamiento de desarrollo de la ordenación general municipal, en los que hubiera recaído ya aprobación inicial al tiempo de entrada en vigor, continuarán tramitándose hasta su conclusión conforme a las normas procedimentales vigentes con anterioridad.

DISPOSICIÓN FINAL

1. Se autoriza al Gobierno Vasco para dictar las disposiciones necesarias para el desarrollo y aplicación de la presente Ley.

2. La presente Ley entrará en vigor al día siguiente al de su publicación en el «Boletín Oficial del País Vasco».

§ 50.1 DECRETO 142/1997, DE 17 JUNIO. DESARROLLA LA LEY 17/1994, DE 30 JUNIO, DE MEDIDAS URGENTES EN MATERIA DE VIVIENDA Y TRAMITACIÓN DE INSTRUMENTOS DE PLANEAMIENTO Y GESTIÓN URBANÍSTICA DEL PAÍS VASCO

(BOPV núm. 123, de 30 junio [LPV 1997, 311])

Artículo 1. Concepto de vivienda sometida a cualquier régimen de protección pública.

A los efectos de la Ley 17/1994, de Medidas Urgentes en Materia de Vivienda y de Tramitación de los Instrumentos de Planeamiento y Gestión Urbanística, son «viviendas sometidas a cualquier régimen de protección pública» las viviendas de protección oficial reguladas en la legislación sectorial vigente como tales.

⇒ V. art. 1 de la Ley 17/1994, de 30 junio, de Medidas Urgentes en Materia de Vivienda y Tramitación de Instrumentos de Planeamiento y Gestión (§50).

Artículo 2. Aplicación del estándar en suelo urbano.

1. En suelo urbano el estándar del 20% del total aprovechamiento residencial previsto en operaciones integradas de reforma interior que deban ser ejecutadas mediante unidades de ejecución, se aplicará sobre el incremento residencial previsto por el planeamiento en edificios de nueva planta, con respecto al aprovechamiento existente.

2. A los efectos de la aplicación de la Ley 17/1994, se consideran operaciones integradas de reforma interior, con o sin planeamiento especial, aquellos ámbitos urbanísticos continuos, con una o varias unidades de ejecución, que conlleven una previsión de incremento residencial de la siguiente entidad:

– Para municipios con población comprendida entre 7.000 y 20.000 habitantes, cuando el incremento del número de viviendas previsto sea igual o superior a 50 viviendas o, en defecto de su determinación, a 5.000 m de techo edificable residencial.

– Para municipios con población comprendida entre 20.000 y 50.000 habitantes, cuando el incremento del número de viviendas previsto sea igual o superior a 75 viviendas o, en defecto de su determinación, a 7.500 m de techo edificable residencial.

– Para municipios con población superior a 50.000 habitantes, cuando el incremento del número de viviendas previsto sea igual o superior a 100 viviendas o, en defecto de su determinación, a 10.000 m de techo edificable residencial.

3. El planeamiento municipal, en el proceso de revisión o adaptación del mismo a la Ley 17/1994, podrá establecer, a la vista de la singularidad municipal, otro parámetro o incremento residencial, inferior al señalado en el apartado anterior, justificadamente, en función de las características del municipio y de su problemática en materia de vivienda.

⇒ V. art. 2 de la Ley 17/1994, de 30 junio, de Medidas Urgentes en Materia de Vivienda y Tramitación de Instrumentos de Planeamiento y Gestión (§50).

Artículo 3. Aplicación del estándar en el suelo urbanizable programado o apto para urbanizar.

1. Cada Sector de suelo urbanizable programado o apto para urbanizar deberá contemplar el estándar del 65% del aprovechamiento urbanístico residencial.

2. En la revisión del planeamiento, bien a través del Plan General o bien a través de las Normas Subsidiarias, deberá acreditarse el cumplimiento global del 65% del suelo urbanizable programado para cada uno de los cuatrienios o del suelo apto para urbanizar, y justificarse adecuadamente la distribución de viviendas de protección oficial.

3. Será necesaria la tramitación del procedimiento regulado en el artículo 5.2 de la Ley 17/1994 cuando no sea posible el cumplimiento del estándar en los términos señalados en los apartados anteriores.

⇒ V. art. 2 de la Ley 17/1994, de 30 junio, de Medidas Urgentes en Materia de Vivienda y Tramitación de Instrumentos de Planeamiento y Gestión (§50).

Artículo 4. Cómputo del estándar de viviendas de protección oficial.

El estándar de viviendas de protección oficial se aplicará, en base al aprovechamiento materializable, a unidades de vivienda. Si el planeamiento no determina el parámetro de número de viviendas, la aplicación del estándar se realizará sobre el techo edificable residencial.

⇒ V. art. 2 de la Ley 17/1994, de 30 junio, de Medidas Urgentes en Materia de Vivienda y Tramitación de Instrumentos de Planeamiento y Gestión (§50).

Artículo 5. Modificaciones de planeamiento.

En los expedientes de modificación de planeamiento general el deber de acreditar el cumplimiento de los estándares previstos en la Ley 17/1994 se realizará sobre el incremento residencial que esos expedientes de modificación prevean, de conformidad con las siguientes normas:

1. En ámbitos obligados a aplicar el estándar, cualquier incremento residencial conllevará el incremento correspondiente de viviendas de protección oficial que asegure el mantenimiento del estándar.

2. En ámbitos de suelo urbano en los que con la modificación se produzca un incremento residencial con respecto al aprovechamiento existente

de la entidad del artículo 2.2, se aplicará el estándar al conjunto de la capacidad residencial por ejecutar.

⇒ V. art. 3 de la Ley 17/1994, de 30 junio, de Medidas Urgentes en Materia de Vivienda y Tramitación de Instrumentos de Planeamiento y Gestión (§50).

Artículo 6. Autorización para establecer porcentajes inferiores.

1. Si el planeamiento general vigente en el municipio está adaptado a la Ley del Suelo de 1976, la aplicación del procedimiento previsto en el artículo 5.2 de la Ley 17/1994 podrá realizarse:

a) Presentando un documento en el que se acredite que el planeamiento general vigente da cumplimiento global a la Ley 17/1994 y señalando aquellos ámbitos en que se solicita que los estándares sean reducidos.

b) Tramitando un expediente de modificación de planeamiento general mediante el que se adapte el citado planeamiento a la Ley 17/1994. Este expediente deberá recoger el cumplimiento global de los estándares mínimos, señalando aquellos ámbitos en que se solicita que los citados estándares sean reducidos.

c) En forma de una modificación conjunta del ámbito en el que se solicita la reducción del estándar y del ámbito en el que se ubica el estándar eliminado.

En todos los casos se justificará que en el tiempo, la ejecución de las viviendas protegidas no va a ser posterior a la de las viviendas libres planteadas en el ámbito eximido de cumplimiento.

2. No será de aplicación el procedimiento regulado en el artículo 5.2 de la Ley 17/1994 a los instrumentos de planeamiento no adaptados a la Ley del Suelo de 1976.

⇒ V. art. 5 de la Ley 17/1994, de 30 junio, de Medidas Urgentes en Materia de Vivienda y Tramitación de Instrumentos de Planeamiento y Gestión (§50).

DISPOSICIÓN TRANSITORIA

Única.

1. En aquellos municipios dotados de Plan General la introducción de los estándares previstos en el artículo 2 de la Ley 17/1994 hace necesario tramitar, con carácter previo a la introducción del estándar en cualquier ámbito a desarrollar por planeamiento pormenorizado, una modificación de planeamiento general adaptando el mismo a la citada Ley, salvo que los criterios con los que hubiera sido redactado y aprobado el Plan General posibilitaran la reconducción del cumplimiento de la Ley 17/1994 a partir de la aplicación del procedimiento previsto en el artículo 5.2 de la misma.

2. Si la figura de planeamiento vigente en el municipio es la de las Normas Subsidiarias de Planeamiento Municipal, podrá aplicarse directamente la Ley 17/1994, introduciendo en el planeamiento de desarrollo los estándares mínimos legalmente fijados, y tramitando, en su caso, el procedimiento regulado en el artículo 5.2 de la Ley 17/1994.

3. Unicamente los Planes Especiales que contemplen un incremento residencial de la entidad prevista en el artículo 2.2, deberán aplicar el estándar previsto en la Ley 17/1994 para el suelo urbano.

DISPOSICIÓN FINAL

El presente Decreto entrará en vigor al día siguiente a su publicación en el «Boletín Oficial del País Vasco».

§ 51 LEY 20/1998, DE 29 JUNIO. REGULA LOS PATRIMONIOS PÚBLICOS DE SUELO DEL PAÍS VASCO

(BOPV núm. 132, de 15 julio [RCL 1998, 1944 y LPV 1998, 359])

EXPOSICIÓN DE MOTIVOS

La garantía del acceso a una vivienda digna y del cumplimiento de otros usos de interés social que requieren de la disponibilidad de suelo hace precisos mecanismos específicos de intervención o control del mercado de suelo por las Administraciones públicas. Uno de estos mecanismos es el de los patrimonios municipales de suelo, al cual si bien goza de una amplia tradición en el ordenamiento urbanístico, las insuficiencias legales han impedido con frecuencia el cumplimiento de su función, situación que a través de la presente Ley se pretende subsanar.

Además, en cumplimiento del mandato contenido en la disposición final primera de la Ley 1/1997, de 20 de febrero, por la que se regula la consignación de cantidades en los Presupuestos municipales con destino al patrimonio municipal de suelo, esta Ley prevé la constitución de patrimonios de suelo por las Administraciones supramunicipales de la Comunidad Autónoma del País Vasco.

La Ley introduce, asimismo, otras medidas de intervención que permitan la intervención de los Ayuntamientos, de la Administración de la Comunidad Autónoma y de los órganos forales de sus territorios históricos para la obtención de terrenos que hagan posible el cumplimiento de las tareas públicas en el logro de objetivos generales.

Estas iniciativas públicas han estado vinculadas tradicionalmente al logro de terrenos para vivienda de protección oficial y concentradas básicamente en la constitución y gestión de patrimonios municipales de suelo. Esta ley amplía su consideración a otros usos sociales y vincula también el cuadro de medidas al cumplimiento de fines y objetivos contemplados en los instrumentos de ordenación del territorio, en la pretensión de diseñar medidas eficaces y procedimientos que garanticen las finalidades pretendidas.

En el Título I de la Ley se regulan con carácter general los patrimonios municipales de suelo en un empeño inequívoco de garantizar la función encomendada. Se establece que la obligación de constituirlos resulta directamente de la Ley, definiéndose con detalle los bienes y recursos que los integran y manteniéndose su carácter de patrimonio separado y vinculado a la obtención de suelos para viviendas de protección oficial y otros usos de interés social.

La Ley procede a definir estos usos superando los problemas que la configuración de los destinos específicos de este tipo de patrimonios había venido planteando.

La determinación de otras finalidades específicas, unida a la pormenorizada relación de los bienes y derechos que los integran, ha de permitir a los patrimonios municipales de suelo jugar un papel notable al servicio de la ordenación de las ciudades.

La Ley ha extendido la obligación de consignación presupuestaria para los fines establecidos en los patrimonios municipales de suelo a los municipios con más de 7.000 habitantes, siguiendo el mismo criterio utilizado para el establecimiento de los estándares de suelo para vivienda de protección oficial en la Ley 17/1994. El grave problema que sigue siendo en nuestra Comunidad el acceso a la vivienda hace razonable esta previsión que dota a los municipios de un instrumento eficaz al respecto, al tiempo que les hace copartícipes en la resolución de esta problemática.

La Ley regula también con detalle la delimitación de suelos de reserva de futura utilización y sus efectos, en cuanto que los patrimonios municipales pueden resultar insuficientes y la delimitación de terrenos de reserva puede contribuir a introducir factores de contención de precio de suelo y elementos de transparencia en las transacciones al someterlas a los derechos de tanteo y retracto.

La Ley aborda en su Título II las intervenciones públicas en el mercado de suelo a iniciativa del Gobierno Vasco y de las Diputaciones forales.

En primer lugar, la ley prevé la constitución por estas Administraciones de patrimonios públicos de suelo con la finalidad de obtener suelos para la ejecución de sus competencias en materia de vivienda, actividades económicas, infraestructuras, equipamientos, etcétera.

El sistema de reservas de suelo, con características similares en cuanto a su delimitación y gestión a las establecidas en relación a los municipios, es otro de los instrumentos que contempla la Ley. Su finalidad fundamental no es otra que dar cumplimiento a los objetivos y prioridades de los instrumentos de ordenación del territorio, en particular adquisición y ordenación de suelos para vivienda de protección oficial, ordenación de suelos industriales, ubicación de infraestructuras y equipamientos.

El efecto fundamental de las delimitaciones es habilitar la expropiación forzosa, sin perjuicio de la adquisición de dichos suelos mediante compraventa o permuta.

La constitución de patrimonios públicos de suelo y el sistema de reservas quedaría incompleto si no se estableciera la posibilidad, con carácter excepcional y por razones de interés público debidamente justificadas, de que, en el supuesto de disconformidad de los Ayuntamientos con las propuestas formuladas por la Administración General de la Comunidad Autónoma o de los órganos forales de sus territorios históricos, se puedan clasificar, calificar y ejecutar estos suelos, previéndose así que la ordenación y gestión de los mismos pueda ser llevada a cabo por el Gobierno Vasco y las Diputaciones forales, en el ámbito de las respectivas competencias, mediante la tramitación y aprobación definitiva de los instrumentos previstos en el planeamiento municipal.

TÍTULO PRELIMINAR
OBJETO DE LA LEY

Artículo 1. Objeto y fines.

La presente Ley tiene por objeto establecer y regular los patrimonios públicos de suelo de las distintas Administraciones del País Vasco así como las reservas de suelo en orden a la obtención de los siguientes fines:

a) Facilitar el desarrollo urbano y territorial del País Vasco.

b) Disponer de suelos para actuaciones de iniciativa pública y, en particular, para la construcción de viviendas de protección oficial u otros usos de interés social.

c) Regular el mercado de suelo.

TÍTULO I
INSTRUMENTOS MUNICIPALES DE INTERVENCIÓN EN EL MERCADO DE SUELO

CAPÍTULO I
Patrimonios municipales de suelo

Sección 1ª Constitución y bienes integrantes

Artículo 2. Constitución.

Los Ayuntamientos que dispongan de planeamiento general constituirán su respectivo patrimonio municipal de suelo.

⇒ V. arts. 276.1, 276.2 y 280.1 del TRLS/1992 (§2).
V. Jurisprudencia en arts. 89 y concordantes del TRLS/1976 (§3).

Artículo 3. Patrimonio separado.

1. El patrimonio municipal de suelo constituye un patrimonio separado de los demás bienes de titularidad municipal.

2. Los bienes que integran los patrimonios municipales de suelo, así como los recursos que se obtengan de su enajenación y, en general, de su gestión, están vinculados con carácter exclusivo al cumplimiento de los fines establecidos en el artículo primero.

Artículo 4. Bienes integrantes.

1. Los patrimonios municipales del suelo estarán integrados por los siguientes bienes:

a) Los bienes patrimoniales municipales que el planeamiento general clasifique como suelo urbano y urbanizable o apto para urbanizar, excepto los que por su título de adquisición están vinculados a un fin específico no incluido entre los propios del patrimonio municipal de suelo.

b) Los terrenos obtenidos en concepto de aprovechamiento urbanístico y de cesión para dotaciones y equipamientos en la ejecución del planeamiento urbanístico.

c) Los terrenos adquiridos, sea cual sea su clasificación urbanística, con la finalidad de constituir o incrementar el patrimonio municipal de suelo.

d) Los terrenos adquiridos mediante expropiación, no afectados al uso o al servicio público.

e) Los terrenos obtenidos mediante permuta con otros bienes del patrimonio municipal de suelo.

f) Los bienes adquiridos por el ejercicio de los derechos de tanteo y retracto.

2. Tendrán la consideración de fondos vinculados a la constitución, mantenimiento y ampliación de los patrimonios municipales de suelo los siguientes recursos económicos.

a) Los ingresos obtenidos de la enajenación o gestión del propio patrimonio.

b) En su caso, el importe en metálico de las cesiones del aprovechamiento urbanístico.

c) Los créditos que tengan como garantía hipotecaria los bienes incluidos en el patrimonio municipal de suelo.

d) Los importes correspondientes a la constitución onerosa de derechos de superficie sobre bienes integrantes del patrimonio municipal de suelo.

3. Asimismo, integrarán los patrimonios municipales de suelo:

a) El aprovechamiento urbanístico al que se hace referencia en el epígrafe II de la disposición adicional primera de la Ley 5/1998, de Medidas Urgentes en Materia de Régimen del Suelo y Ordenación Urbana, una vez operadas las compensaciones señaladas en el apartado 2 del referido epígrafe.

b) El aprovechamiento urbanístico previsto en las parcelas no incluidas en unidades de ejecución que exceda del correspondiente a los titulares de las mismas.

Artículo 5. Consignaciones presupuestarias.

1. Los Ayuntamientos de más de 7.000 habitantes consignarán en sus presupuestos una cantidad equivalente al 10 por 100 del total consignado en sus Capítulos I y II de ingresos para las finalidades descritas en el artículo primero.

2. Las previsiones superiores o inferiores en un ejercicio presupuestario podrán ser compensadas con previsiones inferiores o superiores, respectivamente, en los ejercicios siguientes, siempre y cuando se garantice para el conjunto de cuatro años el cumplimiento del promedio señalado.

Artículo 6. Formas de gestión.

1. La gestión del patrimonio municipal de suelo podrá llevarse a cabo por la Administración o sus entes instrumentales utilizando la modalidad más adecuada en cada caso.

2. Las entidades instrumentales que gestionen patrimonio municipal de suelo podrán ser beneficiarias de las expropiaciones necesarias para alcanzar las finalidades que se establecen en esta Ley.

Sección 2ª Destino de los bienes. Cesiones y enajenaciones

Artículo 7. Destino.

El destino del patrimonio municipal de suelo será preferentemente la construcción de viviendas de protección oficial y además los siguientes usos de interés social:

a) Adquisición y promoción pública de suelo para actividades económicas.

b) Obras de urbanización y ejecución de sistemas generales.

c) Construcción de equipamientos colectivos u otras instalaciones de uso público de ámbito municipal, siempre que sean promovidos por las Administraciones públicas o sus sociedades instrumentales.

d) Operaciones integradas y aisladas de iniciativa pública de rehabilitación de vivienda o de renovación urbana.

e) Rehabilitación del patrimonio histórico y cultural.

f) Operaciones de conservación, protección o recuperación del medio físico natural en zonas declaradas de especial protección.

⇒ V. arts. 276.1, 276.2 y 280.1 del TRLS/1992 (§2).
V. Jurisprudencia en arts. 89 y concordantes del TRLS/1976 (§3).

Artículo 8. Enajenaciones. Régimen general.

1. Los terrenos y bienes inmuebles integrantes del patrimonio municipal de suelo podrán ser enajenados para el cumplimiento de los fines y destino previstos en el artículo anterior.

2. Como regla general, las cesiones de bienes del patrimonio municipal de suelo serán onerosas y mediante concurso o subasta públicos.

⇒ V. art. 280.1 del TRLS/1992 (§2).
V. Jurisprudencia en arts. 93 y concordantes del TRLS/1976 (§3).

Artículo 9. Enajenación mediante concurso.

1. El sistema de enajenación de los bienes pertenecientes al patrimonio municipal de suelo será el de concurso. Se ajustará a los requisitos establecidos en la legislación de régimen local que sea de aplicación, con las particularidades precisas en función de las finalidades urbanísticas.

2. En todo caso, en las bases del concurso se contendrán las siguientes determinaciones:

a) Precio mínimo de licitación.

b) Precios máximos de venta o arrendamiento de las viviendas.

c) Plazos máximos para la realización de las obras de edificación y, en su caso, de urbanización cuando los terrenos no tuvieran la consideración de solares.

Artículo 10. Enajenaciones directas.

1. Podrán enajenarse bienes directamente, con los requisitos que en cada caso requiera la legislación de régimen local:

a) Cuando los peticionarios sean entidades de carácter asistencial o social sin ánimo de lucro, tales como fundaciones, mutualidades, cooperativas y otras que promuevan la construcción de viviendas de protección oficial.

b) En el caso de edificios de viviendas públicas de titularidad municipal o de organismos y empresas mercantiles dependientes, cuando los peticionarios sean sus ocupantes legales.

c) Cuando el concurso quedara desierto, dentro del plazo de un año, en cuyo caso la enajenación se llevará a cabo con arreglo al mismo pliego de condiciones. En ningún caso el precio de adjudicación podrá ser inferior al que hubiera correspondido en las licitaciones mediante concurso.

2. Igualmente, podrán enajenarse bienes directamente, con los requisitos que en cada caso requiera la legislación de régimen local, para los siguientes usos:

a) Construcción de viviendas de protección oficial promovidas por organismos públicos o sus entes instrumentales, cuando dicha actividad constituya objeto específico de aquéllos.

b) Construcción de edificios públicos destinados a organismos oficiales que requieran un determinado emplazamiento.

c) Construcción de edificios de servicio público o interés social, de propiedad pública o de entidades sin ánimo de lucro, que requieran un determinado emplazamiento, tales como centros asistenciales, culturales, sanitarios o de culto religioso o instalaciones deportivas.

d) Ejecución de sistemas generales y obras de urbanización.

3. La enajenación directa se instrumentará mediante convenio con los requisitos y condiciones mínimas que se determinen reglamentariamente. Cuando el destino sea la construcción de viviendas de protección oficial, los contenidos del convenio se atendrán, en todo caso, a lo establecido en el artículo 9.2.

Artículo 11. Cesiones gratuitas o por debajo del valor.

Los bienes del patrimonio municipal de suelo podrán cederse gratuitamente o por debajo del valor correspondiente a su valor urbanístico únicamente cuando concurra alguna de las siguientes circunstancias:

a) Que el cesionario sea una Administración pública, o sus entes instrumentales, y el destino cualquiera de los contemplados en el artículo 7.

b) Que el peticionario sea una entidad privada de interés público sin ánimo de lucro y el destino de los terrenos sea la construcción de viviendas de protección oficial, equipamientos colectivos u otras instalaciones de uso público o interés social.

Artículo 12. Enajenación de bienes del patrimonio municipal de suelo no calificados por el planeamiento como destinados a viviendas de protección oficial u otros usos de interés social.

Los bienes del patrimonio municipal de suelo no específicamente calificados por el planeamiento urbanístico como destinados a la construcción de viviendas de protección oficial u otros usos de los previstos en el artículo 7 podrán ser enajenados libremente siempre que los ingresos o bienes obtenidos se destinen a los fines del patrimonio municipal de suelo.

CAPÍTULO II

Reservas municipales de suelo

Artículo 13. Constitución y fines.

1. Los instrumentos de planeamiento general podrán establecer sobre suelo no urbanizable no sujeto a especial protección y, en su caso, sobre suelo urbanizable no programado o no programado o no sectorizado, reservas municipales de terrenos para la constitución o ampliación del patrimonio municipal de suelo. El plazo de adquisición será el que figure en los instrumentos de planeamiento, sin que en ningún caso pueda ser superior a ocho años.

2. Sin perjuicio de lo establecido en el apartado anterior, los municipios podrán establecer nuevas reservas de suelo o ampliar las existentes cuando concurran las siguientes circunstancias:

a) Que hayan transcurrido, cuando menos, dos años desde la entrada en vigor del correspondiente instrumento general de planeamiento.

b) Que se hayan ocupado, en el correspondiente procedimiento expropiatorio, las reservas de terrenos previamente declaradas con idéntico destino.

El plazo máximo para su adquisición será el que figure en el acuerdo, sin que en ningún caso pueda superar los ocho años.

Artículo 14. Delimitación y procedimiento.

1. La delimitación de los terrenos de reserva deberá formalizarse mediante un plano de superficie, con identificación de las parcelas a través del Catastro de Bienes de Naturaleza Rústica. Contendrá la relación de propietarios afectados y el destino o usos actuales del suelo.

La delimitación habrá de motivar y evaluar, entre otros aspectos, la preferencia de la opción adoptada en relación a otras alternativas de emplazamiento.

2. En los supuestos a que se refiere el artículo 13.2 se seguirá el siguiente procedimiento:

a) El acuerdo de delimitación será adoptado inicialmente por el Alcalde, sometiéndolo a trámite de información pública por el plazo de un mes mediante anuncio publicado en el «Boletín Oficial del Territorio Histórico» correspondiente y en, al menos, uno de los diarios de mayor difusión en el mismo. Los propietarios afectados serán notificados personalmente.

b) A la vista de las alegaciones, el Pleno del Ayuntamiento aprobará definitivamente la delimitación con las modificaciones que procedan.

Artículo 15. Expropiación.

1. La delimitación de reserva municipal de terrenos para su posible destino a los fines propios del patrimonio municipal de suelo implica la declaración de utilidad pública y la necesidad de ocupación a efectos expropiatorios.

2. Vencido el plazo máximo de adquisición sin que los terrenos hubieran sido adquiridos por el Ayuntamiento, sólo podrá realizarse una nueva reserva de los terrenos mediante la tramitación simultánea del expediente expropiatorio.

⇒ V. arts. 34 y concordantes de la Ley 6/1998, de 13 abril (§1).

Artículo 16. Ordenación urbanística no acorde con el destino del patrimonio municipal de suelo.

Cuando la ordenación urbanística prevista por el instrumento adecuado de planeamiento para los terrenos de reserva no resultara acorde con el destino del patrimonio municipal del suelo quedará sin efecto la reserva mediante la adopción del acuerdo municipal correspondiente.

Artículo 17. Efectos de la delimitación de reserva.

En las áreas delimitadas de reserva, las transmisiones onerosas de terrenos o bienes inmuebles quedan sujetas a los derechos de tanteo y retracto a favor del Ayuntamiento que hubiera declarado la reserva.

Artículo 18. Procedimiento para el ejercicio de los derechos de tanteo y retracto.

1. Los propietarios de terrenos y bienes incluidos en las áreas de reserva deberán notificar al Ayuntamiento la decisión de enajenarlos, con expresión del precio y forma de pago proyectados y restantes condiciones esenciales de la transmisión, a efectos del posible ejercicio del derecho de tanteo durante el plazo de dos meses a contar desde el día siguiente al que se haya producido la notificación. Transcurrido este plazo sin que el Ayuntamiento haya notificado su acuerdo de adquisición, se podrá efectuar la enajenación libremente.

2. Cuando no se hubiese hecho la notificación prevenida en el apartado anterior, el Ayuntamiento podrá ejercitar el derecho de retracto en el plazo de dos meses contados a partir de que hubiese tenido conocimiento de la enajenación. También podrá ejercitarse el derecho de retracto en el mismo plazo cuando en la notificación prevista en el apartado anterior se hubiesen omitido cualquiera de los requisitos exigidos o resultase inferior el precio efectivo de la transmisión o menos onerosas las restantes condiciones de ésta.

Artículo 19. No inscripción registral.

No podrán inscribirse en el Registro de la Propiedad las transmisiones efectuadas sobre los inmuebles incluidos en las expresadas áreas de reserva si no aparece acreditada la realización de la notificación concertada en el artículo anterior.

⇒ V. arts. 83, 84, 85 y 86 del RD 1093/1997, de 4 julio (§2.1).

TÍTULO II

INTERVENCIÓN PUBLICA DE LA ADMINISTRACIÓN GENERAL DEL PAÍS VASCO Y DE LOS ÓRGANOS FORALES DE SUS TERRITORIOS HISTÓRICOS EN EL MERCADO DEL SUELO

Artículo 20. Disposición general.

Con los mismos fines previstos en el artículo 1 de esta Ley, la Administración General de la Comunidad Autónoma del País Vasco y los órganos forales de sus territorios históricos podrán constituir sus correspondientes patrimonios públicos de suelo o colaborar con los municipios y otras entidades públicas de carácter no territorial o instrumental para facilitarles la adquisición o disponibilidad de terrenos y otros bienes inmuebles.

Estos patrimonios públicos de suelo supramunicipales evitarán las duplicidades o solapamientos competenciales con los patrimonios municipales de suelo a través de una actuación coordinada con las instituciones municipales, así como de la necesaria coordinación entre las políticas de los órganos forales y de las instituciones comunes.

Artículo 21. Adquisición de terrenos y otros bienes inmuebles. Legitimación expropiatoria.

1. La adquisición de terrenos y otros bienes inmuebles por la Administración General del País Vasco o por los órganos forales de sus territorios históricos podrá realizarse mediante cualesquiera de las fórmulas previstas en la Ley.

2. Cuando los citados bienes vayan a incorporarse a los patrimonios municipales de suelo o destinarse a la construcción de viviendas de protección oficial, a la promoción pública de suelo para actividades industriales o económicas o a la ejecución de infraestructuras y equipamientos, la Administración General del País Vasco y los órganos forales podrán actuar por expropiación, pudiendo figurar, en su caso, los municipios o demás entidades públicas interesadas como beneficiarios de la expropiación.

⇒ V. arts. 33 y ss. de la Ley 6/1998, de 13 abril (§1).

Artículo 22. Ordenación urbanística.

1. Para que los terrenos de la Administración General de la Comunidad Autónoma del País Vasco o de los órganos forales de sus territorios históricos puedan desarrollarse deberán contar con la clasificación, calificación y orde-

nación adecuadas y disponer de los debidos instrumentos de urbanización y gestión, de acuerdo en todo con la legislación urbanística vigente.

2. Los Departamentos correspondientes de la Administración General del País Vasco y de los órganos forales de sus territorios históricos podrán formular y tramitar los instrumentos urbanísticos de ordenación, urbanización y gestión precisos cuando así se lo encomienden los Ayuntamientos de los municipios afectados, sin perjuicio de los acuerdos que en el marco de sus competencias éstos deban adoptar.

3. Excepcionalmente, y cuando razones de interés público debidamente justificadas así lo requieran, el Gobierno Vasco podrá también autorizar a los Departamentos de la Administración General de la Comunidad Autónoma del País Vasco y de los órganos forales de sus territorios históricos para que puedan formular y tramitar los instrumentos de clasificación, calificación y ordenación, urbanización y gestión necesarios, siguiendo en todo el procedimiento establecido por la legislación urbanística y de ordenación del territorio.

Para que el Gobierno Vasco autorice que la formulación y tramitación se realice por los órganos citados en el párrafo anterior deberán cumplirse previamente los siguientes trámites:

a) Comunicación formal de los Departamentos promotores a los Ayuntamientos afectados, que en plazo máximo de tres meses habrán de manifestar su conformidad o disconformidad con la propuesta, motivando, en todo caso, su criterio.

b) En caso de disconformidad o no respuesta en el citado plazo, apertura de un nuevo período de negociaciones y consultas por plazo de otros dos meses a fin de llegar a un acuerdo, no logrado el cual se solicitará del Gobierno, a través del Departamento competente en materia de ordenación del territorio, la autorización.

La aprobación definitiva de los instrumentos urbanísticos de ordenación, urbanización y gestión corresponderá en todo caso a los órganos competentes de la Administración actuante.

Artículo 23. Ejecución.

Para el desarrollo de las actuaciones promovidas por la Administración General de la Comunidad Autónoma del País Vasco y de los órganos forales de sus territorios históricos contempladas en el artículo anterior, la Administración actuante deberá comunicar el proyecto al correspondiente Ayuntamiento, que podrá manifestar su conformidad o disconformidad, de forma motivada, en el plazo de tres meses. Transcurrido este plazo o en caso de disconformidad, el Gobierno Vasco, constatada la conformidad del proyecto con la planificación urbanística y previa audiencia al Ayuntamiento, podrá autorizar su inmediata ejecución. Dicha autorización no exime a la Administración actuante del pago, cuando proceda, de los tributos municipales correspondientes.

Artículo 24. Enajenación y cesión.

1. La enajenación, constitución de derechos de superficie, arrendamiento u otras fórmulas de cesión de los terrenos y demás bienes inmuebles de los patrimonios públicos de suelo de la Administración General del País Vasco y de los órganos forales de sus territorios históricos se llevarán a cabo de conformidad con las correspondientes normas reguladoras de sus bienes patrimoniales.

2. Los ingresos obtenidos de las enajenaciones, cesiones o gestión de los citados terrenos y demás bienes inmuebles de los patrimonios públicos de suelo de la Administración General del País Vasco y de los órganos forales no habrán de destinarse necesariamente a su mantenimiento o ampliación.

Artículo 25. Reservas de suelo.

Con independencia de lo previsto en los artículos anteriores de este Título, la Administración General del País Vasco y los órganos forales de sus territorios históricos podrán también establecer reservas de suelo en suelo no urbanizable y, en su caso, en suelo urbanizable no programado o no sectorizado para la constitución o ampliación de sus patrimonios públicos de suelo.

Las reservas de la Administración General del País Vasco y de los órganos forales de sus territorios históricos se establecerán en las mismas condiciones y con los mismos efectos previstos para las reservas municipales de suelo en el Capítulo II del Título I, aunque con las siguientes salvedades:

a) El acuerdo de delimitación será adoptado inicialmente, previa audiencia por el plazo de un mes al Ayuntamiento o Ayuntamientos afectados, por el Consejero o Diputado Foral competente en materia de ordenación del territorio y/o urbanismo, y definitivamente por el Consejo de Gobierno o Consejo de Diputados, según la Administración de que se trate.

b) Las reservas de la Administración General del País Vasco y de los órganos forales de sus territorios históricos no estarán condicionadas a lo dispuesto en el artículo 13.

No obstante, la Administración que tuviera delimitada una reserva no podrá establecer una nueva con idéntica finalidad y en el mismo municipio si antes no hubiera ocupado en el correspondiente procedimiento expropiatorio la reserva previamente declarada. Asimismo, el plazo de adquisición no podrá exceder de ocho años desde la adopción del acuerdo de delimitación.

DISPOSICIÓN ADICIONAL

Lo dispuesto en el Título II de la presente Ley, y en concreto en sus artículos 21 y 22, lo es sin perjuicio de la posibilidad de aplicación de lo establecido en leyes específicas o en la legislación urbanística respecto a la ejecución inmediata de determinados proyectos promovidos por la Administración o entidades de derecho público en disconformidad con el planeamiento municipal.

DISPOSICIÓN DEROGATORIA

Queda derogada la Ley 1/1997, de 20 de febrero, por la que se regula la consignación de cantidades en los Presupuestos municipales con destino al patrimonio municipal de suelo.

DISPOSICIONES FINALES

Primera. Entrada en vigor.

La presente Ley entrará en vigor al día siguiente de su publicación íntegra en el «Boletín Oficial del País Vasco».

Segunda. Desarrollo reglamentario.

Se habilita al Gobierno para dictar cuantas normas sean precisas para el desarrollo y ejecución de la presente Ley.

La Rioja

§ 52 LEY 10/1998, DE 2 JULIO. ORDENACIÓN DEL TERRITORIO Y URBANISMO DE LA RIOJA

(BOE núm. 163, de 9 julio y BOR núm. 80, de 4 julio [RCL 1998, 1708 y LLR 1998, 154])

EXPOSICIÓN DE MOTIVOS

1. La presente Ley de Ordenación del Territorio y Urbanismo de La Rioja tiene su origen en la Sentencia del Tribunal Constitucional 61/1997, de 20 de marzo, que dejó sentado el alcance y los límites de la competencia sobre el «urbanismo», atribuida por el artículo 148.1.3 de la Constitución a todas las Comunidades Autónomas. Como consecuencia de la doctrina constitucional sobre la supletoriedad del Derecho estatal y de los escasos títulos competenciales que permiten al legislador estatal incidir en esta materia, la referida sentencia ha declarado inconstitucionales una buena parte de los preceptos del Texto Refundido de la Ley sobre el Régimen del Suelo y Ordenación Urbana, aprobado por Real Decreto Legislativo 1/1992, de 26 de junio, por el que se regía el urbanismo en esta comunidad autónoma. El vacío normativo que se iba a producir por no disponer al tiempo de dictarse la sentencia de legislación urbanística propia, ha sido evitado por el propio Tribunal Constitucional al ordenar la inconstitucionalidad y subsiguiente nulidad de la disposición derogatoria única del Texto Refundido de 1992, y consecuentemente la vigencia renacida del Texto Refundido de 1976, aprobado por Real Decreto 1346/1976, de 9 de abril, así como de los Reales Decretos-leyes 3/1980 de 14 de marzo, sobre promoción del suelo y agilización de la gestión urbanística y el Real Decreto-ley 16/1981, de 16 de octubre, de adaptación de Planes Generales de Ordenación Urbana. Estas son, pues, las normas actualmente vigentes en la comunidad autónoma, a las que se deben añadir algunos preceptos de la Ley 7/1997, de 14 de abril, de Medidas Liberalizadoras en Materia de Suelo y de Colegios profesionales, y los no declarados inconstitucionales del Texto Refundido de 1992.

Dentro de las coordenadas que definen la situación de que dimana esta Ley hay que tener presente asimismo la reciente publicación en el BOE de la Ley Estatal 6/1998, de 13 de abril, sobre régimen del suelo y valoraciones. Dicha Ley regula entre otras cosas la clasificación y el régimen del suelo, cuyos rasgos básicos debe definir el Estado para garantizar la igualdad de los españoles en el ejercicio de las facultades relativas al derecho de propiedad, así como los deberes que le son inherentes, en los términos definidos por el Tribunal Constitucional en la Sentencia 61/1997, y de acuerdo con el artículo 149.1.1 de la CE. Regula asimismo la citada Ley otras materias como las valoraciones del suelo, las expropiaciones, y los supuestos indemnizatorios, dando cumplimiento en definitiva al deslinde competencial entre el Estado y las comunidades autónomas.

En materia de urbanismo la STC 61/1997 desencadena, por tanto, un proceso de intenso protagonismo legislativo de las comunidades autónomas. No –claro es– porque se les otorguen más competencias de las que tienen atribuidas en sus Estatutos, sino por razón de que dichas competencias legislativas han de ser efectivamente asumidas por las comunidades sin que puedan cobijarse en el recurso a la legislación estatal con carácter supletorio.

La Ley pretende resolver la situación de complejidad normativa, codificando y armonizando, dentro del aclarado marco competencial, el conjunto de preceptos reguladores del urbanismo. Para ello se desarrolla la legislación básica estatal; sin embargo, quedan fuera de esta Ley las materias de competencia exclusiva del Estado (valoraciones, régimen jurídico, Registro de la Propiedad...), sin perjuicio de que se haga puntual referencia a ellas, en virtud de la notable relación que existe entre las disciplinas urbanísticas.

La Rioja, como se ha dicho, no dispone de legislación urbanística propia, ni de un texto con pretensión de globalidad, ni siquiera de una normativa parcial o fragmentaria que regule las cuestiones más relevantes, como sucede en otras comunidades autónomas. El mismo proceso de indefinición competencial en que ha estado sumido el Derecho urbanístico español prácticamente desde la Constitución y hasta la referida STC tampoco ha alentado a la comunidad autónoma a diseñar una política legislativa propia, que en un momento posterior pudiera entrar en contradicción con la normativa estatal. En estas condiciones la STC 61/1997 ha servido de acicate a la Comunidad Autónoma para encarar de forma decidida la elaboración de una normativa propia en materia urbanística.

Es evidente que el Texto Refundido de 1976 y restantes normas citadas sólo han podido servir como solución transitoria. Se trata de una norma preconstitucional que tanto en sus aspectos organizativos o competenciales como en su propio contenido sustantivo estaba en todo caso necesitada de una profunda revisión y puesta al día, sin mengua de la bondad de sus conceptos básicos.

Por ello, el Gobierno de La Rioja, desde la publicación de la STC 61/1997, tuvo presente la necesidad de acometer la elaboración de un texto legal que diera cumplida respuesta a los problemas urbanísticos de la región. No pareció conveniente la adopción de una legislación provisional que paliara la incertidumbre generada a raíz de la STC 61/1997, entre otras razones para evitar en el futuro la acumulación de situaciones transitorias que a la postre harían más compleja la situación urbanística de la región. Se estimó, por el contrario, que el camino correcto era la elaboración de una ley urbanística en el más breve plazo posible.

Por otra parte, la comunidad autónoma cuenta con instrumentos de ordenación territorial en aplicación desde hace una década, cuya articulación con la política urbanística es a todas luces necesaria. La imbricación de ambas materias -ordenación del territorio y urbanismo–, la regulación de los usos en el suelo no urbanizable de capital importancia en la región, así como la ocasión deparada por la necesidad de dictar una ley urbanística, han aconsejado acometer al mismo tiempo y en un mismo texto legal la regulación de los instrumentos de ordenación territorial, estableciendo así el marco legal de la política territorial cuya definición corresponde a la Comunidad Autónoma.

Ejercidas, en suma, por el Estado sus competencias, y habiendo definido sobre todo el régimen básico de la propiedad del suelo, procede que la comunidad autónoma, sobre estos principios firmes, aborde la regulación de los distintos instrumentos y técnicas de planificación, gestión, disciplina, etc., que tradicionalmente en nuestro Derecho componen la materia «urbanismo». Es evidente que las competencias estatales sobre clasificación y régimen básico del suelo condicionan de manera notoria la legislación urbanística, y aunque no se pueda hablar en rigor de una relación bases-desarrollo (tal como ha afirmado el TC en la sentencia referida), desde el punto de vista de la técnica legislativa no se puede negar que las competencias del Estado en estos temas imponen límites evidentes que el legislador autonómico no puede soslayar. De este modo, se ha considerado asimismo precipitado proceder a la elaboración de una Ley urbanística sin el sólido respaldo de la legislación estatal. Producida ésta, como se ha dicho, la comunidad autónoma debe abordar con resolución y hasta urgencia la tarea de asentar y dar fijeza al Derecho urbanístico de la región.

2. La situación descrita en el punto anterior en la que se encuadra el texto legal condiciona, como no podía ser de otra manera, los rasgos básicos del mismo. Ante todo, no se pretende en absoluto una creación «ex novo» de conceptos, técnicas o instrumentos urbanísticos, sino que muy al contrario la Ley se atiene a los principios y a los instrumentos conceptuales que dimanan de la Ley del Suelo de 1956, y se plasman sucesivamente en los Textos Refundidos de 1976 y 1992. Cualquier otra orientación iría en detrimento de la seguridad jurídica, que es un objetivo primordial de la Ley. Por esto mismo, luce en ella un afán de codificación y síntesis del Derecho urbanístico. Debe tenerse en cuenta a este respecto que la complejidad del deslinde competencial entre el Estado y las comunidades autónomas aboca a una dispersión normativa que dificulta la aplicación de esta ya de por sí compleja legislación. A esta razón obedece por ejemplo la cita o remisión a preceptos de la normativa estatal.

Por otra parte, la Ley procura simplificar y aligerar las técnicas urbanísticas, teniendo sobre todo en cuenta las características de los asentamientos de población en la región.

Salvo la capital, Logroño, ningún núcleo de población rebasa los veinte mil habitantes, y la inmensa mayoría se encuentran claramente por debajo de esa cifra.

El mantenimiento de los principios del Derecho urbanístico español no ha impedido incorporar algunas innovaciones, ya contrastadas, de la legislación autonómica dictada desde comienzos de los años 1980, y en particular de aquellas comunidades autónomas próximas o con rasgos similares a La Rioja. En último término, el marco legal no es un instrumento neutro, está orientado –qué duda cabe– a la obtención de ciertos objetivos o finalidades. Entre ellas preocupan especialmente al legislador la protección del patrimonio histórico riojano, el medio ambiente y, no en último lugar, la preservación de los terrenos agrícolas que constituyen sólido cimiento de la economía regional. Todo ello encuentra su cauce adecuado en el articulado de la Ley, en particular en los apartados relativos a la planificación y al suelo no urbanizable.

3. Las observaciones anteriores no reflejarían en su totalidad el contenido de la Ley si no hiciéramos alusión a otro rasgo muy característico, en el que se ha puesto especial empeño: la adaptación a las singularidades de la región. Este déficit de adaptación a la realidad regional constituía, por razones en parte inevitables, uno de los flancos débiles de la legislación estatal, y era por tanto el aspecto en el que la comunidad autónoma sentía la necesidad de una regulación más precisa y ajustada a sus características.

Debe tenerse en cuenta que La Rioja presenta, desde el punto de vista de los asentamientos de población, singularidades que a la fuerza condicionan la legislación urbanística y su aplicación. De los 174 Municipios de la región sólo uno, la capital –Logroño–, supera los veinticinco mil habitantes -123.841, según datos del Censo de 1996–; cinco Municipios se sitúan entre los cinco mil y los quince mil habitantes (a los que hay que añadir Calahorra que supera dicha cifra: 18.926); veinte Municipios se sitúan entre los mil y los cinco mil habitantes; y por último, los restantes 147 Municipios no superan los mil habitantes.

De los datos expuestos se deduce la dificultad que, en esta región, ha tenido la aplicabilidad de las disposiciones estatales en materia de Ordenación del Territorio y Urbanismo. La Legislación Autonómica que se propone, parte de la idea de superar todas las dificultades anteriores creando una legislación adaptada a las diversas peculiaridades regionales con el único fin de lograr una norma de efectiva aplicación en toda la Comunidad Autónoma de La Rioja.

La Ley hace, por tanto, un especial esfuerzo a la hora de ajustar sus disposiciones a las características de los distintos Municipios. En esta línea se crean dos tipos de instrumentos de planeamiento municipal: el Plan General *Municipal* y *el Plan* de Ordenación de Suelo Urbano, con el fin de que cada municipio pueda optar, en función de su propia idiosincrasia, por el más acorde a sus expectativas de futuro. Asimismo, se establece una división de los municipios en función del número de habitantes, lo que permite acomodar diferentes cuestiones reguladas por la Ley a las necesidades reales del término municipal en concreto.

La Ley se estructura en ocho Títulos, además del Preliminar, cinco disposiciones adicionales y seis transitorias, junto con la derogatoria y dos disposiciones finales.

4. En el Título Preliminar, que sintetiza importantes aspectos del contenido de la Ley se ha buscado un equilibrio entre las competencias autonómicas y municipales, por un lado, y entre el ámbito de lo público y lo privado, por otro, disponiendo en la misma línea del legislador estatal el respeto a la iniciativa de los propietarios y demás interesados en el proceso de transformación del suelo y gestión urbanística.

5. El Título I está dedicado a la clasificación y régimen del suelo, debiendo destacarse, en cuanto a la primera, la plena concordancia con la legislación estatal a la que anteriormente se ha hecho referencia. Dentro del suelo urbano se distinguen dos categorías, consolidado y no consolidado, comprendiendo esta última los terrenos remitidos por el planeamiento a procesos integrales de urbanización o edificación. Dentro del suelo no urbanizable se distinguen, a su vez, dos categorías, el genérico y el de especial protección, entendiendo por el primero los terrenos que, conforme a la estrategia territorial adoptada en el plan, deban excluirse del proceso urbanizador, previa la debida justificación. En cuanto al suelo urbanizable se distingue a su vez entre el delimitado, que incluye los sectores previstos por el plan para garantizar un desarrollo urbano racional, y el no delimitado.

Por lo que se refiere al suelo urbano y urbanizable, y dentro de los márgenes de la legislación estatal, se ha procurado ajustar las cesiones de dotaciones y de aprovechamiento a las características de los Municipios de la región, en la línea ya indicada. Del máximo exigible a los Municipios mayores de veinticinco mil habitantes (10% de cesión de aprovechamiento en suelo urbano no consolidado y en suelo urbanizable, y el 25% de la superficie del sector con destino a dotaciones), se desciende a los Municipios con población situada entre mil y veinticinco mil habitantes, en que la cesión para dotaciones se reduce al 15% de la superficie del sector y la cesión de aprovechamiento de suelo urbanizable a la Administración actuante se sitúa en el 10% con posibilidad de reducción hasta el 5%, a petición de los ayuntamientos y previa autorización de la comunidad autónoma. En este tema la Ley ha querido cohonestar la flexibilidad y adaptación a la realidad municipal, sin mengua del establecimiento de un criterio uniforme asegurado por la intervención en todo caso de la Administración Autonómica. Por último, en los Municipios con población inferior a mil habitantes la cesión para dotaciones alcanza el 10% de la superficie del sector, y la cesión de aprovechamiento en suelo urbanizable se fija sin excepciones en el 5%. Tanto en esta categoría de Municipios como en la anterior, por tanto, hasta el entorno de los veinticinco mil habitantes, se ha desechado la posibilidad de exigir cesión de aprovechamiento en el suelo urbano no consolidado.

En cuanto al suelo no urbanizable, la Ley regula con precisión el régimen de su uso, distinguiendo las actividades permitidas, autorizables y prohibidas en esta clase de suelo; otorgando a los ayuntamientos con Plan General competencia para autorizar ciertos usos.

6. El Título II regula los instrumentos de ordenación del territorio. En este punto la Ley se ha limitado, fundamentalmente, a establecer el marco legal de los instrumentos de ordenación territorial vigentes desde el 30 de junio de 1988. Se trata de las Normas Urbanísticas Regionales, que como su propio nombre indica tienen un contenido urbanístico bastante preciso, dando orientaciones para el planeamiento municipal, complementándolo en su caso, y regulando de manera especial los usos de suelo no urbanizable para los Municipios que cuenten sólo con Plan de Ordenación de Suelo Urbano; y del Plan Especial de Protección del Medio Ambiente Natural, aplicable a la protección del medio físico, cuyas determinaciones se impondrán al planeamiento municipal si son más restrictivas y por tanto más protectoras. Se recogen finalmente las Directrices de Ordenación Territorial, de reciente elaboración, que definen el modelo y orientan la política territorial de la comunidad autónoma. Por último se incluyen asimismo los Proyectos de Interés Supramunicipal, cuyo objeto son infraestructuras o dotaciones cuyo interés o trascendencia sea supramunicipal.

7. El Título III regula las actuaciones de interés regional que permitirán a la comunidad autónoma desarrollar actuaciones industriales, residenciales, terciarias, etc., que excedan de las posibilidades ordinarias de actuación de las Corporaciones locales. En estos casos la iniciativa de la actuación será en todo caso pública, lo cual no empece para que en una fase posterior la gestión se lleve a cabo en forma privada por los mecanismos ordinarios previstos en la Ley.

8. El Título IV está dedicado a la regulación de los instrumentos de planificación urbanística. Siguiendo una vez más el criterio de adaptación a la realidad regional, se distinguen dos tipos de planes municipales: el Plan General Municipal, obligatorio para los Municipios que cuenten con más de mil habitantes, y el Plan de Ordenación de Suelo Urbano, para los de menos de mil habitantes. El primero, pensado para los Municipios con expectativas de crecimiento urbano, ha de contener unas determinaciones generales, y otras específicas para cada una de las clases y categorías de suelo. Por el contrario, el Plan de Ordenación de Suelo Urbano se limita a la regulación detallada de los usos en este tipo de suelo, si bien podrá establecer zonas para la edificación colindante con el suelo urbano y delimitar con una serie de cautelas ciertas áreas con fines agrícolas, industriales o ganaderos. Por el contrario, en el suelo no urbanizable será de aplicación, en estos casos, las Normas Urbanísticas Regionales a las que hemos hecho mención anteriormente.

En cuanto al planeamiento de desarrollo municipal, la Ley mantiene los criterios habituales en el Derecho urbanístico español de distinción entre los Planes parciales y especiales, haciendo especial énfasis en los Planes de iniciativa particular, cuya presentación por los propietarios afectados expresamente se reconoce.

Se ha procurado también simplificar y reducir los plazos en la medida posible, y en cuanto a la aprobación del planeamiento se ha seguido el criterio de que la aprobación o tutela autonómica ha de limitarse a un control de legalidad. Por lo demás se utiliza nuevamente la distinción entre Municipios mayores y menores de veinticinco mil habitantes a los efectos de la aprobación tanto del planeamiento municipal como del de desarrollo. Así, la aprobación definitiva del planeamiento de desarrollo en los mayores de veinticinco mil habitantes corresponde al Ayuntamiento. En todos estos procedimientos tiene una presencia relevante la Comisión de Ordenación del Territorio y Urbanismo.

9. El Título V trata de la ejecución del planeamiento, o gestión urbanística, combinando instrumentos tradicionales de nuestro Derecho y ciertas innovaciones introducidas en los últimos años en la legislación autonómica. Parte la Ley del principio de que la ejecución debe realizarse mediante unidades de ejecución, tanto en suelo urbanizable como en suelo urbano no consolidado, procediendo en otro caso la actuación individualizada.

El desarrollo de las unidades de ejecución se realizará mediante los sistemas consagrados en el Derecho urbanístico español (compensación, cooperación y expropiación), si bien se ha añadido la concesión de obra urbanizadora. En cuanto a la elección del sistema de actuación, la Ley recupera la preferencia a favor del sistema de compensación, que parece lo más acorde con una regulación en la que el propietario y su iniciativa se sitúan en el centro de la actividad urbanística, si bien, por razones de urgencia o necesidad o para la construcción de viviendas de protección pública, la Administración actuante puede decantarse inicialmente por cualquiera de los otros sistemas. La Ley introduce, en el marco de los criterios ya dichos sobre la elección del sistema de actuación, el sistema de concesión de obra urbanizadora, por el cual un concesionario asume la realización de las obras de urbanización así como la distribución de los beneficios y cargas entre los propietarios.

En este mismo Título se regulan también los Convenios Urbanísticos, si bien por su contenido en algunos casos puede exceder de lo que propiamente se entiende por gestión urbanística. Mediante los Convenios se pretende agilizar y flexibilizar la gestión urbanística, acortando sobre todo plazos de tramitación, y si bien su aplicación puede extenderse a todo tipo de suelo, debe encontrar en el urbanizable no delimitado su campo natural de aplicación. No existe por lo tanto otro límite al Convenio que el incumplimiento de normas imperativas legales o reglamentarias, o la planificación urbanística y territorial.

Dentro de la obtención de terrenos dotacionales la Ley regula la ocupación directa, introducida en nuestro Derecho por la Ley de Valoraciones de 1990, y que ha demostrado ser un eficaz instrumento de gestión, combinando la facilidad en la obtención de terrenos dotacionales y las garantías para el particular, a través del reconocimiento de su derecho en una unidad de ejecución excedentaria; se admite incluso que en el suelo urbano consolidado pueda utilizarse la ocupación directa previa valoración pericial de los terrenos y de los aprovechamientos que les correspondan.

10. El Título VI regula la intervención en el mercado del suelo, en la que se incluye la creación de los Patrimonios Municipales de Suelo, con carácter potestativo por entender que muchos de los Municipios que dispongan de planeamiento municipal no necesitarán constituir este tipo de Patrimonio. También se prevé la creación de un Patrimonio Regional del Suelo, vinculado naturalmente a las Zonas de Interés Regional reguladas en el Título III.

Para los Municipios con población superior a veinticinco mil habitantes se prevé también el posible ejercicio de los derechos de tanteo y retracto con la finalidad de facilitar la gestión urbanística y en general, intervenir en el mercado inmobiliario.

11. El Título VII regula la edificación y uso del suelo, debiendo destacarse el establecimiento de un procedimiento para el otorgamiento de licencias urbanísticas, así como la exigencia de creación de un Registro de Solares, con la consiguiente venta forzosa, para los Municipios con población superior a veinticinco mil habitantes.

12. El Título VIII regula la disciplina urbanística, con un Capítulo referido a la protección de la legalidad urbanística y otro sobre infracciones urbanísticas. En cuanto a éstas, se han tipificado en tres grandes grupos: muy graves, graves y leves, previendo la subrogación autonómica para el caso de inactividad municipal en el caso de las graves y muy graves. En este caso el importe de la multa corresponderá a la comunidad autónoma.

13. De las disposiciones adicionales y transitorias debe destacarse la creación de un Servicio de inspección urbanística en la Consejería competente en la materia para el control de las infracciones urbanísticas graves y muy graves; asimismo, se exige la adaptación del planeamiento a los términos de esta Ley, aplicando mientras tanto unos criterios de equivalencia entre las distintas clases de suelo, que facilite la ejecución de los Planes. Una vez más se singulariza la situación de los Municipios con población superior a veinticinco mil habitantes, exigiéndoles la delimitación de su suelo urbano no consolidado. Por último, la transitoria sexta prevé los Planes Especiales de Regularización Urbanística, cuya finalidad es legalizar ocupaciones de suelo desarrolladas al margen de la legalidad que sean susceptibles de ajustarse a ésta, y contando con la colaboración de los particulares afectados, que deben instar a la Administración la tramitación del expediente de regularización.

14. El texto se completa con una disposición derogatoria y dos finales, debiendo destacarse la remisión a los Reglamentos de Planeamiento Urbanístico, Gestión Urbanística, Disciplina Urbanística y Edificación Forzosa, mientras no se apruebe el Reglamento de ejecución de esta Ley.

En consecuencia, esta Ley se dicta de acuerdo con el artículo 8.1.8 del

Estatuto de Autonomía de La Rioja, que atribuye competencia exclusiva a la comunidad cutónoma en materia de urbanismo.

TÍTULO PRELIMINAR

OBJETO Y FINALIDADES DE LA LEY

Artículo 1. Objeto.

1. Esta Ley tiene por objeto regular los instrumentos de ordenación territorial y la actividad urbanística en la comunidad autónoma de La Rioja, de acuerdo con las aspiraciones y necesidades sociales.

2. La actividad administrativa en materia de ordenación del territorio se ejercerá a través de los instrumentos de ordenación territorial previstos en esta Ley.

3. La actividad administrativa en materia de urbanismo comprende los siguientes aspectos:

a) La ordenación urbanística de los municipios a través del planeamiento.

b) La delimitación del contenido del derecho de propiedad del suelo por razón de la función social de éste en el ámbito competencial.

c) La ejecución y la gestión del planeamiento.

d) La intervención en el mercado del suelo.

e) La intervención en la edificación y uso del suelo.

f) La protección de la legalidad urbanística.

g) Régimen de infracciones y sanciones.

⇒ V. art. 1 de la Ley 6/1998, de 13 abril (§1).

Artículo 2. Finalidades.

La actividad urbanística tiene por finalidad garantizar, en los términos constitucionales, el derecho a disfrutar de una vivienda digna y adecuada, el derecho a disfrutar de un medio ambiente adecuado para el desarrollo de la persona, y la conservación y protección del patrimonio cultural de La Rioja.

⇒ V. arts. 1, 7 y concordantes de la Ley 6/1998, de 13 abril (§1).

Artículo 3. Función pública e iniciativa privada.

La dirección de la actividad urbanística constituye una función pública que los órganos competentes llevarán a cabo, sin perjuicio de respetar la iniciativa de propietarios y demás interesados.

⇒ V. art. 4 de la Ley 6/1998, de 13 abril (§1).

Artículo 4. Competencia urbanística.

Con carácter general, la dirección de la actividad urbanística corresponde a la Comunidad Autónoma y a los municipios en la esfera de sus respectivas competencias y en los términos previstos en esta Ley.

En la formulación, tramitación y gestión del planeamiento urbanístico, las administraciones urbanísticas competentes deberán asegurar la participación de los interesados y, en particular, los derechos de iniciativa e información por parte de las entidades representativas de los intereses que resulten afectados, y de los particulares.

⇒ V. art. 4 de la Ley 6/1998, de 13 abril (§1).
V. art. 104.3 del TRLS/1992 (§2).
V. Jurisprudencia en arts. 4 y concordantes del TRLS/1976 (§3).

Artículo 5. Organización.

1. Son órganos urbanísticos de la comunidad autónoma de La Rioja:

a) El Consejo de Gobierno.

b) La consejería competente en materia de ordenación del territorio y urbanismo.

c) La Comisión de Ordenación del Territorio y Urbanismo.

d) La Dirección General o direcciones generales a las que se atribuyan competencias en materia de ordenación del territorio y urbanismo.

2. Los órganos urbanísticos del Gobierno de La Rioja podrán delegar el ejercicio de sus competencias o encomendar la gestión, sin más limitaciones que las establecidas en la Ley 30/1992, de 26 de noviembre, de Régimen Jurídico de las Administraciones Públicas y del Procedimiento Administrativo Común.

3. Las competencias urbanísticas atribuidas a la comunidad autónoma sin indicar el órgano competente para ejercerlas, corresponderán al titular de la Consejería que tenga atribuidas las competencias en materia de ordenación del territorio y urbanismo.

⇒ V. D. 26/1999, de 21 julio, que regula la estructura orgánica de la Consejería de Obras Públicas, Transportes, Urbanismo y Vivienda: estructura orgánica.
V. D. 18/2000, de 28 abril, sobre competencias, funcionamiento y composición del Pleno y de la Comisión Permanente de la Comisión de Ordenación del Territorio y Urbanismo de La Rioja.

TÍTULO I
CLASIFICACIÓN Y RÉGIMEN DEL SUELO

CAPÍTULO I
Disposiciones generales

Artículo 6. Clasificación del suelo.

El planeamiento municipal clasificará el suelo en todas o algunas de las siguientes clases: suelo urbano, urbanizable y no urbanizable.

⇒ V. art. 7 de la Ley 6/1998, de 13 abril (§1).
V. Jurisprudencia en arts. 77 y concordantes del TRLS/1976 (§3).

Artículo 7. *Clasificación* del suelo en municipios sin planeamiento.

1. En los municipios que carezcan de planeamiento municipal el suelo que no tenga la condición de urbano, de conformidad con los criterios estable-

cidos en el artículo 8, tendrá la consideración de suelo no urbanizable, a los efectos de esta Ley.

2. En los municipios que carezcan de planeamiento municipal no existirá suelo urbanizable, en ninguna de sus categorías.

⇒ V. art. 11 de la Ley 6/1998, de 13 abril (§1).
V. Jurisprudencia en arts. 81 y concordantes del TRLS/1976 (§3).

CAPÍTULO II
Suelo urbano

Artículo 8. Suelo urbano.

1. Tendrán la condición de suelo urbano:

a) Los terrenos ya transformados por contar con acceso rodado desde la malla urbana, servicios de abastecimiento de agua y evacuación de aguas, y suministro de energía eléctrica de características adecuadas para servir a la edificación que sobre ellos exista o se haya de construir.

Los servicios construidos en ejecución de un sector o unidad de ejecución, las vías perimetrales de los núcleos urbanos, las vías de comunicación entre núcleos y las carreteras no servirán de soporte para la clasificación como urbanos de los terrenos adyacentes.

b) Los terrenos que tengan su ordenación consolidada por ocupar la edificación al menos dos tercios de los espacios aptos para la misma, según la ordenación que el planeamiento municipal establezca en los Municipios con población superior a 25.000 habitantes, o el 50% de dichos espacios en el resto de los Municipios.

c) Los terrenos que en ejecución del planeamiento hayan sido urbanizados de acuerdo con el mismo.

2. Reglamentariamente se establecerán los requisitos mínimos que han de reunir los servicios urbanísticos a que se refiere el apartado a) para que puedan considerarse suficientes en relación con la ordenación prevista.

⇒ V. art. 8 de la Ley 6/1998, de 13 abril (§1).
V. Ley 2/1991, de 7 marzo, de Carreteras y Caminos de La Rioja.
V. Jurisprudencia en arts. 78 y concordantes del TRLS/1976 (§3).

Artículo 9. Categorías de suelo urbano.

Se establecen las siguientes categorías de suelo urbano: consolidado y no consolidado.

1. Tendrán la consideración de suelo urbano consolidado los terrenos a los que el planeamiento municipal reconozca este carácter por no resultar necesario el desarrollo de las actuaciones a que se refiere el punto siguiente. Estos terrenos podrán estar sometidos a procesos de renovación o reforma interior.

2. Tendrán la consideración de suelo urbano no consolidado los terrenos clasificados como urbanos por el planeamiento municipal que estén remitidos a procesos integrales de urbanización y/o edificación.

⇒ V. art. 8 de la Ley 6/1998, de 13 abril (§1).
V. Jurisprudencia en arts. 78 y concordantes del TRLS/1976 (§3).

Artículo 10. Solar.

Tendrán la consideración de solares las superficies de suelo urbano aptas para la edificación que reúnan los siguientes requisitos:

1. Que estén urbanizadas con arreglo a las normas mínimas establecidas en cada caso por el planeamiento, y si éste no existiere o no las concretase, las establecidas en el artículo 8.1 a).

2. Que tengan señaladas alineaciones y rasantes, si existiese planeamiento.

3. Que cuando fuese preciso, se haya realizado el reparto de cargas de la urbanización.

⇒ V. arts. 8, 13 y 14 de la Ley 6/1998, de 13 abril (§1).
V. Jurisprudencia en arts. 82 y concordantes del TRLS/1976 (§3).

Artículo 11. Derechos y deberes en suelo urbano.

1. Los propietarios de suelo urbano tienen el derecho y el deber de completar la urbanización de los terrenos para que adquieran la condición de solar, y de edificarlos en las condiciones y plazos que en cada caso establezca el planeamiento.

Los terrenos estarán sujetos a la limitación de no poder ser edificados hasta que merezcan la condición de solar, salvo que se asegure la ejecución simultánea de la urbanización y la edificación mediante las garantías reglamentariamente establecidas.

2. Los propietarios de suelo urbano consolidado deberán:

a) Completar, a su costa, la urbanización necesaria para que los terrenos alcancen la condición de solar.

b) Ceder los terrenos que queden fuera de las alineaciones establecidas por el planeamiento siempre que no superen el 10% de la superficie total de la finca.

3. Los propietarios de suelo urbano no consolidado deberán:

a) Ceder, obligatoria y gratuitamente a la Administración, el suelo necesario para los viales, espacios libres, zonas verdes y dotaciones públicas de carácter local al servicio del ámbito de desarrollo en el que sus terrenos resulten incluidos.

b) Ceder, obligatoria y gratuitamente a la Administración, el suelo necesario para la ejecución de los sistemas generales que el planeamiento municipal, en su caso, incluya en el ámbito correspondiente a efectos de su gestión.

c) En los municipios con población superior a 25.000 habitantes, deberán ceder, obligatoria y gratuitamente a la Administración actuante, el suelo correspondiente al 10% del aprovechamiento medio del ámbito ya urbanizado.

d) Proceder a la distribución equitativa de los beneficios y cargas derivados del planeamiento, con anterioridad al inicio de la ejecución material del mismo.

e) Costear y, en su caso, ejecutar la urbanización en los plazos fijados por el planeamiento.

f) Solicitar licencia de edificación y edificar los solares en el plazo que establezca el planeamiento.

4. El cumplimiento de los deberes previstos en el número anterior es condición para el legítimo ejercicio de los derechos reconocidos en esta Ley.

⇒ V. arts. 5, 8, 13 y 14 de la Ley 6/1998, de 13 abril (§1).
V. Jurisprudencia en arts. 83 y concordantes del TRLS/1976 (§3).

CAPÍTULO III
Suelo no urbanizable

Artículo 12. Suelo no urbanizable.

Tendrán la condición de suelo no urbanizable los terrenos en que concurran algunas de las circunstancias siguientes:

1. Que deban incluirse en esta clase de suelo por estar sometidos a algún régimen especial de protección incompatible con su transformación, de acuerdo con los distintos instrumentos de ordenación territorial o la legislación sectorial, en razón de sus valores paisajísticos, históricos, arqueológicos, científicos, ambientales o culturales, o en función de su sujeción a limitaciones o servidumbres para la protección del dominio público.

2. Que el Plan General considere necesario preservar por los valores a que se ha hecho referencia en el punto anterior, por su valor agrícola, forestal, ganadero o por sus riquezas naturales.

3. Los terrenos cuyas características geotécnicas o morfológicas desaconsejen su destino a aprovechamientos urbanísticos, bien sea por los costes desproporcionados que exigiría el establecimiento de éstos, bien sea para evitar riesgos ciertos de erosión, hundimiento, inundación o cualquier otro tipo de calamidad.

4. Los terrenos que, conforme a la estrategia territorial adoptada en el Plan General, deban ser excluidos del proceso de urbanización, siempre que se justifique debidamente su exclusión.

⇒ V. arts. 9 y 20 de la Ley 6/1998,de 13 abril (§1).
V. Ley 2/1995, de 10 febrero, de Protección y Desarrollo del Patrimonio Forestal de La Rioja.
V. Ley 3/2000, de 19 junio, de Desarrollo Rural.
V. Jurisprudencia en arts. 80 y concordantes del TRLS/1976 (§3).

Artículo 13. Categorías de suelo no urbanizable.

En suelo no urbanizable se distinguirán las siguientes categorías: suelo no urbanizable genérico y suelo no urbanizable especial:

1. Tendrán la consideración de suelo no urbanizable especial los terrenos clasificados por el Plan General a que hace referencia el artículo 12, puntos 1, 2 y 3.

2. Tendrán la consideración de suelo no urbanizable genérico los terrenos clasificados como suelo no urbanizable por el Plan General y que no estén incluidos en el apartado anterior.

⇒ V. art. 9 de la Ley 6/1998, de 13 abril (§1).
V. Jurisprudencia en arts. 80 y concordantes del TRLS/1976 (§3).

Artículo 14. Delimitación de áreas específicas en suelo no urbanizable genérico.

En suelo no urbanizable genérico se podrán establecer, en su caso, áreas con alguna de las siguientes finalidades:

1. La realización de obras o infraestructuras o al establecimiento de servicios públicos que en ejecución de instrumentos de ordenación territorial o de la planificación estatal o autonómica, deban ubicarse en el suelo no urbanizable en las que se limite cualquier uso o aprovechamiento constructivo aislado.

2. En municipios menores de 1.000 habitantes y que carezcan de suelo con calificación de uso industrial, áreas para la construcción de pequeños talleres, bodegas y almacenes agrícolas, ganaderos e industriales dentro de un único perímetro específicamente reservado para estas actividades, con las siguientes limitaciones:

a) Justificación expresa y suficiente de su conveniencia por la escasa capacidad de gestión municipal o por el carácter esporádico y la escasa demanda de suelo para estas actividades.

b) Dimensiones moderadas de la superficie del área reservada.

c) Forma y disposición del área reservada que evite la formación de travesías en las carreteras y reserve, al menos, un quinto de su superficie total para dotaciones y zonas públicas libres de edificación.

d) Previsiones del proceso de urbanización y reparcelación. En ningún caso se podrá construir en tanto no estén asegurados y en funcionamiento los servicios de saneamiento y depuración imprescindibles.

3. La delimitación de estas áreas seguirá el trámite previsto en el artículo 111, correspondiendo a la Comisión de Ordenación del Territorio y Urbanismo la aprobación definitiva.

⇒ V. Ley 2/1991, de 7 marzo, de Carreteras y Caminos de La Rioja.
V. D. 18/2000, de 28 abril, sobre competencias, funcionamiento y composición del Pleno y de la Comisión Permanente de la Comisión de Ordenación del Territorio y Urbanismo de La Rioja.

Artículo 15. Deberes y derechos en suelo no urbanizable.

1. Los propietarios de suelo no urbanizable tendrán derecho a usar, disfrutar y disponer de los terrenos de su propiedad, de conformidad con la naturaleza y destino de los mismos.

2. Los propietarios de suelo no urbanizable deberán:

a) Destinarlos a fines agrícolas, forestales, ganaderos, cinegéticos, ambientales u otros vinculados a la utilización racional de los recursos naturales, dentro de los límites que, en su caso, establezcan las leyes o el planeamiento.

b) Solicitar autorización para la realización de actividades y usos en los casos previstos en esta Ley, sin perjuicio de lo dispuesto en la legislación sectorial correspondiente.

⇒ V. arts. 9 y 20 de la Ley 6/1998, de 13 abril (§1).
V. Ley 2/1995, de 10 febrero, de Protección y Desarrollo del Patrimonio Forestal de La Rioja.
V. Ley 3/2000, de 19 junio, de Desarrollo Rural.
V. Jurisprudencia en arts. 86 y concordantes del TRLS/1976 (§3).

Artículo 16. Actividades y usos en suelo no urbanizable.

Las actividades y usos en suelo no urbanizable son las siguientes:

1. Actividades y usos no constructivos:

a) Acciones sobre el suelo o el subsuelo que impliquen movimientos de tierra, tales como explotaciones mineras, extracciones de gravas y arenas, canteras, dragados, defensa de ríos y rectificación de cauces, apertura de pistas o caminos y abancalamiento.

b) Acciones sobre el suelo o el subsuelo que no impliquen movimiento de tierras, tales como aprovechamientos agropecuarios, pastoreo, roturación y desecación, vallados con elementos naturales o setos.

c) Acciones sobre las masas arbóreas, tales como aprovechamiento de leña, aprovechamiento maderero, cortas a hecho, mejora de la masa forestal, otros aprovechamientos forestales, repoblaciones y tratamiento fitosanitario.

d) Actividades de ocio, tales como práctica de deportes organizados, acampada de un día, acampada prolongada y actividades comerciales ambulantes.

e) Actividades científicas y divulgativas.

2. Actividades y usos constructivos:

a) La vivienda en áreas territoriales donde no exista peligro de formación de núcleo urbano, ni pueda presumirse finalidad urbanizadora, por no existir instalaciones o servicios necesarios para la finalidad de aprovechamiento urbanístico.

b) Construcciones e instalaciones agrícolas, tales como las destinadas al apoyo de las explotaciones hortícolas o de la horticultura de ocio, almacenes agrícolas, viveros e invernaderos.

c) Construcciones e instalaciones destinadas al apoyo a la ganadería extensiva e intensiva, granjas, corrales domésticos, piscifactorías e instalaciones apícolas.

d) Construcciones o instalaciones forestales destinadas a la extracción de madera o a la gestión forestal.

e) Construcciones e instalaciones necesarias para la ejecución, entretenimiento y servicio de las obras públicas.

f) Actividades de servicios vinculadas funcionalmente a las carreteras y previstas en la ordenación sectorial de éstas, así como, en todo caso, las de suministro de carburante.

g) Construcciones e instalaciones para equipamiento, dotaciones o servicios que deban emplazarse en el suelo no urbanizable, tales como escuelas agrarias, centros de investigación y educación ambiental, puestos de salvamento y socorrismo, cementerios, y construcciones e instalaciones deportivas y de ocio.

h) Construcciones e instalaciones vinculadas a actividades industriales que deban emplazarse en suelo no urbanizable o que no sean propias del suelo urbano o urbanizable.

i) Infraestructuras.

3. Otras actividades y usos.

En caso de actividades y usos no enunciados de forma expresa en los números anteriores, se asimilarán a éstos teniendo en cuenta la compatibilidad de dicho uso o actividad con los objetivos del régimen de protección del espacio en que vayan a asentarse.

⇒ V. arts. 9 y 20 de la Ley 6/1998, de 13 abril (§1).
V. Ley 2/1995, de 10 febrero, de Protección y Desarrollo del Patrimonio Forestal de La Rioja.
V. Ley 2/1991, de 7 marzo, de Carreteras y Caminos de La Rioja.
V. Ley 3/2000, de 19 junio, de Desarrollo Rural.
V. Jurisprudencia en arts. 86 y concordantes del TRLS/1976 (§3).

Artículo 17. Actividades permitidas, autorizables y prohibidas. Concepto.

1. A los efectos de lo previsto en esta Ley las actividades y usos en suelo no urbanizable podrán ser permitidos, autorizables y prohibidos.

2. Serán usos permitidos aquellos que por su propia naturaleza sean compatibles con los objetivos de protección de cada categoría de suelo; usos prohibidos los que sean incompatibles y usos autorizables los que puedan ser compatibles en determinadas circunstancias.

3. Los usos y actividades permitidos no precisarán autorización de la Comisión de Ordenación del Territorio y Urbanismo de La Rioja, sin perjuicio de que deban ser objeto de autorización por otros Organismos Públicos.

4. Los usos y actividades autorizables precisarán autorización de conformidad con el artículo 19, sin perjuicio de que también deban ser objeto de licencia o autorización por otros Organismos Públicos.

⇒ *V. D. 18/2000*, de 28 abril, sobre competencias, funcionamiento y composición del Pleno y de la Comisión Permanente de la Comisión de Ordenación del Territorio y Urbanismo de La Rioja.

Artículo 18. Actividades y usos prohibidos.

1. En esta clase de suelo quedan prohibidas las parcelaciones urbanísticas que den lugar a la formación de núcleo de población conforme a la definición contenida en el Plan General, sin que, en ningún caso, puedan efectuarse divisiones, segregaciones o fraccionamientos de cualquier tipo por debajo de la unidad mínima de cultivo o en contra de lo dispuesto en la legislación agraria, forestal o de similar naturaleza, salvo cuando se trate de concentrar propiedades colindantes.

2. En el suelo no urbanizable especial está prohibida cualquier construcción, actividad o utilización que implique transformación de su destino o naturaleza, lesione el valor específico que se quiera proteger o infrinja el concreto régimen limitativo establecido por los instrumentos de ordenación territorial, la legislación sectorial o el planeamiento urbanístico, salvo aquellas construcciones o instalaciones que tenga previstas el planeamiento expresa y excepcionalmente, por ser necesarias para su mejor conservación y para el disfrute público compatible con los específicos valores justificativos de su especial protección.

⇒ V. arts. 9 y 20 de la Ley 6/1998, de 13 abril (§1).

V. Ley 2/1995, de 10 febrero, de Protección y Desarrollo del Patrimonio Forestal de La Rioja.

V. Jurisprudencia en arts. 86 y concordantes del TRLS/1976 (§3).

Artículo 19. Actividades y usos autorizables.

1. Los Ayuntamientos con Plan General podrán autorizar las siguientes actividades y usos:

a) Los contenidos en la letra b) del apartado 2 del artículo 16, incluidas las edificaciones destinadas a guardar aperos de labranza y casillas, y excluidas las viviendas vinculadas a la explotación.

b) Los contenidos en las letras c), d) y e) del apartado 2 del artículo 16.

2. La Comisión de Ordenación del Territorio y Urbanismo podrá autorizar en municipios con Plan General las siguientes actividades y usos:

a) Los contenidos en la letra a) del apartado 1 del artículo 16.

b) Los contenidos en las letras a), f), g), h) e i) del apartado 2 del artículo 16.

En el suelo no urbanizable del resto de municipios será necesaria la autorización de la Comisión de Ordenación del Territorio y Urbanismo de La Rioja, para la implantación de cualquier uso o actividad de las relacionadas en la letra a) del apartado 1 del artículo 16 y en el apartado 2 del citado artículo.

En suelo no urbanizable genérico de municipios de menos de 1.000 habitantes, será necesaria la autorización de la Comisión de Ordenación del Territorio y Urbanismo, para la delimitación de las áreas previstas en el artículo 14.2.

3. La autorización se otorgará a solicitud del interesado, en la que se precisarán los siguientes datos:

a) Emplazamiento y extensión de la finca en que se pretenda construir, reflejados en planos de situación, quedando constancia de que no contribuye a la formación de núcleo de población.

b) Superficie ocupada por la construcción y descripción de las características fundamentales de la misma y de los usos o actividades a desarrollar en aquélla.

La autorización se entenderá estimada por silencio, por el transcurso de tres meses desde la presentación de la solicitud, previa exposición al público por plazo de quince días.

El otorgamiento de la autorización no exime de la licencia municipal que se otorgará, obtenida aquélla, si el proyecto técnico presentado por el solicitante se ajusta a la normativa municipal y al resto de la legislación aplicable.

⇒ V. arts. 9 y 20 de la Ley 6/1998, de 13 abril (§1).
V. D. 18/2000, de 28 abril, sobre competencias, funcionamiento y composición del Pleno y de la Comisión Permanente de la Comisión de Ordenación del Territorio y Urbanismo de La Rioja.
V. Jurisprudencia en arts. 86 y concordantes del TRLS/1976 (§3).

Artículo 20. Actividades y usos permitidos.

Los propietarios de suelo no urbanizable podrán realizar aquellas actividades y usos no constructivos que de conformidad con la naturaleza de los mismos y la legislación aplicable, ni estén prohibidos, ni sean autorizables.

Artículo 21. Procedimiento especial.

En el caso en que las actividades y usos sean objeto de un plan o proyecto de interés regional, no será de aplicación el procedimiento regulado en el artículo 19.

CAPÍTULO IV
Suelo urbanizable

Artículo 22. Suelo urbanizable.

Tendrán la consideración de suelo urbanizable los terrenos que no tengan la condición de suelo urbano ni de suelo no urbanizable, conforme a lo establecido en los capítulos anteriores.

⇒ V. art. 10 de la Ley 6/1998, de 13 abril (§1).
V. Jurisprudencia en arts. 79 y concordantes del TRLS/1976 (§3).

Artículo 23. Categorías de suelo urbanizable.

El Plan General podrá establecer las categorías de suelo urbanizable delimitado y suelo urbanizable no delimitado.

1. Tendrán la consideración de suelo urbanizable delimitado los sectores previstos por el Plan General para garantizar un desarrollo urbano racional.

2. Tendrán la consideración de suelo urbanizable no delimitado los te-

rrenos clasificados como suelo urbanizable y no incluidos en el apartado anterior.

⇒ V. art. 10 de la Ley 6/1998, de 13 abril (§1).
V. Jurisprudencia en arts. 79 y concordantes del TRLS/1976 (§3).

Artículo 24. Deberes y derechos en suelo urbanizable.

1. Los terrenos clasificados como suelo urbanizable delimitado no podrán ser urbanizados hasta que se apruebe el correspondiente plan parcial. Entre tanto, no podrán realizarse en ellos obras o instalaciones salvo las que vayan a ejecutarse mediante la redacción de planes especiales de infraestructuras y las de carácter provisional, ni podrán destinarse a otros usos o aprovechamientos distintos de los que señale el Plan General.

En el suelo urbanizable no delimitado, en tanto no se haya aprobado la correspondiente ordenación detallada que permita la urbanización, se aplicará el régimen establecido para el suelo no urbanizable genérico.

2. Los propietarios de suelo urbanizable delimitado deberán:

a) Ceder los terrenos destinados por el Plan General a sistemas generales de dominio público incluidos en este tipo de suelo o adscritos al mismo.

b) Ceder, gratuita y obligatoriamente al ayuntamiento, los terrenos destinados a viales, zonas verdes y espacios públicos, dotaciones y demás servicios a los que el plan parcial atribuya el carácter de bienes de dominio público.

El porcentaje de terrenos destinados a dotaciones, zonas verdes y espacios libres de uso y dominio público será como mínimo:

Municipios mayores de 25.000 habitantes: el 25% de la superficie total ordenada, se destinará a zonas verdes, espacios libres de uso y dominio público y dotaciones públicas, en la proporción que reglamentariamente se establezca.

La superficie destinada a zonas verdes y espacios libres de uso y dominio público, no podrá ser en ningún caso inferior al 10% de la superficie total ordenada.

Municipios con población comprendida entre 1.000 y 25.000 habitantes: el 15% de la superficie total ordenada se destinará a zonas verdes, espacios libres de uso y dominio público y dotaciones públicas, en la proporción que reglamentariamente se establezca.

Municipios menores de 1.000 habitantes: el 10% de la superficie total ordenada se destinará a zonas verdes, espacios libres de uso y dominio público y dotaciones públicas, en la proporción que reglamentariamente se establezca. Su destino podrá ser genérico o podrá estar determinado por el plan parcial.

c) Ceder, obligatoria y gratuitamente al ayuntamiento en municipios mayores de 25.000 habitantes, los terrenos necesarios para ubicar el 10% del aprovechamiento medio del sector, ya urbanizados.

En los Municipios con población comprendida entre 1.000 y 25.000 habitantes, dicho porcentaje podrá ser reducido hasta el 5%, previa autorización de la Comisión de Ordenación del Territorio y Urbanismo de La Rioja.

En los Municipios con población inferior a 1.000 habitantes, el porcentaje de cesión será el 5%.

d) Proceder a la distribución equitativa de los beneficios y cargas derivados del planeamiento, con anterioridad al inicio de la ejecución material del mismo.

e) Costear y ejecutar la urbanización en los plazos fijados por el planeamiento.

f) Solicitar licencia de edificación y edificar los solares en el plazo que establezca el planeamiento.

3. Los propietarios de suelo urbanizable no delimitado, además de las prescripciones establecidas para suelo urbanizable delimitado, deberán costear y, en su caso, ejecutar las infraestructuras de conexión con los sistemas generales exteriores a la actuación y, en su caso, las obras necesarias para la ampliación o refuerzo de dichos sistemas requeridos por la dimensión o necesidad de la misma y las intensidades de uso que ésta genere de conformidad con los requisitos y condiciones que establezca el Plan General.

⇒ V. arts. 15, 16 y 18 de la Ley 6/1998, de 13 abril (§1).
V. D. 18/2000, de 28 abril, sobre competencias, funcionamiento y composición del Pleno y de la Comisión Permanente de la Comisión de Ordenación del Territorio y Urbanismo de La Rioja.
V. Jurisprudencia en arts. 85 y concordantes del TRLS/1976 (§3).

TÍTULO II
INSTRUMENTOS DE ORDENACIÓN DEL TERRITORIO

CAPÍTULO I
Instrumentos de ordenación

Artículo 25. Concepto.

Se entiende por ordenación del territorio, a los efectos de lo previsto en esta Ley, el conjunto de criterios expresamente formulados a través de normas y planes, que regulen las actuaciones y asentamientos sobre el territorio, con objeto de conseguir una adecuada relación entre territorio, población, actividades, servicios e infraestructuras.

Artículo 26. Clases de instrumentos de ordenación.

Son instrumentos de ordenación del territorio de la comunidad autónoma de La Rioja:

a) Las Directrices de Ordenación Territorial.

b) *Las Normas Urbanísticas* Regionales.

c) El Plan Especial de Protección del Medio Ambiente Natural de La Rioja.

d) Los Planes de Ordenación de Recursos Naturales y otros Planes Especiales Supramunicipales.

⇒ V. art. 12 de la Ley 6/1998, de 13 abril (§1).
V. art. 113.2 del TRLS/1992 (§2).
V. Jurisprudencia en arts. 6 y concordantes del TRLS/1976 (§3).

Artículo 27. Ejecutividad y desarrollo.

1. Los instrumentos de ordenación del territorio previstos en esta Ley serán ejecutivos desde la fecha de publicación de su aprobación definitiva en el «Boletín Oficial de La Rioja».

2. Las determinaciones contenidas en los instrumentos de ordenación del territorio vincularán al planeamiento local, prevaleciendo en aquellos aspectos que resulten contrarios a dichos instrumentos de ordenación del territorio, y en los términos previstos en los mismos.

CAPÍTULO II

Directrices de ordenación territorial

Artículo 28. Objeto y funciones.

Las Directrices de Ordenación Territorial son el instrumento para la ordenación básica del territorio de la comunidad autónoma de La Rioja y tendrán como objetivos fundamentales definir el modelo y orientar la política territorial de la comunidad autónoma de La Rioja de acuerdo con las políticas sociales económicas, medioambientales y culturales en vigor.

A tal efecto las Directrices de Ordenación Territorial cumplirán al menos las siguientes funciones:

a) Formular el conjunto de criterios y normas que orienten y regulen los procesos de asentamiento en el territorio de las distintas actividades económicas y sociales de los agentes, públicos y privados, que operen en dicho ámbito.

b) Establecer y suministrar las previsiones y los criterios básicos para la formulación de las políticas sectoriales, y para la programación de los recursos de la Administración del Estado que deban aplicarse en el territorio de la comunidad autónoma de La Rioja.

c) Proponer las acciones territoriales que requiera la actuación conjunta con otras comunidades autónomas, ofreciendo las bases suficientes para celebrar los convenios o acuerdos de cooperación que resulten necesarios.

Artículo 29. Contenido.

Las Directrices de Ordenación Territorial tendrán el siguiente contenido:

a) Análisis de las características propias del territorio de la comunidad y diagnóstico de los problemas existentes en relación con los asentamientos urbanos y productivos, el medio físico y los recursos naturales.

b) Formulación de los criterios adoptados de acuerdo con los objetivos sociales, culturales, económicos y medioambientales del Gobierno de La Rioja.

c) Formular los criterios de política sectorial y territorial destinados a orientar o, en su caso, regular las actuaciones públicas y privadas, como marco de referencia para la actuación de los agentes sociales y económicos que operen en el ámbito de la comunidad autónoma.

d) Establecer criterios para la preservación de los recursos naturales y culturales y su compatibilización con el desarrollo económico y urbanístico.

e) Fijación de los criterios para la localización y ejecución de las infraestructuras y equipamientos de carácter regional.

f) Establecer criterios de coordinación y compatibilización del planeamiento urbanístico y de la planificación sectorial con incidencia sobre el territorio, formulados por las distintas Administraciones y Organismos Públicos que intervengan en el territorio de la comunidad autónoma.

Artículo 30. Documentación.

Las Directrices de Ordenación Territorial contendrán los documentos gráficos y escritos que sean necesarios para reflejar los contenidos expuestos en el artículo anterior.

Artículo 31. Elaboración y aprobación.

La formulación y aprobación de las Directrices de Ordenación Territorial se ajustará al siguiente procedimiento:

1. Corresponde a la Consejería competente en materia de ordenación del territorio y urbanismo, acordar la iniciación del procedimiento de elaboración y aprobación de las Directrices de Ordenación Territorial, que se publicará en el «Boletín Oficial de La Rioja», señalando, al menos, los objetivos y plazos para su elaboración, así como los departamentos de la Administración que deban prestar su colaboración.

2. A partir de la publicación del acuerdo de iniciación en el «Boletín Oficial de La Rioja», la Consejería competente en materia de ordenación del territorio y urbanismo elaborará la documentación de las Directrices. A tal efecto, podrá recabar de las Administraciones Públicas, instituciones y entidades que se estime conveniente, datos e informes sobre las materias de su competencia o interés.

3. Las Directrices de Ordenación del Territorio serán sometidas a información pública por un plazo no inferior a dos meses, durante los cuales se dará audiencia a las Entidades Locales, Federaciones de Municipios y demás Administraciones Públicas.

4. La aprobación de las Directrices de Ordenación Territorial corresponde al Consejo de Gobierno de La Rioja.

Artículo 32. Revisión y modificación.

Las Directrices de Ordenación Territorial tendrán vigencia indefinida, salvo que aparezcan circunstancias no contempladas en ellas que exijan su revisión.

La revisión y la modificación de las Directrices de Ordenación Territorial se someterán al procedimiento establecido para su aprobación.

CAPÍTULO III
Normas urbanísticas regionales

Artículo 33. Objeto.

Las Normas Urbanísticas Regionales tienen por objeto establecer, para la totalidad de la comunidad autónoma de La Rioja, la normativa de carácter general sobre protección y aprovechamiento del suelo, urbanización y edificación.

Artículo 34. Efectividad.

Las Normas Urbanísticas Regionales se aplicarán:

1. Con carácter general, en todos aquellos municipios que no cuenten con planeamiento municipal.

2. Con carácter orientativo, para la redacción del planeamiento municipal que se formule con posterioridad a su entrada en vigor.

3. Con carácter complementario, en aquellos municipios que cuenten con Plan General, en todos aquellos aspectos no regulados o insuficientemente desarrollados por el mismo.

4. En el suelo no urbanizable de aquellos municipios que cuenten con Plan de Ordenación de Suelo Urbano.

Artículo 35. Contenido.

Las Normas Urbanísticas Regionales contendrán las siguientes determinaciones:

a) Fines y objetivos de su promulgación.

b) Relaciones e incidencias con las Directrices de Ordenación Territorial.

c) Normas urbanísticas reguladoras de la protección, usos y aprovechamientos del suelo, y la edificación.

d) Medidas de protección urbanística del medio natural, histórico y cultural.

e) Identificación de los suelos que estén afectados por alguna legislación sectorial.

f) Definición de las condiciones que puedan dar lugar a la formación de núcleos de población en las distintas áreas con problemática urbanística homogénea.

g) Medidas para la implantación de los usos y actividades que necesariamente deban ubicarse en el suelo no urbanizable, a fin de que se protejan los recursos y se posibilite su explotación.

h) Criterios para la redacción del planeamiento municipal y estándares mínimos de calidad que deben ser cumplidos por los diversos instrumentos de planeamiento.

i) Criterios para la regulación y delimitación de las áreas colindantes con el suelo urbano para la redacción de Planes de Ordenación de Suelo Urbano.

j) Previsiones mínimas para dotaciones, zonas verdes y espacios libres de dominio y uso público.

k) Criterios para el establecimiento, en su caso, de reservas de suelo destinadas a viviendas de protección pública.

l) Criterios para la delimitación de áreas en suelo no urbanizable genérico, destinadas a la construcción de pequeños talleres y almacenes agrícolas e industriales, en municipios menores de 1.000 habitantes.

Artículo 36. Documentación.

Las Normas Urbanísticas Regionales contendrán los siguientes documentos:

a) Memoria justificativa de sus fines y objetivos, así como de su conveniencia y oportunidad, expresiva del resultado del trámite de participación pública en el proceso de elaboración.

b) Planos de información y ordenación.

c) Normas de edificación para el suelo urbano.

d) Normas de protección para el suelo no urbanizable.

e) Cualquier otro documento que se estime procedente para el cumplimiento de las determinaciones de las propias normas.

Artículo 37. Elaboración y aprobación.

1. La formulación y aprobación de las Normas Urbanísticas Regionales se ajustará al siguiente procedimiento:

a) La elaboración corresponde a la Consejería competente en materia de ordenación del territorio y urbanismo de la comunidad autónoma de La Rioja.

b) La aprobación inicial corresponde al Consejo de Gobierno de La Rioja. El acuerdo de aprobación inicial se publicará en el «Boletín Oficial de La Rioja», abriéndose simultáneamente un período de información pública y audiencia a las Entidades Locales y demás Administraciones Públicas por un plazo mínimo de un mes.

c) Informadas las alegaciones, se someterá el expediente a informe de la Comisión de Ordenación del Territorio y Urbanismo de La Rioja.

d) A la vista de los informes, y con las modificaciones que proceda, el Consejero competente en materia de ordenación del territorio y urbanismo elevará el documento al Consejo de Gobierno de La Rioja para su aprobación definitiva, que se publicará en el «Boletín Oficial de La Rioja».

2. Toda modificación de las Normas Urbanísticas Regionales se ajustará al mismo procedimiento establecido en el número anterior de este artículo.

⇒ V. D. 18/2000, de 28 abril, sobre competencias, funcionamiento y composición del Pleno y de la Comisión Permanente de la Comisión de Ordenación del Territorio y Urbanismo de La Rioja.

CAPÍTULO IV

Plan especial de protección del medio ambiente natural

Artículo 38. Objeto.

El Plan Especial de Protección del Medio Ambiente Natural de La Rioja tiene como objeto establecer las medidas necesarias, en el orden urbanístico y territorial, para asegurar la protección, conservación, catalogación y mejora de los espacios naturales, del paisaje y del medio físico rural, teniendo en cuenta la Red de Espacios Protegidos de La Rioja.

⇒ V. art. 9 de la Ley 6/1998, de 13 abril (§1).
V. Ley 3/2000, de 19 junio, de Desarrollo Rural.
V. Jurisprudencia en arts. 19 y concordantes del TRLS/1976 (§3).

Artículo 39. Contenido y documentación.

El Plan Especial de Protección del Medio Ambiente Natural contendrá:

a) Memoria justificativa de sus fines y objetivos, así como de su conveniencia y oportunidad, expresiva del resultado del trámite de participación pública en el proceso de elaboración.

b) Planos de información.

c) Normas de regulación de usos y actividades.

d) Planos de ordenación: espacios de catálogo.

e) Normas de protección de los espacios catalogados.

f) Cualquier otro documento que se estime procedente para el cumplimiento de las determinaciones del Plan.

Artículo 40. Efectos.

1. Las determinaciones del Plan Especial de Protección del Medio Ambiente Natural serán de aplicación en todos los municipios que:

a) Carezcan de planeamiento municipal.

b) Aun contando con planeamiento municipal, éste no contenga determinaciones precisas para la protección del medio físico.

2. Cuando tanto el Plan Especial de Protección del Medio Ambiente Natural como el Plan General contengan determinaciones distintas sobre la protección del medio físico, se aplicarán las más restrictivas.

3. El planeamiento municipal que se apruebe con posterioridad a la entrada en vigor del Plan Especial de Protección del Medio Ambiente Natural deberá ajustarse a las determinaciones contenidas en el mismo.

Artículo 41. Elaboración y aprobación.

1. La formulación y aprobación del Plan Especial de Protección del Medio Ambiente Natural se ajustará al siguiente procedimiento:

a) La elaboración corresponde a la Consejería competente en materia de ordenación del territorio y urbanismo de la comunidad autónoma de La Rioja.

b) La aprobación inicial corresponde al Consejo de Gobierno de La Rioja. El acuerdo de aprobación inicial se publicará en el «Boletín Oficial de La Rioja», abriéndose simultáneamente un período de información pública y audiencia a las Entidades Locales y demás Administraciones Públicas por un plazo mínimo de un mes.

c) Informadas las alegaciones se someterá el expediente a informe de la Comisión de Ordenación del Territorio y Urbanismo de La Rioja.

d) A la vista de los informes, y con las modificaciones que proceda, el Consejero competente en materia de ordenación del territorio y urbanismo, elevará el documento al Consejo de Gobierno de La Rioja para su aprobación definitiva, que se publicará en el «Boletín Oficial de La Rioja».

2. La revisión o modificación de las determinaciones del Plan Especial de Protección del Medio Ambiente Natural se realizará siguiendo los mismos trámites seguidos para su aprobación.

3. No se considerará modificación del Plan Especial de Protección del Medio Ambiente Natural las alteraciones del mismo producidas como consecuencia de las determinaciones del planeamiento municipal aprobado con posterioridad, siempre que se ajusten a las condiciones de alteración establecidas en el propio Plan Especial.

⇒ V. D. 18/2000, de 28 abril, sobre competencias, funcionamiento y composición del Pleno y de la Comisión Permanente de la Comisión de Ordenación del Territorio y Urbanismo de La Rioja.

CAPÍTULO V

Proyectos de Interés Supramunicipal

Artículo 42. Objetivos.

1. Los Proyectos de Interés Supramunicipal tienen por objeto regular la implantación territorial de las infraestructuras, dotaciones e instalaciones de interés social o utilidad pública que se asienten sobre más de un término municipal o que, asentándose en un término municipal, su incidencia trascienda al mismo por su magnitud, importancia o especiales características.

2. Los Proyectos de Interés Supramunicipal podrán promoverse y desarrollarse por la iniciativa pública y privada.

3. Corresponde al Consejero competente en materia de ordenación del territorio y urbanismo calificar a los efectos de lo previsto en esta Ley, un Proyecto de Interés Supramunicipal.

Artículo 43. Efectos.

Los Proyectos de Interés Supramunicipal vincularán el planeamiento urbanístico de los municipios a los que afecten, que deberán recogerlos en su primera modificación o revisión, pasando, en todo caso, a integrarse en los sistemas generales de la ordenación establecida por el planeamiento urbanístico.

Artículo 44. Desarrollo.

Los Proyectos de Interés Supramunicipal pueden desarrollarse en suelo no urbanizable o urbanizable no delimitado.

Artículo 45. Contenido.

1. Los Proyectos de Interés Supramunicipal contendrán, como mínimo, las siguientes determinaciones:

a) Justificación del interés público o utilidad social de la infraestructura, dotación o instalación.

b) Descripción de la localización del proyecto y del ámbito territorial de incidencia del mismo.

c) Administración Pública, entidad o persona jurídica o física promotora del proyecto.

d) Memoria justificativa y descripción detallada de la ordenación y de las características técnicas del proyecto.

e) Plazos de inicio y terminación de las obras, con determinación, en su caso, de las fases en que se divida su ejecución.

f) Estudio económico y financiero justificativo de la viabilidad del proyecto, así como de los medios con que cuente el promotor del proyecto para hacer frente al coste de ejecución del mismo, indicando los recursos propios y las fuentes de financiación.

g) Referencia al planeamiento urbanístico vigente en el término o términos municipales en los que se desarrolle el proyecto.

h) Estudio o estudios de impacto ambiental en su caso.

2. Los Proyectos de Interés Supramunicipal constarán de los documentos necesarios para reflejar con claridad y precisión sus determinaciones.

3. En el caso de actuaciones de iniciativa particular deberán contener además:

a) Compromisos del promotor para el cumplimiento de las obligaciones que se deriven del proyecto, que será obligatorio garantizar.

b) Garantías que, en su caso, se presten y constituyan para asegurar el cumplimiento de las obligaciones establecidas en la letra anterior.

⇒ V. Ley 6/2001, de 8 mayo, de modificación del Real Decreto Legislativo 1302/1986, de 28 junio, de Evaluación de Impacto Ambiental.

Artículo 46. Procedimiento de elaboración y aprobación.

1. La aprobación inicial se otorgará por la Comisión de Ordenación del Territorio y Urbanismo de La Rioja, sometiéndola a información pública du-

rante quince días, mediante anuncio en el «Boletín Oficial de La Rioja» y, simultáneamente y por el mismo plazo, a audiencia de los municipios afectados por el proyecto.

A la vista de la información pública y de la audiencia a los ayuntamientos, la Comisión de Ordenación del Territorio y Urbanismo adoptará el acuerdo que proceda respecto a la aprobación provisional, correspondiendo la aprobación definitiva al Consejero competente en materia de ordenación del territorio y urbanismo. El acuerdo de aprobación definitiva se publicará en el «Boletín Oficial de La Rioja».

2. Se entenderán desestimadas las solicitudes de tramitación de Proyecto de Interés Supramunicipal promovidos por la iniciativa privada cuando, transcurrido el plazo de tres meses desde el ingreso del expediente completo en el Registro, no haya recaído resolución expresa.

3. Con la aprobación definitiva se podrá acordar, en su caso, la declaración de utilidad pública y necesidad de la ocupación, a efectos expropiatorios.

⇒ V. D. 18/2000, de 28 abril, sobre competencias, funcionamiento y composición del Pleno y de la Comisión Permanente de la Comisión de Ordenación del Territorio y Urbanismo de La Rioja.

TÍTULO III
ACTUACIONES DE INTERÉS REGIONAL

CAPÍTULO I
Zonas de interés regional

Artículo 47. Objetivos.

Las zonas de interés regional tienen por objeto delimitar ámbitos en los que se pretendan desarrollar actuaciones industriales, residenciales, terciarias, dotacionales o de implantación de infraestructuras que se consideren de interés o alcance regional.

Artículo 48. Iniciativa.

Las actuaciones de interés regional se promoverán, en todo caso, por la comunidad autónoma, las entidades de derecho público de ella dependientes, las sociedades con capital exclusiva o mayoritariamente público y los consorcios con participación de alguna de las anteriores.

Artículo 49. Procedimiento para la delimitación y declaración de zona de interés regional.

La declaración y delimitación de zona de interés regional se adecuará al siguiente procedimiento:

a) Acuerdo del Consejo de Gobierno de la comunidad autónoma, a propuesta del Consejero competente en materia de ordenación del territorio y urbanismo, que comportará:

a.1) Memoria descriptiva de la operación u operaciones urbanísticas a desarrollar en la zona.

a.2) Justificación del interés regional y de la adecuación de la zona en cuanto a la localización para los objetivos que se pretenden.

a.3) Declaración y delimitación del área como zona de interés con las consecuencias que de ello se derivan, incluida la declaración de utilidad pública y la necesidad de ocupación.

a.4) Fijación de la modalidad expropiatoria, ya sea por el procedimiento de tasación conjunta, ya sea por el de expropiación individualizada conforme a la Ley de Expropiación Forzosa.

a.5) Atribución o no de la cualidad de beneficiario.

b) Relación de bienes y derechos afectados, que deberá ser aprobada por la Consejería competente en materia de ordenación del territorio y urbanismo, previa la apertura de un período de información pública por el plazo de quince días.

c) Se seguirá el procedimiento de tasación conjunta o de expropiación individualizada, conforme al procedimiento legalmente establecido.

Artículo 50. Alcance y efectos de la delimitación y declaración de zona de interés regional.

1. Las zonas de interés regional se delimitarán en terrenos clasificados como suelo no urbanizable o urbanizable. Excepcionalmente, y para conseguir una adecuada integración con los sistemas y redes existentes o previstos en el resto del suelo, podrán comprender también terrenos destinados a sistemas generales. En ambos casos, la delimitación implicará la modificación automática del planeamiento municipal.

2. Su delimitación y declaración tendrá los siguientes efectos:

a) Implicará la declaración de la utilidad pública y necesidad de la ocupación por el procedimiento de urgencia, a efectos de la expropiación forzosa de los terrenos incluidos en la misma.

b) Podrá ser beneficiaria de la expropiación cualquier entidad pública, incluidos los ayuntamientos, o sociedad con capital exclusiva o mayoritariamente público cuyo fin primordial sea la promoción, urbanización o acondicionamiento de suelo, mejora, conservación, protección o rehabilitación de áreas total o parcialmente edificadas.

c) En todo caso, implicará la modificación inmediata del planeamiento municipal en aquello que contradiga las determinaciones establecidas.

CAPÍTULO II

Instrumentos urbanísticos de ordenación de las zonas de interés regional

Artículo 51. Instrumentos urbanísticos de ordenación de las zonas de interés regional.

1. La ordenación urbanística de las zonas de interés regional, se llevará a efecto mediante planes especiales o parciales que habrán de contener las

determinaciones y elementos propios de los objetivos perseguidos por la misma y, como mínimo, las previstas para los planes parciales, salvo que alguno de ellos fuera innecesario por no guardar relación con la actuación. Los planes especiales de infraestructuras, sistemas, áreas de rehabilitación integrada o remodelación, se adaptarán a sus fines específicos, de acuerdo con la legislación urbanística general.

2. Los planes especiales que desarrollen actuaciones de carácter residencial o industrial en suelo no urbanizable, deberán contener los mismos estándares de los planes parciales, configurando un sector a efectos de la determinación y cesión del porcentaje correspondiente al aprovechamiento medio.

3. Los planes parciales o especiales que desarrollen zonas de interés regional serán susceptibles de variar las condiciones de edificabilidad o cualquier otra fijadas originariamente por el planeamiento municipal. En consecuencia, dada su doble naturaleza de modificación del planeamiento municipal y de planeamiento de desarrollo, deberán contener la documentación propia de ambos instrumentos.

⇒ V. Jurisprudencia en arts. 20 y concordantes del TRLS/1976 (§3).

Artículo 52. Tramitación del plan parcial o especial.

1. Los planes parciales y especiales serán formulados por las entidades señaladas en el artículo 48.

2. La aprobación inicial se otorgará por la Comisión de Ordenación del Territorio y Urbanismo de La Rioja, sometiéndolo a información pública durante el plazo de 1 mes, mediante anuncio en el «Boletín Oficial de La Rioja», al menos en uno de los diarios de publicación y ámbito regional y de difusión en el área de planeamiento, y audiencia de los ayuntamientos respectivos simultáneamente y por el mismo plazo, a efectos de la formulación de todas aquellas observaciones que se entiendan oportunas.

A la vista de la información pública y de la audiencia a los ayuntamientos, la Comisión de Ordenación del Territorio y Urbanismo de La Rioja adoptará el acuerdo que proceda respecto a la aprobación provisional, correspondiendo la aprobación definitiva al Consejero competente en materia de ordenación del territorio y urbanismo.

3. El acuerdo de aprobación definitiva del plan parcial o especial deberá publicarse en el «Boletín Oficial de La Rioja» así como la normativa urbanística y las ordenanzas, acompañadas de la referencia a los plazos de ejecución y de un plano de zonificación con las características suficientes que permita su inserción en el citado Boletín.

⇒ V. D. 18/2000, de 28 abril, sobre competencias, funcionamiento y composición del Pleno y de la Comisión Permanente de la Comisión de Ordenación del Territorio y Urbanismo de La Rioja.

TÍTULO IV
PLANIFICACIÓN URBANÍSTICA
CAPÍTULO I
Planeamiento municipal

Sección 1ª Disposiciones generales

Artículo 53. Tipos de planeamiento municipal.

1. La ordenación urbanística de los municipios se realizará mediante uno de los siguientes planes:

a) Plan General Municipal.

b) Plan de Ordenación de Suelo Urbano.

2. Todos los municipios de la comunidad autónoma de La Rioja podrán redactar un Plan General Municipal, que será obligatorio para los municipios que cuenten con más de 1.000 habitantes.

Los municipios de menos de 1.000 habitantes deberán contar, al menos, con un Plan de Ordenación de Suelo Urbano.

Sección 2ª Plan general municipal

Artículo 54. Consideraciones generales.

1. Los Planes Generales Municipales, como instrumentos urbanísticos de ordenación integral del término municipal, clasificarán el suelo para el establecimiento del régimen jurídico correspondiente, definirán los elementos fundamentales de la estructura general adoptada para la ordenación urbanística del territorio, y establecerán las determinaciones orientadas a promover su desarrollo y ejecución.

2. Cuando existan instrumentos de ordenación territorial, los Planes Generales Municipales deberán redactarse teniendo en cuenta las determinaciones y directrices establecidas en aquéllos, con el alcance que en cada caso se establezca.

3. El ámbito del Plan General será de uno o varios términos municipales.

⇒ V. Jurisprudencia en arts. 10 y concordantes del TRLS/1976 (§3).

Artículo 55. Objeto.

Los Planes Generales Municipales tienen por objeto específico:

1. En suelo urbano, completar la ordenación mediante la regulación detallada del uso de los terrenos y de la edificación, señalar la renovación o reforma interior que resulte procedente, definir aquellas partes de la estructura general del plan correspondiente a esta clase de terrenos, y proponer los programas y medidas concretas de actuación para su ejecución.

2. En suelo urbanizable, definir los elementos fundamentales de la estructura general de la ordenación urbanística del territorio, establecer, según

sus categorías, la regulación genérica de los diferentes usos globales y niveles de intensidad, y fijar los programas de desarrollo a corto y medio plazo, referidos al conjunto de actuaciones públicas y privadas.

Así mismo, regularán la forma y condiciones con que podrán incorporarse al desarrollo urbano las actuaciones en suelo urbanizable no delimitado.

3. Los Planes Generales Municipales tienen por objeto específico en suelo no urbanizable, preservar dicho suelo del proceso de desarrollo urbano y establecer, en su caso, medidas de protección del territorio y del paisaje.

⇒ V. arts. 13, 14 y 19 de la Ley 6/1998, de 13 abril (§1).
V. Ley 3/2000, de 19 junio, de Desarrollo Rural.
V. Jurisprudencia en arts. 11 y concordantes del TRLS/1976 (§3).

Artículo 56. Determinaciones generales.

Los Planes Generales Municipales contendrán las siguientes determinaciones de carácter general:

a) Clasificación del suelo, con sus categorías y calificación urbanística.

b) Estructura general y orgánica del territorio, integrada por los elementos determinantes del desarrollo urbano y, en particular, por los sistemas generales de comunicación y sus zonas de protección, equipamiento comunitario, infraestructuras y, en especial, el sistema general de espacios libres públicos destinados a parques y zonas verdes, en proporción no inferior a cinco metros cuadrados por habitante.

c) Carácter público o privado de las dotaciones.

d) Medidas para la protección de aquellos edificios, espacios, elementos o conjuntos de interés o parte de ellos, que participen de valores históricos, culturales o ambientales.

e) Estudio del suelo no urbanizable que sirva de base para el establecimiento de las medidas tendentes a la conservación y mejora de sus potencialidades intrínsecas y, en particular, para la protección de los valores ecológicos, medioambientales, paisajísticos, históricos, etnográficos, culturales o con potencialidad productiva, de conformidad con la legislación específica que sea de aplicación en cada caso.

f) Plazos para la aprobación, en su caso, del planeamiento de desarrollo y en general para el cumplimiento de los deberes urbanísticos.

g) Señalamiento de las circunstancias con arreglo a las cuales sea procedente la revisión del plan, en función de la población total y su índice de crecimiento, recursos, usos e intensidad de ocupación y demás elementos que justificaron la clasificación del suelo inicialmente adoptada.

⇒ V. arts. 13, 14 y 19 de la Ley 6/1998, de 13 abril (§1).
V. Jurisprudencia en arts. 12 y concordantes del TRLS/1976 (§3).

Artículo 57. Determinaciones en suelo urbano consolidado.

En suelo urbano consolidado el Plan General municipal contendrá las siguientes determinaciones:

a) Delimitación de su perímetro.

b) Asignación de usos y tipologías pormenorizadas y niveles de intensidad correspondientes a las diferentes zonas. Para las áreas remitidas a planeamiento especial bastará con el señalamiento de los usos y niveles de intensidad.

c) Delimitación de los espacios libres y zonas verdes destinados a parques y jardines públicos, zonas deportivas, de recreo y expansión, públicas y privadas.

d) Emplazamientos reservados para dotaciones, equipamientos y demás servicios de interés social, señalando su carácter público o privado.

e) Reglamentación detallada del uso pormenorizado, volumen y condiciones higiénico-sanitarias de los terrenos y construcciones, así como de las características estéticas de la ordenación, la edificación y su entorno.

f) Trazado y características de la red viaria pública, con señalamiento de alineaciones y rasantes para el suelo urbano no sujeto a plan especial, y previsión de aparcamientos públicos y privados, que podrán localizarse incluso en el subsuelo de los sistemas viarios y de espacios libres, siempre que no se menoscabe el uso de estos sistemas.

g) Características y trazado de las redes de abastecimiento de agua, alcantarillado, energía eléctrica y de aquellos otros servicios que, en su caso, prevea el plan.

h) Evaluación económica de la implantación de los servicios y de la ejecución de las obras de urbanización.

Las dotaciones de los apartados c) y d) se establecerán en función de las características socioeconómicas de la población y de acuerdo, en todo caso, con la legislación específica sobre la materia.

⇒ V. arts. 13, 14 y 19 de la Ley 6/1998, de 13 abril (§1).
V. Jurisprudencia en arts. 11 y concordantes del TRLS/1976 (§3).

Artículo 58. Determinaciones en suelo urbano no consolidado.

En suelo urbano no consolidado el Plan General municipal contendrá las siguientes determinaciones:

1. Cuando el Plan General municipal prevea actuar directamente a través de unidades de ejecución:

a) En municipios menores de 25.000 habitantes, las determinaciones establecidas en el artículo anterior.

b) En municipios mayores de 25.000 habitantes, además de las determinaciones contenidas en el artículo anterior, incluirá el aprovechamiento medio de cada unidad de ejecución.

2. Cuando el Plan General municipal establezca áreas remitidas a planeamiento especial, contendrá las siguientes determinaciones:

a) Delimitación de su perímetro.

b) Asignación de intensidades, tipologías edificatorias y usos globales en las diferentes zonas que se establezcan.

Potestativamente, se podrá fijar el aprovechamiento medio del área, en municipios con población superior a 25.000 habitantes.

⇒ V. art. 12 de la Ley 6/1998, de 13 abril (§1).
V. Jurisprudencia en arts. 12 y concordantes del TRLS/1976 (§3).

Artículo 59. Determinaciones en suelo urbanizable delimitado.

En suelo urbanizable delimitado el Plan General municipal contendrá las siguientes determinaciones:

a) Delimitación de su ámbito.

b) Desarrollo de los sistemas de la estructura general de la ordenación urbanística del territorio con la precisión suficiente para permitir la redacción de planes parciales.

c) Asignación de intensidades y usos globales en las diferentes zonas que se establezcan.

d) Trazado y características de las redes fundamentales de abastecimiento de agua, alcantarillado, energía eléctrica, telefonía y demás servicios que prevea el Plan.

e) División del territorio en sectores para el desarrollo de planes parciales.

f) Aprovechamiento medio de cada sector y de todo el suelo urbanizable delimitado en municipios mayores de 25.000 habitantes, y aprovechamiento medio de cada sector en municipios menores de 25.000 habitantes, de acuerdo con el criterio fijado en el artículo 63.

⇒ V. art. 12 de la Ley 6/1998,de 13 abril (§1).
V. Jurisprudencia en arts. 12 y concordantes del TRLS/1976 (§3).

Artículo 60. Determinaciones en suelo urbanizable no delimitado.

En suelo urbanizable no delimitado el Plan General municipal contendrá las siguientes determinaciones:

a) Criterios para delimitar los correspondientes sectores, tales como los relativos a magnitud, usos, intensidad de uso, dotaciones, equipamientos, sistemas generales que deban ejecutarse y conexiones con los mismos, así como prioridades para garantizar un desarrollo urbano racional.

b) Previsión para dotaciones de carácter general con una superficie mínima del 5% de la superficie total del sector, con independencia de las dotaciones locales del sector.

c) Señalamiento de usos incompatibles con los previstos en las distintas clases de suelo y con la estructura general.

⇒ V. art. 12 de la Ley 6/1998, de 13 abril (§1).
V. Jurisprudencia en arts. 12 y concordantes del TRLS/1976 (§3).

Artículo 61. Determinaciones en suelo no urbanizable.

En suelo no urbanizable el Plan General municipal contendrá las siguientes determinaciones:

a) Delimitación de su ámbito.

b) Régimen de protección y uso de cada categoría, con señalamiento de los usos y actividades permitidas, autorizables y prohibidas en razón de las específicas condiciones y características del territorio a que se refieran, con el fin de garantizar la conservación, protección y mejora de todos los recursos naturales y de los valores paisajísticos, ambientales, culturales y económicos.

c) Establecimiento de las condiciones urbanísticas de los usos y actividades previstos.

d) Establecimiento de las condiciones de formación de núcleo de población.

⇒ V. art. 12 de la Ley 6/1998, de 13 abril (§1).
V. Jurisprudencia en arts. 12 y concordantes del TRLS/1976 (§3).

Artículo 62. Viviendas de protección oficial.

Los Planes Generales Municipales deberán incluir determinaciones para asegurar que, como mínimo, el 10% de la nueva capacidad residencial prevista se destine a la construcción de viviendas de protección pública.

Quedan exentos de esta obligación, si bien podrán incluirla entre las determinaciones de su planeamiento, los municipios con población inferior a 1.000 habitantes.

Artículo 63. Cálculo del aprovechamiento medio.

1. El aprovechamiento medio de un área de suelo urbano no consolidado o de un sector de suelo urbanizable se obtendrá dividiendo el aprovechamiento total del mismo, excluido el dotacional público, expresado siempre en metros cuadrados construibles del uso y tipología edificatoria característica, entre su superficie total, excluidos los terrenos afectos a dotaciones públicas de carácter general o local ya existentes.

En la superficie a computar a que se refiere el párrafo anterior podrán incluirse también los terrenos afectos a dotaciones y equipamientos que, en ejecución de instrumentos de planeamiento, se hubieran obtenido mediante expropiación forzosa.

El resultado reflejará siempre la superficie construible de uso y tipología características por cada metro cuadrado del área o sector respectivo.

2. Se considerará uso característico de cada área o sector, el predominante según la ordenación urbanística aplicable.

3. Para que el aprovechamiento medio pueda expresarse por referencia al uso y tipología edificatoria característicos, el planeamiento fijará justificadamente los coeficientes de ponderación relativa entre dicho uso y tipología, al que siempre se le asignará el valor de la unidad y los restantes, a los que

corresponderán valores superiores o inferiores en función de las circunstancias concretas del municipio y del área o sector.

4. Si el planeamiento municipal o de desarrollo calificara terrenos con destino a la construcción de viviendas de protección pública, considerará esta calificación como un uso específico, asignándole el coeficiente de ponderación que justificadamente exprese su valor en relación con el característico del área o sector en que quede incluido.

5. El aprovechamiento medio del suelo urbanizable delimitado se calculará dividiendo la suma de los aprovechamientos, expresados en metros cuadrados construibles del uso y tipología edificatoria característica, de todos los sectores en que estuviera dividido, entre la superficie total del suelo urbanizable delimitado, incluidos sistemas generales.

6. Cada sector que se delimite en suelo urbanizable no delimitado constituirá un ámbito independiente a efectos del cálculo del aprovechamiento medio.

Artículo 64. Programación.

1. Los Planes Generales Municipales establecerán una programación para determinar la estrategia de su desarrollo a medio y largo plazo, para todo el territorio comprendido en su ámbito.

2. En la programación se detallarán las actuaciones de iniciativa y responsabilidad pública, fundamentalmente las que hacen referencia a la realización de los sistemas generales.

3. La programación podrá también establecer, con carácter indicativo, los plazos y condiciones en que tengan que ser ejecutadas las actuaciones de iniciativa particular.

Artículo 65. Estudio económico financiero.

1. El Plan General municipal contendrá una evaluación del coste de ejecución de los sistemas generales y de las actuaciones públicas, justificando las previsiones que hayan de realizarse con recursos propios del ayuntamiento.

2. En el supuesto de que se atribuya la financiación a Administraciones o entidades públicas distintas del municipio, se deberá contar con la conformidad de las mismas.

⇒ V. art. 12 de la Ley 6/1998, de 13 abril (§1).

V. Jurisprudencia en arts. 12 y concordantes del TRLS/1976 (§3).

Artículo 66. Documentación.

Las determinaciones del Plan General municipal a que se hace referencia en los artículos anteriores, se desarrollarán en los siguientes documentos, cuyo contenido y normas se fijarán reglamentariamente:

a) *Memoria y estudios* complementarios.

b) Planos de información, ordenación del territorio y, en su caso, de gestión.

c) Normas urbanísticas.

d) Catálogo de edificios y elementos históricos, artísticos o ambientales a proteger.

e) Programa de actuación.

f) Estudio económico y financiero.

⇒ V. art. 12 de la Ley 6/1998, de 13 abril (§1).
V. Jurisprudencia en arts. 12 y concordantes del TRLS/1976 (§3).

Sección 3ª Plan de ordenación de suelo urbano

Artículo 67. Consideraciones generales.

1. Los planes de ordenación del suelo urbano, clasificarán el suelo en urbano y no urbanizable, determinando el ámbito territorial de cada una de las distintas clases de suelo, definirán la ordenación detallada del suelo urbano y establecerán las determinaciones orientadas a promover su desarrollo y ejecución.

2. Cuando existan instrumentos de ordenación territorial, los planes de ordenación del suelo urbano deberán redactarse teniendo en cuenta las determinaciones y directrices establecidas en aquéllos, con el alcance que en cada caso se establezca.

⇒ V. art. 12 de la Ley 6/1998, de 13 abril (§1).
V. Jurisprudencia en arts. 11 y concordantes del TRLS/1976 (§3).

Artículo 68. Objeto.

Los planes de ordenación del suelo urbano tienen por objeto:

1. En suelo urbano, completar la ordenación mediante la regulación detallada del uso de los terrenos y de la edificación, y proponer las formas de actuación para su ejecución.

2. En suelo no urbanizable serán de aplicación las determinaciones de las Normas Urbanísticas Regionales. Los planes de ordenación del suelo urbano podrán establecer zonas para la edificación colindantes con el suelo urbano, de acuerdo con el artículo 70, y podrán delimitar áreas con el fin señalado en el artículo 14.2.

⇒ V. art. 12 de la Ley 6/1998, de 13 abril (§1).
V. Jurisprudencia en arts. 11 y concordantes del TRLS/1976 (§3).

Artículo 69. Determinaciones en suelo urbano.

Los planes de ordenación del suelo urbano contendrán las siguientes determinaciones en suelo urbano:

a) Delimitación de su perímetro.

b) Ordenación pormenorizada del suelo, con la suficiente precisión y detalle, que evite la remisión a planes especiales.

c) Asignación de usos y tipologías pormenorizadas y niveles de intensidad correspondientes a las diferentes áreas.

d) Delimitación de los espacios libres y zonas verdes destinados a parques y jardines públicos, zonas deportivas, de recreo y expansión, públicas y privadas.

e) Emplazamientos reservados para dotaciones, equipamientos y demás servicios de interés social, señalando su carácter público o privado.

f) Reglamentación detallada del uso pormenorizado, volumen y condiciones higiénico-sanitarias de los terrenos y construcciones, así como de las características estéticas de la ordenación, la edificación y su entorno; en su caso, medidas para la protección de aquellos edificios, espacios, elementos o conjuntos de interés o parte de ellos, que participen de valores históricos, culturales o ambientales.

g) Trazado y características de la red viaria pública, con señalamiento de alineaciones y rasantes.

h) Características y trazado de las redes de abastecimiento de agua, alcantarillado, energía eléctrica y de aquellos otros servicios que, en su caso, prevea el plan.

i) Señalamiento de las circunstancias con arreglo a las cuales sea procedente la revisión del plan, en función de los elementos que justificaron la clasificación del suelo inicialmente adoptada.

⇒ V. art. 12 de la Ley 6/1998, de 13 abril (§1).
V. Jurisprudencia en arts. 11 y concordantes del TRLS/1976 (§3).

Artículo 70. Determinaciones en suelo no urbanizable.

Los planes de ordenación del suelo urbano de acuerdo con los criterios establecidos en las Normas Urbanísticas Regionales, podrán delimitar zonas de edificación colindantes con el suelo urbano, con las siguientes determinaciones:

a) Delimitación de su perímetro.

b) Establecimiento de usos, tipologías, intensidades de uso, distancias entre edificaciones, y demás condiciones necesarias para la implantación de instalaciones y edificaciones.

Artículo 71. Documentación.

Las determinaciones del Plan de Ordenación de Suelo Urbano a que se hace referencia en los artículos anteriores se contendrán en los siguientes documentos:

a) Memoria y estudios complementarios.

b) Planos de información, de ordenación y, en su caso, de gestión.

c) Normas urbanísticas.

d) Catálogo de edificios y elementos históricos, artísticos o ambientales a proteger cuando el interés del suelo urbano así lo requiera.

⇒ V. Jurisprudencia en arts. 11 y concordantes del TRLS/1976 (§3).

CAPÍTULO II
Planeamiento de desarrollo

Sección 1ª Disposiciones generales

Artículo 72. Tipos de planes de desarrollo.

Los instrumentos de planeamiento municipal se desarrollarán según los casos mediante:

a) Planes parciales.

b) Planes especiales.

Asimismo podrán formularse directamente planes especiales sin que desarrollen el planeamiento municipal en los términos previstos en esta Ley.

Sección 2ª Planes parciales

Artículo 73. Objeto y determinaciones.

1. Los planes parciales tienen por objeto en el suelo clasificado como urbanizable delimitado, desarrollar el Plan General municipal mediante la ordenación detallada de una parte de su ámbito territorial.

No podrán aprobarse planes parciales sin que previa o simultáneamente, pero en expedientes separados, se haya aprobado definitivamente el Plan General municipal. En ningún caso los planes parciales podrán modificar las determinaciones del Plan General municipal.

2. Los planes parciales contendrán las siguientes determinaciones:

a) Delimitación del área de planeamiento, que abarcará uno o varios sectores definidos por el Plan General municipal.

b) Asignación y ponderación relativa de los usos pormenorizados y tipologías edificatorias.

c) Delimitación de las zonas en que se divide el territorio ordenado por razón de los usos y tipologías edificatorias y, en su caso, la división en unidades de ejecución.

d) Señalamiento de reservas de terrenos para dotaciones, zonas verdes y espacios libres de uso y dominio públicos en proporción adecuada a las necesidades colectivas, y como mínimo las establecidas en el artículo 24.

e) Fijación de la densidad de viviendas por hectárea, en función de los tipos de población, usos pormenorizados y demás características que se determinen reglamentariamente.

En ningún caso la intensidad del uso residencial del sector podrá ser superior a:

10.000 m construidos del uso predominante, en municipios de población superior a 25.000 habitantes.

7.500 m construidos del uso predominante, en municipios de población inferior a 25.000 habitantes.

f) Trazado y características de la red de comunicaciones propias del sector y de su enlace con el sistema general de comunicaciones previsto en el planeamiento municipal, con señalamiento de alineaciones, rasantes y zonas de protección de toda la red viaria, y previsión de aparcamientos.

g) Características y trazado de las redes de abastecimiento de agua, alcantarillado, energía eléctrica y de aquellos otros servicios que, en su caso, prevea el plan.

h) Identificación de itinerarios peatonales exentos de barreras arquitectónicas y urbanísticas para personas con minusvalías físicas, y acreditación de que los equipamientos y servicios de carácter público son accesibles a personas minusválidas.

i) Evaluación económica estimativa de la implantación de los servicios y de la ejecución de las obras de urbanización.

j) Plan de etapas para el desarrollo de las determinaciones del plan en el que se incluya la fijación de los plazos para dar cumplimiento a los deberes de cesión y urbanización en las unidades de ejecución que comprenda el sector, y de solicitar licencia de edificación.

3. Los planes parciales contendrán los planos de información, incluido el catastral, y los estudios justificativos de sus determinaciones, así como los planos de ordenación, determinación de los servicios y ordenanzas reguladoras necesarias para su ejecución y, en su caso, los que se fijen reglamentariamente.

⇒ V. art. 122 de la presente Ley.

V. art. 12 de la Ley 6/1998, de 13 abril (§1).

V. D. 19/2000, de 28 abril, que aprueba el Reglamento de accesibilidad en relación con las barreras urbanísticas y arquitectónicas en desarrollo parcial de la Ley 5/1994, de 19 julio.

V. Jurisprudencia en arts. 13 y concordantes del TRLS/1976 (§3).

Artículo 74. Determinaciones para la incorporación de sectores de suelo urbanizable no delimitado.

En el supuesto de que se trate de planes parciales que incorporen al proceso de desarrollo urbanístico sectores de suelo urbanizable no delimitado, deberán contener además de las determinaciones del artículo anterior, las siguientes:

a) Justificar la viabilidad de la iniciativa planteada y su coherencia con la estrategia del Plan General Municipal, y la estructura general del territorio.

b) Determinar los elementos y redes exteriores de infraestructuras sobre los que se apoye la actuación, debiendo garantizarse un adecuado enlace con las redes viarias y de servicios integrantes de la estructura del municipio.

c) Justificación del cumplimiento de las obligaciones y compromisos asumidos en el convenio.

Sección 3ª Planes especiales

Artículo 75. Contenido.

1. Podrán formularse planes especiales con carácter independiente o en desarrollo de los instrumentos de ordenación del territorio y del planeamiento municipal.

2. Los planes especiales contendrán las determinaciones necesarias para el desarrollo de los correspondientes instrumentos de ordenación, y, en su defecto, las propias de su naturaleza y finalidad, debidamente justificadas y desarrolladas en los estudios, planos y normas correspondientes.

3. Los planes especiales de reforma interior, además de las determinaciones del apartado anterior, contendrán las previstas para los planes parciales salvo que alguna de ellas fuera innecesaria por no guardar relación con la reforma. En ellos se desarrollarán operaciones integradas de reforma interior. Estos planes contendrán la delimitación de áreas o unidades de ejecución, fijación de plazos y elección del sistema de actuación para su desarrollo.

4. En ningún caso los planes especiales podrán sustituir a los planes municipales, en su función de instrumentos de ordenación urbanística, por lo que no podrán clasificar suelo, sin perjuicio de las limitaciones de uso que puedan establecer.

5. El contenido de los planes especiales que desarrollan zonas de interés regional se regirá por lo establecido en el artículo 51.

⇒ V. arts. 9 y 19 de la Ley 6/1998, de 13 abril (§1).
V. arts. 113.2 del TRLS/1992 (§2).
V. Jurisprudencia en arts. 17 y concordantes del TRLS/1976 (§3).

Artículo 76. Finalidades de los planes especiales.

1. En desarrollo de las previsiones contenidas en los instrumentos de ordenación del territorio y sin necesidad de previa aprobación del planeamiento municipal, podrán formularse y aprobarse planes especiales con las siguientes finalidades:

a) Desarrollo de las infraestructuras básicas relativas a las comunicaciones terrestres, y aéreas, al abastecimiento de aguas, saneamiento, suministro de energías y otras análogas.

b) Protección de recintos y conjuntos histórico-artísticos y protección del paisaje, de las vías de comunicación, del suelo y subsuelo, del medio urbano y natural, para su conservación y mejora.

c) Cualesquiera otras finalidades análogas.

2. En desarrollo de las previsiones contenidas en el planeamiento municipal podrán formularse y aprobarse planes especiales con las siguientes finalidades:

a) Desarrollo del sistema general de comunicaciones y sus zonas de protección, del sistema de espacios libres y zonas verdes de uso y dominio público, de los sistemas generales de infraestructuras, y del sistema de equipamiento comunitario para centros y servicios de interés público y social.

b) Ordenación y protección de recintos y conjuntos arquitectónicos, históricos y artísticos y protección del medio ambiente, de la naturaleza y del paisaje.

c) Reforma interior en suelo urbano para llevar a cabo actuaciones aisladas que, conservando la estructura fundamental de la ordenación anterior, se encaminen a la descongestión, creación de dotaciones urbanísticas y equipamientos comunitarios, saneamiento de barrios insalubres, resolución de problemas de circulación o de estética y mejora del medio ambiente o de los servicios públicos o de otros fines análogos.

d) Desarrollo de obras de saneamiento para mejorar las condiciones de salubridad, higiene y seguridad.

e) Cualesquiera otras finalidades análogas.

3. En desarrollo de las previsiones contenidas en las Actuaciones de Interés Regional y sin necesidad de previa aprobación del Plan Municipal podrán formularse y aprobarse planes especiales con las finalidades objeto de la actuación.

4. En ausencia de planeamiento o cuando éste no contuviese determinaciones detalladas y en las áreas que constituyen una unidad que lo justifique, podrán formularse y aprobarse planes especiales con las siguientes finalidades:

a) Establecimiento y coordinación de las infraestructuras básicas relativas al sistema de comunicaciones, al equipamiento comunitario, al abastecimiento de agua y saneamiento y a las instalaciones y redes de suministro de energía, siempre que estas determinaciones no exijan la previa definición de un modelo territorial.

b) Protección, catalogación, conservación y mejora de los espacios naturales, del paisaje y del medio físico, del medio urbano y de sus vías de comunicación.

c) Cualesquiera otras finalidades análogas.

⇒ V. arts. 9 y 19 de la Ley 6/1998, de 13 abril (§1).
V. art. 113.2 del TRLS/1992 (§2).
V. Ley 2/1991, de 7 marzo, de Carreteras y Caminos de La Rioja.
V. Ley 3/2000, de 19 junio, de Desarrollo Rural.
V. Jurisprudencia en arts. 17 y concordantes del TRLS/1976 (§3).

Artículo 77. Patrimonio histórico.

1. La declaración de un Conjunto Histórico, Sitio Histórico o Zona Arqueológica como bienes de interés cultural, determinará la obligación del municipio en que se encontrare de redactar un plan especial de protección del área afectada por la declaración.

2. No obstante, no será preceptiva la formulación de este plan especial cuando el planeamiento municipal incorpore directamente las determinaciones propias de tales planes especiales.

⇒ V. art. 9 de la Ley 6/1998, de 13 abril (§1).
V. Jurisprudencia en arts. 18 y concordantes del TRLS/1976 (§3).

CAPÍTULO III

Otros instrumentos urbanísticos

Artículo 78. Estudios de detalle.

1. Los estudios de detalle podrán formularse cuando fuere preciso completar o, en su caso adaptar determinaciones establecidas en el planeamiento municipal para el suelo urbano, y en los planes parciales y especiales.

2. Su contenido tendrá por finalidad prever, modificar o reajustar, según los casos:

a) El señalamiento de alineaciones y rasantes que no afecten a la estructura orgánica del territorio configurado por los sistemas generales.

b) La ordenación de los volúmenes de acuerdo con las especificaciones del planeamiento.

c) Las condiciones estéticas y de composición de la edificación complementaria del planeamiento.

3. Los estudios de detalle no podrán alterar el destino del suelo ni el aprovechamiento máximo que corresponda a los terrenos comprendidos en su ámbito, ni incumplir las normas específicas que para su redacción haya previsto el planeamiento.

4. Podrán establecer nuevas alineaciones y, además de los accesos o viales interiores de carácter privado, crear los nuevos viales o suelos dotacionales públicos que precise la remodelación del volumen ordenado, siempre que su cuantificación y los criterios para su establecimiento estuvieran ya previstos en el planeamiento, y sin que puedan suprimir ni reducir los fijados por éste. En ningún caso podrán ocasionar perjuicio ni alterar las condiciones de la ordenación de los predios colindantes.

5. Los estudios de detalle comprenderán los documentos justificativos de su contenido y con el grado de precisión adecuado a sus funciones.

⇒ V. art. 12 de la Ley 6/1998, de 13 abril (§1).
V. Jurisprudencia en arts. 14 y concordantes del TRLS/1976 (§3).

Artículo 79. Proyectos de urbanización.

1. Los proyectos de urbanización son proyectos de obras que tienen por finalidad ejecutar los servicios y dotaciones establecidos en el planeamiento. No podrán contener determinaciones sobre ordenación ni régimen del suelo y de la edificación y deberán detallar y programar las obras que comprendan.

2. No podrán modificar las previsiones del planeamiento que desarrollan, sin perjuicio de que puedan efectuar las adaptaciones exigidas por la ejecución material de las obras.

3. Comprenderán una memoria descriptiva de las características de las obras, plano de situación debidamente referenciado, planos de proyecto y de

detalle, pliego de prescripciones técnicas, mediciones, cuadros de precios y presupuesto.

⇒ V. art. 11 de la Ley 6/1998, de 13 abril (§1).
V. Jurisprudencia en arts. 15 y concordantes del TRLS/1976 (§3).

Artículo 80. Catálogos.

1. A los efectos de establecer las medidas de protección de edificios, espacios o elementos históricos, culturales o ambientales, el planeamiento municipal o, en su caso, el plan especial, incluirán catálogo comprensivo de tales edificios, espacios y elementos y las medidas de protección específicas y diferenciadas de los mismos, a fin de evitar su destrucción o modificación sustancial.

2. Las determinaciones del planeamiento impedirán, en el entorno de dichas edificaciones, espacios y elementos, la realización de construcciones e instalaciones que los deterioren, o que modifiquen sustancialmente sus perspectivas visuales y su integración con el resto de la trama urbana.

3. Las modificaciones de los catálogos se regirán por lo dispuesto en el artículo 103.3.

⇒ V. arts. 9 y 19 de la Ley 6/1998, de 13 abril (§1).
V. Jurisprudencia en arts. 25 y concordantes del TRLS/1976 (§3).

CAPÍTULO IV

Elaboración y aprobación del planeamiento

Sección 1ª Actos preparatorios

Artículo 81. Apoyo a la redacción de los planes.

Los organismos públicos, los concesionarios de servicios públicos y los particulares prestarán su concurso a la redacción de instrumentos de ordenación territorial y urbanística y, al efecto, facilitarán a los organismos encargados de su redacción los documentos e informaciones necesarias.

⇒ V. art. 104.3 del TRLS/1992 (§2).
V. art. 4 de la Ley 6/1998, de 13 abril (§1).

Artículo 82. Suspensión del otorgamiento de licencias.

1. La Administración competente para la aprobación inicial de los planes urbanísticos podrá acordar, con anterioridad a ésta, la suspensión del otorgamiento de licencias de parcelación de terrenos, edificación y demolición en ámbitos determinados, con el fin de estudiar su formación o reforma.

Dicho acuerdo habrá de publicarse en el «Boletín Oficial de La Rioja» y, al menos, en uno de los diarios de mayor difusión en la comunidad.

2. El acuerdo de aprobación inicial de los planes urbanísticos determinará por sí solo la suspensión del otorgamiento de licencias en aquellas áreas del territorio objeto de planeamiento cuando las nuevas determinaciones supongan modificación del régimen urbanístico vigente, debiéndose señalar expresamente las áreas afectadas por la suspensión.

Constituyen modificación del régimen urbanístico las determinaciones que comporten:

a) Cambio en la clasificación de suelo.

b) Afectación de terrenos a sistemas generales.

c) Modificación de los usos globales admitidos en un sector.

d) Modificación de las condiciones de edificabilidad, volumen y ocupación de una zona.

3. En los casos previstos en los apartados precedentes, será necesario delimitar explícitamente los ámbitos afectados, confeccionando un plano de delimitación de los ámbitos sujetos a suspensión de licencias, en el cual se grafiarán a escala adecuada y con detalle y claridad suficiente todos estos ámbitos.

4. La suspensión a que se refiere el número 1 se extinguirá, en todo caso, en el plazo de un año. Si se hubiera producido dentro de ese plazo el acuerdo de aprobación inicial, la suspensión se mantendrá para las áreas cuyas nuevas determinaciones de planeamiento supongan la modificación del régimen urbanístico, y sus efectos se extinguirán definitivamente transcurridos dos años desde el acuerdo de suspensión adoptado para estudiar el planeamiento o su reforma. Si la aprobación inicial se produce una vez transcurrido el plazo del año, la suspensión derivada de esta aprobación inicial tendrá también la duración máxima de un año.

Si con anterioridad al acuerdo de aprobación inicial no se hubiese suspendido el otorgamiento de licencias conforme a lo dispuesto en el número 1 de este artículo, la suspensión determinada por dicha aprobación inicial tendrá una duración máxima de dos años.

En cualquier caso, la suspensión se extingue con la aprobación definitiva del planeamiento.

5. Extinguidos los efectos de la suspensión en cualquiera de los supuestos previstos, no podrán acordarse nuevas suspensiones en el plazo de tres años, por idéntica finalidad.

6. Acordada la suspensión de licencias o la aprobación inicial del plan que lleve consigo este efecto, la Administración competente ordenará la interrupción del procedimiento de otorgamiento de licencias y la notificación del acuerdo a quienes tuvieran presentadas solicitudes de licencia con anterioridad a la fecha de su adopción.

7. Los peticionarios de licencias solicitadas con anterioridad a la publicación de la suspensión, tendrán derecho a ser indemnizados del coste oficial de los proyectos, y a la devolución, en su caso, de las tasas e impuestos municipales.

⇒ V. Jurisprudencia en arts. 27 y concordantes del TRLS/1976 (§3).

Sección 2ª Planes de iniciativa particular

Artículo 83. Planes de iniciativa particular.

1. Las Entidades Públicas y los particulares podrán redactar y elevar a la Administración competente para su tramitación los instrumentos de desarrollo del planeamiento municipal.

2. Los propietarios afectados deberán presentar dichos instrumentos cuando así se contemplase en el planeamiento municipal, con sujeción a los plazos previstos en el mismo.

3. Si hubieren obtenido la previa autorización del ayuntamiento, les serán facilitados por los Organismos Públicos cuantos elementos informativos precisaren para llevar a cabo la redacción y podrán efectuar en fincas particulares las ocupaciones necesarias para la redacción del plan con arreglo a la Ley de Expropiación Forzosa.

⇒ V. art. 4 de la Ley 6/1998, de 13 abril (§1).
V. art. 104.3 del TRLS/1992 (§2).
V. Jurisprudencia en arts. 41 y concordantes del TRLS/1976 (§3).

Artículo 84. Documentos.

1. Los planes y proyectos redactados por particulares deberán contener la documentación general indicada en este Título para cada tipo de documento.

2. Cuando se refieran a urbanizaciones de iniciativa particular, se habrán de consignar además los siguientes datos:

a) Memoria justificativa de la necesidad o conveniencia de la urbanización.

b) Relación de propietarios afectados.

c) Tratándose de suelo urbanizable no delimitado, estudio justificativo del sector y del carácter de la urbanización, con la finalidad de determinar los compromisos de conservación y de mantenimiento de la urbanización y de prestación de servicios.

d) Modo de ejecución de las obras de urbanización y previsión sobre la futura conservación de las mismas.

e) Compromisos que se hubieren de contraer entre el promotor y el ayuntamiento, y entre aquél y los futuros propietarios de solares.

f) Garantías del exacto cumplimiento de dichos compromisos, con las condiciones que se establezcan reglamentariamente.

g) Medios económicos de toda índole con que cuente el promotor o promotores para llevar a cabo la actuación.

Artículo 85. Tramitación.

1. Los planes y los proyectos de iniciativa particular se presentarán ante el ayuntamiento y serán tramitados conforme al procedimiento general establecido para cada clase de documento en esta Ley, con citación personal para

la información pública de los propietarios de los terrenos comprendidos en aquéllos.

2. Si afectaren a varios municipios se presentarán en la Consejería competente en materia de ordenación del territorio y urbanismo y seguirán el procedimiento contemplado en el número anterior.

3. El acto de aprobación inicial podrá imponer las condiciones, modalidades y plazos que fueren convenientes.

Sección 3ª Competencia y procedimiento

Artículo 86. Formulación del planeamiento municipal.

1. El planeamiento municipal será formulado por el ayuntamiento.

2. En el caso de que el ayuntamiento no formulara ningún instrumento de planeamiento municipal en el plazo señalado por el órgano autonómico competente, podrá éste disponer la formulación del que se estime adecuado acordando lo procedente en cuanto a la redacción. Los gastos de formulación serán por cuenta de las entidades locales, salvo causa justificada en el expediente al efecto.

3. En ningún caso, los particulares podrán formular el planeamiento municipal o su revisión.

Artículo 87. Plan de conjunto.

1. Si las necesidades urbanísticas de una zona aconsejaren la extensión del planeamiento a otros términos municipales vecinos, se podrá disponer la formulación de un plan de conjunto, de oficio o a instancia del municipio.

Será competente para adoptar el acuerdo el titular de la Consejería con competencias en materia de ordenación del territorio y urbanismo.

2. La Consejería competente en materia de ordenación del territorio y urbanismo determinará la extensión territorial de los planes, el ayuntamiento u Organismo que hubiera de redactarlos, y la proporción en que los municipios afectados deben contribuir a los gastos.

3. Los municipios comprendidos en el plan asumirán las obligaciones que de éste se derivaren.

Artículo 88. Formulación de planes parciales, planes especiales y estudios de detalle.

Los planes parciales, planes especiales y estudios de detalle podrán ser promovidos por los ayuntamientos, por otros órganos competentes en el orden urbanístico y por los particulares legitimados para hacerlo.

Artículo 89. Tramitación del planeamiento municipal.

1. Los ayuntamientos que tramiten un Plan General municipal podrán formular un avance del mismo, preparatorio de la redacción del plan definitivo, que permita debatir los criterios, objetivos y soluciones generales del planeamiento.

El avance se someterá a exposición pública al objeto de que los interesados puedan formular, durante el plazo mínimo de un mes, sugerencias y, en su caso, otras alternativas al modelo urbanístico propuesto por el plan. La exposición pública se anunciará en el «Boletín Oficial de La Rioja» y en un periódico de difusión en el municipio.

2. Terminada la fase de elaboración del planeamiento municipal, el ayuntamiento procederá a su aprobación inicial, y lo someterá a información pública durante un mes, mediante anuncio en el «Boletín Oficial de La Rioja» y publicado en un diario de difusión local.

3. Asimismo, se remitirá el plan aprobado inicialmente a las administraciones que pudieran resultar afectadas, para su informe.

El plazo para la emisión del informe será de un mes, en el caso de la redacción y revisión del plan. Transcurrido un mes desde que se hubiera remitido el expediente sin haberse comunicado acto alguno, se entenderá cumplido el trámite de informe.

En el caso de modificaciones del plan, será en el plazo de alegaciones cuando dichos organismos realicen sus aportaciones, si lo estiman oportuno.

4. El ayuntamiento, en vista del resultado de la información, aprobará el plan provisionalmente con las modificaciones que procediera. Si dichas modificaciones significaran un cambio sustancial del plan inicialmente aprobado, se abrirá un nuevo período de información pública por quince días, antes de otorgar la aprobación provisional.

5. Aprobado provisionalmente el plan, se remitirá el expediente completo a la Consejería competente en materia de ordenación del territorio y urbanismo para su aprobación definitiva.

6. Cuando el plan afecte a varios municipios, será la Comisión de Ordenación del Territorio y Urbanismo la encargada de la aprobación inicial y provisional; transcurrido el plazo de información pública que será de 1 mes, se abrirá otro período de igual duración para dar audiencia a los ayuntamientos afectados.

⇒ V. D. 18/2000, de 28 abril, sobre competencias, funcionamiento y composición del Pleno y de la Comisión Permanente de la Comisión de Ordenación del Territorio y Urbanismo de La Rioja.

Artículo 90. Aprobación definitiva del planeamiento municipal.

1. La aprobación definitiva del planeamiento municipal corresponde a la Comisión de Ordenación del Territorio y Urbanismo de La Rioja, salvo cuando se trate de municipios mayores de 25.000 habitantes o de un plan de conjunto de varios municipios, en que la competencia corresponde al Consejero competente en materia de ordenación del territorio y urbanismo, previo informe de la Comisión de Ordenación del Territorio y Urbanismo.

2. Sólo podrá denegarse la aprobación definitiva, motivadamente por incumplimiento de la legislación urbanística, de sus exigencias documentales y formales, así como por su inadecuación a los instrumentos de ordenación territorial, o por contradecir la legislación sectorial.

3. Se entenderá producida la aprobación definitiva por el transcurso de

tres meses desde la entrada del expediente completo en el registro del órgano competente para aprobarla, sin que se hubiera comunicado la resolución. En tal caso, la aprobación se acreditará en los términos establecidos por la legislación del procedimiento administrativo común.

⇒ V. D. 18/2000, de 28 abril, sobre competencias, funcionamiento y composición del Pleno y de la Comisión Permanente de la Comisión de Ordenación del Territorio y Urbanismo de La Rioja.

Artículo 91. Tramitación de planes parciales y planes especiales que desarrollen planeamiento urbanístico y territorial.

1. La tramitación de planes parciales y especiales que desarrollen determinaciones del planeamiento municipal, se sujetará a las siguientes reglas:

a) La aprobación inicial se otorgará por el ayuntamiento que lo hubiera formulado, sometiéndolo a continuación a información pública, como mínimo durante un mes, mediante anuncio en el «Boletín Oficial de La Rioja» y publicado, al menos, en un diario de difusión local.

El plazo para acordar o denegar la aprobación inicial, en los supuestos de planes de iniciativa particular, será de dos meses desde la presentación de la documentación completa en el Registro Municipal.

b) A la vista del resultado de la información pública, el ayuntamiento lo aprobará provisionalmente, con las modificaciones que procediesen. Si dichas modificaciones significaran un cambio sustancial del plan inicialmente aprobado, se abrirá un nuevo período de información pública por quince días, antes de otorgar la aprobación provisional.

El plazo para acordar sobre la aprobación provisional de los planes de iniciativa pública o privada no podrá exceder de seis meses desde la aprobación inicial.

c) Una vez otorgada la aprobación provisional, la aprobación definitiva corresponderá:

En municipios mayores de 25.000 habitantes, al ayuntamiento previo informe de la Comisión de Ordenación del Territorio y Urbanismo.

En municipios menores de 25.000 habitantes, a la Comisión de Ordenación del Territorio y Urbanismo.

2. El informe de la Comisión de Ordenación del Territorio y Urbanismo, se comunicará al ayuntamiento en el plazo máximo de dos meses. El informe se entenderá favorable si no se produce en el plazo señalado, contado desde la recepción del expediente completo.

El plazo de aprobación definitiva será de cuatro meses desde la entrada del expediente completo en el Registro del órgano competente para su otorgamiento, transcurrido el cual se entenderá producida por silencio.

Cuando la aprobación definitiva corresponda al ayuntamiento, el plazo de cuatro meses se contará desde el acuerdo de aprobación provisional.

3. El acuerdo de aprobación definitiva se publicará en el «Boletín Oficial de La Rioja».

⇒ V. D. 18/2000, de 28 abril, sobre competencias, funcionamiento y composición del Pleno y de la Comisión Permanente de la Comisión de Ordenación del Territorio y Urbanismo de La Rioja.

Artículo 92. Tramitación de planes parciales y planes especiales que no desarrollen planeamiento municipal.

El procedimiento de aprobación de los planes parciales y especiales que no desarrollen planeamiento municipal, será el establecido para el planeamiento municipal, exceptuando los que se formulen en desarrollo de actuaciones de interés regional, que se aprobarán con arreglo al procedimiento establecido en el artículo 52.

Artículo 93. Tramitación de estudios de detalle y proyectos de urbanización.

1. Los estudios de detalle y los proyectos de urbanización serán aprobados inicialmente por el ayuntamiento competente en el plazo máximo de un mes.

2. Una vez aprobados inicialmente, se someterán a información pública durante quince días mediante anuncio en el «Boletín Oficial de La Rioja» y publicado, al menos, en un diario de difusión local.

3. A la vista del resultado de la información pública, el ayuntamiento los aprobará definitivamente con las modificaciones que resulten pertinentes. El acuerdo de aprobación definitiva se publicará en el «Boletín Oficial de La Rioja».

4. El plazo de aprobación definitiva será de dos meses desde su aprobación inicial. Transcurrido este plazo sin comunicar la pertinente resolución, se entenderá otorgada la aprobación definitiva, siempre que dentro del mismo se haya concluido el trámite de información pública.

Artículo 94. Subrogación de la comunidad autónoma.

En los supuestos de incumplimiento de los plazos previstos para la aprobación inicial o provisional de los planes parciales y planes especiales que desarrollen determinaciones de planeamiento municipal y de los plazos previstos para la aprobación inicial de los proyectos de urbanización y de los estudios de detalle, la Comisión de Ordenación del Territorio y Urbanismo actuará por subrogación, previa petición de los interesados, aplicándose las siguientes reglas:

1ª El plazo de aprobación inicial será de tres meses contado desde la presentación de la solicitud ante la Comisión de Ordenación del Territorio y Urbanismo.

2ª Los planes parciales y especiales no estarán sujetos a aprobación provisional, sino que se entenderán aprobados definitivamente si no se comunicase resolución expresa en el plazo de seis meses contados desde la aprobación inicial, cuando ésta haya sido otorgada expresamente en virtud de subrogación por el órgano competente de la comunidad autónoma, o de tres meses desde la presentación de la solicitud correspondiente en el Registro, cuando el plan hubiese sido aprobado inicialmente por el ayuntamiento, siempre que en uno y otro caso, se hubiera cumplimentado el trámite de información pública.

3ª Los proyectos de urbanización y estudios de detalle se entenderán aprobados definitivamente si transcurriesen tres meses desde su aprobación inicial expresa, en virtud de subrogación por el órgano autonómico competente, sin que se haya comunicado resolución expresa sobre la aprobación definitiva, o desde la presentación en el Registro de la solicitud de subrogación cuando el proyecto hubiese sido aprobado inicialmente por el ayuntamiento, supuesto, en todo caso, el cumplimiento del trámite de información pública.

4ª No habrá lugar a la aplicación del silencio administrativo si el plan no contuviera los documentos y determinaciones establecidas por los preceptos que sean directamente aplicables para el tipo de plan de que se trate.

Tampoco se aplicará el silencio administrativo positivo si el plan contuviera determinaciones contrarias a la ley o a planes de superior jerarquía, o cuando la aprobación del plan esté sometida a requisitos especiales, legal o reglamentariamente establecidos.

⇒ V. D. 18/2000, de 28 abril, sobre competencias, funcionamiento y composición del Pleno y de la Comisión Permanente de la Comisión de Ordenación del Territorio y Urbanismo de La Rioja.

CAPÍTULO V
Efectos de la aprobación de los planes

Artículo 95. Ejecutividad del planeamiento.

1. Los instrumentos de planeamiento serán inmediatamente ejecutivos una vez publicada su aprobación definitiva en el «Boletín Oficial de La Rioja».

2. Cuando la aprobación definitiva se produzca por silencio, el acuerdo que constate la producción del silencio deberá publicarse en el «Boletín Oficial de La Rioja», previa solicitud de los interesados.

⇒ V. art. 6 de la Ley 6/1998, de 13 abril (§1).
V. arts. 124.1, 124.3, 133 y 134 del TRLS/1992 (§2).
V. art. 70.2 de la LBRL.
V. Jurisprudencia en arts. 55 y concordantes del TRLS/1976 (§3).

Artículo 96. Declaración de utilidad pública.

La aprobación de planes urbanísticos y de delimitaciones de unidades de ejecución a desarrollar por el sistema de expropiación, implicará la declaración de utilidad pública y la necesidad de ocupación de los terrenos y edificaciones correspondientes, a los fines de expropiación o imposición de servidumbres.

⇒ V. arts. 33 y concordantes de la Ley 6/1998, de 13 abril (§1).

V. art. 211 del TRLS/1992 (§2).

V. Jurisprudencia en arts. 64 y concordantes del TRLS/1976 (§3).

Artículo 97. Publicidad del planeamiento.

Los instrumentos de ordenación territorial y urbanística con todos sus documentos serán públicos, y cualquier persona podrá consultarlos e informarse de los mismos en la Administración donde se tramiten o se hayan aprobado definitivamente.

La aprobación de planes se publicará en el «Boletín Oficial de La Rioja» con el contenido de los acuerdos de aprobación o con el contenido documental que corresponda en cada caso.

⇒ V. art. 70. 2 de la LBRL.

Artículo 98. Obligatoriedad de los planes.

1. Los particulares, al igual que la Administración, quedarán obligados al cumplimiento de las disposiciones sobre ordenación urbana contenidas en la legislación urbanística aplicable, y en los instrumentos de ordenación aprobados con arreglo a la misma.

2. Serán nulas de pleno derecho las reservas de dispensación que se contuvieren en los planes u ordenanzas, así como, las que con independencia de ellos, se concedieren.

⇒ V. art. 2 de la Ley 6/1998, de 13 abril (§1).

V. art. 134 del TRLS/1992 (§2).

V. Jurisprudencia en arts. 57 y concordantes del TRLS/1976 (§3).

Artículo 99. Edificios fuera de ordenación.

1. El planeamiento urbanístico deberá relacionar expresamente los edificios o instalaciones erigidos con anterioridad que quedan calificados como fuera de ordenación, por ser disconformes con el mismo.

2. Salvo que en el propio planeamiento se dispusiera otro régimen, no podrán realizarse en ellos obras de consolidación, aumento de volumen, modernización o incremento de su valor de expropiación, pero sí, las pequeñas reparaciones que exigiesen la higiene, ornato y conservación del inmueble.

3. Sin embargo, en casos excepcionales, podrán autorizarse obras parciales y circunstanciales de consolidación, cuando no estuviese prevista la expropiación o demolición de la finca en el plazo de quince años, a contar desde la aprobación del planeamiento.

4. Cuando la disconformidad con el planeamiento no impida la edificación en el mismo solar que ocupa el edificio, el propietario podrá demolerlo y reconstruirlo con sujeción a dicho planeamiento.

⇒ V. art. 137.5 del TRLS/1992 (§2).

V. Jurisprudencia en arts. 60, 61 y concordantes del TRLS/1976 (§3).

CAPÍTULO VI
Vigencia, revisión y modificación de los planes

Artículo 100. Vigencia de los planes.

Los planes y demás instrumentos de ordenación urbanística tendrán vigencia indefinida.

⇒ V. Jurisprudencia en arts. 45 y concordantes del TRLS/1976 (§3).

Artículo 101. Revisión del planeamiento.

1. Se entiende por revisión del planeamiento municipal, la adopción de nuevos criterios respecto de la estructura general y orgánica del territorio o de la clasificación del suelo, motivada por la elección de un modelo territorial distinto o por la aparición de circunstancias sobrevenidas de carácter demográfico o económico, que incidan sustancialmente sobre la ordenación, o por el agotamiento de su capacidad.

2. En los demás supuestos, la alteración de las determinaciones del planeamiento se considerará como modificación del mismo.

3. En la revisión, la Administración Pública competente ejercita de nuevo, en plenitud, la potestad de planeamiento.

4. Los planes municipales se revisarán en los plazos que en ellos se establezcan. Cuando las circunstancias lo exigiesen, el órgano competente de la comunidad autónoma, podrá ordenar motivadamente la revisión de los planes, previa audiencia de las Entidades locales afectadas, acordando lo procedente en cuanto a la redacción.

⇒ V. Jurisprudencia en arts. 47 y concordantes del TRLS/1976 (§3).

Artículo 102. Modificación del planeamiento.

1. El planeamiento municipal distinguirá, identificándolos expresamente en sus normas urbanísticas, aquellos elementos de la ordenación y determinaciones que, aun formando parte del contenido de su documentación, no correspondan por su naturaleza y alcance al nivel del planeamiento general, sino al de su desarrollo.

2. Cuando la modificación del planeamiento tendiera a incrementar la densidad de población, se requerirá para aprobarla la previsión de mayores espacios libres de dominio y uso público, en proporción de cinco metros cuadrados por habitante.

3. Cuando la modificación del planeamiento tuviera por objeto la clasificación de nuevo suelo urbano, deberán preverse los mismos módulos de reserva aplicables a los planes parciales, salvo que la superficie afectada por la modificación sea menor de mil metros cuadrados construidos.

4. Cuando la modificación del planeamiento tuviera por objeto una diferente zonificación o uso urbanístico de las zonas verdes y espacios libres de dominio y uso público existentes y previstos en el plan, se requerirá para aprobarla la previsión de un incremento equivalente en la superficie de tales espacios y de igual calidad.

5. No se consideran modificaciones del planeamiento los reajustes en las delimitaciones de los ámbitos de planeamiento, siempre que no afecten a más de un 15% de la superficie del ámbito delimitado por el planeamiento superior. En este caso, será necesario el consentimiento de los propietarios directamente afectados.

6. No se consideran modificaciones del planeamiento de rango superior, los reajustes de las determinaciones que introduzca el planeamiento de desarrollo que sean consecuencia del estudio preciso de la ordenación más detallada, siempre que se cumplan los siguientes requisitos:

a) Que no afecten a la estructura fundamental del planeamiento superior ni a los usos globales y niveles de intensidad fijados en el mismo.

b) Que no supongan una disminución de las superficies de terrenos destinadas a zonas verdes y espacios libres de dominio y uso público, ni de equipamientos ni de dotaciones.

c) Que no impliquen aumento del aprovechamiento urbanístico ni de la densidad de viviendas o edificaciones.

⇒ V. Jurisprudencia en arts. 49 y concordantes del TRLS/1976 (§3).

Artículo 103. Tramitación de la modificación del planeamiento.

1. El procedimiento de modificación del planeamiento deberá sujetarse a las reglas propias de la figura de planeamiento a que tales determinaciones y elementos correspondan, por razón de su rango o naturaleza.

2. En el supuesto previsto en el punto número 1 del artículo anterior se seguirá el procedimiento de modificación del planeamiento de desarrollo.

3. La modificación de los catálogos corresponderá a los ayuntamientos, previa consulta al órgano competente en materia de protección del patrimonio, y seguirá el procedimiento de tramitación del planeamiento de desarrollo.

Artículo 104. Modificaciones del planeamiento municipal promovidas por la iniciativa particular.

1. Los particulares podrán presentar propuestas de modificaciones puntuales del planeamiento municipal.

2. Se entenderán desestimadas las solicitudes de tramitación de modificaciones promovidas por la iniciativa particular cuando transcurrido el plazo de tres meses desde el ingreso del expediente completo en el Registro, no haya recaído resolución expresa. En la tramitación de estos expedientes no procederá la subrogación por la comunidad autónoma, salvo lo dispuesto en la disposición adicional tercera.

Artículo 105. Revisión del programa de actuación.

Corresponde a los ayuntamientos la revisión y aprobación, en su caso, del programa de actuación del Plan General Municipal, en los plazos establecidos por el propio planeamiento.

La revisión se aprobará por el ayuntamiento interesado, previa información pública por plazo de un mes, que se anunciará en el «Boletín Oficial de La Rioja».

TÍTULO V
EJECUCIÓN DEL PLANEAMIENTO

CAPÍTULO I
Disposiciones generales

Artículo 106. Finalidad.

La ejecución del planeamiento debe garantizar la distribución equitativa de los beneficios y cargas entre los afectados, así como el cumplimiento de los deberes de cesión y de urbanización.

⇒ V. arts. 4 y 34 de la Ley 6/1998, de 13 abril (§1).

Artículo 107. Competencia.

1. La ejecución del planeamiento corresponde a los Municipios, sin perjuicio de la atribución de competencias a órganos específicos del Estado o de la comunidad autónoma.

2. Los particulares podrán participar en dicha ejecución a través de los procedimientos establecidos en esta Ley.

3. Corresponderá a la comunidad autónoma la ejecución del planeamiento en las zonas de interés regional, así como la subrogación en las competencias municipales en los supuestos previstos en esta Ley.

⇒ V. arts. 4 y 34 de la Ley 6/1998, de 13 abril (§1).

Artículo 108. Sociedades urbanísticas.

1. Las Entidades locales y demás Administraciones Públicas, podrán constituir sociedades mercantiles de capital íntegramente público o mixtas para la realización de actividades urbanísticas que no impliquen ejercicio de autoridad, en especial la construcción de viviendas sometidas a algún régimen de protección pública.

2. La Administración podrá ofrecer sin licitación, la suscripción de una parte del capital de la sociedad a constituir, a todos los propietarios afectados. La distribución de dicha parte del capital entre los propietarios que acepten participar en la sociedad se hará en proporción a la superficie de sus terrenos.

Artículo 109. Presupuesto de la ejecución.

1. La ejecución del planeamiento requiere la aprobación del planeamiento pormenorizado que sea exigible según las distintas clases de suelo.

2. En suelo urbano, será suficiente la aprobación del planeamiento municipal, si éste contuviera su ordenación pormenorizada. En su defecto, se precisará la aprobación de un plan especial o estudio de detalle.

3. En suelo urbanizable, se requerirá la previa aprobación del plan parcial del sector correspondiente.

4. La ejecución de los sistemas generales se llevará a cabo bien directamente, bien mediante la aprobación de planes especiales.

⇒ V. Jurisprudencia en arts. 116 y concordantes del TRLS/1976 (§3).

Artículo 110. Unidades de ejecución.

1. La ejecución del planeamiento urbanístico se realizará mediante unidades de ejecución, salvo en el caso de obras o actuaciones aisladas en suelo urbano consolidado y cuando se trate de ejecutar directamente los sistemas generales o alguno de sus elementos.

2. En suelo urbanizable delimitado y en suelo urbano no consolidado, todos los terrenos, incluidos, en su caso, los sistemas generales, formarán parte de unidades de ejecución.

3. También podrán delimitarse unidades de ejecución en el suelo urbano consolidado para la realización de procesos de renovación o reforma interior.

4. Las unidades de ejecución se delimitarán de forma que permitan el cumplimiento conjunto de los deberes de cesión y urbanización en la totalidad de su superficie, y de acuerdo con el principio de reparto equitativo de beneficios y cargas.

⇒ V. arts. 4 y 5 de la Ley 6/1998, de 13 abril (§1).
V. Jurisprudencia en arts. 117 y concordantes del TRLS/1976 (§3).

Artículo 111. Procedimiento de delimitación.

Los instrumentos de planeamiento urbanístico podrán contener la delimitación de unidades de ejecución, según las distintas clases de suelo.

En su defecto, corresponderá a los ayuntamientos delimitar unidades o modificar las ya existentes, de oficio o a petición de los interesados, previos los trámites de aprobación inicial e información pública durante el plazo de quince días, y notificación a los propietarios afectados.

En dicha tramitación se observarán las reglas sobre plazos, subrogación y aprobación por silencio, previstas para la aprobación de los estudios de detalle.

⇒ V. Jurisprudencia en arts. 118 y concordantes del TRLS/1976 (§3).

Artículo 112. Requisitos de la delimitación.

1. No podrán delimitarse unidades de ejecución que tengan entre sí diferencias de aprovechamiento superiores al 25%, en relación con el aprovechamiento medio del correspondiente sector en el suelo urbanizable, en los municipios con población superior a 25.000 habitantes.

2. No podrán delimitarse unidades de ejecución inmediatas a terrenos de cesión obligatoria y gratuita, sin incluir, en las referidas unidades, la parte correspondiente de dichos terrenos.

⇒ V. arts. 4 y 5 de la Ley 6/1998, de 13 abril (§1).
V. Jurisprudencia en arts. 117 y concordantes del TRLS/1976 (§3).

Artículo 113. Actuación individualizada.

En suelo urbano consolidado, cuando no proceda la delimitación de unidades de ejecución, los propietarios tendrán la obligación de completar a su costa la urbanización necesaria para que los terrenos alcancen la condición de solar –si aún no la tuvieren–, y el derecho a edificarlos en plazo, de acuerdo con el planeamiento.

⇒ V. art. 14 de la Ley 6/1998, de 13 abril (§1).

CAPÍTULO II
Sistemas de actuación

Sección 1ª Normas comunes

Artículo 114. Clases de sistemas.

Las unidades de ejecución se desarrollarán mediante cualquiera de los siguientes sistemas de actuación: compensación, cooperación, expropiación y concesión de obra urbanizadora.

⇒ V. arts. 168.1, 169 y 170.1 del TRLS/1992 (§2).
V. Jurisprudencia en arts. 119 y concordantes del TRLS/1976 (§3).

Artículo 115. Elección del sistema.

1. La Administración actuante elegirá el sistema aplicable según las necesidades, medios económico-financieros con que cuente, capacidad de gestión, colaboración de la iniciativa privada y demás circunstancias que concurran, dando preferencia al sistema de compensación, salvo cuando por razones de urgencia o necesidad, o para la construcción de viviendas de protección pública, sea conveniente cualquiera de los otros sistemas de actuación.

2. La elección del sistema se llevará a cabo con la delimitación de la unidad de ejecución. La modificación justificada del sistema elegido se tramitará con arreglo al procedimiento previsto para la delimitación de unidades de ejecución en el artículo 111.

⇒ V. art. 144 de la presente Ley.
V. arts. 168.1, 169 y 170.1 del TRLS/1992 (§2).
V. Jurisprudencia en arts. 119 y concordantes del TRLS/1976 (§3).

Artículo 116. Sustitución del sistema de compensación.

1. Cuando el sistema de compensación venga establecido en el planeamiento para una determinada unidad de ejecución, su efectiva aplicación requerirá que, en el plazo de seis meses desde la delimitación los propietarios que representen más del 50% de la superficie de la unidad presenten el proyecto de Estatutos y de Bases de actuación, debiendo la Administración sustituir el sistema en otro caso. Cuando el mencionado sistema no venga establecido en el planeamiento, será requisito para la adopción del mismo, que igual porcentaje de propietarios lo soliciten en el trámite de información pública del procedimiento para delimitar la unidad de ejecución.

2. Cuando en una unidad de ejecución desarrollada por compensación no se estén cumpliendo en plazo los deberes legales, el ayuntamiento acordará la sustitución del sistema, previo sometimiento a información pública y audiencia de los interesados por plazo común de veinte días.

3. No regirá lo previsto en el número anterior cuando el incumplimiento de los plazos fuera imputable a la Administración actuante.

Artículo 117. Compensación de aprovechamientos.

1. Cuando el aprovechamiento medio de un sector exceda del aprovechamiento medio del suelo urbanizable delimitado en municipios con población superior a 25.000 habitantes, los excesos corresponderán a la Administración actuante.

En los Municipios con población comprendida entre 1.000 y 25.000 habitantes, sólo podrán producirse compensaciones entre unidades de ejecución en suelo urbanizable, si así lo establece expresamente el planeamiento municipal.

2. Dichos excesos deberán destinarse a compensar a los propietarios de terrenos incluidos en unidades de ejecución que se encuentren en situación inversa a la prevista en el número anterior, o a los de terrenos destinados a dotaciones locales o sistemas generales no incluidos en unidades de ejecución.

3. Para proceder a la compensación de aprovechamientos se calculará previamente el aprovechamiento medio de la unidad de ejecución, de acuerdo con el procedimiento previsto en el artículo 63.

4. Los propietarios señalados en el párrafo segundo, participarán en los costes de la urbanización de la unidad de ejecución respectiva, en proporción a los aprovechamientos que les correspondan.

Artículo 118. Reducción de cargas.

Cuando la actuación en determinadas unidades de ejecución en suelo urbano no sea presumiblemente rentable, por resultar excesivas las cargas en relación con el escaso aprovechamiento, el ayuntamiento, sin modificar las determinaciones del plan, podrá autorizar una reducción de la contribución de los propietarios a las mismas, o una compensación a cargo de la Administración, procurando equiparar los costes de la actuación a los de otras análogas que hayan resultado viables.

⇒ V. Jurisprudencia en arts. 121 y concordantes del TRLS/1976 (§3).

Artículo 119. Bienes de dominio público.

1. Cuando en una unidad de ejecución existieren bienes de dominio y uso público no obtenidos por cesión gratuita, el aprovechamiento urbanístico corresponderá a la Administración titular de los mismos.

2. *En el* supuesto de obtención por cesión gratuita, cuando las superficies de los bienes de dominio y uso público anteriormente existentes fueren iguales o inferiores a las que resulten como consecuencia de la ejecución

del plan, se entenderán sustituidas unas por otras. Si tales superficies fueran superiores, la Administración percibirá el exceso en la proporción que corresponda, en terrenos edificables.

Artículo 120. Gastos de urbanización.

1. Los gastos de urbanización serán sufragados por los propietarios y demás interesados. Las administraciones quedan eximidas de participar en dichos gastos por razón del aprovechamiento que, en virtud de cesión obligatoria y gratuita, les corresponde.

2. En los gastos de urbanización se comprenden los siguientes conceptos:

a) El coste de las obras de vialidad, abastecimiento y evacuación de aguas, suministro de energía eléctrica, alumbrado público, arbolado, jardinería y mobiliario urbano que estén previstas en los planes y proyectos, sin perjuicio del derecho a reintegrarse de los gastos de instalación de las redes de suministro con cargo a las empresas o entidades suministradoras, conforme a las correspondientes reglamentaciones.

b) Las indemnizaciones procedentes por el derribo de construcciones, y la destrucción de plantaciones, obras e instalaciones, exigidas por la ejecución de los planes.

c) Las indemnizaciones procedentes por la extinción de arrendamientos, derechos de superficie u otras ocupaciones, así como por el cese de actividades o traslados.

d) El coste de los planes derivados del planeamiento municipal y de los proyectos de urbanización, y los gastos originados por la compensación y la reparcelación.

3. El pago de estos gastos podrá realizarse, previo acuerdo con los propietarios, cediendo éstos gratuitamente y libres de cargas terrenos edificables en proporción suficiente para compensarlos.

⇒ V. Jurisprudencia en arts. 122 y concordantes del TRLS/1976 (§3).

Sección 2ª Sistema de compensación

Artículo 121. Definición.

En el sistema de compensación, los propietarios aportan los terrenos de cesión obligatoria, y realizan a su costa la urbanización en los términos y condiciones que se determinen en el plan. Deben además, constituirse en Junta de Compensación, salvo que todos los terrenos pertenezcan a un solo titular.

⇒ V. art. 4 de la Ley 6/1998, de 13 abril (§1).
V. Jurisprudencia en arts. 126 y concordantes del TRLS/1976 (§3).

Artículo 122. Tramitación de los Estatutos y Bases de la Junta de Compensación.

1. Los propietarios que representen más del 50% de la superficie de la unidad de ejecución, presentarán en el plazo establecido por el planeamiento

y, en su defecto, en el plazo máximo de seis meses desde la aprobación definitiva del plan o de la delimitación de la unidad de ejecución, los proyectos de Estatutos y Bases de actuación de la Junta de Compensación ante la Administración actuante.

2. En el plazo máximo de tres meses desde su presentación, la Administración actuante acordará la aprobación inicial de los proyectos de Estatutos y Bases, y su sometimiento a información pública por plazo de quince días. El acto de aprobación se publicará en el «Boletín Oficial de La Rioja», y se notificará individualmente a todos los propietarios afectados por el sistema de actuación, a efectos de audiencia, por igual plazo desde la citación.

3. Transcurridos tres meses desde que se hubieran presentado los proyectos de Estatutos y Bases sin haberse comunicado a los promotores el acuerdo de aprobación inicial, éstos podrán solicitar de la Comisión de Ordenación del Territorio y Urbanismo, la subrogación en la tramitación del sistema, que se sustanciará conforme a lo establecido en esta Ley para los estudios de detalle.

4. Vencidos los plazos de alegaciones, la Administración actuante aprobará definitivamente en el plazo máximo de tres meses los Estatutos y las Bases de actuación con las modificaciones que en su caso procedieren, designando su representante en el órgano rector de la Junta.

Los Estatutos y Bases de actuación se entenderán aprobados por el transcurso de dicho plazo sin haberse notificado resolución expresa.

5. El acuerdo de aprobación definitiva se publicará en el «Boletín Oficial de La Rioja», y se notificará individualmente a todos los propietarios afectados, otorgándose a éstos un plazo máximo de tres meses para constituir la Junta de Compensación mediante otorgamiento en escritura pública.

⇒ V. D. 18/2000, de 28 abril, sobre competencias, funcionamiento y composición del Pleno y de la Comisión Permanente de la Comisión de Ordenación del Territorio y Urbanismo de La Rioja.

Artículo 123. Otras incorporaciones a la Junta.

1. Los propietarios de la unidad de ejecución que no hubieren solicitado la compensación podrán incorporarse con igualdad de derechos y obligaciones a la Junta dentro del plazo de un mes, contado a partir de la notificación de la aprobación de los Estatutos y Bases de actuación. Si no lo hicieran, sus fincas serán expropiadas en favor de la Junta de Compensación, que tendrá la condición jurídica de beneficiaria.

2. Podrán también incorporarse a la Junta, las empresas urbanizadoras que hayan de participar con los propietarios en la gestión de la unidad de ejecución.

⇒ V. art. 34 de la Ley 6/1998, de 13 abril (§1).

V. Jurisprudencia en arts. 127 y concordantes del TRLS/1976 (§3).

Artículo 124. Proyecto de compensación.

1. Con sujeción a los criterios establecidos en las Bases de actuación, la Junta formulará el correspondiente proyecto de compensación.

2. Para la definición de derechos aportados, valoración de fincas resultantes, reglas de adjudicación, efectos del acuerdo aprobatorio e inscripción en el Registro de la Propiedad del mencionado proyecto, se estará a lo dispuesto para la reparcelación.

No obstante lo anterior, por acuerdo unánime de todos los afectados podrán adoptarse criterios diferentes, siempre que no sean contrarios a la ley o al planeamiento aplicable, ni lesivos para el interés público o de terceros.

3. La tramitación municipal del proyecto de compensación se someterá al procedimiento previsto para la reparcelación.

⇒ V. arts. 6 y concordantes del RD 1093/1997, de 4 julio (§2.1).

Artículo 125. Procedimiento conjunto.

1. Los propietarios incluidos en una unidad de ejecución, por acuerdo unánime, podrán presentar conjuntamente a tramitación los proyectos de Estatutos y Bases de actuación y de compensación y, en su caso, el proyecto de urbanización.

2. Una vez aprobados definitivamente los mencionados proyectos por la Administración actuante, en el plazo de un mes desde la notificación de dicho acuerdo, deberá procederse a la constitución de la Junta.

Artículo 126. Junta de Compensación.

1. La Junta de Compensación tendrá naturaleza administrativa, personalidad jurídica propia y plena capacidad para el cumplimiento de sus fines.

2. Los cargos del órgano rector recaerán necesariamente en personas físicas.

3. Un representante de la Administración actuante formará parte, en todo caso, del órgano rector de la Junta.

4. Los acuerdos de la Junta de Compensación se adoptarán por mayoría simple de las cuotas de participación, salvo el de aprobación del proyecto de compensación, que requerirá la mayoría absoluta de cuotas, y aquellos otros para los cuales los Estatutos exijan una mayoría cualificada.

5. Contra los acuerdos de la Junta de Compensación podrá interponerse recurso ordinario ante la Administración actuante.

Artículo 127. Transmisión de los terrenos.

1. La incorporación de los propietarios a la Junta de Compensación no presupone, salvo que los Estatutos dispusieran otra cosa, la transmisión a la misma de los inmuebles afectados a los resultados de la gestión común. En todo caso, los terrenos quedarán directamente afectos al cumplimiento de las obligaciones inherentes al sistema con anotación en el Registro de la Propiedad, en la forma establecida por la legislación estatal.

2. La Junta de Compensación actuará como fiduciaria con pleno poder dispositivo sobre las fincas pertenecientes a los propietarios miembros de aquéllas, sin más limitaciones que las establecidas en los Estatutos.

3. La transmisión a la Administración correspondiente, en pleno dominio y libre de cargas, de todos los terrenos de cesión obligatoria, tendrá lugar por ministerio de la ley con la aprobación definitiva del proyecto de compensación.

4. A las transmisiones de terrenos que se realicen como consecuencia de la constitución de la Junta por aportación de los propietarios de la unidad, en caso de que así lo dispusieran los Estatutos, y a las adjudicaciones de solares que se realicen en favor de los miembros de la Junta, se les aplicarán las exenciones tributarias que establece la legislación estatal o autonómica correspondiente.

⇒ V. art. 159.4 del TRLS/1992 (§2).
V. Jurisprudencia en arts. 129 y concordantes del TRLS/1976 (§3).

Artículo 128. Responsabilidad de la Junta y de sus miembros.

1. La Junta de Compensación será directamente responsable, frente a la Administración competente, de la urbanización completa de la unidad de ejecución y, en su caso, de la edificación de los solares resultantes, cuando así se hubiere establecido.

2. El incumplimiento por los miembros de la Junta de las obligaciones y cargas impuestas por la presente Ley, habilitará a la Administración actuante para expropiar sus respectivos derechos a solicitud y en favor de la Junta de Compensación, que tendrá la condición jurídica de beneficiaria.

3. Las cantidades adeudadas a la Junta por sus miembros podrán ser exigidas por vía de apremio, previa petición de la Junta a la Administración actuante.

⇒ V. art. 34 de la Ley 6/1998, de 13 abril (§1).
V. Jurisprudencia en arts. 130 y concordantes del TRLS/1976 (§3).

Sección 3ª Sistema de cooperación

Artículo 129. Definición.

1. En el sistema de cooperación los propietarios aportan el suelo de cesión obligatoria, y la Administración ejecuta las obras de urbanización con cargo a los mismos.

2. La aplicación del sistema de cooperación exige la reparcelación de los terrenos comprendidos en la unidad de ejecución, salvo que ésta sea innecesaria por resultar suficientemente equitativa la distribución de los beneficios y cargas.

3. Podrán constituirse asociaciones administrativas de propietarios, bien a iniciativa de éstos o de la Administración actuante, con la finalidad de colaborar en la ejecución de las obras de urbanización.

⇒ V. arts. 168.1, 169 y 170.1 del TRLS/1992 (§2).

V. art. 5 de la Ley 6/1998, de 13 abril (§1).
V. Jurisprudencia en arts. 131 y concordantes del TRLS/1976 (§3).

Artículo 130. Gastos de urbanización.

1. Los gastos de urbanización se distribuirán entre los propietarios en proporción al aprovechamiento que les corresponda, de acuerdo con lo establecido en el artículo 120.

2. La Administración actuante podrá exigir a los propietarios el pago de cantidades a cuenta de los gastos de urbanización. Estas cantidades no podrán exceder del importe de las inversiones previstas para los próximos seis meses.

3. La Administración actuante podrá asimismo, cuando las circunstancias lo aconsejen, convenir con los propietarios afectados un aplazamiento en el pago de los gastos de urbanización.

⇒ V. arts. 168.1, 169 y 170.1 del TRLS/1992 (§2).
V. art. 5 de la Ley 6/1998, de 13 abril (§1).
V. Jurisprudencia en arts. 132 y concordantes del TRLS/1976 (§3).

Artículo 131. Reparcelación.

1. Se entenderá por reparcelación la agrupación de fincas comprendidas en la unidad de ejecución para su nueva división ajustada al planeamiento, con adjudicación de las parcelas resultantes a los interesados, en proporción a sus respectivos derechos.

2. La reparcelación tiene por objeto distribuir justamente los beneficios y cargas de la ordenación urbanística, regularizar la configuración de las fincas, situar su aprovechamiento en zonas aptas para la edificación con arreglo al planeamiento, y localizar sobre parcelas determinadas y en esas mismas zonas el aprovechamiento que, en su caso, corresponda a la Administración actuante.

3. No podrán concederse licencias de edificación hasta que sea firme en vía administrativa el acuerdo aprobatorio de la reparcelación de la unidad de ejecución.

⇒ V. Jurisprudencia en arts. 97 y concordantes del TRLS/1976 (§3).

Artículo 132. Tramitación.

1. El expediente de reparcelación se entenderá iniciado al aprobarse la delimitación de la unidad de ejecución, excepto en los casos siguientes:

a) Que se hubiera elegido cualquier otro sistema para la unidad de ejecución.

b) Que la reparcelación se haya tramitado y aprobado, conjuntamente, con la propia delimitación.

2. La iniciación del expediente de reparcelación llevará consigo, sin necesidad de declaración expresa, la suspensión del otorgamiento de licencias de parcelación y edificación en el ámbito de la unidad de ejecución.

3. Los peticionarios de licencias solicitadas con anterioridad a la fecha

de iniciación del expediente de reparcelación, tendrán derecho a ser resarcidos del coste oficial de los proyectos y a la devolución, en su caso, de las tasas e impuestos municipales.

4. El proyecto de reparcelación se formulará:

a) Por los propietarios que representen más de la mitad de la superficie reparcelable, dentro de los tres meses siguientes a la aprobación de la delimitación de la unidad de ejecución. Para el cómputo de dicha mayoría se tendrán en cuenta las superficies de suelo exterior a la unidad de ejecución, cuyos propietarios deban hacer efectivo su derecho en ésta.

b) Por el ayuntamiento, de oficio o a instancia de alguno de los propietarios afectados, cuando éstos no hubieran hecho uso de su derecho o no hubieran subsanado, dentro del plazo que se les marcare, los defectos que se hubieran apreciado en el proyecto que formularen.

5. Los proyectos se aprobarán inicialmente por la Administración actuante en el plazo de tres meses desde la presentación de la documentación completa. Transcurrido este plazo sin que recaiga el acuerdo pertinente, la comunidad autónoma actuará por subrogación cuando así se solicite por los interesados, siendo el plazo de aprobación inicial el mismo señalado para la Administración titular, a contar desde la presentación de la solicitud ante el órgano autonómico.

6. Con anterioridad a la aprobación definitiva, se someterá el proyecto a información pública durante un mes, con citación personal a los interesados. El proyecto se entenderá aprobado si transcurrieran tres meses desde que hubiera finalizado el trámite de información pública ante el ayuntamiento o la comunidad autónoma, sin que se hubiera comunicado resolución expresa sobre tal aprobación.

7. En el caso de que un proyecto presentado por algún interesado, sin que concurran las condiciones establecidas en este artículo, merezca la conformidad de la Administración actuante, previo informe de los servicios correspondientes, podrá ser acordada su aprobación inicial y subsiguiente tramitación.

⇒ V. Jurisprudencia en arts. 98 y concordantes del TRLS/1976 (§3).

Artículo 133. Reglas para la reparcelación.

1. En todo caso, el proyecto de reparcelación tendrá en cuenta los siguientes criterios:

a) El derecho de los propietarios será proporcional a la superficie de las parcelas respectivas en el momento de la aprobación de la delimitación de la unidad de ejecución. No obstante, los propietarios, por unanimidad, podrán adoptar un criterio distinto.

b) Para la determinación del valor de las parcelas resultantes, se aplicarán los criterios de valoración de la legislación estatal.

c) Las plantaciones, obras, edificaciones, instalaciones y mejoras que no puedan conservarse, se valorarán con independencia del suelo, y su importe se satisfará al propietario interesado con cargo al proyecto, en concepto de gastos de urbanización.

d) Las obras de urbanización no contrarias al planeamiento vigente al tiempo de su realización que resulten útiles para la ejecución del nuevo plan, serán consideradas igualmente como obras de urbanización con cargo al proyecto, satisfaciéndose su importe al titular del terreno sobre el que se hubieran efectuado.

e) En los supuestos contemplados en el apartado d), si los gastos producidos por cumplimiento de los deberes de urbanización dentro de los plazos establecidos al efecto, resultaren inútiles según el planeamiento en ejecución, darán lugar a indemnización por parte de la Administración.

f) Toda la superficie susceptible de aprovechamiento privado de la unidad de ejecución que no afecte a uso dotacional público, deberá ser objeto de adjudicación entre los propietarios afectados, en proporción a sus respectivos derechos en la reparcelación.

Las compensaciones económicas sustitutivas o complementarias por diferencias de adjudicación que, en su caso, procedan, se fijarán atendiendo al precio medio en venta de las parcelas resultantes, sin incluir los costes de urbanización.

g) Se procurará, siempre que sea posible, que las fincas adjudicadas estén situadas en lugar próximo al de las antiguas propiedades de los mismos titulares.

h) Cuando la escasa cuantía de los derechos de algunos propietarios no permita que se adjudiquen fincas independientes a todos ellos, los solares resultantes se adjudicarán pro indiviso a los mismos. No obstante, si la cuantía de esos derechos no alcanzase el 15% de la parcela mínima edificable, la adjudicación podrá sustituirse por una indemnización en metálico.

2. En ningún caso podrán adjudicarse como fincas independientes, superficies inferiores a la parcela mínima edificable o que no reúnan la configuración y características adecuadas para su edificación conforme al planeamiento.

3. No serán objeto de nueva adjudicación, conservándose las propiedades primitivas, sin perjuicio de la regularización de linderos cuando fuere necesaria, y de las compensaciones económicas que procedan:

a) Los terrenos edificados con arreglo al planeamiento.

b) Los terrenos con edificación no ajustada al planeamiento, cuando la diferencia, en más o en menos, entre el aprovechamiento que le corresponda conforme al plan y el que correspondería al propietario en proporción a sus derechos en la reparcelación, sea inferior al 15% de este último, siempre que no estuvieren destinados a usos incompatibles con la ordenación urbanística.

⇒ V. Jurisprudencia en arts. 99 y concordantes del TRLS/1976 (§3).

Artículo 134. Efectos del acuerdo aprobatorio de la reparcelación.

1. El acuerdo aprobatorio del proyecto de reparcelación producirá los siguientes efectos:

a) Transmisión a la Administración correspondiente, en pleno dominio y libre de cargas, de todos los terrenos de cesión obligatoria para su incorporación al patrimonio del suelo o su afectación a los usos previstos en el planeamiento.

b) Subrogación, con plena eficacia real, de las antiguas por las nuevas parcelas, siempre que quede establecida su correspondencia.

c) Afectación real de las parcelas adjudicadas al cumplimiento de las cargas y pago de los gastos inherentes al sistema de actuación correspondiente.

2. No podrán concederse licencias de edificación hasta que sea firme en vía administrativa el acuerdo aprobatorio de la reparcelación de la unidad de ejecución.

⇒ V. arts. 6 y concordantes del RD 1093/1997, de 4 julio (§2.1).
V. Jurisprudencia en arts. 100 y concordantes del TRLS/1976 (§3).

Artículo 135. Reparcelación económica.

1. La reparcelación económica podrá aplicarse cuando, por las circunstancias de la edificación adecuada al planeamiento, en una actuación urbanística no fuera posible llevar a cabo la reparcelación material de los terrenos en un porcentaje superior a la mitad de la superficie de la unidad de ejecución.

2. En este caso, la reparcelación se limitará a la redistribución material de los terrenos restantes y a establecer las cesiones en favor de la Administración, y las indemnizaciones entre los afectados, incluidos los titulares de las superficies edificadas conforme al planeamiento.

⇒ V. art. 116 del RGU (§3.2).

Artículo 136. Normalización de fincas.

1. La normalización de fincas procederá, siempre que no sea necesaria la redistribución de beneficios y cargas de la ordenación entre los propietarios afectados, pero sea preciso regularizar la configuración física de las fincas para adaptarlas a las exigencias del planeamiento.

2. La normalización de fincas se limitará a definir los nuevos linderos de las fincas afectadas de conformidad con el planeamiento, siempre que no afecte al valor de las mismas en proporción superior al 15% ni a las edificaciones existentes. Las diferencias se compensarán en metálico.

3. La normalización se acordará por la Administración actuante, de oficio o a instancia de los interesados, con trámite de audiencia a los mismos por plazo de quince días.

Artículo 137. Extinción o transformación de derechos y cargas.

1. Cuando no tenga lugar la subrogación real, el acuerdo aprobatorio de la reparcelación producirá la extinción de los derechos y cargas constituidos

sobre la finca aportada, corriendo a cargo del propietario que la aportó la indemnización correspondiente, cuyo importe se fijará en el mencionado acuerdo.

2. En los supuestos de subrogación real, si existiesen derechos o cargas que se estimen incompatibles con el planeamiento, el acuerdo aprobatorio de la reparcelación declarará su extinción y fijará la indemnización correspondiente a cargo del propietario respectivo.

3. Existiendo subrogación real y compatibilidad con el planeamiento urbanístico, si la situación y características de la nueva finca fuesen incompatibles con la subsistencia de los derechos reales o cargas, que habrían debido recaer sobre ellas, las personas a que estos derechos o cargas favorecieran podrán obtener su transformación en un derecho de crédito con garantía hipotecaria sobre la nueva finca, en la cuantía en que la carga fuera valorada. El Registrador de la Propiedad que aprecie tal incompatibilidad lo hará constar así en el asiento respectivo. En defecto de acuerdo entre las partes interesadas, cualquiera de ellas podrá acudir al Juzgado competente del orden civil para obtener una resolución declarativa de la compatibilidad o incompatibilidad y, en este último caso, para fijar la valoración de la carga y la constitución de la mencionada garantía hipotecaria.

4. No obstante lo dispuesto en los números 1 y 2, las indemnizaciones por la extinción de servidumbres prediales o derechos de arrendamiento incompatibles con el planeamiento o su ejecución se considerarán gastos de urbanización, correspondiendo a los propietarios en proporción a la superficie de sus respectivos terrenos.

Artículo 138. Inscripción del acuerdo y cargas incompatibles.

Una vez firme en vía administrativa el acuerdo de aprobación definitiva de la reparcelación, se procederá a su inscripción en el Registro de la Propiedad en la forma establecida por la legislación estatal.

Artículo 139. Efectos tributarios.

1. Las adjudicaciones de terrenos a que dé lugar la reparcelación, cuando se efectúen en favor de los propietarios comprendidos en el correspondiente ámbito de actuación y en proporción a sus respectivos derechos, gozarán de todas las exenciones tributarias que establezca la legislación aplicable. Respecto a la incidencia de estas transmisiones en el impuesto sobre el incremento del valor de los terrenos de naturaleza urbana, se estará a lo dispuesto en la normativa estatal.

2. Cuando el valor de los solares adjudicados a un propietario exceda del que proporcionalmente corresponda a los terrenos aportados por el mismo, se girarán las liquidaciones procedentes en cuanto al exceso.

Artículo 140. Supletoriedad de las normas sobre expropiación forzosa.

Se aplicarán supletoriamente a la reparcelación, las normas de la expropiación forzosa.

⇒ V. Jurisprudencia en arts. 102 y concordantes del TRLS/1976 (§3).

Sección 4ª Sistema de expropiación

Artículo 141. Determinaciones generales.

1. La Administración actuante podrá optar por utilizar el sistema de expropiación cuando razones de urgencia o necesidad lo justifiquen. También podrá elegirse este sistema cuando exista una situación objetiva que origine una grave dificultad para la ejecución del plan mediante cualquiera de los restantes sistemas de actuación.

2. La expropiación se aplicará por unidades de ejecución completas y comprenderá todos los bienes y derechos incluidos en las mismas.

3. La aplicación del sistema de expropiación exigirá la formulación de la relación de propietarios y descripción de bienes y derechos afectados en la unidad de ejecución. Dicha relación habrá de ser aprobada definitivamente por la Administración expropiante, previa la apertura de un período de información pública por plazo de quince días.

⇒ V. arts. 33 y concordantes de la Ley 6/1998, de 13 abril (§1).
V. art. 211 del TRLS/1992 (§2).
V. arts. 22 y concordantes del RD 1093/1997, de 4 julio (§2.1).
V. Jurisprudencia en arts. 64 y concordantes del TRLS/1976 (§3).

Artículo 142. Formas de gestión.

Cuando se fije la expropiación como sistema de actuación para una unidad de ejecución, podrán utilizarse las formas de gestión que permita la legislación por la que se rija la Administración actuante, y resulten más adecuadas a los fines de urbanización y edificación previstos en el planeamiento.

Artículo 143. Liberación de expropiaciones.

1. En la aplicación del sistema de expropiación, los órganos expropiantes podrán, excepcionalmente, liberar de la misma, mediante la imposición de las oportunas condiciones, a determinados bienes de propiedad privada o patrimoniales.

2. Si el órgano expropiante estimase justificada la petición de liberación, señalará al propietario de los bienes afectados por la misma las condiciones, términos y proporción en que el mismo habrá de vincularse a la gestión urbanística. Se fijarán, asimismo, las garantías para el supuesto de incumplimiento. En todo caso, el beneficiario quedará sujeto al cumplimiento de los deberes urbanísticos básicos.

3. Aceptadas por el propietario las condiciones fijadas, el órgano expropiante, previa apertura de un período de información pública de quince días, dictará la correspondiente resolución, que se publicará en el «Boletín Oficial de La Rioja». Si esta resolución se dictara con posterioridad al pago y ocupación de los bienes objeto de liberación, deberá acordarse la previa reversión de tales bienes a favor de su titular.

4. *Si el expropiante no* fuera el ayuntamiento, la liberación requerirá, en todo caso, conformidad de éste.

5. El incumplimiento de los deberes urbanísticos establecidos en la reso-

lución expropiatoria, por parte de los propietarios de los bienes liberados, determinará la expropiación por incumplimiento de la función social de la propiedad o, en su caso, el ejercicio de la vía de apremio.

⇒ Téngase en cuenta que los arts. 54 y 55 de la LEF han sido modificados por la disp. adic. 5ª de la Ley 38/1999, de 5 noviembre, de Ordenación de la Edificación (§1.1).

Sección 5ª La concesión de obra urbanizadora

Artículo 144. Concepto.

En los supuestos previstos en el artículo 115.1, podrá la Administración actuante otorgar la concesión de obra urbanizadora, asumiendo el concesionario la realización de las obras de urbanización, y la distribución de beneficios y cargas entre los propietarios.

Artículo 145. Procedimiento.

1. En la convocatoria del concurso se especificarán las obligaciones asumidas por el urbanizador, y en todo caso las siguientes: formulación del proyecto de urbanización y del proyecto de reparcelación, y realización de las obras de urbanización.

Cuando el concesionario asuma también la realización de obras de edificación, la convocatoria habrá de contener memoria de calidades, características básicas, costes máximos y plazos.

2. En la convocatoria la Administración actuante puede también comprometer las partidas presupuestarias necesarias para financiar las infraestructuras que sirven de apoyo a la actuación.

3. El urbanizador habrá de garantizar la actuación en la forma y con las condiciones que se fijen en el pliego concesional.

4. En todo lo demás, la concesión de obra urbanizadora se regirá por lo dispuesto en la legislación de contratos de las Administraciones Públicas.

Artículo 146. Retribución del urbanizador.

1. Los propietarios afectados están obligados a satisfacer al urbanizador los costes de la actuación, en terrenos edificables y/o en metálico, en los términos estipulados en la concesión.

2. La retribución en terrenos se hará efectiva mediante la reparcelación.

3. La retribución en metálico se hará efectiva mediante cuotas de urbanización aprobadas por la Administración actuante, quedando sujetos los terrenos al pago de las mismas.

4. El ayuntamiento, a petición del urbanizador, podrá exigir las cuotas de urbanización adeudadas por los propietarios.

Artículo 147. Supletoriedad de la reparcelación.

En lo no previsto expresamente en esta Sección, serán de aplicación las reglas de la reparcelación.

Sección 6ª Los convenios urbanísticos

Artículo 148. Definición y naturaleza.

1. La comunidad autónoma y los municipios, en la esfera de sus respectivas competencias, podrán suscribir, conjunta o separadamente convenios con personas públicas o privadas, al objeto de colaborar en el mejor y más eficaz desarrollo de la actividad urbanística.

2. Estos convenios tendrán naturaleza jurídico-administrativa.

3. Serán nulas de pleno derecho las estipulaciones de los convenios urbanísticos que contravengan normas imperativas legales o reglamentarias, incluidas las del planeamiento territorial o urbanístico, sin perjuicio de lo dispuesto en el artículo 149.5.

⇒ V. art. 303 del TRLS/1992 (§2).

Artículo 149. Objeto.

1. Los convenios tienen por objeto establecer los términos y las condiciones de ejecución del planeamiento, sin que de su cumplimiento pueda derivarse ninguna alteración del mismo.

2. Los convenios en los que se acuerde el cumplimiento del deber legal de cesión del aprovechamiento urbanístico mediante el pago de cantidad sustitutoria en metálico, deberán incluir la pertinente valoración pericial.

3. Cuando los particulares que suscriban el convenio asuman la total responsabilidad del desarrollo de una unidad de ejecución, podrán definir su ejecución en todos los detalles, al margen incluso de los sistemas de actuación previstos en esta Ley.

4. La competencia para aprobar estos convenios corresponde a la Administración actuante, previa apertura de un período de información pública, por plazo de veinte días, sobre el proyecto de convenio.

5. Cuando la realización de un convenio exija la modificación del planeamiento, la Administración competente estará obligada a tramitarla, pero conservando en todo caso, en plenitud, el ejercicio de sus facultades normativas.

6. Cuando el convenio tenga por objeto el desarrollo de suelo urbanizable no delimitado en el planeamiento general, deberán indicarse las obras que hayan de realizar a su costa los particulares para asegurar la conexión con los sistemas generales exteriores a la actuación, así como las garantías para el cumplimiento de los compromisos asumidos por las partes.

Artículo 150. Incumplimiento.

El incumplimiento por los particulares de las obligaciones asumidas, dará lugar a las responsabilidades que se fijen en el convenio. En todo caso, la Administración actuante quedará en libertad de iniciar o proseguir la ejecución del planeamiento por los trámites previstos en el presente Título.

CAPÍTULO III
Obtención de terrenos dotacionales

Sección 1ª Modalidades

Artículo 151. Sistemas generales.

Los terrenos destinados por el planeamiento, al establecimiento de sistemas generales en suelo urbanizable y en suelo urbano no consolidado, se obtendrán:

a) Mediante cesión obligatoria derivada de su inclusión o adscripción a una unidad de ejecución.

b) Mediante ocupación directa, asignando a los propietarios afectados su aprovechamiento en unidades de ejecución excedentarias en suelo urbanizable para todos los municipios. En este caso, si la compensación no se realiza en el ámbito del correspondiente sector, el valor de los terrenos y de los aprovechamientos se fijará pericialmente, conforme a los criterios de valoración aplicables.

c) Cuando las modalidades anteriores no resultaren posibles o convenientes, mediante expropiación forzosa.

⇒ El sistema de ocupación directa se reguló por el art. 203 del TRLS/1992 (§2), derogado por la disp. derog. única de la Ley 6/1998, de 13 abril (§1).
V. arts. 42 y concordantes del RD 1093/1997, de 4 julio (§2.1).
V. Jurisprudencia en arts. 12 y concordantes del TRLS/1976 (§3).

Artículo 152. Dotaciones locales.

En suelo urbanizable y suelo urbano no consolidado, los terrenos destinados por el planeamiento al establecimiento de dotaciones locales se obtendrán mediante cesión obligatoria y gratuita derivada de la gestión de las unidades de ejecución en que se incluyan.

⇒ V. arts. 29 y concordantes del RD 1093/1997, de 4 julio (§2.1).
V. Jurisprudencia en arts. 12 y concordantes del TRLS/1976 (§3).

Artículo 153. Dotaciones en el suelo urbano consolidado.

En suelo urbano consolidado, los terrenos destinados por el planeamiento al establecimiento de sistemas generales o dotaciones locales, no incluidas en unidades de ejecución se obtendrán mediante expropiación, o por ocupación directa asignando terrenos edificables en unidades de ejecución, excedentarias, situadas en suelo urbanizable delimitado. En este caso, el valor de los terrenos y de los aprovechamientos se fijará pericialmente, conforme a los criterios de valoración aplicables.

Artículo 154. Cesión obligatoria y gratuita.

1. La cesión obligatoria y gratuita de terrenos se producirá, por ministerio de la ley, con la aprobación definitiva de los instrumentos de redistribución correspondientes.

2. Los terrenos afectos a dotaciones, no obtenidos por expropiación, quedarán adscritos, por ministerio de la ley, a la Administración competente para la implantación del uso que proceda.

⇒ V. arts. 29 y concordantes del RD 1093/1997, de 4 julio (§2.1).
V. Jurisprudencia en arts. 12 y concordantes del TRLS/1976 (§3).

Sección 2ª La ocupación directa

Artículo 155. Concepto.

1. Se entiende por ocupación directa, la ocupación de terrenos afectos por el planeamiento a dotaciones públicas mediante el reconocimiento a su titular del derecho a integrarse en una unidad de ejecución excedentaria.

2. La ocupación directa requerirá la previa determinación por la Administración actuante del aprovechamiento correspondiente al titular del terreno a ocupar y de la unidad de ejecución excedentaria en la que haya de hacerse efectivo tal aprovechamiento.

⇒ El sistema de ocupación directa se reguló por el art. 203 del TRLS/1992 (§2), derogado por la disp. derog. única de la Ley 6/1998, de 13 abril (§1).
V. arts. 42 y concordantes del RD 1093/1997, de 4 julio (§2.1).

Artículo 156. Procedimiento.

1. La aplicación de la ocupación directa para la obtención de terrenos dotacionales deberá ajustarse a las siguientes reglas:

1ª Se publicará y notificará a los interesados la relación de los terrenos y propietarios afectados, aprovechamiento correspondiente a cada uno de ellos y unidad o unidades de ejecución excedentarias donde habrán de hacer efectivos sus derechos. A continuación durante el plazo de un mes los interesados podrán alegar lo que estimen conveniente a sus derechos.

2ª La ocupación sólo podrá llevarse a cabo transcurrido el plazo de un mes desde la anterior notificación, y en tal momento se levantará acta en la que la Administración actuante hará constar al menos:

a) Lugar y fecha de otorgamiento.

b) Identificación de los titulares de los terrenos ocupados y situación registral de éstos.

c) Superficie ocupada y aprovechamientos urbanísticos que le correspondan.

d) Unidades de ejecución donde se harán efectivos estos aprovechamientos.

3ª Se entenderán las actuaciones con el Ministerio Fiscal en el caso de propietarios desconocidos, no comparecientes, incapacitados sin persona que les represente o cuando se trate de propiedad litigiosa.

2. El órgano actuante expedirá a favor de cada uno de los propietarios de terrenos ocupados certificación de los extremos señalados en la regla 2ª anterior.

3. Una copia de dicha certificación, acompañada del correspondiente

plano, se remitirá al Registro de la Propiedad para inscribir la superficie ocupada a favor de la Administración, en los términos establecidos por la legislación estatal.

4. Simultáneamente a la inscripción a que se refiere el número anterior, se abrirá folio registral independiente al aprovechamiento urbanístico correspondiente a la finca ocupada según la certificación, y a dicho folio se trasladarán las inscripciones de dominio y demás derechos reales vigentes sobre la finca con anterioridad a la ocupación, todo ello de acuerdo con lo previsto por la legislación estatal.

⇒ V. arts. 42 y concordantes del RD 1093/1997, de 4 julio (§2.1).

Artículo 157. Indemnización por ocupación temporal.

1. Los propietarios afectados por la ocupación directa tendrán derecho a ser indemnizados en los términos establecidos en el artículo 112 de la Ley de Expropiación Forzosa, por el período de tiempo que medie desde la ocupación de sus terrenos hasta la aprobación definitiva del instrumento de redistribución correspondiente a la unidad de ejecución en que hubieren sido integrados.

2. Transcurridos cuatro años desde la ocupación sin que se hubiera producido la aprobación definitiva del mencionado instrumento de redistribución, los interesados podrán advertir a la Administración actuante de su propósito de iniciar el expediente de justiprecio, que podrá llevarse a cabo por ministerio de la ley, una vez transcurridos seis meses desde dicha advertencia.

3. A tal efecto, el propietario podrá presentar la correspondiente hoja de aprecio, y si transcurrieren tres meses sin que el ayuntamiento la acepte, podrá aquél dirigirse al Jurado Provincial de Expropiación, que fijará el justiprecio correspondiente. La valoración se entenderá referida al momento de iniciación del expediente de justiprecio por ministerio de la ley, y los intereses de demora se devengarán desde la presentación por el propietario de la correspondiente tasación.

CAPÍTULO IV
La expropiación por razón de urbanismo

Sección 1ª Disposiciones generales

Artículo 158. Supuestos expropiatorios.

La expropiación forzosa se aplicará en los siguientes supuestos:

a) Cuando se haya establecido este sistema de actuación para la unidad de ejecución correspondiente.

b) Para la obtención de terrenos destinados a sistemas generales y dotaciones locales, siempre que no esté prevista su obtención mediante procedimientos vinculados a la actuación por unidades de ejecución o por ocupación directa.

c) Para la constitución o ampliación de patrimonios públicos de suelo.

d) Para la obtención de terrenos destinados a la construcción de viviendas de protección pública, así como a otros usos declarados expresamente de interés social.

e) Por incumplimiento de la función social de la propiedad.

f) En los demás supuestos legalmente previstos.

⇒ V. arts. 34 y concordantes de la Ley 6/1998, de 13 abril (§1).
V. Jurisprudencia en arts. 64 y concordantes del TRLS/1976 (§3).

Artículo 159. Constitución de servidumbres.

1. Cuando para la ejecución de un Plan no fuera menester la expropiación del dominio y bastare la constitución de alguna servidumbre sobre el mismo, podrá imponerse, si no se obtuviera convenio con el propietario, con arreglo al procedimiento de la legislación de expropiación forzosa, siempre que el justiprecio que procediere abonar no exceda de la mitad del importe correspondiente a la expropiación completa del dominio.

2. Cuando hubieren de modificarse o suprimirse servidumbres privadas por estar en contradicción con las disposiciones del Plan, podrán expropiarse con arreglo al procedimiento de la legislación expropiatoria.

⇒ V. art. 211.3 del TRLS/1992 (§2).
V. Jurisprudencia en arts. 68 y concordantes del TRLS/1976 (§3).

Artículo 160. Prohibición de construcciones.

Sobre la superficie objeto de expropiación no se podrá realizar construcción alguna ni modificar las existentes, salvo en casos concretos y excepcionales, previa autorización expresa del Organismo expropiante, que, de no ser el ayuntamiento, lo comunicará a éste a efectos de la concesión de la oportuna licencia.

Artículo 161. Plazo.

1. La expropiación forzosa deberá tener lugar en el plazo máximo de cuatro años desde la producción del supuesto determinante de su aplicación, salvo que el Plan prevea un plazo superior.

2. Transcurrido dicho plazo sin que se hubiera llevado a efecto la expropiación, los interesados podrán advertir al ayuntamiento de su propósito de iniciar el expediente de justiprecio, en los mismos términos establecidos en relación con la ocupación directa prevista en el artículo 157.

Sección 2ª Expropiaciones por incumplimiento de la función social de la propiedad

Artículo 162. Expropiación por incumplimiento de la función social.

La expropiación por incumplimiento de la función social de la propiedad se podrá aplicar por inobservancia de los plazos establecidos para la urbanización de los terrenos y su edificación, o, en general, de los deberes urbanísticos básicos, y especialmente en los supuestos de parcelaciones ilegales. En este último caso, del justiprecio se deducirá el importe de la multa que pudiera corresponder.

⇒ V. arts. 72, 73, 74 y 75 de la LEF.
V. arts. 34 y concordantes de la Ley 6/1998, de 13 abril (§1).

Artículo 163. Destino de la edificación.

1. Los ayuntamientos que dispusieran de patrimonio municipal del suelo incluirán en el mismo las parcelas expropiadas por incumplimiento del deber de edificar.

2. En todo caso, en el plazo de seis meses desde la expropiación, el Ayuntamiento resolverá sobre el modo de llevar a cabo la edificación, que habrá de iniciarse en el plazo de un año desde la fecha de la citada resolución, con destino de los correspondientes terrenos a la construcción de viviendas de protección pública, o, cuando ello no resulte conveniente, a otros fines de interés social.

3. Lo establecido en los números anteriores se aplicará así mismo al patrimonio regional del suelo.

⇒ V. arts. 276.1, 276.2 y 280.1 del TRLS/1992 (§2).
V. Jurisprudencia en arts. 89 y concordantes del TRLS/1976 (§3).

TÍTULO VI
LA INTERVENCIÓN EN EL MERCADO DEL SUELO

CAPÍTULO I
El patrimonio municipal del suelo

Sección 1ª Constitución, bienes integrantes y destino

Artículo 164. Constitución.

Los ayuntamientos que dispongan de planeamiento municipal podrán constituir su respectivo patrimonio municipal del suelo, con la finalidad de regular el mercado de terrenos, obtener reservas de suelo para actuaciones de iniciativa pública y facilitar la ejecución del planeamiento.

⇒ V. arts. 276.1, 276.2 y 280.1 del TRLS/1992 (§2).
V. Jurisprudencia en arts. 89 y concordantes del TRLS/1976 (§3).

Artículo 165. Naturaleza.

Los bienes del patrimonio municipal del suelo constituyen un patrimonio separado de los restantes bienes municipales, y los ingresos obtenidos mediante enajenación de terrenos o sustitución del aprovechamiento correspondiente al ayuntamiento por su equivalente económico, se destinarán a la conservación y ampliación del mismo.

Artículo 166. Bienes integrantes.

Integrarán el patrimonio municipal del suelo los bienes patrimoniales que resultaren clasificados por el planeamiento urbanístico como suelo urbano o urbanizable y, en todo caso, los obtenidos como consecuencia de cesiones o permutas, ya sea en terrenos o en metálico, expropiaciones urbanísticas de cualquier clase y ejercicio del derecho de tanteo y retracto.

Artículo 167. Reservas de terrenos.

1. Los planes generales podrán establecer sobre suelo clasificado como urbanizable no delimitado o no urbanizable genérico, reservas de terrenos de posible adquisición para constitución o ampliación del patrimonio municipal del suelo.

2. La delimitación de un terreno como reserva para los expresados fines, implicará la declaración de utilidad pública y la necesidad de ocupación a efectos expropiatorios, por un plazo máximo de cuatro años.

Artículo 168. Destino.

Los terrenos del patrimonio municipal del suelo, una vez incorporados al proceso de urbanización y edificación, deberán ser destinados a la construcción de viviendas sujetas a algún régimen de protección pública, usos de conservación o mejora del medio ambiente o a otros usos de interés social, de acuerdo con el planeamiento urbanístico.

Sección 2ª Cesiones

Artículo 169. Cesiones onerosas.

1. Los terrenos pertenecientes al patrimonio municipal del suelo con calificación adecuada a los fines establecidos en el artículo anterior, serán enajenados en virtud de concurso, de acuerdo con los siguientes criterios:

a) Su precio no podrá ser inferior al valor señalado por la legislación urbanística.

b) El pliego de condiciones fijará plazos máximos para la realización de las obras de urbanización y edificación, o sólo de estas últimas si el terreno mereciera la calificación de solar, así como precios máximos de venta o arrendamiento de las edificaciones resultantes de la actuación.

c) Si el concurso quedare desierto, el ayuntamiento podrá enajenar los terrenos directamente dentro del plazo máximo de un año, con arreglo a lo dispuesto en el pliego de condiciones.

2. No obstante, el ayuntamiento podrá enajenar mediante subasta los terrenos del patrimonio municipal del suelo, cuando el planeamiento urbanístico les atribuya una finalidad incompatible con los fines señalados en el artículo anterior o cuando las circunstancias de situación, precio u otras análogas de los terrenos, lo hagan aconsejable.

⇒ V. art. 280.1 del TRLS/1992 (§2).
V. Jurisprudencia en arts. 92, 93 y concordantes del TRLS/1976 (§3).

Artículo 170. Cesiones gratuitas.

1. *En casos justificados*, podrán los ayuntamientos ceder terrenos del patrimonio municipal del suelo gratuitamente o por precio inferior al del valor del suelo que legalmente les corresponda para ser destinado a viviendas

de protección pública, mediante concurso cuyo pliego establecerá las condiciones previstas en el artículo anterior.

2. Cuando la permanencia de los usos a que se destinen los terrenos lo requiera, podrán también los ayuntamientos ceder directamente, por precio inferior al de su valor urbanístico o con carácter gratuito, el dominio de terrenos en favor de entidades privadas de interés público sin ánimo de lucro, para destinarlos a usos de interés social que redunden en beneficio manifiesto de los respectivos Municipios.

Artículo 171. Cesiones entre Administraciones.

Los ayuntamientos, la comunidad autónoma y sus respectivas Entidades instrumentales, incluidas las sociedades anónimas con capital mayoritariamente público, podrán permutar o transmitirse directamente y a título gratuito u oneroso terrenos, incluso del patrimonio municipal del suelo, con fines de promoción pública de viviendas, construcción de equipamiento comunitario y otras instalaciones o edificaciones de uso público o interés social.

Artículo 172. Derecho de superficie.

1. Los ayuntamientos podrán constituir derechos de superficie en terrenos del patrimonio municipal del suelo con destino a la construcción de viviendas sujetas a algún régimen de protección pública o a otros usos de interés social.

2. El procedimiento de constitución del derecho de superficie y el carácter oneroso o gratuito del mismo, se regirán por lo dispuesto en los artículos anteriores para los diversos supuestos.

⇒ V. arts. 287.2, 287.3, 288.2, 288.3 y 289.1 a 5 del TRLS/1992 (§2).

CAPÍTULO II
Derechos de tanteo y retracto

Artículo 173. Objeto.

1. A fin de incrementar el patrimonio municipal del suelo, garantizar el cumplimiento de las limitaciones de precios de venta en las viviendas de protección pública, y, en general, intervenir en el mercado inmobiliario, los Municipios con población superior a 25.000 habitantes, podrán delimitar áreas en las que las transmisiones onerosas de terrenos y de edificaciones quedarán sujetas al ejercicio de los derechos de tanteo y retracto por los respectivos ayuntamientos.

2. El ejercicio de los derechos previstos en el número anterior se extenderá a los siguientes supuestos:

a) Terrenos sin edificar o en construcción.

b) Terrenos con edificación declarada en ruina o fuera de ordenación.

c) Terrenos destinados a la construcción de viviendas acogidas a protección pública.

d) Viviendas acogidas a protección pública.

3. No obstante lo establecido en el número anterior, en las áreas de rehabilitación integrada, el ejercicio de los derechos de tanteo y retracto podrá extenderse a las transmisiones onerosas de todo tipo de inmuebles.

4. El plazo máximo de sujeción de las transmisiones al ejercicio de los derechos previstos en este artículo será de diez años, salvo que al delimitarse el área respectiva se fijara otro menor.

⇒ El tanteo y retracto urbanístico se reguló por el art. 291 a 298 del TRLS/1992 (§2), derogado por la disp. derog. única de la Ley 6/1998, de 13 abril (§1).
V. arts. 83. 84, 85, 86 y concordantes del RD 1093/1997, de 4 julio (§2.1).

Artículo 174. Delimitación de áreas.

1. La delimitación de las áreas de tanteo y retracto podrá efectuarse en el propio Plan General o mediante el procedimiento de delimitación de unidades de ejecución.

2. En cualquier caso, la delimitación de áreas requerirá:

a) Memoria justificativa de su necesidad y del ámbito concreto delimitado, así como la relación de bienes y propietarios afectados.

b) Notificación personal a los propietarios afectados realizada durante el período de información pública.

c) Remisión al Registro de la Propiedad de copia certificada de los planos que reflejan la delimitación, y relación de bienes y propietarios afectados.

Artículo 175. Procedimiento.

1. A efectos del ejercicio del derecho de tanteo, los propietarios de bienes incluidos en dichas áreas deberán comunicar al ayuntamiento la decisión de enajenarlos, con expresión del precio y demás condiciones esenciales de la transmisión. El ayuntamiento podrá ejercitar el derecho de tanteo en el plazo de sesenta días naturales desde la recepción de dicha comunicación.

2. A efectos del ejercicio del derecho de retracto, los adquirentes de bienes incluidos en áreas de tanteo y retracto deberán comunicar al Ayuntamiento la transmisión efectuada, mediante entrega de copia de la escritura o documento en que se formalizase. El ayuntamiento podrá ejercitar el derecho de retracto en un plazo de sesenta días naturales desde la recepción de dicha comunicación, cuando no se hubiera realizado correctamente la comunicación prevista en el número anterior, o si las condiciones de la transmisión hubieran resultado menos onerosas que las indicadas en ella.

3. El pago del bien adquirido deberá realizarse en un plazo de tres meses desde el ejercicio del derecho de tanteo o retracto, transcurrido el cual caducará el derecho. El pago se realizará en metálico o, con el acuerdo del transmitente, mediante la adjudicación de terrenos o cualquier otra figura jurídica admitida en derecho.

En el supuesto de viviendas acogidas a protección pública, en ningún caso podrá superarse el precio máximo legalmente fijado.

4. Los Notarios y Registradores de la Propiedad denegarán, respectivamente, la formalización en escritura pública y la inscripción de las transmisiones previstas en este Capítulo, cuando no se acrediten debidamente las comunicaciones a que hacen referencia los números anteriores.

5. Las viviendas de protección pública adquiridas en el ejercicio de los derechos de tanteo y retracto serán adjudicadas mediante concurso, entre quienes reúnan los requisitos establecidos por dicha legislación.

⇒ V. arts. 83, 84, 85 y 86 del RD 1093/1997, de 4 julio (§2.1).

CAPÍTULO III
El patrimonio regional del suelo

Artículo 176. Constitución y fines.

1. La comunidad autónoma podrá constituir, mantener y gestionar su propio patrimonio de suelo.

2. La constitución de dicho patrimonio tiene por finalidad encauzar y desarrollar técnica y económicamente la ordenación del territorio, poniendo a disposición el suelo preciso para la realización de actuaciones, obras e instalaciones de interés regional.

Artículo 177. Bienes integrantes.

El patrimonio regional del suelo estará integrado por aquellos terrenos clasificados en el planeamiento urbanístico como suelo urbanizable no delimitado o no urbanizable genérico que la comunidad autónoma adquiera por expropiación o por cualquier otro procedimiento para su incorporación a dicho patrimonio.

Artículo 178. Remisión al patrimonio municipal del suelo.

En todo lo demás, serán de aplicación al patrimonio regional del suelo las reglas establecidas en el Capítulo I de este Título.

TÍTULO VII
EDIFICACIÓN Y USO DEL SUELO

CAPÍTULO I
Licencias urbanísticas

Artículo 179. Actos sujetos.

1. Todo acto de edificación requerirá la preceptiva licencia municipal.

2. Estarán sujetos igualmente a previa licencia, los actos de uso del suelo y del subsuelo, tales como las parcelaciones urbanas, los movimientos de tierras, las obras de nueva planta, modificación de estructura o aspecto exterior de las edificaciones existentes, la primera utilización de los edificios y la modificación del uso de los mismos, la demolición de construcciones, la colocación de carteles de propaganda visibles desde la vía pública y los demás actos que señalaren los planes.

3. Cuando los actos de edificación y uso del suelo se realizaren por particulares en terrenos de dominio público, se exigirá también licencia, sin

perjuicio de las autorizaciones o concesiones que sea pertinente otorgar por parte del ente titular del dominio público.

⇒ V. art. 2 de la Ley 6/1998, de 13 abril (§1).
V. Jurisprudencia en arts. 178 y concordantes del TRLS/1976 (§3).

Artículo 180. Régimen.

1. Las licencias se otorgarán de acuerdo con las previsiones de la legislación y planeamientos urbanísticos vigentes en el momento de la resolución.

2. Toda denegación de licencia deberá ser motivada.

3. Las licencias se otorgarán dejando a salvo el derecho de propiedad y sin perjuicio de tercero, aunque se denegarán si se pretende llevar a cabo una ocupación ilegal del dominio público.

⇒ V. art. 243.2 del TRLS/1992 (§2).
V. arts. 74 y concordantes del RD 1093/1997, de 4 julio (§2.1).
V. Jurisprudencia en arts. 179 y concordantes del TRLS/1976 (§3).

Artículo 181. Procedimiento.

1. Las solicitudes de licencias urbanísticas se resolverán por el Alcalde, con arreglo al siguiente procedimiento:

a) Las solicitudes deberán presentarse acompañadas de proyecto técnico redactado por profesional competente, de acuerdo con el planeamiento que deberá estar visado por el colegio profesional correspondiente.

b) Los informes relativos a la solicitud serán evacuados por los organismos competentes en el plazo de diez días, transcurrido el cual, sin haberse emitido, proseguirán las actuaciones.

c) Las licencias urbanísticas de obras menores habrán de otorgarse en el plazo de un mes desde su solicitud, y las restantes en el de tres meses. El plazo se interrumpirá si resultaren deficiencias subsanables, para que el interesado pueda subsanarlas, con la advertencia de que, si así no lo hiciera y se tratare de elementos esenciales, se le tendrá por desistido de la solicitud, archivándose ésta sin más trámite.

2. Los colegios profesionales que tuviesen encomendado el visado de los proyectos técnicos, si observaren incumplimiento de la legislación urbanística, pondrán en conocimiento de la Administración competente dicha presunción, denegando el visado.

En el caso de obras del Estado, autonómicas o de los Organismos de ellos dependientes, así como de los Municipios con población superior a 25.000 habitantes, bastará la intervención de la Oficina de Supervisión de Proyectos o la aprobación técnica de la Entidad correspondiente.

⇒ Téngase en cuenta arts. 4 y concordantes de la Ley 38/1999, de 5 noviembre, de Ordenación de la Edificación (§1.1).
Téngase en cuenta la O. 22 junio 1998, de la Consejería de Obras Públicas, Transportes, Urbanismo y Vivienda, que regula el procedimiento de tramitación y otorgamiento de cédula de habitabilidad.

Artículo 182. Silencio administrativo.

1. Transcurrido el plazo de resolución sin haberse notificado ésta, el interesado podrá entender estimada su petición por silencio administrativo, en los términos previstos en la legislación de procedimiento administrativo común.

2. En ningún caso se entenderán adquiridas por silencio administrativo licencias en contra de la legislación o del planeamiento urbanísticos.

⇒ V. Jurisprudencia en arts. 178, 179, 180 y concordantes del TRLS/1976 (§3).

Artículo 183. Actos u obras promovidos por Administraciones Públicas.

1. Los actos de edificación y uso del suelo y del subsuelo promovidos por las Administraciones Públicas estarán igualmente sujetos a licencia municipal, salvo las obras públicas de interés autonómico.

2. Cuando de acuerdo con el punto anterior se requiera licencia municipal y cuando razones de urgencia o excepcional interés público lo exijan, el Consejero competente por razón de la materia podrá acordar la remisión al ayuntamiento del proyecto de obra, para que en el plazo de un mes comunique la conformidad o disconformidad del mismo con el planeamiento urbanístico en vigor.

3. En caso de disconformidad, el expediente será remitido por el Departamento interesado a la Consejería competente en materia de ordenación del territorio y urbanismo, que lo elevará al Consejo de Gobierno de La Rioja. Este decidirá si procede ejecutar el proyecto, y en este caso ordenará la iniciación del procedimiento de alteración del planeamiento municipal, conforme a lo previsto en esta Ley.

4. Cuando la obra pública de interés autonómico resulte, igualmente disconforme con el planeamiento deberá modificarse el Plan o recogerse en la primera revisión del mismo.

⇒ V. arts. 242.1, 244.2, 244.3 y 244.4 del TRLS/1992 (§2).
V. Jurisprudencia en arts. 180 y concordantes del TRLS/1976 (§3).

CAPÍTULO II
Deber de conservación y declaración de ruina

Artículo 184. Deber de conservación.

1. Los propietarios de terrenos, urbanizaciones y edificaciones deberán mantenerlos en adecuadas condiciones de seguridad, salubridad y ornato público.

2. Los ayuntamientos de oficio o a instancia de interesado y, en su caso, la comunidad autónoma de oficio, ordenarán la ejecución de las obras necesarias para conservar aquellas condiciones, con indicación del plazo de realización.

⇒ V. art. 19 de la Ley 6/1998, de 13 abril (§1).
V. art. 3 de la Ley 38/1999, de 5 noviembre, de Ordenación de la Edificación (§1.1).
V. Jurisprudencia en arts. 181 y concordantes del TRLS/1976 (§3).

Artículo 185. Órdenes de ejecución por motivos turísticos o culturales.

1. Los ayuntamientos u otros Organismos competentes podrán también ordenar, por motivos de interés turístico o cultural, la ejecución de obras de conservación y de reforma en fachadas o espacios visibles desde la vía pública, sin que estén previamente incluidos en planeamiento urbanístico alguno.

2. Las obras se ejecutarán con cargo a los propietarios si se contuvieren en el límite del deber de conservación que les corresponde, y con cargo a fondos de la Entidad que lo ordene cuando lo rebasare para obtener mejoras de interés general.

3. Los propietarios de bienes catalogados podrán recabar, para su conservación, la cooperación de las Administraciones competentes, que habrán de prestarla en condiciones adecuadas cuando tales obras excedieran de los límites del deber de conservación.

⇒ V. art. 19 de la Ley 6/1998, de 13 abril (§1).
V. arts. 245.1 y 246.2 del TRLS/1992 (§2).
V. Jurisprudencia en arts. 182 y concordantes del TRLS/1976 (§3).

Artículo 186. Declaración de ruina.

1. Cuando alguna construcción o parte de ella estuviere en estado ruinoso, el ayuntamiento, de oficio o a instancia de cualquier interesado, declarará esta situación, y acordará la total o parcial demolición, previa audiencia del propietario y de los moradores, salvo inminente peligro que lo impidiera.

2. La declaración de ruina producirá la inclusión automática del inmueble en el Registro de Solares.

3. Se declarará el estado ruinoso en los siguientes supuestos:

a) Cuando el coste de las obras necesarias sea superior al 50% del valor actual del edificio o planta afectadas, excluido el valor del terreno.

b) Cuando el edificio presente un agotamiento generalizado de sus elementos estructurales o fundamentales.

c) Cuando se requiera la realización de obras que no pudieran ser autorizadas por encontrarse el edificio en situación de fuera de ordenación.

4. Si el propietario no cumpliere lo acordado por el ayuntamiento, lo ejecutará éste a costa del obligado.

5. Si existiere urgencia y peligro en la demora, el alcalde bajo su responsabilidad y por motivos de seguridad, dispondrá lo necesario respecto a la habitabilidad del inmueble y desalojo de sus ocupantes.

⇒ V. art. 19 de la *Ley 6/1998, de 13 abril* (§1).
V. arts. 245.1 y 246.2 del TRLS/1992 (§2).
V. Jurisprudencia en arts. 183 y concordantes del TRLS/1976 (§3).

CAPÍTULO III
Edificación forzosa

Artículo 187. Obligación de edificar.

1. El propietario de solares y de construcciones en ruina o inadecuadas deberá emprender la edificación dentro del plazo fijado en el planeamiento, y en su defecto, en el de tres años contados desde que la parcela merezca la calificación de solar o desde la declaración administrativa de ruina o inadecuación.

2. La edificación en los supuestos referidos en el número anterior, deberá finalizarse en el plazo establecido en la correspondiente licencia, y en su defecto, en el de tres años contados desde el inicio de las obras.

3. El ayuntamiento podrá prorrogar los plazos anteriores, mediante causa justificada, por un período máximo igual a los mismos.

4. Se entiende por edificaciones inadecuadas las destinadas en más de la mitad de su superficie construida a un uso urbanístico contrario al establecido en el planeamiento.

⇒ V. art. 14 de la Ley 6/1998, de 13 abril (§1).
V. Jurisprudencia en arts.154, 155 y concordantes del TRLS/1976 (§3).

Artículo 188. Registro de Solares.

1. Los municipios con población superior a 25.000 habitantes crearán un Registro de Solares, en el que se incluirán los solares y las construcciones en ruina o inadecuadas, una vez transcurridos los plazos de inicio o finalización de la edificación establecidos en el artículo anterior.

2. Los restantes municipios podrán, en los mismos casos, expropiar los solares o construcciones por incumplimiento de la función social de la propiedad, de acuerdo con lo previsto en los artículos 162 y 163 de esta Ley.

⇒ V. art. 14 de la Ley 6/1998, de 13 abril (§1).
V. Jurisprudencia en arts. 156 y concordantes del TRLS/1976 (§3).

Artículo 189. Inclusión en el Registro.

El acuerdo municipal de inclusión en el Registro de Solares contendrá la valoración del terreno y determinará la imposibilidad para su titular de iniciar o proseguir la edificación, con aplicación del régimen de venta forzosa establecido en los artículos siguientes.

⇒ V. arts. 23 a 32 de la Ley 6/1998, de 13 abril (§1).
V. Jurisprudencia en arts. 157 y concordantes del TRLS/1976 (§3).
V. arts. 87, 88, 89, 90, 91 y concordantes del RD 1093/1997, de 4 julio (§2.1).

Artículo 190. Venta forzosa.

1. El ayuntamiento, en el plazo máximo de un año desde la inclusión del inmueble en el Registro de Solares, lo sacará a subasta pública, con el tipo de licitación que resultare de la valoración del inmueble. El precio obtenido se entregará al propietario, una vez deducidos los gastos ocasionados y, en su caso, las sanciones aplicables.

2. Si la subasta fuere declarada desierta, se convocará de nuevo en el plazo de seis meses, con rebaja del precio tipo en un 25%.

3. Si la segunda subasta también quedare desierta, el ayuntamiento, en el plazo de otros seis meses, podrá adquirir el inmueble con destino al patrimonio municipal del suelo.

⇒ V. arts. 33 y ss. de la Ley 6/1998, de 13 abril (§1).
V. Jurisprudencia en arts. 158 y concordantes del TRLS/1976 (§3).

Artículo 191. Cese de efectos.

Transcurridos los plazos establecidos en el artículo anterior sin que el Ayuntamiento hubiera realizado los trámites correspondientes, la inclusión del inmueble en el Registro de Solares quedará sin efectos.

Artículo 192. Obligaciones del adquirente.

1. El adquirente de solares y construcciones en el procedimiento de venta forzosa a que se refiere este Capítulo, quedará obligado a iniciar o reanudar las obras de edificación en el plazo de un año, a partir de la fecha de toma de posesión de la finca, e imprimirles el desarrollo adecuado para su normal terminación.

2. El incumplimiento por el adquirente de las anteriores obligaciones determinará de nuevo la inclusión del inmueble en el Registro de Solares.

⇒ V. art. 21 de la Ley 6/1998, de 13 abril (§1).
V. Jurisprudencia en arts. 162, 163 y concordantes del TRLS/1976 (§3).

CAPÍTULO IV
Parcelaciones

Artículo 193. Definición.

Se considera parcelación urbanística toda división o segregación simultánea o sucesiva de terrenos en dos o más lotes, cuando tenga por finalidad la realización de actos de edificación o uso del suelo o del subsuelo sometidos a licencia urbanística.

⇒ V. Jurisprudencia en arts. 94 y concordantes del TRLS/1976 (§3).

Artículo 194. Indivisibilidad de parcelas.

1. No podrá realizarse parcelación alguna que dé lugar a lotes de superficie o dimensiones inferiores a las determinadas como mínimas en el planeamiento, salvo que dichos lotes sean adquiridos simultáneamente por los propietarios de terrenos colindantes con el fin de agruparlos con sus fincas para constituir una nueva.

2. Son indivisibles las parcelas edificables con arreglo a una determinada relación entre superficie de suelo y superficie construible, cuando se edificara la correspondiente a toda la superficie de suelo o, en el supuesto de que se edificare *la correspondiente* a sólo una parte de ella, la restante, si fuera inferior a la parcela mínima.

3. Los Notarios y Registradores, cuando proceda, harán constar en la

descripción de las fincas su cualidad de indivisibles, en los términos establecidos en la legislación estatal.

⇒ V. art. 20 de la Ley 6/1998, de 13 abril (§1).
V. arts. 258.2, 258.3 y 259.3 del TRLS/1992 (§2).
V. arts. 78 y ss. del RD 1093/1997, de 4 julio (§2.1).
V. Jurisprudencia en arts. 95 y concordantes del TRLS/1976 (§3).

Artículo 195. Régimen.

1. No se podrá efectuar ninguna parcelación urbanística sin que previamente haya sido aprobado el planeamiento urbanístico exigible según la clase de suelo de que se trate.

2. Queda prohibida en suelo no urbanizable la realización de parcelaciones urbanísticas.

3. Toda parcelación urbanística quedará sujeta a licencia o a la aprobación del proyecto de compensación o reparcelación que la contenga.

4. En ningún caso se considerarán solares ni se permitirá edificar en ellos, los lotes resultantes de una parcelación efectuada con infracción de lo dispuesto en los artículos anteriores.

⇒ V. art. 20 de la Ley 6/1998, de 13 abril (§1).
V. Jurisprudencia en arts. 96 y concordantes del TRLS/1976 (§3).

Artículo 196. Procedimiento.

1. Las licencias de parcelación se someterán al régimen de las licencias urbanísticas previsto en esta Ley, con las especialidades establecidas en los números siguientes.

2. Las solicitudes harán constar los objetivos de la parcelación y acompañarán un plano de situación con el emplazamiento de los terrenos que se pretende fraccionar. En dichas solicitudes será necesario también presentar un plano, a escala adecuada, de las fincas resultantes de la parcelación.

3. Corresponde al alcalde resolver sobre el otorgamiento de la licencia, indicando en su caso la finalidad específica de la parcelación y las condiciones urbanísticas aplicables a las nuevas parcelas.

Artículo 197. Parcelaciones ilegales.

1. Se considera ilegal, a efectos urbanísticos, toda parcelación que sea contraria a lo establecido en la presente Ley y en el planeamiento urbanístico, especialmente cuando pueda dar lugar a la formación de núcleo de población.

2. En defecto de caracterización en el planeamiento, se considera núcleo de población la agrupación de edificaciones residenciales, susceptibles de necesitar servicios urbanísticos y dotaciones comunes.

⇒ V. arts. 258.2, 258.3 y 259.3 del TRLS/1992 (§2).

TÍTULO VIII
DISCIPLINA URBANÍSTICA

⇒ V. arts. 56 y concordantes del RD 1093/1997, de 4 julio (§2.1).

CAPÍTULO I
Protección de la legalidad urbanística

Artículo 198. Obras y usos en curso de ejecución, sin licencia o sin ajustarse a sus determinaciones.

1. Cuando se estuviera realizando algún acto de edificación o uso del suelo o del subsuelo sin licencia u orden de ejecución, el alcalde dispondrá su paralización inmediata y, previa la tramitación del oportuno expediente, adoptará alguno de los acuerdos siguientes:

a) Si las obras o los usos fueran incompatibles con la ordenación vigente, decretará su demolición, reconstrucción o cesación definitiva, a costa del interesado.

b) Si las obras o los usos pudieran ser compatibles con la ordenación vigente, requerirá al interesado para que en el plazo de dos meses solicite la preceptiva licencia, con advertencia de demolición o reconstrucción a su costa, si así no lo hiciera o si la licencia fuera denegada.

2. Cuando las obras de edificación o el uso del suelo se realizasen contraviniendo las condiciones señaladas en la licencia u orden de ejecución, el Alcalde dispondrá su paralización inmediata y, previa la tramitación del oportuno expediente, el ajuste de las obras o uso del suelo a la licencia u orden citadas, en el plazo que se señale, que no podrá exceder del fijado en dichos actos para finalizar las obras o usos del suelo de que se trate.

⇒ V. Jurisprudencia en arts. 184 y concordantes del TRLS/1976 (§3).

Artículo 199. Obras y usos terminados, sin licencia o sin ajustarse a sus determinaciones.

1. Si hubiese concluido una obra o uso del suelo sin licencia u orden de ejecución, el alcalde dentro del plazo de cuatro años a contar desde la total terminación de las obras, y previa la tramitación del oportuno expediente, adoptará alguno de los acuerdos siguientes:

a) Si la obra o uso fuera conforme con el planeamiento, se requerirá al interesado para que en el plazo de dos meses solicite la preceptiva licencia, con advertencia de demolición o reconstrucción a su costa si así no lo hiciera.

b) Si la obra o uso fuera disconforme con el planeamiento, se decretará su demolición o reconstrucción, según proceda, a costa del interesado.

2. Si se hubiere concluido una obra o un uso del suelo contraviniendo las condiciones señaladas en la licencia u orden de ejecución, el Alcalde, dentro del plazo de cuatro años, y previa la tramitación del oportuno expediente, requerirá al interesado para que ajuste la obra a la licencia u orden de *ejecución*, o en caso de ser conforme con la legislación urbanística aplicable, solicite la preceptiva licencia en el plazo de dos meses.

3. Si la edificación o uso del suelo se realizare sobre terrenos calificados en el planeamiento como sistemas generales, zonas verdes, espacios libres o suelo no urbanizable de especial protección, el alcalde adoptará alguno de los acuerdos previstos en los números anteriores sin sujeción a plazo alguno.

4. Cuando el planeamiento vigente al tiempo de la incoación del expediente de legalización difiera del planeamiento vigente en el momento de la ejecución de las obras, se aplicará el más favorable al interesado.

⇒ V. Jurisprudencia en arts. 185 y concordantes del TRLS/1976 (§3).

Artículo 200. Compatibilidad con sanciones.

Lo dispuesto en los artículos anteriores se entenderá sin perjuicio de la imposición de las sanciones que procedan y de las facultades que correspondan a las autoridades competentes, en virtud del régimen específico de autorización o concesión a que estén sometidos determinados actos de edificación y uso del suelo.

⇒ V. Jurisprudencia en arts. 225 y concordantes del TRLS/1976 (§3).

Artículo 201. Subrogación autonómica.

La comunidad autónoma podrá subrogarse en las competencias municipales reguladas en los artículos anteriores, si, requerido el alcalde a estos efectos, no adoptare las medidas previstas en el plazo de un mes, a contar desde el requerimiento.

Artículo 202. Suspensión de licencias.

1. El Alcalde dispondrá la suspensión de los efectos de una licencia u orden de ejecución y consiguientemente la paralización inmediata de las obras iniciadas a su amparo, cuando el contenido de dichas resoluciones constituya manifiestamente una infracción urbanística grave o muy grave.

2. El Alcalde procederá en el plazo de tres días a dar traslado directo de dicho acuerdo al órgano judicial competente, a los efectos previstos en el artículo 118 de la Ley de la Jurisdicción Contencioso-Administrativa.

⇒ V. Jurisprudencia en arts.186 y concordantes del TRLS/1976 (§3).

Artículo 203. Revisión de oficio.

1. Las licencias, órdenes de ejecución o los instrumentos de ejecución ilegales deberán ser revisados por el ayuntamiento, conforme a los plazos y procedimientos establecidos en los artículos 102 y 103 de la Ley del Procedimiento Administrativo.

2. La Consejería competente en materia de ordenación del territorio y urbanismo, dentro de los plazos establecidos para la revisión, podrá requerir del ayuntamiento la remisión de copias de las licencias u órdenes de ejecución que pudieran ser ilegales, así como de los correspondientes proyectos técnicos, impugnándolos conforme a lo establecido en los artículos 65 y 66 de la Ley de Bases de Régimen Local.

3. Las licencias u órdenes de ejecución que se otorgaren con infracción de la zonificación o uso urbanístico de los terrenos destinados a sistemas

generales, zonas verdes o espacios libres previstos en los planes, serán nulas de pleno Derecho.

⇒ V. arts. 75 y concordantes del RD 1093/1997, de 4 julio (§2.1).
V. Jurisprudencia en arts. 178, 179, 180, 187 y concordantes del TRLS/1976 (§3).

CAPÍTULO II
Infracciones urbanísticas

Artículo 204. Definición.

1. Son infracciones urbanísticas las acciones u omisiones que vulneren las prescripciones contenidas en la legislación y el planeamiento urbanístico, tipificadas y sancionadas en aquélla.

2. Toda infracción urbanística llevará consigo la imposición de sanciones a los responsables, así como la obligación de resarcimiento de daños e indemnización de los perjuicios a cargo de los mismos, con independencia de las medidas de restablecimiento de la legalidad urbanística previstas en el Capítulo anterior.

⇒ V. Jurisprudencia en arts. 225 y concordantes del TRLS/1976 (§3).

Artículo 205. Tipificación de las infracciones urbanísticas.

1. Las infracciones urbanísticas se clasifican en muy graves, graves y leves.

2. Son infracciones muy graves las que afecten a zonas verdes, espacios libres, dotaciones, equipamientos o suelo no urbanizable especial.

Constituye también infracción muy grave, la parcelación urbanística en suelo no urbanizable y la realización de obras de urbanización sin la aprobación del planeamiento y del proyecto de urbanización exigibles.

3. Son infracciones graves las que, no estando incluidas en el número anterior, vulneren normas relativas a parcelaciones, uso del suelo, altura, volumen, situación de las edificaciones y ocupación permitida de la superficie de las parcelas, salvo que se demuestre la escasa entidad del daño producido o del riesgo creado.

4. Son infracciones leves las que no tengan el carácter de graves o muy graves, y, en todo caso, la ejecución de obras o el uso del suelo realizados sin licencia u orden de ejecución cuando sean legalizables por ser conformes con la legislación y el planeamiento urbanístico, así como el incumplimiento del deber de conservación previsto en esta Ley.

5. En los supuestos en que se instruyera expediente sancionador por dos o más infracciones entre las que exista conexión de causa a efecto, se impondrá una sola sanción, y será la correspondiente a las actuaciones que supongan el resultado final perseguido, en su cuantía máxima. En los demás casos, a los responsables de dos o más infracciones se les impondrán las multas correspondientes a cada una de las diversas infracciones cometidas.

⇒ V. arts. 258.2, 258.3 y 259.3 del TRLS/1992 (§2).
V. Jurisprudencia en arts. 226 y concordantes del TRLS/1976 (§3).

Artículo 206. Prescripción.

1. Las infracciones urbanísticas graves y muy graves prescribirán a los cuatro años, y las leves al año.

2. El cómputo del plazo de prescripción se iniciará cuando aparezcan signos externos que permitan conocer los hechos constitutivos de la infracción.

3. En las infracciones derivadas de una actividad continuada, la fecha inicial del cómputo será la de la finalización de la actividad o la del último acto con el que la infracción se consuma.

⇒ V. Jurisprudencia en arts. 230 y concordantes del TRLS/1976 (§3).

Artículo 207. Personas responsables.

1. En las obras o usos del suelo que se ejecuten sin licencia o con inobservancia de sus condiciones, serán sancionados el promotor, el empresario de las obras y el técnico director de las mismas.

2. En las obras o usos del suelo amparados en una licencia cuyo contenido sea manifiestamente constitutivo de una infracción urbanística grave o muy grave, serán igualmente sancionados con multa:

a) El facultativo que hubiere informado favorablemente el proyecto.

b) Los miembros de la Corporación que hubiesen votado a favor del otorgamiento de la licencia, sin los informes previos exigibles, o cuando éstos fueran desfavorables en razón de aquella infracción.

3. Las personas jurídicas serán sancionadas por las infracciones cometidas por sus órganos o agentes, y asumirán el coste de las medidas de reparación del orden urbanístico vulnerado.

4. Los que como consecuencia de una infracción urbanística sufrieren daño o perjuicio podrán exigir de cualquiera de los infractores, con carácter solidario, el resarcimiento e indemnización.

5. Las multas que se impongan a los distintos sujetos por una misma infracción tendrán entre sí carácter independiente.

⇒ Téngase en cuenta arts. 8 y concordantes de la Ley 38/1999, de 5 noviembre, de Ordenación de la Edificación (§1.1).
V. Jurisprudencia en arts. 228 y concordantes del TRLS/1976 (§3).

Artículo 208. Reglas para determinar la cuantía de las sanciones.

1. Las infracciones urbanísticas serán sancionadas de la siguiente forma:

a) Las leves, con multa de 25.000 a 500.000 pesetas.

b) Las graves, con multa de 500.000 a 5.000.000 de pesetas.

c) Las muy graves, con multa de 5.000.000 a 50.000.000 de pesetas.

2. Para graduar las multas se atenderá primordialmente a la gravedad de la materia, a la entidad económica de los hechos constitutivos de la infracción, a su reiteración por parte de la persona responsable y al grado de culpabilidad de cada uno de los infractores.

Se considerará como circunstancia atenuante haber corregido la situación creada, y como circunstancia agravante la desatención a los requerimientos efectuados por la Administración para la paralización de las obras y la restauración del orden urbanístico.

3. Cuando en el hecho concurra alguna circunstancia agravante, la sanción se impondrá siempre en su cuantía máxima. Si concurriese alguna circunstancia atenuante, la sanción se impondrá en su cuantía mínima.

4. En ningún caso, la infracción urbanística puede suponer un beneficio económico para el infractor. Cuando la suma de la sanción impuesta y del coste de las actuaciones de restauración del orden urbanístico arrojase una cifra inferior a dicho beneficio, se incrementará la cuantía de la multa hasta alcanzar el montante del mismo.

Artículo 209. Competencias.

1. Corresponde al alcalde sancionar por las infracciones leves, y al ayuntamiento Pleno por las graves y muy graves.

2. El Director General de Urbanismo, previo informe de la Comisión de Ordenación del Territorio y Urbanismo, podrá subrogarse, para las infracciones graves y muy graves, en las competencias municipales, cuando tras requerir al Ayuntamiento Pleno para que incoe el expediente sancionador, éste no lo tramitara o lo mantuviera paralizado por más de seis meses.

3. En todo caso, cuando la comunidad autónoma ejerza por subrogación o directamente competencias relativas a la protección de la legalidad urbanística, corresponderá al Director General de Urbanismo ejercer la potestad sancionadora conforme a la distribución de competencias establecida en el número anterior.

4. El importe de las multas corresponderá a los ayuntamientos, salvo en los casos en que el órgano autonómico hubiera iniciado y tramitado el expediente sancionador ante la inactividad municipal, siempre que hubiera precedido requerimiento al respecto.

⇒ V. D. 18/2000, de 28 abril, sobre competencias, funcionamiento y composición del Pleno y de la Comisión Permanente de la Comisión de Ordenación del Territorio y Urbanismo de La Rioja.

Artículo 210. Inspección urbanística.

1. La inspección urbanística se ejercerá por los órganos de la Administración local y autonómica, dentro de las competencias que esta Ley les atribuye.

2. El alcalde ejercerá la inspección de las parcelaciones urbanas, obras e instalaciones del término municipal para comprobar el cumplimiento de las condiciones exigibles.

⇒ V. arts. 258.2, 258.3 y 259.3 del TRLS/1992 (§2).

DISPOSICIONES ADICIONALES

Primera. Servicio de inspección urbanística.

1. La Consejería competente en materia de ordenación del territorio y

urbanismo creará un Servicio de Inspección Urbanística al que le corresponderá la vigilancia de aquellas infracciones urbanísticas graves y muy graves y, en particular, las relativas al uso del suelo no urbanizable.

2. Para el desarrollo general de esta labor de vigilancia, el Servicio de Inspección Urbanística deberá procurar la colaboración de las Entidades Locales.

3. La dependencia orgánica del Servicio de Inspección Urbanística, así como sus atribuciones, organización y procedimiento de actuación, se determinarán reglamentariamente.

Segunda. Criterios adicionales de clasificación de suelo urbano.

El suelo en el que se ubiquen las actuaciones previstas en el artículo 14.2, una vez finalizadas las obras de urbanización y edificación a que se refiere dicho precepto, se clasificará como suelo urbano en la siguiente revisión del planeamiento.

Tercera. Subrogación de la comunidad autónoma.

Cuando existan graves razones de interés social que lo justifiquen, procederá la subrogación de la comunidad autónoma en el supuesto previsto en el artículo 104.2.

Cuarta. Realojamiento y retorno.

Los derechos de realojamiento y retorno de los ocupantes legales de inmuebles se garantizarán de acuerdo con lo establecido en la legislación estatal.

Quinta. Impacto Ambiental.

Los instrumentos de Ordenación Territorial y Planificación Urbanística regulados en la presente Ley, incluirán en su contenido un Estudio de Impacto Ambiental cuando así se establezca en la legislación sectorial aplicable.

⇒ V. Ley 6/2001, de 8 mayo, de modificación del Real Decreto Legislativo 1302/1986, de 28 junio, de Evaluación de Impacto Ambiental.

DISPOSICIONES TRANSITORIAS

Primera. Adaptación del planeamiento.

1. El planeamiento urbanístico vigente a la entrada en vigor de esta Ley deberá adaptarse a lo dispuesto en la misma en el plazo de dos años, de acuerdo con el procedimiento establecido en el artículo 89.

Cuando existan circunstancias que así lo aconsejen, el Consejero competente en materia de ordenación del territorio y urbanismo podrá ordenar anticipadamente la adaptación del planeamiento a lo dispuesto en esta Ley.

2. En tanto no se proceda a su adaptación, se aplicarán las determinaciones del planeamiento que no sean contrarias a esta Ley, y de acuerdo con los criterios de equivalencia establecidos en la disposición siguiente.

Segunda. Criterios de equivalencia.

Mientras no se produzcan la revisión o adaptación previstas en la disposición anterior, se aplicarán los siguientes criterios de equivalencia entre las distintas clases de suelo:

a) El suelo urbano existente se regirá por lo dispuesto en esta Ley.

En los municipios con población superior a 25.000 habitantes el ayuntamiento delimitará el suelo urbano no consolidado, de acuerdo con el procedimiento de delimitación de unidades de ejecución.

b) El suelo no urbanizable existente se regirá por las disposiciones de esta Ley.

c) El suelo urbanizable programado existente así como el suelo apto para urbanizar, se regirán por las disposiciones de esta Ley relativas al suelo urbanizable delimitado.

El suelo urbanizable no programado existente se regirá por las disposiciones de esta Ley relativas al suelo urbanizable no delimitado.

Tercera. Municipios sin planeamiento.

Los municipios que carezcan de todo tipo de instrumento de planeamiento municipal se regirán por las determinaciones de las Normas Urbanísticas Regionales.

Cuarta. Procedimientos en tramitación.

1. El planeamiento municipal en tramitación a la entrada en vigor de esta Ley podrá seguirse tramitando sin adaptar sus clasificaciones de suelo a la misma.

Se entenderá que se encuentra en la situación prevista en el apartado anterior, el planeamiento municipal, o su revisión en cuya tramitación haya recaído acuerdo de aprobación inicial.

En los supuestos anteriores la disposición transitoria primera se aplicará una vez vigente el planeamiento.

2. Los instrumentos de redistribución de beneficios y cargas aprobados inicialmente a la entrada en vigor de la presente Ley continuarán tramitándose con arreglo a la legislación que se deroga.

Quinta. Normas Urbanísticas Regionales y Plan Especial de Protección del Medio Ambiente Natural.

Las Normas Urbanísticas Regionales y el Plan Especial de Protección del Medio Ambiente Natural continuarán en vigor en tanto no contradigan lo establecido en esta Ley. En el plazo de dos años deberán acomodarse a sus disposiciones.

Sexta. Planes especiales de regularización urbanística.

1. *Objeto de los Planes* Especiales de Regularización Urbanística.

Los Planes Especiales de Regularización Urbanística tienen por objeto establecer las condiciones para legalizar, por parte de la Administración, las ocupaciones del suelo desarrolladas al margen de la legalidad urbanística que sean susceptibles de ajustarse a ésta, con la colaboración de los particulares afectados.

2. Terrenos que no pueden ser objeto de regularización.

En ningún caso podrá procederse a la regularización en los siguientes casos:

a) Actuaciones que se hayan desarrollado en suelo que tenga naturaleza de dominio público.

b) Actuaciones que se hayan desarrollado en terrenos considerados inadecuados en la estrategia regional adoptada.

c) Actuaciones que ocupen cualquier terreno considerado no regularizable por razón de su emplazamiento, del peligro para las personas que pueda derivarse de su regularización, de la desproporción de los costes de ejecución de la urbanización o de cualquier otra causa debidamente justificada.

3. Aplicación y disciplina.

La aplicación de lo previsto en esta disposición se hará sin perjuicio de la imposición cuando proceda de las sanciones reguladas en la legislación urbanística o de cualquier otra medida de disciplina urbanística.

Las medidas de regularización serán aplicables a acciones urbanísticas iniciadas con anterioridad al 1 de enero de 1998.

4. Delimitación del área objeto de regularización.

El espacio territorial afectado por la regularización deberá cumplir las siguientes condiciones:

El área deberá comprender todo el suelo ocupado por las parcelaciones.

Tendrá una extensión tal que permita el cumplimiento del conjunto de los deberes de ordenación y dotación de la totalidad de la superficie afectada, la distribución de beneficios y cargas y, en su caso, los deberes de cesión.

Podrán integrarse excepcionalmente en el área los terrenos que, aun no perteneciendo a ella, sean necesarios para la ubicación de infraestructuras.

Como regla general, se incluirán solamente parcelas edificadas cuya construcción presente mínimas condiciones de vivienda. Sólo se admitirá la inclusión de parcelas no edificadas cuando éstas queden incluidas en el interior de conjuntos construidos, y forzosamente hayan de pasar ante sus líneas de fachada todas las instalaciones urbanísticas cuya implantación se contempla en el correspondiente instrumento de planeamiento necesario para la regularización.

5. Solicitud para la declaración de área de regularización urbanística.

Los propietarios, de más del 50% del suelo que se pretende regularizar, podrán solicitar al ayuntamiento o a la comunidad autónoma la tramitación del expediente para la declaración de área de regularización urbanística.

La solicitud deberá ir acompañada de los documentos que prueben la propiedad de los terrenos y de una memoria razonada acerca de la viabilidad de la regularización del área, en función del cumplimiento efectivo de los requisitos exigidos en esta Ley.

La documentación necesaria que debe acompañar la solicitud será al menos la siguiente:

a) Plano o planos a escala adecuada, con expresión exacta del área que se pretende delimitar, de los predios existentes y del estado de su propiedad, las características de la edificación, los usos del suelo y la relación con las infraestructuras territoriales existentes.

b) Memoria informativa del estado de la parcelación, con la justificación específica de la oportunidad de la solicitud.

c) Análisis del impacto territorial de la urbanización, con la valoración de su incidencia y las medidas correctoras, en su caso, necesarias.

d) Compromiso escrito de los propietarios de prestar el aval o garantía que en su caso se establezca.

6. Tramitación de la declaración.

El ayuntamiento o la comunidad autónoma, examinada la solicitud, aprobará inicialmente el expediente, si así lo juzgara conveniente, exponiéndose al público durante 15 días, y se notificará a los solicitantes y al resto de propietarios, cuya existencia conste a la Administración.

El acuerdo de aprobación sobre la regularización, no vinculará al ayuntamiento a los efectos de los futuros pronunciamientos que deba adoptar en el procedimiento de regularización previsto en esta Ley, y no responderá tampoco de los posibles gastos que puedan recaer en el futuro sobre los propietarios de las parcelas y que se produzcan como consecuencia del desarrollo de los correspondientes procedimientos administrativos.

En el acuerdo de aprobación inicial se contendrán las siguientes determinaciones:

a) La delimitación territorial concreta sobre la que debe desarrollarse el proceso de regularización, con indicación de las parcelas afectadas.

b) Los plazos para la formulación del Plan Especial de Regularización Urbanística, con indicación de quién debe proceder a su formulación.

c) Las garantías que deban prestar los particulares como condición previa de la aprobación del Plan.

d) El sistema que se seguirá para la ejecución del Plan y, en caso excepcional los términos de la colaboración económica, técnica y administrativa por parte del Ayuntamiento.

A la vista de los resultados de la información pública, el ayuntamiento ratificará la delimitación del área, introduciendo las modificaciones que estime oportunas, remitiendo el expediente a la Consejería competente en materia de ordenación del territorio y urbanismo para que proceda a la declaración *de área de regularización urbanística*.

7. Declaración del área de regularización urbanística.

La declaración de área de regularización urbanística corresponde a la

Consejería competente en materia de ordenación del territorio y urbanismo. El acuerdo deberá publicarse en el «Boletín Oficial de La Rioja».

8. Efectos de la declaración de área de regularización urbanística.

La declaración de área de regularización urbanística determinará la necesidad de proceder a la redacción del correspondiente Plan Especial de Regularización Urbanística.

Paralelamente y de forma simultánea se procederá a la tramitación de la modificación o revisión del correspondiente planeamiento municipal y, en su caso, de instrumentos de ordenación del territorio, que recoja la previsión de que un área irregularmente utilizada pueda ser susceptible de regularización.

9. Plan Especial para la Regularización Urbanística.

El Plan Especial de Regularización Urbanística es un instrumento de planeamiento mediante el cual se ordenan, programan y proyectan las intervenciones dotacionales precisas para que se alcancen las condiciones urbanísticas, sanitarias y de infraestructuras necesarias para que el conjunto de edificación concentrada en suelo no urbanizable responda a las exigencias que esta Ley prevé para los terrenos considerados como urbanos.

Como regla general, contendrán los proyectos necesarios para la ejecución de obras de dotación de infraestructuras y servicios.

Deberán justificar expresamente en su memoria, su compatibilidad, coherencia e incidencia sobre el planeamiento municipal.

La formulación de los Planes Especiales correrá a cargo de quien así se señale en el acuerdo de aprobación inicial. Como regla general, la redacción deberá corresponder a los propietarios de los terrenos, quienes podrán constituir para ello una Asociación.

10. Contenido de los Planes Especiales de Regularización.

Delimitación de su ámbito territorial.

Trazado y características de la red viaria con expresión pormenorizada de alineaciones y rasantes.

Asignación de usos pormenorizados a las diferentes parcelas y edificaciones.

Como mínimo se preverá una reserva de cesión del 15% de la superficie total del suelo parcelado, independientemente del suelo destinado a viales. Este suelo podrá destinarse a albergar equipamientos públicos e infraestructuras.

La reserva deberá situarse de forma preferente en el suelo parcelado, pudiendo localizarse fuera del ámbito delimitado cuando esto no fuera posible, debidamente justificado.

Deberá contemplar como parte de la ejecución del Plan Especial, la adecuación y el uso de estos suelos como espacios libres, zonas verdes u otros usos cuya finalidad sea corregir los efectos de la agresión territorial y restablecer la calidad medioambiental originaria, aun cuando no estén al servicio del área, corriendo a cargo de los propietarios el coste del ajardinamiento y la adecuación de los terrenos.

Determinación de los deberes y derechos de los propietarios, que aparecerán en las Ordenanzas de uso del suelo y edificación de forma coherente con el régimen concreto establecido en el planeamiento municipal.

Trazado y características de todos los servicios e instalaciones necesarios de acuerdo con los estándares establecidos al efecto por el planeamiento municipal.

Relación, a nivel de proyecto de obras, de las intervenciones necesarias para la implantación o modificación de los servicios a que se hace referencia en el punto anterior, resolviendo el enlace de todos los servicios y comunicaciones con los existentes en el territorio.

Sistema de ejecución para la realización de la urbanización y plazos y cumplimiento de las obligaciones contraídas con mención expresa de las consecuencias de su incumplimiento.

Evaluación económica y financiera de las actuaciones y obras previstas y, en su caso, programación de las diferentes etapas necesarias para su ejecución.

El Plan Especial contendrá expresamente las garantías y compromisos que acompañarán a la ejecución de la urbanización y a su conservación. Salvo convenio expreso en el que participe la Administración, la conservación y mantenimiento de la urbanización deberá corresponder a los propietarios constituidos en Entidad Urbanística de Conservación.

11. Formulación y tramitación de los Planes Especiales de Regularización Urbanística.

Los Planes Especiales de Regularización Urbanística deberán ser formulados en los plazos establecidos en la aprobación de las áreas de regularización urbanística.

La tramitación del Plan Especial seguirá los mismos trámites que esta Ley establece para los planes especiales que no desarrollan determinaciones del planeamiento municipal.

DISPOSICIÓN DEROGATORIA

Dejarán de ser de aplicación en el ámbito territorial de la comunidad autónoma de La Rioja los preceptos de la legislación urbanística estatal que se opongan a lo establecido en la presente Ley.

Quedan derogadas cuantas disposiciones legales o reglamentarias se opongan o contradigan a la presente Ley.

DISPOSICIONES FINALES

Primera.

El Gobierno de La Rioja dictará las disposiciones reglamentarias precisas para la ejecución de esta Ley, siendo de aplicación hasta entonces los Reglamentos de Planeamiento Urbanístico, Gestión Urbanística, Disciplina Urbanística y Edificación Forzosa y Registro Municipal de solares aprobados respectivamente por los Decretos 2159/1978, de 23 de junio; 3288/1978, de 25 de agosto; 2187/1978, de 23 de junio; y 635/1964, de 5 de marzo, en todo lo que no se opongan a la presente Ley.

Segunda.

La presente Ley se publicará de conformidad con lo dispuesto en el artículo 21 del Estatuto de Autonomía, en el «Boletín Oficial de La Rioja» y en el «Boletín Oficial del Estado» y entrará en vigor al día siguiente de su última publicación.

Por tanto, ordeno a todos los ciudadanos cumplan y cooperen al cumplimiento de la presente Ley y a los Tribunales y autoridades la hagan cumplir.

Valencia

§ 53 LEY 6/1994, DE 15 NOVIEMBRE. REGULA LA ACTIVIDAD URBANÍSTICA DE LA COMUNIDAD VALENCIANA

(BOE núm. 8, de 10 enero 1995; rect. BOE núm. 27, de 1 febrero 1995 y DOGV núm. 2394, de 24 noviembre; rect. DOGV núm. 2417, de 30 diciembre [RCL 1995, 69 y LCV 1994, 364 y 405])

I

Nuestro Estatuto de Autonomía, en su artículo 31.9, establece la competencia plena de la Generalitat para legislar sobre Urbanismo; competencia fundada en el artículo 148.1.3ª de la Constitución. Sin embargo los intentos de ejercer esta competencia en nuestra historia autonómica se han enfrentado a una dificultad notable.

Lo propio del Urbanismo es procurar el uso del suelo de acuerdo con el bienestar común, pero al ser su objeto nuestro territorio de obligada convivencia, su ordenación ha de compartir, por fuerza, el espacio legislativo de otras variadas preocupaciones públicas. El Urbanismo es, por tradición legislativa y por imperativo de su contexto económico, una materia muy incisiva en el régimen jurídico de la propiedad del suelo, con resonancias inevitables en su valoración expropiatoria y tributaria. No está exento de implicaciones en el sistema notarial y en la ordenación del Registro de la Propiedad y en otras muchas ramificaciones de la vida jurídica. Baste mencionar el Régimen Local, las obras públicas, la vivienda, la promoción económica, la protección medioambiental o del patrimonio cultural.

Algunas de esas implicaciones entran de lleno en la competencia legislativa estatal. Las leyes urbanísticas del Estado estaban pensadas para combinarse con otras normas estatales que escapan de la competencia autonómica. Esto explica que nuestra Comunidad haya mantenido inalteradas normas urbanísticas vigentes en España desde hace décadas. Se han necesitado quince años de legislación postconstitucional antes de que al Urbanismo le pudiera llegar su momento.

Sin embargo, un nuevo dato ha cambiado radicalmente ese panorama confuso: el reciente Real Decreto Legislativo 1/1992, de 26 de junio. Su disposición final ha realizado un ambicioso deslinde analítico de competencias de alcance hasta la fecha desconocido en una disposición del Estado. Esta operación, más allá de su valor jurídico, tiene una gran trascendencia cultural. Ha despejado de incógnitas un espacio en el que, a juicio del legislador estatal, puede moverse la ley autonómica. El Estado ha definido qué entiende como propiamente urbanístico y autonómico diferenciándolo de las implicaciones en la competencia estatal.

Esa Ley estatal de 1992, no se olvide, es una norma de refundición, no de innovación. No podía ser de otro modo dada la competencia autonómica en la materia. Por eso, su esencia urbanística, se nutre de las disposiciones anteriormente aprobadas en otro texto de refundición, el de 1976. A su vez, este Texto no incorpora más que una reforma parcial, que data de 1975, a la disposición madre y clave de nuestro sistema urbanístico histórico: la Ley sobre Régimen del Suelo y Ordenación Urbana de 12 de mayo de 1956. La vieja Ley de 1956, revistiéndose con distintos ropajes formales a lo largo de la historia, es el cuerpo legal que, hasta el momento presente, ha gobernado realmente el Urbanismo.

II

La Ley de 1956 publificó históricamente el Urbanismo en España. Con ella nuestro país se une, tardíamente, al grupo de las naciones civilizadas, en su forma de enfocar el régimen legal del suelo. Las decisiones sobre el destino del suelo y su potencial transformación urbanística pasan a ser, desde entonces, propias de los poderes públicos y sujetas a un proceso de racionalización global del territorio denominado Plan. Paralelamente el legislador quiso mantener la propiedad privada del suelo y admitir la participación de ésta en las plusvalías generadas por la acción urbanística.

Para compatibilizar la dirección pública del urbanismo con la participación privada en sus rendimientos económicos, el legislador histórico instituyó al propietario civil del suelo en la condición de agente público colaborador de la Administración, obligado a ejecutar sus decisiones públicas, sus Planes. El derecho a desarrollar urbanísticamente el suelo dejó de ser oriundo de su dominio civil y pasó a derivar de la decisión pública –al igual que en el resto de Europa–. Pero tal derecho comportaba los deberes de ejecutar aquella decisión planificada y de asumir las cargas de la urbanización.

Convertir al dueño civil en agente ejecutor de decisiones públicas, tenía su lógica en un arcaico contexto económico falto de desarrollo industrial, empresarial y tecnológico, donde la tierra era un bien de capital con importancia superlativa respecto a los restantes factores de producción. En la España de los 50 la posesión de la tierra era el signo externo de riqueza por antonomasia. La hipoteca inmobiliaria era la clave jurídica del sistema crediticio y bancario. El terrateniente era, comprensiblemente, el potentado de quien cabía esperar la colaboración inversora que permitiría ejecutar los planes urbanísticos. Era un esquema legal coherente con su contexto socio-económico y un colofón técnicamente brillante de la legislación de ensanche del XIX.

Sin embargo, el propietario no era, ni es, por propia vocación, agente de designios públicos. Para encajarlo en ese papel la Ley centró su discurso normativo en el derecho a edificar, propio del dueño según la tradición civilista (artículo 350 del Código). Como fórmula para convertirlo en agente público, se dispuso que el Plan definiera por completo el contenido material de ese derecho edificatorio y que dicho contenido (la posibilidad de construir un volumen determinado) se tornara en una especie de derecho-deber que conllevara la carga de sufragar la urbanización. De ese modo aparece el esquema legal dualista caracterizado por la contraposición beneficios-cargas, en el que los «beneficios» son los edificios privados y las «cargas» las infraestructuras públicas de urbanización. La ejecución de la urbanización, que tradicionalmente había sido la espina dorsal del Urbanismo, empieza a relegarse al papel subordinado de obligación auxiliar que condiciona el ejercicio del derecho a edificar. Este derecho, su cuantificación, su «volumen» y su justo reparto adquiere una importancia poco usual en el panorama del derecho comparado.

La calificación urbanística (los usos y volúmenes edificables), es decir, la decisión pública contenida en el Plan sobre el posible destino urbanístico del territorio, pasó a incidir directamente en la propiedad del terreno. Se convirtió en fuente directa, si no de derechos, sí de sólidas expectativas económicas, ya que habilitaba directamente al dueño del suelo para desencadenar el proceso material y jurídico de participación en las plusvalías de la urbanización.

En pocas palabras: la calificación urbanística de los terrenos se convirtió en una forma de atribuir rentas de monopolio a su dueño, quien procurará enajenar el suelo incorporando las plusvalías en el precio de venta y provocando una secuela inflacionista que paradójicamente obstaculiza la ejecución del Plan. El propietario no es, necesaria ni frecuentemente, promotor inmobiliario. El verdadero promotor para desarrollar su actuación se ve obligado –por la ley– a iniciarla con la compra de mucho terreno encarecido. Su demanda fomenta el incremento de precios y detrae recursos financieros que potencialmente podrían destinarse a la ejecución de las infraestructuras de urbanización necesarias.

Como remedio se dispuso que el Plan previera plazos obligatorios de ejecución bajo sanción expropiatoria. El resultado ha sido fallido. Los ritmos de la inversión privada en una economía de mercado los fija precisamente el mercado, no el decreto administrativo. En la práctica, los plazos de ejecución de los planes raramente se cumplen. La expropiación-sanción al propietario no es fiable como garantía sistemática de la dirección pública del Urbanismo. Aceptado que el propietario civil sea agente central del Urbanismo la Administración o la sociedad civil difícilmente asumirán la expropiación-sanción sistemática, salvo para supuestos excepcionales de singular justificación. Las experiencias aplicativas de esa institución, en nuestra Comunidad, muestran su insuficiencia y su propio carácter paliativo de una patología es un remedio tardío de una disfunción ya producida.

Hay más. Los ritmos de inversión pública tampoco pueden cumplir las previsiones del Plan. Nuestro ordenamiento administrativo es descentralizado. Cada Administración invierte según presupuestos anuales y autónomos. Además, las inversiones públicas son sensibles al ciclo económico, cuya predicción sólo es fiable a corto plazo. Nuestra legislación pretende que un Plan de formulación municipal programe todas las inversiones públicas en infraestructura a largo plazo y deduzca de ello consecuencias jurídicas relevantes para la propiedad inmueble. Programar y planificar las inversiones públicas es muy razonable, deducir de ello consecuencias jurídicas no lo es tanto.

La acusada incidencia de la calificación urbanística sobre la propiedad inmueble hace que la elaboración de los planes en que se contiene sea foco permanente de presiones económicas y tensiones sociales. La aprobación de cada Plan General es precedida de procelosos trámites tendentes a la resolución de reclamaciones jurídicas de propietarios de inmuebles. La producción de los planes no va acompañada del sosiego y la imparcialidad de juicio que debería presidir la reflexión pública sobre la organización espacial futura de la actividad residencial y productiva. La elaboración del Plan es tan lenta y sus miras, a veces, tan coyunturales que los acontecimientos llegan a desmentir las previsiones incluso antes de que se aprueben. La demora siembra incertidumbres en la inversión. Pero, sobre todo, no es razonable que el modelo colectivo de uso del territorio sea un compendio de pactos singulares con propietarios afectados, hilvanado para dotar al Plan de viabilidad. Decisiones trascendentes, a largo plazo, para la eficiencia productiva y el bienestar colectivo, se adoptan en atención a intereses puramente coyunturales. Si sus efectos se dejarán sentir a lo largo de décadas, cuando no de siglos, su adopción no debiera basarse en razones o intereses efímeros.

Si traumática es la elaboración del Plan más lo es aún su inevitable modificación. Al incidir la calificación (y la clasificación) urbanística, por sí sola y directamente, en los derechos de la propiedad inmueble, la Ley, en aras a la seguridad jurídica, impuso trabas al cambio de planeamiento y lo anudó a consecuencias costosas, para la Administración y los particulares. El sistema de planeamiento urbanístico está fuertemente jerarquizado y carece de flexibilidad. Sin embargo la vida social moderna presenta una heterogeneidad y mutabilidad incompatible con un sistema de planificación urbanística rígido. Esto se ha tratado falsamente de solventar, por algunos planeamientos de escasas miras, confundiendo la flexibilidad con la pobreza y el esquematismo de las previsiones. La experiencia demuestra que la improvisación coyuntural en las decisiones de uso del territorio o de conformación de la ciudad, salen muy caras a largo plazo para todos los ciudadanos; la rigidez de esas decisiones, sin embargo, no se mantiene.

Por generar la calificación urbanística de los terrenos directos incentivos *económicos para* la propiedad inmueble, se hizo inexcusable repartirlos equitativamente y poner el acento en ello. Así se consagró la regla de que la volumetría edificable y las cargas de la urbanización deben repartirse entre los propietarios en proporción aritmética a la superficie de suelo de sus respectivas fincas. Esta regla, denominada principio de justa distribución de beneficios y cargas del planeamiento, no tiene parangón en el Derecho urbanístico comparado de los países con sistemas constitucionales afines. Pese a ello, el principio en sí parece bastante razonable. Preferiremos que la acción urbanística pública trate equitativamente a los propietarios afectados y se caracterice por distribuir justamente sus cargas y beneficios. Como principio es original y benéfico.

El problema aparece cuando este principio justo, de ser una característica del actuar público, pasa a convertirse en la legitimación misma de la actuación administrativa y en su objeto básico. El propósito central de la gestión urbanística debe ser mejorar la calidad de vida ciudadana en términos compatibles con el fomento del desarrollo económico comunitario. Si ello se consigue haciendo, además, justicia a los propietarios tanto mejor. Pero excede toda razón confundir lo adjetivo con lo sustantivo y los modos de la acción pública con sus fines propios. Los fines del Urbanismo se consagran en los principios de la política económica y social –artículos 45 a 47– de nuestra Constitución y no cabe desviarse de ellos para repartir plusvalías urbanísticas. So pretexto de perfeccionar la justa distribución, el entramado legal ha generado mecanismos de tan sofisticada complejidad que su práctica dilata la ejecución del Plan hasta convertirse en rémora de la acción pública (y privada), desviándola del servicio al ciudadano y atascándola en su incidencia sobre la propiedad inmueble, a veces, sin provecho siquiera para ésta.

La urbanización –ya se ha dicho– quedó relegada a la condición de carga, de mero gravamen o coste de producción anejo al derecho a edificar como condición de su ejercicio. Ello se concretaba principalmente en los denominados sistemas locales, es decir, en aquellas infraestructuras y espacios de dominio y uso o servicio público que, paradójicamente, están principalmente al servicio de cada actuación urbanística local y cuya financiación corría por cuenta de los propietarios. Esta concepción de la urbanización como hecho auxiliar de cada concreta operación edificatoria ha propiciado la creciente tendencia a la privatización funcional de las infraestructuras y espacios públicos de uso colectivo, así como la subordinación de la obra urbanizadora a la rentabilidad económica coyuntural de operaciones puntuales.

Este fenómeno (emparentado con cierto radicalismo funcionalista que concibe la urbanización y la ciudad como apéndice del edificio sin justificación funcional autónoma) tiene, a la larga, resultados nada satisfactorios. A medida que las actuaciones locales proliferan, la lógica espacial local de cada una empieza a interferir recíprocamente en las demás de forma no prevista. Día a día, pierden vigencia los factores económicos que motivaron coyunturalmente las decisiones urbanizadoras y se empieza a echar en falta un tejido coherente de infraestructuras y espacios públicos, cuyas células individuales se hayan generado desde la lógica histórica del conjunto urbano. La coherencia no puede ser garantizada limitando la aptitud de servicio general a una salvífica y escueta red jerarquizadora de dotaciones de conexión de núcleos autónomos. A la postre la atomización funcional de núcleos urbanos autónomos no funciona en nuestro denso territorio. Así resulta, lamentablemente, que los estándares legales mínimos de dotaciones, en vez de ser garantía cuantitativa de suficiencia de los servicios públicos, terminan adquiriendo, en nuestra cultura urbanística, fama de prestación cuasifiscal, a modo de baremo máximo de costes de urbanización repercutibles en la producción del edificio privado, cuya observancia aritmética habilita la ciega exclusión de criterios cualitativos atinentes a la buena utilización colectiva del espacio urbano. Las infraestructuras de urbanización privadas, no merecen esta crítica. Que las infraestructuras públicas confundan su utilidad con las privadas, sí, porque pierden el sentido funcional del largo plazo y del amplio contexto que impone la lógica del servicio público.

Todos estos problemas pueden sintetizarse en uno. En nuestra Comunidad se urbaniza poco en relación con lo que se edifica. Si se prefiere, cabe decir que se urbaniza tarde respecto al momento en que se edifica o que se urbaniza mal respecto a las demandas sociales de construcción. La inversión en urbanismo se focaliza en la vertiente edificatoria relegando el aspecto vertebrador de la urbanización, que es la base de todo desarrollo urbano racionalmente concebido. Esto produce un encarecimiento, por escasez, del suelo urbanizado y, consiguientemente, una continua presión social por incrementar la densidad del suelo históricamente urbanizado. De rechazo, se incrementan las rentas de sustitución de la edificación existente y, así, se desincentiva la conservación de la edificación histórica. La otra cara de la misma moneda es que se rehabilita poco respecto a la que se construye de nueva planta, no porque las ciudades se expandan sino porque, en la torpeza de su expansión, tienden a crecer sobre sí mismas.

III

El propósito de la presente Ley excede la mera adaptación de la ley estatal a las peculiaridades territoriales autonómicas. Eso, habitual en desarrollo autonómico de legislación básica estatal, no es lo propio de una legislación de competencia exclusiva autonómica, como el Urbanismo. El propio legislador estatal ha puntualizado su función supletoria respecto al autonómico deslindando el Urbanismo de los aspectos concomitantes que atañen a su competencia, tales como las valoraciones, el procedimiento expropiatorio o, lo que se ha venido a denominar, como el régimen urbanístico básico de la propiedad inmueble.

Respetando esas coordenadas que el legislador estatal ha reclamado para su propia competencia, se pretende aquí formular una alternativa al sistema vigente en su dimensión propiamente urbanística (o sea, a las normas en las que la legislación estatal es supletoria de la autonómica, las heredadas de la tradición de 1956, refundida en otras disposiciones posteriores). Se pretende sustituir el antiguo *modelo* –respetando las normas de legislación básica o plena estatal– por una nueva orientación. La legislación histórica fue paliando sus insuficiencias por creación acumulativa de nuevos mecanismos de ajuste, hasta producir una hipertrofia legislativa de enorme complejidad. Ahora se trata de simplificar esa complejidad del único modo posible: con una visión nueva y soluciones diferentes. No se trata de añadir nuevas normas al abultado bagaje legal, sino de sustituir unas por otras aligerando el conjunto.

Esta nueva orientación presupone que al propietario de terrenos, en cuanto tal, no le es exigible razonablemente que asuma el papel protagonista que le atribuyó la legislación histórica. La actividad urbanística es una función pública cuya responsabilidad debe reclamarse a los poderes públicos y no a los propietarios de terrenos. Esta función pública requiere una inversión económica importante y una actividad gestora de dicha inversión. Por tanto, sin perjuicio de su carácter público es también una típica función empresarial.

Excede el propósito de esta Ley predeterminar el grado cuantitativo de participación económica del sector público en la actividad urbanística. Ello sería, más bien, una opción de política presupuestaria que debiera graduarse con naturalidad, dentro de un marco legal, no una cuestión que se deba prejuzgar de antemano, pues es preferible un contexto normativo estable, que permita desarrollar, en toda la riqueza de su potencial variedad, las distintas orientaciones de la acción de gobierno que, sobre esa cuestión, podrán experimentarse. Lo que dispone la Ley es que el agente ejecutor del Plan sea siempre un agente que actúa, jurídicamente, asumiendo la calidad de agente público. La Administración puede asumir directamente ese papel activo. Puede operar, igualmente, mediante la empresa pública. Pero también puede gestionar indirectamente el planeamiento adjudicando el protagonismo activo a una empresa (seleccionada en pública competencia) en la que delegue esa responsabilidad. Cuando la actuación sea indirecta, la Administración se reserva la dirección y la supervisión y la empresa se convierte en el ejecutor material de sus directrices, poniendo al servicio de éstas los resortes productivos de la libertad de empresa y de la economía de mercado.

La Ley singulariza este nuevo enfoque en aquella faceta de la actividad urbanística donde brilla más evidentemente su carácter público (y donde menos satisfactoria es nuestra experiencia histórica): en la urbanización, en la producción de infraestructuras públicas de urbanización. La antigua legislación contemplaba la urbanización como un problema que sólo afectaba –y enfrentaba directamente– a dos sujetos: la Administración y el propietario. Esta nueva Ley la contempla como un problema que reclama la simbiótica colaboración de tres sujetos: la Administración actuante, el Urbanizador y el propietario.

La Administración actuante puede ser ella misma Urbanizador; estaremos ante un caso de actividad urbanística en régimen de gestión directa. También puede asignar el papel de Urbanizador a una empresa privada que –previa la pertinente selección– se preste voluntariamente a ello, para la gestión pública indirecta de la actuación. En ambos casos el Urbanizador puede ser dueño del terreno o ser el propietario un tercer sujeto distinto.

El Urbanizador es una persona –pública o privada– que en un momento dado asume, voluntariamente, la responsabilidad pública de promover la ejecución de una actuación urbanizadora (el compromiso de implantar unas infraestructuras de urbanización públicas, vías públicas, alcantarillado, etc.) en desarrollo de la calificación urbanística del suelo prevista por el Plan. Se compromete pues, a realizar y gestionar las inversiones (públicas o privadas) necesarias a tal fin. Para ello el Urbanizador no necesita ser el propietario civil de los terrenos ni ha de convertirse en propietario de los solares resultantes.

No se exige al Urbanizador que adquiera el terreno, ni civilmente ni por expropiación. Si se exigiera se restringiría mucho el número de empresarios concurrentes en urbanizar, limitándolo a los de mayor potencia financiera. Si se urbaniza poco, cuantas más empresas concurran en la actividad urbanizadora, mayor garantía de éxito tendrá ésta. La Ley pretende dar acceso a la actividad urbanizadora a empresas de todo tamaño, incluso a las pequeñas empresas para las que –en la actualidad– resulta más difícil, propiciando un acercamiento de las exigencias legales a la realidad de nuestra estructura económica. Por eso es preferible fomentar la inversión en infraestructuras que no forzarla a consumirse en la adquisición de suelo sin urbanizar, lo que alimentaría su aumento de precio y expulsaría de esta actividad productiva a las iniciativas con menor capacidad para comprometer su capital en activos inmobiliarios.

En la legislación anterior el suelo urbanizable era programado o no programado, según zonas territorialmente diferenciadas. En esta nueva Ley la distinción no es espacial, sino cronológica. El Plan que contiene la clasificación y la calificación urbanística, la atribución de volúmenes y usos edificables al suelo urbanizable, no lo programa. El suelo urbanizable por el solo hecho de ser clasificado y calificado, no es todavía programado. El suelo no se incorpora al proceso urbanizador por la mera aprobación de un Plan General o Parcial. Su propiedad no queda obligada a ejecutar la urbanización, pero tampoco adquiere derechos como consecuencia de la mera clasificación o calificación del suelo.

La incorporación del suelo urbanizable al efectivo proceso urbanizador la determina otro tipo específico de Plan: el Programa. El Programa, cuya aprobación es independiente a la de los restantes planes (aunque pueda ser simultánea) no califica el suelo, no regula u ordena su destino. El Programa es un documento muy sencillo que se limita a planificar el proceso de gestión urbanística.

Lo peculiar del Programa es que su aprobación necesita el compromiso, efectivo y voluntario, asumido por su promotor de desarrollarlo en plazos y condiciones determinadas. Al aprobarse el Programa su promotor se convierte en agente urbanizador. Si lo ha promovido un empresario particular, para su gestión indirecta, habrá de garantizar su compromiso en términos similares a todo contratista de la Administración. Si el Programa lo promueve directamente la Administración su aprobación debe comportar análogo compromiso respaldado con fondos públicos.

Una vez aprobado el Programa y mientras éste no sea revocado, el suelo urbanizable se convertirá en programado. Su propietario, gracias al Programa podrá participar en las plusvalías que genere el desarrollo de éste. Su nueva situación estatutaria será análoga a la del propietario de suelo urbanizable programado cuando, en la legislación estatal, se ve sujeto a un sistema de actuación pública, como el de cooperación.

En la legislación histórica la urbanización era una carga. Un coste que la producción de edificios, el titular del derecho a edificar, debía asumir. Es evidente que el destino propio de una parcela urbanizada es su edificación (como el destino final de un edificio urbano es su integración en las redes de urbanización, en la ciudad), pero lo que no lo es, en absoluto, es que la inversión empresarial que produce la urbanización deba ser la misma que produce la edificación.

El propietario como consecuencia del desarrollo del Programa obtendrá un solar urbanizado. La producción de solares urbanizados es la labor propia del Urbanizador. Esta labor es una actividad empresarial que debe ser retribuida, no sólo en sus costes sino también con beneficio propio. Su retribución corresponde justamente a quien recibe el producto elaborado, el solar urbanizado. En la actualidad es infrecuente la existencia de empresarios dedicados a producir suelo urbanizado (con independencia de la promoción de edificios), pero esta carencia, cuya superación sería enormemente deseable para un ordenado desarrollo urbanístico basado en propiciar una oferta suficiente de suelo urbanizado, es directa consecuencia de la dificultad de encajar ese papel empresarial dentro de la legislación histórica.

La participación del propietario en el desarrollo del Programa puede producirse de dos modos. Puede limitarse a aportar su terreno originario y recibir a cambio un solar urbanizado o puede aportar, además del terreno, financiación para ejecutar la urbanización. Ambas fórmulas son susceptibles de infinitas combinaciones. Si el propietario retribuye al Urbanizador sufragando una aportación dineraria tendrá derecho, lógicamente, a más porción de solares que si se limita a aportar el terreno sin contribución monetaria. En este último caso el Urbanizador recibiría su retribución en solares de los resultantes de su labor.

La fórmula de retribución en solares al Urbanizador guarda un claro parentesco con el tradicional contrato de cambio de obra, tan frecuente en el mundo de la edificación de la Comunidad Valenciana. Esta fórmula tiene la ventaja de facilitar el acceso a la actividad urbanizadora a un mayor número de empresas, ya que permite que el empresario economice la inversión en compra directa de suelo concentrando sus recursos en la Urbanización y logre importantes economías de escala en su actividad constructora.

La relación entre el Urbanizador y el propietario, cuando ambos sean personas particulares, se articulará, preferentemente, sobre los acuerdos que libremente puedan convenir. Ello sin duda es lo más deseable por el ahorro implícito que conlleva en gastos de gestión para la Administración pública. Pero, como es natural, habiéndose comprometido el Urbanizador a desempeñar su tarea en plazos ciertos, la Ley no puede fiar por completo el éxito de esa empresa al libre convenio que el propietario del terreno interese suscribir.

En los casos de ejecución indirecta el mecanismo habitual previsto para asegurar el desarrollo obligado del planeamiento es la reparcelación forzosa. La expropiación forzosa se contempla como una fórmula posible, aunque no imprescindible, en los Programas de ejecución administrativa directa. La expropiación en beneficio de Urbanizador particular queda limitada a supuestos especiales de Programas para el desarrollo de áreas de excepcional aprovechamiento, en los que su ejecutor adquiera asimismo compromisos en exceso de la mera urbanización.

La reparcelación la aprueba la Administración actuante a solicitud formulada por el Urbanizador. Su función es adjudicarle al propietario, forzosamente en defecto de acuerdo, la parcela edificable que le corresponda a resultas de la actuación a cambio de su terreno originario. Al Urbanizador también le puede corresponder la adjudicación de parcelas si ésa es la forma prevista de retribución de su labor. Asimismo le corresponderán a la Administración las cesiones legalmente obligatorias y gratuitas.

El derecho del propietario, una vez programado su terreno, podrá deducirse del llamado aprovechamiento tipo, que el Plan ya fija en términos igualitarios. La reparcelación juega un papel meramente instrumental tendente a asegurar la ejecución del programa en términos que garantizan el derecho del propietario, previamente definido por la conjunción de Plan General y Programa. La Ley refuerza esta vertiente puramente instrumental de la reparcelación que deja de ser, en rigor, un factor de definición de derechos en el seno de una hipotética comunidad reparcelatoria, pasando a ser un modo de resolución de conflictos entre propietario y urbanizador.

Ha querido esta Ley diseñar una relación equilibrada entre Urbanizador y propietario, que fomente espontáneamente las fórmulas concertadas en vez de la imposición administrativa, aunque, en última instancia, habilita al Urbanizador para excitar esa imposición por medios de derecho público (reparcelación forzosa, cobro de cuotas de urbanización) que garanticen el desarrollo del Programa. Para el excepcional e hipotético supuesto de que algún propietario entendiera que no es rentable la programación de su terreno, se admite que, antes de que ésta se produzca, solicite voluntariamente la expropiación con arreglo al valor inicial, del suelo no programado, que implica la renuncia a participar en los rendimientos de su explotación urbanística.

Las iniciativas de la Programación prosperarán si cumplen dos requisitos: que satisfagan razonablemente el interés público y que estén efectivamente respaldadas por un compromiso inversor. La iniciativa puede ser indistintamente pública o privada, sin que esté reservada al dueño del terreno, ni condicionada por previsiones apriorísticas sin base real. Cualquier Administración, en ejercicio de sus respectivas competencias, cuando éstas adquieran relevancia urbanística –produciendo suelo urbanizado– puede actuar como Urbanizador en régimen de gestión directa. Así se asegura la integración regular en un marco homogéneo de gestión urbanística de la ejecución de todo tipo de obras públicas. Asimismo los particulares –dueños o no del terreno– podrán solicitar su Programación en todo momento.

La legislación anterior asociaba la Programación de actuaciones a la clasificación del suelo, determinando secuencias espaciales rígidas de desarrollo del planeamiento. Así se acentuaba la aparición de rentas de monopolio sobre el suelo y se suscitaban disfuncionalidades cuando los acontecimientos desmentían el paralelismo cronológico previsto entre la realización de las inversiones públicas respecto a las privadas. Asimismo a cada actuación se le asignaban unas infraestructuras a costear, de modo que el Plan General efectuaba una distribución de costes, cronológicamente programada a largo plazo, entre agentes inversores públicos y privados, que, en la práctica, se incumplía.

En la nueva Ley la Programación se asocia a la efectividad del compromiso inversor, exigiendo rigurosamente que cada actuación realice, como mínimo, las obras de infraestructura precisas para su adecuada conexión e integración territorial (se instituye una Cédula de Urbanización que garantice esa exigencia). Al no estar rígidamente preconcebida la secuencia espacial de actuaciones, esas exigencias serán mayores o menores (y de distinto coste) según el momento en que se acometa cada actuación. Las actuaciones públicas directas se acometerán en la medida en que exista dotación presupuestaria y se anticiparán a las privadas cuando, mediante la construcción de las infraestructuras, los poderes públicos pretendan incentivar el desarrollo urbanístico y estimular al sector privado. Las actuaciones promovidas a instancia de un particular –en las que la gestión pública sea indirecta– se anticiparán a las públicas si pueden repercutir, dentro de su propia rentabilidad, la ejecución de las mayores infraestructuras que exija esa anticipación. Se pretende así optimizar los recursos en aras a la mayor y más pronta inversión en infraestructuras de urbanización, ajustando su reparto a los únicos baremos que, por realismo, garantizan esa optimización: los presupuestos públicos y la rentabilidad privada.

Las iniciativas particulares de programación se someten a un procedimiento selectivo de pública competencia. Así ha de ser porque la condición de Urbanizador, que reclaman esas iniciativas, convierte a su promotor en agente público, y le habilita a disfrutar determinadas prerrogativas por mediación de la Administración actuante. La selección del Urbanizador se regula en términos que facilitan la rapidez de la decisión y su simplificación procedimental, posibilitando el inicio e impulso del procedimiento a instancia de la iniciativa particular, simultaneando los períodos de información pública y de concurrencia de iniciativas y reduciendo los actos de puro trámite a su mínima expresión. Se prevé que en un mismo acto se seleccione al Urbanizador y se aprueben las condiciones del Programa que ha de desarrollar. El criterio de selección no será rígido, pudiéndose valorar flexiblemente todo el elenco de objetivos públicos relevantes para decidir. Se permite que la Administración opte, en todo momento, por la ejecución directa o que rechace o posponga la programación por ser a ella a quien debe corresponder, siempre, la dirección y orientación del desarrollo urbanístico.

La Ley reconoce a la política urbanística municipal, decidida por los Ayuntamientos, un papel preponderante en la aceptación, condicionamiento o rechazo de las iniciativas de solicitudes particulares de programación. El poder público municipal, expresión de la voluntad democrática de la colectividad local, con autonomía constitucionalmente garantizada, no puede seguir siendo, en nuestro contexto constitucional, un mero agente gestor en régimen reglado de decisiones urbanísticas planificadas por poderes supralocales. Ese papel estrictamente ejecutor de decisiones urbanísticas ajenas (que asignaba a los Municipios la legislación anterior) es, por inadecuación al actual contexto institucional, el origen de multitud de conflictos que se han venido produciendo tanto en las relaciones interinstitucionales como en las relaciones jurídicas entre el Municipio y los particulares.

Sería disonante con el principio constitucional de autonomía local que la relación jurídica urbanística entre Municipio y ciudadano estuviera unívocamente predeterminada por un plan de naturaleza normativa aprobado por la Administración supralocal. Esta Ley atribuye a la política municipal gestora del Urbanismo un espacio de decisión propio, en el que los órganos representativos de la colectividad local podrán apreciar la oportunidad de las iniciativas urbanísticas planteadas por los ciudadanos. Por su parte, la política urbanística de la Generalitat, se ha de centrar en la integración y la adecuada estructuración de las actuaciones urbanísticas dentro de ámbitos territoriales más amplios o en el seno de las políticas públicas sectoriales con relevancia territorial. La Ley precisa, incluso, cuáles son los cometidos específicos básicos de esa política urbanística de la Generalitat, los cuales se complementarán, para su mejor concreción, con reglamentos de aplicación general e instrumentos de ordenación supralocal o especial.

Así pues, la llave de la participación de la propiedad de suelo en el proceso urbanizador será el Programa (es decir, el reconocimiento administrativo de un compromiso inversor concreto), no la simple calificación y clasificación del terreno. Esta nueva forma de organizar jurídicamente la participación del sector privado en la actividad urbanística, permite dotar al planeamiento de una flexibilidad hasta ahora desconocida. La Ley aligera con contundencia el burocratismo que hasta la fecha presidía la tramitación de los Planes.

Las previsiones del Plan General podrán ser concretas y exhaustivas. Incluso se dispone que lo sean para una parte, al menos, del suelo urbanizable en la que excusa la formulación de Planes Parciales, para alentar su rápido desarrollo. La Ley, además, pretende acabar con la práctica viciosa consistente en que el planeamiento general se limite a efectuar apreciaciones genéricas sobre la posible urbanización de un terreno sin concretar cuál es la estructura primaria de los espacios e infraestructuras públicas previstas en él.

Ahora bien, nada impide que, en el momento de la Programación, del compromiso inversor, y en atención a las demandas sociales que se concreten al formularlo, se remodelen las originarias previsiones del Plan General, que deja de tener una posición jerárquicamente preeminente respecto al Parcial. Lo único que exige la Ley para admitir esa innovación, es que las nuevas iniciativas suscitadas se acompañen de un análisis de su impacto territorial expresado en el mismo lenguaje formal que utilizó el Plan General y adoptando el mismo enfoque que éste utilizó al plantear sus alternativas, la misma lógica propia del ordenado desarrollo general del territorio y la ciudad. Lo malo no es que se cambien las soluciones propuestas por el Plan General, sino que caigan en el olvido los problemas que motivaron en origen la formulación de aquellas soluciones. Del Plan General se pueden cambiar sus respuestas, siempre que se sepa responder a sus mismas preguntas, a los mismos interrogantes que sugiere la razón pública sobre el uso del territorio y la forma de la ciudad.

La filosofía de la Ley es, en resumen, de afirmación del planeamiento en cuanto decisión pública de racionalización del uso del territorio, de apuesta por un Plan rico en análisis y previsiones, así como de rechazo a toda clasificación o calificación del terreno que disponga la urbanización sin atreverse siquiera a proponer una estructura primaria del desarrollo preconizado. Pero también es una filosofía de apertura a la remodelación de las previsiones iniciales, que busca la integración ordenada de las demandas novedosas que la evolución social vaya propiciando, dentro de un paradigma unitario de formulación progresiva, ajeno por igual a la improvisación y al inmovilismo.

Todo lo anterior se complementa con un régimen transitorio cuidadoso, que respeta los derechos adquiridos al amparo de la legislación anterior y permite ejecutar los planes vigentes con arreglo a la nueva normativa, sin necesidad de incoar un expediente específico de adaptación a ella.

IV

Las novedades, antes expuestas, no podían trasladarse, sin importantes matices, desde la problemática de la urbanización a la de la edificación. Nuestra tradición legislativa jamás ha reconocido el derecho de urbanizar (a generar infraestructuras públicas) como algo inescindiblemente unido a la propiedad del suelo. La legislación estatal no le reconoce ese derecho al propietario del suelo urbanizable no programado y en el terreno sujeto a un sistema de actuación pública, nunca lo concibe como una facultad de hacer. Por tanto, las medidas de esta Ley respecto a la actividad urbanizadora, pese a ser innovadoras, son claramente compatibles con los principios básicos del régimen urbanístico de la propiedad contemplados en la legislación estatal y encajan fácilmente en el concepto de propiedad inmobiliaria propio de nuestra tradición histórica, incluso, en cierto modo, vienen a delimitar las líneas divisorias entre la acción pública y privada volviendo a los más puros orígenes de nuestra tradición jurídica secular.

Otra cosa es el derecho a edificar, que la tradición civilista atribuía al propietario y nuestra más reciente legislación urbanística estatal admite que puede ser directamente adquirido por el dueño, según los porcentajes y contenidos materiales definidos por la calificación urbanística, cumpliendo los deberes inherentes a ella. La presente Ley, en consonancia con la legislación estatal, permite que el dueño del solar (cuya urbanización ya es superflua por estar concluida conforme al Plan) adquiera directamente los porcentajes legales de aprovechamiento urbanístico y el derecho a edificarlo, cumpliendo los deberes urbanísticos de equidistribución y cesión para patrimonializar dichos aprovechamientos. Asimismo, esta Ley, en coherencia con la estatal, asocia la plena patrimonialización del aprovechamiento a la obligación de edificar el solar en plazos determinados.

Este régimen, más tradicional, no sólo es preconizado por la Ley para la edificación de solares, sino también para aquellas operaciones puntuales que conlleven la simultánea urbanización de una parcela urbana aislada. El nuevo régimen legal distingue por tanto, dos modos de ejecución del Plan.

Primero: la Actuación Aislada, tendente a edificar y, en su caso, urbanizar simultáneamente una sola parcela urbana concreta –por el propietario o por quien éste prefiera–.

Segundo: las Actuaciones Integradas dirigidas a producir simultáneamente infraestructuras para más de un solar (o para uno solo de dimensiones excepcionales), en el seno de Unidades de Ejecución, con sujeción a un Programa del que es responsable un Urbanizador.

A partir de esta distinción, la Ley instituye un nuevo concepto legal de suelo urbano. Serán suelo urbano los terrenos que el Plan decida incorporar al proceso urbanístico permitiendo que éste se desenvuelva mediante Actuaciones Aisladas. Suelo urbanizable serán los que decida incorporar a dicho proceso en régimen de Actuaciones Integradas. Suelo urbano, igual que en la Ley estatal, sigue siendo aquel en el que la incidencia transformadora del Plan, respecto a la realidad existente, es menos intensa y, por tanto, menos intervencionista la acción pública ejecutora del Plan, así como más sencillos los mecanismos técnicos y jurídicos aplicables. Sin embargo el nuevo concepto legal de suelo urbano presenta tres diferencias respecto al anterior.

En primer lugar, la clasificación de suelo deja de tener sustantividad propia; será mero reflejo de la decisión del Plan de permitir las Actuaciones Aisladas antes definidas. En segundo lugar, la Ley huye del objetivismo unilateral de la legislación anterior. La procedencia de permitir las Actuaciones Aisladas no deriva de la mera existencia de servicios de urbanización, sino de la coincidencia entre estos servicios ya existentes y la previsión de ellos querida por el Plan. De modo que allí donde sea superfluo urbanizar o reestructurar la urbanización porque la proyectada por el Plan ya existe plenamente y no ha de ser reformada, el desarrollo urbanístico procede mediante Actuación Aislada, pues carecería de propósito práctico operar mediante Actuación Integrada. Por último, en la clasificación se dejarán sentir las políticas de gestión urbanística que el Plan preconice. Si bien la Ley exige estrictamente la necesidad de operar mediante Actuaciones Integradas siempre que el desarrollo de la actuación vaya a producir una pluralidad de solares, en las zonas límites de borde urbano donde, por inmediación a las redes de urbanización existentes y conformes al Plan, cabría operar indistintamente mediante Actuaciones Integradas o Aisladas, el Plan tendrá un margen de apreciación para permitir las Actuaciones Aisladas o imponer las Integradas.

El suelo urbano también podrá ser objeto de Programación cuando ello redunde en el mejor desarrollo del planeamiento. En tanto no se actúe por Programas este suelo se podrá gestionar mediante transferencias de aprovechamiento, una inteligente técnica introducida por la reforma legal estatal de 1990, que permite individualizar la gestión urbanística por parcelas facilitando su rápida edificación y que esta Ley lleva a sus últimas consecuencias. Se permiten, incluso, las transferencias de aprovechamiento entre distintas clases de suelo, se sientan reglas transparentes para su liquidación económica y se flexibilizan y simplifican los criterios de delimitación de áreas de reparto y los métodos de cálculo del aprovechamiento tipo, garantizando, con sencillez y agilidad, la participación pública en las plusvalías generadas por el planeamiento urbanístico para cumplir el mandato contenido en el artículo 47 de la Constitución. Asimismo la Ley establece reglas de aplicación subsidiaria directa que liberan de la necesidad de adaptar a ella los Planes vigentes y tiene muy presente que su aplicación no debe crear disfunciones perturbadoras de cada mercado inmobiliario local, por lo que permite que cada Municipio, a través de su Plan, arbitre políticas de gestión urbanística acordes con su situación específica.

La Ley diferencia entre deber y obligación de edificar. Siguiendo el mandato básico de la legislación estatal los propietarios deben edificar sus solares en plazos determinados so pena de expropiación. Ahora bien, en desarrollo de dicha legislación, la Ley establece que eso sólo sucede cuando el deber genérico de edificar se concreta en una obligación específica, que se le ha de poner de manifiesto al interesado en una orden expresa, la cual fijará el plazo último en el que el propietario debe edificar su solar. Asimismo, para evitar rigorismos innecesarios en el capítulo de las exigencias al propietario, si éste, por cualquier circunstancia, no está en condiciones de cumplir con su obligación de edificar, podrá evitar la expropiación de sus bienes con minusvaloración por incumplimiento, cuando antes de incurrir en él, solicite voluntariamente la inclusión de su terreno en el Registro previsto para la venta forzosa.

La venta forzosa se instrumenta mediante la simple aplicación del régimen de programación propio de las Actuaciones Integradas a la edificación del solar. Como quiera que esa modalidad de actuación puede derivar de solicitud voluntaria del propietario, no se excluye, en tal supuesto, la ulterior colaboración de éste con el Promotor del Programa para la edificación.

V

La Ley presta una atención especialísima a la tan olvidada problemática de la conservación de la edificación. Se modifica el vetusto concepto de ruina legal hasta ahora vigente que, a la sazón, no era sino una salida demolicionista, propiciada por puerta falsa, al propietario agobiado por las consabidas rigideces de la legislación de arrendamientos urbanos.

Se unifican los conceptos de ruina física y económica. Se hace depender ésta del valor de renovación, concepto mucho más objetivable y menos susceptible de controversia que el impreciso «valor actual», el cual, además de no ser rigurosamente mensurable, conceptualmente elevaba la posibilidad de declarar la ruina económica en proporción, no directa, sino exponencial, respecto al deterioro real del edificio, lo que carecía de justificación e ignoraba la vida útil agregada que la rehabilitación puede reportarle al inmueble. Se dispone asimismo la obligatoriedad de practicar inspecciones periódicas del estado de conservación para los edificios más antiguos o valiosos, para que el control del estado de la edificación no se limite a las situaciones límite. Por último, la declaración de la situación legal de ruina respecto a inmuebles catalogados no legitimará la demolición de los mismos, aunque coherentemente con la Ley del Estado, determinará que sea inexigible al dueño que desembolse el coste en la parte constitutiva de exceso sobre su deber normal de conservación. Para la rehabilitación de estos edificios, se hace jugar de nuevo el mecanismo de la Programación, dando cabida al tercer inversor que actúe como empresario rehabilitador, sin perjuicio de que el propietario cumplidor de sus deberes urbanísticos, pueda participar normalmente en la actuación y en sus beneficios de forma proporcionada.

VI

Recapitulando, cabe decir que estamos ante una Ley estrictamente urbanística, como pone de manifiesto su propio título. Su cometido se ve allanado por el esfuerzo que el legislador estatal realizó durante el bienio 1990-1992. Así el legislador autonómico puede excusar la definición de aspectos, siempre espinosos, relativos a los rasgos más aparentes del régimen urbanístico de la propiedad y que ya vienen resueltos por la Ley estatal y se asumen en sus propios términos, como las cesiones obligatorias y los porcentajes de cesión. Cuenta asimismo con un horizonte despejado de incógnitas en materia de valoraciones de suelo y con una nada despreciable ordenación del Registro de la Propiedad reorientada al servicio del urbanismo. Por tanto, en los albores del cambio de siglo, aún estamos a tiempo de cambiar el discurso legal del Urbanismo, abriéndolo a nuevas temáticas con perspectivas que lo liberen de la trasnochada herencia de décadas pasadas, reubicándolo en el contexto de nuestro Derecho comparado y salvando lo que de positivo ha fertilizado en el campo de la tradición experimentada.

TÍTULO PRELIMINAR
DISPOSICIONES GENERALES

CAPÍTULO I
La actividad urbanística y sus principios rectores

Artículo 1. La actividad urbanística.

1. La actividad urbanística regulada en la presente Ley es una función pública que tiene por objeto la ordenación, la transformación y el control de la utilización del suelo, incluidos su subsuelo y vuelo. Su desarrollo habilita el ejercicio de cuantas facultades sean precisas para la eficaz realización del interés colectivo en los siguientes aspectos:

A) El planeamiento urbanístico, que ordena y proyecta el destino de los terrenos, su utilización y las construcciones en ellos previstas, así como las acciones públicas o privadas precisas para que se cumplan sus previsiones, atendiendo a las necesidades de la población.

B) La formulación y el permanente desarrollo de una política reguladora del mercado inmobiliario, especialmente mediante la constitución de patrimonios públicos de suelo y la realización o el fomento de viviendas sociales, ya sea mediante operaciones de edificación o de rehabilitación o mediante la vinculación urbanística de los inmuebles a ese destino.

C) El cumplimiento de la función social del derecho de propiedad y de los demás derechos sobre bienes inmuebles, según su régimen urbanístico.

D) La definición, reserva y protección, así como la obtención, el acondicionamiento y la gestión del suelo dotacional público, entendiendo como tal el que haya de servir de soporte a cualesquiera servicios públicos o usos colectivos, como infraestructuras y viarios, plazas y espacios libres, parques y jardines o centros públicos de toda finalidad.

E) La determinación de las condiciones en que ha de ejecutarse la urbanización y edificación, destino y conservación de los terrenos, edificios e instalaciones.

F) La intervención preventiva de los actos de transformación, utilización o conservación del suelo y de su vuelo y subsuelo.

G) La protección del patrimonio arquitectónico y del ambiente y el paisaje, urbano o rústico, conforme a la percepción y vivencia colectivas de los mismos.

H) La tutela de la legalidad urbanística y las sanciones por su incumplimiento.

I) La participación pública en las plusvalías generadas por la actividad urbanística y la entera gestión de su organización administrativa y de sus repercusiones económicas al servicio de los fines que le son propios.

2. (numeración nueva) Son fines propios de la actividad urbanística y principios rectores de su desarrollo los enunciados en los artículos 45, 46 y 47 de la Constitución.

⇒ V. arts. 1 y 2 de la Ley 6/1998, de 13 abril (§1).

Téngase en cuenta el D. 201/1998, de 15 diciembre, que aprobó el Reglamento de Planeamiento de la Comunidad Valenciana, para el desarrollo de la Ley 6/1994, de 15 noviembre (§53.1).

V. Ley 1/1998, de 5 mayo, sobre Accesibilidad y Supresión de Barreras Arquitectónicas, Urbanísticas y de la Comunicación.

Artículo 2. Régimen de ejercicio de las potestades urbanísticas.

1. Para la mejor realización de los principios rectores de la actividad urbanística, corresponderá a la Administración de la Generalitat y a la Administración Local, dentro de sus respectivas competencias legales, definir, en cada momento, la política urbanística que se expresará en la elaboración y

aprobación de los Planes y Programas, así como en su revisión o modificación.

2. Las potestades urbanísticas y, en particular, las de planeamiento se ejercerán con el fin de asegurar un entorno ambiental, rural o urbano, adecuado al desarrollo de la persona, cuya calidad de vida y su derecho a disfrutar de una vivienda digna, así como de los espacios y construcciones constitutivos del patrimonio cultural colectivo, determinarán todas las decisiones públicas respecto a la utilización de los terrenos y las características de las construcciones.

3. La satisfacción de derechos e intereses patrimoniales legítimos se producirá de acuerdo con las leyes, sin interferir o supeditar el desarrollo normal de la actividad urbanística, ni desviar la potestad de planeamiento de los fines que le son propios, establecidos el número 2 anterior.

4. Es legítimo el tratamiento urbanístico diferenciado de terrenos susceptibles, en principio, de ordenación o actuación análoga, cuando aquél tenga por finalidad impedir una indebida o disfuncional concentración de usos o actividades o la abusiva reiteración de idénticas soluciones técnicas y, también, cuando venga determinado por cambios explícitos de orientación en las políticas de planificación y programación propias de la actividad urbanística.

5. La ley reconoce a las personas privadas la facultad de redactar y promover proyectos de Planes o Programas en los casos previstos en la misma. No obstante, excede de su derecho obtener una concreta clasificación, sectorización, calificación o programación o que éstas se establezcan por conveniencia particular.

Artículo 3. Normas de aplicación directa.

1. Las construcciones habrán de adaptarse al ambiente en que se sitúen.

2. Las construcciones emplazadas junto a edificios de carácter artístico, histórico, arqueológico, típico o tradicional, han de armonizar con ellos, aun cuando en su entorno sólo haya uno con esas características.

3. No se permitirá que la situación o las dimensiones de los edificios, los muros, los cierres, las instalaciones, el depósito permanente de elementos y materiales o las plantaciones vegetales, rompan la armonía del paisaje rural o urbano tradicionales, o desfiguren su visión.

4. Mientras no exista Plan que lo autorice, no puede edificarse con altura superior a dos plantas medidas en cada punto del terreno natural, sin perjuicio de las demás limitaciones aplicables. Cuando se trate de solares enclavados en núcleos o manzanas edificadas en más de dos terceras partes, sólo se autorizarán alturas que no rebasen ni la de los edificios de mayor antigu edad, ni la media de las existentes en el tramo de calle, correspondiente a la manzana, a la que deba dar frente la nueva construcción.

⇒ V. art. 138 b) del TRLS/1992 (§2).
V. arts. 9 y 19 de la Ley 6/1998, de 13 abril (§1).
V. Jurisprudencia en arts. 73 y concordantes del TRLS/1976 (§3).

CAPÍTULO II

La competencia urbanística y sus formas de gestión

Artículo 4. Las competencias urbanísticas.

La Generalitat y los Municipios comparten la responsabilidad de la actividad urbanística, según determina esta Ley. Corresponden a los Municipios, además de las competencias urbanísticas que la ley les atribuya, las que no estén expresamente atribuidas a la Generalitat.

Las competencias urbanísticas se ejercerán en coordinación con las atribuidas por la ley para la gestión de otros intereses públicos específicos cuya realización requiera ocupar o transformar el territorio y afectar el régimen de utilización del suelo. La ordenación urbanística deberá facilitar el desarrollo de las distintas acciones administrativas resolviendo la integración espacial de las necesidades públicas y privadas.

⇒ V. art. 4 de la Ley 6/1998, de 13 abril (§1).
V. art. 104.3 del TRLS/1992 (§2).
V. Jurisprudencia en arts. 4 y concordantes del TRLS/1976 (§3).

Artículo 5. Gestión de la actividad urbanística e intervención de los particulares.

1. La gestión de la actividad urbanística se desarrollará en cualquiera de las formas autorizadas por la legislación reguladora de la Administración actuante, salvo previsión específica de esta Ley. En todo caso, las facultades que supongan ejercicio de autoridad se ejercerán siempre en régimen de Derecho Público y de gestión directa.

2. Los propietarios y titulares de derechos sobre bienes inmuebles intervendrán en la gestión de la actividad urbanística conforme a lo previsto en esta Ley.

3. Los poderes públicos deben suscitar la participación de la iniciativa privada en el desarrollo urbanístico, respetando la libre concurrencia de los particulares que promuevan actuaciones con esa finalidad y fomentando, especialmente, la colaboración activa de la pequeña y mediana empresa en la gestión de la actividad urbanística.

⇒ V. art. 4 de la Ley 6/1998, de 13 abril (§1).
V. art. 104.3 del TRLS/1992 (§2).
V. Jurisprudencia en arts. 4 y concordantes del TRLS/1976 (§3).

Artículo 6. La ejecución del planeamiento y sus formas de actuación.

1. Son solares las parcelas legalmente divididas o conformadas que, teniendo características adecuadas para servir de soporte al aprovechamiento que les asigne la ordenación urbanística, estén además urbanizadas con arreglo a las alineaciones, rasantes y normas técnicas establecidas por el Plan. Para que las parcelas tengan la condición de solar se exigirá su dotación, al menos, con estos servicios:

A) Acceso rodado hasta ellas por vía pavimentada, debiendo estar abiertas al uso público, en condiciones adecuadas, todas las vías a las que den frente.

No justifican la dotación de este servicio, ni las rondas perimetrales de los núcleos urbanos, respecto de las superficies colindantes con sus márgenes exteriores, ni las vías de comunicación de dichos núcleos entre sí, salvo en sus tramos de travesía y a partir del primer cruce de ésta con calle propia del núcleo urbano, hacia el interior del mismo.

B) Suministro de agua potable y energía eléctrica con caudales y potencia suficientes para la edificación prevista.

C) Evacuación de aguas residuales a la red de alcantarillado.

No justifica la dotación con este servicio la evacuación a acequias o fosas sépticas, salvo que el Plan autorice estas últimas en casos excepcionales y en condiciones adecuadas, para zonas de muy baja densidad de edificación.

D) Acceso peatonal, encintado de aceras y alumbrado público en, al menos, una de las vías a que dé frente la parcela.

2. La actividad urbanística de ejecución del planeamiento se realiza en uno de estos dos regímenes: Actuaciones Aisladas o Actuaciones Integradas.

3. Se considera Actuación Integrada la obra pública de urbanización conjunta de dos o más parcelas, realizada de una sola vez o por fases, conforme a una única programación.

El Plan preverá la ejecución de Actuaciones Integradas en aquellos terrenos que pretenda urbanizar y cuya conexión a las redes de servicio existentes:

A) Exija producir dos o más solares simultáneamente transformando suelo que tenga pendiente la implantación de servicios; o

B) Requiera ocupar un terreno de dimensiones iguales o mayores a las reguladas en el artículo 20 de la Ley del Suelo No Urbanizable, de la Generalitat, con el fin de transformarlo produciendo uno o varios solares; o

C) Se estime más oportuno ejecutar mediante Actuaciones Integradas para asegurar una mayor calidad y homogeneidad en las obras de urbanización.

4. Las parcelas sujetas a una Actuación Integrada serán solar cuando, además de contar con los servicios expresados en el número 1 anterior, estén ejecutadas las infraestructuras mínimas de integración y conexión de la Actuación con su entorno territorial, estipuladas al programar aquélla.

5. Actuación Aislada es la que tiene por objeto una sola parcela y supone su edificación, así como, en su caso, la previa o simultánea urbanización precisa para convertirla en solar conectándola con las redes de infraestructuras y servicios existentes e inmediatas.

El Plan, siempre que respete las limitaciones impuestas por el número 3 anterior, podrá prever la ejecución de Actuaciones Aisladas para completar la urbanización de los terrenos que estime oportuno y preferible someter a este régimen, cuando ello sea posible sin menoscabo de la calidad y homogeneidad de las obras de infraestructura correspondientes. En particular, el Plan podrá prever que se complemente mediante Actuaciones Aisladas la urbanización parcialmente existente en manzanas o pequeñas unidades urbanas equivalentes donde, al menos, alguna de sus parcelas características ya sea solar.

6. El Plan también preverá su ejecución mediante Actuaciones Aisladas en los solares que no precisen de ninguna obra de urbanización por existir ya ésta de forma completa, salvo que su dotación de servicios urbanísticos sea contradictoria con el nuevo destino del suelo previsto por el planeamiento o insuficiente o inadecuada para servir a los nuevos aprovechamientos resultantes de su ordenación.

Los terrenos cuya condición de solar decaiga por obsolescencia o inadecuación de su urbanización, se sujetarán:

A) Al régimen de Actuaciones Integradas, cuando sea preceptivo o conveniente según las disposiciones anteriores.

B) Al régimen de Actuaciones Aisladas, si ello no se opone a lo dispuesto en el número 3 y, además, fuera más oportuno para ejecutar las obras de reforma interior, mejora o saneamiento correspondientes.

C) Al régimen general de las obras públicas o al de fuera de ordenación cuando, excepcionalmente, la nueva ordenación pretenda desvincular el terreno del proceso urbanizador existente y lo clasifique como suelo no urbanizable

⇒ V. disps. transits. 3ª y 4ª de la presente Ley.
V. Ley 4/1992, de 5 junio, Reguladora del Suelo No Urbanizable (§54).
V. arts. 8, 13 y 14 de la Ley 6/1998, de 13 abril (§1).

Jurisprudencia

«La Ley Valenciana, en su artículo 6 prevé fundamentalmente, dos formas de ejecución del planeamiento, bien a través de "actuaciones aisladas", bien a través de "actuaciones integradas". Se considera integrada una intervención urbanística, cuando se materializa una obra pública de urbanización conjunta de dos o más parcelas conforme a una única programación. Se considera actuación aislada, la que tiene por objeto una sola parcela y "supone su edificación, así como, en su caso, la previa o simultánea urbanización precisa para convertirla en solar conectándola con las redes de infraestructuras y servicios existentes e inmediatas". Art. 6.5. Las dos modalidades de intervención apuntada, están en función de la clasificación urbanística del territorio, a tenor de lo que previenen los artículos 8 y 9 de la Ley que venimos comentando. El primero de los preceptos citados, se expresa de forma manifiestamente distinta a como venían expresándose las diversas ordenaciones urbanísticas, pues en su primer inciso, dice categóricamente que, "la clasificación urbanística del suelo la constituye y confiere el Plan y sólo este podrá establecerla, mantenerla o modificarla ...". De acuerdo con estos criterios, en principio, si el Plan de Manises calificó el suelo del actor como urbano, es obvio que sería posible su inmediata ejecución, bien a través de una ejecución aislada, bien a través de una ejecución integrada, que contemple las dos parcelas, en las que puede fraccionarse o dividirse urbanísticamente la superficie del actor.

Esta cuestión queda resuelta con lo que dispone el artículo 10 de la Ley Valenciana, y disposiciones complementarias, con arreglo a las cuales el régimen de este suelo, con los antecedentes descritos, esto es, antes de que se apruebe la programación para el mismo, es el propio del suelo urbanizable caracterizado, en lo que aquí afecta, por las siguientes notas:

A) Sólo puede ser edificado con carácter excepcional, hasta el punto de que en el mismo, sólo se pueden autorizar: obras públicas; obras imprescindibles para explotaciones agrarias; obras de reforma, conservación y mejora compatibles con el uso genérico previsto por el Plan; y, obras de ampliación industrial, dentro de ciertos límites.

B) Está limitada la iniciativa particular, hasta el punto de que, sólo puede aprobarse un Plan Parcial de iniciativa particular, si antes o simultáneamente se ha aprobado el correspondiente programa.

C) Es improcedente cualquier parcelación o reparcelación de terrenos, hasta tanto y cuanto no se apruebe el programa de actuación. Así lo expresa categóricamente la letra b) del núm. 2 del artículo 66 de la Ley Valenciana, al afirmar que: "... no podrán otorgarse licencias de parcelación en las Unidades de Ejecución hasta que, una vez aprobado su correspondiente programa, se cumplan las condiciones legales prevista en él para ello, debiendo el titular de la parcela, haber contribuido proporcionalmente a las cargas de la actuación y haber quedado garantizada la urbanización de dicha parcela...".

Aunque ciertamente este precepto menciona al "urbanizador" y está encuadrado dentro del epígrafe genérico de las "prerrogativas del urbanizador y derechos de los propietarios afectados". Ello no obstante, hay que tener presente que, la ejecución de las actuaciones integradas es siempre pública, y que corresponde a la Administración decidir su gestión directa o indirecta. En el primer caso la ejecución de las obras corre a cargo de la Administración y son financiadas con fondos públicos; y en el segundo, la Administración, "... delega la condición de agente urbanizador ...", en favor de una iniciativa empresarial seleccionada en pública competencia. (art. 7.2). A todo esto se refiere el núm. 5 del artículo 29, al definir al urbanizador.

Por eso, el precepto que se menciona, niega la posibilidad de parcelación, no sólo en el curso del período de la aprobación de un programa para el desarrollo de una actuación integrada, sino también, antes, cuando la Unidad de Ejecución simplemente está delimitada, y aún no han comenzado los trámites aprobatorios del programa de actuación, pues de lo contrario podría frustrarse, y en este caso con mayor razón, la finalidad de éste, y más en concreto, la actuación integrada de la Unidad.

En este sentido, la norma Valenciana, no se separa de sus antecedentes normativos. No es posible obtener superficies edificables, en áreas sometidas a reparcelación, antes de la aprobación del correspondiente instrumento de desarrollo». **(STSJ Valencia 20 noviembre 1998 [RJCA 1998, 4202]).**

⇒ V. Jurisprudencia en arts. 82 y concordantes del TRLS/1976 (§3).

Artículo 7. Formas de gestión de las actuaciones.

1. La gestión de las Actuaciones Aisladas puede ser pública o privada. Los particulares están habilitados para llevarlas a cabo, salvo prohibición o contravención de la ordenación urbanística.

2. La ejecución de las Actuaciones Integradas es siempre pública, correspondiendo a la Administración decidir su gestión directa o indirecta. Se considera que una Actuación es de ejecución directa por la Administración, cuando la totalidad de las obras e inversiones que comporta son financiadas con fondos públicos y gestionadas por los órganos o empresas de la Administración. La gestión es indirecta cuando la Administración delega la condición de agente Urbanizador adjudicándola en favor de una iniciativa empresarial seleccionada en pública competencia.

3. Los Ayuntamientos podrán agruparse en entidades supramunicipales comarcales para la gestión de Actuaciones Aisladas o Integradas.

CAPÍTULO III
La clasificación urbanística del territorio

Artículo 8. Clases de suelo.

1. La clasificación urbanística del suelo la constituye y confiere el Plan y sólo éste podrá establecerla, mantenerla o modificarla.

2. El Plan clasifica el suelo en alguna de las siguientes clases: urbano, urbanizable y no urbanizable.

3. El suelo no urbanizable se clasificará respetando lo dispuesto en la Ley del Suelo No Urbanizable, 4/1992, de la Generalitat.

4. El Plan clasificará como suelo urbano y urbanizable los terrenos que, por convenir a su modelo territorial, se pretendan mantener o incorporar dentro del proceso de urbanización, con arreglo a lo dispuesto en el artículo siguiente.

⇒ V. arts. 8 y 9 del D. 201/1998, de 15 diciembre, que aprobó el Reglamento de Planeamiento de la Comunidad Valenciana, para el desarrollo de la Ley 6/1994, de 15 noviembre (§53.1).

V. Ley 4/1992, de 5 junio, Reguladora del Suelo no Urbanizable (§54).

V. art. 7 de la Ley 6/1998, de 13 abril (§1).

V. Jurisprudencia en arts. 77 y concordantes del TRLS/1976 (§3).

Artículo 9. Clasificación del suelo urbano y urbanizable. Finalidad y criterios de distinción entre ambos.

1. La clasificación de los terrenos como suelo urbanizable tiene por objeto someterlos al régimen de ejecución de Actuaciones Integradas. Los terrenos en que éstas estén previstas por el planeamiento tendrán la consideración de suelo urbanizable.

2. La clasificación de los terrenos como suelo urbano tiene por objeto posibilitar su desarrollo urbanístico preferentemente mediante Actuaciones Aisladas. Los terrenos en que éstas sean previstas por el Plan se entenderán clasificados como suelo urbano.

No obstante, a los solos efectos de la valoración de inmuebles y derechos, los solares que decaigan de esta condición se tasarán como suelo urbano, aunque sean clasificados de otro modo, cuando su propietario acredite haber consolidado dicha condición de solar, lícita y efectivamente, en regular desarrollo de la ordenación urbanística anterior. Dicha acreditación se presumirá, salvo prueba en contrario, cuando sea público y notorio que el terreno tuvo históricamente la condición de solar -definida en el artículo 6– de forma manifiesta.

⇒ V. arts. 10, 11 y 12 del D. 201/1998, de 15 diciembre, que aprobó el Reglamento de Planeamiento de la Comunidad Valenciana, para el desarrollo de la Ley 6/1994, de 15 noviembre (§53.1).

V. disp. transit. 3ª de la presente Ley.

V. arts. 8 y 10 de la Ley 6/1998, de 13 abril (§1).

V. Jurisprudencia en arts. 78, 79 y concordantes del TRLS/1976 (§3).

Artículo 10. Clasificación y programación del suelo urbanizable.

La clasificación como suelo urbanizable supone la mera aptitud de los terrenos para su urbanización, previa programación de los mismos. Hasta que se apruebe el Programa para el desarrollo de la correspondiente Actuación Integrada quedarán sujetos al régimen propio del denominado suelo urbanizable no programado, regulado en la disposición adicional segunda de la Ley del Suelo No Urbanizable, de la Generalitat.

⇒ V. arts. 10, 11 y 12 del D. 201/1998, de 15 diciembre, que aprobó el Reglamento de Planeamiento de la Comunidad Valenciana, para el desarrollo de la Ley 6/1994, de 15 noviembre (§53.1).
V. art. 6 de la presente Ley.
V. Ley 4/1992, de 5 junio, Reguladora del Suelo No Urbanizable (§54).

Artículo 11. Incidencia de la actividad urbanística en el suelo no urbanizable.

Los Planes podrán prever y ordenar reservas de suelo dotacional en suelo no urbanizable cuando sea conveniente para el mejor servicio público, pero la ejecución de infraestructuras de finalidad urbanizadora, en esta clase de suelo, quedará restringida a los casos previstos por la Ley del Suelo no Urbanizable de la Generalitat y sujeta a los requisitos que en ella se establezcan.

⇒ V. art. 9 de la Ley 6/1998, de 13 abril (§1).
V. Ley 11/1994, de 27 diciembre, de Espacios Naturales Protegidos en la Comunidad Valenciana.
V. Ley 4/1992, de 5 junio, Reguladora del Suelo No Urbanizable (§54).
V. Jurisprudencia en arts. 80 y concordantes del TRLS/1976 (§3).

TÍTULO I
LA ORDENACIÓN URBANÍSTICA DEL TERRITORIO

CAPÍTULO I
Instrumentos y disposiciones de la ordenación urbanística

Artículo 12. Instrumentos de ordenación.

Los actos de uso o transformación del suelo se realizarán en los términos previstos por esta Ley, los reglamentos generales que la desarrollen, las demás disposiciones dictadas en su ejecución y, en el marco de las anteriores normas, por los siguientes Instrumentos:

A) Planes de Acción Territorial de finalidad urbanística, que establecen criterios de coordinación para la redacción de los diversos Planes municipales, conforme a la Ley 6/1989, de la Generalitat, de 7 de julio.

B) Planes Generales, que definen la estrategia de utilización del territorio y su ordenación urbanística estructural para términos municipales completos, y las desarrollan detalladamente en suelo urbano y en el urbanizable de ejecución más inmediata.

C) Planes Parciales, que, desarrollando el Plan General, ordenan pormenorizadamente sectores concretos del suelo urbanizable.

D) Planes de Reforma Interior, que, en áreas consolidadas, complementan la ordenación pormenorizada de los Planes Generales para acometer operaciones de renovación urbana a fin de moderar densidades, reequipar barrios enteros o modernizar su destino urbanístico, preservando el patrimonio arquitectónico de interés.

E) Planes Especiales, que –en desarrollo, complemento o, incluso, modificación del planeamiento general y parcial– cumplen cualquiera de los siguientes cometidos: crear o ampliar reservas de suelo dotacional; definir y proteger las infraestructuras o vías de comunicación, el paisaje o el medio natural; adoptar medidas para la mejor conservación de los inmuebles de interés cultural o arquitectónico; concretar el funcionamiento de las redes de infraestructuras; y vincular áreas o parcelas, urbanas o urbanizables, a la construcción o rehabilitación de viviendas sujetas a algún régimen de protección pública cuando el Plan General se hubiera limitado a prever su destino residencial.

F) Catálogos de Bienes y Espacios Protegidos, que identifican y determinan el régimen de preservación o respeto para las construcciones, conjuntos, jardines u otro tipo de espacios, cuya alteración se someta a requisitos restrictivos, acordes con la especial valoración colectiva que merezcan dichos bienes. Los Catálogos se podrán aprobar como Planes independientes o como simples documentos de los Planes antes referidos.

G) Programas para el desarrollo de Actuaciones Integradas, que regulan el proceso de ejecución de éstas, fijando sus plazos, especificando su alcance y modalidad, designando el Urbanizador y concretando sus compromisos.

H) Estudios de Detalle, que completan o adaptan determinaciones establecidas en los Planes Generales y Parciales.

⇒ V. art. 12 de la Ley 6/1998, de 13 abril (§1).

V. art. 113.2 del TRLS/1992 (§2).

V. art. 2 del D. 201/1998, de 15 diciembre, que aprueba el Reglamento de Planeamiento de la Comunidad Valenciana (§53.1).

V. Orden 26 abril 1999, de la Consellería de Obras Públicas, Urbanismo y Transportes de la Generalitat Valenciana, que aprueba el Reglamento de zonas de Ordenación Urbanística.

V. Ley 4/1998, de 11 junio, Reguladora del Patrimonio Cultural Valenciano.

V. Ley 1/1998, de 5 mayo, sobre Accesibilidad y Supresión de Barreras Arquitectónicas, Urbanísticas y de la Comunicación.

V. Ley 11/1994, de 27 diciembre, de Espacios Naturales Protegidos en la Comunidad Valenciana.

V. Jurisprudencia en arts. 6 y concordantes del TRLS/1976 (§3).

Artículo 13. Reglamento Técnico de Planeamiento e Instrucciones de planeamiento.

1. Por decreto del Gobierno Valenciano se determinarán requisitos mínimos de calidad, sustanciales y formales, a satisfacer por los Planes, pudiéndose precisar y aumentar los estándares mínimos de suelo para dotaciones públicas exigidos por esta Ley.

2. El Conseller competente en Urbanismo, previo dictamen del Consejo Superior de Urbanismo, puede dictar instrucciones que orienten sobre objetivos y prioridades de los Planes e ilustren los problemas más comunes que en ellos convenga resolver. Estas instrucciones se publicarán, en extracto y para

conocimiento general, en el «Diari Oficial de la Generalitat Valenciana». Serán vinculantes para los órganos urbanísticos dependientes de la Administración Autonómica.

⇒ V. Ley 1/1998, de 5 mayo, sobre Accesibilidad y Supresión de Barreras Arquitectónicas, Urbanísticas y de la Comunicación.
V. D. 77/1996, de 16 abril, que aprueba el Reglamento de los órganos urbanísticos de la Generalidad.
V. O. 6 octubre 2000, del Conseller de Obras Públicas, Urbanismo y Transportes, por la que se desarrolla el D. 110/2000, de 18 julio, del Gobierno Valenciano, que aprueba el Reglamento Orgánico y Funcional de la Conselleria de Obras Públicas, Urbanismo y Transportes.
V. disp. transit. 7ª de la presente Ley.

Artículo 14. Reglamento orientativo de las distintas zonas de ordenación urbanística.

A fin de fomentar la homogeneidad y el mejor conocimiento público de las normas urbanísticas de los distintos Planes municipales, mediante reglamento aprobado por orden del Conseller competente en esta materia, se deberán formar y actualizar periódicamente modelos de regulación para cada una de las diversas zonas de ordenación urbanística más usuales en las previsiones de aquellos Planes. Estos podrán establecer el régimen urbanístico de las zonas que delimiten mediante remisión a ese reglamento general, aunque, alternativamente, también podrán contener su propia regulación cuando razones específicas de carácter local así lo aconsejen.

Para cada zona de ordenación urbanística se regularán los parámetros tipológicos básicos de sus construcciones en función de la utilización característica propia de su destino.

⇒ V. arts. 13 y 14 del D. 201/1998, de 15 diciembre, que aprobó el Reglamento de Planeamiento de la Comunidad Valenciana, para el desarrollo de la Ley 6/1994, de 15 noviembre (§53.1).
V. O. 26 abril 1999, de la Consellería de Obras Públicas, Urbanismo y Transportes de la Generalitat Valenciana, que aprueba el Reglamento de Zonas de Ordenación Urbanística.
V. disps. transits. 7ª y 11ª de la presente Ley.

Artículo 15. Ordenanzas municipales.

Las ordenanzas municipales de policía de la edificación regularán los aspectos morfológicos y ornamentales de las construcciones y, en general, aquellas condiciones de las obras de edificación que no sean definitorias de la edificabilidad o el destino del suelo. También pueden regular, en términos compatibles con el planeamiento, las actividades susceptibles de autorización en cada inmueble. Las ordenanzas deberán ser conformes con las disposiciones estatales o autonómicas relativas a la seguridad, salubridad, habitabilidad y calidad de las construcciones y en ningún caso menoscabarán las medidas establecidas para la protección del medio ambiente o de los bienes catalogados de interés cultural o histórico.

⇒ V. art. 4 del D. 201/1998, de 15 diciembre, que aprueba el Reglamento de Planeamiento de la Comunidad Valenciana (§53.1).
V. Instr. 1/1999, de 30 julio, de la Dirección General de Arquitectura y Vivienda de

Valencia, sobre criterios para la aplicación de las normas de control de calidad de la edificación y su documentación mediante el libro de control, dictada en aplicación del D. 107/1991, de 10 junio.

V. Ley 4/1998, de 11 junio, Reguladora del Patrimonio Cultural Valenciano.

CAPÍTULO II
Planes urbanísticos

Sección 1ª Planes de Acción Territorial de finalidad urbanística

Artículo 16. Planes de Acción Territorial de finalidad urbanística.

1. Los Planes de Acción Territorial de finalidad urbanística son instrumentos de ordenación supramunicipal para toda la Comunidad o parte de su territorio. Se podrá ordenar un mismo ámbito territorial, en sus diversos aspectos, por varios de estos Planes de contenidos complementarios.

2. Estos Planes, para el bienestar comunitario o las previsiones públicas, con proyección territorial, deberán cumplir todas o alguna de las siguientes funciones:

A) Establecer criterios generales para su desarrollo por el planeamiento municipal.

B) Coordinar las directrices sectoriales de las diferentes Administraciones públicas para que sean compatibles desde el punto de vista territorial.

C) Formalizar las previsiones territoriales precisas para acciones y proyectos a realizar de forma concertada entre distintas Administraciones públicas, estableciendo, incluso, reservas de suelo dotacional.

D) Orientar la ulterior regulación, propia de los Planes Generales, del suelo no urbanizable, así como las actividades futuras que en éste pudieran declararse de Interés Comunitario.

3. En cumplimiento de su función, los Planes de Acción Territorial pueden clasificar directamente terrenos como suelo no urbanizable, común o de especial protección, aunque no lo fueran al tiempo de su aprobación, siempre que respeten los niveles de protección mínimos fijados por el planeamiento municipal. En todo caso, distinguirán con precisión, en su contenido dispositivo, las determinaciones de aplicación directa de las directrices, orientativas o vinculantes, para la redacción de Planes Generales o Especiales.

4. Los municipios podrán agruparse para elaborar un Plan de ámbito comarcal. Estos planes podrán cumplir todas o algunas de las funciones previstas en el número 2 apartados A, B, C y D de este mismo artículo.

⇒ V. arts. 37, 38 y 39 del D. 201/1998, de 15 diciembre, que aprobó el Reglamento de Planeamiento de la Comunidad Valenciana, para el desarrollo de la Ley 6/1994, de 15 noviembre (§53.1).

V. Ley 4/1992, de 5 junio, Reguladora del Suelo No Urbanizable (§54).

V. Ley 11/1994, de 27 diciembre, de Espacios Naturales Protegidos en la Comunidad Valenciana.

V. Ac. 18 julio 2000, de la Consellería de Agricultura, Pesca y Alimentación, que modifica el Acuerdo 3 noviembre 1999, de adopción de medidas cautelares de protección de las delimitadas en el Proyecto de Catálogo de Zonas Húmedas de la Comunidad.

V. art. 113.2 del TRLS/1992 (§2).
V. Jurisprudencia en arts. 8 y concordantes del TRLS/1976 (§3).

Sección 2ª Planes Generales

Artículo 17. Plan General.

1. Los Planes Generales establecerán, para todo el territorio municipal, su ordenación urbanística estructural, estableciendo, al efecto, las siguientes determinaciones:

A) Directrices definitorias de la estrategia de evolución urbana y de ocupación del territorio.

B) Clasificación del suelo.

C) División del territorio en zonas de ordenación urbanística, determinando para cada una de ellas la normativa que, conforme al artículo 14, sea de aplicación.

D) Ordenación del suelo no urbanizable.

E) Delimitación de sectores definitorios de ámbitos mínimos de planeamiento parcial o de reforma interior.

F) Tratamiento, conforme a su legislación reguladora, para su protección y funcionalidad, de los bienes de dominio público no municipal.

G) Establecimiento de áreas de reparto y determinación de los aprovechamientos tipo correspondientes.

H) Expresión de los objetivos a considerar en la redacción de los instrumentos de desarrollo del Plan General, indicando como mínimo, las posibles tipologías y las densidades máximas y, para los Planes Parciales y Estudios de Detalle, el coeficiente de máxima edificabilidad.

I) Ordenación de los centros cívicos y de las actividades susceptibles de generar tránsito intenso.

J) Delimitación de una red primaria o estructural de reservas de terrenos y construcciones de destino dotacional público que asegure la racionalidad y coherencia del desarrollo urbanístico, garantizando la calidad y funcionalidad de los principales espacios de uso colectivo.

2. La red primaria o estructural de dotaciones públicas comprenderá las reservas precisas para todas las siguientes:

A) Parques públicos en proporción no inferior a media hectárea por cada millar de habitantes. No obstante, cuando la población municipal no rebase los 5.000 habitantes, se podrá minorar esta exigencia, en lo que resulte superflua para atender las necesidades sociales.

B) Equipamientos y redes de transporte, comunicaciones y servicios de titularidad o de carácter supramunicipal, con esquema indicativo de su funcionamiento.

C) Infraestructuras, espacios libres, jardines y otras dotaciones de cualquier índole que, por su cometido específico, sus dimensiones o su posición estratégica, integren o hayan de integrar la estructura del desarrollo urbanístico de todo el territorio ordenado, así como las que cumplan análoga función estructurante respecto a cada sector, señalando, incluso, las principales avenidas, plazas o escenarios urbanos en proyecto que sirvan de pauta o hito de referencia para el desarrollo coherente del planeamiento parcial.

D) Terrenos dotacionales cuya reserva convenga prefigurar con prevalencia o antelación respecto a la forma de los edificios y parcelas a consolidar en su entorno.

E) Vías públicas e infraestructuras que presten servicio y comunicación recíproca a las dotaciones expresadas en los apartados anteriores integrando una red unitaria.

3. Todo Plan General debe delimitar, como zona diferenciada a efectos del anterior número 1 C), uno o varios núcleos históricos tradicionales, donde la ordenación urbanística no permita la sustitución indiscriminada de edificios y exija que su conservación, implantación, reforma o renovación armonicen con la tipología histórica. Asimismo, en consonancia con las políticas de conservación del patrimonio histórico, arquitectónico y cultural, definidas por los órganos competentes, catalogará los bienes inmuebles y adoptará las medidas protectoras que, conforme a aquéllas, resulten de interés.

4. Los Planes Generales determinarán la secuencia lógica de su desarrollo territorial mediante el establecimiento pormenorizado de las condiciones objetivas que han de cumplirse para que sea posible la incorporación de cada tramo de urbanización al contexto global del territorio, definiendo así un orden básico de prioridades para la ejecución de las Actuaciones Integradas previstas y regulando las condiciones que éstas han de satisfacer para que sea posible su programación.

5. El Plan General preverá la expansión urbana del municipio para 10 años aproximadamente, y también la reserva de suelo y dotaciones para la implantación de infraestructuras públicas previsibles a más largo plazo.

6. Cada Plan General ha de justificar su adecuación a los Planes de Acción Territorial que le afecten y al planeamiento de los municipios colindantes. Asimismo, además de la ordenación de un término municipal completo, debe establecer o reflejar la ordenación de los terrenos más próximos que lo circunden hasta una franja limítrofe de la anchura imprescindible, en cada punto, para garantizar la homogeneidad o coordinación del planeamiento en la frontera común de ambos términos.

⇒ V. arts. 40 a 59 del D. 201/1998, de 15 diciembre, que aprobó el Reglamento de Planeamiento de la Comunidad Valenciana, para el desarrollo de la Ley 6/1994, de 15 noviembre (§53.1).

V. O. 29 marzo 1996, que aprueba la Instrucción de Planeamiento 23 enero 1996, sobre la homologación de planes a la Ley Reguladora de la Actividad Urbanística.

V. Ley 4/1992, de 5 junio, Reguladora del Suelo No Urbanizable (§54).

V. Ley 4/1998, de 11 junio, Reguladora del Patrimonio Cultural Valenciano.

V. Ley 1/1998, de 5 mayo, sobre Accesibilidad y Supresión de Barreras Arquitectónicas, Urbanísticas y de la Comunicación.

V. disp. transit. 1ª de la presente Ley.

V. Jurisprudencia en arts. 10 y concordantes del TRLS/1976 (§3).

Artículo 18. Otras determinaciones del Plan General; ordenación pormenorizada.

1. Además de las determinaciones del artículo anterior, los Planes Generales ordenarán pormenorizadamente –con la misma precisión exigible de un Plan Parcial– los terrenos cuyo desarrollo urbanístico se estime prioritario.

2. En todo caso establecerán dicha ordenación para el suelo urbano, legitimando en él la actuación directa sin Planes complementarios, sin perjuicio de la posibilidad de delimitar sectores de ordenación diferida a un Plan de Reforma Interior para áreas cuya consolidación urbana se pretenda reestructurar con las finalidades expresadas en el artículo 12 D).

3. El Plan General ordenará pormenorizadamente los terrenos que clasifique como suelo urbanizable inmediatos al urbano y, al menos, los precisos para que queden atendidas las demandas previsibles del mercado inmobiliario a corto y medio plazo, facilitando con dicha ordenación la pronta programación de los terrenos y excusando la ulterior exigencia de Planes Parciales.

4. Cuanto mayor sea el crecimiento urbanístico previsto para el Municipio o más ambicioso resulte el mismo respecto a la capacidad de gestión actual de éste, mayor será el grado de concreción exigible respecto a las determinaciones de este artículo y del número 2 del anterior.

⇒ V. arts. 40 a 59 del D. 201/1998, de 15 diciembre, que aprobó el Reglamento de Planeamiento de la Comunidad Valenciana, para el desarrollo de la Ley 6/1994, de 15 noviembre (§53.1).

V. O. 29 marzo 1996, que aprueba la Instrucción de Planeamiento 23 enero 1996, sobre la homologación de planes a la Ley Reguladora de la Actividad Urbanística.

V. disp. transit. 1ª de la presente Ley.

V. arts. 13, 14 y 19 de la Ley 6/1998, de 13 abril (§1).

V. Jurisprudencia en arts. 11 y concordantes del TRLS/1976 (§3).

Artículo 19. Límites al ejercicio de la potestad de planeamiento a través de los Planes Generales.

El planeamiento general:

A) Cuando en un barrio o núcleo de población ya existan más de 75 viviendas o de 10.000 metros cuadrados de edificación residencial por hectárea de terreno, nunca aumentará la edificabilidad media o la densidad global respecto a las previsiones del planeamiento anterior y procurará que disminuya o, a lo sumo, se mantenga, en su intensidad, la tendencia histórica de consolidación experimentada durante el último medio siglo.

B) En zonas consolidadas, el volumen atribuido a las parcelas no superará el característico de la edificación que, dentro de ordenación, exista en su entorno y se abstendrá de aumentarlo, respecto a la ordenación anterior, cuando ello redunde en detrimento del mejor cumplimiento de los estándares legales de dotaciones públicas.

C) Para las zonas turísticas promoverá la ocupación de baja y media densidad dentro de los parámetros máximos que reglamentariamente se determinen.

⇒ V. O. 29 marzo 1996, que aprueba la Instrucción de Planeamiento 23 enero 1996, sobre la homologación de planes a la Ley Reguladora de la Actividad Urbanística.

Artículo 20. Criterios de sectorización.

1. Sector es el ámbito de ordenación propio de un Plan Parcial o de un Plan de Reforma Interior. Cada uno de estos Planes abarcará uno o varios sectores completos.

2. La sectorización se debe efectuar atendiendo al modo más idóneo de estructurar la utilización urbanística del territorio. El perímetro de los sectores se configurará con ejes viarios y alineaciones propias de la red primaria o estructural de dotaciones, o excepcionalmente, con los límites del suelo no urbanizable. A su vez, el trazado de dichas alineaciones y límites respetará las siguientes reglas:

A) Los caminos rústicos, las acequias, las curvas de nivel topográficas, los yacimientos minerales a cielo abierto en desuso y los perímetros de protección del dominio público natural o de otros elementos naturales, así como sus proyecciones virtuales, sólo podrán configurar ese trazado cuando en ellos concurran específicas cualidades que hagan idónea su elección como frontera de un desarrollo urbanístico y así se justifique.

B) Dicho trazado nunca se determinará con el exclusivo propósito de ajustarlo a límites de término municipal o a lindes de propiedad. Cuando la más idónea conformación de la ordenación urbanística aconseje un trazado coincidente con esos límites, el Plan deberá acreditar que esa coincidencia obedece a fines concretos y acordes con la potestad pública de planeamiento regulada en el artículo 2, no a la mera conveniencia de ajustar sus determinaciones a condiciones prediales o administrativas preexistentes y ajenas al bienestar futuro de la población.

⇒ V. art. 62 del D. 201/1998, de 15 diciembre, que aprobó el Reglamento de Planeamiento de la Comunidad Valenciana, para el desarrollo de la Ley 6/1994, de 15 noviembre (§53.1).
V. Ley 4/1992, de 5 junio, Reguladora del Suelo No Urbanizable (§54).

Sección 3ª Planes Parciales y de reforma interior

Artículo 21. Determinaciones del Plan Parcial.

1. En los sectores de suelo urbanizable que el Plan General sólo hubiera ordenado con las determinaciones del artículo 17, los Planes Parciales las complementarán detallando las alineaciones, las rasantes y las reservas dotacionales suplementarias de la red estructural o primaria. Asimismo, deberán fijar, gráfica o normativamente, el parcelario, así como los destinos urbanísticos y las edificabilidades previstas para los terrenos y construcciones.

2. También pueden formularse Planes Parciales a fin de mejorar la ordenación pormenorizada establecida en los Planes Generales para el suelo urbanizable, buscando soluciones que mejoren la calidad ambiental de los futuros

espacios urbanos de uso colectivo o la capacidad de servicio de las dotaciones públicas. En este caso, los Planes Parciales deberán fundar sus determinaciones en las directrices del planeamiento general para su desarrollo por el parcial.

⇒ V. arts. 60 a 70 del D. 201/1998, de 15 diciembre, que aprobó el Reglamento de Planeamiento de la Comunidad Valenciana, para el desarrollo de la Ley 6/1994, de 15 noviembre (§53.1).

V. art. 122 de la presente Ley.

V. art. 12 de la Ley 6/1998, de 13 abril (§1).

V. Jurisprudencia en arts. 13 y concordantes del TRLS/1976 (§3).

Artículo 22. Estándares mínimos de cumplimiento preceptivo por el planeamiento parcial.

1. La ordenación establecida por los Planes Parciales ha de cumplir las exigencias mínimas de calidad urbanística que se determinan reglamentariamente y, en especial, las siguientes:

A) La edificabilidad residencial no superará la prevista en el artículo 19 respecto a la superficie del Plan Parcial, cuya densidad no contravendrá lo dispuesto en dicho precepto.

B) En sectores susceptibles de utilización residencial, la reserva de suelo con destino dotacional público, sin contar el viario, debe superar los 35 metros cuadrados por cada 100 de techo potencialmente edificable.

C) Deben destinarse a zonas verdes públicas, al menos, 15 metros cuadrados de los 35 exigidos en el apartado B) anterior y, en todo caso, más del 10 por 100 de la superficie total del sector cualquiera que sea el uso propio de sus edificios.

D) Por cada vivienda, apartamento, chalet, estudio o unidad de edificación reglamentariamente determinada debe preverse más de una plaza de aparcamiento fuera de la superficie estrictamente viaria.

No se computarán, para verificar el cumplimiento de las exigencias antes expresadas, las reservas dotacionales de la red estructural establecidas conforme al artículo 17.2, salvo que éstas ofrezcan condiciones privilegiadas de uso cotidiano y disfrute permanente para la población del sector, en cuyo caso se computarán, en los casos y en la proporción que reglamentariamente se establezca.

2. Los Planes Generales también deben observar las exigencias del número anterior en el suelo urbanizable que ordenen pormenorizadamente.

No obstante, en las zonas de borde inmediatas al suelo urbano, podrá eximirse, parcial y justificadamente, del cumplimiento de aquellas exigencias del número 1 que, por incompatibles con la consolidación, resulten impracticables. Esta exención se acordará sólo en lo estrictamente preciso para ultimar la trama urbana en coherencia *formal* y *funcional* con sus condiciones *históricas.*

La misma regla será de aplicación para los planes parciales que modifiquen la ordenación del Plan General en sus determinaciones reguladas por el artículo 18.

3. Mediante resolución motivada del Conseller competente en materia de Urbanismo, dictada previo informe favorable del Consejo Superior de Urbanismo y dentro de las limitaciones que reglamentariamente se determinen, podrán minorarse las exigencias del número 1 anterior para supuestos concretos en los que concurra una de las siguientes circunstancias:

A) Que se trate de sectores autónomos cuyo destino sea el de edificios turísticos o de ocupación estacional o recreativa de tipología residencial aislada y con muy baja densidad y volumetría o el de complejos industriales aislados, siempre que queden provistos de servicios privados especialmente importantes o de privilegiadas condiciones ambientales.

B) Que la mayor superficie de la red viaria, unida a su mejor trazado o localización, compensen, con evidentes ventajas para el interés público, pequeñas disminuciones –nunca superiores a un 10 por 100– respecto a la superficie mínima que, con carácter general, se exige para las restantes dotaciones públicas.

C) Que concurran causas excepcionales de interés público que justifiquen autorizar una densidad o edificabilidad que superen las máximas ordinarias, aunque nunca más de un 20 por 100, sin perjuicio del íntegro cumplimiento de las exigencias de los apartados B), C) y D) del número 1 anterior.

⇒ V. disp. transit. 8ª de la presente Ley.

V. art. 63 del D. 201/1998, de 15 diciembre, que aprobó el Reglamento de Planeamiento de la Comunidad Valenciana, para el desarrollo de la Ley 6/1994, de 15 noviembre (§53.1).

V. O. 29 marzo 1996, que aprueba la Instrucción de Planeamiento 23 enero 1996, sobre la homologación de planes a la Ley Reguladora de la Actividad Urbanística.

V. O. 6 octubre 2000, del Conseller de Obras Públicas, Urbanismo y Transportes, por la que se desarrolla el D. 110/2000, de 18 julio, del Gobierno Valenciano, que aprueba el Reglamento Orgánico y Funcional de la Conselleria de Obras Públicas, Urbanismo y Transportes.

Artículo 23. Planes de Reforma Interior.

1. Los Planes de Reforma Interior tienen por objeto operaciones encaminadas a los fines enunciados en el artículo 12 D), debiendo desarrollar, para ello, la ordenación de los Planes Generales en las áreas que éstos específicamente determinen. También se puede acometer operaciones de reforma interior con los fines mencionados, formulando Planes de este tipo que aporten mejoras a la ordenación pormenorizada por el Plan General para el suelo urbano.

Las determinaciones de los Planes de Reforma Interior se adecuarán a los estándares establecidos por el artículo anterior, aunque con el margen de tolerancia expresado en el párrafo segundo de su número 2.

2. El Plan de Reforma Interior diferenciará los terrenos que han de quedar sujetos al régimen de Actuaciones Aisladas de los que someta al régimen de Actuaciones Integradas. Sin perjuicio de lo dispuesto en el último párrafo del artículo 9.2, los inmuebles que el Plan General incluya en sectores a

desarrollar mediante Plan de Reforma Interior, mientras éste o aquél no dispongan otra cosa, estarán sujetos al régimen urbanístico regulado en el artículo 10.

⇒ V. arts. 71, 72, 73, 74 y 75 del D. 201/1998, de 15 diciembre, que aprobó el Reglamento de Planeamiento de la Comunidad Valenciana, para el desarrollo de la Ley 6/1994, de 15 noviembre (§53.1).
V. disp. transit. 3ª de la presente Ley.
V. arts. 9 y 19 de la Ley 6/1998, de 13 abril (§1).
V. art. 113.2 del TRLS/1992 (§2).
V. Jurisprudencia en arts. 17 y concordantes del TRLS/1976 (§3).

Sección 4ª Planes Especiales. Catálogos de Bienes y Espacios Protegidos

Artículo 24. Planes Especiales.

Como complemento, desarrollo o mejora del planeamiento general podrán formularse Planes Especiales cuyo objeto sea satisfacer los fines públicos taxativamente previstos en el artículo 12 E) y F). Se formalizan mediante los documentos más adecuados a su objeto específico, debiendo redactarse con igual o mayor detalle que el planeamiento que complementen o modifiquen.

⇒ V. arts. 86 a 91 del D. 201/1998, de 15 diciembre, que aprobó el Reglamento de Planeamiento de la Comunidad Valenciana, para el desarrollo de la Ley 6/1994, de 15 noviembre (§53.1).
V. arts. 9 y 19 de la Ley 6/1998, de 13 abril (§1).
V. art. 113.2 del TRLS/1992 (§2).
V. Jurisprudencia en arts. 17, 23 y concordantes del TRLS/1976 (§3).

Artículo 25. Catálogos de Bienes y Espacios Protegidos.

1. Los Catálogos de Bienes y Espacios Protegidos formalizarán las políticas públicas de conservación, rehabilitación o protección de los bienes inmuebles o de los espacios de interés. A tal fin seleccionarán los que se consideren de interés artístico, histórico, paleontológico, arqueológico, etnológico, arquitectónico o botánico y los que integren un ambiente característico o tradicional, así como los que se pretendan conservar por su representatividad del acervo cultural común o por razones paisajísticas.

2. La Generalitat ha de mantener un Registro actualizado de todos los inmuebles catalogados, con información suficiente de su situación física y jurídica y expresión de las medidas y del grado de protección a que estén sujetos según las categorías que reglamentariamente se establezcan.

El reglamento de este Registro dispensará un tratamiento específico y acorde con la legislación de patrimonio cultural o de medio ambiente a aquellos bienes, entre todos los catalogados, que estén sujetos, además, a medidas dictadas al amparo de la misma.

⇒ V. arts. 92 a 99 del D. 201/1998, de 15 diciembre, que aprobó el Reglamento de Planeamiento de la Comunidad Valenciana, para el desarrollo de la Ley 6/1994, de 15 noviembre (§53.1).
V. Ley 4/1998, de 11 junio, Reguladora del Patrimonio Cultural Valenciano.
V. art. 9 y 19 de la Ley 6/1998, de 13 abril (§1).
V. Jurisprudencia en arts. 25 y concordantes del TRLS/1976 (§3).

Sección 5ª Estudios de Detalle

Artículo 26. Estudios de Detalle.

1. Los Estudios de Detalle se formularán para las áreas o en los supuestos previstos por los Planes Generales, debiendo comprender, como mínimo, manzanas o unidades urbanas equivalentes completas.

2. Los Estudios de Detalle tendrán por objeto prever o reajustar, según proceda:

A) El señalamiento de alineaciones y rasantes.

B) La ordenación de los volúmenes de acuerdo con las especificaciones del Plan correspondiente.

3. Los Estudios de Detalle no pueden alterar el destino del suelo ni aumentar su aprovechamiento urbanístico, ni incumplir las normas específicas que para su redacción ha de prever el Plan que reclame elaborarlos. Podrán crear los nuevos viales o suelos dotacionales públicos que precise la remodelación tipológica o morfológica del volumen ordenado, pero no suprimir ni reducir los previstos por dicho Plan.

⇒ V. arts. 100 y 101 del D. 201/1998, de 15 diciembre, que aprobó el Reglamento de Planeamiento de la Comunidad Valenciana, para el desarrollo de la Ley 6/1994, de 15 noviembre (§53.1).
V. art. 12 de la Ley 6/1998, de 13 abril (§1).
V. Jurisprudencia en arts. 14 y concordantes del TRLS/1976 (§3).

Sección 6ª Documentación de los Planes anteriormente enunciados

Artículo 27. Documentación de los Planes.

1. Reglamentariamente se determinará la documentación que han de contener los Planes respetando las siguientes reglas:

A) La documentación diferenciará una Memoria, informativa y justificativa, de los documentos –gráficos o literarios– con eficacia normativa.

B) La Memoria incluirá, como mínimo, la información y justificación demográfica y sociológica de las determinaciones.

Los Planes Generales que afecten a grandes poblaciones, según reglamentariamente se definan, deberán analizar, en su memoria, el tráfico, la movilidad y el transporte, así como evaluar críticamente las posibles implicaciones económicas y financieras del Plan.

El estudio de impacto ambiental, exigible para los Planes Generales y de Acción Territorial, vendrá desarrollado como parte específica de su Memoria.

C) La documentación justificativa e informativa de cada Plan General podrá ser diferente en atención a las problemáticas específicas del Municipio, a su grado de complejidad y a sus peculiaridades.

D) Los planos del Plan General referidos a los terrenos objeto de ordenación pormenorizada deberán tener mayor detalle y escala. Se incluirá, en todo caso, un plano específico de la red estructural o primaria de dotaciones. Las determinaciones normativas del Plan General diferenciarán las correspondientes al artículo 17 y al 18, debiéndose expresar estas últimas en la forma exigible para los Planes Parciales.

E) La documentación de los Planes Parciales y de los Planes de Reforma Interior será análoga y su parte justificativa incluirá, cuanto menos, planos de información expresivos de todos los factores, físicos o jurídicos, que condicionen o afecten la ordenación establecida y expresión gráfica suficiente de su resultado final, describiendo los espacios públicos que integren la estructura urbana prevista, con justificación expresa de la aptitud de servicio de las reservas de suelo dotacional diseñadas.

F) Los Planes contendrán gráficos prospectivos que orienten sobre los posibles resultados de su ordenación, tanto si regulan el volumen de la edificación (exterior o subterráneo) mediante planos como por medio de textos normativos.

G) Los Estudios de Detalle contendrán un análisis gráfico de los volúmenes ordenados comprensivo de su ámbito mínimo y su entorno.

2. La Generalitat debe normalizar la elaboración de la cartografía de utilidad urbanística, a fin de posibilitar que la reproducción en soporte electrónico de los documentos de planeamiento esté debidamente coordinada en el ámbito de toda la Comunidad Valenciana.

⇒ V. O. 8 marzo 1999, de la Consellería de Obras Públicas, Urbanismo y Transportes de la Generalitat Valenciana, que declara de necesaria observancia en la redacción de planes urbanísticos o territoriales, determinadas cartografías temáticas y estudios integrales del Sistema de Información Territorial, ampliada por la O. 15 febrero 2000.

V. Ley 2/1989, de 3 marzo, de Estudios de Impacto Ambiental. Desarrollada por D. 162/1990, de 15 octubre.

V. Ley 6/2001, de 8 mayo, de modificación del Real Decreto Legislativo 1302/1986, de 28 junio, de Evaluación de Impacto Ambiental.

Artículo 28. Documentación adicional para Planes Parciales o de Reforma Interior de mejora.

1. Cuando los Planes Parciales o de Reforma Interior impliquen modificación parcial de la ordenación prevista en los correspondientes Planes Generales, deberán contener la siguiente documentación adicional:

A) Justificación detallada de la reforma pretendida, en relación no sólo con el terreno directamente afectado, sino con el conjunto del Sector y su entorno inmediato, con especial referencia a la red primaria o estructural de dotaciones.

B) Planos de ordenación pormenorizada conjunta del Sector y de sus inmediaciones, que demuestren gráficamente la mejora de la ordenación contemplada en su contexto espacial más amplio.

C) Si la propuesta implica variaciones en la red primaria o estructural de dotaciones, contendrá, además, nuevo plano de ordenación de dicha red, a igual escala que el del Plan General y referido a la total superficie del núcleo de población, barrio o unidad geográfica urbana afectada, existente o en proyecto, sin excluir sus ensanches potenciales.

D) Si el Plan o su modificación reclasifica suelo no urbanizable, debe contener estudio de impacto ambiental.

2. Las modificaciones parciales de cualquier Plan que afecten a la clasificación del suelo o al destino público de éste, deben comprender la documentación prevista en el número 1. Si afectan a la ordenación del volumen edificable deberán incorporar, para la entera manzana afectada y su entorno visual, las perspectivas y los planos de ordenación propios de un Estudio de Detalle.

Cualquier instrumento de planeamiento que modifique parcialmente las determinaciones de otro anterior deberá acompañar un documento de refundición que refleje tanto las nuevas determinaciones como las que queden en vigor, a fin de reemplazar la antigua documentación.

⇒ V. Ley 4/1992, de 5 junio, Reguladora del Suelo No Urbanizable (§54).
V. Ley 2/1989, de 3 marzo, de Estudios de Impacto Ambiental. Desarrollada por D. 162/1990, de 15 octubre.
V. Ley 6/2001, de 8 mayo, de modificación del Real Decreto Legislativo 1302/1986, de 28 junio, de Evaluación de Impacto Ambiental.

Sección 7ª Programas para el desarrollo de Actuaciones Integradas

Artículo 29. Los Programas para el desarrollo de Actuaciones Integradas. Objeto y determinaciones.

1. Función.

La urbanización y la, posterior o simultánea, edificación del suelo urbanizable, requiere la previa concurrencia de estos dos requisitos:

A) La aprobación de una ordenación pormenorizada que puede estar directamente determinada en el Plan General –conforme al artículo 18– o establecerse mediante Planes Parciales o de Reforma Interior que desarrollen aquél, y

B) La programación para ejecutar esa ordenación pormenorizada, mediante la aprobación definitiva del correspondiente Programa para el desarrollo de Actuaciones Integradas, necesario para legitimar la urbanización.

Los Programas planifican la realización de las Actuaciones Integradas.

La aprobación del Programa puede ser simultánea o posterior a la de la ordenación pormenorizada. Excepcionalmente, también puede ser anterior cuando el programa se desarrolle en fases correspondientes a varios sectores y junto a él se apruebe el Plan Parcial de la primera fase.

2. Objeto.

Los Programas tienen por objeto: identificar el ámbito de una Actuación Integrada con expresión de las obras que se han de acometer; programar los plazos para su ejecución; establecer las bases técnicas y económicas para gestionar la Actuación; regular los compromisos y obligaciones que asume el Urbanizador designado al aprobar el Programa, definiendo, conforme a esta Ley, sus relaciones con la Administración y con los propietarios afectados; y fijar las garantías de cumplimiento y las sanciones por incumplimiento de dichas obligaciones

3. Ámbito.

El Programa abarcará una o varias Unidades de Ejecución completas.

4. Obras y costes.

El Programa describirá las obras de urbanización a realizar y, en su caso, las de edificación, relacionándolas con los compromisos del Urbanizador y expresará, al menos:

A) La definición o esquema de la estructura de la urbanización, con diagramas descriptivos de aquellos elementos más significativos o relevantes para determinar su coste total.

B) Una memoria de calidades relativa, como mínimo, a las principales obras y elementos de urbanización a ejecutar.

C) Los recursos disponibles para los abastecimientos básicos, modo de obtención y financiación.

D) Las características básicas de la red de evacuación de aguas que se prevé diseñar, indicando su carácter separativo o no; su capacidad de drenaje, cubicándola con el potencial aproximado de efluentes a soportar, tanto pluviales como residuales, ya tengan su origen en el ámbito del Programa o bien en posibles aportes exteriores; punto o puntos de vertido y calidad de éste, en relación con su depuración e impacto ambiental.

E) La capacidad portante de la red viaria y las directrices para la implantación de los demás servicios de urbanización.

5. Plazos.

Los Programas preverán el inicio de su ejecución material dentro de su primer año de vigencia y la conclusión de la urbanización antes de un lustro desde su inicio. Por causas excepcionales y previo informe favorable del Consejo Superior de Urbanismo pueden aprobarse Programas con plazos más amplios o prórrogas a éstos. El Programa especificará el calendario de su desarrollo en sus distintas fases, trabajos y gestiones que integran la Actuación.

6. El urbanizador.

Es el agente público responsable de ejecutar la Actuación. En ejercicio directo de sus competencias, esa responsabilidad puede ser asumida por la propia Administración o, mediante gestión indirecta, adjudicarse a un particular –sea o no propietario del terreno–, seleccionado como Urbanizador en pública competencia al aprobar el Programa y según convenio estipulado en éste. El Programa ha de fijar la forma de gestión -directa o indirecta– de la Actuación Integrada.

Los Municipios podrán agruparse para dirigir o desarrollar Actuaciones Integradas en el ámbito comarcal.

7. Responsabilidad del urbanizador.

El coste de las inversiones, instalaciones, obras y compensaciones necesarias para ejecutar el Programa, será garantizado en forma y proporción suficientes y financiado por el Urbanizador responsable de la Actuación, quien podrá repercutirlo en la propiedad de los solares resultantes. Si el Proyecto de Urbanización no es aprobado simultáneamente junto al Programa, le corresponde al Urbanizador redactarlo. El Programa precisará y regulará los compromisos, sustantivos y temporales, que asume expresamente el Urbanizador con su aprobación. La Administración puede comprometer, al aprobarse un Programa, el gasto público necesario para financiar determinadas infraestructuras de apoyo a la Actuación que considere de interés general prioritario.

8. Garantías.

Todo Programa ha de asegurar el cumplimiento de sus previsiones ya sea mediante créditos comprometido con cargo al presupuesto de una Administración, o bien con garantía -financiera o real– prestada y mantenida por el adjudicatario seleccionado como Urbanizador, por el importe mínimo que reglamentariamente se determine y que nunca excusará la prestación de aval o fianza por valor mínimo del 7 por 100 del coste de urbanización previsto.

9. Relaciones con los propietarios.

El Programa regulará las relaciones entre el Urbanizador y los propietarios afectados desarrollando las siguientes bases:

A) El Urbanizador de una Actuación Integrada debe soportar los costes de la urbanización en la medida en que le sean compensados retribuyéndole en terrenos edificables. Los costes no compensados así, le serán resarcidos en metálico por los propietarios de terrenos edificables resultantes de la Actuación.

B) Los propietarios afectados por una Actuación Integrada pueden cooperar con ella aportando su primitivo terreno sin urbanizar y recibiendo, a cambio, parcelas edificables urbanizadas. Dicha cooperación admite dos modalidades, a saber que el propietario:

1º) Contribuya proporcionadamente a las cargas de la urbanización cediendo terrenos. En este caso le corresponde recibir, libre de cargas, menor solar que en el regulado en el ordinal siguiente, constituyendo la diferencia la retribución del Urbanizador.

2º) Abone –en metálico y como retribución en favor del Urbanizador– su cuota parte de las cargas de la urbanización, garantizando esta deuda.

C) Los propietarios que expresamente declinen cooperar, por entender inconveniente o imprudente el desarrollo urbanístico de sus terrenos, pueden renunciar a ello si piden –mediante solicitud presentada en documento público antes del acuerdo aprobatorio del Programa– la expropiación y pago según su valor inicial o el que corresponda conforme a la legislación estatal a la condición de suelo urbanizable no programado. Dicho acuerdo probatorio determinará la incoación del expediente de determinación del justiprecio para la finca correspondiente.

10. Relaciones entre el adjudicatario particular y la Administración.

La Administración ejercerá sus potestades públicas (como la expropiación o la reparcelación forzosa) cuando resulte necesario para desarrollar la Actuación. El Urbanizador puede proponerlo, redactando los proyectos técnicos y financiando los gastos que ello conlleve.

El incumplimiento del plazo de ejecución de un Programa determinará, salvo prórroga justificada en causa de interés público, la caducidad de la adjudicación. El adjudicatario que incumpla sus compromisos puede ser objeto de las penas contractuales previstas en el propio Programa y ser, en casos graves, privado de su condición de Urbanizador.

Los adjudicatarios de Programas tendrán derecho a que se les compense, en los términos previstos por la legislación general de contratación administrativa, por su revocación anticipada o cuando el inadecuado ejercicio de sus potestades públicas por la Administración actuante impida el normal desarrollo de la Actuación.

Las decisiones públicas que alteren el desarrollo de una Actuación Integrada variando las previsiones del Programa comportarán las compensaciones económicas que procedan para restaurar el equilibrio económico de la Actuación en favor de la Administración o del adjudicatario. Cuando estas alteraciones, por su importancia, afecten en más de un 20 por 100 el coste de los compromisos y las obligaciones asumidos por el adjudicatario, se resolverá la adjudicación, salvo que, por el estado de desarrollo de la Actuación, ello lesione los intereses públicos o que, para la mejor satisfacción de éstos, se alcance acuerdo entre las partes afectadas que permita proseguir la Actuación.

11. Cesión de la adjudicación.

El Urbanizador puede ceder –en escritura pública– su condición en favor de tercero que se subrogue en todas sus obligaciones ante la Administración actuante. Esta ha de aprobar la cesión y, si menoscaba el interés general o supone defraudación de la pública competencia en la adjudicación, la denegará o acordará la gestión directa. La cesión parcial, para tramo o porción minoritaria de la Actuación, requiere que entre cedente y adquirente asuman, solidaria o mancomunadamente, una programación debidamente coordinada y un conjunto de compromisos que satisfagan las exigencias de la programación originaria. Para que el Urbanizador particular pueda contratar prestaciones accesorias de su gestión con tercero, sin transmitirle sus responsabilidades ante la Administración actuante, bastará que dé cuenta de ello a ésta.

12. Otros contenidos.

El Programa puede prever, excepcionalmente, la elaboración de Planes complementarios, compromisos de edificación o rehabilitación y de afección de inmuebles a fines sociales o limitaciones económicas determinadas y otras prestaciones en beneficio de los patrimonios públicos de suelo o de la ejecución de obras públicas.

13. Otras incidencias.

Las relaciones derivadas de la adjudicación del Programa se regirán por las normas rectoras de la contratación administrativa en lo que éstas no contradigan lo dispuesto por esta Ley ni sean incompatibles con los principios de la misma en los términos que reglamentariamente sean desarrollados.

La resolución de la adjudicación se acordará por la Administración actuante, previo Dictamen del Consejo Superior de Urbanismo, que podrá ser instado también por el Urbanizador. Sin perjuicio de las responsabilidades económicas que procedan, ello determinará la cancelación de la programación y la sujeción del ámbito de la Actuación a las previsiones del artículo 10. El correspondiente acuerdo deberá, además y cuando proceda:

A) Declarar, de conformidad con el referido Dictamen, la edificabilidad de aquellos solares cuyo propietario haya contribuido suficientemente a las cargas de urbanización.

B) Iniciar el procedimiento para la reclasificación de aquellos terrenos en los que, dado lo avanzado de las obras de urbanización, sea posible concluirlas en el régimen propio de las Actuaciones Aisladas.

C) Incoar, si se estima oportuno, las actuaciones precisas para acordar una nueva programación del terreno en la que el nuevo Urbanizador asuma las obligaciones del antiguo, afectando los bienes y recursos resultantes de la liquidación de la programación cancelada a ejecutar la que la sustituya o, en otro caso, y salvo perjuicio para el interés público o tercero sin culpa, disponer:

1º La devolución de la contribución a las cargas de urbanización, efectivamente satisfechas y no aplicadas a su destino, a los propietarios de terrenos en los que no se vaya a acometer una nueva programación, previa modificación por el mismo procedimiento seguido para su adopción de los correspondientes actos administrativos dictados para la ejecución del Programa cancelado; o

2º La compensación que sea pertinente a los propietarios que hayan contribuido a las cargas de urbanización con cargo a la ejecución de las garantías prestadas por el antiguo Urbanizador, cuando ésta proceda.

D) Comenzar, en su caso, la tramitación de los procedimientos declarativos del incumplimiento de deberes urbanísticos que sean pertinentes.

⇒ V. arts. 102 y 103 del D. 201/1998, de 15 diciembre, que aprobó el Reglamento de Planeamiento de la Comunidad Valenciana, para el desarrollo de la Ley 6/1994, de 15 noviembre (§53.1).
V. disp. transit. 4ª de la presente Ley.
V. art. 6 de la presente Ley.

Artículo 30. Objetivos imprescindibles y complementarios de los Programas.

1. Los Programas deben siempre cubrir los siguientes objetivos imprescindibles:

A) La conexión e integración adecuadas de la nueva urbanización con las redes de infraestructuras, comunicaciones y servicios públicos existentes.

B) Suplementar las infraestructuras y espacios públicos o reservas dotacionales en lo necesario para no menguar ni desequilibrar los niveles de calidad, cantidad o capacidad de servicio existentes o deseables.

C) Urbanizar completamente la Unidad o Unidades de Ejecución que constituyan el objeto del Programa y realizar las obras públicas complementarias que se precisen para cumplir lo dispuesto en los apartados anteriores, haciendo todo ello con sujeción a plazos pormenorizados.

D) Obtención gratuita en favor de la Administración de los suelos dotacionales públicos del ámbito de la Actuación.

E) Obtención gratuita en favor de la Administración actuante del aprovechamiento que exceda del 85 por 100 de aprovechamiento tipo o porcentaje que legalmente corresponda con destino al patrimonio público de suelo.

El coste de las inversiones necesarias para cumplir estos objetivos es repercutible en la propiedad del terreno.

2. El adjudicatario puede obligarse complementariamente a efectuar aportaciones al patrimonio municipal de suelo, a realizar obras distintas a las mencionadas en el número anterior, a afectar fincas a la construcción con fines sociales –superando las exigencias del Plan General o Especial– o a respetar precios máximos de venta de sus solares.

Artículo 31. Cédula de Urbanización.

1. La Cédula de Urbanización es el documento que fija, respecto a cada Actuación Integrada, las condiciones mínimas de conexión e integración en su entorno. Será expedida autorizando una propuesta de Actuación Integrada que contenga las siguientes determinaciones:

A) Delimitación de su Unidad de Ejecución, para que la Cédula acredite que ese ámbito permite satisfacer lo establecido en el artículo 30.1.

B) Avance de la ordenación de los terrenos con la precisión expresada en el artículo 18, para que la Cédula certifique que aquél no modifica las determinaciones de la ordenación vigente en los aspectos regulados en el 17. Si se modifican, el órgano competente para expedir la Cédula, en vez de ésta, emitirá un informe preliminar respecto a la propuesta.

C) Indicación de los requisitos mínimos e indispensables para conectar la Actuación a las infraestructuras supramunicipales, a las de otras Actuaciones o a la red estructural de dotaciones públicas, concretando, en su caso, qué obras de extensión de dichas redes o infraestructuras resultan inaplazables, con cargo a la Actuación o con carácter previo a la misma, a fin de integrarla en el territorio en condiciones que no perjudiquen el medio natural, ni el bienestar de la población. Cuando no sea perentorio supeditar la Actuación a la ejecución de obras de esa índole, la Cédula se limitará a hacerlo constar así, sin perjuicio de las mejoras en la urbanización que, por razones de interés público municipal, se puedan acordar al Programar la Actuación.

2. Los Planes deberán contar, para su aprobación definitiva municipal, con Cédula de Urbanización relativa a cada una de las Actuaciones Integradas previstas en ellos. Los Programas que desarrollen éstas, antes de ser aprobados, incorporarán a su documentación la correlativa Cédula, cuyas prescripciones se observarán al ejecutarlos.

No obstante, los Municipios de más de 5.000 habitantes pueden aprobar definitivamente, sin Cédula, Estudios de Detalle y, también, Programas que, desarrollando la ordenación ya pormenorizada por el Plan General conforme al artículo 18 y ajustándose a ella, cumplan, además, las condiciones de conexión e integración en el territorio establecidas por dicho Plan en virtud del 17.4.

⇒ V. arts. 120 y 135 del D. 201/1998, de 15 diciembre, que aprobó el Reglamento de Planeamiento de la Comunidad Valenciana, para el desarrollo de la Ley 6/1994, de 15 noviembre (§53.1).
V. art. 56 de la presente Ley.
V. art. 6 de la Ley 6/1998, de 13 abril (§1).
V. arts. 258.2, 258.3 y 259.3 del TRLS/1992 (§2).
V. Jurisprudencia en arts. 63 y concordantes del TRLS/1976 (§3).

Artículo 32. Documentación del Programa para el desarrollo de Actuaciones Integradas.

El Programa contendrá los siguientes documentos:

A) Copia de la Cédula de Urbanización o resguardo acreditativo de que ésta se ha solicitado, salvo en los casos en que sea innecesario de acuerdo con esta Ley.

B) Anteproyecto de Urbanización con los contenidos expresados en el artículo 29.4.

C) Si la Administración Local optase por la gestión indirecta del Programa se formalizará en su documentación un convenio urbanístico a suscribir, de una parte, por el adjudicatario particular de la Actuación y, de otra, tanto por la Administración actuante como, en su caso, por aquellas otras que resolvieran asumir compromisos en dicha ejecución. En él se harán constar los compromisos y plazos que asumen la Administración y el Urbanizador, las garantías que éste presta para asegurarlos y las penalizaciones a que se somete por incumplimiento. Cuando se prevea la gestión directa, el convenio se sustituirá por una relación precisa de los compromisos que la Administración urbanizadora adquiere por aprobar el Programa.

D) Proposición económico-financiera comprensiva de los siguientes aspectos:

1º) Desarrollo de las previsiones del artículo 29.9, regulando las relaciones entre el Urbanizador y los propietarios, justificando, en su caso, la disponibilidad de aquél sobre los terrenos de éstos, los acuerdos ya alcanzados con ellos –si los hubiere– y las disposiciones relativas al modo en que será retribuido el Urbanizador.

2º) Estimación, siquiera sea preliminar y aproximada, de los costes de la obra urbanizadora.

3º) Proporción o parte de los solares resultantes de la actuación constitutiva de la retribución del Urbanizador, con los índices correctores que procedan respecto a la estimación de costes del ordinal anterior. Cuando la retribución del Urbanizador esté prevista en metálico, se especificará si le corresponde percibir algún recargo sobre la expresada estimación de costes de urbanización, en concepto de beneficio o gastos de gestión.

4º) Incidencia económica de los compromisos que, en su caso, interese adquirir el Urbanizador para edificar –con fines de interés social– los terrenos que hayan de adjudicársele, tanto en la valoración de éstos, como en su cuantificación y modo de adquisición.

CAPÍTULO III
Las Unidades de Ejecución y los Proyectos de Urbanización

Artículo 33. La Unidades de Ejecución. Delimitación y finalidad.

1. Las Unidades de Ejecución son superficies acotadas de terrenos que delimitan el ámbito completo de una Actuación Integrada o de una de sus fases. Se incluirán en la Unidad de Ejecución todas las superficies de destino dotacional precisas para ejecutar la Actuación y, necesariamente, las parcelas edificables que, como consecuencia de ella, se transformen en solares.

2. La delimitación de Unidades de Ejecución se contendrá en los Planes y Programas.

3. El Plan General incluirá en Unidades de Ejecución el suelo urbanizable que ordene en los términos regulados por el artículo 18. Podrá excluir, no obstante, el suelo reservado a aquellas grandes obras públicas de la red primaria o estructural de infraestructuras que no sea computable a los efectos previstos en el artículo 22.2, siempre que respete lo dispuesto en el número 1 anterior.

4. El Plan Parcial incluirá en una o varias Unidades de Ejecución todo el ámbito del Sector.

5. El Plan de Reforma Interior incluirá en Unidades de Ejecución todo o parte de su ámbito, según lo dispuesto en el artículo 23.2.

6. Los Programas podrán redelimitar el ámbito de las Unidades de Ejecución previstas en los restantes Planes adecuándolo a condiciones más idóneas para el desarrollo de la correspondiente Actuación Integrada. A tal fin, podrán extender el ámbito de la Unidad a cuantos terrenos sean necesarios para conectarla a las redes de servicios existentes en el momento de programar la Actuación y a las correlativas parcelas que proceda también abarcar para cumplir lo dispuesto en el número 1, pudiendo incluir suelo urbano cuando sea preciso.

7. Las Administraciones públicas, en ejercicio de sus competencias, podrán ejecutar las obras públicas compatibles con la ordenación urbanística en cualquier momento y clase de suelo. Cuando dichas obras conviertan en solar las parcelas de su entorno se ejecutarán como Actuaciones Integradas de promoción directa, aprobándose según las reglas aplicables a los Programas y comportarán la delimitación o redelimitación de la Unidad para dar cumplimiento a lo dispuesto en el número 1 anterior.

8. Al configurar las Unidades de Ejecución se procurará una prudente diversificación de las responsabilidades urbanizadoras y se fomentará su desarrollo por iniciativas urbanizadoras de diferentes dimensiones. Asimismo podrá acordarse la división y la redelimitación de Unidades de Ejecución

previstas por los Planes al aprobar el correspondiente Programa. Las nuevas Unidades deberán ser susceptibles de Actuación Integrada técnicamente autónoma. Cuando los Programas propugnen la redelimitación de Unidades ajustándose y desarrollando las restantes determinaciones de un planeamiento ya vigente sólo requerirán Cédula de Urbanización en uno de estos casos:

A) Municipios de menos de 5.000 habitantes.

B) Que la división no esté prevista y regulada de antemano por el Plan, conforme al artículo 17.4.

⇒ V. arts. 114 a 119 del D. 201/1998, de 15 diciembre, que aprobó el Reglamento de Planeamiento de la Comunidad Valenciana, para el desarrollo de la Ley 6/1994, de 15 noviembre (§53.1).
V. arts. 4 y 5 de la Ley 6/1998,de 13 abril (§1).
V. Jurisprudencia en arts. 117 y concordantes del TRLS/1976 (§3).

Artículo 34. Proyectos de Urbanización.

Los Proyectos de Urbanización definen los detalles técnicos de las obras públicas previstas por los Planes. Se redactarán con precisión suficiente para poder, eventualmente, ejecutarlos bajo dirección de técnico distinto a su redactor. Toda obra pública de urbanización, ya sea Integrada o Aislada, exige la elaboración de un Proyecto de Urbanización, su aprobación administrativa y la previa publicación de ésta en el «Diari Oficial de la Generalitat Valenciana».

⇒ V. arts. 136 a 141 del D. 201/1998, de 15 diciembre, que aprobó el Reglamento de Planeamiento de la Comunidad Valenciana, para el desarrollo de la Ley 6/1994, de 15 noviembre (§53.1).
V. art. 11 de la Ley 6/1998, de 13 abril (§1).
V. Jurisprudencia en arts. 15 y concordantes del TRLS/1976 (§3).

TÍTULO II

RÉGIMEN DE LA POTESTAD DE ORDENACIÓN URBANÍSTICA

CAPÍTULO I

Procedimiento con aprobación definitiva autonómica

Sección 1ª Elaboración y tramitación del Plan

Artículo 35. Elaboración del planeamiento general.

1. Corresponde a los Municipios elaborar, modificar o revisar sus respectivos Planes Generales. El Conseller competente en Urbanismo requerirá a los Municipios sin planeamiento general para que lo elaboren en plazos determinados y podrá también requerirles, previo informe favorable del Consejo Superior de Urbanismo, para que revisen o modifiquen el planeamiento en vigor a fin de adaptarlo a los Planes de Acción Territorial o a circunstancias que justificadamente lo aconsejen. Si no fuera atendido su requerimiento la Generalitat podrá actuar en sustitución del Municipio conforme al artículo 60 de la Ley Reguladora de las Bases del Régimen Local, 7/1985, de 2 de abril.

Los Municipios deberán contar, en todo momento, con suficiente suelo ordenado con el grado de detalle expresado en el artículo 18 para atender las demandas sociales de vivienda y equipamientos públicos de toda índole; los Ayuntamientos tienen la obligación de promover las revisiones y modificaciones de planeamiento que sean precisas con ese fin, así como de elaborar -de oficio– proyectos de urbanización que faciliten la programación de los terrenos.

2. Cuando circunstancias especiales de conurbación o recíproca influencia territorial entre términos municipales vecinos, aconsejen la elaboración coordinada de su ordenación urbanística o la consideración conjunta de ella para sectores comunes, los Ayuntamientos afectados deberán concertar la coordinación de sus Planes Generales, lo que harán, en su caso, en el marco de las previsiones de los Planes de Acción Territorial para ello los Ayuntamientos afectados podrán constituir la Entidad Comarcal correspondiente. En defecto de acuerdo, la Generalitat dispondrá soluciones intermunicipales a los problemas urbanísticos que así lo requieran.

⇒ V. arts. 142 a 175 del D. 201/1998, de 15 diciembre, que aprobó el Reglamento de Planeamiento de la Comunidad Valenciana, para el desarrollo de la Ley 6/1994, de 15 noviembre (§53.1).
V. disp. transit. 1ª de la presente Ley.
V. D. 77/1996, de 16 abril, que aprueba el Reglamento de los órganos urbanísticos de la Generalidad.
V. O. 6 octubre 2000, del Conseller de Obras Públicas, Urbanismo y Transportes, por la que se desarrolla el Decreto 110/2000, de 18 julio, del Gobierno Valenciano, que aprueba el Reglamento Orgánico y Funcional de la Conselleria de Obras Públicas, Urbanismo y Transportes.
V. Jurisprudencia en arts. 48 y concordantes del TRLS/1976 (§3).

Artículo 36. Planeamiento General transitorio para situaciones coyunturales de urgencia.

Cuando un Municipio carezca de planeamiento general o éste haya sido suspendido o anulado en su eficacia, si su situación urbanística lo requiere, el Conseller competente en Urbanismo podrá, previo informe favorable del Consejo Superior de Urbanismo y acuerdo habilitante del Gobierno Valenciano, elaborar directamente su Plan General y tramitarlo con carácter urgente.

Esos Planes limitarán su contenido a los sectores y determinaciones indispensables para posibilitar un ordenado desarrollo urbanístico a corto plazo y deberán ser sustituidos, a la mayor brevedad posible, por un nuevo Plan de elaboración municipal.

Artículo 37. Elaboración de los Planes Especiales y de los Catálogos de Bienes y Espacios Protegidos.

Los Planes Especiales y los Catálogos de Bienes y Espacios Protegidos podrán ser elaborados y promovidos por las distintas Administraciones Públicas, directamente o –bajo su control– a través de sus concesionarios o agentes, cuando, para poder ejercer sus respectivas competencias sectoriales, precisen establecer nuevas determinaciones en la ordenación urbanística vigente.

Artículo 38. Tramitación de Planes Generales, Especiales y Catálogos de Bienes y Espacios Protegidos.

1. Durante la redacción técnica del Plan la entidad promotora formulará consultas y formalizará acuerdos con otras Administraciones o entidades representativas de los colectivos ciudadanos particularmente afectados, reflejando su resultado en el expediente.

Tratándose de Planes Generales, son preceptivas negociaciones y consultas con los Municipios colindantes y con las Administraciones cuyas competencias y bienes demaniales resulten afectados. En especial, será preceptivo el concierto con la Conselleria competente en Urbanismo para definir un modelo territorial municipal acorde con su contexto supramunicipal y con los Planes de Acción Territorial aplicables.

2. El órgano competente de la Administración que promueva o supervise la redacción del Plan, concluida ésta, lo someterá simultáneamente a:

A) Información pública por un período mínimo de un mes, anunciada en el «Diari Oficial de la Generalitat Valenciana» y en un diario no oficial de amplia difusión en la localidad. Durante ella, el proyecto diligenciado del Plan, deberá encontrarse depositado, para su consulta pública, en el Ayuntamiento o Ayuntamientos afectados por el cambio de ordenación y, en su caso, en un local de la Administración promotora sito en la capital de provincia.

No será preceptivo reiterar este trámite en un mismo procedimiento, ni aun cuando se introduzcan modificaciones sustanciales en el proyecto, bastando que el órgano que otorgue la aprobación provisional notifique ésta a los interesados personados en las actuaciones.

B) Informes de los distintos Departamentos y órganos competentes de las Administraciones exigidos por la legislación reguladora de sus respectivas competencias, salvo que ya se hubieran alcanzado previos acuerdos interadministrativos. Excepto en este último caso, cuando se trate de Planes Generales, será preceptivo el informe de las Consellerias competentes en materia de Educación y Sanidad.

C) Dictamen de los Municipios colindantes al que promueva el Plan General o, si el Plan es promovido por Administración no municipal, de todos los Ayuntamientos afectados.

La falta de emisión en el plazo de un mes de los informes o dictámenes no interrumpirá la tramitación.

El desacuerdo entre Municipios colindantes, respecto a las determinaciones previstas en cumplimiento de los artículos 17.6 y 35.2, o entre aquéllos y otras Administraciones, se solventará mediante resolución de la Conselleria competente en Urbanismo, que puede ser acordada antes de la aprobación provisional del Plan. Esta resolución ha de fijar las bases de la coordinación interadministrativa, compatibilizando el ejercicio sobre el territorio de las competencias de cada ente público. Se adoptarán aquellas soluciones más adaptadas a las directrices de los Planes de Acción Territorial, si los hubiera, y, antes de resolver, las entidades afectadas podrán emitir informe previo y celebrar, al menos, una reunión conjunta de sus representantes.

3. Concluidos los trámites anteriores, el Ayuntamiento-Pleno u órgano competente de la Administración que promueva o supervise la redacción del Plan resolverá sobre su aprobación provisional, con introducción de las rectificaciones que estime oportunas, y podrá remitirlo a la Conselleria competente en Urbanismo interesando su aprobación definitiva.

4. La tramitación de los Planes de Acción Territorial de finalidad urbanística se ajustará a lo anteriormente dispuesto, correspondiendo al Conseller competente en Urbanismo la función de promover y aprobar provisionalmente las actuaciones.

El Gobierno Valenciano aprobará definitivamente estos Planes de Acción Territorial, previo informe del Consejo Superior de Urbanismo.

⇒ V. arts. 155 y ss. del D. 201/1998, de 15 diciembre, que aprobó el Reglamento de Planeamiento de la Comunidad Valenciana, para el desarrollo de la Ley 6/1994, de 15 noviembre (§53.1).

V. O. 6 octubre 2000, del Conseller de Obras Públicas, Urbanismo y Transportes, por la que se desarrolla el Decreto 110/2000, de 18 julio, del Gobierno Valenciano, que aprueba el Reglamento Orgánico y Funcional de la Conselleria de Obras Públicas, Urbanismo y Transportes.

Sección 2ª Otorgamiento de la aprobación definitiva

Artículo 39. Período consultivo previo a la aprobación.

1. La Conselleria competente en Urbanismo, al recibir la solicitud de aprobación definitiva, iniciará un período consultivo y de análisis del Plan con la entidad que lo promueva y las demás Administraciones afectadas. Durante este período consultivo la Generalitat:

A) Recabará los informes oportunos.

B) Requerirá, si fuera preciso, a la Administración promotora del Plan para que complete el expediente, subsane los trámites que se echen en falta o motive y aclare formalmente las propuestas de formulación o finalidad imprecisa.

C) Ofrecerá alternativas técnicas de consenso interadministrativo.

Dicha Conselleria otorgará directamente la aprobación definitiva, obviando o abreviando el período consultivo, cuando el expediente sometido a su consideración así lo permita.

2. Atendidos los requerimientos formulados según el número anterior y transcurridos cuarenta días desde la solicitud de aprobación definitiva, la Administración promotora del Plan, si considera oportuna la inmediata conclusión del período consultivo, podrá solicitar que se resuelva sin más dilación. Transcurridos *tres meses* sin resolución expresa sobre esta nueva solicitud, el Ayuntamiento o Administración promotora del Plan podrá requerir a la de la Generalitat para que reconozca y publique la aprobación definitiva.

Artículo 40. Aprobación definitiva.

1. La aprobación autonómica definitiva de Planes municipales, podrá formular objeciones a ella en cumplimiento de alguno de estos cometidos:

A) Garantizar la clasificación como suelo no urbanizable de los terrenos que estime merecedores de ella, conforme a la Ley del Suelo No Urbanizable, de la Generalitat.

B) Asegurar que el modelo de crecimiento escogido por el Municipio respeta el equilibrio urbanístico del territorio, sin agotar sus recursos, ni saturar las infraestructuras supramunicipales o desvirtuar la función que le es propia.

Si hubiera Plan de Acción Territorial con previsiones aplicables al caso, la resolución autonómica se fundará en ellas.

C) Requerir en la ordenación estructural del Plan unas determinaciones con precisión suficiente para garantizar la correcta organización del desarrollo urbano y, con tal fin, recabar la creación, ampliación o mejora de reservas para espacios públicos y demás dotaciones, así como velar por la idoneidad de las previstas para servicios supramunicipales.

D) Garantizar que la urbanización se desarrolle de conformidad con lo dispuesto en el artículo 17.4, dando preferencia a su ejecución por Actuaciones Integradas de características adecuadas.

E) Coordinar la política urbanística municipal con las políticas autonómicas de conservación del patrimonio cultural, de vivienda y de protección del medio ambiente.

F) Evaluar la viabilidad económica del Plan en aquellas actuaciones que aumenten el gasto público en obras de competencia supramunicipal.

La Generalitat no podrá aprobar definitivamente los Planes que incurran en infracción de una disposición legal estatal o autonómica.

2. Las resoluciones autonómicas sobre la aprobación definitiva, nunca cuestionarán la interpretación del interés público local formulada por el Municipio desde la representatividad que le confiere su legitimación democrática, pudiendo fundarse, exclusivamente, en exigencias de la política urbanística y territorial de la Generalitat, definida por esta Ley e integrada por los cometidos antes enunciados. Como garantía de ello, la resolución suspensiva o denegatoria deberá ser expresamente motivada y concretar el apartado del número anterior en que se fundamente o el precepto legal que entienda infringido.

⇒ V. arts. 162, 163, 164 y 165 del D. 201/1998, de 15 diciembre, que aprobó el Reglamento de Planeamiento de la Comunidad Valenciana, para el desarrollo de la Ley 6/1994, de 15 noviembre (§53.1).

V. Ley 4/1992, de 5 junio, Reguladora del Suelo No Urbanizable (§54).

V. Ley 4/1998, de 11 de junio, Reguladora del Patrimonio Cultural Valenciano.

Artículo 41. Aprobación definitiva parcial o supeditada a la formalización de alternativas.

Cuando las objeciones a la aprobación definitiva afecten áreas o determinaciones tan concretas que, prescindiendo de ellas, el Plan se pueda aplicar con coherencia, éste se aprobará definitivamente salvo en la parte objeto de reparos, que quedará en suspenso hasta su rectificación en los términos precisados por la resolución aprobatoria.

Si los reparos son de alcance limitado y pueden subsanarse con una corrección técnica específica consensuada con el Ayuntamiento, la aprobación definitiva se supeditará en su eficacia a la mera formalización documental de dicha corrección. La resolución aprobatoria puede delegar en un órgano subordinado, incluso unipersonal, la facultad de comprobar que la corrección se efectúa en los términos acordados y, verificado esto, ordenar la publicación de la aprobación definitiva.

Sección 3ª Procedimientos especiales

Artículo 42. Planes y Programas de ejecución directa a cargo de Administraciones no municipales.

1. Las Consellerias competentes en Vivienda o Industria, por sí mismas o a través de las empresas públicas de ellas dependientes, podrán elaborar y promover Programas, Planes Parciales o de Reforma Interior, Estudios de Detalle y Proyectos de Urbanización de ejecución autonómica, para la promoción de suelo con destino a dotaciones públicas o a actuaciones urbanizadoras que fomenten la industrialización o la vivienda social, u otros fines públicos propios de su competencia. En este caso, su tramitación y aprobación se sujetará a las reglas establecidas para los Planes Especiales. En ejecución de dichos Programas se tendrá como Administración actuante a la de la Generalitat, quien deberá expedir Cédula de Urbanización previa para los Programas que desarrolle y atenerse a su cumplimiento.

2. Los demás Departamentos y Administraciones Públicas no municipales, cuando en ejercicio de sus competencias específicas precisen realizar actuaciones urbanizadoras, podrán elaborar y promover Programas y optar por tramitarlos conforme a lo dispuesto en el número precedente.

3. Iniciada la tramitación de un Programa conforme a los números anteriores, se requiere la conformidad del Conseller competente en Urbanismo para que puedan aprobarse otros Programas alternativos.

4. Para la ejecución de las Actuaciones contempladas en este artículo será Administración actuante la que elabore o promueva el Programa si cuenta con la potestad expropiatoria; en otro caso lo será el Municipio.

Artículo 43. Tramitación urgente. Intervención de órganos especializados.

1. Por acuerdo del Gobierno Valenciano, fundado en la especial urgencia de un Plan, se podrán reducir, a su mitad, los plazos previstos en el artículo 38.2. Se entiende implícita la urgencia e innecesaria su declaración formal en la tramitación de los Planes Especiales y de los demás Planes regulados en el artículo anterior. La información pública, en la tramitación urgente, será de veinte días.

2. Las modificaciones en el Catálogo requieren, como trámite adicional, informe previo de la Conselleria competente.

La reclasificación de suelo no urbanizable exige Estudio y Declaración de su Impacto Ambiental, efectuada por órgano competente conforme a la legislación aplicable. La información pública del Estudio se subsumirá en la del Plan correspondiente.

La aprobación o modificación de planes que tengan por objeto calificar suelo en el que sea posible la implantación de grandes superficies comerciales de venta al detall, se someterá a informe o consulta de la Conselleria competente en materia de Comercio Interior. Los Programas que determinen la apertura, modificación o ampliación de dichas actividades se aprobarán previa la autorización exigida en el artículo 17 de la Ley 8/1986, del comercio, de la Generalitat.

3. Las actuaciones referidas en el número anterior no admitirán su tramitación por vía de urgencia.

⇒ V. art. 166 del D. 201/1998, de 15 diciembre, que aprobó el Reglamento de Planeamiento de la Comunidad Valenciana, para el desarrollo de la Ley 6/1994, de 15 noviembre (§53.1).

V. D. 256/1994, de 20 diciembre, sobre Autorización administrativa en grandes superficies de venta al detalle.

V. Ley 4/1992, de 5 junio, Reguladora del Suelo No Urbanizable (§54).

V. Ley 2/1989, de 3 marzo, de Estudios de Impacto Ambiental. Desarrollada por D. 162/1990, de 15 de octubre.

V. Ley 6/2001, de 8 mayo, de modificación del Real Decreto Legislativo 1302/1986, de 28 junio, de evaluación de impacto ambiental.

CAPÍTULO II

Procedimiento con aprobación definitiva municipal

Sección 1ª Programas para el desarrollo de actuaciones integradas

Artículo 44. Colaboración particular en la elaboración de los Programas.

La elaboración de los Programas puede ser de iniciativa pública o particular. Los particulares, sean o no propietarios de los terrenos, pueden elaborar y presentar, para su aprobación, propuestas de Programa y entablar consultas con cualquier Administración pública, sobre el contenido de ellas. Además, tienen derecho a solicitar y obtener de las Administraciones completa información sobre las resoluciones y previsiones oficiales que condicionen el desarrollo de cada Actuación.

Cualquier persona que pretenda elaborar una propuesta de Programa puede ser autorizada por el Ayuntamiento para ocupar temporalmente terrenos a fin de obtener la información precisa, en los términos dispuestos por la legislación expropiatoria. Asimismo, tendrá acceso a la información y documentación que obre en los registros y archivos de las Administraciones Públicas conforme a la legislación estatal sobre Régimen Jurídico de éstas.

⇒ V. art. 4 de la Ley 6/1998, de 13 abril (§1).

V. art. 104.3 del TRLS/1992 (§2).
V. Jurisprudencia en arts. 4 y concordantes del TRLS/1976 (§3).

Artículo 45. Iniciación del procedimiento a iniciativa de un particular.

1. Toda persona, sea o no propietaria del terreno, puede solicitar del Alcalde que someta a información pública una alternativa técnica de Programa comprensiva de los documentos expresados en los apartados A) y B) del artículo 32 y, en su caso, acompañada de una propuesta de planeamiento o/y de Proyecto de Urbanización.

2. El Alcalde podrá:

A) Proponer al Ayuntamiento-Pleno que desestime la petición. El Pleno podrá desestimarla razonadamente o establecer unas bases orientativas para la selección del Urbanizador, acordando lo dispuesto en el siguiente apartado.

B) Someterla a información pública, junto a las observaciones o alternativas que, en su caso, estime convenientes.

Artículo 46. Información pública y simultánea competencia entre iniciativas.

1. El Ayuntamiento puede someter a información pública propuestas de Programa, elaboradas de oficio o presentadas por un particular, con la documentación expresada en el artículo anterior debidamente formalizada.

Durante la información pública se admitirán tanto alegaciones como alternativas técnicas a la expuesta al público y, tras su conclusión, quienes –siendo o no propietarios del terreno– interesen competir por ser seleccionados como adjudicatarios del correspondiente Programa, podrán presentar proposiciones jurídico-económicas.

2. Las alternativas técnicas se presentarán a la vista, con la documentación expresada en los apartados A) y B) del artículo 32 acompañada, en su caso, de proyectos complementarios. Las proposiciones jurídico-económicas se han de presentar en plica cerrada con la documentación de sus apartados C) y D).

3. La información pública se anunciará mediante edicto publicado en un diario de información general editado en la Comunidad Valenciana y –posterior o simultáneamente– en el «Diari Oficial de la Generalitat Valenciana», advirtiendo de la posibilidad de formular alegaciones, proposiciones jurídico-económicas en competencia y alternativas técnicas. No es preceptiva la notificación formal e individual a los propietarios afectados, pero, antes de la publicación del edicto, habrá que remitir aviso con su contenido al domicilio fiscal de quienes consten en el Catastro como titulares de derechos afectados por la Actuación propuesta.

4. Durante todo el procedimiento podrán ser objeto de pública consulta, en el Ayuntamiento, las alegaciones y alternativas técnicas que se vayan presentando ante éste. El Alcalde y el Secretario de la Corporación o funcionario a quien corresponda, deben dar inmediato conocimiento de dichas alternativas a los concejales a medida que las mismas sean presentadas.

Se podrán presentar alternativas técnicas y alegaciones durante veinte días contados desde la última publicación del edicto. Las proposiciones jurídico-económicas se presentarán durante los cinco días siguientes al vencimiento del plazo anterior. Estos plazos quedarán prorrogados, por veinte días adicionales, si durante los diez primeros de información pública alguna persona se comprometiera a presentar una alternativa técnica sustancialmente distinta a la inicial y prestara caución de ello en la cuantía que reglamentariamente se determine. La prórroga se hará constar en el expediente, se anunciará en el Tablón de Anuncios del Ayuntamiento y se comunicará a quienes, por desconocerla, presenten plicas prematuramente.

5. El acto de apertura de plicas se celebrará en la siguiente fecha hábil a la conclusión del plazo para presentarlas. De su desarrollo y resultado se levantará acta, bajo fe pública y ante dos testigos. Todas las actuaciones podrán ser objeto de consulta y alegación por los interesados durante los diez días siguientes al de apertura de plicas. Los competidores, durante este período, podrán asociarse uniendo sus proposiciones.

⇒ V. art. 113.2 del TRLS/1992 (§2).

Artículo 47. Aprobación y adjudicación.

1. Concluidas las anteriores actuaciones el Ayuntamiento-Pleno puede aprobar un Programa definiendo sus contenidos por elección de una alternativa técnica y una proposición entre las presentadas, con las modificaciones parciales que estime oportunas.

2. El mismo acuerdo podrá adjudicar, motivadamente, la ejecución del Programa aprobado en favor de quien hubiera formulado la proposición jurídico-económica y asumido la alternativa técnica más adecuadas para ejecutar la Actuación.

Se preferirá la alternativa que proponga un ámbito de actuación más idóneo u obras de urbanización más convenientes; la que concrete y asuma las más adecuadas calidades de obra para su ejecución; así como la proposición que se obligue a plazos de desarrollo más breves o a compromisos más rigurosos; la que preste mayores garantías efectivas de cumplimiento; la que comprometa su realización asumiendo, expresa y razonadamente, un beneficio empresarial más proporcionado por la promoción y gestión de la Actuación; o la que prevea justificadamente, para unas mismas obras, un menor precio máximo para efectuarlas sin mengua de su calidad. Complementariamente se preferirá la proposición que oferte más incentivos, garantías o posibilidades de colaboración de los propietarios afectados por la Actuación, para facilitar o asegurar su desarrollo, salvo que aquéllos se pretendan arbitrar a costa del interés público.

3. La idoneidad de las obras de urbanización para el servicio público, las garantías y plazos de su ejecución, la proporcionalidad de la retribución del Urbanizador y, complementariamente, la facilidad o celeridad con que éste pueda disponer del terreno necesario para urbanizar, serán los criterios en los que habrá de fundarse toda decisión pública sobre la programación,

tanto la relativa a la modalidad gestión -directa o indirecta–, como a la elección del Urbanizador y a la oportunidad misma de la Programación.

4. El Ayuntamiento-Pleno podrá rechazar razonadamente todas las iniciativas para ejecutar la Actuación por considerar que ninguna de ellas ofrece base adecuada para ello, resolviendo la no programación del terreno o programarlo, sin adjudicación, optando por su gestión directa cuando ésta sea viable y preferible para los intereses públicos municipales.

Los acuerdos municipales en materia de programación deberán ser siempre expresamente motivados y concretarán, razonadamente, las prioridades públicas expresadas en los números anteriores, atemperándolas a las circunstancias propias de cada Actuación. En todo caso, dichos acuerdos habrán de ser congruentes con las previsiones y actuaciones que se hubieran comunicado previamente a los proponentes, según los artículos 44 y 45, cuando las mismas hubieran suscitado la presentación de indicativas particulares o hubieran servido de bases orientativas con vistas a la selección entre iniciativas en competencia.

5. Cuando no resulte adjudicataria la persona que formuló alternativas, estudios o proyectos técnicos que, total o parcialmente, se incorporen al Programa aprobado o sean útiles para su ejecución, el Municipio garantizará el reembolso, por cuenta del Urbanizador, de los gastos justificados de redacción de dichas alternativas, proyectos o estudios en favor de quien los realizó y aportó.

Asimismo, quien formule la alternativa técnica original que sirva de base para la aprobación del Programa puede subrogarse en el lugar y puesto del adjudicatario particular elegido, asumiendo y garantizando los mismos compromisos, garantías y obligaciones impuestos a éste. La subrogación debe solicitarla al Ayuntamiento dentro de los diez días siguientes a ser notificado del acuerdo de adjudicación, entendiéndose ésta, entretanto, otorgada a título provisional.

No será de aplicación lo dispuesto en el párrafo anterior cuando el primer adjudicatario haya sido seleccionado atendiendo a las mayores posibilidades de colaboración de los propietarios afectados que hubiera ofrecido y garantizado.

6. El adjudicatario debe suscribir los compromisos, asumir las obligaciones y prestar las garantías correspondientes. No obstante, puede renunciar a la adjudicación si ésta supone compromisos distintos de los que él ofreció. La renuncia por otras causas, no justificadas, conlleva, en su caso, la pérdida de las garantías provisionales reguladas en el artículo 46.4 y la selección de un nuevo adjudicatario.

7. Aprobado el Programa por el Municipio se dará traslado de él a la Conselleria competente en Urbanismo. Si el Programa o los Planes a cuyo desarrollo se refiera carecen de Cédula de Urbanización y ésta fuese necesaria, su aprobación municipal y adjudicación se entenderán provisionales y no legitimarán la ejecución de la Actuación hasta la expedición de la Cédula o,

en su caso, hasta la aprobación definitiva del Plan o Programa correspondiente por dicha Conselleria. Si el Programa y los Planes a cuyo desarrollo se refiera cuentan con Cédula, así como en los casos de innecesariedad de ella previstos en los artículos 31.2 y 33.8, bastará la simple remisión de actuaciones para que proceda publicar su aprobación y adjudicación.

8. El plazo para que el Ayuntamiento-Pleno resuelva sobre la aprobación y adjudicación de un Programa es de cuarenta días desde la fecha en que fuera posible adoptar el acuerdo correspondiente.

El derecho a ejecutar un Plan o Programa se adquiere, por los particulares, en virtud de acto expreso que debe ser publicado. No obstante, cuando se presente una sola proposición particular solicitando la adjudicación, formalizada con todas las condiciones legalmente exigibles, y transcurra el plazo sin resolución expresa, el proponente podrá requerir al Ayuntamiento para que proceda directamente según lo dispuesto en los dos números precedentes.

Jurisprudencia

«El art. 47.1 de la LAU permite que el Ayuntamiento-Pleno pueda aprobar un Programa introduciendo en las alternativas técnica y jurídico-económica las modificaciones que estime oportunas. Esta misma norma, en su apartado 4º contempla la posibilidad de que el Ayuntamiento-Pleno rechace las iniciativas para ejecutar el Programa, optando por la gestión directa cuando ésta sea viable y preferible para los intereses públicos, si bien establece la necesidad de que el Acuerdo sea motivado, señalando el apartado 3º del mismo artículo 47 los motivos en los que se deberá basar la decisión de la Administración y dentro de los cuales cita «la proporcionalidad de la retribución del urbanizador». Por su parte, el apartado 5º prevé el derecho de quien hubiere formulado la alternativa técnica original a subrogarse en el contenido del Programa modificado y adjudicado a otro particular». **(STSJ Valencia 8 noviembre 1999 [RJCA 1999, 5193]).**

Artículo 48. Simplificación del procedimiento a instancia de un particular.

1. Los particulares que formulen una alternativa técnica de Programa y pretendan su ejecución, podrán obviar las actuaciones reguladas en el artículo 45 dando cumplimiento a lo siguiente:

A) Depositarán un copia de la alternativa ante el Ayuntamiento, acompañada, en su caso, de los proyectos de planeamiento y gestión urbanística que la complementen.

B) Protocolizarán la alternativa y los proyectos que la acompañen mediante Acta, autorizada por Notario con competencia territorial en el Municipio afectado.

C) La expondrán al público por sus propios medios, publicando anuncios en la forma exigida para los edictos municipales por el artículo 46.3, si bien, antes de ello, deberán remitir los avisos regulados en ese mismo precepto. Estos y aquéllos expresarán claramente: el objeto y características esenciales de su iniciativa; la notaría donde estén protocolizados los documentos que la comprenden; los datos que permitan identificar el ejemplar depositado ante el Ayuntamiento; la advertencia de que, dentro del plazo de veinte días contados desde la publicación del último anuncio, cualquier persona podrá comparecer en dicha notaría para obtener copia del acta a que se refiere el precedente apartado B) o solicitar que se le exhiba la misma. Asimismo se hará constar la posibilidad de consultar en el Ayuntamiento las actuaciones derivadas de la documentación depositada en éste y de presentar ante él, para su incorporación a las mismas, tanto alegaciones como alternativas técnicas que pretendan competir con la expuesta al público, así como proposiciones jurídico-económicas para ejecutar cualquiera de las alternativas.

2. Será de aplicación todo lo dispuesto en los números 2, 4 y 5 del artículo 46, con la salvedad de que el acto de apertura de plicas no tendrá lugar hasta que, una vez concluido el plazo para presentarlas, se acredite ante el Ayuntamiento el cumplimiento de lo dispuesto en el apartado 1 C) anterior.

3. Si durante la exposición al público de una primera iniciativa de Programa, alguien hubiera iniciado una segunda exposición de otra en competencia con aquélla, procederá la prórroga de plazos regulada en el artículo 46.4.

Artículo 49. Registro de Programas y de Agrupaciones de Interés Urbanístico.

1. Se establece el Registro de Programas y Agrupaciones de Interés Urbanístico, integrado en la organización administrativa de la Conselleria competente en Urbanismo.

2. La publicación de la aprobación definitiva de los Programas exige su previa presentación ante este Registro. Esta, si el Programa es de aprobación municipal, determinará los efectos previstos en el artículo 56 de la Ley Reguladora de las Bases del Régimen Local 7/1985, de 2 de abril.

3. Podrán registrarse como Agrupaciones de Interés Urbanístico las que cumplan todos estos requisitos:

A) Tener por objeto competir por la adjudicación de un Programa o colaborar con su Urbanizador legal de forma convenida con él.

B) Asociar a los propietarios de terrenos que representen más de la mitad de la superficie afectada por la iniciativa.

C) Contar con poder dispositivo sobre los terrenos referidos en el apartado anterior y garantizar con ellos las obligaciones sociales.

La afección de una finca a los fines y obligaciones de una Agrupación de Interés Urbanístico tendrá carácter real y podrá ser inscrita en el Registro de la Propiedad.

D) Haber reconocido el derecho a adherirse como asociado a favor de los terceros propietarios afectados por la iniciativa, en las mismas condiciones y con análogos derechos a los propietarios fundadores.

La constitución de Agrupaciones de Interés Urbanístico se otorgará en documento público al que se incorporen sus estatutos. Inscrito éste en el Registro antes regulado, la Agrupación –si lo solicita– adquirirá personalidad jurídica pública. No obstante, se regirá por el derecho privado, salvo en lo referente a su organización, formación de voluntad de sus órganos y relaciones con la Administración actuante.

4. Las inscripciones en el Registro sólo podrán ser denegadas por razones de ilegalidad manifiesta. La denegación de la inscripción de un Programa –comunicada al Ayuntamientodeterminará los efectos previstos en el artículo 65 de la Ley estatal 7/1985, de 2 de abril.

⇒ V. disp. transit. 12ª de la presente Ley.

Artículo 50. Régimen de adjudicación preferente.

1. El régimen de adjudicación preferente tiene por objeto fomentar la elaboración de iniciativas de Programa por los particulares e incentivar su inmediata ejecución. Para su aplicación es imprescindible que quien lo solicite haya presentado una alternativa técnica de Programa propia y original y que se ofrezca a ejecutarla en plazo inferior a 3 años.

2. Se puede solicitar la adjudicación preferente en favor de:

A) La proposición que se acompañe de alternativa técnica con proyecto de reparcelación, en condiciones de ser aprobado junto al Programa, para todos los terrenos afectados, suscrito por sus propietarios.

B) La proposición acompañada de proyecto de urbanización, susceptible de aprobarse junto al Programa y refrendada o concertada con una Agrupación de Interés Urbanístico, cuyos estatutos y acuerdos sociales serán expuestos al público junto a la correspondiente alternativa.

3. Las iniciativas de programa que satisfagan los requisitos de los números anteriores tendrán preferencia en la adjudicación respecto a las que –sin cumplirlos– pretendan competir con ellas. Si concurren varias iniciativas que reclaman fundadamente la adjudicación preferente, tendrá preferencia la que se promueva para una sola Unidad de Ejecución –según delimitación ordenada por el planeamiento ya previamente vigenterespecto a la que pretenda abarcar un ámbito distinto o mayor. No obstante, si la alternativa de Programa que reclame la adjudicación preferente conlleva propuestas complementarias de aprobación de otros planes o de modificación de los vigentes, se podrá adjudicar el Programa a tercero que propugne desarrollar mejor alternativa de planeamiento.

Lo dispuesto anteriormente se entiende sin perjuicio de la potestad municipal de disponer las correcciones técnicas oportunas en el Programa que se apruebe y de la obligación del adjudicatario de garantizar que quedarán realizadas –a cargo de la Actuación si fuera preciso– las obras de acometida y extensión imprescindibles para conectar aquélla, en lo que sea necesario, a las redes exteriores de infraestructuras de servicio.

4. No procederá la adjudicación preferente en aquellos ámbitos concretos de Actuación para los que el planeamiento excluya la posibilidad de aplicar ese régimen, por haber reservado los terrenos para la gestión directa por la Administración o por haber previsto su posible desarrollo mediante expropiación o con el fin de suscitar necesariamente la competencia entre iniciativas que asuman la realización de mejoras especiales en la urbanización o mayores aportaciones al patrimonio municipal de suelo, para compensar proporcionadamente el mayor y singular aprovechamiento de los terrenos.

Artículo 51. Adjudicación conexa o condicionada.

Los Programas se pueden aprobar condicionados a la efectiva realización de determinaciones propias de otras Actuaciones previa o simultáneamente programadas, siempre que esté suficientemente garantizado el cumplimiento de aquellas condiciones conexas y se prevea una adecuada coordinación entre las respectivas Actuaciones.

La adjudicación así condicionada impondrá las obligaciones económicas precisas para compensar a los afectados por la Actuación más costosa con cargo a los de otras que se beneficien de aquella por concentrarse en la misma obras o sobrecostes de común utilidad.

El incumplimiento por el Urbanizador principal de las condiciones que afecten al desarrollo de otra Actuación conexa podrá dar lugar a la suspensión de ambos Programas. El adjudicatario de un Programa condicionado deberá comprometerse a asumir a su riesgo y ventura esa eventualidad, aunque podrá hacer reserva del derecho a subrogarse, llegado el caso, en el puesto del Urbanizador principal, con los requisitos establecidos en el artículo 29.11.

Sección 2ª Planes que complementan la ordenación urbanística pormenorizada

Artículo 52. Elaboración y tramitación de Planes Parciales, Planes de Reforma Interior y Estudios de Detalle.

1. El régimen establecido en la Sección anterior para la elaboración, tramitación y aprobación de Programas de Actuación, es igualmente aplicable a los Planes Parciales, Planes de Reforma Interior y Estudios de Detalle de iniciativa municipal o particular, con las siguientes reglas especiales:

A) Los promotores particulares pueden promover dichos Planes en desarrollo de un Programa del que sean adjudicatarios o compitiendo por su adjudicación para desarrollar, al menos, una de las Unidades de Ejecución del Plan que promuevan. Sólo la Administración, de oficio, puede promover y aprobar esos Planes con independencia y anterioridad respecto a los Programas.

Como excepción al párrafo anterior los Estudios de Detalle para suelo urbano, previstos en el Plan General, puede promoverlos cualquier interesado.

B) La exposición al público de estos Planes se efectúa exhibiendo su documentación completa y no les son aplicables las reglas de los artículos anteriores relativas a la competencia entre proposiciones jurídico-económicas, si bien, cuando aquellos Planes se tramiten junto a dichos Programas, serán aplicables las referidas reglas, aunque sólo respecto a la adjudicación de estos últimos.

2. Corresponde al Ayuntamiento-Pleno aprobar definitivamente los Planes y Programas mencionados en el número anterior, siempre que cuenten con Cédula de Urbanización o cuando ésta sea innecesaria según lo dispuesto en los artículos 31 y 33.8. El acuerdo aprobatorio municipal puede imponer las condiciones que estime más oportunas para el Plan o Programa, pero éstos

no entrarán en vigor, ni procederá publicar su aprobación, ni legitimarán la ejecución de obras, en tanto no se expida la correspondiente Cédula, cuando ésta sea legalmente exigible.

⇒ V. arts. 173 y 174 del D. 201/1998, de 15 diciembre, que aprobó el Reglamento de Planeamiento de la Comunidad Valenciana, para el desarrollo de la Ley 6/1994, de 15 noviembre (§53.1).

CAPÍTULO III

Tramitación y aprobación de Proyectos de Urbanización

Artículo 53. Elaboración, tramitación y aprobación de los Proyectos de Urbanización.

Los Proyectos de Urbanización para Actuaciones Integradas se someterán al procedimiento de aprobación propio de los Programas, salvo en lo relativo a la competencia entre iniciativas, respecto a lo que será de aplicación lo dispuesto en el artículo anterior. Será innecesaria la información pública separada cuando se tramiten junto a los Programas o Planes.

Los Proyectos de Urbanización de Actuaciones Aisladas se aprobarán por el Ayuntamiento por el procedimiento que dispongan las Ordenanzas Municipales.

Cuando se trate de proyectos de obra pública para la mera reparación, renovación o introducción de mejoras ordinarias en obras o servicios ya existentes, sin alterar el destino urbanístico del suelo, será innecesaria la exposición al público previa a su aprobación administrativa.

CAPÍTULO IV

Los cambios en el planeamiento

Artículo 54. Aprobación por la Generalitat de determinados Planes o Programas.

1. Cuando el Ayuntamiento-Pleno considere oportuna la aprobación de un Programa, Plan Parcial o de Reforma Interior que, precisando de Cédula de Urbanización según los artículos 31 ó 33.8, carezca de ella, lo aprobará provisionalmente y lo remitirá a la Conselleria competente en materia de Urbanismo, para que ésta lo tramite con entera sujeción a lo dispuesto en el artículo 39 y dicte una de estas resoluciones:

A) Si aprecia que el proyecto es conforme con la ordenación urbanística aprobada por los órganos de la Generalitat y puede obtener la Cédula de Urbanización, la otorgará, visándolo de conformidad con ella y lo devolverá al Ayuntamiento, entendiéndose definitivamente aprobado.

B) Si el Plan o Programa comporta modificaciones de la ordenación urbanística aprobada por los órganos de la Generalitat, resolverá sobre su aprobación definitiva, que podrá otorgar aun cuando dicho proyecto varíe las previsiones del planeamiento general.

2. Para aprobar Planes o Programas que modifiquen el planeamiento

anteriormente aprobado por la Administración de la Generalitat, se exigirá que cumplan las reglas siguientes:

A) Las nuevas soluciones propuestas para la red estructural o primaria de reservas de suelo dotacional han de mejorar su capacidad o funcionalidad, sin desvirtuar las opciones básicas de la ordenación originaria, y deben cubrir y cumplir –con igual o mayor calidad y eficacia– las necesidades y los objetivos considerados en aquélla.

B) Son modificables, mediante Planes Parciales o de Reforma Interior de aprobación municipal –con Cédula de Urbanización–, las determinaciones a las que se refiere el artículo 18.

Son modificables mediante Plan Parcial o de Reforma Interior de aprobación autonómica las determinaciones de los apartados B), C), I) y J) del artículo 17.1.

C) Estos Planes deberán contener la documentación especial exigida por el artículo 28.

D) La nueva ordenación debe justificar expresa y concretamente cuáles son sus mejoras para el bienestar de la población y fundarse en el mejor cumplimiento de los principios rectores de la actividad urbanística y de los estándares legales de calidad de la ordenación definidos por los artículos 17, 19, 20 y 22.

⇒ V. art. 175 del D. 201/1998, de 15 diciembre, que aprobó el Reglamento de Planeamiento de la Comunidad Valenciana, para el desarrollo de la Ley 6/1994, de 15 noviembre (§53.1).

V. O. 6 octubre 2000, del Conseller de Obras Públicas, Urbanismo y Transportes, por la que se desarrolla el Decreto 110/2000, de 18 julio, del Gobierno Valenciano, que aprueba el Reglamento Orgánico y Funcional de la Conselleria de Obras Públicas, Urbanismo y Transportes.

V. Jurisprudencia en arts. 49 y concordantes del TRLS/1976 (§3).

Artículo 55. Revisiones y modificaciones de los Planes.

1. El cambio o sustitución de determinaciones en los Planes y Programas exige cumplir el mismo procedimiento legal previsto para su aprobación. Se exceptúan de esta regla las modificaciones autorizadas conforme a los artículos 12 E) o 54 de esta Ley y las que se produzcan por aplicación del artículo 20 de la Ley del Suelo No Urbanizable 4/1992, así como las que el propio Plan permita efectuar mediante Estudio de Detalle de aprobación municipal.

2. Las determinaciones cuyo objeto sea realizable mediante una o varias Declaraciones de Interés Comunitario de las reguladas en la Ley del Suelo No Urbanizable, se aprobarán conforme a ésta, evitando establecerlas mediante modificaciones parciales de los Planes.

3. Toda alteración de la ordenación establecida por un Plan que aumente el aprovechamiento lucrativo privado de algún terreno o desafecte el suelo del destino público, deberá contemplar las medidas compensatorias precisas para mantener la proporción y calidad de las dotaciones públicas previstas

respecto al aprovechamiento, sin aumentar éste en detrimento de la mejor realización posible de los estándares legales de calidad de la ordenación.

4. La modificación del Plan que conlleve diferente calificación o uso urbanístico de las zonas verdes o espacios libres anteriormente previstos, requiere previo informe favorable del Consejo Superior de Urbanismo.

5. Las modificaciones de Plan que clasifiquen como suelo urbano o urbanizable el que previamente fuera no urbanizable deben cumplir lo dispuesto en los números 1 y 3 de este mismo artículo y garantizar rigurosamente, con medidas análogas a las previstas en el artículo 30.2, la especial participación pública en las plusvalías que generen.

6. La modificación de planeamiento que venga a legalizar actuaciones urbanísticas irregulares exige previo informe favorable del Consejo Superior de Urbanismo y que la nueva ordenación satisfaga los principios rectores de la actividad urbanística, así como los estándares legales de calidad de la ordenación.

7. Los Planes calificarán como suelo dotacional las parcelas cuyo destino efectivo precedente haya sido el uso docente o sanitario, salvo que, previo informe de la Conselleria competente por razón de la materia, se justifique que es innecesario destinar el suelo a dichos fines, en cuyo caso se destinará a otros usos públicos o de interés social.

⇒ V. arts. 76, 77, 78 y 79 del D. 201/1998, de 15 diciembre, que aprobó el Reglamento de Planeamiento de la Comunidad Valenciana, para el desarrollo de la Ley 6/1994, de 15 noviembre (§53.1).

V. Ley 4/1992, de 5 junio, Reguladora del Suelo No Urbanizable (§54).

V. Jurisprudencia en arts. 49 y concordantes del TRLS/1976 (§3).

CAPÍTULO V

Expedición de la Cédula de Urbanización

Artículo 56. Procedimiento y competencia para otorgar las Cédulas de Urbanización.

1. La solicitud de Cédula de Urbanización se resolverá en el plazo de 40 días, previo informe autorizado por técnicos superiores al servicio de la Administración, entre los que uno, al menos, sea competente para dirigir la redacción de planes. Se podrá entender estimada a falta de resolución expresa.

La petición podrá efectuarla cualquier interesado acompañándola de una propuesta de Actuación Integrada –con el contenido regulado en el artículo 31– y del informe de las Administraciones que resulten afectadas por la Actuación en sus servicios públicos o bienes demaniales, cuando tal afección exista.

La Cédula tendrá una vigencia de dieciocho meses. Mientras no se declare su caducidad se expedirán copias de ella a quien lo solicite sin necesidad de reproducir los trámites anteriores.

2. La Cédula de Urbanización se expedirá, en Municipios de más de 50.000 habitantes, por el Alcalde; y, en los restantes casos, por la Conselleria

competente en Urbanismo. No obstante, por Decreto del Gobierno valenciano, se podrá delegar la competencia para expedirla a las mancomunidades, consorcios u otras entidades comarcales de entidad demográfica análoga a la antes expresada, que cuenten con medios técnicos adecuados, a las que los Municipios, en ellas integrados, hayan encomendado el ejercicio permanente de competencias urbanísticas propias.

⇒ V. arts. 128 y ss. del D. 201/1998, de 15 diciembre, que aprobó el Reglamento de Planeamiento de la Comunidad Valenciana, para el desarrollo de la Ley 6/1994, de 15 noviembre (§53.1).

V. O. 6 octubre 2000, del Conseller de Obras Públicas, Urbanismo y Transportes, por la que se desarrolla el Decreto 110/2000, de 18 julio, del Gobierno Valenciano, que aprueba el Reglamento Orgánico y Funcional de la Conselleria de Obras Públicas, Urbanismo y Transportes.

V. art. 31 de la presente Ley.

CAPÍTULO VI
Otras disposiciones relativas a los Planes

Artículo 57. Suspensión de licencias y de acuerdos de programación.

1. Rige en la Comunidad Valenciana el contenido de los artículos 101 a 103 del Texto Refundido aprobado por el Real Decreto Legislativo 1/1992, de 26 de junio, aunque –a tenor de su disposición final– prevalece la aplicación de las siguientes reglas específicas:

A) Los acuerdos de suspensión de licencias, para surtir su efecto, bastará que sean publicados en el «Diari Oficial de la Generalitat Valenciana».

B) La resolución por la que se convoca el período de información pública de los Planes surtirá el efecto suspensivo de licencias que la ley estatal asocia a la aprobación inicial de ellos, sin que sea preciso ni exigible que dicha resolución señale expresamente las áreas afectadas por la suspensión.

C) Los peticionarios de licencias solicitadas con anterioridad a la suspensión tendrán derecho a ser indemnizados del coste oficial de los proyectos y a la devolución de los tributos y cargas satisfechas a causa de la solicitud, siempre que ésta fuera conforme con la ordenación urbanística vigente en el momento en que fue efectuada y resultara denegada por incompatibilidad con el nuevo planeamiento. Sólo en caso de existencia de Cédula de Garantía Urbanística u Orden de Ejecución procederá, además, la indemnización de los demás perjuicios irrogados por el cambio de planeamiento.

D) Cuando fuera estrictamente necesario para preservar la viabilidad de la ordenación a establecer por el Plan en elaboración o tramitación, por Decreto del Gobierno Valenciano, dictado previa audiencia o a solicitud del Municipio afectado, y aunque éste ya hubiera agotado previamente los plazos de suspensión de licencias, se podrá suspender, total o parcialmente, la vigencia del planeamiento. La suspensión se mantendrá hasta la entrada en vigor del nuevo Plan en elaboración o tramitación y el Decreto deberá establecer el régimen urbanístico aplicable transitoriamente en el Municipio.

2. La suspensión de licencias implicará, también, la de acuerdos aprobatorios de nuevos Programas en la zona afectada. Los Programas ya aprobados

y aún vigentes, antes de la suspensión de las licencias, no se verán afectados por ésta, salvo que, al acordarla, así se haga constar expresamente, sin perjuicio de las indemnizaciones que procedan.

⇒ V. disp. transit. 1ª de la presente Ley.
V. arts. 101, 102 y 103 del TRLS/1992 (§2).
V. Jurisprudencia en arts. 27 y concordantes del TRLS/1976 (§3).

Artículo 58. Efectos de la aprobación de los Planes.

1. Rigen en la Comunidad Valenciana los artículos 132 a 135 del Texto Refundido aprobado por Real Decreto Legislativo 1/1992, de 26 de junio, y, además, son de aplicación las disposiciones complementarias de los siguientes números.

2. La vigencia de los Planes es indefinida, salvo la de los Programas, que será la que en ellos se establezca.

3. La aprobación definitiva de los Programas lleva implícita la declaración de la utilidad pública o del interés social, a efectos de expropiación o de imposición forzosa de servidumbres, de los bienes, los derechos y los intereses patrimoniales legítimos cuya permanencia fuera incompatible con la realización de la Actuación Integrada en los términos previstos por la presente Ley y por el propio Programa.

4. Los Planes deberán especificar el uso previsto para cada reserva de suelo dotacional público (distinguiendo entre: zona verde, deportivo-recreativo, educativo-cultural, asistencial, servicio administrativo, servicio urbano-infraestructuras, red viaria, aparcamiento y áreas peatonales). No obstante, la Administración podrá establecer en aquéllas cualquier uso dotacional público, ajustándose a las siguientes reglas:

A) Mientras el Plan no se modifique deberán dedicarse al uso o usos concretos en él previstos, las reservas dotacionales para zonas verdes, espacios libres de edificación sobre rasante, red viaria e infraestructuras aptas para el tránsito, el paseo, la circulación o el transporte de personas, vehículos, fluidos o señales.

B) En los demás casos, será posible la sustitución del uso dotacional previsto en el Plan por otro igualmente dotacional público, destinado a la misma o distinta Administración pública, siempre que, previo informe favorable municipal en el primer caso se adopte acuerdo expreso y motivado por el órgano competente del ente titular o destinatario del terreno y en el segundo medie acuerdo entre las Administraciones interesadas.

5. Se pueden otorgar licencias para usos u obras provisionales, no previstos en el Plan, siempre que no dificulten su ejecución ni la desincentiven. El otorgamiento requerirá previo informe favorable de la Conselleria competente en Urbanismo, en Municipios de población menor que 25.000 habitantes.

La provisionalidad de la obra o uso debe deducirse de las propias características de la construcción o de circunstancias objetivas, como la viabilidad económica de su implantación provisional o el escaso impacto social de su futura erradicación. La autorización se otorgará sujeta al compromiso de demoler o erradicar la actuación cuando venza el plazo o se cumpla la condición que se establezca al autorizarla, con renuncia a toda indemnización, que deberá hacerse constar en el Registro de la Propiedad antes de iniciar la obra o utilizar la instalación.

6. Los Planes expresarán qué construcciones erigidas con anterioridad a ellos han de quedar en situación de fuera de ordenación, por manifiesta incompatibilidad con sus determinaciones, en las que sólo se autorizarán obras de mera conservación.

Asimismo, los Planes deben establecer el régimen transitorio para la realización de obras y actividades en edificios que, aun no quedando en situación de fuera de ordenación, no sean plenamente compatibles con sus determinaciones. En éstos se autorizarán las obras de reforma o mejora que permita el planeamiento.

Reglamentariamente se establecerá una regulación supletoria para los casos en los que el Plan no haya previsto dichas determinaciones.

⇒ V. arts. 179 a 184 del D. 201/1998, de 15 diciembre, que aprobó el Reglamento de Planeamiento de la Comunidad Valenciana, para el desarrollo de la Ley 6/1994, de 15 noviembre (§53.1).

V. arts. 2, 33 y concordantes de la Ley 6/1998, de 13 abril (§1).

V. arts. 132, 133, 134, 135, 134.1, 136.2 y 211 del TRLS/1992 (§2).

V. O. 6 octubre 2000, del Conseller de Obras Públicas, Urbanismo y Transportes, por la que se desarrolla el Decreto 110/2000, de 18 julio, del Gobierno Valenciano, que aprueba el Reglamento Orgánico y Funcional de la Conselleria de Obras Públicas, Urbanismo y Transportes.

V. Jurisprudencia en arts. 57, 58, 64 y concordantes del TRLS/1976 (§3).

V. arts. 76 y concordantes del RD 1093/1997, de 4 julio (§2.1).

Artículo 59. Publicación, ejecutividad y entrada en vigor de los Planes.

1. Los Planes son inmediatamente ejecutivos, desde la mera publicación del contenido del acuerdo de su aprobación definitiva, pero sólo por lo que se refiere a la legitimación de expropiaciones para ejecutar las obras públicas en ellos previstas, así como a la clasificación del suelo y la sujeción de éste a las normas legales de ordenación de directa aplicación.

2. Los Planes entran plenamente en vigor, a los quince días de la publicación de la resolución aprobatoria con transcripción de sus Normas Urbanísticas, conforme a la Ley estatal 7/1985, de 2 de abril, de la que será responsable el órgano editor del «Boletín Oficial» de la provincia tan pronto reciba el documento de la Administración que lo apruebe definitivamente. La publicación de la aprobación definitiva excusa su notificación individualizada.

Cuando se trate Proyectos de Urbanización, de Programas o de Planes a los que resulte imposible aplicar la regla anterior por carecer de normas urbanísticas, la entrada en vigor o su ejecutividad se produce con la publicación del acuerdo aprobatorio, en el que se hará constar esta circunstancia.

No obstante, las modificaciones y revisiones que tengan el alcance expresado en el artículo 55.6 no entrarán en vigor ni surtirán sus efectos, respecto al inmueble afectado, hasta que los aumentos de aprovechamiento que comporten sean íntegramente compensados –por su valor urbanístico– en favor de la Administración. Sólo se puede exceptuar la aplicación de esta regla, previo informe del Consejo Superior de Urbanismo, en favor de terceros adquirentes de buena fe o, si se trata de viviendas, atendiendo a la reducida capacidad económica de los residentes.

3. Es improcedente publicar la aprobación definitiva municipal hasta que obre copia diligenciada del Plan, Programa o Proyecto en la Conselleria competente en Urbanismo.

4. La publicación a la que se refieren los números anteriores ha de efectuarse:

A) En el «Boletín Oficial» de la provincia cuando se trate de planes o programas aprobados por el ayuntamiento o que contengan normas urbanísticas.

B) En el «Diari Oficial de la Generalitat Valenciana», cuando se trate de instrumentos aprobados por los órganos de ésta, salvo que contengan normas urbanísticas, en cuyo caso se procederá conforme al apartado precedente, aunque adicionalmente se publicará una reseña del acuerdo aprobatorio en dicho Diario Oficial. La publicación de los planes de Acción Territorial se efectuará siempre en el mencionado Diario.

⇒ V. arts. 176 a 184 del D. 201/1998, de 15 diciembre, que aprobó el Reglamento de Planeamiento de la Comunidad Valenciana, para el desarrollo de la Ley 6/1994, de 15 noviembre (§53.1).

V. arts. 6 y 33 de la Ley 6/1998, de 13 abril (§1).

V. arts. 124.1, 124.3, 133 y 134 del TRLS/1992 (§2).

V. art. 70.2 de la LBRL.

V. O. 6 octubre 2000, del Conseller de Obras Públicas, Urbanismo y Transportes, por la que se desarrolla el Decreto 110/2000, de 18 julio, del Gobierno Valenciano, que aprueba el Reglamento Orgánico y Funcional de la Conselleria de Obras Públicas, Urbanismo y Transportes.

V. Jurisprudencia en arts. 56 y concordantes del TRLS/1976 (§3).

TÍTULO III

RÉGIMEN DE EJERCICIO DE LAS POTESTADES DE GESTIÓN URBANÍSTICA

CAPÍTULO I

Conceptos fundamentales del Régimen del Suelo

Artículo 60. Conceptos fundamentales del Régimen Urbanístico del Suelo.

1. Aprovechamiento objetivo: Aprovechamiento objetivo –o aprovechamiento real– es la cantidad de metros cuadrados de construcción de destino privado cuya materialización permite o exige el planeamiento en un terreno dado.

2. Aprovechamiento subjetivo: Aprovechamiento subjetivo –o aprovechamiento susceptible de apropiación– es la cantidad de metros cuadrados edificables que expresan el contenido urbanístico lucrativo del derecho de propiedad de un terreno, al que su dueño tendrá derecho sufragando el coste

de las obras de urbanización que le correspondan. El aprovechamiento subjetivo es el porcentaje del aprovechamiento tipo que, para cada caso, determina el Texto Refundido aprobado por Real Decreto Legislativo 1/1992, de 26 de junio.

⇒ La Ley 14/1997, de 26 diciembre, en su artículo 19 dispone que:

«A los efectos previstos en el artículo 60.2 de la Ley Reguladora de Actividad Urbanística, el aprovechamiento urbanístico subjetivo –o aprovechamiento susceptible de apropiación– coincidirá, en suelo urbano, con el aprovechamiento tipo de referencia. En suelo urbanizable será el 90% del aprovechamiento tipo, salvo en áreas de reforma interior para las que el planeamiento establezca un porcentaje mayor».

3. Aprovechamiento tipo: Aprovechamiento tipo es la edificabilidad unitaria que el planeamiento establece para todos los terrenos comprendidos en una misma Area de Reparto, delimitada conforme a lo dispuesto en los artículos siguientes, a fin de que a sus propietarios les corresponda –en régimen de igualdad– a un aprovechamiento subjetivo idéntico o similar, con independencia de los diferentes aprovechamientos objetivos que el Plan permita construir en sus fincas.

4. Excedente de aprovechamiento: Excedente de aprovechamiento es la diferencia positiva que resulta al restar del aprovechamiento objetivo de un terreno el aprovechamiento subjetivo que corresponde a la propiedad del mismo.

5. Adquisición del excedente de aprovechamiento: Adquisición de un excedente de aprovechamiento es la operación jurídico-económica, de gestión urbanística, por la que el propietario del terreno adquiere onerosamente el derecho al excedente de aprovechamiento que presenta su terreno para construirlo. Los excedentes de aprovechamiento se adquieren cediendo terrenos equivalentes, libres de cargas, a la Administración o abonándole su valor en metálico, en los términos dispuestos por esta Ley. Los particulares no pueden construir un excedente de aprovechamiento sin haberlo adquirido previamente. Los ingresos públicos por este concepto quedarán afectos al patrimonio municipal de suelo.

⇒ V. disp. transit. 3ª de la presente Ley.

CAPÍTULO II
La determinación del aprovechamiento tipo y el establecimiento de áreas de reparto

Sección 1ª Las áreas de reparto

Artículo 61. Modos en que el Plan puede delimitar áreas de reparto.

El planeamiento, para su más justa y eficaz ejecución, delimita o prevé Areas de Reparto, adecuando su ámbito a criterios objetivos, que permitan configurar unidades urbanas determinadas por límites administrativos, funcionales, geográficos, urbanísticos o, incluso, derivados de la propia clasificación, calificación o sectorización establecidas por él mismo.

⇒ V. arts. 105, 106, 107 y 108 del D. 201/1998, de 15 diciembre, que aprobó el Reglamento de Planeamiento de la Comunidad Valenciana, para el desarrollo de la Ley 6/1994, de 15 noviembre (§53.1).

Artículo 62. Delimitación de áreas de reparto en suelo urbanizable.

1. Las áreas de reparto en suelo urbanizable deben comprender:

A) Uno o varios sectores completos; y

B) Suelos dotacionales de destino público –propios de la red primaria o estructural de reservas de suelo dotacional–, no incluidos en ningún sector, cuya superficie se adscribirá a las distintas Areas de Reparto en la proporción adecuada –y debidamente calculada– para que todo el suelo urbanizable tenga un aprovechamiento tipo similar o un valor urbanístico semejante.

2. Como excepción a la regla anterior, el suelo urbanizable ordenado conforme al artículo 18.3 puede integrarse en Areas de Reparto delimitadas con otros criterios o, incluso, formar una misma Area de Reparto con terrenos que tengan la clasificación de suelo urbano.

En particular, las Unidades de Ejecución delimitadas por los Planes Generales o de Reforma Interior, conforme al artículo 33.3 y 5, conformarán, cada una de ellas, su respectiva área de reparto, salvo que dichos Planes establezcan expresamente otra cosa.

La aprobación o modificación de un Programa que –conforme al artículo 33.6 y 7– altere los límites de una Unidad de Ejecución delimitada en los Planes que venga a desarrollar, no supondrá variación del aprovechamiento tipo previsto en éstos para los terrenos afectados, ni aun cuando dicho aprovechamiento tipo se hubiera determinado por aplicación de lo dispuesto en el párrafo anterior.

⇒ V. art. 109 del D. 201/1998, de 15 diciembre, que aprobó el Reglamento de Planeamiento de la Comunidad Valenciana, para el desarrollo de la Ley 6/1994, de 15 noviembre (§53.1).

Artículo 63. Delimitación de áreas de reparto en suelo urbano.

Todo el suelo urbano quedará incluido en una o varias áreas de reparto, que el Plan puede delimitar aplicando criterios acordes con el artículo 61 y que, como mínimo, abarcarán los terrenos y suelos dotacionales expresados en el apartado A) del número 2 siguiente.

2. En defecto de previsión explícita del Plan o si éste así lo dispone, la delimitación de áreas de reparto se presume implícitamente efectuada, por aplicación directa de las siguientes reglas:

A) Se entenderá que integra un Area de Reparto cada solar o, en su caso, cada parcela de destino privado, junto con el suelo dotacional colindante que le confiere la condición de solar o que sea preciso para dotarle de ella mediante su urbanización.

Cuando la urbanización a que se refiere el párrafo anterior fuera común a varios solares o parcelas, la superficie de suelo dotacional colindante requerida para entender delimitada el área de reparto, será la que, siendo más próxima a dichos solares o parcelas, les corresponda, a cada uno de ellos o ellas, en proporción a su respectivo aprovechamiento objetivo.

B) Los terrenos con destino dotacional público no comprendidos en el apartado anterior podrán ser objeto de transferencia de aprovechamiento urbanístico o de reparcelación en los términos establecidos por esta Ley, a cuyo efecto se considerarán como una única área de reparto cuyo aprovechamiento tipo será el establecido en el artículo 62.1 (último párrafo) del Texto Refundido aprobado por el Real Decreto Legislativo 1/1992, de 30 de junio. No obstante, el Plan podrá fijar para ellos un menor aprovechamiento tipo, calculado conforme al artículo siguiente, según el promedio de la ordenación global de los suelos con aprovechamiento urbanístico.

3. En los Municipios de menos de 50.000 habitantes el Plan puede fijar, para el suelo urbano y las áreas de reforma interior previstas, un aprovechamiento subjetivo superior al ochenta y cinco por ciento del aprovechamiento tipo asignado al terreno. En Municipios de menos de 25.000 habitantes se entenderá, salvo que el Plan disponga otra cosa, que el aprovechamiento subjetivo en suelo urbano coincide con el aprovechamiento tipo.

⇒ V. art. 110 del D. 201/1998, de 15 diciembre, que aprobó el Reglamento de Planeamiento de la Comunidad Valenciana, para el desarrollo de la Ley 6/1994, de 15 noviembre (§53.1).
V. disp. transit. 3ª de la presente Ley.

Sección 2ª Determinación del aprovechamiento tipo

Artículo 64. Determinación y cálculo del aprovechamiento tipo.

1. El planeamiento general fijará, mediante coeficientes unitarios de edificabilidad, el aprovechamiento tipo correspondiente a cada área de reparto que explícitamente delimite y, caso de áreas de reparto establecidas conforme al artículo 63.2 A), podrá fijar el coeficiente previsto en el número 4 siguiente.

2. Para calcular el aprovechamiento tipo se dividirá el aprovechamiento objetivo total del área de reparto entre la superficie de ésta, excluida la del terreno dotacional público existente ya afectado a su destino.

3. El aprovechamiento objetivo total referido en el número anterior podrá calcularse estimativamente, aplicando al suelo con aprovechamiento lucrativo un índice o varios de edificabilidad unitaria que sean los típicos de las parcelas de la zona o los correspondientes a las más representativas, teniendo en consideración preferente el aprovechamiento objetivo de las construcciones de mayor antigu edad e interés histórico y las posibilidades de edificación sobre los terrenos pendientes de consolidación. En ningún caso se considerarán, para calcular el aprovechamiento objetivo total, parcelas de edificabilidad excepcionalmente intensa, ni la máxima permitida sobre ellas si el Plan tolera que se edifiquen parcialmente.

4. Cuando el área de reparto quede establecida por aplicación del artículo 63.2 A), el Plan podrá disponer que el aprovechamiento objetivo total se calcule aplicando a la edificabilidad objetivamente materializable sobre cada parcela un coeficiente reductor, igual o menor que la unidad.

Dicho coeficiente reductor será igual para todos los terrenos con edificabilidad lucrativa ubicados en una misma zona o núcleo urbano y se aplicará a cada uno de aquéllos para determinar un común y homogéneo porcentaje de cesión, resultante de la minoración porcentual que –al aplicar el coeficiente reductor al aprovechamiento objetivo– se producirá tanto en el aprovechamiento tipo como en el aprovechamiento subjetivo. Ello se establecerá así a fin de que la propiedad de cada parcela o solar contribuya, en idéntica proporción a su aprovechamiento objetivo y mediante transferencias de aprovechamiento, a facilitar la obtención administrativa gratuita de suelos dotacionales.

El cálculo del referido coeficiente reductor y del consiguiente porcentaje de cesión se hará por aproximación estadística rigurosa. Responderá a la relación entre la superficie de terrenos de cesión, a que se refiere el número 2 B) del artículo anterior, y la cantidad total de aprovechamiento objetivo asimismo prevista en el núcleo urbano o zona correspondiente, expresado en metros cuadrados edificables con independencia de su uso.

⇒ V. art. 111 del D. 201/1998, de 15 diciembre, que aprobó el Reglamento de Planeamiento de la Comunidad Valenciana, para el desarrollo de la Ley 6/1994, de 15 noviembre (§53.1).

V. disp. transit. 5ª de la presente Ley.

V. art. 12 de la Ley 6/1998, de 13 abril (§1).

V. Jurisprudencia en arts. 13 y concordantes del TRLS/1976 (§3).

Artículo 65. Coeficientes correctores según el uso y la tipología.

1. Cuando la ordenación urbanística prevea, dentro de un área de reparto, usos tipológicamente diferenciados que puedan dar lugar, por unidad de edificación, a rendimientos económicos muy diferentes, en el cálculo del aprovechamiento tipo se podrán ponderar coeficientes correctores de la edificabilidad, a fin de compensar con más metros de aprovechamiento subjetivo la menor rentabilidad unitaria de éste.

2. Si no se dieran las circunstancias antes expresadas o si la heterogeneidad de los usos y las tipologías diferentes del característico alcance tal grado de complejidad que resulte impracticable o poco razonable su homogeneización por coeficientes, procederá considerar como coeficiente único la unidad. A falta de coeficientes diferenciados se ponderarán los valores relativos de repercusión de los terrenos para lograr la finalidad equidistributiva que la fijación de coeficientes debe perseguir.

3. El Plan puede, asimismo, establecer coeficientes correctores al objeto de bonificar, minorando las cesiones obligatorias, aquellas parcelas en las que se realicen actos de edificación acogidos a medidas administrativas de fomento social de la vivienda o de otros usos de interés público objeto de incentivos administrativos.

⇒ V. art. 112 del D. 201/1998, de 15 diciembre, que aprobó el Reglamento de Planeamiento de la Comunidad Valenciana, para el desarrollo de la Ley 6/1994, de 15 noviembre (§53.1).

CAPÍTULO III
La ejecución de los Programas para el desarrollo de Actuaciones Integradas

Sección 1ª Principios generales

Artículo 66. Prerrogativas del Urbanizador y derechos de los propietarios afectados.

1. El Urbanizador será retribuido según dispone el artículo 29.9 y el propietario afectado por la Actuación puede cooperar con él conforme a dicho precepto. Las relaciones entre ambos se articularán preferentemente en los términos que libremente convengan, siempre que respeten la ordenación urbanística y la Programación aprobada.

2. El Urbanizador puede ejercer las siguientes prerrogativas y facultades:

A) Someter a aprobación administrativa proyectos de urbanización, presupuestos de cargas de urbanización y, a falta de acuerdo con los afectados, uno o varios proyectos de reparcelación forzosa dentro del ámbito de la Actuación, así como a ser oído, antes de dicha aprobación.

B) Oponerse a la parcelación y a la edificación en el ámbito de la Actuación, hasta el pleno cumplimiento de las previsiones del Programa. El otorgamiento de esas licencias está sujeto a audiencia previa del Urbanizador.

No podrán otorgarse licencias de parcelación o edificación en las Unidades de Ejecución o para terrenos sometidos a Actuaciones Integradas hasta que, una vez aprobado su correspondiente Programa, se cumplan las condiciones legales previstas en él para ello, debiendo el titular de la parcela haber contribuido proporcionadamente a las cargas de la Actuación y haber quedado garantizada la urbanización de dicha parcela simultánea, al menos, a su edificación.

C) Exigir que los propietarios le retribuyan pagándole cuotas de urbanización o cediendo en su favor terrenos edificables de los que han de ser urbanizados en desarrollo de la Actuación. El Urbanizador, en cuanto perceptor de dicha retribución, tendrá la consideración legal de Junta de Compensación a los efectos tributarios y registrales determinados por la legislación estatal.

D) Solicitar la ocupación directa de los terrenos sujetos a reparcelación y necesarios para desarrollar las infraestructuras de urbanización, en los términos previstos por la legislación estatal.

3. El Urbanizador, para percibir de los propietarios sus retribuciones, ha de ir asegurando, ante la Administración actuante, su obligación específica de convertir en solar la correspondiente parcela de quien deba retribuirle, mediante garantías que:

A) Se irán constituyendo, con independencia de las previstas en el artículo 29.8, al aprobarse la reparcelación forzosa o expediente de gestión urbanística de efectos análogos en cuya virtud se adjudiquen al Urbanizador terrenos en concepto de retribución y, en todo caso, antes de la liquidación administrativa de la cuota de urbanización.

B) Se prestarán por valor igual al de la retribución que las motive y, en su caso, por el superior que resulte de aplicar el interés legal del dinero en función del tiempo que previsiblemente vaya a mediar entre la percepción de la retribución y el inicio efectivo de las obras correspondientes.

C) Consistirán en primera hipoteca sobre los terrenos adjudicados al Urbanizador o en garantía financiera prestada con los requisitos exigidos por la legislación reguladora de la contratación pública.

D) Serán canceladas –previa resolución de la Administración actuante– a medida que se realicen, en plazo, cada una de las obras que sean el objeto de la correspondiente obligación garantizada. Procede la cancelación parcial según el precio de la obra realizada conforme al presupuesto de cargas aprobado administrativamente.

4. Sin perjuicio de las demás medidas procedentes, el Urbanizador que incumpla la obligación expresada en el número anterior adeudará a la Administración actuante:

A) En caso de resolución del Programa, el valor de las retribuciones ya percibidas, previo descuento del de las obras realizadas; y

B) Cuando incurra en mora en su obligación de urbanizar, los intereses de la cantidad que resultaría conforme al apartado anterior, según el tipo legal del dinero.

La deuda será declarada mediante resolución de la Administración actuante previa audiencia del interesado y, en caso de impago, podrá ser recaudada por vía de apremio. Las cantidades así recaudadas se destinarán preferentemente a garantizar o sufragar la total ejecución de las obras o, subsidiariamente, a compensar a los propietarios por los perjuicios sufridos.

5. Se exceptúa la aplicación de los dos números anteriores en los casos de gestión directa a cargo de la propia Administración pública; o cuando el Urbanizador y el propietario así lo hubieran convenido, a reserva de las acciones civiles que les asistan; o en tanto la retribución se encuentre depositada en poder de la Administración actuante o sujeta a afección real que impida al Urbanizador disponer libremente del terreno con que se le haya retribuido y bajo condición resolutoria que asegure su retorno al primitivo dueño, en caso de que la Administración actuante declare resuelta la adjudicación del Programa. Esta afección se determinará en el contenido del acuerdo aprobatorio de la reparcelación, siempre que el Urbanizador lo solicite y se cancelará –a instancia de la Administración actuante– tan pronto el Urbanizador asuma el régimen de responsabilidades y garantías regulado en los precedentes números 3 y 4.

6. El Urbanizador será responsable de los daños causados a los propietarios o a otras personas como consecuencia de su actividad o por falta de diligencia en el cumplimiento de sus obligaciones, salvo cuando aquéllos

tuvieran su origen en una orden directa de la administración actuante o en el cumplimiento de una condición impuesta por ella.

7. Los propietarios tendrán derecho a recibir, en todo momento, información debidamente documentada respecto a los costes de urbanización que hayan de asumir y a cooperar con la Actuación en los términos establecidos por la ley y el Programa, siempre que asuman las cargas y riesgos de su desarrollo. Podrán, asimismo y para la mejor ejecución de dicho Programa, someter a consideración de la Administración actuante sugerencias y enmiendas para la elaboración, corrección o modificación de los proyectos y presupuestos expresados en el apartado A) del número 1, siempre que las pongan también en conocimiento del Urbanizador.

El propietario que contribuya a las cargas de la urbanización podrá exigir que el Urbanizador la ejecute con la diligencia de un buen empresario y que la Administración actuante tutele la Actuación en los términos previstos por la Ley.

El derecho de los propietarios afectados por la Actuación se determinará en función de su aprovechamiento subjetivo. La Administración participará en los costes y beneficios de la Actuación en la proporción que el excedente de aprovechamiento de las fincas afectadas represente, en conjunto, respecto a su total aprovechamiento objetivo.

8. Cuando el Programa se desarrolle por gestión directa de la Administración, ésta puede optar por la expropiación forzosa, con pago en metálico, como excepción a lo anteriormente dispuesto.

La misma regla es aplicable cuando se trate de Actuaciones excepcionales de singular rentabilidad por su gran aprovechamiento o por el destino productivo singular atribuido a los terrenos por el Plan General, que éste deberá identificar al efecto. El Urbanizador, cuando sea beneficiario legal de la expropiación de terrenos, debe compensar al erario público por el mayor aprovechamiento objetivo que éstos presenten respecto al valorable para fijar, conforme a derecho, el justiprecio.

⇒ El sistema de ocupación directa se reguló por el art. 203 del TRLS/1992 (§2), derogado por la disp. derog. única de la Ley 6/1998, de 13 abril (§1).
V. arts. 42 y concordantes del RD. 1093/1997, de 4 julio (§2.1).
V. arts. 6 y 29 de la presente Ley.

Artículo 67. Cargas de urbanización.

1. Son cargas de la urbanización que todos los propietarios deben retribuir en común al Urbanizador:

A) El coste de las obras, proyectos e indemnizaciones expresados en los artículos 155.1 y 166.1 d) del Texto Refundido aprobado por el Real Decreto Legislativo 1/1992, de 26 de junio, respecto a las inversiones necesarias para cubrir los objetivos imprescindibles del Programa, reguladas en el artículo 30.1 de esta Ley, incluso el mobiliario urbano y las redes de gasificación y telefonía –si las prevé el Proyecto de Urbanización–.

No obstante, el Urbanizador y los propietarios tendrán derecho a reintegrarse de los costes que sufraguen para extensiones de las redes de suministros, con cargo a las compañías que presten el servicio, salvo la parte correspondiente a las acometidas propias de la Actuación. Todo ello se entiende sin perjuicio de las previsiones que específicamente establezca la reglamentación del correspondiente servicio.

B) En su caso, las inversiones reguladas en el artículo 30.2 cuando, por las características excepcionales de la Actuación, así se disponga en el Programa.

C) Las obras de rehabilitación de edificios o elementos constructivos impuestas por el Programa, sin perjuicio del derecho al reintegro, con cargo a los propietarios de aquéllos, de la parte del coste imputable al contenido del deber normal de conservación.

D) El beneficio empresarial del Urbanizador por la promoción de la Actuación y sus gastos de gestión por ella.

2. Los gastos generados por la recaudación ejecutiva de las cuotas de urbanización o derivados de la rescisión de cualesquiera derechos, contratos u obligaciones que graven las fincas o disminuyan su valor en venta, serán soportados por sus correspondientes propietarios.

3. Con motivo de la aprobación del Proyecto de Urbanización o de sus reformados se podrá modificar la previsión inicial de cargas estimada anteriormente en el Programa, siempre que la variación obedezca a causas objetivas cuya previsión no hubiera sido posible para el Urbanizador al comprometerse a ejecutar la Actuación. La retasación de cargas no podrá suponer modificación o incremento en la parte de ellas correspondiente al beneficio empresarial del Urbanizador por la promoción de la Actuación.

4. Cuando, antes de la aprobación del Proyecto o con motivo de incidencias sobrevenidas en su ejecución material, los afectados manifiesten discrepancias respecto a los costes presupuestados, la Administración actuante resolverá previo dictamen arbitral de peritos independientes designados al afecto. Sus honorarios se considerarán cargas de la urbanización, pagaderas conforme al número 1 anterior o por cuenta de quien hubiera propuesto o discutido temerariamente los presupuestos, según resuelva la Administración actuante.

Se podrá prescindir del dictamen cuando el Urbanizador justifique los costes propuestos en precios de mercado, contrastados con proposiciones suscitadas al ofertar en pública competencia la contrata de obra, lo que podrá hacer durante la información pública del Proyecto de Urbanización en la forma dispuesta por los artículos 46.3 y 48.

Sección 2ª La reparcelación forzosa

Artículo 68. Reparcelación. Finalidad legal y supuestos en que procede.

1. Reparcelación es la nueva división de fincas ajustada al planeamiento, previa su agrupación si es preciso, para adjudicarlas entre los afectados según su derecho.

2. La reparcelación forzosa tiene por objeto:

A) Regularizar urbanísticamente la configuración de fincas.

B) Adjudicar a la Administración los terrenos, tanto dotacionales como edificables, que legalmente le correspondan.

C) Retribuir al Urbanizador por su labor, ya sea adjudicándole parcelas edificables, o bien, afectando las parcelas edificables resultantes a sufragar esa retribución.

D) Permutar forzosamente, en defecto de previo acuerdo, las fincas originarias de los propietarios por parcelas edificables que se adjudicarán a éstos según su derecho.

Atendiendo al criterio de reparcelación utilizado, entre los previstos por el artículo 29.9 B), esta adjudicación se concretará:

1º) Conforme al íntegro aprovechamiento subjetivo, dejando la parcela adjudicada sujeta al pago de las cargas de la urbanización.

2º) Con deducción de parte de dicho aprovechamiento, adjudicando esta parte al Urbanizador como retribución por su labor.

3. El proyecto de reparcelación forzosa podrá ser formulado a iniciativa del Urbanizador o, de oficio, por la Administración actuante.

4. El área reparcelable, que podrá ser discontinua, se definirá en el propio proyecto de reparcelación y no necesariamente tendrá que coincidir con la Unidad de Ejecución. La eficacia de la reparcelación forzosa requiere la programación de los terrenos afectados.

⇒ V. arts. 6 y concordantes del RD 1093/1997, de 4 julio (§2.1).
V. Jurisprudencia en arts. 97 y concordantes del TRLS/1976 (§3).

Artículo 69. Procedimiento y efectos de la reparcelación forzosa.

1. El proyecto de reparcelación forzosa se sujetará a las siguientes actuaciones previas a su aprobación por el Ayuntamiento-Pleno o por el órgano competente de la Administración actuante:

A) Información pública convocada en las mismas condiciones de publicidad, forma y plazo que regulan los artículos 46.1 y 3 ó 48.

B) Solicitud de certificado registral de dominio y cargas, simultánea a la convocatoria de la información pública.

C) Si aparecen titulares registrales no tenidos en cuenta al elaborar el proyecto expuesto al público, se les dará audiencia por diez días antes de la aprobación definitiva. Lo mismo se hará respecto a los afectados por modificaciones que, respecto al proyecto inicialmente elaborado, se acuerden durante su tramitación.

D) Requerimientos de los propietarios al Urbanizador, dentro del período de información pública, para dirimir controversias respecto a la valoración de derechos, y contestación del Urbanizador.

El acuerdo aprobatorio se notificará a los interesados y, una vez firme en vía administrativa, se inscribirá en el Registro de la Propiedad, previo otorgamiento de documento público que exprese su contenido.

2. La aprobación de la reparcelación forzosa producirá los efectos previstos en los artículos 167 a 170 del Texto Refundido aprobado por Real Decreto Legislativo 1/1992, de 26 de junio. En función del criterio de reparcelación escogido, entre los previstos en el artículo 29.9 B) y del régimen de garantías que se establezca según el artículo 66, deben quedar afectas al pago de la urbanización exclusivamente las parcelas adjudicadas al Urbanizador o también las demás en la proporción que corresponda.

3. Por motivos de celeridad procedimental, el Urbanizador, con independencia de los casos especiales regulados en el artículo 66.8, podrá promover proyectos de expropiación –como alternativa a la reparcelación forzosa– con pago del justiprecio en terrenos equivalentes, en los términos previstos por la legislación estatal. La aplicación de esta alternativa procedimental respetará los derechos que le corresponderían al propietario en la reparcelación forzosa y las facultades de las que podría asistirse con motivo de ella.

Artículo 70. Reglas para la adjudicación de parcelas.

Los proyectos de reparcelación forzosa deben ajustarse a estos criterios:

A) El aprovechamiento objetivo de la finca adjudicada a un propietario debe ser proporcional a la superficie de su finca originaria, según el aprovechamiento subjetivo del que por ella es titular.

La finca adjudicada al propietario se formará, si es posible, con terrenos integrantes de su antigua propiedad. En otro caso, la adjudicación podrá corregirse ponderando los distintos valores, según su localización, de las fincas originarias y adjudicadas, siempre que existan diferencias apreciables en aquellos que justifiquen la corrección y ésta se calcule adecuadamente en el proyecto de reparcelación.

Sin embargo, la adjudicación de terrenos al propietario podrá minorarse, respecto a su aprovechamiento subjetivo, por aplicación del apartado siguiente.

B) Cuando la retribución al Urbanizador deba efectuarse en parcelas edificables, la reparcelación le adjudicará éstas, sin que para ello sea precisa la conformidad de los afectados. Si el Urbanizador, con motivo de la aprobación del Programa, se hubiera comprometido a promover viviendas sujetas a algún régimen oficial de protección social sobre las parcelas que se le adjudiquen en concepto de retribución, la adjudicación se corregirá –conforme al Programa– ponderando el valor que a dichas parcelas corresponda como consecuencia de esa vinculación de destino.

C) A la Administración se le adjudicarán parcelas edificables equivalentes a los excedentes de aprovechamiento de las fincas afectadas que no sean adquiridos mediante la cesión de terrenos dotacionales. No obstante el Urbanizador podrá proponer y la Administración actuante aceptar otra fórmula legal de adquisición de dichos excedentes. En particular, si así lo prevé el Programa, esos terrenos podrán adjudicársele al Urbanizador, afectos a la promoción de viviendas sujetas a algún régimen especial de promoción de vivienda social, correspondiendo al Urbanizador compensar en metálico a la Administración.

D) No podrán adjudicarse como fincas independientes superficies inferiores a la parcela mínima edificable o que carezcan de características urbanísticas adecuadas para su edificación. Tampoco se adjudicará la misma finca en proindiviso, contra la voluntad de los interesados, a propietarios cuyo derecho no alcance la mitad de la parcela mínima, salvo que el condominio ya estuviera constituido en la finca inicial.

Durante la exposición al público de la reparcelación, a fin de evitar el proindiviso, los interesados, podrán efectuarse requerimientos recíprocos para sustituir las cuotas de condominio previstas en el proyecto con indemnizaciones en metálico. El requerimiento deberá cursarse en escritura pública y ofrecer, simultánea y alternativamente, el pago o el cobro de la indemnización en metálico, dando un plazo de diez días al requerido para elegir si prefiere pagar o cobrar a un mismo precio unitario. Si un propietario no atiende un requerimiento debidamente formulado se entenderá que prefiere cobrar y la reparcelación se aprobará en consecuencia.

E) Cuando la cuantía exacta del derecho de un propietario no alcance o exceda lo necesario para adjudicarle lotes independientes completos, los restos se podrán satisfacer mediante compensaciones monetarias complementarias o sustitutivas. La adjudicación podrá aumentarse para mantener en su propiedad al dueño de fincas con construcciones compatibles con la Actuación, imponiendo la compensación monetaria sustitutoria correspondiente.

Los propietarios y el Urbanizador podrán efectuar los requerimientos recíprocos, en la forma y plazo que regula el apartado anterior, para determinar si les corresponde pagar o cobrar la indemnización sustitutoria. El Urbanizador hará lo propio, requiriendo a la Administración, cuando solicite compensar en metálico excedentes de aprovechamiento.

F) El propietario tendrá derecho a que se le indemnice el valor de las plantaciones, instalaciones y construcciones de su finca originaria que sean incompatibles con la Actuación y el deber de soportar o sufragar los gastos referidos en el artículo 67.2.

G) El proyecto de reparcelación contendrá una cuenta de liquidación respecto a cada propietario. Si éste resultara ser acreedor neto, el Urbanizador le indemnizará antes de ocupar su finca originaria.

Jurisprudencia

«Pretende la parte actora, además, que se declare –como situación jurídica individualizada– su derecho a que la parcela adjudicada en la reparcelación se ubique en terrenos de su antigua propiedad... En lo referente a la ubicación de la parcela resultante de la actora, la pretensión de ésta de que se ubique la misma en terrenos de su antigua propiedad, tiene un manifiesto fundamento normativo en el artículo 95 del Reglamento de Gestión Urbanística aprobado por Real Decreto 3288/1978, de 25 de agosto, que dice: "1. Se procurará, siempre que lo consientan las exigencias de la parcelación, que las fincas adjudicadas estén situadas en el lugar más próximo posible al de las antiguas propiedades de los mismos titulares". Precepto que ha sido recogido en el artículo 70 A) de la Ley Valenciana Reguladora de la Actividad Urbanística (Ley 6/1994, de 15 de noviembre) al señalarse que "La finca adjudicada al propietario se formará, si es posible, con terrenos integrantes de su antigua propiedad". Este criterio preferencial ha sido terminantemente declarado por la Jurisprudencia como uno de los límites más precisos a la discrecionalidad en materia de reparcelaciones y es, además, de absoluta congruencia con el establecimiento de parámetros objetivos para la asignación de las parcelas resultantes. En el presente caso, la prueba pericial practicada determina que ni de la memoria del Proyecto, ni del Plan General, ni de la realidad fáctica se deriva elemento o criterio alguno que impidiera cumplir las previsiones del artículo 95.1 del Reglamento de Gestión». **(STSJ Valencia 3 mayo 1999 [RJCA 1999, 2863]).**

Artículo 71. Retribución al Urbanizador. Determinación y modalidades.

1. El Urbanizador será retribuido con parcelas edificables, salvo que el Programa disponga la retribución en metálico o ésta proceda por aplicación de los números siguientes o en virtud de acuerdo entre el propietario y el Urbanizador. Si el Programa dispone que parte de la retribución sea en metálico y parte en parcelas, lo relativo a cada parte se regirá por sus respectivas reglas legales.

2. El Urbanizador será retribuido adjudicándole la proporción de los terrenos edificables prevista en el Programa, corregida, en su caso, proporcionadamente, si el presupuesto de cargas anejo al Proyecto de Urbanización presentara diferencias de coste respecto al estimado en dicho Programa.

3. El propietario disconforme con la proporción de terrenos que le corresponda ceder como retribución, podrá oponerse a ella solicitando su pago en metálico. La solicitud formalizada en documento público, deberá notificarla al Urbanizador y al Ayuntamiento dentro de los diez días siguientes a la aprobación del Proyecto de Urbanización.

La solicitud se acompañará de garantía –real o financierabastante, que asegure el desembolso de la retribución con carácter previo al ejercicio de cualesquiera acciones contra su liquidación. La cuota a liquidar será la que corresponda conforme al presupuesto de cargas, incrementada en un porcentaje igual al que, respecto al coste estimado de urbanización, el Urbanizador preste como garantía conforme al artículo 29.8. Si el Urbanizador se hubiera comprometido a construir bajo condiciones determinadas los terrenos con que hubiera de retribuírsele, el propietario solicitante deberá asumir este compromiso y garantizarlo.

Se exceptuará lo dispuesto en los dos párrafos anteriores cuando por haber asumido el Urbanizador –en el Programa– el compromiso de promover viviendas sociales u otros usos de interés social, sobre el terreno constitutivo de la retribución, esa vinculación de destino implique un valor máximo legal de dichos terrenos que permita determinar su exacta equivalencia con los costes de urbanización, de manera que la relación entre aquél y éstos determine la cuantía del terreno que haya de integrar dicha retribución.

4. La retribución en terrenos se hará efectiva mediante la reparcelación, sin perjuicio de lo dispuesto en el artículo 69.3 o salvo que otra cosa acuerden los interesados. La aprobación de ésta podrá ser previa a la del Proyecto de

Urbanización cuando los propietarios estén conformes con la proporción de parcelas que le corresponda percibir al Urbanizador o cuando el Programa prevea la modalidad de retribución en metálico. Las variaciones en el coste de las obras por cambios en dicho Proyecto, no imputables a la responsabilidad del Urbanizador y debidamente aprobados, que sobrevengan tras la reparcelación, se saldarán mediante compensaciones en metálico. Cuando, por tratarse de aumentos de coste, les corresponda pagarlas a los propietarios, podrán recaudarse mediante cuotas de urbanización.

Sección 3ª Recaudación de cuotas de urbanización

Artículo 72. Cuotas de Urbanización.

1. Cuando los propietarios retribuyan en metálico la labor urbanizadora se han de observar las reglas siguientes:

A) Las cuotas de urbanización y su imposición deberán ser aprobadas por la Administración actuante, sobre la base de una memoria y una cuenta detallada y justificada que se someterá a previa audiencia de los afectados o se tramitarán junto al proyecto de reparcelación.

B) Podrá reclamarse el pago anticipado de las inversiones previstas para los seis meses siguientes, al propietario de las parcelas directamente servidas o, incluso, al de las indirectamente afectadas por aquellas inversiones, en proporción parcial estimada según su importancia para estas últimas parcelas. Las liquidaciones que así se giren se entenderán practicadas con carácter provisional, a reserva de una liquidación definitiva a tramitar, de nuevo, con audiencia del interesado.

No obstante, el Urbanizador podrá exigir el desembolso de las compensaciones referidas en el artículo 70 E), con motivo de la aprobación de la reparcelación.

Las liquidaciones se girarán de conformidad con los presupuestos aprobados administrativamente según lo dispuesto en los artículos 67 y 71.

C) Una vez aprobado el proyecto de reparcelación, las parcelas sujetas al pago de cuotas de urbanización se afectarán a éste, como carga real a hacer constar en el Registro de la Propiedad, por el importe cautelar estipulado en su cuenta de liquidación provisional. El Urbanizador podrá solicitar, en cualquier momento posterior, que se practique nueva afección, en la cuantía que apruebe la Administración actuante, hasta cubrir el importe total adeudado por cuenta de cada parcela. Se exceptúa la aplicación de la regla anterior respecto a los débitos que el dueño de la parcela tenga afianzados o avalados.

D) El impago de las cuotas dará lugar a la ejecución forzosa de su liquidación, a través de la Administración actuante y en beneficio del Urbanizador, mediante apremio sobre la finca afectada. La demora en el pago devengará, en favor del Urbanizador, el interés legal del dinero. Incurrirá en mora la cuota impagada al mes de la notificación de la resolución que autorice su cobro inmediato.

E) El Urbanizador podrá convenir con los propietarios obligados un aplazamiento en el pago de las cuotas de urbanización, sin que pueda postergarse al inicio de la edificación, salvo fianza o aval que garantice dicho pago.

2. El importe final de las cuotas devengadas por cuenta de cada parcela se determinará repartiendo entre todas las resultantes de la Actuación, en directa proporción a su aprovechamiento objetivo, las cargas totales del Programa o de la Unidad de Ejecución, aunque excepcionalmente podrá corregirse este criterio de reparto según reglas objetivas y generales, estipuladas en el Programa o al aprobarse el Proyecto de Urbanización, para compensar ventajas diferenciales que reporte para parcelas determinadas la proximidad en la implantación de servicios concretos.

3. Las cuotas de urbanización reguladas en el presente artículo podrá también imponerlas la Administración que ejecute cualquier obra de infraestructura que dote de alguno de los servicios propios de la condición de solar a parcelas determinadas. Si las obras así financiadas fueran de provecho para una posterior Actuación Integrada, los propietarios que las hubieran sufragado tendrán derecho en el seno de ésta, a que se les compense por el valor actual de las mismas. Igual derecho tendrán los propietarios afectados por programaciones sucesivas acordadas conforme al artículo 29.13.

CAPÍTULO IV

Régimen de la edificación de los solares, de las Actuaciones Aisladas y de las Transferencias de aprovechamiento

Sección 1ª Introducción

Artículo 73. Requisitos para la edificación de los solares.

1. Los solares podrán ser edificados, por los particulares, cuando se hayan satisfecho las cargas y cánones de urbanización que graven su propiedad, siempre que hayan adquirido, de la Administración, los excedentes de aprovechamiento radicados en ellos, en los términos exigidos por el Plan.

2. Las parcelas para ser edificadas requieren su previa conversión en solar o que se garantice suficientemente su urbanización simultánea a la edificación mediante:

A) Compromiso de no utilizar la edificación hasta la conclusión de las obras de urbanización y de incluir tal condición en las transmisiones de propiedad o uso del inmueble. La licencia urbanística que autorice la urbanización y la edificación simultáneas deberá recoger expresamente en su contenido ese compromiso que deberá hacerse constar en las escrituras de declaración de obra en construcción o de obra nueva que se otorguen o inscriban; y

B) Afianzamiento del importe íntegro del coste de las obras de urbanización precisas, en cualquiera de las formas admitidas por la legislación de contratación pública. Se exceptúa la exigencia de un afianzamiento específico con este propósito, cuando el importe íntegro de dicho coste ya esté garantizado ante la Administración en virtud del artículo 66.

⇒ V. arts. 5, 8, 13 y 14 de la Ley 6/1998,de 13 abril (§1).
V. Jurisprudencia en arts. 83 y concordantes del TRLS/1976 (§3).
V. arts. 29 y concordantes del RD 1093/1997, de 4 julio (§2.1).

Sección 2ª Las actuaciones en suelo urbano

Artículo 74. Programas en suelo urbano.

1. Los particulares podrán promover iniciativas de Programa para el desarrollo de Actuaciones Aisladas, en suelo urbano, cuando éstas requieran la ejecución de obras públicas de urbanización o como consecuencia de la inclusión de los terrenos en el Registro Municipal de Solares y Edificios a Rehabilitar.

2. Cuando una iniciativa de Programa, en suelo urbano, se refiera tanto a la urbanización como a la edificación, su promotor deberá acreditar la disponibilidad civil sobre terrenos suficientes para asegurar que edificará la parcela, objeto de la Actuación, y que lo hará en plazo inferior a tres años. Se exceptúa la exigencia de disponibilidad civil sobre los terrenos, cuando éstos estuvieran incluidos en el Registro antes mencionado.

3. El adjudicatario del Programa quedará sujeto al estatuto del Urbanizador regulado en esta Ley para las Actuaciones Integradas.

⇒ V. disps. transits. 3ª y 4ª de la presente Ley.

Artículo 75. Régimen del suelo urbano en ausencia de Programa.

1. En suelo urbano, en tanto no se desarrollen Programas -como consecuencia de lo dispuesto en el artículo anterior o en el 33.6 y 7– los propietarios podrán realizar, disfrutar y disponer del aprovechamiento subjetivo que, en cada momento, la ordenación urbanística otorgue a sus terrenos o solares. Para ello podrán poner en práctica alguna de las siguientes alternativas:

A) Materializar su aprovechamiento subjetivo sobre solar o parcela propios, si la calificación urbanística de éstos lo permite.

B) Transferir su aprovechamiento subjetivo, para su materialización en suelo apto para ello, cuando la ordenación urbanística afectara el terreno a destino dotacional público.

C) Efectuar una reserva del aprovechamiento, para su posterior transferencia, previa cesión gratuita del suelo de su propiedad a la Administración.

D) Solicitar, de ser imposible cualquiera de las anteriores alternativas, la expropiación del terreno a los cinco años de su calificación, si ésta conlleva el destino público, iniciando el procedimiento previsto por el artículo 202.2 del Texto Refundido aprobado por el Real Decreto Legislativo 1/1992, de 26 de junio.

2. El otorgamiento de licencia urbanística para la construcción de parcelas o solares en suelo urbano requiere, en tanto no se desarrollen Programas, que su titular cumpla las siguientes condiciones:

A) Asumir, garantizar y cumplir los compromisos previstos en el artículo 73.2.

B) Abonar, en su caso, el importe de los cánones de urbanización establecidos.

C) Transmitir a la Administración el suelo dotacional preciso para urbanizar dotando a su parcela de la condición de solar, sin perjuicio de su derecho a servirse de esa cesión para dar cumplimiento a lo dispuesto en el apartado siguiente o, alternativamente, a reservarse el aprovechamiento cedido.

D) Adquirir los excedentes de aprovechamiento cuya construcción sea obligatoria o que se pretendan edificar.

El pleno cumplimiento de todas las anteriores condiciones por el propietario de una parcela urbana o solar le reportará la patrimonialización del aprovechamiento urbanístico y la consiguiente obligación de materializarlo con sujeción a plazo, que se determinará expidiendo de oficio la correspondiente Cédula de Garantía Urbanística, salvo que el directo otorgamiento de la licencia de obras haga innecesario esto último.

Sección 3ª Transferencias y reservas de aprovechamiento

Artículo 76. Transferencias de aprovechamiento.

1. Los propietarios de una finca pueden transferir su correspondiente aprovechamiento subjetivo a otras fincas que cuenten con excedentes de aprovechamiento. Estos son adquiridos en virtud de aquella transferencia, que legitimará la posterior edificación de los mismos.

2. La transferencia de aprovechamiento debe ser aprobada por el Ayuntamiento, según propuesta suscrita por los interesados y formalizada en escritura pública, con planos adjuntos expresivos de la localización y dimensiones de las fincas implicadas.

Dicha transferencia, así como la incorporación de terrenos al patrimonio municipal de suelo que conlleve, debe hacerse constar en el Registro de la Propiedad.

3. La validez de toda transferencia exige la cesión gratuita al Municipio, libre de cargas y en pleno dominio, de la finca cuyo aprovechamiento subjetivo sea transferido y la paridad, en términos de valor urbanístico, entre dicho aprovechamiento subjetivo y el excedente de aprovechamiento que es objeto de adquisición con la transferencia.

No obsta para la validez de la transferencia ni el destino urbanístico –público o privado– de la finca cedida, ni su clasificación –como suelo urbano o urbanizable–, ni el hecho de que las fincas afectadas estén ubicadas en distintas áreas de reparto, pero el Ayuntamiento podrá denegar la aprobación de transferencias inadecuadas para el desarrollo del Plan.

4. Si el terreno cedido fuera suelo urbanizable y aún no hubiera sido objeto de programación, al solo efecto de verificar la regla de equivalencia

entre lo transferido y lo adquirido, se valorará como si estuviera ya programado.

Cuando en virtud de transferencia se ceda al Municipio un terreno ubicado en suelo urbanizable, el Ayuntamiento actuará como propietario de dicho terreno en la posterior gestión del suelo urbanizable afectado.

La adquisición mediante transferencias de excedentes de aprovechamiento ubicados en suelo urbanizable requiere que el Urbanizador suscriba la propuesta junto a los propietarios afectados.

5. Las reparcelaciones voluntarias –concertadas entre los afectados para que el cumplimiento de sus obligaciones urbanísticas se concrete de modo más acorde con sus preferenciastramitarán y aprobarán por la Administración actuante conforme a lo dispuesto en los números anteriores. Su aprobación puede surtir todos los efectos previstos en el artículo 69.3.

Artículo 77. Reservas de aprovechamiento.

1. Con motivo de la transmisión al dominio público de terrenos con destino dotacional se podrá hacer reserva del aprovechamiento subjetivo correspondiente a ellos, para su posterior transferencia.

Según se trate de una transmisión a título oneroso o gratuito la reserva la podrá hacer en su favor:

A) El propietario del terreno que lo ceda gratuitamente a la Administración competente.

Procede la reserva de aprovechamiento, con motivo de una cesión de terrenos, cuando no dé lugar, directa e inmediatamente, a la adquisición de un excedente de aprovechamiento. No podrá, por tanto, reservarse el aprovechamiento para ulterior transferencia, quien efectúe la cesión como consecuencia de inmediata transferencia o de una reparcelación.

B) La Administración o el Urbanizador –público o privadoque sufrague el precio del terreno dotacional, cuando éste se adquiera para su destino público en virtud de una transmisión onerosa.

No ha lugar a la reserva de aprovechamiento si la adquisición onerosa del terreno dotacional público va acompañada, por expropiación conjunta tasada a un precio medio, con la de otros terrenos con excedentes de aprovechamiento equivalentes al terreno dotacional público.

La reserva de aprovechamiento debe ser aprobada por el Ayuntamiento o Administración expropiante y se hará constar en el Registro de la Propiedad junto a la transmisión de la que traiga su causa. La reserva se cancelará, de igual forma, cuando se transfiera su aprovechamiento. El Ayuntamiento no puede oponerse a esa transferencia si, en su día, aceptó la cesión que motivó la reserva. Podrá oponerse a ello el Urbanizador, cuando se pretendan adquirir así excedentes de aprovechamiento radicados en el ámbito de la Actuación Integrada.

2. Cuando el aprovechamiento subjetivo que, en conjunto, corresponda a los propietarios afectados por un Programa sea inferior al total aprovecha-

miento objetivo de éste, el Urbanizador que financie la diferencia podrá reservarse el aprovechamiento constitutivo de ella.

3. El titular de una reserva de aprovechamiento podrá solicitar su expropiación, iniciando el procedimiento mencionado en el artículo 75.1 D), cuando hayan transcurrido más de tres años desde que constituyó la reserva o el menor plazo que resulte de la aplicación de dicho precepto.

Artículo 78. Compensaciones monetarias sustitutivas de las transferencias de aprovechamiento.

1. Los Municipios podrán, por razones de interés público local, transmitir, directamente y en metálico, el excedente de aprovechamiento radicado sobre parcelas o solares urbanos, con motivo de la solicitud de licencia de edificación. Esta solicitud se acompañará de una oferta de venta al patrimonio municipal de suelo de la propia parcela o solar para la que se solicite licencia, por precio unitario que mejore el propuesto por el solicitante como valor de adquisición de aquel excedente. La solicitud hará constar la justificación de gastos habidos con motivo de la petición de licencia, incluidos los del proyecto técnico. La oferta de venta adjunta la suscribirá quien acredite la titularidad y capacidad civil para efectuarla.

El Municipio podrá aceptar la oferta de venta pagando –por metro cuadrado de aprovechamiento subjetivo– precio superior en un 20 por 100 al que el oferente hubiera propuesto satisfacer por metro cuadrado de excedente de aprovechamiento e indemnizándole, además, los gastos justificados que hubiera acreditado.

El Ayuntamiento deberá resolver sobre esta adquisición dentro de los dos meses siguientes al momento en que el demandante deposite o avale el importe que ofrezca pagar por el excedente de aprovechamiento. Dentro del mismo plazo el Ayuntamiento podrá inadmitir la adquisición en metálico o condicionarla a distinta valoración del aprovechamiento urbanístico. Transcurrido el plazo sin otra resolución se entenderá adquirido el aprovechamiento por el precio depositado.

2. Los Ayuntamientos podrán aprobar un Cuadro Indicativo de valores de repercusión de suelo que expresen los precios máximos que el Municipio prevé pagar por la adquisición o expropiación de suelo para el patrimonio municipal. Dichos valores se calcularán de conformidad con la legislación estatal, previo informe de la autoridad tributaria competente y se revisarán de inmediato para adaptarlos a las resoluciones administrativas o judiciales que determinen justiprecios expropiatorios. La vigencia máxima e improrrogable del Cuadro será de año y medio.

3. No será preciso formular la oferta de venta de la parcela a la que se refiere el apartado 1 cuando quien demande la adquisición de excedente de aprovechamiento, pague un precio superior en un 20 por 100 al que resultaría del Cuadro Indicativo.

4. El pago por el excedente de aprovechamiento deberá ser previo o simultáneo a la obtención de la licencia de obras.

5. La adquisición de excedentes de aprovechamiento en metálico, antes regulada, tendrá carácter subsidiario respecto a la aplicación de los dos artículos precedentes.

CAPÍTULO V
Otras disposiciones de común aplicación a las Actuaciones Aisladas e Integradas

Artículo 79. Conservación de la urbanización.

1. La conservación de las obras públicas municipales es responsabilidad del Ayuntamiento desde su recepción definitiva, siendo antes del urbanizador. Carecerá de validez todo pacto o disposición que pretenda trasladar esa competencia a personas privadas o asociaciones de propietarios sin colaboración y control público o sin condiciones o por tiempo indeterminado. Los administrados no podrán ser obligados por mandato de la Administración a integrarse en esas asociaciones.

2. Las obras de urbanización, realizadas por Urbanizador competente y ubicadas en dominio público, se entenderán aceptadas provisionalmente a los tres meses de su ofrecimiento formal al Ayuntamiento sin respuesta administrativa expresa. A los nueve meses desde la aceptación provisional ésta devendrá definitiva, pasando los gastos de conservación a cargo de la Administración, salvo que ésta reclame la reparación de vicios. La aceptación definitiva se entiende sin perjuicio de las acciones, incluso civiles, que asistan a la Administración o a los administrados, por daños derivados de vicio oculto.

⇒ V. disp. transit. 10ª de la presente Ley.

Artículo 80. Canon de Urbanización.

Cuando razones técnicas especiales hagan imprescindible diferir o anticipar la implantación de infraestructuras complementarias respecto a la total urbanización de los solares, las Ordenanzas municipales podrán establecer un canon de urbanización para que los peticionarios de licencias o los propietarios de parcelas y adjudicatarios de Programas contribuyan a sufragar aquellas infraestructuras.

El canon se establecerá para ámbitos determinados, devengándose en proporción al aprovechamiento de las parcelas o solares o a su valor urbanístico. Su cuantía se fijará, mediante fórmula polinómica actualizable, en función de módulos de coste y unidades de obra a instalar o construir, según su repercusión unitaria sobre el aprovechamiento objetivo o su valor urbanístico.

Los ingresos se afectarán a la ejecución de cualesquiera obras de urbanización o al fin previsto en el artículo 51. Su imposición no exonerará de las exigencias de los artículos 30.1 ó 73.2.

CAPÍTULO VI
Ejecución de Obras Públicas

Artículo 81. Ejecución de obras públicas.

Estará sujeta a licencia de obras la ejecución de obras públicas y de construcciones de servicio público cuando así lo exija la legislación reguladora de la correspondiente obra o servicio.

La realización material de toda obra pública exige verificar, previamente, su compatibilidad con la ordenación urbanística y territorial. La verificación, cuando la obra no esté sujeta a licencia, se efectuará sometiendo su proyecto básico a los trámites propios del procedimiento de aprobación de los Planes Especiales. Si el proyecto modifica el planeamiento, se ha de completar con los documentos característicos de aquellos Planes. Si no lo modifica, el acuerdo de aprobación provisional legitima su completa realización. La aprobación del proyecto da lugar a lo dispuesto en los artículos 33.7 ó 72.3.

Cuando la obra no revista especial interés para la comunidad local se preverán las oportunas compensaciones para resarcir al Municipio del coste de los servicios que éste preste en orden a posibilitar su construcción.

La administración del Estado podrá promover sus proyectos de obra en los términos previstos en el presente artículo cuando así lo permita la legislación estatal.

Lo anteriormente dispuesto se entiende sin perjuicio de lo establecido en el último párrafo del artículo 53.

TÍTULO IV
INTERVENCIÓN DE LA ADMINISTRACIÓN EN EL MERCADO INMOBILIARIO. LA ACTIVIDAD URBANÍSTICA DE FOMENTO DE LA EDIFICACIÓN Y LA REHABILITACIÓN

CAPÍTULO I
Intervención de la Administración en los actos de división de terrenos y en las parcelaciones

Artículo 82. Licencias de parcelación.

1. Toda parcelación o división de terrenos, quedará sujeta a licencia municipal, salvo que el Ayuntamiento certifique o declare su innecesariedad. Es innecesaria la licencia cuando:

A) La división o segregación sea consecuencia de una reparcelación o de un cesión –ya sea forzosa o voluntaria, gratuita u onerosa– a la Administración, para que destine el terreno resultante de la división al uso o servicio público al que se encuentre afecto.

B) El correspondiente acto de disposición no aumente el número de fincas originariamente existentes y cumpla las normas sobre su indivisibilidad establecidas por razones urbanísticas.

C) La división o segregación haya sido autorizada expresamente por el municipio con motivo del otorgamiento de otra licencia urbanística.

2. De conformidad con lo dispuesto por la legislación estatal, los Notarios y Registradores de la Propiedad exigirán para autorizar e inscribir, respectivamente, escrituras de división de terrenos, que se acredite el otorgamiento de la licencia o la declaración administrativa de su innecesariedad, que los primeros deberán testimoniar en el documento. Asimismo, los Notarios y Registradores de la Propiedad harán constar en la descripción de las fincas su cualidad de indivisibles, cuando así les conste.

3. Cabrá acreditar la innecesariedad de licencia de parcelación o de división de terrenos mediante uno de estos medios:

A) Testimoniando el certificado municipal correspondiente; o

B) Acreditando que se solicitó la licencia o dicho certificado, con la antelación necesaria respecto al momento de otorgar la división, sin haber obtenido resolución administrativa expresa dentro de los plazos legales y efectuando declaración jurada de esto último; o

C) Acreditando rigurosamente el cumplimiento de las condiciones expresadas en el número 1 anterior.

⇒ V. arts. 258.2, 258.3 y 259.3 del TRLS/1992 (§2).
V. arts. 78 y concordantes del RD 1093/1997, de 4 julio (§2.1).

Jurisprudencia

«En el marco de la Comunidad Valenciana, al tiempo de producirse los hechos sometidos a debate, se encontraba vigente la Ley 6/1994, de 15 noviembre, de la Generalitat Valenciana, Reguladora de la Actividad Urbanística, publicada en el "Diario Oficial del Gobierno Valenciano", número 2394, de 24 de noviembre de 1994. Esta norma vuelve al Texto de 1956 al identificar "parcelación" con "división"... Como la segregación practicada por el actor no estaba integrada en ninguno de los tres supuestos que menciona el artículo 82 citado, la licencia de parcelación era necesaria, y en consecuencia, se materializaba el hecho imponible que describe el artículo 2 de la ordenanza fiscal objeto de estos autos». **(STSJ Valencia 14 abril 1998 [JT 1998, 618]).**

«Si la división o segregación, tiene por objeto destinar las fincas a un uso agrícola la parcelación se someterá, a las disposiciones de la Ley 4/1992, de 5 junio, sobre Suelo No Urbanizable. Si por el contrario, la parcelación tiene por objeto la obtención de suelo edificable, nos encontramos ante una parcelación urbanística, que no es sino el resultado final de la ejecución del planeamiento, de manera tal que si el Planeamiento no está ejecutado, ni se han desarrollado los oportunos instrumentos de gestión, la parcelación no es posible. Precisamente el artículo 82 que venimos comentando, lo que regula no es la parcelación urbanística, sino su innecesariedad». **(STSJ Valencia 20 noviembre 1998 [RJCA 1998, 4202]).**

⇒ V. Jurisprudencia en arts. 94 y concordantes del TRLS/1976 (§3).

Artículo 83. Indivisibilidad de terrenos en las distintas clases de suelo.

1. Son indivisibles en suelo urbano y urbanizable, una vez programado, los terrenos a los que se refiere el artículo 258 del Texto Refundido aprobado por el Real Decreto Legislativo 1/1992, de 26 de junio.

2. En suelo no urbanizable y urbanizable aún no programado se estará

a lo dispuesto en los apartados a) a d) de la Disposición Adicional Tercera de la Ley del Suelo No Urbanizable.

3. La infracción de las reglas anteriores dará lugar a la imposición de multa que, por lo que respecta al otorgante de la división o segregación, no podrá ser inferior al precio efectivo de venta de los lotes ilegalmente fraccionados, hasta un máximo de 300 millones de pesetas.

⇒ V. art. 8 de la Ley 4/1992, de 5 junio, Reguladora del Suelo No Urbanizable (§54).
V. arts. 258.2, 258.3 y 259.3 del TRLS/1992 (§2).
V. art. 20 de la Ley 6/1998, de 13 abril (§1).

Jurisprudencia

«No cabrá aplicar el propugnado art. 82 de la Ley Valenciana 6/1994, de 15 de noviembre, puesto que tan sólo será de aplicación el art. 83.2, que establece que en suelo no urbanizable se estará a lo dispuesto en la disposición adicional 3ª a) y b) de la Ley 4/1992. En efecto, la disposición adicional 3ª.2 b) de la Ley 4/1992 regula que no podrá autorizarse la segregación de las fincas en las que ya existan construcciones ilegales, lo que permite afirmar la procedente denegación de la licencia de segregación resuelta por el Ayuntamiento de Casinos por no caber una segregación en Suelo No Urbanizable cuando la finca cuenta con una construcción ilegal y no es susceptible de legalización por carecer de una superficie mínima de una hectárea». **(STSJ Valencia 31 marzo 1999 [RJCA 1999, 2841]).**

⇒ V. Jurisprudencia en arts. 95 y concordantes del TRLS/1976 (§3).

CAPÍTULO II

Intervención administrativa para fomentar la seguridad del tráfico inmobiliario

Artículo 84. Cédula de Garantía Urbanística.

1. Los Ayuntamientos habrán de expedir, a petición de los interesados y en el plazo de un mes, Cédula de Garantía Urbanística para las parcelas edificables que no tengan pendientes la adquisición del excedente de aprovechamiento. La Cédula expresará la calificación urbanística y tendrá un plazo de vigencia máximo de un año; dentro de él deberá el interesado solicitar la licencia de obras y garantizar la ejecución de las obras de urbanización pendientes de realizarse. La expedición de la Cédula obligará a esto último en los mismos términos que la orden de edificación forzosa, por lo que la solicitud de Cédula deberá ser refrendada por el propietario interesado.

2. El propietario del solar o parcela respecto a la que se haya expedido válidamente la Cédula tendrá derecho a que, durante la vigencia de ésta, si no se mantienen las condiciones urbanísticas en ella expresadas se le reparen los perjuicios patrimoniales causados por los cambios de ordenación sobrevenidos.

3. Con independencia de lo regulado en los números anteriores los Ayuntamientos tienen la obligación de informar por escrito a cualquier solicitante respecto a la clasificación, calificación y programación urbanística de los terrenos, en el plazo de un mes.

⇒ V. art. 6 de la Ley 6/1998, de 13 abril (§1).
V. arts. 258.2, 258.3 y 259.3 del TRLS/1992 (§2).

V. arts. 33 y concordantes del RD 1093/1997, de 4 julio (§2.1).
V. Jurisprudencia en arts. 63 y concordantes del TRLS/1976 (§3).

CAPÍTULO III
Intervención administrativa para garantizar el cumplimiento por los propietarios de inmuebles de su deber de edificar

Artículo 85. Deber urbanístico de edificar y obligación de hacerlo dentro de plazos determinados.

1. El propietario de un terreno tiene el deber de destinarlo al uso y aprovechamiento previsto por el Plan colaborando, con prontitud y diligencia, a la ejecución de éste. Si el terreno de su propiedad fuera una parcela en suelo urbano o un solar, deberá solicitar la preceptiva licencia para construir, según el Plan, adquiriendo, en todo caso, el excedente de aprovechamiento que presente el terreno y realizando las obras de urbanización que correspondan. Este deber de edificación será exigible en los plazos fijados por el Programa o, en su defecto, cuando haya transcurrido un año desde que fuera posible solicitar la licencia.

2. Una vez otorgada la licencia, se deberá iniciar, concluir y no interrumpir la construcción dentro de los plazos en ella determinados o, en su defecto, en 6, 24 y 6 meses, respectivamente. La caducidad de la licencia se declarará previa audiencia del interesado.

3. El Ayuntamiento –de oficio o a instancia de cualquier interesado– podrá dictar órdenes individualizadas de ejecución de la edificación, siguiendo criterios expresos y objetivos de prioridad en el fomento de ella.

La orden advertirá que, si el propietario afectado no solicita licencia y adquiere los excedentes de aprovechamiento de su parcela, en el plazo de un año, la parcela quedará incluida en el Registro Municipal de Solares y Edificios a Rehabilitar y, si procede, se incoará expediente declarativo del incumplimiento de la obligación de edificar. Dicho plazo será prorrogable por causa justificada y no procederá la declaración de incumplimiento si, antes de la conclusión de aquél, el propietario hubiere solicitado la inscripción voluntaria en dicho Registro.

4. La orden de ejecución de la edificación determinará los efectos dispuestos en el número 2 del artículo anterior y, a tal fin, expresará las condiciones urbanísticas de la parcela que ordene edificar. Asimismo, la orden, una vez notificada al interesado, se comunicará al Registro de la Propiedad para constancia en el mismo. Si el interesado cumple lo ordenado se ordenará cancelar la anotación correspondiente.

⇒ V. art. 14 de la Ley 6/1998,de 13 abril (§1).

Jurisprudencia

«Si bien la caducidad es un instrumento jurídico para lograr la eficiente ejecución del planeamiento, impidiendo la operatividad de licencias meramente especulativas (SSTS 20 mayo 1985 [RJ 1985, 4116], 18 julio 1986 [RJ 1986, 5518]), la Jurisprudencia reitera que este instrumento expropiatorio de derechos ha de ser siempre interpretado restrictivamente (SSTS 20 mayo 1985, 28 julio, 3 octubre 1986 [RJ 1986, 6901 y

6411], 8 febrero 1988 [RJ 1988, 795]), y requiere un acto formal declarativo, en procedimiento contradictorio con audiencia del interesado (SSTS 26 septiembre 1975 [RJ 1975, 3870], 16 y 20 mayo 1985 [RJ 1985, 3559 y 4116], 22 enero 1986 [RJ 1986, 887], 8 febrero 1988); precisando la declaración una ponderada valoración de los hechos. Subrayándose en todo caso la necesidad de aplicar el instituto de la caducidad con flexibilidad, moderación y restricción (STS 22 marzo 1988 [RJ 1988, 2244]), exigiéndose que la Administración justifique y pruebe plenamente la concurrencia de los requisitos legales para la aplicación de la caducidad (STS 22 enero 1988 [RJ 1988, 334]). Es preciso que el plazo de caducidad conste en la licencia o en la normativa urbanística aplicable (STS de 12 de mayo de 1998 [RJ 1998, 3839])». **(STSJ Valencia 19 julio 1999 [RJCA 1999, 3400]).**

⇒ V. Jurisprudencia en arts. 178, 179, 180 y concordantes del TRLS/1976 (§3).

CAPÍTULO IV

Intervención administrativa para garantizar el cumplimiento del deber urbanístico de conservación por los propietarios de inmuebles

Artículo 86. Deber de conservación y rehabilitación.

Los propietarios de terrenos, construcciones y edificios deberán mantenerlos en condiciones de seguridad, salubridad, ornato público y decoro, realizando los trabajos y obras precisas para conservar o rehabilitar en ellos las condiciones imprescindibles de habitabilidad o uso efectivo que permitirían obtener la licencia administrativa de ocupación para el destino que les sea propio. Será exigible este deber aun cuando no hubiere normas específicamente aplicables sobre protección del medio ambiente, patrimonios arquitectónicos y arqueológicos o sobre rehabilitación urbana. Si las hubiere, se cumplirá con total respeto a las mismas.

⇒ V. art. 19 de la Ley 6/1998, de 13 abril (§1).

V. Instr. 1/1999, de 30 julio, de la Dirección General de Arquitectura y Vivienda de Valencia, sobre criterios para la aplicación de las normas de control de calidad de la edificación y su documentación mediante el Libro de Control, dictada en aplicación del D. 107/1991, de 10 junio.

V. Jurisprudencia en arts. 181 y concordantes del TRLS/1976 (§3).

Artículo 87. Inspección periódica de construcciones.

Los propietarios de toda edificación catalogada o de antigu edad superior a 50 años deberán promover, al menos cada cinco años, una inspección, a cargo de facultativo competente, para supervisar su estado de conservación.

Dicho facultativo consignará los resultados de su inspección expidiendo un certificado que describa los desperfectos apreciados en el inmueble, sus posibles causas y las medidas prioritarias recomendables para asegurar su estabilidad, seguridad, estanqueidad y consolidación estructurales o para mantener o rehabilitar sus dependencias en condiciones de habitabilidad o uso efectivo según el destino propio de ellas. Asimismo dejará constancia del grado de realización de las recomendaciones expresadas con motivo de la anterior inspección periódica. La eficacia del certificado exige remitir copia de él al Ayuntamiento y al Colegio Profesional correspondiente.

El Ayuntamiento podrá exigir de los propietarios la exhibición de los certificados actualizados de inspección periódica de construcciones y, si descubriera que éstas no se han efectuado, podrá realizarlas de oficio a costa de los obligados.

⇒ V. art. 19 de la Ley 6/1998,de 13 abril (§1).
V. Jurisprudencia en arts. 181 y concordantes del TRLS/1976 (§3).

Artículo 88. Límite del deber de conservación y rehabilitación.

Los propietarios de edificios están obligados a sufragar o soportar el coste de las obras de conservación y rehabilitación que dichas construcciones precisen para cumplir lo dispuesto en los artículos anteriores, hasta el importe determinado por el límite del deber normal de conservación.

Cuando una Administración ordene o imponga al propietario la ejecución de obras de conservación o rehabilitación que excedan dicho límite, el obligado podrá exigir a aquélla que sufrague, en lo que respecta al exceso, el coste parcial de la obras constitutivo del mismo.

Se entenderá que las obras mencionadas en el párrafo anterior exceden del límite del deber normal de conservación cuando su coste supere la mitad del valor de una construcción de nueva planta, con similares características e igual superficie útil que la preexistente, realizada con las condiciones imprescindibles para autorizar su ocupación. Si no se trata de un edificio sino de otra clase de construcción, dicho límite se cifrará, en todo caso, en la mitad del coste de erigir o implantar una nueva construcción de iguales dimensiones, en condiciones de uso efectivo para el destino que le sea propio.

⇒ V. art. 19 de la Ley 6/1998, de 13 abril (§1).
V. art. 3 de la Ley 38/1999, de 5 noviembre, de Ordenación de la Edificación (§1.1).
V. arts. 245.1 y 246.2 del TRLS/1992 (§2).
V. Jurisprudencia en arts. 181,182, 183 y concordantes del TRLS/1976 (§3).

Artículo 89. Ayudas públicas para la conservación y rehabilitación del patrimonio arquitectónico.

1. Procederá el otorgamiento de ayudas para financiar la conservación o rehabilitación de construcciones por las razones reguladas en el artículo anterior o para obras que potencien la utilidad social de las construcciones y que se financien ponderando la situación socioeconómica del destinatario de la subvención, conforme a lo que reglamentariamente se establezca.

2. La Administración podrá convenir con el interesado fórmulas de explotación conjunta del inmueble, siempre que permitan una adecuada participación pública en los beneficios generados por la prolongación de la vida útil de la construcción. Se pueden otorgar ayudas a fondo perdido como incentivo de inversiones privadas proporcionadas a la subvención en los términos que reglamentariamente se determinen.

3. Si el propietario tuviera derecho a la ayuda –en aplicación del artículo anterior– y no alcanzara un acuerdo con la Administración, aquélla se otorgará como anticipo reintegrable, en dinero constante, en caso de venta o expropiación, debiéndose dejar constancia de ello en el Registro de la Propiedad. El reintegro no superará la mitad del precio de expropiación o venta. Si ésta lo es por precio inferior al duplo del anticipo, la Administración podrá

ejercer el derecho de tanteo en los términos regulados en el Real Decreto Legislativo 1/1992.

4. Los Ayuntamientos deben bonificar, en la medida más amplia posible, las licencias de obras que tengan por objeto la reparación o rehabilitación de edificaciones deterioradas.

5. Las políticas de ayuda económica que instrumente la Generalitat para rehabilitar y conservar el patrimonio arquitectónico darán prioridad a los inmuebles y conjuntos catalogados y ponderarán la corresponsabilidad financiera que, en dichas actuaciones, asuman los entes locales con arreglo a sus posibilidades.

⇒ V. art. 19 de la Ley 6/1998, de 13 abril (§1).
V. arts. 245.1 y 246.2 del TRLS/1992 (§2).
V. Jurisprudencia en arts. 182 y concordantes del TRLS/1976 (§3).

Artículo 90. Situación legal de ruina.

1. Procede declarar la situación legal de ruina cuando el coste de las reparaciones necesarias para devolver la estabilidad, seguridad, estanqueidad y consolidación estructurales a un edificio o construcción, manifiestamente deteriorada, o para restaurar en ella las condiciones mínimas que permitan su uso efectivo, supere el límite del deber normal de conservación calculado conforme al artículo 88.

Procederá, asimismo, la declaración de ruina, cuando el propietario acredite haber cumplido puntualmente lo dispuesto en el artículo 87, realizando diligentemente las obras recomendadas, al menos, en los dos últimos certificados de inspección periódica y el coste de éstas, unido al de las que estén pendientes de realizar, con los fines antes expresados, supere el límite enunciado en el párrafo anterior, apreciándose una tendencia constante y progresiva en el tiempo al aumento de las inversiones necesarias para la conservación del edificio.

2. Corresponderá a los Ayuntamientos declarar la situación legal de ruina, incoando el procedimiento de oficio o como consecuencia de denuncia formulada por cualquier interesado. En las actuaciones se citará a los ocupantes legítimos de la construcción y a los titulares de derechos sobre ella que consten en los registros públicos, así como a los órganos competentes cuando resulte afectado el patrimonio histórico.

3. La declaración de la situación legal de ruina debe disponer las medidas necesarias para evitar eventuales daños físicos y, además, proponer la declaración de incumplimiento por el dueño de su deber urbanístico de conservación o manifestar, razonadamente, la improcedencia de esto último.

La propuesta de declarar el incumplimiento del deber de conservación, formulada junto a la declaración de ruina legal, no será definitiva ni surtirá efecto sin previa audiencia de los interesados y resolución del Alcalde dictada a la vista de las alegaciones presentadas.

No procede declarar el incumplimiento del deber de conservación si la ruina legal es causada por fuerza mayor, hecho fortuito o culpa de tercero, ni cuando el dueño trate de evitarla con adecuado mantenimiento y cuidadoso uso del inmueble, reparando sus desperfectos con razonable diligencia.

4. La declaración de ruina legal respecto a un edificio no catalogado, ni objeto de un procedimiento de catalogación, determina para su dueño la obligación de rehabilitarlo o demolerlo, a su elección.

5. Si la situación legal de ruina se declara respecto a edificio catalogado u objeto del procedimiento de catalogación, el propietario deberá adoptar las medidas urgentes e imprescindibles para mantenerlo en condiciones de seguridad. La Administración podrá concertar con el propietario su rehabilitación. En defecto de acuerdo, puede ordenarle que la efectúe otorgándole la correspondiente ayuda u ordenar la inclusión en el Registro Municipal de Solares y Edificios a Rehabilitar.

⇒ V. art. 19 de la Ley 6/1998, de 13 abril (§1).
V. arts. 245.1 y 246.2 del TRLS/1992 (§2).

Jurisprudencia

«Aunque no estaba vigente al tiempo de iniciación del expediente, los presupuestos para la declaración de ruina vigentes, deben interpretarse conforme a los artículos 88 y 90 de la Ley de la Comunidad Valenciana 6/1994, de 15 noviembre, Reguladora de la Actividad Urbanística. 5.–El estado de ruina tiene su causa en la actitud pasiva y fraudulenta del propietario que no ejecutó a su tiempo las reparaciones necesarias incumpliendo sus obligaciones legales, faltando a las exigencias de la buena fe, e incurriendo en fraude de ley». **(STSJ Valencia 2 septiembre 1998 [RJCA 1998, 3251]).**

«Conforme el art. 90 de la LRUA 6/1994, limitado el deber normal de reparación a 16.345.890 ptas., ante lo cual, en base a lo expuesto, a tenor tanto del citado art. 90, como de los arts. 247.2 del TRLS 1/1992 y 183.2 de la LS/1976 y concordantes, procede declarar el edificio en situación de ruina». **(STSJ Valencia 16 diciembre 1998 [RJCA 1998, 4963]).**

⇒ V. Jurisprudencia en arts. 183 y concordantes del TRLS/1976 (§3).

Artículo 91. Intervención en edificios catalogados.

1. En los edificios catalogados, sólo podrán realizarse las obras expresamente autorizadas por licencia de intervención o dispuestas por orden de ejecución municipal de obras de intervención.

2. Las licencias de intervención contemplarán conjuntamente todas las actuaciones que hayan de realizarse en el inmueble y el resultado final de las mismas. Dichas actuaciones sólo excepcionalmente, cuando sea imposible la conservación de lo construido o cuando la catalogación no obedezca a su valor intrínseco sino a su mera importancia ambiental, podrán contemplar la sustitución de la edificación, a ser posible parcial, bajo condiciones especiales. Las obras de intervención se ajustarán a las prescripciones del Catálogo y del planeamiento, pero su autorización podrá concretar otras condiciones adicionales, salvaguardando los valores protegidos.

La licencia de intervención controla la oportunidad técnica de las obras para la mejor preservación de las características culturales cuyo reconocimiento colectivo se expresa en la catalogación. Su otorgamiento se efectuará por resolución debidamente motivada.

3. Sólo podrá otorgarse licencia de demolición para edificios no catalogados y que no sean objeto de un procedimiento tendente a su catalogación.

4. En la aplicación de lo anteriormente dispuesto se facilitará el ejercicio de sus atribuciones a los órganos competentes para la tutela del patrimonio histórico, cuando la intervención afecte a bienes declarados de interés cultural o sujetos a procedimiento para su declaración o inventariado como tales. En ningún caso, la aplicación de esta Ley permitirá exceptuar la plena sujeción de dichos bienes a su normativa reguladora específica.

⇒ V. art. 19 de la Ley 6/1998, de 13 abril (§1).
V. arts. 245.1 y 246.2 del TRLS/1992 (§2).
V. Ley 4/1998, de 11 junio, Reguladora del Patrimonio Cultural Valenciano.
V. Jurisprudencia en arts.182 y concordantes del TRLS/1976 (§3).

Artículo 92. Ordenes de ejecución de obras de conservación y de obras de intervención.

1. Los Alcaldes deben dictar órdenes de ejecución de obras de reparación, conservación y rehabilitación de edificios deteriorados o en condiciones deficientes para su utilización efectiva. También los órganos de la Generalitat competentes en materia de patrimonio cultural inmueble podrán, oído el Ayuntamiento, dictar dichas órdenes respecto a edificios catalogados. Las órdenes de ejecución pueden conminar, asimismo, a la limpieza, vallado, retirada de carteles u otros elementos impropios del inmueble.

2. Dentro del plazo señalado en la orden de ejecución el propietario afectado debe solicitar las ayudas económicas a las que justifique tener derecho y puede pedir la licencia de demolición, salvo que el edificio esté catalogado. También puede proponer alternativas técnicas para las obras o solicitar razonadamente una prórroga en su ejecución.

3. El incumplimiento injustificado de la orden faculta a la Administración para adoptar una de estas medidas:

A) Ejecución subsidiaria a costa del obligado hasta el límite del deber de conservación.

B) Imposición de hasta diez multas coercitivas con periodicidad mínima mensual, por valor máximo de un décimo del coste estimado de las obras ordenadas. El importe de las multas coercitivas se destinará preferentemente a cubrir los gastos que genere la ejecución subsidiaria de la orden incumplida.

⇒ V. art. 19 de la Ley 6/1998, de 13 abril (§1).
V. art. 3 de la Ley 38/1999, de 5 noviembre, de Ordenación de la Edificación (§1.1).
V. arts. 245.1 y 246.2 del TRLS/1992 (§2).
V. Ley 4/1998, de 11 junio, Reguladora del Patrimonio Cultural Valenciano.
V. Jurisprudencia en arts. 182 y concordantes del TRLS/1976 (§3).

Artículo 93. Amenaza de ruina inminente.

Cuando la amenaza de una ruina inminente ponga en peligro la seguridad pública o la integridad del patrimonio arquitectónico catalogado, el Alcalde podrá acordar el apuntalamiento y ordenar el desalojo o adoptar las medidas urgentes y necesarias para prevenir o evitar daños en los bienes públicos o a las personas. Excepcionalmente cabrá ordenar la demolición cuando –no tratándose de edificio catalogado– ésta fuera imprescindible para impedir mayores perjuicios.

El Ayuntamiento será responsable de las consecuencias que comporte la adopción injustificada de dichas medidas, sin que ello exima al propietario de la íntegra responsabilidad en la conservación de sus bienes conforme a las exigencias de la seguridad, siéndole repercutibles los gastos realizados por el Ayuntamiento hasta el límite del deber normal de conservación.

La adopción de las medidas cautelares dispuestas por el Alcalde, para evitar la ruina inminente, no presuponen la declaración de la situación legal ruina.

⇒ V. art. 19 de la Ley 6/1998, de 13 abril (§1).
V. arts. 245.1 y 246.2 del TRLS/1992 (§2).
V. Jurisprudencia en arts. 183 y concordantes del TRLS/1976 (§3).

Artículo 94. Pérdida o destrucción de elementos catalogados.

Cuando por cualquier circunstancia resulte destruida una construcción o edificio catalogado, el terreno subyacente permanecerá sujeto al régimen propio de la catalogación. El aprovechamiento subjetivo de su propietario no excederá el preciso para la fiel restitución, que podrá ser ordenada.

El Plan podrá disponer, en casos justificados, que cuando un edificio catalogado resulte destruido el terreno subyacente quede inmediatamente calificado como zona dotacional pública.

La destrucción de un edificio catalogado, mediando incumplimiento del deber normal de conservación, determinará la expropiación o inclusión del inmueble en el Registro Municipal de Solares y Edificios a Rehabilitar.

⇒ V. arts. 25 y 37 de la presente Ley.

Artículo 95. Ordenes de adaptación al ambiente.

Los Planes pueden disponer la obligatoriedad de ejecutar obras de adaptación al ambiente de edificios. Las órdenes de ejecución que se dicten en cumplimiento de esas disposiciones se sujetarán al régimen establecido en los artículos anteriores. Estas órdenes se deberán referir a elementos ornamentales y secundarios del inmueble, pretender la restitución de su aspecto originario o coadyuvar a su mejor conservación.

⇒ V. arts. 3 y 25 de la presente Ley.

CAPÍTULO V
Registro Municipal de Solares y Edificios a Rehabilitar

Artículo 96. Registro Municipal de Solares y Edificios a Rehabilitar.

Los Municipios mantendrán en condiciones de pública consulta un Registro Municipal de Solares y Edificios a Rehabilitar. No obstante, aun cuando éste no haya sido creado o esté incompleto, la orden de incluir en él un inmueble es válida y eficaz desde que se dicte, debiéndose notificar al Registro de la Propiedad. El mismo efecto surtirá el mero transcurso del plazo consignado en la orden regulada en el artículo 85.

La orden de inclusión expresará la causa que la determina, la descripción del inmueble afectado y, en su caso, las declaraciones administrativas respecto al incumplimiento de deberes urbanísticos del propietario.

⇒ V. art. 14 de la Ley 6/1998, de 13 abril (§1).
V. Jurisprudencia en arts.156 y concordantes del TRLS/1976 (§3).
V. arts. 87, 88, 89, 90, 91 y concordantes del RD 1093/1997, de 4 julio (§2.1).

Artículo 97. Inclusión de inmuebles en el Registro Municipal de Solares y Edificios a Rehabilitar.

1. Procede dictar la orden de inclusión en el Registro respecto a inmuebles cuyos propietarios incumplan:

A) La obligación de edificar, de solicitar licencia o de urbanizar simultáneamente a la edificación, en los supuestos y plazos regulados en los artículos 84.1 y 85.2 y 3.

B) La obligación de efectuar obras de conservación y rehabilitación en los términos exigibles a tenor de los artículos 90, 91, 92 (sin perjuicio de la aplicación simultánea de las restantes medidas contempladas en el número 3 de este último) y 94.

2. También procederá dictar la orden de inclusión cuando, antes de que se produzca incumplimiento de deberes urbanísticos, lo solicite voluntariamente el propietario o cuando, haya o no incumplimiento, así se acuerde, según el artículo 90.5, como medida alternativa a la orden de rehabilitación forzosa.

⇒ V. art. 14 de la Ley 6/1998, de 13 abril (§1).
V. Jurisprudencia en arts. 154 y concordantes del TRLS/1976 (§3).

Artículo 98. Efectos de la inclusión.

1. La orden de inclusión en el Registro de un inmueble comporta su declaración de utilidad pública y de la necesidad de su ocupación, a efectos expropiatorios. En tanto la Administración, municipal o autonómica, no inicie la expropiación, cualquier persona, por propia iniciativa o concurriendo a una previa convocatoria municipal, podrá formular un Programa para la edificación o/y, en su caso, urbanización, intervención o rehabilitación del inmueble, conforme al procedimiento previsto en los artículos 45 a 48 de esta Ley. El adjudicatario de este procedimiento contará con las prerrogativas y obligaciones del adjudicatario de un Programa y con el beneficio de la expropiación.

2. La alternativa técnica de estos Programas consistirá en un anteproyecto para la edificación o rehabilitación. La proposición económica versará sobre el precio de adquisición del inmueble y, salvo en el caso regulado en el número siguiente, sobre la participación del propietario en el desarrollo del Programa, que podrá acometerse mediante reparcelación consistiendo la adjudicación de fincas resultantes en partes determinadas de la obra, en régimen de propiedad horizontal.

3. Si la orden de inclusión deriva de incumplimiento de deberes urbanísticos determinará necesariamente la expropiación, que se efectuará con aplicación de las reglas especiales de determinación del justiprecio previstas al efecto por la legislación estatal. En los demás casos, el propietario puede instar la revocación de dicha orden tan pronto como remedie las causas que la determinaron.

⇒ V. arts. 23 a 32 de la Ley 6/1998, de 13 abril (§1).
V. Jurisprudencia en arts.157 y concordantes del TRLS/1976 (§3).

CAPÍTULO VI

Otras formas de intervención administrativa en el mercado inmobiliario

Artículo 99. Patrimonios públicos de suelo y sociedades urbanizadoras.

1. Los Ayuntamientos, las entidades locales supramunicipales y la Generalitat, en previsión de la ampliación de sus patrimonios públicos de suelo, podrán reservarse áreas para legitimar en ellas la expropiación de bienes inmuebles, cualquiera que sea su clasificación o calificación urbanística. La reserva, si no estuviera prevista en el Plan General, se efectuará mediante Plan Especial y podrá ser incluso previa a la Programación de los terrenos. Dicha Programación, no obstante, podrá ser instada por los particulares –conforme a los artículos 44 y siguientes–, solicitando autorización previa de la Administración titular de la reserva, quien, en su caso, podrá otorgarla con sujeción a las condiciones de interés público que procedan para lograr los fines sociales pretendidos al efectuarla.

2. Dichas Administraciones pueden también delimitar áreas para someter a tanteo y retracto administrativo todos o algunos de los inmuebles ubicados en ellas. La delimitación tendrá por objeto cualquiera de los fines expresados en el artículo 1 y se tramitará aprobando la relación de bienes y derechos afectados que se notificará al Registro de la Propiedad a los efectos legales.

3. Las Administraciones a las que se refieren los números anteriores, pueden promover la construcción de cualesquiera edificaciones y urbanizaciones, constituir o tener la entera propiedad de sociedades dedicadas a ello y, con o sin mediación de éstas, participar en sociedades de economía mixta con igual finalidad.

Las sociedades antes mencionadas, en desarrollo de los Planes y Programas, podrán ser beneficiarias de la expropiación, incluso en supuestos distintos a los previstos en esta Ley para los casos de gestión indirecta, así como beneficiarse de ayudas públicas singulares o del ejercicio, por la Administración, de las potestades reguladas en este artículo o en el 42. Dichos beneficios sólo serán de aplicación bajo estas condiciones:

A) Que se trate de actuaciones cuyo fin específico y exclusivo sea crear dotaciones públicas, promover suelo urbanizado para atender demandas sociales, o construir viviendas sujetas a algún especial régimen de protección social.

B) Además, si se otorgan en favor de sociedades con participación de capital privado, éste habrá de constituirse, para actuaciones concretas, en régimen de competencia pública u ofreciéndolo restringidamente, pero en condiciones de igualdad, a los propietarios de inmuebles afectados.

C) La enajenación de inmuebles que adquieran como beneficiarias del ejercicio de las potestades públicas antes mencionadas, se debe efectuar en condiciones de pública concurrencia y, en caso de venta, asegurar precios o garantías que impidan o dificulten la reventa con sobreprecio o el enriquecimiento injustificado de tercero. La misma regla se observará en la gestión de los patrimonios públicos de suelo.

⇒ V. arts. 276.1, 276.2 y 280.1 del TRLS/1992 (§2).
V. Jurisprudencia en arts. 89, 90, 91, 92, 93 y concordantes del TRLS/1976 (§3).

DISPOSICIONES ADICIONALES

Primera. Consejo Superior de Urbanismo.

El Consejo Superior de Urbanismo es el máximo órgano asesor de las Administraciones públicas con competencia urbanística de la Comunidad Valenciana.

Reglamentariamente se establecerá su composición, organización y funcionamiento. En todo caso, actuará como órgano colegiado, compuesto por expertos en urbanismo de reconocida competencia, quienes asesorarán con rectitud las cuestiones que se sometan a su consideración. En su nombramiento se dará adecuada participación a las entidades locales.

Le corresponderá dictaminar en los casos que así lo exija esta Ley o una disposición reglamentaria con rango de decreto del Consell de la Generalitat o cuando lo solicite el Gobierno Valenciano o alguno de sus miembros.

⇒ V. disp. transit. 9ª de la presente Ley.

Segunda. Cómputo de la población municipal.

A todos los efectos previstos en la presente Ley, cuando en ella se alude a un determinado número de habitantes por Municipio, se computarán como tales, tanto los residentes como los transeúntes empadronados.

Tercera. Atribuciones de los órganos municipales.

El ejercicio de las competencias que esta Ley atribuye a los Ayuntamientos en sus artículos 44, 53, 66.2 D), 76.2 y 3, 77.1, 78.1, 84, 85, 87, 90 y 92, corresponde a:

A) El Alcalde, en los Municipios de más de 25.000 habitantes, salvo disposición en contrario del Reglamento Orgánico Municipal y sin perjuicio de la competencia del Pleno para aprobar las variaciones del patrimonio municipal de suelo.

B) El Pleno, en los demás municipios, salvo que el Reglamento Orgánico Municipal disponga otra cosa.

C) Los órganos previstos en las disposiciones reguladoras de la creación y funcionamiento de entidades, mancomunidades o consorcios comarcales que tengan encomendado el ejercicio de competencias urbanísticas.

Las competencias municipales referidas en los artículos 38.2, 57 y 99 corresponderán al Pleno, excepto previsión distinta del Reglamento Orgánico Municipal. La competencia para aprobar el Cuadro Indicativo de precios al que se refiere el artículo 78.2 corresponde al Pleno, previo informe de la Administración Catastral. Si ésta informara de la existencia de una Ponencia de valores, vigente y aplicable a los efectos previstos en el artículo 53 del Texto Refundido aprobado por el Real Decreto Legislativo 1/1992, no procederá aprobar el referido Cuadro, pudiendo el Alcalde ordenar la utilización de aquélla con el fin previsto en el artículo 78.3. Los cuadros indicativos se ajustarán a lo dispuesto en la normativa técnica de valoración catastral.

Cuarta. Plazo para el otorgamiento de licencias.

1. Las licencias urbanísticas otorgarán el derecho a edificar o realizar actuaciones urbanísticas y se resolverán en los plazos siguientes:

A) Las de parcelación o el certificado de su innecesariedad, las de mera reforma que no suponga alteración estructural del edificio, ni afecten a elementos catalogados o en trámite de catalogación, así como las de primera ocupación o habitabilidad de las construcciones –que se otorgarán, en su caso, mediante la misma autorización– en el plazo de un mes.

B) Las licencias que comporten obras mayores de nueva construcción o reforma estructural de entidad equivalente a una nueva construcción o las de derribo (respecto a edificios no catalogados), habrán de otorgarse o denegarse en el plazo de dos meses.

C) Las de intervención –que serán cualesquiera que afecten a edificio catalogado o en trámite de catalogación–, en el de tres meses.

Las licencias para cualquier tipo de obras que, por disposición legal o reglamentaria, hayan de otorgarse junto a la correspondiente licencia de actividad, se someterán, con preferencia respecto a las reglas anteriores, al régimen procedimental específico de la licencia de actividad.

2. El Ayuntamiento podrá otorgar licencias parciales que autoricen la realización de fases concretas del proyecto, a reserva de la subsanación o suplemento de éste en aspectos menores y complementarios pendientes de autorización administrativa.

3. En ningún caso se entenderán adquiridas por silencio administrativo, facultades en contra de las prescripciones de esta Ley, de los Planes, Proyectos, Programas u Ordenanzas o, en general, en términos contrarios, opuestos o disconformes con las previsiones de la ordenación urbanística. La solicitud de licencia urbanística que no sea resuelta por el Ayuntamiento dentro de los plazos legales, sin perjuicio de las prórrogas que sean procedentes, se enten-

derá estimada, salvo que su contenido sea constitutivo de contravención grave y manifiesta de la ordenación urbanística, en cuyo caso se entenderá desestimada.

Quien haya solicitado en forma la preceptiva licencia y no obtenga resolución expresa dentro de los plazos legales, quedará legitimado, mientras la Administración no le ordene lo contrario, para iniciar las obras o realizar las actuaciones correspondientes –salvo la intervención en construcciones catalogadas– siempre que éstas se ajusten a la ordenación urbanística y se desarrollen cumpliendo los demás deberes y condiciones que la ley y los Planes exijan para su realización.

4. El procedimiento para la concesión de licencia sólo se entenderá iniciado cuando la petición vaya acompañada de proyecto técnico y de los demás documentos indispensables para dotar de contenido la resolución. Las deficiencias documentales menores, notificadas al interesado, suspenderán el trascurso de los plazos para otorgar la licencia.

⇒ Téngase en cuenta arts. 4 y concordantes de la Ley 38/1999, de 5 noviembre, de Ordenación de la Edificación (§1.1).
V. arts. 2 y 14 de la Ley 6/1998, de 13 abril (§1).
V. arts. 242.1, 244.2, 244.3 y 244.4 del TRLS/1992 (§2).

Jurisprudencia

«El condicionamiento de la licencia de obras a la previa de apertura solamente es exigible cuando se trate de construcciones específicamente destinadas a una actividad tan singular que la previa autorización de apertura resulta necesaria para evitar los perjuicios que se ocasionarían al interesado si, autorizadas las obras, las mismas resultaran inútiles por denegarse la licencia para el ejercicio de la actividad en función de la cual fueron proyectadas y ejecutadas.

En el caso presente, no se trata de un edificio destinado específicamente a establecimiento de características determinadas, tan singulares, que impida luego de su construcción destinarlo a alguno de los usos permitidos por el artículo 9 de las ordenanzas del plan parcial. Por lo que no existen razones suficientes para que la concesión de la licencia de obras sin haber obtenido previamente la de actividad, sea motivo de anulación de la primera, cuando la edificación en sí misma es conforme con la normativa urbanística.

No obstando a la anterior conclusión, el que la disposición adicional cuarta de la Ley 6/1994, de 15 de noviembre de la Generalitat Valenciana, Reguladora de la Actividad Urbanística, establezca: «Las licencias para cualquier tipo de obras que, por disposición legal o reglamentaria, hayan de otorgarse junto a la correspondiente licencia de actividad, se someterán con preferencia respecto a las reglas anteriores, al régimen procedimental específico de la licencia de actividad». Pues ya hemos dicho que el edificio no está destinado específicamente a una actividad determinada». **(STSJ Valencia 26 julio 1999 [RJCA 1999, 3401]).**

⇒ V. *Jurisprudencia* en arts. 178, 179, 180 y concordantes del TRLS/1976 (§3).

Quinta. Deber de información interadministrativa en relación con actos y acuerdos urbanísticos.

1. En cumplimiento del artículo 56 de la Ley 7/1985, de 2 de abril, la notificación preceptiva de actos y acuerdos municipales a la Administración autonómica, cuando se refiera a actos en materia de Urbanismo, se cursará a los órganos urbanísticos de la Generalitat.

Si dicha notificación versa sobre otorgamiento de licencia de obra, expresará con claridad la localización y contenido del acto autorizado en términos que permitan relacionarlo con su régimen urbanístico. Reglamentariamente se establecerá un modelo de ficha urbanística, susceptible de fácil tratamiento estadístico, a rellenar por el solicitante de la licencia, que el Municipio adjuntará al notificar.

2. Los interesados pueden notificar, por su cuenta, a los referidos órganos de la Generalitat su intención de iniciar las obras o actuaciones urbanísticas correspondientes, acompañando la información referida en el número anterior y los documentos acreditativos de que, desde que solicitaron la licencia, han transcurrido los plazos previstos en la precedente disposición adicional cuarta, número 1.

La comunicación será examinada en el plazo de un mes debiéndose recabar durante él información del Ayuntamiento. Concluido éste, el interesado tendrá derecho, a que la Generalitat le expida, para su uso particular, certificado de haber sido notificada del propósito de iniciar las obras o actuaciones y de no haber advertido en ellas contravención grave y manifiesta de la ordenación urbanística, ni haber recibido reclamación municipal por tal motivo. Es improcedente la expedición del certificado cuando la obra o actuación contravenga manifiestamente la ordenación urbanística o exceda de los derechos que ésta confiere al interesado o cuando el Ayuntamiento anuncie motivadamente su oposición a ello.

3. La Administración de la Generalitat, sin perjuicio de las competencias municipales, se abstendrá de desarrollar acciones o procedimientos administrativos por la realización de actuaciones respecto a las que haya expedido el certificado regulado en el número anterior.

4. Los órganos de la Generalitat que adopten resoluciones o acuerdos en materia urbanística han de notificarlos a los Municipios afectados en el plazo de diez días desde su adopción.

Sexta. Convenios Urbanísticos.

Los Convenios Urbanísticos que celebren los Ayuntamientos con los particulares estarán sujetos a las reglas expresadas en la disposición adicional cuarta de la Ley del Suelo No Urbanizable de la Generalitat. En ningún caso podrán dichos Convenios sustituir el procedimiento de aprobación y adjudicación de Programas regulado en la presente Ley o prejuzgar los resultados del mismo.

⇒ V. Ley 4/1992, de 5 junio, Reguladora del Suelo No Urbanizable (§54).
V. art. 303 del TRLS/1992 (§2).

Séptima. Obras de reparación o reforma en suelo urbanizable aún no programado.

En las construcciones legalmente consolidadas sobre terrenos sujetos al *régimen establecido* por el artículo 10 de esta Ley y a la disposición adicional segunda de la Ley 4/1992, del Suelo No Urbanizable, de la Generalitat, se podrán realizar, además de las obras previstas por esta última, las de reparación o reforma -sin ampliación– que exija la conservación y su disfrute según el uso que les sea propio y no estén prohibidas por los Planes, ni obstaculicen la ejecución de obras públicas previstas. No se podrán autorizar, con carácter definitivo, nuevas actividades en dichas construcciones, salvo las funcionalmente vinculadas a los servicios públicos o al destino agrario específico de la naturaleza de cada finca concreta.

No obstante las reformas de industrias ya existentes y legalmente implantadas, motivadas por crecimiento de su plantilla laboral, podrán autorizarse dentro de los límites de ampliación regulados en la disposición transitoria cuarta de la Ley del Suelo No Urbanizable.

⇒ V. Ley 4/1992, 5 de junio, Reguladora del Suelo no Urbanizable (§54).

Octava. Desarrollo reglamentario de la presente Ley.

Se autoriza al Gobierno valenciano para aprobar mediante decreto uno o varios reglamentos de desarrollo de la presente Ley.

Novena. Imposición de multas coercitivas.

En el supuesto de incumplimiento de los acuerdos y las resoluciones ordenando la realización de las obras y los trabajos precisos para la restauración de la realidad alterada o transformada la Administración actuante podrá proceder, sin perjuicio del recurso en último término a la ejecución subsidiaria a costa del infractor, a la imposición al mismo de multas coercitivas, hasta un máximo de diez sucesivas, con periodicidad mínima mensual y por un importe, cada vez, del diez por ciento del coste previsto de las obras o de los trabajos ordenados cuando éstos consistan en la reposición de la realidad a su estado originario o del cinco por ciento del valor de la obra cuya demolición se haya ordenado con un mínimo de cien mil pesetas. Dichas multas se impondrán con independencia de las retributivas de la infracción o infracciones producidas.

⇒ V. art. 99 de la LRJ-PAC.

Décima. Arrendamientos históricos.

Las disposiciones de la presente Ley en materia de gestión urbanística de suelo se entenderán a reserva de los derechos de los arrendatarios históricos, reconocidos por el artículo 5 de la Ley 6/1986, de 15 de diciembre, de la Generalitat.

Undécima.

1. En el ámbito de la Comunidad Valenciana, y hasta la aprobación de una ley autonómica reguladora de las infracciones urbanísticas, las autoridades competentes para imponer las multas por infracciones urbanísticas y las cuantías máximas de éstas, serán las siguientes:

a) Los Alcaldes, en los municipios que no excedan de 25.000 habitantes, hasta 10.000.000 de pesetas; en los municipios que no excedan de 100.000 habitantes, hasta 100.000.000 de pesetas; en los que no excedan de 500.000

habitantes, hasta 400.000.000 de pesetas, y en los de más de 500.000 habitantes, hasta 800.000.000 de pesetas.

b) La Conselleria competente en materia de urbanismo, hasta 1.200.000.000 de pesetas.

c) El Gobierno Valenciano, hasta 2.000.000.000 de pesetas.

2. Corresponderán a las haciendas municipales los ingresos derivados de aquellas multas por infracción urbanística que impongan los órganos de la Generalitat Valenciana, como consecuencia de propuestas formuladas y tramitadas por los Ayuntamientos interesados que requieran la aprobación de la Generalitat.

✐ Esta disposición fue añadida por el art. 33 de la Ley 10/1998, de 28 diciembre, de Medidas Fiscales, de Gestión Administrativa, Financiera y de Organización.

⇒ V. O. 6 octubre 2000, del Conseller de Obras Públicas, Urbanismo y Transportes, por la que se desarrolla el Decreto 110/2000, de 18 julio, del Gobierno Valenciano, que aprueba el Reglamento Orgánico y Funcional de la Conselleria de Obras Públicas, Urbanismo y Transportes.

DISPOSICIONES TRANSITORIAS

Primera. Innecesariedad de adaptación de los Planes a la presente Ley.

1. Los Municipios no estarán obligados a promover un expediente de adaptación de su planeamiento a la presente Ley. No obstante, cuando se evidencien insuficiencias específicas y manifiestas en la ordenación urbanística de algún Municipio, la Generalitat podrá adoptar las medidas previstas en los artículos 35 ó 57 D).

2. Los Municipios podrán interesar de la Conselleria competente en Urbanismo que declare la homologación a la presente Ley de los Planes y Normas Subsidiarias vigentes o de alguno de sus sectores. Dicha homologación se producirá por resolución autonómica dictada y tramitada por el procedimiento del Capítulo Primero del Título Segundo de la presente Ley, y en cuya virtud se apruebe uno de los siguientes documentos:

A) Una modificación del planeamiento general que complemente sus determinaciones en el ámbito afectado, estableciendo la ordenación estructural del mismo conforme a lo previsto en el artículo 17.1 y, en especial, definiendo la red primaria o estructural de reservas de suelo para dotaciones públicas, así como las previsiones del artículo 17.4 y, en su caso, 17.3, 17.6 y 18.

B) Un expediente justificativo de que las determinaciones del planeamiento vigente ya tienen la precisión y calidad necesaria para cumplir las exigencias de la presente Ley y, en particular, de su artículo 17, acompañado de la documentación que permita diferenciar e identificar qué determinaciones de las vigentes han de reputarse integrantes de la ordenación estructural *y de la red primaria* de reservas de suelo para dotaciones públicas.

3. La aprobación de Planes Parciales, Especiales o de Reforma Interior que modifiquen determinaciones de los planes generales vigentes a la entrada

en vigor de esta Ley, requiere la homologación del sector correspondiente, que podrá efectuarse directamente al aprobar dichos instrumentos, siempre que éstos contengan los documentos específicos y las determinaciones necesarias con ese fin.

⇒ V. O. 29 marzo 1996, que aprueba la Instrucción de Planeamiento 23 enero 1996, sobre la homologación de planes a la Ley Reguladora de la Actividad Urbanística.

V. O. 6 octubre 2000, del conseller de Obras Públicas, Urbanismo y Transportes, por la que se desarrolla el Decreto 110/2000, de 18 julio, del Gobierno Valenciano, que aprueba el Reglamento Orgánico y Funcional de la Conselleria de Obras Públicas, Urbanismo y Transportes.

Segunda. Aprobación de instrumentos de planeamiento de conformidad con las disposiciones de la legislación anterior.

1. Se podrán seguir tramitando y aprobando los instrumentos de planeamiento no adaptados a la presente Ley, conforme a las disposiciones de la legislación anterior, si ya hubieran sido objeto de aprobación inicial o de exposición al público de su Avance, siempre que su aprobación se produzca dentro del primer año de su vigencia o del mayor plazo que justificadamente se otorgue, en cada caso, por resolución dictada por Conseller competente en materia de urbanismo, previo informe del Consejo Superior de Urbanismo. No obstante, el promotor del expediente podrá desistir en cualquier momento de su tramitación, si prefiere acogerse a las disposiciones de esta Ley.

2. A partir de la entrada en vigor de esta Ley no se podrá iniciar la tramitación de nuevos Programas de Actuación Urbanística de los previstos en la anterior legislación, ni –en tanto no se produzca la homologación del correspondiente sectorde Planes Parciales para el desarrollo de suelos aptos para urbanizar previstos en las Normas Subsidiarias de Planeamiento.

Tercera. Clasificación del suelo urbano a la entrada en vigor de la presente Ley. Actuaciones Aisladas.

1. A partir de la entrada en vigor de esta Ley y en tanto no se modifiquen o revisen los vigentes Planes Generales, Normas Subsidiarias y Proyectos de Delimitación de Suelo Urbano, tendrán la clasificación de suelo urbano los terrenos que la tuvieran reconocida por los instrumentos de ordenación vigentes.

2. El suelo urbano que, a la entrada en vigor de esta Ley, no esté incluido en Unidades de Ejecución, mientras éstas no se delimiten, se ejecutará conforme al régimen de Actuaciones Aisladas regulado en el Capítulo Cuarto de su Título Tercero.

3. En los municipios cuyo planeamiento general hubiera delimitado áreas de reparto y aprovechamientos tipo en suelo urbano se aplicarán éstos a los efectos previstos en la presente Ley.

Si no se hubiera determinado el aprovechamiento tipo, mientras no se modifique o revise el planeamiento con ese propósito, se considerará como tal:

A) En Unidad de Ejecución prevista por el planeamiento o delimitada con anterioridad a esta Ley: el medio de la Unidad.

B) En otro caso: el que resulte de la aplicación del artículo 63.

El aprovechamiento susceptible de apropiación será el porcentaje del aprovechamiento tipo que corresponda, según la Ley, atendidas las reglas anteriores.

Cuarta. Actuaciones Integradas.

1. La clasificación como suelo urbano incluido en Unidades de Ejecución, urbanizable programado o apto para urbanizar, establecida en los planes vigentes a la entrada en vigor de esta Ley, se entenderá otorgada a los solos efectos de su valoración y de la determinación del aprovechamiento subjetivo correspondiente a sus propietarios. Su ejecución se sujetará a lo previsto en el número siguiente.

2. Todas las Unidades de Ejecución, incluso las delimitadas antes de la entrada en vigor de esta Ley, se ejecutarán conforme a lo previsto en ella, con las siguientes salvedades:

A) En Unidades de Ejecución respecto a las que, antes de la entrada en vigor de esta Ley, se hubiera constituido Junta de Compensación, ésta tendrá, por ministerio de la ley, la condición legal de Urbanizador, sirviendo las condiciones estipuladas en las Bases de Actuación como condiciones propias del Programa. Las Unidades con Proyecto de Compensación o de Reparcelación aprobado -o formalmente declarado innecesario– podrán completar su urbanización de conformidad con la legislación anterior.

B) En Unidades de Ejecución –sin Junta de Compensación constituida– delimitadas antes de la entrada en vigor de esta Ley y para las que, en ese momento, no se hubiera determinado sistema de actuación distinto de la compensación, se aplicarán las siguientes reglas:

1º) No podrá imponerse en el Programa ninguna condición más gravosa, para su ejecución, que las que hubieran sido exigibles en aplicación del régimen jurídico y la ordenación urbanística vigente a la entrada en vigor de esta Ley, siempre que la iniciativa correspondiente se promueva dentro de los plazos que, para ejecutar dicha ordenación, tuviera previstos ésta o durante los nueve meses siguientes a la entrada en vigor de esta Ley.

2º) El plazo máximo para la ejecución de Programas en Régimen de Adjudicación preferente, previsto por el artículo 50.1, no regirá cuando resulte mayor plazo por aplicación de lo dispuesto en el párrafo anterior.

3º) Durante el plazo específicamente previsto en la ordenación urbanística anterior para constituir la Junta de Compensación o –si aquélla no contemplara plazo específico para ello– durante dos meses desde la entrada en vigor de esta Ley, sólo se admitirán a trámite iniciativas que reclamen fundadamente el Régimen de Adjudicación Preferente previsto en el artículo 50.

C) Las mismas reglas previstas en el apartado anterior serán aplicadas a las Unidades de Ejecución delimitadas en los planes de iniciativa particular que se aprueben al amparo de la disposición transitoria segunda. En este caso, el plazo de exclusividad del Régimen de Adjudicación Preferente, al que se refiere el ordinal 3º) del apartado B), será de tres meses desde la aprobación definitiva del instrumento de planeamiento. El plazo al que se refieren los ordinales 1º) y 2º) –para ejecutar el Programa en las condiciones que en ellos se expresan– será de cinco años.

D) Lo dispuesto en los apartados anteriores no obsta para que, en casos excepcionales, por causa de razones especiales y concretas de interés público sobrevenidas, la Administración pueda asumir la ejecución directa de los correspondientes Programas o remodelar los usos y aprovechamientos del suelo previstos por la ordenación urbanística anterior.

E) Los adjudicatarios de Programas de Actuación Urbanística -de los regulados por la anterior legislación–, las Juntas de Compensación constituidas al amparo de aquélla y los concesionarios de actuaciones por el sistema de expropiación, tendrán la condición legal de Urbanizador de la correspondiente Unidad de Ejecución, a la que se aplicarán las previsiones de la presente Ley, en términos compatibles con las condiciones sustantivas estipuladas en el correspondiente acuerdo de adjudicación o concesión. El Concesionario, Adjudicatario o Junta podrá promover reparcelaciones en los términos previstos en esta Ley, aun cuando estuviera prevista la expropiación o compensación como sistema de actuación. La retribución del Urbanizador podrá ser en terrenos, según las proporciones previstas en el acuerdo de adjudicación o concesión correspondiente o, en defecto de previsión expresa, según la que se determine en expediente tramitado al efecto siguiendo el mismo procedimiento aplicable a los Proyectos de Urbanización que desarrollen Programas.

Cuando existiera simultáneamente adjudicatario del Programa de Actuación Urbanística y Junta de Compensación, aquél tendrá la condición de Urbanizador y ésta la de Agrupación de Interés Urbanístico colaboradora del primero, salvo que otra cosa se dedujera del correspondiente acuerdo de adjudicación y sin perjuicio de lo dispuesto por el artículo 29.11 de esta Ley.

Quinta. Aprovechamiento tipo en suelo urbanizable.

El aprovechamiento tipo en suelo urbanizable, en los Planes adaptados a esta Ley, a la estatal Ley 8/1990, de 25 de julio, o al Real Decreto Legislativo 1/1992, de 26 de junio, será el determinado por el Plan. En los demás Planes se considerará como aprovechamiento tipo el medio del cuatrienio o Programa de Actuación Urbanística correspondiente o, en el caso de Normas Subsidiarias, el medio del sector.

Sexta. Procedimientos incoados a la entrada en vigor de la presente Ley.

Los procedimientos tendentes a aprobar o ejecutar proyectos de reparcelación, compensación o expropiación, urbanización, concesión de licencias, declaraciones de ruina, declaraciones del incumplimiento de deberes urbanísticos, inclusión en el Registro Municipal de Solares, recaudación de cuotas de urbanización y suspensiones de licencias, que se hubieran iniciado al amparo de la anterior legislación, se concluirán de conformidad con ella, salvo desistimiento de quienes hubieran promovido la incoación de los mismos.

Séptima. Normas Subsidiarias y Proyectos de Delimitación de Suelo Urbano.

1. Las Normas Subsidiarias de Planeamiento de ámbito provincial seguirán vigentes, en lo que no se opongan a la presente Ley, mientras no sean sustituidas por los reglamentos previstos en sus artículos 13 y 14.

2. Las Normas Subsidiarias de Planeamiento Municipal, los Proyectos de Delimitación del Suelo Urbano, así como los Programas de Actuación Urbanística –de los previstos en la legislación anterior–, se asimilarán a los Planes Generales regulados en la presente Ley a los efectos de su aplicación, desarrollo y modificación, sin perjuicio de lo dispuesto en el número 3 de la disposición transitoria primera y en el número 2 de la disposición transitoria segunda.

Octava. Vigencia transitoria de la normativa anterior hasta que se desarrollen reglamentariamente determinados preceptos de esta Ley.

Mientras no se produzca el desarrollo reglamentario previsto en el artículo 22 de esta Ley, se seguirá aplicando el Anexo del Reglamento de Planeamiento aprobado por Real Decreto 2159/1978, de 23 de junio, para determinar las reservas exigibles de suelo con destino escolar. No obstante, previo informe favorable de la Conselleria competente en materia de Educación, podrá exonerarse o minorarse el cumplimiento de la dotación de suelo escolar exigida en dicho reglamento, sustituyéndola por la aplicación directa de lo dispuesto en el artículo 22.1 B).

Novena. Régimen transitorio hasta la constitución de órganos y registros.

Hasta que se constituya el Consejo Superior de Urbanismo regulado en la disposición adicional primera, el ejercicio de sus funciones corresponderá al Conseller competente en materia de Urbanismo, previo informe de las Comisiones Territoriales de Urbanismo reguladas en el Decreto 137/1990, del Consell de la Generalitat.

En tanto se ordena reglamentariamente el Registro regulado en el artículo 49 sus funciones serán suplidas por el Registro de Entidades Urbanísticas Colaboradoras. El reglamento dispondrá la fusión del antiguo Registro con el previsto por esta Ley.

⇒ V. O. 6 octubre 2000, del Conseller de Obras Públicas, Urbanismo y Transportes, por la que se desarrolla el Decreto 110/2000, de 18 julio, del Gobierno Valenciano, que aprueba el Reglamento Orgánico y Funcional de la Conselleria de Obras Públicas, Urbanismo y Transportes.

Décima. Régimen Transitorio de las Entidades Urbanísticas de Conservación de la Urbanización.

Las urbanizaciones cuya conservación estuviere legalmente encomendada a Entidades Urbanísticas de Conservación de la Urbanización seguirán sujetas al régimen jurídico vigente con anterioridad a esta Ley, sin que les sea de aplicación lo dispuesto en el artículo 79.1. Se podrán seguir constituyendo Entidades Urbanísticas de Conservación, en los términos que reglamentariamente se determinen, con motivo de la regularización de urbanizaciones clandestinas o irregulares, para que los costes de mantenimiento de las obras de urbanización correspondientes sean sufragados por los propietarios de las parcelas afectadas.

Undécima. Vigencia de las normas urbanísticas contenidas en los planes.

El reglamento previsto en el artículo 14 no afectará a la vigencia de las normas urbanísticas contenidas en los planes que, hasta ese momento, hayan sido aprobados, sin perjuicio de que, por iniciativa municipal, se pueda promover la modificación o revisión de ellos para armonizarlos con las previsiones de dicho reglamento.

⇒ V. O. 26 abril 1999, de la Conselleria de Obras Públicas, Urbanismo y Transportes de la Generalitat Valenciana que aprueba el Reglamento de Zonas de Ordenación Urbanística.

Duodécima. Régimen para facilitar el normal desarrollo de actuaciones emprendidas por empresas promotoras y constructoras antes de la entrada en vigor de esta Ley.

Las empresas dedicadas a la promoción y construcción de urbanizaciones, viviendas o alojamientos turísticos que hubieran adquirido de modo oneroso durante los cinco años anteriores a la entrada en vigor de esta Ley, terrenos urbanos o urbanizables para afectarlos a su propia actividad productiva, podrán hacerlo constar en el Registro regulado en el artículo 49 a los siguientes efectos:

A) Dichos terrenos no podrán ser incluidos en el Registro Municipal de Solares y Edificios a Rehabilitar durante un plazo de cinco años contados desde la entrada en vigor de esta Ley, siempre que la empresa titular de los terrenos vaya realizando las gestiones o actuaciones preparatorias necesarias para promover su edificación o, en su caso, facilitar ésta a un tercero.

B) El plazo al que se refieren los ordinales 1º) y 2º) del apartado B) de la disposición transitoria cuarta, número 2, para ejecutar el Programa en las condiciones que en ellos se expresan, será de cinco años desde la entrada en vigor de esta Ley.

C) Cuando, en principio, no sea posible para la empresa correspondiente promover el Programa de Régimen de Adjudicación Preferente –por no comprender los terrenos suficiente superficie dentro del Sector en que se encuentren– el Ayuntamiento o Administración actuante procurará, en el momento de su programación y a solicitud de los interesados, delimitar para ellos Unidad de Ejecución independiente, en la mayor medida en que sea posible sin detrimento de las exigencias funcionales de la urbanización, para fomentar su ejecución autónoma o conexa con aplicación de dicho Régimen de Adjudicación Preferente. Esto procederá si hubiera iniciativas de Programación que permitan desarrollar urbanísticamente los terrenos en los cinco años siguientes a la entrada en vigor de esta Ley.

La aplicación de los apartados anteriores requiere que los interesados acrediten fehacientemente el cumplimiento de los requisitos expresados en el párrafo primero de esta disposición, haciéndolo constar en el Registro de

Programas y Agrupaciones de Interés Urbanístico durante el primer año de vigencia de esta Ley.

DISPOSICIONES FINALES

Primera. Incompatibilidad de determinados preceptos de la legislación estatal.

La presente Ley establece una regulación específica de las materias que son objeto de los artículos: 2, 4.2, 4.3, 9.2, 10, 11.1, 2 y 3, 12, 13, 14, 16.3, 18, 24.2, 28.2, 3 y 4, 29.2, 30.2, 4 y 5, 31.3, 40.4, 42.4 y 5, 43.2, 59.3, 65.2, 3, 4, 5 y 6, 68, 69, 70, 71, 72.2, 3 y 4, 72.5, 73, 74, 75, 76, 77, 78.1 y 3, 79, 80, 81, 82, 83, 84, 85, 86, 87, 88, 89, 90, 91, 92, 93, 94.3, 96.2, 99.3, 104.2, 105, 106, 108, 109.2, 3 y 5, 110, 111, 113.1, 114, 115, 116, 117, 118.2, 3 y 4, 119, 121, 122, 123, 125, 126.2, 3, 4, 5, y 6, 127, 128, 129, 130, 131, 136.1, 137.1, 2, 3 y 4, 138 a), 139, 142, 144.2 y 3, 145, 146, 147, 148, 149.1, 2 y 4, 151.2 y 4, 152, 153, 155.2, 156, 157, 158, 159.1, 2 y 3, 160.1, 2 y 4, 161, 162, 163, 164, 165, 166.1 b), f), g), 2 y 3, 171, 172, 174.1, 175, 177, 178, 179, 180, 181, 182, 184.1, 185, 186, 187, 188, 189, 190, 191, 192, 193, 194, 195, 196, 197, 198, 199.1 a) y 2 a), 200, 201, 202.5, 208, 209, 211.1 y 2, 212, 227.2, 228.1 y 2, 229, 230, 231, 233, 234, 236, 242.4 y 5, 243.3, 244.5, 245.2, 247, 278.2 y 3, 281, 291, 292, 297.3, disposición adicional segunda, disposición transitoria sexta, puntos 2 y 5 y disposición transitoria séptima, del Texto Refundido aprobado por el Real Decreto Legislativo 1/1992, de 26 de junio, por lo que, de conformidad con la disposición final 3ª de este último, el contenido de los preceptos enunciados dejará de ser de aplicación, en lo sucesivo, en el ámbito de la Comunidad Valenciana.

Segunda. Derogación de determinados preceptos de la Ley 6/1989, de la Generalitat, de Ordenación del Territorio.

Quedan derogadas las disposiciones de la Ley 6/1989, de la Generalitat, de Ordenación del Territorio, que se opongan a la presente Ley y, en particular, a sus artículos 12, 27 y 38, así como las que limiten y condicionen la habilitación contenida en los mismos para la elaboración y aprobación de Planes de Acción Territorial de finalidad urbanística. Quedan derogadas, asimismo, sus previsiones relativas a la programación de actuaciones y aquellas que contradigan el régimen de las obras públicas regulado en los artículos 81 y concordantes de la presente Ley.

Tercera. Cláusula derogatoria general.

Quedan derogadas cuantas disposiciones legales o reglamentarias se opongan o contradigan lo dispuesto en la presente Ley.

Cuarta. Tabla de vigencia de la normativa urbanística.

En el plazo de tres meses desde la publicación de esta Ley, el Consell establecerá la tabla de vigencia de la normativa urbanística aplicable en la Comunidad Valenciana.

§ 53.1 DECRETO 201/1998, DE 15 DICIEMBRE. APRUEBA EL REGLAMENTO DE PLANEAMIENTO DE LA COMUNIDAD VALENCIANA

(DOGV núm. 3408, de 8 enero 1999; rect. DOGV núm. 3423, de 29 enero 1999 [LCV 1999, 9])

La Ley Reguladora de la Actividad Urbanística supuso un cambio importante en el urbanismo de la Comunidad Valenciana, distanciándose del sistema hasta entonces previsto en la legislación estatal. Su total aceptación por la sociedad, la intensa aplicación de sus preceptos y los resultados derivados de la puesta en práctica de sus instituciones han dado lugar a que el nuevo modelo urbanístico valenciano se consolide como un sistema urbanístico moderno y eficaz.

No obstante, durante la vigencia de la Ley se han producido circunstancias de diversa naturaleza que requieren abordar un adecuado desarrollo reglamentario de la Ley.

Por una parte la alteración del marco jurídico como consecuencia de la Sentencia del Tribunal Constitucional 61/1997 de 20 de marzo y la posterior de la Ley 6/1998, de 13 de abril, sobre el Régimen del Suelo y Valoraciones, que a pesar de la compatibilidad entre ambas legislaciones requiere de ciertas precisiones.

Por otra parte, las deficiencias derivadas de la puesta en práctica de los preceptos contenidos en la Ley, que exigen un desarrollo reglamentario que las subsane.

La conveniencia de completar el régimen urbanístico de la Comunidad Valenciana ha llevado a la Subsecretaría de Urbanismo y Ordenación Territorial al desarrollo reglamentario de la Ley en dos fases claramente diferenciadas: una primera relativa al planeamiento urbanístico mediante el presente Reglamento de Planeamiento de la Comunidad Valenciana y otra, posterior, referente a la programación y gestión del suelo a través, también, de su desarrollo reglamentario.

El desarrollo de la regulación que sobre el planeamiento urbanístico contiene la Ley valenciana está orientado, en la línea mantenida por la Generalitat Valenciana desde la Conselleria de Obras Públicas, Urbanismo y Transportes a la satisfacción de los principios y criterios del modelo urbanístico valenciano, mediante una regulación de la que derivan planes más completos y, consecuentemente la mejora de la ordenación urbanística. El Reglamento de Planeamiento da lugar a unos planes que, dentro de una ordenación realizada desde criterios de sostenibilidad, con pleno respeto al medio ambiente y haciendo un uso racional del recurso natural del suelo, aseguran el crecimiento ordenado de los cascos urbanos, la mejora y accesibilidad de los servicios y dotaciones públicas y la recuperación de la ciudad tradicional. Con ello se consigue que nuestras ciudades sean más habitables y una mejora del bienestar y la calidad de vida de sus ciudadanos.

El reglamento también se preocupa de la eficacia de sus planteamientos. Así para llevarlos a la práctica desarrolla los procedimientos de aprobación de los Planes, estableciendo plazos para cada una de sus fases, requiriendo únicamente los informes y trámites necesarios y estableciendo con detalle la documentación que debe incorporar cada instrumento de planeamiento. Facilitando con todo ello tanto la elaboración de los planes como su posterior tramitación y aprobación. En definitiva haciendo del procedimiento un trámite más accesible, rápido y eficaz sin merma de las garantías inherentes a todo procedimiento administrativo.

El Reglamento se compone de ciento ochenta y cuatro artículos repartidos en un título preliminar y cuatro títulos más, tres disposiciones transitorias, dos adicionales y un anexo.

El Título Primero desarrolla los dos niveles de ordenación urbanística que se establecen en la Ley: la ordenación estructural y la ordenación pormenorizada. La importancia que éstas tienen en los nuevos planes urbanísticos y la escasa regulación contenida en la Ley al respecto, han llevado al desarrollo reglamentario de las determinaciones que la componen. Desarrollo que se ha realizado desde la experiencia del día a día surgida de los distintos planes objeto de aprobación definitiva y que contribuirá a facilitar las previsiones de planeamiento de los distintos municipios.

Junto a la concreción de las determinaciones propias de la ordenación estructural y pormenorizada, se establece un capítulo dedicado a la reserva del suelo dotacional público y los estándares de calidad urbana que los distintos planes deben cumplir. Capítulo que está íntimamente relacionado con el anexo del Reglamento en el que se cuantifica la exigencia de las dotaciones propias de la red secundaria. La constante remisión de la Ley al Reglamento en esta materia, las características sociales y culturales de la Comunidad Valenciana concretadas en costumbres, tradiciones y modo de vida, han ayudado a perfilar un régimen dotacional propio y flexible que asegura el bienestar de los ciudadanos y la mejora de la calidad de vida, sin suponer una carga añadida para los propietarios.

A la hora de establecer el contenido de cada uno de los Planes, el Título II concreta los documentos específicos de cada uno de ellos en función de las necesidades y características del municipio y de sus pretensiones planificadoras. El Reglamento diferencia los documentos que tienen eficacia normativa de aquellos que son justificativos o de información. Todo ello con el objeto de facilitar la elaboración de los distintos planes.

La íntima conexión que el modelo urbanístico valenciano establece entre planeamiento y gestión requería del tratamiento en el Reglamento de Planeamiento de las previsiones de ordenación urbanística preparatorias de su ejecución, como así hace en su Título III, con especial incidencia en dos instituciones precisadas de desarrollo normativo: las unidades de ejecución y las cédulas de urbanización.

Todos estos contenidos, plasmados en los distintos instrumentos urbanísticos, requieren de su aprobación definitiva tras la tramitación del correspondiente procedimiento que garantice la participación ciudadana en dicha aprobación. Con este objeto, el Título IV del Reglamento, regula los trámites que debe seguir cada instrumento de planeamiento para su aprobación definitiva.

Se trata, pues, de una disposición reglamentaria que tiene por objeto desarrollar la Ley Reguladora de la Actividad Urbanística, que en su artículo 13.1 habilita expresamente al Gobierno Valenciano para determinar mediante reglamento «los requisitos mínimos de calidad, sustanciales y formales, a satisfacer por los planes, pudiéndose precisar y aumentar los estándares mínimos de suelo para dotaciones públicas exigidos por esta Ley». A su vez, la disposición adicional del citado precepto legal contiene una autorización «para aprobar mediante Decreto uno o varios reglamentos de desarrollo de la presente Ley».

En virtud de ello, a propuesta del Conseller de Obras Públicas, Urbanismo y transportes, oído el dictamen del Consejo Jurídico Consultivo de la Comunidad Valenciana, y previa deliberación del Gobierno Valenciano, en la reunión del día 15 de diciembre de 1998, dispongo:

Artículo único.

Se aprueba el Reglamento de Planeamiento de la Comunidad Valenciana para el desarrollo de la Ley 6/1994, de 15 de noviembre, de la Generalitat Valenciana, Reguladora de la Actividad Urbanística y su Anexo, cuyo texto se inserta a continuación.

DISPOSICIONES FINALES

Primera.

Quedan derogadas cuantas disposiciones de igual o inferior rango se opongan a lo dispuesto en el presente Decreto.

Segunda.

Se autoriza al conseller de Obras Públicas, Urbanismo y Transportes para dictar cuantas disposiciones sean necesarias para el desarrollo y aplicación del presente Decreto.

Tercera.

El presente Decreto entrará en vigor al día siguiente de su publicación en el «Diari Oficial de la Generalitat Valenciana».

TÍTULO PRELIMINAR

CAPÍTULO ÚNICO

La ordenación urbanística, sus principios rectores y su sistema de fuentes normativas

Artículo 1. El planeamiento urbanístico.

El ejercicio de la potestad pública de planeamiento se rige por la Ley Reguladora de la Actividad Urbanística, por el presente Reglamento y por las demás leyes y disposiciones del ordenamiento jurídico aplicable en la Comunidad Valenciana. Sus principios rectores son los establecidos por los artículos 45, 46 y 47 de la Constitución Española, según las reglas expresadas en los artículos 2 y concordantes de la Ley Reguladora de la Actividad Urbanística.

⇒ V. art. 12 de la Ley 6/1994, de 15 noviembre, Reguladora de la Actividad Urbanística en la Comunidad Autónoma de Valencia (§3).
V. art. 12 de la Ley 6/1998, de 13 abril (§1).
V. art. 113.2 del TRLS/1992 (§2).

Artículo 2. Distintos tipos de Planes urbanísticos.

Los Planes urbanísticos pueden ser de los siguientes tipos:

A. Planes de Acción Territorial de finalidad urbanística.

B. Planes Generales.

C. Planes Parciales.

D. Planes de Reforma Interior.

E. Planes Especiales.

F. Catálogos de Bienes y Espacios Protegidos.

G. Programas para el desarrollo de Actuaciones Integradas.

H. Estudios de Detalle.

La finalidad de cada uno de estos instrumentos es la descrita en los artículos 12 y concordantes de la Ley Reguladora de la Actividad Urbanística.

⇒ V. art. 12 de la Ley 6/1994, de 15 noviembre, Reguladora de la Actividad Urbanística en la Comunidad Autónoma de Valencia (§53).

Artículo 3. Otras disposiciones que complementan la ordenación urbanística.

La ordenación contenida en los instrumentos mencionados en el número anterior se complementa con:

A. El Reglamento de las distintas zonas de ordenación urbanística previsto en el artículo 14 de la Ley Reguladora de la Actividad Urbanística.

B. Las Ordenanzas Municipales de policía de la edificación.

C. Aquellas otras disposiciones que la Generalitat Valenciana dicte en desarrollo de la legislación urbanística.

En suelo no urbanizable la ordenación será también complementada por los instrumentos previstos en su legislación específica.

⇒ V. art. 14 de la Ley 6/1994, de 15 noviembre, Reguladora de la Actividad Urbanística en la Comunidad Autónoma de Valencia (§53).

Artículo 4. Las Ordenanzas Municipales de policía de la edificación.

Las Ordenanzas Municipales de policía de la edificación complementarán la ordenación urbanística respetando las previsiones del planeamiento y las demás limitaciones previstas en el artículo 15 de la Ley Reguladora de la Actividad Urbanística.

El aprovechamiento y los usos del suelo, en cuanto al destino básico de lo que en él se pueda o no construir, serán regulados por los planes; las ordenanzas municipales de policía de la edificación regularán el régimen pormenorizado de actividades susceptibles de autorización dentro de las construcciones y, en su caso, los aspectos morfológicos y ornamentales de las construcciones.

⇒ V. art. 15 de la Ley 6/1994, de 15 noviembre, Reguladora de la Actividad Urbanística en la Comunidad Autónoma de Valencia (§53).

TÍTULO I
LAS DETERMINACIONES DE LA ORDENACIÓN URBANÍSTICA

CAPÍTULO I
La ordenación estructural

Artículo 5. Elementos integrantes de la Ordenación estructural.

La Ordenación estructural está constituida por el conjunto de determinaciones que sirven para dar coherencia a la ordenación urbanística del territorio, conforme al artículo 17 de la Ley Reguladora de la Actividad Urbanística y, en particular, por las siguientes:

A. Directrices definitorias de la estrategia de evolución urbana y de ocupación del territorio.

B. Clasificación del suelo.

C. División del territorio en zonas de ordenación urbanística.

D. Ordenación del suelo no urbanizable.

E. Delimitación de sectores.

F. Tratamiento de los bienes de dominio público no municipal.

G. Establecimiento de áreas de reparto y determinación de los aprovechamientos tipo correspondientes.

H. Expresión de los objetivos a considerar en la redacción de los instrumentos de desarrollo del Plan General.

I. Ordenación de los centros cívicos y de las actividades susceptibles de generar tránsito intenso.

J. Delimitación de la Red Primaria de reservas de suelo dotacional público.

⇒ V. Anexo al presente Reglamento.

Sección 1ª Directrices definitorias de la estrategia de evolución urbana y de ocupación del territorio

Artículo 6. Finalidad de las Directrices definitorias de la estrategia de evolución urbana y de ocupación del territorio.

Las Directrices definitorias de la evolución urbana y de ocupación del territorio tienen por objeto:

A. Establecer criterios que justifiquen la adecuación de las determinaciones de los Planes a la política territorial de la Generalitat Valenciana y, en particular, su adecuación a los Planes de Acción Territorial, así como su coordinación con las distintas políticas sectoriales.

B. Identificar y establecer los objetivos fundamentales del Plan General en coherencia con la política urbanística municipal, diferenciándolos de sus previsiones instrumentales susceptibles de ser modificadas con mejoras alternativas que persigan la misma finalidad.

Artículo 7. Contenido y forma de las Directrices definitorias de la evolución urbana y de ocupación del territorio.

1. El contenido de las Directrices definitorias de la evolución urbana y de ocupación del territorio se adecuará a las características del municipio y, en todo caso, deberá:

A. Señalar las oportunidades, diagnosticar los principales problemas y formular los objetivos prioritarios de la ordenación urbanística y territorial. En particular, dejarán constancia de la finalidad perseguida con la clasificación del suelo como «no urbanizable» o «urbanizable», en sus distintas categorías y áreas territoriales.

B. Establecer los criterios a tener en cuenta ante los eventuales cambios de planeamiento, tendentes a reclasificar suelo, que puedan sobrevenir.

2. Las previsiones contenidas en las Directrices definitorias de la evolución urbana y de ocupación del territorio son determinaciones esenciales con vocación de permanencia durante la vigencia del Plan. Las futuras modificaciones de otras determinaciones de planeamiento deberán justificarse en un mejor cumplimiento de las mismas.

3. Las Directrices definitorias de la evolución urbana y de ocupación del territorio se formularán de forma concreta y precisa, evitando sustanciarse en meras declaraciones de principio o postulados teóricos. Su redacción será escueta y obviará argumentos descriptivos y justificativos.

Sección 2ª La clasificación del suelo

Artículo 8. Clases de suelo.

Los Planes clasificarán el suelo en urbano, urbanizable y no urbanizable.

No podrá prescindirse de ninguna de estas clases de suelo salvo que las circunstancias que concurran en el municipio así lo aconsejen.

Artículo 9. Clasificación del suelo.

El Plan clasificará como suelo urbano y urbanizable los terrenos que, por convenir a su modelo territorial, se pretendan mantener o incorporar dentro del proceso de urbanización, con arreglo a lo dispuesto en los artículos siguientes.

La clasificación del suelo no urbanizable supone la exclusión de los terrenos de dicho proceso.

Artículo 10. Clasificación de suelo urbano.

1. El Plan clasificará como suelo urbano los terrenos cuyo desarrollo prevea realizar preferentemente mediante Actuaciones Aisladas por estar dotados total o parcialmente de los servicios urbanísticos, según los criterios establecidos en el artículo 104 de este Reglamento.

2. Excepcionalmente, el Plan podrá clasificar como suelo urbano terrenos cuyo desarrollo prevea realizar mediante Actuaciones Integradas en los siguientes casos:

A. Los terrenos clasificados como suelo urbano por el planeamiento general anterior a la Ley Reguladora de la Actividad Urbanística, consolidados por la urbanización por contar con todos o alguno de los servicios urbanísticos que permitirían realizar Actuaciones Aisladas, que, sin embargo, fuera más conveniente desarrollarlos por Actuaciones Integradas.

B. Los terrenos clasificados como suelo urbano en el planeamiento general aprobado con anterioridad a la Ley Reguladora de la Actividad Urbanística integrados en el núcleo urbano y consolidados por la edificación.

Se considera consolidación por la edificación la ocupación del suelo por la edificación en más de un 50% del suelo edificable del ámbito de gestión propio de una actuación integrada definido con las exigencias de la Ley Reguladora de la Actividad Urbanística.

Artículo 11. Clasificación de suelo urbanizable.

1. La clasificación como suelo urbanizable supone la mera aptitud de los terrenos para su urbanización, previa programación de los mismos.

2. El Plan clasificará como suelo urbanizable:

A. Los terrenos cuyo desarrollo se prevea realizar mediante Actuaciones Integradas conforme a los criterios establecidos en el artículo 103 de este Reglamento y que no estén incluidos en la excepción recogida en el artículo 10.2 del mismo.

B. Los suelos dotacionales que, no estando incluidos en ningún sector o unidad de ejecución, el Plan considere que merecen la clasificación de suelo urbanizable.

C. Los terrenos que el Plan General incluya en sectores, a desarrollar mediante Plan de Reforma Interior. No obstante podrán clasificarse como suelo urbano en los siguientes casos:

a) Cuando concurra alguno de los supuestos del artículo 10.2 de este Reglamento.

b) Cuando el Plan de Reforma Interior, por considerar la conveniencia de su desarrollo mediante actuación aislada, así lo disponga.

3. La clasificación como suelo urbanizable se entiende otorgada sin perjuicio de la regla especial para la valoración de los solares contenida en el artículo 9.2 de la Ley Reguladora de la Actividad Urbanística.

Artículo 12. Programación del suelo urbanizable.

1. La programación determina la urbanización de esta clase de suelo, estableciendo la planificación para su gestión y ejecución conforme a los preceptos contenidos al respecto en la Ley Reguladora de la Actividad Urbanística y en este Reglamento.

2. Hasta que se apruebe el Programa para el desarrollo de la correspondiente Actuación Integrada no se entenderán incluidos en ámbitos ni con condiciones establecidas para su desarrollo, por ello no será posible urbanizar los terrenos y estarán sujetos a las siguientes limitaciones:

1ª Deberán respetarse las determinaciones que sobre usos establezca el Plan General o, en su caso, las normas complementarias y subsidiarias de Planeamiento.

2ª No se podrán realizar otras construcciones que las destinadas a explotaciones agrícolas, forestales, ganaderas o cinegéticas o similares, que guarden relación directa con la naturaleza y destino de la finca, se ajusten a los planes o normas establecidos por la Conselleria competente en materia de agricultura y en tal sentido haya ésta emitido informe, así como las correspondientes a obras y servicios públicos y las vinculadas funcionalmente a la ejecución, al entretenimiento y funcionamiento de estos últimos.

3ª Los tipos de estas construcciones habrán de ser adecuados a su emplazamiento y condición aislada, conforme a las normas que el planeamiento general establezca, quedando prohibidas las edificaciones características de las zonas urbanas.

4ª En las construcciones legalmente consolidadas se podrán realizar, además, obras de reparación o reforma –sin ampliaciónque exija la conservación y su disfrute según el uso que les sea propio y no estén prohibidas por los Planes, ni obstaculicen la ejecución de obras públicas previstas. No se podrán autorizar, con carácter definitivo, nuevas actividades en dichas construcciones, salvo las funcionalmente vinculadas a servicios públicos o al destino agrario específico de la naturaleza de cada finca concreta. No obstante las reformas de industrias ya existentes y legalmente implantadas, motivadas por crecimiento de su plantilla laboral, podrán autorizarse dentro de los límites de ampliación regulados en la disposición transitoria cuarta de la Ley del Suelo No Urbanizable.

5ª En las transferencias de propiedad, divisiones y segregaciones de terrenos no podrán efectuarse fraccionamientos en contra de las determinaciones que sobre parcela mínima contenga el Plan General o, en su caso, las normas complementarias o subsidiarias de planeamiento y, en su defecto y en cualquier supuesto, disponga la legislación agraria.

Sección 3ª División del territorio en zonas de ordenación urbanística

Artículo 13. Las zonas de ordenación.

1. El planeamiento dividirá el territorio municipal en zonas de ordenación urbanística.

2. Esta asignación se hará, a ser posible, por remisión al Reglamento autonómico de Zonas de Ordenación Urbanística, expresando la clave identificativa de la reglamentación de Zona, de entre las previstas en dicho Reglamento, que se pretenda aplicar en el área correspondiente del territorio.

3. En caso de que el Reglamento de Zonas de Ordenación no contemple una regulación adecuada para las peculiaridades locales de un área del término municipal, el Plan establecerá la regulación aplicable.

Artículo 14. Núcleos históricos tradicionales y ordenación de inmuebles catalogados.

1. Todo Plan General debe delimitar, como zona diferenciada, uno o varios núcleos históricos tradicionales, donde la ordenación urbanística no permita la sustitución indiscriminada de edificios y exija que su conservación, implantación, reforma o renovación armonicen con la tipología histórica.

2. Se exceptúa lo dispuesto en el número anterior para los Municipios cuyo núcleo urbano tradicional haya desaparecido o haya sido abandonado, como consecuencia de decisiones administrativas derivadas de la planificación hidrológica o de medidas de protección civil.

3. Asimismo, en consonancia con las políticas de conservación del patrimonio histórico, arquitectónico y cultural, definidas por los órganos competentes, el planeamiento catalogará los bienes inmuebles y adoptará las medidas protectoras que, conforme a aquéllas, resulten de interés.

Los inmuebles catalogados se sujetarán a normativas urbanísticas específicas, adecuadas a sus valores.

Sección 4ª Ordenación del suelo no urbanizable

Artículo 15. Ordenación del suelo no urbanizable.

El suelo no urbanizable deberá ser ordenado íntegramente desde el Plan General de conformidad con lo establecido por la legislación específica aplicable en la Comunidad Valenciana en la materia.

Sección 5ª Delimitación de sectores

Artículo 16. Sector.

Sector es el ámbito mínimo susceptible de ordenación pormenorizada del suelo urbanizable propio de los Planes.

Artículo 17. Criterios de sectorización.

1. Sector es el ámbito de ordenación propio de un Plan Parcial o de un Plan de Reforma Interior. Cada uno de estos Planes, abarcará uno o varios sectores completos.

Sector también es el ámbito de ordenación del suelo urbanizable que el Plan General ordene pormenorizadamente. Cada Plan General podrá delimitar uno o más sectores completos de suelo urbanizable con ordenación pormenorizada.

2. El perímetro del sector se configurará:

A. Con alineaciones propias de la red primaria o estructural de dotaciones.

B. Con viarios, que serán o no propios de la red primaria o estructural según proceda de su relación con la ordenación del territorio prevista en el Plan General o del sector al que pertenecen.

C. Excepcionalmente podrá configurarse con los límites del suelo no urbanizable en los siguientes casos:

a) En sectores aislados, siempre que por las características del terreno se justifique su procedencia en la mejor adecuación al destino y función urbanística derivada del Plan y en la salvaguarda del paisaje de su entorno. Se considera sector aislado, a estos efectos, aquel en que no existe riesgo de conurbación con el entorno urbano o con otros sectores.

b) Cuando estén previstos viarios de Red Primaria en el interior del sector, para conectar éste con los contiguos y con el resto del territorio y se considere innecesario prever otro vial perimetral.

c) Cuando concurran otras circunstancias excepcionales análogas a las antes expresadas y así se justifique.

3. El trazado del perímetro del sector respetará las siguientes reglas:

A. Se efectuará atendiendo a criterios urbanísticos. Se podrán apoyar en caminos rústicos, acequias, curvas de nivel topográficas, yacimientos minerales a cielo abierto en desuso y los perímetros de protección del demanio público natural o de otros elementos naturales, así como sus proyecciones virtuales, cuando en ellos concurran específicas cualidades que hagan idónea su elección como frontera de un desarrollo urbanístico y así se justifique.

B. Dicho trazado no se determinará con el exclusivo propósito de ajustarlo a límites del término municipal o a lindes de propiedad. Salvo que el Plan acredite que dicho trazado obedece a fines concretos y acordes con la potestad pública de planeamiento.

⇒ V. Anexo al presente Reglamento.

Sección 6ª Tratamiento de los bienes de dominio público no municipal

Artículo 18. Tratamiento de los bienes de dominio público no municipal.

1. El planeamiento, en todas las clases de suelo, reflejará la existencia o las previsiones de bienes y obras de dominio público no municipal, así como las áreas de protección y servidumbre que les sean propias conforme a su legislación reguladora. En ningún caso podrá establecer disposiciones contradictorias con dicha legislación.

2. El planeamiento reflejará las previsiones de construcción de dotaciones supramunicipales que estén en fase de ejecución o de proyecto.

Respecto de las vías interurbanas en fase de estudio, la ordenación de los Planes incorporará las medidas cautelares precisas para facilitar que tan pronto sea posible, se pueda concretar la definición de la vía mediante Plan Especial o documentación equivalente que acompañe el proyecto de obra pública conforme al artículo 81 de la Ley Reguladora de la Actividad Urbanística. Transcurrido un año desde la entrada en vigor del Plan, las medidas cautelares adoptadas dejarán de producir su efecto, permitiéndose una normal ejecución de las previsiones de planeamiento.

3. En las rondas de las poblaciones de carácter interurbano no se permitirán asentamientos urbanísticos que desvirtúen su función.

Junto a las travesías, en áreas consolidadas por la edificación, el desarrollo urbanístico sólo se permitirá como prolongación del suelo urbano en sus mismas condiciones y cierre del mismo. Si se trata de asentamientos autónomos, su distancia y acceso a la vía interurbana se ajustará a las restricciones que exija la seguridad vial y la fluidez del tránsito, debiendo contar el sector con red urbana para atender sus propias necesidades.

4. Las nuevas vías interurbanas contiguas al núcleo de población y las áreas intersticiales entre éste y aquellas afectas por las servidumbres legales y las exigencias funcionales de la vialidad, se clasificarán como suelo urbanizable y se acondicionarán como zona ajardinada de fácil conservación. Se exceptúan los casos en que el área intersticial tenga condiciones que permitan su explotación agraria racional, pudiéndose clasificar como suelo no urbanizable.

Sección 7ª Establecimiento de áreas de reparto y determinación de los aprovechamientos tipo correspondientes

Artículo 19. Areas de reparto y aprovechamiento tipo.

El establecimiento de áreas de reparto y la determinación de los aprovechamientos tipo se realizará conforme las previsiones del Capítulo II del Título III de este Reglamento.

⇒ V. art. 60 de la Ley 6/1994, de 15 noviembre, Reguladora de la Actividad Urbanística en la Comunidad Autónoma de Valencia (§53).

Sección 8ª Expresión de los objetivos a considerar en la redacción de los instrumentos de desarrollo del plan general

Artículo 20. Determinaciones de la ordenación estructural relativas a la redacción de Planes Parciales y de Reforma Interior.

Las determinaciones de la ordenación estructural relativas a la redacción de Planes Parciales y de Reforma Interior se fijan por el Plan General, en todo caso deben ser respetadas por los Planes Parciales y de Reforma Interior y, al menos, contendrán:

A. Descripción de la función territorial que ha de cumplir el desarrollo del sector respecto al conjunto de la ciudad o núcleos urbanos.

B. Señalamiento de los usos globales principales e incompatibles dentro de cada área o sector con la estructura general de la ordenación urbanística y con el modelo territorial propuesto por el propio Plan, expresando las razones de dicha incompatibilidad.

C. Expresión de las distintas tipologías posibles dentro del sector indicando el carácter excluyente y, en su caso, alternativo o compatible de ellas.

D. Cuantificación de las magnitudes máxima y mínima de los índices de edificabilidad bruta del sector, en total y para cada uso.

E. Normas orientativas sobre la necesidad de implantar una determinada dotación o equipamiento dentro del sector, dejando constancia de las circunstancias que así lo aconsejan.

F. Indicación de qué elementos de la Red Primaria se pueden contabilizar como Red Secundaria, de acuerdo con lo previsto en el Capítulo III de este mismo Título y en el Anexo de este Reglamento.

G. Normas de obligada observancia respecto al ancho mínimo del viario y exigencias mínimas en materia de implantación de infraestructuras o servicios de urbanización. Estas normas pueden establecerse para cada Plan Parcial o con carácter general para todos ellos, diferenciando las zonas industriales de las restantes.

⇒ V. Anexo al presente Reglamento.

Artículo 21. Directrices para la formulación de Estudios de Detalle.

1. La Ordenación Estructural puede delimitar áreas que hayan o puedan ser objeto de ordenación mediante Estudio de Detalle.

2. Asimismo puede regular supuestos concretos, bien determinados, en los que sea posible la redacción de Estudios de Detalle con algún propósito específico. No serán admisibles regulaciones genéricas o meras reproducciones del tenor literal de normas legales o reglamentarias que hagan extensiva esta posibilidad sin propósito justificado.

3. El ámbito mínimo del Estudio de Detalle será la manzana o unidad urbana equivalente, entendiendo por tal las parcelas urbanas, privadas y contiguas, rodeadas íntegramente de viario público o espacio libre público.

4. La Ordenación Estructural debe fijar el uso y la edificabilidad má-

xima del ámbito afectado por el Estudio de Detalle, estableciendo mínimos de edificabilidad por manzana para asegurar un tratamiento coherente respecto de la ordenación prevista.

5. No se podrán transferir edificabilidades entre manzanas.

6. La Ordenación Estructural puede establecer otras prescripciones de obligado cumplimiento en la redacción del Estudio de Detalle, incluso referidas a la composición de volúmenes y forma de la edificación. Será preceptivo establecer estas normas para los Estudios de Detalle que incidan en áreas consolidadas.

⇒ V. Anexo al presente Reglamento.

Artículo 22. Directrices y condiciones objetivas de conexión e integración para la Programación de Actuaciones Integradas delimitadas por el Plan General.

Los Planes Generales determinarán la secuencia lógica de su desarrollo territorial mediante el establecimiento pormenorizado de las condiciones objetivas que han de cumplirse para que sea posible la incorporación de cada tramo de urbanización al contexto global del territorio, definiendo así un orden básico de prioridades para la ejecución de las Actuaciones Integradas previstas y regulando las condiciones que éstas han de satisfacer para que sea posible su programación.

Dichas condiciones objetivas de conexión e integración tendrán análogo contenido y cumplirán la misma función que las que ha de establecer la Cédula de Urbanización respecto a las restantes Unidades de Ejecución, es decir, respecto a las Unidades que serán delimitadas en los instrumentos de planeamiento que desarrollan el Plan General.

Artículo 23. Otras previsiones de la Ordenación Estructural respecto a instrumentos que lo desarrollen.

El Plan General puede prever la redacción de Planes Especiales con las finalidades establecidas en los artículos 12 E y F y 99 de la Ley 6/1994, de 15 de noviembre, de la Generalitat Valenciana, Reguladora de la Actividad Urbanística, así como establecer criterios orientativos para su redacción.

Sección 9ª Ordenación de los Centros Cívicos y de las actividades susceptibles de generar tránsito intenso

Artículo 24. Centros Cívicos.

La Ordenación Estructural comprende la previsión de la ubicación y la ordenación de los principales Centros Cívicos y de las actividades susceptibles de generar tráfico intenso.

Se entiende por Centro Cívico el conjunto articulado de edificios, instalaciones, espacios públicos y red viaria de apoyo que sirvan para dotar a la ciudad de áreas para el desarrollo de distintas clases de actividades o donde se prevea gran afluencia de público.

Sección 10ª Delimitación de la Red Primaria de reservas de suelo dotaciónal público

Artículo 25. Delimitación de la Red Primaria de reservas de suelo dotacional público.

La delimitación de la Red Primaria de reservas de suelo dotacional público se ajustará a las previsiones del Capítulo III del presente Título.

⇒ V. Anexo al presente Reglamento.

CAPÍTULO II
La ordenación pormenorizada

Artículo 26. Elementos integrantes de la ordenación pormenorizada.

1. Tiene la consideración de ordenación pormenorizada la que no es estructural. Incluirá todas las determinaciones que ordenen de modo preciso y en grado de detalle el ámbito al que se refiera.

2. La ordenación pormenorizada de los planes deberá contener, al menos, las siguientes determinaciones:

A. La red secundaria de reservas de suelo dotacional público, teniendo tal consideración el suelo dotacional que no merezca la configuración de Red Primaria o estructural.

B. Parcelación de los terrenos o régimen para parcelarlos en función de las tipologías previstas.

C. Fijación de alineaciones y rasantes.

D. Concreción de los usos pormenorizados de cada área o sector en desarrollo de las previsiones propias de la ordenación estructural para cada uno de ellos.

E. Regulación detallada de las condiciones edificatorias sobre y bajo rasante: edificabilidad, altura, número de plantas, retranqueos, volúmenes y otras análogas.

3. La regulación pormenorizada de la edificación se articulará preferiblemente por remisión a reglamentaciones zonales de carácter general, de las previstas en el Reglamento de Zonas o en el Plan General. La ordenación pormenorizada no modificará el aprovechamiento, uso y tipología que corresponda globalmente al sector o zona.

⇒ V. Anexo al presente Reglamento.

CAPÍTULO III
Las Redes de reserva de suelo dotacional público y los estándares de calidad urbana que deben cumplir

Artículo 27. Redes Primaria y Secundaria de dotaciones públicas.

1. El planeamiento reserva terrenos para implantar dotaciones públicas, estableciendo una Red Primaria y una Red Secundaria. Ambas han de configurarse como conjunto integrado de espacios dotacionales.

2. El terreno que se incluya en las Redes Primaria y Secundaria de reservas de suelo dotacional deberá tener titularidad y destino público.

3. Los equipamientos incluidos en las Redes de reserva de suelo dotacional pueden ser objeto de construcción y gestión privada sobre dominio público en régimen de concesión de acuerdo con la legislación de contratos de las administraciones públicas.

⇒ V. Anexo al presente Reglamento.

Artículo 28. La Red Primaria de reservas de suelo dotacional. Función en el sistema de planeamiento.

1. El establecimiento de la Red Primaria, tiene por objeto asegurar la racionalidad y coherencia del desarrollo urbanístico, así como la calidad y funcionalidad de los principales espacios de uso colectivo.

2. La Red Primaria es una determinación propia de la ordenación urbanística estructural y se incluirán en ella las siguientes reservas de suelo para dotaciones públicas:

A. Parques públicos en la proporción mínima exigible, conforme al artículo 36 de este Reglamento.

B. Equipamientos y redes de transporte, comunicaciones y servicios de titularidad o de carácter supramunicipal, con esquema indicativo de su funcionamiento.

C. Infraestructuras, espacios libres, jardines y otras dotaciones de titularidad o carácter municipal que, por su cometido específico, sus dimensiones o su posición estratégica, integren la estructura del desarrollo urbanístico del territorio ordenado. En todo caso tendrán tal consideración las vías públicas e infraestructuras que presten servicio y comunicación a dichas dotaciones.

D. Las dotaciones que cumplan análoga función estructurante respecto a cada sector, señalando, incluso, las principales avenidas, plazas o escenarios urbanos en proyecto que sirvan de pauta o hito de referencia para el desarrollo coherente del planeamiento parcial.

E. Terrenos dotacionales cuya reserva convenga establecer con anterioridad y preferencia al desarrollo urbanístico de su entorno.

⇒ V. Anexo al presente Reglamento.

Artículo 29. Red Secundaria.

1. La Red Secundaria complementa la Primaria de modo que entre ambas integren la totalidad de reservas de suelo dotacional previstas en el planeamiento.

2. La Red Secundaria es una determinación propia de la ordenación pormenorizada; determina la configuración del modelo de parcelación y separa los espacios dotacionales de destino público de los que tengan destino privado.

3. La Red Secundaria se ajustará a los estándares establecidos en el Anexo de este Reglamento.

Artículo 30. Clasificación general y funcional de las dotaciones públicas.

1. Las dotaciones públicas, atendiendo al uso al que se destinen, pueden ser calificadas por el Plan como:

– Red viaria:

(RV) Viario de tránsito.

(AV) Aparcamiento.

– Equipamientos:

(ED) Educativo-cultural.

(RD) Deportivo-recreativo.

(TD) Asistencial.

(ID) Infraestructura-servicio urbano.

(AD) Administrativo-Institucional.

– Zonas verdes y espacios libres en una de las siguientes categorías:

(AL) Area de juego.

(JL) Jardines.

(QL) Parques.

2. Las reservas de suelo con destino dotacional público, tanto en la Red Primaria como en la Secundaria, se delimitarán diferenciando cada uno de los usos antes especificados. Los documentos de planeamiento identificarán cada dotación con las siglas expresadas en el número anterior precediéndolas con la letra «P» si es dotación de la Red Primaria o con la letra «S» si es de la Secundaria.

⇒ V. Anexo al presente Reglamento.

Artículo 31. Red Viaria.

Dentro de la Red Viaria se considera:

– Viario (RV): vías de comunicación, debiendo el planeamiento distinguir las áreas reservadas a los distintos modos de tránsito y medios de transporte. Las zonas ajardinadas, tales como rotondas, setos separadores, isletas y otras análogas necesarias para la ordenación del tráfico viario, comprendidas dentro de las zonas de dominio de vías supramunicipales o interurbanas, y aquellas que, dentro de las zonas urbanas, no cumplan los requisitos para ser computadas como zona verde según este Reglamento, se consideran elementos de la Red Viaria (RV).

– Aparcamientos (AV): áreas anexas o separadas de la red viaria, pero que por su forma o ubicación sólo admitan el movimiento del vehículo imprescindible para estacionar.

Artículo 32. Tipos de equipamiento.

El equipamiento puede ser:

– Educativo-cultural (ED): centros docentes, bibliotecas, museos y otros servicios de análoga finalidad.

– Deportivo-recreativo (RD): recintos cerrados, cubiertos o descubiertos, para la práctica del deporte, e instalaciones fijas y edificios para concentraciones públicas o contemplación de espectáculos.

– Asistencial (TD): servicios sanitarios y los de asistencia y bienestar social.

– Infraestructura-servicio urbano (ID): instalaciones de protección civil, seguridad ciudadana, mantenimiento del medio ambiente, cementerios, abastos, infraestructura del transporte y otras análogas.

– Administrativo-Institucional (AD): sedes institucionales y dependencias administrativas, judiciales, militares y otras análogas.

Artículo 33. Afección de destino de las parcelas con usos docentes o sanitarios ya implantados.

1. Los Planes calificarán como suelo dotacional público las parcelas cuyo destino efectivo precedente haya sido el uso docente o sanitario dotacional público, salvo que, previo informe de la Conselleria competente por razón de la materia, se justifique que es innecesario destinar el suelo a dichos fines, en cuyo caso se destinará a otros usos públicos o de interés social.

2. Se entienden comprendidos dentro de los usos de interés social a los que se refiere el número anterior, las viviendas sujetas a algún régimen de protección social y, en general, las construcciones promovidas acogiéndose a un régimen administrativo singular de fomento de la actividad que en ellas se vaya a realizar.

⇒ V. Anexo al presente Reglamento.

Artículo 34. Tipos de Zona Verde.

Las Zonas Verdes se consideran:

– Area de juego (AL): Son aquellas, colindantes a un equipamiento, en que quepa inscribir un círculo de 12 m de diámetro, debiendo tener siempre 200 m de superficie mínima. Si no cumplen esas condiciones se considerarán elementos de la Red Viaria (RV).

– Jardín (JL): Son aquellas cuya superficie mínima sea de 1.000 m en que sea inscribible un círculo de 25 metros de diámetro, en posición tangente a todo y cualquier punto de su perímetro, siendo computables a estos efectos aquellas áreas lindantes con la anterior cuyo perímetro exterior diste menos de 6 metros del perímetro del círculo definidor de la superficie mínima.

– Parque (QL): Son aquellas cuya superficie mínima sea de 2,5 hectáreas, en la que se pueda inscribir un círculo de 150 m de diámetro.

Artículo 35. Condiciones de calidad exigibles de las zonas verdes.

Las zonas verdes y espacios libres públicos deberán:

A. Poseer condiciones apropiadas para la plantación de especies vegetales.

B. Tener garantizado su posible soleamiento en relación con la edificación circundante.

C. Su posición será la que preste mejor servicio a los residentes y usuarios, estando prohibidas las localizaciones de difícil acceso peatonal o cuya falta de centralidad no se compense con otras ventajas para aquéllos.

D. Nunca se destinarán a zona verde porciones residuales de la parcelación ni se considerarán como tales superficies de funcionalidad viaria.

E. Sólo se destinarán a usos generales y normales que no excluyan, ni limiten la utilización pública y conforme a su destino.

F. Su emplazamiento evitará zonas de topografía natural que encarezca en exceso la urbanización o implique desmontes de impacto paisajístico inadecuado.

Artículo 36. Parques públicos en la Red Primaria.

En municipios de más de 5.000 habitantes la Red Primaria debe incluir una dotación mínima de Parque (PQL) a razón de 5.000 m por cada millar de habitantes.

En los municipios entre 1.000 y 5.000 habitantes esta dotación se podrá reservar en jardines de la Red Primaria (PJL), manteniendo la misma proporción que en el apartado anterior.

En los municipios de menos de 1.000 habitantes se exime de esta exigencia, debiendo reservar a tales fines la superficie de zona verde que se estime necesaria para atender las necesidades sociales de la población.

⇒ V. Anexo al presente Reglamento.

TÍTULO II

FUNCIÓN, DETERMINACIONES Y DOCUMENTACIÓN DE LOS INSTRUMENTOS DE ORDENACIÓN

CAPÍTULO I

Los Planes de Acción Territorial

Sección 1ª Función

Artículo 37. Planes de Acción Territorial de finalidad urbanística.

1. Los Planes de Acción Territorial de finalidad urbanística son instrumentos de ordenación supramunicipal para toda la Comunidad o parte de su territorio.

2. Estos Planes, para el bienestar comunitario o las previsiones públicas, con proyección territorial, deberán cumplir todas o alguna de las siguientes funciones:

Establecer criterios generales para su desarrollo por el planeamiento municipal.

Coordinar las directrices sectoriales de las diferentes Administraciones públicas para que sean compatibles desde el punto de vista territorial.

Formalizar las previsiones territoriales precisas para acciones y proyectos a realizar de forma concertada entre distintas Administraciones públicas, estableciendo, incluso, reservas de suelo dotacional.

Orientar la ulterior regulación, propia de los Planes Generales, del suelo no urbanizable, así como las actuaciones futuras que en éste pudieran declararse de Interés Comunitario.

⇒ V. art. 16 de la Ley 6/1994, de 15 noviembre, Reguladora de la Actividad Urbanística en la Comunidad Autónoma de Valencia (§53).

Sección 2ª Determinaciones

Artículo 38. Determinaciones de los Planes de Acción Territorial de finalidad urbanística.

1. Un mismo ámbito territorial podrá ser ordenado, en sus diversos aspectos, por un solo Plan de Acción Territorial de finalidad urbanística o por varios de estos planes de contenidos complementarios.

2. En cumplimiento de su función, los Planes de Acción Territorial pueden clasificar directamente terrenos como suelo no urbanizable, común o de especial protección, aunque no lo fueran al tiempo de su aprobación, siempre que respeten los niveles de protección mínimos fijados por el planeamiento municipal. En todo caso, distinguirán con precisión, en su contenido dispositivo, las determinaciones de aplicación directa de las directrices, orientativas o vinculantes, para la redacción de Planes Generales o Especiales.

⇒ V. art. 16 de la Ley 6/1994, de 15 noviembre, Reguladora de la Actividad Urbanística en la Comunidad Autónoma de Valencia (§53).

Artículo 39. Documentación de los Planes de Acción Territorial de finalidad urbanística.

1. La documentación de cada Plan de Acción Territorial se adecuará a la problemática específica del territorio ordenado, con documentos apropiados al tipo de medidas que en él se dispongan. En ella se diferenciará:

A. La memoria y los planos de carácter informativo.

B. La parte propositiva y vinculante.

C. Resumen de las afecciones del Plan de Acción Territorial sobre la ordenación vigente, indicando las determinaciones del planeamiento urbanístico que derogue y las que, aun persistiendo vigentes, precisen adecuación y deban ser modificadas o revisadas.

2. La determinación específica de los documentos que se estimen necesarios para formalizar cada Plan de Acción Territorial será concretada y fijada por el órgano competente para su aprobación provisional antes de iniciar los trabajos de redacción del mismo. Si en la aprobación provisional se estima necesario reconsiderar la composición más idónea de su contenido documental, la resolución que se eleve a la consideración del órgano competente para la aprobación definitiva se manifestarán los motivos que justifican el nuevo

criterio, exponiendo qué relación guardan con el resultado de los trabajos y con las características de la ordenación propuesta.

⇒ V. arts. 27 y 28 de la Ley 6/1994, de 15 noviembre, Reguladora de la Actividad Urbanística en la Comunidad Autónoma de Valencia (§53).

CAPÍTULO II
Los Planes Generales

Sección 1ª Función

Artículo 40. Función, ámbito y alcance del Plan General.

1. Los Planes Generales, definen la estrategia de utilización del territorio municipal y su ordenación urbanística estructural, para términos municipales completos, y las desarrollan detalladamente en suelo urbano y en el urbanizable de ejecución más inmediata.

2. Todo municipio debe contar con su propio Plan General.

3. Cada Plan General debe justificar su adecuación a los Planes de Acción Territorial que le afecten y al planeamiento de los municipios colindantes. Además de la ordenación del término municipal completo, el Plan General debe establecer o reflejar la ordenación de los terrenos más próximos que lo circunden hasta una franja limítrofe de la anchura imprescindible, en cada punto, para garantizar la homogeneidad o coordinación del planeamiento en la frontera común de ambos términos.

4. El Plan General preverá la expansión urbana del municipio para 10 años, aproximadamente, y también la reserva de suelo y dotaciones para la implantación de infraestructuras públicas previsibles a más largo plazo.

⇒ V. art. 17 de la Ley 6/1994, de 15 noviembre, Reguladora de la Actividad Urbanística en la Comunidad Autónoma de Valencia (§53).

Sección 2ª Determinaciones

Artículo 41. Determinaciones del Plan General.

1. Son determinaciones que debe contener todo Plan General:

A. La Ordenación urbanística Estructural para todo el término municipal, en los términos establecidos en el Capítulo I del Título I de este Reglamento; y, además:

B. La Ordenación urbanística Pormenorizada:

a) Del suelo urbano, legitimando en él la actuación directa sin Planes complementarios, sin perjuicio de la posibilidad de delimitar sectores de ordenación diferida a Planes de Reforma Interior para áreas cuya consolidación urbana se pretenda reestructurar con las finalidades expresadas en el artículo 72 de este Reglamento.

b) De los terrenos que clasifique como suelo urbanizable inmediatos al urbano y, al menos, los precisos para que queden atendidas las demandas previsibles del mercado inmobiliario a corto y medio plazo, facilitando con dicha ordenación la pronta programación de los terrenos y excusando la ulterior exigencia de Planes Parciales.

2. Cuanto mayor sea el crecimiento urbanístico previsto para el municipio o más ambicioso resulte el mismo respecto a la capacidad de gestión actual de éste, mayor será el grado de concreción exigible en el Plan General respecto a la Ordenación Pormenorizada y a la Red Primaria de reservas de suelo dotacional.

⇒ V. arts. 17 y 18 de la Ley 6/1994, de 15 noviembre, Reguladora de la Actividad Urbanística en la Comunidad Autónoma de Valencia (§53).
V. Anexo al presente Reglamento.

Artículo 42. Tratamiento en el Plan General de la ordenación urbanística anterior a su vigencia.

Los Planes Generales incorporarán expresamente, con el grado de precisión que corresponda según la clase o categoría de suelo a que se refieran, las determinaciones del planeamiento anterior que el propio Plan General declare vigentes.

Sección 3ª Concierto previo

Artículo 43. Función del concierto previo.

El concierto previo tiene por objeto garantizar la adecuación del modelo territorial municipal, definido en el momento de la redacción del Plan, con su contexto supramunicipal, con los Planes de Acción Territorial aplicables y con la política urbanística y territorial de la Generalitat.

Artículo 44. Documentación del concierto previo.

1. El documento que se presente a los efectos de formalizar el trámite de concierto previo en la Conselleria competente en materia de Urbanismo, deberá incorporar el siguiente contenido en el grado más adecuado a las características del municipio:

A. Memoria Informativa que de forma clara y esquemática refiera:

a) Planeamiento vigente y su grado de desarrollo.

b) Riesgos potenciales observados en el territorio.

c) Cuadro resumen de superficies del documento vigente.

B. Plano de Información, que refleje la clasificación y calificación de suelo en el planeamiento vigente, distinguiendo los ámbitos de desarrollo ejecutados y su grado de ejecución, de los no ejecutados.

C. Memoria Justificativa, que contenga:

a) Modelo territorial propuesto y la estrategia de desarrollo, su adecuación a los Planes de Acción Territorial y al planeamiento de los municipios colindantes.

b) Tablas que expresen las dimensiones de la evolución urbana previsible y las superficies incluidas en cada clase de suelo.

c) Delimitación de red primaria y estructural.

D. Plano de Ordenación, a escala 1:10.000, de:

a) Clasificación y calificación de suelo, justificando su adecuación al planeamiento de los municipios colindantes.

b) Red Primaria o Estructural.

2. La documentación indicada en el número anterior deberá adecuarse al objeto concreto del concierto previo y no contendrá más información que la necesaria para ello.

⇒ V. arts. 27 y 28 de la Ley 6/1994, de 15 noviembre, Reguladora de la Actividad Urbanística en la Comunidad Autónoma de Valencia (§53).
V. Anexo al presente Reglamento.

Sección 4ª Documentación del Plan General

Artículo 45. Documentación del Plan General.

El Plan General se formará con los siguientes documentos:

A. Parte sin eficacia normativa:

a) Documento de información: Memoria y Planos.

b) Memoria justificativa.

B. Parte con eficacia normativa:

a) Directrices definitorias de la estrategia de evolución urbana y de ocupación del territorio.

b) Normas Urbanísticas.

c) Fichas de planeamiento de desarrollo y gestión.

d) Catálogo.

e) Planos de Ordenación.

⇒ V. arts. 27 y 28 de la Ley 6/1994, de 15 noviembre, Reguladora de la Actividad Urbanística en la Comunidad Autónoma de Valencia (§53).

Sección 5ª Parte sin eficacia normativa

Artículo 46. Documento de información.

El documento de información podrá ajustarse al esquema orientativo que, a continuación, se detalla o a cualquier otro que refleje análogos contenidos:

A. Memoria informativa: que contendrá las condiciones geográficas e institucionales del territorio ordenado.

B. Planos de Información.

⇒ V. arts. 27 y 28 de la Ley 6/1994, de 15 noviembre, Reguladora de la Actividad Urbanística en la Comunidad Autónoma de Valencia (§53).

Artículo 47. Información urbanística del territorio ordenado: condiciones geográficas.

La información urbanística del territorio ordenado, deberá reflejar los aspectos más relevantes que condicionen o determinen el uso del territorio y, en particular, los siguientes:

A. Características naturales del territorio como las geológicas, topográficas, climáticas, hidrológicas y otras.

B. Aprovechamiento de que sea susceptible, desde el punto de vista agrícola, forestal, ganadero, cinegético, minero y otros.

C. Usos presentes en el suelo, edificaciones e infraestructuras existentes.

D. Diferente aptitud de los terrenos para su utilización urbana y los riesgos que pudieran dificultar la misma.

E. Valores paisajísticos, ecológicos, urbanos e históricos y artísticos, existentes en el ámbito del Plan.

F. Características de la población, sus condiciones económicas y sociales y las previsiones de evolución demográfica.

Artículo 48. Información urbanística del territorio ordenado: condiciones institucionales.

La Memoria del Plan informará sobre:

A. Planeamiento vigente con anterioridad.

La información deberá versar sobre todo el planeamiento, incluidas modificaciones y desarrollos, reflejando su fecha de aprobación definitiva, y especificando, en cada caso, la parte que queda vigente.

B. Condiciones derivadas del planeamiento y programación que estaba en ejecución cuando se revisa el Plan. Asimismo deberá incorporar aquellas cédulas de urbanización que puedan ver afectada su vigencia por variaciones objetivas sobrevenidas.

C. Referencia a las condiciones que se deriven del Planeamiento de Acción Territorial vigente.

D. Resultados del trámite de concierto previo con la Conselleria de Obras Públicas, Urbanismo y Transportes.

E. Obras programadas y política de inversiones públicas que influyan en el desarrollo urbano o previstas en la planificación sectorial de las Administraciones.

F. Análisis de las afecciones impuestas por la legislación sectorial en el ámbito territorial.

Artículo 49. Planos de información.

1. Los planos de información se redactarán a escala adecuada, y como mínimo reflejarán:

A. La topografía del terreno.

B. Los usos, aprovechamientos, vegetación y edificaciones existentes.

C. Infraestructuras, redes generales de servicio y bienes demaniales.

D. Estado actual de los núcleos de población consolidados, de su perímetro, de las características de la urbanización y edificios existentes.

E. Clasificación de suelo en el planeamiento vigente con anterioridad, distinguiendo, dentro de los ámbitos de desarrollo, los ejecutados, y su grado de ejecución, de los no ejecutados.

2. Los Planos de información referirán las cartografías temáticas publicadas por la Conselleria de Obras Públicas, Urbanismo y Transportes.

⇒ V. arts. 27 y 28 de la Ley 6/1994, de 15 noviembre, Reguladora de la Actividad Urbanística en la Comunidad Autónoma de Valencia (§53).

V. O. 8 marzo 1999, que declara de necesaria observancia en la redacción de los planes urbanísticos o territoriales, determinadas cartografías temáticas y estudios integrantes del Sistema de Información Territorial, ampliada por la O. 15 febrero 2000.

Artículo 50. La memoria justificativa.

1. La memoria justificativa deberá referir:

A. La descripción y justificación de la ordenación estructural e información estadística de sus magnitudes.

a) El modelo territorial propuesto, su adecuación al planeamiento de los municipios colindantes y los motivos que justifican su adopción frente a otras posibles alternativas.

b) Tablas que expresen las dimensiones de la evolución urbana previsible y las superficies incluidas en cada clase de suelo, Sector y Unidad de Ejecución.

c) Demostración de la suficiencia de la Red Primaria de reservas de suelo dotacional, de la red general de infraestructuras y servicios y de las Condiciones objetivas de Conexión e Integración.

B. Descripción y justificación de la ordenación pormenorizada y de su cumplimiento y adecuación a la ordenación estructural.

C. Cálculo del Aprovechamiento tipo y justificación de la delimitación de las áreas de reparto.

D. Estudio de impacto ambiental, conforme a la legislación medio ambiental.

E. Estudios de tráfico y transportes.

F. Evaluación socio-económica y análisis de las consecuencias de la ordenación.

2. Se prescindirá de los contenidos expresados en los apartados E y F o se simplificará su contenido cuando la reducida dimensión demográfica o limitada problemática urbanística del municipio así lo aconsejen. Sólo es preceptivo reflejar esos contenidos para Municipios de más de 50.000 habitantes. El documento señalado en el apartado D se formalizará como capítulo independiente de la Memoria.

3. En ningún caso se condicionará la redacción del Plan General a la realización de estudios de interés social que no tengan relevancia para la fijación de sus determinaciones o puedan abordarse con independencia de él.

⇒ V. arts. 27 y 28 de la Ley 6/1994, de 15 noviembre, Reguladora de la Actividad Urbanística en la Comunidad Autónoma de Valencia (§53).

V. Ley 2/1989, de 3 marzo. Estudios de impacto ambiental. Desarrollada por D. 162/1990, de 15 octubre.

V. Ley 6/2001, de 8 mayo, de modificación del Real Decreto Legislativo 1302/1986, de 28 junio, de evaluación de impacto ambiental.

Sección 6ª Parte con eficacia normativa

Artículo 51. Directrices definitorias de la estrategia de evolución urbana y ocupación del territorio.

Las directrices definitorias de la estrategia de evolución urbana y ocupación del territorio constituyen el documento de criterios y objetivos de eficacia vinculante que se redactará con independencia de la Memoria y expresará lo dispuesto en los artículos 6 y 7 de este Reglamento.

Artículo 52. Las Normas urbanísticas.

1. Las Normas urbanísticas del Plan General diferenciarán el tratamiento aplicable a los distintos tipos y categorías de suelo, diferenciando cuáles de sus disposiciones tienen carácter de Ordenación Estructural y cuáles de Ordenación Pormenorizada.

2. Se contemplará la posible aplicación de Ordenanzas Municipales complementarias del Plan General.

3. No se contendrán aspectos regulados por las legislaciones específicas, bastando realizar una remisión a las mismas.

4. Las normas urbanísticas contendrán disposiciones explicativas que faciliten la utilización y entendimiento de los documentos que integren el Plan. Pueden incorporar disposiciones aclaratorias del significado y efectos jurídicos de las determinaciones establecidas en el mismo de acuerdo con la legislación aplicable.

5. Establecerán un régimen transitorio en el que se precise el régimen jurídico aplicable al planeamiento que estuviere vigente con anterioridad y a la edificación existente, con las consideraciones oportunas sobre la vigencia del planeamiento anterior, en atención al grado de incorporación de sus determinaciones al propio Plan General.

6. Expresarán las construcciones erigidas con anterioridad al Plan que haya de quedar en situación de fuera de ordenación, por manifiesta incompatibilidad con sus determinaciones, en las que sólo se autorizarán obras previstas en el artículo 184.1 de este Reglamento.

Artículo 53. Contenido de las Normas Urbanísticas de carácter estructural.

El contenido de las Normas Urbanísticas de carácter estructural se concretará en:

A. Regulación del régimen general propio de cada una de las clases de suelo. En especial, la ordenación propia del suelo no urbanizable, en los términos referidos en su legislación específica.

B. Disposiciones relativas al uso global de cada zona, pudiendo remitirse al Reglamento de Zonas de Ordenación, en caso contrario, deberán establecer las equivalencias de las previsiones del Plan por referencia a dicho Reglamento.

C. Régimen de protección y servidumbres de los bienes de dominio público, según su legislación sectorial.

D. Ordenación correspondiente a los centros cívicos.

E. Definición de los elementos y reservas de suelo propios de la red primaria y especificación de los que se pueden contabilizar como Superficie Computable del sector, de acuerdo con lo previsto en el Capítulo III del Título I y en el Anexo de este Reglamento.

F. Normas orientativas sobre la necesidad de implantar una determinada dotación o equipamiento dentro del sector, dejando constancia de las circunstancias que así lo aconsejan.

G. Normas de obligada observancia respecto al ancho mínimo del viario y exigencias mínimas en materia de implantación de infraestructuras o servicios de urbanización. Estas Normas pueden establecerse para cada Plan Parcial o con carácter general para todos ellos, diferenciando las zonas industriales de las restantes.

Artículo 54. Contenido de las normas urbanísticas propio de la ordenación pormenorizada.

Para el suelo que el Plan General ordene pormenorizadamente las Normas Urbanísticas establecerán respecto de cada área o sector:

A. Usos específicos y tipología, por remisión al Reglamento de Zonas Urbanísticas, o en caso de particularidades específicas del municipio, los derivados de las mismas.

B. Edificabilidad neta, ordenación de volúmenes, altura y número de plantas construibles sobre o bajo rasante y demás determinaciones propias de la edificación.

C. Parcelación de los terrenos o régimen para parcelarlos en función de la zona de ordenación definida.

D. Elementos y reservas de suelo dotacional propio de la red secundaria.

E. Otras determinaciones propias del régimen específico del ámbito.

⇒ V. Anexo al presente Reglamento.

Artículo 55. Fichas de Planeamiento.

Se redactará una ficha de Planeamiento por cada ámbito de desarrollo pormenorizado delimitado y cada una deberá de referir las determinaciones a tener en cuenta en los planes de desarrollo, al menos:

A. Delimitación gráfica y superficie del sector.

B. Usos globales y usos incompatibles.

C. Tipología.

D. Edificabilidad: sólo para Planes Parciales y estudios de detalle.

⇒ V. Anexo al presente Reglamento.

Artículo 56. Fichas de gestión.

Se redactará una ficha de gestión para cada una de las actuaciones integradas previstas por el Plan y contendrá:

A. La situación de cada una de ellas con respecto a la secuencia lógica del desarrollo del Plan.

B. Las condiciones de integración y de conexión de la actuación integrada.

C. La delimitación de las unidades de ejecución o, en su caso, los criterios a seguir para futuras delimitaciones o redelimitaciones.

D. Las áreas de reparto y el aprovechamiento tipo.

Artículo 57. Catálogo de Bienes y Espacios Protegidos.

El Catálogo se redactará con la precisión exigible conforme al Capítulo VIII de este mismo Título.

Artículo 58. Planos de ordenación estructural.

Los planos de ordenación estructural incluirán:

A. Para todo el territorio a escala 1:10.000, plano o planos que expresen:

a) La clasificación del suelo, con expresión de las superficies asignadas. Específicamente para el suelo no urbanizable delimitación de las áreas de especial protección y de las categorías que deriven de su legislación específica.

b) La estructura del territorio, con señalamiento de la Red Primaria de reservas de suelo dotacional, de la ubicación de los centros cívicos, del tratamiento de los bienes de dominio público no municipal y de la adecuación al planeamiento de los municipios colindantes.

c) Los usos globales previstos.

B. Para el suelo urbanizable que no esté ordenado pormenorizadamente, plano o planos a escala 1:5.000, referidos a:

a) La división de zonas de ordenación urbanística y centros cívicos.

b) La Red Primaria de Reservas de Suelo dotacional, delimitación de sectores de Planeamiento Parcial y de Reforma Interior, de las Actuaciones integradas y de Áreas de Reparto.

C. Para el suelo que se ordene pormenorizadamente, plano o planos a escala mínima 1:2.000 que expresen:

a) La delimitación del suelo urbano.

b) La división de zonas de ordenación urbanística y centros cívicos.

c) La Red Primaria de Reservas de Suelo dotacional, delimitación de sectores de Planeamiento Parcial y de Reforma Interior, de las Actuaciones Integradas, de las unidades de ejecución previstas y de las áreas de reparto.

Artículo 59. Planos de ordenación pormenorizada.

Los Planos de ordenación pormenorizada incluirán, a escala mínima 1:2.000, respecto de cada zona de suelo urbano y sector de suelo urbanizable con esta ordenación:

A. Indicación de los usos pormenorizados del ámbito ordenado.

B. Señalamiento de alineaciones y rasantes, y en su caso, de alturas.

C. Definición de la red secundaria.

D. Gráficos prospectivos que orienten sobre los resultados de su ordenación.

⇒ V. arts. 27 y 28 de la Ley 6/1994, de 15 noviembre, Reguladora de la Actividad Urbanística en la Comunidad Autónoma de Valencia (§53).

CAPÍTULO III
Los Planes Parciales

Sección 1ª Función

Artículo 60. Clases de Planes Parciales.

Los Planes Parciales pueden ser:

A. Planes Parciales de desarrollo del Plan General, regulados en este Capítulo.

B. Planes Parciales de mejora, regulados en el Capítulo VI de este Título.

⇒ V. art. 21 de la Ley 6/1994, de 15 noviembre, Reguladora de la Actividad Urbanística en la Comunidad Autónoma de Valencia (§53).

Artículo 61. Función de los Planes Parciales.

1. Los Planes Parciales completan los Planes Generales mediante la definición de la ordenación pormenorizada de su ámbito territorial.

2. No pueden aprobarse Planes Parciales sin Plan General vigente que desarrollen.

Artículo 62. Ámbito.

El ámbito de los Planes Parciales referidos en el artículo anterior, será el Sector, delimitado según los criterios establecidos en el artículo 17 de este Reglamento.

⇒ V. art. 20 de la Ley 6/1994, de 15 noviembre, Reguladora de la Actividad Urbanística en la Comunidad Autónoma de Valencia (§53).

Sección 2ª Determinaciones

Artículo 63. Determinaciones de los Planes Parciales.

1. Las determinaciones del Plan Parcial serán las propias de la ordenación pormenorizada.

2. Los Planes Parciales reservarán suelo dotacional de Red Secundaria

suficiente para atender las necesidades de la población, cumpliendo los estándares de calidad urbana establecidos por este Reglamento.

3. Diferenciarán el carácter público o privado del destino urbanístico de los terrenos ordenados y la calificación de cada uno de ellos.

4. Asimismo delimitarán una o varias Unidades de Ejecución para su desarrollo por Actuaciones Integradas. Para cada Unidad de Ejecución, respetando las condiciones de conexión e integración establecidas por el Plan General, el Plan Parcial fijará sus condiciones de urbanización, incorporando, antes de su aprobación definitiva municipal, la correspondiente Cédula de Urbanización.

⇒ V. arts. 21 y 22 de la Ley 6/1994, de 15 noviembre, Reguladora de la Actividad Urbanística en la Comunidad Autónoma de Valencia (§53).

Sección 3ª Documentación

Artículo 64. Documentación de los Planes Parciales.

Los Planes Parciales se formarán con los siguientes documentos:

A. Parte sin eficacia normativa:

a) Documento de información: Memoria y Planos.

b) Memoria justificativa.

B. Parte con eficacia normativa:

a) Normas Urbanísticas.

b) Catálogo de Bienes y Espacios Protegidos.

c) Planos de Ordenación.

⇒ V. arts. 27 y 28 de la Ley 6/1994, de 15 noviembre, Reguladora de la Actividad Urbanística en la Comunidad Autónoma de Valencia (§53).

Sección 4ª Parte sin eficacia normativa

Artículo 65. Memoria informativa.

1. La memoria informativa contendrá las condiciones geográficas e institucionales del territorio ordenado.

2. Las condiciones geográficas que debe referir la memoria informativa son:

A. Características naturales del territorio: geológicas, topográficas, climáticas, hidrológicas, ...

B. Usos presentes en el suelo, vegetación, edificaciones e infraestructuras existentes.

C. Aprovechamientos potenciales del territorio: agrícola, ganadero, cinegético, minero, forestal, ...

3. Las condiciones institucionales que debe referir la memoria informativa son:

A. Referencia a las condiciones que se deriven de la ordenación del Plan General en orden al sector o sectores objeto del Plan Parcial.

B. Obras programadas y política de inversiones públicas que influyan en el desarrollo del Plan Parcial o previstas en la planificación sectorial de las Administraciones Públicas.

C. Análisis de las afecciones impuestas por la legislación sectorial en el ámbito territorial.

⇒ V. arts. 27 y 28 de la Ley 6/1994, de 15 noviembre, Reguladora de la Actividad Urbanística en la Comunidad Autónoma de Valencia (§53).

Artículo 66. Planos de información.

Los planos de información se referirán a:

A. Situación de los terrenos en el contexto de la ordenación urbanística.

B. Estructura de la propiedad. Plano catastral (escala mínima 1:2.000).

C. Topografía del terreno (escala mínima 1:2.000).

D. Los usos, aprovechamientos, vegetación y edificaciones existentes (escala mínima 1:2.000).

E. Infraestructuras, redes generales de servicio y bienes demaniales (escala mínima 1:5.000).

F. Ordenación estructural del sector y de su entorno definida en el Plan General (escala mínima 1:5.000).

G. Afecciones tanto físicas como jurídicas que condicionen la ordenación establecida, tales como áreas de servidumbre del dominio público, infraestructuras de toda índole existentes en el territorio y construcciones más relevantes que existan en él u otros factores análogos (escala mínima 1:2.000).

⇒ V. arts. 27 y 28 de la Ley 6/1994, de 15 noviembre, Reguladora de la Actividad Urbanística en la Comunidad Autónoma de Valencia (§53).

Artículo 67. Memoria justificativa.

El Plan Parcial contendrá en el documento de ordenación pormenorizada una memoria que refiera:

A. Las alternativas ponderadas y escogidas acreditando que la solución propuesta constituye una unidad funcional bien integrada y conectada con las áreas colindantes.

B. Justificación de su adecuación a la ordenación estructural, con especial referencia a su parte normativa:

a) Directrices definitorias de la estrategia de evolución urbana y ocupación del territorio.

b) Fichas de planeamiento.

c) Fichas de gestión.

C. Descripción y justificación de la ordenación pormenorizada e *información urbanística* de dichas magnitudes en el sector.

D. Definición, cómputo y justificación de los estándares y elementos propios de la red secundaria.

E. Delimitación de las unidades de ejecución y justificación de que reúnen las condiciones legales y reglamentarias propias de dicha delimitación.

F. Delimitación de las áreas que puedan ser objeto de ordenación mediante Estudio de Detalle. Debe establecer los supuestos concretos en los que sea admisible la redacción de Estudios de Detalle con algún propósito específico. No se podrán realizar regulaciones genéricas o reproducción del tenor literal de normas legales o reglamentarias que hagan extensiva esta posibilidad sin un propósito definido y justificado.

G. Como anexo a la memoria se incluirá una síntesis estadística con cuadros de características que cuantifiquen superficies, densidades, usos, edificabilidades, volúmenes y demás aspectos relevantes.

⇒ V. arts. 27 y 28 de la Ley 6/1994, de 15 noviembre, Reguladora de la Actividad Urbanística en la Comunidad Autónoma de Valencia (§53).
V. Anexo al presente Reglamento.

Sección 5ª Parte con eficacia normativa

Artículo 68. Normas urbanísticas.

Las normas urbanísticas de los Planes Parciales regularán las determinaciones de la ordenación pormenorizada de su ámbito, y en concreto:

A. Usos específicos y tipología, por remisión al Reglamento de Zonas Urbanísticas, o en caso de particularidades específicas del municipio, los derivados de las mismas.

B. Ordenación de volúmenes, altura y número de plantas construibles sobre o bajo rasante y demás determinaciones definitorias de la edificación y su situación en la parcela.

C. Parcelación de los terrenos o régimen para parcelarlos en función de la zona de ordenación definida.

D. Elementos y reservas de suelo dotacional propio de la red secundaria.

E. Régimen urbanístico del suelo con relación a los Estudios de Detalle y Proyectos de Urbanización.

F. Otras determinaciones propias del régimen específico del ámbito.

Artículo 69. Catálogo de Bienes y Espacios Protegidos.

Los Planes Parciales podrán contener un Catálogo de Bienes y Espacios Protegidos conforme a lo establecido en el Capítulo VIII de este mismo Título.

Artículo 70. Planos de ordenación.

1. El Plan Parcial contendrá planos de ordenación redactados a escala mínima 1:2.000 que recogerán las determinaciones propias de la ordenación pormenorizada y las reflejarán integradas con la ordenación estructural que afecte al Sector, al menos serán los siguientes:

A. Calificación y asignación de destinos urbanísticos a cada terreno.

B. Plano de delimitación de la Red de reservas de suelo dotacional público. Respecto a la Red Viaria, definirá sus anchos y características geométricas, así como sus perfiles, señalando, al menos, las rasantes en los puntos de cruce y en los cambios de dirección.

C. Actuaciones Integradas previstas cuyo ámbito quedará definido delimitando Unidades de Ejecución.

D. Aquellos otros planos que se consideren necesarios para la mejor definición de la ordenación pormenorizada.

2. Todos los planos de proyecto que contengan representación en planta se realizarán sobre el plano topográfico. Todos los planos deberán reflejar la Ordenación Estructural vigente en los suelos del entorno del sector o sectores ordenados, acreditando la integración de la propuesta.

⇒ V. arts. 27 y 28 de la Ley 6/1994, de 15 noviembre, Reguladora de la Actividad Urbanística en la Comunidad Autónoma de Valencia (§53).

CAPÍTULO IV
Los Planes de Reforma Interior

Sección 1ª Función

Artículo 71. Clases de Planes de Reforma Interior.

Los Planes de Reforma Interior pueden ser:

A. Planes de Reforma Interior de desarrollo del Plan General, regulados en este Capítulo.

B. Planes de Reforma Interior de mejora, regulados en el Capítulo VI de este Título.

⇒ V. art. 23 de la Ley 6/1994, de 15 noviembre, Reguladora de la Actividad Urbanística en la Comunidad Autónoma de Valencia (§53).

Artículo 72. Función de los Planes de Reforma Interior.

1. Los Planes de Reforma Interior tienen por objeto complementar la ordenación pormenorizada, en áreas consolidadas, de sectores delimitados por el Plan General, cuando éste la haya diferido a su redacción.

Se consideran áreas consolidadas, a los efectos del párrafo anterior, las que comprendan suelos integrados en los núcleos urbanos y que requieran completar o renovar su urbanización o, incluso, ser objeto de una urbanización integral.

2. El fin de la Reforma Interior habrá de ser acometer operaciones de renovación urbana tendentes a moderar densidades, a reequipar barrios enteros o a modernizar su destino urbanístico, preservando el patrimonio arquitectónico de interés.

Artículo 73. Ámbito.

1. Las operaciones de reforma interior pueden tener carácter integrado, actuando sobre barrios completos, o carácter puntual, incidiendo sólo sobre lugares concretos de la ciudad o de su ordenación.

2. Cuando la reforma interior afecte a un barrio o núcleo urbano com-

pleto, el ámbito del Plan se delimitará atendiendo a los criterios del artículo 17 de este Reglamento.

3. Cuando la reforma interior se limite a un ámbito concreto de la ciudad o de su ordenación, el Plan General justificará su coherencia con el entorno de manera que se aprecie la ordenación final y conjunta en todo un ámbito de amplitud y homogeneidad equiparables a las exigidas por el artículo 17 de este Reglamento.

Sección 2ª Determinaciones

Artículo 74. Determinaciones de los Planes de Reforma Interior.

1. Las determinaciones de los Planes de Reforma Interior serán las propias de la ordenación pormenorizada, adecuándolas a las características de una ordenación que incide sobre áreas consolidadas.

2. El Plan de Reforma Interior diferenciará los terrenos que han de quedar sujetos al régimen de Actuaciones aisladas de los que someta al régimen de Actuaciones Integradas.

3. Cuando los terrenos incluidos en el ámbito del Plan de Reforma Interior tengan la clasificación de suelo urbanizable, el cumplimiento de los estándares dotacionales de la Red Secundaria atenderá a las previsiones prescritas en el Capítulo III del Título Primero de este Reglamento y en particular a las propias de «las zonas de borde» establecidas en el Anexo del mismo.

⇒ V. art. 23 de la Ley 6/1994, de 15 noviembre, Reguladora de la Actividad Urbanística en la Comunidad Autónoma de Valencia (§53).

Sección 3ª Documentación

Artículo 75. Documentación de los Planes de Reforma Interior.

La documentación de los Planes de Reforma Interior será la propia de un Plan Parcial, y además:

A. Estudio de su incidencia sobre la población afectada: Su memoria justificativa deberá acompañar un estudio completo de las consecuencias sociales y económicas de su ejecución, justificando la previsión de medidas precisas que garanticen la defensa de los intereses de la población afectada y de medios para garantizar, cuanto menos, que la ejecución total e inmediata de sus determinaciones está asegurada o su ejecución parcial en el tiempo es acorde con la estructura del medio urbano.

B. Fuera de ordenación: El Plan de Reforma Interior debe fijar con detalle el régimen aplicable a las construcciones existentes, indicando cuáles se consideran fuera de ordenación y la normativa transitoria de aplicación para las que no merezcan esa calificación expresa.

C. Catálogo complementario: la documentación puede incorporar un catálogo de bienes y espacios urbanos protegidos y una normativa para su conservación y rehabilitación.

D. Documentación gráfica refundida que refleje el resultado de la reforma dentro de la ordenación de su entorno, de manera que se aprecie la ordenación final y conjunta de todo un ámbito de amplitud y homogeneidad equiparables a las exigidas por el artículo 17 de este Reglamento.

⇒ V. arts. 27 y 28 de la Ley 6/1994, de 15 noviembre, Reguladora de la Actividad Urbanística en la Comunidad Autónoma de Valencia (§53).

CAPÍTULO V
Los cambios en el Planeamiento

Artículo 76. Norma general.

Para aprobar Planes que modifiquen el planeamiento anteriormente aprobado por la Administración de la Generalitat, se exigirá que las nuevas soluciones propuestas para la red estructural o primaria de reservas de suelo dotacional mejoren su capacidad o funcionalidad y cumplan las necesidades y los objetivos considerados en el Plan General.

Artículo 77. Reclasificación de suelo no urbanizable.

1. Las modificaciones de Plan que clasifiquen como suelo urbano o urbanizable el que previamente fuera no urbanizable deben garantizar rigurosamente, con medidas análogas a las previstas en el artículo 30.2 de la Ley reguladora de la Actividad Urbanística, la especial participación pública en las plusvalías que generen.

2. La reclasificación de suelo no urbanizable exige Estudio y Declaración de su Impacto Ambiental, efectuada por órgano competente conforme a la legislación aplicable.

3. La reclasificación excepcional de suelo no urbanizable común como suelo urbano, incluso mediante Plan de Reforma Interior de mejora, sólo será admisible para complementar mediante Actuaciones Aisladas o Integradas la urbanización parcialmente existente en manzanas o pequeñas unidades urbanas equivalentes donde, al menos, alguna de sus parcelas características ya sea solar.

En todo caso se observarán los estándares de calidad urbana para zonas de borde regulados en el Anexo de este Reglamento.

⇒ V. Ley 2/1989, de 3 marzo, de estudios de impacto ambiental. Desarrollada por D. 162/1990, de 15 octubre.
V. Ley 6/2001, de 8 mayo, de modificación del Real Decreto Legislativo 1302/1986, de 28 junio, de evaluación de impacto ambiental.

Artículo 78. Cumplimiento de estándares.

Todas las variaciones de la ordenación urbanística respetarán los estándares de calidad urbana aplicables en cada caso según las previsiones del Anexo de este Reglamento.

La nueva ordenación debe justificar expresa y concretamente cuáles son sus mejoras para el bienestar de la población y fundarse en el mejor cumplimiento de los principios rectores de la actividad urbanística y de los estándares legales de calidad de la ordenación definidos en el Capítulo III del Título I.

Artículo 79. Documentación.

1. Las modificaciones parciales de cualquier Plan que afecten a la clasificación del suelo o al destino público de éste, deben comprender la documentación prevista en el artículo 85 de este Reglamento. Si afectan a la ordenación del volumen edificable deberán incorporar, para toda la manzana afectada y su entorno visual, las perspectivas y los planos de ordenación propios de un Estudio de Detalle.

2. Cualquier instrumento de planeamiento que modifique parcialmente las determinaciones de otro anterior deberá acompañar un documento de refundición que refleje tanto las nuevas determinaciones como las que queden en vigor, a fin de reemplazar la antigua documentación.

En los casos que, por no existir sector delimitado, se tome en consideración, a los efectos del cómputo de estándares conforme al Anexo de este Reglamento, un área virtual delimitada según el artículo 17 del mismo, la modificación deberá incorporar su representación gráfica en el documento de refundición.

⇒ V. arts. 27 y 28 de la Ley 6/1994, de 15 noviembre, Reguladora de la Actividad Urbanística en la Comunidad Autónoma de Valencia (§53).

CAPÍTULO VI

Los Planes Parciales y de Reforma Interior de mejora

Sección 1ª Función

Artículo 80. Planes Parciales y de Reforma Interior de mejora.

Pueden formularse Planes Parciales con el objeto de mejorar la ordenación establecida en los Planes Generales para el suelo urbanizable, buscando soluciones que doten de mayor calidad ambiental a los futuros espacios urbanos de uso colectivo o incrementen la capacidad de servicio de las dotaciones públicas.

Pueden formularse Planes de Reforma Interior que, además de los fines que les son propios, expresados en el artículo 72 de este Reglamento, tengan por objeto mejorar la Ordenación contenida en el Plan General para el suelo urbano y áreas de reforma interior.

Artículo 81. Ámbito.

1. El ámbito de los Planes de mejora será el definido desde el Plan General. Si no hubiera sector previamente delimitado o si su delimitación se modifica a consecuencia de la mejora, la documentación del Plan incorporará un plano en que delimite el sector ordenado y los colindantes modificados ajustándose a los criterios del artículo 17 de este Reglamento.

2. La delimitación del ámbito de los Planes de Reforma Interior de mejora seguirá los criterios establecidos en el artículo 73 de este Reglamento.

Sección 2ª Determinaciones

Artículo 82. Alcance de los Planes de mejora.

1. Los Planes de mejora pueden cambiar determinaciones del planeamiento anterior, incluso las establecidas en el Plan General, para mejorarlas.

2. Los Planes Parciales o de Reforma Interior de aprobación autonómica pueden alterar la Ordenación Estructural dentro de estos límites:

A. Clasificación del Suelo: puede ser modificada dentro de las limitaciones del artículo siguiente.

B. División del territorio en zonas de ordenación urbanística: La mejora puede ordenar la sustitución de la Reglamentación de Zona aplicable a los terrenos por otra de las previstas en el Plan General o en el Reglamento de Zonas de Ordenación, pero no puede establecer ordenanzas excepcionales de nueva elaboración para ordenar parcelas determinadas.

C. Ordenación de centros cívicos y de las actividades susceptibles de generar tráfico intenso: Podrá ser modificada por la mejora, dentro de las directrices y objetivos del planeamiento general.

D. Delimitación de la Red Primaria de reservas de suelo con destino dotacional público: La Red Primaria y sus elementos anexos pueden ser objeto de mejora en su definición y capacidad de servicio, aumentando la proporción y calidad de las dotaciones públicas necesarias y propiciando la observancia de los estándares legales de calidad urbana exigibles.

El cómputo de los estándares de calidad urbana debe referirse al conjunto del sector o ámbito delimitado.

3. Los Planes de mejora pueden modificar la Ordenación Pormenorizada establecida por el Plan General.

Artículo 83. Cambios en la clasificación del suelo contenidos en los Planes Parciales y de Reforma Interior de mejora.

1. Los Planes de mejora no desvirtuarán los fines perseguidos por el planeamiento general en orden a la especial protección de suelos no urbanizables, debiendo respetar las medidas establecidas para ello en la Ordenación Estructural.

2. Los Planes Parciales de mejora, de modo excepcional, pueden clasificar como suelo urbanizable suelos «no urbanizables» no sujetos a especial protección, cuando con ello satisfagan una de las siguientes finalidades:

A. Ampliar el suelo urbanizable que el Plan General hubiera delimitado alineado con un elemento determinado de la Red Primaria, como consecuencia de la variación justificada en su trazado o emplazamiento, en coherencia con el criterio de la originaria clasificación.

B. Cambiar el emplazamiento o modificar el límite de un sector para adaptarlo a circunstancias sobrevenidas o ajustar su localización a la realidad topográfica o geográfica, pero respetando tanto los criterios de ordenación territorial que motivaron su originaria clasificación como el artículo 17 de este Reglamento.

C. Clasificar terrenos como suelo urbanizable para realizar una Actuación Integrada compatible, aunque imprevista, en la estructura urbanística del Plan General, siempre que se cumplan todos estos límites y requisitos:

1º Se excluye esta posibilidad si la modificación desvirtúa las opciones de la ordenación original del planeamiento vigente o si el emplazamiento escogido no se considera adecuado para el uso o aprovechamiento que se pretenda implantar.

2º Es inadmisible cuando ello se oponga a las Directrices definitorias de la estrategia de evolución urbana y ocupación del territorio.

3º Se debe asegurar el suplemento de dotaciones de Red Primaria que exija la ampliación del suelo urbanizable y su debida integración en la estructura urbanística del Plan.

4º La mejora debe dotar de ordenación pormenorizada a todos los terrenos reclasificados «urbanizables».

5º Sólo será admisible cuando se programen, junto a la mejora, todos los terrenos reclasificados por ella y se asegure así la total ejecución de los servicios correspondientes.

3. Las mismas reglas son aplicables a las mejoras que amplíen el núcleo urbano con una nueva Unidad de Ejecución, provista de Ordenación Pormenorizada, susceptibles de tramitarse como Plan de Reforma Interior de mejora.

En este caso se observarán los estándares de calidad urbana para zonas de borde regulados en el Anexo de este Reglamento. Su cómputo debe referirse al conjunto del sector o ámbito delimitado.

Artículo 84. Incidencia de los Planes de mejora en la delimitación sectorial y de áreas de reparto y en la determinación de aprovechamiento tipo.

1. La mejora puede variar la delimitación del Sector o Sectores afectados por la nueva ordenación pormenorizada e incluso crear uno nuevo o suprimir alguno de los previstos en el Plan General, cumpliendo siempre el artículo 17 de este Reglamento.

El Plan de mejora sólo podrá introducir cambios en la delimitación sectorial que estén vinculados a las innovaciones derivadas de la ordenación pormenorizada de los sectores afectados o de las modificaciones de la ordenación estructural previstas en el artículo 77 de este Reglamento

2. La mejora respetará los criterios generales en la determinación de aprovechamientos tipo y establecimiento de áreas de reparto, aunque su cálculo y definición podrán verse afectados en los mismos supuestos que los referidos en el apartado anterior.

Sección 3ª Documentación

Artículo 85. Documentación adicional para los Planes Parciales y de Reforma Interior de mejora.

Cuando los Planes Parciales o de Reforma Interior impliquen modificación de la ordenación prevista en los correspondientes Planes Generales deberán contener, además de la propia de los planes de desarrollo del planeamiento general, la siguiente documentación adicional:

A) En la memoria justificativa:

a) Justificación detallada de la reforma pretendida, en relación no sólo con el terreno directamente afectado, sino con el conjunto del Sector y su entorno inmediato, con especial referencia a la red primaria o estructural de dotaciones. Deberá justificarse expresamente la mejora de la ordenación respecto del conjunto del sector.

b) Justificación de que la mejora pretendida respeta y mejora las Directrices definitorias de la estrategia de evolución urbana y ocupación del territorio.

c) Estudio de impacto ambiental si el Plan o su modificación reclasifica suelo no urbanizable.

B) En los Planos de ordenación:

a) Planos de ordenación pormenorizada conjunta del Sector y de sus inmediaciones, que demuestren gráficamente la mejora de la ordenación contemplada en su contexto espacial más amplio.

b) Plano de ordenación de la red primaria o estructural de dotaciones, a igual escala que el del Plan General y referido a la total superficie del núcleo de población, barrio o unidad geográfica urbana afectada, existente o en proyecto, si la propuesta implica variaciones en dicha red.

c) Plano de ordenación en que se delimite el nuevo sector y los colindantes modificados ajustándose a los criterios del artículo 17 de este Reglamento, si no hubiera sector previamente delimitado o si su delimitación se modifica como consecuencia de la mejora.

d) Plano de refundición en el que se contemple la ordenación del ámbito delimitado en que ésta se modifica y la de los adyacentes en que se mantiene, para que se valore cómo incide la mejora en su entorno espacial. El plano también reflejará la ordenación estructural vigente a fin de que se aprecie el grado de continuidad de las vías principales y la coherencia con el entorno.

C) Asimismo, en función del contenido y características de la mejora, el Plan se complementará con la documentación precisa para referir la nueva ordenación y su adecuación al entorno.

⇒ V. art. 28 de la Ley 6/1994, de 15 noviembre, Reguladora de la Actividad Urbanística en la Comunidad Autónoma de Valencia (§53).

V. Ley 2/1989, de 3 marzo, de estudios de impacto ambiental. Desarrollada por D. 162/1990, de 15 octubre.

V. Ley 6/2001, de 8 mayo, de modificación del Real Decreto Legislativo 1302/1986, de 28 junio, de evaluación de impacto ambiental.

CAPÍTULO VII
Los Planes Especiales

Sección 1ª Función

Artículo 86. Los Planes Especiales.

1. Podrán formularse Planes Especiales como complemento, desarrollo, mejora o incluso modificación del planeamiento general y parcial.

2. Los Planes Especiales podrán ser de:

A. Conservación y preservación: cuando tengan por objeto definir y proteger el paisaje y el medio natural o adoptar medidas para la mejor conservación de los inmuebles de interés cultural o arquitectónico.

B. Protección, integración y funcionalidad de las dotaciones e infraestructuras: cuando tengan por objeto definir y proteger las infraestructuras o vías de comunicación o concretar su funcionamiento.

C. Reserva de suelo: cuando tengan por objeto crear o ampliar reservas de suelo para dotaciones, actuaciones de interés público o patrimonios públicos de suelo.

D. Ordenación de usos: cuando tengan por objeto la ordenación de las actuaciones a desarrollar en los ámbitos incluidos en los Planes Especiales de reserva de suelo.

E. Vinculación a regímenes de protección pública: cuando tengan por objeto vincular áreas o parcelas, urbanas o urbanizables, a la construcción o rehabilitación de viviendas sujetas a algún régimen de protección pública cuando el Plan General se hubiera limitado a prever su destino residencial.

3. Asimismo podrán tener por objeto complementar las medidas adoptadas mediante Catálogos de Bienes y Espacios Protegidos.

⇒ V. art. 24 de la Ley 6/1994, de 15 noviembre, Reguladora de la Actividad Urbanística en la Comunidad Autónoma de Valencia (§53).

Sección 2ª Determinaciones

Artículo 87. Determinaciones de los Planes Especiales de conservación y preservación.

Los Planes Especiales de conservación y preservación podrán:

a. Identificar los elementos de interés.

b. Adoptar medidas para su conservación, estética y funcionalidad.

c. Regular la composición y detalle de construcciones o jardines.

d. Establecer medidas o normas de uso que fomenten su mejor conservación, así como la utilización ordenada de los recursos naturales que garanticen su desarrollo sostenido y mantengan los procesos ecológicos esenciales.

e. Ordenar y preservar la estructura histórica de la parcelación.

f. Disponer lo necesario respecto al tratamiento y plantación de especies vegetales.

Artículo 88. Determinaciones de los Planes Especiales de protección, integración y funcionalidad de las dotaciones e infraestructuras.

1. Los Planes Especiales de protección, integración y funcionalidad de las dotaciones podrán:

a. Controlar el impacto territorial que produzcan.

b. Defender su funcionalidad.

c. Regular los retranqueos y accesos de predios colindantes.

d. Regular las conexiones o enlaces entre vías públicas.

e. Promover la implantación selectiva, adyacente a elementos de la Red Primaria, de instalaciones y desarrollos urbanísticos complementarios y adecuados que contribuyan a mejorar la prestación del servicio público.

f. Disuadir y limitar aquellas instalaciones o desarrollos urbanísticos que puedan resultar perturbadoras para el uso público de la dotación.

g. La modernización de medios e infraestructuras de saneamiento o abastecimiento.

h. La protección y regularización de caminos, sendas, veredas, azagadores u otros elementos precisos para la accesibilidad de los conjuntos naturales o urbanos.

2. En especial se incluyen entre estas determinaciones el régimen de implantación de áreas de servicio de las carreteras, que permita autorizar éstas sin necesidad de Declaración de Interés Comunitario, la previsión de estacionamiento y lugares de aprovisionamiento y descanso y la mejora de la estética de las vías y zonas inmediatas.

Artículo 89. Determinaciones de los Planes Especiales de reserva de suelo y de los de ordenación de usos.

Los Planes Especiales de reserva de suelo y los de ordenación de usos contendrán las determinaciones necesarias para el desarrollo de sus fines.

Artículo 90. Determinaciones de los Planes Especiales de vinculación a regímenes de protección pública.

Los Planes Especiales de vinculación a regímenes de protección pública podrán:

a. Identificar las áreas y parcelas vinculadas a dicho régimen.

b. Precisar el régimen de protección a que queda sujeta.

c. Definir las medidas para su conservación, estética y funcionalidad en caso de rehabilitaciones.

d. Regular la composición y detalles constructivos y jardines, también en caso de rehabilitación.

Sección 3ª Documentación

Artículo 91. Documentos de los Planes Especiales.

1. El contenido de la documentación de los Planes Especiales tendrá el

grado de precisión adecuado a sus fines debiendo redactarse con igual o mayor detalle que el planeamiento que complementen o modifiquen.

2. Las determinaciones a que se refiere el número anterior se concretarán, con carácter general, en:

Parte sin eficacia normativa.

a) Documento de información: Este documento deberá recoger los aspectos del instrumento de planeamiento que puedan resultar afectados por el Plan Especial, tanto a nivel gráfico como escrito.

b) Memoria, descriptiva y justificativa, y estudios complementarios.

Parte con eficacia normativa.

a) Normas urbanísticas, que podrán contener:

– Normas de protección.

– Normas mínimas a las que hayan de ajustarse los proyectos técnicos cuando se trate de desarrollar obras de infraestructura.

– Reglamentación de la edificación: cuando en su desarrollo haya de construirse edificios destinados a equipamiento público o construcciones vinculadas a la infraestructura pública o al medio rural.

b) Catálogo, cuando sea preciso.

c) Planos de ordenación a escala adecuada

⇒ V. arts. 27 y 28 de la Ley 6/1994, de 15 noviembre, Reguladora de la Actividad Urbanística en la Comunidad Autónoma de Valencia (§53).

CAPÍTULO VIII
Los Catálogos

Sección 1ª Función

Artículo 92. Catálogos: función y categorías.

1. Los Catálogos de Bienes y Espacios Protegidos, formalizarán las políticas públicas de conservación, rehabilitación o protección de los bienes inmuebles o de los espacios de interés. A tal fin seleccionarán los que se consideren de interés artístico, histórico, paleontológico, arqueológico, etnológico, arquitectónico o botánico y los que integren un ambiente característico o tradicional, así como los que se pretendan conservar por su representatividad del acervo cultural común o por razones paisajísticas.

2. Todo Plan General debe contener su correspondiente Catálogo. Los Catálogos también se podrán aprobar como Planes independientes o como documentos de los Especiales, Parciales o de Reforma Interior.

3. Los elementos que se incluyan en el Catálogo se clasificarán en tres niveles de protección: integral, parcial y ambiental.

4. Los Catálogos además de los bienes referidos en el número 1 de este artículo incluirán los bienes inmuebles que integran el patrimonio cultural

valenciano según su legislación específica, señalando la clase de bien al que pertenecen conforme a la misma.

⇒ V. art. 25 de la Ley 6/1994, de 15 noviembre, Reguladora de la Actividad Urbanística en la Comunidad Autónoma de Valencia (§53).

Sección 2ª Determinaciones

Artículo 93. Nivel de protección integral.

1. El nivel de protección integral incluirá las construcciones o recintos que deban ser conservadas íntegras por su carácter singular o monumental y por razones históricas o artísticas, preservando sus características arquitectónicas originarias.

2. Sólo se admitirán obras de restauración y conservación que persigan el mantenimiento o refuerzo de los elementos estructurales así como la mejora de las instalaciones del inmueble. No obstante, puede autorizarse:

A. La demolición de aquellos cuerpos de obra que, por ser añadidos, desvirtúen la unidad arquitectónica original.

B. La reposición o reconstrucción de aquellos cuerpos y huecos primitivos cuando redunden en beneficio del valor cultural del conjunto.

C. Las obras excepcionales de redistribución del espacio interior sin alterar las características estructurales o exteriores del edificio, siempre que ello no desmerezca los valores protegidos ni afecte a elementos constructivos a conservar.

3. Si el catálogo prohibiera la demolición de elementos concretos su enumeración se entenderá vinculante aunque no exhaustiva.

Artículo 94. Nivel de protección parcial.

1. El nivel de protección parcial incluirá las construcciones o recintos que por su valor histórico o artístico deben ser conservados, al menos en parte, preservando los elementos definitorios de su estructura arquitectónica o espacial y los que presenten valor intrínseco.

2. Pueden autorizarse:

A) Las obras congruentes con los valores catalogados siempre que se mantengan los elementos definitorios de la estructura arquitectónica o espacial tales como los espacios libres, alturas y forjados, jerarquización de volúmenes interiores, escaleras principales, el zaguán si lo hubiera, la fachada y demás elementos propios.

B) La demolición de algunos de los elementos señalados en el apartado anterior cuando no gocen de protección específica por el catálogo y, además, sean de escaso valor definitorio del conjunto o cuando su preservación comporte graves problemas de cualquier índole para la mejor conservación del inmueble.

Artículo 95. Nivel de protección ambiental.

1. El nivel de protección ambiental integra las construcciones y recintos

que, aun sin presentar en sí mismas un especial valor, contribuyen a definir un ambiente valioso por su belleza, tipismo o carácter tradicional. También se catalogan en este grado los edificios integrados en unidades urbanas sujetas a procesos de renovación tipológica.

2. No obstante se puede autorizar:

A. La demolición de sus partes no visibles desde la vía pública, preservando y restaurando sus elementos propios y acometiendo la reposición del volumen preexistente respetando el entorno y los caracteres originarios de la edificación.

B. La demolición o reforma de la fachada y elementos visibles desde la vía pública con licencia de intervención para proyecto de fiel reconstrucción, remodelación o construcción alternativa de superior interés arquitectónico que contribuya a preservar los rasgos definitorios del ambiente protegido.

C. En áreas de renovación tipológica, la demolición total, selectiva, a medida que se asegure la renovación conjunta de entornos visuales completos.

Artículo 96. Normas para cualquier elemento catalogado.

1. Para todos los elementos catalogados se restringirá la posibilidad de instalar rótulos de carácter comercial o similar y limitarán las obras de reforma parcial de plantas bajas, en los términos que disponga el Plan o Catálogo, a fin de preservar la imagen del inmueble y mantener su coherencia.

2. Salvo disposición en contrario del planeamiento se entenderá afecta a la protección toda la parcela en que se ubique el elemento catalogado.

3. Además de las disposiciones contenidas en este Reglamento deberá tenerse en cuenta la legislación sectorial en materia de patrimonio cultural.

Artículo 97. Ordenación estructural y pormenorizada de los Catálogos.

1. Formarán parte de la ordenación estructural de los Catálogos:

A. La delimitación, como zona diferenciada, de uno o varios núcleos históricos tradicionales donde la ordenación urbanística no permita la sustitución indiscriminada de edificios y exija que su conservación, implantación, reforma o renovación armonicen con la tipología histórica.

B. La catalogación de los bienes declarados de interés cultural por el órgano competente de la Generalitat.

C. Aquellos otros que por sus características el Plan considere merecedores de su integración en la ordenación estructural.

2. El resto del catálogo formará parte de la ordenación pormenorizada.

Sección 3ª Documentación

Artículo 98. Documentación de los Catálogos.

El Catálogo constará y distinguirá los siguientes documentos:

A) Parte sin eficacia normativa:

a) Memoria descriptiva y justificativa de los criterios de catalogación seguidos y del proceso de obtención de información para elaborarlo.

b) Estudios Complementarios.

c) Planos de información.

B) Parte con eficacia normativa:

a) Ficha de cada elemento catalogado con indicación de su nivel de protección, datos identificativos del inmueble, descripción de sus características constructivas, estado de conservación y prescripciones para mejorarlo, uso actual y propuesto especificando su destino público o privado.

b) Plano o planos de situación del inmueble catalogado y fotografías de él.

c) Normativa de aplicación, diferenciada para cada grado de protección, con expresión, escrita y gráfica, del resultado pretendido.

⇒ V. arts. 27 y 28 de la Ley 6/1994, de 15 noviembre, Reguladora de la Actividad Urbanística en la Comunidad Autónoma de Valencia (§53).

Sección 4ª Registro de bienes catalogados

Artículo 99. Registro de bienes catalogados.

1. La Generalitat ha de mantener un Registro actualizado de todos los inmuebles catalogados con carácter estructural.

2. Este Registro tendrá tres Secciones radicadas en los Servicios Territoriales de Urbanismo de Alicante, Castellón y Valencia.

3. El Registro dispondrá de bases de datos que permitan identificar los bienes y espacios protegidos por Municipio e informará de qué elementos catalogados tienen la consideración de Bienes de Interés Cultural.

4. El Registro será público.

CAPÍTULO IX
Estudios de Detalle

Sección 1ª Función

Artículo 100. Función de los Estudios de Detalle.

1. Los Estudios de Detalle se formularán para las áreas o en los supuestos previstos por los Planes Generales, debiendo comprender, como mínimo, manzanas o unidades urbanas equivalentes completas.

2. No se permite aprobar Estudios de Detalle fuera de los ámbitos o supuestos concretos en que el Plan General, Plan Parcial o de Reforma Interior los haya previsto y regulado de modo expreso y pormenorizado.

3. Los Estudios de Detalle tendrán por objeto prever o reajustar, según proceda:

A) El señalamiento de alineaciones y rasantes, completando y adaptando las que ya estuvieren señaladas en el Plan General o en el Parcial.

B) La ordenación de los volúmenes de acuerdo con las especificaciones del Plan correspondiente.

Los Estudios de Detalle no pueden alterar el destino del suelo, aumentar su aprovechamiento urbanístico, ni incumplir las normas específicas que para su redacción ha de prever el Plan que reclame elaborarlos.

Podrán crear los nuevos viales o suelos dotacionales que precise la remodelación tipológica o morfológica del volumen ordenado, pero no suprimir ni reducir los previstos por dicho Plan.

4. En ningún caso podrá ocasionar perjuicio, ni alterar las condiciones de ordenación de los predios colindantes.

5. Los Estudios de Detalle no pueden trasvasar edificabilidades entre manzanas.

⇒ V. art. 26 de la Ley 6/1994, de 15 noviembre, Reguladora de la Actividad Urbanística en la Comunidad Autónoma de Valencia (§53).

V. Anexo al presente Reglamento.

Sección 2ª Documentación

Artículo 101. Documentación de los Estudios de Detalle.

Los Estudios de Detalle contendrán los siguientes documentos:

A) Planos de información:

a) Plano de la ordenación pormenorizada del ámbito afectado según el planeamiento vigente.

b) Plano de la perspectiva de la manzana y su entorno visual.

B) Memoria justificativa:

a) Justificación de las soluciones adoptadas y de la adecuación a las previsiones del Plan que los reclame.

b) Si modifica la disposición de volúmenes se efectuará un estudio comparativo de la edificabilidad propia de las determinaciones previstas en el Plan y de las que se obtienen en el Estudio de Detalle.

C) Planos de ordenación:

a) Planos a escala adecuada y, como mínimo, 1:500 que expresen las determinaciones que se completan, adaptan o reajustan, con referencias precisas a la nueva ordenación y su relación con la anterior.

b) Análisis gráfico de los volúmenes ordenados comprensivo de su ámbito mínimo y su entorno.

⇒ V. arts. 27 y 28 de la Ley 6/1994, de 15 noviembre, Reguladora de la Actividad Urbanística en la Comunidad Autónoma de Valencia (§53).

V. Anexo al presente Reglamento.

TÍTULO III
PREVISIONES DE LA ORDENACIÓN URBANÍSTICA PREPARATORIAS DE SU GESTIÓN O EJECUCIÓN

CAPÍTULO I
Actuaciones Integradas y Actuaciones Aisladas

Artículo 102. Régimen de ejecución del planeamiento.

La actividad urbanística de ejecución del planeamiento se realiza en uno de estos dos regímenes: actuaciones aisladas y actuaciones integradas.

Artículo 103. Actuaciones integradas.

Se considera actuación integrada la obra pública de urbanización conjunta de dos o más parcelas, realizada de una sola vez o por fases, conforme a una única programación.

El Plan preverá la ejecución de Actuaciones integradas en aquellos terrenos que pretenda urbanizar y cuya conexión a las redes de servicio existentes:

A. Exija producir dos o más solares simultáneamente transformando suelo que tenga pendiente la implantación de servicios; o

B. Requiera ocupar un terreno de dimensiones iguales o superiores a 40.000 metros cuadrados con el fin de transformarlo produciendo uno o varios solares; o

C. Se estime más oportuno ejecutar mediante Actuaciones integradas para asegurar una mayor calidad y homogeneidad en las obras de urbanización.

⇒ V. art. 29 de la Ley 6/1994, de 15 noviembre, Reguladora de la Actividad Urbanística en la Comunidad Autónoma de Valencia (§53).

Artículo 104. Actuaciones Aisladas.

Actuación Aislada es la que tiene por objeto una sola parcela y supone su edificación, así como, en su caso, la previa o simultánea urbanización precisa para convertirla en solar conectándola con las redes de infraestructuras y servicios existentes e inmediatas.

El Plan, siempre que respete las limitaciones impuestas por el artículo anterior, podrá prever la ejecución de Actuaciones Aisladas para completar la urbanización de los terrenos que estime oportuno y preferible someter a este régimen, cuando ello sea posible sin menoscabo de la calidad y homogeneidad de las obras de infraestructura correspondientes. En particular, el Plan podrá prever que se complemente mediante Actuaciones Aisladas la urbanización parcialmente existente en manzanas o pequeñas unidades urbanas equivalentes donde, al menos, alguna de sus parcelas características ya sea solar.

El Plan también preverá su ejecución mediante Actuaciones Aisladas en los solares que no precisen de ninguna obra de urbanización por existir ésta de forma completa, salvo que su dotación de servicios urbanísticos sea contradictoria con el nuevo destino previsto por el planeamiento o insuficiente o inadecuada para servir a los nuevos aprovechamientos resultantes de su ordenación.

CAPÍTULO II
Establecimiento de Áreas de Reparto y Determinación de Aprovechamientos Tipo

Sección 1ª Establecimiento de las Areas de Reparto

Artículo 105. Finalidad.

El planeamiento, para su más justa y eficaz ejecución, delimita o prevé Areas de Reparto. El Area de Reparto es el conjunto de terrenos respecto de los que el Plan determina un mismo aprovechamiento tipo. Todos los terrenos urbanos o urbanizables estarán incluidos en Areas de Reparto.

⇒ V. arts. 61 y ss. de la Ley 6/1994, de 15 noviembre, Reguladora de la Actividad Urbanística en la Comunidad Autónoma de Valencia (§3).

Artículo 106. Objetividad en su delimitación.

La delimitación de Areas de Reparto se adecuará a criterios objetivos, que permitan configurar unidades urbanas determinadas por límites administrativos, funcionales, geográficos, urbanísticos o, incluso, derivados de la propia clasificación, calificación o sectorización establecidas por el Plan.

Cualquiera que sea el criterio escogido para establecer las Areas de Reparto, deberá hacer coincidir su perímetro con el de algún referente objetivo de los anteriormente mencionados, sin que sea lícita la exclusión o inclusión arbitraria de terrenos en ella.

Artículo 107. Modos de establecer el Area de Reparto.

El establecimiento de Areas de Reparto para determinar el aprovechamiento tipo podrá ser explícito, por delimitación expresa en el Plan, o, en otro caso, venir determinado por directa aplicación de los artículos 109 y 110 de este Reglamento.

Artículo 108. Instrumentos de planeamiento para delimitar Areas de Reparto.

La delimitación de Areas de Reparto es propia de la Ordenación Estructural, y se contendrá:

A) En los Planes Generales.

B) En los Planes Parciales de mejora que reclasifiquen suelo.

Artículo 109. Delimitación de Areas de Reparto en suelo urbanizable.

1. Las Areas de Reparto en suelo urbanizable deben comprender:

A. Uno o varios sectores completos; y

B. Suelos dotacionales de destino público –propios de la Red Primaria de reservas de suelo dotacional público–, que no estén incluidos en ningún sector, cuya superficie se adscribirá a las distintas Areas de Reparto en la proporción adecuada –y debidamente calculada– para que todo el suelo urbanizable tenga un aprovechamiento tipo similar o un valor urbanístico semejante.

2. Como excepción a la regla anterior, el suelo urbanizable cuya ordenación pormenorizada se contenga directamente en el Plan General puede integrarse en Areas de Reparto delimitadas con otros criterios o, incluso, formar una misma Area de Reparto con terrenos que tengan la clasificación de suelo urbano, siempre que se justifique la delimitación en los criterios establecidos en el artículo 106 de este Reglamento.

En particular, las Unidades de Ejecución delimitadas por los Planes Generales o por los Planes de Reforma Interior, conformarán, cada una de ellas, su respectiva Area de Reparto, salvo que dichos Planes establezcan expresamente otra cosa.

La aprobación o modificación de un Programa que altere los límites de una Unidad de Ejecución delimitada en los restantes Planes que venga a desarrollar, no supondrá variación del aprovechamiento tipo previsto en éstos para los terrenos afectados, ni del aprovechamiento patrimonializable.

⇒ V. art. 62 de la Ley 6/1994, de 15 noviembre, Reguladora de la Actividad Urbanística en la Comunidad Autónoma de Valencia (§53).

Artículo 110. Delimitación de Areas de Reparto en suelo urbano.

1. Todo el suelo urbano quedará incluido en una o varias Areas de Reparto, que el Plan puede delimitar aplicando criterios objetivos establecidos en el artículo 106 de este Reglamento, y que, como mínimo, abarcarán los terrenos y suelos dotacionales expresados en el apartado A) del número 2 siguiente.

2. En defecto de previsión explícita del Plan o si éste así lo dispone, la delimitación de Areas de Reparto se presume implícitamente efectuada, por aplicación directa de las siguientes reglas:

A) Se entenderá que integra un Area de Reparto cada solar o, en su caso, cada parcela de destino privado, junto con el suelo dotacional colindante que le confiere la condición de solar o que sea preciso para dotarle de ella mediante su urbanización. Todo ello de acuerdo con las reglas específicas de urbanización contenidas en el Plan General y, si éste no las precisara, según las reglas del artículo 6 de la Ley Reguladora de la Actividad Urbanística.

Cuando la urbanización a que se refiere el párrafo anterior fuera común a varios solares o parcelas, la superficie de suelo dotacional colindante requerida para entender delimitada el Area de Reparto, será la que, siendo más próxima a dichos solares o parcelas, les corresponda, a cada uno de ellos o ellas, en proporción a su respectivo aprovechamiento objetivo.

B) Los terrenos con destino dotacional público no comprendidos en el apartado anterior podrán ser objeto de transferencia de aprovechamiento urbanístico o de reparcelación en los términos establecidos por la Ley, a cuyo efecto se considerarán como una única Area de Reparto cuyo aprovechamiento tipo se calculará por el Plan conforme al artículo siguiente, según el promedio de la ordenación global de los suelos con aprovechamiento urbanístico. En defecto de previsión expresa del Plan, el Aprovechamiento Tipo será de 1 m/m.

⇒ V. art. 63 de la Ley 6/1994, de 15 noviembre, Reguladora de la Actividad Urbanística en la Comunidad Autónoma de Valencia (§53).
V. Anexo al presente Reglamento.

Sección 2ª Determinación del aprovechamiento tipo

Artículo 111. Determinación y cálculo del aprovechamiento tipo.

1. El planeamiento general fijará, mediante coeficientes unitarios de edificabilidad, el aprovechamiento tipo correspondiente a cada Area de Reparto que explícitamente delimite. Para calcularlo se dividirá el aprovechamiento objetivo total del Area de Reparto entre la superficie de ésta, excluida la del terreno dotacional público existente ya afectado a su destino.

2. El aprovechamiento objetivo total referido en el número anterior podrá calcularse estimativamente, aplicando al suelo con aprovechamiento lucrativo un índice o varios de edificabilidad unitaria que sean los medios de las parcelas de la zona o los correspondientes a las más representativas, teniendo consideración preferente el aprovechamiento objetivo de las construcciones de mayor antigüedad e interés histórico y las posibilidades de edificación sobre los terrenos pendientes de consolidación. En ningún caso se considerarán, para calcular el aprovechamiento objetivo total, parcelas de edificabilidad excepcionalmente intensa, ni la máxima permitida sobre ellas si el Plan tolera que se edifiquen parcialmente.

3. La determinación del aprovechamiento tipo también podrá realizarse, según la misma forma de cálculo:

A) En los Planes Parciales o de Reforma Interior de mejora que reclasifiquen suelo, o cuya redefinición del aprovechamiento tipo obedezca a cambios en el aprovechamiento objetivo de los terrenos.

B) En los Planes Parciales y de Reforma Interior que desarrollen el Plan General si éste no hubiera determinado con exactitud los aprovechamientos objetivos ni el aprovechamiento tipo.

C) En los Planes de Reforma Interior que tengan por objeto subsanar insuficiencias manifiestas del planeamiento vigente delimitando Unidades de Ejecución donde antes no estuvieran previstas, a fin de garantizar un correcto proceso de urbanización de los terrenos mediante Actuaciones Integradas. En este caso el aprovechamiento tipo coincidirá con la edificabilidad media de la Unidad.

4. En los casos previstos en los apartados A) y B) del número anterior el Plan Parcial o de Reforma Interior deberá ser congruente con los criterios generales dimanantes del Plan General respecto a la determinación del aprovechamiento tipo.

5. Los Programas y Actuaciones Integradas en suelo urbano no pueden modificar el aprovechamiento tipo, ni subjetivo establecido por el Plan para los terrenos que se incluyan en ellas, salvo que el Programa acompañe una

operación de Reforma Interior de las características expresadas en los apartados A) y B) del número 3 de este artículo.

⇒ V. art. 64 de la Ley 6/1994, de 15 noviembre, Reguladora de la Actividad Urbanística en la Comunidad Autónoma de Valencia (§53).
V. Anexo al presente Reglamento.

Artículo 112. Coeficiente reductor del aprovechamiento para estandarizar la cesión de terrenos dotacionales.

Cuando el Area de Reparto quede establecida por aplicación del artículo 110.2 A) de este Reglamento, el Plan podrá disponer que el aprovechamiento objetivo total se calcule aplicando a la edificabilidad objetivamente materializable sobre cada parcela un coeficiente reductor, igual o menor que la unidad.

Dicho coeficiente reductor será igual para todos los terrenos con edificabilidad lucrativa ubicados en una misma zona o núcleo urbano y se aplicará a cada uno de aquéllos para determinar un común y homogéneo porcentaje de cesión, resultante de la minoración porcentual que –al aplicar el coeficiente reductor al aprovechamiento objetivo– se producirá tanto en el aprovechamiento tipo como en el aprovechamiento subjetivo. Ello se establecerá así a fin de que la propiedad de cada parcela o solar contribuya, en idéntica proporción a su aprovechamiento objetivo y mediante transferencias de aprovechamiento, a facilitar la obtención administrativa gratuita de suelos dotacionales.

El cálculo del referido coeficiente reductor y del consiguiente porcentaje de cesión se hará por aproximación estadística rigurosa. Responderá a la relación entre la superficie de terrenos de cesión, a que se refiere el número 2 B del artículo 110 de este Reglamento, y la cantidad total de aprovechamiento objetivo asimismo prevista en el núcleo urbano o zona correspondiente, expresado en metros cuadrados edificables con independencia de su uso.

Esta técnica procurará que, por cada parcela urbana susceptible de edificación, se efectúe una previa transferencia y cesión de terrenos a la Administración proporcionada con el nivel unitario y relativo de dotación pública previsto por el Plan respecto de la total edificación correspondiente al núcleo urbano o zona de él.

⇒ V. Anexo al presente Reglamento.

Artículo 113. Coeficientes correctores según el uso y la tipología.

1. Cuando la ordenación urbanística prevea, dentro de un Area de Reparto, usos tipológicamente diferenciados que puedan dar lugar, por unidad de edificación, a rendimientos económicos muy diferentes, en el cálculo del aprovechamiento tipo se podrán ponderar coeficientes correctores de edificabilidad, a fin de compensar con más metros de aprovechamiento subjetivo la menor rentabilidad unitaria de éste.

2. Si no se dieran las circunstancias antes expresadas o si la heterogeneidad de los usos y las tipologías, diferentes del característico, alcance tal grado de complejidad que resulte impracticable o poco razonable su homogeneización por coeficientes, procederá considerar como coeficiente único la unidad. A falta de coeficientes diferenciados se ponderarán los valores relativos de

repercusión de los terrenos para lograr la finalidad equidistributiva que la fijación de coeficientes deba perseguir.

3. El Plan puede, asimismo, establecer coeficientes correctores al objeto de bonificar, minorando las cesiones obligatorias, aquellas parcelas en las que se realicen actos de edificación acogidos a medidas administrativas de fomento social de la vivienda o de otros usos de interés público objeto de incentivos administrativos.

⇒ V. art. 65 de la Ley 6/1994, de 15 noviembre, Reguladora de la Actividad Urbanística en la Comunidad Autónoma de Valencia (§53).

CAPÍTULO III
Las Unidades de Ejecución

Artículo 114. Las Unidades de Ejecución. Concepto y finalidad.

Las Unidades de Ejecución son superficies acotadas de terrenos que delimitan el ámbito completo de una Actuación Integrada o de una de sus fases. Cada Programa para el desarrollo de una Actuación Integrada ha de englobar una Unidad de Ejecución o varias en correspondencia con las diversas fases de desarrollo previstas en él.

La Unidades de Ejecución tienen por finalidad la urbanización simultánea de los terrenos en ellas incluidos.

⇒ V. art. 33 de la Ley 6/1994, de 15 noviembre, Reguladora de la Actividad Urbanística en la Comunidad Autónoma de Valencia (§53).

Artículo 115. Delimitación de las Unidades de Ejecución.

1. A. La delimitación de Unidades de Ejecución se contendrá en los Planes de acuerdo con las siguientes reglas:

B. Las Unidades de Ejecución deberán ser susceptibles de Actuación Integrada técnicamente autónoma.

Las Unidades de Ejecución no pueden excluir de su perímetro restos de parcela, privada o pública, que queden inedificables, ni fragmentos de vial o zona verde de forma que dificulten la urbanización completa de cada dotación o de cada fase de ella susceptible de ejecución autónoma.

C. Las Unidades de Ejecución incluirán todas las superficies de destino dotacional precisas para ejecutar la Actuación y las parcelas edificables que, como consecuencia de ella, se transformen en solares.

D. Al configurar las Unidades de Ejecución se procurará una prudente diversificación de las responsabilidades urbanizadoras y se fomentará su desarrollo por iniciativas urbanizadoras de diferentes dimensiones.

E. Dentro de cada Area de Reparto pueden delimitarse varias Unidades de Ejecución; éstas pueden abarcar terrenos ubicados en diversas Areas de Reparto. Pueden ser discontinuas cuando la estructura funcional de la urbanización así lo aconseje.

F. No será exigible que todas la Unidades tengan el mismo o similar aprovechamiento, pero sí un nivel equilibrado de dotación pública en proporción con dicho aprovechamiento.

G. La delimitación de las Unidades de Ejecución asegurará la previa o simultánea urbanización de las dotaciones respecto al ritmo de la edificación, de modo que los estándares dotacionales exigidos por este Reglamento se vayan cumpliendo en las distintas fases cronológicas del desarrollo urbano de acuerdo con las condiciones de integración y conexión, impuestas por las Cédulas de Urbanización o por el Plan General.

2. Cuando para conectar una Actuación Integrada con las redes de servicio se precise ejecutar con la misma tramos de infraestructura que discurran por suelo no urbanizable, ello no comportará, salvo que el Plan establezca otra cosa, reclasificación de dicho suelo no urbanizable, ni otorgamiento a sus propietarios de aprovechamiento urbanístico, legitimando la aprobación del Programa la expropiación de dichos terrenos.

Artículo 116. Delimitación de Unidades de Ejecución en el Plan General.

1. El Plan General incluirá en Unidades de Ejecución el suelo urbanizable que ordene pormenorizadamente. Podrá excluir el suelo reservado a aquellas grandes obras públicas propias de la Red Primaria que no computen como Red Secundaria según el Anexo de este Reglamento, siempre que no sean precisas para ejecutar la Actuación.

2. El Plan General incluirá en Unidades de Ejecución el suelo urbano que convenga desarrollar mediante Actuación Integrada.

Artículo 117. Delimitación de Unidades de Ejecución en el Plan Parcial.

El Plan Parcial incluirá en una o varias Unidades de Ejecución todo el ámbito del Sector.

Artículo 118. Delimitación de Unidades de Ejecución en el Plan de Reforma Interior.

El Plan de Reforma Interior incluirá en Unidades de Ejecución todo o parte de su ámbito, según lo dispuesto en el artículo 23.2 de la Ley Reguladora de la Actividad Urbanística.

Mediante Plan de Reforma Interior pueden subsanarse las insuficiencias de un Plan General que no haya delimitado Unidad de Ejecución para terrenos cuya adecuada urbanización convenga realizar mediante Actuaciones Integradas por ser técnicamente imposible o inadecuado efectuarla mediante Actuación Aislada.

Artículo 119. Redelimitación mediante Programas.

1. Los Programas podrán redelimitar el ámbito de las Unidades de Ejecución previstas en Planes Generales, Parciales o de Reforma Interior adecuándolo a condiciones *más idóneas* para el desarrollo de la correspondiente Actuación Integrada. A tal fin, podrán extender el ámbito de la Unidad de Ejecución a cuantos terrenos sean necesarios para conectarla a las redes de

servicios existentes en el momento de programar la Actuación y a las parcelas que como consecuencia de las obras de conexión se conviertan en solares.

2. Las Administraciones Públicas, en ejercicio de sus competencias, podrán ejecutar las obras públicas compatibles con la ordenación urbanística en cualquier momento y clase de suelo. Cuando dichas obras conviertan en solar las parcelas de su entorno se ejecutarán como Actuaciones Integradas de promoción directa, aprobándose según las reglas aplicables a los Programas y comportarán la delimitación o redelimitación de la Unidad de Ejecución para incluir en ella las parcelas que, como consecuencia de la obra, sean transformadas en solar.

3. La redelimitación de Unidades de Ejecución por las causas expresadas en los dos números anteriores ni modifica las Areas de Reparto originarias establecidas por el Plan, ni altera el aprovechamiento subjetivo que anteriormente correspondiera a los propietarios afectados. Como consecuencia de ello, en la gestión de una misma Actuación Integrada pueden involucrarse terrenos a cuyos respectivos propietarios correspondan distintos aprovechamientos tipo y subjetivo.

CAPÍTULO IV
La Cédula de Urbanización

Sección 1ª Función

Artículo 120. Función de la Cédula de Urbanización.

La Cédula de Urbanización, respecto de cada Actuación Integrada, certifica su adecuación a la ordenación estructural vigente en el municipio y fija las condiciones mínimas de conexión e integración en su entorno.

Se expide autorizando una propuesta de planeamiento, de ordenación pormenorizada, que tenga delimitada una o varias Unidades de Ejecución para desarrollarlo.

⇒ V. art. 31 de la Ley 6/1994, de 15 noviembre, Reguladora de la Actividad Urbanística en la Comunidad Autónoma de Valencia (§53).

Sección 2ª Supuestos de Cédula

Artículo 121. Cédula para Planes.

Los Planes deberán contar, para su aprobación definitiva municipal, con Cédula de Urbanización relativa a cada una de las Actuaciones Integradas previstas en ellos. Los Programas que desarrollen éstas, antes de ser aprobados, incorporarán a su documentación la correlativa Cédula, cuyas prescripciones se observarán al ejecutarlos.

Artículo 122. Cédula para Programas.

Los Programas sólo requieren Cédula de Urbanización en los siguientes supuestos:

A. Que se trate de Municipios cuya población no supere los 5.000 habitantes.

B. Que la alternativa técnica del Programa contenga una propuesta de redelimitación de Unidades de Ejecución en términos distintos a los previstos por el Plan General o no prevista o regulada en sus determinaciones relativas a Unidades de Ejecución, establecidas en virtud de los artículos 22 y concordantes de este Reglamento.

Artículo 123. Cédula para Estudios de Detalle.

En Municipios de población que no supere los 5.000 habitantes la aprobación de Estudios de Detalle requiere Cédula de Urbanización.

En estos casos la Cédula certificará la adecuación al planeamiento de la propuesta de Estudio de Detalle en examen.

Sección 3ª Contenido de la Cédula de Urbanización

Artículo 124. Contenido certificante de la Cédula.

La Cédula de Urbanización, es el documento público que certifica, que la propuesta de Ordenación Pormenorizada respeta las determinaciones de la Ordenación Estructural vigente en la fecha en que se expide.

Artículo 125. Naturaleza y límites de las condiciones de conexión e integración.

La Cédula de Urbanización indica las condiciones que han de cumplirse para que sea posible programar cada Unidad de Ejecución de las delimitadas en la propuesta de planeamiento. Las condiciones de conexión e integración tienen las siguientes características y limitaciones:

A. Las condiciones de conexión e integración indicarán los requisitos mínimos e indispensables para conectar la Actuación a las infraestructuras supramunicipales, a las de otras Actuaciones o a la red estructural de dotaciones públicas, concretando qué obras de extensión de dichas redes o infraestructuras resultan inaplazables, con cargo a la Actuación o con carácter previo a la misma, a fin de integrarla en el territorio en condiciones que no perjudiquen el medio natural, ni el bienestar de la población.

B. Es impropio de las condiciones de conexión e integración pronunciarse sobre detalles técnicos propios del proyecto de urbanización o del proyecto de obra pública. Sus indicaciones se limitarán a los problemas que la urbanización ha de resolver para evitar desequilibrios en la estructura del territorio o disfunciones en la Red Primaria de dotaciones públicas. Verificarán que la propuesta de planeamiento reserva suelo dotacional suficiente para poder atenderlos y asociarán el desarrollo de la Actuación Integrada a la previa o simultánea puesta en servicio de elementos o tramos de dicha Red Primaria.

C. Las condiciones de conexión e integración no se pronunciarán sobre la implantación de servicios de la urbanización que sean susceptibles de ser proveídos en régimen de libre competencia, tales como la electrificación o telefonía.

D. Las condiciones de conexión e integración son vinculantes, pero no limitan la competencia municipal para imponer condiciones y mejoras de interés público local al programar las actuaciones.

Artículo 126. Condiciones de conexión e integración en la Cédula otorgada: enumeración.

Las condiciones de conexión e integración que se tienen que fijar en la Cédula son las siguientes:

1ª Indicación de que la Actuación Integrada debe diferir su Programación hasta la puesta en servicio de algún elemento o tramo de la Red Primaria de dotaciones públicas, o desarrollarse junto a dicho tramo o elemento, por ser éste imprescindible para la adecuada conexión e integración de la nueva urbanización en su entorno.

2ª Indicación de la necesidad de posponer o condicionar la Programación de una Actuación Integrada al previo o simultáneo desarrollo de otra adyacente o, al menos, a la ejecución de tramos concretos de la Red Primaria o de las zonas verdes de esta última, bien por necesidades de conexión de aquélla, bien por concentrarse en la Actuación considerada prioritaria una superior proporción de dotaciones públicas necesarias para atender las demandas de la población.

Esta condición puede también imponerse cuando la sola conexión o el exclusivo servicio de la Unidad de Ejecución mediante elementos de la Red Primaria conlleve peligro de saturación de los mismos.

3ª Indicación de la necesidad de tratar conforme a las exigencias de este Reglamento las áreas comprendidas entre la edificación y las vías supramunicipales.

4ª Indicación de la obligatoriedad de acompañar al documento de planeamiento que se apruebe de certificado municipal que acredite la disponibilidad del suministro de agua potable que asegure la suficiencia del mismo, con análoga regularidad a la que disfruten el resto de construcciones del término municipal y, haga constar, que la nueva urbanización, no comportará merma adicional respecto a las disponibilidades de caudal existentes.

5ª Indicación de la necesidad de acompañar el desarrollo de la Actuación Integrada de medidas de defensa contra el peligro de avenidas de agua, si es zona con riesgo de ellas.

6ª Indicación de que en el desarrollo de la Actuación Integrada se integrará o permitirá la ulterior implantación de colectores u otras obras públicas subterráneas de carácter supramunicipal.

Artículo 127. Cédula simplificada: Innecesariedad de imponer condiciones de conexión e integración.

Cuando sean superfluas todas las condiciones expresadas en el artículo anterior, por tratarse de Actuaciones de extensión de núcleos urbanos consolidados u otras circunstancias análogas, se hará constar así.

Si la Cédula la expide la Conselleria competente en materia de Urbanismo, podrá hacer recomendaciones sobre cuestiones de interés local relativas a la mejor urbanización de los terrenos, pero especificando que no tienen carácter de condiciones de conexión e integración y no vinculan al Ayuntamiento competente para aprobar la Programación de Actuaciones.

⇒ V. O. 6 octubre 2000, del conseller de Obras Públicas, Urbanismo y Transportes, por la que se desarrolla el Decreto 110/2000, de 18 julio, del Gobierno Valenciano, que aprueba el Reglamento Orgánico y Funcional de la Conselleria de Obras Públicas, Urbanismo y Transportes.

Sección 4ª Procedimiento para el otorgamiento de la Cédula y su formalización

Artículo 128. Solicitud de la Cédula.

1. La Cédula podrá ser solicitada por cualquier persona física o jurídica, pública o privada, interesada en promover una propuesta de planeamiento.

2. La propuesta de planeamiento para la que se expide Cédula, presentada por triplicado ejemplar, definirá la ordenación pormenorizada en plano a escala mínima 1:2.000, delimitando el perímetro de Unidades de Ejecución y refiriendo los usos del suelo, la edificabilidad de cada terreno, así como la red de reservas de suelo para dotaciones públicas previstas y demás indicaciones que estipulen las condiciones de conexión e integración.

3. Para tramitar los Planes, de aprobación municipal, será preciso y suficiente haber solicitado Cédula de Urbanización.

4. Se puede solicitar y obtener Cédula para distintas propuestas de planeamiento que sean alternativas e incompatibles entre sí.

⇒ V. Anexo al presente Reglamento.

Artículo 129. Órgano competente para expedir la Cédula.

La Cédula de Urbanización la expide:

A. El Alcalde respecto a las propuestas de planeamiento que afecten a Municipios de más de 50.000 habitantes.

B. Las entidades comarcales que tengan encomendado el ejercicio de competencias urbanísticas municipales con jurisdicción en ámbitos territoriales de más 50.000 habitantes a las que el Gobierno Valenciano haya delegado esa competencia.

C. La Conselleria competente en materia de Urbanismo siempre que se trate de un Programa, Plan Parcial o de Reforma Interior promovido por la Generalitat, así como en los casos no previstos en los apartados anteriores.

Artículo 130. Tramitación.

1. La propuesta de planeamiento se someterá a informe previo autorizado por técnicos superiores al servicio de la Administración, entre los que uno, al menos, sea competente para dirigir la redacción de planes.

2. Si a la propuesta no se acompañaran los informes pertinentes de las Administraciones Públicas afectadas por la actuación, o resguardo acreditativo de haber sido solicitados, serán requeridos por la Administración encargada de la tramitación.

En todo caso la documentación no se entenderá completa hasta que se emitan dichos informes o transcurra el plazo legalmente establecido para ello.

Artículo 131. Resolución y formalización.

1. La solicitud de Cédula de Urbanización se resolverá en el plazo de 40 días desde que la documentación esté completa.

2. La Cédula se formalizará:

A. Si las condiciones de conexión e integración contenidas en dicha propuesta son suficientes y no afecta a la ordenación estructural se visará toda la propuesta de planeamiento.

B. Si la propuesta de planeamiento no afecta a la ordenación estructural pero las condiciones de conexión e integración contenidas en ella no son suficientes, se visarán sólo los planos de ordenación, a fin de certificar su adecuación a la Ordenación Estructural, expidiéndose documento que especifique las condiciones de conexión e integración que deban observarse.

3. Si la propuesta de planeamiento comporta modificación de la Ordenación Estructural vigente, el órgano competente para la expedición de la Cédula, en vez de otorgarla, emitirá un informe preliminar que se pronuncie sobre las condiciones de conexión e integración y respecto de la modificación de Ordenación Estructural contenida en la propuesta.

4. Se entenderá estimada la Cédula a falta de resolución expresa. La acreditación de la Cédula obtenida por silencio administrativo se regirá por las normas generales del procedimiento administrativo común.

Artículo 132. Denegación de Cédula de Urbanización.

Si la propuesta de planeamiento y las Unidades de Ejecución en ella delimitadas no permiten la correcta urbanización de los terrenos, la Cédula se denegará.

En ningún caso se denegará la Cédula sin evacuar informe preliminar razonado, ya sea éste favorable o contrario a la propuesta de planeamiento en examen.

Artículo 133. Duplicados.

Una vez expedida la Cédula y mientras ésta siga en vigor se podrán expedir duplicados de ella a cualquier interesado que los solicite, sin necesidad de reproducir los trámites propios del otorgamiento de la Cédula. Se podrán solicitar en el propio Ayuntamiento en cuyo archivo obre un ejemplar original.

La formalización de duplicados consistirá en mera compulsa de documentos visados originales, haciendo constar la fecha en que éstos fueron expedidos y que la copia del original no prorroga el plazo de vigencia de la Cédula.

Artículo 134. Efectos.

1. Una vez otorgada la Cédula, ésta se puede incorporar a la propuesta de planeamiento para completar su documentación y poder ser aprobada.

2. Cuando un proyecto de Plan cuenta con Cédula o Cédulas de Urbanización para todas sus Unidades, tras los trámites oportunos, puede ser objeto de aprobación definitiva municipal.

3. Cuando un Ayuntamiento estime pertinente la aprobación de un instrumento urbanístico que requiera Cédula, pero éste carezca de ella, la aprobación del Ayuntamiento será provisional, y no legitimará la ejecución de la actuación hasta la expedición de la Cédula o, en su caso, hasta su aprobación definitiva por la Conselleria competente en materia de Urbanismo.

Sección 5ª Vigencia y caducidad de la cédula

Artículo 135. Vigencia de la Cédula.

1. La Cédula tendrá una vigencia de dieciocho meses y así se advertirá en los documentos que la formalicen. Transcurrido este plazo se considera que la propuesta de planeamiento carece de Cédula de Urbanización.

2. No obstante en cualquier momento anterior a la finalización de su vigencia el interesado puede instar que se le extienda un visado de prórroga, por dieciocho meses más, lo que procederá salvo que hayan variado las circunstancias objetivas que motivaron el otorgamiento.

Las mismas reglas de procedimiento del otorgamiento de la Cédula serán aplicables para la concesión de prórrogas a su vigencia.

3. Cuando la variación objetiva de circunstancias sobrevenga antes de que venza la vigencia de la Cédula el órgano que la expidió debe proceder a la declaración anticipada de caducidad, acordada motivadamente y previa audiencia al interesado y al Ayuntamiento.

La reclamación de perjuicios irrogados por la declaración anticipada de caducidad se rige por las reglas generales del régimen administrativo común.

⇒ V. art. 31 de la Ley 6/1994, de 15 de noviembre, Reguladora de la Actividad Urbanística en la Comunidad Autónoma de Valencia (§53).

CAPÍTULO V

Los Proyectos de Urbanización: función complementaria de la ordenación urbanística

Sección 1ª Función

Artículo 136. Proyectos de Urbanización.

1. Los Proyectos de Urbanización definen los detalles técnicos de las obras públicas previstas por los Planes. Se redactarán con precisión suficiente para poder ejecutarlos bajo dirección de técnico distinto a su redactor.

2. Toda obra pública de urbanización exige la elaboración de un Proyecto de Urbanización, su aprobación administrativa y la publicación de ésta en el «Diari Oficial de la Generalitat Valenciana».

⇒ V. art. 34 de la Ley 6/1994, de 15 noviembre, Reguladora de la Actividad Urbanística en la Comunidad Autónoma de Valencia (§53).

Artículo 137. Sujeción del Proyecto de Urbanización a las determinaciones del planeamiento que desarrolle.

1. Los Proyectos de Urbanización no podrán modificar las previsiones del Plan que desarrollen, sin perjuicio de que puedan efectuar las adaptaciones de detalle exigidas por las características del suelo y subsuelo en la ejecución material de las obras. Si la adaptación supone alterar determinaciones sobre ordenación o régimen del suelo o la edificación, debe legitimarse tramitando una modificación de planeamiento.

2. En ningún caso los Proyectos de Urbanización pueden contener determinaciones sobre ordenación, régimen del suelo o de la edificación.

Sección 2ª Promoción, tramitación y aprobación

Artículo 138. Promoción.

Los Proyectos de Urbanización para la ejecución de Actuaciones Integradas se rigen por las reglas de promoción aplicables a Planes Parciales y Programas. Los que tengan por objeto Actuaciones Aisladas pueden ser promovidos por cualquier interesado para su tramitación junto a la solicitud de licencia de obras.

Artículo 139. Tramitación y aprobación de Proyectos de Urbanización.

1. Los Proyectos de Urbanización para Actuaciones Integradas se someterán al procedimiento de aprobación propio de los Programas, salvo en lo relativo a la competencia entre iniciativas. Será innecesaria la información pública separada cuando se tramiten junto a los Programas o Planes.

2. Los Proyectos de Urbanización de Actuaciones Aisladas se aprobarán por el Ayuntamiento por el procedimiento que dispongan las Ordenanzas Municipales. En defecto de ellas se aplicarán estas reglas:

A. Si el Proyecto tiene por objeto la ampliación de viarios y redes de servicio colindantes, ajustada a las calidades y características que ya están presentes en calle abierta al público y habituales en la urbanización de la zona, según normas o criterios generales exigidos por el Ayuntamiento, se aplicará lo dispuesto en el número siguiente.

B. Si se trata de urbanizar algún elemento singular o realizar obras especiales en entornos que presentan algún valor estético cultural o paisajístico, se tramitarán como si fueran proyectos de urbanización para el desarrollo de Actuaciones Integradas.

3. Con independencia de los proyectos de urbanización, podrán redactarse y aprobarse, conforme a la normativa del ente interesado, proyectos de obras ordinarias que no tengan por objeto desarrollar integralmente el conjunto de determinaciones de un Plan de ordenación.

4. Cuando se trate de proyectos de obra pública para la mera reparación, renovación o introducción de mejoras ordinarias en obras o servicios ya existentes, sin alterar el destino urbanístico del suelo, será innecesaria la exposición al público previa a su aprobación administrativa.

5. La tramitación de los proyectos referidos en los puntos 2, 3 y 4, si son para la urbanización simultánea a la edificación, se hará junto a la licencia de obras. La publicación de las resoluciones aprobatorias de ellos, pueden efectuarse por relaciones periódicas trimestrales conjuntas para todos los del período correspondiente.

Sección 3ª Documentación

Artículo 140. Documentación de los Proyectos de Urbanización.

Los Proyectos de Urbanización comprenderán los siguientes documentos:

A. Memoria descriptiva de las características de las obras.

B. Planos de información y de situación en relación con el conjunto urbano.

C. Planos de proyecto y de detalle.

D. Pliego de condiciones técnicas.

E. Mediciones.

F. Cuadros de precios descompuestos.

G. Presupuesto.

Artículo 141. Obras de urbanización cuyo desarrollo técnico ha de contemplar el Proyecto de Urbanización.

1. Las obras de urbanización a incluir en el Proyecto de Urbanización serán las siguientes:

A. Pavimentación de calzadas, aparcamientos, aceras, red peatonal y tratamiento de espacios libres.

B. Redes de distribución de agua potable, de riego y de hidrantes contra incendios.

C. Red de alcantarillado para aguas residuales y sistema de evacuación de aguas pluviales.

D. Red de distribución de energía eléctrica.

E. Red de alumbrado público.

F. Jardinería en el sistema de espacios libres.

2. Se incluirán en el Proyecto de Urbanización el mobiliario urbano o las obras de gasificación, y telefonía cuando así lo imponga el correspondiente Plan o Programa.

3. Los Proyectos de Urbanización deberán resolver el enlace de los servicios urbanísticos con los de la Red primaria y acreditar que tienen capacidad suficiente para atenderlos.

4. Los Proyectos de Urbanización para Actuaciones Integradas resolverán todas las condiciones que vengan impuestas por las condiciones de conexión e integración en la Cédula de Urbanización y las demás exigencias establecidas en el correspondiente Programa.

TÍTULO IV
TRAMITACIÓN DE LOS PLANES
CAPÍTULO I
Promoción de los Planes

Sección 1ª Planes de Acción Territorial

Artículo 142. Formulación.

1. Los Planes de Acción Territorial de finalidad urbanística pueden ser formulados por:

A. La Conselleria de Obras Públicas, Urbanismo y Transportes.

B. Los municipios, que pueden agruparse para elaborar un Plan de ámbito comarcal.

2. Los Planes de Acción Territorial de carácter sectorial podrá formularlos el órgano titular del departamento competente por razón de la materia.

⇒ V. art. 35 de la Ley 6/1994, de 15 noviembre, Reguladora de la Actividad Urbanística en la Comunidad Autónoma de Valencia (§53).
V. O. 6 octubre 2000, del conseller de Obras Públicas, Urbanismo y Transportes, por la que se desarrolla el Decreto 110/2000, de 18 julio, del Gobierno Valenciano, que aprueba el Reglamento Orgánico y Funcional de la Conselleria de Obras Públicas, Urbanismo y Transportes.

Sección 2ª Planeamiento general

Artículo 143. Elaboración del planeamiento general.

1. Corresponde a los Municipios elaborar, modificar o revisar sus respectivos Planes Generales. El Conseller competente en Urbanismo requerirá a los Municipios sin planeamiento general para que lo elaboren en plazos determinados y podrá también requerirles, previo informe favorable del Consejo Superior de Urbanismo, para que revisen o modifiquen el planeamiento en vigor a fin de adaptarlo a los Planes de Acción Territorial o a circunstancias que justificadamente lo aconsejen. Si no fuera atendido su requerimiento la Generalitat podrá actuar en sustitución del Municipio conforme al artículo 60 de la Ley Reguladora de las Bases del Régimen Local, 7/1985, de 2 de abril.

Los Municipios deberán contar, en todo momento, con suficiente suelo ordenado con el grado de detalle expresado en el artículo 26 de este Reglamento para atender las demandas sociales de vivienda y equipamientos públicos de toda índole; los Ayuntamientos tienen la obligación de promover las revisiones y modificaciones de planeamiento que sean precisas con ese fin, así como de elaborar –de oficio– Proyectos de Urbanización que faciliten la programación de los terrenos.

2. Cuando circunstancias especiales de conurbación o recíproca influencia territorial entre términos municipales vecinos, aconsejen la elaboración coordinada de su ordenación urbanística o la consideración conjunta de ella para sectores comunes, los Ayuntamientos afectados deberán concretar la

coordinación de sus Planes Generales, lo que harán, en su caso en el marco de los Planes de Acción Territorial. Para ello los Ayuntamientos afectados podrán constituir la entidad comarcal correspondiente. En defecto de acuerdo la Generalitat dispondrá soluciones intermunicipales a los problemas urbanísticos que así lo requieran.

Artículo 144. Planeamiento General transitorio para situaciones coyunturales de urgencia.

Cuando un Municipio carezca de planeamiento general o éste haya sido suspendido o anulado en su eficacia, si su situación urbanística lo requiere, el Conseller competente en Urbanismo podrá, previo informe del Consejo Superior de Urbanismo y acuerdo habilitante del Gobierno Valenciano, elaborar directamente su Plan General y tramitarlo con carácter urgente.

Estos Planes limitarán su contenido a los sectores y determinaciones indispensables para posibilitar un ordenado desarrollo urbanístico a corto plazo y deberán ser sustituidos, a la mayor brevedad posible, por un nuevo Plan de elaboración municipal.

⇒ V. art. 36 de la Ley 6/1994, de 15 noviembre, Reguladora de la Actividad Urbanística en la Comunidad Autónoma de Valencia (§53).

Artículo 145. Redacción.

Los Planes Generales o sus Modificaciones han de ser redactados y suscritos por técnicos competentes al servicio de la Administración o contratados por ella.

Sección 3ª Planeamiento de desarrollo

Artículo 146. Formulación municipal.

Los Planes de mejora o desarrollo del planeamiento general y sus modificaciones pueden ser promovidos por los Ayuntamientos. En este caso su redacción corresponderá a técnicos competentes al servicio de la Administración promotora o contratados por ella.

Artículo 147. Formulación por la Administración no municipal.

Cuando las Administraciones no municipales, en ejercicio de sus competencias sectoriales, como vivienda, industria u otras, precisen promover Planes Parciales o de Reforma Interior, Programas, Estudios de Detalle, o Planes Especiales, los tramitarán conforme a las reglas propias de estos últimos, cualquiera que sea su denominación o contenido.

Artículo 148. Formulación de iniciativa particular.

Los particulares pueden promover Planes en desarrollo de un Programa del que sean adjudicatarios o compitiendo por su adjudicación para desarrollar, al menos, una de las Unidades de Ejecución del Plan que promuevan.

Sólo la Administración, de oficio, puede promover y aprobar esos Planes con independencia y anterioridad respecto a los Programas.

No obstante, en suelo urbano, los Estudios de Detalle previstos en el Plan General pueden ser promovidos por cualquier interesado.

Artículo 149. Iniciativa de los particulares en la promoción de Planes Especiales.

Los particulares sólo pueden promover Planes Especiales o instrumentos asimilados en calidad de concesionarios de la Administración, o de agentes de la misma, autorizados para la prestación de servicios públicos o para realizar obras afectas a dicho servicio público.

Los Urbanizadores, adjudicatarios de un Programa, en cumplimiento de sus previsiones, pueden promover Planes Especiales con la finalidad de proteger el paisaje, rural o urbano, o con el fin de realizar obras públicas de apoyo al Programa.

Artículo 150. Promoción de Catálogos.

Los Catálogos independientes se regirán por las normas de promoción establecidas para los Planes Especiales. Serán, en todo caso, competentes para promover Catálogos de este tipo los Municipios y la Conselleria competente en materia de Cultura.

Los Catálogos que se tramiten como documentos de otro Plan, pueden ser promovidos por las personas, públicas o privadas, que sean competentes para la promoción del instrumento que los contenga.

CAPÍTULO II

Disposiciones de carácter general sobre la tramitación de los Planes

Artículo 151. Apoyo a la redacción de Planes.

Los Organismos públicos, sus concesionarios y los particulares prestarán su concurso a la redacción de Planes urbanísticos y, al efecto, facilitarán a los Organismos encargados de su redacción los documentos e informaciones necesarias.

Artículo 152. Suspensión del otorgamiento de licencias.

1. Los órganos administrativos competentes para someter a información pública Planes y Programas, aun antes de convocar ésta, podrán acordar la suspensión del otorgamiento de licencias de parcelación de terrenos, edificación y demolición para áreas o usos determinados, con el fin de facilitar el estudio o reforma de la ordenación urbanística.

2. El acuerdo de la Administración por el que se somete a información pública un Plan o Programa determinará, por sí solo, la suspensión del otorgamiento de licencias en aquellas áreas del territorio objeto del proyecto de planeamiento expuesto al público cuyas nuevas determinaciones supongan modificación del régimen urbanístico vigente, sin que sea preciso ni exigible que dicha resolución señale expresamente las áreas afectadas por la suspensión.

3. La suspensión a que se refiere el número 1, se extinguirá, en todo

caso, en el plazo de un año. Si se hubiera producido dentro de ese plazo la convocatoria de la información pública, la suspensión se mantendrá para las áreas cuyas nuevas determinaciones de planeamiento supongan modificación de la ordenación urbanística y sus efectos se extinguirán definitivamente transcurridos dos años desde el acuerdo de suspensión adoptado para facilitar el estudio del planeamiento o su reforma. Si la convocatoria de información pública se produce una vez transcurrido el plazo del año, la suspensión derivada de esta convocatoria de información pública tendrá también la duración máxima de un año.

4. Si con anterioridad al acuerdo de convocatoria de información pública no se hubiese suspendido el otorgamiento de licencias conforme a lo dispuesto en el número 1 de este artículo, la suspensión determinada por dicha convocatoria de información pública tendrá una duración máxima de dos años.

5. En cualquier caso, la suspensión se extingue con la aprobación definitiva del planeamiento.

6. Los peticionarios de licencias solicitadas con anterioridad a la suspensión tendrán derecho a ser indemnizados del coste de los proyectos y a la devolución de los tributos y cargas satisfechas a causa de la solicitud, siempre que ésta fuera conforme con la ordenación urbanística vigente en el momento en que fue efectuada y resultara denegada por incompatibilidad con el nuevo planeamiento. Sólo en los casos previstos en las leyes procederá, además, la indemnización por los perjuicios irrogados por la alteración de planeamiento.

7. Extinguidos los efectos de la suspensión en cualquiera de los supuestos previstos, no podrán acordarse nuevas suspensiones en el plazo de cinco años, por idéntica finalidad y sin perjuicio de lo previsto en el artículo siguiente.

Artículo 153. Suspensión de la vigencia del planeamiento.

Cuando fuera estrictamente necesario para preservar la viabilidad de la ordenación a establecer por el Plan en elaboración o tramitación, por decreto del Gobierno Valenciano, dictado previa audiencia o a solicitud del Municipio afectado, y aunque éste ya hubiera agotado previamente los plazos de suspensión de licencias, se podrá suspender, total o parcialmente, la vigencia del planeamiento. La suspensión se mantendrá hasta la entrada en vigor del nuevo Plan en elaboración o tramitación y el decreto deberá establecer el régimen urbanístico aplicable transitoriamente en el Municipio.

Artículo 154. Suspensión de acuerdos aprobatorios de Programas.

La suspensión de licencias implicará, también, la de los acuerdos aprobatorios de nuevos Programas en la zona afectada. Los Programas ya aprobados y aún vigentes, antes de la suspensión de las licencias, no se verán afectados por ésta, salvo que, al acordarla, así se haga constar expresamente, sin perjuicio de las indemnizaciones que procedan.

CAPÍTULO III
Procedimiento de aprobación de los Planes Generales
Sección 1ª Actuaciones previas

Artículo 155. Avances de planeamiento.

1. Las Entidades y Organismos interesados pueden formular documentos de avance del planeamiento y anteproyectos parciales que sirvan de orientación para su redacción.

2. Los documentos de avance y anteproyectos se pueden remitir al Ayuntamiento y al órgano competente de la Comunidad Autónoma, sin el trámite de información pública.

3. La aprobación sólo tendrá efectos administrativos internos preparatorios de la redacción del planeamiento y proyectos definitivos.

Artículo 156. Consultas y acuerdos previos.

1. Durante la redacción técnica del Plan la entidad promotora formulará consultas y formalizará acuerdos con Municipios colindantes, con otras Administraciones cuyas competencias y bienes demaniales resulten afectados y con entidades representativas de los colectivos ciudadanos particularmente afectados.

2. La tramitación de estas actuaciones se reflejará en el expediente mediante la incorporación de los siguientes documentos:

A. Los documentos de avance del planeamiento y anteproyectos parciales que hayan servido para la elaboración del documento.

B. Las sugerencias y escritos de petición presentados por los diversos interesados.

C. Los informes que se hayan ido evacuando o, en su defecto, mediante testimonio de la solicitud cursada ante dichas Administraciones o entidades para que los evacuaran.

D. Las actas de las reuniones que se hayan ido celebrando para deliberar sobre el Plan en elaboración, o el certificado de los acuerdos y dictámenes evacuados por los diversos organismos.

Artículo 157. Concierto previo.

1. Será preceptivo el concierto previo con la Conselleria competente en materia de Urbanismo para definir el modelo territorial municipal acorde con su contexto supramunicipal y con los Planes de Acción Territorial.

2. La entidad promotora del Plan, a los efectos de cumplimentar el trámite de concierto previo, remitirá a la Conselleria competente en materia de urbanismo la documentación referida en el artículo 44 de este Reglamento.

3. La Conselleria competente en materia de Urbanismo, en el plazo de tres meses desde la presentación del documento de concierto, emitirá informe en el que se pronuncie sobre el modelo territorial definido en el documento presentado y la procedencia o no de considerar superada la fase de concierto.

4. Las modificaciones puntuales de los Planes Generales no requerirán concierto previo, salvo que su trascendencia lo aconseje.

5. Si en un momento posterior del procedimiento se detectara la inobservancia de los trámites previstos en este artículo, ello no determinará la retroacción de las actuaciones.

⇒ V. art. 38 de la Ley 6/1994, de 15 noviembre, Reguladora de la Actividad Urbanística en la Comunidad Autónoma de Valencia (§53).

Sección 2ª Tramitación y aprobación de los planes generales

Artículo 158. Información pública.

1. El órgano competente de la Administración que promueva o supervise la redacción del Plan, concluida ésta lo someterá simultáneamente a:

A. Información pública por un período mínimo de un mes, anunciada en el «Diari Oficial de la Generalitat Valenciana» y en un diario no oficial de amplia difusión en la localidad. Durante ella, el proyecto diligenciado del Plan, deberá encontrarse depositado, para su consulta pública, en el Ayuntamiento o Ayuntamientos afectados por el cambio de ordenación y, en su caso, en un local de la Administración promotora sito en la capital de provincia.

No será preceptivo reiterar este trámite en un mismo procedimiento, ni aun cuando se introduzcan modificaciones sustanciales en el proyecto, bastando que el órgano que otorgue la aprobación provisional notifique ésta a los interesados personados en las actuaciones y a aquellos que pudieran resultar afectados directamente en sus derechos subjetivos por las modificaciones introducidas.

B. Informes de los distintos Departamentos y órganos competentes de las Administraciones exigidos por la legislación reguladora de sus respectivas competencias, salvo que ya se hubieran alcanzado previos acuerdos interadministrativos. Excepto en este último caso, cuando se trate de Planes Generales, en que será preceptivo el informe de la Consellerias competentes en materia de Educación y Sanidad.

C. Dictamen de los Municipios colindantes al que promueva el Plan General o, si el Plan es promovido por Administración no municipal, de todos los Ayuntamientos afectados.

La falta de emisión en el plazo de un mes de los informes o dictámenes no interrumpirá la tramitación.

2. Será órgano municipal competente para someter a información pública los Planes Generales el Pleno, salvo que el Reglamento Orgánico Municipal atribuya la competencia al Alcalde o a la Comisión de Gobierno.

En los Planes Generales formulados por la Generalitat Valenciana, conforme a los artículos 143 y 144 de este Reglamento, la convocatoria de información pública corresponderá al Presidente de la Comisión Territorial de Urbanismo.

3. Junto a las actuaciones se someterá a información pública el Estudio de Impacto Ambiental cuando fuera preceptivo. La Declaración de Impacto

Ambiental se podrá solicitar concluido el trámite de información pública, pero si el Plan se modifica en aprobación provisional respecto a cuestiones propias del Estudio de Impacto Ambiental, se reiterará la solicitud de evaluación del mismo antes de elevarlo a aprobación definitiva.

⇒ V. art. 38 de la Ley 6/1994, de 15 noviembre, Reguladora de la Actividad Urbanística en la Comunidad Autónoma de Valencia (§53).

V. Ley 2/1989, de 3 marzo, de estudios de impacto ambiental. Desarrollada por D. 162/1990, de 15 octubre.

V. Ley 6/2001, de 8 mayo, de modificación del Real Decreto Legislativo 1302/1986, de 28 junio, de evaluación de impacto ambiental.

Artículo 159. Desacuerdo interadministrativo.

El desacuerdo entre Municipios colindantes, respecto a las determinaciones previstas en cumplimiento de los artículos 40 y 143 de este Reglamento o entre aquéllos y otras Administraciones, se solventará mediante resolución de la Conselleria competente en Urbanismo, que puede ser acordada antes de la aprobación provisional del Plan, si así lo pidiera la Administración promotora de las actuaciones. Esta resolución ha de fijar las bases de la coordinación interadministrativa, compatibilizando el ejercicio sobre el territorio de las competencias de cada ente público. Se adoptarán aquellas soluciones más acordes a las directrices de los Planes de Acción Territorial, si los hubiera, y, antes de resolver, las entidades afectadas podrán emitir informe previo y celebrar, al menos, una reunión conjunta de sus representantes.

Artículo 160. Aprobación provisional.

Concluidos los trámites regulados en los artículos anteriores, el Ayuntamiento-Pleno u órgano competente de la Administración que promueva o supervise la redacción del Plan resolverá sobre su aprobación provisional, con introducción de las rectificaciones que estime oportunas, y podrá remitirlo a la Conselleria competente en Urbanismo interesando su aprobación definitiva.

En los Planes Generales formulados por la Generalitat Valenciana la aprobación provisional compete a la Comisión Territorial de Urbanismo.

Artículo 161. Competencia para la aprobación de los Planes Generales.

La aprobación definitiva de los Planes Generales corresponde a la Conselleria competente en materia de Urbanismo.

⇒ V. O. 6 octubre 2000, del conseller de Obras Públicas, Urbanismo y Transportes, por la que se desarrolla el Decreto 110/2000, de 18 de julio, del Gobierno Valenciano, que aprueba el Reglamento Orgánico y Funcional de la Conselleria de Obras Públicas, *Urbanismo y Transportes.*

Artículo 162. Período consultivo previo a la aprobación definitiva.

Los Servicios Territoriales de Urbanismo, al recibir la solicitud de aprobación definitiva, iniciarán un período consultivo y de análisis del Plan con la entidad que lo promueva y las demás Administraciones afectadas. Durante este período consultivo la Generalitat, a través de la Conselleria competente en materia de Urbanismo:

A. Recabará los informes que estime oportunos y los que siendo preceptivos se echen en falta en las actuaciones, incluso la Declaración de Impacto Ambiental.

B. Requerirá, si fuera preciso, a la Administración promotora del Plan para que complete el expediente, subsane los trámites que se echen en falta o motive y aclare formalmente las propuestas de formulación o finalidad imprecisa.

C. Ofrecerá alternativas técnicas de consenso interadministrativo.

Dicha Conselleria otorgará directamente la aprobación definitiva, obviando o abreviando el período consultivo, cuando el expediente sometido a su consideración así lo permita.

⇒ V. art. 39 de la Ley 6/1994, de 15 noviembre, Reguladora de la Actividad Urbanística en la Comunidad Autónoma de Valencia (§53).
V. Ley 2/1989, de 3 marzo, de estudios de impacto ambiental. Desarrollada por D. 162/1990, de 15 octubre.
V. Ley 6/2001, de 8 mayo, de modificación del Real Decreto Legislativo 1302/1986, de 28 junio, de evaluación de impacto ambiental.

Artículo 163. Aprobación definitiva por silencio administrativo de la Administración autonómica.

Atendidos los requerimientos formulados según el artículo anterior y transcurridos cuarenta días desde la solicitud de aprobación definitiva, la Administración promotora del Plan, si considera oportuna la inmediata conclusión del período consultivo, podrá requerir que se resuelva sin más dilación. La formulación de los requerimientos previstos en el artículo anterior dejará en suspenso el referido plazo de cuarenta días, hasta que sean atendidos o transcurra el plazo de un mes.

Transcurridos tres meses sin resolución expresa sobre el requerimiento de aprobación definitiva a que se refiere el párrafo anterior, el Ayuntamiento o Administración promotora del Plan podrá requerir a la de la Generalitat para que reconozca y publique la aprobación definitiva.

Artículo 164. Motivación de la aprobación definitiva autonómica.

La aprobación autonómica definitiva de Planes municipales, podrá formular objeciones a ella en cumplimiento de alguno de estos cometidos:

A. Garantizar la clasificación como suelo no urbanizable de los terrenos que estime merecedores de ella, conforme a la legislación específica de esta clase de suelo.

B. Asegurar que el modelo de crecimiento escogido por el Municipio respeta el equilibrio urbanístico del territorio, sin agotar sus recursos, ni saturar las infraestructuras supramunicipales o desvirtuar la función que les es propia.

Si hubiera Plan de Acción Territorial con previsiones aplicables al caso, *la resolución autonómica* se fundará en ellas.

C. Requerir en la ordenación estructural del Plan unas determinaciones con precisión suficiente para garantizar la correcta organización del desarrollo urbano y, con tal fin, recabar la creación, ampliación o mejora de reservas para espacios públicos y demás dotaciones, así como velar por la idoneidad de las previstas para servicios supramunicipales.

D. Garantizar que la urbanización se desarrolle de conformidad con lo dispuesto en los artículos 22 y concordantes de este Reglamento, dando preferencia a su ejecución por Actuaciones Integradas de características adecuadas.

E. Coordinar la política urbanística municipal con las políticas autonómicas de conservación del patrimonio cultural, de vivienda y de protección del medio ambiente.

F. Evaluar la viabilidad económica del Plan en aquellas actuaciones que aumenten el gasto público en obras de competencia supramunicipal.

La Generalitat no podrá aprobar definitivamente los Planes que incurran en infracción de una disposición legal estatal o autonómica.

Artículo 165. Contenido de la resolución autonómica sobre la aprobación definitiva.

1. La resolución autonómica sobre aprobación definitiva de los Planes puede consistir en:

A. Aprobar el Plan pura y simplemente.

B. Denegar la aprobación.

C. Supeditar la eficacia de la aprobación definitiva a la formalización documental de una corrección técnica específica, consensuada con el Ayuntamiento. En este caso la resolución aprobatoria podrá delegar, en un órgano subordinado, incluso unipersonal, la facultad de comprobar que la corrección se efectúa en los términos acordados.

D. Suspender la aprobación por deficiencias que debe subsanar la Entidad u Organismo que hubiere otorgado la aprobación provisional devolviendo a ésta el expediente.

E. Aprobar parcialmente el Plan, en aquellos casos en que las objeciones a la aprobación definitiva afecten a áreas o determinaciones tan concretas que, prescindiendo de ellas, el Plan se pueda aplicar con coherencia, éste se aprobará definitivamente salvo en la parte objeto de reparos, que quedará en suspenso hasta su rectificación en los términos precisados en la propia resolución aprobatoria.

2. Las resoluciones que denieguen, supediten o suspendan la aprobación definitiva nunca cuestionarán la interpretación del interés público local formulada por el Municipio desde la representatividad que le confiere su legitimación democrática, pudiendo fundarse, exclusivamente, en exigencias de la política urbanística y territorial de la Generalitat, definida por esta Ley e integrada por los cometidos enunciados en el artículo anterior.

⇒ V. art. 40 de la Ley 6/1994, de 15 noviembre, Reguladora de la Actividad Urbanística en la Comunidad Autónoma de Valencia (§53).

Sección 3ª Procedimiento de urgencia

Artículo 166. Tramitación urgente.

1. Por acuerdo del Gobierno Valenciano, fundado en la especial urgencia de un Plan, se podrán reducir, a su mitad, los plazos previstos en el artículo 38.2 de la Ley Reguladora de la Actividad Urbanística. La información pública, en la tramitación urgente, será de veinte días.

En la solicitud de informes y dictámenes se hará constar la declaración de urgencia.

2. Nunca se tramitarán con carácter urgente aquellas modificaciones del Plan General, que por razón de su objeto, estén sujetas a informes sectoriales exigidos por la legislación de grandes superficies, patrimonio cultural inmueble o impacto ambiental.

⇒ V. art. 43 de la Ley 6/1994, de 15 noviembre, Reguladora de la Actividad Urbanística en la Comunidad Autónoma de Valencia (§53).

V. Ley 2/1989, de 3 marzo, de estudios de impacto ambiental. Desarrollada por D. 162/1990, de 15 octubre.

V. Ley 6/2001, de 8 mayo, de modificación del Real Decreto Legislativo 1302/1986, de 28 junio, de evaluación de impacto ambiental.

CAPÍTULO IV

Procedimiento para la aprobación de los Planes de Acción Territorial

Artículo 167. Procedimiento.

La tramitación de los Planes de Acción Territorial de finalidad urbanística se ajustará a lo dispuesto en el Capítulo anterior, correspondiendo al Conseller competente en Urbanismo la función de promover y aprobar provisionalmente las actuaciones.

El Gobierno Valenciano aprobará definitivamente estos Planes de Acción Territorial, previo informe del Consejo Superior de Urbanismo.

CAPÍTULO V

Tramitación de los Planes Especiales e instrumentos asimilados

Artículo 168. Tramitación de los Planes Especiales y Catálogos.

1. Los Planes Especiales se tramitarán por el mismo procedimiento que los Planes Generales con las siguientes especialidades:

A. No son necesarias las actuaciones previas referidas en los artículos 155 a 157 de este Reglamento para los Planes Generales.

B. La convocatoria de información pública y la aprobación provisional de los Planes Especiales formulados y tramitados por Administración no municipal, corresponderá a la Conselleria competente por razón de la materia o al órgano que disponga la legislación reguladora de la entidad u organismo promotor del proyecto.

C. Se entiende implícita la urgencia en la tramitación, sin necesidad de declaración expresa, acortándose los plazos del procedimiento conforme al artículo 166 de este Reglamento.

2. Las mismas normas se aplicarán para los instrumentos asimilados a los Planes Especiales previstos en el artículo 42 de la Ley Reguladora de la Actividad Urbanística.

3. Los Catálogos independientes se tramitarán conforme a las reglas aplicables a los Planes Especiales. Cuando se trate de documentos integrados en otro Plan se tramitarán junto a éste. Las modificaciones de un Catálogo ya aprobado no admiten la tramitación urgente.

Artículo 169. Compatibilidad de las obras públicas de la Generalitat con la ordenación urbanística y territorial.

1. La realización material de toda obra pública de la Generalitat exige verificar, previamente, su compatibilidad con la ordenación urbanística y territorial.

2. La verificación se realizará:

A. Mediante licencia de obras en la ejecución de obras públicas y de construcciones de servicio público cuando así lo exija la legislación reguladora de la correspondiente obra o servicio.

B. Cuando la obra no esté sujeta a licencia, sometiendo su proyecto básico a los trámites propios del procedimiento de aprobación de los Planes Especiales.

3. Cuando se emplacen en suelo no urbanizable, será de aplicación, además, el régimen establecido en su legislación específica.

Artículo 170. Tramitación del proyecto básico como Plan Especial.

1. Cuando se aplique lo previsto en el número 2 B del artículo anterior se procurará que los trámites, incluso el de información pública, coincidan con los exigibles para la aprobación del proyecto, con simultáneo cumplimiento de lo exigido en este precepto y de las exigencias de la legislación de obras públicas o de expropiación forzosa. La competencia para someter el proyecto a información pública la ostenta el órgano promotor del proyecto.

Si el proyecto modifica el planeamiento, se ha de completar con los documentos característicos del Plan Especial.

2. La resolución del órgano promotor de la obra dando su conformidad final al proyecto básico o solicitando declaración de la Conselleria competente en materia de Urbanismo sobre su compatibilidad con la ordenación, equivale al trámite de aprobación provisional propio de los Planes Especiales.

3. La competencia para declarar la compatibilidad de la obra pública con la ordenación urbanística y territorial la ostenta la Conselleria competente en materia de urbanismo.

4. Recibido el Proyecto, la Conselleria competente en materia de urbanismo puede declararlo compatible con la ordenación urbanística, bien sea porque no la modifica o porque se resuelve modificarla asumiendo en ella el proyecto de nueva obra pública. En el último caso se comprobará la coherencia del modelo territorial y urbanístico resultante y la suficiencia de los docu-

mentos urbanísticos que se adjunten al proyecto para expresar la nueva ordenación.

5. La declaración de compatibilidad con la ordenación urbanística da lugar a lo dispuesto en los artículos 33.7 ó 72.3 de la Ley Reguladora de la Actividad Urbanística.

6. Cuando la obra no revista especial interés para la comunidad local se preverán las oportunas compensaciones para resarcir al Municipio del coste de los servicios que éste preste en orden a posibilitar su construcción.

Artículo 171. Obras públicas de otras Administraciones.

1. La Administración del Estado podrá promover sus proyectos de obra en los términos previstos en los artículos anteriores cuando así lo permita la legislación estatal.

2. La Administración Local no ha de someter sus proyectos de obra pública a la Administración autonómica para declaración de su compatibilidad con la ordenación urbanística, salvo que no estén sujetos a licencia. Aquellos proyectos de obra pública que modifiquen la ordenación urbanística, deberán tramitarse en los términos previstos en el artículo anterior.

CAPÍTULO VI
Procedimientos especiales

Artículo 172. Intervención de otros órganos.

1. Las modificaciones en el Catálogo, requieren, como trámite adicional, informe de la Conselleria competente en materia de Patrimonio Cultural.

2. La reclasificación de suelo no urbanizable exige Declaración de Impacto Ambiental, efectuada por la Conselleria competente en materia de Medio Ambiente.

3. La aprobación o modificación de Planes que tengan por objeto calificar suelo en el que sea posible la implantación de grandes superficies comerciales de venta al detalle, se someterá a informe de la Conselleria competente en materia de Comercio.

4. La modificación del Plan que conlleve diferente calificación o uso urbanístico de las zonas verdes o espacios libres anteriormente previstos, requiere previo informe favorable del Consejo Superior de Urbanismo.

5. La modificación de los Planes requerirá previo dictamen del Consejo Jurídico Consultivo de la Comunidad Valenciana en los casos en que así lo establezca la legislación que regule este órgano consultivo.

6. La modificación de planeamiento que venga a legalizar actuaciones urbanísticas irregulares exige previo informe favorable del Consejo Superior de Urbanismo, y que la nueva ordenación satisfaga los principios rectores de la actividad urbanística, así como los estándares legales de la ordenación. En estos casos los aumentos de aprovechamiento que comporten deberán ser íntegramente compensados –por su valor urbanísticoen favor de la Administración. Sólo se puede exceptuar la aplicación de esta regla, previo informe

favorable del Consejo Superior de Urbanismo, en favor de terceros adquirentes de buena fe, o si se trata de viviendas, atendiendo a la reducida capacidad económica de los residentes.

7. La modificación de la calificación de parcelas cuyo destino efectivo precedente haya sido el uso docente o sanitario, en los supuestos previstos en el artículo 33 de este Reglamento, requerirá informe previo de la Conselleria competente por razón de la materia.

8. Los informes y declaraciones exigidos en los números precedentes se solicitarán por la entidad promotora del Plan, sin perjuicio de la reiteración de la solicitud cuando, tras la emisión de ellos, el documento sea modificado en extremos que afecten la competencia del órgano informante.

⇒ V. D. 256/1994, de 20 diciembre, de grandes superficies de venta al detalle.
V. D. 90/1999, de 30 julio. Reglamento orgánico y funcional de la Consellería de medio ambiente, desarrollado por O. 13 marzo 2000.

CAPÍTULO VII

Tramitación de Planes Parciales, Planes de Reforma Interior y Estudios de Detalle

Artículo 173. Elaboración y tramitación de Planes Parciales, Planes de Reforma Interior y Estudios de Detalle.

El régimen establecido en la Ley Reguladora de la Actividad Urbanística para la elaboración, tramitación y aprobación de Programas de Actuación, es igualmente aplicable a los Planes Parciales, Planes de Reforma Interior y Estudios de Detalle de iniciativa municipal o particular, con las siguientes reglas especiales:

A. Los particulares pueden promover dichos Planes en desarrollo de un Programa del que sean adjudicatarios o compitiendo por su adjudicación para desarrollar, al menos, una de las Unidades de Ejecución del Plan que promuevan. Sólo la Administración, de oficio, puede promover y aprobar esos Planes con independencia y anterioridad respecto a los Programas.

Como excepción al párrafo anterior los Estudios de Detalle para suelo urbano, previstos en el Plan General, puede promoverlos cualquier interesado, sin necesidad de su previa o simultánea programación.

B. La exposición al público de estos Planes se efectúa exhibiendo su documentación completa y no les son aplicables las reglas de tramitación de los Programas relativas a la competencia entre proposiciones jurídico-económicas, si bien, cuando aquellos Planes se tramiten junto a dichos Programas, serán aplicables las referidas reglas, aunque sólo respecto a la adjudicación de estos últimos.

C. El acuerdo de aprobación municipal, provisional o definitiva según proceda, coincidirá con el de adjudicación del Programa, si se tramita simultáneamente.

⇒ V. art. 52 de la Ley 6/1994, de 15 noviembre, Reguladora de la Actividad Urbanística en la Comunidad Autónoma de Valencia (§53).

Artículo 174. Organo competente para la aprobación definitiva.

Corresponde al Ayuntamiento-Pleno aprobar definitivamente los Planes mencionados en el artículo anterior siempre que cuenten con Cédula de Urbanización, o cuando ésta sea innecesaria.

También corresponde al Ayuntamiento en Pleno aprobar los Estudios de Detalle, sin Cédula de Urbanización, en Municipios de más de 5.000 habitantes.

En los demás casos la competencia aprobatoria corresponde a la Generalitat.

CAPÍTULO VIII
Tramitación de las modificaciones de Planeamiento

Artículo 175. Procedimiento de modificación de los Planes.

El cambio o sustitución de determinaciones en los Planes exige cumplir el mismo procedimiento legal previsto para su aprobación. Se exceptúan de esta regla las modificaciones autorizadas conforme a los artículos 12 E o 54 de la Ley Reguladora de la Actividad Urbanística, las que el propio Plan permita efectuar mediante Estudio de Detalle de aprobación municipal y las que se produzcan por aplicación de disposiciones contenidas en la legislación específica del suelo no urbanizable.

⇒ V. art. 54 de la Ley 6/1994, de 15 noviembre, Reguladora de la Actividad Urbanística en la Comunidad Autónoma de Valencia (§53).

CAPÍTULO IX
Publicación, vigencia y efectos de la aprobación de los Planes

Sección 1ª Publicación y publicidad de los Planes

Artículo 176. Publicación de la aprobación definitiva de los Planes.

1. El órgano que hubiera otorgado la aprobación definitiva del Plan, ordenará la publicación de ésta para posibilitar su entrada en vigor.

2. La publicación del acuerdo de aprobación definitiva de los Planes y el contenido de las Normas Urbanísticas que éstos contengan ha de efectuarse:

A. En el «Boletín Oficial de la Provincia» cuando se trate de Planes, Proyectos de Urbanización aprobados por el Ayuntamiento o que contengan normas urbanísticas.

B. En el «Diari Oficial de la Generalitat Valenciana», cuando se trate de instrumentos aprobados por los órganos de ésta, salvo que contengan normas urbanísticas, en cuyo caso se procederá conforme al apartado precedente, aunque adicionalmente se publicará una reseña del acuerdo aprobatorio en dicho «Diari Oficial de la Generalitat Valenciana». La publicación del acuerdo de aprobación definitiva de los Planes de Acción Territorial se efectuará siempre en el mencionado «Diari Oficial de la Generalitat Valenciana».

⇒ V. art. 59 de la Ley 6/1994, de 15 noviembre, Reguladora de la Actividad Urbanística en la Comunidad Autónoma de Valencia (§53).

Artículo 177. Publicidad de los Planes.

Todos los Planes aprobados, en tramitación o pendientes de aprobación, con sus Normas y Catálogos, serán públicos, y cualquier persona podrá en todo momento consultarlos e informarse de los mismos y obtener copia de ellos en el Ayuntamiento.

Artículo 178. Deber de Información.

Antes de la publicación de la aprobación definitiva de los Planes, los Ayuntamientos remitirán una copia diligenciada a la Conselleria competente en materia de Urbanismo.

Sección 2ª Efectos de la aprobación de los Planes

Artículo 179. Ejecutividad y entrada en vigor de los Planes.

1. Los Planes son inmediatamente ejecutivos, desde la mera publicación del contenido del acuerdo de su aprobación definitiva, pero sólo por lo que se refiere a la legitimación de expropiaciones para ejecutar las obras públicas en ellos previstas, así como a la clasificación del suelo y la sujeción de éste a las normas legales de ordenación de directa aplicación.

2. Los Planes entran plenamente en vigor, a los quince días de la publicación de la resolución aprobatoria con transcripción de sus Normas Urbanísticas, conforme a la Ley 7/1985, de 2 de abril, Reguladora de las Bases del Régimen Local, de la que será responsable el órgano editor del «Boletín Oficial de la Provincia» tan pronto reciba el documento de la Administración que lo apruebe definitivamente. La publicación de la aprobación definitiva excusa su notificación individualizada.

Cuando se trate de Proyectos de Urbanización o Planes a los que resulte imposible aplicar la regla anterior por carecer de normas urbanísticas, la entrada en vigor y su ejecutividad se produce con la publicación del acuerdo aprobatorio, en el que se hará constar esta circunstancia.

No obstante, las modificaciones y revisiones que tengan el alcance expresado en el artículo 172.6 de este Reglamento no entrarán en vigor ni surtirán sus efectos, respecto al inmueble afectado, hasta que se produzcan las compensaciones previstas en dicho artículo.

⇒ V. art. 59 de la Ley 6/1994, de 15 noviembre, Reguladora de la Actividad Urbanística en la Comunidad Autónoma de Valencia (§53).

Artículo 180. Vigencia de los Planes.

La vigencia de los Planes es indefinida.

Artículo 181. Declaración de utilidad pública.

La aprobación de los Planes implicará la declaración de utilidad pública de las obras y la necesidad de ocupación de los terrenos y edificios correspondientes, a los fines de expropiación o imposición de servidumbres.

⇒ V. art. 59 de la Ley 6/1994, de 15 noviembre, Reguladora de la Actividad Urbanística en la Comunidad Autónoma de Valencia (§53).

Artículo 182. Obligatoriedad de los Planes.

Los particulares, al igual que la Administración, quedarán obligados al cumplimiento de las disposiciones contenidas en la ordenación urbanística aplicable y en los Planes, Proyectos de Urbanización, Normas y Ordenanzas Municipales aprobadas con arreglo a la misma.

Serán nulas de pleno derecho las reservas de dispensación que se contuvieren en los Planes u Ordenanzas, así como las que, con independencia de ellos, se concedieren.

⇒ V. art. 59 de la Ley 6/1994, de 15 noviembre, Reguladora de la Actividad Urbanística en la Comunidad Autónoma de Valencia (§53).

Artículo 183. Fuera de ordenación.

Si el Plan no estipula otra cosa se entenderán fuera de ordenación las construcciones que presenten una de estas características:

A. Ocupar el viario público previsto por el Plan.

B. Ocupar los espacios libres previstos por el Plan salvo que se trate de construcciones que puedan armonizar con un entorno ajardinado y sólo ocupen una porción minoritaria de su superficie.

⇒ V. art. 58 de la Ley 6/1994, de 15 noviembre, Reguladora de la Actividad Urbanística en la Comunidad Autónoma de Valencia (§53).

Artículo 184. Obras permitidas en las construcciones fuera de ordenación.

1. En las construcciones fuera de ordenación:

A. No se podrán realizar otras obras más que las de mera conservación, reparación y decoración que no rebasen las exigencias del deber normal de conservación. Sólo se pueden dar licencias de actividad para el uso que fue construido el edificio, propio de sus características arquitectónicas y al que se destinó en su origen.

B. Sólo se pueden autorizar cambios de actividad u obras de reforma, sin ampliación, mediante licencia para obra o uso provisional, debiendo asociarse las condiciones de provisionalidad autorizadas a un plazo o condición de erradicación y demolición de construcciones y usos para ajustarlas al nuevo planeamiento.

C. En los elementos arquitectónicos no estructurales fuera de ordenación sólo se autorizarán las obras imprescindibles de conservación y reparación para evitar riesgos a la seguridad, salubridad u ornato público.

2. En las construcciones y edificios que pese a no ajustarse al nuevo Plan no estén declaradas «fuera de ordenación», ni sean incluibles en alguno de los supuestos referidos en el artículo anterior, se admiten obras de reforma y mejora y cambios objetivos de actividad siempre que la nueva obra o actividad no acentúe la inadecuación al planeamiento vigente, ni suponga la completa reconstrucción de elementos disconformes con él.

⇒ V. art. 58 de la Ley 6/1994, de 15 noviembre, Reguladora de la Actividad Urbanística en la Comunidad Autónoma de Valencia (§53).

DISPOSICIONES TRANSITORIAS

Primera.

Las disposiciones establecidas en este Reglamento respecto al contenido, tramitación, formalización o aprobación de Planes no serán exigibles a aquellos que se encuentren en tramitación en el momento de su entrada en vigor.

Se entenderán en tramitación los Planes que cuenten con acuerdo para su sometimiento a información pública.

Segunda.

Para la homologación de Planes a la Ley Reguladora de la Actividad Urbanística se estará a lo dispuesto en el régimen transitorio establecido por ésta y en la Instrucción de Planeamiento 1/1996 aprobada por Orden del Honorable Conseller de Obras Públicas, Urbanismo y Transportes.

Tercera.

La aplicación de las reglas contenidas en el Anexo de este Reglamento no podrá dar lugar a variaciones en la edificabilidad o en la superficie exigible de suelo dotacional que desvirtúen el modelo territorial de los Planes aprobados antes de su entrada en vigor.

DISPOSICIONES ADICIONALES

Primera.

La documentación de los Planes que conforme a Ley Reguladora de la Actividad Urbanística y a este Reglamento se formalice mediante Planos, deberá realizarse sobre la base cartográfica indicada desde la Generalitat para facilitar su reproducción en soporte electrónico debidamente coordinado en toda la Comunidad Valenciana.

Segunda.

Los instrumentos de ordenación y gestión urbanística y las licencias urbanísticas deberán ser informados por técnico competente para ello.

ANEXO
AL REGLAMENTO DE PLANEAMIENTO DE LA COMUNIDAD VALENCIANA

Sección 1ª Conceptos básicos para el cómputo de estandares de la Red Secundaria

Artículo 1. Edificabilidades: concepto e índices.

La edificabilidad bruta o techo edificable de un sector (EB) comprende toda la edificación, destinada a cualquier uso lucrativo, que puede materializarse dentro de él.

El índice de edificabilidad bruta (IEB) es el coeficiente, expresado en mt/

ms, que multiplicado por la superficie del sector determina su techo edificable.

La edificabilidad residencial (ER) comprende toda la edificación en la que es posible el uso residencial.

El índice de edificabilidad residencial (IER) resulta de dividir la edificabilidad residencial por la superficie del sector.

La edificabilidad terciaria (ET) comprende la edificación no residencial ubicada en parcela reservada para estos usos o en aquellas partes de los edificios en los que no esté permitido el uso residencial.

El índice de edificabilidad terciaria (IET) resulta de dividir la edificabilidad terciaria por la superficie del sector.

La edificabilidad industrial (EI) comprende toda la edificación en la que es posible el uso industrial.

El índice de edificabilidad industrial (IEI) resulta de dividir la edificabilidad industrial por la superficie del sector.

Los Planes Generales fijarán los diferentes índices de edificabilidad bruta en suelo urbanizable tomando como base múltiplos de 0,05 mt/ms.

Artículo 2. Elementos de la Red Primaria computables a efectos de verificar el cumplimiento de los estándares mínimos exigibles para la Red Secundaria.

Para calcular el techo edificable de un sector sólo serán computables los terrenos incluidos en el ámbito del mismo por el Plan General.

Los Planes Generales, deberán identificar aquellos elementos de la Red Primaria que puedan ser computables a efectos de verificar el cumplimiento de los estándares mínimos exigibles por este Reglamento para la Red Secundaria, así como la proporción en que lo sean, siempre y cuando concurra alguno de los siguientes motivos:

– Elementos de la Red Viaria Primaria (PRV): por tratarse de vías que, discurriendo por el sector, lo estructuren con otras partes de la ciudad y, a su vez, sean de utilidad para la organización de sus comunicaciones internas. El criterio que concrete el Plan General para identificar estos elementos, será global y homogéneo para toda la red viaria municipal.

– Elementos de la Red Primaria de Zonas Verdes (PQL y PJL): por tratarse de parques o jardines que, aun estando incluidos en la Red Primaria, no han sido computados para cumplir el estándar establecido en el artículo 36 de este Reglamento.

En todo caso, para que puedan ser computables elementos de la Red Primaria a los efectos señalados, se precisa que el Plan General haya sido redactado conforme a las determinaciones de la Ley Reguladora de la Actividad *Urbanística* o, en su caso, homologado de acuerdo con lo establecido en la Instrucción de Planeamiento 1/1996 referida en la disposición transitoria segunda de este Reglamento. Todos los elementos de la Red Primaria que se computen como red secundaria del sector, deberán ser cedidos y ejecutados con cargo al mismo.

Artículo 3. Suelo con destino dotacional público.

El suelo dotacional público (SD) es aquel que teniendo este destino se encuentra incluido dentro de la superficie del sector.

Se define como índice unitario de dotación (ISD) el resultado de dividir el suelo dotacional computable por la superficie del sector.

El suelo con destino dotacional público de un sector se desglosa en suelo dotacional público no viario (SD-RV-AV) y en suelo dotacional público viario (RV+AV). A su vez, el suelo dotacional público no viario, se divide en zonas verdes públicas (ZV) y en suelo destinado a equipamientos (EQ).

El suelo destinado a zonas verdes públicas está integrado por jardines (JL) y por áreas de juego (AL). La superficie destinada a áreas de juego será, como máximo, una quinta parte de la superficie total de zonas verdes públicas.

El suelo destinado a equipamientos está integrado por las reservas de suelo dotacional público destinadas a los siguientes usos: deportivo-recreativo, educativo-cultural, asistencial, servicio administrativo o servicio urbano-infraestructuras.

En sectores susceptibles de utilización residencial el suelo con destino dotacional público se calcula en función del índice de edificabilidad bruta del sector. El suelo dotacional público no viario y el destinado a zonas verdes públicas se obtiene en base al índice de edificabilidad residencial del sector.

Mediante Instrucción de Planeamiento se fijarán condiciones específicas de diseño del viario en los Planes Parciales.

Sección 2ª Estandares aplicables para la redacción de Planes Parciales de uso residencial

Artículo 4. Cumplimiento de los estándares aplicables en sectores residenciales.

En los sectores de planeamiento parcial de uso residencial se exigirá el cumplimiento de los estándares expresados en la tabla adjunta. Si el índice de edificabilidad bruta no coincide con ninguno de los consignados en la tabla se aplicará como estándar exigible el correspondiente al IEB inmediatamente superior.

Estos estándares tienen el carácter de mínimo, pudiendo exigir la Administración competente para la aprobación del Plan una mayor reserva de suelo dotacional cuando razones de interés público así lo requieran.

Tabla 1. Reserva de suelo dotacional público en sectores residenciales

Artículo 5. Proporción mínima de usos terciarios en sectores residenciales.

Todos los sectores de uso residencial deben contar con un mínimo de edificabilidad terciaria. El Plan General podrá optar por fijar un índice de edificabilidad terciaria al respecto, o bien por regular en su normativa la compatibilidad de los usos terciarios que se prevean en el sector con el uso residencial predominante.

A los efectos previstos en el párrafo anterior, para calcular el suelo dotacional público no viario y su desglose en zonas verdes y equipamientos, se entrará en la tabla con el índice de edificabilidad residencial. A su vez, el suelo dotacional público viario deberá calcularse en base al índice de edificabilidad bruta del sector.

El mínimo de edificabilidad terciaria de un sector residencial no podrá destinarse al uso de alojamientos turísticos sujetos a su reglamentación administrativa sectorial.

Artículo 6. Reserva de suelo dotacional público no viario.

En sectores susceptibles de utilización residencial, la reserva de suelo dotacional público, sin contar el viario, debe superar los 35 metros cuadrados por cada 100 de techo residencial potencialmente edificable.

En sectores con índice de edificabilidad residencial superior a 0,30 mt/ms, deben destinarse a zonas verdes públicas, al menos 15 metros cuadrados de los 35 exigidos con carácter general y, en todo caso, más del 10 por 100 de la superficie computable del sector cualquiera que sea el uso propio de sus edificios. Esta última exigencia no será de aplicación para sectores con un índice de edificabilidad residencial igual o inferior a 0,30 mt/ms.

En sectores con un índice de edificabilidad residencial superior a 1 mt/ms las reservas de suelo dotacional público no viario y la de zona verde pública, podrán minorarse en un 10 por 100, mediante resolución motivada del Conseller competente en materia de Urbanismo, dictada previo informe favorable del Consejo Superior de Urbanismo.

Esta disminución de la dotación no viaria será compensada con un incremento proporcional en la superficie de la red viaria del sector.

Igualmente, deberá tenerse en cuenta la excepción que contempla el artículo 9 de este Anexo que regula la distribución por usos del suelo reservado para equipamientos.

Artículo 7. Límites de edificabilidad y densidad.

El índice de edificabilidad residencial no superará 1 mt/ms y su densidad no será mayor de 75 viv./ha, aplicadas ambas respecto a la superficie del sector.

No obstante, cuando concurran causas excepcionales de interés público, apreciado mediante resolución motivada del Conseller competente en materia de Urbanismo, dictada previo informe del Consejo Superior de Urbanismo, se pueden autorizar índices de edificabilidad residencial y densidades que superen, como máximo, en un 20 por 100 las máximas ordinarias establecidas en el párrafo anterior. En ningún caso los citados incrementos de edificabilidad y de densidad se autorizarán sin que quede expresamente justificado el cumplimiento íntegro de las exigencias respecto de las reservas de suelo dotacional previstas para los Planes Parciales de uso residencial.

A efectos de aplicación del parámetro de densidad, los estudios o apartamentos cuya superficie construida sea sustancialmente inferior a 100 m, pueden ser objeto de cómputo especial, en los términos que justificadamente establezca el Plan General. Esta justificación debe fundamentarse en la media de la superficie construida por unidad residencial que tengan las promociones inmobiliarias típicas de la zona geográfica de referencia, así como a su ocupación estacional o de temporada.

Las reglas contempladas en los dos párrafos precedentes no pueden aplicarse simultáneamente al mismo sector.

La edificabilidad de los alojamientos turísticos sujetos a su reglamentación administrativa sectorial no se considera integrante del índice de edificabilidad residencial.

Artículo 8. Equipamientos en sectores de uso residencial.

En todo sector que cuente con más de 8.000 mt residencial el suelo para equipamiento dotacional público deberá preverse en, al menos, una parcela reservada a tal fin. El Plan Parcial debe justificar que el emplazamiento de estas parcelas dentro de cada sector es el más idóneo para el servicio de las mismas y que se localizan en un entorno urbano acorde con su destino. Cuando no se alcance el citado techo edificable, la reserva de suelo para equipamiento podrá materializarse en aquellas partes de los edificios en los que no esté permitido el uso residencial.

Las dimensiones de cada una de las reservas con destino a equipamientos habrán de ser suficientes para su función, debiéndose ponderar las exigencias de la reglamentación sectorial respecto a la formación de unidades completas para ello.

Artículo 9. Distribución por usos del suelo reservado para equipamientos.

La distribución por usos del suelo destinado a equipamientos y su superficie mínima no está sujeta a estándares genéricos. Se fijará, en cada caso, atendiendo a las necesidades específicas del sector y a su posición relativa en el entorno urbano y territorial.

Los órganos responsables de la planificación de cada servicio público, con motivo de la aprobación de los Planes Generales, pueden instar la fijación de directrices para la definición de estos usos en los sectores en que sea preciso.

En todo caso, los Planes Parciales de sectores de uso residencial deberán ser informados, en el plazo de un mes, por las Consellerias competentes en materia de Educación y de Sanidad. Los citados informes deberán pronunciarse acerca de la necesidad de destinar parte de la reserva de suelo para equipamientos a usos docentes o sanitarios, así como de la superficie necesaria para que queden correctamente atendidos tales usos en el sector. La no emisión del informe dentro del plazo establecido implicará la conformidad de la propuesta.

Cuando en un sector se establezca un uso equivalente a un servicio público obligatorio sanitario o docente, se podrán disminuir las dotaciones públicas con las siguientes condiciones:

a) Que la Conselleria competente por razón de la materia informe la no necesidad de destinar la reserva de suelo dotacional público al uso docente o sanitario correspondiente.

b) Que el Ayuntamiento emita informe favorable sobre la disminución. En caso de no emitir informe, éste se entenderá recogido en la aprobación, provisional o definitiva, según los casos, del instrumento planeamiento que contenga esta previsión.

c) Que la ejecución e implantación de este uso previsto en la ordenación pormenorizada esté incorporada en el Programa para el desarrollo de la Actuación Integrada.

d) Que la disminución dotacional no sea superior a un 25 por 100 de la superficie dotacional no viaria.

e) Que la disminución se aplique, únicamente, a las dotaciones no viarias, y nunca a las zonas verdes.

El incumplimiento del Programa en lo relativo a la ejecución e implantación de estos usos, conforme al número anterior, supondrá la incorporación de la porción dotacional minorada al suelo dotacional público del sector.

Cualquier modificación de planeamiento que cambie o disminuya estos usos, requerirá previo informe de la Conselleria competente por razón de la materia, supondrá la pérdida de la disminución dotacional practicada conforme a la letra c) anterior y la adopción de medidas compensatorias en los términos establecidos en el artículo 17 de este Anexo.

Artículo 10. Reserva mínima de aparcamiento en sectores residenciales.

1. Las reservas obligatorias de aparcamiento en parcela privada serán establecidas por el planeamiento, en su normativa urbanística, según las necesidades de cada zona. En suelo urbanizable residencial, nunca serán inferiores a los siguientes módulos:

-Por cada vivienda, apartamento, chalet o estudio, 1 plaza por unidad residencial si en la parcela se construyen menos de 10 unidades. Si se construyen más unidades, se reservará una plaza más, adicional, por cada 10 nuevas unidades residenciales completas que se edifiquen en la parcela.

La reserva de aparcamiento correspondiente a los usos terciarios previstos en parcelas específicas de sectores residenciales será la regulada para los sectores terciarios en el artículo 13 de este Anexo. Si los citados usos terciarios se localizan en parte de los edificios o de parcelas residenciales, la dotación prevista en el epígrafe anterior se incrementará en 1 plaza adicional por cada 100 m construidos de uso terciario.

– En parcelas de equipamiento público, la reserva mínima se establecerá mediante Orden de la Conselleria competente por razón de la materia.

2. Con independencia de los usos a los que se destine el sector, el número de plazas de aparcamiento en suelo dotacional público será proporcionado tanto a la densidad como a las características de la Red Viaria, siendo como mínimo del 50 por 100 de la reserva obligatoria de aparcamiento en parcela privada.

Las necesidades de aparcamiento público podrán quedar atendidas de cualquiera de las formas previstas en el artículo 31 de este Reglamento.

Sección 3ª Estándares aplicables para la redacción de Planes Parciales de usos terciarios

Artículo 11. Concepto de sector terciario.

Se considera sector terciario a aquel en que más de la mitad de su techo edificable se destina a dicho uso, pudiendo completarse éste con otros usos residenciales o industriales.

Artículo 12. Cumplimiento de los estándares aplicables en sectores terciarios.

En los sectores de planeamiento parcial de usos terciarios se exigirá el cumplimiento de los estándares establecidos para los Planes Parciales residenciales, con las siguientes salvedades:

– La superficie de suelo dotacional público viario será el que resulte de la aplicación de la tabla 1, para el índice de edificabilidad bruta del sector.

– La superficie de suelo dotacional público no viario será la que resulte de la aplicación de la citada tabla, para el índice de edificabilidad residencial del sector, si se permite este uso.

– En todo caso, será necesario reservar el 10 por 100 de la superficie computable del sector para zonas verdes públicas.

Esta última exigencia será eximible, mediante resolución motivada del Conseller competente en materia de Urbanismo, previo informe favorable del órgano de la Generalitat Valenciana competente en materia de Turismo y del Consejo Superior de Urbanismo, cuando se trate de sectores autónomos cuyo destino sea el de edificios turísticos o de ocupación estacional o recreativa de tipología residencial aislada, siempre que queden provistos de servicios privados especialmente importantes o de privilegiadas condiciones ambientales.

Artículo 13. Reserva mínima de aparcamiento en sectores terciarios.

1. Se establecen los siguientes módulos mínimos de reserva obligatoria de aparcamiento en parcela privada, a cumplir en función del uso concreto propuesto en las mismas:

– Para usos comerciales o recreativos, 1 plaza por cada 25 m construidos.

– Para uso hotelero o de apartamento turístico sujeto a la normativa secto-

procesos urbanizadores paralelos de instrumentación atípica. Simplificando, con más grafismo que precisión, valdría afirmar que no urbanizable es el suelo reservado por la planificación para que no se edifique salvo por excepción de la regla.

2) En ocasiones, la clasificación del terreno no procede de un mero juicio de exclusión respecto a la actividad urbanizadora, sino de una positiva voluntad preservadora orientada hacia la conservación de valores ecológicos o paisajísticos apreciados. En tales casos, la norma general antes expuesta se vuelve absoluta, pudiendo adoptar la regulación de estas áreas medidas de protección prohibitivas, con la radicalidad que gradualmente convenga, de toda transformación de su destino o naturaleza. Esta posibilidad sienta un obligado dualismo en el régimen jurídico del suelo no urbanizable, diferenciándose el protegido del sometido a tratamiento normativo común.

3) Como colofón de este cuadro preliminar, compete a la legislación urbanística y territorial, en la que la Generalitat tiene exclusivas competencias, conforme al art. 31, números nueve y diez, del Estatuto de Autonomía, establecer los supuestos y condiciones en que hayan de producirse, singularmente, actuaciones urbanísticas en esta clase de suelo. Ello, por supuesto, observando la debida coordinación con las legislaciones administrativas sectoriales que inciden sobre el territorio.

II

La regulación hasta ahora vigente preveía cuatro casos de obras civiles, públicas o de edificación particular, ubicables en suelo no urbanizable.

Dos de ellos, los actos de ejecución o entretenimiento y servicio de las obras públicas, así como las obras menores de necesaria y funcional vinculación al trabajo del campo, eran autorizables sin especiales controles de la Administración urbanística supralocal y se enmarcaban, más bien, en la esfera sectorial de la Administración de obras públicas o de agricultura.

Los otros dos, la vivienda familiar y las llamadas instalaciones de utilidad pública o interés social de necesario emplazamiento en el medio rural, conducían a problemáticas de más enjundia y complejo tratamiento. Por ello, su autorización se sujetaba a un procedimiento especial, con información pública del expediente y aprobación tutelar de la Administración autonómica, previa a la licencia municipal.

La vivienda familiar aislada se recogía en nuestra legislación como un uso complementario demandado por las actividades agrarias. Su autorización se supeditaba al cumplimiento de limitaciones a concretar por el planeamiento urbanístico, que impidieran la formación de núcleos de población. Dentro de esta óptica, muchos de los planes de la Comunidad Valenciana, inspirados por las antiguas normas complementarias provinciales, han fijado esas limitaciones conforme a estándares de exigencia más orientados hacia tradicionales medidas de policía rural que hacia criterios de estructuración del territorio. De modo que, con frecuencia, se ha tendido a permitir la ejecución generalizada de viviendas en todo predio agrícola de tamaño medio y condiciones típicas dentro de su comarca.

Sin embargo, la realidad social presente responde a una lógica distinta. El demandante principal de esta clase de alojamiento no es ya el productor agrario, quien tiende a variar sus hábitos residenciales aprovechando la creciente movilidad de los medios de transporte, sino el usuario de la segunda residencia y la demanda turística. Se ha producido una utilización masiva de este cauce legal que ha conducido a una crisis de saturación, dando pie, en algún caso, a intensos desarrollos residenciales de caracteres cuasi-urbanos, pero no planificados ni dotados de las infraestructuras precisas. Esto tiene consecuencias medioambientales y territoriales negativas e incluso, un indirecto efecto desalentador en los desarrollos residenciales sujetos a procesos convencionales de urbanización.

Más problemáticas aún, si cabe, han sido las actuaciones que la Ley denominaba de utilidad pública o interés social de necesario emplazamiento en el medio rural. El problema arrancaba, aquí, de la ambigüedad del texto legal, que estableció una regla de imprecisas connotaciones restrictivas, pero sin esforzarse por explicitar su alcance y significado concreto.

Cualquier lectura ortodoxa del texto legal circunscribiría esta institución a la realización de actividades que, o bien fueran al menos análogas a las que, bajo idéntico título, legitiman la necesidad de ocupación expropiatoria, o bien a las que, con igual denominación, se hacen beneficiarias de medidas de fomento administrativo y bonificaciones fiscales. Pero esta solución, aunque obedece a una aplicación rigurosa del derecho y aun cuando respeta las precauciones que, frente al hecho urbanístico en suelo rústico, exigen la prudencia y la coherencia administrativas, choca, con alguna frecuencia, con la dinámica económica de la Comunidad Valenciana. Ciertas actividades productivas y, en especial, algunas relacionadas con el sector terciario turístico, de fines deportivos, de ocio y similares, por sus características técnico-funcionales, debieran tener cabida ocasional fuera de los ámbitos urbanos, aunque sea ciñéndose a ciertas condiciones y requisitos.

No servía ni sirve, como solución, imponer una exégesis laxa que forzara el tenor de la Ley, pues, aparte del detrimento que ello supone para la seguridad jurídica, comportaría una quiebra de nuestro sistema urbanístico, pues muchas actividades económicas, tentadas por la baratura del suelo y los menores costes de urbanización, usarían el no urbanizable como sucedáneo del urbano, acarreando su ocupación caótica en perjuicio del urbanismo formalizado y de las exigencias medioambientales.

III

La presente Ley parte de un concepto positivo del suelo no urbanizable, de manera que no lo define como mera negación residual del urbanizable, sino realzando las funciones sociales, ciertamente variadas, que puede cumplir la exclusión de un terreno del proceso urbanizador y que, conviene sean formalmente explicitadas y, desde luego, tuteladas.

Consecuentemente, el estatuto dominical de este suelo, en su vertiente limitativa, no puede ceñirse a las simples prohibiciones de hacer o actuar, debe implicar, además, obligaciones positivas o activas tendentes a la conservación del territorio en condiciones adecuadas.

El régimen del suelo se articula sobre la distinción entre el sujeto a especiales medidas de protección y el sometido a una regulación «común». Cada área protegida tendrá su estatuto específico, definido por las medidas protectoras que el planeamiento, coordinadamente con la legislación sectorial y modulando los valores concretos a conservar, establezca. Pero el régimen de protección deja de ser una singularidad, exigiéndose, como pauta habitual, su delimitación por el plan o, en su defecto, una explícita justificación de la ausencia de este suelo. Se establecen, asimismo, medidas de garantía para la directa protección del patrimonio forestal de la Comunidad Valenciana, que se vienen a sumar a las normas de protección del patrimonio rural del suelo contenidas en el Capítulo IV de la Ley de la Generalitat Valenciana 6/1989, de 7 julio.

La regulación de las facultades y derechos de los propietarios se diseña sobre el horizonte de máximas posibilidades que, cumplidas las previsiones legales, podrían eventualmente desplegarse en el suelo de régimen común. El estatuto correlativo del suelo protegido lo dibujará cada plan tomando tan sólo, aquellos trazos y perfiles del régimen común que sean plenamente compatibles con los valores protegidos en presencia. Los regímenes de protección que se establezcan no podrán integrar facultades o potencialidades propiamente urbanísticas, salvo a título rigurosamente excepcional.

IV

Los derechos de la propiedad del suelo no urbanizable común se articulan en dos planos. Un primer plano lo integrarán las facultades de usar el terreno conforme a su destino natural, realizando actividades primarias de carácter agrario o similar. Este derecho es directamente reconocido por la ley, con toda generalidad, al suelo de régimen común, sin otras limitaciones que las derivadas del Derecho Civil o Administrativo especial. El segundo plano lo constituirán las facultades precisas para realizar obras o edificaciones que, excediendo de la actividad antes indicada, presenten un cariz urbanístico. Este segundo grupo de facultades no es otorgado directamente por la Ley sino que requieren, en cada caso, su previa atribución por la ordenación urbanística.

A su vez, esa atribución de facultades puede producirla la ordenación urbanística merced a dos posibles vías. Por previsión del planeamiento, cuando se trata de actividades que la Ley tipifica como más elementales, o a través de una institución de nuevo cuño: la declaración de interés comunitario.

El plan puede permitir, en suelo no urbanizable común, actuaciones tales como la vivienda familiar, las construcciones agrícolas, incluso las que requieran ciertas obras de arquitectura o la explotación de canteras. Igualmente la planificación sectorial de las carreteras podrá permitir actividades localizadas a su servicio. Pero la planificación, para poder atribuir estos aprovechamientos, deberá condicionar su posibilidad al cumplimiento de ciertas exigencias tendentes a evitar procesos de saturación. Estas exigencias, aunque perfiladas por el planeamiento en atención a la peculiaridad de cada territorio, habrán de atenerse a unos estándares mínimos de observancia general, algunos de ellos directamente prescritos por la Ley y otros a concretar, técnicamente, por los reglamentos generales de desarrollo que en ella se prevén o por los planes de Acción Territorial previstos en la Ley 6/1989, de 7 julio, de Ordenación del Territorio de la Comunidad Valenciana.

La autorización de estas actuaciones se sujeta siempre a licencia municipal, si bien se exige previa autorización de la Generalitat, cuya intervención tiene por objeto garantizar la observancia de los parámetros mínimos generales legal o reglamentariamente establecidos para la totalidad del territorio de la Comunidad Valenciana. Por tanto, cabe concluir que se simplifica el procedimiento, al tiempo que se eleva el listón mínimo de exigencias sustantivas, no más allá de lo que muchos planes ya preveían, pero mejorando no pocos planeamientos.

Las actuaciones productivas y terciarias, en suelo no urbanizable, requerirán la previa declaración de su interés comunitario otorgada por la Generalitat, dando participación a los municipios en el procedimiento. Esta declaración, que complementa la ordenación urbanística, es concebida como una especie de planeamiento puntual.

La Ley hace un esfuerzo analítico por definir qué tipo de actuaciones y bajo qué supuestos se podrán amparar, mediante la declaración de interés comunitario, y cuáles no. Se desarrolla así, siquiera de forma básica y preliminar, el viejo concepto indeterminado de «necesidad de emplazamiento en el medio rural», previsto en la Ley de 1976. Formulada una propuesta, dentro de estos supuestos, el órgano otorgante deberá examinar tanto su compatibilidad con el planeamiento y con los estándares y condiciones generales que establece la Ley, que complementarán sus reglamentos de desarrollo, como la conveniencia y oportunidad misma de acometer la propuesta, ponderando su incidencia en la correcta vertebración del territorio.

El acto de aprobación, por tanto, no puede ser ya una mera autorización tutelar de policía, sino que, a semejanza de la operación aprobatoria de planes particulares, fijará las condiciones de configuración y ejecución de la actuación para que ésta satisfaga el interés comunitario apreciado en ella. De este modo, la ambigua idea de «interés público» de la actuación en suelo no urbanizable, propia de legislación estatal anterior, adquiere un contenido más preciso. No se trata de apreciar el interés público de una actividad ubicua y abstractamente considerada, sino de precisar la preferencia e idoneidad de la localización concreta, según los criterios y fines propios de la competencia para la ordenación del territorio. No basta con dirimir qué actuaciones constructivas son asumibles en el espacio rural, sino que hay que ponderar los emplazamientos que den mejor apoyo para la correcta vertebración de su territorio. Los instrumentos de planificación instituidos por la Ley de la Generalitat Valenciana 6/1989 pueden jugar un papel complementario y orientativo en la aplicación práctica de esta nueva institución.

Además, se ha procurado que la atribución de estos aprovechamientos no se convierta en una suerte de reclasificación puntual del suelo, dado que, cuando se trata de pequeñas y medianas actuaciones, su efecto acumulativo, a largo plazo, puede comportar fuertes condicionamientos para una ordenación racional del territorio. Por ello, la aprobación se otorga condicionada siempre a plazo, aun cuando éste se module según las necesidades amortizadoras del inversor, y aun cuando se prevea la posibilidad de otorgar prórrogas, si al caducar aquél no han decaído las circunstancias que determinaron el originario interés comunitario en la actuación. Dicho plazo servirá, recíprocamente, como garantía para el inversor frente a eventuales cambios de criterio de la Administración. En todo caso, la atribución del aprovechamiento estará vinculada a una actividad concreta, asociando el uso al volumen y ambos a la total superficie de la finca, a las condiciones específicas que se fijen y al plazo que se apruebe.

Asimismo, para evitar que el permitir ese tipo de actuaciones productivas y terciarias, fuera de los suelos urbanos y urbanizables, comporte ventajas comparativas injustas o situaciones de privilegio frente al régimen de cargas legales propio de aquellos suelos, se establece un canon compensatorio del aprovechamiento urbanístico que, por esta vía, obtenga el propietario del suelo no urbanizable. Se trata de rescatar la renta diferencial de uso obtenida de esa atribución administrativa singular de aprovechamiento por quien, en principio, sólo tenía derecho al rendimiento rústico del terreno, al igual que la generalidad de propietarios. Como el otorgamiento sólo se hace por un plazo, el importe máximo del canon no superará lo que valdría, a efectos fiscales o expropiatorios, el usufructo de ese mayor valor aportado por el potencial urbanístico que se otorgue al suelo. La Administración perceptora será la municipal, quedando el ingreso afecto a la ejecución de inversiones urbanísticas e infraestructuras territoriales.

Un tratamiento especial han recibido aquellas actuaciones productivas o terciarias que se pretendan acometer en el espacio rústico y que, por su mayor tamaño y trascendencia, alcanzan a ser, en sí mismas, elementos influyentes en la estructura territorial. Su regulación se ha planteado de forma conexa con la de las reclasificaciones de suelo, materia que, al igual que los convenios urbanísticos, es, por vez primera abordada abiertamente por un texto legal.

La declaración de interés comunitario de estas actuaciones mayores, por su especial relevancia, se somete a la aprobación del Gobierno Valenciano. Se exige que su proyecto y desarrollo sea formulado y efectuado como una actuación integral, resolutoria de todas las incidencias que su ensamblaje territorial pueda acarrear. Su promotor habrá de asumir, cuanto menos, las *obligaciones* y responsabilidades corrientemente requeridas para actuar en suelo urbanizable, así como la ejecución de las infraestructuras y medidas correctoras precisas aun de las generales o externas al ámbito de actuación.

Además, como quiera que estas iniciativas no son reproducibles, por consumir el potencial de saturación que el territorio permite, se ha dispuesto que la información pública del procedimiento adquiera caracteres de concurso, a fin de que otros promotores puedan competir con la iniciativa originaria, incluso con propuestas alternativas y excluyentes a seleccionar por el órgano otorgante, previa participación municipal. Puesto que las alternativas concurrentes sobre un mismo territorio pueden disociarse de la propiedad del suelo, se habilita, para cuando sea preciso, el instrumento de la expropiación forzosa en beneficio del adjudicatario que será, obvio es, quien, habiendo presentado la propuesta de condiciones y características más ventajosas para el interés público, pague el justiprecio.

El régimen jurídico así estructurado es análogo al de la gestión del suelo urbanizable no programado, si bien se ha procurado una notable simplificación y agilización procedimental.

V

Lo expuesto, que es el núcleo básico de la presente Ley, hubiera resultado insuficiente de no reforzarlo con un elenco de medidas complementarias que no por heterogéneas dejaban de ser precisas. Ya se mencionó la regulación de los convenios, que hace hincapié en su publicidad y en centrar cuáles han de ser sus fines, y la de las reclasificaciones, que asegura la regularidad en los procesos de formación del suelo urbano, desde la cantera, por así decirlo, del no urbanizable, pasando por las exigencias de un desarrollo urbanístico con las debidas garantías. Se instrumentan, también, medidas de disciplina urbanística adicionales. Se aclara la atribución de responsabilidades a las distintas Administraciones llamadas a intervenir en la aplicación de la Ley, respetando la autonomía local y las prerrogativas comunitarias en cuestiones que repercutan en el interés supramunicipal. En este sentido, el suelo no urbanizable requiere un tratamiento cuidadosamente equilibrado pues, en cuanto constituye una unidad geofísica trascendente de su división administrativa en municipios, se inscribe en la competencia autonómica para la ordenación del territorio, pero en tanto que puede albergar actividades de naturaleza urbanística es inexcusable dar juego a la participación municipal en su régimen administrativo.

Se adoptan, asimismo, las necesarias previsiones transitorias, así como particulares disposiciones de tolerancia para las industrias legalmente consolidadas en estos suelos con anterioridad a la Ley, al tiempo que se ofrece a los pequeños municipios una vía abreviada, adecuándola a su menor capacidad técnica, para que puedan ordenar racionalmente pequeños usos industriales periféricos, aliviándoles de algunas exigencias de la legislación vigente, excesivas para ellos. Tampoco podía esta Ley dejar de prescribir especial tolerancia para aquellas actuaciones que evidencien la sensibilidad necesaria para revitalizar nuestro patrimonio arquitectónico rural. Se aborda, en fin, la problemática de la legalización, selectiva y condicionada, de urbanizaciones clandestinas.

Por último, el texto legal ha hecho un particular esfuerzo por regular fórmulas de coordinación interadministrativa en el proceso de ejecución de obras y proyectos públicos, por la Administración y sus concesionarios, tratando de retomar el marco constitucional basado en la cooperación y lealtad entre instituciones, frente al confusionismo que, con frecuencia, suscita la legislación vigente al estar pensada desde un sistema administrativo ajeno a la realidad de hoy.

TÍTULO I
DE LA CLASIFICACIÓN DEL SUELO NO URBANIZABLE Y SUS DISTINTAS CATEGORÍAS

Artículo 1. Clasificación en los municipios con planeamiento urbanístico.

1. Los planes generales de Ordenación Urbana y, en su caso, las normas complementarias y subsidiarias de planeamiento clasificarán como suelo no urbanizable:

a) El dominio público natural marítimo e hidráulico, de conformidad con su legislación reguladora.

b) Los terrenos que estén sujetos a un régimen específico de protección o mejora por una medida en vigor adoptada conforme, bien a la propia legislación de la ordenación territorial o urbanística, bien a la reguladora de la conservación de la naturaleza, flora y fauna, del patrimonio histórico o artístico o del medio ambiente.

c) Los terrenos que, aun no estando comprendidos en el supuesto de la letra anterior, reúnan valores o presenten características que, conforme a la legislación urbanística, de protección del patrimonio histórico, de conservación de la naturaleza, fauna y flora o del medio ambiente, los hagan merecedores de una especial protección.

d) Los terrenos cuyo uso o aprovechamiento agrícola, ganadero o forestal actual debe ser mantenido y aquellos que en virtud de los planes o programas de dichos sectores primarios productivos o por razón del modelo social-económico y territorial adoptado, deban ser objeto de tal uso o aprovechamiento.

e) Los terrenos que, conforme a la estrategia territorial adoptada, deban ser excluidos del proceso de urbanización o preservados del mismo.

f) Los terrenos que no sean objeto de clasificación como urbanos, urbanizables o aptos para la urbanización.

2. La clasificación a que se refiere el número anterior deberá ser motivada de forma expresa y suficiente y diferenciar los terrenos sujetos a un régimen de especial protección; la no inclusión en este último régimen de suelos naturales, seminaturales o incultos deberá ser objeto de justificación pormenorizada.

3. En todo caso, se clasificarán:

A) Como suelo no urbanizable, en su categoría de especial protección, los terrenos a que se refieren las letras a), b) y c) del núm. 1 de este artículo y los de uso o aprovechamiento forestal.

B) Como suelo no urbanizable, en su categoría común, los terrenos a que se refiere la letra f) del núm. 1 de este artículo.

4. Con relación a todo el suelo que clasifique como no urbanizable el planeamiento urbanístico:

A) Deberá adecuarse a y desarrollar, para su efectividad, las reservas de suelo establecidas por los planes de Acción Territorial formulados por la Generalitat.

B) Podrá, cuando así proceda por razón de las previsiones o, en su caso, las necesidades sectoriales correspondientes, establecer reservas de suelo para la realización de obras o infraestructuras y la implantación de servicios públicos.

C) Establecerá reservas de suelo:

a) Cuando sea oportuno y con carácter meramente orientativo, para la más adecuada ordenación territorial de la localización concreta de las actuaciones a que se refiere el art. 8.2 de esta Ley; y

b) Preceptivamente y con carácter prescriptivo, para prohibir en el ámbito de dichas reservas la implantación de las actuaciones a que se refiere el art. 8.2 y para limitar estrictamente cualesquiera otros usos o aprovechamientos constructivos aislados que sean posibles, también, conforme a esta Ley. El objeto de las reservas de suelo así establecidas será garantizar la potencial utilidad social del territorio comprendido en ellas, excluyendo la implantación independiente y descoordinada de construcciones, hasta tanto no se adopten criterios o soluciones de ordenación de los usos y aprovechamientos para el conjunto de las mismas, bien sea a través de un plan especial o bien en la posterior revisión del planeamiento urbanístico.

⇒ V. Ley 11/1994, de 27 diciembre, de Espacios Naturales Protegidos en la Comunidad Valenciana.

V. Ley 3/1993, de 9 diciembre, Forestal de la Comunidad de Valencia.

V. art. 15 de la Ley 11/1994, de 27 diciembre, de Espacios Naturales Protegidos de la Comunidad Valenciana.

V. Acuerdo 18 julio 2000, que modifica el Acuerdo 3 noviembre 1999, de adopción de medidas cautelares de protección de las delimitadas en el Proyecto de Catálogo de Zonas Húmedas de la Comunidad.

Artículo 2. Nueva clasificación por revisión o modificación del planeamiento.

1. Se prohíbe toda determinación de planeamiento de clasificación del suelo que suponga la conversión o inclusión directa de suelo no urbanizable en la clase de suelo urbano.

2. Toda modificación o revisión de la ordenación urbanística que implique reclasificación de suelo no urbanizable en urbanizable, en cualquiera de sus dos categorías, o apto para la urbanización, deberá tramitarse observando la legislación sobre evaluación del impacto ambiental. Este tipo de modificaciones o revisiones en ningún caso podrá ser objeto de aprobación cuando la

reclasificación en que consista tenga por objeto legitimar la ejecución de actuaciones integrales que puedan ser realizadas al amparo de lo dispuesto en el art. 20 de esta Ley.

3. Durante el período de vigencia de un plan general de ordenación urbana o, en su caso, normas complementarias y subsidiarias de planeamiento sólo podrán tramitarse y aprobarse modificaciones de dichos instrumentos de ordenación que, fundándose en una urgente e inaplazable necesidad o interés públicos, supongan –aislada o acumulativamente– la reclasificación de suelo no urbanizable determinante como máximo de una edificabilidad equivalente al 20% de la atribuida a las restantes clases de suelo, computada siempre tanto en su totalidad como para cada uso predominante. Toda reclasificación que exceda de este límite requerirá su tramitación y aprobación como revisión de los referidos instrumentos, salvo que fuera consecuencia de una declaración de interés comunitario acordada conforme al art. 20 de esta Ley. En todo caso, las modificaciones reclasificatorias del suelo no urbanizable deberán motivar suficientemente la necesidad o el interés público a que obedezcan y el carácter inaplazable y urgente de su satisfacción, así como justificar la coherencia de la resolución adoptada con el modelo y la estrategia territoriales vigentes, en los que deba integrarse.

4. No se podrá clasificar o reclasificar, como urbano, urbanizable o apto para la urbanización, suelo no urbanizable que haya sufrido los efectos de un incendio forestal.

⇒ V. Ley 3/1993, de 9 diciembre, Forestal de la Comunidad de Valencia.

V. disp. adic. 1ª de la presente Ley.

V. Ley 2/1989, de 3 marzo. Estudios de impacto ambiental. Desarrollada por D. 162/1990, de 15 octubre.

V. Ley 6/2001, de 8 de mayo, de modificación del RDLeg 1302/1986, de 28 junio, de evaluación de impacto ambiental.

Artículo 3. Clasificación en los municipios sin planeamiento.

1. Los proyectos de delimitación del suelo urbano en municipios carentes de plan general de ordenación o, en su caso, normas complementarias y subsidiarias de planeamiento deberán incluir, cuando así proceda conforme a las letras a), b) y c) del art. 1.1, plano de delimitación del suelo no urbanizable objeto de especial protección e incorporar a las Ordenanzas que formen parte de los mismos, en el caso de clasificación al amparo de la letra c) de dicho artículo, las pertinentes normas de protección, conservación o revalorización.

2. Rige para los municipios a que se refiere el número anterior y con relación a los proyectos de delimitación del suelo urbano, la prohibición establecida en el núm. 1 del artículo anterior.

⇒ V. Jurisprudencia en arts. 81 y concordantes del TRLS/1976 (§3).

TÍTULO II
REGIMEN DEL SUELO NO URBANIZABLE

CAPÍTULO I
Derechos y deberes de los propietarios

Artículo 4. Delimitación del contenido urbanístico del derecho de propiedad.

La clasificación, con especificación de la sujeción o no a especial protección, y, en su caso, calificación del suelo no urbanizable vinculan los terrenos a los correspondientes destinos y usos y definen la función social de la propiedad de los mismos, delimitando el contenido de este derecho.

⇒ V. arts. 9 y 20 de la Ley 6/1998, de 13 abril (§1).
V. Jurisprudencia en arts. 86 y concordantes del TRLS/1976 (§3).

Artículo 5. Facultades y deberes de los propietarios de suelo no urbanizable común.

Integran el contenido urbanístico del derecho de propiedad del suelo no urbanizable común las siguientes facultades y deberes:

A) Facultades:

1º) Las de realización de los actos de uso y disposición precisos para la utilización o explotación agrícola, ganadera, forestal, cinegética o análoga de que sean susceptibles los terrenos conforme a su naturaleza mediante el empleo de medios técnicos e instalaciones adecuados y ordinarios, que no supongan ni tengan como consecuencia la transformación de su estado o características esenciales. En todo caso, los trabajos y las obras precisas estarán sujetos a las limitaciones impuestas por la legislación civil o la administrativa aplicable por razón de la materia.

2º) Las de realización de obras y construcciones, así como de uso y disposición de instalaciones y edificaciones que excedan de las previstas en la letra anterior y se legitimen o atribuyan expresamente por la ordenación urbanística en los términos previstos en esta Ley.

B) Deberes:

1º) Destinar el suelo al uso previsto por la ordenación urbanística y levantar, en su caso, las cargas por ésta impuestas para el legítimo ejercicio de las facultades a que se refiere el núm. 2º) de la letra A) anterior, así como conservar y eventualmente mejorar las edificaciones o instalaciones a que estas últimas den lugar en las condiciones previstas en los arts. 181 y 182 de la Ley sobre Régimen del Suelo y Ordenación Urbana, Texto Refundido aprobado por el Real Decreto 1346/1976, de 9 abril, y art. 10 de la Ley 8/1990, de 25 julio, sobre Reforma del Régimen Urbanístico y Valoraciones del Suelo.

2º) Conservar y mantener el suelo y su masa vegetal en las condiciones precisas para evitar riesgos de erosión, incendio o para la seguridad o salud públicas o cualquier otra perturbación medioambiental, así como daños o perjuicios a terceros o al interés general; y efectuar las labores de replantación y, en su caso, reforestación precisas para la reposición de la vegetación en toda la superficie de los terrenos que la hayan perdido como consecuencia de incendio, desastre natural o acción humana no debidamente autorizada, dentro de los plazos señalados en los planes y programas sectoriales reguladores de la materia.

3º) Realizar las plantaciones y los trabajos y obras de defensa del suelo y su vegetación que sean necesarios para salvaguardar el equilibrio ecológico, preservar el suelo de la erosión, impedir la contaminación del mismo y prevenir desastres naturales.

4º) Abstenerse de realizar cualesquiera actividades o actos que puedan tener como consecuencia o efecto la contaminación de la tierra, el agua o el aire.

5º) Cumplir los planes y programas sectoriales aprobados conforme a la legislación administrativa sectorial reguladora de las actividades a que se refiere el punto 1º) del ap. A) anterior.

6º) Los que deriven de la legislación administrativa que deba aplicarse concurrentemente con la urbanística por razón de la colindancia de los terrenos con otros que tengan la condición de bienes de demanio natural, de la conservación del medio ambiente, de la explotación de los recursos naturales que se hallen en aquéllos o en su subsuelo o del emplazamiento o funcionamiento en los mismos de obras y servicios públicos.

7º) Permitir, en los terrenos de su propiedad en los que, por sus características, así sea preciso, la ejecución por los órganos competentes de la Generalitat de trabajos de plantación destinados a prevenir la erosión, con el límite derivado de la regla contenida en el art. 6.2.

Los municipios y los órganos de la Generalitat competentes por razón de la materia velarán, mediante el ejercicio de las competencias que respectivamente les atribuya la legislación en cada caso de pertinente aplicación y las previstas por el régimen legal de la protección de la legalidad y la disciplina urbanísticas, por el cumplimiento de los anteriores deberes, pudiendo dictar al efecto órdenes de ejecución.

Cuando el coste de la replantación o reposición de los terrenos a su estado anterior u originario a que se refiere el párrafo B).2º) de este artículo exceda de la mitad del valor de la finca en su conjunto, determinado conforme a la legislación urbanística, el propietario podrá solicitar, y la Generalitat otorgarle, ayudas, que podrán ser incluso a fondo perdido por lo que hace al exceso. También podrán otorgarse ayudas para obras que no alcancen el valor indicado y cuya ejecución sea obligación del propietario, siempre que éste se encuentre en situación socioeconómica merecedora de especial protección o cuando efectúen una cesión de terrenos al patrimonio de la Administración equivalente a la ayuda percibida.

El incumplimiento manifiesto de los deberes de la propiedad establecidos en este artículo, facultará a la Administración para expropiar los terrenos correspondientes.

⇒ V. arts. 9 y 20 de la Ley 6/1998, de 13 abril (§1).
V. Ley 3/1993, de 9 diciembre, Forestal de la Comunidad de Valencia.
V. disp. adic. 3ª de la presente Ley.
V. Jurisprudencia en arts. 86 y concordantes del TRLS/1976 (§3).

Artículo 6. Facultades y deberes de los propietarios de suelo no urbanizable sujeto a especial protección.

1. Integran el contenido urbanístico del derecho de propiedad del suelo no urbanizable sujeto a especial protección las facultades y los deberes definidos expresamente por la ordenación específica de dicha especial protección contenida directamente en esta Ley o establecida, en virtud de la misma, por el planeamiento urbanístico y, en todo caso y en tanto sea compatible con aquella protección, los previstos en los apartados A).1°) y B).1°), 2°), 3°), 4°), 5°), 6°) y 7°) del artículo anterior para el suelo no urbanizable común.

2. Sin perjuicio de lo dispuesto en el número anterior, toda afección real y actual por las normas de especial protección, restrictiva de los usos y aprovechamientos efectiva y legítimamente implantados y realizados, constituirá un supuesto de lesión determinante de responsabilidad de la Administración que hubiera aprobado las aludidas normas, en los términos en que proceda conforme al régimen general de dicha responsabilidad.

⇒ V. arts. 9 y 20 de la Ley 6/1998, de 13 abril (§1).
V. Jurisprudencia en arts. 86 y concordantes del TRLS/1976 (§3).

CAPÍTULO II

Usos, actividades y aprovechamientos en suelo no urbanizable

Artículo 7. Obras, instalaciones y servicios públicos.

En suelo no urbanizable común pueden realizarse, con las características resultantes de su función propia y de su legislación específicamente reguladora, las obras e instalaciones requeridas por las infraestructuras y los servicios públicos estatales, autonómicos o locales que precisen localizarse en terrenos de dicha clase.

Sin perjuicio del cumplimiento de la legislación sobre evaluación del impacto ambiental, la posible contradicción entre el planeamiento territorial y urbanístico y la ejecución de los proyectos relativos a las obras correspondientes a infraestructuras, instalaciones o servicios públicos estatales, se resolverá en los términos de la legislación que los regule. En defecto de legislación estatal aplicable se seguirá análogo procedimiento al previsto en este artículo para las obras públicas de la Generalitat.

Cuando los proyectos previstos en el párrafo anterior se refieran a obras, instalaciones o servicios públicos de la Generalitat, la ejecución sólo podrá emprenderse previa declaración de conformidad por parte del Municipio o municipios cuyo territorio esté afectado o, en su caso, acuerdo del Consell de la Generalitat resolutorio de la discrepancia manifestada por el Municipio tras ser consultado, conforme al procedimiento reglamentario que desarrolle la siguientes reglas:

a) La Conselleria promotora del proyecto comunicará su elaboración a la competente en materia de ordenación del territorio y urbanismo y a los municipios afectados, para que lo examinen desde el punto de vista de la ordenación urbanística y manifiesten su criterio sobre el planteamiento inicial. El silencio municipal se entenderá como conformidad con dicho planteamiento.

b) La expresión de alguna disconformidad dará lugar a un período de consultas, dirigido a alcanzar un acuerdo interadministrativo sobre las características urbanísticas del proyecto. De no alcanzarse éste en el plazo al efecto establecido, corresponderá al Gobierno Valenciano la resolución definitiva sobre las características a tenor de las cuales deba redactarse el proyecto técnico; resolución que, en su caso, deberá disponer la modificación o revisión del planeamiento urbanístico en vigor.

c) En todo caso, aprobado el proyecto técnico definitivo y antes de comenzar su ejecución material, la Conselleria que lo promueva lo remitirá a los municipios interesados, para su conocimiento.

⇒ V. arts. 9 y 20 de la Ley 6/1998, de 13 abril (§1).
V. Ley 2/1989, de 3 marzo, Estudios de impacto ambiental, desarrollada por D. 162/1990, de 15 octubre.
V. Ley 6/2001, de 8 de mayo, de modificación del Real Decreto Legislativo 1302/1986, de 28 junio, de evaluación de impacto ambiental.
V. Jurisprudencia en arts. 86 y concordantes del TRLS/1976 (§3).

Artículo 8. Restantes obras, usos y aprovechamientos.

En suelo no urbanizable común pueden realizarse, además de las construcciones previstas en el artículo anterior, las destinadas a los usos y aprovechamientos siguientes:

1. Al amparo del planeamiento urbanístico, cuya regulación como mínimo asumirá las limitaciones contenidas en esta Ley y en las normas reglamentarias que la desarrollen, previa licencia urbanística:

a) Vivienda aislada y familiar que no contribuya a la formación del núcleo urbano.

b) Almacén vinculado a actividad agrícola, ganadera o forestal.

c) Instalaciones precisas para la explotación agrícola, ganadera, forestal o cinegética, tales como invernaderos, viveros, granjas y similares.

d) Explotación de canteras o extracción de áridos o tierras.

e) Actividades de servicios vinculadas funcionalmente a las carreteras y previstas en la ordenación sectorial de éstas, así como, en todo caso, las de suministro de carburante.

El otorgamiento de licencia municipal para realizar las anteriores actuaciones requerirá su autorización previa otorgada, en su caso, por la Conselleria competente en materia de ordenación del territorio y urbanismo. Para la mejor ejecución del planeamiento especial previsto en el artículo 10.1°) de la presente Ley, mediante Decreto del Gobierno Valenciano, se podrá delegar esta competencia en los municipios. Estos serán, en todo caso, competentes para otorgar la autorización previa si tienen más de 50.000 habitantes. Cuando su otorgamiento sea competencia municipal el interesado podrá optar entre solicitarla a título de consulta previa o pedir directamente la licencia, cuya concesión siempre se comunicará a la expresada Conselleria.

La autorización se otorgará a solicitud del interesado en la que se precisarán los siguientes extremos:

a) Emplazamiento y extensión de la finca en que se pretenda construir, reflejados en plano de situación, quedando constancia de que no contribuye a la formación de núcleo urbano.

b) Superficie ocupada por la construcción y descripción de las características fundamentales de la misma y de los usos o actividades a desarrollar en aquélla.

c) Copia de los títulos de propiedad que faciliten la identificación de la finca y conformidad otorgada por el dueño para afectar la superficie de ésta a la edificación con las condiciones de indivisibilidad que resulten de la autorización previa.

La autorización previa se entenderá producida por silencio positivo por el mero transcurso de dos meses desde la presentación de la solicitud, sin necesidad de denuncia de mora.

El otorgamiento de la autorización previa no exime de la licencia municipal que se otorgará, obtenida aquélla, si el proyecto técnico presentado por el solicitante se ajusta a las ordenanzas municipales y al resto de la legislación aplicable.

✐ El párr. 7º del ap. 1 ha sido modificado por el art. 2 de la Ley 2/1997, de 13 junio.

2. Mediante su declaración de interés comunitario, que deberá definir sus características y condiciones de acuerdo con las determinaciones materiales de ordenación previstas en esta Ley, y previa licencia urbanística, las construcciones y los usos o aprovechamientos siguientes:

a) Actividades mineras y extractivas, salvo las previstas en la letra d) del número anterior.

b) Actividades industriales y productivas.

c) Actividades turísticas, deportivas, recreativas, de ocio y esparcimiento y terciarias.

d) Actividades terciarias e industriales de especial importancia, en las condiciones reguladas por el art. 20 de esta Ley.

⇒ V. disp. adic. 3ª de la presente Ley.

V. D. 256/1994, de 20 diciembre, sobre autorización administrativa en grandes superficies de venta al detalle.

V. O. 6 octubre 2000, del conseller de Obras Públicas, Urbanismo y Transportes, por la que se desarrolla el Decreto 110/2000, de 18 julio, del Gobierno Valenciano, que aprueba el Reglamento Orgánico y Funcional de la Conselleria de Obras Públicas, Urbanismo y Transportes.

V. D. 77/1996, de 16 abril, que aprueba el Reglamento de los órganos urbanísticos de la Generalidad.

Jurisprudencia

«En cuanto a la normativa autonómica valenciana, el art. 8.1 a) de la Ley 4/1992, de 5 de junio, exige para la construcción de una vivienda aislada que no contribuya a la formación de núcleo aislado la necesaria licencia municipal urbanística y, además, la autorización previa de la Administración autonómica [art. 8.1 e) de dicho Texto Legal], para lo que se exige una parcela mínima de 10.000 m² (art. 10.1º), condiciones no cumplidas por la recurrente. Asimismo, no cabrá aplicar el propugnado art. 82 de la Ley Valenciana 6/1994, de 15 de noviembre, puesto que tan sólo será de aplicación el art. 83.2, que establece que en suelo no urbanizable se estará a lo dispuesto en la disposición adicional 3ª a) y b) de la Ley 4/1992. En efecto, la disposición adicional 3ª.2 b) de la Ley 4/1992 regula que no podrá autorizarse la segregación de las fincas en las que ya existan construcciones ilegales, lo que permite afirmar la procedente denegación de la licencia de segregación resuelta por el Ayuntamiento de Casinos por no caber una segregación en Suelo No Urbanizable cuando la finca cuenta con una construcción ilegal y no es susceptible de legalización por carecer de una superficie mínima de una hectárea». **(STSJ Valencia 31 marzo 1999 [RJCA 1999, 2841]).**

Artículo 9. Obras, usos y aprovechamientos realizables, con carácter excepcional, en suelo no urbanizable de especial protección.

En la categoría de suelo no urbanizable sujeto a una especial protección, sin perjuicio de las limitaciones derivadas de la legislación protectora del medio ambiente, no se podrán ubicar instalaciones ni construcciones u obras salvo aquellas que tenga previstas el planeamiento, expresa y excepcionalmente, por ser necesarias para su mejor conservación y para el disfrute público compatible con los específicos valores justificativos de su especial protección.

Jurisprudencia

«Lo que el recurrente dice que es una caravana, según se desprende de las fotografías aportadas, supera ese concepto, tanto por sus dimensiones (la plataforma de hormigón sobre la que se pretende colocar tiene una superficie aproximada de 120 m), como por su propio carácter, al estar formadas por dos estructuras complementarias con forma de vivienda prefabricada, destinada a su ubicación sobre el terreno. Vivienda prefabricada que no está vinculada a la actividad agropecuaria. Y la ubicación de la misma en la parcela del actor vulnera las normativa autonómica, y la del Plan General anteriormente referida». **(STSJ Valencia 25 marzo 1999 [RJCA 1999, 2838]).**

CAPÍTULO III

Usos, actividades y aprovechamientos sujetos a autorización

Artículo 10. Viviendas aisladas.

Se podrá construir una vivienda aislada en la finca cumpliendo los siguientes requisitos:

1º) Los edificios se situarán en zonas y bajo condiciones expresa y justificadamente previstas en el planeamiento urbanístico. La ordenación de cada una de las unidades geográficas homogéneas en las que se prevea mayor presencia de diseminados residenciales de carácter rural, se hará mediante Plan Especial.

El Plan ordenará este uso atendiendo a la aptitud del terreno para albergarlo, ponderando su capacidad y, especialmente, su vulnerabilidad, así como el impacto ambiental de las construcciones. Dicha ordenación será coherente con la estrategia general de ocupación del territorio, evitando la consolidación de núcleos cuyas características sean urbanas. El planeamiento dispondrá medidas para preservar y mejorar el paisaje, salvaguardando los cauces naturales, las redes de caminos rurales, la estructura parcelaria histórica y los usos rústicos tradicionales del suelo propios de área territorial identificada.

2°) Se permitirá edificar en fincas legalmente parceladas que, tanto en la forma como en la superficie, abarquen la mínima exigible según el planeamiento. La fijación por el Plan de ésta y de otras determinaciones de análoga finalidad ha de perseguir los objetivos territoriales expresados en el párrafo anterior.

3°) La superficie ocupada no excederá nunca un dos por ciento la de la finca; el resto de ella habrá de estar y mantenerse en explotación agraria efectiva o con plantación profusa de arbolado, o bien, ser precisamente destinada a los usos concretos previstos por el Plan por su mejor compatibilidad con los potencialmente preferibles para cada unidad geográfica. No obstante, el Plan puede permitir servicios complementarios de la vivienda familiar, sin obra de fábrica sobre rasante natural, cuya superficie no exceda la construida. Las autorizaciones y licencias motivarán expresamente la concurrencia de estas condiciones.

4°) Se exigirá suficiente previsión del abastecimiento de agua potable y completa evacuación, recogida y depuración de los residuos, así como los demás servicios que sean estrictamente precisos. Se exigirá la licencia municipal de obras para la acometida de la vivienda a la red pública de suministro de agua.

5°) La posición y acabado del edificio han de ser acordes con su carácter aislado y rural, armonizando con el ambiente conforme a las reglas que el Plan determine para integrar las nuevas construcciones en las tipologías tradicionales de la zona o más adecuadas a su carácter.

En todo caso, la finca deberá quedar afectada con inscripción registral de la vinculación de la total superficie real a la construcción, que exprese las concretas limitaciones a su divisibilidad y edificabilidad impuestas por la autorización previa de la vivienda.

✐ Artículo modificado por el art. 1 de la Ley 2/1997, de 13 junio.

⇒ V. la disp. transit. 2ª de la Ley 2/1997, de 13 junio, la cual establece que se podrá autorizar la construcción de vivienda en suelo no urbanizable común, sobre finca de superficie menor a la exigida con anterioridad a esta Ley, en las áreas que, conforme a su artículo primero, sean específicamente ordenadas mediante Plan Especial, para establecer directrices detalladas de utilización del suelo y actuación territorial. También se podrán autorizar en aquellas áreas que el Plan General o de Acción Territorial ordene directa y específicamente con las determinaciones propias de dicho Plan Especial.

Jurisprudencia

«La norma que tipifica la acción cometida por el recurrente (construcción sin licencia en suelo no urbanizable), están integradas por los artículos 5, 8, y 10 de la Ley 4/1992, de 5 julio de la Generalitat Valenciana, sobre Suelo no Urbanizable, así como, el artículo 226.2, del Texto Refundido del año 1976, que califica como graves las infracciones que constituyan incumplimiento de las normas relativas al uso del suelo, y la sanción que le corresponde, viene prevista en el artículo 76.1 del Reglamento de Disciplina Urbanística, con multa del 10 a 20% del valor de la obra proyectada. En este sentido, la cuantificación de la multa impuesta no podrá sobrepasar el millón de pesetas, teniendo en cuenta el valor de la obra según el expediente administrativo. Pero además, el precepto establece una agravante especifica en su párrafo 2, al afirmar que "la sanción se impondrá en su grado máximo, cuando la actuación se refiera a suelo destinado a viales, parques y jardines públicos, zonas deportivas de recreo y expansión, o equipamiento comunitario". A Juicio de la Sala, no concurriendo la agravante específica que se indica, ni tampoco ninguna de las genéricas que se mencionan en el artículo 228 del Texto Refundido de 1976, la cuantía de la multa no debería llegar más allá del 15% del valor de la obra, esto es de 750.000 pesetas». **(STSJ Valencia 10 noviembre 1998 [RJCA 1998, 4199]).**

Artículo 11. Almacenes vinculados a explotación agrícola, ganadera o forestal.

Los almacenes vinculados a una actividad agrícola, ganadera o forestal, se podrán realizar en los términos que el plan autorice con construcciones adecuadas al ambiente en que se ubiquen y a la función que les es propia. Deberán cumplir los requisitos del artículo anterior, con las particularidades que, para este uso, se dispongan reglamentariamente. Mediante informe favorable del órgano de la Generalitat competente en materia de agricultura, fundado en necesidades de la actividad agraria, podrá eximirse, en casos determinados, del cumplimiento de las limitaciones urbanísticas reglamentarias establecidas con carácter general.

⇒ V. Ley 3/1993, de 9 diciembre, Forestal de la Comunidad de Valencia.

Artículo 12. Instalaciones necesarias para las explotaciones agrícolas, ganaderas, forestales o cinegéticas.

Las instalaciones precisas para la adecuada explotación agrícola, ganadera, forestal o cinegética de los terrenos o su mejora, deberán ser las estrictamente indispensables a su fin, con características propias de él y cumplir las medidas administrativas ordenadoras de la actividad correspondiente. Se autorizarán mediante licencia municipal pudiendo el Ayuntamiento recabar previo informe del órgano de la Generalitat competente en materia de agricultura.

No obstante, cuando las instalaciones requieran la realización de obras permanentes de arquitectura, se exigirá la autorización previa a la licencia regulada en el art. 8.1 y se cumplirán los requisitos urbanísticos a que se refieren los dos artículos anteriores, salvo exoneración de ellos por exigencias de la actividad agraria justificadas mediante el informe del órgano citado en el apartado precedente.

⇒ V. arts. 9 y 20 de la Ley 6/1998, de 13 abril (§1).
V. Jurisprudencia en arts. 86 y concordantes del TRLS/1976 (§3).

Artículo 13. Explotación de canteras y extracción de áridos o de tierras.

La explotación de canteras y la extracción de áridos o de tierras podrá ser autorizada siempre que cumpla –además de las exigibles según la legislación minera– las siguientes condiciones:

a) Obtención previa de una declaración favorable de su impacto ambiental y de la autorización prevista por la legislación de las actividades calificadas.

b) Compromiso de realizar, cuando cese la explotación o a medida que ésta lo vaya permitiendo, los trabajos correctores de sus consecuencias sobre la naturaleza que se estimen precisos, con prestación de las correspondientes garantías en la forma que se determine reglamentariamente. Este compromiso y su garantía se exigirán coordinadamente con las exigencias impuestas por la autorización minera y de medio ambiente.

La licencia urbanística se otorgará siempre con sujeción a las condiciones impuestas tanto por la declaración de impacto ambiental como por las autorizaciones minera y de control de las actividades calificadas, así como a la de realización de los trabajos a que se refiere la letra b) de este artículo.

⇒ V. Ley 2/1989, de 3 marzo, Estudios de impacto ambiental, desarrollada por D. 162/1990, de 15 octubre.

V. Ley 6/2001, de 8 mayo, de modificación del Real Decreto Legislativo 1302/1986, de 28 junio, de evaluación de impacto ambiental.

Artículo 14. Actividades de servicios, vinculadas funcionalmente a las carreteras, autorizadas por la ordenación específica de éstas.

Las construcciones e instalaciones vinculadas funcionalmente al servicio de las carreteras pueden llevarse a cabo en las áreas de servicio definidas a tal fin por la ordenación concreta de la vía o mediante plan especial que la complemente. Cumplirán las condiciones de la legislación de carreteras así como las que se establezcan reglamentariamente relativas a altura máxima de la construcción, ocupación de la parcela, distancia a linderos y otras análogas.

Los servicios que no estén expresamente previstos por el planeamiento o la ordenación de la vía requerirán la previa declaración de su interés comunitario que atribuya y defina el uso o aprovechamiento correspondiente. Las estaciones de suministro de carburantes requerirán informe favorable de la Administración titular de la vía previo a la licencia municipal.

En todo caso las construcciones serán adecuadas al paisaje en que se ubiquen y no obstaculizarán la contemplación del mismo.

Artículo 15. Adquisición del derecho a la edificación.

Es aplicable a las construcciones destinadas a los usos y aprovechamientos previstos en los arts. 10, 11, 12, 13 y 14 de esta Ley, y para la adquisición del derecho a la edificación resultante, lo dispuesto en el art. 25 de la Ley estatal 8/1990, de 25 julio, sobre Reforma del Régimen Urbanístico y Valoraciones del Suelo.

CAPÍTULO IV

Actividades sujetas a previa declaración de su interés comunitario

Sección 1ª Procedimiento ordinario

Artículo 16. Condiciones generales de los usos y aprovechamientos sujetos a declaración de interés comunitario.

1. La atribución de los usos y aprovechamientos regulados en el presente Capítulo se efectuará mediante su declaración de interés comunitario, la cual se otorgará por plazo determinado y obligará al promotor o propietario

a pagar el correspondiente canon de aprovechamiento urbanístico y a cumplir los restantes compromisos asumidos y determinados en la misma.

2. La decisión de atribuir los usos o aprovechamientos, corresponde a la Administración de la Generalitat en ejercicio de su potestad de ordenación territorial y urbanística de planeamiento. Se adoptará, previo informe municipal favorable, ponderando las circunstancias siguientes:

a) Características de las actividades a realizar y de las construcciones necesarias para las mismas y su incidencia sobre la ordenación territorial adecuada y el destino y el carácter generales del suelo no urbanizable común del municipio o municipios que resulten afectados.

b) Incidencia de las referidas actividades, por su ubicación prevista, sobre la estructura del territorio, considerando especialmente su relación con los núcleos urbanos y las redes generales de infraestructuras, servicios y dotaciones.

c) Oportunidad y conveniencia de las actividades de que se trate desde el punto de vista del desarrollo económico-social local, autonómico y general.

d) Evaluación del impacto en el medio físico y, especialmente, en la utilización de los recursos naturales, el paisaje y los espacios clasificados de suelo no urbanizable protegido u objeto de cualquier otra medida administrativa de preservación.

La decisión positiva de atribución de usos y aprovechamientos deberá motivarse expresa y suficientemente y fundarse en una positiva valoración de la misma para el interés público, en función tanto de la necesidad de emplazamiento en el medio rural, como de la mayor oportunidad y conveniencia de la localización propuesta frente a otras áreas del suelo no urbanizable y de la ponderación de la racional utilización colectiva del territorio.

3. El plazo de vigencia del uso o aprovechamiento se determinará atendiendo al requerido por la razonable amortización de las inversiones a efectuar y se motivará suficientemente en la resolución, sin que pueda exceder de 30 años salvo en los casos exceptuados por esta Ley. Las prórrogas que se otorguen se podrán conceder, expresamente y de modo sucesivo, por plazo inferior a la mitad del inicial o primero.

Si transcurrido el plazo del otorgamiento el municipio no hubiere resuelto sobre la necesaria prórroga y tolerara la continuación de aquél percibiendo canon, se producirán prórrogas tácitas sucesivas y anuales contadas desde el vencimiento del plazo precedente, hasta que se decrete la caducidad o la prórroga expresa para cuando termine el período anual correspondiente.

Las anteriores prescripciones sobre plazos no serán aplicables a usos o aprovechamientos realizados por la Administración Pública o sus concesionarios sobre bienes de dominio público, que se regirán por su legislación reguladora.

4. El canon de aprovechamiento urbanístico tiene por objeto la recuperación por la colectividad de parte del valor derivado directamente de la atribución del uso o aprovechamiento y se determinará tomando como base

la diferencia de valor que resulte para el terreno como consecuencia de dicha atribución respecto al inicial del mismo. La cuota será del dos por ciento anual. Por acuerdo de los Ayuntamientos afectados y por razones de fomento podrán concederse, por plazo determinado, reducciones e, incluso, exenciones del canon, ya sea para determinadas actividades o para las que se implanten en áreas geográficas concretas.

En el caso de inexistencia de referencias objetivas y generales para fijación del incremento del valor a que se refiere el párrafo anterior, se estará a la renta residual de la tierra, deduciendo de la potencial del negocio los costes de producción y amortización, así como el beneficio industrial.

El canon se devengará de una sola vez y con ocasión del otorgamiento de la licencia urbanística, salvo que el plazo de vigencia del uso o aprovechamiento sea superior a tres años y el interesado solicite y obtenga el pago fraccionado por anualidades anticipadas. El impago de dos anualidades consecutivas o de la última de ellas dará lugar a la caducidad de la licencia.

La percepción del canon corresponde a los Municipios y las cantidades ingresadas por este concepto quedarán afectadas a la gestión urbanística.

Se exceptúan de la obligación del pago de canon las actividades mineras y las realizadas en bienes de dominio público.

5. Los compromisos asumidos por el solicitante del uso o aprovechamiento a lo largo del procedimiento para su definición y atribución, los impuestos por el planeamiento urbanístico o su declaración de interés comunitario y, en todo caso, los de vinculación de los correspondientes terrenos a las construcciones e instalaciones a realizar, pago del canon y cesación en el uso o aprovechamiento y demolición de las construcciones o desmantelamiento de las instalaciones con reposición de las cosas a su estado inicial, deberán consignarse en escritura pública e inscribirse en el Registro de la Propiedad, en los términos dispuestos por la disposición adicional décima, apartado primero.8, de la Ley 8/1990, de 25 julio.

6. Atribuido y definido el uso o aprovechamiento, la ejecución de las construcciones o instalaciones precisas para su implantación y realización requerirá la obtención de previa licencia urbanística.

Para la adquisición del derecho a la edificación o edificaciones ejecutadas conforme a la licencia otorgada, en las condiciones previstas en los números anteriores, será de aplicación lo dispuesto en el art. 25 de la Ley 8/1990, de 25 julio, sobre Reforma del Régimen Urbanístico y Valoraciones del Suelo.

7. Durante el plazo de vigencia del uso o aprovechamiento y previa licencia urbanística, el propietario podrá realizar en las edificaciones e instalaciones obras de reforma y modernización que, no incrementando el aprovechamiento urbanístico, ni alterando el uso establecido, sean necesarias o convenientes a la actividad o actividades a que aquéllas estén destinadas.

Las obras que supongan incremento del aprovechamiento urbanístico o cambio de uso estarán sujetas a los mismos requisitos que las legitimadas por la primera definición y atribución de uso y aprovechamiento.

8. Vencido el plazo de vigencia del uso y aprovechamiento o caducada con anterioridad la licencia que ampare éstos, el propietario estará obligado a cesar en la actividad que viniera realizando y a demoler las construcciones y desmantelar las instalaciones en el plazo que se le fije al efecto. De no hacerlo así, el municipio cursará la correspondiente orden de ejecución, procediendo, en su caso, a la ejecución material subsidiaria.

No obstante, mediante Plan Especial o por cambio de planeamiento podrán afectarse estas construcciones, si son de obra permanente, a un destino público en suelo no urbanizable. Sólo procederá exigir la cesión gratuita al municipio del terreno subyacente indispensable a tal fin por compromiso del dueño contraído con motivo de la originaria atribución del uso o aprovechamiento correspondiente y con renuncia al mejor derecho que le pudiese deparar la aplicación del párrafo anterior.

Si transcurridos seis meses desde el vencimiento del plazo o desde la caducidad de la licencia, el municipio no adoptare las medidas antes expresadas o mostrare en ello notoria negligencia, la Conselleria competente en materia de ordenación del territorio y urbanismo podrá proceder en sustitución de dicho municipio, conforme a lo dispuesto en la Ley 7/1985, de 2 abril, Reguladora de las Bases del Régimen Local.

Todo lo anterior se entenderá sin perjuicio de las posibles prórrogas reguladas en el núm. 3 del presente artículo.

Artículo 17. Atribución del uso y aprovechamiento para las actividades mineras.

1. La realización de construcciones e instalaciones destinadas a actividades reguladas por la legislación de minas, salvo las relativas a la explotación de canteras, requiere la declaración del interés comunitario de dichas actividades y la consecuente atribución y definición del uso y el aprovechamiento urbanísticos de los terrenos, que se interesará de la Conselleria de la Generalitat competente en materia de ordenación del territorio y urbanismo, acompañando a la correspondiente solicitud la documentación que se determine reglamentariamente, entre la que deberá figurar, en todo caso, la relativa a los compromisos a asumir por el solicitante respecto de la demolición de las construcciones y el desmantelamiento de las instalaciones y de los trabajos a realizar para la corrección de las transformaciones en el estado natural de los terrenos producidas por la explotación, al término de ésta.

2. La Conselleria de la Generalitat competente en materia de ordenación del territorio y urbanismo instruirá el correspondiente procedimiento en la forma que reglamentariamente se determine. En todo caso, se someterá a información pública por plazo de un mes y a trámite de audiencia de los propietarios directamente colindantes, dando adecuada intervención al órgano competente para la concesión de la explotación minera y al Municipio o Municipios afectados.

La propuesta de resolución que se formule, ultimada la instrucción del procedimiento, se limitará estrictamente a los aspectos relativos a la incidencia de la explotación minera en la ordenación territorial y urbanística y su adecuada integración en la misma. A lo largo del proceso de formulación de esta propuesta, y lo antes posible que su estado de elaboración lo permita, la citada Conselleria deberá establecer y mantener, cuando así parezca necesario, consultas con el órgano competente para la concesión de la explotación minera y, en su caso, con los restantes organismos que hayan intervenido en las actuaciones, a fin de resolver las diferencias de criterio subsistentes. Alcanzado acuerdo sobre ellas o transcurrido, aun sin él, el plazo reglamentario para formular la propuesta de resolución, ésta se elevará al Conseller para decisión definitiva sobre la declaración o no del interés comunitario de la actividad y, en su caso, la definición y atribución del uso y aprovechamiento solicitado. La decisión deberá ser motivada y resolver todas las cuestiones relevantes planteadas en el procedimiento, tanto por los organismos públicos como por los particulares.

La decisión estimatoria de la solicitud deberá definir las características del uso y aprovechamiento urbanísticos que otorga, así como fijar las obligaciones relativas a la demolición de construcciones, desmantelamiento de instalaciones y corrección de las consecuencias sobre el medio natural al término de la explotación o a medida que ésta se desarrolla. En ningún caso podrá contener pronunciamientos contradictorios con la apreciación del impacto ambiental, ni omitir o disminuir las medidas correctoras propuestas desde la perspectiva de la legislación de las actividades calificadas.

3. Transcurridos tres meses desde la presentación y registro de la solicitud sin que al interesado se le hubiera practicado notificación de la resolución que hubiera podido recaer en el procedimiento, aquél, si la Administración de minas le hubiera otorgado ya la concesión minera, podrá iniciar los trabajos correspondientes, sin perjuicio de la eventual necesidad de adecuar las instalaciones a las condiciones que ulteriormente resulten de la resolución de ordenación territorial y urbanística expresa que se dicte.

Jurisprudencia

«La no tramitación de la Declaración de Impacto Ambiental, así como los informes desfavorables del Ayuntamiento (éstos no constan en el expediente) y la Resolución denegatoria de declaración de Interés Comunitario se fundan en la normativa urbanística (Normas Subsidiarias de Planeamiento del municipio de Andilla) que clasificaba los terrenos a ocupar por la explotación minera, como Suelo No Urbanizable Protegido; y que no se hallaba en vigor a la fecha de la solicitud como tampoco de la Resolución de la Conselleria denegatoria de la declaración de Interés Comunitario. Por lo tanto, la Administración no podía ampararse en esa clasificación del suelo para denegar la petición efectuada por la actora al amparo de los artículos 16 y 17 de la Ley 4/1992 de la Generalitat Valenciana, sobre Suelo No Urbanizable». **(STSJ Valencia 3 mayo 1999 [RJCA 1999, 2866]).**

Artículo 18. Atribución de uso y aprovechamiento para actividades industriales y productivas.

1. La realización de construcciones destinadas a actividades industriales o productivas requiere la declaración del interés comunitario de las mismas y la consecuente atribución y definición del uso y aprovechamiento urbanísti-

cos de los terrenos, que se interesará de la Conselleria competente en materia de ordenación del territorio y urbanismo, acompañando a la solicitud los documentos que reglamentariamente se determinen, entre los que deberán figurar, como mínimo, los siguientes:

a) Justificación de la propiedad de los terrenos correspondientes, que deberán tener la superficie necesaria para que quede libre el cincuenta por ciento de la parcela neta; con compromiso de afectar con carácter real la total superficie de la parcela neta al aprovechamiento urbanístico que se conceda para la realización de la actividad, así como de mantener el uso agrícola o, en su caso, de plantar arbolado en al menos la mitad de la que queda libre de edificación o construcción.

b) Estudio justificativo de la solución del acceso rodado, de abastecimiento de agua y energía eléctrica, así como de la recogida, tratamiento, eliminación y depuración de toda clase de residuos; solución que siempre deberá ser asumida como coste a cargo del establecimiento de la propia actividad, formulando expresamente el pertinente compromiso formal en tal sentido.

c) Análisis de su impacto ambiental e incidencia sobre la ordenación, carácter y destino generales del suelo no urbanizable de los Municipios afectados y, especialmente, de los terrenos inmediatos a la misma, así como sobre las redes generales de infraestructuras, servicios y dotaciones del territorio.

2. Sólo se podrán admitir solicitudes para terrenos que disten más de 5 km de suelo con calificación urbanística apta para albergar la industria propuesta y que cuenten con informe municipal favorable. Además deberán referirse a alguna de las siguientes actividades:

a) Industria de baja rentabilidad por unidad de superficie que precise dedicar gran parte de ésta a depósito, almacenamiento o secado de mercancías al aire libre, en recinto que, en todo caso, deberá cercarse adecuadamente y, como regla general, mediante pantalla vegetal.

b) Industrias calificadas que, por exigencia de la normativa que las regule, deban ubicarse alejadas de zona residencial o urbana.

c) Industrias de transformación y comercialización de productos del sector primario, que convenga emplazar cerca del origen de la materia prima.

3. La Conselleria competente en materia de ordenación del territorio y urbanismo instruirá el correspondiente procedimiento en la forma que reglamentariamente se determine. En todo caso, éste se someterá a información pública y a audiencia de los propietarios de fincas colindantes y en él se dará adecuada intervención a los órganos estatales y autonómicos competentes en materia de industria, agricultura y economía, así como al órgano de la Generalitat competente en materia de medio ambiente y al municipio o municipios afectados.

Ultimada la instrucción del procedimiento, y desde el momento más temprano posible en que el estado de elaboración de la propuesta de resolución lo permita, la Conselleria competente en materia de ordenación del territorio y urbanismo mantendrá las consultas necesarias con los organismos públicos que hubieran intervenido en el procedimiento, para resolver las discrepancias de criterio que pudieran subsistir entre ellos. Alcanzado un acuerdo o, aun sin él, transcurrido el plazo reglamentario para formular la propuesta de resolución, ésta deberá ser elevada al Conseller para la decisión definitiva sobre la atribución y definición del uso y aprovechamiento correspondientes. La decisión deberá ser motivada y resolver todas las cuestiones relevantes planteadas en el procedimiento, tanto por los organismos públicos como por los particulares.

A la decisión estimatoria de la solicitud le será de aplicación lo dispuesto en el último párrafo del núm. 2 del artículo anterior.

4. Se exceptúa de la exigencia de declaración de interés comunitario, en municipios de menos de 5.000 habitantes sin suelo con calificación ordinaria de uso industrial, la construcción de pequeños talleres y almacenes industriales dentro de un único perímetro específicamente reservado para estas actividades, en suelo no urbanizable, por el planeamiento general y con las siguientes limitaciones:

a) Justificación expresa y suficiente de la conveniencia de proceder así por la escasa capacidad de gestión municipal para desarrollar un polígono industrial en suelo urbanizable o por el carácter esporádico y la escasa entidad de la demanda de suelo para estas actividades.

b) Dimensiones moderadas de la superficie del área reservada justificadas en estricta atención a las necesidades razonables y previsibles de terreno para pequeños talleres y almacenes, en el municipio y a corto o medio plazo.

c) Forma y disposición del área reservada que evite la formación de travesías en las carreteras, que propicie la parcelación según criterios urbanísticos correctores de la estructura agraria de la propiedad y reserve, al menos, dos quintos de su total superficie para viarios, dotaciones y zonas públicas libres de edificación.

d) Previsiones para la urbanización, aunque sea diferida, con regulación del proceso de urbanización y reparcelación e, incluso, de la delimitación de unidades de ejecución. Nunca se podrá construir en tanto no estén asegurados y en funcionamiento el saneamiento y depuración imprescindibles.

La delimitación de áreas, así reservadas, producirá los efectos previstos en los arts. 90 y 99 de la Ley Estatal 8/1990 de 25 julio, de Reforma del Régimen Urbanístico y Valoración del Suelo.

En estos supuestos excepcionales las cantidades ingresadas en concepto de canon de aprovechamiento urbanístico, liquidadas junto a la preceptiva licencia, quedarán afectadas a la finalización de la urbanización correspondiente.

⇒ V. disp. adic. 1ª de la presente Ley.

V. Ley 2/1989, de 3 marzo, Estudios de impacto ambiental, desarrollada por D. 162/1990, de 15 octubre.

V. Ley 6/2001, de 8 de mayo, de modificación del Real Decreto Legislativo 1302/1986, de 28 junio, de evaluación de impacto ambiental.

Artículo 19. Atribución de uso y aprovechamiento para actividades turísticas, recreativas, deportivas, de ocio y esparcimiento y terciarias en general.

1. La realización de construcciones e instalaciones de todo tipo destinadas a actividades turísticas, deportivas, de ocio y esparcimiento o terciarias requerirá su declaración de interés comunitario y la consecuente atribución y definición del correspondiente uso y aprovechamiento, que se interesará de la Conselleria competente en materia de ordenación del territorio y urbanismo, mediante solicitud a la que se acompañarán los documentos, que reglamentariamente se determinen, entre los que, en todo caso, deberán figurar los siguientes:

a) Justificación de la propiedad de los terrenos, que deberán tener la superficie mínima exigible; con compromiso de afectar, con carácter real, la totalidad de dicha superficie al aprovechamiento concedido y de mantener la parte de la misma no construida en uso agrícola o, en su caso, proceder a la plantación con arbolado del cincuenta por ciento de la misma.

b) Esquema suficientemente indicativo o anteproyecto de las construcciones e instalaciones a ejecutar, las cuales nunca podrán rebasar, incluyendo la totalidad del terreno necesario para el adecuado funcionamiento de la actividad a que se destinen, la ocupación máxima preceptiva, con indicación de la solución para el acceso rodado, los aparcamientos, el abastecimiento de agua y la recogida, eliminación y depuración de toda clase de residuos y vertidos; solución cuya ejecución íntegra deberá ser asumida por cuenta y cargo del solicitante.

c) Análisis del impacto de la actividad sobre el medio físico y la ordenación y destino generales del suelo no urbanizable de los municipios afectados, así como en los terrenos inmediatos a la misma, especialmente en las redes generales de infraestructuras, servicios y dotaciones.

2. Sólo se admitirán las solicitudes que se refieran a:

A) Establecimientos hoteleros y asimilados cuando se acredite la inexistencia, en un radio de cinco kilómetros alrededor del emplazamiento previsto, de suelo clasificado como urbano, urbanizable programado o apto para la urbanización con calificación idónea para este uso y, además, la concurrencia de alguna de estas circunstancias:

– Conveniencia de la situación aislada del establecimiento, por razón de las características del servicio de disfrute del medio natural y del paisaje que pretenda prestar.

– Oportunidad de su situación a partir de la línea de edificación de las carreteras, para la prestación de servicio a los usuarios de las mismas, con justificación de las instalaciones y los servicios previstos en las necesidades objetivas del tráfico rodado y de su compatibilidad con la ordenación sectorial de la carretera de *que se trate. Cuando* la implantación del uso hotelero sea de excepcional interés para el desarrollo turístico de una comarca interior y no pueda acometerse conforme a lo previsto en la disposición adicional séptima, núm. 2, podrá exceptuarse el requisito de distancia mínima, antes mencionado, previo informe favorable de la Conselleria competente en materia de turismo.

B) Centros recreativos, deportivos y de ocio, cuando se acredite suficientemente la procedencia de su implantación en suelo no urbanizable por razones técnicas o por las molestias derivadas de su actividad, que los hagan incompatibles con el uso residencial dominante en suelo urbano o aconsejen su ubicación aislada.

C) Campamentos de turismo e instalaciones similares o equivalentes de carácter turístico que cumplan los requisitos que les imponga su regulación específica y no propicien, por sus características y emplazamiento, la formación de núcleos de población.

D) Talleres de reparación de vehículos y establecimientos de restauración, tiendas de artesanía o de productos agrícolas de la Comarca no encuadrables en el art. 14 de esta Ley, cuando cumplan el régimen sectorial de protección de las carreteras.

E) Actividades culturales, benéfico-asistenciales y religiosas sin ánimo de lucro, centros sanitarios y científicos y servicios funerarios y cementerios, cuando además de cumplir con la normativa sectorial que específicamente las regule, se acredite suficientemente, en razón a sus características concretas, la procedencia de su emplazamiento aislado y la imposibilidad de ubicarlos en suelo urbano, urbanizable programado o apto para la urbanización con calificación idónea.

F) Depósitos, de titularidad y explotación privadas, para el almacenamiento de residuos que cumplan lo dispuesto en el núm. 2 del artículo anterior y cuenten con una declaración favorable en relación con su impacto ambiental y paisajístico.

G) Obras e instalaciones propias de las redes de suministros y comunicaciones de titularidad privada, de necesario emplazamiento en suelo no urbanizable, cuya autorización no proceda tramitarse conforme a lo dispuesto en el art. 7.

La atribución de los usos y aprovechamientos contemplados en los aps. E) y G) no se sujetarán a plazo cuando ello resulte incompatible con la propia naturaleza de la instalación u obra de que se trate, pudiéndose declarar el interés comunitario por período de vigencia indefinida. Asimismo las actividades reguladas en ambos apartados, cuando se realicen sin ánimo de lucro, podrán ser declaradas exentas de satisfacer el canon de aprovechamiento urbanístico por el municipio correspondiente.

En todo caso, estas actuaciones deberán cumplir las condiciones relativas a parcela mínima, altura y ocupación máxima de las construcciones y distancia mínima a otras clases de suelo que establezca el planeamiento territorial y urbanístico, respetando los estándares o parámetros mínimos que reglamentariamente se determinen y que servirán, también, para su aplicación subsidiaria si no hubiere Plan cuyas previsiones se ajusten a aquéllos.

3. El procedimiento aplicable para la tramitación de las solicitudes contempladas en este artículo será el previsto en el núm. 3 del artículo anterior, salvo que intervendrán los órganos competentes en materia de carreteras, transportes, turismo y comunicaciones en vez de los que lo sean en materia de industria, agricultura y economía.

A la decisión estimatoria le será de aplicación lo dispuesto en el último párrafo del núm. 2 del art. 17.

⇒ V. Ley 2/1989, de 3 marzo. Estudios de impacto ambiental. Desarrollada por D. 162/1990, de 15 octubre.

V. Ley 6/2001, de 8 mayo, de modificación del Real Decreto Legislativo 1302/1986, de 28 junio, de evaluación de impacto ambiental.

Jurisprudencia

«Que en relación a la Resolución de 3-11-1994, de la COPUT, por la que se declara de interés comunitario la obra en cuestión, la impugna el recurrente por entender se ha producido una reserva de dispensación al no tenerse en cuenta y respetarse en tal resolución las normas de planeamiento urbanístico del municipio de Burriana, específicamente las distancias de la obra a terrenos vecinos, y al respecto, apareciendo como, de un lado, esa declaración de interés comunitario, la toma la COPUT, en armonía con todos los informes al respecto emitidos por los diversos organismos interesados en la materia, y cumpliendo lo prevenido en los arts. 8, 19 y concordantes de la referida Ley 4/1992, de la Generalidad Valenciana, y de otro, en la Resolución impugnada, esa declaración de interés comunitario, se condiciona la ejecución de las construcciones a la previa obtención de la pertinente licencia municipal de obras, y siendo en ésta, donde, en su día, deberá contemplarse si las obras en cuestión se sujetan a las normas del planeamiento urbanístico, no cabe estimar el recurso respecto a esta Resolución de la COPUT». **(STSJ Valencia 13 abril 1999 [RJCA 1999, 2847]).**

Sección 2ª Procedimiento extraordinario

Artículo 20. Atribución y definición de uso y aprovechamiento para actividades terciarias e industriales de especial importancia.

1. Todas las edificaciones e instalaciones destinadas a actividades industriales, terciarias o de servicios no contemplados en el art. 7 que precisen la ocupación de una superficie mayor de cuatro hectáreas, cuenten con más de ocho mil metros cuadrados de construcción o requieran la ejecución de unos accesos propios con más de mil metros lineales de desarrollo, quedan excluidas de los supuestos regulados en los arts. 18 y 19. Sólo podrán realizarse como actuaciones integrales, siempre que cumplan las siguientes condiciones:

a) Que por sus características y su impacto territorial no puedan emplazarse en los suelos urbanos, urbanizables o aptos para la urbanización previstos por los planeamientos vigentes en los municipios de la zona.

b) Que queden suficiente y adecuadamente resueltos, a cargo de la actuación, la totalidad de los servicios requeridos por su establecimiento y funcionamiento, sin que se produzca una sobrecarga de demanda en las infraestructuras y servicios generales.

c) Que se asuma la aplicación a la actuación del régimen de deberes, obligaciones y cesiones propias del adjudicatario de un Programa de Actuación Urbanística en suelo urbanizable no programado, que nunca podrán ser inferiores a las legales propias del suelo urbanizable programado. Cuando la naturaleza de los usos o aprovechamientos propuestos y la nula o escasa entidad de la edificación a materializar hagan desproporcionada la exigencia de la cesión de terrenos para dotaciones públicas locales en el ámbito de la propia actuación, dicho deber de cesión podrá sustituirse por el de cesión de otros terrenos o el de pago del coste de ejecución de infraestructuras públicas adicionales. Si, por idéntica razón, no fuera posible la cuantificación de los deberes legales por relación al aprovechamiento, estos deberes tendrán por contenido mínimo el quince por ciento del coste estimado para las obras de urbanización que requiera la correspondiente actuación.

Estas actuaciones estarán exentas de la limitación en el plazo de vigencia de la atribución del uso y aprovechamiento, así como del pago del canon de aprovechamiento urbanístico.

2. La realización de las actuaciones integrales a que se refiere el número anterior requerirá su selección en competencia con otras alternativas que se formulen y la aprobación de su ordenación por acuerdo del Gobierno Valenciano, previa su admisión a trámite e instrucción del correspondiente procedimiento.

Las solicitudes deberán acompañarse de los documentos técnicos y económico-financieros precisos para la descripción y justificación de la actuación y de los compromisos a asumir por el promotor de ésta. Dichos documentos y su contenido se regularán reglamentariamente con exigencias mínimas análogas a las previstas en los arts. 13 y 53 de la Ley del Suelo de 1976.

La instrucción del procedimiento, conforme a la ordenación reglamentaria del mismo, corresponderá a la Conselleria competente en materia de ordenación del territorio y urbanismo, la cual podrá, previo informe municipal, no admitir a trámite aquellas iniciativas cuyo impacto territorial o social sea inconveniente o inoportuno. En todo caso, serán preceptivos los trámites de:

a) Información pública, por el plazo y con la publicidad previstos en el procedimiento de aprobación de los Planes Parciales y, simultáneamente, convocatoria para la presentación de iniciativas alternativas a la desencadenante del procedimiento. Si, dentro del plazo de la información pública, se presentara alguna otra iniciativa en competencia, dicho plazo se prorrogará –por quince días– con exposición al público de la totalidad de los antecedentes.

b) Audiencia preceptiva a los municipios afectados.

c) Declaraciones del Impacto Ambiental de las propuestas presentadas.

3. La aprobación de la actuación integral llevará implícita, a efectos expropiatorios, la declaración del interés social y de la necesidad de ocupación de los terrenos que conforme al proyecto aprobado, sean necesarios para la ejecución de aquélla y para su enlace con los correspondientes sistemas generales. El promotor de la iniciativa en competencia que resulte finalmente aprobada tendrá, cuando no sea propietario de la superficie afectada por la

actuación, o de parte de ella, la condición de beneficiario de la expropiación, corriendo de su cargo el abono de los justiprecios a satisfacer, con independencia de las obligaciones asumidas en el procedimiento de aprobación de su iniciativa. Cuando dicho promotor no sea el de la iniciativa en virtud de la cual se incoó dicho procedimiento deberá, además, indemnizar a éste de los gastos necesariamente realizados para la elaboración de los documentos que resultaran de utilidad para la ordenación y ejecución de la actuación aprobada.

4. Quien fuere propietario de más del sesenta por ciento de la superficie afectada por la actuación integral podrá instar la derivación en su favor de la designación como promotor de ella, siempre que asuma y garantice todos los compromisos, cargas y condiciones impuestos por el acuerdo aprobatorio de la iniciativa seleccionada. Para ello, antes de dicho acuerdo aprobatorio, habrá de advertir a la Administración para que, una vez adoptado éste, le ofrezca la derivación y deberá acreditar la titularidad del terreno. Una vez aprobada la actuación, se le otorgará un plazo de veinte días para que asuma y garantice los mencionados compromisos. Durante este plazo la aprobación de la iniciativa tendrá carácter provisional en lo que atañe al promotor seleccionado. Si el propietario no ejercita su derecho en el plazo y la forma indicados, devendrá definitiva la selección del promotor de la iniciativa aprobada en favor de quien originariamente la formuló.

5. La ejecución de las actuaciones integrales requerirá, siempre con carácter previo a su comienzo, la formalización en favor del Municipio y, en su caso, de la Administración de la Generalitat de las cesiones de terrenos a que se hubiere comprometido el promotor y la obtención de la licencia o las licencias urbanísticas precisas sobre la base de los correspondientes proyectos técnicos.

⇒ V. disp. adic. 1ª de la presente Ley.

V. D. 256/1994, de 20 diciembre, sobre autorización administrativa en grandes superficies de venta al detalle.

V. Ley 2/1989, de 3 marzo, Estudios de impacto ambiental, desarrollada por D. 162/1990, de 15 octubre.

V. Ley 6/2001, de 8 mayo, de modificación del Real Decreto Legislativo 1302/1986, de 28 junio, de evaluación de impacto ambiental.

DISPOSICIONES ADICIONALES

Primera. Clasificación del suelo soporte de actuaciones urbanísticas en suelo no urbanizable.

No obstante lo dispuesto en el art. 2 una vez que hayan sido realizadas completamente las correspondientes actuaciones, podrá clasificarse como suelo urbano:

a) Los terrenos correspondientes a las actuaciones previstas en el art. 18.4 de esta Ley.

b) Los terrenos correspondientes a las actuaciones reguladas en el art. 20 de esta Ley, siempre que así se hubiera previsto en la pertinente declaración de interés comunitario.

Segunda. Régimen urbanístico del suelo clasificado como urbanizable no programado y apto para urbanizar.

Los terrenos clasificados como suelo urbanizable no programado y apto para urbanizar estarán sujetos, en tanto no se aprueben Programas de Actuación Urbanística en el caso de los primeros y los correspondientes Planes Parciales en el de los segundos, a las siguientes limitaciones, además de las que resulten aplicables en virtud de otras Leyes:

1ª Deberán respetarse las determinaciones que sobre usos establezca el Plan General o, en su caso, las normas complementarias y subsidiarias de Planeamiento.

2ª No se podrán realizar otras construcciones que las destinadas a explotaciones agrícolas, forestales, ganaderas o cinegéticas o similares, que guarden relación directa con la naturaleza y destino de la finca, se ajusten a los planes o normas establecidos por la Conselleria competente en materia de agricultura y en tal sentido haya ésta emitido informe, así como las correspondientes a obras y servicios públicos y las vinculadas funcionalmente a la ejecución, el entretenimiento y el funcionamiento de estos últimos.

3ª Los tipos de estas construcciones habrán de ser adecuados a su emplazamiento y condición aislada, conforme a las normas que el Plan General o, en su caso, las normas complementarias y subsidiarias de Planeamiento establezcan, quedando prohibidas las edificaciones características de las zonas urbanas.

4ª En las transferencias de propiedad, divisiones y segregaciones de terrenos no podrán efectuarse fraccionamientos en contra de las determinaciones que sobre parcela mínima contenga el Plan General o, en su caso, las normas complementarias y subsidiarias de Planeamiento y, en su defecto y en cualquier supuesto, disponga la legislación agraria.

⇒ V. arts. 9 y 20 de la Ley 6/1998, de 13 abril (§1).
V. Ley 3/1993, de 9 diciembre, Forestal de la Comunidad de Valencia.
V. Jurisprudencia en arts. 85 y concordantes del TRLS/1976 (§3).

Tercera. Medidas de protección de la legalidad urbanística y de sanción de las infracciones a la misma.

1. Todos los actos de parcelación o segregación de fincas o terrenos en suelo no urbanizable o urbanizable no programado quedarán sujetos, cualquiera que sea su finalidad, a previa licencia municipal.

2. No podrán realizarse, ni autorizarse actos de división o segregación de fincas en contra de la legislación agraria. A los efectos previstos en el artículo 25 b) de la Ley estatal 19/1995, de 4 de julio –o disposición que la sustituya–, las divisiones de terrenos rústicos que, en lo sucesivo, den lugar a parcela inferior a la Unidad Mínima de Cultivo que se establezca por Decreto del Gobierno Valenciano, deberán cumplir las condiciones siguientes:

1ª) No se permitirá reducir la cabida de las fincas a menor superficie que la mínima exigible para la edificación de vivienda familiar, ni menguar terreno de finca ya construida sin dicho mínimo o vulnerar las condiciones de indivisibilidad impuestas con motivo de una licencia o autorización urbanística.

2ª) La licencia para dividir o segregar exigirá una superficie mínima en las parcelas resultantes de mayor extensión cuanto más se aumente el número de fincas respecto a las antes existentes. Si no aumenta el número de fincas, por haber simultánea agregación a colindantes de porciones segregadas, sólo se exigirá cumplir la regla 1ª anterior. Si el número final de fincas se aumenta en una, se exigirá en cada una de ellas una superficie mínima del doble de 5.000 m^2; si se aumenta en dos, del triple de esa magnitud; y así sucesivamente.

3ª) Se exceptúan las reglas precedentes para los actos de división resultantes de proyectos de obra pública, expropiación, programa para el desarrollo de Actuación Integrada o Declaración de Interés Comunitario, así como los justificados por concurrir sobre las partes de una misma finca diversa clasificación urbanística.

4ª) En todo caso, no podrán autorizarse actos de división o segregación de fincas cuando deba presumirse legalmente que tienen un fin urbanístico por existir ya de hecho en los terrenos o encontrarse proyectada la instalación de infraestructura o servicios innecesarios para las actividades a que se refiere el artículo 5) apartado a).1º de esta Ley o de carácter específicamente urbano, así como proponerse realizar o responder a una división fáctica que, por sus características, pudiera suponer riesgo de formar núcleo urbano.

Las licencias y los instrumentos que las testimonien harán constar la condición indivisible de las fincas rústicas resultantes o la superficie mínima en que se pueden subdividir o segregar para evitar que por fraccionamiento sucesivo se eluda el cumplimiento de lo anterior.

✐ Ap. 2 modificado por el art. 3 de la Ley 2/1997, de 13 junio.

⇒ V. la disp. transit. 1ª de la Ley 2/1997, de 13 junio, la cual establece que hasta que se apruebe por Decreto del Gobierno Valenciano, de conformidad con el art. 23.2 de la Ley estatal 19/1995, de 4 julio, la extensión de las Unidades Mínimas de Cultivo, éstas se determinarán, en todos los casos, por aplicación de las reglas establecidas en la disp. adic. 3ª.2, de la Ley del Suelo No Urbanizable, según su nueva redacción, establecida por la presente Ley en su artículo tercero.
V. D. 217/1999, de 9 noviembre, que determina la extensión de las Unidades Mínimas de Cultivo.

3. Sin perjuicio de lo que puedan disponer los planes urbanísticos o la legislación agraria, no podrán realizarse extracciones de áridos y talas o abatimientos de árboles que constituyan masa arbórea, espacio boscoso, arboleda, parque y aquellos ejemplares que por sus características posean interés botánico o ambiental especial sin previa licencia municipal.

Los actos previstos en el párrafo anterior que se realicen sin licencia o con infracción de las condiciones de la que hubiera sido otorgada constituirán infracción urbanística, sancionable con multa de tanto al duplo del valor de los materiales extraídos o, de 50.000 a 5 millones de pesetas en el caso de la tala o abatimiento de árboles. La multa se graduará en función de la importancia del impacto ambiental causado.

4. Las sanciones previstas en los dos números precedentes se entienden sin perjuicio de la procedencia, en todo caso, de las medidas precisas para restaurar, en la medida de lo posible, la realidad alterada o transformada. En el caso de talas de árboles o arbustos, estas medidas deberán incluir en todo caso la replantación con especies iguales o, en su caso, de características y porte similares.

5. En el supuesto de incumplimiento de los acuerdos y las resoluciones ordenando la realización de las obras y los trabajos precisos para la restauración de la realidad alterada o transformada, la Administración actuante podrá proceder, sin perjuicio del recurso en último término a la ejecución subsidiaria a costa del infractor, a la imposición al mismo de multas coercitivas, hasta un máximo de diez sucesivas, con periodicidad mínima mensual y por un importe, cada vez, del diez por ciento del coste previsto de las obras o de los trabajos ordenados, cuando éstos consistan en la reposición de la realidad a su estado originario o del dos por ciento del valor de la obra cuya demolición se haya ordenado, con un mínimo, en todo caso, de cincuenta mil pesetas. Dichas multas se impondrán con independencia de las retributivas de la infracción o las infracciones cometidas.

6. Cuando un Municipio mostrara, en supuesto o supuestos concretos, notoria negligencia en el ejercicio de las potestades de protección de la legalidad y de sanción de las infracciones urbanísticas, la Conselleria competente en materia de ordenación del territorio y urbanismo, previo requerimiento a dicho Municipio y caso de que éste no sea atendido en el plazo concedido al efecto, podrá proceder al ejercicio de dichas potestades en sustitución de la entidad municipal, conforme a lo dispuesto en el art. 60 de la Ley 7/1985, de 2 abril, Reguladora de las Bases del Régimen Local, debiendo entenderse cumplido en todo caso, dada la naturaleza de la actividad sustituida, el requisito de la garantía legal de la cobertura económica de ésta. La notificación al infractor de la incoación del expediente de sustitución interrumpirá el plazo de prescripción de la infracción a todos los efectos legales.

La Conselleria competente en materia de ordenación del territorio y urbanismo podrá optar entre realizar por sí misma la actividad objeto de la sustitución o encomendar ésta a la Diputación Provincial en el régimen de gestión ordinaria previsto en los arts. 8 y 37.1 de la Ley 7/1985, de 2 abril, Reguladora de las Bases del Régimen Local.

7. La Conselleria competente en materia de ordenación del territorio y urbanismo será competente, en todo caso y en concurrencia con los municipios, para la adopción de las medidas precisas de protección de la legalidad urbanística y el ejercicio de la potestad sancionadora asimismo urbanística, respecto de aquellos actos y actividades en suelo no urbanizable regulados por esta Ley, cuya legítima realización requiera una positiva atribución y definición de uso y aprovechamiento reservada a la Comunidad Autónoma. Llevada a cabo por la Conselleria su competencia, el Municipio deberá abstenerse de toda actuación en el mismo asunto desde el momento en que reciba

la oportuna comunicación, remitiendo a la Conselleria las actuaciones que hasta el mismo hubiera, en su caso, llegado a desarrollar.

8. Se considerará infracción urbanística grave la realización, en suelo no urbanizable y sin la cobertura de su previa declaración de interés comunitario, de obras para las que esta Ley exija dicha declaración. La falta de licencia municipal no podrá considerarse, en estos supuestos, infracción independiente de la anterior. Dicha infracción se sancionará en suelo no urbanizable común, con multa del veinte al treinta por ciento del valor, y, en suelo no urbanizable de especial protección, con multa del treinta al cuarenta por ciento, de la obra realizada. Además y con independencia de la sanción por la infracción y de las medidas dirigidas a la restauración del orden urbanístico infringido, se ordenará, en todo caso y previa audiencia del interesado por plazo de quince días, la clausura y prohibición definitiva de los usos y las actividades realizados o proyectados.

Cuarta. Convenios con finalidad urbanística.

Para la mejor gestión de la actividad urbanística, los municipios podrán suscribir convenios con los particulares. Cuando se formalicen con motivo y en relación con la ejecución del planeamiento no podrán alterar o modificar ninguna de las determinaciones del plan o instrumento de cuya ejecución se trate, ni perjudicar derechos o intereses de terceros. Cuando se suscriban con motivo y en relación con la formulación y aprobación de planes o cualesquiera otros instrumentos de ordenación o gestión urbanísticas, deberán respetar las reglas siguientes:

1. Deberán contener una parte expositiva en la que se justifiquen suficientemente los siguientes extremos: conveniencia de lo estipulado para el interés general; coherencia de lo convenido con el modelo y la estrategia territoriales, así como, en su caso, con la programación previstos en el plan o instrumento urbanístico en tramitación; cumplimiento exacto de lo dispuesto en el art. 1 de la presente Ley.

2. Serán nulas las estipulaciones y los compromisos contrarios a normas imperativas legales y reglamentarias, así como a determinaciones de un plan superior, y, en todo caso, las que supongan disminución de los deberes y cargas definitorios del contenido del derecho de propiedad del suelo.

3. Lo convenido se entenderá siempre sin perjuicio de la plenitud del ejercicio por la Administración de la potestad de planeamiento y sometido a la condición suspensiva de que el plan o instrumento definitivamente aprobado haga posible su cumplimiento. El no cumplimiento de esta condición no dará lugar, en ningún caso, a responsabilidad contractual de la Administración que hubiera suscrito el convenio, salvo que el cambio de criterio que determinara la imposibilidad de cumplimiento le fuera imputable y no se justificara suficientemente en razones objetivas de interés público.

4. Si el convenio se suscribiera antes de la correspondiente información pública, deberá incluirse entre la documentación sometida a dicho trámite. En el caso de que su suscripción estuviera motivada en sugerencia, reclamación o

alegación formulada en el expresado trámite de información pública y la aprobación provisional no introdujera en el plan o instrumento urbanístico modificaciones sustanciales que hicieran preceptivo un nuevo período de información pública, el documento deberá ser sometido, tras la aprobación provisional y con suspensión de la ulterior sustanciación del procedimiento, a un específico trámite de información pública por plazo de quince días, cumplido el cual, el expediente completo, en unión del informe del Municipio sobre las alegaciones deducidas en este último trámite, será elevado al órgano competente para la aprobación definitiva.

Por excepción a lo dispuesto en el párrafo anterior, los convenios que se suscriban con motivo y en relación con las actuaciones reguladas en el art. 20 de esta Ley se sujetarán al régimen y procedimiento en dicho precepto establecidos.

Jurisprudencia

«Igualmente, la Ley Reguladora del Suelo No Urbanizable 4/1992, de 5 junio, admite en su disposición adicional cuarta la existencia de convenios urbanísticos, unos con la finalidad de ejecutar el Planeamiento y otros "con motivo y en relación con la formulación y aprobación de Planes o cualesquiera otros instrumentos de ordenación o gestión urbanísticas ...". Como sostiene dicha codemandada, jurisprudencialmente no hay el menor atisbo de duda en cuanto a esta libertad de pactos y los compromisos que se generan para los suscribientes, siempre que no comporten una ilicitud urbanística, con cita de las Sentencias del Tribunal Supremo de 21 abril 1989 (RJ 1989, 3218), 20 septiembre 1989 (RJ 1989, 6597), 29 abril 1989 (RJ 1989, 3305) y 15 noviembre 1988 (RJ 1988, 9086). En definitiva ningún inconveniente legal existe para que la administración, a través de un convenio, o por propia iniciativa pretenda la modificación del planeamiento urbanístico. Desde esta perspectiva, cuando dicho convenio deba trasladarse (lo que tampoco es obligado en términos de legislación urbanística, sin perjuicio de que diera lugar a la responsabilidad de la Administración) a las normas urbanísticas, la Administración utilizaría el "ius variandi". Es en ese momento, cuando los interesados, de entender vulnerados sus derechos subjetivos podrían oponerse, siempre mediante argumentos legales que impidieran este "ius variandi"». **(STSJ Valencia 1 octubre 1996 [RJCA 1996, 1443]).**

Quinta. Evaluaciones y análisis del impacto ambiental.

Las evaluaciones y los análisis de la incidencia o la repercusión en el medio físico de los usos, aprovechamientos y actividades correspondientes requeridos por esta Ley sólo será preciso elaborarlos y tramitarlos administrativamente en la forma dispuesta por la Ley de la Generalitat 2/1989, de 3 marzo, en los supuestos en ella previstos y en los contemplados en los arts. 9 y 20 de la presente Ley.

⇒ V. Ley 2/1989, de 3 marzo. Estudios de impacto ambiental. Desarrollada por D. 162/1990, de 15 octubre.
V. Ley 6/2001, de 8 de mayo, de modificación del RDLeg 1302/1986, de 28 junio, de evaluación de impacto ambiental.

Sexta. ...

Disposición derogada por Ley 11/1994, de 27 diciembre, de Espacios Naturales Protegidos en la Comunidad Valenciana.

⇒ V. disp. adic. 2ª de la Ley 11/1994, de 27 diciembre, de Espacios Naturales Protegidos en la Comunidad Valenciana.

Séptima. Otras disposiciones relativas a edificaciones en suelo no urbanizable.

1. Mientras no exista Plan o Norma que lo autorice, no podrá edificarse con altura superior a dos plantas.

2. Cuando las solicitudes a que se refiere la presente Ley pretendan la realización de la correspondiente actividad mediante la adecuada recuperación del patrimonio arquitectónico radicado en suelo no urbanizable podrá eximirse a la misma, razonadamente, de aquellas limitaciones impuestas con carácter general que impidan o dificulten gravemente el expresado objetivo de recuperación y revitalización del patrimonio arquitectónico.

Octava. Delimitación de áreas de reserva de suelo para los patrimonios públicos.

Se reconoce a la Administración de la Generalitat la misma potestad de delimitar áreas de reserva para incrementar sus patrimonios públicos de suelo en suelo no urbanizable y urbanizable no programado que a los municipios atribuye el art. 99 de la Ley estatal 8/1990, de 25 julio. Se le reconocen asimismo idénticas prerrogativas que las atribuidas por dicha ley a la Administración Local en sus arts. 76.1, 79, 90 a 97 y 100 en orden a incrementar y gestionar patrimonios públicos de suelo. Este reconocimiento de facultades en favor de la Administración de la Generalitat se entenderá efectuado sin mengua alguna de las correlativas que la citada Ley 8/1990 reconoce a los Ayuntamientos para la gestión de su respectivo patrimonio.

El ejercicio de las mencionadas facultades por la Administración Autonómica se producirá en términos y dentro de los límites que establecen los preceptos citados de dicha Ley 8/1990 y en todo lo que éstos remiten a la legislación de régimen local, se estará a la regulación específica que se dictará por decreto del Gobierno Valenciano, para adecuar los principios de actuación pública derivados de aquella legislación a las características institucionales de la Administración Autonómica.

Novena.

El Gobierno valenciano aprobará Planes de Acción Territorial de carácter sectorial al objeto de racionalizar y condicionar la localización de las actividades extractivas reguladas en el art. 13.

DISPOSICIONES TRANSITORIAS

Primera. Reclasificación excepcional de suelo no urbanizable en suelo urbano.

En la adaptación de los Planes Generales Municipales dispuesta por la disposición transitoria séptima de la Ley 8/1990, de 25 julio, sobre Reforma del Régimen Urbanístico y Valoraciones del Suelo, o en la primera formulación, modificación o revisión de dichos Planes o de las normas complementarias y subsidiarias de Planeamiento, así como, en su caso del Proyecto de Delimitación de Suelo Urbano, siempre que éstas se presenten al órgano competente para su aprobación definitiva antes de transcurrir tres años desde la entrada en vigor de esta Ley, podrán clasificarse como suelo urbano, por una sola vez, los terrenos que, aun clasificados como suelo no urbanizable y como excepción a lo dispuesto en el art. 2, núm. 1, de la presente Ley, tengan de hecho su ordenación consolidada por ocupar la edificación, al menos, dos terceras partes de la superficie correspondiente, aunque carezcan de algunos de los servicios propios del suelo urbano, con sujeción a las siguientes reglas:

a) Quedarán integrados en unidades de ejecución sistemática, salvo cuando se trate de parcelas aisladas o el grado de consolidación por la edificación de la superficie correspondiente hiciere claramente desaconsejable tal solución.

b) En todo caso deberán quedar incluidos en un área de reparto, siéndoles de aplicación lo previsto en el art. 16 y concordantes de la Ley 8/1990, de 25 julio, sobre Reforma del Régimen Urbanístico y Valoraciones del Suelo.

c) La ordenación a que queden sujetos deberá respetar lo dispuesto en los arts. 13.2 b) y c) y 75 de la Ley sobre Régimen del Suelo y Ordenación Urbana, Texto Refundido aprobado por el Real Decreto 1346/1976, de 9 abril, refiriendo las exigencias de estos preceptos legales bien al perímetro de los terrenos objeto de reclasificación, bien al barrio o unidad urbana consolidada del que formen parte.

Segunda. Regularización excepcional de urbanizaciones.

Siempre que quede justificada la compatibilidad con lo dispuesto en el art. 1 de esta Ley, así como la coherencia con el modelo y la estrategia territoriales de la ordenación general del término municipal, los Planes Generales Municipales o, en su caso, las normas complementarias y subsidiarias de Planeamiento podrán proceder, por una sola vez y dentro de los dos años siguientes a la entrada en vigor de la presente Ley, a la regularización urbanística de urbanizaciones que, de hecho, se hayan ejecutado en contradicción o al margen de la legalidad urbanística en vigor y que, en el momento de entrada en vigor de esta Ley, cuenten con los servicios a que se refiere el artículo 78 a) de la Ley sobre Régimen del Suelo y Ordenación Urbana, Texto Refundido aprobado por el Real Decreto 1346/1976, de 9 abril.

La regularización, cuando se estime oportuna por su congruencia con el nuevo modelo territorial escogido, se podrá formalizar mediante la clasificación de los terrenos como suelo urbanizable, apto para urbanizar o, incluso, urbano con sujeción al régimen especial regulado en la precedente disposición transitoria primera de esta Ley, debiendo la ordenación regularizadora que se apruebe satisfacer, si ello fuera materialmente posible, los requisitos señalados en las letras a) y c) de dicha disposición y, en todo caso, e inexcusablemente, los de la letra b) de la mencionada disposición transitoria. La regularización así efectuada por el planeamiento no eximirá a los propietarios afectados de su obligación de solicitar licencia, aportando los proyectos técnicos correspondientes, ni de asumir las cargas urbanísticas derivadas de la normal ejecución de aquél, ni de sufragar las contribuciones especiales que proceda imponer complementariamente a éstas para dotar de los servicios oportunos a dichas urbanizaciones.

Tercera. Incidencia de la presente Ley en la ordenación urbanística vigente a su entrada en vigor.

1. A partir de la entrada en vigor de esta Ley se aplicarán, directa e inmediatamente, las siguientes de sus disposiciones:

A) En los municipios que cuenten con Plan General de Ordenación o, en su caso, Normas Subsidiarias de Planeamiento adaptados a la Ley sobre Régimen del Suelo y Ordenación Urbana, Texto Refundido aprobado por el Real Decreto 1346/1976, de 9 abril, y que contengan, para el suelo no urbanizable, medidas de protección especial de parte del mismo:

a) Las determinaciones mínimas contenidas o a que se refieren los arts. 10, 11, 12, 13 b), 14, 18.1 y 2, 19.1 a) y 2, que prevalecerán sobre las discrepantes con las mismas contenidas en la ordenación urbanística municipal. En todo caso, continuarán aplicándose las prescripciones de esta última que dispongan una parcela mínima suficiente para cumplir los límites legales y reglamentarios, una menor ocupación de la parcela o una menor altura edificable, así como las que, siendo compatibles con esta Ley, tengan por objeto impedir la formación de núcleos de población, prohibir usos indeseables o definir coeficientes de volumetría o edificabilidad máximos.

b) El régimen urbanístico del derecho de propiedad en suelo no urbanizable común definido en los arts. 5 y concordantes de esta Ley.

c) El régimen urbanístico del derecho de propiedad en suelo no urbanizable sujeto a especial protección definido en los arts. 6, 9 y concordantes de esta Ley.

B) En los municipios no comprendidos en la letra A) anterior y para todo su suelo no urbanizable, hasta tanto no se aprueben definitivamente los correspondientes instrumentos de ordenación general o, en su caso, sus adaptaciones o revisiones acomodadas a esta Ley, se aplicará el régimen urbanístico del derecho de propiedad definido en el art. 6.1 de la misma.

2. No obstante lo dispuesto en el número anterior durante los seis primeros meses tras la entrada en vigor de esta Ley, podrán otorgarse licencias con la parcela mínima que tuviera prevista el planeamiento anterior, aun cuando no cumpla lo dispuesto en el art. 10, siempre que el promotor acredite, fehacientemente y con motivo de la autorización previa que realizó los gastos correspondientes a la adquisición de la parcela o al encargo de proyecto técnico durante el año anterior a la mencionada entrada en vigor.

Cuarta. Régimen para la reforma o la ampliación de actividades industriales existentes a la entrada en vigor de esta Ley.

Pese a la carencia, en establecimientos industriales existentes y en funcionamiento a la entrada en vigor de esta Ley, de los requisitos previstos en el núm. 2 de su art. 18, podrá declararse el interés comunitario de la reforma o la ampliación de tales actividades, siempre que se den las circunstancias siguientes:

a) La no procedencia de adoptar respecto a ellas cualesquiera medidas de protección y restablecimiento de la legalidad urbanística.

b) En el caso de ampliaciones, la no superación por la superficie a construir de la mitad de la que se encuentre ya construida, salvo cuando la suma de ambas no rebase los mil metros cuadrados, límite éste hasta el que será posible en todo caso la ampliación.

DISPOSICIONES FINALES

Primera.

No serán de aplicación en el territorio de la Comunidad Valenciana los arts. 85 y 86 de la Ley sobre Régimen del Suelo y Ordenación Urbana, Texto Refundido aprobado por el Real Decreto 1346/1976, de 9 abril, así como cualesquiera otros preceptos de la misma que se opongan o contradigan lo dispuesto en esta Ley.

Segunda.

Se autoriza al Gobierno Valenciano para dictar cuantas normas reglamentarias sean precisas para el mejor desarrollo y aplicación de la presente Ley.

Tercera.

En el plazo de un año se aprobará reglamentariamente un nomenclátor de las actividades susceptibles de ubicarse en el Suelo No Urbanizable.

Por tanto, ordeno que todos los ciudadanos, tribunales y poderes públicos a los que corresponda, observen y hagan cumplir esta Ley.

§ 55 LEY 6/1989, DE 7 JULIO. ORDENACIÓN DEL TERRITORIO DE LA COMUNIDAD VALENCIANA

(BOE núm. 191, de 11 agosto; DOGV núm. 1106, de 13 julio [RCL 1989, 1845 y LCV 1989, 171])

✐ La disp. final 2ª de la Ley 6/1994, de 15 noviembre, estableció que las disposiciones de esta Ley que se opusieran a ella quedaban derogadas.

I

La definición que la Carta Europea atribuye al término Ordenación del Territorio conceptúa éste como la expresión espacial de las políticas económica, social, cultural y ecológica de toda la sociedad.

Por otro lado, define como objetivos fundamentales de la Ordenación del Territorio:

a) La mejora de la calidad de vida que, entre otras cosas, se concreta en una mayor accesibilidad de la población a los equipamientos colectivos de todo tipo y en la mejora de las infraestructuras.

b) La gestión responsable de los recursos naturales y la protección del medio ambiente que haga compatible la satisfacción de las necesidades crecientes de recursos y su conservación.

c) La utilización racional y equilibrada del territorio, mediante la definición de usos compatibles o a potenciar, la creación de infraestructuras y la preservación de actividades. Todo ello acompañado de una más completa política territorial que permita conseguir objetivos de interés general.

La puesta en marcha de la política territorial así definida debe asegurar la coordinación entre sectores al mismo tiempo que organizar la cooperación entre los diversos niveles de decisión y la distribución de los medios financieros.

II

El proceso concreto de crecimiento económico de la Comunidad Valenciana ha dado como resultado un modelo territorial con fuertes desequilibrios, despilfarro de recursos, deterioro considerable del patrimonio natural y déficit de infraestructura y equipamientos colectivos.

La desigual distribución de un recurso básico como el agua, la superposición sobre la franja litoral de gran número de actividades (agricultura intensiva, desarrollo turístico, implantaciones industriales, procesos urbanizadores...) cuya compatibilización en el territorio se hace muchas veces imposible, los déficit de infraestructuras básicas y equipamientos, la concentración de la población en un espacio superexplotado, etc., son resultados de una determinada lógica de uso del territorio.

A la configuración de este modelo territorial ha contribuido también la insuficiencia de las actuaciones públicas territoriales, llevadas a cabo, en muchos casos, desligadas de la propia política económica general y de la política regional. No hay que olvidar a este respecto, el carácter eminentemente sectorial de este tipo de actuaciones y la compleja organización competencial de la Administración a todos los niveles, lo que hace que el conjunto de intervenciones que se llevan a cabo en una determinada área territorial dependan, en la mayoría de los casos, de gran número de decisiones de inversión no siempre coordinadas previamente.

Sin embargo, la existencia de problemas diferenciados territorialmente en nuestra Comunidad (litoral congestionado; áreas metropolitanas; zonas con alto riesgo de inundación, erosión y desertificación; áreas deprimidas, etc.) requieren un tratamiento conjunto que integre la aplicación de políticas sectoriales, coordinando las actuaciones de todas ellas.

III

La redacción de la presente Ley de Ordenación del Territorio obedece, pues, a la necesidad de resolver, desde una óptica supramunicipal, los complejos problemas territoriales que afectan específicamente a la Comunidad Valenciana.

La filosofía y contenido de esta Ley parte de la distinción entre las consideraciones a corto y a medio o largo plazo, por un lado, y entre la planificación territorial y la de carácter sectorial por otro. De ahí que integre normas de directa aplicación y el diseño de las figuras supramunicipales de ordenación que permitan abordar todos los aspectos antes indicados.

El proceso completo de ordenación se basa fundamentalmente en dos instrumentos de carácter global: el Plan de Ordenación del Territorio de la Comunidad Valenciana y el Programa de Ordenación del Territorio. Los de ámbito más reducido, los Planes de Acción Territorial, tanto los de carácter sectorial como los integrados, tienen como finalidad la compatibilización y coordinación de políticas sectoriales y urbanísticas a nivel supramunicipal. Están concebidas tanto para satisfacer las necesidades de un sector determinado como para resolver problemáticas específicas de un área territorial, de muy diversos tipos (coordinación urbanística en áreas metropolitanas; fomento del desarrollo en áreas retrasadas o en declive; zonas con problemas de inundaciones u otros riesgos naturales, etc.).

La aplicación de las normas contenidas en esta Ley y la utilización de los instrumentos que la misma ofrece permitirán obtener un marco territorial global y flexible, no determinista, que sirva también de referencia a las actuaciones de las distintas Administraciones, respetando en lo posible las competencias urbanísticas que tienen atribuidas las Corporaciones Locales.

IV

La Constitución Española, en su artículo 40, establece que los poderes públicos habrán de promover el progreso social y económico, así como una más equitativa distribución de la renta regional. En el artículo 45 consagra el derecho de todos los ciudadanos a disfrutar de un medio ambiente adecuado, al mismo tiempo que impone el deber de conservarlo y confía a los poderes públicos la utilización racional de los recursos naturales de cara a la mejora de la calidad de vida, apoyándose en la solidaridad colectiva. Al mismo tiempo, el artículo 46, impone a los poderes públicos el deber de conservar y promover el enriquecimiento del patrimonio histórico, cultural y artístico de los pueblos de España.

Por su parte, el Estatuto de Autonomía de la Comunidad Valenciana –aprobado por Ley Orgánica 5/1982, de 1 de julio–, establece, en su artículo 31.9, la competencia exclusiva de la Generalitat en la Ordenación del Territorio y del Litoral y en Urbanismo, materias que se encuentran reguladas a nivel estatal básicamente por el Texto Refundido de la Ley de Régimen del Suelo y Ordenación Urbana, aprobado por Real Decreto 1346/1976, de 9 de abril, y desarrollado por los Reglamentos dictados posteriormente al efecto. Tras más de diez años de vigencia, los instrumentos ofrecidos por la normativa urbanística indicadas se han mostrado en la práctica insuficientes, especialmente en dos aspectos de suma importancia para resolver problemas fundamentales de la ordenación del territorio: la corrección de los desequilibrios territoriales de carácter socio-económico y la coordinación de actuaciones territoriales supramunicipales. Ello justifica la elaboración de una normativa propia de la Generalitat en materia de Ordenación del Territorio.

Se trata, en todo caso, de un texto legal lo suficientemente flexible como para que, en su momento, pueda ser desarrollado merced a la elaboración de las disposiciones necesarias, que arbitren soluciones puntuales, allí donde sea preciso. Todo ello desde una perspectiva política de globalidad, marcando las referencias básicas, las pautas que permitan el desarrollo económico sin distorsiones espaciales, la armonización de los distintos elementos que constituyen y conforman el territorio, así como la coordinación entre los diferentes poderes y agentes económicos y sociales implicados.

CAPÍTULO I
Finalidades y ámbito de aplicación

Sección 1ª Ámbito de aplicación

Artículo 1.

La presente Ley será de aplicación en el territorio de la Comunidad Valenciana.

Artículo 2.

Todas las Instituciones, Entidades y personas físicas o jurídicas quedarán obligadas a su cumplimiento.

Artículo 3.

Las Administraciones Públicas velarán por la consecución de sus objetivos, estableciendo las medidas cautelares que les correspondan en el ámbito de sus respectivas competencias y las de coordinación y colaboración en las distintas actuaciones.

Sección 2ª Objetivos

Artículo 4.

Los objetivos fundamentales de la presente Ley son la mejora de la calidad de vida, la gestión responsable de los recursos naturales, la protección del medio ambiente y la utilización racional y equilibrada del territorio de la Comunidad Valenciana.

Para conseguir estos objetivos, la actuación de la Administración deberá realizar actuaciones tendentes a:

1. Preservar las condiciones medioambientales y elementos naturales de acciones agresivas.

2. Conservar el patrimonio histórico, artístico, cultural, arqueológico, mineralógico y paisajístico, dentro del marco de la legislación específica aplicable.

3. Fomentar la explotación racional de las tierras productivas.

4. Paliar los desequilibrios comarcales de carácter económico, social y cultural.

5. Fomentar la regeneración natural o asistida, si procede, de aquellas tierras que por sus características estén excluidas de uso agrícola.

6. Regular el crecimiento poblacional exógeno en municipios saturados, considerando como tales a los que carezcan de recursos naturales o económicos para atender necesidades extraordinarias, o que conlleven con su crecimiento el desequilibrio poblacional.

7. Establecer el conjunto de criterios y normas, de acuerdo con los que provienen de la Comunidad Económica Europea y en coordinación con los Programas Económicos del Gobierno Valenciano, para regular los procesos de asentamientos urbanos y de localización de actividades económicas de los agentes públicos y privados que operen en la Comunidad Valenciana.

8. Establecer acciones territoriales conjuntas entre municipios, con otras Comunidades Autónomas o con la Administración del Estado, mediante el establecimiento de bases para los acuerdos de cooperación que resulten necesarios.

9. Promover las inversiones públicas y privadas en áreas de desarrollo potencial y deprimidas, de acuerdo con las características socio-económicas que determinen el establecimiento de prioridades.

10. Constituir el marco de referencia territorial para la formulación, desarrollo y aplicación de las políticas sectoriales de las distintas Administraciones Públicas.

11. Realizar la planificación necesaria para el desarrollo de los programas territoriales de carácter local.

12. Crear los instrumentos adecuados para la planificación del desarrollo social.

CAPÍTULO II
Instrumentos de ordenación del territorio

Sección 1ª De los Planes de Ordenación del Territorio

Artículo 5.

La ordenación del territorio de la Comunidad Valenciana se llevará a cabo mediante los siguientes instrumentos de planificación:

1. El Plan de Ordenación del Territorio de la Comunidad Valenciana.
2. Los Planes de Acción Territorial.
3. Los Programas de Ordenación del Territorio.
4. Los Proyectos de Ejecución.

⇒ V. art. 12 de la Ley 6/1994, de 15 noviembre, Reguladora de la Actividad Urbanística en la Comunidad Autónoma de Valencia (§53).
V. art. 12 de la Ley 6/1998, de 13 abril (§1).
V. art. 113.2 del TRLS/1992 (§2).
V. Jurisprudencia en arts. 6 y concordantes del TRLS/1976 (§3).

Sección 2ª Del Plan de Ordenación del Territorio de la Comunidad Valenciana

Artículo 6.

El Plan de Ordenación del Territorio es el instrumento básico para el cumplimiento de los objetivos de esta Ley.

Artículo 7.

El Plan de Ordenación del Territorio de la Comunidad Valenciana contendrá las siguientes determinaciones de carácter general:

1. Estudio del medio físico, que deberá contener referencia a los elementos determinantes del paisaje natural, clasificación agrológica y estudio edafológico, inventario y localización de espacios naturales y pautas de conservación, señalamiento de áreas y zonas inundables o con riesgos catastróficos, así como medidas a adoptar para su prevención, señalamiento de riquezas naturales y análisis de las condiciones climáticas, eólicas, marítimas y del medio ambiente atmosférico.

2. Señalamiento de las áreas de patrimonio cultural, histórico, medioambiental, arqueológico, mineralógico y de hidrocarburos, dentro del ámbito de la legislación específica aplicable.

3. Recursos hidráulicos y mecanismos de utilización racional de estos recursos.

4. Limitaciones o condiciones de uso del litoral, con indicación de la línea marítimo-terrestre del mar territorial, de la zona contigua y la plataforma submarina dentro de los criterios establecidos en la legislación y Tratados Internacionales en los que España sea parte.

5. Información histórica del desarrollo municipal o comarcal.

6. Análisis económico real y potencial de municipios o comarcas.

7. Determinación de áreas de preferente localización industrial.

8. Señalamiento de municipios, comarcas o áreas en situación de desequilibrio económico o social respecto a la media de la Comunidad y medidas tendentes a paliarlo.

9. Areas de preferente localización o ámbitos urbanos de equipamientos supramunicipales, de interés para toda la Comunidad.

10. Relación de municipios que posean conjuntos, elementos o áreas territoriales de cualquier naturaleza que por sus excepcionales valores puedan ser declarados Patrimonio de la Comunidad Valenciana, así como el Patrimonio Etnológico y medidas tendentes a su conservación y desarrollo.

11. Propuestas de acciones territoriales que requieran actuaciones conjuntas con Organismos Internacionales, con la Administración del Estado o con otras Comunidades Autónomas, ofreciendo las bases de los acuerdos de cooperación que resulten necesarias.

12. Señalamiento de medidas técnicas y económicas para la protección del medio físico y la gestión de los recursos naturales.

13. Definición de las prioridades territoriales de inversión pública de las políticas sectoriales.

14. Suministrar a los Programas de Ordenación del Territorio el marco adecuado para la asignación de los recursos oportunos.

15. El tratamiento de los municipios, comarcas, conjuntos, áreas o elementos a que se refieren los puntos 9 y 10 podrán ser objeto de tratamiento legal específico, de acuerdo con los criterios que señale el Consell de la Generalitat, oídas las Conselleria afectadas.

16. Señalamiento de aquellas actividades económicas que posibiliten el desarrollo, a partir del estudio y conservación del medio físico, donde se desarrollen.

17. Cualesquiera otros que se consideren procedentes para cumplir los objetivos de esta Ley.

Artículo 8.

Las determinaciones previstas en el artículo anterior constituirán el fundamento de los criterios y previsiones que se contengan en los Programas Económicos Valencianos.

Artículo 9.

La consideración unitaria del territorio no prejuzgará su división en sectores, de tal forma que éstos permitan reconocer las condiciones objetivas y peculiares de una comarca o área territorial.

Artículo 10.

Las determinaciones a que se refiere el artículo 7 se contendrán como mínimo en los siguientes documentos:

1. Planos de información y estudios complementarios.
2. Memoria de la información, y diagnóstico derivado del reconocimiento territorial.
3. Justificación de la ordenación.
4. Planos de ordenación.
5. Normas de actuación.
6. División temática o sectorial de las actuaciones que se prevean.
7. Criterios para desarrollo de los Planes de Actuación Territorial de carácter sectorial.
8. Criterios de programación de inversiones.

Sección 3ª De los Planes de Acción Territorial

Artículo 11.

En desarrollo de las previsiones contenidas en el Plan de Ordenación del Territorio de la Comunidad Valenciana, se redactarán Planes de Acción Territorial.

Artículo 12.

Los Planes de Acción Territorial serán de carácter sectorial o referidos a actuaciones integradas.

⇒ V. art. 16 de la Ley 6/1994, de 15 noviembre, Reguladora de la Actividad Urbanística en la comunidad autónoma de Valencia (§53).

Artículo 13.

Los Planes de Acción Territorial de carácter sectorial fijarán los criterios y orientaciones contenidas en el Plan de Ordenación del Territorio de la Comunidad Valenciana, estableciendo las prioridades de las actuaciones y proyectos referidos a un sector determinado a realizar en un área territorial determinada.

Artículo 14.

Los Planes de Acción Territorial de carácter integrado constituirán instrumentos supramunicipales de ordenación para desarrollar de forma coordinada, las políticas sectoriales y urbanísticas que tengan una finalidad común y específica dentro de un área territorial determinada.

Artículo 15.

Las funciones de los Planes de Acción Territorial de carácter sectorial serán las siguientes:

1. Establecer los objetivos y criterios de carácter territorial para las actuaciones sectoriales, de acuerdo con las directrices y orientaciones del Plan de Ordenación Territorial de la Comunidad Valenciana.

2. Regular el planeamiento, ejecución y gestión de los sistemas generales supramunicipales o comarcales de infraestructuras, equipamientos, servicios y actividades de explotación de los recursos, con los objetivos y criterios propuestos y de acuerdo con las determinaciones del Plan de Ordenación del Territorio de la Comunidad Valenciana.

3. Definir las prioridades territoriales de inversión pública de las políticas sectoriales, en orden a cubrir las necesidades y déficit.

4. Determinar los proyectos y actuaciones concretas que han de llevarse a cabo para la consecución de los objetivos propuestos.

5. Suministrar al Programa de Ordenación del Territorio el marco para la programación y territorialización de los recursos sectoriales.

Artículo 16.

Son funciones de los Planes de Acción Territorial de carácter integrado las siguientes:

a) Definir, de acuerdo con la estrategia y orientación del Plan de Ordenación del Territorio de la Comunidad Valenciana, los objetivos concretos y los criterios de actuación de carácter territorial que permitan integrar actuaciones sectoriales supramunicipales y coordinar el planeamiento urbanístico municipal de cara a resolver la problemática específica del área considerada.

b) Servir de base para la adopción de las medidas que se consideren necesarias o convenientes para la protección, fomento, desarrollo y mejor aprovechamiento de los recursos productivos, naturales o culturales.

c) Concretar las medidas a adoptar que se consideren necesarias para la formulación de Operaciones Integradas de Desarrollo, a efectos del Reglamento CEE número 1787/1984 del Consejo de las Comunidades Europeas, relativo al Fondo Europeo de Desarrollo Regional.

d) Evaluar el coste económico de las actuaciones previstas y establecer las prioridades de ejecución para dichas acciones.

e) Justificar la viabilidad técnica y económica de las soluciones adoptadas, evaluando la rentabilidad de las propuestas.

Artículo 17.

Los Planes de Acción Territorial de carácter sectorial tendrán el siguiente contenido:

a) Determinación de su ámbito de aplicación.

b) Análisis y diagnóstico de la situación del sector al que se refiera, en relación con el sistema de asentamientos urbanos, la actividad económica y el medio natural.

c) Definición de los objetivos que se pretende conseguir de acuerdo con la evaluación territorializada de las necesidades del sector, o ámbito territorial a que se refiera y según los criterios contenidos en el Plan de Ordenación del Territorio de la Comunidad Valenciana.

d) Articulación con el planeamiento municipal existente y con los Planes de Acción Territorial de carácter integrado en su caso, determinando expresamente las vinculaciones que se creen.

e) Justificación y definición del esquema general de las infraestructuras, obras, instalaciones y servicios que se prevean a efectos de su incidencia sobre el impacto medioambiental.

f) Normas técnicas y de protección, en su caso, que deban aplicarse en la ejecución de las actuaciones previstas.

g) Determinación y localización de los proyectos y actuaciones a realizar.

h) Coste de los proyectos y actuaciones previstos en el Plan, estableciendo el orden de prioridades para su ejecución.

i) Cualquier otro concepto que, de acuerdo con la naturaleza y características del Plan de Acción Territorial de que se trate, resulte necesaria su inclusión.

j) Criterios de revisión.

Artículo 18.

Los Planes de Acción Territorial de carácter integrado tendrán el siguiente contenido:

a) Definición y justificación de su ámbito de aplicación.

b) Análisis socio-económico y territorial, diagnóstico de la situación actual y tendencias.

c) Determinación de la problemática específica del área y fijación de los objetivos del Plan en función de aquélla y de acuerdo con el Plan de Ordenación del Territorio de la Comunidad Valenciana.

d) Determinación de los criterios de actuación para la ejecución y desarrollo de las acciones del Plan.

e) Relación de proyectos y acciones de carácter sectorial que han de llevarse a cabo para lograr los objetivos del Plan, así como las relaciones de complementariedad entre ellas.

f) Criterios y normas a aplicar en el planeamiento urbanístico municipal en virtud de la problemática específica que el Plan pretende resolver.

g) Determinación expresa de las vinculaciones con los Planes de Acción Territorial de carácter sectorial que incidan en el mismo ámbito territorial.

h) Localización de las actuaciones territoriales de carácter supramunicipal.

i) Análisis económico y financiero de las actuaciones previstas.

j) Establecimiento de prioridades y programación temporal de las actuaciones del Plan.

k) Cualquier otro concepto que, de acuerdo con la naturaleza y características del Plan de Acción Territorial de que se trate, resulte necesaria su inclusión.

l) Criterios de revisión.

Artículo 19.

Los Planes de Acción Territorial de carácter sectorial contendrán los documentos siguientes:

a) Memoria, en la que se incluirá el análisis, diagnóstico, objetivos, criterios y medidas de actuación, vinculación con otros planteamientos, proyectos y acciones a realizar.

b) Programa, que deberá comprender el coste estimado de las actuaciones previstas y el orden de prioridad establecido para su ejecución, así como el plazo previsto para llevar a cabo la misma, y ello en función de los condicionantes técnicos y económicos.

c) Normas de actuación y, en su caso, de protección.

d) Documentación gráfica, incluyendo planes de información y de ordenación.

e) Cualquier otro concepto que, de acuerdo con la naturaleza y características del Plan de Acción Territorial de que se trate, resulte necesaria su inclusión.

Artículo 20.

Los Planes de Acción Territorial de carácter integrado contendrán los siguientes documentos:

a) Memoria, en la que se incluirá el análisis socioeconómico y territorial, diagnóstico, problemática específica, objetivos, criterios y medidas de actuación, vinculación con el planeamiento sectorial y, en su caso, relación de proyectos y acciones a realizar.

b) Estudio Económico-Financiero.

c) Programa.

d) Normas de actuación.

e) Documentación gráfica de información y ordenación en función de las propuestas específicas del Plan.

f) Cualquier otro concepto que, de acuerdo con la naturaleza y características del Plan de Acción Territorial de que se trate, resulte necesaria su inclusión.

Sección 4ª Programa de Ordenación del Territorio

Artículo 21.

El Programa de Ordenación del Territorio es un instrumento de coordinación que define los criterios, acciones y proyectos de interés territorial de la Comunidad Valenciana, para un período máximo de cuatro años.

Artículo 22.

Las determinaciones del Programa de Ordenación del Territorio se incorporarán a los Programas Económicos Valencianos.

Artículo 23.

Son funciones del Programa de Ordenación del Territorio las siguientes:

a) Integrar los objetivos de la ordenación del territorio con la programación económica de la Comunidad Valenciana.

b) Definir la programación de inversiones de interés territorial.

c) Establecer las acciones para el tratamiento de los desequilibrios territoriales.

d) Establecer las acciones para la protección del medio físico y gestión de los recursos naturales.

e) Hacer compatibles las necesidades de inversión de los Planes de Acción Territorial y del planeamiento urbanístico con el Programa Económico Valenciano.

f) Servir de marco de orientación obligado para la elaboración de los Presupuestos anuales de la Generalitat.

Artículo 24.

El Programa de Ordenación del Territorio tendrá el siguiente contenido:

a) Diagnóstico de la situación actual, tendencias y efectos de las medidas de acción territorial existentes.

b) Determinación de los principales estrangulamientos y potencialidades de carácter territorial para el desarrollo económico de la Comunidad Valenciana, en el período que se establece en el Programa.

c) Determinación de las áreas de la Comunidad Valenciana que por su especial problemática necesiten la elaboración de Planes de Acción Territorial integrados.

d) Definición de proyectos de interés territorial para las inversiones de ámbito comunitario.

e) Establecimiento de los criterios y prioridades de asignación territorial para las inversiones de la Generalitat.

f) Valoración indicativa de los proyectos de inversión programados, indicando los Organismos competentes que deben gestionarlos, en su caso.

Artículo 25.

El Programa de Ordenación del Territorio contendrá los documentos escritos y gráficos necesarios para reflejar el contenido señalado en el artículo anterior.

Artículo 26.

Las previsiones del Programa de Ordenación del Territorio, tendrán carácter vinculante para la Administración Pública de la Comunidad Valenciana.

Artículo 27.

Los Programas de actuación de los Planes de Acción Territorial y del planeamiento urbanístico municipal deberán revisarse automáticamente para ajustarse al Programa de Ordenación del Territorio.

Sección 5ª Los Proyectos de Ejecución

Artículo 28.

Los Proyectos de Ejecución se referirán a actuaciones territoriales o actuaciones concretas y se ajustarán, en cada caso, a las condiciones técnicas adecuadas al cumplimiento de los objetivos del Plan de Ordenación del Territorio de la Comunidad Valenciana o de la planificación derivada que desarrollen.

Artículo 29.

No podrán contravenir las determinaciones de los Planes de rango superior, aunque podrán introducirse modificaciones no sustanciales para adecuarse a la fisonomía del territorio, a las Normas Urbanísticas de los Planes Generales Municipales de Ordenación, Normas Subsidiarias del Planeamiento o Proyectos de Delimitación del Suelo Urbano, todos ellos de carácter municipal.

Artículo 30.

Los Proyectos de excepcional entidad tendentes a cubrir necesidades de interés general, que ejecuten los Planes previstos en la presente Ley y se contengan en los de obras y servicios de las distintas Administraciones Públicas, podrán contener Cláusula de Excepción respecto de la normativa urbanística aplicable.

Artículo 31.

Se considera Cláusula de Excepción a la aprobación de los proyectos a que se refiere el artículo anterior cuando éstos excedan en la ocupación del suelo o del volumen edificable.

Artículo 32.

La Cláusula de Excepción se otorgará por el Consell de la Generalitat, previa audiencia de los Ayuntamientos afectados, después que éstos la hubiesen expuesto a información pública durante el plazo de un mes; de las Diputaciones Provinciales y de las Comisiones Territoriales de Urbanismo en cuyo ámbito territorial se plantee el Proyecto.

Artículo 33.

En ningún caso se otorgará la Cláusula de Excepción en detrimento de las previsiones contenidas en los Planes de Ordenación Urbana para zonas verdes o espacios libres, con afección a las condiciones medioambientales, o cuando existiera notoria gravosidad para edificaciones circundantes.

CAPÍTULO III
Formación y aprobación de los Planes

Sección 1ª Participación y actos preparatorios

Artículo 34.

Las Administraciones Públicas, Instituciones, Entidades y personas físicas y jurídicas deberán prestar su concurso a la redacción del Plan de Ordenación del Territorio de la Comunidad Valenciana facilitando todos los documentos, planes y programas que puedan ser tenidos en consideración como una información de base o para la ordenación del territorio.

Asimismo las Administraciones Públicas y demás entidades a que hace referencia el apartado anterior podrán presentar sugerencias o anteproyectos orientativos para la elaboración de los instrumentos de ordenación del territorio previstos en la presente Ley.

Artículo 35.

La Conselleria de Obras Públicas, Urbanismo y Transportes podrá solicitar cuantos documentos, planes y programas puedan ser tomados en consideración para la información u ordenación del territorio.

⇒ V. O. 6 octubre 2000, del Conseller de Obras Públicas, Urbanismo y Transportes, por la que se desarrolla el Decreto 110/2000, de 18 julio, del Gobierno Valenciano, que aprueba el Reglamento Orgánico y Funcional de la Conselleria de Obras Públicas, Urbanismo y Transportes.

Artículo 36.

Las Administraciones Públicas y demás entidades a que se refiere el artículo 34 podrán presentar sugerencias o anteproyectos sobre criterios previamente previstos en la presente Ley.

Sección 2ª Competencias

Artículo 37.

La competencia para redactar el Plan de Ordenación del Territorio de la Comunidad Valenciana corresponde a la Conselleria de Obras Públicas, Urbanismo y Transportes con informe de la Agencia del Medio Ambiente.

⇒ V. O. 6 octubre 2000, del Conseller de Obras Públicas, Urbanismo y Transportes, por la que se desarrolla el Decreto 110/2000, de 18 julio, del Gobierno Valenciano, que aprueba el Reglamento Orgánico y Funcional de la Conselleria de Obras Públicas, Urbanismo y Transportes.

V. D. 77/1996, de 16 abril, que aprueba el Reglamento de los Organos Urbanísticos de la Generalidad.

V. D. 90/1999, de 30 julio, Reglamento orgánico y funcional de la Consejería de Medio Ambiente, desarrollado por O. 13 marzo 2000.

V. D. 12/1991, de 29 julio, asignación de competencias.

Artículo 38.

La competencia para redactar los Planes de Acción Territorial de carácter sectorial corresponde a las distintas Administraciones en razón de su competencia del que se dote la Generalitat con informe de la Agencia del Medio Ambiente.

La redacción de los Planes de Acción Territorial de carácter integrado corresponde a la Conselleria de Obras Públicas, Urbanismo y Transportes, o en su caso, a aquellas otras Consellerias que expresamente tengan el encargo del Consell de la Generalitat con informe de la Agencia del Medio Ambiente.

⇒ V. D. 90/1999, de 30 julio, reglamento orgánico y funcional de la Consejería de Medio Ambiente, desarrollado por O. 13 marzo 2000.

V. D. 12/1991, de 29 julio, asignación de competencias.

Artículo 39.

Los Programas de Ordenación del Territorio se redactarán por la Conselleria de Economía y Hacienda de acuerdo con la jerarquización y etapas que se establezcan en los Planes de Acción Territorial.

Artículo 40.

La redacción de los Proyectos de Ejecución corresponderá a las distintas Administraciones Públicas, y a las Instituciones, Entidades y personas físicas y jurídicas que vengan obligadas a su ejecución.

Artículo 41.

1. Cuando concurran razones de urgencia, basándose en la utilidad pública o el interés social, el Presidente de la Generalitat, a instancia del Conseller de Obras Públicas, Urbanismo y Transportes, podrá requerir al órgano competente para que redacte o ejecute los Planes de Acción Territorial en el plazo que por el mismo se señale, teniendo en cuenta las causas concurrentes o determinantes de la dilación.

2. Transcurrido este plazo sin dar cumplimiento al requerimiento, el Consell de la Generalitat, mediante Decreto, a propuesta del Conseller de Obras Públicas, Urbanismo y Transportes, podrá subrogarse en la competencia dejada, asignando la misma a la Conselleria correspondiente.

Artículo 42.

Corresponde al Consell de la Generalitat la aprobación del Plan de Ordenación del Territorio de la Comunidad Valenciana mediante Decreto, a propuesta del Conseller de Obras Públicas, Urbanismo y Transportes, previo conocimiento de las Cortes Valencianas, y la Cláusula de Excepción de los Proyectos de Ejecución.

Artículo 43.

La aprobación de los Planes de Acción Territorial corresponde al Consell de la Generalitat.

Artículo 44.

El Programa de Ordenación del Territorio se aprobará por el Consell de la Generalitat y será incluido en el Programa Económico Valenciano.

Artículo 45.

Los proyectos que redacten Instituciones, Entidades, Organismos y personas jurídicas y físicas, no pertenecientes a la Administración Pública, serán aprobados por la Administración en razón de la materia, salvo que se solicite la Cláusula de Excepción.

Sección 3ª Procedimiento

Artículo 46.

1. El Conseller de Obras Públicas, Urbanismo y Transportes, una vez culminado el proceso de información territorial, fijará los criterios objetivos y propuestas que considere oportunos sometiéndolos a información pública, para que en el plazo de dos meses puedan presentarse sugerencias.

2. Terminado el proceso de información pública, el Conseller de Obras Públicas, Urbanismo y Transportes procederá a la aprobación inicial del POTCV remitiéndolo, de acuerdo con el artículo 42 de la presente Ley, a las Cortes Valencianas para su conocimiento y debate, así como para, en su caso, presentación y votación de las correspondientes propuestas de resolución.

Artículo 47.

Transcurrido este plazo, se abrirá nuevo período de información pública, reservada a la Administración Autonómica, Provincial, Municipal y Estatal por el plazo de dos meses.

Artículo 48.

La Conselleria de Obras Públicas, Urbanismo y Transportes informará las alegaciones presentadas, en el plazo máximo de tres meses, y transcurrido este plazo podrá adoptar los siguientes acuerdos:

1. Modificar el contenido del Plan de Ordenación del Territorio de la Comunidad Valenciana.

2. Elevarlo al Consell con propuesta de aprobación.

Artículo 49.

Si las modificaciones que introdujeran fueran sustanciales, se abrirá un nuevo período de información pública, que en ningún caso será inferior a un mes.

Artículo 50.

Trascurrido este plazo, el Conseller de Obras Públicas, Urbanismo y Transportes elevará al Consell de la Generalitat propuesta de aprobación definitiva.

Artículo 51.

El Consell de la Generalitat a la vista de la propuesta del Conseller de Obras Públicas, Urbanismo y Transportes, adoptará uno de los siguientes Acuerdos:

1. Aprobar el Plan de Ordenación del Territorio de la Comunidad Valenciana.

2. Suspender su aprobación, cuando se considere oportuno introducir modificaciones no sustanciales, fijando el término de la corrección.

3. Aprobarlo definitivamente condicionado a las rectificaciones o modificaciones no sustanciales, o subsanación de errores materiales o de hecho.

4. Denegar la aprobación definitiva.

Artículo 52.

Contra el Acuerdo del Consell podrá interponerse recurso de reposición, con carácter previo al contencioso-administrativo, en los términos y plazos que prevén los artículos 52.2 de la Ley de la Jurisdicción Contencioso-Administrativa, y 126.1 de la Ley de Procedimiento Administrativo.

Artículo 53.

El Acuerdo del Consell será publicado en el «Diari Oficial de la Generalitat Valenciana», «Boletín Oficial de las Provincias de Alicante, Castellón y Valencia», «Boletín Oficial del Estado» y en dos diarios de los de mayor difusión en cada provincia y a nivel estatal.

Artículo 54.

Los Planes de Acción Territorial de carácter sectorial se tramitarán por las distintas Administraciones Públicas y serán aprobados por el Consell de la Generalitat, previa audiencia de la Conselleria de Obras Públicas, Urbanismo y Transportes, conforme al trámite previsto en las disposiciones legales aplicables por razón de su naturaleza.

Artículo 55.

La elaboración y aprobación de los Planes de Acción Territorial de carácter integrado se ajustará al siguiente procedimiento:

1. Corresponde a la Conselleria de Obras Públicas, Urbanismo y Trans-

portes o al Consell de la Generalitat, a propuesta de una o varias Consellerías, acordar la formulación de un Plan de Acción Territorial de carácter integrado.

2. La Conselleria de Obras Públicas, Urbanismo y Transportes redactará un documento de avance en el que se exponga la problemática específica que trata de resolver el Plan, los objetivos y ámbito territorial del mismo, los criterios de actuación y el plazo de ejecución previsto, sometiéndolo a información de los Municipios afectados y Organismos interesados y la Comisión Territorial de Urbanismo, quienes deberán evacuarlo en el plazo de un mes.

3. La Conselleria de Obras Públicas, Urbanismo y Transportes redactará el Plan en el plazo máximo de ocho meses desde la recepción de los informes indicados en el punto 2.

4. El Conseller de Obras Públicas, Urbanismo y Transportes, previo informe de la Comisión Territorial de Urbanismo, aprobará inicialmente el Plan en el plazo de tres meses desde la redacción y lo someterá a información pública por dos meses durante los cuales se dará audiencia a las Corporaciones Locales afectadas.

5. Una vez informadas las alegaciones presentadas al documento inicial, la Conselleria de Obras Públicas, Urbanismo y Transportes redactará el documento definitivo del Plan que deberá ser propuesto por el Conseller al Consell para su aprobación definitiva.

Si como consecuencia de las alegaciones presentadas la versión definitiva del Plan supusiera modificaciones sustanciales respecto a la propuesta aprobada inicialmente, se requerirá un nuevo período de exposición pública por un mes antes de la aprobación definitiva.

⇒ V. O. 6 octubre 2000, del Conseller de Obras Públicas, Urbanismo y Transportes, por la que se desarrolla el Decreto 110/2000, de 18 julio, del Gobierno Valenciano, que aprueba el Reglamento Orgánico y Funcional de la Conselleria de Obras Públicas, Urbanismo y Transportes.

Sección 4ª Vigencia, revisión y modificación de los Planes

Artículo 56.

El Plan de Ordenación del Territorio de la Comunidad Valenciana y los Planes de Acción Territorial tendrán vigencia indefinida, salvo que el cumplimiento de estos últimos estuviera sujeto a término.

La vigencia del Programa de Ordenación del Territorio se ajustará, en todo caso, a la del correspondiente Programa Económico Valenciano.

Artículo 57.

La actualización o revisión del Plan de Ordenación del Territorio de la Comunidad Valenciana y de los Planes de Acción Territorial podrán llevarse a cabo de oficio por el Consell de la Generalitat, a propuesta del Conseller de Obras Públicas, Urbanismo y Transportes o de las distintas Consellerias, oída la de Obras Públicas, Urbanismo y Transportes y/o a instancia de otras Administraciones Públicas, cuando concurriera alguna de las circunstancias siguientes, que no puedan paliarse por otros medios.

1. Imposiciones derivadas de la legislación general.

2. Catástrofes naturales.

3. Por descubrimiento de materias o elementos que impliquen riqueza natural y sean susceptibles de protección natural o ambiental o de explotación económica.

4. Por transformaciones socio-económicas especialmente referidas a sistemas de producción.

5. Por notoria alteración de los recursos económicos.

6. Por cumplirse doce años desde la aprobación del Plan de Ordenación del Territorio de la Comunidad Valenciana.

Artículo 58.

La modificación del Plan de Ordenación del Territorio de la Comunidad Valenciana y de los Planes de Acción Territorial estará sujeto a los mismos trámites que los de su aprobación.

Artículo 59.

La modificación de los Proyectos de Ejecución que se deban llevar a cabo para la adaptación a las condiciones del territorio así como la ejecución material de las obras, estarán sujetos al informe favorable de la Conselleria de Obras Públicas, Urbanismo y Transportes y de la Agencia del Medio Ambiente.

⇒ V. D. 90/1999, de 30 julio, Reglamento orgánico y funcional de la Consejería de medio ambiente, desarrollado por O. 13 marzo 2000.
V. D. 12/1991, de 29 julio, asignación de competencias.

Sección 5ª Efectos de la aprobación de los Planes

Artículo 60.

Los Planes serán públicos en todas sus determinaciones, y cualquier persona podrá informarse de su contenido en los Ayuntamientos afectados o en la Conselleria de Obras Públicas, Urbanismo y Transportes.

Artículo 61.

La información que se facilite sobre su contenido deberá ser evacuada por la Conselleria de Obras Públicas, Urbanismo y Transportes, a costa del peticionario, en el plazo de dos meses.

Artículo 62.

Los Planes Generales Municipales de Ordenación Urbana tendrán en cuenta las determinaciones del Plan de Ordenación del Territorio de la Comunidad Valenciana y de los Planes de Acción Territorial, en su caso, estableciendo la debida coherencia en las previsiones relativas a su desarrollo.

CAPÍTULO IV
Régimen del suelo

Sección 1ª Del Patrimonio Rural del Suelo

Artículo 63.

El Patrimonio Rural del Suelo se compone del espacio físico que debe detraerse de la acción urbanizadora, con sus elementos y accidentes geográficos, las masas vegetales, plantaciones de interés comunitario, conjuntos de yacimientos arqueológicos e históricos, mineralógicos y de hidrocarburos, y espacios naturales, merecedores de protección o conservación.

Sección 2ª Del medio ambiente rural

Artículo 64.

Las áreas, elementos o hitos naturales determinantes del paisaje de la Comunidad Valenciana deberán señalarse en su emplazamiento, estableciendo las medidas cautelares o correctoras para su protección, recuperación o regeneración, sin perjuicio de las particulares que cada municipio deba conservar.

Artículo 65.

El Plan de Ordenación del Territorio de la Comunidad Valenciana señalará aquellas áreas de excepcional valor paisajístico, ecológico, medioambiental que deban ser preservadas de la acción urbanizadora.

Artículo 66.

No se permitirá ninguna actuación que menoscabe las características particulares de las zonas húmedas ni la extracción masiva de elementos minerales que contengan, todo ello al amparo de lo establecido en el Ordenamiento Jurídico.

⇒ V. art. 15 de la Ley 11/1994, de 27 diciembre, de Espacios Naturales Protegidos de la Comunidad Valenciana.

V. Acuerdo 18 julio 2000, que modifica el Acuerdo 3 noviembre 1999, de adopción de medidas cautelares de protección de las delimitadas en el Proyecto de Catálogo de Zonas Húmedas de la Comunidad.

Artículo 67.

La explotación de los recursos económicos que contengan las zonas húmedas se llevará a cabo con las garantías necesarias de permanencia de las características naturales de la marjal.

Artículo 68.

1. Todos los cauces públicos y privados deberán mantenerse expeditos. No se autorizará su aterramiento o reducción sin que exista un proyecto debidamente aprobado por el órgano competente que plantee solución alternativa que garantice el discurso normal de las aguas.

2. Cuando se plantee acción alternativa que modifique o suprima cauces públicos, no se aprobará definitivamente el proyecto hasta la desafectación del terreno público.

Artículo 69.

Se prohíbe toda edificación sobre terrenos provenientes de cauces y hasta veinte metros de su arista exterior.

Artículo 70.

Las plantaciones que se lleven a cabo en los mismos serán de escasa entidad y en ningún caso se autorizarán cultivos arbóreos, o de otra naturaleza que impida el curso de las aguas, hasta el límite de sus riberas.

Sección 3ª Del Paisaje

Artículo 71.

El paisaje de la Comunidad Valenciana se constituye por los accidentes geográficos, perfiles del litoral, zonas boscosas y plantaciones arbóreas singulares, hitos naturales y demás elementos específicos que determinan la fisonomía territorial.

Artículo 72.

El Plan de Ordenación del Territorio de la Comunidad Valenciana señalará aquellos espacios o elementos naturales susceptibles de algún tipo de protección, recuperación o regeneración, los cuales serán objeto de señalización e inventario conforme a lo dispuesto en la Ley de Parajes Naturales de la Comunidad Valenciana, sin perjuicio de establecer las medidas tendentes a la protección de otros comprendidos en el artículo anterior.

Artículo 73.

Los Planes Generales de Ordenación Urbana Municipal, podrán ampliar la protección a aquellas áreas o elementos naturales determinantes del paisaje municipal.

Artículo 74.

Cuando existan bienes susceptibles de aprovechamiento, las Consellerias correspondientes por razón de su naturaleza del bien económico, las Comisiones Territoriales de Urbanismo, las Diputaciones Provinciales y los Ayuntamientos establecerán las limitaciones de la explotación.

Artículo 75.

El Plan de Ordenación del Territorio de la Comunidad Valenciana, los Planes de Acción Territorial y los Planes Generales de Ordenación Urbana Municipal podrán delimitar áreas limítrofes o circundantes a los espacios a proteger estableciendo medidas restrictivas respecto del uso del suelo y de la edificación.

Sección 4ª De la protección del suelo

Artículo 76.

El análisis del suelo conllevará las recomendaciones de su uso y las medidas para su regeneración natural o asistida.

Artículo 77.

Se tenderá a obtener la máxima rentabilidad de las tierras fértiles, impidiendo sobre ellas nuevos asentamientos urbanos o su expansión injustificada, fomentando la urbanización en tierras de escasa productividad ubicadas en áreas preferentemente próximas a redes de comunicación.

Artículo 78.

No se permitirá ninguna actuación aislada ajena a la naturaleza y destino de las fincas agrícolas de alta productividad.

Artículo 79.

Las recomendaciones de usos del territorio se tomarán en consideración al establecer la política de desarrollo agrario de la Comunidad Valenciana y las medidas económicas en el caso de catástrofes.

Artículo 80.

No se propiciarán incentivos ni ayudas para actividades agropecuarias que no guarden relación con la capacidad de usos del territorio.

Sección 5ª De los recursos hidráulicos

Artículo 81.

La Administración establecerá las medidas procedentes en orden a asegurar las condiciones de potabilidad del agua destinada al consumo humano.

Artículo 82.

La planificación hidrológica de la Generalitat establecerá los niveles máximos y mínimos de distribución poblacional en función de la disponibilidad real o potencial de recursos hidráulicos.

Artículo 83.

La Generalitat, a través de los instrumentos de planificación hidrológica, asignará los recursos hidráulicos disponibles a las necesidades planteadas disponiendo los mecanismos necesarios para la mejor gestión y administración de dichos recursos, teniendo en cuenta el carácter de recurso escaso que tiene el agua en la Comunidad Valenciana y en orden a conseguir las óptimas condiciones de potabilidad para el consumo humano.

Artículo 84.

1. En ningún caso se permitirá el crecimiento poblacional exógeno cuando exista insuficiencia de agua potable, si el incremento extraordinario

del suministro implica menoscabar el abastecimiento mínimo necesario a poblaciones con crecimiento normal.

2. Los Planes Generales de Ordenación Urbana establecerán las limitaciones precisas a la clasificación del suelo cuando se carezca, por cualquier razón, de suministro de los recursos hídricos mínimos necesarios con garantía de potabilidad.

Artículo 85.

1. Las aguas no potables, susceptibles de aprovechamiento agrícola o industrial, serán canalizadas mediante redes de distribución independientes, en las que, en función del uso previsto, podrán integrarse las recicladas del consumo humano.

2. El carácter de estas redes podrá ser municipal, provincial o comarcal, y las Administraciones Públicas correspondientes establecerán las medidas de gestión por cualquiera de los medios que permita la legislación.

Sección 6ª De los vertidos y de los residuos sólidos

Artículo 86.

No podrán realizarse vertidos susceptibles de contaminar los recursos hidráulicos que vayan a destinarse al abastecimiento humano según las normas establecidas por las autoridades sanitarias.

Artículo 87.

Las determinaciones o criterios para la realización de actividades y la normativa ambiental contenida en la planificación urbanística y territorial se establecerán de forma que se eliminen el impacto ambiental de los vertidos y los sistemas de saneamiento y depuración, tanto para actuaciones continentales y atmosféricas como para aquellas que afecten al litoral.

⇒ V. Ley 2/1989, de 3 marzo, Estudios de impacto ambiental. Desarrollada por D. 162/1990, de 15 octubre.

V. Ley 6/2001, de 8 mayo, de modificación del Real Decreto Legislativo 1302/1986, de 28 junio, de evaluación de impacto ambiental.

Artículo 88.

La planificación territorial y urbanística tendrá en cuenta las exigencias planteadas por la gestión integrada del suministro, saneamiento y depuración de aguas, favoreciendo a través de la distribución espacial de actividades, servicios o infraestructuras, y en su caso, de la determinación de unidades territoriales, la creación y el funcionamiento de instrumentos de coordinación *interadministrativa*, o gestión unitaria, que permitan maximizar la rentabilidad social y económica de las inversiones.

Sección 7ª De los equipamientos supramunicipales

Artículo 89.

Los equipamientos supramunicipales se ubicarán en las zonas previstas en el Plan de Ordenación del Territorio de la Comunidad Valenciana, y en las que a tal efecto se prevean Planes de Acción Territorial.

Artículo 90.

A efectos de su implantación se tomarán en consideración las necesidades de cada municipio, comarcas, o las de un área territorial y el medio físico en que se desarrollan, para garantizar la rentabilidad socio-económica de las inversiones.

Artículo 91.

Serán prioritarios los que tiendan a cubrir necesidades existentes, programándose las pautas de acción para atender a las previsibles.

Sección 8ª De las infraestructuras

Artículo 92.

Las infraestructuras supramunicipales se desarrollarán conforme a programas de inversión, de tal forma que se coordine la ejecución de las principales con las derivadas.

Artículo 93.

En su ejecución se tendrán en cuenta las previsiones contenidas en los Planes Urbanísticos para la adopción de criterios coordinados.

Artículo 94.

Los Ayuntamientos clasificarán el suelo tendiendo a obtener la máxima rentabilidad pública de las infraestructuras existentes o previstas.

CAPÍTULO V
Régimen disciplinario

Sección 1ª De las faltas

Artículo 95.

Sin perjuicio de las responsabilidades que procedieren en aplicación de disposiciones legales que, por su contenido urbanístico o medio-ambiental, incidan en el uso y destino del territorio, será sancionable toda acción u omisión que contravenga o menoscabe los efectos de esta Ley.

Artículo 96.

En aplicación de lo dispuesto en el artículo anterior, las contravenciones de lo dispuesto en el Plan de Ordenación del Territorio de la Comunidad

Valenciana y los Planes aprobados en desarrollo del mismo serán consideradas como faltas leves, graves o muy graves.

⇒ V. arts. 100, 101 y 102 de la presente ley.

Téngase en cuenta el D. 78/1996, de 16 abril, que aplica en el ámbito territorial de la Comunidad Valenciana el art. 275 del RDLeg 1/1992, de 26 junio, por el que se aprobó el Texto Refundido de la Ley sobre el Régimen del Suelo y Ordenación Urbana, así como la disp. adic. 11ª añadida por el art. 33 de la Ley 10/1998, de 28 diciembre, de Medidas Fiscales, de Gestión Administrativa, Financiera y de Organización a la ley 6/1994, de 15 noviembre, Reguladora de la Actividad Urbanística en la Comunidad Autónoma de Valencia (§53).

Artículo 97.

Son faltas leves las contravenciones efectuadas sin malicia del infractor que afecten de forma no sustancial al uso del suelo y que puedan ser subsanadas en los Proyectos de Ejecución.

Artículo 98.

Son faltas graves los actos u omisiones que provoquen deterioro de la naturaleza del suelo, o destrucción de elementos de cualquier naturaleza que el Plan de Ordenación del Territorio de la Comunidad Valenciana declare protegidos, o incidan sustancialmente en las determinaciones contenidas en el mismo o en Planes y Proyectos de Ejecución aprobados en desarrollo del mismo.

Artículo 99.

Son faltas muy graves las que provoquen destrucción irreparable del medio físico o de los elementos de cualquier naturaleza que el Plan de Ordenación de la Comunidad Valenciana declare protegidos, e inviabilicen el cumplimiento de los fines de esta Ley, o de los instrumentos de planificación aprobados para su desarrollo.

Artículo 100.

Las faltas que sean calificadas como leves serán sancionadas con multas de 50.000 a 1 millón de pesetas.

Artículo 101.

Las faltas graves serán sancionadas con multas desde 1 millón a 50 millones de pesetas.

Artículo 102.

Las faltas muy graves serán sancionadas con multas desde 50 millones a 250 millones de pesetas.

Artículo 103.

La resolución sancionadora llevará aparejada, en todo caso, la imposición al infractor de la obligación de reparación del daño causado y restitución de la situación anterior a la comisión de la infracción, o, en su defecto, la valoración económica de dichas obligaciones que serán, en todo caso, de cuenta del infractor.

Artículo 104.

Podrá considerarse como causa eximente de la responsabilidad, la acción llevada a cabo en circunstancias extraordinarias por razón de riesgo catastrófico, cuando el análisis de los hechos demuestren buena fe y proporcionalidad entre las medidas precautorias adoptadas y el riesgo previsible, sin perjuicio de la obligación de reponer la situación anterior.

Artículo 105.

Se consideran circunstancias atenuantes:

1. El actuar en evitación de perjuicio o riesgos catastróficos, cuando no exista proporcionalidad entre las medidas adoptadas y el riesgo previsible.
2. La falta de intencionalidad en la ocasión del daño.
3. El haber procedido a reparar o disminuir el daño causado antes de la iniciación de la actuación sancionadora.

Artículo 106.

Se considerarán circunstancias agravantes:

1. La reincidencia.
2. El fraude documental que propiciare el otorgamiento de licencia u orden de ejecución.
3. El abuso de confianza.
4. La violencia o coacción sobre funcionarios o autoridades públicas, por cualquier medio, incluido el soborno.
5. El desacato a las autoridades.
6. Que el agente tenga la condición de cargo público, sea funcionario de la Administración Pública o preste servicios en la misma por cualquier vínculo de naturaleza contractual.
7. La repercusión del acto u omisión en elementos o espacios territoriales que resultaren perjudicados por la acción u omisión.
8. El conocimiento técnico de los pormenores de la actuación, de acuerdo con la profesión o actividad habitual del culpable.

Artículo 107.

Cuando no concurra en la comisión de la falta circunstancias agravantes ni atenuantes se impondrá la sanción en su grado mínimo.

Igualmente se procederá cuando concurra una sola circunstancia atenuante.

Artículo 108.

Cuando concurra una sola circunstancia agravante se impondrá la sanción en su grado medio.

Igualmente se procederá cuando el número de circunstancias agravantes y atenuantes sea idéntico, y si éste no lo fuese, se analizará la naturaleza de los concurrentes, graduando la sanción al efecto social de los mismos.

Artículo 109.

Cuando concurrieran todas las circunstancias atenuantes se podrá rebajar la multa hasta un 25% de la cuantía mínima.

Artículo 110.

Cuando concurran todas las circunstancias agravantes se impondrá la sanción correspondiente a la falta en su grado máximo.

Sección 2ª Reglas para la aplicación de sanciones

Artículo 111.

Las multas y órdenes de ejecución que se impongan a los distintos sujetos por una misma infracción tendrán carácter independiente.

Artículo 112.

1. Cuando el expediente sancionador se instruyera por dos o más faltas tipificadas entre las que exista relación de causa-efecto, se impondrá una sola multa que será la correspondiente a la acción u omisión que suponga el resultado final perseguido, en su cuantía máxima.

2. Las órdenes de ejecución tendentes a reponer la situación a su estado inicial versarán, sin perjuicio de lo dispuesto en el punto anterior, sobre las distintas acciones u omisiones sancionables.

Artículo 113.

1. Finalizado el plazo que fije la resolución del expediente para iniciar la reparación del daño causado, el Conseller de Obras Públicas, Urbanismo y Transportes podrá acordar un nuevo plazo en razón de las circunstancias concurrentes y alegadas por los inculpados, o proceder a la ejecución subsidiaria de las mismas, resarciendo a la Administración Pública del coste del gasto efectuado a costa de los infractores.

2. Cuando las obras no se hubieren concluido en el plazo otorgado al efecto, el Conseller de Obras Públicas, Urbanismo y Transportes procederá conforme a lo dispuesto en el apartado 1 de este artículo.

Sección 3ª De los responsables

Artículo 114.

Podrán ser sancionados como autores de faltas tipificadas en los artículos 97, 98 y 99 de la presente Ley las personas físicas y jurídicas que en su condición de propietario, promotor, empresario de la obra o técnicos encargados de dirigir su ejecución hubieran participado en calidad de tales en el acto u omisión punible.

Artículo 115.

Las personas jurídicas responderán de las infracciones cometidas por sus órganos y agentes, asumiendo el coste de las sanciones y el derivado de las medidas procedentes a la reposición del orden territorial.

Artículo 116.

Cuando la falta se cometiere al amparo de una licencia u orden de ejecución, serán responsables las personas que en su condición de técnicos o funcionarios hubieren informado favorablemente los expedientes. La responsabilidad de los cargos públicos se exigirá de acuerdo a la legislación específica.

Artículo 117.

Los Alcaldes que tuvieren conocimiento del otorgamiento de una licencia u orden de ejecución que contraviniese la legalidad en materia de ordenación del territorio, deberán instar la declaración de nulidad o declarar la lesividad de su propio acto, conforme a lo dispuesto en los artículos 109 y 110 de la Ley de Procedimiento Administrativo.

Artículo 118.

Cuando el Conseller de Obras Públicas, Urbanismo y Transportes tuviere conocimiento del otorgamiento de una licencia u orden de ejecución que infringiere la presente Ley o los Planes y Proyectos aprobados para su desarrollo, lo pondrá en conocimiento del Alcalde para que en el plazo de un mes proceda conforme a lo dispuesto en el artículo anterior; transcurrido este plazo sin que el requerimiento fuere atendido, procederá a través del órgano competente, conforme a lo dispuesto en el artículo 65 de la Ley de Bases de Régimen Local.

Jurisprudencia

«Cualquier actuación sancionadora de una Comunidad Autónoma deberá realizarse mediante subrogación en las competencias locales y a través del procedimiento legalmente establecido, de forma que la inactividad de una Corporación local en el ejercicio de sus competencias permita la subrogación autonómica previo requerimiento expreso en tal sentido y por el tiempo establecido legalmente, nunca inferior a un mes. Transcurrido dicho plazo, si la pasividad municipal persistiera, podría producirse su sustitución por la Comunidad Autónoma mediante el mecanismo de la subrogación competencial, lo que permitiría a ésta la incoación, instrucción y resolución del correspondiente expediente sancionador. A mayor abundamiento, cabe recordar que el art. 118 de la Ley 6/1989, de 7 de julio, de la Comunidad Valenciana, permite la subrogación del Conseller de Obras Públicas, Urbanismo y Transportes en sustitución de los *alcaldes, en supuestos de licencias que contravinieran la legalidad en materia de ordenación del territorio, pero siempre tras el preceptivo requerimiento por el plazo de un mes, conforme al art. 65 LBRL». **(STSJ Valencia 21 mayo 1999 [RJCA 1999, 2877]).**

Artículo 119.

La sanción administrativa se impondrá, en cualquier caso, sin perjuicio de las posibles indemnizaciones por daños y perjuicios a terceros, dejando expedita en todo momento la vía civil y penal para la interposición de otras demandas que no quedaría condicionada, en ningún caso, a la resolución del expediente disciplinario.

Sección 4ª De la competencia en materia disciplinaria

Artículo 120.

Será pública la acción para exigir ante los órganos competentes de la Administración Pública la observancia de la Ley de Ordenación del Territorio de la Comunidad Valenciana y del contenido de los Planes que traigan causa en la misma.

Artículo 121.

La competencia en materia disciplinaria corresponde a los Alcaldes y al Conseller de Obras Públicas, Urbanismo y Transportes, que actuarán de oficio o a instancia de parte.

Artículo 122.

1. Los Alcaldes que adviertan indicios de responsabilidad podrán decretar la suspensión cautelar de las obras o actividades, iniciando un período de información para esclarecimiento de los hechos y señalamiento de las personas responsables.

2. Terminado el período de información, el Alcalde remitirá, en el plazo de un mes, lo actuado al Conseller de Obras Públicas, Urbanismo y Transportes con informe del Ayuntamiento referido a la procedencia de iniciar expediente disciplinario, si permaneciesen indicios objetivos de responsabilidad, o en su caso, archivar las actuaciones.

3. A la vista del expediente, y de cuantas pruebas o comprobaciones considere necesarias, el Conseller resolverá.

Artículo 123.

El Conseller de Obras Públicas, Urbanismo y Transportes podrá ordenar la suspensión de obras o actividades, procediendo conforme a lo dispuesto en el apartado uno del artículo anterior, acordando al término de la información, el archivo de las actuaciones o la incoación del expediente disciplinario, en el plazo de un mes.

Artículo 124.

La incoación de expediente disciplinario será ordenada por el Conseller de Obras Públicas, Urbanismo y Transportes, mediante providencia en la que se designará Instructor y Secretario de actuaciones de cuyo nombramiento se dará traslado a los interesados.

Artículo 125.

1. El Instructor estará en todo caso, en posesión de título universitario superior y tendrá la condición de funcionario o relación laboral permanente con la Administración Autonómica.

2. Podrá ser designado Secretario de actuaciones cualquier funcionario de la Generalitat.

Artículo 126.

El Instructor impulsará de oficio el expediente, ordenando cuantas pruebas, prácticas e informes periciales resulten procedentes para tipificación de la falta y determinación del grado de responsabilidad.

Artículo 127.

Los trámites del proceso de instrucción se ajustarán al procedimiento general establecido en el Capítulo III de la Ley de Procedimiento Administrativo y, una vez informadas las alegaciones que se formulen a la propuesta de resolución, se llevará lo actuado al Conseller de Obras Públicas, Urbanismo y Transportes para su resolución.

Artículo 128.

Contra las resoluciones recaídas por la comisión de faltas muy graves podrá interponerse recurso de alzada ante el Consell de la Generalitat.

Artículo 129.

Contra las resoluciones recaídas por la comisión de faltas leves y graves podrá interponerse recurso de reposición, con carácter previo al contencioso-administrativo.

Artículo 130.

Serán de aplicación subsidiaria, los preceptos contenidos en la Ley de Régimen Jurídico de la Administración del Estado y Ley de Procedimiento Administrativo, a cuantos extremos no estén regulados específicamente en esta Ley y resulten de aplicación al régimen disciplinario.

DISPOSICIONES TRANSITORIAS

Primera.

Los Planes Generales y demás documentos urbanísticos aprobados definitivamente serán modificados o revisados en cuantos extremos contradigan el Plan de Ordenación del Territorio de la Comunidad Valenciana en el plazo de dos años.

Segunda.

Antes del transcurso de tres años, desde la entrada en vigor de la presente Ley, el Consell presentará ante las Cortes Valencianas el Plan de Ordenación Territorial de la Comunidad Valenciana.

Tercera.

En tanto no esté aprobado el Plan de Ordenación del Territorio de la Comunidad Valenciana, el Consell de la Generalitat podrá impulsar y aprobar

Planes de Acción Territorial, de criterios carácter sectorial o integrado siempre que los objetivos de dichos planes se adecuen a los objetivos de esta Ley.

Cuarta.

Los Planes y Proyectos de las Administraciones Públicas que se encuentren en tramitación, que puedan afectar a los objetivos de la presente Ley o del Plan de Ordenación del Territorio de la Comunidad Valenciana, se adaptarán antes de su aprobación definitiva a las determinaciones que en aquéllos se contengan.

DISPOSICIONES ADICIONALES

Primera.

La intervención de las distintas Administraciones Públicas en el Plan de Ordenación de la Comunidad Valenciana y el procedimiento de la actuación, se ajustará en todo lo previsto en esta Ley a sus propias normas de organización, funcionamiento y competencias.

El Consell de la Generalitat regulará, mediante Decreto, el procedimiento adecuado para la correcta interrelación funcional y administrativa de todas las áreas institucionales, en la formación y control de los instrumentos de ordenación del territorio que la presente Ley crea.

Segunda.

Se faculta al Consell de la Generalitat para dictar cuantas disposiciones sean necesarias para el desarrollo y aplicación de la presente Ley.

DISPOSICIÓN DEROGATORIA

Quedan derogadas cuantas disposiciones se opongan a esta Ley en el territorio de la Comunidad Valenciana.

DISPOSICIÓN FINAL

La presente Ley entrará en vigor al día siguiente de su publicación en el «Diario Oficial de la Generalitat Valenciana».

ÍNDICE

CRONOLÓGICO
DE
JURISPRUDENCIA

TRIBUNAL CONSTITUCIONAL

1986

– STC 56/1986, de 13 mayo (RTC 1986, 56).
  §1, arts. 42 y 44.
  §1.1, arts. 4, 5, 10, 12 y 13.
  §2, arts. 35, 242.1, 242.6, 243.2, 244.4 y 300.
  §3, arts. 178, 179, 180 y 232.
  §3.3, art. 1.
  §6, arts. 166, 169, 170, 171, 172, 173, 175, 176, 177, 182, 183, 200 y 202.
  §10, arts. 1.3, 1.4, 2.1 y 17.1.
  §13, arts. 2, 3, 4, 6, 7 y 8.
  §23, arts. 164, 166, 167, 168 y 169.
  §24, arts. 183, 185, 186, 187, 188, 192, 194 y 211.
  §25, arts. 97, 98 y 103.
  §27, arts. 162, 163, 165, 166, 167, 169, 170, 172 y 200.
  §28, arts. 247, 248, 249, 250, 258, 259 y 260.
  §33, arts. 86, 168 y 169.
  §37, arts. 151, 158 y 199.
  §41, arts. 214, 215, 216, 221, 223, 232.
  §44, arts. 18, 221, 222, 223, 233, 234 y disp. adic. 4ª.
  §52, arts. 179, 180, 182, 183 y 203.
  §53, art. 85 y disp. adic. 4ª.

1992

– ATC 20 octubre 1992 (RCL 1992, 2337).
  §23.1, art. 3.

1994

– STC 36/1994, de 10 febrero (RTC 1994, 36).
  §3, art. 9.
  §3.1, arts. 2, 11, 12 y 13.
  §27, art. 18.
  §28, art. 20.

1997

– STC 61/1997, de 20 marzo (RTC 1997, 61).
  §1, art. 1.
  §2, arts. 1, 20.1 b), 104.3, 113.2, 124, 133, 134, 136, 137, 138, 159, 168, 169, 170, 183, 204, 210, 211, 213, 214, 222, 224, 242.1, 242.6, 243.2, 244.4, 245.1, 246.2, 255.2, 258.3, 259.3, 274, 276, 280.1, 287.3, 288.3, 289, 299, 300 a 310, disps. adics. 4ª y 6ª y disp. transit. 5ª.
  §3, arts. 5 y 7.
  §3.4, cabeza.
  §3.5, Exp. Motivos.
  §4, art. 1.
  §32.1, Exp. Motivos.

1998

– STC 149/1998, de 2 julio 1998 (RTC 1998, 149).
  §48, arts. 17, 21, 25 y disp. adic. 2ª.
– STC 150/1998, de 2 julio (RTC 1998, 150).
  §31, art. 2.2 a).
  §38, art. 102.
  §49, art. 1.

1999

– STC 11/1999, de 11 febrero (RTC 1999, 11).
  §10, arts. 1.2, 2, 5.1 y 6.
– ATC 46/1999, de 25 febrero (RTC 1999, 46 AUTO).
  §27, art. 152.3 a).
  §31, art. 2.2 a).

§49, art. 1.

- STC 127/1999, de 1 julio (RTC 1999, 127).
  §31, art. 2.2 a).
  §49, art. 1.
- STC 207/1999, de 11 noviembre (RTC 1999, 207).
  §44, art. 248.

2001

- STC 159/2001, de 5 julio (RTC 2001, 159).
  §3, arts. 91 y 218.
  §28, arts. 15 y 47.
- STC 164/2001, de 11 julio (RTC 2001, 164).
  §1, arts. 9, 11, 14, y 15.

TRIBUNAL SUPREMO

1979

- STS, Sala 3ª, de 31 enero 1979 (RJ 1979, 241).
  §1, arts. 13, 14.1, 14.2 f), 18.7 y 34.
  §2, arts. 34, 186, 208, 227, 228, 229, 233, 234 y 236.
  §3, arts. 154 a 164.
  §3.6, arts. 1, 10, 13, 18 y 25.
  §6, arts. 160 a 165.
  §24, arts. 246, 247, 249 y 251.
  §27, arts. 66 y 104.
  §28, arts. 223 a 233.
  §33, art. 81.
  §41, arts. 203, 204, 205 y 206.
  §44, art. 218.
  §46, art. 9.
  §52, arts. 187, 188, 189, 190 y 192.
  §53, arts. 97 y 98.
- STS, Sala 3ª, de 28 noviembre 1979 (RJ 1979, 4088).
  §1, arts. 13, 14.1, 14.2 f), 18.7 y 34.
  §2, arts. 34, 186, 208, 227, 228, 229, 233, 234 y 236.
  §3, arts. 154 a 164.
  §3.6, arts. 1, 10, 13, 18 y 25.
  §6, arts. 160 a 165.
  §24, arts. 246, 247, 249 y 251.
  §27, arts. 66 y 104.
  §28, arts. 223 a 233.
  §33, art. 81.
  §41, arts. *203*, *204*, *205* y 206.
  §44, art. 218.
  §46, art. 9.
  §52, arts. 187, 188, 189, 190 y 192.
  §53, arts. 97 y 98.

1980

- STS, Sala 3ª, de 23 mayo 1980 (RJ 1980, 3110).
  §1, arts. 13, 14.1, 14.2 f), 18.7 y 34.
  §2, arts. 34, 186, 208, 227, 228, 229, 233, 234 y 236.
  §3, arts. 154 a 164.
  §3.6, arts. 1, 10, 13, 18 y 25.
  §6, arts. 160 a 165.
  §24, arts. 246, 247, 249 y 251.
  §27, arts. 66 y 104.
  §28, arts. 223 a 233.
  §33, art. 81.
  §41, arts. 203, 204, 205 y 206.
  §44, art. 218.
  §46, art. 9.
  §52, arts. 187, 188, 189, 190 y 192.
  §53, arts. 97 y 98.
- STS, Sala 3ª, de 20 junio 1980 (RJ 1980, 3228).
  §1, arts. 13, 14.1, 14.2 f), 18.7 y 34.
  §2, arts. 34, 186, 208, 227, 228, 229, 233, 234 y 236.
  §3, arts. 154 a 164.
  §3.6, arts. 1, 10, 13, 18 y 25.
  §6, arts. 160 a 165.
  §24, arts. 246, 247, 249 y 251.
  §27, arts. 66 y 104.
  §28, arts. 223 a 233.
  §33, art. 81.
  §41, arts. 203, 204, 205 y 206.

§44, art. 218.
§46, art. 9.
§52, arts. 187, 188, 189, 190 y 192.
§53, arts. 97 y 98.

1981

– STS, Sala 3ª, de 18 marzo 1981 (RJ 1981, 2196).
§1, art. 19.1.
§2, art. 246.2 y 246.3.
§3, art. 182.
§6, arts. 186 y 187.
§13, art. 12.
§23, art. 157.
§25, art. 106.
§27, art. 140.
§28, art. 252.
§33, art. 170.
§44, art. 225.
§52, art. 185.
§53, arts. 88, 89, 91 y 92.
– STS, Sala 3ª, de 25 marzo 1981 (RJ 1981, 1358).
§1, arts. 13, 14.1, 14.2 f), 18.7 y 34.
§2, arts. 34, 186, 208, 227, 228, 229, 233, 234 y 236.
§3, arts. 154 a 164.
§3.6, arts. 1, 10, 13, 18 y 25.
§6, arts. 160 a 165.
§24, arts. 246, 247, 249 y 251.
§27, arts. 66 y 104.
§28, arts. 223 a 233.
§33, art. 81.
§41, arts. 203, 204, 205 y 206.
§44, art. 218.
§46, art. 9.
§52, arts. 187, 188, 189, 190 y 192.
§53, arts. 97 y 98.
– STS, Sala 3ª, de 2 junio 1981 (RJ 1981, 2919).
§1, art. 12.
§2, art. 134.
§3, art. 57.
§6, art. 67.
§25, art. 62.
§28, art. 90.
§33, art. 56.
§44, art. 132.
§52, art. 98.
§53, art. 58.

1982

– STS, Sala 3ª, de 2 marzo 1982 (RJ 1982, 1653).
§3, art. 8.
§3.1, arts. 11, 12 y 13.
§27, art. 18.
§28, art. 19.
§53, art. 16.
– STS, Sala 3ª, de 17 marzo 1982 (RJ 1982, 2135).
§1, arts. 13, 14.1, 14.2 f), 18.7 y 34.
§2, arts. 34, 186, 208, 227, 228, 229, 233, 234 y 236.
§3, arts. 154 a 164.
§3.6, arts. 1, 10, 13, 18 y 25.
§6, arts. 160 a 165.
§24, arts. 246, 247, 249 y 251.
§27, arts. 66 y 104.
§28, arts. 223 a 233.
§33, art. 81.
§41, arts. 203, 204, 205 y 206.
§44, art. 218.
§46, art. 9.
§52, arts. 187, 188, 189, 190 y 192.
§53, arts. 97 y 98.
– STS, Sala 3ª, de 11 octubre 1982 (RJ 1982, 6355).
§1, arts. 14.2 e) y 18.6.
§2, art. 155.
§3, art. 122.
§3.2, arts. 59, 60, 61 y 62.
§6, art. 123.
§23, arts. 99 y 151.
§25, art. 68.
§27, arts. 115 y 127.
§28, art. 172.
§33, art. 130.
§37, art. 97.
§44, art. 153.
§52, art. 120.
– STS, Sala 3ª, de 10 noviembre 1982 (RJ 1982, 7251).
§1, arts. 13, 14.1, 14.2 f), 18.7 y 34.
§2, arts. 34, 186, 208, 227, 228, 229, 233, 234 y 236.
§3, arts. 154 a 164.

§3.6, arts. 1, 10, 13, 18 y 25.
§6, arts. 160 a 165.
§24, arts. 246, 247, 249 y 251.
§27, arts. 66 y 104.
§28, arts. 223 a 233.
§33, art. 81.
§41, arts. 203, 204, 205 y 206.
§44, art. 218.
§46, art. 9.
§52, arts. 187, 188, 189, 190 y 192.

1983

– STS, Sala 3ª, de 5 diciembre 1983 (RJ 1983, 6948).
§1, arts. 42 y 44.
§1.1, arts. 4, 5, 10, 12 y 13.
§2, arts. 35, 242.1, 242.6, 243.2, 244.4 y 300.
§3, arts. 178, 179, 180 y 232.
§3.3, art. 1.
§6, arts. 166, 169, 170, 171, 172, 173, 175, 176, 177, 182, 183, 200 y 202.
§10, arts. 1.3, 1.4, 2.1 y 17.1.
§13, arts. 2, 3, 4, 6, 7 y 8.
§23, arts. 164, 166, 167, 168 y 169.
§24, arts. 183, 185, 186, 187, 188, 192, 194 y 211.
§25, arts. 97, 98 y 103.
§27, arts. 162, 163, 165, 166, 167, 169, 170, 172 y 200.
§28, arts. 247, 248, 249, 250, 258, 259 y 260.
§33, arts. 86, 168 y 169.
§37, arts. 151, 158 y 199.
§41, arts. 214, 215, 216, 221, 223 y 232.
§44, arts. 18, 221, 222, 223, 233, 234 y disp. adic. 4ª.
§52, arts. 179, 180, 182, 183 y 203.
§53, art. 85 y disp. adic. 4ª.

– STS, Sala 3ª, de 7 diciembre 1983 (RJ 1983, 6265).
§1, art. 40.3.
§2, arts. 206, 276 y 277.
§3, arts. 89, 90, 91, 92 y 93.
§6, arts. 85, 86 y 88 a 93.
§17, art. 39.
§23, arts. 74, 75, 76 y 77.
§24, arts. 229, 232, 233, 234 y 235.
§25, arts. 109, 123, 125 y 127.
§27, arts. 76, 77 y 79.
§28, arts. 131, 132, 133, 134 y 135.
§33, arts. 155, 156 y 157.
§37, arts. 173, 176 y 179.
§41, arts. 196, 198, 199 y 200.
§44, arts. 265, 266 y 272.
§51, arts. 2, 7 y 8.
§52, arts. 163, 164 y 169.
§53, art. 99.

– STS, Sala 3ª, de 26 diciembre 1983 (RJ 1983, 6416).
§1, arts. 4 y 6.1.
§2, art. 4.
§3, art. 4.
§3.2, art. 8.
§6, arts. 6 y 7.
§25, art. 5.
§27, art. 8.
§28, art. 4.
§44, art. 4.
§52, art. 4.
§53, arts. 4, 5 y 44.

1984

– STS, Sala 3ª, de 30 enero 1984 (RJ 1984, 225).
§1, arts. 13, 14.1, 14.2 f), 18.7 y 34.
§2, arts. 34, 186, 208, 227, 228, 229, 233, 234 y 236.
§3, arts. 154 a 164.
§3.6, arts. 1, 10, 13, 18 y 25.
§6, arts. 160 a 165.
§27, arts. 66 y 104.
§28, arts. 223 a 233.
§33, art. 81.
§41, arts. 203, 204, 205 y 206.
§44, art. 218.
§46, art. 9.
§52, arts. 187, 188, 189, 190 y 192.
§53, arts. 97 y 98.

– STS, Sala 3ª, de 30 enero 1984 (RJ 1984, 226).
§1, arts. 13, 14.1, 14.2 f), 18.7 y 34.
§2, arts. 34, 186, 208, 227, 228, 229, 233, 234 y 236.
§3, arts. 154 a 164.
§3.6, arts. 1, 10, 13, 18 y 25.
§6, arts. 160 a 165.
§24, arts. 246, 247, 249 y 251.
§27, arts. 66 y 104.

§28, arts. 223 a 233.
§33, art. 81.
§41, arts. 203, 204, 205 y 206.
§44, art. 218.
§46, art. 9.
§52, arts. 187, 188, 189, 190 y 192.
§53, arts. 97 y 98.

– STS, Sala 3ª, de 13 marzo 1984 (RJ 1984, 1328).
§1, arts. 42 y 44.
§1.1, arts. 4, 5, 10, 12 y 13.
§2, arts. 35, 242.1, 242.6, 243.2, 244.4 y 300.
§3, arts. 178, 179, 180 y 232.
§3.3, art. 1.
§6, arts. 166, 169, 170, 171, 172, 173, 175, 176, 177, 182, 183, 200 y 202.
§10, arts. 1.3, 1.4, 2.1 y 17.1.
§13, arts. 2, 3, 4, 6, 7 y 8
§23, arts. 164, 166, 167, 168 y 169.
§24, arts. 183, 185, 186, 187, 188, 192, 194 y 211.
§25, arts. 97, 98 y 103.
§27, arts. 162, 163, 165, 166, 167, 169, 170, 172 y 200.
§28, arts. 247, 248, 249, 250, 258, 259 y 260.
§33, arts. 86, 168 y 169.
§37, arts. 151, 158 y 199.
§41, arts. 214, 215, 216, 221, 223 y 232.
§44, arts. 18, 221, 222, 223, 233, 234 y disp. adic. 4ª.
§52, arts. 179, 180, 182, 183 y 203.
§53, art. 85 y disp. adic. 4ª.

– STS, Sala 3ª, de 4 abril 1984 (RJ 1984, 2555).
§1, arts. 13, 14.1, 14.2 f), 18.7 y 34.
§2, arts. 34, 186, 208, 227, 228, 229, 233, 234 y 236.
§3, arts. 154 a 164.
§3.6, arts. 1, 10, 13, 18 y 25.
§6, arts. 160 a 165.
§24, arts. 246, 247, 249 y 251.
§27, arts. 66 y 104.
§28, arts. 223 a 233.
§33, art. 81.
§41, arts. 203, 204, 205 y 206.
§44, art. 218.
§46, art. 9.
§52, arts. 187, 188, 189, 190 y 192.
§53, arts. 97 y 98.

– STS, Sala 3ª, de 22 mayo 1984 (RJ 1984, 3124).
§1, arts. 13, 14.1, 14.2 f), 18.7 y 34.
§2, arts. 34, 186, 208, 227, 228, 229, 233, 234 y 236.
§3, arts. 154 a 164.
§3.6, arts. 1, 10, 13, 18 y 25.
§6, arts. 160 a 165.
§24, arts. 246, 247, 249 y 251.
§27, arts. 66 y 104.
§28, arts. 223 a 233.
§33, art. 81.
§41, arts. 203, 204, 205 y 206.
§44, art. 218.
§46, art. 9.
§52, arts. 187, 188, 189, 190 y 192.
§53, arts. 97 y 98.

– STS, Sala 3ª, de 14 julio 1984 (RJ 1984, 4100).
§1, arts. 13, 14.1, 14.2 f), 18.7 y 34.
§2, arts. 34, 186, 208, 227, 228, 229, 233, 234 y 236.
§3, arts. 154 a 164.
§3.6, arts. 1, 10, 13, 18 y 25.
§6, arts. 160 a 165.
§24, arts. 246, 247, 249 y 251.
§27, arts. 66 y 104.
§28, arts. 223 a 233.
§33, art. 81.
§41, arts. 203, 204, 205 y 206.
§44, art. 218.
§46, art. 9.
§52, arts. 187, 188, 189, 190 y 192.
§53, arts. 97 y 98.

1985

– STS, Sala 3ª, de 11 febrero 1985 (RJ 1985, 1013).
§1, arts. 13, 14.1, 14.2 f), 18.7 y 34.
§2, arts. 34, 186, 208, 227, 228, 229, 233, 234 y 236.
§3, arts. 154 a 164.
§3.6, arts. 1, 10, 13, 18 y 25.
§6, arts. 160 a 165.
§24, arts. 246, 247, 249 y 251.
§27, arts. 66 y 104.
§28, arts. 223 a 233.
§33, art. 81.

§41, arts. 203, 204, 205 y 206.
§44, art. 218.
§46, art. 9.
§52, arts. 187, 188, 189, 190 y 192.
§53, arts. 97 y 98.

– STS, Sala 3ª, de 11 febrero 1985 (RJ 1985, 1019).
§1, art. 19.1.
§2, art. 246.2 y 246.3.
§3, art. 182.
§6, arts. 186 y 187.
§13, art. 12.
§23, art. 157.
§25, art. 106.
§27, art. 140.
§28, art. 252.
§33, art. 170.
§44, art. 225.
§52, art. 185.
§53, arts. 88, 89, 91 y 92.

– STS, Sala 3ª, de 11 febrero 1985 (RJ 1985, 1022).
§3, art. 72.
§3.1, art. 98.
§6, art. 159.
§24, art. 36.
§28, art. 106.

– STS, Sala 3ª, de 12 marzo 1985 (RJ 1985, 2819).
§1, arts. 42 y 44.
§1.1, arts. 4, 5, 10, 12 y 13.
§2, arts. 35, 242.1, 242.6, 243.2, 244.4 y 300.
§3, arts. 178, 179, 180 y 232.
§3.3, art. 1.
§6, arts. 166, 169, 170, 171, 172, 173, 175, 176, 177, 182, 183, 200 y 202.
§10, arts. 1.3, 1.4, 2.1 y 17.1.
§13, arts. 2, 3, 4, 6, 7 y 8.
§21, arts. 164, 166, 167, 168 y 169.
§23, arts. 164, 166, 167, 168 y 169.
§24, arts. 183, 185, 186, 187, 188, 192, 194 y 211.
§25, arts. 97, 98 y 103.
§27, arts. 162, 163, 165, 166, 167, 169, 170, 172 y 200.
§28, arts. 247, 248, 249, 250, 258, 259 y 260.
§33, arts. 86, 168 y 169.
§37, arts. 151, 158 y 199.
§41, arts. 214, 215, 216, 221, 223 y 232.
§44, arts. 18, 221, 222, 223, 233, 234 y disp. adic. 4ª.
§52, arts. 179, 180, 182, 183 y 203.
§53, art. 85 y disp. adic. 4ª.

– STS, Sala 3ª, de 8 mayo 1985 (RJ 1985, 4113).
§2, arts. 204, 208, 209 y 211.
§3, arts. 64 a 69.
§6, arts. 69, 106, 107, 108, 109, 113, 115 y 116.
§23, arts. 159 y 163.
§24, art. 143.
§25, art. 63.
§27, art. 42.
§28, arts. 98 a 103.
§33, art. 54.
§44, arts. 130, 209 y 215.
§52, arts. 96, 141, 158 y 159.

– STS, Sala 3ª, de 18 junio 1985 (RJ 1985, 4143).
§1, arts. 14.2 e) y 18.6.
§2, art. 155.
§3, art. 122.
§3.2, arts. 59, 60, 61 y 62.
§6, art. 123.
§23, arts. 99 y 151.
§25, art. 68.
§27, arts. 115 y 127.
§28, art. 172.
§33, art. 130.
§37, art. 97.
§44, art. 153.
§52, art. 120.

– STS, Sala 3ª, de 21 noviembre 1985 (RJ 1985, 5569).
§1, art. 17.
§2, arts. 24, 83, 136, 257, 258 y 259.
§3, arts. 94, 95 y 96.
§6, arts. 28, 178, 179, 180, 181 y 182.
§11, art. 6.
§13, arts. 27, 40 y 59.
§17, art. 13.
§23, arts. 80, 81, 82, 83 y 195.
§24, arts. 105, 106, 195 y 196.
§25, art. 104.
§27, arts. 89, 90 y 91.
§28, arts. 139, 140, 141, 264 y 269.
§33, arts. 98, 100 a 106, 172, 173 y 174.
§37, arts. 143, 144, 145 y 146.

§52, arts. 193, 194 y 195.
§53, arts. 82 y 83.

1986

– STS, Sala 3ª, de 11 febrero 1986 (RJ 1986, 1432).
§1, art. 5.
§2, art. 162.
§3, arts. 131, 132 y 133.
§3.2, arts. 186, 189 y 190.
§6, arts. 135, 136 y 137.
§23, arts. 121 y 122.
§24, art. 158.
§25, art. 83.
§28, arts. 182, 183 y 184.
§33, arts. 139, 140 y 141.
§37, art. 115.
§41, art. 184.
§44, arts. 160 y 167.
§52, arts. 129 y 130.

– STS, Sala 3ª, de 19 marzo 1986 (RJ 1986, 1840).
§1, arts. 13, 14.1, 14.2 f), 18.7 y 34.
§2, arts. 34, 186, 208, 227, 228, 229, 233, 234 y 236.
§3, arts. 154 a 164.
§3.6, arts. 1, 10, 13, 18 y 25.
§6, arts. 160 a 165.
§24, arts. 246, 247, 249 y 251.
§27, arts. 66 y 104.
§28, arts. 223 a 233.
§33, art. 81.
§41, arts. 203, 204, 205 y 206.
§44, art. 218.
§46, art. 9.
§52, arts. 187, 188, 189, 190 y 192.
§53, arts. 97 y 98.

– STS, Sala 3ª, de 19 marzo 1986 (RJ 1986, 4578).
§1, art. 23.
§2, arts. 157, 158 y 159.
§3, arts. 126, 127, 128 y 129.
§3.2, arts. 102, 156, 157, 158, 161, 162, 165, 167, 169, 178, 184 y 185.
§6, arts. 138, 139, 140, 142 y 144.
§23, arts. 111 a 116.
§24, arts. 149, 151 y 153.
§25, arts. 80, 81 y 82.
§33, arts. 133, 134, 135, 136 y 138.
§37, art. 104.
§41, art. 180.
§44, arts. 155, 156, 158, 162 y 163.
§52, arts. 121, 123 y 127.

– STS, Sala 3ª, de 25 abril 1986 (RJ 1986, 2967).
§2, arts. 24 y 72.
§3, art. 12.
§3.1, arts. 14 a 19, 21, 25 a 30, 32, 33, 34 y 36 a 42.
§6, arts. 14, 32 a 40, 101, 102, 103, 104, 106, 107 y 108.
§24, arts. 44, 48, 49, 96, 133 y 143.
§25, art. 41.
§27, art. 24.
§28, art. 23.
§33, arts. 8, 9, 10, 12, 16 y 17.
§37, arts. 42 y 43.
§41, arts. 98, 101 y 195.
§44, arts. 81 y 82.
§52, arts. 56, 58, 59, 60, 61, 65, 66, 151, 152 y 154.

– STS, Sala 3ª, de 29 abril 1986 (RJ 1986, 2980).
§1, arts. 4 y 15.
§2, arts. 45, 102, 104, 106 y 117.
§3, arts. 27, 52, 53 y 54.
§3.1, arts. 46, 64, 85, 117, 118, 120, 121, 122 y 139.
§3.2, art. 104.
§6, arts. 51, 52, 53, 65 y 66.
§13, arts. 13 y 19.
§24, art. 25.
§25, art. 53.
§28, arts. 40, 41, 42, 43, 78, 79, 80, 81 y 87.
§33, arts. 34 y 36.
§41, art. 134.
§44, arts. 60, 106, 107, 109 y 113.
§52, art. 82.
§53, art. 57.

– STS, Sala 3ª, de 30 mayo 1986 (RJ 1986, 4476).
§1, art. 10.
§2, arts. 9, 11, 73 y 74.
§3, arts. 70, 71 y 79.
§3.1, arts. 5, 22, 23, 88 a 93, 95, 96, 97 y 150.
§3.2, art. 44.
§6, art. 62.

§23, arts. 52, 53 y 68.
§25, arts. 13 y 14.
§26, disp. adic. 1ª.
§27, art. 46.
§28, arts. 106, 107 y 116.
§33, arts. 9, 10, 11, 12 y 67.
§41, art. 104.
§44, arts. 6 y 8.
§52, arts. 22 y 23.
§53, art. 9.

– STS, Sala 3ª, de 8 julio 1986 (RJ 1986, 6873).
§1, art. 5.
§2, art. 162.
§3, arts. 131, 132 y 133.
§3.2, arts. 186, 189 y 190.
§6, arts. 135, 136 y 137.
§23, arts. 121 y 122.
§24, art. 158.
§25, art. 83.
§28, arts. 182, 183 y 184.
§33, arts. 139, 140 y 141.
§41, art. 184.
§44, arts. 160 y 167.
§52, arts. 129 y 130.

– STS, Sala 3ª, de 18 julio 1986 (RJ 1986, 5128).
§1, arts. 42 y 44.
§1.1, arts. 4, 5, 10, 12 y 13.
§2, arts. 35, 242.1, 242.6, 243.2, 244.4 y 300.
§3, arts. 178, 179, 180 y 232.
§3.3, art. 1.
§6, arts. 166, 169, 170, 171, 172, 173, 175, 176, 177, 182, 183, 200 y 202.
§10, arts. 1.3, 1.4, 2.1 y 17.1.
§13, arts. 2, 3, 4, 6, 7 y 8.
§23, arts. 164, 166, 167, 168 y 169.
§24, arts. 183, 185, 186, 187, 188, 192, 194 y 211.
§25, arts. 97, 98 y 103.
§27, arts. 162, 163, 165, 166, 167, 169, 170, 172 y 200.
§28, arts. 247, 248, 249, 250, 258, 259 y 260.
§33, arts. 86, 168 y 169.
§37, arts. 151, 158 y 199.
§41, arts. 214, 215, 216, 221, 223 y 232.
§44, arts. 18, 221, 222, 223, 233, 234 y disp. adic. 4ª.
§52, arts. 179, 180, 182, 183 y 203.
§53, art. 85 y disp. adic. 4ª.

– STS, Sala 3ª, de 19 septiembre 1986 (RJ 1986, 7748).
§2, art. 304.
§3, art. 235.
§6, art. 10.
§13, arts. 56 y 57.
§23, art. 249.
§24, art. 256.
§25, art. 150.
§26, art. 28.
§28, art. 296.
§41, art. 212.
§48, art. 27.

– STS, Sala 3ª, de 29 septiembre 1986 (RJ 1986, 5999).
§1, arts. 42 y 44.
§1.1, arts. 4, 5, 10, 12 y 13.
§2, arts. 35, 242.1, 242.6, 243.2, 244.4 y 300.
§3, arts. 178, 179, 180 y 232.
§3.3, art. 1.
§6, arts. 166, 169, 170, 171, 172, 173, 175, 176, 177, 182, 183, 200 y 202.
§10, arts. 1.3, 1.4, 2.1 y 17.1.
§13, arts. 2, 3, 4, 6, 7 y 8.
§23, arts. 164, 166, 167, 168 y 169.
§24, arts. 183, 185, 186, 187, 188, 192, 194 y 211.
§25, arts. 97, 98 y 103.
§27, arts. 162, 163, 165, 166, 167, 169, 170, 172 y 200.
§28, arts. 247, 248, 249, 250, 258, 259 y 260.
§33, arts. 86, 168 y 169.
§37, arts. 151, 158 y 199.
§41, arts. 214, 215, 216, 221, 223 y 232.
§44, arts. 18, 221, 222, 223, 233, 234 y disp. adic. 4ª.
§52, arts. 179, 180, 182, 183 y 203.
§53, art. 85 y disp. adic. 4ª.

– STS, Sala 3ª, de 29 septiembre 1986 (RJ 1986, 6008).
§1, arts. 42 y 44.
§1.1, arts. 4, 5, 10, 12 y 13.
§2, arts. 35, 242.1, 242.6, 243.2, 244.4 y 300.
§3, arts. 178, 179, 180 y 232.
§3.3, art. 1.

§6, arts. 166, 169, 170, 171, 172, 173, 175, 176, 177, 182, 183, 200 y 202.
§10, arts. 1.3, 1.4, 2.1 y 17.1.
§13, arts. 2, 3, 4, 6, 7 y 8.
§23, arts. 164, 166, 167, 168 y 169.
§24, arts. 183, 185, 186, 187, 188, 192, 194 y 211.
§25, arts. 97, 98 y 103.
§27, arts. 162, 163, 165, 166, 167, 169, 170, 172 y 200.
§28, arts. 247, 248, 249, 250, 258, 259 y 260.
§33, arts. 86, 168 y 169.
§37, arts. 151, 158 y 199.
§41, arts. 214, 215, 216, 221, 223 y 232.
§44, arts. 18, 221, 222, 223, 233, 234 y disp. adic. 4ª.
§52, arts. 179, 180, 182, 183 y 203.
§53, art. 85 y disp. adic. 4ª.

– STS, Sala 3ª, de 29 septiembre 1986 (RJ 1986, 6095).
§1, arts. 42 y 44.
§1.1, arts. 4, 5, 10, 12 y 13.
§2, arts. 35, 242.1, 242.6, 243.2, 244.4 y 300.
§3, arts. 178, 179, 180 y 232.
§3.3, art. 1.
§6, arts. 166, 169, 170, 171, 172, 173, 175, 176, 177, 182, 183, 200 y 202.
§10, arts. 1.3, 1.4, 2.1 y 17.1.
§13, arts. 2, 3, 4, 6, 7 y 8.
§23, arts. 164, 166, 167, 168 y 169.
§24, arts. 183, 185, 186, 187, 188, 192, 194 y 211.
§25, arts. 97, 98 y 103.
§27, arts. 162, 163, 165, 166, 167, 169, 170, 172 y 200.
§28, arts. 247, 248, 249, 250, 258, 259 y 260.
§33, arts. 86, 168 y 169.
§37, arts. 151, 158 y 199.
§41, arts. 214, 215, 216, 221, 223 y 232.
§44, arts. 18, 221, 222, 223, 233, 234 y disp. adic. 4ª.
§52, arts. 179, 180, 182, 183 y 203.
§53, art. 85 y disp. adic. 4ª.

– STS, Sala 3ª, de 1 octubre 1986 (RJ 1986, 7070).
§1, arts. 3, 5, 8, 13, 14.1, 14.2 a), 14.2 e), 18.1, 42 y 44.
§1.1, arts. 4, 5, 10, 12 y 13.
§2, arts. 9, 10, 20.1 b), 27, 33, 35, 96, 205, 242.1, 242.6, 243.2, 244.4 y 300.
§3, arts. 83, 178, 179, 180 y 232.
§3.2, arts. 46 y 180.
§3.3, art. 1.
§6, arts. 14, 15, 16, 17, 18, 106, 107, 108, 166, 169, 170, 171, 172, 173, 175, 176, 177, 182, 183, 200 y 202.
§10, arts. 1.3, 1.4, 2.1 y 17.1.
§13, arts. 2, 3, 4, 6, 7 y 8
§23, arts. 147, 164, 166, 167, 168 y 169.
§24, arts. 96, 100, 102, 143, 183, 185, 186, 187, 188, 192, 194 y 211.
§25, arts. 17, 18, 97, 98 y 103.
§27, arts. 50, 51, 69, 126, 131, 162, 163, 165, 166, 167, 169, 170, 172 y 200.
§28, arts. 120, 247, 248, 249, 250, 258, 259 y 260.
§33, arts. 9, 10, 11, 14, 70, 74, 78, 81, 82, 86, 152, 153, 168 y 169.
§37, arts. 151, 158 y 199.
§41, arts. 214, 215, 216, 221, 223 y 232.
§44, arts. 6, 11, 18, 221, 222, 223, 233, 234 y disp. adic. 4ª.
§52, arts. 11, 179, 180, 182, 183 y 203.
§53, art. 85 y disp. adic. 4ª.

– STS, Sala 3ª, de 11 octubre 1986 (RJ 1986, 7654).
§2, art. 247.
§3, art. 183.
§6, arts. 184, 187 y 191.
§23, arts. 155 y 156.
§24, arts. 200, 201 y 202.
§25, art. 107.
§27, arts. 139 y 142.
§28, art. 253.
§33, arts. 170 y 171.
§37, arts. 171 y 172.
§41, arts. 224 y 225.
§44, art. 226.
§52, art. 186.
§53, arts. 88, 90 y 93.

– STS, Sala 3ª, de 21 octubre 1986 (RJ 1986, 6571).
§1, arts. 13, 14.1, 14.2 f), 18.7 y 34.
§2, arts. 34, 186, 208, 227, 228, 229, 233, 234 y 236.
§3, arts. 154 a 164.
§3.6, arts. 1, 10, 13, 18 y 25.

§6, arts. 160 a 165.
§24, arts. 246, 247, 249 y 251.
§27, arts. 66 y 104.
§28, arts. 223 a 233.
§33, art. 81.
§41, arts. 203, 204, 205 y 206.
§44, art. 218.
§46, art. 9.
§52, arts. 187, 188, 189, 190 y 192.
§53, arts. 97 y 98.

– STS, Sala 3ª, de 24 octubre 1986 (RJ 1986, 6628).
§1, arts. 42 y 44.
§1.1, arts. 4, 5, 10, 12 y 13.
§2, arts. 35, 240, 242.1, 242.6, 243.2, 244.4 y 300.
§3, arts. 178, 179, 180 y 232.
§3.3, art. 1.
§6, arts. 166, 169, 170, 171, 172, 173, 175, 176, 177, 182, 183, 200 y 202.
§10, arts. 1.3, 1.4, 2.1 y 17.1.
§13, arts. 2, 3, 4, 6, 7 y 8.
§23, arts. 164, 166, 167, 168 y 169.
§24, arts. 183, 185, 186, 187, 188, 192, 194 y 211.
§25, arts. 97, 98 y 103.
§27, arts. 162, 163, 165, 166, 167, 169, 170, 172 y 200.
§28, arts. 247, 248, 249, 250, 258, 259 y 260.
§33, arts. 86, 168 y 169.
§37, arts. 151, 158 y 199.
§41, arts. 214, 215, 216, 221, 223 y 232.
§44, arts. 18, 221, 222, 223, 233, 234 y disp. adic. 4ª.
§52, arts. 179, 180, 182, 183 y 203.
§53, art. 85 y disp. adic. 4ª.

– STS, Sala 3ª, de 10 noviembre 1986 (RJ 1986, 7828).
§2, art. 263.
§3, art. 230.
§6, art. 209.
§10, art. 21.
§13, arts. 25 y 73.
§23, arts. 201 y 205.
§24, arts. 212 y 221.
§25, art. 121.
§27, art. 187.
§28, art. 279.
§33, art. 183.
§41, art. 246.
§44, arts. 239 y 261.
§46, art. 10.
§52, art. 206.

– STS, Sala 3ª, de 14 noviembre 1986 (RJ 1987, 893).
§2, arts. 261 y 274.
§3, art. 225.
§6, art. 208.
§10, arts. 8 y 15.
§23, art. 187.
§25, art. 115.
§27, arts. 183 y 191.
§28, arts. 262 y 274.
§33, arts. 181, 182, 184, 185 y 187.
§37, arts. 201 y 203.
§44, art. 244.
§52, arts. 200 y 204.

– STS, Sala 3ª, de 29 noviembre 1986 (RJ 1986, 8095).
§1, arts. 13, 14.1, 14.2 f), 18.7 y 34.
§2, arts. 34, 186, 208, 227, 228, 229, 233, 234 y 236.
§3, arts. 154 a 164.
§3.6, arts. 1, 10, 13, 18 y 25.
§6, arts. 160 a 165.
§24, arts. 246, 247, 249 y 251.
§27, arts. 66 y 104.
§28, arts. 223 a 233.
§33, art. 81.
§41, arts. 203, 204, 205 y 206.
§44, art. 218.
§46, art. 9.
§52, arts. 187, 188, 189, 190 y 192.
§53, arts. 97 y 98.

– STS, Sala 3ª, de 3 diciembre 1986 (RJ 1987, 987).
§2, arts. 84, 85 y 90.
§3, art. 23.
§3.1, arts. 83, 84, 85 y 146.
§6, art. 58.
§25, art. 49.
§28, art. 35.
§33, art. 26.
§41, arts. 113 y 114.
§44, art. 91.
§53, art. 24.

– STS, Sala 3ª, de 6 diciembre 1986 (RJ 1986, 8101).
§1, arts. 42 y 44.

§1.1, arts. 4, 5, 10, 12 y 13.
§2, arts. 35, 240, 242.1, 242.6, 243.2, 244.4 y 300.
§3, arts. 178, 179, 180 y 232.
§3.3, art. 1.
§6, arts. 166, 169, 170, 171, 172, 173, 175, 176, 177, 182, 183, 200 y 202.
§10, arts. 1.3, 1.4, 2.1 y 17.1.
§13, arts. 2, 3, 4, 6, 7 y 8.
§23, arts. 164, 166, 167, 168 y 169.
§24, arts. 183, 185, 186, 187, 188, 192, 194 y 211.
§25, arts. 97, 98 y 103.
§27, arts. 162, 163, 165, 166, 167, 169, 170, 172 y 200.
§28, arts. 247, 248, 249, 250, 258, 259 y 260.
§33, arts. 86, 168 y 169.
§37, arts. 151, 158 y 199.
§41, arts. 214, 215, 216, 221, 223 y 232.
§44, arts. 18, 221, 222, 223, 233, 234 y disp. adic. 4ª.
§52, arts. 179, 180, 182, 183 y 203.
§53, art. 85 y disp. adic. 4ª.

– STS, Sala 3ª, de 9 diciembre 1986 (RJ 1987, 1023).
§1, arts. 42 y 44.
§1.1, arts. 4, 5, 10, 12 y 13.
§2, arts. 35, 242.1, 242.6, 243.2, 244.4 y 300.
§3, arts. 178, 179, 180 y 232.
§3.3, art. 1.
§6, arts. 166, 169, 170, 171, 172, 173, 175, 176, 177, 182, 183, 200 y 202.
§10, arts. 1.3, 1.4, 2.1 y 17.1.
§13, arts. 2, 3, 4, 6, 7 y 8.
§23, arts. 164, 166, 167, 168 y 169.
§24, arts. 183, 185, 186, 187, 188, 192, 194 y 211.
§25, arts. 97, 98 y 103.
§27, arts. 162, 163, 165, 166, 167, 169, 170, 172 y 200.
§28, arts. 247, 248, 249, 250, 258, 259 y 260.
§33, arts. 86, 168 y 169.
§37, arts. 151, 158 y 199.
§41, arts. 214, 215, 216, 221, 223 y 232.
§44, arts. 18, 221, 222, 223, 233, 234 y disp. adic. 4ª.
§52, arts. 179, 180, 182, 183 y 203.
§53, art. 85 y disp. adic. 4ª.

– STS, Sala 3ª, de 20 diciembre 1986 (RJ 1987, 1172).
§2, art. 263.
§3, art. 230.
§6, art. 209.
§10, art. 21.
§13, art. 73.
§23, arts. 201 y 205.
§24, arts. 212 y 221.
§25, art. 121.
§27, art. 187.
§28, art. 279.
§33, art. 183.
§41, art. 246.
§44, arts. 239 y 261.
§46, art. 10.
§52, art. 206.

– STS, Sala 3ª, de 30 diciembre 1986 (RJ 1986, 8124).
§1, art. 8.
§2, arts. 9 y 10.
§3, art. 78.
§3.1, art. 21.
§3.2, art. 39.
§6, arts. 13, 14 y 63.
§23, arts. 50, 51, 72 y 73.
§24, arts. 95 y 96.
§25, arts. 11 y 12.
§27, art. 45.
§28, art. 115.
§33, arts. 9, 10, 11, 14, 64 y 65.
§44, arts. 6 y 7.
§52, arts. 8 y 9.
§53, art. 9.

1987

– STS, Sala 3ª, de 26 enero 1987 (RJ 1987, 1997).
§1, arts. 42 y 44.
§1.1, arts. 4, 5, 10, 12 y 13.
§2, arts. 35, 242.1, 242.6, 243.2, 244.4 y 300.
§3, arts. 178, 179, 180 y 232.
§3.1, art. 85.
§3.3, art. 1.
§6, arts. 166, 169, 170, 171, 172, 173, 175, 176, 177, 182, 183, 200 y 202.
§10, arts. 1.3, 1.4, 2.1 y 17.1.
§13, arts. 2, 3, 4, 6, 7 y 8.
§23, arts. 164, 166, 167, 168 y 169.

§24, arts. 183, 185, 186, 187, 188, 192, 194 y 211.
§25, arts. 97, 98 y 103.
§27, arts. 162, 163, 165, 166, 167, 169, 170, 172 y 200.
§28, arts. 247, 248, 249, 250, 258, 259 y 260.
§33, arts. 86, 168 y 169.
§37, arts. 151, 158 y 199.
§41, arts. 214, 215, 216, 221, 223 y 232.
§44, arts. 18, 221, 222, 223, 233, 234 y disp. adic. 4ª.
§52, arts. 179, 180, 182, 183 y 203.
§53, art. 85 y disp. adic. 4ª.

– STS, Sala 3ª, de 30 enero 1987 (RJ 1987, 2039).
§1, arts. 4 y 15.
§2, arts. 45, 104, 106 y 117.
§3, arts. 52, 53 y 54.
§3.1, arts. 46, 64 y 139.
§6, arts. 51, 52 y 53.
§13, arts. 13 y 19.
§28, arts. 78, 79, 80, 81 y 87.
§33, art. 36.
§44, arts. 107, 109 y 113.

– STS, Sala 3ª, de 2 febrero 1987 (RJ 1987, 2043).
§2, arts. 24 y 84.
§3, arts. 1 y 17.
§3.1, arts. 6, 76, 77 y 144.
§6, arts. 54, 55, 56 y 57.
§23, art. 37.
§24, art. 59.
§25, art. 47.
§26, disp. adic. 1ª.
§27, art. 29.
§28, art. 29.
§33, art. 26.
§37, art. 51.
§41, arts. 107 y 110.
§44, art. 90.
§52, arts. 75 y 76.
§53, arts. 23 y 24.

– STS, Sala 3ª, de 4 febrero 1987 (RJ 1987, 2060).
§1, art. 5.
§2, arts. 143, 144, 145 y 154.
§3, arts. 117 y 118.
§3.2, arts. 36, 38 y 155.
§6, arts. 94 y 99.
§23, arts. 89, 93 y 94.
§24, arts. 117, 118, 121 y 122.
§25, arts. 39, 66 y 73.
§27, arts. 113 y 114.
§28, arts. 167 y 168.
§33, arts. 87, 89, 90, 95, 96, 97, 120, 121, 122 y 131.
§44, arts. 143, 145 y 146.
§46, art. 5 y disp. adic. 1ª.
§50, art. 11.
§52, arts. 110, 111 y 112.

– STS, Sala 3ª, de 7 febrero 1987 (RJ 1987, 2750).
§1, arts. 3, 5, 8, 13, 14.1, 14.2 a), 14.2 e) y 18.1.
§2, arts. 9, 10, 20.1 b), 27, 33, 96 y 205.
§3, art. 83.
§3.2, arts. 46 y 180.
§6, arts. 14, 15, 16, 17, 18, 106, 107 y 108.
§24, arts. 96, 100, 102 y 143.
§25, arts. 17 y 18.
§27, arts. 50, 51, 69, 126 y 131.
§28, art. 120.
§33, arts. 9, 10, 11, 14, 70, 74, 78, 81, 82, 152 y 153.
§44, arts. 6 y 11.
§52, art. 11.

– STS, Sala 3ª, de 9 febrero 1987 (RJ 1987, 2916).
§1, arts. 42 y 44.
§1.1, arts. 4, 5, 10, 12 y 13.
§2, arts. 35, 242.1, 242.6, 243.2, 244.4 y 300.
§3, arts. 178, 179, 180 y 232.
§3.3, art. 1.
§6, arts. 166, 169, 170, 171, 172, 173, 175, 176, 177, 182, 183, 200 y 202.
§10, arts. 1.3, 1.4, 2.1 y 17.1.
§13, arts. 2, 3, 4, 6, 7 y 8.
§23, arts. 164, 166, 167, 168 y 169.
§24, arts. 183, 185, 186, 187, 188, 192, 194 y 211.
§25, arts. 97, 98 y 103.
§27, arts. 162, 163, 165, 166, 167, 169, 170, 172 y 200.
§28, arts. 247, 248, 249, 250, 258, 259 y 260.
§33, arts. 86, 168 y 169.
§37, arts. 151, 158 y 199.
§41, arts. 214, 215, 216, 221, 223 y 232.

§44, arts. 18, 221, 222, 223, 233, 234 y disp. adic. 4ª.
§52, arts. 179, 180, 182, 183 y 203.
§53, art. 85 y disp. adic. 4ª.

– STS, Sala 3ª, de 10 febrero 1987 (RJ 1987, 581).
§1, art. 23.
§3, art. 124.
§3.2, art. 65.
§28, art. 174.
§46, disp. adic. 1ª.
§50, art. 11.

– STS, Sala 3ª, de 10 febrero 1987 (RJ 1987, 585).
§1, arts. 13, 14.1, 14.2 f), 18.7 y 34.
§2, arts. 34, 186, 208, 227, 228, 229, 233, 234 y 236.
§3, arts. 154 a 164.
§3.6, arts. 1, 10, 13, 18 y 25.
§6, arts. 160 a 165.
§24, arts. 246, 247, 249 y 251.
§27, arts. 66 y 104.
§28, arts. 223 a 233.
§33, art. 81.
§41, arts. 203, 204, 205 y 206.
§44, art. 218.
§46, art. 9.
§52, arts. 187, 188, 189, 190 y 192.
§53, arts. 97 y 98.

– STS, Sala 3ª, de 16 febrero 1987 (RJ 1987, 3192).
§1, art. 6.1.
§2, arts. 141 y 147.
§3, arts. 114 y 115.
§3.2, arts. 1, 4 y 21.
§6, art. 95.
§33, arts. 117 y 118.

– STS, Sala 3ª, de 17 febrero 1987 (RJ 1987, 590).
§1, arts. 13, 14.1, 14.2 f), 18.7 y 34.
§2, arts. 34, 186, 208, 227, 228, 229, 233, 234 y 236.
§3, arts. 154 a 164.
§3.6, arts. 1, 10, 13, 18 y 25.
§6, arts. 160 a 165.
§24, arts. 246, 247, 249 y 251.
§27, arts. 66 y 104.
§28, arts. 223 a 233.
§33, art. 81.
§41, arts. 203, 204, 205 y 206.
§44, art. 218.
§46, art. 9.
§52, arts. 187, 188, 189, 190 y 192.
§53, arts. 97 y 98.

– STS, Sala 3ª, de 26 febrero 1987 (RJ 1987, 3375).
§1, arts. 42 y 44.
§1.1, arts. 4, 5, 10, 12 y 13.
§2, arts. 35, 240, 242.1, 242.6, 243.2, 244.4, 254 y 300.
§3, arts. 178, 179, 180, 187 y 232.
§3.3, art. 1.
§6, arts. 166, 169, 170, 171, 172, 173, 175, 176, 177, 182, 183, 200 y 202.
§10, arts. 1.3, 1.4, 2.1 y 17.1.
§13, arts. 2, 3, 4, 6, 7 y 8.
§23, arts. 164, 166, 167, 168, 169 y 185.
§24, arts. 183, 185, 186, 187, 188, 192, 194 y 211.
§25, arts. 97, 98, 103 y 119.
§27, arts. 162, 163, 165, 166, 167, 169, 170, 172 y 200.
§28, arts. 247, 248, 249, 250, 258, 259 y 260.
§33, arts. 86, 168, 169 y 179.
§37, arts. 151, 158, 159 y 199.
§41, arts. 214, 215, 216, 221, 223 y 232.
§44, arts. 18, 221, 222, 223, 233, 234 y disp. adic. 4ª.
§52, arts. 179, 180, 182, 183 y 203.
§53, art. 85 y disp. adic. 4ª.

– STS, Sala 3ª, de 27 febrero 1987 (RJ 1987, 3378).
§1, arts. 2.2, 5, 19, 24 c), 41.1 y 43.
§2, arts. 237, 238, 239 y 241.
§3, art. 87.
§25, arts. 7 y 109.
§27, art. 53.
§28, art. 129.
§33, arts. 62 y 131.
§44, arts. 27 y 129.

– STS, Sala 3ª, de 7 marzo 1987 (RJ 1987, 3511).
§1, art. 4.
§2, arts. 148, 149 y 163.
§3, art. 119.
§3.1, art. 56.
§3.2, arts. 152, 153 y 154.
§6, art. 121.
§23, arts. 96 y 97.

§24, arts. 147 y 148.
§25, art. 74.
§28, art. 169.
§33, arts. 82, 124, 125 y 126.
§37, art. 101.
§44, arts. 147 y 148.
§52, arts. 114 y 115.

– STS, Sala 3ª, de 27 marzo 1987 (RJ 1987, 3951).
§1, arts. 42 y 44.
§1.1, arts. 4, 5, 10, 12 y 13.
§2, arts. 35, 242.1, 242.6, 243.2, 244.4, 248, 250, 252 y 300.
§3, arts. 178, 179, 180, 184 y 232.
§3.3, art. 1.
§6, arts. 166, 169, 170, 171, 172, 173, 175, 176, 177, 182, 183, 196, 200 y 202.
§10, arts. 1.3, 1.4, 2.1, 5.1, 7, 8, 9, 13.2 y 17.1.
§13, arts. 2, 3, 4, 6, 7, 8, 26, 61, 65 y 66.
§23, arts. 176, 177 y 178.
§24, arts. 183, 185, 186, 187, 188, 192, 194, 207 y 211.
§25, arts. 97, 98, 103, 113 y 118.
§27, arts. 162, 163, 165, 166, 167, 169, 170, 172, 178 y 200.
§28, arts. 247, 248, 249, 250, 254, 255, 258, 259, 260, 274, 275 y 276.
§33, arts. 86, 168, 169, 175 y 177.
§37, arts. 93, 151, 158, 199 y 203.
§41, arts. 214, 215, 216, 221, 223, 227 y 232.
§44, arts. 18, 221, 222, 223, 228, 230, 233, 234 y disp. adic. 4ª.
§52, arts. 179, 180, 182, 183, 198 y 203.
§53, art. 85 y disp. adic. 4ª.

– STS, Sala 3ª, de 13 abril 1987 (RJ 1987, 4437).
§1, art. 5.
§2, arts. 143, 144, 145 y 154.
§3, arts. 117 y 118.
§3.2, arts. 36, 38 y 155.
§6, arts. 94 y 99.
§23, arts. 89, 93 y 94.
§24, arts. 117, 118, 121 y 122.
§25, arts. 39, 66 y 73.
§27, arts. 113 y 114.
§28, arts. 167 y 168.
§33, arts. 87, 89, 90, 95, 96, 97, 120, 121, 122 y 131.
§44, arts. 143, 145 y 146.
§46, art. 5 y disp. adic. 1ª.
§50, art. 11.
§52, arts. 110, 111 y 112.

– STS, Sala 3ª, de 21 abril 1987 (RJ 1987, 4580).
§1, arts. 42 y 44.
§1.1, arts. 4, 5, 10, 12 y 13.
§2, arts. 35, 242.1, 242.6, 243.2, 244.4 y 300.
§3, arts. 178, 179, 180 y 232.
§3.3, art. 1.
§6, arts. 166, 169, 170, 171, 172, 173, 175, 176, 177, 182, 183, 200 y 202.
§10, arts. 1.3, 1.4, 2.1 y 17.1.
§13, arts. 2, 3, 4, 6, 7 y 8.
§23, arts. 164, 166, 167, 168 y 169.
§24, arts. 183, 185, 186, 187, 188, 192, 194 y 211.
§25, arts. 97, 98 y 103.
§27, arts. 162, 163, 165, 166, 167, 169, 170, 172 y 200.
§28, arts. 247, 248, 249, 250, 258, 259 y 260.
§33, arts. 86, 168 y 169.
§37, arts. 151, 158 y 199.
§41, arts. 214, 215, 216, 221, 223 y 232.
§44, arts. 18, 221, 222, 223, 233, 234 y disp. adic. 4ª.
§52, arts. 179, 180, 182, 183 y 203.
§53, art. 85 y disp. adic. 4ª.

– STS, Sala 3ª, de 22 abril 1987 (RJ 1987, 4592).
§2, art. 272.
§3, art. 231.
§6, art. 207.
§13, arts. 33 y 40.
§23, art. 195.
§24, art. 223.
§28, art. 269.
§33, art. 185.
§41, art. 236.
§44, art. 256.

– STS, Sala 3ª, de 27 abril 1987 (RJ 1987, 4761).
§1, arts. 42 y 44.
§1.1, arts. 4, 5, 10, 12 y 13.
§2, arts. 35, 242.1, 242.6, 243.2, 244.4 y 300.
§3, arts. 178, 179, 180 y 232.

§3.3, art. 1.
§6, arts. 166, 169, 170, 171, 172, 173, 175, 176, 177, 182, 183, 200 y 202.
§10, arts. 1.3, 1.4, 2.1 y 17.1.
§13, arts. 2, 3, 4, 6, 7 y 8.
§23, arts. 164, 166, 167, 168 y 169.
§24, arts. 183, 185, 186, 187, 188, 192, 194 y 211.
§25, arts. 97, 98 y 103.
§27, arts. 162, 163, 165, 166, 167, 169, 170, 172 y 200.
§28, arts. 247, 248, 249, 250, 258, 259 y 260.
§33, arts. 86, 168 y 169.
§37, arts. 151, 158 y 199.
§41, arts. 214, 215, 216, 221, 223 y 232.
§44, arts. 18, 221, 222, 223, 233, 234 y disp. adic. 4ª.
§52, arts. 179, 180, 182, 183 y 203.
§53, art. 85 y disp. adic. 4ª.

– STS, Sala 3ª, de 4 mayo 1987 (RJ 1987, 5219).
§1, arts. 42 y 44.
§1.1, arts. 4, 5, 10, 12 y 13.
§2, arts. 35, 242.1, 242.6, 243.2, 244.4 y 300.
§3, arts. 178, 179, 180 y 232.
§3.3, art. 1.
§6, arts. 166, 169, 170, 171, 172, 173, 175, 176, 177, 182, 183, 200 y 202.
§10, arts. 1.3, 1.4, 2.1 y 17.1.
§13, arts. 2, 3, 4, 6, 7 y 8.
§23, arts. 164, 166, 167, 168 y 169.
§24, arts. 183, 185, 186, 187, 188, 192, 194 y 211.
§25, arts. 97, 98 y 103.
§27, arts. 162, 163, 165, 166, 167, 169, 170, 172 y 200.
§28, arts. 247, 248, 249, 250, 258, 259 y 260.
§33, arts. 86, 168 y 169.
§37, arts. 151, 158 y 199.
§41, arts. 214, 215, 216, 221, 223 y 232.
§44, arts. 18, 221, 222, 223, 233, 234 y disp. adic. 4ª.
§52, arts. 179, 180, 182, 183 y 203.
§53, art. 85 y disp. adic. 4ª.

– STS, Sala 3ª, de 18 mayo 1987 (RJ 1987, 5532).
§1, art. 3.
§2, arts. 3 y 20.1 b).
§3, arts. 3 y 120.
§3.2, art. 180.
§6, art. 3.
§23, art. 98.
§24, art. 120.
§28, arts. 3 y 170.
§41, arts. 160 y 161.
§44, art. 3.

– STS, Sala 3ª, de 25 mayo 1987 (RJ 1987, 5847).
§2, arts. 24, 72 y 151.
§3, art. 12.
§3.1, arts. 14 a 19, 21, 25 a 30, 32, 33, 34 y 36 a 42.
§6, arts. 14, 32 a 40, 101, 102, 103, 104, 106, 107 y 108.
§24, arts. 44, 48, 49, 96, 133 y 143.
§25, art. 41.
§27, art. 24.
§28, art. 23.
§33, arts. 8, 9, 10, 12, 16 y 17.
§37, arts. 42 y 43.
§41, arts. 98, 101 y 195.
§44, arts. 81 y 82.
§52, arts. 56, 58, 59, 60, 61, 65, 66, 151, 152 y 154.

– STS, Sala 3ª, de 8 junio 1987 (RJ 1987, 6098).
§2, arts. 264, 265, 267, 269, 270, 271 y 275.
§3, art. 228.
§6, art. 206.
§10, art. 15.
§13, arts. 30 y 31.
§23, arts. 189 y 193.
§25, arts. 116 y 117.
§27, arts. 185 y 189.
§28, art. 268.
§37, art. 209.
§41, art. 232.
§44, art. 245.
§52, art. 207.

– STS, Sala 3ª, de 23 junio 1987 (RJ 1987, 6525).
§2, arts. 38, 39, 249 y 251.
§3, art. 185.
§6, art. 197.
§10, arts. 10, 13.2 y 20.1.
§13, arts. 26 y 61.
§23, arts. 178, 179, 180, 188 y 192.

§24, art. 208.
§25, arts. 114 y 118.
§28, arts. 256, 259 y 274.
§33, art. 176.
§37, arts. 159, 195, 196 y 203.
§41, arts. 234.
§44, arts. 229 y 231.
§52, art. 199.

– STS, Sala 3ª, de 25 junio 1987 (RJ 1987, 6582).
§1, arts. 42 y 44.
§1.1, arts. 4, 5, 10, 12 y 13.
§2, arts. 35, 242.1, 242.6, 243.2, 244.4 y 300.
§3, arts. 178, 179, 180 y 232.
§3.3, art. 1.
§6, arts. 166, 169, 170, 171, 172, 173, 175, 176, 177, 182, 183, 200 y 202.
§10, arts. 1.3, 1.4, 2.1 y 17.1.
§13, arts. 2, 3, 4, 6, 7 y 8.
§23, arts. 164, 166, 167, 168 y 169.
§24, arts. 183, 185, 186, 187, 188, 192, 194 y 211.
§25, arts. 97, 98 y 103.
§27, arts. 162, 163, 165, 166, 167, 169, 170, 172 y 200.
§28, arts. 247, 248, 249, 250, 258, 259 y 260.
§33, arts. 86, 168 y 169.
§37, arts. 151, 158 y 199.
§41, arts. 214, 215, 216, 221, 223 y 232.
§44, arts. 18, 221, 222, 223, 233, 234 y disp. adic. 4ª.
§52, arts. 179, 180, 182, 183 y 203.
§53, art. 85 y disp. adic. 4ª.

– STS, Sala 3ª, de 6 julio 1987 (RJ 1987, 6679).
§2, arts. 24, 83 y 92.
§3, arts. 13 y 15.
§3.1, arts. 43, 44, 45, 46, 48 a 55, 57, 59, 62, 64, 67, 68, 69, 70 y 73.
§6, arts. 44, 45, 48, 58, 97 y 98.
§23, art. 35 y 41.
§24, arts. 53 y 63.
§25, arts. 46 y 95.
§27, arts. 26 y 111.
§28, arts. 25 y 27.
§33, arts. 21, 22 y 31.
§37, arts. 47, 48, 49 y 50.
§41, arts. 105 y 159.
§44, arts. 89 y 99.
§52, arts. 73 y 79.
§53, arts. 21, 34 y 64.

– STS, Sala 3ª, de 11 julio 1987 (RJ 1987, 6874).
§1, art. 10.
§2, arts. 24, 83 y 142.
§3, art. 116.
§3.2, art. 42.
§6, art. 96.
§24, art. 120.
§27, art. 109.
§28, art. 166.
§33, art. 119.
§44, art. 139.
§52, art. 109.

– STS, Sala 3ª, de 21 septiembre 1987 (RJ 1987, 7162).
§1, art. 8.
§2, arts. 9, 10, 24 y 72.
§3, arts. 12 y 78.
§3.1, arts. 14 a 19, 21, 25 a 30, 32, 33, 34 y 36 a 42.
§3.2, art. 39.
§6, arts. 13, 14, 32 a 40, 63, 101, 102, 103, 104, 106, 107 y 108.
§23, arts. 50, 51, 72 y 73.
§24, arts. 44, 48, 49, 95, 96, 133 y 143.
§25, arts. 11, 12 y 41.
§27, arts. 24 y 45.
§28, arts. 23 y 115.
§33, arts. 8, 9, 10, 11, 12, 16, 17, 64 y 65.
§37, arts. 42 y 43.
§41, arts. 98, 101 y 195.
§44, arts. 6, 7, 81 y 82.
§52, arts. 8, 9, 56, 58, 59, 60, 61, 65, 66, 151, 152 y 154.
§53, art. 9.

– STS, Sala 3ª, de 22 septiembre 1987 (RJ 1987, 7737).
§1, arts. 42 y 44.
§1.1, arts. 4, 5, 10, 12 y 13.
§2, arts. 35, 242.1, 242.6, 243.2, 244.4 y 300.
§3, arts. 178, 179, 180 y 232.
§3.3, art. 1.
§6, arts. 166, 169, 170, 171, 172, 173, 175, 176, 177, 182, 183, 200 y 202.
§10, arts. 1.3, 1.4, 2.1 y 17.1.
§13, arts. 2, 3, 4, 6, 7 y 8.
§23, arts. 164, 166, 167, 168 y 169.

§24, arts. 183, 185, 186, 187, 188, 192, 194 y 211.
§25, arts. 97, 98 y 103.
§27, arts. 162, 163, 165, 166, 167, 169, 170, 172 y 200.
§28, arts. 247, 248, 249, 250, 258, 259 y 260.
§33, arts. 86, 168 y 169.
§37, arts. 151, 158 y 199.
§41, arts. 214, 215, 216, 221, 223 y 232.
§44, arts. 18, 221, 222, 223, 233, 234 y disp. adic. 4ª.
§52, arts. 179, 180, 182, 183 y 203.
§53, art. 85 y disp. adic. 4ª.

– STS, Sala 3ª, de 2 octubre 1987 (RJ 1987, 8289).
§1, arts. 42 y 44.
§2, art. 253.
§3, art. 186.
§6, art. 199.
§10, art. 17.1.
§13, art. 64.
§23, arts. 171, 184 y 185.
§24, art. 209.
§28, art. 257.
§33, art. 178.
§37, arts. 159 y 197.
§44, art. 232.
§52, art. 202.

– STS, Sala 3ª, de 5 octubre 1987 (RJ 1987, 8299).
§1, arts. 42 y 44.
§1.1, arts. 4, 5, 10, 12 y 13.
§2, arts. 35, 242.1, 242.6, 243.2, 244.4, 248, 250, 252 y 300.
§3, arts. 178, 179, 180, 184 y 232.
§3.3, art. 1.
§6, arts. 166, 169, 170, 171, 172, 173, 175, 176, 177, 182, 183, 196, 200 y 202.
§10, arts. 1.3, 1.4, 2.1, 5.1, 7, 8, 9, 13.2 y 17.1.
§13, arts. 2, 3, 4, 6, 7, 8, 26, 61, 65 y 66.
§23, arts. *164*, *166*, *167*, *168* y *169*.
§24, arts. 183, 185, 186, 187, 188, 192, 194 y 211.
§25, arts. 97, 98, 103, 113 y 118.
§27, arts. 162, 163, 165, 166, 167, 169, 170, 172, 178 y 200.
§28, arts. 247, 248, 249, 250, 254, 255, 258, 259, 260, 274, 275 y 276.
§33, arts. 86, 168, 169, 175 y 177.
§37, arts. 151, 158 y 199.
§41, arts. 214, 215, 216, 221, 223 y 232.
§44, arts. 18, 221, 222, 223, 228, 230, 233, 234 y disp. adic. 4ª.
§52, arts. 179, 180, 182, 183, 198 y 203.
§53, art. 85 y disp. adic. 4ª.

– STS, Sala 3ª, de 21 octubre 1987 (RJ 1987, 8683).
§1, art. 23.
§2, arts. 157, 158 y 159.
§3, arts. 126, 127, 128 y 129.
§3.2, arts. 102, 156, 157, 158, 161, 162, 165, 167, 169, 178, 184 y 185.
§6, arts. 138, 139, 140, 142 y 144.
§23, arts. 111 a 116.
§24, arts. 149, 151 y 153.
§25, arts. 80, 81 y 82.
§28, arts. 176, 178, 179 y 180.
§33, arts. 133, 134, 135, 136 y 138.
§37, art. 104.
§41, art. 180.
§44, arts. 155, 156, 158, 162 y 163.
§52, arts. 121, 123 y 127.

– STS, Sala 3ª, de 30 octubre 1987 (RJ 1987, 9202).
§1, art. 5.
§2, art. 162.
§3, arts. 131, 132 y 133.
§3.2, arts. 186, 189 y 190.
§6, arts. 135, 136 y 137.
§23, arts. 121 y 122.
§24, art. 158.
§25, art. 83.
§28, arts. 182, 183 y 184.
§33, arts. 139, 140 y 141.
§41, art. 184.
§44, arts. 160 y 167.
§52, arts. 129 y 130.

– STS, Sala 3ª, de 16 noviembre 1987 (RJ 1987, 9220).
§1, art. 5.
§2, arts. 143, 144, 145 y 154.
§3, arts. 117 y 118.
§3.2, arts. 36, 38 y 155.
§6, arts. 94 y 99.
§23, arts. 89, 93 y 94.
§24, arts. 117, 118, 121 y 122.
§25, arts. 39, 66 y 73.
§27, arts. 113 y 114.

§**28**, arts. 167 y 168.
§**33**, arts. 87, 89, 90, 95, 96, 97, 120, 121, 122 y 131.
§**38**, art. 81.
§**44**, arts. 143, 145 y 146.
§**46**, art. 5 y disp. adic. 1ª.
§**50**, art. 11.
§**52**, arts. 110, 111 y 112.

– STS, Sala 3ª, de 30 noviembre 1987 (RJ 1987, 9332).
§**1**, arts. 42 y 44.
§**1.1**, arts. 4, 5, 10, 12 y 13.
§**2**, arts. 35, 242.1, 242.6, 243.2, 244.4 y 300.
§**3**, arts. 178, 179, 180 y 232.
§**3.3**, art. 1.
§**6**, arts. 166, 169, 170, 171, 172, 173, 175, 176, 177, 182, 183, 200 y 202.
§**10**, arts. 1.3, 1.4, 2.1 y 17.1.
§**13**, arts. 2, 3, 4, 6, 7 y 8.
§**23**, arts. 164, 166, 167, 168 y 169.
§**24**, arts. 183, 185, 186, 187, 188, 192, 194 y 211.
§**25**, arts. 97, 98 y 103.
§**27**, arts. 162, 163, 165, 166, 167, 169, 170, 172 y 200.
§**28**, arts. 247, 248, 249, 250, 258, 259 y 260.
§**33**, arts. 86, 168 y 169.
§**37**, arts. 151, 158 y 199.
§**41**, arts. 214, 215, 216, 221, 223 y 232.
§**44**, arts. 18, 221, 222, 223, 233, 234 y disp. adic. 4ª.
§**52**, arts. 179, 180, 182, 183 y 203.
§**53**, art. 85 y disp. adic. 4ª.

– STS, Sala 3ª, de 14 diciembre 1987 (RJ 1987, 9482).
§**1**, arts. 42 y 44.
§**2**, art. 253.
§**3**, art. 186.
§**6**, art. 199.
§**10**, art. 17.1.
§**13**, art. 64.
§**23**, arts. 171, 184 y 185.
§**24**, art. 209.
§**28**, art. 257.
§**33**, art. 178.
§**37**, arts. 159 y 197.
§**44**, art. 232.
§**52**, art. 202.

– STS, Sala 3ª, de 16 diciembre 1987 (RJ 1987, 9658).
§**1**, arts. 14.2 e) y 18.6.
§**2**, art. 155.
§**3**, art. 122.
§**3.2**, arts. 59, 60, 61 y 62.
§**6**, art. 123.
§**23**, art. 99 y 151.
§**25**, art. 68.
§**27**, arts. 115 y 127.
§**28**, art. 172.
§**33**, art. 130.
§**37**, art. 97.
§**44**, art. 153.
§**52**, art. 120.

– STS, Sala 3ª, de 21 diciembre 1987 (RJ 1987, 9678).
§**2**, arts. 143, 144, 145, 154, 199, 200 y 201.
§**3**, arts. 117 y 118.
§**3.2**, arts. 36, 38 y 155.
§**6**, arts. 94 y 99.
§**23**, arts. 32, 89, 93 y 94.
§**24**, arts. 117, 118, 121 y 122.
§**25**, arts. 39, 66 y 73.
§**27**, arts. 113 y 114.
§**28**, arts. 167 y 168.
§**33**, arts. 87, 89, 90, 95, 96, 97, 120, 121, 122 y 131.
§**44**, arts. 124, 125, 126, 127, 128, 143, 145 y 146.
§**46**, art. 5 y disp. adic. 1ª.
§**50**, art. 11.
§**52**, arts. 110, 111 y 112.

– STS, Sala 3ª, de 21 diciembre 1987 (RJ 1987, 9682).
§**1**, art. 41.
§**2**, arts. 137 y 247.
§**3**, arts. 60, 61 y 183.
§**6**, arts. 70, 184, 187 y 191.
§**23**, arts. 44, 155 y 156.
§**24**, arts. 88, 200, 201 y 202.
§**25**, arts. 64 y 107.
§**27**, arts. 42, 139 y 142.
§**28**, arts. 93 y 253.
§**33**, arts. 58, 170 y 171.
§**37**, arts. 171 y 172.
§**41**, arts. 224 y 225.
§**44**, arts. 134, 226 y 263.
§**52**, arts. 99 y 186.
§**53**, arts. 88, 90 y 93.

– STS, Sala 3ª, de 21 diciembre 1987 (RJ 1987, 9687).
§1, arts. 2.2, 5, 14.2 b), 18.2, 19, 24 c), 34, 41.1 y 43.
§2, arts. 17, 24, 71, 84, 88, 125 a 130, 171.2, 202, 206, 237, 238, 239 y 241.
§3, arts. 11, 21, 51, 87 y 134.
§3.1, arts. 14, 15, 16, 17, 18, 21, 26, 81, 154, 156, 158, 160, 161, 162 y 163.
§3.2, arts. 36, 38, 155 y 158.
§4, arts. 25 y 26.
§6, arts. 32, 71, 72, 74 y 132.
§23, arts. 45, 47 y 123.
§24, arts. 46, 47, 81, 82, 83, 130 y 162.
§25, arts. 7, 42, 56, 57, 58, 89 y 109.
§27, arts. 24, 40, 41, 43, 53, 101 y 143.
§28, arts. 22, 33, 72 a 77, 129 y 185.
§33, arts. 8, 9, 11, 14, 48, 49, 50, 62, 131, 152 y 153.
§37, arts. 68, 69, 70 y 117.
§41, arts. 99, 147, 148, 149 y 191.
§44, arts. 27, 79, 95, 129 y 182.
§46, art. 7.
§52, arts. 55, 57, 67, 68, 69, 71, 100, 101 y 102.
§53, arts. 18, 35, 54 y 55.

– STS, Sala 3ª, de 22 diciembre 1987 (RJ 1987, 9693).
§1, arts. 13, 14.1, 14.2 f), 18.7 y 34.
§2, arts. 34, 186, 208, 227, 228, 229, 233, 234 y 236.
§3, arts. 154 a 164.
§3.6, arts. 1, 10, 13, 18 y 25.
§6, arts. 160 a 165.
§24, arts. 246, 247, 249 y 251.
§27, arts. 66 y 104.
§28, arts. 223 a 233.
§33, art. 81.
§41, arts. 203, 204, 205 y 206.
§44, art. 218.
§46, art. 9.
§52, arts. 187, 188, 189, 190 y 192.
§53, arts. 97 y 98.

– STS, Sala 3ª, de 22 diciembre 1987 (RJ 1987, 9694).
§1, arts. 13, 14.1, 14.2 f), 18.7 y 34.
§2, arts. 34, 186, 208, 227, 228, 229, 233, 234 y 236.
§3, arts. 154 a 164.
§3.6, arts. 1, 10, 13, 18 y 25.
§6, arts. 160 a 165.
§24, arts. 246, 247, 249 y 251.
§27, arts. 66 y 104.
§28, arts. 223 a 233.
§33, art. 81.
§41, arts. 203, 204, 205 y 206.
§44, art. 218.
§46, art. 9.
§52, arts. 187, 188, 189, 190 y 192.
§53, arts. 97 y 98.

– STS, Sala 3ª, de 28 diciembre 1987 (RJ 1987, 9845).
§1, arts. 6.1 y 18.3.
§2, arts. 141, 147, 177 a 182 y 184.
§3, arts. 114, 115 y 146 a 153.
§3.2, arts. 1, 4 y 21.
§6, art. 95.
§28, arts. 215 a 222.
§33, arts. 117 y 118.
§44, arts. 184, 185, 186, 187, 188, 189 y 190.

– STS, Sala 3ª, de 29 diciembre 1987 (RJ 1987, 9854).
§1, art. 23.
§2, arts. 157, 158 y 159.
§3, arts. 126, 127, 128 y 129.
§3.1, art. 75.
§3.2, arts. 102, 156, 157, 158, 161, 162, 165, 167, 169, 178, 184 y 185.
§6, arts. 138, 139, 140, 142 y 144.
§23, arts. 111 a 116.
§24, arts. 149, 151 y 153.
§25, arts. 80, 81 y 82.
§28, arts. 176, 178, 179 y 180.
§33, arts. 133, 134, 135, 136 y 138.
§37, art. 104.
§41, art. 180.
§44, arts. 155, 156, 158, 162 y 163.
§52, arts. 121, 123 y 127.

– STS, Sala 3ª, de 29 diciembre 1987 (RJ 1987, 9856).
§1, arts. 13, 14.1, 14.2 f), 18.7 y 34.
§2, arts. 34, 186, 208, 227, 228, 229, 233, 234 y 236.
§3, arts. 154 a 164.
§3.6, arts. 1, 10, 13, 18 y 25.
§6, arts. 160 a 165.
§24, arts. 246, 247, 249 y 251.
§27, arts. 66 y 104.
§28, arts. 223 a 233.

§33, art. 81.
§41, arts. 203, 204, 205 y 206.
§44, art. 218.
§46, art. 9.
§52, arts. 187, 188, 189, 190 y 192.
§53, arts. 97 y 98.

1988

– STS, Sala 3ª, de 5 enero 1988 (RJ 1988, 184).
§1, art. 19.1.
§2, art. 245.
§3, art. 181.
§6, arts. 184, 188 y 189.
§13, arts. 10 y 11.
§23, art. 153.
§24, arts. 200 y 201.
§25, arts. 8 y 106.
§27, arts. 137 y 176.
§28, art. 251.
§33, arts. 170 y 171.
§37, art. 168 y 170.
§41, art. 234.
§44, art. 224.
§52, art. 184.
§53, arts. 86, 87 y 88.

– STS, Sala 3ª, de 25 enero 1988 (RJ 1988, 342).
§1, arts. 42 y 44.
§1.1, arts. 4, 5, 10, 12 y 13.
§2, arts. 35, 242.1, 242.6, 243.2, 244.4 y 300.
§3, arts. 178, 179, 180 y 232.
§3.3, art. 1.
§6, arts. 166, 169, 170, 171, 172, 173, 175, 176, 177, 182, 183, 200 y 202.
§10, arts. 1.3, 1.4, 2.1 y 17.1.
§13, arts. 2, 3, 4, 6, 7 y 8.
§23, arts. 164, 166, 167, 168 y 169.
§24, arts. 183, 185, 186, 187, 188, 192, 194 y 211.
§25, arts. 97, 98 y 103.
§27, arts. 162, 163, 165, 166, 167, 169, 170, 172 y 200.
§28, arts. 247, 248, 249, 250, 258, 259 y 260.
§33, arts. 86, 168 y 169.
§37, arts. 151, 158 y 199.
§41, arts. 214, 215, 216, 221, 223 y 232.
§44, arts. 18, 221, 222, 223, 233, 234 y disp. adic. 4ª.
§52, arts. 179, 180, 182, 183 y 203.
§53, art. 85 y disp. adic. 4ª.

– STS, Sala 3ª, de 25 enero 1988 (RJ 1988, 344).
§2, arts. 264, 265, 267, 269, 270, 271 y 275.
§3, art. 228.
§6, art. 206.
§10, art. 15.
§13, arts. 30 y 31.
§23, arts. 189 y 193.
§25, arts. 116 y 117.
§27, arts. 185 y 189.
§28, art. 268.
§37, art. 209.
§44, art. 245.
§52, art. 207.

– STS, Sala 3ª, de 25 enero 1988 (RJ 1988, 423).
§1, arts. 42 y 44.
§1.1, arts. 4, 5, 10, 12 y 13.
§2, arts. 35, 242.1, 242.6, 243.2, 244.4 y 300.
§3, arts. 178, 179, 180 y 232.
§3.3, art. 1.
§6, arts. 166, 169, 170, 171, 172, 173, 175, 176, 177, 182, 183, 200 y 202.
§10, arts. 1.3, 1.4, 2.1 y 17.1.
§13, arts. 2, 3, 4, 6, 7 y 8.
§23, arts. 164, 166, 167, 168 y 169.
§24, arts. 183, 185, 186, 187, 188, 192, 194 y 211.
§25, arts. 97, 98 y 103.
§27, arts. 162, 163, 165, 166, 167, 169, 170, 172 y 200.
§28, arts. 247, 248, 249, 250, 258, 259 y 260.
§33, arts. 86, 168 y 169.
§37, arts. 151, 158 y 199.
§41, arts. 214, 215, 216, 221, 223 y 232.
§44, arts. 18, 221, 222, 223, 233, 234 y disp. adic. 4ª.
§52, arts. 179, 180, 182, 183 y 203.
§53, art. 85 y disp. adic. 4ª.

– STS, Sala 3ª, de 6 febrero 1988 (RJ 1988, 698).
§2, art. 272.
§3, art. 231.
§6, art. 207.

§13, arts. 33 y 40.
§23, art. 195.
§24, art. 223.
§28, art. 269.
§33, art. 185.
§41, art. 236.
§44, art. 256.

– STS, Sala 3ª, de 12 febrero 1988 (RJ 1988, 1135).
§1, arts. 13, 14.1, 14.2 f), 18.7 y 34.
§2, arts. 34, 186, 208, 227, 228, 229, 233, 234 y 236.
§3, arts. 154 a 164.
§3.6, arts. 1, 10, 13, 18 y 25.
§6, arts. 160 a 165.
§24, arts. 246, 247, 249 y 251.
§27, arts. 66 y 104.
§28, arts. 223 a 233.
§33, art. 81.
§41, arts. 203, 204, 205 y 206.
§44, art. 218.
§46, art. 9.
§52, arts. 187, 188, 189, 190 y 192.
§53, arts. 97 y 98.

– STS, Sala 3ª, de 15 febrero 1988 (RJ 1988, 1146).
§1, arts. 42 y 44.
§1.1, arts. 4, 5, 10, 12 y 13.
§2, arts. 35, 242.1, 242.6, 243.2, 244.4 y 300.
§3, arts. 178, 179, 180 y 232.
§3.3, art. 1.
§6, arts. 166, 169, 170, 171, 172, 173, 175, 176, 177, 182, 183, 200 y 202.
§10, arts. 1.3, 1.4, 2.1 y 17.1.
§13, arts. 2, 3, 4, 6, 7 y 8.
§23, arts. 164, 166, 167, 168 y 169.
§24, arts. 183, 185, 186, 187, 188, 192, 194 y 211.
§25, arts. 97, 98 y 103.
§27, arts. 162, 163, 165, 166, 167, 169, 170, 172 y 200.
§28, arts. 247, 248, 249, 250, 258, 259 y 260.
§33, arts. 86, 168 y 169.
§37, arts. 151, 158 y 199.
§41, arts. 214, 215, 216, 221, 223 y 232.
§44, arts. 18, 221, 222, 223, 233, 234 y disp. adic. 4ª.
§52, arts. 179, 180, 182, 183 y 203.
§53, art. 85 y disp. adic. 4ª.

– STS, Sala 3ª, de 22 febrero 1988 (RJ 1988, 1379).
§1, arts. 4 y 6.1.
§2, art. 4.
§3, art. 4.
§3.2, art. 8.
§6, arts. 6 y 7.
§24, arts. 3 y 7.
§25, art. 5.
§27, art. 8.
§28, art. 4.
§44, art. 4.
§52, art. 4.
§53, arts. 4, 5 y 44.

– STS, Sala 3ª, de 29 febrero 1988 (RJ 1988, 1500).
§1, arts. 42 y 44.
§2, art. 253.
§3, art. 186.
§6, art. 199.
§10, art. 17.1.
§13, art. 64.
§23, arts. 171, 184 y 185.
§24, art. 209.
§28, art. 257.
§33, art. 178.
§37, arts. 159 y 197.
§44, art. 232.
§52, art. 202.

– STS, Sala 3ª, de 29 febrero 1988 (RJ 1988, 1506).
§1, art. 17.
§2, arts. 24, 83, 136, 257, 258 y 259.
§3, arts. 94, 95 y 96.
§6, arts. 28, 178, 179, 180, 181 y 182.
§11, art. 6.
§13, arts. 27, 40 y 59.
§17, art. 13.
§23, arts. 80, 81, 82, 83 y 195.
§24, arts. 105, 106, 195 y 196.
§25, art. 104.
§27, arts. 89, 90 y 91.
§28, arts. 139, 140, 141, 264 y 269.
§33, arts. 98, 100 a 106, 172, 173 y 174.
§37, art. 143, 144, 145 y 146.
§52, arts. 193, 194 y 195.
§53, arts. 82 y 83.

– STS, Sala 3ª, de 7 marzo 1988 (RJ 1988, 1786).

§2, art. 138.
§3, art. 73.
§6, art. 157.
§23, art. 65.
§24, art. 34.
§25, art. 9.
§27, art. 55.
§28, art. 107.
§33, arts. 59 y 61.
§37, art. 30.
§44, art. 135.
§53, art. 3.

– STS, Sala 3ª, de 28 marzo 1988 (RJ 1988, 2438).
§2, art. 247.
§3, art. 183.
§6, arts. 184, 187 y 191
§23, arts. 155 y 156.
§24, arts. 200, 201 y 202.
§25, art. 107.
§27, arts. 139 y 142.
§28, art. 253.
§33, arts. 170 y 171.
§37, arts. 171 y 172.
§41, arts. 224 y 225.
§44, art. 226.
§52, art. 186.
§53, arts. 88, 90 y 93.

– STS, Sala 3ª, de 15 abril 1988 (RJ 1988, 3079).
§2, art. 102.
§3, art. 27.
§3.1, arts. 117, 118, 120, 121 y 122.
§3.2, art. 104.
§6, arts. 65 y 66.
§24, art. 25.
§25, art. 53.
§28, arts. 40, 41, 42 y 43.
§33, art. 34.
§41, art. 134.
§44, arts. 60 y 106.
§52, art. 82.
§53, art. 57.

– STS, Sala 3ª, de 25 abril 1988 (RJ 1988, 3201).
§37, art. 195.

– STS, Sala 3ª, de 26 abril 1988 (RJ 1988, 3233).
§1, art. 34.
§2, arts. 160.2 y 214.
§3, art. 130.
§3.2, arts. 181 y 182.
§6, arts. 142 y 145.
§23, art. 116.
§27, art. 144.
§28, art. 181.
§33, arts. 133, 134, 135, 136 y 138.
§44, art. 164.
§52, art. 128.

– STS, Sala 3ª, de 10 mayo 1988 (RJ 1988, 3736).
§1, arts. 13, 14.1, 14.2 f), 18.7 y 34.
§2, arts. 34, 186, 208, 227, 228, 229, 233, 234 y 236.
§3, arts. 154 a 164.
§3.6, arts. 1, 10, 13, 18 y 25.
§6, arts. 160 a 165.
§24, arts. 246, 247, 249 y 251.
§27, arts. 66 y 104.
§28, arts. 223 a 233.
§33, art. 81.
§41, arts. 203, 204, 205 y 206.
§44, art. 218.
§46, art. 9.
§52, arts. 187, 188, 189, 190 y 192.
§53, arts. 97 y 98.

– STS, Sala 3ª, de 10 mayo 1988 (RJ 1988, 4448).
§1, art. 23.
§2, arts. 157, 158 y 159.
§3, arts. 126, 127, 128 y 129.
§3.2, arts. 102, 156, 157, 158, 161, 162, 165, 167, 169, 178, 184 y 185.
§6, arts. 138, 139, 140, 142 y 144.
§23, arts. 111 a 116.
§24, arts. 149, 151 y 153.
§25, arts. 80, 81 y 82.
§28, arts. 176, 178, 179 y 180.
§33, arts. 133, 134, 135, 136 y 138.
§37, art. 104.
§41, art. 180.
§44, arts. 155, 156, 158, 162 y 163.
§52, arts. 121, 123 y 127.

– STS, Sala 3ª, de 13 mayo 1988 (RJ 1988, 3744).
§1, arts. 3, 5, 8, 13, 14.1, 14.2 a), 14.2 e) y 18.1.
§2, arts. 9, 10, 14, 20.1 b), 27, 33, 96, 139 y 205.
§3, arts. 74, 82 y 83.

§3.1, art. 99.
§3.2, arts. 39, 46 y 180.
§6, arts. 14, 15, 16, 17, 18, 106, 107, 108 y 158.
§23, art. 147.
§24, arts. 37, 96, 100, 101, 102 y 143.
§25, arts. 17, 18 y 22.
§27, arts. 50, 51, 69, 126 y 131.
§28, arts. 111, 119 y 120.
§33, arts. 9, 10, 11, 14, 60, 69, 70, 74, 78, 81, 82, 83, 152 y 153.
§44, arts. 6, 10, 11 y 136.
§52, arts. 10 y 11.

– STS, Sala 3ª, de 25 mayo 1988 (RJ 1988, 3961).
§2, arts. 17, 84 y 93.
§3, art. 25.
§3.1, art. 87.
§23, art. 39.
§27, art. 27.
§28, art. 38.
§33, arts. 29 y 32.
§37, art. 55.
§44, art. 83.
§52, art. 80.
§53, art. 25.

– STS, Sala 3ª, de 31 mayo 1988 (RJ 1988, 4056).
§3.4, art. 4.

– STS, Sala 3ª, de 6 junio 1988 (RJ 1988, 4369).
§1, art. 5.
§2, art. 162.
§3, arts. 131, 132 y 133.
§3.2, arts. 186, 189 y 190.
§6, arts. 135, 136 y 137.
§23, arts. 121 y 122.
§24, art. 158.
§25, arts. 39, 66, 73 y 83.
§28, arts. 182, 183 y 184.
§33, arts. 139, 140 y 141.
§37, art. 115.
§41, art. 184.
§44, arts. 160 y 167.
§52, arts. 129 y 130.

– STS, Sala 3ª, de 6 junio 1988 (RJ 1988, 4374).
§1, arts. 3, 5, 8, 13, 14.1, 14.2 a), 14.2 e) y 18.1.
§2, arts. 9, 10, 20.1 b), 27, 33, 96, 143, 144, 145, 154 y 205.
§3, arts. 83, 117 y 118.
§3.2, arts. 36, 38, 46, 155 y 180.
§6, arts. 14, 15, 16, 17, 18, 94, 99, 106, 107 y 108.
§23, arts. 89, 93, 94 y 147.
§24, arts. 96, 100, 102, 117, 118, 121, 122 y 143.
§25, arts. 17 y 18.
§27, arts. 50, 51, 69, 113, 114, 126 y 131.
§28, arts. 120, 167 y 168.
§33, arts. 9, 10, 11, 14, 70, 74, 78, 81, 82, 87, 89, 90, 95, 96, 97, 120, 121, 131, 152 y 153.
§44, arts. 6, 11, 143, 145 y 146.
§46, art. 5 y disp. adic. 1ª.
§50, art. 11.
§52, arts. 11, 110, 111 y 112.

– STS, Sala 3ª, de 8 julio 1988 (RJ 1988, 5878).
§1, arts. 14.2 d), 18.5 y 23.
§2, arts. 164, 165, 166, 167, 170, 258 y 259.
§3, arts. 97 a 102.
§3.2, arts. 71, 72, 73, 76, 77, 81, 86, 87, 89, 93, 94, 95, 98, 100, 101, 104, 106, 108, 113, 117, 122, 124, 125 y 126.
§6, arts. 124, 125, 126, 128 y 130.
§23, arts. 84, 85, 86 y 87.
§24, arts. 135, 137 y 139.
§27, arts. 92 y 93.
§28, arts. 147 a 152.
§33, arts. 98 y 100 a 106.
§37, art. 86.
§44, arts. 159 y 160.
§52, arts. 131, 132, 133, 134 y 140.
§53, art. 68.

– STS, Sala 3ª, de 11 julio 1988 (RJ 1988, 5886).
§1, arts. 13 y 14.1.
§2, arts. 9, 10 y 14.
§3, art. 82.
§3.2, art. 39.
§6, art. 15.
§24, arts. 101 y 102.
§25, art. 22.
§28, art. 119.
§33, arts. 9, 10, 69 y 83.
§44, arts. 6 y 10.
§52, art. 10.

– STS, Sala 3ª, de 30 julio 1988 (RJ 1988, 6553).
§1, art. 23.

§2, arts. 157, 158 y 159.
§3, arts. 126, 127, 128 y 129.
§3.2, arts. 102, 156, 157, 158, 161, 162, 165, 167, 169, 178, 184 y 185.
§6, arts. 138, 139, 140, 142 y 144.
§23, arts. 111 a 116.
§24, arts. 149, 151 y 153.
§25, arts. 80, 81 y 82.
§28, arts. 176, 178, 179 y 180.
§33, arts. 133, 134, 135, 136 y 138.
§37, art. 104.
§41, art. 180.
§44, arts. 155, 156, 158, 162 y 163.
§52, arts. 121, 123 y 127.

– STS, Sala 3ª, de 19 septiembre 1988 (RJ 1988, 6720).
§1, art. 6.1.
§2, arts. 141 y 147.
§3, arts. 114 y 115.
§3.2, arts. 1, 4 y 21.
§6, art. 95.
§33, arts. 117 y 118.

– STS, Sala 3ª, de 10 octubre 1988 (RJ 1988, 7462).
§1, arts. 13, 14.1, 14.2 f), 18.7 y 34.
§2, arts. 34, 186, 208, 227, 228, 229, 233, 234 y 236.
§3, arts. 154 a 164.
§3.6, arts. 1, 10, 13, 18 y 25.
§6, arts. 160 a 165.
§24, arts. 246, 247, 249 y 251.
§27, arts. 66 y 104.
§28, arts. 223 a 233.
§33, art. 81.
§41, arts. 203, 204, 205 y 206.
§44, art. 218.
§46, art. 9.
§52, arts. 187, 188, 189, 190 y 192.
§53, arts. 97 y 98.

– STS, Sala 3ª, de 10 octubre 1988 (RJ 1988, 7471).
§1, arts. 42 y 44.
§1.1, arts. 4, 5, 10, 12 y 13.
§2, arts. 35, 242.1, 242.6, 243.2, 244.4 y 300.
§3, arts. 178, 179, 180 y 232.
§3.3, art. 1.
§6, arts. 166, 169, 170, 171, 172, 173, 175, 176, 177, 182, 183, 200 y 202.
§10, arts. 1.3, 1.4, 2.1 y 17.1.
§13, arts. 2, 3, 4, 6, 7 y 8.
§23, arts. 164, 166, 167, 168 y 169.
§24, arts. 183, 185, 186, 187, 188, 192, 194 y 211.
§25, arts. 97, 98 y 103.
§27, arts. 162, 163, 165, 166, 167, 169, 170, 172 y 200.
§28, arts. 247, 248, 249, 250, 258, 259 y 260.
§33, arts. 86, 168 y 169.
§37, arts. 151, 158 y 199.
§41, arts. 214, 215, 216, 221, 223 y 232.
§44, arts. 18, 221, 222, 223, 233, 234 y disp. adic. 4ª.
§52, arts. 179, 180, 182, 183 y 203.
§53, art. 85 y disp. adic. 4ª.

– STS, Sala 3ª, de 17 octubre 1988 (RJ 1988, 7760).
§2, arts. 24 y 83.
§3, art. 13.
§3.1, arts. 43, 44, 45, 46, 48 a 55, 57, 59, 62, 64 y 73.
§6, arts. 44, 45, 48 y 58.
§23, art. 35.
§24, arts. 46 y 47.
§25, art. 46.
§27, art. 26.
§28, art. 25.
§33, arts. 21 y 22.
§37, arts. 47, 48, 49 y 50.
§41, art. 105.
§44, art. 89.
§52, art. 73.
§53, arts. 21 y 64.

– STS, Sala 3ª, de 17 octubre 1988 (RJ 1988, 7848).
§1, art. 5.
§2, arts. 143, 144, 145, 154 y 162.
§3, arts. 117, 118, 120, 131, 132 y 133.
§3.2, arts. 36, 38, 155, 158, 180, 186, 189 y 190.
§6, arts. 94, 99, 135, 136 y 137.
§23, arts. 89, 93, 94, 98, 121 y 122.
§24, arts. 117, 118, 120, 121, 122 y 158.
§25, arts. 39, 66, 73 y 83.
§27, arts. 113 y 114.
§28, arts. 167, 168, 170, 182, 183 y 184.
§33, arts. 87, 89, 90, 95, 96, 97, 120, 121, 122, 131, 139, 140 y 141.
§37, art. 115.

§41, arts. 160, 161 y 184.
§44, arts. 143, 145, 146, 160 y 167.
§46, art. 5 y disp. adic. 1ª.
§50, art. 11.
§52, arts. 110, 111, 112, 129 y 130.

– STS, Sala 3ª, de 19 octubre 1988 (RJ 1988, 8020).
§1, arts. 14.2 e) y 18.6.
§2, art. 155.
§3, art. 122.
§3.2, arts. 59, 60, 61 y 62.
§6, art. 123.
§23, art. 99 y 151.
§25, art. 68.
§27, arts. 115 y 127.
§28, art. 172.
§33, art. 130.
§37, art. 97.
§44, art. 153.
§52, art. 120.

– STS, Sala 3ª, de 27 octubre 1988 (RJ 1988, 8291).
§1, arts. 42 y 44.
§1.1, arts. 4, 5, 10, 12 y 13.
§2, arts. 35, 242.1, 242.6, 243.2, 244.4 y 300.
§3, arts. 178, 179, 180 y 232.
§3.3, art. 1.
§6, arts. 166, 169, 170, 171, 172, 173, 175, 176, 177, 182, 183, 200 y 202.
§10, arts. 1.3, 1.4, 2.1 y 17.1.
§13, arts. 2, 3, 4, 6, 7 y 8.
§23, arts. 164, 166, 167, 168 y 169.
§24, arts. 183, 185, 186, 187, 188, 192, 194 y 211.
§25, arts. 97, 98 y 103.
§27, arts. 162, 163, 165, 166, 167, 169, 170, 172 y 200.
§28, arts. 247, 248, 249, 250, 258, 259 y 260.
§33, arts. 86, 168 y 169.
§37, arts. 151, 158 y 199.
§41, arts. 214, 215, 216, 221, 223 y 232.
§44, arts. 18, 221, 222, 223, 233, 234 y disp. adic. 4ª.
§52, arts. 179, 180, 182, 183 y 203.
§53, art. 85 y disp. adic. 4ª.

– STS, Sala 3ª, de 7 noviembre 1988 (RJ 1988, 8783).
§3, art. 1.

– STS, Sala 3ª, de 8 noviembre 1988 (RJ 1988, 8794).
§2, arts. 84 y 93.
§3, art. 25.
§3.1, art. 87.
§23, art. 39.
§27, art. 27.
§28, art. 38.
§33, arts. 29 y 32.
§37, art. 55.
§44, art. 83.
§52, art. 80.
§53, art. 25.

– ATS, Sala 3ª, de 25 noviembre 1988 (RJ 1988, 9209).
§1, arts. 6 y 16.2.
§2, arts. 43, 44 y 45.
§3, art. 55.
§3.1, arts. 164, 165 y 167.
§25, arts. 61 y 144.
§27, art. 42.
§33, arts. 53 y 55.
§37, arts. 64, 66 y 67.
§44, art. 131.
§28, art. 88.
§52, art. 95.

– STS, Sala 3ª, de 29 noviembre 1988 (RJ 1988, 9279).
§2, art. 84.
§3, art. 24.
§24, art. 61.
§28, art. 37.
§41, art. 113.
§44, art. 97.

– STS, Sala 3ª, de 13 diciembre 1988 (RJ 1988, 9780).
§1, art. 10.
§2, arts. 24, 83 y 42.
§3, art. 116.
§3.2, art. 42.
§6, art. 96.
§24, art. 120.
§27, art. 109.
§28, art. 166.
§44, art. 139.
§52, art. 109.

– STS, Sala 3ª, de 20 diciembre 1988 (RJ 1988, 10162).
§1, arts. 42 y 44.
§1.1, arts. 4, 5, 10, 12 y 13.

§2, arts. 35, 242.1, 242.6, 243.2, 244.4 y 300.
§3, arts. 178, 179, 180 y 232.
§3.3, art. 1.
§6, arts. 166, 169, 170, 171, 172, 173, 175, 176, 177, 182, 183, 200 y 202.
§10, arts. 1.3, 1.4, 2.1 y 17.1.
§13, arts. 2, 3, 4, 6, 7 y 8.
§23, arts. 164, 166, 167, 168 y 169.
§24, arts. 183, 185, 186, 187, 188, 192, 194 y 211.
§25, arts. 97, 98 y 103.
§27, arts. 162, 163, 165, 166, 167, 169, 170, 172 y 200.
§28, arts. 247, 248, 249, 250, 258, 259 y 260.
§33, arts. 86, 168 y 169.
§37, arts. 151, 158 y 199.
§41, arts. 214, 215, 216, 221, 223 y 232.
§44, arts. 18, 221, 222, 223, 233, 234 y disp. adic. 4ª.
§52, arts. 179, 180, 182, 183 y 203.
§53, art. 85 y disp. adic. 4ª.

– STS, Sala 3ª, de 21 diciembre 1988 (RJ 1988, 10217).
§2, arts. 24 y 72.
§3, art. 12.
§3.1, arts. 14 a 19, 21, 25 a 30, 32, 33, 34 y 36 a 42.
§6, arts. 14, 32 a 40, 101, 102, 103, 104, 106, 107 y 108.
§24, arts. 44, 48, 49, 96, 133 y 143.
§25, art. 41.
§27, art. 24.
§28, art. 23.
§33, arts. 8, 9, 10, 12, 16 y 17.
§37, arts. 42 y 43.
§41, arts. 98, 101 y 195.
§44, arts. 81 y 82.
§52, arts. 56, 58, 59, 60, 61, 65, 66, 151, 152 y 154.

– STS, Sala 3ª, de 30 diciembre 1988 (RJ 1988, 9723).
§1, arts. 23, 33, 34 y 40.1.
§2, arts. 204, 208, 209 y 211.
§6, arts. 64 a 69, 106, 107, 108, 109, 113, 115 y 116.
§23, arts. 159 y 163.
§24, art. 143.
§25, art. 63.
§27, art. 42.
§28, arts. 98 a 103.
§33, art. 54.
§34, arts. 64 a 69.
§44, arts. 130, 209 y 215.
§52, arts. 96, 141, 158 y 159.

– STS, Sala 3ª, de 31 diciembre 1988 (RJ 1988, 10293).
§1, arts. 9, 11, 42 y 44.
§1.1, arts. 4, 5, 10, 12 y 13.
§2, arts. 9, 13, 35, 81, 94, 138, 242.1, 242.6, 243.2, 244.4 y 300.
§3, arts. 72, 73, 81, 178, 179, 180 y 232.
§3.1, arts. 98, 101, 102 y 153.
§3.3, art. 1.
§6, arts. 63, 157, 159, 166, 169, 170, 171, 172, 173, 175, 176, 177, 182, 183, 200 y 202.
§10, arts. 1.3, 1.4, 2.1 y 17.1.
§13, arts. 2, 3, 4, 6, 7 y 8.
§23, arts. 65, 164, 166, 167, 168 y 169.
§24, arts. 34, 36, 94, 183, 185, 186, 187, 188, 192, 194 y 211.
§25, arts. 9, 30, 97, 98, 103 y disp. transit. 4ª.
§27, arts. 48, 55, 162, 163, 165, 166, 167, 169, 170, 172 y 200.
§28, arts. 106, 107, 118, 247, 248, 249, 250, 258, 259 y 260.
§33, arts. 9, 10, 18, 59, 61, 66, 86, 168 y 169.
§37, arts. 30, 151, 158 y 199.
§41, arts. 214, 215, 216, 221, 223 y 232.
§44, arts. 18, 135, 221, 222, 223, 233, 234 y disp. adic. 4ª.
§52, arts. 7, 179, 180, 182, 183 y 203.
§53, arts. 3, 85 y disp. adic. 4ª.
§54, art. 3.

1989

– STS, Sala 3ª, de 2 enero 1989 (RJ 1989, 377).
§2, arts. 264, 265, 267, 269, 270, 271 y 275.
§3, art. 228.
§6, art. 206.
§10, art. 15.
§13, arts. 30 y 31.
§23, arts. 189 y 193.
§25, arts. 116 y 117.
§27, arts. 185 y 189.

§**28**, art. 268.
§**37**, art. 209.
§**41**, art. 234.
§**44**, art. 245.
§**52**, art. 207.

– STS, Sala 3ª, de 17 enero 1989 (RJ 1989, 390).
§**1**, art. 8.
§**2**, arts. 9 y 10.
§**3**, art. 78.
§**3.1**, art. 21.
§**3.2**, art. 39.
§**6**, arts. 13, 14 y 63.
§**23**, arts. 50, 51, 72 y 73.
§**24**, arts. 95 y 96.
§**25**, arts. 11 y 12.
§**27**, art. 45.
§**28**, art. 115.
§**33**, arts. 9, 10, 11, 14, 64 y 65.
§**44**, arts. 6 y 7.
§**52**, arts. 8 y 9.
§**53**, art. 9.

– STS, Sala 3ª, de 27 enero 1989 (RJ 1989, 498).
§**1**, art. 19.1.
§**2**, art. 246.2 y 246.3
§**3**, art. 182.
§**6**, arts. 186 y 187.
§**13**, art. 12.
§**23**, art. 157.
§**25**, art. 106.
§**27**, art. 140.
§**28**, art. 252.
§**33**, art. 170.
§**44**, art. 225.
§**52**, art. 185.
§**53**, arts. 88, 89, 91 y 92.

– STS, Sala 3ª, de 2 febrero 1989 (RJ 1989, 800).
§**2**, art. 102.
§**3**, art. 27.
§**3.1**, arts. 117, 118, 120, 121 y 122.
§3.2, art. 104.
§**6**, arts. 65 y 66.
§**24**, art. 25.
§**25**, art. 53.
§**28**, arts. 40, 41, 42 y 43.
§**33**, art. 34.
§**41**, art. 134.
§**44**, arts. 60 y 106.
§**52**, art. 82.
§**53**, art. 57.

– STS, Sala 3ª, de 7 febrero 1989 (RJ 1989, 1021).
§**1**, arts. 42 y 44.
§**1.1**, arts. 4, 5, 10, 12 y 13.
§**2**, arts. 35, 242.1, 242.6, 243.2, 244.4 y 300.
§**3.3**, art. 1.
§**6**, arts. 166, 169, 170, 171, 172, 173, 175, 176, 177, 182, 183, 200 y 202.
§**10**, arts. 1.3, 1.4, 2.1 y 17.1.
§**13**, arts. 2, 3, 4, 6, 7 y 8.
§**23**, arts. 164, 166, 167, 168 y 169.
§**24**, arts. 183, 185, 186, 187, 188, 192, 194 y 211.
§**25**, arts. 97, 98 y 103.
§**27**, arts. 162, 163, 165, 166, 167, 169, 170, 172 y 200.
§**28**, arts. 247, 248, 249, 250, 258, 259 y 260.
§**33**, arts. 86, 168 y 169.
§**37**, arts. 151, 158 y 199.
§**41**, arts. 214, 215, 216, 221, 223 y 232.
§**44**, arts. 18, 221, 222, 223, 233, 234 y disp. adic. 4ª.
§**52**, arts. 179, 180, 182, 183 y 203.
§**53**, art. 85 y disp. adic. 4ª.

– STS, Sala 3ª, de 17 febrero 1989 (RJ 1989, 1179).
§**2**, art. 102.
§**3**, art. 27.
§**3.1**, arts. 117, 118, 120, 121 y 122.
§**3.2**, art. 104.
§**6**, arts. 65 y 66.
§**24**, art. 25.
§**25**, art. 53.
§**28**, arts. 40, 41, 42 y 43.
§**33**, art. 34.
§**41**, art. 134.
§**44**, arts. 60 y 106.
§**52**, art. 82.
§**53**, art. 57.

– STS, Sala 3ª, de 21 febrero 1989 (RJ 1989, 1285).
§**1**, arts. 42 y 44.
§**1.1**, arts. 4, 5, 10, 12 y 13.
§**2**, arts. 35, 242.1, 242.6, 243.2, 244.4 y 300.
§**3**, arts. 178, 179, 180 y 232.

§3.3, art. 1.
§6, arts. 166, 169, 170, 171, 172, 173, 175, 176, 177, 182, 183, 200 y 202.
§10, arts. 1.3, 1.4, 2.1 y 17.1.
§13, arts. 2, 3, 4, 6, 7 y 8.
§23, arts. 164, 166, 167, 168 y 169.
§24, arts. 183, 185, 186, 187, 188, 192, 194 y 211.
§25, arts. 97, 98 y 103.
§27, arts. 162, 163, 165, 166, 167, 169, 170, 172 y 200.
§28, arts. 247, 248, 249, 250, 258, 259 y 260.
§33, arts. 86, 168 y 169.
§37, arts. 151, 158 y 199.
§41, arts. 214, 215, 216, 221, 223 y 232.
§44, arts. 18, 221, 222, 223, 233, 234 y disp. adic. 4ª.
§52, arts. 179, 180, 182, 183 y 203.
§53, art. 85 y disp. adic. 4ª.

– STS, Sala 3ª, de 24 febrero 1989 (RJ 1989, 1295).
§1, arts. 42 y 44.
§1.1, arts. 4, 5, 10, 12 y 13.
§2, arts. 35, 242.1, 242.6, 243.2, 244.4 y 300.
§3, arts. 178, 179, 180 y 232.
§3.3, art. 1.
§6, arts. 166, 169, 170, 171, 172, 173, 175, 176, 177, 182, 183, 200 y 202.
§10, arts. 1.3, 1.4, 2.1 y 17.1.
§13, arts. 2, 3, 4, 6, 7 y 8.
§23, arts. 164, 166, 167, 168 y 169.
§24, arts. 183, 185, 186, 187, 188, 192, 194 y 211.
§25, arts. 97, 98 y 103.
§27, arts. 162, 163, 165, 166, 167, 169, 170, 172 y 200.
§28, arts. 247, 248, 249, 250, 258, 259 y 260.
§33, arts. 86, 168 y 169.
§37, arts. 151, 158 y 199.
§41, arts. 214, 215, 216, 221, 223 y 232.
§44, arts. 18, 221, 222, 223, 233, 234 y disp. adic. 4ª.
§52, arts. 179, 180, 182, 183 y 203.
§53, art. 85 y disp. adic. 4ª.

– STS, Sala 3ª, de 28 febrero 1989 (RJ 1989, 1368).
§2, arts. 125 a 130.
§3, art. 51.
§3.1, arts. 154, 156, 158, 160, 161, 162 y 163.
§4, arts. 25 y 26.
§6, arts. 71, 72 y 74.
§23, arts. 45 y 47.
§24, arts. 81, 82 y 83.
§25, arts. 56, 57 y 58.
§27, arts. 40, 41 y 43.
§28, arts. 72 a 77.
§33, arts. 48, 49, 50, 51 y 52.
§37, arts. 68, 69 y 70.
§41, arts. 147, 148 y 149.
§44, arts. 124, 125, 126, 127 y 128.
§52, arts. 100, 101 y 102.
§53, arts. 35, 54 y 55.

– STS, Sala 3ª, de 28 febrero 1989 (RJ 1989, 1370).
§2, arts. 264, 265, 267, 269, 270, 271 y 275.
§3, art. 228.
§6, art. 206.
§10, art. 15.
§13, arts. 30 y 31.
§23, arts. 189 y 193.
§25, arts. 56, 57, 58, 116 y 117.
§27, arts. 185 y 189.
§28, art. 268.
§37, art. 209.
§41, art. 234.
§44, art. 245.
§52, art. 207.

– STS, Sala 3ª, de 7 marzo 1989 (RJ 1989, 1738).
§1, arts. 10, 15, 16.1, 17 y 20.1.
§2, arts. 9, 11, 16, 18, 24, 35, 104 y 136.
§3, art. 85.
§3.2, arts. 44 y 45.
§6, arts. 19 a 24, 26, 27 y 31.
§11, arts. 1.1, 1.2, 2.1 e), 2.1 f), 3, 4, 5 y 14.
§16, art. 1.
§23, arts. 66 y 69.
§24, arts. 103, 108, 111 y 114.
§27, art. 67.
§28, art. 127.
§33, arts. 9, 10, 12 y 72.
§44, arts. 6 y 45.
§52, art. 24.
§54, disp. adic. 2ª.

- STS, Sala 3ª, de 11 marzo 1989 (RJ 1989, 1968).
  §1, art. 23.
  §2, arts. 157, 158 y 159.
  §3, arts. 126, 127, 128 y 129.
  §3.2, arts. 102, 156, 157, 158, 161, 162, 165, 167, 169, 178, 184 y 185.
  §6, arts. 138, 139, 140, 142 y 144.
  §23, arts. 111 a 116.
  §24, arts. 149, 151 y 153.
  §25, arts. 80, 81 y 82.
  §28, arts. 176, 178, 179 y 180.
  §33, arts. 133, 134, 135, 136 y 138.
  §37, art. 104.
  §41, art. 180.
  §44, arts. 155, 156, 158, 162 y 163.
  §52, arts. 121, 123 y 127.
- STS, Sala 3ª, de 17 marzo 1989 (RJ 1989, 5524).
  §1, arts. 42 y 44.
  §1.1, arts. 4, 5, 10, 12 y 13.
  §2, arts. 35, 240, 242.1, 242.6, 243.2, 244.4 y 300.
  §3, arts. 178, 179, 180 y 232.
  §3.3, art. 1.
  §6, arts. 166, 169, 170, 171, 172, 173, 175, 176, 177, 182, 183, 200 y 202.
  §10, arts. 1.3, 1.4, 2.1 y 17.1.
  §13, arts. 2, 3, 4, 6, 7 y 8.
  §23, arts. 164, 166, 167, 168 y 169.
  §24, arts. 183, 185, 186, 187, 188, 192, 194 y 211.
  §25, arts. 97, 98 y 103.
  §27, arts. 162, 163, 165, 166, 167, 169, 170, 172 y 200.
  §28, arts. 247, 248, 249, 250, 258, 259 y 260.
  §33, arts. 86, 168 y 169.
  §37, arts. 151, 158 y 199.
  §41, arts. 214, 215, 216, 221, 223 y 232.
  §44, arts. 18, 221, 222, 223, 233, 234 y disp. adic. 4ª.
  §52, *arts. 179, 180, 182, 183 y 203.*
  §53, art. 85 y disp. adic. 4ª.
- STS, Sala 3ª, de 21 marzo 1989 (RJ 1989, 2256).
  §1, arts. 42 y 44.
  §1.1, arts. 4, 5, 10, 12 y 13.
  §2, arts. 35, 240, 242.1, 242.6, 243.2, 244.4 y 300.
  §3, arts. 178, 179, 180 y 232.
  §3.3, art. 1.
  §6, arts. 166, 169, 170, 171, 172, 173, 175, 176, 177, 182, 183, 200 y 202.
  §10, arts. 1.3, 1.4, 2.1 y 17.1.
  §13, arts. 2, 3, 4, 6, 7 y 8.
  §23, arts. 164, 166, 167, 168 y 169.
  §24, arts. 183, 185, 186, 187, 188, 192, 194 y 211.
  §25, arts. 97, 98 y 103.
  §27, arts. 162, 163, 165, 166, 167, 169, 170, 172 y 200.
  §28, arts. 247, 248, 249, 250, 258, 259 y 260.
  §33, arts. 86, 168 y 169.
  §37, arts. 151, 158 y 199.
  §41, arts. 214, 215, 216, 221, 223 y 232.
  §44, arts. 18, 221, 222, 223, 233, 234 y disp. adic. 4ª.
  §52, arts. 179, 180, 182, 183 y 203.
  §53, art. 85 y disp. adic. 4ª.
- STS, Sala 3ª, de 31 marzo 1989 (RJ 1989, 2444).
  §2, art. 138.
  §3, art. 73.
  §6, art. 157.
  §23, art. 65.
  §24, art. 34.
  §25, art. 9.
  §27, art. 55.
  §28, art. 107.
  §33, arts. 59 y 61.
  §37, art. 30.
  §44, art. 135.
  §53, art. 3.
- STS, Sala 3ª, de 5 abril 1989 (RJ 1989, 2910).
  §1, arts. 42 y 44.
  §1.1, arts. 4, 5, 10, 12 y 13.
  §2, arts. 35, 242.1, 242.6, 243.2, 244.4 y 300.
  §3, arts. 178, 179, 180 y 232.
  §3.3, art. 1.
  §6, arts. 166, 169, 170, 171, 172, 173, 175, 176, 177, 182, 183, 200 y 202.
  §10, arts. 1.3, 1.4, 2.1 y 17.1.
  §13, arts. 2, 3, 4, 6, 7 y 8.
  §23, arts. 164, 166, 167, 168 y 169.
  §24, arts. 183, 185, 186, 187, 188, 192, 194 y 211.

§25, arts. 97, 98 y 103.
§27, arts. 162, 163, 165, 166, 167, 169, 170, 172 y 200.
§28, arts. 247, 248, 249, 250, 258, 259 y 260.
§33, arts. 86, 168 y 169.
§37, arts. 151, 158 y 199.
§41, arts. 214, 215, 216, 221, 223 y 232.
§44, arts. 18, 221, 222, 223, 233, 234 y disp. adic. 4ª.
§52, arts. 179, 180, 182, 183 y 203.
§53, art. 85 y disp. adic. 4ª.

– STS, Sala 3ª, de 8 abril 1989 (RJ 1989, 3452).
§2, arts. 24 y 84.
§3, art. 17.
§3.1, arts. 6, 76, 77 y 144.
§6, arts. 54, 55, 56 y 57.
§23, art. 37.
§24, art. 59.
§25, art. 47.
§26, disp. adic. 1ª.
§27, art. 29.
§28, art. 29.
§33, art. 26.
§37, art. 51.
§41, arts. 107 y 110.
§44, art. 90.
§52, arts. 75 y 76.
§53, arts. 23 y 24.

– STS, Sala 3ª, de 18 abril 1989 (RJ 1989, 3124).
§1, arts. 42 y 44.
§1.1, arts. 4, 5, 10, 12 y 13.
§2, arts. 35, 242.1, 242.6, 243.2, 244.4 y 300.
§3, arts. 178, 179, 180 y 232.
§3.3, art. 1.
§6, arts. 166, 169, 170, 171, 172, 173, 175, 176, 177, 182, 183, 200 y 202.
§10, arts. 1.3, 1.4, 2.1 y 17.1.
§13, arts. 2, 3, 4, 6, 7 y 8.
§23, arts. 164, 166, 167, 168 y 169.
§24, arts. 183, 185, 186, 187, 188, 192, 194 y 211.
§25, arts. 97, 98 y 103.
§27, arts. 162, 163, 165, 166, 167, 169, 170, 172 y 200.
§28, arts. 247, 248, 249, 250, 258, 259 y 260.
§33, arts. 86, 168 y 169.
§37, arts. 151, 158 y 199.
§41, arts. 214, 215, 216, 221, 223 y 232.
§44, arts. 18, 221, 222, 223, 233, 234 y disp. adic. 4ª.
§52, arts. 179, 180, 182, 183 y 203.
§53, art. 85 y disp. adic. 4ª.

– STS, Sala 3ª, de 24 abril 1989 (RJ 1989, 3225).
§1, art. 5.
§2, art. 162.
§3, arts. 131, 132 y 133.
§3.2, arts. 186, 189 y 190.
§6, arts. 135, 136 y 137.
§23, arts. 121 y 122.
§24, art. 158.
§25, art. 83.
§28, arts. 182, 183 y 184.
§33, arts. 139, 140 y 141.
§37, art. 115.
§44, arts. 160 y 167.
§52, arts. 129 y 130.

– STS, Sala 3ª, de 25 abril 1989 (RJ 1989, 3235).
§1, arts. 42 y 44.
§1.1, arts. 4, 5, 10, 12 y 13.
§2, arts. 35, 242.1, 242.6, 243.2, 244.4 y 300.
§3, arts. 178, 179, 180 y 232.
§3.3, art. 1.
§6, arts. 166, 169, 170, 171, 172, 173, 175, 176, 177, 182, 183, 200 y 202.
§10, arts. 1.3, 1.4, 2.1 y 17.1.
§13, arts. 2, 3, 4, 6, 7 y 8.
§23, arts. 164, 166, 167, 168 y 169.
§24, arts. 183, 185, 186, 187, 188, 192, 194 y 211.
§25, arts. 97, 98 y 103.
§27, arts. 162, 163, 165, 166, 167, 169, 170, 172 y 200.
§28, arts. 247, 248, 249, 250, 258, 259 y 260.
§33, arts. 86, 168 y 169.
§37, arts. 151, 158 y 199.
§41, arts. 184, 214, 215, 216, 221, 223 y 232.
§44, arts. 18, 221, 222, 223, 233, 234 y disp. adic. 4ª.
§52, arts. 179, 180, 182, 183 y 203.
§53, art. 85 y disp. adic. 4ª.

– STS, Sala 3ª, de 9 mayo 1989 (RJ 1989, 4114).
§3, art. 10.
§3.1, arts. 3, 14, 15, 16, 17, 18 y 21.
§6, art. 32.
§24, art. 43.
§25, art. 40.
§28, art. 21.
§33, arts. 8, 9, 10, 11, 12 y 14.
§37, arts. 42 y 43.
§41, arts. 97 y 121.
§44, art. 78.
§52, art. 54.
§53, art. 17.

– STS, Sala 3ª, de 6 junio 1989 (RJ 1989, 4497).
§2, arts. 24 y 72.
§3, art. 12.
§3.1, arts. 14 a 19, 21, 25 a 30, 32, 33, 34 y 36 a 42.
§6, arts. 14, 32 a 40, 101, 102, 103, 104, 106, 107 y 108.
§24, arts. 44, 48, 49, 96, 133 y 143.
§25, art. 41.
§27, art. 24.
§33, arts. 8, 9, 10, 12, 16 y 17.
§37, arts. 42 y 43.
§41, arts. 98, 101 y 195.
§44, arts. 81 y 82.
§52, arts. 56, 58, 59, 60, 61, 65, 66, 151, 152 y 154.

– STS, Sala 3ª, de 17 junio 1989 (RJ 1989, 4730).
§3, art. 14.
§3.1, art. 140.
§6, art. 60.
§23, art. 38.
§25, art. 45.
§27, art. 28.
§28, art. 26.
§33, art. 30.
§37, art. 53.
§44, art. 98.
§52, art. 78.
§53, art. 26.

– STS, Sala 3ª, de 17 junio 1989 (RJ 1989, 4732).
§1, arts. 2, 4, 5, 12, 15, 19, 24 c), 41.1 y 43.
§2, arts. 45, 104, 106, 117, 237, 238, 239 y 241.
§3, arts. 52, 53, 54, 76 y 87.
§3.1, arts. 46, 64, 65, 66, 85 y 139.
§6, arts. 11, 51, 52 y 53.
§13, arts. 13 y 19.
§16, art. 10.
§23, arts. 56 y 57.
§25, arts. 7 y 109.
§27, arts. 49, 50, 51 y 53.
§28, arts. 78, 79, 80, 81, 87, 113 y 129.
§33, arts. 36, 62, 63 y 131.
§44, arts. 27, 107, 109, 113 y 129.

– STS, Sala 3ª, de 19 junio 1989 (RJ 1989, 4743).
§1, art. 6.1.
§2, arts. 141 y 147.
§3, arts. 114 y 115.
§3.2, arts. 1, 4 y 21.
§6, art. 95.
§33, arts. 117 y 118.

– STS, Sala 3ª, de 20 junio 1989 (RJ 1989, 4869).
§1, arts. 2.1, 5, 12, 14.2 d), 18.5, 23, 42 y 44.
§1.1, arts. 4, 5, 10, 12 y 13.
§2, arts. 35, 162, 164, 165, 166, 167, 170, 242.1, 242.6, 243.2, 244.4, 258, 259 y 300.
§3, arts. 7, 97 a 102, 131, 132, 133, 178, 179, 180 y 232.
§3.2, arts. 71, 72, 73, 76, 77, 81, 86, 87, 89, 93, 94, 95, 98, 100, 101, 104, 106, 108, 113, 117, 122, 124, 125, 126, 186, 189 y 190.
§3.3, art. 1.
§6, arts. 11, 124, 125, 126, 128, 130, 135, 136, 137, 166, 169, 170, 171, 172, 173, 175, 176, 177, 182, 183, 200 y 202.
§10, arts. 1.3, 1.4, 2.1 y 17.1.
§13, arts. 2, 3, 4, 6, 7 y 8.
§16, art. 10.
§23, arts. 56, 57, 84, 85, 86, 87, 121, 122, 164, 166, 167, 168 y 169.
§24, arts. 135, 137, 139, 158, 183, 185, 186, 187, 188, 192, 194 y 211.
§25, arts. 7, 83, 97, 98 y 103.
§27, arts. 49, 50, 51, 92, 93, 162, 163, 165, 166, 167, 169, 170, 172 y 200.

§28, arts. 113, 147 a 152, 182, 183, 184, 247, 248, 249, 250, 258, 259 y 260.
§33, arts. 62, 63, 86, 98, 100 a 106, 139, 140, 141, 168 y 169.
§37, arts. 86, 131, 151, 158 y 199.
§41, arts. 97, 121, 214, 215, 216, 221, 223 y 232.
§44, arts. 18, 159, 160, 167, 221, 222, 223, 233, 234 y disp. adic. 4ª.
§52, arts. 129 a 134, 140, 179, 180, 182, 183 y 203.
§53, arts. 68, 85 y disp. adic. 4ª.

– STS, Sala 3ª, de 26 junio 1989 (RJ 1989, 4893).
§1, art. 10.
§2, arts. 9 y 11.
§3, art. 79.
§3.1, arts. 22 y 23.
§3.2, art. 44.
§23, arts. 52, 53 y 68.
§25, arts. 13 y 14.
§27, art. 46.
§28, art. 116.
§33, arts. 9, 10, 11, 12 y 67.
§44, arts. 6 y 8.
§52, arts. 22 y 23.
§53, art. 9.

– STS, Sala 3ª, de 30 junio 1989 (RJ 1989, 4928).
§1, art. 8.
§2, arts. 9 y 10.
§3, art. 78.
§3.1, art. 21.
§3.2, art. 39.
§6, arts. 13, 14 y 63.
§23, arts. 50, 51, 72 y 73.
§24, arts. 95 y 96.
§25, arts. 11 y 12.
§27, art. 45.
§28, art. 115.
§33, arts. 9, 10, 11, 14, 64 y 65.
§44, arts. 6 y 7.
§52, arts. 8 y 9.
§53, art. 9.

– STS, Sala 3ª, de 8 julio 1989 (RJ 1989, 5592).
§1, arts. 42 y 44.
§1.1, arts. 4, 5, 10, 12 y 13.
§2, arts. 35, 242.1, 242.6, 243.2, 244.4 y 300.
§3, arts. 178, 179, 180 y 232.
§3.3, art. 1.
§6, arts. 166, 169, 170, 171, 172, 173, 175, 176, 177, 182, 183, 200 y 202.
§10, arts. 1.3, 1.4, 2.1 y 17.1.
§13, arts. 2, 3, 4, 6, 7 y 8.
§23, arts. 164, 166, 167, 168 y 169.
§24, arts. 183, 185, 186, 187, 188, 192, 194 y 211.
§25, arts. 97, 98 y 103.
§27, arts. 162, 163, 165, 166, 167, 169, 170, 172 y 200.
§28, arts. 247, 248, 249, 250, 258, 259 y 260.
§33, arts. 86, 168 y 169.
§37, arts. 151, 158 y 199.
§41, arts. 214, 215, 216, 221, 223 y 232.
§44, arts. 18, 221, 222, 223, 233, 234 y disp. adic. 4ª.
§52, arts. 179, 180, 182, 183 y 203.
§53, art. 85 y disp. adic. 4ª.

– STS, Sala 3ª, de 15 septiembre 1989 (RJ 1989, 6574).
§2, arts. 248, 250 y 252.
§3, art. 184.
§6, art. 196.
§10, arts. 5.1, 7, 8, 9 y 13.2.
§13, arts. 26, 61, 65 y 66.
§23, arts. 176, 177 y 178.
§24, art. 207.
§25, arts. 113 y 118.
§27, art. 178.
§28, arts. 254, 255, 274, 275 y 276.
§33, arts. 175 y 177.
§37, art. 193 y 203.
§41, art. 227.
§44, arts. 228 y 230.
§52, art. 198.

– STS, Sala 3ª, de 18 septiembre 1989 (RJ 1989, 6582).
§1, art. 41.
§2, art. 137.
§3, arts. 60 y 61.
§6, art. 70.
§23, art. 44.
§24, art. 88.
§25, art. 64.
§27, art. 42.
§28, art. 93.
§33, art. 58.

§44, arts. 134 y 263.
§52, art. 99.

– STS, Sala 3ª, de 29 septiembre 1989 (RJ 1989, 6717).
§1, arts. 42 y 44.
§1.1, arts. 4, 5, 10, 12 y 13.
§2, arts. 35, 240, 242.1, 242.6, 243.2, 244.4 y 300.
§3, arts. 178, 179, 180 y 232.
§3.3, art. 1.
§6, arts. 166, 169, 170, 171, 172, 173, 175, 176, 177, 182, 183, 200 y 202.
§10, arts. 1.3, 1.4, 2.1 y 17.1.
§13, arts. 2, 3, 4, 6, 7 y 8.
§23, arts. 164, 166, 167, 168 y 169.
§24, arts. 183, 185, 186, 187, 188, 192, 194 y 211.
§25, arts. 97, 98 y 103.
§27, arts. 162, 163, 165, 166, 167, 169, 170, 172 y 200.
§28, arts. 247, 248, 249, 250, 258, 259 y 260.
§33, arts. 86, 168 y 169.
§37, arts. 151, 158 y 199.
§41, arts. 214, 215, 216, 221, 223 y 232.
§44, arts. 18, 221, 222, 223, 233, 234 y disp. adic. 4ª.
§52, arts. 179, 180, 182, 183 y 203.
§53, art. 85 y disp. adic. 4ª.

– STS, Sala 3ª, de 6 octubre 1989 (RJ 1989, 7329).
§2, arts. 264, 265, 267, 269, 270, 271 y 275.
§3, art. 228.
§6, art. 206.
§10, art. 15.
§13, arts. 30 y 31.
§23, arts. 189 y 193.
§25, arts. 116 y 117.
§27, arts. 185 y 189.
§28, art. 268.
§37, art. 209.
§41, art. 234.
§44, art. 245.
§52, art. 207.

– STS, Sala 3ª, de 23 octubre 1989 (RJ 1989, 7470).
§1, art. 5.
§2, arts. 143, 144, 145, 154 y 247.
§3, arts. 117, 118 y 183.
§3.2, arts. 36, 38 y 155.
§6, arts. 94, 99, 184, 187 y 191.
§23, arts. 89, 93, 94, 155 y 156.
§24, arts. 117, 118, 121, 122, 200, 201 y 202.
§25, arts. 39, 66, 73 y 107.
§27, arts. 113, 114, 139 y 142.
§28, arts. 167, 168 y 253.
§33, arts. 87, 89, 90, 95, 96, 97, 120, 121, 122, 131, 170 y 171.
§37, arts. 171 y 172.
§38, art. 81 y disp. adic. 3ª.
§41, arts. 224 y 225.
§44, arts. 143, 145, 146 y 226.
§46, art. 5 y disp. adic. 1ª.
§50, art. 11.
§52, arts. 110, 111, 112 y 186.
§53, arts. 88, 90 y 93.

– STS, Sala 3ª, de 30 octubre 1989 (RJ 1989, 7478).
§1, art. 6.1.
§2, arts. 141 y 147.
§3, arts. 114 y 115.
§3.2, arts. 1, 4 y 21.
§6, art. 95.
§33, arts. 117 y 118.

– STS, Sala 3ª, de 13 noviembre 1989 (RJ 1989, 8186).
§1, arts. 42 y 44.
§1.1, arts. 4, 5, 10, 12 y 13.
§2, arts. 35, 240, 242.1, 242.6, 243.2, 244.4 y 300.
§3, arts. 178, 179, 180 y 232.
§3.3, art. 1.
§6, arts. 166, 169, 170, 171, 172, 173, 175, 176, 177, 182, 183, 200 y 202.
§10, arts. 1.3, 1.4, 2.1 y 17.1.
§13, arts. 2, 3, 4, 6, 7 y 8.
§23, arts. 164, 166, 167, 168 y 169.
§24, arts. 183, 185, 186, 187, 188, 192, 194 y 211.
§25, arts. 97, 98 y 103.
§27, arts. 162, 163, 165, 166, 167, 169, 170, 172 y 200.
§28, arts. 247, 248, 249, 250, 258, 259 y 260.
§33, arts. 86, 168 y 169.
§37, arts. 151, 158 y 159.
§41, arts. 214, 215, 216, 221, 223 y 232.
§44, arts. 18, 221, 222, 223, 233, 234 y disp. adic. 4ª.

§52, arts. 179, 180, 182, 183 y 203.
§53, art. 85 y disp. adic. 4ª.

– STS, Sala 3ª, de 22 noviembre 1989 (RJ 1989, 8350).
§1, arts. 42 y 44.
§1.1, arts. 4, 5, 10, 12 y 13.
§2, arts. 35, 242.1, 242.6, 243.2, 244.4 y 300.
§3, arts. 178, 179, 180 y 232.
§3.3, art. 1.
§6, arts. 166, 169, 170, 171, 172, 173, 175, 176, 177, 182, 183, 200 y 202.
§10, arts. 1.3, 1.4, 2.1 y 17.1.
§13, arts. 2, 3, 4, 6, 7 y 8.
§23, arts. 164, 166, 167, 168 y 169.
§24, arts. 183, 185, 186, 187, 188, 192, 194 y 211.
§25, arts. 97, 98 y 103.
§27, arts. 162, 163, 165, 166, 167, 169, 170, 172 y 200.
§28, arts. 247, 248, 249, 250, 258, 259 y 260.
§33, arts. 86, 168 y 169.
§37, arts. 151, 158 y 199.
§41, arts. 214, 215, 216, 221, 223 y 232.
§44, arts. 18, 221, 222, 223, 233, 234 y disp. adic. 4ª.
§52, arts. 179, 180, 182, 183 y 203.
§53, art. 85 y disp. adic. 4ª.

– STS, Sala 3ª, de 28 noviembre 1989 (RJ 1989, 8366).
§1, art. 19.1.
§2, art. 245.
§3, art. 181.
§6, arts. 184, 188 y 189.
§13, arts. 10 y 11.
§23, art. 153.
§24, arts. 200 y 201.
§25, arts. 8 y 106.
§27, arts. 137 y 176.
§28, art. 251.
§33, arts. 170 y 171.
§37, arts. 168 y 170.
§44, art. 224.
§52, art. 184.
§53, arts. 86, 87 y 88.

– STS, Sala 3ª, de 7 diciembre 1989 (RJ 1989, 9113).
§2, art. 266.
§3, art. 229.
§28, art. 278.

– STS, Sala 3ª, de 7 diciembre 1989 (RJ 1989, 9115).
§1, art. 3.
§2, arts. 3, 20.1 b) y 102.
§3, art. 3.
§6, art. 3.
§44, art. 3.

– STS, Sala 3ª, de 19 diciembre 1989 (RJ 1989, 9212).
§1, arts. 42 y 44.
§1.1, arts. 4, 5, 10, 12 y 13.
§2, arts. 35, 242.1, 242.6, 243.2, 244.4 y 300.
§3, arts. 27, 178, 179, 180 y 232.
§3.1, arts. 117, 118, 120, 121 y 122.
§3.2, art. 104.
§3.3, art. 1.
§6, arts. 65, 66, 166, 169, 170, 171, 172, 173, 175, 176, 177, 182, 183, 200 y 202.
§10, arts. 1.3, 1.4, 2.1 y 17.1.
§13, arts. 2, 3, 4, 6, 7 y 8.
§23, arts. 164, 166, 167, 168 y 169.
§24, art. 25.
§25, arts. 53, 97, 98 y 103.
§27, arts. 162, 163, 165, 166, 167, 169, 170, 172 y 200.
§28, arts. 3, 40, 41, 42, 43, 247, 248, 249, 250, 258, 259 y 260.
§33, arts. 34, 86, 168 y 169.
§37, arts. 151, 158 y 199.
§41, arts. 134, 214, 215, 216, 221, 223 y 232.
§44, arts. 18, 60, 106, 221, 222, 223, 233, 234 y disp. adic. 4ª.
§52, arts. 82, 179, 180, 182, 183 y 203.
§53, arts. 57, 85 y disp. adic. 4ª.

– STS, Sala 3ª, de 27 diciembre 1989 (RJ 1989, 9225).
§1, arts. 42 y 44.
§1.1, arts. 4, 5, 10, 12 y 13.
§2, arts. 35, 242.1, 242.6, 243.2, 244.4 y 300.
§3, arts. 178, 179, 180 y 232.
§3.3, art. 1.
§6, arts. 166, 169, 170, 171, 172, 173, 175, 176, 177, 182, 183, 200 y 202.
§10, arts. 1.3, 1.4, 2.1 y 17.1.
§13, arts. 2, 3, 4, 6, 7 y 8.
§23, arts. 164, 166, 167, 168 y 169.

§24, arts. 103, 108, 111, 114, 183, 185, 186, 187, 188, 192, 194 y 211.
§25, arts. 97, 98 y 103.
§27, arts. 162, 163, 165, 166, 167, 169, 170, 172 y 200.
§28, arts. 247, 248, 249, 250, 258, 259 y 260.
§33, arts. 86, 168 y 169.
§37, arts. 151, 158 y 199.
§41, arts. 214, 215, 216, 221, 223 y 232.
§44, arts. 18, 221, 222, 223, 233, 234 y disp. adic. 4ª.
§52, arts. 179, 180, 182, 183 y 203.
§53, art. 85 y disp. adic. 4ª.

– STS, Sala 3ª, de 30 diciembre 1989 (RJ 1989, 9235).
§1, arts. 10, 15, 16.1, 17, 20.1, 42 y 44.
§1.1, arts. 4, 5, 10, 12 y 13.
§2, arts. 9, 11, 16, 18, 24, 35, 104, 136, 242.1, 242.6, 243.2, 244.4 y 300.
§3, arts. 85, 178, 179, 180 y 232.
§3.2, arts. 44 y 45.
§3.3, art. 1.
§6, arts. 19 a 24, 26, 27, 31, 166, 169, 170, 171, 172, 173, 175, 176, 177, 182, 183, 200 y 202.
§10, arts. 1.3, 1.4, 2.1 y 17.1.
§11, arts. 1.1, 1.2, 2.1 e), 2.1 f), 3, 4, 5 y 14.
§13, arts. 2, 3, 4, 6, 7 y 8.
§15, art. 1.
§23, arts. 66, 69, 164, 166, 167, 168 y 169.
§24, arts. 103, 108, 111, 114, 183, 185, 186, 187, 188, 192, 194 y 211.
§25, arts. 97, 98 y 103.
§27, arts. 67, 162, 163, 165, 166, 167, 169, 170, 172 y 200.
§28, arts. 127, 247, 248, 249, 250, 258, 259 y 260.
§33, arts. 9, 10, 12, 72, 86, 168 y 169.
§37, arts. 151, 158 y 199.
§41, arts. 214, 215, 216, 221, 223 y 232.
§44, arts. 6, 18, 45, 221, 222, 223, 233, 234 y disp. adic. 4ª.
§52, arts. 24, 179, 180, 182, 183 y 203.
§53, art. 85 y disp. adic. 4ª.
§54, disp. adic. 2ª.

1990

– STS, Sala 3ª, de 2 enero 1990 (RJ 1990, 50).
§1, arts. 13, 14.1, 14.2 f), 18.7 y 34.
§2, arts. 34, 186, 208, 227, 228, 229, 233, 234 y 236.
§3, arts. 154 a 164.
§3.6, arts. 1, 10, 13, 18 y 25.
§6, arts. 160 a 165.
§24, arts. 246, 247, 249 y 251.
§27, arts. 66 y 104.
§28, arts. 223 a 233.
§33, art. 81.
§41, arts. 203, 204, 205 y 206.
§44, art. 218.
§46, art. 9.
§52, arts. 187, 188, 189, 190 y 192.

– ATS, Sala 3ª, de 14 enero 1990 (RJ 1990, 51).
§1, arts. 13, 14.1, 14.2 f), 18.7 y 34.
§2, arts. 34, 186, 208, 227, 228, 229, 233, 234 y 236.
§3, arts. 154 a 164.
§3.6, arts. 1, 10, 13, 18 y 25.
§6, arts. 160 a 165.
§24, arts. 246, 247, 249 y 251.
§27, arts. 66 y 104.
§28, arts. 223 a 233.
§33, art. 81.
§41, arts. 203, 204, 205 y 206.
§44, art. 218.
§46, art. 9.
§52, arts. 187, 188, 189, 190 y 192.
§53, arts. 97 y 98.

– STS, Sala 3ª, de 23 enero 1990 (RJ 1990, 339).
§1, arts. 42 y 44.
§1.1, arts. 4, 5, 10, 12 y 13.
§2, arts. 35, 242.1, 242.6, 243.2, 244.4 y 300.
§3, arts. 178, 179, 180 y 232.
§3.3, art. 1.
§6, arts. 166, 169, 170, 171, 172, 173, 175, 176, 177, 182, 183, 200 y 202.
§10, arts. 1.3, 1.4, 2.1 y 17.1.
§13, arts. 2, 3, 4, 6, 7 y 8.
§23, arts. 164, 166, 167, 168 y 169.
§24, arts. 183, 185, 186, 187, 188, 192, 194 y 211.
§25, arts. 97, 98 y 103.
§27, arts. 162, 163, 165, 166, 167, 169, 170, 172 y 200.

§28, arts. 247, 248, 249, 250, 258, 259 y 260.
§33, arts. 86, 168 y 169.
§37, arts. 151, 158 y 199.
§41, arts. 214, 215, 216, 221, 223 y 232.
§44, arts. 18, 221, 222, 223, 233, 234 y disp. adic. 4ª.
§52, arts. 179, 180, 182, 183 y 203.
§53, art. 85 y disp. adic. 4ª.

– STS, Sala 3ª, de 30 enero 1990 (RJ 1990, 362).
§1, arts. 42 y 44.
§1.1, arts. 4, 5, 10, 12 y 13.
§2, arts. 35, 242.1, 242.6, 243.2, 244.4 y 300.
§3, arts. 178, 179, 180 y 232.
§3.3, art. 1.
§6, arts. 166, 169, 170, 171, 172, 173, 175, 176, 177, 182, 183, 200 y 202.
§10, arts. 1.3, 1.4, 2.1 y 17.1.
§13, arts. 2, 3, 4, 6, 7 y 8.
§23, arts. 164, 166, 167, 168 y 169.
§24, arts. 183, 185, 186, 187, 188, 192, 194 y 211.
§25, arts. 97, 98 y 103.
§27, arts. 162, 163, 165, 166, 167, 169, 170, 172 y 200.
§28, arts. 247, 248, 249, 250, 258, 259 y 260.
§33, arts. 86, 168 y 169.
§37, arts. 151, 158 y 199.
§41, arts. 214, 215, 216, 221, 223 y 232.
§44, arts. 18, 221, 222, 223, 233, 234 y disp. adic. 4ª.
§52, arts. 179, 180, 182, 183 y 203.
§53, art. 85 y disp. adic. 4ª.

– STS, Sala 3ª, de 5 febrero 1990 (RJ 1990, 941).
§1, arts. 42 y 44.
§1.1, arts. 4, 5, 10, 12 y 13.
§2, arts. 35, 242.1, 242.6, 243.2, 244.4 y 300.
§3, arts. 178, 179, 180 y 232.
§3.3, art. 1.
§6, arts. 166, 169, 170, 171, 172, 173, 175, 176, 177, 182, 183, 200 y 202.
§10, arts. 1.3, 1.4, 2.1 y 17.1.
§13, arts. 2, 3, 4, 6, 7 y 8.
§23, arts. 164, 166, 167, 168 y 169.
§24, arts. 183, 185, 186, 187, 188, 192, 194 y 211.
§25, arts. 97, 98 y 103.
§27, arts. 162, 163, 165, 166, 167, 169, 170, 172 y 200.
§28, arts. 247, 248, 249, 250, 258, 259 y 260.
§33, arts. 86, 168 y 169.
§37, arts. 151, 158 y 199.
§41, arts. 214, 215, 216, 221, 223 y 232.
§44, arts. 18, 221, 222, 223, 233, 234 y disp. adic. 4ª.
§52, arts. 179, 180, 182, 183 y 203.
§53, art. 85 y disp. adic. 4ª.

– STS, Sala 3ª, de 5 febrero 1990 (RJ 1990, 942).
§1, art. 8.
§2, arts. 9 y 10.
§3, art. 78.
§3.1, art. 21.
§3.2, art. 39.
§6, arts. 13, 14 y 63.
§23, arts. 50, 51, 72 y 73.
§24, arts. 95 y 96.
§25, arts. 11 y 12.
§27, art. 45.
§28, art. 115.
§33, arts. 9, 10, 11, 14, 64 y 65.
§44, arts. 6 y 7.
§52, arts. 8 y 9.
§53, art. 9.

– STS, Sala 3ª, de 7 febrero 1990 (RJ 1990, 958).
§2, arts. 24 y 72.
§3, arts. 12 y 16.
§3.1, arts. 14 a 19, 21, 25 a 30, 32 a 42, 71, 72 y 74.
§6, arts. 14, 32 a 40, 101, 102, 103, 104, 106, 107 y 108.
§24, arts. 44, 48, 49, 96, 133 y 143.
§25, art. 41.
§27, art. 24.
§28, arts. 23 y 28.
§33, arts. 8, 9, 10, 12, 16 y 17.
§37, arts. 42 y 43.
§41, arts. 98, 101 y 195.
§44, arts. 81, 82 y 88.
§52, arts. 56, 58, 59, 60, 61, 65, 66, 151, 152 y 154.

– STS, Sala 3ª, de 7 febrero 1990 (RJ 1990, 961).
§2, arts. 264, 265, 267, 269, 270, 271 y 275.
§3, art. 228.
§6, art. 206.
§10, art. 15.
§13, arts. 30 y 31.
§23, arts. 189 y 193.
§25, arts. 116 y 117.
§27, arts. 185 y 189.
§28, art. 268.
§37, art. 209.
§41, art. 234.
§44, art. 245.
§52, art. 207.

– STS, Sala 3ª, de 9 febrero 1990 (RJ 1990, 962).
§1, arts. 42 y 44.
§1.1, arts. 4, 5, 10, 12 y 13.
§2, arts. 35, 139, 242.1, 242.6, 243.2, 244.4 y 300.
§3, arts. 74, 178, 179, 180 y 232.
§3.1, art. 99.
§3.3, art. 1.
§6, arts. 158, 166, 169, 170, 171, 172, 173, 175, 176, 177, 182, 183, 200 y 202.
§10, arts. 1.3, 1.4, 2.1 y 17.1.
§13, arts. 2, 3, 4, 6, 7 y 8.
§23, arts. 164, 166, 167, 168 y 169.
§24, arts. 37, 183, 185, 186, 187, 188, 192, 194 y 211.
§25, arts. 97, 98, 101 y 103.
§27, arts. 162, 163, 165, 166, 167, 169, 170, 172 y 200.
§28, arts. 247, 248, 249, 250, 258, 259 y 260.
§33, arts. 60, 86, 168 y 169.
§37, arts. 151, 158 y 199.
§41, arts. 214, 215, 216, 221, 223 y 232.
§44, arts. 18, 136, 221, 222, 223, 233, 234 y disp. adic. 4ª.
§52, arts. 179, 180, 182, 183 y 203.
§53, *art. 85 y disp. adic. 4ª.*

– STS, Sala 3ª, de 13 febrero 1990 (RJ 1990, 965).
§2, art. 263.
§3, art. 230.
§6, art. 209.
§10, art. 21.
§13, art. 73.
§23, arts. 201 y 205.
§24, arts. 212 y 221.
§25, art. 121.
§27, art. 187.
§28, art. 279.
§33, art. 183.
§41, art. 246.
§44, arts. 239 y 261.
§46, art. 10.
§52, art. 206.

– STS, Sala 3ª, de 13 febrero 1990 (RJ 1990, 1308).
§1, arts. 42 y 44.
§1.1, arts. 4, 5, 10, 12 y 13.
§2, arts. 35, 242.1, 242.6, 243.2, 244.4 y 300.
§3, arts. 178, 179, 180 y 232.
§3.3, art. 1.
§6, arts. 166, 169, 170, 171, 172, 173, 175, 176, 177, 182, 183, 200 y 202.
§10, arts. 1.3, 1.4, 2.1 y 17.1.
§13, arts. 2, 3, 4, 6, 7 y 8.
§23, arts. 164, 166, 167, 168 y 169.
§24, arts. 183, 185, 186, 187, 188, 192, 194 y 211.
§25, arts. 97, 98 y 103.
§27, arts. 162, 163, 165, 166, 167, 169, 170, 172 y 200.
§28, arts. 247, 248, 249, 250, 258, 259 y 260.
§33, arts. 86, 168 y 169.
§37, arts. 151, 158 y 199.
§41, arts. 214, 215, 216, 221, 223 y 232.
§44, arts. 18, 221, 222, 223, 233, 234 y disp. adic. 4ª.
§52, arts. 179, 180, 182, 183 y 203.
§53, art. 85 y disp. adic. 4ª.

– STS, Sala 3ª, de 19 febrero 1990 (RJ 1990, 1322).
§1, arts. 3, 5, 8, 13, 14.1, 14.2 a), 14.2 e) y 18.1.
§2, arts. 9, 10, 20.1 b), 27, 33, 96 y 205.
§3, arts. 78 y 83.
§3.1, art. 21.
§3.2, arts. 39, 46 y 180.
§6, arts. 13, 14, 15, 16, 17, 18, 63, 106, 107 y 108.
§23, arts. 50, 51, 72, 73 y 147.
§24, arts. 95, 96, 100, 102 y 143.
§25, arts. 11, 12, 17 y 18.

§27, arts. 45, 50, 51, 69, 126 y 131.
§28, arts. 115 y 120.
§33, arts. 9, 10, 11, 14, 64, 65, 70, 74, 78, 81, 82, 152 y 153.
§44, arts. 6 y 7.
§52, arts. 8, 9 y 11.
§53, art. 9.

– STS, Sala 3ª, de 19 febrero 1990 (RJ 1990, 1323).
§2, art. 247.
§3, art. 183.
§6, arts. 184, 187 y 191.
§23, arts. 155 y 156.
§24, arts. 200, 201 y 202.
§25, art. 107.
§27, arts. 139 y 142.
§28, art. 253.
§33, arts. 170 y 171.
§37, arts. 171 y 172.
§41, arts. 224 y 225.
§44, arts. 6, 11 y 226.
§52, art. 186.
§53, arts. 88, 90 y 93.

– STS, Sala 3ª, de 27 febrero 1990 (RJ 1990, 1514).
§1, art. 19.1.
§2, art. 245.
§3, art. 181.
§6, arts. 184, 188 y 189.
§13, arts. 10 y 11.
§23, art. 153.
§24, arts. 200, 201, 246, 247, 249 y 251.
§25, arts. 8 y 106.
§27, arts. 137 y 176.
§28, art. 251.
§33, arts. 170 y 171.
§37, arts. 168 y 170.
§44, art. 224.
§52, art. 184.
§53, arts. 86, 87 y 88.

– STS, Sala 3ª, de 7 marzo 1990 (RJ 1990, 7501).
§1, art. 7.
§2, art. 9.
§3, art. 77.
§6, art. 12.
§23, art. 49.
§24, arts. 92 y 93.
§25, art. 10.
§27, art. 44.
§28, art. 114.
§33, arts. 9, 10 y 63.
§44, art. 6.
§52, art. 6.
§53, arts. 3 y 8.

– STS, Sala 3ª, de 13 marzo 1990 (RJ 1990, 1960).
§1, art. 5.
§2, art. 162.
§3, arts. 131, 132 y 133.
§3.2, arts. 186, 189 y 190.
§6, arts. 135, 136 y 137.
§23, arts. 121 y 122.
§24, art. 158.
§25, art. 83.
§28, arts. 182, 183 y 184.
§37, art. 115.
§41, art. 184.
§44, arts. 160 y 167.
§52, arts. 129 y 130.

– STS, Sala 3ª, de 13 marzo 1990 (RJ 1990, 1963).
§1, art. 17.
§2, arts. 24, 83, 136, 257, 258 y 259.
§3, arts. 89 a 96.
§6, arts. 28, 178, 179, 180, 181 y 182.
§11, art. 6.
§13, arts. 27, 40 y 59.
§17, art. 13.
§23, arts. 80, 82 y 83.
§24, arts. 105, 106, 195 y 196.
§25, art. 104.
§27, arts. 89, 90 y 91.
§28, arts. 139, 140, 141, 264 y 269.
§33, arts. 98, 100 a 106, 139, 140, 141, 172, 173 y 174.
§37, arts. 143, 144, 145 y 146.
§52, arts. 193, 194 y 195.
§53, arts. 82 y 83.

– STS, Sala 3ª, de 20 marzo 1990 (RJ 1990, 2243).
§1, arts. 13, 14.1, 14.2 f), 18.7, 19.1 y 34.
§2, arts. 34, 186, 208, 227, 228, 229, 233, 234, 236 y 245.
§3, arts. 154 a 164 y 181.
§3.6, arts. 1, 10, 13, 18 y 25.
§6, arts. 160 a 165, 184, 188 y 189.
§13, arts. 10 y 11.
§23, art. 153.
§24, arts. 200, 201, 246, 247, 249 y 251.

§25, arts. 8 y 106.
§27, arts. 66, 104, 137 y 176.
§28, arts. 223 a 233 y 251.
§33, arts. 81, 170 y 171.
§37, arts. 168 y 170.
§38, disp. adic. 3ª.
§41, arts. 203, 204, 205 y 206.
§44, arts. 218 y 224.
§46, art. 9.
§52, arts. 187, 184, 188, 189, 190 y 192.
§53, arts. 86, 87, 88, 97 y 98.

– STS, Sala 3ª, de 20 marzo 1990 (RJ 1990, 2246).
§2, arts. 24, 71 y 91.
§3, arts. 11 y 14.
§3.1, arts. 14, 15, 16, 17, 18, 21, 26, 65, 66 y 140.
§6, arts. 32 y 60.
§23, arts. 32 y 38.
§24, arts. 46 y 47.
§25, arts. 42 y 45.
§27, arts. 24 y 28.
§28, arts. 22 y 26.
§33, arts. 8, 9, 11, 14 y 30.
§41, art. 99.
§44, arts. 79 y 98.
§52, arts. 55, 57, 67, 68, 69, 71 y 78.
§53, arts. 18 y 26.

– STS, Sala 3ª, de 20 abril 1990 (RJ 1990, 3619).
§2, arts. 264, 265, 267, 269, 270, 271 y 275.
§3, art. 228.
§6, art. 206.
§10, art. 15.
§13, arts. 30 y 31.
§23, arts. 189 y 193.
§25, arts. 116 y 117.
§27, arts. 185 y 189.
§28, art. 268.
§37, art. 209.
§41, art. 234.
§44, art. 245.
§52, art. 207.

– STS, Sala 3ª, de 3 mayo 1990 (RJ 1990, 3788).
§1, arts. 42 y 44.
§1.1, arts. 4, 5, 10, 12 y 13.
§2, arts. 35, 242.1, 242.6, 243.2, 244.4 y 300.
§3, arts. 178, 179, 180 y 232.
§3.3, art. 1.
§6, arts. 166, 169, 170, 171, 172, 173, 175, 176, 177, 182, 183, 200 y 202.
§10, arts. 1.3, 1.4, 2.1 y 17.1.
§13, arts. 2, 3, 4, 6, 7 y 8.
§23, arts. 164, 166, 167, 168 y 169.
§24, arts. 183, 185, 186, 187, 188, 192, 194 y 211.
§25, arts. 97, 98 y 103.
§27, arts. 162, 163, 165, 166, 167, 169, 170, 172 y 200.
§28, arts. 247, 248, 249, 250, 258, 259 y 260.
§33, arts. 86, 168 y 169.
§37, arts. 151, 158 y 199.
§41, arts. 214, 215, 216, 221, 223 y 232.
§44, arts. 18, 221, 222, 223, 233, 234 y disp. adic. 4ª.
§52, arts. 179, 180, 182, 183 y 203.
§53, art. 85 y disp. adic. 4ª.

– STS, Sala 3ª, de 3 mayo 1990 (RJ 1990, 3789).
§1, arts. 42 y 44.
§1.1, arts. 4, 5, 10, 12 y 13.
§2, arts. 35, 242.1, 242.6, 243.2, 244.4 y 300.
§3, arts. 178, 179, 180 y 232.
§3.3, art. 1.
§6, arts. 166, 169, 170, 171, 172, 173, 175, 176, 177, 182, 183, 200 y 202.
§10, arts. 1.3, 1.4, 2.1 y 17.1.
§13, arts. 2, 3, 4, 6, 7 y 8.
§23, arts. 164, 166, 167, 168 y 169.
§24, arts. 183, 185, 186, 187, 188, 192, 194 y 211.
§25, arts. 97, 98 y 103.
§27, arts. 162, 163, 165, 166, 167, 169, 170, 172 y 200.
§28, arts. 247, 248, 249, 250, 258, 259 y 260.
§33, arts. 86, 168 y 169.
§37, arts. 151, 158 y 199.
§41, arts. 214, 215, 216, 221, 223 y 232.
§44, arts. 18, 221, 222, 223, 233, 234 y disp. adic. 4ª.
§52, arts. 179, 180, 182, 183 y 203.
§53, art. 85 y disp. adic. 4ª.

– STS, Sala 3ª, de 3 mayo 1990 (RJ 1990, 10024).
§1, art. 41.

§2, art. 137.
§3, arts. 60 y 61.
§6, art. 70.
§23, art. 44.
§24, art. 88.
§25, art. 64.
§27, art. 42.
§28, art. 93.
§33, art. 58.
§44, arts. 134 y 263.
§52, art. 99.

– STS, Sala 3ª, de 8 mayo 1990 (RJ 1990, 4049).
§2, art. 247.
§3, art. 183.
§6, arts. 184, 187 y 191.
§23, arts. 155 y 156.
§24, arts. 200, 201 y 202.
§25, art. 107.
§27, arts. 139 y 142.
§28, art. 253.
§33, arts. 170 y 171.
§37, arts. 171 y 172.
§41, arts. 224 y 225.
§44, art. 226.
§52, art. 186.
§53, arts. 88, 90 y 93.

– STS, Sala 3ª, de 9 mayo 1990 (RJ 1990, 4050).
§1, arts. 42 y 44.
§1.1, arts. 4, 5, 10, 12 y 13.
§2, arts. 35, 242.1, 242.6, 243.2, 244.4 y 300.
§3, arts. 178, 179, 180 y 232.
§3.3, art. 1.
§6, arts. 166, 169, 170, 171, 172, 173, 175, 176, 177, 182, 183, 200 y 202.
§10, arts. 1.3, 1.4, 2.1 y 17.1.
§13, arts. 2, 3, 4, 6, 7 y 8.
§23, arts. 164, 166, 167, 168 y 169.
§24, arts. 183, 185, 186, 187, 188, 192, 194 y 211.
§25, arts. 97, 98 y 103.
§27, arts. 162, 163, 165, 166, 167, 169, 170, 172 y 200.
§28, arts. 247, 248, 249, 250, 258, 259 y 260.
§33, arts. 86, 168 y 169.
§37, arts. 151, 158 y 199.
§41, arts. 214, 215, 216, 221, 223 y 232.
§44, arts. 18, 221, 222, 223, 233, 234 y disp. adic. 4ª.
§52, arts. 179, 180, 182, 183 y 203.
§53, art. 85 y disp. adic. 4ª.

– STS, Sala 3ª, de 11 mayo 1990 (RJ 1990, 4065).
§1, arts. 5, 14.2 d), 18.5 y 23.
§2, arts. 162, 164, 165, 166, 167, 170, 258 y 259.
§3, arts. 97 a 102, 131, 132 y 133.
§3.2, arts. 71, 72, 73, 76, 77, 81, 86, 87, 89, 93, 94, 95, 98, 100, 101, 104, 106, 108, 113, 117, 122, 124, 125, 126, 186, 189 y 190.
§6, arts. 124, 125, 126, 128, 130, 135, 136 y 137.
§23, arts. 84, 85, 86, 87, 121 y 122.
§24, arts. 135, 137, 139 y 158.
§25, art. 83.
§27, arts. 92 y 93.
§28, arts. 147 a 152, 182, 183 y 184.
§33, arts. 98, 100 a 106, 139, 140 y 141.
§37, arts. 86 y 115.
§41, art. 184.
§44, arts. 159, 160 y 167.
§52, arts. 129 a 134 y 140.
§53, art. 68.

– STS, Sala 3ª, de 14 mayo 1990 (RJ 1990, 4072).
§2, arts. 38, 39, 249 y 251.
§3, art. 185.
§6, art. 197.
§10, arts. 10, 13.2 y 20.1.
§13, arts. 26 y 61.
§23, arts. 178, 179, 180, 188 y 192.
§24, arts. 208.
§25, arts. 114 y 118.
§28, arts. 256, 259 y 274.
§33, art. 176.
§37, arts. 159, 195, 196 y 203.
§41, art. 228.
§44, arts. 229 y 231.
§52, art. 199.

– STS, Sala 3ª, de 15 mayo 1990 (RJ 1990, 4074).
§1, arts. 13, 14.1, 14.2 f), 18.7 y 34.
§2, arts. 34, 186, 208, 227, 228, 229, 233, 234 y 236.
§3, arts. 154 a 164.
§3.6, arts. 1, 10, 13, 18 y 25.

§6, arts. 160 a 165.
§24, arts. 246, 247, 249 y 251.
§27, arts. 66 y 104.
§28, arts. 223 a 233.
§33, art. 81.
§41, arts. 203, 204, 205 y 206.
§44, art. 218.
§46, art. 9.
§52, arts. 187, 188, 189, 190 y 192.
§53, arts. 97 y 98.

– STS, Sala 3ª, de 16 mayo 1990 (RJ 1990, 4077).
§2, art. 102.
§3, art. 27.
§3.1, arts. 117, 118, 120, 121 y 122.
§3.2, art. 104.
§6, arts. 65 y 66.
§24, art. 25.
§25, art. 53.
§28, arts. 40, 41, 42 y 43.
§33, art. 34.
§41, art. 134.
§44, arts. 60 y 106.
§52, art. 82.
§53, art. 57.

– STS, Sala 3ª, de 22 mayo 1990 (RJ 1990, 4612).
§2, arts. 38, 39, 249 y 251.
§3, art. 185.
§6, art. 197.
§10, arts. 10, 13.2 y 20.1.
§13, arts. 26 y 61.
§23, arts. 178, 179, 180, 188 y 192.
§24, art. 208.
§25, arts. 114 y 118.
§28, arts. 256, 259 y 274.
§33, art. 176.
§37, arts. 159, 195, 196 y 203.
§41, art. 228.
§44, arts. 229 y 231.
§52, art. 199.

– STS, Sala 3ª, de 29 mayo 1990 (RJ 1990, 4281).
§1, arts. 6 y 16.2.
§2, arts. 43 y 44.
§3, art. 63.
§3.1, art. 168.
§24, art. 86.
§25, arts. 141 y 146.
§28, arts. 95 y 96.
§41, art. 153.
§44, art. 21.
§53, arts. 31 y 84.

– STS, Sala 3ª, de 30 mayo 1990 (RJ 1990, 4292).
§1, arts. 42 y 44.
§1.1, arts. 4, 5, 10, 12 y 13.
§2, arts. 35, 242.1, 242.6, 243.2, 244.4 y 300.
§3, arts. 178, 179, 180 y 232.
§3.3, art. 1.
§6, arts. 166, 169, 170, 171, 172, 173, 175, 176, 177, 182, 183, 200 y 202.
§10, arts. 1.3, 1.4, 2.1 y 17.1.
§13, arts. 2, 3, 4, 6, 7 y 8.
§23, arts. 164, 166, 167, 168 y 169.
§24, arts. 183, 185, 186, 187, 188, 192, 194 y 211.
§25, arts. 97, 98 y 103.
§27, arts. 162, 163, 165, 166, 167, 169, 170, 172 y 200.
§28, arts. 247, 248, 249, 250, 258, 259 y 260.
§33, arts. 86, 168 y 169.
§37, arts. 151, 158 y 199.
§41, arts. 214, 215, 216, 221, 223 y 232.
§44, arts. 18, 221, 222, 223, 233, 234 y disp. adic. 4ª.
§52, arts. 179, 180, 182, 183 y 203.
§53, art. 85 y disp. adic. 4ª.

– STS, Sala 3ª, de 6 junio 1990 (RJ 1990, 4814).
§2, arts. 24 y 84.
§3, art. 17.
§3.1, arts. 6, 76, 77 y 144.
§6, arts. 54, 55, 56 y 57.
§23, art. 37.
§24, art. 59.
§25, art. 47.
§26, disp. adic. 1ª.
§27, art. 29.
§28, art. 29.
§33, art. 26.
§37, art. 51.
§41, arts. 107 y 110.
§44, art. 90.
§52, arts. 75 y 76.
§53, arts. 23 y 24.

– STS, Sala 3ª, de 12 junio 1990 (RJ 1990, 4819).

§1, art. 21.
§3, art. 88.
§3.6, art. 21.
§25, art. 109.
§28, art. 130.
§33, art. 80.

– STS, Sala 3ª, de 12 junio 1990 (RJ 1990, 5395).
§1, arts. 42 y 44.
§1.1, arts. 4, 5, 10, 12 y 13.
§2, arts. 35, 242.1, 242.6, 243.2, 244.4 y 300.
§3, arts. 178, 179, 180 y 232.
§3.3, art. 1.
§6, arts. 166, 169, 170, 171, 172, 173, 175, 176, 177, 182, 183, 200 y 202.
§10, arts. 1.3, 1.4, 2.1 y 17.1.
§13, arts. 2, 3, 4, 6, 7 y 8.
§23, arts. 164, 166, 167, 168 y 169.
§24, arts. 183, 185, 186, 187, 188, 192, 194 y 211.
§25, arts. 97, 98 y 103.
§27, arts. 162, 163, 165, 166, 167, 169, 170, 172 y 200.
§28, arts. 247, 248, 249, 250, 258, 259 y 260.
§33, arts. 86, 168 y 169.
§37, arts. 151, 158 y 199.
§41, arts. 214, 215, 216, 221, 223 y 232.
§44, arts. 18, 221, 222, 223, 233, 234 y disp. adic. 4ª.
§52, arts. 179, 180, 182, 183 y 203.
§53, art. 85 y disp. adic. 4ª.

– STS, Sala 3ª, de 3 julio 1990 (RJ 1990, 6007).
§1, arts. 42 y 44.
§1.1, arts. 4, 5, 10, 12 y 13.
§2, arts. 35, 242.1, 242.6, 243.2, 244.4 y 300.
§3, arts. 178, 179, 180 y 232.
§3.3, art. 1.
§6, arts. 166, 169, 170, 171, 172, 173, 175, 176, 177, 182, 183, 200 y 202.
§10, arts. 1.3, 1.4, 2.1 y 17.1.
§13, arts. 2, 3, 4, 6, 7 y 8.
§24, arts. 183, 185, 186, 187, 188, 192, 194 y 211.
§25, arts. 97, 98 y 103.
§27, arts. 162, 163, 165, 166, 167, 169, 170, 172 y 200.
§28, arts. 247, 248, 249, 250, 258, 259 y 260.
§33, arts. 86, 168 y 169.
§44, arts. 18, 221, 222, 223, 233, 234 y disp. adic. 4ª.
§52, arts. 179, 180, 182, 183 y 203.
§53, art. 85 y disp. adic. 4ª.

– STS, Sala 3ª, de 10 julio 1990 (RJ 1990, 6027).
§2, arts. 38, 39, 249 y 251.
§3, art. 185.
§6, art. 197.
§10, arts. 10, 13.2 y 20.1.
§13, arts. 26 y 61.
§23, arts. 164, 166, 167, 168, 169, 178, 179, 180, 188 y 192.
§24, art. 208.
§25, arts. 114 y 118.
§28, arts. 256, 259 y 274.
§33, art. 176.
§37, arts. 151, 158, 159, 195, 196, 199 y 203.
§41, arts. 214, 215, 216, 221, 223, 228 y 232.
§44, arts. 229 y 231.
§52, art. 199.

– STS, Sala 3ª, de 23 julio 1990 (RJ 1990, 6670).
§2, arts. 248, 250 y 252.
§3, art. 184.
§6, art. 196.
§10, arts. 5.1, 7, 8, 9 y 13.2.
§13, arts. 26, 61, 65 y 66.
§23, arts. 176, 177 y 178.
§24, art. 207.
§25, arts. 113 y 118.
§27, art. 178.
§28, arts. 254, 255, 274, 275 y 276.
§33, arts. 175 y 177.
§37, arts. 193 y 203.
§41, art. 227.
§44, arts. 228 y 230.
§52, art. 198.

– STS, Sala 3ª, de 24 julio 1990 (RJ 1990, 6672).
§1, arts. 42 y 44.
§1.1, arts. 4, 5, 10, 12 y 13.
§2, arts. 35, 242.1, 242.6, 243.2, 244.4 y 300.
§3, arts. 178, 179, 180 y 232.

§3.3, art. 1.
§6, arts. 166, 169, 170, 171, 172, 173, 175, 176, 177, 182, 183, 200 y 202.
§10, arts. 1.3, 1.4, 2.1 y 17.1.
§13, arts. 2, 3, 4, 6, 7 y 8.
§23, arts. 164, 166, 167, 168 y 169.
§24, arts. 183, 185, 186, 187, 188, 192, 194 y 211.
§25, arts. 97, 98 y 103.
§27, arts. 162, 163, 165, 166, 167, 169, 170, 172 y 200.
§28, arts. 247, 248, 249, 250, 258, 259 y 260.
§33, arts. 86, 168 y 169.
§37, arts. 151, 158 y 199.
§41, arts. 214, 215, 216, 221, 223 y 232.
§44, arts. 18, 221, 222, 223, 233, 234 y disp. adic. 4ª.
§52, arts. 179, 180, 182, 183 y 203.
§53, art. 85 y disp. adic. 4ª.

– STS, Sala 3ª, de 24 julio 1990 (RJ 1990, 6674).
§2, arts. 125 a 130.
§3, art. 51.
§3.1, arts. 154, 156, 158, 160, 161, 162 y 163.
§4, arts. 25 y 26.
§6, arts. 71, 72 y 74.
§23, arts. 45 y 47.
§24, arts. 81, 82 y 83.
§25, arts. 56, 57 y 58.
§27, arts. 40, 41 y 43.
§28, arts. 72 a 77.
§33, arts. 48, 49, 50, 51 y 52.
§37, arts. 68, 69 y 70.
§41, arts. 147, 148 y 149.
§44, arts. 124, 125, 126, 127 y 128.
§52, arts. 100, 101 y 102.
§53, arts. 35, 54 y 55.

– STS, Sala 3ª, de 26 julio 1990 (RJ 1990, 5906).
§1, art. 10.
§2, arts. 24, 83 y 142.
§3, art. 116.
§3.2, art. 42.
§6, art. 96.
§24, art. 120.
§27, art. 109.
§28, art. 166.
§33, art. 119.
§44, art. 139.
§52, art. 109.

– STS, Sala 3ª, de 26 julio 1990 (RJ 1990, 6822).
§2, art. 247.
§3, art. 183.
§6, arts. 184, 187 y 191.
§23, arts. 155 y 156.
§24, arts. 200, 201 y 202.
§25, art. 107.
§27, arts. 139 y 142.
§28, art. 253.
§33, arts. 170 y 171.
§37, arts. 171 y 172.
§41, arts. 224 y 225.
§44, art. 226.
§52, art. 186.
§53, arts. 88, 90 y 93.

– STS, Sala 3ª, de 31 julio 1990 (RJ 1990, 6831).
§1, arts. 42 y 44.
§1.1, arts. 4, 5, 10, 12 y 13.
§2, arts. 35, 240, 242.1, 242.6, 243.2, 244.4 y 300.
§3, arts. 178, 179, 180 y 232.
§3.3, art. 1.
§6, arts. 166, 169, 170, 171, 172, 173, 175, 176, 177, 182, 183, 200 y 202.
§10, arts. 1.3, 1.4, 2.1 y 17.1.
§13, arts. 2, 3, 4, 6, 7 y 8.
§23, arts. 164, 166, 167, 168 y 169.
§24, arts. 183, 185, 186, 187, 188, 192, 194 y 211.
§25, arts. 97, 98 y 103.
§27, arts. 162, 163, 165, 166, 167, 169, 170, 172 y 200.
§28, arts. 247, 248, 249, 250, 258, 259 y 260.
§33, arts. 86, 168 y 169.
§37, arts. 151, 158 y 199.
§41, arts. 214, 215, 216, 221, 223 y 232.
§44, arts. 18, 221, 222, 223, 233, 234 y disp. adic. 4ª.
§52, arts. 179, 180, 182, 183 y 203.
§53, art. 85 y disp. adic. 4ª.

– STS, Sala 3ª, de 18 septiembre 1990 (RJ 1990, 7094).
§1, arts. 42 y 44.
§1.1, arts. 4, 5, 10, 12 y 13.

§2, arts. 35, 242.1, 242.6, 243.2, 244.4 y 300.
§3, arts. 178, 179, 180 y 232.
§3.3, art. 1.
§6, arts. 166, 169, 170, 171, 172, 173, 175, 176, 177, 182, 183, 200 y 202.
§10, arts. 1.3, 1.4, 2.1 y 17.1.
§13, arts. 2, 3, 4, 6, 7 y 8.
§23, arts. 164, 166, 167, 168 y 169.
§24, arts. 183, 185, 186, 187, 188, 192, 194 y 211.
§25, arts. 97, 98 y 103.
§27, arts. 162, 163, 165, 166, 167, 169, 170, 172 y 200.
§28, arts. 247, 248, 249, 250, 258, 259 y 260.
§33, arts. 86, 168 y 169.
§37, arts. 151, 158 y 199.
§41, arts. 214, 215, 216, 221, 223 y 232.
§44, arts. 18, 221, 222, 223, 233, 234 y disp. adic. 4ª.
§52, arts. 179, 180, 182, 183 y 203.
§53, art. 85 y disp. adic. 4ª.

– STS, Sala 3ª, de 26 septiembre 1990 (RJ 1990, 7388).
§2, arts. 38, 39, 248, 249, 250, 251 y 252.
§3, arts. 184 y 185.
§6, arts. 196 y 197.
§10, arts. 5.1, 7, 8, 9, 10, 13.2 y 20.1.
§13, arts. 26, 61, 65 y 66.
§23, arts. 176, 177, 178, 179, 180, 188 y 192.
§24, arts. 207 y 208.
§25, arts. 113, 114 y 118.
§27, art. 178.
§28, arts. 254, 255, 256, 259, 274, 275 y 276.
§33, arts. 175, 176 y 177.
§37, arts. 193, 195, 196 y 203.
§41, arts. 227 y 228.
§44, arts. 228, 229, 230 y 231.
§52, arts. 198 y 199.

– STS, Sala 3ª, de 26 septiembre 1990 (RJ 1990, 7390).
§1, arts. 42 y 44.
§1.1, arts. 4, 5, 10, 12 y 13.
§2, arts. 35, 242.1, 242.6, 243.2, 244.4 y 300.
§3, arts. 178, 179, 180 y 232.
§3.3, art. 1.
§6, arts. 166, 169, 170, 171, 172, 173, 175, 176, 177, 182, 183, 200 y 202.
§10, arts. 1.3, 1.4, 2.1 y 17.1.
§13, arts. 2, 3, 4, 6, 7 y 8.
§23, arts. 164, 166, 167, 168 y 169.
§25, arts. 97, 98 y 103.
§27, arts. 162, 163, 165, 166, 167, 169, 170, 172 y 200.
§28, arts. 247, 248, 249, 250, 258, 259 y 260.
§33, arts. 86, 168 y 169.
§37, arts. 151, 158, 159 y 199.
§41, arts. 214, 215, 216, 221, 223 y 232.
§44, arts. 18, 221, 222, 223, 233, 234 y disp. adic. 4ª.
§52, arts. 179, 180, 182, 183 y 203.
§53, art. 85 y disp. adic. 4ª.

– STS, Sala 3ª, de 28 septiembre 1990 (RJ 1990, 7297).
§1, arts. 42 y 44.
§1.1, arts. 4, 5, 10, 12 y 13.
§2, arts. 35, 242.1, 242.6, 243.2, 244.4 y 300.
§3, arts. 178, 179, 180 y 232.
§3.3, art. 1.
§6, arts. 166, 169, 170, 171, 172, 173, 175, 176, 177, 182, 183, 200 y 202.
§10, arts. 1.3, 1.4, 2.1 y 17.1.
§13, arts. 2, 3, 4, 6, 7 y 8.
§23, arts. 164, 166, 167, 168 y 169.
§24, arts. 183, 185, 186, 187, 188, 192, 194 y 211.
§25, arts. 97, 98 y 103.
§27, arts. 162, 163, 165, 166, 167, 169, 170, 172 y 200.
§28, arts. 247, 248, 249, 250, 258, 259 y 260.
§33, arts. 86, 168 y 169.
§37, arts. 151, 158 y 199.
§41, arts. 214, 215, 216, 221, 223 y 232.
§44, arts. 18, 221, 222, 223, 233, 234 y disp. adic. 4ª.
§52, arts. 179, 180, 182, 183 y 203.
§53, art. 85 y disp. adic. 4ª.

– STS, Sala 3ª, de 3 octubre 1990 (RJ 1990, 7835).
§1, art. 18.3.
§2, arts. 177 a 182 y 184.
§3, arts. 146 a 153.
§3.1, art. 75.

§**28**, arts. 215 a 222.
§**44**, arts. 184, 185, 186, 187, 188, 189 y 190.

- STS, Sala 3ª, de 6 octubre 1990 (RJ 1990, 9095).
  §**1**, arts. 42 y 44.
  §**1.1**, arts. 4, 5, 10, 12 y 13.
  §**2**, arts. 35, 242.1, 242.6, 243.2, 244.4 y 300.
  §**3**, arts. 178, 179, 180 y 232.
  §**3.3**, art. 1.
  §**6**, arts. 166, 169, 170, 171, 172, 173, 175, 176, 177, 182, 183, 200 y 202.
  §**10**, arts. 1.3, 1.4, 2.1 y 17.1.
  §**13**, arts. 2, 3, 4, 6, 7 y 8.
  §**23**, arts. 164, 166, 167, 168 y 169.
  §**24**, arts. 183, 185, 186, 187, 188, 192, 194 y 211.
  §**25**, arts. 97, 98 y 103.
  §**27**, arts. 162, 163, 165, 166, 167, 169, 170, 172 y 200.
  §**28**, arts. 247, 248, 249, 250, 258, 259 y 260.
  §**33**, arts. 86, 168 y 169.
  §**37**, arts. 151, 158 y 199.
  §**41**, arts. 214, 215, 216, 221, 223 y 232.
  §**44**, arts. 18, 221, 222, 223, 233, 234 y disp. adic. 4ª.
  §**52**, arts. 179, 180, 182, 183 y 203.
  §**53**, art. 85 y disp. adic. 4ª.

- STS, Sala 3ª, de 9 octubre 1990 (RJ 1990, 7847).
  §**1**, arts. 42 y 44.
  §**1.1**, arts. 4, 5, 10, 12 y 13.
  §**2**, arts. 35, 242.1, 242.6, 243.2, 244.4 y 300.
  §**3**, arts. 178, 179, 180 y 232.
  §**3.3**, art. 1.
  §**6**, arts. 166, 169, 170, 171, 172, 173, 175, 176, 177, 182, 183, 200 y 202.
  §**10**, arts. 1.3, 1.4, 2.1 y 17.1.
  §**13**, arts. 2, 3, 4, 6, 7 y 8.
  §**23**, arts. 164, 166, 167, 168 y 169.
  §**24**, arts. 183, 185, 186, 187, 188, 192, 194 y 211.
  §**25**, arts. 97, 98 y 103.
  §**27**, arts. 162, 163, 165, 166, 167, 169, 170, 172 y 200.
  §**28**, arts. 247, 248, 249, 250, 258, 259 y 260.
  §**33**, arts. 86, 168 y 169.
  §**37**, arts. 151, 158 y 199.
  §**41**, arts. 214, 215, 216, 221, 223 y 232.
  §**44**, arts. 18, 221, 222, 223, 233, 234 y disp. adic. 4ª.
  §**52**, arts. 179, 180, 182, 183 y 203.
  §**53**, art. 85 y disp. adic. 4ª.

- STS, Sala 3ª, de 9 octubre 1990 (RJ 1990, 8121).
  §**1**, art. 21.
  §**2**, art. 45.
  §**3**, arts. 62 y 88.
  §**3.6**, art. 21.
  §**6**, art. 70.
  §**24**, art. 88.
  §**25**, art. 109.
  §**28**, arts. 94 y 130.
  §**33**, art. 80.

- STS, Sala 3ª, de 10 octubre 1990 (RJ 1990, 8123).
  §**1**, arts. 42 y 44.
  §**1.1**, arts. 4, 5, 10, 12 y 13.
  §**2**, arts. 35, 242.1, 242.6, 243.2, 244.4 y 300.
  §**3**, arts. 178, 179, 180 y 232.
  §**3.3**, art. 1.
  §**6**, arts. 166, 169, 170, 171, 172, 173, 175, 176, 177, 182, 183, 200 y 202.
  §**10**, arts. 1.3, 1.4, 2.1 y 17.1.
  §**13**, arts. 2, 3, 4, 6, 7 y 8.
  §**23**, arts. 164, 166, 167, 168 y 169.
  §**24**, arts. 183, 185, 186, 187, 188, 192, 194 y 211.
  §**25**, arts. 97, 98 y 103.
  §**27**, arts. 162, 163, 165, 166, 167, 169, 170, 172 y 200.
  §**28**, arts. 247, 248, 249, 250, 258, 259 y 260.
  §**33**, arts. 86, 168 y 169.
  §**37**, arts. 151, 158 y 199.
  §**41**, arts. 214, 215, 216, 221, 223 y 232.
  §**44**, arts. 18, 221, 222, 223, 233, 234 y disp. adic. 4ª.
  §**52**, arts. 179, 180, 182, 183 y 203.
  §**53**, art. 85 y disp. adic. 4ª.

- STS, Sala 3ª, de 10 octubre 1990 (RJ 1990, 8124).
  §**1**, arts. 42 y 44.
  §**1.1**, arts. 4, 5, 10, 12 y 13.

§**2**, arts. 35, 242.1, 242.6, 243.2, 244.4 y 300.
§**3**, arts. 178, 179, 180 y 232.
§**3.3**, art. 1.
§**6**, arts. 166, 169, 170, 171, 172, 173, 175, 176, 177, 182, 183, 200 y 202.
§**10**, arts. 1.3, 1.4, 2.1 y 17.1.
§**13**, arts. 2, 3, 4, 6, 7 y 8.
§**23**, arts. 164, 166, 167, 168 y 169.
§**24**, arts. 183, 185, 186, 187, 188, 192, 194 y 211.
§**25**, arts. 97, 98 y 103.
§**27**, arts. 162, 163, 165, 166, 167, 169, 170, 172 y 200.
§**28**, arts. 247, 248, 249, 250, 258, 259 y 260.
§**33**, arts. 86, 168 y 169.
§**37**, arts. 151, 158 y 199.
§**41**, arts. 214, 215, 216, 221, 223 y 232.
§**44**, arts. 18, 221, 222, 223, 233, 234 y disp. adic. 4ª.
§**52**, arts. 179, 180, 182, 183 y 203.
§**53**, art. 85 y disp. adic. 4ª.

– STS, Sala 3ª, de 16 octubre 1990 (RJ 1990, 8128).
§**2**, arts. 38, 39, 248, 249, 250, 251 y 252.
§**3**, arts. 184 y 185.
§**6**, arts. 196 y 197.
§**10**, arts. 5.1, 7, 8, 9, 10, 13.2 y 20.1.
§**13**, arts. 26, 61, 65 y 66.
§**23**, arts. 176, 177, 178, 180, 188 y 192.
§**24**, arts. 207 y 208.
§**25**, arts. 113, 114 y 118.
§**27**, art. 178.
§**28**, arts. 254, 255, 256, 259, 274, 275 y 276.
§**33**, arts. 175, 176 y 177.
§**37**, arts. 159, 193, 195, 196 y 203.
§**41**, arts. 227 y 228.
§**44**, arts. 228, 229, 230 y 231.
§**52**, arts. 198 y 199.

– STS, Sala 3ª, de 17 octubre 1990 (RJ 1990, 8141).
§**1**, arts. 42 y 44.
§**1.1**, arts. 4, 5, 10, 12 y 13.
§**2**, arts. 35, 242.1, 242.6, 243.2, 244.4, 248, 250, 252 y 300.
§**3**, arts. 178, 179, 180, 184 y 232.
§**3.3**, art. 1.
§**6**, arts. 166, 169, 170, 171, 172, 173, 175, 176, 177, 182, 183, 196, 200 y 202.
§**10**, arts. 1.3, 1.4, 2.1, 5.1, 7, 8, 9, 13.2 y 17.1.
§**13**, arts. 2, 3, 4, 6, 7, 8, 26, 61, 65 y 66.
§**23**, arts. 164, 166, 167, 168, 169, 176, 177 y 178.
§**24**, arts. 183, 185, 186, 187, 188, 192, 194, 207 y 211.
§**25**, art. 97, 98, 103, 113 y 118.
§**27**, arts. 162, 163, 165, 166, 167, 169, 170, 172, 178 y 200.
§**28**, arts. 247, 248, 249, 250, 254, 255, 258, 259, 260, 274, 275 y 276.
§**33**, arts. 86, 168, 169, 175 y 177.
§**37**, arts. 151, 158, 193, 199 y 203.
§**41**, arts. 214, 215, 216, 221, 223, 227 y 232.
§**44**, arts. 18, 221, 222, 223, 228, 230, 233, 234 y disp. adic. 4ª.
§**52**, arts. 179, 180, 182, 183, 198 y 203.
§**53**, art. 85 y disp. adic. 4ª.

– STS, Sala 3ª, de 31 octubre 1990 (RJ 1990, 8855).
§**2**, arts. 264, 265, 267, 269, 270, 271 y 275.
§**3**, art. 228.
§**6**, art. 206.
§**10**, art. 15.
§**13**, arts. 30 y 31.
§**23**, arts. 189 y 193.
§**25**, arts. 116 y 117.
§**27**, arts. 185 y 189.
§**28**, art. 268.
§**37**, art. 209.
§**41**, art. 234.
§**44**, art. 245.
§**52**, art. 207.

– STS, Sala 3ª, de 2 noviembre 1990 (RJ 1990, 8736).
§**1**, arts. 42 y 44.
§**1.1**, arts. 4, 5, 10, 12 y 13.
§**2**, arts. 35, 242.1, 242.6, 243.2, 244.4 y 300.
§**3**, arts. 178, 179, 180 y 232.
§**3.3**, art. 1.
§**6**, arts. 166, 169, 170, 171, 172, 173, 175, 176, 177, 182, 183, 200 y 202.
§**10**, arts. 1.3, 1.4, 2.1 y 17.1.
§**13**, arts. 2, 3, 4, 6, 7 y 8.
§**23**, arts. 164, 166, 167, 168 y 169.

§**24**, arts. 183, 185, 186, 187, 188, 192, 194 y 211.
§**25**, arts. 97, 98 y 103.
§**27**, arts. 162, 163, 165, 166, 167, 169, 170, 172 y 200.
§**28**, arts. 247, 248, 249, 250, 258, 259 y 260.
§**33**, arts. 86, 168 y 169.
§**37**, arts. 151, 158 y 199.
§**41**, arts. 214, 215, 216, 221, 223 y 232.
§**44**, arts. 18, 221, 222, 223, 233, 234 y disp. adic. 4ª.
§**52**, arts. 179, 180, 182, 183 y 203.
§**53**, art. 85 y disp. adic. 4ª.

– STS, Sala 3ª, de 6 noviembre 1990 (RJ 1990, 8803).
§**1**, art. 10.
§**2**, arts. 9 y 11.
§**3**, art. 79.
§**3.1**, arts. 22 y 23.
§**3.2**, art. 44.
§**23**, arts. 52, 53 y 68.
§**25**, arts. 13 y 14.
§**27**, art. 46.
§**28**, art. 116.
§**33**, arts. 9, 10, 11, 12 y 67.
§**44**, arts. 6 y 8.
§**52**, arts. 22 y 23.
§**53**, art. 9.

– STS, Sala 3ª, de 8 noviembre 1990 (RJ 1990, 8816).
§**1**, art. 21.
§**2**, arts. 38, 39, 248, 249, 250, 251 y 252.
§**3**, arts. 88, 184 y 185.
§**3.6**, art. 21.
§**6**, arts. 196 y 197.
§**10**, arts. 5.1, 7, 8, 9, 10, 13.2 y 20.1.
§**13**, arts. 26, 61, 65 y 66.
§**23**, arts. 176, 177, 178, 179, 180, 188 y 192.
§**24**, art. 207.
§**25**, arts. 109, 113, 114 y 118.
§**27**, art. 178.
§**28**, arts. 130, 254, 255, 256, 259, 274, 275 y 276.
§**33**, arts. 80, 175, 176 y 177.
§**37**, arts. 159, 193, 195, 196 y 203.
§**41**, arts. 227 y 228.
§**44**, arts. 228, 229, 230 y 231.
§**52**, arts. 198 y 199.

– STS, Sala 3ª, de 13 noviembre 1990 (RJ 1990, 8823).
§**1**, arts. 42 y 44.
§**2**, art. 253.
§**3**, art. 186.
§**6**, art. 199.
§**10**, art. 17.1.
§**13**, art. 64.
§**23**, arts. 171, 184 y 185.
§**24**, art. 209.
§**28**, art. 257.
§**33**, art. 178.
§**37**, arts. 159 y 197.
§**44**, art. 232.
§**52**, art. 202.

– STS, Sala 3ª, de 14 noviembre 1990 (RJ 1990, 8826).
§**1**, arts. 42 y 44.
§**1.1**, arts. 4, 5, 10, 12 y 13.
§**2**, arts. 35, 242.1, 242.6, 243.2, 244.4 y 300.
§**3**, arts. 178, 179, 180 y 232.
§**3.3**, art. 1.
§**6**, arts. 166, 169, 170, 171, 172, 173, 175, 176, 177, 182, 183, 200 y 202.
§**10**, arts. 1.3, 1.4, 2.1 y 17.1.
§**13**, arts. 2, 3, 4, 6, 7 y 8.
§**23**, arts. 164, 166, 167, 168 y 169.
§**24**, arts. 183, 185, 186, 187, 188, 192, 194 y 211.
§**25**, arts. 97, 98 y 103.
§**27**, arts. 162, 163, 165, 166, 167, 169, 170, 172 y 200.
§**28**, arts. 247, 248, 249, 250, 258, 259 y 260.
§**33**, arts. 86, 168 y 169.
§**37**, arts. 151, 158 y 199.
§**41**, arts. 214, 215, 216, 221, 223 y 232.
§**44**, arts. 18, 221, 222, 223, 233, 234 y disp. adic. 4ª.
§**52**, arts. 179, 180, 182, 183 y 203.
§**53**, art. 85 y disp. adic. 4ª.

– STS, Sala 3ª, de 28 noviembre 1990 (RJ 1990, 9341).
§**2**, arts. 264, 265, 267, 269, 270, 271 y 275.
§**3**, art. 228.
§**6**, art. 206.
§**10**, art. 15.
§**13**, arts. 30 y 31.
§**23**, arts. 189 y 193.

§25, arts. 116 y 117.
§27, arts. 185 y 189.
§28, art. 268.
§37, art. 209.
§41, art. 234.
§44, art. 245.
§52, art. 207.

– STS, Sala 3ª, de 11 diciembre 1990 (RJ 1990, 10042).
§1, arts. 42 y 44.
§1.1, arts. 4, 5, 10, 12 y 13.
§2, arts. 35, 242.1, 242.6, 243.2, 244.4 y 300.
§3, arts. 178, 179, 180 y 232.
§3.3, art. 1.
§6, arts. 166, 169, 170, 171, 172, 173, 175, 176, 177, 182, 183, 200 y 202.
§10, arts. 1.3, 1.4, 2.1 y 17.1.
§13, arts. 2, 3, 4, 6, 7 y 8.
§23, arts. 164, 166, 167, 168 y 169.
§24, arts. 183, 185, 186, 187, 188, 192, 194 y 211.
§25, arts. 97, 98 y 103.
§27, arts. 162, 163, 165, 166, 167, 169, 170, 172 y 200.
§28, arts. 247, 248, 249, 250, 258, 259 y 260.
§33, arts. 86, 168 y 169.
§37, arts. 151, 158 y 199.
§41, arts. 214, 215, 216, 221, 223 y 232.
§44, arts. 18, 221, 222, 223, 233, 234 y disp. adic. 4ª.
§52, arts. 179, 180, 182, 183 y 203.
§53, art. 85 y disp. adic. 4ª.

– STS, Sala 3ª, de 12 diciembre 1990 (RJ 1990, 9950).
§1, arts. 42 y 44.
§1.1, arts. 4, 5, 10, 12 y 13.
§2, arts. 35, 242.1, 242.6, 243.2, 244.4 y 300.
§3, arts. 178, 179, 180 y 232.
§3.3, art. 1.
§6, arts. 166, 169, 170, 171, 172, 173, 175, 176, 177, 182, 183, 200 y 202.
§10, arts. 1.3, 1.4, 2.1 y 17.1.
§13, arts. 2, 3, 4, 6, 7 y 8.
§23, arts. 164, 166, 167, 168 y 169.
§24, arts. 183, 185, 186, 187, 188, 192, 194 y 211.
§25, arts. 97, 98 y 103.
§27, arts. 162, 163, 165, 166, 167, 169, 170, 172 y 200.
§28, arts. 247, 248, 249, 250, 258, 259 y 260.
§33, arts. 86, 168 y 169.
§37, arts. 151, 158 y 199.
§41, arts. 214, 215, 216, 221, 223 y 232.
§44, arts. 18, 221, 222, 223, 233, 234 y disp. adic. 4ª.
§52, arts. 179, 180, 182, 183 y 203.
§53, art. 85 y disp. adic. 4ª.

– STS, Sala 3ª, de 21 diciembre 1990 (RJ 1990, 10177).
§2, art. 240.
§3, art. 232.
§28, art. 293.

– STS, Sala 3ª, de 24 diciembre 1990 (RJ 1990, 10189).
§1, art. 8.
§2, arts. 9 y 10.
§3, art. 78.
§3.1, art. 21.
§3.2, art. 39.
§6, arts. 13, 14 y 63.
§23, arts. 50, 51, 72 y 73.
§24, arts. 95 y 96.
§25, arts. 11 y 12.
§27, art. 45.
§33, arts. 9, 10, 11, 14, 64 y 65.
§44, arts. 6 y 7.
§52, arts. 8 y 9.
§53, art. 9.

– STS, Sala 3ª, de 24 diciembre 1990 (RJ 1990, 10190).
§1, art. 17.
§2, arts. 24, 83, 136, 257, 258 y 259.
§3, arts. 94, 95 y 96.
§6, arts. 28, 178, 179, 180, 181 y 182.
§11, art. 6.
§13, arts. 27, 40 y 59.
§17, art. 13.
§23, arts. 80, 81, 82, 83 y 195.
§24, arts. 105, 106, 195 y 196.
§25, art. 104.
§27, arts. 89, 90 y 91.
§28, arts. 115, 139, 140, 141, 264 y 269.
§33, arts. 98, 100 a 106, 172, 173 y 174.
§37, arts. 143, 144, 145 y 146.
§38, art. 52.
§52, arts. 193, 194 y 195.

§**53**, arts. 82 y 83.

- STS, Sala 3ª, de 26 diciembre 1990 (RJ 1990, 10255).
  §**1**, arts. 42 y 44.
  §**1.1**, arts. 4, 5, 10, 12 y 13.
  §**2**, arts. 35, 242.1, 242.6, 243.2, 244.4 y 300.
  §**3**, arts. 178, 179, 180 y 232.
  §**3.3**, art. 1.
  §**6**, arts. 166, 169, 170, 171, 172, 173, 175, 176, 177, 182, 183, 200 y 202.
  §**10**, arts. 1.3, 1.4, 2.1 y 17.1.
  §**13**, arts. 2, 3, 4, 6, 7 y 8.
  §**23**, arts. 164, 166, 167, 168 y 169.
  §**24**, arts. 183, 185, 186, 187, 188, 192, 194 y 211.
  §**25**, arts. 97, 98 y 103.
  §**27**, arts. 162, 163, 165, 166, 167, 169, 170, 172 y 200.
  §**28**, arts. 247, 248, 249, 250, 258, 259 y 260.
  §**33**, arts. 86, 168 y 169.
  §**37**, arts. 151, 158 y 199.
  §**41**, arts. 214, 215, 216, 221, 223 y 232.
  §**44**, arts. 18, 221, 222, 223, 233, 234 y disp. adic. 4ª.
  §**52**, arts. 179, 180, 182, 183 y 203.
  §**53**, art. 85 y disp. adic. 4ª.
- STS, Sala 3ª, de 27 diciembre 1990 (RJ 1990, 10264).
  §**1**, arts. 42 y 44.
  §**1.1**, arts. 4, 5, 10, 12 y 13.
  §**2**, arts. 35, 242.1, 242.6, 243.2, 244.4 y 300.
  §**3**, arts. 178, 179, 180 y 232.
  §**3.3**, art. 1.
  §**6**, arts. 166, 169, 170, 171, 172, 173, 175, 176, 177, 182, 183, 200 y 202.
  §**10**, arts. 1.3, 1.4, 2.1 y 17.1.
  §**13**, arts. 2, 3, 4, 6, 7 y 8.
  §**23**, arts. 164, 166, 167, 168 y 169.
  §**24**, arts. 183, 185, 186, 187, 188, 192, 194 y 211.
  §**25**, arts. 97, 98 y 103.
  §**27**, arts. 162, 163, 165, 166, 167, 169, 170, 172 y 200.
  §**28**, arts. 247, 248, 249, 250, 258, 259 y 260.
  §**33**, arts. 86, 168 y 169.
  §**37**, arts. 151, 158 y 199.
  §**41**, arts. 214, 215, 216, 221, 223 y 232.
  §**44**, arts. 18, 221, 222, 223, 233, 234 y disp. adic. 4ª.
  §**52**, arts. 179, 180, 182, 183 y 203.
  §**53**, art. 85 y disp. adic. 4ª.
- STS, Sala 3ª, de 27 diciembre 1990 (RJ 1990, 10271).
  §**1**, art. 5.
  §**2**, arts. 143, 144, 145 y 154.
  §**3**, arts. 117 y 118.
  §**3.2**, arts. 36, 38 y 155.
  §**6**, arts. 94 y 99.
  §**23**, arts. 89, 93 y 94.
  §**24**, arts. 117, 118, 121 y 122.
  §**25**, arts. 39, 66 y 73.
  §**27**, arts. 113 y 114.
  §**28**, arts. 167 y 168.
  §**33**, arts. 87, 89, 90, 95, 96, 97, 120, 121, 122 y 131.
  §**44**, arts. 143, 145 y 146.
  §**46**, art. 5 y disp. adic. 1ª.
  §**50**, art. 11.
  §**52**, arts. 110, 111 y 112.
- STS, Sala 3ª, de 31 diciembre 1990 (RJ 1990, 10429).
  §**2**, arts. 248, 250 y 252.
  §**3**, art. 184.
  §**6**, art. 196.
  §**10**, arts. 5.1, 7, 8, 9 y 13.2.
  §**13**, arts. 26, 61, 65 y 66.
  §**23**, arts. 176, 177 y 178.
  §**24**, art. 207.
  §**25**, arts. 113 y 118.
  §**27**, art. 178.
  §**28**, arts. 254, 255, 274, 275 y 276.
  §**33**, arts. 175 y 177.
  §**37**, arts. 193 y 203.
  §**41**, arts. 227.
  §**44**, arts. 228 y 230.
  §**52**, art. 198.

1991

- STS, Sala 3ª, de 23 enero 1991 (RJ 1991, 595).
  §**2**, arts. 262 y 273.
  §**3**, art. 27 y 226.
  §**23**, arts. 202, 206 y 208.
  §**27**, arts. 183 y 193.
  §**28**, art. 263.

§33, art. 182.
§52, art. 205.

– STS, Sala 3ª, de 29 enero 1991 (RJ 1991, 607).
§1, art. 18.3.
§2, art. 156.
§3, art. 123.
§3.2, art. 63.
§28, art. 173.

– STS, Sala 3ª, de 5 febrero 1991 (RJ 1991, 766).
§2, arts. 17, 84 y 87.
§3, art. 20.
§3.1, arts. 80 y 145.
§28, art. 32.
§41, art. 111 y 112.
§44, art. 94.
§52, art. 51.

– STS, Sala 3ª, de 6 febrero 1991 (RJ 1991, 774).
§2, arts. 38, 39, 249 y 251.
§3, art. 185.
§6, art. 197.
§10, arts. 10, 13.2 y 20.1.
§13, arts. 26 y 61.
§23, arts. 178, 179, 180, 188 y 192.
§24, art. 208.
§25, arts. 114 y 118.
§28, arts. 256, 259 y 274.
§33, art. 176.
§37, arts. 159, 195, 196 y 203.
§41, art. 228.
§44, arts. 229 y 231.
§52, art. 199.

– STS, Sala 3ª, de 12 febrero 1991 (RJ 1991, 948).
§1, arts. 2.1, 3, 5, 8, 12, 13, 14.1, 14.2 a), 14.2 b), 14.2 e), 18.1, 18.2 y 34.
§2, arts. 9, 10, 20.1 b), 27, 33, 96, 171.2, 199, 200, 201, 202, 205 y 206.
§3, arts. 76, 83 y 134.
§3.2, arts. 46 y 180.
§6, arts. 11, 14, 15, 16, 17, 18, 106, 107, 108 y 132.
§16, art. 10.
§23, arts. 56, 57, 123 y 147.
§24, arts. 96, 100, 102, 130, 143 y 162.
§25, arts. 7, 17, 18 y 89.
§27, arts. 49, 50, 51, 69, 101, 126, 131 y 143.
§28, arts. 113, 120 y 185.
§33, arts. 9, 10, 11, 14, 62, 63, 70, 74, 78, 81, 82, 152 y 153.
§37, art. 117.
§41, art. 191.
§44, arts. 6, 11 y 182.
§46, art. 7.
§52, art. 11.

– STS, Sala 3ª, de 15 febrero 1991 (RJ 1991, 956).
§1, arts. 10, 15, 16.1, 17 y 20.1.
§2, arts. 9, 11, 16, 18, 24, 35, 104 y 136.
§3, art. 85.
§3.2, arts. 44 y 45.
§6, arts. 19 a 24, 26, 27 y 31.
§11, arts. 1.1, 1.2, 2.1 e), 2.1 f), 3, 4, 5 y 14.
§15, art. 1.
§23, art. 66 y 69.
§24, arts. 103, 108, 111 y 114.
§27, art. 67.
§28, art. 127.
§33, arts. 9, 10, 12 y 72.
§44, arts. 6 y 45.
§52, art. 24.
§54, disp. adic. 2ª.

– STS, Sala 3ª, de 18 febrero 1991 (RJ 1991, 1521).
§1, arts. 42 y 44.
§1.1, arts. 4, 5, 10, 12 y 13.
§2, arts. 35, 242.1, 242.6, 243.2, 244.4 y 300.
§3, arts. 178, 179, 180 y 232.
§3.3, art. 1.
§6, arts. 166, 169, 170, 171, 172, 173, 175, 176, 177, 182, 183, 200 y 202.
§10, arts. 1.3, 1.4, 2.1 y 17.1.
§13, arts. 2, 3, 4, 6, 7 y 8.
§23, arts. 164, 166, 167, 168 y 169.
§24, arts. 183, 185, 186, 187, 188, 192, 194 y 211.
§25, arts. 97, 98 y 103.
§27, arts. 162, 163, 165, 166, 167, 169, 170, 172 y 200.
§28, arts. 247, 248, 249, 250, 258, 259 y 260.
§33, arts. 86, 168 y 169.
§37, arts. 151, 158 y 199.
§41, arts. 214, 215, 216, 221, 223 y 232.

§**44**, arts. 18, 221, 222, 223, 233, 234 y disp. adic. 4ª.
§**52**, arts. 179, 180, 182, 183 y 203.
§**53**, art. 85 y disp. adic. 4ª.

– STS, Sala 3ª, de 20 febrero 1991 (RJ 1991, 1381).
§**1**, arts. 42 y 44.
§**1.1**, arts. 4, 5, 10, 12 y 13.
§**2**, arts. 35, 242.1, 242.6, 243.2, 244.4 y 300.
§**3**, arts. 178, 179, 180 y 232.
§**3.3**, art. 1.
§**6**, arts. 166, 169, 170, 171, 172, 173, 175, 176, 177, 182, 183, 200 y 202.
§**10**, arts. 1.3, 1.4, 2.1 y 17.1.
§**13**, arts. 2, 3, 4, 6, 7 y 8.
§**23**, arts. 164, 166, 167, 168 y 169.
§**24**, arts. 183, 185, 186, 187, 188, 192, 194 y 211.
§**25**, arts. 97, 98 y 103.
§**27**, arts. 162, 163, 165, 166, 167, 169, 170, 172 y 200.
§**28**, arts. 247, 248, 249, 250, 258, 259 y 260.
§**33**, arts. 86, 168 y 169.
§**37**, arts. 151, 158 y 199.
§**41**, arts. 214, 215, 216, 221, 223 y 232.
§**44**, arts. 18, 221, 222, 223, 233, 234 y disp. adic. 4ª.
§**52**, arts. 179, 180, 182, 183 y 203.
§**53**, art. 85 y disp. adic. 4ª.

– STS, Sala 3ª, de 26 febrero 1991 (RJ 1991, 1090).
§**3**, art. 103.
§**3.2**, art. 131.

– STS, Sala 3ª, de 27 febrero 1991 (RJ 1991, 1401).
§**10**, arts. 12.1, 13.2 y disp. transit.

– STS, Sala 3ª, de 12 marzo 1991(RJ 1991, 1984).
§**2**, art. 109.
§**3**, art. 31.
§**3.1**, art. 123.
§**6**, arts. 41 y 49.
§**28**, art. 46.
§**44**, art. 111.
§**46**, art. 3.

– STS, Sala 3ª, de 12 marzo 1991 (RJ 1991, 1986).
§**1**, art. 23.
§**2**, arts. 157, 158 y 159.
§**3**, arts. 126, 127, 128 y 129.
§**3.2**, arts. 102, 156, 157, 158, 161, 162, 165, 167, 169, 178, 184 y 185.
§**6**, arts. 138, 139, 140, 142 y 144.
§**23**, arts. 111 a 116.
§**24**, arts. 149, 151 y 153.
§**25**, arts. 80, 81 y 82.
§**28**, arts. 176, 178, 179 y 180.
§**33**, arts. 133, 134, 135, 136 y 138.
§**37**, art. 104.
§**41**, art. 180.
§**44**, arts. 155, 156, 158, 162 y 163.
§**52**, arts. 121, 123 y 127.

– STS, Sala 3ª, de 18 marzo 1991 (RJ 1991, 2002).
§**2**, arts. 24 y 92.
§**3**, art. 15.
§**6**, arts. 97 y 98.
§**23**, art. 41.
§**24**, art. 63.
§**25**, art. 95.
§**27**, art. 111.
§**28**, art. 27.
§**33**, art. 31.
§**41**, art. 159.
§**44**, art. 99.
§**52**, art. 79.
§**53**, art. 34.

– STS, Sala 3ª, de 27 marzo 1991 (RJ 1991, 2021).
§**1**, arts. 42 y 44.
§**1.1**, arts. 4, 5, 10, 12 y 13.
§**2**, arts. 35, 242.1, 242.6, 243.2, 244.4 y 300.
§**3**, arts. 178, 179, 180 y 232.
§**3.3**, art. 1.
§**6**, arts. 166, 169, 170, 171, 172, 173, 175, 176, 177, 182, 183, 200 y 202.
§**10**, arts. 1.3, 1.4, 2.1 y 17.1.
§**13**, arts. 2, 3, 4, 6, 7 y 8.
§**23**, arts. 164, 166, 167, 168 y 169.
§**24**, arts. 183, 185, 186, 187, 188, 192, 194 y 211.
§**25**, arts. 97, 98 y 103.
§**27**, arts. 162, 163, 165, 166, 167, 169, 170, 172 y 200.
§**28**, arts. 247, 248, 249, 250, 258, 259 y 260.

§33, arts. 86, 168 y 169.
§37, arts. 151, 158 y 199.
§41, arts. 214, 215, 216, 221, 223 y 232.
§44, arts. 18, 221, 222, 223, 233, 234 y disp. adic. 4ª.
§52, arts. 179, 180, 182, 183 y 203.
§53, art. 85 y disp. adic. 4ª.

– STS, Sala 3ª, de 27 marzo 1991 (RJ 1991, 2227).
§1, art. 34.
§2, arts. 160.2 y 214.
§3, art. 130.
§3.2, arts. 181 y 182.
§6, arts. 142 y 145.
§23, art. 116.
§27, art. 144.
§28, art. 181.
§33, arts. 133, 134, 135, 136 y 138.
§44, art. 164.
§52, art. 128.

– STS, Sala 3ª, de 4 abril 1991 (RJ 1991, 3286).
§1, arts. 42 y 44.
§1.1, arts. 4, 5, 10, 12 y 13.
§2, arts. 35, 242.1, 242.6, 243.2, 244.4 y 300.
§3, arts. 178, 179, 180 y 232.
§3.3, art. 1.
§6, arts. 166, 169, 170, 171, 172, 173, 175, 176, 177, 182, 183, 200 y 202.
§10, arts. 1.3, 1.4, 2.1 y 17.1.
§13, arts. 2, 3, 4, 6, 7 y 8.
§23, arts. 164, 166, 167, 168 y 169.
§24, arts. 183, 185, 186, 187, 188, 192, 194 y 211.
§25, arts. 97, 98 y 103.
§27, arts. 162, 163, 165, 166, 167, 169, 170, 172 y 200.
§28, arts. 247, 248, 249, 250, 258, 259 y 260.
§33, arts. 86, 168 y 169.
§37, arts. 151, 158 y 199.
§41, arts. 214, 215, 216, 221, 223 y 232.
§44, arts. 18, 221, 222, 223, 233, 234 y disp. adic. 4ª.
§52, arts. 179, 180, 182, 183 y 203.
§53, art. 85 y disp. adic. 4ª.

– STS, Sala 3ª, de 22 mayo 1991 (RJ 1991, 4286).
§1, arts. 2.1 y 12.
§3, art. 76.
§6, art. 11.
§16, art. 10.
§23, arts. 56 y 57.
§25, art. 7.
§27, arts. 49, 50 y 51.
§28, art. 113.
§33, arts. 62 y 63.

– STS, Sala 3ª, de 25 mayo 1991 (RJ 1991, 4295).
§1, arts. 42 y 44.
§1.1, arts. 4, 5, 10, 12 y 13.
§2, arts. 35, 242.1, 242.6, 243.2, 244.4 y 300.
§3, arts. 178, 179, 180 y 232.
§3.3, art. 1.
§6, arts. 166, 169, 170, 171, 172, 173, 175, 176, 177, 182, 183, 200 y 202.
§10, arts. 1.3, 1.4, 2.1 y 17.1.
§13, arts. 2, 3, 4, 6, 7 y 8.
§23, arts. 164, 166, 167, 168 y 169.
§24, arts. 183, 185, 186, 187, 188, 192, 194 y 211.
§25, arts. 97, 98 y 103.
§27, arts. 162, 163, 165, 166, 167, 169, 170, 172 y 200.
§28, arts. 247, 248, 249, 250, 258, 259 y 260.
§33, arts. 86, 168 y 169.
§37, arts. 151, 158 y 199.
§41, arts. 214, 215, 216, 221, 223 y 232.
§44, arts. 18, 221, 222, 223, 233, 234 y disp. adic. 4ª.
§52, arts. 179, 180, 182, 183 y 203.
§53, art. 85 y disp. adic. 4ª.

– STS, Sala 3ª, de 28 mayo 1991 (RJ 1991, 4303).
§1, arts. 42 y 44.
§1.1, arts. 4, 5, 10, 12 y 13.
§2, arts. 35, 242.1, 242.6, 243.2, 244.4 y 300.
§3, arts. 178, 179, 180 y 232.
§3.3, art. 1.
§6, arts. 166, 169, 170, 171, 172, 173, 175, 176, 177, 182, 183, 200 y 202.
§10, arts. 1.3, 1.4, 2.1 y 17.1.
§13, arts. 2, 3, 4, 6, 7 y 8.
§23, arts. 164, 166, 167, 168 y 169.
§24, arts. 183, 185, 186, 187, 188, 192, 194 y 211.

§25, arts. 97, 98 y 103.
§27, arts. 162, 163, 165, 166, 167, 169, 170, 172 y 200.
§28, arts. 247, 248, 249, 250, 258, 259 y 260.
§33, arts. 86, 168 y 169.
§37, arts. 151, 158 y 199.
§41, arts. 214, 215, 216, 221, 223 y 232.
§44, arts. 18, 221, 222, 223, 233, 234 y disp. adic. 4ª.
§52, arts. 179, 180, 182, 183 y 203.
§53, art. 85 y disp. adic. 4ª.

– STS, Sala 3ª, de 29 mayo 1991 (RJ 1991, 4306).
§1, art. 4.
§2, arts. 148, 149 y 163.
§3, art. 119.
§3.1, art. 56.
§3.2, arts. 152, 153 y 154.
§6, art. 121.
§23, arts. 96 y 97.
§24, arts. 147 y 148.
§25, art. 74.
§28, art. 169.
§33, arts. 82, 124, 125 y 126.
§37, art. 101.
§44, arts. 147 y 148.
§52, arts. 114 y 115.

– STS, Sala 3ª, de 5 junio 1991 (RJ 1991, 4866).
§1, arts. 3, 5, 8, 10, 13, 14.1, 14.2 a), 14.2 c), 14.2 e), 15, 16.1, 17, 18.1, 18.4 y 18.6.
§2, arts. 9, 10, 11, 20.1 b), 24, 27, 33, 96, 104, 136 y 205.
§3, arts. 83 y 84.
§3.2, arts. 42, 46 y 180.
§6, arts. 14, 15, 16, 17, 18, 26, 27, 28, 29, 30, 101, 102, 103, 104, 106, 107 y 108.
§23, arts. 70, 71 y 147.
§24, arts. 96, 100, 102, 103, 105, 106 y 143.
§25, arts. 17, 18, 19 y 20.
§27, arts. 50, 51, 68, 69, 70, 71, 126 y 131.
§28, arts. 121 a 126.
§33, arts. 9, 10, 11, 12, 14, 70, 72, 73, 74, 78, 81, 82, 91, 92, 94, 152 y 153.
§44, arts. 6 y 11.
§52, art. 11.

– STS, Sala 3ª, de 12 junio 1991 (RJ 1991, 4878).
§1, arts. 42 y 44.
§1.1, arts. 4, 5, 10, 12 y 13.
§2, arts. 35, 240, 242.1, 242.6, 243.2, 244.4 y 300.
§3, arts. 178, 179, 180 y 232.
§3.3, art. 1.
§6, arts. 166, 169, 170, 171, 172, 173, 175, 176, 177, 182, 183, 200 y 202.
§10, arts. 1.3, 1.4, 2.1 y 17.1.
§13, arts. 2, 3, 4, 6, 7 y 8.
§23, arts. 164, 166, 167, 168 y 169.
§24, arts. 183, 185, 186, 187, 188, 192, 194 y 211.
§25, arts. 97, 98 y 103.
§27, arts. 162, 163, 165, 166, 167, 169, 170, 172 y 200.
§28, arts. 247, 248, 249, 250, 258, 259 y 260.
§33, arts. 86, 168 y 169.
§37, arts. 151, 158 y 199.
§41, arts. 214, 215, 216, 221, 223 y 232.
§44, arts. 18, 221, 222, 223, 233, 234 y disp. adic. 4ª.
§52, arts. 179, 180, 182, 183 y 203.
§53, art. 85 y disp. adic. 4ª.

– STS, Sala 3ª, de 18 junio 1991 (RJ 1991, 5189).
§1, art. 19.1.
§2, art. 245.
§3, art. 181.
§6, arts. 184, 188 y 189.
§13, arts. 10 y 11.
§23, art. 153.
§24, arts. 200 y 201.
§25, arts. 8 y 106.
§27, arts. 137 y 176.
§28, art. 251.
§33, arts. 170 y 171.
§37, arts. 168 y 170.
§44, art. 224.
§52, art. 184.
§53, arts. 86, 87 y 88.

– STS, Sala 3ª, de 6 julio 1991 (RJ 1991, 5761).
§1, arts. 24 a).
§2, art. 218.
§3, art. 138.
§23, art. 129.
§24, art. 166.
§27, art. 149.
§28, art. 189.

– STS, Sala 3ª, de 9 julio 1991 (RJ 1991, 5741).
§1, arts. 42 y 44.
§1.1, arts. 4, 5, 10, 12 y 13.
§2, arts. 35, 242.1, 242.6, 243.2, 244.4 y 300.
§3, arts. 178, 179, 180 y 232.
§3.3, art. 1.
§6, arts. 166, 169, 170, 171, 172, 173, 175, 176, 177, 182, 183, 200 y 202.
§10, arts. 1.3, 1.4, 2.1 y 17.1.
§13, arts. 2, 3, 4, 6, 7 y 8.
§23, arts. 164, 166, 167, 168 y 169.
§24, arts. 183, 185, 186, 187, 188, 192, 194 y 211.
§25, arts. 97, 98 y 103.
§27, arts. 162, 163, 165, 166, 167, 169, 170, 172 y 200.
§28, arts. 247, 248, 249, 250, 258, 259 y 260.
§33, arts. 86, 168 y 169.
§37, arts. 151, 158 y 199.
§41, arts. 214, 215, 216, 221, 223 y 232.
§44, arts. 18, 221, 222, 223, 233, 234 y disp. adic. 4ª.
§52, arts. 179, 180, 182, 183 y 203.
§53, art. 85 y disp. adic. 4ª.

– STS, Sala 3ª, de 10 julio 1991 (RJ 1991, 5748).
§3, art. 75.
§3.1, arts. 47 y 100.
§28, art. 112.

– STS, Sala 3ª, de 16 julio 1991 (RJ 1991, 6336).
§10, arts. 12.1, 13.2 y disp. transit.

– STS, Sala 3ª, de 17 julio 1991 (RJ 1991, 6347).
§1, arts. 42 y 44.
§1.1, arts. 4, 5, 10, 12 y 13.
§2, arts. 35, 242.1, 242.6, 243.2, 244.4 y 300.
§3, arts. 178, 179, 180 y 232.
§3.3, art. 1.
§6, arts. 166, 169, 170, 171, 172, 173, 175, 176, 177, 182, 183, 200 y 202.
§10, arts. 1.3, 1.4, 2.1 y 17.1.
§13, arts. 2, 3, 4, 6, 7 y 8.
§23, arts. 164, 166, 167, 168 y 169.
§24, arts. 183, 185, 186, 187, 188, 192, 194 y 211.
§25, arts. 97, 98 y 103.
§27, arts. 162, 163, 165, 166, 167, 169, 170, 172 y 200.
§28, arts. 247, 248, 249, 250, 258, 259 y 260.
§33, arts. 86, 168 y 169.
§37, arts. 151, 158 y 199.
§41, arts. 214, 215, 216, 221, 223 y 232.
§44, arts. 18, 221, 222, 223, 233, 234 y disp. adic. 4ª.
§52, arts. 179, 180, 182, 183 y 203.
§53, art. 85 y disp. adic. 4ª.

– STS, Sala 3ª, de 23 julio 1991 (RJ 1991, 6287).
§2, arts. 24 y 72.
§3, art. 12.
§3.1, arts. 14 a 19, 21, 25 a 30, 32, 33, 34 y 36 a 42.
§6, arts. 14, 32 a 40, 101, 102, 103, 104, 106, 107 y 108.
§24, arts. 44, 48, 49, 96, 133 y 143.
§25, art. 41.
§27, art. 24.
§28, art. 23.
§33, arts. 8, 9, 10, 12, 16 y 17.
§37, arts. 42 y 43.
§41, arts. 98, 101 y 195.
§44, arts. 81 y 82.
§52, arts. 56, 58, 59, 60, 61, 65, 66, 151, 152 y 154.

– STS, Sala 3ª, de 2 octubre 1991 (RJ 1991, 7621).
§1, arts. 42 y 44.
§1.1, arts. 4, 5, 10, 12 y 13.
§2, arts. 35, 240, 242.1, 242.6, 243.2, 244.4 y 300.
§3, arts. 178, 179, 180 y 232.
§3.3, art. 1.
§6, arts. 166, 169, 170, 171, 172, 173, 175, 176, 177, 182, 183, 200 y 202.
§10, arts. 1.3, 1.4, 2.1 y 17.1.
§13, arts. 2, 3, 4, 6, 7 y 8.
§23, arts. 164, 166, 167, 168 y 169.
§24, arts. 183, 185, 186, 187, 188, 192, 194 y 211.
§25, arts. 97, 98 y 103.
§27, arts. 162, 163, 165, 166, 167, 169, 170, 172 y 200.
§28, arts. 247, 248, 249, 250, 258, 259 y 260.

§**33**, arts. 86, 168 y 169.
§**37**, arts. 151, 158 y 199.
§**41**, arts. 214, 215, 216, 221, 223 y 232.
§**44**, arts. 18, 221, 222, 223, 233, 234 y disp. adic. 4ª.
§**52**, arts. 179, 180, 182, 183 y 203.
§**53**, art. 85 y disp. adic. 4ª.

– STS, Sala 3ª, de 2 octubre 1991 (RJ 1991, 7715).
§**1**, arts. 42 y 44.
§**1.1**, arts. 4, 5, 10, 12 y 13.
§**2**, arts. 35, 242.1, 242.6, 243.2, 244.4 y 300.
§**3**, arts. 178, 179, 180 y 232.
§**3.3**, art. 1.
§**6**, arts. 166, 169, 170, 171, 172, 173, 175, 176, 177, 182, 183, 200 y 202.
§**10**, arts. 1.3, 1.4, 2.1 y 17.1.
§**13**, arts. 2, 3, 4, 6, 7 y 8.
§**23**, arts. 164, 166, 167, 168 y 169.
§**24**, arts. 183, 185, 186, 187, 188, 192, 194 y 211.
§**25**, arts. 97, 98 y 103.
§**27**, arts. 162, 163, 165, 166, 167, 169, 170, 172 y 200.
§**28**, arts. 247, 248, 249, 250, 258, 259 y 260.
§**33**, arts. 86, 168 y 169.
§**37**, arts. 151, 158 y 199.
§**41**, arts. 214, 215, 216, 221, 223 y 232.
§**44**, arts. 18, 221, 222, 223, 233, 234 y disp. adic. 4ª.
§**52**, arts. 179, 180, 182, 183 y 203.
§**53**, art. 85 y disp. adic. 4ª.

– STS, Sala 3ª, de 8 octubre 1991 (RJ 1991, 7603).
§**1**, arts. 42 y 44.
§**1.1**, arts. 4, 5, 10, 12 y 13.
§**2**, arts. 35, 242.1, 242.6, 243.2, 244.4 y 300.
§**3**, arts. 178, 179, 180 y 232.
§**3.3**, art. 1.
§**6**, arts. 166, 169, 170, 171, 172, 173, 175, 176, 177, 182, 183, 200 y 202.
§**10**, arts. 1.3, 1.4, 2.1 y 17.1.
§**13**, arts. 2, 3, 4, 6, 7 y 8.
§**23**, arts. 164, 166, 167, 168 y 169.
§**24**, arts. 183, 185, 186, 187, 188, 192, 194 y 211.
§**25**, arts. 97, 98 y 103.
§**27**, arts. 162, 163, 165, 166, 167, 169, 170, 172 y 200.
§**28**, arts. 247, 248, 249, 250, 258, 259 y 260.
§**33**, arts. 86, 168 y 169.
§**37**, arts. 151, 158, 168, 170 y 199.
§**41**, arts. 214, 215, 216, 221, 223 y 232.
§**44**, arts. 18, 221, 222, 223, 233, 234 y disp. adic. 4ª.
§**52**, arts. 179, 180, 182, 183 y 203.
§**53**, art. 85 y disp. adic. 4ª.

– STS, Sala 3ª, de 8 octubre 1991 (RJ 1991, 7794).
§**1**, art. 19.1.
§**2**, art. 245.
§**3**, art. 181.
§**6**, arts. 184, 188 y 189.
§**13**, arts. 10 y 11.
§**23**, art. 153.
§**24**, arts. 200 y 201.
§**25**, arts. 8 y 106.
§**27**, arts. 137 y 176.
§**28**, art. 251.
§**33**, arts. 170 y 171.
§**44**, art. 224.
§**52**, art. 184.
§**53**, arts. 86, 87 y 88.

– STS, Sala 3ª, de 8 octubre 1991 (RJ 1991, 8187).
§**1**, arts. 42 y 44.
§**1.1**, arts. 4, 5, 10, 12 y 13.
§**2**, arts. 35, 242.1, 242.6, 243.2, 244.4 y 300.
§**3**, arts. 178, 179, 180 y 232.
§**3.3**, art. 1.
§**6**, arts. 166, 169, 170, 171, 172, 173, 175, 176, 177, 182, 183, 200 y 202.
§**10**, arts. 1.3, 1.4, 2.1 y 17.1.
§**13**, arts. 2, 3, 4, 6, 7 y 8.
§**23**, arts. 164, 166, 167, 168 y 169.
§**24**, arts. 183, 185, 186, 187, 188, 192, 194 y 211.
§**25**, arts. 97, 98 y 103.
§**27**, arts. 162, 163, 165, 166, 167, 169, 170, 172 y 200.
§**28**, arts. 247, 248, 249, 250, 258, 259 y 260.
§**33**, arts. 86, 168 y 169.
§**37**, arts. 151, 158 y 199.
§**41**, arts. 214, 215, 216, 221, 223 y 232.

§44, arts. 18, 221, 222, 223, 233, 234 y disp. adic. 4ª.
§52, arts. 179, 180, 182, 183 y 203.
§53, art. 85 y disp. adic. 4ª.

– STS, Sala 3ª, de 23 octubre 1991 (RJ 1991, 8193).
§1, art. 3.
§2, arts. 3 y 20.1 b).
§3, art. 3.
§6, art. 3.
§28, art. 3.
§44, art. 3.

– STS, Sala 3ª, de 7 noviembre 1991 (RJ 1991, 8801).
§1, arts. 42 y 44.
§1.1, arts. 4, 5, 10, 12 y 13.
§2, arts. 35, 242.1, 242.6, 243.2, 244.4 y 300.
§3, arts. 178, 179, 180 y 232.
§3.3, art. 1.
§6, arts. 166, 169, 170, 171, 172, 173, 175, 176, 177, 182, 183, 200 y 202.
§10, arts. 1.3, 1.4, 2.1 y 17.1.
§13, arts. 2, 3, 4, 6, 7 y 8.
§23, arts. 164, 166, 167, 168 y 169.
§24, arts. 183, 185, 186, 187, 188, 192, 194 y 211.
§25, arts. 97, 98 y 103.
§27, arts. 162, 163, 165, 166, 167, 169, 170, 172 y 200.
§28, arts. 247, 248, 249, 250, 258, 259 y 260.
§33, arts. 86, 168 y 169.
§37, arts. 151, 158 y 199.
§41, arts. 214, 215, 216, 221, 223 y 232.
§44, arts. 18, 221, 222, 223, 233, 234 y disp. adic. 4ª.
§52, arts. 179, 180, 182, 183 y 203.
§53, art. 85 y disp. adic. 4ª.

– STS, Sala 3ª, de 7 noviembre 1991 (RJ 1991, 8803).
§1, arts. 42 y 44.
§1.1, arts. 4, 5, 10, 12 y 13.
§2, arts. 35, 242.1, 242.6, 243.2, 244.4 y 300.
§3, arts. 178, 179, 180 y 232.
§3.3, art. 1.
§6, arts. 166, 169, 170, 171, 172, 173, 175, 176, 177, 182, 183, 200 y 202.
§10, arts. 1.3, 1.4, 2.1 y 17.1.
§13, arts. 2, 3, 4, 6, 7 y 8.
§23, arts. 164, 166, 167, 168 y 169.
§24, arts. 183, 185, 186, 187, 188, 192, 194 y 211.
§25, arts. 97, 98 y 103.
§27, arts. 162, 163, 165, 166, 167, 169, 170, 172 y 200.
§28, arts. 247, 248, 249, 250, 258, 259 y 260.
§33, arts. 86, 168 y 169.
§37, arts. 151, 158 y 199.
§41, arts. 214, 215, 216, 221, 223 y 232.
§44, arts. 18, 221, 222, 223, 233, 234 y disp. adic. 4ª.
§52, arts. 179, 180, 182, 183 y 203.
§53, art. 85 y disp. adic. 4ª.

– STS, Sala 3ª, de 13 noviembre 1991 (RJ 1991, 8892).
§1, arts. 42 y 44.
§1.1, arts. 4, 5, 10, 12 y 13.
§2, arts. 35, 242.1, 242.6, 243.2, 244.4 y 300.
§3, arts. 178, 179, 180 y 232.
§3.3, art. 1.
§6, arts. 166, 169, 170, 171, 172, 173, 175, 176, 177, 182, 183, 200 y 202.
§10, arts. 1.3, 1.4, 2.1 y 17.1.
§13, arts. 2, 3, 4, 6, 7 y 8.
§23, arts. 164, 166, 167, 168 y 169.
§24, arts. 183, 185, 186, 187, 188, 192, 194 y 211.
§25, arts. 97, 98 y 103.
§27, arts. 162, 163, 165, 166, 167, 169, 170, 172 y 200.
§28, arts. 247, 248, 249, 250, 258, 259 y 260.
§33, arts. 86, 168 y 169.
§37, arts. 151, 158 y 199.
§41, arts. 214, 215, 216, 221, 223 y 232.
§44, arts. 18, 221, 222, 223, 233, 234 y disp. adic. 4ª.
§52, arts. 179, 180, 182, 183 y 203.
§53, art. 85 y disp. adic. 4ª.

– STS, Sala 3ª, de 26 noviembre 1991 (RJ 1991, 9164).
§1, arts. 13, 14.1, 14.2 f), 18.7 y 34.
§2, arts. 34, 186, 208, 227, 228, 229, 233, 234 y 236.
§3, arts. 154 a 164.
§3.6, arts. 1, 10, 13, 18 y 25.

§6, arts. 160 a 165.
§24, arts. 246, 247, 249 y 251.
§27, arts. 66 y 104.
§28, arts. 223 a 233.
§33, art. 81.
§41, arts. 203, 204, 205 y 206.
§44, art. 218.
§46, art. 9.
§52, arts. 187, 188, 189, 190 y 192.
§53, arts. 97 y 98.

– STS, Sala 3ª, de 27 noviembre 1991 (RJ 1991, 9382).
§1, arts. 42 y 44.
§1.1, arts. 4, 5, 10, 12 y 13.
§2, arts. 35, 242.1, 242.6, 243.2, 244.4 y 300.
§3, arts. 178, 179, 180 y 232.
§3.3, art. 1.
§6, arts. 166, 169, 170, 171, 172, 173, 175, 176, 177, 182, 183, 200 y 202.
§10, arts. 1.3, 1.4, 2.1 y 17.1.
§13, arts. 2, 3, 4, 6, 7 y 8.
§23, arts. 164, 166, 167, 168 y 169.
§24, arts. 183, 185, 186, 187, 188, 192, 194 y 211.
§25, arts. 97, 98 y 103.
§27, arts. 162, 163, 165, 166, 167, 169, 170, 172 y 200.
§28, arts. 247, 248, 249, 250, 258, 259 y 260.
§33, arts. 86, 168 y 169.
§37, arts. 151, 158 y 199.
§41, arts. 214, 215, 216, 221, 223 y 232.
§44, arts. 18, 221, 222, 223, 233, 234 y disp. adic. 4ª.
§52, arts. 179, 180, 182, 183 y 203.
§53, art. 85 y disp. adic. 4ª.

– STS, Sala 3ª, de 3 diciembre 1991 (RJ 1991, 9389).
§1, arts. 42 y 44.
§1.1, arts. 4, 5, 10, 12 y 13.
§2, arts. 35, 242.1, 242.6, 243.2, 244.4 y 300.
§3, arts. 178, 179, 180 y 232.
§3.3, art. 1.
§6, arts. 166, 169, 170, 171, 172, 173, 175, 176, 177, 182, 183, 200 y 202.
§10, arts. 1.3, 1.4, 2.1 y 17.1.
§13, arts. 2, 3, 4, 6, 7 y 8.
§23, arts. 164, 166, 167, 168 y 169.
§24, arts. 183, 185, 186, 187, 188, 192, 194 y 211.
§25, arts. 97, 98 y 103.
§27, arts. 162, 163, 165, 166, 167, 169, 170, 172 y 200.
§28, arts. 247, 248, 249, 250, 258, 259 y 260.
§33, arts. 86, 168 y 169.
§37, arts. 151, 158 y 199.
§41, arts. 214, 215, 216, 221, 223 y 232.
§44, arts. 18, 221, 222, 223, 233, 234 y disp. adic. 4ª.
§52, arts. 179, 180, 182, 183 y 203.
§53, art. 85 y disp. adic. 4ª.

– STS, Sala 3ª, de 13 diciembre 1991 (RJ 1992, 356).
§1, arts. 23, 33, 34 y 40.1.
§2, arts. 204, 208, 209 y 211.
§3, arts. 64 a 69.
§6, arts. 69, 106, 107, 108, 109, 113, 115 y 116.
§23, arts. 159 y 163.
§24, art. 143.
§25, art. 63.
§27, art. 42.
§28, arts. 98 a 103.
§33, art. 54.
§44, arts. 130, 209 y 215.
§52, arts. 96, 141, 158 y 159.

– STS, Sala 3ª, de 20 diciembre 1991 (RJ 1992, 314).
§1, arts. 42 y 44.
§1.1, arts. 4, 5, 10, 12 y 13.
§2, arts. 35, 240, 242.1, 242.6, 243.2, 244.4 y 300.
§3, arts. 178, 179, 180 y 232.
§3.3, art. 1.
§6, arts. 166, 169, 170, 171, 172, 173, 175, 176, 177, 182, 183, 200 y 202.
§10, arts. 1.3, 1.4, 2.1 y 17.1.
§13, arts. 2, 3, 4, 6, 7 y 8.
§23, arts. 164, 166, 167, 168 y 169.
§24, arts. 183, 185, 186, 187, 188, 192, 194 y 211.
§25, arts. 97, 98 y 103.
§27, arts. 162, 163, 165, 166, 167, 169, 170, 172 y 200.
§28, arts. 247, 248, 249, 250, 258, 259 y 260.
§33, arts. 86, 168 y 169.

§37, arts. 151, 158 y 199.
§41, arts. 214, 215, 216, 221, 223 y 232.
§44, arts. 18, 221, 222, 223, 233, 234 y disp. adic. 4ª.
§52, arts. 179, 180, 182, 183 y 203.
§53, art. 85 y disp. adic. 4ª.

– STS, Sala 3ª, de 26 diciembre 1991 (RJ 1992, 361).
§1, art. 23.
§2, arts. 157, 158 y 159.
§3, arts. 126, 127, 128 y 129.
§3.2, arts. 102, 156, 157, 158, 161, 162, 165, 167, 169, 178, 184 y 185.
§6, arts. 138, 139, 140, 142 y 144.
§23, arts. 111 a 116.
§24, arts. 149, 151 y 153.
§25, arts. 80, 81 y 82.
§28, arts. 176, 178, 179 y 180.
§33, arts. 133, 134, 135, 136 y 138.
§37, art. 104.
§41, art. 180.
§44, arts. 155, 156, 158, 162 y 163.
§52, arts. 121, 123 y 127.

– STS, Sala 3ª, de 26 diciembre 1991 (RJ 1992, 364).
§1, arts. 42 y 44.
§1.1, arts. 4, 5, 10, 12 y 13.
§2, arts. 35, 240, 242.1, 242.6, 243.2, 244.4, 300 y 302.
§3, arts. 178, 179, 180, 224 y 232.
§3.3, art. 1.
§6, arts. 166, 169, 170, 171, 172, 173, 175, 176, 177, 182, 183, 200 y 202.
§10, arts. 1.3, 1.4, 2.1 y 17.1.
§13, arts. 2, 3, 4, 6, 7 y 8.
§23, arts. 164, 166, 167, 168 y 169.
§24, arts. 183, 185, 186, 187, 188, 192, 194 y 211.
§25, arts. 97, 98 y 103.
§27, arts. 162, 163, 165, 166, 167, 169, 170, 172 y 200.
§28, arts. 247, 248, 249, 250, 258, 259 y 260.
§33, arts. 86, 168 y 169.
§37, arts. 151, 158 y 199.
§41, arts. 214, 215, 216, 221, 223 y 232.
§44, arts. 18, 221, 222, 223, 233, 234 y disp. adic. 4ª.
§52, arts. 179, 180, 182, 183 y 203.
§53, art. 85 y disp. adic. 4ª.

– STS, Sala 3ª, de 27 diciembre 1991 (RJ 1992, 366).
§1, arts. 42 y 44.
§1.1, arts. 4, 5, 10, 12 y 13.
§2, arts. 35, 242.1, 242.6, 243.2, 244.4 y 300.
§3, arts. 178, 179, 180 y 232.
§3.3, art. 1.
§6, arts. 166, 169, 170, 171, 172, 173, 175, 176, 177, 182, 183, 200 y 202.
§10, arts. 1.3, 1.4, 2.1 y 17.1.
§13, arts. 2, 3, 4, 6, 7 y 8.
§23, arts. 164, 166, 167, 168 y 169.
§24, arts. 183, 185, 186, 187, 188, 192, 194 y 211.
§25, arts. 97, 98 y 103.
§27, arts. 162, 163, 165, 166, 167, 169, 170, 172 y 200.
§28, arts. 247, 248, 249, 250, 258, 259 y 260.
§33, arts. 86, 168 y 169.
§37, arts. 151, 158 y 199.
§41, arts. 214, 215, 216, 221, 223 y 232.
§44, arts. 18, 221, 222, 223, 233, 234 y disp. adic. 4ª.
§52, arts. 179, 180, 182, 183 y 203.
§53, art. 85 y disp. adic. 4ª.

1992

– STS, Sala 3ª, de 3 enero 1992 (RJ 1992, 2238).
§1, arts. 42 y 44.
§1.1, arts. 4, 5, 10, 12 y 13.
§2, arts. 35, 242.1, 242.6, 243.2, 244.4 y 300.
§3, arts. 178, 179, 180 y 232.
§3.3, art. 1.
§6, arts. 166, 169, 170, 171, 172, 173, 175, 176, 177, 182, 183, 200 y 202.
§10, arts. 1.3, 1.4, 2.1 y 17.1.
§13, arts. 2, 3, 4, 6, 7 y 8.
§23, arts. 164, 166, 167, 168 y 169.
§24, arts. 183, 185, 186, 187, 188, 192, 194 y 211.
§25, arts. 97, 98 y 103.
§27, arts. 162, 163, 165, 166, 167, 169, 170, 172 y 200.
§28, arts. 247, 248, 249, 250, 258, 259 y 260.
§33, arts. 86, 168 y 169.

§37, arts. 151, 158 y 199.
§41, arts. 214, 215, 216, 221, 223 y 232.
§44, arts. 18, 221, 222, 223, 233, 234 y disp. adic. 4ª.
§52, arts. 179, 180, 182, 183 y 203.
§53, art. 85 y disp. adic. 4ª.

– STS, Sala 3ª, de 14 enero 1992 (RJ 1992, 596).
§1, arts. 42 y 44.
§1.1, arts. 4, 5, 10, 12 y 13.
§2, arts. 35, 242.1, 242.6, 243.2, 244.4 y 300.
§3, arts. 178, 179, 180 y 232.
§3.3, art. 1.
§6, arts. 166, 169, 170, 171, 172, 173, 175, 176, 177, 182, 183, 200 y 202.
§10, arts. 1.3, 1.4, 2.1 y 17.1.
§13, arts. 2, 3, 4, 6, 7 y 8.
§23, arts. 164, 166, 167, 168 y 169.
§24, arts. 183, 185, 186, 187, 188, 192, 194 y 211.
§25, arts. 97, 98 y 103.
§27, arts. 162, 163, 165, 166, 167, 169, 170, 172 y 200.
§28, arts. 247, 248, 249, 250, 258, 259 y 260.
§33, arts. 86, 168 y 169.
§37, arts. 151, 158 y 199.
§41, arts. 214, 215, 216, 221, 223 y 232.
§44, arts. 18, 221, 222, 223, 233, 234 y disp. adic. 4ª.
§52, arts. 179, 180, 182, 183 y 203.
§53, art. 85 y disp. adic. 4ª.

– STS, Sala 3ª, de 16 enero 1992 (RJ 1992, 559).
§3, art. 6.
§3.1, arts. 1 y 4.
§23, art. 6.
§25, art. 33.
§26, disp. adic. 1ª.
§28, art. 17.
§52, art. 26.
§53, art. 12.
§55, art. 5.

– STS, Sala 3ª, de 21 enero 1992 (RJ 1992, 718).
§1, arts. 42 y 44.
§1.1, arts. 4, 5, 10, 12 y 13.
§2, arts. 35, 242.1, 242.6, 243.2, 244.4 y 300.
§3, arts. 178, 179, 180 y 232.
§3.3, art. 1.
§6, arts. 166, 169, 170, 171, 172, 173, 175, 176, 177, 182, 183, 200 y 202.
§10, arts. 1.3, 1.4, 2.1 y 17.1.
§13, arts. 2, 3, 4, 6, 7 y 8.
§23, arts. 164, 166, 167, 168 y 169.
§24, arts. 183, 185, 186, 187, 188, 192, 194 y 211.
§25, arts. 97, 98 y 103.
§27, arts. 162, 163, 165, 166, 167, 169, 170, 172 y 200.
§28, arts. 247, 248, 249, 250, 258, 259 y 260.
§33, arts. 86, 168 y 169.
§37, arts. 151, 158 y 199.
§41, arts. 214, 215, 216, 221, 223 y 232.
§44, arts. 18, 221, 222, 223, 233, 234 y disp. adic. 4ª.
§52, arts. 179, 180, 182, 183 y 203.
§53, art. 85 y disp. adic. 4ª.

– STS, Sala 3ª, de 22 enero 1992 (RJ 1992, 758).
§1, arts. 42 y 44.
§1.1, arts. 4, 5, 10, 12 y 13.
§2, arts. 35, 242.1, 242.6, 243.2, 244.4 y 300.
§3, arts. 178, 179, 180 y 232.
§3.3, art. 1.
§6, arts. 166, 169, 170, 171, 172, 173, 175, 176, 177, 182, 183, 200 y 202.
§10, arts. 1.3, 1.4, 2.1 y 17.1.
§13, arts. 2, 3, 4, 6, 7 y 8.
§23, arts. 164, 166, 167, 168 y 169.
§24, arts. 183, 185, 186, 187, 188, 192, 194 y 211.
§25, arts. 97, 98 y 103.
§27, arts. 162, 163, 165, 166, 167, 169, 170, 172 y 200.
§28, arts. 247, 248, 249, 250, 258, 259 y 260.
§33, arts. 86, 168 y 169.
§37, arts. 151, 158 y 199.
§41, arts. 214, 215, 216, 221, 223 y 232.
§44, arts. 18, 221, 222, 223, 233, 234 y disp. adic. 4ª.
§52, arts. 179, 180, 182, 183 y 203.
§53, art. 85 y disp. adic. 4ª.

– STS, Sala 3ª, de 5 febrero 1992 (RJ 1992, 2298).

§1, arts. 3, 5, 8, 13, 14.1, 14.2 a), 14.2 e) y 18.1.
§2, arts. 9, 10, 20.1 b), 27, 33, 96 y 205.
§3, art. 83.
§3.2, arts. 46 y 180.
§6, arts. 14, 15, 16, 17, 18, 106, 107 y 108.
§23, art. 147.
§24, arts. 96, 100, 102 y 143.
§25, arts. 17 y 18.
§27, arts. 50, 51, 69, 126 y 131.
§28, art. 120.
§33, arts. 9, 10, 11, 14, 70, 74, 78, 81, 82, 152 y 153.
§38, art. 71.
§44, arts. 6 y 11.
§52, art. 11.

– STS, Sala 3ª, de 11 febrero 1992 (RJ 1992, 2250).
§1, arts. 42 y 44.
§1.1, arts. 4, 5, 10, 12 y 13.
§2, arts. 35, 242.1, 242.6, 243.2, 244.4 y 300.
§3, arts. 178, 179, 180 y 232.
§3.3, art. 1.
§6, arts. 166, 169, 170, 171, 172, 173, 175, 176, 177, 182, 183, 200 y 202.
§10, arts. 1.3, 1.4, 2.1 y 17.1.
§13, arts. 2, 3, 4, 6, 7 y 8.
§23, arts. 164, 166, 167, 168 y 169.
§24, arts. 183, 185, 186, 187, 188, 192, 194 y 211.
§25, arts. 97, 98 y 103.
§27, arts. 162, 163, 165, 166, 167, 169, 170, 172 y 200.
§28, arts. 247, 248, 249, 250, 258, 259 y 260.
§33, arts. 86, 168 y 169.
§37, arts. 151, 158 y 199.
§41, arts. 214, 215, 216, 221, 223 y 232.
§44, arts. 18, 221, 222, 223, 233, 234 y disp. adic. 4ª.
§52, arts. 179, 180, 182, 183 y 203.
§53, art. 85 y disp. adic. 4ª.

– STS, Sala 3ª, de 13 febrero 1992 (RJ 1992, 2828).
§2, arts. 24 y 72.
§3, art. 12.
§3.1, arts. 14 a 19, 21, 25 a 30, 32, 33, 34 y 36 a 42.
§6, arts. 14, 32 a 40, 101, 102, 103, 104, 106, 107 y 108.
§24, arts. 44, 48, 49, 96, 133 y 143.
§25, art. 41.
§27, art. 24.
§28, art. 23.
§33, arts. 8, 9, 10, 12, 16 y 17.
§37, arts. 42 y 43.
§41, arts. 98, 101 y 195.
§44, arts. 81 y 82.
§52, arts. 56, 58, 59, 60, 61, 65, 66, 151, 152 y 154.

– STS, Sala 3ª, de 18 febrero 1992 (RJ 1992, 2904).
§1, arts. 42 y 44.
§1.1, arts. 4, 5, 10, 12 y 13.
§2, arts. 35, 242.1, 242.6, 243.2, 244.4, 248, 250, 252 y 300.
§3, arts. 178, 179, 180, 184 y 232.
§3.3, art. 1.
§6, arts. 166, 169, 170, 171, 172, 173, 175, 176, 177, 182, 183, 196, 200 y 202.
§10, arts. 1.3, 1.4, 2.1, 5.1, 7, 8, 9, 13.2 y 17.1.
§13, arts. 2, 3, 4, 6, 7, 8, 26, 61, 65 y 66.
§23, arts. 164, 166, 167, 168, 169, 176, 177 y 178.
§24, arts. 183 a 188, 192, 194 y 211.
§25, arts. 97, 98, 103, 113 y 118.
§27, arts. 162, 163, 165, 166, 167, 169, 170, 172, 178 y 200.
§28, arts. 247, 248, 249, 250, 254, 255, 258, 259, 260, 274, 275 y 276.
§33, arts. 86, 168, 169, 175 y 177.
§37, arts. 151, 158, 193, 199 y 203.
§41, arts. 214, 215, 216, 221, 223 y 232.
§44, arts. 18, 221, 222, 223, 228, 230, 233, 234 y disp. adic. 4ª.
§52, arts. 179, 180, 182, 183, 198 y 203.
§53, art. 85 y disp. adic. 4ª.

– STS, Sala 3ª, de 19 febrero 1992 (RJ 1992, 2907).
§1, arts. 42 y 44.
§1.1, arts. 4, 5, 10, 12 y 13.
§2, arts. 35, 242.1, 242.6, 243.2, 244.4 y 300.
§3, arts. 178, 179, 180 y 232.
§3.3, art. 1.
§6, arts. 166, 169, 170, 171, 172, 173, 175, 176, 177, 182, 183, 200 y 202.

§10, arts. 1.3, 1.4, 2.1 y 17.1.
§13, arts. 2, 3, 4, 6, 7 y 8.
§23, arts. 164, 166, 167, 168 y 169.
§24, arts. 183, 185, 186, 187, 188, 192, 194 y 211.
§25, arts. 97, 98 y 103.
§27, arts. 162, 163, 165, 166, 167, 169, 170, 172 y 200.
§28, arts. 247, 248, 249, 250, 258, 259 y 260.
§33, arts. 86, 168 y 169.
§37, arts. 151, 158 y 199.
§41, arts. 214, 215, 216, 221, 223 y 232.
§44, arts. 18, 221, 222, 223, 233, 234 y disp. adic. 4ª.
§52, arts. 179, 180, 182, 183 y 203.
§53, art. 85 y disp. adic. 4ª.

– STS, Sala 3ª, de 19 febrero 1992 (RJ 1992, 2969).
§37, arts. 205 y 209.

– STS, Sala 3ª, de 25 febrero 1992 (RJ 1992, 2975).
§1, arts. 42 y 44.
§1.1, arts. 4, 5, 10, 12 y 13.
§2, arts. 35, 242.1, 242.6, 243.2, 244.4 y 300.
§3, arts. 178, 179, 180 y 232.
§3.3, art. 1.
§6, arts. 166, 169, 170, 171, 172, 173, 175, 176, 177, 182, 183, 200 y 202.
§10, arts. 1.3, 1.4, 2.1 y 17.1.
§13, arts. 2, 3, 4, 6, 7 y 8.
§23, arts. 164, 166, 167, 168, 169, 176, 177 y 178.
§24, arts. 183, 185, 186, 187, 188, 192, 194 y 211.
§25, arts. 97, 98 y 103.
§27, arts. 162, 163, 165, 166, 167, 169, 170, 172 y 200.
§28, arts. 247, 248, 249, 250, 258, 259 y 260.
§33, arts. 86, 168 y 169.
§37, arts. 151, 158, 193, 199 y 203.
§41, arts. 214, 215, 216, 221, 223 y 232.
§44, arts. 18, 221, 222, 223, 233, 234 y disp. adic. 4ª.
§52, arts. 179, 180, 182, 183 y 203.
§53, art. 85 y disp. adic. 4ª.

– STS, Sala 3ª, de 26 febrero 1992 (RJ 1992, 3015).
§2, arts. 24 y 91.
§3, art. 14.
§3.1, arts. 65, 66 y 140.
§6, art. 60.
§23, art. 38.
§25, art. 45.
§27, art. 28.
§28, art. 26.
§33, art. 30.
§37, art. 53.
§44, art. 98.
§52, art. 78.
§53, art. 26.

– STS, Sala 3ª, de 26 febrero 1992 (RJ 1992, 3016).
§1, arts. 2.2, 5, 19, 24 c), 41.1 y 43.
§2, arts. 237, 238, 239 y 241.
§3, art. 87.
§25, arts. 7 y 109.
§27, art. 53.
§28, art. 129.
§33, arts. 62 y 131.
§44, arts. 27 y 129.

– STS, Sala 3ª, de 4 marzo 1992 (RJ 1992, 3220).
§1, arts. 42 y 44.
§1.1, arts. 4, 5, 10, 12 y 13.
§2, arts. 35, 242.1, 242.6, 243.2, 244.4 y 300.
§3, arts. 178, 179, 180 y 232.
§3.3, art. 1.
§6, arts. 166, 169, 170, 171, 172, 173, 175, 176, 177, 182, 183, 200 y 202.
§10, arts. 1.3, 1.4, 2.1 y 17.1.
§13, arts. 2, 3, 4, 6, 7 y 8.
§23, arts. 164, 166, 167, 168 y 169.
§24, arts. 183, 185, 186, 187, 188, 192, 194 y 211.
§25, arts. 97, 98 y 103.
§27, arts. 162, 163, 165, 166, 167, 169, 170, 172 y 200.
§28, arts. 247, 248, 249, 250, 258, 259 y 260.
§33, arts. 86, 168 y 169.
§37, arts. 151, 158 y 199.
§41, arts. 214, 215, 216, 221, 223 y 232.
§44, arts. 18, 221, 222, 223, 233, 234 y disp. adic. 4ª.
§52, arts. 179, 180, 182, 183 y 203.
§53, art. 85 y disp. adic. 4ª.

– STS, Sala 3ª, de 4 marzo 1992 (RJ 1992, 3221).
§1, arts. 42 y 44.
§1.1, arts. 4, 5, 10, 12 y 13.
§2, arts. 35, 240, 242.1, 242.6, 243.2, 244.4 y 300.
§3, arts. 178, 179, 180 y 232.
§3.3, art. 1.
§6, arts. 166, 169, 170, 171, 172, 173, 175, 176, 177, 182, 183, 200 y 202.
§10, arts. 1.3, 1.4, 2.1 y 17.1.
§13, arts. 2, 3, 4, 6, 7 y 8.
§23, arts. 164, 166, 167, 168 y 169.
§24, arts. 183, 185, 186, 187, 188, 192, 194 y 211.
§25, arts. 97, 98 y 103.
§27, arts. 162, 163, 165, 166, 167, 169, 170, 172 y 200.
§28, arts. 247, 248, 249, 250, 258, 259 y 260.
§33, arts. 86, 168 y 169.
§37, arts. 151, 158 y 199.
§41, arts. 214, 215, 216, 221, 223 y 232.
§44, arts. 18, 221, 222, 223, 233, 234 y disp. adic. 4ª.
§52, arts. 179, 180, 182, 183 y 203.
§53, art. 85 y disp. adic. 4ª.

– STS, Sala 3ª, de 10 marzo 1992 (RJ 1992, 3256).
§1, arts. 42 y 44.
§1.1, arts. 4, 5, 10, 12 y 13.
§2, arts. 35, 242.1, 242.6, 243.2, 244.4 y 300.
§3, arts. 178, 179, 180 y 232.
§3.3, art. 1.
§6, arts. 166, 169, 170, 171, 172, 173, 175, 176, 177, 182, 183, 200 y 202.
§10, arts. 1.3, 1.4, 2.1 y 17.1.
§13, arts. 2, 3, 4, 6, 7 y 8.
§23, arts. 164, 166, 167, 168 y 169.
§24, arts. 183, 185, 186, 187, 188, 192, 194 y 211.
§25, arts. 97, 98 y 103.
§27, arts. 162, 163, 165, 166, 167, 169, 170, 172 y 200.
§28, arts. 247, 248, 249, 250, 258, 259 y 260.
§33, arts. 86, 168 y 169.
§37, arts. 151, 158 y 199.
§41, arts. 214, 215, 216, 221, 223 y 232.
§44, arts. 18, 221, 222, 223, 233, 234 y disp. adic. 4ª.
§52, arts. 179, 180, 182, 183 y 203.
§53, art. 85 y disp. adic. 4ª.

– STS, Sala 3ª, de 16 marzo 1992 (RJ 1992, 3274).
§1, arts. 42 y 44.
§1.1, arts. 4, 5, 10, 12 y 13.
§2, arts. 35, 242.1, 242.6, 243.2, 244.4 y 300.
§3, arts. 178, 179, 180 y 232.
§3.3, art. 1.
§6, arts. 166, 169, 170, 171, 172, 173, 175, 176, 177, 182, 183, 200 y 202.
§10, arts. 1.3, 1.4, 2.1 y 17.1.
§13, arts. 2, 3, 4, 6, 7 y 8.
§23, arts. 164, 166, 167, 168 y 169.
§24, arts. 183, 185, 186, 187, 188, 192, 194 y 211.
§25, arts. 97, 98 y 103.
§27, arts. 162, 163, 165, 166, 167, 169, 170, 172 y 200.
§28, arts. 247, 248, 249, 250, 258, 259 y 260.
§33, arts. 86, 168 y 169.
§37, arts. 151, 158 y 199.
§41, arts. 214, 215, 216, 221, 223 y 232.
§44, arts. 18, 221, 222, 223, 233, 234 y disp. adic. 4ª.
§52, arts. 179, 180, 182, 183 y 203.
§53, art. 85 y disp. adic. 4ª.

– STS, Sala 3ª, de 18 marzo 1992 (RJ 1992, 3377).
§1, arts. 42 y 44.
§1.1, arts. 4, 5, 10, 12 y 13.
§2, arts. 35, 242.1, 242.6, 243.2, 244.4 y 300.
§3, arts. 178, 179, 180 y 232.
§3.3, art. 1.
§6, arts. 166, 169, 170, 171, 172, 173, 175, 176, 177, 182, 183, 200 y 202.
§10, arts. 1.3, 1.4, 2.1 y 17.1.
§13, arts. 2, 3, 4, 6, 7 y 8.
§23, arts. 164, 166, 167, 168 y 169.
§24, arts. 183, 185, 186, 187, 188, 192, 194 y 211.
§25, arts. 97, 98 y 103.
§27, arts. 162, 163, 165, 166, 167, 169, 170, 172 y 200.

§28, arts. 247, 248, 249, 250, 258, 259 y 260.
§33, arts. 86, 168 y 169.
§37, arts. 151, 158 y 199.
§41, arts. 214, 215, 216, 221, 223 y 232.
§44, arts. 18, 221, 222, 223, 233, 234 y disp. adic. 4ª.
§52, arts. 179, 180, 182, 183 y 203.
§53, art. 85 y disp. adic. 4ª.

– STS, Sala 3ª, de 24 marzo 1992 (RJ 1992, 3385).
§1, arts. 2.1, 8 y 12.
§2, arts. 9 y 10.
§3, arts. 76 y 78.
§3.1, art. 21.
§3.2, art. 39.
§6, arts. 11, 13, 14 y 63.
§17, art. 10.
§23, arts. 50, 51, 56, 57, 72 y 73.
§24, arts. 95 y 96.
§25, arts. 7, 11 y 12.
§27, arts. 45, 49, 50 y 51.
§28, arts. 113 y 115.
§33, arts. 9, 10, 11, 14, 62, 63, 64 y 65.
§44, arts. 6 y 7.
§52, arts. 8 y 9.

– STS, Sala 3ª, de 1 abril 1992 (RJ 1992, 3395).
§3, art. 125.
§3.2, art. 116.
§27, art. 94.
§28, art. 175.
§44, art. 170.

– STS, Sala 3ª, de 14 abril 1992 (RJ 1992, 3428).
§1, arts. 42 y 44.
§1.1, arts. 4, 5, 10, 12 y 13.
§2, arts. 35, 240, 242.1, 242.6, 243.2, 244.4 y 300.
§3, arts. 178, 179, 180 y 232.
§3.3, art. 1.
§6, arts. 166, 169, 170, 171, 172, 173, 175, 176, 177, 182, 183, 200 y 202.
§10, arts. 1.3, 1.4, 2.1 y 17.1.
§13, arts. 2, 3, 4, 6, 7 y 8.
§23, arts. 164, 166, 167, 168 y 169.
§24, arts. 183, 185, 186, 187, 188, 192, 194 y 211.
§25, arts. 97, 98 y 103.
§27, arts. 162, 163, 165, 166, 167, 169, 170, 172 y 200.
§28, arts. 247, 248, 249, 250, 258, 259 y 260.
§33, arts. 86, 168 y 169.
§37, arts. 151, 158 y 199.
§41, arts. 214, 215, 216, 221, 223 y 232.
§44, arts. 18, 221, 222, 223, 233, 234 y disp. adic. 4ª.
§52, arts. 179, 180, 182, 183 y 203.
§53, art. 85 y disp. adic. 4ª.

– STS, Sala 3ª, de 14 abril 1992 (RJ 1992, 3429).
§1, art. 6.1.
§2, arts. 141 y 147.
§3, arts. 114 y 115.
§3.2, arts. 1, 4 y 21.
§6, art. 95.
§33, arts. 117 y 118.

– STS, Sala 3ª, de 15 abril 1992 (RJ 1992, 4045).
§1, art. 6.1.
§2, arts. 141 y 147.
§3, arts. 114 y 115.
§6, art. 95.
§24, art. 37.
§33, arts. 117 y 118.

– STS, Sala 3ª, de 15 abril 1992 (RJ 1992, 4050).
§2, art. 139.
§3, arts. 74 y 75.
§3.1, arts. 47, 99 y 100.
§3.2, arts. 1, 4 y 21.
§6, art. 158.
§25, art. 101.
§28, arts. 111 y 112.
§33, art. 60.
§44, art. 136.

– STS, Sala 3ª, de 21 abril 1992 (RJ 1992, 3836).
§2, arts. 248, 250 y 252.
§3, art. 184.
§6, art. 196.
§10, arts. 5.1, 7, 8, 9 y 13.2.
§13, arts. 26, 61, 65 y 66.
§23, arts. 176, 177 y 178.
§24, art. 207.
§25, arts. 113 y 118.
§27, art. 178.
§28, arts. 254, 255, 274, 275 y 276.

§**33**, arts. 175 y 177.
§**37**, arts. 193 y 203.
§**41**, art. 227.
§**44**, arts. 228 y 230.
§**52**, art. 198.

– STS, Sala 3ª, de 22 abril 1992 (RJ 1992, 3837).
§**1**, arts. 9, 15, 16.1 y 20.1
§**2**, arts. 9, 12, 16, 17, 104 y 111.
§**3**, arts. 34 y 86.
§**3.1**, arts. 142, 143 y 145.
§**3.2**, art. 45.
§**6**, arts. 19 a 24 y 31.
§**11**, arts. 1.1, 1.2, 2.1 e), 2.1 f), 3, 4 y 5.
§**16**, art. 1.
§**17**, arts. 3, 11, 12, 19, 21 y 25.
§**23**, art. 63.
§**24**, arts. 108, 111 y 114.
§**25**, arts. 23, 26 y 29.
§**27**, arts. 54, 60 y 61.
§**28**, arts. 49, 108, 109 y 128.
§**33**, arts. 9, 10, 12, 77 y 79.
§**44**, arts. 6 y 22.
§**46**, art. 1.
§**52**, arts. 15, 16, 18 y 19.
§**54**, arts. 4, 5, 6, 7 y 12.

– STS, Sala 3ª, de 24 abril 1992 (RJ 1992, 3845).
§**1**, arts. 42 y 44.
§**1.1**, arts. 4, 5, 10, 12 y 13.
§**2**, arts. 35, 242.1, 242.6, 243.2, 244.4 y 300.
§**3**, arts. 178, 179, 180 y 232.
§**3.3**, art. 1.
§**6**, arts. 166, 169, 170, 171, 172, 173, 175, 176, 177, 182, 183, 200 y 202.
§**10**, arts. 1.3, 1.4, 2.1 y 17.1.
§**13**, arts. 2, 3, 4, 6, 7 y 8.
§**23**, arts. 164, 166, 167, 168 y 169.
§**24**, arts. 183, 185, 186, 187, 188, 192, 194 y 211.
§**25**, arts. 97, 98 y 103.
§**27**, arts. 162, 163, 165, 166, 167, 169, 170, 172 y 200.
§**28**, arts. 247, 248, 249, 250, 258, 259 y 260.
*§**33**, arts. 86, 168 y 169.*
§**37**, arts. 151, 158 y 199.
§**41**, arts. 214, 215, 216, 221, 223 y 232.
§**44**, arts. 18, 221, 222, 223, 233, 234 y disp. adic. 4ª.
§**52**, arts. 179, 180, 182, 183 y 203.
§**53**, art. 85 y disp. adic. 4ª.

– STS, Sala 3ª, de 23 mayo 1992 (RJ 1992, 4439).
§**1**, arts. 42 y 44.
§**1.1**, arts. 4, 5, 10, 12 y 13.
§**2**, arts. 35, 242.1, 242.6, 243.2, 244.4 y 300.
§**3**, arts. 178, 179, 180 y 232.
§**3.3**, art. 1.
§**6**, arts. 166, 169, 170, 171, 172, 173, 175, 176, 177, 182, 183, 200 y 202.
§**10**, arts. 1.3, 1.4, 2.1 y 17.1.
§**13**, arts. 2, 3, 4, 6, 7 y 8.
§**23**, arts. 164, 166, 167, 168 y 169.
§**24**, arts. 183, 185, 186, 187, 188, 192, 194 y 211.
§**25**, arts. 97, 98 y 103.
§**27**, arts. 162, 163, 165, 166, 167, 169, 170, 172 y 200.
§**28**, arts. 247, 248, 249, 250, 258, 259 y 260.
§**33**, arts. 86, 168 y 169.
§**37**, arts. 151, 158 y 199.
§**41**, arts. 214, 215, 216, 221, 223 y 232.
§**44**, arts. 18, 221, 222, 223, 233, 234 y disp. adic. 4ª.
§**52**, arts. 179, 180, 182, 183 y 203.
§**53**, art. 85 y disp. adic. 4ª.

– STS, Sala 3ª, de 29 mayo 1992 (RJ 1992, 4302).
§**2**, art. 300.
§**3**, art. 220.

– STS, Sala 3ª, de 17 junio 1992 (RJ 1992, 5160).
§**2**, arts. 24 y 84.
§**3**, arts. 10 y 17.
§**3.1**, arts. 3, 6, 14, 15, 16, 17, 18, 21, 76, 77 y 144.
§**6**, arts. 32, 54, 55, 56 y 57.
§**23**, art. 37.
§**24**, art. 43 y 59.
§**25**, arts. 40 y 47.
§**26**, disp. adic. 1ª.
§**27**, art. 29.
§**28**, arts. 21 y 29.
§**33**, arts. 8, 9, 10, 11, 12, 14 y 26.
§**37**, arts. 42, 43 y 51.

§41, arts. 97, 107, 110 y 121.
§44, arts. 78 y 90.
§52, arts. 54, 75 y 76.
§53, arts. 17, 23 y 24.

– STS, Sala 3ª, de 18 junio 1992 (RJ 1992, 5304).
§1, arts. 42 y 44.
§1.1, arts. 4, 5, 10, 12 y 13.
§2, arts. 35, 242.1, 242.6, 243.2, 244.4 y 300.
§3, arts. 178, 179, 180 y 232.
§3.3, art 1.
§6, arts. 166, 169, 170, 171, 172, 173, 175, 176, 177, 182, 183, 200 y 202.
§10, arts. 1.3, 1.4, 2.1 y 17.1.
§13, arts. 2, 3, 4, 6, 7 y 8.
§23, arts. 164, 166, 167, 168 y 169.
§24, arts. 183, 185, 186, 187, 188, 192, 194 y 211.
§25, arts. 97, 98 y 103.
§27, arts. 162, 163, 165, 166, 167, 169, 170, 172 y 200.
§28, arts. 247, 248, 249, 250, 258, 259 y 260.
§33, arts. 86, 168 y 169.
§37, arts. 151, 158 y 199.
§41, arts. 214, 215, 216, 221, 223 y 232.
§44, arts. 18, 221, 222, 223, 233, 234 y disp. adic. 4ª.
§52, arts. 179, 180, 182, 183 y 203.
§53, art. 85 y disp. adic. 4ª.

– STS, Sala 3ª, de 24 junio 1992 (RJ 1992, 5313).
§2, art. 247.
§3, art. 183.
§6, arts. 184, 187 y 191.
§23, arts. 155 y 156.
§24, arts. 200, 201 y 202.
§25, art. 107.
§27, arts. 139 y 142.
§28, art. 253.
§33, arts. 170 y 171.
§37, arts. 171 y 172.
§41, arts. 224 y 225.
§44, art. 226.
§52, art. 186.
§53, arts. 88, 90 y 93.

– STS, Sala 3ª, de 30 junio 1992 (RJ 1992, 5531).
§10, arts. 10, 12.1 y 13.2.

– STS, Sala 3ª, de 30 junio 1992 (RJ 1992, 5539).
§1, arts. 42 y 44.
§1.1, arts. 4, 5, 10, 12 y 13.
§2, arts. 35, 242.1, 242.6, 243.2, 244.4 y 300.
§3, arts. 178, 179, 180 y 232.
§3.3, art. 1.
§6, arts. 166, 169, 170, 171, 172, 173, 175, 176, 177, 182, 183, 200 y 202.
§10, arts. 1.3, 1.4, 2.1 y 17.1.
§13, arts. 2, 3, 4, 6, 7 y 8.
§23, arts. 164, 166, 167, 168 y 169.
§24, arts. 183, 185, 186, 187, 188, 192, 194 y 211.
§25, arts. 97, 98 y 103.
§27, arts. 162, 163, 165, 166, 167, 169, 170, 172 y 200.
§28, arts. 247, 248, 249, 250, 258, 259 y 260.
§33, arts. 86, 168 y 169.
§37, arts. 151, 158 y 199.
§41, arts. 214, 215, 216, 221, 223 y 232.
§44, arts. 18, 221, 222, 223, 233, 234 y disp. adic. 4ª.
§52, arts. 179, 180, 182, 183 y 203.
§53, art. 85 y disp. adic. 4ª.

– STS, Sala 3ª, de 8 julio 1992 (RJ 1992, 5749).
§2, art. 98.

– STS, Sala 3ª, de 16 julio 1992 (RJ 1992, 6469).
§1, arts. 42 y 44.
§1.1, arts. 4, 5, 10, 12 y 13.
§2, arts. 35, 242.1, 242.6, 243.2, 244.4 y 300.
§3, arts. 178, 179, 180 y 232.
§3.3, art. 1.
§6, arts. 166, 169, 170, 171, 172, 173, 175, 176, 177, 182, 183, 200 y 202.
§10, arts. 1.3, 1.4, 2.1 y 17.1.
§13, arts. 2, 3, 4, 6, 7 y 8.
§23, arts. 164, 166, 167, 168 y 169.
§24, arts. 183, 185, 186, 187, 188, 192, 194 y 211.
§25, arts. 97, 98 y 103.
§27, arts. 162, 163, 165, 166, 167, 169, 170, 172 y 200.
§28, arts. 247, 248, 249, 250, 258, 259 y 260.
§33, arts. 86, 168 y 169.

§37, arts. 151, 158 y 199.
§41, arts. 214, 215, 216, 221, 223 y 232.
§44, arts. 18, 221, 222, 223, 233, 234 y disp. adic. 4ª.
§52, arts. 179, 180, 182, 183 y 203.
§53, art. 85 y disp. adic. 4ª.

– STS, Sala 3ª, de 23 julio 1992 (RJ 1992, 6173).
§1, arts. 42 y 44.
§1.1, arts. 4, 5, 10, 12 y 13.
§2, arts. 35, 242.1, 242.6, 243.2, 244.4 y 300.
§3, arts. 178, 179, 180 y 232.
§3.3, art. 1.
§6, arts. 166, 169, 170, 171, 172, 173, 175, 176, 177, 182, 183, 200 y 202.
§10, arts. 1.3, 1.4, 2.1 y 17.1.
§13, arts. 2, 3, 4, 6, 7 y 8.
§23, arts. 164, 166, 167, 168 y 169.
§24, arts. 183, 185, 186, 187, 188, 192, 194 y 211.
§25, arts. 97, 98 y 103.
§27, arts. 162, 163, 165, 166, 167, 169, 170, 172 y 200.
§28, arts. 247, 248, 249, 250, 258, 259 y 260.
§33, arts. 86, 168 y 169.
§37, arts. 151, 158 y 199.
§41, arts. 214, 215, 216, 221, 223 y 232.
§44, arts. 18, 221, 222, 223, 233, 234 y disp. adic. 4ª.
§52, arts. 179, 180, 182, 183 y 203.
§53, art. 85 y disp. adic. 4ª.

– STS, Sala 3ª, de 22 septiembre 1992 (RJ 1992, 6974).
§1, arts. 42 y 44.
§1.1, arts. 4, 5, 10, 12 y 13.
§2, arts. 35, 242.1, 242.6, 243.2, 244.4 y 300.
§3, arts. 44, 178, 179, 180 y 232.
§3.1, art. 134
§3.3, art. 1.
§6, arts. 166, 169, 170, 171, 172, 173, 175, 176, 177, 182, 183, 200 y 202.
§10, arts. 1.3, 1.4, 2.1 y 17.1.
§13, arts. 2, 3, 4, 6, 7 y 8.
§23, arts. 164, 166, 167, 168 y 169.
§24, *arts. 183, 185, 186, 187, 188, 192, 194* y 211.
§25, arts. 97, 98 y 103.
§27, arts. 162, 163, 165, 166, 167, 169, 170, 172 y 200.
§28, arts. 247, 248, 249, 250, 258, 259 y 260.
§33, arts. 86, 168 y 169.
§37, arts. 151, 158 y 199.
§41, arts. 214, 215, 216, 221, 223 y 232.
§44, arts. 18, 221, 222, 223, 233, 234 y disp. adic. 4ª.
§52, arts. 179, 180, 182, 183 y 203.
§53, art. 85 y disp. adic. 4ª.

– STS, Sala 3ª, de 22 septiembre 1992 (RJ 1992, 7066).
§1, art. 3.
§2, arts. 3 y 20.1 b).
§3, art. 3.
§6, art. 3.
§28, art. 3.
§44, art. 3.

– STS, Sala 3ª, de 23 septiembre 1992 (RJ 1992, 6980).
§2, arts. 24, 71 y 83.
§3, arts. 11 y 13.
§3.1, arts. 14, 15, 16, 17, 18, 21, 26, 43, 44, 46, 48 a 55, 57, 59, 62, 64 y 73.
§6, arts. 32, 44, 45, 48 y 58.
§23, art. 32 y 35.
§24, arts. 46, 47 y 53.
§25, arts. 42 y 46.
§27, arts. 24 y 26.
§28, arts. 22 y 25.
§33, arts. 8, 9, 11, 14, 21 y 22.
§37, arts. 47, 48, 49 y 50.
§41, arts. 99 y 105.
§44, arts. 79 y 89.
§52, arts. 55, 57, 67, 68, 69, 71 y 73.
§53, arts. 18, 21 y 64.

– STS, Sala 3ª, de 25 septiembre 1992 (RJ 1992, 6985).
§1, arts. 42 y 44.
§1.1, arts. 4, 5, 10, 12 y 13.
§2, arts. 35, 242.1, 242.6, 243.2, 244.4 y 300.
§3, arts. 178, 179, 180 y 232.
§3.3, art. 1.
§6, arts. 166, 169, 170, 171, 172, 173, 175, 176, 177, 182, 183, 200 y 202.
§10, arts. 1.3, 1.4, 2.1 y 17.1.
§13, arts. 2, 3, 4, 6, 7 y 8.
§23, arts. 164, 166, 167, 168 y 169.

§**24**, arts. 183, 185, 186, 187, 188, 192, 194 y 211.
§**25**, arts. 97, 98 y 103.
§**27**, arts. 162, 163, 165, 166, 167, 169, 170, 172 y 200.
§**28**, arts. 247, 248, 249, 250, 258, 259 y 260.
§**33**, arts. 86, 168 y 169.
§**37**, arts. 151, 158 y 199.
§**41**, arts. 214, 215, 216, 221, 223 y 232.
§**44**, arts. 18, 221, 222, 223, 233, 234 y disp. adic. 4ª.
§**52**, arts. 179, 180, 182, 183 y 203.
§**53**, art. 85 y disp. adic. 4ª.

– STS, Sala 3ª, de 29 septiembre 1992 (RJ 1992, 6988).
§**2**, arts. 280.1, 287, 288 y 289.
§**3**, arts. 165 a 174.
§**24**, art. 239.
§**25**, art. 130.
§**27**, arts. 80 y 81.
§**28**, arts. 234 a 243.
§**33**, arts. 155, 158 y 159.
§**41**, art. 201.
§**44**, art. 275.

– STS, Sala 3ª, de 29 septiembre 1992 (RJ 1992, 6993).
§**1**, arts. 14.2 e) y 18.6.
§**2**, art. 155.
§**3**, art. 122.
§**3.2**, arts. 59, 60, 61 y 62.
§**6**, art. 123.
§**23**, art. 99 y 151.
§**25**, art. 68.
§**27**, arts. 115 y 127.
§**28**, art. 172.
§**33**, art. 130.
§**37**, art. 97.
§**44**, art. 153.
§**52**. art. 120.

– STS. Sala 3ª, de 30 septiembre 1992 (RJ 1992, 7000).
§**1**, arts. 42 y 44.
§**1.1**, arts. 4, 5, 10, 12 y 13.
§**2**, arts. 35, 242.1, 242.6, 243.2, 244.4 y 300.
§**3**, arts. 178, 179, 180 y 232.
§**3.3**, art. 1.
§**6**, arts. 166, 169, 170, 171, 172, 173, 175, 176, 177, 182, 183, 200 y 202.
§**10**, arts. 1.3, 1.4, 2.1 y 17.1.
§**13**, arts. 2, 3, 4, 6, 7 y 8.
§**23**, arts. 164, 166, 167, 168 y 169.
§**24**, arts. 183, 185, 186, 187, 188, 192, 194 y 211.
§**25**, arts. 97, 98 y 103.
§**27**, arts. 162, 163, 165, 166, 167, 169, 170, 172 y 200.
§**28**, arts. 247, 248, 249, 250, 258, 259 y 260.
§**33**, arts. 86, 168 y 169.
§**37**, arts. 151, 158 y 199.
§**41**, arts. 214, 215, 216, 221, 223 y 232.
§**44**, arts. 18, 221, 222, 223, 233, 234 y disp. adic. 4ª.
§**52**, arts. 179, 180, 182, 183 y 203.
§**53**, art. 85 y disp. adic. 4ª.

– STS, Sala 3ª, de 6 octubre 1992 (RJ 1992, 8460).
§**1**, arts. 42 y 44.
§**1.1**, arts. 4, 5, 10, 12 y 13.
§**2**, arts. 35, 242.1, 242.6, 243.2, 244.4 y 300.
§**3**, arts. 178, 179, 180 y 232.
§**3.3**, art. 1.
§**6**, arts. 166, 169, 170, 171, 172, 173, 175, 176, 177, 182, 183, 200 y 202.
§**10**, arts. 1.3, 1.4, 2.1 y 17.1.
§**13**, arts. 2, 3, 4, 6, 7 y 8.
§**23**, arts. 164, 166, 167, 168 y 169.
§**24**, arts. 183, 185, 186, 187, 188, 192, 194 y 211.
§**25**, arts. 97, 98 y 103.
§**27**, arts. 162, 163, 165, 166, 167, 169, 170, 172 y 200.
§**28**, arts. 247, 248, 249, 250, 258, 259 y 260.
§**33**, arts. 86, 168 y 169.
§**37**, arts. 151, 158 y 199.
§**41**, arts. 214, 215, 216, 221, 223 y 232.
§**44**, arts. 18, 221, 222, 223, 233, 234 y disp. adic. 4ª.
§**52**, arts. 179, 180, 182, 183 y 203.
§**53**, art. 85 y disp. adic. 4ª.

– STS, Sala 3ª, de 7 octubre 1992 (RJ 1992, 7581).
§**1**, arts. 42 y 44.
§**1.1**, arts. 4, 5, 10, 12 y 13.
§**2**, arts. 35, 242.1, 242.6, 243.2, 244.4 y 300.

§3, arts. 178, 179, 180 y 232.
§3.3, art. 1.
§6, arts. 166, 169, 170, 171, 172, 173, 175, 176, 177, 182, 183, 200 y 202.
§10, arts. 1.3, 1.4, 2.1 y 17.1.
§13, arts. 2, 3, 4, 6, 7 y 8.
§23, arts. 164, 166, 167, 168 y 169.
§24, arts. 183, 185, 186, 187, 188, 192, 194 y 211.
§25, arts. 97, 98 y 103.
§27, arts. 162, 163, 165, 166, 167, 169, 170, 172 y 200.
§28, arts. 247, 248, 249, 250, 258, 259 y 260.
§33, arts. 86, 168 y 169.
§37, arts. 151, 158 y 199.
§41, arts. 214, 215, 216, 221, 223 y 232.
§44, arts. 18, 221, 222, 223, 233, 234 y disp. adic. 4ª.
§52, arts. 179, 180, 182, 183 y 203.
§53, art. 85 y disp. adic. 4ª.

– STS, Sala 3ª, de 14 octubre 1992 (RJ 1992, 8260).
§1, arts. 42 y 44.
§1.1, arts. 4, 5, 10, 12 y 13.
§2, arts. 35, 242.1, 242.6, 243.2, 244.4 y 300.
§3, arts. 178, 179, 180 y 232.
§3.3, art. 1.
§6, arts. 166, 169, 170, 171, 172, 173, 175, 176, 177, 182, 183, 200 y 202.
§10, arts. 1.3, 1.4, 2.1 y 17.1.
§13, arts. 2, 3, 4, 6, 7 y 8.
§23, arts. 164, 166, 167, 168 y 169.
§24, arts. 183, 185, 186, 187, 188, 192, 194 y 211.
§25, arts. 97, 98 y 103.
§27, arts. 162, 163, 165, 166, 167, 169, 170, 172 y 200.
§28, arts. 247, 248, 249, 250, 258, 259 y 260.
§33, arts. 86, 168 y 169.
§37, arts. 151, 158 y 199.
§41, arts. 214, 215, 216, 221, 223 y 232.
§44, arts. 18, 221, 222, 223, 233, 234 y disp. adic. 4ª.
§52, arts. 179, 180, 182, 183 y 203.
§53, art. 85 y disp. adic. 4ª.

– STS, Sala 3ª, de 20 octubre 1992 (RJ 1992, 8263).
§1, arts. 42 y 44.
§1.1, arts. 4, 5, 10, 12 y 13.
§2, arts. 35, 242.1, 242.6, 243.2, 244.4 y 300.
§3, arts. 178, 179, 180 y 232.
§3.3, art. 1.
§6, arts. 166, 169, 170, 171, 172, 173, 175, 176, 177, 182, 183, 200 y 202.
§10, arts. 1.3, 1.4, 2.1 y 17.1.
§13, arts. 2, 3, 4, 6, 7 y 8.
§23, arts. 164, 166, 167, 168 y 169.
§24, arts. 183, 185, 186, 187, 188, 192, 194 y 211.
§25, arts. 97, 98 y 103.
§27, arts. 162, 163, 165, 166, 167, 169, 170, 172 y 200.
§28, arts. 247, 248, 249, 250, 258, 259 y 260.
§33, arts. 86, 168 y 169.
§37, arts. 151, 158 y 199.
§41, arts. 214, 215, 216, 221, 223 y 232.
§44, arts. 18, 221, 222, 223, 233, 234 y disp. adic. 4ª.
§52, arts. 179, 180, 182, 183 y 203.
§53, art. 85 y disp. adic. 4ª.

– STS, Sala 3ª, de 3 noviembre 1992 (RJ 1992, 9312).
§1, arts. 42 y 44.
§1.1, arts. 4, 5, 10, 12 y 13.
§2, arts. 35, 242.1, 242.6, 243.2, 244.4 y 300.
§3, arts. 178, 179, 180 y 232.
§3.3, art. 1.
§6, arts. 166, 169, 170, 171, 172, 173, 175, 176, 177, 182, 183, 200 y 202.
§10, arts. 1.3, 1.4, 2.1 y 17.1.
§13, arts. 2, 3, 4, 6, 7 y 8.
§23, arts. 164, 166, 167, 168 y 169.
§24, arts. 183, 185, 186, 187, 188, 192, 194 y 211.
§25, arts. 97, 98 y 103.
§27, arts. 162, 163, 165, 166, 167, 169, 170, 172 y 200.
§28, arts. 247, 248, 249, 250, 258, 259 y 260.
§33, arts. 86, 168 y 169.
§37, arts. 151, 158 y 199.
§41, arts. 214, 215, 216, 221, 223 y 232.
§44, arts. 18, 221, 222, 223, 233, 234 y disp. adic. 4ª.
§52, arts. 179, 180, 182, 183 y 203.

§53, art. 85 y disp. adic. 4ª.

- STS, Sala 3ª, de 10 noviembre 1992 (RJ 1992, 8977).
  §1, arts. 42 y 44.
  §1.1, arts. 4, 5, 10, 12 y 13.
  §2, arts. 35, 242.1, 242.6, 243.2, 244.4 y 300.
  §3, arts. 178, 179, 180 y 232.
  §3.3, art. 1.
  §6, arts. 166, 169, 170, 171, 172, 173, 175, 176, 177, 182, 183, 200 y 202.
  §10, arts. 1.3, 1.4, 2.1 y 17.1.
  §13, arts. 2, 3, 4, 6, 7 y 8.
  §23, arts. 164, 166, 167, 168 y 169.
  §24, arts. 183, 185, 186, 187, 188, 192, 194 y 211.
  §25, arts. 97, 98 y 103.
  §27, arts. 162, 163, 165, 166, 167, 169, 170, 172 y 200.
  §28, arts. 247, 248, 249, 250, 258, 259 y 260.
  §33, arts. 86, 168 y 169.
  §37, arts. 151, 158 y 199.
  §41, arts. 214, 215, 216, 221, 223 y 232.
  §44, arts. 18, 221, 222, 223, 233, 234 y disp. adic. 4ª.
  §52, arts. 179, 180, 182, 183 y 203.
  §53, art. 85 y disp. adic. 4ª.
- STS, Sala 3ª, de 11 noviembre 1992 (RJ 1992, 8981).
  §1, arts. 42 y 44.
  §1.1, arts. 4, 5, 10, 12 y 13.
  §2, arts. 35, 242.1, 242.6, 243.2, 244.4 y 300.
  §3, arts. 178, 179, 180 y 232.
  §3.3, art. 1.
  §6, arts. 166, 169, 170, 171, 172, 173, 175, 176, 177, 182, 183, 200 y 202.
  §10, arts. 1.3, 1.4, 2.1 y 17.1.
  §13, arts. 2, 3, 4, 6, 7 y 8.
  §23, arts. 164, 166, 167, 168 y 169.
  §24, arts. 183, 185, 186, 187, 188, 192, 194 y 211.
  §25, arts. 97, 98 y 103.
  §27, arts. 162, 163, 165, 166, 167, 169, 170, 172 y 200.
  §28, arts. 247, 248, 249, 250, 258, 259 y 260.
  §33, arts. 86, 168 y 169.
  §37, arts. 151, 158 y 199.
  §41, arts. 214, 215, 216, 221, 223 y 232.
  §44, arts. 18, 221, 222, 223, 233, 234 y disp. adic. 4ª.
  §52, arts. 179, 180, 182, 183 y 203.
  §53, art. 85 y disp. adic. 4ª.

1993

- STS, Sala 3ª, de 4 febrero 1993 (RJ 1993, 782).
  §2, arts. 280.1, 287, 288 y 289.
  §3, arts. 165 a 174.
  §24, art. 239.
  §25, art. 130.
  §27, arts. 80 y 81.
  §28, arts. 234 a 243.
  §33, arts. 155, 158 y 159.
  §41, art. 201.
  §44, art. 275.
- STS, Sala 3ª, de 9 febrero 1993 (RJ 1993, 703).
  §3, art. 104.
  §28, art. 154.
  §49, art. 3.
- STS, Sala 3ª, de 1 marzo 1993 (RJ 1993, 1580).
  §1, arts. 42 y 44.
  §1.1, arts. 4, 5, 10, 12 y 13.
  §2, arts. 35, 242.1, 242.6, 243.2, 244.4 y 300.
  §3, arts. 178, 179, 180 y 232.
  §3.3, art. 1.
  §6, arts. 166, 169, 170, 171, 172, 173, 175, 176, 177, 182, 183, 200 y 202.
  §10, arts. 1.3, 1.4, 2.1 y 17.1.
  §13, arts. 2, 3, 4, 6, 7 y 8.
  §23, arts. 164, 166, 167, 168 y 169.
  §24, arts. 183, 185, 186, 187, 188, 192, 194 y 211.
  §25, arts. 97, 98 y 103.
  §27, arts. 162, 163, 165, 166, 167, 169, 170, 172 y 200.
  §28, arts. 247, 248, 249, 250, 258, 259 y 260.
  §33, arts. 86, 168 y 169.
  §37, arts. 151, 158 y 199.
  §41, arts. 214, 215, 216, 221, 223 y 232.
  §44, arts. 18, 221, 222, 223, 233, 234 y disp. adic. 4ª.
  §52, arts. 179, 180, 182, 183 y 203.

§53, art. 85 y disp. adic. 4ª.

– STS, Sala 3ª, de 6 marzo 1993 (RJ 1993, 1591).
  §1, arts. 2, 5, 12, 19, 24 c), 41.1 y 43.
  §2, arts. 237, 238, 239 y 241.
  §3, arts. 76 y 87.
  §6, art. 11.
  §17, art. 10.
  §23, arts. 56 y 57.
  §25, arts. 7 y 109.
  §27, arts. 49, 50, 51 y 53.
  §28, arts. 113 y 129.
  §33, arts. 62, 63 y 131.
  §44, arts. 27 y 129.

– STS, Sala 3ª, de 29 marzo 1993 (RJ 1993, 1784).
  §3, art. 125.
  §3.2, art. 116.
  §27, art. 94.
  §28, art. 175.
  §44, art. 170.

– STS, Sala 3ª, de 30 marzo 1993 (RJ 1993, 1607).
  §1, art. 17.
  §2, arts. 136 y 212.
  §3, art. 137.
  §28, art. 188.
  §44, art. 216.

– STS, Sala 3ª, de 30 marzo 1993 (RJ 1993, 1976).
  §3, art. 103.
  §3.2, art. 131.

– STS, Sala 3ª, de 5 abril 1993 (RJ 1993, 2602).
  §2, arts. 73 y 74.
  §3, arts. 70 y 71.
  §3.1, arts. 5, 88 a 93, 95, 96, 97 y 150.
  §6, art. 62.
  §26, disp. adic. 1ª.
  §28, arts. 106 y 107.
  §41, art. 104.

– STS, Sala 3ª, de 6 abril 1993 (RJ 1993, 7058).
  §1, arts. 42 y 44.
  §1.1, arts. 4, 5, 10, 12 y 13.
  §2, arts. 35, 242.1, 242.6, 243.2, 244.4 y *300*.
  §3, arts. 178, 179, 180 y 232.
  §3.3, art. 1.
  §6, arts. 166, 169, 170, 171, 172, 173, 175, 176, 177, 182, 183, 200 y 202.
  §10, arts. 1.3, 1.4, 2.1 y 17.1.
  §13, arts. 2, 3, 4, 6, 7 y 8.
  §23, arts. 164, 166, 167, 168 y 169.
  §24, arts. 183, 185, 186, 187, 188, 192, 194 y 211.
  §25, arts. 97, 98 y 103.
  §27, arts. 162, 163, 165, 166, 167, 169, 170, 172 y 200.
  §28, arts. 247, 248, 249, 250, 258, 259 y 260.
  §33, arts. 86, 168 y 169.
  §37, arts. 151, 158 y 199.
  §41, arts. 214, 215, 216, 221, 223 y 232.
  §44, arts. 18, 221, 222, 223, 233, 234 y disp. adic. 4ª.
  §52, arts. 179, 180, 182, 183 y 203.
  §53, art. 85 y disp. adic. 4ª.

– STS, Sala 3ª, de 13 abril 1993 (RJ 1993, 2675).
  §1, arts. 42 y 44.
  §1.1, arts. 4, 5, 10, 12 y 13.
  §2, arts. 35, 242.1, 242.6, 243.2, 244.4 y 300.
  §3, arts. 178, 179, 180 y 232.
  §3.3, art. 1.
  §6, arts. 166, 169, 170, 171, 172, 173, 175, 176, 177, 182, 183, 200 y 202.
  §10, arts. 1.3, 1.4, 2.1 y 17.1.
  §13, arts. 2, 3, 4, 6, 7 y 8.
  §23, arts. 164, 166, 167, 168 y 169.
  §24, arts. 183, 185, 186, 187, 188, 192, 194 y 211.
  §25, arts. 97, 98 y 103.
  §27, arts. 162, 163, 165, 166, 167, 169, 170, 172 y 200.
  §28, arts. 247, 248, 249, 250, 258, 259 y 260.
  §33, arts. 86, 168 y 169.
  §37, arts. 151, 158 y 199.
  §41, arts. 214, 215, 216, 221, 223 y 232.
  §37, arts. 151, 158 y 199.
  §41, arts. 214, 215, 216, 221, 223 y 232.
  §44, arts. 18, 221, 222, 223, 233, 234 y disp. adic. 4ª.
  §52, arts. 179, 180, 182, 183 y 203.
  §53, art. 85 y disp. adic. 4ª.

– STS, Sala 3ª, de 14 abril 1993 (RJ 1993, 2837).

§1, arts. 42 y 44.
§1.1, arts. 4, 5, 10, 12 y 13.
§2, arts. 35, 242.1, 242.6, 243.2, 244.4 y 300.
§3, arts. 178, 179, 180 y 232.
§3.3, art. 1.
§6, arts. 166, 169, 170, 171, 172, 173, 175, 176, 177, 182, 183, 200 y 202.
§10, arts. 1.3, 1.4, 2.1 y 17.1.
§13, arts. 2, 3, 4, 6, 7 y 8.
§23, arts. 164, 166, 167, 168 y 169.
§24, arts. 183, 185, 186, 187, 188, 192, 194 y 211.
§25, arts. 97, 98 y 103.
§27, arts. 162, 163, 165, 166, 167, 169, 170, 172 y 200.
§28, arts. 247, 248, 249, 250, 258, 259 y 260.
§33, arts. 86, 168 y 169.
§37, arts. 151, 158 y 199.
§41, arts. 214, 215, 216, 221, 223 y 232.
§44, arts. 18, 221, 222, 223, 233, 234 y disp. adic. 4ª.
§52, arts. 179, 180, 182, 183 y 203.
§53, art. 85 y disp. adic. 4ª.

– ATS, Sala 3ª, de 15 abril 1993 (RJ 1993, 2608).
§2, art. 307.

– STS, Sala 3ª, de 27 abril 1993 (RJ 1993, 2621).
§1, arts. 42 y 44.
§1.1, arts. 4, 5, 10, 12 y 13.
§2, arts. 35, 242.1, 242.6, 243.2, 244.4 y 300.
§3, arts. 178, 179, 180 y 232.
§3.3, art. 1.
§6, arts. 166, 169, 170, 171, 172, 173, 175, 176, 177, 182, 183, 200 y 202.
§10, arts. 1.3, 1.4, 2.1 y 17.1.
§13, arts. 2, 3, 4, 6, 7 y 8.
§23, arts. 164, 166, 167, 168 y 169.
§24, arts. 183, 185, 186, 187, 188, 192, 194 y 211.
§25, arts. 97, 98 y 103.
§27, arts. 162, 163, 165, 166, 167, 169, 170, 172 y 200.
§28, arts. 247, 248, 249, 250, 258, 259 y 260.
§33, arts. 86, 168 y 169.
§37, arts. 151, 158 y 199.
§41, arts. 214, 215, 216, 221, 223 y 232.
§44, arts. 18, 221, 222, 223, 233, 234 y disp. adic. 4ª.
§52, arts. 179, 180, 182, 183 y 203.
§53, art. 85 y disp. adic. 4ª.

– STS, Sala 3ª, de 4 mayo 1993 (RJ 1993, 3472).
§1, art. 23.
§2, arts. 157, 158 y 159.
§3, arts. 126, 127, 128 y 129.
§3.2, arts. 102, 156, 157, 158, 161, 162, 165, 167, 169, 178, 184 y 185.
§6, arts. 138, 139, 140, 142 y 144.
§23, arts. 70, 71 y 111 a 116.
§24, arts. 149, 151 y 153.
§25, arts. 80, 81 y 82.
§28, arts. 176, 178, 179 y 180.
§33, arts. 133, 134, 135, 136 y 138.
§37, art. 104.
§41, art. 180.
§44, arts. 155, 156, 158, 162 y 163.
§52, arts. 121, 123 y 127.

– STS, Sala 3ª, de 5 mayo 1993 (RJ 1993, 3474).
§1, arts. 3, 10, 14.2 c), 15, 16.1, 17, 18.4 y 18.6.
§2, arts. 9, 11, 20.1 b), 24, 27, 33, 96, 104, 136 y 205.
§3, arts. 83 y 84.
§6, arts. 18, 26, 27, 28, 29, 30, 101, 102, 103, 104, 106, 107 y 108.
§24, arts. 103, 105, 106 y 143.
§25, arts. 19 y 20.
§27, arts. 50, 51, 68, 70, 71 y 126.
§28, arts. 120 a 126.
§33, arts. 9, 10, 11, 12, 14, 70, 72, 73, 74, 78, 81, 82, 91, 92, 152 y 153.
§44, art. 6.

– STS, Sala 3ª, de 17 mayo 1993 (RJ 1993, 3486).
§2, art. 247.
§3, art. 183.
§3.2, arts. 42 y 180.
§6, arts. 184, 187 y 191.
§23, arts. 155 y 156.
§24, arts. 200, 201 y 202.
§25, art. 107.
§27, arts. 139 y 142.
§28, art. 253.
§33, arts. 170 y 171.

§**37**, arts. 171 y 172.
§**41**, art. 224 y 225.
§**44**, art. 226.
§**52**, art. 186.
§**53**, arts. 88, 90 y 93.

– STS, Sala 3ª, de 17 mayo 1993 (RJ 1993, 3488).
§**1**, arts. 42 y 44.
§**1.1**, arts. 4, 5, 10, 12 y 13.
§**2**, arts. 35, 242.1, 242.6, 243.2, 244.4 y 300.
§**3**, arts. 178, 179, 180 y 232.
§**3.3**, art. 1.
§**6**, arts. 166, 169, 170, 171, 172, 173, 175, 176, 177, 182, 183, 200 y 202.
§**10**, arts. 1.3, 1.4, 2.1 y 17.1.
§**13**, arts. 2, 3, 4, 6, 7 y 8.
§**23**, arts. 164, 166, 167, 168 y 169.
§**24**, arts. 183, 185, 186, 187, 188, 192, 194 y 211.
§**25**, arts. 97, 98 y 103.
§**27**, arts. 162, 163, 165, 166, 167, 169, 170, 172 y 200.
§**28**, arts. 247, 248, 249, 250, 258, 259 y 260.
§**33**, arts. 86, 168 y 169.
§**37**, arts. 151, 158 y 199.
§**41**, arts. 214, 215, 216, 221, 223 y 232.
§**44**, arts. 18, 221, 222, 223, 233, 234 y disp. adic. 4ª.
§**52**, arts. 179, 180, 182, 183 y 203.
§**53**, art. 85 y disp. adic. 4ª.

– STS, Sala 3ª, de 18 mayo 1993 (RJ 1993, 3528).
§**1**, art. 19.1.
§**2**, art. 245.
§**3**, art. 181.
§**6**, arts. 184, 188 y 189.
§**13**, arts. 10 y 11.
§**23**, art. 153.
§**24**, arts. 200 y 201.
§**25**, arts. 8 y 106.
§**27**, arts. 137 y 176.
§**28**, art. 251.
§**33**, arts. 170 y 171.
§**37**, arts. 168 y 170.
§**44**, art. 224.
§**52**, art. 184.
§**53**, arts. 86, 87 y 88.

– STS, Sala 3ª, de 25 mayo 1993 (RJ 1993, 3509).
§**1**, art. 18.3.
§**2**, arts. 82, 177 a 182 y 184.
§**3**, arts. 146 a 153.
§**3.1**, art. 75.
§**44**, arts. 184 a 190.

– STS, Sala 3ª, de 25 mayo 1993 (RJ 1993, 3987).
§**1**, art. 6.1.
§**2**, arts. 141 y 147.
§**3**, arts. 114 y 115.
§**3.2**, arts. 1, 4 y 21.
§**6**, art. 95.
§**28**, arts. 215 a 222.
§**33**, arts. 117 y 118.

– STS, Sala 3ª, de 29 mayo 1993 (RJ 1993, 4896).
§**1**, arts. 14.2 b), 18.2 y 34.
§**2**, arts. 171.2, 199, 200, 201, 202 y 206.
§**3**, art. 134.
§**6**, art. 132.
§**23**, art. 123.
§**24**, arts. 130 y 162.
§**25**, art. 89.
§**27**, arts. 101 y 143.
§**28**, art. 185.
§**33**, arts. 152 y 153.
§**37**, art. 117.
§**41**, art. 191.
§**44**, art. 182.
§**46**, art. 7.

– STS, Sala 3ª, de 18 julio 1993 (RJ 1993, 5578).
§**1**, art. 3.
§**2**, arts. 3, 17, 20.1 b), 84 y 93.
§**3**, arts. 3 y 25.
§**3.1**, art. 87.
§**6**, art. 3.
§**23**, art. 39.
§**27**, art. 27.
§**28**, arts. 3 y 38.
§**33**, arts. 29 y 32.
§**37**, art. 55.
§**44**, arts. 3 y 83.
§**52**, art. 80.
§**53**, art. 25.

– STS, Sala 3ª, de 15 septiembre 1993 (RJ 1993, 6529).
§**1**, arts. 42 y 44.
§**1.1**, arts. 4, 5, 10, 12 y 13.

§2, arts. 35, 242.1, 242.6, 243.2, 244.4 y 300.
§3, arts. 178, 179, 180 y 232.
§3.3, art. 1.
§6, arts. 166, 169, 170, 171, 172, 173, 175, 176, 177, 182, 183, 200 y 202.
§10, arts. 1.3, 1.4, 2.1 y 17.1.
§13, arts. 2, 3, 4, 6, 7 y 8.
§23, arts. 164, 166, 167, 168 y 169.
§24, arts. 183, 185, 186, 187, 188, 192, 194 y 211.
§25, arts. 97, 98 y 103.
§27, arts. 162, 163, 165, 166, 167, 169, 170, 172 y 200.
§28, arts. 247, 248, 249, 250, 258, 259 y 260.
§33, arts. 86, 168 y 169.
§37, arts. 151, 158 y 199.
§41, arts. 214, 215, 216, 221, 223 y 232.
§44, arts. 18, 221, 222, 223, 233, 234 y disp. adic. 4ª.
§52, arts. 179, 180, 182, 183 y 203.
§53, art. 85 y disp. adic. 4ª.

– STS, Sala 3ª, de 28 septiembre 1993 (RJ 1993, 6626).
§3, art. 125.
§3.2, art. 116.
§27, art. 94.
§28, art. 175.
§44, art. 170.

– STS, Sala 3ª, de 4 octubre 1993 (RJ 1993, 7345).
§1, arts. 4 y 5.
§2, arts. 148, 149, 162 y 163.
§3, arts. 119, 131, 132 y 133.
§3.1, art. 56.
§3.2, arts. 152, 153, 154, 186, 189 y 190.
§6, arts. 121, 135, 136 y 137.
§23, arts. 96, 97, 121 y 122.
§24, arts. 147, 148 y 158.
§25, arts. 74 y 83.
§28, arts. 169, 182, 183 y 184.
§33, arts. 82, 124, 125, 126, 139, 140 y 141.
§37, arts. 101 y 131.
§41, art. 184.
§44, arts. 147, 148, 160 y 167.
§52, arts. 114, 115, 129 y 130.

– STS, Sala 3ª, de 25 octubre 1993 (RJ 1993, 7894).
§2, arts. 17, 84 y 93.
§3, art. 25.
§3.1, art. 87.
§27, art. 27.
§28, art. 38.
§33, arts. 29 y 32.
§37, art. 55.
§44, art. 83.
§52, art. 80.
§53, art. 25.

– STS, Sala 3ª, de 25 octubre 1993 (RJ 1993, 7895).
§1, arts. 42 y 44.
§1.1, arts. 4, 5, 10, 12 y 13.
§2, arts. 35, 242.1, 242.6, 243.2, 244.4 y 300.
§3, arts. 178, 179, 180 y 232.
§3.3, art. 1.
§6, arts. 166, 169, 170, 171, 172, 173, 175, 176, 177, 182, 183, 200 y 202.
§10, arts. 1.3, 1.4, 2.1 y 17.1.
§13, arts. 2, 3, 4, 6, 7 y 8.
§23, arts. 39, 164, 166, 167, 168 y 169.
§24, arts. 183, 185, 186, 187, 188, 192, 194 y 211.
§25, arts. 97, 98 y 103.
§27, arts. 162, 163, 165, 166, 167, 169, 170, 172 y 200.
§28, arts. 247, 248, 249, 250, 258, 259 y 260.
§33, arts. 86, 168 y 169.
§37, arts. 151, 158 y 199.
§41, arts. 214, 215, 216, 221, 223 y 232.
§44, arts. 18, 221, 222, 223, 233, 234 y disp. adic. 4ª.
§52, arts. 179, 180, 182, 183 y 203.
§53, art. 85 y disp. adic. 4ª.

– STS, Sala 3ª, de 3 diciembre 1993 (RJ 1993, 9538).
§1, arts. 42 y 44.
§1.1, arts. 4, 5, 10, 12 y 13.
§2, arts. 35, 242.1, 242.6, 243.2, 244.4 y 300.
§3, arts. 178, 179, 180 y 232.
§3.3, art. 1.
§6, arts. 166, 169, 170, 171, 172, 173, 175, 176, 177, 182, 183, 200 y 202.
§10, arts. 1.3, 1.4, 2.1 y 17.1.
§13, arts. 2, 3, 4, 6, 7 y 8.
§23, arts. 164, 166, 167, 168 y 169.
§25, arts. 97, 98 y 103.

§27, arts. 162, 163, 165, 166, 167, 169, 170, 172 y 200.
§28, arts. 247, 248, 249, 250, 258, 259 y 260.
§33, arts. 86, 168 y 169.
§37, arts. 151, 158 y 199.
§41, arts. 214, 215, 216, 221, 223 y 232.
§44, arts. 18, 221, 222, 223, 233, 234 y disp. adic. 4ª.
§52, arts. 179, 180, 182, 183 y 203.
§53, art. 85 y disp. adic. 4ª.

– STS, Sala 3ª, de 21 diciembre 1993 (RJ 1993, 9655).
§1, arts. 42 y 44.
§1.1, arts. 4, 5, 10, 12 y 13.
§2, arts. 35, 242.1, 242.6, 243.2, 244.4 y 300.
§3, arts. 178, 179, 180 y 232.
§3.3, art. 1.
§6, arts. 166, 169, 170, 171, 172, 173, 175, 176, 177, 182, 183, 200 y 202.
§10, arts. 1.3, 1.4, 2.1 y 17.1.
§13, arts. 2, 3, 4, 6, 7 y 8.
§23, arts. 164, 166, 167, 168 y 169.
§24, arts. 183, 185, 186, 187, 188, 192, 194 y 211.
§25, arts. 97, 98 y 103.
§27, arts. 162, 163, 165, 166, 167, 169, 170, 172 y 200.
§28, arts. 247, 248, 249, 250, 258, 259 y 260.
§33, arts. 86, 168 y 169.
§37, arts. 151, 158 y 199.
§41, arts. 214, 215, 216, 221, 223 y 232.
§44, arts. 18, 221, 222, 223, 233, 234 y disp. adic. 4ª.
§52, arts. 179, 180, 182, 183 y 203.
§53, art. 85 y disp. adic. 4ª.

– STS, Sala 3ª, de 21 diciembre 1993 (RJ 1993, 9658).
§1, arts. 42 y 44.
§1.1, arts. 4, 5, 10, 12 y 13.
§2, arts. 35, 242.1, 242.6, 243.2, 244.4 y 300.
§3, arts. 178, 179, 180 y 232.
§3.3, art. 1.
§6, arts. 166, 169, 170, 171, 172, 173, 175, 176, 177, 182, 183, 200 y 202.
§10, arts. 1.3, 1.4, 2.1 y 17.1.
§13, arts. 2, 3, 4, 6, 7 y 8.
§23, arts. 164, 166, 167, 168 y 169.
§24, arts. 183, 185, 186, 187, 188, 192, 194 y 211.
§25, arts. 97, 98 y 103.
§27, arts. 162, 163, 165, 166, 167, 169, 170, 172 y 200.
§28, arts. 247, 248, 249, 250, 258, 259 y 260.
§33, arts. 86, 168 y 169.
§37, arts. 151, 158 y 199.
§41, arts. 214, 215, 216, 221, 223 y 232.
§44, arts. 18, 221, 222, 223, 233, 234 y disp. adic. 4ª.
§52, arts. 179, 180, 182, 183 y 203.
§53, art. 85 y disp. adic. 4ª.

– STS, Sala 3ª, de 21 diciembre 1993 (RJ 1993, 9839).
§1, art. 40.3
§2, arts. 206, 276 y 277.
§3, arts. 89, 90, 91, 92 y 93.
§6, arts. 85, 86 y 88 a 93.
§16, art. 39.
§23, arts. 74, 75, 76 y 77.
§24, arts. 229, 232, 233, 234 y 235.
§25, arts. 109, 123, 125 y 127.
§27, arts. 76, 77 y 79.
§28, arts. 131, 132, 133, 134 y 135.
§33, arts. 155, 156 y 157.
§37, arts. 173, 176 y 179.
§41, arts. 196, 198, 199 y 200.
§44, arts. 265, 266 y 272.
§51, arts. 2, 7 y 8.
§52, arts. 163, 164 y 169.
§53, art. 99.

– STS, Sala 3ª, de 28 diciembre 1993 (RJ 1993, 9841).
§1, arts. 42 y 44.
§1.1, arts. 4, 5, 10, 12 y 13.
§2, arts. 35, 242.1, 242.6, 243.2, 244.4 y 300.
§3, arts. 178, 179, 180 y 232.
§3.3, art. 1.
§6, arts. 166, 169, 170, 171, 172, 173, 175, 176, 177, 182, 183, 200 y 202.
§10, arts. 1.3, 1.4, 2.1 y 17.1.
§13, arts. 2, 3, 4, 6, 7 y 8.
§23, arts. 164, 166, 167, 168 y 169.
§24, arts. 183, 185, 186, 187, 188, 192, 194 y 211.
§25, arts. 97, 98 y 103.

§27, arts. 162, 163, 165, 166, 167, 169, 170, 172 y 200.
§28, arts. 247, 248, 249, 250, 258, 259 y 260.
§33, arts. 86, 168 y 169.
§37, arts. 151, 158 y 199.
§41, arts. 214, 215, 216, 221, 223 y 232.
§44, arts. 18, 221, 222, 223, 233, 234 y disp. adic. 4ª.
§52, arts. 179, 180, 182, 183 y 203.
§53, art. 85 y disp. adic. 4ª.

1994

– STS, Sala 3ª, de 28 enero 1994 (RJ 1994, 501).
§2, arts. 125 a 130.
§3, art. 51.
§3.1, arts. 154, 156, 158, 160, 161, 162 y 163.
§4, arts. 25 y 26.
§6, arts. 71, 72 y 74.
§23, arts. 45 y 47.
§24, arts. 81, 82 y 83.
§25, arts. 56, 57 y 58.
§27, arts. 40, 41 y 43.
§28, arts. 72 a 77.
§33, arts. 48, 49, 50, 51 y 52.
§37, arts. 68, 69 y 70.
§41, arts. 147, 148 y 149.
§44, arts. 124, 125, 126, 127 y 128.
§52, arts. 100, 101 y 102.
§53, arts. 35, 54 y 55.

– STS, Sala 3ª, de 1 febrero 1994 (RJ 1994, 739).
§1, arts. 14.2 b) y 18.2.
§3, art. 135.
§6, art. 132.
§23, art. 124.
§24, arts. 130 y 162.
§25, art. 89.
§27, art. 145.
§28, art. 186.
§44, art. 182.

– STS, Sala 3ª, de 1 febrero 1994 (RJ 1994, 999).
§1, arts. 13, 14.1, 14.2 f), 18.7 y 34.
§2, arts. 34, 186, 208, 227, 228, 229, 233, 234 y 236.
§3, arts. 154 a 164.
§3.6, arts. 1, 10, 13, 18 y 25.
§6, arts. 160 a 165.
§24, arts. 246, 247, 249 y 251.
§27, arts. 66 y 104.
§28, arts. 223 a 233.
§33, art. 81.
§41, arts. 203, 204, 205 y 206.
§44, art. 218.
§46, art. 9.
§52, arts. 187, 188, 189, 190 y 192.
§53, arts. 97 y 98.

– STS, Sala 3ª, de 1 febrero 1994 (RJ 1994, 1000).
§2, art. 247.
§3, art. 183.
§6, arts. 184, 187 y 191.
§23, arts. 155 y 156.
§24, arts. 200, 201 y 202.
§25, art. 107.
§27, arts. 139 y 142.
§28, art. 253.
§33, arts. 170 y 171.
§37, arts. 171 y 172.
§41, arts. 224 y 225.
§44, art. 226.
§52, art. 186.
§53, arts. 88, 90 y 93.

– STS, Sala 3ª, de 5 febrero 1994 (RJ 1994, 1446).
§1, art. 21.
§3, art. 88.
§3.6, art. 21.
§25, art. 109.
§28, art. 130.
§33, art. 80.

– STS, Sala 3ª, de 15 febrero 1994 (RJ 1994, 1447).
§1, arts. 42 y 44.
§1.1, arts. 4, 5, 10, 12 y 13.
§2, arts. 35, 242.1, 242.6, 243.2, 244.4 y 300.
§3, arts. 178, 179, 180 y 232.
§3.3, art. 1.
§6, arts. 166, 169, 170, 171, 172, 173, 175, 176, 177, 182, 183, 200 y 202.
§10, arts. 1.3, 1.4, 2.1 y 17.1.
§13, arts. 2, 3, 4, 6, 7 y 8.
§23, arts. 164, 166, 167, 168 y 169.
§24, arts. 183, 185, 186, 187, 188, 192, 194 y 211.

§25, arts. 97, 98 y 103.
§27, arts. 162, 163, 165, 166, 167, 169, 170, 172 y 200.
§28, arts. 247, 248, 249, 250, 258, 259 y 260.
§33, arts. 86, 168 y 169.
§37, arts. 151, 158 y 199.
§41, arts. 214, 215, 216, 221, 223 y 232.
§44, arts. 18, 221, 222, 223, 233, 234 y disp. adic. 4ª.
§52, arts. 179, 180, 182, 183 y 203.
§53, art. 85 y disp. adic. 4ª.

– STS, Sala 3ª, de 21 febrero 1994 (RJ 1994, 1453).
§1, arts. 42 y 44.
§1.1, arts. 4, 5, 10, 12 y 13.
§2, arts. 35, 242.1, 242.6, 243.2, 244.4 y 300.
§3, arts. 178, 179, 180 y 232.
§3.3, art. 1.
§6, arts. 166, 169, 170, 171, 172, 173, 175, 176, 177, 182, 183, 200 y 202.
§10, arts. 1.3, 1.4, 2.1 y 17.1.
§13, arts. 2, 3, 4, 6, 7 y 8.
§23, arts. 164, 166, 167, 168 y 169.
§24, arts. 183, 185, 186, 187, 188, 192, 194 y 211.
§25, arts. 97, 98 y 103.
§27, arts. 162, 163, 165, 166, 167, 169, 170, 172 y 200.
§28, arts. 247, 248, 249, 250, 258, 259 y 260.
§33, arts. 86, 168 y 169.
§37, arts. 151, 158 y 199.
§41, arts. 214, 215, 216, 221, 223 y 232.
§44, arts. 18, 221, 222, 223, 233, 234 y disp. adic. 4ª.
§52, arts. 179, 180, 182, 183 y 203.
§53, art. 85 y disp. adic. 4ª.

– STS, Sala 3ª, de 8 marzo 1994 (RJ 1994, 1669).
§3, art. 103.
§3.2, art. 131.

– STS, Sala 3ª, de 25 marzo 1994 (RJ 1994, 1819).
§2, arts. 248, 250 y 252.
§3, art. 184.
§6, art. 196.
§10, arts. 5.1, 7, 8, 9 y 13.2.
§13, arts. 26, 61, 65 y 66.
§23, arts. 176, 177 y 178.
§24, art. 207.
§25, arts. 113 y 118.
§27, art. 178.
§28, arts. 254, 255, 274, 275 y 276.
§33, arts. 175 y 177.
§37, arts. 193 y 203.
§41, art. 227.
§44, arts. 228 y 230.
§52, art. 198.

– STS, Sala 3ª, de 28 marzo 1994 (RJ 1994, 1820).
§1, arts. 42 y 44.
§1.1, arts. 4, 5, 10, 12 y 13.
§2, arts. 35, 242.1, 242.6, 243.2, 244.4 y 300.
§3, arts. 178, 179, 180 y 232.
§3.3, art. 1.
§6, arts. 166, 169, 170, 171, 172, 173, 175, 176, 177, 182, 183, 200 y 202.
§10, arts. 1.3, 1.4, 2.1 y 17.1.
§13, arts. 2, 3, 4, 6, 7 y 8.
§23, arts. 164, 166, 167, 168 y 169.
§24, arts. 183, 185, 186, 187, 188, 192, 194 y 211.
§25, arts. 97, 98 y 103.
§27, arts. 162, 163, 165, 166, 167, 169, 170, 172 y 200.
§28, arts. 247, 248, 249, 250, 258, 259 y 260.
§33, arts. 86, 168 y 169.
§37, arts. 151, 158 y 199.
§41, arts. 214, 215, 216, 221, 223 y 232.
§44, arts. 18, 221, 222, 223, 233, 234 y disp. adic. 4ª.
§52, arts. 179, 180, 182, 183 y 203.
§53, art. 85 y disp. adic. 4ª.

– STS, Sala 3ª, de 29 marzo 1994 (RJ 1994, 1824).
§1, arts. 42 y 44.
§1.1, arts. 4, 5, 10, 12 y 13.
§2, arts. 35, 242.1, 242.6, 243.2, 244.4 y 300.
§3, arts. 178, 179, 180 y 232.
§3.3, art. 1.
§6, arts. 166, 169, 170, 171, 172, 173, 175, 176, 177, 182, 183, 200 y 202.
§10, arts. 1.3, 1.4, 2.1 y 17.1.
§13, arts. 2, 3, 4, 6, 7 y 8.
§23, arts. 164, 166, 167, 168 y 169.

§24, arts. 183, 185, 186, 187, 188, 192, 194 y 211.
§25, arts. 97, 98 y 103.
§27, arts. 162, 163, 165, 166, 167, 169, 170, 172 y 200.
§28, arts. 247, 248, 249, 250, 258, 259 y 260.
§33, arts. 86, 168 y 169.
§37, arts. 151, 158 y 199.
§41, arts. 214, 215, 216, 221, 223 y 232.
§44, arts. 18, 221, 222, 223, 233, 234 y disp. adic. 4ª.
§52, arts. 179, 180, 182, 183 y 203.
§53, art. 85 y disp. adic. 4ª.

– STS, Sala 3ª, de 5 abril 1994 (RJ 1994, 2763).
§1, arts. 23, 33, 34 y 40.1.
§2, arts. 204, 208, 209 y 211.
§3, arts. 54 a 69.
§6, arts. 59, 106, 107, 108, 109, 113, 115 y 116.
§23, arts. 159 y 163.
§24, art. 143.
§25, art. 63.
§27, art. 42.
§28, arts. 98 a 103.
§33, art. 54.
§44, arts. 130, 209 y 215.
§52, arts. 96, 141, 158 y 159.

– STS, Sala 3ª, de 25 abril 1994 (RJ 1994, 3004).
§1, arts. 14.2 d), 18.5 y 23.
§2, arts. 164, 165, 166, 167, 170, 258 y 259.
§3, arts. 97 a 102.
§3.2, arts. 71, 72, 73, 76, 77, 81, 86, 87, 89, 93, 94, 95, 98, 100, 101, 104, 106, 108, 113, 117, 122, 124, 125 y 126.
§6, arts. 124, 125, 126, 128 y 130.
§23, arts. 84, 85, 86 y 87.
§24, arts. 135, 137 y 139.
§27, arts. 92 y 93.
§28, arts. 147 a 152.
§33, arts. 98 y 100 a 106.
§37, art. 86.
§44, arts. 159 y 160.
§52, arts. 131, 132, 133, 134 y 140.
§53, art. 68.

– STS, Sala 3ª, de 14 mayo 1994 (RJ 1994, 4190).
§1, arts. 19.1 y 21.
§2, art. 245.
§3, arts. 88 y 181.
§3.6, art. 21.
§6, arts. 184, 188 y 189.
§13, arts. 10 y 11.
§23, art. 153.
§24, arts. 200 y 201.
§25, arts. 8, 106 y 109.
§27, arts. 137 y 176.
§28, arts. 130 y 251.
§33, arts. 80, 170 y 171.
§37, arts. 168 y 170.
§44, art. 224.
§52, art. 184.
§53, arts. 86, 87 y 88.

– STS, Sala 3ª, de 24 mayo 1994 (RJ 1994, 3907).
§1, art. 6.1.
§2, arts. 141 y 147.
§3, arts. 114 y 115.
§3.2, arts. 1, 4 y 21.
§6, art. 95.
§33, arts. 117 y 118.

– STS, Sala 3ª, de 18 junio 1994 (RJ 1994, 5905).
§3, art. 105.
§28, art. 155.
§49, arts. 4, 15, 17, 22 y 25.

– STS, Sala 3ª, de 21 junio 1994 (RJ 1994, 4995).
§1, arts. 2.1, 12, 19.1 y 21.
§2, arts. 45 y 245.
§3, arts. 62, 76, 88 y 181.
§3.6, art. 21.
§6, arts. 11, 70, 184, 188 y 189.
§13, arts. 10 y 11.
§17, art. 10.
§23, arts. 56, 57 y 153.
§24, arts. 88, 200 y 201.
§25, arts. 7, 8, 106 y 109.
§27, arts. 49, 50, 51, 137 y 176.
§28, arts. 94, 113, 130 y 251.
§33, arts. 62, 63, 80, 170 y 171.
§37, arts. 168 y 170.
§44, art. 224.
§52, art. 184.
§53, arts. 86, 87 y 88.

– STS, Sala 3ª, de 23 junio 1994 (RJ 1994, 5339).
§1, art. 6.1.

§**2**, arts. 114 y 117.
§**3**, art. 41.
§**3.1**, arts. 128, 130, 131 y 133.
§**6**, arts. 41, 42, 43 y 50.
§**12**, art. 8.
§**25**, art. 143.
§**28**, arts. 56, 59, 60, 61 y 62.
§**37**, art. 41.
§**52**, art. 83.

– STS, Sala 3ª, de 24 junio 1994 (RJ 1994, 7199).
§**3**, art. 121.
§**3.2**, art. 64.
§**6**, art. 122.
§**28**, art. 171.
§**33**, art. 130.
§**44**, art. 152.
§**52**, art. 118.

– STS, Sala 3ª, de 28 junio 1994 (RJ 1994, 5001).
§**1**, arts. 13, 14.1, 14.2 f), 18.7 y 34.
§**2**, arts. 34, 186, 208, 227, 228, 229, 233, 234 y 236.
§**3**, arts. 154 a 164.
§**3.6**, arts. 1, 10, 13, 18 y 25.
§**6**, arts. 160 a 165.
§**24**, arts. 246, 247, 249 y 251.
§**27**, arts. 66 y 104.
§**28**, arts. 223 a 233.
§**33**, art. 81.
§**41**, arts. 203, 204, 205 y 206.
§**44**, art. 218.
§**46**, art. 9.
§**52**, arts. 187, 188, 189, 190 y 192.
§**53**, arts. 97 y 98.

– STS, Sala 3ª, de 5 julio 1994 (RJ 1994, 5533).
§**1**, arts. 42 y 44.
§**1.1**, arts. 4, 5, 10, 12 y 13.
§**2**, arts. 35, 242.1, 242.6, 243.2, 244.4 y 300.
§**3**, arts. 178, 179, 180 y 232.
§**3.3**, art. 1.
§**6**, arts. 166, 169, 170, 171, 172, 173, 175, 176, 177, 182, 183, 200 y 202.
§**10**, arts. 1.3, 1.4, 2.1 y 17.1.
§**13**, arts. 2, 3, 4, 6, 7 y 8.
§**23**, arts. 164, 166, 167, 168 y 169.
§**24**, arts. 183, 185, 186, 187, 188, 192, 194 y 211.
§**25**, arts. 97, 98 y 103.
§**27**, arts. 162, 163, 165, 166, 167, 169, 170, 172 y 200.
§**28**, arts. 247, 248, 249, 250, 258, 259 y 260.
§**33**, arts. 86, 168 y 169.
§**37**, arts. 151, 158 y 199.
§**41**, arts. 214, 215, 216, 221, 223 y 232.
§**44**, arts. 18, 221, 222, 223, 233, 234 y disp. adic. 4ª.
§**52**, arts. 179, 180, 182, 183 y 203.
§**53**, art. 85 y disp. adic. 4ª.

– STS, Sala 3ª, de 9 julio 1994 (RJ 1995, 5964).
§**1**, arts. 14.2 e) y 18.6.
§**2**, art. 155.
§**3**, art. 122.
§**3.2**, arts. 59, 60, 61 y 62.
§**6**, art. 123.
§**23**, art. 199 y 151.
§**25**, art. 68.
§**27**, arts. 115 y 127.
§**28**, art. 172.
§**33**, art. 130.
§**37**, art. 97.
§**44**, art. 153.
§**52**, art. 120.

– STS, Sala 3ª, de 12 julio 1994 (RJ 1994, 5537).
§**1**, arts. 42 y 44.
§**1.1**, arts. 4, 5, 10, 12 y 13.
§**2**, arts. 35, 242.1, 242.6, 243.2, 244.4 y 300.
§**3**, arts. 178, 179, 180 y 232.
§**3.3**, art. 1.
§**6**, arts. 166, 169, 170, 171, 172, 173, 175, 176, 177, 182, 183, 200 y 202.
§**10**, arts. 1.3, 1.4, 2.1 y 17.1.
§**13**, arts. 2, 3, 4, 6, 7 y 8.
§**23**, arts. 164, 166, 167, 168 y 169.
§**24**, arts. 183, 185, 186, 187, 188, 192, 194 y 211.
§**25**, arts. 97, 98 y 103.
§**27**, arts. 162, 163, 165, 166, 167, 169, 170, 172 y 200.
§**28**, arts. 247, 248, 249, 250, 258, 259 y 260.
§**33**, arts. 86, 168 y 169.
§**37**, arts. 151, 158 y 199.
§**41**, arts. 214, 215, 216, 221, 223 y 232.

§**44**, arts. 18, 221, 222, 223, 233, 234 y disp. adic. 4ª.
§**52**, arts. 179, 180, 182, 183 y 203.
§**53**, art. 85 y disp. adic. 4ª.

– STS, Sala 3ª, de 18 julio 1994 (RJ 1994, 6381).
§**1**, arts. 42 y 44.
§**1.1**, arts. 4, 5, 10, 12 y 13.
§**2**, arts. 35, 242.1, 242.6, 243.2, 244.4 y 300.
§**3**, arts. 178, 179, 180 y 232.
§**3.3**, art. 1.
§**6**, arts. 166, 169, 170, 171, 172, 173, 175, 176, 177, 182, 183, 200 y 202.
§**10**, arts. 1.3, 1.4, 2.1 y 17.1.
§**13**, arts. 2, 3, 4, 6, 7 y 8.
§**23**, arts. 164, 166, 167, 168 y 169.
§**24**, arts. 183, 185, 186, 187, 188, 192, 194 y 211.
§**25**, arts. 97, 98 y 103.
§**27**, arts 162, 163, 165, 166, 167, 169, 170, 172 y 200.
§**28**, arts. 247, 248, 249, 250, 258, 259 y 260.
§**33**, arts. 86, 168 y 169.
§**37**, arts. 151, 158 y 199.
§**41**, arts. 214, 215, 216, 221, 223 y 232.
§**44**, arts. 18, 221, 222, 223, 233, 234 y disp. adic. 4ª.
§**52**, arts. 179, 180, 182, 183 y 203.
§**53**, art 85 y disp. adic. 4ª.

– STS, Sala 3ª, de 27 julio 1994 (RJ 1994, 6052).
§**1**, arts 42 y 44.
§**1.1**, arts. 4, 5, 10, 12 y 13.
§**2**, arts. 35, 242.1, 242.6, 243.2, 244.4 y 300.
§**3**, arts. 178, 179, 180 y 232.
§**3.3**, art. 1.
§**6**, arts. 166, 169, 170, 171, 172, 173, 175, 176, 177, 182, 183, 200 y 202.
§**10**, arts. 1.3, 1.4, 2.1 y 17.1.
§**13**, arts. 2, 3, 4, 6, 7 y 8.
§**23**, arts. 164, 166, 167, 168 y 169.
§**24**, arts. 183, 185, 186, 187, 188, 192, 194 y 211.
§**25**, arts. 97, 98 y 103.
§**27**, arts. 162, 163, 165, 166, 167, 169, 170, 172 y 200.
§**28**, arts. 247, 248, 249, 250, 258, 259 y 260.
§**33**, arts. 86, 168 y 169.
§**37**, arts. 151, 158 y 199.
§**41**, arts. 214, 215, 216, 221, 223 y 232.
§**44**, arts. 18, 221, 222, 223, 233, 234 y disp. adic. 4ª.
§**52**, arts. 179, 180, 182, 183 y 203.
§**53**, art. 85 y disp. adic. 4ª.

– STS, Sala 3ª, de 30 julio 1994 (RJ 1994, 6054).
§**1**, arts. 42 y 44.
§**1.1**, arts. 4, 5, 10, 12 y 13.
§**2**, arts. 35, 242.1, 242.6, 243.2, 244.4 y 300.
§**3**, arts. 178, 179, 180 y 232.
§**3.3**, art. 1.
§**6**, arts. 166, 169, 170, 171, 172, 173, 175, 176, 177, 182, 183, 200 y 202.
§**10**, arts. 1.3, 1.4, 2.1 y 17.1.
§**13**, arts. 2, 3, 4, 6, 7 y 8.
§**23**, arts. 164, 166, 167, 168 y 169.
§**24**, arts. 183, 185, 186, 187, 188, 192, 194 y 211.
§**25**, arts. 97, 98 y 103.
§**27**, arts. 162, 163, 165, 166, 167, 169, 170, 172 y 200.
§**28**, arts. 247, 248, 249, 250, 258, 259 y 260.
§**33**, arts. 86, 168 y 169.
§**37**, arts. 151, 158 y 199.
§**41**, arts. 214, 215, 216, 221, 223 y 232.
§**44**, arts. 18, 221, 222, 223, 233, 234 y disp. adic. 4ª.
§**52**, arts. 179, 180, 182, 183 y 203.
§**53**, art. 85 y disp. adic. 4ª.

– STS, Sala 3ª, de 10 octubre 1994 (RJ 1994, 7809).
§**2**, art. 102.
§**3**, art. 27.
§**3.1**, arts. 117, 118, 120, 121 y 122.
§**3.2**, art. 104.
§**6**, arts. 65 y 66.
§**24**, art. 25.
§**25**, art. 53.
§**28**, arts. 40, 41, 42 y 43.
§**33**, art. 34.
§**41**, art. 134.
§**44**, arts. 60 y 106.
§**52**, art. 82.

§53, art. 57.

– STS, Sala 3ª, de 4 noviembre 1994 (RJ 1994, 8369).
§1, art. 21.
§2, art. 45.
§3, art. 62.
§6, art. 70.
§24, art. 88.
§28, art. 94.
§33, art. 80.

– STS, Sala 3ª, de 22 noviembre 1994 (RJ 1994, 9250).
§1, arts. 42 y 44.
§1.1, arts. 4, 5, 10, 12 y 13.
§2, arts. 35, 242.1, 242.6, 243.2, 244.4 y 300.
§3, arts. 178, 179, 180 y 232.
§3.3, art. 1.
§6, arts. 166, 169, 170, 171, 172, 173, 175, 176, 177, 182, 183, 200 y 202.
§10, arts. 1.3, 1.4, 2.1 y 17.1.
§13, arts. 2, 3, 4, 6, 7 y 8.
§23, arts. 164, 166, 167, 168 y 169.
§24, arts. 183, 185, 186, 187, 188, 192, 194 y 211.
§25, arts. 97, 98 y 103.
§27, arts. 162, 163, 165, 166, 167, 169, 170, 172 y 200.
§28, arts. 247, 248, 249, 250, 258, 259 y 260.
§33, arts. 86, 168 y 169.
§37, arts. 151, 158 y 199.
§41, arts. 214, 215, 216, 221, 223 y 232.
§44, arts. 18, 221, 222, 223, 233, 234 y disp. adic. 4ª.
§52, arts. 179, 180, 182, 183 y 203.
§53, art. 85 y disp. adic. 4ª.

– STS, Sala 3ª, de 28 noviembre 1994 (RJ 1994, 8649).
§1, art. 4.
§2, arts. 148, 149 y 163.
§3, art. 119.
§3.1, art. 56.
§3.2, arts. 152, 153 y 154.
§6, art. 121.
§23, arts. 96 y 97.
§24, arts. 147 y 148.
§25, art. 74.
§28, art. 169.
§33, arts. 82, 124, 125 y 126.
§37, art. 101.
§44, arts. 147 y 148.
§52, arts. 114 y 115.

– STS, Sala 3ª, de 7 diciembre 1994 (RJ 1994, 9446).
§2, art. 102.
§3, art. 27.
§3.1, arts. 117, 118, 120, 121 y 122.
§3.2, art. 104.
§6, arts. 65 y 66.
§24, art. 25.
§25, art. 53.
§28, arts. 40, 41, 42 y 43.
§33, art. 34.
§41, art. 134.
§44, arts. 60 y 106.
§52, art. 82.
§53, art. 57.

– STS, Sala 3ª, de 12 diciembre 1994 (RJ 1994, 9415).
§1, art. 21.
§2, art. 45.
§3, art. 62.
§6, art. 70.
§24, art. 88.
§28, art. 94.
§33, art. 80.

– STS, Sala 3ª, de 20 diciembre 1994 (RJ 1994, 10705).
§1, arts. 42 y 44.
§1.1, arts. 4, 5, 10, 12 y 13.
§2, arts. 35, 240, 242.1, 242.6, 243.2, 244.4 y 300.
§3, arts. 178, 179, 180 y 232.
§3.3, art. 1.
§6, arts. 166, 169, 170, 171, 172, 173, 175, 176, 177, 182, 183, 200 y 202.
§10, arts. 1.3, 1.4, 2.1 y 17.1.
§13, arts. 2, 3, 4, 6, 7 y 8.
§23, arts. 164, 166, 167, 168 y 169.
§24, arts. 183, 185, 186, 187, 188, 192, 194 y 211.
§25, arts. 97, 98 y 103.
§27, arts. 162, 163, 165, 166, 167, 169, 170, 172 y 200.
§28, arts. 247, 248, 249, 250, 258, 259 y 260.
§33, arts. 86, 168 y 169.
§37, arts. 151, 158 y 199.
§41, arts. 214, 215, 216, 221, 223 y 232.

§44, arts. 18, 221, 222, 223, 233, 234 y disp. adic. 4ª.
§52, arts. 179, 180, 182, 183 y 203.
§53, art. 85 y disp. adic. 4ª.

1995

– STS, Sala 3ª, de 28 enero 1995 (RJ 1995, 124).
§1, arts. 42 y 44.
§1.1, arts. 4, 5, 10, 12 y 13.
§2, arts. 35, 242.1, 242.6, 243.2, 244.4 y 300.
§3, arts. 178, 179, 180 y 232.
§3.3, art. 1.
§6, arts. 166, 169, 170, 171, 172, 173, 175, 176, 177, 182, 183, 200 y 202.
§10, arts. 1.3, 1.4, 2.1 y 17.1.
§13, arts. 2, 3, 4, 6, 7, 8, 27, 40 y 59.
§23, arts. 164, 166, 167, 168 y 169.
§24, arts. 183, 185, 186, 187, 188, 192, 194 y 211.
§25, arts. 97, 98 y 103.
§27, arts. 162, 163, 165, 166, 167, 169, 170, 172 y 200.
§28, arts. 247, 248, 249, 250, 258, 259 y 260.
§33, arts. 86, 168 y 169.
§37, arts. 151, 158 y 199.
§41, arts. 214, 215, 216, 221, 223 y 232.
§44, arts. 18, 221, 222, 223, 233, 234 y disp. adic. 4ª.
§52, arts. 179, 180, 182, 183 y 203.
§53, art. 85 y disp. adic. 4ª.

– STS, Sala 3ª, de 31 enero 1995 (RJ 1995, 61).
§1, art. 17.
§2, arts. 24, 83, 136, 257, 258 y 259.
§3, arts. 94, 95 y 96.
§6, arts. 28, 178, 179, 180, 181 y 182.
§11, art. 6.
§13, arts. 27, 40 y 59.
§17, art. 13.
§23, arts. 80, 81, 82, 83 y 195.
§24, arts. 105, 106, 195 y 196.
§25, art. 104.
§27, arts. 89, 90 y 91.
§28, arts. 139, 140, 141, 264 y 269.
§33, arts. 98, 100 a 106, 172, 173 y 174.
§37, arts. 143, 144, 145 y 146.
§52, arts. 193, 194 y 195.
§53, arts. 82 y 83.

– STS, Sala 3ª, de 7 febrero 1995 (RJ 1995, 1058).
§1, art. 19.1.
§2, art. 245.
§3, art. 181.
§6, arts. 184, 188 y 189
§13, arts. 10 y 11.
§23, art. 153.
§24, arts. 200 y 201.
§25, arts. 8 y 106.
§27, arts. 137 y 176.
§28, art. 251.
§33, arts. 170 y 171.
§37, arts. 168 y 170.
§44, art. 224.
§52, art. 184.
§53, arts. 86, 87 y 88.

– STS, Sala 3ª, de 7 febrero 1995 (RJ 1995, 1059).
§1, arts. 42 y 44.
§1.1, arts. 4, 5, 10, 12 y 13.
§2, arts. 35, 242.1, 242.6, 243.2, 244.4 y 300.
§3, arts. 178, 179, 180 y 232.
§3.3, art. 1.
§6, arts. 166, 169, 170, 171, 172, 173, 175, 176, 177, 182, 183, 200 y 202.
§10, arts. 1.3, 1.4, 2.1 y 17.1.
§13, arts. 2, 3, 4, 6, 7 y 8.
§23, arts. 164, 166, 167, 168 y 169.
§24, arts. 183, 185, 186, 187, 188, 192, 194 y 211.
§25, arts. 97, 98 y 103.
§27, arts. 162, 163, 165, 166, 167, 169, 170, 172 y 200.
§28, arts. 247, 248, 249, 250, 258, 259 y 260.
§33, arts. 86, 168 y 169.
§37, arts. 151, 158 y 199.
§41, arts. 214, 215, 216, 221, 223 y 232.
§44, arts. 18, 221, 222, 223, 233, 234 y disp. adic. 4ª.
§52, arts. 179, 180, 182, 183 y 203.
§53, art. 85 y disp. adic. 4ª.

– STS, Sala 3ª, de 28 febrero 1995 (RJ 1995, 1083).
§1, art. 3.
§2, arts. 3 y 20.1 b).
§3, art. 3.

§6, art. 3.
§28, art. 3.
§44, art. 3.

– STS, Sala 3ª, de 14 marzo 1995 (RJ 1995, 2087).
§2, art. 263.
§3, art. 230.
§6, art. 209.
§10, art. 21.
§13, art. 73.
§23, arts. 201 y 205.
§24, arts. 212 y 221.
§25, art. 121.
§27, art. 187.
§28, art. 279.
§33, art. 183.
§41, art. 246.
§44, arts. 239 y 261.
§46, art. 10.
§52, art. 206.

– STS, Sala 3ª, de 22 marzo 1995 (RJ 1995, 2090).
§1, art. 7.
§2, art. 9.
§3, art. 77.
§6, art. 12.
§23, art. 49.
§24, arts. 92 y 93.
§25, art. 10.
§27, art. 44.
§28, art. 114.
§33, arts. 9, 10 y 63.
§44, art. 6.
§52, art. 6.
§53, art. 8.

– STS, Sala 3ª, de 4 abril 1995 (RJ 1995, 3154).
§1, arts. 42 y 44.
§1.1, arts. 4, 5, 10, 12 y 13.
§2, arts. 35, 242.1, 242.6, 243.2, 244.4 y 300.
§3, arts. 178, 179, 180 y 232.
§3.3, art. 1.
§6, arts. 166, 169, 170, 171, 172, 173, 175, 176, 177, 182, 183, 200 y 202.
§10, arts. 1.3, 1.4, 2.1 y 17.1.
§13, arts. 2, 3, 4, 6, 7 y 8.
§23, arts. 164, 166, 167, 168 y 169.
§24, arts. 183, 185, 186, 187, 188, 192, 194 y 211.
§25, arts. 97, 98 y 103.
§27, arts. 162, 163, 165, 166, 167, 169, 170, 172 y 200.
§28, arts. 247, 248, 249, 250, 258, 259 y 260.
§33, arts. 86, 168 y 169.
§37, arts. 151, 158 y 199.
§41, arts. 214, 215, 216, 221, 223 y 232.
§44, arts. 18, 221, 222, 223, 233, 234 y disp. adic. 4ª.
§52, arts. 179, 180, 182, 183 y 203.
§53, art. 85 y disp. adic. 4ª.

– STS, Sala 3ª, de 10 abril 1995 (RJ 1995, 3021).
§1, arts. 2.2, 3, 5, 8, 13, 14.1, 14.2 a), 14.2 e), 18.1, 19, 24 c), 41.1 y 43.
§2, arts. 9, 10, 20.1 b), 27, 33, 96, 205, 237, 238, 239 y 241.
§3, arts. 83 y 87.
§3.2, arts. 46 y 180.
§6, arts. 14, 15, 16, 17, 18, 106, 107 y 108.
§23, art. 147.
§24, arts. 96, 100, 102 y 143.
§25, arts. 7, 17, 18 y 109.
§27, arts. 50, 51, 53, 69, 126 y 131.
§28, arts. 120 y 129.
§33, arts. 9, 10, 11, 14, 62, 70, 74, 78, 81, 82, 131, 152 y 153.
§38, art. 71.
§44, arts. 6, 11, 27 y 129.
§52, art. 11.

– STS, Sala 3ª, de 12 abril 1995 (RJ 1995, 2980).
§3, art. 105.
§28, art. 155.
§49, arts. 4, 15, 17, 22 y 25.

– STS, Sala 3ª, de 3 mayo 1995 (RJ 1995, 4169).
§1, arts. 42 y 44.
§1.1, arts. 4, 5, 10, 12 y 13.
§2, arts. 35, 242.1, 242.6, 243.2, 244.4 y 300.
§3, arts. 178, 179, 180 y 232.
§3.3, art. 1.
§6, arts. 166, 169, 170, 171, 172, 173, 175, 176, 177, 182, 183, 200 y 202.
§10, arts. 1.3, 1.4, 2.1 y 17.1.
§13, arts. 2, 3, 4, 6, 7 y 8.
§23, arts. 164, 166, 167, 168 y 169.

§24, arts. 183, 185, 186, 187, 188, 192, 194 y 211.
§25, arts. 97, 98 y 103.
§27, arts. 162, 163, 165, 166, 167, 169, 170, 172 y 200.
§28, arts. 247, 248, 249, 250, 258, 259 y 260.
§33, arts. 86, 168 y 169.
§37, arts. 151, 158 y 199.
§41, arts. 214, 215, 216, 221, 223 y 232.
§44, arts. 18, 221, 222, 223, 233, 234 y disp. adic. 4ª.
§52, arts. 179, 180, 182, 183 y 203.
§53, art. 85 y disp. adic. 4ª.

– STS, Sala 3ª, de 12 mayo 1995 (RJ 1995, 3798).
§1, arts. 42 y 44.
§1.1, arts. 4, 5, 10, 12 y 13.
§2, arts. 35, 242.1, 242.6, 243.2, 244.4, 248, 250, 252 y 300.
§3, arts. 178, 179, 180, 184 y 232
§3.3, art. 1.
§6, arts. 166, 169, 170, 171, 172, 173, 175, 176, 177, 182, 183, 196, 200 y 202.
§10, arts. 1.3, 1.4, 2.1, 5.1, 7, 8, 9, 13.2 y 17.1.
§13, arts. 2, 3, 4, 6, 7, 8, 26, 61, 65 y 66.
§23, arts. 164, 166, 167, 168, 169, 176, 177 y 178.
§24, arts. 183, 185, 186, 187, 188, 192, 194, 207 y 211.
§25, arts. 97, 98, 103, 113 y 118.
§27, arts. 162, 163, 165, 166, 167, 169, 170, 172, 178 y 200.
§28, arts. 247, 248, 249, 250, 254, 255, 258, 259, 260, 274, 275 y 276.
§33, arts. 86, 168, 169, 175 y 177.
§37, arts. 151, 158, 193, 199 y 203.
§41, arts. 214, 215, 216, 221, 223, 227 y 232.
§44, arts. 18, 221, 222, 223, 228, 230, 233, 234 y disp. adic. 4ª.
§52, arts. 179, 180, 182, 183, 198 y 203.
§53, art. 85 y disp. adic. 4ª.

– STS, Sala 3ª, de 5 junio 1995 (RJ 1995, 4938).
§1, arts. 42 y 44.
§1.1, arts. 4, 5, 10, 12 y 13.
§2, arts. 35, 242.1, 242.6, 243.2, 244.4 y 300.
§3, arts. 178, 179, 180 y 232.
§3.3, art. 1.
§6, arts. 166, 169, 170, 171, 172, 173, 175, 176, 177, 182, 183, 200 y 202.
§10, arts. 1.3, 1.4, 2.1 y 17.1.
§13, arts. 2, 3, 4, 6, 7 y 8.
§23, arts. 164, 166, 167, 168 y 169.
§24, arts. 183, 185, 186, 187, 188, 192, 194 y 211.
§25, arts. 97, 98 y 103.
§27, arts. 162, 163, 165, 166, 167, 169, 170, 172 y 200.
§28, arts. 247, 248, 249, 250, 258, 259 y 260.
§33, arts. 86, 168 y 169.
§37, arts. 151, 158 y 199.
§41, arts. 214, 215, 216, 221, 223 y 232.
§44, arts. 18, 221, 222, 223, 233, 234 y disp. adic. 4ª.
§52, arts. 179, 180, 182, 183 y 203.
§53, art. 85 y disp. adic. 4ª.

– STS, Sala 3ª, de 6 junio 1995 (RJ 1995, 4944).
§1, arts. 42 y 44.
§1.1, arts. 4, 5, 10, 12 y 13.
§2, arts. 35, 240, 242.1, 242.6, 243.2, 244.4, 254 y 300.
§3, arts. 178, 179, 180, 187 y 232.
§3.3, art. 1.
§6, arts. 166, 169, 170, 171, 172, 173, 175, 176, 177, 182, 183, 200 y 202.
§10, arts. 1.3, 1.4, 2.1 y 17.1.
§13, arts. 2, 3, 4, 6, 7 y 8.
§23, arts. 164, 166, 167, 168, 169 y 185.
§24, arts. 183, 185, 186, 187, 188, 192, 194 y 211.
§25, arts. 97, 98, 103 y 119.
§27, arts. 162, 163, 165, 166, 167, 169, 170, 172 y 200.
§28, arts. 247, 248, 249, 250, 258, 259 y 260.
§33, arts. 86, 168, 169 y 179.
§37, arts. 151, 158, 159 y 199.
§41, arts. 214, 215, 216, 221, 223 y 232.
§44, arts. 18, 221, 222, 223, 233, 234 y disp. adic. 4ª.
§52, arts. 179, 180, 182, 183 y 203.
§53, art. 85 y disp. adic. 4ª.

– STS, Sala 3ª, de 6 julio 1995 (RJ 1995, 5527).

§1, arts. 2.2, 5, 19, 24 c), 41.1 y 43.
§2, arts. 237, 238, 239 y 241.
§3, art. 87.
§25, arts. 7 y 109.
§27, art. 53.
§28, art. 128.
§33, arts. 62 y 131.
§44, arts. 27 y 129.

– STS, Sala 3ª, de 10 julio 1995 (RJ 1995, 5852).
§2, art. 102.
§3, art. 27.
§3.1, arts. 117, 118, 120, 121 y 122.
§3.2, art. 104.
§6, arts. 65 y 66.
§24, art. 25.
§25, art. 53.
§28, arts. 40, 41, 42 y 43.
§33, art. 34.
§41, art. 134.
§44, arts. 60 y 106.
§52, art. 82.
§53, art. 57.

– STS, Sala 3ª, de 26 septiembre 1995 (RJ 1995, 6825).
§1, arts. 42 y 44.
§1.1, arts. 4, 5, 10, 12 y 13.
§2, arts. 35, 242.1, 242.6, 243.2, 244.4 y 300.
§3, arts. 178, 179, 180 y 232.
§3.3, art. 1.
§6, arts. 166, 169, 170, 171, 172, 173, 175, 176, 177, 182, 183, 200 y 202.
§10, arts. 1.3, 1.4, 2.1 y 17.1.
§13, arts. 2, 3, 4, 6, 7 y 8.
§23, arts. 164, 166, 167, 168 y 169.
§24, arts. 183, 185, 186, 187, 188, 192, 194 y 211.
§25, arts. 97, 98 y 103.
§27, arts. 162, 163, 165, 166, 167, 169, 170, 172 y 200.
§28, arts. 247, 248, 249, 250, 258, 259 y 260.
§33, arts. 86, 168 y 169.
§37, arts. 151, 158 y 199.
§41, arts. 214, 215, 216, 221, 223 y 232.
§44, arts. 18, 221, 222, 223, 233, 234 y disp. adic. 4ª.
§52, arts. 179, 180, 182, 183 y 203.
§53, art. 85 y disp. adic. 4ª.

– STS, Sala 3ª, de 28 septiembre 1995 (RJ 1995, 6690).
§1, art. 19.1.
§2, art. 245.
§3, art. 181.
§6, arts. 184, 188 y 189.
§13, arts. 10 y 11.
§23, art. 153.
§24, arts. 200 y 201.
§25, arts. 8 y 106.
§27, arts. 137 y 176.
§28, art. 251.
§33, arts. 170 y 171.
§37, arts. 168 y 170.
§44, art. 224.
§52, art. 184.
§53, arts. 86, 87 y 88.

– STS, Sala 3ª, de 3 octubre 1995 (RJ 1995, 7876).
§1, art. 17.
§2, arts. 24, 83, 136, 257, 258, 259 y 263.
§3, arts. 94, 95, 96 y 230.
§6, arts. 28, 178, 179, 180, 181, 182 y 209.
§10, art. 21.
§11, art. 6.
§13, arts. 27, 40, 59 y 73.
§17, art. 13.
§23, arts. 80, 81, 82, 83, 195, 201 y 205.
§24, arts. 105, 106, 195, 196, 212 y 221.
§25, arts. 104 y 121.
§27, arts. 89, 90, 91 y 187.
§28, arts. 139, 140, 141, 264, 269 y 279.
§33, arts. 98, 100 a 106, 172, 173, 174 y 183.
§37, arts. 143, 144, 145 y 146.
§41, art. 246.
§44, arts. 239 y 261.
§46, art. 10.
§52, arts. 193, 194, 195 y 206.
§53, arts. 82 y 83.

– STS, Sala 3ª, de 16 octubre 1995 (RJ 1995, 7105).
§3.2, art. 136.

– STS, Sala 3ª, de 2 noviembre 1995 (RJ 1995, 8060).
§1, art. 40.3.
§2, arts. 206, 276, 277, 280.1, 287, 288 y 289.
§3, arts. 89, 90, 91, 92, 93 y 165 a 174.
§6, arts. 85, 86 y 88 a 93.
§17, art. 39.

§23, arts. 74, 75, 76 y 77.
§24, arts. 229, 232, 233, 234, 235 y 239.
§25, arts. 109, 123, 125, 127 y 130.
§27, arts. 76, 77, 79, 80 y 81.
§28, arts. 131, 132, 133, 134, 135 y 234 a 243.
§33, arts. 155, 156, 157, 158 y 159.
§37, arts. 173, 176 y 179.
§41, arts. 196, 198, 199, 200 y 201.
§44, arts. 265, 266, 272 y 275.
§51, arts. 2, 7 y 8.
§52, arts. 163, 164 y 169.
§53, art. 99.

– STS, Sala 3ª, de 8 noviembre 1995 (RJ 1995, 8548).
§1, art. 18.3.
§2, arts. 177 a 182 y 184.
§3, arts. 146 a 153.
§3.1, art. 75.
§28, arts. 215 a 222.
§44, arts. 184 a 190.

– STS, Sala 3ª, de 15 noviembre 1995 (RJ 1995, 8333).
§1, arts. 2.2, 5, 19, 24 c), 41.1 y 43.
§2, arts. 237, 238, 239 y 241.
§3, art. 87.
§25, arts. 7 y 109.
§27, art. 53.
§28, art. 129.
§33, arts. 62 y 131.
§44, arts. 27 y 129.

– STS, Sala 3ª, de 23 noviembre 1995 (RJ 1995, 8072).
§1, art. 17.
§2, arts. 24, 83, 136, 257, 258 y 259.
§3, arts. 89 a 96.
§6, arts. 28, 178, 179, 180, 181 y 182.
§11, art. 6.
§13, arts. 27, 40 y 59.
§17, art. 13.
§23, arts. 80, 81, 82, 83 y 195.
§24, arts. 105, 106, 195 y 196.
§25, art. 104.
§27, arts. 89, 90 y 91.
§28, arts. 139, 140, 141, 264 y 269.
§33, arts. 98, 100 a 106, 172, 173 y 174.
§37, arts. 143, 144, 145 y 146.
§52, arts. 193, 194 y 195.
§53, arts. 82 y 83.

– STS, Sala 3ª, de 29 noviembre 1995 (RJ 1995, 8559).
§1, arts. 14.2 d), 18.5 y 23.
§2, arts. 164, 165, 166, 167, 170, 258 y 259.
§3, arts. 97 a 102.
§3.2, arts. 71, 72, 73, 76, 77, 81, 86, 87, 89, 93, 94, 95, 98, 100, 101, 104, 106, 108, 113, 117, 122, 124, 125 y 126.
§6, arts. 124, 125, 126, 128 y 130.
§23, arts. 84, 85, 86 y 87.
§24, arts. 135, 137 y 139.
§27, arts. 92 y 93.
§28, arts. 147 a 152.
§33, arts. 98 y 100 a 106.
§37, art. 86.
§44, arts. 159 y 160.
§52, arts. 131, 132, 133, 134 y 140.
§53, art. 68.

– STS, Sala 3ª, de 4 diciembre 1995 (RJ 1996, 682).
§2, arts. 17, 84 y 93.
§3, art. 25.
§3.1, art. 87.
§23, art. 39.
§27, art. 27.
§28, art. 38.
§33, arts. 29 y 32.
§37, art. 55.
§44, art. 83.
§52, art. 80.
§53, art. 25.

– STS, Sala 3ª, de 5 diciembre 1995 (RJ 1995, 8994).
§2, art. 102.
§3, art. 27.
§3.1, arts. 117, 118, 120, 121 y 122.
§3.2, art. 104.
§6, arts. 65 y 66.
§24, art. 25.
§25, art. 53.
§28, arts. 40, 41, 42 y 43.
§33, art. 34.
§41, art. 134.
§44, arts. 60 y 106.
§52, art. 82.
§53, art. 57.

– STS, Sala 3ª, de 12 diciembre 1995 (RJ 1995, 9347).
§1, art. 17.
§2, arts. 24, 83, 136, 257, 258 y 259.

§3, arts. 94, 95 y 96.
§6, arts. 28, 178, 179, 180, 181 y 182.
§11, art. 6.
§13, arts. 27, 40 y 59.
§17, art. 13.
§23, arts. 80, 81, 82, 83 y 195.
§24, arts. 105, 106, 195 y 196.
§25, art. 104.
§27, arts. 89, 90 y 91.
§28, arts. 139, 140, 141, 264 y 269.
§33, arts. 98, 100 a 106, 172, 173 y 174.
§37, arts. 143, 144, 145 y 146.
§52, arts. 193, 194 y 195.
§53, arts. 82 y 83.

– STS, Sala 3ª, de 20 diciembre 1995 (RJ 1995, 9107).
§3, art. 120.
§3.2, art. 180.
§23, art. 98.
§24, art. 120.
§28, art. 170.
§41, arts. 160 y 161.

– STS, Sala 3ª, de 20 diciembre 1995 (RJ 1995, 9110).
§1, arts. 42 y 44.
§1.1, arts. 4, 5, 10, 12 y 13.
§2, arts. 35, 242.1, 242.6, 243.2, 244.4 y 300.
§3, arts. 178, 179, 180 y 232.
§3.3, art. 1.
§6, arts. 166, 169, 170, 171, 172, 173, 175, 176, 177, 182, 183, 200 y 202.
§10, arts. 1.3, 1.4, 2.1 y 17.1.
§13, arts. 2, 3, 4, 6, 7 y 8.
§23, arts. 164, 166, 167, 168 y 169.
§24, arts. 183, 185, 186, 187, 188, 192, 194 y 211.
§25, arts. 97, 98 y 103.
§27, arts. 162, 163, 165, 166, 167, 169, 170, 172 y 200.
§28, arts. 247, 248, 249, 250, 258, 259 y 260.
§33, arts. 86, 168 y 169.
§37, arts. 151, 158 y 199.
§41, arts. 214, 215, 216, 221, 223 y 232.
§44, arts. 18, 221, 222, 223, 233, 234 y disp. adic. 4ª.
§52, arts. 179, 180, 182, 183 y 203.
§53, art. 85 y disp. adic. 4ª.

– STS, Sala 3ª, de 21 diciembre 1995 (RJ 1995, 9111).
§1, arts. 42 y 44.
§1.1, arts. 4, 5, 10, 12 y 13.
§2, arts. 35, 240, 242.1, 242.6, 243.2, 244.4 y 300.
§3, arts. 178, 179, 180 y 232.
§3.3, art. 1.
§6, arts. 166, 169, 170, 171, 172, 173, 175, 176, 177, 182, 183, 200 y 202.
§10, arts. 1.3, 1.4, 2.1 y 17.1.
§13, arts. 2, 3, 4, 6, 7 y 8.
§23, arts. 164, 166, 167, 168 y 169.
§24, arts. 183, 185, 186, 187, 188, 192, 194 y 211.
§25, arts. 97, 98 y 103.
§27, arts. 162, 163, 165, 166, 167, 169, 170, 172 y 200.
§28, arts. 247, 248, 249, 250, 258, 259 y 260.
§33, arts. 86, 168 y 169.
§37, arts. 151, 158 y 199.
§41, arts. 214, 215, 216, 221, 223 y 232.
§44, arts. 18, 221, 222, 223, 233, 234 y disp. adic. 4ª.
§52, arts. 179, 180, 182, 183 y 203.
§53, art. 85 y disp. adic. 4ª.

1996

– STS, Sala 3ª, de 22 enero 1996 (RJ 1996, 30).
§1, arts. 42 y 44.
§1.1, arts. 4, 5, 10, 12 y 13.
§2, arts. 35, 240, 242.1, 242.6, 243.2, 244.4 y 300.
§3, arts. 178, 179, 180 y 232.
§3.3, art. 1.
§6, arts. 166, 169, 170, 171, 172, 173, 175, 176, 177, 182, 183, 200 y 202.
§10, arts. 1.3, 1.4, 2.1 y 17.1.
§13, arts. 2, 3, 4, 6, 7 y 8.
§23, arts. 164, 166, 167, 168 y 169.
§24, arts. 183, 185, 186, 187, 188, 192, 194 y 211.
§25, arts. 97, 98 y 103.
§27, arts. 162, 163, 165, 166, 167, 169, 170, 172 y 200.
§28, arts. 247, 248, 249, 250, 258, 259 y 260.
§33, arts. 86, 168 y 169.

§**37**, arts. 151, 158 y 199.
§**41**, arts. 214, 215, 216, 221, 223 y 232.
§**44**, arts. 18, 221, 222, 223, 233, 234 y disp. adic. 4ª.
§**52**, arts. 179, 180, 182, 183 y 203.
§**53**, art. 85 y disp. adic. 4ª.

– STS, Sala 3ª, de 23 enero 1996 (RJ 1996, 214)
§**2**, arts. 125 a 130.
§**3**, art. 51.
§**3.1**, arts. 154, 156, 158, 160, 161, 162 y 163.
§**4**, arts. 25 y 26.
§**6**, arts. 71, 72 y 74.
§**23**, arts. 45 y 47.
§**24**, arts. 81, 82 y 83.
§**25**, arts. 56, 57 y 58.
§**27**, arts. 40, 41 y 43.
§**28**, arts. 72 a 77.
§**33**, arts. 48, 49, 50, 51 y 52.
§**37**, arts. 68, 69 y 70.
§**41**, arts. 147, 148 y 149.
§**44**, arts. 124, 125, 126, 127 y 128.
§**52**, arts. 100, 101 y 102.
§**53**, arts. 35, 54 y 55.

– STS, Sala 3ª, de 29 enero 1996 (RJ 1996, 222).
§**1**, art. 21.
§**3**, art. 88.
§**3.6**, art. 21.
§**25**, art. 109.
§**28**, art. 130.
§**33**, art. 80.

– STS, Sala 3ª, de 5 febrero 1996 (RJ 1996, 1646).
§**1**, arts. 42 y 44.
§**1.1**, arts. 4, 5, 10, 12 y 13.
§**2**, arts. 35, 242.1, 242.6, 243.2, 244.4 y 300.
§**3**, arts. 178, 179, 180 y 232.
§**3.3**, art. 1.
§**6**, arts. 166, 169, 170, 171, 172, 173, 175, 176, 177, 182, 183, 200 y 202.
§**10**, arts. 1.3, 1.4, 2.1 y 17.1.
§**13**, arts. 2, 3, 4, 6, 7 y 8.
§**23**, arts. 164, 166, 167, 168 y 169.
§**24**, arts. 183, 185, 186, 187, 188, 192, 194 y 211.
§**25**, arts. 97, 98 y 103.
§**27**, arts. 162, 163, 165, 166, 167, 169, 170, 172 y 200.
§**28**, arts. 247, 248, 249, 250, 258, 259 y 260.
§**33**, arts. 86, 168 y 169.
§**37**, arts. 151, 158 y 199.
§**41**, arts. 214, 215, 216, 221, 223 y 232.
§**44**, arts. 18, 221, 222, 223, 233, 234 y disp. adic. 4ª.
§**52**, arts. 179, 180, 182, 183 y 203.
§**53**, art. 85 y disp. adic. 4ª.

– STS, Sala 3ª, de 6 febrero 1996 (RJ 1996, 898).
§**1**, art. 5.
§**2**, arts. 102 y 162.
§**3**, arts. 27, 131, 132 y 133.
§**3.1**, arts. 117, 118, 120, 121 y 122.
§**3.2**, arts. 104, 186, 189 y 190.
§**6**, arts. 65, 66, 135, 136 y 137.
§**23**, arts. 121 y 122.
§**24**, arts. 25 y 158.
§**25**, arts. 53 y 83.
§**28**, arts. 40, 41, 42, 43, 182, 183 y 184.
§**33**, arts. 34, 139, 140 y 141.
§**37**, art. 115.
§**41**, arts. 134 y 184.
§**44**, arts. 60, 106, 160 y 167.
§**52**, arts. 82, 129 y 130.
§**53**, art. 57.

– STS, Sala 3ª, de 20 febrero 1996 (RJ 1996, 1378).
§**1**, arts. 42 y 44.
§**1.1**, arts. 4, 5, 10, 12 y 13.
§**2**, arts. 35, 242.1, 242.6, 243.2, 244.4 y 300.
§**3**, arts. 178, 179, 180 y 232.
§**3.3**, art. 1.
§**6**, arts. 166, 169, 170, 171, 172, 173, 175, 176, 177, 182, 183, 200 y 202.
§**10**, arts. 1.3, 1.4, 2.1 y 17.1.
§**13**, arts. 2, 3, 4, 6, 7 y 8.
§**23**, arts. 164, 166, 167, 168 y 169.
§**24**, arts. 183, 185, 186, 187, 188, 192, 194 y 211.
§**25**, arts. 97, 98 y 103.
§**27**, arts. 162, 163, 165, 166, 167, 169, 170, 172 y 200.
§**28**, arts. 247, 248, 249, 250, 258, 259 y 260.
§**33**, arts. 86, 168 y 169.

§37, arts. 151, 158 y 199.
§41, arts. 214, 215, 216, 221, 223 y 232.
§44, arts. 18, 221, 222, 223, 233, 234 y disp. adic. 4ª.
§52, arts. 179, 180, 182, 183 y 203.
§53, art. 85 y disp. adic. 4ª.

– STS, Sala 3ª, de 27 febrero 1996 (RJ 1996, 1649).
§1, art. 24 c).
§2, art. 131.
§3, art. 56.
§6, art. 68.
§24, art. 85.
§25, art. 60.
§28, art. 89.
§33, art. 56.
§41, art. 151.
§53, art. 59.

– STS, Sala 3ª, de 28 febrero 1996 (RJ 1996, 1652).
§1, arts. 42 y 44.
§1.1, arts. 4, 5, 10, 12 y 13.
§2, arts. 35, 242.1, 242.6, 243.2, 244.4 y 300.
§3, arts. 178, 179, 180 y 232.
§3.3, art. 1.
§6, arts. 166, 169, 170, 171, 172, 173, 175, 176, 177, 182, 183, 200 y 202.
§10, arts. 1.3, 1.4, 2.1 y 17.1.
§13, arts. 2, 3, 4, 6, 7 y 8.
§23, arts. 164, 166, 167, 168 y 169.
§24, arts. 183, 185, 186, 187, 188, 192, 194 y 211.
§25, arts. 97, 98 y 103.
§27, arts. 162, 163, 165, 166, 167, 169, 170, 172 y 200.
§28, arts. 247, 248, 249, 250, 258, 259 y 260.
§33, arts. 86, 168 y 169.
§37, arts. 151, 158 y 199.
§41, arts. 214, 215, 216, 221, 223 y 232.
§44, arts. 18, 221, 222, 223, 233, 234 y disp. adic. 4ª.
§52, arts. 179, 180, 182, 183 y 203.
§53, art. 85 y disp. adic. 4ª.

– STS, Sala 3ª, de 12 marzo 1996 (RJ 1996, *2211*).
§1, arts. 42 y 44.
§1.1, arts. 4, 5, 10, 12 y 13.
§2, arts. 35, 240, 242.1, 242.6, 243.2, 244.4 y 300.
§3, arts. 178, 179, 180 y 232.
§3.3, art. 1.
§6, arts. 166, 169, 170, 171, 172, 173, 175, 176, 177, 182, 183, 200 y 202.
§10, arts. 1.3, 1.4, 2.1 y 17.1.
§13, arts. 2, 3, 4, 6, 7 y 8.
§23, arts. 164, 166, 167, 168 y 169.
§24, arts. 183, 185, 186, 187, 188, 192, 194 y 211.
§25, arts. 97, 98 y 103.
§27, arts. 162, 163, 165, 166, 167, 169, 170, 172 y 200.
§28, arts. 247, 248, 249, 250, 258, 259 y 260.
§33, arts. 86, 168 y 169.
§37, arts. 151, 158 y 199.
§41, arts. 214, 215, 216, 221, 223 y 232.
§44, arts. 18, 221, 222, 223, 233, 234 y disp. adic. 4ª.
§52, arts. 179, 180, 182, 183 y 203.
§53, art. 85 y disp. adic. 4ª.

– STS, Sala 3ª, de 27 marzo 1996 (RJ 1996, 2220).
§2, art. 103.
§3, art. 28.
§3.1, art. 115.
§25, arts. 50 y 52.
§28, art. 44.
§33, art. 35.

– STS, Sala 3ª, de 10 abril 1996 (RJ 1996, 4573).
§1, arts. 13, 14.1, 14.2 f), 18.7 y 34.
§2, arts. 34, 186, 208, 227, 228, 229, 233, 234 y 236.
§3, arts. 154 a 164.
§3.6, arts. 1, 10, 13, 18 y 25.
§6, arts. 160 y 165.
§24, arts. 246, 247, 249 y 251.
§27, arts. 66 y 104.
§28, arts. 223 a 233.
§33, art. 81.
§41, arts. 203, 204, 205 y 206.
§44, art. 218.
§46, art. 9.
§52, arts. 187, 188, 189, 190 y 192.
§53, arts. 97 y 98.

– STS, Sala 3ª, de 12 abril 1996 (RJ 1996, 3259).

§2, art. 138.
§3, art. 73.
§6, art. 157.
§23, art. 65.
§24, art. 34.
§25, art. 9.
§27, art. 55.
§28, art. 107.
§33, arts. 59 y 61.
§37, art. 30.
§44, art. 135.
§53, art. 3.

– STS, Sala 3ª, de 17 abril 1996 (RJ 1996, 6120).
§1, art. 19.1.
§2, art. 245.
§3, art. 181.
§6, arts. 184, 188 y 189.
§13, arts. 10 y 11.
§23, art. 153.
§24, arts. 200 y 201.
§25, arts. 8 y 106.
§27, arts. 137 y 176.
§28, art. 251.
§33, arts. 170 y 171.
§37, arts. 168 y 170.
§44, art. 224.
§52, art. 184.
§53, arts. 86, 87 y 88.

– STS, Sala 3ª, de 24 abril 1996 (RJ 1996, 3671).
§1, art. 23.
§2, arts. 157, 158 y 159.
§3, arts. 126, 127, 128 y 129.
§3.2, arts. 102, 156, 157, 158, 161, 162, 165, 167, 169, 178, 184 y 185.
§6, arts. 138, 139, 140, 142 y 144.
§23, arts. 111 a 116.
§24, arts. 149, 151 y 153.
§25, arts. 80, 81 y 82.
§28, arts. 176, 178, 179 y 180.
§33, arts. 133, 134, 135, 136 y 138.
§37, art. 104.
§41, art. 180.
§44, arts. 155, 156, 158, 162 y 163.
§52, arts. 121, 123 y 127.

– STS, Sala 3ª, de 29 abril 1996 (RJ 1996, 3382).
§1, arts. 42 y 44.
§1.1, arts. 4, 5, 10, 12 y 13.
§2, arts. 35, 242.1, 242.6, 243.2, 244.4 y 300.
§3, arts. 178, 179, 180 y 232.
§3.3, art. 1.
§6, arts. 166, 169, 170, 171, 172, 173, 175, 176, 177, 182, 183, 200 y 202.
§10, arts. 1.3, 1.4, 2.1 y 17.1.
§13, arts. 2, 3, 4, 6, 7 y 8
§23, arts. 164, 166, 167, 168 y 169.
§24, arts. 183, 185, 186, 187, 188, 192, 194 y 211.
§25, arts. 97, 98 y 103.
§27, arts. 162, 163, 165, 166, 167, 169, 170, 172 y 200.
§28, arts. 247, 248, 249, 250, 258, 259 y 260.
§33, arts. 86, 168 y 169.
§37, arts. 151, 158 y 199.
§41, arts. 214, 215, 216, 221, 223 y 232.
§44, arts. 18, 221, 222, 223, 233, 234 y disp. adic. 4ª.
§52, arts. 179, 180, 182, 183 y 203.
§53, art. 85 y disp. adic. 4ª.

– STS, Sala 3ª, de 30 abril 1996 (RJ 1996, 3645).
§3, art. 105.
§28, art. 155.
§49, arts. 4, 15, 17, 22 y 25.

– STS, Sala 3ª, de 16 mayo 1996 (RJ 1996, 3975).
§2, art. 247.
§3, art. 183.
§6, arts. 184, 187 y 191.
§23, arts. 155 y 156.
§24, arts. 200, 201 y 202.
§25, art. 107.
§27, arts. 139 y 142.
§28, art. 253.
§33, arts. 170 y 171.
§37, arts. 171 y 172.
§41, arts. 224 y 225.
§44, art. 226.
§52, art. 186.
§53, arts. 88, 90 y 93.

– STS, Sala 3ª, de 28 mayo 1996 (RJ 1996, 4207).
§1, arts. 42 y 44.
§1.1, arts. 4, 5, 10, 12 y 13.
§2, arts. 35, 242.1, 242.6, 243.2, 244.4 y 300.

§3, arts. 178, 179, 180 y 232.
§3.3, art. 1.
§6, arts. 166, 169, 170, 171, 172, 173, 175, 176, 177, 182, 183, 200 y 202.
§10, arts. 1.3, 1.4, 2.1 y 17.1.
§13, arts. 2, 3, 4, 6, 7 y 8.
§23, arts. 164, 166, 167, 168 y 169.
§24, arts. 183, 185, 186, 187, 188, 192, 194 y 211.
§25, arts. 97, 98 y 103.
§27, arts. 162, 163, 165, 166, 167, 169, 170, 172 y 200.
§28, arts. 247, 248, 249, 250, 258, 259 y 260.
§33, arts. 86, 168 y 169.
§37, arts. 151, 158 y 199.
§41, arts. 214, 215, 216, 221, 223 y 232.
§44, arts. 18, 221, 222, 223, 233, 234 y disp. adic. 4ª.
§52, arts. 179, 180, 182, 183 y 203.
§53, art. 85 y disp. adic. 4ª.

– STS, Sala 3ª, de 30 mayo 1996 (RJ 1996, 4210).
§1, arts. 42 y 44.
§1.1, arts. 4, 5, 10, 12 y 13.
§2, arts. 35, 240, 242.1, 242.6, 243.2, 244.4 y 300.
§3, arts. 178, 179, 180 y 232.
§3.3, art. 1.
§6, arts. 166, 169, 170, 171, 172, 173, 175, 176, 177, 182, 183, 200 y 202.
§10, arts. 1.3, 1.4, 2.1 y 17.1.
§13, arts. 2, 3, 4, 6, 7 y 8.
§23, arts. 164, 166, 167, 168 y 169.
§24, arts. 183, 185, 186, 187, 188, 192, 194 y 211.
§25, arts. 97, 98 y 103.
§27, arts. 162, 163, 165, 166, 167, 169, 170, 172 y 200.
§28, arts. 247, 248, 249, 250, 258, 259 y 260.
§33, arts. 86, 168 y 169.
§37, arts. 151, 158 y 199.
§41, arts. 214, 215, 216, 221, 223 y 232.
§44, arts. 18, 221, 222, 223, 233, 234 y disp. adic. 4ª.
§52, arts. 179, 180, 182, 183 y 203.
§53, art. 85 y disp. adic. 4ª.

– STS, Sala 3ª, de 3 junio 1996 (RJ 1996, 5135).
§1, art. 41.
§2, art. 137.
§3, arts. 60 y 61.
§6, art. 70.
§23, art. 44.
§24, art. 88.
§25, art. 64.
§27, art. 42.
§28, art. 93.
§33, art. 58.
§44, arts. 134 y 263.
§52, art. 99.

– STS, Sala 3ª, de 4 junio 1996 (RJ 1996, 5138).
§1, art. 41.
§2, art. 137.
§3, arts. 60 y 61.
§6, art. 70.
§23, art. 44.
§24, art. 88.
§25, art. 64.
§27, art. 42.
§28, art. 93.
§33, art. 58.
§44, arts. 134 y 263.
§52, art. 99.

– STS, Sala 3ª, de 10 junio 1996 (RJ 1996, 5147).
§1, arts. 6 y 16.2.
§2, arts. 43, 44 y 45.
§3, art. 55.
§3.1, arts. 164, 165 y 167.
§25, arts. 61 y 144.
§27, art. 42.
§28, art. 88.
§33, arts. 53 y 55.
§37, arts. 64, 66 y 67.
§44, art. 131.
§52, art. 95.

– STS, Sala 3ª, de 21 junio 1996 (RJCA 1996, 793).
§44, art. 134.

– STS, Sala 3ª, de 24 junio 1996 (RJ 1996, 5239).
§2, art. 247.
§3, art. 183.
§6, arts. 184, 187 y 191.
§23, arts. 155 y 156.
§24, arts. 200, 201 y 202.
§25, art. 107.

§27, arts. 139 y 142.
§28, art. 253.
§33, arts. 170 y 171.
§37, arts. 171 y 172.
§41, arts. 224 y 225.
§44, art. 226.
§52, art. 186.
§53, arts. 88, 90 y 93.

– STS, Sala 3ª, de 2 julio 1996 (RJ 1996, 6127).
§1, arts. 42 y 44.
§1.1, arts. 4, 5, 10, 12 y 13.
§2, arts. 35, 242.1, 242.6, 243.2, 244.4 y 300.
§3, arts. 178, 179, 180 y 232.
§3.3, art. 1.
§6, arts. 166, 169, 170, 171, 172, 173, 175, 176, 177, 182, 183, 200 y 202.
§10, arts. 1.3, 1.4, 2.1 y 17.1.
§13, arts. 2, 3, 4, 6, 7 y 8.
§23, arts. 164, 166, 167, 168 y 169.
§24, arts. 183, 185, 186, 187, 188, 192, 194 y 211.
§25, arts. 97, 98 y 103.
§27, arts. 162, 163, 165, 166, 167, 169, 170, 172 y 200.
§28, arts. 247, 248, 249, 250, 258, 259 y 260.
§33, arts. 86, 168 y 169.
§37, arts. 151, 158 y 199.
§41, arts. 214, 215, 216, 221, 223 y 232.
§44, arts. 18, 221, 222, 223, 233, 234 y disp. adic. 4ª.
§52, arts. 179, 180, 182, 183 y 203.
§53, art. 85 y disp. adic. 4ª.

– STS, Sala 3ª, de 15 julio 1996 (RJ 1996, 7381).
§1, art. 5.
§2, arts. 143, 144, 145 y 154.
§3, arts. 117 y 118.
§3.2, arts. 36, 38 y 155.
§6, arts. 94 y 99.
§23, arts. 89, 93 y 94.
§24, arts. 117, 118, 121 y 122.
§25, arts. 39, 66 y 73.
§27, arts. 113 y 114.
§28, arts. 167 y 168.
§33, arts. 87, 89, 90, 95, 96, 97, 120, 121, 122 y 131.
§44, arts. 143, 145 y 146.
§46, art. 5 y disp. adic. 1ª.
§50, art. 11.
§52, arts. 110, 111 y 112.

– STS, Sala 3ª, de 16 julio 1996 (RJ 1996, 5947).
§1, arts. 42 y 44.
§1.1, arts. 4, 5, 10, 12 y 13.
§2, arts. 35, 242.1, 242.6, 243.2, 244.4 y 300.
§3, arts. 178, 179, 180 y 232.
§3.3, art. 1.
§6, arts. 166, 169, 170, 171, 172, 173, 175, 176, 177, 182, 183, 200 y 202.
§10, arts. 1.3, 1.4, 2.1 y 17.1.
§13, arts. 2, 3, 4, 6, 7 y 8.
§23, arts. 164, 166, 167, 168 y 169.
§24, arts. 183, 185, 186, 187, 188, 192, 194 y 211.
§25, arts. 97, 98 y 103.
§27, arts. 162, 163, 165, 166, 167, 169, 170, 172 y 200.
§28, arts. 247, 248, 249, 250, 258, 259 y 260.
§33, arts. 86, 168 y 169.
§37, arts. 151, 158 y 199.
§41, arts. 214, 215, 216, 221, 223 y 232.
§44, arts. 18, 221, 222, 223, 233, 234 y disp. adic. 4ª.
§52, arts. 179, 180, 182, 183 y 203.
§53, art. 85 y disp. adic. 4ª.

– STS, Sala 3ª, de 16 julio 1996 (RJ 1996, 6191).
§1, art. 21.
§3, art. 88.
§3.6, art. 21.
§25, art. 109.
§28, art. 130.
§33, art. 80.

– STS, Sala 3ª, de 30 julio 1996 (RJ 1996, 6635).
§1, arts. 14.2 b), 18.2 y 34.
§2, arts. 171.2, 199, 200, 201, 202 y 206.
§3, art. 134.
§6, art. 132.
§23, art. 123.
§24, arts. 130 y 162.
§25, art. 89.
§27, arts. 101 y 143.
§28, art. 185.
§33, arts. 152 y 153.

§37, art. 117.
§41, art. 191.
§44, art. 182.
§46, art. 7.

– STS, Sala 3ª, de 13 septiembre 1996 (RJ 1996, 6536).
§1, art. 23.
§2, arts. 157, 158 y 159.
§3, arts. 126, 127, 128 y 129.
§3.2, arts. 102, 156, 157, 158, 161, 162, 165, 167, 169, 178, 184 y 185.
§6, arts. 138, 139, 140, 142 y 144.
§23, arts. 111 a 116.
§24, arts. 149, 151 y 153.
§25, arts. 80, 81 y 82.
§28, arts. 176, 178, 179 y 180.
§33, arts. 133, 134, 135, 136 y 138.
§37, art. 104.
§41, art. 180.
§44, arts. 155, 156, 158, 162 y 163.
§52, arts. 121, 123 y 127.

– STS, Sala 3ª, de 18 septiembre 1996 (RJ 1996, 6592).
§1, art. 4.
§2, arts. 148, 149 y 163.
§3, art. 119.
§3.1, art. 56.
§3.2, arts. 152, 153 y 154.
§6, art. 121.
§23, arts. 96 y 97.
§24, arts. 147 y 148.
§25, art. 74.
§28, art. 169.
§33, arts. 82, 124, 125 y 126.
§37, art. 101.
§44, arts. 147 y 148.
§52, arts. 114 y 115.

– STS, Sala 3ª, de 19 septiembre 1996 (RJ 1996, 6698).
§1, arts. 13, 14.1, 14.2 f), 18.7 y 34.
§2, arts. 34, 186, 208, 227, 228, 229, 233, 234 y 236.
§3, arts. 154 a 164.
§3.6, arts. 1, 10, 13, 18 y 25.
§6, arts. 160 a 165.
§24, arts. 246, 247, 249 y 251.
§27, arts. 66 y 104.
§28, arts. 223 a 233.
§33, art. 81.
§41, arts. 203, 204, 205 y 206.
§44, art. 218.
§46, art. 9.
§52, arts. 187, 188, 189, 190 y 192.
§53, arts. 97 y 98.

– STS, Sala 3ª, de 23 septiembre 1996 (RJ 1996, 7581).
§1, arts. 42 y 44.
§1.1, arts. 4, 5, 10, 12 y 13.
§2, arts. 35, 242.1, 242.6, 243.2, 244.4 y 300.
§3, arts. 178, 179, 180 y 232.
§3.3, art. 1.
§6, arts. 166, 169, 170, 171, 172, 173, 175, 176, 177, 182, 183, 200 y 202.
§10, arts. 1.3, 1.4, 2.1 y 17.1.
§13, arts. 2, 3, 4, 6, 7 y 8.
§23, arts. 164, 166, 167, 168 y 169.
§24, arts. 183, 185, 186, 187, 188, 192, 194 y 211.
§25, arts. 97, 98 y 103.
§27, arts. 162, 163, 165, 166, 167, 169, 170, 172 y 200.
§28, arts. 247, 248, 249, 250, 258, 259 y 260.
§33, arts. 86, 168 y 169.
§37, arts. 151, 158 y 199.
§41, arts. 214, 215, 216, 221, 223 y 232.
§44, arts. 18, 221, 222, 223, 233, 234 y disp. adic. 4ª.
§52, arts. 179, 180, 182, 183 y 203.
§53, art. 85 y disp. adic. 4ª.

– STS, Sala 3ª, de 7 octubre 1996 (RJ 1996, 7395).
§1, arts. 13, 14.1, 14.2 f), 18.7 y 34.
§2, arts. 34, 186, 208, 227, 228, 229, 233, 234 y 236.
§3, arts. 154 a 164.
§3.6, arts. 1, 10, 13, 18 y 25.
§6, arts. 160 a 165.
§24, arts. 246, 247, 249 y 251.
§27, arts. 66 y 104.
§28, arts. 223 a 233.
§33, art. 81.
§41, arts. 203, 204, 205 y 206.
§44, art. 218.
§46, art. 9.
§52, arts. 187, 188, 189, 190 y 192.
§53, arts. 97 y 98.

– STS, Sala 3ª, de 17 octubre 1996 (RJ 1996, 7409).

§1, arts. 42 y 44.
§1.1, arts. 4, 5, 10, 12 y 13.
§2, arts. 35, 242.1, 242.6, 243.2, 244.4 y 300.
§3, arts. 178, 179, 180 y 232.
§3.3, art. 1.
§6, arts. 166, 169, 170, 171, 172, 173, 175, 176, 177, 182, 183, 200 y 202.
§10, arts. 1.3, 1.4, 2.1 y 17.1.
§13, arts. 2, 3, 4, 6, 7 y 8.
§23, arts. 164, 166, 167, 168 y 169.
§24, arts. 183, 185, 186, 187, 188, 192, 194 y 211.
§25, arts. 97, 98 y 103.
§27, arts. 162, 163, 165, 166, 167, 169, 170, 172 y 200.
§28, arts. 247, 248, 249, 250, 258, 259 y 260.
§33, arts. 86, 168 y 169.
§37, arts. 151, 158 y 199.
§41, arts. 214, 215, 216, 221, 223 y 232.
§44, arts. 18, 221, 222, 223, 233, 234 y disp. adic. 4ª.
§52, arts. 179, 180, 182, 183 y 203.
§53, art. 85 y disp. adic. 4ª.

– STS, Sala 3ª, de 18 octubre 1996 (RJ 1996, 7588).
§1, arts. 6 y 16.2.
§2, arts. 43, 44 y 45.
§3, art. 55.
§3.1, arts. 164, 165 y 167.
§25, arts. 61 y 144.
§27, art. 42.
§28, art. 88.
§33, arts. 53 y 55.
§37, arts. 64, 66 y 67.
§44, art. 131.
§52, art. 95.

– STS, Sala 3ª, de 23 octubre 1996 (RJ 1996, 8686).
§1, arts. 42 y 44.
§1.1, arts. 4, 5, 10, 12 y 13.
§2, arts. 35, 240, 242.1, 242.6, 243.2, 244.4 y 300.
§3, arts. 178, 179, 180 y 232.
§3.3, art. 1.
§6, arts. 166, 169, 170, 171, 172, 173, 175, 176, 177, 182, 183, 200 y 202.
§10, arts. 1.3, 1.4, 2.1 y 17.1.
§13, arts. 2, 3, 4, 6, 7 y 8.
§23, arts. 164, 166, 167, 168 y 169.
§24, arts. 107, 183, 185, 186, 187, 188, 192, 194 y 211.
§25, arts. 97, 98 y 103.
§27, arts. 162, 163, 165, 166, 167, 169, 170, 172 y 200.
§28, arts. 247, 248, 249, 250, 258, 259 y 260.
§33, arts. 86, 168 y 169.
§37, arts. 151, 158 y 199.
§41, arts. 214, 215, 216, 221, 223 y 232.
§44, arts. 18, 221, 222, 223, 233, 234 y disp. adic. 4ª.
§52, arts. 179, 180, 182, 183 y 203.
§53, art. 85 y disp. adic. 4ª.

– STS, Sala 3ª, de 29 octubre 1996 (RJ 1996, 9514).
§1, art. 23.
§3, art. 124.
§3.2, art. 65.
§28, art. 174.
§46, disp. adic. 1ª.
§50, art. 11.

– STS, Sala 3ª, de 5 noviembre 1996 (RJ 1996, 8022).
§3, art. 85.

– STS, Sala 3ª, de 6 noviembre 1996 (RJ 1996, 8007).
§2, art. 247.
§3, art. 183.
§6, arts. 184, 187 y 191.
§23, arts. 155 y 156.
§24, arts. 200, 201 y 202.
§25, art. 107.
§27, arts. 139 y 142.
§28, art. 253.
§33, arts. 170 y 171.
§37, arts. 171 y 172.
§42, arts. 224 y 225.
§44, art. 226.
§52, art. 186.
§53, arts. 88, 90 y 93.

– STS, Sala 3ª, de 6 noviembre 1996 (RJ 1996, 8008).
§1, arts. 17, 42 y 44.
§1.1, arts. 4, 5, 10, 12 y 13.
§2, arts. 35, 136, 242.1, 242.6, 243.2, 244.4 y 300.
§3, arts. 58, 178, 179, 180 y 232.
§3.3, art. 1.

§6, arts. 166, 169, 170, 171, 172, 173, 175, 176, 177, 182, 183, 200 y 202.
§10, arts. 1.3, 1.4, 2.1 y 17.1.
§13, arts. 2, 3, 4, 6, 7 y 8.
§23, arts. 61, 164, 166, 167, 168 y 169.
§24, arts. 107, 183, 185, 186, 187, 188, 192, 194 y 211.
§25, arts. 97, 98 y 103.
§27, arts. 162, 163, 165, 166, 167, 169, 170, 172 y 200.
§28, arts. 91, 247, 248, 249, 250, 258, 259 y 260.
§33, arts. 57, 86, 168 y 169.
§37, arts. 151, 158 y 199.
§41, arts. 214, 215, 216, 221, 223 y 232.
§44, arts. 18, 133, 221, 222, 223, 233, 234 y disp. adic. 4ª.
§52, arts. 179, 180, 182, 183 y 203.
§53, arts. 58, 85 y disp. adic. 4ª.

– STS, Sala 3ª, de 14 noviembre 1996 (RJ 1996, 8020).
§1, art. 19.1.
§2, art. 245.
§3, art. 181.
§6, arts. 184, 188 y 189.
§13, arts. 10 y 11.
§23, art. 153.
§24, arts. 200 y 201.
§25, arts. 8 y 106.
§27, arts. 137 y 176.
§28, art. 251.
§33, arts. 170 y 171.
§37, arts. 168 y 170.
§44, art. 224.
§52, art. 184.
§53, arts. 86, 87 y 88.

– STS, Sala 3ª, de 15 noviembre 1996 (RJ 1996, 8022).
§1, arts. 10, 15, 16.1, 17 y 20.1.
§2, arts. 9, 11, 16, 18, 24, 35, 104 y 136.
§3, art. 58.
§3.2, arts. 44 y 45.
§6, arts. 19 a 24, 26, 27 y 31.
§11, arts. 1.1, 1.2, 2.1 e), 2.1 f), 3, 4, 5 y 14.
§16, art. 1.
§23, arts. 61, 66 y 69.
§24, arts. 103, 107, 108 y 111.
§27, arts. 67 y 172.
§28, arts. 91 y 127.
§33, arts. 9, 10, 12, 72 y 57.
§44, arts. 6, 45 y 133.
§52, art. 24.
§53, art. 58.
§54, disp. adic. 2ª.

– STS, Sala 3ª, de 26 noviembre 1996 (RJ 1996, 8169).
§3, art. 106.
§28, art. 156.
§49, art. 7.

– STS, Sala 3ª, de 10 diciembre 1996 (RJ 1996, 8850).
§2, art. 9.

– STS, Sala 3ª, de 10 diciembre 1996 (RJ 1996, 9207).
§2, arts. 261 y 274.
§3, art. 225.
§6, art. 208.
§10, arts. 8 y 15.
§13, art. 25.
§23, art. 187.
§25, art. 115.
§27, arts. 183 y 191.
§28, arts. 262 y 274.
§33, arts. 181, 182, 184, 185 y 187.
§37, arts. 201 y 203.
§44, art. 244.
§52, arts. 200 y 204.

– STS, Sala 3ª, de 10 diciembre 1996 (RJ 1996, 9629).
§1, arts. 23, 33, 34 y 40.1.
§2, arts. 204, 208, 209 y 211.
§3, arts. 64 a 69.
§6, arts. 69, 106, 107, 108, 109, 113, 115 y 116.
§23, arts. 159 y 163.
§24, art. 143.
§25, art. 63.
§27, art. 42.
§28, arts. 98 a 103.
§33, art. 54.
§44, arts. 130, 209 y 215.
§52, arts. 96, 141, 158 y 159.

– STS, Sala 3ª, de 18 diciembre 1996 (RJ 1996, 9527).
§1, arts. 42 y 44.
§1.1, arts. 4, 5, 10, 12 y 13.
§2, arts. 35, 242.1, 242.6, 243.2, 244.4 y 300.

§3, arts. 178, 179, 180 y 232.
§3.3, art. 1.
§6, arts. 166, 169, 170, 171, 172, 173, 175, 176, 177, 182, 183, 200 y 202.
§10, arts. 1.3, 1.4, 2.1 y 17.1.
§13, arts. 2, 3, 4, 6, 7 y 8.
§23, arts. 164, 166, 167, 168 y 169.
§25, arts. 97, 98 y 103.
§27, arts. 162, 163, 165, 166, 167, 169, 170, 172 y 200.
§28, arts. 247, 248, 249, 250, 258, 259 y 260.
§33, arts. 86, 168 y 169.
§37, arts. 151, 158 y 199.
§41, arts. 214, 215, 216, 221, 223 y 232.
§44, arts. 18, 221, 222, 223, 233, 234 y disp. adic. 4ª.
§52, arts. 179, 180, 182, 183 y 203.
§53, art. 85 y disp. adic. 4ª.

1997

– STS, Sala 3ª, de 15 enero 1997 (RJ 1997, 168).
§1, arts. 42 y 44.
§2, art. 253.
§3, art. 186.
§6, art. 199.
§10, art. 17.1.
§13, art. 64.
§23, arts. 171, 184 y 185.
§24, art. 209.
§28, art. 257.
§33, art. 178.
§37, arts. 159 y 197.
§44, art. 232.
§52, art. 202.

– STS, Sala 3ª, de 20 enero 1997 (RJ 1997, 177).
§1, art. 23.
§2, arts. 157, 158 y 159.
§3, arts. 126, 127, 128 y 129.
§3.2, arts. 102, 156, 157, 158, 161, 162, 165, 167, 169, 178, 184 y 185.
§6, arts. 138, 139, 140, 142 y 144.
§23, arts. 111 a 116.
§24, arts. 149, 151 y 153.
§25, arts. 80, 81 y 82.
§28, arts. 176, 178, 179 y 180.
§33, arts. 133, 134, 135, 136 y 138.
§37, art. 104.
§41, art. 180.
§44, arts. 155, 156, 158, 162 y 163.
§52, arts. 121, 123 y 127.

– STS, Sala 3ª, de 28 enero 1997 (RJ 1997, 300).
§1, arts. 4 y 15.
§2, arts. 45, 104, 106 y 117.
§3, arts. 52, 53 y 54.
§3.1, arts. 46, 64, 85 y 139.
§6, arts. 51, 52 y 53.
§13, arts. 13 y 19.
§28, arts. 78, 79, 80, 81 y 87.
§33, art. 36.
§44, arts. 107, 109 y 113.

– STS, Sala 3ª, de 30 enero 1997 (RJ 1997, 845).
§1.1, art. 17.

– STS, Sala 3ª, de 8 febrero 1997 (RJ 1997, 807).
§1, art. 19.1.
§2, art. 245.
§3, art. 181.
§6, arts. 184, 188 y 189.
§13, arts. 10 y 11.
§23, art. 153.
§24, arts. 200 y 201.
§25, arts. 8 y 106.
§27, arts. 137 y 176.
§28, art. 251.
§33, arts. 170 y 171.
§37, arts. 168 y 170.
§44, art. 224.
§52, art. 184.
§53, arts. 86, 87 y 88.

– STS, Sala 3ª, de 10 febrero 1997 (RJ 1997, 811).
§1, arts. 13, 14.1, 14.2 f), 18.7 y 34.
§2, arts. 34, 186, 208, 227, 228, 229, 233, 234 y 236.
§3, arts. 154 a 164.
§3.6, arts. 1, 10, 13, 18 y 25.
§6, arts. 160 a 165.
§24, arts. 246, 247, 249 y 251.
§27, arts. 66 y 104.
§28, arts. 223 a 233.
§33, art. 81.
§41, arts. 203, 204, 205 y 206.
§44, art. 218.
§46, art. 9.
§52, arts. 187, 188, 189, 190 y 192.

§53, arts. 97 y 98.

– STS, Sala 3ª, de 14 febrero 1997 (RJ 1997, 1143).
§2, art. 263.
§3, art. 230.
§6, art. 209.
§10, art. 21.
§13, art. 73.
§23, arts. 201 y 205.
§24, arts. 212 y 221.
§25, art. 121.
§27, art. 187.
§28, art. 279.
§33, art. 183.
§41, art. 246.
§44, arts. 239 y 261.
§46, art. 10.
§52, art. 206.

– STS, Sala 3ª, de 17 febrero 1997 (RJ 1997, 1145).
§1, art. 5.
§2, arts. 143, 144, 145 y 154.
§3, arts. 117 y 118.
§3.2, arts. 36, 38 y 155.
§6, arts. 94 y 99.
§23, arts. 89, 93 y 94.
§24, arts. 117, 118, 121 y 122.
§25, arts. 39, 66 y 73.
§27, arts. 113 y 114.
§28, arts. 167 y 168.
§33, arts. 87, 89, 90, 95, 96, 97, 120, 121, 122 y 131.
§44, arts. 143, 145 y 146.
§46, art. 5 y disp. adic. 1ª.
§50, art. 11.
§52, arts. 110, 111 y 112.

– STS, Sala 3ª, de 24 febrero 1997 (RJ 1997, 1287).
§1, arts. 23, 33, 34 y 40.1.
§2, arts. 204, 208, 209 y 211.
§3, arts. 64 a 69.
§6, arts. 69, 106, 107, 108, 109, 113, 115 y 116.
§23, arts. 159 y 163.
§24, art. 143.
§25, art. 63.
§27, art. 42.
§28, arts. 98 a 103.
§33, art. 54.
§44, arts. 130, 209 y 215.
§52, arts. 96, 141, 158 y 159.

– STS, Sala 3ª, de 13 marzo 1997 (RJ 1997, 1898).
§3, art. 105.
§28, art. 155.
§49, arts. 4, 15, 17, 22 y 25.

– STS, Sala 3ª, de 15 marzo 1997 (RJ 1997, 3091).
§1, arts. 14.2 b) y 18.2.
§3, art. 135.
§6, art. 132.
§23, art. 124.
§24, arts. 130 y 162.
§25, art. 89.
§27, art. 145.
§28, art. 186.
§44, art. 182.

– STS, Sala 3ª, de 24 marzo 1997 (RJ 1997, 1875).
§1, arts. 42 y 44.
§1.1, arts. 4, 5, 10, 12 y 13.
§2, arts. 35, 242.1, 242.6, 243.2, 244.4 y 300.
§3, arts. 178, 179, 180 y 232.
§3.3, art. 1.
§6, arts. 166, 169, 170, 171, 172, 173, 175, 176, 177, 182, 183, 200 y 202.
§10, arts. 1.3, 1.4, 2.1 y 17.1.
§13, arts. 2, 3, 4, 6, 7 y 8.
§23, arts. 164, 166, 167, 168 y 169.
§24, arts. 183, 185, 186, 187, 188, 192, 194 y 211.
§25, arts. 97, 98 y 103.
§27, arts. 162, 163, 165, 166, 167, 169, 170, 172 y 200.
§28, arts. 247, 248, 249, 250, 258, 259 y 260.
§33, arts. 86, 168 y 169.
§37, arts. 151, 158 y 199.
§41, arts. 214, 215, 216, 221, 223 y 232.
§44, arts. 18, 221, 222, 223, 233, 234 y disp. adic. 4ª.
§52, arts. 179, 180, 182, 183 y 203.
§53, art. 85 y disp. adic. 4ª.

– STS, Sala 3ª, de 18 abril 1997 (RJ 1997, 2783).
§1, art. 19.1.
§2, art. 245.
§3, art. 181.
§6, arts. 184, 188 y 189.

§13, arts. 10 y 11.
§23, art. 153.
§24, arts. 200 y 201.
§25, arts. 8 y 106.
§27, arts. 137 y 176.
§28, art. 251.
§33, arts. 170 y 171.
§37, arts. 168 y 170.
§44, art. 224.
§52, art. 184.
§53, arts. 86, 87 y 88.

– STS, Sala 3ª, de 18 abril 1997 (RJ 1997, 2784).
§1, art. 23.
§2, arts. 157, 158 y 159.
§3, arts. 126, 127, 128 y 129.
§3.2, arts. 102, 156, 157, 158, 161, 162, 165, 167, 169, 178, 184 y 185.
§6, arts. 138, 139, 140, 142 y 144.
§23, arts. 111 a 116.
§24, arts. 149, 151 y 153.
§25, arts. 80, 81 y 82.
§28, arts. 176, 178, 179 y 180.
§33, arts. 133, 134, 135, 136 y 138.
§37, art. 104.
§41, art. 180.
§44, arts. 155, 156, 158, 162 y 163.
§52, arts. 121, 123 y 127.

– STS, Sala 3ª, de 21 abril 1997 (RJ 1997, 2787).
§1, arts. 42 y 44.
§1.1, arts. 4, 5, 10, 12 y 13.
§2, arts. 35, 242.1, 242.6, 243.2, 244.4 y 300.
§3, arts. 178, 179, 180 y 232.
§3.3, art. 1.
§6, arts. 166, 169, 170, 171, 172, 173, 175, 176, 177, 182, 183, 200 y 202.
§10, arts. 1.3, 1.4, 2.1 y 17.1.
§13, arts. 2, 3, 4, 6, 7 y 8.
§23, arts. 164, 166, 167, 168 y 169.
§24, arts. 183, 185, 186, 187, 188, 192, 194 y 211.
§25, arts. 97, 98 y 103.
§27, arts. 162, 163, 165, 166, 167, 169, 170, 172 y 200.
§28, arts. 247, 248, 249, 250, 258, 259 y 260.
§33, arts. 86, 168 y 169.
§37, arts. 151, 158 y 199.
§41, arts. 214, 215, 216, 221, 223 y 232.
§44, arts. 18, 221, 222, 223, 233, 234 y disp. adic. 4ª.
§52, arts. 179, 180, 182, 183 y 203.
§53, art. 85 y disp. adic. 4ª.

– STS, Sala 3ª, de 26 abril 1997 (RJ 1997, 4306).
§1, arts. 14.2 b), 18.2 y 34.
§2, arts. 171.2, 199, 200, 201, 202 y 206.
§3, art. 134.
§6, art. 132.
§23, art. 123.
§24, arts. 130 y 162.
§25, art. 89.
§27, arts. 101 y 143.
§28, art. 185.
§33, arts. 152 y 153.
§37, art. 117.
§41, art. 191.
§44, art. 182.
§46, art. 7.

– STS, Sala 3ª, de 28 mayo 1997 (RJ 1997, 3949).
§1, arts. 14.2 b), 18.2, 23, 33, 34 y 40.1.
§2, arts. 171.2, 199, 200, 201, 202, 204, 206, 208, 209 y 211.
§3, arts. 64 a 69 y 134.
§6, arts. 69, 106, 107, 108, 109, 113, 115, 116 y 132.
§23, arts. 123, 159, 163.
§24, arts. 130, 143 y 162.
§25, arts. 63 y 89.
§27, arts. 42, 101 y 143.
§28, arts. 98 a 103 y 185.
§33, arts. 54, 152 y 153.
§37, art. 117.
§41, art. 191.
§44, arts. 130, 182, 209 y 215.
§46, art. 7.
§52, arts. 96, 141, 158 y 159.

– STS, Sala 3ª, de 28 mayo 1997 (RJ 1997, 4412).
§1, arts. 42 y 44.
§1.1, arts. 4, 5, 10, 12 y 13.
§2, arts. 35, 240, 242.1, 242.6, 243.2, 244.4 y 300.
§3, arts. 178, 179, 180 y 232.
§3.3, art. 1.
§6, arts. 166, 169, 170, 171, 172, 173, 175, 176, 177, 182, 183, 200 y 202.
§10, arts. 1.3, 1.4, 2.1 y 17.1.

§13, arts. 2, 3, 4, 6, 7 y 8.
§23, arts. 164, 166, 167, 168 y 169.
§24, arts. 183, 185, 186, 187, 188, 192, 194 y 211.
§25, arts. 97, 98 y 103.
§27, arts. 162, 163, 165, 166, 167, 169, 170, 172 y 200.
§28, arts. 247, 248, 249, 250, 258, 259 y 260.
§33, arts. 86, 168 y 169.
§37, arts. 151, 158 y 199.
§41, arts. 214, 215, 216, 221, 223 y 232.
§44, arts. 18, 221, 222, 223, 233, 234 y disp. adic. 4ª.
§52, arts. 179, 180, 182, 183 y 203.
§53, art. 85 y disp. adic. 4ª.

– STS, Sala 3ª, de 29 mayo 1997 (RJ 1997, 4052).
§1, arts. 42 y 44.
§1.1, arts. 4, 5, 10, 12 y 13.
§2, arts. 35, 242.1, 242.6, 243.2, 244.4 y 300.
§3, arts. 178, 179, 180 y 232.
§3.3, art. 1.
§6, arts. 166, 169, 170, 171, 172, 173, 175, 176, 177, 182, 183, 200 y 202.
§10, arts. 1.3, 1.4, 2.1 y 17.1.
§13, arts. 2, 3, 4, 6, 7 y 8.
§23, arts. 164, 166, 167, 168 y 169.
§24, arts. 183, 185, 186, 187, 188, 192, 194 y 211.
§25, arts. 97, 98 y 103.
§27, arts. 162, 163, 165, 166, 167, 169, 170, 172 y 200.
§28, arts. 247, 248, 249, 250, 258, 259 y 260.
§33, arts. 86, 168 y 169.
§37, arts. 151, 158 y 199.
§41, arts. 214, 215, 216, 221, 223 y 232.
§44, arts. 18, 221, 222, 223, 233, 234 y disp. adic. 4ª.
§52, arts. 179, 180, 182, 183 y 203.
§53, art. 85 y disp. adic. 4ª.

– STS, Sala 3ª, de 2 junio 1997 (RJ 1997, 5010).
§2, art. 102.
§3, art. 27.
§3.1, arts. *117*, *118*, *120*, *121* y 122.
§3.2, art. 104.
§6, arts. 65 y 66.
§24, art. 25.
§25, art. 53.
§28, arts. 40, 41, 42 y 43.
§33, art. 34.
§41, art. 134.
§44, arts. 60 y 106.
§52, art. 82.
§53, art. 57.

– STS, Sala 3ª, de 5 junio 1997 (RJ 1997, 5018).
§1, arts. 42 y 44.
§1.1, arts. 4, 5, 10, 12 y 13.
§2, arts. 35, 242.1, 242.6, 243.2, 244.4 y 300.
§3, arts. 178, 179, 180 y 232.
§3.3, art. 1.
§6, arts. 166, 169, 170, 171, 172, 173, 175, 176, 177, 182, 183, 200 y 202.
§10, arts. 1.3, 1.4, 2.1 y 17.1.
§13, arts. 2, 3, 4, 6, 7 y 8.
§23, arts. 164, 166, 167, 168 y 169.
§24, arts. 183, 185, 186, 187, 188, 192, 194 y 211.
§25, arts. 97, 98 y 103.
§27, arts. 162, 163, 165, 166, 167, 169, 170, 172 y 200.
§28, arts. 247, 248, 249, 250, 258, 259 y 260.
§33, arts. 86, 168 y 169.
§37, arts. 151, 158 y 199.
§41, arts. 214, 215, 216, 221, 223 y 232.
§44, arts. 18, 221, 222, 223, 233, 234 y disp. adic. 4ª.
§52, arts. 179, 180, 182, 183 y 203.
§53, art. 85 y disp. adic. 4ª.

– STS, Sala 3ª, de 6 junio 1997 (RJ 1997, 5021).
§1, arts. 13, 14.1, 14.2 f), 18.7 y 34.
§2, arts. 34, 186, 208, 227, 228, 229, 233, 234 y 236.
§3, arts. 154 a 164.
§3.6, arts. 1, 10, 13, 18 y 25.
§6, arts. 160 a 165.
§24, arts. 246, 247, 249 y 251.
§27, arts. 66 y 104.
§28, arts. 223 a 233.
§33, art. 81.
§41, arts. 203, 204, 205 y 206.
§44, art. 218.
§46, art. 9.

§52, arts. 187, 188, 189, 190 y 192.
§53, arts. 97 y 98.

– STS, Sala 3ª, de 6 junio 1997 (RJ 1997, 5022).
§1, art. 19.1.
§2, art. 245.
§3, art. 181.
§6, arts. 184, 188 y 189.
§13, arts. 10 y 11.
§23, art. 153.
§24, arts. 200 y 201.
§25, arts. 8 y 106.
§27, arts. 137 y 176.
§28, art. 251.
§33, arts. 170 y 171.
§37, arts. 168 y 170.
§44, art. 224.
§52, art. 184.
§53, arts. 86, 87 y 88.

– STS, Sala 3ª, de 23 junio 1997 (RJ 1997, 5365).
§1, arts. 3, 5, 8, 13, 14.1, 14.2 a), 14.2 e) y 18.1.
§2, arts. 9, 10, 20.1 b), 27, 33, 96 y 205.
§3, art. 83.
§3.2, arts. 46 y 180.
§6, arts. 14, 15, 16, 17, 18, 106, 107 y 108.
§23, art. 147.
§24, arts. 96, 100, 102 y 143.
§25, arts. 17 y 18.
§27, arts. 50, 51, 69, 126 y 131.
§28, art. 120.
§33, arts. 9, 10, 11, 14, 70, 74, 78, 81, 82, 152 y 153.
§44, arts. 6 y 11.
§52, art. 11.

– STS, Sala 3ª, de 24 junio 1997 (RJ 1997, 5369).
§2, arts. 38, 39, 248, 249, 250, 251 y 252.
§3, arts. 184 y 185.
§6, arts. 196 y 197.
§10, arts. 5.1, 7, 8, 9, 10, 13.2 y 20.1.
§13, arts. 26, 61, 65 y 66.
§23, arts. 176, 177, 178, 179, 180, 188 y 192.
§24, arts. 207 y 208.
§25, arts. 113 y 118.
§27, art. 178.
§28, arts. 254, 255, 256, 259, 274, 275 y 276.
§33, arts. 175, 176 y 177.
§37, arts. 159, 193, 195, 196 y 203.
§41, arts. 227 y 228.
§44, arts. 228, 229, 230 y 231.
§52, arts. 198 y 199.

– STS, Sala 3ª, de 24 junio 1997 (RJ 1997, 5373).
§1, arts. 14.2 e) y 18.6.
§2, art. 155.
§3, art. 122.
§3.2, arts. 59, 60, 61 y 62.
§6, art. 123.
§23, art. 99 y 151.
§25, arts. 68, 114 y 118.
§27, arts. 115 y 127.
§28, art. 172.
§33, art. 130.
§37, arts. 97 y 203.
§44, art. 153.
§52, art. 120.

– STS, Sala 3ª, de 25 junio 1997 (RJ 1997, 5379).
§2, arts. 117, 120 y 121.
§3, art. 40.
§3.1, art. 132.
§6, arts. 41 y 42.
§28, art. 55.

– STS, Sala 3ª, de 25 junio 1997 (RJ 1997, 5382).
§1, arts. 24 a).
§2, arts. 3.1, 4, 47, 160, 218, 219 y disp. transit. 1ª.3.
§3, art. 138.
§23, art. 129.
§24, art. 166.
§27, art. 149.
§28, art. 189.

– STS, Sala 3ª, de 2 julio 1997 (RJ 1997, 5716).
§2, arts. 248, 250 y 252.
§3, art. 184.
§6, art. 196.
§10, arts. 5.1, 7, 8, 9 y 13.2.
§13, arts. 26, 61, 65 y 66.
§23, arts. 176, 177 y 178.
§24, art. 207.
§25, arts. 113 y 118.
§27, art. 178.
§28, arts. 254, 255, 274, 275 y 276.
§33, arts. 175 y 177.

§37, arts. 193 y 203.
§41, art. 227.
§44, arts. 228 y 230.
§52, art. 198.

– STS, Sala 3ª, de 5 julio 1997 (RJ 1997, 5722).
§1, arts. 42 y 44.
§1.1, arts. 4, 5, 10, 12 y 13.
§2, arts. 35, 242.1, 242.6, 243.2, 244.4 y 300.
§3, arts. 178, 179, 180 y 232.
§3.3, art. 1.
§6, arts. 166, 169, 170, 171, 172, 173, 175, 176, 177, 182, 183, 200 y 202.
§10, arts. 1.3, 1.4, 2.1 y 17.1.
§13, arts. 2, 3, 4, 6, 7 y 8.
§23, arts. 164, 166, 167, 168 y 169.
§24, arts. 183, 185, 186, 187, 188, 192, 194 y 211.
§25, arts. 97, 98 y 103.
§27, arts. 162, 163, 165, 166, 167, 169, 170, 172 y 200.
§28, arts. 247, 248, 249, 250, 258, 259 y 260.
§33, arts. 86, 168 y 169.
§37, arts. 151, 158 y 199.
§41, arts. 214, 215, 216, 221, 223 y 232.
§44, arts. 18, 221, 222, 223, 233, 234 y disp. adic. 4ª.
§52, arts. 179, 180, 182, 183 y 203.
§53, art. 85 y disp. adic. 4ª.

– STS, Sala 3ª, de 12 julio 1997 (RJ 1997, 8474).
§1, art. 5.
§2, art. 162.
§3, arts. 131, 132 y 133.
§3.2, arts. 186, 189 y 190.
§6, arts. 135, 136 y 137.
§23, arts. 121 y 122.
§24, art. 158.
§25, art. 83.
§28, arts. 182, 183 y 184.
§33, arts. 139, 140 y 141.
§37, art. 115.
§41, art. 184.
§44, arts. 160 y 167.
§52, arts. 129 y 130.

– STS, Sala 3ª, de 21 julio 1997 (RJ 1997, 6043).
§2, art. 102.
§3, art. 27.
§3.1, arts. 117, 118, 120, 121 y 122.
§3.2, art. 104.
§6, arts. 65 y 66.
§24, art. 25.
§25, art. 53.
§28, arts. 40, 41, 42 y 43.
§33, art. 34.
§41, art. 134.
§44, arts. 60 y 106.
§52, art. 82.
§53, art. 57.

– STS, Sala 3ª, de 19 septiembre 1997 (RJ 1997, 6598).
§2, arts. 125 a 130.
§3, art. 51.
§3.1, arts. 154, 156, 158, 160, 161, 162 y 163.
§4, arts. 25 y 26.
§6, arts. 71, 72 y 74.
§23, arts. 45 y 47.
§24, arts. 81, 82 y 83.
§25, arts. 56, 57 y 58.
§27, arts. 40, 41 y 43.
§28, arts. 72 a 77.
§33, arts. 48, 49, 50, 51 y 52.
§37, arts. 68, 69 y 70.
§41, arts. 147, 148 y 149.
§44, arts. 124, 125, 126, 127 y 128.
§52, arts. 100, 101 y 102.
§53, arts. 35, 54 y 55.

– STS, Sala 3ª, de 13 octubre 1997 (RJ 1997, 7330).
§2, art. 138.
§3, art. 73.
§6, art. 157.
§23, art. 65.
§24, art. 34.
§25, art. 9.
§27, art. 55.
§28, art. 107.
§33, arts. 59 y 61.
§37, art. 30.
§44, art. 135.
§53, art. 3.

– STS, Sala 3ª, de 13 octubre 1997 (RJ 1997, 7488).
§1, arts. 42 y 44.
§1.1, arts. 4, 5, 10, 12 y 13.

§2, arts. 35, 242.1, 242.6, 243.2, 244.4 y 300.
§3, arts. 178, 179, 180 y 232.
§3.3, art. 1.
§6, arts. 166, 169, 170, 171, 172, 173, 175, 176, 177, 182, 183, 200 y 202.
§10, arts. 1.3, 1.4, 2.1 y 17.1.
§13, arts. 2, 3, 4, 6, 7 y 8.
§23, arts. 164, 166, 167, 168 y 169.
§24, arts. 183, 185, 186, 187, 188, 192, 194 y 211.
§25, arts. 97, 98 y 103.
§27, arts. 162, 163, 165, 166, 167, 169, 170, 172 y 200.
§28, arts. 247, 248, 249, 250, 258, 259 y 260.
§33, arts. 86, 168 y 169.
§37, arts. 151, 158 y 199.
§41, arts. 214, 215, 216, 221, 223 y 232.
§44, arts. 18, 221, 222, 223, 233, 234 y disp. adic. 4ª.
§52, arts. 179, 180, 182, 183 y 203.
§53, art. 85 y disp. adic. 4ª.

– STS, Sala 3ª, de 20 octubre 1997 (RJ 1997, 7623).
§1, arts. 9, 15, 16.1 y 20.1.
§2, arts. 9, 12, 16, 17 y 104.
§3, art. 86.
§3.2, art. 45.
§6, arts. 19 a 24 y 31.
§11, arts. 1.1, 1.2, 2.1 e), 2.1 f), 3, 4 y 5.
§16, art. 1.
§17, arts. 3, 11, 12, 19, 21 y 25.
§23, art. 63.
§24, arts. 108, 111 y 114.
§25, arts. 23, 26 y 29.
§27, arts. 54, 60 y 61.
§28, arts. 108, 109 y 128.
§33, arts. 9, 10, 12, 77 y 79.
§44, arts. 6 y 22.
§46, art. 1.
§52, arts. 15, 16, 18 y 19.
§54, arts. 4, 5, 6, 7 y 12.

– STS, Sala 3ª, de 21 octubre 1997 (RJ 1997, 7625).
§2, arts. 17, 84 y 93.
§3, arts. 18 y 25.
§3.1, arts. 78, 87 y 145.
§6, art. 59.
§23, art. 39.
§25, art. 48.
§27, art. 27.
§28, arts. 30 y 38.
§33, arts. 29 y 32.
§37, art. 55.
§41, art. 115.
§44, arts. 92 y 83.
§52, arts. 77 y 80.
§53, art. 25.

– STS, Sala 3ª, de 27 octubre 1997 (RJ 1997, 7633).
§1, arts. 9, 15, 16.1 y 20.1.
§2, arts. 9, 12, 16, 17 y 104.
§3, art. 86.
§3.2, art. 45.
§6, arts. 19 a 24 y 31.
§11, arts. 1.1, 1.2, 2.1 e), 2.1 f), 3, 4 y 5.
§16, art. 1.
§17, arts. 3, 11, 12, 19, 21 y 25.
§23, art. 63.
§24, arts. 108, 111 y 114.
§25, arts. 23, 26 y 29.
§27, arts. 54, 60 y 61.
§28, arts. 108, 109 y 128.
§33, arts. 9, 10, 12, 77 y 79.
§44, arts. 6 y 22.
§46, art. 1.
§52, arts. 15, 16, 18 y 19.
§54, arts. 4, 5, 6, 7 y 12.

– STS, Sala 3ª, de 27 octubre 1997 (RJ 1997, 7634).
§1, arts. 9, 15, 16.1 y 20.1.
§2, arts. 9, 12, 16, 17 y 104.
§3, art. 86.
§3.2, art. 45.
§6, arts. 19 a 24 y 31.
§11, arts. 1.1, 1.2, 2.1 e), 2.1 f), 3, 4 y 5.
§16, art. 1.
§17, arts. 3, 11, 12, 19, 21 y 25.
§23, art. 63.
§24, arts. 108, 111 y 114.
§25, arts. 23, 26 y 29.
§27, arts. 54, 60 y 61.
§28, arts. 108, 109 y 128.
§33, arts. 9, 10, 12, 77 y 79.
§44, arts. 6 y 22.
§46, art. 1.
§52, arts. 15, 16, 18 y 19.
§54, arts. 4, 5, 6, 7 y 12.

– STS, Sala 3ª, de 4 noviembre 1997 (RJ 1997, 8329).
§**1**, arts. 42 y 44.
§**1.1**, arts. 4, 5, 10, 12 y 13.
§**2**, arts. 35, 242.1, 242.6, 243.2, 244.4 y 300.
§**3**, arts. 178, 179, 180 y 232.
§**3.3**, art. 1.
§**6**, arts. 166, 169, 170, 171, 172, 173, 175, 176, 177, 182, 183, 200 y 202.
§**10**, arts. 1.3, 1.4, 2.1 y 17.1.
§**13**, arts. 2, 3, 4, 6, 7 y 8.
§**23**, arts. 164, 166, 167, 168 y 169.
§**24**, arts. 183, 185, 186, 187, 188, 192, 194 y 211.
§**25**, arts. 97, 98 y 103.
§**27**, arts. 162, 163, 165, 166, 167, 169, 170, 172 y 200.
§**28**, arts. 247, 248, 249, 250, 258, 259 y 260.
§**33**, arts. 86, 168 y 169.
§**37**, arts. 151, 158 y 199.
§**41**, arts. 214, 215, 216, 221, 223 y 232.
§**44**, arts. 18, 221, 222, 223, 233, 234 y disp. adic. 4ª.
§**52**, arts. 179, 180, 182, 183 y 203.
§**53**, art. 85 y disp. adic. 4ª.

– STS, Sala 3ª, de 8 noviembre 1997 (RJ 1997, 8302).
§**3**, art. 104.
§**28**, art. 154.
§**49**, art. 3.

– STS, Sala 3ª, de 12 noviembre 1997 (RJ 1997, 8005).
§**1**, art. 19.1.
§**2**, art. 245.
§**3**, art. 181.
§**6**, arts. 184, 188 y 189.
§**13**, arts. 10 y 11.
§**23**, art. 153.
§**24**, arts. 200 y 201.
§**25**, arts. 8 y 106.
§**27**, arts. 137 y 176.
§**28**, art. 251.
§**33**, arts. 170 y 171.
§**37**, arts. 168 y 170.
§**44**, art. 224.
§**52**, art. 184.
§**53**, arts. 86, 87 y 88.

– STS, Sala 3ª, de 12 noviembre 1997 (RJ 1997, 8164).
§**1**, arts. 42 y 44.
§**1.1**, arts. 4, 5, 10, 12 y 13.
§**2**, arts. 35, 242.1, 242.6, 243.2, 244.4 y 300.
§**3**, arts. 178, 179, 180 y 232.
§**3.3**, art. 1.
§**6**, arts. 166, 169, 170, 171, 172, 173, 175, 176, 177, 182, 183, 200 y 202.
§**10**, arts. 1.3, 1.4, 2.1 y 17.1.
§**13**, arts. 2, 3, 4, 6, 7 y 8.
§**23**, arts. 164, 166, 167, 168 y 169.
§**24**, arts. 183, 185, 186, 187, 188, 192, 194 y 211.
§**25**, arts. 97, 98 y 103.
§**27**, arts. 162, 163, 165, 166, 167, 169, 170, 172 y 200.
§**28**, arts. 247, 248, 249, 250, 258, 259 y 260.
§**33**, arts. 86, 168 y 169.
§**37**, arts. 151, 158 y 199.
§**41**, arts. 214, 215, 216, 221, 223 y 232.
§**44**, arts. 18, 221, 222, 223, 233, 234 y disp. adic. 4ª.
§**52**, arts. 179, 180, 182, 183 y 203.
§**53**, art. 85 y disp. adic. 4ª.

– STS, Sala 3ª, de 17 noviembre 1997 (RJ 1997, 8170).
§**1**, arts. 14.2 e) y 18.6.
§**2**, art. 155.
§**3**, art. 122.
§**3.2**, arts. 59, 60, 61 y 62.
§**6**, art. 123.
§**23**, arts. 99 y 151.
§**25**, art. 68.
§**27**, arts. 115 y 127.
§**28**, art. 172.
§**33**, art. 130.
§**37**, art. 97.
§**44**, art. 153.
§**52**, art. 120.

– STS, Sala 3ª, de 17 noviembre 1997 (RJ 1997, 9430).
§**1**, arts. 42 y 44.
§**1.1**, arts. 4, 5, 10, 12 y 13.
§**2**, arts. 35, 242.1, 242.6, 243.2, 244.4 y 300.
§**3**, arts. 178, 179, 180 y 232.
§**3.3**, art. 1.

§6, arts. 166, 169, 170, 171, 172, 173, 175, 176, 177, 182, 183, 200 y 202.
§10, arts. 1.3, 1.4, 2.1 y 17.1.
§13, arts. 2, 3, 4, 6, 7 y 8.
§23, arts. 164, 166, 167, 168 y 169.
§24, arts. 183, 185, 186, 187, 188, 192, 194 y 211.
§25, arts. 97, 98 y 103.
§27, arts. 162, 163, 165, 166, 167, 169, 170, 172 y 200.
§28, arts. 247, 248, 249, 250, 258, 259 y 260.
§33, arts. 86, 168 y 169.
§37, arts. 151, 158 y 199.
§41, arts. 214, 215, 216, 221, 223 y 232.
§44, arts. 18, 221, 222, 223, 233, 234 y disp. adic. 4ª.
§52, arts. 179, 180, 182, 183 y 203.
§53, art. 85 y disp. adic. 4ª.

– STS, Sala 3ª, de 18 noviembre 1997 (RJ 1997, 7955).
§1, art. 6.1.
§2, arts. 141 y 147.
§3, arts. 114 y 115.
§3.2, arts. 1, 4 y 21.
§6, art. 95.
§33, arts. 117 y 118.

– STS, Sala 3ª, de 18 noviembre 1997 (RJ 1997, 9431).
§1, arts. 42 y 44.
§1.1, arts. 4, 5, 10, 12 y 13.
§2, arts. 35, 242.1, 242.6, 243.2, 244.4 y 300.
§3, arts. 178, 179, 180 y 232.
§3.3, art. 1.
§6, arts. 166, 169, 170, 171, 172, 173, 175, 176, 177, 182, 183, 200 y 202.
§10, arts. 1.3, 1.4, 2.1 y 17.1.
§13, arts. 2, 3, 4, 6, 7 y 8.
§23, arts. 164, 166, 167, 168 y 169.
§24, arts. 183, 185, 186, 187, 188, 192, 194 y 211.
§25, arts. 97, 98 y 103.
§27, arts. 162, 163, 165, 166, 167, 169, 170, 172 y 200.
§28, arts. 247, 248, 249, 250, 258, 259 y 260.
§33, arts. 86, 168 y 169.
§37, arts. 151, 158 y 199.
§41, arts. 214, 215, 216, 221, 223 y 232.
§44, arts. 18, 221, 222, 223, 233, 234 y disp. adic. 4ª.
§52, arts. 179, 180, 182, 183 y 203.
§53, art. 85 y disp. adic. 4ª.

– STS, Sala 3ª, de 19 noviembre 1997 (RJ 1997, 8333).
§1, arts. 42 y 44.
§1.1, arts. 4, 5, 10, 12 y 13.
§2, arts. 35, 242.1, 242.6, 243.2, 244.4 y 300.
§3, arts. 178, 179, 180 y 232.
§3.3, art. 1.
§6, arts. 166, 169, 170, 171, 172, 173, 175, 176, 177, 182, 183, 200 y 202.
§10, arts. 1.3, 1.4, 2.1 y 17.1.
§13, arts. 2, 3, 4, 6, 7 y 8.
§23, arts. 164, 166, 167, 168 y 169.
§24, arts. 183, 185, 186, 187, 188, 192, 194 y 211.
§25, arts. 97, 98 y 103.
§27, arts. 162, 163, 165, 166, 167, 169, 170, 172 y 200.
§28, arts. 247, 248, 249, 250, 258, 259 y 260.
§33, arts. 86, 168 y 169.
§37, arts. 151, 158 y 199.
§41, arts. 214, 215, 216, 221, 223 y 232.
§44, arts. 18, 221, 222, 223, 233, 234 y disp. adic. 4ª.
§52, arts. 179, 180, 182, 183 y 203.
§53, art. 85 y disp. adic. 4ª.

– STS, Sala 3ª, de 24 noviembre 1997 (RJ 1997, 9432).
§1, art. 5.
§2, art. 162.
§3, arts. 131, 132 y 133.
§3.2, arts. 186, 189 y 190.
§6, arts. 135, 136 y 137.
§23, arts. 121 y 122.
§24, art. 158.
§25, art. 83.
§28, arts. 182, 183 y 184.
§33, arts. 139, 140 y 141.
§37, art. 115.
§41, art. 184.
§44, arts. 160 y 167.
§52, arts. 129 y 130.

– STS, Sala 3ª, de 25 noviembre 1997 (RJ 1997, 8175).
§1, arts. 42 y 44.

§1.1, arts. 4, 5, 10, 12 y 13.
§2, arts. 35, 240, 242.1, 242.6, 243.2, 244.4 y 300.
§3, arts. 178, 179, 180 y 232.
§3.3, art. 1.
§6, arts. 166, 169, 170, 171, 172, 173, 175, 176, 177, 182, 183, 200 y 202.
§10, arts. 1.3, 1.4, 2.1 y 17.1.
§13, arts. 2, 3, 4, 6, 7 y 8.
§23, arts. 164, 166, 167, 168 y 169.
§24, arts. 183, 185, 186, 187, 188, 192, 194 y 211.
§25, arts. 97, 98 y 103.
§27, arts. 162, 163, 165, 166, 167, 169, 170, 172 y 200.
§28, arts. 247, 248, 249, 250, 258, 259 y 260.
§33, arts. 86, 168 y 169.
§37, arts. 151, 158 y 199.
§41, arts. 214, 215, 216, 221, 223 y 232.
§44, arts. 18, 221, 222, 223, 233, 234 y disp. adic. 4ª.
§52, arts. 179, 180, 182, 183 y 203.
§53, art. 85 y disp. adic. 4ª.

– STS, Sala 3ª, de 25 noviembre 1997 (RJ 1997, 8176).
§1, art. 19.1.
§2, art. 245.
§3, art. 181
§6, arts. 184, 188 y 189.
§13, arts. 10 y 11.
§23, art. 153.
§24, arts. 200 y 201.
§25, arts. 8 y 106.
§27, arts. 137 y 176.
§28, art. 251.
§33, arts. 170 y 171.
§37, arts. 168 y 170.
§44, art. 224.
§52, art. 184.
§53, arts. 86, 87 y 88.

– STS, Sala 3ª, de 25 noviembre 1997 (RJ 1997, 9433).
§1, arts. 42 y 44.
§1.1, arts. 4, 5, 10, 12 y 13.
§2, arts. 35, 242.1, 242.6, 243.2, 244.4 y 300.
§3, arts. 178, 179, 180 y 232.
§3.3, art. 1.
§6, arts. 166, 169, 170, 171, 172, 173, 175, 176, 177, 182, 183, 200 y 202.
§10, arts. 1.3, 1.4, 2.1 y 17.1.
§13, arts. 2, 3, 4, 6, 7 y 8.
§23, arts. 164, 166, 167, 168 y 169.
§24, arts. 183, 185, 186, 187, 188, 192, 194 y 211.
§25, arts. 97, 98 y 103.
§27, arts. 162, 163, 165, 166, 167, 169, 170, 172 y 200.
§28, arts. 247, 248, 249, 250, 258, 259 y 260.
§33, arts. 86, 168 y 169.
§37, arts. 151, 158 y 199.
§41, arts. 214, 215, 216, 221, 223 y 232.
§44, arts. 18, 221, 222, 223, 233, 234 y disp. adic. 4ª.
§52, arts. 179, 180, 182, 183 y 203.
§53, art. 85 y disp. adic. 4ª.

– STS, Sala 3ª, de 28 noviembre 1997 (RJ 1997, 9436).
§3, art. 72.
§3.1, art. 98.
§6, art. 159.
§24, art. 36.
§28, art. 106.

– STS, Sala 3ª, de 1 diciembre 1997 (RJ 1997, 9441).
§1, arts. 42 y 44.
§1.1, arts. 4, 5, 10, 12 y 13.
§2, arts. 35, 240, 242.1, 242.6, 243.2, 244.4 y 300.
§3, arts. 178, 179, 180 y 232.
§3.3, art. 1.
§6, arts. 166, 169, 170, 171, 172, 173, 175, 176, 177, 182, 183, 200 y 202.
§10, arts. 1.3, 1.4, 2.1 y 17.1.
§13, arts. 2, 3, 4, 6, 7 y 8.
§23, arts. 164, 166, 167, 168 y 169.
§24, arts. 183, 185, 186, 187, 188, 192, 194 y 211.
§25, arts. 97, 98 y 103.
§27, arts. 162, 163, 165, 166, 167, 169, 170, 172 y 200.
§28, arts. 247, 248, 249, 250, 258, 259 y 260.
§33, arts. 86, 168 y 169.
§37, arts. 151, 158 y 199.
§41, arts. 214, 215, 216, 221, 223 y 232.
§44, arts. 18, 221, 222, 223, 233, 234 y disp. adic. 4ª.

§52, arts. 179, 180, 182, 183 y 203.
§53, art. 85 y disp. adic. 4ª.

– STS, Sala 3ª, de 5 diciembre 1997 (RJ 1998, 579).
§1, art. 19.1.
§2, art. 245.
§3, art. 181.
§6, arts. 184, 188 y 189.
§13, arts. 10 y 11.
§23, art. 153.
§24, arts. 200 y 201.
§25, arts. 8 y 106.
§27, arts. 137 y 176.
§28, art. 251.
§33, arts. 170 y 171.
§37, arts. 168 y 170.
§44, art. 224.
§52, art. 184.
§53, arts. 86, 87 y 88.

– STS, Sala 3ª, de 11 diciembre 1997 (RJ 1997, 9463).
§1, arts. 9 y 11.
§2, arts. 9, 13, 81 y 94.
§3, art. 81.
§3.1, arts. 101, 102 y 153.
§6, art. 63.
§24, art. 94.
§25, art. 30 y disp. transit. 4ª.
§27, art. 48.
§28, art. 118.
§33, arts. 9, 10, 18 y 66.
§52, art. 7.
§54, art. 3.

– STS, Sala 3ª, de 18 diciembre 1997 (RJ 1998, 284).
§1, arts. 42 y 44.
§1.1, arts. 4, 5, 10, 12 y 13.
§2, arts. 35, 242.1, 242.6, 243.2, 244.4 y 300.
§3, arts. 178, 179, 180 y 232.
§3.3, art. 1.
§6, arts. 166, 169, 170, 171, 172, 173, 175, 176, 177, 182, 183, 200 y 202.
§10, arts. 1.3, 1.4, 2.1 y 17.1.
§13, arts. 2, 3, 4, 6, 7 y 8.
§23, arts. 164, 166, 167, 168 y 169.
§24, arts. 183, 185, 186, 187, 188, 192, 194 y 211.
§25, arts. 97, 98 y 103.
§27, arts. 162, 163, 165, 166, 167, 169, 170, 172 y 200.
§28, arts. 247, 248, 249, 250, 258, 259 y 260.
§33, arts. 86, 168 y 169.
§37, arts. 151, 158 y 199.
§41, arts. 214, 215, 216, 221, 223 y 232.
§44, arts. 18, 221, 222, 223, 233, 234 y disp. adic. 4ª.
§52, arts. 179, 180, 182, 183 y 203.
§53, art. 85 y disp. adic. 4ª.

– STS, Sala 3ª, de 19 diciembre 1997 (RJ 1998, 288).
§1, art. 17.
§2, arts. 136.
§3, art. 58.
§24, art. 107.
§27, art. 172.
§28, art. 91.
§33, art. 57.
§44, art. 133.
§53, art. 58.

1998

– STS, Sala 3ª, de 19 enero 1998 (RJ 1998, 852).
§1, arts. 6, 16.2, 42 y 44.
§1.1, arts. 4, 5, 10, 12 y 13.
§2, arts. 35, 43, 44, 242.1, 242.6, 243.2, 244.4 y 300.
§3, arts. 63, 178, 179, 180 y 232.
§3.1, art. 168.
§3.3, art. 1.
§6, arts. 166, 169, 170, 171, 172, 173, 175, 176, 177, 182, 183, 200 y 202.
§10, arts. 1.3, 1.4, 2.1 y 17.1.
§13, arts. 2, 3, 4, 6, 7 y 8.
§23, arts. 164, 166, 167, 168 y 169.
§24, arts. 86, 183, 185, 186, 187, 188, 192, 194 y 211.
§25, arts. 97, 98, 103, 141 y 146.
§27, arts. 162, 163, 165, 166, 167, 169, 170, 172 y 200.
§28, arts. 95, 96, 247, 248, 249, 250, 258, 259 y 260.
§33, arts. 86, 168 y 169.
§37, arts. 151, 158 y 199.
§41, arts. 153, 214, 215, 216, 221, 223 y 232.

§44, arts. 18, 21, 221, 222, 223, 233, 234 y disp. adic. 4ª.
§52, arts. 179, 180, 182, 183 y 203.
§53, arts. 31, 84, 85 y disp. adic. 4ª.
– STS, Sala 3ª, de 20 enero 1998 (RJ 1998, 243).
§1, arts. 42 y 44.
§1.1, arts. 4, 5, 10, 12 y 13.
§2, arts. 35, 242.1, 242.6, 243.2, 244.4 y 300.
§3, arts. 178, 179, 180 y 232.
§3.3, art. 1.
§6, arts. 166, 169, 170, 171, 172, 173, 175, 176, 177, 182, 183, 200 y 202.
§10, arts. 1.3, 1.4, 2.1 y 17.1.
§13, arts. 2, 3, 4, 6, 7 y 8.
§23, arts. 164, 166, 167, 168 y 169.
§24, arts. 183, 185, 186, 187, 188, 192, 194 y 211.
§25, arts. 97, 98 y 103.
§27, arts. 162, 163, 165, 166, 167, 169, 170, 172 y 200.
§28, arts. 247, 248, 249, 250, 258, 259 y 260.
§33, arts. 86, 168 y 169.
§37, arts. 151, 158 y 199.
§41, arts. 214, 215, 216, 221, 223 y 232.
§44, arts. 18, 221, 222, 223, 233, 234 y disp. adic. 4ª.
§52, arts. 179, 180, 182, 183 y 203.
§53, art. 85 y disp. adic. 4ª.
– STS, Sala 3ª, de 22 enero 1998 (RJ 1998, 581).
§1, art. 12.
§2, art. 134.
§3, art. 57.
§6, art. 67.
§25, art. 62.
§28, art. 90.
§33, art. 56.
§44, art. 132.
§52, art. 98.
§53, art. 58.
– STS, Sala 3ª, de 30 enero 1998 (RJ 1998, 589).
§1, art. 41.
§2, art. 137.
§3, arts. 60 y 61.
§6, art. 70.
§23, art. 44.
§24, art. 88.
§25, art. 64.
§27, art. 42.
§28, art. 93.
§33, art. 58.
§44, arts. 134 y 263.
§52, art. 99.
– STS, Sala 3ª, de 2 febrero 1998 (RJ 1998, 854).
§1, arts. 42 y 44.
§1.1, arts. 4, 5, 10, 12 y 13.
§2, arts. 35, 242.1, 242.6, 243.2, 244.4 y 300.
§3, arts. 178, 179, 180 y 232.
§3.3, art. 1.
§6, arts. 166, 169, 170, 171, 172, 173, 175, 176, 177, 182, 183, 200 y 202.
§10, arts. 1.3, 1.4, 2.1 y 17.1.
§13, arts. 2, 3, 4, 6, 7 y 8.
§23, arts. 164, 166, 167, 168 y 169.
§24, arts. 183, 185, 186, 187, 188, 192, 194 y 211.
§25, arts. 97, 98 y 103.
§27, arts. 162, 163, 165, 166, 167, 169, 170, 172 y 200.
§28, arts. 247, 248, 249, 250, 258, 259 y 260.
§33, arts. 86, 168 y 169.
§37, arts. 151, 158 y 199.
§41, arts. 214, 215, 216, 221, 223 y 232.
§44, arts. 18, 221, 222, 223, 233, 234 y disp. adic. 4ª.
§52, arts. 179, 180, 182, 183 y 203.
§53, art. 85 y disp. adic. 4ª.
– STS, Sala 3ª, de 9 febrero 1998 (RJ 1998, 866).
§1, arts. 4 y 15.
§2, arts. 45, 104, 106 y 117.
§3, arts. 52, 53 y 54.
§3.1, arts. 46, 64, 85 y 139.
§6, arts. 51, 52 y 53.
§13, arts. 13 y 19.
§28, arts. 78, 79, 80, 81 y 87.
§33, art. 36.
§44, arts. 107, 109 y 113.
– STS, Sala 3ª, de 20 febrero 1998 (RJ 1998, 1231).
§2, arts. 24 y 72.
§3, art. 12.

§3.1, arts. 14 a 19, 21, 25 a 30, 32, 33, 34 y 36 a 42.
§6, arts. 14, 32 a 40, 101, 102, 103, 104, 106, 107 y 108.
§24, arts. 44, 48, 49, 96, 133 y 143.
§25, art. 41.
§27, art. 24.
§28, art. 23.
§33, arts. 8, 9, 10, 12, 16 y 17.
§37, arts. 42 y 43.
§41, arts. 98, 101 y 195.
§44, arts. 81 y 82.
§52, arts. 56, 58, 59, 60, 61, 65, 66, 151, 152 y 154.

– STS, Sala 3ª, de 9 marzo 1998 (RJ 1998, 1893).
§1, arts. 42 y 44.
§1.1, arts. 4, 5, 10, 12 y 13.
§2, arts. 35, 242.1, 242.6, 243.2, 244.4 y 300.
§3, arts. 178, 179, 180 y 232.
§3.3, art. 1.
§6, arts. 166, 169, 170, 171, 172, 173, 175, 176, 177, 182, 183, 200 y 202.
§10, arts. 1.3, 1.4, 2.1 y 17.1.
§13, arts. 2, 3, 4, 6, 7 y 8.
§23, arts. 164, 166, 167, 168 y 169.
§24, arts. 183, 185, 186, 187, 188, 192, 194 y 211.
§25, arts. 97, 98 y 103.
§27, arts. 162, 163, 165, 166, 167, 169, 170, 172 y 200.
§28, arts. 247, 248, 249, 250, 258, 259 y 260.
§33, arts. 86, 168 y 169.
§37, arts. 151, 158 y 199.
§41, arts. 214, 215, 216, 221, 223 y 232.
§44, arts. 18, 221, 222, 223, 233, 234 y disp. adic. 4ª.
§52, arts. 179, 180, 182, 183 y 203.
§53, art. 85 y disp. adic. 4ª.

– *STS, Sala 3ª, de 10 marzo 1998* (RJ 1998, 2222).
§1, arts. 42 y 44.
§1.1, arts. 4, 5, 10, 12 y 13.
§2, arts. 35, 240, 242.1, 242.6, 243.2, 244.4 y 300.
§3, arts. 178, 179, 180 y 232.
§3.3, art. 1.
§6, arts. 166, 169, 170, 171, 172, 173, 175, 176, 177, 182, 183, 200 y 202.
§10, arts. 1.3, 1.4, 2.1 y 17.1.
§13, arts. 2, 3, 4, 6, 7 y 8.
§23, arts. 164, 166, 167, 168 y 169.
§24, arts. 183, 185, 186, 187, 188, 192, 194 y 211.
§25, arts. 97, 98 y 103.
§27, arts. 162, 163, 165, 166, 167, 169, 170, 172 y 200.
§28, arts. 247, 248, 249, 250, 258, 259 y 260.
§33, arts. 86, 168 y 169.
§37, arts. 151, 158 y 199.
§41, arts. 214, 215, 216, 221, 223 y 232.
§44, arts. 18, 221, 222, 223, 233, 234 y disp. adic. 4ª.
§52, arts. 179, 180, 182, 183 y 203.
§53, art. 85 y disp. adic. 4ª.

– STS, Sala 3ª, de 23 marzo 1998 (RJ 1998, 2469).
§2, art. 263.
§3, art. 230.
§6, art. 209.
§10, art. 21.
§13, art. 73.
§23, arts. 201 y 205.
§24, arts. 212 y 221.
§25, art. 121.
§27, art. 187.
§28, art. 279.
§33, art. 183.
§41, art. 246.
§44, arts. 239 y 261.
§46, art. 10.
§52, art. 206.

– STS, Sala 3ª, de 25 marzo 1998 (RJ 1998, 2473).
§1, arts. 42 y 44.
§1.1, arts. 4, 5, 10, 12 y 13.
§2, arts. 35, 240, 242.1, 242.6, 243.2, 244.4 y 300.
§3, arts. 178, 179, 180 y 232.
§3.3, art. 1.
§6, arts. 166, 169, 170, 171, 172, 173, 175, 176, 177, 182, 183, 200 y 202.
§10, arts. 1.3, 1.4, 2.1 y 17.1.
§13, arts. 2, 3, 4, 6, 7 y 8.
§23, arts. 164, 166, 167, 168 y 169.

§24, arts. 183, 185, 186, 187, 188, 192, 194 y 211.
§25, arts. 97, 98 y 103.
§27, arts. 162, 163, 165, 166, 167, 169, 170, 172 y 200.
§28, arts. 247, 248, 249, 250, 258, 259 y 260.
§33, arts. 86, 168 y 169.
§37, arts. 151, 158 y 199.
§41, arts. 214, 215, 216, 221, 223 y 232.
§44, arts. 18, 221, 222, 223, 233, 234 y disp. adic. 4ª.
§52, arts. 179, 180, 182, 183 y 203.
§53, art. 85 y disp. adic. 4ª.

– STS, Sala 3ª, de 31 marzo 1998 (RJ 1998, 2481).
§2, arts. 125 a 130.
§3, art. 51.
§4, arts. 25 y 26.
§6, arts. 71, 72 y 74.
§23, arts. 45 y 47.
§24, arts. 81, 82 y 83.
§25, arts. 56, 57 y 58.
§27, arts. 40, 41 y 43.
§28, arts. 72 a 77.
§33, arts. 48, 49, 50, 51 y 52.
§37, arts. 68, 69 y 70.
§41, arts. 147, 148 y 149.
§44, arts. 124, 125, 126, 127 y 128.
§52, arts. 100, 101 y 102.
§53, arts. 35, 54 y 55.

– STS, Sala 3ª, de 6 abril 1998 (RJ 1998, 3084).
§1, arts. 14.2 d), 18.5 y 23.
§2, arts. 164, 165, 166, 167, 170, 258 y 259.
§3, arts. 97 a 102.
§3.2, arts. 71, 72, 73, 76, 77, 81, 86, 87, 89, 93, 94, 95, 98, 100, 101, 104, 106, 108, 113, 117, 122, 124, 125 y 126.
§6, arts. 124, 125, 126, 128 y 130.
§23, arts. 84, 85, 86 y 87.
§24, arts. 135, 137 y 139.
§27, arts. 92 y 93.
§28, arts. 147 a 152.
§33, arts. 98 y 100 a 106.
§37, art. 86.
§44, arts. 159 y 160.
§52, arts. 131, 132, 133, 134 y 140.
§53, art. 68.

– STS, Sala 3ª, de 7 abril 1998 (RJ 1998, 2795).
§2, art. 102.
§3, art. 27.
§3.1, arts. 117, 118, 120, 121 y 122.
§3.2, art. 104.
§6, arts. 65 y 66.
§24, art. 25.
§25, art. 53.
§28, arts. 40, 41, 42 y 43.
§33, art. 34.
§41, art. 134.
§44, arts. 60 y 106.
§52, art. 82.
§53, art. 57.

– STS, Sala 3ª, de 7 abril 1998 (RJ 1998, 3087).
§1, arts. 10, 15, 16.1, 17 y 20.1.
§2, arts. 9, 11, 16, 18, 24, 35, 104 y 136.
§3, art. 85.
§3.2, arts. 44 y 45.
§6, arts. 19 a 24, 26, 27 y 31.
§11, arts. 1.1, 1.2, 2.1 e), 2.1 f), 3, 4, 5 y 14.
§16, art. 1.
§23, arts. 66 y 69.
§24, arts. 103, 108, 111 y 114.
§27, art. 67.
§28, art. 127.
§33, arts. 9, 10, 12 y 72.
§44, arts. 6 y 45.
§52, art. 24.
§54, disp. adic. 2ª.

– STS, Sala 3ª, de 20 abril 1998 (RJ 1998, 3096).
§1, arts. 10, 15, 16.1, 17, 20.1, 42 y 44.
§1.1, arts. 4, 5, 10, 12 y 13.
§2, arts. 9, 11, 16, 18, 24, 35, 104, 136, 242.1, 242.6, 243.2, 244.4 y 300.
§3, arts. 85, 178, 179, 180 y 232.
§3.2, arts. 44 y 45.
§3.3, art. 1.
§6, arts. 19 a 24, 26, 27, 31, 166, 169, 170, 171, 172, 173, 175, 176, 177, 182, 183, 200 y 202.
§10, arts. 1.3, 1.4, 2.1 y 17.1.
§11, arts. 1.1, 1.2, 2.1 e), 2.1 f), 3, 4, 5 y 14.
§13, arts. 2, 3, 4, 6, 7 y 8.
§16, art. 1.

§23, arts. 66, 69, 164, 166, 167, 168 y 169.
§24, arts. 103, 108, 111, 114, 183, 185, 186, 187, 188, 192, 194 y 211.
§25, arts. 97, 98 y 103.
§27, arts. 67, 162, 163, 165, 166, 167, 169, 170, 172 y 200.
§28, arts. 127, 247, 248, 249, 250, 258, 259 y 260.
§33, arts. 9, 10, 12, 72, 86, 168 y 169.
§37, arts. 151, 158 y 199.
§41, arts. 214, 215, 216, 221, 223 y 232.
§44, arts. 6, 18, 45, 221, 222, 223, 233, 234 y disp. adic. 4ª.
§52, arts. 24, 179, 180, 182, 183 y 203.
§53, art. 85 y disp. adic. 4ª.
§54, disp. adic. 2ª.

– STS, Sala 3ª, de 29 abril 1998 (RJ 1998, 3368).
§1, art. 4.
§2, arts. 148, 149 y 163.
§3, art. 119.
§3.1, art. 56.
§3.2, arts. 152, 153 y 154.
§6, art. 121.
§23, arts. 96 y 97.
§24, arts. 147 y 148.
§25, art. 74.
§28, art. 169.
§33, arts. 82, 124, 125 y 126.
§37, art. 101.
§44, arts. 147 y 148.
§52, arts. 114 y 115.

– STS, Sala 3ª, de 30 abril 1998 (RJ 1998, 3370).
§1, arts. 42 y 44.
§1.1, arts. 4, 5, 10, 12 y 13.
§2, arts. 35, 242.1, 242.6, 243.2, 244.4 y 300.
§3, arts. 178, 179, 180 y 232.
§3.3, art. 1.
§6, arts. 166, 169, 170, 171, 172, 173, 175, 176, 177, 182, 183, 200 y 202.
§10, arts. 1.3, 1.4, 2.1 y 17.1.
§13, arts. 2, 3, 4, 6, 7 y 8.
§23, arts. 164, 166, 167, 168 y 169.
§24, arts. 183, 185, 186, 187, 188, 192, 194 y 211.
§25, arts. 97, 98 y 103.
§27, arts. 162, 163, 165, 166, 167, 169, 170, 172 y 200.
§28, arts. 247, 248, 249, 250, 258, 259 y 260.
§33, arts. 86, 168 y 169.
§37, arts. 151, 158 y 199.
§41, arts. 214, 215, 216, 221, 223 y 232.
§44, arts. 18, 221, 222, 223, 233, 234 y disp. adic. 4ª.
§52, arts. 179, 180, 182, 183 y 203.
§53, art. 85 y disp. adic. 4ª.

– STS, Sala 3ª, de 4 mayo 1998 (RJ 1998, 3609).
§1, art. 19.1.
§2, art. 246.2 y 246.3.
§3, art. 182.
§6, arts. 186 y 187.
§13, art. 12.
§23, art. 157.
§25, art. 106.
§27, art. 140.
§28, art. 252.
§33, art. 170.
§44, art. 225.
§52, art. 185.
§53, arts. 88, 89, 91 y 92.

– STS, Sala 3ª, de 5 mayo 1998 (RJ 1998, 3835).
§1, arts. 42 y 44.
§2, art. 253.
§3, art. 186.
§6, art. 199.
§10, art. 17.1.
§13, art. 64.
§23, arts. 171, 184 y 185.
§24, art. 209.
§28, art. 257.
§33, art. 178.
§37, arts. 159 y 197.
§44, art. 232.
§52, art. 202.

– STS, Sala 3ª, de 6 mayo 1998 (RJ 1998, 3614).
§1, art. 19.1.
§2, art. 245.
§3, art. 181.
§6, arts. 184, 188 y 189.
§13, arts. 10 y 11.
§23, art. 153.
§24, arts. 200 y 201.
§25, arts. 8 y 106.
§27, arts. 137 y 176.

§28, art. 251.
§33, arts. 170 y 171.
§37, arts. 168, 170 y 197.
§44, art. 224.
§52, art. 184.
§53, arts. 86, 87 y 88.

– STS, Sala 3ª, de 6 mayo 1998 (RJ 1998, 3615).
§1, arts. 42 y 44.
§1.1, arts. 4, 5, 10, 12 y 13.
§2, arts. 35, 242.1, 242.6, 243.2, 244.4 y 300.
§3, arts. 178, 179, 180 y 232.
§3.3, art. 1.
§6, arts. 166, 169, 170, 171, 172, 173, 175, 176, 177, 182, 183, 200 y 202.
§10, arts. 1.3, 1.4, 2.1 y 17.1.
§13, arts. 2, 3, 4, 6, 7 y 8.
§23, arts. 164, 166, 167, 168 y 169.
§24, arts. 183, 185, 186, 187, 188, 192, 194 y 211.
§25, arts. 97, 98 y 103.
§27, arts. 162, 163, 165, 166, 167, 169, 170, 172 y 200.
§28, arts. 247, 248, 249, 250, 258, 259 y 260.
§33, arts. 86, 168 y 169.
§37, arts. 151, 158 y 199.
§41, arts. 214, 215, 216, 221, 223 y 232.
§44, arts. 18, 221, 222, 223, 233, 234 y disp. adic. 4ª.
§52, arts. 179, 180, 182, 183 y 203.
§53, art. 85 y disp. adic. 4ª.

– STS, Sala 3ª, de 6 mayo 1998 (RJ 1998, 3837).
§1, arts. 14.2 e) y 18.6.
§2, art. 155.
§3, art. 122.
§3.2, arts. 59, 60, 61 y 62.
§6, art. 123.
§23, art. 99 y 151.
§25, art. 68.
§27, arts. 115 y 127.
§28, art. 172.
§33, art. 130.
§37, art. 97.
§44, art. 153.
§52, art. 120.

– STS, Sala 3ª, de 7 mayo 1998 (RJ 1998, 3620).
§1, arts. 42 y 44.
§1.1, arts. 4, 5, 10, 12 y 13.
§2, arts. 35, 240, 242.1, 242.6, 243.2, 244.4 y 300.
§3, arts. 178, 179, 180 y 232.
§3.3, art. 1.
§6, arts. 166, 169, 170, 171, 172, 173, 175, 176, 177, 182, 183, 200 y 202.
§10, arts. 1.3, 1.4, 2.1 y 17.1.
§13, arts. 2, 3, 4, 6, 7 y 8.
§23, arts. 164, 166, 167, 168 y 169.
§24, arts. 183, 185, 186, 187, 188, 192, 194 y 211.
§25, arts. 97, 98 y 103.
§27, arts. 162, 163, 165, 166, 167, 169, 170, 172 y 200.
§28, arts. 247, 248, 249, 250, 258, 259 y 260.
§33, arts. 86, 168 y 169.
§37, arts. 151, 158 y 199.
§41, arts. 214, 215, 216, 221, 223 y 232.
§44, arts. 18, 221, 222, 223, 233, 234 y disp. adic. 4ª.
§52, arts. 179, 180, 182, 183 y 203.
§53, art. 85 y disp. adic. 4ª.

– STS, Sala 3ª, de 11 mayo 1998 (RJ 1998, 3625).
§1, arts. 42 y 44.
§1.1, arts. 4, 5, 10, 12 y 13.
§2, arts. 35, 242.1, 242.6, 243.2, 244.4 y 300.
§3, arts. 178, 179, 180 y 232.
§3.3, art. 1.
§6, arts. 166, 169, 170, 171, 172, 173, 175, 176, 177, 182, 183, 200 y 202.
§10, arts. 1.3, 1.4, 2.1 y 17.1.
§13, arts. 2, 3, 4, 6, 7 y 8.
§23, arts. 164, 166, 167, 168 y 169.
§24, arts. 183, 185, 186, 187, 188, 192, 194 y 211.
§25, arts. 97, 98 y 103.
§27, arts. 162, 163, 165, 166, 167, 169, 170, 172 y 200.
§28, arts. 247, 248, 249, 250, 258, 259 y 260.
§33, arts. 86, 168 y 169.
§37, arts. 151, 158 y 199.
§41, arts. 214, 215, 216, 221, 223 y 232.
§44, arts. 18, 221, 222, 223, 233, 234 y disp. adic. 4ª.
§52, arts. 179, 180, 182, 183 y 203.

§53, art. 85 y disp. adic. 4ª.

- STS, Sala 3ª, de 16 mayo 1998 (RJ 1998, 3847).
  §1, arts. 42 y 44.
  §2, art. 253.
  §3, art. 186.
  §6, art. 199.
  §10, art. 17.1.
  §13, art. 64.
  §23, arts. 171, 184 y 185.
  §24, art. 209.
  §28, art. 257.
  §33, art. 178.
  §37, arts. 159 y 197.
  §44, art. 232.
  §52, art. 202.
- STS, Sala 3ª, de 18 mayo 1998 (RJ 1998, 3853).
  §3, art. 188.
  §10, art. 21.
  §33, art. 180.
- STS, Sala 3ª, de 19 mayo 1998 (RJ 1998, 3859).
  §1, arts. 42 y 44.
  §1.1, arts. 4, 5, 10, 12 y 13.
  §2, arts. 35, 242.1, 242.6, 243.2, 244.4 y 300.
  §3, arts. 178, 179, 180 y 232.
  §3.3, art. 1.
  §6, arts. 166, 169, 170, 171, 172, 173, 175, 176, 177, 182, 183, 200 y 202.
  §10, arts. 1.3, 1.4, 2.1 y 17.1.
  §13, arts. 2, 3, 4, 6, 7 y 8.
  §23, arts. 164, 166, 167, 168 y 169.
  §24, arts. 183, 185, 186, 187, 188, 192, 194 y 211.
  §25, arts. 97, 98 y 103.
  §27, arts. 162, 163, 165, 166, 167, 169, 170, 172 y 200.
  §28, arts. 247, 248, 249, 250, 258, 259 y 260.
  §33, arts. 86, 168 y 169.
  §37, arts. 151, 158 y 199.
  §41, arts. 214, 215, 216, 221, 223 y 232.
  §44, arts. 18, 221, 222, 223, 233, 234 y disp. adic. 4ª.
  §52, arts. 179, 180, 182, 183 y 203.
  §53, art. 85 y disp. adic. 4ª.
- STS, Sala 3ª, de 26 mayo 1998 (RJ 1998, 4265).
  §1, art. 8.
  §2, arts. 9 y 10.
  §3, art. 78.
  §3.1, art. 21.
  §3.2, art. 39.
  §6, arts. 13, 14 y 63.
  §23, arts. 50, 51, 72 y 73.
  §24, arts. 95 y 96.
  §25, arts. 11 y 12.
  §27, art. 45.
  §28, art. 115.
  §33, arts. 9, 10, 11, 14, 64 y 65.
  §44, arts. 6 y 7.
  §52, arts. 8 y 9.
  §53, art. 9.
- STS, Sala 3ª, de 26 mayo 1998 (RJ 1998, 4373).
  §1, arts. 42 y 44.
  §1.1, arts. 4, 5, 10, 12 y 13.
  §2, arts. 35, 240, 242.1, 242.6, 243.2, 244.4, 254 y 300.
  §3, arts. 178, 179, 180, 187 y 232.
  §3.3, art. 1.
  §6, arts. 166, 169, 170, 171, 172, 173, 175, 176, 177, 182, 183, 200 y 202.
  §10, arts. 1.3, 1.4, 2.1 y 17.1.
  §13, arts. 2, 3, 4, 6, 7 y 8.
  §23, arts. 164, 166, 167, 168, 169 y 185.
  §24, arts. 183, 185, 186, 187, 188, 192, 194 y 211.
  §25, arts. 97, 98, 103 y 119.
  §27, arts. 162, 163, 165, 166, 167, 169, 170, 172 y 200.
  §28, arts. 247, 248, 249, 250, 258, 259 y 260.
  §33, arts. 86, 168, 169 y 179.
  §37, arts. 151, 158, 159 y 199.
  §41, arts. 214, 215, 216, 221, 223 y 232.
  §44, arts. 18, 221, 222, 223, 233, 234 y disp. adic. 4ª.
  §52, arts. 179, 180, 182, 183 y 203.
  §53, art. 85 y disp. adic. 4ª.
- STS, Sala 3ª, de 27 mayo 1998 (RJ 1998, 4374).
  §1, art. 10.
  §2, arts. 9 y 11.
  §3, art. 79.
  §3.1, arts. 22 y 23.
  §3.2, art. 44.
  §23, arts. 52, 53 y 68.

§25, arts. 13 y 14.
§27, art. 46.
§28, art. 116.
§33, arts. 9, 10, 11, 12 y 67.
§44, arts. 6 y 8.
§52, arts. 22 y 23.
§53, art. 9.

– STS, Sala 3ª, de 8 junio 1998 (RJ 1998, 4389).
§1, arts. 42 y 44.
§1.1, arts. 4, 5, 10, 12 y 13.
§2, arts. 35, 242.1, 242.6, 243.2, 244.4 y 300.
§3, arts. 178, 179, 180 y 232.
§3.3, art. 1.
§6, arts. 166, 169, 170, 171, 172, 173, 175, 176, 177, 182, 183, 200 y 202.
§10, arts. 1.3, 1.4, 2.1 y 17.1.
§13, arts. 2, 3, 4, 6, 7 y 8.
§23, arts. 164, 166, 167, 168 y 169.
§24, arts. 183, 185, 186, 187, 188, 192, 194 y 211.
§25, arts. 97, 98 y 103.
§27, arts. 162, 163, 165, 166, 167, 169, 170, 172 y 200.
§28, arts. 247, 248, 249, 250, 258, 259 y 260.
§33, arts. 86, 168 y 169.
§37, arts. 151, 158 y 199.
§41, arts. 214, 215, 216, 221, 223 y 232.
§44, arts. 18, 221, 222, 223, 233, 234 y disp. adic. 4ª.
§52, arts. 179, 180, 182, 183 y 203.
§53, art. 85 y disp. adic. 4ª.

– STS, Sala 3ª, de 9 junio 1998 (RJ 1998, 4500).
§1, arts. 42 y 44.
§1.1, arts. 4, 5, 10, 12 y 13.
§2, arts. 35, 242.1, 242.6, 243.2, 244.4 y 300.
§3, arts. 178, 179, 180 y 232.
§3.3, art. 1.
§6, arts. 166, 169, 170, 171, 172, 173, 175, 176, 177, 182, 183, 200 y 202.
§10, arts. 1.3, 1.4, 2.1 y 17.1.
§13, arts. 2, 3, 4, 6, 7 y 8.
§23, arts. 164, 166, 167, 168 y 169.
§24, arts. 183, 185, 186, 187, 188, 192, 194 y 211.
§25, arts. 97, 98 y 103.
§27, arts. 162, 163, 165, 166, 167, 169, 170, 172 y 200.
§28, arts. 247, 248, 249, 250, 258, 259 y 260.
§33, arts. 86, 168 y 169.
§37, arts. 151, 158 y 199.
§41, arts. 214, 215, 216, 221, 223 y 232.
§44, arts. 18, 221, 222, 223, 233, 234 y disp. adic. 4ª.
§52, arts. 179, 180, 182, 183 y 203.
§53, art. 85 y disp. adic. 4ª.

– STS, Sala 3ª, de 15 junio 1998 (RJ 1998, 4552).
§1, arts. 42 y 44.
§1.1, arts. 4, 5, 10, 12 y 13.
§2, arts. 35, 242.1, 242.6, 243.2, 244.4 y 300.
§3, arts. 178, 179, 180 y 232.
§3.3, art. 1.
§6, arts. 166, 169, 170, 171, 172, 173, 175, 176, 177, 182, 183, 200 y 202.
§10, arts. 1.3, 1.4, 2.1 y 17.1.
§13, arts. 2, 3, 4, 6, 7 y 8.
§23, arts. 164, 166, 167, 168 y 169.
§24, arts. 149, 151 y 153.
§25, arts. 97, 98 y 103.
§27, arts. 162, 163, 165, 166, 167, 169, 170, 172 y 200.
§28, arts. 247, 248, 249, 250, 258, 259 y 260.
§33, arts. 86, 168 y 169.
§37, arts. 151, 158 y 199.
§41, arts. 214, 215, 216, 221, 223 y 232.
§44, arts. 18, 221, 222, 223, 233, 234 y disp. adic. 4ª.
§52, arts. 179, 180, 182, 183 y 203.
§53, art. 85 y disp. adic. 4ª.

– STS, Sala 3ª, de 16 junio 1998 (RJ 1998, 4555).
§1, art. 23.
§2, arts. 157, 158 y 159.
§3, arts. 126, 127, 128 y 129.
§3.2, arts. 102, 156, 157, 158, 161, 162, 165, 167, 169, 178, 184 y 185.
§6, arts. 138, 139, 140, 142 y 144.
§23, arts. 111 a 116.
§24, arts. 149, 151 y 153.
§25, arts. 80, 81 y 82.
§28, arts. 176, 178, 179 y 180.
§33, arts. 133, 134, 135, 136 y 138.
§37, art. 104.

§41, art. 180.
§44, arts. 155, 156, 158, 162 y 163.
§52, arts. 121, 123 y 127.

– STS, Sala 3ª, de 17 junio 1998 (RJ 1998, 4770).
§1, art. 6.1.
§2, arts. 141 y 147.
§3, arts. 114 y 115.
§3.2, arts. 1, 4 y 21.
§6, art. 95.
§33, arts. 117 y 118.

– STS, Sala 3ª, de 23 junio 1998 (RJ 1998, 4559).
§1, art. 19.1.
§2, art. 245.
§3, art. 181.
§6, arts. 184, 188 y 189.
§13, arts. 10 y 11.
§23, art. 153.
§24, arts. 200 y 201.
§25, arts. 8 y 106.
§27, arts. 137 y 176.
§28, art. 251.
§33, arts. 170 y 171.
§37, arts. 168 y 170.
§44, art. 224.
§52, art. 184.
§53, arts. 86, 87 y 88.

– STS, Sala 3ª, de 23 junio 1998 (RJ 1998, 5731).
§1, arts. 42 y 44.
§1.1, arts. 4, 5, 10, 12 y 13.
§2, arts. 35, 242.1, 242.6, 243.2, 244.4 y 300.
§3, arts. 178, 179, 180 y 232.
§3.3, art. 1.
§6, arts. 166, 169, 170, 171, 172, 173, 175, 176, 177, 182, 183, 200 y 202.
§10, arts. 1.3, 1.4, 2.1 y 17.1.
§13, arts. 2, 3, 4, 6, 7 y 8.
§23, arts. 164, 166, 167, 168 y 169.
§24, arts. 183, 185, 186, 187, 188, 192, 194 y 211.
§25, arts. 97, 98 y 103.
§27, arts. 162, 163, 165, 166, 167, 169, 170, 172 y 200.
§28, arts. 247, 248, 249, 250, 258, 259 y 260.
§33, arts. 86, 168 y 169.
§37, arts. 151, 158 y 199.
§41, arts. 214, 215, 216, 221, 223 y 232.
§44, arts. 18, 221, 222, 223, 233, 234 y disp. adic. 4ª.
§52, arts. 179, 180, 182, 183 y 203.
§53, art. 85 y disp. adic. 4ª.

– STS, Sala 3ª, de 25 junio 1998 (RJ 1998, 5863).
§1, arts. 42 y 44.
§1.1, arts. 4, 5, 10, 12 y 13.
§2, arts. 35, 242.1, 242.6, 243.2, 244.4 y 300.
§3, arts. 178, 179, 180 y 232.
§3.3, art. 1.
§6, arts. 166, 169, 170, 171, 172, 173, 175, 176, 177, 182, 183, 200 y 202.
§10, arts. 1.3, 1.4, 2.1 y 17.1.
§13, arts. 2, 3, 4, 6, 7 y 8.
§23, arts. 164, 166, 167, 168 y 169.
§24, arts. 183, 185, 186, 187, 188, 192, 194 y 211.
§25, arts. 97, 98 y 103.
§27, arts. 162, 163, 165, 166, 167, 169, 170, 172 y 200.
§28, arts. 247, 248, 249, 250, 258, 259 y 260.
§33, arts. 86, 168 y 169.
§37, arts. 151, 158 y 199.
§41, arts. 214, 215, 216, 221, 223 y 232.
§44, arts. 18, 221, 222, 223, 233, 234 y disp. adic. 4ª.
§52, arts. 179, 180, 182, 183 y 203.
§53, art. 85 y disp. adic. 4ª.

– STS, Sala 3ª, de 29 junio 1998 (RJ 1998, 5443).
§2, arts. 248, 250 y 252.
§3, art. 184.
§6, art. 196.
§10, arts. 5.1, 7, 8, 9 y 13.2.
§13, arts. 26, 61, 65 y 66.
§23, arts. 176, 177 y 178.
§24, art. 207.
§25, arts. 113 y 118.
§27, art. 178.
§28, arts. 254, 255, 274, 275 y 276.
§33, arts. 175 y 177.
§37, arts. 193 y 203.
§41, art. 227.
§44, arts. 228 y 230.
§52, art. 198.

– STS, Sala 3ª, de 29 junio 1998 (RJ 1998, 5444).
§2, arts. 38, 39, 249 y 251.
§3, art. 185.
§6, art. 197.
§10, arts. 10, 13.2 y 20.1.
§13, arts. 26 y 61.
§23, arts. 178, 179, 180, 188 y 192.
§24, art. 208.
§25, arts. 114 y 118.
§28, arts. 256, 259 y 274.
§33, art. 176.
§37, arts. 159, 195, 196 y 203.
§41, art. 228.
§44, arts. 229 y 231.
§52, art. 199.

– STS, Sala 3ª, de 30 junio 1998 (RJ 1998, 5736).
§2, arts. 17 y 84.
§3, art. 19.
§3.1, arts. 79 y 145.
§28, art. 31.
§41, art. 118.
§44, art. 93.
§52, art. 38.

– STS, Sala 3ª, de 6 julio 1998 (RJ 1998, 5869).
§1, art. 8.
§2, arts. 9 y 10.
§3, art. 78.
§3.1, art. 21.
§3.2, art. 39.
§6, arts. 13, 14 y 63.
§23, arts. 50, 51, 72 y 73.
§24, arts. 95 y 96.
§25, arts. 11 y 12.
§27, art. 45.
§28, art. 115.
§33, arts. 9, 10, 11, 14, 64 y 65.
§44, arts. 6 y 7.
§52, arts. 8 y 9.
§53, art. 9.

– STS, Sala 3ª, de 24 julio 1998 (RJ 1998, 5767).
§2, arts. 248, 250 y 252.
§3, art. 184.
§6, art. 196.
§10, arts. 5.1, 7, 8, 9 y 13.2.
§13, arts. 26, 61, 65 y 66.
§23, arts. 176, 177 y 178.
§24, art. 207.
§25, arts. 113 y 118.
§27, art. 178.
§28, arts. 254, 255, 274, 275 y 276.
§33, arts. 175 y 177.
§37, arts. 193 y 203.
§41, art. 227.
§44, arts. 228 y 230.
§52, art. 198.

– STS, Sala 3ª, de 21 septiembre 1998 (RJ 1998, 6942).
§1, art. 9.
§2, arts. 9 y 11.
§3, art. 80.
§3.1, art. 24.
§17, arts. 6 y 7.
§23, arts. 54, 55 y 62.
§25, art. 15.
§27, art. 47.
§28, art. 117.
§33, arts. 9, 10 y 68.
§44, arts. 6 y 9.
§52, arts. 12 y 13.
§53, art. 11.

– STS, Sala 3ª, de 28 septiembre 1998 (RJ 1998, 6952).
§1, art. 19.1.
§2, art. 245.
§3, art. 181.
§6, arts. 184, 188 y 189.
§13, arts. 10 y 11.
§23, art. 153.
§24, arts. 200 y 201.
§25, arts. 8 y 106.
§27, arts. 137 y 176.
§28, art. 251.
§33, arts. 170 y 171.
§37, arts. 168 y 170.
§44, art. 224.
§52, art. 184.
§53, arts. 86, 87 y 88.

– STS, Sala 3ª, de 5 octubre 1998 (RJ 1998, 7152).
§1, art. 19.1.
§2, art. 245.
§3, art. 181.
§6, arts. 184, 188 y 189.
§13, arts. 10 y 11.
§23, art. 153.
§24, arts. 200 y 201.

§25, arts. 8 y 106.
§27, arts. 137 y 176.
§28, art. 251.
§33, arts. 170 y 171.
§37, arts. 168 y 170.
§44, art. 224.
§52, art. 184.
§53, arts. 86, 87 y 88.

– STS, Sala 3ª, de 6 octubre 1998 (RJ 1998, 7984).
§1, arts. 42 y 44.
§1.1, arts. 4, 5, 10, 12 y 13.
§2, arts. 35, 242.1, 242.6, 243.2, 244.4 y 300.
§3, arts. 178, 179, 180 y 232.
§3.3, art. 1.
§6, arts. 166, 169, 170, 171, 172, 173, 175, 176, 177, 182, 183, 200 y 202.
§10, arts. 1.3, 1.4, 2.1 y 17.1.
§13, arts. 2, 3, 4, 6, 7 y 8.
§23, arts. 164, 166, 167, 168 y 169.
§24, arts. 183, 185, 186, 187, 188, 192, 194 y 211.
§25, arts. 97, 98 y 103.
§27, arts. 162, 163, 165, 166, 167, 169, 170, 172 y 200.
§28, arts. 247, 248, 249, 250, 258, 259 y 260.
§33, arts. 86, 168 y 169.
§37, arts. 151, 158 y 199.
§41, arts. 214, 215, 216, 221, 223 y 232.
§44, arts. 18, 221, 222, 223, 233, 234 y disp. adic. 4ª.
§52, arts. 179, 180, 182, 183 y 203.
§53, art. 85 y disp. adic. 4ª.

– STS, Sala 3ª, de 13 octubre 1998 (RJ 1998, 7158).
§1, arts. 13, 14.1, 14.2 f), 18.7 y 34.
§2, arts. 34, 186, 208, 227, 228, 229, 233, 234 y 236.
§3, arts. 154 a 164.
§3.6, arts. 1, 10, 13, 18 y 25.
§6, arts. 160 a 165.
§24, arts. 246, 247, 249 y 251.
§27, arts. 66 y 104.
§28, arts. 223 a 233.
§33, art. 81.
§41, arts. 203, 204, 205 y 206.
§44, art. 218.
§46, art. 9.
§52, arts. 187, 188, 189, 190 y 192.
§53, arts. 97 y 98.

– STS, Sala 3ª, de 14 octubre 1998 (RJ 1998, 7989).
§2, arts. 248, 250 y 252.
§3, art. 184.
§6, art. 196.
§10, arts. 5.1, 7, 8, 9 y 13.2.
§13, arts. 26, 61, 65 y 66.
§23, arts. 176, 177 y 178.
§24, art. 207.
§25, arts. 113 y 118.
§27, art. 178.
§28, arts. 254, 255, 274, 275 y 276.
§33, arts. 175 y 177.
§37, arts. 193 y 203.
§41, art. 227.
§44, arts. 228 y 230.
§52, art. 198.

– STS, Sala 3ª, de 14 octubre 1998 (RJ 1998, 7990).
§1, art. 9.
§2, arts. 9 y 12.
§3, art. 80.
§3.1, art. 24.
§17, arts. 6 y 7.
§23, arts. 54, 55 y 62.
§25, art. 15.
§27, art. 47.
§28, art. 117.
§33, arts. 9, 10 y 68.
§44, arts. 6 y 9.
§52, arts. 12 y 13.
§53, art. 11.

– STS, Sala 3ª, de 14 octubre 1998 (RJ 1998, 7991).
§1, art. 22.

– STS, Sala 3ª, de 15 octubre 1998 (RJ 1998, 7164).
§1, arts. 42 y 44.
§1.1, arts. 4, 5, 10, 12 y 13.
§2, arts. 35, 242.1, 242.6, 243.2, 244.4 y 300.
§3, arts. 178, 179, 180 y 232.
§3.3, art. 1.
§6, arts. 166, 169, 170, 171, 172, 173, 175, 176, 177, 182, 183, 200 y 202.
§10, arts. 1.3, 1.4, 2.1 y 17.1.
§13, arts. 2, 3, 4, 6, 7 y 8.
§23, arts. 164, 166, 167, 168 y 169.

§24, arts. 183, 185, 186, 187, 188, 192, 194 y 211.
§25, arts. 97, 98 y 103.
§27, arts. 162, 163, 165, 166, 167, 169, 170, 172 y 200.
§28, arts. 247, 248, 249, 250, 258, 259 y 260.
§33, arts. 86, 168 y 169.
§37, arts. 151, 158 y 199.
§41, arts. 214, 215, 216, 221, 223 y 232.
§44, arts. 18, 221, 222, 223, 233, 234 y disp. adic. 4ª.
§52, arts. 179, 180, 182, 183 y 203.
§53, art. 85 y disp. adic. 4ª.

– STS, Sala 3ª, de 17 octubre 1998 (RJ 1998, 7993).
§1, arts. 10, 15, 16.1, 17 y 20.1.
§2, arts. 9, 11, 16, 18, 24, 35, 104 y 136.
§3, art. 85.
§3.2, arts. 44 y 45.
§6, arts. 19 a 24, 26, 27 y 31.
§11, arts. 1.1, 1.2, 2.1 e), 2.1 f), 3, 4, 5 y 14.
§16, art. 1.
§23, arts. 66, 69, 164, 166, 167, 168 y 169.
§24, arts. 103, 108, 111 y 114.
§27, art. 67.
§28, art. 127.
§33, arts. 9, 10, 12 y 72.
§44, arts. 6 y 45.
§52, art. 24.
§54, disp. adic. 2ª.

– STS, Sala 3ª, de 20 octubre 1998 (RJ 1998, 8440).
§1, arts. 10, 15, 16.1, 17, 20.1, 42 y 44.
§1.1, arts. 4, 5, 10, 12 y 13.
§2, arts. 9, 11, 16, 18, 24, 35, 104, 136, 242.1, 242.6, 243.2, 244.4 y 300.
§3, arts. 85, 178, 179, 180 y 232.
§3.2, arts. 44 y 45.
§3.3, art. 1.
§6, arts. 19 a 24, 26, 27, 31, 166, 169, 170, 171, 172, 173, 175, 176, 177, 182, 183, 200 y 202.
§10, arts. 1.3, 1.4, 2.1 y 17.1.
§11, arts. 1.1, 1.2, 2.1 e), 2.1 f), 3, 4, 5 y 14.
§13, arts. 2, 3, 4, 6, 7 y 8.
§16, art. 1.
§23, arts. 66, 69, 164, 166, 167, 168 y 169.
§24, arts. 103, 108, 111 y 114.
§25, arts. 97, 98 y 103.
§27, arts. 67, 162, 163, 165, 166, 167, 169, 170, 172 y 200.
§28, arts. 127, 247, 248, 249, 250, 258, 259 y 260.
§33, arts. 9, 10, 12, 72, 86, 168 y 169.
§37, arts. 151, 158 y 199.
§41, arts. 214, 215, 216, 221, 223 y 232.
§44, arts. 6, 45, 18, 221, 222, 223, 233, 234 y disp. adic. 4ª.
§52, arts. 24, 179, 180, 182, 183 y 203.
§53, art. 85 y disp. adic. 4ª.
§54, disp. adic. 2ª.

– STS, Sala 3ª, de 26 octubre 1998 (RJ 1998, 7688).
§1, arts. 6.1 y 23.
§2, arts. 141, 147, 157, 158 y 159.
§3, arts. 114, 115, 126, 127, 128 y 129.
§3.2, arts. 1, 4, 21, 102, 156, 157, 158, 161, 162, 165, 167, 169, 178, 184 y 185.
§6, arts. 95. 138, 139, 140, 142 y 144.
§23, arts. 111 a 116.
§24, arts. 149, 151 y 153.
§25, arts. 80, 81 y 82.
§28, arts. 176, 178, 179 y 180.
§33, arts. 117 y 118.
§37, art. 104.
§41, art. 180.
§44, arts. 155, 156, 158, 162 y 163.
§52, arts. 121, 123 y 127.

– STS, Sala 3ª, de 26 octubre 1998 (RJ 1998, 8118).
§2, art. 102.
§3, art. 27.
§3.1, arts. 117, 118, 120, 121 y 122.
§3.2, art. 104.
§6, arts. 65 y 66.
§24, art. 25.
§25, art. 53.
§28, arts. 40, 41, 42 y 43.
§33, arts. 34, 133, 134, 135, 136 y 138.
§41, art. 134.
§44, arts. 60 y 106.
§52, art. 82.
§53, art. 57.

– STS, Sala 3ª, de 29 octubre 1998 (RJ 1998, 8121).
§1, art. 8.
§2, arts. 9 y 10.

§3, art. 78.
§3.1, art. 21.
§3.2, art. 39.
§6, arts. 13, 14 y 63.
§23, arts. 50, 51, 72 y 73.
§24, arts. 95 y 96.
§25, arts. 11 y 12.
§27, art. 45.
§28, art. 115.
§33, arts. 9, 10, 11, 14, 64 y 65.
§44, arts. 6 y 7.
§52, arts. 8 y 9.
§53, art. 9.

– STS, Sala 3ª, de 10 noviembre 1998 (RJ 1998, 9329).
§1, arts. 14.2 d), 18.5 y 23.
§2, arts. 164, 165, 166, 167, 170, 258 y 259.
§3, arts. 97 a 102.
§3.2, arts. 71, 72, 73, 76, 77, 81, 86, 87, 89, 93, 94, 95, 98, 100, 101, 104, 106, 108, 113, 117, 122, 124, 125 y 126.
§6, arts. 124, 125, 126, 128 y 130.
§23, arts. 84, 85, 86 y 87.
§24, arts. 135, 137 y 139.
§27, arts. 92 y 93.
§28, arts. 147 a 152.
§33, arts. 98 y 100 a 106.
§37, art. 86.
§44, arts. 159 y 160.
§52, arts. 131, 132, 133, 134 y 140.
§53, art. 68.

– STS, Sala 3ª, de 10 noviembre 1998 (RJ 1998, 9330).
§1, arts. 14.2 e) y 18.6.
§2, art. 155.
§3, art. 122.
§3.2, arts. 59, 60, 61 y 62.
§6, art. 123.
§23, art. 99 y 151.
§25, art. 68.
§27, arts. 115 y 127.
§28, art. 172.
§33, art. 130.
§37, art. 97.
§44, art. 153.
§52, art. 120.

– STS, Sala 3ª, de 11 noviembre 1998 (RJ 1998, 8125).
§1, arts. 42 y 44.
§1.1, arts. 4, 5, 10, 12 y 13.
§2, arts. 35, 242.1, 242.6, 243.2, 244.4 y 300.
§3, arts. 178, 179, 180 y 232.
§3.3, art. 1.
§6, arts. 166, 169, 170, 171, 172, 173, 175, 176, 177, 182, 183, 200 y 202.
§10, arts. 1.3, 1.4, 2.1 y 17.1.
§13, arts. 2, 3, 4, 6, 7 y 8.
§23, arts. 164, 166, 167, 168 y 169.
§24, arts. 183, 185, 186, 187, 188, 192, 194 y 211.
§25, arts. 97, 98 y 103.
§27, arts. 162, 163, 165, 166, 167, 169, 170, 172 y 200.
§28, arts. 247, 248, 249, 250, 258, 259 y 260.
§33, arts. 86, 168 y 169.
§37, arts. 151, 158 y 199.
§41, arts. 214, 215, 216, 221, 223 y 232.
§44, arts. 18, 221, 222, 223, 233, 234 y disp. adic. 4ª.
§52, arts. 179, 180, 182, 183 y 203.
§53, art. 85 y disp. adic. 4ª.

– STS, Sala 3ª, de 16 noviembre 1998 (RJ 1998, 9331).
§2, arts. 84, 85 y 90.
§3, art. 23.
§3.1, arts. 83, 84, 85 y 146.
§6, art. 58.
§25, art. 49.
§28, art. 35.
§41, arts. 113 y 114.
§44, art. 91.
§53, art. 24.

– STS, Sala 3ª, de 17 noviembre 1998 (RJ 1998, 7968).
§2, arts. 9, 12, 16, 17 y 104.
§3, arts. 178, 179, 180 y 232.
§23, arts. 164, 166, 167, 168 y 169.
§24, arts. 183, 185, 186, 187, 188, 192, 194 y 211.
§37, arts. 151, 158 y 159.
§41, arts. 214, 215, 216, 221, 223 y 232.

– STS, Sala 3ª, de 17 noviembre 1998 (RJ 1998, 9332).
§1, arts. 9, 15, 16.1, 20.1, 42 y 44.
§1.1, arts. 4, 5, 10, 12 y 13.
§2, arts. 35, 242.1, 242.6, 243.2, 244.4 y 300.
§3, arts. 86, 178, 179, 180 y 232.

§3.2, art. 45
§3.3, art. 1.
§6, arts. 19 a 24, 31, 166, 169, 170, 171, 172, 173, 175, 176, 177, 182, 183, 200 y 202.
§10, arts. 1.3, 1.4, 2.1 y 17.1.
§11, arts. 1.1, 1.2, 2.1 e), 2.1 f), 3, 4 y 5.
§13, arts. 2, 3, 4, 6, 7 y 8.
§16, art. 1.
§17, arts. 3, 11, 12, 19, 21 y 25.
§23, arts. 63, 164, 166, 167, 168 y 169.
§24, arts. 108, 111, 114, 183, 185, 186, 187, 188, 192, 194 y 211.
§25, arts. 23, 26, 29, 97, 98 y 103.
§27, arts. 54, 60, 61, 162, 163, 165, 166, 167, 169, 170, 172 y 200.
§28, arts. 108, 109, 128, 247, 248, 249, 250, 258, 259 y 260.
§33, arts. 9, 10, 12, 77, 79, 86, 168 y 169.
§37, arts. 151, 158 y 199.
§41, arts. 214, 215, 216, 221, 223 y 232.
§44, arts. 6, 18, 22, 221, 222, 223, 233, 234 y disp. adic. 4ª.
§46, art. 1.
§52, arts. 15, 16, 18, 19, 179, 180, 182, 183 y 203.
§53, art. 85 y disp. adic. 4ª.
§54, arts. 4, 5, 6, 7 y 12.

– STS, Sala 3ª, de 23 noviembre 1998 (RJ 1998, 9603).
§1, art. 8.
§2, arts. 9 y 10.
§3, art. 78.
§3.1, art. 21.
§3.2, art. 39.
§6, arts. 13, 14 y 63.
§23, arts. 50, 51, 72 y 73.
§24, arts. 95 y 96.
§25, arts. 11 y 12.
§27, art. 45.
§28, art. 115.
§33, arts. 9, 10, 11, 14, 64 y 65.
§44, arts. 6 y 7.
§52, arts. 8 y 9.
§53, art. 9.

– STS, Sala 3ª, de 24 noviembre 1998 (RJ 1998, 9309).
§2, arts. 24 y 72.
§3, art. 12.
§3.1, arts. 14 a 19, 21, 25 a 30, 32, 33, 34 y 36 a 42.
§6, arts. 14, 32 a 40, 101, 102, 103, 104, 106, 107 y 108.
§24, arts. 44, 48, 49, 96, 133 y 143.
§25, art. 41.
§27, art. 24.
§28, art. 23.
§33, arts. 8, 9, 10, 12, 16 y 17.
§37, arts. 42 y 43.
§41, arts. 98, 101 y 195.
§44, arts. 81 y 82.
§52, arts. 56, 58, 59, 60, 61, 65, 66, 151, 152 y 154.

– STS, Sala 3ª, de 25 noviembre 1998 (RJ 1998, 8610).
§1, arts. 42 y 44.
§1.1, arts. 4, 5, 10, 12 y 13.
§2, arts. 35, 242.1, 242.6, 243.2, 244.4 y 300.
§3, arts. 178, 179, 180 y 232.
§3.3, art. 1.
§6, arts. 166, 169, 170, 171, 172, 173, 175, 176, 177, 182, 183, 200 y 202.
§10, arts. 1.3, 1.4, 2.1 y 17.1.
§13, arts. 2, 3, 4, 6, 7 y 8.
§23, arts. 164, 166, 167, 168 y 169.
§24, arts. 183, 185, 186, 187, 188, 192, 194 y 211.
§25, arts. 97, 98 y 103.
§27, arts. 162, 163, 165, 166, 167, 169, 170, 172 y 200.
§28, arts. 247, 248, 249, 250, 258, 259 y 260.
§33, arts. 86, 168 y 169.
§37, arts. 151, 158 y 199.
§41, arts. 214, 215, 216, 221, 223 y 232.
§44, arts. 18, 221, 222, 223, 233, 234 y disp. adic. 4ª.
§52, arts. 179, 180, 182, 183 y 203.
§53, art. 85 y disp. adic. 4ª.

– STS, Sala 3ª, de 26 noviembre 1998 (RJ 1998, 8611).
§2, arts. 248, 250 y 252.
§3, art. 184.
§6, art. 196.
§10, arts. 5.1, 7, 8, 9 y 13.2.
§13, arts. 26, 61, 65 y 66.
§23, arts. 176, 177 y 178.
§24, art. 207.

§25, arts. 113 y 118.
§27, art. 178.
§28, arts. 254, 255, 274, 275 y 276.
§33, arts. 175 y 177.
§37, arts. 193 y 203.
§41, art. 227.
§44, arts. 228 y 230.
§52, art. 198.

– STS, Sala 3ª, de 27 noviembre 1998 (RJ 1998, 9609).
§2, arts. 125 a 130.
§3, art. 51.
§3.1, arts. 154, 156, 158, 160, 161, 162 y 163.
§4, arts. 25 y 26.
§6, arts. 71, 72 y 74.
§23, arts. 45 y 47.
§24, arts. 81, 82 y 83.
§25, arts. 56, 57 y 58.
§27, arts. 40, 41 y 43.
§28, arts. 72 a 77.
§33, arts. 48, 49, 50, 51 y 52.
§37, arts. 68, 69 y 70.
§41, arts. 147, 148 y 149.
§44, arts. 124, 125, 126, 127 y 128.
§52, arts. 100, 101 y 102.
§53, arts. 35, 54 y 55.

– STS, Sala 3ª, de 27 noviembre 1998 (RJ 1998, 9610).
§1, arts. 8, 9 y 11.
§2, arts. 9, 10, 13, 81 y 94.
§3, arts. 78 y 81.
§3.1, arts. 21, 101, 102 y 153.
§3.2, art. 39.
§6, arts. 13, 14 y 63.
§23, arts. 50, 51, 72 y 73.
§24, arts. 94, 95 y 96.
§25, arts. 11, 12, 30 y disp. transit. 4ª.
§27, arts. 45 y 48.
§28, arts. 115 y 118.
§33, arts. 9, 10, 11, 14, 18, 64, 65 y 66.
§44, arts. 6 y 7.
§52, arts. 7, 8 y 9.
§53, art. 9.
§54, art. 3.

– STS, Sala 3ª, de 11 diciembre 1998 (RJ 1998, 10100).
§1, art. 41.
§2, art. 137.
§3, arts. 60 y 61.
§6, art. 70.
§23, art. 44.
§24, art. 88.
§25, art. 64.
§27, art. 42.
§28, art. 93.
§33, art. 58.
§44, arts. 134 y 263.
§52, art. 99.

– STS, Sala 3ª, de 22 diciembre 1998 (RJ 1998, 10116).
§2, arts. 248, 250 y 252.
§3, art. 184.
§6, art. 196.
§10, arts. 5.1, 7, 8, 9 y 13.2.
§13, arts. 26, 61, 65 y 66.
§23, arts. 176, 177 y 178.
§24, art. 207.
§25, arts. 113 y 118.
§27, art. 178.
§28, arts. 254, 255, 274, 275 y 276.
§33, arts. 175 y 177.
§37, arts. 193 y 203.
§41, art. 227.
§44, arts. 228 y 230.
§52, art. 198.

– STS, Sala 3ª, de 23 diciembre 1998 (RJ 1998, 9732).
§1, art. 41.
§2, art. 137.
§3, arts. 60 y 61.
§6, art. 70.
§23, art. 44.
§24, arts. 94, 95 y 96.
§25, art. 64.
§27, art. 42.
§28, art. 93.
§33, art. 58.
§44, arts. 134 y 263.
§52, art. 99.

– STS, Sala 3ª, de 29 diciembre 1998 (RJ 1998, 10122).
§1, art. 9.
§2, arts. 9 y 12.
§3, art. 80.
§3.1, art. 24.
§17, arts. 6 y 7.
§23, arts. 54, 55 y 62.
§25, art. 15.
§27, art. 47.

§28, art. 117.
§33, arts. 9, 10 y 68.
§44, arts. 6 y 9.
§52, arts. 12 y 13.
§53, art. 11.

– STS, Sala 3ª, de 29 diciembre 1998 (RJ 1998, 10123).
§2, art. 102.
§3, art. 27.
§3.1, arts. 117, 118, 120, 121 y 122.
§3.2, art. 104.
§6, arts. 65 y 66.
§24, art. 25.
§25, art. 53.
§28, arts. 40, 41, 42 y 43.
§33, art. 34.
§41, art. 134.
§44, arts. 60 y 106.
§52, art. 82.
§53, art. 57.

– STS, Sala 3ª, de 30 diciembre 1998 (RJ 1998, 10145).
§1.1, art. 17.

1999

– STS, Sala 3ª, de 14 enero 1999 (RJ 1999, 172).
§2, art. 247.
§3, art. 183.
§6, arts. 184, 187 y 191.
§23, arts. 155 y 156.
§24, arts. 200, 201 y 202.
§25, art. 107.
§27, arts. 139 y 142.
§28, art. 253.
§33, arts. 170 y 171.
§37, arts. 171 y 172.
§41, arts. 224 y 225.
§44, art. 226.
§52, art. 186.
§53, arts. 88, 90 y 93.

– STS, Sala 3ª, de 22 enero 1999 (RJ 1999, 353).
§1, arts. 10, 15, 16.1, 17 y 20.1.
§2, arts. 9, 11, 16, 18, 24, 35, 104 y 136.
§3, art. 85.
§3.2, arts. 44 y 45.
§6, arts. 19 a 24, 26, 27 y 31.
§11, arts. 1.1, 1.2, 2.1 e), 2.1 f), 3, 4, 5 y 14.
§16, art. 1.
§23, arts. 66 y 69.
§24, arts. 103, 108, 111 y 114.
§27, art. 67.
§28, art. 127.
§33, arts. 9, 10, 12 y 72.
§44, arts. 6 y 45.
§52, art. 24.
§54, disp. adic. 2ª.

– ATS, Sala 3ª, de 22 enero 1999 (RJ 1999, 1653).
§1, disp. transit. 5ª.

– STS, Sala 3ª, de 25 enero 1999 (RJ 1999, 96).
§1, art. 8.
§2, arts. 9 y 10.
§3, art. 78.
§3.1, art. 21.
§3.2, art. 39.
§6, arts. 13, 14 y 63.
§23, arts. 50, 51, 72 y 73.
§24, arts. 95 y 96.
§25, arts. 11 y 12.
§27, art. 45.
§28, art. 115.
§33, arts. 9, 10, 11, 14, 64 y 65.
§44, arts. 6 y 7.
§52, arts. 8 y 9.
§53, art. 9.

– STS, Sala 3ª, de 25 enero 1999 (RJ 1999, 178).
§1, arts. 2.1 y 12.
§3, art. 76.
§6, art. 11.
§17, art. 10.
§23, arts. 56 y 57.
§25, art. 7.
§27, arts. 49, 50 y 51.
§28, art. 113.
§33, arts. 62 y 63.

– STS, Sala 3ª, de 27 enero 1999 (RJ 1999, 7).
§1.1, art. 18.

– STS, Sala 3ª, de 28 enero 1999 (RJ 1999, 358).
§2, arts. 24 y 72.
§3, art. 12.

§3.1, arts. 14 a 19, 21, 25 a 30, 32, 33, 34 y 36 a 42.
§6, arts. 14, 32 a 40, 101, 102, 103, 104, 106, 107 y 108.
§24, arts. 44, 48, 49, 96, 133 y 143.
§25, art. 41.
§27, art. 24.
§28, art. 23.
§33, arts. 8, 9, 10, 12, 16 y 17.
§37, arts. 42 y 43.
§41, arts. 98, 101 y 195.
§44, arts. 81 y 82.
§52, arts. 56, 58, 59, 60, 61, 65, 66, 151, 152 y 154.

– STS, Sala 3ª, de 4 febrero 1999 (RJ 1999, 672).
§1, art. 8.
§2, arts. 9 y 10.
§3, art. 78.
§3.1, art. 21.
§3.2, art. 39.
§6, arts. 13, 14 y 63.
§23, arts. 50, 51, 72 y 73.
§24, arts. 95 y 96.
§25, arts. 11 y 12.
§27, art. 45.
§28, art. 115.
§33, arts. 9, 10, 11, 14, 64 y 65.
§44, arts. 6 y 7.
§52, arts. 8 y 9.
§53, art. 9.

– STS, Sala 3ª, de 9 febrero 1999 (RJ 1999, 676).
§1, art. 8.
§2, arts. 9 y 10.
§3, art. 78.
§3.1, art. 21.
§3.2, art. 39.
§6, arts. 13, 14 y 63.
§23, arts. 50, 51, 72 y 73.
§24, arts. 95 y 96.
§25, arts. 11 y 12.
§27, art. 45.
§28, art. 115.
§33, arts. 9, 10, 11, 14, 64 y 65.
§44, arts. 6 y 7.
§52, arts. 8 y 9.
§53, art. 9.

– STS, Sala 3ª, de 9 febrero 1999 (RJ 1999, 1878).
§1, art. 41.1.

– STS, Sala 3ª, de 10 febrero 1999 (RJ 1999, 677).
§2, arts. 125 a 130.
§3, art. 51.
§3.1, arts. 154, 156, 158, 160, 161, 162 y 163.
§4, arts. 25 y 26.
§6, arts. 71, 72 y 74.
§23, arts. 45 y 47.
§24, arts. 81, 82 y 83.
§25, arts. 56, 57 y 58.
§27, arts. 40, 41 y 43.
§28, arts. 40, 41, 43 y 72 a 77.
§33, arts. 48, 49, 50, 51 y 52.
§37, arts. 68, 69 y 70.
§41, arts. 147, 148 y 149.
§44, arts. 124, 125, 126, 127 y 128.
§52, arts. 100, 101 y 102.
§53, arts. 35, 54 y 55.

– STS, Sala 3ª, de 13 marzo 1999 (RJ 1999, 2340).
§1, arts. 3, 5, 8, 10, 13, 14.1, 14.2 a), 14.2 c), 14.2 e), 15, 16.1, 17, 18.1, 18.4 y 18.6.
§2, arts. 9, 10, 11, 20.1 b), 24, 27, 33, 94, 96, 104, 136 y 205.
§3, arts. 83 y 84.
§3.2, arts. 42, 46 y 180.
§6, arts. 14, 15, 16, 17, 18, 26, 27, 28, 29, 30, 101, 102, 103, 104, 106, 107 y 108.
§23, arts. 70, 71 y 147.
§24, arts. 96, 100, 102, 103, 105, 106 y 143.
§25, arts. 17, 18, 19 y 20
§27, arts. 50, 51, 68, 69, 70, 71, 126 y 131.
§28, arts. 120 a 126.
§33, arts. 9, 10, 11, 12, 14, 70, 72, 73, 74, 78, 81, 82, 91, 92, 152 y 153.
§44, arts. 6 y 11.
§52, art. 11.

– STS, Sala 3ª, de 25 marzo 1999 (RJ 1999, 2804).
§1, disp. adic. 1ª.

– STS, Sala 3ª, de 10 mayo 1999 (RJ 1999, 7276).
§1, disp. transit. 5ª.

– STS, Sala 3ª, de 21 junio 1999 (RJ 1999, 4390).
§1.1, art. 17.

– STS, Sala 3ª, de 21 junio 1999 (RJ 1999, 5279).

§1.1, art. 4.
- STS, Sala 3ª, de 18 diciembre 1999 (RJ 1999, 8233).
§1.1, art. 17.
- STS, Sala 3ª, de 18 diciembre 1999 (RJ 1999, 9467).
§1.1, art. 10.
- STS, Sala 3ª, de 29 diciembre 1999 (RJ 1999, 9779).
§1.1, art. 10.

2000

- STS, Sala 3ª, de 21 marzo 2000 (RJ 2000, 3685).
§5, disp. final 3ª.
- STS, Sala 3ª, de 21 marzo 2000 (RJ 2000, 3686).
§5, disp. final 3ª.
- STS, Sala 3ª, de 21 marzo 2000 (RJ 2000, 3689).
§5, disp. final 3ª.
- STS, Sala 3ª, de 28 marzo 2000 (RJ 2000, 2201).
§1.1, art. 2.
- STS, Sala 3ª, de 30 marzo 2000 (RJ 2000, 4916).
§1, art. 14.
- STS, Sala 3ª, de 31 marzo 2000 (RJ 2000, 4916).
§1, arts. 42 y 44.
§1.1, arts. 4, 5, 10, 12 y 13.
§2, arts. 35, 240, 242.1, 242.5, 243.3, 244.4 y 300.
§3, art. 180.
§6, arts. 166, 169 a 177, 182, 183, 200 y 202.
§10, arts. 1.3, 1.4, 2 y 17.
§13, arts. 2, 3, 4, 6, 7 y 8.
§23, arts. 164, 166, 167, 168 y 169.
§24, arts. 183, 185, 186, 187, 188, 192, 194 y 211.
§25, arts. 97 y 98.
§27, arts. 162, 163, 165, 166, 167, 169, 172 y 200.
§28, arts. 247, 248, 249, 258, 259 y 260.
§33, arts. 168 y 169.
§35, arts. 58, 60, 64 y 67.
§37, arts. 151, 158 y 199.
§41, arts. 214, 215, 216, 221, 223 y 232.
§44, arts. 18, 221, 222, 223, 233, 234 y disp. adic. 4ª.
§52, arts. 110, 111, 112, 179, 180, 182, 183 y 203.
§53, art. 85 y disp. adic. 4ª.
- STS, Sala 3ª, de 20 junio 2000 (RJ 2000, 6382).
§1, arts. 42 y 44.
§1.1, arts. 4, 5, 10, 12 y 13.
§2, arts. 35, 240, 242.1, 242.5, 243.3, 244.4 y 300.
§3, art. 180.
§6, arts. 166, 169 a 177, 182, 183, 200 y 202.
§10, arts. 1.3, 1.4, 2 y 17.
§13, arts. 2, 3, 4, 6, 7 y 8.
§23, arts. 164, 166, 167, 168 y 169.
§24, arts. 183, 185, 186, 187, 188, 192, 194 y 211.
§25, arts. 97 y 98.
§27, arts. 162, 163, 165, 166, 167, 169, 172 y 200.
§28, arts. 247, 248, 249, 258, 259 y 260.
§33, arts. 168 y 169.
§35, arts. 58, 60, 64 y 67.
§37, arts. 151, 158 y 199.
§41, arts. 214, 215, 216, 221, 223 y 232.
§44, arts. 18, 221, 222, 223, 233, 234 y disp. adic. 4ª.
§52, arts. 110, 111, 112, 179, 180, 182, 183 y 203.
§53, art. 85 y disp. adic. 4ª.
- STS, Sala 3ª, de 4 julio 2000 (RJ 2000, 7005).
§1, art. 5.
§2, arts. 143, 144, 145 y 154.
§3, art. 118.
§3.2, arts. 36, 38 y 155.
§6, arts. 94 y 99.
§23, arts. 89, 93 y 94.
§24, arts. 117, 118, 121 y 122.
§25, arts. 39, 66 y 73.
§27, arts. 113 y 114.
§28, arts. 167 y 168.
§33, arts. 87, 89, 90, 95, 96, 97, 120, 121, 122 y 131.
§44, arts. 143, 145 y 146.
§46, art. 5 y disp. adic. 1ª.

§50, art. 11.
§52, arts. 110, 111 y 112.
§53, art. 33.

– STS, Sala 3ª, de 11 julio 2000 (RJ 2000, 6996).
§2, arts. 157, 158 y 159.
§3.2, arts. 102, 156, 157, 158, 161, 162, 169, 178, 184 y 185.
§6, arts. 138, 139, 140, 142 y 144.
§23, arts. 111 a 116.
§24, arts. 149, 151 y 153.
§25, arts. 80, 81 y 82.
§28, arts. 176, 177, 178, 179 y 180.
§33, arts. 134, 135, 136 y 138.
§37, art. 104.
§44, arts. 155, 156, 158, 162 y 163.
§52, arts. 121, 123 y 127.

– STS, Sala 3ª, de 22 julio 2000 (RJ 2000, 6986).
§1, art. 10.
§2, arts. 24, 83 y 142.
§3, art. 118.
§3.2, art. 42.
§6, art. 96.
§27, art. 109.
§28, art. 166.
§33, art. 119.
§44, art. 139.
§52, art. 109.

– STS, Sala 3ª, de 20 septiembre 2000 (RJ 2000, 7320).
§28, art. 71.

– STS, Sala 3ª, de 20 septiembre 2000 (RJ 2000, 7793).
§1, art. 28.

– STS, Sala 3ª, de 13 octubre 2000 (RJ 2000, 7916).
§1, art. 5.
§2, arts. 143, 144, 145 y 154.
§3, art. 118.
§3.2, arts. 36, 38 y 155.
§6, arts. 94 y 99.
§23, arts. 89, 93 y 94.
§24, arts. 117, 118, 121 y 122.
§25, arts. 39, 66 y 73.
§27, arts. 113 y 114.
§28, arts. 167 y 168.
§33, arts. 87, 89, 90, 95, 96, 97, 120, 121, 122 y 131.
§44, arts. 143, 145 y 146.
§46, art. 5 y disp. adic. 1ª.
§50, art. 11.
§52, arts. 110, 111 y 112.
§53, art. 33.

TRIBUNALES SUPERIORES DE JUSTICIA

1994

– STSJ Baleares 21 octubre (RJCA 1994, 439).
§15, art. 1

– STSJ Baleares 9 noviembre 1994 (RJCA 1994, 444).
§15, art. 2.

1996

– STSJ Baleares 16 abril 1996 (RJCA 1996, 462).
§13, art. 62.

– STSJ Madrid 9 mayo 1996 (RJCA 1996, 637).
§37, art. 195.

– STSJ Madrid 27 mayo 1996 (RJCA 1996, 744).
§37, arts. 206 y 217.

– STSJ Asturias 23 julio 1996 (RJCA 1996, 2184).
§9, art. 27.

– STSJ Baleares 13 septiembre 1996 (RJCA 1996, 1610).
§13, art. 7.

– STSJ Valencia 1 octubre 1996 (RJCA 1996, 1443).
§54, disp. adic. 4ª.

1997

– STSJ Baleares 18 febrero 1997 (RJCA 1997, 504).
§13, art. 10.

– STSJ Baleares 6 junio 1997 (RJCA 1997, 1353).
§13, art. 67.

– STSJ Baleares 31 julio 1997 (RJCA 1997, 1389).
§13, arts. 45, 61 y 66.

1998

– STSJ Baleares 13 febrero 1998 (RJCA 1998, 211).
§17, art. 16.

– STSJ Cataluña 19 febrero 1998 (RJCA 1998, 404).
§28, art. 75.

– STSJ Cataluña 23 abril 1998 (RJCA 1998, 1202).
§28, art. 34.

– STSJ Baleares 30 junio 1998 (RJCA 1998, 3028).
§13, art. 45.

– STSJ Castilla y León/Valladolid 9 julio 1998 (RJCA 1998, 2806).
§25, art. 97.

– STSJ Navarra 23 julio 1998 (RJCA 1998, 2811).
§44, art. 134.

– STSJ Valencia 2 septiembre 1998 (RJCA 1998, 3251).
§53, art. 90.

– STSJ Cataluña 6 octubre 1998 (RJCA 1998, 3866).
§28, art. 120.

– STSJ Cataluña 6 octubre 1998 (RJCA 1998, 4123).
§28, art. 168.

– STSJ Cataluña 13 octubre 1998 (RJCA 1998, 3593).
§28, art. 26.

– STSJ Cataluña 16 octubre 1998 (RJCA 1998, 4020).
§28, art. 115.

– STSJ Madrid 23 octubre 1997 (RJCA 1997, 2091).
§37, art. 158.

– STSJ Valencia 10 noviembre 1998 (RJCA 1998, 4199).
§54, art. 10.

– STSJ Cataluña 10 noviembre 1998 (RJCA 1998, 4255).
§28, art. 60.

– STSJ Valencia 20 noviembre 1998 (RJCA 1998, 4202).
§53, arts. 6 y 82.

– STSJ Cataluña 27 noviembre 1998 (RJCA 1998, 4386).
§28, art. 256.

– STSJ Cataluña 27 noviembre 1998 (RJCA 1998, 4390).
§28, art. 256.

– STSJ Asturias 9 diciembre 1998 (RJCA 1998, 4705).
§10, art. 11.

– STSJ Valencia 16 diciembre 1998 (RJCA 1998, 4963).
§53, art. 90.

1999

– STSJ Navarra 4 enero 1999 (RJCA 1999, 81).
§44, art. 229.

– STSJ Navarra 19 enero 1999 (RJCA 1999, 316).
§44, art. 232.

– STSJ Cataluña 22 enero 1999 (RJCA 1999, 24).
§28, art. 60.

– STSJ Baleares 25 enero 1999 (RJCA 1999, 8).
§1, art. 14.

– STSJ Baleares 3 febrero 1999 (RJCA 1999, 221).
§13, art. 5.

– STSJ Cataluña 16 febrero 1999 (RJCA 1999, 436).

§28, art. 170.
- STSJ Navarra 18 febrero 1999 (RJCA 1999, 1154).
§44, art. 13.
- STSJ Cataluña 12 marzo 1999 (RJCA 1999, 2553).
§28, art. 253.
- STSJ Navarra 16 marzo 1999 (RJCA 1999, 1157).
§44, art. 133.
- STSJ Castilla y León/Burgos 16 marzo 1999 (RJCA 1999, 2411).
§25, art. 53.
- STSJ Navarra 17 marzo 1999 (RJCA 1999, 1158).
§44, art. 255.
- STSJ Cataluña 19 marzo 1999 (RJCA 1999, 2356).
§28, arts. 17 y 26.
- STSJ Valencia 25 marzo 1999 (RJCA 1999, 2838).
§54, art. 9.
- STSJ Baleares 26 marzo 1999 (RJCA 1999, 577).
§13, art. 30.
- STSJ Cataluña 29 marzo 1999 (RJCA 1999, 2358).
§28, art. 75.
§53, art. 82.
§54, art. 8.
- STSJ Canarias 7 abril 1999 (RJCA 1999, 1034).
§21, art. 45.
- STSJ Cataluña 7 abril 1999 (RJCA 1999, 3145).
§28, disp. transit. 7ª.
- STSJ Valencia 9 abril 1999 (RJCA 1999, 2845).
§1, art. 13.
- STSJ Valencia 13 abril 1999 (RJCA 1999, 2847).
§54, art. 19.
- STSJ Navarra 3 mayo 1999 (RJCA 1999, 1436).
§44, art. 228.
- STSJ Valencia 3 mayo 1999 (RJCA 1999, 2863).
§53, art. 70.
- STSJ Valencia 3 mayo 1999 (RJCA 1999, 2866).
§54, art. 17.
- STSJ Cataluña 4 mayo 1999 (RJCA 1999, 1262).
§28, art. 255.
- STSJ Cataluña 6 mayo 1999 (RJCA 1999, 3358).
§28, art. 149.
- STSJ Cataluña 7 mayo 1999 (RJCA 1999, 3389).
§28, art. 256.
- STSJ Navarra 21 mayo 1999 (RJCA 1999, 1486).
§44, art. 249.
- STSJ Valencia 21 mayo 1999 (RJCA 1999, 2877).
§55, art. 118.
- STSJ Cataluña 25 mayo 1999 (RJCA 1999, 2286).
§28, art. 23.
- STSJ Canarias 28 mayo 1999 (RJCA 1999, 1425).
§21, art. 65.
- STSJ Canarias 28 mayo 1999 (RJCA 1999, 2444).
§21, art. 37.
- STSJ Cataluña 4 junio 1999 (RJCA 1999, 3746).
§1, art. 28.
- STSJ Asturias 7 junio 1999 (RJCA 1999, 1932).
§10, art. 17.
- STSJ Cataluña 11 junio 1999 (RJCA 1999, 4887).
§28, art. 130.
- STSJ Baleares 15 junio 1999 (RJCA 1999, 1622).
§13, art. 4.
- STSJ Cataluña 24 junio 1999 (RJCA 1999, 5016).
§28, art. 91.

– STSJ Asturias 30 junio 1999 (RJCA 1999, 1620).
§11, art. 11.

– STSJ Cataluña 6 julio 1999 (RJCA 1999, 3724).
§28, art. 182.

– STSJ Baleares 9 julio 1999 (RJCA 1999, 2144).
§13, art. 56.

– STSJ Cataluña 9 julio 1999 (RJCA 1999, 2158).
§1, art. 8.

– STSJ Canarias 9 julio 1999 (RJCA 1999, 4526).
§21, art. 137.

– STSJ Valencia 19 julio 1999 (RJCA 1999, 3400).
§53, art. 85.

– STSJ Valencia 26 julio 1999 (RJCA 1999, 3401).
§53, disp. adic. 4ª.

– STSJ Cataluña 20 septiembre 1999 (RJCA 1999, 3066).
§28, art. 251.

– STSJ Canarias 21 septiembre 1999 (RJCA 1999, 4562).
§21, art. 14.

– STSJ Castilla y León/Burgos 24 septiembre 1999 (RJCA 1999, 3119).
§25, art. 67.

– STSJ Cataluña 4 octubre 1999 (RJCA 1999, 3278).
§28, art. 115.

– STSJ Cataluña 8 octubre 1999 (RJCA 1999, 3279).
§28, art. 249.

– STSJ Cataluña 8 octubre 1999 (RJCA 1999, 5014).
§28, art. 139.

– STSJ Cataluña 11 octubre 1999 (RJCA 1999, 3284).
§28, art. 93.

– STSJ Cataluña 17 octubre 1999 (RJCA 1999, 3281).
§28, art. 251.

– STSJ Asturias 19 octubre 1999 (RJCA 1999, 4866).
§10, art. 21.

– STSJ Navarra 29 octubre 1999 (RJCA 1999, 3268).
§44, art. 115.

– STSJ Cataluña 29 octubre 1999 (RJCA 1999, 3274).
§28, art. 182.

– STSJ Valencia 8 noviembre 1999 (RJCA 1999, 5193).
§53, art. 47.

– STSJ Baleares 16 noviembre 1999 (RJCA 1999, 4064).
§13, art. 46.

– STSJ Cataluña 16 noviembre 1999 (RJCA 1999, 5023).
§28, art 174.

– STSJ Navarra 17 noviembre 1999 (RJCA 1999, 4394).
§44, art. 42.

– STSJ Navarra 19 noviembre 1999 (RJCA 1999, 3818).
§44, art. 101.

– STSJ Castilla y León/Valladolid 23 noviembre 1999 (RJCA 1999, 4900).
§25, art. 60.

– STSJ Cataluña 1 diciembre 1999 (RJCA 1999, 4236).
§28, art. 26.

– STSJ Cataluña 2 diciembre 1999 (RJCA 1999, 4238).
§28, art. 254.

– STSJ Cataluña 3 diciembre 1999 (RJCA 1999, 4237).
§1.1, art. 2.

– STSJ Cataluña 7 diciembre 1999 (RJCA 1999, 4444).
§28, art. 254.

– STSJ Navarra 7 diciembre 1999 (RJCA 1999, 4467).
§44, art. 245.

– STSJ Madrid 10 diciembre 1999 (RJCA 1999, 5051).
§37, art. 212.

– STSJ Castilla y León/Valladolid 13 diciembre 1999 (RJCA 1999, 4902).
§25, art. 118.

– STSJ Castilla y León/Valladolid 14 diciembre 1999 (RJCA 1999, 4903).
§1, art. 19.

– STSJ Cataluña 20 diciembre 1999 (RJCA 1999, 4980).
§28, art. 35.

2000

– STSJ Navarra 13 enero 2000 (RJCA 2000, 268).
§44, art. 18.

– STSJ Canarias 17 enero 2000 (RJCA 2000, 85).
§21, arts. 32 y 107.

– STSJ Asturias 20 enero 2000 (RJCA 2000, 83).
§10, art. 13.2.

– STSJ Galicia 20 enero 2000 (RJCA 2000, 1001).
§33, art. 175.

– STSJ Madrid 21 enero 2000 (RJCA 2000, 464).
§38, art. 80.

– STSJ Canarias 25 enero 2000 (RJCA 2000, 87).
§21, art. 43.

– STSJ Madrid 25 enero 2000 (RJCA 2000, 1157).
§37, art. 233.

– STSJ Madrid 28 enero 2000 (RJCA 2000, 263).
§38, art. 47.

– STSJ Castilla y León/Valladolid 3 febrero 2000 (RJCA 2000, 247).
§25, art. 101.

– STSJ Navarra 10 febrero 2000 (RJCA 2000, 180).
§44, art. 261.

– STSJ Asturias 18 febrero 2000 (RJCA 2000, 290).
§12.1, art. 14.

– STSJ Cataluña 25 febrero 2000 (RJCA 2000, 1721).
§28, art. 90.

– STSJ Cataluña 25 febrero 2000 (RJCA 2000, 1722).
§28, art. 3.

– STSJ Asturias 3 marzo 2000 (RJCA 2000, 1671).
§12, art. 4.

– STSJ Baleares 10 marzo 2000 (RJCA 2000, 439).
§13, art. 73.

– STSJ Baleares 10 marzo 2000 (RJCA 2000, 441).
§13, art. 8.

– STSJ Cataluña 16 marzo 2000 (RJCA 2000, 584).
§28, art. 88.

– STSJ Murcia 22 marzo 2000 (RJCA 2000, 614).
§1, art. 17.

– STSJ Castilla y León/Burgos 23 marzo 2000 (RJCA 2000, 427).
§25, art. 121.

– STSJ Cataluña 24 marzo 2000 (RJCA 2000, 588).
§28, art. 57.

– STSJ Baleares 28 marzo 2000 (RJCA 2000, 692).
§13, art. 65.

– STSJ Navarra 29 marzo 2000 (RJCA 2000, 1052).
§44, art. 103.

– STSJ Cataluña 30 marzo 2000 (RJCA 2000, 412).
§28, art. 247.

– STSJ Castilla y León/Burgos 31 marzo 2000 (RJCA 2000, 1488).
§25, art. 97.

– STSJ Navarra 31 marzo 2000 (RJCA 2000, 1585).
§44, art. 99.

– STSJ País Vasco 7 abril 2000 (RJCA 2000, 1733).
§1.1, art. 13.

– STSJ Castilla y León/Burgos 12 abril 2000 (RJCA 2000, 1489).
§25, art. 106.

– STSJ Castilla y León/Burgos 14 abril 2000 (RJCA 2000, 845).
§25, art. 94.

– STSJ Canarias 18 abril 2000 (RJCA 2000, 1525).
§21, art. 35.

– STSJ Castilla y León/Burgos 28 abril 2000 (RJCA 2000, 1490).
§25, art. 55.

– STSJ Navarra 11 mayo 2000 (RJCA 2000, 1313).
§44, art. 245.

– STSJ Murcia 15 mayo 2000 (RJCA 2000, 639).
§1, art. 28.

– STSJ Baleares 16 mayo 2000 (RJCA 2000, 895).
§13, art. 25.

– STSJ Castilla y León/Valladolid 16 mayo 2000 (RJCA 2000, 1673).
§25, art. 118.

– STSJ Castilla y León/Valladolid 16 mayo 2000 (RJCA 2000, 1674).
§25, art. 107.

– STSJ Canarias 19 mayo 2000 (RJCA 2000, 1667).
§21, art. 32.

– STSJ Castilla y León/Valladolid 30 mayo 2000 (RJCA 2000, 1675).
§25, art. 51.

– STSJ Castilla y León/Valladolid 30 mayo 2000 (RJCA 2000, 1676).
§25, art. 42.

– STSJ Castilla y León/Valladolid 31 mayo 2000 (RJCA 2000, 1677).
§1, art. 18.

– STSJ Navarra 12 mayo 2000 (RJCA 2000, 1668).
§44, art. 81.

– STSJ Cataluña 15 mayo 2000 (RJCA 2000, 777).
§28, art. 71.

– STSJ Andalucía/Granada 16 mayo 2000 (RJCA 2000, 1177).
§1, disp. transit. 5ª.

– STSJ Madrid 25 mayo 2000 (RJCA 2000, 1797).
§37, art. 195.

– STSJ Castilla y León/Valladolid 31 mayo 2000 (RJCA 2000, 1677).
§25, art. 66.

– STSJ Navarra 15 junio 2000 (RJCA 2000, 1807).
§44, art. 135.

– STSJ Castilla y León/Valladolid 13 junio 2000 (RJCA 2000, 1679).
§25, art. 121.

– STSJ Cantabria 16 junio 2000 (RJCA 2000, 773).
§1, art. 26.

– STSJ Navarra 22 junio 2000 (RJCA 2000, 1517).
§44, art. 103.

– STSJ Castilla y León/Valladolid 29 junio 2000 (RJCA 2000, 1680).
§25, art. 29.

– STSJ Castilla y León/Valladolid 29 junio 2000 (RJCA 2000, 1681).
§25, art. 97.

– STSJ Andalucía/Sevilla 29 junio 2000 (RJCA 2000, 1686).
§1, art. 14.

– STSJ Madrid 13 julio 2000 (RJCA 2000, 1802).
§37, art. 225.

– STSJ Madrid 13 julio 2000 (RJCA 2000, 1803).
§37, art. 195.

– STSJ Asturias 20 julio 2000 (RJCA 2000, 1549).
§10, art. 10.

– STSJ Castilla y León/Burgos 21 julio 2000 (RJCA 2000, 1460).
§1, art. 21.
§25, art. 82.

– STSJ Madrid 14 septiembre 2000 (RJCA 2000, 1804).
§37, art. 151.

AUDIENCIAS PROVINCIALES

1998

– SAP Baleares, Sección 3ª, de 29 enero 1998 (AC 1998, 1714).
  §18, art. 30.

1999

– SAP Navarra, Sección 2ª, de 5 febrero 1999 (AC 1999, 370).
  §44, art. 226.

2000

– SAP Tarragona, Sección 1ª, de 3 enero 2000 (AC 2000, 710).

  §1.1, art. 17.

– SAP Badajoz 20 enero 2000 (AC 2000, 84).
  §1, art. 21.

DIRECCIÓN GENERAL DE LOS REGISTROS Y DEL NOTARIADO

1994

– RDGRN, de 13 mayo 1994 (RJ 1994, 4396).
  §2, art. 242.2.

1995

– RDGRN, de 17 enero 1995 (RJ 1995, 623).
  §1, arts. 42 y 44.
  §1.1, arts. 4, 5, 10, 12 y 13.
  §2, arts. 35, 242.1, 242.6, 243.2, 244.4 y 300.
  §3, arts. 178, 179, 180 y 232.
  §3.3, art. 1.
  §6, arts. 166, 169, 170, 171, 172, 173, 175, 176, 177, 182, 183, 200 y 202.
  §10, arts. 1.3, 1.4, 2.1 y 17.1.
  §13, arts. 2, 3, 4, 6, 7 y 8.
  §24, arts. 183, 185, 186, 187, 188, 192, 194 y 211.
  §25, arts. 97, 98 y 103.
  §27, arts. 162, 163, 165, 166, 167, 169, 170, 172 y 200.
  §28, arts. 247, 248, 249, 250, 258, 259 y 260.
  §33, arts. 86, 168 y 169.
  §44, arts. 18, 221, 222, 223, 233, 234 y disp. adic. 4ª.
  §52, arts. 179, 180, 182, 183 y 203.
  §53, art. 85 y disp. adic. 4ª.

– RDGRN, de 12 julio 1995 (RJ 1995, 5575).
  §1, arts. 42 y 44.
  §1.1, arts. 4, 5, 10, 12 y 13.
  §2, arts. 35, 242.1, 242.6, 243.2, 244.4 y 300.
  §3, arts. 178, 179, 180 y 232.
  §3.3, art. 1.
  §6, arts. 166, 169, 170, 171, 172, 173, 175, 176, 177, 182, 183, 200 y 202.
  §10, arts. 1.3, 1.4, 2.1 y 17.1.
  §13, arts. 2, 3, 4, 6, 7 y 8
  §23, arts. 164, 166, 167, 168 y 169.
  §24, arts. 183, 185, 186, 187, 188, 192, 194 y 211.
  §25, arts. 97, 98 y 103.
  §27, arts. 162, 163, 165, 166, 167, 169, 170, 172 y 200.
  §28, arts. 247, 248, 249, 250, 258, 259 y 260.

§**33**, arts. 86, 168 y 169.
§**37**, arts. 151, 158 y 199.
§**41**, arts. 214, 215, 216, 221, 223 y 232.
§**44**, arts. 18, 221, 222, 223, 233, 234 y disp. adic. 4ª.
§**52**, arts. 179, 180, 182, 183 y 203.
§**53**, art. 85 y disp. adic. 4ª.

1996

– RDGRN, de 3 octubre 1996 (RJ 1996, 7345).
§**1**, art. 23.
§**2**, arts. 157, 158 y 159.
§**3**, arts. 126, 127, 128 y 129.
§**3.2**, arts. 102, 156, 157, 158, 161, 162, 165, 167, 169, 178, 184 y 185.
§**6**, arts. 138, 139, 140, 142 y 144.
§**23**, arts. 111 a 116.
§**24**, arts. 149, 151 y 153.
§**25**, arts. 80, 81 y 82.
§**28**, arts. 176, 178, 179 y 180.
§**33**, arts. 133, 134, 135, 136 y 138.
§**37**, art. 104.
§**41**, art. 180.
§**44**, arts. 155, 156, 158, 162 y 163.
§**52**, arts. 121, 123 y 127.

1998

– RDGRN, de 11 noviembre 1998 (RJ 1998, 8493).
§**2**, art. 159.

– RDGRN, de 1 diciembre 1998 (RJ 1998, 10280).
§**2**, disp. transit. 5ª.1.

ÍNDICE

CRONOLÓGICO
DE
LEGISLACIÓN

1889

- 24 julio 1889. Código Civil:
  §1.1, arts. 9, 16, 17 y 18.
  §2, art. 287.

1946

- Decreto 8 febrero 1946. Aprueba el Texto Refundido de la Ley Hipotecaria (BB OO del Estado núms. 58, 59 y 149, de 27 y 28 febrero y de 29 mayo [RCL 1946, 342, 347 y 886]):
  §2, art. 288.
  §2.1, art. 71.

1947

- Decreto 14 febrero 1947. Aprueba el Reglamento Hipotecario (BOE núm. 106, de 16 abril; rect. BOE núm. 143, de 23 mayo [RCL 1947, 476 y 642]):
  §2, art. 288.
  §2.1, arts. 1, 2, 3, 7, 8, 9, 10, 22, 24, 26, 53, 69, 70, 71 y 72.

1954

- Ley 16 diciembre 1954. Expropiación Forzosa (BOE núm. 351, de 17 diciembre [RCL 1954, 1848]):
  §1, arts. 24 a), 26, 31, 32.1, 34 y 40.3.
  §2, arts. 175, 222.1, 225, 226 y disp. adic. 3ª.
  §3, arts. 66 y 67.
  §3.2, arts. 76 y 206.
  §6, art. 114.
  §25, art. 89.
  §27, arts. 23, 148 y 153.
  §28, arts. 101, 232 y 241.
  §44, art. 183.
  §52, arts. 143 y 162.

1955

- Decreto 17 junio 1955. Reglamento de Servicios de las Corporaciones Locales (BOE núm. 196, de 15 julio y BOE núm. 15, de 15 enero 1956 [RCL 1955, 985 y 1956, 85]):
  §1, arts. 42 y 44.
  §3, art. 180.
  §6, arts. 168, 170, 171, 173, 175, 176 y 183.
  §10, art. 1.4.
  §27, arts. 161, 163, 166 y 169.

1960

- Ley 49/1960, de 21 julio. Regula la Propiedad Horizontal (BOE núm. 176, de 23 julio [RCL 1960, 1042]):
  §2.1, art. 53.

1964

- Decreto 635/1964, de 5 marzo. Aprueba el Reglamento de Edificación Forzosa y Registro Municipal de Solares (BOE núm. 73, de 25 marzo; rect. BOE núm. 87, de 10 abril [RCL 1964, 690 y 797]): (**§3.6**)
  §1, art. 34.
  §2, art. 208.
  §3, arts. 158, 159 y 164.
  §3.3, art. 25.
- Orden 9 marzo 1964. Circunstancias y requisitos de las actas de expropiaciones por razón de urbanismo (BOE núm. 82, de 4 abril; rect. BOE núm. 87, de 10 abril [RCL 1964, 747 y 798]):
  §2, art. 211.
- Decreto 1022/1964, de 15 abril. Aprueba el Texto Articulado de la Ley de Bases del Patrimonio del Estado (BOE núm. 98, de 23 abril; rect. BOE núm. 110, de 7 mayo [RCL 1964, 896 y 1024]):
  §1, art. 9.
  §2, art. 210.
  §2.1, art. 10.

1966

- Decreto 1006/1966, de 7 abril. Aprueba el Reglamento de Reparcelaciones del Suelo afectado por Planes de Ordenación Urbana (BOE núm. 99, de 26 abril; rect. BOE núm. 115, de 14 mayo [RCL 1966, 759 y 906]): (**§3.7**)

1974

– Decreto 2263/1974, de 20 julio. Reglamento de Policía Sanitaria Mortuaria, en materia de cadáveres y cementerios (BOE núm. 197, de 17 agosto [RCL 1974, 1721]):
§1, art. 9.

1975

– Ley 8/1975, de 12 marzo. Zonas e instalaciones de interés para la Defensa Nacional (BOE núm. 63, de 14 marzo [RCL 1975, 511]):
§1, art. 9.

1976

– Real Decreto 1346/1976, de 9 abril. Aprueba el Texto Refundido de la Ley sobre Régimen del Suelo y Ordenación Urbana (BB OO del Estado núms. 144 y 145, de 16 y 17 junio [RCL 1976, 1192]): (**§3**)
§1, arts. 2, 3, 4, 5, 6.1, 6.2, 7 a 13, 14.1, 14.2 a), 14.2 b), 14.2 c), 14.2 d), 14. 2 e), 14.2 f), 15, 16.1, 16.2, 17, 18.1, 18.2 a 18.7, 19.1, 19.2, 20.1, 20.2, 21, 23, 24 a), 24 c), 33, 34, 37, 40.1, 40.3, 41.1, 41.2, 42, 43, 44 y disp. adic. 2ª.
§1.1, arts. 3, 4, 5, 10, 12 y 13.
§2, arts. 3, 4, 9 a 14, 16, 17, 18, 20.1 b), 24, 27, 33, 34, 35, 38, 39, 43, 44, 45, 70, 71, 72, 73, 74, 81, 83, 84, 85, 87 a 94, 96, 101, 102, 103, 104, 106, 109, 111, 114, 117, 120, 121, 125 a 131, 134, 136.2, 137.2, 138 b), 139, 141, 142, 143, 144, 145, 147, 148, 149, 154 a 160, 162 a 167, 170.1, 170.2, 171, 177, 178, 179, 180.1, 180.2, 181, 182, 184.1, 184.2, 186, 199, 200, 201, 202, 204, 205, 206, 208, 209, 211, 212, 214, 218, 227, 228, 229, 233, 234, 236 a 241, 242.1, 242.6, 243.2, 244.4, 245.1, 245.2, 246.2, 246.3, 247 a 255, 257, 258, 259, 261 a 267, 269 a 277, 280.1, 287, 288, 289, 300, 302, 304 y disp. transit. 5ª.1.
§3.1, arts. 1 a 7, 9 a 19, 21 a 30, 32 a 57, 59, 62, 64 a 103, 115, 117, 118, 120, 121, 122, 123, 124, 128, 130, 131, 132, 133, 134, 139, 140, 142, 143, 144, 145, 146, 150, 153, 154, 156, 158, 160, 161.2, 162, 163, 164, 165, 167 y 168.
§3.2, arts. 1, 4, 8, 21, 36, 38, 39, 42, 44, 45, 46, 59 a 65, 71, 72, 73, 76, 77, 81, 86, 87, 89, 93, 94, 95, 98, 100, 101, 102, 104, 106, 107, 108, 113, 116, 117, 122, 124, 125, 126, 131, 152 a 158, 161, 162, 165, 167, 169, 178, 180, 181, 182, 184, 185, 186, 189 y 190.
§3.3, arts. 1, 2, 3, 5 a 11, 17 a 24, 26 a 36, 38, 39, 40, 41, 44, 45, 54, 55, 57, 59, 60, 62, 63, 66, 69, 71, 76, 83, 90, 91, 92 y 93.
§4, arts. 25 y 26.
§3.6, arts. 1, 10, 13, 18, 21 y 25.
§6, arts. 3, 6, 7, 10 a 24, 26 a 45, 48 a 60, 62, 63, 65 a 72, 74, 85, 86, 88 a 99, 101, 102, 103, 104, 106, 107, 108, 113, 115, 116, 121 a 126, 128, 130, 132, 135 a 140, 142, 144, 145, 157 a 166, 169, 170, 171, 172, 173, 175 a 184, 186, 187, 188, 189, 191, 196, 197, 199, 200, 202, 206, 207, 208 y 209.
§10, arts. 1.3, 1.4, 2.1, 5.1, 7, 8, 9, 10, 13.2, 15, 17.1, 20.1, 21 y 25.
§11, arts. 1.1, 1.2, 2.1 e), 2.1 f), 3, 4, 5, 6 y 14.
§12, art. 8.
§13, arts. 2, 3, 4, 6, 7, 8, 10, 11, 12, 13, 19, 25, 26, 27, 30, 31, 33, 40, 56, 57, 59, 61, 64, 65, 66 y 73.
§16, art. 1.
§17, arts. 3, 6, 7, 10, 11, 12, 13, 19, 21, 25 y 39.
§23, arts. 31, 32, 35, 37, 38, 39, 41, 44, 45, 46, 47, 49 a 57, 61, 62, 63, 65, 66, 68 a 77, 80 a 87, 89, 94, 96, 97, 98, 99, 111 a 116, 120, 122, 123, 124, 125, 127, 129, 147, 151, 153, 155, 156, 157, 159, 163, 164, 166, 167, 168, 169, 171, 176, 177, 178, 179, 180, 184, 185, 187, 188, 189, 192, 193, 195, 201, 202, 205, 206, 236 y 249.
§24, arts. 4, 7, 25, 34, 36, 37, 43, 44, 46, 47, 48, 49, 53, 59, 61, 63, 81, 83, 85, 86, 88, 92, 93, 94, 95, 96, 101, 102, 103, 104, 106, 107, 108, 111, 114, 117, 118, 120, 121, 122, 128, 130, 133, 135, 137, 139, 143, 147, 148, 149, 151, 153, 158, 162, 166, 183, 185, 186, 187, 188, 192, 194, 195, 196, 198, 200, 201, 202, 207, 208, 209, 211, 212, 219, 221, 223, 229, 232,

233, 234, 235, 239, 246, 247, 249, 251 y 256.
§25, arts. 2, 5, 7 a 15, 17, 18, 19, 20, 22, 23, 26, 29, 30, 33, 39, 40, 41, 42, 45 a 50, 52, 53, 56, 57, 58, 60, 61, 62, 63, 64, 66, 68, 73, 74, 80, 81, 82, 83, 89, 92, 94, 95, 97, 98, 103, 104, 106, 107, 109, 113 a 119, 121, 123, 125, 127, 130, 141, 142, 143, 144, 146, 150 y disp. transit. 4ª.
§26, art. 28 y disp. adic. 1ª.
§27, arts. 8, 11, 18, 24, 26, 27, 28, 29, 40, 41, 43 a 51, 53, 54, 55, 60, 61, 66 a 71, 76, 77, 79, 80, 81, 89, 90, 91, 92, 93, 94, 101, 104, 109, 111, 113, 114, 115, 126, 127, 131, 137, 139, 140, 142, 143, 144, 145, 149, 162, 163, 165, 166, 167, 169, 170, 172, 176, 178, 179, 181, 182, 183, 185, 187, 189, 191, 193 y 200.
§28, arts. 3, 4, 17, 19, 20, 21, 22, 23, 25 a 33, 35, 37, 38, 40, 41, 42, 43, 44, 46, 47, 48, 49, 55, 56, 59, 60, 61, 62, 72 a 81, 87, 88, 89, 90, 91, 93, 94, 95, 96, 98 a 109, 111 a 135, 139, 140, 141, 147 a 152, 154 a 163, 166 a 196, 215 a 243, 247 a 260, 262, 263, 264, 268, 269, 274, 275, 276, 278, 279, 293, 295, 296, 297 y 298.
§33, arts. 8, 9, 10, 11, 12, 14, 16, 17, 18, 21, 22, 26 a 38, 40, 42, 43, 48 a 70, 72, 73, 74, 77 a 83, 86, 87, 89, 90, 91, 92, 94, 95, 96, 97, 98, 100 a 106, 117 a 122, 124, 125, 126, 130 a 136, 138, 139, 140, 141, 142, 152, 153, 155, 156, 157, 158, 168 a 185, 187 y 191.
§37, arts. 30, 41, 42, 44, 48, 50, 51, 53, 64, 66, 67, 68, 69, 70, 86, 97, 101, 115, 117, 143, 144, 145, 146 y 161.
§41, arts. 98, 99, 101, 104, 105, 107, 110 a 115, 118, 120, 134, 147, 148, 149, 151, 153, 159, 160, 161, 180, 191, 195, 201, 203, 204, 205, 206, 212, 214, 215, 216, 221, 223, 224, 225, 227, 228, 232, 234, 236 y 246.
§44, arts. 2, 3, 4, 6 a 11, 18, 21, 22, 27, 45, 60, 78, 79, 81, 82, 83, 88 a 99, 105, 106, 107, 109, 111, 112, 113, 120, 124 a 136, 139, 140, 142, 143, 145, 146, 147, 148, 152, 153, 155, 156, 158, 159, 160, 162, 163, 164, 167, 170, 182, 184 a 190, 209, 215, 216, 218, 221, 222, 223, 224, 225, 226, 228 a 234, 239, 244, 245, 251, 256, 261, 263, 265, 266, 272, 275 y disp. adic. 4ª.
§46, arts. 1, 3, 5, 7, 9, 10 y disp. adic. 1ª.
§48, art. 27.
§49, arts. 3 a 8, 10, 15, 17, 22 y 25.
§50, art. 11.
§51, arts. 2, 7 y 8.
§52, arts. 4, 6 a 13, 15, 16, 18, 19, 22, 23, 24, 26, 38, 51, 54 a 61, 65, 66, 67, 68, 69, 71, 73, 75 a 83, 95, 96, 98 a 102, 106, 107, 109, 110, 111, 112, 114, 115, 118, 120, 121, 123, 127 a 134, 140, 141, 148, 151, 152, 154, 158, 159, 163, 164, 169, 179, 180, 182 a 190, 192, 193, 194, 195, 198, 199, 200 y 202 a 207.
§53, arts. 1, 3, 4, 5, 6, 8, 9, 11, 12, 16, 17, 18, 21, 23, 24, 25, 26, 31, 33, 34, 35, 44, 46, 54, 55, 57, 58, 59, 64, 68, 73, 82 a 93, 96, 97, 98, 99 y disps. adics. 4ª y 6ª.
§54, arts. 3, 4, 5, 6, 7, 12 y disp. adic. 2ª.
§55, art. 5.

1977

– Real Decreto 2512/1977, de 17 junio. Tarifas de honorarios de los Arquitectos (BOE núm. 234, de 30 septiembre [RCL 1977, 2113]):
§1.1, art. 4.

1978

– Real Decreto 1169/1978, de 2 mayo. Creación de Sociedades Urbanísticas por el Estado, los Organismos Autónomos y Corporaciones Locales, de acuerdo con el artículo 115 de la Ley del Suelo (BOE núm. 133, de 5 junio [RCL 1978, 1234]):
§3, art. 115.

– Real Decreto 2159/1978, de 23 junio. Aprueba el Reglamento de Planeamiento para desarrollo de la Ley sobre Régimen del Suelo y Ordenación Urbana (BB OO del Estado núms. 221 y 222, de 15 y 16 de septiembre [RCL 1978, 1965]): (**§3.1**)
§1, arts. 4 y 6.1.
§3, arts. 4, 6, 8, 9, 10, 12 a 29, 31, 32, 33, 34, 36, 37, 40, 42, 43, 45 a 51, 55, 56, 63, 70, 71, 72, 73, 74, 75, 80 y 81.
§3.2, art. 34.
§6, art. 63.

§33, arts. 11, 12, 14, 16, 17, 21, 22, 25, 26, 27, 28, 30, 31, 32, 33, 37, 38, 40, 42, 43 y 48 a 54.

– Real Decreto 2187/1978, de 23 junio. Aprueba el Reglamento de Disciplina Urbanística para desarrollo de la Ley sobre Régimen del Suelo y Ordenación Urbana (BOE núm. 223, de 18 septiembre [RCL 1978, 1986]): (**§3.3**)
§1, arts. 19 y 33.
§1.1, art. 3.
§2, arts. 242.1, 242.6, 245, 248 y 249.
§3, arts. 66, 178 a 188, 225, 226, 228, 230 y 231.
§6, art. 188.

– Real Decreto 3288/1978, de 25 agosto. Aprueba el Reglamento de Gestión Urbanística (BB OO del Estado núms. 27 y 28, de 31 enero y 1 febrero 1979 [RCL 1979, 319]): (**§3.2**)
§1, arts. 33, 36, 37, 38 y 39.
§2, arts. 64, 159, 168, 169, 183, 184, 206, 210, 212, 218, 219, 222.1, 222.2, 222.3, 223, 224.1, 224.2, 224.3, 224.4 y 224.5.
§3, arts. 64, 76, 82, 84, 85, 86, 96, 97, 98, 99, 100, 102, 105 a 112, 114 a 125, 129, 130 y 133 a 152.
§6, arts. 127 y 189.
§24, arts. 6 y 7.
§27, arts. 94 y 95.
§33, arts. 98 a 108, 110, 111, 116 a 122, 124, 125, 126, 130, 131, 132, 133, 134, 135, 136, 138, 139, 140 y 141.
§44, art. 170.
§52, art. 135.

– *Cataluña:* Decreto 27 septiembre 1978. Crea la Comisión de Urbanismo de Cataluña (DOGC núm. 7, de 2 octubre [LCAT 1978, 86]):
§28, arts. 5, 8, 9, 10, 45, 54, 55, 73, 77, 104, 112, 218, 250 y 270.

– 27 diciembre 1978. Constitución Española (BOE núm. 311, de 29 diciembre [RCL 1978, 2836]):
§1, arts. 1 a 16, 18 a 27, 32 a 44, disps. adics. 1ª, 2ª, 3ª, 4ª y 5ª, disps. transits. 1ª, 2ª, 3ª, 4ª y 5ª, disp. derog. única y disp. final única.
§2, arts. 1, 104, 113, 124, 133, 135, 136.2, 137.5, 138 b), 159, 168, 169, 170.1, 183, 204, 210, 211, 213, 214, 222.1, 222.2, 222.3, 224.1, 224.2, 224.3, 224.4, 224.5, 242.1, 242.6, 243.2, 244.4, 245.1, 246.2, 255, 258, 259, 274, 276, 280.1, 287, 288, 289, 299 a 310, disps. adics. 4ª y 6ª y disp. transit. 5ª.1.
§3, arts. 1, 3, 5, 8, 9, 64, 65, 87 y 164.
§6, art. 2.
§28, art. 293.

1979

– *Cataluña:* Decreto 4 diciembre 1979. Procedimiento de elección de los representantes de las Corporaciones Municipales en la Comisión de Urbanismo de Cataluña (DOGC núm. 38, de 31 diciembre [LCAT 1979, 317]):
§28, arts. 5, 8, 9, 10, 45, 54, 55, 73, 77, 104, 112, 218, 250 y 270.

1980

– Real Decreto-ley 3/1980, de 14 marzo. Promoción de suelo y agilización de la gestión urbanística (BOE núm. 65, de 15 marzo [RCL 1980, 613]): (**§3.4**)
§3, art. 174.

– Ley 50/1980, de 8 octubre. Contrato de Seguro (BOE núm. 250, de 17 octubre [RCL 1980, 2295]):
§1.1, art. 19.

– *Cataluña:* Ley 4/1980, de 16 diciembre. Crea el Instituto Catalán del Suelo (BOE núm. 135, de 6 junio 1981 y DOGC núm. 100, de 16 diciembre [RCL 1981, 1313 y LCAT 1980, 679]):
§28, arts. 212 y 244.

1981

– Real Decreto-ley 16/1981, de 16 octubre. Adaptación de los Planes generales de ordenación (BOE núm. 253, de 22 octubre [RCL 1981, 2519]): (**§3.5**)
§2, art. 120.
§3, arts. 118, 185 y 230.

– Real Decreto 3183/1981, de 29 diciembre. Tabla de preceptos vigentes y derogados como consecuencia de la publicación de la Ley 28 octubre 1981, aprobatoria de deter-

minadas medidas sobre régimen jurídico de las Corporaciones Locales (BOE núm. 313, de 31 diciembre [RCL 1981, 3136]):
§3, arts. 49 y 50.

1983

– *Cataluña:* Decreto 169/1983, de 12 mayo. Establece las unidades mínimas de cultivo (DOGC núm. 330, de 20 mayo; rect. DOGC núm. 386, de 2 diciembre [LCAT 1983, 818]):
§28, art. 140.

– *Comunidad de Madrid:* Decreto 68/1983, de 30 junio. Creación y Reglamento de la Comisión de Urbanismo y Medio Ambiente (BOCM núm. 36, de 27 julio; rect. BOCM núm. 41, de 2 agosto [LCM 1983, 1153]):
§38, arts. 29 y 38.

– *Comunidad de Madrid:* Decreto 69/1983, de 30 junio. Distribución de competencias en materia de ordenación del territorio y urbanismo (BOCM núm. 36, de 27 julio; rect. BOCM núm. 41, de 2 agosto (LCM 1983, 1154]):
§38, art. 38.

– *Cataluña:* Ley 23/1983, de 21 noviembre. Política territorial (BOE núm. 18, de 21 enero 1984 y DOGC núm. 385, de 30 noviembre [RCL 1984, 190 y LCAT 1983, 1968]): (**§29**)
§28, arts. 16, 17 y 22.
§30, arts. 1, 8 y 9.

– *Cantabria:* Decreto 71/1983, de 26 noviembre. Composición y funcionamiento de la Comisión Regional de Urbanismo (BOC núm. 158, de 19 diciembre; rect. BOC núm. 160, de 23 diciembre; BOC núm. 127, de 17 septiembre 1984 [LCTB 1983, 2146]):
§24, art. 254.

1984

– *Castilla-La Mancha:* Decreto 33/1984, de 27 marzo. Constitución y regulación de la Comisión Regional de Urbanismo (DOCM núm. 16, de 17 abril [LCLM 1984, 1006]):
§27, arts. 12.4, 15.2 d), 21.3, 31.2, 32.3, 33.3 b), 39.3, 43, 110.5 e) 4°, 125.2° y 173.4.

1985

– *Comunidad de Madrid:* Ley 1/1985, de 23 enero. Protección del Parque regional de la Cuenca Alta del Manzanares (BB OO del Estado núms. 109 y 110, de 7 y 8 mayo y BOCM núm. 33, de 8 febrero; rect. BOE núm. 143, de 15 junio [RCL 1985, 1051, 1430 y LCM 1985, 289]):
§1, art. 9.

– Ley 7/1985, de 2 abril. Bases del Régimen Local (BOE núm. 80, de 3 abril; rect. BOE núm. 139, de 11 junio [RCL 1985, 799 y 1372]):
§1, arts. 24 c) y 44.
§2, arts. 124, 131, 133 y 252.
§3, arts. 44, 55, 56, 190 y 223.
§3.1, arts. 134 y 164.
§3.2, arts. 7 y 9.
§6, arts. 5, 64 y 68.
§10, arts. 3 y 14.
§24, arts. 85 y 86.
§25, arts. 60, 61 y 144.
§27, arts. 42, 106 y 160.
§28, arts. 71, 88, 89, 291 y 293.
§33, arts. 44, 48 y 54.
§37, arts. 64 y 66.
§38, art. 6.
§41, arts. 151 y 153.
§44, art. 131.
§52, arts. 95 y 97.
§53, art. 59.

– *Cataluña:* Ley 12/1985, de 13 junio. Regula los espacios naturales protegidos (BOE núm. 166, de 12 julio y DOGC núm. 556, de 28 junio [RCL 1985, 1735 y LCAT 1985, 1757]):
§1, art. 9.
§28, arts. 19, 22, 23, 30, 31, 38, 107, 108, 109, 110, 117 y 128.

– Ley 16/1985, de 25 junio. Regula el Patrimonio Histórico Nacional (BOE núm. 155, de 29 junio; rect. BOE núm. 296, de 11 diciembre [RCL 1985, 1547 y 2916]):
§1, art. 19.2.
§3, art. 18.
§3.1, art. 98.
§33, art. 32.

– Ley 29/1985, de 2 agosto. Aguas (BOE núm.

189, de 8 agosto; rect. BOE núm. 243, de 10 octubre [RCL 1985, 1981 y 2429]):
§1, art. 9.

- *Comunidad de Madrid:* Decreto 113/1985, de 21 noviembre. Amplía la composición de la Comisión de Urbanismo y Medio Ambiente (BOCM núm. 294, de 11 diciembre [LCM 1985, 3326]):
§38, arts. 29 y 38.

- *Castilla-La Mancha:* Decreto 129/1985, de 20 diciembre. Modifica la composición y funcionamiento de la Comisión Regional de Urbanismo (DOCM núm. 7, de 18 febrero 1986; rect. DOCM núm. 9, de 4 marzo 1986 [LCLM 1986, 434]):
§27, arts. 12, 15, 21, 31, 32, 33, 39, 43, 110, 125 y 173.

1986

- *Illes Balears:* Decreto 4/1986, de 23 enero. Implantación y regulación de los estudios de evaluación del impacto ambiental (BOCAIB núm. 5, de 10 febrero [LIB 1986, 339]):
§17, art. 14.
§18, art. 13.
§20, arts. 54, 71, 85 y disp. adic. 7ª.

- Real Decreto-ley 1/1986, de 14 marzo. Medidas urgentes administrativas, financieras, fiscales y laborales (BOE núm. 73, de 26 marzo [RCL 1986, 940]):
§3, art. 180.

- *Comunidad Valenciana:* Ley 1/1986, de 9 mayo. Regula la tutela del Palmeral de Elche (BOE núm. 139, de 11 junio y DOGV núm. 376, de 14 mayo [RCL 1986, 1897 y LCV 1986, 1476]):
§1, art. 19.2.

- *Aragón:* Decreto 62/1986, de 4 junio. Regulación del trámite del informe relativo a las condiciones higiénico-sanitarias de vivienda y locales, previo a la concesión de licencia municipal de obras (BOA núm. 60, de 16 junio [LARG 1986, 1864]):
§6, arts. 166 y 169.

- Real Decreto 1372/1986, de 13 junio. Aprueba el Reglamento de Bienes de las Entidades Locales (BOE núm. 161, de 7 julio [RCL 1986, 2217]):
§2, art. 210.
§3, art. 136.

- Real Decreto Legislativo 1302/1986, de 28 junio. Evaluación de Impacto Ambiental (BOE núm. 155, de 30 junio [RCL 1986, 2113]):
§4, art. 7.4.
§5, art. único.
§6, arts. 22, 80 y disp. adic. 4ª.
§7, arts. 13, 37 y disp. transit. 6ª.
§9, art. 18.
§11, arts. 1 y 4.
§17, art. 14.
§18, art. 13.
§20, arts. 54, 71, 85 y disp. adic. 7ª.
§23, arts. 26 y 27.
§25, art. 55.4.
§26, arts. 11.3 b), 12.8, 17.3 y 24.5.
§33, art. 79.
§34, art. 27.
§37, arts. 56, 57, 60, 149 y 155.
§38, art. 27.
§52, art. 45 y disp. adic. 5ª.
§53, arts. 27, 28 y 43.
§53.1, arts. 50, 77, 85, 158, 162 y 166.
§54, arts. 2, 7, 13, 18, 19, 20 y disp. adic. 5ª.
§55, art. 87.

- *Navarra:* Ley Foral 11/1986, de 10 octubre. Defensa de las Carreteras (BOE núm. 277, de 19 noviembre y BON núm. 127, de 15 octubre [RCL 1986, 3499 y LNA 1986, 2988]):
§44, art. 94.

1987

- *Comunidad de Madrid:* Ley 1/1987, de 5 marzo. Normas reguladoras de los Cementerios supramunicipales (BOE núm. 108, de 6 mayo y BOCM núm. 64, de 17 marzo [RCL 1987, 1148 y LCM 1987, 760]):
§38, art. 16.

- *Principado de Asturias:* Ley 1/1987, de 30 marzo. Ordenación del territorio (BOE núm. 110, de 8 mayo y BOPA núm. 86, de 14 abril [RCL 1987, 1165 y LPAS 1987, 1088]): (**§9**)

§11, arts. 1 y 4.

- *Principado de Asturias:* Ley 3/1987, de 8 abril. Regula la disciplina urbanística del Principado de Asturias (BOE núm. 119, de 19 mayo y BOPA núm. 95, de 27 abril [RCL 1987, 1251 y LPAS 1987, 1211]): (**§10**)
- *Comunidad de Madrid:* Decreto 32/1987, de 23 abril. Modifica artículo 5 de Decreto 30 junio 1983, de creación y Reglamento de la Comisión de Urbanismo y Medio Ambiente (BOCM núm. 105, de 5 mayo [LCM 1987, 1326]):
  §38, arts. 29 y 38.
- *Comunidad de Madrid:* Decreto 122/1987, de 3 septiembre. Modifica composición de la Comisión de Urbanismo y Medio Ambiente (BOCM núm. 211, de 5 septiembre [LCM 1987, 2264]):
  §38, arts. 29 y 38.
- *País Vasco:* Ley 8/1987, de 20 noviembre. Creación de los Jurados Territoriales de Expropiación Forzosa (BOPV núm. 233, de 10 diciembre [LPV 1987, 2957]):
  §49, art. 1.

1988

- *Cataluña:* Ley 6/1988, de 30 marzo. Ordenación de los Territorios Forestales (BOE núm. 105, de 2 mayo y DOGC núm. 978, de 15 abril [RCL 1988, 947 y LCAT 1988, 115]):
  §28, arts. 33, 58, 110, 117, 127, 140, 154, 266 y disp. adic. 1ª.
- *Illes Balears:* Ley 8/1988, de 1 junio. Edificios e Instalaciones fuera de ordenación en Baleares (BOE núm. 180, de 28 julio y BOCAIB núm. 77, de 28 junio [RCL 1988, 1637 y LIB 1988, 96]): (**§15**)
  §13, art. 45.
- *Navarra:* Ley Foral 4/1988, de 11 julio. Supresión de barreras físicas y sensoriales (BOE núm. 285, de 28 noviembre y BON núm. 86, de 15 julio [RCL 1988, 2355 y LNA 1988, 158]):
  §44, art. 82.
- Ley 22/1988, de 28 julio. Protección, Utilización y Policía de Costas (BOE núm. 181, de 29 julio [RCL 1988, 1642]):
  §1, art. 9.
- Ley 25/1988, de 29 julio. Carreteras y Caminos (BOE núm. 182, de 30 julio; rect. BOE núm. 272, de 12 noviembre [RCL 1988, 1655 y 2268]):
  §1, art. 9.
  §3, art. 20.
  §3.1, art. 98.
- *Comunidad de Madrid:* Ley 3/1988, de 13 octubre. Para la Gestión del Medio Ambiente (BOE núm. 19, de 23 enero 1989 y BOCM núm. 249, de 19 octubre [RCL 1989, 139 y LCM 1988, 126]):
  §37, arts. 3, 37, 56, 57, 60, 149 y 155.
- *Illes Balears:* Ley 12/1988, de 17 noviembre. Normas para construcción de campos de golf en Baleares (BOE núm. 310, de 27 diciembre y BOCAIB núm. 145, de 3 diciembre [RCL 1988, 2576 y LIB 1988, 150]):
  §1, art. 9.
- Ley 39/1988, de 28 diciembre. Regula las Haciendas Locales (BOE núm. 313, de 30 diciembre; rect. BOE núm. 193, de 14 agosto 1989 [RCL 1988, 2607 y RCL 1989, 1851]):
  §1, arts. 26, 27 y disp. adic. 2ª.
  §2, art. 49.
  §3, Cap. III Tít. III.
  §3.2, art. 198.

1989

- *Cataluña:* Ley 2/1989, de 16 febrero. Regula los Centros Recreativos Turísticos (BOE núm. 54, de 4 marzo y DOGC núm. 1109, de 20 febrero [RCL 1989, 485 y LCAT 1989, 54]):
  §28, arts. 31 y 68.
- *Comunidad Valenciana:* Ley 2/1989, de 3 marzo. Evaluación del Impacto Ambiental (BOE núm. 87, de 12 abril y DOGV núm. 1021, de 8 marzo [RCL 1989, 810 y LCV 1989, 62]):
  §53, arts. 27, 28 y 43.
  §53.1, arts. 50, 77, 85, 158, 162 y 166.

§54, arts. 2, 7, 13, 18, 19, 20 y disp. adic. 5ª.
§55, art. 87.

– Ley 4/1989, de 27 marzo. Establece las normas de protección, conservación, restauración y mejora de los Espacios Naturales y de la Flora y Fauna Silvestres (BOE núm. 74, de 28 marzo [RCL 1989, 660]):
§1, art. 9.
§33, art. 32.

– *Comunidad de Madrid:* Decreto 51/1989, de 6 abril. Modifica artículo 10, de Decreto 30 junio 1983, de distribución de competencias en materia de ordenación del territorio y urbanismo (BOCM núm. 96, de 24 abril [LCM 1989, 42]):
§38, art. 38.

– *La Rioja:* Decreto 21/1989, de 7 abril. Modifica Decreto 16 septiembre 1988, de eliminación de barreras arquitectónicas para minusválidos (BOR núm. 44, de 13 abril [LLR 1989, 18]):
§52, art. 73.

– *Comunidad de Madrid:* Decreto 65/1989, de 11 mayo. Unidades mínimas de cultivo (BOCM núm. 145, de 20 junio; rect. BOCM núm. 178, de 28 julio [LCM 1989, 73]):
§37, arts. 26 y 144.

– *Comunidad de Madrid:* Ley 8/1989, de 8 junio. Modifica Ley 13 octubre 1988, de normas para la gestión del medio ambiente (BOE núm. 169, de 17 julio y BOCM núm. 151, de 27 junio [RCL 1989, 1587 y LCM 1989, 75]):
§37, arts. 3, 56 y 57.

– *Navarra:* Decreto Foral 154/1989, de 29 junio. Reglamento para desarrollo y aplicación de Ley Foral 11 julio 1988, de supresión de barreras físicas y sensoriales (BON núm. 88, de 17 julio [LNA 1989, 181]):
§44, art. 82.

– *Comunidad Valenciana:* Ley 6/1989, de 7 julio. Ordenación del Territorio (BOE núm. 191, de 11 agosto y DOGV núm. 1106, de 13 julio [RCL 1989, 1845 y LCV 1989, 171]): (§55)
§53, cabeza.

– *Andalucía:* Ley 2/1989, de 18 julio. Inventario de los Espacios Naturales Protegidos y medidas adicionales para su protección (BOE núm. 201, de 23 agosto y BOJA núm. 60, de 27 julio [RCL 1989, 1905 y LAN 1989, 237]):
§1, art. 9.
§4, arts. 2, 11 y disp. transit. 1ª.
§5, art. único.

– *Illes Balears:* Ley 10/1989, de 2 noviembre. Sustitución de planeamiento urbanístico municipal, en Baleares (BOE núm. 239, de 5 octubre 1990 y BOCAIB núm. 145, de 23 noviembre [RCL 1990, 2055 y LIB 1989, 147]): (§22)

– *País Vasco:* Ley 9/1989, de 17 noviembre. Valoración del suelo de la Comunidad (BOPV núm. 230, de 5 diciembre [LPV 1989, 244]): (§49)

– *Illes Balears:* Decreto 159/1989, de 28 diciembre. Adaptación de los Planes Generales de Ordenación Urbana y de las Normas Subsidiarias y Complementarias de Planeamiento a la Ley 1 julio 1988, sobre edificios e instalaciones fuera de ordenación (BOCAIB núm. 14, de 30 enero 1990 [LIB 1990, 8]):
§15, disp. final. 2ª.

1990

– *Cataluña:* Decreto 35/1990, de 23 enero. Unidad mínima forestal (DOGC núm. 1260, de 26 febrero [LCAT 1990, 79]):
§28, art. 110.

– *Navarra:* Decreto Foral 84/1990, de 5 abril. Regula la implantación territorial de los Polígonos y actividades industriales (BON núm. 51, de 27 abril [LNA 1990, 103]):
§44, arts. 9 y 22.

– *Castilla-La Mancha:* Ley 4/1990, de 30 mayo. Regulación del Patrimonio Histórico (BOE núm. 221, de 14 septiembre y DOCM núm. 41, de 13 junio [RCL 1990, 1903 y LCLM 1990, 71]):
§1, art. 19.2.
§27, arts. 5, 6, 16, 18, 27.2, 47, 50, 83, 142, 143, 182, 183 y 195.

– *País Vasco:* Ley 4/1990, de 31 mayo. Orde-

nación del territorio (BOPV núm. 131, de 3 julio [LPV 1990, 213]): (**§48**)
§46, art. 3.

– *Aragón:* Decreto 85/1990, de 5 junio. Medidas urgentes de protección (BOA núm. 70, de 18 junio [LARG 1990, 76]):
§6, arts. 19 y 33.

– *Illes Balears:* Ley 9/1990, de 27 junio. Atribución de competencias en materia de urbanismo y habitabilidad (BOE núm. 193, de 13 agosto y BOCAIB núm. 90, de 24 julio [RCL 1990, 1757 y LIB 1990, 107]):
§13, arts. 7, 12, 21, 24, 35, 37, 38, 39, 57, 58, 61, 71 y disp. adic. única.
§17, arts. 26 y 37.
§19, arts. 13, 17 y disp. adic. 2ª.

– *Navarra:* Ley Foral 6/1990, de 2 julio. Administración Local (BOE núm. 192, de 11 agosto y BON núm. 84, de 13 julio; rect. BON núm. 124, de 15 octubre [RCL 1990, 1749 y LNA 1990, 158 y 241]):
§44, arts. 21, 89, 127 y 223.

– *País Vasco:* Ley 7/1990, de 3 julio. Regulación del Patrimonio Cultural Vasco (BOPV núm. 157, de 6 agosto [RCL 1990, 2758 y LPV 1990, 238]):
§1, art. 19.2.

– *Cataluña:* Ley 12/1990, de 5 julio. Autoriza la refundición de los textos legales vigentes en Cataluña (BOE núm. 183, de 1 agosto y DOGC núm. 1314, de 6 julio [RCL 1990, 1616 y LCAT 1990, 255]):
§28, cabeza.

– *Cataluña:* Decreto Legislativo 1/1990, de 12 julio. Aprueba el Texto refundido de legislación vigente en materia de urbanismo (DOGC núm. 1317, de 13 julio [RCL 1990, 2759 CC AA y LCAT 1990, 266]): (**§28**)
§1, arts. 1, 2, 4, 5, 6.1, 6.2, 7 a 21, 25, 33, 36, 37 y 43.
§1.1, art. 3.
§2.1, art. 79.
§28.1, arts. 2, 19, 37, 42 y 44.
§31, art. 3.

– *Islas Canarias:* Ley 11/1990, de 13 julio. Prevención del Impacto Ecológico (BOE núm. 224, de 18 septiembre y BOCAN núm. 92, de 23 julio [RCL 1990, 1926 y LCAN 1990, 112]):
§23, arts. 26, 27, 196 y 244.

– Ley 8/1990, de 25 julio. Reforma del Régimen Urbanístico y Valoraciones del Suelo (BOE núm. 179, de 27 julio; rect. BB OO del Estado núms. 186 y 303, de 4 agosto y 19 diciembre [RCL 1990, 1550, 1666 y 2611]):
§3.7, cabeza.

– *País Vasco:* Decreto 263/1990, de 2 octubre. Funciones, composición y régimen de funcionamiento de la Comisión de Ordenación del Territorio (BOPV núm. 219, de 2 noviembre [LPV 1990, 327]):
§48, arts. 3, 9, 10, 13, 17, 18, 20, 24, 26, 28, 29, 30, disp. adic. 5ª, disp. transit. 3ª y disp. final 1ª.
§50, arts. 2 y 5.

– *Comunidad Valenciana:* Decreto 162/1990, de 15 octubre. Reglamento de Ley 3 marzo 1989, del impacto ambiental (DOGV núm. 1412, de 30 octubre [LCV 1990, 242]):
§53, arts. 27, 28 y 43.
§53.1, arts. 50, 77, 85, 158, 162 y 166.
§54, arts. 2, 7, 13, 18, 19, 20 y disp. adic. 5ª.
§55, art. 87.

– *Illes Balears:* Ley 10/1990, de 23 octubre. Disciplina urbanística en Baleares (BOE núm. 297, de 12 diciembre y BOCAIB núm. 141, de 17 noviembre [RCL 1990, 2574 y LIB 1990, 138]): (**§13**)
§1, arts. 3, 14, 15, 19 y 20.

– *Castilla y León:* Ley 14/1990, de 28 noviembre. Normas reguladoras de la concentración parcelaria (BOE núm. 28, de 1 febrero 1991 y BOCyL núm. 241, de 14 diciembre 1991 [RCL 1991, 288 y LCyL 1990, 248]):
§25, arts. 24.4 y 104.4.

– *Illes Balears:* Ley 15/1990, de 29 noviembre. Modifica Ley 9/1990, de 20 junio, de atribución de competencias en materia de urbanismo y habitabilidad (BOE núm. 30, de 4 febrero 1991 y BOCAIB núm. 5, de 10 enero 1991 [RCL 1991, 309 y LIB 1991, 1]):
§13, arts. 7, 12, 21, 24, 35, 37, 38, 39, 57, 58, 61, 71 y disp. adic. única.
§17, arts. 26 y 37.
§19, arts. 13, 17 y disp. adic. 2ª.

– Real Decreto 1684/1990, de 20 diciembre.

Reglamento General de Recaudación (BOE núm. 3, de 3 enero 1991; rect. BOE núm. 28, de 1 febrero [RCL 1991, 6 y 284]):
§2.1, art. 63.

– *Principado de Asturias:* Ley 6/1990, de 20 diciembre. Edificación y Usos en el medio rural del Principado de Asturias (BOE núm. 32, de 6 febrero 1991 y BOPA núm. 6, de 9 enero 1991 [RCL 1991, 338 y LPAS 1991, 4]): (**§11**)
§1, arts. 9, 12 y 20.

– *Castilla-La Mancha:* Ley 9/1990, de 28 diciembre. Regula las Carreteras y Caminos (BOE núm. 60, de 11 marzo 1991 y DOCM núm. 1, de 2 enero 1991 [RCL 1991, 647 y LCLM 1991, 3]):
§27, arts. 55, 60, 65 y 195.

1991

– *Illes Balears:* Ley 1/1991, de 30 enero. Regula los Espacios Naturales y Régimen Urbanístico de las Áreas de Especial Protección (BOE núm. 92, de 17 abril y BOCAIB núm. 31, de 9 marzo (RCL 1991, 988 y LIB 1991, 37]):
§1, art. 9.

– *Aragón:* Decreto 15/1991, de 19 febrero. Medidas urgentes sobre garantías de urbanización en la ejecución urbanística (BOA núm. 25, de 1 marzo [LARG 1991, 35]):
§6, art. 16.

– *La Rioja:* Ley 2/1991, de 7 marzo. Regula las Carreteras (BOE núm. 101, de 27 abril y BOR núm. 38, de 28 marzo [RCL 1991, 1118 y LLR 1991, 68]):
§52, arts. 8, 14, 16 y 76.

– *Comunidad de Madrid:* Ley 3/1991, de 7 marzo. Regula las Carreteras (BOE núm. 127, de 28 mayo y BOCM núm. 68, de 21 marzo [RCL 1991, 1346 y LCM 1991, 45]):
§37, arts. 27, 151 y 223.
§38, art. 33.

– *Principado de Asturias:* Ley 2/1991, de 11 marzo. Reserva de suelo y actuaciones urbanísticas prioritarias (BOE núm. 86, de 10 abril y BOPA núm. 66, de 21 marzo [RCL 1991, 936 y LPAS 1991, 43]): (**§12**)
§1, arts. 1, 2, 33 y 37.
§12.1, arts. 1, 2, 3, 4, 5, 8, 9 y 11 a 16.

– *Cantabria:* Decreto 62/1991, de 21 marzo. Modificación de la composición y funcionamiento de la Comisión Regional de Urbanismo (BOC núm. 107, de 29 mayo [LCTB 1991, 88]):
§24, art. 254.

– *Comunidad de Madrid:* Ley 10/1991, de 4 abril. Protección del medio ambiente (BOE núm. 128, de 29 mayo y BOCM núm. 91, de 18 abril; rect. BOCM núm. 94, de 22 abril [RCL 1991, 1364 y LCM 1991, 74]):
§37, arts. 3, 56, 57, 60, 149 y 155.

– *Principado de Asturias:* Ley 5/1991, de 5 abril. Regula los espacios naturales protegidos (BOE núm. 121, de 21 mayo y BOPA núm. 87, de 17 abril [RCL 1991, 1282 y LPAS 1991, 56]):
§1, art. 9.
§11, arts. 1.1, 1.2 y 2.1 e).

– *Extremadura:* Decreto 45/1991, de 16 abril. Establece medidas de protección del ecosistema (DOE núm. 31, de 25 abril [LEXT 1991, 90]):
§32, art. único.

– *La Rioja:* Decreto 12/1991, de 18 abril. Modifica Decreto 38/1988, de 16 septiembre, sobre eliminación de barreras arquitectónicas para minusválidos (BOR núm. 53, de 25 abril [LLR 1991, 90]):
§52, art. 73.

– *Cantabria:* Decreto 50/1991, de 29 abril. Regula la Evaluación del Impacto Ambiental (BOC núm. 97, de 15 mayo [LCTB 1991, 77]):
§24, arts. 27, 29, 52 y 69.

– *Castilla y León:* Ley 8/1991, de 10 mayo. Regula los Espacios Naturales Protegidos (BOE núm. 158, de 3 julio y BOCyL núm. 101, de 29 mayo [RCL 1991, 1695 y LCyL 1991, 164]):
§1, art. 9.
§25, arts. 9, 15, 16, 23 y 29.
§26, art. 26.

– *Comunidad Valenciana:* Decreto 107/1991, de 10 junio. Control de calidad de edificación y libro de control en construcción (DOGV núm. 1571, de 24 junio; rect.

DOGV núm. 1592, de 23 julio [LCV 1991, 190]):
§1.1, art. 7.
§53, arts. 15 y 87.

– Auto 2 julio 1991. Mantiene la suspensión de vigencia y aplicación de determinados preceptos y levanta de otros de la Ley 10/1990, de 23 octubre, de disciplina urbanística (BOE núm. 165, de 11 julio y BOCAIB núm. 95, de 27 julio [RCL 1991, 1749 y LIB 1991, 105]):
§13, art. 15.1 b) y 15.5.

– *Andalucía:* Ley 1/1991, de 3 julio. Regula el Patrimonio Histórico (BOE núm. 178, de 26 julio y BOJA núm. 59, de 13 julio [RCL 1991, 1884 y LAN 1991, 199]):
§1, art. 19.2.
§5, art. único.

– *Comunidad Valenciana:* Decreto 12/1991, de 29 julio. Asignación de competencias de la Consejería de Medio Ambiente (DOGV núm. 1597, de 30 julio [LCV 1991, 227]):
§55, arts. 37, 38 y 59.

– *Comunidad Valenciana:* Orden 30 septiembre 1991. Aprueba modelo de libro de control de calidad de obras de edificación de viviendas (DOGV núm. 1638, de 8 octubre [LCV 1991, 271]):
§1.1, art. 7.

– *Cantabria:* Decreto 145/1991, de 1 octubre. Modifica composición de la Comisión Regional de Urbanismo (BOC núm. 203, de 10 octubre [LCTB 1991, 109]):
§24, art. 254.

– *Cataluña:* Ley 20/1991, de 25 noviembre. Promoción de la accesibilidad y supresión de barreras arquitectónicas, en Cataluña (BOE núm. 307, de 24 diciembre y DOGC núm. 1526, de 4 diciembre [RCL 1991, 2998 y LCAT 1991, 479]):
§28, art. 24.

– *Cataluña:* Ley 24/1991, de 29 noviembre. Regula las viviendas (BOE núm. 42, de 28 febrero 1992 y DOGC núm. 1541, de 15 enero 1992 [RCL 1992, 389 y LCAT 1992, 25]):
§1.1, arts. 7, 9 y 11.
§28, art. 253.

– *Principado de Asturias:* Ley 10/1991, de 30 diciembre. Aprueba los Presupuestos Generales para 1992 (BOE núm. 66, de 17 marzo 1992 y BOPA núm. 301, de 31 diciembre; rect. BOPA núm. 37, de 14 febrero 1992 [RCL 1992, 640, LPAS 1991, 140 y LPAS 1992, 16]):
§10, art. 2.1.

1992

– *Comunidad de Madrid:* Orden 701/1992, de 9 marzo. Desarrolla el Decreto 11 mayo 1989, de unidades mínimas de cultivo (BOCM núm. 78, de 1 abril [LCM 1992, 47]):
§37, arts. 26 y 144.

– *Navarra:* Decreto Foral 128/1992, de 30 marzo. Regula las condiciones territoriales y urbanísticas para la implantación de campos de golf (BON núm. 46, de 15 abril [LNA 1992, 104]):
§44, arts. 9 y 22.

– *Navarra:* Ley Foral 4/1992, de 14 abril. Modifica la Ley Foral 7/1989, de 8 junio, de medidas de intervención en suelo y vivienda (BOE núm. 145, de 17 junio y BON núm. 49, de 22 abril [RCL 1992, 1378 y LNA 1992, 113]):
§45.1, disp. final 4ª.

– *Andalucía:* Decreto 72/1992, de 5 mayo. Establece normas técnicas para la accesibilidad y eliminación de barreras arquitectónicas, urbanísticas y en el transporte de minusválidos (BOJA núm. 44, de 23 mayo; rect. BOJA núm. 50, de 6 junio [LAN 1992, 118]):
§5, art. único.

– *Illes Balears:* Ley 2/1992, de 6 mayo. Modifica la disposición final 1ª de la Ley 10/1990, de 23 octubre, de disciplina urbanística (BOE núm. 149, de 22 junio y BOCAIB núm. 65, de 30 mayo [RCL 1992, 1415 y LIB 1992, 81]):
§3.3, art. 18.
§13, disp. final 1ª.

– *Aragón:* Orden 13 mayo 1992. Modifica el Decreto 15/1991, de 19 febrero, de medidas urgentes sobre garantías de urbanización en

la ejecución urbanística, como consecuencia de un recurso de reposición interpuesto contra el mismo (BOA núm. 62, de 1 junio [LARG 1992, 98]):
§6, art. 16.

– *Comunidad Valenciana:* Ley 4/1992, de 5 junio. Regula el suelo no urbanizable (BOE núm. 180, de 28 julio y DOGV núm. 1806, de 17 junio [RCL 1992, 1673 y LCV 1992, 170]): (**§54**)
§1, art. 20.
§2.1, art. 79.
§53, arts. 6, 8, 10, 11, 16, 17, 20, 28, 40, 43, 55, 83 y disps. adics. 6ª y 7ª.

– *Andalucía:* Ley 2/1992, de 15 junio. Regula la protección de montes o terrenos forestales (BOE núm. 163, de 8 julio y BOJA núm. 57, de 23 junio [RCL 1992, 1532 y LAN 1992, 150]):
§5, art. único.

– Real Decreto Legislativo 1/1992, de 26 junio. Aprueba el Texto Refundido de la Ley sobre el Régimen del Suelo y Ordenación Urbana (BOE núm. 156, de 30 junio; rect. BOE núm. 38, de 13 febrero 1993 [RCL 1992, 1468 y RCL 1993, 485]): (**§2**)
§1, arts. 5, 6.1, 6.2, 16.2, 17, 18.7, 19.1, 19.2, 20.1, 20.2, 21, 31, 32.2, 33, 34, 35, 37, 38, 40.3 y 41.2.
§2.1, arts. 1, 2, 5, 6, 8, 9, 11, 12, 13, 14, 16, 17, 23, 24, 26, 27, 28, 29, 33, 42, 52, 56, 67, 73, 75, 78 y 81.
§3, arts. 64, 68, 129, 133, 136, 139, 140, 141, 174, 178 a 183, 188, 229, 235 y 236.
§3.1, arts. 1, 3, 4, 5, 6, 7, 9 a 30, 32 a 37, 41 a 49, 52, 54, 56, 57, 64 a 72, 74 a 86, 88 a 99, 101, 102, 115, 117, 118, 120, 121, 122, 123, 124, 131, 132, 136, 140, 141, 143, 144, 146, 149, 150, 153, 154, 156, 158, 161.2, 162, 164, 165 y 168.
§3.2, arts. 1, 3, 4, 8, 31, 33, 34, 36, 42, 54, 55, 58, 64, 65, 71, 77, 79, 82, 85, 89, 99, 100, 104, 113, 122, 123, 124, 127, 130, 152, 154, 156, 157, 161, 162, 168, 171, 181, 182, 188, 191, 196, 202, 204, 205 y 210.
§3.3, arts. 1 a 11, 17 a 26, 28 a 36, 38, 39, 40, 41, 45, 46, 47, 48, 49, 55, 59, 62, 63 y 92.
§3.4, cabeza.
§3.5, cabeza.
§3.7, cabeza.
§5, art. único y disp. adic. única.
§6, arts. 7, 10, 30, 64, 67, 68, 70, 85, 86, 88, 89, 93, 115, 117, 157, 166, 172, 175 a 182, 184, 186, 187, 190, 193, 196 y 197.
§11, art. 6.
§12, arts. 2 y 3.
§12.1, arts. 7 y 10.
§13, arts. 3, 12, 13, 19, 27, 40, 56, 57 y 59.
§14, arts. 1, 3, 5, 6, 7 y 9.
§17, art. 39.
§19, disp. adic. 1ª.
§23, arts. 65, 74, 75, 76, 80, 82, 96, 120, 125, 137, 155, 156, 159, 163, 167, 168, 174, 195, 202, 206, 236 y 249.
§24, arts. 34, 85, 88, 132, 133, 147, 158, 194, 195, 196, 207, 229, 232, 233 y 256.
§25, arts. 5, 9, 19, 20, 24, 33, 47, 60, 61, 62, 63, 64, 71, 83, 93, 94, 98, 104, 106, 107, 123, 125, 130, 143, 144 y 150.
§26, art. 28 y disp. adic. 1ª.
§27, arts. 8, 11, 18, 29, 42, 55, 58, 68, 76, 77, 80, 89, 90, 127, 139, 140, 142, 146, 160, 165, 172, 181, 183 y 193.
§28, arts. 3, 4, 17, 19, 20, 29, 39, 45, 54, 60, 78, 79, 80, 88, 89, 90, 91, 93, 94, 95, 98, 102, 103, 107, 121, 131, 132, 135, 139, 140, 144, 145, 180, 182, 183, 187, 192, 202, 234, 238, 239, 242, 243, 248, 250, 252, 253, 259, 260, 263, 264, 269, 275, 282 a 292, 295, 296, 297 y 298.
§32, art. único.
§32.1, arts. 1, 2, 3, 4, 5 y disp. adicional.
§33, arts. 48, 53, 55, 56, 57, 58, 59, 98, 100 a 107, 142, 144, 145, 146, 147, 148, 155, 156, 157, 158, 159, 165, 168 a 174 y 191.
§37, arts. 30, 64, 66, 115, 143, 144, 145, 146, 161, 173, 176, 179, 193 y 200.
§41, arts. 88, 89, 151, 195, 196, 198, 199, 212 y 227.
§44, arts. 3, 4, 90, 105, 107, 113, 130 a 135, 140, 142, 160, 163, 166, 167, 215, 225, 226, 234, 251, 263, 265, 266 y 275.
§46, arts. 2, 3 y disps. adics. 1ª y 2ª.
§48, arts. 9 y 27.
§48.1, arts. 1 y 5.
§50, art. 11.
§51, arts. 2, 7 y 8.
§52, arts. 4, 26, 75, 76, 81, 83, 95, 96, 98,

99, 114, 115, 127, 129, 130, 141, 148, 151, 155, 159, 163, 164, 169, 172, 173, 180, 183, 185, 186, 194, 197, 205 y 210.
§53, cabeza, arts. 3, 4, 5, 12, 16, 23, 24, 31, 44, 46, 57, 58, 59, 66, 82, 83, 84, 88 a 93, 99 y disps. adics. 4ª y 6ª.
§53.1, art. 1.

– Ley 21/1992, de 16 julio. Industria (BOE núm. 176, de 23 julio [RCL 1992, 1640]):
§1, art. 9.

– *Andalucía:* Decreto 133/1992, de 21 julio. Modifica el Decreto 72/1992, de 5 mayo, de normas técnicas para accesibilidad y eliminación de barreras arquitectónicas, urbanísticas y en el transporte de minusválidos (BOJA núm. 70, de 23 julio [LAN 1992, 173]):
§5, art. único.

– *Región de Murcia:* Ley 4/1992, de 30 julio. Regula la Ordenación y Protección del Territorio de la Región de Murcia (BOE núm. 22, de 26 enero 1993 y BORM núm. 189, de 14 agosto [RCL 1993, 239 y LRM 1992, 147]): (**§42**)
§1, art. 33.

– *Cataluña:* Decreto 206/1992, de 1 septiembre. Regula el Libro del Edificio (DOGC núm. 1654, de 7 octubre [LCAT 1992, 462]):
§1.1, art. 7.
§28, arts. 93, 251 y 253.

– *País Vasco:* Decreto 277/1992, de 13 octubre. Modifica Decreto 2 octubre 1990, de funciones, composición y régimen de funcionamiento de la Comisión de Ordenación del Territorio (BOPV núm. 220, de 11 noviembre [LPV 1992, 341]):
§48, arts. 3, 9, 10, 13, 17, 18, 20, 24, 26, 28, 29, 30, disp. adic. 5ª, disp. transit. 3ª y disp. final 1ª.
§50, arts. 2 y 5.

– *Aragón:* Ley 10/1992, de 4 noviembre. Regula las fianzas de los ordenamientos urbanos y otros contratos (BOE núm. 296, de 10 diciembre y BOA núm. 135, de 20 noviembre [RCL 1992, 2637 y LARG 1992, 211]):
§8, art. 15 e) y 15 g).

– Ley 27/1992, de 24 noviembre. Regula los Puertos del Estado y de la Marina Mercante (BOE núm. 283, de 25 noviembre; rect. BOE núm. 298, de 12 diciembre [RCL 1992, 2496 y 2660]):
§1, art. 9.

– *Aragón:* Ley 11/1992, de 24 noviembre. Ordenación del territorio (BOE núm. 16, de 19 enero 1993 y BOA núm. 142, de 7 diciembre [RCL 1993, 159 y LARG 1992, 238]): (**§7**)
§1, art. 33.
§6, arts. 4, 32, 54, 55 y 56.
§8, arts. 1, 3, 4 y disp. transitoria.

– Ley 30/1992, de 26 noviembre. Régimen Jurídico de las Administraciones Públicas y del Procedimiento Administrativo Común (BOE núm. 285, de 27 noviembre; rect. BB OO del Estado núm. 311, de 27 noviembre y núm. 23, de 27 enero 1993 [RCL 1992, 2512, 2775 y RCL 1993, 246]):
§1, art. 44.
§2, arts. 299 y 302.
§2.1, arts. 56, 59, 60, 62 y 63.
§3, arts. 187, 224 y 232.
§3.2, arts. 5, 184 y 185.
§3.3, arts. 5, 38, 39, 41, 44 y 50.
§3.6, art. 12.
§6, arts. 188 y 189.
§10, art. 16.1.
§13, arts. 23 y 63.
§23, arts. 171, 178, 183, 186 y 191.
§27, arts. 106, 107, 108, 176 y 199.
§28, arts. 259, 272, 292 y 293.
§37, art. 197.
§44, arts. 233, 260 y 264.
§53, disp. adic. 9ª.

– Ley 37/1992, de 28 diciembre. Regula el Impuesto sobre el Valor Añadido (BOE núm. 312, de 29 diciembre; rect. BOE núm. 33, de 8 febrero 1993 [RCL 1992, 2786 y RCL 1993, 401]):
§3, art. 129.

– *Principado de Asturias:* Decreto 84/1992, de 30 diciembre. Unidad Mínima de Cultivo agrícola y forestal (BOPA núm. 23, de 29 enero 1993; rect. BOPA núm. 58, de 11 marzo 1993 [LPAS 1993, 21]):
§2.1, art. 79.
§10, art. 1.

1993

– *Castilla-La Mancha:* Decreto 5/1993, de 16 febrero. Modifica la composición de la Comisión Provincial de Urbanismo (DOCM núm. 15, de 27 febrero; rect. DOCM núm. 19, de 12 marzo [LCLM 1993, 49]):
§27, arts. 34.4, 36.3, 38.3 y 172.2.

– Real Decreto 304/1993, de 26 febrero. Aprueba la tabla de vigencias de los Reglamentos de Planeamiento, Gestión Urbanística, Disciplina Urbanística, Edificación Forzosa y Registro Municipal de Solares y Reparcelaciones, en ejecución de la disp. final única del Texto refundido de la Ley sobre Régimen del Suelo y Ordenación Urbana (BOE núm. 66, de 18 marzo [RCL 1993, 929]):
§3.1, arts. 8, 30 b), 31, 90, 92 g), 93 f), 104, 107 a 114, 119, 141.3, 142.2, 142.3, 147, 155.1, 155.2, 161.3 y 166.
§3.2, arts. 3, 6, 10, 11, 18, 21, 36, 37, 38, 39, 46, 48, 49, 50, 51, 56, 57, 74, 75, 82, 86, 88, 94, 101, 105, 108, 112, 114, 121, 123, 133, 134, 138, 140 a 152, 159, 160, 215, 220, 222 y 227.
§3.3, arts. 12, 13, 14, 15, 16, 34, 36, 37, 42, 43, 53, 54, 56, 64, 65, 92 y 94.
§3.6, arts. 1 a 9, 11.4, 16, 17, 22, 23, 24, 28 a 43, 44.4, 45, disps. adicionales, disp. transitoria y disp. final derogatoria.
§3.7, cabeza.

– *Comunidad de Madrid:* Ley 8/1993, de 22 junio. Regula la promoción de accesibilidad y supresión de barreras arquitectónicas (BOE núm. 203, de 25 agosto; rect. BOE núm. 226, de 21 septiembre y BOCM núm. 152, de 29 junio [RCL 1993, 2513 y LCM 1993, 168]):
§37, art. 201.

– Real Decreto 1020/1993, de 25 junio. Aprueba las normas técnicas de valoración y cuadro marco de valores del suelo y de las construcciones para determinar el valor catastral de los bienes inmuebles de naturaleza urbana (BOE núm. 174, de 22 julio; rect. BOE núm. 227, de 22 septiembre [RCL 1993, 2238 y 2641]):
§1, arts. 27 y 31.

– *Castilla-La Mancha:* Decreto 87/1993, de 13 julio. Regula los catálogos de suelo de uso residencial (DOCM núm. 55, de 23 julio [LCLM 1993, 151]):
§27, art. 31.

– *Navarra:* Decreto Foral 228/1993, de 19 julio. Establece los módulos de reservas de arbolado en el suelo urbano y urbanizable (BON núm. 95, de 4 agosto [LNA 1993, 253]): (**§45.2**)
§44, art. 73.
§45, art. 28.

– *Navarra:* Decreto Foral 229/1993, de 19 julio. Regula los estudios sobre afecciones medioambientales de los planes y proyectos de obras a realizar en el medio natural (BON núm. 95, de 4 agosto [LNA 1993, 254]):
§44, art. 64.
§45, art. 14.

– *Cantabria:* Decreto 60/1993, de 24 agosto. Regula las autorizaciones de uso en la zona de servidumbre de protección y el procedimiento sancionador (BOC núm. 174, de 1 septiembre [LCTB 1993, 72]):
§34, arts. 30 y 108.

– Real Decreto Legislativo 1/1993, de 24 septiembre. Aprueba el Texto Refundido de la Ley del Impuesto de Transmisiones Patrimoniales y Actos Jurídicos Documentados (BOE núm. 251, de 20 octubre [RCL 1993, 2849]):
§3, art. 129.

– *Illes Balears:* Ley 6/1993, de 28 septiembre. Adecua las redes de instalaciones a las condiciones histórico-ambientales de los núcleos de población (BOE núm. 59, de 10 marzo 1994 y BOCAIB núm. 131, de 28 octubre; rect. BOCAIB núm. 142, de 23 noviembre [RCL 1994, 719 y LIB 1993, 169]): (**§17**)
§1, art. 33.
§13, arts. 5 y 7.

– *Cataluña:* Decreto 248/1993, de 28 septiembre. Redacción y aprobación de planes de ordenación de playas y de usos de temporada (DOGC núm. 1815, de 29 octubre [LCAT 1993, 500]):
§28, art. 17.

– *Cataluña:* Ley 7/1993, de 30 septiembre.

Regula las Carreteras (BOE núm. 263, de 3 noviembre y DOGC núm. 1807, de 11 octubre [RCL 1993, 2957 y LCAT 1993, 466]):
§28, art. 32.

– *Cataluña:* Ley 9/1993, de 30 septiembre. Regula el patrimonio cultural (BOE núm. 264, de 4 noviembre y DOGC núm. 1807, de 11 octubre [RCL 1993, 2978 y LCAT 1993, 468]):
§1, art. 19.2.

– *Extremadura:* Decreto 115/1993, de 13 octubre. Adapta los Planes Generales a las normas del Texto Refundido de la Ley del Suelo y Ordenación Urbana, aprobada por el Real Decreto 1/1992, de 26 junio, relativas a delimitación de áreas de reparto, cálculo de aprovechamiento tipo y definición de aprovechamiento susceptible de apropiación (DOE núm. 121, de 19 octubre [LEXT 1993, 169]): (**§32.2**)

– *Aragón:* Acuerdo 3 noviembre 1993. Ajuste de la delimitación inicial de las áreas de especial protección urbanística contenidas en el anejo a Decreto 5 junio 1990, de medidas urgentes de protección (BOA núm. 148, de 27 diciembre [LARG 1993, 205]):
§6, arts. 19 y 33.

– *Comunidad Valenciana:* Ley 3/1993, de 9 diciembre. Forestal (BOE núm. 23, de 27 enero 1994 ; rect. BOE núm. 52, de 2 marzo 1994 y DOGV núm. 2168, de 21 diciembre; rect. DOGV núm. 2195, de 28 enero 1994 [RCL 1994, 264, LCV 1993, 350 y LCV 1994, 24]):
§54, arts. 1, 2, 5, 11 y disp. adic. 2ª.

1994

– *Andalucía:* Ley 1/1994, de 11 enero. Regula la ordenación del territorio (BOE núm. 34, de 9 febrero y BOJA núm. 8, de 22 enero; rect. BOJA núm. 54, de 23 abril [RCL 1994, *411, LAN 1994*, 20 y 154]): (**§4**)
§1, art. 33.
§2, art. 84.
§5, art. único.

– *Aragón:* Decreto 45/1994, de 4 marzo. Regula el procedimiento de evaluación de impacto ambiental (BOA núm. 35, de 18 marzo; rect. BOA núm. 43, de 8 abril [LARG 1994, 68]):
§6, arts. 22, 80 y disp. adic. 4ª.
§7, arts. 13, 37 y disp. transit. 6ª.

– *País Vasco:* Decreto 132/1994, de 15 marzo. Aplica el Real Decreto Legislativo 1/1992, de 26 junio, que aprueba el Texto Refundido de la Ley sobre régimen del suelo y ordenación urbana (BOPV núm. 65, de 7 abril [LPV 1994, 140]): (**§48.1**)
§2, arts. 1 a 65, 68 a 131, 133 a 167, 169 a 203, 205 a 212, 214, 216, 218, 220, 221, 222, 224 a 238, 240, 242 a 299, disps. adics. 1ª, 2ª, 3ª, 4ª, 5ª, 7ª, 8ª, disps. transits. 1ª a 8ª, disp. derog. única y disp. final única.

– *País Vasco:* Ley 6/1994, de 16 marzo. Regula la ordenación del turismo (BOPV núm. 70, de 14 abril [RCL 1994, 3612 ccaa y LPV 1994, 146]):
§48, art. 2.

– *Illes Balears:* Ley 1/1994, de 23 marzo. Condiciones para la reconstrucción en suelo no urbanizable de edificios e instalaciones afectadas por obras públicas o declaradas de utilidad pública y ejecutadas por el sistema de expropiación forzosa (BOE núm. 303, de 20 diciembre y BOCAIB núm. 47, de 19 abril [RCL 1994, 3458 y LIB 1994, 71]): (**§16**)
§1, arts. 9, 10, 15, 16 y 20.

– *Islas Canarias:* Decreto 58/1994, de 22 abril. Establece la unidad mínima de cultivo (BOCAN núm. 51, de 25 abril [LCAN 1994, 92]):
§23, arts. 59 y 80.

– *Islas Canarias:* Ley 4/1994, de 25 abril. Regula la actividad comercial (BOE núm. 126, de 27 mayo y BOCAN núm. 53, de 29 abril [RCL 1994, 1487 y LCAN 1994, 96]):
§23, art. 5.

– *Islas Canarias:* Decreto 80/1994, de 13 mayo. Rectifica la redacción del Decreto 58/1994, de 22 abril, que establece la unidad mínima de cultivo (BOCAN núm. 61, de 18 mayo [LCAN 1994, 111]):
§23, arts. 59 y 80.

– *Andalucía:* Ley 7/1994, de 18 mayo. Regula la Protección Ambiental (BOE núm. 156, de

1 julio y BOJA núm. 79, de 31 mayo [RCL 1994, 1894 y LAN 1994, 208]):
§4, art. 7.4.
§5, art. único.

– *Cataluña:* Ley 6/1994, de 19 mayo. Modifica Ley 16 febrero 1989, que regula los Centros Recreativos Turísticos (BOE núm. 152, de 27 junio y DOGC núm. 1904, de 3 junio [RCL 1994, 1800 y LCAT 1994, 273]):
§28, arts. 31 y 68.

– *Principado de Asturias:* Decreto 38/1994, de 19 mayo. Aprueba el Plan de Ordenación de los Recursos Naturales (BOPA núm. 152, de 2 julio [LPAS 1994, 101]):
§9, art. 18.
§11, arts. 1 y 4.

– *Castilla-La Mancha:* Ley 1/1994, de 24 mayo. Regula la Promoción de la accesibilidad y eliminación de barreras arquitectónicas (BOE núm. 34, de 9 febrero 1995 y DOCM núm. 32, de 24 junio [RCL 1995, 405 y LCLM 1994, 76]):
§27, arts. 16, 24 y 31.

– *País Vasco:* Ley 7/1994, de 27 mayo. Regula la actividad comercial y la ordenación y mejora de la estructura comercial (BOPV núm. 111, de 13 junio [RCL 1994, 3613 ccaa y LPV 1994, 240]):
§48, art. 2.

– *Aragón:* Decreto 124/1994, de 7 junio. Aprueba el plan general para el equiparamiento comercial (BOA núm. 75, de 22 junio; rect. BOA núm. 86, de 15 julio [LARG 1994, 169]):
§6, arts. 102 y 168.

– *Islas Canarias:* Orden 14 junio 1994. Desarrolla el Decreto 58/1994, de 22 abril, rectificado por Decreto 80/1994, de 13 mayo, que establece la unidad mínima de cultivo (BOCAN núm. 78, de 27 junio [LCAN 1994, 156]):
§23, arts. 59 y 80.

– *País Vasco:* Ley 16/1994, de 30 junio. Regula la conservación de la naturaleza (BOPV núm. 142, de 27 julio [LPV 1994, 322]):
§48.1, art. 1.

– *País Vasco:* Ley 17/1994, de 30 junio. Medidas urgentes en materia de vivienda y tramitación de instrumentos de planeamiento y gestión urbanística (BOPV núm. 145, de 1 agosto [LPV 1994, 335]): (**§50**)
§50.1, arts. 1 a 6.

– *Navarra:* Ley Foral 10/1994, de 4 julio. Regula la ordenación del territorio y urbanismo (BOE núm. 209, de 1 septiembre y BON núm. 84, de 15 julio; rect. BON núm. 112, de 16 septiembre [RCL 1994, 2526, LNA 1994, 186 y 227]): (**§44**)
§1, arts. 1, 4, 6.2, 7, 8, 9, 10, 13, 14, 17, 18, 19, 20, 25, 33, 34, 36 y 43.
§1.1, art. 3.
§45, arts. 2, 7, 8, 10, 16, 20, 29, 31, 32, 33, 34, 36, 39, 46, 47, 48, 49, 50, 52, 53, 62, 64, 66, 68, 72 y 73.
§45.1, arts. 2 a), 3 a 42, 47, 48, disps. adics. 1ª a 4ª, disps. transits. 1ª a 3ª y disp. final 2ª.2.
§45.2, arts. 3, 4, 5, 7, 8, 9, 10, 11, 15, 20 a 33, 35, 36, 37, 38, 46 a 71, disps. adics. 3ª, 5ª, 6ª y disp. transit. 2ª.

– *Illes Balears:* Decreto 90/1994, de 13 julio. Desarrolla Texto Refundido de Ley de Régimen del Suelo y Ordenación Urbana, aprobado por Real Decreto Legislativo 26 junio 1992, en materia de criterios de delimitación de áreas de reparto, cálculo y aplicación del aprovechamiento tipo [BOCAIB núm. 95, de 4 agosto [LIB 1994, 192]): (**§14**)
§2, arts. 27, 72, 82, 94, 95 y 185.

– *Principado de Asturias.* Decreto 58/1994, de 14 julio. Aprueba el Reglamento de desarrollo y ejecución de Ley 11 marzo 1991, de reserva de suelo y actuaciones urbanísticas prioritarias (BOPA núm. 183, de 8 agosto; rect. BOPA núm. 249, de 27 octubre [LPAS 1994, 125]): (**§12.1**)
§12, arts. 1, 4, 5, 6, 7, 10 y disp. final 1ª.

– *La Rioja:* Ley 5/1994, de 19 julio. Supresión de barreras arquitectónicas y promoción de la accesibilidad (BOE núm. 205, de 27 agosto y BOLR núm. 91, de 23 julio [RCL 1994, 2477 y LLR 1994, 146]):
§52, art. 73.

– *Cataluña:* Decreto Legislativo 16/1994, de

26 julio. Adecua diversas Leyes en materia de aguas, puertos, urbanismo y vivienda a la Ley 30/1992, de 26 noviembre, de Régimen Jurídico de las Administraciones Públicas y del Procedimiento Administrativo Común (DOGC núm. 1928, de 1 agosto [LCAT 1994, 414]):

§28, arts. 59, 60.2, 60.6, 62.1, 64.1 b), 68, 70, 76, 91.2, 102.1 a), 127.1 b), 148.3 b), 176, 178, 201.2, 258.1, 260.2, 263, 268.4, 277.2, 279.2, 292 y 294.

§31, art. 13.2 y 13.4.

– *Galicia:* Ley 4/1994, de 14 septiembre. Carreteras (BOE núm. 303, de 20 diciembre y DOG núm. 210, de 31 octubre [RCL 1994, 3457 y LG 1994, 313]):

§33, arts. 59 y 61.

– *Navarra:* Decreto Foral 224/1994, de 14 noviembre. Reglamento de organización y funcionamiento de la Comisión de Ordenación del Territorio (BON núm. 143, de 28 noviembre [LNA 1994, 291]):

§44, arts. 59, 65, 289 y disp. transit. 9ª.

– *Comunidad Valenciana:* Ley 6/1994, de 15 noviembre. Regula la actividad urbanística (BOE núm. 8, de 10 enero 1995; rect. BOE núm. 27, de 1 febrero 1995 y DOGV núm. 2394, de 24 noviembre; rect. DOGV núm. 2417, de 30 diciembre [RCL 1995, 69, LCV 1994, 364 y 405]): (§53)

§1, arts. 1, 3, 4, 6.2, 7, 13, 14, 15, 17, 19, 33, 34 y 37.

§1.1, art. 3.

§2, arts. 2, 4, 9 a 14, 16, 18, 28, 29, 30, 31, 40, 42, 43, 59, 65, 68 a 94, 96, 99, 104, 105, 106, 108, 109, 110, 111, 113 a 119, 121, 122, 123, 125 a 131, 136.1, 137.4, 139, 142, 144 a 149, 151, 152, 153, 155, 156, 157, 158, 160 a 166, 171, 172, 174, 175, 177 a 182, 184 a 202, 208, 209, 211, 212, 227, 228, 229, 230, 231, 233, 234, 236, 242, 243, 244, 245, 247, 278, 281, 291, 292, 297, disp. adic. 2ª, disp. transit. 6ª y disp. transit. 7ª.

§53.1, arts. 1, 2, 3, 4, 19, 37, 38, 39, 40, 41, 44, 45, 46, 49, 50, 59, 60, 62 a 67, 70, 71, 74, 75, 79, 85, 86, 91, 92, 98, 100, 101, 103, 105, 109, 110, 111, 113, 114, 120, 135, 136, 142, 144, 157, 158, 162, 165, 166, 173, 175, 176, 179, 181, 182, 183 y 184.

§55, arts. 5, 12, 27, 38 y 96.

– Ley 29/1994, de 24 noviembre. Regula los Arrendamientos Urbanos (BOE núm. 282, de 25 noviembre; rect. BOE núm. 85, de 10 abril 1995 [RCL 1994, 3272 y RCL 1995, 1141]):

§1, art. 31.

– *Islas Canarias:* Ley 12/1994, de 19 diciembre. Establece el régimen jurídico de los Espacios Naturales Protegidos (BOE núm. 29, de 3 febrero 1995 y BOCAN núm. 157, de 24 diciembre [RCL 1995, 345 y LCAN 1994, 321]):

§1, art. 9.

– *Comunidad Valenciana:* Decreto 256/1994, de 20 diciembre. Autorización administrativa de grandes superficies (DOGV núm. 3413, de 15 enero 1995 [LCV 1995, 17]):

§53, art. 43.

§53.1, art. 172.

§54, arts. 8 y 20.

– *Comunidad Valenciana:* Ley 11/1994, de 27 diciembre. Regula los Espacios Naturales Protegidos (BOE núm. 33, de 8 febrero 1995 y DOGV núm. 2423, de 9 enero 1995 [RCL 1995, 394 y LCV 1995, 4]):

§1, art. 9.

§53, arts. 11, 12 y 16.

§54, art. 1 y disp. adic. 6ª.

§55, art. 66.

– Ley 39/1994, de 30 diciembre. Modifica el artículo 70.2 de la Ley 7/1985, de 2 abril, que regula las Bases de Régimen Local (BOE núm. 313, de 31 diciembre [RCL 1994, 3561]):

§2, arts. 124, 131 y 133.

§6, art. 68.

1995

– *Galicia:* Ley 1/1995, de 2 enero. Establece normas de protección del medio ambiente (BOE núm. 143, de 16 junio y DOG núm. 29, de 10 febrero [RCL 1995, 1782 y LG 1995, 58]):

§33, art. 79.

§34, art. 27.

– Orden 24 enero 1995. Aprueba el módulo de valor (M) para la determinación de los valores de suelo y construcción de los bienes inmuebles de naturaleza urbana en las valoraciones catastrales (BOE núm. 28, de 2 febrero [RCL 1995, 326]):
§1, art. 27.

– *Andalucía:* Decreto 22/1995, de 7 febrero. Modifica la composición de las Comisiones de Ordenación del Territorio y Urbanismo, Provinciales de Ordenación del Territorio y Urbanismo y de Cartografía de Andalucía (BOJA núm. 40, de 14 marzo [LAN 1995, 64]):
§5, art. único.

– *La Rioja:* Ley 2/1995, de 10 febrero. Establece el régimen legal de protección y desarrollo del patrimonio forestal (BOE núm. 63, de 15 marzo y BOR núm. 22, de 21 febrero [RCL 1995, 872 y LLR 1995, 59]):
§52, arts. 12, 15, 16 y 18.

– *Navarra:* Decreto Foral 33/1995, de 13 febrero. Aprueba el régimen urbanístico transitorio de los Municipios de más de cincuenta mil habitantes que no cuenten con Plan General de Ordenación Urbana adaptado (BON núm. 24, de 22 febrero [LNA 1995, 54]): (**§45.1**)
§44, arts. 75, 100, 103, 104, 125, 127 y 191.

– *Región de Murcia:* Ley 1/1995, de 8 marzo. Regula la Protección del Medio Ambiente (BOE núm. 131, de 2 junio y BORM núm. 78, de 3 abril; rect. BORM núm. 83, de 8 abril [RCL 1995, 1651 y LRM 1995, 78]):
§41, arts. 66, 92 y 98.

– *Navarra:* Ley Foral 2/1995, de 10 marzo. Normas reguladoras de las Haciendas Locales (BOE núm. 161, de 7 julio y BON núm. 36, de 20 marzo [RCL 1995, 2000 y LNA 1995, 102]):
§44, art. 221.

– Ley Orgánica 1/1995, de 13 marzo. Estatuto de Autonomía de Ceuta (BOE núm. 62, de 14 marzo [RCL 1995, 853]):
§31.1, art. 1.

– Ley Orgánica 2/1995, de 13 marzo. Estatuto de Autonomía de Melilla (BOE núm. 62, de 14 marzo [RCL 1995, 854]):
§40, art. 1.

– *Cataluña:* Ley 1/1995, de 16 marzo. Aprueba el Plan Territorial General (BOE núm. 125, de 26 mayo y DOGC núm. 2032, de 31 marzo [RCL 1995, 1579 y LCAT 1995, 166]): (**§30**)
§29, arts. 3, 9 y 10.

– Ley 3/1995, de 23 marzo. Establece el régimen jurídico de las Vías Pecuarias (BOE núm. 71, de 24 marzo [RCL 1995, 954]):
§1, art. 9.

– *Cataluña:* Decreto 135/1995, de 24 marzo. Desarrolla Ley 20/1991, de 25 noviembre, de promoción de la accesibilidad y supresión de barreras arquitectónicas y aprueba el código de accesibilidad (DOGC núm. 2043, de 28 abril; rect. DOGC núm. 2152, de 10 enero 1996 [LCAT 1995, 244 y LCAT 1996, 18]):
§28, art. 24.

– *Navarra:* Decreto Foral 76/1995, de 27 marzo. Regula los campamentos de turismo (BON núm. 50, de 19 abril [LNA 1995, 146]):
§44, arts. 37 y 42.

– *Comunidad de Madrid:* Ley 9/1995, de 28 marzo. Medidas de ordenación del territorio, suelo y urbanismo (BOE núm. 186, de 5 agosto y BOCM núm. 86, de 11 abril; rect. BOCM núm. 152, de 28 junio [RCL 1995, 2317, LCM 1995, 120 y 229]): (**§38**)
§1, arts. 1, 9, 14, 16, 18, 20, 33, 34 y 36.
§2.1, art. 79.

– *Andalucía:* Decreto 83/1995, de 28 marzo. Acuerda la formulación del Plan de Ordenación del Territorio de Andalucía (BOJA núm. 65, de 5 mayo [LAN 1995, 131]):
§4, art. 8.5 y disp. adic. 1ª.
§5, art. único.

– *Navarra:* Decreto Foral 85/1995, de 3 abril. Aprueba el Reglamento de desarrollo parcial de la Ley Foral 10/1994, de 4 julio, de ordenación del territorio y urbanismo (BON núm. 69, de 31 mayo [LNA 1995, 180]): (**§45**)
§44, arts. 1, 6, 7, 10, 20, 21, 64, 70, 77, 78, 81, 82, 87, 88, 89, 90, 91, 98, 99, 100, 107, 125, 128, 137, 155, 156, 158, 161, 169, 170, 175, 205, 238 y 260.
§45, art. 14.

– *Islas Canarias:* Ley 7/1995, de 6 abril. Regula la ordenación y promoción del turismo (BOE núm. 122, de 23 mayo y BOCAN núm. 48, de 19 abril [RCL 1995, 1521 y LCAN 1995, 123]):
§23, arts. 5 y 18.

– *Islas Canarias:* Ley 8/1995, de 6 abril. Regula medidas de accesibilidad y supresión de barreras físicas y de la comunicación (BOE núm. 122, de 23 mayo y BOCAN núm. 50, de 24 abril [RCL 1995, 1522 y LCAN 1995, 130]):
§23, arts. 5, 29, 35, 67 y 146.

– *Región de Murcia:* Ley 6/1995, de 21 abril. Modifica los límites del Parque Regional de Sierra Espuña (BOE núm. 131, de 2 junio y BORM núm. 102, de 4 mayo [RCL 1995, 1656 y LRM 1995, 124]):
§42, disp. adic. 3ª.

– *Extremadura:* Ley 7/1995, de 27 abril. Regula las Carreteras (BOE núm. 152, de 27 junio y DOE núm. 57, de 16 mayo [RCL 1995, 1852 y LEXT 1995, 87]):
§32, art. único.

– *Andalucía:* Orden 3 mayo 1995. Crea una Comisión Técnica dependiente de la Comisión de Accesibilidad y Eliminación de Barreras Arquitectónicas, Urbanísticas y del Transporte de Minusválidos (BOJA núm. 69, de 12 mayo [LAN 1995, 136]):
§5, art. único.

– *Comunidad de Madrid:* Ley 16/1995, de 4 mayo. Protección forestal y de la naturaleza (BOE núm. 190, de 10 agosto y BOCM núm. 127, de 30 mayo; rect. BOCM núm. 152, de 28 junio [RCL 1995, 2369, LCM 1995, 184 y 230]):
§37, arts. 3, 16, 26 y 144.

– *Islas Canarias:* Decreto 131/1995, de 11 mayo. Aprueba el Reglamento de desarrollo de la Ley 9/1991, de 8 mayo, de Carreteras (BOCAN núm. 109, de 21 agosto [LCAN 1995, 264]):
§23, arts. 65, 67 y 216.

– *País Vasco:* Decreto 288/1995, de 16 mayo. Modifica Decreto 2 octubre 1990, de funciones, composición y régimen de funcionamiento de la Comisión de Ordenación del Territorio (BOPV núm. 125, de 3 julio [LPV 1995, 236]):
§48, arts. 3, 9, 10, 13, 17, 18, 20, 24, 26, 28, 29, 30, disp. adic. 5ª, disp. transit. 3ª y disp. final 1ª.
§50, arts. 2 y 5.

– Ley 13/1995, de 18 mayo. Contratos de las Administraciones Públicas (BOE núm. 119, de 19 mayo; rect. BOE núm. 159, de 5 julio [RCL 1995, 1485]):
§3.2, art. 212.

– Real Decreto 828/1995, de 29 mayo. Aprueba el Reglamento del Impuesto sobre Transmisiones Patrimoniales y Actos Jurídicos Documentados (BOE núm. 148, de 22 junio [RCL 1995, 1816]):
§2, arts. 159 y 170.1.
§3.2, arts. 130 y 171.

– *Cataluña:* Decreto 179/1995, de 13 junio. Aprueba el Reglamento de obras, actividades y servicios de las Entidades Locales (DOGC núm. 2066, de 23 junio; rect. DOGC núm. 2126, de 10 noviembre [LCAT 1995, 341 y 613]):
§28, art. 247.

– *Cataluña:* Ley 6/1995, de 28 junio. Crea el Jurado de expropiación (BOE núm. 190, de 10 agosto y DOGC núm. 2073, de 10 julio [RCL 1995, 2365 y LCAT 1995, 379]): (**§31**)
§28, arts. 103, 189 y 204.

– *Galicia:* Ley 7/1995, de 29 junio. Regula la delegación y distribución de competencias en materia de urbanismo (BOE núm. 190, de 10 agosto y DOG núm. 134, de 13 julio [RCL 1995, 2368 y LG 1995, 230]): (§36)
§33, arts. 3, 34, 35, 36, 37, 42, 45 y 62.

– Ley 19/1995, de 4 julio. Modernización de las explotaciones agrarias (BOE núm. 159, de 5 julio [RCL 1995, 1947]):
§1, art. 20.2.
§2.1, arts. 79 y 80.
§5, art. único.

– *Andalucía:* Decreto 184/1995, de 25 julio. Regula el plazo máximo para la tramitación y resolución de determinados procedimientos sancionadores en materia urbanística (BOJA núm. 113, de 12 agosto [LAN 1995, 254]):

§5, art. único.

– Real Decreto 1413/1995, de 4 agosto. Traspaso de funciones y servicios de la Administración del Estado en materia de urbanismo a la ciudad de Melilla (BOE núm. 213, de 6 septiembre [RCL 1995, 2523]): (**§39**)

§1, disp. adic. 3ª.

– *Navarra:* Decreto Foral 272/1995, de 4 septiembre. Modifica Reglamento de organización y funcionamiento de la Comisión de Ordenación del Territorio aprobado por Decreto Foral 14 noviembre 1994 (BON núm. 116, de 18 septiembre [LNA 1995, 278]):

§44, arts. 59, 65, 289 y disp. transit. 9ª.

– *Comunidad de Madrid:* Decreto 270/1995, de 19 octubre. Estructura orgánica y funcional de la Consejería de Obras Públicas, Urbanismo y Transportes (BOCM núm. 261, de 2 noviembre [LCM 1995, 362]):

§37, arts. 8, 31, 61, 194 y 232.

§38, arts. 12, 18, 22, 29 y 38.

– *Galicia:* Ley 8/1995, de 30 octubre. Regula el Patrimonio Cultural (BOE núm. 287, de 1 diciembre y DOG núm. 214, de 8 noviembre [RCL 1995, 3243 y LG 1995, 309]):

§1, art. 19.2.

§33, arts. 6, 10, 19, 32, 68, 79, 101 y 171.

– *Extremadura:* Decreto 187/1995, de 14 noviembre. Regula las atribuciones de los órganos urbanísticos y de ordenación del territorio y organización y funcionamiento de la Comisión de Urbanismo y Ordenación del Territorio (DOE núm. 136, de 21 noviembre [LEXT 1995, 204]):

§32, art. único.

– *Andalucía:* Decreto 283/1995, de 21 noviembre. Aprueba el Reglamento de Residuos (BOJA núm. 161, de 19 diciembre [LAN 1995, 423]):

§4, art. 7.4.

§5, art. único.

– Ley Orgánica 10/1995, de 23 noviembre. Código Penal (BOE núm. 281, de 24 noviembre; rect. BOE núm. 54, de 2 marzo 1996 [RCL 1995, 3170 y RCL 1996, 777]):

§2, art. 274.

– *Galicia:* Ley 10/1995, de 23 noviembre. Regula la Ordenación del Territorio (BOE núm. 11, de 12 enero 1996 y DOG núm. 233, de 5 diciembre [RCL 1996, 107 y LG 1995, 330]): (**§34**)

§33, arts. 5 y 7.

– *Castilla y León:* Decreto 241/1995, de 30 noviembre. Modifica el Decreto 173/1994, de 28 julio, que regula la Comisión de Urbanismo (BOCyL núm. 232, de 4 diciembre [LCyL 1995, 333]):

§25, art. 136.

– *Navarra:* Decreto Foral 580/1995, de 4 diciembre. Asigna funciones relativas a la evaluación del impacto ambiental (BON núm. 159, de 27 diciembre [LNA 1995, 375]):

§44, art. 64.

§45, art. 14.

– *Andalucía:* Decreto 292/1995, de 12 diciembre. Aprueba el Reglamento de Evaluación de Impacto Ambiental (BOJA núm. 166, de 28 diciembre [LAN 1995, 444]):

§4, art. 7.4.

§5, art. único.

– *Andalucía:* Decreto 296/1995, de 19 diciembre. Acuerda la formulación del Plan General de Carreteras de Andalucía 1996-2007 (BOJA núm. 166, de 28 diciembre [LAN 1995, 441]):

§4, arts. 17 c) y 18.4.

– *Andalucía:* Decreto 297/1995, de 19 diciembre. Aprueba el Reglamento de Calificación Ambiental (BOJA núm. 3, de 11 enero 1996 [LAN 1996, 3]):

§4, art. 7.4.

§5, art. único.

– *Andalucía:* Decreto 298/1995, de 26 diciembre. Establece los criterios para adaptación de los edificios, establecimientos e instalaciones de la Junta y sus empresas públicas al Decreto 5 mayo 1992, de normas técnicas para accesibilidad y eliminación de barreras arquitectónicas, urbanísticas y en el transporte de minusválidos (BOJA núm. 18, de 6 febrero 1996 [LAN 1996, 40]):

§5, art. único.

1996

- *Navarra:* Decreto Foral 46/1996, de 22 enero. Modifica el artículo 9 del Reglamento de desarrollo de Ley Foral 4 julio 1994, de Ordenación del Territorio y Urbanismo, aprobado por Decreto Foral 3 abril 1995 (BON núm. 18, de 9 febrero [LNA 1996, 47]):
  §45, art. 9.
- *Navarra:* Decreto Foral 123/1996, de 19 febrero. Modifica parcialmente Decreto Foral 33/1995, de 13 febrero, de régimen urbanístico transitorio de los Municipios de más de cincuenta mil habitantes que no cuenten con Plan General de Ordenación Urbana adaptado (BON núm. 27, de 1 marzo [LNA 1996, 86]):
  §45.2, art. 2.2.
- *Andalucía:* Decreto 74/1996, de 20 febrero. Reglamento de la Calidad del Aire (BOJA núm. 30, de 7 marzo; rect. BOJA núm. 48, de 23 abril [LAN 1996, 87 y 148]):
  §4, art. 7.4.
  §5, art. único.
- Real Decreto 341/1996, de 23 febrero. Traspaso de funciones y servicios de la Administración del Estado en materia de ordenación del territorio a la ciudad de Melilla (BOE núm. 70, de 21 marzo [RCL 1996, 1046]): (**§40**)
  §1, disp. adic. 3ª.
- *Navarra:* Decreto Foral 125/1996, de 26 febrero. Regula la implantación de parques eólicos (BON núm. 32, de 13 marzo [LNA 1996, 103]):
  §44, arts. 42, 64, 65 y 90.
- *Castilla y León:* Decreto 84/1996, de 28 marzo. Modifica el Decreto 172/1994, de 28 julio, que regula las Comisiones Provinciales de Urbanismo (BOCyL núm. 65, de 2 abril [LCyL 1996, 139]):
  §25, art. 136.
- *Cantabria:* Decreto 24/1996, de 28 marzo. Regula la estructura orgánica de la Consejería Medio Ambiente y Ordenación del Territorio (BOC núm. 65, de 29 marzo; rect. BOC núm. 106, de 27 mayo [LCTB 1996, 45 y 90]):
  §24, arts. 16, 23, 76, 194, 253, 254 y disp. adics. 1ª y 2ª.
- *Comunidad Valenciana:* Orden 29 marzo 1996. Aprueba la Instrucción de Planeamiento 23 enero 1996, sobre la homologación de planes a la Ley Reguladora de la Actividad Urbanística (DOGV núm. 2732, de 22 abril [LCV 1996, 134]):
  §53, arts. 17, 18, 19, 22 y disp. transit. 1ª.
- *Comunidad Valenciana:* Decreto 77/1996, de 16 abril. Aprueba el Reglamento de los Organos Urbanísticos (DOGV núm. 2734, de 24 abril [LCV 1996, 135]):
  §53, arts. 13 y 35.
  §54, art. 8.
  §55, art. 37.
- *Comunidad Valenciana:* Decreto 78/1996, de 16 abril. Deroga Decreto 2 marzo 1992, de adaptación de las cuantías de las multas de la Ley del Suelo (DOGV núm. 2731, de 19 abril [LCV 1996, 129]):
  §55, art. 96.
- *Aragón:* Decreto 74/1996, de 30 abril. Modifica el Decreto 124/1994, de 7 junio, que aprueba el Plan General para el Equipamiento Comercial (BOA núm. 54, de 13 mayo [LARG 1996, 117]):
  §6, arts. 102 y 168.
- *Navarra:* Decreto Foral 205/1996, de 6 mayo. Establece las unidades mínimas de cultivo para el Territorio de la Comunidad Foral (BON núm. 62, de 22 mayo [LNA 1996, 199]):
  §2.1, art. 79.
  §44, art. 221.
- *Galicia:* Ley 3/1996, de 10 mayo. Regula la protección de los caminos de Santiago (BOE núm. 153, de 25 junio y DOG núm. 101, de 23 mayo [RCL 1996, 1886 y LG 1996, 166]):
  §1, art. 19.2.
  §33, arts. 6, 10, 19, 26, 29, 32, 59, 61, 68, 79 y 171.
- *Aragón:* Orden 3 junio 1996. Actuaciones para la preservación del Patrimonio Histórico-Artístico de interés arquitectónico de uso público (BOA núm. 69, de 14 junio [LARG 1996, 141]):
  §6, arts. 59 y 93 bis.

– *Navarra:* Ley Foral 9/1996, de 17 junio. Regula los Espacios Naturales (BOE núm. 243, de 8 octubre y BON núm. 78, de 28 junio [RCL 1996, 2573 y LNA 1996, 243]):
  §1, art. 9.
  §44, arts. 23, 24, 30, 41, 47, 61, 81, 90, 93, 135, 234, 250 y disp. transit. 10ª.
  §45, art. 73.
  §45.2, arts. 1, 2, 5.1, 6, 12, 13, 14, 16, 17, 18, 19, 34, 39 a 45, disp. adics. 1ª.3, 2ª y 4ª, disp. transit. 1ª y disps. finales.
– *Castilla y León:* Ley 2/1996, de 18 junio. Regula los equipamientos comerciales (BOE núm. 176, de 22 julio y BOCyL núm. 120, de 24 junio [RCL 1996, 2063 y LCyL 1996, 243]):
  §25, arts. 33, 38, 44, 46, 47, 58 y 97.
– *Galicia:* Ley 7/1996, de 10 julio. Regula el Desarrollo Comarcal (BOE núm. 203, de 22 agosto y DOG núm. 142, de 19 julio [RCL 1996, 2304 y LG 1996, 236]):
  §34, art. 4.
– *Extremadura:* Orden 1 agosto 1996. Regula la licencia comercial específica para las grandes superficies (DOE núm. 93, de 10 agosto [LEXT 1996, 179]):
  §32, art. único.
– *Cantabria:* Decreto 77/1996, de 8 agosto. Modifica Decreto 29 abril 1991, de evaluación del impacto ambiental (BOC núm. 163, de 14 agosto; rect. BOC núm. 258, de 25 diciembre [LCTB 1996, 146 y 216]):
  §24, arts. 27, 29, 52 y 59.
– *Comunidad de Madrid:* Decreto 129/1996, de 5 septiembre. Aprueba el Reglamento de organización y funcionamiento de la Comisión de Concertación de la Acción Territorial y del Consejo de Política Territorial (BOCM núm. 221, de 16 septiembre [LCM 1996, 291]):
  §38, arts. 7, 9, 11, 12 y 37.
– *Andalucía:* Orden 5 septiembre 1996. Aprueba modelo de ficha para la justificación de cumplimiento del Decreto 5 mayo 1992, de normas técnicas para accesibilidad y eliminación de barreras arquitectónicas, urbanísticas y en el transporte de minusválidos (BOJA núm. 111, de 26 septiembre [LAN 1996, 374]):
  §5, art. único.
– *Navarra:* Decreto Foral 319/1996, de 9 septiembre. Establece el procedimiento sancionador de las infracciones administrativas a Ley Foral 17 junio 1996, de normas reguladoras de espacios naturales (BON núm. 116, de 23 septiembre [LNA 1996, 330]):
  §45, art. 73.
– *Cantabria:* Ley 3/1996, de 24 septiembre. Regula la accesibilidad y supresión de barreras arquitectónicas, urbanísticas y de la comunicación para minusválidos (BOE núm. 3, de 24 septiembre y BOC núm. 198, de 2 octubre [RCL 1996, 2817 y LCTB 1996, 182]):
  §24, arts. 39, 40 y 41.
– *Navarra:* Decreto Foral 428/1996, de 30 septiembre. Estructura orgánica del Departamento de Medio Ambiente, Ordenación del Territorio y Vivienda (BON núm. 126, de 16 octubre [LNA 1996, 365]):
  §44, arts. 29, 42, 52, 59, 64, 65, 66, 108, 110, 111, 115, 116, 120, 122, 123, 125, 131, 156, 161, 219, 223, 241, 242, 259, 277, 279, 280, 281, 282, 288, disp. adics. 7ª y 11ª y disps. transits. 1ª y 7ª.
– *Andalucía:* Resolución de 4 noviembre 1996, de la Dirección General Desarrollo Rural y Actuaciones Estructurales. Determina provisionalmente las unidades mínimas de cultivo (BOJA núm. 136, de 26 noviembre [LAN 1996, 449]):
  §2.1, art. 79.
  §5, art. único.
– Real Decreto 2495/1996, de 5 diciembre. Traspasa funciones y servicios de la Administración del Estado en materia de ordenación del territorio y urbanismo a la ciudad de Ceuta (BOE núm. 13, de 15 enero [RCL 1997, 89]): (**§31.1**)
  §1, disp. adic. 3ª.
– *Cantabria:* Ley 5/1996, de 17 diciembre. De Carreteras (BOE núm. 51, de 28 febrero 1997 y BOC núm. 258, de 25 diciembre [RCL 1997, 478 y LCTB 1996, 212]):
  §24, arts. 30, 34, 36, 113 y 141.
– *Navarra:* Decreto Foral 685/1996, de 24 diciembre. Suspende la aprobación de nuevos

parques eólicos (BON núm. 6, de 13 enero 1997 [LNA 1997, 11]):
§44, arts. 42, 64, 65 y 90.

– Ley 13/1996, de 30 diciembre. Medidas fiscales, administrativas y del orden social (BOE núm. 315, de 31 diciembre [RCL 1996, 3182]):
§1, art. 9.
§2.1, art. 3.

1997

– *Navarra:* Decreto Foral 4/1997, de 13 enero. Crea el Inventario de Zonas Húmedas de Navarra (BON núm. 13, de 29 enero [LNA 1997, 33]):
§44, art. 37.

– *Andalucía:* Decreto 16/1997, de 28 enero. Acuerda la formulación del Plan Director de Infraestructuras de Andalucía 1997-2007 (BOJA núm. 21, de 18 febrero [LAN 1997, 56]):
§4, arts. 17 c) y 18.4 y disp. transit. 1ª.

– *Islas Canarias:* Decreto 11/1997, de 31 enero. Establece la constitución de un censo de edificaciones no amparadas por licencia y se establecen los supuestos de suspensión de la ejecutoriedad de las órdenes de demolición (BOCAN núm. 23, de 17 febrero [LCAN 1997, 42]):
§23, arts. 27, 166 y 185.

– *País Vasco:* Decreto 28/1997, de 11 febrero. Aprueba las directrices de Ordenación Territorial (BOPV núm. 29, de 12 febrero [LPV 1997, 74]):
§48, art. 4.

– *Cataluña:* Ley 1/1997, de 24 marzo. Normas reguladoras en materia de equipamientos comerciales (BOE núm. 99, de 25 abril y DOGC núm. 2359, de 26 marzo [RCL 1997, 1014 y LCAT 1997, 128]):
§1.1, art. 3.
§28, arts. 24, 29, 36, 58, 75 y 215.
§29, arts. 14 y 28.

– *Galicia:* Ley 1/1997, de 24 marzo. Reguladora del Suelo (BOE núm. 103, de 30 abril y DOG núm. 59, de 26 marzo [RCL 1997, 1059 y LG 1997, 120]): **(§33)**
§1, arts. 1, 2, 3, 4, 5, 6.1, 6.2, 7, 8, 9, 10, 12 a 21, 25, 33, 34, 36 y 43.
§35, arts. 10, 11, 16, 18, 19, 20, 24, 26, 29, 30, 32, 43, 44, 45, 48, 49, 54, 56, 57, 58, 60, 64, 67, 69, 70, 72, 77 y 104.

– *Aragón:* Ley 3/1997, de 7 abril. Promoción de la accesibilidad y supresión de barreras arquitectónicas, urbanísticas, de transportes y de la comunicación para minusválidos (BOE núm. 105, de 2 mayo y BOA núm. 44, de 18 abril [RCL 1997, 1096 y LARG 1997, 64]):
§6, art. 64.

– Ley 7/1997, de 14 abril. Medidas liberalizadoras en materia de suelo y de colegios profesionales (BOE núm. 90, de 15 abril [RCL 1997, 880]):
§2, arts. 114.1, 116 a), 116 b), 117.2, 119.3, 157.2 párr. 1º, 157.2 párr. 2º y 165.5.

– *Cataluña:* Decreto 97/1997, de 15 abril. Establece determinados criterios de aplicación de Ley 4 julio 1995, de modernización de las explotaciones agrarias (DOGC núm. 2374, de 18 abril [LCAT 1997, 169]):
§28, art. 140.

– *Extremadura:* Decreto 46/1997, de 22 abril. Extensión de las unidades mínimas de cultivo (DOE núm. 50, de 29 abril [LEXT 1997, 82]):
§2.1, art. 79.
§32, art. único.

– *País Vasco:* Ley 3/1997, de 25 abril. Determina la participación de la Comunidad Autónoma en las plusvalías generadas por la acción urbanística (BOPV núm. 79, de 26 abril [RCL 1997, 1365 y LPV 1997, 188]): **(§47)**
§1, art. 3.
§46, disp. adic. 1ª.
§50, art. 11.

– *Región de Murcia:* Decreto 40/1997, de 6 junio. Establece la unidad mínima de cultivo (BORM núm. 136, de 16 junio [LRM 1997, 110]):
§2.1, art. 79.
§41, arts. 75, 87, 88, 89 y 90.
§42, art. 23.

– *Islas Canarias:* Decreto 94/1997, de 9 junio. Modifica el Decreto 11/1997, de 31 enero, de constitución de un censo de edificaciones no amparadas por licencia y se establecen los supuestos de suspensión de la ejecutoriedad de las órdenes de demolición (BOCAN núm. 77, de 13 junio [LCAN 1997, 127]):

§23, arts. 37, 166 y 185.

– *Comunidad Valenciana:* Ley 2/1997, de 13 junio. Modifica la Ley 4/1992, de 5 junio, de suelo no urbanizable, respecto al régimen de parcelación y de construcción de viviendas aisladas en el medio rural (BOE núm. 162, de 8 julio y DOGV núm. 3014, de 16 junio [RCL 1997, 1747 y LCV 1997, 177]):

§54, arts. 8.1, 10 y disp. adic. 3ª.2.

– *País Vasco:* Decreto 142/1997, de 17 junio. Desarrolla la Ley 17/1994, de 30 junio, de medidas urgentes en materia de vivienda y tramitación de instrumentos de planeamiento y gestión urbanística (BOPV núm. 123, de 30 junio [LPV 1997, 311]): (**§50.1**)

§50, arts. 1, 2, 3 y 5.

– *Andalucía:* Ley 1/1997, de 18 junio. Adopta con carácter urgente y transitorio disposiciones en materia de suelo y ordenación urbana (BOE núm. 161, de 7 julio y BOJA núm. 73, de 26 junio [RCL 1997, 1739 y LAN 1997, 246]): (**§5**)

§2, arts. 2, 3, 4, 9 a 14, 16, 18, 20, 24, 27 a 36, 38, 39, 40, 42, 43, 44, 45, 59, 60, 61, 62, 65, 70 a 92, 94 a 99, 101 a 106, 109, 110, 111, 114 a 131, 134, 136.1, 137.4, 138 a), 139, 141 a 158, 159.3, 160.2, 161, 162 a 167, 170.2, 171, 172, 174 a 179, 180.2, 181, 182, 184 a 198, 200, 201, 202, 205, 206, 207, 208, 209, 211.2, 212, 220, 221, 227, 228, 229, 230, 231, 233, 234, 236, 242 a 254, 255.1, 256, 257, 258.1, 259 a 273, 275, 277 a 286, 287.1, 288.1, 290 a 295, 297, 298, 299, disps. adics. 1ª, 2ª, 3ª y 4ª.2 y disps. transits. 2ª a 8ª.

– *Extremadura:* Ley 8/1997, de 18 junio. Regula la promoción de la accesibilidad para minusválidos (BOE núm. 188, de 7 agosto y DOE núm. 77, de 3 julio [RCL 1997, *2015 y LEXT 1997, 122]):*

§32, art. único.

– Real Decreto 1093/1997, de 4 julio. Aprueba las normas complementarias al Reglamento para la ejecución de la Ley Hipotecaria sobre inscripción en el Registro de la Propiedad de actos de naturaleza urbanística (BOE núm. 175, de 23 julio [RCL 1997, 1861]): (**§2.1**)

§1, arts. 17, 21, 22 y 39.

§1.1, art. 20.

§2, arts. 16, 26, 37, 40, 136, 159, 169, 185, 192, 198, 203, 205, 206, 211, 213, 222, 223, 224, 227, 242, 248, 249, 250, 255, 257, 258, 259.3, 291, 307, 308, 309, 310 y disp. adic. 1ª.

§3, arts. 62, 101, 129, 139, 140, 141 y 221.

§3.2, cabeza y arts. 102, 113, 115, 116, 122, 123, 126, 127, 169, 174, 178, 183, 194, 205, 208, 209 y 210.

§3.3, arts. 35 y 91.

§3.6, arts. 7, 10, 13, 14, 19, 26 y 27.

§3.7, arts. 28, 31, 34 y 35.

§6, arts. 16, 21, 30, 100, 104, 106, 110, 125, 134, 143, 144, 148, 149, 156, 162, 178, 193, disp. adic. 2ª y disp. transit. 6ª.

§10, art. 5.

§11, art. 9.

§12, art. 2.

§12.1, art. 6.

§13, arts. 8, 19, 26, 27, 59 y 61.

§14, arts. 5 y 9.

§20, disp. adic. 19ª.

§23, arts. 59, 61, 79, 80, 82, 84, 96, 111, 120, 123, 124, 137, 139, 147, 169, 174, 176, 177, 179, 181, 184, 188 y 191.

§24, arts. 107, 111, 112, 133, 137, 138, 147, 149, 158, 160, 162, 195, 196, 240 y 258.

§25, arts. 17, 18, 19, 20, 24.4, 25, 71, 74, 80, 83, 89, 92, 93, 101, 104, 109, 120 y 131.

§27, arts. 58, 63 C), 68, 69, 70, 71, 73, 74, 83, 84, 85, 89, 92, 127, 128, 131, 143, 145, 162, 168, 172, 178 y 179.

§28, arts. 91.2, 96, 97, 102, 120, 121, 139, 140, 141, 142, 145, 150, 151, 169, 176, 180, 182, 185, 186, 190, 225, 245, 249 y 284 a 290.

§28.1, arts. 6, 22, 24 y 27.

§33, arts. 57, 71, 73, 74, 77, 80, 82, 91, 95, 104, 105, 106, 113, 133, 135, 139, 142, 145, 152, 153, 154, 160, 165, 168, 172, 173, 174, 175 y disp. adic. 1ª.

§**37**, arts. 101, 104, 115, 117, 143, 144, 145, 146, 158 y 232.
§**38**, art. 36.
§**41**, arts. 87, 88, 89, 175, 180, 191, 195, 202 y 209.
§**44**, arts. 11, 18, 133, 147, 148, 155, 163, 166, 177, 182, 198, 199, 201, 203, 205, 208, 215, 218, 228, 229, 241, 244, 251, 277 y 283.
§**46**, arts. 7, 9 y disps. adics. 1ª y 2ª.
§**50**, art. 11.
§**51**, art. 19.
§**52**, arts. 124, 134, 141, 151, 152, 154, 155, 156, 173, 175, 180, 189, 194 y Tít. VIII.
§**53**, arts. 58, 66, 68, 73, 82, 84 y 96.

– *Cantabria:* Decreto 73/1997, de 7 julio. Regula el registro de asociaciones (BOC núm. 140, de 15 julio [LCTB 1997, 111]):
§**24**, arts. 7 y 119.

– *Illes Balears:* Ley 6/1997, de 8 julio. Regula el suelo rústico (BOE núm. 192, de 12 agosto y BOCAIB núm. 88, de 15 julio; rect. BOCAIB núm. 89, de 17 julio [RCL 1997, 2056 y LIB 1997, 206]): (§**17**)
§**1**, art. 20 y disp. adic. 4ª.
§**2.1**, art. 79.
§**13**, arts. 19, 21, 27, 35 y 39.
§**15**, art. 2.1.

– *Cataluña:* Decreto 158/1997, de 8 julio. Regula el Libro del Edificio de las existentes y crea el Programa para la revisión del estado de conservación de los edificios de viviendas (DOGC núm. 2434, de 16 julio [LCAT 1997, 326]):
§**28**, arts. 93, 251 y 253.

– *Región de Murcia:* Orden 21 julio 1997. Texto único de las estructuras orgánicas de las distintas consejerías (BORM núm. 184, de 11 agosto [LRM 1997, 144]):
§**43**, art. 4.

– *Galicia:* Ley 5/1997, de 22 julio. Normas reguladoras de la Administración Local (BOE núm. 237, de 3 octubre; DOG núm. 149, de 5 agosto [RCL 1997, 2389 y LG 1997, 273]):
§**33**, arts. 70, 72, 76, 83, 168 y 179.

– *Región de Murcia:* Ley 4/1997, de 24 julio. Regula la construcción y explotación de infraestructuras (BOE núm. 285, de 28 noviembre y BORM núm. 195, de 25 agosto [RCL 1997, 2831 y LRM 1997, 155]): (§**43**)

– *Galicia:* Orden 19 agosto 1997. Delega atribuciones en materia de urbanismo en los delegados provinciales (DOG núm. 166, de 29 agosto [LG 1997, 299]):
§**33**, art. 189.

– *Galicia:* Ley 8/1997, de 20 agosto. Accesibilidad y supresión de barreras arquitectónicas para minusválidos (BOE núm. 237, de 3 octubre y DOG núm. 166, de 29 agosto [RCL 1997, 2392 y LG 1997, 298]):
§**33**, arts. 3, 11, 22 y 26.

– *Extremadura:* Decreto 112/1997, de 9 septiembre. Aprueba el procedimiento de aprobación de figuras de Planeamiento Urbanístico General (DOE núm. 108, de 16 septiembre [LEXT 1997, 163]): (§**32.3**)

– *Andalucía:* Decreto 208/1997, de 9 septiembre. Reglamento Forestal (BOJA núm. 117, de 7 octubre [LAN 1997, 368]):
§**4**, arts. 17 y 18.4.

– *Andalucía:* Decreto 210/1997, de 9 septiembre. Modifica la composición de diversos órganos colegiados de la Consejería de Obras Públicas y Transportes (BOJA núm. 109, de 18 septiembre [LAN 1997, 353]):
§**4**, arts. 8.5, 17, 18.4 y disp. adic. 1ª.
§**5**, art. único.

– *Cataluña:* Orden 9 septiembre 1997. Desarrolla el Decreto 158/1997, de 8 julio, que regula el Libro del Edificio de las existentes y crea el Programa para la revisión del estado de conservación de los edificios de viviendas (DOGC núm. 2494, de 13 octubre [LCAT 1997, 465]):
§**28**, arts. 93, 251 y 253.

– *Cataluña:* Decreto 244/1997, de 16 septiembre. Desarrolla la Ley 1/1997, de 24 marzo, de normas reguladoras de equipamientos comerciales (DOGC núm. 2483, de 26 septiembre [LCAT 1997, 437]):
§**28**, arts. 24, 29, 36, 58, 75 y 215.
§**29**, arts. 14 y 28.

– *Cataluña:* Decreto 245/1997, de 16 septiembre. Aprueba el plan territorial sectorial sobre equipamientos comerciales (DOGC

núm. 2483, de 26 septiembre [LCAT 1997, 438]):
§28, arts. 24, 29, 36, 58, 75 y 215.
§29, arts. 14 y 28.

– *Islas Canarias:* Decreto 227/1997, de 18 septiembre. Reglamento de la Ley 8/1995, de 6 abril, de accesibilidad y supresión de barreras físicas y de la comunicación (BOCAN núm. 150, de 18 septiembre [LCAN 1997, 315]):
§23, arts. 5, 29, 35, 67 y 146.

– *Castilla y León:* Decreto 189/1997, de 26 septiembre. Procedimiento para la autorización de instalaciones de producción de electricidad mediante energía eólica (BOCyL núm. 187, de 30 septiembre [LCyL 1997, 276]):
§25, arts. 23.2 g) y 34.3.

– *Comunidad de Madrid:* Decreto 131/1997, de 16 octubre. Fija los requisitos que han de cumplir las actuaciones urbanísticas en relación con las infraestructuras eléctricas (BOCM núm. 255, de 27 octubre [LCM 1997, 342]):
§38, art. 16.

– Real Decreto 1627/1997, de 24 octubre. Establece las disposiciones mínimas de seguridad y salud en las obras de construcción (BOE núm. 256, de 25 octubre [RCL 1997, 2525]):
§1.1, art. 3.
§27, arts. 16.3, 56.3 y 166.4.

– *Navarra:* Decreto Foral 321/1997, de 3 noviembre. Modifica la estructura orgánica del Departamento de Medio Ambiente, Ordenación del Territorio y Vivienda aprobada por Decreto Foral 30 septiembre 1996 (BON núm. 134, de 7 noviembre [LNA 1997, 379]):
§44, arts. 29, 42, 52, 59, 64, 65, 66, 108, 110, 111, 115, 116, 120, 122, 123, 125, 131, 156, 161, 219, 223, 241, 242, 259, 277, 279, 280, 281, 282, 288, disps. adics. 7ª y 11ª y disps. transits. 1ª y 7ª.

– *Comunidad de Madrid:* Orden 19 noviembre 1997. Desarrolla Decreto 19 octubre 1995, de estructura orgánica y funcional de la Consejería de Obras Públicas, Urbanismo y Transportes (BOCM núm. 285, de 1 diciembre [LCM 1997, 390]):
§37, arts. 8, 31, 61, 194 y 232.
§38, arts. 12, 18, 22, 29 y 38.

– *Cataluña:* Decreto 303/1997, de 25 noviembre. Aprueba el Reglamento sobre medidas para facilitar la ejecución urbanística (DOGC núm. 2531, de 3 diciembre [LCAT 1997, 575]): (**§28.1**)
§1, art. 36.
§28, arts. 3.2 d), 23, 25, 63, 80, 81, 86, 121, Cap. III Tít. III, 139, 141, 142, 144, 145, 148, 149, 167, 169, 170, Cap. III Tít. IV, 176, 180, 182, Cap. V Tít. IV, 206, 210, 259, 261, 264 y 269.

– Ley 54/1997, de 27 noviembre. Regula el sector eléctrico (BOE núm. 285, de 28 noviembre [RCL 1997, 2821]):
§1, art. 9.

– *Aragón:* Ley 12/1997, de 3 diciembre. Regula los parques culturales (BOE núm. 313, de 31 diciembre y BOA núm. 143, de 12 diciembre [RCL 1997, 3118 y LARG 1997, 233]):
§1, art. 19.2.
§7, arts. 1, 2, 14, 17, 19, 26, 36, 37, disp. adic. 7ª y disp. transit. 6ª.
§8, art. 1.

– *País Vasco:* Ley 20/1997, de 4 diciembre. Promoción de la accesibilidad (BOPV núm. 246, de 24 diciembre [RCL 1998, 568 y LPV 1997, 557]):
§48.1, art. 1.
§50, art. 1.

– *Aragón:* Decreto 200/1997, de 9 diciembre. Aprueba las Directrices Parciales Sectoriales sobre Actividades e Instalaciones Ganaderas (BOA núm. 147, de 22 diciembre [LARG 1997, 243]):
§7, art. 2.

– *Navarra:* Decreto Foral 19/1997, de 15 diciembre. Establece el régimen jurídico de las vías pecuarias (BOE núm. 35, de 10 febrero y BON núm 153, de 22 diciembre [RCL 1998, 345 y LNA 1997, 427]):
§44, arts. 35 y 42
§45, art. 73.

– *Illes Balears:* Ley 9/1997, de 22 diciembre. Medidas Tributarias y Administrativas

(BOE núm. 92, de 17 abril 1998 y BOCAIB núm. 161, de 30 diciembre; rect. BOCAIB núm. 22, de 14 febrero 1998 [RCL 1998, 1000, LIB 1997, 322 y LIB 1998, 39]):
§16, arts. 8.3, 25.3, 31, disps. transits. 1ª.1, 1ª.3 y 3ª.

– *Extremadura:* Decreto 153/1997, de 22 diciembre. Reglamento de la Ley 8/1997, de 18 junio, de Promoción de la Accesibilidad de minusválidos (DOE núm. 9, de 24 enero 1998 [LEXT 1998, 11]):
§32, art. único.

– *Extremadura:* Ley 13/1997, de 23 diciembre. Regula la actividad urbanística (BOE núm. 65, de 17 marzo 1998 y DOE núm. 22, de 24 febrero 1998; rect. DOE núm. 24, de 28 febrero 1998 [RCL 1998, 711 y LEXT 1998, 45]): (**§32**)
§1, art. 1.
§2, arts. 2, 3, 4, 9 a 14, 16, 18, 20, 24, 27 a 36, 38, 39, 40, 42, 43, 44, 45, 59, 60, 61, 62, 65, 70 a 92, 94, 95 a 111, 114 a 119, 121 a 131, 134, 136.1, 137.4, 138 a), 139, 141 a 149, 151 a 158, 159.3, 160.2, 161 a 167, 170.2, 171, 172, 174 a 179, 180.1, 181, 182, 184 a 198, 200, 201, 202, 205, 206, 207, 208, 209, 211, 212, 220, 221, 227, 228, 229, 230, 231, 233, 234, 236, 242 a 252, 253.2, 254, 255.1, 256, 257, 258.1, 259 a 286, 287.1, 288.1, 290 a 295, 297, 298, 299, disps. adics. 1ª, 2ª, 3ª, 4ª.2 y disps. transits. 1ª a 8ª.
§32.1, arts. 1, 2, 3, 4 y 5.
§32.2, art. 1.
§32.3, art. 1.

– *Cataluña:* Ley 15/1997, de 24 diciembre. Regula las Tasas y Precios Públicos (BOE núm. 29, de 3 febrero 1998; rect. BOE núm. 77, de 31 marzo 1998 y DOGC núm. 2548, de 31 diciembre; rect. DOGC núm. 2594, de 9 marzo 1998 [RCL 1998, 292, LCAT 1997, 639 y LCAT 1998, 123]):
§28, art. 24.

– *Comunidad Valenciana:* Ley 14/1997, de 26 diciembre. Medidas de gestión administrativa y financiera y de organización (BOE núm. 83, de 7 abril 1998 y DOGV núm. 3153, de 31 diciembre; rect. DOGV núm. 3160, de 13 enero 1998 y DOGV núm. 3186, de 18 febrero [RCL 1998, 919, LCV 1997, 383 y LCV 1998, 8]):
§53, art. 60.

1998

– *Cataluña:* Ley 3/1998, de 27 febrero. Establece el sistema de intervención integral de la Administración Ambiental (BOE núm. 84, de 8 abril y DOGC núm. 2598, de 13 marzo [RCL 1998, 936 y LCAT 1998, 151]):
§28, arts. 19, 247 y disp. adic. 2ª.
§30, art. 4.

– *País Vasco:* Ley 3/1998, de 27 febrero. Normas reguladoras de la Protección del Medio Ambiente (BOPV núm. 59, de 27 marzo [RCL 1998, 1104 y LPV 1998, 123]):
§48, art. 6.

– *País Vasco:* Ley 5/1998, de 6 marzo. Medidas urgentes en materia de suelo y urbanismo (BOPV núm. 60, de 30 marzo [RCL 1998, 1106 y LPV 1998, 132]): (**§46**)
§1, art. 34.
§47, disp. adic. única.
§48, art. 9.
§50, arts. 1 y 11.

– *Comunidad de Madrid:* Ley 3/1998, de 17 marzo. Modifica la disposición adicional cuarta de la Ley 20/1997, de 15 julio, de medidas urgentes en materia de Suelo y Urbanismo (BOE núm. 194, de 14 agosto y BOCM núm. 71, de 25 marzo [RCL 1998, 2093 y LCM 1998, 120]):
§38, art. 27.

– *Navarra:* Decreto Foral 93/1998, de 23 marzo. Modifica el Decreto Foral 30 septiembre 1996, de estructura orgánica del Departamento de Medio Ambiente, Ordenación del Territorio y Vivienda (BON núm. 46, de 17 abril; rect. BON núm. 69, de 10 junio [LNA 1998, 136 y 194]):
§44, arts. 29, 42, 52, 59, 64, 65, 66, 108, 110, 111, 115, 116, 120, 122, 123, 125, 131, 156, 161, 219, 223, 241, 242, 259, 277, 279, 280, 281, 282, 288, disp. adics. 7ª y 11ª y disps. transits. 1ª y 7ª.

– *Castilla y León:* Decreto 65/1998, de 26 marzo. Modifica la composición de la Co-

misión del Urbanismo de Castilla y León y Comisiones Provinciales de Urbanismo (BOCyL núm. 60, de 30 marzo [LCyL 1998, 113]):
§25, art. 136.

– *Navarra:* Decreto Foral 122/1998, de 30 marzo. Modifica la estructura orgánica de la Secretaría Técnica del Departamento de Medio Ambiente, Ordenación del Territorio y Vivienda (BON núm. 47, de 20 abril [LNA 1998, 139]):
§44, arts. 29, 42, 52, 59, 64, 65, 66, 108, 110, 111, 115, 116, 120, 122, 123, 125, 131, 156, 161, 219, 223, 241, 242, 259, 277, 279, 280, 281, 282, 288, disp. adics. 7ª y 11ª y disps. transits. 1ª y 7ª.

– *Cataluña:* Decreto 83/1998, de 31 marzo. Reestructuración del Departamento de Política Territorial y Obras Públicas (DOGC núm. 2616, de 8 abril [LCAT 1998, 210]):
§28, arts. 5 y 39.
§29, art. 8.

– *País Vasco:* Ley 10/1998, de 8 abril. Regula el desarrollo rural (BOPV núm. 80, de 4 mayo [RCL 1998, 1349 y LPV 1998, 235]):
§2.1, art. 79.
§46, art. 1.
§48, art. 2.
§48.1, art. 1.

– Ley 6/1998, de 13 abril. Régimen del Suelo y reglas de valoración (BOE núm. 89, de 14 abril [RCL 1998, 959]): (**§1**)
§1, art. 20.1 y disp. adic. 3ª.
§1.1, arts. 3, 6, 16, 19, 20 y disp. adic. 5ª.
§2, arts. 1 a 133, 134.1, 135, 136.1, 136.2, 137.4, 137.5, 138 a), 138 b), 139 a 169, 170.1, 170.2, 171 a 210, 211.2, 211.3, 212 a 221, 222.1, 222.2, 222.3, 223, 224.1, 224.2, 224.3, 224.4, 224.5, 225 a 241, 242.1, 242.6, 243.2, 243.3, 244.4, 244.5, 245.1, 245.2, 246.2, 246.3, 247 a 254, 255.1, 255.2, 256, 257, 258.1, 258.3, 259.3, 259.4, 260 a 279, 280.1, 280.2, 281 a 286, 287.1, 287.3, 288.1, 288.3, 289 a 310, disps. adics. 1ª, 2ª, 3ª, 4ª.2, 4ª.3, 5ª, 6ª, 7ª y 8ª, disps. transits. 1ª, 2ª, 3ª, 4ª, 5ª.1, 5ª.2, 6ª, 7ª y 8ª, disp. derog. única y disp. final única.
§2.1, arts. 1, 4, 21, 22, 23, 24, 26, 29, 42, 45, 46, 74, 76, 77, 79 y 80.
§3, arts. 1, 4, 18, 19, 52, 58, 59, 64, 65, 67, 76 a 87, 102, Cap. IV Tít. II, 103 a 113, 116, 120, 122, 123, 124, 125, 134, 138, 139, 142, 143, 144, 158, 164, 174, 181, 182, 183, 184 y 185.
§3.1, art. 168.
§3.2, arts. 1, 3, 4, 8, 31, 33, 36, 42, 55, 58, 64, 65, 71, 77, 79, 82, 85, 89, 100, 104, 124, 127, 131, 132, 135, 136, 137, 139, 152, 154, 156, 157, 161, 162, 168, 172, 181, 182, 188, 191, 194, 196, 197, 199, 201, 207, 209 y 210.
§3.3, arts. 10, 66, 69 y 71.
§3.6, arts. 1, 20, 21 y 25.
§6, arts. 3, 6, 7, 11, 12, 13, 15 a 24, 26 a 31, 37, 39, 44, 67, 69, 82, 83, 84, 94 a 104, 106, 107, 108, 109, 113, 114, 124, 125, 160, 173, 184, 186, 187 y 190.
§11, arts. 1.1, 1.2, 2.1 e), 2.1 f), 3 y 10.2.
§12, arts. 1, 4 y 5.
§12.1, arts. 9 y 11.
§13, arts. 2, 8, 10, 11, 12, 13 y 19.
§14, art. 8.
§16, art. 1.
§17, arts. 2, 3, 4, 6, 7, 10, 11, 12, 13, 19, 21 y 25.
§19, art. 16.
§23, arts. 1, 5, 6, 7, 8, 10, 13, 31, 32, 37, 38, 39, 44, 48 a 59, 61, 62, 63, 65, 66, 68, 69, 71, 72, 73, 82, 83, 85, 88, 94, 97, 98, 100, 111, 113, 115, 120, 123, 125, 127, 129, 137, 147, 153, 155, 156, 159, 163, 164, 169, 171, 181, 186, 207 y 208.
§24, arts. 1, 3, 4, 7, 8, 58, 85, 86, 87, 93, 94, 95, 97, 101 a 110, 117, 118, 120, 121, 128, 130, 131, 135, 137, 138, 140, 148, 149, 151, 156, 158, 160, 162, 165, 166, 167, 196, 198, 200, 201 y 246.
§25, arts. 1, 2, 5, 7 a 15, 17, 18, 19, 20, 22, 23, 24, 26, 29, 30, 32, 33, 39, 41, 42, 45, 46, 47, 48, 60, 61, 62, 63, 66, 73, 80, 83, 89, 92, 93, 95, 97, 102, 104, 106, 107, 109, 141, 142, 143, 144, 146 y disp. transit. 4ª.
§26, art. 1.
§27, arts. 1, 2, 8, 24, 26, 27, 28, 42, 44, 45 a 51, 53, 54, 60, 61, 66, 67, 68, 69, 90, 91, 113, 127, 131, 137, 139, 140, 142, 143, 145, 146, 149, 172 y 176.
§28, arts. 1, 2, 3, 4, 17, 22 a 34, 36, 37, 38, 39, 56, 60, 78, 79, 87 a 92, 94 a 99, 101,

102, 103, 106, 107, 108, 109, 110, 113 a 122, 127, 128, 129, 130, 138, 140, 141, 142, 143, 144, 153 a 164, 167, 170, 174, 176, 178, 181, 182, 183, 185 a 195, 204, 205, 206, 211, 215, 216, 221, 223, 224, 225, 226, 227, 231, 232, 245, 246, 247, 249, 251, 252, 253 y 293.
§28.1, arts. 34 y 36.
§31.1, art. 1.
§33, arts. 1, 3, 4, 5, 9 a 15, 26, 29, 32, 33, 35, 36, 54, 62 a 70, 72, 73, 74, 77 a 85, 87, 89, 90, 91, 92, 94, 95, 96, 97, 98, 101, 102, 114, 117, 131, 132, 142, 144, 145, 146, 147, 148, 170, 173, 182 y disp. adic. 1ª.
§32.1, disp. adicional.
§33, art. 170.
§35, art. 24.
§37, arts. 3, 4, 9 a 24, 26, 27, 28, 29, 30, 64, 82, 104, 115, 117, 138, 143, 144, 145, 146, 151 y 158.
§38, arts. 28, 34 y 39.
§39, art. 1.
§40, art. 1.
§41, arts. 56 a 63, 65 a 73, 75 a 80, 83, 84, 85, 89, 90, 92, 93, 94, 99, 101, 105, 151, 152, 153, 160, 175, 180, 191, 195, 203 y 225.
§44, arts. 1 a 11, 18, 21, 22, 27, 34, 45, 79, 83, 88, 89, 90, 92 a 99, 105, 107, 113, 129, 130, 131, 132, 133, 135, 138, 143, 145, 155, 160, 162, 166, 167, 182, 184, 209, 215, 216, 218, 221, 224, 226, 243 y 250.
§46, arts. 1, 5, 7 y 9.
§48, art. 1.
§49, arts. 1 a 10, 15, 17, 22 y 25.
§51, arts. 15 y 21.
§52, arts. 1, 2, 3, 4, 6 a 13, 15, 16, 18, 19, 22, 23, 24, 26, 38, 55 a 61, 65, 66, 67, 68, 69, 73, 75 a 81, 83, 95, 96, 98, 106, 107, 110, 112, 113, 121, 123, 128, 129, 130, 141, 151, 155, 158, 162 y 173, 179, 184 a 190, 192, 194 y 195.
§53, arts. 1, 3, 4, 5, 6, 8, 9, 11, 12, 18, 21, 23, 24, 25, 26, 31, 33, 34, 44, 58, 59, 64, 66, 73, 83 a 93, 96, 97, 98 y disp. adic. 4ª.
§53.1, art. 1.
§54, arts. 4, 5, 6, 7, 12 y disp. adic. 2ª.
§55, art. 5.

– *Galicia:* Decreto 119/1998, de 16 abril. Regula la composición y funcionamiento de la Comisión Superior de Urbanismo (DOG núm. 74, de 20 abril [LG 1998, 143]):
§33, arts. 45, 51, 169 y 189.
§36, arts. 9 y 12.

– *País Vasco:* Ley 11/1998, de 20 abril. Modifica la Ley 3/1997, de 25 abril, que determina la participación de la Comunidad Autónoma en las plusvalías generadas por la acción urbanística (BOPV núm. 80, de 4 mayo [RCL 1998, 1350 y LPV 1998, 236]):
§47, art. único.

– Ley 10/1998, de 21 abril. Normas reguladoras en materia de residuos (BOE núm. 96, de 22 abril [RCL 1998, 1028]):
§1, art. 9.

– *Comunidad Valenciana:* Ley 1/1998, de 5 mayo. Accesibilidad y supresión de barreras arquitectónicas, urbanísticas y de la comunicación (BOE núm. 137, de 9 junio y DOGV núm. 3237, de 7 mayo [RCL 1998, 1414 y LCV 1998, 136]):
§53, arts. 1, 12, 13 y 17.

– *Aragón:* Ley 6/1998, de 19 mayo. Regula Espacios Naturales Protegidos (BOE núm. 139, de 11 junio y BOA núm. 64, de 3 junio [RCL 1998, 1438 y LARG 1998, 104]):
§6, arts. 19, 20, 21, 22, 32, 33, 36, 42, 55 y disp. adic. 1ª.

– *Extremadura:* Decreto 76/1998, de 2 junio. Desarrolla la Ley 13/1997, de 23 diciembre, que regula la actividad urbanística (DOE núm. 65, de 9 junio [LEXT 1998, 123]): (**§32.1**)
§1, arts. 14 y 18.4.
§2, art. 27.
§32, art. único.

– *Castilla-La Mancha:* Ley 2/1998, de 4 junio. Regula la ordenación del territorio y la utilización del suelo para su aprovechamiento urbanístico (BOE núm. 180, de 29 julio y DOCM núm. 28, de 19 junio [RCL 1998, 1891 y LCLM 1998, 143]): (**§27**)
§1, arts. 1 a) 14, 17, 18, 19, 20, 25, 33, 34, 36, 37 y 43.
§2.1, art. 79.

– *Comunidad Valenciana:* Ley 4/1998, de 11 junio. Regula el Patrimonio Cultural Valen-

ciano (BOE núm. 174, de 22 julio y DOGV núm. 3267, de 18 junio; rect. BOE núm. 76, de 30 marzo 1999 y rect. DOGV núm. 3435/1999, de 16 febrero 1999 [RCL 1998, 1823, LCV 1998, 184 y LCV 1999, 41]):
§1, art. 19.2.
§53, arts. 12, 15, 17, 25, 40, 91 y 92.

– *La Rioja:* Orden 22 junio 1998. Establece el procedimiento de tramitación y otorgamiento de cédula de habitabilidad (BOR núm. 80, de 4 julio; rect. BOR núm. 81, de 7 julio [LLR 1998, 156]):
§52, art. 181.

– *Castilla y León:* Ley 3/1998, de 24 junio. Regula la accesibilidad y supresión de barreras (BOE núm. 197, de 18 agosto y BOCyL núm. 123, de 1 julio [RCL 1998, 2125 y LCyL 1998, 230]):
§25, art. 36.

– *Principado de Asturias:* Decreto 39/1998, de 25 junio. Aprueba las normas de diseño en edificios (BOPA núm. 164, de 16 julio [LPAS 1998, 136]):
§10, art. 1.

– *Extremadura:* Ley 8/1998, de 26 junio. Conservación de la naturaleza y de espacios naturales (BOE núm. 200, de 21 agosto y DOE núm. 86, de 28 julio [RCL 1998, 2148 y LEXT 1998, 152]):
§1, art. 9.
§32, art. único.

– *Extremadura:* Ley 9/1998, de 26 junio. Regula el Impuesto sobre suelo sin edificar y edificaciones ruinosas (BOE núm. 200, de 21 agosto y DOE núm. 87, de 30 julio [RCL 1998, 2149 y LEXT 1998, 157]):
§32, art. único.

– *País Vasco:* Ley 20/1998, de 29 junio. Regula los patrimonios públicos de suelo (BOPV núm. 132, de 15 julio [RCL 1998, 1944 y LPV 1998, 359]): (**§51**)
§1, art. 33.

– *La Rioja:* Ley 10/1998, de 2 julio. Regula la Ordenación del territorio y urbanismo (BOE núm. 163, de 9 julio y BOR núm. 80, de 4 julio [RCL 1998, 1708 y LLR 1998, 154]): *(§52)*
§1, arts. 1, 4, 6, 7, 8, 9, 11, 13, 18, 19, 20, 21, 33, 34 y 36.
§1.1, art. 3.

– *Cataluña:* Orden 8 julio 1998. Programas de orientación de equipamientos comerciales (DOGC núm. 2690, de 28 julio [LCAT 1998, 430]):
§28, arts. 24, 29, 36, 58, 75 y 215.
§29, arts. 14 y 28.

– *Comunidad de Madrid:* Ley 10/1998, de 9 julio. Normas reguladoras del Patrimonio Histórico (BOE núm. 206, de 28 agosto y BOCM núm. 167, de 16 julio; rect. BOCM núm. 186, de 7 agosto [RCL 1998, 2196 y LCM 1998, 324]):
§1, art. 19.2.
§37, arts. 3, 7, 43, 50, 168, 170, 204 y 224.
§38, art. 13.

– Ley 29/1998, de 13 julio. Regula la Jurisdicción Contencioso-Administrativa (BOE núm. 167, de 14 julio [RCL 1998, 1741]):
§2.1, arts. 56, 64, 68 y 71.
§3, art. 237.
§3.3, arts. 34 y 35.
§4, art. 36.
§6, arts. 194 y 199.
§10, arts. 17.1 y 23.2.
§13, art. 70.
§24, art. 209.
§28, art. 272.
§33, art. 178.
§35, arts. 61 y 111.

– *Aragón:* Ley 7/1998, de 16 julio. Aprueba las Directrices Generales de la Ordenación del Territorio (BOE núm. 216, de 9 septiembre y BOA núm. 89, de 29 julio [RCL 1998, 2268 y LARG 1998, 140]): (§8)
§6, arts. 32, 54, 55 y 56.
§7, arts. 9, 14, 23 y 25.

– *Galicia:* Instrucción 17/1998, de 24 julio, de la Consellería de Política Territorial, Obras Públicas y Viviendas. Aplicación de la Ley del Suelo de Galicia en el marco de la nueva legislación estatal (DOG núm. 187, de 25 septiembre):
§33, arts. 62, 76 y 128.
§36, art. 5.

– *Aragón:* Orden 5 agosto 1998. Modifica Orden 3 junio 1996, de actuaciones para la preservación del Patrimonio Histórico-Artístico de interés arquitectónico de uso pú-

blico (BOA núm. 96, de 14 agosto [LARG 1998, 152]):
§6, arts. 59 y 93 bis.

– *Islas Canarias:* Orden 5 octubre 1998. Regula el otorgamiento y utilización del Símbolo Internacional de Accesibilidad (BOCAN núm. 140, de 6 noviembre [LCAN 1998, 278]):
§23, arts. 67 y 146.

– Ley 34/1998, de 7 octubre. Ley del sector de Hidrocarburos (BOE núm. 241, de 8 octubre; rect. BOE núm. 29, de 3 febrero 1999 [RCL 1998, 2472 y RCL 1999, 318]):
§1, art. 9.

– *Islas Canarias:* Decreto 171/1998, de 8 octubre. Modifica Decreto 11/1997, de 31 enero, de constitución de un censo de edificaciones no amparadas por licencia y se establecen los supuestos de suspensión de la ejecutoriedad de las órdenes de demolición (BOCAN núm. 133, de 21 octubre [LCAN 1998, 263]):
§23, arts. 37, 166 y 184.

– *Cantabria:* Ley 11/1998, de 13 octubre. Regula el patrimonio cultural (BOE núm. 10, de 12 enero 1999 y BOC núm. 240, de 2 diciembre [RCL 1999, 91 y LCTB 1998, 190]):
§1, art. 19.2.

– *Castilla y León:* Ley 10/1998, de 5 diciembre. Normas reguladoras de la Ordenación del Territorio (BOE núm. 16, de 19 enero 1999 y BOCyL núm. 236, de 10 diciembre [RCL 1999, 150 y LCyL 1998, 387]): (**§26**)
§1, art. 33.
§25, arts. 29, 33, 55.4 y disp. final 2ª.

– *Comunidad Valenciana:* Decreto 201/1998, de 15 diciembre. Aprueba el Reglamento de Planeamiento Urbanístico (DOGV núm. 3408, de 8 enero 1999; rect. DOGV núm. 3423, de 29 enero [LCV 1999, 9]): (**§53.1**)
§53, arts. 1, 8, 9, 10, 12, 14, 15, 16, 17, 18, 20 a 26, 29, 31, 33, 34, 35, 38, 40, 43, 52, 54, 55, 56, 58, 59, 61, 62, 63, 64 y 65.

– *Illes Balears:* Ley 12/1998, de 21 diciembre. Normas reguladoras del Patrimonio Histórico (BOE núm. 31, de 5 febrero 1999 y BOCAIB núm. 165, de 29 diciembre [RCL 1999, 353 y LIB 1998, 308]):
§1, art. 19.2.

– *Extremadura:* Decreto 154/1998, de 22 diciembre. Regula el Registro de Intereses Urbanísticos del Personal al Servicio de las Entidades Locales (DOE núm. 149, de 29 diciembre [LEXT 1998, 221]):
§32, disp. adic. 5ª.

– *Comunidad Valenciana:* Ley 10/1998, de 28 diciembre. Medidas Fiscales, de Gestión Administrativa y Financiera, y de Organización (BOE núm. 34, de 9 febrero 1999 y DOGV núm. 3404, de 31 diciembre [RCL 1999, 372 y LCV 1998, 415]):
§53, disp. adic. 11ª.
§55, art. 96.

– Ley 50/1998, de 30 diciembre. Medidas fiscales, administrativas y del orden social (BOE núm. 313, de 31 diciembre; rect. BOE núm. 109, de 7 mayo 1999 [RCL 1998, 3063 y RCL 1999, 1204]):
§1, disp. adic. 2ª.

– *Navarra:* Ley Foral 21/1998, de 30 diciembre. Aprueba los Presupuestos Generales de la Comunidad Foral de Navarra para 1999 (BOE núm. 24, de 28 enero 1999 y BON núm. 157, extraordinario, de 31 diciembre [RCL 1999, 238 y LNA 1998, 398]):
§44, disp. adic. 10ª.

– *Cataluña:* Ley 22/1998, de 30 diciembre. Carta Municipal de Barcelona (BOE núm. 28, de 2 febrero 1999 y DOGC núm. 2801, de 8 enero 1999 [RCL 1999, 304 y LCAT 1999, 24]):
§28, arts. 22, 23, 29, 50, 53, 60, 147 y 251.

– *Navarra:* Ley Foral 24/1998, de 30 diciembre. Medidas urgentes en materia de aprovechamiento urbanístico (BOE núm. 28, de 2 febrero 1999 y BON núm. 157, extraordinario, de 31 diciembre [RCL 1999, 310 y LNA 1998, 401]):
§44, arts. 13, 62, 100, 101, 155, 167.2, 169.5, 174.1 y 183 bis.

– *Cataluña:* Ley 25/1998, de 31 diciembre. Medidas administrativas, fiscales y de adaptación al euro (BOE núm. 28, de 2 febrero 1999 y DOGC núm. 2797, de 31 diciembre; rect. DOGC núm. 2810, de 21 enero 1999 y

DOGC núm. 2892, de 19 mayo 1999 [RCL 1999, 307, LCAT 1998, 705, LCAT 1999, 37 y 290]):
§28, art. 24.

1999

– *Galicia:* Decreto 28/1999, de 21 enero. Aprueba el Reglamento de disciplina urbanística para el desarrollo y aplicación de la Ley 1/1997, de 24 marzo, reguladora del Suelo de Galicia (DOG núm. 32, de 17 febrero [LG 1999, 52]): (**§35**)
§1, art. 19.
§1.1, art. 3.
§33, Exp. Motivos, Tít. VI, arts. 11, 59, 168 a 185 y 187.

– *Castilla y León:* Acuerdo 4 febrero 1999. Inicia el procedimiento de elaboración de las directrices de Ordenación del Territorio (BOCyL núm. 33, de 18 febrero [LCyL 1999, 48]):
§26, art. 12 y disp. adic. 2ª.

– *Galicia:* Decreto 38/1999, de 5 febrero. Establece la estructura orgánica de la Consellería de Política Territorial, Obras Públicas y Vivienda (DOG núm. 38, de 24 febrero [LG 1999, 71]):
§33, arts. 5, 37, 38, 39, 41, 42, 45, 47, 51, 62, 76, 84, 145, 169, 186, 189 y 193.
§34, arts. 10 y 15.

– *Aragón:* Decreto 19/1999, de 9 febrero. Regula la promoción de la accesibilidad y supresión de barreras arquitectónicas, urbanísticas, de transportes y de la comunicación (BOA núm. 31, de 15 marzo [LARG 1999, 64]):
§6, arts. 47, 64 y 74.

– *Cataluña:* Decreto 28/1999, de 9 febrero. Establece los requisitos mínimos de habitabilidad en los edificios (DOGC núm. 2828, de 16 febrero [LCAT 1999, 87]):
§28, art. 253.

– Orden 10 febrero 1999. Aprueba los modelos de declaración de alteraciones catastrales concernientes a bienes inmuebles (BOE núm. 43, de 19 febrero [RCL 1999, 472]):
§2.1, art. 45.

– Real Decreto 279/1999, de 22 febrero. Aprueba el Reglamento regulador de las infraestructuras comunes de telecomunicaciones para el acceso a los servicios de telecomunicación en el interior de los edificios y de la actividad de instalación de equipos y sistemas de telecomunicaciones (BOE núm. 58, de 9 marzo [RCL 1999, 645]):
§1.1, art. 4.

– *Andalucía:* Decreto 52/1999, de 2 marzo. Acuerda la formulación del Plan de Ordenación del Territorio de la Comarca del Litoral Occidental de Huelva (BOJA núm. 41, de 8 abril [LAN 1999, 126]):
§4, art. 10.

– *Comunidad Valenciana:* Orden 8 marzo 1999. Declara de necesaria observancia en la redacción de los planes urbanísticos o territoriales, determinadas cartografías temáticas y estudios integrantes del Sistema de Información Territorial (DOGV núm. 3456, de 17 marzo [LCV 1999, 74]):
§53, art. 27.
§53.1, art. 49.

– *País Vasco:* Decreto 165/1999, de 9 marzo. Relación de actividades exentas de la obtención de la licencia de actividad prevista en la Ley 3/1998, de 27 febrero (BOPV núm. 59, de 26 marzo [LPV 1999, 114]):
§48, art. 6.

– *Principado de Asturias:* Resolución 9 marzo 1999, de la Consejería de Fomento. Completa el Anexo I del Decreto 38/1994, de 19 mayo, por el que se aprueba el Plan de Ordenación de los Recursos Naturales de Asturias, sobre el Modelo Normalizado de Resolución Primaria (BOPA núm. 78, de 6 abril [LPAS 1999, 78]):
§11, arts. 1 y 4.

– *Aragón:* Ley 3/1999, de 10 marzo. Normas reguladoras del Patrimonio Cultural (BOE núm. 88, de 13 abril y BOA núm. 36, de 29 marzo [RCL 1999, 917 y LARG 1999, 74]):
§1, art. 19.2.
§6, arts. 2, 19, 33, 36, 42, 59, 93 bis, 102 y 126.
§7, arts. 1, 2, 13, 17, 19, 26, 36, 37, disp. adic. 7ª y disp. transit. 6ª.
§8, art. 1.

– *Islas Canarias:* Ley 4/1999, de 15 marzo.

Normas reguladoras del Patrimonio Histórico (BOE núm. 85, de 9 abril y BOCAN núm. 36, de 24 marzo [RCL 1999, 893 y LCAN 1999, 96]):
§1, art. 19.2.
§23, arts. 3, 5, 6, 32, 34, 37, 39, 58, 65, 154, 155, 180, 202 y 216.

– *Comunidad de Madrid:* Ley 2/1999, de 17 marzo. Establece medidas para la calidad de la edificación (BOE núm. 128, de 29 mayo y BOCM núm. 74, de 29 marzo [RCL 1999, 1432 y LCM 1999, 157]):
§1.1, arts. 7 y 9.

– *Navarra:* Decreto Foral 80/1999, de 22 marzo. Aprueba definitivamente las Normas Urbanísticas Comarcales de la Comarca de Pamplona (BON núm. 74, de 14 junio; rect. BON núm. 140, de 8 noviembre [LNA 1999, 227 y 387]):
§44, arts. 47 y 55.

– *Aragón:* Ley 5/1999, de 25 marzo. Normas reguladoras de la actividad urbanística (BOE núm. 95, de 21 abril y BOA núm. 39, de 6 abril [RCL 1999, 995 y LARG 1999, 78]): (**§6**)
§1, arts. 1, 2, 3, 4, 5, 6.1, 7 a 20, 25, 33 y 34.
§1.1, art. 3.
§2.1, art. 79.
§3.3, arts. 2 a 11, 17 a 28, 32, 33, 34, 35, 38, 39, 45 a 52, 55, 58 a 63 y 92.
§7, arts. 46 a 52 y disp. transit. 7ª.

– *Extremadura:* Ley 2/1999, de 29 marzo. Normas reguladoras del Patrimonio Histórico y Cultural (BOE núm. 139, de 11 junio y DOE núm. 59, de 22 mayo [RCL 1999, 1567 y LEXT 1999, 128]):
§32, art. único.

– *Andalucía:* Ley 1/1999, de 31 marzo. Regula la atención a las personas con discapacidad (BOE núm. 107, de 5 mayo y BOJA núm. 45, de 17 abril [RCL 1999, 1174 y LAN 1999, 141]):
§5, art. único.

– *Illes Balears:* Ley 6/1999, de 3 abril. Directrices de ordenación territorial y de medidas tributarias (BOE núm. 124, de 25 mayo y BOCAIB núm. 48, de 17 abril [RCL 1999, 1379 y LIB 1999, 89]): (**§20**)
§1, art. 33 y disp. adic. 4ª.
§13, art. 11.
§17, arts. 22.2, 26.5 y disp. adic. 5ª.

– Ley 8/1999, de 6 abril. Reforma de la Ley 49/1960, de 21 julio, sobre Propiedad Horizontal (BOE núm. 84, de 8 abril [RCL 1999, 879]):
§2.1, art. 53.

– *Castilla-La Mancha:* Ley 5/1999, de 8 abril. Regula la evaluación del impacto ambiental (BOE núm. 124, de 25 mayo y DOCM núm. 26, de 30 abril [RCL 1999, 1376 y LCLM 1999, 106]):
§27, arts. 10.6, 20.3, 30.6ª, 31.2, 39.3, 64.2, 110.5 e) 4º, 163.3, 166.4, 168.3, 169.5, 170 b), 173.4 y 178.

– *Castilla y León:* Ley 5/1999, de 8 abril. Urbanismo (BOE núm. 134, de 5 junio y BOCyL núm. 70, de 15 abril [RCL 1999, 1520 y LCyL 1999, 106]): (§25)
§1, arts. 1, 2, 3, 4, 5, 6.1, 6.2, 7 a 20, 22, 25, 33, 34, 36, 42.1 y 43.
§2.1, art. 79.
§26, art. 9.

– *Comunidad de Madrid:* Decreto 47/1999, de 8 abril. Procedimiento para la solicitud de licencias de grandes establecimientos (BOCM núm. 83, de 9 abril [LCM 1999, 168]):
§37, art. 157.

– *Cantabria:* Decreto 38/1999, de 12 abril. Modifica el Decreto 50/1991, de 21 abril, de evaluación del impacto ambiental (BOC núm. 77, de 19 abril [LCTB 1999, 99]):
§24, arts. 27, 29, 52 y 69.

– *Comunidad Valenciana:* Orden 26 abril 1999. Aprueba el Reglamento de zonas de Ordenación Urbanística (DOGV núm. 3488, de 5 mayo [LCV 1999, 121]):
§53, arts. 12, 14 y disp. transit. 11ª.

– *Andalucía:* Decreto 102/1999, de 27 abril. Modifica el Decreto 77/1994, de 5 abril, que regula el ejercicio de las competencias de la Junta de Andalucía en materia de Ordenación del Territorio y Urbanismo, determinándose los órganos a los que se atribuyen (BOJA núm. 63, de 1 junio [LAN 1999, 192]):
§4, arts. 6, 8.5, 9, 19, 27, 30.3 y 32.2.
§5, art. único.

– *Andalucía:* Decreto 103/1999, de 4 mayo. Aprueba las Bases y Estrategias del Plan de Ordenación del Territorio (BOJA núm. 96, de 19 agosto [LAN 1999, 305]):
§4, art. 9.

– *Cataluña:* Decreto 125/1999, de 4 mayo. Aprueba los Estatutos de la Agencia Catalana del Agua (DOGC núm. 2886, de 11 mayo [LCAT 1999, 272]):
§28, arts. 5 y 39.

– *Andalucía:* Decreto 108/1999, de 11 mayo. Aprueba el Plan Director de Infraestructuras de Andalucía 1997-2007 (BOJA núm. 141, de 4 diciembre [LAN 1999, 396]):
§4, arts. 17 c) y 18.4.

– *Castilla-La Mancha:* Decreto 58/1999, de 18 mayo. Regula el aprovechamiento de la energía eólica, a través de parques eólicos (DOCM núm. 33, de 21 mayo [LCLM 1999, 121]):
§27, art. 4.2.

– *Comunidad de Madrid:* Decreto 71/1999, de 20 mayo. Aprueba el Reglamento de desarrollo del régimen sancionador en materia de promoción de la accesibilidad y supresión de barreras arquitectónicas para minusválidos (BOCM núm. 125, de 28 mayo [LCM 1999, 275]):
§37, art. 201.

– *Islas Canarias:* Decreto 108/1999, de 25 mayo. Suspende el otorgamiento de licencias de obras que supongan la creación de nueva oferta turística alojativa en Lanzarote (BOCAN núm. 68, de 28 mayo [LCAN 1999, 170]):
§23, art. 5.

– Castilla la Mancha: Ley 9/1999, de 26 mayo. Normas reguladoras en materia de conservación de la naturaleza (BOE núm. 179, de 28 julio y DOCM núm. 40, de 12 junio; rect. DOCM núm. 45, de 9 julio [RCL 1999, 1981 y LCLM 1999, 140]):
§27, arts. 6, 17, 18, 27, 47, 50, 54 y 61.

– *País Vasco:* Decreto 250/1999, de 8 junio. Aprobación del 2º Plan General de Carreteras del País Vasco, correspondiente al período *1999-2010* (BOPV núm. 118, de 23 junio [LPV 1999, 271]):
§48, art. 18.

– *Extremadura:* Orden 18 junio 1999. Avocación de atribuciones de la Comisión de Urbanismo y Ordenación del Territorio (DOE núm. 76, de 1 julio [LEXT 1999, 158]):
§32, art. único.

– *Navarra:* Decreto Foral 237/1999, de 21 junio. Regula la evaluación de impacto ambiental en los procesos de concentración parcelaria (BON núm. 99, de 9 agosto [LNA 1999, 282]):
§44, art. 64.
§45, art. 14.

– Orden 23 junio 1999. Regula el procedimiento para dar cumplimiento a la obligación establecida en la Ley 13/1996, de 30 diciembre, sobre suministro de información a la Dirección General del Catastro por los Notarios y Registradores de la Propiedad (BOE núm. 155, de 30 junio [RCL 1999, 1723]):
§2.1, art. 3.

– *Galicia:* Orden 30 junio 1999. Regula la tarjeta acreditativa del personal de la Inspección y Vigilancia Urbanística (DOG núm. 147, de 2 agosto [LG 1999, 292]):
§33, arts. 175 y 186.

– *La Rioja:* Decreto 26/1999, de 21 julio. Establece la estructura orgánica de la Consejería de Obras Públicas, Transportes, Urbanismo y Vivienda (BOR núm. 90, de 22 julio [LLR 1999, 169]):
§52, art. 5.

– Providencia 22 julio 1999, del Tribunal Constitucional. Recurso de inconstitucionalidad número 3165/99, promovido por el Abogado del Estado en nombre del Presidente del Gobierno, contra los artículos 64.1, 79.2 y disposición adicional vigésimo segunda de la Ley 6/1999, de 3 abril, de las directrices de Ordenación Territorial de las Islas Baleares y de Medidas Tributarias (BOCAIB núm. 104, de 17 agosto [LIB 1999, 200]):
§20, arts. 64.1, 79.2 y disp. adic. 22ª.

– *Cataluña:* Decreto 204/1999, de 27 julio. Da nueva redacción al Capítulo 6 del Decreto 135/1995, de 24 marzo, de promoción de la accesibilidad, de supresión de barreras arquitectónicas y de aprobación del código de

accesibilidad (DOGC núm. 2944, de 3 agosto; rect. DOGC núm. 3048, de 3 enero 2000 [LCAT 1999, 464 y LCAT 2000, 3]):
§28, art. 24.

– *Cataluña:* Decreto 220/1999, de 27 julio. Regulación de la Subcomisión de Urbanismo (DOGC núm. 2944, de 3 agosto [LCAT 1999, 458]):
§28, art. 50.

– *Extremadura:* Decreto 89/1999, de 29 julio. Establece la estructura orgánica de la Consejería de Medio Ambiente (DOE núm. 90, de 3 agosto [LEXT 1999, 178]):
§32, art. único.
§32.1, art. 1 y disp. final.
§32.3, disp. final 1ª.

– *Extremadura:* Decreto 91/1999, de 29 julio. Establece la estructura orgánica de la Consejería de Vivienda, Urbanismo y Transportes (DOE núm. 90, de 3 agosto; rect. DOE núm. 92, de 7 agosto [LEXT 1999, 180]):
§32, art. único.

– *Cataluña:* Ley 7/1999, de 30 julio. Centro de la Propiedad Forestal (BOE núm. 202, de 24 agosto y DOGC núm. 2948, de 9 agosto [RCL 1999, 2258 y LCAT 1999, 486]):
§28, arts. 33, 58, 110, 117, 127, 140, 154, 266 y disp. adic. 1ª.

– *Comunidad Valenciana:* Decreto 85/1999, de 30 julio. Aprueba el Reglamento orgánico y funcional de la Consejería de Obras Públicas, Urbanismo y Transportes (DOGV núm. 3551, de 2 agosto [LCV 1999, 220]):
§53, arts. 13 y 35.
§54, art. 8.
§55, art. 37.

– *Comunidad Valenciana:* Decreto 90/1999, de 30 julio. Aprueba el Reglamento orgánico y funcional de la Consejería de Medio Ambiente (DOGV núm. 3551, de 2 agosto [LCV 1999, 225]):
§53.1, art. 172.
§55, arts. 37, 38 y 59.

– *Comunidad Valenciana:* Instrucción 1/1999, de 30 julio, de la Dirección General de Arquitectura y Vivienda. Establece criterios para la aplicación de las normas de control de calidad de la edificación y su documentación mediante el Libro de Control en materia de viviendas (DOGV núm. 3579, de 9 septiembre [LCV 1999, 253]):
§1.1, art. 7.
§53, arts. 15 y 87.

– *Aragón:* Decreto 4 agosto 1999. Modifica la organización de los Departamentos de la Administración (BOA núm. 99, de 5 agosto [LARG 1999, 190]):
§6, arts. 4, 77, 80, 81, 95, 177, 193, 198, 203, 210, 218 y disps. adics. 3ª y 8ª.
§7, arts. 4 y 7.

– *Castilla y León:* Decreto 222/1999, de 5 agosto. Establece la estructura orgánica de la Consejería de Fomento (BOCyL núm. 151, de 6 agosto [LCyL 1999, 241]):
§25, arts. 56.2, 59, 136.3, 140.3 c), 145.3 y disp. adic. 4ª e).
§26, arts. 12.8, 13.3, 18.5, 29, 30 y disps. adics. 2ª y 4ª.

– *Castilla y León:* Decreto 223/1999, de 5 agosto. Aprueba la tabla de preceptos de los Reglamentos Urbanísticos que resultan aplicables en relación con la Ley 5/1999, de 8 abril, de normas reguladoras de Urbanismo (BOCyL núm. 153, de 10 agosto; rect. BOCyL núm. 166, de 27 agosto [LCyL 1999, 243]): (**§25.1**)
§25, disp. final 1ª.

– *Principado de Asturias:* Decreto 94/1999, de 12 agosto. Regula la estructura orgánica de la Consejería de Infraestructuras y Política Territorial (BOPA núm. 189, de 14 agosto [LPAS 1999, 177]):
§9, arts. 22 y 28.
§10, arts. 3, 14, 18, 22, 26, disp. transitoria y disp. final 4ª.
§11, art. 15.
§12, art. 9.

– *Illes Balears:* Orden 3 septiembre 1999. Establece la estructura orgánica de la Consejería de Obras Públicas, Vivienda y Transporte (BOCAIB núm. 114, de 9 septiembre [LIB 1999, 230]):
§18, art. 13.

– *Aragón:* Decreto 101/1999, de 3 septiembre. Crea la Comisión Delegada del Gobierno para la Política Territorial (BOA núm. 114, de 6 septiembre [LARG 1999, 200]):

§8, art. 6.

– *Aragón:* Decreto 181/1999, de 28 septiembre. Estructura orgánica del Departamento de la Presidencia y Relaciones Institucionales (BOA núm. 129, de 6 octubre; rect. BOA núm. 133, de 15 octubre [LARG 1999, 225]):
§6, arts. 4, 77, 80, 81, 95, 177, 193, 198, 203, 210, 218 y disps. adics. 3ª y 8ª.
§7, arts. 4 y 7.

– Real Decreto 1525/1999, de 1 octubre. Aprueba el Estatuto de la Entidad Pública Empresarial de Suelo (SEPES) (BOE núm. 241, de 8 octubre [RCL 1999, 2575]):
§3.2, art. 4.

– *Comunidad Valenciana:* Decreto 182/1999, de 5 octubre. Crea el Centro de Desarrollo Marítimo y el Consejo Asesor de Puertos y Actividades Náuticas de la Comunidad Valenciana (DOCV núm. 3606, de 18 octubre [LCV 1999, 302]):
§53, arts. 13 y 35.
§54, art. 8.
§55, art. 37.

– *Illes Balears:* Ley 9/1999, de 6 octubre. Medidas cautelares y de emergencia relativas a la ordenación del territorio y el urbanismo en las Illes Balears (BOE núm. 276, de 18 noviembre y BOCAIB núm. 128, de 12 octubre [RCL 1999, 2875 y LIB 1999, 260]): (**§21**)
§1, arts. 9 y 20.
§2.1, art.79.
§17, art. 25 y disp. transit. 1 e).
§20, disp. adic. 3ª, disp transit. 6ª y anexo I.

– *Extremadura:* Decreto 170/1999, de 19 octubre. Regula los campamentos públicos de turismo, privados y zonas de acampada municipal (DOE núm. 125, de 26 octubre [LEXT 1999, 224]):
§32, art. único.

– *Principado de Asturias:* Resolución 25 octubre 1999, de la Consejería de Infraestructuras y Política Territorial. Delega competencias en la Dirección General de Ordenación del Territorio y Urbanismo (BOPA núm. 257, de 6 noviembre [LPAS 1999, 216]):
§10, arts. 3 y 5 a 14.

– Orden 26 octubre 1999. Desarrolla el Reglamento regulador de las infraestructuras comunes de telecomunicaciones para el acceso a los servicios de telecomunicación en el interior de los edificios y de la actividad de instalación de equipos y sistemas de telecomunicaciones, aprobado por Real Decreto 279/1999, de 22 febrero (BOE núm. 268, de 9 noviembre; rect. BOE núm. 304, de 21 diciembre [RCL 1999, 2809 y 3108]):
§1.1, art. 4.

– *País Vasco:* Decreto 397/1999, de 2 noviembre. Tercera modificación del Decreto por el que se establecen las funciones, composición y régimen de funcionamiento de la Comisión de Ordenación del País Vasco (BOPV núm. 218, de 15 noviembre [LPV 1999, 405]):
§48, arts. 3, 9, 10, 13, 17, 18, 20, 24, 26, 28, 29, 30, disp. adic. 5ª, disp. transit. 3ª y disp. final 1ª.
§50, arts. 2 y 5.

– *Comunidad Valenciana:* Acuerdo 3 noviembre 1999, de la Conselleria de Agricultura, Pesca y Alimentación. Adopción de medidas cautelares de protección de las delimitadas en el Proyecto de Catálogo de Zonas Húmedas de la Comunidad (DOGV núm. 3620, de 8 noviembre [LCV 1999, 324]):
§53, art. 16.
§54, art. 1.
§55, art. 66.

– Ley 38/1999, de 5 noviembre. Regula la Ordenación de la edificación (BOE núm. 266, de 6 noviembre [RCL 1999, 2799]): (**§1.1**)
§1, arts. 13, 19, 22 y 40.3.
§1.1, art. 19.
§2, arts. 37, 175, 225, 226, 242, 264 y disp. adic. 3ª.
§2.1, arts. 45, 46 y 50.
§3, art. 67.
§3.6, art. 44.
§6, arts. 175 y 184.
§10, arts. 1, 2.1, 8, 13.2, 24 y disp. transit. 1ª.
§13, arts. 6, 10, 22, 30, 34, 40 y 61.
§23, arts. 41, 59 e), 147, 153, 166, 176, 189 y anexo.
§24, arts. 200 y 201.
§25, arts. 8, 89, 99.3, 113 y 114.

§27, arts. 23, 137, 148, 161.3, 166, 171, 176, 178 y 185.
§28, arts. 101, 232, 241, 247, 251 y 268.
§33, arts. 168, 170 y 184.
§35, arts. 12, 14 y 24.
§37, arts. 151, 158 y 205.
§38, art. 42.
§41, art. 92.
§44, arts. 18, 38, 183, 223, 224, 225 y 256.
§52, arts. 143, 181, 184 y 207.
§53, arts. 88, 92 y disp. adic. 4ª.

– *Comunidad Valenciana:* Decreto 217/1999, de 9 noviembre. Determina la extensión de las Unidades Mínimas de Cultivo (DOGV núm. 3628, de 18 noviembre [LCV 1999, 341]):
§54, disp. adic. 3ª.

– *Comunidad de Madrid:* Decreto 323/1999, de 11 noviembre. Establece la estructura orgánica de la Consejería de Medio Ambiente (BOCM núm. 277, de 22 noviembre; rect. BOCM núm. 281, de 26 noviembre [LCM 1999, 584]):
§37, arts. 56, 57, 60, 149 y 155.
§38, arts. 18, 27, 36 y 37.

– *Navarra:* Decreto Foral 589/1999, de 22 noviembre. Modifica los artículos 2.1, 3, 23.1 A) y 26 del Decreto Foral 85/1995, de 3 abril, por el que se aprueba el Reglamento de desarrollo de la Ley Foral 10/1994, de 4 julio, de Ordenación del Territorio y Urbanismo (BON núm. 158, de 20 diciembre [LNA 1999, 413]):
§45, arts. 2.1, 3, 23.1 A) y 26.

– *Islas Canarias:* Decreto 328/1999, de 2 diciembre. Aprueba el Reglamento Orgánico de la Consejería de Agricultura, Ganadería, Pesca y Alimentación (BOCAN núm. 170, de 29 diciembre [LCAN 1999, 345]):
§23, art. 80.

– *Principado de Asturias:* Decreto 169/1999, de 9 diciembre. Regula la composición, competencias y funcionamiento de la Comisión de Urbanismo y Ordenación del Territorio (BOPA núm. 287, de 14 diciembre [LPAS 1999, 232]):
§9, arts. 20, 21, 26, 27, 29, 32, 34 y disp. transitoria.
§10, arts. 2, 4 y 18.
§11, arts. 4, 5, 11, 12 y 14.
§12, arts. 2 y 8.

– *Castilla y León:* Decreto 307/1999, de 9 diciembre. Aprueba el Reglamento General de Ordenación de los recursos agropecuarios locales (BOCyL núm. 239, de 14 diciembre; rect. BOCyL núm. 13, de 20 enero 2000 [LCyL 1999, 362]):
§25, arts. 15 d), 16.2 y 24.4.

– *Galicia:* Decreto 330/1999, de 9 diciembre. Establece las unidades mínimas de cultivo (DOG núm. 246, de 23 diciembre [LG 1999, 414]):
§2.1, art. 79.
§33, art. 77.

– *Andalucía:* Ley 12/1999, de 15 diciembre. Normas reguladoras del Turismo (BOE núm. 15, de 18 enero 2000; rect. BOE núm. 69, de 21 marzo 2000 y BOJA núm. 151, de 30 diciembre 1999 [RCL 2000, 138 y LAN 1999, 431]):
§4, art. 7.4.
§5, art. único.

– *Castilla y León:* Orden de 23 diciembre 1999, de la Consejería de Fomento. Desarrolla la estructura orgánica de la Consejería de Fomento (BOCyL núm. 250, de 29 diciembre [LCyL 1999, 395]):
§25, arts. 56.2, 59, 136.3, 140.3 c), 145.3 y disp. adic. 4ª e).
§26, arts. 12.8, 13.3, 18.5, 29, 30 y disps. adics. 2ª y 4ª.

– *Cataluña:* Resolución 28 diciembre 1999, del Departamento de Industria, Comercio y Turismo. Revisión del plan territorial sectorial y suspensión del otorgamiento de licencias comerciales (DOGC núm. 3046, de 30 diciembre [LCAT 1999, 714]):
§28, arts. 24, 29, 36, 58, 75 y 215.
§29, arts. 14 y 28.

– Ley 55/1999, de 29 diciembre. Medidas fiscales, administrativas y del orden social (BOE núm. 312, de 30 diciembre; rect. BOE núm. 54, de 3 marzo 2000 [RCL 1999, 3245 y RCL 2000, 606]):
§1, disp. adic. 3ª.
§31.1, art. 1.
§39, art. 1.
§40, art.1.

– *Aragón:* Ley 15/1999, de 29 diciembre. Establece Medidas Tributarias, Financieras y Administrativas (BOE núm. 23, de 27 enero 2000 y BOA núm. 167, de 31 diciembre [RCL 2000, 247 y LARG 1999, 290]):
  §6, arts. 23, 93 bis, 179 y disp. transit. 5ª.
  §7, art. 11.
  §8, art. 5.

– *Navarra:* Ley Foral 18/1999, de 30 diciembre. Aprueba los Presupuestos Generales de Navarra para el 2000 (BOE núm. 24, de 28 enero 2000 y BON núm. 164, de 31 diciembre; rect. BB OO de Navarra núms. 25 y 37, de 25 febrero y 24 marzo 2000 [RCL 2000, 269 y LNA 1999, 426 y LNA 2000, 54 y 97]):
§44, disp. adic. 10ª.

– *Comunidad de Madrid:* Decreto 349/1999, de 30 diciembre. Regula el Libro del Edificio (BOCM núm. 11, de 14 enero 2000 [LCM 2000, 26]):
  §1.1, art. 7.
  §37, art. 205.

– *Galicia:* Orden 30 diciembre 1999. Delega atribuciones en materia de urbanismo (DOG núm. 5, de 10 enero 2000 [LG 2000, 14]):
  §33, arts. 41, 42, 77, 102, 118, 145, 189 y disp. adic. 3ª.

2000

– *Cataluña:* Decreto 3/2000, de 10 enero. Crea la Secretaría para las Actuaciones Concertadas, el Urbanismo y la Vivienda (DOGC núm. 3056, de 14 enero [LCAT 2000, 15]):
  §28, arts. 5 y 39.
  §29, art. 8.

– *Cataluña:* Decreto 4/2000, de 10 enero. Crea el Programa para el planeamiento territorial y su implantación (DOGC núm. 3056, de 14 enero [LCAT 2000, 16]):
  §29, arts. 1, 3 y 8.

– Resolución 12 enero 2000, de la Secretaría General de Comunicaciones. Hace pública la Instrucción de 12 enero 2000, sobre personal facultativo competente en materia de telecomunicaciones para la elaboración de los proyectos de infraestructuras comunes de telecomunicaciones en edificios (BOE núm. 34, de 9 febrero [RCL 2000, 394]):
  §1.1, art. 4.

– *Aragón:* Decreto 23/2000, de 2 febrero. Aprueba la estructura orgánica del Departamento de Obras Públicas, Urbanismo y Transportes (BOA núm. 20, de 16 febrero [LARG 2000, 42]):
  §6, arts. 4, 77, 80, 81, 95, 177, 193, 198, 203, 210, 218 y disps. adics. 3ª y 8ª.
  §7, arts. 4 y 7.

– *Comunidad Valenciana:* Orden 15 febrero 2000. Amplía la Orden 8 marzo 1999, que declara de necesaria observancia en la redacción de los planes urbanísticos o territoriales, determinadas cartografías temáticas y estudios integrantes del Sistema de Información Territorial (DOGV núm. 3691, de 18 febrero [LCV 2000, 67]):
  §53.1, art. 49.

– *Navarra:* Decreto Foral 85/2000, de 21 febrero. Modifica el Reglamento de organización y funcionamiento de la Comisión de Ordenación del Territorio aprobado por Decreto Foral 224/1994, de 14 noviembre (BON núm. 30, de 8 marzo [LNA 2000, 72]):
  §44, arts. 59, 65, 289 y disp. transit. 9ª.

– *Cataluña:* Decreto 90/2000, de 22 febrero. Modificación del Decreto 27 septiembre 1978, de creación de la Comisión de Urbanismo de Cataluña (DOGV núm. 3089, de 1 marzo [LCAT 2000, 100]):
  §28, arts. 5, 8, 9, 10, 45, 54, 55, 73, 77, 104, 112, 218, 250 y 270.

– *Cantabria:* Decreto 9/2000, de 8 marzo. Modificación parcial del Decreto 53/1998, de 9 junio, de estructura orgánica de la Consejería de Obras Públicas, Vivienda y Urbanismo (BOC núm. 51, de 14 marzo; rect. BOC núm. 61, de 3 abril [LCTB 2000, 55 y 77]):
  §24, arts. 16, 23, 76, 194, 253 y disp. adic. 2ª.

– *Comunidad Valenciana:* Orden 13 marzo 2000. Desarrolla el Decreto 90/1999, de 30 julio, de Reglamento orgánico y funcional de la Consejería de Medio Ambiente

(DOGV núm. 3720, de 30 marzo [LCV 2000, 114]):
§53.1, art. 172.
§55, arts. 37, 38 y 59.

– *Extremadura:* Orden 20 marzo 2000. Modificación de la Orden 1 agosto 1996, por la que se regula la licencia comercial específica de grandes superficies (DOE núm. 68, de 13 junio [LEXT 2000, 169]):
§32, art. único.

– *Illes Balears:* Ley 4/2000, de 22 marzo. Moratoria de construcción y ampliación de campos de golf en las Islas Pitiusas (BOE núm. 86, de 10 abril y BOCAIB núm. 41, de 30 marzo [RCL 2000, 937 y LIB 2000, 105]):
§13, arts. 7, 12, 21, 24, 35, 37, 38, 39, 57, 61, 71 y disp. adic. única.
§17, Exp. Motivos, arts. 26, 37 y disp. adic. 2ª.
§19, arts. 13, 17 y disp. adic. 2ª.
§20, arts. 46 y 76.

– *Galicia:* Decreto 74/2000, de 23 marzo. Modificación del Decreto 38/1999, de 5 febrero, por el que se estable la estructura orgánica de la Consejería de Política Territorial, Obras Públicas y Vivienda (DOG núm. 72, de 12 abril [LG 2000, 138]):
§33, arts. 5, 37, 38, 39, 41, 42, 45, 47, 51, 62, 76, 84, 145, 169, 186, 189 y 193.
§34, arts. 10 y 15.

– *Galicia:* Decreto 80/2000, de 23 marzo. Regula los planes y proyectos sectoriales de incidencia supramunicipal (DOG núm. 75, de 14 abril [LG 2000, 149]):
§1, arts. 9 y 20.
§33, arts. 5, 26, 92 y 152.
§34, arts. 3 y 22.

– *Comunidad de Madrid:* Orden 28 marzo 2000. Modifica la Orden 19 noviembre 1997, que desarrolla la estructura orgánica y funcional de la Consejería de Obras Públicas, Urbanismo y Transportes (BOCM núm. 100, de 28 abril [LCM 2000, 222]):
§37, arts. 8, 31, 61, 194 y 232.
§38, arts. 12, 18, 22, 29 y 38.

– *La Rioja:* Decreto 18/2000, de 28 abril. Competencias, funcionamiento y composición del Pleno y de la Comisión Permanente de la Comisión de Ordenación del Territorio y Urbanismo (BOR núm. 56, de 2 mayo [LLR 2000, 131]):
§52, arts. 5, 14, 17, 19, 24, 37, 41, 46, 52, 89, 90, 91, 94, 122 y 209.

– *La Rioja:* Decreto 19/2000, de 28 abril. Reglamento de accesibilidad en relación con las barreras urbanísticas y arquitectónicas en desarrollo parcial de la Ley 5/1994, de 19 julio (BOR núm. 64, de 20 mayo; rect. BOR núm. 103, de 17 agosto [LLR 2000, 145 y 210]):
§52, art. 73.

– *Islas Canarias:* Decreto Legislativo 1/2000, de 8 mayo. Aprueba el Texto Refundido de las Leyes de Ordenación del Territorio y de Espacios Naturales Protegidos (BOCAN núm. 60, de 15 mayo [RCL 2000, 1230 y LCAN 2000, 90]): (**§23**)
§1, arts. 1, 2, 3, 4, 5, 6, 7, 8, 9, 10, 11, 12, 13, 14, 15, 16, 17, 18, 19, 20, 21, 25, 33, 34, 36, 37 y disp. adic. 4ª.
§1.1, art. 3.

– Real Decreto 690/2000, de 12 mayo. Establece la estructura orgánica básica del Ministerio de Fomento (BOE núm. 115, de 13 mayo [RCL 2000, 1132]):
§1, disp. adic. 3ª.

– *Comunidad de Madrid:* Orden 17 mayo 2000. Aprueba el modelo del Libro del Edificio (BOCM núm. 132, de 5 junio [LCM 2000, 296]):
§1.1, art. 7.
§37, art. 205.

– *Castilla y León:* Decreto Legislativo 1/2000, de 18 mayo. Aprueba el Texto Refundido de la Ley de Evaluación de Impacto Ambiental y Auditorías Ambientales (LCyL 1994, 232) de Castilla y León (BOE núm. 273, de 14 noviembre y BOCyL núm. 209, de 27 octubre [RCL 2000, 2596 y LCyL 2000, 431]):
§25, art. 55.4.
§26, arts. 11.3 b), 12.8, 17.3 y 24.5.

– *Islas Canarias:* Decreto 89/2000, de 22 mayo. Aprueba el Reglamento orgánico de la Consejería de Política Territorial y Medio

Ambiente (BOCAN núm. 76, de 21 junio [LCAN 2000, 121]):
§23, arts. 16, 24, 40, 45, 47, 170, 241 y 243.

– *Comunidad de Madrid:* Resolución 30 mayo 2000, de la Secretaría General Técnica de la Consejería de Obras Públicas, Urbanismo y Transportes. Hace público acuerdo relativo a la delegación en el ilustrísimo señor Secretario General Técnico del ejercicio de las competencias de resolver peticiones de suspensión en recursos formulados contra acuerdos de la Comisión de Urbanismo de Madrid, del ejercicio de la competencia de dicha Comisión de informar las peticiones de suspensión en los recursos interpuestos contra acuerdos del Consejo de Gobierno de Madrid en materia de Ordenación del Territorio y Urbanismo (BOCM núm. 130, de 2 junio [LCM 2000, 295]):
§37, arts. 8, 194 y 232.
§38, arts. 12, 18, 22, 29 y 38.

– *Región de Murcia:* Decreto 69/2000, de 1 junio. Modificación del Decreto del Presidente 16/1999, de 13 julio, de reorganización de la Administración Regional (BORM núm. 130, de 6 junio [LRM 2000, 147]):
§41, art. 11.
§43, art. 4.

– *Región de Murcia:* Decreto 72/2000, de 7 junio. Establece los órganos directivos de la Consejería de Obras Públicas y Ordenación del Territorio (BORM núm. 132, de 8 junio [LRM 2000, 151]):
§41, art. 11.
§43, art. 4.

– *Región de Murcia:* Orden 12 junio 2000. Establece medidas provisionales en ejecución del Decreto 72/2000, de 7 junio (BORM núm. 144, de 23 junio [LRM 2000, 171]):
§41, art. 11.
§43, art. 4.

– *Cataluña:* Decreto 202/2000, de 13 junio. Reglamento del Jurado de Expropiación de Cataluña (DOGC núm. 3166, de 22 junio [LCAT 2000, 351]):
§28, arts. 103, 155, 189 y 204.
§31, arts. 1, 2, 3, 4, 5 y 6.

– *Cantabria:* Decreto 41/2000, de 14 junio. Procedimiento para autorización de parques eólicos (BOC núm. 119, de 20 junio [LCTB 2000, 137]):
§24, arts. 113 y 141.

– *La Rioja:* Ley 3/2000, de 19 junio. Desarrollo rural de la Comunidad Autónoma de La Rioja (BOE núm. 165, de 11 julio y BOR núm. 78, de 22 junio [RCL 2000, 1558 y LLR 2000, 171]):
§52, arts. 12, 15, 16, 38, 55 y 76.

– *Comunidad de Madrid:* Ley 7/2000, de 19 junio. Rehabilitación de espacios urbanos degradados y de inmuebles que deben ser objeto de preservación (BOE núm. 189, de 8 agosto y BOCM núm. 147, de 22 junio [RCL 2000, 1806 y LCM 2000, 342]):
§37, arts. 3, 7, 50, 132, 168 y 169.
§38, art. 13.

– *Castilla-La Mancha:* Decreto 118/2000, de 20 junio. Establece umbrales y criterios para determinadas actividades del anejo 2 de Ley 5/1999, de 8 abril, de Evaluación de Impacto Ambiental (DOCM núm. 68, de 14 julio [LCLM 2000, 169]):
§27, arts. 10.6, 20.3, 30.6ª, 31.2, 39.3, 64.2, 110.5 e) 4º, 163.3, 166.4, 168.3, 169.5, 170 b), 173.4 y 178.

– Real Decreto-ley 4/2000, de 23 junio. Medidas Urgentes de Liberalización en el Sector Inmobiliario y Transportes (BOE núm. 151, de 24 junio; rect. BOE núm. 154, de 28 junio [RCL 2000, 1402]):
§1, arts. 9, 15 y 16.

– *Cataluña:* Decreto 217/2000, de 26 junio. Modifica la estructura orgánica del Departamento de Política Territorial y Obras Públicas (DOGC núm. 3175, de 5 julio [LCAT 2000, 391]):
§28, arts. 5, 8, 9, 10, 39, 44, 45, 47, 50, 52, 54, 55, 59, 61, 62, 68, 73, 76, 77, 104, 112, 218, 250 y 270.
§29, art. 8.

– *Castilla y León:* Decreto 145/2000, de 29 junio. Regula el Consejo de Urbanismo y Ordenación del Territorio de Castilla y León (BOCyL núm. 128, de 4 julio [LCyL 2000, 302]):
§25, arts. 54.2 c), 56.2, 58.3 d), 136.3, 137.4 y 148 d).

§**26**, arts. 12.8, 13.3, 18.3, 24.5, 27.5 y disp. adic. 4ª.

– *Castilla y León:* Decreto 146/2000, de 29 junio. Regula las Comisiones Territoriales de Urbanismo de Castilla y León (BOCyL núm. 128, de 4 julio [LCyL 2000, 303]):
§**25**, arts. 25.3 c), 52.5, 54.2 c), 58.3 d), 59, 136.3, 138.4, 148 d) y disp. transit. 1ª.5.

– *Cataluña:* Orden 30 junio 2000. Desarrolla el Decreto 217/2000, de 26 junio, de reestructuración del Departamento de Política Territorial y Obras Públicas (DOGC núm. 3183, de 14 julio [LCAT 2000, 409]):
§**28**, arts. 8, 9, 10, 44, 45, 47, 50, 52, 54, 55, 59, 61, 62, 68, 73, 76, 77, 104, 112, 218, 250 y 270.

– Orden 5 julio 2000. Determina los módulos de valoración catastral, a efectos de lo establecido en el apartado tercero del artículo 71 de la Ley 39/1988, de 28 diciembre, reguladora de las Haciendas Locales (BOE núm. 172, de 19 julio; rect. BOE núm. 192, de 11 agosto [RCL 2000, 1615 y 1842]):
§**1**, art. 27 y disp. adic. 2ª.

– *Región de Murcia:* Ley 2/2000, de 12 julio. Normas reguladoras del Deporte (BOE núm. 8, de 9 enero 2001 y BORM núm. 175, de 29 julio [RCL 2001, 63 y LRM 2000, 197]):
§**43**, art. 3.

– *Islas Canarias:* Ley 2/2000, de 17 julio. Medidas económicas, en materia de organización administrativa y gestión relativas al personal de la Comunidad Autónoma de Canarias y de establecimiento de normas tributarias (BOE núm. 194, de 14 agosto y BOCAN núm. 94, de 28 julio [RCL 2000, 1888 y LCAN 2000, 160]):
§**23**, arts. 61, 63, 77.1 a), 77.1 e), 201, 228.1, 228.3 a), 229.1 bis, disp. transit. 10ª y anexo.

– *Comunidad Valenciana:* Decreto 110/2000, de 18 julio. Aprueba el Reglamento orgánico y funcional de la Consejería de Obras Públicas, Urbanismo y Transportes (DOGV núm. 3798, de 21 julio [LCV 2000, 240]):
§**53**, arts. 13, 22, 35, 38, 54, 56, 58, 59, disp. adic. 11ª y disps. transits. 1ª y 9ª.
§**53.1**, arts. 127, 142 y 161.
§**54**, art. 8.
§**55**, arts. 35, 37 y 55.

– *Comunidad Valenciana:* Acuerdo 18 julio 2000, de la Conselleria de Agricultura, Pesca y Alimentación. Modifica el Acuerdo 3 noviembre 1999, de adopción de medidas cautelares de protección de las delimitadas en el Proyecto de Catálogo de Zonas Húmedas de la Comunidad (DOGV núm. 3798, de 21 julio [LCV 2000, 244]):
§**53**, art. 16.
§**54**, art. 1.
§**55**, art. 66.

– *Islas Canarias:* Decreto 165/2000, de 24 julio. Aprueba las normas provisionales para la puesta en funcionamiento de la Agencia de Protección del Medio Urbano y Natural (BOCAN núm. 117, de 30 agosto [LCAN 2000, 185]):
§**23**, arts. 176, 178, 179, 184, 185, 188, 189, 190, 229, 237, 247 y disp. adic. 9ª.

– *Aragón:* Decreto 162/2000, de 26 julio. Modifica el Decreto 181/1999, de 28 septiembre, de estructura orgánica del Departamento de Presidencia y Relaciones Institucionales y crea el Centro de Documentación e Información Territorial de Aragón y regula su funcionamiento (BOA núm. 110, de 13 septiembre [LARG 2000, 219]):
§**7**, art. 8.
§**8**, art. 7.

– *País Vasco:* Decreto 160/2000, de 28 julio. Estructura orgánica del Departamento de Ordenación del Territorio, Vivienda y Medio Ambiente (BOPV núm. 171, de 6 septiembre; rect. BOPV núm. 217, de 13 noviembre [LPV 2000, 363]):
§**48**, arts. 13, 17, 18, 29 y 30.
§**48.1**, arts. 3 y 4.

– Orden 31 julio 2000. Directrices básicas para la aplicación de la Ley 6/1998, de 13 abril, sobre Régimen del Suelo y Valoraciones, y modificación de Elementos del Plan General de Ordenación Urbana de Melilla para adaptación de normas (BOE núm. 196, de 16 agosto [RCL 2000, 1903]):
§**1**, art. 1 y disp. adic. 3ª.
§**39**, art. 1.
§**40**, art. 1.

– Instrucción 11 septiembre 2000, de la DGRN. Forma de acreditar ante Notario y Registrador la constitución de las garantías a que se refiere el artículo 20.1 de Ley 38/1999, de 5 noviembre, de Ordenación de la Edificación (BOE núm. 227, de 21 septiembre [RCL 2000, 2125]):
  §1.1, arts. 19 y 20.

– *Comunidad de Madrid:* Decreto 215/2000, de 21 septiembre. Modifica el Decreto 270/1995, de 19 octubre, de estructura orgánica y funcional de la Consejería de Obras Públicas, Urbanismo y Transportes (BOCM núm. 232, de 29 septiembre [LCM 2000, 485]):
  §37, arts. 8, 31, 61, 194 y 232.
  §38, arts. 12, 18, 22, 29 y 38.

– *Comunidad de Madrid:* Orden 28 septiembre 2000. Desarrolla la estructura orgánica de la Consejería de Obras Públicas, Urbanismo y Transportes (BOCM núm. 234, de 2 octubre [LCM 2000, 487]):
  §37, art. 8, 31, 61, 194 y 232.
  §38, arts. 12, 18, 22, 29 y 38.

– *Navarra:* Decreto Foral 322/2000, de 2 octubre. Regula el Libro del Edificio (BON núm. 129, de 25 octubre [LNA 2000, 290]):
  §1.1, art. 7.

– Providencia 3 octubre 2000, del Tribunal Constitucional. Recurso de inconstitucionalidad número 3547/1999, promovido por el Presidente del Gobierno, en relación con el Texto Refundido de las Leyes de Ordenación del Territorio de Canarias y de Espacios Naturales de Canarias, aprobado por Decreto Legislativo 1/2000, de 8 mayo (BOE núm. 245, de 12 octubre y BOCAN núm. 139, de 20 octubre [RCL 2000, 2325 y LCAN 2000, 213]):
  §23, arts. único, 217, 220, 224.1 a) y 228.3 a).

– *Comunidad Valenciana:* Orden 6 octubre 2000. Desarrolla el Decreto 110/2000, de 18 julio, de Reglamento orgánico y funcional de la Consejería de Obras Públicas, Urbanismo y Transportes (DOGV núm. 3878, de 15 noviembre [LCV 2000, 361]):
  §53, *arts. 13, 22, 35, 38, 54, 56, 58,* 59, disp. adic. 11ª y disps. transits. 1ª y 9ª.
  §53.1, arts. 127, 142 y 161.
  §54, art. 8.
  §55, arts. 35, 37 y 55.

– *País Vasco:* Decreto 199/2000, de 10 octubre. Regula la composición y funcionamiento del Consejo Asesor de Medio Ambiente (BOPV núm. 206, de 26 octubre [LPV 2000, 419]):
  §48, art. 6.

– *Illes Balears:* Ley 8/2000, de 27 octubre. Regulación de Consejos Insulares (BOE núm. 279, de 21 noviembre y BOCAIB núm. 134, de 2 noviembre [RCL 2000, 2654 y LIB 2000, 308]):
  §13, arts. 7, 12, 21, 24, 35, 37, 38, 39, 57, 61, 71 y disp. adic. única.
  §16, arts. 26 y 37.
  §18, arts. 13, 17 y disp. adic. 2ª.

– *Illes Balears:* Ley 9/2000, de 27 octubre. Modificación de la Ley 12/1999, de 23 diciembre, de medidas tributarias, administrativas y de función pública y económicas (BOE núm. 279, de 21 noviembre y BOCAIB núm. 134, de 2 noviembre [RCL 2000, 2655 y LIB 2000, 309]):
  §18, art. 11.

– *Navarra:* Orden Foral 1217/2000, de 30 octubre. Aprueba los modelos de documentos que deben incluirse en el Libro del Edificio (BON núm. 139, de 17 noviembre [LNA 2000, 306]):
  §1.1, art. 7.

– *Extremadura:* Decreto 223/2000, de 7 noviembre. Aprueba las relaciones de puestos de trabajo de personal funcionario y de personal laboral de la Consejería de Vivienda, Urbanismo y Transportes y se modifica su estructura orgánica (DOE núm. 139, de 30 noviembre [LEXT 2000, 266]):
  §32, art. único.

– *Cantabria:* Ley 4/2000, de 13 noviembre Normas reguladoras de modernización y desarrollo agrario (BOE núm. 297, de 12 diciembre y BOC núm. 223, de 20 noviembre; rect. DOC núm. 25, de 5 febrero 2001 [RCL 2000, 2826, LCTB 2000, 186 y LCTB 2001, 195]):
  §2.1, art. 79.
  §24, arts. 111 y 195.

– *Navarra:* Orden Foral 1324/2000, de 27 noviembre. Regula el procedimiento para la utilización compartida de Estaciones Base de Telecomunicaciones (BON núm. 156, de 27 diciembre [LNA 2000, 341]):

§44, arts. 42 y 64.

– *Castilla y León:* Orden 30 noviembre 2000, de la Consejería de Fomento. Modifica la Orden 23 diciembre 1999, por la que se desarrolla la estructura orgánica de la Consejería de Fomento (BOCyL núm. 235, de 5 diciembre [LCyL 2000, 479]):

§25, arts. 56.2, 59, 136.3, 140.3 c), 145.3 y disp. adic. 4ª e).

§26, arts. 12.8, 13.3, 18.5, 29, 30 y disps. adics. 2ª y 4ª.

– *Comunidad de Madrid:* Orden 30 noviembre 2000. Modifica la Orden 28 septiembre 2000, de desarrollo del Decreto 215/2000, de 21 septiembre, de la estructura orgánica de la Consejería de Obras Públicas, Urbanismo y Transportes (BOCM núm. 306, de 26 diciembre [LCM 2000, 602]):

§37, arts. 8, 31, 61, 194 y 232.

§38, arts. 12, 18, 22, 29 y 38.

– *Aragón:* Decreto 210/2000, de 5 diciembre. Subvenciones y ayudas con cargo al Fondo Local de Aragón (BOA núm. 149, de 13 diciembre [LARG 2000, 295]):

§6, arts. 41, 49, 59 y 93 bis.

– *Illes Balears:* Ley 14/2000, de 21 diciembre. Ordenación territorial (BOE núm. 17, de 19 enero 2001 y BOCAIB núm. 157, extraordinario de 27 diciembre [RCL 2001, 168 y LIB 2000, 353]): (**§19**)

§17, art. 6.

§20, arts. 13, 14, 53, 54, 56, 87, disps. adics. 1ª y 18ª, disp. transit. 13ª y disp. derogatoria.

– *Comunidad de Madrid:* Ley 18/2000, de 27 diciembre. Medidas Fiscales y Administrativas (BOE núm. 70, de 22 marzo 2001 y BOCM núm. 309, de 29 diciembre [RCL 2001, 708 y LCM 2000, 610]):

§37, arts. 27, 151 y 223.

§38, art. 33.

– *Cataluña:* Decreto 415/2000, de 27 diciembre. Designación del vicepresidente de las comisiones de urbanismo de Barcelona, Girona, Lleida y Tarragona (DOGC núm. 3302, de 10 enero 2001 [LCAT 2001, 16]):

§28, art. 11.

– *Castilla y León:* Ley 11/2000, de 28 diciembre. Medidas Económicas, Fiscales y Administrativas (BOE núm. 17, de 19 enero 2001 y BOCyL núm. 251, de 30 diciembre [RCL 2001, 170 y LCyL 2000, 526]):

§25, art. 36.2 c).

– *Cataluña:* Ley 15/2000, de 29 diciembre. Medidas fiscales y administrativas (BOE núm. 20, de 23 enero 2001 y DOGC núm. 3295, de 30 diciembre; rect. DOGC núm. 3322, de 7 febrero 2001 [RCL 2001, 190, LCAT 2000, 69 y LCAT 2001, 57]):

§29, art. 8.5.

– *Cataluña:* Ley 17/2000, de 29 diciembre. Establece el calendario de apertura de los establecimientos comerciales de domingo y días festivos para el año 2001 (BOE núm. 20, de 23 enero y DOGC núm. 3299, de 5 enero 2001; rect. DOGC núm. 329, de 16 febrero [RCL 2001, 192 y LCAT 2001, 15]):

§28, arts. 24, 29, 36, 58, 75 y 215.

§29, arts. 14 y 28.

2001

– *Islas Canarias:* Decreto 4/2001, de 12 enero. Acuerda la formulación de las Directrices de Ordenación General y del Turismo de Canarias (BOCAN núm. 7, de 15 enero; rect. BOCAN núm. 9, de 19 enero [LCAN 2001, 13]):

§23, arts. 5, 15, 16 y 67.

– *Islas Canarias:* Decreto 10/2001, de 29 enero. Determina el número, denominación y competencias de las Consejerías (BOCAN núm. 14, de 30 enero [LCAN 2001, 35]):

§23, arts. 5, 6, 9, 16, 24, 29, 40, 45, 47, 67, 80, 142, 148, 170, 226, 241 y 243.

– *Islas Canarias:* Decreto 12/2001, de 30 enero. Determina la estructura central y periférica de las Consejerías de la Administración Pública de la Comunidad Autónoma de Canarias (BOCAN núm. 15, de 31 enero [LCAN 2001, 37]):

§23, arts. 5, 6, 9, 16, 24, 29, 40, 45, 47, 66, 80, 142, 148, 170, 226, 241 y 243.

– *Aragón:* Decreto 28/2001, de 30 enero. Reglamento del procedimiento para el ejercicio de la potestad sancionadora (BOA núm. 19, de 14 febrero [LARG 2001, 47]):
§6, arts. 203 y 210.

– *Illes Balears:* Decreto 13/2001, de 2 febrero. Organización y funcionamiento de la Comisión de Coordinación de Política Territorial (BOCAIB núm. 18, de 10 febrero [LIB 2001, 39]):
§19, arts. 4, 10 y 13.

– *Extremadura:* Decreto 21/2001, de 5 febrero. Valoraciones fiscales (DOE núm. 19, de 15 febrero [LEXT 2001, 41]):
§32, art. único.

– *Extremadura:* Decreto 22/2001, de 5 febrero. Aprueba el Reglamento del impuesto sobre el suelo sin edificar y edificaciones ruinosas (DOE núm. 18, de 13 febrero; rect. DOE núm. 41, de 7 abril [LEXT 2001, 35 y 87]):
§32, art. único.

– *Aragón:* Ley 1/2001, de 8 febrero. Modificación de la Ley 11/1992, de 24 noviembre, de ordenación del territorio (BOE núm. 62, de 13 marzo y BOA núm. 17, de 9 febrero [RCL 2001, 631 y LARG 2001, 38]):
§7, disp. adic. 8ª.

– *Principado de Asturias:* Ley 1/2001, de 6 marzo. Normas reguladoras del Patrimonio Cultural (BOPA núm. 75, de 30 marzo [RCL 2001, 1358 y LPAS 2001, 112]):
§9, art. 6.
§10, art. 1.
§11, art. 2.1 e).

– *Castilla-La Mancha:* Decreto 74/2001, de 6 marzo. Establece la estructura orgánica y las competencias de los distintos Órganos de la Consejería de Obras Públicas (DOCM núm. 29, de 8 marzo [LCLM 2001, 76]):
§27, arts. 15.2 d), 16.3, 21.3, 22.3, 27.2, 32.3, 33.3 b), 34.4, 36.3, 37.5, 38.3, 39.3, 40.3, 62, 63 C), 64.2, 65.2, 84.3, 110.5 e) 4º, 119.4, 122.9, 124.2, 132.5, 155.4, 173.4 y disp. transit. 2ª.

– *Andalucía:* Decreto 94/2001, de 3 abril. Modifica el Decreto 77/1994, de 5 abril, que regula el ejercicio de las competencias de la Junta de Andalucía en materia de Ordenación del Territorio y Urbanismo, determinándose los órganos a los que se atribuyen (BOJA núm. 48, de 26 abril [LAN 2001, 156]):
§5, art. único.

– *Región de Murcia:* Ley 1/2001, de 24 abril. Suelo (BOE núm. 243, de 10 octubre y BORM núm. 113, de 17 mayo [RCL 2001, 2486 y LRM 2001, 164]): (**§41**)
§1, arts. 1, 2, 3, 5, 6, 7, 8, 9, 10, 11, 13, 14, 15, 16, 17, 18, 19, 20 y 33.
§1.1, art. 3.
§42, Exp. Motivos.

– *Extremadura:* Ley 3/2001, de 26 abril. De la Calidad, Promoción y Acceso a la Vivienda de Extremadura (BOE núm. 152, de 26 junio y DOE núm. 61, de 29 mayo [RCL 2001, 1534 y LEXT 2001, 123]):
§32, cabeza.

– *Cantabria:* Decreto 36/2001, de 2 mayo. Desarrollo parcial de la Ley 11/1998, de 13 octubre, de Patrimonio Cultural (BOC núm. 89, de 10 mayo [LCTB 2001, 103]):
§24, arts. 30 y 33.

– Ley 6/2001, de 8 mayo. Modifica el Real Decreto Legislativo 1302/1986, de 28 junio, de Evaluación de Impacto Ambiental (BOE núm. 111, de 9 mayo [RCL 2001, 1124]):
§4, art. 7.4.
§5, art. único.
§6, arts. 22, 80 y disp. adic. 4ª.
§7, arts. 13, 37 y disp. transit. 6ª.
§9, art. 18.
§11, arts. 1 y 4.
§17, art. 14.
§18, art. 13.
§20, arts. 54, 71, 85 y disp. adic. 7ª.
§23, arts. 26 y 27.
§24, arts. 27 y 29.
§25, art. 55.4.
§26, arts. 11.3 b), 12.8, 17.3 y 24.5.
§33, art. 79.
§34, art. 27.
§37, arts. 56, 57, 60, 149 y 155.
§38, art. 27.
§52, art. 45 y disp. adic. 5ª.
§53, arts. 27, 28 y 43.

§53.1, arts. 50, 77, 85, 158, 162 y 166.
§54, arts. 2, 7, 13, 18, 19, 20 y disp. adic. 5ª.
§55, art. 87.

– *Cantabria:* Ley 2/2001, de 25 junio. Ordenación Teritorial y Régimen Urbanístico del Suelo (BOE núm. 206, de 28 agosto y BOC núm. 128, de 4 julio; rect. BOC núm. 161, de 21 agosto [RCL 2001, 2236 y LCTB 2001, 138]): (**§24**)
§1, arts. 1 a 21, 33, 34, 36, 37 y 43.
§1.1, art. 3.

– *Islas Canarias:* Ley 4/2001, de 6 julio. Medidas tributarias, financieras, de organización y relativas al personal de la Administración Pública de la Comunidad Autónoma de Canarias (BOE núm. 176, de 24 julio y BOC núm. 84, de 9 julio; rect. BOC núm. 123, de 19 septiembre [RCL 2001, 1827 y LCAN 2001, 191 y 243]):
§23, arts. 27.6 y 201 bis.

– *Comunidad de Madrid:* Ley 9/2001, de 17 julio. Suelo de la Comunidad de Madrid (BOE núm. 38, de 13 febrero y BOCM núm. 177, de 27 julio [RCL 2001, 385 y LCM 2001, 385]): (**§37**)
§1, arts. 1 a 10, 13 a 21, 25, 33, 34, 36, 37 y 43.

– *Islas Canarias:* Ley 6/2001, de 23 julio. Medidas urgentes en materia de ordenación del territorio y del turismo de Canarias (BOE núm. 188, de 7 agosto y BOC núm. 92, de 26 julio [RCL 2001, 1996 y LCAN 2001, 205]):
§23, art. 16.

– *Cantabria:* Decreto 52/2001, de 24 julio. Modificación parcial del Decreto 53/1998, de 9 junio, de estructura orgánica de la Consejería de Obras Públicas, Vivienda y Urbanismo (BOC núm. 148, de 1 agosto [LCTB 2001, 156]):
§24, arts. 16, 23, 76, 194, 253 y disp. adic. 2ª.

ÍNDICE

ANALÍTICO
DE
LEGISLACIÓN

A

ABASTECIMIENTO DE AGUA
– (V. también *«Solar»*).
Como requisito de clasificación del suelo urbano:
§1, art. 8.
§2, arts. 10 y 13.
§3, arts. 78 y 81.
§3.1, art. 101.
§3.2, arts. 40, 41, 149, 150 y 151.
§6, arts. 13, 15 y 25.
§23, art. 50.
§24, art. 95.
§25, arts. 11, 22, 30 y 31.
§27, disp. preliminar, ap. 2.3.
§28, arts. 115 y 118.
§33, arts. 64 y 76.
§37, arts. 14.1 y 36.2.
§41, art. 62.1.
§44, arts. 7 y 44.
§52, art. 8.
§53, art. 6.
Como determinación de planes y proyectos:
§2, arts. 68, 71, 82, 83, 84, 90 y 155.
§3, arts. 8, 13, 16 y 24.
§3.1, arts. 11, 21, 29, 30, 45, 53, 54, 55, 60, 67, 70 y 72.
§6, arts. 55, 57, 79 y 123.
§17, art. 24.
§18, art. 22.
§23, art. 37.
§24, arts. 32, 59 y 63.
§25, art. 38.
§27, arts. 19, 26 y 110.
§28, arts. 19, 23, 25, 29 y 37.
§33, arts. 11, 12, 22, 23 y 26.
§37, arts. 36.2 y 45.4.
§44, arts. 82, 88, 89, 90 y 97.
§52, arts. 57, 59, 69, 73 y 76.
§53, art. 29.
Abastecimiento de agua en la ejecución del planeamiento:
§2, art. 177.
§3, arts. 122 y 146.
§3.1, arts. 40, 59, 63, 149, 150, 151 y 219.
§23, art. 99.
§24, art. 128.
§25, art. 68.
§27, art. 115.
§28, arts. 172, 209 y 215.
§37, art. 97.3.
§41, art. 160.
§44, arts. 153 y 185.
§52, art. 120.

ACCESO AL REGISTRO DE LA PROPIEDAD
– (V. *«Actos inscribibles»*):

ACCESO RODADO
§1, art. 8.
§2, arts. 10 y 13.
§3, arts. 78 y 81.
§3.1, arts. 21 y 101.
§6, arts. 13, 15, 25 y 79.
§11, art. 14.
§23, art. 50.
§24, art. 95.
§25, art. 11.
§28, arts. 115 y 118.
§33, arts. 64 y 76.
§37, arts. 14.1 y 36.2.
§41, art. 62.1.
§44, arts. 7 y 44.
§52, art. 8.
§53, art. 6.
– (V. también *«Solar»*).

ACCIONES
Acción pública:
§2, art. 304.
§3, art. 235.
§6, art. 10.
§7, disp. adic. 4ª.
§10, art. 25.
§13, art. 56.
§19, disp. adic. 1ª.
§23, arts. 8, 133 y 235.
§24, art. 256.
§25, art. 150.
§26, art. 28.
§28, art. 296.
§41, art. 212.
§44, art. 245.
Acción ante los tribunales ordinarios:
§2, art. 305.
§3, art. 236.

§24, art. 257.
§28, art. 297.

ACERAS
§2, art. 14.
§3, art. 82.
§3.1, art. 70.
§3.2, arts. 40, 59 y 149.
§6, art. 15.
§23, art. 51.
§24, arts. 101 y 128.
§25, art. 68.
§27, arts. 8, 69, 115, 130 y disp. preliminar, ap. 2.3.
§28, arts. 119 y 209.
§33, art. 69.
§41, art. 64.
§44, art. 10.
§52, art. 10.
§53, art. 6.
– (V. también *«Solar»*).

ACTOS INSCRIBIBLES
§2, arts. 307 y 309.
§2.1, art. 2.
§3, arts. 58, 68, 83, 95, 96, 101, 129, 139, 141, 171 y 221.
§3.2, arts. 53, 54, 102, 113, 116, 121, 126, 169, 174, 205, 209 y 210.
§6, arts. 16, 30 y 149.
§11, art. 9.
§12.1, art. 6.
§13, art. 19.
§17, art. 15, disp. adic. 1ª y disp. transit. 2ª.
§20, disp. adic. 19ª.
§23, arts. 26, 63, 82, 87, 98, 109, 114, 118, 131, 135, 139, 149, 160, 174, y disp. adic. 1ª.6.
§24, arts. 102, 130.4, 134.4ª, 157.4 y 258.
§25, arts. 19, 25, 67, 71, 76, 89, 93, 99, 105, 109, 120 y 131.
§28, arts. 180, 190, 286, 287 y 288.
§27, arts. 20, 58, 63, 67, 73, 74, 95, 110, 119, 128 y 132.
§28, arts. 91, 102, 120, 140, 151, 180, 192, 198, 241, 284 y 286.
§28.1, arts. 21, 22 y 41.
§33, arts. 57, 103, 105, 106, 113, 133, 135, 154, 165, 166 y 173.
§35, arts. 7 y 65.
§37, arts. 20.1, 88.2, 92.3, 105, 122.3, 125.3, 128.1, 135.5, 150.1, 163.5 y 166.6.
§38, art. 36.
§41, arts. 88, 93, 168, 181, 191.4, 195, 227.5 y 228.3.
§44, arts. 19, 133, 161, 204, 219, 248 y 283.
§51, art. 19.
§52, arts. 127, 137, 138, 156, 175 y 194.
§53, arts. 49, 58, 69, 72, 76, 77, 82, 89, 85 y 99.
Anotación preventiva:
§2, art. 309.2.
§2.1, arts. 12, 21, 56, 67, 80, 85 y 86.

ACTUACIONES ASISTEMÁTICAS
§2, arts. 31, 72, 143 y 185.
§2.1, arts. 33 a 44.
§6, art. 96.
§14, disp. adic. única.
§23, art. 145.
§25, arts. 12, 65, 69, 88 y disp. adic. 1ª.
§33, art. 122.
§38, art. 3.
§44, arts. 16, 87, 143, 191 y 222.
§45, art. 34.
§45.1, art. 3.
§46, arts. 5, 6 y disp. adic. 2ª.
§48.1, art. 1.
§50, art. 2.
§53, arts. 74, 79 y disp. final 1ª.

ADAPTACIÓN AL AMBIENTE
§2, art. 138.
§3, art. 73.
§3.1, arts. 61, 78 y 98.
§6, arts. 157 y 216.
§23, art. 65.
§24, art. 34.
§25, arts. 9 y 106.1 b).
§27, arts. 55 y 140.
§28, art. 107.
§33, art. 59.
§35, arts. 14.3, 31.1 y 94.1.
§37, arts. 30.2 y 170.1.
§44, arts. 82 y 135.
§53, arts. 3 y 95.
– (V. también *«Bellezas naturales»*).

ADQUISICIÓN DE FACULTADES URBANÍSTICAS
§2, arts. 38, 39, 43, 227 y disp. transit. 1ª.
§44, art. 219.

AEROPUERTOS
§2, art. 3.
§3, art. 3.
§3.1, arts. 12, 25 y 38.
§4, Anexo I 8 y II 4.
§13, art. 2.7.
§17, art. 24.1 e).
§20, arts. 47, 50, 61, 64 y 74.
§23, art. 166.1 u).
§28, art. 3.1 h).
§37, art. 151.1.
§41, art. 221.3 f).
§43, art. 1.
§45, art. 10.

AGENTE URBANIZADOR
§24, art. 168.
§25, arts. 86 y 88.
§27, art. 117.
§53, art. 7.

AGENTES DE LA EDIFICACIÓN
§1.1, arts. 8 a 16.
Constructor
§1.1, art. 11.
Director de la ejecución de la obra
§1.1, art.13.
Director de obra **§1.1**, art. 12.
Promotor **§1.1**, art. 9.
Proyectista **§1.1**, art. 10.

AGRAVANTES
– (V. *«Circunstancias atenuantes y agravantes. Sanciones administrativas»*).

AGUA
– (V. *«Abastecimiento de agua»*).

ALCANTARILLADO
§2, arts. 72, 82, 83 y 90.
§3, arts. 12, 14, 17 y 24.
§3.1, arts. 29, 30, 45, 53, 56, 60, 67, 70 y 72.
§3.2, arts. 41 y 63.
§23, art. 146.
§24, art. 63.1.
§27, art. 26 y disp. preliminar, ap. 2.3.
§28, arts. *11*, 25, 28 y 37.
§33, arts. 11, 12 y 22.
§37, art. 36.2.
§41, art. 241.
§44, arts. 82, 88, 89 y 97.
§52, arts. 57, 59, 69 y 73.
§53, art. 6.
– (V. también *«Abastecimiento de aguas»*.

ALINEACIONES Y RASANTES
§2, arts. 14, 72, 78, 81, 83 y 91.
§3, arts. 12, 13, 14, 43 y 82.
§3.1, arts. 29, 39, 45, 52, 65, 82, 92, 94, 102, 103 y 147.
§6, arts. 15, 17, 34, 39, 60, 70, 159 y 214.
§23, arts. 34, 35 y 38.
§24, arts. 61.2, 90.2 y 101 a).
§25, arts. 18, 22, 31, 37, 38 y 71.
§27, arts. 26 y 28.
§28, arts. 23, 24, 25, 26, 68, 119 y 223.
§33, arts. 11, 13, 22, 30 y 69.
§37, arts. 35.4, 48.1 y 53.1.
§41, arts. 38, 64, 99, 120 y 123.
§44, arts. 10, 71, 82, 86, 89, 98 y disp. transit. 6ª.
§52, arts. 10, 11, 57, 69, 73 y 78.
§53, arts. 6, 20 y 26.
– (V. también *«Solar»*).

ALTURAS
§2, arts. 139 y 191.
§3, arts. 73, 74, 175 y 226.
§3.1, arts. 65, 82, 98, 99, 102 y 103.
§3.3, arts. 46, 54, 81, 82 y 83.
§6, arts. 158 y 204.
§10, arts. 4 y 7.
§13, arts. 5, 6, 7, 28 y 45.
§17, arts. 26 y 28.
§18, art. 30.
§23, arts. 5, 38, 212 y 216.
§24, art. 37.
§25, arts. 9, 24, 31 a 38 y 115.
§27, arts. 55, 183, 194 y 195.
§28, arts. 97, 107, 111, 254 y 257.
§33, arts. 59, 60, 115 y 182.
§35, arts. 17, 70, 90 y 91.
§37, arts. 30.3.
§41, arts. 38 B).2 y 120.
§44, arts. 128, 135, 136, 195, 197 y 249.
§52, art. 205.
§53, art. 3.

ALUMBRADO PÚBLICO
§2, arts. 155 y 177.
§3, arts. 122 y 146.
§3.1, arts. 30, 53, 55, 60, 67 y 70.
§3.2, arts. 40, 59, 149, 151 y 219.
§6, arts. 15 y 123.
§18, art. 22.
§23, art. 51.
§24, arts. 63.1, 101 b) y 128 e).

§25, arts. 22 y 68.
§27, disp. preliminar, ap. 2.3 y art. 115.
§28, arts. 172 y 215.
§37, arts. 14.1, 36.2 y 97.2.
§41, arts. 64, 123 y 160.
§44, arts. 44, 153 y 185.
§52, art. 120.
§53, art. 6.

ANDALUCÍA
§4 y **§5**.

ANTENA
§23, arts. 157 y 166.
§20, disp. transit. 16ª.
§27, art. 165.
§37, art. 151.1.
§41, art. 221.3 i).

ANTEPROYECTOS
– (V. *«Avances de planeamiento»*).

APARCAMIENTO
§2, arts. 72 y 83.
§3, arts. 12 y 13.
§3.1, arts. 29, 45, 52 y 70.
§6, arts. 34, 47 y 79.
§23, art. 36.4.
§24, arts. 40.3 y 46 e).
§25, arts. 38, 42 y 44.
§27, art. 31.
§28, arts. 23 y 25.
§33, arts. 11, 22, 72 y 76.
§37, arts. 36.2 y 42.7.
§41, art. 132.
§44, arts. 44, 77, 82 y 89.
§52, arts. 57 y 73.
§53, arts. 22 y 58.

APROVECHAMIENTO MEDIO
§2, disp. adic. 2ª.
§3, arts. 12.2.2 b), 16.2 b), 84, 105, 120.2 y 146.4.
§3.1, arts. 30 b), 31, 38, 72, 159 y 168.3.
§6, art. 101.
§24, art. 125.
§33, disp. transit. 2ª.
§37, disp. transit. 1ª.
§38, art. 8.2 y disp. adic. 4ª.
§41, disp. transit. 2ª.
§44, art. 103.2
§48.1, art. 5.1
§49, arts. 18 y 19.
§50, art. 11.
§52, arts. 11.3 c), 24.2, 51.2, 58, 59, 63, 112.1 y 117.

APROVECHAMIENTO TIPO
§2, arts. 62, 95, 96, 97, 99, 100, 199, 200 y disp. transit. 4ª.
§5, art. único.
§14, arts. 1 y 5.
§12.1, arts. 13 y 15.
§23, disp. transit. 1ª 2.
§24, disp. transit. 2ª 3.
§25, disp. transit. 3ª b).
§27, disp. preliminar 3.3 y art. 71.
§32, art. único.
§32.2, art. 1.
§33, arts. 91, 92, 93 y 94.
§38, art. 43.
§41, disp. transit. 2ª.
§44, arts. 100, 103, 104, 205 y 206.
§45, art. 4.
§45.1, arts. 2, 4 y 5.
§46, disp. adic. 1ª.
§47, disp. adic. única.
§48.1, art. 5.
§50, art. 11.
§53, arts. 60 y 64.
§53.1, arts. 19 y 111.

ARAGÓN
§6, §7 y **§8**.

ÁREA DE REPARTO
§2, arts. 27, 29, 32, 43, 59, 61, 72, 94, 96, 97, 98, 99, 143 y 152.
§6, disp. transit. 3ª.
§12.1, art. 15.
§14.
§25, disp. transit. 3ª.
§27, arts. 68, 71 y 72.
§33, arts. 71, 72, 73, 89 a 94, 120 y 128.
§37, arts. 38.2, 42.5, 48.4, 82.2, 84, 85, 86.2, 91.3, 93.1 y 96.2.
§38, art. 1, 2, 4, 5, 8, 9 y disp. transit. 2ª.
§44, arts. 13, 100 a 104, 150, 152 y 205.
§46, disp. adic. 1ª.
§47, disp. adic. única.
§48.1, art. 5.
§50, art. 11.
§53, arts. 62, 63, 64 y 65.

ÁREAS O ZONAS DE ESPECIAL PROTECCIÓN
§1, arts. 9, 19 y disp. adic. 4ª.
§2, arts. 17, 86, 87 y 88.

§3, arts. 8, 11, 13, 17 a 25, 59, 80 y 86.
§3.1, arts. 10, 11, 18, 19, 24, 27, 36, 39, 45, 53, 76 a 81 y 86 a 96.
§6, arts. 16, 19, 23, 33, 36, 55, 57, 59, 62, 64, 157, 205 y 214.
§7, arts. 2, 11, 12, 14, 17, 19, 26, 36 y 39.
§9, arts. 6 y 7.
§11, arts. 1, 2 y 5.
§13, arts. 27, 49, 50 y 65.
§17, arts. 2 a 6, 9, 12, 15, 19, 29, 38 y 39.
§18, arts. 4, 5, 8, 12, 16, 17 y 24.
§19, art. 9.
§23, arts. 17, 34, 37, 39, 40, 54, 55, 58, 63, 65, 67, 155, 158, 159, 178, 188, 213, 216, 220, 224 y 229.
§25, arts. 4, 15, 16, 25, 29, 32, 36, 37, 41, 44, 46, 48, 63, 115 y disp. transit. 3ª.
§26, arts. 2, 10, 14 y 17.
§27, arts. 4, 16, 17, 18, 24, 27, 47, 50, 61, 139, 143, 179, 182 y 195.
§28, arts. 19, 22, 29, 33, 38, 92, 108, 109, 110, 117, 128, 266 y disp. adic. 1ª.
§29, arts. 13 y 16.
§33, arts. 3, 4, 5, 6, 9, 10, 19, 22, 26, 29, 32, 68, 77, 79, 170, 182 y disp. adic. 3ª.
§34, arts. 3, 7 y 22.
§35, arts. 24, 26, 58, 67, 82 y 94.
§38, arts. 12, 13, 28, 29, y 34.
§41, art. 96.
§42, art. 48.
§44, arts. 29 a 41, 42, 90, 92, 93, 94, 95 y 252.
§52, arts. 12, 16, 17, 18, 19, 26, 38, 39, 40, 41, 55, 56, 76, 77, 80, 199 y disp. transit. 5ª.
§53, arts. 15, 16, 17 y 25.
§54, arts. 1 y 9.
§55, arts. 7, 64, 72 y 76.

ARQUEOLÓGICO (VALOR)
§1, arts. 9 y 19.
§2, arts. 21 y 138.
§23, arts. 37, 39, 54, 55 y 216.
§24, arts. 59 f) y 108.1 a).
§25, arts. 15, 37 y 48.
§28, art. 107.
§33, art. 59.
§37, arts. 16.1 y 224.
§41, arts. 65, 92, 109 y 115.
§44, arts. 92, 135, 249 y 252.
§52, arts. 12 y 77.
§53, arts. 3, 25 y 86.

ASIENTO
– (V. *«Actos inscribibles»*).

ASIGNACIÓN DE USOS
§2, arts. 72 y 78.
§3, arts. 12 y 13.
§24, arts. 44.1 e), 46 b), 47.1 b) y 48.1 b).
§25, art. 44.
§28, arts. 23 y 25.
§33, arts. 11 y 13.
§41, arts. 99 b), 101 b) y 106 b).
§44, art. 82.
§52, arts. 57, 69 y disp. transit. 6ª.

ASOCIACIONES DE PROPIETARIOS (EN LA EJECUCIÓN DEL PLANEAMIENTO)
§2, art. 16.2.
§3, art. 132.
§3.2, arts. 24, 25, 191, 192 y 193.
§6, art. 137.
§23, art. 120.
§24, arts. 158.3, 168.2 y 255.
§25, arts. 67, 83, 86, 89 y 90.
§28, art. 182.
§33, art. 139.
§37, art. 115.4.
§41, art. 157.2 y 192.
§44, art. 166.
§52, art. 129.
§53, art. 79.

ASTURIAS
§9, §10, §11, §12 y **§12.1.**

ATENUANTES
– (V. *«Circunstancias atenuantes y agravantes. Sanciones Administrativas»*).

AVANCES DE PLANEAMIENTO
§2, arts. 103, 178 y 179.
§3, arts. 28, 147 y 148.
§9, art. 20.
§23, arts. 14, 31, 32, 42 y 45.
§24, arts. 57.5 y 75.1.
§25, art. 50.
§28, arts. 44, 63, 216 y 217.
§33, arts. 41 y 50.
§34, art. 10.
§37, art. 56.
§41, art. 132.
§44, arts. 115, 118 y 127.
§48, arts. 3, 10, 13 y 19.

§52, art. 89.
§53, disp. transit. 2ª.

B

BALEARES
§13 a §22.

BARRERAS ARQUITECTÓNICAS
§3.1, art. 52.1.
§6, arts. 47, 64 y 74.
§20, art. 78.
§23, arts. 29, 35 y 36.
§24, arts. 39 a 41.
§25, art. 36.
§27, arts. 24 y 31.
§28, art. 24.
§33, arts. 11, 22 y 26.
§35, art. 14.3
§41, arts. 99 i), 106.2 h) y 159.1.
§44, arts. 82, 89, 99 y 248.
§45, arts. 19, 37, 42 y 50.
§52, art. 73.
§53, arts. 12 y 13.

BELLEZAS NATURALES (NORMAS DE APLICACIÓN DIRECTA)
§2, art. 138.
§3, arts. 18 y 73.
§3.1, arts. 78, 79 y 98.
§6, arts. 157 y 204.
§23, art. 216.
§24, art. 34.1.
§27, art. 195.
§28, arts. 31 y 107.
§33, arts. 29 y 59.
§44, arts. 94 y 135.

BENEFICIO ILEGAL (CONFISCACIÓN)
§2, art. 272.
§3, arts. 228 y 231.
§3.3, art. 62.
§6, art. 207.
§13, art. 33.
§23, art. 195.
§24, art. 223.3.
§25, art. 117.
§27, art. 184.
§28, art. 266.
§33, art. 185.
§35, art. 77.
§37, art. 212.
§41, art. 236.
§44, arts. 212 y 256.
§52, art. 208.

BENEFICIOS Y CARGAS
– (V. *«Distribución de Beneficios y cargas»*).

C

CADUCIDAD DE LAS LICENCIAS
– (V. *«Deberes de los propietarios: edificar en plazo»*).

CALIDAD URBANA Y MEDIOAMBIENTAL
§2, arts. 83 y 128.
§3, art. 75
§6, arts. 33, 46, 58 y 74.
§12, art. 7.3.
§12.1, art. 15.
§23, arts. 29.1 d), 34, 35, 36 y 62.5.
§24, arts. 3.1 y 39.1.
§25, arts. 36, 38, 41 y 59.
§27, art. 31.
§33, art. 11.1 b) y disp. adic. 2ª.
§37, art. 158.
§44, arts. 20, 89, 128 y disp. transit. 4ª.
§50, art. 2.
§50.1.
§52, arts. 35, 51 y 145.
§53, arts. 13, 15, 19, 21, 22, 23, 29, 54 y 55.
§53.1, arts. 27, 29, 63, 74, 78, 79, 82, 83, 115, 172.6 y Anexo.
§54, art. 19.2.

CALIFICACIÓN URBANÍSTICA (USOS)
§2, arts. 8, 72, 74, 98, 126, 219, 225, 280 y 284.
§3, arts. 58, 69, 85 y 87.
§3.1, arts. 48, 59 y 61.
§3.2, art. 202.1 b).
§6, arts. 11 y 33.
§13, art. 4.
§23, arts. 6, 27, 56, 57, 58, 67.5 y 170.
§24, art. 46 b).
§25, arts. 42 y 44.
§27, arts. 57 y 59 a 65.
§28, arts. 15.2, 121.2 b) y 129.
§33, arts. 10, 43, 49 y 62.
§35, arts. 14.3 y 17.1 a).
§37, arts. 147 y 148.
§41, arts. 6.1 c), 84, 85, 99 e), 123 c) y 132.
§44, arts. 81 y 125.

§49, arts. 16, 18 y 20.
§52, arts. 56 y 63.
§53, arts. 55, 61, 75 y 84.
§54, arts. 4, 18 y 19.

CANARIAS
§23.

CANTABRIA
§24.

CARGAS
– (V. *«Distribución de Beneficios y cargas»*).

CARRETERAS
§2, arts. 87 y 138.
§3, arts. 20, 72 y 73.
§3.1, arts. 80 y 98.
§4, Anexo.
§7, art. 45.
§11, art. 8.
§20, arts. 19, 42, 57, 61, 62 y 63.
§23, arts. 65, 67 y 216.
§24, arts. 30, 34.1, 36 y 114.
§27, arts. 48, 55, 60, 64, 65, 173 y 195.
§28, arts. 32, 57, 106 y 107.
§28.1, art. 11 b).
§33, arts. 59 y 61.
§37, arts. 27.1, 30.2, 48.2 y 223.
§38, arts. 33 y 39.
§41, art. 83.3 c), 84 C.1) y 223.2.
§43, art. 2.
§44, arts. 35, 94 y 135.
§45, art. 3.3.
§48, disp. adic. 4ª.
§52, arts. 8, 14 y 16.
§53.1, art. 88.
§54, arts. 8.1, 14, 18.4 y 19.

CARTA MUNICIPAL DE BARCELONA
§28, art. 22.

CASTILLA Y LEÓN
§25, §25.1 y **§26.**

CASTILLA-LA MANCHA
§27.

CATÁLOGOS
§2, art. 93, 123, 133 y 246.3.
§3, arts. 25, 42, 44, 55, 56, 59 y 182.
§3.1, arts. 86, 87, 149 y 164.
§3.3, art. 30.2.
§6, arts. 40, 48 y 54.
§20, art. 15.1.
§23, arts. 28.1, 39, 158 y 159.
§24, art. 64.
§25, arts. 41, 44, 48 y disp. adic. 3ª.
§27, arts. 17, 27, 35, 36, 37 y 143.2.
§28, arts. 38, 67, 71, 88, 89, 92 y 252.
§33, arts. 32 y 101.
§35, art. 30, 55.2 y 94.1.
§37, art. 55.
§41, art. 115.4, 121 e), 124 f) y 225.3.
§44, arts. 83, 87, 127 y 225.
§45, arts. 29.1 y 33.
§52, arts. 66, 71, 80 y 103.
§53, arts. 12, 25, 37, 38, 43.2 y 91.
§53.1, arts. 57, 69, 86, 92 a 99, 150, 168 y 177.

CATALUÑA
§28, §28.1, §29, §30 y **§31.**

CATASTRO
§2, arts. 49, 53, 83 y 98.
§2.1, arts. 3.2 y 52 a).
§17, disp. transit. 2ª.
§27, arts. 30, 75.2, 120.4 y 178.2.
§25, arts. 62.2, 75.3, 76 y 81.
§37, art. 106.1.
§41, arts. 139 c), 140 a), 142.2, 172.2 y 173.3 a).
§51, art. 14.1.
§53, art. 46.3 y disp. adic. 3ª.

CÉDULA DE HABITABILIDAD
§3.3, art. 32.1.
§13, art. 58.
§23, art. 172.2.

CÉDULA URBANÍSTICA
§2, art. 44.
§3, art. 63.2.
§3.1, art. 168.
§3.3, art. 47.1.
§24, art. 8 e).
§25, art. 147.
§28, art. 95.
§33, art. 55.2.
§37, art. 64.
§41, art. 153.
§44, art. 21 y disp. adic. 12ª.
§45, art. 8.

CÉDULA DE URBANIZACIÓN
§41, art. 131.
§53, arts. 31, 32, 33, 42, 47.7, 52.2, 54 y 56.
§53.1, arts. 120 a 135.

CÉDULA DE GARANTÍA URBANÍSTICA
§53, arts. 57.1 c), 75.2 d) y 84.

CESIÓN DE VIALES
§24, art. 181.

CIRCUNSTANCIAS ATENUANTES Y AGRAVANTES (SANCIONES ADMINISTRATIVAS)
§2, art. 270.
§10, art. 17.
§13, art. 34.
§23, arts. 196, 197, 198 y 199.
§24, art. 223.
§27, art. 189.
§33, art. 185.
§35, arts. 78 y 79.
§37, art. 206.
§41, art. 241.
§44, arts. 248, 254 y 255.
§52, art. 208.
§55, arts. 105 y 106.

CLASIFICACIÓN URBANÍSTICA (CLASES DE SUELO)
§1, arts. 7 y 11.
§2, arts. 9 y 13.
§3, arts. 76 a 88.
§3.1, arts. 19, 23, 26, 28, 29, 39 y 154.
§3.5, art. 1.
§6, arts. 11 y 12.
§23, art. 49.
§24, arts. 92, 93 y 94.
§25, arts. 10 y 30.
§27, arts. 44, 45, 46, 47 y 48.
§28, arts. 113 a 118.
§33, art. 63.
§37, art. 13.
§38, art. 28.
§41, art. 61.
§44, art. 6.
§52, arts. 6 y 7.
§53, art. 8.
§53.1, arts. 9, 10, 11, 77 y 83.

COEFICIENTES DE PONDERACIÓN (PARA EL CÁLCULO DE APROVECHAMIENTO)
§2, arts. 96, 98, 166 y disp. adic. 2ª.
§6, art. 125.
§24, art. 123.2.
§25, art. 39.
§33, arts. 91 y 93.
§38, disp. adic. 4ª.
§44, art. 103.
§45.1, art. 2.2.
§47, disp. adic. única.3.
§52, art. 63.

COMPENSACIÓN (SISTEMA DE EJECUCIÓN)
§2, art. 157.
§2.1, arts. 5 y 21.
§3, art. 126.
§3.1, arts. 69.2 y 141.
§3.2, art. 157.
§6, art. 138.
§23, art. 111.
§24, art. 149.
§25, art. 80.
§28, art. 176.
§33, art. 133.
§37, arts. 104 a 114.
§41, art. 180.
§44, art. 155.
§45, art. 62.
§50, art. 10.
§52, art. 121.

CONCESIONES ADMINISTRATIVAS
Para la ejecución del Planeamiento:
§2, art. 4.
§3, arts. 114 y 172.
§3.2, arts. 211 y 212.
§24, art. 168.
§25, art. 90.
§27, art. 96.2.
§28, art. 164.
§33, arts. 4 y 118.
§37, art. 119.
§41, arts. 47.3, 160.2 y 191.2.
§52, art. 144.
§53, disp. transit. 4ª E.
De derecho de superficie:
§2, art. 288.
§3, art. 172.
§6, art. 93.
§24, art. 239.
§25, art. 130.
§27, art. 81.
§28, art. 241.
§33, art. 158.
§37, arts. 179, 180 y 181.
§41, art. 201.
§44, art. 275.

§52, art. 172.
Concesión de obra urbanizadora:
§6, art. 152.
§24, art. 168.
§52, art. 144.

CONCIERTO
– (V. *«Sistema de concierto»*).

CONSORCIOS URBANÍSTICOS:
§37, art. 76.

CONSULTA URBANÍSTICA
§2, art. 43.
§3, art. 55.
§3.1, art. 164.
§6, art. 51 y disp. adic. 5ª.
§23, art. 4.
§24, arts. 8 g), 57.2, 75.4, 128.2 y 264.2.
§25, art. 146.
§27, art. 173.
§37, arts. 22.1, 64, 155 y 248.
§41, art. 153.
§53, art. 38.

CONVENIO SOBRE TRANSFERENCIAS DE APROVECHAMIENTO
§2, art. 187.
§2.1, art. 35.
§27, art. 73.
§33, arts. 109 y 110.
§44, arts. 193 y 202.
§53, art. 76.

CONVENIOS URBANÍSTICOS
§2, arts. 184, 211 y 303.
§2.1, art. 32.
§3, art. 234.
§3.2, arts. 12 y 54.2.
§6, art. 82.
§23, art. 109.
§24, art. 140.
§25, art. 94.
§27, arts. 11, 12 y 13.
§33, art. 41.
§37, arts. 243 a 248.
§41, art. 158.
§44, arts. 140 y 141.
§52, arts. 148, 149 y 150.
§53, disp. adic. 6ª.
§54, disp. adic. 4ª.

COOPERACIÓN (SISTEMA DE ACTUACIÓN)
§2, art. 162.
§3, art. 131.
§3.2, art. 186.
§6, art. 135.
§18, art. 18 g.
§23, art. 120.
§24, art. 158.
§25, art. 83.
§28, art. 182.
§33, art. 139.
§37, arts. 115 y 116.
§41, art. 183.
§44, art. 166.
§52, art. 129.

CULTURA (VALORES DE INTERÉS CULTURAL)
§1, art. 9.
§2, arts. 12, 93 y 246.
§6, arts. 2, 19, 36, 59, 64, 102, 126, 184, 203 y 204.
§23, arts. 39, 51, 55, 63, 159, 180, 198, 201 y 216.
§24, art. 33.
§25, arts. 9, 15, 16, 17, 32, 37, 48, 106 y disp. adic. 3ª.
§26, art. 10.
§27, arts. 68, 143, 182 y 195.
§28, art. 117.
§33, arts. 6, 19, 32, 101 y 171.
§34, art. 7.
§37, arts. 16.1, 30.2, 138.1, 204.2 y 224.1.
§41, arts. 99 c), 109 e), 115, 215.1, 217.4, 230.2 y 237.1 d).
§42, art. 48.
§44, arts. 9, 23, 39, 83, 92, 225 y 252.
§52, arts. 2, 29, 56, 77, 80 y 185.
§53, arts. 12, 15, 25, 91 y 92.

D

DEBERES DE LOS PROPIETARIOS
Costear y, en su caso, ejecutar la urbanización:
§1, arts. 14, 18, 19 y 30.
§2, arts. 20, 140, 163 y 166.
§3, arts. 83, 84, 120 y 122.
§6, art. 19.
§23, arts. 71, 72 y 73.
§24, arts. 100 c) y 106.
§25, arts. 18, 70 y 72.

§27, art. 51.
§28, arts. 120 y 121.
§33, arts. 70, 72 y 76.
§37, arts. 12 y 17 a 23.
§41, art. 69, 70, 80, 84 y 169.3.
§44, arts. 13 y 153.
§52, arts. 11, 24 y 120.
§53, arts. 64, 70 y 75.
Cesiones obligatorias:
§1, disp. transit. 4ª.
§2, art. 205.
§2.1, arts. 29, 30, 31 y 32.
§6, arts. 107, 108, 121 y 144.
§23, arts. 84, 109, 111, 116, 135 y 159.
§24, arts. 117.1, 121.1, 122.1 a), 124.1, 127.2 b), 128.5, 130.2, 135.2, 137.5, 139.2 a), 143, 149.1, 153.3, 157.5, 161.2 y 170.
§25, arts. 20 y 66.
§27, arts. 68, 71 y 126.
§28, arts. 25, 60, 64, 81, 86, 103, 120, 122, 123, 124, 150, 167 y 207.
§33, arts. 70, 81, 82, 85, 131, 152 y 153.
§37, arts. 12, 18.2 y 21.
§41, arts. 68.2, 69.1 b), 84.2, 99 f) y h), 106 d), 155.2, 156 a), 158.3, 161, 163, 165.2 y 167.
§44, arts. 13, 14, 62, 109, 145, 183 y 203.
§52, arts. 106, 112, 120 y 127.
§53, arts. 64, 70 y 75.
Conservación y rehabilitación de edificios e instalaciones:
§1, arts. 19 y 43.
§2, arts. 21 y 245.
§3, arts. 181 y 182.
§3.3, art. 10.
§6, art. 70.
§23, art. 59.
§24, art. 200.
§25, art. 8.
§27, art. 137.
§28, art. 93.
§33, art. 170.
§37, art. 168.
§41, art. 92.
§44, art. 226.
§52, arts. 184 y 185.
§53, art. 86.
Conservación de la urbanización:
§2, art. 307.
§3.2, art. 24.
§6, art. 52.
§23, arts. 89, 108, 109 y 119.
§24, arts. 58.1 c), 119.1 y 156.
§27, art. 135.
§28, art. 79 y disp. transit. 7ª.
§37, arts. 135, 136 y 137.
§41, art. 157.2, 210 y 237.2 d).
§44, art. 109.
§52, disp. transit. 1ª.
§53, art. 79.
Edificar en plazo:
§1, arts. 14 y 18.
§2, arts. 20, 35 y 208.
§2.1, arts. 1 y 91.
§3, arts. 83 y 84.
§6, art. 16.
§23, art. 71.
§24, art. 246.
§25, art. 17.
§27, arts. 103 y 104.
§28, art. 120.
§33, art. 70.
§41, arts. 6.3 c), 68.1, 69.1 d). 80 g) y 216.
§44, arts. 18 y 213.
§52, art. 11.
§53, art. 85.

DERECHO DE SUPERFICIE

§2, art. 287.
§3, art. 171.
§6, art. 93.
§24, art. 239.
§25, art. 130.
§27, art. 80.
§28, art. 240.
§33, art. 158.
§37, arts. 179, 180 y 181.
§41, art. 201.
§44, art. 275.
§52, art. 172.

DERECHOS DE LOS PROPIETARIOS

§1, arts. 13, 15 y 20.
§2, art. 23.
§3, arts. 76 y 87.
§6, arts. 16, 21, 28 y 31.
§23, arts. 58, 62, 68, 70, 71, 72 y 73.
§24, arts. 97, 99, 105, 110 y 176.
§25, arts. 17, 19, 21, 23 y 32.
§27, art. 50.
§28, arts. 113, 120, 121, 127, 128 y 129.
§33, arts. 62, 71, 73 y 74.
§37, art. 11.

§41, art. 56.
§44, arts. 11, 12, 13, 14 y 149.
§52, arts. 11, 15 y 24.
§53, art. 66.

DEMOLICIÓN DE OBRAS
Acto sujeto a licencia:
§2, art. 242.
§3, art. 178.
§3.3, arts. 1 y 30.
§6, art. 172.
§23, art. 166.
§24, art. 183.1.
§25, art. 97.
§27, art. 165.
§28, art. 247.
§33, art. 168.
§37, art. 151.
§41, art. 93.2, 214 a), 221.2) y 229.
§44, art. 221.
§52, art. 179.
§53, arts. 91 y 92.
Para restablecer el orden urbanístico infringido:
§2, arts. 248 y 249.
§3, arts. 184 y 185.
§3.3, arts. 29 y 31.
§6, art. 196.
§23, art. 179 y disp. adic. 1ª.
§24, arts. 207 y 208.
§25, art. 118.
§27, arts. 178 y 182.
§28, arts. 255 y 258.
§33, art. 175.
§37, art. 194.
§41, art. 230.
§44, arts. 228, 229 y 241.
§52, arts. 198 y 199.
Por causa de ruina:
§2, art. 247.
§3, art. 183.
§3.3, art. 20.
§6, art. 191.
§23, art. 155 y disp. adic. 1ª.
§24, art. 202.
§25, art. 108.
§27, arts. 139 y 142.
§28, art. 253.
§33, art. 171.
§37, arts. 171 y 172.
§41, art. 224.
§44, art. 226.
§52, art. 186.
§53, arts. 90 y 93.

DENSIDAD DE VIVIENDAS FIJADAS POR EL PLANEAMIENTO
§2, art. 83.
§3, art. 75.
§3.1, art. 47.
§23, arts. 34 y 36.
§24, art. 38.
§25, arts. 36 y 41.
§27, arts. 24, 31, 63 y 183.
§28, arts. 23, 105 y 112.
§33, arts. 24, 27 y 50.
§37, arts. 3.2 y 42.1.
§41, arts 101, 106, 117 y 119.
§44, arts. 20, 89 y 128.
§52, arts. 73 y 102.
§53, arts. 12, 16, 19 y 22.

DIRECTRICES
§4, art. 21.
§7, arts. 1, 10 y 11.
§8.
§9, arts. 4 a 11.
§19, arts. 3 y 10 a 14.
§20.
§21, art. 1.
§23, arts. 14, 15, 16 y disp. transit. 8ª.
§24, arts. 11, 12 y disp. adic. 4ª.
§26, arts. 8 a 19.
§27, art. 18.
§29, art. 1.
§30.
§34, arts. 6 a 11.
§38, arts. 15 y 16.
§41, art. 20.
§44, arts. 49 a 53.
§48, arts. 2 y 4 a 10.
§52, arts. 28 a 32.
§55, art. 15.

DISTRIBUCIÓN DE BENEFICIOS Y CARGAS DERIVADOS DEL PLANEAMIENTO
§1, arts. 14.2 d), 18.5, 23, 43 y disp. transit. 4ª.
§2, arts. 3.1 b), 20, 25.1, 26, 29.1 a), 72.5 d), 83.2 c), 140, 144.2, 149.3, 154, 162, 164.2 y 239.2.
§2.1, arts. 4 a 21.
§3, arts. 3.2 c), 69.1, 87, 97, 117 y 131.
§3.2, arts. 36.2, 41.1 a), 71.4, 72, 117.1 y 188.

§6, arts. 18 a), 99.2, 101.1, 121, 124, 127.2, 131, 146.1, 152 y 153.2.
§23, arts. 4, 6.1 e), 71, 72, 94, 109.4 d), 120.2 y 134.2 d).
§24, arts. 3.2, 87.3, 100 a), 117.1, 121.1, 122.1 b), 129.2, 135.2, 158.2, 168.1 y 171.2.
§25, arts. 7.2 b), 12 b), 18.3 c), 39, 73.2 y 148 b).
§27, arts. 6.1 e), 51.1 g), 53, 68, 72, 92.2 a), 97.1 c), 115, 127, 193 y disp. transit. 3ª.
§28, arts. 3.2 b), 63.1 b), 103.1, 120.4, 129, 147, 167, 174.1 y 182.2.
§33, arts. 2 c), 3.2 b), 22.1 j), 62.2, 81, 87, 95, 120, 131, 139, 152.2 y 153.2.
§37, arts. 82 y 83.
§38, art. 28.1.
§41, arts. 4.3 y 59.
§44, arts. 14.2, 19.3, 87.3 d), 89.2 i), 143.1, 149, 159.2, 166.2, 170.1 y 210 c).
§52, arts. 11.3 d), 24.2 d), 106, 129.2, 131.2, 136.1 y 144.
§53, art. 65.2

DOCUMENTACIÓN DE LOS PLANES
– (V. también *«Planes, Normas y Proyectos»*)
De los Planes de Sectorización:
§37, art. 46.
De los Planes Directores Territoriales:
§2, art. 68.
§3, art. 8.
§3.1, art. 12.
De los Planes Generales:
§2, art. 72.
§3, art. 12.
§3.1, art. 37.
§6, art. 40.
§24, art. 52.
§27, art. 30.
§28, art. 23.
§33, art. 17.
§37, art. 43.
§41, art. 121.
§44, art. 87.
§52, art. 66.
§53, art. 27.
De Normas Complementarias:
§2, art. 79.
§3, art. 71.
§3.1, art. 95.
§41, art. 122.
De Normas Subsidiarias:
§2, art. 80.
§3, art. 71.
§3.1, arts. 96 y 97.
§27, art. 30.
De Programas de Actuación Urbanística:
§2, art. 82.
§3, art. 16.
§3.1, art. 74.
De Planes Parciales:
§2, art. 83.
§3, art. 13.
§3.1, art. 57.
§6, art. 48.
§24, arts. 56 y 58.
§27, art. 30.
§28, arts. 25 y 79.
§33, art. 25.
§37, art. 49.
§41, art. 123.
§44, art. 89.
§52, art. 73.
§53, art. 27.
De Planes Especiales:
§2, art. 84.
§3, art. 17.
§3.1, art. 77.
§6, arts. 54 y 59.
§24, art. 59.
§27, art. 30.
§28, arts. 29 a 38 y 79.
§33, arts. 26, 27, 28 y 29.
§37, art. 52.
§41, art. 124.
§44, arts. 90 a 97.
§52, arts. 75 y 76.
§53, art. 27.
De Estudios de Detalle:
§2, art. 91.
§3, art. 14.
§3.1, art. 66.
§24, art. 61.
§27, art. 30.
§28, arts. 26 y 79.
§33, art. 30.
§37, art. 54.
§41, art. 125.
§44, art. 98.
§52, art. 78.
§53, art. 27.
De Proyectos de Urbanización:
§2, art. 92.

§3, art. 15.
§3.1, art. 69.
§6, art. 97.
§23, art. 41.
§24, art. 63.
§25, arts. 51 y 61.
§27, art. 111.
§28, art. 27.
§33, art. 31.
§37, art. 80.
§41, art. 159.3.
§44, art. 99.
§52, art. 79.
§53, art. 34.
De Proyectos de Delimitación de Suelo Urbano:
§3.1, art. 103.

E

Entidades de inspección técnica:
§37, art. 169 y disp. adic. única

ESTÁNDARES URBANÍSTICOS
– (V. también *«Calidad urbana y medioambiental»*)
§2, arts. 72 y 83.
§3, arts. 12, 70 y 75.
§3.1, arts. 19, 25, 29, 45, 47, 49 y 51.
§6, arts. 33, 47, 75 y 213.
§12, art. 7
§12.1, art. 15.
§23, arts. 30 y 32.
§24, arts. 37 a 41.
§25, arts. 38 y 41.
§27, art. 31.
§28, arts. 23 y 25.
§33, arts. 10 y 22.
§37, arts. 31.1, 36.5 y 6, 42 y 45.3.
§41, arts. 98, 101 y 106.
§44, arts. 73 y 75.
§50.1.
§52, arts. 35, 51 y disp. transit. 5ª ap. 10.
§53, arts. 13, 19, 22, 23, 54 y 55.
§53.1, arts. 27, 29, 63, 74, 78, 79, 82, 83, 115, 172.6 y Anexo.
§54, art. 19.2.

ESTATUTOS Y BASES DE ACTUACIÓN (BASES)
§2, arts. 149, 157, 158, 159, 160 y 161.
§3, art. 126.
§3.2, arts. 158, 161, 167, 172 y 182.
§6, arts. 139 y 141.
§23, arts. 111 y 116.
§24, arts. 152 y 153.
§28, art. 176.
§41, arts. 157.2 b) y 181.
§33, arts. 133 a 138.
§37, arts. 106 y disp. transit. 4ª.
§52, arts. 116 y 122, 123, 124 y 125.
§53, disp. transit. 4ª.
Fuera de ordenación:
§1, arts. 21.1 a) y 41.2.
§2, art. 137.
§2.1, art. 76.
§3, arts. 60 y 62.
§3.3, arts. 14 y 83.
§6, art. 70.
§10, disp. transit. 1.
§13, arts. 45 y 73.
§15,
§17, disp. adic. 4ª.
§23, arts. 44 y 66.
§24, art. 88.
§25, art. 64.
§27, art. 24.2 d).
§28, art. 93.
§33, art. 58.
§35, art. 48.
§37, arts. 26.1, 29.3, 64.1 y 221.
§41, art. 94.
§44, arts. 134 y 263.
§45, arts. 2.3 b), 3.1, 31.2 y 32.2.
§52, art. 99.
§53, arts. 6 y 58.
§53.1, arts. 52, 75 B, 183 y 184.

EQUIPAMIENTO COMUNITARIO
§2, arts. 72, 78, 84, 85 y 286.
§3, art. 12.
§3.1, arts. 19, 25, 76, 83 y 93.
§3.2, art. 51.
§3.3, art. 76.2.
§6, arts. 33, 55, 57, 58, 72 y 92.
§12.1, art. 3.
§24, art. 59.2 b).
§28, arts. 23 y 287.
§33, arts. 10 y 26.
§37, art. 217.2.
§41, arts. 98 b), 109 a), 111 y 114.1.
§44, arts. 81, 90, 91, 250 y 274.
§45, arts. 10.1 B y 19.1.
§52, arts. 56, 76 y 171.

ESPACIOS LIBRES
Su establecimiento y modificación por el planeamiento:
§2, arts. 3, 72, 78, 83, 128, 129 y 209.
§3, arts. 3, 12, 13, 49, 50 y 65.
§3.1, arts. 19, 25, 29, 32, 45, 49, 60, 65, 70, 76, 82, 93 y 161.
§6, arts. 33, 47, 57 y 60.
§23, arts. 32.2, 36.1, 38.2, 46.5 y 47.
§24, arts. 39 y 40.
§25, arts. 38, 41, 42, 44 y 58.
§27, arts. 24, 39 y 41.
§28, arts. 23 y 75.
§33, arts. 10, 11, 22, 26 y 51.
§37, arts. 36, 53.2, 61.1, 68.1, 69.2, 200, 223 y 23.1.
§41, art. 6.1 d), 80 c), 98 b), 99 f) 101.2 b), 106, 109 a), 111, 117.2 b), 149.3, 237.1 e) y 246.2.
§44, arts. 70, 73, 81, 90 y 128.
§52, arts. 35, 56, 57, 73 y 102.
§53, arts. 17 y 55.
Restauración del orden urbanístico en espacios libres:
§2, art. 255.
§3, art. 188.
§3.3, arts. 40, 41, 67, 70 y 85.
§6, arts. 197, 200, 204 y 205.
§24, art. 212.
§28, art. 260.
§33, art. 180.
§37, art. 236.
§41, art. 246.2.
§44, art. 234.
§52, art. 199.

ESTUDIO ECONÓMICO FINANCIERO
– (V. también *«Documentación de los Planes»*).
§2, arts. 72 y 82.
§3, art. 12.
§3.1, arts. 37, 42, 57, 62, 63, 64, 74 y 77.
§6, art. 79.
§23, arts. 32, 36 y 47.
§24, arts. 27.1 g), 52.1 e), 58.1 d), 60.1.
§25, arts. 38, 41, 42, 44, 59 y 68.
§27, art. 20.
§28, art. 23.
§33, art. 16.
§37, arts. 82 y 83.
§41, art. 28.2, 33.1 d), 106 j) y 121 g).
§44, arts. 87, 88 y 127.
§52, arts. 45, 65 y 66.

EXPROPIACIÓN FORZOSA
Funciones de la expropiación forzosa:
§1, arts. 33 a 40.
Reversión expropiatoria: **§1**, art. 40.
§1.1, disp. adic. 5ª.
Sistemas de gestión urbanística (v. *«Sistemas de ejecución o actuación»*):
§2, arts. 171 a 176.
§3, arts. 134 a 145.
§3.2, arts. 194 a 210.
Valoraciones:
§1, arts. 23 a 32.
– (V. también *«Legitimación de expropiaciones»*).

EXTREMADURA
§32, 32.1, 32.2 y **32.3.**

F

FACHADAS
Como superficie expropiable:
§2, art. 209.
§3, arts. 65 y 66.
§24, arts. 34.2, 37.3, 50.1, 62.1 y 201.1.
§28, art. 100.
Como objeto de órdenes de ejecución de obras:
§2, art. 246.
§3, art. 182.
§3.3, art. 11.
§24, art. 201.1.
§25, art. 106.
§28, art. 252.
§33, art. 170.
§41, art. 225.2.
§44, art. 225.
§52, art. 185.

FUNCIÓN SOCIAL DE LA PROPIEDAD, CAUSA DE EXPROPIACIÓN FORZOSA
§1, arts. 1 y 34.
§2, arts. 5 y 207.
§6, arts. 113, 114 y 161.
§23, arts. 1, 3, 4, 56, 128 y 148.
§24, art. 131.
§25, arts. 21, 91 y 120.
§27, art. 148.
§33, art. 151.
§37, arts. 122.4 y 170.2.

§41, art. 193.3.
§44, arts. 183 y 209.
§52, arts. 143, 158, 162 y 188.

G

GALICIA
§33, §34, §35 y **§36.**

GRADUACIÓN DE SANCIONES
– (V. también *«Infracciones y Sanciones urbanísticas»*).
§2, art. 271.
§3, art. 228.
§3.3, arts. 84 y 87.
§6, art. 207.
§23, art. 196.
§24, art. 223.
§25, art. 115.
§27, art. 189.
§28, art. 268.
§33, art. 185.
§37, art. 208.
§41, arts. 240 y 241.
§44, art. 254.
§52, art. 208.

H

HOJA DE APRECIO
– (V. *«Expropiación forzosa»*).

I

IMPACTO AMBIENTAL
§4, art. 7.
§6, arts. 22, 80 y disp. adic. 4ª.
§7, arts. 13, 19, 37 y disp. transit. 6ª.
§9, arts. 17 y 18.
§11, arts. 1 y 4.
§17, art. 14.
§18, arts. 13, 18 y disp. adic. 4ª.
§20, arts. 54, 71, 85 y disp. adic. 7ª.
§23, arts. 26, 17, 196, 244 y 245.
§24, arts. 27, 29.3, 52.2 y 69.2.
§25, art. 55.
§26, arts. 11, 12, 17, 22 y 24.
§27, arts. 10, 20, 30, 31, 39, 64, 110, 163, 166, 168, 169, 170, 173 y 178.
§28, arts. 19, 247 y disp. adic. 2ª.
§33, art. 79.
§34, art. 27.
§37, arts. 148.3, 149.2, 150, 153, 154 y 155.
§38, arts. 27 y 38.
§41, art. 35, 49.2, 98 h), 124 b), 132.2, 133.2 y disp. adic 2ª.
§44, art. 64.
§45, art. 14.
§48, art. 6.
§52, art. 45 y disp. adic. 5ª.
§53, arts. 27, 28, 29 y 43.

INDEMNIZACIÓN
Cláusula residual de indemnización:
§1, art. 44.
§2, art. 241.
§23, art. 186.
§24, arts. 3.2 y 8 j).
§52, art. 133.1 e).
Improcedente por el mero hecho de la ordenación urbanística:
§1, arts. 2, 24, 41, 42, 43 y 44.
§2, arts. 6 y 237.
§3, art. 87.
§24, art. 3.
§25, art. 7.
§27, art. 53.
§28, art. 129.
§37, art. 10.1.
§41, art. 58.
§44, art. 27.
Por anulación y revocación de licencias:
§1, art. 44.
§2, art. 240.
§3, art. 232.
§23, art. 171 y disp. transit. 7ª.
§24, art. 8 j).
§25, art. 101.
§27, art. 162.
§28, art. 293.
§37, art. 159.
Por demora en otorgamiento de licencias:
§1, art. 44.
§2, art. 240.
§23, art. 186.
Por modificación del planeamiento:
§1, arts. 2, 24, 41, 42, 43 y 44.
§2, art. 237.
§3, art. 87.
§24, arts. 3.2 y 8 j).
§25, art. 7.
§27, art. 53.
§28, art. 129.
§41, art. 58.

§44, art. 129.
§53, art. 57 c).
Por ocupaciones:
§2, art. 204.
§6, art. 112.
§25, art. 93.
§52, art. 157.
Por limitaciones singulares:
§1, art. 43.
§2, art. 239.
§3, art. 87.
§24, arts. 3.2 y 8 j).
§25, art. 7.
§27, art. 53.
§37, art. 10.1.
§44, art. 27.

INFORMACIÓN
Deber general de información:
§2, arts. 45 y 135.
§6, disp. adic. 5ª.
§23, arts. 8 y 10.
§24, arts. 8 e), 57.2 y 67.2.
§25, arts. 2 y 6.
§27, art. 8.
§33, arts. 4 y 55.
§37, arts. 3.1 y 31.1.
§41, art. 153.
§44, art. 4.
§52, art. 4.
§53, disp. adic. 5ª.
Información pública en el planeamiento:
§1, art. 6.
§2, arts. 103, 113, 114, 116, 117, 119, 121, 122 y 127.
§3, arts. 27, 41, 42 y 54.
§3.1, arts. 116, 119, 120, 128, 130, 132, 140, 147 y 158.
§6, arts. 41, 50, 53, 62 y 75.
§23, arts. 20, 24, 26 y 27.
§24, art. 8 b).
§25, art. 52.
§27, arts. 33, 36, 38 y 120.
§33, arts. 41, 42, 43 y 44.
§37, arts. 56, 57, 58, 59 y 70.
§41, arts. 22, 35.2, 39.3, 45.2, 134.2, 135, 137 d), 138, 139 a), 140 a 145 y 153.1.
§44, art. 4.
§52, arts. 37, 85 y 89.
§53, arts. 38, 43, 46 y 53.
Información pública en la gestión urbanística:
§1, art. 6.
§2, arts. 146, 149, 157 y 165.
§3, arts. 98, 118, 119 y 135.
§3.2, arts. 38, 44, 78, 108, 111, 115, 161, 197, 199, 202, 204, 217 y 220.
§23, arts. 84, 87, 96, 101, 106 y 120.
§24, arts. 121.3, 148.3, 150.2, 152 y 170.
§25, art. 76.
§27, art. 92.
§33, arts. 102, 103, 121 y 133.
§37, arts. 88, 100, 103, 107 y 111.
§41, arts. 173, 176, 181.1, 186.1, 187.3 y 188.2.
§44, art. 4.
§52, arts. 111 y 116.
§53, art. 69.
Información pública en procedimientos expropiatorios:
§2, arts. 219, 221 y 222.
§23, arts. 128 y 139.
§24, art. 162.3.
§33, arts. 145 y 149.
§52, art. 141.

INFRACCIONES Y SANCIONES URBANÍSTICAS
§2, arts. 261 a 275.
§2.1, arts. 56 a 66.
§3, arts. 225 a 231.
§3.3, arts. 51 a 94.
§6, arts. 203 a 210.
§23, arts. 187 a 199.
§24, arts. 214 y 222.
§25, arts. 115 y 117.
§27, arts. 183, 184, 192, 193, 194 y 195.
§28, arts. 262 a 272.
§33, arts. 181, 182 y 185.
§35, arts. 69, 70, 71 y 74 a 79.
§37, arts. 201, 204 y 207.
§41, art. 237.
§44, arts. 247 a 253.
§52, arts. 204, 205 y 208.
§53, art. 83.
§55, arts. 95 a 102.

INSTRUMENTOS DE PLANEAMIENTO
– (V. «*Planes de ordenación urbanística*»).

J

JURADOS DE EXPROPIACIÓN FORZOSA Y COMISIONES DE VALORACIÓN
§1, art. 38.
§2, arts. 202 y 220.
§3, arts. 69 y 138.
§3.2, arts. 202 y 208.
§23, art. 228.
§24, arts. 87.3 y 166.1 f).
§25, art. 139.
§27, art. 152.
§31, art. 1.
§33, art. 145.
§37, arts. 240 y 241.
§44, disp. adic. 10ª.
§49, art. 1.

L

LEGALIZACIÓN DE OBRAS Y CONSTRUCCIONES
– (V. *«Órdenes de legalización»*).

LEGITIMACIÓN DE EXPROPIACIONES
§1, art. 33.
§2, art. 132.
§3, art. 64.
§3.2, art. 226.
§4, art. 24.
§6, arts. 69, 81, 88.
§7, arts. 35 y 41.
§12, art. 4.
§18, art. 25.
§19, art. 16.
§20, arts. 13, 39 y disp. transit. 11ª.
§23, arts. 44, 75, 159 y 246.
§24, art. 87.
§25, arts. 63, 109 y 128.
§26, arts. 16 y 22.
§27, arts. 42 y 78.
§28, arts. 98 y 221.
§33, art. 54.
§37, arts. 64 y 138.
§38, arts. 28 y 39.
§39, arts. 28 y 39.
§41, art. 152.
§44, arts. 65, 130 y 277.
§51, art. 15.
§52, arts. 46, 49, 50, 96 y 167.
§53, arts. 58 y 98.

LIBRO DEL EDIFICIO
§1.1, art. 7.

LICENCIAS URBANÍSTICAS
– (V. también *«Indemnización por anulación y revocación de licencias»*).
Actos sujetos:
§1, arts. 22, 42 y 44.
§2, arts. 242, 243 y 244.
§3, arts. 178, 179 y 180.
§3.3, arts. 1 a 9.
§6, arts. 166 y 172.
§23, art. 166.
§25, art. 97.
§27, arts. 160 a 173.
§28, art. 247.
§33, art. 168.
§37, art. 151.
§41, arts. 214 y 221.
§44, art. 221.
§52, art. 179.
§53, arts. 81, 82 y disp. adic. 4ª.
Anulación de licencias:
§1, art. 44.
§2, arts. 240, 253 y 254.
§2.1, arts. 1 y 75.
§3, arts. 186 y 187.
§6, arts. 199 y 200.
§23, art. 171 y disp. transit. 7ª.
§24, arts. 210 y 211.
§25, art. 101.
§27, arts. 162 y 179.
§28, arts. 260 y 293.
§37, art. 159.
§41, art. 232.
§44, arts. 232 y 233.
§52, arts. 202 y 203.
Licencia para obras o usos provisionales:
§1, art. 17.
§2, art. 136.
§2.1, art. 76.
§3, art. 58.
§3.3, art. 1.
§6, art. 16.
§23, art. 61.
§24, art. 107.
§25, art. 19.
§27, art. 172.
§28, art. 91.
§33, art. 57.
§37, arts. 20.3, 151 y 228.
§41, arts. 76.2 y 77.

§44, art. 38.
§53, art. 58.
Licencias de parcelación:
§1, art. 20.
§2, arts. 242, 257, 258, 259 y 262.
§2.1, arts. 78 a 82.
§3, arts. 27, 63, 94, 96, 178, 190, 226 y 228.
§3.3, arts. 1, 46 y 54.
§6, art. 183.
§23, arts. 80 y 178.
§24, arts. 139.1, 183.1 y 198.
§25, art. 104.
§27, arts. 89 y 91.
§28, arts. 80 y142.
§33, arts. 172 y 174.
§37, arts. 86.2, 143, 144, 145 y 216.
§41, arts. 87 y 221.3 a).
§44, art. 221.
§52, arts. 193 y 195.
§53, art. 82.
Licencias urbanísticas y Registro de la Propiedad:
§2.1, arts. 1, 3, 37, 46, 48, 50, 51, 53, 67, 74, 75, 76, 78, 79, 81 y 82.
Suspensión del otorgamiento de licencias:
§2, art. 102.
§3, art. 27.
§3.1, arts. 117 a 122.
§6, arts. 65, 66, 128, 199 y disp. adic. 6ª.
§23, arts. 28 y 184.
§24, art. 25.
§25, arts. 53, 99.2 c), 103.3 y 146.2 a).
§28, arts. 40, 41, 42, 97, 148 y 249.
§33, arts. 34 y 102.
§41, art. 134.
§44, arts. 18, 60, 106 y 161.
§52, arts. 82 y 132.
§53, art. 57.

M

MADRID
§37 y **§38**.

MEDIDAS DE SEGURIDAD
– (V. *«Ruina»*).

MELILLA
§39 y **§40**.

MODIFICACIÓN DE LOS PLANES
– (V. *«Vigencia*, Modificación y Revisión del Planeamiento»).

MURCIA
§41, §42 y **§43**.

N

NAVARRA
§44, 45, 45.1 y **45.2**.

NORMAS DE APLICACIÓN DIRECTA
– (V. *«Adaptación al ambiente»* y *«Bellezas naturales»*):

NORMAS SUBSIDIARIAS Y COMPLEMENTARIAS DE PLANEAMIENTO
– (V. *«Planes»*):
§2, arts. 73 a 80.
§3, arts. 70 y 71.
§3.1, arts. 150, 151 y 152.
§41, arts. 103 y 104.

NORMALIZACIÓN DE FINCAS
§3.2, arts. 117 a 121.
§6, art. 131.
§24, art. 129.
§25, art. 71.
§33, art. 116.
§41, art. 168.
§44, art. 170.
§52, art. 136.

NOTAS MARGINALES
Acreditativa de la concesión de licencias para obras y usos provisionales:
§2.1, art. 76.
Nota marginal acreditativa de la adquisición del aprovechamiento urbanístico:
§2.1, art. 77.
De la inclusión de una finca en el Registro Administrativo de Solares y Terrenos sin urbanizar:
§2.1, art. 87.
Nota marginal acreditativa de la declaración en venta forzosa:
§2.1, art. 88.
De iniciación del procedimiento de equidistribución:
§2.1, arts. 5, 11 y 14.
De cancelación formal de asientos:
§2.1, art. 16.
En garantía de obligaciones urbanísticas:
§2.1, art. 19.
En caso de expropiaciones urbanísticas:
§2.1, arts. 22, 25 y 26.

En caso de transmisión y transferencia de aprovechamientos:
§2.1, arts. 36 y 41.
En caso de obra nueva:
§2.1, art. 47.
Relativas al procedimiento de disciplina urbanística:
§2.1, art. 63.
Sobre condiciones impuestas sobre determinadas fincas:
§2.1, art. 74.
De la declaración de ilegalidad de la licencia de edificación:
§2.1, art. 75.

NÚCLEO DE POBLACIÓN
§2, arts. 16, 76, 78 y 257.
§3, arts. 85 y 94.
§3.1, arts. 34, 36, 40, 92 y 93.
§6, arts. 23, 179, 205 y 216.
§25, arts. 11, 23, 30 y 31.
§27, arts. 39 y 54.
§28, arts. 127, 139 y 264.
§44, art. 38.
§52, arts. 18, 19, 61 y 197.
§53, arts. 19 y 28.
§53.1, arts. 18 y 85.

O

OBRA NUEVA
§1, art. 22.
§1.1, art. 20
§2, arts. 16 y 37.
§2.1, arts. 45 a 55 y 75.
§25, art. 101.
§44, art. 248.12 c).
§53, art. 73.

OBRAS CLANDESTINAS
– (V. *«Órdenes de legalización de obras»*)

OBRAS DE SEGURIDAD, SALUBRIDAD Y ORNATO PÚBLICOS

OBRAS POR MOTIVOS ESTÉTICOS
– (V. *«Órdenes de ejecución de obras»*).

OCUPACIÓN DIRECTA
§2, art. 203.
§2.1, art. 42.
§6, arts. 17 a 113 y 119.
§23, arts. 76, 77, 137, 139, 145 y disp. transit. 1ª.
§24, art. 133.
§25, arts. 67, 93 y 125.
§27, arts. 126, 127 y 128.
§33, arts. 152, 153 y 154.
§37, art. 92.
§41, arts. 194 y 195.
§44, arts. 144, 205, 206, 207 y 208.
§52, arts. 151, 153, 155 y 156.
§53, art. 66.

ORDENACIÓN URBANA
– (V. *«Planes»*).

ÓRDENES DE EJECUCIÓN DE OBRAS
§1, art. 19.
§1.1, art. 3.
§2, arts. 245 y 246.
§3, arts. 181 y 182.
§3.3, arts. 10 y 11.
§6, arts. 184 a 190.
§13, arts. 10, 11 y 12.
§23, art. 153.
§24, art. 201.
§25, art. 8.
§27, art. 137.
§28, arts. 251 y 252.
§33, art. 170.
§35, art. 24.
§37, arts. 168, 169 y 170.
§41, arts. 92 y 225.
§44, arts. 224 y 225.
§52, arts. 184 y 185.
§53, arts. 86, 87, 88 y 89.

ÓRDENES DE LEGALIZACIÓN DE OBRAS
§2, arts. 38, 39, 248, 249, 250 y 251.
§3, arts. 184 y 185.
§3.3, arts. 29, 30, 31 y 32.
§6, arts. 196 y 197.
§10, arts. 9 y 10.
§13, art. 26.
§23, arts. 177, 178, 179 y 180.
§24, arts. 207 y 208.
§25, arts. 113 y 114.
§27, arts. 178 y 179.
§28, arts. 254, 255 y 256.
§33, arts. 175, 176 y 177.
§35, arts. 49, 54, 55 y 56.
§37, arts. 193, 194 y 195.
§41, art. 228.
§44, arts. 228, 229, 230, 241 y 242.
§52, arts. 198 y 199.

ÓRGANOS URBANÍSTICOS (COMISIONES POR COMUNIDADES AUTÓNOMAS)
Andalucía (**§4**, disp. adic. 3ª):
– Comisión de Ordenación del Territorio y Urbanismo.
– Comisiones Provinciales de Ordenación del Territorio y Urbanismo.
Aragón (**§6**, art. 4):
– Comisiones Provinciales de Ordenación del Territorio de Huesca, Teruel y Zaragoza.
– El Consejo de Ordenación del Territorio de Aragón.
Asturias (**§9**, art. 34):
– Comisión de Urbanismo y Ordenación del Territorio.
Baleares (**§19**, art. 8):
– Comisión de Coordinación de Política Territorial.
– Comisión Insular de Urbanismo: Baleares.
Canarias (**§23**):
– Comisión de Ordenación del Territorio y Medio Ambiente.
– Comisión de Valoraciones.
Cantabria (**§24**):
– Comisión Mixta Interdepartamental.
– Comisión Regional de Ordenación del Territorio.
– Comisión Regional de Urbanismo.
Castilla y León (**§25**, arts. 136, 137, 138 y 139):
– Comisiones Provinciales de Urbanismo.
– Comisiones Territoriales de Urbanismo.
– Comisión de Urbanismo de Castilla y León.
– Comisiones Territoriales de Valoración.
Castilla-La Mancha (**§27**):
– Comisión Provincial de Urbanismo.
– Comisión Regional de Urbanismo.
Cataluña (**§28** y **§29**):
– Comisión de Coordinación de Política Territorial.
– Comisión de Urbanismo de Cataluña.
– Comisiones de Urbanismo.
Ceuta (**§31.1**):
– Comisión Mixta de Transferencias.
Extremadura (**§32**):
– Comisión de Urbanismo y Ordenación del Territorio.
Galicia (**§33**):
– Comisión Superior de Urbanismo.
Madrid (**§38**, art. 7):
– Comisión de Concertación Territorial.
Madrid (**§37**, arts. 238 y 239):
– Comisión de Urbanismo.
Melilla (**§40**):
– Comisión Mixta de Transferencias.
Navarra (**§44**):
– Comisión de Ordenación del Territorio.
País Vasco (**§48**):
– Comisión de Ordenación del Territorio.
La Rioja (**§52**):
– Comisión de Ordenación del Territorio y Urbanismo.
Valencia (**§53**):
– Comisiones Territoriales de Urbanismo.

P

PAÍS VASCO
§46, §47, §48, §48.1, §49, §50, §50.1 y **§51**.

PARCELACIÓN
§1, art. 20.
§2, arts. 242, 257, 258, 259 y 262.
§2.1, arts. 78 a 82.
§3, arts. 27, 63, 94, 96, 178, 190, 226 y 228.
§3.3, arts. 1, 46 y 54.
§6, art. 183.
§23, arts. 80 y 178.
§24, art. 195.
§25, art. 104.
§27, arts. 89 y 91.
§28, arts. 80 y 142.
§33, arts. 172 y 174.
§37, arts. 143, 144, 145 y 146.
§41, art. 87.
§44, art. 221.
§52, arts. 193 y 195.
§53, art. 82.

PARTICIPACIÓN CIUDADANA
– (V. *«Información»*).

PARTICIPACIÓN EN PLUSVALÍAS
§1, art. 3.
§2, art. 7
§6, art. 101.1.
§23, arts. 4, 6.1 b), 71.1 a), 71.3 c) y 72.2 c).
§24, art. 3.1.
§25, art. 4.
§27, arts. 6, 39 y 51.
§33, arts. 3.2 c) y 117.1.

§37, arts. 3.2, 4.2, 10.3, 45.4, 71.2 y 96.
§38, art. 8.3.
§41, art. 60.
§47, art. único.
§53, arts. 1 y 55.5

PLANES, NORMAS Y PROYECTOS

Calificaciones Territoriales:
§23, arts. 14 y 25.
Catálogos de Bienes y Espacios Protegidos:
§2, art. 93.
§3, arts. 6 y 25.
§3.1, art. 86.
§23, art. 39.
§24, art. 64.
§27, art. 27.
§37, art. 55.
§41, arts. 98 c), 115.4, 121 e) y 124 f).
§44, art. 83.
§52, art. 80.
§53, art. 12.
§53.1, art. 92.
Estudios de Detalle:
§2, art. 91.
§3, arts. 6 y 14.
§3.1, art. 65.
§6, art. 60.
§23, art. 38.
§24, art. 61.
§25, art. 33.
§27, art. 28.
§28, arts. 17 y 26.
§37, arts. 53 y 54.
§41, art. 120.
§44, art. 98.
§52, art. 78.
§53, art. 12.
§53.1, art. 100.
Normas complementarias y subsidiarias:
§2, art. 73.
§3, arts. 6, 70 y 71.
§3.1, art. 88.
§6, art. 62.
§22, art. 1.
§28, arts. *104* y *105*.
§41, arts. 103, 104 y disp. transit. 6ª.
Normas Provinciales de Planeamiento:
§33, arts. 5 y 6.
Normas subsidiarias de ámbito municipal:
§2, art.77.
§3, arts. 6, 70 y 71.
§3.1, art. 91.
Normas subsidiarias de ámbito provincial:
§2, art. 76.
§3, arts. 6, 70 y 71.
§3.1, art. 90.
§6, art. 62.
Normas urbanísticas municipales:
§25, arts. 43 y 44.
Normas Urbanísticas Regionales:
§24, art. 19.
Plan de Acción Territorial:
§55, art. 19.
Planes de Acción Territorial de finalidad urbanística:
§53, art. 12.
§53.1, arts. 2 y 37.
Planes de Delimitación del Suelo Urbano:
§27, art. 25.
Plan Director Sectorial:
§19, art. 13.
§23, art. 25.
Planes Directores Territoriales de Coordinación:
§2, art. 68.
§3, arts. 6 y 8.
§3.1, art. 9.
§28, arts. 17 y 19.
Planes Especiales:
§2, art. 84.
§3, arts. 6 y 17.
§3.1, art. 76.
§6, art. 54.
§23, art. 37.
§24, art. 59.
§25, arts. 33 y 47.
§27, art. 29.
§28, arts. 17, 29 y 30.
§37, arts. 50, 51 y 52.
§38, art. 29.
§41, arts. 107 a 119.
§44, arts. 90 y 92.
§52, arts. 76 y 77.
§53, art. 12.
§53.1, art. 86.
Planes Especiales de Equipamientos Comerciales:
§28, art. 36.
Plan Especial Industrial:
§11, art. 15.
Planes Especiales de Mejora del Medio Urbano o Rural:
§2, art. 89.

§3, arts. 6 y 22.
§3.1, art. 76.
§23, art. 37.
§25, art. 48.
§28, arts. 17 y 34.
§41, art. 116.
§44, art. 96.
Planes Especiales de Protección de Otros Espacios:
§2, art. 88.
§3, arts. 6 y 21.
§3.1, art. 76.
§23, art. 37.
§27, art. 29.
§28, arts. 17 y 33.
§44, art. 95.
§53, art. 12.
§53.1, art. 87.
Planes Especiales de Protección del Paisaje:
§2, art. 86.
§3, arts. 6 y 19.
§3.1, art. 76.
§23, art. 37.
§25, art. 48.
§27, art. 29.
§28, arts. 17 y 31.
§41, art. 118.
§44, art. 93.
§53, art. 12.
Planes Especiales de Protección de Vías de Comunicación:
§2, art. 87.
§3, arts. 6 y 20.
§3.1, art. 76.
§23, art. 37.
§27, art. 29.
§28, arts. 17 y 32.
§41, art. 112.
§44, art. 94.
§53, art. 12.
Planes Especiales de Reforma Interior:
§2, art. 85.
§3, arts. 6 y 23.
§3.1, art. 76.
§6, art. 58.
§23, art. 37.
§25, art. 49.
§27, art. 29.
§28, arts. 17 y 35.
§41, art. 114.
§44, art. 91.
§53, art. 12.
§53.1, arts. 2 y 71.
Planes Especiales de Saneamiento:
§2, art. 90.
§3, art. 24.
§3.1, art. 76.
§23, art. 37.
§41, art. 113.
§44, art. 97.
§53, art. 12.
Planes Generales de Ordenación Urbana:
§2, art. 70.
§3, arts. 6, 10, 11 y 12.
§3.1, art. 14.
§6, art. 32.
§22, art. 1.
§23, art. 32.
§24, art. 43.
§25, art. 40.
§27, art. 24.
§28, arts. 17 y 21.
§33, arts. 5 y 8.
§41, arts. 96 a 102.
§44, arts. 67 y 78.
§52, arts. 53 y 54.
§53, arts. 12 y 17.
§53.1, arts. 2 y 40.
Planes independientes:
§6, art. 55.
Planes Insulares de Ordenación:
§23, arts. 14 y17.
Plan de Ordenación del Medio Natural:
§19, art. 7.
§23, art. 27.
Planes de Sectorización:
§37, arts. 44, 45 y 46.
Planes de Ordenación del Medio Natural y Rural:
§33, art. 14.
Planes de Ordenación del Territorio:
§4, art. 6.
§27, art. 18.
§41, art. 17.
§55, art. 6.
Plan de Ordenación del Suelo Urbano:
§52, arts. 53 y 67.
Planes Parciales:
§2, art. 83.
§3, arts. 6 y 13.
§3.1, art. 43.
§6, art. 44.

§23, art. 35.
§25, art. 46.
§27, art. 26.
§28, arts. 17 y 25.
§44, art. 89.
§52, arts. 72 y 73.
§53, art. 12.
§53.1, arts. 2 y 60.
Planes Parciales y de Reforma Interior de Mejora:
§53.1, art. 80.
Plan Regional de Estrategia Territorial:
§38, art. 15.
Planes Territoriales de Ordenación:
§23, art. 14.
Plan Territorial Parcial:
§19, art. 11.
§28, disp. adic. 5ª y disp. transit. 8ª.
Programas de actuación urbanística:
§2, art. 82.
§3, arts. 6, 16 y 48.
§3.1, art. 71.
§28, arts. 17 y 28.
§44, art. 88.
Programas de actuación urbanizadora:
§27, art. 110.
Programas Coordinados de la Acción Territorial:
§38, art. 14.
Programas coordinados de actuación:
§34, art. 16.
Programas para el Desarrollo de Actuaciones Integradas:
§53, arts. 12 y 29.
§53.1, art. 2.
Proyectos de actuación especial:
§37, arts. 149 y 150.
Proyectos de Actuación Territorial:
§23, arts. 14 y 25.
Proyecto de Delimitación de Suelo Urbano:
§2, art. 81.
§3, art. 81.
§3.1, art. 101.
§6, art. 63.
§25, disp. transit. 6ª.3.
§44, disp. transit. 6ª y 7ª.
§46, art. 3.1.
§53, disp. transit. 7ª.
§54, disp. transit. 1ª.
Proyectos de Ordenación del Medio Rural:
§33, art. 18.
Proyectos de Singular Interés:
§27, art. 19.
Proyectos de Urbanización:
§2, art. 92.
§3, art. 15.
§3.1, art. 67.
§6, art. 97.
§24, art. 63.
§25, art. 95.
§27, art. 111.
§28, art. 27.
§33, art. 31.
§37, art. 80.
§41, art. 159.
§44, art. 99.
§45, art. 49.
§52, art. 79.
§53, art. 34.
§53.1, arts. 136 a 141.

POLÍGONOS

– (V. *«Unidades de actuación»* y *«Unidades de ejecución»*).

PRESCRIPCIÓN DE INFRACCIONES Y SANCIONES

– (V. también *«Infracciones y Sanciones urbanísticas»*).
§2, art. 263.
§2.1, art. 52.
§3, art. 230.
§3.3, arts. 92, 93 y 94.
§3.5, art. 9.
§6, art. 209.
§10, arts. 10.3 y 21.
§13, arts. 73 y 74.
§15, art. 2.
§23, arts. 201 y 205.
§24, art. 221.
§25, art. 121.
§27, arts. 187 y 188.
§28, art. 279.
§33, art. 183.
§35, arts. 104 y 105.
§37, arts. 236 y 237.
§41, art. 246.
§44, arts. 234, 239, 242, 261 y 262.
§46, art. 10.
§52, art. 206.
§54, disp. adic. 3ª.6.

PROYECTOS
– (V. *«Planes»*).

PUBLICACIÓN DEL PLANEAMIENTO
§1, art. 24.
§2, art. 124.
§3, arts. 27, 44 y 56.
§3.1, arts. 117, 132, 134 y 139.
§6, disp. adic. 6ª.
§23, art. 44.
§24, arts. 84 y 86.
§25, art. 61.
§27, art. 42.
§28, art. 88.
§33, art. 48.
§37, arts. 64, 65 y 66.
§41, arts. 151 y 153.
§44, art. 131.
§52, art. 97.
§53, art. 59.

R

RASANTES
– (V. *«Alineaciones y rasantes»*).

RECURSOS
– (V. *«Acciones»*).

REGISTROS PÚBLICOS
Registro de Entidades Urbanísticas Colaboradoras:
§3.2, art. 27.
§24, art. 119.
§25, art. 138.2.
§28.1, art. 23.
§37, art. 137.2.
§41, art. 157.2 b).
§45, disp. adic. 1ª.
§53, disp. transit. 9ª.
Registro Municipal de Solares y Terrenos sin Urbanizar:
§2, arts. 208, 227, 230, 231 y 247.
§3, arts. 154 a 164.
§3.6.
§24, art. 45.2 h).
Registro de Planes de ordenación urbana:
§37, art. 65.
Registro administrativo de bienes sujetos a los derechos de tanteo y retracto:
§37, art. 183.
Registro de la Propiedad:
§2, arts. 198, 307, 308, 309 y 310.
§2.1.
Registro de Transferencias de Aprovechamientos:
§2, art. 197.
§33, art. 112.
§44, art. 203.

REPARCELACIÓN
§2, arts. 162 a 170 y 310.
§2.1, arts. 19, 20 y 30.
§3, arts. 83, 97 a 102 y 131.
§3.2, arts. 71 a 116.
§6, art. 124.
§23, art. 84.
§24, art. 135.
§25, art. 75.
§27, art. 92.
§28, art. 147.
§33, art. 98.
§37, arts. 86, 87, 88 y 89.
§41, arts. 175, 182 y 184.
§44, art. 159.
§52, art. 131.
§53, art. 68.

REVISIÓN DE LOS PLANES
– (V. *«Vigencia, Modificación y Revisión del Planeamiento»*).

LA RIOJA
§52.

RUINA
§2, art. 247.
§3, art. 183.
§3.3, arts. 12 a 28.
§6, arts. 191 y 192.
§13, disp. final 1ª.
§21, arts. 155 y 156.
§23, art. 155.
§24, art. 202.
§25, arts. 107 y 108.
§27, art. 139.
§28, art. 253.
§33, art. 171.
§37, arts. 171 y 172.
§41, art. 224.
§45, art. 226.
§52, art. 186.
§53, art. 90.

S

SANCIONES URBANÍSTICAS
– (V. *«Infracciones y sanciones urbanísticas»*).

SISTEMAS DE EJECUCIÓN O ACTUACIÓN
Sistema de cesión de viales
§24, art. 181.
Sistema de compensación:
§2, art. 157.
§3, art. 126.
§3.2, art. 157.
§6, art. 138.
§23, art. 111.
§24, art. 149.
§25, art. 80.
§28, art. 176.
§33, art. 133.
§37, arts. 104 a 114.
§41, art. 180.
§44, art. 155.
§50, art. 10.
§52, art. 121.
Sistema de concesión de obra urbanizadora:
§6, art. 152.
§24, art. 168.
§52, arts. 114, 144 y 145.
Sistema de cooperación:
§2, art. 162.
§3, art. 131.
§3.2, art. 186.
§6, art. 135.
§23, art. 120.
§24, art. 158.
§25, art. 83.
§28, art. 182.
§33, art. 139.
§37, arts. 115 y 116.
§41, art. 183.
§44, art. 166.
§52, art. 129.
Sistema de ejecución empresarial:
§23, art. *117*.
Sistema de ejecución forzosa:
§6, art. 146.
§23, arts. 96 y 131.
§37, arts. 125 a 129.
§44, art. 171.
Sistema de expropiación:
§1, art. 34.
§2, art. 171.
§3, art. 134.
§3.2, art. 194.
§6, art. 132.
§23, art. 123.
§24, art. 162.
§25, art. 89.
§28, art. 185.
§33, art. 142.
§37, arts. 117 a 124.
§41, art. 191.
§44, art. 182.
§52, art. 141.
Sistema de concierto:
§23, art. 107.
§25, art. 78.
Sistema de concurrencia:
§25, art. 86.
§41, art. 186.

SISTEMAS GENERALES
§2, arts. 9.2, 32, 58, 59, 60, 72.1 d), 78.1 b), 94, 142, 143, 144, 151.2, 183, 187 c), 199, 200, 201, 202 y 206.
§2.1, art. 42.
§3, art. 12.1 b), 116, 117.1, 134.2, 135.2 y 152,.
§3.1, art. 19.1 b), 23.1 b), 26.2, 30 c), 31, 32, 33, 39.2, 40.3, 41, 47.3, 72, 74, 75 y 168.3 h).
§6, arts. 106, 107 y 108.
§23, arts. 32, 37, 41, 60.4, 63.1 c), 71, 72.2 b), 76 c), 88.3, 97 c), 137 138, 202.4 a) y 213.
§24, arts. 39 y 142.
§25, art. 18.3, 19.2, 35.3, 36.1 e), 39.3, 41, 46.4, 65.4, 66, 69.1 b), 73.2 b), 125.1 c) y 129.2.
§27, arts. 101, 126, 127 y 128.
§28, arts. 122, 167, 261 y 287.
§33, arts. 10, 70.2 a), 72.2 a), 88, 90, 91, 92 y 152.
§41, arts. 61.2, 77.3, 80 b) y e), 82.1, 83.1, 98, 101, 102, 109 a), 111, 119.3, 138, 149, 156, 159.4, 170.3 c), 194.1, 198 d), 237.1 e) y 246.2.
§44, arts. 6, *81*, *100*, *101*, 139.5, y 175.
§52, art. *151*.

SISTEMAS LOCALES O SECTORIALES
§2, arts. 58, 151, 187, 200 y 206.
§2.1, art. 42.
§3, art. 12.2 c) y d).

§6, arts. 106, 107 y 108.
§24, art. 40.
§25, arts. 41 y 42.
§33, art. 128 y153.
§41, arts. 68.2, 69.1, 99 f), 106 d), 119.2, 123, 156 y 163.
§44, arts. 150 y 206.
§52, art. 152.

SOCIEDADES URBANÍSTICAS
§37, art. 75.

SOLAR
§1, arts. 13, 14, 18 y 30.
§2, art. 14.
§3, art. 82.
§3.2, arts. 40 y 41.
§6, art. 15.
§13, art. 59.
§23, Anexo, ap. 1.3.2.
§24, art. 101.
§25, art. 22.
§27, disp. preliminar, ap. 2.3.
§28, art. 119.
§33, art. 69.
§35, art. 83.3.
§37, arts. 14 y 17.
§41, art. 64.
§44, art. 10.
§52, art. 10.
§53, art. 6.

SUBROGACIÓN DEL ADQUIRENTE EN OBLIGACIONES URBANÍSTICAS
§1, art. 21.
§2, art. 22.
§2.1, art. 77.
§3, art. 88.
§3.2, art. 28.
§6, art. 134.
§24, art. 156.2 y 251.
§25, art. 88.
§27, arts. 21 y 52.
§28, art. 130.
§33, art. 80.
§37, art. 10.2.
§38, arts. 40 y 42.
§53, art. 29.

SUELO (CLASES)
Urbano:
§1, art. 8.
§2, art. 10.
§3, art. 78.
§3.1, art. 21.
§6, art. 13.
§23, art. 50.
§24, art. 92.
§25, art. 11.
§27, art. 45.
§28, art. 115.
§33, art. 64.
§37, art. 14.
§41, art. 62.
§44, art. 7.
§52, art. 8.
§53, art. 8.
Urbanizable:
§1, art. 10.
§2, art. 11.
§3, art. 79.
§3.1, art. 22.
§6, art. 26.
§23, art. 52.
§24, art. 103.
§25, art. 13.
§27, art. 46.
§28, art. 116.
§33, art. 67.
§37, art. 15.
§41, art. 66.
§44, art. 8.
§52, art. 22.
§53, art. 8.
§53.1, art. 11.
No urbanizable:
§1, art. 9.
§2, art. 12.
§3, art. 80.
§3.1, art. 24.
§6, art. 19.
§23, art. 54.
§24, art. 108.
§25, art. 15.
§27, art. 47.
§28, art. 117.
§33, art. 68.
§37, art. 16.
§41, art. 65.
§44, art. 9.
§52, art. 12.
§53, art. 8.

SUELO DE NÚLEO RURAL
§33, art. 66.
§41, art. 63.4.

SUELO RÚSTICO
– (V. *«Suelo: No urbanizable»*).

SUMINISTROS
Requisitos urbanísticos para el suministro por empresas prestadoras de servicios:
§6, arts. 174 y 201.
§10, art. 11.
§13, arts. 9 y 61.7.
§15, art. 2.
§20, art. 72
§23, arts. 172, 176 y 202.
§24, arts. 184 y 213.
§25, arts. 101, 113 y 115.1 c).
§27, arts. 164 y 178. 4 b).
§35, arts. 17.4 y 5 y 53.
§37, art. 160.2.
§41, art. 220.
§44, arts. 235, 237 y 248.11.

T

TANTEO Y RETRACTO
§2, arts. 291 a 298.
§2.1, arts. 83, 84, 85 y 86.
§5.
§6, art. 93 bis.
§12, art. 2.
§12.1, art. 5.
§23, art. 79.
§24, art. 240.
§25, art. 131.
§27, arts. 83 a 88.
§33, art. 160.
§37, arts. 182 a 187.
§41, art. 202.
§44, art. 277.
§51, art. *18*.
§52, art. 173.
§53, arts. 89 y 99.

TRANSMISIÓN DE FINCAS Y DEBERES URBANÍSTICOS
– (V. *«Subrogacion del adquirente en obligaciones urbanísticas»*).

U

UNIDADES DE ACTUACIÓN
§2, disp. transit. 1ª.
§3, arts. 69, 83, 97, 98, 102, 119, 126, 127, 129, 130 y 131.
§3.1, arts. 45, 84, 85, 168.
§3.2, arts. 38, 46, 59, 61, 68, 73, 78, 92, 101, 104, 146, 157, 161, 166, 186 y 192.
§6, disp. transit. 3ª.
§23, arts. 32, 44, 69, 72 y 73.
§24, art. 121.
§25, art. 73.
§27, arts. 113, 114 y 115.
§28, arts. 23, 105, 120, 155, 167, 168 y 186.
§33, art. 120.
§37, arts. 97.2 y 106.1.
§41, art. 164.
§44, disp. transit. 8ª.

UNIDADES DE EJECUCIÓN
§2, art. 144.
§2.1, art. 43.
§6, art. 99.
§14, art. 2.
§32, disp. adic. 1ª.
§37, arts. 98, 99 y 100.
§38, arts. 4, 5 y 6.
§42, arts. 2.3 y 4.
§44, art. 143.
§46, art. 5.
§50, art. 2.1.
§52, art. 110.
§53, art. 33.
§53.1, arts. 114 a 119.

UNIDADES MÍNIMAS DE CULTIVO
§2.1, art. 79.
§17, art. 25.
§24, arts. 111 y 195.
§25, art. 24.
§27, art. 63.
§28, art. 140.
§37, arts. 26 y 144.
§41, arts. 75, 87, 88, 89 y 90.
§52, art. 18.
§54, disp. adic. 3ª.

UTILIDAD PÚBLICA E INTERÉS SOCIAL
– (V. *«Legitimación de expropiaciones»*).

V

VALENCIA
§53, §53.1, §54 y **§55**.

VALORACIÓN DEL SUELO A EFECTOS EXPROPIATORIOS
§1, art. 23.

VENTA FORZOSA
§2, arts. 40 y 227 a 236.
§2.1, arts. 87 a 91.
§3, art. 156.
§3.6.
§6, arts. 162, 163 y 165.
§24, art. 249.
§25, art. 109.
§28, arts. 225 a 232.
§33, disp. adic. 1ª.
§38, arts. 10, 11 y disp. adic. 1ª.
§41, art. 205.
§44, arts. 218, 219 y 220.
§46, arts. 8 y 9.
§52, arts. 190, 191 y 192.
§53, art. 98.

VIGENCIA, MODIFICACIÓN Y REVISIÓN DEL PLANEAMIENTO
§2, arts. 125 a 130.
§3, arts. 45 a 51.
§3.1, arts. 154 a 163.
§6, arts. 71 a 75.
§23, arts. 44, 45, 46 y 47.
§24, art. 81.
§25, arts. 56, 57 y 58.
§27, arts. 40, 41 y 42.
§28, arts. 72, 73, 74, 75 y 76.
§33, arts. 48, 49, 50 y 51.
§37, arts. 66, 67, 68 y 69.
§41, arts. 147, 148, 149 y 150.
§44, arts. 124 a 128.
§52, arts. 100 a 105.
§53, art. 58.
§53.1, arts. 76, 77, 78, 79 y 180.

VIVIENDAS DE PROTECCIÓN OFICIAL
§2, arts. 3.2 h), 61, 98, 206 y 280.
§12, arts. 2.2 y 10 a).
§12.1, arts. 3 a) y 16.
§23, art. 172.
§24, art. 48.1 g).
§27, arts. 29.1 y 164.
§34, arts. 7 k) y 13 g).
§36, art. 10 a).
§37, arts. 38.2, 42.6, 67.2, 91.3, 138, 161 y 178 a 182.
§38, art. 2.6.
§41, arts. 162.2, 222.2 y 239.1.
§44, art. 74, 122, 172, 209, 219, 266 y 277 a 284.
§46, arts. 2 y 7 e).
§47, disp. adic única.V.3.
§48, arts. 6.7 y 12.1 f).
§48.1.
§50, art. 1.
§50.1.
§51.
§52, arts. 62, 158 y 172.
Realojamiento:
§2, disp. adic. 4ª.
§24, art. 128.1 h).
§25, art. 68.1 y disp. adic. 1ª.
§27, art. 118.6.
§28.1, art. 3 f).
§37, arts. 18.1 y 99.2.
§41, art. 160.1 e).
§52, disp. adic. 4ª.
§53, art. 66.5.

Z

ZONIFICACIÓN
§2, arts. 97, 129 y 255.
§3.1, arts. 60 y 162.
§6, arts. 74 y 200.
§10, art. 10.3.
§12.1, arts. 7.1 d) y17.3.
§13, art. 74.
§23, art. 22.
§24, arts. 83.6, 212.2 y disp. adic 4ª.2 e).
§25, art. 58.
§28, arts. 76, 260 y disp. adic. 3ª.
§33, art. 180.
§36, art. 12.
§37, art. 40.1.
§41, arts. 99 b), 106 b), 123 c) y 149.3.
§44, arts. 56, 104 y 234.
§52, arts. 52, 102 y 203.